Hannemann/Wiegner (Hrsg.)
Münchener AnwaltsHandbuch
Mietrecht

Münchener Anwalts Handbuch Mietrecht

Herausgegeben von

Thomas Hannemann
Rechtsanwalt in Karlsruhe

Michael Wiegner
Rechtsanwalt und Fachanwalt für
Miet- und Wohnungseigentumsrecht
in Bietigheim-Bissingen

Bearbeitet von:

Bruno Achenbach, Rechtsanwalt in Aachen; *Elke Altner*, Rechtsanwältin in Köln; *Michael Boris Bakarinow*, Rechtsanwalt in Köln; *Jörg Bellinghausen*, Rechtsanwalt in Köln; *Wolfgang Belser*, Ass. jur. in Stuttgart; *Hartmut Bister*, Rechtsanwalt in Köln; *Werner Borzutzki-Pasing*, Richter am OLG Köln; *Dr. Marco Flaute*, Rechtsanwalt in Telgte; *Wolfgang Flintrop*, Rechtsanwalt in Köln; *Dr. Richard Gies*, Richter am Landgericht Köln; *Suzanne Gößl*, Rechtsanwältin und Mediatorin in Gauting; *Thomas Hannemann*, Rechtsanwalt in Karlsruhe; *Ernst T. Inzinger*, Rechtsanwalt in München; *Frank Katzenberger*, Rechtsanwalt in Bad Wildbad; *Joachim Kleinrahm*, Rechtsanwalt in Köln; *Prof. Dr. Klaus Kniep*, Rechtsanwalt in Heilbronn; *Bernhard Christoph Koch*, Rechtsanwalt in Köln; *Roger Kühn*, Rechtsanwalt in Köln; *Benedikt Lehr*, Rechtsanwalt in München; *Dr. Marc Leonhard*, LL. M., Rechtsanwalt in Berlin; *Stefan Lück*, Rechtsanwalt in Magdeburg; *Thomas Lutz*, Rechtsanwalt in Karlsruhe; *Erich-Wolfgang Moersch*, Rechtsanwalt in Karlsruhe; *Karl-Friedrich Moersch*, Rechtsanwalt in Stuttgart; *Dr. Günter Nies*, Rechtsanwalt in Köln; *Dr. Henrik Over*, Rechtsanwalt in Köln; *Gerhardt Purwins*, Rechtsanwalt in Köln; *Wolfgang Schneider*, Rechtsanwalt in Ludwigsburg; *Norbert Schönleber*, Rechtsanwalt in Köln; *Manfred Schrewentigges*, Rechtsanwalt in Bergisch-Gladbach; *Martina Seyfarth*, Ass. jur. in Düsseldorf; *Norbert Slomian*, Rechtsanwalt in Heilbronn; *Bernd Vielitz*, Rechtsanwalt in Köln; *Jörg Weißker*, Rechtsanwalt in München; *Michael Wiegner*, Rechtsanwalt in Bietigheim-Bissingen; *Günther Wölfle*, Rechtsanwalt in Böblingen; *Ludwig Zürn*, Rechtsanwalt in Heilbronn

3., überarbeitete und erweiterte Auflage

Verlag C. H. Beck München 2010

Zitiervorschlag:
Hannemann/Wiegner/*Bearbeiter* MAH Mietrecht § ... Rdnr. ...

Verlag C. H. Beck im Internet:
beck.de

ISBN 978 3 406 57444 3

© 2010 Verlag C. H. Beck oHG
Wilhelmstraße 9, 80801 München
Satz und Druck: Druckerei C. H. Beck Nördlingen
(Adresse wie Verlag)

Gedruckt auf säurefreiem, alterungsbeständigem Papier
(hergestellt aus chlorfrei gebleichtem Zellstoff)

Vorwort zur 3. Auflage

An dem bereits im Vorwort zur 2. Auflage festgestellten Befund, wonach der VIII. Zivilsenat des Bundesgerichtshofs seit der ZPO-Reform das Wohnraummietrecht entscheidend prägt, hat sich bis heute nichts geändert. Ein Vergleich der Entwicklung der Rechtsprechung des Wohnraummietsenats mit dem Gewerberaummietsenat des BGH zeigt zwischenzeitlich aber, dass beide Senate bemüht sind, den Nachteil des Fehlens eines einheitlichen Mietsenats dadurch auszugleichen, dass vergleichbare Fragestellungen sowohl im Wohnraum- als auch im Gewerberaummietrecht dann gleich beantwortet werden, wenn die unterschiedliche Art und Weise der Nutzung keine unterschiedliche rechtliche Beurteilung gebietet. So hat der XII. Zivilsenat in seiner Entscheidung vom 8. 10. 2008 (XII ZR 84/06) ausdrücklich festgehalten, dass der gewerbliche Mieter im Ergebnis nicht schlechter gestellt werden dürfe als der Wohnraummieter. Die Antwort auf offene Rechtsfragen darf also künftig nicht nur in der Rechtsprechung des einen Senats gesucht werden, sondern es ist auch der Blick auf die Rechtsprechung des anderen Senats erforderlich, der gegebenenfalls die entsprechende Problematik bereits entschieden hat.

Herausgeber und Verlag haben sich auch deshalb dazu entschlossen, die Beschränkung in den Vorauflagen auf das Wohnraummietrecht aufzugeben und ab der 3. Auflage die Darstellung auf das Gewerberaummietrecht zu erweitern, um so ein praxistaugliches Handbuch für das gesamte Mietrecht vorzulegen.

Nach wie vor gilt unser herzlicher Dank allen Mitautorinnen und Mitautoren und unser Bedauern denjenigen, die aus gesundheitlichen Gründen nicht weiter tätig sein konnten. Unser Dank gilt weiter dem Verlag, insbesondere Herrn Dr. Burkhard Schröder und dem Lektorat, für die geduldige Betreuung. Für Kritik und Anregungen sind wir weiterhin dankbar.

Thomas Hannemann/Michael Wiegner
im September 2009

Vorwort zur 2. Auflage

Seit dem Erscheinen der 1. Auflage, unmittelbar nach Inkrafttreten der Mietrechtsreform, ist der Gesetzgeber aktiv geblieben. Die Neuauflage berücksichtigt daher zum einen insbesondere das Gesetz zur Modernisierung des Schuldrechts vom 26. 11. 2001 und das Gesetz zur Reform des Zivilprozessrechts vom 2. 8. 2001. Gerade diese ebenfalls zum 1. 1. 2002 in Kraft getretene ZPO-Reform hat mit der Abschaffung des Rechtsentscheids und der Einführung der Zulassungsrevision die Voraussetzungen dafür geschaffen, dass der Bundesgerichtshof zum „Bundesmietgericht" geworden ist. Es vergeht fast keine Woche, in der nicht grundlegende Entscheidungen des VIII. Zivilsenats zur Wohnraummiete veröffentlicht werden. In die 2. Auflage sind daher zum anderen alle bis zum Redaktionsschluss ergangenen BGH-Entscheidungen eingearbeitet, mit denen einerseits Streitpunkte und Probleme gelöst, andererseits aber neue Fragen aufgeworfen werden. Das (Wohnraum-)Mietrecht bleibt spannend.

Unser herzlicher Dank gilt erneut den Mitautorinnen und Mitautoren sowie dem Verlag; alle haben ihren verdienstvollen Anteil daran, dass dieses Handbuch des gesamten Wohnraummietrechts wieder auf den aktuellen Stand der Mietrechtspraxis gebracht werden konnte. Kritik und Anregungen sind nach wie vor erwünscht.

Thomas Hannemann/Michael Wiegner
Im August 2005

Aus dem Vorwort zur 1. Auflage

Mit dem Wohnraummietrecht befasst sich die überwiegende Zahl der Anwaltskanzleien. Es nimmt ebenfalls im Gerichtsalltag breiten Raum ein. Leider steht die rein quantitative Bedeutung dieser Fälle oft in keinem Verhältnis zu den hieraus günstigstenfalls für den Anwalt zu erwirtschaftenden Erträgen. Es tut daher Not, im Alltag des Mietrechtsanwalts das Verhältnis zwischen Aufwand und Ertrag günstiger zu gestalten. Dies umso mehr, als sich mit der Umsetzung der seit Jahren angekündigten Mietrechtsreform zum 1. 9. 2001 zahlreiche Änderungen und damit neue Grundsatz- und Detailfragen ergeben haben, die z. T. völlig ungeklärt sind.

Hierzu soll dieses Mietrechtshandbuch beitragen und schnell ohne nennenswerten Zeitaufwand alle für die tägliche wohnraummietrechtliche Praxis notwendigen Informationen zur Verfügung stellen. Der Praktiker wird mit diesem Werk in die Lage versetzt, bereits bei Mandatsannahme die nötigen Angaben einzuholen und die gebotenen Maßnahmen einzuleiten, um von Anfang an die richtige Handhabung bei der Mandatsbearbeitung zu gewährleisten. Das Handbuch orientiert sich daher an allen Fallkonstellationen der Mietrechtspraxis und zwar in der Abfolge, wie sich ein Wohnraummietverhältnis gewöhnlich chronologisch darstellt. An relevanten Weichenstellungen der außergerichtlichen wie auch forensischen Fallbearbeitung erfolgen Praxistipps und Checklisten als weitere Mittel, Haftungsfallen zu vermeiden. Die ausschließlich praxisbezogene Darstellung, ergänzt durch Formulierungsmuster, soll nicht nur dem Berufsanfänger und jungen Rechtsanwalt den Blick auf das Ganze öffnen, sondern auch dem Mietrechtsprofi das praxisnahe Erkennen von Details erleichtern.

Dieses Ziel wird u. a. dadurch gewährleistet, dass das Handbuch von forensisch tätigen Mietrechtspraktikern für Praktiker geschrieben ist. Es erhebt zwar keinen Anspruch auf Beantwortung aller denkbaren wohnraummietrechtlichen Konstellationen, gibt aber umfassende Hilfestellung in sämtlichen praxisrelevanten Problemfeldern.

[…]

Thomas Hannemann/Michael Wiegner
Im Oktober 2001

Inhaltsübersicht

Inhaltsverzeichnis	XI
Autorenverzeichnis	XLIII
Abkürzungs- und Literaturverzeichnis	XLVII

Teil A. Wohnraummiete

1. Abschnitt. Das wohnraummietrechtliche Mandat

§ 1	Mandatsannahme, -bearbeitung und -abwicklung anhand von Checklisten *(Hannemann)*	1
§ 2	Rechtsschutzversicherung *(Belser)*	41
§ 3	Streitwerte und Kosten *(Lutz)*	53
§ 4	Prozesskostenhilfe und Beratungshilfe *(Seyfarth)*	70
§ 5	Besondere anwaltliche Haftungsrisiken im Wohnraummietrecht *(Hannemann)* ..	95

2. Abschnitt. Vertragsanbahnung

§ 6	Vertragsanbahnung beim Wohnraummietverhältnis *(Nies)*	112
§ 7	Vorvertragliche Rechte und Pflichten *(Gößl)*	121

3. Abschnitt. Vertragsabschluss

§ 8	Vertragsabschluss und Mängel beim Vertragsabschluss *(Bellinghausen)*	149
§ 9	Formfragen *(Hannemann)*	169
§ 10	Formularmietverträge und AGB-Recht *(Hannemann)*	170

4. Abschnitt. Parteien des Wohnraummietverhältnisses

§ 11	Mietvertragsparteien und Rechtsnachfolge *(Achenbach)*	249
§ 12	Gebrauchsüberlassung an Dritte *(Weißker)*	333

5. Abschnitt. Mietobjekt

§ 13	Mietsache *(Wiegner)*	352
§ 14	Überlassung, Betrieb und Veräußerung der Mietsache *(K.-F. Moersch)*	355

6. Abschnitt. Mietgebrauch

§ 15	Allgemeine Gebrauchsrechte und -pflichten, Hausordnung und Zutrittsrechte *(Achenbach)*	369
§ 16	Sonderprobleme: Tierhaltung, Rundfunk und Fernsehen, Mobilfunk *(Koch)*	402

7. Abschnitt. Haftung und Gewährleistung

§ 17	Haftung *(Bakarinow)*	449
§ 18	Gewährleistung *(Inzinger)*	475

8. Abschnitt. Instandhaltung und Instandsetzung

§ 19	Instandhaltung und Instandsetzung, Schönheits- und Kleinreparaturen, Wartungspflichten *(Over)*	486
§ 20	Modernisierung, Aus-, Um- und Anbauten *(Lutz)*	562

Inhaltsübersicht

9. Abschnitt. Mietpreisrecht

§ 21 Mietpreisüberhöhung und Mietwucher *(Flintrop)*	594
§ 22 Vereinbarte Mieterhöhungen – Staffelmiete und Indexmiete *(Wiegner)*	610
§ 23 Mieterhöhungen nach §§ 558 ff. BGB *(Flintrop)*	623
§ 24 Nebenkosten und ihre Abrechnung *(Gies)*	673
§ 25 Preisgebundener Wohnraum und Sozialer Wohnungsbau *(Bister)*	761
§ 26 Mietsicherheiten *(Kniep)*	813

10. Abschnitt. Beendigung des Wohnraummietverhältnisses

§ 27 Vorzeitiger Auszug des Mieters *(Lück)*	834
§ 28 Vertragsbeendigung durch Kündigung *(Purwins)*	846
§ 29 Vertragsbeendigung ohne Kündigung *(Hannemann/W. Schneider/Wölfle/Altner)*	962
§ 30 Vertragsverlängerung gemäß § 545 BGB *(Schneider)*	1012

11. Abschnitt. Abwicklung des beendeten Mietverhältnisses

§ 31 Wechselseitige Abwicklungsansprüche *(Slomian)*	1017
§ 32 Verjährung und Verwirkung *(Schrewentigges)*	1028

12. Abschnitt. Sonderprobleme

§ 33 Besondere Mietobjekte *(Hannemann/Nies/Flaute)*	1052
§ 34 Zweckentfremdung *(Bister)*	1105
§ 35 Wohnungsvermittlung und Maklerrecht *(K.-F. Moersch)*	1113
§ 36 Gewaltschutzgesetz *(Achenbach)*	1122
§ 37 Versicherungsrechtliche Fragen *(Bakarinow)*	1132

13. Abschnitt. Verfahrensfragen

§ 38 Erkenntnisverfahren *(Altner)*	1138
§ 39 Zwangsvollstreckung und Insolvenz *(Wiegner/E.-W. Moersch)*	1147
§ 40 Außergerichtliche Konfliktlösung *(Gößl)*	1174

Teil B. Gewerberaummiete

1. Abschnitt. Das gewerberaummietrechtliche Mandat

§ 41 Mandatsannahme, -bearbeitung und -abwicklung anhand von Checklisten *(Hannemann)*	1189
§ 42 Streitwerte und Kosten *(Lutz)*	1212
§ 43 Besondere anwaltliche Haftungsrisiken im Gewerberaummietrecht *(Hannemann)*	1215

2. Abschnitt. Vertragsanbahnung

§ 44 Vertragsanbahnung beim Gewerberaummietverhältnis *(Borzutzki-Pasing)*	1222
§ 45 Vorvertragliche Rechte und Pflichten *(Gößl)*	1252

3. Abschnitt. Vertragsabschluss

§ 46 Vertragsabschluss und Mängel beim Vertragsabschluss *(Bellinghausen)*	1280
§ 47 (Schrift-) Formfragen *(Hannemann)*	1285
§ 48 Formularmietverträge und AGB-Recht *(Hannemann)*	1306

Inhaltsübersicht

4. Abschnitt. Parteien des Gewerberaummietverhältnisses

§ 49 Mietvertragsparteien und Parteiwechsel *(W. Schneider)* 1361
§ 50 Gebrauchsüberlassung an Dritte *(Weißker)* 1377

5. Abschnitt. Mietobjekt

§ 51 Mietsache *(Wiegner)* 1388
§ 52 Überlassung, Betrieb und Veräußerung der Mietsache *(K.-F. Moersch)* 1391

6. Abschnitt. Mietzeit

§ 53 Vertragslaufzeit und Änderung der Vertragsdauer *(Wiegner)* 1398

7. Abschnitt. Mietgebrauch

§ 54 Allgemeine Gebrauchsrechte und -pflichten, Hausordnung und Zutrittsrechte *(Lehr)* 1401
§ 55 Konkurrenzschutz und Betriebspflicht *(Lehr)* 1436

8. Abschnitt. Haftung und Gewährleistung

§ 56 Haftung *(Bakarinow/Inzinger)* 1478
§ 57 Gewährleistung *(Inzinger)* 1503

9. Abschnitt. Instandhaltung, Instandsetzung und bauliche Veränderungen

§ 58 Instandhaltung, Instandsetzung, Schönheitsreparaturen, Kleinreparaturen und Wartung *(Over)* 1514
§ 59 Modernisierung, Aus-, Um- und Anbauten *(Lutz)* 1531

10. Abschnitt. Mietpreisrecht

§ 60 Miete, Mietwucher und Umsatzsteuer *(Flintrop)* 1534
§ 61 Vereinbarte Mieterhöhungen – Staffelmiete und Indexmiete *(Wiegner)* 1544
§ 62 Betriebs- und Nebenkosten, ihre Abrechnung und Anpassung *(Gies)* 1563
§ 63 Mietsicherheiten *(Kniep)* 1577

11. Abschnitt. Beendigung des Gewerberaummietverhältnisses

§ 64 Vorzeitiger Auszug des Mieters *(Lück)* 1585
§ 65 Vertragsbeendigung durch Kündigung *(Purwins)* 1588
§ 66 Vertragsbeendigung ohne Kündigung *(W. Schneider)* 1613

12. Abschnitt. Abwicklung des beendeten Mietverhältnisses

§ 67 Wechselseitige Abwicklungsansprüche *(Slomian)* 1615
§ 68 Verjährung und Verwirkung *(Wiegner)* 1617

13. Abschnitt. Sonderprobleme

§ 69 Besondere Mietobjekte – Großobjekte, Gaststätten und Arztpraxen *(Borzutzki-Pasing)* 1619
§ 70 Maklerrechtliche Probleme *(K.-F. Moersch)* 1679

14. Abschnitt. Verfahrensfragen

§ 71 Erkenntnisverfahren – Prozessuale Besonderheiten der Gewerberaummiete *(Altner)* 1704

Inhaltsübersicht

§ 72 Zwangsvollstreckung, Zwangsversteigerung, Zwangsverwaltung *(Wiegner)* 1705
§ 73 Insolvenz im Gewerberaummietverhältnis *(E.-W. Moersch)* 1709
§ 74 Außergerichtliche Konfliktlösung/Schiedsverfahren *(Gößl)* 1722

Teil C. Pacht

§ 75 Unterschiede zum Mietrecht *(Borzutzki-Pasing)* 1733
§ 76 Überlassung von Inventar *(Borzutzki-Pasing)* 1741
§ 77 Landpacht, Jagdpacht und Fischereipacht *(Gies)* 1749
§ 78 Unternehmenspacht *(Wiegner)* 1809

Teil D. Leasing

§ 79 Immobilienleasing *(Leonhard)* 1813

Sachregister 1827

Inhaltsverzeichnis

Teil A. Wohnraummiete

1. Abschnitt. Das wohnraummietrechtliche Mandat

§ 1 Mandatsannahme, -bearbeitung und -abwicklung anhand von Checklisten

I. Einleitung	1
II. Checklisten	2
1. Mandatsannahme	2
2. Vertragsschluss	2
3. Rechte und Pflichten während der Vertragslaufzeit	5
4. Mietpreisrecht	11
5. Vertragsbeendigung	25
6. Prozessuales	36
7. Mandatsabschluss	39

§ 2 Rechtsschutzversicherung

I. Einleitung	42
II. Anmeldung des Rechtsschutzmandates	42
1. Freie Anwaltswahl, eigenständige Tätigkeit	42
2. Die einschlägigen Rechtsbeziehungen	43
3. Verjährung des Rechtsschutzanspruchs	43
4. Obliegenheit	43
5. Erforderliche Versicherungsdaten	43
6. Anschriften der Versicherungsgesellschaften	44
7. Objektversicherung	44
8. Verschiedene Arten von Rechtsschutzfällen (Versicherungsfällen)	45
9. Wartezeit	46
10. Nachmeldefrist	46
11. Welche Unterlagen sind dem Versicherer vorzulegen?	46
12. Kostentragungspflicht des Versicherers	47
III. Reaktion des Rechtsschutzversicherers	47
1. Rückfragen	47
2. Ablehnungsgründe	47
3. Deckungszusage	49
IV. Mandatsbegleitende Tätigkeit	50
1. Kostenauslösende Maßnahmen	50
2. Keine unnötige Korrespondenz	50
V. Informationen und Unterlagen zur Abrechnung der Gebühren und Kosten	50
1. Rahmengebühren	50
2. Streitwertabhängige Gebühren	51
3. Vergleichsgebühr	51
4. Gerichtskosten	51
5. Kostenausgleichsverfahren	52
VI. Checklisten	52

§ 3 Streitwerte und Kosten

I. Allgemeines	53
II. Streitwerte im vorvertraglichen Verhältnis	55
1. Störung und Schädigung von Rechtsgütern	55

Inhaltsverzeichnis

2. Verletzung von Aufklärungs- und Mitteilungspflichten	55
3. Anspruch auf Abschluss eines Mietvertrages	55
III. Streitwerte im Vertragsverhältnis	55
1. Vertragsparteien/Vertragsobjekt	55
2. Leistungsverpflichtung	56
3. Nebenpflichten	60
4. Leistungsstörung	61
5. Vertragsverlängerung	62
IV. Streitwerte bei der Beendigung des Vertragsverhältnisses	62
1. Kündigung/Räumung	62
2. Einvernehmliche Aufhebung	63
3. Vorzeitige Entlassung	63
4. Tod	63
V. Streitwert nach Beendigung des Vertragsverhältnisses	64
1. Nutzungsausfall	64
2. Schadensersatz	64
3. Kaution	64
VI. Prozessuales	64
1. Klagearten	64
2. Besondere Verfahren	65
VII. Streitwerte in der Zwangsvollstreckung	66
VIII. Streitwerte in der Zwangsversteigerung	66
IX. Kosten	66
1. Entscheidung über die Kostentragungspflicht	66
2. Erstattungsfähigkeit von Kosten/notwendige Kosten	68

§ 4 Prozesskostenhilfe und Beratungshilfe

I. Einleitung	70
II. Prozesskostenhilfe	71
1. Hinweispflicht des Rechtsanwalts	71
2. Bearbeitung eines PKH-Antrags	71
3. Das PKH-Bewilligungsverfahren	80
4. Beiordnungsverfahren	84
5. Honoraransprüche des Rechtsanwalts	85
III. Beratungshilfe	87
1. Erstkontakt im Beratungshilfe-Mandat	88
2. Entziehung der Beratungshilfe	92
3. Rechtsbehelfe	92
4. Honoraransprüche des Rechtsanwalts	92

§ 5 Besondere anwaltliche Haftungsrisiken im Wohnraummietrecht

I. Allgemeines	95
II. Vertragsabschluss und -inhalt	96
1. Schriftform	96
2. Mehrheit von Vertragsparteien	96
3. Mietflächenangabe	96
4. Schönheitsreparaturen	96
5. Kleinreparaturen	99
6. Mietstruktur	99
7. Betriebskostenumlagevereinbarung/Hausordnung	99
8. Abrechnungsmaßstab für Betriebskosten	100
9. Zeitmietvertrag/Bedingter Mietvertrag	100
III. Durchführung des Mietvertrages	100
1. Gewährleistung	100
2. Untervermietung	101

Inhaltsverzeichnis

3. Besichtigung der Mietsache		102
4. Energetische Modernisierung		102
IV. Mietpreisrecht		102
1. Verrechnung von Teilzahlungen		102
2. Konkludente Betriebskostenumlagevereinbarung?		103
3. Betriebskostenabrechnung		103
4. Mieterhöhung		104
V. Vertragsbeendigung		105
1. Personenmehrheit		105
2. Stellvertretung		105
3. Ordentliche Kündigung		106
4. Außerordentliche unbefristete (fristlose) Kündigung		107
5. Stillschweigende Vertragsverlängerung		107
VI. Verjährung nach § 548 BGB		108
1. Anwendungsbereich		108
2. Fristbeginn		108
3. Mietsicherheiten		109
4. Verjährungshemmung durch Mahnbescheid		109
VII. Mietprozess und Zwangsvollstreckung		109
1. Obligatorische Streitschlichtung		109
2. Beklagte im Räumungsprozess		109
3. Sofortiges Anerkenntnis		109
4. (Teil-)Erledigung vor Rechtshängigkeit		110
5. Klage auf künftige Leistung		110
6. Berufung gegen Urteile des AG an das OLG		110
7. Räumungsschutzantrag		110
8. Abwendung der vorläufigen Vollstreckbarkeit		110
9. Vollstreckungsschutzantrag		111

2. Abschnitt. Vertragsanbahnung

§ 6 Vertragsanbahnung beim Wohnraummietverhältnis

I. Einleitung		112
II. Begriff		113
III. Abgrenzung zu anderen Gebrauchsüberlassungsverträgen		114
1. Pacht, §§ 581 ff. BGB		114
2. Leihe, §§ 598 ff. BGB		115
3. Dingliches Wohnrecht, § 1093 BGB		115
4. Unterbringung Obdachloser		116
5. Verwahrungsvertrag, §§ 688–700 BGB		117
6. Leasingvertrag		117
IV. Abgrenzung zu Gewerberaummietverhältnis		117
V. Mischmietverhältnis		118

§ 7 Vorvertragliche Rechte und Pflichten

I. Allgemeines		122
II. Anmietrecht		123
1. Allgemeines		123
2. Praktische Bedeutung		124
3. Vertragsgestaltung und Muster		125
III. Vormietrecht		125
1. Allgemeines		125
2. Begründung des Vormietrechts		128
3. Ausübung des Vormietrechts		128
4. Vertragsgestaltung		131

XIII

Inhaltsverzeichnis

    IV. Mietvorvertrag 131
        1. Allgemeines 131
        2. Zustandekommen des Mietvorvertrages 133
        3. Rechte und Pflichten aus dem Mietvorvertrag 134
        4. Vertragsgestaltung und Muster 138
    V. Option 139
        1. Allgemeines 139
        2. Begründung des Optionsrechts 141
        3. Ausübung des Optionsrechts 141
        4. Vertragsgestaltung 141
    VI. Culpa in contrahendo 142
        1. Allgemeines/Haftungsgrundlagen 142
        2. Abbruch von Vertragsverhandlungen 144
        3. Verletzung von Aufklärungspflichten 145

3. Abschnitt. Vertragsabschluss

§ 8 Vertragsabschluss und Mängel beim Vertragsabschluss

    I. Vertragsabschlussfreiheit 149
        1. Vertragsabschlussfreiheit und ihre Grenzen 149
        2. Vertragsabschlussfreiheit und Diskriminierung 152
        3. Angebot und Annahme 156
        4. Notwendiger Vertragsinhalt 159
    II. Mängel beim Vertragsschluss 160
        1. Dissens 160
        2. Willensmängel und ihre Folgen 161
        3. Störung der Geschäftsgrundlage 165
        4. Relevanz der Energieeinsparverordnung 167
        5. Checkliste 168

§ 9 Formfragen 169

§ 10 Formularmietverträge und AGB-Recht

    I. Einleitung 174
    II. Das AGB-Recht 176
        1. Überblick 176
        2. Geltung der §§ 305–310 BGB 176
        3. Begriff der Allgemeinen Geschäftsbedingung 178
        4. Stellen von Vertragsbedingungen 179
        5. Einbeziehung in den Mietvertrag 181
        6. Überraschende Klauseln 183
        7. Vorrang der Individualabrede 185
        8. Ergänzende Vertragsauslegung 185
        9. Unklarheitenregel 186
        10. Inhaltskontrolle 187
        11. Besonderheiten bei Verbraucherverträgen 192
        12. Rechtsfolgen unwirksamer Klauseln 195
        13. Schadensersatzpflicht des Verwenders 196
        14. Verbandsklageverfahren/Vorabentscheidung des EuGH 196
    III. Gestaltungsmöglichkeiten einzelner Wohnraummietvertragsklauseln 197
        1. Rechtsgeschäftliche Regelungen 197
        2. Vertragspartner 198
        3. Mietobjekt 202
        4. Mietzeit 206

Inhaltsverzeichnis

5. Miete	207
6. Betriebskosten	212
7. Mietsicherheiten	217
8. Änderung der Miete	218
9. Mietgebrauch	220
10. Schönheitsreparaturen	226
11. Gewährleistung	236
12. Pflichten-/Kostenüberbürdungen auf den Mieter	237
13. Freizeichnungen des Vermieters und Haftungsüberbürdungen auf den Mieter	240
14. Pauschalierter Schadensersatz und Vertragsstrafe	244
15. Vertragsbeendigung	244
16. Abwicklung des beendeten Mietverhältnisses	246
17. Schlussbestimmungen	247

4. Abschnitt. Parteien des Wohnraummietverhältnisses

§ 11 Mietvertragsparteien und Rechtsnachfolge

I. Mietvertragsparteien	250
1. Grundsätzliches	250
2. Vermieterseite	251
3. Mieterseite	264
4. Personenzusammenschlüsse	275
5. Stellvertretung	276
6. Hausbesetzungen	280
II. Rechtsnachfolge	281
1. Rechtsnachfolge auf Vermieterseite	281
2. Rechtsnachfolge auf Mieterseite	287
III. Tod einer Vertragspartei	305
1. Grundsätzliches	305
2. Tod des Vermieters	306
3. Tod des Mieters	306
4. Wirkung des Todes einer Vertragspartei auf bereits abgegebene Erklärungen	331

§ 12 Gebrauchsüberlassung an Dritte

I. Gebrauchsüberlassung durch Aufnahme Dritter in die Wohnung	333
1. Begriffsbestimmung	333
2. Erlaubnis des Vermieters	336
3. Übertragung der Mieterrechte	343
II. Untermiete	344
1. Rechtsverhältnisse Vermieter – Mieter	345
2. Rechtsverhältnisse Mieter – Untermieter	345
3. Rechtsverhältnisse Vermieter – Untermieter	346
III. Haftungsfragen und Kündigungsbefugnisse	347
1. Haftungsfragen	347
2. Kündigungsrechte des Mieters	348
3. Kündigungsrechte des Vermieters	349
IV. Vertragsgestaltung	351

Inhaltsverzeichnis

5. Abschnitt. Mietobjekt

§ 13 Mietsache

 I. Bestimmung des Vertragsgegenstandes 352
 II. Nachträgliche Veränderungen des Mietobjekts 352
  1. Vertraglicher Vorbehalt 352
  2. Bauliche Veränderungen 353

§ 14 Überlassung, Betrieb und Veräußerung der Mietsache

 I. Überlassung und Betrieb der Mietsache 355
  1. Übergabe 355
  2. Abnahme 356
  3. Überlassung an Dritte 358
  4. Problemfälle 358
 II. Veräußerung der Mietsache 360
  1. Einführung 360
  2. Sinn und Zweck 360
  3. Anwendungsbereich 361
  4. Folgen 364
  5. Konsequenzen für die anwaltliche Vertretung 366

6. Abschnitt. Mietgebrauch

§ 15 Allgemeine Gebrauchsrechte und -pflichten, Hausordnung und Zutrittsrechte

 I. Abgrenzungsfragen 370
 II. Gebrauchsrechte des Mieters 371
  1. Allgemeines 371
  2. Bauliche Veränderungen 372
  3. Funk und Fernsehen 374
  4. Gartennutzung 374
  5. Gemeinschaftsflächen und -räume 376
  6. Gebrauchsüberlassung an Dritte 378
  7. Gewerbliche Nutzung 378
  8. Tierhaltung 378
  9. Nutzung von Bad und Balkon 378
  10. Musizieren 380
  11. Haushaltsgeräte und Möblierung 380
  12. Rauchen in der Wohnung 381
 III. Gebrauchspflichten des Mieters 381
  1. Gebrauchspflicht 381
  2. Instandhaltung und Instandsetzung durch den Mieter 382
  3. Duldung von Maßnahmen des Vermieters zur Erhaltung der Mietsache ... 382
  4. Duldung von Verbesserungsmaßnahmen 383
  5. Obhutspflichten 383
  6. Anzeigepflichten 384
  7. Einhaltung der Grenzen des vertragsgemäßen Gebrauchs 385
 IV. Rechte des Vermieters bei Pflichtverletzungen des Mieters 386
  1. Erfüllung 386
  2. Schadensersatz 386
  3. Kündigung 386
 V. Pflichten des Vermieters 386
  1. Überlassungspflicht 387
  2. Gebrauchsgewährung 387

3. Instandhaltung und Instandsetzung	389
4. Fürsorge-, Aufklärungs- und Treuepflicht	389
5. Verkehrssicherungs-, Überwachungs- und Reinigungspflichten	389
6. Aufwendungsersatz	390
7. Duldung der Wegnahme von Einrichtungen	391
VI. Rechte des Mieters bei Pflichtverletzungen des Vermieters	391
1. Erfüllung	391
2. Gewährleistung	392
VII. Hausordnung	392
1. Verbindlichkeit	392
2. Inhalt	393
3. Änderungen	395
4. Folgen bei Zuwiderhandlungen	396
VIII. Zutritt und Besichtigung der Wohnung	397
1. Gesetzliche Regelung	397
2. Abweichende Vereinbarungen	401

§ 16 Sonderprobleme: Tierhaltung, Rundfunk und Fernsehen, Mobilfunk

I. Tierhaltung	403
1. Rechtsnatur von Tieren	403
2. Tierhaltung	403
3. Rechtliche Grundlagen	405
4. Vorherige Erlaubnis der Tierhaltung	409
5. Nachträgliche Genehmigung der Tierhaltung	414
6. Tierhaltung während des Mietverhältnisses	415
7. Rechte der anderen Mieter und sonstiger Nachbarn	416
8. Abschaffungsverlangen des Vermieters	417
9. Beendigung des Mietverhältnisses	421
II. Radio und Fernsehen	421
1. Rechtliche Grundlagen	421
2. Das Verhältnis zum Wohnungseigentumsrecht	428
3. Vorherige Erlaubnis zur Neuinstallation	430
4. Nachträgliche Genehmigung der Neuinstallation	438
5. Pflichten des Mieters bei Gebrauch der Installation	440
6. Beseitigungsanspruch des Vermieters	441
7. Beendigung des Mietverhältnisses	444
III. Mobilfunk	444
1. Allgemeine Grundlagen	444
2. Problemstellungen im Wohnungsmietrecht	445
3. Problemstellungen im Wohnungseigentumsrecht	447

7. Abschnitt. Haftung und Gewährleistung

§ 17 Haftung

I. Mieterhaftung	449
1. Haftung aus Verschulden bei Vertragsverhandlungen	450
2. Haftung während des Mietgebrauchs	451
3. Haftung bei bzw. nach Beendigung des Mietverhältnisses	460
4. Haftung des Mieters für Dritte	463
II. Vermieterhaftung	463
1. Gebrauchsüberlassung	463
2. Gebrauchsgewährung	466
3. Leistungsstörungen	469
4. Haftungsausschlüsse	474

Inhaltsverzeichnis

§ 18 Gewährleistung

    I. Sachmängelhaftung 475
        1. Mangel 475
        2. Folgen 476
    II. Rechtsmängel 480
        1. Rechte Dritter 480
        2. Folgen 481
    III. Gewährleistungsausschlüsse 482
        1. Gesetzliche Ausschlüsse 482
        2. Vertragliche Ausschlüsse 483
        3. Wegfall der Geschäftsgrundlage, § 313 BGB 484

8. Abschnitt. Instandhaltung und Instandsetzung

§ 19 Instandhaltung und Instandsetzung, Schönheits- und Kleinreparaturen, Wartungspflichten

    I. Instandhaltung und Instandsetzung 488
        1. Gesetzliche Regelung 488
        2. Umfang 490
        3. Abwälzung auf Mieter 501
        4. Pflichten des Mieters 503
        5. Prozessuales 506
    II. Schönheitsreparaturen 507
        1. Allgemeines 507
        2. Begriff 509
        3. Hauptpflicht 514
        4. Übertragung der Schönheitsreparaturen auf den Mieter 515
        5. Muster 554
    III. Kleinreparaturen 555
        1. Begriff 555
        2. Gesetzliche Regelung 556
        3. Übertragung auf Mieter 556
    IV. Wartungspflichten 560
        1. Allgemeines 560
        2. Übertragung auf den Mieter 560

§ 20 Modernisierung, Aus-, Um- und Anbauten

    I. Normzweck/Anwendungsbereich 562
    II. Beratungscheckliste für Modernisierungsvorhaben 564
    III. Anspruch des Vermieters auf Modernisierung/Duldungspflicht des Mieters   565
        1. Materielle und formelle Voraussetzungen 565
        2. Rechte des Vermieters auf Grund des zu duldenden Modernisierungsvorhabens 582
    IV. Mieterrechte auf Grund einer Modernisierung 582
        1. Erstattung von Aufwendungen 583
        2. Anspruch auf vertragsgemäße Erhaltung, Minderungsrechte und Schadensersatz 583
        3. Sonderkündigung gem. § 554 Abs. 3 S. 2 BGB 584
    V. Unwirksamkeit abweichender Regelungen 585
    VI. Mietermodernisierung 585
        1. Anspruch auf Durchführung 585
        2. Daraus resultierende Ansprüche und Rechtsfolgen 588
        3. Barrierefreiheit 588

Inhaltsverzeichnis

VII. Übergangsregelung/Rechtslage vor Inkrafttreten des Mietrechtsreformgesetzes	589
1. Anwendung des neuen Rechts	589
2. Ausnahmen von der Anwendung des neuen Rechts/Fortgeltung des alten Rechts	589
3. Rechtslage bei Fortgeltung des alten Rechts	590
VIII. Abgrenzungsfragen	591
IX. Gesetzliche Regelungen	591
X. Abweichende Vereinbarungen	592
XI. Übergangsregelung/Rechtslage vor Einführung des Mietrechtsreformgesetzes	593

9. Abschnitt. Mietpreisrecht

§ 21 Mietpreisüberhöhung und Mietwucher

I. Anwendungsbereich und Tatbestandsvoraussetzungen des § 5 WiStG	594
1. Räume zum Wohnen	595
2. Nebenleistungen	596
3. Unangemessen hohe Entgelte – Berechnung der höchstzulässigen Miete ..	596
4. Ausnutzen eines geringen Angebots an vergleichbaren Räumen	600
5. Fordern, Versprechen lassen, Annehmen	602
II. Darlegungs- und Beweislast	602
III. Rechtsfolgen der Mietpreisüberhöhung	604
1. Zivilrechtliche Folgen	604
2. Ordnungswidrigkeitsrechtliche Folgen	607
IV. Anwendungsbereich und Tatbestandsvoraussetzungen des § 291 Abs. 1 Satz 1 Nr. 1 StGB i. V. m. § 134 BGB	607
1. Ausbeutung des Mieters	608
2. Auffälliges Missverhältnis	608
V. Rechtsfolgen des Mietwuchers	608

§ 22 Vereinbarte Mieterhöhungen – Staffelmiete und Indexmiete

I. Einleitung	610
II. Staffelmiete im preisfreien Wohnraum	611
1. Voraussetzung einer wirksamen Vereinbarung	611
2. Rechtsfolgen einer wirksamen Vereinbarung	613
3. Anderweitige Mieterhöhungen bei Unwirksamkeit der Staffelmietvereinbarung	614
4. Kündigungsrecht	614
5. Grenzen der Mieterhöhung außerhalb von §§ 557 ff. BGB	615
6. Unwirksamkeit gemäß § 557a Abs. 4 BGB	616
7. Rechtsfolgen einer unwirksamen Vereinbarung	616
8. Verjährung und Verwirkung	616
III. Staffelmiete im preisgebundenen Wohnraum	617
IV. Indexmiete	618
1. Index	618
2. Voraussetzungen einer wirksamen Vereinbarung	619
3. Erhöhungsverlangen	621
4. Rechtsfolgen einer wirksamen Vereinbarung	622

§ 23 Mieterhöhungen nach §§ 558 ff. BGB

I. Grundsätzliches zur Mieterhöhung	624
1. Anwendungsbereich	624
2. Abweichende Vereinbarungen nach § 557 Abs. 3 BGB	625

Inhaltsverzeichnis

II. Mieterhöhung nach § 558 BGB	626
1. Allgemeines	626
2. Formelle Voraussetzungen	627
3. Materielle Voraussetzungen	631
4. Rechtsfolgen	649
5. Gerichtsverfahren	653
6. Die Gebühren des Anwalts	657
III. Mieterhöhung nach §§ 559, 559a und 559b BGB	658
1. Einleitung	658
2. Materielle und formelle Voraussetzungen	660
3. Mieterrechte auf Grund des Mieterhöhungsverlangens	670
4. Abweichende Vereinbarungen/Ausschlüsse	671
5. Übergangsregelung/Rechtslage vor Inkrafttreten des Mietrechtsreformgesetzes	671

§ 24 Nebenkosten und ihre Abrechnung

I. Begriffsbestimmung	674
II. Gesetzliche Regelung, § 535 Abs. 1 S. 3 BGB	675
III. Vertragliche Vereinbarung zur Überwälzung der Betriebskosten auf den Wohnungsmieter, § 556 BGB	675
IV. Bruttomiete	678
V. Nettokaltmiete	678
VI. Pauschalen	678
VII. Umwandlung der Mietstruktur	680
VIII. Vorauszahlungen, § 556 Abs. 2 BGB	683
IX. Einzelne Betriebskostengruppen	687
1. Die laufenden öffentlichen Lasten des Grundstücks, § 2 Ziffer 1 BetrKV	687
2. Die Kosten der Wasserversorgung, § 2 Ziffer 2 BetrKV	688
3. Die Kosten der Entwässerung, § 2 Ziffer 3 BetrKV	690
4. Die Kosten der Straßenreinigung und Müllbeseitigung, § 2 Ziffer 8 BetrKV	691
5. Die Kosten des Betriebs des Personen- oder Lastenaufzugs, § 2 Ziffer 7 BetrKV	693
6. Die Kosten der Gartenpflege, § 2 Ziffer 10 BetrKV	695
7. Die Kosten der Gebäudereinigung und Ungezieferbekämpfung, § 2 Ziffer 9 BetrKV	697
8. Die Kosten der Beleuchtung, § 2 Ziffer 11 BetrKV	699
9. Die Kosten der Sach- und Haftpflichtversicherung, § 2 Ziffer 13 BetrKV	699
10. Die Kosten für den Hauswart, § 2 Ziffer 14 BetrKV	701
11. Die Kosten nach § 2 Ziffer 15 BetrKV	703
12. Die Kosten des Betriebs der Einrichtungen für die Wäschepflege, § 2 Ziffer 16 BetrKV	705
13. Die Kosten der Schornsteinreinigung, § 2 Ziffer 12 BetrKV	705
14. Sonstige Betriebskosten, § 2 Ziffer 17 BetrKV	706
15. Betriebskostenmehrbelastungsklauseln	707
X. Betriebskostenabrechnung	708
1. Passivlegitimation	708
2. Form der Abrechnung	709
3. Grundsatz der Wirtschaftlichkeit	710
4. Materielle Anforderungen	712
5. Belege und Prüfungsrecht	716
6. Abrechnungsfrist, Abrechnungszeitraum und Ausschlussfristen	720
7. Verjährung und Verwirkung	729
8. Prüfungsfrist und Ausgleich des Saldos	730

Inhaltsverzeichnis

    9. Leerstände 731
   10. Abrechnung nach Wirtschaftseinheit 733
   11. Umlageschlüssel 734
   12. Kosten bei Mieterwechsel während der Abrechnungsperiode 740
   13. Übergangsvorschriften 741
   14. Zwangsvollstreckung 741
   15. Streitwert 741
XI. Besonderheiten bei der Heizkostenverordnung 742
    1. Geltungsbereich der Heizkostenverordnung 742
    2. Heizkosten 744
    3. Verbrauchserfassung 746
    4. Kostenumlage 748
    5. Heizkostenabrechnung 750
    6. Einführung von Wärmecontracting 755
    7. Mängel und Fehler der verbrauchsabhängigen Heizkostenabrechnung ... 757

§ 25 Preisgebundener Wohnraum und Sozialer Wohnungsbau

I. Förderung nach dem Wohnraumförderungsgesetz (WoFG) 762
    1. Inhalt der neuen Förderung 763
    2. Höchstzulässige Miete statt Kostenmiete 763
    3. Mieterhöhung und Bindungszeit 763
    4. Weitere Unterschiede zur bisherigen Förderung 764
    5. Neue Landesgesetze auf der Grundlage des Förderalismusreformgesetzes 764
II. Förderung nach dem I. und II. WohnBauG 764
    1. Sozialwohnungen 764
    2. Mit Wohnungsfürsorgemitteln geförderter Wohnraum § 87 a–§ 87 b II. WohnBauG 765
    3. Steuerbegünstigter Wohnungsbau 765
    4. Eigentumswohnung, Eigenheim 765
    5. Bauherrenwohnung 766
    6. Bundes-, Landes- und Gemeindeeigene Wohnungen 766
    7. Sonstige geförderte Wohnungen 766
III. Die Kostenmiete 767
    1. Die vorläufige Wirtschaftlichkeitsberechnung § 4 II. BV/§ 72 II. WohnBauG und die Schlussabrechnung gemäß § 72 Abs. 2 WohnBauG/§ 8 a Abs. 4 WohnBindG 767
    2. Besonderheiten 775
    3. Durchschnittsmiete/Einzelmiete 777
    4. Einfrierungsgrundsatz und spätere Veränderungen 777
    5. Rechte des Mieters bei der Festsetzung der Kostenmiete 779
IV. Die Mieterhöhung 780
    1. Vorbemerkung 780
    2. Die einzuhaltenden Formalien 780
    3. Sonderfälle 786
    4. Rechte des Mieters 791
    5. Folgen einer unwirksamen Mieterhöhungserklärung 792
V. Einmalige Mieterleistungen 792
    1. Vorbemerkung 792
    2. Übernahme der Kleinreparaturen und der Schönheitsreparaturen 793
    3. Mietvorauszahlung und Mieterdarlehen zum Bau der Wohnung 793
    4. Mietvorauszahlung und Mieterdarlehen zur Modernisierung der Wohnung 793
    5. Übernahme von Finanzierungsbeiträgen durch den Nachmieter 793

Inhaltsverzeichnis

6. Kaution	794
7. Möblierungszuschlag, Übernahme von Arbeiten, Kauf von Gegenständen	794
8. Erstattungsanspruch des Mieters	795
9. Erstattungspflichtiger	795
VI. Betriebskosten	795
1. Umlagefähigkeit	795
2. Aufteilung	796
3. Jahresfrist	799
4. Erhöhung der Vorauszahlung	800
VII. Die vorzeitige Rückzahlung der öffentlichen Mittel	800
1. Sozialer Wohnungsbau	800
2. Bei Wohnungsfürsorgemitteln	801
3. Sonstige öffentliche Förderung	801
4. Wohnungseigentum	801
VIII. Mieterhöhung zum Ende der öffentlichen Bindung	802
1. Anzuwendende Vorschriften	802
2. Zeitpunkt der Erhöhung	802
3. Kappungsgrenze und Fehlbelegungsabgabe	802
4. Auskunftsanspruch § 558 Abs. 4 BGB	804
5. Vereinbarung einer Staffelmiete	805
IX. Umwandlung in Wohnungseigentum	805
1. Verfahren	805
2. Vorkaufsrecht § 577 BGB (früher in § 2 b WohnBindG geregelt)	806
3. Kündigungsschutz nach § 577 a BGB	806
X. Verstöße gegen die öffentliche Bindung	807
1. Allgemein	807
2. Mietpreisüberhöhung	807
3. Fehlbelegung, § 4 WohnBindG	808
4. Folgen des Verstoßes	809

§ 26 Mietsicherheiten

I. Kaution	814
1. Muster einer Kautionsvereinbarung	814
2. Verpflichtung zur Kautionszahlung	814
3. Arten der Sicherheitsleistung	815
4. Höhe der Kaution	818
5. Fälligkeit und Einzelprobleme	819
II. Vermieterpfandrecht	828
1. Pfandrecht	829
2. Pfandgläubiger	829
3. Forderung	829
4. Pfandgegenstand	830
5. Erlöschen	831
6. Selbsthilferecht, Herausgabeanspruch	832

10. Abschnitt. Beendigung des Wohnraummietverhältnisses

§ 27 Vorzeitiger Auszug des Mieters

I. Zahlungspflicht	834
1. Allgemeines	834
2. Einschränkungen der Zahlungspflicht des Mieters	835
3. Übersicht: Zahlungspflicht bei Auszug	840

Inhaltsverzeichnis

II. Vorzeitige Vertragsentlassung bei Stellung eines Nachmieters	840
1. Vertragliche Nachmieterklausel	840
2. Stellung eines Nachmieters nach Treu und Glauben (§ 242 BGB)	841
3. Übersicht: Nachmieterstellung	845

§ 28 Vertragsbeendigung durch Kündigung

I. Allgemeine Grundlagen	848
1. Begriff und Arten der Kündigung	848
2. Erklärender	849
3. Erklärungsempfänger	851
4. Inhalt	852
5. Form der Kündigung	856
6. Zugang einschließlich Nachweismöglichkeiten	856
II. Außerordentliche fristlose Kündigung	859
1. Fristlose Kündigung des Mieters	859
2. Fristlose Kündigung des Vermieters	877
III. Ordentliche befristete Kündigung	903
1. Ordentliche befristete Kündigung des Mieters	903
2. Ordentlich befristete Kündigung des Vermieters	910
IV. Außerordentliche befristete Kündigung	943
1. Sonderkündigungsrechte des Mieters	943
2. Sonderkündigungsrechte des Vermieters	960

§ 29 Vertragsbeendigung ohne Kündigung

I. Zeitmietvertrag	963
1. Einführung	963
2. Voraussetzungen eines Zeitmietvertrages	964
3. Zeitmietvertrag	971
4. Alt-Zeitmietvertrag mit Bestandsschutz	982
5. Vereinbarungen über den Kündigungsausschluss	988
6. Befristung und AGB-Recht	993
7. Zeitmietvertrag und Mieterhöhung	995
8. Weiternutzung durch den Mieter	998
9. Anspruch des Mieters auf vorzeitige Entlassung aus einem Zeitmietvertrag	999
II. Vereinbartes Rücktrittsrecht/Auflösende Bedingung (§ 572 BGB)	1003
1. Allgemeines	1003
2. Rücktrittsrecht	1004
3. Auflösende Bedingung	1004
III. Mietaufhebungsvertrag	1005
1. Checkliste: Abschluss eines Mietaufhebungsvertrages	1005
2. Allgemeines	1005
3. Rechtsanspruch auf Abschluss eines Mietaufhebungsvertrages ...	1007
4. Nachmieterproblem	1009
5. Inhalt eines Mietaufhebungsvertrages	1009
IV. Öffentlich-rechtliche Gründe	1011

§ 30 Vertragsverlängerung gemäß § 545 BGB

I. Einleitung	1012
II. Tatbestandliche Voraussetzungen	1012
1. Ablauf der Mietzeit	1012
2. Gebrauchsfortsetzung durch den Mieter	1013
3. Widerspruchserklärung	1013
4. Widerspruchsfrist	1015

Inhaltsverzeichnis

    III. Rechtsfolgen 1015
    IV. Abweichende Vereinbarung 1015
    V. Darlegungs- und Beweislast 1016

11. Abschnitt. Abwicklung des beendeten Mietverhältnisses

§ 31 Wechselseitige Abwicklungsansprüche

    I. Fälle des beendeten Mietverhältnisses 1017
    II. Ansprüche des Vermieters gegen den Mieter 1019
        1. Räumung und Herausgabe 1019
        2. Folgen bei verspäteter Herausgabe 1022
        3. Durchführung von Schönheitsreparaturen 1022
        4. Schadensersatz wegen Beschädigung/Verschlechterung oder vertragsgemäßer Gebrauch 1022
        5. Rückbauverpflichtungen 1024
        6. Vermieterpfandrecht 1024
    III. Ansprüche des Vermieters gegen einen Untermieter oder Dritte ... 1024
        1. Räumung und Herausgabe 1024
        2. Nutzungsentgelt 1025
    IV. Ansprüche des Mieters gegen den Vermieter 1025
        1. Wegnahme von Einrichtungen 1025
        2. Kautionsabrechnung 1026
        3. Nutzungsrecht bei verspäteter Herausgabe 1026
        4. Rückgabe sonstiger Mieterleistungen 1026
        5. Aufwendungsersatz 1026
    V. Ansprüche des Mieters gegen einen Untermieter 1027
    VI. Checklisten zur Abwicklung 1027

§ 32 Verjährung und Verwirkung

    I. Verjährung 1029
        1. Begriff 1029
        2. Miete 1029
        3. Rückforderung überzahlter Kostenmiete 1029
        4. Auskunftsanspruch: §§ 8 Abs. 4 WoBindG, 29 NMV 1030
        5. Mietpreisüberhöhung: § 5 WiStG 1030
        6. Betriebskostenabrechnung 1031
        7. Kaution 1033
        8. Sonstige Ansprüche 1034
        9. Das Eintreten Dritter in das Mietverhältnis 1043
        10. Vereinbarung über Fälligkeit der Ansprüche 1044
        11. Verjährungseinrede als unzulässige Rechtsausübung 1044
        12. Verhältnis altes zu neuem Verjährungsrecht 1044
        13. Fristenberechnung 1044
    II. Verwirkung 1045
        1. Begriff 1045
        2. Miete 1045
        3. Rückerstattung preisrechtswidriger Leistungen, § 8 WobindG ... 1046
        4. Rückerstattung wegen Mietpreisüberhöhung 1046
        5. Rückgabeanspruch 1047
        6. Räumungstitel 1047
        7. Kündigungsbefugnis des Vermieters 1047
        8. Kündigungsbefugnis des Mieters 1047
        9. Mieterhöhung 1048

10. Nebenkosten, § 560 BGB 1048
11. Einzelfälle 1049
III. Übersicht: Verjährungsfristen 1050

12. Abschnitt. Sonderprobleme

§ 33 Besondere Mietobjekte

I. Die vermietete Eigentumswohnung 1053
  1. Konfliktsituation zwischen Wohnungseigentums- und Mietrecht 1053
  2. Mietvertragsabschluss trotz Vermietungsbeschränkungen 1054
  3. Betriebskostenumlage und -abrechnung 1055
  4. Wohnungseigentumsrechtswidrige Einräumung von Gebrauchsrechten .. 1058
  5. Willensbildungen der Eigentümer über bauliche Veränderungen und die Duldungspflicht des Mieters 1062
  6. Problem der Versorgungssperre 1064
  7. Mängel im Gemeinschaftseigentum 1065
  8. Anpassungsklauseln an wohnungseigentumsrechtliche Bindungen 1065
  9. Der Umwandlungsfall 1066
II. Die Werkswohnung 1070
  1. Die Werkmietwohnung (§ 576 BGB) 1070
  2. Werkdienstverhältnis (§ 576 b BGB) 1081
III. Die Genossenschaftswohnung 1084
  1. Vorbemerkungen 1084
  2. Grundlagen 1085
  3. Nutzungsverhältnis 1087
  4. Rechte und Pflichten des Mitgliedes 1090
  5. Rechte und Pflichten der Genossenschaft 1096
  6. Beendigung des Nutzungsverhältnisses 1097
  7. Erbgang 1103

§ 34 Zweckentfremdung

I. Die formellen Voraussetzungen 1105
  1. Inhalt des Art. 6 MVerbG 1105
  2. Begriff des Wohnraums 1106
II. Die materiellen Tatbestände 1107
  1. Umwandlung in Geschäftsraum 1107
  2. Fremdenbeherbergung 1107
  3. Dauerndes Leerstehen lassen 1108
  4. Unbewohnbarmachen 1108
  5. Abbruch von Wohnraum 1108
III. Erteilung und Versagung der Genehmigung 1109
  1. Überwiegende öffentliche Interessen 1109
  2. Überwiegende private Interessen 1109
IV. Bedingungen, Befristungen und Auflagen 1110
  1. Befristung 1111
  2. Bedingungen 1111
  3. Auflagen, insbesondere Ausgleichszahlungen 1111
V. Rechtsbehelfe 1111
VI. Auswirkungen auf ein bestehendes Mietverhältnis 1112
  1. Wiederzuführung zum Wohnungsmarkt durch Verwaltungsakt 1112
  2. Aufhebung/Kündigung/Anfechtung des Mietvertrages 1112

Inhaltsverzeichnis

§ 35 Wohnungsvermittlung und Maklerrecht
- I. Anwendungsbereich 1113
- II. Wohnungsvermittler 1114
    1. Anspruch auf Entgelt 1114
    2. Mustertexte 1115
    3. Ausschluss des Provisionsanspruches 1116
- III. Verflechtung 1117
    1. Verwalter 1118
    2. Verwaltungsaufgaben 1118
    3. WEG-Verwalter 1118
    4. Wirtschaftliche Beteiligung 1119
- IV. Entgelt und Auslagen 1120
    1. Erfolgsunabhängige Provisionen 1120
    2. Provisionsteilung 1120
    3. Provisionshöhe 1120
    4. Monatsmiete 1120
    5. Aufwendungen/Auslagen 1120
    6. Weitere Dienste 1121
- V. Vertragsstrafe 1121
    1. Begrenzung 1121
    2. Rückzahlung 1121

§ 36 Gewaltschutzgesetz
- I. Grundlagen 1122
- II. Regelungsinhalte 1123
    1. Allgemeine Eingriffsvoraussetzungen 1123
    2. Spezielle Eingriffsvoraussetzungen bei § 2 GewSchG 1124
    3. Regelungsmöglichkeiten und Regelungszweck des § 2 GewSchG 1125
    4. Ausschluss des Anspruchs auf Wohnungszuweisung, § 2 Abs. 3 GewSchG 1126
    5. Anspruch auf Nutzungsvergütung, § 2 Abs. 5 GewSchG 1128
    6. Einfluss auf bestehende Mietverträge 1128
    7. Weitere Auswirkungen der Verabschiedung des GewSchG 1129
- III. Zuständigkeit, Verfahren und Vollstreckung 1129
    1. Zuständigkeit 1129
    2. Verfahren 1130
    3. Geschäftswert 1130
    4. Vollstreckung 1130
    5. Titelverbrauch und Titelherausgabe 1131
    6. Strafbarkeit gemäß § 4 GewSchG 1131

§ 37 Versicherungsrechtliche Fragen
- I. Versicherungen der Vermieters 1132
    1. Wohngebäudeversicherung 1133
    2. Gebäudehaftpflichtversicherung 1134
- II. Hausratversicherung des Mieters 1135
    1. Rechtsgrundlage 1135
    2. Versicherte Sachen, § 1 VHB 92 und VHB 2000 1135
    3. Versicherte Gefahren, § 3 VHB 92 und VHB 2000 1135
    4. Versicherte Kosten, § 2 VHB 92 und VHB 2000 1136
    5. Versicherungswert, § 18 VHB 92 und § 12 VHB 2000 1136
    6. Nicht versicherte Schäden 1136
    7. Klauseln 1136
- III. Schutzbereich der Versicherungsverträge 1136

Inhaltsverzeichnis

13. Abschnitt. Verfahrensfragen

§ 38 Erkenntnisverfahren

I. Zuständigkeit 1138
    1. Örtliche Zuständigkeit 1138
    2. Sachliche Zuständigkeit 1138
II. Parteien des Mietprozesses 1139
    1. Vertragspartner 1139
    2. Dritte 1140
    3. Bereits ausgezogene Vertragspartei 1140
III. Klage auf künftige Räumung 1140
IV. Stillschweigende Verlängerung des Mietverhältnisses gemäß § 545 BGB 1141
V. Negative Zwischenfeststellungsklage 1142
VI. Klage auf Duldung von Modernisierungsmaßnahmen 1142
VII. Klage auf Räumung eines Grundstücks mit vom Mieter errichteten Aufbauten 1143
VIII. Mieterhöhungsverlangen im Prozess 1144
    1. Fristen des § 558 b Abs. 2 BGB als Sachurteilsvoraussetzung 1144
    2. Formen des nachgeholten Mieterhöhungsbegehrens ... 1144
    3. Kündigungsmöglichkeit nach § 569 Abs. 3 Ziffer 3 BGB ... 1144
IX. Der Urkundenprozess 1145
X. Einstweilige Verfügung 1146
    1. Räumung 1146
    2. Besitzentzug und Entzug von Versorgungsleistungen 1146

§ 39 Zwangsvollstreckung und Insolvenz

I. Zwangsvollstreckung zur Erwirkung von Handlungen oder Unterlassungen ... 1148
    1. Erteilung einer Nebenkostenabrechnung 1148
    2. Wegschaffung eines Haustieres 1148
    3. Durchführung von Reinigungsarbeiten im Wechsel mit anderen Mietern ... 1149
    4. Verpflichtung des Vermieters zur ausreichenden Beheizung der Mieträumlichkeiten 1149
    5. Beseitigung von Feuchtigkeitsschäden 1149
II. Zwangsvollstreckung des Räumungs- und Herausgabeanspruchs 1149
    1. Räumungstitel 1149
    2. Durchführung 1149
    3. Räumungskostenvorschuss 1152
III. Räumungsschutz 1152
    1. Räumungsschutz nach § 721 ZPO 1152
    2. Räumungsfrist, § 794 a ZPO 1155
    3. Räumungsschutz nach § 765 a ZPO 1155
    4. Einstellung der Zwangsvollstreckung 1156
    5. Wiedereinweisung 1156
IV. Zwangsversteigerung und Zwangsverwaltung von Wohnraum 1157
    1. Einleitung 1157
    2. Zwangsversteigerung 1158
    3. Zwangsverwaltung 1163
V. Insolvenz im Wohnraummietverhältnis 1172
    1. Einleitung 1172
    2. Insolvenzrechtliche Besonderheiten bei Wohnraummietverhältnissen in der Insolvenz des Mieters 1172
    3. Insolvenzrechtliche Besonderheiten bei Wohnraummietverhältnissen in der Insolvenz des Vermieters 1173

Inhaltsverzeichnis

§ 40 Außergerichtliche Konfliktlösung

 I. Ausgangslage 1174
 II. Außergerichtliche Konfliktlösung 1176
  1. Aktuelle Entwicklung 1176
  2. Begriff und Arten der außergerichtlichen Konfliktlösung 1177
 III. Verhandeln 1178
 IV. Schlichtung 1178
  1. Obligatorische Schlichtung 1178
  2. Freiwillige Schlichtung 1180
 V. Mediation 1182
  1. Allgemeines 1182
  2. Mediation im Mietrecht 1184
 VI. Resümee 1187

Teil B. Gewerberaummiete

1. Abschnitt. Das gewerberaummietrechtliche Mandat

§ 41 Mandatsannahme, -bearbeitung und -abwicklung anhand von Checklisten

 I. Allgemeines 1189
 II. Checklisten 1190
  1. Mandatsannahme 1190
  2. Vertragsschluss 1190
  3. Rechte und Pflichten während der Vertragslaufzeit 1195
  4. Mietpreisrecht 1199
  5. Vertragsbeendigung 1204
  6. Prozessuales 1210
  7. Mandatsabschluss 1210

§ 42 Streitwerte und Kosten

 I. Einleitung 1212
 II. Streitwert im vorvertraglichen Verhältnis, vertraglichen Verhältnis, Beendigung des Vertragsverhältnisses, nach Beendigung des Vertragsverhältnisses, Prozessuales, in der Zwangsvollstreckung, in der der Zwangsversteigerung ... 1212
 III. Besondere Streitwerte im Gewerberaummietrecht 1212
  1. Klage, mit der ein Geschäftsraummieter gegen seinen Vermieter Unterlassungsanspruch auf Konkurrenzverbot geltend macht 1212
  2. Klage auf Erfüllung von Mängelbeseitigungsmaßnahmen im Geschäftsraummietverhältnis 1213
 IV. Kosten 1214

§ 43 Besondere anwaltliche Haftungsrisiken im Gewerberaummietrecht

 I. Allgemeines 1215
 II. Form 1216
 III. Allgemeine Geschäftsbedingungen 1217
 IV. Flächenberechnung 1217
 V. Vertrags- bzw. Nutzungszweck 1217
 VI. Umsatzsteuer 1218
 VII. Mieterhöhung 1218
 VIII. Nebenkosten 1219

IX. Mietsicherheiten 1219
X. Schönheitsreparaturen und Kleinreparaturen 1220
XI. Wartungspflichten 1220
XII. Betriebspflicht 1221
XIII. Konkurrenzschutz 1221
XIV. Versorgungssperre 1221
XV. Kündigung 1221

2. Abschnitt. Vertragsanbahnung

§ 44 Vertragsanbahnung beim Gewerberaummietverhältnis
I. Rechtliche Einordnung der Gewerberaummiete 1222
   1. Zweck der Vermietung 1223
   2. Die zentralen gesetzlichen Vorschriften 1224
   3. Öffentlich-rechtliche und andere Nutzungsbeschränkungen ... 1225
   4. Abgrenzung zwischen einzelnen Vertragstypen 1227
II. Die den (Haupt-)Mietvertrag vorbereitenden Verträge über Gewerberaum ... 1235
   1. Vorhand/Anmietrecht 1235
   2. Mietvorvertrag 1237
   3. Vormietrecht 1242
   4. Option zur Begründung eines Gewerberaummietvertrags 1248

§ 45 Vorvertragliche Rechte und Pflichten
I. Allgemeines 1253
II. Anmietrecht 1254
   1. Allgemeines 1254
   2. Praktische Bedeutung 1255
   3. Vertragsgestaltung und Muster 1256
III. Vormietrecht 1256
   1. Allgemeines 1256
   2. Begründung des Vormietrechts 1258
   3. Ausübung des Vormietrechts 1259
   4. Vertragsgestaltung 1261
IV. Mietvorvertrag 1262
   1. Allgemeines 1262
   2. Zustandekommen des Mietvorvertrages 1264
   3. Rechte und Pflichten aus dem Mietvorvertrag 1266
   4. Vertragsgestaltung und Muster 1270
V. Option 1271
   1. Allgemeines 1271
   2. Begründung des Optionsrechts 1272
   3. Ausübung des Optionsrechts 1272
   4. Vertragsgestaltung 1273
VI. Culpa in contrahendo 1273
   1. Allgemeines/Haftungsgrundlagen 1273
   2. Abbruch von Vertragsverhandlungen 1275
   3. Verletzung von Aufklärungspflichten 1276

3. Abschnitt. Vertragsabschluss

§ 46 Vertragsabschluss und Mängel beim Vertragsabschluss
I. Einführung 1280
II. Vertragsangebot 1280
III. Verhandlungsphase vs. Vertragsabschluss 1281

Inhaltsverzeichnis

    IV. Letter of Intent 1281
        1. Regelungsbereich 1281
        2. Rechtsfolgen 1282
    V. Rahmenvertrag 1282
    VI. Kaufmännisches Bestätigungsschreiben 1283
        1. Persönlicher Geltungsbereich 1283
        2. Sachliche und inhaltliche Parameter, Rechtsfolgen 1283
    VII. Relevanz der Energieeinsparverordnung 1284
    VIII. Allgemeines Gleichbehandlungsgesetz AGG 1284

§ 47 (Schrift-) Formfragen

    I. Einleitung 1286
    II. Gesetzliche Schriftform 1286
        1. Anwendungsbereich 1286
        2. Voraussetzungen 1288
        3. Besonderheiten bei Änderungen oder Ergänzungen 1296
        4. Folgen des Formmangels 1298
    III. Gewillkürte Schriftform 1298
        1. Voraussetzungen 1298
        2. Umfang 1300
        3. Folgen von Formverstößen 1300
    IV. Textform und elektronische Form 1300
        1. Textform 1300
        2. Elektronische Form 1301
        3. Probleme des Zugangs und des Widerrufs bzw. der Anfechtung ... 1302
    V. Ausschluss und Einschränkungen der Berufung auf Formmängel ... 1303
    VI. Heilungsmöglichkeiten 1304
    VII. Beweislast 1305

§ 48 Formularmietverträge und AGB-Recht

    I. Einleitung 1308
    II. Vertragsparteien 1311
        1. Einzelhandelskaufmann 1311
        2. oHG, KG 1311
        3. Nichtrechtsfähiger Verein 1311
        4. Personenmehrheit 1312
        5. Gesellschaft des bürgerlichen Rechts 1312
        6. Partnerschaftsgesellschaft 1313
        7. GmbH, AG, Genossenschaft 1314
        8. (Mit-)Haftung des Abschlussvertreters 1314
        9. Zustimmung zum Vermieterwechsel 1314
        10. Gewerbliche Zwischenvermietung 1315
        11. Eintrittsklausel bei einer vermietenden BGB-Gesellschaft 1315
        12. Ersatzmieterklauseln 1315
    III. Mietobjekt 1316
        1. Zuweisung anderer Räume 1316
        2. Änderung der Baupläne 1317
        3. Nutzung des Mietobjekts für Werbezwecke 1317
    IV. Abnahmepflicht 1318
    V. Betriebspflicht 1318
    VI. Mietzeit 1319
        1. Langfristig formularmäßige Bindung, ggf. auch über sog. Verlängerungsklauseln 1319
        2. Optionsrechte 1319

Inhaltsverzeichnis

	3. Mietbeginn	1320
	4. Haftung des Vermieters für die nicht rechtzeitige Übergabe des Mietobjekts	1321
	5. Befristung und vorformulierte Kündigungsregelungen	1322
VII.	Miete	1322
	1. Höhe	1322
	2. Umsatzsteuer	1322
	3. Vorauszahlungsklauseln	1323
	4. Rechtzeitigkeitsklauseln	1324
	5. Abbuchungs- und Lastschriftverfahren	1324
	6. Tilgungs-/Verrechnungsbestimmungen	1325
	7. Aufrechnungsrechte	1325
	8. Zurückbehaltungsrechte	1326
	9. Befreiung von der Mietzahlungspflicht	1327
VIII.	Änderung der Miete	1327
	1. Mieterhöhungsvereinbarung im Einzelfall	1327
	2. Staffelmietvereinbarung	1328
	3. Mietanpassungsklauseln/Indexmiete	1328
IX.	Nebenkosten	1329
	1. Umlagevereinbarung	1329
	2. Hinweis auf die BetrKV	1329
	3. Mehrbelastungsklauseln/Umlage neuer Betriebskosten	1331
	4. Änderungsvorbehalte	1331
	5. Abrechnung	1332
X.	Mahnkosten/Pauschalierte Verzugszinsen/Vorfälligkeitsentschädigung/Vertragsstrafe	1332
	1. Mahnkosten	1332
	2. Pauschalierte Verzugszinsen	1333
	3. Vorfälligkeitsentschädigung	1333
	4. Vertragsstrafe	1333
XI.	Mietsicherheiten	1334
	1. Barkaution	1334
	2. Mietbürgschaft	1335
	3. Sonstige Sicherheiten	1335
XII.	Gebrauchsüberlassungspflicht des Vermieters	1336
XIII.	Nutzungszweck	1337
XIV.	Zustandsbeschreibungen	1337
XV.	Bestätigungs- und Besichtigungsklauseln	1338
XVI.	Instandhaltung und Instandsetzung	1338
XVII.	Schönheitsreparaturen	1339
XVIII.	Bauliche Veränderungen durch den Mieter	1342
XIX.	Obhuts-, Anzeige- und Duldungspflichten	1343
XX.	Versicherungspflicht	1343
XXI.	Verkehrssicherungspflichten	1344
XXII.	Haftungserweiterungen zu Lasten des Mieters	1344
	1. Gefährdungshaftung	1345
	2. Schadensverursachung durch Dritte	1345
XXIII.	Gebrauchsüberlassung an Dritte	1346
	1. Anspruch auf Vermieterzustimmung	1346
	2. Untermietzuschlag	1347
XXIV.	Konkurrenzschutz	1347
XXV.	Gewährleistung	1348
	1. Minderung	1348
	2. Schadensersatz	1349
	3. Aufwendungsersatz	1350

Inhaltsverzeichnis

4. Fristlose Kündigung	1350
5. Besonderheiten bei der Rechtsmängelhaftung	1350
XXVI. Beendigung des Mietverhältnisses	1351
1. Formalien	1351
2. Fristgerechte, ordentliche Kündigung	1351
3. Fristlose Kündigung	1352
4. Sonderkündigungsrechte	1353
5. Sonstige Beendigungsgründe	1353
XXVII. Abwicklung des beendeten Mietverhältnisses	1354
1. Rückgabe der Mietsache	1354
2. Zurückgelassene Sachen des Mieters	1354
3. Verspätete Rückgabe des Mietobjektes	1355
4. Mieteransprüche	1355
5. Verjährung nach § 548 BGB	1355
6. Betriebsübergang	1356
XXVIII. Rechtsgeschäftliche Regelungen	1356
1. Vollmachtsklauseln	1356
2. Schriftformklauseln	1357
3. Vollständigkeitsklauseln	1357
4. Salvatorische Klauseln	1357
5. Kostentragungsklauseln	1358
6. Rechtswahlklauseln	1358
7. Schiedsklauseln und Schiedsgutachterklauseln	1358
XXIX. Schlussbestimmungen	1359
1. Erfüllungsort	1359
2. Gerichtsstandsvereinbarungen	1359

4. Abschnitt. Parteien des Gewerberaummietverhältnisses

§ 49 Mietvertragsparteien und Parteiwechsel

I. Grundsätzliches	1361
II. Mietvertragsparteien	1362
1. Natürliche Personen	1362
2. Personenmehrheiten/Gesellschaften	1363
3. Bruchteilsgemeinschaft (§ 741 BGB)	1367
4. Juristische Personen	1368
5. Besondere Parteikonstellationen	1369
III. Parteiwechsel	1371
1. Wechsel des Mieters	1371
2. Wechsel des Vermieters	1374

§ 50 Gebrauchsüberlassung an Dritte

I. Nach dem Vertragszweck gestattete Untervermietung	1377
II. Sonderformen der Gebrauchsüberlassung/personelle und Rechtsformänderungen auf Seiten des Mieters	1378
1. Aufnahme eines Dritten in den Betrieb des Mieters	1378
2. Änderung der Rechtspersönlichkeit des Mieters	1378
3. Wechsel von Gesellschaftern oder Geschäftsführern	1378
4. Veräußerung des Einzelhandelsunternehmens	1379
5. Gebrauchsüberlassung an eine personenidentische juristische Person	1379
6. Briefkastenfirmen, Treuhandschaften	1380
III. Erlaubnis des Vermieters	1381
1. Auskunftspflicht des Mieters bei Untervermietungswunsch	1381
2. Inhalt der Erlaubnis	1382
3. Wichtiger Grund in der Person des Dritten	1382

IV. Gewerbliche Zwischenvermietung 1382
     1. Interessenlage 1382
     2. Voraussetzungen 1383
     3. Rechtsfolgen 1384
     4. Wechsel des Zwischenvermieters 1385
     5. Gewährleistung 1385
  V. Vertragsgestaltung 1385

5. Abschnitt. Mietobjekt

§ 51 Mietsache

  I. Bestimmung des Vertragsgegenstandes 1388
  II. Nachträgliche Veränderungen des Mietobjekts 1388
     1. Vertraglicher Vorbehalt 1388
     2. Bauliche Veränderungen 1389

§ 52 Überlassung, Betrieb und Veräußerung der Mietsache

  I. Überlassung und Betrieb der Mietsache 1391
     1. Mietobjekt 1391
     2. Betriebspflicht 1392
     3. Besitzschutzansprüche 1393
     4. Rechtsfolgen 1393
  II. Veräußerung der Mietsache 1393
     1. Einführung 1393
     2. Anwendungsbereich 1393
     3. Folgen 1394
     4. Konsequenzen für die anwaltliche Vertretung 1395

6. Abschnitt. Mietzeit

§ 53 Vertragslaufzeit und Änderung der Vertragsdauer

  I. Vertragslaufzeit 1398
     1. Feste Laufzeit 1398
     2. Verlängerung um bestimmte Zeiträume 1398
     3. Verlängerung auf unbestimmte Zeit 1399
     4. Kündigungs-/Widerspruchsklausel 1399
  II. Option 1399
     1. Vertragliche Regelung 1399
     2. Schriftform 1400
     3. Rechtsfolge 1400

7. Abschnitt. Mietgebrauch

§ 54 Allgemeine Gebrauchsrechte und -pflichten, Hausordnung und Zutrittsrechte

  I. Überblick 1402
  II. Mietzweck 1403
     1. Vereinbarungen zum Mietzweck 1403
     2. Nutzungsänderung 1405
     3. Vorgetäuschter Zweck 1408
     4. Rechtliche Unmöglichkeit der vertraglichen Nutzung 1408
  III. Haftungsbegrenzungen zugunsten des Vermieters 1408
     1. Individualvertragliche Vereinbarung 1409
     2. Formularvertragliche Vereinbarung 1409

Inhaltsverzeichnis

IV. Haftungserweiterungen zu Lasten des Mieters (Sphärenhaftung und Versicherbarkeit)	1410
V. Haftung für Erfüllungsgehilfen	1411
VI. Ausgewählte Regelungsbereiche zum vertragsgemäßen Gebrauch im Einzelnen	1412
1. Abstellplatz und Zugang	1412
2. Briefkasten und Firmenschilder	1412
3. Werbe-/Reklameeinrichtungen/Wandflächen	1413
4. Aufzüge	1415
5. Statik/bauliche Voraussetzungen	1415
6. Rauchverbot	1415
7. Erweiterung des Geschäfts/Sortiments	1416
8. Genehmigungen/öffentlich-rechtliche Zulässigkeit des Mietgebrauchs	1417
9. Ungeziefer	1418
10. Rohrleitungen	1419
VII. Mieterpflicht zur Duldung von Erhaltungsmaßnahmen, §§ 554 Abs. 1, 578 Abs. 2 BGB	1419
1. Einleitung	1419
2. Zu duldende Maßnahmen	1419
3. Informationspflicht des Vermieters	1420
4. Umfang der Duldungspflicht	1420
5. Mitwirkungspflicht des Mieters	1420
6. Kompensation, Mietminderung, Kündigungsrecht	1421
7. Prozessuale Durchsetzung	1422
VIII. Obhutspflichten	1422
1. Überblick	1422
2. Schließanlage	1423
3. Hygiene, schlechte Wetterbedingungen	1423
IX. Verkehrssicherungspflichten	1424
1. Begrifflichkeit und Umfang	1424
2. Verkehrssicherungspflicht des Eigentümers	1425
3. Eigene Verkehrssicherungspflicht des Mieters	1425
4. Einzelfälle	1426
5. Übertragung auf den Mieter	1427
6. Übertragung auf einen Dritten	1427
7. Erfüllungsanspruch des Vermieters gegen den Mieter	1428
8. Folgen bei Verletzung der Verkehrssicherungspflichten	1428
9. Kontaminierungen	1429
10. Brandschutz	1430
X. Besichtigungsrecht	1432
1. Vertraglich vereinbart	1432
2. Als gesetzliche Nebenpflicht	1432
3. Unwirksame formularvertragliche Vereinbarungen	1433
4. Prozessuale Durchsetzung	1433
XI. Hausordnung	1433
XII. Beweislast	1434
1. Vereinbarungen bezüglich der Beweislast	1434
2. Beweislast gem. § 538 BGB und dessen Erleichterung	1434
3. Beweislast beim Schadensersatzanspruch gem. § 280 BGB (Sphärentheorie)	1435

§ 55 Konkurrenzschutz und Betriebspflicht

I. Konkurrenzschutz	1437
1. Überblick	1437

Inhaltsverzeichnis

    2. Vertragsimmanenter Konkurrenzschutz 1438
    3. Vertraglich Vereinbarter Konkurrenzschutz 1451
    4. Vertraglicher Ausschluss des Konkurrenzschutzes 1453
    5. Vertragliches Wettbewerbsverbot zugunsten wichtiger Mieter 1455
    6. Nachvertragliches Wettbewerbsverbot 1456
    7. Veräußerung – Nachwirkung der Konkurrenzschutzklausel 1456
    8. Kartellrechtliche Beschränkungen des vertraglichen Konkurrenzschutzes – Schilderpräger und Einkaufszentrum 1456
    9. Ausgewählte Einzelfälle aus typischerweise problematischen Bereichen .. 1457
    10. Ansprüche des Mieters bei Konkurrenzschutzverletzung durch den Vermieter 1458
    11. Prozessuale Möglichkeiten des Mieters 1461
  II. Betriebspflicht 1471
    1. Einleitung 1471
    2. Definition 1471
    3. Vereinbarung 1471
    4. Streitpunkt Öffnungszeiten 1473
    5. Anpassen der Betriebspflicht wegen Störung der Geschäftsgrundlage ... 1475
    6. Ansprüche des Vermieters bei Verstoß gegen Betriebspflicht 1476
    7. Prozessuales/Einstweilige Verfügung 1476

8. Abschnitt. Haftung und Gewährleistung

§ 56 Haftung

  I. Mieterhaftung 1478
    1. Haftung aus Verschulden bei Vertragsverhandlungen 1479
    2. Haftung während des Mietgebrauchs 1481
    3. Haftung bei bzw. nach Beendigung des Mietverhältnisses 1487
    4. Haftung des Mieters für Dritte 1489
  II. Vermieterhaftung 1490
    1. Gebrauchsüberlassung 1490
    2. Gebrauchsgewährung 1494
    3. Leistungsstörungen 1497
    4. Haftungsausschlüsse 1502

§ 57 Gewährleistung

  I. Sachmängelhaftung 1503
    1. Mangel 1503
    2. Folgen 1504
  II. Rechtsmängel 1508
    1. Rechte Dritter 1508
    2. Folgen 1509
  III. Gewährleistungsausschlüsse 1510
    1. Gesetzliche Ausschlüsse 1510
    2. Vertragliche Ausschlüsse 1511
    3. Wegfall der Geschäftsgrundlage, § 313 BGB 1513

9. Abschnitt. Instandhaltung, Instandsetzung und bauliche Veränderungen

§ 58 Instandhaltung, Instandsetzung, Schönheitsreparaturen, Kleinreparaturen und Wartung

  I. Instandhaltung und Instandsetzung 1515
    1. Grundsatz 1515
    2. Begriff 1516

Inhaltsverzeichnis

  3. Übertragung auf den Mieter 1517
  4. Folgen unwirksamer Formularklauseln 1520
  5. Formulierungsvorschlag 1520
 II. Schönheitsreparaturen 1520
  1. Begriff 1520
  2. Übertragung der Schönheitsreparaturen auf den Mieter 1522
 III. Kleinreparaturen, Wartung 1529
  1. Kleinreparaturen 1529
  2. Wartung 1530

§ 59 Modernisierung, Aus-, Um- und Anbauten

 I. Norm, Zweck/Anwendungsbereich 1531
 II. Beratungscheckliste für Modernisierungsvorhaben 1531
 III. Anspruch des Vermieters auf Modernisierung/Duldungspflicht des Mieters .. 1532
 IV. Mieterrechte aufgrund einer Modernisierung 1532
 V. Unwirksamkeit abweichender Regelungen 1532
 VI. Besonderheit 1532
 VII. Mietermodernisierung 1533
 VIII. Anspruch auf Durchführung und daraus resultierende Ansprüche und Rechtsfolgen 1533
 IX. Aus-, Um- und Anbauten 1533
 X. Abweichende Vereinbarung 1533

10. Abschnitt. Mietpreisrecht

§ 60 Miete, Mietwucher und Umsatzsteuer

 I. Mietwucher 1534
  1. Einleitung 1534
  2. Auffälliges Missverhältnis zwischen Leistung und Gegenleistung 1535
  3. Rechtsfolgen 1538
 II. Miete und Umsatzsteuer 1538
  1. Die Umsatzsteuerbefreiung der Miete 1538
  2. Ausnahmen von der Umsatzsteuerbefreiung 1539

§ 61 Vereinbarte Mieterhöhungen – Staffelmiete und Indexmiete

 I. Einleitung 1544
 II. Preisgleitklausel/Indexmiete 1545
  1. Allgemeines 1545
  2. Die gesetzliche Neuregelung – PrKG 1546
  3. Muster einer automatischen Preisgleitklausel mit Schwellenwert 1548
  4. Schriftformerfordernis und Preisgleitklausel 1549
  5. Geltungserhaltende Reduktion einer verbotenen Preisgleitklausel 1549
  6. Bereicherungsanspruch des Mieters 1550
  7. Wegfall alter Indizes/Berechnungshilfen auf destatis.de 1551
  8. Verwirkung des Nachzahlungsanspruchs 1552
 III. Leistungsvorbehaltsklausel 1552
  1. Allgemeines 1552
  2. Klauselmöglichkeiten 1553
  3. Maßstab für die Veränderung 1553
  4. Keine Einigung der Parteien 1554
  5. Muster einer einseitigen Leistungsvorbehaltsklausel mit Erhöhungsmaßstab 1554
 IV. Staffelmiete 1555
  1. Allgemeines 1555

2. Staffelhöhe 1556
3. Muster einer Staffelmietklausel 1556
V. Umsatz- und Gewinnklauseln 1556
1. Erläuterungen 1556
2. Muster Umsatzklausel 1557
VI. Spannungsklausel 1558
VII. Kostenelementeklausel 1558
VIII. Salvatorische Klausel zur Wertsicherung 1559
IX. Änderung der Betriebskostenvorauszahlungsbeträge 1559
X. Änderung der Mehrwertsteuer 1559
XI. Stillschweigende Mieterhöhung 1560
XII. Mietanpassung aufgrund § 313 BGB 1560
1. Kein kalkulierbarer Rettungsanker für den Vermieter 1560
2. Kein Rettungsanker für den Mieter 1560
3. Miethöhe nach Anpassung, § 313 Abs. 1 BGB 1561
XIII. Grenzen der Mieterhöhung 1561

§ 62 Betriebs- und Nebenkosten, ihre Abrechnung und Anpassung

I. Vereinbarungen über Nebenkosten im Gewerbemietrecht 1563
1. Der Katalog des § 556 Abs. 1 BGB 1563
2. Weitere in der BetrKV nicht geregelte Betriebskosten 1564
3. Schriftformerfordernis 1566
4. Verteilerschlüssel und Flächenberechnung 1566
5. Fehler bei der Mietflächenberechnung 1567
6. Umsatzsteuer 1568
7. Gebot der Wirtschaftlichkeit 1569
8. Vorauszahlungen 1570
9. Pauschalen 1570
10. Heizkosten 1570
II. Abrechnung über die Betriebskosten für Gewerberäume 1572
1. Allgemeine Grundsätze 1572
2. Abrechnungsfrist 1572
3. Abrechnungsreife 1572
4. Form der Abrechnung 1573
5. Inhalt der Abrechnung 1573
6. Korrektur der Abrechnung 1574
7. Kontrollrechte des Mieters 1574
III. Anpassung von Betriebskosten 1575

§ 63 Mietsicherheiten

I. Kaution 1577
1. Unterschiede zur Kaution im Wohnraummietrecht 1577
2. Checkliste 1578
3. Muster einer Kautionsvereinbarung 1578
4. Verpflichtung zur Kautionszahlung 1578
5. Arten der Sicherheitsleistungen 1578
6. Höhe der Kaution 1580
7. Fälligkeit und Einzelfragen 1580
II. Vermieterpfandrecht 1582
1. Begründung 1582
2. Erlöschen 1583
3. Verwertung 1583
4. Insolvenz 1583
III. Anhang: Sicherheiten für Mieter 1584

Inhaltsverzeichnis

11. Abschnitt. Beendigung des Gewerberaummietverhältnisses

§ 64 Vorzeitiger Auszug des Mieters

- I. Zahlungspflicht 1585
  - 1. Allgemeines 1585
  - 2. Gebrauchsrisiko des Mieters 1585
- II. Vorzeitige Vertragsentlassung bei Stellung eines Nachmieters 1586
  - 1. Vertraglich und aus Treu und Glauben 1586
  - 2. Notwendigkeit einer Vereinbarung 1586
  - 3. „Echte" und „unechte" Klauseln 1586
  - 4. Klausel mit beschränkter Wirkung 1587
  - 5. Nachmietervereinbarungen aus Sicht des Vermieters 1587
  - 6. Klauselvorschläge für Nachmietervereinbarungen 1587

§ 65 Vertragsbeendigung durch Kündigung

- I. Allgemeine Grundlagen 1588
  - 1. Vorbemerkung 1588
  - 2. Kündigungsfristen: 1589
  - 3. Form der Kündigung 1589
- II. Außerordentliche fristlose Kündigung 1590
  - 1. Außerordentliche fristlose Kündigung des Mieters 1590
  - 2. Außerordentliche fristlose Kündigung des Vermieters 1599
- III. Befristete Kündigung des Mieters 1609
  - 1. Ordentliche befristete Kündigung des Mieters 1609
  - 2. Außerordentliche befristete Kündigung des Mieters 1610

§ 66 Vertragsbeendigung ohne Kündigung

- I. Grundsätzliches 1613
- II. Aufhebungsvertrag 1613
- III. Erlöschen einer juristischen Person 1614
- IV. Unmöglichkeit 1614

12. Abschnitt. Abwicklung des beendeten Mietverhältnisses

§ 67 Wechselseitige Abwicklungsansprüche

- I. Einleitung 1615
- II. Mieterinvestitionen 1615
  - 1. Bereicherungsanspruch 1615
  - 2. Anspruchsgegner 1615
  - 3. Sicherungsmöglichkeiten des Mieters 1616
- III. Umzugshinweise 1616

§ 68 Verjährung und Verwirkung

- I. Verjährung 1617
- II. Verwirkung 1617
  - 1. Kündigungsbefugnis des Vermieters 1617
  - 2. Betriebskostenabrechnung 1618
  - 3. Minderung des Mietzinses 1618
  - 4. Nachforderung bei Wertsicherungsklauseln 1618

Inhaltsverzeichnis

13. Abschnitt. Sonderprobleme

§ 69 Besondere Mietobjekte – Großobjekte, Gaststätten und Arztpraxen

- I. Vermietung in Großobjekten 1619
  - 1. Mietobjekt in einem Einkaufszentrum 1620
  - 2. Mietobjekt in einem Bürohaus (Großobjekt) 1646
- II. Andere Gewerbeobjekte 1652
  - 1. Pachtvertrag über eine Gaststätte (Hotel) 1652
  - 2. Pachtvertrag über eine Gaststätte (Hotel) als Mischvertrag ... 1667
  - 3. Mietvertrag über eine Arztpraxis 1670

§ 70 Maklerrechtliche Probleme

- I. Einführung 1680
  - 1. Richterrecht 1681
  - 2. Provisionsanspruch 1681
- II. Maklervertrag 1681
  - 1. Angebot und Annahme 1681
  - 2. Form 1681
  - 3. Prozessuale Hinweise 1685
  - 4. Rechte und Pflichten aus dem Maklervertrag 1686
  - 5. Ende des Maklervertrages 1687
- III. Maklertätigkeit 1688
  - 1. Nachweis 1688
  - 2. Vermittlung 1689
- IV. Hauptvertrag 1689
  - 1. Wirksamer Hauptvertrag 1689
  - 2. Problemfälle 1690
  - 3. Identität 1691
  - 4. Kongruenz 1692
- V. Kausalität 1693
  - 1. Infolge 1693
  - 2. Mitursächlichkeit 1693
  - 3. Unterbrechung der Kausalität 1694
- VI. Provision 1695
  - 1. Wucher 1695
  - 2. Sittenwidrigkeit 1695
  - 3. Übliche Provision 1695
  - 4. Doppelprovision 1696
  - 5. Abwälzung 1696
- VII. Einreden/Einwendungen 1698
  - 1. Verwirkung des Lohnanspruchs 1698
  - 2. Reservierungsvereinbarung 1699
  - 3. Allgemeine Geschäftsbedingungen 1701
  - 4. Verflechtung 1701
- VIII. Sonstige Ansprüche 1702
  - 1. Aufwendungsersatz 1703
  - 2. Erfolgsunabhängige Provision 1703

14. Abschnitt. Verfahrensfragen

§ 71 Erkenntnisverfahren – Prozessuale Besonderheiten der Gewerberaummiete

- I. Örtliche Zuständigkeit 1704
- II. Sachliche Zuständigkeit 1704

Inhaltsverzeichnis

§ 72 Zwangsvollstreckung, Zwangsversteigerung, Zwangsverwaltung

I. Zwangsvollstreckung des Räumungs- und Herausgabeanspruchs 1705
    1. Räumungstitel 1705
    2. Durchführung 1705
II. Zwangsversteigerung und Zwangsverwaltung von Gewerberaum 1707
    1. Allgemeines 1707
    2. Gewerbliche Grundstücksnutzung 1707

§ 73 Insolvenz im Gewerberaummietverhältnis

I. Allgemeines 1709
    1. Ziele, Grundlagen und Beteiligte des Insolvenzverfahrens 1710
    2. Rechtsstreite 1711
II. Einzelzwangsvollstreckung und Insolvenz 1713
    1. Einzelzwangsvollstreckungsmaßnahmen vor der Insolvenz 1713
    2. Einzelzwangsvollstreckungsmaßnahmen im Eröffnungsverfahren ... 1713
    3. Einzelzwangsvollstreckungsmaßnahmen nach Eröffnung des Insolvenzverfahrens 1713
    4. Nicht betroffene Vollstreckungsmaßnahmen 1713
    5. Besonderheiten der dinglichen Vollstreckung 1714
    6. Besondere Vollstreckungsverbote im eröffneten Verfahren 1714
III. Fortbestand der Miet- und Pachtverhältnisse 1714
IV. Das Mietverhältnis in der Insolvenz des Mieters 1715
    1. Kündigung wegen Zahlungsverzugs 1715
    2. Kündigung wegen Verschlechterung der Vermögensverhältnisse 1716
    3. Insolvenzeröffnung vor Überlassung der Mietsache 1716
    4. Insolvenzeröffnung nach Überlassung der Mietsache 1717
V. Das Mietverhältnis in der Insolvenz des Vermieters 1719
    1. Erfüllungsanspruch 1719
    2. Kein Kündigungs- oder Rücktrittsrecht 1720
    3. Vorausverfügungen über die Miete 1720
    4. Veräußerung des Mietobjekts 1721

§ 74 Außergerichtliche Konfliktlösung/Schiedsverfahren

I. Ausgangslage 1722
II. Außergerichtliche Konfliktlösung 1723
    1. Überblick 1723
    2. Aktuelle Entwicklung bei der Mediation 1723
III. Schiedsverfahren 1725
    1. Begriffsbestimmung und Abgrenzung 1725
    2. Schiedsgerichtliches Verfahren 1726
    3. Schiedsgutachten 1726
    4. Konsequenzen für das gerichtliche Verfahren 1727
IV. Mediation 1727
    1. Allgemeines 1727
    2. Mediation im Gewerberaummietrecht 1729
V. Resümee 1731

Inhaltsverzeichnis

Teil C. Pacht

§ 75 Unterschiede zum Mietrecht
    I. Die Vertragselemente des Pachtvertrags 1733
        1. Gegenstand des Pachtvertrags 1734
        2. Wesentliche Merkmale der Fruchtziehung 1734
        3. Leistungen des Verpächters zur Ermöglichung der Fruchtziehung 1736
        4. Die zentralen gesetzlichen Vorschriften 1736
        5. Schriftform 1737
    II. Pachtrechtliche Vertragstypen 1738
        1. Durchlässigkeit zwischen Miet- und Pachtrecht 1738
        2. Mischverträge 1738
        3. Die den Hauptpachtvertrag vorbereitenden Verträge 1739
    III. Voraussetzungen und Grenzen pachtvertraglicher Nutzungsüberlassung 1739
        1. Zulassungserfordernisse und gesetzliche Nutzungshindernisse 1739
        2. Öffentlich-rechtliche Auflagen, Gebote und Verbote 1739

§ 76 Überlassung von Inventar
        1. Inventar als pachtvertragliches Merkmal der Fruchtziehung 1741
        2. Die zentralen gesetzlichen Vorschriften zum Inventar 1742
        3. Veräußerung von Inventar durch den Pächter 1744
        4. Übernahme und Rückgabe des Inventars 1745
        5. Inventarkauf 1746
        6. Inventarleasing 1747

§ 77 Landpacht, Jagdpacht und Fischereipacht
    I. Landpacht 1750
        1. Rechtsgrundlagen 1750
        2. Vertragsschluss und Form 1750
        3. Genehmigungspflicht nach dem Landpachtverkehrsgesetz (LPachtVG) ... 1752
        4. Vertragsinhalt 1754
        5. Änderung von Landpachtverträgen 1760
        6. Leistungsstörungen 1761
        7. Flächenabweichungen 1768
        8. Verpächterpfandrecht 1768
        9. Beendigung von Landpachtverträgen 1769
        10. Fortsetzung des Pachtverhältnisses 1777
        11. Rückgabe der Pachtsache 1780
    II. Jagdpacht 1783
        1. Gesetzliche Grundlage und Inhalt des Jagdpachtrechts 1783
        2. Beteiligte am Jagdpachtvertrag 1783
        3. Form des Jagdpachtvertrages, Dauer und Anzeigepflicht 1785
        4. Inhalt des Jagdpachtvertrages 1786
        5. Leistungsstörungen 1798
        6. Beendigung des Pachtverhältnisses 1800
    III. Fischereipacht 1803
        1. Gesetzliche Grundlagen und Inhalt des Fischereipachtvertrages 1803
        2. Beteiligte des Fischereipachtvertrages 1803
        3. Form des Fischereipachtvertrages, Dauer und Anzeigepflicht 1804
        4. Inhalt des Fischereipachtvertrages 1805
        5. Beendigung des Pachtverhältnisses 1808

Inhaltsverzeichnis

§ 78 Unternehmenspacht

I. Erscheinungsformen 1809
  1. Unternehmens- oder Betriebspacht 1809
  2. Teilbetriebspacht 1809
  3. Franchising 1809
II. Hauptpflichten 1810
  1. Hauptpflichten des Unternehmenspächters 1810
  2. Hauptpflichten des Verpächters 1811
III. Laufzeit, Kündigung 1811
IV. Arbeitnehmerschutz, § 613a BGB 1811

Teil D. Leasing

§ 79 Immobilienleasing

I. Einleitung 1813
II. Steuerrechtliche Beurteilung des Immobilienleasings 1814
  1. Wirtschaftliches Eigentum beim Leasinggeber 1814
  2. Vollamortisationserlass vom 21. 3. 1972 1815
  3. Teilamortisationserlass vom 23. 12. 1991 1815
  4. Spezialleasing 1816
III. Gestaltungsformen beim Immobilienleasing 1816
  1. Leistungsumfang 1817
  2. Amortisationsmodelle 1818
IV. Verträge im Zusammenhang mit dem Immobilienleasingvertrag 1819
  1. Bauvertrag 1819
  2. Optionsrechte 1820
  3. Objektgesellschaft 1820
V. Zivilrechtliche Beurteilung des Immobilienleasingvertrages ... 1820
  1. Inhalt des Immobilienleasingvertrages 1820
  2. Form des Immobilienleasingvertrages 1825

Sachregister 1827

Autorenverzeichnis

Bruno Achenbach, Rechtsanwalt und Fachanwalt
für Miet- und Wohnungseigentumsrecht
Sparla Achenbach & Partner Rechtsanwälte
Aachen

Elke Altner, Rechtsanwältin
Burgwinkel & Altner
Köln

Michael Boris Bakarinow, Rechtsanwalt
Köln

Jörg Bellinghausen, Rechtsanwalt und Fachanwalt
für Bau- und Architektenrecht
Weskamp Kerner Bellinghausen
Köln

Wolfgang Belser, Assessor
Stuttgart

Hartmut Bister, Rechtsanwalt und Fachanwalt für
Miet- und Wohnungseigentumsrecht
Köln

Werner Borzutzki-Pasing,
Richter am Oberlandesgericht
Köln

Dr. Marco Flaute, Rechtsanwalt
Kanzlei Flaute
Telgte

Wolfgang Flintrop, Rechtsanwalt und Fachanwalt
für Miet- und Wohnungseigentumsrecht
Dr. Summerer & Flintrop
Köln

Dr. Richard Gies,
Richter am Landgericht
Köln

Suzanne R. Gößl, Rechtsanwältin und Mediatorin
Gauting

Thomas Hannemann, Rechtsanwalt
Hannemann, Eckl & Moersch
Karlsruhe

Ernst T. Inzinger, Rechtsanwalt
Aldebert & Kollegen
München

Autorenverzeichnis

Frank Katzenberger, Rechtsanwalt
Bad Wildbad

Joachim Kleinrahm, Rechtsanwalt und Fachanwalt
für Miet- und Wohnungseigentumsrecht
Koch & Börsch
Köln

Prof. Dr. Klaus Kniep, Rechtsanwalt
Heilbronn

Bernhard Christoph Koch, Rechtsanwalt
und Fachanwalt für Miet- und
Wohnungseigentumsrecht sowie
Fachanwalt für Familienrecht
Jennißen Harren Lützenkirchen
Köln

Roger Kühn, Rechtsanwalt
Runge Findeisen
Köln

Benedikt Lehr, Rechtsanwalt
München

Dr. Marc Leonhard LL. M., Rechtsanwalt
GÖRG Rechtsanwälte
Berlin

Stefan Lück, Rechtsanwalt
Magdeburg

Thomas Lutz, Rechtsanwalt und Fachanwalt für
Miet- und Wohnungseigentumsrecht
Lutz Beck Kögler & Kollegen
Karlsruhe

Erich-Wolfgang Moersch, Rechtsanwalt
Hannemann, Eckl & Moersch
Karlsruhe

Karl-Friedrich Moersch, Rechtsanwalt
Moersch & Wagner
Stuttgart

Dr. Günter Nies, Rechtsanwalt und Fachanwalt für
Miet- und Wohnungseigentumsrecht
Köln

Dr. Henrik Over, Rechtsanwalt und Fachanwalt für
Miet- und Wohnungseigentumsrecht
Odenthal II & Over
Köln

Autorenverzeichnis

Gerhardt Purwins, Rechtsanwalt
Köln

Dietmar Sander, Rechtsanwalt
Bettmer & Sander
Köln

Wolfgang Schneider, Rechtsanwalt
Ludwigsburg

Norbert Schönleber, Rechtsanwalt und Fachanwalt
für Miet- und Wohnungseigentumsrecht
Köln

Manfred Schrewentigges, Rechtsanwalt und Fachanwalt
für Miet- und Wohnungseigentumsrecht
Bergisch-Gladbach

Martina Seyfarth, Assessorin
Düsseldorf

Norbert Slomian, Rechtsanwalt und Fachanwalt
für Miet- und Wohnungseigentumsrecht
Slomian & Schubert
Heilbronn

Bernd Vielitz, Rechtsanwalt und Fachanwalt
für Miet- und Wohnungseigentumsrecht
Klocke & Linkens
Köln

Jörg Weißker, Rechtsanwalt
Glock Liphart Probst & Partner
München

Michael Wiegner, Rechtsanwalt und Fachanwalt
für Miet- und Wohnungseigentumsrecht
Cavada, Lüth & Kollegen
Bietigheim-Bissingen

Günther Wölfle, Rechtsanwalt und
Fachanwalt für Miet- und Wohnungseigentumsrecht
sowie Fachanwalt für Strafrecht
Eberspächer & Klein
Böblingen

Ludwig Zürn, Rechtsanwalt
Fichter, Zürn und Kollegen
Heilbronn

Abkürzungs- und Literaturverzeichnis

Hinweis: Literatur, die nur Bezug zu speziellen Kapiteln des Werkes hat, wird dort aufgeführt (insbesondere Zeitschriftenaufsätze).

a. A.	anderer Ansicht
a. a. O.	am angegebenen Ort
AbbauG	Gesetz über den Abbau der Wohnungszwangswirtschaft und über ein soziales Miet- und Wohnrecht
Abl.	ablehnend
ABl	Amtsblatt
Abs.	Absatz
Abschn.	Abschnitt
AcP	Archiv für die civilistische Praxis (Zeitschrift)
a. E.	am Ende
a. F.	alte Fassung
AfA	Absetzungen für Abnutzung
AFWoG	Gesetz zum Abbau der Fehlsubventionierung im Wohnungswesen
AG	Aktiengesellschaft, Amtsgericht, Ausführungsgesetz
AGB	Allgemeine Geschäftsbedingungen
AGBG	Gesetz zur Regelung des Rechts der Allgemeinen Geschäftsbedingungen
AIZ	Allgemeine Immobilienzeitung
AKBGB	Alternativkommentar zum BGB, 1979 ff. (Mietrechtsteil von Derleder)
AktG	Aktiengesetz
Allg. M.	allgemeine Meinung
Alt.	Alternative
a. M.	anderer Meinung
AMVO	Altbaumietenverordnung
AnfG	Anfechtungsgesetz
Anh.	Anhang
Anl.	Anlage
Anm.	Anmerkung
AnwBl	Anwaltsblatt (Zeitschrift)
AO	Abgabenordnung
Art.	Artikel
Aufl.	Auflage
AVB	Allgemeine Versicherungsbedingungen
Az.	Aktenzeichen
Bärmann/Pick/Merle	Wohnungseigentumsgesetz, Kommentar, 10. Aufl. 2008
BAG	Bundesarbeitsgericht
BAGE	Amtliche Sammlung von Entscheidungen des Bundesarbeitsgerichtes
BAnz	Bundesanzeiger
Barthelmess	2. Wohnraumkündigungsschutzgesetz, Miethöhegesetz, Kommentar, 5. Aufl. 1995
BauGB	Baugesetzbuch
BaukZuschG	Gesetz zur Änderung des 2. Wohnungsbaugesetzes, anderer wohnungsbaurechtlicher Vorschriften und über die Erstattung von Baukostenzuschüssen v 25. 7. 1961, BGBl I, 1041
Baumbach/Lauterbach/ Albers/Hartmann	Baumbach/Lauterbach/Albers/Hartmann, Kommentar zur Zivilprozessordnung, 67. Aufl. 2009
BayGW	Zeitschrift für das gemeinnützige Wohnungswesen in Bayern
BayHZ	Bayerische Hausbesitzerzeitung

XLVII

Abkürzungs- und Literaturverzeichnis

BayObLG	Bayerisches Oberstes Landesgericht
BayObLGZ	Amtliche Sammlung von Entscheidungen des BayObLG in Zivilsachen
BayVBl	Bayerische Verwaltungsblätter (Zeitschrift)
BB	Der Betriebs-Berater (Zeitschrift)
BBauBl	Bundesbaublatt
BBauG	Bundesbaugesetz
Bd	Band
Bestr.	bestritten
Betr.	betrifft
BetrKostUV	Betriebskosten-Umlageverordnung v. 17. 6. 1991 (BGBl I, 1270)
BetrKostÄndV	Betriebskosten-Änderungsverordnung v. 27. 7. 1992 (BGBl I, 1415)
BetrVG	Betriebsverfassungsgesetz
BeurkG	Beurkundungsgesetz
BezG	Bezirksgericht
BFH	Bundesfinanzhof
BGB	Bürgerliches Gesetzbuch
BGBl	Bundesgesetzblatt Teile I, II, III
BGH	Bundesgerichtshof
BGHSt	Amtliche Sammlung von Entscheidungen des Bundesgerichtshofs in Strafsachen
BGHZ	Amtliche Sammlung von Entscheidungen des Bundesgerichtshofes in Zivilsachen
Bl.	Blatt
Blank	Mietrecht von A–Z, 17. Aufl. 2003
Blank/Börstinghaus, Miete	BGB-Mietrecht und MHG, 3. Aufl. 2008
BlGBW	Blätter für Grundstücks-, Bau- und Wohnungsrecht
Blümmel	Heizung und Heizkostenabrechnung, 1982
BMF	Bundesminister der Finanzen
BMG	1.–9. Gesetz über Maßnahmen auf dem Gebiet des Mietpreisrechts (Bundesmietengesetze)
BMJ	Bundesminister(ium) der Justiz
BMWi	Bundesminister(ium) für Wirtschaft
BMWo	Bundesminister(ium) für Raumordnung, Bauwesen und Städtebau
Börstinghaus/Eisenschmidt	Arbeitskommentar Neues Mietrecht, 2001
BR	Bundesrat
BR-Drucks	Drucksache des Bundesrates
BRAGO	Bundesrechtsanwaltsgebührenordnung
BSG	Bundessozialgericht
BSHG	Bundessozialhilfegesetz
BStBl	Bundessteuerblatt Teile I, II, III
BT	Bundestag
BT-Drucks	Drucksache des Deutschen Bundestages
Bub/Treier	Handbuch der Geschäfts- und Wohnraummiete, 4. Aufl. 2009
II. BV	Verordnung über wohnungswirtschaftliche Berechnungen (Zweite Berechnungsverordnung) idF v 12. 10. 1990, BGBl I, 2178, zuletzt geändert durch VO v 13. 7. 1992, BGBl I, 1250
BVerfG	Bundesverfassungsgericht
BVerfGE	Amtliche Sammlung der Entscheidungen des BVerfG
BVerwG	Bundesverwaltungsgericht
BVerwGE	Amtliche Sammlung der Entscheidungen des BVerwG
Bzgl.	bezüglich
Bzw.	beziehungsweise
C. i. c.	culpa in contrahendo
DEMV	Deutscher Einheitsmietvertrag
DGVZ	Deutsche Gerichtsvollzieherzeitung
D. h.	das heißt

Abkürzungs- und Literaturverzeichnis

DIN	Deutsche Industrienorm
DNotZ	Deutsche Notarzeitung
DÖV	Die öffentliche Verwaltung (Zeitschrift)
DRiZ	Deutsche Richterzeitung
Drucks	Drucksache
DStR	Deutsches Steuerrecht (Zeitschrift)
DtZ	Deutsch-Deutsche Rechts-Zeitschrift
DVO	Durchführungsverordnung
DWA	Deutsches Wohnungs-Archiv (Zeitschrift)
DWE	Der Wohnungseigentümer(Zeitschrift)
DWW	Deutsche Wohnungswirtschaft (Zeitschrift)
EG	Europäische Gemeinschaft; Einführungsgesetz
EGBGB	Einführungsgesetz zum BGB
Einf.	Einführung
Einl.	Einleitung
Emmerich/Sonnenschein	Miete, Handkommentar, 9. Aufl. 2007
ErbbRVO	Verordnung über das Erbbaurecht
Erman/Bearbeiter	BGB, Kommentar, 12. Aufl. 2008
EStG	Einkommensteuergesetz
EnEG	Gesetz zur Einsparung von Energie in Gebäuden (Energieeinsparungsgesetz) v 22. 7. 1976, BGBl I, 701
EuGH	Europäischer Gerichtshof
EWiR	Entscheidungen zum Wirtschaftsrecht, Loseblattsammlung
FamRZ	Zeitschrift für das gesamte Familienrecht
f./ff.	folgende
FG	Finanzgericht
FGG	Gesetz über die Angelegenheiten der freiwilligen Gerichtsbarkeit
Fischer-Dieskau/Pergande/ Schwender	Wohnungsbaurecht, Kommentar (Loseblattsammlung)
Fn.	Fußnote
Fritz	Gewerberaummietrecht, 4. Aufl. 2005
FS	Festschrift
FWW	Die freie Wohnungswirtschaft (Zeitschrift)
GBO	Grundbuchordnung
GE	Das Grundeigentum (Zeitschrift)
Gem.	gemäß
GenG	Genossenschaftsgesetz
GewO	Gewerbeordnung
GewStG	Gewerbesteuergesetz
GG	Grundgesetz
Ggf.	gegebenenfalls
GKG	Gerichtskostengesetz
GmbH	Gesellschaft mit beschränkter Haftung
GmbHG	Gesetz betreffend die Gesellschaften mit beschränkter Haftung
GrEStG	Grunderwerbsteuergesetz
GRMG	Geschäftsraummietengesetz
GrStG	Grundsteuergesetz
1. GrundMV	Erste Grundmietenverordnung v. 17. 6. 1991 (BGBl I, 1269)
2. GrundMV	Zweite Grundmietenverordnung v. 27. 7. 1992 (BGBl I, 1416)
GRUR	Zeitschrift für gewerblichen Rechtsschutz und Urheberrecht
GVBl	Gesetz- und Verordnungsblatt
GVG	Gerichtsverfassungsgesetz
GVKostG	Gesetz über Kosten der Gerichtsvollzieher
GWB	Gesetz gegen Wettbewerbsbeschränkungen
GWW	Gemeinnütziges Wohnungswesen
HaftpflG	Haftpflichtgesetz
Halbs.	Halbsatz

Abkürzungs- und Literaturverzeichnis

Hannemann/Wiek/Emmert ..... Handbuch des Mietrechts, 3. Aufl. 2006
Hartmann .... Kostengesetze, Kommentar, 39. Aufl. 2009
HausratsV .... Hausratsverordnung
HausTWG .... Gesetz über den Widerruf von Haustürgeschäften und ähnlichen Geschäften
HeimG .... Heimgesetz
HeizAnlV .... Verordnung über energiesparende Anforderungen an heiztechnische Anlagen und Brauchwasseranlagen (Heizungsanlagen-VO) v 24. 2. 1982, BGBl I, 205
HeizkV .... Verordnung über die verbrauchsabhängige Abrechnung der Heiz- und Warmwasserkosten i. d. F. v 26. 1. 1989, BGBl I, 115
HGB .... Handelsgesetzbuch
h. L. .... herrschende Lehre
h. M. .... herrschende Meinung
HRR .... Höchstrichterliche Rechtsprechung
Hrsg. .... herausgegeben
HuW .... Haus und Wohnung (Zeitschrift)

i. d. F. .... in der Fassung
i. d. R. .... in der Regel
insb. .... insbesondere
InsO .... Insolvenzordnung
i. S. d. .... im Sinne des/der
i. S. v. .... im Sinne von
i. ü. .... im übrigen
i. V. m. .... in Verbindung mit

Jauernig .... BGB, Kommentar, 13. Aufl. 2009
JMBl. .... Justizministerialblatt
JR .... Juristische Rundschau (Zeitschrift)
JurBüro .... Das juristische Büro (Zeitschrift)
JuS .... Juristische Schulung (Zeitschrift)
Justiz .... Die Justiz (Zeitschrift)
JW .... Juristische Wochenschrift
JZ .... Juristen-Zeitung

Kap. .... Kapitel
KG .... Kammergericht, Kommanditgesellschaft
KG aA .... Kommanditgesellschaft auf Aktien
Kinne/Schach/Bieber .... Miet- und Mietprozessrecht, 5. Aufl. 2008
Kissel/Mayer .... Gerichtsverfassungsgesetz, Kommentar, 5. Aufl. 2008
KM .... Kölner Mietrecht – Die Rechtsprechung der Gerichte im LG-Bezirk Köln (Loseblatt)
Komm. .... Kommentar
Kossmann .... Handbuch der Wohnraummiete, 6. Aufl. 2003
KostO .... Kostenordnung
KostRModG .... Gesetz zur Modernisierung des Kostenrechts (Kostenrechtsmodernisierungsgesetz) v. 5. 5. 2004, BGBl I, 718
KostRspr .... Kosten-Rechtsprechung, Entscheidungssammlung
KreisG .... Kreisgericht
KTS .... Zeitschrift für Konkurs-, Treuhand- und Schiedsgerichtswesen
KWG .... Kreditwesengesetz

Lammel .... HeizkostenVO, Kommentar, 3. Aufl. 2009
Lammel .... Anwalt Kommentar Wohnraummietrecht, 1. Aufl. 2006
Landfermann .... Gesetz zur Erhöhung des Angebots an Mietwohnungen
Langenberg .... Betriebskostenrecht der Wohn- und Gewerbemiete, 3. Aufl. 2002
LG .... Landgericht
*Lindner-Figura/Opré/
Stellmann* .... Geschäftsraummiete, 2. Aufl. 2008
LM .... *Lindenmaier/Möhring*, Nachschlagewerk des BGH in Zivilsachen
LPachtG .... Landpachtgesetz

L

Abkürzungs- und Literaturverzeichnis

LPachtVG	Landpachtverkehrsgesetz
LS	Leitsatz
Lützenkirchen	Anwaltshandbuch Mietrecht, 3. Aufl. 2007
Lützenkirchen	Neue Mietrechtspraxis für Wohnraum- und sonstige Mietverhältnisse, 2001
MaBV	Makler- und Bauträgerverordnung
MDR	Monatsschrift für Deutsches Recht
MHRG	Gesetz zur Regelung der Miethöhe v 18. 12. 1974, BGBl I, 3603 zuletzt geändert durch Gesetz zur Erhöhung des Angebots an Mietwohnungen v 20. 12. 1982, BGBl I, 1912
Mietpraxis	*Börstinghaus* (Hrsg) Mietrecht in der Praxis, 1996 (Stand: 25. Erg. Lfg. 2004)
MietRÄndG	Gesetz zur Änderung mietrechtlicher Vorschriften: Erstes v 29. 7. 1963, BGBl I, 505; Zweites v 14. 7. 1964, BGBl I, 457; Drittes v 21. 12. 1967, BGBl I, 1248
MietRRefG	Gesetz zur Neugliederung, Vereinfachung und Reform des Mietrechts (Mietrechtsreformgesetz) v. 19. 6. 2001, BGBl I, 1149
MietRVerbG	Gesetz zur Verbesserung des Mietrechts und zur Begrenzung des Mietanstiegs sowie zur Regelung von Ingenieur- und Architektenleistungen v 4. 11. 1971 BGBl I, 1745
MM	Mietermagazin
MMV	Mustermietvertrag, herausgegeben vom BMJ 1976, Beilage zum BAnZ Nr. 22/76
ModEnG	Gesetz zur Förderung der Modernisierung von Wohnungen und Maßnahmen zur Einsparung von Heizenergie idF v 12. 7. 1978, BGBl I, 993
Mot.	Motive zu dem Entwurf eines Bürgerlichen Gesetzbuches für das Deutsche Reich (Bände I–V)
MSchG	Mieterschutzgesetz
MÜG	Mietenüberleitungsgesetz
MünchKommBGB	Münchener Kommentar zum BGB, 4. Aufl. 2001 ff.
MünchKommZPO	Münchener Kommentar zur Zivilprozessordnung, 2. Aufl. 2000 ff.
MünchVertragsHdb	Münchener Vertragshandbuch, 5. Aufl. 2000
m. w. N.	mit weiteren Nachweisen
MWoAEG	Gesetz zur Erhöhung des Angebots an Mitwohnungen v 20. 12. 1982, BGBl I, 1912
MWSt	Mehrwertsteuer
m. zust. Anm.	mit zustimmender Anmerkung
NdsRpfl	Niedersächsische Rechtspflege (Zeitschrift)
n. F.	neue Fassung oder Folge
Nies/Gies	Beck'sches Formularbuch Mietrecht, 2. Aufl. 2007
NJW	Neue Juristische Wochenschrift
NJW-RR	NJW-Rechtsprechungs-Report Zivilrecht
NMVO	Neubaumieten VO 1970 i. d. F. v 12. 10. 1990, BGBl I, 2203, zuletzt geändert durch VO v 13. 7. 1992, BGBl I, 1250
Nr.	Nummer(n)
NRW	Nordrhein-Westfalen
n. v.	nicht veröffentlicht
NWB	Neue Wirtschaftsbriefe (Zeitschrift)
NZM	Neue Zeitschrift für Miet- und Wohnungsrecht
o. g.	oben genannte
oHG	Offene Handelsgesellschaft
OLG	Oberlandesgericht
OLGZ	Rechtsprechung der Oberlandesgerichte in Zivilsachen
OVG	Oberverwaltungsgericht
OWi	Ordnungswidrigkeit
OWiG	Gesetz über Ordnungswidrigkeiten
p. a.	per annum
Palandt	BGB, Kommentar, 68. Aufl. 2009

Abkürzungs- und Literaturverzeichnis

PuR	Praxis und Recht (Zeitschrift)
pVV	positive Vertragsverletzung
r + s	Recht und Schaden (Zeitschrift)
Rd L	Recht der Landwirtschaft (Zeitschrift)
Rdnr.	Randnummer
RE	Rechtsentscheid
Rechtshandbuch Immobilien/Bearbeiter	Rechtshandbuch Immobilien, hrsg von *Koeble/Grziwotz*, Loseblatt, Stand: 18. Lfg. 2009
RE Miet	*Thieler/Frantzioch/Uetzmann*, Rechtsentscheide Mietrecht
RES	*Landfermann/Heerde*, Sammlung der Rechtsentscheide in Wohnraummietsachen, Bände 1–8 (1980–1991)
RG	Reichsgericht
RGBl	Reichsgesetzblatt
RGRK	BGB-Kommentar, 12. Aufl 1974 ff. (Mietrechtsteil von Gelhaar)
RGZ	Entscheidungen des Reichsgerichts in Zivilsachen
RiM	Müller/Oske/Becker, Rechtsentscheide im Mietrecht
Rips/Eisenschmid	Neues Mietrecht, 2001
Rodenberg/Sobota	Die Nebenkosten im Wohnungsmietrecht, 7. Aufl. 1997
Roquette	Das Mietrecht des BGB, Systematischer Kommentar, 1966
Rpfl	Der Deutsche Rechtspfleger (Zeitschrift)
RpflegerG	Rechtspflegergesetz
Rspr	Rechtsprechung
RsprN	Rechtsprechungsnachweis(e)
RVG	Gesetz über die Vergütung der Rechtsanwältinnen und Rechtsanwälte (Rechtsanwaltsvergütungsgesetz) v. 5. 5. 2004, BGBl I, 718
RWS	Kommunikationsform Recht – Wirtschaft – Steuern
s	siehe
S	Satz, Seite
Schilling/Heerde	Mietrecht in den neuen Bundesländern, 2. Aufl. 1999
Schmidt-Futterer/Blank	Wohnraumschutzgesetze, Kommentar, 6. Aufl. 1988
Schmidt-Futterer	Mietrecht, Großkommentar des Wohn- und Gewerberaummietrechts, 9. Aufl. 2007 ff.
SeuffA	Seufferts Archiv für Entscheidungen der obersten Gerichte
Soergel	BGB, Kommentar, 13. Aufl. 2000 ff.
sog	sogenannte(r)
Staudinger/*Bearbeiter*	BGB, Kommentar, 13. Aufl. 1993 ff.
StBauFördG	Städtebauförderungsgesetz
StBerG	Steuerberatungsgesetz
Sternel	Mietrecht, 3. Aufl. 1988
Sternel aktuell	Mietrecht aktuell, 4. Aufl. 2009
StGB	Strafgesetzbuch
StPO	Strafprozessordnung
st Rspr	ständige Rechtsprechung
su	siehe unten, siehe unter
TALärm	Technische Anleitung zum Schutz gegen Lärm v 16. 7. 1986, BAnz, Beil Nr. 137
Thomas/Putzo	ZPO, Kommentar, 30. Aufl. 2009
TME	Taschenlexikon miet- und wohnungsrechtlicher Entscheidungen
u. a.	unter anderem; und andere
u. ä.	und ähnliche(s)
UmwG	Umwandlungsgesetz
Urt.	Urteil
UWG	Gesetz gegen den unlauteren Wettbewerb
UStG	Umsatzsteuergesetz
u. s. w	und so weiter
u. U.	unter Umständen

Abkürzungs- und Literaturverzeichnis

VersR	Versicherungsrecht (Zeitschrift)
VG	Verwaltungsgericht
VGB	Allgemeine Bedingungen für die Neuwertversicherung von Wohngebäuden gegen Feuer-, Leitungswasser- und Sturmschäden
VGH	Verwaltungsgerichtshof
Vgl.	vergleiche
VO	Verordnung
VOB	Verdingungsordnung für Bauleistungen, Teile A und B
VOBl	Verordnungsblatt
Vorb	Vorbemerkung
VP	Die Versicherungs-Praxis (früher: Feuerversicherung und Feuerschutz, Zeitschrift)
VRS	Verkehrsrechtssammlung
VVG	Gesetz über den Versicherungsvertrag
VW	Versicherungswirtschaft
WährG	Währungsgesetz
Warn Rspr	Rechtsprechung des Reichsgerichts, hrsg von *Warneyer*
WE	Wohnungseigentum
WEG	Gesetz über das Wohnungseigentum und das Dauerwohnrecht v 15. 3. 1951, BGBl I, 175
Weitnauer	Wohnungseigentumsgesetz, Kommentar, 9. Aufl. 2005
Wetekamp	Kompakt-Kommentar zum BGB-Mietrecht, 2003
WFB	Wohnungsförderungsbestimmungen
WGG	Gesetz über die Gemeinnützigkeit im Wohnungswesen v 29. 2. 1940, geändert durch Gesetz v 8. 10. 1986, BGBl I, 2191
WGG-DV	VO zur Durchführung des WGG idF v 24. 11. 1969, BGBl I, 2141
WiStG	Wirtschaftsstrafgesetz
WKSchG	2. Wohnraumkündigungsschutzgesetz v 18. 12. 1974, BGBl I, 3603, zuletzt geändert durch Gesetz v 20. 12. 1982, BGBl I, 1912
WLVO	WohnungslenkungsVO
WM	Zeitschrift für Wirtschaft und Bankrecht, Wertpapiermitteilungen
WoBau ÄndG	Gesetz zur Änderung des 2. Wohnungsbaugesetzes, anderer wohnungsbaurechtlicher Vorschriften und über die Erstattung von Baukostenzuschüssen v 21. 7. 1961, BGBl I, 1041
WoBauG (I. und II.)	1. Wohnungsbaugesetz i. d. F v 25. 8. 1953, BGBl I, 1047, 2. Wohnungsbaugesetz i. d. F. v 14. 8. 1980, BGBl I, 1730, geändert durch Anlage I Kapitel XIV Abschnitt II Nr. 5 Einigungsvertrag vom 31. 8. 1990, BGBl II 5, 889, 1126
WoBindG	Wohnungsbindungsgesetz i. d. F. v 22. 7. 1982, BGBl I, 973, zuletzt geändert durch Gesetz v 27. 7. 1990, BGBl I, 1397
WoGeldG	Wohngeldgesetz i. d. F. v 11. 7. 1985, BGBl I, 1422
Wolf/Eckert/Ball	Handbuch des gewerblichen Miet- und Pacht- und Leasingrechts, 10. Aufl. 2009
Wolf/Lindacher/Pfeiffer	AGB, Kommentar, 5. Aufl. 2009
WoVermG	Gesetz zur Regelung der Wohnungsvermittlung
WRP	Wettbewerb in Recht und Praxis
WuH	Wohnung und Haus
WuM	Wohnungswirtschaft und Mietrecht (Zeitschrift)
z. B.	zum Beispiel
ZdWBay	Zeitschrift der Wohnungswirtschaft Bayern
ZFG/ZfgG	Zeitschrift für das gesamte Genossenschaftswesen
ZfgWBay	Zeitschrift für gemeinnütziges Wohnungswesen in Bayern
ZfS	Zeitschrift für Schadensrecht
ZGB	Zivilgesetzbuch der ehemaligen DDR
ZIP	Zeitschrift für Wirtschaftsrecht und Insolvenzrecht
ZMR	Zeitschrift für Miet- und Raumrecht

Abkürzungs- und Literaturverzeichnis

Zöller	ZPO, Kommentar, 27. Aufl. 2009
ZOV	Zeitschrift für offene Vermögensfragen
ZPO	Zivilprozessordnung
ZSEG	Gesetz über die Entschädigung von Zeugen und Sachverständigen
ZSW	Zeitschrift für das gesamte Sachverständigenwesen
z. T.	zum Teil
ZVG	Zwangsversteigerungsgesetz
ZwVbVO	Zweckentfremdungsverbotsverordnung
ZWE	Zeitschrift für Wohnungseigentum
z. Z.	zur Zeit
zzgl.	zuzüglich

Teil A. Wohnraummiete

1. Abschnitt. Das wohnraummietrechtliche Mandat

§ 1 Mandatsannahme, -bearbeitung und -abwicklung anhand von Checklisten

Übersicht

	Rdnr.
I. Einleitung	1
II. Checklisten:	2–25
1. Mandatsannahme	2
Checkliste mietrechtliches Mandat	2
2. Vertragsschluss	3
Checkliste Mietvertragsabschluss und -inhalt	3
3. Rechte und Pflichten während der Vertragslaufzeit	4–7
a) Checkliste Mietgebrauch	4
b) Checkliste Mietminderung	5
c) Checkliste Mietminderungsberechnung	6
d) Checkliste Modernisierungsankündigung	7
4. Mietpreisrecht	8–16
a) Checkliste Mietstruktur	8
b) Checkliste Betriebskostenumlagevereinbarung	9
c) Checkliste Betriebskostenabrechnung	10
d) Checkliste Mieterhöhung nach § 558 BGB	11
e) Checkliste Mieterhöhung nach § 559 BGB	12
f) Checkliste: Erhöhung von Betriebskostenpauschalen nach § 560 BGB bzw. von (Teil-)Inklusivmieten in Altverträgen	13
g) Mieterhöhungsfristentabellen bei preisfreiem Wohnraum	14
h) Mieterhöhungsfristentabelle bei preisgebundenem Wohnraum	15
5. Vertragsbeendigung	16–20
a) Checkliste ordentliche Vermieterkündigung	16
b) Checkliste außerordentliche befristete Vermieter-/Mieterkündigung	17
c) Checkliste außerordentliche fristlose Vermieter-/Mieterkündigung	18
d) Kündigungsfristentabellen im Wohnraummietrecht	19
e) Checkliste Fortsetzungsverlangen des Mieters	20
6. Prozessuales	21–24
a) Checkliste Mieterhöhungsklage nach § 558 BGB	21
b) Checkliste Mieterhöhungsklage nach § 559 BGB	22
c) Checkliste Klage auf Erhöhung einer Betriebskostenpauschale bzw. einer (Teil-)Inklusivmiete nach § 560 BGB	23
d) Checkliste: Räumungsklage in Wohnraummietsachen	24
7. Mandatsabschluss	25

I. Einleitung

Dieses erste Kapitel soll – gewissermaßen „vor die Klammer gezogen" – einen anderen, 1 gegenüber den sonstigen mietrechtlichen Werken völlig neuen Einstieg in die Brennpunkte des Wohnraummietrechts bieten als über die Inhaltsübersicht bzw. das Stichwortverzeichnis. Die bewusst ausführlich und nicht lediglich schematisch ausgearbeiteten **Checklisten** ermöglichen auf systematische Art und Weise einen schnellen Zugriff auf die Darstellung sämtlicher jeweils relevanten Problempunkte im wohnraummietrechtlichen Teil dieses Handbuchs (zu den Checklisten im Gewerberaummietrecht s. § 41).

Gleichzeitig dienen die allein an der **täglichen Mietrechtspraxis** ausgerichteten Checklisten dem Anfänger dazu, wirklich alle wichtigen Vorgaben und (Rechts-) Folgen der einzelnen wohnraummietrechtlichen Problemstellungen zu beachten, aber auch dem Mietrechtsprofi als vorsorgliche Kontrolle, keinen Punkt übersehen zu haben.

Selbstverständlich ersetzen diese Checklisten nicht die eigenständige und individuelle Prüfung des konkreten Einzelfalls. Sie führen aber gerade bei den nicht immer lukrativen wohnraummietrechtlichen Fällen zu einer zeit- und damit auch kostensparenden und dennoch (fach-)kompetenten Bearbeitung.

II. Checklisten

1. Mandatsannahme

Checkliste: Mietrechtliches Mandat
(Allgemeines bei Annahme des Mandats)

☐ Vermieter	– alle mit Anschrift; – ggf. Vertretungsverhältnisse klären (Vollmachten).
☐ Mieter	– alle mit Anschrift, auch soweit ausgezogen, aber noch Vertragspartei; – ggf. Vertretungsverhältnisse klären (Vollmachten).
☐ Wohnung	– genaue Anschrift, Lage im Haus, Größe, Anzahl der Zimmer, Funktionsräume, Nebenräume, Kfz-Stellplatz, Garage, sonstige (Mit-)Nutzungsrechte, mitvermietete Gegenstände; – Übergabeprotokolle; – Mängel (vorhanden, angezeigt, behoben?).
☐ Mietvertrag	– schriftlich, ggf. mit allen Änderungen und Ergänzungen? – Nebenabreden (ggf. Nachweismöglichkeit? – Schriftformerfordernis).
☐ Miete	– (kalt/warm/<teil->inklusiv) für Wohnung und – getrennt? – für Nebenräume, Stellplätze und (Mit-)Nutzungsrechte inkl. aller Veränderungen (Nachweise?), insbes. Daten von Mieterhöhungen.
☐ Rechtsschutz	– Versicherung (Gesellschaft, Vertragsnr.) für streitgegenständliches Risiko?
☐ Honorar	– gesetzlich (Streitwert); – Vereinbarung.
☐ Vollmacht	– von allen Mandanten (Vermieter oder Mieter), soweit Mandatserteilung durch Bevollmächtigte: Nachweis Vollmachtskette vorhanden?

2. Vertragsschluss

Checkliste: Mietvertragsabschluss und -inhalt
(Vgl. hierzu insbesondere §§ 8 und 10)

Da aus Mietersicht die Rechtslage dann am günstigsten ist, wenn überhaupt kein schriftlicher Mietvertrag abgeschlossen wird, sondern die gesetzlichen Regelungen, insbesondere die des BGB, gelten, orientiert sich diese Checkliste zwangsläufig ausschließlich an den Vermieterinteressen.

☐ Soweit möglich, lediglich einen Vermieter als Vertragspartner aufnehmen (etwa wegen praktischer Handhabung: Kündigungs- und Willenserklärungen; Zeugenstellung; § 566 BGB); beachte aber: die Rechtsverhältnisse unter mehreren Eigentümern ggf. durch interne Vereinbarungen und/oder wechselseitige schriftliche Vollmachten regeln.

- ☐ Alle Mieter mit Vornamen, Name, ggf. Geburtsnamen, Geburtsdatum und vormaliger Adresse aufführen (z. B. zur besseren Ermittlung über die Meldebehörden, soweit etwa bei stillschweigendem vorzeitigem Auszug erforderlich).
- ☐ Mehrere Mieter: Vollmachtsklausel aufnehmen.
- ☐ Etwaige Vertretungsverhältnisse auf Vermieter- wie auch Mieterseite ausdrücklich offen legen, sonst ggf. auch Formproblem.
- ☐ Mietobjekt so genau wie möglich beschreiben, einschließlich mitvermieteter Flächen und – auch gemeinsam zu nutzender – Einrichtungen. Soll die Möglichkeit bestehen, lediglich zur Mitbenutzung überlassene Teile der Mietsache jederzeit wieder dem Gebrauch des Mieters zu entziehen, kann dies rechtssicher nur durch eine individuelle Vereinbarung geschehen.

  Achtung: Bei Angaben zur Wohnungsgröße im Vertrag u. a. Risiko der Bewertung als Zusicherung; auch bei bloßer Beschaffenheitsangabe problematisch, wenn Abweichung mehr als 10%. Unbedingt Art und Weise der Flächenberechnung vereinbaren, soweit von der WoFlV abgewichen wird.
- ☐ Einrichtungsgegenstände, soweit mitvermietet, mit aufführen oder, soweit in der Mietsache vorhanden, aber keine Gebrauchsgewährpflicht übernommen werden soll, eine entsprechende ausdrückliche Regelung aufnehmen. Letzteres gilt insbesondere, wenn diese Einrichtungsgegenstände z. B. vom Vormieter eingebracht worden waren.
- ☐ Soweit erforderlich Regelung über eine teilgewerbliche Nutzung und ggf. einen Gewerbezuschlag (vgl. § 26 Abs. 2 NMV) vorsehen.
- ☐ Den Zustand der Mietsache bei Beginn des Mietverhältnisses im Rahmen eines gesondert von Mieterseite zu unterschreibenden Übergabeprotokolls festhalten (= Beweiserleichterung).
- ☐ Die übergebenen Schlüssel verzeichnen und Erhalt gesondert bestätigen lassen. Haftungsfolgen für den Mieter bei Schlüsselverlust regeln, außer der Mieter beweist, dass Missbrauch ausgeschlossen ist.
- ☐ Erklärung über die Mieter-/Bewoheranzahl sowie ggf. Regelungen für den Fall der Absicht der Bildung einer Wohngemeinschaft oder Personenmehrheit auf Mieterseite aufnehmen.
- ☐ Im Zusammenhang mit der Vereinbarung über den Mietbeginn Abnahmepflicht des Mieters zum vereinbarten Zeitpunkt aufnehmen, um nicht nur Gläubiger- sondern auch Schuldnerverzug zu begründen. § 555 BGB beachten.
- ☐ Die Laufzeit des Mietvertrages regeln; dabei beachten, dass etwa vorgesehene Alternativen einander ausschließen und – insbesondere bei Verwendung von Formularen – Fehlinterpretationen ausgeschlossen sind, also zutreffende Alternative kennzeichnen, nichtzutreffende streichen:
  - unbefristet
  - unbefristet mit beiderseitigem Kündigungsausschluss für eine bestimmte Zeitdauer (vorformuliert: maximal 4 Jahre), ggf. § 557 Abs. 3 BGB beachten
  - befristet: nur, wenn ein Grund des § 575 BGB vorliegt oder die Räume § 549 Abs. 2 oder 3 BGB unterfallen.
- ☐ § 545 BGB ausschließen durch eine inhaltlich vollständige Wiedergabe des Gesetzeswortlauts.
- ☐ Die Miete getrennt nach Wohnungsgrundmiete, etwaigen Zuschlägen, Garagen- oder Stellplatzmiete, pauschale Kosten für die Gemeinschaftsantenne und/oder Verwaltungskosten sowie Vorauszahlungen auf die Betriebskosten gesondert beziffern. Eine Aufschlüsselung der Vorauszahlungen auf die einzelnen, umlagefähigen Betriebskostenpositionen ist entbehrlich.
- ☐ Ggf. andere Leistungen des Mieters mit Entgeltcharakter aufführen.

  Achtung: Neben der Grundmiete und den Zahlungen auf die Nebenkosten gesondert (eindeutig und zweifelsfrei) vereinbarte Teilbeträge, die eigentlich kalkulatorisch Bestandteil der Grundmiete sind, müssen zu dieser addiert werden, etwa bei der Bemessung der Ausgangsmiete für Mieterhöhungen nach § 558 BGB.

- Zur Regelung der auf den Mieter umgelegten Betriebskostenpositionen vorsorglich die BetrKV, dort insbes. § 2, ihrem wesentlichen Inhalt nach mit aufnehmen, zumindest aber ausdrücklich darauf Bezug nehmen(vgl. § 556 Abs. 1 BGB); etwa dort nicht erwähnte, aber der Art und dem Umfang nach mit den Ziffern 1 bis 16 vergleichbare Kostenpositionen unter Ziffer 17 ausdrücklich aufführen (sog. qualifizierte Umlagevereinbarung). Widerspruch zur Hausordnung unbedingt vermeiden: etwa Kostenüberbürdung für Reinigung oder Gartenpflege hier im Rahmen der Betriebskostenumlagevereinbarung und entsprechende Vornahmepflicht in der Hausordnung zu Lasten des Mieters.
- Regelungen mit aufnehmen für den Fall, dass zunächst nicht alle umlagefähigen und im Vertrag auf den Mieter überbürdeten Betriebskostenpositionen tatsächlich anfallen, sich der Vermieter aber entsprechende Umlagemöglichkeiten in Zukunft offen halten will.
- Regelungen vorsehen, falls der Vermieter – jedenfalls zunächst – bestimmte Arbeiten, deren Kosten auf den Mieter umgelegt werden können, in Eigenleistung erbringt unter Umlage der Kosten für gleichwertige Unternehmerleistungen (ohne Umsatzsteuer), einschließlich des Vorbehalts, diese Arbeiten jederzeit wieder fremd vergeben zu können.
- Umlageschlüssel, notfalls unterschiedlich für die einzelnen Betriebskostenpositionen, ausdrücklich vereinbaren, ggf. mit Änderungsvorbehalt nach billigem Ermessen bei Vorliegen sachlicher Gründe. Andernfalls ist nach dem Anteil der Wohnfläche umzulegen (§ 556a Abs. 1 BGB).
- Zwischenablesung der Verbrauchserfassungsgeräte mit entsprechender Kostenregelung (in der Regel zu Lasten des ausziehenden Vormieters) vorsehen; einen Anspruch auf Zwischenabrechnung klarstellend ausschließen.
- Abrechnungsverpflichtung des Vermieters mit aufnehmen; andernfalls könnte von der Vereinbarung einer Betriebskostenpauschale ausgegangen werden; soweit die Betriebskosten pauschal umgelegt werden, unbedingt einen ausdrücklichen Erhöhungsvorbehalt vereinbaren (§ 560 Abs. 1 Satz 1 BGB).
- Gegebenenfalls Staffelmietvereinbarung gemäß § 557a BGB oder eine Indexmietvereinbarung nach § 557b BGB mit aufnehmen.
- Zahlungsmodalitäten (Fälligkeit, Vorauszahlung, Verzug) zur Klarstellung regeln – vgl. § 556b Abs. 1 BGB – unter genauer Angabe des Empfängerkontos.
- Zurückbehaltungs- und Aufrechnungsbeschränkungen aufnehmen; Minderungsansprüche ausdrücklich ausnehmen; § 556b Abs. 2 BGB und § 309 Nr. 2 und 3 BGB beachten.
- Regelung über eine Barkaution unter Beachtung des § 551 BGB vorsehen (für den Vermieter günstiger als eine Bürgschaft; vgl. etwa § 215 BGB). Ggf. weitere Sicherheitsleistungen vereinbaren bei einer vom Mieter gewünschten Parabolantenne und/oder dem behindertengerechten Umbau der Mietsache (vgl. § 554a Abs. 2 BGB).
- Kleinreparaturregelung mit aufnehmen, die eine gegenständliche Beschränkung sowie eine betragsmäßige Begrenzung im Einzelfall und pro Kalenderjahr enthalten muss und dem Mieter nur die Erstattung der Kosten auferlegen darf (keine „Vornahmepflicht").
- Schönheitsreparaturen regeln: Freizeichnung des Vermieters, getrennt von der Abwälzungsregelung auf den Mieter; laufende Schönheitsreparaturverpflichtung nach Fristenklausel – aber ohne starren Fristenplan („im Allgemeinen") – aufgrund deren Wirksamkeit auch bei unrenoviert überlassener Wohnung; Endrenovierungsregelung ohne zusätzliche Pflichtenüberbürdung auf den Mieter; Abgeltungsklausel bei vorzeitigem Auszug des Mieters vor Ablauf des „weichen" Renovierungsturnus – ohne starre Frist und ohne eine Kostenübernahmeverpflichtung zu 100% (Problem: Transparenz); keine Anfangsrenovierungsregelung, sofern nicht individuell vereinbart; vorsorglich Schönheitsreparaturumfang mit aufnehmen und das Erfordernis der fachgerechten Ausführung (keine Fachhandwerkerklausel); Farbwahlklauseln, auch für Holzteile, bei Mietende vereinbaren, aber keine Beschränkung auf nur eine Farbe. Ggf. Alternativregelung für den Fall der Unwirksamkeit der Schönheitsreparaturklausel aufnehmen (z.B. Zuschlag zur Miete als gesondert ausgewiesener Entgeltbestandteil außerhalb des § 558 BGB)
- Dem Mieter keine Wartungspflichten auferlegen (Überwachungsaufwand), sondern die entsprechenden Kosten über die Betriebskosten umlegen.

- ☐ Soweit erforderlich nähere Regelungen über die Benutzung der Miettäume, die Tierhaltung (kein völliges Verbot) und die Untervermietung aufnehmen sowie über etwaige Ausbesserungen bzw. bauliche Veränderungen.
- ☐ Gegebenenfalls das Betreten und Besichtigen der Mieträume regeln.
- ☐ Zur Klarstellung eine an § 536c BGB orientierte Mängelanzeigeverpflichtung des Mieters sowie Haftungsregelungen fixieren.
- ☐ Eine ausführliche Hausordnung (Reinigungs- und Räumpflichten besser extern vergeben unter Kostenumlage im Rahmen der Betriebskosten; andernfalls unbedingt Vorsorge für den Fall der Verhinderung des Mieters. Etwa wegen Alters, Krankheit u. a., treffen) sowie eine Vermieterermächtigung zur Ersatzvornahme (letztere rechtssicher nur individuell vereinbar) in den Vertragstext aufnehmen (zur Vermeidung von Formproblemen gemäß § 550 BGB und Einbeziehungsschwierigkeiten i. S. v. § 305 Abs. 2 BGB; bloße Bezugnahme im unterschriebenen Vertragstext ohne gesonderte Unterschrift auf der als Anlage vorgesehenen Hausordnung scheitert an § 309 Nr. 12 BGB). Widerspruch zwischen Pflichtenüberbürdung und „bloßer" Kostenüberwälzung im Rahmen der Betriebskostenumlagevereinbarung vermeiden.
- ☐ Regelungen über die Beendigung und Abwicklung des Mietverhältnisses, auch bei vorzeitiger Beendigung des Mietvertrags, vorsehen.
- ☐ Regeln, dass sämtliche Abwicklungsverpflichtungen einschließlich der Rückgabe der Schlüssel am letzten Tag der Mietzeit, zu den üblichen Geschäftszeiten, zu erledigen sind.
- ☐ Schriftform auch für Änderungen und Ergänzungen jedenfalls zu Beweiszwecken statuieren.
- ☐ Auf vollständige Unterschriftsleistung aller Mieter achten.
- ☐ Trotz gelockerter Rechtsprechung vorsorglich – sofern Anlagen mit mehr als bloßem erläuterndem Charakter beigefügt werden – sämtliche Blätter des Vertrages und die in Bezug genommene Anlagen fest körperlich verbinden oder von allen Vertragsparteien unterschreiben lassen.
- ☐ Bei späteren Änderungen oder Ergänzungen ist eine ausdrückliche Bezugnahme auf den Hauptvertrag erforderlich, eine Regelung, dass es bei den im Hauptvertrag getroffenen Vereinbarungen bis auf die geänderten Positionen verbleiben soll, und gesonderte Unterschriften aller Vertragsparteien.
- ☐ Dem Mieter ausreichende Möglichkeiten zur Kenntnisnahme des gesamten Vertragstextes geben; erkennbare körperliche Behinderungen (z. B. Blinde) angemessen berücksichtigen (§ 305 Abs. 2 Nr. 2 BGB); bei Ausländern vorsorglich zusätzlich Beweismittel beschaffen, dass der gesamte Vertragstext auch verstanden wurde.
- ☐ Jede Partei hat das von der anderen Vertragsseite unterschriebene Exemplar im Original zu erhalten (vgl. § 126 Abs. 2 Satz 2 BGB).
- ☐ Schlüssel erst nach Erhalt eines von allen Mietern unterzeichneten Vertragsexemplars, Entrichtung der ersten Monatsmiete und eines Drittels der vereinbarten Mietkaution an die Mieter aushändigen.
- ☐ Bei Vertragsbeendigung gesondertes, von allen Mietern unterzeichnetes Abnahmeprotokoll erstellen (= Beweiserleichterung; aber Achtung: Anerkenntniswirkung!).

3. Rechte und Pflichten während der Vertragslaufzeit

a) Checkliste: Mietgebrauch (vgl. hierzu §§ 15 und 16)

- ☐ Vermieter
  - Gebrauchsgewährung: Umfang gem. Vertragsinhalt, insbes. Überlassungspflicht:
    - unmittelbarer Besitz (Zugang/Zufahrt)
    - sämtliche Schlüssel

- ungestört
- mangelfrei (sonst ggf. Gewährleistungsansprüche des Mieters/ZbR Miete)
* Erhaltungspflicht (Störungsabwehr)
* Instandhaltung/-setzung und Modernisierung
* Ver-/Entsorgung (Sicherstellung und Schaffung baulicher Voraussetzungen)
* Verkehrssicherung (abdingbar: eindeutige Überbürdung auf Mieter zulässig, aber sekundäre Überwachungspflicht bleibt beim Vermieter)
* Beleuchtung und Reinigung (letztere abdingbar: zweifelsfreie Überbürdung auf Mieter zulässig.)

☐ Mieter
* Gebrauchsrechte gem. Vertrag
  - Umfang (Mitnutzungsrechte)
  - gewerbliche Nutzung: grds. ausgeschlossen, allenfalls nicht störende
  - bauliche Veränderungen: grds. nur mit Zustimmung Vermieter, dann aber unbedingt Rückbaupflicht des Mieters bei Vertragsende vorsehen
  - Einbringung Mieter-„Anlagen" (Haushaltsgeräte etc.): grds. erlaubt, differenziert bei Außenanlagen wie (Parabol-)Antennen
  - Meinungsäußerung
  - Tierhaltung (kein generelles Verbot)
  - Aufnahme weiterer Personen (Familienangehörige/nahestehende Personen, soweit nicht „wichtiger Grund" zur Ablehnung in deren Person)
* Pflichten
  - Obhuts- und Sorgfaltspflichten
  - Hinweis- und Anzeigepflichten
  - keine Störung Hausfrieden
  - Duldungspflichten (Besichtigung bzw. Betreten; Instandhaltung; Modernisierung)
  - keine Abnahmepflicht
  - keine Gebrauchspflicht

☐ Mieterhaftung
* vertragswidrige Nutzung (Unterlassungsanspruch nach Abmahnung – vgl. § 541 BGB; Sonderregelung gegenüber § 1004 BGB)
* Kündigungsrecht Vermieter (vgl. § 543 Abs. 2 Nr. 2 BGB)
* Schadensersatzanspruch Vermieter (vgl. § 536c Abs. 2 Satz 1 BGB).

☐ Hausordnung
* Verbindlichkeit
  - Vereinbarung
  - Wirksamkeit (AGB)
  - einseitige Auferlegung (nur) ohne Erweiterung der Mieterpflichten
* Inhalt
  - Konkretisierung Gebrauchs-Grenzen
  - evtl. Schutzwirkung für Dritte oder sogar echter Vertrag zu Gunsten Dritter
  - Änderungen: wenn Vorbehalt vereinbart, sonst nur ohne Pflichtenerweiterung zu Lasten des Mieters.

b) Checkliste: Mietminderung (vgl. hierzu § 18)

☐ Sach- oder Rechtsmangel oder Fehlen einer zugesicherten Eigenschaft
* Für den Vermieter ungünstige, weil weit auszulegende, zahlreiche Fallgestaltungen erfassende Abweichung der aktuellen Ist-Beschaffenheit von der vereinbarten oder gewöhnlichen Soll-Beschaffenheit, unabhängig von der Erkennbarkeit, z. B.:
  - Zustandsmängel der Mietsache selbst

- Leistungsmängel auf Vermieterseite
- Einwirkungen Dritter, vor allem Mitbewohner und Nachbarn
- Umweltfehler, etwa Baulärm
- Öffentlich-rechtliche Beschränkungen.
- obligatorische bzw. dingliche private Rechte Dritter, die den Besitz oder den Mietgebrauch ganz oder teilweise entziehen bzw. beeinträchtigen, z. B.:
  - Doppelvermietung
  - Unerlaubte Untervermietung
  - Beendigung des Hauptmietverhältnisses.
- zum Vertragsinhalt gewordene Angaben des Vermieters, für die er eine besondere Einstandspflicht übernimmt, bezogen auf alle tatsächlichen oder rechtlichen Verhältnisse von gewisser Dauer, die nach der Verkehrsauffassung wertbildend oder werterhöhend sind, z. B.:
  - Flächen- bzw. Größenangaben, wenn eine Quadratmetermiete vereinbart ist, sonst bei Abweichungen von mehr als 10% auch bei ca.-Zusatz
  - Freiheit von Immissionen
  - Bestimmter Verwendungszweck
  - Bebauungsmöglichkeiten
  - Vornahme von bestimmten Reparaturen.

☐ Automatischer Eintritt der Minderung kraft Gesetzes, ohne dass sich der Mieter auf sein Minderungsrecht berufen oder die Mietminderung – gar schriftlich – ankündigen muss. Der Mieter kann auch nicht rechtswirksam verpflichtet werden, sein Minderungsrecht aktiv (etwa unter Inanspruchnahme gerichtlicher Hilfe) geltend zu machen. Ein „Verschieben" der Verwirklichung des Minderungsrechts um ein oder zwei Monate ist unschädlich.

☐ Kenntnis einer Partei oder ein Verschulden des Vermieters sind ebensowenig erforderlich wie überhaupt die Möglichkeit des Vermieters, den Mangel zu beseitigen; selbst wenn der Vermieter, etwa als Eigentümer, den Mangel aus sachlichen oder rechtlichen Gründen hinnehmen muss (vor allem bei Umweltmängeln), hindert dies die Mietminderung nicht.

☐ Die Minderung erstreckt sich immer auf die Gesamtmiete, also auch auf die monatlichen Zahlungen auf die Betriebskosten (unabhängig, ob als Vorauszahlung oder Pauschale) und auf etwaige Nachzahlungsbeträge aus Betriebskostenabrechnungen. Die Entscheidung des Mieters, sein Minderungsrecht etwa auf die Grundmiete zu beschränken, ist bindend. Zu erwägen ist, den somit erst nach Vorliegen der Betriebskostenabrechnung endgültig bezifferbaren Minderungsbetrag bei der Grundmiete abzuziehen und so dem Mieter ungeschmälert „gutzubringen", um die Betriebskostenabrechnung dann unverändert erstellen zu können.

☐ Beweislastverteilung
- Der Mieter hat substantiiert die Voraussetzungen der von ihm geltend gemachten Gewährleistungsansprüche (nicht aber das Ausmaß der Gebrauchsbeeinträchtigung) darzulegen und zu beweisen.
- Steht danach fest, dass der Mangel zum Risikobereich des Vermieters gehört, hat sich dieser zu entlasten.
- Diese Beweislastverteilung nach den beiderseitigen Verantwortungsbereichen führt bei allen, dem Mietobjekt unmittelbar anhaftenden Mängeln und Beanstandungen (sowie bei den Ansprüchen aus § 536 a BGB) dazu, dass bei einem über die normale vertragsgemäße Abnutzung hinausgehenden Schaden zunächst den Vermieter die Beweislast dafür trifft, dass die einzig denkbare Herkunft der Schadensursache aus dem unmittelbaren Einfluss-, Herrschafts- und Obhutsbereich des Mieters stammt. Gelingt ihm dieser Beweis, hat der Mieter zu beweisen, dass die Verschlechterung der Mietsache nicht von ihm verursacht und verschuldet wurde.

☐ Ausschluss der Minderung bei
- unerheblichen Fehlern (§ 536 Abs. 1 Satz 3 BGB), die (nur) eine Minderungsquote von unter 3% rechtfertigen würden, z. B.:
  - Unbenutzbarkeit des Balkons im Herbst und Winter

- Geringfügig verkleinerte Badewanne
- Kleiner Feuchtigkeitsfleck in der Küche/im Bad
- Zeitweiser Heizungsausfall im Sommer
- Stilllegung des Müllschluckers
- Defekte eines Tores bei einer Sammelgarage
- Abgetretene Türschwellen
- Fehlender Waschmaschinenanschluss in einem 1-Zimmer-Appartment
- Entzug der Erlaubnis für Wäschetrocknen im Garten bei vorhandenem Trockenraum.
- gesetzlichen Gewährleistungs- bzw. Haftungsausschlüssen:
  - Kenntnis des Mieters bei Vertragsschluss (§ 536b Satz 1 BGB)
  - Grobfahrlässige Unkenntnis des Mieters bei Vertragsschluss (§ 536b Satz 2 BGB), sofern der Vermieter den Fehler nicht arglistig verschwiegen hat (§ 536b Satz 2 BGB)
  - Vorbehaltlose Annahme der Mietsache in Mangelkenntnis (§ 536b Satz 3 BGB)
  - Verletzung der Anzeigepflicht des § 536c Abs. 1 und 2 BGB bei während der Mietzeit aufgetretenen Mängeln
  - Verwirkung bei vorbehaltloser Gebrauchsfortsetzung, insbes. Fortzahlung der Miete in voller Höhe, trotz Mangelkenntnis während der Mietzeit und Mangelanzeige, welcher der Vermieter aber nicht abhilft, sofern der Vermieter durch sein Verhalten nicht die Erwartung alsbaldiger Mangelbeseitigung weckt (Zeit- und Umstandsmoment erforderlich; bloße Fortzahlung etwa über mehr als 6 Monate genügt nicht; Zeitmoment eher 2 als 1 Jahr).
  - Vom Mieter zu vertretender Mangel
  - Ausschluss nach Treu und Glauben.
- vertraglichen Gewährleistungs- bzw. Haftungsausschlüssen, sofern § 536d BGB bzw. bei vorformulierten Regelungen § 309 Nrn. 7 und 8 BGB beachtet wird.
- Vertragsänderungen – Differenzierung erforderlich:
  - Rechtsverlust durch unterlassenem Vorbehalt bei Vertragsverlängerungen (sofern nicht stillschweigend, etwa nach § 545 BGB) trotz Mangelkenntnis oder grob fahrlässiger Unkenntnis des Mieters
  - Aufleben von bislang nach § 536b BGB ausgeschlossenen Rechten durch Vorbehalt des Mieters bei Vertragsverlängerungen (sofern nicht stillschweigend, etwa nach § 545 BGB)
  - Aufleben von bislang nach § 536b BGB ausgeschlossenen Rechten bei Mieterhöhungen beschränkt auf den Umfang der Erhöhung, sofern der Mieter jetzt einen entsprechenden Vorbehalt erklärt.
- Beweislast: Der Vermieter für die Kenntnis bzw. grob fahrlässige Unkenntnis des Mieters vom Mangel oder die Mangelbeseitigung bzw. -eindämmung bei rechtzeitiger Anzeige sowie die Voraussetzungen des Rechtsverlustes nach § 536c Abs. 2 BGB; der Mieter für den rechtzeitig erklärten Vorbehalt bzw. die unverzügliche Anzeige (oder das Vorliegen der Voraussetzungen für den Wegfall der Anzeigepflicht) sowie für ein arglistiges Verschweigen des Mangels oder die Zusicherung seiner Beseitigung durch den Mieter.

☐ Zur konkreten Berechnung von Minderungsquoten siehe sogleich die Checkliste Mietminderungsberechnung.

c) Checkliste: Mietminderungsberechnung (vgl. hierzu § 18)

☐ Nach § 536 Abs. 1 Satz 2 BGB schuldet der Mieter während der Zeit, während der die Tauglichkeit der Mietsache gemindert ist, nur eine „angemessen" herabgesetzte Miete gegenüber dem vereinbarten (nicht etwa dem ortsüblichen) Betrag. Anders war die Rechtslage bei § 537 Abs. 1 BGB a. F., wonach durch den Verweis auf die kaufrechtlichen Vorschriften der §§ 472, 473 BGB die Miete in dem Verhältnis herabzusetzen war, wie der tatsächliche Zustand der Mietsache objektiv vom Soll-Zustand abwich. Damit kann jetzt auch auf andere Kriterien als ausschließlich auf die aufgehobene oder geminderte Tauglichkeit der Mietsache abgestellt werden, sei es mit der Folge einer Erhöhung des Minderungsbetrages (z. B. bei einem besonders groben Verschulden des Vermieters) oder sei es auch im Sinne einer Reduzierung der zulässigen Minderung (etwa dann, wenn der Mieter z. B. wegen Urlaubs die Wohnung überhaupt nicht nutzt und sich daher der Ausfall der Warmwasserversorgung auf ihn auch nicht auswirkt).

☐ Die Mietminderung wird allerdings nach wie vor im Regelfall in Prozentsätzen ausgedrückt, die unter Heranziehung vergleichbarer Entscheidungen geschätzt zu werden pflegen.

☐ Dies birgt schon im Vorfeld etwaiger gerichtlicher Auseinandersetzungen auch für die Mietvertragsparteien oder deren Berater nicht unerhebliche Unsicherheiten. Mit der nachstehenden Checkliste soll daher eine von Einzelfallgesichtspunkten gelöste, schnelle und praktikable Möglichkeit zur Ermittlung der Mietminderung erreicht werden. Zu beachten ist, dass die Höhe der Minderungsquote im Streitfall allein vom Gericht festzustellen ist und nicht etwa Aufgabe eines ggf. eingeschalteten Sachverständigen ist, der demgegenüber (nur) den Umfang der Gebrauchsbeeinträchtigung zu ermitteln und zu bewerten hat (so zutreffend *Isenmann* DWW 1995, 361). Tipp: Zurückbehaltungsrechte (= 2-faches der zulässigen Minderungsquote; orientiert an der Neufassung des § 641 Abs. 3 BGB) mit einbeziehen; Entscheidung, welcher Teil des Einbehalts endgültig gemindert wird und welcher Teil ausgekehrt wird, erst nach Mangelbeseitigung treffen.

☐ Ausgangspunkt ist die sog. Nutzwertanalyse auf der Grundlage von in zwei Gruppen zu unterteilenden Wohnwertkriterien. Danach weisen einzelne Teile eines Mietobjektes unterschiedliche Wertigkeiten im Hinblick auf Funktion und Geltung auf. Der Funktionswert bemisst sich nach dem Nutzen oder der Gebrauchsfunktion des Raumes der Mietsache, der Geltungswert beruht auf der Wertschätzung von Gestaltungsmerkmalen wie z. B. Aussehen, Form und Farbe (*Kamphausen* WuM 1982, 3 ff.). Die so ermittelten Wohnwertkriterien sind dann zu gewichten und in Relation zum Grad der Beeinträchtigung zu setzen (vgl. auch *Isenmann* DWW 1995, 361).

Vorzugehen ist wie folgt:

☐ 1. Zunächst ist der prozentuale Wohnwert jedes von der Beeinträchtigung betroffenen Raumes der Mietsache zu ermitteln (vgl. LG Hamburg WuM 1983, 290; *Isenmann* DWW 1995, 361, 362 f.):

- Beispiel 1:
Wohnzimmer	28%
Arbeitszimmer	20%
Schlafzimmer	12%
Küche	10%
Bad/WC	10%
2. WC im Keller	3%
Abstell-/Kellerräume	7%
(Dach-)Balkon	10%
	100%

- Beispiel 2:
Wohnzimmer	18%
Diele	16%
Kinderzimmer	14%
Arbeitszimmer	12%
Esszimmer	10%
Schlafzimmer	9%
Küche	11%
Bad/WC	7%
Keller	3%
	100%

- Beispiel 3:

Wohn- und Esszimmer	25%
Kinderzimmer 1	12%
Kinderzimmer 2	12%
Schlafzimmer	12%
Küche	15%
Bad/WC	7%
Waschküche	4%
Keller	3%
Balkon	10%
	100%

Nicht vorhandene Räume sind zu streichen, weitere Räume nach Maßgabe dieser Vorgaben hinzuzufügen.

☐ 2. Sodann ist der Grad der Beeinträchtigung i. S. v. § 536 Abs. 1 Satz 3 BGB unter Heranziehung folgender Tabelle zu ermitteln (nach *Kamphausen* WuM 1982, 3, 7):

0%	keine bzw. unerhebliche Beeinträchtigung
10%	fast keine
20%	noch leichte, geringe
30%	mäßige
40%	deutliche, schon etwas stärkere
50%	starke
60%	sehr starke
70%	schwere
80%	sehr schwere
90%	massive
100%	völlige Aufhebung der Gebrauchstauglichkeit

☐ Diese Werte sind schließlich in folgende Tabelle zu übernehmen:

Raum	Wohnwert (s. o. Nr. 1)	Mietanteil	Grad der Beeinträchtigung (s. o. Nr. 2)	Dauer in Tagen	Minderung
	%	EUR	%	/30	EUR
	%	EUR	%	/30	EUR
	%	EUR	%	/30	EUR
	%	EUR	%	/30	EUR
	%	EUR	%	/30	EUR
	%	EUR	%	/30	EUR
	%	EUR	%	/30	EUR
	%	EUR	%	/30	EUR
	%	EUR	%	/30	EUR

d) Checkliste: Modernisierungsankündigung, § 554 Abs. 3 BGB (vgl. hierzu § 20)

☐ Parteien:
Von allen Vermietern gegenüber allen Mietern; bei Stellvertretung Original-Vollmachten beifügen (§ 174 BGB).

☐ Frist:
Spätestens drei Monate vor Beginn der Maßnahme.

- Form:
  Erklärung in Textform.
- Inhalt (Ziel: Nachvollziehbarkeit und Transparenz für den Mieter):
  - Art der vorgesehenen Maßnahmen:
    - Beschreibung jeder einzelnen Maßnahme
    - bezogen auf die konkrete Wohnung.
  - voraussichtlicher Umfang:
    - Beschreibung des konkreten Ausmaßes der Arbeiten
    - Darlegung bezogen auf die einzelnen Räume der Mietsache
    - gegebenenfalls Pläne oder Skizzen zur Erläuterung beifügen
    - ggf. ergänzend Darstellung der Auswirkungen auf die Nutzungsmöglichkeit der Räume.
  - voraussichtlicher Beginn:
    - Datum auf etwa 14 Tage genau mitteilen.
  - voraussichtliche Dauer:
    - Zeitraum, insbes. das vorgesehene Ende der Maßnahme ebenfalls auf etwa 14 Tage genau angeben.
  - zu erwartende Mieterhöhung:
    - 11% der Kosten der jeweiligen Baumaßnahme p. a.
    - Konkret bezogen auf die Mietwohnung.

4. Mietpreisrecht

a) Checkliste: Mietstruktur (vgl. hierzu § 24 Rdnr. 3–44)

- Netto-Grundmiete
  zuzüglich jeweils einzeln oder insgesamt pauschaliert oder als Vorauszahlung mit Abrechnungspflicht:
  - Zuschläge für Gegenstände, Einrichtungen, Garage, (Mit-)Nutzungsrechte (Gemeinschaftsantenne o. ä.)
  - Heiz-/Warmwasserkosten
  - übrige Betriebskosten.
- Netto-Warmmiete einschließlich Heiz-/Warmwasserkosten
  zuzüglich Zuschläge für (Mit-)Nutzungsrechte und Einrichtungen sowie sonstige Betriebskosten jeweils einzeln bzw. insgesamt pauschaliert oder als Vorauszahlung mit Abrechnungspflicht; Achtung: ggf. Verstoß gegen HeizkV.
- Teil-Inklusivmiete
  als Gesamtbetrag zusammengesetzt aus
  - – Netto-Grundmiete
    - Zuschläge für (Mit-)Nutzungsrechte und Einrichtungen
    - einzelne oder mehrere Positionen der Heiz- und übrigen Betriebskosten

  und daneben
  - – pauschaliert oder als Vorauszahlung mit Abrechnungspflicht: andere Positionen der Heiz-/Warmwasserkosten und übrigen Betriebskosten.
- Brutto-Warmmiete/Inklusivmiete; Achtung: ggf. Verstoß gegen HeizkV
  als Gesamtbetrag zusammengesetzt aus
  - Grundmiete für alle Räume
  - Zuschläge für (Mit-)Nutzungsrechte und Einrichtungen
  - Heiz-/Warmwasserkosten
  - alle übrigen Betriebskosten.

9 b) Checkliste: Betriebskostenumlagevereinbarung (vgl. hierzu § 24 Rdnr. 3 ff.)

- ☐ Mietstruktur
  - Regelungsbedarf
  - Nettomiete
  - Verwaltungskostenpauschale (Wirksamkeit fraglich wegen § 556 Abs. 1 und 4 BGB)
  - Mieter-Eigenleistung
  - Vermieter-Eigenleistung
  - Direktlieferung
  - Änderungsvorbehalt
  - Gleitklausel.

- ☐ Umfang
  - Schranken
  - Bestimmtheitsgrundsatz
  - Eigentumswohnung
  - Bewirtschaftungsmethode bzw. Wirtschaftlichkeit
  - Ungewöhnliche hohe Kosten, hoher Standard
  - Umstrittene Kostenarten
  - Preisgebundene Wohnungen: „Art und Höhe"
  - Sonstige Betriebskosten (qualifizierte Umlagevereinbarung)
  - Änderungsvorbehalt (vgl. § 556a Abs. 2 Satz 1 BGB)
  - Reduzierungsvorbehalt (vgl. § 556a Abs. 2 Satz 3 BGB)
  - Öffnungsklausel, Mehrbelastungsregelung
  - Modernisierungs- und änderungsbedingte Mehrkosten
  - Derzeit noch unzulässige Kostenarten.

- ☐ Kostenerfassung örtlich
  - Wirtschaftseinheit aus mehreren Gebäuden
  - Kosten für mehrere Wirtschaftseinheiten
  - Eigentumswohnung
  - Änderungsvorbehalt.

- ☐ Kostenerfassung zeitlich
  - Abflussprinzip (unklar u. a. bei Mieterwechsel und im Anwendungsbereich der HeizkostenVO)
  - Änderungsvorbehalt
  - Abrechnungsperiode (§ 556 Abs. 3 BGB)
  - Aperiodische Kosten
  - Änderungsvorbehalt betr. bevorstehende Periode (§ 556a Abs. 2 Satz 2 BGB).

- ☐ Umlagemaßstab
  - Grundsatz: im Zweifel Anteil der Wohnfläche (§ 556a Abs. 1 BGB)
  - HeizkostenVO
  - Zwischenablesung
  - Flächenberechnung
  - Leerstehende Wohnungen
  - Vorwegabzug
  - Eigentumswohnung
  - Änderungsvorbehalt (§ 556a Abs. 2 BGB).

- ☐ Vorauszahlung
  - Rechtsgrundlage (§ 556 Abs. 2 Satz 1 2. Alt., Satz 2 BGB)
  - Klarheit
  - Angemessenheit (§ 556 Abs. 2 Satz 2 BGB)
  - Grundsatz der Wirtschaftlichkeit (§ 556 Abs. 3 Satz 1, 2. Hs. BGB)
  - Erhöhung
  - Umfang der Erhöhung

- Herabsetzung
- Auszug des Mieters.

☐ Abrechnung (s. gesonderte Checkliste)
- Form
- Mindestinhalt
- Tilgungsvereinbarung bei unbenannten Zahlungen
- Abrechnungsfrist (§ 556 Abs. 3 Satz 1 BGB)
- Anerkenntnisfiktion
- Fälligkeit
- Kontrollrechte
- Besonderheiten bei Eigentumswohnungen
- Abrechnungsverzug (§ 556 Abs. 3 Satz 2 BGB)
- Berichtigung.

☐ Alternativ: Pauschale
- Rechtsgrundlage (§ 556 Abs. 2 Satz 1 1. Alt BGB)
- Erhöhungsvorbehalt (vgl. § 560 Abs. 1 BGB – s. Checkliste Mieterhöhungsverlangen nach § 560 BGB)

c) Checkliste: Betriebskostenabrechnung (vgl. hierzu § 24 Rdnr. 151 ff.)

☐ Mietvertragliche Vereinbarung einer Nettomiete und daneben gesondert ausgewiesene Betriebskosten mit Abrechnungsverpflichtung des Vermieters (§§ 535, 556 Abs. 1 und Abs. 2 Satz 1 2. Alt. BGB).

☐ Von allen Vermietern gemäß Mietvertrag
- ggf. eingetretene Rechtsnachfolge beachten; die Abrechnungspflicht trifft ausnahmsweise nicht den Eigentümer, der zum Zeitpunkt der Fälligkeit der Abrechnung, sondern zum Ende des Abrechnungszeitraums im Grundbuch eingetragen ist, sofern keine abweichende Vereinbarung zwischen altem und neuem Eigentümer getroffen ist;
- beim rechtsgeschäftlichen Erwerb muss der im eigenen Namen abrechnende Erwerber – soweit nicht ermächtigt vom bisherigen Vermieter – bereits im Grundbuch als Eigentümer eingetragen sein – § 566 BGB (bei GbR schadet Gesellschafterwechsel nicht);
- beim Erwerb im Wege der Zwangsversteigerung genügt der Zuschlag – § 90 ZVG;
- Rechtsnachfolge belegen, z. B. Erbschein.

☐ Bei Stellvertretung: zweifelsfreie Offenlegung erforderlich – Original-Vollmacht beifügen, sofern Bevollmächtigung nicht bekannt (§ 174 BGB).

☐ An alle Mieter laut Mietvertrag
- vorsorglich auch bei mietvertraglicher Vollmachtsklausel, die – auch konkludent – widerrufen worden sein könnte;
- Zugang auch an diejenigen Mieter bewirken, die das Mietobjekt nicht mehr bewohnen, aber nicht aus dem Mietverhältnis entlassen worden sind (z. B. bloßer Auszug, ggf. auch vor Jahren).

☐ Innerhalb der Frist des § 556 Abs. 3 Satz 2 BGB:
1 Jahr nach Ende des – vertraglich vereinbarten – Abrechnungszeitraums, sonst Nachforderungsausschluss (Abrechnungspflicht des Vermieters und Pflicht zur Auskehrung eines Guthabens bleiben bestehen), soweit Vorauszahlungen nicht ausreichten, also nicht bezogen auf rückständige Vorauszahlungen. Ausnahme nur, wenn Verzögerung nicht vom Vermieter zu vertreten; bei Wegfall etwaiger Abrechnungshindernisse: 3-Monats-Frist für Abrechnung. Gleiches gilt bei rechtzeitiger, aber formell falscher Abrechnung. Bei lediglich materiellen Fehlern Korrektur möglich, allerdings nur bis zum Ergebnis der rechtzeitigen, aber falschen Abrechnung, also ohne Änderung des Abrechnungssaldos, auch wenn es sich dabei um ein

Guthaben handelt. Abgrenzung zwischen formellen und inhaltlichen Mängeln umstritten: Erkennbarkeit des Abrechnungsfehlers und uneingeschränkte rechnerische Überprüfbarkeit durch den durchschnittlichen Mieter spricht für materielle Fehler (auch wenn die angerechneten Positionen dem Ansatz und/oder der Höhe nach falsch sind), mangelnde Prüfbarkeit für formelle Fehler. Folge der Ausschlussfrist: §§ 204 Abs. 1 Nr. 1, 212 Abs. 1 Nr. 1 und 214 Abs. 2 Satz 1 BGB sind nicht anwendbar.

☐ Schriftliche Abrechnung (§ 556 Abs. 3 Satz 2 BGB: „mitzuteilen"); nur bei preisgebundenem Wohnraum (§ 20 Abs. 4 i. V. m. § 4 Abs. 7, 8 NMV, § 10 Abs. 1 WoBindG): Schriftform gem. § 126 BGB (eigenhändige Unterschrift und Verbindung der Anlagen mit der Abrechnung, sofern nicht lediglich EDV-Ausdruck ohne manuelle Ergänzungen); allerdings in jedem Fall geordnete Zusammenstellung der Kosten (vgl. näher nachstehend):
- Ausweisung der Gesamtkosten und deren Zusammensetzung;
- Anwendung des gesetzlichen oder vereinbarten und ggf. erläuterten Umlageschlüssels (§ 556a Abs. 1 BGB);
- Berechnung des auf den Mieter entfallenden Anteils;
- Abzug der tatsächlich für den Abrechnungszeitraum geleisteten individuellen Vorauszahlungen („Soll-Vorschüsse" nur ausnahmsweise: Keine Vorauszahlungen im Abrechnungszeitraum und deren gerichtliche Geltendmachung vor Abrechnungsreife).

☐ Richtige Bezeichnung der Wirtschaftseinheit und/oder des Kostenbezirks (bei Leistungen für mehrere Wirtschaftseinheiten).

☐ Weiterberechnung ausschließlich der im Mietvertrag ausdrücklich und zweifelsfrei als auf den Mieter umlegbar vereinbarten Betriebskostenpositionen
- bloßer Verweis auf § 2 BetrKV soll genügen (str. bei Verbraucherverträgen);
- „sonstige Betriebskosten" i. S. v. Nr. 17 des § 2 BetrKV nur umlegbar, wenn im Mietvertrag ausdrücklich als konkrete Kostenposition(-en) aufgeführt und vereinbart;
- Vertragsänderungen aus Anlass von Mieterhöhungen;
- schlüssige Vereinbarungen aufgrund früherer Abrechnungen und bspw. darauf geleisteter (Nach-) Zahlungen des Mieters (hohe Anforderungen: konkludenter Änderungswille muss für die andere Vertragspartei jeweils erkennbar sein);
- ggf. Verwirkung nicht ausgeschöpfter Umlagemöglichkeiten (Zeit- und Umstandsmoment erforderlich);
- keine Erweiterung auf nicht im Mietvertrag aufgeführte, wohl aber auf durch schlüssige Vereinbarung zu berücksichtigende Kostenpositionen
- keine Ausweitung auch nicht bei ausdrücklicher vertraglicher Vereinbarung wegen der Begrenzung durch den Verweis aus § 556 Abs. 1 BGB auf die in § 2 BetrKV genannten Positionen
- Zweifel und Mehrdeutigkeiten gehen allein zu Lasten des Vermieters (Abweichung von der gesetzlichen Vorgabe des § 535 Abs. 1 Satz 3 BGB; §§ 305c, 307, insbes. Abs. 1 Satz 2 BGB);
- bei preisgebundenem Wohnraum muss jede Kostenart einzeln bezeichnet und die mutmaßliche Höhe der einzelnen Kostenbelastung muss beziffert sein.

☐ Beachtung der vertraglich vereinbarten Abrechnungsperiode (Abrechnungszeitraum 12 Monate; nicht verlängerbar und nur aus wichtigem, zu erläuterndem Grund verkürzbar, vgl. § 556 Abs. 3 Satz 1 BGB), ggf. unter Berücksichtigung von Mieterwechseln (Zwischenablesung; richtige Aufteilung) und zeitlich korrekte Abgrenzung der Kosten nach dem
- Zeitabgrenzungs- oder Leistungsprinzip (unstr.): Kosten, die für den Abrechnungszeitraum entstanden sind oder (kein „Hin- und Herspringen");
- Abflussprinzip (str.): Kosten, die im Abrechnungszeitraum entstanden sind; grundsätzlich vereinbar: unklar u. a. bei Mieterwechsel und Anwendung der HeizkostenVO (vgl. etwa § 7 Abs. 2: „Kosten der verbrauchten Brennstoffe …").

☐ Ablesung zeitnah, richtig und aufgrund zugelassener (vgl. § 5 Abs. 1 HeizkostenVO) und geeichter Messtechnik (Kaltwasserzähler alle 6 Jahre, Wärme- und Warmwasserzähler alle 5 Jahre: § 2 Abs. 1 EichG i. V. m. § 12 Anhang B Nr. 6.1 und 6.2 Eichordnung).

- ☐ Berücksichtigung zutreffender Kostenansätze:
  - Ansatz nur der tatsächlich entstandenen Kosten, so dass Preisnachlässe, Rabatte, Skonti (str.) und sonstige aufwandsmindernde Einnahmen (z. B. Automatenaufstellung, Werbetafeln) abzuziehen sind; keine Umlagefähigkeit fiktiver Kosten, z. B. Bedienungskosten vollautomatischer Einrichtungen; anders Eigenleistungen (vgl. § 1 Satz 2 BetrKV);
  - Umlage nur laufender Kosten; mehrjähriger, auch unregelmäßiger Kostenanfall soll nicht schaden (unstr. z. B. bei Austausch von Spielsand oder Feuerlöschflüssigkeit; str. z. B. bei Erneuerung von Bäumen und Gehölzen sowie Öltankprüfung bzw. -reinigung nach § 19 i Abs. 2 WHG bzw. entspr. Landesgesetzen);
  - keine Doppelansätze, z. B. Hausmeister- und Reinigungskosten;
  - keine Überschreitung üblicher Durchschnittssätze ohne sachbezogenen Grund (vgl. zugleich das zu beachtende Gebot der Wirtschaftlichkeit);
  - Kein Kostenansatz von
    - Anschaffungs-, Herstellungs- oder Modernisierungskosten (z. B. Baustrom, Bauwasser, Endreinigung)
    - Kapitalkosten
    - Abschreibung (str. bei geringwertigen Geräten und Großgerätereparatur)
    - Verwaltungskosten
    - Instandhaltungskosten (vgl. § 2 Nr. 14 BetrKV);
  - Umlage von Wartungskosten, die in § 2 BetrKV nicht genannt sind, str., z. B. zur Erfüllung von Verkehrssicherungspflichten;
  - Keine Umlagefähigkeit von „Luxuskosten", sondern nur derjenigen für
    - nach der Verkehrssitte
    - vertragsgemäßen Standard;
  - Beachtung des Gebotes der Wirtschaftlichkeit (§ 556 Abs. 3 Satz 1 2. Hs. BGB):
    - kein unangemessenes Preis-Leistungs-Verhältnis (unsachgemäße Vergabe; Nichtausnutzung des Wettbewerbs)
    - Berücksichtigung von Zahlungskürzungen bei Schlechtleistung
    - Beachtung etwaiger Verjährungseinreden
    - kein Ansatz eines ungünstigen Tarifs, z. B. Einkauf zu geringer oder übergroßer Mengen, keine Mülltrennung
    - keine Weitergabe überhöhter Kosten, etwa Mahngebühren, unterkühltes (oder überhitztes) Treppenhaus wegen abgeschalteter Heizkörper
    - keine Umlage höherer Kosten etwa wegen
      - o verzögerter Instandhaltung (tropfender Wasserhahn, defekter Dämmerungsschalter, Risikozuschlag bei Leitungswasserversicherung)
      - o fehlender Energiesparmaßnahmen (z. B. Rohrisolierung, Außentemperatursteuerung, Thermostate gem. HeizungsanlagenVO, Heizkessel gem. KleinfeuerungsanlagenVO)
      - o vernachlässigter Reinigung und Pflege (str.).
- ☐ Umlagemaßstab
  - Verteilerschlüssel gemäß wirksamer vertraglicher Vereinbarung, sonst: § 556 a Abs. 1 Satz 1 BGB: Anteil der Wohnfläche (laut Vertrag, auch bei Abweichung bis zu 10%);
  - ohne wirksame Regelung im Mietvertrag: Heranziehung von § 315 BGB
    - Unbilligkeit bei erheblichen Kosten- oder Verbrauchsunterschieden
    - ggf. Vorwegabzug (Prüfung bei jeder Kostenart), bei unterschiedlichen Nutzungen, gerade auch Wohnung und Büro (Grundsteuer; Wasserverbrauch: Wohnung 125 l/Person/Tag, Büro 34 l/Person/Tag; Repräsentationskosten, z. B. Beleuchtung, Fahrstuhl);
  - Heranziehung der richtigen Wohnfläche (i. Zw. gemäß WoFlV); Angabe der Gesamtwohnfläche;
  - Berücksichtigung der zutreffenden Personenzahl nach tatsächlicher Belegung (Angabe der Gesamtkopfzahl);
  - Beachtung von § 7 Abs. 1 HeizkV (beachte aber auch § 10 HeizkV);
  - Berücksichtigung leerstehender Wohnungen.

☐ Die Betriebskostenabrechnung muss nachvollziehbar und transparent sein:
- Ausweisung der Gesamtkosten (vgl. § 20 Abs. 2 Satz 1 NMV);
- Ausweisung eines Vorwegabzugs, beziffert;
- Ausgrenzung der Kosten für Nicht-Wohnraum jedenfalls bei Sozialwohnungen (§ 20 Abs. 2 Satz 2 NMV);
- Gesondertes Aufführen der einzelnen Kostenarten des § 2 BetrKV;
- Aufschlüsselung der sachlich unterschiedlichen Kostengruppen in § 2 BetrKV, z. B. Nrn. 8, 9, 13;
- Ausweisung und ggf. Erläuterung aperiodischer Kosten;
- Ausweisung und ggf. Erläuterung der zugrundegelegten Wirtschaftseinheit und des Kostenbezirks;
- Offenlegung von Kürzungen, z. B. wegen
  - Verwendung für eine andere Wirtschaftseinheit
  - eines nicht umlegbaren Anteils
  - eines Luxusanteils
  - auf nicht ordnungsgemäßer Verwaltung beruhender Mehrkosten
  - ausgabenmindernder Einnahmen;
- Nachvollziehbarkeit des Verbrauchs, insbes. von Brennstoffen (Anfangs- und Endbestand, alle Zukäufe mit Datum, Menge und Preis);
- Übersichtliche, klare und nachvollziehbare Aufstellung und Gliederung i. S. v. § 259 BGB;
- Ausreichende Erläuterungen (Belege dienen ausschließlich dem Nachweis; die Abrechnung muss aus sich heraus verständlich sein), insbes. bei unüblichen und umfangreichen Kostensteigerungen, neuen Kostenpositionen, Abweichungen von der WEG-Abrechnung, „sonstige Betriebskosten", Verteilerschlüssel bei unterschiedlichen Maßstäben und Vorwegabzug;
- Ggf. Rechengang nachvollziehbar darstellen; Rechnungs- und Zahlungsdaten müssen jedenfalls bei preisfreiem Wohnraum nicht mitgeteilt werden;
- Erläuterung jeder Betriebskostenart bei preisgebundenem Wohnraum (§ 20 Abs. 2 i. V. m. § 4 Abs. 7 Satz 2 NMV, § 10 Abs. 1 WoBindG);
- Grundsätzlich Abzug nur der tatsächlich geleisteten Vorauszahlungen (§ 259 BGB).

☐ Beziffert der Vermieter z. B. lediglich pauschal einen Abzug nicht umlagefähiger Hausmeisterkosten, kann sich der Mieter auf ein pauschales Bestreiten beschränken. Der Vermieter muss dann die Kosten nachvollziehbar aufschlüsseln bzw. die Grundlagen etwa geschätzter Beträge darlegen.

☐ Fälligkeit des Abrechnungssaldos erst nach Gewährung vollständiger Einsicht in die Originalbelege (Prüffrist = i. d. R. 1 Monat) beim Vermieter (ansonsten Zurückbehaltungsrecht des Mieters), sofern dessen Sitz sich am Ort des Mietobjektes befindet (ohne Einsichtnahme ist das Bestreiten des Mieters mit Nichtwissen unbeachtlich – Substantiierungspflicht). Kein Anspruch des Mieters auf Übermittlung von Belegkopien, auch nicht gegen Kostenerstattung, nur Einsichtsrecht in die Originalbelege.

☐ Bei mangelhafter Abrechnung oder Abrechnungsverzug Zurückbehaltungs- und/oder Gewährleistungsansprüche (§ 536b BGB !) an den laufenden Vorauszahlungen, nicht an der Grundmiete, beachten. Ist das Mietverhältnis bereits beendet, Rückforderungsanspruch des Mieter auf alle noch nicht verjährten Vorauszahlungen, über die der Vermieter nicht (richtig) abgerechnet hat.

☐ Ausschluss von Nachforderungen bei vorbehaltlosem Ausgleich des Saldos durch den Mieter aus der vorbehaltlosen Abrechnung (deklaratorisches Schuldanerkenntnis); Ausschluss mit allen denkbaren Einwendungen (auch, dass keine „Betriebskosten" abgerechnet wurden – str.) nach 12 Monaten auch zu Lasten des Mieters, sofern Verspätung zu vertreten (§ 556 Abs. 3 Sätze 5 und 6 BGB);

☐ Anpassung der Vorauszahlungen auf eine angemessene Höhe (§ 560 Abs. 4 BGB).

d) Checkliste: Mieterhöhungsverlangen nach §§ 558 ff. BGB (Mieterhöhung bis zur ortsüblichen Vergleichsmiete, vgl. hierzu § 23 Rdnr. 18 ff.)

- ☐ Vorliegen eines Wohnraummietverhältnisses bzw. eines Mischmietverhältnisses mit überwiegendem Wohnanteil.
- ☐ Kein Mietverhältnis nach § 549 Abs. 2 oder Abs. 3 BGB
  - Kein preisgebundener oder sonstiger „sozialer" (§ 549 Abs. 2 Nr. 3 BGB) Wohnraum;
  - Kein Wohnraum, der Teil der vom Vermieter selbst bewohnten Wohnung ist und den der Vermieter ganz oder überwiegend mit Einrichtungsgegenständen auszustatten hat, sofern der Wohnraum nicht zum dauernden Gebrauch für eine Familie oder Haushaltsgemeinschaft überlassen ist;
  - Kein Wohnraum, der Teil eines Studenten- oder Jugendwohnheims ist;
  - Kein Wohnraum nur zum vorübergehenden Gebrauch.
- ☐ Kein Ausschluss des Mieterhöhungsrechts
  - kein ausdrücklicher oder stillschweigend vereinbarter Mieterhöhungsausschluss;
  - keine Staffelmietvereinbarung – § 557 a Abs. 2 Satz 2 BGB;
  - keine Vereinbarung einer Indexmiete – § 557 b Abs. 2 Satz 3 BGB.
- ☐ Von allen Vermietern gemäß Mietvertrag
  - ggf. eingetretene Rechtsnachfolge beachten;
  - beim rechtsgeschäftlichen Erwerb muss der im eigenen Namen handelnde Erwerber – sofern keine Ermächtigung des ursprünglichen Vermieters vorliegt – bereits im Grundbuch als Eigentümer eingetragen sein – § 566 BGB;
  - beim Erwerb im Wege der Zwangsversteigerung genügt der Zuschlag – § 90 ZVG.
- ☐ Bei Stellvertretung deren zweifelsfreie Offenlegung beachten und Original-Vollmacht beifügen – § 174 BGB.
- ☐ An alle Mieter laut Mietvertrag
  - vorsorglich auch bei mietvertraglicher Vollmachtsklausel, die – auch konkludent – jederzeit widerrufen worden sein könnte;
  - beachten, dass Zugang auch an diejenigen Mieter zu bewirken ist, die das Mietobjekt nicht mehr bewohnen, aber nicht aus dem Mietverhältnis entlassen worden sind (z. B. bloßer Auszug, ggf. auch vor Jahren).
- ☐ In Textform – §§ 126 b, 558 a Abs. 1 BGB.
- ☐ Ablauf der mindestens einjährigen Wartefrist, ggf. auch nach Wegfall der Preisbindung, für Zeitpunkt frühestens 15 Monate nach der letzten Veränderung der Miete; Mieterhöhungen nach den §§ 559 bis 560 BGB, auch soweit auf dieser Grundlage vereinbart, bleiben unberücksichtigt (§ 558 Abs. 1 Satz 3 BGB).
- ☐ Aktuell gezahlte Miete liegt unterhalb der ortsüblichen – innerhalb der letzten 4 Jahre vereinbarten oder geänderten – Vergleichsmiete i. S. v. § 558 Abs. 2 Satz 1 BGB für Wohnraum mit folgenden Vergleichs-Wohnwertmerkmalen:
  - Art;
  - Größe;
  - Ausstattung (ggf. mit Zuschlag);
  - Beschaffenheit;
  - Lage.
- ☐ Begründung der ortsüblichen Vergleichsmiete mit
  - einfachem Mietspiegel (§ 558 c BGB – soll alle 2 Jahre angepasst werden): Raster- bzw. Mietspiegelfeld bzw. Einordnungskriterien bezeichnen; bei Mietspannen genügt es, wenn die verlangte Miete innerhalb der Spanne liegt (§ 558 a Abs. 4 Satz 1 BGB); Hinweis, wo der Mietspiegel eingesehen werden kann;

- qualifiziertem Mietspiegel i.S.v. § 558d BGB (Beweiserleichterung durch Vermutungswirkung; alle 2 Jahre aktualisiert, alle 4 Jahre neu erstellt): Abweichung mit Begründung zwar möglich, aber nur zusätzlich zu den mit aufzuführenden Angaben aus dem qualifizierten Mietspiegel;
- Mietdatenbank: öffentliche (Gemeinde) oder von Vermieter- und Mieterverbänden gemeinsam fortlaufend geführte Sammlung von Mieten (§ 558e BGB);
- Sachverständigengutachten: der Gutachter muss für das Gebiet der Grundstücks- und Gebäudeschätzungen öffentlich bestellt oder vereidigt sein und die zu beurteilende Wohnung grundsätzlich besichtigt haben; das Gutachten ist beizufügen; Kosten hierfür sind nicht erstattungsfähig;
- 3 Vergleichswohnungen: sie dürfen aus dem eigenen Bestand des Vermieters – auch innerhalb desselben Anwesens – genommen werden, wobei, sofern es keine Besonderheiten gibt, als Mindestangaben Name und genaue Anschrift des Wohnungsinhabers, Geschoss und Lage innerhalb des Stockwerks sowie die Quadratmetermiete genügen, dennoch aber das Benennen der Gesamtmiete und der Wohnfläche empfehlenswert ist; beachte: jede der 3 Vergleichsmieten muss mindestens die geforderte erhöhte Miete erreichen; die Bildung eines Durchschnittswertes aus mindestens 3 der angegebenen Vergleichsmieten ist unzulässig.

☐ Berücksichtigung von Abschlägen bei Zuschüssen oder zinslosen bzw. zinsverbilligten Darlehen aus öffentlichen Haushalten, vom Mieter oder von dritter Seite nach §§ 558 Abs. 5, 559a BGB:
- vom Jahresbetrag der verlangten Mieterhöhung sind abzuziehen 11% der Zuschüsse aus öffentlichen Haushalten bzw. der Finanzierungsinstitute des Bundes und der Länder (vgl. § 559a Abs. 3 Satz 2 BGB) oder der Kosten, die vom Mieter bzw. für diesen von einem Dritten übernommen werden (§ 559a Abs. 1 BGB);
- vom Jahresbetrag der verlangten Mieterhöhung sind abzuziehen bei Inanspruchnahme zinsverbilligter oder zinsloser Darlehen aus öffentlichen Haushalten oder der Finanzierungsinstitute des Bundes und der Länder (vgl. § 559a Abs. 3 Satz 2 BGB) der Jahresbetrag der Zinsermäßigung aus der Differenz zwischen dem Zinssatz des öffentlichen Darlehens und dem marktüblichen Zinssatz für erstrangige Hypotheken zum Zeitpunkt der Beendigung der baulichen Maßnahmen, bei Annuitätshilfen der Jahresbetrag des Zuschusses oder des Darlehens zur Deckung der laufenden Aufwendungen oder bei Darlehen oder Mietvorauszahlungen des Mieters oder eines Dritten für den Mieter der Jahresbetrag der Zinsermäßigung aus der Differenz zwischen der Mietvorauszahlung oder dem Zinssatz des Darlehens und dem marktüblichen Zinssatz für erstrangige Hypotheken zum Zeitpunkt der Beendigung der baulichen Maßnahmen (§ 559a Abs. 2 und 3 BGB).

☐ Berücksichtigung von Sonderfällen durch Zuschläge auf die begründete Vergleichsmiete (insbes. bei Verwendung von Mietspiegeln):
- Kein Zuschlag analog § 28 Abs. 4 Sätze 2–4 II. BV bei Schönheitsreparaturverpflichtung des Vermieters auf seine Kosten laut Vertrag oder unwirksamer Schönheitsreparaturklausel, wohingegen der Vergleichsmiete Mietverhältnisse zugrunde liegen, bei denen der Mieter die Kosten der Schönheitsreparaturen zu tragen hat.
- Zuschlag in Höhe des aktuell, etwa im vergangenen Abrechnungszeitraum, auf die von der begehrten Mieterhöhung betroffene Wohnfläche tatsächlich entfallenden, nicht gesondert auf den Mieter umgelegten Anteils der im Außenverhältnis vom Vermieter getragenen Betriebskosten, bei Vorliegen einer (Teil-)Inklusivmiete, während zur Begründung der Mieterhöhung Netto-Vergleichsmieten herangezogen werden;
beachte: dieser hinzuzuaddierende Betriebskostenanteil ist konkret, mithin am besten aufgeschlüsselt nach den Betriebskostenpositionen in § 2 BetrKV, darzulegen, außer die erhöht verlangte (Teil-)Inklusivmiete übersteigt die ortsübliche Nettovergleichsmiete nicht.
- Zuschlag analog § 26 Abs. 2 NMV von bis zu 50% auf die nicht zu Wohnzwecken genutzte Teilfläche bei Mischmietverhältnissen mit überwiegendem Wohnanteil und einheitlichem Mietzins, sofern keine entsprechende Vergleichsmiete ermittelt werden kann

und daher auf eine reine Wohnraumvergleichsmiete zurückgegriffen wird (anders bei einem bereits vertraglich vereinbarten Gewerbezuschlag, der wieder unverändert hinzuzuaddieren ist, sofern keine entsprechende Erhöhungsvereinbarung getroffen wurde); beachte: eine Mieterhöhung nach § 558 BGB nur für den gewerblich genutzten Teil ist ebenso unwirksam, wie bei getrennt ausgewiesenen Entgelten für die bewohnte Teilfläche einerseits und die nicht zu Wohnzwecken genutzte Teilfläche andererseits, also eine dieser Mietstruktur widersprechende, jeweils getrennte Mieterhöhung oder eine Zusammenfassung beider Entgelte zum Zwecke der Mieterhöhung.

- ☐ Berücksichtigung unbehebbarer Mängel; beim Regelfall behebbarer Mängel setzt sich die Minderungsquote an der erhöhten Miete fort, hindert aber die Mieterhöhung nicht.
- ☐ Berücksichtigung der Kappungsgrenze auch bei erstmaliger Mieterhöhung nach Wegfall einer Preisbindung unter Beachtung der Fehlbelegungsproblematik nach § 558 Abs. 4 BGB (die Einhaltung und Berechnung der Kappungsgrenze ist zweckmäßig, aber keine Wirksamkeitsvoraussetzung; vielmehr ist ein Mieterhöhungsverlangen, das die Kappungsgrenze nicht einhält, nicht unzulässig, sondern bis zur Kappungsgrenze begründet).
  - Rückgriff auf die 3 Jahre vor dem Wirksamwerden dieser Mieterhöhung (siehe sogleich) gezahlte Grundmiete, unabhängig von deren Mietstruktur (= Ausgangsmiete).
  - Mieterhöhungen nach §§ 559 bis 560 BGB (oder auf dieser Grundlage vereinbarte Mieterhöhungen) innerhalb dieses 3-Jahres-Zeitraums sind bei der Berechnung der Kappungsgrenze aus der Ausgangsmiete herauszurechnen, nicht aber die länger zurückliegenden Erhöhungen.
  - Grundsätzlich erfolgt eine „Kappung" auf die Ausgangsmiete zuzüglich 20% ohne weitere Begrenzung.
- ☐ **Rein vorsorglicher** Hinweis auf den Ablauf der Zustimmungsfrist nach § 558b Abs. 2 BGB sowie darauf, dass die bloße Zahlung nicht genügt, um dem Einwand mangelnden Rechtsbindungswillens vorzubeugen.
- ☐ Hinweis auf das Wirksamwerden der erhöhten Miete nach § 558b Abs. 1 BGB und den dann neu zu bezahlenden Gesamtbetrag pro Monat, vorsorglich unter konkreter Bezifferung auch der unverändert bleibenden Mietanteile, wie etwa Nebenkostenvorauszahlung oder -pauschale, Garagen- oder Stellplatzmiete oder evtl. sonstige Zuschläge.
- ☐ **Weiterer vorsorglicher** Hinweis auf die bei unterbliebene Zustimmung erforderliche Klagerhebung nach § 558b Abs. 2 BGB und die damit zu Lasten des Mieters verbundenen Kosten.
- ☐ Ggf. Hinweis auf das Sonderkündigungsrecht nach § 561 Abs. 1 BGB.

e) Checkliste: Mieterhöhungsverlangen nach § 559 BGB (Mieterhöhung bei Modernisierung, vgl. hierzu § 23 Rdnr. 188 ff.)

- ☐ Vorliegen eines Wohnraummietverhältnisses bzw. eines Mischmietverhältnisses mit überwiegendem Wohnanteil.
- ☐ Kein Mietverhältnis nach § 549 Abs. 2 oder Abs. 3 BGB.
  - Kein preisgebundener oder sonstiger „sozialer" (§ 549 Abs. 2 Nr. 3 BGB) Wohnraum;
  - Kein Wohnraum, der Teil der vom Vermieter selbst bewohnten Wohnung ist und den der Vermieter ganz oder überwiegend mit Einrichtungsgegenständen auszustatten hat, sofern der Wohnraum nicht zum dauernden Gebrauch für eine Familie oder Haushaltsgemeinschaft überlassen ist;
  - Kein Wohnraum, der Teil eines Studenten- oder Jugendwohnheims ist;
  - Kein Wohnraum nur zum vorübergehenden Gebrauch.

- ☐ Kein Ausschluss des Mieterhöhungsrechts
  - kein ausdrücklicher oder stillschweigend vereinbarter Mieterhöhungsausschluss:
  - keine Staffelmietvereinbarung – § 557a Abs. 2 Satz 2 BGB;
  - keine Indexmietvereinbarung, außer die baulichen Veränderungen werden aufgrund vom Vermieter nicht zu vertretender Umstände durchgeführt – §§ 557b Abs. 2 Satz 2, 559 Abs. 1 2. Hs. BGB.
- ☐ Von allen Vermietern gemäß Mietvertrag
  - ggf. eingetretene Rechtsnachfolge beachten;
  - beim rechtsgeschäftlichen Erwerb muss der im eigenen Namen handelnde Erwerber - außer bei Ermächtigung durch den bisherigen Vermieter – bereits im Grundbuch als Eigentümer eingetragen sein – § 566 BGB;
  - beim Erwerb im Wege der Zwangsversteigerung genügt der Zuschlag – § 90 ZVG.
- ☐ Bei Stellvertretung deren zweifelsfreie Offenlegung beachten und Original-Vollmacht beifügen – § 174 BGB.
- ☐ An alle Mieter laut Mietvertrag
  - vorsorglich auch bei mietvertraglicher Vollmachtsklausel, die – auch konkludent – jederzeit widerrufen worden sein könnte;
  - beachten, dass Zugang auch an diejenigen Mieter zu bewirken ist, die das Mietobjekt nicht mehr bewohnen, aber nicht aus dem Mietverhältnis entlassen worden sind (z. B. bloßer Auszug, ggf. auch vor Jahren).
- ☐ In Textform – §§ 126b, 559b Abs. 1 Satz 1 BGB.
- ☐ Darlegung der durchgeführten baulichen Maßnahmen durch den Vermieter als Bauherrn (bei Eigentumswechsel steht das Mieterhöhungsrecht – nach der Rechtsprechung jedenfalls nach Abtretung – dem Erwerber über § 566 BGB zu), die alternativ
  - den Gebrauchswert der Mietsache nachhaltig erhöhen;
  - die allgemeinen Wohnverhältnisse auf Dauer verbessern;
  - nachhaltig (5% genügen nicht) Energie aller Art (z. B. Wärme, Warm- und Kaltwasser, Strom) einsparen; beachte: Wirtschaftlichkeit muss gegeben sein, woran es fehlt, wenn die Mieterhöhung die Energieeinsparung um mehr als 200% übersteigt (eine Verdoppelung ist dagegen akzeptabel) – hierzu sind Darlegungen in dem Umfang erforderlich, dass der Mieter die Erfüllung dieser Vorgaben prüfen kann (keine Wärmebedarfsberechnung); jedenfalls bei Kraft-Wärme-Kopplungsanlagen genügt die Einsparung von Primärenergie, auch ohne Kosteneinsparung für den Mieter;
  - aufgrund von Umständen, welche der Vermieter nicht zu vertreten hat, erforderlich wurden (etwa unvorhersehbare behördliche Anordnungen, die nicht z. B. auf einem Reparaturstau oder der Nichteinhaltung von Vorschriften beruhen).
- ☐ Vorliegen einer den Vorgaben des § 554 Abs. 3 Satz 1 BGB entsprechenden Modernisierungsankündigung oder Zustimmung bzw. tatsächliche Duldung dieser baulichen Maßnahmen (bei Innenmodernisierung) durch den Mieter oder dessen Verurteilung zur Duldung; andernfalls ist streitig, ob eine Mieterhöhung nach § 559 BGB nicht möglich ist oder lediglich deren Wirksamkeitszeitpunkt um 6 Monate hinausgeschoben wird (vgl. § 559b Abs. 2 Satz 2 BGB – näher sogleich nachstehend).
- ☐ Berechnung und Erläuterung (§ 559b Abs. 1 Satz 2 BGB) aller für die Wohnung aufgewandten Kosten (sind mehrere Wohnungen betroffen, hat eine sachgerechte Aufteilung zu erfolgen, etwa nach Wohnungsanzahl oder Quadratmetern), außer z. B.
  - Kosten für unangebrachten Luxus;
  - Aufwendungsersatz für den Mieter nach § 554 Abs. 4 BGB;
  - Mietausfall, etwa wegen berechtigter Mietminderung der Mieter während der Bauphase;
  - Finanzierungskosten des Vermieters;
  - Kapitalbeschaffungskosten.

- ☐ Beachte: Werden durch die Modernisierungsarbeiten zugleich Instandsetzungsmaßnahmen mit erledigt (z. B. Einbau von energiesparenden Isolierglasfenstern, mit denen zugleich defekte Einfachglasfenster ersetzt werden), müssen die fiktiven Kosten der Instandsetzung von den tatsächlichen Kosten unter nachvollziehbarer Darlegung abgezogen werden.
- ☐ Von den so errechneten Gesamtkosten sind unter entsprechender Bezifferung abzuziehen (§ 559a Abs. 1 BGB)
  - Zuschüsse aus öffentlichen Haushalten bzw. der Finanzierungsinstitute des Bundes bzw. der Länder (vgl. § 559a Abs. 3 Satz 2 BGB);
  - Kosten, die vom Mieter bzw. für diesen von einem Dritten übernommen werden.
- ☐ Von dem so konkret für die Wohnung bezifferten Betrag werden 11% jährlich als Mieterhöhung auf den Mieter umgelegt, wobei noch ungeklärt ist, ob auf die in den letzten 12 Monaten tatsächlich entrichtete Miete, oder – richtiger – auf das 12-fache der zuletzt gezahlten Monatsmiete abzustellen ist (nur relevant, wenn sich die Miete in den letzten 12 Monaten geändert hat).
- ☐ Von dieser Mieterhöhung um 11% sind unter entsprechender bezifferter Erläuterung abzuziehen (§ 559a Abs. 2 und 3 BGB)
  - bei Inanspruchnahme zinsverbilligter oder zinsloser Darlehen aus öffentlichen Haushalten oder der Finanzierungsinstitute des Bundes bzw. der Länder (vgl. § 559a Abs. 3 Satz 2 BGB) der Jahresbetrag der Zinsermäßigung aus der Differenz zwischen dem Zinssatz des öffentlichen Darlehens und dem marktüblichen Zinssatz für erstrangige Hypotheken zum Zeitpunkt der Beendigung der baulichen Maßnahmen;
  - bei Annuitätshilfen der Jahresbetrag des Zuschusses oder des Darlehens zur Deckung der laufenden Aufwendungen;
  - bei Darlehen oder Mietvorauszahlungen des Mieters oder eines Dritten für den Mieter der Jahresbetrag der Zinsermäßigung aus der Differenz zwischen der Mietvorauszahlung oder dem Zinssatz des Darlehens und dem marktüblichen Zinssatz für erstrangige Hypotheken zum Zeitpunkt der Beendigung der baulichen Maßnahmen.
- ☐ Verwirkungsgesichtspunkte beachten:
  - bei einem Mieterhöhungsverlangen erst etwa 4 Jahre nach Durchführung der baulichen Maßnahmen (1 Jahr reicht nicht).
  - bei einer nach Abschluss der baulichen Maßnahmen bereits erfolgten Mieterhöhung nach § 558 BGB oder § 559 BGB, ohne alle gesetzlichen Erhöhungsmöglichkeiten auszuschöpfen.
- ☐ Hinweis auf das Wirksamwerden der erhöhten Miete nach § 559b Abs. 2 BGB und den dann neu zu bezahlenden Gesamtbetrag pro Monat, vorsorglich unter konkreter Bezifferung auch der unverändert bleibenden Mietzinsanteile, wie etwa Nebenkostenvorauszahlung oder -pauschale, Garagen- oder Stellplatzmiete oder evtl. sonstige Zuschläge.
  - Grundsatz: Wirksamwerden vom Beginn des auf die Erklärung folgenden dritten Monats.
  - <u>Ausnahme 1:</u> Verlängerung um 6 Monate, wenn die tatsächliche Mieterhöhung mehr als 10% über der in der Modernisierungsankündigung nach § 554 Abs. 3 Satz 1 BGB prognostizierten Mietanpassung liegt.
  - <u>Ausnahme 2:</u> Verlängerung um 6 Monate, wenn der Vermieter dem Mieter in der Modernisierungsankündigung nach § 554 Abs. 3 Satz 1 BGB die zu erwartende Mieterhöhung nicht mitgeteilt hat (andere Mängel der Modernisierungsankündigung, s. gesonderte Checkliste, bleiben außer Betracht); hat der Mieter die Maßnahme nicht gestattet (Stichwort: Innenmodernisierung), handelt es sich also um Außenmodernisierungsarbeiten, ist m.E. eine nachträgliche Interessenabwägung nach § 554 Abs. 2 BGB vorzunehmen: Wäre danach der Mieter zur Duldung der Maßnahme verpflichtet gewesen, kann der Vermieter die erhöhte Miete erst 6 Monate später verlangen; hätte dagegen keine Duldungspflicht des bestanden, ist eine Mieterhöhung ausgeschlossen. So ist m.E. auch die entsprechende Gesetzesbegründung (BT-Drucks. 14/4553 zu § 559b) zu verstehen:

„Für das Verhältnis zu § 554 ... bleibt es bei der bisherigen Rechtslage, d.h. die Mitteilung über die Durchführung der Modernisierung ist nicht Voraussetzung für die Mieterhöhung nach § 559 bzw. § 559a. Abs. 2 Satz 2 ordnet lediglich an, dass die darin genannten Mängel der Modernisierungsmitteilung zu einer Verzögerung der Mieterhöhung um sechs Monate führen. Entsprach die Modernisierungsmitteilung aus anderen Gründen nicht den Anforderungen des § 554 Abs. 3, ist dies für die anschließende Mieterhöhung dagegen ohne Bedeutung. Ebenso wenig kommt es auch darauf an, ob der Mieter wegen Vorliegens von Härtegründen im Sinne des § 554 Abs. 2 Satz 2 nicht zur Duldung der Durchführung der Maßnahmen verpflichtet gewesen wäre, wenn er die Durchführung der Maßnahmen tatsächlich geduldet hat. Nur wenn der Mieter die Maßnahmen tatsächlich nicht geduldet hat, kann die Frage, ob Härtegründe vorliegen, später auch bei der Mieterhöhung eine Rolle spielen."

- ☐ Vorsorglich Hinweis auf die bei Nichtzahlung erforderliche Klagerhebung und die damit zu Lasten des Mieters verbundenen Kosten.
- ☐ Ggf. Hinweis auf das Sonderkündigungsrecht nach § 561 Abs. 1 BGB.

f) Checkliste: Erhöhung von Betriebskostenpauschalen nach § 560 BGB bzw. von (Teil-)Inklusivmieten in Altverträgen
(Veränderungen von Betriebskosten, vgl. hierzu § 24 Rdnr. 17 ff.)

- ☐ Vorliegen eines Wohnraummietverhältnisses bzw. eines Mischmietverhältnisses mit überwiegendem Wohnanteil.
- ☐ Kein Mietverhältnis nach § 549 Abs. 2 oder Abs. 3 BGB
  - Kein preisgebundener oder sonstiger „sozialer" (§ 549 Abs. 2 Nr. 3 BGB) Wohnraum;
  - Kein Wohnraum, der Teil der vom Vermieter selbst bewohnten Wohnung ist und den der Vermieter ganz oder überwiegend mit Einrichtungsgegenständen auszustatten hat, sofern der Wohnraum nicht zum dauernden Gebrauch für eine Familie oder Haushaltsgemeinschaft überlassen ist;
  - Kein Wohnraum, der Teil eines Studenten- oder Jugendwohnheims ist;
  - Kein Wohnraum nur zum vorübergehenden Gebrauch.
- ☐ Kein Ausschluss des Mieterhöhungsrechts
  - kein ausdrücklicher oder stillschweigend vereinbarter Mieterhöhungsausschluss;
  - keine Nebenkostenpauschale ohne wirksamen Erhöhungsvorbehalt – § 560 Abs. 1 BGB;
  - keine (Teil-)Inklusivmiete ohne wirksamen Erhöhungsvorbehalt bei Altverträgen, die vor dem 1. 9. 2001 abgeschlossen wurden (Art. 229 § 3 Abs. 4 EGBGB).
- ☐ Von allen Vermietern gemäß Mietvertrag
  - ggf. eingetretene Rechtsnachfolge beachten;
  - beim rechtsgeschäftlichen Erwerb muss der im eigenen Namen handelnde Erwerber – soweit nicht vom bisherigen Vermieter ermächtigt – bereits im Grundbuch als Eigentümer eingetragen sein – § 566 BGB;
  - beim Erwerb im Wege der Zwangsversteigerung genügt der Zuschlag – § 90 ZVG.
- ☐ Bei Stellvertretung deren zweifelsfreie Offenlegung beachten und Original-Vollmacht beifügen – § 174 BGB.
- ☐ An alle Mieter laut Mietvertrag
  - vorsorglich auch bei mietvertraglicher Vollmachtsklausel, die – auch konkludent – jederzeit widerrufen worden sein könnte;
  - beachten, dass Zugang auch an diejenigen Mieter zu bewirken ist, die das Mietobjekt nicht mehr bewohnen, aber nicht aus dem Mietverhältnis entlassen worden sind (z. B. bloßer Auszug, ggf. auch vor Jahren).
- ☐ In Textform – §§ 126b, 560 Abs. 1 BGB.

§ 1 Mandatsbearbeitung anhand von Checklisten

- ☐ Die aktuellen jährlichen Betriebskosten liegen über den Betriebskosten p.a. bei Mietvertragsabschluss bzw. der letzten Anpassung.
- ☐ Zur Gewährleistung der erforderlichen Transparenz für den Mieter sind die Kostensteigerungen getrennt nach den umgelegten bzw. umlagefähigen Betriebskostenpositionen aufzuschlüsseln (etwa auch, um etwaige Kostensenkungen bei einzelnen Positionen zu dokumentieren, die durch Kostensteigerungen bei anderen Positionen in der Summe zu einer Erhöhung der Kostenbelastung geführt haben).
- ☐ In der Erhöhungserklärung ist der Grund für die Umlage zu bezeichnen und zu erläutern (§ 560 Abs. 1 Satz 2 BGB); daher sind anzugeben:
  - die Betriebskosten zum Zeitpunkt des Mietvertragsabschlusses bzw. der letzten Anpassung;
  - die heutigen Betriebskosten;
  - der Grund der Kostensteigerung;
  - der zu verzeichnende Erhöhungsbetrag;
  - der vereinbarte Umlageschlüssel;
  - der konkret auf den Mieter entfallende, umzulegende Kostenanteil.
- ☐ Der Grundsatz der Wirtschaftlichkeit ist zu beachten (§ 560 Abs. 5 BGB).
- ☐ Hinweis auf das Wirksamwerden der erhöhten Miete ab dem Ersten des auf das Mieterhöhungsbegehren folgenden übernächsten Monats (§ 560 Abs. 2 Satz 1 BGB) und den dann neu zu bezahlenden Gesamtbetrag pro Monat, vorsorglich unter konkreter Bezifferung auch der unverändert bleibenden Mietzinsanteile, wie etwa Grundmiete, Garagen- oder Stellplatzmiete oder evtl. sonstige Zuschläge.
- ☐ Ausnahmsweise Rückwirkung, sofern sich auch die Betriebskosten rückwirkend erhöht haben, höchstens bis zum Beginn der Erhöhung, jedoch nicht weiter als bis zum Beginn des der Erklärung vorangegangenen Kalenderjahres, sofern die Erklärung innerhalb von 3 Monaten ab Kenntnis von der Erhöhung abgegeben wird (§ 560 Abs. 2 Satz 2 BGB).
- ☐ **Vorsorglich** Hinweis auf die bei Nichtzahlung erforderliche Klagerhebung und die damit zu Lasten des Mieters verbundenen Kosten.
- ☐ Ggf. Herabsetzung nach § 560 Abs. 3 BGB.
- ☐ Anmerkung: Bei vereinbarten Betriebskostenvorauszahlungen kann jede Vertragspartei nach einer Betriebskostenabrechnung (s. vorstehende Checkliste) eine Anpassung auf eine angemessene Höhe durch eine Erklärung in Textform gem. § 126 b BGB vornehmen (§ 560 Abs. 4 BGB).

g) Mieterhöhungsfristentabellen bei preisfreien Wohnungen

aa) Mieterhöhung nach § 558 BGB

Zugang des Mieterhöhungsschreibens spätestens bis zum	Ablauf der Zustimmungsfrist des Mieters nach § 558 b Abs. 2 Satz 1 BGB zum	Wirksamwerden der Mieterhöhung nach § 558 b Abs. 1 BGB ab dem	Ablauf der Klagefrist des Vermieters nach § 558 b Abs. 2 S. 2 BGB bei fehlender Zustimmung des Mieters zum
31. Januar	31. März	1. April	30. Juni
28. (29.) Februar	30. April	1. Mai	31. Juli
31. März	31. Mai	1. Juni	31. August
30. April	30. Juni	1. Juli	30. September
31. Mai	31. Juli	1. August	31. Oktober
30. Juni	31. August	1. September	30. November
31. Juli	30. September	1. Oktober	31. Dezember

§ 1 14a, 14b — Teil A. Wohnraummiete

Zugang des Mieterhöhungsschreibens spätestens bis zum	Ablauf der Zustimmungsfrist des Mieters nach § 558b Abs. 2 Satz 1 BGB zum	Wirksamwerden der Mieterhöhung nach § 558b Abs. 1 BGB ab dem	Ablauf der Klagefrist des Vermieters nach § 558b Abs. 2 S. 2 BGB bei fehlender Zustimmung des Mieters zum
31. August	31. Oktober	1. November	31. Januar
30. September	30. November	1. Dezember	28. (29.) Februar
31. Oktober	31. Dezember	1. Januar	31. März
30. November	31. Januar	1. Februar	30. April
31. Dezember	28.(29.) Februar	1. März	31. Mai

bb) Mieterhöhung nach § 559 BGB

14a

Zugang des Mieterhöhungsschreibens spätestens bis zum	Wirksamwerden der Mieterhöhung nach § 559b Abs. 2 Satz 1 BGB ab dem	Wirksamwerden, wenn der Vermieter dem Mieter die zu erwartende Mietzinserhöhung nicht nach § 554 Abs. 3 Satz 1 BGB mitgeteilt hat oder wenn die tatsächliche Erhöhung gegenüber dieser Mitteilung um mehr als 10% nach oben abweicht (§ 559b Abs. 2 Satz 2 BGB)
31. Januar	1. April	1. Oktober
28. (29.) Februar	1. Mai	1. November
31. März	1. Juni	1. Dezember
30. April	1. Juli	1. Januar
31. Mai	1. August	1. Februar
30. Juni	1. September	1. März
31. Juli	1. Oktober	1. April
31. August	1. November	1. Mai
30. September	1. Dezember	1. Juni
31. Oktober	1. Januar	1. Juli
30. November	1. Februar	1. August
31. Dezember	1. März	1. September

cc) Mieterhöhung nach § 560 BGB

14b

Zugang des Mieterhöhungsschreibens spätestens bis zum	Wirksamwerden der Mieterhöhung nach § 560 Abs. 2 Satz 1 BGB[1] ab dem
31. Januar	1. März
28. (29.) Februar	1. April
31. März	1. Mai
30. April	1. Juni
31. Mai	1. Juli
30. Juni	1. August
31. Juli	1. September
31. August	1. Oktober
30. September	1. November
31. Oktober	1. Dezember
30. November	1. Januar
31. Dezember	1. Februar

[1] Soweit die Erklärung darauf beruht, dass sich die Betriebskosten **rückwirkend** erhöht haben, wirkt sie auf den Zeitpunkt der Erhöhung der Betriebskosten, höchstens jedoch auf den Beginn des der Erklärung voraus-

gehenden Kalenderjahres zurück, sofern der Vermieter die Erklärung innerhalb von drei Monaten nach Kenntnis von der Erhöhung abgibt (§ 560 Abs. 2 Satz 2 BGB).

h) Mieterhöhungsfristentabelle bei preisgebundenem Wohnraum

Mieterhöhung nach § 10 WoBindG

Zugang des Mieterhöhungsschreibens spätestens bis zum	Wirksamwerden der Mieterhöhung nach § 10 Abs. 2 Satz 1 WoBindG[2] ab dem
15. Januar	1. Februar
31. Januar	1. März
15. Februar	1. März
28. (29.) Februar	1. April
15. März	1. April
31. März	1. Mai
15. April	1. Mai
30. April	1. Juni
15. Mai	1. Juni
31. Mai	1. Juli
15. Juni	1. Juli
30. Juni	1. August
15. Juli	1. August
31. Juli	1. September
15. August	1. September
31. August	1. Oktober
15. September	1. Oktober
30. September	1. November
15. Oktober	1. November
31. Oktober	1. Dezember
15. November	1. Dezember
30. November	1. Januar
15. Dezember	1. Januar
31. Dezember	1. Februar

[2] Wird die Erklärung bereits **vor** dem Zeitpunkt abgegeben, von dem an das erhöhte Entgelt nach den dafür maßgebenden Vorschriften zulässig ist, so wird die Mieterhöhung frühestens von diesem Zeitpunkt an wirksam (§ 10 Abs. 2 Satz 2 WoBindG).
Soweit die Erklärung darauf beruht, dass sich die Betriebskosten **rückwirkend** erhöht haben, wirkt sie auf den Zeitpunkt der Erhöhung der Betriebskosten, höchstens jedoch auf den Beginn es der Erklärung vorausgehenden Kalenderjahres zurück, sofern der Vermieter die Erklärung innerhalb von drei Monaten nach Kenntnis von der Erhöhung abgibt (§ 10 Abs. 2 Satz 3 WoBindG).

5. Vertragsbeendigung

a) Checkliste: ordentliche Vermieterkündigung (vgl. hierzu § 28 III)

- ☐ Vorliegen eines Wohnraummietverhältnisses bzw. eines Mischmietverhältnisses mit überwiegendem Wohnanteil.
- ☐ Kein Mietverhältnis nach § 549 Abs. 2 BGB.
  - Kein preisgebundener oder sonstiger „sozialer" (§ 549 Abs. 2 Nr. 3 BGB) Wohnraum;
  - Kein Wohnraum, der Teil der vom Vermieter selbst bewohnten Wohnung ist und den der Vermieter ganz oder überwiegend mit Einrichtungsgegenständen auszustatten hat, sofern der Wohnraum nicht zum dauernden Gebrauch für eine Familie oder Haushaltsgemeinschaft überlassen ist;
  - Kein Wohnraum nur zum vorübergehenden Gebrauch.

- ☐ Kein Ausschluss des Kündigungsrechts
  - kein ausdrücklicher oder stillschweigend vereinbarter Kündigungsausschluss, insbesondere keine unwirksame Befristung oder auflösende Bedingung (vgl. §§ 572 Abs. 2, 575 BGB);
  - keine Kündigungssperre gem. § 577 a BGB.

- ☐ Von allen Vermietern gemäß Mietvertrag
  - ggf. eingetretene Rechtsnachfolge beachten;
  - beim rechtsgeschäftlichen Erwerb muss der im eigenen Namen handelnde Erwerber bereits im Grundbuch als Eigentümer eingetragen sein – § 566 BGB; eine denkbare Ermächtigung des bisherigen Vermieters erfordert dessen berechtigtes Kündigungsinteresse, woran es aufgrund der Veräußerung im Regelfall fehlen dürfte;
  - beim Erwerb im Wege der Zwangsversteigerung genügt der Zuschlag – § 90 ZVG.
- ☐ Bei Stellvertretung deren zweifelsfreie Offenlegung beachten und Original-Vollmacht beifügen – § 174 BGB.
- ☐ An alle Mieter laut Mietvertrag
  - vorsorglich auch bei mietvertraglicher Vollmachtsklausel, die – auch konkludent – jederzeit widerrufen worden sein könnte;
  - beachten, dass Zugang auch an diejenigen Mieter zu bewirken ist, die das Mietobjekt nicht mehr bewohnen, aber nicht aus dem Mietverhältnis entlassen worden sind (z. B. bloßer Auszug, ggf. auch vor Jahren).
- ☐ Schriftform (§§ 568, 126 BGB).
- ☐ Kündigungserklärung mit (ggf. dem Vertrag zu entnehmender) Bezeichnung des zu kündigenden Wohnraummietverhältnisses und Angabe des Überlassungszeitpunktes wegen Fristberechnung (ggf. verlängert gem. § 573 c Abs. 1 Satz 2 BGB oder § 573 a Abs. 1 Satz 2 BGB).
- ☐ Darlegung berechtigten Interesses gem. § 573 Abs. 1 Satz 1, Abs. 3 BGB, insbesondere gem. § 573 Abs. 2 BGB:
  - nicht unerhebliche schuldhafte Verletzung der Mieterpflichten;
  - Eigenbedarf;
  - angemessene wirtschaftliche Verwertung (nicht Mieterhöhung, nicht Begründung und Veräußerung von Wohnungseigentum);
  - sonstige vergleichbare Gründe, z. B. Fehlbelegung, Betriebsbedarf, öffentliches Interesse.
- ☐ Darlegung eines berechtigten Interesses ausnahmsweise entbehrlich bei
  - Einliegerwohnung (§ 573 a Abs. 1 oder Abs. 2 BGB);
  - Wohnraum gem. § 549 Abs. 3 BGB (Jugend-/Studentenwohnheim);
  - Teilkündigung von nicht zu Wohnzwecken dienenden Nebenräumen (§ 573 b BGB), wenn Schaffung von Wohnraum oder Neuzuordnung der Nebenräume beabsichtigt.
- ☐ Hinweis auf Widerspruchsmöglichkeit des Mieters gem. §§ 574–574 b BGB (schriftlich bis 2 Monate vor Beendigungszeitpunkt) nach § 568 Abs. 2 BGB, falls nicht Werkmietwohnung und Kündigung gem. § 576 Abs. 1 Nr. 2 BGB oder Lösung des Arbeits-/Dienst-Verhältnisses durch Arbeitnehmer ohne durch Arbeitgeber gesetzten Anlass (vgl. § 576 a BGB).
- ☐ Vorsorglich detaillierter Hinweis auf Vertragspflichten bei Rückgabe (Schlüssel, vollständige Räumung, Entfernung von „Einrichtungen", Rückbaupflichten, Ersatz des Schadens durch vertragswidrigen Gebrauch, ggf. Schönheitsreparaturen).
- ☐ Hilfsweise Hinweis auf § 546 a BGB (ortsübliche Miete/Nutzungsentschädigung) bei verspäteter Rückgabe.

§ 1 Mandatsbearbeitung anhand von Checklisten

b) Checkliste: außerordentliche befristete Vermieter-/Mieterkündigung (Sonderkündigungsrechte – §§ 573d und 575a i. V. m. § 542 Abs. 2 Nr. 1 BGB, vgl. hierzu § 28 IV)

☐ Vorliegen eines Wohnraummietverhältnisses bzw. eines Mischmietverhältnisses mit überwiegendem Wohnanteil.

☐ Kein Mietverhältnis nach § 549 Abs. 2 BGB
  - Kein preisgebundener oder sonstiger „sozialer" (§ 549 Abs. 2 Nr. 3 BGB) Wohnraum;
  - Kein Wohnraum, der Teil der vom Vermieter selbst bewohnten Wohnung ist und den der Vermieter ganz oder überwiegend mit Einrichtungsgegenständen auszustatten hat, sofern der Wohnraum nicht zum dauernden Gebrauch für eine Familie oder Haushaltsgemeinschaft überlassen ist;
  - Kein Wohnraum nur zum vorübergehenden Gebrauch.

☐ Vorliegen eines Sonderkündigungsrechts
  - Mietverhältnis nach Ablauf 30 Jahre (§ 544 BGB);
  - Tod des Mieters (§ 563 Abs. 4 BGB oder § 564 BGB);
  - Modernisierungsankündigung (§ 554 Abs. 3 Satz 2 BGB);
  - Verweigerung der Untermieterlaubnis (§ 540 Abs. 1 Satz 2 BGB);
  - Mieterhöhung (§ 561 BGB);
  - Erlöschen eines Nießbrauchs (§ 1056 Abs. 2 BGB);
  - Erlöschen eines Erbbaurechts (§ 30 Abs. 2 ErbbauVO);
  - Nacherbfall (§ 2135 BGB);
  - Ersteher des Grundbesitzes nach Zuschlag im Zwangsversteigerungsverfahren (§ 57a ZVG) oder Erwerber von Grundbesitz nach rechtsgeschäftlichem Erwerb vom Insolvenzverwalter in der Vermieterinsolvenz (§ 111 InsO);
  - Ersteher eines Dauerwohnrechts nach Zuschlag im Zwangsversteigerungsverfahren (§§ 37 Abs. 3 Satz 2 WEG, 57a ZVG);
  - Beachte auch die „Freigabeerklärung" des Insolvenzverwalters in der Mieterinsolvenz (§ 109 Abs. 1 Satz 2 InsO).

☐ Kein Ausschluss/keine Beschränkung des Kündigungsrechts:
  - insbesondere kein ausdrücklicher oder stillschweigend erklärter Verzicht auf Sonderkündigungsrechte;
  - keine Überschreitung der Erklärungsfrist (§§ 564, 563 Abs. 4, 1056 Abs. 3, 2135 i. V. m. 1056 Abs. 3 BGB, § 57a ZVG, § 37 Abs. 3 Satz 2 WEG i. V. m. § 57a ZVG, § 30 Abs. 3 ErbbauVO).

☐ Von allen Vermietern/Mietern gemäß Mietvertrag
  - ggf. eingetretene Rechtsnachfolge beachten;
  - beim rechtsgeschäftlichen Erwerb muss der im eigenen Namen handelnde Erwerber bereits im Grundbuch als Eigentümer eingetragen sein – § 566 BGB; eine denkbare Ermächtigung durch den bisherigen Vermieter erfordert dessen berechtigtes Kündigungsinteresse, woran es aufgrund der Veräußerung im Regelfall fehlen dürfte;
  - beim Erwerb im Wege der Zwangsversteigerung genügt der Zuschlag – § 90 ZVG;
  - der Insolvenzverwalter muss gem. § 27 InsO bestellt sein (zu § 109 Abs. 1 InsO).

☐ Bei Stellvertretung deren zweifelsfreie Offenlegung beachten und Original-Vollmacht beifügen – § 174 BGB.

☐ An alle Mieter/Vermieter laut Mietvertrag
  - vorsorglich auch bei mietvertraglicher Vollmachtsklausel, die – auch konkludent – jederzeit widerrufen worden sein könnte
  - beachten, dass Zugang auch an diejenigen Mieter zu bewirken ist, die das Mietobjekt nicht mehr bewohnen, aber nicht aus dem Mietverhältnis entlassen worden sind (z. B. bloßer Auszug, ggf. auch vor Jahren).

- ☐ Schriftform (§§ 568, 126 BGB).
- ☐ Kündigungserklärung mit (ggf. dem Vertrag zu entnehmender) Bezeichnung des zu kündigenden Wohnraummietverhältnisses unter Beachtung der 3-Monatsfrist des § 573 d Abs. 2 Satz 1 BGB (Verlängerung gem. § 573 a Abs. 1 Satz 2 BGB entfällt, vgl. § 573 d Abs. 2 Satz 2 BGB).
- ☐ Darlegung berechtigten Interesses gem. § 573 Abs. 1 Satz 1, Abs. 3 BGB, insbesondere gem. § 573 Abs. 2 BGB, bei Vermieterkündigung (§ 573 d Abs. 1 BGB):
  - nicht unerhebliche schuldhafte Verletzung der Mieterpflichten;
  - Eigenbedarf;
  - angemessene wirtschaftliche Verwertung (nicht Mieterhöhung, nicht Begründung und Veräußerung von Wohnungseigentum);
  - sonstige vergleichbare Gründe, z. B. Fehlbelegung, Betriebsbedarf, öffentliches Interesse.
- ☐ Darlegung berechtigter Interessen entbehrlich bei
  - Einliegerwohnung (§ 573 a Abs. 1 oder Abs. 2 BGB);
  - Wohnraum gem. § 549 Abs. 3 BGB (Jugend-/Studentenwohnheim);
  - Teilkündigung von nicht zu Wohnzwecken dienenden Nebenräumen (§ 573 b BGB), wenn Schaffung von Wohnraum oder Neuzuordnung Nebenräume beabsichtigt;
  - Kündigung gegenüber Erben des Mieters (§ 564 BGB).
- ☐ Bei Vermieterkündigung Hinweis auf Widerspruchsmöglichkeit des Mieters gem. §§ 574–574 b BGB (schriftlich bis 2 Monate vor Beendigungszeitpunkt), falls nicht Werkmietwohnung und Kündigung gem. § 576 Abs. 1 Nr. 2 BGB oder Lösung des Arbeits-/Dienst-Verhältnisses durch Arbeitnehmer ohne durch Arbeitgeber gesetzten Anlass (vgl. § 576 a BGB).
- ☐ Substantiierter Hinweis auf Vertragspflichten bei Rückgabe (Schlüssel, vollständige Räumung, Entfernung von „Einrichtungen", Rückbaupflichten, Ersatz des Schadens durch vertragswidrigen Gebrauch, ggf. Schönheitsreparaturen) bei Vermieterkündigung.
- ☐ Hilfsweise Hinweis auf § 546 a BGB (ortsübliche Miete/Nutzungsentschädigung) bei verspäteter Rückgabe im Fall der Vermieterkündigung.

c) Checkliste: außerordentliche fristlose Kündigung (vgl. hierzu § 28 II)

- ☐ Vorliegen eines Wohnraummietverhältnisses bzw. eines Mischmietverhältnisses mit überwiegendem Wohnanteil.
- ☐ Vorliegen eines wichtigen Grundes und deswegen Unzumutbarkeit der Fortsetzung des Mietverhältnisses bis zum vertraglichen/sonstigen Beendigungszeitpunkt oder bis zum Ablauf der ordentlichen Kündigungsfrist (Grundfall des § 543 Abs. 1 BGB), insbesondere
  - für Mieter bei Nichtgewährung oder Entziehung des Gebrauchs durch Vermieter (§ 543 Abs. 2 Nr. 1 BGB)
  - für Vermieter bei Vernachlässigung der Mietersorgfalt und dadurch verursachter erheblicher Gefährdung der Mietsache (§ 543 Abs. 2 Nr. 2 BGB)
  - für Vermieter bei unbefugter Gebrauchsüberlassung an Dritte durch Mieter (§ 543 Abs. 2 Nr. 2 BGB)
  - für Vermieter bei Zahlungsverzug des Mieters über zwei aufeinanderfolgende Termine mit mehr als einer Monatsmiete oder mit Betrag in Höhe zweier Mieten über zwei Fälligkeitstermine hinaus (§§ 543 Abs. 1 Nr. 3, 569 Abs. 3 Nr. 1 BGB)
  - für Mieter bei anfänglicher oder nachträglicher Gesundheitsgefährdung durch Beschaffenheit der Mieträume (§ 569 Abs. 1 BGB)
  - Störung des Hausfriedens durch jeweils andere Mietpartei (§ 569 Abs. 2 BGB)

- sonstige (insbesondere Vertrags-)Pflichtverletzungen der jeweils anderen Partei (§ 543 Abs. 1 BGB; vgl. auch § 314 BGB).
- ☐ Kein Ausschluss/Wegfall/keine Beschränkung des Kündigungsrechts
  - Zahlung der Mietrückstände binnen 2 Monaten ab Zugang der Räumungsklage, sofern kein Wiederholungsfall innerhalb von 2 Jahren/Aufrechnungsbefugnis und -erklärung des Mieters (§§ 543 Abs. 2 Satz 2, 569 Abs. 3 Nr. 2 BGB).
  - Gesetzte Abhilfefrist nicht abgelaufen (§ 543 Abs. 3 Satz 1 BGB).
  - Fehlende vorherige Abmahnung bei Pflichtverletzung – nur entbehrlich, wenn absehbar erfolglos oder aus besonderen Gründen sofortige Kündigung gerechtfertigt oder bei Zahlungsverzug des Mieters (§ 543 Abs. 3 Satz 2 Nrn. 1–3 BGB).
  - Nach Verurteilung Mieter zur Zahlung einer Mieterhöhung ist Wartefrist (2 Monate) nicht abgelaufen, falls nicht schon Verzug mit bisheriger Miete kündigungsbegründend (§ 569 Abs. 3 Nr. 3 BGB).
  - Verwirkung des Kündigungsrechts bei Pflichtverletzungen durch Zeitablauf bis zum Zugang der Kündigungserklärung.
- ☐ Von allen Vermietern/Mietern gemäß Mietvertrag
  - ggf. eingetretene Rechtsnachfolge beachten;
  - beim rechtsgeschäftlichen Erwerb muss der im eigenen Namen handelnde Erwerber bereits im Grundbuch als Eigentümer eingetragen sein – § 566 BGB; eine denkbare Ermächtigung durch den bisherigen Vermieter erfordert bei diesem das Vorliegen des wichtigen Grundes, woran es aufgrund der Veräußerung fehlen kann;
  - beim Erwerb im Wege der Zwangsversteigerung genügt der Zuschlag – § 90 ZVG.
- ☐ Bei Stellvertretung deren zweifelsfreie Offenlegung beachten und Original-Vollmacht beifügen – § 174 BGB.
- ☐ An alle Vermieter/Mieter laut Mietvertrag
  - vorsorglich auch bei mietvertraglicher Vollmachtsklausel, die – auch konkludent – jederzeit widerrufen worden sein könnte;
  - beachten, dass Zugang auch an diejenigen Mieter zu bewirken ist, die das Mietobjekt nicht mehr bewohnen, aber nicht aus dem Mietverhältnis entlassen worden sind (z. B. bloßer Auszug, ggf. auch vor Jahren).
- ☐ Schriftform (§§ 568, 126 BGB).
- ☐ Kündigungserklärung mit (ggf. dem Vertrag zu entnehmender) Bezeichnung des zu kündigenden Wohnraummietverhältnisses.
- ☐ Darlegung der wichtigen Kündigungsgründe ist auch für den Mieter Wirksamkeitsvoraussetzung (§ 569 Abs. 4 BGB), Anforderungen an die Substantiierung noch nicht abschließend geklärt; keine Abdingbarkeit: fehlende Bezugnahme in § 569 Abs. 5 BGB auf Abs. 4 ist Redaktionsversehen.
- ☐ Vorsorglich als Vermieter vor allem bei der fristlosen Kündigung wegen Zahlungsverzugs zur Vermeidung der Folgen des § 569 Abs. 3 Nr. 1 BGB hilfsweise auch noch fristgerecht kündigen unter Einhaltung der Vorgaben der Checkliste für die ordentliche Vermieterkündigung (s. soeben Rdnr. 16).
- ☐ Weiter vorsorglich Widerspruch gegen stillschweigende Verlängerung gem. § 545 BGB.
- ☐ Vorsorglich substantiierter Hinweis auf Vertragspflichten bei Rückgabe (Schlüssel, vollständige Räumung, Entfernung von „Einrichtungen", Rückbaupflichten, Ersatz von Schäden durch vertragswidrigen Gebrauch, ggf. Schönheitsreparaturen).
- ☐ Ggf. Hinweis auf § 546 a BGB (ortsübliche Miete/Nutzungsentschädigung) bei verspäteter Rückgabe.

d) Kündigungsfristentabellen im Wohnraummietrecht

aa) Regelfall der ordentlichen Kündigung des Vermieters oder Mieters (§ 573c Abs. 1 BGB)

19

Zugang der Kündigung bis zum 3. Werktag des Monats[3]	Vermieterkündigung: Überlassungsdauer[4] der Wohnung bis zu 5 Jahren; Mieterkündigung: laufzeitunabhängig immer	Vermieterkündigung: Überlassungsdauer[4] der Wohnung zwischen 5 und 8 Jahren	Vermieterkündigung: Überlassungsdauer[4] der Wohnung von mehr als 8 Jahren
Januar	31. 3.	30. 6.	30. 9.
Februar	30. 4.	31. 7.	31. 10.
März	31. 5.	31. 8.	30. 11.
April	30. 6.	30. 9.	31. 12.
Mai	31. 7.	31. 10.	31. 1.
Juni	31. 8.	30. 11.	28.(29.) 2.
Juli	30. 9.	31. 12.	31. 3.
August	31. 10.	31. 1.	30. 4.
September	30. 11.	28.(29.) 2.	31. 5.
Oktober	31. 12.	31. 3.	30. 6.
November	31. 1.	30. 4.	31. 7.
Dezember	28.(29.) 2.	31. 5.	31. 8.

bb) Ordentliche Kündigung des Vermieters über (Einlieger-) Wohnraum in einem Zweifamilienhaus, wenn kein berechtigtes Vermieterinteresse an der Kündigung besteht (§§ 573a, 573c Abs. 1 BGB)

19a

Zugang der Kündigung bis zum 3. Werktag des Monats[3]	Überlassungsdauer[4] der Wohnung bis zu 5 Jahren	Überlassungsdauer[4] der Wohnung zwischen 5 und 8 Jahren	Überlassungsdauer[4] der Wohnung mehr als 8 Jahre
Januar	30. 6.	30. 9.	31. 12.
Februar	31. 7.	31. 10.	31. 1.
März	31. 8.	30. 11.	28.(29.) 2.
April	30. 9.	31. 12.	31. 3.
Mai	31. 10.	31. 1.	30. 4.
Juni	30. 11.	28.(29.) 2.	31. 5.
Juli	31. 12.	31. 3.	30. 6.
August	31. 1.	30. 4.	31. 7.
September	28.(29.) 2.	31. 5.	31. 8.
Oktober	31. 3.	30. 6.	30. 9.
November	30. 4.	31. 7.	31. 10.
Dezember	31. 5.	31. 8.	30. 11.

cc) Ordentliche Kündigung des Vermieters oder Mieters bei Wohnraum, der vom Vermieter ganz oder teilweise mit Einrichtungsgegenständen ausgestattet und Teil der vom Vermieter selbst bewohnten Wohnung ist, sofern er nicht zum dauernden Gebrauch an eine Familie oder Personen mit gemeinsamem Haushalt überlassen wurde (§§ 573c, 549 Abs. 2 Nr. 2 BGB)

19b

Zugang der Kündigung spätestens	Vertragsbeendigung zum
Am 1. bis 15. eines Monats	Ablauf dieses Monats
am 16. bis letzten Tag eines Monats	Ablauf des folgenden Monats

§ 1 Mandatsbearbeitung anhand von Checklisten 19c, 19d § 1

dd) Kündigung einer Werkmietwohnung[5] durch den Vermieter nach Beendigung des Dienstverhältnisses[6] (§ 576 BGB)

Zugang der Kündigung spätestens am 3. Werktag des Monats[3]	Überlassungsdauer[4] von weniger als 10 Jahren und der Wohnraum wird für einen anderen zur Dienstleistung Verpflichteten benötigt (§ 576 Abs. 1 Nr. 1 BGB)	Mietverhältnis wurde vor dem 1. 9. 1993 eingegangen bei einer Überlassungsdauer[4] von weniger als 10 Jahren und der Wohnraum wird für einen anderen zur Dienstleistung Verpflichteten dringend benötigt (§ 565 c Satz 1 Nr. 1 b BGB) und die Kündigung vor dem 1. 9. 2001 zugeht	Vorliegen einer funktionsgebundenen Werkmietwohnung,[7] die aus dem gleichen Grund für einen anderen zur Dienstleistung Verpflichteten benötigt wird (§ 576 Abs. 1 Nr. 2 BGB)
Januar	31. 3.	28.(29.) 2.	31. 1.
Februar	30. 4.	31. 3.	28.(29.) 2.
März	31. 5.	30. 4.	31. 3.
April	30. 6.	31. 5.	30. 4.
Mai	31. 7.	30. 6.	31. 5.
Juni	31. 8.	31. 7.	30. 6.
Juli	30. 9.	31. 8.	31. 7.
August	31. 10.	30. 9.	31. 8.
September	30. 11.	31. 10.	30. 9.
Oktober	31. 12.	30. 11.	31. 10.
November	31. 1.	31. 12.	30. 11.
Dezember	28.(29.) 2.	31. 1.	31. 12.

19c

ee) Außerordentliche befristete Kündigung (§§ 573 d und 575 a BGB i. V. m. § 542 Abs. 2 Nr. 1 BGB)/Sonderkündigungsrechte

(1) für den Vermieter

Tatbestand	Zugang der Kündigung spätestens	Vertragsbeendigung zum	Rechtsgrundlage	Besonderheiten
Mietvertrag über mehr als 30 Jahre nach Ablauf dieses Zeitraumes	zum 3. Werktag[3] eines Monats	Ablauf des übernächsten Monats	§ 544 BGB	
Tod des Mieters	zum 3. Werktag[3] eines Monats	Ablauf des übernächsten Monats	§ 564 BGB	Die Kündigungserklärung ist binnen Monatsfrist ab Kenntnis abzugeben.
Tod des Mieters und Vorliegen eines wichtigen Grundes in der Person desjenigen (Gatten, Familien- oder Haushaltsmitglieds), der in das Mietverhältnis eingetreten ist	zum 3. Werktag[3] eines Monats	Ablauf des übernächsten Monats	§ 563 Abs. 4 BGB	Die Kündigungserklärung ist binnen Monatsfrist ab Kenntnis abzugeben.

19d

Tatbestand	Zugang der Kündigung spätestens	Vertragsbeendigung zum	Rechtsgrundlage	Besonderheiten
Erlöschen des Nießbrauchs – Kündigung durch den Eigentümer bei Begründung eines Mietverhältnisses durch den Nießbraucher	zum 3. Werktag[3] eines Monats	Ablauf des übernächsten Monats	§ 1056 Abs. 2 BGB	Der Mieter kann eine angemessene Frist zur Erklärung über den Gebrauch des Kündigungsrechtes setzen; die Kündigung kann dann nur bis zum Ablauf dieser Frist erfolgen (§ 1056 Abs. 3 BGB).
Nacherbfall – Kündigung durch den Nacherben bei Begründung eines Mietverhältnisses durch den Vorerben	zum 3. Werktag[3] eines Monats	Ablauf des übernächsten Monats	§ 2135 BGB	Der Mieter kann eine angemessene Frist zur Erklärung über den Gebrauch des Kündigungsrechtes setzen; die Kündigung kann dann nur bis zum Ablauf dieser Frist erfolgen (§§ 2135, 1056 Abs. 3 BGB).
Erlöschen des Erbbaurechts durch Zeitablauf – Kündigung durch den Eigentümer	zum 3. Werktag[3] eines Monats	Ablauf des übernächsten Monats	§ 30 Abs. 2 ErbbauVO	Die Kündigung kann nur für einen der beiden ersten Termine erfolgen, für den sie zulässig ist. Im Übrigen kann der Mieter eine angemessene Frist zur Erklärung über den Gebrauch des Kündigungsrechtes setzen; die Kündigung kann dann nur bis zum Ablauf dieser Frist erfolgen (§ 30 Abs. 3 ErbbauVO).
Zuschlag in der Zwangsversteigerung[8] – Kündigung des Erstehers	zum 3. Werktag[3] eines Monats	Ablauf des übernächsten Monats	§ 57a ZVG	Die Kündigung kann nur für den ersten Termin erfolgen, für den sie zulässig ist.

Tatbestand	Zugang der Kündigung spätestens	Vertragsbeendigung zum	Rechtsgrundlage	Besonderheiten
Zuschlag für ein Dauerwohnrecht in der Zwangsversteigerung – Kündigung durch den Ersteher	zum 3. Werktag[3] eines Monats	Ablauf des übernächsten Monats	§§ 37 Abs. 3 Satz 2 WEG, 57a ZVG	Die Kündigung kann nur für den ersten Termin erfolgen, für den sie zulässig ist.
Eröffnung des Insolvenzverfahrens über das Vermögen des Mieters[9] – nach Überlassung der Mietsache[10] – keine Kündigung, sondern Erklärung sui generis	zum 3. Werktag[3] eines Monats	Ablauf des übernächsten Monats	§ 109 Abs. 1 Satz 2 InsO[11]	

(2) für den Mieter

Tatbestand	Zugang der Kündigung spätestens	Vertragsbeendigung zum	Rechtsgrundlage	Besonderheiten
Modernisierungsankündigung des Vermieters	bis zum Ablauf des Monats, der auf den Zugang der Mitteilung folgt	Ablauf des nächsten Monats	§ 554 BGB	Der Vermieter hat die geplante Modernisierungsmaßnahme bis zum Ablauf der Mietzeit zu unterlassen.
Grundlose Verweigerung der Untervermietungserlaubnis[12]	zum 3. Werktag[3] eines Monats[13]	Ablauf des übernächsten Monats	§ 540 Abs. 1 Satz 2 BGB	
Mietvertrag über mehr als 30 Jahre	zum 3. Werktag[3] eines Monats	Ablauf des übernächsten Monats nach Ablauf dieses Zeitraumes	§ 544 BGB	
Tod des Mieters – Kündigung durch den/die Erben	zum 3. Werktag[3] eines Monats	Ablauf des übernächsten Monats	§ 564 BGB	Die Kündigungserklärung ist binnen Monatsfrist ab Kenntnis abzugeben.
Tod des Mieters – Kündigung der überlebenden, Mitmieter	zum 3. Werktag[3] eines Monats	Ablauf des übernächsten Monats	§ 563a Abs. 2 BGB	Die Kündigungserklärung ist binnen Monatsfrist ab Kenntnis abzugeben.
Mieterhöhung nach § 558 BGB[14]	bis zum Ablauf des zweiten Monats, der auf den Zugang des Erhöhungsverlangens folgt	Ablauf des übernächsten Monats	§ 561 Abs. 2 BGB	Die Mieterhöhung tritt im Fall der Kündigung nicht ein.

Tatbestand	Zugang der Kündigung spätestens	Vertragsbeendigung zum	Rechtsgrundlage	Besonderheiten
Mieterhöhung nach § 559 BGB[14]	zum 3. Werktag[3] des Kalendermonats, von dem an der Mietzins erhöht werden soll	Ablauf des übernächsten Monats	§ 561 Abs. 2 BGB	Die Mieterhöhung tritt im Fall der Kündigung nicht ein.
Einseitige Mieterhöhung bei preisgebundenem Wohnraum nach § 10 WoBindG	zum 3. Werktag[3] des Kalendermonats, von dem an der Mietzins erhöht werden soll	Ablauf des nächsten Monats	§ 11 WoBindG	Die Mieterhöhung tritt im Fall der Kündigung nicht ein.

[3] § 193 BGB gilt (vgl. nur Staudinger/*Sonnenschein* § 565 Rdnr. 5): fällt der 3., nicht der 1. oder 2. Werktag auf einen Sonnabend, wird er wie ein Sonn- oder Feiertag behandelt, so dass der Zugang am nächsten Werktag genügt (LG Kiel WuM 1994, 542; LG Wuppertal WuM 1993, 450; offengelassen BGH Urt. v. 27. 4. 2005 – VIII ZR 206/04); fällt der 1. oder 2. Werktag auf einen Samstag, zählt er mit (BGH Urt. v. 27. 4. 2005 – VIII ZR 206/04; a. A. LG Berlin GE 1989, 509).

[4] Maßgebend ist der Zeitraum zwischen der freiwilligen Besitzverschaffung an der Wohnung (unabhängig von der Rechtsgrundlage) und dem Zugang der Kündigungserklärung. Änderungen des Mietvertrages oder Parteiwechsel spielen daher keine Rolle, sofern die Identität des Mietverhältnisses gewahrt bleibt (Staudinger/*Sonnenschein* § 565 Rdnr. 48 ff.). Daher wird die Besitzzeit, die der Mieter zuvor als Untermieter in der Wohnung verbracht hat, nicht angerechnet (LG Bielefeld ZMR 1965, 274; LG Düsseldorf MDR 1969, 763; AG Hannover ZMR 1967, 18). Bei einem Wohnungswechsel innerhalb des Hauses desselben Vermieters soll sich die Überlassungsdauer nach einer Meinung nur nach der Besitzzeit der letzten, nunmehr zu kündigenden Wohnung richten (LG Aachen WuM 1971, 60; LG Düsseldorf ZMR 1969, 310; AG Dortmund MDR 1964, 923; AG Düsseldorf MDR 1968, 846; AG Hamburg-Harburg MDR 1970, 240), nach anderer Auffassung nach der gesamten Mietzeit in diesem Haus (LG Bonn WuM 1987, 322; LG Kaiserslautern WuM 1970, 135; LG Mannheim WuM 1976, 207; LG Nürnberg-Fürth WuM 1991, 40; AG Bochum WuM 1987, 56; AG Bremen WuM 1965, 203; AG Oberhausen WuM 1965, 186), jedenfalls aus Treu und Glauben wenn der Mieter die Wohnung auf Wunsch und im Interesse des Vermieters gewechselt hat (LG Aachen WuM 1971, 60; AG Kassel WuM 1965, 152; AG Kerpen WuM 1994, 770; AG Köln WuM 1970, 119; AG Offenbach/M. WuM 1987, 322). **Praxistipp:** Vor allem aus Mietersicht empfiehlt es sich, die Anrechnung früherer Wohnzeiten ausdrücklich zu vereinbaren.

[5] Kennzeichnend hierfür ist, dass neben dem Dienstvertrag ein selbständiger Wohnraummietvertrag besteht, der mit Rücksicht auf das Bestehen des Dienstverhältnisses abgeschlossen wurde. Demgegenüber findet die Wohnraumüberlassung bei einem Werkdienstverhältnis ihre Rechtsgrundlage ausschließlich in dem Dienstvertrag als Teil der Vergütung für geleistete Dienste (BAG NJW 1990, 284; 391). Bei Werkmietverträgen gelten die §§ 576 bis 576a BGB, bei Werkdienstverträgen gilt Wohnraummietrecht nur unter den Voraussetzungen des § 576 b BGB, also nicht bei der Überlassung möblierten Wohnraums an Alleinstehende.

[6] Bei einer Kündigung vor Beendigung des Dienstverhältnisses gelten keine Besonderheiten, sondern die allgemeinen Kündigungsfristen. Allerdings bedarf die Kündigung als zusätzliche Wirksamkeitsvoraussetzung der Zustimmung des Betriebs- bzw. Personalrates (§§ 87 Abs. 1 Nr. 9 BetrVG, 75 Abs. 2 Nr. 2 BPersVertrG).

[7] Hierfür ist Voraussetzung, dass das Dienstverhältnis seiner Art nach die Überlassung von Wohnraum fordert, der in unmittelbarer Beziehung oder Nähe zum Dienstort steht, z. B. Wohnungen für Pförtner und Hausmeister, Betriebsfeuerwehr, Klinikarzt, Pflegepersonal in Krankenhäusern bzw. Alten- und Pflegeheimen.

[8] Gleiches gilt, wenn der Insolvenzverwalter das vom Gemeinschuldner vermietete Objekt freiwillig veräußert (§ 111 InsO).

[9] Beim Insolvenzverfahren über das Vermögen des Vermieters nach Überlassung des Mietobjektes an den Mieter, steht weder diesem noch dem Insolvenzverwalter ein Sonderkündigungsrecht zu. Auch vor Überlassung der Mietsache hat der Insolvenzverwalter des Vermieter kein Erfüllungswahlrecht (arg. ex §§ 108, 38 InsO).

[10] Vor Überlassung des Mietobjektes können beide Parteien vom Vertrag zurücktreten, ggf. mit Schadensersatzfolgen (§ 109 Abs. 2 InsO).

[11] Dem Vermieter steht in diesem Fall ein Schadensersatzanspruch zu (§ 109 Abs. 1 Satz 3 InsO), der allerdings nur Insolvenz- nicht Masseforderung ist.

[12] Der Verweigerung steht es gleich, wenn der Vermieter die Erlaubnis von Bedingungen abhängig macht, die weder § 553 BGB noch der Mietvertrag vorsehen (BGH NJW 1972, 1267), oder wenn der Vermieter eine angemessene Frist – etwa 2 Wochen – für die Erklärung fruchtlos verstreichen läßt (LG Nürnberg-Fürth WuM 1995, 587; AG Hamburg-Wandsbek WuM 1986, 314; AG Köln WuM 1998, 346).

[13] Die Kündigung braucht nicht etwa zum ersten Termin zu erfolgen, für den sie zulässig wäre. Dem Mieter wird vielmehr eine angemessene Überlegungsfrist zugebilligt (BGH NJW 1972, 1267). Allerdings sind Verwirkungsgesichtspunkte zu beachten.

[14] Das Kündigungsrecht besteht unabhängig davon, ob das Mieterhöhungsbegehren des Vermieters wirksam oder unwirksam ist.

e) Checkliste: Fortsetzungsverlangen des Mieters (§§ 574–574 c, 575, 575 a BGB, vgl. hierzu § 28 Rdnr. 541 ff.)

20

☐ unbefristeter Mietvertrag
- Ordentliche Vermieterkündigung oder außerordentliche Kündigung mit gesetzlicher Frist, nicht Wohnraum gem. § 576 a Abs. 2 BGB oder § 549 Abs. 2 BGB.
- Formalien und grds. Wirksamkeit Kündigung prüfen (siehe „Checkliste ordentliche Vermieterkündigung").
- Kündigungsgrund („berechtigtes Interesse") Vermieter gegeben und mitgeteilt, falls nicht nachträglich entstanden (§ 574 Abs. 3 BGB) oder entbehrlich (§§ 573 a, 573 b BGB).
- Kein „wichtiger" Kündigungsgrund, der außerordentliche fristlose Vermieterkündigung rechtfertigt.
- Hinweis auf Widerspruchsrecht im Kündigungsschreiben
  - falls ja: Widerspruch mindestens 2 Monate vor Ablaufdatum Mietverhältnis gem. Kündigungsschreiben.
  - falls nein: Widerspruch spätestens im ersten Termin des Räumungsrechtsstreits.
- Schriftform (§§ 574 b Abs. 1 Satz 1, 126 BGB).
- Bei Vermieterverlangen: Begründung Widerspruch durch den Mieter (§ 574 b Abs. 1 Satz 2 BGB).
- Fortsetzungsverlangen mit Angabe gewollter Fortsetzungsdauer, ggf. unbefristete Fortsetzung.
- Vorliegen Härtegründe – Beendigung Mietverhältnis für Mieter/Familie/Haushaltsmitglieder (zu einem bestimmten Zeitpunkt) unzumutbar, z. B.
  - kein angemessener Ersatzwohnraum zu zumutbaren Bedingungen, ggf. Nachweis vergeblicher Bemühungen ab Zugang einer nicht offensichtlich unbegründeten Kündigung;
  - ohnehin innerhalb ca. 2 Jahren geplanter Umzug (Gründe u. a.: dann veränderter Bedarf oder Kauf/Errichtung eigenen Wohnraums) – zweimaliger Zwischenumzug nicht zumutbar;
  - Alter des Mieters, Familien- oder Haushaltsmitglieds;
  - Krankheit des Mieters, Familien- oder Haushaltsmitglieds.
- Ggf. Zustimmung Mieter zu Änderung der Mietvertragsbedingungen, sofern für Vermieter unzumutbar.

☐ wiederholtes Fortsetzungsverlangen (§ 574 c BGB)
- Fortsetzung durch Einigung oder Urteil und
  - Eintritt wesentlicher neuer Umstände (u. a. verzögerte Fertigstellung eigenen Wohnraums): erneutes befristetes Fortsetzungsverlangen oder
  - Wegfall von wesentlichen Umständen, die für Befristung der Fortsetzung maßgeblich waren: unbefristetes Fortsetzungsverlangen.
- unbefristete Fortsetzung durch Urteil und erneute Vermieterkündigung und
  - keine oder nur unerhebliche Veränderung der Umstände: unbefristetes Fortsetzungsverlangen (Form und Frist wie vorstehend) oder
  - erhebliche Veränderung Umstände: Fortsetzungsverlangen gem. § 574 BGB (alle Voraussetzungen wie oben dargestellt).

☐ befristetes Mietverhältnis
- Beendigung durch Zeitablauf (§ 575 Abs. 2 und 3 BGB)
  - Befristung Mietverhältnis vereinbart, insbes. Befristungsgrund gem. § 575 Abs. 1 Nrn. 1, 2 oder 3 BGB;
  - kein Mietverhältnis gem. § 549 Abs. 2 oder 3 BGB;
  - schriftliche Angabe Befristungsgrund bei Vertragsabschluss;
  - schriftliches Mieterverlangen: Mitteilung durch Vermieter frühestens drei Monate vor vereinbartem Vertragsende, ob Befristungsgrund noch besteht;
  - verzögerter Eintritt Befristungsgrund: Verlängerungsanspruch für Verzögerungsdauer;

Wegfall Befristungsgrund: Verlängerungsanspruch auf unbestimmte Zeit;
Beweislast für Eintritt des Befristungsgrunds und die Verzögerungsdauer: Vermieter.
- außerordentliche befristete Kündigung (§ 575 a BGB)
  - Befristung Mietverhältnis vereinbart, insbes. Befristungsgrund gem. § 575 Abs. 1 Nrn. 1, 2 oder 3 BGB;
  - Kündigungsgrund („berechtigtes Interesse") Vermieter gegeben und mitgeteilt, falls nicht nachträglich entstanden (§ 574 Abs. 3 BGB) oder entbehrlich wegen §§ 573 a, 573 b BGB oder weil Wohnraum i. S. v. § 549 Abs. 2, 3 BGB;
  - Fortsetzungsverlangen Mieter wie oben mit der Maßgabe, dass Bestandsschutz/Fortsetzung des Mietverhältnisses nur bis zum Ablauf der vereinbarten Vertragslaufzeit verlangt werden kann;
  - bei Vertragsablauf Vorgehen wie vorstehend möglich.

6. Prozessuales

21 a) Checkliste: Klage auf Mieterhöhung nach § 558 BGB (vgl. hierzu § 23 Rdnr. 156 ff. und § 38 VIII)

- ☐ Zuständigkeit des Amtsgerichts, in dessen Bezirk sich die Mietsache befindet (vgl. § 29 a ZPO).
- ☐ Kläger = alle natürlichen oder juristischen Personen, die das Mieterhöhungsverlangen abgegeben haben bzw. in deren Namen das Mieterhöhungsbegehren abgegeben wurde = alle Vermieter.
- ☐ Beklagte = alle Empfänger des Mieterhöhungsverlangens = alle Mieter.
- ☐ Klagantrag = Leistungsantrag auf Abgabe einer Willenserklärung = Zustimmung zur verlangten Mieterhöhung.
- ☐ Im Antrag genaue Bezeichnung des Mietverhältnisses, Bezifferung des neuen Mietbetrages unter der weiteren Angabe, ob es sich um eine Grund- oder (Teil-)Inklusivmiete handelt, und Angabe des Zeitpunktes, ab dem die neue, erhöhte Miete geschuldet wird.
- ☐ Begründung des Erhöhungsanspruchs durch schlüssiges und substantiiertes sowie beweisbewehrtes Vorbringen zu den Voraussetzungen des § 558 BGB:
  - Wohnraummietverhältnis, sofern nicht § 549 Abs. 2, 3 BGB eingreift (Mietvertrag in Ablichtung beifügen);
  - kein vereinbarter oder konkludenter Mieterhöhungsausschluss (§ 557 Abs. 3 BGB);
  - 1-jährige Wartefrist seit der letzten Mieterhöhung (außer nach §§ 559 und 560 BGB) ist abgelaufen;
  - Miete zum Zeitpunkt des Wirksamwerdens der erhöhten Miete seit mindestens 15 Monaten unverändert;
  - Bezugnahme auf das in Ablichtung vorzulegende Erhöhungsbegehren;
  - Überlegenszeit für den Mieter verstrichen ohne Zustimmung;
  - die aktuell geschuldete Miete liegt unterhalb der ortsüblichen Vergleichsmiete;
  - die verlangte, erhöhte Miete übersteigt nicht die ortsübliche Vergleichsmiete (Beweismittel: gerichtliches Sachverständigengutachten):
    - beim einfachen Mietspiegel als Begründungsmittel (§ 558 c BGB): Ausführungen zur richtigen Einstufung unter Sachverständigenbeweisantritt;
    - beim qualifizierten Mietspiegel (§ 558 d BGB): Vermutungswirkung der Richtigkeit; Angabe der daraus ersichtlichen Daten auch dann, wenn die Mieterhöhung auf ein anderes Begründungsmittel gestützt wird; insoweit Sachverständigenbeweisantritt;
    - bei der Mietdatenbank (§ 558 e BGB): Auszug vorlegen und unter Sachverständigenbeweis stellen;

- beim Sachverständigengutachten als Begründungsmittel: Gutachten in Ausfertigung vorlegen und dessen Richtigkeit vorsorglich unter Sachverständigenbeweis stellen;
- beim Begründungsmittel drei Vergleichswohnungen: eingehender, sachverständigenbeweisbewehrter Vortrag zu der Vergleichbarkeit der Wohnwertmerkmale: Art, Größe, Ausstattung, Beschaffenheit und Lage;
- Ausführungen zur Einhaltung der Kappungsgrenze.

☐ Streitwert: 12-facher Jahresbetrag der begehrten Mieterhöhung (§ 41 Abs. 5 GKG).

☐ Gerichtskostenvorschuss.

b) Checkliste: Klage auf Mieterhöhung nach § 559 BGB (vgl. hierzu § 23 III)

☐ Zuständigkeit des Amtsgerichts, in dessen Bezirk sich die Mietsache befindet (vgl. § 29a ZPO).

☐ Kläger = alle natürlichen oder juristischen Personen, die das Mieterhöhungsverlangen abgegeben haben bzw. in deren Namen das Mieterhöhungsbegehren abgegeben wurde = alle Vermieter.

☐ Beklagte = alle Empfänger des Mieterhöhungsverlangens = alle Mieter.

☐ Klagantrag = Leistungsantrag auf Zahlung der bislang fälligen Mieterhöhungsbeträge, ggf. mit Klage auf zukünftige Leistung nach § 259 ZPO.

☐ Begründung des Erhöhungsanspruchs durch schlüssiges und substantiiertes sowie beweisbewehrtes Vorbringen zu den Voraussetzungen des § 559 BGB:
- Wohnraummietverhältnis, sofern nicht § 549 Abs. 2, 3 BGB eingreift (Mietvertrag in Ablichtung beifügen);
- kein vereinbarter oder konkludenter Mieterhöhungsausschluss (§ 557 Abs. 3 BGB);
- durchgeführte baulichen Maßnahmen durch den Vermieter als Bauherrn unter Erhöhung des Gebrauchswertes der Mietsache, dauerhafte Verbesserung der Wohnverhältnisse, nachhaltiger Einsparung von Energie jeder Art oder die aufgrund von Umständen erforderlich wurden, die der Vermieter nicht zu vertreten hat (Beweismittel: Rechnungen sowie für die Folgen Sachverständigenbeweis);
- Vorliegen einer den Vorgaben des § 554 Abs. 3 BGB entsprechenden Modernisierungsankündigung oder Zustimmung bzw. tatsächliche Duldung dieser baulichen Maßnahmen (bei Innenmodernisierung) durch den Mieter oder dessen Verurteilung zur Duldung (Ankündigungsschreiben in Kopie beifügen);
- Berechnung und Erläuterung aller für die Wohnung aufgewandten Kosten, ggf. unter Abzug fiktiver Kosten einer gleichzeitig erfolgten Instandsetzung bzw. von Zuschüssen aus öffentlichen Haushalten bzw. der Finanzierungsinstitute des Bundes/der Länder oder derjenigen Beträge, die vom Mieter bzw. für diesen von einem Dritten übernommen werden (Verweis auf bereits beigefügte Rechnungen und Vorlage einer Alternativberechnung für die fiktiven Kosten der reinen Instandsetzung bzw. Vorlage von Nachweisen über etwa erhaltene Zuzahlungen Dritter) – § 559a Abs. 1 BGB;
- Die verlangte Miete beträgt 11% des so konkret für die Wohnung bezifferten Betrag jährlich, ggf. unter Berücksichtigung von Abzügen bei Inanspruchnahme zinsverbilligter oder zinsloser Darlehen aus öffentlichen Haushalten oder der Finanzierungsinstitute des Bundes bzw. der Länder, bei Annuitätshilfen oder bei Darlehen oder Mietvorauszahlungen des Mieters oder eines Dritten für den Mieter (für letzteres Beweismittel in Ablichtung beifügen) – § 559a Abs. 2, 3 BGB;
- Wirksamwerden der erhöhten Miete, grundsätzlich vom Beginn des auf die Erklärung folgenden dritten Monats, beachte aber:
  - Ausnahme: Verlängerung um 6 Monate, wenn die tatsächliche Mieterhöhung mehr als 10% über der in der Modernisierungsankündigung nach § 554 Abs. 3 BGB prognostizierten Mietzinsanpassung lag;

– Ausnahme: Verlängerung um 6 Monate, wenn der Vermieter dem Mieter in der Modernisierungsankündigung nach § 554 Abs. 3 BGB die zu erwartende Mietzinserhöhung nicht mitgeteilt hat (andere Mängel der Modernisierungsankündigung spielen keine Rolle); sofern der Mieter dir Durchführung der baulichen Maßnahme nicht tatsächlich geduldet hat (Innenmodernisierung) ist weiter m. E. eine nachträgliche Interessenabwägung nach § 554 Abs. 2 BGB vorzunehmen: Wäre danach der Mieter zur Duldung der Maßnahme verpflichtet gewesen, kann der Vermieter die erhöhte Miete erst 6 Monate später verlangen; hätte dagegen keine Duldungspflicht des bestanden, gilt dieselbe Rechtslage wie bei unterbliebener oder ansonsten fehlerhafter Modernisierungsankündigung.

☐ Streitwert: Betrag der begehrten Zahlung, ggf. zuzüglich des Jahresbetrages der begehrten zukünftigen Leistung i. S. v. § 259 ZPO.

☐ Gerichtskostenvorschuss.

23 c) Checkliste: Klage auf Erhöhung einer Betriebskostenpauschale bzw. eine (Teil-)Inklusivmiete nach § 560 BGB (vgl. hierzu § 24 VI)

☐ Zuständigkeit des Amtsgerichts, in dessen Bezirk sich die Mietsache befindet (vgl. § 29 a ZPO).

☐ Kläger = alle natürlichen oder juristischen Personen, die das Mieterhöhungsverlangen abgegeben haben bzw. in deren Namen das Mieterhöhungsbegehren abgegeben wurde = alle Vermieter.

☐ Beklagte = alle Empfänger des Mieterhöhungsverlangens = alle Mieter.

☐ Klagantrag = Leistungsantrag auf Zahlung der bislang fälligen Mieterhöhungsbeträge, ggf. mit Klage auf zukünftige Leistung nach § 259 ZPO.

☐ Begründung des Erhöhungsanspruchs durch schlüssiges und substantiiertes sowie beweisbewehrtes Vorbringen zu den Voraussetzungen des § 560 BGB:
  • Wohnraummietverhältnis, sofern nicht § 549 Abs. 2, 3 BGB eingreift und im Hinblick auf § 557 Abs. 3 BGB
    – kein vereinbarter oder konkludenter Mieterhöhungsausschluss;
    – keine Betriebskostenpauschale ohne wirksamen Erhöhungsvorbehalt;
    – In am 1. 9. 2001 bestehenden Mietverträgen keine (Teil-)Inklusivmiete ohne wirksamen Erhöhungsvorbehalt (Mietvertrag in Ablichtung beifügen) – vgl. Art. 229 § 3 Abs. 4 EGBGB.
  • Die aktuellen jährlichen Betriebskosten liegen über den Betriebskosten p. a. bei Mietvertragsabschluß (Nachweise beifügen).
  • Die Kostensteigerungen wurden getrennt nach den umgelegten bzw. umlagefähigen Betriebskostenpositionen aufgeschlüsselt und
  • der Grund für die Umlage wurde bezeichnet und erläutert, insbes. die Betriebskosten zum Zeitpunkt des Mietvertragsabschlusses bzw. der letzten Anpassung, die heutigen Betriebskosten, der Grund der Kostensteigerung, der zu verzeichnende Erhöhungsbetrag, der vereinbarte Umlageschlüssel und der konkret auf den Mieter entfallende, umzulegende Kostenanteil (das Erhöhungsbegehren in Ablichtung beifügen).
  • Wirksamwerden der erhöhten Miete ab dem Ersten des auf das Mieterhöhungsbegehrens folgenden übernächsten Monats beachtet; nur ausnahmsweise Rückwirkung, sofern sich auch die Betriebskosten rückwirkend erhöht haben unter den Vorgaben des § 560 Abs. 2 Satz 2 BGB.

- ☐ Streitwert: Betrag der begehrten Zahlung, ggf. zuzüglich des Jahresbetrages der begehrten zukünftigen Leistung i.S.v. § 259 ZPO.
- ☐ Gerichtskostenvorschuss.

d) Checkliste: Räumungsklage in Wohnraummietsachen (Vgl. auch § 38 III und VII)

- ☐ Ausschließliche Zuständigkeit des Amtsgerichts, in dessen Bezirk sich die Mietsache befindet (§ 29a ZPO).
- ☐ Kläger = alle natürlichen oder juristischen Personen, die gekündigt haben = alle Vermieter.
- ☐ Beklagte sind alle Nutzer der Mietsache, unabhängig von ihrer Stellung als Vertragspartei auf Mieterseite.
- ☐ Klagantrag auf Räumung und Herausgabe mit genauer Beschreibung der Mietsache(n) wegen Vollstreckungsfähigkeit und Bezeichnung der Schlüssel.
- ☐ Begründung des Räumungsanspruchs durch schlüssiges und substantiiertes Vorbringen zu den Voraussetzungen des § 546 BGB (und zu § 985 BGB, wenn Kläger zugleich Eigentümer):
  - Bestehen eines Wohnraummietverhältnisses (Vorlage des Mietervertrages in Ablichtung);
  - Grund der Vertragsbeendigung, im Fall der Kündigung unter Vorlage des Kündigungsschreibens (Zugangsnachweis) und beweisbewehrtem Vortrag zu den Kündigungsgründen sowie bei ordentlicher bzw. außerordentlicher befristeter Vermieterkündigung und einem zulässigen, begründeten Fortsetzungsverlangen des Mieters auch zur Sozialklausel;
  - Einhaltung der Kündigungsfrist, wenn noch nicht abgelaufen, Voraussetzungen des § 259 ZPO darlegen;
  - Ausschluss oder Beachtung von § 545 BGB.
- ☐ Ggf. Ausführungen zu einer Räumungsfrist, falls außergerichtlich bereits Mieterwiderspruch gem. §§ 574 ff. BGB.
- ☐ Streitwert: 1 Jahresmiete nach § 41 Abs. 2 GKG (str., ob Brutto- oder Nettomiete).
- ☐ Gerichtskostenvorschuss.

7. Mandatsabschluss

Checkliste: Mandatsabschluss

- ☐ Abrechnung gegenüber Mandant bzw. Rechtsschutzversicherung.
- ☐ Abwicklung etwaiger Kostenerstattungsansprüche der Gegenpartei bzw. gegenüber der Gegenpartei unter Herausgabe bzw. Herausverlangen der entwerteten Originaltitel.
- ☐ Bei Obsiegen und zunächst fruchtloser Zwangsvollstreckung Herausnahme der Originaltitel aus der im Übrigen beendeten Akte zur künftigen Vollstreckung in Absprache mit dem Mandanten u.a. über Zeitpunkt, Art der Vollstreckungsmaßnahme und Höhe der zu vollstreckenden (Teil-) Forderung sowie Sicherstellung der künftigen Übermittlung aller für eine erfolgreiche Vollstreckung maßgeblichen Informationen über den Schuldner.
- ☐ Abschlussschreiben an Mandant ggf. nebst Angebot nachwirkender Mandatsbetreuung (z.B. Aktualisierungen etwa der vom Mandanten verwendeten Formulare bei Änderungen in Rechtsprechung und/oder Gesetzgebung).

- ☐ Soweit nicht bereits bei Mandatsannahme oder während der -bearbeitung erfolgt, Speichern der Daten des Mandanten für die weitere Betreuung in dem jeweiligen Rechtsgebiet (z. B. Mandantenrundschreiben).
- ☐ Aktenablage (Aufbewahrungsfrist ggf. jetzt auch nicht nur steuer- sondern auch zivilrechtlich wegen entsprechender maximaler Verjährung bis zu 30 Jahren – str., vgl. § 199 Abs. 3 BGB).

§ 2 Rechtsschutzversicherung

Übersicht

	Rdnr.
I. Einleitung	1–3
II. Anmeldung des Rechtsschutzmandates	4–39
1. Freie Anwaltswahl, eigenständige Tätigkeit	4–7
2. Die einschlägigen Rechtsbeziehungen	8–10
3. Verjährung des Rechtsanspruchs	11/12
4. Obliegenheit	13
5. Erforderliche Versicherungsdaten	14/15
6. Anschriften der Versicherungsgesellschaften	16/17
7. Objektversicherung	18–22
a) gemietete Wohneinheit	18–20
b) vermietete Wohneinheit	21/22
8. Verschiedene Arten von Rechtsschutzfällen (Versicherungsfall)	23–27
a) Rechtsschutzfall	23
b) Dauerverstoß	24
c) mehrere Verstöße	25/26
d) Willenserklärung	27
9. Wartezeit	28–30
10. Nachmeldefrist	31
11. Welche Unterlagen sind dem Versicherer vorzulegen?	32–34
a) Allgemeines	32
b) Beratung	33
c) weitergehende Tätigkeit	34
12. Kostentragungspflicht des Versicherers	35–39
a) gesetzliche Vergütung	35
b) Gebühren eines Rechtsanwaltes, Anwaltswechsel	36
c) Erstattung von Fahrtkosten	37
d) Schlichtungsverfahren	38/39
III. Reaktion des Rechtsschutzversicherers	40–57
1. Rückfragen	40
2. Ablehnungsgründe	41–51
a) allgemein	41/42
b) vorvertraglich bzw. Wartezeit	43
c) fehlender Rechtsschutzfall	44
d) mangelnde Erfolgsaussichten	45–49
e) Verzugsfolgen	50
f) Folgen der Ablehnung	51
g) Ombudsmannverfahren	51 a
3. Deckungszusage	52–57
a) Einfache Deckungszusage	52
b) Erweiterte bzw. eingeschränkte Deckungszusage	53–57
IV. Mandatsbegleitende Tätigkeit	58–64
1. Kostenauslösende Maßnahmen	58–63
a) Abstimmung mit dem Versicherer	58–60
b) Folgen bei Nichtabstimmung	61/62
c) Außergerichtlicher und gerichtlicher Vergleich	63
2. Keine unnötige Korrespondenz	64
V. Informationen und Unterlagen zur Abrechnung der Gebühren und Kosten	65–74
1. Rahmengebühren	65/66
2. Streitwertabhängige Gebühren	67/68
3. Vergleichsgebühr	69–72
4. Gerichtskosten	73
5. Kostenausgleichsverfahren	74
VI. Checklisten	75/76

Schrifttum: *Beckmann/Matusche-Beckmann*, Versicherungsrechts-Handbuch, 2. Aufl. 2009; *Harbauer*, Rechtsschutzversicherung, 7. Aufl. 2004; *Terbille*, Münchener Anwaltshandbuch Versicherungsrecht, 2. Aufl. 2008; *van Bühren/Plote*, Rechtsschutzversicherung, 2. Aufl. 2008.

I. Einleitung

1 Bei Mandatsannahme sollte der Mandant sobald als möglich nach dem Bestehen einer Miet- bzw. Vermieterrechtsschutzversicherung befragt werden. Dies ist bereits bei dem ersten persönlichen oder telefonischen Kontakt sinnvoll. Dann kann der Mandant zum ersten Besprechungstermin die Unterlagen bereits mitbringen. Dadurch kann schnell darüber Klarheit geschaffen werden, ob der Mandant selbst oder dessen Rechtsschutzversicherung das Kostenrisiko trägt. Entsprechend ist dies dann bei der Beratungsdauer über das Kostenrisiko zu berücksichtigen.

2 Im Übrigen darf nicht übersehen werden, dass für den Rechtsanwalt eine Deckungszusage vom Rechtsschutzversicherer dazu führt, dass er für den Gebührenausgleich einen zahlungskräftigen Partner hat. Da dies in der Praxis nach Einführung des RVG noch wichtiger ist, sollte dem Mandanten grundsätzlich zum Abschluss einer Miet- bzw. Vermieterrechtsschutzversicherung geraten werden.

3 Die Ausführungen unter Rdnr. 4ff. beziehen sich hauptsächlich auf die fast gleich lautenden § 29 ARB 75, § 29 ARB 94, § 29 ARB 2000 sowie § 29 ARB 2002/03/04/05/06/07/08. Denn diese Rechtsschutzbedingungen liegen den meisten Rechtsschutzverträgen zugrunde und sind deshalb in der Praxis von Bedeutung. Auch die Formulierung in älteren Rechtsschutzbedingungen weichen nicht erheblich von § 29 ARB ab. Bei Zweifelsfällen wird auf die einschlägige Literatur, insbesondere *Harbauer*, 7. Aufl., verwiesen. Da mittlerweile jeder Rechtsschutzversicherer seine eigenen Bedingungen erstellen kann, wird der Vergleich in Zukunft immer schwieriger werden. Bei § 29 ARB sind die Abweichungen noch nicht erheblich. Es gibt jetzt aber fast jedes Jahr neue Rechtsschutzbedingungen mit bislang noch geringfügigen Veränderungen. Ob dies in Zukunft so bleiben wird, ist abzuwarten.

II. Anmeldung des Rechtsschutzmandates

1. Freie Anwaltswahl, eigenständige Tätigkeit

4 Der Versicherungsnehmer kann gem. § 16 Abs. 1 ARB 75/§ 17 Abs. 1 ARB 94,02–08 den von ihm beauftragten Rechtsanwalt selbst bestimmen und deshalb einen Rechtsanwalt seiner Wahl mandatieren. Über die Einschränkungen der freien Rechtsanwaltswahl wird auf die Ausführungen Rdnr. 52 ff. hingewiesen. In der Praxis werden die meisten Fälle direkt durch den vom Versicherungsnehmer beauftragten Rechtsanwalt an die Rechtsschutzversicherung gemeldet.

5 Teilweise befragt der Versicherungsnehmer vor der Beauftragung des Rechtsanwalts zur eigenen Absicherung vorher die Schadenabteilung seiner Rechtsschutzversicherung, ob er mit seinem Rechtsfall einen Rechtsanwalt beauftragen kann. Bei diesen Fällen kann dann in der Praxis davon ausgegangen werden, dass bei positiver Antwort des Versicherers Rechtsschutz übernommen wird.

Praxistipp:

6 Auf eine schriftliche Anmeldung des Leistungsanspruches und eine schriftliche Deckungszusage des Versicherers sollte aber auch hier nicht verzichtet werden. Letztere ist umso dringlicher erforderlich, wenn der Versicherungsagent des Mandanten oder dieser selbst von einer Deckungszusage durch die Schadenabteilung ausgeht. Denn eine fundierte Prüfung ist auf Grund deren Sachkenntnis nicht möglich.

---

7 Die Tätigkeit des anwaltlichen Vertreters gegenüber der Rechtsschutzversicherung ist grundsätzlich eine separate Tätigkeit nach § 15 RVG. Die Rechtsschutzversicherung hat diese Gebühren nicht zu tragen. Dem Mandanten gegenüber werden sie unter Wettbewerbsgesichtspunkten in der Regel nicht berechnet.

2. Die einschlägigen Rechtsbeziehungen

Rechtsbeziehungen bestehen zwischen dem Mandanten und dem Rechtsanwalt (Geschäftsbesorgungsvertrag) sowie dem Rechtsschutzversicherer und Versicherungsnehmer (**Versicherungsvertrag**). 8

Zwischen dem Rechtsanwalt und der Rechtsschutzversicherung besteht keine Rechtsbeziehung. Deshalb erwirbt er grundsätzlich keinen Zahlungsanspruch gegen den Rechtsschutzversicherer. Der Versicherungsnehmer hat aus dem Versicherungsvertrag einen sog. Freistellungsanspruch gegen den Rechtsschutzversicherer. Dies bedeutet, dass er vom Versicherer direkte Bezahlung an die Kostengläubiger verlangen kann. Selbstverständlich kann der Versicherungsnehmer auch selbst den Kostengläubiger befriedigen und sich dann die Kosten vom Versicherer erstatten lassen. Der Freistellungsanspruch wandelt sich dann in einen Erstattungsanspruch um. 9

Eine Ausnahme besteht durch die **Advocard**. Legt der Mandant seine Rechtsschutzkarte vor und ist auf dieser das Bestehen des Rechtsschutzes für die Selbstgenutzte Wohneinheit vermerkt, wird zumindest ein direkter Anspruch auf die angefallene Beratungsgebühr garantiert. Der Versicherer verzichtet hier auf die Einwendungen, dass kein Versicherungsvertrag besteht oder die Prämie nicht rechtzeitig bezahlt wurde. 10

3. Verjährung des Rechtsschutzanspruchs

Der Anspruch auf Rechtsschutz verjährt 2 Jahre nach Eintritt eines Rechtsschutzfalles. Die Verjährungsfrist beginnt am Schluss des Kalenderjahres (§ 14 ARB 94/02/03 ff., § 12 Abs. 1 Satz 1 VVG). Die Verjährung beginnt in der Regel dann, wenn erstmals eine gebührenpflichtige Tätigkeit des Rechtsanwalts vorliegt (Beratung). 11

Bei den Verjährungsvorschriften wird bei der ARB 75 auf **§ 12 Abs. 1 Satz 1 VVG** verwiesen. Die Verjährung beginnt demnach gemäß der Rechtsprechung des BGH[1] erst mit dem Ende des Jahres, in dem die Leistungen verlangt werden können. Die Fälligkeit des Kostenbefreiungsanspruch nach § 2 Abs. 2 ARB 75 richtet sich danach, wann der Versicherungsnehmer wegen der Kosten in Anspruch genommen wurde. Verjährungsbeginn ist also in der Praxis die Klageerhebung oder die Mandatsbeendigung. Denn erst dann werden die Kosten fällig. 12

4. Obliegenheit

Der Mandant hat den Versicherer und seinen Rechtsanwalt gem. § 15 Abs. 1 a–c ARB 75/§ 17 Abs. 5 a–b ARB 94 **wahrheitsgemäß und vollständig** über den Fall zu informieren. Ebenfalls muss er den Fall unverzüglich (wie § 33 VVG) beim Versicherer anmelden. Die Verletzung dieser Obliegenheiten führt zu den Folgen wie unter Rdnr. 58 ff. ausgeführt. In der Praxis spielen diese Obliegenheiten keine besondere Bedeutung, denn in der Regel informiert der Mandant den Versicherer ordnungsgemäß und der Versicherer beruft sich selten auf eine verspätete Meldung des Rechtsschutzmandates. 13

5. Erforderliche Versicherungsdaten

Der Mandant sollte mit den für das Mandat wichtigen Unterlagen auch seinen aktuellen **Versicherungsschein** und/oder seine **Rechtsschutzkarte** beilegen. Sofern es die überlassenen Unterlagen ermöglichen ist dann zu prüfen, ob § 29 ARB 75/94/2000 ff. versichert ist. In der Regel ist der Mietrechtsschutz bei den ARB 75 mit einem FVB (Familien Verkehrs-Beratungs-Rechtsschutz) und bei den ARB 94 (ARB 2000 ff.) mit einem PBV (Privat-Berufs-Verkehrs-Rechtsschutz) verbunden. Bei § 28 ARB, einer Kombinationsversicherung für Selbständige, ist darauf zu achten, dass der Mietrechtsschutz im privaten und geschäftlichen Bereich ausgeschlossen werden kann. 14

---

[1] BGH VersR 1971, 433.

15 Der **Vermieterrechtsschutz** kann bzw. muss grundsätzlich separat versichert werden. Bei der Deckungsanfrage ist auch bei Vorliegen der Versicherungsscheinnummer der aktuelle Name des Versicherungsnehmers und die Anschrift (mit PLZ) mitzuteilen. Bei einem Übertragungsfehler der Versicherungsnummer wird dann eine Rückfrage des Versicherers vermieden. Des Weiteren ist der Name des Ehepartners oder Lebenspartners sehr hilfreich. Dies erleichtert das Auffinden der Versicherungsnummer bei Namensgleichheit und wenn der Mandant nicht weiß, ob er selbst Versicherungsnehmer oder nur Mitversicherter ist. Übrigens sind bei einigen Rechtsschutzversicherern auch **gleichgeschlechtliche Lebenspartner** mitzuversichern.

6. Anschriften der Versicherungsgesellschaften

16 Soweit sich die Anschrift der Versicherungsgesellschaft nicht aus den überlassenen Unterlagen ergibt, sind diese über den Gesamtverband der Versicherer (Telefon 030–20 20 53 32 oder im Internet unter www.gdv.de) zu ermitteln. Die meisten Rechtsschutzversicherer bearbeiten die Schadenfälle zentral. Dies ist in der Regel der Ort ihres Hauptsitzes.

17 Die großen Rechtsschutzversicherer D. A. S., Allianz und Roland, außer der ARAG, haben einen dezentralen Schadendienst. Zuständig ist die dem derzeitigen Wohnsitz zugeordnete Schadenstelle. Falls diese unbekannt ist, sollte sie durch telefonische Nachfrage beim Versicherer ermittelt werden. Denn die Anmeldung des Schadenfalles bei der zuständigen Schadenstelle beschleunigt die Bearbeitungszeit nicht unerheblich.

7. Objektversicherung

18 **a) Gemietete Wohneinheit.** Besteht für den Versicherungsnehmer der Mietrechtsschutz nach § 29 ARB 75/94/2000, so geht der Rechtsschutzversicherungsvertrag bei Umzug des Versicherungsnehmers auf das neue, bezogene Objekt über, die 3-monatige Wartezeit (Rdnr. 14) entfällt. Auch der Umzug aus einer als Eigentümer bewohnten Wohneinheit in eine Mietwohnung führt zum Rechtsschutz aus dem neuen Mietverhältnis ohne Wartezeit. Es besteht deshalb grundsätzlich Rechtsschutz für Streitigkeiten aus dem bisherigen Miteigentumverhältnis und dem neuen Mietverhältnis. Dies bedeutet, dass beispielsweise Rechtsschutzdeckung für die fehlerhafte Nebenkostenabrechnung des Hausverwalters sowie Streitigkeiten mit dem neuen Vermieter nach Bezug des neuen Mietobjekts (ARB 75 Klausel zu § 29 ARB, § 12 Abs. 3 ARB 94) besteht.

19 Aus den genannten Paragraphen ergibt sich jedoch auch, dass Streitigkeiten aus dem neuen Mietverhältnis, z. B. nicht rechtzeitige Fertigstellung des Objekts zu Vertragsbeginn, nicht vom Versicherungsschutz umfasst sind, wenn der Mieter letztendlich das Objekt nicht bezogen hat. Denn nach den genannten Vorschriften muss der Mieter das neue Objekt bezogen haben.

20 Diese in der Praxis für den Versicherungsnehmer unverständliche Regelung kann nun aufgrund einer Empfehlung des Gesamtverbandes der Rechtsschutzversicherer vom Rechtsschutzversicherer korrigiert werden. Alle Rechtsschutzversicherer, die dieser Empfehlung folgen, gewähren gemäß § 12 Abs. 3 ARB 2000 ff. nunmehr auch hierfür Rechtsschutz.

21 **b) Vermietete Wohneinheit.** Für die betroffene Wohneinheit muss ein Vermieter-Rechtsschutz nach § 29 ARB 75/94/2000 bestehen. Ist der Versicherungsnehmer lediglich in seiner Eigenschaft als Eigentümer versichert, hat er keinen Rechtsschutz für Auseinandersetzungen aus Vermietung, z. B. seiner Einliegerwohnung oder einer separaten Dachwohnung. Der Versicherungsschutz ist oftmals schon an der Prämienhöhe erkennbar. Die Prämie als Eigentümer-, bzw. Mieter einer Wohneinheit wird pauschal berechnet (ca. € 70,–). Die Prämie aus Vermietung ist eine flexible Prämie, die sich aus dem jeweils zugrunde gelegten Promillesatz aus der Jahresbruttomiete ergibt. Deshalb ist die Prämie um ein Vielfaches höher. Faustregel: Die Prämie für den Eigentümer-, bzw. Mieterrechtsschutz liegt unter € 100,– die für den Vermieter weit darüber.

22 In der Regel verlangen die Rechtsschutzversicherer die Absicherung aller vom Versicherungsnehmer vermieteten Wohn- und Gewerbeeinheiten in einem Objekt. Dies verhindert die Einzelversicherung von maroden Mietverhältnissen.

8. Verschiedene Arten von Rechtsschutzfällen (Versicherungsfällen)

a) Rechtsschutzfall. Anspruch auf Rechtsschutz besteht nach Eintritt eines Rechtsschutzfalles von dem Zeitpunkt an, in dem der Versicherungsnehmer, der Gegner oder ein Dritter gegen Rechtspflichten oder Rechtsvorschriften verstoßen hat oder verstoßen haben soll (§ 4 Abs. 1c ARB 94/2000ff., sinngemäß § 14 Abs. 3 ARB 75). Ein Verstoß ist das Handeln gegen eine gesetzliche oder vertragliche Verpflichtung, oder das Unterlassen eines rechtlich gebotenen Tuns.[2] Ein Rechtsverstoß liegt beispielsweise vor:

- Der Vermieter vereinbart mit dem Mieter einen Räumungstermin und der Mieter zieht trotzdem nicht aus. Der Mieter verstößt gegen die vereinbarte Räumungsfrist.
- Teilt der Mieter dem Vermieter definitiv vor dem Räumungstermin bereits mit, dass er nicht ausziehen werde, tritt der Rechtsschutzfall bereits zu diesem Zeitpunkt ein.
- Es besteht ein 5-jähriges Mietverhältnis. Der Mieter zieht vor Ablauf des Mietverhältnisses ohne Rücksprache mit dem Vermieter aus. Der Mieter verstößt gegen die vertraglich vereinbarte Vertragsdauer.
- Der Mieter bezahlt den Mietzins nicht und verstößt damit gegen seine vertragliche Mietzahlungspflicht.
- Der Vermieter kümmert sich nicht um die Reparatur der ausgefallenen Heizung und verstößt damit gegen Mietvertragspflichten.
Ein behaupteter Verstoß ist übrigens ausreichend.
- Der Vermieter kündigt das Mietverhältnis auf Grund einer Lärmbelästigung durch eine nächtliche Party. Ob die Lärmbelästigung überhaupt stattfand, ist für den Eintritt des Rechtsschutzfalles unerheblich.

b) Dauerverstoß. Ein Dauerverstoß (§ 14 Abs. 3 ARB 75, § 4 Abs. 2 Satz 1 ARB 94/2000ff.) liegt dann vor, wenn der Verstoß über einen kürzeren oder längeren Zeitraum ohne Unterbrechung andauert.

- Der Vermieter überlässt von Anfang an eine mit Schimmelgeruch behaftete Mietwohnung.
- Der Mieter hört fast täglich über Zimmerlautstärke hinausgehende Musik.
- Der Mieter kommt seit Monaten nicht mehr seiner Mietzahlungsverpflichtung nach.

Der Beginn des Dauerverstoßes ist hier maßgebend. Ebenfalls reicht hier die Behauptung einer Partei über das Vorliegen des Dauerverstoßes aus.

c) Mehrere Verstöße. Eine rechtliche Auseinandersetzung kann sich auch aus mehreren, zeitlich aufeinander folgenden Rechtsverstößen entwickeln.[3] Gerade bei Dauerschuldverhältnissen wie dem Mietverhältnis kommt es häufig zu mehreren Rechtsverstößen. Im Übrigen spielt es keine Rolle, welcher Vertragspartner die Rechtsverstöße behauptet oder auslöst.

Gemäß § 14 Abs. 3 Satz 2 ARB 75 und § 4 Abs. 2 Satz 2 ARB 94/2000ff. ist der erste ursächliche Verstoß entscheidend. Nur Rechtsschutzfälle, die ein Jahr vor Abschluss des Versicherungsvertrages eintreten, bleiben unberücksichtigt.

- Eine formal unwirksame Eigenbedarfskündigung wird gegenüber dem Versicherungsnehmer später wiederholt. Hier ist der Zeitpunkt der ersten Kündigung maßgebend, auch wenn sie vom Rechtsnachfolger ausgesprochen wird.[4]
- Der Mieter wird vom Vermieter wegen Lärmbelästigung abgemahnt. Ein halbes Jahr später kommt es zu einer fristlosen Kündigung des Vermieters wegen Zahlungsverzugs. Da hier die adäquate Kausalität zwischen den Rechtsschutzfällen fehlt, handelt es sich zwar um mehrere Rechtsschutzfälle, mangels Kausalität bleibt der erste aber unberücksichtigt.
- Anders wäre der Fall zu bewerten, wenn der Vermieter beide Vorfälle zum Anlass nimmt, um das Mietverhältnis wegen „Unzumutbarkeit" zu kündigen.
Dann ist der erste Versicherungsfall bereits die Lärmbelästigung.

---

[2] Harbauer/*Maier* § 14 ARB 75 Rdnr. 40.
[3] Vgl. hierzu van Bühren/Plote/*Plote* § 4 Rdnr. 49.
[4] Vgl. Harbauer/*Maier* § 14 ARB 75 Rdnr. 57.

27 **d) Willenserklärung.** Löst eine Willenserklärung, die vor Beginn des Versicherungsschutzes ausgesprochen wird, den Verstoß aus, besteht kein Rechtsschutz (§ 14 Abs. 3 ARB 75, § 4 Abs. 3 a ARB 94/2000 ff.). Unter Willenserklärung ist jede mündliche, schriftliche oder auch stillschweigende Äußerung des Willens, der auf eine Rechtsfolge gerichtet ist, zu verstehen.[5]

- Kündigt der Vermieter wegen Eigenbedarf das Mietverhältnis und widerspricht der Mieter gegen diese Kündigung, ist der erste Rechtsschutzfall der Zeitpunkt der Kündigung. Für ein Mieterhöhungsverlangen ist dasselbe maßgebend.
- Kündigt der Mieter vor Abschluss des Versicherungsvertrages das Mietverhältnis und weigert er sich beim Auszug die verlangten Schönheitsreparaturen durchzuführen, kommt es auf den Zeitpunkt der ausgesprochenen Kündigung an.[6]

9. Wartezeit

28 Bei mietvertraglichen Streitigkeiten beginnt der Versicherungsschutz in der Regel nach Ablauf der 3-monatigen Wartezeit (§ 14 Abs. 3 ARB 75, § 4 Abs. 1 ARB 94/2000 ff.).
Ausnahme ist z.B. ÖRAG, ab Tarif 98 6-monatige Wartezeit. Damit besteht für alle Rechtsschutzfälle die unter Rdnr. 23–27 genannt sind und vor Ablauf der Wartezeit eingetreten sind, kein Rechtsschutz.

29 Die einzige Ausnahme ist jetzt nach § 4 Abs. 3 a ARB 94/2000 ff. gegeben. Denn die Willenserklärung, die in der Wartezeit abgegeben wurde, führt nicht mehr zum Ausschluss des Rechtsschutzes. In der Praxis dürfte dies bei Kündigungen durch den Vermieter, bzw. Mieterhöhungen, relevant sein. Wenn der Mieter aber in der Wartezeit widerspricht, liegt der Versicherungsfall in der Wartezeit.

30 Des weiteren kommt es nicht mehr allein auf die Abgabe der Willenserklärung an, wenn der Mieter behauptet, dass die Kündigung gleichzeitig einen behaupteten Rechtsverstoß darstellt. Dann wiederum liegt der erste Verstoß in der Wartezeit und führt zur Rechtsschutzablehnung.

10. Nachmeldefrist

31 Für alle Versicherungsfälle, die später als 2 Jahre (§ 4 Abs. 4 ARB 75) bzw. 3 Jahre (§ 4 Abs. 3 b ARB 94/2000 ff.) nach Beendigung des Versicherungsvertrags gemeldet werden, besteht kein Rechtsschutz. Es kommt hier nicht auf die Beendigung des gesamten Vertrages an. Wurde das Risiko gem. § 29 ARB separat gekündigt, läuft ebenfalls die 2- bzw. 3-jährige Frist.

11. Welche Unterlagen sind dem Versicherer vorzulegen?

32 **a) Allgemeines.** Der Versicherer benötigt die Versicherungsnummer sowie die Anschrift des Versicherungsnehmers, bei einer Zweitwohnung deren Anschrift. Beim Vermieterrisiko ist die Anschrift des betroffenen Objekts anzugeben. Bei **mehreren Auftraggebern** sind diese dem Versicherer bekannt zu geben. Wegen der mitversicherten Personen wird auf Rdnr. 14 f. verwiesen. Der Versicherer sollte bereits bei der Anmeldung des Rechtsschutzfalles gebeten werden, die vertraglich vereinbarte **Selbstbeteiligung** mitzuteilen.

33 **b) Beratung.** Der Versicherer ist über den Anlass des zugrunde liegenden Beratungsgesprächs zu informieren. Eine kurze Sachverhaltsschilderung, die den Eintritt des Rechtsschutzfalles darstellt, ist in der Regel ausreichend. Falls keine Erstberatungsgebühr gem. § 13 RVG i.V.m. 2102 VV mehr vorliegt, ist dies zu begründen.

34 **c) Weitergehende Tätigkeit.** Wird mit der Gegenseite korrespondiert, sollte dieses Anschreiben der Deckungsanfrage in Kopie beigelegt werden. Die Korrespondenz der Gegenseite sollte, soweit für den Eintritt des Rechtsschutzfalles von Bedeutung, ebenfalls in Kopie vorgelegt werden. Der **Mietvertrag** ist nur dann vorzulegen, wenn einzelne Positionen dort

---

[5] Palandt/*Heinrichs* Vor § 116 Rdnr. 1, 6.
[6] Harbauer/*Maier* § 14 ARB 75 Rdnr. 72.

strittig sind. Mit dem Anschreiben ist ein Gebührenvorschuss geltend zu machen. Denn dann werden spätere Einwendungen des Versicherers (z. B. Aufrechnung mit Prämienforderung) ausgeschlossen.

12. Kostentragungspflicht des Versicherers

a) Gesetzliche Vergütung. Die Vergütung des Rechtsanwaltes ist im RVG geregelt. Die Leistungen der Versicherer sind in den § 2 Abs. 1 a ARB 75/§ 5 Abs. 1 a ARB 94/2000 ff. geregelt. Der Versicherer übernimmt die gesetzliche Vergütung des Rechtsanwaltes, darüber hinaus gehende Honorarvereinbarungen gehen nicht zu Lasten des Versicherers.

b) Gebühren eines Rechtsanwaltes, Anwaltswechsel. Da der Versicherer die Kosten eines Rechtsanwaltes zu tragen hat, geht ein Rechtsanwaltswechsel grundsätzlich zu Lasten des Mandanten. Dies bedeutet z. B., dass bereits vom Versicherer an den ersten Rechtsanwalt bezahlte Beratungsgebühren beim zweiten Rechtsanwalt angerechnet und nur noch die darüber hinaus gehenden Gebühren übernommen werden.

c) Erstattung von Fahrtkosten. Der Versicherer hat grundsätzlich keine Fahrtkosten nach § 13 RVG i. V. m. 7003–7006 VV zu tragen. Dies deshalb, weil der Versicherer nur diejenigen Kosten übernimmt, soweit diese bei einem am Gerichtsort zugelassenen Rechtsanwalt entstehen. Da bei diesem keine Gebühren nach § 13 RVG i. V. m. 7003–7006 VV anfallen, ersetzt der Versicherer diese in der Regel nicht.

Wichtige Ausnahme sind Fahrtkosten zu Beweisterminen außerhalb des Gerichts (Augenscheintermine), oder – wenn das zweitinstanzliche Gericht an einem anderen Ort ist – an dem der Rechtsanwalt ebenfalls zugelassen ist. Bei beiden Fällen handelt es sich um erstattungsfähige gesetzliche Gebühren.[7]

Bei Entfernungen von über 100 km trägt der Versicherer zusätzlich eine Korrespondenzanwaltsgebühr (vgl. Rdnr. 54).

d) Schlichtungsverfahren. In einigen Bundesländern wird in jüngster Zeit dem gerichtlichen Verfahren unter besonderen Voraussetzungen ein Schlichtungsverfahren vorgeschaltet. Gemäß § 5 Abs. 1 d ARB 94/2000 sind hier die Kosten vom Versicherer zu tragen.

Nach den ARB 75 besteht für die Versicherer keine Kostenübernahmeverpflichtung. Da einige Versicherer aufgrund der geringen Kosten trotzdem entgegen kommend die Kosten übernehmen, ist grundsätzlich eine Deckungsanfrage durchzuführen.

III. Reaktion des Rechtsschutzversicherers

1. Rückfragen

Sofern die Schadenmeldung Rückfragen des Versicherers auslöst, ist die wirtschaftlichste Lösung die telefonische Nachfrage und gegebenenfalls sofortige Beantwortung der Frage des Versicherers. Die Durchwahlnummer der zuständigen Sachbearbeiter sind dem Schreiben des Rechtsschutzversicherers zu entnehmen. Dadurch kann am schnellsten geklärt werden, warum die Rückfrage erfolgte und eine Beantwortung kann evtl. telefonisch gegeben werden. Es ist zu beachten, dass jede unnötige Korrespondenz unwirtschaftlich ist.

Da leider einige Rechtsschutzversicherer die direkte Kontaktaufnahme zum/r Sachbearbeiter/in nicht mehr wünschen, sind dort nur noch Zentraltelefonnummern angegeben. Dann ist es sinnvoller die Anfrage per Telefax zu beantworten.

2. Ablehnungsgründe

a) Allgemein. Der Versicherer lehnt die Deckungszusage ab, da der Miet-, bzw. der Vermieterrechtsschutz nicht oder nicht mehr versichert ist. Eine Prüfung erfolgt dann, falls vorhanden, mittels Durchsicht des Versicherungsscheines. Ist nach den vorliegenden Unterlagen das Risiko nicht versichert, besteht kein Rechtsschutz. Liegt keine Versicherungspolice vor,

---

[7] Vgl. Harbauer/*Bauer* § 2 ARB 75 Rdnr. 79 f.

und ist der Mandant trotz der Ablehnung des Versicherers der Meinung, das Risiko versichert zu haben, müsste er sich eine Ersatzpolice ausstellen lassen.

42 Bei Beachtung der Vorprüfung unter Rdnr. 14 sind diese Ablehnungsschreiben im Vorfeld vermeidbar.

43 **b) Vorvertraglich bzw. Wartezeit.** Des Weiteren kann wegen Vorvertraglichkeit oder noch nicht abgelaufener Wartezeit die Deckungsablehnung erfolgen. Dies liegt daran, dass erfahrungsgemäß bei länger andauernden Mietverhältnissen der erste Rechtsverstoß der einen oder anderen Seite häufig nicht zugleich zum Konflikt führt, das Mietverhältnis aber stört. Deshalb wird der Rechtsschutzversicherungsvertrag häufig zu spät abgeschlossen. Zum Eintritt des Rechtsschutzfalls wird auf die Ausführungen unter Rdnrn. 23–27 verwiesen.

44 **c) Fehlender Rechtsschutzfall.** Im Übrigen kann es häufig am Eintritt eines Rechtsschutzfalles fehlen. Bei Mietverhältnissen liegt regelmäßig dann kein Rechtsschutzfall vor, wenn der Versicherungsnehmer das Kündigungsschreiben oder das Mieterhöhungsverlangen durch den Rechtsanwalt formulieren oder schreiben lässt. Des Weiteren löst die generelle Frage, wie kann ich das Mietverhältnis lösen, keinen Rechtsschutzfall aus. Weitere Hinweise zum Rechtsschutzfall sind unter Rdnr. 23 zu finden.

45 **d) Mangelnde Erfolgsaussichten.** Falls der Versicherer der Wahrnehmung der rechtlichen Interessen des Versicherungsnehmers keine hinreichende Erfolgsaussichten zubilligt oder diese für ihn mutwillig erscheint, kann er bei unverzüglicher schriftlicher Mitteilung seine Leistungspflicht verneinen (§ 17 Abs. 1 ARB 75/§ 18 Abs. 1 ARB 94).

Mutwilligkeit könnte bei mietvertraglichen Streitigkeiten z.B. dann gegeben sein, wenn bei einem Mieterhöhungsverfahren (Streitwert € 190,–) ein gerichtliches Sachverständigen-Gutachten für ca. € 1.600,– in Auftrag gegeben werden soll.

Bislang sind diese Fälle in der Regel vom Versicherer nicht abgelehnt worden. Aufgrund der Definition der Rechtsprechung des Begriffs mutwillig[8] wäre eine Rechtsschutzablehnung durchaus vertretbar.

46 Die Ablehnung der Erfolgsaussichten kann nicht nur auf Grund einer pauschalen Begründung erfolgen. Die Sach- und Rechtslage muss fallbezogen substantiiert dargelegt werden. Des Weiteren muss der Versicherer unverzüglich (2–3 Wochen) die Verneinung der Leistungspflicht zum Ausdruck bringen. Ansonsten verliert er analog § 121 BGB das Recht sich auf fehlende Erfolgsaussichten zu berufen.[9]

47 Widerspricht der Versicherungsnehmer der Auffassung des Versicherers, so kann er gem. § 17 Abs. 2 ARB 75 seinen Rechtsanwalt beauftragen, einen sog. Stichentscheid durchzuführen. Es bedarf also keiner Deckungsklage gegen den Versicherer. Sondern der Rechtsanwalt des Versicherungsnehmers trifft nach nochmaliger Prüfung der Sach- und Rechtslage die Entscheidung, ob die Erfolgsaussichten gegeben sind oder nicht.

48 Wie bei einem Schiedsverfahren sind beide Parteien an die Entscheidung gebunden. Da der beauftragte Rechtsanwalt die Erfolgsaussichten zunächst bejaht hat, wird er in den meisten Fällen beim Stichentscheid auch die Erfolgsaussichten bejahen. Beim § 17 Abs. 2 ARB handelt es sich um eine für den Versicherungsnehmer günstige Vorschrift. Denn der Versicherer hat die Kosten des Rechtsanwaltes für die begründete Stellungnahme zu übernehmen. Die Vergütung beträgt in der Regel eine Gebühr zwischen 1–1,3 aus dem Kostenwert (Gerichts- und Anwaltskosten auf beiden Seiten).

49 Die Bindung an den Stichentscheid entfällt nur dann, wenn der Rechtsanwalt die Rechtslage gröblich verkennt. Dies dürfte in der Praxis bei qualifizierter Prüfung der Rechts- und Sachlage durch den Rechtsanwalt selten der Fall sein. Nachweise zur Auslegung finden sich bei *Harbauer*.[10]

Nach der neuen Regelung in § 18 Abs. 2 ff. ARB 94 wird ein Schiedsgutachterverfahren durchgeführt. Da einige Versicherer auch bei den ARB 94 die Regelung des § 17 ARB 75 übernommen haben und viele Versicherer bei ihren ARB ab dem Jahre 2000 die alte Rege-

---

[8] Harbauer/*Bauer* § 18 ARB 94/2000 Rdnr. 2.
[9] Harbauer/*Bauer* § 17 ARB 75 Rdnr. 2.
[10] Harbauer/*Bauer* § 17 ARB 75 Rdnr. 15.

lung wieder eingeführt haben, spielt dieses Verfahren in der Praxis eine untergeordnete Rolle. Wegen der Durchführung des Verfahrens wird auf *Harbauer*[11] verwiesen.

e) **Verzugsfolgen.** Lehnt der Versicherer die Deckung aus versicherungstechnischen Gründen ab, so bedeutet dies in der Regel, dass der Versicherungsnehmer bei Eintritt des Rechtsschutzfalles in Prämienverzug gem. §§ 38/39 VVG war. Hier kann nun geprüft werden, ob der Rechtsschutzfall zum Verzugszeitpunkt eingetreten ist und der Versicherungsnehmer nach § 39 VVG über die Verzugsfolgen unterrichtet wurde. Den Nachweis hierfür hat der Versicherer zu führen.

f) **Folgen der Ablehnung.** Lehnt der Versicherer den Versicherungsschutz ab, kann der Versicherungsnehmer gem. § 18 ARB 75/§ 19 ARB 94/2000 nur innerhalb von 6 Monaten nach der schriftlichen Mitteilung des Versicherers gerichtlich gegen den Versicherer vorgehen. Voraussetzung ist jedoch, dass der Versicherer in seinem Ablehnungsschreiben dem Versicherungsnehmer die Rechtsfolgen des Fristablaufes mitteilt. Bei der Ablehnung gem. § 17 Abs. 2 ARB 75 (s. o. III 2 d) wird ebenso verfahren. In der Praxis werden die Rechtsfolgen dem Versicherungsnehmer nur selten mitgeteilt, deshalb beginnt auch die Verjährungsfrist nicht zu laufen.

g) **Ombudsmannverfahren.** Es handelt sich um ein kostenloses Verfahren zur Überprüfung der Entscheidung des Versicherungsunternehmens. Es empfiehlt sich dieses Verfahren einem zunächst Kosten auslösenden Klageverfahren vorzuschalten. Denn auch nach Abschluss des Beschwerdeverfahrens steht der Klageweg offen. Weitere Hinweise zum Verfahren sind unter www.versicherungsombudsmann.de zu finden.

3. Deckungszusage

a) **Einfache Deckungszusage.** Die Rechtsschutzversicherung erteilt üblicherweise im Rahmen der allgemeinen Bedingungen für die Rechtsschutzversicherung (ARB) Kostenschutz. Nach ständiger Rechtsprechung ist die Deckungszusage ein deklaratorisches Schuldanerkenntnis. Der BGH[12] hält deshalb spätere Einwendungen für ausgeschlossen, die der Rechtsschutzversicherer bei Abgabe der Erklärung gekannt hat oder zumindest für möglich gehalten hat. Da die Deckungszusage für den Mandanten einen wichtigen Vertrauenstatbestand schafft, wird ersichtlich, wie wichtig die richtige Anmeldung des Schadenfalles ist.

b) **Erweiterte bzw. eingeschränkte Deckungszusage.** Die Deckungszusage kann durch Nachsätze teilweise erweitert oder eingeschränkt sein:

Zunächst ist auf die Korrespondenzanwaltsregelung einzugehen. Gemäß § 2 Abs. 1 a ARB, 75 und § 5 Abs. 1 ARB 94/2000 ff. trägt der Versicherer dann eine Korrespondenzanwaltsgebühr, wenn der Wohnort des Versicherungsnehmers mehr als 100 km vom Ort des zuständigen Gerichts entfernt liegt. Fahrtkosten zu mehr als 100 km entfernten Gerichtsorten übernimmt der Versicherer in der Regel bis zur Höhe der Korrespondenzgebühr.

Des weiteren wird mit der Deckungszusage häufig mitgeteilt, dass die Mehrkosten, die sich auf Grund der Ortsverschiedenheit zwischen Anwalts- und Gerichtssitz ergeben, nicht zu Lasten des Rechtsschutzversicherers gehen. (Hier wird auf Rdnrn. 35–39 verwiesen.) Mit der Deckungszusage sollte ebenfalls die Höhe der Selbstbeteiligung mitgeteilt werden.

Ein **Aufrechnungsvorbehalt** bedeutet, dass der Versicherer mit noch rückständigen Versicherungsprämien des Versicherungsnehmers aufrechnen wird. Da kein Direktanspruch des Rechtsanwaltes gegen den Versicherer besteht (Ausnahme siehe Rdnr. 10), kann der Versicherer auch mit nach der Deckungszusage entstandenen Forderungen gegen den Versicherungsnehmer aufrechnen. Daher empfiehlt es sich, beim Versicherer Vorschüsse anzufordern.

Um die Gebühren mit dem Rechtsschutzversicherer in voller Höhe abrechnen zu können, ist der Mandant darauf hinzuweisen, seine Prämien auszugleichen. Des Weiteren läuft der Mandant auch noch Gefahr, auf Grund §§ 38, 39 VVG seinen Versicherungsschutz zu gefährden.

---

[11] Harbauer/*Bauer* § 18 ARB 94/2000 Rdnr. 6 ff.
[12] VersR 1966, 1174.

IV. Mandatsbegleitende Tätigkeit

1. Kostenauslösende Maßnahmen

58 **a) Abstimmung mit dem Versicherer.** Nach § 15 Abs. 1 d, cc ARB 75/§ 17 Abs. 5 c, aa ARB 94/2000 sind kostenauslösende Maßnahmen mit dem Versicherer abzustimmen. Dazu gehören in der Praxis bei Mietrechtsmandaten die Erhebung von Klagen, die Einlegung von Rechtsmittel aller Art sowie der Erlass eines Mahnbescheides.[13]

59 **Einstweilige Verfügungen und Beweissicherungsverfahren** sind auf Grund der Eilbedürftigkeit nur dann abstimmungsbedürftig, wenn dadurch kein Rechtsnachteil droht. Trotzdem besteht die allgemeine Obliegenheitspflicht, sie unverzüglich dem Versicherer zu melden.

60 Nicht unerwähnt soll bleiben, dass gem. § 1 Abs. 1 c ARB 75/ § 5 Abs. 1 c ARB 94/2000 ff. nur vom Gericht beauftragte Sachverständigen-Gutachten übernommen werden. Deshalb werden beispielsweise außergerichtliche Gutachten, die zur Miethöhe oder Renovierungsbedürftigkeit der Wohnung herangezogen werden, nicht vom Rechtsschutzversicherer erstattet.

61 **b) Folgen der Nichtabstimmung.** Werden die kostenauslösenden Maßnahmen nicht mit dem Versicherer abgestimmt, handelt es sich um eine Obliegenheitsverletzung nach § 15 Abs. 2 ARB 75/§ 17 Abs. 6 ARB 94/2000 ff. Dem Wortlaut der ARB nach führt die fahrlässige Verletzung der Obliegenheit grundsätzlich zu keiner Leistungseinschränkung.

Jedoch werden die unter Rdnrn. 35–39 aufgeführten kostenauslösenden Maßnahmen regelmäßig als zumindest grob fahrlässige Obliegenheitsverletzungen eingestuft.[14]

62 Dies führt aber nur dann zur Leistungsfreiheit des Versicherers, wenn er bei rechtzeitiger Abstimmung der Kostendeckungszusage mangels Erfolgsaussichten (§ 17 Abs. 1 ARB 75/ § 18 Abs. 1 b ARB 94/2000 ff.) hätte ablehnen können. Insoweit wird auf die Ausführungen unter Rdnrn. 41–51 verwiesen. Da die Fälle der hier genannten Obliegenheitsverletzung in der Praxis eine untergeordnete Rolle spielen, wird dazu auf *Harbauer*[15] verwiesen.

63 **c) Außergerichtlicher und gerichtlicher Vergleich.** Der gerichtliche oder außergerichtliche Vergleich muss mit dem Versicherer abgestimmt werden. Dies deshalb, weil in § 2 Abs. 3 a ARB 75/§ 5 Abs. 3 b ARB 94/2000 ff. geregelt ist, dass diejenigen Kosten nicht zu tragen sind, die nicht dem Obsiegen und Unterliegen entsprechen. Bei Unsicherheiten, ob die Kosten bei Abschluss des Vergleiches getragen werden, kann der Vergleichsabschluss mit dem Versicherer abgesprochen werden (vgl. Rdnr. 72).

2. Keine unnötige Korrespondenz

64 Soweit weitere außergerichtliche oder gerichtliche Korrespondenz geführt wird, sind diese Schriftsätze dem Versicherer grundsätzlich nicht vorzulegen. Auch Besprechungen und Verhandlungen, die zu keinem Ergebnis führen, sind nicht an den Versicherer weiterzuleiten.

V. Informationen und Unterlagen zur Abrechnung der Gebühren und Kosten

1. Rahmengebühren

65 Bei der Beratungsgebühr kann in der Regel die **Mittelgebühr** geltend gemacht werden. Werden über die Erstberatung hinaus Gebühren berechnet, sind die hierfür vorliegenden Voraussetzungen mitzuteilen.

66 Da die Rechtsschutzversicherer die vom Versicherungsschutz umfassten Fälle eher als unterdurchschnittlich ansehen, erstatten sie eine Gebühr zwischen 0,8–1,3 (RVG Nr. 2400 VV). Welche Kriterien für die Angemessenheit der Gebühr zugrunde gelegt werden, ist heute noch umstritten.

---

[13] Vgl. van Bühren/Plote/*Plote* § 17 ARB Rdnr. 19.
[14] Vgl. Harbauer/*Bauer* § 15 ARB 75 Rdnr. 28 m. w. N.
[15] Harbauer/*Bauer* § 15 ARB 75 Rdnr. 29.

2. Streitwertabhängige Gebühren

Bei allen geltend gemachten Rechtsanwaltsgebühren ist zunächst der Streitwert zu erläutern. Sind mehrere Streitgegenstände vorhanden, können diese dann separat abgerechnet werden, wenn es sich um verschiedene Lebenssachverhalte handelt. Zu den Streitwerten verweise ich im Übrigen auf § 3 dieses Buches.

Für den Nachweis der Geschäftsgebühr ist, falls noch nicht vorher vorgelegt, die **Korrespondenz** mit der Gegenseite einzureichen. Soll aufgrund durchgeführter Besprechungen die Rahmengebühr der Geschäftsgebühr erhöht werden, ist mitzuteilen, mit wem und wann die Besprechung stattgefunden hat. Da die Klageschrift oder Klageerwiderung in der Regel schon beim Versicherer vorgelegt wurde, ist ein besonderer Nachweis für die anfallende Terminsgebühr entbehrlich. Zum Anfall der Terminsgebühr genügt es, eine Kopie des Terminsprotokolls beizulegen. Ist in der Sache ein **Urteil** ergangen, genügt es in der Regel, dieses vorzulegen.

3. Vergleichsgebühr

Gemäß § 2 Abs. 3a ARB 75/§ 5 Abs. 3b ARB 94/2000 trägt der Versicherer diejenigen Kosten nicht, die auf Grund einer gütlichen Einigung nicht dem Verhältnis des Obsiegens zum Unterliegen entsprechen. Es soll damit sichergestellt werden, dass der Gegenseite keine Kostenzugeständnisse gemacht werden, um evtl. ein Entgegenkommen in der Hauptsache zu erreichen.

> **Praxistipp:**
> Es ist also darauf zu achten, dass insbesondere bei Zahlungsansprüchen das Verhältnis des Obsiegens zum Unterliegen gewahrt ist. Ansonsten erfolgt die Kostenabrechnung des Versicherers nur aus der entsprechenden Quote.

Schwieriger stellt sich die Sachlage dann dar, wenn andere als Zahlungsansprüche im Raume stehen. Beispielhaft kann hier der Räumungsvergleich dargestellt werden. Hat der Gegner z. B. nach einer Räumungsfrist von 9 Monaten die Wohnung zu räumen, hat der Mandant zwar sein Prozessziel erreicht, muss darauf aber noch 9 Monate warten. In diesen Angelegenheiten ist es sehr schwierig zu beurteilen, zu welcher Quote gewonnen oder verloren wird. In der Praxis wird dann häufig eine Kostenaufhebung vereinbart. Um Schwierigkeiten mit dem Rechtsschutzversicherer bei der Abrechnung zu vermeiden, ist es deshalb sinnvoll, einen Kostenbeschluss nach § 91a ZPO zu beantragen. Sollte dann der Versicherer mit diesem Beschluss nicht einverstanden sein, kann er auf sein Kostenrisiko den Beschluss durch einen Rechtsanwalt neu formulieren oder anfechten lassen.

Im Übrigen ist es empfehlenswert, die Kostenregelung des Vergleiches telefonisch oder schriftlich mit dem Versicherer abzustimmen. Zur Erstattung der Einigungsgebühr sollte das Vergleichsprotokoll oder der Wortlaut des Vergleichs mitgeteilt werden.

4. Gerichtskosten

Bei Abschluss eines Vergleichs nach vorherigem Klageverfahren ist darauf zu achten, dass bei Gericht die Rückerstattung der nichtverbrauchten Gerichtskosten beantragt wird und gleichzeitig der Versicherer davon Nachricht erhält.

Der Mandant ist darauf hinzuweisen, dass er Gerichtskostenrechnungen schnellstmöglich direkt oder über seinen Rechtsanwalt unter Angabe der Schadennummer an den Versicherer weiterleitet. Weiterhin sollte der Hinweis an ihn erfolgen, dass er zurückerstattete Gerichtskosten an den Versicherer weiterzuleiten hat.

5. Kostenausgleichsverfahren

74 Kostenfestsetzungsbeschlüsse mit den entsprechenden Anträgen sollten umgehend an den Versicherer weitergeleitet werden. Der Versicherer benötigt diese nicht nur zum Zahlungsausgleich an die Gegenseite, sondern auch bei Erstattungen durch die Gegenseite. Denn dies ermöglicht dem Versicherer die Prüfung der verauslagten Kosten und erleichtert den Abschluss der Akte.

VI. Checklisten

75

Checkliste: Anmeldung des Rechtsschutzfalles

- ☐ Versicherungsscheinnummer
- ☐ Name und Anschrift des Mandanten (insbesondere Postleitzahl)
- ☐ Ist Mandant selbst Versicherungsnehmer oder mitversicherte Person
- ☐ Verwandtschaftsverhältnis angeben
- ☐ Anschrift des betroffenen Objektes
- ☐ Darlegung des Rechtsschutzfalles (Versicherungsfall), also kurze Schilderung wodurch der Mandant oder Gegner gegen Rechtspflichten verstoßen hat oder verstoßen haben soll
- ☐ Bei dezentraler Schadenbearbeitung des Versicherers ist die zuständige Schadenstelle anzuschreiben. Aufgrund der schnelleren Bearbeitung sollte diese telefonisch erfragt werden
- ☐ Anfrage beim Versicherer welche ARB zugrunde liegen und wie hoch die Selbstbeteiligung ist
- ☐ Bei Unklarheiten aus wirtschaftlichen Gründen telefonisch mit den Versicherern Kontakt aufnehmen
- ☐ Bei Ablehnung des Versicherungsschutzes vor Klageerhebung den Versicherungsombudsmann einschalten

76

Checkliste: Mandatsbegleitende Tätigkeit und Kostenabrechnung

- ☐ Rückfragen des Versicherers, falls möglich, telefonisch beantworten. Falls nicht, per Telefax.
- ☐ Für kostenauslösende Maßnahmen erweiterte Rechtsschutzzusage einholen (z. B. Klageerhebung)
- ☐ Außergerichtliche Gebühren
  Grundsätzlich ist die Mittelgebühr abzurechnen, wird davon abgewichen, dann ist dies zu begründen
  - Die Korrespondenz mit der Gegenseite ist vorzulegen
  - Der Anfall von Besprechungen ist zu erläutern
- ☐ Zur Abrechnung der Termins- und Einigungsgebühr ist das Terminsprotokoll oder der Vergleich vorzulegen
- ☐ Beim Vergleichsabschluss hat die Kostenquotelung dem Obsiegen zum Unterliegen zu entsprechen
- ☐ Es ist auf Gerichtskostenrückläufe, z. B. bei Klagerücknahme oder Vergleichsabschluss, an den Versicherer zu achten
- ☐ Kostenfestsetzungsbeschlüsse sind mit den jeweiligen Kostenanträgen und der Gerichtskostenschlussrechnung vorzulegen.

§ 3 Streitwerte und Kosten

Übersicht

	Rdnr.
I. Allgemeines	1–7
II. Streitwerte im vorvertraglichen Verhältnis	8–13
1. Störung und Schädigung von Rechtsgütern	8/9
2. Verletzung von Aufklärungs- und Mitteilungspflichten	10
3. Anspruch auf Abschluss eines Mietvertrages	11–13
III. Streitwerte im Vertragsverhältnis	14–77
1. Vertragsparteien/Vertragsobjekt	14–18
2. Leistungsverpflichtung	19–65
a) Gebrauchsgewährung/Obhuts- und Duldungspflicht	19–47
b) Mietzins	48/49
c) Kaution	50/51
d) Nebenkosten	52–59
e) Schönheitsreparaturen	60/61
f) Reparaturen/Schadensersatz	62/63
g) Modernisierung	64–66
h) Tauschvertrag	67
3. Nebenpflichten	68/69
4. Leistungsstörung	70–78
a) Allgemeines	70
b) Unmöglichkeit	71
c) Verzug	72/73
d) Gewährleistung	74–78
5. Vertragsverlängerung	79
IV. Streitwerte bei der Beendigung des Vertragsverhältnisses	80–89
1. Kündigung/Räumung	80–86
2. Einvernehmliche Aufhebung	87
3. Vorzeitige Entlassung	88
4. Tod	89
V. Streitwert nach Beendigung des Vertragsverhältnisses	90–93
1. Nutzungsausfall	90
2. Schadensersatz	91/92
3. Kaution	93
VI. Prozessuales	94–113
1. Klagearten	94–107
2. Besondere Verfahren	108–113
a) Beweissicherungsverfahren	108/109
b) Verbandsklageverfahren	110
c) einstweiliges Verfügungsverfahren	111–113
VII. Streitwerte in der Zwangsvollstreckung	114–116
VIII. Streitwerte in der Zwangsversteigerung	117/118
IX. Kosten	119–137
1. Entscheidung über die Kostentragungspflicht	119–133
a) allgemein	119–121
b) Spezielle Vorschriften	122–133
2. Erstattungsfähigkeit von Kosten/notwendige Kosten	134–137

Schrifttum: *Baumbach/Lauterbach/Albers/Hartmann*, ZPO, 67. Aufl. 2009; *Dörndorfer*, Der Streitwert für Anfänger, 5. Aufl. 2009; *Hartmann*, Kostengesetze, 39. Aufl. 2009; *Schneider/Herget*, Streitwert-Kommentar für den Zivilprozess, 12. Aufl. 2007.

I. Allgemeines

Wertvorschriften, die für die Bemessung der Streitwerte in Miet-, Pacht- oder ähnlichen Nutzungsangelegenheiten von Bedeutung sein können, befinden sich im GKG, in der ZPO 1 sowie in RVG. Speziell auf Miete-, Pacht- oder ähnliche Nutzungsverhältnisse zugeschnitten sind dabei allein die Vorschriften des § 41 GKG, wobei diese Vorschrift nur vier Arten von Streitgegenständen regelt, zum einen Rechtsstreitigkeiten, die das Bestehen, die Beendigung und die Dauer eines Geschäfts- und Wohnraummietverhältnisses betreffen, zum anderen Mieterhöhungsklagen, dann den Koplex Mietminderung und Mängelbeseitigungsklagen und schließlich Duldungsklagen wegen Modernisierung, sowie § 8 ZPO, der ebenfalls nur den Streit über das Bestehen oder die Dauer eines Mietverhältnisses zum Gegenstand hat.

2 Dies bedeutet, dass die übrigen von diesen Regelungsinhalten nicht erfassten Ansprüche im Miet- und Pachtrecht sich nach den allgemeinen Wertvorschriften richten, wobei jeweils nach Sinn und Zweck der Vorschrift des § 41 GKG zu prüfen ist, ob nicht doch die Regelung des § 41 GKG auch für andere Ansprüche in analoger Anwendung heranzuziehen ist, oder ob dort tatsächlich die allgemeinen anderen Wertbestimmungen greifen.

3 Zu differenzieren ist aber immer auch zwischen **Zuständigkeitswert** (= Wert der für die Abgrenzung der sachlichen Zuständigkeit maßgeblich ist), **Gebührenstreitwert** (= Wert für die Gerichts- und Anwaltsgebühren) und **Rechtsmittelwert bzw. Beschwerdewert** (= Wert der Beschwer, wirtschaftliches Interesse des Beschwerdeführers am Erfolg seines Rechtsmittels). So gilt § 41 GKG nur für die Wertfestsetzung zur Gebührenberechnung, während für die Festsetzung zur Bestimmung der sachlichen Zuständigkeit § 8 ZPO maßgeblich ist.

4 In der Rechtsprechung und Literatur herrschte bis zum Inkrafttreten des Kostenrechtsmoderisierungsgesetzes bzw. zur Neufassung des § 41 GKG im Jahre 2004 Streit, ob die Nettokaltmiete, die Bruttokaltmiete oder die Bruttowarmmiete bei der Gegenstandswertfestsetzung zu berücksichtigen war, weil der Begriff „Mietzins" im alten § 16 GKG (jetzt § 41 GKG) nicht definiert war. Beinahe unstreitig wurden zwar die Fälle gehandhabt, bei denen die Mietvertragsparteien eine Brutto- oder Warmmiete vereinbart hatten, denn hier bestand überwiegend Einigkeit, dass der „Gesamtmietzins" maßgeblich ist.[1] Dagegen herrschte in Literatur und Rechtsprechung Streit, wie sich der Begriff „Mietzins" berechnet, wenn die Mietvertragsparteien im Mietvertrag zwischen Grundmiete und Nebenkosten unterschieden haben.[2] Ein Teil der Gerichte und Literatur gingen auch bei einer Differenzierung einer Miete in Grundmiete und Nebenkosten von der Gesamtmiete aus.[3] Ein anderer Teil und der BGH vertraten hingegen die Auffassung, dass zwar die Nebenkosten Heizung und Wasser nicht zu berücksichtigen sind, dass aber besondere vertragliche Leistungen anderer Art – die Übernahme von öffentlichen Abgaben und Lasten, Baukostenzuschüsse, Instandsetzungsbeträge usw. – hinzuzurechnen sind.[4]

5 Nach anderer Auffassung war, soweit es um das Bestehen oder die Dauer des Mietverhältnisses geht, bei einer Differenzierung von Miete und Nebenkosten durch die Vertragsparteien, allein das Entgelt für die Überlassung der Wohnung, somit die Nettomiete, für den Streitwert heranzuziehen und nicht irgendwelche Kosten, die der eigentlichen Überlassung oder voraus Rückgewähr im Grunde genommen nichts zu tun haben, sondern gesonderte Leistungen darstellen.[5]

6 In § 41 GKG ist nun aber 2004 zusätzlich **§ 41 Abs. 1 S. 2 GKG** zusätzlich aufgenommen worden. Damit wird klargestellt, dass Zahlungen für Nebenkosten, die dem Vermieter, Verpächter oder Überlasser zufließen, nur dann als Entgelt anzusehen sind, wenn er sie ebenso, wie das Grundentgelt erkennbar als Gegenleistung für die Gebrauchsüberlassung erhält.

7 Aufgrund der wenigen Vorschriften und der verschiedenen Auffassungen sind Streitwertfragen im Wohnraummietverhältnis nicht einfach zu beantworten und einzelne Problempunkte werden insoweit auch von den Gerichten und der Literatur vollkommen unterschiedlich behandelt. Nachfolgend sind deshalb Streitwertprobleme, wie diese sich von Anbahnung des Vertragsverhältnisses bis zur Beendigung des Vertragsverhältnisses ständig

---

[1] Bub/Treier/*Fischer* VIII Rdnr. 225.
[2] Bub/Treier/*Fischer* VIII Rdnr. 225; *Hartmann* § 16 GKG Rdnr. 20.
[3] LG Koblenz ZMR 1987, 24; LG Köln AnwBl. 1981, 286; LG Mainz MDR 1996, 1080; OLG Frankfurt WuM 1986, 19; OLG Hamm ZMR 1995, 359.
[4] BGH ZMR 1993, 326; OLG Dresden ZMR 1997, 527; LG Hagen WuM 1993, 478.
[5] Bub/Treier/*Fischer* VIII Rdnr. 225.

auf dem Gebiet des Mietrechts stellen, zusammengestellt. Soweit unterschiedliche Behandlung zwischen Gebührenstreitwert, Zuständigkeitswert oder Beschwerdewert geboten ist, ist dies in den jeweiligen Abhandlungen zu finden.

II. Streitwerte im vorvertraglichen Verhältnis

1. Störung und Schädigung von Rechtsgütern

In diesem Stadium der Entwicklung des Mietverhältnisses sind zwei Arten von Auseinandersetzungen denkbar, zum einen die Auseinandersetzung wegen der Beschädigung von Rechtsgütern bei der Kontaktaufnahme wegen des Mietverhältnisses, zum anderen der Streit der Störung von Rechtsgütern bei oder während der Vertragsanbahnung. 8

Bei der Beschädigung von Rechtsgütern richtet sich der Streitwert gemäß der allgemeinen Regel nach der Höhe des Schadens, der an dem verletzten Rechtsgut entstanden ist. Dagegen richtet sich die Höhe des Streitwerts bei einer Störung von Rechtsgütern des anderen zum Zeitpunkt der Vertragsanbahnung nach dem Interesse des Gestörten, das nach den Kosten zu bewerten ist, die zur Beseitigung der Störung aufgewendet werden müssen.[6] 9

2. Verletzung von Aufklärungs- und Mitteilungspflichten

Der Streitwert richtet sich nach dem Interesse, das der Aufzuklärende an der Aufklärung hat. In der Regel orientiert er sich an dem durch die Nichtaufklärung entstandenen Schaden. 10

3. Anspruch auf Abschluss eines Mietvertrages

Für den Streitwert einer Klage auf den Abschluss des Vertrages ist immer gemäß § 48 Absatz 1 GKG in Verbindung mit § 3 ZPO das vom Gericht nach freiem Ermessen zu schätzende Abschlussinteresse des Klägers maßgeblich.[7] Dabei kann dieses Abschlussinteresse im Einzelfall durchaus höher als eine einjährige Miete sein.[8] 11

Teilweise wird jedoch auch in Literatur und Rechtsprechung die Auffassung vertreten, dass es bei einer Klage auf Abschluss eines Mietvertrages sachgerecht ist, § 41 GKG (früher § 16 GKG) entsprechend anzuwenden, so dass also von einem Streitwert von einer Jahresnettomiete ausgegangen werden muss.[9] 12

Dies ist nach diesseitiger Auffassung nicht richtig. Ebenso wie wenn bei Bestehen eines Vorvertrages ein Anspruch aus diesem Vorvertrag auf Abschluss eines Mietvertrages geltend gemacht wird, fehlt es in beiden Fällen zum Zeitpunkt der Anspruchserhebung noch an einem bestehenden Miet- oder Pachtverhältnis. Für die Streitwertfestsetzung kann deshalb § 41 GKG (früher § 16 GKG) nicht greifen, sondern allenfalls § 3 ZPO.[10] 13

III. Streitwerte im Vertragsverhältnis

1. Vertragsparteien/Vertragsobjekt

Geht der Streit darum, wer aus dem Mietvertrag Berechtigter ist, so ist nach herrschender Meinung in Literatur und Rechtsprechung § 41 Abs. 1 GKG anwendbar, zumindest soweit der Streit darum geht, wer in dem Mietverhältnis der eigentliche Berechtigte ist.[11] 14

Streiten von mehreren Mietern oder Vermietern Einzelne darüber, ob sie wirksam ausgeschieden sind bzw. aus den Rechten und Pflichten des Mietvertrags entlassen wurden, 15

---

[6] OLG Neustadt RPfleger 1957, 238 zu § 3 ZPO.
[7] OLG Hamm RPfleger 1948, 49, 570; *Schneider/Herget* Rdnr. 3582.
[8] OLG Hamburg MDR 1970, 333.
[9] LG Dortmund WuM 1991, 358.
[10] OLG Hamburg MDR 1970, 333; OLG Frankfurt JurBüro 1962, 685.
[11] OLG Hamburg NJW 1965, 2406; *Schneider/Herget* Rdnr. 3637.

wird in der Rechtsprechung zwar teilweise die Auffassung vertreten, dass sich der Streitwert nach der Quote der einzelnen Mietvertragspartei im Verhältnis zu seinen Mitpartnern errechnet, also quasi der anteilige Jahresnettokaltmietzins, z. B. bei drei Personen auf Mieterseite 1/3.

16 Unter Berücksichtigung der Tatsache, dass der Einzelne auf Grund der gesamtschuldnerischen Haftung für den gesamten Mietzins haftet, dürfte es wohl richtig sein, auch für diese Fälle vom vollständigen Jahresnettomietzins auszugehen.

17 Geht der Streit um das Vertragsobjekt, besteht also Unklarheit, ob bestimmte Räume eines Hauses oder Nebenräume vom Mietvertrag umfasst sind, so richtet sich der Streitwert nach § 3 ZPO.[12]

18 In Literatur und Rechtsprechung wird hier vom 36-fachen Nutzwert des Raumes ausgegangen.[13] Bei Streitigkeiten über die Frage, inwieweit bestimmte Wohnräume zum Vertragsinhalt gehören bzw. vom Mietvertrag erfasst sind, dürfte deshalb vom 36-fachen anteiligen Nettomietwert des Wohnraumes auszugehen sein.

2. Leistungsverpflichtung

19 **a) Gebrauchsgewährung/Obhuts- und Duldungspflicht.** Im Rahmen der Verpflichtung des Vermieters, dem Mieter den Gebrauch der Mietsache gem. §§ 535, 536 BGB zu gewähren, sind diverse Ansprüche denkbar. Hier ist zunächst einmal an den Anspruch auf Überlassung der Mietsache, des Weiteren aber auch an Art und Umfang der Gebrauchsgewährung, z. B. Aufstellung von Sonnenschirmen, Anbringen von Markisen, Parabolantennen oder Aufstellung von Einrichtungsgegenständen, zu denken.

20 *aa) Allgemein.* Beansprucht ein Mieter die Überlassung der Mietsache vom Vermieter, richtet sich der Wert der Streitigkeit nach § 41 GKG.[14] Dies gilt auch dann, wenn die Existenz und der Bestand des Mietvertrages zwischen den Parteien nicht streitig ist.[15] Im Rahmen der Gebrauchsgewährung kommt dann auch der Anspruch des Mieters auf Erteilung einer Untermietererlaubnis in Betracht. Auch hier geht die Literatur und Rechtsprechung analog zu § 41 Abs. 1 GKG vom Jahresbetrag des voraussichtlichen Untermietzinses aus.[16]

21 Zu differenzieren hiervon ist allerdings der Anspruch des Vermieters auf **Unterlassung der Untervermietung.** Hier ist eine Schätzung des durch die Besitzeinräumung drohenden Schadens vorzunehmen, dessen Höhe dann den Streitwert darstellt.[17]

22 Während also die Fälle von Streitigkeiten über die Gebrauchsgewährung der vermieteten Räumlichkeiten, sei es im Ganzen oder in Teilen, oder das Recht oder die Streitigkeiten, ob Teile an Dritte weitervermietet werden können, relativ einfach anhand von § 41 Abs. 1 GKG zu bemessen sind, ist bezüglich Einzelrechten im Rahmen der Gebrauchsgewährung, die nur einzelne Aspekte einer Gebrauchsgewährung erfassen, meistens eine Schätzung nach § 3 ZPO maßgeblich, z. B. das Interesse am Aufhängen einer Wäscheleine, am Aufstellen einer Waschmaschine, am Zugang zum Heizungskeller usw. Insoweit wird auf die nachstehende Zusammenstellung von Einzelproblemen verwiesen.

23 Dem Anspruch auf Gebrauchsgewährung als Pflicht des Vermieters steht als Pflicht des Mieters der Anspruch auf Obhuts- und Duldungsmaßnahmen entgegen, so z. B. das Recht auf Besichtigung der Mieträume. Der Anspruch des Vermieters auf Besichtigung der Mieträume wird in der Rechtsprechung und Literatur mit ca. DM 1.000,– bewertet, richtet sich aber letztendlich nach dem Interesse des Vermieters an der Besichtigung gem. § 3 ZPO.[18] Maßgeblich für den Streitwert ist immer der mit der Besichtigung verbundene Zweck und das aus diesem Zweck resultierende Interesse des Vermieters an der Besichtigung.

---

[12] BGH LM § 12 a F, Rdnr. 19; OLG Koblenz ZMR 1978, 64.
[13] LG Hamburg WuM 1993, 416.
[14] OLG Celle MDR 1989, 272; LG Halle WuM 1994, 531; *Schneider/Herget* Rdnr. 3546.
[15] Bub/Treier/*Fischer* Rdnr. 233.
[16] LG Kiel WuM 1995, 320; Bub/Treier/*Fischer* VIII Rdnr. 233 b.
[17] Bub/Treier/*Fischer* VIII Rdnr. 239 b.
[18] AG Dorsten WM 1979, 155.

So richtet sich das Interesse des Vermieters am Betreten der Mieträume zum Zwecke der 24
Ablesung der Heizkostenverteiler nach dem Interesse für die Erstellung einer ordnungsgemäßen Abrechnung für sämtliche Mieter bzw. das gesamte Gebäude.[19]

bb) Zusammenstellung von Streitigkeiten bezüglich Gebrauchsgewährung in alphabetischer Reihenfolge.

Abfallentsorgung. Soweit der Vermieter Mülleimer, Tonnen oder Container wegschließt, 25
richtet sich der Streitwert nach § 3 ZPO. Der Streitwert dürfte danach zu bemessen sein, inwieweit der Mietgebrauch durch die Sammlung von Müll in der Wohnung den Mieter beeinträchtigt, so dass nach diesseitiger Auffassung eine jährliche Minderungsquote anzunehmen ist. Alternativ können auch die Kosten, die der Mieter durch die eigenhändige Lagerung in der Wohnung und die umständliche Entsorgung aufwendet, als Orientierungshilfe in Betracht kommen.

Abstellplatz. Hat der Vermieter einen Stellplatz vermietet, so hat der Mieter einen Anspruch 26
auf Gebrauchsgewährung. Der Streitwert für einen Anspruch auf Gebrauchsgewährung eines Stellplatzes bestimmt sich gem. § 41 Abs. 1 GKG nach der Jahreskaltmiete.

Antenne. Bei der Antenne ist wieder zu differenzieren zwischen dem Anspruch des Mieters 27
auf Errichtung einer Antenne und dem Anspruch des Vermieters auf Entfernung. Während der Streitwert für den Anspruch auf Entfernung gem. § 3 ZPO anhand der Kosten, die die Entfernung verursacht, zu schätzen ist,[20] bemisst sich der Anspruch des Mieters auf Errichtung der Antenne an dem Interesse an der Installation,[21] da der Mieter ein Grundrecht auf Informationsfreiheit hat, so dass der Vermieter ihm die Anbringung einer Einzelantenne genehmigen muss, so lange keine ausreichende Gemeinschaftsantenne vorhanden ist, bzw. diesen an die Gemeinschaftsantenne anschließen lassen muss, so dass hier wohl vom einjährigen Minderungsbetrag der Beeinträchtigung durch den Nichtanschluss bzw. die Verweigerung der Genehmigung auszugehen ist.

Aufnahme Dritter. Der vertragsgemäße Gebrauch der Mietsache umfasst auch die Auf- 28
nahme von Familienangehörigen bzw. Besuchern in der Wohnung. Wird dies verweigert oder beeinträchtigt, ist der Wert gem. § 3 ZPO anhand des Interesses des Mieters zu schätzen.

Berufsausübung in der Wohnung. Des Öfteren kommt es zu Streitigkeiten, inwieweit in der 29
Wohnung berufliche Tätigkeit entfaltet bzw. ausgeübt werden darf. Auch hier ist der Streitwert gem. § 3 ZPO zu schätzen.

Blumen/Blumenkästen. Im Rahmen des vertragsgemäßen Gebrauches ist ein Mieter grund- 30
sätzlich berechtigt, Blumenkästen oder Blumentöpfe auf den Fensterbänken anzubringen. Insoweit stellt die Entfernung oder das Verbot eine Beeinträchtigung des Mietgebrauches dar, so dass auch hier das Interesse gem. § 3 ZPO zu schätzen ist.

Briefkasten. Häufig kommt es in der täglichen Praxis zu Schwierigkeiten, weil ein Vermieter 31
dem Mieter keinen ordnungsgemäßen Briefkasten stellt. Für diesen Fall wird von den Instanzgerichten für den Streitwert meistens der Streitwert anhand einer 5%igen Minderungsquote des Nettokaltmietzinses angenommen. Auch hier geht es letztendlich um das zu schätzende Interesse gem. § 3 ZPO.

Fahrräder. Auch hier ist der Streitwert gem. § 3 ZPO nach dem Interesse des Mieters zu 32
schätzen.

Funkantenne. Siehe Antenne. 33

Garage. Bei dem Anspruch auf Gebrauchsüberlassung einer Garage ist gem. § 42 I GKG der 34
einjährige Nettokaltmietzins maßgeblich.

Garten. Bei dem Anspruch auf Gartennutzung bzw. der Frage, ob der Garten vom Mietver- 35
trag mit umfasst ist, ist gem. § 42 Abs. 1 GKG der Wert vom Mietwert eines Gartens der gleichen Art und Größe auszugehen.

---

[19] *Sternel* V Rdnr. 89.
[20] LG München I WuM 1993, 745; LG Kiel WuM 1996, 632; Bub/Treier/*Fischer* VIII Rdnr. 2399; a. A. LG Bonn WuM 1993, 48 (Interesse an Wiederherstellung des ursprünglichen Zustands).
[21] *Schmittmann* JurBüro 1995, 509.

36 **Haushaltsgeräte.** Des Öfteren ist in der Praxis auch das Aufstellen von Wasch- oder Spülgeräten in der Wohnung oder im Keller umstritten. Der Wert eines Anspruchs auf Aufstellen einer Wasch- oder Spülmaschine ist ebenfalls gem. § 3 ZPO zu schätzen.

37 **Heizung/Heizpflicht.** Hier ist der Anspruch des Mieters auf ordnungsgemäße Beheizung der Wohnung ganz überwiegend an eine durch die Nichtheizung mögliche jährliche Minderungsquote geknüpft.[22]

38 **Kabelfernsehen.** Siehe Antenne. Zu differenzieren ist zwischen dem Anspruch des Mieters auf Anschluss an das Kabelnetz und dem Anspruch des Vermieters auf Unterlassung.

39 **Kinderwagen.** Häufig ist in Mietverhältnissen auch das Aufstellen von Kinderwägen im Treppenhaus, im Keller oder vor den Wohnungseingangstüren ein Streitpunkt. Auch hier ist der Wert gem. § 3 ZPO zu schätzen.[23]

40 **Müll.** Siehe Abfallentsorgung.

41 **Musik.** Auch hier ist das Interesse des Mieters gem. § 3 ZPO für den Anspruch auf Ausübung von Musik zu schätzen. Vom Anspruch auf Ausübung von Musik zu differenzieren ist der Anspruch des Vermieters auf Unterlassung übermäßiger Musikausübung. Hier ist nach diesseitiger Auffassung der Schaden in Form von Mietminderungen anderer Mieter als Orientierungshilfe für den Streitwert heranzuziehen.

42 **Parabolantenne.** Es gilt hier zu unterscheiden zwischen einer Zustimmungsklage für die Errichtung von Parabolantennen, wobei sich der Wert nach dem Informations- und Unterhaltungs-Interesse an der Installation für den Mieter richtet, und Klagen des Vermieters auf Beseitigungen, wobei sich der Wert an den Kosten der Entfernung orientiert,[24] bzw. sowohl an dem Interesse des Vermieters an der optischen Beeinträchtigung zuzüglich den Kosten der Beseitigung.[25]

43 **Tierhaltung.** Häufig kommen in der Praxis auch Probleme wegen der Tierhaltung in Betracht. Hier ist zu differenzieren zwischen der Klage des Vermieters auf Unterlassung und der Klage des Mieters auf Erteilung einer Erlaubnis zur Tierhaltung.

44 Die Klage des Vermieters auf Unterlassung ist gem. § 3 ZPO entweder anhand der durch das Tier drohenden Schäden bzw. der starken Gebrauchsbeeinträchtigung und an den Auswirkungen der vom Tier ausgehenden Störungen zu bemessen.[26]

45 Oft nehmen die Gerichte aber auch einen einfachen Streitwert von DM 1.000,- an, wenn überhaupt keine Anhaltspunkte vorhanden sind.[27] Dagegen wird sich die Klage des Mieters auf Erteilung der Erlaubnis rein an subjektiven Kriterien nach Interesse des Mieters zu richten haben.[28] Dies dürfte bei der empfohlenen Haltung aus gesundheitlichen Gründen höher sein als bei bloßem Wunsch nach Tierhaltung.[29] Teilweise wird jedoch auch hier versucht, eine fiktive Abnutzung durch das Tier betragsmäßig zu erfassen.[30]

46 **Wäscheleine.** Auch hier ist der Wert des Interesses des Mieters an einer Wäscheleine gem. § 3 ZPO zu schätzen. Wird dagegen gegen den Mieter wegen Unterlassung bzw. Beseitigung der Beeinträchtigung durch den Vermieter vorgegangen, bemisst sich der Wert nach dem Wert der Störungen.

47 **Zutritt zu Räumlichkeiten.** Des Öfteren drehen sich Mietprozesse auch um Ansprüche auf Zutritt zu bestimmten Räumlichkeiten (Heizraum, Keller usw.). Hier richtet sich der Wert der Streitigkeit gem. § 3 ZPO nach dem Interesse der Partei an dem Zugang zu der Räumlichkeit und den damit verbundenen Möglichkeiten. Insoweit kann auch hier die jährliche Minderungsquote für den nicht vorhandenen Zutritt eine Orientierungshilfe geben.

---

[22] LG Hamburg JurBüro 1994, 116; LG Görlitz WuM 1994, 380; *Sternel* Aktuell Rdnr. 1530.
[23] *Baumbach/Lauterbach/Albers/Hartmann* § 3 Rdnr. 83; a. A. LG Mannheim WuM 1999, 224.
[24] *Schmittmann* JurBüro 1995, 509, LG Frankfurt/Main, JurBüro 2002, 331; LG Kiel WuM 1996, 636 a. A. *Schneider/Herget* Rdnr. 3759.
[25] LG Frankfurt ZMR 2002, 758.
[26] LG Wiesbaden WuM 1994, 486; LG Hamburg WuM 1989, 10; LG Darmstadt WuM 1992, 117; AG Rüsselsheim WuM 1992, 117.
[27] LG Würzburg WuM 1988, 157; LG Hamburg WuM 1989, 10; LG München WuM 1992, 495.
[28] LG Hamburg WuM 1986, 248; LG Mannheim ZMR 1992, 545.
[29] LG Mannheim ZMR 1992, 545.
[30] LG Hamburg WuM 1997, 232.

b) Mietzins. aa) *Mietzinsforderung.* Bei Ansprüchen auf Leistung rückständiger Mieten 48 richtet sich der Streitwert nach der Höhe des beanspruchten bzw. eingeklagten Betrages.[31] Soweit Mehrwertsteuer zu zahlen ist, erhöht sich der Streitwert selbstverständlich auch um die Mehrwertsteuerbeträge.[32] Der Wert einer Mietzinsklage für die Zukunft, also einer zukünftigen Leistung richtet sich nach überwiegender Meinung gemäß § 3 ZPO nach dem voraussichtlichen Fortbestand des Anspruchs,[33] anderenfalls nach dem 3½-fachen Jahreswert, bei ungekündigten Mietverhältnissen.

bb) Mieterhöhung. Bei der Mieterhöhung richtet sich der Gebührenstreitwert für Wohn- 49 raum gem. § 41 Abs. 5 GKG nach der Jahresnettomiete. Bei der Zustimmungsklage ist allerdings der Rechtsmittelstreit (Beschwerdewert) zu unterscheiden. Hier wird überwiegend vom 3-fachen bis 5-fachen Jahreszusatzbetrag ausgegangen, teilweise jedoch nur vom einjährigen Jahreszusatzbetrag.[34]

c) Kaution. Auch bei der Geltendmachung der Kaution bestimmt der eingeklagte Betrag, 50 wie bei der Mietzinsforderung oben, den Streitwert.

Der Streitwert einer Klage auf Auskunft über die Anlage der Kaution ist ebenfalls ent- 51 sprechend der Handhabung einer Klage auf Rechnungslegung über Betriebskosten mit ⅓ bis ¼ der Höhe der Mietkaution anzusetzen.[35]

d) Nebenkosten. Bei den Nebenkosten muss hinsichtlich des Streitwerts unterschieden 52 werden zwischen der bloßen Forderung auf Zahlung von Nebenkosten, einer Streitigkeit um die Struktur der Nebenkosten, also ob eine Pauschale, eine Nebenkostenvorauszahlung oder ein Inklusivmiete bezahlt wird, und dem Streit um eine Nebenkostenerhöhung.

aa) Forderung. Auch bei der Forderung ist für den Streitwert allein die Höhe des geltend 53 gemachten Betrages maßgeblich.

Statt einer Klage auf Zahlung von Nebenkosten kommt natürlich auch eine Klage auf 54 Rechnungslegung über die Nebenkosten in Betracht. Bei der Klage auf Rechnungslegung richtet sich der Streitwert, je nach Lage des Falles, nach einem Bruchteil des zu erwartenden Zahlungsanspruchs, in der Regel zwischen ⅓ und ¼.[36]

bb) Streit um Struktur. Bei dem Streit um die Struktur, d.h. ob eine Nebenkostenzahlung 55 in Form einer Nebenkostenvorauszahlung, einer Pauschale oder in Form eines Teilinklusivmietzinses geleistet werden muss, ist in Anwendung des § 41 Abs. 1 GKG und entsprechender Anwendung des § 41 Abs. 5 GKG von dem einjährigen Betrag auszugehen, der auf diesen streitigen Nebenkostenanteil entfällt, also der einjährige Betrag, der über den Nettokaltmietzinsanteil beim Gesamtmietzins hinausgeht.

Wird auf Feststellung geklagt, bezieht sich der Streitwert auf den Betrag des auf die strei- 56 tige Zeit entfallenden Mietzinses, allerdings in entsprechender Anwendung des § 41 Abs. 5 GKG. Wenn der einjährige streitige Betrag geringer ist, richtet sich der Streitwert nach diesem.

cc) Nebenkostenerhöhung. Bei der Nebenkostenerhöhung ist ebenfalls nach ständiger 57 Rechtsprechung gem. § 41 Abs. 1 GKG i.V.m. § 41 Abs. 5 GKG in entsprechender Anwendung der Jahreserhöhungsbetrag der maßgebliche Streitwert.

dd) Rechnungslegung. Bei Ansprüchen auf Rechnungslegung wird der Streitwert bei ⅓ bis 58 ¼ des etwaigen Zahlungsanspruch anzusetzen sein.[37]

---

[31] Bub/Treier/*Fischer* VIII Rdnr. 237.
[32] LG Duisburg Kostrsp. GKG § 16 Rdnr. 62; OLG Hamm ZMR 1995, 359.
[33] OLG Frankfurt MDR 1980, 761; Bub/Treier/*Fischer* VIII Rdnr. 238; a. A. OLG Stuttgart NJW-RR 1997 Rdnr. 1303, das § 9 ZPO anwendet.
[34] 3facher Jahreszusatzbetrag: LG Wiesbaden WuM 1993, 470; LG Hamburg WuM 1989, 442; LG Regensburg WuM 1992, 145; LG Köln WuM 1997, 279; LG Saarbrücken WuM 1998, 234.
[35] Bub/Treier/*Fischer* VIII Rdnr. 239 b.
[36] LG Stuttgart WuM 1989, 434; LG Landau WuM 1990, 86; LG Köln ZMR 1997, 656, AG Witten AZ 2 C 427/01 Urt. v. 14. 2. 2002.
[37] LG Bonn JurBüro 1992, 117(1/4); LG Köln WuM 1997, 447 (¹/₅–¹/₁₀); a. A. LG Landau WuM 1990, 86; LG Freiburg WuM 1991, 504; *Sterne* Aktuell Rdnr. 1530 (der zu erwartende Zahlungsanspruch).

59 ee) *Einsichtnahme in die Nebenkostenbelege.* Klagt der Mieter nach vorgelegter Abrechnung auf Einsichtnahme in die der Abrechnung zugrunde liegenden Belege, sind Zuständigkeits- und Gebührenstreitwert ebenfalls nach § 3 ZPO zu bestimmen. Insoweit ist das klägerische Interesse an der Rückzahlung möglicher Überzahlungen maßgeblich. Aus der Vergleichbarkeit mit einem Auskunftsanspruch ist auch hier eine Bruchteilsbewertung erforderlich. Diese liegt jedoch niedriger als bei einer auf Abrechnung gerichteten Klage, da die Einsichtnahme regelmäßig nur der Überprüfung einer bereits erfolgten Abrechnung dient, so dass von $1/10$ bis zu $1/5$ auszugehen sein wird.[38]

60 e) **Schönheitsreparaturen.** Bei Schönheitsreparaturen sind zwei Auseinandersetzungen denkbar. Zum einen, dass Schönheitsreparaturen nicht ausgeführt wurden und deshalb die entsprechende Leistung eingeklagt wird (während des Mietverhältnisses). Dann bemisst sich der Streitwert nach § 3 ZPO nach dem Interesse des Vermieters daran, die Wohnung nicht verwahrlosen zu lassen, wobei sich dieses Interesse an den Kosten der durchgeführten Schönheitsreparaturen orientieren dürfte.

61 Zum anderen entstehen im Zusammenhang mit Schönheitsreparaturen Schadensersatzansprüche, wenn trotz Aufforderung mit Ablehnungsandrohung diese bei Auszug nicht ausgeführt wurden, so dass sich der Anspruch dann in einen Schadensersatzanspruch umwandelt. Hier bemisst sich der Streitwert gem. § 3 ZPO nach dem daraus entstandenen Schaden.

62 f) **Reparaturen/Schadensersatz.** Hier bemisst sich der Streitwert nach den Kosten gem. § 3 ZPO, die die Durchführung der Reparatur verursachen bzw. nach der Höhe des Schadens, der geltend gemacht wird.

63 Bezüglich Reparaturen und Instandhaltungsmaßnahmen gem. § 554 Abs. 1 BGB geht die Rechtsprechung von einem Streitwert entsprechend des 12-fachen monatlichen Minderungsbetrages aus.[39]

64 g) **Modernisierung.** Bei Ansprüchen auf Duldung von Modernisierungsmaßnahme enthält jetzt § 41 Abs. 5 GKG eine eindeutige Regelung, dass der einjährige Erhöhungsbetrag maßgeblich ist.

Früher, als dies in § 16 GKG nicht geregelt war, herrschte hingegen die einhellige Meinung in Literatur und Rechtsprechung, dass der Streitwert nach § 3 ZPO geschätzt werden muss.[40]

65 Da das Interesse des Vermieters an der Modernisierung in der Regel über die bloße Erzielung eines höheren Mietzinses hinaus geht, setzte die herrschende Rechtsprechung bei einem Anspruch auf Duldung der Modernisierung das 3fache des Jahresbetrages der zu erwartenden Mieterhöhung an.[41]

66 Dem gegenüber ging eine Mindermeinung der Rechtsprechung davon aus, dass der einjährige Erhöhungsbetrag streitwertbegrenzend ist.[42]

Diesem Streit hat nun § 41 Abs. 5 GKG ein Ende gesetzt.

67 h) **Tauschvertrag.** Der Streitwert einer Klage auf Herausgabe einer Wohnung aufgrund eines Tauschvertrages wird gemäß § 6 ZPO durch den Wert der Sache bestimmt, wenn es um das Besitzrecht der Wohnung geht.[43]

3. Nebenpflichten

68 Bei den Nebenpflichten richtet sich der Streitwert ebenfalls gem. § 3 ZPO nach dem Interesse der Vermieter oder Mieter an den jeweils im Streit befindlichen Nebenpflichten. Bei

---

[38] LG Köln JurBüro 1997, 597, gleich WuM 97/447.
[39] LG Hamburg WuM 1992, 142; a.A. LG Hamburg WuM 1999, 344 (3½facher Jahresbetrag einer gedachten Minderung; *Sternel* Aktuell Rdnr. 153.
[40] Bub/Treier/*Fischer* VIII Rdnr. 236, Schneider/Herget, Rdnr. 3742.
[41] LG Hamburg ZMR 1985, 227; LG Berlin WuM 1995, 547; LG Aachen ZMR 1995, 161; LG Berlin ZMR 1999, 554 (3½facher Jahresbetrag der Erhöhung).
[42] LG Nürnberg-Fürth Kostrsp. GKG § 16 Rdnr. 2; LG Berlin ZMR 1975, 218; LG Mannheim MDR 1976, 1025; LG Hamburg WuM 1994, 704; LG Berlin GE 1995, 563.
[43] LG Flensburg Jur. Büro 1950, 126

Aufklärungs- und Auskunftspflichten ist zu berücksichtigen, dass ein derartiger Anspruch eine spätere Leistung nur vorbereitet.

Der Wert dieses Auskunfts- und Aufklärungsanspruchs kann deshalb nur ein Bruchteil 69 des vorbereitenden Anspruchs sein, dessen Geltendmachung er erleichtern soll, wobei sich der Wert nicht auf einen für alle Fälle maßgeblichen Anteil oder eine Quote des späteren Anspruchs festlegen lässt. Die überwiegende Meinung in Literatur und Rechtsprechung tendiert jedoch bei Auskunftsansprüchen zu $1/4$ bis $1/5$ des eigentlich vorzubereitenden Leistungsanspruchs.[44] Bei Sorgfaltspflichten dürfte sich die Geltendmachung des Anspruchs danach bestimmen, welche Gefahr bzw. welchen Schaden die Sorgfaltspflicht zu verhindern versucht, so dass auch hier von einem Bruchteil dieses Schadens oder der Gefahr auszugehen sein wird.

4. Leistungsstörung

a) **Allgemeines.** Im Rahmen der so genannten Leistungsstörungen kann sich der Streitwert 70 je nach Art und Umfang der Leistungsstörung entweder nach § 41 GKG oder nach § 3 ZPO richten, denn im Rahmen der Leistungsstörung kann ja auch das Bestehen eines Mietverhältnisses eine Rolle spielen, so dass sich dann der Streitwert entsprechend der ständigen Handhabung bei der Beendigung eines Mietverhältnisses bestimmt, also grundsätzlich in Höhe eines Nettojahresmietzinses liegt.

b) **Unmöglichkeit.** Im Rahmen der Unmöglichkeit ist zu unterscheiden, ob eine Hauptleis- 71 tung oder eine Nebenleistung unmöglich wurde. Wird die Leistung, das Mietvertragsobjekt zu stellen, unmöglich, gilt wieder § 41 Abs. 1 GKG. Wird eine andere Hauptleistung oder eine Nebenleistung unmöglich, richtet sich der Streitwert nach dem Interesse, das der Anspruchsteller an der Hauptleistungspflicht oder der Nebenleistungspflicht hat.

c) **Verzug.** Kommt der Anspruchsgegner mit einer regulären Leistungspflicht in Verzug, 72 richtet sich der Anspruch immer nach dem Wert des rückständigen Betrages.

Kommt der Anspruchsgegner mit einer nicht in Geld zu bemessenden Leistung in Verzug, 73 richtet sich der Streitwert nach dem Interesse des Anspruchstellers an der Durchsetzung des Anspruchs.

d) **Gewährleistung.** Die meisten Auseinandersetzungen im Rahmen von Leistungsstörun- 74 gen finden im Mietrecht im Rahmen der Gewährleistungsansprüche statt. Hier ist zu differenzieren zwischen den Ansprüchen oder der Abwehr von Ansprüchen auf Mängelbeseitigung, dem Recht des Mieters auf Minderung und Schadensersatzansprüchen.

aa) *Mängelbeseitigung.* Auch hier hat der Gesetzgeber nun Klarheit durch § 41 Abs. 5 75 GKG geschaffen. Maßgeblich ist der einjährige angemessene Minderungsbetrag, den der Mangel rechtfertigt. Früher hingegen hatte sich bezüglich des Anspruchs auf Mängelbeseitigung in Rechtsprechung und Literatur keine einheitliche Meinung gebildet. Einigkeit bestand lediglich darüber, dass sich der Streitwert für einen Mängelbeseitigungsanspruch oder die Abwehr eines Mängelbeseitigungsanspruchs gem. § 3 ZPO an dem zu schätzenden Wert des Anspruchs, nach seinem Interesse an der Wiederherstellung des vollen Nutzungswerts des Mietobjekts richtet.[45]

Überwiegend folgerte die Rechtsprechung deshalb hieraus, dass sich der Streitwert an der 76 Minderungsquote zu orientieren hat, die die Mängel rechtfertigen würde, wobei teilweise vom 36fachen, teilweise sogar vom 42fachen Minderungsbetrag ausgegangen wird.[46]

bb) *Minderung.* Bei Auseinandersetzungen wegen Minderung ist zu unterscheiden zwi- 77 schen Ansprüchen des Mieters auf Feststellung, dass er ab einem bestimmten Datum berechtigt ist, wegen vorhandener Mängel eine Minderungsquote vom Mietzins in Abzug zu brin-

---

[44] $1/5$: OLG Bamberg Kostrsp. ZPO § 3, Rdnr. 978 = JurBüro 1969, 1307; $1/5$ bis $1/4$: OLG München MDR 1972, 247; OLG Düsseldorf Kostrsp. ZPO § 3, Rdnr. 942 = FamRZ 1988, 1188.
[45] Bub/Treier/*Fischer* VIII Rdnr. 239; LG Siegen WuM 1999, 48 (geschätzter Aufwand für Beseitigungskosten).
[46] Für Minderungsquote und 36-fachen Betrag: LG Stendal WuM 1994, 70; LG Aachen NJW-RR 1996, 777; für 42fachen Betrag: LG Hamburg WuM 1992, 447, siehe auch WuM 1994, 624.

gen, und der Zahlungsklage des Vermieters wegen einer seiner Meinung nach nicht ordnungsgemäßer Minderung. Während sich der Streitwert bei letzterem Anspruch einfach nach dem geltend gemachten Zahlungsbetrag richtet, ist bei der Feststellung, ob ein Mieter zur Minderung berechtigt ist, nach § 41 Abs. 5 GKG zu entscheiden, da in Wirklichkeit eine negative Feststellungsklage vorliegt.[47] Der Auffassung, dass wegen der bloßen Feststellungswirkung ein Abzug in einer bestimmten Größenordnung vorzunehmen ist, ist nach diesseitiger Auffassung nicht richtig, weil es sich ja gerade nicht um eine positive Feststellungsklage handelt, die irgendeine Leistungsklage vorbereitet, sondern eben um die endgültige Versagung eines Teils der vollen Mietzinsforderung.[48]

78 *cc) Schadensersatz.* Der Schadensersatzanspruch bzw. die Abwehr eines Schadensersatzanspruches richtet sich immer nach der Höhe des geltend genannten Geldbetrages. Kann der Schaden noch nicht beziffert werden und ist deshalb eine Feststellungsklage zulässig, richtet sich der Streitwert nach diesseitiger Auffassung nach einem Bruchteil des zu erwartenden Schadens.

5. Vertragsverlängerung

79 Für Streitigkeiten wegen Vertragsverlängerungen bzw. über den Zeitraum von Vertragsverlängerungen bemisst sich der Streitwert gem. § 41 GKG nach dem auf den streitigen Zeitraum entfallenden Nettomietzins.

IV. Streitwerte bei der Beendigung des Vertragsverhältnisses

1. Kündigung/Räumung

80 Der Streitwert einer Kündigung bemisst sich nach § 41 GKG. Der BGH hat sich dieser bereits vorher bestehenden herrschenden Meinung angeschlossen, so dass analog der §§ 23 I GVG in Verbindung mit 41 I, II GKG der Jahresnettomietzins anzusetzen ist, weil die Kündigung einen Räumungsrechtsstreit vorbereitet. Wird Räumung wegen der Beendigung des Mietverhältnisses verlangt, so ist gem. § 41 Abs. 2 GKG für den Streitwert der einjährige Nettomietzins maßgeblich, es sei denn, dass der auf die streitige Zeit entfallende Betrag gem. § 41 Abs. 1 GKG geringer wäre.[49]

81 Bei einer fristlosen Kündigung ist zu differenzieren, ob der Beklagte die Beendigung grundsätzlich bestreitet oder ob nur der Zeitraum zwischen fristlosem Kündigungszeitpunkt und Wirksamwerden einer ordentlichen Kündigung im Streit liegt. Ist Letzteres der Fall, ist nur die streitige Zeit zwischen fristlosem Beendigungszeitraum und ordentlichen Beendigungszeitpunkt maßgeblich, d.h. der Streitwert richtet sich nach dem in diesen Zwischenzeitraum entfallenden Nettomietzins.[50] Wenn die Beendigung durch die fristlose Kündigung insgesamt bestritten wird, also nicht nur der Zeitraum zwischen einer fristlosen Kündigung und einer ordentlichen Kündigung, ist auch auf den Jahresbetrag abzustellen.[51] Aufgrund § 41 Abs. 2 GKG ist bei der Räumungsklage immer zu unterscheiden, ob das Räumungsverlangen allein wegen Beendigung des Mietverhältnisses geltend gemacht wird oder auch aus anderem Rechtsgrund. Insoweit ergeben sich folgende **Varianten:**

82 **Variante 1:** Der Vermieter verlangt die Räumung wegen Beendigung des Mietverhältnisses und der Mieter bestreitet die Berechtigung. Es gilt nach § 41 Abs. 2 GKG der Jahresmietzins, sofern nicht nach § 41 Abs. 1 GKG der zu bemessende Wert geringer ist.

---

[47] *Schneider/Herget* Rdnr. 3741.
[48] So aber LG Hamburg WuM 1996, 287, die wegen der bloßen Feststellungsklage ein Abzug von 20% vornimmt.
[49] Auch vor Inkrafttreten des § 41 GKG bereits herrschende Meinung, siehe LG Rostock ZMR 2002, 922 , BGH NZM 2007/396
[50] Bub/Treier/*Fischer* VIII Rdnr. 226.
[51] OLG Köln JurBüro, 1990, 646; Bub/Treier/*Fischer* VIII Rdnr. 226.

Variante 2: Der Vermieter verlangt die Räumung und es gibt keinerlei Streit über die Beendigung des Mietverhältnisses. Insoweit gilt dann immer der Jahresnettomietzins.[52]

Variante 3: Der Vermieter beansprucht Räumung zum einen wegen Beendigung des Mietverhältnisses und zum anderen wegen anderem Rechtsgrund. Hier gilt immer gem. § 41 Abs. 2 Satz 2 GKG der Jahresmietzins.[53]

Variante 4: Der Vermieter klagt auf Räumung allein aus einem anderen Rechtsgrund. Auch hier kommt nach herrschender Meinung in Literatur und Rechtsprechung die Vorschrift des § 41 GKG zur Anwendung.[54]

Des Weiteren ist auch der Streitwert einer Klage auf Feststellung, dass ein Mietverhältnis infolge einer fristlosen Kündigung seit einem bestimmten Zeitpunkt nicht mehr besteht, nach § 41 GKG zu bemessen.[55] Die Klage auf Feststellung, die die Unwirksamkeit einer bereits ausgesprochenen Kündigung zum Gegenstand hat, fällt unter § 41 Abs. 1 GKG.[56] Nach herrschender Meinung in Literatur und Rechtsprechung greift § 41 GKG auch für die Fälle, in denen eine Feststellungsklage lediglich die Kündigungsmöglichkeit eines Mietvertrages zum Gegenstand hat.[57] Dagegen ist für den Antrag eines Mieters auf Räumungsschutz bzw. Gewährung einer Räumungsfrist, das nach § 3 ZPO zu schätzende Interesse des Mieters am Räumungsaufschub maßgeblich, das sich immer an der Dauer des Räumungsaufschubs orientieren wird.[58] Teilweise wird insoweit allerdings in der Rechtsprechung die Auffassung vertreten, dass der Antrag auf Räumungsschutz grundsätzlich mit dem 3-fachen Monatsmietzins bzw. Nutzungsentschädigung (Nettokaltmiete) zu bewerten ist.[59]

2. Einvernehmliche Aufhebung

Bei einer einvernehmlichen Aufhebung ist Streitwert immer derjenige Nettomietzins, der in der Zeit zu bezahlen wäre, die durch eine mögliche ordentliche einseitige Aufhebung verstreichen würde, begrenzt gem. § 41 Abs. 2 GKG durch den Jahresnettomietzins.

3. Vorzeitige Entlassung

Dem Streitwert für die Geltendmachung des Anspruchs auf vorzeitige Entlassung (z.B. Anspruch wegen Härtefall durch Stellung eines objektiven Ersatzmieters bei längerer noch andauernder Mietzeit als 6 Monate) ist entsprechend dem Räumungsanspruch wegen Beendigung des Mietverhältnisses, zumindest für den Fall, dass der Vermieter widerspricht, der Jahresnettomietzins zugrunde zu legen, sofern der nach § 41 Abs. 1 GKG zu bemessende Wert nicht geringer ist.

4. Tod

Auch beim Sonderkündigungsrecht des Mieters als Rechtsnachfolger/Erbe ist, wenn der Vermieter dies bestreitet, gem. § 41 Abs. 1 GKG der Jahresmietzins maßgeblich, sofern nicht der nach § 41 Abs. 1 GKG zu bemessende Wert geringer ist. Bezüglich Streitigkeiten wegen des Eintritts von Familienangehörigen nach dem Tod des Mieters gilt wie nach Geltendmachung des Anspruchs durch Vermieter oder Mieter ebenfalls § 41 GKG.

---

[52] BGH NJW 1995, 781; LG Hamburg ZMR 1986, 125; Bub/Treier/*Fischer* VIII Rdnr. 228.
[53] LG Köln WuM 1993, 555; Bub/Treier/*Fischer* VIII Rdnr. 229.
[54] BGH NJW 1967, 2263; OLG Hamburg WuM 1995, 197; Bub/Treier/*Fischer* VIII Rdnr. 230.
[55] *Schneider/Herget* Rdnr. 3050, 3544 und 3545.
[56] OLG Bamberg, NJW 1993, 230; *Schneider/Herget* Rdnr. 3057.
[57] OLG Köln, Kostrsp. GKG § 17 Nr. 36; a.A. OLG Frankfurt, MDR 1967, Rdnr. 313; *Schneider/Herget* Rdnr. 3546.
[58] LG Kempten Anwaltsblatt 1968, 58, das auf den gesamten gewünschten Zeitraum der Räumungsfrist abstellt; *Schneider/Herget* Rdnr. 3761.
[59] LG Stuttgart Rpfleger 1968, 62; LG Krefeld Kostrsp. GKG a. F. § 12 Nr. 25.

V. Streitwert nach Beendigung des Vertragsverhältnisses

1. Nutzungsausfall

90 Nach Beendigung des Vertragsverhältnisses kann der Vermieter wegen berechtigter fristloser Kündigung möglicherweise weiterhin Nutzungsausfall beanspruchen. Insoweit richtet sich der Streitwert nach der Höhe des entstehenden Schadens.

2. Schadensersatz

91 Nach Beendigung des Mietverhältnisses sind Schadensersatzansprüche wegen Nichtausführung von Schönheitsreparaturen trotz Aufforderung mit Fristsetzung unter Ablehnungsandrohung sowie wegen Beschädigungen denkbar.
Hier kann auf die Ausführungen unter II 2 e) verwiesen werden.

92 Der Streitwert dieser Ansprüche richtet sich gem. § 3 ZPO nach der Höhe des tatsächlich eingetretenen Schadens und damit nach den Kosten einer ordnungsgemäßen Schadensbeseitigung.

3. Kaution

93 Hier kann auf die Ausführungen unter II. 2 c verwiesen werden. Der Streitwert richtet sich nach der Höhe der zurückgeforderten Kautionssumme, einschließlich der miteingeklagten Kautionszinsen.

VI. Prozessuales

1. Klagearten

94 Bei den Klagearten ist im Mietprozess ebenso wie bei anderen Vertragsverhältnissen zwischen dem Streitwert von Leistungsklagen, Feststellungsklagen, Klagen auf künftige Leistungen sowie Widerklagen im normalen Klageverfahren zu unterscheiden.

95 Bei **Leistungsklagen** ist in jedem Falle auch immer von dem vollen Interesse des Klägers an der Leistung auszugehen. Im Mietrecht lässt sich insoweit bei der Leistungsklage zwischen folgenden häufig auftretenden Verfahren differenzieren:

96 • **Klage auf Zahlung von Mietzins:** Wie bereits oben ausgeführt, richtet sich der Streitwert nach der Höhe der Forderung.

97 • **Klage auf Zustimmung zur Mieterhöhung:** s. o. Rdnr. 49.

98 • **Erfüllungsansprüche aus dem Mietverhältnis:** s. o. Rdnr. 19 ff.

99 • **Räumungsklagen:** s. o. Rdnr. 80 ff.

100 • **Klage auf Rechnungslegung oder Auskunft:** s. o. Rdnr. 68 f. Nur von einem Bruchteil der später auf Grund der Auskunft oder bei Rechnungslegung möglichen Leistung ist auszugehen.

101 Anders als bei Leistungsklagen ist bei **Feststellungsklagen** auf das Interesse an der Feststellung abzustellen. Hier kann sich der Streitwert entweder nach § 41 GKG oder aber auch nach § 3 ZPO richten. Hier kann insbesondere auf die Ausführungen unter Rdnr. 78 ff. verwiesen werden, wobei zu unterscheiden ist zwischen positiven Feststellungsklagen und negativen Feststellungsklagen, was natürlich Auswirkungen auf den Streitwert hat.

102 Bei **Klagen auf künftige Leistungen** gem. §§ 257 f. ZPO ist nach dem Gegenstand der eingeklagten Leistung zu unterscheiden. Denkbar ist eine Klage auf Zahlung künftigen Mietzinses nach § 259 ZPO oder eine Klage auf künftige Räumung nach § 257 ZPO. Es wird außerdem auf die Ausführungen zum Streitwert unter Rdnr. 48 f. verwiesen.

103 Des Weiteren sind zu differenzieren Ansprüche auf **Unterlassungsklagen** bezüglich Störungen des Mietgebrauchs. Hier orientiert sich der Streitwert regelmäßig an der berechtigten monatlichen Mietminderung, wobei in der Rechtsprechung umstritten ist, ob der Betrag für eine Mietdauer von einem oder drei Jahren maßgeblich ist.[60] Insoweit gilt, dass Unter-

---

[60] *Sternel* V Rdnr. 90; für ein Jahr: OLG Frankfurt WM 1986, 19.

lassungsklagen des Vermieters gegen den Mieter nicht unter § 41 GKG fallen, sondern gem. § 3 ZPO nach dem Abwehrinteresse des Mieters zu bewerten sind.[61]

Hinsichtlich der **Widerklage** ist ebenfalls zwischen Zuständigkeitsstreitwert, Gebührenstreitwert und Rechtsmittelstreitwert zu unterscheiden. Für die Zuständigkeit der Gerichte sind die Werte von Klage und Widerklage nie zusammen zu rechnen (§ 5 ZPO). Anders hingegen für die Beschwer.[62] Für den Gebührenstreitwert gilt gem. § 45 Abs. 1 S. 3 GKG, dass sowohl Klage als auch Widerklage nicht in getrennten Prozessen verhandelt werden, die denselben Streitgegenstand betreffen und dass die Gebühren nach dem einfachen Wert des Gegenstands zu berechnen sind. Nur wenn beide Klagen nicht den selben Gegenstand betreffen, sind die Gegenstände zusammenzurechnen. (§ 45 Abs. 1 Satz 1 GKG). Erhebt der Mieter hingegen Widerklage auf Widerruf der Kündigung und für den Fall der Verurteilung zur Räumung hilfsweise Widerklage auf Duldung der Wegnahme von Einrichtungen, so ist der Streitwert des beschiedenen Hilfsantrags dem Wert des Räumungsbegehrens hinzuzurechnen. 104

Soweit in einer Widerklage aber mehrere Ansprüche geltend gemacht werden, ist zunächst vor der Addition von Klage und Widerklage innerhalb der Widerklage der Streitwert gem. § 5 ZPO durch Addition zu ermitteln. 105

Besonderheiten können sich im Mietzinsprozess dann aus § 41 GKG ergeben. So ist der Streitwert einer Widerklage auf Feststellung, dass dem Kläger Ansprüche auf Zahlung von Mietzins nicht zustehen, nach § 41 GKG zu beurteilen.[63] 106

Zu beachten ist § 41 Abs. 5 GKG für die Fallvariante, dass bei einem Mietvertrag von unbestimmter Dauer die Feststellung der Zahlung einer erhöhten Miete begehrt wird. 107

2. Besondere Verfahren

a) **Beweissicherungsverfahren.** Hinsichtlich der Streitwerte von selbständigen Beweissicherungsverfahren besteht in Literatur und Rechtsprechung keine einheitliche Meinung. Hier wird von einigen Gerichten und der Literatur das Interesse des Antragstellers im Einzelfall einfach geschätzt.[64] Andere Gerichte machen den Streitwert davon abhängig, ob das Beweisverfahren von vornherein geeignet erscheint, die Angelegenheit abschließend zu erledigen und geben nur dann den vollen Wert des vorbereitenden Hauptverfahrens an.[65] 108

Die überwiegende Meinung hat sich aber zumindest – nachdem durch die Gesetzesänderung Beweissicherung jetzt die Funktion einer vorweggenommenen Beweisaufnahme im späteren Hauptverfahren hat – dazu entschlossen, dass für das selbstständige Beweisverfahren ausnahmslos der Wert des beweisrechtlich vorbereitenden Hauptverfahrens maßgeblich ist, selbst wenn es dazu nicht mehr kommt.[66] Falls sich das selbstständige Beweisverfahren jedoch nicht auf die gesamte Hauptsache erstreckt, sondern nur einen Teil des Hauptsacheverfahrens erfasst, beschränkt sich natürlich der Streitwert nur auf diesen Teil.[67] 109

b) **Verbandsklageverfahren.** Bei Verbandsklageverfahren ist der Streitwert nicht an dem Interesse des Verbands an der Aufhebung oder der Feststellung der Zulässigkeit zu orientieren, sondern am Interesse der Allgemeinheit an der Beseitigung der streitigen Bestimmung.[68] Nach dem LG München ist der Streitwert insoweit je angegriffener Klausel im Regelfall auf DM 5.000,– bzw. € 2.500,– festzusetzen.[69] 110

c) **Einstweiliges Verfügungsverfahren.** Bezüglich des Verfahrens auf Erlass einer einstweiligen Verfügung ist der Streitwert nach freiem Ermessen gem. §§ 53 GKG und 3 ZPO zu 111

---

[61] AG Rüsselsheim/LG Darmstadt WuM 1992, 117.
[62] *Schneider/Herget* Rdnr. 3807.
[63] *Schneider/Herget* Rdnr. 3676; a. A. BGH Kostrsp. GKG a. F. § 12 Nr. 37.
[64] OLG Celle MDR 1993, 914.
[65] OLG Frankfurt JurBüro 1994, 495.
[66] OLG München JurBüro 1992, 561 = NJW-RR 1992, 1471; OLG Karlsruhe NJW-RR 1992, 766; OLG Koblenz MDR 1993, 287 = NJW-RR 1993, 1085; OLG Köln FamRZ 1993, 93 = JurBüro 1992, 191; OLG Frankfurt Kostrsp. ZPO § 3 Nr. 1213.
[67] OLG Köln NJW-RR 1994, 761.
[68] Bub/Treier/*Fischer* VIII Rdnr. 239 b.
[69] LG München I WuM 1997, 631; Bub/Treier/*Fischer* VIII Rdnr. 239 b.

schätzen. Maßgeblich für die Bemessung ist immer das Interesse des Antragstellers zum Zeitpunkt der Antragstellung gem. § 4 Abs. 1 ZPO.[70] Der Streitwert ist allerdings grundsätzlich, weil keine Vorwegnahme der Hauptsache ergehen soll, niederer anzunehmen als der Wert, den ein entsprechendes Klageverfahren hätte, also immer mit lediglich einem Bruchteil.[71] Auf eine bestimmte Quote für bestimmte Verfahren hat sich die Literatur und die Rechtsprechung nicht festgelegt. Mehrheitlich liegt der von in Rechtsprechung und Literatur angenommene Wert in der Regel zwischen $1/3$ und $1/4$ orientiert und sich an der Forderung oder an dem Wert der zu sichernden Leistung orientiert.

112 Auch bei nicht vermögensrechtlichen Ansprüchen ist nach herrschender Meinung in Literatur und Rechtsprechung § 3 ZPO anzuwenden, wobei hier die Vorschrift des § 48 GKG zu beachten ist. Der Wert darf nicht über eine Million EUR angenommen werden.

113 Auch in nicht vermögensrechtlichen Streitigkeiten ist jedoch zu beachten, dass es sich um keine Vorwegnahme der Hauptsache handeln darf und dass der Streitwert nur einen Bruchteil des Hauptsacheverfahrens betragen kann.[72]

VII. Streitwerte in der Zwangsvollstreckung

114 Bei Räumungsfristschutzanträgen richten sich die Streitwerte nach der Miete für die Zeit, für die die Räumungsfrist begehrt wird.[73]

115 Der Streitwert aus der Vollstreckungsabwehrklage richtet sich gem. § 3 ZPO nach dem Umfang der erstrebten Ausschließung der Zwangsvollstreckung.[74] Mit der Vollstreckungsabwehrklage verbundene Anträge auf einstweilige Einstellung der Zwangsvollstreckung nach §§ 771 Abs. 3, 769, 770 ZPO sind nach herrschender Meinung in Literatur und Rechtsprechung mit $1/5$ des Hauptsachewerts anzusetzen.[75]

116 Der Streitwert einer Vollstreckungsgegenklage, mit der die Teilungsversteigerung eines gemeinsamen Grundstücks verhindert werden soll, bestimmt sich nach dem wirtschaftlichen Interesse des Klägers, zu verhindern, dass das Grundstück unter Wert zugeschlagen wird. Hierbei geht es also weder um den Verkehrswert, noch um den Wert des Miteigentumsanteils, sondern um das reine Verhinderungsinteresse, einen Verschleuderungsverlust zu erleiden.[76]

VIII. Streitwerte in der Zwangsversteigerung

117 Die Streitwerte in der Zwangsversteigerung richten sich danach, ob die Interessen (erstens) des Gläubigers, (zweitens) des Schuldners oder (drittens) des Bieters vertreten werden. Je nachdem richtet sich der Gegenstandswert nach dem Wert des dem Gläubiger zustehenden Rechtes (Gläubiger), nach dem Wert des Gegenstandes der Versteigerung (Schuldner), im Verteilungsverfahren nach dem zur Verteilung kommenden Erlös (Schuldner), nach dem Betrag des höchsten für den Auftraggeber abgegebenen Gebots, wenn ein solches nicht abgegeben ist, nach dem Wert des Gegenstands der Zwangsversteigerung (Bieter).

118 Vertritt der Anwalt einen nicht beteiligten Bieter, dann ist dessen höchstes Gebot wertbestimmend, wenn er nicht bietet, der Wert des Versteigerungsobjektes.[77]

IX. Kosten

1. Entscheidung über die Kostentragungspflicht

119 a) Allgemein. Im Mietrechtsverhältnis greifen grundsätzlich die allgemeinen Prozesskostenregelungen der §§ 91 ff. ZPO. Prozessual sind jedoch folgende Besonderheiten zu beach-

---

[70] *Schneider/Herget* Rdnr. 1584 und 1585 m. w. N.
[71] *Schneider/Herget* Rdnr. 1588.
[72] OLG Frankfurt AnwBl 1983, 89.
[73] LG Münster MDR 1995/1269.
[74] *Schneider/Herget* Rdnr. 6065.
[75] OLG Hamm FamRZ 1980, 476; OLG Köln JurBüro 1974, 636.
[76] OLG München Kostrsp. ZPP § 3 Rdnr. 899.
[77] *Schneider/Herget* Rdnr. 7417.

ten: Im Falle der Zustimmungsklage ist nach Rechtshängigkeit, falls der Mieter die Zustimmung vor Erledigung durch Endurteil abgibt, die Hauptsache für erledigt zu erklären, weil ein Anerkenntnisurteil nicht möglich ist, weil der Mieter mit der Abgabe der Erklärung bereits erfüllt hat, so dass sich die Kostenentscheidung nach § 91a ZPO richtet.

Des Weiteren ist im Rahmen des § 92 ZPO zu beachten, dass wenn bei Zustimmungsklagen wegen einer Mietzinsminderung Zustimmung erst ab einem späteren Zeitpunkt als beantragt zugesprochen wird, zu quoteln ist, d.h. bei der Ermittlung der Quote entsprechend der Behandlung des Beschwerdewertes von einem Zeitraum von 3½ Jahren und nicht nur von einem Jahresbetrag auszugehen ist.[78] Ebenso ist, falls der Vermieter nur die Zustimmung zur Mieterhöhung der Höhe nach teilweise durchsetzt, die Kostenentscheidung nicht am Jahresbetrag, sondern am Betrag für 3 Jahre zu messen.[79] Bei Zustimmungsklage ist darüber hinaus zu beachten, dass der Vermieter auch dann bei der Kostenentscheidung die Kosten der ersten Instanz zu tragen hat, wenn er ein formgerechtes Mieterhöhungsschreiben erst in der Berufungsinstanz nachholt.[80]

Bei der allgemeinen Regelung des § 93 ZPO ist auch bei Auseinandersetzungen im Mietverhältnis immer darauf zu achten, ob der Mieter nicht durch sein Verhalten Veranlassung zur Klageerhebung gegeben hat. Dies gilt z.B. im Falle eines Verfahrens auf Zustimmung zur Mieterhöhung, bei dem der Mieter zwar die Miete auf Grund der Mieterhöhung in voller Höhe bezahlt, sich aber trotz mehrfacher Aufforderung weigert, eine bindige Zustimmungserklärung zur Mieterhöhung abzugeben.[81] Des Weiteren ist im Mietrechtsverhältnis im Rahmen des § 93 ZPO auch bei Räumungsklage die Veranlassung des Mieters zur Erhebung zu überprüfen. Dies ist insbesondere ein Problem bei Klagen wegen fristloser Kündigung. Bei fristlosen Kündigungen wird oft zusammen mit dem Kündigungsschreiben bereits Räumungsklage eingereicht. Dabei geht der Vermieter das Risiko ein, die Kosten der Räumungsklage zu tragen, da einem Mieter auch bei einer fristlosen Kündigung nach der herrschenden Meinung in Literatur und Rechtsprechung eine Mindestfrist von 10 Tagen bis 2 Wochen einzuräumen sein wird, um den Auszug durchzuführen bzw. den Anspruch anzuerkennen.[82]

b) Spezielle Vorschriften. Die ZPO enthält für Räumungsklagen bzw. Rechtsstreitigkeiten wegen Fortsetzung des Mietverhältnisses eine Ausnahme vom Grundsatz der Kostentragungspflicht durch den unterlegenen Teil.

Insoweit ist zunächst einmal in **§ 93b Abs. 1 und 2 ZPO** in Bezug auf die Mieterschutzvorschriften der §§ 556a, 556b BGB eine Spezialregelung vorhanden, weil hier die Nicht-Einhaltung der Mieterschutzvorschriften in den §§ 556a, 556b BGB sanktioniert werden sollen.

§ 93b Abs. 1 und Abs. 2 ZPO differenzieren insoweit zwischen folgenden Varianten:

Variante 1: Der Vermieter obsiegt mit seiner Räumungsklage, weil seine berechtigten Interessen überwiegen und somit einer Fortsetzung des Mietverhältnisses entgegen stehen (§ 93 Abs. 1 S. 1 ZPO).

Variante 2: Eine Klage des Mieters auf Fortsetzung eines Mietverhältnisses wird abgewiesen, weil die berechtigten Interessen des Vermieters einer Fortsetzung des Mietverhältnisses entgegen stehen (§ 93 Abs. 1 S. 2 ZPO).

Variante 3: Ein Vermieter dringt mit seiner Räumungsklage nicht durch, weil nach §§ 556a, 556b BGB Fortsetzungsgründe der Räumung entgegen stehen (§ 93b Abs. 2 S. 1 ZPO).

Variante 4: Ein Mieter kommt mit seiner Klage auf Fortsetzung des Mietverhältnisses nicht durch, weil die von ihm geltend gemachten Fortsetzungsgründe nach §§ 556a, 556b BGB nicht durchgreifen (§ 93b Abs. 2 S. 2 ZPO).

Hier kann in der Entscheidung der obsiegende Vermieter gleichwohl mit Kosten entweder in vollem Umfang oder zum Teil belastet werden, wenn er diejenigen Gründe, die zum Obsiegen im Prozess geführt haben, erst nachträglich, also nach Ausspruch der Kündigung ver-

---

[78] Bub/Treier/*Fischer* VIII Rdnr. 192; a.A. LG München I WuM 1994, 337 (Jahresbetrag).
[79] Bub/Treier/*Fischer* VIII Rdnr. 192.
[80] Bub/Treier/*Fischer* VIII Rdnr. 193.
[81] LG München I NJW 1986, 13.
[82] LG München II WuM 1989, 181; Bub/Treier/*Fischer* VIII Rdnr. 195.

ursacht hat, bzw. wenn diese erst danach entstanden sind (§ 556a Abs. 1 S. 3 BGB), oder wenn er in den Fällen des § 556b BGB seine berechtigten Interessen nicht fristgerecht mitgeteilt hat.

129 Ebenso sind dem obsiegenden Mieter auch dann Kosten aufzuerlegen, wenn er trotz Verlangens des Vermieters und ordnungsgemäßer Belehrung seine Widerspruchsgründe nicht fristgerecht dargelegt hat. Der Gesetzgeber hat bei Vorlage der gesetzlichen Voraussetzungen allerdings keine zwingende Kostenfolge angeordnet, sondern die Entscheidung, ob von der Anwendung des § 93b ZPO Gebrauch gemacht wird, in das **pflichtgemäße Ermessen** des Gerichts gestellt.

130 Des Weiteren ist dann in § 93b Abs. 3 ZPO eine Sonderregelung für diejenigen Verfahren auf Räumung von Wohnraum geschaffen worden, bei denen der Räumungsschuldner den Anspruch sofort anerkennt, wobei ihm jedoch eine Räumungsfrist bewilligt wird. Intention des Gesetzgebers war es hier, diejenigen Räumungsprozesse zu vermeiden, bei denen der Mieter von vornherein auszugwillig ist, aber lediglich noch einen angemessenen Zeitraum zur Räumung benötigt.

131 Voraussetzung ist aber immer, dass der Mieter vor Erhebung der Klage vergeblich eine Räumungsfrist oder eine Fortsetzung des Mietverhältnisses verlangt hat, wobei zu beachten ist, dass eine eigene Kündigung des Mieters die Anwendung des § 93b Abs. 3 ZPO immer ausschließt.[83]

132 Streitig ist allerdings in der Rechtsprechung, wie konkret vor Erhebung der Räumungsklage die Räumungsfrist begehrt werden muss, und ob hier eine genaue zeitliche Fixierung notwendig ist.[84] Zu berücksichtigen ist dabei natürlich, dass der Mieter keine übermäßige Räumungsfrist beantragt, sondern dass die Räumungsfrist dem Umfang nach angemessen gewesen ist. § 93b Abs. 3 ZPO greift ebenfalls in den Fällen, in denen der Vermieter zwar eine Räumungsfrist bewilligt, diese aber ungenügend ist und der Mieter deshalb vergeblich um eine weitergehende Räumungsfrist nachgesucht hat.[85] Für eine Anwendung des § 93b Abs. 3 ZPO ist auch dann Anlass, wenn ein Mieter infolge der Tatsache, dass nicht wirksam gekündigt wurde oder ein Räumungsanspruch erst im Laufe einer Instanz überhaupt begründet und fällig wird, vorgerichtlich keine Möglichkeit hatte, eine Räumungsfrist zu begehren, so dass er dann sofort nach Wirksamwerden die Kündigung bzw. Berechtigung des Räumungsanspruches anerkennt und um Räumungsfrist nachsucht.[86]

133 Auch im Rahmen des § 93b Abs. 3 ZPO ist die Kostenentscheidung in das pflichtgemäße Ermessen des Gerichtes gestellt, so dass über die Kosten keinesfalls einseitig entschieden werden muss, sondern auch eine quotenmäßige Verteilung in Betracht kommt. Allerdings wird grundsätzlich in den Fällen, in denen sich ein Vermieter von vorn herein einem ausreichend begründeten und angemessenen Räumungsfristersuchen verweigert, diesem die Kostentragungspflicht aufzubürden sein.

2. Erstattungsfähigkeit von Kosten/notwendige Kosten

134 Bei Mietrechtsstreitigkeiten stellt sich oft die Frage, inwieweit Kosten für einen **privaten Sachverständigen** z.B. im Rahmen eines Mieterhöhungsverfahrens gem. §§ 558ff. BGB oder nach Auszug des Mieters erstattungsfähig sind.

135 Für die Fälle, bei denen ein Sachverständiger zur Bewertung des Schadens nach Auszug des Mieters hinzugezogen wird, wird in Rechtsprechung und Literatur überwiegend die Auffassung vertreten, dass die Hinzuziehung eines Gutachters zum Zwecke der Schadensfeststellung nur in ganz engen Ausnahmefällen als notwendig angesehen werden kann, da normalerweise die Beweisführung problemlos mit Hilfe von Zeugen und Lichtbildern möglich ist.[87] Kosten, die anfallen, um einen Anspruch überhaupt entstehen zu lassen oder fällig zu machen, sind nie erstattungsfähig, weshalb also im Rahmen eines Mieterhöhungsverlangens gem. §§ 558ff.

---

[83] Bub/Treier/*Fischer* VIII Rdnr. 209 m.w.N.
[84] LG Münster WuM 1979, 17; Bub/Treier/*Fischer* VIII Rdnr. 210.
[85] LG Köln WuM 1993, 543; LG Heidelberg WuM 1982, 302.
[86] LG Köln WuM 1993, 542; LG Stuttgart WuM 1993, 118.
[87] LG Nürnberg-Fürth WM 1982, 302; Bub/Treier/*Fischer* VIII Rdnr. 219; *Sternel* V Rdnr. 78.

BGB die zur Begründung in Auftrag gegebene Sachverständigenbegutachtung nie erstattungsfähig ist.

Auch in Mietstreitigkeiten gilt deshalb der Grundsatz bzw. die Regelung, dass Sachverständigekosten und Privatgutachtenkosten nur dann als Prozesskosten im Sinne von § 91 ZPO in Betracht kommen, wenn sie zu entsprechender Vorbereitung der Rechtsverfolgung oder Rechtsverteidigung notwendig waren, wobei der Begriff notwendig eng auszulegen ist. 136

Teilweise werden auch in Mietstreitigkeiten **Detektivkosten** anfallen, um hier einen vorgetäuschten Eigenbedarf oder anderen unwahren Tatsachenvortrag von Mietparteien zu belegen. Auch hier gilt der Grundsatz, dass derartige Detektivkosten nur dann erstattungsfähig sind, wenn die Tatsachen ohne Beauftragung eines Detektivs nicht hätten bewiesen werden können, also die Einschaltung eines Detektivs unbedingt notwendig war.[88] 137

---

[88] Bub/Treier/*Fischer* VIII Rdnr. 222.

§ 4 Prozesskostenhilfe und Beratungshilfe

Übersicht

	Rdnr.
I. Einleitung	1
II. Prozesskostenhilfe	2–64
1. Hinweispflicht des Rechtsanwalts	3
2. Bearbeitung eines PKH-Antrags	4–40
a) Anspruchsvoraussetzungen unter Berücksichtigung mietrechtlicher Fälle	5–25
b) Form und Mindestinhalt des PKH-Antrags	26–30
c) Zuständiges Gericht	31
d) Wirkungen des PKH-Antrags	32–35
e) Gleichzeitiger Antrag auf Beiordnung für das PKH-Verfahren	36–40
3. Das PKH-Bewilligungsverfahren	41–53
a) Verfahrensgang	42–44
b) Wirkung der Bewilligung	45–48
c) Abänderung und Aufhebung der Bewilligung	49/50
d) Beschwerde	51–53
4. Beiordnungsverfahren	54–57
a) Verfahrensausgang	54
b) Wirkungen der Beiordnung	55/56
c) Beendigung der Beiordnung	57
5. Honoraransprüche des Rechtsanwalts	58–64
a) Tabellarische Übersicht	58/59
b) Verfahren zur Festsetzung der Vergütung	60–64
III. Beratungshilfe	65–94
1. Erstkontakt im Beratungshilfemandat	66–83
a) Schematischer Überblick	66
b) Allgemeine Hinweis- und Übernahmepflicht des Rechtsanwalts	67
c) Rechtsuchender mit Berechtigungsschein	68
d) Rechtsuchender ohne Berechtigungsschein	69
e) Antragsvoraussetzungen unter Berücksichtigung mietrechtlicher Fälle	70–78
f) Zuständiges Gericht	79
g) Form und Inhalt des Antrags	80–82
h) Beratungshilfegebühr	83
2. Entziehung der Beratungshilfe	84
3. Rechtsbehelfe	85/86
a) Für den Antragsteller	85
b) Für die Staatskasse	86
4. Honoraransprüche des Rechtsanwalts	87–94
a) Tabellarische Übersicht	87/88
b) Begriff der „Angelegenheit" in der Beratungshilfe	89–91
c) Kostenfestsetzungsverfahren	92–94

Schrifttum: *Dörndorfer*, Prozesskosten- und Beratungshilfe für Anfänger, 5. Aufl., 2009; *Kalthoener/Büttner/Wrobel-Sachs*, Prozesskostenhilfe und Beratungshilfe, 4. Aufl. 2005; *Schoreit/Dehn*, BerH/PKH 9. Aufl. 2007; *Vallender*, Beratungshilfe, 1989.

I. Einleitung

1   Den finanziell schlecht gestellten Bürger sollen die mit der gerichtlichen oder aussergerichtlichen Wahrnehmung seiner Rechte verbundenen Anwalts- und/oder Gerichtskosten in seiner Interessenverfolgung nicht behindern. Die Prozesskostenhilfevorschriften in der ZPO und das Beratungshilfegesetz sehen vor, dass der beauftragte Rechtsanwalt nicht mit dem Mandanten, sondern direkt mit der Staatskasse zu speziell geregelten Gebührensätzen abrechnet. Diese Gewährung von Sozialhilfe im Rechtsbereich setzt allerdings voraus, dass

sich der Hilfsbedürftige eine Überprüfung seiner persönlichen und wirtschaftlichen Verhältnisse gefallen lässt, um seine Legitimation zum Empfang dieser Hilfe in einer besonderen Lebenslage nachzuweisen. Auch zahlreiche Mieter und Vermieter wollen ihre Rechte mit Hilfe von PKH und Beratungshilfe wahrnehmen. Es haben sich deshalb Schnittstellen zwischen materiellrechtlichen Wohnraummietproblemen und PKH/Beratungshilfe ergeben, die in diesem Kapitel mitbehandelt werden.

II. Prozesskostenhilfe

Die Vorschriften über die Prozesskostenhilfe (PKH) finden sich in den **§§ 114 bis 127a ZPO**. Sie regeln, dass ein Rechtsuchender, der finanziell zu einer Prozessführung nicht in der Lage ist, bei einer gewissen Erfolgsaussicht seiner Rechtsverfolgung oder Rechtsverteidigung einen Prozess auf Staatskosten führen kann. Der Staat übernimmt Gerichts- und Rechtsanwaltskosten. Je nach Stand oder Entwicklung der wirtschaftlichen Verhältnisse des Antragstellers können ihm allerdings bis zu 48 monatliche Raten zur anteiligen oder vollen Kostenerstattung auferlegt werden. PKH kann demnach ratenfrei oder mit Ratenzahlung gewährt werden.

1. Hinweispflicht des Rechtsanwalts

Der Rechtsanwalt ist verpflichtet, seinen Mandanten auf die Möglichkeit von PKH hinzuweisen, wenn sich im Mandantengespräch Anhaltspunkte für eine wirtschaftliche Hilfsbedürftigkeit ergeben. Er muss dem Mandanten ermöglichen, ohne oder allenfalls gegen geringe finanzielle Belastung die Erfolgsaussichten des Rechtsanliegens im Rahmen des kostenfreien PKH-Verfahrens überprüfen zu lassen.

2. Bearbeitung eines PKH-Antrags

Mit den folgenden unter a) bis e) aufgeführten Punkten soll dem Rechtsanwalt als Bearbeiter eines PKH-Antrags eine Übersicht über die für eine erfolgreiche Antragstellung zu berücksichtigenden Kriterien an die Hand gegeben werden.

a) Antragsvoraussetzungen unter Berücksichtigung mietrechtlicher Fälle. Zunächst muss im Rahmen des Mandantengesprächs geklärt werden, ob nach der prozessualen Situation und den persönlichen Verhältnissen überhaupt ein Antrag auf PKH in Betracht kommt.

aa) Anwendungsbereich der PKH-Vorschriften in sachlicher, persönlicher und zeitlicher Hinsicht. (1) *sachlicher Anwendungsbereich:* Die §§ 114 ff. ZPO gelten für alle Arten zivilprozessualer Streitigkeiten, somit auch für alle **Mietrechtsverfahren**. Sie gelten auch isoliert für das Mahn-, das Zwangsvollstreckungs- und das Kostenfestsetzungsverfahren. Auch für das selbstständige Beweissicherungsverfahren kann PKH bewilligt werden.[1] Überdies verweisen andere Verfahrensordnungen auf die Vorschriften der §§ 114 ff. ZPO.[2] Für das **PKH-Verfahren selbst** kann keine PKH beantragt werden,[3] weil mit dem PKH-Verfahren nicht unmittelbar eine Rechtsverfolgung oder -verteidigung beabsichtigt ist (vgl. § 114 ZPO). Es entsteht keine Rechtsschutzlücke für den wirtschaftlich schwachen Rechtsuchenden, weil im Vorfeld der Frage, ob überhaupt ein PKH-Antrag aussichtsreich erscheint, die Vorschriften des Beratungshilfegesetzes greifen (dazu unter III.).

(2) *Persönlicher Anwendungsbereich:* Grundsätzlich prozesskostenhilfeberechtigt sind **natürliche Personen** bei der Wahrnehmung eigener Rechte als Kläger oder Beklagter. Der Anspruch auf PKH ist höchstpersönlich, so dass eine Rechtsnachfolge nicht in Betracht

---

[1] LG Bonn WuM 1992, 29, 30 mit Hinweisen auf die ganz h. M. in der Literatur und Rechtsprechung; a. A. LG Bonn MDR 1985, 415.
[2] § 14 FGG, § 11a Abs. 3 ArbGG, § 166 VwGO, § 73a SGG, § 142 Abs. 1 FGO, §§ 397a, 406g Abs. 3 StPO für Nebenkläger, § 379 StPO für Privatkläger.
[3] BGHZ 91, 311 = NJW 1984, 2106; Zöller/*Philippi* § 114 Rdnr. 3 (aber Ausnahme bei Vergleichsabschluss im PKH-Verfahren, dazu Zöller/*Philippi* § 118 Rdnr. 8; s. auch unten bei 5. a).

kommt. Sind **mehrere Personen** beteiligt, stellt sich die Frage, auf wessen Vermögensverhältnisse abzustellen ist. Die Geltendmachung abgetretener Rechte oder solcher aus gesetzlicher oder gewillkürter Prozessstandschaft[4] dürfte eine im Wohnraummietrecht kaum auftauchende Konstellation sein und wird hier nicht näher erörtert. Für Musterprozesse sollte berücksichtigt werden, dass bei einem Eigeninteresse aller Beteiligten nicht eine bedürftige Partei mit den Mitteln der Prozesskostenhilfe die Klärung der Rechtsfrage herbeiführen kann, wenn es andere nicht bedürftige Beteiligte gibt.[5]

In Fällen **gesetzlicher Vertretung** oder bei Bestellung eines **Pflegers** kommt es auf die Vermögensverhältnisse des Vertretenen bzw. des Kindes an.[6] Für jeden **Streitgenossen** sind die PKH-Voraussetzungen selbstständig zu prüfen ohne Rücksicht darauf, ob es sich um einfache oder notwendige Streitgenossen handelt.[7] Das gilt auch für **Ehegatten** als Streitgenossen.[8] Das Ehegatteneinkommen wird bei der Berechnung der abzusetzenden Beträge gemäß § 115 Abs. 1 S. 3 Nr. 2a), S. 7 ZPO berücksichtigt. Schließlich ist auch der einfache oder streitgenössische **Nebenintervenient** als Verfahrensbeteiligter unter ausschließlicher Prüfung seiner Einkommens- und Vermögensverhältnisse prozesskostenhilfefähig.[9] Parteien kraft Amtes, inländische **juristische Personen** und parteifähige Vereinigungen sind dagegen nur unter den Voraussetzungen des § 116 ZPO prozesskostenhilfefähig.

8 *(3) zeitlicher Anwendungsbereich:* Der Antrag muss **vor Abschluss der Instanz** gestellt werden (Wortlaut des § 114 S. 1 ZPO: „... die *beabsichtigte* Rechtsverfolgung oder Rechtsverteidigung ..."). Die Bewilligung der PKH erfolgt zudem für jeden Rechtszug besonders (§ 119 Abs. 1 Satz 1 ZPO).

9 *bb) Berechnung des einzusetzenden Einkommens.* Die §§ 114, 115 ZPO in Verbindung mit Vorschriften des SGB XII enthalten die Parameter für die Einkommensberechnung. Der zu benutzende amtliche Vordruck gibt allerdings auch dem Rechtsanwalt Hilfestellungen (es lohnt sich, einmal in Ruhe das **Hinweisblatt zum Ausfüllen des Vordrucks zu lesen!**). Im Wesentlichen errechnet sich das einzusetzende Einkommen wie folgt:

10

Berechnungspositionen im Überblick	Im Einzelnen aus	Erläuterungen
Einkünfte in Geld oder Geldeswert § 115 Abs. 1 S. 2 ZPO (sind im Antragsformular genau anzugeben)		
	• nichtselbstständiger Arbeit	
	• selbstständiger Arbeit	
	• Sachbezügen	z. B. Unterkunft und Verpflegung bei Ehegatten
	• Vermietung und Verpachtung (VuV)	
	• Kapitalvermögen	
	• Kindergeld	

---

[4] Dazu ausführlich *Kalthoener/Büttner/Wrobel-Sachs* Rdnr. 36 ff.
[5] So für ein öffentlichrechtliches Musterverfahren OVG Lüneburg JurBüro 1986, 604 = AnwBl 1988, 78.
[6] *Zöller/Philippi* § 114 Rdnr. 8.
[7] *Zöller/Philippi* § 114 Rdnr. 7; *Kalthoener/Büttner/Wrobel-Sachs* Rdnr. 47 ff. (Streitig ist, ob für den Bedürftigen PKH in voller Höhe oder nur für den Erhöhungsbetrag nach § 7 RVG i. V. m Nr. 1008 RVG-VV gewährt wird, vgl. *Kalthoener/Büttner/Wrobel-Sachs* Rdnr. 48 mit zahlreichen weiteren Nachweisen.).
[8] *Zöller/Philippi* § 115 Rdnr. 7; eventuelle wechselseitige Prozesskostenvorschussansprüche gem. § 1360a Abs. 4 BGB sind im Rahmen des jeweiligen Vermögens zu berücksichtigen, vgl. *Kalthoener/Büttner/Wrobel-Sachs* Rdnr. 51.
[9] *Zöller/Philippi* § 114 Rdnr. 6.

Berechnungspositionen im Überblick	Im Einzelnen aus	Erläuterungen
	• Wohngeld	
	• Arbeitslosengeld II[10]	
	• öffentliche oder private Zuwendungen	Zahlungen von Sozialhilfe sind zwar Einkünfte, aber bei Sozialhilfeempfängern kann bei Fehlen gegenteiliger Anhaltspunkte grds. davon ausgegangen werden, dass ihre Armut PKH ohne Ratenzahlungsverpflichtung rechtfertigt, weil die Bemessung der Sozialhilfe einen zusätzlichen Bedarf für Prozessführungskosten nicht berücksichtigt[11]
	• fiktivem Einkommen	• bei unterlassenem Arbeitseinsatz, wenn Antragsteller offensichtlich rechtsmissbräuchlich Arbeitskraft nicht einsetzt, um bedürftig zu werden • bei verschleiertem Arbeitsverhältnis • bei unterlassener Nutzung des Vermögens, z. B. aus Vermietung/Verpachtung
	Davon absetzbar sind	
./. **Grundfreibeträge** §§ 115 Abs. 1 Satz 3 Nr. 1 a) ZPO i. V. m. 82 Abs. 2 Nr. 1 bis 4 SGB XII (diese Abzugsposten müssen geltend gemacht werden)	• Einkommen-, Lohn-, Kirchen- und Gewerbesteuer	NICHT Umsatz-, Vermögens- und Erbschaftsteuer, weil nicht „auf das Einkommen entrichtet"
	• Pflichtbeiträge zur Sozialversicherung (Kranken-, Renten-, Pflege- und Arbeitslosenversicherung)	
	• sonstige Beiträge zu öffentlichen oder privaten Versicherungen, wenn gesetzlich vorgeschrieben (Haftpflicht für berufsbenötigtes Kfz) und wenn nach Grund und Höhe angemessen (freiwillige Kranken-, Sterbe-, Sach-, Lebensversicherung)	Durchschnittlicher Bedarf für Risikovorsorge und konkrete Lebenssituation des Antragstellers werden berücksichtigt
	• Altersvorsorgebeiträge	
	• Werbungskosten (Fahrtkosten, Arbeitsmittel, Berufsverbandsbeiträge, Aufwendungen wg. Doppelter	Absetzbarkeit von Autokosten laut aktuellem Mitteilungsblatt des ADAC

---

[10] Dazu BGH RPfleger 2008, 263.
[11] LG Hamburg WuM 1993, 462.

	Davon absetzbar sind	
	Haushaltsführung, Belastungen bei Einkünften aus VuV)	
./. **Erwerbstätigkeitsfreibetrag** gemäß § 115 Abs. 1 S. 3 Nr. 1 b) ZPO	• für unbeschränkt Erwerbstätige derzeit höchstens 174,– € (bei eingeschränkter Erwerbstätigkeit sind weitere Beträge „angemessen" abzusetzen, § 115 Abs. 1 S. 3 Nr. 4 ZPO).	• Bekanntmachung des BMJ vom 11. 6. 2007 (BGBl. I S. 1058), gilt für Zeitraum 1. 7. 2007 bis 30. 6. 2008; vgl. Fußnote 3) im Schönfelder zu § 115 Abs. 1 S. 5 ZPO; als nicht erwerbstätig gelten Schüler, Studenten, Pensionäre, Rentner, Sozialhilfeempfänger, Arbeitslose;
./. **Zusatzfreibeträge** § 115 Abs. 1 Satz 3 Nr. 2 ZPO (diese Beträge errechnet das Gericht aufgrund der Angaben des Antragstellers)	• für die Partei derzeit 382,– €	• Bekanntmachung des BMJ, s. o.
	• für den Ehegatten oder Lebenspartner des Antragstellers ebenfalls 382,– €	
	• bei weiteren Unterhaltsleistungen an gesetzlich unterhaltsberechtigte Personen 267,– €	• Bekanntmachung des BMJ
./. **Kosten für Unterkunft und Heizung** § 115 Abs. 1 S. 3 Nr. 3 ZPO	• kein „auffälliges Missverhältnis zu den Lebensverhältnissen der Partei"	• Warmmiete incl. Nebenkosten (aber nicht individueller Verbrauch von Strom, Gas, Wasser); bewohnt der **Vermieter** teilweise eigenes Haus, kann er für seine Wohneinheit Heiz- und Nebenkosten, für das ganze Haus Instandhaltungs- und anteilig Sanierungskosten in Anrechnung bringen.
./. **Besondere Belastungen** § 115 Abs. 1 Satz 3 Nr. 4 ZPO	z. B. • krankheitsbedingte, nicht erstattungsfähige Ausgaben • Schuldverpflichtungen, die begründet wurden, bevor die Partei die Notwendigkeit der Prozessführung erkannte • Freiwillige Unterhaltszahlungen	• Hinweis auf § 1610a BGB meint, dass der behinderungsbedingte Mehrbedarf des Antragstellers nicht nachgewiesen werden muss.

12 Sind die nach § 115 Abs. 1 S. 3 Nr. 1 bis 4 ZPO absetzbaren Beträge vom ermittelten Bruttoeinkommen des Antragstellers abgezogen worden, ergibt sich entweder einzusetzendes Einkommen
• von bis zu 15,– € (dann keine Ratenzahlung)
• ab 15,– € (dann Ratenzahlung von höchstens 48 Monatsraten nach Tabelle in § 115 Abs. 2 ZPO).

cc) Berechnung des einzusetzenden Vermögens. § 115 Abs. 3 ZPO bestimmt, dass auch das **Vermögen** des Antragstellers bei der Frage nach seiner Bedürftigkeit zu berücksichtigen

§ 4 Prozesskostenhilfe und Beratungshilfe

ist. § 90 SGB XII gilt insoweit entsprechend. Daraus ergibt sich im Wesentlichen folgende Prüfung:

Checkliste: Einzusetzendes Vermögen i. S. v. § 115 Abs. 3 ZPO 13

☐ Ist Vermögen vorhanden?
- Eigentum an beweglichen und unbeweglichen Gütern
- Sonstige Vermögensrechte und Nutzungsrechte
- Fiktives Vermögen bei absichtlicher oder grob fahrlässiger Vermögensminderung in Kenntnis der künftigen Prozessführung
- Forderungen – wichtige Einzelfälle:
  (1) Gegen Rechtsschutzversicherung, wenn konkrete Deckungszusage vorliegt;[12] verweigert der Versicherer Deckungszusage, muss Versicherungsnehmer sog. Stichentscheid nach § 17 Abs. 2 ARB herbeiführen,[13] aber Erhebung einer Deckungsklage kann nicht verlangt werden;[14]
  (2) Bei Anspruch auf Prozesskostenvorschuss gegen unterhaltspflichtige Angehörige in „persönlichen Angelegenheiten" (§ 1360a Abs. 4 BGB), z. B. gegen Ehegatten (§§ 1360a Abs. 4, 1361 Abs. 4 Satz 4 BGB), gegen Eltern für minderjährige Kinder (§§ 1610 Abs. 2, 1615a BGB) und für volljährige Kinder (§§ 1610 Abs. 2, 1608 BGB);[15] die Rspr. bejaht vereinzelt Anspruch auf Prozesskostenvorschuss bei Räumungsrechtsstreit volljähriger Kinder.[16] Allerdings muss der Anspruch auf Prozesskostenvorschuss unzweifelhaft bestehen und einigermaßen sicher durchsetzbar sein; die Darlegungslast dafür, dass ein Prozesskostenvorschuss nicht besteht oder nicht durchsetzbar ist, liegt beim Antragsteller;
  (3) Nicht die Forderung, zu deren Durchsetzung PKH begehrt wird.[17]

☐ Ist Vermögen verwertbar?
Nicht zum verwertbaren Vermögen gehört das sog. Schonvermögen (§ 90 Abs. 2 Nr. 1 bis 7 SGB XII)
- Nr. 1: öff. Mittel zum Aufbau oder zur Sicherung einer Existenzgrundlage (LastAusglG; Arbeitsförderung, RentV, BundesVersG);
- Nr. 2: mit staatlicher Förderung angelegtes bzw. angespartes Kapital für zusätzliche Altersvorsorge;
- Nr. 3: Vermögen, das zur baldigen Beschaffung oder Erhaltung eines angemessenen Hausgrundstücks für behinderte Menschen, Blinde oder Pflegebedürftige dient;
- Nr. 4: angemessener Hausrat;
- Nr. 5: zur Berufsausübung oder -ausbildung benötigte Gegenstände (PKW fällt nur hierunter, wenn angemessene Größe und zur Fahrt zur Arbeitsstätte benötigt,[18] ansonsten ist PKW grds. als Vermögensgegenstand einzusetzen);[19]
- Nr. 6: Familien- und Erbstücke in besonderen Härtefällen (Schmuck, Gemälde etc.);
- Nr. 7: unluxuriöse Gegenstände zur Befriedigung geistiger Bedürfnisse (Bücher, Musikinstrumente);
- Nr. 8: vom Antragsteller allein oder zusammen mit Angehörigen bewohntes Eigenheim (Angemessenheit für vierköpfige Familie nach § 39 WohnungsbauG: 130 qm für Haus, 120 qm für Eigentumswohnung; Erhöhung des Wohnbedarfs bei weiteren Personen oder häuslicher Pflege);
- Nr. 9: kleinere Barbeträge (Durchführungs-VO zu § 90 Abs. 2 Nr. 9 SGB XII: 2.600,– € für Antragsteller und 256,– € für jede weitere von ihm zu unterhaltende Person.

---

[12] BGH JurBüro 1992, 48.
[13] BHG MDR 1987, 1009.
[14] *Baumbach/Lauterbach/Albers/Hartmann* § 114 Rdnr. 67.
[15] Str., vgl. zahlreiche Rechtsprechungsbeispiele bei *Kalthoener/Büttner/Wrobel-Sachs* Rdnr. 361.
[16] LG Bremen FamRZ 1992, 984; AG Gießen WuM 1993, 461, 462.
[17] *Baumbach/Lauterbach/Albers/Hartmann* § 115 Rdnr. 55.
[18] OLG Köln FamRZ 1998, 1522.
[19] OVG Münster NJW 1997, 540.

☐ Ist Vermögensverwertung zumutbar i. S. des § 115 Abs. 3 S. 1 ZPO?
Nicht zumutbar soll die Verwertung des Vermögens sein, soweit es sich um zweckgebundenes Vermögen wie z. B. Schmerzensgeldansprüche handelt.[20]

☐ Ist Vermögen verfügbar? (§ 115 Abs. 3 S. 2 ZPO i. V. mit § 90 Abs. 3 SGB XII)
Zum verfügbaren Vermögen gehören nicht unkündbare (Bau-)Sparguthaben oder nur gegen steuerliche Nachteile kündbare Guthaben. Im Übrigen darf die Bewilligung der PKH nicht vom Einsatz oder der Verwertung eines Vermögens abhängig gemacht werden, wenn damit die Zerschlagung dieses wertbeständigen Vermögens verbunden wäre. Dieses Problem kann sich insbesondere für den Vermieter stellen, der Hauseigentümer ist und PKH begehrt. Lebt der **Vermieter** ausschließlich von den Mieteinnahmen und sind diese gering, kann weder Verkauf noch dingliche Belastung und Kreditaufnahme von ihm verlangt werden.[21] Anders aber, wenn die Veräußerung des Grundstücks ohnehin geplant ist[22] und sich die Verzinsung und Tilgung auf die monatlichen Einkünfte nicht derart auswirkt, dass der Hilfsbedürftige durch die Bedienung des Kredits höher belastet wäre als durch die monatlichen Raten nach der PKH-Tabelle.[23]

14 dd) *Beachtung der Mindestgrenze gem. § 115 Abs. 4 ZPO.* Der Gesetzgeber hat in § 115 Abs. 4 ZPO eine Geringfügigkeitsgrenze für die Bewilligung der PKH geschaffen: Übersteigen die voraussichtlich anfallenden Prozesskosten nicht die Summe von vier zu zahlenden Monatsraten (also ist diese Vorschrift nur bei **Raten-PKH** zu beachten) und den aus dem Vermögen zu erbringenden Beträgen, wird PKH nicht bewilligt. Der den Antrag stellende Rechtsanwalt muss also unter Zugrundelegung eines Streitwerts eine Kostenprognose anstellen.

15 ee) *Hinreichende Erfolgsaussicht (§ 114 ZPO).* Das Gericht prüft summarisch, ob in der Hauptsache für den Antragsteller eine gewisse Wahrscheinlichkeit eines Erfolgs für seine Rechtsverfolgung oder Rechtsverteidigung besteht. Der Antrag muss zwar gem. § 117 ZPO hierzu keine gesonderten Ausführungen enthalten.

16 Der Anwalt sollte sich jedoch bei der von § 117 Abs. 1 S. 2 ZPO verlangten **Darstellung des Streitverhältnisses** unter **Angabe der Beweismittel** gewärtig sein, dass er damit dem Gericht die entscheidende Grundlage für die Erfolgsprognose liefert. In tatsächlicher Hinsicht sollten daher für voraussichtlich streitige Tatsachen Beweismittel angeboten werden, und der den Antragsteller stützende Rechtsstandpunkt muss wenigstens vertretbar sein.[24]

17 Im Rahmen **mietrechtlicher Streitigkeiten** gibt es eine Reihe von PKH-Entscheidungen mit Bezug zum Kriterium der Erfolgsaussicht. In alphabetischer Reihenfolge:

18 • Die Erfolgsaussichten einer Rechtsverteidigung werden für den Fall abgelehnt, dass der Beklagte gegen die fristlose Kündigung wegen Zahlungsverzugs geltend macht, es bedürfe vor Aussprechen der Kündigung einer **Abmahnung.**[25]

19 • Für ein **Anerkenntnis des Räumungsanspruchs** im Prozess kann PKH nicht bewilligt werden. Wendet der Mieter ein, er habe bereits vor Rechtshängigkeit das Räumungsbegehren des Klägers anerkannt und somit keine Veranlassung zur Klageerhebung gegeben, soll ihm das für den Erfolg seiner Rechtsverteidigung nur nützen, wenn er gleichzeitig einen bestimmten, jedenfalls aber spätesten Auszugstermin mitteilt. Lässt er hingegen den Auszugszeitpunkt offen, hat der Kläger ein Rechtsschutzbedürfnis für einen Räumungstitel und der Mieter entsprechend keine Aussicht auf eine erfolgreiche Rechtsverteidigung.[26]

---

[20] Zöller/*Philippi* § 115 Rdnr. 61.
[21] Ausführlich dazu *Schneider* Rpfleger 1985, 49 ff.; für den Fall einer Versagung der PKH: LG Mannheim Rpfleger 1970, 178.
[22] Zöller/*Philippi* § 115 Rdnr. 64.
[23] Zöller/*Philippi* § 115 Rdnr. 65.
[24] BGH FamRZ 1982, 367: Rechtliche Vertretbarkeit einer Auffassung genügt.
[25] LG Bochum WuM 1989, 411.
[26] LG Frankenthal/Pfalz WuM 1990, 527.

- Bei der Berechnung des so genannten **Differenzmietschadens,** der infolge einer unberechtigten Kündigung wegen vorgetäuschten Eigenbedarfs dem Mieter entstanden ist, ist im Rahmen der Erfolgsaussichten eines PKH-Antrags des Mieters zu berücksichtigen, ob der Vermieter schlüssig vorgetragen hat, der Schaden habe sich durch eine mögliche Mieterhöhung im Rahmen des Altmietvertrags verringert.[27] **20**
- Wendet der Mieter gegen eine Zahlungsklage des Vermieters ein, es habe eine **Mietpreisüberhöhung** vorgelegen, muss er hierzu substantiiert vortragen. Andernfalls scheitert er mit seinem PKH-Antrag.[28] **21**
- Macht der im **Räumungsprozess** verklagte Mieter Gebrauch von der Möglichkeit, noch innerhalb der Schonfrist des § 569 Abs. 3 Nr. 2 BGB die Mietzinsen nachzuzahlen bzw. eine entsprechende Übernahmeerklärung des Sozialamtes beizubringen, stellt sich für ein von dem Mieter angestrengtes PKH-Verfahren die Frage, ob er damit eine im Sinne des § 114 ZPO erfolgreiche Rechtsverteidigung anbietet. Das wird zum Teil bejaht mit der Begründung, dem Mieter könne nicht zugemutet werden, erst das Räumungsurteil gegen sich ergehen zu lassen, um es dann mit der Berufung oder in der Vollstreckung mit der Vollstreckungsgegenklage anzugreifen.[29] Auch wird zur Begründung einer Bewilligung der PKH für den Mieter argumentiert, der Vermieter werde in diesen Fällen sein Prozessziel nicht mehr erreichen, wenn er die Hauptsache nicht für erledigt erklärt.[30] Im Ergebnis so auch *Blank*[31] mit der Überlegung, dass ein zahlungskräftiger Mieter sich auch dann am gerichtlichen Verfahren beteiligen würde, wenn ihm außer der nachträglichen Zahlung keine weiteren Möglichkeiten zum Erhalt der Wohnung zur Verfügung stünde. Die offensichtlich in der Rechtsprechung vorherrschende Gegenmeinung führt an, in diesen Fällen handele es sich um bloße Erfüllung und deshalb liege keine Rechtsverteidigung im Sinne des § 114 ZPO vor.[32] Die Nachzahlung habe erst dann positive Auswirkungen auf die Erfolgsaussichten der Rechtsverteidigung des Mieters, wenn der Vermieter nach der erfolgten Zahlung nicht die prozessuale Konsequenz der Erledigungserklärung zöge[33] oder der Mieter geltend macht, zur Klageerhebung keinen Anlass gegeben zu haben.[34] Trägt der Mieter lediglich vor, es werde ihm noch gelingen, innerhalb der Schonfrist zu leisten, erfolgt aber keine vollständige Zahlung innerhalb der Monatsfrist, soll der PKH-Antrag abgelehnt werden.[35] Anders aber LG Mannheim: Prozesskostenhilfe kann gewährt werden, wenn ein Mieter nach vorangegangener fristloser Kündigung wegen Zahlungsverzugs im Räumungsprozess glaubhaft macht, dass er innerhalb der Frist des § 569 Abs. 3 Nr. 2 BGB erfüllen könnte.[36] **22**
- Generell ist bei Räumungsprozessen die angespannte **Wohnungsmarktlage** und das vitale Interesse am Erhalt einer Wohnung dergestalt zu berücksichtigen, dass die Ablehnung des PKH-Antrags nur bei ersichtlicher Aussichtslosigkeit und nicht nur bei ungünstigen Erfolgsaussichten gerechtfertigt ist.[37] **23**

ff) Kein Mutwillen (§ 114 ZPO). Nicht mutwillig ist die beabsichtigte Rechtsverfolgung oder Rechtsverteidigung, wenn eine verständige Partei in einem gleichgelagerten Fall auch ohne PKH in gleicher Weise vorgehen würde.[38] Während es bei der Prüfung der hinreichenden Erfolgsaussicht eher um die Geeignetheit der Rechtsverfolgung oder Rechtsverteidigung zur Erreichung eines bestimmten Ziels geht, steht hier die Erforderlichkeit im Vordergrund. **24**

---

[27] LG Darmstadt ZMR 1994, 165, 166.
[28] LG Stendal WuM 1994, 264, 265; LG Stendal WuM 1994, 266, 267.
[29] LG Mannheim WuM 1988, 268, 269.
[30] *Sternel* Mietrecht aktuell, Rdnr. 1442.
[31] Schmidt-Futterer/*Blank* § 569 Rdnr. 59.
[32] LG Stade WuM 1990, 160.
[33] LG Berlin WuM 1992, 143, 144.
[34] LG Aachen NJW-RR 1993, 829.
[35] LG Freiburg MDR 1984, 150; LG Berlin WuM 1992, 143, 144.
[36] LG Mannheim WuM 1988, 268: im konkreten Fall allerdings hatte der Mieter auch tatsächlich erfüllt.
[37] LG Detmold WuM 1990, 355; a. A. *Baumbach/Hartmann* § 114 Rdnr. 96.
[38] *Schoreit/Dehn* ZPO § 114 Rdnr. 76 m. w. N.

Mutwilligkeit kann also vorliegen, wenn das erstrebte Ziel mit einfacheren Mitteln erreicht werden kann, z. B. durch den Erlass eines Mahnbescheids statt einer Klage.[39]

25 Im **Räumungsprozess** wird die Rechtsverteidigung des Mieters, er habe innerhalb der Monatsfrist des § 569 Abs. 3 Nr. 2 BGB den Mietrückstand ausgeglichen, dann als mutwillig anzusehen sein, wenn er bereits vor Rechtshängigkeit der Klage hätte zahlen können.[40] Hingegen soll für den im **Räumungsvollstreckungsschutzverfahren** PKH beantragenden Vollstreckungsschuldner nicht schon deswegen Mutwillen bejaht werden, weil ihn stets gem. § 788 Abs. 1 ZPO die Kostenlast trifft.[41]

26 b) **Form und Mindestinhalt des PKH-Antrags.** Hat die Vorprüfung ergeben, dass ein PKH-Antrag in Betracht kommt, müssen nunmehr die Vorgaben des § 117 ZPO für die konkrete Antragstellung berücksichtigt werden.

27 aa) *Form des Antrags.* Der entweder schriftlich oder zu Protokoll der Geschäftsstelle gestellte Antrag muss jedenfalls **unterschrieben** sein. Es besteht kein Anwaltszwang, § 78 Abs. 5 ZPO. Beachtet werden muss die durch § 117 Abs. 3 und 4 ZPO vorgesehene und auch vom Verordnungsgeber umgesetzte (PKH-VordruckVO vom 17. 10. 1994 BGBl. I 3001) Pflicht, **amtliche Vordrucke** für die Erklärung über die persönlichen und wirtschaftlichen Verhältnisse zu benutzen (Ausnahmen für Parteien kraft Amtes, juristische Personen und parteifähige Vereinigungen; Erleichterungen für minderjährige unverheiratete Kinder und Sozialhilfeempfänger). Allerdings führt die Nichtbenutzung des Formulars nicht zur Zurückweisung des Antrags, sondern dazu, dass die Partei unter Fristsetzung zur Einreichung eines Vordrucks aufgefordert wird. Die Ablehnung erfolgt erst nach fruchtlosem Verstreichen der Frist.[42]

28 bb) *Mindestinhalt des Antrags.* Der Antrag muss die **umfassende und schlüssige Darstellung** des Streitverhältnisses unter Angabe der im Erkenntnisverfahren zulässigen Beweismittel enthalten. Die gerichtlichen Entscheidungen zur Frage der hinreichenden Erfolgsaussicht (vgl. oben unter Rdnr. 15 ff.) zeigen, wie gründlich eine Prüfung der materiellen Rechtslage vorgenommen wird. Gründlichkeit und Ausführlichkeit dürften sich auch deswegen positiv auf das PKH-Verfahren auswirken, weil spätere Änderungen und Ergänzungen die Glaubhaftmachung beeinträchtigen können. Schließlich ist eine **Rückwirkung der PKH-Bewilligung** auf den Zeitpunkt der Antragstellung nur dann möglich, wenn ein nach den Voraussetzungen des § 117 ZPO vollständiger Antrag vorgelegen hat.[43] Lediglich zweit-**instanzlich** sind diese hohen Anforderungen nicht mehr zu stellen, weil hier mit konkreten Bezugnahmen auf die Akten der Vorinstanz gearbeitet werden darf. Bei einer anwaltlichen Vertretung sollten dann aber zusätzliche Ausführungen zur Erfolgsaussicht des eingelegten Rechtsmittels nicht fehlen, von denen das Gesetz in § 119 Abs. 1 Satz 2 ZPO nur dispensiert, wenn der Prozessgegner das Rechtsmittel eingelegt hat.

29 Zum Mindestinhalt des PKH-Antrags gehört weiter **der vollständig ausgefüllte Vordruck** zur Erklärung über die persönlichen und wirtschaftlichen Verhältnisse. Schließlich müssen **Belege** (Kopien reichen aus) zur Glaubhaftmachung der Angaben beigefügt oder jedenfalls nachgereicht werden. Insbesondere kommen in Betracht:
- jüngste Jahresverdienstbescheinigungen;
- Steuererstattungsbescheid;
- Kreditvertrag;
- Versicherungspolicen;
- Beitragsbelege für Krankenversicherung.

30 Ob ein **Anwaltsverschulden** bei der PKH-Antragsbearbeitung (insbesondere verspätete Einreichung antragsrelevanter Unterlagen) der hilfsbedürftigen Partei gem. § 85 Abs. 2 ZPO zuzurechnen ist, ist umstritten. Dagegen spricht die Schutzwirkung des § 85 zugunsten des

---

[39] *Schoreit/Dehn* ZPO § 114 Rdnr. 86.
[40] LG Mannheim WuM 1988, 268, 269.
[41] LG Hannover WuM 1990, 397, 398.
[42] *Zöller/Philippi* § 117 Rdnr. 17.
[43] *Zöller/Philippi* § 119 Rdnr. 39.

Prozessgegners, der aber gerade im PKH-Verfahren nicht verfahrensbeteiligt im technischen Sinn ist.[44]

c) **Zuständiges Gericht.** Für die Bewilligung der PKH ist das Gericht zuständig, bei dem die Streitsache anhängig ist oder werden soll (**Prozessgericht**). Wenn das Verfahren in einem höheren Rechtszug anhängig ist und PKH für diese Instanz beantragt werden soll, ist das **Rechtsmittelgericht** zuständig.[45] Die Zuständigkeit des Rechtsmittelgerichts ist auch dann gegeben, wenn lediglich PKH beantragt, das beabsichtigte Rechtsmittel aber noch nicht eingelegt worden ist.[46]

d) **Wirkungen des PKH-Antrags.** Bereits mit Antragstellung werden bestimmte prozessuale Wirkungen ausgelöst, die gerade im Hinblick auf Verjährungsfragen und Fristwahrungen bei der anwaltlichen Beratung unbedingt beachtet werden müssen.

aa) Die wichtigsten **allgemeinen prozessualen Wirkungen** sind:
- **Verjährungshemmung** gem. § 204 Abs. 1 Nr. 14 BGB bis zur Entscheidung über PKH-Antrag;[47]
- **Wiedereinsetzung** in den vorigen Stand gem. § 233 ZPO, wenn noch innerhalb der Notfrist PKH-Antrag eingereicht wird;
- Gleichstellung zur angeordneten Klageerhebung nach § 926 ZPO im **Arrestverfahren**;[48]
- PKH-Antrag im Vorfeld einer beabsichtigten **Vollstreckungsgegenklage** gem. § 767 ZPO kann als „dringender Fall" i. S. des § 769 Abs. 2 ZPO subsumiert und die Vollstreckungsmaßnahme ausgesetzt werden;[49]
- Nicht ausreichend für Abänderungsklage gemäß § 323 ZPO;[50]
- **Mietrechtliches Sonderproblem:** Reicht ein PKH-Antrag aus für die gerichtliche Geltendmachung des **Vermieterpfandrechts** innerhalb der Monatsfrist des § 562 b Abs. 2 BGB? Das ist zweifelhaft. Zum einen soll jedes Verhalten des Vermieters genügen, durch das er seinen Willen zur Aufrechterhaltung und Verfolgung seines Rechts deutlich nach aussen betätigt.[51] Allerdings dient § 562 b BGB dem Mieterschutz und ist zu Lasten des Vermieters dahingehend eng auszulegen, dass der Vermieter mit seiner gerichtlichen Geltendmachung gerade seinen dinglichen Anspruch auf Rückschaffung zur Aufrechterhaltung des Pfandrechts gegenüber dem jeweiligen Besitzer des Pfandobjektes durchsetzen wollen muss.[52] Dafür ist ein PKH-Antrag nicht ausreichend.

bb) PKH-Antrag mit gleichzeitiger Klage. Da die Partei den Charakter der Prozesshandlung und den Streitgegenstand bestimmt, muss sie deutlich machen, ob die eingereichte Klage gleichzeitig oder nur für den Fall der PKH-Bewilligung erhoben werden soll. Letzteres ist praktikabel und sollte durch klare Bitte um Vorabentscheidung über PKH-Gesuch, keinesfalls aber durch eine unzulässige bedingte Klageerhebung zum Ausdruck gebracht werden. Sind mit dem PKH-Antrag eilbedürftige Anträge auf Erlass eines Arrestes oder einer einstweiligen Verfügung verbunden, wird die sofortige Stellung des Sachantrags vermutet.[53]

cc) PKH-Antrag mit Rechtsmittel. Auch hier muss klargestellt werden, ob das Rechtsmittel sofort oder nur für den Fall der PKH-Bewilligung eingelegt wird. Der Antrag auf PKH muss spätestens am letzten Tag der Rechtsmittelfrist gestellt werden. War bereits in der Vorinstanz PKH bewilligt, muss kein neuer Vordruck vorgelegt werden. Der Antragsteller muss aber versichern, dass sich seine persönlichen Verhältnisse nicht geändert haben.[54] Zu beach-

---

[44] Zöller/*Philippi* § 119 Rdnrn. 42, 60 b; aber a. A. Zöller/*Vollkommer* § 85 Rdnr. 11.
[45] Vgl. für das Verfahren der sofortigen Beschwerde LG Stendal WuM 1994, 266, 267.
[46] Zöller/*Philippi* § 127 Rdnr. 9.
[47] Palandt/*Heinrichs* 67. Aufl. 2008, § 204 Rdnr. 29, 30, 45.
[48] Baumbach/Lauterbach/Albers/Hartmann § 926 Rdnr. 12; Zöller/Vollkommer § 926 Rdnr. 32; str.
[49] Baumbach/Lauterbach/Albers/Hartmann § 769 Rdnr. 8; str.
[50] BGH NJW 1982, 1050, 1051.
[51] Staudinger/*Emmerich* BGB, § 562 b Rdnr. 19 f. mit Aufzählung einiger Beispiele wie Antrag auf Erlass einer eV, aber PKH-Antrag wird nicht erwähnt.
[52] Schmidt-Futterer/*Lammel* Rdnr. 31 ff.
[53] Dazu ausführlich *Schoreit/Dehn* ZPO § 117 Rdnr. 5.
[54] BGH NJW 1997, 1078.

ten ist, dass bei einer nicht mehr innerhalb der Berufungsfrist erfolgenden Vorabentscheidung über den PKH-Antrag dann binnen 2 Wochen **Antrag auf Wiedereinsetzung** gestellt werden muss, der mit dem Berufungsantrag und der Berufungsbegründung zu verbinden ist, § 234 ZPO. Ein solcher Wiedereinsetzungsantrag hat im Fall einer ablehnenden PKH-Entscheidung mangels Bedürftigkeit aber nur dann Erfolg, wenn sich die Partei verständlicherweise für bedürftig halten konnte.[55] Dem **Berufungsbeklagten** ist grundsätzlich PKH ohne Prüfung der Erfolgsaussicht zu gewähren, § 119 Abs. 1 S. 2 ZPO. Allerdings muss er seine wirtschaftlichen Verhältnisse darlegen.

36 e) **Gleichzeitiger Antrag auf Beiordnung für das PKH-Verfahren.** Zur Abrundung der Rechtsidee der PKH sieht das Gesetz vor, dass dem Hilfsbedürftigen ein von ihm frei gewählter und zur Vertretung bereiter Rechtsanwalt für die Wahrnehmung seiner Rechte im zu führenden Prozess beigeordnet werden kann. Der hierauf gerichtete Antrag wird bei der anfänglichen Einschaltung eines Anwalts mit dem Antrag auf PKH verbunden, kann aber auch isoliert erst später erfolgen. § 121 ZPO sieht fünf Beiordnungstatbestände vor:
- Notwendige Beiordnung im Anwaltsprozess gem. § 121 Abs. 1 i. V. mit § 78 ZPO;
- Erforderliche Beiordnung im Parteiprozess gem. § 121 Abs. 2 ZPO;
- Waffengleichheit bei Anwaltsvertretung des Gegners gem. § 121 Abs. 2 ZPO;
- Verkehrsanwalt oder Beweisaufnahmeanwalt bei „besonderen Umständen" gem. § 121 Abs. 4 ZPO;
- Notanwalt gem. § 121 Abs. 5 ZPO (wird vom Gericht bestimmt, wenn Partei keinen Anwalt findet).

37 *aa) Voraussetzungen im Anwaltsprozess und Parteienprozess.* In Verfahren, die zwingend die Einschaltung eines Rechtsanwalts erfordern (**Anwaltsprozess**), bedarf es nach § 121 Abs. 1 ZPO keines ausdrücklichen Antrags auf Beiordnung sondern nur der Wahl eines Anwalts und dessen Bereitschaft zur Vertretung (grundsätzlich kein Kontrahierungszwang bei PKH-Mandat – aber Ausnahme als Notanwalt, § 48 Abs. 1 Nr. 1 BRAO). Ein gleichwohl durch den bearbeitenden Rechtsanwalt gestellter Antrag schadet natürlich nicht, muss aber keine weiteren Ausführungen enthalten. Das Gericht ist zur Beiordnung verpflichtet und hat kein Ermessen bei dieser Entscheidung.

38 Im **Parteiprozess** hingegen verlangt das Gesetz laut § 121 Abs. 2 ZPO einen Antrag. Ist der Gegner anwaltlich vertreten, gebietet das Gebot der Waffengleichheit in der Regel die Beiordnung eines Rechtsanwalts.[56] Andernfalls prüft das Gericht die Erforderlichkeit einer anwaltlichen Vertretung nach objektiven (tatsächliche oder rechtliche Schwierigkeiten der Sache, ihr Umfang, ihre Bedeutung für den Antragsteller) und subjektiven (rechtliche und sonstige Befähigung des Antragstellers zur Meinungsbildung und Formulierung) Gesichtspunkten. Hierzu sollte also vorgetragen werden, besonders in Verfahren, in denen der Amtsermittlungsgrundsatz gilt (z. B. FGG, WEG).

39 Im **Mietrechtsstreit** kann die Beiordnung eines Rechtsanwalts für einen Verhandlungstermin erforderlich sein, obwohl die Partei im laufenden Verfahren durch den Mieterbund vertreten ist.[57]

40 *bb) Form und Frist des Beiordnungsantrags.* Der im Parteiprozess erforderliche Antrag auf Beiordnung sollte zwar ausdrücklich spätestens bis zum rechtskräftigen Abschluss der Instanz gestellt werden. Allerdings soll bereits der PKH-Antrag für eine bedürftigen Partei durch einen Prozessbevollmächtigten stets so ausgelegt werden, dass dieser Prozessbevollmächtigte im Rahmen der zu bewilligenden PKH beigeordnet werden will.[58]

3. Das PKH-Bewilligungsverfahren

41 Das Verfahren ist ein **nichtstreitiges Antragsverfahren** des Antragstellers beim Gericht, der Gegner ist nur Beteiligter im weiteren Sinne.[59] Die Staatskasse ist nicht am Bewilligungsver-

---

[55] BGH wie Fn. 53.
[56] BGHZ 91, 311, 314 f. (nicht stets Beiordnung).
[57] LG Trier WuM 1993, 202.
[58] LAG Niedersachsen MDR 1999, 190; Zöller/*Philippi* § 121 Rdnr. 14.
[59] BGH NJW 1984, 740, 741.

fahren beteiligt. Sie darf nur kontrollieren, ob bei der PKH-Bewilligung zu Unrecht Zahlungsanforderungen unterblieben sind, § 127 Abs. 3 ZPO. Das Verfahren ist zügig zum Abschluss zu bringen. Diesem für das Gericht geltende Beschleunigungsgebot entspricht die Verpflichtung des Antragstellers, durch rechtzeitige Einreichung vollständiger Unterlagen das Verfahren zu fördern. Eine Vorwegnahme des Hauptprozesses darf nicht stattfinden.

a) **Verfahrensgang (§ 118 ZPO).** Nach Eingang des PKH-Antrags ist dem Gegner des beabsichtigten Rechtsstreits **rechtliches Gehör** zu gewähren, § 118 Abs. 1 Satz 1 ZPO, Art. 103 Abs. 1 GG. Die Anhörung des Gegners kann nur bei „Unzweckmäßigkeit" entfallen, so z. B. bei Eilverfahren oder langer Unerreichbarkeit des Gegners. Die in schriftlicher oder mündlicher Form zu gewährende Anhörung bezieht sich lediglich auf die Erfolgsaussichten des PKH-Antrags. Zu den persönlichen und wirtschaftlichen Verhältnissen ist der Gegner hingegen nicht zu hören. Das gebietet der Persönlichkeitsschutz des Antragstellers.[60] Dementsprechend sollte der für den Antragsteller tätig werdende Rechtsanwalt auf die **Trennung der Ausführungen** zu der Hilfsbedürftigkeit einerseits, die bei Gericht im gesondert zu führenden PKH-Heft einzuordnen sind, und andererseits zu den Erfolgsaussichten in der Hauptsache achten. Eine Vermischung des Vortrags zu beiden Punkten in einem Schriftsatz könnte das Gericht als Einwilligung zur Mitteilung an den Gegner deuten (§ 117 Abs. 2 Satz 2 ZPO). Aus dieser Trennung ergeben sich auch die Anforderungen an die Glaubhaftmachung der Angaben des Antragstellers: Während er seine Ausführungen zu den persönlichen und wirtschaftlichen Verhältnissen von vornherein (§ 117 Abs. 2 Satz 1 ZPO), spätestens aber nach Aufforderung durch das Gericht (§ 118 Abs. 2 Satz 4 ZPO) mit geeigneten Belegen glaubhaft zu machen hat, kann die Glaubhaftmachung der Angaben zur Erfolgsaussicht erst nach einer abweichenden Stellungnahme des Gegners verlangt werden. Erfolgt eine Stellungnahme des Gegners, sieht § 118 ZPO nicht eine weitere Gegenerklärung des Antragstellers vor. Das Gericht hat dann weitere Möglichkeiten, das Verfahren zu gestalten:

- Anberaumung einer mündlichen **Erörterung** (nicht Verhandlung!) bei einer zu erwartenden Einigung, die mit einem umfassend materiellrechtlichen und prozessual wirkenden[61] Prozessvergleich beendet werden kann;
- Anstellung von **Erhebungen**, insbesondere Anordnung von Urkundenvorlegung oder Einholung von Auskünften;
- ausnahmsweise Vernehmung von **Zeugen** und **Sachverständigen**, wenn die Klärung der Erfolgsaussicht oder Mutwilligkeit anders nicht möglich ist.

Das Gericht entscheidet durch **Beschluss**, § 127 Abs. 1 Satz 1 ZPO. Bei Beschwerung des Antragstellers durch vollständige oder teilweise Versagung der PKH muss der Beschluss begründet werden.[62] Bei uneingeschränkter Bewilligung wäre eine Begründung im Hinblick auf die Abänderungs- und Aufhebungsmöglichkeiten nach §§ 120 Abs. 4, 124 ZPO im Interesse des Antragstellers sinnvoll, ist aber nicht üblich.[63]

Eine **Kostenentscheidung** ist unzulässig, weil folgende kostenrechtliche Grundsätze im PKH-Verfahren gelten:
- das erstinstanzliche Verfahren ist **gerichtsgebührenfrei;**
- es gibt keine Kostenerstattung für den **Gegner,** § 118 Abs. 1 Satz 4 ZPO;
- für **Auslagen** bei Zeugen- oder Sachverständigenvernehmung tritt die Gerichtskasse in Vorlage, aber der PKH-Antragsteller haftet nach § 49 GKG; wird PKH bewilligt, sind die vorgenannten Auslagen Teil der Gerichtskosten, die gem. §§ 91 ff. ZPO von der unterlegenen Partei im Hauptprozess zu tragen sind.

b) **Wirkung der Bewilligung.** Für die Wirksamkeit eines PKH-Beschlusses bedarf es des **Zugangs,** der allerdings gem. § 329 Abs. 2 ZPO **formlos** sein kann. Das Gericht legt im Beschluss ausgehend von der Sachlage im Entscheidungszeitpunkt **rückwirkend** einen Zeitpunkt fest, ab dem PKH gewährt wird. Das wird in aller Regel frühestens der Zeitpunkt des

---

[60] BGH wie Fn. 58; BVerfG NJW 1991, 2078.
[61] *Baumbach/Lauterbach/Albers/Hartmann* § 118 Rdnr. 18.
[62] *Zöller/Philippi* § 127 Rdnr. 3 ff.
[63] Vgl. dazu *Kalthoener/Büttner/Wrobel-Sachs* Rdnr. 515 f. m.w.H.

Antragseingangs sein. Fehlt die ausdrückliche Festlegung eines Rückwirkungszeitpunktes, ist maßgeblich der Eingang eines nach § 117 ZPO formgerechten Antrags mit der Erklärung über die wirtschaftlichen und persönlichen Verhältnisse, weil dann der Antragsteller von seiner Seite aus die Voraussetzungen für die Bewilligung der PKH geschaffen hat.[64] Bei zeitlich unklarer Bewilligung kann der Rechtsanwalt mit einem entsprechenden Antrag einen klarstellenden Ergänzungsbeschluss herbeiführen.[65]

aa) Wirkung der Bewilligung zugunsten der bedürftigen Partei gem. § 122 ZPO

46
- Auf die bereits fälligen oder noch fällig werdenden **Gerichtskosten** (dazu gehören auch die für die Rechtsverfolgung und Rechtsverteidigung notwendigen Auslagen der hilfsbedürftigen Partei z.B. Reisekosten)[66] und Gerichtsvollzieherkosten und die gem. § 59 RVG übergegangenen Ansprüche des beigeordneten Rechtsanwalts muss die bedürftige Partei nur die vom Gericht festgelegten Ratenzahlungen oder bei vollständiger Bewilligung gar nichts leisten (§ 122 Abs. 1 Nr. 1 a) und b) ZPO;
- Befreiung von der Erbringung einer **Sicherheitsleistung** (§ 122 Abs. 1 Nr. 2 ZPO);
- eine **Rückerstattung** bereits gezahlter Kosten erfolgt nur bei Zahlungsleistungen, die nach dem durch den Beschluss bestimmten rückwirkenden Bewilligungszeitpunkt erbracht wurden;[67]
- bei auf einen Teil des Streitgegenstandes **beschränkter Gewährung** von PKH hat die hilfsbedürftige Partei als Gerichtsgebühr die Differenz der Gebühr nach dem vollen Streitwert und dem Streitwert, für den PKH bewilligt worden ist, zu bezahlen;[68]
- die hilfsbedürftige Partei muss **keine Rechtsanwaltsgebühren** bezahlen, § 122 Abs. 1 Nr. 3 ZPO;
- trotz PKH-Bewilligung müssen dem obsiegenden **Gegner** dessen Kosten für den Hauptprozess erstattet werden, § 123 ZPO (für das PKH-Verfahren bleibt es aber bei der speziellen und daher vorrangigen Regel des § 118 Abs. 1 Satz 4 ZPO: keine Kostenerstattung für Gegner).

bb) Wirkung der Bewilligung für den beigeordneten Rechtsanwalt

47
- Honoraransprüche gegen hilfsbedürftige Partei können nicht geltend gemacht werden;
- Anspruch auf PKH-Gebühren gegen die Staatskasse (genauer unten bei 5.);
- Anspruchsübergang etwaiger Ansprüche gegen die Partei oder den Gegner auf die Staatskasse gem. § 59 RVG.

cc) Wirkung der Bewilligung für den Prozessgegner

48
- einstweilige **Befreiung** von rückständigen und entstehenden Gerichtskosten und Gerichtsvollzieherkosten, wenn dem Antragsteller als (Rechtsmittel-)Kläger ratenfreie PKH gewährt worden ist, § 122 Abs. 2 ZPO;
- erst nach **rechtskräftiger** Verurteilung können vom Gegner Gerichtskosten eingezogen werden, § 125 Abs. 1 ZPO;
- Gerichtskosten, von denen der Gegner gem. § 122 Abs. 2 ZPO einstweilen befreit war, können erst nach rechtskräftiger Verurteilung oder Beendigung des Rechtsstreits ohne Urteil über die Kosten eingezogen werden, § 125 Abs. 2 ZPO;
- eine **Rückerstattung** bereits gezahlter Kosten kommt wie beim PKH-Antragsteller nur dann in Betracht, wenn sie nach dem Wirksamkeitszeitpunkt vorgenommen wurden;
- **Kostenerstattungsanspruch** gegen die im Hauptprozess unterlegene hilfsbedürftige Partei gem. § 123 ZPO.

49 **c) Abänderung und Aufhebung der Bewilligung.** Stellt sich heraus, dass die für die Bewilligung der PKH geprüften Voraussetzungen nicht vorgelegen haben, hat das Gericht nach

---

[64] Zöller/*Philippi* § 119 Rdnr. 39 f.; a. A. BGH NJW 82, 446; erst, wenn auch **alle erforderlichen Belege** über wirtschaftliche und persönliche Verhältnisse vorliegen.
[65] *Kalthoener/Büttner/Wrobel-Sachs* Rdnr. 616.
[66] Dazu *Baumbach/Lauterbach/Albers/Hartmann* § 122 Rdnr. 15.
[67] *Baumbach/Lauterbach/Albers/Hartmann* § 122 Rdnr. 9.
[68] Zöller/*Philippi* § 121 Rdnr. 45.

pflichtgemäßem Ermessen zu entscheiden, ob es die PKH-Entscheidung abändert (§ 120 Abs. 4 ZPO) oder sogar aufhebt (§ 124 ZPO).

Voraussetzung für PKH-Bewilligung	Im nachhinein stellt sich heraus, dass	Rechtsfolge
Darstellung des Streitverhältnisses	die Darstellung hinsichtlich maßgebender Voraussetzungen für die Bewilligung von PKH unrichtig war.	Aufhebung gem. § 124 Nr. 1 ZPO
Persönliche und wirtschaftliche Verhältnisse indizierten einen bestimmten Grad der Bedürftigkeit	• die Partei absichtlich oder grob nachlässig unrichtige Angaben gemacht hat. • die Voraussetzungen nicht vorgelegen haben. • sich die Verhältnisse nach Instanzende wesentlich geändert haben.	Aufhebung gem. § 124 Nr. 2 ZPO Aufhebung innerhalb von 4 Jahren seit rechtskräftiger Entscheidung oder sonstiger Verfahrensbeendigung gemäß § 124 Nr. 3 ZPO Abänderung der Ratenzahlungen gemäß § 120 Abs. 4 Satz 1 ZPO (zum Nachteil der Partei nur innerhalb von vier Jahren seit rechtskräftiger Entscheidung oder sonstiger Verfahrensbeendigung)

Weitere Aufhebungsgründe führt § 124 ZPO abschließend auf: 50
- fehlende Mitwirkung der Partei bei der Prüfung einer Veränderung der persönlichen und wirtschaftlichen Verhältnisse (§ 124 Nr. 2, 2. HS i. V. mit § 120 Abs. 4 Satz 2 ZPO);
- Verzug hinsichtlich zu zahlender Monatsraten oder sonstiger Zahlung für länger als drei Monate (§ 124 Nr. 4 ZPO).

Durch die Aufhebung entfallen sämtliche Wirkungen der PKH. Allerdings: **Die Honoraransprüche des Rechtsanwalts gegen die Staatskasse erlöschen nicht,** wenn er nicht etwa bei der Irreführung des Gerichts mitgewirkt hat.[69]

d) **Beschwerde.** Die sofortige Beschwerde ist der gegen Entscheidungen im PKH-Verfahren vorgesehene Rechtsbehelf (§§ 127 Abs. 2 Satz 2, 567 ff. ZPO). Sie sollte als solche ausdrücklich bezeichnet werden, um die **Abgrenzung zu anderen Anträgen** klarzustellen: 51
- Abänderungsantrag gemäß § 120 Abs. 4 ZPO (erst für nach Instanzende eingetretene, für die Ratenzahlungen relevante Änderungen).
- Gegenvorstellung (Beschwerde ist nicht mehr zulässig);
- Erneuter PKH-Antrag mit neuem Tatsachenvortrag (**PKH-Ablehnung erwächst nicht in Rechtskraft,** daher kann PKH immer wieder beantragt werden; allerdings dürfte eine wiederholte Antragstellung ohne Änderung der sachlichen Verhältnisse in Bezug auf Bedürftigkeit, Erfolgsaussicht[70] und Mutwillen rechtsmissbräuchlich sein).

aa) Beschwerdebefugnis
Für den Antragsteller 52
- in allen Fällen einer für ihn ungünstigen PKH-Entscheidung oder Nichtbescheidung;
- bei nicht rechtsmittelfähiger Hauptsacheentscheidung nur dann, wenn die Beschwerde die Leistungsfähigkeit oder die Zahlungsmodalitäten betrifft, § 127 Abs. 2 S. 2 ZPO;
- **nicht** bei PKH-Entscheidung in der Berufungsinstanz wegen § 567 Abs. 1 ZPO.[71]

---

[69] Zöller/*Philippi* § 124 Rdnr. 25.
[70] Eine Änderung höchstrichterlicher Rechtsprechung kann in diesem Zusammenhang beachtlich sein. vgl. Kalthoener/Büttner/Wrobel-Sachs Rdnr. 409 ff.
[71] Vgl. dazu HansOLG Hamburg ZMR 2006, 58.

Für die Staatskasse
- nach Maßgabe des § 127 Abs. 3: längstens innerhalb von drei Monaten nach Entscheidungsverkündung kann nur die ratenfreie PKH-Bewilligung unter Hinweis auf die persönlichen und wirtschaftlichen Verhältnisse des Antragstellers gerügt werden;

bb) Beschwerdeverfahren

53 Fristen für die Beschwerde
- Beschwerdefrist von einem Monat gem. § 127 Abs. 2 S. 3 ZPO;
- Zulässigkeit der Beschwerde noch nach Instanzende oder nach Eintritt der Rechtskraft in der Hauptsache (str.).[72]

Verfahrensablauf
- Beschwerde geht an Gericht, das die Entscheidung erlassen hat;
- § 572 Abs. 1 ZPO ZPO: Gericht hilft der Beschwerde ab oder legt dem Beschwerdegericht vor;
- das Beschwerdegericht prüft als Tatsacheninstanz (§ 571 Abs. 2 ZPO) die erstinstanzliche Entscheidung, soweit sie mit der Beschwerde angegriffen worden ist; es gilt das Verschlechterungsverbot; Prüfungszeitpunkt für Beurteilung der Bedürftigkeit ist die Beschwerdeentscheidung, für die Frage der Erfolgsaussicht ist der Zeitpunkt der Beschlussfassung im erstinstanzlichen Verfahren maßgebend.

Kosten des Beschwerdeverfahrens
- Gerichtsgebühren fallen in Höhe von 25,– € nach GKG-KV Nr. 1905 nur an, wenn die Beschwerde verworfen oder zurückgewiesen wird; bei einem Teilerfolg kann das Gericht die Gebühr ermäßigen oder auf ihre Erhebung verzichten;
- für Rechtsanwalt 0,5 Verfahrensgebühr gem. Nr. 3500 VV RVG (Gegenstandswert berechnet sich gemäß Nr. 3335 VV RGV nach dem Wert der Hauptsache);
- es ergeht keine gerichtliche Kostenentscheidung, weil die hilfsbedürftige Partei die Gerichtskosten kraft Gesetzes zu tragen hat und Kosten im Beschwerdeverfahren nicht erstattet werden (§ 127 Abs. 4 ZPO);

Rechtsbehelf gegen Beschwerdeentscheidung: Rechtsbeschwerde gem. §§ 574 ff. ZPO

4. Beiordnungsverfahren

54 a) **Verfahrensgang.** Das Beiordnungsverfahren ist Teil des PKH-Verfahrens. Zu den Antragsvoraussetzungen s. o. bei Rdnr. 36 ff. Die Beiordnung erfolgt durch ausdrücklichen Beschluss des Gerichts, der denselben Wirksamkeitsbedingungen wie der PKH-Beschluss, mit dem er in der Regel gleichzeitig ergehen wird, unterliegt (es genügt formloser Zugang).

55 b) **Wirkungen der Beiordnung.** Die Beiordnung erfolgt in dem Umfang, in dem das Gericht dem Antragsteller PKH bewilligt (§ 48 RVG), auch im Fall der rückwirkenden Bewilligung.[73] Im Übrigen enthält § 48 RVG in seinen Absätzen 2 und 3 Bestimmungen zum Umfang der Beiordnung in bestimmten Sachbereichen (vor allem einstweiliger Rechtsschutz und Familiensachen).

56 Die Beiordnung ersetzt zwar **nicht** den bürgerlichrechtlich zu schließenden Mandatsvertrag und auch nicht die Erteilung einer Prozessvollmacht, löst aber bereits eine Fürsorgepflicht des Rechtsanwalts aus zur Wahrung von Fristen oder zum Ergreifen von Eilmaßnahmen und entsprechender Belehrung des Antragstellers.[74] Nach der Beiordnung besteht die Verpflichtung, die Partei im gerichtlichen Verfahren zu ver-treten, § 48 Abs. 1 Nr. 1 BRAO (hingegen vorher kein Kontrahierungszwang). Der Antragsteller hingegen ist nach der Beiordnung zwar nicht verpflichtet, dem Anwalt das Mandat zu erteilen, kann sich damit aber schadensersatzpflichtig machen.[75] Die **vergütungsrechtlichen Wirkungen** der Beiordnung sind für den Rechtsanwalt folgende:

---

[72] *Kalthoener/Büttner/Wrobel-Sachs* Rdnr. 884 f.; *Baumbach/Lauterbach/Albers/Hartmann* § 127 Rdnr. 62, 69 jeweils m. w. N.
[73] *Baumbach/Lauterbach/Albers/Hartmann* § 121 Rdnr. 11.
[74] *Zöller/Philippi* § 121 Rdnr. 29 f.
[75] *Baumbach/Lauterbach/Albers/Hartmann* § 121 Rdnr. 18.

- Vergütungsansprüche gegen Bundes- oder Landeskasse gemäß §§ 45 ff. RVG;
- Geltendmachung von Gebühren und Auslagen gegenüber verurteiltem Gegner im eigenen Namen gemäß § 126 ZPO;
- Keine Geltendmachung von Vergütungsansprüchen gegen eigene Partei gem. § 122 Abs. 1 Nr. 3 ZPO;
- Übergang der Vergütungsansprüche gegen die Partei oder einen ersatzpflichtigen Gegner auf die Bundes- oder Landeskasse gemäß § 59 RVG, die aber die auf sie übergegangenen Ansprüche nur nach gerichtlicher Bestimmung geltend machen darf, § 122 Abs. 1 Nr. 1 b) ZPO.

c) Beendigung der Beiordnung

- Aufhebungsantrag des Rechtsanwalts aus wichtigem Grund gemäß § 48 Abs. 2 BRAO;   57
- bei Aufhebung der PKH-Bewilligung durch das Gericht, § 124 ZPO;
- bei Tod der hilfsbedürftigen Partei;[76]
- durch Abschluss des Verfahrens.[77]

5. Honoraransprüche des Rechtsanwalts

a) Tabellarische Übersicht   58

Ansprüche → Entscheidung des Gerichts ↓	Gegen Mandanten	Gegen Staatskasse	Gegen Prozessgegner	Erläuterungen
PKH **ohne** Ratenzahlung und Beiordnung werden gewährt	§ 122 Abs. 1 Nr. 3 ZPO: keine Geltendmachung von Ansprüchen möglich	§§ 45 ff. RVG: gesetzliche Gebühren nach Maßgabe der §§ 49, 13 RVG (auch Vorschussforde-rung nach § 47 RVG)	Bei (Teil-)Erfolg im Hauptprozess § 126 ZPO: volle Wahlanwaltsgebühren für obsiegenden Teil können im eigenen Namen geltend gemacht werden	Insgesamt nur **einmal** die vollen Wahlanwaltsgebühren
PKH **mit** Ratenzahlung und Beiordnung werden gewährt	§ 122 Abs. 1 Nr. 3 ZPO: keine Geltendmachung von Ansprüchen möglich	§§ 45 ff. RVG: gesetzliche Gebühren nach Maßgabe des § 49 RVG **und** § 50 Abs. 1 S. 1 RVG: Erstattung der Differenz zu Wahlanwaltsgebühren, soweit durch (höchstens 48) Ratenzahlungen der hilfsbedürftigen Partei gedeckt	§ 126 ZPO (s. o.)	Wegen der Möglichkeit des § 50 Abs. 1 RVG soll der Rechtsanwalt neben der PKH-Gebührenrechnung Berechnung für volle Wahlanwaltsgebühren einreichen, § 50 Abs. 2 RVG
PKH und Beiordnung werden nur **zum Teil** gewährt				

---

[76] Zöller/*Philippi* § 121 Rdnr. 47.
[77] *Schoreit*/*Dehn* ZPO § 119 Rdnr. 20.

Ansprüche → Entscheidung des Gerichts ↓	Gegen Mandanten	Gegen Staatskasse	Gegen Prozessgegner	Erläuterungen
• Hauptprozess wird nur für bewilligten Teil geführt	Nr. 3335 VV RVG: 1,0 Verfahrensgebühr für die Durchführung des PKH-Verfahrens für abgelehnten Teil	§§ 45 ff. RVG für bewilligten Teil (die Gebühr gem. Nr. 3335 VV RVG geht darin auf; Ausnahme: im PKH-Verfahren fallen Gebühren an, die im späteren Verfahren nicht mehr anfallen	§ 126 ZPO (s. o.)	Insgesamt dürfen aber nur die Wahlanwaltsgebühren geltend gemacht werden, § 15 Abs. 3 RVG
• Hauptprozess wird in voller Höhe geführt	Nach hM[78] wird für jede Gebühr berechnet: Wahlanwaltsgebühr für Gesamtstreitwert abzüglich Wahlanwaltsgebühr für bewilligten Streitwert	PKH-Gebühren nach § 49 RVG für bewilligten Teilstreitwert	§ 126 ZPO (s. o.)	§ 15 Abs. 3 RVG (s. o.)
PKH und Beiordnung werden abgelehnt	Nr. 3335 VV RVG: 1,0 Verfahrensgebühr für Durchführung des PKH-Verfahrens; bei **Beschwerde:** 0,5 Verfahrensgebühr gem. Nr. 3500 VV RVG; bei Durchführung des Hauptprozesses Wahlanwaltsgebühren	§ 127 Abs. 4 ZPO: **kein** Erstattungsanspruch	Keine Besonderheiten, es gelten die allgemeinen Grundsätze	
Vergleichsabschluss im PKH-Verfahren	Nr. 1000 VV RVG: 1,5 Einigungsgebühr für evtl. mitverglichene, nicht im PKH-Verfahren anhängige Ansprüche	Nach hM hier ausnahmsweise **PKH für das PKH-Verfahren:** 1,0 Verfahrensgebühr nach Nr. 3335 VV RVG und 1,5 Einigungsgebühr nach Nr. 1000 VV RVG[79]		

---

[78] Zöller/*Philippi* § 121 Rdnr. 45.
[79] Vgl. zum Streitstand: Zöller/*Philippi* § 118 Rdnr. 8.

§ 4 Prozesskostenhilfe und Beratungshilfe

Bei **Vorschusszahlungen** der Partei oder eines Dritten gilt § 58 Abs. 2 RVG: Der Rechtsanwalt darf die Vorschusszahlungen nach erfolgter Beiordnung auf die Differenz zwischen PKH- und Wahlanwaltsgebühren verrechnen. Es spielt keine Rolle, ob PKH mit oder ohne Ratenzahlung gewährt wurde und gilt auch für Gebühren, die nicht gegenüber Staatskasse sondern nur gegenüber Mandanten entstanden sind, z. B. nicht erforderliche Reisekosten. **59**

b) Verfahren zur Festsetzung der Vergütung

aa) Antrag des Rechtsanwalts
- Form: amtlicher Vordruck; **60**
- Frist: grundsätzlich keine, aber Ausnahme: Monatsfrist nach § 55 Abs. 6 RVG bei weiterer Vergütung nach § 50 RVG;
- Inhalt: Vergütungsberechnung nach § 10 RVG, Angabe von Vorschusszahlungen, evtl. Berechnung der Wahlanwaltsgebühren; Angaben unterliegen der Glaubhaftmachung gem. §§ 55 Abs. 5 S. 1 RVG, 104 Abs. 2 ZPO.

bb) Zuständigkeit. Urkundsbeamter der Geschäftsstelle des jeweiligen Rechtszugs, bei Rechtskraft des ersten Rechtszugs. **61**

cc) Verfahren
- Prüfung der formalen Antragsvoraussetzungen; **62**
- Materielle Prüfung: entsprechen die Gebühren- und Auslagenansätze den gesetzlichen Bestimmungen?
    - § 48 RVG: durch Beiordnungsbeschluss gedeckt?
    - § 46 RVG: Erforderlichkeit der Auslagen?
    - § 49 RVG: Höhe der Gebühren korrekt?
- Evtl. Aufforderung nach § 55 Abs. 6 S. 1 RVG zur Abgabe eines Antrags auf Festsetzung einer weiteren Vergütung nach § 50 RVG innerhalb eines Monats.

dd) Entscheidung. Festsetzungsentscheidung wird formlos mitgeteilt und muss nur begründet werden, soweit dem Antrag nicht entsprochen wird. **63**

ee) Rechtsmittel
- Gegen Entscheidung: Unbefristete Erinnerung gem. § 56 RVG für Rechtsanwalt oder Bezirksrevisor als Vertreter der Staatskasse; zuständig ist das Gericht des Rechtszuges, dessen Urkundsbeamter Vergütung festgesetzt hat; Beschluss enthält keine Kostenentscheidung gem. § 56 Abs. 2 S. 3 RVG; **64**
- Gegen Beschluss; Beschwerde gem. §§ 56 Abs. 2 S. 1, 33 Abs. 3 S. 1 RVG wenn Beschwer mehr als 200,– €; keine Kostenentscheidung, § 56 Abs. 2 S. 3 RVG;
- **Evtl.** weitere Beschwerde, §§ 56 Abs. 2 S. 1, 33 Abs. 6 RVG.

III. Beratungshilfe

Beratungshilfe wird in § 1 Abs. 1 Beratungshilfegesetz (BerHG)[80] definiert als Hilfe für die Wahrnehmung von Rechten **außerhalb** eines gerichtlichen Verfahrens, welche in erster Linie durch Rechtsanwälte und in bestimmten Fällen durch den Rechtspfleger am AG gewährt wird (§§ 3 BerHG, 24a Abs. 1 Nr. 2 RPflG). Die Beratungshilfe ergänzt also die nur für gerichtliche Verfahren zu gewährende PKH. Voraussetzung ist, dass dem unbemittelten Rechtsuchenden auf seinen Antrag hin das Amtsgericht einen Berechtigungsschein für die Inanspruchnahme der Beratungshilfe ausstellt. Durch die Bewilligung von Beratungshilfe wird der Rechtsuchende von den Rechtsanwaltsgebühren freigestellt. Stattdessen richtet sich der Honoraranspruch des Rechtsanwalts gegen die Staatskasse. Die steigende Inanspruchnahme der Beratungshilfe dokumentiert die – häufig durch Arbeitslosigkeit – ausgelösten finanziellen Schwierigkeiten vieler Rechtsuchender. Sie bilden oft den Anfang eines sozialen Abstiegs, der gerade auch bestehende **Mietverhältnisse** betrifft. Zahlungsverzug des Mieters **65**

---
[80] Abgedruckt im Schönfelder-Ergänzungsband unter Ordnungszahl 98 b.

und Räumungsklagen sind die Folgen. Daher gehören Mietstreitigkeiten zu den Rechtsmaterien, für die vornehmlich Beratungshilfe beantragt wird.[81]

1. Erstkontakt im Beratungshilfe-Mandat
a) Schematischer Überblick

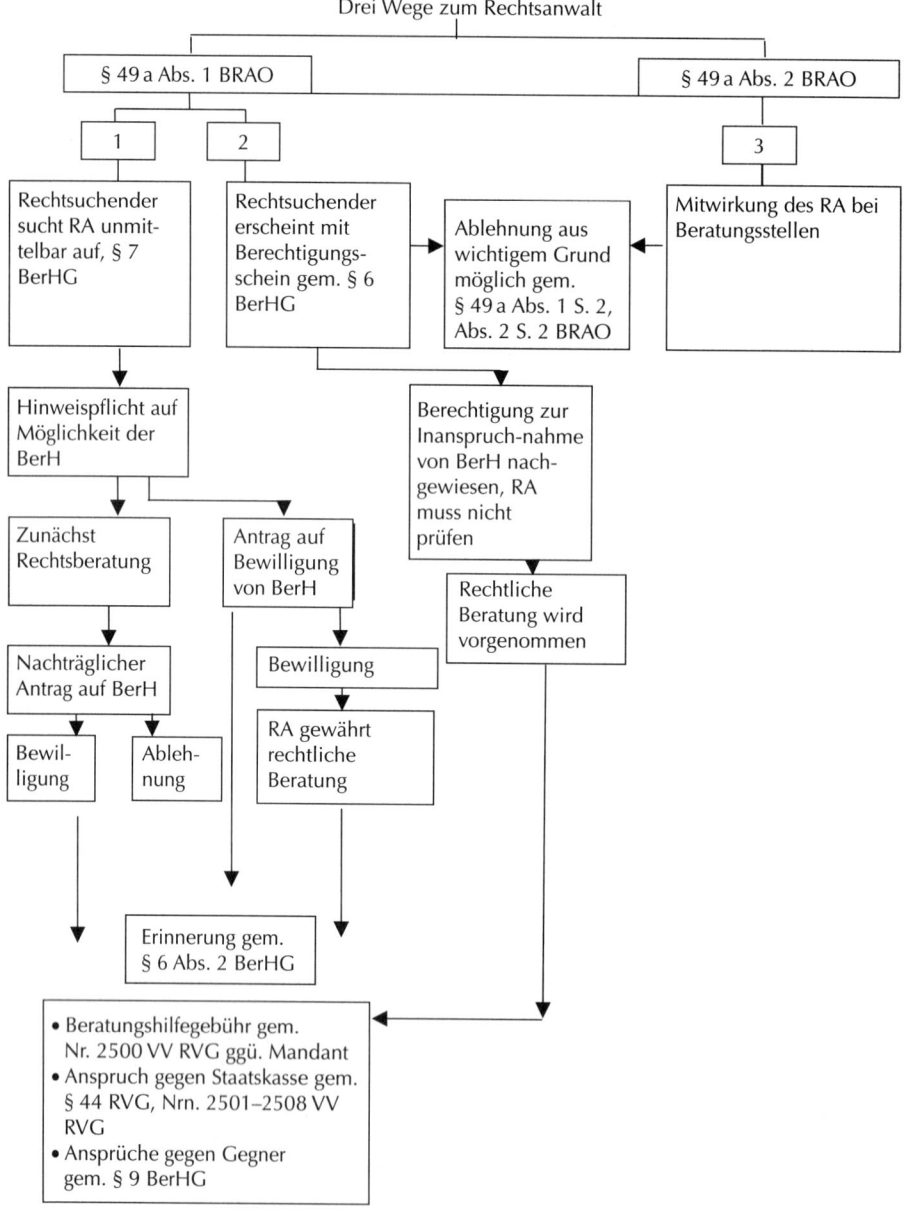

---
[81] Vgl. *Vallender* S. 16.

b) **Allgemeine Hinweis- und Übernahmepflicht des Rechtsanwalts.** Der Rechtsanwalt ist nach der Bundesrechtsanwaltsordnung verpflichtet, dem finanziell bedürftigen Rechtsuchenden Beratungshilfe zu gewähren und darf nur aus wichtigem Grund die Übernahme im Einzelfall ablehnen (§ 49a Abs. 1 BRAO). Erscheint der Rechtsuchende ohne Berechtigungsschein unmittelbar beim Rechtsanwalt (§ 7 BerHG) und ergeben sich aus dem Erstgespräch Anhaltspunkte für eine finanzielle Hilfsbedürftigkeit des Mandanten, muss der Rechtsanwalt auf die Möglichkeit der Beratungshilfe hinweisen. Da es dem Mandanten gem. § 7 BerHG obliegt, seine wirtschaftlichen Verhältnisse darzulegen, dürfen keine überhöhten Anforderungen an eine Nachforschungspflicht des Rechtsanwalts gestellt werden. Versäumt der Rechtsanwalt trotz entsprechender Darlegungen des Mandanten seine Hinweispflicht, kann er nur die Beratungshilfegebühr in Höhe von 10,– € nach Nr. 2500 VV RVG abrechnen. Er kann allerdings vom Mandanten verlangen, nachträglich einen Berechtigungsschein zu beantragen.

Gem. § 49a Abs. 2 BRAO ist der Rechtsanwalt zudem verpflichtet, bei Einrichtungen der Rechtsanwaltschaft für die Beratung von Rechtsuchenden mit geringem Einkommen mitzuwirken. Auch dieser Verpflichtung kann er sich nur aus wichtigem Grund im Einzelfall entziehen.

c) **Rechtsuchender mit Berechtigungsschein.** Erscheint der Rechtsuchende beim Rechtsanwalt bereits mit einem vom AG ausgestellten Berechtigungsschein für Beratungshilfe gem. § 6 BerHG, kann der Rechtsanwalt ohne weitere Prüfung, ob die Voraussetzungen für Beratungshilfe tatsächlich vorliegen, die rechtliche Beratung vornehmen. Der Umfang der Beratungshilfe richtet sich dabei nach dem Inhalt des Berechtigungsscheins, in dem die „Angelegenheit",[82] in der rechtlich beraten werden soll, „genau" zu bezeichnen ist. Nur insoweit kann der Rechtsanwalt auf die grundsätzliche Garantie der Übernahme der Beratungshilfegebühren durch die Landeskasse vertrauen.

d) **Rechtsuchender ohne Berechtigungsschein (§ 7 BerHG).** Ergibt sich im Laufe eines Erstkontakts mit dem Mandanten dessen möglicher Anspruch auf Beratungshilfe, gibt es für den Rechtsanwalt zwei Alternativen für das weitere Vorgehen:
- Entweder wird der Antrag auf Gewährung von Beratungshilfe gestellt und erst nach deren Bewilligung die anwaltliche Beratung vorgenommen.
- Oder der Rechtsanwalt gewährt im Vertrauen auf die nachträgliche Bewilligung seine rechtliche Beratung auf eigenes Risiko. Für den dann erforderlichen nachträglichen Antrag auf Beratungshilfe gem. § 4 Abs. 2 S. 4 BerHG laufen keine Fristen.

e) **Antragsvoraussetzungen unter Berücksichtigung mietrechtlicher Fälle.** Sowohl für den anfänglichen als auch den nachträglichen Antrag auf Beratungshilfe muss der Rechtsanwalt folgende Voraussetzungen prüfen:

aa) Anwendungsbereich der Beratungshilfe in sachlicher und persönlicher Hinsicht
- sachlicher Anwendungsbereich

§ 2 Abs. 2 BerHG sieht mit Ausnahme des Steuerrechts (für Bayern auch hier Beratungshilfe gem. Art. 51 AGGVG v. 23. 6. 1981 BayGVOBl 81, 188) für sämtliche Rechtsgebiete die Möglichkeit der Beratungshilfe vor. Gleichzeitig ist in § 2 Abs. 1 BerHG der Umfang der Beratungshilfe geregelt, die grundsätzlich in Beratung und nur erforderlichenfalls auch in Vertretung bestehen soll. In Angelegenheiten des Strafrechts und Ordnungswidrigkeitenrechts wird stets nur Beratung gewährt.

Im Einzelfall ist zu klären, ob sich der Hilfesuchende bereits innerhalb oder noch außerhalb eines gerichtlichen Verfahrens befindet. Wichtige Einzelfälle:
- **Beklagter/Antragsgegner im Mahnverfahren** muss Beratungshilfe erhalten können, um sich beraten zu lassen, ob der Rechtsstreit lohnt;[83]
- **Vor Einreichung eines Antrags auf PKH** kann Beratungshilfe in Anspruch genommen werden, um die Aussichten des PKH-Antrags prüfen zu lassen;[84] weitere Tätigkeit nach

---

[82] Zum Begriff der „Angelegenheit" unten Rdnr. 89 ff.
[83] *Schoreit/Dehn* BerHG § 1 Rdnr. 14.
[84] *Schoreit/Dehn* BerHG § 1 Rdnr. 14; *Kalthoener/Büttner/Wrobel-Sachs* Rdnr. 918.

Antragstellung ist aber nicht mehr durch Beratungshilfe abgedeckt (allerdings auch nicht durch PKH, die gerade nicht für PKH-Verfahren gewährt wird!);
– Für **aussergerichtliche Vergleiche** während eines laufenden Verfahrens ist Beratungshilfe möglich.[85]

73 • **persönlicher Anwendungsbereich**
Das Beratungshilfegesetz ist einschlägig für alle Rechtsuchenden, die nach der ZPO Anspruch auf PKH ohne Ratenzahlung haben, § 1 Abs. 2 BerHG. Daher können neben natürlichen Personen auch Parteien kraft Amtes, inländische juristische Personen und parteifähige Vereinigungen beratungshilfeberechtigt sein (§ 116 ZPO).

74 *bb) Bedürftigkeit.* Beratungshilfe soll demjenigen gewährt werden, der nach seinen persönlichen und wirtschaftlichen Verhältnissen die erforderlichen Mittel nicht aufbringen kann, § 1 Abs. 1 Nr. 1 BerHG. § 1 Abs. 2 BerHG begrenzt den Kreis der Beratungshilfeberechtigten auf solche, die nach der ZPO Anspruch auf PKH **ohne** Ratenzahlung hätten, d. h. deren einzusetzendes monatliches Nettoeinkommen einen Höchstbetrag von 15,- € nicht übersteigt.[86]

75 *cc) Rechtswahrnehmung.* Aus § 1 Abs. 1 Nr. 3 BerHG folgt, dass die Gewährung von Beratungshilfe nur zur Wahrnehmung von Rechten erfolgt. Der Begriff der Rechtswahrnehmung impliziert dabei zwei Dinge:
• Das Beratungshilfegesetz gewährt nicht allgemeine Lebensberatung, vielmehr müssen **Rechtsfragen** im Vordergrund stehen. Auch darf es nicht lediglich um die Klärung abstrakter Rechtsfragen gehen, sondern es müssen **subjektive Rechte** des Rechtsuchenden betroffen sein.
• Allerdings kommt es – anders als bei der PKH – **nicht auf eine Erfolgsaussicht** der Rechtsverfolgung an. Sinn der Beratungshilfe ist es gerade, den Rechtsuchenden in die Lage zu versetzen, die Erfolgsaussichten seines Rechtsanliegens abzuschätzen.

76 *dd) Keine anderen Hilfsmöglichkeiten.* Nach § 1 Abs. 1 Nr. 2 BerHG wird dem Antrag auf Beratungshilfe nur dann stattgegeben, wenn nicht andere Möglichkeiten für eine Hilfe zur Verfügung stehen, deren Inanspruchnahme dem Rechtsuchenden zuzumuten ist. Diese negativ formulierte Antragsvoraussetzung soll sicherstellen, dass es für den Rechtsuchenden keinen zumutbaren einfacheren und billigeren Weg gegenüber der kostenverursachenden Beratungshilfe gibt, um ausreichenden Rechtsschutz zu erreichen.[87] So tritt in den Ländern Bremen und Hamburg die dort eingeführte öffentliche Rechtsberatung an die Stelle der Beratungshilfe (§ 14 Abs. 1 BerHG), während der Rechtsuchende in Berlin die Wahl zwischen der Inanspruchnahme der öffentlichen Rechtsberatung und der anwaltlichen Beratungshilfe nach dem Beratungshilfegesetz hat (§ 14 Abs. 2 BerHG). Auch in Schleswig-Holstein gibt es kommunale Rechtsauskunftsstellen.

77 Speziell für das **mietrechtliche Beratungshilfemandat** muss der Rechtsanwalt überlegen, ob nicht die rechtliche Beratung vorrangig von den ortsansässigen Mietervereinen bzw. Grundbesitzervereinen wahrgenommen werden kann. Die Begründung des RegE zum Beratungshilfegesetz nennt als „andere Möglichkeiten" auch die Beratungstätigkeit von „Organisationen". Darunter fallen Gewerkschaften, Verbraucherverbände und eben auch Interessenverbände wie **Mieter- und Grundbesitzervereine**.[88] Allerdings müssen für eine Verweisung des Rechtsuchenden auf diese Vereinigungen dreierlei Voraussetzungen vorliegen:
(1) Der Rechtsuchende muss bereits Mitglied in einer entsprechenden Vereinigung sein, es kann nicht erst der Eintritt zur Erlangung eines Beratungsanspruchs verlangt werden.[89]

---

[85] *Baumbach/Lauterbach/Albers/Hartmann* Anh. § 127 Rdnr. 3.
[86] Zur Berechnung gelten daher die Ausführungen zur PKH oben bei II. 2. a).
[87] Dazu ausführlich *Schoreit/Dehn* BerHG § 1 Rdnr. 49 ff.
[88] *Schoreit/Dehn* BerHG § 1 Rdnr. 85; *Kalthoener/Büttner/Wrobel-Sachs*, Rdnr. 948.
[89] *Kalthoener/Büttner/Wrobel-Sachs* Rdnr. 947, 948; der amtliche Vordruck zur Beantragung von Beratungshilfe enthält die Erklärung: „Antragsteller ist nicht Mitglied einer Organisation oder eines Vereins, von dem er im gegebenen Fall kostenlose Beratung oder Vertretung beziehen kann."

(2) Der Verein muss nach § 7 Rechtsberatungsgesetz im Rahmen seiner satzungsmäßigen Aufgaben zur rechtskundigen Beratung und Vertretung befugt sein.[90]

(3) Der Verein muss für die konkrete Angelegenheit die geeignete Hilfe anbieten.[91]

ee) Kein Mutwillen. Gem. § 1 Abs. 1 Nr. 3 BerHG darf die Wahrnehmung der Rechte, für die Beratungshilfe beantragt wird, nicht mutwillig sein. Da die Rechtsberatung den finanziell minderbemittelten Rechtsuchenden erst in den Stand setzen soll, seine Rechtslage zu beurteilen, ist erst bei offensichtlicher Mutwilligkeit Beratungshilfe zu verweigern, wenn also ein sachlich gerechtfertigter Grund für den Wunsch nach Aufklärung über die Rechtslage nicht zu erkennen ist.[92] Das dürfte etwa bei wiederholter Antragstellung, Überprüfungsabsicht anderer Auskunft oder erkennbarer Nichternstlichkeit der Fall sein. **Nicht mutwillig** ist die Wahrnehmung von Rechten im Rahmen der Beratungshilfe, wenn der von mehreren Bewohnern städtischer Übergangswohnungen beauftragte Rechtsanwalt in gleichlautenden Schreiben den **Widerspruch gegen eine Erhöhung der Nutzungsentschädigung** begründet, statt nur ein Musterverfahren zu führen.[93] 78

f) Zuständiges Gericht. Sachlich zuständig für die Entscheidung über den Antrag auf Beratungshilfe ist nach § 4 Abs. 1 BerHG stets das Amtsgericht. Die funktionelle Zuständigkeit liegt beim Rechtspfleger (§ 24a Abs. 1 Nr. 2 RPflG). Für die örtliche Zuständigkeit ist der allgemeine Gerichtsstand des Rechtsuchenden im Zeitpunkt des Antragseingangs bei Gericht entscheidend (§ 4 Abs. 1 S. 1 BerHG). 79

g) Form und Inhalt des Antrags. Nach § 4 Abs. 2 BerHG kann der Antrag mündlich oder schriftlich gestellt werden, wobei für den antragstellenden Rechtsanwalt nur die schriftliche Form in Frage kommt. Dabei ist der **Formularzwang** gem. § 13 BerHG i. V. mit § 1 Abs. 2 S. 1 der VO zur Einführung der Vordrucke im Bereich der Beratungshilfe zu beachten.[94] **Fristen laufen nicht.** 80

Der im Antrag laut § 4 Abs. 2 S. 2 BerHG anzugebende **Sachverhalt** (nicht ausreichend also z. B. nur ein allgemeiner Hinweis auf Beratung „in einer Mietstreitigkeit") dient nicht der Schlüssigkeitsprüfung, sondern der Prüfung der gesetzlichen Voraussetzungen der Beratungshilfe. Er sollte daher folgende Feststellungen ermöglichen: 81
- Verfolgung einer aussergerichtlichen Rechtswahrnehmung
- das Fehlen anderer Hilfsmöglichkeiten
- kein Mutwillen

Die Glaubhaftmachung der **persönlichen und wirtschaftlichen Verhältnisse** (§ 4 Abs. 2 S. 3 BerHG) unterliegt den gleichen Grundsätzen wie bei Beantragung von PKH.[95] Zwar erwähnt das BerHG nicht ausdrücklich die Beifügung von Belegen, dennoch empfiehlt sich zur Vermeidung von Nachfragen die Einreichung sämtlicher relevanter Unterlagen. 82

h) Beratungshilfegebühr. Unabhängig von den Gebührenansprüchen des Rechtsanwalts gegen die Staatskasse steht ihm gem. Nr. 2500 VV RVG bei gewährter Beratungshilfe gegen seinen Mandanten eine einmalige Gebühr von 10,– € zu (entspricht der früheren Anerkennungsgebühr des aufgehobenen § 8 Abs. 1 BerHG). Da es sich **nicht** um eine festsetzbare Gebühr handelt (vgl. §§ 44 S. 2, 55 Abs. 1 RVG), empfiehlt sich Vorkasse beim ersten Beratungsgespräch (wenn nicht der Rechtsanwalt von der Möglichkeit eines Erlasses der Gebühr Gebrauch machen will). Das entspricht auch dem mit dieser Gebühr verbundenen Zweck, eine gewisse Wertigkeit der Rechtsberatung zu betonen und durch die 83

---

[90] *Schoreit/Dehn* BerHG § 1 Rdnr. 100.
[91] Die Ausfüllhinweise zum amtlichen Vordruck enthalten folgende Passage: „Wenn Sie die an sich mögliche kostenlose Beratung durch einen Verband, dessen Mitglied Sie sind, in Ihrem Fall nicht für ausreichend halten, begründen Sie bitte kurz auf einem besonderen Blatt "
[92] *Vallender* S. 89 f.
[93] LG Münster JurBüro 1983, 1705.
[94] Dazu BVerfG NJW 2008, 1581: Es ist verfassungsrechtlich nicht zu beanstanden, wenn für die Bewilligung der nach § 4 Abs. 2 S. 4 BerHG beantragten Beratungshilfe gefordert wird, dass das für einen schriftlichen Beratungshilfeantrag vorgesehene Formular vor Beginn der anwaltlichen Beratung, jedenfalls aber in engem zeitlichen Zusammenhang mit dieser, ausgefüllt und unterzeichnet wird.
[95] Siehe dazu oben bei Rdnr. 4 ff.

Auferlegung eines persönlichen Opfers für den Rechtsuchenden Querulanten abzuschrecken.

2. Entziehung der Beratungshilfe

84 Ist die Beratungshilfe einmal bewilligt und der Berechtigungsschein nach der Prüfung des Antrags durch den Rechtspfleger erteilt, sieht das BerHG keine Aufhebungsmöglichkeit wegen Fehlens oder Fortfalls der für die Gewährung der Beratungshilfe wesentlichen Umstände vor, schließt sie allerdings auch nicht ausdrücklich aus. Über § 5 BerHG i. V. mit § 18 FGG ließe sich demnach eine Abänderungsbefugnis des Gerichts für die Fälle erschlichener Beratungshilfe bejahen.[96] Das Vertrauen des Rechtsanwalts in die Geltung eines Berechtigungsscheins dürfte nur dann geschützt sein, wenn er die Nichtberechtigung des Rechtsuchenden ohne grobe Fahrlässigkeit nicht kannte (Rechtsgedanke aus § 48 Abs. 2 S. 3 Nr. 3 VwVfG).[97]

3. Rechtsbehelfe

85 **a) Für den Antragsteller.** Gegen die Ablehnung oder nachträgliche Aufhebung der Beratungshilfe kann der Antragsteller Erinnerung gem. § 6 Abs. 2 BerHG einlegen. Der Wortlaut der Vorschrift („nur") und auch die Entstehungsgeschichte belegen, dass der Amtsrichter abschließend über die Erinnerung entscheidet und dagegen keine weiteren Rechtsbehelfe gegeben sind.[98] Für das Erinnerungsverfahren gilt:
- **Keine Frist für die Erinnerung** gegen die Entscheidung des nach § 24a Abs. 1 Nr. 1 RPflG zuständigen Rechtspflegers, weil § 24a Abs. 2 RPflG die **Nicht**anwendbarkeit des § 11 Abs. 2 S. 1 RPflG bestimmt, der eine Erinnerungsfrist wie bei der sofortigen Beschwerde vorsieht.
- **Rechtspfleger kann abhelfen** (§ 11 Abs. 2 S. 2 RPflG) und legt bei Nichtabhilfe dem Amtsrichter vor.
- Soweit der Rechtspfleger die Beratungshilfe selbst gewährt und keinen Beratungsschein gem. § 6 Abs. 1 BerHG für eine Anwaltsberatung ausstellt, liegt darin eine **teilweise Zurückweisung des Antrags**, gegen die die Erinnerung statthaft ist.[99]

86 **b) Für die Staatskasse.** Gegen die Bewilligung der Beratungshilfe steht der Staatskasse **kein Rechtsbehelf** zu. Zum einen sieht das Beratungshilfegesetz keinen derartigen Rechtsbehelf vor, zum anderen schließt § 24a Abs. 2 RPflG die Anwendbarkeit des § 11 Abs. 2 S. 1 RPflG für die Beratungshilfe aus, der für die Fälle fehlender verfahrensrechtlicher Vorschriften die Statthaftigkeit der Erinnerung festlegt.

4. Honoraransprüche des Rechtsanwalts

a) Tabellarische Übersicht

87

Ansprüche gegen den Rechtsuchenden	Ansprüche gegen den Gegner	Ansprüche gegen die Landeskasse
Nr. 2500 VV RVG Beratungshilfegebühr in Höhe von 10,- € unabhängig von der Vergütung aus der Landeskasse, aber nicht kumulativ bei voller Kostentragung des Gegners (vgl. nebenstehend).	§ 9 BerHG: Ersatzpflichtiger Gegner schuldet die gesetzliche Vergütung nach RVG (cessio legis). Anrechnung auf die Vergütung aus der Landeskasse gem. § 58	§ 44 S. 1 RVG, Nrn. 2501–2508 VV RVG (s. Vorbemerkung. 2.5 VV RVG: streitwertunabhängige Pauschgebühren) • Nr. 2501 VV RVG: nur isoliert anfallende **Beratungs-**

---

[96] *Kalthoener/Büttner/Wrobel-Sachs* Rdnr. 988, 989.
[97] *Schoreit/Dehn* BerHG § 6 Rdnr. 6.
[98] Vgl. *Vallender* S. 203; *Kalthoener/Büttner/Wrobel-Sachs* Rdnr. 991.
[99] *Kalthoener/Büttner/Wrobel-Sachs* Rdnr. 992.

Ansprüche gegen den Rechtsuchenden	Ansprüche gegen den Gegner	Ansprüche gegen die Landeskasse
	Abs. 1 RVG findet statt. Bei voller Befriedigung durch den Gegner kann der Rechtsanwalt die Beratungshilfegebühr vom Mandanten nicht verlangen bzw. muss diese zurückzahlen.	**gebühr** für mündlichen oder schriftlichen Rat oder Auskunft in Höhe von 30,– € • Nr. 2503 VV RVG: **Geschäftsgebühr** in Höhe von 70,– € • Nr. 2508 Abs. 1 VV RVG: **Einigungs- und Erledigungsgebühr** in Höhe von 125,– € • Nrn. 2502, 2504–2507, 2508 Abs. 2 VV RVG: **Schuldenbereinigungsgebühr** für die Herbeiführung einer außergerichtlichen Einigung mit den Gläubigern des Mandanten

Gebühren nach dem Beratungshilfegesetz verhalten sich zu Gebühren des späteren gerichtlichen Verfahrens wie folgt: 88
- Die Anerkennungsgebühr von 10,– € ist nicht anzurechnen.
- Die Beratungsgebühr von 30,– € wird auf jede andere im Rahmen der Beratungshilfe anfallende Gebühr angerechnet, vgl. Nr. 2501 Abs. 1 und Abs. 2 VV RVG.
- Die Geschäftsgebühr von 70,– € ist gem. Nr. 2503 Abs. 2 VV RVG auf die Gebühren für ein anschließendes gerichtliches Verfahren zur Hälfte, also in Höhe von 35,– €, anzurechnen.
- Die anderen Gebühren aus dem VV RVG werden nicht angerechnet, weil sie nur anfallen, wenn durch Vergleich oder Erledigung der Rechtsstreit vermieden wird.

b) Begriff der „Angelegenheit" in der Beratungshilfe. Die Beratungshilfe wird gem. § 2 Abs. 2 BerHG in „Angelegenheiten" gewährt. Eine nähere Begriffsbestimmung fehlt sowohl im Beratungshilfegesetz als auch im RVG. Allerdings regelt § 15 Abs. 2 RVG, dass der Rechtsanwalt die Gebühren in derselben Angelegenheit nur einmal fordern kann. Damit wird für die Gebührenansprüche des Rechtsanwalts bei der Beratungshilfe stets die Frage entscheidend sein, ob eine oder mehrere Angelegenheiten vorliegen.[100] Der Begriff der „Angelegenheit" ist nicht zu verwechseln mit dem „Gegenstand" der anwaltlichen Tätigkeit. Gegenstand ist das Recht oder das Rechtsverhältnis, auf das sich die Tätigkeit des Rechtsanwalts aufgrund des Auftrags bezieht. Der gebührenrechtliche Begriff „Angelegenheit" will dagegen eine Vielzahl von anwaltlichen Tätigkeiten zu einer gebührenrechtlichen Einheit zusammenfassen. Für die Annahme, es handele sich um **eine** Angelegenheit, haben sich folgende Kriterien herausgebildet: 89
- Gleichzeitige und einheitliche Auftragserteilung, die sich aber auch über mehrere Besprechungstermine hinziehen kann;
- Gleichartigkeit des anwaltlichen Vorgehens für alle zu verfolgenden Ansprüche;
- Innerer Zusammenhang zwischen den einzelnen Ansprüchen (= alle Beratungsgegenstände entspringen einem einheitlichen Lebenssachverhalt).

Anhand dieser Kriterien muss im Einzelfall auf die Einheit des Beratungsvorgangs abgestellt werden. So können mehrere **Schreiben an verschiedene Adressaten** lediglich eine Angelegenheit begründen, wenn sie sich alle als Konsequenz aus einem Lebenssachverhalt ergeben. **Verschiedene Verfahrensabschnitte** werden nur dann die Annahme mehrerer Angelegenheiten zulassen, wenn ein neuer Verfahrensabschnitt nach Veränderung der Verhältnisse mit einem erneuten Antrag betrieben wird. Die Beteiligung **mehrerer Auftraggeber** kann nur zu einer Bejahung mehrerer Angelegenheiten führen, wenn wirklich verschiedene Beratungsvorgänge vorliegen (vgl. dazu auch Nr. 1008 VV RVG). Schließlich soll eine mögliche 90

---

[100] Die zahlreichen Fallbeispiele in den §§ 16 ff. RVG lassen sich auf die Beratungshilfe nicht übertragen.

Mehrzahl der Berechtigungsscheine nicht maßgebend für die Zahl der Angelegenheiten sein, weil zum Zeitpunkt der Erteilung des Berechtigungsscheins die Zusammenhänge oft noch nicht zu übersehen sind.[101]

91 Im **mietrechtlichen Beratungshilfemandat** geht die Rechtsprechung offenbar immer von **einer** Angelegenheit aus, wenn sich die Rechtsprobleme aus **einem** Mietverhältnis ergeben. Die Gewährung von Beratungshilfe für eine „Mietangelegenheit" umfasst sowohl **Nebenkostenabrechnung** als auch **überzahlten Mietzins**.[102] Genauso soll es nur eine Angelegenheit sein, wenn es gleichzeitig um **Kündigung** und **Mieterhöhungsverlangen** aus demselben Mietverhältnis geht.[103] Bei sich aus einem Mietvertrag ergebenden Nebenfragen (**Kehrwoche, Nebenkosten, Mietkaution**) wurde bei einer Beratung auch nur eine Angelegenheit angenommen.[104] Auch bei Bewilligung vier unterschiedlicher Beratungsscheine zu zwei unterschiedlichen Zeitpunkten, die allerdings alle Rechtsfragen aus einem Mietverhältnis betrafen (**Zutrittsrechte des Vermieters, Mängelbeseitigungspflichten des Vermieters, Berechtigung einer fristlosen Kündigung**), soll nur eine Angelegenheit vorliegen.[105]

92 **c) Kostenfestsetzungsverfahren.** *aa) Allgemeines.* Aus §§ 44 S. 1, 55 Abs. 1 RVG ergibt sich, dass der der Verfahrensablauf derselbe ist wie bei der Festsetzung der PKH-Gebühren.[106] Der Urkundsbeamte der Geschäftsstelle prüft die Zahl der Angelegenheiten und die Gebührentatbestände, **nicht** aber, ob die Beratungshilfe zu Recht bewilligt worden ist.

93 *bb)* Die **Zuständigkeit** liegt bei dem Gericht, das den Berechtigungsschein ausgestellt hat, §§ 55 Abs. 4 RVG, 4 Abs. 1 BerHG.

cc) Rechtsmittel

94 • Gegen Entscheidung: Unbefristete Erinnerung gem. § 56 Abs. 1 RVG;
• Gegen Beschluss des wegen § 56 Abs. 1. S. 3 RVG nach § 4 Abs. 1 BerHG zuständigen Amtsgerichts: Beschwerde gem. §§ 56 Abs. 2, 33 Abs. 3 S. 1 RVG, wenn Beschwer mehr als 200,– € beträgt;
• Erinnerungs- und Beschwerdeverfahren sind gebührenfrei, § 56 Abs. 2 S. 2 RVG;
• Evtl. weitere Beschwerde gem. §§ 56 Abs. 2 S. 1, 33 Abs. 6 RVG.

---

[101] Vgl. zu den Fallgruppen in diesem Absatz *Kalthoener/Büttner/Wrobel-Sachs* Rdnr. 1016 bis 1019 m. w. N.
[102] LG Darmstadt JurBüro 1985, 556.
[103] LG Koblenz JurBüro 1995, 201, vgl. auch *Enders* JurBüro 2000, 337 und Gegenmeinung bei *Schoreit/Dehn* § 44 RVG Rdn. 29.
[104] LG Stuttgart JurBüro 1986, 1519; vgl. dazu anschließende kritische Anmerkung von *Hohneiser-Mack/Most*.
[105] LG Kleve Jur Büro 1986, 886.
[106] Siehe oben bei II. 5. b).

§ 5 Besondere anwaltliche Haftungsrisiken im Wohnraummietrecht

Übersicht

	Rdnr.
I. Allgemeines	1
II. Vertragsabschluss und -inhalt	2–19
1. Schriftform	2
2. Mehrheit von Vertragsparteien	3/4
3. Mietflächenangabe	5/6
4. Schönheitsreparaturen	7–10
5. Kleinreparaturen	11
6. Mietstruktur	12–15
7. Betriebskostenumlagenvereinbarung/Hausordnung	16
8. Abrechnungsmaßstab für Betriebskosten	17
9. Zeitmietvertrag/Bedingter Mietvertrag	18/19
III. Durchführung des Mietvertrages	20–25
1. Gewährleistung	20–22
2. Untervermietung	23/24
3. Besichtigung der Mietsache	25
4. Energetische Modernisierung	26
IV. Mietpreisrecht	27–36
1. Verrechnung von Teilzahlungen	27
2. Konkludente Betriebskostenumlagevereinbarung	27a
3. Betriebskostenabrechnung	28–30
4. Mieterhöhung	31–36
V. Vertragsbeendigung	37–50
1. Personenmehrheit	37/38
2. Stellvertretung	39/40
3. Ordentliche Kündigung	41–45
4. Außerordentliche unbefristete Kündigung	46–49
5. Stillschweigende Vertragsverlängerung	50
VI. Verjährung nach § 548 BGB	51–55
1. Anwendungsbereich	51
2. Fristbeginn	52/53
3. Mietsicherheiten	54
4. Verjährungsunterbrechung durch Mahnbescheid	55
VII. Mietprozess und Zwangsvollstreckung	56–64
1. Obligatorische Streitschlichtung	56
2. Beklagte im Räumungsprozess	57
3. Sofortiges Anerkenntnis	58
4. (Teil-)Erledigung von Rechtshängigkeit	59
5. Klage auf künftige Leistung	60
6. Berufung gegen Urteile des AG an des OLG	61
7. Räumungsschutzantrag	62
8. Abwendung der vorläufigen Vollstreckbarkeit	63
9. Vollstreckungsschutzantrag	64

I. Allgemeines

Im Tagesgeschäft des Mietrechtsanwalts kommt es immer wieder vor, dass haftungsträchtige Weichenstellungen übersehen werden, die im Einzelfall nicht unerhebliche Schadensersatzansprüche auslösen können. In diesem Kapitel werden daher die in der Wohnraummietrechtspraxis häufig wiederkehrenden bzw. gerade aktuellen Probleme besonders hervorgehoben, um es dem Anwalt zu ermöglichen, gewissermaßen **auf einen Blick typische Haftungsfallen zu erkennen**. Dabei wird statt eingehenderer Ausführungen zur Vermeidung unnötiger Wiederholungen jeweils auf die systematische Darstellung dieser Problempunkte in den nachfolgenden Kapiteln verwiesen. 1

II. Vertragsabschluss und -inhalt

1. Schriftform

2 Soll ein Wohnraummietvertrag – seit der Mietrechtsreform sicherlich eher ausnahmsweise – befristet unter Beachtung der Voraussetzungen des § 575 BGB abgeschlossen werden, ist zwingend darauf zu achten, dass alle essentialia des Mietverhältnisses **schriftlich** abgefasst werden und zusammen mit etwaigen Anlagen eine **einheitliche Urkunde** bilden. Andernfalls wäre der Mietvertrag trotz Befristung einseitig kündbar (§ 550 BGB). Vgl. hierzu § 47 Rdnr. 10 ff.

2. Mehrheit von Vertragsparteien

3 Der Vermieter(-anwalt) hat darauf zu achten, dass grundsätzlich alle vorgesehenen **Mieter** im Rubrum des Mietvertrages genannt werden und diesen unterschreiben.

4 Auf **Vermieterseite** sollte demgegenüber immer nur eine Person Vertragspartner werden, um im Falle eines Rechtsstreits eine günstigere Beweislage zu erhalten (die übrigen Eigentümer des Mietobjektes stehen als Zeugen zu Verfügung) und gegebenenfalls die Rechtsfolge des § 566 BGB zu verhindern.[1] Eigentümer- und Vermieterstellung können auseinanderfallen. Damit sind auch steuerrechtlich keine Nachteile verbunden. Vgl. hierzu § 10 Rdnr. 107 ff.

3. Mietflächenangabe

5 Auch wenn Flächenangaben im Wohnraummietvertrag in aller Regel lediglich als Beschaffenheitsangabe und nicht als Zusicherung angesehen werden, stehen dem Mieter doch Minderungsansprüche zu, wenn die tatsächliche Wohnfläche gegenüber der angegebenen um mehr als 10 % abweicht, ohne dass darüber hinaus durch die geringere Fläche Gebrauchsbeeinträchtigungen festgestellt werden müssten.[2] Dies gilt auch gleichermaßen, wenn die Flächenangabe mit einem Ca.-Zusatz versehen ist.[3] Selbst dann, wenn im Mietvertrag überhaupt keine Flächenangabe enthalten ist, kann die Abweichung von Flächenangaben von der tatsächlichen Wohnungsgröße in Mieterhöhungsbegehren[4] und/oder Betriebskostenabrechnungen[5] Ansprüche des Mieters auf Herabsetzung der Mieterhöhung bzw. der Betriebskosten und/oder Rückforderung angeblich überzahlter Beträge – soweit noch nicht verjährt – nach Bereicherungsrecht auslösen, sofern in diesen Vermietererklärungen um mehr als 10 % falsche Flächenangaben enthalten sind. Andernfalls bleibt es bei den „Falschangaben". Vgl. hierzu § 10 Rdnr. 130 ff.

6 Angesichts dieser Rechtsprechung ist zu empfehlen, im Mietvertrag die Art und Weise der Berechnung der Flächenangabe ausdrücklich mit zu vereinbaren, so dass etwa aus den Bauplänen entnommene Maße nach den dort maßgeblichen Berechnungsgrundlagen durchaus zutreffend sein können. Nur dann, wenn die Mietvertragsparteien nichts anderes vereinbart haben, ist nämlich die WoFlV zur Flächenberechnung heranzuziehen,[6] die z. B. von den baurechtlichen Berechnungsgrundlagen abweichen kann. Oft resultieren allein hieraus die festzustellenden Flächendifferenzen.

4. Schönheitsreparaturen

7 Die letzten sich häufenden obergerichtlichen Entscheidungen zu Schönheitsreparaturen stammen aus der 2. Hälfte der 80er Jahre des vergangen Jahrhunderts und betrafen oft die Auswirkung einer unrenoviert überlassenen Wohnung auf die Wirksamkeit einer Schön-

---

[1] BGH NJW 1974, 1551; OLG Karlsruhe NJW 1981, 1278; LG Berlin NJW-RR 1994, 781.
[2] BGH NZM 2004, 453 = NJW 2004, 1947; damit überholt: RE des OLG Dresden NZM 1998, 184; vgl. auch OLG Hamburg NZM 2000, 654 = NJW-RR 2000, 1321; LG Hamburg (11. ZK) NZM 2000, 1221 und (33. ZK) ZMR 2001, 193.
[3] BGH NZM 2004, 456.
[4] BGH NZM 2004, 699 = NJW 2004, 3115; dies gilt auch, wenn die Wohnung größer ist, als angegeben: BGH NJW 2007, 2626 = NZM 2007, 594.
[5] BGH NJW 2008, 142 = NZM 2008, 35.
[6] BGH NZM 2004, 454 = NJW 2004, 2230 und NZM 2007, 595.

heitsreparaturklausel. Damals ging die Tendenz weg von sog. **Bedarfsklauseln**, die bei unrenoviert überlassener Wohnung unwirksam sind, hin zu sog. Fristenklauseln, deren Wirksamkeit auch in diesem Fall keinen Bedenken begegnete, sofern sie sich an den „üblichen", am seinerzeitigen Mustermietvertrag des BMJ aus 1976 vorgeschlagenen Renovierungsfristen orientiert haben und diese Fristen erst mit Beginn des Mietverhältnisses zu laufen begannen. Jetzt hat der BGH aber in mehreren Urteilen gerade diese **Fristenklauseln** beanstandet, sofern mit ihnen ein „starrer" Fristenplan vorgegeben wird (auch ohne „mindestens"; „spätestens", aber etwa mit dem Zusatz „regelmäßig"; anders „in der Regel"), der nicht durch Formulierungen wie etwa „im Allgemeinen", „je nach Grad der Abnutzung" auf den konkreten objektiven Renovierungsbedarf der Wohnung abstellt (also letztendlich wie die seinerzeit „verpönten" Bedarfsklauseln).[7]

Ungeachtet dieser Problematik „starrer" oder „weicher" Fristen begegnet bei der **Bemessung der Fristlängen** der Rückgriff auf den Mustermietvertrag 1976 Bedenken: Damals war es wegen der häufigen Beheizung mit Einzelöfen und der geringeren Qualität von Farbanstrichen vielfach notwendig, in den dort vorgesehenen Intervallen von 3, 5 bzw. 7 Jahren zu renovieren. Mittlerweile müssen die üblichen Fristenintervalle aber mindestens auf 5, 8 und 10 Jahre verlängert werden, jedenfalls für alle ab Ende 2007 abgeschlossenen Wohnraummietverträge. Für Altverträge begegnen die bisher üblichen Intervalle allerdings keinen Bedenken.[8]

Anfangsrenovierungsklauseln waren immer schon unwirksam. **Endrenovierungsregelungen** sind dann zu beanstanden, wenn sie nach ihrem Wortlaut den Eindruck erwecken, der Mieter müsse allein wegen der Beendigung des Mietverhältnisses renovieren, unabhängig von Zeitpunkt der letzten Schönheitsreparaturen und unabhängig von einem objektiven Renovierungsbedarf.[9]

Schließlich gibt es noch die bekannten **Quotenabgeltungsklauseln**. Zunächst hatte es noch den Anschein, als ob der BGH die seither verwendeten für wirksam erachten würde.[10] Von diesen Entscheidungen hat sich der Bundesgerichtshof mittlerweile erwartungsgemäß distanziert. Zunächst wurden Quotenabgeltungsklauseln mit einer an einem starren Fristenplan ausgerichteten Berechnungsgrundlage für unwirksam erklärt.[11] Auch Quotenabgeltungsklauseln mit „weicher Quote" können aber wegen Verstoß gegen das Transparenzgebot unwirksam sein, wenn für den Mieter nicht eindeutig erkennbar ist, wie der Abgeltungsanspruch des Vermieters zu berechnen ist und dem Vermieter die Möglichkeit gegeben wird, auf Grund anderer Berechnungsweisen, die ebenfalls vom Wortlaut der Klausel gedeckt sind, den Mieter auf höhere Quote in Anspruch zu nehmen.[12] Der BGH hat in diesem Zusammenhang angedeutet, dass eine Abgeltungsklausel generell AGB-rechtlichen Bedenken begegnen könnte, wenn sie nicht auf den Fall einer bei Mietbeginn frisch renovierten Wohnung beschränkt ist.[13] Dies wird künftig zu beachten sein. Einen beachtenswerten Vorschlag einer wirksamen Quotenabgeltungsklausel unter Beachtung dieser Vorgaben hat das ehemalige Mitglied des VIII. Zivilsenats des BGH, Dr. Beyer, unterbreitet.[14]

Mit der isolierten Prüfung einer Formularklausel ist es aber noch nicht getan. Vielmehr ist, selbst wenn die Klausel der isolierten Prüfung standgehalten hat, auch noch zu untersuchen, ob sich nicht Verstöße gegen das AGB-Recht durch das Zusammenwirken dieser (un-)

---

[7] BGH NZM 2004, 497; NZM 2004, 653; NZM 2004, 901; NZM 2004, 903; NZM 2005, 58; NZM 2005, 299; NZM 2005, 376; NZM 2005, 860; NJW 2006, 2113 = NZM 2006, 620; NJW 2006, 2115 = NZM 2006, 621; NJW 2006, 1728 = NZM 2006, 459; bei dem Zusatz „regelmäßig" offen gelassen BGH NJW 2008, 2840 = NZM 2008, 641.
[8] BGH NJW 2007, 3632 unter Hinweis auf BGH NJW 2005, 1188 = NZM 2005, 299 und NJW 2006, 3778 = NZM 2006, 9.
[9] BGH NJW 2007, 3776 = NZM 2007, 921; so schon BGH NJW 2003, 2234 = NZM 2003, 594.
[10] BGH NJW 2004, 3042 = NZM 2004, 615 und NZM 2004, 903.
[11] BGH NJW 2006, 3778 = NZM 2006, 924; NZM 2007, 355; vgl. auch BGH NJW 2006, 1728.
[12] BGH NJW 2008, 1438 = NZM 2008, 363; NJW 2007, 3632 = NZM 2007, 879.
[13] BGH NJW 2007, 3632 = NZM 2007, 879.
[14] *Beyer* NZM 2008, 465.

wirksamen Klausel mit einer weiteren (un-)wirksamen Klausel oder gar einer Individualvereinbarung ergeben, der sog. **Summierungseffekt,** mit dem sich der BGH wiederholt beschäftigt hat. So führt eine unwirksame Klausel über laufende Schönheitsreparaturen, gewissermaßen als „Grundregelung" auch zur – für sich genommen ggf. wirksamen – Unwirksamkeit einer Endrenovierungs- oder Quotenabgeltungsklausel.[15] Weiter soll eine unwirksame Endrenovierungsregelung auch die Übertragung laufender Schönheitsreparaturen „infizieren"[16] (vergleichbares müsste auch bei einer unwirksamen Quotenabgeltungsklausel im Verhältnis zur Klausel über die Überbürdung laufender Schönheitsreparaturen gelten, wurde aber bislang vom BGH noch nicht entschieden). So sogar, wenn eine der in ihrem Zusammenwirken zu prüfende vertragliche Regelung individuell vereinbart wurde.[17]

9a Zulässig soll sein: „Der Mieter hat die Schönheitsreparaturen auf eigene Kosten durchzuführen".[18] Liegt eine wirksame Schönheitsreparaturenregelung vor, so kann der Vermieter den Mieter schon während der Mietzeit im Falle eines objektiven Renovierungsbedarfs auf die Durchführung von Schönheitsreparaturen und im Falle des Verzuges auf Kostenvorschuss in Anspruch nehmen.[19]

9b Inhaltlich orientieren sich die Schönheitsreparaturen an § 28 Abs. 4 II. BV, so dass das Abschleifen oder Versiegeln von Holz- bzw. Parkettböden nicht dazu gehört. Weiter sind sog. **Tapetenklauseln** unwirksam, die den Mieter verpflichten würden, ggf. auch die Spuren vertragsgemäßer Abnutzung durch seine(n) Vorgänger zu beseitigen.[20] **Farbwahlklauseln** sind während der Mietzeit ebenfalls unwirksam,[21] nicht aber bezogen auf das Mietvertragsende, sofern nicht nur eine Farbgebung vorgegeben wird, sondern z. B. helle, neutrale Farben, lasierte Holzteile.[22] Ein Verstoß hiergegen kann also den Mieter auch ohne objektiven Renovierungsbedarf zulässigerweise zu einer Endrenovierung verpflichten. Im Übrigen hat der Mieter die Arbeiten „fachgerecht", nicht aber „fachmännisch" durchzuführen.

10 Die **Folgen unwirksamer Schönheitsreparaturenregelungen** sind zwischenzeitlich im wesentlichen geklärt.[23] Aus dem Gesetz, § 538 BGB, ergibt sich nur, dass der Vermieter die vertragsgemäße Abnutzung der Wohnung hinzunehmen hat und dies durch die Zahlung der vereinbarten Miete ausgeglichen wird. Daher sollte unabhängig von der Frage einer Überbürdung der Schönheitsreparaturverpflichtung gesondert („blue-pencil-test") zumindest die **Freizeichnung des Vermieters** ausdrücklich vereinbart werden.

10a Fraglich ist, unter welchen Voraussetzungen ohne eine derartige wirksame Freizeichnungsregelung der Mieter den Vermieter auf Durchführung von Schönheitsreparaturen bzw. Kostenvorschuss in Anspruch nehmen kann. Nach Maßgabe der vorstehenden Ausführungen wird sich dies nicht an den – zu kurzen „Fristenplänen" – orientieren können, sondern allenfalls an einem objektiven Renovierungsbedarf, also Mangel der Mietsache. Bei der Frage, wie der Vermieter dann zu renovieren hat, kann allerdings auf die vorzitierte Rechtsprechung zurückgegriffen werden.

10b Die Frage, ob der Vermieter bei einer Mieterhöhung einen Zuschlag zur ortsüblichen Vergleichsmiete entsprechend § 28 Abs. 4 II. BV verlangen kann (€ 8,50 pro m² und Jahr und dies gem. §§ 28 Abs. 5a, 26 Abs. 4 II. BV sogar indexiert), ist jetzt geklärt. Der BGH verneint dies zu Recht aus rechtsdogmatischen Gründen.[24]

---

[15] BGH NJW 2006, 1728 = NZM 2006, 459.
[16] BGH NJW 2003, 2234 = NZM 2003, 594; NZM 2003, 561.
[17] BGH, NJW 2006, 2116 = NZM 2006, 623.
[18] Laut BGH NJW 2004, 2961 = NZM 2004, 734 verpflichtet die Klausel: „Die Kosten der Schönheitsreparaturen trägt der -Mieter –Vermieter" mit der Streichung des Wortes „Mieter" den Mieter zur Durchführung von Schönheitsreparaturen und nicht nur zur Kostenübernahme.
[19] BGH NJW 2005, 1862 = NZM 2005, 450.
[20] BGH NJW 2006, 2116 = NZM 2006, 622 und NJW 2006, 2115 = NZM 2006, 621.
[21] BGH NJW 2007, 1743 = NZM 2007, 298; NZM 2008, 605.
[22] BGH NJW 2009, 62 = NZM 2008, 926.
[23] Vgl. hierzu ausführlich nur *Hannemann* in FS f. Blank, 2006, 189 ff.
[24] BGH NJW 2008, 2840 = NZM 2008, 641; WuM 2008, 487; damit ist die Entscheidung des OLG Karlsruhe NZM 2007, 481 überholt.

Führt der Mieter in Unkenntnis der Unwirksamkeit der Schönheitsreparaturklausel während des Mietverhältnisses oder an dessen Ende Schönheitsreparaturen aus, so kann ein Bereicherungsanspruch gegen seinen Vermieter in Betracht kommen. Dessen Höhe ist umstritten (vom Mieter aufgewendete oder vom Vermieter ersparte Renovierungskosten oder aufgrund der Renovierung erzielte Mehrmiete?). Der Gewerberaummietsenat des BGH scheint den Umfang der Bereicherung danach bemessen, wie sich der objektive Ertragswert der Mietsache erhöht hat.[25] Der Wohnraummietsenat hat derzeit eine entsprechende Revision vorliegen und wird hierüber Anfang 2009 entscheiden. 10c

Ungeachtet dessen ist zu beachten, dass dann, wenn der Vermieter den Mieter ausdrücklich zur Durchführung von Schönheitsreparaturen gegen den zunächst geäußerten Willen des Mieter aufgefordert hat, der Vermieter Schadensersatz über § 280 Abs. 1 Satz 1 BGB in Höhe der Renovierungskosten des Mieters schulden dürfte. 10d

Im Einzelnen zu alledem vgl. § 19 II.

5. Kleinreparaturen

Als Abweichung von der gesetzlichen Vorgabe müssen sog. Bagatellreparaturklauseln zu ihrer Wirksamkeit eine gegenständliche Beschränkung, eine betragsmäßige Begrenzung im Einzelfall und pro Kalenderjahr aufweisen und dürfen nicht den Eindruck erwecken, der Mieter müsse „mehr" tun, als lediglich die Kosten zu übernehmen.[26] Vgl. näher § 19 III. 11

6. Mietstruktur

Bei der Gestaltung der vom Mieter geschuldeten Miete ist für eine genaue und zweifelsfreie Ausgestaltung der einzelnen Entgeltbestandteile zu sorgen: 12

- **Grundmiete**
- Gegebenenfalls **gesondert ausgewiesene Entgeltbestandteile**, wie z. B. Kostenanteil für Schönheitsreparaturen oder Verwaltungskosten (als Festbetrag); dabei ist aber zu beachten, dass bei der Bemessung des ortsüblichen Miete und z. B. der Ausgangsmiete im Rahmen der Mieterhöhung nach § 558 BGB alle diese Entgeltbestandteile zur Grundmiete hinzu zu addieren sind.[27] 13
- **Betriebskostenumlagevereinbarung** auf der Grundlage des § 2 BetrKV (§ 556 Abs. 1 BGB), unter Beachtung einer sog. qualifizierten Umlagevereinbarung im Hinblick auf die dortige Nr. 17 „sonstige Betriebskosten", die eine konkrete, zumindest schlagwortartige Benennung der jeweiligen Kostenpositionen im Mietvertrag voraussetzt. Vgl. hierzu § 24 Rdnr. 144 ff. 14
- Zweifelsfreie Festlegung der vorgesehenen Zahlungen des Mieters auf die Betriebskosten entweder als **Vorauszahlung** mit Abrechnungsverpflichtung **oder** als **Pauschale**. Im zuletzt genannten Fall ist auf die gesonderte Vereinbarung eines Erhöhungsvorbehalts zu achten (§ 560 Abs. 1 BGB). Vgl. hierzu § 24 Rdnr. 17. 15

7. Betriebskostenumlagevereinbarung/Hausordnung

Bei der Vertragsgestaltung ist bekanntlich darauf zu achten, dass Widersprüche vermieden werden, die sich allein zu Lasten des Verwenders auswirken, wobei zur Beurteilung der gesamte Vertragstext heranzuziehen ist. Soweit ersichtlich wurde bislang ein häufig anzutreffender Widerspruch zwischen der Betriebskostenumlagevereinbarung einerseits und der Hausordnung andererseits noch nicht thematisiert: Während in ersterer etwa die Kosten für die Reinigung von Treppenhaus, Straße, Gartenpflege u. a. auf den Mieter abgewälzt werden, enthält die Hausordnung die Verpflichtung des Mieters zur Durchführung entsprechender Tätigkeiten. Was soll nun gelten? Was ist für den Mieter günstiger: die Erbringung entsprechender „Hand- und Spanndienste" oder die Zahlung der damit verbundenen Kos- 16

---

[25] BGH Urteil vom 26. 7. 2006 – XII ZR 46/05; Urteil vom 23. 8. 2006 – XII ZR 205/05.
[26] BGH NJW 1989, 2247; NJW 1992, 1759; vgl. auch OLG Frankfurt/M. WuM 1997, 609.
[27] OLG Frankfurt/Main NZM 2001, 418; LG Mannheim NZM 2000, 490.

ten? Im Zweifel gilt weder die eine noch die andere Verpflichtung, was für den Mieter sicherlich am günstigsten ist (vgl. § 305c Abs. 2 BGB). Der BGH hat in diesem Zusammenhang festgehalten, dass die in einem Wohnraummietvertrag individuell vereinbarte Übertragung der Pflicht zur Gartenpflege auf den Mieter eine Umlagefähigkeit von Kosten der Gartenpflege deshalb von vornherein ausschließt, weil danach die im Rahmen einer Gartenpflege zu leistenden Instandhaltungsarbeiten überhaupt nicht mehr zum Pflichtenkreis des Vermieters gehört haben.[28]

8. Abrechnungsmaßstab für Betriebskosten

17 § 556a Abs. 1 BGB schreibt vor, dass mangels abweichender mietvertraglicher Vereinbarung zwingend als Umlageschlüssel für die Abrechnung der Betriebskosten das Verhältnis der **Wohnfläche** zur Gesamtwohnfläche zugrunde zu legen ist (vgl. hierzu § 24 Rdnr. 258). Bei der vermieteten Eigentumswohnung ist dabei unbedingt zu prüfen, ob die Miteigentumsanteile dem Wohnflächenverhältnis entsprechen, was nicht zwingend ist; bei Abweichungen ist andernfalls dem vermieteten Eigentümer eine ordnungsgemäße Betriebskostenabrechnung erheblich erschwert. Die Heranziehung der Miteigentumsanteile als Umlagemaßstab bedarf der ausdrücklichen Vereinbarung (vgl. zu den Problemen der Betriebskostenumlage und -abstimmung bei der vermieteten ETW § 33 Rdnr. 9ff.).

9. Zeitmietvertrag/Bedingter Mietvertrag

18 • Im Falle der rechtswirksamen Befristung eines Mietverhältnisses gem. § 575 BGB ist darauf zu achten, dass etwa im Mietvertrag vorhandene **Kündigungsregelungen** sich eindeutig nicht auf die Befristungszeit beziehen (§ 305c Abs. 2 BGB) und dass in der Befristung kein konkludenter **Ausschluss** der **Mieterhöhung** gesehen werden kann (§ 557 Abs. 3 BGB). Vgl. hierzu § 23 Rdnr. 10ff.

19 • Eine vorformulierte Befristungsabrede ohne Vorliegen der Gründe in § 575 Abs. 1 BGB schließt nur die **ordentliche Kündigung** des Vermieters nicht aber des Mieters während des Befristungszeitraums aus. Für letzteres bedarf es vielmehr einer entsprechenden ausdrücklichen zweifelsfreien Vereinbarung (vgl. hierzu § 29 Rdnr. 73 und 96ff.). Vergleichbares gilt im Übrigen für die Vereinbarung einer **auflösenden Bedingung,** etwa der Beendigung eines Werkmietwohnungsvertrages mit Beendigung des Dienst- oder Arbeitsvertrages (vgl. hierzu § 29 Rdnr. 155f.). Anders als nach der Rechtslage vor der Mietrechtsreform wandelt sich im Fall des Bedingungseintritts das Mietverhältnis nicht in ein unbefristetes um (§ 565a Abs. 2 BGB a.F.). Jetzt kann sich allein der Mieter, nicht aber der Vermieter auf die ansonsten rechtswirksam vereinbarte Bedingung berufen (§ 572 Abs. 2 BGB).

III. Durchführung des Mietvertrages

1. Gewährleistung

20 • Der Mieter(-anwalt) hat darauf zu achten, dass jeder **Mangel** innerhalb seines Herrschaftsbereichs, der ohne weitere Prüfung festgestellt werden kann, nachweislich dem Vermieter unverzüglich **angezeigt** wird, um seine Gewährleistungsansprüche zu erhalten. Sollte der Vermieter dennoch über längere Zeit keinerlei Aktivitäten zur Mangelbeseitigung ergreifen, ist darüber hinaus entweder eine Mietreduzierung vorzunehmen oder die ungeschmälerte Miete nur unter ausdrücklichem **Vorbehalt** weiter zu bezahlen, um Verwirkungsgesichtspunkte zu vermeiden. Vgl. hierzu § 18 Rdnr. 42.

• Hat der Vermieter(-anwalt) Anhaltspunkte dafür, dass die vom Mieter vorgenommene Minderung entweder dem Grunde und/oder der Höhe nach ungerechtfertigt sein könnte, sollte er seinerseits zur Vermeidung von Verwirkungsgesichtspunkten nachweislich der vorgenommenen **Mietreduzierung** ausdrücklich **widersprechen** (vgl. § 18 Rdnr. 5).

---

[28] BGH NZM 2009, 27.

- Hat der Mieter dem Vermieter einen Mangel der Mietsache angezeigt, steht ihm bekannt- 21
  lich u. a. ein Recht auf Minderung der Miete zu (§ 536 Abs. 1 BGB). Bemessungsgrundlage ist dabei die vereinbarte Miete einschließlich aller Nebenkosten, unabhängig davon, ob es sich um Vorauszahlungen oder eine Pauschale handelt,[29] und damit natürlich auf etwaige Nachzahlungsbeträge aus Betriebskostenabrechnungen. Dies birgt nicht unerhebliche Risiken, durch eine dieses Minderungsrecht nicht zutreffend berücksichtigende Betriebskostenabrechnung in die „Falle" der Ausschlussfrist des § 556 Abs, 3 BGB „zu laufe". Daher sollte erwogen werden, den somit erst nach Vorliegen der Betriebskostenabrechnung endgültig bezifferbaren Minderungsbetrag bei der Grundmiete abzuziehen und so dem Mieter ungeschmälert „gutzubringen", um die Betriebskostenabrechnung dann unverändert erstellen zu können. Im Übrigen ist die Entscheidung des Mieters, sein Minderungsrecht etwa nur auf die Grundmiete zu beschränken, bindend.
- Daneben und zusätzlich kann der Mieter auch einen Anspruch auf Zurückbehaltung der 22
  Miete nach § 273 BGB bzw. die **Einrede des nicht erfüllten Vertrages** gem. § 320 BGB bis zur ordnungsgemäßen Mangelbeseitigung geltend machen. Der insoweit mögliche Einbehalt beläuft sich im Regelfall auf das 3- bis 5fache der zulässigen Minderung.[30] Um eine fristlose Kündigung nach §§ 543 Abs. 2 Nr. 3, 569 Abs. 3 Nr. 1 BGB wegen Zahlungsverzuges zu vermeiden, sollte daher die vorgenomme Minderung zwingend auf einen angemessenen Betrag begrenzt und die verbleibende Differenz zum vorgenommenen Einbehalt ausdrücklich schriftlich mit dem **Zurückbehaltungsrecht** begründet werden. Gestützt auf diese zu Recht vorgenommenen Mieteinbehalte kann sich der Mieter darüber hinaus auch mit Erfolg gegenüber einer begründeten Zahlungsklage des Vermieters wegen überhöht vorgenommener Mietkürzungen zur Wehr setzen, des Weiteren gegen eine Räumungsklage gestützt auf Zahlungsverzug gemäß § 543 Abs. 2 Ziffer 3 BGB oder § 573 Abs. 2 Ziffer 1 BGB. Allerdings ist zu beachten, dass mangelndes Verschulden grundsätzlich nur bei einem Irrtum des Mieters über die Höhe der Minderung bzw. des Zurückbehaltungsrechts, sofern nicht offensichtlich übersetzt, angenommen wird, nicht auch im Hinblick auf den Bestand der entsprechenden Rechte. Hier muss der Mieter ggf. zuvor Rechtsrat einholen, wobei ihm aber das Verschulden seines „Ratgebers" wie eigenes Verschulden zugerechnet wird.[31] Der sicherste Weg ist daher für den Mieter die „Beschränkung" auf den Erfüllungsanspruch, also die Zahlung der ungeschmälerten Miete unter Vorbehalt und nach rechtskräftiger Feststellung des Mangels die Rückforderung entsprechender Beträge. Mit etwas größerem Risiko behaftet ist die Vorgehensweise, zwar Minderung und zusätzliches Zurückbehaltungsrecht auszuüben, zumindest jedoch die zurückbehaltenen Mietzinsanteile auf ein separates Konto einzuzahlen und zu dokumentieren.

2. Untervermietung

Aus Sicht des **Mieter(-anwalt)s:** 23
- Will der Mieter tatsächlich untervermieten, muss dem Vermieter die **Person** des oder der potenziellen **Untermieter** zweifelsfrei **genannt** werden. Andernfalls ist der Vermieter berechtigt, seine Erlaubnis zur Untervermietung zu verweigern, allerdings nicht generell, sondern nur mit dieser Begründung. Vgl. § 12 Rdnr. 22.
- Will der Mieter dagegen lediglich das **Sonderkündigungsrecht** des § 540 Abs. 1 Satz 2 BGB provozieren, ohne einen potenziellen Untermieter in Aussicht zu haben, kann er es auch mit einer generellen Untervermietungserlaubnisanfrage versuchen in Verbindung mit

---

[29] BGH NJW 2005, 1713 = NZM 2005, 155.
[30] Vgl. BGH NZM 2003, 437: 3fache Höhe der Herstellungskosten ist nicht zu beanstanden; diese zwar zum Gewerberaummietrecht ergangene Entscheidung lässt sich in ihren tragenden Erwägungen auch auf die Wohnraummiete übertragen. Dabei ist derzeit offen, ob und wie sich die Regel-Begrenzung des Zurückbehaltungsrechts in der Neufassung des § 641 abs. 3 BGB lediglich auf das Doppelte der Mangelbeseitigungskosten auswirken wird. Vgl. weiter BGH NJW-RR 2007, 1021.
[31] BGH NJW 2007, 428 = NZM 2007, 35; instruktiv hierzu *Blank*, Mietrechtsberatung und Mieterrisiko, NZM 2007, 788.

dem Zusatz, dass eine ausbleibende Reaktion des Vermieters innerhalb angemessener Frist als Verweigerung gewertet wird. Dies deshalb, da das bloße Schweigen des Vermieters auf eine derartige generelle Anfrage nicht als generelle Verweigerung angesehen wird.[32]

24 Aus Sicht des **Vermieter(-anwalt)s:**
- Wird ein konkreter möglicher Untermieter namentlich benannt, sollte mit diesem Kontakt aufgenommen werden. Bei Verweigerung der Erlaubnis muss mit der Ausübung des **Sonderkündigungsrecht** durch den Mieter gerechnet werden. Vgl. eingehender § 12 Rdnr. 21.
- Wird kein konkreter Untermieter benannt, darf in keinem Falle generell die Erlaubnis zur Untervermietung verweigert werden, um nicht das Sonderkündigungsrecht zu Gunsten des Mieters auszulösen. Vielmehr ist beim Mieter schriftlich die konkrete namentliche **Benennung** des vorgesehenen Untermieters **einzufordern.**

3. Besichtigung der Mietsache

25 Weigert sich der Mieter ohne Grund trotz vorausgegangener ordnungsgemäßer Ankündigung, das Besichtigungsrecht des Vermieters aus besonderem Anlass (z. B. bei Mängelanzeige oder bevorstehendem Vertragsende bzw. vorgesehenem Verkauf der Mietsache) zu erfüllen, ist er für den dem Vermieter daraus entstehenden Schaden **ersatzpflichtig.** Dies kann z. B. der (Verschlechterungs-)Schaden auf Grund der deshalb nicht möglichen Mangelbeseitigung sein oder ein Mietausfall bzw. Mindererlös im Falle des Verkaufs. Ungeachtet dessen ist der Vermieter nicht zur Selbsthilfe berechtigt, sondern auf den Weg der Inanspruchnahme gerichtlicher Hilfe und sei es über eine einstweilige Verfügung verwiesen. Vgl. zur Besichtigung der Wohnung § 15 Rdnr. 129 ff.

4. Energetische Modernisierung

26 Energiesparmassnahmen lösen bekanntlich unter Beachtung der gesetzlichen Vorgaben vor allem auch in formeller Hinsicht Duldungspflichten des Mieters nach § 554 Abs. 2 BGB sowie ggf. Mieterhöhungsansprüche des Vermieters nach den §§ 559 ff. BGB aus. Streitig ist, ob dies voraussetzt, dass es zu einer Einsparung von Endenergie, also zu Kosteneinsparungen des Mieters, kommt (wenn auch nicht in der Größenordnung der etwa begründeten Mieterhöhung),[33] oder ob auch – etwa zum Schutz der Umwelt – die Einsparung von Primärenergie genügt.[34] Der BGH hat jetzt festgehalten, dass der Anschluss einer Wohnung an ein aus Anlagen der Kraft-Wärme-Kopplung gespeistes Fernwärmenetz eine duldungspflichtige Modernisierung darstellt, auch wenn allein eine Primärenergieeinsparung verbunden ist. Er hat dies aus der Entstehungsgeschichte und dem Zweck des § 554 Abs. 2 Satz 1 BGB abgeleitet.[35] Inwieweit diese Grundsätze auch für andere Maßnahmen zur Einsparung von Primärenergie gelten, ist offen.

IV. Mietpreisrecht

1. Verrechnung von Teilzahlungen

27 Sind dem Mieter aus wirtschaftlichen Gründen nur Teilzahlungen möglich, ist ihm zu empfehlen, in jedem Falle eine entsprechende **Verrechnungsbestimmung** zu treffen, um die Anwendung der §§ 366, 367 BGB und damit das Entstehen eines fristlosen Kündigungsrechts nach den §§ 543 Abs. 2 Nr. 3, 569 Abs. 3 Nr. 1 BGB zu verhindern.

---

[32] OLG Koblenz NZM 2001, 581.
[33] Die Mieterhöhung darf grundsätzlich, nicht verbindlich, die Energieeinsparung um maximal 200% überschreiten: RE des OLG Karlsruhe WuM 1985, 17.
[34] Vgl. nur *Eisenschmid* in Schmidt-Futterer, § 554 Rdn. 144 ff.
[35] BGH NJW 2008, 3630 = NZM 2008, 883.

2. Konkludente Betriebskostenumlagevereinbarung?

Grundsätzlich kann etwa durch eine jahrelange Abrechnungspraxis die mietvertragliche Betriebskostenumlagevereinbarung konkludent geändert, insbes. auch erweitert werden. So hatte der BGH festgehalten, dass eine Umlegung einzelner Betriebskosten auch auf Grund jahrelanger Zahlung durch stillschweigende Vereinbarung erfolgen kann.[36] Jetzt hat der BGH die Vorgaben an ein derartiges konkludentes Verhalten – letztendlich ohne Not im konkret entschiedenen Fall – erheblich verschärft: Danach bedarf ist nicht lediglich einer jahrelangen Übung, sondern zusätzlich besonderer Umstände, die einmal den entsprechenden Änderungswillen des Vermieters für den Mieter und zum anderen den damit korrespondierenden Zustimmungswillen des Mieters für den Vermieter erkennbar machen.[37] Diese strengen Voraussetzungen dürften in der Praxis kaum erfüllt werden. Konsequenterweise hat daher der BGH z. B. die Nicht-Abrechnung der Betriebskosten trotz mietvertraglich vereinbarter Vorauszahlungen über 20 Jahre nicht genügen lassen, um dadurch für die Zukunft eine konkludent vereinbarte Pauschale auszulösen.[38]

3. Betriebskostenabrechnung

Der **Vermieter(-anwalt)** muss für alle nach dem 1. 9. 2001 endenden Abrechnungsperioden eine gesetzliche **Ausschlussfrist von einem Jahr** ab Ende des Abrechnungszeitraums beachten (daher gelten die §§ 204 Abs. 1 Nr. 1,[39] 212 Abs. 1 Nr. 1[40] und 214 Abs. 2 Satz 1 BGB[41] nicht). Danach ist er mit Nachforderungen aus Betriebskostenabrechnungen ausgeschlossen, außer er hat die Verspätung nicht zu vertreten. Selbst in diesem Fall muss er aber im Regelfall innerhalb von 3 Monaten abrechnen, sobald der unverschuldete Hinderungsgrund entfallen ist.[42] Zur Erstellung der Abrechnung und zur Auskehrung etwa sich daraus ergebender Guthaben an den Mieter bleibt der Vermieter somit nach wie vor verpflichtet. Der Ausschluss von Nachforderungen (nicht etwa rückständiger Vorauszahlungen)[43] gilt, wenn der Vermieter innerhalb dieser Jahresfrist überhaupt nicht abrechnet, oder seine Abrechnung formell fehlerhaft, also für den Durchschnittsmieter nicht nachvollziehbar ist und daher die Fälligkeit des Nachforderungsbetrages innerhalb der Jahresfrist nicht auslöst.[44] Bei einer nachvollziehbaren, aber inhaltlich falschen Abrechnung über im Vertrag rechtswirksam auf den Mieter abgewälzte Betriebskosten kann der Vermieter auch nach Ablauf der Ausschlussfrist noch nachbessern, allerdings beschränkt auf den sich aus der materiell unrichtigen, aber rechtzeitigen Abrechnung ergebenden Saldo, also auch etwa ein Guthaben.[45] Eine „lediglich" inhaltlich mangelhafte Abrechnung soll sogar die Erhöhung der Vorauszahlungen nach § 560 Abs. 4 BGB rechtfertigen.[46]

Mit Zugang einer prüffähigen Betriebskostenabrechnung beginnt gewissermaßen umgekehrt auch für den **Mieter** eine **einjährige Ausschlussfrist** für sämtliche Einwendungen[47] (str., ob auch insoweit, dass begrifflich keine „Betriebskosten" abgerechnet wurden; im Zweifel ja) gegen die Betriebskostenabrechnung, sofern er die Verspätung nicht zu vertreten hat (§ 556 Abs. 3 Satz 5 BGB). So etwa, wenn die Abrechnung Betriebskosten enthält, die entweder nach § 2 BetrKV überhaupt nicht umlegbar sind oder deren Umlage im Mietvertrag nicht vereinbart ist. Die Fälligkeit des Abrechnungssaldos tritt allerdings schon früher

---

[36] BGH NZM 2004, 418 betr. Kosten der Dachrinnenreinigung als sonstige Betriebskosten unter Hinweis auf BGH NZM 2000, 961, wo eine derartige Praxis 6 Jahre lang erfolgte).
[37] BGH NJW 2008, 283 = NZM 2008, 81.
[38] BGH NJW 2008, 1302 = NZM 2008, 276.
[39] BGH NJW 2009, 283 = NZM 2009, 78.
[40] BGH NJW 2008, 2258 = NZM 2008, 477.
[41] BGH NJW 2006, 903 = NZM 2006, 222.
[42] BGH NJW 2006, 3350 = NZM 2006, 740.
[43] BGH NJW 2008, 142 = NZM 2008, 35.
[44] BGH NJW 2009, 283 = NZM 2009, 78; NJW 2007, 1059 = NZM 2007, 244; NJW 2008, 2328 = NZM 2008, 520.
[45] BGH NJW 2008, 1150 = NZM 2008, 204; NZM 2005, 13; GE 2005, 360.
[46] BGH NJW 2008, 508 = NZM 2008, 121.
[47] BGH NJW 2008, 1521 = NZM 2008, 361; NJW 2008, 283 = NZM 2008, 81.

ein, maximal 1 Monat nach Erhalt einer formell ordnungsgemäßen und prüffähigen Abrechnung. Nachdem unklar ist, ob auch nach dem 1. 9. 2001 in der vorbehaltlosen Zahlung des Abrechnungssaldos durch den Mieter ein deklaratorisches Schuldanerkenntnis liegt, sollte der Mieter(-anwalt) beim Saldoausgleich vorsorglich einen ausdrücklichen Vorbehalt etwa unter Hinweis auf die noch nicht abgelaufene Einwendungsfrist erklären.

30   Dem Mieter einer freifinanzierten Wohnung steht grundsätzlich nur ein Einsichtsrecht in die Original-Belege beim Vermieter zu. Nur im Ausnahmefall können Kopien gegen Kostenerstattung verlangt werden.[48] Um substantiierte Einwendungen erheben zu können, ist also vorher das Einsichtsrecht auszuüben.

4. Mieterhöhung

31   Existiert ein **qualifizierter Mietspiegel** i. S. v. § 558 d BGB, dann ist der Vermieter(-anwalt) gezwungen, selbst dann, wenn er das Mieterhöhungsbegehren i. S. v. § 558 BGB auf ein anderes Begründungsmittel stützen will, in jedem Fall auch den sich aus dem qualifizierten Mietspiegel ergebenden Wert der ortsüblichen Vergleichsmiete anzugeben (§ 558 a Abs. 3 BGB). Andernfalls ist das Mieterhöhungsverlangen unwirksam. Vgl. § 23 Rdnr. 84 f.

32   Der Vermieter sollte den Mieter bereits im Mieterhöhungsverlangen nach § 558 BGB darauf hinweisen, dass die **bloße Zahlung** der erhöhten Miete nicht ausreicht sondern es einer schriftlichen Zustimmungserklärung bedarf. Bei bloßer Zahlung der nach § 558 BGB erhöht verlangten Miete ohne schriftliche Zustimmung durch den Mieter sollte der Vermieter dennoch gegen den Mieter Klage auf Zustimmung zur Mieterhöhung erheben. Vgl. hierzu § 23 Rdnr. 143 und 153.

33   Werden in einem Wohnraummietvertrag nicht alle nach § 2 BetrKV umlagefähigen Betriebskostenpositionen tatsächlich auf den Mieter abgewälzt (= **Teil-Inklusivmiete**), dann muss der Vermieter(-anwalt) für ein rechtswirksames Mieterhöhungsbegehren auf die ortsübliche Vergleichsmiete zunächst die Vergleichbarkeit der Mietstruktur zwischen der Miete, die erhöht werden soll, und der ortsüblichen Vergleichsmiete herstellen.[49] Dies bedeutet, dass der Vermieter(-anwalt) den aktuell in der Teil-Inklusivmiete enthaltenen Betriebskostenanteil (orientiert z. B. an der letzten Betriebskostenabrechnung) herausrechnen muss. Um bei Anwendung der Kappungsgrenze eine größere Mietsteigerung zu erreichen, ist dieser Betriebskostenanteil der ortsüblichen Vergleichsnettomiete zuzuschlagen, um eine fiktive Teil-Inklusivvergleichsmiete zu erreichen. Theoretisch wäre es auch denkbar, die nach Herausrechnen des Betriebskostenanteil verbleibende fiktive Nettomiete auf die ortsübliche Vergleichsnettomiete zu erhöhen. Dann errechnet sich aber die Kappungsgrenze von 20 Prozent auch nur aus dieser geringeren fiktiven Nettomiete. Nach dem hier favorisierten Vorschlag ist demgegenüber Ausgangsmiete die aktuell geschuldete Teil-Inklusivmiete.[50] Vgl. hierzu § 23 Rdnr. 109 ff.

34   Bei einem **Mischmietverhältnis** mit überwiegendem Wohnanteil und einheitlicher Miete kann für ein rechtswirksames Mieterhöhungsbegehren nach § 558 BGB zunächst die ortsübliche Wohnraumvergleichsmiete herangezogen werden und gleichzeitig ein Zuschlag nach § 26 Abs. 2 NMV von maximal 50% auf die nicht zu Wohnzwecken genutzte Teilfläche vorgenommen werden.[51]

35   Ohne Ankündigung der zu erwartenden Mietsteigerung i. S. v. § 554 Abs. 2, 3 BGB kann eine **Mieterhöhung nach § 559 BGB** insgesamt unzulässig sein, sofern es sich um eine Außenmodernisierungsmaßnahme handelt, der Mieter die Durchführung der Arbeiten also nicht gestattet hat und er im Falle einer ordnungsgemäßen Ankündigung der Maßnahme nicht hätte gestatten müssen (§ 554 Abs. 2 Satz 2 BGB). Hat der Mieter demgegenüber, vor allem bei Innenmodernisierungsmaßnahmen, die Durchführung der Arbeiten tatsächlich gestattet, oder hätte er bei ordnungsgemäßer Ankündigung dulden müssen, führt die unter-

---

[48] BGH NJW 2006, 1419 = NZM 2006, 340.
[49] BGH NJW 2008, 848 = NZM 2008, 124; NJW 2006, 1061 = NZM 2006, 101; NZM 2004, 218 und 253; vgl. auch BGH NJW 2006, 3305 = NZM 2006, 652.
[50] Im Einzelnen *Hannemann* NZM 1998, 612.
[51] *Hannemann* NZM 1998, 612.

lassene Ankündigung der Mieterhöhung lediglich dazu, dass das Mieterhöhungsbegehren i. S. v. § 559 BGB sechs Monate später wirksam wird (§ 559b Abs. 2 BGB).[52]

Optimale Mietsteigerungen zu Gunsten des Vermieters werden durch folgende Reihenfolge der gesetzlichen Mieterhöhungsmöglichkeiten erreicht: 36

- **Schritt 1:**
Erhöhung der Betriebskostenpauschale i. S. v. § 560 Abs. 2 BGB: maßgeblich sind nur die Betriebskostensteigerungen seit der letzten Erhöhung nach § 558 BGB[53]
und

- **Schritt 2:**
Mieterhöhung nach § 558 BGB auf der Basis der ortsüblichen Vergleichsmiete für unmodernisierten Wohnraum **und** zusätzlich eine Erhöhung nach § 559 BGB[54]
oder

- **Schritt 2 – alternativ:**
Mieterhöhung nach § 559 BGB **und** zusätzlich eine Erhöhung nach § 558 BGB auf der Basis der ortsüblichen Vergleichsmiete für modernisierten Wohnraum;[55] diese ortsübliche Vergleichsmiete darf zum Zeitpunkt des Zugangs der Mieterhöhungserklärung noch nicht erreicht sein (es spielt also keine Rolle, wenn die Wirkung des § 559 BGB danach aber noch vor Wirksamwerden der Erhöhung nach § 558 BGB eintritt).

- **Achtung: Verbot der sog. kumulativen Mieterhöhung**
Obergrenze maximal zulässiger Erhöhungen:
alter Mietzins + Betriebskostensteigerung + 20% + Modernisierungszuschlag.[56]

V. Vertragsbeendigung

1. Personenmehrheit

Grundsätzlich gilt, dass eine Kündigung zu ihrer Rechtswirksamkeit **von allen** Vertragspartnern auf der einen Seite **gegenüber allen** Vertragspartnern auf der anderen Seite ausgesprochen werden muss. Geht die Kündigung nur einem von mehreren Mietern zu, ist sie insgesamt unwirksam.[57] Haben nun am Mietvertragsschluss mehrere Personen mitgewirkt, ohne in das Rubrum des Vertrages aufgenommen worden zu sein und/oder diesen unterschrieben zu haben, wäre es möglich, dass auch diese Personen, vertreten durch die in den schriftlichen Mietvertrag aufgenommenen, Vertragspartner geworden sind. Daher sollte vorsorglich eine Kündigung auch im Namen dieser Personen ausgesprochen bzw. auch diesen Personen gegenüber nachweislich erklärt werden. (vgl. § 28 Rdnr. 9). 37

Bei einer Mietermehrheit ist die Kündigung nachweislich auch etwa bereits vor Jahren **ausgezogenen Mietern** gegenüber vorsorglich zu erklären, sofern diese nicht rechtswirksam durch eine dreiseitige Vereinbarung zwischen dem Vermieter einerseits und dem verbliebenen sowie dem ausgezogenen Mieter andererseits entlassen worden sind. (vgl. näher § 28 Rdnr. 11). 38

2. Stellvertretung

Bei Ausspruch einer Kündigung durch einen Vertreter, insbesondere durch einen Anwalt, ist unbedingt eine **Original-Vollmachtsurkunde beizufügen**, sofern der Kündigungsempfänger nicht bereits Kenntnis von der Bevollmächtigung hat (§ 174 BGB). Andernfalls kann der 39

---

[52] Vgl. BGH NJW 2007, 3565 = NZM 2007, 882.
[53] KG NJW-RR 1998, 226 = NZM 1998, 68.
[54] OLG Hamm NJW 1983, 289.
[55] LG Berlin NZM 1999, 457; vgl. zur Berechnung der Kappungsgrenze: OLG Hamm NJW-RR 1993, 399; BGH NJW 2004, 2088 = NZM 2004, 456.
[56] OLG Hamm NJW-RR 1993, 399.
[57] So für den vergleichbaren Fall der Mieterhöhung BGH, NZM 2004, 419.

Erklärungsempfänger allein deshalb der Kündigung widersprechen, muss dies aber unverzüglich, mithin binnen weniger Tage, tun. Erfolgt auch die Zurückweisung durch einen Vertreter, ist der **Zurückweisung** ebenfalls eine **Original-Vollmacht** beizufügen.

40 Der Vertreter muss nicht nur seine Stellvertretung **offen legen** (§ 164 Abs. 2 BGB), sondern auch die von im vertretenen Personen eindeutig bezeichnen. Ansonsten liegt möglicherweise ein Fall der sog. **verdeckten Stellvertretung** vor mit der Folge, dass es der Kündigung an der Rechtswirksamkeit fehlt. Vgl. § 28 Rdnr. 12 ff.

3. Ordentliche Kündigung

41 Trotz der verkürzten Kündigungsfristen nach § 573 c BGB ist in jedem Fall auf Grund der Übergangsregelungen in Art. 229 § 3 Abs. 10 EGBGB zu prüfen, ob nicht in dem zum 1. 9. 2001 bereits bestehenden Mietvertrag zulässigerweise individuell abweichende Kündigungsfristen vereinbart sind, die dann auch über den 1. 9. 2001 hinaus fortgelten. (vgl. das ab 1. 6. 2005 in Kraft getretene **Gesetz über Kündigungsfristen für sog. Altmietverträge**).[58]

42 Die **Vermieterkündigung einer Einliegerwohnung** i. S. v. § 573 a Abs. 1 BGB muss ausdrücklich auf das dort statuierte Sonderkündigungsrecht gestützt werden, um das Erfordernis eines berechtigten Interesses i. S. v. § 573 Abs. 2 BGB zu umgehen. Soweit tatsächlich ein berechtigtes Interesse gegeben ist, kann die Kündigung mit entsprechender schriftlicher Begründung nach § 573 Abs. 3 BGB in erster Linie mit kürzerer Frist auf § 573 Abs. 2 BGB gestützt werden und hilfsweise mit der um drei Monate längeren Kündigungsfrist auf das Sonderkündigungsrecht in § 573 a Abs. 1 BGB. Vgl. hierzu § 28 Rdnr. 522 ff.

43 Widerspricht der Mieter der Kündigung, gestützt auf die Sozialklausel des § 574 BGB, hat der Vermieter die Möglichkeit, sofort, also noch vor Ablauf der Kündigungsfrist, **Klage auf künftige Räumung** i. S. v. § 259 ZPO zu erheben. In dem Widerspruch liegt die Besorgnis, dass der Mieter das begründete Räumungsbegehren des Vermieters zum Fälligkeitszeitpunkt nicht erfüllen wird. Der Mieter(-anwalt) muss daher sorgfältig prüfen, ob er rechtswirksam vom Vermieter auf dieses Widerspruchsrecht in der Kündigung hingewiesen worden ist (§ 568 Abs. 2 BGB). Vgl. § 28 Rdnr. 553.

44 Die Vereinbarung eines befristeten **Ausschlusses der ordentlichen Kündigung** im Wohnraummietvertrag, gewissermaßen als Ersatz für den nur noch unter den engen Voraussetzungen des § 575 BGB zulässigen Zeitmietvertrag, ist individualvertraglich sogar einseitig nur zu Lasten des Mieters bis zu 5 Jahren zulässig,[59] formularvertraglich dagegen wegen § 307 BGB nur wechselseitig und nur bis zu maximal 4 Jahren.[60] Sie bedarf für mehr als 1 Jahr der Schriftform.[61]

45 Vor dem 1. 9. 2001 abgeschlossene Wohnraummietverträge (späterer Mietbeginn schadet nicht)[62] mit Verlängerungsklausel, die zu einer befristeten Verlängerung führen sollen (sog. **Ketten-Mietverträge**), gelten fort.[63] Sie können nach wie vor unter Beachtung der für den Vermieter weiter geltenden Kündigungsfrist[64] nur zu dem im Vertrag vereinbarten Ablauftermin gekündigt werden[65] (vgl. § 29 Rdnr. 24 ff.).

---

[58] Dieses Gesetz war aufgrund der nach der Mietrechtsreform zu diesem Problemkreis ergangenen BGH-Rechtsprechung erforderlich geworden: BGH NJW 2006, 1867 = NZM 2006, 460; NJW 2004, 1447 = NZM 2004, 336; WuM 2004, 101 und 275; NJW 2003, 2739 = NZM 2003, 711; WuM 2003, 462. Zur Mieterkündigung vgl. BGH NJW 2005, 1572 = NZM 2005, 417.
[59] BGH NJW 2004, 1448 = NZM 2004, 216.
[60] BGH NJW 2005, 1574 = NZM 2005, 417; bis zu 2 Jahre zulässig: BGH NJW 2004, 3117 = NZM 2004, 733; für 14 Monate auch in Übereinstimmung mit Europarecht: BGH NZM 2004, 734; für knapp über 1 Jahr ebenfalls zulässig: BGH WuM 2004, 672; bei gleichzeitiger Vereinbarung einer Staffelmiete vgl. BGH NJW 2009, 353 = NZM 2009, 80; NJW 2006, 2696 = NZM.2006, 653; NJW-RR 2006, 1236 = NZM 2006, 579; NJW 2006, 1059 = NZM 2006, 254; NJW 2006, 1056 = NZM 2006, 256; NZM 2005, 782.
[61] BGH NJW 2007, 1742 = NZM 2007, 399.
[62] BGH NJW-RR 2007, 10 = NZM 2006, 927.
[63] BGH NJW 2005, 1572 = NZM 2005, 417 vgl. auch BGH NZM 2002, 604.
[64] BGH NJW 2008, 1661 = NZM 2008, 362.
[65] BGH NJW 2007, 2760 = NZM 2007, 728; vgl. auch eine weitere Entscheidung des BGH NZM 2007, 728.

4. Außerordentliche unbefristete (fristlose) Kündigung

Die fristlose Kündigung sowohl des Vermieters als auch des Mieters bedarf zu ihrer Rechtswirksamkeit der **schriftlichen Begründung** im Kündigungsschreiben (§ 569 Abs. 4 BGB). Der Wortlaut des § 569 Abs. 5 BGB legt zwar die Annahme nahe, dass dieses Begründungserfordernis abdingbar sei, da nur auf die Absätze 1 bis 3 des § 569 BGB verwiesen wird. Hierbei handelt es sich aber um ein Redaktionsversehen, da § 569 Abs. 4 BGB gewissermaßen in letzter Minute eingefügt wurde. Unklar sind nach wie vor die **Anforderungen an den Inhalt** einer derartigen Begründung: Während die Instanzgerichte strenge, sich eher an § 573 Abs. 3 BGB orientierende Anforderungen aufstellen,[66] hat der BGH jedenfalls bei „klarer und einfacher Sachlage" neben der Angabe des Zahlungsverzugs als Kündigungsgrund die Bezifferung des Gesamtbetrags der rückständigen Miete ausreichen lassen[67] bzw. die Beifügung eines Mietkontoblattes, selbst wenn dessen Saldo geringfügig von dem im Kündigungsschreiben angegebenen abweicht.[68] Nähere zweifelsfreie Erläuterungen zu den Voraussetzungen der „klaren und einfachen Sachlage" fehlen.

Kompliziert wird das Ganze dann noch dadurch, dass im Kündigungsschreiben ggf. Leistungsbestimmungen des Mieters, für welchen Monat seine Mietzahlung gelten soll, nicht beachtet und damit möglicherweise der falsche Monat als rückständig bezeichnet wird. Dem Vermieter(-anwalt) kann daher nur große Sorgfalt und die Mitteilung völlig zweifelsfreier Kündigungsgründe geraten werden.

In jedem Fall sollte der Vermieter(-anwalt) bei einer fristlosen Kündigung wegen Pflichtverletzungen des Mieters, insbesondere wegen Zahlungsverzugs, **zugleich** auch **hilfsweise fristgerecht kündigen**, gestützt auf § 573 Abs. 2 Nr. 1 BGB. In diesem Fall greift nämlich im Fall nachträglicher Zahlung innerhalb der sog. Schonfrist die Regelung des § 569 Abs. 3 Nr. 2 BGB für die ordentliche Kündigung nicht ein.[69]

§ 556b Abs. 1 BGB gilt nicht für am 1. 9. 2001 bereits bestehende Mietverhältnisse (Art. 229 § 3 Abs. 1 Nr. 7 EGBGB). Dies hat zur Folge, dass für derartige Mietverträge ohne sog. Vorauszahlungsklausel oder bei einer Kombination mit einer Aufrechnungsbeschränkungsklausel[70] die Miete nach wie vor erst zum Ende des jeweiligen Zeitabschnittes fällig wird (§ 551 BGB a. F.). Dies ist bei der fristlosen Kündigung wegen Zahlungsverzuges nach §§ 543 Abs. 2 Nr. 3, 569 Abs. 3 Nr. 1 BGB zu beachten. Vgl. zu alledem § 28 Rdnr. 71 ff.

5. Stillschweigende Vertragsverlängerung

Nach § 545 BGB verlängert sich ein (unabhängig aus welchen Gründen) beendetes Mietverhältnisses stillschweigend auf unbestimmte Zeit, wenn der Mieter den Mietgebrauch über das Vertragsende hinaus fortsetzt und der Vermieter nicht binnen 14 Tagen ab Kenntnis widerspricht. Der Vermieter(-anwalt) hat daher zunächst zu prüfen, ob § 545 BGB im (Formular-)Mietvertrag **rechtswirksam abbedungen** wurde. Dies setzt nach der Rechtsprechung voraus, dass der wesentliche Inhalt dieser Vorschrift in den Mietvertrag mit aufgenommen wurde.[71] Fehlt es an einer wirksamen abweichenden Vereinbarung, kann nur bei einer außerordentlichen unbefristeten Kündigung der Fortsetzungswiderspruch des Vermieters bereits in das Kündigungsschreiben mit aufgenommen werden. Bei einer außerordentlichen befristeten oder einer ordentlichen Kündigung fehlt es hierfür an dem erforderlichen engen zeitlichen Zusammenhang mit dem Vertragsende mit der Folge, dass vorsorglich zum Zeitpunkt des Ausspruchs der Kündigung bereits die vorgenannte **Zwei-Wochen-Frist notiert** werden sollte. Zulässig ist es, den Fortsetzungswiderspruch auch etwa zwei Wochen

---

[66] Vgl. vor allem AG Dortmund WuM 2003, 126; NZM 2003, 596; WuM 2004, 389; a. A. LG Berlin WuM 2003, 628.
[67] BGH NJW 2004, 850 = NZM 2004, 187.
[68] BGH NZM 2004, 699.
[69] BGH NZM 2005, 334; vgl. auch BGH NJW 2006, 1585 = NZM 2006, 338.
[70] BGH NJW 1995, 254; näher *Hannemann* WuM 1995, 8; vgl. auch BGH WuM 2008, 152.
[71] OLG Schleswig NJW 1995, 2858; a. A. für das Gewerberaummietrecht OLG Rostock NZM 2006, 584.

vor dem vorgesehenen Vertragsende dem Mieter gegenüber nachweislich zu erklären. Vgl. hierzu § 30.

VI. Verjährung nach § 548 BGB

1. Anwendungsbereich

51 Der kurzen Verjährung des § 548 BGB unterliegen nur die Schadensersatzansprüche des Vermieters auf Grund von **Verschlechterungen oder Veränderungen der Mietsache**. Schadensersatzansprüche, die erst aus Anlass der Beendigung des Mietverhältnisses (etwa auf Grund nicht ordnungsgemäß erfüllter Rückgabeverpflichtung) ausgelöst werden,[72] unterfallen ebenso wenig dieser Vorschrift wie Ersatzansprüche des Vermieters auf **Nutzungsentschädigung** i. S. v. § 546 a BGB[73] oder Ersatz des **Kündigungsfolgeschadens** nach berechtigter fristloser Vermieterkündigung.[74] Demgegenüber unterfällt der **Mietausfallschaden** z. B. wegen Verzugs mit Schönheitsreparaturen, Instandsetzung oder Rückbaupflichten des Mieters der kurzen Verjährung,[75] wobei zu beachten ist, dass die Klage auf beziffertem Schadensersatz die Verjährung für künftige Mietausfälle trotz Einheitlichkeit des Verzugsschadens nicht unterbricht, so dass es eines **zusätzlichen Feststellungsbegehrens** innerhalb von 6 Monaten ab Verjährungsbeginn bedarf.[76] Vgl. hierzu § 32 Rdnr. 37.

2. Fristbeginn

52 Für den **Vermieter** beginnt die kurze Verjährung **mit dem Zeitpunkt**, zu dem er in der Lage ist, sich auf Grund **freien Zutritts** ungestört ein umfassendes Bild vom Zustand der Mietsache zu machen.[77] Hierfür bedarf es nicht ausnahmslos eine Übertragung des unmittelbaren Besitzes,[78] so dass z. B. auch das Ausscheiden des Hauptmieters bzw. die mit Wissen und Wollen des Vermieters zugelassene Fortsetzung des unmittelbaren Besitzes durch den bisherigen Untermieter jetzt als Hauptmieter genügt.[79] Auf die Frage der rechtlichen Beendigung des Mietverhältnisses kommt es demgegenüber nicht an.[80] Danach kann die Verjährungsfrist entgegen § 200 BGB sogar vor Entstehung des Anspruchs – etwa auf Schadensersatz wegen unterlassener Schönheitsreparaturen – eben mit der Rückgabe beginnen, da § 548 BGB „einen anderen Verjährungsbeginn" i. S. v. § 200 BGB bestimmt.[81] Daher kann dem Vermieter(-anwalt) nur geraten werden, in jedem Fall spätestens bis zum Ablauf von sechs Monaten nach Rückgabe der Mietsache verjährungshemmende Maßnahmen zu ergreifen. Vgl. näher § 32 Rdnr. 38 ff.

53 Für den **Mieter** beginnt die Verjährungsfrist des § 548 BGB **mit der rechtlichen Beendigung des Mietverhältnisses** zu laufen, unabhängig vom Zeitpunkt der Rückgabe der Mietsache. Wird folglich über die Rechtswirksamkeit einer Kündigung gestritten, sollte der Mieter(-anwalt) unbedingt vor Ablauf von sechs Monaten nach dem streitigen Vertragsende zumindest hilfsweise Feststellungs(wider)klage im Hinblick auf seine unter § 548 BGB fallenden Ansprüche erheben. Denkbar wäre auch ein rechtswirksamer nachweislicher Verzicht auf die Erhebung der Verjährungseinrede durch den Vermieter. Andernfalls stehen dem Mieter lediglich noch Bereicherungsansprüche gegenüber dem Vermieter zu, falls dieser z. B. durch Mieterinvestitionen oder Mietereinbauten, die er weiter nutzt, eine höhere Miete er-

---

[72] OLG Schleswig WuM 1996, 220.
[73] BGH NJW 1977, 1335.
[74] BGH NJW 2000, 2342; NJW 1985, 2253.
[75] BGH NJW 1995, 252.
[76] BGH NJW 1998, 981 = NZM 1998, 224.
[77] BGH NZM 2004, 98; NJW 1991, 2417; NJW 1987, 2072; NJW 1986, 2103; NJW 1980, 389.
[78] BGH NJW 1994, 1858.
[79] BGH NJW 1992, 682; NJW 1968, 2241.
[80] BGH NJW 2008, 2256 = NZM 2008, 519; NJW 2006, 1588 = NZM 2006, 503.
[81] BGH NJW 2005, 739 = NZM 2005, 176 betreffend Schadensersatzansprüche wegen unterlassener Mangelbeseitigung. Damit ist die Rechtsprechung noch zu § 326 BGB a. F.: BGH NJW 1991, 2416; NJW 1989, 1854; NJW 1988, 1778; NJW 1983, 1049, überholt.

3. Mietsicherheiten

Während der Vermieter auch mit verjährten Ansprüchen gegenüber dem der 3-jährigen Regelverjährung unterliegenden Rückzahlungsanspruch des Mieters auf die Barkaution aufrechnen kann, sofern sich die beiden Ansprüche in unverjährter Zeit gegenübergestanden haben (§ 215 BGB), kann sich der **Bürge** auch bei einer unverjährten Mietbürgschaftsforderung in einem vergleichbaren Fall mit Erfolg auf die **Einrede der Verjährung** der durch die Bürgschaft gesicherten Hauptforderung berufen. § 215 BGB findet insoweit keine Anwendung.[83] Ungeachtet dessen ist auch die der mit Fälligkeit der Hauptforderung und Kenntnis vom Bürgen beginnende Ultimo-Regelverjährung der Bürgschaft zu beachten, die gerade bei Dauerschuldverhältnissen unbedingt durch eine entsprechende ausdrückliche Vereinbarung verlängert werden sollte (beachte § 202 BGB). Vgl. hierzu § 32 Rdnr. 28 ff.

4. Verjährungshemmung durch Mahnbescheid

Einer Verjährungshemmung durch Mahnbescheid i. S. v. § 204 Abs. 1 Nr. 3 BGB bedarf einer **zweifelsfreien, konkreten und individuellen Bezeichnung** der Ansprüche bereits **im Mahnbescheidsantrag**. Eine Nachholung in der schriftsätzlichen Anspruchsbegründung nach Verjährungseintritt genügt nicht.[84]

VII. Mietprozess und Zwangsvollstreckung

1. Obligatorische Streitschlichtung

In den Bundesländern, die eine obligatorische Streitschlichtung eingeführt haben,[85] bedarf es bei Streitwerten unter € 750,–, sofern keine Frist durch die Klageerhebung beachtet werden muss (wie z. B. bei § 558 BGB), eines vorgeschalteten außergerichtlichen Schlichtungsverfahrens. Eine ohne diesen Einigungsversuch erhobene Klage ist unzulässig und kann nicht mehr durch Nachholung des Güteverfahrens nach Klageerhebung geheilt werden.[86] Dieser „Umweg" lässt sich bei Zahlungsansprüchen durch die Einleitung des **gerichtlichen Mahnverfahrens** umgehen.

2. Beklagte im Räumungsprozess

Während die Kündigung gegenüber allen Vertragspartnern auszusprechen ist, ist die Räumungsklage gegenüber allen erwachsenen Personen, die das Mietobjekt nutzen, zu erheben, unabhängig davon, ob es sich um Vertragspartner handelt oder nicht. Weiter ist vorsorglich auch der bereits ausgezogene Mieter zu verklagen, der nicht wirksam aus dem Mietverhältnis entlassen wurde.

3. Sofortiges Anerkenntnis

Will der Mieter(-anwalt) den Räumungsanspruch des Vermieters zwar anerkennen, aber etwa wegen Berufung auf die Sozialklausel des § 574 BGB oder wegen Gewährung einer Räumungsfrist nicht sofort ausziehen, genügt es nicht, erst im Prozess, und sei es auch im ersten Verhandlungstermin, ein entsprechendes Anerkenntnis zu erklären. Vielmehr bedarf es bereits einer **vorgerichtlichen** rechtsverbindlichen **Erklärung des Mieters,** in der er unter Angabe von Gründen die befristete Fortsetzung des Mietverhältnisses, gestützt auf die Sozi-

---

[82] Vgl. BGH NJW 1968, 888; OLG Karlsruhe NJW-RR 1986, 1394.
[83] BGH NJW 1998, 981 = NZM 1998, 224.
[84] BGH NJW 1992, 1111; *Salten* MDR 1998, 1144.
[85] Baden-Württemberg, Bayern, Brandenburg, Hessen, Nordrhein-Westfalen, Saarland, Sachsen-Anhalt, Schleswig-Holstein vgl. Schönfelder-Ergänzungsband Nrn. 104 bis 104g.
[86] BGH NJW 2005, 437 = NZM 2005, 154.

alklausel, oder einen Antrag auf Einräumung einer angemessenen Räumungsfrist verlangt, § 93b Abs. 3 ZPO.

4. (Teil-)Erledigung vor Rechtshängigkeit

59 Während früher im Fall der (Teil-)Erledigung des Klagbegehrens vor Zustellung der Klage bzw. des Mahnbescheids an den Beklagten (entsprechend auch vor Anhängigkeit) die Klage ganz oder teilweise auf Erstattung der durch die Klagerhebung entstandenen Kosten umgestellt werden musste, kann jetzt im Zuge der ZPO-Reform der entsprechende materiellrechtliche Kostenerstattungsanspruch (z. B. aus Verzug oder Schadensersatz) auch im Rahmen des Kostenfestsetzungsverfahrens nach einer entsprechenden Kostengrundentscheidung gemäß § 269 Abs. 3 ZPO festgestellt werden, sofern die Klage im Hinblick auf die (Teil-)Erledigung – seit dem 1. 9. 2004 nicht mehr „unverzüglich" – ganz oder teilweise zurückgenommen wird; dies gilt auch, wenn die Klage noch überhaupt nicht zugestellt wurde (§ 269 Abs. 3 Satz 3 ZPO).[87]

5. Klage auf künftige Leistung

60 Sofern die Voraussetzungen des § 259 ZPO vorliegen, kann z. B. bei ständiger unpünktlicher Mietzahlung, ggf. auch lediglich der zu Recht etwa nach § 559 BGB erhöht verlangten Beträge, zur Vermeidung ständige neuer Prozesse Klage auf künftige Leistung erhoben werden. Es ist auch möglich, eine Art „Kombi-Klage" zu erheben, wenn der Mieter über mehrere Monate hinweg keine Miete bezahlt, und zwar auf Räumung, rückständige Miete und künftige Nutzungsentschädigung gemäß § 546a Abs. 1 BGB bis zur Rückgabe der Wohnung.[88] Allerdings ist zu beachten, dass der Anspruch auf künftige Leistung auch dann, wenn er tituliert ist, weiterhin in 3 Jahren verjährt (§ 197 Abs. 2 ZPO), so dass dem Vermieter(-anwalt) ggf. nur der Weg der Feststellungsklage verbleibt.

6. Berufung gegen Urteile des AG an das OLG

61 Hat eine klagende oder beklagte Partei ihren allgemeinen Gerichtsstand im Zeitpunkt der Rechtshängigkeit in I. Instanz außerhalb des Geltungsbereichs des GVG, also im Ausland, war ausnahmsweise das OLG für Berufungen gegen amtsgerichtliche Urteile zuständig (§ 119 Abs. 1 Nr. 1b GVG). Dies galt auch im Mietrecht.[89] Dabei war auf den in I. Instanz unstreitig gebliebenen Gerichtsstand abzustellen,[90] auch bei einem Zusatz zur Anschrift im Ausland wie „z. Zt.".[91] Bei juristischen Personen war auf deren Sitz, also den Ort der Verwaltung abzustellen (§ 17 Abs. 1 ZPO), der sich dann im Inland befindet, wenn eine Vertretung durch eine in Deutschland ansässige natürliche Person ohne Hinweis auf eine Verwaltung im Ausland erfolgt.[92] § 119 Abs. 1 Nr. 16 GVG ist seit dem 1. September 2009 aufgehoben – ohne Übergangsfrist (vgl. FGG-Reformgesetz vom 17. 12. 2008).

7. Räumungsschutzantrag

62 Zwar kann eine Räumungsfrist vom Prozessgericht gem. § 721 Abs. 1 ZPO auch von Amts wegen gewährt werden. Vorsorglich sollte der Mieter(-anwalt) aber spätestens im letzten Verhandlungstermin einen entsprechenden **Antrag stellen.** Vgl. hierzu § 39 Rdnr. 24 ff.

8. Abwendung der vorläufigen Vollstreckbarkeit

63 Räumungsurteile sind nach § 708 Nr. 7 ZPO ohne Sicherheitsleistung vorläufig vollstreckbar. Dem Mieter(-anwalt) ist daher zu raten, spätestens im letzten Verhandlungstermin zumindest vorsorglich **Antrag auf Abwendungsbefugnis** nach § 712 ZPO zu stellen.[93]

---

[87] Vgl. auch BGH NJW 2004, 223; WuM 2004, 159; NZM 2004, 454.
[88] BGH NJW 2003, 1395.
[89] BGH NJW 2003, 3278.
[90] BGH NJW-RR 2004, 1073; WuM 2004, 726.
[91] BGH NJW 2004, 3637.
[92] BGH NZM 2005, 147.
[93] Vgl. BGH WuM 2003, 637; ein Antrag auf Räumungsfrist genügt nicht: BGH Beschl. v. 3. 9. 2003 – VIII ZB 188/03.

9. Vollstreckungsschutzantrag

Während früher Vollstreckungsschutzanträge nach § 765a ZPO a. F. gewissermaßen noch am Tag vor dem festgesetzten Räumungstermin gestellt werden konnten, hat § 765a Abs. 3 ZPO eine **Zwei-Wochen-Frist** vor dem Räumungstermin eingeführt, außer die Gründe für den entsprechenden Vollstreckungsschutzantrag sind erst danach entstanden oder der Mieter war ohne sein Verschulden an einer rechtzeitigen Antragstellung gehindert. Im Nichtzulassungsbeschwerde- oder im Revisionsverfahren sind Vollstreckungsschutzanträge meist zu spät.[94] Vgl. zu alledem näher § 39 Rdnr. 42 ff.

64

---

[94] BGH NJW 2002, 1658; WuM 2003, 509 und 710; NJW-RR 2004, 936; WuM 2004, 416 und 553; WuM 2004, 678; BGH GE 2004, 1523 – zuletzt alle zu **§ 719 ZPO**; Ausnahme: BGH WuM 2007, 209.

2. Abschnitt. Vertragsanbahnung

§ 6 Vertragsanbahnung beim Wohnraummietverhältnis

Übersicht

	Rdnr.
I. Einleitung	1–3
II. Begriff	4–6
III. Abgrenzung zu anderen Gebrauchsüberlassungsverträgen	7–22
1. Pacht, §§ 581 ff. BGB	7–9
2. Leihe, §§ 598 ff. BGB	10–13
3. Dingliches Wohnrecht, § 1093 BGB	14–15 a
4. Unterbringung Obdachloser	16–20
5. Verwahrungsvertrag, §§ 688–700 BGB	21
6. Leasingvertrag	22
IV. Abgrenzung zum Gewerberaummietverhältnis	23
V. Mischmietverhältnis	24–31

I. Einleitung

1   Bei jeder anwaltlichen Tätigkeit, sei es Beratung, sei es außergerichtliche Tätigkeit oder Vertretung in einem Rechtsstreit, bedarf es zunächst der Klärung, auf welcher Rechtsgrundlage die Überlassung von Räumen beruht. Die Beantwortung dieser Frage ist nicht lediglich theoretischer Natur – wenngleich es gewiss faszinierend ist, zu wissen, ob man sich im Schuldrecht oder im Sachenrecht bewegt, im Miet-, Pacht oder Leasingrecht – sondern von ganz erheblicher praktischer Bedeutung, da es hiervon abhängt, an Hand welcher Gesetzesvorschriften Anspruchsgrundlagen oder Einwendungen hergeleitet werden können. Insbesondere, **ob Wohnraum oder Gewerberaum** vorliegt bzw. bei einem **Mischmietverhältnis Wohnraum- oder Gewerberaumrecht** anzuwenden ist, ist entscheidend dafür, welches Gericht zuständig ist, ob der Mieter Kündigungsschutz genießt oder nicht, ob die vermieterseitige Kündigung einer Begründung bedarf, ob die Kündigung der Schriftform bedarf, § 568 BGB (Wohnraummietrecht) oder ob mündlich, per Fax oder E-Mail gekündigt werden kann, (so im gewerblichen Mietrecht), ob lediglich die in § 2 BetrKV aufgezählten Kosten als umlagefähige Betriebskosten vereinbart werden dürfen (Wohnraummietrecht) oder weitere, wie etwa Verwaltungskosten (gewerbliches Mietrecht), usw.

2   Findet auf das Vertragsverhältnis **Wohnraumrecht** Anwendung, ist gemäß § 23 Nr. 2 a GVG[1] das AG, in dessen Bezirk die Räume liegen, örtlich und sachlich ausschließlich zuständig, mit Wohnraummietsachen befasste und hierin erfahrene Richter entscheiden. Die Kündigungsschutzbestimmungen des sozialen Mietrechts einschließlich der Bestimmungen über Gewährung und Verlängerung einer Räumungsfrist gemäß den §§ 721, 794 a ZPO[2] finden auf das Mietverhältnis insgesamt Anwendung; das Mieterhöhungsverfahren richtet sich ausschließlich nach den Regeln des Wohnmietrechts §§ 558 ff., wenngleich die Begründung eines Mieterhöhungsbegehrens gemäß §§ 558 ff.[3] BGB bei einem Mischmietverhältnis mit Schwierigkeiten verbunden sein dürfte;[4] die vermieterseitige ordentliche Kündigung be-

---

[1] Eingefügt durch das am 1. 3. 1993 in Kraft getretene Rechtspflege – Entlastungsgesetz vom 11. 1. 1993 BGBl. I S. 50.
[2] Vgl. hierzu § 28.
[3] Vgl. hierzu § 23.
[4] AG/LG Wiesbaden WuM 1991, 593.

§ 6 Vertragsanbahnung beim Wohnraummietverhältnis   3–5 § 6

darf einer Begründung (§ 573 Abs. 3 BGB) ebenso wie die fristlose außerordentliche Kündigung sowohl des Vermieters als auch des Mieters (§ 569 Abs. 4 BGB).

Findet demgegenüber bei einem Mischmietverhältnis **Gewerberaummietrecht** Anwendung, ist, soweit der Streitwert € 6.000,– überschreitet, was meistens der Fall sein wird, das LG gemäß § 29a ZPO zuständig,[5] der Mieter hinsichtlich des Wohnungsanteils der gemieteten Einheit schutzlos, denn das Vertragsverhältnis unterliegt insgesamt dem Gewerberaummietrecht. Kündigungen bedürfen keiner Begründung, die Parteien dürfen zusätzliche in § 2 Betr.KV nicht aufgeführte Kosten als umlagefähige Betriebskosten vereinbaren. 3

Zunächst bedarf es daher immer der Klärung der Frage, in welches Rechtsgebiet der konkrete Sachverhalt einzuordnen ist, somit der Abgrenzung des Wohnraummietverhältnisses von anderen ähnlichen Raumüberlassungsverhältnissen.

II. Begriff

Ein **Wohnraummietverhältnis** liegt vor bei einem Mietverhältnis über Räume, die zum Zweck der Nutzung zu **Wohnzwecken für den Mieter selbst** vermietet worden sind.[6] Entscheidend sind die zwischen den Parteien getroffenen Vereinbarungen; der **Nutzungszweck** wird somit vom **Inhalt des Vertrages** bestimmt.[7] 4

So besagt die Formulierung:

Der Vermieter vermietet dem Mieter zu Wohnzwecken die ......

dass die Räume ausschließlich zu Wohnzwecken benutzt werden dürfen. Umgekehrt wird durch die Formulierung:

...... zum Betriebe einer Schreinerwerkstatt.

vereinbart, dass die Räume als Schreinerei genutzt werden sollen. Folgerichtig wird aus einem Mietverhältnis über Gewerberaum nicht deshalb eine Wohnraummietverhältnis, weil entgegen den Vereinbarungen im Vertrag der Mieter dort wohnt.[8] Es liegt daher auch kein Wohnraummietverhältnis vor, wenn für Wohnzwecke geeignete Räume zur gewerblichen Nutzung vermietet worden sind.[9] Dies gilt selbst dann, wenn später einzelne Räume entgegen der vereinbarten Nutzung nun doch zum Wohnen genutzt werden.[10] Haben die Parteien ein Mietverhältnis als gewerbliches Mietverhältnis bezeichnet, um die zwingenden Bestimmungen des Wohnraummietrechts zu umgehen, sind sich jedoch einig, dass der Vertragszweck das „Wohnen" des Mieters in den Räumen ist, so liegt dennoch gemäß § 117 Abs. 2 BGB ein Wohnraummietverhältnis vor.[11] Nutzt der Mieter die Wohnräume entgegen der getroffenen Vereinbarung nicht zu Wohnzwecken, sondern zu gewerblichen Zwecken, so liegt ein vertragswidriger Gebrauch vor. Es gelten weiterhin die für ein Wohnraummietverhältnis geltenden Schutzvorschriften.[12] Im Einzelfall kann jedoch zu prüfen sein, ob die Parteien, sei es ausdrücklich oder konkludent, den ursprünglich im Vertrag vereinbarten Nutzungszweck „Wohnraummietverhältnis" zeitlich nach Vertragsabschluss geändert haben.[13]

Kann eine **Zweckvereinbarung** bei Begründung des Mietverhältnisses nicht ermittelt werden, kommt es auf die sonstigen Umstände an. In erster Linie richtet sich der Mietgebrauch „nach der Art des Hauses". Handelt es sich um ein reines Wohnhaus, so dürfen die Räume 5

---

[5] OLG Hamm ZMR, 1986, 11; OLG Karlsruhe NJW-RR 1988, 401; a. A. jedoch LG Aachen MDR 1986, 240; LG Köln WuM 1988, 313, wonach immer das AG ausschließlich zuständig ist.
[6] RGZ 124, 4; BGH WM 1979, 148; BGH WM 1982, 390; BGH NJW 1981, 1377; BGH NJW 1985, 1772; BGH NJW 1997, 1845; Staudinger/*Emmerich* Vorb. zu § 535 Rdnr. 24; Bub/Treier/*Reinstorf* I Rdnr. 76, 79.
[7] BGH NJW 1985, 1172, OLG Düsseldorf NZM 2002, 739; OLG Köln DWW 1996, 190; Bub/Treier/*Reinstorf* I Rdnr. 98; Erman/*Jendrek* Vor § 535 Rdnr. 7.
[8] OLG Hamburg ZMR 1995, 120; KG GE 1995, 1205.
[9] BGH WuM 1969, 625.
[10] BGH WuM 1969, 625; Staudinger/*Emmerich* Vorb. zu § 535 Rdnr. 24.
[11] LG Berlin WuM 1993, 396; MM 1995, 228.
[12] OLG Celle ZMR 1999, 470; Schmidt-Futterer/*Blank* Vorb. § 535 Rdnr. 88.
[13] Schmidt-Futterer/*Blank* Rdnr. 88.

nur zu Wohnzwecken genutzt werden, wobei gewerbliche oder Büroarbeit in geringem Umfang zulässig ist. Befinden sich die vermieteten Räume in einem reinen Bürohaus, ist allein eine Nutzung als Büro zulässig.[14] Wird das Haus sowohl zu gewerblichen als auch zu Wohnzwecken genutzt, kommt es auf die tatsächliche Nutzung an.[15] Werden die Räume als Geschäftsraum genutzt, findet Geschäftsraumrecht Anwendung.[16]

6 Kein Wohnraummietverhältnis, sondern ein **gewerbliches Mietverhältnis** liegt bei der Anmietung von Wohnraum **zur gewerblichen oder nichtgewerblichen Weitervermietung** vor.[17] Hier liegt der Vertragszweck nicht im Wohnen, sondern in der Weitervermietung; es findet daher gewerbliches Mietrecht Anwendung. Dies gilt auch bei Anmietung der Wohnräume durch Arbeitgeber, um sie an Mitarbeiter weiterzuvermieten;[18] und zwar auch dann, wenn der anmietende Arbeitgeber mit der Weitervermietung an seine Mitarbeiter ausschließlich gemeinnützige Zwecke verfolgt.[19]

III. Abgrenzung zu anderen Gebrauchsüberlassungsverträgen

1. Pacht, §§ 581 ff. BGB

7 Miete und Pacht haben gemeinsam, dass sie als schuldrechtliche Gestattungsverträge zur entgeltlichen Gebrauchsgewährung berechtigen und verpflichten.[20] Beide unterscheiden sich in zwei Punkten, nämlich Vertragsgegenstand und Vertragszweck. Vertragsgegenstand der Miete können nur Sachen und somit körperliche Gegenstände im Sinne des § 90 BGB sein; Gegenstand der Pacht können außer Sachen auch Rechte sein, § 581 BGB. Während bei der Miete der Vertragszweck nur den Gebrauch gestattet, gestattet er bei der **Pacht auch den Fruchtgenuss nach den Regeln einer ordnungsgemäßen Wirtschaft.** Bei der Verpachtung einer Sache sind Früchte die Erzeugnisse der Sache und die sonstige bestimmungsgemäß gewonnene Ausbeute, § 99 Abs. 1 BGB. Bei der Verpachtung eines Rechts sind dessen Früchte, die bestimmungsgemäß aus diesem Recht gewährten und gewonnenen Erträge, § 99 Abs. 2 BGB. Probleme bei der Abgrenzung zwischen Miete und Pacht können insbesondere zwischen der **Geschäftsraummiete** und der **Geschäftsraumpacht** auftreten.

8 Die Bezeichnung eines Vertrages durch die Vertragschließenden als „Miete" oder „Pacht" ist für die rechtliche Vertragsqualifizierung unerheblich, da es auf den von den Parteien gewollten Vertragszweck und auf den gesamten Vertragsinhalt ankommt.[21] Ob ein Miet- oder Pachtvertrag vorliegt, ist im Wege der Auslegung zu ermitteln, §§ 133, 157; dabei gelten die allgemeinen Auslegungsregeln.[22] Hierbei ist entscheidend, ob nur das Gebrauchsrecht oder darüber hinaus auch das Recht der Fruchtziehung auf den Berechtigten übertragen werden soll. Werden daher Räume überlassen, kommt es darauf an, ob diese mit einer zur Fruchtziehung geeigneten Ausstattung überlassen werden sollen. Ist dies der Fall, liegt Pacht vor.[23] Bei der Vertragsformulierung durch sachkundige Personen kann die Bezeichnung eines Vertrages als Pachtvertrag ein Anhaltspunkt dafür sein, dass nach dem Willen der Partei aus dem überlassenen Gegenstand Erträge erwirtschaftet werden sollen.[24]

9 Überträgt der Rechtsinhaber in einem einheitlichen Vertrag Räume teils zu Wohnzwecken, teils zu Fruchtziehungszwecken – man denke an eine Wohnung mit Gemüse- und Obstgarten –, kommt es für die rechtliche Beurteilung darauf an, welcher Vertragszweck der

---

[14] *Blank* in Münchner Vertragshandbuch II 1 Nr. 31.
[15] Bub/Treier/*Reinstorf* I Rdnr. 79; Palandt/*Putzo* Einf. v. § 535 Rdnr. 70.
[16] *Blank* in Münchner Vertragshandbuch II 1 Nr. 31.
[17] BGH NJW 1981, 1377; OLG Hamburg ZMR 1993, 271 ff.
[18] LG Hamburg NJW-RR 1992, 842: Mieter/Arbeitg. = GmbH; LG Berlin GE 1993, 47 Mieter/Arbeitg. = natürl. Person.
[19] So auch Schmidt-Futterer/*Blank* Vorb. § 535 Rdnr. 92 m. w. N.
[20] Bub/Treier/*Reinstorf* I Rdnr. 7; Staudinger/*Emmerich* Vorb. zu § 535 Rdnr. 31.
[21] RGZ 130, 275; Bub/Treier/*Reinstorf* I Rdnr. 12; Schmidt-Futterer/*Blank* Vorb. § 535 Rdnr. 156.
[22] Palandt/*Heinrichs*, § 133 Rdn. 14 ff.
[23] BGH NJW 1981, 103; Schmidt-Futterer/*Blank* a. a. O.
[24] MünchKommBGB/*Voelskow* Vorb. § 535 Rdnr. 9; Bub/Treier/*Reinstorf* Rdnr. 12.

wesentliche ist.²⁵ Im Fall der Vermietung einer Wohnung mit Nutzgarten wird einheitlich Mietrecht zur Anwendung kommen, da der Hauptzweck des Vertrages das Wohnen in den Räumen darstellt und der Nutzungsberechtigte (Mieter) nur bei einem Wohnraummietvertrag den Schutzzweck des sozialen Mietrechts genießt. Ist demgegenüber Vertragsgegenstand ein landwirtschaftliches Gut mit Wohnhaus, handelt es sich um Pacht, so dass für die Anwendung des Wohnraummietrechts kein Platz ist.²⁶ Die Annahme eines Pachtverhältnisses ist weiterhin gerechtfertigt, wenn die Überlassung von Räumen mit Inventar durch den Verpächter erfolgt; das Inventar muss dabei nach dem Vertragszweck auch weiter verwandt werden.²⁷

2. Leihe, §§ 598 ff. BGB

Der wesentliche Unterschied zwischen Leihe und Miete, bei der die Gegenleistung für die Überlassung der Mietsache der Mietzins darstellt, ist gemäß § 598 BGB bei der Leihe die zwischen den Parteien vereinbarte²⁸ **unentgeltliche Gebrauchsüberlassung** einer Sache. 10

Weitere Unterschiede liegen darin, dass der Verleiher im Gegensatz zur Regelung in § 535 BGB für die Miete nicht die Pflicht hat, die Sache für den vertragsgemäßen Gebrauch instandzusetzen oder während der Dauer der Leihe instandzuhalten; die Erhaltungspflicht obliegt vielmehr dem Entleiher gemäß § 601 Abs. 1 BGB. Der Verleiher kann im Gegensatz zum Vermieter, der gemäß § 573c BGB Kündigungsfristen zu beachten hat, die Leihsache jederzeit vom Entleiher zurückfordern (§ 604 Abs. 3 BGB), wenn die Dauer weder bestimmt noch aus dem Zweck zu entnehmen ist. 11

Wird zwischen den Parteien ein sehr niedriges Entgelt vereinbart, so liegt Gefälligkeitsmiete vor, wenn Einigkeit besteht, dass die Zahlung dieses Entgelts die Gegenleistung für die Gebrauchsüberlassung darstellt.²⁹ Ist nicht zu erkennen, dass ein Entgelt als Gegenleistung vereinbart ist, zahlt der Nutzungsberechtigte vielmehr lediglich eine „Anerkennungsgebühr", handelt es sich um Leihe.³⁰ 12

Besteht zwischen den Parteien Streit, ob für den Gebrauch einer Sache die Zahlung eines Entgelts vereinbart worden ist, so hat die Partei für die Vereinbarung des Entgelts die Darlegungs- und Beweislast, die den Mietzins geltend macht. Das Gleiche gilt wenn der den Gebrauch Überlassende den Nutzer auf Räumung und Herausgabe in Anspruch nimmt und streitig ist, ob die Überlassung auf einer Leihe oder einer Miete beruht.³¹ 13

3. Dingliches Wohnrecht, § 1093 BGB

Das Wohnrecht stellt sich dar als besondere Ausgestaltung einer beschränkten persönlichen Dienstbarkeit und ermächtigt den Inhaber gem. § 1093 BGB zum Bewohnen von bestimmten Räumen unter Ausschluss des Eigentümers.³² Dingliches Wohnrecht und schuldrechtlicher Mietvertrag sind verschiedene, von einander unabhängige Rechtsgebilde.³³ Jedoch kann durch die Bestellung eines dinglichen Wohnrechts im Einzelfall wirtschaftlich das gleiche Ergebnis wie durch Abschluss eines Mietvertrages erreicht werden.³⁴ Unzulässig ist es, das Mietrecht durch die zusätzliche Eintragung eines dinglichen Wohnrechts zu verdinglichen.³⁵ 14

---

25 RGZ 108, 369; Staudinger/*Emmerich* Vorb. zu § 535 Rdnr. 32.
26 OLG Köln WuM 1987, 377; Staudinger/*Emmerich* Vorb. zu § 535 Rdnr. 32.
27 Bub/Treier/*Reinstorf* I Rdn. 119.
28 Bub/Treier/*Reinstorf* I Rdnr. 33.
29 BGH ZMR 1970, 286; OLG Karlsruhe ZMR 1988, 431; Staudinger/*Emmerich* Vorb. zu § 535 Rdnr. 34; Bub/Treier/*Reinstorf* I Rdnr. 34.
30 BGH LM Nr. 45 zu § 535 BGB, OLG Hamburg OLGE 20, 211; Staudinger/*Emmerich* Vorb. zu § 535 Rdnr. 34; Bub/Treier/*Reinstorf* I Rdnr. 34.
31 Schmidt-Futterer/*Blank* Vorb. § 535 Rdnr. 125.
32 BayObLGZ 1991, 431.
33 BGH ZMR 1978, 11; OLG Hamm MDR 1976, 46; Bub/Treier/*Reinstorf/Jatzek* I Rdnr. 59.
34 Staudinger/*Emmerich* Vorb. zu § 535 Rdnr. 39.
35 BGH NJW 1974, 2123 f.; OLG Hamm DNotZ 1957, 314 ff.; LG Wuppertal NJW 1961, 320 f.; Staudinger/*Emmerich* Vorb. § 535 Rdnr. 40.

15 Da der Bestellung des dinglichen Wohnungsrechts ein schuldrechtliches Kausalgeschäft zugrunde liegt, ist es zulässig, dieselben Abreden zu treffen, wie sie in einen Mietvertrag aufgenommen werden können, somit die Frage zu regeln, wer die Schönheitsreparaturen trägt oder wer welche Betriebskosten im Sinne der § 556 BGB, i. V. mit § 2 Betr. KV zu tragen hat. Das Wohnrecht kann auch entgeltlich bestellt werden.[36] Leider machen die Notare bei Abfassung von Wohnrechtbestellungsverträgen von der Möglichkeit das Verhältnis zwischen Eigentümer und Wohnberechtigtem schuldrechtlich zu regeln zu wenig Gebrauch; ein ständiger Anlass zu Streitigkeiten.

15a Besteht zwischen Eigentümer und Mieter ein Mietvertrag, ist es zulässig dem Mieter darüber hinaus ein dingliches Wohnrecht einzuräumen. Es wird weiterhin für zulässig gehalten[37] den Bestand des dinglichen Wohnrechts vom Bestand des Mietvertrags abhängig zu machen. Sieht bereits der schriftliche Mietvertrag die Begründung eines dinglichen Wohnungsrechts vor, führt dessen Bestellung gem. §§ 566, 567 BGB wegen Identität von Vermieter und Mieter zur Konfusion, mit der Folge, dass der Mietvertrag erlischt.[38] Etwas anderes soll gelten, wenn das dingliche Wohnrecht der Sicherung des Mietvertrages dient.[39]

4. Unterbringung Obdachloser

16 Hat der auf Grund Räumungstitels zur Räumung Verpflichtete bis zum Räumungstermin, über den der Gerichtsvollzieher das Wohnungsamt der jeweiligen Stadt/Gemeinde informiert, keine Wohnung gefunden, ist diese zur Vermeidung eines rechts- und ordnungswidrigen Zustandes verpflichtet, den von Obdachlosigkeit bedrohten Räumungsschuldner in einer gemeindeeigenen Obdachlosenunterkunft unterzubringen. Ist diese überfüllt, bzw. kann der Räumungsschuldner am Tag der Räumung durch den Gerichtsvollzieher in einer Obdachlosenunterkunft nicht untergebracht werden, ist die Stadt berechtigt, den Räumungsschuldner in seine **bisherige Wohnung wieder einzuweisen**. Vom Tag der Wiedereinweisung an gelten **öffentlich-rechtliche Beziehungen** zwischen Eigentümer/Vermieter der Wohnung und der Behörde.

17 Eine Einweisung gegen den Willen des Eigentümers ist nur zulässig, wenn der Obdachlose nicht anderweitig untergebracht werden kann.[40] Die Einweisung darf nur für vorübergehende Zeit erfolgen und in der Regel **nicht länger als sechs Monate** dauern. Der Eigentümer hat gegenüber der Stadt Anspruch auf **Nutzungsentschädigung** in der Höhe, die ein Wohnungsnutzer nach Ablauf der Mietzeit hätte zahlen müssen, § 546 a BGB. Darüber hinaus ist die Behörde verpflichtet, den auf den Räumungsschuldner entfallenden Betriebskostenanteil zu zahlen.[41]

18 Nach Beendigung der Einweisungszeit steht dem Eigentümer gegen die Stadt/Gemeinde ein allgemeiner verwaltungsrechtlicher **Folgenbeseitigungsanspruch** auf Freimachung (Räumung) der Wohnung, gerichtlich als Leistungs- oder Verpflichtungsklage vor dem Verwaltungsgericht geltend zu machen, zu. Dieser verpflichtet die Verwaltungsbehörde, dem Eigentümer/Vermieter die Wohnung geräumt und gesäubert herauszugeben.[42] Bleibt die Stadt nach Ablauf der Einweisungsfrist untätig, räumt sie nicht, obwohl der Eigentümer die Wohnung herausverlangt, so kann der Eigentümer/Vermieter, statt gegen die Gebietskörperschaft

---

[36] BGH NJW 1974, 2123; Staudinger/*Emmerich* Vorb. zu § 535 Rdnr. 40.
[37] BGH NJW 1999, 376; BGH ZMR 1970, 11; OLG Hamburg ZMR 1993, 60; *Emmerich*, a. a. O. Rdnr. 40; Bub/Treier/*Reinstorf/Jatzek* I Rdnr. 60.
[38] Bub/Treier/*Reinstorf/Jatzek* I Rdnr. 60.
[39] BGH NJW 1974, 702; BFH NZM 1998, 543; Staudinger/*Ring* § 1093 BGB Rdnr. 3; *Reinstorf/Jatzek*, a. a. O. Fn. 35; a. A. Schmidt-Futterer/*Blank* Vorb. § 535 Rdnr. 138, der eine dingl. Sicherung des Mietrechts für unzulässig hält.
[40] VG Köln WuM 1990, 597; VGH Baden-Württemberg ZMR 1997, 206; Schmidt-Futterer/*Blank* Vorb. § 535 Rdnr. 148.
[41] *Schoenenbroicher* MDR 1993, 97, *Blank* a. a. O.
[42] BGH NJW 1995, 2918; VGH Baden-Württemberg NJW 1990, 2770; OVG Münster NVwZ 1991, 905; OVG Berlin NVwZ 1992, 501; VG Neustadt NJW 1965, 833; LG Köln ZMR 1994, 112; Schmidt-Futterer/*Blank* Rdnr. 150.

im Klagewege vorzugehen, den Gerichtsvollzieher beauftragen, die begonnene, durch die Einweisung unterbrochene **Vollstreckungsmaßnahme fortzusetzen**.[43]

Die durch die Vollstreckung sowie eventuelle Reinigung entstandenen Kosten kann der Eigentümer als Schadenersatz von der Stadt ersetzt verlangen. Anspruchsgrundlage ist § 839 BGB i. V. m. Art. 34 GG (Amtshaftung), wobei allerdings § 839 Abs. 3 BGB zu beachten ist;[44] das heißt, der Vermieter muss sich gegen die Beschlagnahme der Wohnung sowie die Wiedereinweisung mit allen rechtlichen Mitteln (Widerspruch, Anfechtungsklage) erfolglos gewehrt haben. Nach einer anderen Auffassung steht dem Eigentümer ein Anspruch auf Kostenerstattung aus berechtigter, **öffentlich-rechtlicher Geschäftsführung ohne Auftrag** gegen die Einweisungsbehörde zu.[45]

Da ab Einweisung zwischen dem Eigentümer und dem Eingewiesenen keinerlei vertragliche Rechtsbeziehungen mehr bestehen, kann sich einerseits der Eigentümer wegen Beseitigung von Schäden und Abnutzungen, die während der Einweisungszeit entstanden sind nur an die einweisende Stadt halten,[46] der Eingewiesene wegen Wohnungsmängeln und desgleichen nur an die einweisende Behörde.[47]

> **Praxistipp: Darlegungs- und Beweislast**
>
> Ist streitig, ob ein Schaden noch während der Mietzeit oder erst später während der Wiedereinweisung entstanden ist, muss der Vermieter lediglich darlegen und beweisen, dass die Mietsache bei Mietbeginn unbeschädigt und bei Rückgabe nach Ablauf der Einweisung beschädigt war. Die einweisende Gebietskörperschaft muss darlegen und beweisen, dass der Schaden bereits zum Zeitpunkt der Wiedereinweisung vorhanden war,[48] denn sie hatte die Möglichkeit, den Zustand der Mietsache zum Zeitpunkt der Einweisung festzustellen und festzuhalten.

5. Verwahrungsvertrag, §§ 688–700 BGB

Ein Verwahrungsvertrag liegt nach h. M.[49] vor bei Übertragung des unmittelbaren Besitzes der zu verwahrenden Sache an den Verwahrer und Übernahme einer besonderen **Obhutspflicht** an der Sache durch diesen. Die für die Annahme eines Mietvertrages erforderliche Raumüberlassung an den Vertragspartner fehlt hierbei.

6. Leasingvertrag

Der Leasingvertrag wird nach h. M. als **atypischer Mietvertrag**,[50] nach Canaris[51] als Vertrag sui generis bezeichnet. Ein wesentlicher Unterschied zur Miete ist der, dass der Leasingnehmer für die Mietsache voll verantwortlich ist, die Gefahr von Mängeln, der Verschlechterung sowie des Untergangs trägt, während dieses Risiko bei der Miete gemäß § 535 BGB beim Vermieter liegt.[52]

IV. Abgrenzung zu Gewerberaummietverhältnis

Geschäftsraummiete liegt – in Abgrenzung zur Wohnraummiete – vor, wenn Grundstücke, Gebäude und Räume entgeltlich auf Grund eines schuldrechtlichen Vertrages zu anderen als

---

[43] LG Bonn ZMR 1990, 346; Schmidt-Futterer/*Blank* Vorb. § 535 Rdnr. 152.
[44] BGH NJW 1995, 2918.
[45] *Schoenenbroicher* MDR 1993, 97.
[46] OLG Köln ZMR 1994, 112.
[47] Schmidt-Futterer/*Blank* Vorb. § 535 Rdnr. 130, 132.
[48] BGH NJW 1996, 315.
[49] BGHZ 3, 200; OLG Koblenz NJW-RR 1991, 1317; MünchKommBGB/*Voelskow* Vorb. § 535 Rdnr. 11; Bub/Treier/*Reinstorf* I Rdnr. 44; Schmidt-Futterer/*Blank* Vorb. § 535 BGB Rdnr. 154.
[50] BGH NJW 1990, 1113.
[51] NJW 1982, 305; AcP 190, 410.
[52] *Wetekamp*, § 535 Rdnr. 19; Palandt/*Weidenkaff* Einf. v. § 535 Rdnr. 53 jedoch gegen Abtretung der Gewährleistungsansprüche.

Wohnzwecken befristet oder unbefristet überlassen werden.[53] Auch hier entscheidet der **vereinbarte Nutzungszweck**, nicht die tatsächliche Nutzung. Auf die Zulässigkeit der gewerblichen Nutzung etwa im Hinblick auf ein öffentlichrechtliches Zweckentfremdungsverbot kommt es für die Frage der Wirksamkeit des Vertrages nicht an.[54] Typische Gewerberaummietverhältnisse sind: Mietverhältnisse über Büros, Arztpraxen, Rechtsanwaltskanzleien, Lagerhallen, Fabrikationsräume, Apotheken und ähnliche. Hierzu gehören jedoch auch angemietete Räume zum Zweck der Weitervermietung oder sonstiger Gebrauchsüberlassung an Dritte[55] sowie Anmietung von Wohnungen oder Häusern durch juristische Personen oder Personenhandelsgesellschaften zur Überlassung an den Geschäftsführer oder andere Mitarbeiter.[56]

V. Mischmietverhältnis

24 Ein **Mischmietverhältnis** liegt vor, wenn der Mieter durch einen einheitlichen Vertrag angemietete Räume nach den **getroffenen Vereinbarungen sowohl zu Gewerbe- als auch zu Wohnraumzwecken nutzen darf**.[57] Dies gilt im Zweifel auch dann, wenn ein Wohnraummieter nach einiger Zeit eine Garage hinzumietet; in diesem Fall wird der ursprüngliche Wohnraummietvertrag um die Garage erweitert, die Parteien ändern den ursprünglich vereinbarten Verwendungszweck: ausschließliche Nutzung zu Wohnzwecken einvernehmlich ab, ein Mischmietverhältnis entsteht dergestalt, dass die Wohnung zu Wohnzwecken, die Garage zu gewerblichen Zwecken genutzt werden soll.[58] Ein Indiz für die Annahme zweier selbständiger Verträge bei dieser Fallgestaltung kann jedoch sein, dass die Parteien ein zweites Vertragsformular wählen für die Vermietung der Garage. Jedoch kann auch bei Verwendung getrennter Vertragsurkunden über Geschäfts- und Wohnräume ein einheitliches Vertragsverhältnis vorliegen, wenn die Auslegung des Parteiwillens gemäß §§ 133, 157 BGB ergibt, dass die Parteien ein einheitliches Mietverhältnis wollen.[59] Andererseits reicht bei Vermietung von Wohnraum und Gewerberaum durch zwei getrennte Urkunden das einseitige Interesse und der Wille einer Partei an der gemeinsamen Anmietung nicht aus für die Annahme eines Mischmietverhältnisses und zwar selbst bei engem zeitlichen Zusammenhang der Vertragsabschlüsse und enger räumlicher Verbindung der beiden Objekte nicht;[60] erforderlich ist vielmehr eine übereinstimmende Zweckbestimmung der Parteien, die hier fehlt.

25 Aber auch dann, wenn ein einheitliches Vertragsformular für die Wohnung und den gewerblichen Teil verwandt wurde, kann die daran geknüpfte Vermutung, dass ein einheitliches Mietverhältnis gewollt sei, widerlegt werden; einmal durch die Vereinbarung unterschiedlicher Laufzeiten der Verträge,[61] zum anderen durch unterschiedliche Kündigungsfristen.[62]

Beispiele für Mischmietverhältnisse:
Gaststätte mit Wirtewohnung; Änderungsschneiderei mit Wohnung; Wohnung mit Garage; Künstleratelier mit Wohnung; Anwaltskanzlei mit Wohnung; Arztpraxis mit Wohnung usw.

26 Bildet der zwischen Vermieter und Mieter abgeschlossene Mietvertrag über Gewerbe- und Wohnraum ein Einheit bzw. ergibt die Auslegung zwei getrennter schriftlicher Verträge, dass

---

[53] Bub/Treier/*Reinstorf* I Rdnr. 97; Schmidt-Futterer/*Blank* Vorb. § 535 Rdnr. 90; s. ausführlich unten § 44.
[54] BGH NJW 1994, 320; Schmidt-Futterer/*Blank* Vorb. § 535 BGB Rdnr. 90.
[55] BGHZ 133, 142; Schmidt-Futterer/*Blank* Vorb. § 535 Rdnr. 92; Staudinger/*Emmerich* Vorb. § 535 Rdnr. 25.
[56] LG Frankfurt WuM 1990, 335; LG Hamburg NJW-RR 1992, 842; Schmidt-Futterer/*Blank* Vorb. § 535 Rdnr. 92; a. A. LG München I WuM 1991, 37.
[57] BGHZ 89, 43; Schmidt-Futterer/*Blank* Vorb. § 535, Rdnr. 95; Bub/Treier/*Reinstorf* I Rdnr. 100, 101.
[58] OLG Karlsruhe RE NJW 1983, 1499; LG Wuppertal NJWE-MietR 1996, 122.
[59] Palandt/*Heinrichs* Einf. v. § 535 BGB Rdnr. 100, 101;Schmidt-Futterer/*Blank* Vorb. § 535 Rdnr. 96; Bub/Treier/*Reinstorf* I Rdnr. 101.
[60] Bub/Treier/*Reinstorf*, Fn. 56 Rdnr. 102.
[61] LG Berlin ZMR 1987, 18; Schmidt-Futterer/*Blank* Vorb. § 535 Rdnr. 96.
[62] LG Stuttgart WuM 1987, 379; Schmidt-Futterer/*Blank* Vorb. § 535 Rdnr. 96.

die Parteien einen einheitlichen Mietvertrag abschließen wollten, so liegt ein **Mischmietverhältnis** vor. Damit ist zunächst aber nur gesagt, dass das Mietverhältnis nur einheitlich, entweder den besonderen Regelungen für die Wohnraummiete oder den allgemeinen Regeln für die sonstige Grundstücks- und Raummiete unterworfen werden kann,[63] mehr nicht.

Für die Frage, ob Wohnraummietrecht oder Gewerberaummietrecht auf das Mietverhältnis insgesamt anzuwenden ist, kommt es nach der sogenannten **Übergewichtstheorie** darauf an, in welchem Bereich das Mietverhältnis seinen Schwerpunkt hat, welcher Teil also überwiegt.[64]

Bei der Auslegung ist ein entscheidendes Urteilungskriterium zunächst der von den Parteien vereinbarte Vertragszweck, der wirkliche Wille der Parteien;[65] ob die Parteien in der Vertragsurkunde das Vertragsverhältnis als Wohn- oder Geschäftsraummietverhältnis bezeichnet haben, ist nicht entscheidend; der Vermieter könnte anderenfalls auf diese Weise die für ihn ungünstige, für den Mieter günstigen Regeln des Wohnraummietrechts vertraglich ausschließen, indem er den schriftlichen Mietvertrag als Vertrag über Geschäftsraum bezeichnet.[66] Neben dem sich aus dem Parteiwillen ergebenden Vertragszweck sind bei der Auslegung, ob Wohnraummietrecht oder Gewerberaummietrecht überwiegt, objektive Kriterien wie Mietzins, Flächenanteile, die auf Wohnraum und Geschäftsraum entfallen, heranzuziehen.[67] Die berufliche Nutzung kann im Vordergrund stehen und das Übergewicht zum Gewerberaumrecht bewirken, wenn Wohn- und Geschäftsräume zu einem nicht aufgeteilten Mietzins angemietet werden, und der Mieter mit der Nutzung des gewerblichen Teils der Räume das Einkommen erzielt, um den Lebensunterhalt für sich und seine Familie bestreiten zu können.[68] Unter Berücksichtigung dieser Gesichtspunkte hat die Rechtsprechung in der Regel **gewerbliche Miete** angenommen bei:

Vermietung/Verpachtung einer Gaststätte mit Wohnung[69]
Vermietung einer Zahnarztpraxis mit Wohnung[70]
Vermietung einer Anwaltspraxis mit Wohnung[71]
Vermietung von Räumen zur Hälfte zum Betrieb einer Heilpraktikerpraxis, zur anderen Hälfte zum Wohnen[72]

Streitig ist, welche Vorschriften bei **Gleichwertigkeit von Geschäfts- und Wohnraumanteil** auf das Rechtsverhältnis angewendet werden müssen. Der BGH[73] hat die Frage bisher offen gelassen; das LG Mannheim[74] verneint die Anwendbarkeit des Wohnraummietrechts bei Gleichwertigkeit, während das LG Frankfurt,[75] AG Friedberg[76] sowie das AG Schwetzingen[77] Wohnraummietrecht anwenden wollen; das OLG Hamburg[78] musste die Frage im konkreten Fall nicht entscheiden, hat jedoch zu erkennen gegeben, dass es Wohnraummietrecht anwenden wolle. Auch in der Literatur gibt es unterschiedliche Auffassungen. Wäh-

---

[63] BGH WuM 1986, 274, Staudinger/*Emmerich* Vorb. zu § 535 Rdnr. 27; Schmidt-Futterer/*Blank* Vorb. § 535 BGB Rdnr. 97.
[64] BGH NJW 1977, 1394; ZMR 1986, 278; OLG Schleswig RE NJW 1983, 49; OLG Hamm ZMR 1986, 11; *Emmerich*, a. a. O.; Schmidt-Futterer/*Blank* Vorb. § 535 Rdnr. 98; Bub/Treier/*Reinstorf* I Rdnr. 105.
[65] OLG Köln ZMR 2001, 963; OLG Düsseldorf NZM 2002,739; OLG Stuttgart NJW 1986, 322; OLG Hamburg NJW 1995, 120; Staudinger/*Emmerich* Vorb. zu § 535 Rdnr. 27; Schmidt-Futterer/*Blank* Vorb. § 535 Rdnr. 98; kritisch *Rinke* ZMR 2003, 13.
[66] BGH ZMR 1986, 280; LG Frankfurt WuM 1992, 112; Bub/Treier/*Reinstorf* I Rdnr. 106, 107; Schmidt-Futterer/*Blank* Vorb. § 535 BGB Rdnr. 98.
[67] BGH NJW 1979, 307.
[68] LG Berlin GE 1990, 759; Staudinger/*Emmerich* Vorb. zu § 535 BGB Rdnr. 27; Bub/Treier/*Reinstorf* I Rdnr. 105; Schmidt-Futterer/*Blank* Vorb. § 535 Rdnr. 85.
[69] OLG Hamm ZMR 1986, 11.
[70] KG GE 188, 353.
[71] BGH NJW-RR 1986, 877.
[72] AG Berlin-Tiergarten GE 1990, 759.
[73] Zuletzt NJW-RR 1986, 877.
[74] ZMR 1966, 107.
[75] ZMR 1992, 542.
[76] WM 1983, 237.
[77] BB 1977/1274.
[78] ZMR 1979, 280.

rend *Weimar*[79] sowie *Schmidt-Futterer*[80] die Anwendung der Wohnraumvorschriften bei Gleichwertigkeit ablehnen, wendet die überwiegende Meinung[81] Wohnraumrecht an, da nur auf diese Weise der Zweck der Schutzgesetze erreicht werden könne.

30   Die Parteien können und sollten bei Begründung eines Mietverhältnisses bei **Gleichwertigkeit** von Wohn- und Geschäftsraumanteil durch eine vertragliche Regelung klarstellen, nach welchem Recht das Mietverhältnis gehandhabt werden soll;[82] es kommt hierbei auf den wirklichen Willen der Parteien an.

Formulierungsvorschlag:

Zwischen Vermieter und Mieter besteht Einigkeit, dass auf das vorliegende Mischmietverhältnis gewerbliches Mietrecht Anwendung findet.

Praxistipp: Darlegungs- und Beweislast

31   Ist keine Regelung getroffen, muss die Partei die für die Einordnung des Vertrages maßgeblichen Tatsachen dartun und beweisen, die hieraus Rechte herleiten will.[83] Der ohne Geltendmachung berechtigter Interessen kündigende Vermieter muss dartun und beweisen, dass der Vertrag ein Gewerberaumvertrag ist. Das gleiche gilt für den Vermieter, der eine Mieterhöhung auf Grund einer Wertsicherungsklausel geltend macht, die nicht den Anforderungen des § 557b BGB entspricht.[84]

---

[79] Betr. 1972, 81.
[80] NJW 1966, 584.
[81] Bub/Treier/*Reinstorf* I Rdnr. 110; *Sternel* I Rdnr. 156; Palandt/*Weidenkaff* Einf. v. § 535 BGB Rdnr. 101; Soergel/*Kummer* Vorb. § 535 Rdnr. 303; Staudinger/*Emmerich* Vorb. § 535 BGB Rdnr. 29; *Wolf/Eckert* Rdnr. 20; Schmidt-Futterer/*Blank* Vor § 535 BGB Rdnr. 98; *Barthelmess* Komm. Einf. Rdnr. 29.
[82] *Barthelmess* Einf. Rdnr. 29; *Wolf/Eckert/Ball* Handbuch Rdnr. 21.
[83] Schmidt-Futterer/*Blank* Vorb. § 535 BGB Rdnr. 101.
[84] Schmidt-Futterer/*Blank* Vorb. § 535 BGB Rdnr. 101.

§ 7 Vorvertragliche Rechte und Pflichten

Übersicht

	Rdnr.
I. Allgemeines	1–6
II. Anmietrecht	7–13
1. Allgemeines	7–9
2. Praktische Bedeutung	10/11
3. Vertragsgestaltung und Muster	12/13
III. Vormietrecht	14–38
1. Allgemeines	14–25
a) Begriffsbestimmung und Abgrenzung	14–20
b) Praktische Bedeutung	21–25
2. Begründung des Vormietrechts	26/27
3. Ausübung des Vormietrechts	28–37
a) Eintritt des Vormietfalles	28/29
b) Ausübung des Vormietrechts	30–34
c) Rechtsfolgen – Leistungsstörungen	35–37
4. Vertragsgestaltung	38
IV. Mietvorvertrag	39–81
1. Allgemeines	39–48
a) Begriffsbestimmung	39–41
b) Praktische Bedeutung	42–48
2. Zustandekommen des Mietvorvertrags	49–56
a) Abschluss des Mietvorvertrags	49–51
b) Inhalt des Mietvorvertrages	52–56
3. Rechte und Pflichten aus dem Mietvorvertrag	57–79
a) Haupt- und Nebenpflichten	57–64
b) Erfüllung – Leistungsstörungen beim Vorvertrag	65–69
c) Gerichtliche Geltendmachung	70–79
4. Vertragsgestaltung und Muster	80/81
V. Option	82–97
1. Allgemeines	82–90
a) Begriffsbestimmung und Abgrenzung	82–88
b) Praktische Bedeutung	89/90
2. Begründung des Optionsrechts	91–93
3. Ausübung des Optionsrechts	94–96
4. Vertragsgestaltung	97
VI. Culpa in Contrahendo	98–120
1. Allgemeines/Haftungsgrundlagen	98–105
2. Abbruch von Vertragsverhandlungen	106–110
3. Verletzung von Aufklärungspflichten	111–120

Schrifttum: *Bub/Treier*, Handbuch der Geschäfts- und Wohnraummiete, 3. Aufl. 1999; *Lindner-Figura/Oprée/Stellmann*, Geschäftsraummiete, 2006; *Harz/Kääb/Riecke/Schmid*, Handbuch des Fachanwalts Miet- und Wohnungseigentumsrecht, 2006; *Henrich*, Vorvertrag, Optionsrecht, Vorrechtsvertrag, 1965; *Kinne/Schach*, Mietvertrags- und Mietprozessrecht, 4. Aufl. 2005; *Nies/Gies*, Beck'sches Formularbuch Mietrecht, 2. Aufl. 2007; *Schmidt-Futterer*, Mietrecht, 9. Aufl. 2007; *Sternel*, Mietrecht aktuell, 3. Aufl. 1998; *Wolf/Eckert/Ball*, Handbuch des gewerblichen Miet-, Pacht- und Leasingrechts, 9. Aufl. 2004.

Vorbemerkung:

Die Ausführungen in § 7 zu den vorvertraglichen Bindungen und zur Haftung aus c.i.c. bei der Wohnraummiete werden ergänzt durch § 45, wo die gesamten Hinweise zur Rechtslage und zur anwaltlichen Tätigkeit bei der Gewerberaummiete konzentriert sind.

I. Allgemeines

1   Vor Abschluss des Mietvertrages bestimmen sich die Rechte und Pflichten der Parteien – von gesetzlichen Schuldverhältnissen (Delikt, Bereicherung, GoA) abgesehen – nach den Grundsätzen über das Verschulden bei Vertragsverhandlungen, wenn und soweit die Parteien keine dem Mietvertrag vorgelagerte vertragliche Bindung eingegangen sind.
Der Grundsatz der Vertragsfreiheit ermöglicht es den an einem Mietvertrag interessierten Parteien, nach Abschluss der in der Regel nicht bindenden Vorverhandlungen ihre weiteren Rechtsbeziehungen ihren Bedürfnissen entsprechend und damit auf unterschiedliche Art und Weise zu gestalten. Im Regelfall wird es zwar im Anschluss an erfolgreiche Vorverhandlungen zum Abschluss des bezweckten (Haupt-)Mietvertrages kommen; es gibt jedoch Fallkonstellationen, in denen Hindernisse tatsächlicher oder rechtlicher Art dem endgültigen Abschluss des Mietvertrages im Wege stehen und die Parteien sich gleichwohl binden wollen. Die Parteien haben dann die Möglichkeit, eine für sie geeignete Vorform zu wählen, die einerseits ihre Position auf den zukünftig geplanten Abschluss des Hauptvertrages sichert, andererseits noch nicht die Wirkungen aus dem Hauptvertrag entfaltet. Inhalt einer derartigen Vereinbarung ist im Allgemeinen, dass der Verpflichtete dem Berechtigten ein Vorzugsrecht einräumt, welches ihm gegenüber potenziellen anderen Interessenten eine Vorzugsstellung verschafft.[1]

2   Das Mietrecht stellt eine Reihe von Rechtsformen zur Disposition, die die Begründung eines Mietverhältnisses vorbereiten und sichern können. Keine dieser Rechtsformen ist gesetzlich ausdrücklich geregelt. Es handelt sich vielmehr um Entwicklungen der Kautelarpraxis, die von der Rechtsprechung anerkannt sind. Hauptformen sind das Anmietrecht, das Vormietrecht, der Mietvorvertrag und die Option.
- Mit **Anmietrecht** wird eine Vereinbarung bezeichnet, die den Vermieter verpflichtet, wenn er sich zur Vermietung oder Weitervermietung entschlossen hat, die Mietsache zunächst einem bestimmten Mietinteressenten anzubieten, bevor er sie an einen anderen vermietet.
- Inhalt eines **Vormietrechts** ist in der Regel, dass der Berechtigte die Befugnis erhält, durch einseitige, an den Verpflichteten gerichtete Erklärung mit diesem einen Mietvertrag zu den Bedingungen begründen zu können, die dieser in einem Mietvertrag mit einem Dritten festlegt.
- Unter einem **Mietvorvertrag** ist eine schuldrechtliche Vereinbarung zu verstehen, in der sich die Parteien verpflichten, zu einem späteren Zeitpunkt einen Hauptmietvertrag zu schließen, ohne unmittelbar Leistungspflichten zu begründen.
- Nach h. M. gestattet ein **Optionsrecht** dem Berechtigten, durch eine einseitige empfangsbedürftige Willenserklärung entweder ein Mietverhältnis zustandezubringen oder ein bestehendes Mietverhältnis über die zunächst vorgesehene Laufzeit hinaus auf bestimmte oder unbestimmte Zeit zu verlängern.

Da diese Typen gesetzlich nicht geregelt sind, sind Unschärfen bei der Begriffsbestimmung und Abgrenzung unvermeidbar, zumal die Bezeichnungen in Rechtsprechung und Literatur keineswegs einheitlich verwendet werden.[2] Zu den Rahmenverträgen und dem aus dem angelsächsischen Bereich entlehnten Instrument des Letter of Intent s. die Erläuterungen in § 46 Rdnr. 8 ff.

3   In der **anwaltlichen Praxis** geht es bei der **Wohnraummiete** einerseits um die Beratung und Vertragsgestaltung für die Mandanten, die eine Vorform begehren. Andererseits gilt es die Fälle zu lösen, in denen vorvertragliche Vereinbarungen vorliegen, es aber aufgrund von „Störungen" nicht zum Abschluss des beabsichtigten Hauptvertrages gekommen ist. Ganz besonderes Augenmerk muss auf die ausführliche Beratung des Mandanten gelegt werden, wenn dessen Pläne als Vermieter oder als Käufer eines Grundstücks durch bestehende vorvertragliche Bindungen zugunsten eines Mietinteressenten gefährdet werden können. Hier drohen **erhebliche Haftungsrisiken**. So hat der BGH jüngst entschieden, dass der Anwalt,

---
[1] Soergel/*Kummer* Vorb. § 535 Rdnr. 21.
[2] S. etwa die Diskussion von Option, Anmietrecht und (doppelt aufschiebend bedingtem) Mietvorvertrag bei OLG Hamburg ZMR 2001, 889 f.

der auf Seiten des Käufers eines bebauten und vermieteten Grundstücks tätig wird, seine Vertragspflichten verletzt, wenn er zwar vom Kauf abrät, aber nicht über die mögliche vertragliche Sicherung des Käufers bei unklarer Verlängerungsoption – hier durch Vereinbarung eines Rücktrittsrechts – berät.[3] Beim Vormietrecht, wo es zur Konkurrenz zwischen neuem Mieter und Vormietberechtigtem kommen kann, handelt es sich um eine nur wenig bekannte Rechtskonstruktion. Deshalb muss der Anwalt den Vermieter eindringlich und ausdrücklich darauf aufmerksam machen, dass der Vermieter, wenn er mit einem neuem Mieter kontrahiert, das Vormietrecht offenbaren und zweckmäßigerweise einen Haftungsausschluss für den Fall der Ausübung des Vormietrechts vereinbaren muss.[4]

Bei der Beratung sollte man sich immer vergegenwärtigen, dass der direkte Abschluss eines Hauptvertrages, sei es unter auflösender oder aufschiebender Bedingung, den Vorteil hat, dass für den Fall des Eintritts bzw. Wegfalls der Bedingung die Rechte und Pflichten aus dem Hauptvertrag ohne weitere Handlungen in Kraft treten. Ist eine solche, unmittelbar verpflichtende Vertragsgestaltung von den Mandanten nicht erwünscht, so ist im nächsten Schritt die Interessenlage und die Situation sorgfältig zu eruieren. Nur auf diese Weise kann geklärt werden, welches der zur Verfügung stehenden Rechtsinstitute das geeignetste ist, da der Hauptunterschied letztlich in der Bindungswirkung und den daraus resultierenden Rechten und Pflichten besteht. Bei der Vertragsgestaltung gilt es, die gewünschten Rechte und Pflichten genau zu beschreiben, um auf diese Weise später eventuell mögliche Differenzen bereits im Vorfeld auszuschließen.

Liegen (schriftliche) Vereinbarungen vor, so muss bei deren Prüfung stets berücksichtigt werden, dass die von den Parteien gewählte **Bezeichnung** ihrer Vereinbarung allenfalls als Indiz für den angestrebten Zweck angesehen werden kann. Nach der ständigen Rechtsprechung des BGH ist aber letztlich entscheidend, welchen Geschäftszweck die Parteien in Wahrheit verfolgt haben. Für den **Inhalt** eines Vertrages ist gemäß §§ 133, 157 BGB der **übereinstimmende Wille** der Beteiligten maßgebend, selbst wenn ihre Erklärungen dem Wortlaut nach eine andere Bedeutung haben sollten.[5]

Zum Zwecke der Beweissicherung empfiehlt sich bei **allen** Vereinbarungen im Bereich der Anbahnung eines Mietverhältnisses die Wahrung der **Schriftform**, sowohl was die Vereinbarung selbst betrifft als auch hinsichtlich der Ausübung des jeweils begründeten Rechts. Beauftragen die Mandanten den Rechtsanwalt hingegen mit der Geltendmachung von Rechten aus bereits getroffenen Vereinbarungen, so ist das Fehlen der Schriftform kein Hinderungsgrund, da alle genannten Vorformen auch mündlich vereinbart werden können.

II. Anmietrecht

1. Allgemeines

Unter **Anmietrecht** ist eine Vereinbarung zu verstehen, die den Vermieter verpflichtet, wenn er sich zur Vermietung oder Weitervermietung entschließt, die Mietsache zunächst einem bestimmten Mietinteressenten **anzubieten**, bevor er sie an einen anderen vermietet.[6] Die Vereinbarung eines Anmietrechts ist formlos möglich.[7] Aus Beweissicherungsgründen sollte sie dennoch stets schriftlich erfolgen.

Zum Zeitpunkt der Begründung des Anmietrechts ist es völlig offen, ob es überhaupt zu einem Mietvertragsabschluss zwischen dem Vermieter und dem Anmietberechtigten kom-

---

[3] Vgl. BGH NJW 2008, 2041 = NZM 2008, 445.
[4] Vgl. OLG Düsseldorf MDR 1984, 756.
[5] St. Rspr. des BGH im Anschluss an BGH NJW 1994, 1528 vgl. BGHZ 71, 243, 247; BGH ZMR 1993, 55, 56; OLG Köln ZMR 1998, 283: der übereinstimmende Wille beider Parteien geht dem Wortlaut des Vertrages und jeder anderweitigen Interpretation vor.
[6] S. MünchKommBGB/*Voelskow* §§ 535, 536 Rdnr. 28; Staudinger/*Emmerich* Vorb. zu § 535 Rdnr. 98; Palandt/*Weidenkaff* Einf. v. § 535 Rdnr. 10; Schmidt-Futterer/*Blank* Vorb. § 535 Rdnr. 116; abzulehnen ist die abweichende Begrifflichkeit bei Lindner-Figura/Oprée/Stellmann/*Stellmann* Kap. 3 Rdnr. 72, wo das Anmietrecht der Begründungsoption gleichgesetzt wird.
[7] S. Palandt/*Weidenkaff* Vorb. § 535 Rdnr. 10; Schmidt-Futterer/*Blank* Vorb. § 535 Rdnr. 116.

men wird. Es fehlt an einem konkreten Bindungswillen auf beiden Seiten. Auch stehen die Vertragskonditionen des etwaigen späteren Vertrages noch keineswegs fest; diese sollen erst mit Eintritt in die Hauptvertrags-Verhandlungen bestimmt werden.[8] Der beabsichtigte Mietvertrag kommt nicht durch einseitige Erklärung zustande,[9] sondern durch Angebot und Annahme nach erfolgreichen Hauptvertrags-Verhandlungen.

9 Unterlässt es der Vermieter, nachdem er sich zur Vermietung der Mietsache entschlossen hat, dies dem Anmietberechtigten mitzuteilen und in Vertragsverhandlungen mit ihm zu treten, und vermietet er die Sache stattdessen an einen Dritten, so macht er sich schadensersatzpflichtig. Der Schadensersatz ist auf das negative Interesse beschränkt, d. h. auf das, was der Interessent im Vertrauen auf das Zustandekommen von Vertragsverhandlungen aufgewendet hat.[10] Treten Umstände ein, die bei Vorliegen eines Hauptvertrages zur fristlosen Kündigung berechtigen würden, so kann der Vermieter vom Vertrag zurücktreten.[11]

2. Praktische Bedeutung

10 Die praktische Bedeutung des Anmietrechts ist bei der **Wohnraummiete** aufgrund seiner rechtlichen Ausgestaltung nicht allzu groß, da es im Regelfall im Interesse beider Parteien liegt, falls eine rechtliche Bindung überhaupt gewollt ist, diese auch stärker auszugestalten.
Vorteile für den Mietinteressenten: Mit einem Anmietrecht erhält der Mietinteressent die Position des ersten Verhandlungspartners. Es hat für ihn den Vorteil, dass es ihn zu nichts verpflichtet. Er kann das ihm unterbreitete Angebot jederzeit ablehnen.
Nachteile für den Mietinteressenten: Das Anmietrecht sichert den Mietinteressenten nur in sehr geringem Umfang. Er hat keine Möglichkeit, den Abschluss des Mietvertrages zu erzwingen.
Vorteile für den Vermieter: Es belässt dem Vermieter weitgehende Freiheiten. Da der „Anmietfall" überhaupt nur eintreten kann, wenn sich der Vermieter zur Vermietung bzw. Weitervermietung entschlossen hat, bleibt es letztlich in seiner Disposition, ob er überhaupt (noch) vermieten will. Des Weiteren bestimmt der Vermieter den Zeitpunkt, zu dem er ein Angebot machen, bzw. wann er in Vertragsverhandlungen eintreten möchte. Der Vermieter kann mittels seines Angebots die Konditionen des Vertrages grundsätzlich im Hinblick auf die Höhe der zu entrichtenden Miete, die Laufzeit des Vertrages als auch sonstiger Modalitäten bestimmen.
Nachteile für den Vermieter: Geht man davon aus, dass der Vermieter in der Gestaltung seines Vertragsangebots – und zwar bezüglich aller Mietkonditionen – völlig frei ist, sind für ihn keine Nachteile zu erkennen. Denn dann müsste ein Vermieter, der sich entschlossen hat, an einen anderen Mietinteressenten zu vermieten, dem Anmietberechtigten lediglich ein derart ungünstiges Angebot unterbreiten, dass dieser vernünftigerweise ablehnen muss.[12] Auf diese Weise könnte der Vermieter seine selbst eingegangene Verpflichtung erfüllen und würde gleichzeitig den Abschluss des Mietvertrages mit dem Anmietberechtigten verhindern. Um dem Vermieter diese Möglichkeit zu verwehren, wird angenommen, dass sich der Vermieter mit der Vereinbarung eines Anmietrechts verpflichtet, die Mietbedingungen nach billigem Ermessen (§§ 315 bis 319 BGB) auszuwählen. Mangels einer besonderen Absprache sind dies die marktüblichen Bedingungen.[13] Im Hinblick auf die Höhe der zu entrichtenden Miete bedeutet dies ein Angebot mit angemessenem oder ortsüblichem Mietzins.[14]

---

[8] S. Bub/*Treier*/*Reinstorf* II Rdnr. 184; *Herold* WuM 1982, 119, 120; Palandt/*Weidenkaff* Einf. v. § 535 Rdnr. 10; KG Berlin Urt. v. 14. 1. 2002 – 8 U 8027/00.
[9] S. MünchKommBGB/*Voelskow* §§ 535, 536 Rdnr. 28.
[10] S. *Derleder*/*Pellegrino* NZM 1998, 550, 555; Bub/*Treier*/*Reinstorf* II Rdnr. 184.
[11] S. Schmidt-Futterer/*Blank* Vorb. § 535 Rdnr. 116.
[12] S. Palandt/*Weidenkaff* Einf. v. § 535 Rdnr. 10; *Herold* WuM 1982, 119, 120.
[13] S. Schmidt-Futterer/*Blank* Vorb. § 535 Rdnr. 116.
[14] Vgl. BGH NJW-RR 1992, 517.

Zusammenfassung:

Die Vereinbarung eines Anmietrechts ist für einen Mietinteressenten bei Wohnraum dann sinnvoll, wenn er grundsätzlich an der Anmietung bestimmter Räume interessiert ist, die derzeit noch in der Entstehung, im Umbau oder vermietet sind, ohne sich zugleich zu einer Anmietung verpflichten zu wollen.

Auf Vermieterseite ist es sinnvoll, wenn der Vermieter sich einerseits nicht weitergehend binden möchte, als zu informieren und in Vertragsverhandlungen einzutreten, und sich andererseits die Möglichkeit eines Vertragsabschlusses mit diesem z. B. bekannten, solventen oder passenden Mieter offen halten will.

3. Vertragsgestaltung und Muster

Folgende Punkte sollten bei Abfassung der Vereinbarung, die zu Beweissicherungszwecken schriftlich geschlossen werden sollte, beachtet und konkret ausformuliert werden:
- Für welche Wohnung/welche Wohnungen soll ein Anmietrecht vereinbart werden?
- Welchen konkreten Inhalt soll das Anmietrecht haben? Klarstellung, dass mit dem Anmietrecht dem Interessenten nur die Rolle des ersten Verhandlungspartners eingeräumt wird und noch keine weitere vertragliche Bindung beabsichtigt ist.
- Ab wann soll von einem Entschluss zur Vermietung seitens des Vermieters auszugehen sein?
- Wie hat der Verpflichtete den Berechtigten über seine Vermietungsabsicht in Kenntnis zu setzen?
- Zu welchen Konditionen hat der Verpflichtete anzubieten?
- Wie lange soll das Anmietrecht gelten?
- Soll das Anmietrecht nur für die erstmalige Neu- bzw. Weitervermietung der Wohnung gelten oder auch für folgende Vermietungen?

Formulierungsvorschlag:

Herr/Frau ......, wohnhaft in ...... (Vermieter),
verpflichtet sich hiermit für den Fall, dass er/sie sich dazu entschließen sollte, das derzeit vermietete Appartement Nr...... im Anwesen ...... weiter zu vermieten, dasselbe Herrn/Frau ......, wohnhaft in ...... (Anmietberechtigter),
zur Anmietung anzubieten.

Das Anmietrecht wird auf fünf Jahre eingeräumt und gilt nur für die erstmalige Weitervermietung.

Der Vermieter hat dem Anmietberechtigten seinen Entschluss zur Vermietung des oben bezeichneten Objekts schriftlich mitzuteilen.

Der Vermieter ist hinsichtlich der Gestaltung der Mietkonditionen an die marktüblichen Bedingungen gebunden.

III. Vormietrecht

1. Allgemeines

a) **Begriffsbestimmung und Abgrenzung.** Unter **Vormietrecht** ist eine Vereinbarung zu verstehen, durch die der Berechtigte die Befugnis erhält, durch einseitige, an den Verpflichteten gerichtete Erklärung mit diesem einen Mietvertrag zu den Bedingungen begründen zu können, die dieser in einem Mietvertrag mit einem Dritten festlegt. Die nicht selten gewählte Formulierung, das Vormietrecht berechtige den Begünstigten zum Eintritt in den mit einem Dritten abgeschlossenen Vertrag,[15] meint dasselbe, trifft die Sache aber nicht ganz

---

[15] S. Staudinger/*Emmerich* Vorb. zu § 535 Rdnr. 94; *Wolf/Eckert/Ball* A II. Rdnr. 85.

richtig. Denn mit der Ausübung des Rechts tritt der Vormietberechtigte nicht an die Stelle des Dritten, vielmehr führt seine Erklärung zu einem weiteren – wenn auch inhaltsgleichen – Mietvertrag mit dem Verpflichteten.[16] Die Ausübung des Vormietrechts führt damit zu zwei Mietverträgen über dieselbe Mietsache, die nebeneinander bestehen, und somit zu einer Situation, in der der Vormietberechtigte und der neue Mieter konkurrieren. Für den Vermieter kann die Konkurrenzsituation Schadensersatzpflichten auslösen, wenn er den Dritten, mit dem er den neuen Vertrag schließt, nicht über die Existenz des Vormietrechts unterrichtet und wenn der Begünstigte vom Vormietrecht Gebrauch macht. Der Konkurrent, dem das Mietobjekt nicht zur Nutzung überlassen wird, kann dann Schadensersatz statt der Leistung (früher: Schadensersatz wegen Nichterfüllung) verlangen.[17]

15 Das Vormietrecht kann vereinbart werden, wenn die Parteien ansonsten noch in keinerlei vertraglichen Beziehungen stehen. Es setzt nicht die gegenwärtige Vermietung der Räume voraus,[18] sondern knüpft an den künftigen Abschluss eines Mietvertrages durch den Vermieter an. Es kann aber auch mit oder nach Abschluss eines Haupt-Mietvertrages für den Zeitraum nach seiner Beendigung oder für ggf. weitere anzumietende Räume eingeräumt werden.

16 Die Frage der rechtlichen Einordnung, im Speziellen ob das Vormietrecht ein doppelt aufschiebend bedingter Mietvertrag oder ein Gestaltungsrecht ist, ist nach wie vor umstritten.[19] Die praktischen Unterschiede der divergierenden Ansichten sind allerdings nicht sehr groß, da Einigkeit dahingehend besteht, dass die Vorschriften über den Vorkauf (**§§ 463 ff. BGB**) grundsätzlich analog anzuwenden sind und somit die wesentlichen Rechtsfolgen im Gesetz bestimmt sind.[20]

17 Das Vormietrecht ist nicht übertragbar und geht nicht auf den Erben des Berechtigten über, sofern nicht ein anderes bestimmt ist (§ 473 Satz 1 BGB analog).[21] Das Vormietrecht ist nicht vormerkbar im Sinne des § 883 Abs. 1 BGB, da eine Vermietung einer Sache nicht mit einer Verfügung über sie gleichzusetzen ist.[22] Nach überwiegender Ansicht im Schrifttum tritt ein Grundstückserwerber gemäß **§ 566 Abs. 1 BGB** grundsätzlich in den Vertrag über die Begründung eines Vormietrechts ein.[23] Höchstrichterlich entschieden ist dies aber nur für den Fall, dass das dem Mieter eingeräumte Vormietrecht bis zur Beendigung des Mietverhältnisses auszuüben ist.[24] Handelt es sich aber um ein Vormietrecht, das außerhalb eines Mietvertrages begründet wurde oder das sich auf andere Räume als diejenigen, die Gegenstand des Mietvertrages sind, bezieht, so wird in der Literatur vertreten, dass in diesem Fall der Grundstückserwerber **nicht** an das Vormietrecht gebunden sei.[25]

18 Im Gegensatz zum **Anmietrecht**, welches dem Berechtigten lediglich die Position des ersten Verhandlungspartners einräumt, macht die Ausübung des Vormietrechts ihn unmittelbar zum Vertragspartner. Gemeinsam ist diesen beiden Rechtsinstituten, dass der Berechtigte keinen Einfluss darauf nehmen kann, ob der Verpflichtete überhaupt (erneut) vermietet.

19 Im Gegensatz zum **Vorvertrag**, hat der Berechtigte keine Möglichkeit, den Abschluss des Hauptvertrages zu erzwingen. Der Verpflichtete ist in seiner Entscheidung, den Vormietfall durch Abschluss eines „Erstvertrages" auszulösen, völlig frei.

---

[16] Vgl. BGHZ 55, 71, 76; BGH NJW 1983, 682; BGH NJW 1987, 890; BGH NJW 2002, 3016, 3019 f.; Schmidt-Futterer/*Blank* Vorb. § 535 Rdnr. 111.
[17] Vgl. OLG Düsseldorf MDR 1984, 756; Staudinger/*Emmerich* Vorb. zu § 535 Rdnr. 95; s. u. Rdnr. 36.
[18] So aber irrig: KG Urt. v. 28. 10. 2002 – 8 U 213/01.
[19] S. Staudinger/*Emmerich* Vorb. zu § 535 Rdnr. 94, und *Herold* WuM 1982, 119, 120, für doppelt aufschiebend bedingten Mietvertrag; dagegen Bub/Treier/*Reinstorf* II Rdnr. 163 für Gestaltungsrecht.
[20] Vgl. zu §§ 504 ff. BGB a. F.: BGHZ 102, 237, 240; OLG Hamm ZMR 1992, 148; MünchKommBGB/*Voelskow* §§ 535, 536 Rdnr. 27.
[21] Soergel/*Kummer* Vorb. zu § 535 Rdnr. 22; MünchKommBGB/*Voelskow* §§ 535, 536 Rdnr. 27 (zu §§ 504 ff. BGB a. F.).
[22] S. Soergel/*Kummer* Vorb. zu § 535 Rdnr. 29.
[23] Vgl. Palandt/*Weidenkaff* § 566 Rdnr. 18.
[24] Vgl. BGHZ 55, 71, 73 ff.
[25] So Bub/Treier/*Reinstorf* II Rdnr. 180; *Michalski* ZMR 1999, 1, 4; Lindner-Figura/Oprée/Stellmann/*Stellmann* Kap. 3 Rdnr. 68.

§ 7 Vorvertragliche Rechte und Pflichten

Das Vormietrecht hat mit der **Option** gemeinsam, dass beide Rechtsinstitute ein Gestaltungsrecht begründen. Während bei der Option der Inhalt des Hauptmietvertrages bereits im Optionsvertrag fixiert ist, wird beim Vormietrecht der Inhalt des Erstvertrages „übernommen".[26]

b) Praktische Bedeutung. In Betracht kommt die Einräumung eines Vormietrechts bei der **Wohnraummiete**
- wenn der Mieter der Wohnung A sich die Chance erhalten will, die Wohnung B im selben Haus, die bisher (zu bekannten Konditionen) anderweitig vermietet ist, nach Freiwerden mit dann beabsichtigter erneuter Vermietung anzumieten.
- wenn dem Mieter nach Beendigung des Mietverhältnisses die Möglichkeit erhalten bleiben soll, den Gebrauch der gemieteten Räume fortzusetzen.
- wenn der Vermieter einem bestimmten Interessenten Vorrang bei der Vermietung einer bestimmten Wohnung einräumen, aber den Vertragsschluss von der am Markt erzielbaren Miete abhängig machen will.[27]

Vorteile für den Mietinteressenten: Im sog. Vormietfall (§ 463 BGB analog) **kann** der Berechtigte sein Vormietrecht ausüben (§ 464 Abs. 1 Satz 1 BGB analog). Eine Verpflichtung hierzu besteht aber nicht. Der Mietinteressent ist deshalb auch nicht verpflichtet, ein eigenes Vertragsangebot des Vermieters anzunehmen.[28] Wenn der Mietinteressent sein Recht ausübt, wird er unmittelbar zum Vertragspartner. Wird das Recht hingegen nicht innerhalb der zweimonatigen Ausschlussfrist des § 469 Abs. 2 Satz 1 BGB bzw. der vertraglich vereinbarten Frist ausgeübt, so erlischt es. Bezüglich des Vertragsinhalts schützt die Rechtsprechung den Vormietberechtigten jedenfalls vor sittenwidrigen Regelungen und solchen, die völlig außerhalb der für gegenseitige Verträge typischen Abhängigkeit von Leistung und Gegenleistung stehen (sog. Fremdkörpergedanke). Derartige Bestimmungen im Erstvertrag sind für den eintretenden Berechtigten nicht verbindlich.[29]

Nachteile für den Mietinteressenten: Das Vormietrecht gibt dem Mietinteressenten nicht die Möglichkeit, den Abschluss des Mietvertrages zu erzwingen. Er kann keinen Einfluß darauf nehmen, ob der Vermieter überhaupt (erneut) vermietet. Das Vormietrecht gibt dem Mietinteressenten nicht das Recht, vom Vermieter die Abgabe eines Mietangebotes zu verlangen.[30] Er hat keine Möglichkeit, auf die Konditionen des Erstvertrages Einfluss zu nehmen. Der Vormietberechtigte kann auch nicht verlangen, dass einzelne Vertragsbedingungen des Erstvertrages geändert werden.[31] Im Gegensatz zum Vorkaufsrecht ist eine dingliche Sicherung des Vormietrechts nicht möglich, so dass der Mietinteressent bei Ausübung des Vormietrechts einen Vorrang bei der Erfüllung des Mietvertrages nicht durchsetzen kann, sondern ggf. auf Schadensersatzansprüche wegen Nichterfüllung verwiesen ist.

Vorteile für den Vermieter: Das Vormietrecht belässt dem Vermieter einen großen Gestaltungsspielraum. Der Vermieter ist in der Entscheidung, ob er überhaupt (erneut) vermieten will, völlig frei. Des Weiteren ist er in der Gestaltung des Erstvertrages grundsätzlich frei, ebenso in der Wahl des Dritten. Durch die Suche nach weiteren Interessenten hat er die Möglichkeit, sich einen für ihn günstigen Vertragsinhalt auszubedingen; auf die Interessen des Vormietberechtigten braucht er regelmäßig keine Rücksicht zu nehmen. Die Grenze dieser Gestaltungsfreiheit wird da gezogen, wo das Vorrecht des Berechtigten vereitelt werden würde.[32]

Nachteile für den Vermieter: Der Vermieter verpflichtet sich einseitig, indem er seinem Vertragspartner eine Befugnis zum unmittelbaren Vertragsabschluss einräumt. Er hat dem Berechtigten den Inhalt des Erstvertrages vollständig und unverzüglich, d.h. ohne schuldhaftes Zögern, mitzuteilen. Gemäß höchstrichterlicher Rspr. ist § 469 Abs. 1 S. 1 BGB ana-

---

[26] S. *Michalski* ZMR 1999, 1, 5.
[27] S. *Derleder/Pellegrino* NZM 1998, 550, 554.
[28] Vgl. BGH NJW 2002, 3016, 3019.
[29] Vgl. BGH NJW 1988, 703, 704.
[30] Vgl. BGH NJW 2002, 3016, 3019.
[31] S. Bub/Treier/*Reinstorf* II Rdnr. 173.
[32] Vgl. BGH NJW 1988, 703; BGH NJW 1980, 2304; Soergel/*Kummer* Vorb. zu § 535 Rdnr. 22.

log anzuwenden.[33] Wird der Erstvertrag nach der Mitteilung geändert, so muss auch diese Änderung dem Berechtigten zugehen. Die Einräumung eines Vormietrechts birgt ein Haftungsrisiko in sich, dem der Vermieter durch entsprechende Vereinbarungen begegnen sollte. Im Falle der sog. Doppelvermietung kann er sich schadensersatzpflichtig machen. Will er dies vermeiden, muss er nicht nur einen Drittinteressenten über das Vorliegen einer Vormietregelung aufklären, sondern darüber hinaus Schadensersatzansprüche ausschließen oder sich durch eine auflösende Bedingung oder einen Rücktrittsvorbehalt vom Erstvertrag lösen können.[34] Will sich der Vermieter von seiner Verpflichtung gegenüber dem Vormietberechtigten wirksam befreien, bedarf es des Abschlusses eines Erlassvertrages. Auch insoweit werden die gesetzlichen Regeln über das Vorkaufsrecht von der Rspr. entsprechend angewandt.[35]

2. Begründung des Vormietrechts

26 Das Vormietrecht wird durch vertragliche Einigung der Parteien des Inhalts begründet, dass der Vormietberechtigte die Befugnis erhält, durch einseitige Erklärung an den Verpflichteten mit diesem einen Mietvertrag zu den Bedingungen zu schließen, die dieser in einem Mietvertrag mit einem Dritten bestimmt hat. Dieser Vertrag ist kein Mietvertrag, sondern ein Vertrag eigener Art.

27 Die überwiegende Meinung geht davon aus, dass diese Einigung, wenn sie in einer isolierten Vereinbarung geschieht, **formfrei** möglich ist.[36] Wird das Vormietrecht nicht isoliert vereinbart, sondern als Teil eines Mietvertrages, der seinerseits § 550 BGB unterliegt, muss natürlich das Schriftformerfordernis für die gesamte Vereinbarung beachtet werden.[37] Darüberhinaus wird teilweise die Erforderlichkeit der Schriftform angenommen, wenn das Vormietrecht in einem Mietvertrag vereinbart ist und der Berechtigte auf Grund des Vormietrechts die Möglichkeit hat, eine Verlängerung der ursprünglichen Vertragslaufzeit herbeizuführen.[38] Aus Beweissicherungsgründen empfiehlt sich in jedem Fall eine schriftliche Vereinbarung. Dies gilt im Besonderen für den Fall, dass mit oder nach Abschluss eines Mietvertrages von einer Dauer von länger als einem Jahr dem Mieter ein Vormietrecht für die von ihm bewohnte Wohnung nach Beendigung des Mietvertrages oder für weitere, ggf. anzumietende Räume eingeräumt werden soll. Hier sollte der Mieter darauf achten, dass der Mietvertrag mit allen bindenden Nebenabreden, also auch mit dem zusätzlich oder nachträglich eingeräumten Vormietrecht, **schriftlich** niedergelegt wird.

3. Ausübung des Vormietrechts

28 a) **Eintritt des Vormietfalles.** Der sog. Vormietfall tritt dann ein, wenn der Verpflichtete mit dem Dritten einen **wirksamen Mietvertrag** (sog. Erstvertrag) geschlossen hat (§ 463 BGB analog). Dies bedeutet zum einen, dass andere Vertragsabschlüsse mit einem Dritten, wie z.B. Einräumung eines Nießbrauchs oder ein Wohnungstausch, den Vormietfall nicht auslösen.[39]

29 Zum anderen reicht die Aufnahme von Vertragsverhandlungen mit dem Dritten für den Eintritt des Vormietfalls nicht aus, vielmehr muss es zum wirksamen Vertragsabschluss kommen.[40] Darüber hinaus müssen etwaige im Erstvertrag enthaltene aufschiebende Bedingungen eingetreten sein, ansonsten kann das Vormietrecht nicht ausgeübt werden.[41] Was

---

[33] Vgl. BGH NJW 2002, 3016, 3019 zu § 510 BGB a. F.
[34] Vgl. OLG Düsseldorf MDR 1984, 756.
[35] Vgl. BGH NJW 2002, 3016, 3019.
[36] S. *Michalski* ZMR 1999, 2 f. m. w. N.; Bub/Treier/*Reinstorf* II Rdnr. 165; Schmidt-Futterer/*Blank* Vorb. § 535 Rdnr. 111; Palandt/*Weidenkaff* Einf. v. § 535 Rdnr. 5; a. A. Nies/Gies/*Borzutzki-Pasing* Anm. 3 zu Form. A. V. 1.
[37] S. Lindner-Figura/Oprée/Stellmann/*Stellmann* Kap. 3 Rdnr. 57.
[38] Blank/Börstinghaus/*Blank* § 550 Rdnr. 9 m. w. N.
[39] MünchKommBGB/*Voelskow* §§ 535, 536 Rdnr. 27; Staudinger/*Emmerich* Vorb. zu § 535 Rdnr. 97; Bub/Treier/*Reinstorf* II Rdnr. 167; Timme/Hülk NJW 2007, 3313, 3314.
[40] Bub/Treier/*Reinstorf* II Rdnr. 168 m. w. N.
[41] Vgl. RGZ 123, 268.

den Mietgegenstand anbelangt, so tritt der Vormietfall auch dann ein, wenn der Verpflichtete dem Dritten weniger oder auch mehr Räume vermietet, als dem Vormietrecht unterliegen.

Ist der Vormietfall eingetreten, muss der Vermieter den Berechtigten über den Abschluss und den Inhalt des Mietvertrages unverzüglich informieren (§ 469 Abs. 1 Satz 1 BGB analog). Um Streitigkeiten über die Erfüllung dieser Pflicht zu vermeiden, sollte die Mitteilung grundsätzlich durch Übersendung einer Kopie des Mietvertrages erfolgen.[42]

b) Ausübung des Vormietrechts. Das Vormietrecht wird in entsprechender Anwendung des § 464 Abs. 1 S. 1 BGB durch Erklärung gegenüber dem Verpflichteten ausgeübt. Diese Erklärung ist eine einseitige bedingungsfeindliche Gestaltungserklärung.[43] Sie ist nach h. M. formlos gültig;[44] dafür spricht die entsprechende Anwendung von § 464 Abs. 1 Satz 2 BGB. Um wirksam zu werden, muss die Erklärung dem Verpflichteten zugehen (§ 464 Abs. 1 S. 1 BGB analog, § 130 Abs. 1 BGB). Mit Zugang kommt es zum Vertragsschluss.

Steht das Vormietrecht mehreren gemeinschaftlich zu, kann es in entsprechender Anwendung des § 472 S. 1 BGB nur von allen ausgeübt werden.[45] § 472 S. 2 BGB ist nicht entsprechend anwendbar. Die **Frist zur Ausübung** des Vormietrechts beginnt in entsprechender Anwendung des § 469 Abs. 1 S. 1 BGB mit der dem Verpflichteten obliegenden unverzüglichen, auch formlos wirksamen Mitteilung des vollständigen Inhalts des mit dem Dritten abgeschlossenen Mietvertrages.[46] Die Frist wird ebenfalls in Lauf gesetzt, falls der Dritte dem Berechtigten eine Mitteilung macht, da diese die dem Verpflichteten obliegende Mitteilung ersetzt (§ 469 Abs. 1 S. 2 BGB analog). Sollten die Parteien keine anderen vertraglichen Absprachen getroffen haben, so endet die Frist zur Ausübung des Vormietrechts grundsätzlich in entsprechender Anwendung des § 469 Abs. 2 BGB zwei Monate nach ordnungsgemäßer Mitteilung vom Inhalt des Mietvertrages an den Vormietberechtigten.[47] Wird der Erstvertrag nach seiner Mitteilung abgeändert, läuft die Ausschlussfrist nicht. Sie beginnt in diesem Fall erst ab Mitteilung der Änderung.[48]

Voraussetzung ist grundsätzlich, dass sich der Berechtigte **ohne Vorbehalte** zur Übernahme der Pflichten und der vereinbarten Leistungen aus dem Erstvertrag bereit erklärt. Unwirksam ist die Ausübung des Vormietrechts, wenn der Vormietberechtigte insolvent ist, da in diesem Fall die **Erklärung gegen den Grundsatz von Treu und Glauben** verstößt.[49] Kann der Vormietberechtigte die erforderlichen Voraussetzungen zur Anmietung eines Objekts nicht erfüllen (z. B. bei preisgebundenem Wohnraum keinen Wohnberechtigungsschein vorlegen), ist seine Erklärung ebenfalls unbeachtlich.

Die Ausübung des Vormietrechts ist ferner dann ausgeschlossen, wenn sich der Dritte zu einer nicht in Geld zu bewertenden Leistung verpflichtet hat, die der Vormietberechtigte nicht bewirken kann (§ 466 S. 2 BGB analog). Dabei ist im Unterschied zum gesetzlichen Vorkaufsrecht die Frage der Bewertbarkeit der Nebenleistung in Geld zurückhaltender zu beantworten. Einem Vermieter, der eine Wohnung an einen Dritten vermietet hat, der die Aufgaben eines Hausmeisters wahrnehmen und deswegen im Haus wohnen soll, ist zum Beispiel mit dem Ersatz des Wertes der Arbeitsleistung nicht gedient.[50] Der Berechtigte kann die Leistungen oder Verpflichtungen ablehnen, die als „**Fremdkörper**" innerhalb des Erstvertrages zu werten wären. Nach der Rechtsprechung des Bundesgerichtshofs sind darunter solche Bestimmungen zu verstehen, die völlig außerhalb der für gegenseitige Verträge typischen Abhängigkeit von Leistung und Gegenleistung stehen. Um dies feststellen zu können, muss unter Berücksichtigung aller Umstände geprüft werden, warum und zu wessen Vorteil eine bestimmte Klausel für die Durchführung des Erstvertrages vereinbart worden ist. Kommt man zu dem Ergebnis, dass die getroffene Vereinbarung weder dem Erstmieter noch

---

[42] S. Schmidt-Futterer/*Blank* Vorb. § 535 Rdnr. 111.
[43] Vgl. BGHZ 102, 237, 240; BGH NJW 1988, 703, 704.
[44] S. Palandt/*Putzo* § 464 Rdnr. 2; Schmidt-Futterer/*Blank* Vorb. § 535 Rdnr. 111.
[45] S. Bub/Treier/*Reinstorf* II Rdnr. 172.
[46] BGH ZMR 1958, 153.
[47] Vgl. BGHZ 55, 71, 76; WuM 1974, 345.
[48] S. Staudinger/*Emmerich* Vorb. zu § 535 Rdnr. 96.
[49] S. Palandt/*Putzo* § 464 Rdnr. 3.
[50] S. MünchKommBGB/*Voelskow* §§ 535, 536 Rdnr. 27.

dem Vormietverpflichteten einen persönlichen oder wirtschaftlichen Vorteil bringt, liegt ein „Fremdkörper" vor.[51] Mietvertragstypisch und damit vom Vormieter zu übernehmen ist die Vertragsabrede zwischen Vermieter und Mieter, dass der Mieter den Makler zu bezahlen hat.[52]

34 Der Grundsatz der Vertragsfreiheit ermöglicht den Parteien eine Vereinbarung darüber, dass die Ausübung des Vormietrechts statt durch einseitige Erklärung des Berechtigten durch Abschluss eines Vertrages erfolgen soll. Auf diese Weise ist es den Parteien möglich, einen vom Erstvertrag abweichenden Inhalt oder eine Abänderung einzelner Klauseln zu vereinbaren, was dazu führen kann, dass der Verpflichtete dem Berechtigten letztlich bessere Konditionen gewährt, als er sie mit dem Dritten vereinbart hat.[53]

35 c) Rechtsfolgen – Leistungsstörungen. Die Ausübung des Vormietrechts durch einseitige Erklärung hat zur Folge, dass zwischen dem Berechtigten und dem Verpflichteten ein neuer Mietvertrag mit dem Inhalt des Erstvertrages zustandekommt; der durch Ausübung des Vormietrechts zustandegekommene Mietvertrag hat jedoch keinen Einfluss auf die Rechtsbeständigkeit des zwischen dem Verpflichteten und dem Dritten geschlossenen Vertrages.

36 Will der Verpflichtete Schadensersatzansprüche wegen Doppelvermietung vermeiden, genügt es nicht, wenn er auf das Bestehen eines Vormietrechts hinweist und erklärt, dass der Vormietberechtigte sein Recht wohl nicht ausüben werde, vielmehr muss er Schadensersatzansprüche ausschließen oder sich durch eine auflösende Bedingung oder einen Rücktrittsvorbehalt durch Vereinbarung eines Rücktrittsrechts (§ 572 Abs. 1 BGB) vom Erstvertrag lösen können.[54] Zu beachten ist, dass bei der **Wohnraummiete** ein vereinbartes Rücktrittsrecht nur bis zur Überlassung der Mietsache ausgeübt werden kann (§ 572 Abs. 1 BGB).[55] Schadensersatzansprüche sind natürlich zu vermeiden, wenn es zum Verzicht auf das Vormietrecht kommt; dazu ist jedoch – wie beim Vorkaufsrecht – der Abschluss eines Erlassvertrages notwendig[56]

37 Zur prozessualen Durchsetzung des Vormietrechts kann der Berechtigte vom Vermieter Auskunft über den Inhalt des Mietvertrages mit dem Dritten verlangen. § 469 Abs. 1 BGB, der dem Vorkaufsberechtigten gegenüber dem Verpflichteten ein Auskunftsrecht einräumt, ist insoweit auf Vormiet- und Vorpachtverträge analog anzuwenden.[57] Überlässt der Verpflichtete nach wirksamer Ausübung des Vormietrechts dem Dritten die Mieträume, kann der Berechtigte gemäß § 543 Abs. 2 Nr. 1 BGB kündigen oder unter den Voraussetzungen der § 536 Abs. 3, § 536a BGB Schadensersatz verlangen. Er kann aber auch auf Erfüllung klagen, da es durchaus denkbar ist, dass sich die Parteien des Mietvertrages auf eine freiwillige Vertragsaufhebung einigen und danach kein Fall der Unmöglichkeit vorliegen würde.[58] Die Aufhebung des ursprünglichen Mietvertrags zwischen Vermieter und Drittem läßt den durch Ausübung des Vormietrechts zustandegekommenen Vertrag zwischen Vermieter und Vormietberechtigtem unberührt.[59] Ein Recht per se zur Einräumung des Besitzes an dem gemieteten Grundstück oder den gemieteten Räumen hat der Berechtigte nicht, solange der Dritte auf Grund des fortwirkenden Vertrages rechtmäßiger Besitzer der Mietsache geworden ist. Anders verhält es sich aber, wenn der Dritte in Kenntnis des Bestehens eines Vormietrechts die Mietsache in Besitz nimmt, um auf diese Weise das Recht des Vormietberechtigten zu vereiteln. In diesem Fall ist die Berufung des Dritten auf seine Rechte aus dem Mietvertrag gegenüber dem Vormietberechtigten rechtsmissbräuchlich.[60]

---

[51] Vgl. BGH NJW 1988, 703, 704.
[52] S. Lindner-Figura/Oprée/Stellmann/*Stellmann* Kap. 3 Rdnr. 64 unter Verweis auf BGH NJW 1996, 654, 655 zum Vorkaufsrecht.
[53] Vgl. BGH ZMR 1971, 373, 374.
[54] Vgl. OLG Düsseldorf MDR 1984, 756; Schmidt-Futterer/*Blank* Vorb. § 535 Rdnr. 111.
[55] S. Schmidt-Futterer/*Blank* Vorb. § 535 Rdnr. 111.
[56] Vgl. BGH NJW 2002, 3016, 3019.
[57] Vgl. BGH NJW 2002, 3016, 3018.
[58] S. Schmidt-Futterer/*Blank* Vorb. § 535 Rdnr. 111.
[59] S. Schmidt-Futterer/*Blank* Vorb. § 535 Rdnr. 111.
[60] *Wolf/Eckert/Ball* A II. Rdnr. 90.

4. Vertragsgestaltung

Bereits aus Gründen der Beweissicherung empfiehlt sich der schriftliche Abschluss der Vormietvereinbarung selbst sowie eine Vereinbarung, dass das Vormietrecht schriftlich auszuüben ist.

Folgende Punkte sollten bei der Abfassung des Vertrages beachtet und ggf. konkret ausformuliert werden:
- Sind die Parteien an einer Befristung des Vormietrechts interessiert?
- Wie ist die Mitteilungspflicht des Vermieters im Vormietfall zu erfüllen (Übersendung einer Kopie des Mietvertrages)?
- In welcher Form ist das Vormietrecht auszuüben (Schriftform)?
- Soll die Frist zur Ausübung des Vormietrechts über die gesetzlich vorgesehene Frist von zwei Monaten hinaus verlängert werden?
- Soll mit der Ausübung des Vormietrechts für beide Vertragspartner ein vertraglicher Anspruch auf schriftliche Niederlegung des neu zustandegekommenen Mietvertrages entstehen?
- Soll das Vormietrecht übertragbar und vererblich sein?
- Soll der Grundstückseigentümer verpflichtet werden, einen Grundstückserwerber an das Vormietrecht zu binden und dies auch seinen Rechtsnachfolgern aufzuerlegen?
- Soll das Vormietrecht nur für den ersten Vormietfall oder auch für alle künftigen Vormietfälle Geltung haben?
  Zur Sicherung seiner Position sollte sich der Vormietberechtigte das Recht nicht nur für einen Fall einräumen lassen, sondern seine Bestellung für mehrere oder alle zukünftigen Fälle erwirken.[61]
- Wer soll für evtl. entstehende Maklerkosten beim Erstvertrag aufkommen?

IV. Mietvorvertrag

1. Allgemeines

a) **Begriffsbestimmung.** Unter einem Mietvorvertrag ist eine schuldrechtliche Vereinbarung zu verstehen, in der sich die Parteien verpflichten, zu einem späteren Zeitpunkt einen Hauptmietvertrag zu schließen. In der Regel verpflichten sich beide Vertragspartner im Vorvertrag zum Abschluss des Hauptvertrages, es ist aber auch möglich, dass nur eine Partei eine Verpflichtung zum Hauptvertragsabschluss übernimmt.[62]

Vorverträge haben ihre Bedeutung insbesondere in solchen Fällen, in denen die Sache zum Abschluss des eigentlichen, auf den angestrebten Zweck selbst gerichteten Vertrages aus irgendeinem rechtlichen oder tatsächlichen Grunde noch nicht reif ist, während die Parteien die entsprechende Bindung alsbald begründen wollen, um sich auf diese Weise die wirkliche Erreichung des Zwecks zu sichern.[63]

Der Mietvorvertrag ist ein echter schuldrechtlicher Vertrag, auf den die allgemeinen Vorschriften des Vertragsrechts anwendbar sind. Er begründet einen Abschlusszwang auf vertraglicher Grundlage[64] mit der Folge, dass aus dem Vorvertrag auf Abschluss des Hauptvertrages geklagt werden kann.

b) **Praktische Bedeutung.** Der Vorvertrag im **Wohnraummietrecht** bezweckt in der Regel eine **vorzeitige Bindung** der Parteien, wenn dem Abschluss des Hauptvertrages noch rechtliche oder tatsächliche Hindernisse entgegen stehen.[65] Ein Vorvertrag kommt deshalb vor allem in folgenden Fallkonstellationen in Betracht:

---

[61] *Michalski* ZMR 1999, 1, 6.
[62] Vgl. BGH NJW 1990, 1233; BGH NJW 1962, 1812, 1813; BGH NJW 1986, 2820; Schmidt-Futterer/*Blank* Vorb. § 535 BGB Rdnr. 106.
[63] Vgl. BGH WuM 1973, 238; *Ritzinger* NJW 1990, 1202.
[64] S. MünchKommBGB/*Kramer* Vorb § 145 Rdnr. 49; MünchKommBGB/*Voelskow* §§ 535, 536 Rdnr. 22 m. w. N.
[65] S. Palandt/*Heinrichs* Einf. v. § 145 Rdnr. 19; *Wolf/Eckert/Ball* A II. Rdnr. 71.

- das Gebäude steht noch im Rohbau,
- die Wohnung soll erst umfangreich modernisiert werden,
- das zu vermietende Objekt ist noch anderweitig vermietet.

43 Aus Streitigkeiten nach zunächst erfolgversprechenden, schließlich aber gescheiterten Verhandlungen entsteht das in der Praxis häufige Problem, wann von einem Mietvorvertrag ausgegangen werden kann, insbesondere, wenn keine schriftliche Vereinbarung vorliegt. Die **Rechtsprechung** ist hier **sehr zurückhaltend**, aus den Erklärungen und dem Verhalten der Parteien bei den Mietvertragsverhandlungen auf **konkludenten Abschluss eines Mietvorvertrages** zu schließen.

44 In Rechtsprechung und Literatur herrscht Einigkeit, dass der Vorvertrag im Vergleich zum sofort wirksamen Hauptvertrag die **Ausnahme** darstellt. Die Annahme eines Mietvorvertrages setzt deshalb **besondere Umstände** voraus, die darauf schließen lassen, dass sich die Parteien ausnahmsweise – ohne abschließende Regelung aller Vertragspunkte – bereits jetzt binden wollen.[66] Zwar können die rechtlichen oder tatsächlichen Hindernisse, die dem Abschluss des eigentlich angestrebten Hauptvertrages entgegenstehen, im Regelfall als Indizien für den beabsichtigten Abschluss eines Vorvertrages angesehen werden; entscheidend ist aber, dass der Bindungswille der Parteien gerade auf den Vorvertrag gerichtet ist. Daraus folgt, dass ein Hauptvertrag, über dessen Konditionen noch keine vollständige Einigung erzielt worden ist, nicht wegen der bereits unstreitigen Regelungen in einen Vorvertrag umgedeutet werden kann. Denn in diesem Fall war der maßgebliche Bindungswille auf den Abschluss des Hauptvertrages und nicht auf den eines vorläufigen Vertrages gerichtet. Gleiches gilt, wenn es dem beabsichtigten Hauptvertrag, soll er über längere Zeit als ein Jahr geschlossen werden, an der Schriftform i. S. des § 550 BGB fehlt. Auch hier steht einer Umdeutung in einen – formlos wirksamen – Mietvorvertrag in der Regel der fehlende Bindungswille hinsichtlich eines Vorvertrages entgegen.[67] Generell muss bei der **Wohnraummiete** beachtet werden, dass Mietinteressenten zumeist mehrere Wohnungen besichtigen und sich auch ggf. Mietverträge übersenden lassen, bevor sie sich für eine Wohnung entscheiden, wie auch umgekehrt Vermieter regelmäßig die Auswahl unter mehreren Mietinteressenten treffen wollen. Diese beiden Seiten bekannte Praxis spricht typischerweise dafür, dass eine rechtliche Bindung regelmäßig erst mit Abschluss des Wohnraummietvertrages zustandekommt.[68]

45 **Vorteile für den Mietinteressenten:** Der Mietinteressent sichert sich den Abschluss des zukünftigen Mietvertrages weitgehend. Er hat die Möglichkeit, auf Abschluss des Hauptvertrages zu klagen und so den erstrebten Mietvertrag zu erzwingen. Die Entscheidung, dass der Vermieter vermieten will, fällt bereits mit Abschluss des Vorvertrages. Der Mietinteressent kann auf die zukünftigen Mietbedingungen Einfluss nehmen, da bereits bei Abschluss des Vorvertrages die essentialia des zukünftigen Mietvertrages verhandelt und festgelegt werden.

46 **Nachteile für den Mietinteressenten:** Der Mietinteressent kann sich nicht ohne weiteres von seiner eingegangenen Verpflichtung lösen. Er kann u. U. gleichfalls einer Klage auf Abschluss des Mietvertrages ausgesetzt sein.

47 **Vorteile für den Vermieter:** Der Vermieter sichert sich die zukünftige Vermietung eines Objekts mit der Person seiner Wahl weitgehend. Er gestaltet den Inhalt des beabsichtigten Mietvertrages bereits bei Abschluss des Vorvertrages. Er kann den Abschluss des Mietvertrages gerichtlich erzwingen.

48 **Nachteile für den Vermieter:** Der Vermieter bindet sich weitgehend sowohl bezüglich der Person seines Vertragspartners als auch bezüglich des Inhalts des zukünftigen Mietvertrages. Er kann auf Abschluss des Hauptvertrages verklagt werden. Ein Mietvorvertrag, der nur Mietobjekt, Mietdauer und Miete regelt, kann den Vermieter bei den Verhandlungen über den endgültigen Mietvertrag in eine ungünstige Verhandlungsposition bringen, weil die ge-

---

[66] Vgl. RGZ 86, 30; BGH NJW 1954, 71 ff.; BGH MDR 1980, 749; BGH NJW-RR 1992, 977; s. Staudinger/*Emmerich* Vorb. zu § 535 Rdnr. 91 m. w. N.; Soergel/*Kummer* Vorb. § 535 Rdnr. 41.
[67] Vgl. BGH WuM 1969, 919; Staudinger/*Emmerich* Vorb. zu § 535 Rdnr. 91; s. Schmidt-Futterer/*Blank* Vorb. § 535 Rdnr. 105; *Michalski* ZMR 1999, 141, 142 m. w. N.
[68] Vgl. AG Halle (Saale) Urt. v. 24. 1. 2008 – 93 C 3077/07.

setzlichen Regelungen der §§ 535ff. BGB durchwegs mieterfreundlich sind und aus Sicht des Vermieters oft abbedungen werden sollen. So hat der Vermieter nach dem Gesetz keinen Anspruch auf Mietsicherheit oder auf Erstattung der Nebenkosten und der Kosten der Instandhaltung und Instandsetzung.[69] Der Vermieter sollte daher darauf achten, diese Punkte bereits im Vorvertrag zu regeln, oder aber statt im Vorvertrag sich erst im endgültigen Mietvertrag binden.

2. Zustandekommen des Mietvorvertrages

a) Abschluss des Mietvorvertrages. Ein wirksamer Mietvorvertrag liegt dann vor, wenn sich die Vertragspartner darüber einig sind, dass das Mietobjekt dem Mietinteressenten zu einem späteren Zeitpunkt überlassen wird und Klarheit über die wesentlichen Konditionen des Mietvertrages besteht.[70] Nach herrschender Meinung kann ein Mietvorvertrag **formfrei** geschlossen werden.[71] Dies hat der BGH bestätigt.[72]

49

Die analoge Anwendung des § 550 BGB ist bei Mietvorverträgen schon deshalb nicht angezeigt, weil der Vorschrift überwiegend eine Beweisfunktion zukommt und weniger eine Warnfunktion. Gerade einem in die Mietverhältnisse eintretenden Grundstückserwerber soll es möglich sein, sich zuverlässig und vollständig über den Umfang und den Inhalt der auf ihn nach § 566 BGB übergehenden Pflichten zu informieren. Hält man sich vor Augen, dass gemäß § 566 BGB nur die Rechte aus einem Mietvertrag übergehen, nicht jedoch diejenigen aus einem Mietvorvertrag, so geht der Normzweck ins Leere.[73]

50

Auch ein konkludenter Abschluss eines Vorvertrages ist möglich, vor Gericht aber im Streitfall kaum zu beweisen. Deshalb ist dringend anzuraten, wenn ein Mietvertrag geschlossen werden soll, die Vereinbarung schriftlich niederzulegen und als Mietvorvertrag zu bezeichnen, weil so ein deutliches Indiz für die Auslegung geschaffen wird.[74] Formbedürftig ist jedenfalls die Abrede, durch die ein Vorvertrag zum Hauptvertrag gemacht werden soll, d. h. durch mündliche Abrede kann auch ein schriftlicher Vorvertrag, der eine Mietdauer von länger als einem Jahr vorsieht, nicht in einen Hauptvertrag verwandelt werden,[75] ohne die Rechtsfolge des § 550 BGB auszulösen.

51

b) Inhalt des Mietvorvertrages. An den notwendigen Inhalt eines Vorvertrages können nicht die gleichen Anforderungen gestellt werden wie an eine endgültige Vereinbarung, d.h. den Inhalt des beabsichtigten Hauptvertrages muss der Vorvertrag nicht detailliert und in vollem Umfang wiedergeben. Dies folgt bereits aus dem Wesen des Vorvertrages als vorbereitendem Vertrag.[76]

52

Notwendig ist aber, dass die Parteien sich über die **wesentlichen Mietbedingungen** geeinigt haben. Dazu zählt die Einigung über:
- das Mietobjekt,
- die Mietzeit,
- die Mietdauer und
- die ggf. von den Parteien noch für wesentlich gehaltenen Punkte.[77]

53

Diese Essentialia müssen mindestens **bestimmbar** sein. Bestimmbar bedeutet, dass der Inhalt des nachfolgenden Hauptvertrages im Streitfall entweder durch Auslegung oder unter entsprechender Anwendung des § 287 ZPO im Wege ergänzender Vertragsauslegung (rich-

54

---

[69] S. Lindner-Figura/Oprée/Stellmann/*Stellmann* Kap. 3 Rdnr. 24.
[70] Vgl. BGH ZMR 1994, 107.
[71] S. Staudinger/*Emmerich* Vorb. zu § 535 Rdnr. 93; *Derleder/Pellegrino* NZM 1998, 550, 552; *Michalski* ZMR 1999, 141, 143; Bub/Treier/*Reinstorf* II Rdnr. 144; Lindner-Figura/Oprée/Stellmann/*Stellmann*, Kap. 3 Rdnr. 19; *Timme/Hülk* NJW 2007, 3313, 3314.
[72] Vgl. BGH NJW 2007, 1817; krit. Eckert ZfIR 2007, 666 ff.
[73] So schon das RG, Staudinger/*Emmerich* § 566 Rdnr. 52; a.A. *Derleder/Pellegrino* NZM 1998, 550, 553 m.w.N.; Nies/Gies/*Borzutzki-Pasing*, Anm. 1 zu Form. A.V.2.
[74] S. Lindner-Figura/Oprée/Stellmann/*Stellmann*, Kap. 3 Rdnr. 10.
[75] S. Staudinger/*Emmerich* Vorb. zu § 535 Rdnr. 91; Bub/Treier/*Reinstorf* II Rndr. 144.
[76] S. *Wolf/Eckert/Ball* A II. Rdnr. 77; Bub/Treier/*Reinstorf* II Rdnr. 143.
[77] Vgl. OLG Karlsruhe NJW-RR 1996, 997, 998; OLG Saarbrücken NJW-RR 1978, 341.

terlich) festgestellt werden kann.[78] Alle übrigen Einzelheiten können durchaus zu einem späteren Zeitpunkt noch verhandelt werden. Es bleibt den Parteien unbenommen, im Falle längerer Verhandlungsdauer das jeweils erzielte Ergebnis in den Vorvertrag zu integrieren und so den Inhalt des Vorvertrages zu erweitern.[79]

55 Für **bestimmbar** wird in der **Rechtsprechung** Folgendes angesehen:
- Wenn lediglich eine Abrede über die Vertragsdauer fehlt, so soll der Vertrag als auf unbestimmte Zeit geschlossen gelten.[80]
- Wenn eine Bestimmung des Mietzinses fehlt, so ist es möglich, diese Lücke durch die ortsübliche bzw. angemessene Miete zu füllen.[81]
- Wenn der Vermieter dem Mietinteressenten erklärt, er werde mit ihm einen Vertrag abschließen, sobald die Vormieterin gekündigt habe, nur würde sich der Mietzins dann geringfügig erhöhen; dem Vermieter sei damit ein gemäß § 315 BGB überprüfbares Ermessen zur angemessenen Mietzinserhöhung eingeräumt worden.[82]

56 Für **zu unbestimmt** wird in der Rechtsprechung Folgendes angesehen:
- Wenn der Vermieter anlässlich der Vertragsverhandlungen gesprächsweise erklärt, der Mietinteressent könne **grundsätzlich** von der Überlassung der Wohnung ausgehen.[83]
- Wenn eine Vereinbarung lediglich die Bezeichnung des Mietgegenstandes und die Erklärung, dass der Abschluss eines Mietvertrages hierüber beabsichtigt sei, enthält.[84]
- Wenn bei einem vorläufigen Mietvertrag mit einem als Hausmeister vorgesehenen Ehepaar die Einzelheiten der Hausmeistervergütung noch ausgehandelt werden sollen und darüber keine Einigung erreicht wird.[85]
- Wenn mit dem einen Ehegatten Einigkeit über die Vertragsbedingungen besteht, der Vertrag aber mit dem Ehepaar abgeschlossen werden soll und der Vermieter noch vor Vertragsabschluss den anderen Ehegatten kennenlernen möchte.[86]
- Wenn sich der Eigentümer und der Mietinteressent lediglich darauf einigen, dass der Interessent in dem demnächst bezugsfertig werdenden Gebäude einige Räume mietweise erhalten soll.[87]
- Wenn der Vermieter erklärt, er werde sich darum „bemühen", nach Fertigstellung der geplanten Umbaumaßnahmen vorrangig ein vergleichbares Objekt anzubieten.

3. Rechte und Pflichten aus dem Mietvorvertrag

57 a) **Haupt- und Nebenpflichten.** Mit dem Abschluss des Vorvertrages entsteht zwischen den Parteien ein echtes Vertragsverhältnis.

58 **Hauptpflicht** ist für beide Teile alsbald nach Fortfall der noch bestehenden Hindernisse der Abschluss des Hauptvertrages. Beide Parteien sind zur Mitwirkung am Zustandekommen des schriftlichen und damit § 550 BGB genügenden Hauptvertrages verpflichtet.[88] Dies bedeutet, dass grundsätzlich beide Parteien zur Abgabe eines Angebots auf Abschluss des Hauptvertrages verpflichtet und gehalten sind, ein Angebot der Gegenseite entweder anzunehmen oder an dem weiteren **Aushandeln der Vertragsbedingungen ernsthaft mitzuwirken**.[89] Die Verpflichtung aus einem Vorvertrag erlischt also nicht schon dadurch, dass ein einmaliges Vertragsangebot zum Abschluss des Hauptvertrages vom anderen Vertragspartner abgelehnt wird. Dem ablehnenden Vertragspartner bleibt es unbenommen, ein Gegen-

---

[78] Vgl. BGH ZMR 1993, 55, 56; BGH NJW 1990, 1234; s. *Michalski* ZMR 1999, 142, 144.
[79] Vgl. BGH ZMR 1993, 55, 57.
[80] Vgl. BGH WuM 1964, 1216.
[81] Vgl. BGH NJW 2002, 3016, 3018; BGH WuM 1992, 312, 313; Bub/Treier/*Reinstorf* II Rdnr. 143 m. w. N.; ebenso Soergel/*Kummer* Vorb. § 535 Rdnr. 43; a. A. Derleder/*Pellegrino* NZM 1998, 550, 552.
[82] Vgl. LG Berlin GrundE 1992, 387.
[83] Vgl. LG Mannheim WuM 1971, 82.
[84] Vgl. BGH WuM 1977, 400, 401 (Pacht).
[85] S. MünchKommBGB/*Voelskow* §§ 535, 536 Rdnr. 22.
[86] Vgl. LG Mannheim ZMR 1976, 243.
[87] S. *Held* WuM 1982, 119.
[88] Vgl. BGH NJW 2007, 1817, 1818.
[89] Vgl. BGH WuM 1981, 695, 697; BGH ZMR 1994, 106.

angebot zu machen. Dieses Gegenangebot darf nicht unbeachtet bleiben; die Ablehnung von Verhandlungen unter Verweisung auf das eigene Angebot kann gegen Treu und Glauben verstoßen.[90]

Grundsätzlich kann das vorgelegte Vertragsangebot inhaltlich in gewissem Umfang vom Vorvertrag abweichen, ohne „vertragswidrig" zu sein. Zulässig ist z. B. eine geringfügige Anhebung des monatlichen Mietzinses, wenn der Vorvertrag nur eine überschlägige Berechnung desselben enthielt. Als zulässig wird auch eine Neugestaltung des Rechts zur Untervermietung angesehen, wenn dies im berechtigten Interesse des Vermieters liegt und der Klarstellung dient. Nicht zulässig ist eine erstrebte Änderung in der Person des Vermieters. 59

Des Weiteren sind die Parteien eines Mietvorvertrages gehalten, die entgegenstehenden Hindernisse nach Möglichkeit zu beseitigen.[91] In der Zeit zwischen dem Abschluss des Vorvertrages und dem beabsichtigten Abschluss des Hauptvertrages können Veränderungen der tatsächlichen oder rechtlichen Verhältnisse eintreten. Diese sind zu berücksichtigen und zwar dergestalt, dass die Bestimmungen des nunmehr abzuschließenden Hauptvertrages so festzulegen sind, wie die Parteien sie bei Kenntnis dieser Veränderungen festgelegt haben würden.[92] Besonders tiefgreifende Veränderungen können nach den Regeln über den Wegfall der Geschäftsgrundlage dazu führen, dass der Abschluss des Hauptvertrages überhaupt nicht mehr in Betracht kommt.[93] 60

Der Anspruch auf Abschluss des Hauptvertrages unterliegt der regelmäßigen Verjährung (§§ 195, 199 BGB). Im Einzelfall empfiehlt sich sicherlich eine (formlose) Vereinbarung über eine Verlängerung der Verjährungsfrist (§ 202 Abs. 2 BGB). Da ein Mietvorvertrag nicht mit einem Mietvertrag gleichzusetzen ist, geht die Verpflichtung nicht auf den Erwerber der Mietsache über.[94] 61

Daneben bestehen vertragliche **Nebenpflichten**; insbesondere müssen die Parteien alles unterlassen, was dem Abschluss des Hauptvertrages im Wege stehen könnte.[95] Werden diese Verpflichtungen verletzt, so kann der jeweils andere Vertragsteil Schadenersatz verlangen. 62

Hat der Mieter aufgrund des Vorvertrages bereits den Besitz der Mietsache erlangt, steht ihm ein Besitzrecht zu, solange er Erfüllung des Vorvertrages verlangen kann. Dem Herausgabeanspruch des Eigentümers gemäß § 985 BGB steht dann der Einwand unzulässiger Rechtsausübung gemäß § 242 BGB entgegen, wenn er aufgrund des Vorvertrages verpflichtet ist, mit dem Besitzer einen Mietvertrag zu schließen, denn er fordert damit etwas, was er kraft der Verpflichtung zum Abschluss des Mietvertrages und der hieraus folgenden Pflicht zur Gebrauchsüberlassung sofort zurückgeben müsste.[96] Das Besitzrecht des Mieters entfällt hingegen, wenn der Vermieter ein Kündigungsrecht entsprechend den mietrechtlichen Regeln erwirbt, etwa nach § 543 Abs. 2 Nr. 3 BGB bei Zahlungsverzug des Mieters.[97] 63

Nimmt aber eine Partei des Vorvertrages das Mietobjekt vor Abschluss des Hauptvertrages eigenmächtig in Besitz, so begeht sie **verbotene Eigenmacht**.[98] 64

b) Erfüllung – Leistungsstörungen beim Vorvertrag. In erster Linie verpflichtet der Vorvertrag zum Abschluss des Hauptvertrages. Erfüllung tritt mit Abschluss eines formgültigen Hauptvertrages ein. Scheitern aber die Verhandlungen über den Abschluss des Hauptvertrages endgültig, können die Parteien den Vorvertrag einvernehmlich aufheben und die Pflicht zum Abschluss des Hauptvertrages hinfällig machen. Da der Vorvertrag ein vollwertiger schuldrechtlicher Vertrag ist, unterliegt er zur Gänze dem durch das Schuldrechtsmodernisierungsgesetz neu geregelten Leistungsstörungsrecht in den §§ 275 ff. BGB. 65

---

[90] Vgl. BGH WuM 1958, 491.
[91] S. Bub/Treier/*Reinstorf* II Rdnr. 148.
[92] Vgl. BGH NJW 1986, 2822, 2832.
[93] Vgl. BGH NJW 1962, 1812.
[94] S. Palandt/*Weidenkaff* Einf. v. § 535 Rdnr. 4; Blank/Börstinghaus/*Blank* § 566 Rdnr. 7.
[95] Vgl. BGH NJW 2007, 1817, 1818; Schmidt-Futterer/*Blank* Vorb. § 535 Rdnr. 106.
[96] Vgl. OLG Köln WuM 1992, 361, 362; KG Urt. v. 5. 5. 2003 – 8 U 108/02.
[97] Vgl. OLG Köln NJW-RR 1992, 1162 = WuM 1992, 361.
[98] Vgl. BGH WuM 1971, 44.

66 Grundtatbestand und grundsätzlich einzige Anspruchsgrundlage des neuen Leistungsstörungsrechts ist § 280 BGB. Diese Norm wurde aus dem ungeschriebenen, allgemein anerkannten Tatbestand der positiven Vertragsverletzung entwickelt und ersetzt diesen zugleich. Auch Unmöglichkeit und Verzug, für die die §§ 283 und 286 BGB ergänzende Regelungen enthalten, fallen unter § 280 BGB. Voraussetzung für einen Schadensersatzanspruch nach § 280 Abs. 1 BGB ist, dass der Schuldner eine Pflicht aus dem Schuldverhältnis verletzt hat und diese Pflichtverletzung zu vertreten hat. Auch die bloße Nichterfüllung ist eine Pflichtverletzung.[99] Unmöglichkeit ist ein Schuldbefreiungsgrund (§ 275 Abs. 1 BGB) und berechtigt gemäß § 283 Satz 1 BGB den Gläubiger Schadensersatz statt der Leistung zu verlangen. Der Bundesgerichtshof hat zum früheren Recht entschieden, dass keine Unmöglichkeit vorliegt, wenn der Vermieter die auf Grund des Vorvertrages zu vermietenden Räume bereits an einen Dritten vermietet und überlassen hat, weil der Abschluss des Hauptvertrages dennoch möglich bleibt und der Vertrag auch rückwirkend geschlossen werden kann.[100] An dieser Beurteilung hat sich nichts geändert.

67 Verzug ist ein qualifizierter Fall der Nichterfüllung, der vom Eintritt zusätzlicher, in § 286 BGB niedergelegter Voraussetzungen abhängig ist. Liegen diese vor, kann der Gläubiger Schadensersatz gemäß § 280 Abs. 2 BGB verlangen. Ein Schadensersatzanspruch statt der Leistung (bisher: Schadensersatz wegen Nichterfüllung) steht dem Gläubiger nur zu, wenn zusätzlich zu den Voraussetzungen des § 280 Abs. 1 BGB auch die der §§ 281, 282 oder 283 BGB erfüllt sind.[101] Eine ernsthafte und endgültige Erfüllungsverweigerung begründet nach § 281 Abs. 2 BGB ohne Fristsetzung einen Schadensersatzanspruch statt der Leistung. Dieser bereits bisher allgemein anerkannte Grundsatz der Entbehrlichkeit einer Fristsetzung bei ernsthafter und endgültiger Erfüllungsverweigerung ist jetzt ausdrücklich in § 281 Abs. 2 BGB, § 286 Abs. 2 Nr. 3 BGB und § 323 Abs. 2 BGB kodifiziert. Der Bundesgerichtshof hat bisher bei Vorliegen eines Vorvertrages und einer behaupteten Weigerung zum Abschluss des Hauptvertrages strenge Anforderungen an die Annahme einer Erfüllungsverweigerung gestellt. Die Weigerung zum (Haupt-)Vertragsabschluss musste außer Zweifel stehen; d.h. es wurde gefordert, dass der Schuldner sich über das auf die vertragliche Leistung gerichtete Erfüllungsverlangen des Gläubigers im Klaren ist und ohne Rücksicht auf die möglichen Folgen seine Weigerung gewissermaßen als letztes Wort klar zum Ausdruck bringt.[102] Daran hat sich durch die Kodifizierung nichts geändert.

68 Besonders hinzuweisen ist auf § 325 BGB. Danach wird das Recht, bei einem gegenseitigen Vertrag Schadensersatz zu verlangen, durch einen Rücktritt nicht ausgeschlossen (gemäß § 323 BGB), d.h. der Gläubiger kann nunmehr Rücktritt und Schadensersatz miteinander kombinieren. Er kann sich vom Vertrag lösen, ohne anderer Ansprüche verlustig zu gehen. Vor den Neuerungen des Schuldrechtsmodernisierungsgesetzes war es notwendig, sich des Konstrukts einer Erschütterung der Vertrauensgrundlage[103] zu bedienen, um eine Möglichkeit des Rücktritts z.B. für denjenigen zu schaffen, der sich einer erheblichen Überschreitung des im Vorvertrag vorgesehenen Vertragsbeginns ausgesetzt sah.[104] § 323 BGB gewährt dem Gläubiger auch dann ein Recht zum Rücktritt, wenn der Schuldner seine Pflichtverletzung nicht zu vertreten hat. Da Voraussetzung für einen Rücktritt grundsätzlich nur noch der erfolglose Ablauf einer dem Schuldner gesetzten Frist ist, dürfte die Konstruktion der Erschütterung der Vertrauensgrundlage weitgehend entbehrlich geworden sein. Darüber hinaus berechtigen grundsätzlich alle Tatsachen, bei deren Vorliegen eine der Parteien des abzuschließenden Mietvertrages zur Kündigung aus wichtigem Grund berechtigt wäre, in der Regel auch zum Rücktritt vom Vorvertrag.[105] Kommt es infolge einer arglistigen Täuschung zum Abschluss eines Vorvertrages, ist der Getäuschte zur Anfechtung be-

---

[99] S. *Canaris* JZ 2001, 512; Palandt/*Heinrichs* § 280 Rdnr. 13.
[100] Vgl. BGH NJW-RR 1993, 139, 141 = ZMR 1993, 55, 57; *Henrich*, Vorvertrag, Optionsvertrag, Vorrechtsvertrag, 1965, S. 204.
[101] § 280 Abs. 3 BGB; vgl. Palandt/*Heinrichs* § 280 Rdnr. 13.
[102] Vgl. BGH ZMR 1993, 55.
[103] Vgl. BGH NJW 1958, 1531; BGH NJW 1984, 479, 480; *Michalski* ZMR 1999, 141, 145.
[104] Vgl. OLG Koblenz NZM 1998, 405.
[105] S. MünchKommBGB/*Voelskow* §§ 535, 536 BGB Rdnr. 25; Bub/Treier/*Reinstorf* II Rdnr. 154.

rechtigt. So kann z. B. der Vermieter den mit dem potenziellen Mieter geschlossenen Mietvorvertrag wirksam anfechten, wenn dieser die Frage nach seiner Bonität wahrheitswidrig beantwortet hat.[106]

Hat eine Partei bereits aufgrund des Vorvertrages Leistungen erbracht, zum Beispiel eine Mietvorauszahlung, und den Hauptvertrag wegen arglistiger Täuschung angefochten, so muss auch der Vorvertrag angefochten werden, um Bereicherungsansprüche auszulösen. Die Anfechtung nur des Hauptvertrages genügt nicht.[107] Kann nur der Hauptvertrag, aber nicht der Vorvertrag angefochten werden, ergibt sich aus dem Vorvertrag weiterhin die Verpflichtung zum erneuten Hauptvertragsabschluss, allerdings möglicherweise mit modifiziertem Inhalt. **69**

c) **Gerichtliche Geltendmachung.** Jede Partei kann aus dem Mietvorvertrag auf Erfüllung, d. h. auf Abschluss des Mietvertrages klagen. Der aus dem Vorvertrag resultierende Erfüllungsanspruch ist auf Abschluss eines Hauptvertrages mit dem Inhalt gerichtet, den der Vorvertrag für den künftig abzuschließenden Hauptvertrag vorsieht. Die richtige Klageart ist die **Leistungsklage.** **70**

Die Leistungsklage ist grundsätzlich auch bei einem Streit über das (wirksame) Zustandekommen eines Vorvertrages die richtige Klageart. Nach ständiger Rechtsprechung des Bundesgerichtshofs ist für eine Feststellungsklage im Allgemeinen kein Raum, wenn eine Leistungsklage möglich ist, die das Rechtsschutzinteresse des Klägers ebenso wahren kann.[108] Die Besonderheiten eines Falles können jedoch dazu führen, dass letztlich nur eine **Feststellungsklage** dem Rechtsschutzbedürfnis des Klägers entspricht und zur Erledigung der aufgetretenen Streitpunkte führen kann; das gilt insbesondere, wenn es nicht um Details des Mietvertrages geht, sondern die Frage der Vermietung überhaupt streitig ist.[109] **71**

Die Leistungsklage ist auf Abgabe der den Hauptvertrag zustandebringenden Willenserklärung, also regelmäßig auf **Annahme** des mit der Klage im vollständigen Wortlaut unterbreiteten Vertragsangebotes zu richten.[110] Denn jedenfalls dann, wenn der in Aussicht genommene Hauptvertrag im Vorvertrag inhaltlich bereits vollständig ausformuliert worden ist, besteht kein Rechtschutzbedürfnis für eine Klage auf Abgabe eines Angebots durch die Gegenseite. Regelt ein Vorvertrag nicht den vollständigen Inhalt des in Aussicht genommenen Hauptvertrages, sondern verweist er insoweit lediglich auf Bestimmungen in Verträgen, die der Verpflichtete mit anderen geschlossen hat, so muss der Berechtigte mit seinem Klageantrag kein eigenes Angebot unterbreiten und dessen Annahme verlangen, sondern kann auf Abgabe eines ausformulierten Vertragsangebots durch den Verpflichteten klagen.[111] **72**

Grundsätzlich muss der Klageantrag den **gesamten Inhalt** des zukünftigen Hauptvertrages wiedergeben.[112] Es kann im Einzelfall ausreichend sein, wenn der Klageantrag die Mietvertragsparteien, das Mietobjekt, den Mietzins und die Vertragsdauer enthält.[113] Entscheidend ist, dass der Klageantrag das Bestimmtheitserfordernis des § 253 Abs. 2 Nr. 2 ZPO erfüllt, so dass aus einem stattgebenden Urteil nach § 894 ZPO vollstreckt werden kann. Bestimmt genug ist er, wenn er alles enthält, was nach der Vorstellung des Klägers Inhalt der Verpflichtung des Beklagten zum Abschluss des gewünschten Vertrages bilden soll.[114] Andernfalls liefe der Kläger Gefahr, eine Klagabweisung zu erhalten, da von der Rechtsprechung ein Rechtsschutzbedürfnis für eine stückweise Herbeiführung des Gesamtvertrages im Wege von Teilleistungsklagen grundsätzlich nicht anerkannt wird.[115] Veränderungen der tatsäch- **73**

---

[106] Vgl. AG Wolfsburg Urt. v. 9. 8. 2000 – 22 C 498/99 – NZM 2001, 987.
[107] Vgl. BGH WuM 1973, 238.
[108] Vgl. BGH NJW 2002, 3016, 3017; BGH NJW-RR 1994, 1272, 1273 m. w. N.
[109] Vgl. BGH NJW 2002, 3016, 3017.
[110] Vgl. BGH NJW 2002, 3016, 3017; BGHZ 97, 147; NJW-RR 1994, 317, 318.
[111] Vgl. BGH NJW 1984, 479, 480; s. aber auch BGH NJW 1986, 2822; BGH Das Grundeigentum 2001, 416 (zum Kaufvertrag).
[112] Vgl. BGH NJW-RR 1994, 1272, 1273.
[113] S. *Kinne/Schach* Teil II, Rdnr. 178.
[114] Vgl. BGH NJW 2002, 3016, 3018; BGH ZMR 1994, 106; BGH WM 1961, 1053, 1055.
[115] Vgl. BGH ZMR 1994, 106.

lichen Verhältnisse seit Abschluss des Vorvertrages sind im Klageantrag entsprechend zu berücksichtigen.[116]

74 Die für das Zustandekommen eines Vorvertrages maßgeblichen Tatsachen muss die Partei darlegen und beweisen, die aus dem Vertrag Rechte für sich herleiten will. Der Darlegungspflichtige muss vortragen, dass zwischen den Parteien ein Vorvertrag gewollt war. Des Weiteren ist er verpflichtet, die Umstände darzulegen, aus denen sich der rechtskräftige Bindungswille der Parteien herleiten lässt.[117]

75 Das Gericht kann nur zur Abgabe einer solchen Willenserklärung verurteilen, die sich mit dem Inhalt des Vorvertrages deckt, nicht hingegen zu einer anderen Erklärung. Das gilt etwa, wenn mit der Klage die Verurteilung zum Abschluss eines Mietvertrages mit einer längeren als im Vorvertrag vereinbarten Laufzeit gefordert wird. Das Gericht ist dann wegen der in den §§ 308 Abs. 1 Satz 1, 523, 536 ZPO normierten Bindung an die Parteianträge daran gehindert, den Beklagten zum Abschluss eines Hauptvertrages mit kürzerer (korrekter) Laufzeit zu verurteilen.[118] Soweit Unsicherheiten über den Umfang der vertraglichen Bindung bestehen, sollte der Kläger daher immer entsprechende **Hilfsanträge** stellen, um das Risiko einer Klagabweisung im vollen Umfang zu vermeiden.

76 Mit Rechtskraft eines stattgebenden Urteils gilt die Annahmeerklärung als abgegeben (§ 894 ZPO) und der Vertrag als geschlossen.[119]

77 Mit der Klage auf Abschluss des Mietvertrages kann **zugleich** eine Klage auf Erfüllung der aus dem Mietvertrag geschuldeten Leistung (z.B. Mietzins) erhoben werden.[120] Die auf die Erfüllung der Leistungen aus dem erstrebten Hauptvertrag gerichteten Klageanträge stehen dann unter der innerprozessualen Rechtsbedingung, dass dem Antrag auf Abschluss des Hauptvertrages stattgegeben wird.

78 Die **sachliche und örtliche Gerichtszuständigkeit** für Ansprüche aus einem Mietvorvertrag bestimmt sich nach §§ 23 Nr. 2a GVG, 29a ZPO.[121]

79 Im Wege der **einstweiligen Verfügung** kann aufgrund eines Mietvorvertrages weder eine Besitzeinräumung noch die Abgabe einer Willenserklärung zum Abschluss des Mietvertrages durchgesetzt werden. Ein Mietvorvertrag gewährt nur einen Anspruch auf Abschluss des Mietvertrages und noch keinen Anspruch auf Besitzeinräumung. Die Abgabe einer Willenserklärung zum Abschluss eines schuldrechtlichen Vertrages kann im Verfahren des einstweiligen Rechtsschutzes grundsätzlich nicht verlangt werden, da dies die Hauptsache vorwegnehmen und somit dem vorläufigen Charakter des Eilrechtsschutzes widersprechen würde.[122] Die Unstatthaftigkeit einer einstweiligen Verfügung auf Abschluss eines Mietvertrages ist auch dann zu bejahen, wenn der Vermieter mit zwei verschiedenen Parteien jeweils einen Mietvorvertrag abgeschlossen hat. Zum einen würde ansonsten die Entscheidungsfreiheit des Vermieters, mit wem er zur Überlassung des Mietobjekts einen endgültigen Vertrag abschließt, deutlich eingeschränkt; zum anderen bestünde das Problem konkurrierender Überlassungsverbote in gleicher Weise wie im Fall der sogenannten Doppelvermietung.[123]

4. Vertragsgestaltung und Muster

80 Zu Zwecken der Beweissicherung empfiehlt sich eine schriftliche Niederlegung des Vorvertrages. Je genauer die Parteien die Kriterien zur endgültigen Festlegung der Vertragsbedingungen des künftigen Mietvertrages bereits festlegen, desto besser.
Folgende Punkte sollten bei der Vereinbarung beachtet und konkret ausformuliert werden:

---

[116] Vgl. BGHZ 98, 130 und BGH NJW 1962, 1812.
[117] Vgl. BGH NJW 1980, 1577, 1578.
[118] S. OLG Köln DWW 1992, 210.
[119] Vgl. BGH NJW 1984, 479, 480.
[120] Vgl. BGHZ 98, 130, 134; BGH NJW 1986, 2820, 2821; OLG Köln ZMR 1998, 283, 284; OLG Koblenz NZM 1998, 405.
[121] S. AG Schöneberg ZMR 2000, 132.
[122] Vgl. OLG Celle ZMR 2009, 113f.; AG Schöneberg ZMR 1999, 643, 644, 645; *Schach*, Das Grundeigentum 1994, 132.
[123] Vgl. OLG Celle ZMR 2009, 113f.; OLG Hamm NZM 2004, 192, 193.

Checkliste:

☐ Auf welchen Mietgegenstand bezieht sich die Vereinbarung?
Genaue Bezeichnung des Mietobjekts und mitvermieteter Räume und Gegenstände – wie im Mietvertrag.
☐ Wer sind die Vertragspartner?
Genaue Bezeichnung der Parteien des zukünftigen Mietvertrages.
☐ Welcher Mietzins soll gelten?
Absoluter Betrag pro Quadratmeter mit oder ohne Anpassungsfaktoren.
☐ Welche Laufzeit soll der zukünftige Vertrag haben?
☐ Welche Regelungen sollen bezüglich einer Untervermietung gelten?
☐ Wie hoch soll die Kaution sein?
☐ Welche Nebenkostenregelung soll gelten?
☐ Soll der Vorvertrag befristet werden?
☐ Was soll gelten, wenn das „Hindernis" nicht bis zu einem bestimmten Zeitpunkt beseitigt ist?

Ein Vorvertrag könnte folgendermaßen lauten:

Muster: Vorvertrag

Herr/Frau ...... (zukünftiger Vermieter), wohnhaft in ......
und
Herr/Frau ...... (zukünftiger Mieter), wohnhaft in ......
verpflichten sich, einen schriftlichen Mietvertrag über
die im Anwesen in ......, in der ...... straße,
im ...... Geschoss (rechts/links/Mitte) belegene Wohnung,
bestehend aus ...... Zimmern, ... Küche, ... Diele, ... Flur, ... Bad/Dusche, ...
WC, Kellerraum abzuschließen. Die Wohnfläche beträgt ...... m².
Die Miete wird vorraussichtlich brutto/kalt monatlich ...... Euro betragen.
Die Wohnung wird voraussichtlich am ...... zum Bezug bereitstehen.
Regelungen zu den Schönheitsreperaturen, der Leistung einer Kaution sowie den Nebenkostenvorauszahlungen
Der zukünftige Mieter ist berechtigt, von dem Vorvertrag zurückzutreten, wenn sich der Bereitstellungstermin um mehr als ...... Monate hinausschiebt oder die endgültige Miete sich gegenüber der in Aussicht genommenen um mehr als ...... Prozent erhöht. Der Rücktritt ist spätestens zwei Wochen nach Mitteilung des verzögerten Bereitstellungstermins oder der erhöhten Miete schriftlich zu erklären.
......
(Datum/Unterschriften)

V. Option

1. Allgemeines

a) Begriffsbestimmung und Abgrenzung. Ein (Miet-)Optionsrecht gestattet dem Berechtigten, durch einseitige empfangsbedürftige Willenserklärung entweder ein Mietverhältnis zustande zu bringen oder ein bestehendes Mietverhältnis über die zunächst vorgesehene Laufzeit hinaus auf bestimmte oder unbestimmte Zeit zu verlängern. Im ersten Fall spricht man von einer sog. **Begründungsoption,** im zweiten Fall von einer sog. **Verlängerungsoption.**[124] Gemeinsam ist beiden Optionsformen, dass sie nur denjenigen binden, der sie ge-

---
[124] S. Soergel/*Kummer* Vorb. § 535 Rdnr. 31.

währt. Gewähren kann eine Option sowohl der (zukünftige) Vermieter als auch der Mietinteressent. Die Ausübung des Rechts liegt allein im Belieben des Optionsberechtigten.[125] Das Optionsrecht ist rechtlich als ein Gestaltungsrecht zu qualifizieren.[126]

83 Im Folgenden wird nur die **Begründungsoption** behandelt. Näheres zur Verlängerungsoption findet sich in § 29 „Vertragsbeendigung ohne Kündigung".

84 Mit Vereinbarung einer Begründungsoption entsteht im Gegensatz zu einem **Vorvertrag** kein schuldrechtlicher, ggf. auch einklagbarer Anspruch auf Abschluss des Mietvertrages, vielmehr wird die Begründung des Mietvertrages mit Ausübung des Rechts **unmittelbar** herbeigeführt.[127] Die Begründungsoption unterscheidet sich vom Vorvertrag des Weiteren dadurch, dass ein im Einzelnen ausgehandelter Hauptvertrag schon vorliegt und es im freien Belieben des Berechtigten steht, ob es überhaupt zur Durchführung dieses Hauptvertrages kommen soll.[128]

85 Von der **Vormiete** unterscheidet sich die Option dadurch, dass der Inhalt des Mietvertrages bereits feststeht, während bei einem Vormietrecht der Vermieter durch Verhandlungen mit einem Dritten den Vertragsinhalt noch gestalten kann. Hängt bei der Vormiete der Inhalt des Vertrages von einem sog. Drittgeschäft ab, so ist bei der Option der Zeitpunkt seiner Verwirklichung noch ungewiss.

86 Das **Anmietrecht** gewährt dem Berechtigten nur die Position des ersten Verhandlungspartners, das Optionsrecht macht ihn mit dessen Ausübung unmittelbar zum Vertragspartner.

87 Streiten die Parteien darüber, ob dem Vermieter oder dem Mieter eine „Mietoption" eingeräumt worden ist, so ist zu berücksichtigen, dass dieser Begriff auf eine Befugnis des Mieters hinweist; denn etwas zu mieten ist seine Sache.[129] Vereinbaren Käufer und Verkäufer eines Mietobjekts, dass **jede** Partei ab einem bestimmten Zeitpunkt zu einem vorbestimmten Preis eine Anmietung desselben durch den Verkäufer verlangen kann, so handelt es sich rechtlich um einen Vorvertrag, nicht um ein Optionsrecht.[130] Das OLG Köln sah es als erwiesen an, dass diese rechtliche Qualifizierung der Vereinbarung dem übereinstimmenden Willen beider Parteien entsprach und damit nach der höchstrichterlichen Rechtsprechung[131] Vorrang vor ihrem Wortlaut und jeder anderweitigen Interpretation habe.

88 Teils wird auch die Abgabe eines unbefristeten oder auf längere Zeit befristeten **Angebots zum Abschluss eines Mietvertrages** als Einräumung eines Optionsrechts bezeichnet.[132] Dem ist schon deshalb nicht zu folgen, weil Angebot und Begründungsoption unterschiedlichen Formvorschriften unterliegen. Anders als bei der Begründungsoption ist für das Angebot wie die Annahmeerklärung das Schriftformerfordernis des § 550 Satz 1 BGB zu beachten, wenn eine Mietdauer über ein Jahr wirksam vereinbart werden soll.

89 **b) Praktische Bedeutung.** In der Praxis der **Wohnraummiete** spielt die Begründungsoption eine wesentlich geringere Rolle als die Verlängerungsoption. Gleichwohl kann die Vereinbarung einer Begründungsoption für beide Parteien sinnvoll sein:
- zu Gunsten des künftigen Vermieters, wenn das zu vermietende Gebäude erst in der Planung oder noch im Bau ist,
- zu Gunsten des künftigen Vermieters, wenn er selbst den Zeitpunkt bestimmen will, zu dem er die derzeitige Eigennutzung aufgibt,
- zu Gunsten des künftigen Mieters, wenn er den Zeitpunkt des Mietvertragsabschlusses bestimmen will,
- zu Gunsten des künftigen Mieters, wenn der Vermieter ein besonderes Interesse an der Vermietung einer Wohnung an diesen bestimmten Bewerber hat; durch die Vereinbarung einer Option kann er der Person seiner Wahl eine Überlegungszeit gewähren.

---

[125] S. MünchKommBGB/*Voelskow* §§ 535, 536 Rdnr. 30.
[126] Vgl. BGH NJW 1968, 551, 552.
[127] S. Soergel/*Kummer* Vorb. § 535 Rdnr. 32.
[128] Vgl. KG Urt. v. 22. 1. 2004 – 8 U 193/03.
[129] Vgl. BGH WM 1989, 1033.
[130] Vgl. OLG Köln ZMR 1998, 283.
[131] Vgl. zuletzt BGH NJW 1994, 1528.
[132] S. Schmidt-Futterer/*Blank* Vorb. § 535 Rdnr. 112.

Letztlich kommt also die Vereinbarung eines Optionsrechts dann in Betracht, wenn sich die Parteien über den gesamten Inhalt des künftigen Mietvertrages ohne Weiteres einig sind, sich aber eine der Vertragsparteien die Entscheidung, ob es zum Vertragsschluss kommen soll, oder die Entscheidung, wann es zum Vertragsschluss kommen soll, vorbehalten möchte. 90

2. Begründung des Optionsrechts

Ein Optionsrecht wird durch eine Vereinbarung begründet, in der ein Vertragspartner dem anderen das Gestaltungsrecht einräumt, durch einseitige Erklärung einen inhaltlich feststehenden (oder zumindest nach vereinbarten Bedingungen inhaltlich festzulegenden) Mietvertrag zustande zu bringen.[133] Diese Vereinbarung kann nicht nur unentgeltlich, sondern auch gegen ein sog. Bindungsentgelt getroffen werden. 91

Ob die Vereinbarung einer Begründungsoption formfrei möglich ist, ist umstritten.[134] Aus Zwecken der Beweissicherung empfiehlt sich generell eine schriftliche Abfassung der Vereinbarung. 92

Die Einräumung einer Begründungsoption hat grundsätzlich keine Wirkungen auf den potenziellen Erwerber einer Wohnung. Solange die Option nicht ausgeübt und ein Mietverhältnis damit nicht begründet oder in Kraft gesetzt wird, ist ein Grundstückserwerber daran **nicht** gemäß § 566 Abs. 1 BGB gebunden.[135] Etwas anderes soll aber dann gelten, wenn der Optionsberechtigte sein Recht vor Eintragung des Erwerbers im Grundbuch ausübt, das Mietverhältnis aber erst nach Erwerbsübergang beginnen soll.[136] In diesem Fall ist der Erwerber an den Vertrag gebunden. 93

3. Ausübung des Optionsrechts

Der Mietvertrag kommt erstmalig dann zustande, wenn die begünstigte Partei von ihrem Recht Gebrauch macht. Die Ausübung einer Begründungsoption erfolgt durch Erklärung gegenüber dem Verpflichteten. 94

Bei Fehlen einer Vereinbarung über die Form der Erklärung kann sie mündlich erfolgen, da sie nicht formgebunden ist.[137] Den Parteien bleibt es aber unbenommen, für die Erklärung die Schriftform zu vereinbaren. Zu beachten ist, dass auch bei einer Abrede, nach der die Option nur durch Einschreiben ausgeübt werden kann, nur die Schriftform rechtsbegründende Bedeutung hat; der Übermittlungsform durch Einschreiben kommt lediglich eine Beweisfunktion zu.[138] 95

Auch bezüglich einer Ausübungsfrist sind zeitliche Absprachen möglich. Ist für die Ausübung der Option keine Frist bestimmt, so ist in analoger Anwendung des § 544 BGB davon auszugehen, dass der Berechtigte nach Ablauf von dreißig Jahren mit der Ausübung des Optionsrechts ausgeschlossen wird. Sollten vor der Ausübung des Optionsrechts Umstände eintreten, bei deren Vorliegen die Parteien zur fristlosen Kündigung berechtigt wären, so besteht ein Rücktrittsrecht.[139] 96

4. Vertragsgestaltung

Bei der Vertragsgestaltung sollten folgende Fragen geklärt werden: 97

---

[133] S. Staudinger/*Emmerich* Vorb. zu § 535 Rdnr. 100.
[134] S. Bub/Treier/*Reinstorf* II Rdnr. 210; Soergel/*Kummer* Vorb. § 535 Rdnr. 36; a. A. MünchKommBGB/*Voelskow* § 536 Rdnr. 33.
[135] S. Soergel/*Kummer* Vorb. § 535 Rdnr. 38 (zu § 571 BGB a. F.).
[136] Vgl. BGH NJW 1964, 1851 zu § 571 BGB a. F.
[137] So *Michalski* ZMR 1999, 141, 147; MünchKommBGB/*Voelskow* §§ 535, 536 Rdnr. 33; teilweise a. A. OLG Frankfurt Urt. v. 20. 5. 1998 – 23 U 121/97: formbedürftig, soweit auch der Mietvertrag, aus dem sich das Optionsrecht ergibt, formbedürftig war; Nies/Gies/*Borzutzki-Pasing* Anm. 4 zu Form. A. V.3. befürwortet Schriftform jedenfalls, wenn das zu begründende Mietverhältnis länger als ein Jahr dauern soll.
[138] Entschieden für eine Verlängerungsoption: OLG Hamm ZMR 1995, 248.
[139] Schmidt-Futterer/*Blank* Vorb. § 535 Rdnr. 97.

> **Checkliste:**
>
> ☐ Wer ist berechtigt und wer verpflichtet aus der Option?
> ☐ Ist der Inhalt des Mietvertrages hinsichtlich des Mietobjekts, der Höhe des Mietzinses und der Mietdauer so bestimmt, dass er keiner Ergänzung bedarf?
> ☐ Soll der Verpflichtete seinerseits verpflichtet werden, die Pflichten aus der Option seinen Rechtsnachfolgern aufzuerlegen?
> Der Optionsberechtigte sollte zur Wahrung seines Rechtes darauf achten, dass er den Eigentümer und etwaigen künftigen Vermieter verpflichtet, seinen Rechtsnachfolgern im Eigentum die Rechte und Pflichten aus der Optionsabrede aufzuerlegen und diese zugleich zu verpflichten, in gleicher Weise künftige Rechtsnachfolger zu binden.
> ☐ Soll eine Frist zur Ausübung des Optionsrechts bestimmt werden?
> ☐ Soll ein Bindungsentgelt für diesen Zeitraum vereinbart werden?
> ☐ Soll für die Erklärung über die Ausübung des Optionsrechts eine bestimmte Form vereinbart werden?

VI. Culpa in contrahendo

1. Allgemeines/Haftungsgrundlagen

98   Im Mietrecht gibt es grundsätzlich keine Besonderheiten im Hinblick auf eine Haftung aus Verschulden bei Vertragsverhandlungen (culpa in contrahendo = c.i.c.).

99   Auch durch die Aufnahme von Vertragsverhandlungen über den Abschluss eines Mietvertrages entsteht ein **gesetzliches Schuldverhältnis**, welches dadurch gekennzeichnet ist, dass für beide Verhandlungspartner zwar keine primären Leistungspflichten, aber Pflichten zur gegenseitigen Rücksicht, Fürsorge und Loyalität entstehen. Der Grund der Haftung liegt in der Gewährung von in Anspruch genommenem und dann enttäuschtem Vertrauen.

100 Da die Haftung unabhängig davon eintritt, ob es überhaupt zu einem Vertragsschluss kommt, sind sowohl die Fälle erfasst, in denen ein schuldhaftes Verhalten eines Verhandlungspartners dazu führt, dass es nicht zum Mietvertragsabschluss kommt, wie die Fälle, in denen ein Mietvertrag zwar abgeschlossen wird, dieser aber für eine Partei auf Grund schuldhaften Verhaltens der anderen Seite bei den Vertragsverhandlungen nachteilig ist. Daneben haben beide Seiten selbstverständlich die ihnen obliegenden Verkehrssicherungspflichten gegenüber ihrem Verhandlungspartner zu beachten.[140]

101 Voraussetzung ist aber stets ein Verhalten, das auf den Abschluss eines Vertrages oder auf die Anbahnung geschäftlicher Kontakte abzielte. Daran hat sich durch das Schuldrechtsmodernisierungsgesetz letztlich nichts geändert. Neu ist, dass das bisher ungeschriebene, aber seit langem gewohnheitsrechtlich anerkannte Rechtsinstitut der c.i.c kodifiziert worden ist. Die normative Grundlage für eine Haftung aus c.i.c. findet sich nunmehr in § 311 Abs. 2 und 3 BGB. Einigkeit besteht im Schrifttum aber darüber, dass mit § 311 Abs. 2 und 3 BGB im Kern keine Änderung der bisherigen Rechtslage verbunden ist. Deshalb könne unbedenklich auf die bisher in Literatur und Rechtsprechung entwickelten Grundsätze – einschließlich der verschiedenen Fallgruppen der c.i.c. – zurückgegriffen werden.[141] Das gilt vor allem auch im Hinblick auf die Konkretisierung des in § 241 Abs. 2 BGB nur allgemein formulierten Pflichtenrahmens. § 311 Abs. 2 BGB regelt in seinen drei Tatbeständen (Nrn. 1 bis 3) nur, wodurch und wann ein Schuldverhältnis mit Pflichten nach § 241 Abs. 2 BGB entsteht. Die die Haftung begründende Norm ist § 280 Abs. 1 BGB, der sogenannte Grundtatbestand des Leistungsstörungsrechts. Anspruchsgrundlage für eine Haftung aus c.i.c. ist folglich § 280 Abs. 1 i.V.m. § 311 Abs. 2 (oder 3) BGB.

102 Gleichwohl das Schuldrechtsmodernisierungsgesetz die Zurechnungsnorm in § 276 BGB sachlich und redaktionell verbessert hat, bleibt es im Grundsatz dabei, dass der Schuldner

---

[140] S. dazu Näheres bei Lindner-Figura/Oprée/Stellmann/*Stellmann* Kap. 4 Rdnr. 8 bis 10.
[141] MünchKommBGB/*Emmerich* § 311 Rdnr. 54 m.w.N.

§ 7 Vorvertragliche Rechte und Pflichten

Vorsatz und Fahrlässigkeit zu vertreten hat. Das Verschulden kann in der Verletzung einer Pflicht zur Aufklärung, Beratung, Schutz, Obhut oder Fürsorge bestehen. Ersatzpflichtig ist grundsätzlich der künftige Vertragspartner. **§ 278 BGB** findet nach allg. M. auf die Haftung für c. i. c. Anwendung.[142] Vor allem Eigentümer, die sich zur Vermietung und Verwaltung ihrer Immobilien umfassend sog. Vermietungs- und Verwaltungsgesellschaften bedienen, sollten sich dessen gewärtig sein, dass sich der Geschäftsherr das Verhalten der Personen zurechnen lassen muss, deren er sich bei Vertragsanbahnung bedient, und zwar grundsätzlich ohne Rücksicht darauf, ob diese Vertretungsmacht hatten oder nicht.[143] Machen diese Personen, deren sich der Geschäftsherr zur Erfüllung seiner vorvertraglichen Pflichten bedient, Angaben, die für die andere Partei für den Vertragsabschluss von Bedeutung sein können, so müssen diese Angaben richtig sein, andernfalls liegt eine Verletzung von Sorgfalts- und Aufklärungspflichten vor.[144] Der Personenkreis, für den ein Verhandlungspartner einzustehen hat, ist der gleiche wie bei § 123 Abs. 2 BGB.[145] Nicht zurechnen lassen muss sich hingegen ein Geschäftspartner das Verhalten von Personen, die ohne sein Wissen und gegen seinen Willen handeln.[146] Parteien des Schuldverhältnisses sind grundsätzlich die Parteien des in Aussicht genommenen Vertrages. Eine Verpflichtung aus c. i. c. erfordert Geschäftsfähigkeit.

Der **Umfang des Schadensersatzanspruches** aus Verschulden bei Vertragsverhandlungen wird durch § 249 BGB bestimmt. Regelmäßig ist das negative Interesse (Vertrauensinteresse) zu ersetzen. Danach ist der Geschädigte grundsätzlich so zu stellen, wie er ohne das schuldhafte Verhalten des anderen Teils stehen würde.[147] Im Gegensatz zu den gesetzlich geregelten Ansprüchen auf Ersatz des negativen Interesses (§§ 122, 179 BGB) ist der Anspruch aus c. i. c. der Höhe nach nicht auf das Erfüllungsinteresse beschränkt.[148] Trifft den Geschädigten ein Mitverschulden, so gilt dem Grundsatz nach § 254 BGB. Allerdings kann sich bei einem Schadensersatzanspruch aus c. i. c. wegen Erteilung einer unrichtigen Auskunft der Schädiger in der Regel nicht mit dem Einwand entlasten, der Geschädigte habe sich auf die Richtigkeit seiner Angaben nicht verlassen dürfen. Dies widerspräche dem Grundsatz von Treu und Glauben (§ 242 BGB), der in § 254 BGB lediglich eine besondere Ausprägung erhalten hat.[149] Nach ständiger Rechtsprechung des BGH ist, wer vertragliche oder vorvertragliche Aufklärungspflichten verletzt, darlegungs- und beweispflichtig dafür, dass der Schaden auch bei pflichtgemäßem Verhalten eingetreten wäre, der Geschädigte also den Hinweis unbeachtet gelassen und auch bei wahrheitsgemäßen Tatsachenangaben den Vertrag so wie geschehen geschlossen hätte.[150]

Schadensersatzansprüche aus c. i. c. **verjähren** grundsätzlich gemäß §§ 195, 199 BGB. Im Verhältnis zu anderen Vorschriften ist festzuhalten, dass weder ein Anfechtungsrecht nach § 119 BGB oder nach § 123 BGB noch ein deliktischer Anspruch eine Haftung aus c. i. c. entfallen lassen. Die Ansprüche bestehen ggf. nebeneinander.[151] Das Verhältnis der nunmehr im allgemeinen Teil des Schuldrechts geregelten c. i. c. zu den besonderen Gewährleistungsregeln des Mietrechts (§§ 536 ff. BGB) ist bisher nicht abschließend geklärt. Bis zur Kodifizierung der c. i. c. war es jedenfalls h. M., dass die Gewährleistungsansprüche des Mietrechts als abschließende Sonderregelung einer Haftung aus c. i. c. vorgingen. Gemäß der höchstrichterlichen Rspr. galt das – außer im Fall der arglistigen Täuschung – allerdings erst ab Übergabe der Mietsache.[152] Es stellt sich die Frage, ob es nicht sinnvoll wäre, nun eine generelle Anwendbarkeit der Haftung aus c. i. c. (§ 280 Abs. 1 i. V. m. § 311

---

[142] Palandt/*Heinrichs* § 278 Rdnr. 2.
[143] Vgl. BGH NJW 1974, 1505; Palandt/*Heinrichs* § 311 Rdnr. 22.
[144] Vgl. BGH ZMR 1998, 79.
[145] Vgl. BGH NJW 1990, 1661.
[146] Vgl. BGH NJW 1958, 57; WPM 1969, 524.
[147] Vgl. BGH NJW 1981, 1673.
[148] Vgl. BGHZ 69, 53, 56; BGH ZMR 1997, 565, 566 = NJW 1997, 2813.
[149] Vgl. BGH ZMR 1998, 79, 82 m. w. N.
[150] Vgl. BGH ZMR 1998, 79, 80 m. w. N.; s. a. LG Essen WuM 2001, 274 f.
[151] S. Palandt/*Heinrichs* § 311 Rdnr. 24.
[152] Vgl. BGH ZMR 1997, 565, 566; Schmidt-Futterer/*Blank* § 536 Rdnr. 553.

Abs. 2 oder 3 BGB) im Mietrecht neben den besonderen Gewährleistungsregeln anzuerkennen.[153]

105 Nach h. M. ist das HaustürWG bzw. § 312 BGB prinzipiell auf die **Wohnraummiete** anwendbar. Es schützt den Mieter vor unangemessener Überrumpelung.[154] Die Sonderregelungen des Allgemeinen Gleichbehandlungsgesetzes (AGG) gegen unmittelbare oder unmittelbare Benachteiligungen bei der Vermietung von Wohnraum (§ 2 Abs. 1 Nr. 8, § 19 Abs. 1 Nr. 1, Abs. 2 und 5 AGG)[155] gehen nach dem Grundsatz der Spezialität vor.

2. Abbruch von Vertragsverhandlungen

106 Bis zum endgültigen Vertragsschluss sind die Parteien in ihren Entschließungen grundsätzlich frei, d. h. jede Partei ist berechtigt, auch „in letzter Minute" von einem Vertragsschluss Abstand zu nehmen. Dies gilt selbst dann, wenn der andere Vertragsteil in Erwartung des Vertrages während der laufenden Verhandlungen bereits Aufwendungen gemacht hat und dies bekannt ist.[156] Diese Aufwendungen erfolgen grundsätzlich auf eigene Gefahr.[157]

107 Erweckt jedoch eine Vertragspartei durch ihr Verhalten bei der anderen Partei das berechtigte Vertrauen, dass der Vertrag mit Sicherheit zustande kommen werde, wird sie ersatzpflichtig, wenn die Verhandlungen ohne triftigen Grund abgebrochen werden bzw. der Vertragsschluss abgelehnt wird.[158] Dies gilt selbst dann, wenn diese Vertragspartei ohne Verschulden gehandelt hat.[159] Entscheidend ist, dass ein Verhandlungspartner bei der Gegenseite in zurechenbarer Weise Vertrauen auf das Zustandekommen des Vertrages erweckt hat.[160] Im Abbruch ist dann ein Verstoß gegen die vorvertragliche Treuepflicht zu sehen. Wann anzunehmen ist, dass ein Partner bei dem anderen das berechtigte Vertrauen erweckt, es werde mit Sicherheit zum Vertragsschluss kommen, kann nur unter Berücksichtigung aller Umstände des Einzelfalls beurteilt werden.[161] Die Umstände, aus denen auf den **notwendigen Vertrauenstatbestand** geschlossen werden kann, muss substantiiert vortragen und im Bestreitensfall beweisen, wer Schadensersatzansprüche aus c. i. c. bzw. § 311 Abs. 2 i.V. m. § 280 Abs. 1 BGB wegen grundlosen Abbruchs von Vertragsverhandlungen geltend macht.[162]

108 Bei schuldhaftem Abbruch der Vertragsverhandlungen kann **nur Geldersatz** verlangt werden, nicht dagegen der Abschluss des Mietvertrages als Naturalrestitution. Der Anspruch des Geschädigten geht regelmäßig auf Ersatz der Aufwendungen, die gerade im Hinblick auf den dann gescheiterten Vertragsschluss gemacht wurden. Dazu können etwa Fahrt- und Renovierungskosten, Umzugs- und Maklerkosten oder das Honorar für einen Anwalt, der beim Vertragsschluss beraten hat, gehören. Der Anspruch umfasst aber nicht die Kosten, die nach Abbruch der Vertragsverhandlungen bei der anschließenden Suche nach einem anderen Mietobjekt anfallen, wie z. B. Fahrtkosten oder Verdienstausfall.[163]

109 Ansprüche aus c. i. c. wurden von der **Rechtsprechung** in folgenden Fällen, in denen es zum Abbruch der Vertragsverhandlungen kam, bejaht:
- der Mieter stellte den beabsichtigten Vertragsschluss als sicher hin, beantragte behördliche Genehmigungen und veranlasste den Vermieter zu (erheblichen) baulichen Veränderungen,[164]

---

[153] S. *Emmerich* NZM 2002, 362, 363; krit. zu der Privilegierung des Vermieters auch Schmidt-Futterer/*Blank* § 536 Rdnr. 554.
[154] Vgl. LG Münster WuM 2001, 610 f.
[155] Näheres bei Schmidt-Futterer/*Blank* Vorb. § 535 Rdnr. 157 ff.
[156] Vgl. BGH NJW-RR 1989, 627; OLG Celle ZMR 2000, 169; OLG Düsseldorf ZMR 2000, 23.
[157] Vgl. BGH WuM 1996, 324; OLG Düsseldorf ZMR 2000, 23 f.
[158] Vgl. BGH NJW 1996, 1884, 1885.
[159] Vgl. BGH NJW 1975, 1774; Palandt/*Heinrichs* § 311 Rdnr. 36.
[160] Vgl. BGH BB 1989, 729.
[161] Vgl. BGH NJW 1996, 1884.
[162] Vgl. OLG Düsseldorf BauR 2006, 153; zur ergänzenden Beweislastverteilung nach Organisations- und Gefahrenbereichen s. BGH NJW 1987, 639, 640.
[163] Vgl. LG Mannheim ZMR 1971, 133.
[164] Vgl. BGH NJW-RR 1989, 627; BGH WuM 1974, 508; OLG München WuM 2003, 443 f.

- eine Einigung über den Inhalt des Mietvertrages wurde erzielt und der Vertragsabschluss als bloße Förmlichkeit hingestellt,[165]
- der Mietinteressent erklärte sich mit den vom Makler oder Verwalter mitgeteilten Mietbedingungen einverstanden, später wurde vom Vermieter der Abschluss eines inhaltlich erheblich abweichenden, für den Mieter nachteiligen Vertrages verlangt.[166]

Ansprüche aus c.i.c. wurden von der **Rechtsprechung** hingegen verneint, wenn das Zustandekommen eines **Wohnraummietvertrages** letztlich an den umfangreichen Änderungswünschen des Mieters scheiterte, aufgrund derer der Vermieter die Vertragsunterzeichnung verweigerte.[167] Generell muss bei der Wohnraummiete beachtet werden, dass Mietinteressenten zumeist mehrere Wohnungen besichtigen und sich auch ggf. Mietverträge übersenden lassen, bevor sie sich für eine Wohnung entscheiden, wie auch umgekehrt Vermieter regelmäßig die Auswahl unter mehreren Mietinteressenten treffen wollen. Diese beiden Seiten bekannte Praxis spricht typischerweise gegen einen durch die Verhandlungen geschaffenen Vertrauenstatbestand; eine rechtliche Bindung kommt regelmäßig erst mit Abschluss des Wohnraummietvertrages zustande.[168]

3. Verletzung von Aufklärungspflichten

Da es sich beim Mietvertrag um eine auf Dauer angelegte Beziehung handelt, sind im Regelfall beide Parteien daran interessiert, vor Abschluss des Mietvertrages all die Informationen zu erhalten, die für ein „störungsfreies Dauerschuldverhältnis" notwendig sind. Jede Partei muss grundsätzlich selbst dafür sorgen, umfassende Informationen zu erhalten und ggf. zu klärungsbedürftigen Punkten in den Verhandlungen Fragen stellen. Unaufmerksamkeiten, Vergesslichkeit und Fehleinschätzungen eines Verhandlungspartners können nicht dem Gegner angelastet werden. Aufklärungspflicht bedeutet nicht, dass die Verhandlungspartner gehalten wären, einander das Vertragsrisiko abzunehmen und auch die Interessen der anderen Partei mit wahrzunehmen. Zu beachten ist aber, dass sich die Aufklärungspflicht erweitert, wenn eine der Verhandlungsparteien nach bestimmten – für sie relevanten – Tatsachen, Verhältnissen oder sonstigen Umständen fragt. Auf solche Erkundigungen muss die andere Partei vollständig und richtig antworten oder aber die Auskunft verweigern.[169]

Von einer **Pflicht zur Aufklärung** kann folglich nur dann ausgegangen werden, soweit es sich um diejenigen Umstände handelt, die für den Entschluss des anderen Verhandlungspartners erkennbar von (besonderer) Bedeutung sind.[170] Dabei begrenzen Vertragsgegenstand und Vertragszweck den Rahmen der möglichen Informationen; Informationen, die nicht für die Durchführung des Vertrages erforderlich sind, brauchen weder gegeben noch dürfen sie erfragt werden.

Ist es auf Grund einer Verletzung von Aufklärungspflichten (durch Verschweigen bei zu offenbarenden Umständen oder unrichtigen Angaben) zu einem Mietvertrag gekommen, so ist eine Schadensersatzpflicht gemäß § 280 Abs. 1 i.V.m. § 282 BGB die Folge. Anders als bei den Fallgestaltungen des schuldhaften Abbruchs von Verhandlungen kann bei schuldhafter Verletzung von Aufklärungspflichten Schadensersatz (auch) durch Naturalrestitution, d.h. **Rückgängigmachung des Vertrages**, verlangt werden (§ 249 Abs. 1 BGB). Als Voraussetzung verlangt der BGH in seiner neueren Rechtsprechung das Vorliegen eines Vermögensschadens. Ob ein Vermögensschaden vorliegt, beurteilt sich grundsätzlich nach der sog. Differenzhypothese, also nach einem Vergleich der in Folge des haftungsbegründenden Ereignisses eingetretenen Vermögenslage mit derjenigen, die sich ohne jenes Ereignis ergeben hätte.[171] Der Anspruch aus c.i.c. kann u.U. auch dem Erfüllungsanspruch des Vertragspart-

---

[165] Vgl. BGH NJW 1969, 1625.
[166] Vgl. LG München II ZMR 1966, 328.
[167] Vgl. AG Besigheim NJW-RR 2004, 661 f.
[168] Vgl. AG Halle (Saale) Urt. v. 24.1.2008 – 93 C 3077/07.
[169] S. Lindner-Figura/Oprée/Stellmann/*Stellmann* Kap. 4 Rdnr. 26 m.w. Nachw.
[170] Vgl. BGH NZM 2000, 1005 ff. (Einkaufszentrum).
[171] Vgl. BGH ZMR 1998, 79, 81 – dies wird in der Literatur abgelehnt: Palandt/*Heinrichs* § 311 Rdnr. 24 m.w. N.

ners einredeweise entgegengehalten werden; wird mit einem Anspruch aus c.i.c. wirksam aufgerechnet, so führt dies zum Erlöschen der Klageforderung des Gegners.[172] Des Weiteren kann der Geschädigte Ersatz seiner Aufwendungen verlangen, die etwa dadurch entstanden sind, dass er auf die Richtigkeit der ihm gegenüber gemachten Angaben vertraut hat. Nach ständiger höchstrichterlicher Rechtsprechung umfasst der Vertrauensschaden auch nutzlose Aufwendungen.[173]

114 Dazu können Maklerkosten[174] oder Umzugskosten[175] zu rechnen sein. In Betracht kommt ferner eine fristlose Kündigung unter Heranziehung des § 554a BGB.[176] Nach ständiger Rechtsprechung des BGH ist derjenige, der vorvertragliche Aufklärungspflichten verletzt hat, beweispflichtig dafür, dass der Schaden auch bei pflichtgemäßem Verhalten entstanden wäre; es besteht die Vermutung, dass sich der Geschädigte „aufklärungsrichtig" verhalten hätte.[177]

115 **Aufklärungspflichten des Vermieters:** Der Vermieter ist verpflichtet, auf all die Umstände hinzuweisen, die dem Zweck der Gebrauchsgewährung – unbeeinträchtigtes Wohnen – entgegenstehen können und nicht unmittelbar erkennbar sind. Darüber hinaus müssen alle seine Angaben, die für den Entschluss des anderen Teils zum Mietvertragsabschluss von Bedeutung sein können, objektiv richtig sein.[178] Dem Vermieter obliegt grundsätzlich eine Aufklärungspflicht gegenüber dem Mieter hinsichtlich derjenigen Umstände und Rechtsverhältnisse mit Bezug auf die Mietsache, die – für den Vermieter erkennbar – von besonderer Bedeutung für den Entschluss des Mieters zur Eingehung des Mietvertrages sind. Machen er oder seine Hilfspersonen **fahrlässig** unrichtige Angaben, die Eigenschaften des Mietobjekts betreffen, kommen nur Ansprüche gemäß §§ 536ff. BGB in Betracht, da diese als spezialgesetzliche Regelungen Vorrang haben.[179] Liegt aber ein **vorsätzliches** Verhalten vor, greift die Haftung aus c.i.c. neben den Gewährleistungsvorschriften.[180] Dies kann insbesondere der Fall sein, wenn der Vermieter dem Mieter bei Vertragsschluss die Angemessenheit der Nebenkosten ausdrücklich zugesichert oder die Vorauszahlungen bewusst zu niedrig bemessen hat, um den Mieter über den Umfang der tatsächlichen Mietbelastung zu täuschen und ihn auf diese Weise zur Begründung eines Mietverhältnisses zu veranlassen.[181]

116 Beispiele aus der **Rechtsprechung:**
- Der Vermieter ist verpflichtet, bei einem Mietvertrag auf unbestimmte Zeit auf eine drohende Beendigung des Vertrages durch Geltendmachung von Eigenbedarf hinzuweisen.[182]
- Der Vermieter ist verpflichtet, auf eine geplante wirtschaftliche Verwertung durch Verkauf hinzuweisen.[183]
- Der Vermieter ist verpflichtet, auf geplante Umbaumaßnahmen sowohl im Haus als auch außerhalb des Hauses – bei größerem Umfang und längerer Dauer – hinzuweisen.
- Der Vermieter ist verpflichtet, auf unerkennbare Störfaktoren im Haus selbst hinzuweisen.[184]
- Der Vermieter ist verpflichtet, den Mieter darauf hinzuweisen, dass ein bestimmter Raum („Keller 01") nicht zu Wohnzwecken benutzt werden darf.[185]

---

[172] Vgl. LG Karlsruhe, WuM 1998, 479.
[173] Vgl. BGHZ 99, 182, 201; BGH ZMR 1997, 565, 566.
[174] Vgl. LG Mannheim NZM 1999, 406, 407.
[175] Vgl. OLG Hamm WuM 1981, 102.
[176] Vgl. BGH NZM 2000, 1005 ff.
[177] Palandt/*Heinrichs* § 280 Rdnr. 39 m. w. N.
[178] Entschieden für angeblich kostenneutralen Kauf einer ETW, vgl. BGH ZMR 1998, 79; AG Spandau WuM 2000, 678; LG Essen WuM 2001, 274 f.
[179] Vgl. BGH NJW 1980, 777; BGH NJW 2000, 1718.
[180] Vgl. BGHZ 136, 102 = NJW 1997, 2813 = ZMR 1997, 565; LG Mannheim NZM 1999, 406, 407; OLG Düsseldorf WuM 2000, 591.
[181] Vgl. BGH Urt. v. 11. 2. 2004 – VIII ZR 195/03; LG Berlin Das Grundeigentum 2004, 107; *Derckz* NZM 2004, 321 ff.
[182] Vgl. BVerfG NJW 1989, 970, 972.
[183] Vgl. LG Trier WuM 1990, 349; *Franke* ZMR 2000, 733; OLG Hamm WuM 1981, 102.
[184] Vgl. OLG Hamm NJW-RR 1997, 1168.
[185] Vgl. LG Mannheim NZM 1999, 406.

- Der Vermieter ist verpflichtet, über besondere Umstände bei der Wasserver- und -entsorgung Auskunft zu geben, wenn etwa das Grundstück nicht an die Kanalisation angeschlossen ist und dadurch höhere Betriebskosten als üblich anfallen.
- Der Vermieter ist verpflichtet, den Mieter auf die Höhe der zu erwartenden Nebenkosten hinzuweisen, wenn besondere Umstände vorliegen.[186] Hier liegt jedoch keine Verletzung von Aufklärungspflichten vor, wenn die Abweichungen sich im üblichen Rahmen halten oder aber durch externe Ursachen wie die allgemeine Steigerung der Energiekosten verursacht werden.[187]
- Der Vermieter ist verpflichtet, über eine Anordnung der Zwangsversteigerung oder Zwangsverwaltung aufzuklären.[188]
- Der Vermieter ist verpflichtet, über eine bevorstehende langfristige Straßensperrung bei der Vermietung an ein auf Publikumsverkehr ausgerichtetes Dienstleistungsunternehmen aufzuklären.[189]
- Der Vermieter ist verpflichtet, auf ein langjähriges absichtliches Stören der Nachtruhe des Vormieters durch den Nachbarn hinzuweisen.[190]
- Der Vermieter von Wohnraum ist verpflichtet, auf die Begrenzung seiner Rechtsstellung hinzuweisen. Das gilt für den Erbbauberechtigten, der auf die ggf. erforderliche Zustimmung des Eigentümers aufmerksam machen muss; in gleicher Weise hat der vermietende Nießbraucher es offen zu legen, wenn die Nießbrauchszeit vor der geplanten Dauer des Mietverhältnisses abläuft.[191]
- Der Vermieter ist nur dann verpflichtet, den Mietinteressenten vor Abschluss des Mietvertrages auf die geplante Errichtung einer Mobilfunkanlage hinzuweisen, wenn für ihn erkennbar ist, dass der Mietinteressent diesem Umstand besondere Bedeutung beimisst.[192]

Aufklärungspflichten des Mieters: Die Aufklärungspflichten des Mieters berühren notwendigerweise seine persönlichen Lebensverhältnisse. Sie werden begrenzt durch sein Persönlichkeitsrecht. Ohne entsprechende Fragen ist der Mieter grundsätzlich nicht verpflichtet, den Vermieter über seine Einkommens- und Vermögensverhältnisse aufzuklären.[193] Etwas anderes soll aber dann gelten, wenn der Mietinteressent von vorneherein zahlungsunfähig ist. In diesem Fall muss er über seine Vermögensverhältnisse Auskunft geben.[194] Verpflichtet ist der Mieter weiter, solche Verhältnisse zu offenbaren, die die Erfüllung der Hauptpflicht, die Mietzahlung, beeinträchtigen können. Der Umfang dieser Offenbarungspflicht ist gemäß § 321 BGB analog zu bestimmen, d.h. es sind solche **Vermögensverschlechterungen** – auch ungefragt – zu offenbaren, die nach Inkrafttreten eines Vertrages zur Leistungsverweigerung des Vorleistungspflichtigen führen würden.

Dazu gehören folgende Umstände:
- Abgabe der eidesstattlichen Versicherung kurz vor den Mietvertragsverhandlungen
- Einleitung des Insolvenzverfahrens
- Hingabe ungedeckter Schecks
- Wechselproteste
- Erdulden zahlreicher Zwangsvollstreckungsmaßnahmen
- Eigenschaft als Sozialhilfeempfänger[195]

Entscheidend ist der Stand der Vermögensverhältnisse im Zeitpunkt der Mietvertragsverhandlungen; vergangene, aber überwundene Vermögensverschlechterungen sind nicht offenbarungspflichtig.

---

[186] Vgl. LG Karlsruhe WuM 1998, 479 Gewerberaum: die Nebenkosten hatten die vereinbarte Nebenkostenpauschale um das Siebenfache überschritten.
[187] Vgl. LG Berlin Grundeigentum 2004, 107.
[188] Vgl. OLG Hamburg BB 1988, 1842; OLG Hamm NJW-RR 1988, 784.
[189] Vgl. AG Berlin-Hohen-Schönhausen NJWE MietR 1997, 57; LG Berlin, Das Grundeigentum 1996, 1303.
[190] Vgl. BGH NJW 1991, 1673: zur Aufklärungspflicht des Verkäufers.
[191] Vgl. BGH DWW 1968, 301.
[192] Vgl. LG Hamburg Urt. v. 26. 1. 2007 – 307 S 130/05.
[193] Vgl. LG Ravensburg WuM 1984, 297.
[194] Vgl. AG Stuttgart-Bad Cannstadt WuM 1986, 331; AG Frankfurt NJW-RR 1988, 784.
[195] Vgl. LG Mannheim ZMR 1990, 303.

119 Persönliche Verhältnisse müssen grundsätzlich nicht ungefragt offen gelegt werden;[196] auch ist das Fragerecht des Vermieters zum Schutz des Rechts auf informationelle Selbstbestimmung des einzelnen Mieters beschränkt. Zu den Regelungen des Allgemeinen Gleichbehandlungsgesetzes (AGG) gegen unmittelbare oder unmittelbare Benachteiligungen bei der Vermietung von Wohnraum (§ 2 Abs. 1 Nr. 8, § 19 Abs. 1 Nr. 1, Abs. 2 und 5 AGG) s. o. bei Rn. 105. Auch auf Fragen seitens des Vermieters müssen persönliche Verhältnisse, wie Familienstand, Geburtsdatum, Gesundheitszustand,[197] Staatsangehörigkeit, Aufenthaltsberechtigung,[198] Vorstrafen[199] anhängige Ermittlungsverfahren, sofern sie nicht mietvertragsbezogene Umstände betreffen,[200] **nicht** offenbart werden, wenn sie keinen Bezug zur Durchführung des Vertrages haben. In den entsprechenden Entscheidungen haben die Gerichte bei falschen Auskünften oder unterlassener Aufklärung keinen Verstoß gegen die vorvertragliche Informationspflicht des zukünftigen Mieters angenommen.

120 Aufklärungspflichten werden im Übrigen in folgenden Fällen **verneint:**
- keine gesonderte Aufklärung über das (mittelbare) Schriftformerfordernis des § 550 BGB (unter Geschäftsleuten).[201]
- keine Aufklärungspflicht des Vermieters über mögliche Gesundheitsgefahren durch elektromagnetische Wellen, da die Umweltverträglichkeit solcher Strahlungen durch die öffentliche Diskussion bekannt ist.[202]
- keine generelle Aufklärungpflicht des Vermieters, ungefragt jeden Mangel zu offenbaren.[203]

---

[196] Vgl. BVerfG NJW 1991, 2411.
[197] Bei Entmündigung wegen Geistesschwäche s. BVerfG NJW 1991, 2411.
[198] Vgl. AG Wiesbaden WuM 1992, 597.
[199] Vgl. AG Rendsburg WuM 1990, 507.
[200] Vgl. AG Hamburg WuM 1992, 598.
[201] Vgl. *Franke* ZMR 2000, 737.
[202] Vgl. OLG Karlsruhe NJW 1994, 2100 zum Gewerberaum.
[203] Vgl. MünchKommBGB/*Voelskow* § 540 Rdnr. 3.

3. Abschnitt. Vertragsabschluss

§ 8 Vertragsabschluss und Mängel beim Vertragsabschluss

Übersicht

	Rdnr.
I. Vertragsabschluss	1–78
1. Vertragsabschlussfreiheit und ihre Grenzen	1–17
a) Allgemeine Grundsätze	1/2
b) Mietpreisbindung	3
c) Zweckentfremdungsverbot	4–15
d) Ordnungsbehördliche Einweisungen	16/17
2. Vertragsabschlussfreiheit und Diskriminierung	18–43
a) Mietrecht und allgemeine Gleichbehandlung	18
b) Zivilrechtliches Benachteiligungsverbot gem. § 19 Abs. 1 AGG	19–25
c) Zivilrechtliches Benachteiligungsverbot gem. § 19 Abs. 2 AGG	26
d) Benachteiligungen nach dem AGG	27–30
e) Spezifische mietrechtliche Ausnahmen und Rechtfertigungsgründe	31–37
f) Rechtsfolgen	38–43
3. Angebot und Annahme	44–67
a) Bestimmtheit	45
b) Bindungswirkung	46–48
c) Annahmefrist	49–52
d) Änderungen und Ergänzungen	53
f) Konkludentes Verhalten und Schweigen	54–60
g) Haustürgeschäft	61–67
4. Notwendiger Vertragsinhalt	68–77
a) Mietgegenstand	70–72
b) Mietzins	73–75
c) Mietbeginn	76
d) Weitere Regelungsinhalte	77
5. Checkliste	78
II. Mängel beim Vertragsabschluss	79–132
1. Dissens	79–88
a) Offener Dissens	79–83
b) Versteckter Dissens	84–88
2. Willensmängel und ihre Folgen	89–118
a) Inhaltsirrtum, Erklärungsirrtum und Eigenschaftsirrtum	91–97
b) Arglistige Täuschung und Drohung	98–107
c) Anfechtungserklärung und Anfechtungsfrist	108–112
d) Rechtsfolgen	113–118
3. Störung der Geschäftsgrundlage	119–128
4. Relevanz der Energieeinsparverordnung	129–131
5. Checkliste	132

I. Vertragsabschlussfreiheit

1. Vertragsabschlussfreiheit und ihre Grenzen

a) **Allgemeine Grundsätze.** Das Mietrecht ist, wie auch alle anderen bürgerlich-rechtlichen Vertragsarten, vom Grundsatz der **Privatautonomie** geprägt. Der Vertragsfreiheit unterliegt daher zum einen die Abschlussfreiheit, d.h. der Entscheidung über einen Vertragsabschluss an sich sowie die Person des Vertragspartners. Zum anderen der Freiheit der inhaltlichen Gestaltung des Mietvertrages.[1] Die Ausgestaltungsfreiheit findet allerdings wie im Übrigen

---

[1] Palandt/*Heinrichs* Einf. v. § 145 Rdnr. 7 ff.

auch bei sämtlichen anderen Vertragsarten, die der Privatautonomie unterliegen, ihre Grenzen in dem Verbot der **Sittenwidrigkeit**, des **Wuchers** und allgemein in dem Grundsatz von **Treu und Glauben** (§§ 138, 242 BGB).

2 Darüber hinaus wird die Freiheit im Hinblick auf den Vertragsabschluss sowie die Freiheit der inhaltlichen Gestaltung durch mietrechtliche Besonderheiten als Ausprägung der sozialstaatlichen Ordnung geprägt, die eine Einschränkung der **Privatautonomie** insbesondere auf Seiten des Vermieters zur Folge haben. Hierbei sind 3 Kategorien von Bedeutung:
- preisgebundener Wohnraum/sozialer Wohnungsbau,[2]
- Verbot der Zweckentfremdung,[3]
- Einschränkung durch **Hoheitsakte** (ordnungsbehördliche Einweisungen und Einweisungen eines Ehegatten nach § 5 Hausrat VO)[4]
- Allgemeines Gleichbehandlungsgesetz vom 14. 8. 2006 (AGG).[5]

3 b) **Mietpreisbindung.** Der Gesetzgeber hat zum Teil in die Wohnungsbewirtschaftung eingegriffen. Als wichtigste Fallgruppe ist hier der sogenannte **Sozialwohnungsbau** des § 1 WoBindG zu nennen. Hiernach ist dem Vermieter für öffentlich geförderte Wohnungen eine Mietpreisbindung in Gestalt der Kostenmiete nach § 8 WoBindG auferlegt. Demgegenüber kommen im Rahmen der **Belegungsbindung** auf Mieterseite nur bestimmte Personen, nämlich die, die über eine Wohnberechtigung verfügen, als Vertragspartei in Betracht. Für die weiteren Einzelheiten dieser Einschränkung der Privatautonomie wird auf die Ausführungen in diesem Handbuch unter § 37, Preisgebundener Wohnraum/Sozialer Wohnungsbau, verwiesen.

4 c) **Zweckentfremdungsverbot.** Mit Artikel 6 des Mietrechtsverbesserungsgesetzes vom 5. 11. 1971 wurden über § 1 die Landesregierungen ermächtigt, im Wege der Rechtsverordnung festzulegen, dass in Gemeinden, in denen die Versorgung der Bevölkerung mit ausreichendem Wohnraum zu angemessenen Bedingungen besonders gefährdet ist, die Umwandlung von Wohnraum in gewerbliche Nutzung einem Genehmigungsvorbehalt unterliegt. Hintergrund dieses Eingriffs durch den Gesetzgeber ist, einen Bestandsschutz zur Versorgung mit Wohnraum zu gewährleisten. Seitens des Bundesverfassungsgerichts wurde die Verfassungsmäßigkeit der Ermächtigungsnorm als gegeben erachtet,[6] indem eine besondere **Sozialpflichtigkeit des Eigentums** bei Mietwohnraum angenommen wurde.

5 Anwendung finden diese Regelungen dort, wo ein Zustand zumindest latent unzureichender Versorgung mit Wohnraum besteht und Umstände hinzutreten, die den jeweiligen Wohnungsmarkt beeinträchtigen.[7]

6 Eine Zweckentfremdungshandlung liegt nach der Definition des Gesetzes im Allgemeinen vor, wenn Wohnraum anderen als Wohnungszwecken zugeführt wird.[8] Die wohl bedeutsamste Form der Zweckentfremdungshandlung stellt die Umwandlung von Wohnraum in eine gewerbliche respektive beruflich ausgerichtete Nutzung dar. Wird ein ursprünglich deklarierter Wohnraum hingegen nur teilweise einer gewerblichen respektive beruflichen Nutzung zugeführt, kommt es für die Frage der Erteilung einer Genehmigung entscheidend darauf an, in welchem Umfange und in welcher Intensität die Umwidmung des Wohnraums erfolgt.[9]

Beispielhaft sind zu nennen:
- Überführung von Wohnraum in Büro- und Geschäftsräume;
- Bei Mischraum, wenn die den Wohnzwecken dienenden Räume nicht mehr nach ihrer ursprünglichen Zweckrichtung genutzt werden.[10]

---

[2] Vgl. § 25.
[3] Vgl. § 8 Rdnr. 4 ff.
[4] Vgl. § 8 Rdnr. 16 f.
[5] Vgl. § 8 Rdnr. 18 ff.
[6] BVerfG NJW 1975, 727.
[7] BVerwG NJW 1984, 2901.
[8] BVerfG NJW 1975, 727; BVerwG NJW 1978, 1018.
[9] BayObLG WuM 1978, 221; WuM 1982, 218.
[10] OVG Bremen ZMR 1998, 664.

Ausdrücklich nennt Artikel 6 des Mietrechtsverbesserungsgesetzes die dauernde Fremd- 7
beherbergung insbesondere die gewerbliche Zimmervermietung oder die Einrichtung von
Schlafstellen als Zweckentfremdung.

Die bloße Mitbenutzung von Wohnraum zu untergeordneten beruflichen oder gewerbli- 8
chen Zwecken stellt keine Zweckentfremdung dar, soweit die Nutzung zu Wohnzwecken
weiterhin dominiert.[11]

Neben der Umwidmung in eine gewerbliche respektive beruflich ausgerichtete Nutzung 9
erfasst das **Zweckentfremdungsverbot** und somit der Genehmigungsvorbehalt auch das
Leerstehenlassen von Wohnraum, indem dieser nicht seiner Zweckbestimmung in Form der
Wohnraumnutzung zugeführt wird.[12]

Weiterhin unterliegt dem Begriff der Zweckentfremdung der **Abbruch** von Wohnraum, da 10
dieser damit in letzter Konsequenz beseitigt wird,[13] es sei denn, der Eigentümer ist ord-
nungsbehördlich zum Abriss verpflichtet. Beabsichtigt der Eigentümer hingegen nach Abbruch des bestehenden Wohnraums auf seinem Grundstück neuen **Ersatzwohnraum** zu errichten, so bleibt dennoch der Genehmigungsvorbehalt bestehen.[14]

Unter bestimmten Voraussetzungen kann für den Eigentümer jedoch auch ein Anspruch 11
auf Erteilung der **Genehmigung** und somit den Abriss der Wohnungsbebauung bestehen,
nämlich dann, wenn er **Ersatzwohnraum** zur Verfügung stellt, der geeignet ist, die beabsichtigte Beseitigung zu kompensieren. Hierzu wurden in der Rechtsprechung für die Gestellung
von Ersatzwohnraum folgende Kriterien herangezogen:[15]
- Ersatzwohnraum muss in dem selben Gebiet, nicht zwingend auf demselben Grundstück,
  in dem der ursprüngliche Wohnraum beseitigt werden soll, neu errichtet werden;
- zwischen der Zweckentfremdung durch Abriss und Bereitstellung des Ersatzwohnraumes
  muss ein zeitlicher Zusammenhang bestehen;
- die Eigentümer des Grundstücks des zweckentfremdeten und des ersatzweise geschaffenen Wohnraums müssen identisch sein;
- Größe und Standart des Ersatzwohnraums dürfen nicht nachteilig vom zweckentfremdeten
  Wohnraum abweichen; eine gewisse Erhöhung des Standards wird als zulässig angesehen;
- der neu errichtete Wohnraum muss dem allgemeinen Wohnungsmarkt in gleichem Maße
  zur Verfügung stehen.

Der Anspruch auf Erteilung einer Genehmigung nach dem Mietrechtsverbesserungsgesetz 12
besteht zudem, wenn es schlechterdings an einem öffentliche Interesse der Erhaltung bestimmten Wohnraums mangelt, insbesondere die Wohnraumversorgung nicht tangiert ist,
und im Rahmen des notwendig zu beachtenden Verhältnismäßigkeitsgrundsatzes sowie der
Eigentumsgarantie dem Betroffenen eine freie Verfügung über sein Eigentum nicht versagt
werden kann.[16]

Liegen hiernach die Voraussetzungen für eine Genehmigung der Zweckentfremdung vor, 13
so wird diese in der Regel unter einer Bedingung als verwaltungsrechtliche Nebenbestimmung erteilt, die sicherstellt, dass der betroffene Grundstückeigentümer den Ersatzwohnraum auch tatsächlich errichtet. Als weiteres Instrument kommt die verwaltungsrechtliche
Nebenbestimmung der Auflage in Betracht, mit der eine Ausgleichszahlung verbunden ist,
die allerdings seitens des Hoheitsträgers entsprechend der Zielsetzung des Gesetzes, nämlich
der Wohnraumbewirtschaftung, einzusetzen ist.

Ein Verstoß gegen das **Zweckentfremdungsverbot** begründet eine **Ordnungswidrigkeit** 14
nach Art. 6 § 2 Abs. 1 des Mietrechtsverbesserungsgesetzes und kann mit einer Geldbuße
bis zu € 50.000,– geahndet werden.

Für die zivilrechtlichen Folgen eines Verstoßes gegen das Zweckentfremdungsverbot gilt 15
hingegen folgendes. Artikel 6 § 1 des Mietrechtsverbesserungsgesetzes stellt kein gesetzliches

---

[11] BayObLG WuM 1978, 221; WuM 1982, 218.
[12] BVerfG NJW 1975, 727; BVerwG NJW 1980, 1970.
[13] BVerfG NJW 1975, 727; BVerwG NJW 1977, 2280.
[14] BVerwG NJW 1978, 1018.
[15] BVerwG NJW 1982, 2269.
[16] BVerwG NJW 1977, 2280.

Verbot im Sinne des § 134 BGB dar, mit der Folge, dass ein Mietvertrag, der unter Missachtung des **Zweckentfremdungsverbotes** abgeschlossen wurde, dennoch zivilrechtlich wirksam zustande gekommen ist.[17] Eine nicht genehmigte Zweckentfremdung kann sodann zu der Konsequenz führen, dass dem Mieter Ansprüche auf Grund eines Mangels der Mietsache im Sinne der §§ 536, 536a BGB zustehen.[18]

16   d) **Ordnungsbehördliche Einweisungen.** Kann eine Gemeinde einen zur Räumung verurteilten Mieter mangels zur Verfügung stehenden Wohnraums nicht anderweitig unterbringen, auch nicht durch vorübergehende Unterbringung in Hotels oder Pensionen, so besteht für sie unter dem Gesichtspunkt der drohenden **Obdachlosigkeit** die Möglichkeit, auf Grund der ordnungsbehördlichen Vorschriften den Mieter in die zu räumende Wohnung wieder einzuweisen. Für die Dauer der Wiedereinweisung ist der **Verhältnismäßigkeitsgrundsatz** oberstes Gebot mit der Folge, dass eine Wiedereinweisung nur zeitlich befristet erfolgen kann. Der Eigentümer hat sodann Anspruch auf Zahlung einer Nutzungsentschädigung, die die anfallenden Betriebskosten einschließt.

Für die Dauer der zulässigen Einweisung wird in der in der Regel auf einen Zeitraum von 6 Monaten abgestellt.[19]

17   Gem. § 5 HausRVO besteht für das Familiengericht im Falle der Ehescheidung die Möglichkeit, gestaltend in den bestehenden Mietvertrag einzugreifen, indem die Nutzung der Wohnung einem Ehegattenteil allein zugewiesen.[20]

2. Vertragsabschlussfreiheit und Diskriminierung

18   a) **Mietrecht und allgemeine Gleichbehandlung.** Die jüngste Einschränkung der Privatautonomie erfährt das Mietrecht durch das **Allgemeine Gleichbehandlungsgesetz**. Indem Benachteiligungen im Sinne des § 1 des AGG verhindert bzw. beseitigt werden sollen, wird für den Wohnungsanbieter ein Willkürverbot in Form eines korrekten politischen Verhaltens konstatiert.

Ausweislich § 2 Abs. 1 Nr. 8 AGG ist der Regelungsgehalt des AGG auch für das Mietrecht relevant, wobei allerdings der Wohnraum „der Öffentlichkeit zur Verfügung stehen", der Wohnraum mithin über das rein private Umfeld des Vermieters angeboten werden muss. Durch **Zeitungsinserate, Angebote im Internet** sowie **Aushänge** ist das Merkmal der Öffentlichkeit regelmäßig erfüllt.[21]

Im Hinblick auf die zeitliche Geltung des AGG ist dahin gehend zu differenzieren, ob eine Benachteiligung wegen der Rasse oder der ethnischen Herkunft betroffen ist oder die Gründe des Geschlechts, der Religion oder Weltanschauung, einer Behinderung, des Alters oder der sexuellen Identität zum Tragen kommen. Für den ersteren Fall findet das AGG gemäß § 33 Abs. 2 AGG für die Mietverträge Anwendung, die ab dem 18. 8. 2006, für die anderen Fälle gemäß § 33 Abs. 3 AGG sind die Mietverträge betroffen, die seit dem 1. 12. 2006 zu Stande gekommen sind.

19   b) **Zivilrechtliches Benachteiligungsverbot gemäß § 19 Abs. 1 AGG.** Eine Benachteiligung aus den Gründen der Gesetzeszielbestimmung des § 1 AGG ist gemäß § 19 Abs. 1 Nr. 1 AGG im Rahmen des Mietvertragsrechts unzulässig, wenn bei der Begründung, Durchführung und Beendigung des zivilrechtlichen Schuldverhältnisses der Mietvertrag
- typischerweise ohne Ansehen der Person,
- zu vergleichbaren Bedingungen in einer Vielzahl von Fällen (Massengeschäft) oder für den Wohnungsanbieter
- das Ansehen der Person nachrangig ist und
- das Schuldverhältnis zu vergleichbaren Bedingungen in einer Vielzahl von Fällen zu Stande kommt.

---

[17] BGH NJW 1994, 320.
[18] BGH NJW 1971, 555.
[19] VGH Mannheim NJW 1990, 2270; Schmidt-Futterer/*Eisenschmid* Vorb. § 535 Rdnr. 129.
[20] Schmidt-Futterer/*Eisenschmid* Vorb. § 535 Rdnr. 236 ff.
[21] Palandt/*Heinrichs* § 2 AGG Rdnr. 9; Emmerich/Sonnenschein/*Rolfs* § 2 AGG Rdnr. 4.

20 Für beide Alternativen des § 19 Abs. 1 Nr. 1 AGG ist zunächst eine „**Vielzahl von Fällen**" Tatbestandsvoraussetzung. Eine Definition der „Vielzahl" gibt das AGG nicht. Vergleichbarer Anknüpfungspunkt können hingegen die Grundlagen sein, die für die Allgemeinen Geschäftsbedingungen gemäß § 305 Abs. 1 BGB entwickelt worden sind. Hiernach wäre eine „Vielzahl von Fällen" gegeben, wenn eine dreifache oder noch häufigere Vermietung erfolgt bzw. bereits im Falle der erstmaligen Vermietung die Absicht einer **Mehrfachvermietung** besteht.[22]

21 Das Zustandekommen des Vertrages muss „**ohne Ansehen der Person**", also der Person des Mieters, erfolgen. Ausgangspunkt für dieses Tatbestandsmerkmal ist, wenn im Rahmen des Angebots das Mietobjekt als zu vermietendes Gut und nicht eine bestimmte oder bestimmbare Vertragspartei im Fordergrund steht, also der Vermieter nur an der Vermietung an sich interessiert ist.[23]

22 Dem weitergehenden Tatbestandsmerkmal der „**vergleichbaren Bedingungen**" dürfte vor dem Hintergrund der ersten beiden Merkmale keine besondere eigenständige Bedeutung mehr hinzukommen, da die durch sie feststehende Mehrfachanbietung sowie dem Umfang der angesprochenen Mietinteressenten vergleichbare Bedingungen den Wohnungssuchenden regelmäßig unterbreitet werden.

23 Für die 2. Alternative des § 19 Abs. 1 Nr. 1 AGG kommt neben der „**Vielzahl von Fällen**" sowie den vergleichbaren Bedingungen als Merkmal die „**nachrangige Bedeutung des Ansehens der Person**" hinzu. Auch für dieses Merkmal ist zunächst entscheidend, dass der Abschluss des Mietvertrages für den Vermieter an sich von entscheidender Relevanz ist und die Person des Mieters nachrangige Bedeutung hat.[24]

24 Die Merkmale des „**ohne Ansehens der Person**" oder der „**nachrangigen Bedeutung des Ansehens der Person**" stehen allerdings dann in Frage, wenn der Vermieter über typisierte Mieterfragebögen oder sonstige Informationsbeschaffung über den oder die potenziellen Mieter eine Entscheidungsgrundlage für sich begründet, die das Ansehen der Person mehr in den Vordergrund drängt. Ein derartiger **Mieterfragebogen** sollte, um den Anwendungsbereich des § 19 Abs. 1 Nr. 1 AGG zu entgehen, möglichst bis an die Grenzen der Zulässigkeit der Fragemöglichkeit gehen.

25 Bereits an dieser Stelle ist darauf hinzuweisen, dass von Tatbestandsseite § 19 Abs. 1 Nr. 1 AGG nicht einschlägig ist, wenn gemäß § 19 Abs. 5 S. 3 die Vermietung von Wohnraum zu nicht nur vorübergehenden Gebrauch dann kein sanktionsbewehrtes Rechtsgeschäft im Sinne dieser Norm darstellt, wenn der Vermieter insgesamt nicht mehr als 50 Wohnungen vermietet (sog. **Kleinanbieterklausel**).[25] Dieser Ausnahmeregelung wird nachfolgend noch vertieft.

26 **c) Zivilrechtliches Benachteiligungsverbot gemäß § 19 Abs. 2 AGG.** Die vorbenannte Ausnahmeregelung des § 19 Abs. 5 S. 3 AGG (sog. **Kleinanbieterklausel**) entfaltet hingegen keine Relevanz für das zivilrechtliche Benachteiligungsverbot des § 19 Abs. 2 AGG. Hiernach ist eine **Benachteiligung** aus Gründen der Rasse oder wegen der ethnischen Herkunft bei Begründung, Durchführung und Beendigung eines Mietvertrages unzulässig.

Diese unzulässige Benachteiligung hat mithin auch für den Vermieter einer einzigen Wohnung für jeden einzelnen Vertrag Bedeutung.

27 **d) Benachteiligung nach dem AGG.** Mit § 3 Abs. 1 und Abs. 2 AGG ist die **Legaldefinition** des Tatbestandsmerkmals der **Benachteiligung** im Sinne des § 19 Abs. 1 und Abs. 2 AGG festgelegt. § 3 AGG differenziert zwischen der unmittelbaren Benachteiligung (§ 3 Abs. 1 AGG) sowie der mittelbaren Benachteiligung (§ 3 Abs. 2 AGG).

28 *aa) Unmittelbare Benachteiligung.* Das Merkmal der **unmittelbaren Benachteiligung** ist erfüllt, wenn eine Person gegenüber einer anderen Person in einer vergleichbaren Situation aus den in § 1 AGG genannten Gründen weniger günstig behandelt wird. Folge der Un-

---

[22] Emmerich/Sonnenschein/*Rolfs* § 19 AGG Rdnr. 25; a. A. Palandt/*Grüneberg* § 19 AGG Rdnr. 2.
[23] Palandt/*Grüneberg* § 19 AGG Rdnr. 2; Emmerich/Sonnenschein/*Rolfs* § 19 AGG Rdnr. 24.
[24] Palandt/*Grüneberg* § 19 AGG Rdnr. 3; Emmerich/Sonnenschein/*Rolfs* § 19 AGG Rdnr. 27.
[25] Dr. Derleder NZM 2007, 625, 629.

gleichbehandlung muss eine **Beeinträchtigung** sein, wobei bereits die konkrete Gefahr einer Benachteiligung (**Erstbegehungsgefahr**) ausreichend ist.[26]

Darüber hinaus normiert § 3 Abs. 1 Satz 2 AGG, dass eine unmittelbare Benachteiligung wegen des Geschlechts auch für den Fall der ungünstigeren Behandlung einer Frau wegen Schwangerschaft oder Mutterschaft besteht.

29 *bb) Mittelbare Benachteiligung.* Die **mittelbare Benachteiligung** gemäß § 3 Abs. 2 AGG knüpft an standardisierte Regelungen und Abläufe durch neutrale
- **Vorschriften** (z. B. Gesetze, Verordnungen, Übereinkünfte mit Regelungscharakter),
- **Kriterien** (z. B. Mieterfragebogen) oder
- **Verfahren** (z. B. Auswahlverfahren) an,

durch die Personen wegen eines in § 1 AGG genannten Grundes in besonderer Weise gegenüber anderen Personen benachteiligt werden können. Diese vorbenannten Merkmale müssen zu einer unterschiedlichen Gruppenbildung führen, die einen Personenkreis gegenüber einem anderen Personenkreis abgrenzen und geeignet sind in besonderer Weise zu benachteiligen. Die **Ungleichbehandlung** muss zu einer **Beeinträchtigung**, zumindest der konkreten Gefahr einer Beeinträchtigung (**Erstbegehungsgefahr**) führen.[27]

30 Diese hiernach feststellbare Ungleichbehandlung in besonderer Weise ist auf Tatbestandsebene jedoch dann unbeachtlich, wenn ein **sachlich rechtfertigender Grund** vorliegt und die eingesetzten Mittel zur Erreichung dieses Zieles angemessen und erforderlich sind.

31 *e) Spezifische mietrechtliche Ausnahmen und Rechtfertigungsgründe. aa) § 19 Abs. 3 AGG.* Die Vorschrift des § 19 Abs. 3 AGG wendet sich mit seinem strukturellen Ansatz als Ausnahmevorschrift ausschließlich an **Großvermieter**, da nur diese in der Lage sind, strukturelle Kriterien aufzustellen, um das Ziel der **Integration** einerseits sowie die Vermeidung einer **Ghettoisierung** andererseits umzusetzen.[28] Die **Strukturziele** des § 19 Abs. 3 AGG stellen insoweit einen sachlichen Grund für eine mögliche Ungleichbehandlung dar.

Zum Teil wird hierzu die Auffassung vertreten, das § 19 Abs. 3 AGG für die Merkmale „Rasse und ethnische Herkunft" nicht einschlägig sein kann, da die **Antidiskriminierungsrichtlinie** der EG 2000/43 hier keine Ausnahme zulässt.[29]

Dem gegenüber besteht die Ansicht, dass § 19 Abs. 3 AGG auch als spezifische Ausprägung des Grundsatzes der positiven Maßnahme im Sinne des § 5 AGG verstanden werden kann, die ihrerseits ihre Grundlage in Artikel 5 der **EG Richtlinie 2000/78** und Artikel 6 der **EG Richtlinie 2004/113** findet und mithin zulässig ist.[30]

32 *bb) § 19 Abs. 5 S. 1 und S. 2 AGG.* Eine Benachteiligung besteht mangels Anwendbarkeit der §§ 19ff. AGG dann nicht, wenn das Mietverhältnis durch ein besonderes **Nähe- oder Vertrauensverhältnis** der Parteien oder ihre Angehörigen bestimmt ist. Hinzu tritt auch der Fall, dass die Parteien oder ihre Angehörigen Wohnraum **auf dem selben Grundstück** nutzen.

Ein besonderes **Nähe- und Vertrauensverhältnis** besteht zum einen zwischen den Angehörigen im engeren Familienkreis im Sinne des § 573 Abs. 2 Nr. 2 BGB und zum anderen für derartige Vertragskonstellationen, die neben dem Mietvertrag eine weitergehende vertragliche oder tatsächliche Bindung zum Vermieter herstellen. Dies gilt insbesondere für **Mieter von Werkdienstwohnungen, Haushaltshilfen** und **Pflegepersonen**.

Für das weitergehende Tatbestandsmerkmal der zusätzlichen Ausnahmeregel des § 19 Abs. 5 S. 2 AGG **auf dem selben Grundstück** wird einhellig die Auffassung vertreten, dass hiermit nicht formal an die grundbuchmäßige Erfassung, sondern an ein tatsächlich enges räumliches Lebensverhältnis anzuknüpfen ist.[31]

33 *cc) § 19 Abs. 5 S. 3 AGG.* Die Regelung des § 19 Abs. 5 Satz 3 AGG, indem der Vermieter insgesamt nicht mehr als 50 Wohnungen vermietet (sog. **Kleinanbieterklausel**), gilt als Aus-

---

[26] Emmerich/Sonnenschein/*Rolfs* § 3 AGG Rdnr. 5.
[27] Emmerich/Sonnenschein/*Rolfs* § 3 AGG Rdnr. 7, 8.
[28] Emmerich/Sonnenschein/*Rolfs* § 19 AGG Rdnr. 40.
[29] Palandt/*Grüneberg* § 19 AGG Rdnr. 6.
[30] Emmerich/Sonnenschein/*Rolfs* § 19 AGG Rdnr. 39.
[31] Palandt/*Grüneberg* § 19 AGG Rdnr. 8; Emmerich/Sonnenschein/*Rolfs* § 19 AGG Rdnr. 38.

nahmevorschrift ausschließlich für die zivilrechtliche Benachteiligung gemäß § 19 Abs. 1 AGG.

Das zivilrechtliche Benachteiligungsverbot im Sinne des § 19 Abs. 2 AGG ist unabhängig von der Anzahl der zu vermietenden Wohnungen einschlägig.

Hierfür entscheidender Anknüpfungspunkt ist nicht die Anzahl der tatsächlich vermieteten Wohnungen, sondern die Anzahl der vermietbaren Wohnungen. Nicht vermieteter **Leerstand** entbindet den Vermieter grundsätzlich nicht.[32]

Zudem müssen die betroffene Wohnung **nicht nur zum vorrübergehenden Gebrauch** vermietet werden (vgl. hierzu § 549 Abs. 2 Nr. 1 BGB). Entscheidend ist im übrigen die **entgeldliche Überlassung**.[33]

Unterschiedlich wird der Fall bewertet, dass mehrere Vermieter, die für sich gesehen der Kleinanbieterklausel unterliegen, sich hingegen durch einen **Verwalter** vertreten lassen, der sodann in Addition insgesamt mehr als 50 Wohnungen im Bestand anbieten kann.

Zum einen wird die Auffassung vertreten, indem der Gesetzgeber allein auf den Begriff des Vermieters abstellt, die Kumulation durch einen zwischengeschalteten Verwalter sich nicht nachteilig auswirkt.

Dem gegenüber besteht die Auffassung, da im Sinne des AGG das Vermieten als Handlung im Forderung stehe, die Kumulation über einen Verwalter, hat er mehr als 50 Wohnungen in seinem Bestand, sich auf den Vermieter, obwohl er für sich gesehen Kleinanbieter wäre, durchschlägt. Allerdings wird dies nur unter dem weiteren Gesichtspunkt angenommen, wenn der Verwalter auch selbst über die Vermietung entscheiden kann und der Vermieter sich nicht die Begründung und Abwicklung des Mietvertrages vorbehalten hat.[34]

Da § 19 Abs. 5 S. 3 AGG eine **widerlegbare Vermutung** („in der Regel") darstellt, sind Fallkonstellationen denkbar, obwohl der Vermieter nicht mehr als 50 Wohnungen vermietet, dennoch das zivilrechtliche Benachteiligungsverbot gemäß § 19 Abs. 1 AGG einschlägig sein kann, wenn der Vermieter über Dritte (z.B. die Ehefrau) vermieten lässt oder Eheleute in der Kumulation mehr als 50 Wohnungen vermieten oder mehrere Gesellschaften mit identischem Gesellschafterbestand agieren.[35]

dd) *Rechtfertigung nach § 5 AGG.* Als **allgemeine Rechtfertigung** formuliert § 5 AGG geeignete und angemessene Maßnahmen (positive Maßnahmen) die bestehende Nachteile eines im § 1 AGG genannten Grundes verhindern oder ausgleichen sollen.

Als spezielle konkretisierte Ausprägung wurde in diesem Zusammenhang bereits auf § 19 Abs. 3 AGG hingewiesen. Weitere **positive Maßnahmen,** mit denen bestehende Nachteile vermieden oder ausgeglichen werden sollen, bestehen z.B. in dem Angebot behindertengerechten Wohnens. Die differenzierende Maßnahme muss im Rahmen der jeweils notwendigen Abwägung gegenüber anderen Personengruppen aber geeignet und angemessen sein.

ee) *Rechtfertigung nach § 20 AGG.* Eine zulässige unterschiedliche Behandlung wird mit mietrechtlichen Bezug zudem über § 20 Abs. 1 AGG normiert, wenn die unterschiedliche Behandlung
- der Beachtung von **Verkehrssicherungspflichten** (z.B. potenzielle Störer) oder
- dem **Schutz der Intimsphäre oder der persönlichen Sicherheit** dient (z.B. Frauenhäuser) oder
- **besondere Vorteile gewährt und ein Interesse an der Durchsetzung der Gleichbehandlung fehlt** (z.B. Studentenwohnheime, betreutes Wohnen) oder
- **religionsspezifische Anknüpfungen** hat (z.B. Vermietung durch Religionsgemeinschaften in Erfüllung ihrer immanenten Ziele).

f) *Rechtsfolgen.* Liegt eine unzulässige **Benachteiligung** im Sinne des § 19 Abs. 1 oder Abs. 2 AGG vor, so richten sich die damit verbundenen **Rechtsfolgen** nach § 21 AGG.

Nach § 21 Abs. 1 AGG besteht für den Benachteiligten ein **Beseitigungsanspruch** und im Falle der Besorgung weiterer Beeinträchtigungen ein **Unterlassungsanspruch**.

---

[32] Emmerich/Sonnenschein/*Rolfs* § 19 AGG Rdnr. 29.
[33] Emmerich/Sonnenschein/*Rolfs* § 19 AGG Rdnr. 29.
[34] *Lützenkirchen*, Anwaltshandbuch Mietrecht, B Rdnr. 290, 292 ff.
[35] Emmerich/Sonnenschein/*Rolfs* § 19 AGG Rdnr. 33.

Inwieweit der Anspruch auf Beseitigung der Beeinträchtigung gleichfalls in letzter Konsequenz einen **Kontrahierungszwang** begründet, ist umstritten.[36]

40 § 21 Abs. 2 Satz 1 AGG sieht einen **Schadenersatzanspruch** vor, der vergleichbar dem des § 280 Abs. 1 BGB ist; es gelten im übrigen die allgemeinen Regeln der §§ 249 ff. BGB. Der Benachteiligende kann sich **exkulpieren**, indem er den Beweis führt, dass er den Schaden nicht zu vertreten hat

Vereinzelt wird auf Basis des Schadenersatzanspruches nach § 21 Abs. 2 AGG in Verbindung mit § 311 Abs. 2, § 280 Abs. 1 BGB ein **Kontrahierungszwang** konstatiert.[37]

41 Darüber hinaus kann der Benachteiligte gemäß § 21 Abs. 2 Satz 3 AGG eine angemessene **Entschädigung in Geld** verlangen. Die Angemessenheit der Entschädigung in Geld wird sich im wesentlichen an den Maßstäben der **Verletzung des allgemeinen Persönlichkeitsrechts** zu orientieren haben.

42 Gemäß § 21 Abs. 3 AGG bleiben **Ansprüche aus unerlaubter Handlung** insbesondere nach den § 823, 826 BGB unberührt.

43 § 21 Abs. 5 AGG sieht für die Geltendmachung der Ansprüche gemäß § 21 Abs. 1 und Abs. 2 AGG die **Ausschlussfrist** von 2 Monaten vor. Der Fristlauf beginnt mit der Entstehung des Anspruchs. Die Erklärung kann **formlos** als geschäftsähnliche Handlung erfolgen.[38]

3. Angebot und Annahme

44 Der Abschluss eines Mietvertrages richtet sich nach den allgemeinen Vorschriften des Schuldrechts über **Angebot** und **Annahme** gemäß der §§ 130, 145 ff. BGB und kommt durch korrespondierende Erklärungen des Vermieters und Mieters über den wesentlichen Vertragsinhalt zustande.

45 a) **Bestimmtheit.** Der Inhalt eines Angebots auf Abschluss eines Mietvertrages muss den wesentlichen Vertragsinhalt festlegen bzw. ihn bestimmbar machen. Eine hinreichende **Bestimmbarkeit** ist anzunehmen, wenn die Annahme des Angebotes durch eine einfache Zustimmung erfolgen kann.[39]

46 b) **Bindungswirkung.** Voraussetzung für die Wirksamkeit eines **Angebotes** auf Abschluss eines Mietvertrages ist darüber hinaus, dass der Antragende den Willen über die Verbindlichkeit seiner Erklärung zum Ausdruck bringt. Entscheidend für die Beurteilung dieser **Bindungswirkung** ist dabei nicht der innere Wille des Antragenden, sondern der objektive Erklärungswert seiner Äußerung und seines Handelns.[40] Dieser ist im Rahmen der Auslegung zu ermitteln. Hiernach sind stets als unverbindlich die Erklärungen anzusehen, nach denen im Wege eines Zeitungsinserats oder eines Aushangs ein größerer Kreis von Personen in der offenkundigen Tatsache angesprochen wird, wonach die angebotene Leistung, nämlich die Mietwohnung, nur einmal zur Verfügung gestellt werden kann.[41]

47 Darüber hinaus steht einer **Bindungswirkung** entgegen, wenn der Antragende die mangelnde Bindungswirkung seines Angebots ausdrücklich durch entsprechende Klauseln kennzeichnet.[42] Exemplarisch sind an dieser Stelle Klauseln wie „unter Vorbehalt", „unverbindliches Angebot" und „freibleibendes Angebot" zu nennen. Eine derart gekennzeichnete Erklärung stellt sodann lediglich eine Aufforderung zur Abgabe eines Angebotes seitens des Wohnungsinteressenten dar.[43]

48 Ohne eine derartige Kennzeichnung ist jedoch von einer **Bindungswirkung** des Antrages auszugehen, insbesondere wenn der Antragende der anderen Partei einen bereits von ihm unterzeichneten Mietvertrag übersendet.[44] Bei der Übersendung eines noch nicht unter-

---

[36] Palandt/*Grüneberg* § 21 AGG Rdnr. 7; Emmerich/Sonnenschein/*Rolfs* § 21 AGG Rdnr. 2; Dr. Derleder NZM 2007, 625, 633.
[37] Palandt/*Grüneberg* § 21 AGG Rdnr. 7.
[38] Palandt/*Grüneberg* § 21 AGG Rdnr. 8; Emmerich/Sonnenschein/*Rolfs* § 21 AGG Rdnr. 15.
[39] Palandt/*Heinrichs* § 145 Rdnr. 1.
[40] Palandt/*Heinrichs* § 145 Rdnr. 2.
[41] *Bub/Treier* II Rdnr. 336.
[42] BGH NJW 1984, 1885; Palandt/*Heinrichs* § 145 Rdnr. 4.
[43] BGH NJW 1996, 919.
[44] BGH NJW 1962, 1388.

zeichneten Mietvertrages ist eine Verbindlichkeit des Antrages hingegen fraglich; in diesem Fall sind zur Auslegung des Erklärungsinhalts weitere Umstände, die sich beispielsweise aus dem Ablauf der Vertragsverhandlungen ergeben können, heranzuziehen.[45]

c) **Annahmefrist.** Gemäß § 146 2. Alternative BGB erlischt die Bindungswirkung eines Antrages, wenn dieser nicht rechtzeitig angenommen wird. Die Rechtzeitigkeit ergibt sich zum einem durch die Bestimmung einer **Annahmefrist** von Seiten des Anbietenden gemäß § 148 BGB. Zum anderen kann sich die Frist zur Annahme aus § 147 BGB ergeben, wonach die Annahme unter Anwesenden sofort zu erfolgen hat und unter Abwesenden die Frist zur Annahme sich danach bemisst, bis zu welchem Zeitpunkt der Anbietende den Eingang der Antwort unter regelmäßigen Umständen erwarten durfte.

Einer näheren Betrachtung bedarf allein die letztgenannte Alternative. Die hiernach zu berechnende **Annahmefrist** setzt sich regelmäßig aus den Zeiträumen zusammen, die für die Übermittlung des Antrages an den Empfänger, dessen Bearbeitungs- und Überlegungszeit sowie aus der Zeit für die Rückübermittlung der Antwort angenommen werden können.[46] Umstände, die die Annahmeerklärung verzögern und dem Antragenden bekannt waren bzw. mit denen er rechnen musste, führen zu einer entsprechenden Verlängerung der Annahmefrist. Hierzu zählen beispielsweise ein zwischenzeitlicher Urlaub, eine beabsichtigte Bonitätsprüfung oder die Tatsache, dass der Annehmende den Abschluss des Mietvertrages von dem vorherigen Abschluss eines neuen Arbeitsvertrages abhängig machte.[47] Der Antragende ist nicht verpflichtet auf einen etwaig drohenden Fristablauf der ausstehenden Annahmeerklärung hinzuweisen.[48]

Ohne Berücksichtigung etwaig die **Annahmefrist** verlängernder gesonderter Umstände ist davon auszugehen, dass bei Übersendung eines unterzeichneten Mietvertrages dieser Antrag regelmäßig innerhalb einer Frist von 3 bis 5 Tagen durch Rücksendung des gegengezeichneten Mietvertrages angenommen werden muss.[49] Vereinzelt werden sogar 3 bis 4 Wochen als noch angemessene Frist angesehen.[50]

Geht die Annahmeerklärung dem Antragenden nach Ablauf der Frist zu, die unter den regelmäßigen Umständen zu erwarten war, so stellt die verspätete Annahme gemäß § 150 Abs. 1 BGB den neuen Antrag auf Abschluss eines Mietvertrages dar.

d) **Änderungen und Ergänzungen.** Gleichfalls wie der verspätete Zugang einer Annahmeerklärung gilt auch die **Annahme** unter Erweiterungen, Einschränkungen oder sonstigen Änderungen als Ablehnung des ursprünglichen Antrags und stellt insoweit die Unterbreitung eines neuen Antrages gem. § 150 Abs. 2 BGB dar. Der Vertragsschluss ist sodann von der Annahmeerklärung des ehemals Antragenden abhängig. Die von dem Vertragspartner beabsichtigten Änderungen sind allerdings nur dann im Sinne des § 150 Abs. 2 BGB relevant, wenn diese der anderen Vertragspartei klar und unzweideutig zum Ausdruck gebracht werden. Andernfalls kommt der Mietvertrag zu den Bedingungen und Inhalten des Angebots zustande.[51]

e) **Konkludentes Verhalten und Schweigen.** Eine Annahmeerklärung bedarf nicht notwendigerweise einer ausdrücklichen Erklärung, sondern kann auch durch **schlüssiges Verhalten** erfolgen.

In diesem Zusammenhang ist regelmäßig die Auslegungsregel des § 154 Abs. 2 BGB zu beachten. Sollte eine Beurkundung des beabsichtigten Vertrages verabredet worden sein, so ist im Zweifel der Vertrag als nicht geschlossen anzusehen, bis die entsprechende Beurkundung erfolgt ist. Dies gilt insbesondere gem. § 550 BGB für Mietverträge, die für die Dauer von mehr als einem Jahr abgeschlossen werden.[52]

---

[45] Bub/Treier II Rdnr. 337.
[46] BGH NJW 1996, 919.
[47] Palandt/Heinrichs § 147 Rdnr. 7; zur Bonitätsprüfung: LG Köln WuM 1988, 50.
[48] BGH DB 71, 232.
[49] LG Berlin WuM 1987, 378; LG Köln WuM 1988, 50.
[50] Sternel, Mietrecht Aktuell, Rdnr. 15.
[51] BGH WM 1983, 313; LG Lübeck WuM 1991, 80.
[52] OLG Düsseldorf ZMR 1988, 54.

56 Hingegen sind die Parteien nicht gehindert, ihre ursprünglich getroffene Beurkundungsabrede aufzuheben, indem sie beispielsweise einen bislang nur mündlich geschlossenen Mietvertrag in Vollzug setzen.[53]

57 Zu begründen ist diese Form des Vertragsschlusses auch damit, als beispielsweise gem. § 545 BGB eine Fortsetzung des Mietverhältnisses nach Ablauf der Mietzeit durch **konkludentes Handeln** angenommen wird, wenn der Mieter vom Vermieter unwidersprochen den Gebrauch fortsetzt.

58 So wurde ein Mietvertrag dann durch **schlüssiges Verhalten** als begründet angesehen, sobald seitens des Vermieters dem Mieter der Schlüssel ausgehändigt worden war und letzterer die Wohnung nach seinen Vorstellungen eingerichtet und zwei Monatsmieten entrichtet hat.[54] Teilweise wird in diesen Fällen bereits der Einzug des Mieters und die vorbehaltlose Entgegennahme des Mietzinses durch den Vermieter über einen längeren Zeitraum als ausreichend betrachtet.[55]

59 Kommt der Mietvertrag in diesen Fällen allein durch das jeweils **schlüssige Verhalten** der Vertragsparteien zustande, so richtet sich der Inhalt des Mietvertrages nicht nach den ursprünglich vorgesehenen schriftlich fixierten Regelungen, sondern ausschließlich nach den gesetzlichen Vorschriften sowie den Ausführungshandlungen der Parteien.[56]

60 Das **Schweigen** der annehmenden Partei auf einen ihr unterbreiten Antrag auf Abschluss eines Mietvertrages stellt grundsätzlich keine Annahme, sondern die Ablehnung des Antrages dar.[57]

61 f) **Haustürgeschäft.** Nach der neuen Regelung des **§ 312 BGB** kann ein Vertrag, der eine entgeltliche Leistung zum Gegenstand hat, unter bestimmten Voraussetzungen widerrufen werden. Diese Vorschrift beruht auf dem **bisherigen Haustürwiderrufsgesetz.**

62 Das Widerrufsrecht bei Haustürgeschäften gemäß § 312 BGB umfasst unter anderem nach herrschender Meinung auch Mietverträge über Wohnraum. Hingegen findet das Recht auf Widerruf nicht auf sämtliche mietvertraglichen Abschlussszenarien Anwendung. Vielmehr müssen für dessen Anwendbarkeit bestimmte den Vertragsabschluss prägender Umstände hinzutreten, die wie folgt lauten:
- die auf Abschluss des Mietvertrages gerichtete Willenserklärung erfolgte anlässlich einer mündlichen Verhandlung am Arbeitsplatz oder im Bereich der Privatwohnung des Erklärenden, § 312 Abs. 1 S. 1 Nr. 1 BGB;
- die auf Abschluss des Mietvertrages gerichtete Willenserklärung erfolgte anlässlich einer vom Vermieter oder einem Dritten zumindest auch im Interesse des Vermieters durchgeführten Freizeitveranstaltung § 312 Abs. 1 S. 1 Nr. 2 BGB;
- die auf Abschluss des Mietvertrages gerichtete Willenserklärung erfolgte im Anschluss an ein überraschendes Ansprechen in Verkehrsmitteln oder im Bereich öffentlich zugänglicher Verkehrsflächen § 312 Abs. 1 S. 1 Nr. 3 BGB.

63 Voraussetzung ist ferner, dass der Mieter Verbraucher im Sinne des § 13 BGB ist, also eine natürliche Person, die einen Mietvertrag weder zu einem gewerblichen Zweck, noch in Ausübung einer selbständigen Erwerbstätigkeit abschließt.

64 Vertragspartner, also Vermieter, muss ein Unternehmer im Sinne des § 14 BGB sein, also eine natürliche oder juristische Person oder eine rechtsfähige Personengesellschaft, die den Mietvertrag im Rahmen ihrer gewerblichen oder selbständigen beruflichen Tätigkeit abschließt. Umstritten ist in diesem Zusammenhang, ob bereits die Eigenschaft des Vermieters als Eigentümer mehrerer Häuser diese Unternehmereigenschaft begründet.[58]

65 Als typischer Fall wird häufig angeführt, dass ein geschäftsmäßig tätiger Vermieter von Wohnraum mit einem potenziellen Mieter an dessen Arbeitsplatz oder in dessen Privatwohnung über den Abschluss eines Mietvertrages verhandelt und der Mieter eine Willenserklä-

---

[53] LG Landau WuM 1997, 428; *Sternel* I Rdnr. 202.
[54] LG Düsseldorf DWW 1991, 24; LG Berlin DtZ 1993, 29.
[55] OLG Düsseldorf ZMR 1988, 54; LG Mannheim WuM 1969, 38; LG Köln WuM 1992, 251.
[56] OLG Düsseldorf ZMR 1988, 54.
[57] BGH WuM 1981, 57; BGH WM 1984, 171.
[58] LG Karlsruhe NJW-RR 1992, 973; *Bub/Treier* II Rdnr. 335.

rung auf Abschluss eines neuen Mietvertrages abgibt.[59] Der sodann abgeschlossene Vertrag ist angesichts des Widerrufsrechts schwebend wirksam.[60]

Der Mieter ist in diesem Fall berechtigt, seine auf Abschluss des Vertrages gerichtete Willenserklärung **innerhalb einer Frist von zwei Wochen** gegenüber dem Vermieter zu widerrufen, wobei gemäß § 355 Abs. 1 S. 2 BGB zur Fristwahrung die rechtzeitige Absendung des in Textform abgefassten Widerrufs genügt. Die Frist beginnt mit dem Zeitpunkt, zu dem der Vermieter den Mieter durch eine deutlich gestaltete in Textform abgefasste Belehrung über sein Widerrufsrecht im Sinne des § 355 Abs. 2 S. 1 BGB erteilt hat. Diese Belehrung muss unter Hinweis auf den Namen und die Anschrift des Vermieters, also desjenigen Vertragspartners, dem gegenüber der Widerruf zu erklären ist, sowie unter Hinweis auf den Fristbeginn und die Regelungen des § 355 Abs. 1 S. 2 BGB erfolgen. Diese Belehrung ist vom Mieter gesondert zu unterschreiben; § 355 Abs. 2 S. 2 BGB.

Wird der Mieter allerdings bei Vertragsschluss **nicht ordnungsgemäß**, hingegen zu einem späteren Zeitpunkt gemäß den Erfordernissen des § 355 Abs. 1, 2 BGB **belehrt**, so verlängert sich die Widerrufsfrist gem. § 355 Abs. 2 S. 2 BGB auf einen Monat.

Sind diese an die Belehrung gestellten Voraussetzungen nicht erfüllt, wird die zweiwöchige Widerrufsfrist nicht in Gang gesetzt; das Widerrufsrecht erlischt nicht, bleibt gem. § 355 Abs. 3 S. 3 BGB bei Bestand. Die alte Fassung des § 355 Abs. 3 BGB sah noch vor, dass auch in diesem Fall spätestens 6 Monate nach Vertragsschluss das Widerrufsrecht endgültig erlischt. Diese Regelung verstieß jedoch gegen europäisches Recht, soweit es Haustürgeschäfte betraf. § 355 Abs. 3 S. 1 BGB a. F. war und ist deshalb richtlinienkonform dahingehend auszulegen, dass Haustürgeschäfte bei nicht ordnungsgemäßer Belehrung auch nach Ablauf von 6 Monaten widerrufen werden können.[61]

4. Notwendiger Vertragsinhalt

Der notwendige Inhalt eines Mietvertrages wird zum einen durch die **essentialia negotii** des § 535 BGB und im Übrigen durch den Willen der Vertragsparteien festgelegt. Zwischen den Parteien muss Einigung über den wesentlichen **Vertragsinhalt** dergestalt erfolgt sein, dass die gegenseitig geschuldeten Leistungen zumindest eindeutig bestimmbar sind.[62]

Die gem. § 535 BGB festgelegten vertraglichen Hauptpflichten bestehen darin, dass der Vermieter verpflichtet ist, dem Mieter den **Gebrauch** der vermieteten Sache während der Mietzeit zu gewähren und der Mieter verpflichtet ist, dem Vermieter den vereinbarten **Mietzins** zu entrichten.

a) Mietgegenstand. In der Regel ist die eindeutige Bestimmbarkeit des **Mietgegenstandes** unproblematisch, da der Gegenstand der Verhandlungen der Parteien ein konkretes individualisiertes Wohnobjekt beinhaltet.

Allerdings ist es den Parteien unbenommen, den **Mietgegenstand** lediglich der Gattungsart nach festzulegen, indem man sich über die Art der Räumlichkeiten, deren Größe sowie deren Ausstattung einigt. In der Praxis vollzieht sich dies jedoch nur selten, da regelmäßig der Mieter die Räumlichkeiten, die er anzumieten beabsichtigt, zuvor besichtigt und somit eine Konkretisierung erfolgt.

Eine rein gattungsmäßige Bestimmung ist hingegen insbesondere für die Mitvermietung von Kellerräumen und Garagen häufiger anzunehmen. In diesem Fall ist der Vermieter berechtigt, den Mietgegenstand erst später individuell zu bestimmen, indem er einen nach Größe und Umfang vereinbarten Kellerraum bzw. eine Garage oder einen Stellplatz dem Mieter zur Nutzung überlässt.[63]

b) Mietzins. Für die Überlassung des Mietgegenstandes verpflichtet sich der Mieter als Gegenleistung, den vereinbarten **Mietzins** zu entrichten. Dieser wird in der Regel vor Ab-

---

[59] *Bub/Treier* II Rdnr. 335.
[60] Palandt/*Grüneberg* § 355 Rdnr. 4.
[61] Palandt/*Grüneberg* § 355 Rdnr. 21 f.
[62] BGH WuM 1990, 140; Palandt/*Heinrichs* § 241 Rdnr. 3.
[63] *Bub/Treier* II Rdnr. 350.

schluss des Mietvertrages zwischen den Parteien fest vereinbart. Allerdings ist es für den wirksamen Abschluss eines Mietvertrages nicht erforderlich, dass sich die Parteien auf eine bestimmte Höhe des Mietzinses einigen. Ausreichend ist hingegen vielmehr, dass sich die Parteien erkennbar darüber verständigen, dass der Gebrauch der Mietsache entgeltlich erfolgen soll. In diesem Fall gilt die angemessene und ortsübliche Miete als vereinbart.[64]

74 Die Bestimmung des Mietzinses der Höhe nach ist, sofern Streit darüber besteht, den Gerichten zugewiesen.[65]

75 Im Falle des öffentlich geförderten Wohnungsbaus hat sich der Vermieter an die preisrechtlich zulässige **Kostenmiete** zu halten.

76 c) **Mietbeginn.** Als **Mietbeginn** wird regelmäßig ein konkreter Zeitpunkt zwischen den Parteien vereinbart. Fehlt es an einer entsprechenden Abrede, ist grundsätzlich davon auszugehen, dass das Mietverhältnis mit Abschluss des Mietvertrages beginnt. Darüber hinaus kann der Zeitpunkt des Mietbeginns an ein zukünftiges bestimmbares Ereignis geknüpft werden, wie z. B. die Bezugsfertigkeit einer Wohnung.

77 d) **Weitere Regelungsinhalte.** Über den notwendigen **Vertragsinhalt** hinaus ist es Verhandlungssache der Parteien, sich über weitere Regelungsinhalte zu verständigen.[66]

78
Checkliste: Vertragsabschluss

☐ Übereinstimmung von Angebot und Annahme
☐ Hinreichende Bestimmbarkeit des Vertragsinhalts
☐ Notwendiger Vertragsinhalt
  • Mietgegenstand
  • Mietzins
  • Mietbeginn
☐ Rechtzeitige Annahme
☐ Änderungen und Ergänzungen
☐ Haustürgeschäft
☐ Begrenzung der Vertragsabschlussfreiheit
  • Mietpreisbindung
  • Zweckentfremdungsverbot
  • Hoheitsakte
  • Allgemeine Gleichbehandlung

II. Mängel beim Vertragsschluss

1. Dissens

79 a) **Offener Dissens.** Ein offener **Dissens** (Einigungsmangel) liegt im Sinne des § 154 Abs. 1 S. 1 BGB vor, solange sich die Parteien über den Inhalt des von ihnen anvisierten Vertragsschlusses noch nicht vollständig geeinigt haben und sie sich dieses Einigungsmangels bewusst sind. Dies hat zur Folge, dass der Vertrag im Zweifel nicht als geschlossen gilt, sofern keine Einigkeit über den zu regelnden offenen Punkt erzielt wurde. Unerheblich ist in diesem Zusammenhang, ob es sich um einen Regelungsgehalt mit wesentlicher Bedeutung oder nur untergeordneter Relevanz handelt, solange für den anderen Verhandlungspartner erkennbar ist, dass es der einen Partei entscheidend darauf ankommt, eine Einigung in diesem Punkt zu erzielen.[67]

---

[64] BGH NJW 1975, 1557; BGH WuM 1992, 312, 313.
[65] BGH NJW 2003, 1317; OLG Hamm NJW 1976, 1212; Palandt/*Weidenkaff* § 535 Rdnr. 74..
[66] Vgl. § 1 Rdnr. 3.
[67] Palandt/*Heinrichs* § 154 Rdnr. 1; *Bub/Treier* II Rdnr. 359.

Sofern ein offener Einigungsmangel besteht, kann dieser nicht durch die gesetzlichen Re- 80
gelungen oder im Wege einer Vertragsauslegung ausgefüllt werden.[68]

Solange der offene Einigungsmangel besteht, ist auch eine zwischen den Parteien bereits
erzielte und schriftlich fixierte Verständigung (Punktation) über einzelne Regelungsgehalte
des Vertrages gem. § 154 Abs. 1 S. 2 BGB nicht bindend.

Die im Zweifel geltende Auslegungsregel des § 154 Abs. 1 BGB kommt jedoch dann nicht 81
zum Tragen, wenn die Parteien trotz des noch bestehenden Einigungsmangels erkennbar
eine vertragliche **Bindungswirkung** eingehen wollten. Erst dann kommen – sollten die Parteien in der Folgezeit eine Einigung über den offenen Regelungsgehalt nicht erzielen – zur
Ausfüllung der Vertragslücke die gesetzlichen Regeln zum Tragen oder eine Ausfüllung des
offenen Punktes im Wege der **ergänzenden Vertragsauslegung**.[69]

So wird die Auslegungsregel des § 154 Abs. 1 BGB dann als widerlegt angesehen, wenn 82
der Mieter in die Wohnung eingezogen ist und der Vermieter über einen längeren Zeitraum
vorbehaltlos den Mietzins entgegengenommen hat.[70]

Beabsichtigen die Parteien den Abschluss eines schriftlichen Mietvertrages, so ist gem. 83
§ 154 Abs. 2 BGB der Vertrag im Zweifel nicht zustande gekommen, bis die **Beurkundung**
erfolgt ist,[71] es sei denn, die Parteien erfüllen den formlos geschlossenen Vertrag einverständlich.[72]

b) Versteckter Dissens. Nehmen die Parteien hingegen irrtümlich an, sich vollständig über 84
den vertraglichen Regelungsgehalt geeinigt zu haben, obwohl tatsächlich beiderseits ein Einigungsmangel besteht, so unterliegen die Parteien einem versteckten **Dissens**. Dieser hat
gem. § 155 BGB zur Folge, dass das zwischen den Parteien übereinstimmend Vereinbarte
gilt, wenn angenommen werden kann, dass nach den mutmaßlichen Parteiwillen der Vertrag
auch ohne Einigung über den noch offenen Punkt geschlossen worden wäre.[73]

Vor der Anwendung der Auslegungsregel des § 155 BGB ist zunächst zu prüfen, ob trotz 85
Bestehens eines objektiven Einigungsmangels nicht dennoch der innere Wille der Parteien
übereinstimmt, also beide subjektiv Übereinstimmendes beabsichtigten.[74]

Kommt die Auslegungsregel des § 155 BGB zum Tragen, so ist die bestehende Regelungs- 86
lücke unter Heranziehung der gesetzlichen Mietrechtsbestimmungen oder im Wege der **ergänzenden Vertragsauslegung** zu schließen.[75]

Die Auslegungsregel des § 155 BGB gelangt hingegen nicht zur Anwendung, wenn sich 87
die Parteien bereits schon über die wesentlichen Regelungsgehalte eines Vertrages (sog. **essentialia negotii**) nicht verständigt haben. Im Falle eines derartigen Totaldissenses kommt
ein Vertrag erst gar nicht zustande.[76] Ein **Totaldissens** ist beispielsweise anzunehmen, wenn
die Parteien bei ihren Verhandlungen von unterschiedlichen Mietgegenständen ausgehen.

Eine Anwendung des § 155 BGB scheitert auch dann, wenn die von den Parteien abgege- 88
benen Erklärungen nach ihrem objektiven Erklärungswert übereinstimmen, eine Partei die
von ihr abgegebene Erklärung jedoch mit einem anderen objektiven Sinn verstanden hat. In
diesem Fall kommt die **Irrtumsanfechtung** gem. § 119 BGB zum Tragen.[77]

2. Willensmängel und ihre Folgen

Ein **Willensmangel** liegt vor, wenn der objektive Erklärungswert nicht mit dem subjektiv 89
Gewollten des Erklärenden deckungsgleich ist. Um dies festzustellen, ist zunächst im Wege
des Primats der Auslegung zu ermitteln, ob das von dem Erklärenden tatsächlich Gewollte

---

[68] OLG Oldenburg ZMR 1987, 425.
[69] BGH NJW 1975, 1116.
[70] OLG Düsseldorf ZMR 1988, 54; LG Köln WuM 1992, 251; LG Düsseldorf DWW 1991, 24; LG Mannheim WuM 1969, 38.
[71] OLG Düsseldorf ZMR 1988, 54.
[72] LG Landau ZMR 1993, 569.
[73] Palandt/*Heinrichs* § 155 Rdnr. 1, 5.
[74] Palandt/*Heinrichs* § 155 Rdnr. 3; § 133 Rdnr. 8.
[75] Vgl. BGH NJW 1977, 1349.
[76] OLG Oldenburg ZMR 1987, 425; Palandt/*Heinrichs* § 155 Rdnr. 1; *Bub/Treier* II Rdnr. 360.
[77] Palandt/*Heinrichs* § 155 Rdnr. 2.

90 und nicht der objektive Erklärungswert für den Vertragsgegner erkennbar Gegenstand des Vertrages geworden ist.[78]

90 Ein Willensmangel betrifft schließlich auch nur die Fehlerhaftigkeit der Willensäußerung, aber nicht einen Fehler in der Willensbildung (sog. **Motivirrtum**). Ein Irrtum im Beweggrund ist rechtlich unerheblich und begründet kein Anfechtungsrecht.[79] Der typische Fall des Motivirrtums ist der sog. verdeckte Kalkulationsirrtum, in dem z. B. der Vermieter ohne dem Vertragspartner seine Berechnungsgrundlage offen zu legen einen Kaltmietzins zugrunde legt, den er zu seinem Nachteil falsch berechnet hat. In diesem Fall ist dem Vermieter die Anfechtung des Mietvertrages verwehrt. Weiß der Mieter allerdings um den Irrtum, handelt Letzterer rechtsmissbräuchlich, wenn er den Vermieter an der Vertragsdurchführung festhält.[80]

91 a) **Inhaltsirrtum, Erklärungsirrtum und Eigenschaftsirrtum.** Ein **Inhaltsirrtum** nach § 119 Abs. 1, 1. Alt. BGB liegt vor, wenn der Erklärende zwar bewusst ein von ihm gewollte Erklärung abgibt, dieser Erklärung jedoch eine andere rechtliche Bedeutung bzw. einen anderen Sinn beimisst, als diese in Wirklichkeit tatsächlich hat bzw. er mit ihrer Verwendung beabsichtigt.[81]

92 Ein dahingehender Willensmangel kann beispielsweise vorliegen bei einem Irrtum über die Identität des Mietgegenstandes.[82]

93 Unterzeichnet ein Mieter hingegen einen Mietvertrag, ohne dessen Inhalt zuvor gelesen zu haben bzw. mangels Sprachkenntnissen den Inhalt nicht zur Kenntnis genommen zu haben, so ist ein Irrtum ausgeschlossen.[83]

94 Ein Inhaltsirrtum liegt ferner nicht vor, wenn dem Vermieter die strengere Haftung des § 536a BGB nicht bekannt ist (sog. Rechtsfolgenirrtum).[84]

95 Ein **Erklärungsirrtum** im Sinne des § 119 Abs. 1, 2. Alternative BGB ist anzunehmen, wenn der Erklärende eine andere Erklärungshandlung oder ein anderes Erklärungszeichen verwendet, als von ihm tatsächlich beabsichtigt war. Typische Fälle des Irrtums in der Erklärungshandlung sind das Versprechen, das Verschreiben und das Vergreifen.[85]

96 Ein weiterer zur Anfechtung berechtigender Grund liegt gem. § 119 Abs. 2 BGB vor, wenn sich eine Vertragspartei über eine **verkehrswesentliche Eigenschaft** einer Person oder Sache in einem Irrtum befindet. Eine verkehrswesentliche Eigenschaft ist dann anzunehmen, soweit nach der Verkehrsanschauung dieser eine besondere Wertschätzung zugemessen wird.[86]

97 Als verkehrswesentliche Eigenschaften werden angesehen:
- Zahlungsfähigkeit des Mieters;[87]
- Leistungsfähigkeit des Mieters, sofern sich dieser als Gegenleistung für die Überlassung der Mieträume zu Dienst- oder Werkleistungen verpflichtet hat, die er dauerhaft nicht erbringen kann;[88]
- Größe der Mieträume;[89]
- öffentlich-rechtlich zulässige Nutzbarkeit.[90]

98 b) **Arglistige Täuschung und Drohung.** Der Mietvertrag ist nach § 123 BGB auch dann anfechtbar, wenn eine der Vertragsparteien zur Abgabe der auf dem Vertragsschluss gerichteten Willenserklärungen durch **arglistige Täuschung** oder **widerrechtliche Drohung** veranlasst wurde.

---

[78] Palandt/*Heinrichs/Ellenberger* § 119 Rdnr. 7; *Bub/Treier* II Rdnr. 661.
[79] Palandt/*Heinrichs/Ellenberger* § 119 Rdnr. 29.
[80] Vgl. BGH NJW 1998, 3192; Palandt/*Heinrichs/Ellenberger* § 119 Rdnr. 18.
[81] Palandt/*Heinrichs/Ellenberger* § 119 Rdnr. 11; MünchKommBGB/*Kramer* § 119 Rdnr. 113.
[82] *Bub/Treier* II Rdnr. 662.
[83] BGH NJW 1968, 2102; OLG Frankfurt WM 1984, 962; LG Hannover WuM 1985, 255; LG Köln WM 1986, 821.
[84] OLG Karlsruhe NJW 1989, 907.
[85] Palandt/*Heinrichs/Ellenberger* § 119 Rdnr. 10; *Bub/Treier* II Rdnr. 665.
[86] BGHZ 88, 240, 245; Palandt/*Heinrichs/Ellenberger* § 119 Rdnr. 24; MünchKommBGB/*Kramer*, § 119 Rdnr. 126 ff.
[87] *Bub/Treier* II Rdnr. 666; Vgl. auch AG Stuttgart-Bad Cannstadt WuM 1986, 331.
[88] *Bub/Treier* II Rdnr. 666.
[89] LG Mannheim MDR 1974, 673.
[90] LG Bamberg WuM 1985, 254.

99 Arglistig täuscht, wer in Kenntnis der Unrichtigkeit seiner Angaben, zumindest mit der Unrichtigkeit seiner Angaben rechnend, bei seinem Vertragspartner einen Irrtum erregt oder unterhält, der den Vertragspartner zumindest mitursächlich zur Abgabe seiner Willenserklärung veranlasst. Nicht erforderlich ist, dass auf Seiten des Täuschenden eine Bereicherungsabsicht besteht oder auf Seiten des Getäuschten eine Vermögensschädigung begründet wird.[91]

100 Besondere Bedeutung erlangt die Frage der arglistigen Täuschung im Zusammenhang mit der Verwendung von **Selbstauskunftsformularen,** die der Vermieter dem Mieter vor Abschluss des Mietvertrages aushändigt. Eine arglistige Täuschung in der Beantwortung dieser Fragen kann für den Vermieter jedoch nur dann zu einem Anfechtungsrecht führen, wenn die Fragen zulässiger Weise gestellt werden durften.[92] Ist eine Frage unzulässiger Weise gestellt worden, so mangelt es an der Rechtswidrigkeit der arglistigen Täuschung.[93]

101 Die Zulässigkeit der in einer Selbstauskunft angesprochenen Fragen richtet sich nach der Abwägung des im Persönlichkeitsrecht des Mieters ruhenden Rechts auf **informelle Selbstbestimmung** gegenüber dem berechtigten Interesse des Vermieters, sich einen Mieter nach seinen Vorstellungen aussuchen zu dürfen.

102 Eine begründete Anfechtung wegen arglistiger Täuschung erfordert deshalb, dass der Vermieter den Mietvertrag bei richtiger Beantwortung der zulässiger Weise gestellten Frage nicht geschlossen hätte. Hingegen spricht die Vermutung dafür, dass der Vertrag nicht geschlossen worden wäre, andernfalls die Frage schließlich nicht gestellt worden wäre.[94]

103 Als zulässig werden folgende Fragen angesehen:
- Fragen nach den Einkommens- und Vermögensverhältnisse des Mieters;[95]
- Fragen nach dem Bestehen eines Arbeitsverhältnisses;[96]
- Fragen nach dem Familienstand;[97]
- Frage, ob der Mieter Raucher ist.[98]

104 Als nicht zulässig dürften Fragen anzusehen sein:
- nach der Religionszugehörigkeit des Mieters;[99]
- nach uneheliche Lebensgemeinschaft und Heiratsabsichten;[100]
- nach Aufenthaltsberechtigung;[101]
- nach Ermittlungsverfahren und Vorstrafen.[102]

105 Eine arglistige Täuschung kann sowohl im Wege des **positiven Handelns,** als auch des **Unterlassens** begründet sein. So besteht für die Vertragsparteien eine **Aufklärungspflicht** gegenüber dem Vertragspartner über die Tatsachen, über die nach der Verkehrsauffassung möglicherweise eine Aufklärung erwartet werden durfte.[103]

106 Als aufklärungspflichtige Tatsachen werden angesehen:
- Abgabe der eidesstattlichen Versicherung gem. §§ 807, 900 ZPO;[104]
- der zu zahlende Mietzins liegt bei 75% des Einkommens des Mieters;[105]
- der Mieter ist für die Mietzinsentrichtung auf die Unterstützung des Sozialamtes angewiesen;[106]
- Verschweigen der eigenen wirtschaftlich bedrängten Situation;[107]

---

[91] Palandt/*Heinrichs/Ellenbeger* § 123 Rdnr. 2, 3, 11; MünchKommBGB/*Kramer* § 123 Rdnr. 11; *Bub/Treier* II Rdnr. 669.
[92] LG Köln WuM 1984, 297.
[93] Palandt/*Heinrichs/Ellenberger* § 123 Rdnr. 10.
[94] LG Köln WuM 1984, 297.
[95] AG Bonn WuM 1992, 597; a. A. LG Ravensburg WuM 1984, 297.
[96] LG Köln WuM 1984, 297.
[97] LG Landau WuM 1986, 133.
[98] LG Stuttgart NJW-RR 1992, 1360.
[99] LG Köln WuM 1986, 81.
[100] *Bub/Treier* II Rdnr. 669.
[101] AG Wiesbaden WuM 1992, 597.
[102] AG Hamburg WuM 1992, 598; AG Regensburg WuM 1990, 507.
[103] BGH NJW 1989, 763; BGH NJW-RR 1991, 439; MünchKommBGB/*Kramer* § 123 Rdnr. 14, 16.
[104] *Bub/Treier* II Rdnr. 670.
[105] AG Frankfurt NJW-RR 1988, 784; a. A. LG Ravensburg WuM 1984, 297.
[106] AG Frankfurt ZMR 1988, 342.
[107] BGH WM 1976, 111.

- der Vermieter hat den Mieter über eine angeordnete Zwangsverwaltung oder eine eingeleitete Zwangsversteigerung aufzuklären;[108]
- jahrelange Lärmbelästigung durch Nachbarn.[109]

107 Ferner besteht gem. § 123 BGB das Recht zur Anfechtung des Mietvertrages, wenn ein Vertragspartner **widerrechtlich** den anderen durch Inaussichtstellung eines künftigen Übels in eine Zwangslage versetzt, die Letzteren zur Abgabe einer Willenserklärung veranlasst.[110] Die **Drohung** muss **widerrechtlich** erfolgen, d. h. sie muss auf einem strafbaren oder sittenwidrigen Verhalten beruhen, wobei bereits die Drohung mit einem Vertragsbruch oder einem sonstigen rechtswidrigen Verhalten genügt.[111] Das Drohen mit einem rechtmäßigen Verhalten begründet hingegen keine Widerrechtlichkeit.[112]

108 c) **Anfechtungserklärung und Anfechtungsfrist.** Die **Anfechtungserklärung** hat gem. § 143 Abs. 1 BGB gegenüber dem Anfechtungsgegner zu erfolgen, der gem. § 143 Abs. 2, 1. Alternative BGB beim Mietvertrag der Vertragspartner darstellt.

109 Bei bestehender **Personenmehrheit** auf Mieter- bzw. Vermieterseite ist die Anfechtungserklärung von allen bzw. gegenüber allen anderen Vertragspartnern zu erklären.[113]

110 Im Falle des **Erklärungs- und Inhaltsirrtums** gem. § 119 BGB muss die Anfechtung ohne schuldhaftes Zögern, unverzüglich erfolgen, nachdem der Anfechtungsberechtigte Kenntnis von seinem Irrtum erlangt hat. Ein bloßes Kennenmüssen des Irrtums lässt ebenso wenig den Lauf der **Anfechtungsfrist** entstehen, wie das Vorliegen von Verdachtsgründen über einen etwaig entstanden Irrtum.[114] Wird seitens des Anfechtungsberechtigten allerdings die Möglichkeit erkannt, dass er sich in einem Irrtum befunden hat, so ist zur Fristwahrung die Erklärung einer **Eventualanfechtung** erforderlich.[115]

111 Die ohne schuldhaftes Zögern abzugebende Anfechtungserklärung gesteht dem Anfechtungsberechtigten eine angemessene Überlegungsfrist sowie das Einholen eines Rates eines Rechtskundigen zu, die sich im Übrigen nach den Umständen des Falles bemisst. Eine Obergrenze wird i. d. R. bei zwei Wochen gesehen.[116]

112 Die Frist zur Erklärung der Anfechtung wegen **arglistiger Täuschung** oder **widerrechtlichen Drohung** bemisst sich gem. § 124 BGB auf 1 Jahr, wobei im Falle der arglistigen Täuschung deren Lauf beginnt, sobald der Anfechtungsberechtigte die Täuschung entdeckt, im Falle der widerrechtlichen Drohung ab dem Zeitpunkt, zu dem die Zwangslage, in die er gebracht wurde, beendet ist.

113 d) **Rechtsfolgen.** Erfolgt die Anfechtung des Mietvertrages vor **Überlassung der Mieträume**, so ist der Mietvertrag gem. § 142 Abs. 1 BGB von Anfang an nichtig.[117] Die Nichtigkeit des Mietvertrages führt zur **Rückabwicklung** des Rechtsgeschäfts, wobei etwaig bereits ausgetauschte Leistungen nach den Grundsätzen der ungerechtfertigten Bereicherung zurückzugewähren sind.

114 Die Anfechtung gem. § 119 BGB führt des Weiteren gem. § 122 BGB dazu, dass der Anfechtungsberechtigte und Erklärende dem anderen gegenüber verpflichtet ist, den Schaden zu ersetzen, den dieser dadurch erlitten hat, dass er auf die Gültigkeit der Willenserklärungen vertraut hat (sog. **negatives Interesse, Vertrauensschaden**).[118] Die Höhe des Schadenersatzanspruches ist nach oben hin durch das **Erfüllungsinteresse** begrenzt.

115 Hingegen besteht kein Anspruch auf Schadenersatz auf Seiten des Anfechtungsgegners, wenn dieser i. S. d. des § 122 Abs. 2 BGB die Anfechtbarkeit kannte oder kennen musste.

---

[108] OLG Hamm NJW-RR 1988, 784.
[109] *Bub/Treier* II Rdnr. 670.
[110] Palandt/*Heinrichs/Ellenberger* § 123 Rdnr. 15, 19; MünchKommBGB/*Kramer* § 123 Rdnr. 40.
[111] Palandt/*Heinrichs/Ellenberger* § 123 Rdnr. 19; MünchKommBGB/*Kramer* § 123 Rdnr. 42.
[112] LG Bochum WuM 1987, 210.
[113] LG Berlin ZMR 1992, 450.
[114] Palandt/*Heinrichs/Ellenberger* § 121 Rdnr. 2; MünchKommBGB/*Kramer* § 121 Rdnr. 6.
[115] BGH NJW 1979, 765; OLG München NJW-RR 1988, 498.
[116] OLG Hamm NJW-RR 1990, 523; Palandt/*Heinrichs/Ellenberger* § 121 Rdnr. 3; MünchKomm/*Kramer* § 121 Rdnr. 7.
[117] LG Mannheim MDR 1974, 673.
[118] Palandt/*Heinrichs/Ellenberger* § 122 Rdnr. 2, 4; MünchKomm/*Kramer* § 122 Rdnr. 8.

116 Trifft den Anfechtenden allerdings darüber hinaus ein Verschulden, so besteht für den Anfechtungsgegner neben dem Anspruch aus § 122 Abs. 1 BGB weiterhin als Anspruchsgrundlage der Haftungsgesichtspunkt der **culpa in contrahendo** gem. § 311 BGB zur Seite.

117 Im Falle der Anfechtung nach § 123 BGB ist allerdings der Anfechtungsgegner aus dem Gesichtspunkt der **deliktischen Haftung** gem. § 823 BGB und aus dem Gesichtspunkt der **culpa in contrahendo** gem. § 311 BGB dem Anfechtungsberechtigten zum Schadenersatz verpflichtet.

118 Erfolgt die Anfechtung des Mietvertrages hingegen erst nach **Überlassung der Mieträume**, so wird nach herrschender Auffassung entgegen der Regelung des § 142 Abs. 1 BGB der Mietvertrag nicht als von Anfang an unwirksam eingestuft. Der Anfechtung wird in diesem Fall die Wirkung ex nunc, d.h. die Wirkung einer fristlosen Kündigung, beigemessen, so dass mit Zugang der Anfechtungserklärung der Mietvertrag beendet wird.[119]

3. Störung der Geschäftsgrundlage

119 Die **Lehre der Geschäftsgrundlage** war in ihrer Allgemeinheit bislang nicht kodifiziert, fand als anerkanntes Rechtsinstitut hingegen ständige Berücksichtigung in der Rechtsprechung. Nach der Definition des Bundesgerichtshofes war für alle schuldrechtlichen Verträge Geschäftsgrundlage die beim Vertragsschluss zu Tage getretenen, dem Geschäftsgegner erkennbaren und von ihm nicht beanstandeten Vorstellungen des einen Vertragsteils oder die gemeinsamen Vorstellungen beider Teile vom Vorhandensein oder künftigen Eintritt gewisser Umstände, sofern der Geschäftswille auch diesen Vorstellungen aufbaut.[120]

120 Diese Definition des Bundesgerichtshofes wurde in ihrer Stilisierung als sog. „subjektive Geschäftsgrundlage" angesehen, wobei in der Rechtsprechung jedoch darüber hinaus auch objektive Kriterien wie z.B. der Kaufkraftverlust, die Änderungen von politischen, wirtschaftlichen und sozialen Verhältnissen sowie die Änderungen von Gesetzen und Rechtsprechungen auf Grundlage der Lehre der Geschäftsgrundlage behandelt wurden.[121]

121 Eine weitere Stilisierung der **Lehre der Geschäftsgrundlage** erfolgte durch die Begriffe des **Fehlens** und des **Wegfalls der Geschäftsgrundlage,** in dem diese von Anfang an auf Grund eines beiderseitigen Irrtums der Parteien gefehlt hat oder erst später durch ein nachträgliches Ereignis weggefallen ist bzw. wesentlich erschüttert wurde. Die rechtliche Behandlungen beider Fälle entsprach sich hingegen.

122 Mit der **Schuldrechtsreform** wurde nunmehr die Lehre der Geschäftsgrundlage unter § 313 BGB unter dem Titel Störung der Geschäftsgrundlage umgesetzt. Der gesetzliche Regelungsgehalt dieser Norm beruht auf der zu dem Rechtsinstitut der Lehre der Geschäftsgrundlage ergangenen Rechtsprechung mit der Folge, dass die hierzu ergangenen Entscheidungen nach wie vor ihre Relevanz haben und die Tatbestandsmerkmale dieser Norm bestimmen.

Um eine Störung der Geschäftsgrundlage im Sinne des § 313 Abs. 1 BGB anzunehmen, müssen nachfolgende Merkmale kumulativ vorliegen:
- es müssen Umstände vorliegen, die sich erst nach Vertragsssschluss verändert haben;
- die Änderungen müssen schwerwiegender Natur sein;
- die Umstände sind nicht Inhalt des Vertrages, sondern lediglich Grundlage des Vertrages geworden;
- die Parteien hätten einen anderen Vertrag oder diesen mit einem anderen Inhalt geschlossen, wenn sie diese Änderungen vorausgesehen hätten;
- einer Vertragspartei ist unter Berücksichtigung aller Umstände des Einzelfalles, insbesondere der vertraglichen oder gesetzlichen Risikoverteilung, ein Festhalten am unveränderten Vertrag nicht mehr zumutbar.

---

[119] *Bub/Treier* II Rdnr. 673; *Sternel* Rdnr. 247; i.Ergebnis Emmerich/Sonnenschein/*Rolfs* § 542 Rdnr. 82; a.A. KG Berlin MDR 1967, 404; offen gelassen: OLG Köln WuM 1992, 262.
[120] BGH, NJW 1991, 1478; BGH NJW 1997, 323.
[121] BGHZ 89, 232; BGHZ 94, 257; BGHZ 96, 372; BGHZ 97, 171; BGH WM 1992, 2144; BGH NJW 1977, 2262.

Nach § 313 Absatz 2 BGB steht die Fallkonstellation des gemeinschaftlichen Motivirrtum oder auch der lediglich falschen Vorstellungen einer Partei einer Veränderung der Umstände gleich, so dass auch in diesen Fällen – des Fehlens der subjektiven Geschäftsgrundlage – die Rechtsfolge des § 313 Abs. 1 BGB greift.

123 Ein Störung im subjektiven Vorstellungsbild der Mietvertragsparteien ist zunächst grundlegende Voraussetzung. Nicht erforderlich ist hierbei, dass beide Parteien sich in einem **gemeinschaftlichen Irrtum** befinden. Hinreichend für die Anwendung des § 313 BGB ist, dass der anderen Partei das subjektive Vorstellungsbild der einen Partei erkennbar war und das Verhalten der anderen Partei nach Treu und Glauben derart gewertet werden kann, dass der betroffene Umstand als gemeinsame Grundlage des Geschäftswillens anzusehen ist.[122]

124 Die lediglich einseitige Erwartung einer Partei begründet eine gemeinsamen Geschäftswillen hingegen nicht. Dies gilt insbesondere bei einem Irrtum auf Seiten nur einer Partei, deren vertraglich zugewiesene Risikosphäre betroffen ist. In diesem Fall kommt § 313 BGB nicht zum Tragen.[123]

125 Der vertragstypischen Risikozuweisung des Vermieters unterliegt die Überlassung der Mietsache sowie das Risiko der Geldentwertung. Dem Risikobereich des Mieters ist die Geldbeschaffung bzw. Finanzierung sowie das Verwendungsrisiko der Mietsache zugewiesen.[124]

126 Beispielhaft sind für die Störung der Geschäftsgrundlage zu nennen:
- irren die Mietvertragsparteien gemeinschaftlich über die steuerlichen Folgen eines Mietvertrages und ist dies während der Vertragsverhandlungen hinreichend zum Ausdruck gekommen, ist § 313 BGB heranzuziehen;[125]
- hingegen bleibt ein Mieter an seinem Vertrag gebunden, wenn die Finanzierung des von ihm geplanten Ausbaus scheitert und er sich über deren Realisierung im Irrtum befand;[126]
- ist eine besondere Verwendung der Miträume Vertragsgegenstand und hegen beide Parteien die Erwartung, dass z. B. eine **Zweckentfremdungsgenehmigung** erteilt wird, welches sich jedoch nicht realisiert, so ist eine Störung der Geschäftsgrundlage gegeben, wenn dem Mieter eine andere Verwertung des Mietraumes nicht zugemutet werden kann;[127]
- legen die Parteien für die Mietzinsberechnung übereinstimmend einen falschen Berechnungsfaktor zugrunde und soll der Gesamtmietzins ausschließlich an diese Berechnung anknüpfen, so ist dieser nach § 313 BGB anzupassen;[128]
- im Falle des bereits eingangs behandelten versteckten **Kalkulationsirrtums**[129] scheidet hingegen eine Anpassung aus, da der Irrtum ausschließlich auf Seiten einer Mietvertragspartei bestand;
- gehen ein Vermieter und ein neuer Mieter gemeinschaftlich davon aus, dass der mit dem bisherigen Mieter bestehende Vertrag beendet ist, was sich allerdings als unzutreffend erweist, so ist das Vertragsverhältnis zwischen dem Vermieter und dem neuen Mieter nach § 313 BGB zu behandeln.[130]

127 Sind die Voraussetzungen der **Störung der Geschäftsgrundlage** gegeben, so führt dies zunächst nicht zur Auflösung des Vertrages. Vielmehr ist der Vertrag unter Berücksichtigung der tatsächlichen Geschäftsgrundlage gem. § 313 Abs. 1 BGB den veränderten Verhältnissen unter Berücksichtigung der Zumutbarkeit für die Parteien im Rahmen einer umfassenden Interessenabwägung anzupassen bzw. kann die Anpassung von einer Vertragspartei verlangt werden. Ist eine **Anpassung des Vertrages** möglich und beiden Parteien zumutbar, verweigert jedoch die eine Vertragspartei ihre Mitwirkung, die Anpassung herbeizuführen, so ist die

---

[122] Palandt/*Grüneberg* § 313 Rdnr. 3.
[123] Palandt/*Grüneberg* § 313 Rdnr. 9; MünchKommBGB/*Roth* § 313 Rdnr. 56.
[124] Bub/*Treier* II Rdnr. 634 ff.
[125] Palandt/*Grüneberg* § 313 Rdnr. 20.
[126] BGH DB 74, 918.
[127] BGH LM BGB § 242 (B b) Nr. 51.
[128] Bub/*Treier* II Rdnr. 645.
[129] Vgl. § 9 Rdnr. 12.
[130] BGH ZMR 1956, 271.

andere Partei berechtigt, ggf. nach Abmahnung, das Mietvertragsverhältnis gem. § 313 Abs. 3 BGB zu kündigen.

Ist die Anpassung des Vertrages nicht möglich oder einem Vertragsteil nicht zumutbar, bleibt als ultima ratio gem. § 313 Abs. 3 BGB dem benachteiligten Vertragspartner das Recht der Kündigung des Vertrages.

Diese Rechtsfolge zeigte darüber hinaus, dass in den Fällen, in denen die mietvertraglichen Vorschriften bereits ein Kündigungsrecht vorsehen, die Störung der Geschäftsgrundlage nach § 313 BGB keine Anwendung finden kann.

4. Relevanz der Energieeinsparverordnung

Die EnEV 2009 verschärft die bislang geltenden Regelungen der EnEV 2007 für den Energieausweis, indem das energetische Anforderungsniveau an Neubauten und Bestandsgebäude erhöht wird. Die mietrechtliche Bedeutung der Vorschriften der EnEV 2009 und deren Auswirkungen auf den Abschluss eines Mietvertrages bleiben indes gleich.

Der Vermieter ist auf Grundlage der EnEV **öffentlich-rechtlich verpflichtet**, den Mietinteressenten den nach der EnEV zu erstellenden Energieausweis aus dem Gesichtspunkt des Informationsinteresse dem potenziellen Mieter zugänglich zu machen. Diese sich aus § 16 Abs. 2 EnEV ergebende Verpflichtung des Vermieters besteht hingegen nicht gegenüber den Bestandsmietern, indem für diese kein gesondertes Informationsinteresse unterstellt wird, da sie als bestehende Mieter die konkreten Verbrauchsdaten kennen, mithin ihnen kein weitergehendes schutzbedürftiges Informationsinteresse zugebilligt wird. Dies wird unter anderem daraus abgeleitet, dass § 16 Abs. 2 EnEV allein vom „potenziellen Mieter" spricht.[131] Hiernach soll allein dem Informationsbedürfnis des potenziellen Mieters vor bzw. bei Abschluss des Mietvertrages im Hinblick auf die zu erwartenden Verbrauchsdaten entsprochen werden.

Hingegen steht dem potentiellen Mieter im Hinblick auf die Erfüllung dieses Informationsbedürfnisses **kein zivilrechtlicher Anspruch** auf Zugänglichmachung des Energieausweises zur Seite, mithin folgerichtig auch keine Möglichkeit der gerichtlichen Durchsetzung. Die Vorschrift des § 16 Abs. 2 EnEV stellt keine zivilrechtliche Anspruchsgrundlage dar, sondern allein eine öffentlich-rechtliche Regelung, die im Falle der Nichtbeachtung als Ordnungswidrigkeit gem. § 27 Abs. 2 Nr. 1 EnEV bußgeldbeschwert ist.[132]

Der Tatbestand der Aufnahme von Vertragverhandlungen begründet ebenfalls keine zivilrechtliche Leistungspflicht des Vermieters dahingehend, den Energieausweis dem potentiellen Mieter zugänglich zu machen, da Vertragsverhandlungen allenfalls unter Berücksichtigung der Regelung des § 311 BGB Aufklärungspflichten, wie z.B. im Hinblick auf die Höhe zu erwartender Betriebskosten, begründen, die, der Anknüpfungspunkt für spätere Schadensersatzforderungen sein können.[133] Wird dem potentiellen Mieter vor Abschluss des Mietvertrages der Energieausweis nicht zugänglich gemacht, bleibt ihm allein, wegen nicht hinreichender Erfüllung seines Informationsbedürfnisses von einem Abschluss des Mietvertrages abzusehen. Allenfalls besteht insoweit für den Vermieter ein Wettbewerbsnachteil.

Schließt der Mieter dennoch den Mietvertrag, hat die mangelnde Zugänglichmachung des Energieausweises gleichsam keinen Einfluss auf die Wirksamkeit des Mietvertrages; dessen Wirksamkeit wird vielmehr durch den Verstoß des Vermieters gegen die Pflichten aus dem EnEV nicht berührt.

---

[131] *Flatow* NJW 2008, 2886; NZM 2008, 785.
[132] *Flatow* NJW 2008, 2886; NZM 2008, 785.
[133] *Flatow* NJW 2008, 2886; NZM 2008, 785; Schmidt-Futterer/*Eisenschmid* § 535 Rdnr. 158.

5. Checkliste

Checkliste: Mängel beim Vertragsabschluss

☐ Dissens
- beiderseitiger Einigungsmangel
- Möglichkeit der ergänzenden Vertragsauslegung

☐ Willensmängel
- mangelnde Identität von objektiv Erklärtem und subjektiv Gewolltem
- Auslegung des beiderseitig tatsächlich Gewolltem
- Inhalts-, Erklärungs- oder Eigenschaftsirrtum
- arglistige Täuschung, widerrechtliche Drohung
- fristgerechte Anfechtungserklärung

☐ Störung der Geschäftsgrundlage
- nachträgliche schwerwiegende Änderung von Vertragsumständen
- bei Vorausschau anderer Vertrag/Vertragsinhalt von beiden Parteien
- gemeinschaftlicher Irrtum
- Grenzen der vertraglichen Risikozuweisung
- Unzumutbarkeit des Festhaltens an der Vertragserfüllung
- Möglichkeit der Vertragsanpassung

§ 9 Formfragen

Formprobleme stellen sich in der Mietrechtspraxis – soweit ersichtlich – bei der gerade auch im Wohnraummietrecht (z.B. im gesamten Bereich der Mieterhöhungen) gesetzlich vorgegebenen Textform nach § 126b BGB oder auch bei der elektronischen Form nach § 126a BGB so gut wie nicht. Die Rechtsprechung befasst sich auch nur in einem geringen Umfang mit der gewillkürten Form im Sinne von § 127 BGB, sondern schwerpunktmäßig mit der gesetzlichen Schriftform nach Maßgabe des § 126 BGB. Anders als bei anderen Rechtsgebieten führt aber hier im Mietrecht ein Verstoß gegen die gesetzliche Schriftform nicht etwa zur Unwirksamkeit des Rechtsgeschäftes, hier also des Mietvertrags, sondern allein zu dessen Kündbarkeit unter Beachtung einer etwa vertraglich vereinbarten, ansonsten der gesetzlichen Kündigungsfrist nach Ablauf eines Jahres ab Vertragsschluss (§ 550 BGB). Die Rechtsfolge der Missachtung der gesetzlichen (nicht der gewillkürten) Schriftform wirkt sich mithin nur dann aus, wenn der Mietvertrag rechtswirksam für eine längere Laufzeit als ein Jahr befristet abgeschlossen wurde. 1

Seit der Mietrechtsreform ist die Möglichkeit, im Wohnraummietrecht einen rechtswirksamen Zeitmietvertrag abzuschließen, durch § 575 BGB stark eingeschränkt. Anders als zuvor spielen daher befristete Wohnraummietverhältnisse in der Praxis keine große Rolle; allenfalls wird auf das Recht zur ordentlichen Kündigung für einen bestimmten Zeitraum verzichtet (vgl. im Einzelnen § 29 Rdnr. 96 ff.). Daher haben die §§ 550, 126 BGB im Wohnraummietrecht nur eine ungeordnete praktische Bedeutung. Anders selbstverständlich im Gewerberaummietrecht, bei dem der Abschluss eines zeitlich befristeten Gewerberaummietvertrages gegenüber Gewerberaummietverhältnissen auf unbestimmte Zeit der Regelfall ist. Daher gibt es im Gewerberaummietrecht im Zusammenhang mit der Schriftformproblematik neben vielfältigen oberlandesgerichtlichen Entscheidungen auch eine Vielzahl von BGH-Urteilen, während es im Wohnraummietrecht – soweit ersichtlich – lediglich eine einzige Entscheidung des BGH gibt, die sich mit der Schriftformproblematik des § 550 BGB befasst:[1] 2

Dort ging es um die Frage, ob in einem vor Inkrafttreten der Mietrechtsreform abgeschlossenen befristeten Wohnraummietvertrag das Mietobjekt ausreichend bezeichnet ist mit: „1. Obergeschoss ... 4 Zimmer, 1 Küche, 1 Diele (Flur), 1 Bad/Duschraum ... 1 Keller ...". Moniert wurde, dass der mitvermietete Kellerraum nicht ausreichend in der Vertragsurkunde selbst bezeichnet sei. Der BGH (VIII. Senat) hat die bisherige Linie des XII. Senats bestätigt, wonach § 550 BGB lediglich erfordert, dass sich alle wesentlichen Vertragsvereinbarungen aus der Urkunde selbst ergeben. Absprachen von nebensächlicher Bedeutung können auch mündlich getroffen werden, so hier bezogen auf den bei Vertragsschluss noch nicht exakt feststehenden Kellerraum, bei dem dem Vermieter ein Leistungsbestimmungsrecht nach § 315 Abs. 1 BGB zuerkannt wurde, dessen Ausübung formlos möglich ist.[2] Anders allerdings dann, wenn sich die Parteien bereits bei Vertragsschluss mündlich auf einen bestimmten Kellerraum geeinigt hätten; dann wäre die Schriftform nicht gewahrt. 3

Vor diesem Hintergrund erscheint es nicht sinnvoll, die Schriftformprobleme hier im wohnraummietrechtlichen Teil abzuhandeln. Diese werden vielmehr ausführlich im Sachzusammenhang **im Rahmen des gewerberaummietrechtlichen Teils, nachstehend unter § 47**, dargestellt, auch soweit es um die gewillkürte, die elektronische oder die Textform geht. Zur Vermeidung unnötiger Wiederholungen wird daher auf die dortigen Darstellungen verwiesen. 4

---

[1] BGH NJW 2008, 1661.
[2] BGH NJW 1984, 612.

§ 10 Formularmietverträge und AGB-Recht

Übersicht

	Rdnr.
I. Einleitung	1–5
II. Das AGB-Recht	6–101
1. Überblick	6/7
2. Geltung der §§ 305–310 BGB	8–13
a) Sachlicher Anwendungsbereich	8
b) Persönlicher Anwendungsbereich	9/10
c) Zeitlicher Anwendungsbereich	11–13
3. Begriff der Allgemeinen Geschäftsbedingung	14–20
4. Stellen von Vertragsbedingungen	21–32
a) Verwendereigenschaft	22–25
b) Individuelles Aushandeln	26–32
5. Einbeziehung in den Mietvertrag	33–38
6. Überraschende Klauseln	39–46
7. Vorrang der Individualabrede	47–50
8. Ergänzende Vertragsauslegung	51–53
9. Unklarheitenregel	54/55
10. Inhaltskontrolle	56–77
11. Besonderheiten bei Verbraucherverträgen	78–93
a) EG-Verbraucherrichtlinie	79/80
b) Begriff des Verbrauchervertrages	81–84
c) Verwendereigenschaft des Unternehmers auch bei Drittklauseln	85/86
d) Anwendung auch auf Einzelverträge	87–89
e) Konkret-individuelle Inhaltskontrolle	90–93
12. Rechtsfolgen unwirksamer Klauseln	94–97
13. Schadensersatzpflicht des Verwenders	98
14. Verbandsklageverfahren/Vorabentscheidung des EuGH	99–101
III. Gestaltungsmöglichkeiten einzelner Wohnraummietvertragsklauseln	102–392
1. Rechtsgeschäftliche Regelungen	102–106
a) Vertragsschluss	102
b) Vollmachtsklauseln	103–106
2. Vertragspartner	107–127
a) Stellung als Vertragspartei	107/108
b) Eheleute als Vertragspartner	109/110
c) Nichtehelichen Lebensgemeinschaften als Vertragspartei	111/112
d) Vermietung an eine Wohngemeinschaft	113–115
e) Stellvertretung	116
f) Einschaltung von Hausverwaltungen	117/118
g) Gewerbliche Zwischenvermietung	119
h) Eintrittsklausel bei einer vermietenden Gesellschaft bürgerlichen Rechts	120–123
i) Vorab-Zustimmung zum Vermieterwechsel	124/125
j) Ersatzmieterstellung	126/127
3. Mietobjekt	128–148
a) Beschreibung	128/129
b) Wohnflächenangabe	130–133
c) Ausstattung	134
d) Vorbehalt von Änderungen oder Abweichungen gegenüber dem Zustand bei Besichtigung bzw. Vermietung („vom Reißbrett")	135/136
e) Änderungsvorbehalt hinsichtlich Nebenräumen und -flächen	137
f) Nutzungszweck	138/139
g) Mischmietverhältnis	140/141
h) Wohnung und Garage	142
i) Haftungsfreizeichnungen/Pflichtenüberbürdungen	143/144
j) Schlüssel	145–148
4. Mietzeit	149–159
a) Langfristige formularmäßige Bindung ggf. auch über sog. Verlängerungsklauseln	149/150

	Rdnr.
b) Optionsrechte	151
c) Beginn des Mietverhältnisses mit der Räumung durch den Vormieter bzw. mit Bezugsfertigkeit	152
d) Hinausschieben des Mietbeginns	153–156
e) Abnahmepflicht des Mieters	157
f) Befristung und vorformulierte Kündigungsregelungen	158/159
5. Miete	160–186
a) Vorauszahlungsklausel	160/161
b) Rechtzeitigkeitsklausel	162
c) Einzugs- und Abbuchungsermächtigung	163–166
d) Aufrechnungsbeschränkungen	167–177
e) Leistungsverweigerungsrechte	178/179
f) Verrechnungsbestimmung	180/181
g) Mahnkosten	182/183
h) Pauschalierte Verzugszinsen	184–186
6. Betriebskosten	187–216
a) Umlagevereinbarung	187–194
b) Mehrbelastungsklauseln	195–200
c) Umlage neuer Betriebskosten	201/202
d) Abrechnungsmaßstab	203/204
e) Änderungsvorbehalte	205–209
f) Betriebskostenabrechnung	210–214
g) Leerstandsklauseln	215/216
7. Mietsicherheiten	217–228
a) Barkaution	218–222
b) Bürgschaft	223–225
c) Sicherheitsabtretung	226–228
8. Änderung der Miete	229–238
a) Erhöhungsvorbehalte	229–231
b) Mieterhöhung trotz Befristung?	232–238
9. Mietgebrauch	239–281
a) Verbote	240
b) Erlaubnisvorbehalte	241–243
c) Widerrufsvorbehalte	244
d) Gebrauchsüberlassung an Dritte	245–250
e) Tierhaltung	251–254
f) Funk und Fernsehen	255–259
g) Bauliche Veränderungen	260–264
h) Gemeinschaftseinrichtungen und -flächen	265/266
i) Sonstige Gebrauchsrechte	267–281
10. Schönheitsreparaturen	282–310
a) Umfang	290
b) Fristendauer/Fälligkeit	291/292
c) Art und Weise	293–295
d) Abgeltungsregelungen/Quotenklauseln	296–298
e) Regelungen bei Nicht- bzw. Schlechterfüllung durch den Mieter	299–303
f) Rechtsfolgen unwirksamer Schönheitsreparaturregelungen	304–310
11. Gewährleistung	311–315
12. Pflichten-/Kostenüberbürdungen auf den Mieter	316–335
a) Kleinreparaturen	317–320
b) Wartungsarbeiten	321–324
c) Reinigungspflichten	325–327
d) Duldungspflichten	328–330
e) Instandhaltungs- und Instandsetzungspflichten	331/332
f) Verkehrssicherungspflichten	333
g) Überbürdung öffentlich-rechtlicher Vorgaben	334/335
13. Freizeichnungen des Vermieters und Haftungsüberbürdungen auf den Mieter	336–358
a) Rechtzeitigkeit der Übergabe	336/337
b) Ausschluss der Garantiehaftung	338–340
c) Haftungsbeschränkung bei Sachschäden	341–347
d) Haftung des Mieters für Schäden und Zurechnung des Verschuldens Dritter	348–354
e) Beweislast für Schäden	355–358

	Rdnr.
14. Pauschalierter Schadensersatz und Vertragsstrafe	359–362
15. Vertragsbeendigung	363–374
a) Kündigungsbeschränkungen	363–368
b) Zugangsregelungen	369/370
c) Verlängerungsklauseln	371
d) Ausschluss der stillschweigenden Vertragsverlängerung	372
e) Haftung des Mieters	373
f) Aufwendungsersatzregelungen	374
16. Abwicklung des beendeten Mietverhältnisses	375–383
a) Rückbaupflichten	375–377
b) Räumungsbefugnis des Vermieters	378/379
c) Wegnahmerecht des Mieters	380
d) Verwendungsersatzansprüche des Mieters	381/382
e) Verjährungsregelungen	383
17. Schlussbestimmungen	384–392
a) Schriftformklauseln	384–386
b) Vollständigkeitsklauseln	387
c) Vorrang von Willensbildungen der Wohnungseigentümer	388
d) Erfüllungsort/Gerichtsstandsklauseln	389/390
e) Salvatorische Klauseln	391/392

Schrifttum: *Artz,* Quotenabgeltungsklauseln, NZM 2007, 265 ff.; *Bachmann,* Mustertexters Mühe mit Miet-AGB – Erwiderung aus dem GdW, NZM 2002, 768 ff.; *Bellinger,* Kostenmiete bei unwirksamer Renovierungsklausel, WuM 2009, 158 ff.; *Beyer,* AGB-Kontrolle, Äquivalenzprinzip und Wärmeversorgung in der Wohnraummiete, NZM 2008, 12 ff.; *ders.,* Anmerkungen zum vhw-Klauselvorschlag Schönheitsreparaturen 2008, NZM 2008, 465 ff.; *ders.,* Zur Transparenz von Klauseln und Farben – Drei aktuelle BGH-Urteile zu mietrechtlichen Renovierungsklauseln „erhellen" AGB-Leitlinien, NZM 2009, 137 ff.; *Blank,* Das Gebot der Rücksichtnahme nach § 241 Abs. 2 BGB im Mietrecht, WuM 2004, 243 ff.; *ders.,* Die Tierhaltung in der Mietwohnung, NZM 1998, 5 ff.; *ders.,* Renovierungspflicht bei der Wohnraummiete – Herstellung der Tapezierfähigkeit, NZM 1998, 705 ff.; *ders.,* Anmerkung zum Beschluss des OLG Stuttgart von 31. 5. 1994 zu § 1 MHG, WuM 1994, 421 ff.; *ders.,* Anmerkung zum Beschluss des OLG Dresden von 15. 12. 1997 zu § 537 BGB, WuM 1998, 467 ff.; *ders.,* Der Ausschluss der Mieterhöhung nach § 1 MHG, Partner im Gespräch (PiG) 40, 1993, S. 143 ff.; *ders.,* Zuschlag zur ortsüblichen Miete im Mieterhöhungsverfahren bei unwirksamer Schönheitsreparaturklausel, NZM 2007, 472 ff.; *Börstinghaus,* Im Prinzip ja … aber so und jetzt nicht! Die Mieterhöhung bei unwirksamer Schönheitsreparaturklausel, WuM 2007, 426 ff.; *ders.,* Mieterhöhung bei unwirksamer Schönheitsreparaturklausel, NZM 2005, 931 ff.; *ders.,* Rechtsfolgen unwirksamer Schönheitsreparaturklauseln, WuM 2005, 675 ff.; *Both,* Die Abwälzung der Schönheitsreparaturen in der höchstrichterlichen Zerreißprobe, WuM 2007, 3 ff.; *Bub,* Der Formularmietvertrag und das AGB-Gesetz, Partner im Gespräch (PiG) 20, 1985, S. 61 ff.; *Bub/von der Osten,* Abgeltungsklauseln und starre Fristen, NZM 2007, 76 ff.; *Damm,* Europäisches Verbrauchervertragsrecht und AGB-Recht, JZ 1994, 161 ff.; *Derleder,* Die Inhaltskontrolle von Mietzahlungs- und Aufrechnungsklauseln, WuM 2005, 599 ff.; *Dötsch,* Anmerkung zum Urteil des BGH vom 20. 9. 2006 zur Zulässigkeit der formularmäßigen Umlage der Aufzugskosten auf Erdgeschossmieter, ZMR 2006, 921 f.; *Eckert,* Die EG-Richtlinie über missbräuchliche Klauseln in Verbraucherverträgen und ihre Auswirkungen auf das deutsche Recht, WPM 1993, 1070 ff.; *ders.,* Das neue Recht der Allgemeinen Geschäftsbedingungen, ZIP 1996, 1238 ff.; *Emmerich,* Starre Schönheitsreparaturfristen und die Folgen, NZM 2006, 761 ff.; *Eisenhardt,* Altvertragliche Verlängerungsklauseln im neuen Recht, WuM 2005, 487 ff.; *Eupen/Schmidt,* Unwirksamkeit von Abgeltungsklauseln mit „starren" Quoten?, NZM 2008, 644 ff.; *Fischer,* Zulässigkeit von Abgeltungsklauseln bei Schönheitsreparaturen, WuM 2005, 284 ff.; *Flatow,* Die Schönheitsreparaturpflicht des Vermieters, www.mietgerichtstag.de/downloads/Mietgerichtstag 2009; *ders.,* Mieterhöhung infolge unwirksamer Klauseln zu den Schönheitsreparaturen, WuM 2007, 551 ff.; *Fritz,* Wohnraummietverträge in der Klauselkontrolle, NZM 2002, 713 ff.; *Geldmacher,* Vorauszahlungen auf die Nebenkosten, Schwerpunktfragen zum preisfreien Wohnraum, DWW 1997, 7 ff.; *Gelhaar,* AGB-Gesetz und Formularmietverträge über Wohnraum, ZMR 1981, 225 ff.; *Gellwitzki,* Die Grundsanierung als Problem der Schönheitsreparaturen, www.mietgerichtstag.de/downloads/Mietgerichtstag 2009; *ders.,* Verkürzung von Altvertragskündigungsfristen und formularmäßige Altzeitmietverträge mit Verlängerungsklauseln, WuM 2005, 436 ff.; *Götz,* Europäische Gesetzgebung durch Richtlinien – Zusammenwirken von Gemeinschaft und Staat, NJW 1992, 1849 ff.; *Gutmann,* Zur Unzulässigkeit der formularmäßigen Verpflichtung, Kontoeinzugsermächtigungen zu erteilen, WuM 1989, 164 ff.; *Häublein,* Kein Mietzuschlag wegen Unwirksamkeit von Schönheitsreparaturklauseln in Formularverträgen, www.mietgerichtstag.de/downloads/Herbstveranstaltungen 2008; *ders.,* Schönheitsreparaturen und kein Ende! – Bemerkungen zur aktuellen Rechtsprechung des BGH, ZMR 2005, 94 ff.; *Hannemann,* Die hässlichen Folgen unwirksamer Schönheitsreparaturklauseln, Festschrift für Hubert Blank, 2006, S. 189 ff.; *ders.,* Risiken des Zeitmietvertrags bei der Wohnraummiete, NZM 1999, 585 ff.; *ders.,* Vorauszahlungen und Aufrechnungsklauseln in Wohnraummietverträgen, zugleich eine Anmerkung zum Rechtsentscheid des BGH vom 26. 10. 1994, WuM 1995, 8 ff.; *Heinrichs,* Gesamtunwirksamkeit oder Teilauf-

§ 10 Formularmietverträge und AGB-Recht

rechterhaltung von Formularklauseln in Mietverträgen, NZM 2005, 201 ff.; *ders.*, Das neue AGB-Recht und seine Bedeutung für das Mietverhältnis, NZM 2003, 6 ff;. *ders.*, Das Gesetz zur Änderung des AGB-Gesetzes: Umsetzung der EG-Richtlinie über missbräuchliche Klauseln in Verbraucherverträgen durch den Bundesgesetzgeber", NJW 1996, 2190 ff.; *ders.*, Festschrift für Trinkner, 1995, 157 ff.; *Hess*, Das neue Schuldrecht – In-Kraft-Treten und Übergangsregelungen, NJW 2002, 253 ff.; *Hinz*, Anmerkung zum Urteil des LG Hamburg vom 9. 10. 2007 zu Schönheitsreparaturklauseln bezüglich lackierter und gestrichener Holzteile, ZMR 2007, 969 ff.; *Hommelhoff/Wiedenmann*, Allgemeine Geschäftsbedingungen gegenüber Kaufleuten und unausgehandelte Klauseln in Verbraucherverträgen, ZIP 1993, 562 ff.; *Horst*, Grenzen des zulässigen Wohngebrauchs, NZM 1998, 647 ff.; *ders.*, Vertrauensschutz als Grenze der Inhaltskontrolle von Miet-AGB, NZM 2007, 185 ff.; *Joachim*, Haftungsfreizeichnung im modernen Mietrecht, NZM 2003, 387 ff. = Mietrechtliche Haftungsausschluss- und -begrenzungsvereinbarungen nach der Schuldrechtsreform, WuM 2003, 183 ff.; *Kappus*, Anmerkung zum Urteil des BGH vom 18. 10. 2006 zu formularmäßigen Abgeltungsklauseln, ZMR 2007, 31 f.; *Kraemer*, Mietraumfläche – Auswirkungen auf Mietpreis, Gewährleistung und Nebenkosten, NZM 1999, 156 ff.; *Kappus*, Mustertexters Mühe mit den Miet-AGB – Das Beispiel des GdW-Mustermietvertrags 2001, NZM 2002, 761 ff.; *Kinne*, Fristenklauseln für Schönheitsreparaturen – wirksam oder unwirksam?, ZMR 2005, 920 ff.; *Klimke*, Heilungsvereinbarungen bei Nichtigkeit von Mietvertragsklauseln, www.mietgerichtstag.de/downloads/Mietgerichtstag 2009; *ders.*, Die nachträgliche Ersetzung unwirksamer Schönheitsreparaturklauseln durch Vereinbarung zwischen Mieter und Vermieter, ZMR 2005, 161 ff.; *ders.*, Ermessen des Vermieters zur Verlängerung „starrer" Schönheitsreparaturfristen, NZM 2005, 134 ff.; *Klimke/Lehmann-Richter*, Abgeltungsklauseln und Renovierungspflicht bei der Wohnraummiete, UMR 2005, 417 ff.; *Klimke/Lehmann-Richter*, Anmerkung zum Urteil des BGH vom 26. 9. 2007 zu formularmäßigen Abgeltungsklauseln, WuM 2007, 688 ff.; *Klimke/Lehmann-Richter*, Unwirksame starre Abgeltungsklauseln und ihre Folgen, WuM 2006, 653 ff.; *Kraemer*, Berchtesgaden 2003: Schönheitsreparaturen – Erfüllung und Schadensersatz, NZM 2003, 417 ff.; *Kummer*, Zur formularmäßigen „Vertragsübertragung" in der Wohnraummiete, WuM 1991, 240 ff.; *Langenberg*, Die Unangemessenheit der „üblichen" Fristen für Schönheitsreparaturen, WuM 2006, 122 ff.; *ders.*, Betriebskosten und Schönheitsreparaturen – Aktuelle Rechtsprechung des BGH in Anmerkungen, NZM 2005, 51 ff.; *ders.*, Schönheitsreparaturen nach der Schuldrechtsreform, NZM 2002, 972 ff.; *Lehmann-Richter*, Anmerkung zum Urteil des LG Düsseldorf vom 18. 5. 2006 zum Recht des Vermieters auf Angebot einer Vertragsänderung bei unwirksamen formularmäßigen Schönheitsreparaturklauseln, WuM 2006, 449 f.; *ders.*, Farbdiktat in Dekorations-AGB, NZM 2008, 676 ff.; *ders.*, Formularmäßige Übertragung der Renovierungspflicht auf den Mieter unrenovierten Wohnraums, NZM 2005, 691 ff.; *ders.*, Zu den Ersatzansprüchen des Mieters bei Renovierung aufgrund unwirksamer Schönheitsreparatur- oder Abgeltungsklausel, WuM 2005, 747 ff.; *ders.*, Zum Anspruch des Vermieters auf Mieterhöhung wegen Unwirksamkeit einer Klausel über Schönheitsreparaturen, ZMR 2005, 170 ff.; *Löwe*, Instrumente der abstrakten Kontrolle in „Zehn Jahre AGB-Gesetz", 1987, S. 99 ff.; *Lützenkirchen*, Unterlassene Schönheitsreparaturen durch den Mieter – Anwendbarkeit der Vorschriften über die Geschäftsführung ohne Auftrag, MDR 2001, 9 ff.; *Maas*, Individualvereinbarungen im Mietrecht zur Heilung unwirksamer Formularklauseln vor dem Hintergrund EU-rechtlicher Vorgaben, ZMR 2005, 177 ff.; *Mack*, Anmerkung zum Urteil des BGH vom 26. 9. 2007 zu Schönheitsreparatur- und Abgeltungsklausel, ZMR 2008, 35 ff.; *Mathonia*, Anmerkung zum Urteil des LG Freiburg vom 7. 7. 2005 zu formularvertraglicher Schönheitsreparaturklausel mit starren Renovierungsfristen, WuM 2005, 652 f.; *Mersson*, Abgeltungsklauseln für Neuvermietungsaufwand bei Wohnraum, NZM 2002, 773 ff.; *Nassall*, Die Anwendung der EU-Richtlinie über missbräuchliche Klauseln in Verbraucherverträgen, JZ 1995, 689 ff.; *Niebling*, Anmerkung zum Urteil des BGH vom 9. 7. 2008 zur Frage der Zulässigkeit einer Mieterhöhung bei unwirksamer Schönheitsreparaturklausel, ZMR 2008, 881; *Paschke*, Rückforderungsansprüche des Mieters für durchgeführte Schönheitsreparaturen bei unwirksamer Klausel im Mietvertrag, WuM 2008, 647 ff.; *Pfeilschifter*, Die Kontrolle Allgemeiner Geschäftsbedingungen am Beispiel der Schönheistreparaturen, WuM 2003, 543 ff.; *ders.*, Inhaltskontrolle preisbestimmender und leistungsbeschreibender Vertragsklauseln nach der Aufhebung des AGB-Gesetzes, WuM 2002, 73 ff.; *Rave*, Ausgleichsanspruch des Mieters aus Bereicherung, GE 2005, 221 ff.; *Reich*, Kreditbürgschaft und Transparenz, NJW 1995, 1857 ff.; *Riecke*, Anmerkung zum Urteil des BGH vom 12. 9. 2007 zur Unzulässigkeit einer Endrenovierungsklausel, ZMR 2008, 104 f.; *Roth*, Mieterhöhung bei unwirksamer Schönheitsreparaturklausel? – Warum eigentlich nicht?, NZM 2007, 825 ff.; *Schläger*, Anmerkung zum Urteil des BGH vom 5. 3. 2008 zur Zulässigkeit von Quotenklauseln, ZMR 2008, 529 ff.; *ders.*, Anmerkung zum Urteil des BGH vom 5. 4. 2006 zu Fristenplan und Endrenovierungsklausel, ZMR 2006, 515 f.; *ders.*, Anmerkung zum Urteil des OLG Karlsruhe vom 18. 4. 2007 zu Mieterhöhungsverlangen bei unwirksamer Schönheitsreparaturklausel, ZMR 2007, 784 ff.; *Schmidt-Salzer*, Das textliche Zusatz-Instrumentarium des AGB-Gesetzes gegenüber der EG-Richtlinie über missbräuchliche Klauseln in Verbraucherverträgen, NJW 1995, 1641 ff.; *Scholz*, EG-Verbraucherrichtlinie und Mietrecht, WuM 1995, 573 ff.; *Schultz*, Mietvertragsklauseln und AGB-Recht, ZMR 1987, 41 ff.; *Sonnenschein*, Formularmietverträge im Anwendungsbereich des AGB-Gesetzes, NJW 1980, 1489 ff.; *ders.*, Die Erhöhung der Vorauszahlungen auf Betriebskosten, NJW 1992, 265 ff.; *Steenbuck*, Die Inhaltskontrolle formularmäßiger Abgeltungsklauseln, WuM 2005, 220 ff.; *Sternel*, Auswirkungen der Unwirksamkeit von Renovierungsklauseln, ZMR 2008, 501 ff.; *ders.*, Folgen unwirksamer Schönheitsreparaturklauseln und Handlungsmöglichkeiten für den Vermieter, NZM 2007, 545 ff.; *Streyl*, Vorzeitige Vertragsbeendigung bei der Miete von Wohn- und Geschäftsräumen – Mögliche Auswege aus einem Kündigungsrechtsausschluss, NZM 2005, 361 ff.; *Timme*, Schönheitsreparaturen gemäß Fristenplan bei Wohnungsumbau, NZM 2005, 132 ff.; *Ulmer*, Zur Anpassung des AGB-Gesetzes an die EG-Richtlinie über missbräuchliche Klauseln in Verbraucherverträgen, EuZW 1993, 337; *Voelskow*, Anmerkung zum Rechtsentscheid des OLG Schleswig vom 27. 3. 1995 zum Formularmietvertrag: Ausschluss der Verlängerungsfiktion des § 568 BGB, ZMR 1996, 431 ff.; *Wichert*, Anerkennung zum Urteil des OLG Koblenz von 29. 7. 1999 zu §§ 326, 535, 812 ff. BGB – Kosten von Schönheitsreparaturen und ungerechtfertigte Bereicherung, ZMR 2000, 220 ff.; *Wiek*, Anmerkung zum Urteil des BGH vom 16. 2. 2005 zu starren Fristen bei Schönheitsreparaturklauseln, WuM 2005, 242 f.; *ders.*, Anmerkung zum Urteil des BGH vom 18. 10. 2006 zu formularmäßigen Schönheitsreparatur- und Abgeltungsklauseln, WuM 2006, 680 f.; *ders.*, Anmerkung zu den Urteilen des BGH vom 25. 1. 2006 und 14. 6. 2006 zum formularmäßig vereinbarten Kündigungsverzicht im Staffelmietvertrag, WuM 2006, 154 ff. und 448; *ders.*, Bedarfsklauseln, WuM 2005, 283 f.; *ders.*, Fortsetzungsgeschichte Schönheitsreparaturen, WuM 2005 10 ff.; *ders.*, Selbsthilfeaufwendungen des Vermieters bei unterlassenen Schönheitsreparaturen, WuM 2000, 11 ff.; *Wüstefeld*, Zuschlag zur Kostenmiete bei unwirksamer Schönheitsreparaturklausel?, WuM 2008, 697 ff.

I. Einleitung

1   Nach den Vorstellungen der Väter des BGB am Ende des 19. Jahrhunderts sitzen sich beim Abschluss gegenseitiger Verträge zwei oder mehrere Partner gegenüber, die gleichberechtigt um die Endfassung des jeweiligen Vertragstextes „ringen". Anstelle eines derartigen Verhandelns ist bereits aber in der Regel seit mehreren Jahrzehnten in den meisten Lebensbereichen, vor allem auch bei der Wohnraummiete, das Formular getreten. Fast ausnahmslos werden **Formularmietverträge** zur Grundlage von Wohnraummietverhältnissen gemacht, bei denen die Bedingungen von der marktstärkeren Partei (meist dem Vermieter) vorgegeben werden, die der Mieter – von geringfügigen Einflussnahmen abgesehen – entweder zu akzeptieren hat oder der Wohnraummietvertrag wird nicht mit ihm abgeschlossen.

2   Der Schutz der (markt-)schwächeren Partei gegenüber derartigen Auswirkungen der letztlich aus Art. 2 GG abgeleiteten Vertragsfreiheit ließ sich über die Instrumentarien des BGB in § 134 BGB (gesetzliches Verbot) und § 138 BGB (Sittenwidrigkeit – eine Norm, die heute im Wesentlichen noch als Wuchervorschrift von praktischer Bedeutung ist) nur unzureichend gewährleisten mit der Folge, dass die Rechtsprechung schon sehr früh auf § 242 BGB (Treu und Glauben) zurückgreifen musste. Diese Rechtsprechung wurde dann zum 1. 4. 1977 im Wesentlichen in Gesetzesform gegossen in Gestalt des Gesetzes zur Regelung des Rechts der Allgemeinen Geschäftsbedingungen (AGBG). Die materiell-rechtlichen Regelungen dieses Sondergesetzes[1] wurden im Rahmen der **Schuldrechtsreform** ab dem 1. 1. 2002 in das BGB integriert: Die §§ 305–310 BGB stimmen in ihrem Kern und in ihrem wesentlichen Regelungsgehalt mit den bisherigen §§ 1–12 AGBG überein, so dass auf die zum AGBG ergangene Rechtsprechung nach wie vor zurückgegriffen werden kann.[2] Dennoch kann den getroffenen **Neuregelungen** nicht unerhebliche Bedeutung in der Mietrechtspraxis zukommen, so dass sie nachstehend im jeweiligen Sachzusammenhang gesondert behandelt werden. Damit bleibt die unmittelbare Anwendung des § 242 BGB gerade auch im Wohnraummietrecht nur noch auf wenige Fälle beschränkt (so z. B. die Berufung des Mieters auf § 537 Abs. 2 BGB bei Weitervermietung nach vorzeitigem Auszug des Mieters[3]). Hieraus lässt sich aber – leider – nicht schließen, dass mit der Einführung des AGBG die Beurteilung, ob eine bestimmte vorformulierte Regelung in einem Mietvertrag wirksam oder unwirksam ist, berechenbarer geworden wäre. Da die Klauselkataloge in §§ 308 und 309 BGB keine einzige, allein Wohnraummietverträge betreffende Verbotsvorschrift enthalten, findet bei der Prüfung im Mietrecht wiederum weit überwiegend eine Generalklausel Anwendung: § 307 BGB. Damit ist also letztendlich kaum eine Erleichterung für den mietrechtlichen Praktiker verbunden. Wie vor 1977 stehen daher de facto dieselben unberechenbaren Erwägungen im Raum, die man bereits bei der „Allzweckwaffe" des § 242 BGB zu „schätzen" gelernt hat.

3   Zwar sind im Wohnraummietrecht klassische Verbandsklagen (abgesehen von einem Höhepunkt Anfang der neunziger Jahre) – anders als die ausufernde Instanzrechtsprechung –

---

[1] Die Verfahrensvorschriften in den §§ 13 ff. AGBG sind seit dem 1. 1. 2002 Teil des Unterlassungsklagengesetzes (UKlaG).
[2] Im folgenden werden daher zum AGBG ergangene Entscheidungen auch zu den jetzigen BGB-Normen – soweit keine inhaltliche Änderung eingetreten ist – zitiert.
[3] BGH NZM 2008, 206 im Anschluss an BGH NJW 1993, 1645; OLG Düsseldorf WuM 1994, 469.

selten geblieben, obwohl sich das gesetzgeberische Ziel der §§ 1, 3 UKlaG (früher: § 13 AGBG), im Wege von Verbandsklagen den Rechtsverkehr von der Verwendung unwirksamer Klauseln freizuhalten,[4] gerade für das Wohnraummietrecht geeignet hätte. Dies liegt u. a. an den vielfältigen **zwingenden wohnraummietrechtlichen Vorschriften,** von denen nicht einmal in individuell ausgehandelten Vereinbarungen zu Lasten des Mieters abgewichen werden darf. So z. B.

- Mängel der Mietsache: § 536 Abs. 4 BGB
- arglistiges Verschweigen von Mängeln: § 536 d BGB
- Erstattungspflicht im Voraus entrichteter Miete: § 547 Abs. 2 BGB
- Einschränkungen der Vereinbarung einer Barkaution: § 551 Abs. 4 BGB
- Verbot der Wegnahme von Einrichtungen ohne angemessenen Ausgleich: § 552 Abs. 2 BGB
- Recht auf Zustimmung zur Untervermietung: § 553 Abs. 3 BGB
- Modernisierungsmaßnahmen: § 554 Abs. 5 BGB
- Barrierefreiheit: § 554 a Abs. 3 BGB
- keine zulässige Vereinbarung einer Vertragsstrafe: § 555 BGB (betrifft auch fingierte Gebühren für Mahnungen, Bearbeitung oder übermäßige Verzugszinsen)
- Betriebskostenvereinbarungen: § 556 Abs. 4 BGB
- Abrechnungsmaßstab für Betriebskosten: § 556 a Abs. 3 BGB
- Aufrechnungs- und Zurückbehaltungsrechte bei Ansprüchen nach §§ 536 a, 539 BGB: § 556 b Abs. 2 S. 2 BGB
- Mieterhöhungsmöglichkeiten: §§ 557 Abs. 4, 557 a Abs. 4, 557 b Abs. 4, 558 Abs. 6, 558 a Abs. 5, 558 b Abs. 4, 559 Abs. 3, 559 a Abs. 5, 559 b Abs. 3, 560 Abs. 6 BGB
- Sonderkündigungsrecht des Mieters nach Mieterhöhung: § 561 BGB
- Eintrittsrecht von Familienangehörigen bei Tod des Mieters: §§ 563 Abs. 5, 563 a Abs. 3 BGB
- Eintritt des Vermieters in das Wohnraummietverhältnis bei der gewerblichen Zwischenvermietung: § 565 Abs. 3 BGB
- fristlose Kündigung: § 569 Abs. 5 S. 1 BGB
- Ausweitung fristloser Kündigungsgründe: § 569 Abs. 5 S. 2 BGB
- Einschränkung von Schadensersatzansprüchen bei Vorenthaltung der Mietsache: § 571 Abs. 3 BGB
- Ordentliche Vermieterkündigung: §§ 573 Abs. 4, 573 a Abs. 4, 573 b Abs. 5 BGB
- Kündigungsfristen für den Mieter: § 573 c Abs. 4 BGB
- Sonderkündigungsrechte: §§ 573 d Abs. 3, 575 a Abs. 4 BGB
- Regelungen über die sog. Sozialklausel: §§ 574 Abs. 4, 574 a, b und c jew. Abs. 3 BGB
- Zeitmietvertrag: § 575 Abs. 4 BGB
- Werkwohnungen: §§ 576 Abs. 2, 576 a Abs. 3, 576 b Abs. 2 BGB
- Vorkaufsrecht des Mieters: § 577 Abs. 5 BGB
- Kündigungsbeschränkung bei Wohnungsumwandlung: § 577 a Abs. 3 BGB.

Eine zentrale Schutznorm ist dabei § 536 Abs. 4 BGB, wonach das Recht des Mieters auf „automatische" verschuldensunabhängige Mietminderung bei der Wohnraummiete auch nicht dadurch unterlaufen werden kann, dass Gebrauchsgewährungspflichten des Vermieters, bei deren Verletzungen der Mieter mindern dürfte, auf diesen übertragen werden.[5] Weiter kommt dem **Rücksichtnahmegebot** des § 241 Abs. 2 BGB und der erforderlichen Abwägung der Interessen des Vermieters gegenüber denjenigen des Mieters[6] eine immer größere Bedeutung zu.[7]

Auf die zwingenden mietrechtlichen Vorschriften musste die Rechtsprechung insbesondere bei Verbandsklagen immer dann zurückgreifen, wenn keine konkreten rechtsgeschäftlichen Vereinbarungen zugrunde lagen, so dass eine Nichtigkeit nach § 134 BGB ausschied und statt dessen eine unangemessene Benachteiligung des Mieters nach § 307 BGB angenommen werden musste.[8]

---

[4] BGH in ständiger Rechtsprechung seit NJW 1981, 979.
[5] Vgl. z. B. die sog. Kleinreparaturklauselentscheidung des BGH NJW 1992, 1759; oder die Entscheidung des BGH über das Verhältnis von Aufrechnungsbeschränkungs- und Vorauszahlungsklauseln NJW 1995, 254.
[6] Instruktiv und anwendbar auf fast alle mietrechtlichen Problemstellungen während des bestehenden Mietverhältnisses die zu § 554 a BGB führende Treppenliftentscheidung des BVerfG NJW 2000, 2658.
[7] Ausführlich *Blank* WuM 2004, 243 ff.
[8] So z. B. auch bei Verstößen gegen § 4 Abs. 2 bis 4 MHG (jetzt § 560 BGB) und § 6 Abs. 4 HeizkostenVO: BGH NJW 1993, 1061; OLG Frankfurt/M. WuM 1992, 56, 62.

II. Das AGB-Recht

1. Überblick

6 Formularverträge und Formularklauseln sind nur dann rechtswirksam, wenn sie einer Überprüfung anhand der §§ 305–310 BGB „Gestaltung rechtsgeschäftlicher Schuldverhältnisse durch Allgemeine Geschäftsbedingungen"[9] standhalten.

7 Diese Regelungen finden im Rahmen ihres sachlichen, persönlichen und zeitlichen Geltungsbereichs (sogleich unter 2) dann Anwendung, wenn es sich um für eine Vielzahl von Verträgen vorformulierte Vertragsbedingungen (siehe unter 3) handelt, die eine Vertragspartei (Verwender) der anderen Vertragspartei bei Abschluss eines Vertrages stellt und die nicht zwischen den Parteien im Einzelnen ausgehandelt werden (näher unter 4). Um Vertragsbestandteil zu werden, müssen diese Bedingungen in den Vertrag einbezogen werden (unter 5), woran es bei sog. Überraschungsklauseln fehlt (siehe unter 6). Sodann sind allgemeine Auslegungsgrundsätze, vor allem der Vorrang der Individualabrede (unter 7) und nach auch ergänzender Vertragsauslegung (unter 8) die sog. Unklarheitenregel (näher unter 9), zu beachten. Danach erfolgt als eigentliches Kernstück des AGB-Rechts die sog. Inhaltskontrolle mit dem hervorzuhebenden Transparenzgebot (im Einzelnen unter 10), mit der in erster Linie der Gesetzeszweck erreicht werden soll, die Geltung von Formularbedingungen dort einzuschränken, wo diese die gesetzlichen Regeln einseitig zu Lasten des Vertragspartners des Verwenders ändern.

Gesondert behandelt werden die Besonderheiten bei Verbraucherverträgen auf Grund von § 310 Abs. 3 BGB (unter 11). Daran schließen sich Ausführungen über die Rechtsfolgen bei Unwirksamkeit von Formularklauseln an (unter 12), bevor nach einem kurzen Abschnitt über die Schadensersatzpflicht des Verwenders (siehe unter 13) abschließend noch kurz auf die Besonderheiten des Verbandsklageverfahrens eingegangen wird (unter 14).

2. Geltung der §§ 305–310 BGB

8 a) **Sachlicher Anwendungsbereich.** Für **Wohnraummietverträge** gilt das AGB-Recht des BGB uneingeschränkt (vgl. § 310 Abs. 4 BGB).

9 b) **Persönlicher Anwendungsbereich.** Die §§ 305 Abs. 2 und 3, 308 und 309 BGB sind auf **Formularmietverträge** gegenüber Voll- oder Minderkaufleuten[10] oder auch Scheinkaufleuten[11] nicht anzuwenden, wenn der Mietvertrag – wie nach § 344 Abs. 1 HGB zu vermuten – zum Betrieb des Handelsgewerbes gehört (§ 310 Abs. 1 S. 1 BGB). Dies hat zur Folge, dass eine Inhaltskontrolle allein anhand der Generalklausel des § 307 BGB stattfindet (§ 310 Abs. 1 S. 2 BGB). Dabei indizieren allerdings die Klauselverbote nach §§ 308 und 309 BGB die Unwirksamkeit nach § 307 BGB, es sei denn, die Klausel kann wegen der besonderen Interessen und Bedürfnisse des unternehmerischen Geschäftsverkehrs ausnahmsweise als angemessen angesehen werden.[12]

10 Mietverträge mit sonstigen Gewerbetreibenden und auch den Angehörigen freier Berufe, wie z. B. Ärzte, Rechtsanwälte oder Steuerberater, konnten demgegenüber zunächst ohne Einschränkungen anhand des AGB-Rechts des BGB überprüft werden. Durch das Handelsrechtsreformgesetz vom 22. 6. 1998[13] ist der persönliche Anwendungsbereich des AGB-Rechts aber für die Zeit ab dem 1. 7. 1998 neu definiert worden: Die Vorschriften der §§ 305 Abs. 2 und 3, 308 und 309 BGB finden jetzt nicht nur gegenüber Kaufleuten und juristischen Personen des öffentlichen Rechtes sowie öffentlichrechtlichen Sondervermögen keine Anwendung, sondern auch nicht gegenüber allen Personen, die bei Abschluss des Vertrages in Ausübung ihrer gewerblichen oder selbständigen beruflichen Tätigkeit handeln.

---

[9] Nach dem amtlichen Hinweis dient dieser Abschnitt auch der Umsetzung der Richtlinie 93/13/EWG des Rates vom 5. April 1993 über missbräuchliche Klauseln in Verbraucherverträgen (ABl. EG Nr. L 95 S. 29).
[10] OLG Düsseldorf ZMR 1987, 375.
[11] OLG Hamm NJW 1982, 283.
[12] BGH NJW 2007, 3774 unter Hinweis auf BGH NJW 1984, 1750; NJW 1988, 1785.
[13] BGBl. I 1998, S. 1474.

Damit gilt in § 310 Abs. 1 S. 1 BGB der Unternehmerbegriff des § 14 BGB,[14] also auch für **Existenzgründer**.[15]

c) Zeitlicher Anwendungsbereich. Grundsätzlich galt das AGBG gemäß §§ 28 Abs. 1, 30 AGBG nicht für vor dem 1. 4. 1977 abgeschlossene Formularverträge, sog. **Altverträge**, wobei auf den Zugangszeitpunkt der Annahmeerklärung des Angebots auf Abschluss eines Mietvertrages abzustellen ist.[16] **11**

Für **Mietverträge und andere Dauerschuldverhältnisse** traf § 28 Abs. 2 AGBG eine Sonderregelung. Danach fand § 9 AGBG auf die nach dem 31. 3. 1977 entstehenden Rechte und Pflichten aus noch nicht vollständig abgewickelten Altverträgen Anwendung. Die Prüfung beschränkte sich somit darauf, ob eine Klausel eine Vertragspartei unangemessen benachteiligt, insbesondere zu den Wertungsmaßstäben des AGBG „in unerträglichem Widerspruch" steht.[17] Die Berufung auf eine nach dem bis 31. 12. 2001 geltenden Recht unwirksame Klausel konnte daher treuwidrig sein oder eine unzulässige Rechtsausübung darstellen.[18] War lediglich das Zusammentreffen mehrerer Klauseln zu beanstanden, führte dies nicht zur Unwirksamkeit aller dieser vorformulierten Regelungen, sondern der Verwender durfte sich lediglich nicht auf alle Klauseln gleichzeitig berufen.[19] Das vom BGH in diesem Zusammenhang besonders hervorgehobene Transparenzgebot[20] war auf derartige Altverträge nicht anzuwenden.[21] **12**

Dabei blieb es auch dann, wenn sich ein Altmietvertrag z. B. auf Grund einer Verlängerungsklausel oder stillschweigend nach § 545 BGB über den 1. 4. 1977 hinaus verlängert hat.[22] Wurde dagegen ein etwa durch Kündigung oder Zeitablauf bereits beendeter Altmietvertrag fortgesetzt, fand – ab dem Beendigungszeitpunkt – das AGBG uneingeschränkt Anwendung.[23] Wenn ein Altmietvertrag nach dem 1. 4. 1977 ergänzt oder mehr als nur unwesentlich verändert wurde, galt das AGBG insoweit ebenfalls ohne Einschränkungen.[24] Das AGBG fand schließlich auch für nach dem 31. 3. 1997 hinzugemietete Räume selbst bei im Übrigen unveränderten Bedingungen uneingeschränkt Anwendung.[25] **13**

Grundsätzlich gelten diese Vorgaben auch für das **Übergangsrecht des Gesetzes zur Modernisierung des Schuldrechts**. Im Regelfall ist gem. Art. 229 § 5 S. 1 EGBGB das neue Schuldrecht nur für Schuldverhältnisse, die nach dem 31. 12. 2001 entstanden sind, anzuwenden. Maßgebend für die Entstehung eines Schuldverhältnisses ist dabei das Wirksamwerden der Annahmeerklärung, also i. d. R. deren Zugang.[26] Werden vor dem 1. 1. 2002 entstandene Schuldverhältnisse mehr als nur unwesentlich geändert, führt dies im Regelfall zur Anwendung des neuen Schuldrechts auf den gesamten Vertrag.[27] Für **Dauerschuldverhältnisse**, also für die hier allein interessierenden Wohnraummietverträge, trifft Art. 229 § 5 S. 2 EGBGB eine Sonderregelung, wonach das neue Recht auch auf Altverträge erst ab dem 1. 1. 2003 anwendbar ist.[28] Damit soll die Anpassung laufender Vereinbarungen an das neue Recht erleichtert werden (wie blieb leider offen). Dabei ist aber zu beachten, dass es zur bisherigen Regelung in § 28 AGBG keine spezielle Übergangsvorschrift für diejenigen Dauerschuldverhältnisse gibt, die bereits vor dem 1. 4. 1977, dem Inkrafttreten des AGBG, abgeschlossen worden waren.[29] Auf derartige „Uralt-Verträge" ist daher seit dem 1. 1. 2003

---

[14] Siehe hierzu im Einzelnen nur Palandt/*Ellenburger*, § 14 Rdnr. 2.
[15] BGH NZM 2005, 342.
[16] BGH NJW 1986, 711.
[17] BGH NJW 1984, 2404.
[18] BGH NJW 1984, 2404, 2406.
[19] BGH NJW 1968, 44; OLG Hamburg WuM 1995, 637.
[20] BGH NJW 1995, 254; NJW 1993, 532.
[21] OLG Hamburg WuM 1995, 637.
[22] OLG Frankfurt/M. NJW 1987, 1650.
[23] BGH NJW 1985, 971; OLG Frankfurt/M. NJW 1987, 1650.
[24] *Ulmer/Brandner/Hensen,* 9. Aufl. 2001, § 28 Rdnr. 2.
[25] BGH NJW 1985, 971.
[26] *Hess* NJW 2002, 253, 255.
[27] BGH NJW 1990, 2664; BGH NJW 1995, 3290; OLG München WM 2000, 1333.
[28] Vgl. OLG Stuttgart BeckRS 2007, 10191.
[29] Vgl. hierzu näher *Heinrichs* NZM 2003, 6, 7, wonach dies vom Gesetzgeber nicht gewollt war.

nicht lediglich § 307 BGB als Nachfolgeregelung des § 9 AGBG anwendbar, sondern das komplette neue AGB-Recht des BGB.[30] Im Übrigen wird nach h. M. die Übergangsregelung der Mietrechtsreform in Art. 229 § 3 EGBGB nicht durch die Übergangsregelung der Schuldrechtsreform in Art. 229 § 5 EGBGB verdrängt.[31]

3. Begriff der Allgemeinen Geschäftsbedingung

14   Eine Begriffsbestimmung ergibt sich zunächst aus § 305 Abs. 1 S. 1 BGB. Vertragsbedingungen sind dabei nicht nur (aber auch) der ganze Vertragsinhalt, sondern bereits einzelne Vertragsbestandteile. Diese müssen für eine **Vielzahl von Verträgen vorformuliert** sein. Maßgebend ist dabei die Absicht (indiziert etwa durch die Verwendung eines gedruckten Formulars), nicht die Tatsache mehrfacher Verwendung.[32] Es reicht daher aus, wenn sich der Vermieter ein einziges Vertragsformular beschafft, um lediglich einen Mietvertrag abzuschließen, sofern das Formular dazu bestimmt ist, für eine Vielzahl anderer Vertragsabschlüsse ebenfalls verwendet zu werden.[33] Es ist folglich auf die Absicht des Verfassers der Vertragsbedingungen abzustellen, der nicht mit der Vertragspartei identisch sein muss, welche diese Bedingungen eingebracht hat (z. B. Vermieter- oder Mietervereine, Fachverlage, Anwälte, Notare). Es handelt sich daher in derartigen Fällen auch dann um Allgemeine Geschäftsbedingungen, wenn mit diesen nur ein einziger Mietvertrag abgeschlossen werden soll.[34] Sprachliche oder sonstige Veränderungen berühren die Einordnung einer vertraglichen Regelung als vorformulierte Vertragsbedingung dann nicht, wenn sich der sachliche Regelungsinhalt nicht ändert.[35]

15   Auch etwa vom Vermieter selbst formulierte Regelungen (z. B. zum Ausfüllen von Lücken des vorformulierten Textes oder als dessen Anhang) unterfallen dem AGB-Recht, sofern sich ihre **geplante Verwendung über wenigstens drei bis fünf Fälle**[36] erstrecken soll.

16   Umfang, Schriftart und Form der vertraglichen Regelungen sind ebenso ohne Bedeutung wie der Umstand, ob die Bestimmungen in die Vertragsurkunde selbst aufgenommen wurden oder einen äußerlich gesonderten Bestandteil des Vertrages bilden (§ 305 Abs. 1 S. 2 BGB).

17   **Allgemeine Geschäftsbedingungen** können daher sein:
- einzelne Klauseln in einem im Übrigen individuell ausgestalteten Mietvertrag,[37]
- „Allgemeine oder Besondere Mietbedingungen", die dem Mietvertrag als Bestandteil beigefügt werden,[38]
- vom Vertrag bzw. den Mietbedingungen getrennte Einzelklauseln[39] oder
- Zusatzvereinbarungen,[40] wie etwa die Hausordnung oder Benutzungsordnungen für Gemeinschaftseinrichtungen.

18   Auch **Übergabe- oder Abnahmeprotokolle** unterliegen den §§ 305 ff. BGB, sofern sie vorformulierte rechtsgeschäftliche Erklärungen enthalten: so etwa bei Übergabeprotokollen mit Bestätigungsklauseln hinsichtlich eines „mängelfreien, voll funktionstüchtigen Zustands" der Mietsache[41] oder Freizeichnungen für die nicht rechtzeitige Übergabe.[42] Übergabeprotokolle müssen ansonsten gesondert unterschrieben sein, um als wirksame Quittungen[43] nach § 309 Nr. 12 b BGB mit der Folge der Beweislastumkehr zu gelten. Bei Abnahmepro-

---

[30] Zulässig – soweit ersichtlich aber jedenfalls im Mietrecht ohne praktische Bedeutung – wäre die Vereinbarung der Geltung des früheren Schuldrechts: Hess NJW 2002, 253, 255 m.w. N. bei Fn. 25.
[31] BGH NJW 2005, 1572, 1573.
[32] OLG Stuttgart NJW 1979, 222.
[33] BGH NJW 1981, 2344; OLG Hamm NJW 1981, 1049.
[34] BGH NJW 1991, 843; OLG Hamm NJW 1981, 1049.
[35] BGH NJW 1979, 2388.
[36] BGH NJW 1981, 2344; NJW 1985, 852; NJW 1998, 2286; NJW 2002, 138.
[37] BGH NJW 1979, 2387, 2388.
[38] BGH NJW 1985, 853; NJW 2007, 1054.
[39] BGH NJW 1982, 1389.
[40] BGH NJW 1991, 1750; LG München NJW 1982, 2130.
[41] LG Berlin GE 1996, 1377; ZMR 1996, V Nr. 2.
[42] OLG Düsseldorf DWW 1993, 197; OLG München NJW-RR 1989, 1499; LG Hamburg WuM 1990, 115.
[43] OLG Düsseldorf ZMR 1989, 300.

§ 10 Formularmietverträge und AGB-Recht

tokollen ist § 309 Nr. 4 BGB (z. B. Ermächtigung zu Ersatzvornahme ohne Mahnung bzw. Nachfristsetzung) zu beachten und die Konsequenz dort nicht vermerkter Mängel bzw. Beanstandungen zu Lasten des Vermieters: Ausschluss von Ansprüchen bei im Übrigen vorbehaltloser Rücknahme.[44]

Unerheblich ist es weiter, ob
- die Vertragsbedingungen gedruckt, fotokopiert, maschinen- oder handschriftlich niedergelegt werden,[45]
- es sich um elektronisch oder auf Tonträger gespeicherte Texte oder um Textbausteine handelt,[46] oder
- die Regelungen – „im Kopf gespeichert" – nur mündlich vorgetragen und vereinbart werden.[47]

Die **Beweislast** für das Vorliegen von Allgemeinen Geschäftsbedingungen trägt grundsätzlich derjenige, der sich im Individualprozess auf den Schutz der §§ 305 ff. BGB beruft.[48] Dies gilt insbesondere für den Nachweis der Mehrfachverwendung bei jeweils neu hand- oder maschinenschriftlich ausgefertigten Verträgen. Bei in einer Vielzahl vorgedruckten oder vervielfältigten Vertragsbedingungen oder einem Mietvertrag, der auf Grund seines Inhalts für eine mehrfache Verwendung entworfen wurde (Indiz: für das konkrete Mietverhältnis nicht einschlägige Regelungen), spricht allerdings der erste Anschein für eine Vorformulierung.[49]

4. Stellen von Vertragsbedingungen

Diese Vertragsbedingungen müssen von einem Vertragspartner, dem Verwender, der anderen Partei **einseitig auferlegt (gestellt)** werden (§ 305 Abs. 1 S. 1 BGB).

a) **Verwendereigenschaft.** Verwender ist dabei diejenige Partei, von der die Initiative zur Einbeziehung des Formulars in den Vertrag ausgeht bzw. auf deren Veranlassung hin ein vorformulierter Text in den Vertrag einbezogen wird,[50] unabhängig davon, wer die AGB entworfen hat.[51] Dies wird in aller Regel der Vermieter sein. Die Frage, wer Verwender ist, muss **für jede einzelne Klausel bestimmt** werden, so dass beide Vertragspartner im selben Vertrag nicht aber bezüglich derselben Klausel Verwender sein können; werden von beiden Vertragsparteien dieselben AGB gestellt, ist keiner Verwender.[52] Sie ist deshalb von besonderer Bedeutung, da die §§ 305–310 BGB nicht den Verwender, sondern immer dessen Vertragspartner schützt, und deshalb eine Inhaltskontrolle niemals zugunsten des Verwenders stattfinden kann.[53]

Wer das rechtsgeschäftliche Angebot unterbreitet, spielt demgegenüber für den Verwenderbegriff keine entscheidende Rolle. Veranlasst z. B. der Vermieter den Mieter, ein bestimmtes Formular zu beschaffen, das Vertragsbestandteil werden soll, bleibt er gleichwohl Verwender.[54] Anders, wenn der Vermieter dem Mieter die Wahl des Formulars freistellt oder der Mieter von sich aus ein Mietvertragsformular in die Verhandlungen einbringt.[55] Verlangen beide Parteien die Einbeziehung desselben Formulars oder einigen sie sich auf ein bestimmtes Formular, stellt keiner der Vertragspartner die Vertragsbedingungen.[56] Nach anderer Ansicht soll der Vermieter auch in diesen Fällen in aller Regel dennoch Verwender bleiben, da sämtliche Formularverträge das dispositive Recht des BGB entscheidend zum

---
[44] OLG Celle MDR 1998, 149; LG Braunschweig WuM 1997, 470 unter Hinweis auf BGH NJW 1983, 446; LG München NZM 2003, 714.
[45] OLG Düsseldorf ZMR 1992, 446.
[46] OLG Frankfurt/M. NJW 1991, 1489.
[47] BGH NJW 1988, 410; LG Frankfurt/M. WuM 1984, 126.
[48] BGH NJW 1992, 2160.
[49] BGH NJW 2004, 1454; NJW 2004, 502; NJW 1992, 2162; OLG Frankfurt/M. NJW-RR 1990, 282.
[50] BGH NJW 1999, 2180; NJW 1997, 2013; NJW 1995, 2034; NJW 1994, 2825; NJW 1988, 2536.
[51] BGH NJW 1984, 360.
[52] *Wolf/Lindacher/Pfeiffer*, § 305 Rdnr. 32.
[53] BGH NJW-RR 2006, 740; NJW 1987, 837.
[54] BGH NJW 1982, 2243.
[55] Vgl. nur *Sonnenschein* NJW 1980, 1489, 1491; OLG Oldenburg NZM 2003, 439.
[56] *Wolf/Lindacher/Pfeiffer* § 305 Rdnr. 32; vgl. auch Bub/Treier/*Bub* II Rdnr. 372; *Sternel* I Rdnr. 315 jew. m. w. Nachw.

Nachteil des Mieters abändern.⁵⁷ Dies überzeugt nicht. Mit der Systematik und dem Gesetzeszweck, die Inanspruchnahme einseitiger Gestaltungsmacht auszugleichen, ist es nicht vereinbar, aus dem Inhalt der Allgemeinen Geschäftsbedingungen auf die Verwendereigenschaft zu schließen.⁵⁸

24 Werden die Vertragsbedingungen von einem **Dritten**, etwa einem Makler, Anwalt oder Notar, **gestellt**, so ist derjenige Verwender, auf dessen Veranlassung der Dritte den vorformulierten Text vorschlägt oder entwickelt hat, ohne dass dieser z. B. Auftraggeber des Dritten sein müsste.⁵⁹

25 Wer sich auf den Schutz der §§ 305 ff. BGB beruft, muss auch hier **nachweisen,** dass der andere Teil Verwender ist und die AGB gestellt hat.⁶⁰ Die Grundsätze des Anscheinsbeweises finden auch insoweit Anwendung.⁶¹

26 b) **Individuelles Aushandeln.** An einem einseitiger Auferlegen von Vertragsbedingungen fehlt es, wenn diese **als Ergebnis freier Verhandlungen Vertragsinhalt** werden. In diesem Fall wird der Inhalt des Formulars zu einer Individualvereinbarung, auf die das AGBG nicht anzuwenden ist (§ 305 Abs. 1 S. 3 BGB).

27 Umstritten ist der **Begriff des „Aushandelns"**, an den hohe Anforderungen zu stellen sind:
- Bloßes Verhandeln und Besprechen genügt nicht.⁶²
- Das Vorlesen, Erläutern oder Erörtern des Formulartextes reicht ebenso wenig aus.⁶³
- Der Formulartext muss nicht tatsächlich geändert worden sein.⁶⁴
- Es genügt, wenn der Mieter in der konkreten Situation in Bezug auf die in Rede stehende Klausel zwar keine Verhandlungen geführt und sich mit dem unveränderten Formularinhalt einverstanden erklärt hat, sofern ihm ein Verhandeln nach den Umständen möglich und zumutbar gewesen wäre.⁶⁵ Zu berücksichtigen sind dabei u. a. die aktuellen Marktverhältnisse und die intellektuellen Möglichkeiten des Kunden.⁶⁶
- Der Verwender muss folglich vorbehaltlos die ernsthafte Bereitschaft zur konkreten Abänderung des vorformulierten Vertragsteils gegenüber dem Kunden/Mieter deutlich machen.⁶⁷

28 Auch über **Formularklauseln** lässt sich ein „Aushandeln" nicht **fingieren.** Dies betrifft z. B. Regelungen, in denen der Mieter bestätigt,
- dass er von den Formularbedingungen Kenntnis genommen habe und mit ihrer Geltung einverstanden sei,⁶⁸
- dass der Verwender zu Verhandlungen bereit gewesen und der Inhalt des Vertrages in allen Einzelheiten ausgehandelt worden sei,⁶⁹
- dass er bei dem Abschluss des Mietvertrages ausreichend Zeit gehabt habe, denselben durchzulesen und zu prüfen, und er sich vorbehaltlos mit allen Bestimmungen einverstanden erkläre.⁷⁰

29 Das Aushandeln wird auch nicht durch die formularvertragliche Vereinbarung bewirkt, welche die Aufforderung enthält, nicht gewollte Klauseln zu streichen oder Änderungen vorzunehmen.⁷¹ Gleiches gilt für Klauseln, wonach sich der Vermieter bestätigen lässt, dass

---

⁵⁷ *Sternel* I Rdnr. 314; so auch OLG Düsseldorf WuM 1994, 467, zu Recht aufgehoben durch BGH WuM 1995, 481.
⁵⁸ BGH WuM 1995, 481, 482.
⁵⁹ BGH NJW 1992, 2160; OLG Nürnberg WuM 1991, 426.
⁶⁰ BGH NJW 1991, 36.
⁶¹ Vgl. näher unter Rdnr. 20.
⁶² BGH NJW-RR 2005, 1040; NJW 1988, 410; NJW-RR 1987, 144.
⁶³ BGH NJW 1988, 2465; NJW 1977, 624; OLG Celle NJW 1978, 326; OLG Jena NJOZ 2005, 222.
⁶⁴ BGH NJW 1998, 2600; NJW 1992, 2285, 1991, 1679; NJW 1988, 410; NJW-RR 1987, 144; 1982, 2309 – str., a. A. OLG Celle NJW 1978, 326; *Sonnenschein* NJW 1980, 1489, 1492.
⁶⁵ *Sternel* I Rdnr. 316 bei Fn. 5.
⁶⁶ Str.; so *Sternel* I Rdnr. 316 bei Fn. 5; OLG Köln NZM 2001, 812.
⁶⁷ BGH, NJW 1988, 410; NJW-RR 1987, 144; NJW 1987, 187; NJW 1977, 624; vgl. auch BGH NJW 1992, 2283 unter II 4: danach soll das ausdrückliche Einverständnis des Kunden mit einer Klausel nach gründlicher Erörterung genügen.
⁶⁸ BGH NJW 2005, 2543; DB 1982, 1001.
⁶⁹ BGH NJW 2000, 2677; NJW 1986, 2428; NJW 1977, 624.
⁷⁰ OLG Hamm NJW 1981, 1049.
⁷¹ BGH NJW 1987, 2011; OLG Köln NJOZ 2003, 1666.

die Bedingungen ausführlich erörtert und gebilligt bzw. ausdrücklich anerkannt worden seien.[72] Auch das Ankreuzen verschiedener alternativer Bestimmungen ist kein Aushandeln.[73] Vielmehr fehlt es umgekehrt schon an einer Vereinbarung, wenn trotz Wahlmöglichkeit keine Wahl getroffen wurde.[74]

Ein Aushandeln liegt folglich erst dann vor, wenn der Verwender die vom Gesetz abweichende Vertragsklausel **ernsthaft** und für den Kunden erkennbar inhaltlich **in ihrem Kern zur Disposition stellt und** dem Verhandlungspartner Gestaltungsfreiheit zur Wahrung eigener Interessen mit der **realen Möglichkeit** einräumt, die inhaltliche **Ausgestaltung** der Vertragsbedingung **zu beeinflussen**.[75]

Von einer Individualvereinbarung ist weiter dann auszugehen, wenn eine im Formularmietvertrag vorgesehene **Lücke** entsprechend der Vereinbarung zwischen den Parteien ausgefüllt wird (z.B. Vertragsdauer, Miete, Nebenkosten, Kaution). Dies gilt allerdings nur hinsichtlich dieser Bedingungen, selbst wenn sie für eine Vielzahl von Verträgen gleich lautend verwendet werden.[76] Keinesfalls wird damit der gesamte Text zu einer Individualvereinbarung.[77] Gleiches gilt auch für sonstige, in den Formularvertrag eingesetzte oder ihm als Anhang beigefügte Regelungen, sofern sie nicht in mehr als drei bis fünf Fällen Verwendung finden sollen. Das bloße Streichen einzelner Worte oder deren Ersetzen ändert aber nichts am Vorliegen einer Formularklausel.[78]

Behauptet der Verwender, die Vertragsbedingung sei individuell ausgehandelt, so trifft ihn die Beweislast.[79] Daher verstoßen die oben behandelten Klauseln, die ein „Aushandeln" fingieren, auch gegen § 309 Nr. 12 b BGB.[80] Nachträgliche Änderungen oder Einfügungen begründen jedenfalls für die entsprechende Klausel den Beweis des ersten Anscheins für eine Individualvereinbarung.[81] Dieser kann dadurch erschüttert werden, dass gleich lautende Einfügungen oder Änderungen in einer Vielzahl von Fällen erfolgt sind[82] oder schon eingefügt waren, bevor dem Vertragspartner des Verwenders der Vertrag erstmals vorgelegt wurde.[83]

5. Einbeziehung in den Mietvertrag

Vorformulierte Vertragsbestandteile werden nur dann Vertragsinhalt, wenn sie von den Parteien bewusst und gewollt einbezogen werden (§ 305 Abs. 2 BGB). Dies setzt voraus, dass der Kunde/Mieter auf **zumutbare Weise Gelegenheit erhält, vor Unterschriftsleistung** vom Inhalt des Formularvertrages eingehend **Kenntnis zu nehmen**, unabhängig davon, ob auch tatsächlich Kenntnis genommen wurde.

Der Vertragstext hat daher zunächst **lesbar**[84] und **verständlich** zu sein.[85] Der Mieter kann ggf. vom Vermieter sogar die **vorherige Aushändigung** des Vertragsentwurfes beanspruchen. Ein bloßer Auszug reicht nicht aus,[86] ebenso wenig die Angabe, wo der Vertrag erworben oder eingesehen werden kann, oder das Angebot, die Vertragsbedingungen auf Wunsch zu übersenden[87] bzw. die bloße Bezugnahme auf ein Vertragsmuster.[88] Allerdings genügt die ausreichende Gelegenheit zur Kenntnisnahme;[89] ob der Vertragspartner

---

[72] OLG Stuttgart WuM 1987, 250.
[73] BGH NJW-RR 2006, 758; NJW 1992, 504; NJW 1987, 187.
[74] Im Umkehrschluss BGH NJW 2002, 2388.
[75] BGH NJW 2005, 2543; NJW 1992, 1107 und 2759; NJW 1991, 1678.
[76] BGH NJW 1998, 2815; OLG Köln BB 1984, 1388.
[77] BGH NJW 1991, 2768; NJW 1985, 852.
[78] *Sternel* I Rdnr. 319 m. w. Nachw. bei Fn. 14.
[79] BGH NJW 1992, 2160; OLG Stuttgart NJW-RR 1987, 143.
[80] OLG Hamm NJW 1981, 1049; OLG Stuttgart WuM 1987, 250, 251.
[81] BGH NJW 1992, 2283.
[82] LG Frankfurt/M. WuM 1979, 151.
[83] *Sternel*, Mietrecht aktuell, Rdnr. 97.
[84] BGH NJW 2007, 2549; NJW-RR 1987, 112; NJW-RR 1986, 310; NJW 1983, 2772.
[85] BGH NJW-RR 2008, 134; NJW 2001, 292; NJW 1978, 2243.
[86] BGH NJW-RR 1991, 727.
[87] BGH NJW-RR 1999, 1246; OLG München NJW-RR 1992, 349.
[88] OLG Köln WuM 1991, 357.
[89] BGH NJW 2005, 1183; vgl. auch *Sonnenschein* NJW 1980, 1489, 1492.

dann tatsächlich Kenntnis genommen hat, spielt keine Rolle. Andernfalls sind die Formularklauseln nicht Vertragsbestandteil geworden, sondern es wurde grundsätzlich ein Mietverhältnis auf der Grundlage der gesetzlichen Vorschriften begründet (§ 306 Abs. 2 BGB).

35 Der Hinweis, dass dem abzuschließenden Mietvertrag bestimmte Vertragsbedingungen zugrunde gelegt werden sollen, kann schriftlich, auch über eine Formularklausel,[90] oder mündlich spätestens bei Vertragsschluss[91] erfolgen.[92] Im Übrigen liegt in der Unterzeichnung eines Formularvertrages in der Regel das ausdrückliche Einverständnis mit der Geltung seines gesamten Inhalts,[93] auch ohne ausdrücklichen Hinweis, dass es sich um einen Formularvertrag handelt.[94]

36 Die **Bezugnahme oder der Verweis auf weitere Urkunden oder Unterlagen** in einem Formularvertrag macht diese nur dann zum Vertragsbestandteil, wenn sie dem Vertrag beigefügt und dem Mieter vor Abschluss des Vertrages in zumutbarer Weise zur Kenntnis gebracht werden.[95] Derartige Anlagen müssen daher jedenfalls bei der Wohnraummiete dem Vertrag beigefügt sein. Entsprechendes gilt bei einem bloßen Verweis auf eine nicht abgedruckte gesetzliche Bestimmung, deren wesentlicher Inhalt – soweit möglich und zumutbar – nicht wiedergegeben wird.[96] Vermag ein Laie die Tragweite einer solchen Klausel nicht nachzuvollziehen, fehlt es an der für eine wirksame Einbeziehung erforderlichen Verständlichkeit.[97] Dagegen soll im Hinblick auf die umlagefähigen Betriebskosten der bloße Verweis auf Anlage 3 zu § 27 Abs. 1 II. BV – jetzt § 2 BetrKV – genügen, auch wenn diese weder erläutert noch im Abdruck beigefügt ist.[98]

37 Wurde eine vorformulierte **Klausel**, welche für das betreffende Mietverhältnis ohne Bedeutung ist (z. B. über einen nicht vorhandenen Fahrstuhl, eine auch nicht konkret geplante Zentralheizung), **nicht gestrichen**, so kommt ihr dennoch keine Verbindlichkeit zu. Ist umgekehrt eine **Klausel** von den Parteien **nicht ausgefüllt** worden, so ist mangels Einigung die dort getroffene Regelung nicht anzuwenden.[99]

38 Die **Kenntnisnahme** kann auch mittels eines vorformulierten Textes **bestätigt** werden.[100] Klauseln, mit denen der Vertragspartner des Verwenders bestätigt, dass ihm die Vertragsbedingungen ausgehändigt worden seien,[101] oder dass bestimmte Bedingungen beigefügt waren,[102] verstoßen aber gegen § 309 Nr. 12 b BGB.

Gegenüber der bisherigen Rechtslage ist jetzt in § 305 Abs. 2 Nr. 2 BGB ausdrücklich geregelt, dass der Verwender eine für ihn **erkennbare körperliche Behinderung** der anderen Vertragspartei berücksichtigen muss. Für die Erkennbarkeit trägt der Verwender die Beweislast.[103] Dies gilt mithin vor allem für sehbehinderte Personen, für die der Verwender die Möglichkeit schaffen muss, sich z. B. den Vertragstext von einer Person ihrs Vertrauens vorlesen zu lassen.[104] Sonstige, also vor allem **geistige Behinderungen** (z. B. Analphabetismus) werden von § 305 Abs. 2 Nr. 2 BGB ebenso wenig erfasst, wie z. B. der deutschen Sprache nicht oder unzureichend mächtige **Ausländer**.[105] Hier hilft lediglich das allgemeine

---

[90] BGH NJW 1983, 2026.
[91] BGH WPM 1986, 1194.
[92] BGH NJW 1983, 816.
[93] BayObLG WuM 1984, 104.
[94] OLG Frankfurt/M. NJW 1986, 2712.
[95] Bub/Treier/*Bub* II Rdnr. 395.
[96] OLG Schleswig NJW 1995, 2858 zu § 568 BGB a. F.; a. A. *Voelskow* ZMR 1996, 431 ff.
[97] BGH NJW 1982, 2380; OLG Schleswig NJW 1995, 2858.
[98] BayObLG WuM 1984, 104; OLG Düsseldorf MDR 1991, 964; OLG Hamm NJW-RR 1998, 1090 = NZM 1998, 186; letztendlich offengelassen OLG Karlsruhe NJW-RR 1986, 91; der BGH scheint diese Auffassung – wenn auch nur in obiter dicta bzw. im Umkehrschluss – zu teilen: NZM 2007, 769; NZM 2004, 417; NZM 2004, 418.
[99] *Sternel* I Rdnr. 323 m. w. Nachw.
[100] BGH NJW 1982, 1388.
[101] BGH NJW 1990, 761.
[102] BGH NJW 1991, 1750 bezüglich der „anliegenden" Hausordnung.
[103] *Heinrichs* NZM 2003, 6, 8.
[104] *Fritz* NZM 2002, 713; *Heinrichs* NZM 2003, 6, 8.
[105] OLG Karlsruhe NJW-RR 2006, 605; *Fritz* NZM 2002, 713, 714; *Heinrichs* NZM 2003, 6, 8 f.

Rücksichtnahmegebot des § 241 Abs. 2 BGB. Während bei erkennbarer körperlicher Behinderung die Einbeziehung scheitert, führt die Verletzung des Rücksichtnahmegebots zur Haftung des Verwenders aus Schadensersatz gem. §§ 280 Abs. 1, 311 Abs. 2 BGB.[106]

6. Überraschende Klauseln

Die mit dem Vertragspartner des Verwenders getroffene Einbeziehungsvereinbarung beschränkt sich immer nur auf den **typischen Inhalt** eines Formularvertrages. Überraschende Klauseln werden nicht Vertragsbestandteil (§ 305c Abs. 1 BGB).

Abzustellen ist dabei auf den **durchschnittlich einsichtsfähigen, aber rechtsunkundigen Mieter**,[107] unabhängig vom konkreten Kenntnisstand der Parteien.[108]

Unter § 305c Abs. 1 BGB fallen Klauseln, die so ungewöhnlich sind, etwa auch durch Unterbringung an sachfremder, unerwarteter Stelle, dass der Kunde nicht mit ihnen zu rechnen brauchte, auch wenn der Regelungsinhalt keinen Bedenken begegnet (**Überrumpelungs- oder Übertölpelungseffekt**).[109] Dabei sind alle weiteren Umstände mit zu berücksichtigen (z. B. Werbung;[110] Verhandlungen[111]), aber auch das äußere Erscheinungsbild der Klausel,[112] vor allem die Abweichung von der verkehrsüblichen vertraglichen Gestaltung.[113]

Sternel[114] hat als **Kriterien** zutreffend herausgearbeitet:
- **Häufigkeit und Verbreitung** der Klausel:
  Je seltener und je ungewöhnlicher, desto strengere Anforderungen sind an ihre Deutlichkeit und Hervorhebung für den Kunden/Mieter zu stellen. Sind allerdings bereits mehrere Verträge mit gleichem Inhalt geschlossen worden, schließt dies einen Überrumpelungseffekt aus.[115]
- **Systematische Stellung** im Vertrag:
  Eine an sich übliche Klausel kann überraschend werden, wenn sie sich innerhalb eines umfangreichen Formularvertrages an einer Stelle befindet, an der sie der Mieter nicht zu vermuten braucht.
- **Erscheinungsbild** der Klausel:
  Durch umständliche, langatmige Formulierung oder durch mangelnde Gliederung längerer Vertragspassagen kann die Tragweite einer Bestimmung in Frage gestellt werden („Kleingedrucktes"), sofern es nicht bereits an einer wirksamen Einbeziehung i. S. v. § 305 Abs. 2 BGB fehlt.[116]

Drucktechnische Hervorhebungen oder individuelle, auch mündliche Erläuterungen lassen ggf. das Überraschungsmoment entfallen.[117] Die **Beweislast** hierfür trägt der Verwender.[118]

Beispiele:
- Koppelung des Mietvertrages mit anderen Verträgen, insbesondere mit der Verpflichtung
  - zum Ankauf von Einrichtungsgegenständen bei Übergabe der Mietsache oder bei Beendigung des Mietverhältnisses in sog. Ablösungsverträgen.[119]
  - zum Abschluss von Wartungsverträgen mit einem bestimmten Wartungsunternehmen;[120] anders soll es sein, wenn dem Mieter die Wahl des Unternehmens freisteht (str.).
  - zum Abschluss von Darlehensverträgen.[121]

---

[106] *Heinrichs* NZM 2003, 6, 9; *Blank* WuM 2004, 243, 244.
[107] BGH NJW 1985, 851; NJW 1981, 117.
[108] BGH NJW 1988, 558.
[109] BGH NJW-RR 2004, 780; NJW 2002, 485; NJW 1990, 576; NJW 1988, 558; NJW 1987, 1885; NJW 1982, 2309; NJW 1978, 1519; OLG Hamm NJW 1981, 2362 unter III 2.
[110] BGH NJW 1974, 37.
[111] BGH NJW 1988, 558.
[112] BGH NJW-RR 2006, 490; NJW 1987, 2228; NJW 1982, 2309.
[113] BGH NJW-RR 2002, 485; NJW 1985, 848.
[114] *Sternel* I Rdnr. 327.
[115] BGH NJW-RR 2007, 1703.
[116] Vgl. soeben unter § 10 II 5 Rdnr. 34, 36.
[117] BGH NJW 1992, 1822; NJW-RR 1987, 45; NJW 1981, 117.
[118] BGH NJW 1989, 2255.
[119] *Bub* DWW 1977, 76; vgl. § 4a WoVermittG.
[120] *Wolf/Lindacher/Pfeiffer*, Klauseln Rdnr. M 55; vgl. auch BGH NJW 2003, 347.
[121] *Wolf/Lindacher/Pfeiffer*, Klauseln Rdnr. M 55; vgl. auch BGH NJW 2003, 1317.

- zum Abschluss von Versicherungsverträgen etwa über eine Hausrats- oder Haftpflichtversicherung.[122]
- Gehaltsabtretung zur Sicherung von Mietansprüchen.[123]
- Beschränkung der Pflicht zur Beheizung auf wenigstens 18 Grad Celsius zwischen 8.00 Uhr und 21.00 Uhr.[124]
- Überbürdung der Treppenreinigungspflicht[125] oder der Räum- und Streupflicht[126] an unsystematischer Stelle der Hausordnung.[127] Umstritten ist, ob dies nur gilt, wenn die Übernahme dieser Pflichten nicht der Ortssitte entspricht.[128] Bei einer einseitig auferlegten Hausordnung dürfte im Übrigen die Wirksamkeit von Pflichtenüberbürdungen über den Mietvertrag hinaus bereits an § 305 Abs. 2 BGB scheitern.
- Klauseln, wonach bei Vermietung von Wohn- und Geschäftsräumen das gesamte Mietverhältnis stets als gewerbliches Mietverhältnis gilt.[129]
- Klauseln an versteckter Stelle bei der gewerblichen Zwischenvermietung, insbesondere im Bauherrenmodell, wonach es sich lediglich um ein Untermietverhältnis handelt bzw. der Vermieter nicht Eigentümer ist.[130]
- Klauseln bei Vermietung von Eigentumswohnungen, dass Mehrheitsbeschlüsse der Eigentümergemeinschaft nach Abschluss des Mietvertrags für den Mieter verbindlich sind und etwa entgegenstehenden Regelungen im Mietvertrag vorgehen.[131]
- Klauseln, welche die Verpflichtung des Vermieters, das Mietobjekt in vertragsgemäßem Zustand zu erhalten, ausschließen.[132]
- Klauseln, nach denen Einrichtungen, die sich in der vermieteten Wohnung befinden aber nicht vom Vermieter gestellt wurden (sondern z. B. von einem Vormieter zurückgelassen worden sind), nicht als mitvermietet gelten und den Vermieter nicht zu einer Instandhaltung verpflichten.[133]
- Klauseln, nach denen der Vermieter berechtigt ist, bestehende Balkone zu beseitigen, und nicht verpflichtet ist, unbenutzbare Balkone zu erneuern.[134]
- Klauseln, nach denen die Haftung für sämtliche Schäden auf die Mieter überbürdet wird, die als Verursacher in Betracht kommen, sofern der Schädiger sich nicht feststellen lässt.[135]
- Eine versteckte Klausel am Ende eines Mietvertrages, nach der sich die eingangs des Vertrages aufgeführte Miete um den Betrag erhöht, um den ein Mieterdarlehen oder eine Mietvorauszahlung zu tilgen ist.[136]
- Klauseln, nach denen Heiz- und Betriebskosten, die auf nicht vermietete Räume entfallen, anteilig auf die Mieter umgelegt werden können.[137]
- Klauseln, wonach eine gewährte Stundung jederzeit widerrufen werden kann.[138]
- Klauseln, nach denen der Mieter den Vermieter ermächtigt, im Falle seines Todes die Wohnung auf Kosten der Erben zu räumen, wenn dies nicht bis zum Ende des 2. Kalendermonats nach dem Todesfall geschehen ist.[139]
- Klauseln, nach denen der Vermieter ermächtigt wird, über zurückgelassene Gegenstände frei zu verfügen, sofern der Mieter sie trotz zweimaliger Aufforderung mit Fristsetzung oder innerhalb von 4 Wochen nach Auszug nicht abgeholt hat.[140]
- Klauseln über die Abtretung der Ansprüche des Mieters aus einem Untermietverhältnis oder aus einem Arbeitsverhältnis.[141]
- Klauseln an untergeordneter Stelle über die Verlängerung der Kündigungsfrist.[142]

---

[122] LG Düsseldorf WuM 1990, 336; LG Kassel, WuM 1990, 29.
[123] OLG Hamm BB 1983, 1304; LG Lübeck WuM 1986, 14.
[124] LG Göttingen WuM, 1989, 366; LG Heidelberg WuM 1982, 2.
[125] AG Düsseldorf WuM 1986, 306; AG Frankfurt/Höchst WuM 1988, 152.
[126] LG Frankfurt/M. NJW-RR 1988, 782.
[127] Ansonsten wirksam: OLG Frankfurt/M. NJW 1989, 41.
[128] So *Sternel* II Rdnr. 253; a. A. Bub/Treier/*Bub* II Rdnr. 402.
[129] *Sternel* I Rdnr. 329.
[130] *Bub*, Der Formularmietvertrag und das AGB-Gesetz, Partner im Gespräch (PiG) 20, 61.
[131] *Sternel*, a. a. O., I Rdnr. 329; ggf. auch Verstoß gegen § 4 AGBG = § 305 b BGB.
[132] *Bub*, Der Formularmietvertrag und das AGB-Gesetz, Partner im Gespräch (PiG) 20, 52.
[133] *Sternel* I Rdnr. 329.
[134] *Sternel* I Rdnr. 329.
[135] *Sternel* I Rdnr. 329, in jedem Fall auch Verstoß gegen § 9 AGBG = § 307 BGB.
[136] *Sternel* I Rdnr. 330.
[137] *Sternel* I Rdnr. 330.
[138] *Sternel* I Rdnr. 330.
[139] *Sternel* I Rdnr. 330.
[140] *Sternel* I Rdnr. 330.
[141] AG Hamburg-Wandsbek WuM 1985, 144.
[142] AG Langenfeld WuM 1988, 88.

7. Vorrang der Individualabrede

Haben die Parteien eine individuelle Vertragsabrede getroffen und steht diese im Widerspruch zu einer Formularklausel, so hat die Individualabrede Vorrang (so die Auslegungsregel des § 305 b BGB). 47

Unerheblich ist dabei, ob die – ggf. auch mündlich[143] oder schlüssig[144] zustande gekommene – Individualvereinbarung zugleich mit oder nach dem Wirksamwerden des Formularvertrages getroffen worden ist.[145] Es spielt ebenfalls keine Rolle, welche Partei begünstigt wird.[146] 48

Formularklauseln, die diesen **Vorrang einschränken,** sind wegen Verstoßes gegen § 305 b BGB unwirksam.[147] Schriftformklauseln oder vorformulierte Regelungen, wonach mündliche Nebenabreden nicht bestehen oder alle bisherigen Absprachen außer Kraft treten, stehen auch mündlichen Individualvereinbarungen nicht entgegen.[148] 49

Beispiele für Kollisionen zwischen Individualabreden und Formularklauseln: 50
- Wird individuell eine Betriebskostenpauschale und formularmäßig eine abzurechnende Vorauszahlung auf Betriebskosten vereinbart, so gilt die Pauschalierung.[149]
- Werden im Vertrag bestimmte Betriebskosten und abzurechnende Vorauszahlungen hierauf vereinbart, so geht diese Vereinbarung einer Formularklausel vor, dass auf sämtliche Betriebskosten nach Anlage 3 zu § 27 II. BV (jetzt § 2 BetrKV) abzurechnende Vorauszahlungen zu leisten sind.[150]
- Die Individualabrede, dass ein Mietverhältnis an einem bestimmten Tag beginnen soll, hat Vorrang vor einer vorformulierten Klausel, dass der Vermieter nicht für die rechtzeitige Räumung durch den Vormieter oder für die rechtzeitige Fertigstellung der Mieträume haftet.[151]
- Sichert der Vermieter bestimmte Eigenschaften des Mietobjektes zu, so steht eine Freizeichnung von der Gewährleistung hierzu im Widerspruch.[152]
- Ist eine Miete ohne Mehrwertsteuer individuell vereinbart worden, so geht diese Vereinbarung im nichtkaufmännischen Verkehr einer Klausel vor, dass zur Miete Mehrwertsteuer zu bezahlen ist mit der Folge, dass ein Anspruch auf Zahlung der Mehrwertsteuer nicht besteht.[153]
- Eine Klausel in einem Mietvertrag über eine Eigentumswohnung, nach der Willensbildungen der Wohnungseigentümer bestimmten Vorrang vor den Bestimmungen des Mietvertrages haben, ist unzulässig, da damit eine Individualvereinbarung verdrängt werden kann.[154]

8. Ergänzende Vertragsauslegung

Zulässig ist – soweit eine **Regelungslücke**, die nicht durch eine unwirksame Formularklausel entstanden ist, besteht (vgl. § 306 Abs. 2 BGB) – eine sog. ergänzende Vertragsauslegung. Diese hat sich allerdings nicht nur an den Interessen des Verwenders/Vermieters zu orientieren. Vielmehr gilt das sog. **Restriktionsprinzip**, wonach Formularklauseln, die zum Nachteil des Kunden von abdingbaren Gesetzesbestimmungen abweichen, eng, also zugunsten des Kunden, auszulegen sind. Eine insoweit vertragserhaltende Auslegung kommt daher nur in Betracht, wenn dadurch die Rechtsposition des Vertragspartners des Verwenders günstiger wird als bei Unwirksamkeit der Klausel und somit der Geltung des dispositiven Gesetzesrechtes.[155] 51

Hieraus ergibt sich folgende, nur vermeintlich widersprüchliche **Prüfungsreihenfolge**: 52

(1) Zunächst ist die aus Sicht des Vertragspartners des Verwenders ungünstigste, sog. **kundenfeindlichste Auslegung** vorzunehmen, damit dem Verwender jede Möglichkeit genommen wird, sich auf eine nach dem Wortlaut mögliche Auslegung zu berufen.[156]

---

[143] BGH NJW 1987, 1885.
[144] BGH NJW 2006, 138; NJW 1986, 1807.
[145] *Ulmer/Brandner/Hensen* § 305 b Rdnr. 13.
[146] OLG Karlsruhe VersR 1984, 829.
[147] OLG Celle WuM 1990, 103 unter III B 13.
[148] BGH NJW 2007, 2106; NJW 1988, 2463; NJW 1986, 1809.
[149] *Sonnenschein* NJW 1980, 1494.
[150] AG Freiburg WuM 1990, 84; AG München WuM 1990, 32.
[151] BGH NJW 2007, 1198; NJW 1984, 2468.
[152] BGH, NJW 1968, 1622; *Sternel* I Rdnr. 334.
[153] BGH WPM 1973, 677; *Bub* DWW 1977, 76; *Sonnenschein* NJW 1980, 1494.
[154] *Sternel* I Rdnr. 335.
[155] *Sternel* I Rdnr. 340.
[156] BGH NJW 1986, 46.

(2) Führt dies nicht zur Unwirksamkeit der Klausel, ist gewissermaßen in einem zweiten Schritt die **kundengünstigste Auslegung** als maßgeblich zugrunde zu legen.[157]

53 Kommt der Vertragsklausel allerdings **keinerlei Bedeutungsgehalt** zu, so dass weder verschiedene Alternativen für die Anwendung des § 305c Abs. 2 BGB ermittelt werden können noch ausreichende Anhaltspunkte für eine ergänzende Vertragsauslegung bestehen, muss sie ersatzlos entfallen.[158]

9. Unklarheitenregel

54 Führt die Auslegung einer AGB-Klausel auch unter Berücksichtigung aller zur Auslegung heranzuziehenden Umstände einschl. der soeben dargestellten ergänzenden Vertragsauslegung[159] zu keinem eindeutigen Ergebnis und sind mindestens zwei Auslegungsergebnisse rechtlich vertretbar,[160] so geht dies zu Lasten des Verwenders (§ 305c Abs. 2 BGB). Es gilt **immer die für den Kunden günstigste Auslegung.**[161] Eine Unklarheit kann sich dabei auch aus einer unübersichtlichen oder verwirrenden Wortwahl bzw. Gliederung eines Formularvertrages ergeben.[162]

55 Beispiel:
- „Schönheitsreparaturen sind Sache des Mieters": Hier bleibt offen, ob lediglich eine Freizeichnung des Vermieters oder eine Pflichtenüberbürdung zu Lasten des Mieters gewollt war, so dass zugunsten des Mieters ersteres gilt.[163] Unbedenklich ist demgegenüber die Klausel: „Schönheitsreparaturen werden vom Mieter getragen."[164]
- Hat nach einer vorformulierten Regelung der Vermieter bei unterlassenen Schönheitsreparaturen einen Ersatzanspruch in Geld und wird an anderer Stelle desselben Vertrages festgehalten, dass der Vermieter in diesem Fall zur Ersatzvornahme berechtigt ist und Kostenersatz verlangen kann, so soll sich auch der Anspruch des Vermieters im Zweifel auf bloßen Kostenersatz beschränken.[165]
- „Um- und Einbauten dürfen nur mit schriftlicher Erlaubnis des Vermieters vorgenommen und wieder beseitigt werden" bezieht sich nur auf die Wiederherstellung des vertragsgemäßen Zustandes und nicht auf Umgestaltungen von Einbauten des Mieters während der Mietzeit.[166]
- Die vorformulierte Klausel „Reinigung geht zu Lasten des Mieters" ist dahingehend zu verstehen, dass der Mieter nur die Kosten der Reinigung zu tragen braucht, ohne selbst reinigen zu müssen.[167]
- Wird in einem Mietvertrag auf bestimmte Zeit eine Klausel aufgenommen, dass der Mieter das Mietverhältnis mit einer Frist von 3 Monaten zum Monatsende kündigen kann, wenn seit Überlassung der Mieträume weniger als 5 Jahre verstrichen sind, so geht die hierdurch entstandene Unklarheit zu Lasten des Vermieters mit der Folge, dass der Mieter trotz Befristung die ordentliche Kündigung aussprechen kann.[168]
- Wird ausdrücklich die Geltung der gesetzlichen Mieterhöhungsmöglichkeiten vereinbart, ohne dass die Regelung erkennen lässt, ob sich dies auf die unmittelbar davor stehende alternative Laufzeitregelung (sowohl auf unbestimmte Zeit als auch befristet) bezieht, ist die Vermutung des § 1 S. 3 MHG (jetzt § 557 Abs. 3 BGB) nicht widerlegt.[169]
- Da die Begriffe „Nebenkosten" und „Betriebskosten" zum allgemeinen Sprachgebrauch gehören sollen, so dass der durchschnittliche Mieter eine Vorstellung über die wesentlichen damit beschriebenen Kostenarten haben soll,[170] soll die Regelung „der Mieter trägt die Nebenkosten" (bzw. Betriebskos-

---

[157] BGH NJW 1992, 1099.
[158] BGH NJW 1985, 53, 56.
[159] BGH NJW 1985, 480; OLG Schleswig WuM 1983, 75.
[160] BGH NJW 2007, 504; NJW 1990, 3016, 3017.
[161] BGH NJW 1984, 1818.
[162] LG Essen NJW 1979, 555.
[163] LG Hamburg MDR 1973, 933; AG Aachen MDR 1969, 929; *Sternel* I Rdnr. 337.
[164] OLG Karlsruhe NJW-RR 1992, 969.
[165] *Sternel* I Rdnr. 337; a. A. OLG Hamm, NJW 1983, 1332; vgl. auch BGH NZM 2004, 615.
[166] *Sternel* I Rdnr. 337.
[167] AG Wuppertal WuM 1979, 105.
[168] LG Berlin GE 1997, 189; LG Gießen NJW-RR 1996, 1293; LG Wiesbaden WuM 1994, 430 sowie zustimmend OLG Frankfurt/M. WuM 1999, 117.
[169] Vgl. im Einzelnen *Hannemann* NZM 1999, 585, 591 mit ausführlichen Nachweisen aus der Rechtsprechung unter Fn. 127 bis 132.
[170] OLG Hamm WuM 1997, 542; a. A. OLG Düsseldorf ZMR 1984, 20; LG Bonn WuM 1990, 378.

ten) dahingehend einschränkend auszulegen sein, dass damit nur die in der Anlage 3 zu § 27 der II. BV, jetzt § 2 BetrKV, aufgeführten Betriebskosten geschuldet sind.[171]
- Wird einerseits die Miete als Bruttomiete ausgewiesen, andererseits aber geregelt, dass zu dieser Miete Vorauszahlungen hinzukommen, und weiter auf § 560 BGB (vormals § 4 MHG) verwiesen, gilt zugunsten des Mieters allein die Vereinbarung einer Bruttomiete.[172]

10. Inhaltskontrolle

Kernstück des AGB-Rechts sind die Regelungen über die richterliche Inhaltskontrolle nach seinen §§ 307 bis 309 BGB. Diese erstreckt sich aber **nicht auf Vertragsbedingungen**, die
- weder von Rechtsvorschriften abweichen noch diese ergänzen (vgl. § 307 Abs. 3 S. 1 BGB), da im Fall der Unwirksamkeit derartiger Klauseln nach § 306 Abs. 2 BGB die entsprechenden gesetzlichen Vorschriften mit gleichem Inhalt treten würden.[173]
- den unmittelbaren Gegenstand der Hauptleistungen nach Art, Umfang, Quantität und Qualität beschreiben,[174] also etwa Mietgegenstand, Miete und Mietdauer festlegen, da das AGB-Recht den Vertragsparteien grundsätzlich freistellt, Leistungen und Gegenleistungen zu bestimmen.[175] Im Gegensatz zu Preisvereinbarungen unterliegen aber Preisnebenabsprachen oder Preisberechnungsklauseln der Inhaltskontrolle.[176]

Allerdings sind diese Klauseln, die der Inhaltskontrolle entzogen sind, für die im Übrigen der Schutz aus den §§ 305 Abs. 2, 305b und 305c BGB gilt, sehr wohl anhand des **Transparenzgebots** gem. § 307 Abs. 1 S. 2 BGB (hierzu näher sogleich) zu prüfen, so dass sich daraus im Ergebnis doch eine Unwirksamkeit nach § 307 Abs. 1 S. 1 BGB ergeben kann (§ 307 Abs. 3 S. 2 BGB).

§§ 308 und 309 BGB enthalten einzelne **Klauselverbote**, § 307 Abs. 1 und 2 BGB stellt eine Generalklausel dar. Hieraus ergibt sich folgende **Prüfungsreihenfolge**:
1. § 305 Abs. 1 S. 1 BGB
2. § 305 Abs. 1 S. 2 BGB
3. § 305 Abs. 2 BGB
4. § 305b BGB
5. § 305c Abs. 1 BGB
6. § 305c Abs. 2 BGB
7. § 307 Abs. 3 S. 2 i.V.m. Abs. 1 S. 2 BGB
8. § 309 BGB
9. § 308 BGB
10. § 307 Abs. 1 und 2 BGB.

Die in § 309 BGB genannten Klauseln sind **stets unwirksam**, die in § 308 BGB aufgeführten Klauseln hingegen **nur dann**, wenn sie **im Einzelfall** zu einer **unangemessenen Benachteiligung** des Vertragspartners führen. Ist keiner der dort aufgeführten Tatbestände erfüllt, muss geprüft werden, ob die Generalklausel des § 307 Abs. 1 und 2 BGB eingreift. Im **Mietrecht** sind von den Klauselverboten ohne Wertungsmöglichkeit **von Bedeutung** § 309 Nr. 2, 3, 4, 5, 6, 7 und 8, 12 und 13 BGB; von den Klauselverboten mit Wertungsmöglichkeit nach § 308 BGB die Nrn. 1, 2, 4, 5, 6 und 7.[177]

Inhaltlich neu gegenüber dem AGBG sind im Rahmen der Klauselverbote der §§ 308 und 309 BGB, soweit im Mietrecht relevant, folgende beiden Änderungen/Ergänzungen:

---

[171] OLG Hamm WuM 1997, 542, OLG München ZMR 1997, 233; a.A. *Bub*, Der Formularmietvertrag und das AGB-Gesetz, Partner im Gespräch (PiG) 20, 53 a.E. 54; OLG Celle WuM 1983, 291; OLG Frankfurt/M. WuM 1985, 91; OLG Köln NJW-RR 1991, 1234; *Sternel* I Rdnr. 338; *Sonnenschein* NJW 1980, 1493 mit der Begründung, mangels Bestimmtheit seien die Voraussetzungen für eine Einbeziehung nach § 2 AGBG (jetzt § 305 Abs. 2 BGB) nicht erfüllt.
[172] LG Berlin ZMR 2001, 188.
[173] Siehe unter § 10 II 12 Rdnr. 94 ff.
[174] BGH NJW 2008, 214; NJW 1992, 688.
[175] BGH NZM 2003, 472; NJW 1989, 2247.
[176] Vgl. nur Palandt/*Grüneberg* § 307 Rdnr. 60 m. w. Nachw.
[177] Zu den bei Muster-Mietverträgen nach wie vor oft herrschenden „AGB-Wild-West" vgl. instruktiv *Kappus* NZM 2002, 761 ff. sowie die Erwiderung hierauf von *Bachmann* NZM 2002, 768 ff.

- **Pauschalierung von Schadensersatzansprüchen:**[178]
Während es nach altem Recht bei der Pauschalierung von Schadensersatzansprüchen gem. § 11 Nr. 5 b AGBG ausreichte, dass der Wortlaut der Klausel den Gegenbeweis des Kunden nicht ausschloss,[179] muss nunmehr gem. § 309 Nr. 5 b BGB diese Möglichkeit des Gegenbeweises ausdrücklich zugelassen werden.[180]
Dies wäre etwa mit folgender ergänzenden Musterformulierung denkbar:

> **Formulierungsvorschlag:**
>
> „(...) Dem „Kunden" bleibt das Recht unbenommen nachzuweisen, dass ein Schaden überhaupt nicht oder nicht in Höhe der geltend gemachten Pauschale eingetreten ist."

- **Haftungsausschluss:**[181]
Anders als bisher in § 11 Nr. 7 AGBG kann die **Haftung für einfache Fahrlässigkeit** bei der Verletzung von Leben, Körper und/oder Gesundheit auch für Erfüllungsgehilfen nicht mehr ausgeschlossen und auf Vorsatz und grobe Fahrlässigkeit beschränkt werden (§ 309 Abs. 1 Nr. 7 a BGB).[182] Dies bedeutet, dass jede vorformulierte Haftungsbeschränkung in einem Mietvertrag, die nicht ausdrücklich Schäden aus der Verletzung des Lebens, des Körpers oder Gesundheit ausnimmt, schon wegen des Verbots der geltungserhaltenden Reduktion (vgl. § 306 BGB) insgesamt unwirksam ist, sofern keine inhaltliche und sprachliche Trennbarkeit gegeben ist.[183] Dies gilt für alle Arten von Schadensersatzansprüchen, auch unabhängig von der Art der Pflichtverletzung (Nichtleistung, Verzug oder Schlechtleistung), also aus Vertrag, vorvertraglichem Schuldverhältnis oder auch aus unerlaubter Handlung. Angesichts der sich aus der Rechtsprechung ergebenden Einschränkungen bei Haftungsausschlüssen in Bezug auf Kardinalpflichten des Verwenders[184] ist es auch ungeachtet dieser gesetzlichen Änderung kaum noch rechtswirksam möglich, die Haftung für einfache Fahrlässigkeit in AGB auszuschließen. Soweit ersichtlich steht bislang ein von der Rechtsprechung als erfolgreich bewerteter Versuch, unter Beachtung des Transparenzgebotes (§ 307 Abs. 1 Satz 2 BGB) eine Haftungseinschränkungsklausel zu formulieren, die zwischen Kardinalpflichten und sonstigen Pflichten hinreichend differenziert, noch aus.

Eine entsprechende vorformulierte Regelung könnte wie folgt aussehen:

> **Formulierugsvorschlag:**
>
> Der Vermieter haftet nur für Schäden, die er, sein gesetzlicher Vertreter oder seine Erfüllungsgehilfen vorsätzlich oder grob fahrlässig verursacht haben. Für Schäden aus einer Verletzung des Lebens, des Körpers oder der Gesundheit, die auf einer Pflichtverletzung des Vermieters, seines gesetzlichen Vertreters oder seiner Erfüllungsgehilfen beruhen, haftet der Vermieter auch bei Fahrlässigkeit. Im Übrigen ist die Haftung ausgeschlossen.

60 Nach der **Generalklausel** des § 307 Abs. 1 BGB sind formularvertragliche Regelungen unwirksam, wenn sie den Vertragspartner des Verwenders entgegen den Geboten von Treu und Glauben unangemessen benachteiligen. Auf etwaige Nachteile des Verwenders[185] oder

---

[178] Näher *Heinrichs* NZM 2003, 6, 9.
[179] Aus der nicht immer stringenten Rechtsprechung vgl. nur OLG Hamburg WuM 1990, 244; OLG Karlsruhe ZMR 2000, 380.
[180] BGH NJW 2006, 1056; Palandt/*Grüneberg* § 309 Rdnr. 30 f.
[181] Ausführlich *Heinrichs* NZM 2003, 6, 9 f.
[182] ausführlich Palandt/*Grüneberg* § 309 Rdnr. 40 ff.
[183] BGH NJW 2007, 3774; Palandt/*Grüneberg* § 309 Rdnr. 47.
[184] Vgl. nur den Rechtsentscheid des BGH zur Haftung für Mangelfolgeschäden bei einfacher Fahrlässigkeit NZM 2002, 116.
[185] BGH NJW 1987, 837.

eines Dritten[186] kommt es also ebenso wenig an, wie darauf, ob der Verwender oder ein Dritter begünstigt wird.[187]

Eine **unangemessene Benachteiligung** ist gem. § 307 Abs. 2 BGB im Zweifel – diese gesetzliche Vermutung ist somit widerlegbar – anzunehmen, wenn die Formularklausel 61
- mit **wesentlichen Grundgedanken der gesetzlichen Regelung** (dem Leitbild des Vertrages) nicht zu vereinbaren ist oder
- **wesentliche Rechte oder Pflichten**, die sich aus der Natur des Vertrages ergeben, so einschränkt, dass die Erreichung des Vertragszweckes gefährdet ist.

Wesentliche Grundgedanken einer gesetzlichen Regelung enthalten **dispositive Bestimmungen mit überwiegendem Gerechtigkeitsgehalt**, die nicht nur auf Zweckmäßigkeitserwägungen beruhen.[188] Eine unangemessene Benachteiligung wird weiter dann – widerlegbar – gesetzlich vermutet, wenn vertragliche Haupt- als auch grundlegende Nebenpflichten des Verwenders, die sog. **Kardinalpflichten**, beseitigt oder ausgehöhlt werden.[189] 62

Kriterien:

Rechtsprechung und Schrifttum haben umfangreiche (Wertungs-)Kriterien für das Vorliegen einer unangemessenen Benachteiligung entwickelt, die – wenn auch in mietrechtlichen Werken so doch allgemein gültig – *Bub*[190] und *Sternel*[191] vorbildlich zusammengefasst haben: 63

- **Erhebliche Nachteile, nicht nur Unbequemlichkeiten:** 64
  Eine entgegen Treu und Glauben unangemessene Benachteiligung setzt zunächst nicht unerhebliche Nachteile von einigem Gewicht voraus.[192] Für den Vertragspartner des Verwenders lediglich unbequeme oder nur geringfügig nachteilige Klauseln genügen nicht.
- Unangemessenheit erfordert aber noch **weitere Umstände:** 65
  Aus der Erheblichkeit des Nachteils folgt aber nicht in jedem Fall zwingend dessen Unangemessenheit.[193] Es ist vielmehr auf eine generalisierende Betrachtungsweise abzustellen unter besonderer Berücksichtigung etwa personenbezogener Vertragsverhältnisse, z.B. das vom Gesetzgeber typisierte Schutzbedürfnis vor allem des Wohnraummieters.[194]
  Heranzuziehen sind daher: 66
- **Gegenstand, Zweck und Eigenart des Vertrages,**[195]
- die **Interessenlage der Vertragsparteien** und
- die **Verkehrssitte** der beteiligten Kreise.[196]
- **Sonstiger Vertragsinhalt** ist zu berücksichtigen: 67
  In die Wertung einer beanstandeten Klausel ist auch der Vertragsinhalt im Übrigen mit einzubeziehen.[197] So kann der sich aus einer Klausel ergebende Nachteil durch eine vorteilhafte andere Klausel kompensiert[198] oder umgekehrt so verstärkt werden, dass dann beide Klauseln unwirksam sind,[199] selbst wenn diese jeweils für sich genommen keinen Bedenken begegnen würden[200] oder sogar eine Kombination einer Formularklausel mit einer nicht zu beanstandenden Individualvereinbarung vorliegt.[201] Die so gemeinsam zu beurteilenden Klauseln müssen nicht zwingend im Sachzusammenhang zueinander stehen.[202]

---

[186] BGH NJW 1982, 180.
[187] BGH NJW 1984, 2816.
[188] BGH NJW 1987, 1931; NJW 1984, 1182 m.w.Nachw.; NJW 1983, 1322; vgl. auch *Sternel* I Rdnr. 342 ff.
[189] BGH NJW 1985, 914.
[190] Bub/Treier/*Bub* II Rdnr. 414 bis 416 m.w. Nachw.
[191] *Sternel*, Mietrecht aktuell, Rdnr. 53 bis 59 m.w. Nachw.
[192] BGH NJW 2007, 3776; OLG Hamm NJW 1981, 1049; OLG Stuttgart NJW 1988, 1150.
[193] OLG Hamm NJW 1983, 826.
[194] *Sternel*, Mietrecht aktuell, Rdnr. 54 m.w. Nachw. aus der Rechtsprechung.
[195] BGH NJW 1987, 2575; NJW 1986, 2101.
[196] BGH NJW-RR 2007, 1697; NJW 1987, 2575; NJW 1985, 480; BayObLG NJW-RR 1987, 1298.
[197] BGH NJW 2003, 886; BayObLG NJW-RR 1987, 1298.
[198] BGH NJW 2006, 1056; NJW 1982, 644.
[199] BGH NJW 1983, 159, 160.
[200] BGH NJW 2006, 2116; NJW 1993, 532.
[201] BGH NJW 2006, 2116; NJW 1993, 532.
[202] BGH NJW 1983, 816 zur VOB; a.A. BayObLG NJW-RR 1987, 1298.

68 • **Äquivalenzprinzip:**
Das ausgewogene Verhältnis von Leistung und Gegenleistung darf nicht durch Leistungseinschränkungen und/oder Freizeichnungen ohne entsprechenden Ausgleich gestört werden.[203]

69 • **Preiskalkulation:**
Eine den Vertragspartner des Verwenders unangemessen benachteiligende Klausel (darauf, ob der Verwender selbst im Fall der Unwirksamkeit unangemessen benachteiligt werden könnte, kommt es nicht an[204]) kann nicht durch einen deshalb geringer kalkulierten Preis für den Vertragsgegenstand gerechtfertigt werden, außer es werden unterschiedliche Preise bei unterschiedlichen Bedingungen angeboten.[205] Dies gilt aber nicht, wenn Hauptleistung und Hauptgegenleistung durch Berücksichtigung in der Preisbemessung in ein ausgewogenes Verhältnis gebracht werden sollen, so dass der Wegfall einer nach einer Formularklausel geschuldeten Leistung geradezu selbstverständlich eine andere Bemessung der Hauptgegenleistung zur Folge hätte.[206]

70 • **Überschaubarkeit des abgewälzten Risikos:**
Ein auf den Kunden/Mieter formularmäßig abgewälztes Risiko muss, um diesen nicht unangemessen zu benachteiligen, zumindest gegenständlich, ggf. auch betragsmäßig eingegrenzt sein.[207]

71 • **Risikobeherrschung:**
Weiter ist die Beherrschbarkeit des überbürdeten Risikos für den Kunden/Mieter von Bedeutung. Dessen formularmäßig begründete, uneingeschränkte Zufallshaftung stellt grundsätzlich eine unangemessene Benachteiligung dar.[208] So ist z. B. sogar bei der Gewerberaummiete die Abwälzung von Instandhaltungs- und Instandsetzungspflichten nur insoweit zulässig, als sich diese auf den Ausgleich von Schäden durch den Mietgebrauch oder im Risikobereich des Mieters beschränkt.[209]

72 • **Versicherbarkeit des Risikos:**
Der formularmäßigen Überbürdung von Haftungsrisiken auf den Kunden/Mieter kann die Unangemessenheit genommen werden, wenn gerade diese Risiken üblicherweise vom Kunden unter Versicherungsschutz gebracht werden können und typischerweise gebracht werden; die bloße Versicherbarkeit reicht dagegen nicht aus.[210]

73 • **Zutreffende und nachvollziehbare Darstellung der Rechtslage:**
Die Rechtslage muss für den Kunden/Mieter zutreffend und überschaubar dargestellt werden, so dass er die Folgen der Klausel verstehen und nachvollziehen kann.[211] Der Kunde/Mieter darf nicht über seine gesetzlichen Rechte bzw. die wahre Rechtslage hinweggetäuscht werden.[212] Eine Klauselgestaltung, die dem Verwender die Gelegenheit eröffnet, begründete Ansprüche unter Hinweis auf eine in der Sache nicht – immer – zutreffende Darstellung der Rechtslage in seinen AGB abzuwehren, benachteiligt den Vertragspartner

---

[203] BGH NJW 2007, 1054; NJW 1986, 2102; NJW 1983, 159, 160; NJW 1982, 331; BayObLG NJW-RR 1987, 1298; OLG Stuttgart NJW 1988, 1150.
[204] BGH NJW 1987, 2575.
[205] BGH NJW 2007, 2697; NJW 1980, 1952.
[206] BGH NZM 2007, 921; NZM 2007, 879; NJW 2006, 3778; NZM 2006, 691; NJW 2005, 425; NJW 1988, 2790; NJW 1987, 2575; NJW 1985, 480 – alle zur formularmäßigen Überbürdung von Schönheitsreparaturen auf den Mieter.
[207] BGH NZM 2007, 769 für Wechsel von Gemeinschaftsantenne auf Kabelanschluss; NZM 2005, 863 für Instandhaltung und Instandsetzung von Anlagen; NJW 1989, 2247 für Kleinreparaturen; BGH, NJW 1991, 1750 unter II 4 für Wartung von Thermen, Boilern etc.
[208] BGH NJW 1992, 1761; OLG Brandenburg NZM 2004, 905.
[209] OLG Düsseldorf DWW 1992, 241.
[210] BGH NJW-RR 2004, 263; RE NZM 2002, 116; NJW 1992, 1761; NJW 1988, 1785; OLG Stuttgart, NJW 1984, 2226.
[211] OLG Celle WuM 1990, 103 unter III B 8 zur Vollmachtsklausel mangels Darstellung der Widerruflichkeit; a. A. BayObLG WuM 1997, 424 zustimmend BGH NJW 1997, 3437.
[212] BGH NJW 1991, 1750 unter II 7 zur Beschränkung der Heizpflicht; LG Hamburg WuM 1990, 416 zur Kautionsvereinbarung ohne Hinweis auf die Ratenzahlungsmöglichkeit nach § 550 b BGB a. F. = § 551 BGB; LG Stuttgart WuM 1987, 252 zur Duldungsverpflichtung wegen Modernisierung ohne Hinweis auf die Rechte des Mieters aus § 541 b Abs. 2 BGB a. F. = § 554 Abs. 3 BGB.

ebenfalls unangemessen.[213] Hierzu zählt auch, wenn durch Leistungsschmälerungen oder Pflichtenüberbürdungen unzulässige Haftungsausschlüsse kaschiert werden sollen.[214]

Besonders hervorzuheben ist das jetzt explizit in § 307 Abs. 1 S. 2 BGB geregelte **Transparenzgebot**:[215] 74

Eine unangemessene Benachteiligung kann sich danach auch aus einer unklaren und nicht transparenten Klausel ergeben,[216] aus schwer verständlichen[217] bzw. undurchschaubaren Regelungen,[218] aus lückenhaften und auch unsystematischen Klauseln,[219] soweit derartige AGB nicht bereits an § 305 Abs. 2 Nr. 2 BGB,[220] § 305c Abs. 1 BGB[221] oder an der Unklarheitenregelung des § 305c Abs. 2 BGB[222] scheitern. Das Mindestmaß an Übersichtlichkeit gilt dabei nicht nur für die einzelne Klausel, sondern auch für den Umfang des Vertrages selbst, der in einer vertretbaren Relation zur Bedeutung des Rechtsgeschäfts zu stehen hat.[223] So bereits die bis zur Schuldrechtsreform bereits maßgebliche Rechtslage.

Das bisher von der Rechtsprechung im Rahmen des § 9 AGBG entwickelte Transparenzgebot ist nunmehr aufgrund europarechtlicher Vorgaben[224] ausdrücklich in § 307 Abs. 1 Satz 2 BGB kodifiziert worden. Damit wurde aber auch inhaltlich in mehrfacher Hinsicht ein **strengerer Maßstab** eingeführt. 75

Aus dem bisherigen § 8 AGBG war abgeleitet worden, dass **leistungsbeschreibende oder preisbestimmende vorformulierte Vertragsbestandteile** einer Inhaltskontrolle entzogen sind.[225] Gleiches galt unmittelbar aus dem Wortlaut des § 8 AGBG für die bloße **deklaratorische Wiedergabe gesetzlicher Vorschriften**. Dies hat sich nun aber insoweit verschärft, als die Wiedergabe gesetzlicher Vorschriften bzw. eine Bezugnahme hierauf wie Klauseln, die das Preis-/Leistungsverhältnis betreffen, jetzt ausdrücklich **dem Transparenzgebot entsprechen** müssen, um keine Unwirksamkeit i.S.v. § 307 BGB auszulösen. So jetzt die Regelung in dessen Abs. 3 Satz 2. Folglich sind derartige vorformulierte Regelungen lediglich der Angemessenheitskontrolle, nicht aber einer **Verständlichkeits- und Transparenzprüfung** entzogen.[226] Dies bedeutet u.a., dass eine derartige Klausel aus sich heraus – wenn auch nicht unbedingt „bei flüchtiger Betrachtung", sondern durchaus bei aufmerksamer und sorgfältiger Teilnahme am Wirtschaftsverkehr[227] – verständlich sein muss, sie muss also z.B. 76

- Rechte und Pflichten des Vertragspartners des Verwenders klar, durchschaubar und vollständig darstellen,[228] aber nur im Rahmen des Möglichen[229] (nicht jede Klausel muss mit einem Kommentar versehen sein[230]);
- Rechte und Pflichten, die sich unmittelbar aus dem Gesetz oder ungeschriebenen Rechtsgrundsätzen ergeben, aber nicht ausdrücklich regeln oder den Vertragspartner gar darüber

---

[213] BGH NJW 1991, 1750 unter II 2 zur Schriftlichkeit der Untermieterlaubnis wegen § 549 Abs. 2 BGB a.F. = § 553 BGB, vgl. auch BGH NZM 2004, 22; OLG München WuM 1989, 128 unter 8 zur Schriftform für Vertragsänderungen, zustimmend BGH NJW-RR 1991, 1289.
[214] BGH NJW 1992, 1759 zur Selbstvornahmeklausel bei Kleinreparaturen; OLG Celle WuM 1990, 103 unter III B 10 zur Gewährleistung gleichmäßiger Temperaturen sowie unter III B 11 zur Fahrstuhlbenutzung; OLG Frankfurt/M. NJW-RR 1992, 396 unter A III 24 zum Ungezieferbefall.
[215] Ausführlich und instruktiv hierzu *Heinrichs* NZM 2003, 6, 10 ff.
[216] BGH NJW 1986, 1335.
[217] BGH NJW 1983, 162.
[218] BGH NJW-RR 2004, 263; NJW 1986, 1335; z.B. hinsichtlich des tatsächlichen Preises: BGH NJW 1989, 222 und 582.
[219] BGH NJW 1984, 171.
[220] Vgl. näher oben unter § 10 II 5 Rdnr. 33 ff.
[221] Im Einzelnen oben unter § 10 II 6 Rdnr. 39 ff.
[222] Oben unter § 10 II 9 Rdnr. 54 f.
[223] OLG Schleswig NJW 1995, 2858; a.A. OLG Rostock NZM 2006, 584.
[224] Art. 4 Abs. 2 und Art. 5 Satz 1 der sog. Klausel-Richtlinie 93/13/EWG.
[225] dies gilt angesichts der wortgleichen Regelung in § 307 Abs. 3 Satz 1 BGB nach wie vor: *Palandt/Grüneberg* § 307 Rdnr. 54, 57 ff.
[226] *Palandt/Grüneberg* § 307 Rdnr. 55 m.w.N.; vgl. auch *Pfeilschifter* WuM 2002, 73 ff.
[227] *Palandt/Grüneberg* § 307 Rdn. 19 m.w.N. aus der Rechtsprechung.
[228] BGH NJW-RR 2008, 192; NJW 2001, 2014, 2016; NJW 2000, 515, 519 und 651; NJW 1996, 455, 456 und 2092, 2093; NJW 1989, 222, 224.
[229] BGH NZM 2004, 903; NJW 1998, 3114, 3116.
[230] BGH NJW 1996, 2092, 2093; NJW 1993, 666 und 2054.

belehren,[231] so dass auch grundsätzlich unbestimmte Rechtsbegriffe aus der Gesetzessprache entnommen werden dürfen;[232]
- wirtschaftliche Nachteile und Belastungen, soweit nach den Umständen erforderlich, erkennen lassen,[233] allerdings ohne Offenlegung der Kalkulation;[234]
- jetzt auch die Fähigkeiten und Kenntnisse des konkreten Vertragspartners zumindest bei Verbraucherverträgen berücksichtigen (= Begleitumstand gem. § 310 Abs. 3 BGB).[235]

77 Das Transparenzgebot ist verletzt, wenn eine Klausel vermeidbare Unklarheiten und Spielräume enthält, und es wird erfüllt, wenn die Klausel im Rahmen des rechtlich und tatsächlich Zumutbaren die Rechte und Pflichten des Vertragspartners des Klauselverwenders so klar und präzise wie möglich beschreibt, wobei als Vergleichsmaßstab die gesetzliche Bestimmung herangezogen werden kann, von der abgewichen wird.[236] Auch umfangreiche oder komplizierte Regelungen können daher Transparenzgebot genügen.

Dabei ist weiter zu beachten, dass allein die Intransparenz zur Unwirksamkeit der Klausel führt. Eine darüber hinausgehende sachliche Benachteiligung ist nicht erforderlich.[237]

Sowohl im Wohnraum- auch Gewerberaummietrecht – bei am 1. 1. 2002 bereits bestehenden Formular-Mietverträgen wiederum spätestens ab dem 1. 1. 2003 – hat dies vor allem Auswirkungen auf:
- Kleinreparaturklauseln[238]
- Schönheitsreparaturklauseln[239]
- Betriebskostenumlagevereinbarungen: Nach wie vor ist nicht zweifelsfrei, ob der pauschale Verweis auf § 2 BetrKV genügt, wie die bisherige höchstrichterliche Rechtsprechung[240] annimmt.[241]
- Betriebskostenerhöhungen[242]
- Verlängerungsklauseln.[243]

11. Besonderheiten bei Verbraucherverträgen

78 Am 25. 7. 1996 ist das Gesetz zur Änderung des AGB-Gesetzes und der Insolvenzordnung vom 19. 7. 1996[244] in Kraft getreten.[245] Für das Mietrecht von Bedeutung war der dadurch neu eingefügte § 24a AGBG, der Sonderregelungen für Verbraucherverträge trifft, und jetzt in § 310 Abs. 3 BGB normiert ist.

79 a) **EG-Verbraucherrichtlinie.** Mit diesem Änderungsgesetz wurde die **EG-Richtlinie über missbräuchliche Klauseln in Verbraucherverträgen** vom 5. 4. 1993[246] – im Folgenden kurz

---

[231] BGH NJW 1996, 2093; OLG Koblenz NJW 2004, 2563.
[232] BGH NJW 1994, 1004: „wichtiger Grund", „Fehlschlagen der Nachbesserung"; anders ggf. „Wandelung" und „Minderung": BGH NJW 1982, 331, 333.
[233] BGH NJW-RR 2008, 192; NJW-RR 2008, 189; NJW 2005, 3559; NJW 2001, 2014, 2016; NJW 1999, 2279.
[234] BGH NJW 1997, 3166.
[235] Palandt/*Grüneberg* § 310 Rdn. 21; nach bisheriger Rechtsprechung ändern diese Umstände aber grundsätzlich an der Verletzung des Transparenzgebots und damit an der Unwirksamkeit der Klausel nichts: BGH NJW 1995, 2286; NJW 1992, 179; NJW 1989, 222.
[236] BGH NZM 2008, 139; NZM 2004, 93, 95.
[237] BT-Drucks. 14/6040, S. 154.
[238] BGH NJW 2004, 2961; NJW 1992, 1759; NJW 1989, 2247; LG Gießen NJW-RR 1996, 1163.
[239] BGH NZM 2008, 363; NZM 2007, 879; NZM 2006, 459; LG Hamburg NZM 2000, 541; LG Mannheim WuM 2000, 485.
[240] Vgl. die RE OLG Hamm NZM 1998, 186; OLG Frankfurt/M. NZM 2000, 757; der BGH scheint diese Auffassung – wenn auch nur in obiter dicta bzw. im Umkehrschluss – zu teilen: NJW 2008, 283; NZM 2007, 282; NZM 2004, 417; NZM 2004, 418.
[241] vgl. *Pfeilschifter* WuM 2002, 73 ff.; a. A. *Fritz* NZM 2002, 713, 715; vgl. auch BGH NJW 1996, 2374.
[242] BGH WuM 2004, 151; AG Wetzlar WuM 2001, 30.
[243] OLG Düsseldorf NJW-RR 2007, 1710; LG Hamburg WuM 2001, 340.
[244] BGBl. I 1996 S. 1013; vgl. auch BR-Drucks. 528/95; Gesetzentwurf der Bundesregierung mit Begründung in BT-Drucks. 13/2713; Beschlussempfehlung und Bericht des Rechtsausschusses BT-Drucks. 13/4699.
[245] Der vorangegangene Referentenentwurf ist abgedruckt in ZIP 1994, 1989 ff. m. Anm. *Eckert*; der Regierungsentwurf in ZIP 1995, 1460; zur Gesetzesänderung näher *Eckert* ZIP 1996, 1238; *Heinrichs* NJW 1996, 2190 ff.
[246] 93/13/EWG – ABlEG Nr. L 95 v. 21. 4. 1993, S. 29 ff. = NJW 1993, 1838.

Richtlinie genannt – in deutsches Recht umgesetzt.[247] Gegenüber der zeitlichen Vorgabe in der Richtlinie, nach der die zur Umsetzung erforderlichen Vorschriften spätestens bis zum 31. 12. 1994 hätten in Kraft gesetzt werden müssen, erfolgte die Transformation in nationales Recht somit erst mit 1½-jähriger Verspätung. Wie *Heinrichs*[248] zutreffend festgestellt hat, dürften aber hieraus keine Schadensersatzansprüche gegen die Bundesrepublik erwachsen, da sich trotz der fehlenden horizontalen Direktwirkung von EG-Richtlinien[249] aus der aus Art. 5 EG ergebenden allgemeinen Pflicht zur gemeinschaftskonformen Auslegung nationalen Rechts das Recht und die Pflicht ergibt, den wesentlichen Inhalt der Richtlinie bereits mit Wirkung ab dem 1. 1. 1995 durch richtlinienkonforme Auslegung des damaligen AGBG und des § 242 BGB in das deutsche Recht zu übernehmen.[250]

Der deutsche Gesetzgeber hatte die inhaltlichen Vorgaben der Richtlinie mit dem AGBG bereits überwiegend berücksichtigt, auch wenn das AGBG den Vertragspartner des Verwenders gegen diesen, die Richtlinie dagegen den Verbraucher schützt. Daher konnte es bei der Einführung einer neuen Vorschrift in das AGBG[251] sein Bewenden haben, ohne dass es eines Sondergesetzes für vorformulierte Klauseln in Verbraucherverträgen neben dem AGBG bedurfte.[252] Aufgrund dieser überwiegenden inhaltlichen Identität zwischen Richtlinie und AGBG[253] bzw. jetzt den §§ 305–310 BGB gerade auch im Hinblick auf das Transparenzgebot,[254] wirkt sich die nach wie vor zu beachtende Verpflichtung zu richtlinienkonformer Auslegung außerhalb von § 307 Abs. 1 und 2 BGB kaum aus.[255] Dies hat zur Folge, dass dann, wenn eine Klausel der Inhaltskontrolle nach dem AGBG[256] bzw. jetzt den §§ 305 ff. BGB standhält, gewissermaßen in einem **zweiten Prüfungsschritt** deren Wirksamkeit anhand einer richtlinienkonformen Auslegung von § 307 Abs. 1 und 2 BGB zu beurteilen ist, wobei dabei auch der Anhang zur Richtlinie von Klauseln, die „für missbräuchlich erklärt werden können" (Art. 3 Abs. 3 RiLi), herangezogen werden kann, auch wenn diesem keine Bindungswirkung, sondern lediglich Hinweischarakter zukommt.[257] In diesem Zusammenhang ist dann auch zu prüfen, ob auf Grund der Möglichkeit, dass das Ergebnis der Inhaltskontrolle durch einen Rechtssatz des Gemeinschaftsrechts beeinflusst werden könnte, eine Vorlagepflicht zum EuGH (Vorabentscheidung nach Art. 177 EGV) besteht.[258]

b) Begriff des Verbrauchervertrages. Während die Richtlinie nach ihrem Art. 4 für Verträge gilt, deren Gegenstand Güter und Dienstleistungen sind, wozu auch der Gebrauch und die Nutzung von Sachen auf Grund von Mietverträgen gehört,[259] erfasst § 310 Abs. 3 BGB **alle Verträge zwischen Unternehmern und Verbrauchern** mit Ausnahme der in § 310 Abs. 4 BGB genannten Rechtsgebiete.

Unternehmer, worunter nicht nur Kaufleute, sondern auch Freiberufler, Handwerker und Landwirte fallen,[260] müssen eine gewerbliche oder berufliche, auf Gewinnerzielung[261] gerichtete Tätigkeit von gewisser Dauer ausüben (§ 14 BGB).[262] Nach § 344 HGB gehören die

---

[247] Näher zur Richtlinie und ihrer Transformation *Eckert* WPM 1993, 1070; *Heinrichs* NJW 1993, 1817; *Damm* JZ 1994, 161; *Schmidt-Salzer* NJW 1995, 1641.
[248] NJW 1996, 2190.
[249] EuGH NJW 1994, 1401; NJW 1994, 2473.
[250] BGH NJW 1995, 2034, 2036; OLG Schleswig NJW 1995, 2858; *Götz* NJW 1993, 1853; *Heinrichs* NJW 1995, 153; *Reich* NJW 1995, 1858; *Nassall* JZ 1995, 689.
[251] Vgl. *Eckert* ZIP 1996, 1238, 1239.
[252] So noch *Hommelhoff/Wiedenmann* ZIP 1993, 562, 570 ff.
[253] *Eckert* WPM 1993, 1070; *Heinrichs* NJW 1993, 1817; *Damm* JZ 1994, 161; *Ulmer* EuZW 1993, 337.
[254] Das entsprechend der Richtlinie trotz § 8 AGBG auch für Leistungsbeschreibungen und Preisvereinbarungen gilt: OLG Celle NJW-RR 1995, 1133; näher *Heinrichs*, Festschrift für Trinkner, 1995, 157 ff.
[255] *Heinrichs* NJW 1996, 2190, 2195.
[256] Näher unter Rdnr. 56 ff.
[257] *Heinrichs* NJW 1996, 2190, 2196, 2197.
[258] Näher *Heinrichs* NJW 1996, 2190, 2196 f. m. w. Nachw.
[259] Vgl. nur *Scholz* WuM 1995, 573 m. w. Nachw. in Fn. 7.
[260] Vgl. nur Palandt/*Ellenberger* § 14 Rdnr. 2.
[261] vgl. zum umstrittenen Begriff der Gewinnerzielungsabsicht: offen gelassen in BGH NJW 2003, 2742 für Verbraucherkredite; vgl. bei Verbrauchsgüterkauf BGH NJW 2006, 2250; Staudinger/*Habermann* § 14 Rdnr. 35 ff.
[262] BGH NJW 1972, 95; NJW 1961, 309.

von einem Unternehmer getätigten Geschäfte im Zweifel zu seinem unternehmerischen Bereich. Die Frage, wann die Vermietung von Wohnungen eine unternehmerische Tätigkeit darstellt, lässt sich durch Heranziehung der Rechtsprechung zum Gewerbebetrieb i. S. von § 196 Nr. 1, 6 BGB a. F.[263] beantworten.[264]

83 **Verbraucher** sind nach § 13 BGB ausschließlich natürliche Personen, die den Vertrag nur zu privaten Zwecken abschließen, wobei nur eine gewerbliche oder selbständige berufliche Tätigkeit die Verbraucherstellung aufhebt.[265] Bei der Anmietung von Räumen, die z. B. teils zu Wohnzwecken, teils zu gewerblichen Zwecken oder zur Einrichtung einer Freiberuflerpraxis genutzt werden sollen, kommt es darauf an, welche Nutzungsart überwiegt.[266] Die berufliche Nutzung der Räume als Arbeitnehmer wird folglich durch § 310 Abs. 3 BGB geschützt.

84 Im Zweifel ist § 310 Abs. 3 BGB nicht anzuwenden.[267] Die **Beweislast** obliegt nach allgemeinen Grundsätzen demjenigen, der sich auf den Schutz von § 310 Abs. 3 BGB beruft.[268]

85 c) **Verwendereigenschaft des Unternehmers auch bei Drittklauseln.** Während nach § 305 Abs. 1 S. 1 BGB die von einem Dritten entworfenen Vertragsbedingungen nur dann der Inhaltskontrolle unterliegen, wenn sie von einem Vertragspartner eingebracht oder der Dritte von einer Vertragspartei hierzu veranlasst wurde (dem Verwender[269]), dehnt § 310 Abs. 3 Nr. 1 BGB die Inhaltskontrolle auch auf Vertragsklauseln aus, die nicht vom Unternehmer gestellt, sondern auf eigenständigen Vorschlag eines Dritten Vertragsinhalt geworden sind. Das Gesetz **fingiert** dabei, dass in Verbraucherverträgen verwendete AGB **grundsätzlich als vom Unternehmer gestellt gelten.**[270]

86 **Anders** nur, wenn der Verbraucher, wie z. B. bei Einführung der Vertragsbedingungen durch einen neutralen Dritten, etwa einen Notar, auf deren Inhalt Einfluss nehmen konnte.[271] Die amtliche Begründung nennt als ausdrückliches Beispiel, dass **auf Vorschlag des Verbrauchers** ein bestimmtes Mietvertragsformular zum Inhalt des abzuschließenden Vertrages gemacht wird.[272] Die **Beweislast** hierfür trägt nach der Gesetzesfassung der Unternehmer.[273]

87 d) **Anwendung auch auf Einzelverträge.** Die Anwendung des AGB-Rechts des BGB setzt bereits nach seinem § 305 Abs. 1 S. 1 BGB voraus, dass es sich um für eine Vielzahl von Verträgen vorformulierte Vertragsbedingungen handeln muss.[274] Nach § 310 Abs. 3 Nr. 2 BGB sind demgegenüber die §§ 305c Abs. 2, 306 und 307–309 BGB auf vorformulierte Vertragsbedingungen **auch** dann **anzuwenden, wenn** diese **nur zur einmaligen Verwendung bestimmt** sind und soweit der Verbraucher auf Grund der Vorformulierung auf ihren Inhalt keinen Einfluss nehmen konnte. Dies ist vor allem bei Zusatzvereinbarungen von Bedeutung, denen der Formularcharakter durch die gewählte Form (z. B. Computerausdruck) oder den Inhalt (z. B. namentliche Bezeichnung der Vertragsparteien) anzusehen ist. Dazu gehören auch selbst für den Einzelfall gefertigte vorformulierte Erklärungen des Mieters, etwa der Verzicht auf das Anbringen einer Parabolantenne.[275]

88 Es kommt daher nicht darauf an, ob diese vorformulierten Vertragsbedingungen auf Vorschlag des Unternehmers oder eines Dritten in den Vertrag einbezogen wurden. Hat allerdings der Verbraucher die für einen Einzelfall vorgesehenen Formularklauseln eingebracht, gilt § 310 Abs. 3 Nr. 1 BGB entsprechend.[276]

---

[263] Vgl. nur *Bub* NJW 1998, 789.
[264] *Heinrichs* NJW 1996, 2190, 2191.
[265] Palandt/*Ellenberger* § 13 Rdnr. 2 f.
[266] Vgl. OLG Celle NJW-RR 2004, 1645.
[267] *Heinrichs* NJW 1996, 2190, 2191.
[268] BGH NJW 2007, 1058; NJW 1996, 388, 389; NJW 1992, 2160.
[269] Näher unter Rdnr. 22 ff.
[270] Vgl. BT-Drucks. 13/2713, S. 7.
[271] Vgl. BT-Drucks. 13/4699, S. 5.
[272] BT-Drucks. 13/2713, S. 7.
[273] BGH NJW 2007, 1058; NJW 1992, 2160.
[274] Näher unter Rdnr. 14 ff.
[275] LG Essen WuM 1998, 344
[276] *Heinrichs* NJW 1996, 2190, 2193.

§ 310 Abs. 3 Nr. 2 BGB gilt **nicht, wenn** es sich um eine **Individualabrede** handelt. Zur 89
Beurteilung kann insoweit auf § 305 Abs. 1 S. 2 BGB[277] zurückgegriffen werden.[278] Unterschiede bestehen aber in der **Beweislastverteilung:** Bei § 305 Abs. 1 S. 2 BGB obliegt dem Verwender die Beweislast für das Vorliegen einer Individualvereinbarung, bei § 310 Abs. 3 Nr. 2 BGB dagegen dem Verbraucher, dem lediglich die Grundsätze des Beweises des ersten Anscheins zugute kommen können.[279]

e) Konkret-individuelle Inhaltskontrolle. Die Inhaltskontrolle nach den §§ 307–309 90
BGB[280] geht bei der Abwägung der Interessen des Verwenders gegenüber denjenigen des typischerweise beteiligten Vertragspartners von einem **überindividuellen, abstrakt-generalisierenden Maßstab** aus,[281] unter Berücksichtigung von Gegenstand, Inhalt, Zweck und Eigenart des Vertrages.[282] § 310 Abs. 3 Nr. 3 BGB **kombiniert** diese Kontrollkonzeption des § 307 Abs. 1 und 2 BGB **mit einer zusätzlichen Berücksichtigung von konkret-individuellen Umständen.**[283]

Heinrichs[284] nennt beispielhaft als für die Unwirksamkeit einer Klausel zu berücksichti- 91
gende Umstände: „Die Ausnutzung einer Überrumpelungssituation oder der geschäftlichen Unerfahrenheit des Verbrauchers oder ein intensives Einwirken auf den Verbraucher, um ihn zum Vertragsschluss zu bestimmen", wobei insoweit auch an §§ 123, 119, 138 BGB zu denken wäre. Herangezogen werden kann dabei auch der 2. Teil des **16. Erwägungsgrundes der Richtlinie:**

„Bei der Beurteilung von Treu und Glauben ist besonders zu berücksichtigen, welches Kräfteverhältnis zwischen den Verhandlungspositionen bestand, ob auf den Verbraucher in irgendeiner Weise eingewirkt wurde, seine Zustimmung zur Klausel zu geben, und ob die Güter oder Dienstleistungen auf eine Sonderbestellung des Verbrauchers hin verkauft bzw. erbracht wurden."

Daher kann etwa eine sorgfältige Prüfung von Vergleichsangeboten durch den Verbrau- 92
cher vor Vertragsschluss oder das Fehlen seiner „rollenspezifischen Unterlegenheit", z. B. auf Grund seiner Geschäftserfahrung, sogar gegen die Anwendung von § 307 Abs. 1 und 2 BGB sprechen.[285]

§ 310 Abs. 3 Nr. 3 BGB betrifft nicht nur die Einzelvertragsklauseln des § 310 Abs. 3 93
Nr. 2 BGB, sondern gilt darüber hinaus nur für die **Inhaltskontrolle im Individualprozess,** so dass es im Verbandsklageverfahren[286] bei einem abstrakt-generellen Kontrollmaßstab verbleibt.[287]

12. Rechtsfolgen unwirksamer Klauseln

Trotz nicht einbezogenen oder unwirksamen Klauseln **bleibt der Vertrag im Übrigen** 94
grundsätzlich wirksam (§ 306 Abs. 1 BGB). Die Unwirksamkeit einer Klausel ist dabei **von Amts wegen** zu beachten. Die nicht geltende Vertragsbestimmung wird **durch das dispositive Gesetzesrecht ersetzt** (§ 306 Abs. 2 BGB).[288] Andernfalls entfällt sie ersatzlos, soweit eine ergänzende Vertragsauslegung ausscheidet.[289] Abweichungen hiervon zu Lasten des Vertragspartners des Verwenders sind unwirksam.[290] Dem Verwender ist es aber gewissermaßen umgekehrt verwehrt, sich auf die gesetzliche Regelung zu berufen, wenn sich sein Ver-

---

[277] Vgl. unter § 10 II 4 b Rdnr. 26 ff.
[278] *Heinrichs* NJW 1996, 2190, 2193.
[279] *Heinrichs* NJW 1996, 2190, 2193.
[280] Im Einzelnen unter § 10 II 10 Rdnr. 54 ff.
[281] BGH NJW 1990, 1601; NJW 1987, 487.
[282] BGH NJW 1987, 2576; NJW 1986, 2102; LG Düsseldorf MMR 2007, 674.
[283] *Heinrichs* NJW 1996, 2190, 2193.
[284] NJW 1996, 2190, 2194.
[285] *Heinrichs* NJW 1996, 2190, 2194.
[286] Näher unter § 10 II 14 Rdnr. 99 ff.
[287] *Heinrichs* NJW 1996, 2190, 2194 m. w. Nachw.
[288] BGH NJW 1985, 852.
[289] Vgl. oben unter § 10 II 8 Rdnr. 51 ff.
[290] OLG München NJW-RR 1988, 786 für sog. Ersatzklauseln, die bei Unwirksamkeit der Primärklauseln hilfsweise gelten sollen; vgl. auch LG Köln NJW 1987, 886.

tragspartner auf die für ihn günstigere abweichende Regelung in einer Formularklausel beruft.[291] Nur aus**nahmsweise** ist ein Formularmietvertrag **insgesamt unwirksam,** wenn trotz § 306 Abs. 2 BGB das Festhalten am Vertrag für den Vertragspartner des Verwenders eine unzumutbare Härte darstellen würde (§ 306 Abs. 3 BGB).

95   Aus Gründen der Rechtssicherheit und auch zum Schutz des Vertragspartners des Verwenders ist eine Klausel, welche der Inhaltskontrolle nicht standhält, in der Regel insgesamt unwirksam.[292] Ein Aufrechterhalten der Rechtswirkungen mit dem gerade noch zulässigen Inhalt – eine sog. **geltungserhaltende Reduktion** – ist ausgeschlossen.[293] Die Rechtsprechung ist nicht dazu da, Formularklauseln eine Fassung zu geben, die einerseits dem Verwender möglichst günstig, andererseits aber gerade noch rechtlich zulässig ist.[294] Dieses Risiko hat vielmehr allein derjenige zu tragen, der entsprechende Vertragsbedingungen einseitig auferlegt.

96   Bei selbstständigem, auch zusammenhängendem Regelungscharakter verschiedener **trennbarer Teile einer Klausel** erfasst die Unwirksamkeit des einen Teils nicht zwingend auch den anderen.[295] Dies setzt aber voraus, dass sich die vorformulierte Regelung nach ihrem Wortlaut aus sich heraus sinnvoll und verständlich in einen – weiterhin wirksamen – inhaltlich zulässigen und einen – unwirksamen – inhaltlich unzulässigen Teil trennen lässt.[296] Dies galt über § 242 BGB auch für Altverträge i. S. von § 28 Abs. 2 AGBG[297] und gilt jetzt ohnehin.

Die Rechtsprechung bietet zu diesem Problemkreis ein ausgesprochen unklares Bild: Es lässt sich nicht einmal im Ansatz prognostizieren, wann zu Recht beanstandete Klauselteile zur Gesamtunwirksamkeit von ggf. mehreren, sogar völlig getrennt an verschiedenen Stellen im Mietvertrag stehenden Klauseln (wie bei der Rechtsprechung des BGH zu Schönheitsreparaturklauseln, näher nachstehend unter Rdnr. 282 ff.) führen sollen und wann bei einem unwirksamen Klauselteil die übrige Regelung in ein und demselben Satz aufrecht zu erhalten ist (so wiederum der BGH bei seiner Rechtsprechung zu Kautionsklauseln, im folgenden unter Rdnr. 218 ff.).[298] Der hierzu von der Instanzrechtsprechung teilweise verwendete „Blue-Pencil-Test" ist dabei besonders kritisch zu betrachten.[299]

97   **Salvatorische Zusätze** („soweit rechtlich zulässig") ändern in der Regel an der festgestellten Unwirksamkeit nichts.[300] Die Unwirksamkeit einer Klausel kann aber durch nachträgliche individuelle Vereinbarung geheilt werden (analog § 141 BGB).[301]

13. Schadensersatzpflicht des Verwenders

98   Der Verwender unwirksamer Klauseln kann sich nach den Grundsätzen der c. i. c. schadensersatzpflichtig machen (§§ 280 Abs. 1, 311 Abs. 2 BGB), da er gegen die bei Vertragsverhandlungen bestehende Pflicht zur gegenseitigen Rücksichtnahme und Loyalität verstößt.[302] Der zu ersetzende Schaden kann z. B. in Rechtsberatungskosten bestehen, ganz abgesehen davon, dass die auf der Grundlage unzulässiger Klauseln erbrachten Leistungen zurückgefordert werden können (neben der Geltung der §§ 812 ff. BGB).

14. Verbandsklageverfahren/Vorabentscheidung des EuGH

99   Auch im Hinblick auf Mietvertragsklauseln weisen (ursprünglich neben dem im Rahmen der ZPO-Reform ab dem 1. 1. 2002 **ersatzlos abgeschafften Rechtsentscheid** nach § 541

---

[291] BGH NJW 1987, 2506; AG Oberndorf WuM 1991, 44 zur Verkürzung der gesetzlichen Kündigungsfrist.
[292] BGH NJW 1986, 1611; NJW 1984, 49.
[293] BGH NJW 2001, 303; NJW 1989, 2247; NJW 1988, 2664; NJW 1984, 2687; BayObLG NJW 1985, 1716.
[294] BGH NJW 1985, 319; *Sternel* I Rdnr. 400.
[295] BGH NZM 2004, 653; NJW 1987, 1072; NJW 1983, 1320; OLG Hamburg NJW-RR 1992, 10.
[296] BGH NJW 2008, 365; NZM 2003, 754; NJW 1991, 2141; NJW 1983, 385; NJW 1982, 2309, 2310.
[297] OLG Hamburg WuM 1995, 637.
[298] Ausführlich und instruktiv hierzu *Heinrichs* NZM 2005, 201 ff.
[299] BayObLG NJW-RR 1997, 1371; OLG Brandenburg NZM 2004, 905; vgl. auch *Pfeilschifter* WuM 2003, 543.
[300] BGH NJW 1987, 1815; a. A. WPM 1993, 915; vgl. auch OLG Stuttgart NJW 1981, 1106; BGH NJW-RR 2002, 1377.
[301] BGH NJW 1985, 57.
[302] BGH NJW 1987, 639, 640; NJW 1984, 2816.

ZPO a. F.) Unterlassungsurteile im sog. Verbandsklageverfahren eine besondere Bindungswirkung über die Prozessparteien und damit den Einzelfall hinaus auf.

Nach § 11 UKlaG kommt einem auf eine Verbandsklage nach §§ 1, 3 UKlaG hin ergehenden, rechtskräftigen Unterlassungsurteil eine besondere, **rechtskrafterstreckende Wirkung** zu.[303] Im Interesse eines wirksamen Verbraucherschutzes mit Breitenwirkung kann sich jeder Kunde grundsätzlich (außer im Fall des § 10 UKlaG) auf diese Urteilswirkungen im Wege der Einrede sowohl außerhalb eines Prozesses als auch in einem gerichtlichen Verfahren bis zum Schluss der mündlichen Verhandlung in seinem Individualprozess berufen. Dies hat zur Folge, dass **das Gericht ohne eigene Sachprüfung von der Unwirksamkeit der jeweiligen Formularklausel auszugehen hat.** Einem klagabweisenden Urteil in einem Verfahren nach §§ 1, 3 UKlaG kommt allerdings umgekehrt eine derartige Bindungswirkung nicht zu.

Während sich der Gesetzgeber beim Rechtsentscheid für eine unmittelbare Bindungswirkung entschieden hatte, hat er hier in §§ 305 ff. BGB die **Einredelösung** gewählt. Ob dieser Umstand dazu geführt hat, dass kaum ein Gericht unter Hinweis auf § 11 UKlaG eine Bindung an ein vorheriges Unterlassungsurteil angenommen und allein deshalb eine AGB für unwirksam erklärt hat, mag dahinstehen. Immerhin wurde als Weg für mehr Bindungswirkung von Gerichtsentscheidungen im AGB-Recht die Einführung einer Art Rechtsentscheid diskutiert.[304]

Wie vorstehend an mehreren Stellen dargelegt, wird im Rahmen der §§ 305–310 BGB die europäische Richtlinie 93/13 EWG des Rates vom 5. 4. 1993 über missbräuchliche Klauseln in Verbraucherverträgen umgesetzt (etwa mit dem Transparenzgebot des § 307 Abs. 1 S. 2 BGB oder mit § 310 Abs. 3 BGB). Die Frage, ob die Handhabung des umgesetzten Rechts der Richtlinie entspricht, hat der EuGH zu beantworten. Daher haben die Instanzgerichte insoweit die Berufung und/oder die Revision zuzulassen und der BGH hat eine **Vorabentscheidung des EuGH** einzuholen (Art. 234 EG-Vertrag). Allerdings ist zu beachten, dass es grundsätzlich Sache des nationalen Gerichts ist, festzustellen (etwa durch Auslegung), ob eine Vertragsklausel die Kriterien erfüllt, um als missbräuchlich i. S. v. Art. 3 Abs. 1 der Richtlinie qualifiziert zu werden.[305]

III. Gestaltungsmöglichkeiten einzelner Wohnraummietvertragsklauseln

1. Rechtsgeschäftliche Regelungen

a) **Vertragsschluss.** Bei der Verwendung von Formularverträgen ergeben sich Probleme, wenn ein längerfristiger Mietvertrag abgeschlossen und die **schriftliche Form** des § 550 BGB gewahrt werden soll, um vorfristige Loslösungsmöglichkeiten zu vermeiden. Diese Problematik wird umfassend in § 10 behandelt.

b) **Vollmachtsklauseln.** Bei allem Verständnis für die Erleichterungen des rechtsgeschäftlichen Verkehrs für den Vermieter werden vorformulierte Erklärungsvollmachten der Mieter überwiegend für unwirksam gehalten, insbesondere im Hinblick auf den Ausspruch von Kündigungen und den Abschluss von Mietaufhebungsverträgen.[306] Empfangsvollmachtsklauseln wurden dagegen – mit Ausnahme von Kündigungen und Mietaufhebungsverträgen – als wirksam beurteilt, in jedem Fall auch für die Empfangnahme von Mieterhöhungserklärungen nach §§ 558 ff. BGB.[307] Der BGH hat in Abweichung hiervon eine vorformulierte **Empfangsvollmacht** jedenfalls während des bestehenden Mietverhältnisses auch für Kündigungen für wirksam erachtet.[308] Zur Begründung hat er ausgeführt, dass die vollmachtge-

---

[303] Zur Problematik der, praktisch allerdings nur wenig bedeutsamen, Einordnung dieser Urteilswirkung vgl. nur *Ulmer/Brandner/Hensen* § 11 UKlaG Rdnr. 10 f. m. w. Nachw.
[304] So *Löwe*, Instrumente der abstrakten Kontrolle, in „Zehn Jahre AGB-Gesetz", 1987, S. 99, 116 ff.
[305] EuGH NJW 2004, 1647 Rdnr. 25.
[306] Vgl. nur *Ulmer/Brandner/Hensen* Anh. § 310 BGB Rdnr. 1018.
[307] OLG Hamm WuM 1983, 83; OLG Schleswig NJW 1983, 1862; a. A. OLG Celle WuM 1982, 102.
[308] BGH NJW 1999, 3437; NZM 1998, 22.

benden Mieter dadurch geschützt sind, dass sie die Vollmacht jederzeit widerrufen können und dass im Auszug eines Mieters, jedenfalls bei Angabe der neuen Anschrift dem Vermieter gegenüber, konkludent ein – zulässiger – derartiger Vollmachtswiderruf zu sehen ist.

104 Aus diesem Grunde ist eine Klausel, die den Eindruck der Unwiderruflichkeit der Vollmacht vermittelt, unwirksam, wobei allerdings ein ausdrücklicher Hinweis auf die Widerrufsmöglichkeit nicht erforderlich sein soll (angesichts des Transparenzgebotes problematisch).[309] Der Widerruf derartiger Vollmachten kann formularmäßig auf das Vorliegen eines wichtigen Grundes beschränkt werden.[310]

105 Vollmachten, in denen sich mehrere Mieter gegenseitig zur **Abgabe von Willenserklärungen ermächtigen,** sind formularmäßig erteilt nur wirksam, wenn sie ausdrücklich keine Erklärung decken, die den Bestand des Mietverhältnisses betrifft, z.B. die Erklärung einer Kündigung bzw. den Abschluss eines Mietaufhebungsvertrags oder die Hauptleistungspflichten des Vertragspartner ändern, wie z.B. die Zustimmung zur Mieterhöhung.[311]

106 Eine Klausel, nach der eine gegenüber einem Vertragspartner abgegebene Erklärung dem anderen Vertragspartner **als zugegangen gilt,** ist gem. § 308 Nr. 6 BGB unwirksam, wenn sie sich auch auf Erklärungen von besonderer Bedeutung bezieht, wie z.B. auf Mahnungen, Fristsetzungen oder Kündigungen.[312]

2. Vertragspartner

107 **a) Stellung als Vertragspartei.** Wer den Mietvertrag unter der Bezeichnung „Vermieter" unterschreibt, ist grundsätzlich Vertragspartner, auch wenn er im Kopf des Mietvertrags als solcher nicht angegeben ist.[313]

108 Der Grundstückseigentümer wird nicht dadurch Vermieter, dass er die Mietvertragsurkunde unterzeichnet, wenn im Kopf der Vertragsurkunde ein Dritter als Vermieter angegeben ist.[314]

109 **b) Eheleute als Vertragspartner.** Sind **beide** Eheleute im Mietvertrag **als Mietpartei bezeichnet** und **unterschreibt aber nur einer** von ihnen, so soll im Zweifel anzunehmen sein, dass der unterschreibende Ehegatte den anderen vertreten hat.[315] Dies insbesondere, wenn der nicht unterzeichnende Ehegatte an den Vertragsverhandlungen beteiligt war.[316] Dies überzeugt nicht. Gerade in einem derartigen Fall erscheint es doch zweifelhaft, ob dieser Ehegatte wirklich Vertragspartei werden wollte. Warum hat er dann nicht unterschrieben? Richtiger ist es daher, in derartigen Fällen im Zweifel nicht anzunehmen, dass der unterschreibende Ehepartner den Vertrag zugleich in Vertretung mit Vollmacht für dem anderen Ehegatten unterschrieben hat, außer es liegt eine typische Vertretungssituation vor, also die Verhinderung des nicht unterzeichnenden Ehegatten aus tatsächlichen oder rechtlichen Gründen.[317] § 1357 BGB findet jedenfalls keine Anwendung.[318]

110 Die Ehefrau des Mieters, die im Vertragsrubrum nicht als Mieterin aufgeführt ist, erlangt allein durch Unterschrift unter dem Mietvertrag noch nicht die Stellung einer Mitmieterin.[319]

111 **c) Nichteheliche Lebensgemeinschaft als Vertragspartei.** Bei nichtehelichen heterosexuellen Lebensgemeinschaften gelten für den Vertragsschluss grundsätzlich dieselben Regeln wie

---

[309] BGH NJW 1999, 3437; NZM 1998, 22; a.A. OLG Celle WuM 1990, 103, 113.
[310] BGH NJW 1984, 2816.
[311] OLG Celle WuM 1990, 113; OLG Nürnberg NJW 1988, 1221; offengelassen: BGH NZM 1998, 22.
[312] OLG Frankfurt/M. WuM 1992, 61.
[313] LG Schweinfurt WuM 1989, 362.
[314] AG Hamburg WuM 1989, 282.
[315] OLG Düsseldorf WuM 1989, 362; OLG Oldenburg ZMR 1991, 268; OLG Schleswig ZMR 1993, 69; LG Berlin GE 1995, 565.
[316] OLG Schleswig ZMR 1993, 69.
[317] LG Mannheim ZMR 1993, 415; AG Potsdam GE 1995, 1305.
[318] LG Berlin GE 1995, 565; LG Mannheim ZMR 1993, 415; AG Potsdam GE 1995, 1305.
[319] LG Berlin ZMR 1988, 103.

für Eheleute, mit Ausnahme der HausratsVO die weder direkt noch analog Anwendung findet.[320] Auf die vorstehenden Ausführungen kann daher verwiesen werden.

Dies gilt auch für die den Eheleuten im Wesentlichen durch das am 1. 8. 2001 in Kraft getretene **Lebenspartnerschaftsgesetz**[321] gleichgestellten gleichgeschlechtlichen Lebensgemeinschaften. 112

d) Vermietung an eine Wohngemeinschaft. Wird der Wohnraummietvertrag mit Mitgliedern einer Wohngemeinschaft abgeschlossen, bilden diese im Regelfall eine BGB-Gesellschaft, deren Zweck in der Beschaffung und Unterhaltung einer Unterkunft besteht.[322] Möglich ist es auch, nur mit einem Mitglied der Wohngemeinschaft den Mietvertrag abzuschließen und diesen zu berechtigen, einer bestimmten Anzahl von Dritten den selbstständigen oder unselbstständigen Mietgebrauch zu überlassen.[323] 113

Im Falle eines **Mieterwechsels** bei Wohngemeinschaften gilt folgendes: Nach überwiegender Ansicht ist beim Abschluss eines Mietvertrages mit einer Wohngemeinschaft von vornherein konkludent vereinbart, dass einzelne Mieter unter Fortbestand des Mietverhältnisses ausgetauscht werden können, der Vermieter also dem Ausscheiden eines Mieters und dem gleichzeitigen Eintritt eines neuen Mieters zustimmen muss.[324] Dies wird daraus hergeleitet, dass beim Vertragsschluss auch für den Vermieter die nahe liegende Möglichkeit erkennbar ist, dass die Mieter – bei der typischen studentischen Wohngemeinschaft z. B. infolge unterschiedlich langer Studiendauer, Wechsel des Studienortes, Studienabbruch, Neuorientierung in persönlichen Beziehungen – die Wohnung unterschiedlich lang bewohnen wollen. Eine Grenze bildet § 553 Abs. 1 BGB, wenn der Nachfolger aus Gründen, die in dessen Person liegen, dem Vermieter nicht zuzumuten ist. Diese Auffassung ist auch verfassungsrechtlich nicht zu beanstanden.[325] 114

Dieser Anspruch auf Mieterwechsel kann nicht durch Verwendung von Formularklauseln ausgeschlossen werden, da in der Regel in der Vermietung an eine Wohngemeinschaft eine zumindest konkludente Individualvereinbarung zu sehen ist, die einer entgegenstehenden Formularklausel nach § 305 b BGB vorgeht. Wird allerdings an alle, namentlich feststehende Mitglieder einer Wohngemeinschaft vermietet, ist der Vermieter grundsätzlich nicht verpflichtet, einem Mieterwechsel zuzustimmen.[326] 115

e) Stellvertretung. Jede Vertragspartei kann unbeschränkt Dritten die Befugnis einräumen, für sie und in ihrem Namen als Vertreter sowohl bei Vertragsabschluss als auch im Übrigen bei der Abgabe oder dem Empfang sonstiger Willenserklärungen im Rahmen der Durchführung und der Beendigung eines Mietverhältnisses tätig zu werden. Nach dem **Offenkundigkeitsgrundsatz** muss dabei der Vertreter aber für den Vertragspartner erkennbar machen, dass er für und im Namen eines Dritten (seines Vollmachtgebers) handelt. Andernfalls kommt der Mietvertrag allein mit dem Vertreter zustande (§ 164 Abs. 2 BGB).[327] Vertretungsrechtlich reicht es gem. § 164 Abs. 1 S. 2 BGB aus, wenn sich das Handeln eines Dritten aus den Umständen ergibt.[328] Wegen § 550 BGB muss aber das Vertretungsverhältnis selbst grundsätzlich in der Mietvertragsurkunde zum Ausdruck kommen,[329] üblicherweise durch einen das Vertretungsverhältnis anzeigenden Zusatz, seltener, aber nach h. M. zulässigerweise, auch durch Unterzeichnung mit dem Namen des Vertretenen.[330] Wird eine auf eine Gesellschaft lautende Vertragsurkunde von einer natürlichen Personen unterschrieben, dann bedarf es keiner zusätzlichen Kenntlichmachung, dass der Unterzeichnende für die Ge- 116

---

[320] OLG Hamm NJW-RR 2005, 1168; *Brudermüller* FamRZ 1994, 207.
[321] BGBl. I 2001, S. 266 ff.
[322] OLG Saarbrücken NJW-RR 1992, 781.
[323] Schmidt-Futterer/*Blank* Vor § 535 Rdnr. 291.
[324] LG Braunschweig WuM 1982, 188; LG München I WuM 1982, 189; LG Karlsruhe WuM 1985, 83; LG Göttingen NJW-RR 1989, 783.
[325] BVerfG WuM 1993, 104.
[326] Schmidt-Futterer/*Blank* § 540 Rdnr. 18.
[327] BGH NJW 1961, 2251.
[328] BGH NJW-RR 1986, 484; NJW 1974, 1191.
[329] Bub/Treier/*Heile* II Rdnr. 758.
[330] RGZ 74, 69; Staudinger/*Rolfs* § 568 BGB Rdnr. 19.

sellschaft handeln will.³³¹ Die Bevollmächtigung selbst, oder auch die Genehmigung, unterliegt dagegen nicht der Form des § 550 BGB und kann somit auch außerhalb der Urkunde erklärt werden (§ 167 Abs. 2 BGB).³³²

117 **f) Einschaltung von Hausverwaltungen.** Schließt eine Hausverwaltung einen Mietvertrag ohne den Namen des Vermieters zu erwähnen, so soll der Vertrag unmittelbar mit dem Vermieter abgeschlossen sein, für den der Verwalter handeln wollte. Dass die Hausverwaltung den Vertrag als solche abgeschlossen hat, mache deutlich, dass sie ihn nicht in eigenem, sondern in fremdem Namen schließen wollte.³³³ Die Entscheidung überzeugt nicht; sie beachtet zu Unrecht § 164 Abs. 2 BGB nicht.

118 Ist im Kopf des Mietvertrags die Verwaltung des Eigentümers mit dem Zusatz „Hausverwaltung" als Vermieter angegeben, so ergibt sich daraus nicht zwingend, dass der Verwalter den Vertrag als Vertreter des Eigentümers für diesen abgeschlossen hat. Anders soll es aber sein, wenn die Hausverwaltung mit dem Zusatz „Bevollmächtigt" aufgeführt ist.³³⁴

119 **g) Gewerbliche Zwischenvermietung.** Angesichts der zwingenden Regelung des § 565 BGB besteht insoweit im Grundsatz kein Regelungsbedürfnis mehr. Anders allenfalls bei Bauträgern, bei denen schon vor Fertigstellung des Gebäudes Mietverträge abgeschlossen werden (sog. Vermietung auf dem Reißbrett) und der Vermieter vorab – auch formularmäßig – seine Vermieterstellung auf den Grundstückserwerber überträgt mit der Folge eines Vermieterwechsels nicht nach § 566 BGB sondern nach § 567a BGB.³³⁵ Allerdings würde eine vorformulierte Regelung, die schon von Anfang an einen Dritten als Vertragspartner einsetzt, gegen § 305b BGB verstoßen.³³⁶

120 **h) Eintrittsklausel bei einer vermietenden Gesellschaft bürgerlichen Rechts.** Bedenken an derartigen vorformulierten Regelungen bestehen nicht, sofern sie lediglich eine analoge Anwendung des § 566 BGB vorsehen, die ohnehin kraft Gesetzes gilt.³³⁷ Anders etwa bei Eintritt eines Gesellschafters in die (vermietende) Einzelhandelsfirma, die dann als BGB-Gesellschaft fortgeführt wird.³³⁸

121 Ohnehin hat sich die **Rechtslage** im Zusammenhang mit einer BGB-Gesellschaft durch die neuere höchstrichterliche Rechtsprechung erheblich **geändert:**

Nach bislang herrschender Auffassung in Rechtsprechung und Literatur waren Änderungen im Gesellschafterbestand einer Personengesellschaft unbeachtlich; Vertragspartner blieben die Gesellschafter in ihrer ursprünglichen Zusammensetzung zum Zeitpunkt des Vertragsabschlusses. Nachdem der BGH aber die **Rechtsfähigkeit einer (Außen-) GbR** bejaht hat,³³⁹ hat das Kammergericht³⁴⁰ festgehalten, dass z.B. eine formwechselnde Umwandlung einer einen Wohnraummietvertrag abschließenden Kommanditgesellschaft auf eine GbR und ein Wechsel im Gesellschafterbestand keinen Einfluss auf den Fortbestand der mit der Gesellschaft bestehenden Rechtsverhältnisse hat, weil dadurch die Identität der Gesellschaft als solche nicht berührt wird. Die Gesellschaft bleibt vielmehr zur Geltendmachung der Ansprüche (hier: aus einem Wohnraummietvertrag) berechtigt, den seinerzeit eine andere Personengesellschaft mit anderen Gesellschaftern abgeschlossen hat.

Hieraus ergeben sich erhebliche praktische Konsequenzen, auf die hier nur im mietrechtlichen Zusammenhang näher eingegangen werden soll:

---

[331] OLG Hamm NZM 1998, 720.
[332] BGH NJW 1994, 1344.
[333] KG MDR 1983, 1023 – str.
[334] LG Berlin MDR 1988, 54 – str.
[335] Bub/Treier/*Bub* II Rdnr. 417.
[336] BGH NJW 2007, 2036; NJW 1991, 1420, 1421; NJW-RR 1990, 613, 614.
[337] BGH NZM 1998, 260; a.A. noch OLG Düsseldorf MDR 1993, 143.
[338] BGH NZM 2001, 621; KG NJW-RR 2007, 590.
[339] BGH NJW 2003, 1043 = NZM 2003, 235; NJW 2002, 3389 = NZM 2002, 950; NZM 2003, 108; NZM 2001, 299; anders – wie bisher – die Erbengemeinschaft BGH NZM 2002, 67.
[340] KG NZM 2001, 520.

Materiell-rechtliche Folgen: 122

- Liegt eine Außengesellschaft vor, bedarf es zur Abgabe von Willenserklärungen somit nicht mehr der Mitwirkung aller Gesellschafter bzw. der Bevollmächtigung eines Gesellschafters durch die anderen.[341] Anders bei der bloßen Innengesellschaft.
- Unbeschränkte und durch bloße Vereinbarung der Gesellschafter untereinander nicht beschränkbare persönliche Haftung (vgl. § 128 HGB; das Verhältnis der Gesellschafterhaftung zur Gesellschaftshaftung entspricht folglich demjenigen bei der OHG).
- Der Eintritt in eine GbR führt grundsätzlich zur Haftung für die vorher begründeten Verbindlichkeiten; der Haftungsausschluss bedarf einer besonderen Vereinbarung mit dem Gläubiger (vgl. § 130 HGB).[342]
- Im Falle des Austritts von Gesellschaftern gilt nach § 736 Abs. 2 BGB (Nachhaftung) die Regelung des § 160 HGB sinngemäß. Anders als dort in Abs. 1 S. 2 ist allerdings grundsätzlich nicht die Eintragung des Ausscheidens in ein Register sondern nur die Kenntnis des Gläubigers vom Ausscheidenstatbestand maßgeblich für den Fristbeginn.[343] Eine Begrenzung dieser Nachhaftung (etwa auf das Gesellschaftsvermögen) ist somit allenfalls individualvertraglich zulässigerweise möglich.
- Im Hinblick auf die Vertragsgestaltung wäre danach darauf zu achten, dass ein Ausscheiden eines Gesellschafters verhindert wird, um nicht Haftungspotenzial zu verlieren. Denkbar wäre z.B., die Gesellschafter persönlich als Mitmieter aufzunehmen. Dies könnte aber umsatzsteuerrechtliche Probleme aufwerfen und zum Verlust des Vorsteuerabzugs führen, da der bloße Mitgesellschafter und Mitmieter nicht als Unternehmer angesehen wird, sondern nur die BGB-Gesellschaft. Die Aufnahme als Untermieter setzt Zustimmung des Vermieters voraus und kann im Übrigen zum Sonderkündigungsrecht des § 540 Abs. 1 S. 2 BGB analog führen, selbst wenn die Verweigerung der Zustimmung begründet erfolgte. Alternativ scheint es daher sinnvoll, die Gesellschafter als Bürgen einzubinden.

Prozessuale Folgen: 123

- Strenge Trennung zwischen Gesellschaftsprozess und Gesellschafterprozess. Titel für oder gegen die Gesellschafter machen es daher erforderlich, dass neben der GbR auch die Gesellschafter namentlich im Rubrum entweder auf Aktiv- oder auf Passivseite aufgenommen werden.
- Klagt z.B. eine BGB-Gesellschaft und verliert den Prozess, bestehen Kostenerstattungsansprüche nur gegen die Gesellschaft selbst, sofern der jeweilige Beklagte nicht zugleich Widerklage gegen die Gesellschafter erhoben hat.
- Ist die BGB-Gesellschaft auf der Passivseite, muss sich der jeweilige Kläger überlegen, ob er nicht in jedem Fall auch die Gesellschafter mit verklagt, um zum Beispiel ganz sicher zu gehen, ob es sich nicht um eine nichtrechtsfähige bloße Innengesellschaft handelt.

i) **Vorab-Zustimmung zum Vermieterwechsel.** Ob der Mieter schon vorweg dem **Eintritt** 124 **eines Dritten** in den Mietvertrag anstelle des Vermieters durch eine Formularklausel zustimmen kann – dies war insbesondere im Rahmen gewerblicher Zwischenmietverhältnisse bedeutsam – ist umstritten. Da § 309 Nr. 10 BGB auf Mietverträge keine Anwendung findet[344] muss eine entsprechende vorformulierte Regelung zur Vermeidung der Folge des § 305c Abs. 1 BGB besonders drucktechnisch hervorgehoben werden.[345] Nachdem ein Vermieterwechsel auf Grund der Vorschrift des § 566 BGB, die auch hier eingreift, auch im Rahmen des gesetzlichen Leitbildes eines Mietvertrages vorgesehen ist, fehlt es an einer unangemessenen Benachteiligung des Mieters i.S.v. § 307 Abs. 2 Nr. 1 BGB.[346] Entscheidend ist aber, dass eine derartige Eintrittsregelung dem eintretenden Vermieter keine weitergehenden Rechte als dem

---

[341] So noch für Eheleute als Eigentümer und Vermieter bezogen auf ein Zustimmungsverlangen zur Mieterhöhung das LG Köln WuM 2001, 287.
[342] BGH NZM 2006, 154; NJW 2003, 1803; a. A. OLG Düsseldorf NJW-RR 2002, 763.
[343] BGH NJW 1992, 1615.
[344] Vgl. nur *Kummer* WuM 1991, 241.
[345] Bub/Treier/*Bub* II Rdnr. 417; *Kummer* WuM 1991, 242.
[346] Bub/Treier/*Bub* II Rdnr. 417; a. A. *Kummer* WuM 1991, 242.

bisherigen Vermieter einräumen bzw. die Rechte des Mieters nicht verkürzen darf; andernfalls ergibt sich die Unwirksamkeitsfolge aus § 307 Abs. 2 Nr. 2 BGB.[347]

125 Der formularvertragliche Ausschluss des gesetzlichen Vermieterwechsels verstößt dagegen gegen § 307 BGB, auch wenn in einem derartigen Fall Schadensersatzansprüche gegen den veräußernden Vermieter bestünden.[348]

126 **j) Ersatzmieterstellung.** Die Möglichkeit für den Mieter, sich aus einem längerfristigen Mietverhältnis über Wohnraum zu lösen, wenn sein Interesse hieran die Interessen des Vermieters an der vertragsgemäßen Erfüllung des Mietverhältnisses erheblich überragt,[349] kann formularmäßig nicht vollständig ausgeschlossen werden.[350] Dem Mieter steht vielmehr ein aus Treu und Glauben nach § 242 BGB abgeleitetes, unabdingbares Kündigungsrecht unter Einhaltung der gesetzlichen Frist für den Fall zu, dass sein nicht von ihm zu vertretendes Interesse an der vorzeitigen Beendigung die Interessen des Vermieters am Fortbestand des Mietverhältnisses und dessen vertragsmäßiger Erfüllung erheblich überwiegt, ein Abwarten bis zur vertraglich vereinbarten Beendigung des Mietverhältnisses unzumutbar ist[351] und schließlich der Vermieter einen wirtschaftlich und persönlich zuverlässigen Ersatzmieter ablehnt, der bereit ist, in den Mietvertrag zu unveränderten Bedingungen für den Rest der Mietdauer einzutreten.[352] Durch die – von zulässigerweise abweichenden vertraglichen Regelungen abgesehen[353] – zwingend ab dem 1. 9. 2001 geltende einheitliche Kündigungsfrist für den Wohnraummieter von drei Monaten nach § 573c BGB und die Beschränkung zulässiger Zeitmietverträge in § 575 BGB dürfte diese Problematik künftig an Bedeutung verlieren.

127 Sog. **Ersatzmieterklauseln,** die es dem Mieter gestatten, einen persönlich und wirtschaftlich zumutbaren Ersatzmieter zu stellen, der an seiner Stelle in den im Übrigen unveränderten Mietvertrag eintritt, begegnen keinen Bedenken.[354]

3. Mietobjekt

128 **a) Beschreibung.** Nach § 535 Abs. 1 S. 1 BGB ist der Vermieter verpflichtet, dem Mieter den Gebrauch (nur) der vermieteten Sache zu gewähren. Um welche vermietete Sache es sich handelt und welchen, in erster Linie räumlichen Umfang sie hat, kann sich nur aus dem Mietvertrag ergeben. Daher ist die genaue Beschreibung vor allem auch etwa mitvermieteter Zubehörräume und -flächen von entscheidender Bedeutung. Dies unter anderem deshalb, um während der Mietzeit Streit darüber zu vermeiden, welchen Umfang die soeben erwähnten Gebrauchsgewährpflichten des Vermieters und/oder die Gebrauchsrechte des Mieters haben, aber auch um bei Vertragsende Auseinandersetzungen z. B. darüber zu entgegen, ob der Mieter Umbauten vorgenommen hat, ob die Mietsache durch vertragswidrige Nutzung beschädigt wurde etc.

129 Die Beschreibung sollte sich erstrecken auf:
- Lage der Wohnung im Haus
- Anzahl der Zimmer
- Bezeichnung der Art von Küche, Toilette, Bad oder Dusche
- vermietete Nebenräume (wie Keller, Speicherabteil, Abstellräume, Garage, Stellplätze) und deren Lage sowie zweifelsfreie Bezeichnung
- zur Mitbenutzung überlassene Gemeinschaftsräumen und -flächen, wie zum Beispiel Waschküchen, Trockenräume.

130 **b) Wohnflächenangabe.** Nach überwiegender Rechtsprechung stellt die Angabe zur Wohnfläche nur eine Beschreibung des Mietobjekts und keine zugesicherte Eigenschaft

---

[347] Bub/Treier/*Bub* II Rdnr. 417.
[348] Bub/Treier/*Bub* II Rdnr. 417 a. E.
[349] BGH NZM 2003, 277; OLG Hamm NJW-RR 1995, 143; OLG Karlsruhe NJW 1981, 1741.
[350] Bub/Treier/*Bub* II Rdnr. 418.
[351] Mehr als 3 Monate – OLG Oldenburg WuM 1982, 124.
[352] BGH NZM 2003, 277; OLG Karlsruhe NJW 1981, 1741; OLG Oldenburg WuM 1981, 125.
[353] Vgl. Art. 229 § 3 Abs. 10 EGBGB.
[354] BGH NZM 2005, 340; WuM 1984, 54; OLG Frankfurt/M. ZMR 1991, 383.

i. S. v. § 536 Abs. 2 BGB dar.³⁵⁵ Die Aufnahme der qm-Zahl in den Mietvertrag bedeutet daher grundsätzlich keine Zusicherung, es sei denn, dass Anhaltspunkte für eine besondere Gewährübernahme durch den Vermieter vorliegen, also etwa besondere Umstände (z. B. eine vereinbarte Quadratmetermiete), aus denen sich ergibt, dass die Wohnungsgröße für den Mieter von besonderer Bedeutung war.³⁵⁶

Dies bedeutet aber nicht, dass eine falsche Flächenangabe auch als bloße Beschaffenheitsbeschreibung ohne Folgen bliebe: Vielmehr kann eine Abweichung der im Mietvertrag angegebenen von der tatsächlichen Fläche auch ohne ausdrücklich festzustellende Beeinträchtigung der Gebrauchstauglichkeit gerade durch die Flächendifferenz zu einem Anspruch auf Mietminderung führen.³⁵⁷ Hierfür ist aber zunächst der Maßstab zu ermitteln, nach dem die Wohnfläche berechnet werden soll. Oft wird die Flächenangabe im Mietvertrag etwa aus den Bauplänen entnommen und entspricht daher den einschlägigen DIN-Normen (z. B. DIN 277), nicht aber den Vorgaben der WoFlV (= früher §§ 42–44 II. BV). Dabei wäre es zulässig, sich im Mietvertrag auf einen bestimmten Berechnungsmaßstab zu einigen (mit der Folge, dass es ggf. überhaupt nicht zu einer unzulässigen Flächendifferenz kommt); erst dann, wenn es an einer derartigen Einigung fehlt, ist auch im frei finanzierten Wohnraum auf die Vorgaben der WoFlV zurückzugreifen.³⁵⁸

Liegt nun die tatsächliche Wohnfläche mehr als 10% unter der im Mietvertrag angegebenen Fläche, kann der Mieter die Miete um den Prozentsatz dieser Flächendifferenz mindern, auch ohne zusätzliche Darlegung, dass infolge der Flächenabweichung die Tauglichkeit der Wohnung gemindert ist.³⁵⁹ Dies gilt auch, wenn die Flächenangabe im Mietvertrag mit einem Ca.-Zusatz versehen ist.³⁶⁰ Inwieweit daneben die Grundsätze der Störung der Geschäftsgrundlage (vgl. § 313 BGB) – etwa auch dann, wenn sich die Flächenangabe im Mietvertrag gegenüber der tatsächlichen Fläche als zu gering darstellt, ohne dass den Vermieter hieran ein Verschulden trifft – Anwendung finden, ist unklar.³⁶¹

Bei Mieterhöhungen ist im Übrigen nicht die im Mietvertrag vereinbarte, sondern die tatsächliche Wohnfläche zugrunde zu legen.³⁶² Gleiches gilt, etwa im Rahmen von Jahresabrechnungen, für die vertraglich vereinbarte Umlage von **Betriebskosten,** aber nur mit Wirkung für die Zukunft.³⁶³ Übersteigt aber die im Mieterhöhungsverlangen angegebene Fläche die tatsächliche Wohnfläche um mehr als 10%, steht dem Mieter ein Rückforderungsanspruch aus Bereicherungsgesichtspunkten zu.³⁶⁴

c) **Ausstattung.** Die Gebrauchsgewährpflicht des Vermieters wie auch die Gebrauchsrechte des Mieters erstrecken sich auf alle wesentlichen Bestandteile der Wohnung und auf sämtliches Zubehör (§ 97 BGB), das sich zurzeit der Überlassung in den Räumen befindet. Diese Ausstattung ist entsprechend § 311c BGB mit vermietet,³⁶⁵ ohne dass es einer genauen Auflistung im Mietvertrag bedarf. Unabhängig davon, ob es sich um vom Vermieter gestellte oder etwa vom Vormieter zurückgelassene Gegenstände handelt, erstreckt sich die Pflicht der Gebrauchsgewährung, insbesondere die Erhaltungspflicht des Vermieters, auch auf die-

---

³⁵⁵ OLG Dresden NJW-RR 1998, 512 = NZM 1998, 184; LG Freiburg WuM 1988, 263; LG Osnabrück WuM 1988, 262; LG Kleve WuM 1988, 13; LG Berlin WuM 1988, 49; a. A. LG Mönchengladbach WuM 1988, 178; LG München WuM 1987, 217.
³⁵⁶ LG Mannheim WuM 1989, 11.
³⁵⁷ Anders noch und damit überholt OLG Dresden NJW-RR 1998, 512 = NZM 1998, 184; vgl die Kritik an diesem Rechtsentscheid *Blank* WuM 1998, 467; ebenfalls instruktiv der Vorlagebeschluss des LG Hamburg NZM 2000, 84, den aber das OLG Hamburg NZM 2000, 654, angeblich mangels Entscheidungserheblichkeit der Vorlagefrage in dem konkreten Einzelfall nicht zur Entscheidung angenommen hat; sieh auch *Kraemer* NZM 1999, 156, 161.
³⁵⁸ BGH NJW 2007, 2624; NJW 2004, 2230.
³⁵⁹ BGH NJW 2007, 2624; NJW 2004, 1947.
³⁶⁰ BGH NJW 2005, 2152; NZM 2004, 456.
³⁶¹ BGH NZM 2004, 699; vgl. näher LG Hamburg (11. ZK) NZM 2000, 1221, das eine Anpassung bejaht und LG Hamburg (33. ZK) ZMR 2001, 193, das eine Anpassung verneint.
³⁶² BGH NJW 2007, 2626; LG Frankfurt WuM 1990, 157; LG Mannheim DWW 1987, 297.
³⁶³ LG Hamburg WuM 1987, 354; WuM 1969, 70; *Sternel* I Rdnr. 132 f.
³⁶⁴ BGH NJW 2004, 3115.
³⁶⁵ Schmidt-Futterer/*Eisenschmid* § 535 Rdnr. 40.

ses mitvermietete Zubehör.³⁶⁶ Es wäre allein seine Sache, insoweit eine – auch formularvertraglich grundsätzlich zulässige – ausdrückliche abweichende Vereinbarung in den Mietvertrag aufzunehmen.

135 d) **Vorbehalt von Änderungen oder Abweichungen gegenüber dem Zustand bei Besichtigung bzw. Vermietung („vom Reißbrett").** § 308 Nr. 4 BGB setzt voraus, dass sich die entsprechende Formularklausel auf (nicht vorhersehbare – str.) baurechtlich oder bautechnisch erforderliche Änderungen beschränkt, die ein objektiver verständiger Mieter billigen würde, sofern sich die Gebrauchstauglichkeit des Mietobjektes nicht verändert.³⁶⁷

136 Maßgeblich ist in diesem Zusammenhang die aktuelle Rechtsprechung des BGH zur sog. „Vermietung vom Reißbrett", deren Schlusspunkt noch nicht absehbar ist:
Der BGH³⁶⁸ hat zunächst noch einmal festgehalten, dass vor Überlassung der Mietsache an den Mieter nicht etwa § 536 a BGB anwendbar ist, sondern allein die allgemeinen Regeln des Schuldrechts über Leistungsstörungen eingreifen. Der Vermieter hat die Unmöglichkeit der geschuldeten Leistung (hier: Überlassung der Mietsache in dem vertraglich vereinbarten Zustand) nicht nur zu vertreten, wenn er das zur Unmöglichkeit führende Ereignis schuldhaft herbeigeführt hat. Vielmehr greifen die §§ 280, 281, 323 BGB auch dann ein (so dass der Vermieter weiterhin im Grundsatz zur Leistung verpflichtet bleibt), wenn sich der Schuldner uneingeschränkt zur Leistung verpflichtet hat, obwohl er das Leistungshindernis bei Anwendung der erforderlichen Sorgfalt bei Vertragsschluss hätte erkennen oder voraussehen können.³⁶⁹ Der Mieter ist in einem derartigen Fall auch nicht etwa gezwungen, zunächst auf Leistung zu klagen, um anschließend einen Schadensersatzanspruch nach den §§ 280, 281 BGB geltend machen zu können. Er kann vielmehr, auch wenn die Unmöglichkeit erst nachträglich eingetreten ist, nach dem Grundgedanken der gesetzlichen Regelung sofort nach § 281 BGB vorgehen und Schadensersatz statt der Leistung verlangen.

137 e) **Änderungsvorbehalt hinsichtlich Nebenräumen und -flächen.** Eine entsprechender formularvertraglicher Vorbehalt zugunsten des Vermieters, z. B. bezogen auf Keller, Speicher oder Garagen, gilt angesichts der Regelung in § 308 Nr. 4 BGB nur dann, wenn dies dem Mieter unter Berücksichtigung seiner Interessen zumutbar ist, dem Vermieter folglich ein triftiger Grund zur Seite steht.³⁷⁰ Die Klausel muss dabei eine Einschränkung auf dem Mieter zumutbare Sachverhalte enthalten oder, falls nicht die Zumutbarkeitskriterien zumindest beispielhaft genannt werden, sich auf den Wortlaut des § 308 Nr. 4 BGB beschränken.³⁷¹ So ist etwa ein Vorbehalt unbedenklich, wenn er sich auf die Zuweisung gleich- oder höherwertiger Nebenräume beschränkt und der Vermieter die im Zusammenhang mit der Zuweisung entstehenden Aufwendungen des Mieters, z. B. Umzugskosten, erstattet.³⁷²

138 f) **Nutzungszweck.** Der Vertragszweck ist zur Bestimmung des Umfangs der Gebrauchsgewährpflicht des Vermieters wie auch der Gebrauchsrechte des Mieters maßgeblich.

139 Die Angabe des Nutzungszwecks der gemieteten Räumlichkeiten im Rahmen eines Mietvertrags ist dagegen für die Qualifizierung des Mietverhältnisses als Wohnraum- oder Geschäftsraummietverhältnis ohne Bedeutung. Rechtlich entscheidend für die Einordnung des Mietverhältnisses ist vielmehr der Wille der Parteien. Ist ein eindeutiger übereinstimmender Parteiwille nicht zu erkennen, so sind Raumtyp, Flächenverhältnis und Mietwertverhältnis Indizien für den Parteiwillen.

140 g) **Mischmietverhältnis.** Die Qualifizierung eines Mischmietverhältnisses als einheitliches Wohnraum- oder einheitliches Gewerberaummietverhältnis richtet sich nach dem Vertragszweck. Maßgebend ist der wahre Vertragszweck, ein entgegenstehender vorgetäuschter

---

³⁶⁶ Vgl. AG Köln WuM 1997, 647
³⁶⁷ *Ulmer/Brandner/Hensen* § 308 Nr. 4 Rdnr. 10.
³⁶⁸ BGH NJW 1999, 635; NJW 1997, 2813; vgl. NZM 1999, 962.
³⁶⁹ So im entschiedenen Fall die Kenntnis davon, dass die Mietsache unter Denkmalschutz stand und sich hieraus Einschränkungen ergaben; vgl. bereits BGH LM BGB § 325 Nr. 8.
³⁷⁰ BGH NJW 2006, 46; NJW 1994, 1060.
³⁷¹ BGH NZM 2005, 675; NJW 1983, 1322, 1325.
³⁷² *Bub*, Der Formularmietvertrag und das AGB-Gesetz, Partner im Gespräch (PiG) 20, 57.

ist unbeachtlich. Flächen- und Mietwertverhältnis haben nur Indizwert für den Parteiwillen.[373]

Ein Mischmietverhältnis mit nicht überwiegend gewerblicher Nutzung kann nicht durch Vereinbarung dem Gewerberaummietrecht zugeordnet werden. Die Verwendung eines Formularmietvertrags für Gewerberaum ist nicht ausschlaggebend.[374] 141

h) **Wohnung und Garage.** Die Vermutung der Einheitlichkeit des Mietverhältnisses über eine Wohnung und Garage auch bei getrennt oder in nicht unerheblichen zeitlichen Abständen abgeschlossenen Mietverträgen[375] kann zwar widerlegt werden, nicht aber durch Formularklausel.[376] In der Regel stellt die (auch Jahre später erfolgende) Anmietung einer Garage nur eine Ergänzung des Wohnungsmietvertrags dar, selbst wenn eine ausdrückliche Einbeziehung nicht erfolgt. Ein selbständiger Garagenmietvertrag kommt nur zustande, sofern ein entsprechender Parteiwille hinreichend deutlich erkennbar geworden ist,[377] so z.B. bei einem entsprechenden Hinweis im Garagenmietvertrag.[378] 142

i) **Haftungsfreizeichnungen/Pflichtenüberbürdungen. Besichtigungs- oder Bestätigungsklauseln,** durch die der Mieter bestätigt, die Mieträume eingehend besichtigt und/oder in ordnungsgemäßem Zustand übernommen zu haben, sind gem. § 309 Nr. 12 b BGB unwirksam, da der Vermieter die Beweislast für die Mängelfreiheit der Mietsache bis zur Übergabe sowie für die Kenntnis oder grob fahrlässige Unkenntnis des Mieters von Mängeln trägt und diese Beweislast durch die genannten Tatsachenbestätigungen zu Lasten des Mieters verschoben wird.[379] Dies gilt i.d.R. auch im kaufmännischen Verkehr gem. § 307 BGB. 143

Die formularmäßige Klausel, die dem Mieter die **Pflicht** überbürdet, den **bautechnischen Zustand herzustellen,** der eine Nutzung zu dem vertraglich vereinbarten Zweck ermöglicht, ist – soweit dies über Schönheitsreparaturen und Kleinreparaturen hinausgeht – gem. § 307 BGB unwirksam, da die Hauptpflicht des Vermieters zur Überlassung der Mietsache in einen zum vertragsgemäßen Gebrauch geeigneten Zustand ausgehöhlt wird und den Grundgedanken der §§ 537 ff., 542 ff. BGB widerspricht.[380] 144

(vgl. im Übrigen eingehender nachstehend unter § 10 II 12 und 13)

j) **Schlüssel.** Zur Gebrauchsüberlassung als Hauptpflicht des Vermieters (§ 535 Abs. 1 S. 2 BGB) gehört die Übergabe der zum Mietobjekt gehörenden Schlüssel, deshalb kann der Mieter nicht formularmäßig zur Beschaffung der bei Beginn des Mietverhältnisses fehlenden Schlüssel auf eigene Kosten verpflichtet werden.[381] 145

Die Anfertigung weiterer als der übergebenen Schlüssel kann von der Zustimmung des Vermieters abhängig gemacht werden, die nur aus beachtlichen Gründen versagt werden kann.[382] 146

Der Mieter kann schließlich formularmäßig verpflichtet werden, bei **Verlust eines Schlüssels** die Kosten eines neuen Schlosses mit Montage und Schlüssel zu tragen, wenn dies zur Sicherheit der Mieter und ggf. der anderen Hausbewohner – z.B. bei einer zentralen Schließanlage – erforderlich ist[383] und den Mieter ein Verschulden trifft.[384] 147

Eine Bestimmung, die den Mieter verpflichtet, bei längerer **Abwesenheit** dem Vermieter einen Schlüssel auszuhändigen, ist gem. § 307 BGB unwirksam, da die Hauptpflicht des Vermieters, dem Mieter den Mietgegenstand zum alleinigen Gebrauch zu überlassen, unan- 148

---

[373] BGH MDR 1986, 842; OLG Brandenburg Urt.v. 19. 10. 2005 – 3 U 158/04.
[374] OLG Düsseldorf MDR 2006, 1164; LG Hamburg WuM 1988, 406.
[375] OLG Düsseldorf NZM 2007, 799; OLG Karlsruhe NJW 1983, 1499.
[376] LG Baden-Baden WuM 1991, 34: Verstoß gegen §§ 3, 9 AGBG, jetzt §§ 305 c Abs. 1, 307 BGB; a. A. Bub/Treier/*Bub* II Rdnr. 422 a.
[377] OLG Düsseldorf NZM 2007, 799; OLG Karlsruhe NJW 1983, 1499.
[378] LG Duisburg NJW-RR 1986, 1211.
[379] LG Berlin GE 1993, 159; LG Frankfurt/M. WuM 1990, 279; OLG Stuttgart WuM 1987, 250.
[380] BGH NJW 1988, 2664; OLG Frankfurt/M. WuM 1992, 56, 64.
[381] OLG Düsseldorf NZM 2004, 946; LG Berlin NJW-RR 1988, 203.
[382] LG Darmstadt WuM 1985, 255; AG Bad Neuenahr-Ahrweiler WuM 1996, 331.
[383] *Gelhaar* ZMR 1981, 226.
[384] Vgl. OLG Brandenburg NZM 2004, 905; AG Hamburg NZM 2000, 618; AG Witten ZMR 2003, 507.

gemessen eingeschränkt wird.[385] Insbesondere ist der Vermieter auch nicht berechtigt einen Schlüssel für den „Fall der Fälle" zurückzubehalten.[386]

4. Mietzeit

149 **a) Langfristige formularmäßige Bindung ggf. auch über sog. Verlängerungsklauseln.** Sofern ausnahmsweise[387] vorformulierte langfristige Bindungen vereinbart sind, liegt ein Verstoß gegen § 307 BGB nicht vor.[388] Dies gilt auch bei einer Anschlussdauer durch sog. Verlängerungsklauseln, nachdem § 309 Nr. 9 BGB auf Mietverhältnisse keine Anwendung findet.[389] Eine lange Anschlusszeit über eine Verlängerungsklausel in einem ursprünglich nur auf kurze Dauer abgeschlossenen Mietvertrag kann ohne besondere Hinweise und (drucktechnische) Hervorhebungen aber gegen § 305c Abs. 1 BGB verstoßen.[390]

150 In diesem Zusammenhang ist die **Rechtslage zu Zeitmietverträgen nach der Mietrechtsreform** zu beachten, wonach die Befristung von Wohnraummietverträgen ab dem 1. 9. 2001 ohne die Voraussetzungen des § 575 BGB[391] (am 1. 9. 2001 zulässigerweise bestehende einfache Zeitmietverträge gelten allerdings nach Art. 229 § 3 Abs. 3 EGBGB fort) unwirksam ist.

151 **b) Optionsrechte.** Gegen Klauseln, die dem Mieter Optionsrechte einräumen, bestehen keine Bedenken.[392] Allerdings muss es sich wirklich um ein dem Mieter eingeräumtes Recht handeln und nicht z.B. lediglich um die Möglichkeit, den Vermieter um ein Angebot auf Fortsetzung des Mietvertrages zu geänderten Bedingungen bitten zu können.[393]

152 **c) Beginn des Mietverhältnisses mit der Räumung durch den Vormieter bzw. mit Bezugsfertigkeit.** Bestimmte oder bestimmbar im Vertrag ausdrücklich vereinbarte Termine über den Beginn eines Mietverhältnisses („am …") können wegen § 305b BGB nicht formularmäßig dadurch ausgehöhlt werden, dass ungeachtet dessen das Mietverhältnis z.B. erst „mit der Fertigstellung" oder „der Räumung durch den Vormieter" beginnen soll.[394] Gleiches gilt für Formularklauseln, die fest vereinbarte Termine als unverbindlich oder als Ca-Termine abschwächen.[395]

153 **d) Hinausschieben des Mietbeginns.** Derartige Klauseln sind dann, wenn nicht noch zusätzlich ein bestimmter oder ein bestimmbarer Termin für den Beginn vereinbart ist,[396] wegen Verstoßes gegen § 308 Nr. 1 BGB unwirksam. Danach ist eine Frist nur dann hinreichend bestimmt, sofern sich der Mieter deren Ende selbst errechnen kann, woran es fehlt, wenn es von einem Ergebnis im Bereich des Vermieters abhängt.[397] Zulässig ist lediglich der Vorbehalt einer angemessenen Frist zur Übergabe der Mieträume, bei Wohnraum etwa von bis zu 4 Wochen.[398] Eine unangemessene lange Frist kann nicht im Wege der Auslegung verkürzt werden.[399]

154 Eine sich hieran anschließend dem Vermieter zu setzende Nachfrist gem. § 543 Abs. 2 Nr. 1 BGB darf formularmäßig in entsprechender Anwendung des § 308 Nr. 2 BGB nicht unangemessen lang sein, also nicht auf mehr als 2 Wochen erstreckt werden.[400] Bei Wohn-

---

[385] Bub/Treier/*Bub* II Rdnr. 458.
[386] AG Tecklenburg WuM 1991, 579; a. A. LG Baden-Baden GE 1981, 243.
[387] Vgl. *Schultz* ZMR 1987, 43.
[388] BGH WuM 1986, 56; vgl. auch NJW 1993, 1130.
[389] BGH NJW 1997, 739; NJW 1985, 2413; LG Berlin NZM 1998, 374; LG Gießen NJW-RR 1990, 566, 567; a. A. LG Frankfurt/M. NJW-RR 1989, 176.
[390] Bub/Treier/*Bub* II Rdnr. 419.
[391] Hierzu ausführlich § 29 I.
[392] BGH NZM 2008, 84; NJW-RR 2006, 779 = NZM 2006, 294; Bub/Treier/*Bub* II Rdnr. 419a.
[393] Verstoß gegen § 9 AGBG, jetzt § 307 BGB – OLG Hamburg ZMR 1990, 273.
[394] Zur Problematik der sog. „Vermietung vom Reißbrett" vgl. § 10 III 3d Rdnr. 135 f.
[395] Verstoß gegen §§ 4, 9 Abs. 2 Nr. 1, 10 Nr. 1, 11 Nr. 8 AGBG, jetzt §§ 305 b, 307 Abs. 2 Nr. 1, 308 Nr. 1, 309 Nr. 8 a BGB – Bub/Treier/*Bub* II Rdnr. 420.
[396] Dann zulässige Fälligkeitsregelung: BGH NZM 1998, 156, 157.
[397] BGH NJW 1989, 1603; NJW 1985, 856.
[398] Bub/Treier/*Bub* II Rdnr. 420 – bei Geschäftsraum bis zu 6 Wochen.
[399] BGH NJW 2000, 1110; NJW 1984, 48.
[400] BGH NJW 2007, 1198; NJW 1985, 323.

raum kann diese Nachfrist gem. § 569 Abs. 5 S. 1 BGB über eine angemessene Dauer hinaus im Übrigen auch individualvertraglich nicht verlängert werden.

Ist die **Frist** zur **Übergabe nicht hinreichend konkretisiert** oder **unangemessen** lang bestimmt, so bleibt es auch bei der Nichtigkeit der Klausel, wenn dem Mieter für den Fall des Ablaufs einer bestimmten Frist ein Kündigungsrecht eingeräumt wird.[401] **155**

Ein formularmäßiger Haftungsausschluss für nicht rechtzeitige Übergabe ist gem. § 309 Nr. 8 a BGB unwirksam, weil vom Ausschluss auch das Rücktrittsrecht nach § 323 BGB bzw. das Kündigungsrecht aus § 543 Abs. 2 Nr. 1 BGB erfasst wird.[402] **156**

e) **Abnahmepflicht des Mieters.** Kraft Gesetzes besteht zwar eine Übergabeverpflichtung des Vermieters, nicht aber eine Abnahmepflicht des Mieters zum vereinbarten Mietbeginn. Der Mieter gerät daher lediglich in Gläubigerverzug nach den §§ 293 ff. BGB. Ein Verzugschadensersatzanspruch des Vermieters gem. §§ 286, 281, 280 BGB scheidet aus; es besteht nur ein Ersatzanspruch im Hinblick auf Mehraufwendungen gem. § 304 BGB.[403] Der Mietzahlungsverpflichtung des Mieters bleibt hiervon selbstverständlich unberührt (§ 323 Abs. 6 BGB); die Obhut der Mietsache obliegt aber vor deren Überlassung auch während des Annahmeverzug des Mieters noch dem Vermieter, zu dessen Gunsten lediglich § 300 Abs. 1 BGB eingreift.[404] Eine Abnahmeverpflichtung des Mieters ist, auch formularvertraglich, rechtswirksam vereinbar. Dies bedarf allerdings einer ausdrücklichen und zweifelsfreien Regelung und ergibt sich nicht lediglich aus dem Vertragszweck oder einer allgemeinen Obhutsverpflichtung des Mieters.[405] **157**

f) **Befristung und vorformulierte Kündigungsregelungen.** Enthält ein vorformulierter Wohnraummietvertrag neben einer ausgefüllten Vereinbarung über eine bestimmte Vertragslaufzeit eine Klausel, in der – z. B. angelehnt an § 573 c BGB – Kündigungsfristen aufgeführt werden, kann der Zeitmietvertrag trotz vereinbarter Befristung wegen § 305 c Abs. 2 BGB dann ordentlich gekündigt werden, wenn sich die vorformulierte Kündigungsregelung auch auf die Festvertragslaufzeit beziehen könnte bzw. dies zumindest unklar ist.[406] **158**

Ergänzend ist die **neue Rechtslage zu Zeitmietverträgen** zu beachten, wonach die Befristung von Wohnraummietverträgen ab dem 1. 9. 2001 ohne die Voraussetzungen des § 575 BGB[407] (am 1. 9. 2001 zulässigerweise bestehende einfache Zeitmietverträge gelten allerdings nach Art. 229 § 3 Abs. 3 EGBGB fort) unwirksam ist. **159**

5. Miete

a) **Vorauszahlungsklausel.** Entsprechend der fast ausnahmslosen bisherigen Handhabung in der Praxis ist die Miete für ab dem 1. 9. 2001 abgeschlossene oder geänderte Mietverträge ohne abweichende Vereinbarung nun kraft Gesetzes jeweils bis zum dritten Werktag eines jeden Zeitabschnitts, für den sie geschuldet wird, im Voraus zu entrichten (§ 556 b Abs. 1 BGB). Ist eine Monatsmiete vereinbart, ist mit den Begriff „Monat" nicht der Kalendermonat sondern der Mietmonat gemeint, so dass ein etwa zum 15. eines Monats beginnendes Mietverhältnisses bis zum 14. des Folgemonats andauert und Fälligkeit der Miete am dritten Werktag nach dem 15. eines Monats eintritt. Andernfalls bedarf dies einer ausdrücklich abweichenden vertraglichen Vereinbarung. Die Vorschrift ist dispositiv. **160**

Für am 1. 9. 2001 bestehende Mietverhältnisse, sog. **Altverträge**, bleibt es im Hinblick auf die Fälligkeit der Miete bei der Regelung in § 551 BGB a. F. (Art. 229 § 3 Abs. 1 Nr. 7 EGBGB), sofern dort keine – auch formularvertraglich – wirksame, von dieser gesetzlichen Regelung des § 551 BGB a. F. abweichende Vereinbarung getroffen wurde. Eine derartige **161**

---

[401] OLG Saarbrücken BB 1979, 1064.
[402] OLG München WuM 1989, 128; zur Problematik der sog. „Vermietung vom Reißbrett" vgl. § 10 III 3 d.
[403] Bub/Treier/*Kraemer* III Rdnr. 924.
[404] Bub/Treier/*Kraemer* III Rdnr. 926 f.
[405] Bub/Treier/*Kraemer* III Rdnr. 923.
[406] LG Frankfurt/M. WuM 1999, 114; LG Gießen NJW-RR 1996, 1293; LG Kassel WuM 1997, 679; LG Wiesbaden WuM 1994, 430; AG Alsfeld WuM 1999, 116; AG Bad Homburg WuM 1999, 114; AG Bremen-Blumenthal WuM 1987, 395; ausführlich hierzu *Hannemann* NZM 1999, 585, 590.
[407] Hierzu ausführlich § 29 I 1–3.

Vorauszahlungsklausel ist allerdings unwirksam soweit sich im selben Vertrag eine (selbst für sich genommen unwirksame) Aufrechnungsbeschränkungsklausel befindet, die auch Rückforderungsansprüche wegen eines bestehenden Minderungsrechtes überzahlter Mieten erfasst[408] oder das Mietminderungsrecht ansonsten unzulässig beschränkt.[409] In diesem Fall tritt an die Stelle der unwirksamen Vorauszahlungsklausel eines Altvertrages § 551 BGB a. F.;[410] bei einem nach dem 31. 8. 2001 abgeschlossenen Mietvertrag bliebe die Unwirksamkeit somit wegen § 556b Abs. 1 BGB ohne Folgen. Statuiert die vorformulierte Aufrechnungsregelung dagegen lediglich eine ein- oder zweimonatige Ankündigungsfrist des Mieters, bevor er u. a. mit Rückforderungsansprüchen von wegen Mängeln überzahlter Miete aufrechnen kann, begegnet dies keinen Bedenken.[411] Die entsprechende Aufrechnungsmöglichkeit der überzahlten, weil geminderten Miete bleibt dem Mieter daher erhalten und verschiebt sich lediglich um die Ankündigungsfrist. Die Wirksamkeit der Vorauszahlungsklausel wird durch diese **Klauselkombination** somit nicht berührt. Vorformulierte Regelungen sind dagegen dann unwirksam, wenn sie dazu führen, dass der Mieter zur Durchsetzung seiner Minderungsansprüche in die aktive Klägerrolle gedrängt werden würde.

162 b) **Rechtzeitigkeitsklausel.** Ist die soeben behandelte Vorauszahlungsklausel unwirksam, soll zwar auch die Rechtzeitigkeitsklausel hiervon betroffen sein,[412] die aber ansonsten für zulässig gehalten wird.[413] Danach kommt es im Gegensatz zur gesetzlichen Regelung für die Rechtzeitigkeit der Mietzahlung auf den Geldeingang beim Vermieter, also auf den Leistungserfolg, und nicht lediglich auf die Vornahme der Leistungshandlung an. Dies gilt allerdings nicht für die Zahlung des Mieters zur Abwehr einer fristlosen Kündigung innerhalb der Schonfrist des § 569 Abs. 3 Nr. 2 BGB.[414] Problematisch kann insoweit allenfalls sein, ob bei kundenfeindlichster Auslegung der Mieten auch Risiken im Bereich der Bank des Vermieters, also auf Empfängerseite, zugerechnet werden. Insoweit dürfte es aber meistens am Verschulden und damit am Verzug fehlen, so dass die fehlende Rechtzeitigkeit der Leistung ohne Folgen bleibt.

163 c) **Einzugs- und Abbuchungsermächtigung.** An der Wirksamkeit einer formularmäßigen Verpflichtung des Mieters, dem Vermieter eine Einzugsermächtigung im Hinblick auf Miete und Nebenkostenvorauszahlungen zu erteilen, also am sog. Lastschriftverfahren teilzunehmen, bestehen keine Bedenken (sog. Lastschriftklausel).[415] Wegen der Rückrufmöglichkeit wird der Mieter nicht unangemessen benachteiligt, so dass die unwiderrufliche Erteilung einer Einzugsermächtigung im Wege einer Formularklausel[416] oder ein formularmäßiger **Verzicht** auf diese **Rückrufmöglichkeit** im Lastschriftverfahren unwirksam sind.[417] Nicht erforderlich ist es, den Mieter hierüber zu belehren.[418] Allerdings sollte durch eine entsprechende Klauselgestaltung sichergestellt sein, dass dem Mieter – abgesehen von geringfügigen oder feststehenden, regelmäßigen Beträgen – ausreichend Zeit zwischen dem Zugang der Rechnung/Zahlungsanforderung und dem Einzug des darin geforderten Betrages verbleibt (mindestens 5 Werktage), damit er die geltend gemachte Forderung prüfen und gegebenenfalls für eine ausreichende Deckung seines Kontos sorgen kann.[419]

---

[408] BGH NJW 2006, 1585; NJW 1995, 254; vgl. hierzu im Einzelnen *Hannemann* WuM 1995, 8 ff.
[409] BGH NJW 2009, 1491 = NZA 2009, 315.
[410] BGH NJW 2009, 1491 = NZA 2009, 315.
[411] BGH WuM 2008, 152; OLG Hamm NJW-RR 1993, 659; a. A. LG Berlin NJWE-MietR 1997, 54; GE 1996, 144; LG Heidelberg NJWE-MietR 1997, 99; LG München I WuM 1996, 329; LG Oldenburg ZMR 1995, 597.
[412] LG Berlin GE 1995, 757.
[413] OLG Nürnberg NJW-RR 2000, 800; LG Berlin WuM 1992, 605; LG Essen DWW 1990, 24; LG Heilbronn ZMR 1991, 388; LG Kassel ZMR 1994, VII Nr. 14.
[414] LG Berlin ZMR 1992, 394; MM 1997, 237; LG Hamburg WuM 1992, 124.
[415] BGH NJW 2003, 1237; NJW 1996, 988; LG Köln WuM 1990, 380; a. A. *Gutmann* WuM 1989, 164.
[416] AG Hamburg WuM 1996, 400.
[417] BGH NJW 1984, 2816.
[418] Vgl. entsprechend zur Widerruflichkeit bei der Vollmachtsklausel nur BGH NJW 1997, 3437 = NZM 1998, 22.
[419] BGH – Verbandsklage – NZM 2003, 367: AGB eines Anbieters von Mobilfunkdienstleistungen; vgl. OLG Brandenburg NZM 2004, 905.

164 Problematisch kann es aber sein, wenn größere, der Höhe nach noch nicht festgelegte Beträge zu ebenfalls nicht von vornherein feststehenden Zeitpunkten eingezogen werden können, z. B. bei Nachzahlungen aus Betriebskostenabrechnungen. Die Einzugsermächtigung sollte sich daher vorsorglich ausdrücklich hierauf beziehen und ebenso auf Nebenkostenvorauszahlungen.[420] Dadurch wird dem Überraschungseffekt des § 305c Abs. 1 BGB vorgebeugt. Ggf. sollte für die Abbuchung größerer Beträge eine Ankündigungsfrist vorgesehen werden. Der Bankkunde ist gegenüber seinem Kreditinstitut (der Schuldnerbank) nicht verpflichtet, auf seinem Konto eine ausreichende Deckung für allfällige Lastschriften vorzuhalten, sondern aufgrund der Lastschriftabrede allein gegenüber seinem Gläubiger. Daher muss sich die Schuldnerbank wegen ihrer Kosten bei fehlender Kontodeckung an die Gläubigerbank wenden, die dann den Gläubiger entsprechend belasten darf, der sich dann – bei berechtigter Lastschrifteinreichung beim Schuldner schadlos halten kann.[421]

165 Demgegenüber wird der Mieter bei einer vorformulierten Verpflichtung zur Erteilung eines Abbuchungsauftrages/Teilnahme am Abbuchungsverfahren wegen fehlender Rückrufmöglichkeit durch Widerspruch unangemessen i. S. v. § 307 BGB benachteiligt.[422]

166 Zwischen beiden Verfahren ist zu differenzieren: Im zuletzt genannten, sog. **Abbuchungsverfahren** erteilt der Schuldner seiner Bank die generelle Weisung, Lastschriften eines namentlich bezeichneten Gläubigers zu Lasten seines Girokontos einzulösen; die Bank ist folglich auf Grund der ihr erteilten Weisung des Zahlungspflichtigen gehalten, die von Seiten des Zahlungsempfängers vorgelegte Lastschrift einzulösen – ein Widerspruch des Zahlungspflichtigen ist dabei ohne Bedeutung und berechtigt die Bank weder zu einer Rückbelastung noch wird sie zu einer Stornierung der Buchung verpflichtet. Dagegen räumt der Zahlungspflichtige beim sog. **Einzugsermächtigungsverfahren** dem Zahlungsempfänger die Befugnis ein, die zu leistenden Zahlungen selbst mittels Lastschrift bei seiner, des Zahlungspflichtigen Bank von dessen Girokonto abzubuchen; eine unmittelbare Weisung des Schuldners an seine Bank fehlt. Daher ist die Bank bis zur Genehmigung des Schuldners/ihres Kunden gehalten, grundsätzlich dessen Widerspruch gegen die Lastschrift (möglich binnen 6 Wochen) zu beachten und ohne Prüfung der materiellen Rechtslage eine Rückbuchung sowie eine Stornierung der Belastungsbuchung zu veranlassen.[423]

167 d) **Aufrechnungsbeschränkungen.** Ausgehend von der bereits oben im Zusammenhang mit der Vorauszahlungsklausel zitierten BGH-Entscheidung vom 26. 10. 1994[424] wurde häufig jegliche Aufrechnungsklausel aus einem Wohnraummietvertrag ersatzlos herausgenommen. Dies wäre dagegen, das BGH-Urteil richtig verstanden, überhaupt nicht erforderlich gewesen. Vielmehr muss eine Aufrechnungsbeschränkungsklausel § 556b Abs. 2 S. 1 BGB wie auch § 309 Nr. 3 BGB beachten und sicherstellen, dass der Mieter mit Rückforderungsansprüchen aus wegen Mängeln zu viel gezahlter Miete aufrechnen kann.

168 Daher begegnet folgende Klausel **keinen Bedenken:**

„Der Mieter kann mit einer Forderung aus § 536a BGB und auf Rückerstattung von auf Grund von Minderungsansprüchen zu viel gezahlter Miete die Aufrechnung erklären. Mit anderen Ansprüchen kann er nur aufrechnen, soweit sie unbestritten, rechtskräftig festgestellt oder entscheidungsreif sind. Ist die Aufrechnung des Mieters zulässig, muss er sie mindestens einen Monat vor der Fälligkeit der Vermieterforderung diesem anzeigen."[425]

169 Dessen ungeachtet kann formularmäßig das Recht zur Aufrechnung auf die Aufrechnung mit **unstreitigen oder rechtskräftig festgestellten Ansprüchen** gem. § 309 Nr. 3 BGB bzw. im kaufmännischen Verkehr gem. § 307 BGB beschränkt werden.[426]

---

[420] AG Mainz WuM 1997, 518.
[421] BGH NJW 2005, 1645.
[422] LG Köln WuM 1990, 380; AG Freiburg WuM 1987, 50; vgl. auch OLG Koblenz NJW-RR 1994, 689 und BGH NJW 2000, 2667.
[423] BGH NJW 2008, 63; NJW 2006, 1965; NJW 1985, 2326 f.
[424] NJW 1995, 254.
[425] Vgl. hierzu näher *Hannemann* WuM 1995, 8 ff.
[426] BGH NJW 1984, 2404; OLG Celle WuM 1989, 234.

170 Die Zulässigkeit der Aufrechnung mit unstreitig oder rechtskräftig festgestellten Ansprüchen kann – anders, als das gem. § 309 Nr. 2 BGB unbeschränkbare Leistungsverweigerungsrecht – davon abhängig gemacht werden, dass der Mieter die Aufrechnung eine **angemessene Zeit** – z. B. einen Monat – **vor Fälligkeit** der Miete **schriftlich anzeigt**.[427] Eine **ein- oder zweimonatige Ankündigungsfrist** des Mieters, bevor er u. a. mit Rückforderungsansprüchen von wegen Mängeln überzahlter Miete aufrechnen kann, begegnet daher ebenfalls keinen Bedenken.[428] Auf die Einhaltung der Ankündigungspflicht kann sich der Vermieter nicht berufen, wenn das Vertragsverhältnis beendet ist, der Mieter geräumt und herausgegeben hat und lediglich noch wechselseitige Ansprüche abzurechnen sind.[429]

171 Eine Formularklausel, die nach ihrem Wortlaut nur die Aufrechnung mit unbestrittenen Forderungen zulässt, erfasst sinngemäß auch die Zulässigkeit der Aufrechnung mit rechtskräftig festgestellten Forderungen.[430]

172 Ein gänzlicher **Aufrechnungsausschluss** ist – im Übrigen auch im kaufmännischen Verkehr – unzulässig, wenn der Vertrag nach dem 1. 4. 1977 abgeschlossen worden ist.[431]

173 Unwirksam ist eine Klausel, wonach die **Aufrechnung gegen Betriebs- und Heizkostenforderungen** unzulässig sein soll.[432] Gleiches gilt für eine Klausel, welche die Aufrechnung mit einer Forderung verbietet, die in keinem **rechtlichen** und **sachlichen Zusammenhang** zu dem **betreffenden Mietverhältnis** steht.[433]

174 Die Klausel „Der Mieter kann gegenüber der Miete mit einer Gegenforderung nur aufrechnen oder ein Zurückbehaltungsrecht geltend machen, wenn die Gegenforderung auf dem Mietverhältnis beruht, unbestritten ist oder ein rechtskräftiger Titel vorliegt", ist zugunsten des Mieters dahin auszulegen (§ 305c Abs. 2 BGB), dass der Mieter mit allen Ansprüchen aus dem Mietverhältnis aufrechnen kann, ferner mit solchen, die unstreitig oder rechtskräftig tituliert sind.[434]

175 Unwirksam ist eine Klausel, welche die Aufrechnung gegen **bestimmte Teile der Miete**, z. B. 80% der monatlichen Miete verbietet.[435]

176 In Wohnraummietverträgen kann gem. § 556b Abs. 2 S. 1 BGB die **Aufrechnung mit Schadensersatzansprüchen** nach § 536a Abs. 1 BGB und **Aufwendungsersatzansprüchen** nach § 536a Abs. 2 Nr. 1 BGB nicht ausgeschlossen, sondern lediglich davon abhängig gemacht werden, dass der Mieter seine Aufrechnungsabsicht einen Monat vor der Fälligkeit der Miete schriftlich anzeigt, so dass eine Klausel, die diese erweiterten Aufrechnungsmöglichkeiten nicht vorsieht, unwirksam ist.[436]

177 Aufrechnungsbeschränkungen gelten im Übrigen auch noch über das Ende des Mietverhältnisses hinaus bis zur Rückgabe der Mietsache[437] und auch noch für die Zeit nach Rückgabe.[438] Lediglich die Ankündigungsfrist gilt nicht mehr.[439]

178 **e) Leistungsverweigerungsrechte.** Das Zurückbehaltungsrecht des Mieters nach § 320 BGB kann angesichts der Regelung in § 309 Nr. 2a BGB formularmäßig weder ausgeschlossen noch eingeschränkt werden. Dies bedeutet, dass auch eine Ankündigungsfrist nicht

---

[427] BGH NJW 1988, 1201; OLG Hamm NJW-RR 1993, 710.
[428] BGH WuM 2008, 152; OLG Hamm NJW-RR 1993, 659; a. A. LG Berlin NJWE-MietR 1997, 54; GE 1996, 144; LG Heidelberg NJWE-MietR 1997, 99; LG München I WuM 1996, 329; LG Oldenburg ZMR 1995, 597.
[429] BGH NJW 1988, 1201.
[430] BGH NJW 1989, 3215.
[431] BGH NJW 2007, 3421; ZMR 1984, 372; OLG Düsseldorf ZMR 1989, 61; OLG Karlsruhe MDR 2006, 745.
[432] *Sonnenschein* NJW 1980, 1714.
[433] OLG Celle WuM 1990, 111; a. A. OLG Hamburg WuM 1986, 82.
[434] OLG Hamburg WuM 1986, 82 – entgegen dem Grundsatz der zunächst kundenfeindlichsten Auslegung.
[435] LG Hannover WuM 1980, 179.
[436] OLG Celle WuM 1990, 111; OLG München WuM 1992, 233; LG Berlin GE 1992, 1217.
[437] OLG Düsseldorf Urt. v. 8. 6. 2006 – 10 U 159/05 – BeckRS 2006, 07262; ZMR 1997, 466; NJW-RR 1995, 850; OLG Frankfurt/M. WuM 1997, 142.
[438] OLG Hamm NZM 1998, 438; OLG Karlsruhe ZMR 1987, 261, 262.
[439] BGH NJW-RR 2000, 530; NJW-RR 1988, 329.

wirksam vereinbart werden kann, wobei die Unwirksamkeitsfolge bei einer **kombinierten Klausel** über Aufrechnung und Zurückbehaltung – wie oben dargelegt – lediglich den inhaltlich und sprachlich trennbaren, die Zurückbehaltung betreffenden Teil erfasst. Über § 307 Abs. 3 BGB in Verbindung mit § 556b Abs. 2 S. 1 BGB lässt sich eine derartige Ankündigungsverpflichtung nicht ableiten, da danach das Zurückbehaltungsrecht des Mieters wegen Forderungen aus § 536a BGB nicht etwa angekündigt werden muss, sondern lediglich entsprechende Individualvereinbarungen zulässt.[440]

Zulässig wäre daher etwa folgende Formulierung: 179

„Die Ausübung eines Zurückbehaltungsrechtes gegenüber Forderungen des Vermieters ist – abgesehen von Ansprüchen des Mieters aus § 536a BGB – ausgeschlossen, soweit es nicht auf demselben Vertragsverhältnis beruht."

f) **Verrechnungsbestimmung.** Reicht eine Zahlung nicht aus, um die gesamten noch offenen Forderungen zu erfüllen, gilt die dispositive gesetzliche Regelung des § 366 BGB. Dabei kann das Bestimmungsrecht des Mieters jedenfalls bei der Wohnraummiete formularmäßig nicht ausgeschlossen werden. Dies gilt auch, wenn die formularvertragliche Verrechnungsbestimmung ansonsten genau die Regelung in § 367 BGB wiederholt.[441] Die Klausel „Befindet sich der Mieter mit der Zahlung der Miete in Rückstand, so sind eingehende Zahlungen zunächst auf die Kosten einschl. etwaiger Prozesskosten, dann auf die Zinsen und zuletzt auf die Hauptschuld und zwar zunächst auf die ältere Schuld anzurechnen", ist somit unzulässig.[442] Ebenso müssen Formularklauseln zumindest die Tilgungsfolge von vornherein festlegen, so dass der Mieter erkennen kann, für welche Schuld er leistet. Die Befugnis des Vermieters, die Verrechnung von Fall zu Fall zu entscheiden, noch dazu ohne den Mieter zumindest bei der Leistung unterrichten zu müssen, hält daher einer Inhaltskontrolle nicht stand.[443] Dem Mieter muss das Recht verbleiben, durch eigene Leistungsbestimmungen einer fristlosen Kündigung nach § 543 Abs. 2 Nr. 3 BGB zu entgehen. 180

Eine individuell – ausdrücklich oder konkludent – vereinbarte Tilgungsbestimmung ist demgegenüber nicht zu beanstanden.[444] 181

g) **Mahnkosten.** Der Vermieter kann sich formularmäßig pauschalierte Mahnkosten in einer, dem tatsächlichen Aufwand entsprechenden Höhe ausbedingen, ohne gegen § 309 Nr. 5 BGB bzw. im kaufmännischen Verkehr gegen § 307 BGB zu verstoßen, wenn dem Mieter nicht der Nachweis abgeschnitten wird, dass Mahnkosten nicht entstanden oder wesentlich niedriger sind.[445] 182

Auf die Möglichkeit dieses Gegenbeweises muss jetzt in der Klausel ausdrücklich hingewiesen werden.[446] Daher liegt erst recht ein Verstoß gegen § 309 Nr. 5b BGB vor, wenn die gewählte Formulierung den Gegenbeweis auszuschließen scheint, z.B. wenn die Mahnkosten als „Mindestpauschale" bezeichnet sind oder diese „zu zahlen sind" oder „betragen" oder der Vermieter berechtigt sein soll, diese „zu erheben", während eine Formulierung wie „Die Mahnkosten werden mit EUR ... berechnet" zulässig sein soll.[447] 183

Auch wenn die Mahnkostenklausel unwirksam ist, kann der Vermieter dennoch seine nachgewiesenen tatsächlichen Mahnkosten als Schadensersatz wegen Verzögerung der Leistung nach den §§ 280 Abs. 1 und 2, 286 Abs. 1 BGB verlangen.[448]

---

[440] LG Mannheim WuM 1987, 317; LG Osnabrück WuM 1989, 370; AG Gelsenkirchen-Buer ZMR 1993, 572; vgl. ferner OLG Celle WuM 1990, 103, 111.
[441] Unwirksam wegen Verstoßes gegen § 569 Abs. 5 S. 2 BGB und § 9 AGBG, jetzt § 307 BGB: LG Berlin ZMR 2001, 109.
[442] OLG Celle WuM 1990, 103, 109.
[443] BGH NJW 2007, 3121; NJW 1984, 2404.
[444] BGH NJW-RR 1995, 1257.
[445] BGH NJW 2006, 1056 = NZM 2006, 256; OLG Hamburg DB 1984, 2504; KG ZIP 1982, 535; OLG Köln WM 1987, 1550.
[446] Anders noch vor der Schuldrechtsreform BGH NJW 1985, 321.
[447] BGH NJW 1987, 184; NJW 1985, 321 und 631; OLG Celle WuM 1990, 109; LG Hamburg WuM 1990, 116.
[448] BGH NJW 2006, 1056 = NZM 2006, 256 a.E.

184　h) **Pauschalierte Verzugszinsen.** Die Vereinbarung pauschalierter Verzugszinsen mit einem bestimmten Prozentsatz von 2% bis 5% über dem Basiszinssatz[449] ist wirksam (§§ 288, 247 BGB).[450]

185　Die Vereinbarung pauschalierter Verzugszinsen in Höhe von 6% über dem Basiszinssatz ist dagegen unwirksam.[451]

186　Eine Regelung, wonach die **Geldschulden ab Fälligkeit** zu **verzinsen** sind, ist gem. § 309 Nr. 4 BGB in Wohnraummietverträgen unwirksam, da sie den Vermieter von den Obliegenheit einer Mahnung befreien (vgl. § 286 BGB).

6. Betriebskosten

187　a) **Umlagevereinbarung.** Ausgangspunkt ist, dass der Mieter Nebenkosten nur zu tragen hat, wenn und soweit dies im Mietvertrag ausdrücklich und eindeutig vereinbart ist. Entsprechende Vereinbarungen sind eng auszulegen. Einen anerkannten, üblichen Begriff der **Nebenkosten/Betriebskosten** gibt es nicht.[452]

188　Die Abweichung von der gesetzlichen Vorgabe des § 535 Abs. 1 S. 3 BGB erfordert eine **ausdrückliche Vereinbarung** dahingehend, welche Betriebskosten auf den Mieter umgelegt werden. Dabei soll nach überwiegender Auffassung die **bloße Bezugnahme auf die § 2 BetrKV** genügen, selbst wenn diese Anlage dem Mietvertrag nicht beigefügt und die dort genannten Positionen im Vertrag auch nicht schlagwortartig aufgeführt sind.[453] Es ist wohl davon auszugehen, dass auch der BGH dieser Auffassung zuneigt, auch wenn sich dies nur aus einem obiter dictum bzw. einem Umkehrschluss erschließt, und der BGH eine ausdrückliche Entscheidung hierüber noch nicht getroffen hat.[454] Diese Auffassung überzeugt vor allem vor dem Hintergrund der Rechtsprechung des EuGH zum Verbraucherschutz nicht. So kommt etwa das OLG Hamm nur deshalb zu diesem Ergebnis, da es zu Unrecht unterstellt, es sei heutzutage Allgemeingut und jedem bekannt, was man unter Nebenkosten versteht. Die Unrichtigkeit dieser Prämisse bedarf angesichts der vielfältigen und sich oft nur dem Fachmann erschließenden Auseinandersetzungen um Betriebskosten sicherlich keiner näheren Begründung. Man kann m. E. auch nicht mit Erfolg argumentieren, auch gesetzliche Regelungen gelten ohne ausdrückliche Aufnahme in einen Vertrag: § 2 BetrKV gilt nämlich nicht automatisch, sondern nur bei entsprechender Vereinbarung, die – sofern vorformuliert – eben den §§ 305–310 BGB entsprechen muss. Die bloße Bezugnahme auf ein, dem Mieter nicht bekanntes Regelwerk, überbürdet ihm somit ein nicht überschaubares Risiko und verstößt weiter gegen das Transparenzgebot und damit gegen § 307 BGB.[455] Daher sollte vorsorglich der Betriebskostenkatalog des § 2 BetrKV nach wie vor an systematischer Stelle im Vertrag aufgelistet oder unter wirksamer Bezugnahme und Beachtung des § 550 BGB als Anlage beigefügt werden.

189　Wird der Wortlaut des § 2 BetrKV beigefügt bzw. werden die dort aufgeführten Betriebskostenpositionen zumindest schlagwortartig in den Mietvertrag mit aufgenommen, müssen dennoch alle Kostenpositionen unter der Rubrik „sonstige Betriebskosten" konkret und zweifelsfrei aufgeführt werden (z. B. Kosten der Wartung von Feuerlöschern, der Reinigung von Dachrinnen), damit die zur Wirksamkeit notwendige Bestimmtheit gewährleistet wird.[456] Ansonsten ist die Klausel „Der Mieter trägt die **üblichen anteiligen** Hausabgaben und Nebenkosten" insgesamt zu unbestimmt und daher unwirksam.[457] Gleiches gilt für die

---

[449] Aktuell im Internet abzurufen u. a. unter http://www.basiszinssatz.de.
[450] Seinerzeit durfte dem Mieter der Gegenbeweis eines geringeren Schadens nicht abgeschnitten werden: BGH NJW 1992, 109; NJW 1982, 331; a. A. LG Hannover WuM 1988, 269.
[451] Damals noch zum Diskontsatz der Deutschen Bundesbank BGH NJW 1984, 2941.
[452] OLG Düsseldorf ZMR 1984, 20.
[453] BayObLG NJW 1984, 1761; OLG Hamm NJW-RR 1998, 1090 = NZM 1998, 186; offengelassen OLG Karlsruhe NJW-RR 1986, 91.
[454] BGH NZM 2004, 417; NZM 2004, 418.
[455] OLG Schleswig NJW 1995, 2858 zur Abbedingung von § 568 BGB a. F., jetzt § 545 BGB, a. A. OLG Rostock NZM 2006, 584.
[456] BGH NZM 2004, 417; OLG Düsseldorf MDR 1991, 964; OLG Oldenburg WuM 1995, 430.
[457] OLG Celle WuM 1993, 291.

Bestimmung in einem Formularmietvertrag über Gewerberaum und damit erst recht über Wohnraum: „Der Mieter hat **alle** mit dem Mietobjekt verbundenen **Nebenkosten** zu tragen",[458] ohne dass diese aufgeschlüsselt sind. Der Mieter weiß nämlich nicht, welche Belastungen auf ihn zukommen, so dass ihn das unüberschaubare Risiko unangemessen belastet. Bei der Auslegung einer, die Nebenkosten betreffenden Bestimmung, kommt ein Rückgriff auf § 2 BetrKV oder früher § 27 II. BV und der Anlage 3 nur dann in Betracht, wenn auf diese Vorschrift im Mietvertrag ausdrücklich Bezug genommen wird.[459] Zu beachten ist auch, dass keine Veränderungen (etwa Ankreuzen oder Unterstreichen oder das Einsetzen von Beträgen jeweils nur bei einzelnen Kostenpositionen) vorgenommen werden sollten; ansonsten besteht das Risiko, dass nur diese so „hervorgehobenen" Betriebskosten als wirksam auf den Mieter abgewälzt angesehen werden.

Bei der **Vermietung von Wohnungseigentum** ist die Klausel „Der Mieter trägt die gem. § 16 Abs. 2 WEG auf das Mietobjekt entfallenden Lasten und Kosten des gemeinschaftlichen Eigentums" oder „Der Mieter trägt die sich nach der Abrechnung der Gesamtanlage für das Mietobjekt ergebenden Kosten mit Ausnahme der Instandhaltungsrückstellung" ebenfalls zu unbestimmt und somit unwirksam.[460] **190**

Im Übrigen schadet es nicht, wenn einzelne Kostenpositionen, die im Objekt nicht anfallen (z. B. mangels Aufzugs), nicht gestrichen worden sind. Grundsätzlich ist es nicht erforderlich, dass hinter jeder Betriebskostenposition ein EUR-Betrag (entweder als Vorauszahlung oder als Pauschale) eingetragen ist; es **genügt** vielmehr das Ausweisen einer **Gesamtsumme**. Sind aber bei **einzelnen Positionen** Beträge eingetragen, so kann dies dazu führen, dass nur diese Betriebskostenpositionen als umlagefähig gelten.[461] Ebenso, wenn von den im Mietvertrag aufgeführten Betriebskostenarten nur einige angekreuzt oder auf sonstige Art und Weise **hervorgehoben** sind. Ohne besondere Umstände schadet es weiter nicht, wenn die vereinbarten Vorauszahlungen die später abgerechneten tatsächlichen Kosten deutlich unterschreiten, es sei denn es ist ein besonderer Vertrauenstatbestand begründet worden.[462] **191**

Die Regelung in § 2 BetrKV ist im Wohnraummietrecht **abschließend**. Folglich ist eine Klausel bezüglich solcher Kosten, die nicht Betriebskosten i. S. v. § 2 BetrKV sind, gem. § 556 Abs. 4 BGB unwirksam, also Kosten der WEG-Verwaltung, der Kontoführung, der Instandhaltung und Instandsetzung oder die Umlage sämtlicher Kosten, mit denen der vermietende Eigentümer durch die Eigentümergemeinschaft belastet wird.[463] **192**

Allgemein ist zu beachten, dass die einmal vereinbarte **Mietstruktur** ([Teil-]Inklusivmiete, Nettomiete mit Vorauszahlungen oder Pauschale) nicht einseitig geändert werden kann. Eine vorformulierte Regelung, die dem Vermieter einen derartigen Änderungsvorbehalt, insbesondere die Umstellung auf „Netto-Kalt", gestatten soll, verstößt (abgesehen von der Regelung in § 556a Abs. 2 BGB) gegen § 308 Nr. 4 BGB.[464] Ist im Formularmietvertrag eine **Vorauszahlung** oder eine **Pauschale** gemeint, so geht dies zu Lasten des Vermieters – im Zweifel gilt eine Pauschale als vereinbart.[465] **193**

Bei **preisgebundenem** Wohnraum gilt nach § 20 Abs. 1 NMV, dass nur diejenigen Betriebskosten auf den Mieter umgelegt werden können, die diesem nach Art und Höhe bei Überlassung der Wohnung bekannt gegeben worden sind,[466] also etwa Kosten, die durch Überlassung der Betriebskostenabrechnung des Vormieters erkennbar sind. **194**

b) Mehrbelastungsklauseln. Inhaltlich muss eine entsprechende vorformulierte Regelung den Anforderungen des § 560 Abs. 2 BGB entsprechen und darf zur Vermeidung der Un- **195**

---

[458] Vgl. im Umkehrschluss OLG Düsseldorf ZMR 2003, 109.
[459] OLG Düsseldorf DWW 1991, 283.
[460] LG Braunschweig NJW-RR 1986, 639, a. A. OLG Frankfurt/M. WuM 1985, 91; siehe hierzu ausführlich § 33 I 3.
[461] AG Freiburg WuM 1990, 84.
[462] BGH NZM 2004, 619; NJW 2004, 1102.
[463] OLG Karlsruhe WuM 1988, 204; LG Braunschweig WuM 1991, 339.
[464] AG Hamburg-Blankenese WuM 1998, 418.
[465] LG Berlin ZMR 2001, 188; LG Wiesbaden WuM 1987, 274.
[466] OLG Oldenburg NJW-RR 1998, 12.

196 wirksamkeitsfolge nach § 306 BGB die dort normierten **Rückwirkungsschranken** nicht überschreiten. Daher wurde folgende Klausel für unwirksam gehalten:
„Soweit zulässig, ist der Vermieter bei Erhöhungen bzw. Neueinführung von Betriebskosten berechtigt, den entsprechenden Mehrbetrag zum Zeitpunkt der Entstehung umzulegen."[467] Der Mieter darf grundsätzlich nicht rückwirkend belastet werden. Gleichzeitig setzt diese Klausel den Mieter zu Unrecht einem bei Vertragsabschluss unübersehbaren Kostenrisiko aus.[468]

197 Nach der Rechtsprechung des **BGH** ist eine Allgemeinen Geschäftsbedingung in einem Wohnraummietvertrag, dass bei preisgebundenem Wohnraum die jeweils gesetzlich zulässige Miete als vertraglich vereinbart gilt, wirksam.[469] Diese Rechtsprechung hat der BGH nun fortgeschrieben und festgehalten, dass in einem Formularmietvertrag aus den 1970er Jahren die Regelung unter der Überschrift „Gleitklausel"

„Alle durch gesetzliche oder behördliche Regelungen allgemein oder im konkreten Fall zugelassenen Mieterhöhungen oder Erhöhungen bzw. Neueinführungen von Nebenkosten und Grundstücksumlagen jeder Art sind vom Zeitpunkt der Zulässigkeit ab vereinbart und zahlbar, ohne dass es einer Kündigung oder einer Mitteilung gemäß § 18 I. BMG bedarf."

als teilbare Klausel zu Mieterhöhungserklärungen nach Modernisierung der preisgebundenen Wohnung nicht insgesamt unwirksam ist. Rechtlichen Bedenken begegnet allein der die Erhöhung oder Neueinführung von Nebenkosten betreffende Klauselteil, der sich durch die schlichte Streichung der Worte „oder Erhöhung bzw. Neueinführung von Nebenkosten und Grundstücksumlagen jeder Art" aus der Klausel entfernen lässt.[470] Die – zulässige – Erhöhung wegen Modernisierungsmaßnahmen wird dadurch nicht tangiert.[471]

198 Eine Formulierung z.B. „... vom Zeitpunkt der Zulässigkeit ab ..." ist somit zulässig.[472] Soll der Mieter hingegen „... vom Zeitpunkt des Eintritts ab ..."[473] zur Zahlung verpflichtet sein, verstößt dies gegen das Transparenzgebot, da sich für ihn aus dieser Formulierung im Mietvertrag weder die Voraussetzungen der Erhöhungen noch die Höhe selbst ergeben.

199 Mehrbelastungsklauseln, in denen der Mieter verpflichtet wird, erhöhte (oder neu eingeführte – näher sogleich) Betriebskosten zu tragen, sind in Bezug auf die in § 2 BetrKV genannten Betriebskosten wirksam, ohne dass es auf die Vorhersehbarkeit der Neueinführung oder der Erhöhung ankommt.[474]

200 Weiter ist der **Grundsatz der Wirtschaftlichkeit** zu beachten (jetzt ausdrücklich gesetzlich normiert in §§ 556 Abs. 3 S. 1, 560 Abs. 5 BGB). Bei preisgebundenem Wohnraum werden die Rückwirkungsfolgen des § 4 Abs. 8 NMV durch die Regelung ausgelöst, dass jeweils die preisrechtlich zulässige Miete als vereinbart gilt.

201 c) **Umlage neuer Betriebskosten.** Die Klausel betreffend die Umlage „neu eingeführter" Betriebskosten bezieht sich nur auf solche, die **unabhängig vom Willen des Vermieters** erstmalig neu erhoben werden. Führt der Vermieter von sich aus Betriebskosten ein, so ist die Klausel nur anzuwenden, wenn die Einführung zur ordnungsgemäßen Erhaltung des Grundstücks zwingend geboten erscheint.[475]

202 Neu eingeführte oder erhöhte Betriebskosten können bei Vereinbarung einer nicht abrechenbaren, aber erhöhbaren Betriebskostenpauschale nur beansprucht werden, wenn die Umlegung auf den Mieter zur Erhöhung des Gesamtbetrags der Betriebskosten führt und die Form sowie die Fristen des § 560 Abs. 1 und 2 BGB beachtet werden.[476]

---

[467] BGH NZM 2007, 769; NJW 1993, 1061.
[468] OLG Düsseldorf BB 1991, 1150.
[469] BGH NZM 2004, 93.
[470] BGH WuM 2004, 288; NZM 2004, 379.
[471] Abgrenzung zu BGH NZM 2004, 253 unter II. 2.b, bb; WuM 2004, 151, 153 unter II. 2.b, bb.
[472] BGH NJW 2004, 1598.
[473] Wortlauf der Klausel bei BGH NJW 2004, 1738.
[474] OLG Karlsruhe WuM 1981, 56.
[475] LG Hamburg MDR 1980, 230.
[476] OLG Frankfurt/M. WuM 1992, 56, 62.

d) Abrechnungsmaßstab. Grundsätzlich steht es den Vertragsparteien frei, welchen, für 203 die Einzelnen als umlagefähig vereinbarten Betriebskostenpositionen auch unterschiedlichen, Verteilungsschlüssel sie im Vertrag vereinbaren. Fehlt es einer entsprechenden vertraglichen Regelung, bestand nach bisheriger Rechtslage ein Leistungsbestimmungsrecht des Vermieters nach § 315 BGB.[477] Für nach dem 31. 8. 2001 abgeschlossene Abrechnungszeiträume (Art. 229 § 3 Abs. 9 EGBGB) regelt nun aber § 556a Abs. 1 BGB, dass mangels abweichender vertraglicher Regelung nach dem Anteil der Wohnfläche zur Gesamtwohnfläche umzulegen ist bzw. bei (bereits) erfasstem Verbrauch oder einer (bereits) erfassten Verursachung ein Maßstab anzuwenden ist, der dem unterschiedlichen Verbrauch oder der unterschiedlichen Verursachung Rechnung trägt. Hiervon kann vertraglich zulässigerweise abgewichen werden, nachdem § 556a Abs. 3 BGB lediglich auf Abs. 2 dieser Vorschrift verweist.

Eine derartige abweichende vertragliche Regelung, die sich auch auf verbrauchsabhängige 204 Betriebskosten i. S. von § 556a Abs. 1 S. 2 BGB beziehen kann, verstößt aber gegen § 307 BGB, wenn sie einen vom Verbrauch oder der tatsächlichen Verursachung unabhängigen Abrechnungsmaßstab vorsieht, die Wohnung aber mit Einrichtungen zur Verbrauchserfassung ausgestattet ist. In diesen Fällen darf der Mieter nach Treu und Glauben erwarten, dass die erfassten Kosten auch verbrauchsabhängig abgerechnet werden, insbesondere wenn sie dem Vermieter gerade unter Zugrundelegung dieses Verbrauchs- oder Verursachungsanteils des Mieters in Rechnung gestellt werden.[478]

e) Änderungsvorbehalte. Vorformulierte Änderungsvorbehalte zugunsten des Vermieters, 205 etwa für den Verteilerschlüssel, den Abrechnungszeitraum oder die Vorauszahlungen auf die Betriebskosten, müssen die Regelung in § 308 Nr. 4 BGB beachten.

Eine Anpassung bedarf daher eines wirtschaftlich begründeten Anlasses, muss an billiges 206 Ermessen i. S. v. § 315 Abs. 3 BGB geknüpft und damit gerichtlich überprüfbar sein, und kann immer nur zu Beginn der jeweiligen Abrechnungsperiode eingreifen.[479] Die Formulierung „geeigneter Maßstab" oder „unter Berücksichtigung der Gleichbehandlung aller Mieter"[480] erfüllt nicht die Vorgaben an eine Leistungsbestimmung des Vermieters nach billigem Ermessen.

Während es bei preisgebundenem Wohnraum in § 20 Abs. 4 NMV eine gesetzliche Rege- 207 lung zur Anpassung von Vorauszahlungen gab, wurde eine entsprechende Regelung für preisfreien Wohnraum erst durch das Mietrechtsreformgesetz in § 560 Abs. 4 BGB geschaffen. Diese Regelung ist zwingend (§ 560 Abs. 6 BGB) und gilt bereits für alle nach dem 31. 8. 2001 beendeten Abrechnungszeiträume, also etwa vom 1. 10. 2000 bis 30. 9. 2001 (Art. 229 § 3 Abs. 9 EGBGB).

Inhaltlich ist zu beachten, dass die Erhöhung der Vorauszahlungen nur für die Zukunft 208 vereinbart werden kann und (auch zur Gewährleistung des Transparenzgebotes) erst dann, wenn der Vermieter die Kosten der vorangegangenen Periode abgerechnet hat. Der Vermieter kann sich daher formularvertraglich das Recht vorbehalten, die vereinbarte **Betriebskostenvorauszahlung** nach billigem Ermessen für die Zukunft zu **ändern**, wenn auf Grund der Abrechnung über die vorangegangene Periode oder auf Grund von Betriebskostenerhöhungen die Vorauszahlungen voraussichtlich die Betriebskostenumlage nicht abdecken.[481] Daher ist die Klausel „Die Erhöhung oder Senkung von Betriebskosten berechtigt den Vermieter, die Vorauszahlungen entsprechend anzupassen" unwirksam.[482]

Bisher war umstritten, ob der Vermieter eine Erhöhung der Vorauszahlungen nur fordern 209 kann, wenn dies ausdrücklich vereinbart ist[483] oder ob auch ohne ausdrückliche Vereinbarung eine derartige Erhöhungsbefugnis im Wege ergänzender Vertragsauslegung abgeleitet werden

---

[477] OLG Hamm ZMR 1984, 14
[478] AG Moers WuM 1996, 96.
[479] BGH NJW 1993, 1061 – vgl. im Übrigen bei der Versorgung mit Wärme und Warmwasser § 6 Abs. 4 HeizkostenVO.
[480] LG Hamburg ZMR 1998, 36, 38.
[481] Vgl. OLG Frankfurt/M. WuM 1992, 56, 62.
[482] OLG Frankfurt/M. WuM 1992, 56, 62; a. A. LG Frankfurt/M. WuM 1990, 271, 274.
[483] AG Neuss ZMR 1997, 305; *Geldmacher* DWW 1997, 8; *Sonnenschein* NJW 1992, 265.

kann.⁴⁸⁴ Dies spielt heute wegen § 560 Abs. 4 BGB nur noch für vor dem 1. 9. 2001 abgeschlossene Abrechnungsperioden eine Rolle (Art. 229 § 3 Abs. 9 EGBGB).

210 f) **Betriebskostenabrechnung.** Angesichts der gesetzlichen Vorgaben in § 556 Abs. 3 BGB für preisfreien und in § 20 NMV bei preisgebundenem Wohnraum darf eine vertragliche Bestimmung in einem Wohnraummietvertrag den **Abrechnungszeitraum** von einem Jahr grundsätzlich nicht über-,⁴⁸⁵ wohl aber (etwa bei Änderung des Abrechnungszeitraumes oder nach Errichtung der Mietsache bei einem Rumpfjahr) unterschreiten.

211 Für alle nach dem 31. 8. 2001 beendeten Abrechnungszeiträume (vgl. Art. 229 § 3 Abs. 9 EGBGB), also etwa vom 1. 10. 2000 bis 30. 9. 2001, gilt auch für den Mieter eine **Ausschlussfrist für Einwendungen** gegen die Abrechnung von einem Jahr ab deren Zugang nach § 556 Abs. 3 S. 4 BGB, sofern er die Verspätung nicht zu vertreten hat (§ 556 Abs. 3 S. 5 BGB). Auf diese Frist muss der Mieter nicht gesondert aufmerksam gemacht werden. Diese Regelung ist zugunsten des Mieters nach § 556 Abs. 4 BGB zwingend, so dass hiervon abweichende, auch individuelle Vereinbarungen unwirksam sind.

212 Für frühere Abrechnungsperioden ist eine Klausel, wonach eine Betriebskostenabrechnung **als anerkannt gilt,** wenn der Mieter nicht innerhalb eines Monats nach Zugang widerspricht, zum einen überraschend i. S. v. § 305c Abs. 1 BGB, führt weiter auf Grund der Ausschlussfristwirkung zu einer unangemessenen Benachteiligung des Mieters i. S. v. § 307 BGB und widerspricht drittens auch § 309 Nr. 5 b BGB, wonach der Vermieter verpflichtet ist, den Mieter bei Beginn der Frist auf Ausschlusswirkungen besonders hinzuweisen.⁴⁸⁶ Ansonsten muss dem Mieter eine angemessene Prüfungs- und Widerspruchsfrist von 3–4 Wochen eingeräumt werden und er ist zusammen mit der Zusendung der Abrechnung nochmals besonders auf die Bedeutung seines Schweigens hinzuweisen.⁴⁸⁷

213 Bei der **Vermietung von Wohnungseigentum** ist auf Grund ggf. unterschiedlicher Abrechnungssysteme (Abflussprinzip bei Wohnungseigentum und Entgeltprinzip bei der Miete), unterschiedlicher Abrechnungszeiträume und unterschiedlicher Umlagemaßstäbe jedenfalls aus Vermietersicht auf eine entsprechende Gleichschaltung der Absprachen mit dem Mieter mit den WEG-rechtlichen Vorgaben, etwa nach der Teilungserklärung, zu achten. Im Umwandlungsfalle bedarf es auf Grund der völligen Trennung der beiden Rechtssphären (WEG einerseits und Miete andererseits) eines Änderungsvorbehaltes, der sich formularmäßig nur auf die Zukunft beziehen kann, billigem Ermessen nach § 315 Abs. 3 BGB entsprechen muss und dem Mieter vor Beginn der Abrechnungsperiode mit entsprechender Begründung mitzuteilen ist.⁴⁸⁸

214 Bei einem **Mieterwechsel während der Verbrauchsperiode** ist der Vermieter nach allgemeiner Meinung zu einer Zwischenabrechnung nicht verpflichtet, wohl aber zur Erfassung der Verbrauchsstände. Dabei hat der Vermieter die Kosten einer derartigen Zwischenablesung zu übernehmen, da es sich hierbei um Verwaltungskosten handelt welche in den Risikobereich des Vermieters fallen.⁴⁸⁹ Zulässig dürfte es sein, in einer Klausel diese Kosten grundsätzlich dem ausziehenden Mieter aufzuerlegen, sofern er nicht zulässigerweise fristlos gekündigt hat.

215 g) **Leerstandsklauseln.** Vorformulierte Regelungen, nach denen die Mieter eines Gebäudes die auf unvermietete und leer stehende Räume entfallenden Betriebskosten zu tragen haben, sind gem. § 307 Abs. 2 Nr. 1 BGB unwirksam, da sie dem Mieter das Vermietungsrisiko des Vermieters teilweise überbürden.⁴⁹⁰

216 Wirksam ist dagegen eine Klausel, nach welcher der Eigentümer unvermieteter und leer stehender Räume nicht mit Betriebskosten belastet wird, die nachweislich nicht wegen des

---

⁴⁸⁴ AG Karlsruhe DWW 1993, 21.
⁴⁸⁵ LG Düsseldorf ZMR 1998, 167.
⁴⁸⁶ LG Berlin GE 1997, 1531.
⁴⁸⁷ Bub/Treier/*Bub* II Rdnr. 440.
⁴⁸⁸ BGH NJW 1993, 1061; hierzu ausführlich unter § 33 I 3.
⁴⁸⁹ BGH NZM 2008, 123; LG Görlitz WuM 2007, 265; a. A. vgl. nur AG Hamburg WuM 1996, 562: LG Berlin GE 2003, 121: Kosten trägt der Verursacher.
⁴⁹⁰ *Gelhaar* ZMR 1981, 228.

Leerstandes bezüglich dieser Räume angefallen sind, da die übrigen Mieter keinen Anspruch darauf haben, aus dem Leerstand Vorteile zu ziehen und der Vermieter den Anspruch eines ausgezogenen Mieters auf Anrechnung ersparter Aufwendungen nach dessen Auszug gemäß § 537 Abs. 1 S. 2 BGB formularmäßig nicht ausschließen kann.[491]

7. Mietsicherheiten

Die Vereinbarung einer Mietsicherheit bedarf einer vertraglichen Regelung. Eine Verpflichtung des Mieters zur Zahlung einer Mietsicherheit kraft Gesetzes gibt es nicht.

a) **Barkaution.** Eine entsprechende Mietvertragsklausel hat bei preisfreiem Wohnraum § 551 BGB und bei preisgebundenem Wohnraum § 9 Abs. 5 WoBindG zu beachten. Beide Vorschriften sind nicht abdingbar.

Im Rahmen der Mietrechtsreform hat der Gesetzgeber in Art. 229 § 3 Abs. 8 EGBGB festgehalten, dass die **Verzinsungspflicht** des § 551 Abs. 3 S. 1 BGB nicht anzuwenden ist, wenn die Verzinsung vor dem 1. 1. 1983 durch Vertrag **ausgeschlossen** worden ist. Bisher wurde demgegenüber überzeugend die Meinung vertreten, dass selbst die vor Inkrafttreten der Vorgängervorschrift zu § 551 BGB, des § 550b BGB a.F., eben am 1. 1. 1983 formularmäßig ausgeschlossene Verzinsung des Kautionsbetrages gegen § 307 Abs. 2 Nr. 1 BGB verstoße.[492] Die Kaution dient dem Vermieter nicht als kostenloser Kredit, sondern als Sicherheit.

Eine Klausel, die den Mieter darüber hinwegtäuscht, dass er die **Kaution in drei Raten** mit den ersten 3 Monatsmieten zahlen darf (z. B. „Der Mieter leistet bei Abschluss des Mietvertrages eine Mietsicherheit in Höhe von EUR …, höchstens jedoch in Höhe der dreifachen Monatsmiete") führt – unabhängig davon, ob sie in einem Satz oder in mehreren Sätzen formuliert ist, nicht zur völligen Unwirksamkeit der Kautionsvereinbarung – im Übrigen auch dann, wenn ein weiterer Verstoß wegen Überschreitens der maximalen gesetzlichen Höhe von 3 Monatskaltmieten vorliegt.[493] Der Mieter darf also den vereinbarten Kautionsbetrag in drei gleichen Monatsraten bezahlen, muss ihn aber entrichten und kann einen etwa gezahlten Betrag nicht aus bereicherungsrechtlichen Gesichtspunkten zurückverlangen.[494]

Da den Vermieter kraft Gesetzes (§ 551 Abs. 3 S. 3 BGB) die Verpflichtung trifft, die Kaution **insolvenzsicher,** mithin getrennt von seinem Vermögen anzulegen, kann er sich formularmäßig hierfür auch keine Kostenpauschale versprechen lassen.[495]

Unwirksam ist die Vereinbarung, wonach die **Obergrenze von 3 Monatsmieten** für Mietsicherheiten i. S. d. §§ 551 Abs. 1, 232 BGB überschritten wird, wobei zusätzliche Sicherheiten, wie z. B. eine Schlüsselkaution, eine Abtretung von Ansprüchen gegen Dritte etc. einzurechnen sind.[496] Dies berührt aber die Wirksamkeit der Kautionsabrede unter Beachtung der entsprechenden gesetzlichen Vorgaben in § 551 BGB im Übrigen nicht.[497] Zusätzliche Sicherheiten für die Anbringung von Parabolantennen als Voraussetzung für eine entsprechende Duldungspflicht des Vermieters sind dagegen nicht einzurechnen,[498] oder für Umbauten zur Gewährleistung der Barrierefreiheit nach § 554a Abs. 2 BGB („zusätzliche Sicherheit"). Zinsen dürfen zulässigerweise nur die Sicherheit erhöhen (§ 551 Abs. 3 S. 4 BGB).

b) **Bürgschaft.** Die Vereinbarung zwischen Vermieter und Mieter über die Leistung einer Barkaution und **Stellung eines Bürgen** ist gem. § 551 BGB unwirksam, soweit der Vermie-

---

[491] OLG Frankfurt EWiR 1986, 425.
[492] LG Hamburg NJWE-MietR 1997, 126; WuM 1992, 33 LG München WuM 1992, 617; a. A. LG Frankfurt/M. WuM 1988, 307.
[493] BGH NJW 2004, 1240; WuM 2004, 269; NJW 2003, 2899; LG Lüneburg NZM 2000, 376; a. A. noch OLG Hamburg WuM 1991, 385, 387; LG Hamburg WuM 1990, 416; LG München I NZM 2001, 583; WuM 1994, 370; AG Dortmund WuM 1997, 212, AG Gießen WuM 2000, 247; AG Görlitz WuM 2000, 547; AG Homburg Urteil vom 22. 10. 1999, 4 C 358/99; AG Pinneberg ZMR 1999, 264; AG Tempelhof MM 2000, 282; AG Steinfurt WuM 1999, 433.
[494] LG Berlin NJW-RR 2000, 821.
[495] LG München I NZM 1998, 32.
[496] BGH NJW 1989, 1853; LG Berlin GE 1993, 159.
[497] BGH NJW 2004, 3045.
[498] OLG Frankfurt/M. NJW 1992, 2490; OLG Karlsruhe NJW 1993, 2815.

ter dadurch eine Sicherheit in Höhe von insgesamt mehr als 3 Monatsmieten erhalten würde.[499]

224 Hat der Vermieter den Abschluss des Mietvertrags über eine Wohnung davon abhängig gemacht, dass der Mieter neben der Barkaution zusätzlich eine Bürgschaft für alle Ansprüche aus dem Mietverhältnis stellt, so kann der Mieter verlangen, dass der Bürge über den Betrag von 3 Monatsmieten hinaus nicht in Anspruch genommen wird.[500] Der Bürge kann dieses Recht des Mieters einredeweise geltend machen.[501]

225 Der Mieter kann auch formularvertraglich zur Gestellung einer **Bürgschaft** unter **Verzicht auf die Einrede der Anfechtbarkeit** oder unter **Verzicht auf das Recht der Hinterlegung** oder unter **Verpflichtung des Bürgen zur Zahlung auf erstes Anfordern** verpflichtet werden.[502]

226 c) **Sicherheitsabtretung.** Eine formularmäßige **Vorausabtretung des pfändbaren Teils von Lohn** oder **Gehalt** des Mieters zur Absicherung der Ansprüche des Vermieters aus dem Mietvertrag ist zulässig, wenn dies nicht zu einer übermäßigen Sicherung des Vermieters führt und klarstellt, unter welchen Voraussetzungen der Vermieter von der Abtretung Gebrauch zu machen berechtigt sein soll, z. B. bei Zahlungsverzug.[503]

227 Zu einer zur Unwirksamkeit der Klausel führenden Übersicherung führt die **Vorausabtretung** des **gesamten pfändbaren Arbeitseinkommens** ohne zeitliche und betragsmäßige Begrenzung.[504]

228 Die formularmäßige **Abtretung der Forderungen** des **Wohnraummieters** gegen den **Untermieter** an den Vermieter bis zur Höhe seiner Mietforderungen verstößt gegen § 9 AGBG, da sie erheblich vom gesetzlichen Leitbild des Mietvertrags abweicht und den wirtschaftlichen Bewegungsspielraum des Mieters einengt.[505]

8. Änderung der Miete

229 a) **Erhöhungsvorbehalte.** In Mietverträgen über preisfreien Wohnraum sind jegliche **Mieterhöhungsvorbehalte**, die zu Ungunsten des Mieters von den Mieterhöhungsvorschriften des BGB abweichen nach den §§ 557a Abs. 4, 557b Abs. 4, 558 Abs. 6, 558a Abs. 5, 558b Abs. 4, 559 Abs. 3, 559a Abs. 5, 559b Abs. 3, 560 Abs. 6 BGB unwirksam.[506] Zulässig ist allerdings die formularvertragliche Vereinbarung eines **Gewerbezuschlags** für den Fall einer künftigen Nutzung zu anderen als zu Wohnzwecken.[507]

230 In befristeten **Wohnraummietverträgen** kann sich der Vermieter das Mieterhöhungsrecht nach den §§ 558 bis 560 BGB auch während der fest vereinbarten Laufzeit formularmäßig vorbehalten, wodurch die Vermutung, dass die Miete während der fest vereinbarten Mietdauer unverändert bleibt (§ 557 Abs. 3 BGB), widerlegt wird.[508]

231 Die Ausschlussvermutung des § 557 Abs. 3 BGB (= § 1 Abs. 3 MHG a. F.) wird auch durch eine generalisierend auszulegende Klausel widerlegt, dass für Mieterhöhungen die gesetzlichen Vorschriften und Fristen gelten sollen.[509]

232 b) **Mieterhöhung trotz Befristung?** Die Parteien des Mietvertrages können die Möglichkeit einer **Mieterhöhung** vertraglich ausschließen. Ein derartiger **Ausschluss** kann auch stillschweigend vereinbart werden oder sich aus den Umständen ergeben (§ 557 Abs. 3 BGB).

233 Die Vorgängervorschrift des § 1 S. 3 MHG stellte als wichtigsten Fall für einen solchen, sich aus den Umständen ergebenden Ausschluss die **Vereinbarung eines befristeten Mietver-**

---

[499] OLG Köln WuM 1989, 136; LG Hamburg DWW 1989, 27.
[500] BGH NJW 2004, 3045.
[501] BGH NJW 1989, 1853.
[502] BGH NJW 1986, 45; NJW 1985, 1694 – str.
[503] BGH, NJW 1989, 2383; WM 1976, 151; LG Hagen NJW-RR 1988, 1232.
[504] BGH NJW 1989, 2383.
[505] OLG Celle WuM 1990, 105.
[506] Zur Staffelmiete gem. § 557a BGB vgl. BGH NJW 2004, 511; NZM 2004, 736.; siehe im Übrigen zur Zulässigkeit von Gleitklauseln vor allem im öffentlich geförderten Wohnraum BGH WuM 2004, 288; BGH NZM 2004, 379.
[507] BayObLG WuM 1986, 205.
[508] LG Kiel WuM 1992, 623; a. A. LG Bonn WuM 1992, 254.
[509] OLG Stuttgart NJW-RR 1994, 1291; a. A. LG Bonn WuM 1992, 254.

hältnisses mit einer festen Miete heraus. Dies resultierte aus der früheren Rechtslage, bei der sich ein Mieter gegen Änderungskündigungen des Vermieters, mangels gesetzlicher Anspruchsgrundlagen damals die einzige Möglichkeit zur Durchsetzung von Mieterhöhungen, am besten durch die Vereinbarung einer festen Vertragslaufzeit schützen konnte – ein Schutz, der auch nach Einführung des MHG erhalten bleiben sollte.[510] Bei § 1 S. 3 MHG handelte es sich nach überwiegender Meinung um eine gesetzliche Vermutung, die widerlegt werden konnte, so dass auch während eines Zeitmietvertrages Mieterhöhungen nach dem Gesetz zur Regelung der Miethöhe möglich blieben.[511]

Wann wurde eine derartige **Ausschlussvereinbarung vermutet?** Nach ursprünglich einhelliger Meinung war eine „feste" Miete i.S.d. § 1 S. 3 MHG vereinbart, wenn der Zeitmietvertrag keinen Erhöhungsvorbehalt enthält.[512] Dann wurde die Auffassung vertreten, die bloße (auch handschriftliche) Einfügung eines bestimmten Geldbetrages als Miete in einen Formularmietvertrag mit bestimmter Laufzeit würde hierfür nicht ausreichen, wenn sonstige auf die Vereinbarung einer festen Miete deutende Hinweise fehlen.[513] Man verlangte also außer der Befristung noch weitere Vereinbarungen. Diese Auffassung überzeugte nicht. Abgesehen davon, dass die soeben dargelegte Entstehungsgeschichte des § 1 S. 3 MHG zu Unrecht nicht berücksichtigt wurde,[514] hätte § 1 S. 3 MHG insoweit seinen Anwendungsbereich verloren, wenn über das Fehlen eines Erhöhungsvorbehalts hinaus weitere Umstände erforderlich gewesen wären, die „diese Vereinbarung hinreichend deutlich zum Ausdruck bringen". Dadurch wurde das Tatbestandsmerkmal „feste Miete" auch nicht überflüssig, da bei einem Zeitmietvertrag mit Erhöhungsvorbehalt eben keine feste Miete vereinbart ist.[515]

234

Durch das **Mietrechtsreformgesetz** wurde nun aber der letzte Halbsatz von § 1 S. 3 MHG gestrichen. Nach der Gesetzesbegründung soll damit keine inhaltliche Änderung der bisherigen Rechtslage verbunden sein. Der Gesetzgeber verweist ausdrücklich auf den vorzitierten Rechtsentscheid des OLG Stuttgart[516] und nimmt dies zum Anlass, klarzustellen, dass es für die Frage, ob eine Erhöhungsausschluss vorliegt, entscheidend auf die konkrete Ausgestaltung des Vertrages ankomme, letztendlich also auf die Umstände des Einzelfalls. Dies könnte dazu verleiten, anzunehmen, dass allein die Vereinbarung einer festen Laufzeit und eines bestimmten Mietbetrages nicht mehr ohne weiteres Mieterhöhungsmöglichkeiten ausschließt, selbst wenn kein ausdrücklicher Erhöhungsvorbehalt vereinbart wurde. Angesichts der vorstehend bewusst ausführlich nochmals zusammengefassten Bedenken bereits zur bisherigen Rechtslage sollte aber (gerade aus anwaltlicher Sicht) bis zu einer klarstellenden höchstrichterlichen Entscheidung der sicherste Weg gegangen werden, an dem sich daher die folgenden Ausführungen orientieren.

235

Ein auch formularvertraglich,[517] selbst an anderer Stelle als der Vereinbarung der Befristung[518] vereinbarter Erhöhungsvorbehalt muss zunächst § 305 b BGB beachten und darf nicht einer individuellen Vereinbarung über die Befristung des Mietvertrages mit fester Miete widersprechen.[519] Weiter muss der Erhöhungsvorbehalt nach zwei Richtungen hin eindeutig sein: einmal hinsichtlich der Erhöhungsmöglichkeit selbst und zum anderen in Bezug auf die Befristungsabrede; die Erhöhungsklausel muss sich eindeutig auf den Zeitmietvertrag beziehen.[520]

236

---

[510] *Blank* WuM 1994, 421 f.
[511] *Barthelmess* Rdnr. 34 a; *Sternel* III Rdnr. 535, 539; nach a. A. soll es sich um eine Auslegungsregel handeln, AK-BGB/*Derleder* § 1 MHG, Rdnr. 1; *Soergel/Kummer* § 1 MHG, Rdnr. 6.
[512] Vgl. nur Hannemann/Wiek/*Wiek* Handbuch der Mietrechtsentscheide (HdM), Anmerkung zu OLG Stuttgart, Nr. 28 m. w. Nachw.
[513] OLG Stuttgart NJW-RR 1994, 1291; a. A. *Blank* WuM 1994, 421 f.; Staudinger/*Emmerich*, 13. Bearb. 1997, § 1 MHG, Rdnr. 16; *Sternel*, Mietrecht aktuell, Rdnr. 647.
[514] *Blank* WuM 1994, 421 f.; Hannemann/Wiek/*Wiek*, Handbuch der Mietrechtsentscheide (HdM), Anmerkung zu OLG Stuttgart Nr. 28.
[515] Hannemann/Wiek/*Wiek*, Handbuch der Mietrechtsentscheide (HdM), Anmerkung zu OLG Stuttgart Nr. 28.
[516] OLG Stuttgart NJW-RR 1994, 1291.
[517] LG Berlin GE 1986, 501; GE 1984, 923; LG Bonn WuM 1992, 254; LG Kiel, WuM 1992, 623.
[518] AG Bonn NJW-RR 1992, 455; a. A. AG Offenbach ZMR 1987, 472 m. abl. Anm. *Schulz*.
[519] LG Köln WuM 1991, 353 m. w. Nachw.; AG Nürnberg WuM 1993, 618.
[520] *Blank*, Der Ausschluss der Mieterhöhung nach § 1 MHG, Partner im Gespräch (PiG) 40, S. 143, 151.

Andernfalls kann zu Lasten des Vermieters § 305 c Abs. 2 BGB eingreifen. Daher reichen folgende Klauseln nicht aus:

„Der Vermieter kann während der vereinbarten Vertragszeit die gesetzlich zugelassenen Mieterhöhungen verlangen".[521] Dies deshalb, da damit auch auf § 557 Abs. 3 BGB verwiesen wird.
„Für sonstige Mieterhöhungen gelten die gesetzlichen Vorschriften und Fristen".[522] Auch hier ist § 557 Abs. 3 BGB mit eingeschlossen.
„Der Vermieter hat einen sofortigen Anspruch auf die preisrechtlich zulässige Miete".[523]

237 Offen gelassen wurde die Wirksamkeit bei folgender Klausel:

„Der Vermieter ist berechtigt, nach Maßgabe der gesetzlichen Bestimmungen die Zustimmung zur Erhöhung der Miete jeweils nach Ablauf eines Jahres zum Zwecke der Anpassung an die geänderten wirtschaftlichen Verhältnisse auf dem Wohnungsmarkt zu verlangen". Damit soll zusätzlich zu den Vorgaben der §§ 557 ff. BGB Voraussetzung für eine Mieterhöhung sein, dass sich seit Beginn des Mietverhältnisses die ortsüblichen Mieten insgesamt erhöht haben.[524]

238 Nach alledem wäre folgende Klausel **zulässig**:

„Ist das Mietverhältnis auf bestimmte Zeit vereinbart, so ist der Vermieter gleichwohl berechtigt, die Miete nach den Bestimmungen des BGB während der Vertragslaufzeit zu erhöhen".[525]

9. Mietgebrauch

239 Der Vermieter ist kraft Gesetzes verpflichtet, dem Mieter den vertragsgemäßen Gebrauch der Mietsache bei Mietbeginn zu gewähren und während der gesamten Mietzeit zu erhalten (§ 535 Abs. 1 S. 2 BGB). Beim **Wohnen** gehört hierzu alles, was zur Benutzung der gemieteten Räume als existenziellem Lebensmittelpunkt des Mieters und seiner Familie gehört, mithin die gesamte Lebensführung des Mieters in all ihren Ausgestaltungen und mit all ihren Bedürfnissen.[526] Selbstverständlich können dem Mieter auch darüber hinausgehende (Sonder-)Nutzungsrechte eingeräumt werden. Dazu bedarf es einer umfassenden Interessenabwägung[527] im Einzelfall.

240 a) **Verbote.** Vorformulierte generelle Verbote in Bezug auf Mietgebrauchsrechte des Mieters sind – schon mangels Interessenabwägung – unzulässig (Übermaßverbot – vgl. z.B. das generelle Tierhaltungsverbot[528]). Auch bei einer Interessenabwägung führt ein Verbot zur Unzulässigkeit, wenn der Mieter auf den entsprechenden Mietgebrauch angewiesen ist[529] bzw. wenn die Grundrechte in ihrem Wesenskern getroffen werden.[530]

241 b) **Erlaubnisvorbehalte.** Einzelne Mietgebrauchsrechte, und folglich erst recht darüber hinausgehende Nutzungsrechte, können zugunsten des Vermieters auch formularmäßig unter Erlaubnisvorbehalt gestellt werden, wobei allerdings die Verknüpfung der Erlaubnis mit einem **Schriftformerfordernis** zur Unzulässigkeit führt. Im Zweifel wird sich die Unwirksamkeit auf die gesamte Klausel beziehen.[531] Allein bei sprachlicher und inhaltlicher Trennbarkeit kann der Erlaubnisvorbehalt auch ohne das Schriftformerfordernis Bestand haben.[532]

---

[521] OLG Stuttgart WuM 1994, 420; LG Köln WuM 1991, 353; a. A. LG Kiel WuM 1992, 623.
[522] LG und AG Bonn WuM 1992, 254; AG Friedberg WuM 1994, 216; AG Tettnang WuM 1993, 406.
[523] AG Neumünster WuM 1991, 353.
[524] AG Rastatt WuM 1997, 177, zum MHG.
[525] *Barthelmess* § 1 MHG Rdnr. 34 a.
[526] BayObLG NJW 1981, 1275.
[527] Vgl. *Horst* NZM 1998, 647.
[528] BGH NJW 2008, 218 = NZM 2008, 78; NJW 1993, 1061; OLG Frankfurt/M. WuM 1992, 56, 60.
[529] LG Köln NJW-RR 1997, 1440: vorformuliertes Verbot, nach 22 Uhr zu baden oder zu duschen.
[530] Z. B. Art. 5 Abs. 1 S. 1 GG: BGH NZM 2007, 597: generelles Verbot der Anbringung von Parabolantennen; LG Essen WuM 1998, 344: vorformulierter Verzicht des Mieters auf Errichtung einer Satelliten- oder Funkempfangsstation.
[531] BGH NJW 1991, 1750; LG Mannheim WuM 1992, 470.
[532] OLG Frankfurt/M. WuM 1992, 56, 62.

242 Ist die Klausel insgesamt unwirksam, so ist der Mietgebrauch ohne weiteres zulässig, die gebrauchserweiternde **Sondernutzung** zugunsten des Mieters dann aber untersagt.

243 Beim Mietgebrauch ist es vorformuliert nur zulässig, wenn der Vermieter die Erlaubniserteilung an **billiges**, mithin also i. S. v. § 315 Abs. 3 BGB gebundenes und gerichtlich uneingeschränkt überprüfbares **Ermessen** knüpft mit der Folge, dass der Mieter grundsätzlich einen Anspruch auf Erlaubnis hat, soweit keine überwiegenden sachbezogenen Gründe auf Vermieterseite entgegenstehen. Bei **Sondernutzungen** steht es im freien Ermessen des Vermieters, die Erlaubnis zu erteilen oder zu verweigern und der Mieter kann hiergegen lediglich Rechtsmissbrauchsgesichtspunkte mit Erfolg einwenden (z.B. bezogen auf ständige teilgewerbliche Nutzung oder erhebliche bauliche Umgestaltung des Mietobjektes). Fraglich ist, ob bei einem Anspruch des Mieters auf Erlaubniserteilung eine eigenmächtige Gebrauchsausübung zur Vertragswidrigkeit führt[533] oder ob die Nichteinhaltung lediglich der formellen Vorgabe sanktionslos bleibt, wenn dem Mieter ein Anspruch auf Erlaubniserteilung zusteht.

244 c) **Widerrufsvorbehalte.** Auch wenn anerkannt ist, dass auch ohne ausdrücklichen Vorbehalt eine einmal erteilte Erlaubnis bei Vorliegen eines wichtigen Grundes bzw. wegen wesentlicher Änderung der Verhältnisse widerrufen werden kann,[534] sollte sicherheitshalber ein auch formularvertraglich zulässiger Widerrufsvorbehalt vereinbart werden. Dieser muss die Widerrufstatbestände konkret und zweifelsfrei erkennen lassen, so dass allgemeine Formulierungen sich zulässigerweise wiederum nur auf das Vorliegen eines wichtigen Grundes bzw. die wesentliche Änderung der Verhältnisse beschränken können. Das Erfordernis des **schriftlichen** Widerrufs richtet sich an den Vermieter und dürfte daher zulässig sein. Eine **freie Widerruflichkeit** der Erlaubnis ist jedenfalls formularvertraglich unwirksam.[535]

245 d) **Gebrauchsüberlassung an Dritte.** Die Bestimmung, wonach die **Untervermietung** oder die sonstige Gebrauchsüberlassung an Dritte der **Erlaubnis** des Vermieters bedarf, ist mit § 553 Abs. 1 S. 1 BGB übereinstimmend wirksam.[536]

246 Ehegatten und andere enge Familienangehörige sind keine „Dritten" i. S. d. § 553 Abs. 1 S. 1 BGB.[537] Die dauerhafte Überlassung des **Mitgebrauchs** der Mietsache kann daher bzgl. der **nächsten Angehörigen** (Ehegatte, Kinder, nicht Geschwister) oder des nichtehelichen Partners nicht wirksam formularvertraglich ausgeschlossen werden.[538] Der Vermieter darf die **Überlassung** an **sonstige Dritte** formularvertraglich nur unter den Voraussetzungen eines berechtigten Interesses, z.B. bei Überbelegung der Miträume oder Vorliegen eines sonstigen wichtigen Grundes zur Verweigerung der Erlaubnis, versagen.[539] **Nichteheliche Lebensgemeinschaften** können formularvertraglich ebenfalls nicht generell von der Gebrauchsüberlassung ausgeschlossen werden.[540] Allerdings genügt eine bloße Anzeige gegenüber dem Vermieter nicht; nach wie vor bedarf es dessen Erlaubnis, auf die aber im Regelfall Anspruch besteht.[541]

247 In diesem Zusammenhang ist weiter die zwingende Regelung in § 553 BGB zu beachten, so dass Einschränkungen der Befugnis zur Aufnahme von Personen sachbezogene Gründe (z.B. Art des überlassenen Wohnraums – Schwesternheim; Überbelegung) beachten müssen. Andernfalls ist die vorformulierte Festlegung der Anzahl der Bewohner gewissermaßen von vornherein in einem Mietvertrag unzulässig.[542] In keinem Fall ist ein Erlaubnisvorbehalt wirksam, der sich auf Personen bezieht, deren Aufnahme begrifflich keine Untermiete i. S. v. §§ 540, 553 BGB darstellt, sondern sich innerhalb der Grenzen zulässigen Mietgebrauchs bewegt, so die Aufnahme des Ehegatten und nächster Angehöriger (Kleinfamilie), wobei

---

[533] BayObLG NJW-RR 1995, 969; OLG Hamm NJW-RR 1997, 1370.
[534] BGH NJW 1984, 1031.
[535] BGH NJW 1987, 1692.
[536] OLG Celle WuM 1990, 108.
[537] OLG Celle WuM 1990, 108; a. A. OLG Frankfurt/M. WuM 1992, 63.
[538] BayObLG WuM 1984, 13; OLG Hamm WuM 1982, 318.
[539] BGH NJW 1985, 130.
[540] OLG Hamm WuM 1982, 318.
[541] BGH NJW 2004, 56.
[542] LG Berlin WuM 1993, 261, 264.

nicht geklärt ist, ob z. B. auch hilfsbedürftige Eltern, erwachsene Kinder oder Enkelkinder hierunter fallen. Nach noch überwiegender Meinung gehört allerdings derzeit der nichteheliche Lebens(abschnitts)partner nicht zu diesem privilegierten Personenkreis, sondern unterfällt §§ 540, 553 BGB.[543] Für den gleichgeschlechtlichen Lebenspartner nach Maßgabe des am 1. 8. 2001 in Kraft getretenen Lebenspartnerschaftsgesetzes[544] kann dies aber nicht mehr gelten.

248   Ein etwaiges **Schriftformerfordernis** für die Erlaubnis verstößt gegen § 553 Abs. 1 S. 1 BGB und ist unwirksam.[545] Teilweise wird das Schriftformerfordernis von dem Erlaubnisvorbehalt als inhaltlich teilbar angesehen, so dass sich die Nichtigkeit auf das Schriftformerfordernis beschränken soll.[546]

249   Eine formularmäßige Regelung, die ein **außerordentliches Kündigungsrecht** des Mieters gem. § 540 Abs. 1 S. 2 BGB für den Fall der **Verweigerung der Untervermietungserlaubnis**, ohne dass ein wichtiger Grund in der Person des Untermieters vorliegt, ausschließt, ist gem. § 307 Abs. 2 Nr. 1 BGB unwirksam.[547] Eine formularvertragliche Bestimmung, wonach die Gebrauchsüberlassung an andere generell ausschließt, ist im Zweifel als Ausschluss des ordentlichen Kündigungsrechts des Mieters auszulegen und daher ebenfalls unwirksam.[548]

250   Ein **Untermietzuschlag** bzw. eine Vereinbarung, wonach sich bei Einzug einer weiteren Person in eine Wohnung die Miete um einen bestimmten Betrag erhöht, ist wegen Verstoßes gegen die zwingenden Mieterhöhungsvorschriften des BGB unwirksam.[549] Einem von vornherein nach Grund und/oder Höhe festgelegter Untermietzuschlag kommt ebenfalls mangels Zumutbarkeits- und Angemessenheitsprüfung im konkreten Einzelfall keine Rechtswirksamkeit zu.[550]

251   e) **Tierhaltung.** Ausgehend von der in der Vorbemerkung zu diesem Abschnitt „Mietgebrauch" fixierten Unwirksamkeitsfolge formularvertraglicher Regelungen, die das Ergebnis einer zwingend erforderlichen Interessenabwägung vorwegnehmen und damit gegen das Übermaßverbot verstoßen, ist in jedem Fall ein **generelles Tierhaltungsverbot** per Formularklausel unwirksam.[551] Die Frage, ob dann das Halten von Haustieren, sofern es sich nicht um Kleintiere handelt, zum vertragsgemäßen Gebrauch gehört, bedarf daher einer umfassenden Interessenabwägung im Einzelfall (Art des Tieres, Größe der Wohnung, Interessen aller Beteiligter, nicht n ur Vermieter und Mieter u. a.).[552] Eine Klausel, die das Halten von Tieren, bei denen eine Gefährdung oder Belästigung nicht völlig auszuschließen ist – hierzu zählen insbesondere auch Hunde, nicht aber Kleintiere wie Ziervögel oder Zierfische – verbietet, ist dagegen wirksam.[553] Klauseln, welche die Tierhaltung des Mieters von der **Zustimmung des Vermieters** abhängig machen und über deren Erteilung der Vermieter nach pflichtgemäßem Ermessen zu entscheiden hat, sind – weil gerichtlich nachprüfbar – wirksam.[554] Wird die **Zustimmung** in das **freie Ermessen des Vermieters** gestellt, so ist die Klausel unwirksam, weil die Interessen des Mieters an der Tierhaltung dann nicht berücksichtigt werden müssen.[555]

252   Neuerdings wird entgegen überwiegender Meinung und Rechtsprechung aus diesem Grund auch ein vorformuliertes Tierhaltungsverbot für unzulässig angesehen, das ausdrück-

---

[543] OLG Hamm NJW-RR 1997, 1370; NJW 1992, 513.
[544] BGBl. I 2001, S. 266.
[545] BGH NJW 1991, 1750.
[546] OLG Frankfurt/M. WuM 1992, 56.
[547] BGH NJW 1995, 2034; NJW 1987, 1692; LG Hamburg ZMR 1992, 452.
[548] Bub/Treier/*Bub* II Rdnr. 506.
[549] LG Hamburg WuM 1990, 116; *Blank* WuM 1990, 220; a. A. LG Köln WuM 1990, 219.
[550] LG Hannover WuM 1983, 236; LG Mainz WuM 1982, 191; AG Hamburg-Altona WuM 1999, 600; AG Langenfeld/Rhld. WuM 1992, 477.
[551] BGH NZM 2008, 78; NJW 1993, 1061; OLG Frankfurt/M. WuM 1992, 56, 60.
[552] BGH NZM 2008, 78.
[553] BGH NJW 1993, 1061; vgl. LG Karlsruhe NZM 2002, 246.
[554] OLG Frankfurt/M. WuM 1992, 56.
[555] OLG Frankfurt/M. WuM 1992, 60; a. A. LG Bonn ZMR 1989, 179; LG Braunschweig ZMR 1988, 140; LG Hamburg ZMR 1986, 440; LG Krefeld ZMR 2007, 375; offen gelassen BGH NZM 2008, 78.

lich Kleintiere ausnimmt und sich auf Hunde und/oder Katzen bezieht.[556] Gestützt wird diese Auffassung u. a. darauf, dass Sonderfälle (z. B. das Angewiesensein auf ein Tier aus gesundheitlichen Gründen) dem Mieter nach der Rechtsprechung doch wieder einen Anspruch auf Tierhaltung geben sollen,[557] was eigentlich gegen das Verbot der geltungserhaltenden Reduktion verstoße. Die Abweichung von der h. M. sei daher unausweichlich.

Die Vereinbarung eines vorformulierten Erlaubnisvorbehaltes, soweit **Kleintiere in Behältnissen ohne Außenwirkung** hiervon ausgenommen werden, ist (allerdings ohne Schriftformerfordernis für die Erteilung der Erlaubnis) zulässig. Die Ausübung des Erlaubnisvorbehaltes ist mangels konkreter und zweifelsfreier Regelung im Übrigen nur nach einer Interessenabwägung i. S. v. § 315 Abs. 3 BGB vom Vermieter vorzunehmen.[558] Widerrufsvorbehalte sind konkret auf wichtige Gründe zu beschränken und bedürfen wegen § 309 Nr. 4 BGB in aller Regel einer vorherigen Abmahnung i. S. v. § 541 BGB. 253

Die formularmäßige Vereinbarung eines **Schriftformerfordernisses** für die Zustimmung zur Tierhaltung ist unwirksam und soll zur Nichtigkeit der gesamten Klausel führen.[559] 254

f) **Funk und Fernsehen.** Das Aufstellen einer **Einzelantenne** auf dem Hausdach kann formularvertraglich nicht verboten werden, solange keine Gemeinschaftsantenne vorhanden ist[560] und zwar auch dann nicht, wenn das Haus von einem Dritten verkabelt wird und der Mieter sich dort anschließen kann.[561] Eine formularvertragliche Regelung, wonach ein Mieter seine Einzelantenne bei Anschluss an das Breitbandkabelnetz oder bei Errichtung einer Gemeinschaftsantenne auf eigene Kosten zu beseitigen hat, ist wegen Verstoß gegen die zwingende Regelung des § 554 Abs. 2 bis 5 BGB, wonach der Vermieter die durch Verbesserungsmaßnahmen verursachten Aufwendungen des Mieters zu erstatten hat, unwirksam.[562] 255

Auch der Anschluss an das **Breitbandkabelnetz** (Kabelfernsehen) kann nicht ausgeschlossen werden, soweit der Mieter die Kosten hierfür selbst trägt und die übrigen Hausbewohner hierdurch nicht in ihren Möglichkeiten, Fernseh- und Rundfunkprogramme zu empfangen, gestört werden. Eine Klausel, die den Mieter zwingt, den nachträglichen **Anschluss** an das **Breitbandkabel** oder an eine **Gemeinschaftsantenne** ohne Interessenabwägung zu dulden, ist unwirksam (§ 554 Abs. 5 BGB). Die Duldungspflicht für diese Modernisierungsmaßnahme entfällt gem. § 554 Abs. 2 BGB, wenn sie für den Mieter oder seine Familie bzw. Haushaltsangehörigen eine unzumutbare Härte darstellt, was im Einzelfall auf Grund einer umfassenden Interessenabwägung festzustellen ist.[563] 256

Bei den (formular-)vertraglichen Regelungen, die bisher Gegenstand von Gerichtsentscheidungen waren, handelt es sich überwiegend um Genehmigungsvorbehalte zugunsten der Vermieterseite im Hinblick auf das Anbringen z. B. von Außen- oder **Parabolantennen** bzw. allgemein baulicher Veränderungen. Liegen die von der Rechtsprechung geforderten Voraussetzungen vor, ist der Vermieter zur Zustimmung verpflichtet. Die vom Mieter bereits eigenmächtig installierte Antenne hat der Vermieter dann zu dulden. 257

Teilweise ist in Formularmietverträgen die Klausel enthalten, dass – bei vorhandener Gemeinschaftsantenne – der Mieter keine eigene, außen sichtbare Antenne anbringen darf. Dieses Verbot ist nach Ansicht des LG Kempten[564] auch gegenüber einem ausländischen Mieter wirksam, jedenfalls wenn er zumindest ein heimatsprachiges Programm über Kabel empfangen kann. Die Klausel gilt, so das LG Kempten, nicht nur für die ausdrücklich genannten Antennen, sondern umfasst auch technische Neuerungen wie Breitbandkabelan- 258

---

[556] *Blank* NZM 1998, 5, 8.
[557] LG Hamburg WuM 1997, 674; WuM 1996, 532.
[558] *Blank* NZM 1998, 5, 9; a. A. OLG Hamm NJW 1981, 1622: für freies Ermessen; offen gelassen BGH NZM 2008, 78.
[559] BGH NJW 1991, 1750: zum Schriftformerfordernis bei der Untermieterlaubnis; LG Mannheim ZMR 1992, 545; a. A. Unwirksamkeit nur bezüglich des Schriftformerfordernisses als solches: OLG Frankfurt/M. NJW-RR 1992, 396.
[560] BVerfG NJW 1992, 493.
[561] BGH NJW 1993, 1061.
[562] OLG Frankfurt/M. WuM 1992, 60.
[563] BGH NZM 2005, 697; NJW-RR 1991, 1167.
[564] LG Kempten DWW 1993, 366.

schlüsse und Satellitenantennenanlagen. Sie soll weder gegen § 305c Abs. 1 BGB noch gegen das Verbot unangemessener Benachteiligung nach § 307 BGB verstoßen.[565] Inwieweit diese Auffassung nach der umfangreichen Rechtsprechung des BVerfG zur Parabolantenne vor allem bei ausländischen Mietern noch aufrechterhalten werden kann, erscheint mehr als fraglich. So hat das LG Essen[566] auf der Grundlage des BVerfG einen vorformulierten Verzicht auf die Errichtung von Satelliten- und Funkempfangsanlagen in einem Mietvertrag mit einem türkischen Mieter wegen Verstoßes gegen § 307 Abs. 1 BGB für unwirksam erklärt.[567] Diese Problematik wird ausführlich in § 16 II behandelt; hierauf wird zur Vermeidung unnötiger Wiederholungen verwiesen.

259 Das Aufstellen einer **CB-Funkantenne** kann formularmäßig verboten werden, da das Funken nicht zum gewöhnlichen Gebrauch einer Mietsache gehört.[568]

260 g) **Bauliche Veränderungen.** Bauliche Veränderungen, also Maßnahmen, die nicht vom vertragsgemäßen Gebrauch der Mietsache gedeckt sind, können formularvertraglich ausgeschlossen oder von der Einwilligung des Vermieters abhängig gemacht werden.[569] Andere Veränderungen der Mietsache können dagegen nicht generell verboten werden, insbesondere soweit es sich um zulässige **Hilfsmaßnahmen** bei der Einrichtung und Ausstattung der Mietwohnung handelt.[570]

261 Danach darf der Vermieter dem Mieter ohne sachbezogenen Grund bauliche Veränderungen nicht versagen, die dem Mieter das Leben in der Wohnung erheblich angenehmer machen können, den Vermieter nur unerheblich beeinträchtigen und durch die die Substanz der Mietsache nicht verschlechtert wird. Formularmäßig kann sich der Vermieter insoweit allenfalls ein gebundenes Ermessen ausbedingen (§ 315 Abs. 3 BGB). Zulässig ist es, die Erlaubnis zum Nachweis der fachgerechten Ausführung vom Abschluss einer Haftpflichtversicherung, von der Freistellung des Haftungsrisikos sowie der Übernahme aller Kosten unter Leistung einer Mietsicherheit[571] abhängig zu machen – letzteres allerdings unter Beachtung des Rahmens von drei Monatsmieten nach § 551 Abs. 1 BGB.

262 Bei baulichen Veränderungen und Installationen, die einen erheblichen Eingriff in die Gebäudesubstanz nach sich ziehen, ist ein formularvertraglicher **Erlaubnisvorbehalt** zulässig. Dieser darf sich aber, entsprechend der vorstehenden Ausführungen, in keinem Fall auf kleinere Eingriffe und Hilfsmaßnahmen erstrecken (z.B. Einschlagen von Nägeln, Dübeln, auch im Hinblick auf das Anbohren von Fliesen,[572] Aufstellen von festen Einbauten, Anbringen von Vorhangschienen).

263 Will der Vermieter ggf. bei **Vertragsende** Einbauten oder Einrichtungen des Mieters übernehmen, muss er die Regelung in § 552 Abs. 1 und 2 BGB beachten, wobei zur Höhe der Entschädigung im Mietvertrag noch keine Regelungen enthalten sein müssen. Strittig ist, ob die Klausel „Die Höhe der Entschädigung bemisst sich nach dem Zeitwert der Einrichtung abzüglich der ersparten Kosten des Ausbaus und der Wiederherstellung des früheren Zustandes", wirksam ist. Dabei ist zu bedenken, dass der Vermieter dem Mieter den wahren Wert als Entschädigung anbieten muss, der seinem Interesse entspricht, auf Grund dessen er das Wegnahmerecht des Mieters ausgeschlossen hat.

264 Vorformulierte Regelungen auf **Entfernung bzw. Rückgängigmachung** baulicher Veränderungen etwa im Zusammenhang mit der Durchführung von Baumaßnahmen durch den Vermieter (und sei es ein entsprechender Widerrufsvorbehalt) müssen die Vorgaben der § 554 BGB beachten.[573]

---

[565] LG Kempten DWW 1993, 366.
[566] LG Essen WuM 1998, 344.
[567] Ebenso LG Kleve NJW-RR 1993, 656.
[568] LG Heilbronn NJW-RR 1992, 10.
[569] Vgl. Bub/Treier/*Bub* II Rdnr. 502.
[570] BGH NJW 1963, 1539; LG München I WuM 1989, 556 – vgl. im übrigen BayObLG NJW 1981, 1275; OLG Frankfurt/M. NJW 1992, 2490; OLG Karlsruhe NJW 1993, 2815.
[571] AG Hamburg WuM 1996, 29.
[572] Vgl. BGH NJW 1993, 1061.
[573] OLG Frankfurt/M. WuM 1992, 56, 59 bezüglich Gemeinschaftsantenne/Breitbandkabelanschluss; LG Hagen DWW 1996, 52 bezüglich Antenne.

h) Gemeinschaftseinrichtungen und -flächen. Mangels Interessenabwägung und Berücksichtigung von Zumutbarkeitserwägungen im konkreten Einzelfall sind vorformulierte Regelungen, wonach das Abstellen von Gegenständen jeglicher Art (z. B. Fahrräder, Kinderwagen, Gehhilfen) im Treppenhaus, auf Fluren oder auf Treppenabsätzen verboten wird, unzulässig.[574] Auch der Vorbehalt, die Gestattungen der Nutzung von **Gemeinschaftsflächen** (z. B. zum Abstellen eines Pkw) jederzeit widerrufen zu können, ist unwirksam, da es an einem sachbezogenen, triftigen Grund fehlt.[575] 265

Der Vorbehalt, dass der Vermieter **Gemeinschaftseinrichtungen** (z. B. Waschküche, Abstellraum, Trockenboden) jederzeit entziehen kann, verstößt gegen § 308 Nr. 4 BGB außer, wenn der Vermieter zu einer angemessenen Austauschleistung verpflichtet ist und eine Interessenabwägung oder billiges Ermessen i. S. v. § 315 Abs. 3 BGB unter Einbeziehung von Zumutbarkeitserwägungen auch zugunsten des Mieters gewährleistet wird. 266

i) Sonstige Gebrauchsrechte. Die Mietvertragsklausel, wonach der Mieter einen durch nicht **rechtzeitige Anzeige verursachten Schaden** zu ersetzen hat, ist als Wiederholung des § 536 c BGB wirksam.[576] 267

Unwirksam ist eine Klausel, nach welcher der Mieter den **Aufzug** nur auf eigene Gefahr benutzen kann und der Vermieter für Schäden nur bei Vorsatz und grober Fahrlässigkeit haftet.[577] 268

Die Klausel in der **Hausordnung** „Das Aufstellen von Gegenständen, insbesondere Fahrrädern und Kinderwagen usw. auf Vorplätzen, Gängen und Treppen ist nicht erlaubt" ist unwirksam, wenn der Mieter nach den Umständen darauf angewiesen ist.[578] 269

Der Vermieter von zentralbeheizten Räumen kann seine **Heizpflicht** generell durch Begrenzung der Heizperiode auf die Zeit vom 1. 10.–30. 4. regeln, wenn auch außerhalb der Heizperiode ein sog. Zwischenheizen für den Fall vorgesehen ist, dass dies im Hinblick auf die Außentemperaturen erforderlich ist, um angemessene Raumtemperaturen zu erreichen. Der vollständige Ausschluss der Heizpflicht außerhalb der Heizperiode ist gem. § 307 Abs. 2 Nr. 2 BGB unwirksam.[579] 270

Zulässig ist die **Festlegung unterschiedlicher Mindesttemperaturen** für die einzelnen Räume einer Wohnung, z. B. für Wohnräume von 20–22 Grad,[580] für Schlafräume eine Untergrenze von 15–17 Grad und für Bäder und Toiletten eine Untergrenze von 22 Grad.[581] 271

Eine Beschränkung auf eine „angemessene, der technischen Anlage entsprechende **Erwärmung**" verstößt gegen das Transparenzgebot und ist daher unwirksam.[582] 272

Die **Heizpflicht** kann formularmäßig auch nicht für solche Zeiträume abbedungen werden, in denen aus vom Vermieter nicht zu vertretenden Gründen ein Betrieb nicht möglich ist, z. B. bei Ausfall der Belieferung durch einen Fernheizer, bei allgemeinen Lieferschwierigkeiten für Brennstoffe oder während notwendiger Wartungsarbeiten.[583] 273

Die Verpflichtung des vertragsgemäßen Betriebs einer **Warmwasserversorgungsanlage** kann nicht eingeschränkt werden.[584] 274

Unwirksam ist eine Klausel, wonach sich der Vermieter das Recht vorbehält, eine **Müllschluckanlage** zu bestimmten Zeiten z. B. an Sonn- und Feiertagen oder bei Ausfall des Hauswarts zu schließen.[585] 275

---

[574] LG Hamburg, WuM 1992, 188; LG Hannover NZM 2007, 245; AG Hanau WuM 1989, 366; LG Bielefeld WuM 1993, 37 unter Heranziehung von Rechtsmissbrauchsgesichtspunkten.
[575] AG Düsseldorf WuM 1994, 426.
[576] BGH NJW 1993, 1061.
[577] OLG Celle WuM 1990, 114.
[578] LG Hamburg WuM 1992, 188.
[579] LG Frankfurt/M. WuM 1990, 275; LG Hamburg ZMR 1988, 389.
[580] OLG Celle WuM 1990, 113; OLG Frankfurt/M. WuM 1992, 59.
[581] OLG Frankfurt/M. WuM 1992, 56.
[582] OLG Frankfurt/M. WuM 1992, 56.
[583] OLG Frankfurt/M. WuM 1992, 56.
[584] OLG Celle WuM 1990, 114.
[585] LG Berlin WuM 1992, 599.

276 Das **Musizieren** kann formularvertraglich nicht vollständig ausgeschlossen werden, allerdings ist eine zeitliche Einschränkung auf bis zu 2 Stunden täglich zulässig.[586]

277 Das Gebrauchsrecht des Mieters kann wirksam formularmäßig auf den Vertragszweck, also auf den Wohnzweck beschränkt werden. Zulässig ist es daher, auch die Zustimmung zu einer **anderen Nutzung** in das freie Ermessen des Vermieters zu stellen oder – z. B. im Falle der teilgewerblichen Nutzung einer Wohnung – diese von der Zahlung eines Zuschlags zur Miete abhängig zu machen.[587]

278 Gestattet der Vermieter, dass der Mieter auf dem Wohngrundstück einen **Pkw abstellt**, so kann das im zugrunde liegenden Formularmietvertrag vereinbarte jederzeitige Widerrufsrecht für Genehmigungen einer Ingebrauchnahme nur bei Vorliegen eines triftigen Grundes ermessensfehlerfrei ausgeübt werden, wenn man nicht schon das „jederzeitige" Widerrufsrecht als Verstoß gegen § 307 BGB für unwirksam ansehen sollte.[588]

279 Eine formularmäßige **Verpflichtung** des Mieters **Versicherungen** zugunsten des Vermieters abzuschließen, ist unwirksam.[589]

280 Das Aufstellen und Benutzen einer **Waschmaschine** in der Mietwohnung ist grundsätzlich dem vertragsgemäßen Gebrauch der Mietsache zuzurechnen, so dass eine formularvertragliche Verpflichtung zur Nutzung einer Gemeinschaftswaschmaschine gem. § 9 AGBG, jetzt § 307 BGB unwirksam ist.[590]

281 Ein **formularmäßiges Zutritts- und Besichtigungsrecht** des Mietobjekts durch den Vermieter ist, sofern es an eine Voranmeldung innerhalb angemessener Frist anknüpft und auf zumutbare Zeiten und zumutbare Häufigkeit beschränkt ist, wirksam.[591] Die formularvertragliche Vereinbarung eines jederzeitigen Zutrittsrechts des Vermieters ist dagegen unwirksam.[592] Eine Klausel, die dem Vermieter das Betreten und Besichtigen der Mietwohnung „zur Prüfung ihres Zustands in angemessenen Abständen nach rechtzeitiger Ankündigung zu näher genannten Uhrzeiten an bestimmten Tagen" gestattet ist wegen Verstoßes gegen § 307 Abs. 2 BGB unwirksam. Die unzumutbare Benachteiligung des Mieters folgt aus den Vorgaben bestimmter Tage und Uhrzeiten, der Unbestimmtheit der „angemessenen Abstände" und des Fehlens eines – dem Mieter mitzuteilenden – Grundes für die Besichtigung, da Routinekontrollen zum Zwecke der Untersuchung der Wohnung auf ihren Allgemeinzustand unzulässig sind.[593]

10. Schönheitsreparaturen[594]

282 Die Rechtsprechung hat folgende **Kriterien** für die zulässige formularvertragliche Übertragung von Schönheitsreparaturen auf den Mieter entwickelt, die zur Hauptgegenleistungsverpflichtung (neben der Zahlung der Miete) gehört (mit der seinerzeitigen Folge z. B. der Anwendung des § 326 BGB a. F.[595]):

283 Die Abwälzung **laufender Schönheitsreparaturen** auf den Mieter ist zulässig einmal in Form einer sog. **Fristenklausel** aber auch in Form einer sog. **Bedarfsklausel**,[596] sofern sichergestellt ist, dass der Mieter nur für die Beseitigung der Spuren seiner eigenen Abnutzung aufkommen muss. Knüpft die Bedarfsklausel bei einer anfänglich nicht oder nur teilweise renovierten Wohnung ausdrücklich an den objektiven, auch vom Vormieter verursachten Grad der Abnutzung an oder steht sie im Zusammenhang mit einer individualvertraglich

---

[586] OLG Frankfurt/M. DWW 1985, 26.
[587] BayObLG WuM 1986, 205.
[588] AG Düsseldorf WuM 1994, 426.
[589] LG Berlin GE 1993, 151.
[590] AG Hameln WuM 1994, 426.
[591] OLG Köln WuM 1977, 173; AG Schöneberg GE 2007, 453.
[592] OLG München WuM 1989, 128.
[593] LG München II NJW-RR 2009, 276.
[594] Vgl. ausführlich unten *Oves*, in § 19 Rdnr. 134 ff. sowie *Kraemer* NZM 2003, 417 ff.; *Langenberg* NZM 2002, 972 ff.; *Pfeilschifter* WuM 2003, 543 ff.; zum Verhältnis zur Grundsanierung instruktiv *Gellwitzki*, www.mietgerichtstag.de/downloads/Mietgerichtstag 2009.
[595] BGH NJW 1987, 2575 unter III 2 d.
[596] Vgl. *Wiek* WuM 2005, 283 f.

vom Mieter übernommenen Pflicht zur Anfangsrenovierung, ist sie unwirksam.[597] Bei der Überlassung einer **unrenovierten Wohnung** kann daher lediglich die Fristenklausel zulässigerweise vereinbart werden mit der Maßgabe, dass die Fristen erst ab Beginn des Mietverhältnisses zu laufen beginnen.[598]

Nach der aktuellen BGH-Rechtsprechung sind aber Fristklauseln dann unwirksam, sofern mit ihnen ein „**starrer**" **Fristenplan** vorgegeben wird. Dies ist nicht nur dann der Fall, wenn die Fristen mit dem Zusatz „mindestens" oder „spätestens" versehen sind,[599] sondern auch dann, wenn dieser Zusatz fehlt, aber dennoch eine feste Frist vorgegeben wird.[600] Anders nur, wenn der Fristplan mit einem „Weichspüler" versehen wird, also etwa durch Formulierungen wie etwa „im Allgemeinen",[601] „je nach Grad der Abnutzung oder Beschädigung",[602] „in der Regel"[603] (nicht „regelmäßig", das zu einer starren Frist führt[604]) oder gesonderte Regelungen über Fristverlängerungen bzw. durchaus auch Verkürzungen je nach dem konkreten Zustand der einzelnen Räume,[605] die auf den objektiven Renovierungsbedarf der Wohnung abstellen. Enthält die Klausel sowohl „in der Regel" als auch „spätestens" soll sie wirksam sein.[606]

Eine Klausel: „Die Kosten der Schönheitsreparaturen trägt der – Mieter – Vermieter" und das Wort „Vermieter" ist gestrichen, soll im Übrigen nach der Verkehrssitte (entgegen dem eindeutigen Wortlaut) den Mieter nicht lediglich zur Kostenübernahme, sondern zur Durchführung von Schönheitsreparaturen verpflichten.[607]

Die formularvertragliche Abwälzung der **laufenden Schönheitsreparaturen** auf den Mieter in einem Wohnraummietvertrag verstößt weiter dann gegen § 307 BGB, wenn dem Mieter **zugleich** die Verpflichtung auferlegt wird, „**alle je nach Grad der Abnutzung oder Beschädigung erforderlichen Arbeiten unverzüglich auszuführen**" und ihm bei Vertragsbeginn die Wohnung in renovierungsbedürftigem Zustand überlassen worden ist.[608] Das LG Berlin stützt sich dabei auf die vom BGH[609] gebilligte Rechtsprechung des OLG Stuttgart.[610] Anders als die dem negativen Rechtsentscheid des OLG Celle[611] zugrunde liegende Klausel kommt hier das Wort „unverzüglich" hinzu und es fehlt vorliegend der Zusatz „während der Mietzeit". Dies bedeutet, dass folglich nicht lediglich der Umfang sondern auch der Zeitpunkt der Schönheitsreparaturen festgelegt wird und zugleich ein vorvertraglicher Abnutzungszeitraum – jedenfalls nach dem Wortlaut – miteinbezogen ist. Würde sich die Verpflichtung des Mieters lediglich auf die Beseitigung der Spuren des eigenen vertragsgemäßen Gebrauchs beschränken, wäre dies nicht zu beanstanden.[612] Gleiches gilt, wenn die Klauselformulierung sich nur auf den Umfang der Schönheitsreparaturverpflichtung des Mieters bezieht[613] oder sie mit dem Zusatz „im Allgemeinen" verknüpft ist.[614]

---

[597] BGH NJW 1993, 532; OLG Hamm WuM 1988, 10; OLG Karlsruhe WuM 1992, 349; OLG Stuttgart WuM 1989, 121; LG Berlin NZM 2001, 285; GE 1993, 159.
[598] BGH NJW 2005, 425; NJW 1990, 3142; NJW 1987, 2575; OLG Frankfurt/M. WuM 1992, 419; a. A. OLG Stuttgart WuM 1989, 121.
[599] BGH NJW 2006, 3778 = NZM 2006, 924; NJW 2006, 1728; NJW 2004, 3775; NJW 2004, 2586.
[600] BGH NJW 2006, 2115 = NZM 2006, 621; NJW 2006, 2113 = NZM 2006, 620; NJW 2004, 3775 = NZM 2004, 901.
[601] BGH NJW 2005, 1426 = NZM 2005, 376 mit Anm. *Wiek* WuM 2005, 242 f. sowie 283 f.; NJW 2004, 2087 = NZM 2004, 497.
[602] BGH NJW 2005, 1426 = NZM 2005, 376 mit Anm. *Wiek* WuM 2005, 242 f. sowie 283 f.; NZM 2004, 903; NJW 2004, 2087 = NZM 2004, 497.
[603] BGH NZM 2005, 860.
[604] KG NJW 2008, 2787 = NZM 2008, 643.
[605] BGH NZM 2005, 299; NZM 2005, 58 mit Anm. *Wiek* WuM 2005, 10 ff.
[606] BGH NJW 2005, 3416 = NZM 2005, 860.
[607] BGH NJW 2004, 2961 = NZM 2005, 734.
[608] LG Berlin NZM 2001, 285.
[609] NJW 1993, 532.
[610] NJW-RR 1989, 520.
[611] WuM 1996, 202.
[612] Vgl. nur OLG Stuttgart NJW-RR 1989, 520.
[613] OLG Celle WuM 1996, 202.
[614] BGH NZM 2005, 376.

287 Die formularvertragliche (individualvertraglich kann der Mieter diese Verpflichtung übernehmen[615]) Übertragung der **Anfangs- oder Schlussrenovierung** auf den Mieter ist demgegenüber unzulässig,[616] außer die Endrenovierungsklausel statuiert lediglich die Fälligkeit zulässigerweise abgewälzter laufender Schönheitsreparaturen spätestens bei Vertragsende.[617] Wird der Mieter dagegen formularvertraglich verpflichtet, die Mieträume bei Beendigung des Mietverhältnis unabhängig vom Zeitpunkt der Vornahme der letzten Schönheitsreparaturen bzw. einem objektiven Renovierungsbedarf, also in jedem Fall allein wegen des Vertragsendes, zu renovieren, ist einer derartige, auch **isolierte Endrenovierungsklausel** unwirksam.[618] Enthält ein Wohnraummietvertrag die formularmäßige Verpflichtung des Mieters zur **Endrenovierung zusätzlich** zu seiner Verpflichtung zur **laufenden Renovierung,** ist eine derartige Doppelverpflichtung ebenfalls unangemessen benachteiligend und damit nach § 307 BGB unwirksam.[619] Da gerade diese Doppelverpflichtung zur unangemessenen Benachteiligung führt, ist die Abwälzung auch der laufenden Schönheitsreparaturen auf den Mieter insgesamt unwirksam, auch bei getrennten Klauseln.[620]

288 Eine Klausel, die den Mieter zur Durchführung der Schönheitsreparaturen bei **Beendigung des Wohnraummietverhältnisses** verpflichtet, ist weiter dann unwirksam, wenn sie auch für nach kurzer Vertragsdauer endende Mietverhältnisse gelten soll[621] und der Mieter deshalb zu einer nach dem Renovierungsturnus nicht fälligen Endrenovierung verpflichtet wird. Daher kann mithin selbst eine den o. g. Vorgaben an die Wirksamkeit sog. „weicher" Fristenklauseln entsprechende, also wirksame Klausel über die Überbürdung laufender Schönheitsreparaturen auf den Mieter durch eine an anderer Stelle im Mietvertrag geregelte sog. **Endrenovierungsklausel**, die eine Renovierungspflicht des Mieters in jedem Fall bei Vertragsende unabhängig vom Zustand der Wohnung und dem Zeitpunkt der Durchführung der letzten Schönheitsreparaturen vorsieht, infiziert werden und alles insgesamt unwirksam sein.[622] Zu beachten ist in diesem Zusammenhang weiter, dass ggf. eine für sich betrachtet wirksame Renovierungsklausel durch das Zusammenspiel mit einer Individualabrede unwirksam werden kann,[623] z.B. bezüglich der Verpflichtung des Mieters, ohne Rücksicht auf den Zustand der Wohnung spätestens bei Auszug zu renovieren.

289 Die formularmäßige Abwälzung der Schönheitsreparaturen auf den Mieter ist auch dann wirksam, wenn der Mietvertrag weder den Umfang der Verpflichtung noch die Zeiträume, in deren Ablauf sie zu erfüllen ist, regelt.[624] In diesem Fall ist an die üblichen Renovierungspflichten – siehe sogleich unter lit. b – anzuknüpfen.[625]

Eine Formularklausel, wonach die Wohnung in „**bezugsfertigem Zustand**" zurückzugeben ist, verpflichtet den Mieter nicht zur Vornahme von Schönheitsreparaturen.[626]

Enthält der Mietvertrag eine unwirksame Schönheitsreparaturklausel (sowohl Fristen- als auch Endrenovierungsregelung), kann der Mieter dennoch die Durchführung von Schönheitsreparaturen schulden, wenn er sich hierzu individualvertraglich nachträglich in einem **Übergabeprotokoll** verpflichtet.[627]

---

[615] BGH NJW 1993, 532.
[616] BGH NJW 2007, 3776; OLG Hamburg NJW-RR 1992, 10 – Anfangsrenovierung, da ihm Arbeiten überbürdet werden, die nicht auf seiner Abnutzung der Mietsache beruhen; OLG Hamm NJW 1981, 1049 – Schlussrenovierung.
[617] BGH NJW 1998, 3114 = NZM 1998, 710.
[618] BGH NZM 2007, 921; vgl. auch BGH NJW 2003, 2899 = NZM 2003, 755; NJW 2003, 2234 = NZM 2003, 594; LG Berlin GE 1993, 159.
[619] BGH NJW 2003, 2899 = NZM 2003, 755; NJW 2003, 2234 = NZM 2003, 594; LG Frankfurt/M. NZM 2001, 191.
[620] BGH NJW 2003, 2899 = NZM 2003, 755; NJW 2003, 2234 = NZM 2003, 594; LG Berlin NJW-RR 1998, 1310.
[621] OLG Stuttgart ZMR 1984, 350.
[622] BGH NJW 2003, 3192 = NZM 2003, 755; NJW 2003, 2234 = NZM 2003, 594; LG Berlin NZM 1998, 403 unter Bezugnahme auf BGH, NJW 1993, 532; a. A. noch OLG Hamburg, NJW-RR 1992, 10.
[623] BGH NJW 2006, 2116 = NZM 2006, 623; LG Berlin NZM 1998, 403; LG Kiel WuM 1998, 215.
[624] BGH NJW 1985, 480; OLG Karlsruhe WuM 1992, 349.
[625] BGH NJW 1988, 2790; OLG Karlsruhe WuM 1992, 349.
[626] OLG Düsseldorf NZM 2007, 215; LG Düsseldorf DWW 1989, 392.
[627] BGH NJW 2009, 1075 = NZA 2009, 233.

a) **Umfang.** Zulässig ist die Orientierung an der Regelung für preisgebundenen Wohn- **290** raum in § 28 Abs. 4 S. 3 II. BV.[628] Dies gilt auch im Wege der Auslegung, sofern die Klausel keine weitere Konkretisierung enthält.[629] Es handelt sich dabei im Wesentlichen um eine **malermäßige Renovierung,** welche im Prinzip dem Begriff in § 104 ZGB für die neuen Bundesländer bei Altverträgen entspricht.[630]

Daher kann die Erneuerung eines verschlissenen **Teppichbodens**[631] ebenso wenig als Schönheitsreparatur angesehen werden, wie die Pflicht, einen Parkettboden abzuschleifen und zu versiegeln[632] oder entsprechende Arbeiten allgemein an Holzböden[633] bzw. das Lackieren von Holzteilen. Andernfalls wäre die gesamte Schönheitsreparaturklausel – soweit nicht sprachlich und inhaltlich trennbar zusammengesetzt – unwirksam.[634] Die Parteien sollen allerdings wirksam bezüglich des Teppichbodens eine **Abnutzungsquote** von ca. 10% jährlich vereinbaren können.[635]

b) **Fristendauer/Fälligkeit.** Als auch vorformuliert zulässig hatte sich entweder der Fris- **291** tenturnus 3 Jahre für Nassräume und 5 Jahre für die übrigen Räume oder 3 Jahre für Nassräume, 5 Jahre für Wohnräume und 7 Jahre für sonstige Räume durchgesetzt.[636] Kürzere Fristen waren immer schon gem. § 307 BGB unwirksam.[637] Eine Klausel, die keine konkrete Frist nennt, sondern z. B. die Verpflichtung zur Durchführung von Schönheitsreparaturen an „übliche Zeitabstände" knüpft, führt im Wege der Auslegung zum Rückgriff auf die „üblichen" Fristen.[638]

In jüngerer Zeit ist – zu Recht – die Diskussion aufgekommen, inwieweit der bisher übliche Fristenturnus noch zeitgemäß ist. Vor allem *Langenberg*[639] hat festgestellt, dass diese Fristen heute deutlich zu kurz sind und damit den Mieter unangemessen benachteiligen. Gründe: Raumwärme nicht durch Ofen, sondern schmutzarme Heizungen, größere Wohnflächen und geringere Belegung, neue, langlebigere Farben und sonstige Dekorationsmaterialien. Seine Empfehlung:

- Bad, Küche: Tapeten/Anstrich von Raufasertapeten **5 Jahre,** Lackarbeiten **8 Jahre;**
- Wohn-, Schlafräume, Flur: Tapeten/Anstrich von Raufasertapeten **8 Jahre,** Lackarbeiten **10 Jahre;**
- Nebenräume: Tapeten/Anstrich von Raufasertapeten **10 Jahre;** Lackarbeiten **15 Jahre.**

Seine Meinung fand große Zustimmung.[640] Auch der BGH hat eine Tendenz erkennen lassen, sich dieser Meinung anzuschließen, allerdings erst für alle ab Ende 2007 abgeschlossenen Mietverträge; bei Altverträgen ist danach der bisher übliche Fristenturnus nicht zu beanstanden.[641]

Empfehlung daher: **Fristen** statt bisher 3/5/7 jetzt **5/8/10 Jahre!**

---

[628] BGH NJW 1985, 480; OLG Hamm NJW-RR 1991, 844.
[629] OLG Karlsruhe WuM 1992, 349.
[630] LG Berlin GE 1998, 247; GE 1997, 807.
[631] OLG Brandenburg Urt. v. 13. 12. 2006 – 3 U 200/05 – BeckRS 2007, 01 917; OLG Celle NZM 1998, 158; OLG Hamm NJW-RR 1991, 844; OLG Stuttgart NJW-RR 1995, 1101; LG Stuttgart NJW-RR 1989, 1170.
[632] OLG Düsseldorf GE 2003, 1608 = DWW 2004, 19; LG Köln WuM 1989, 70 und 506; AG Bergisch-Gladbach WuM 1997, 211.
[633] LG Hamburg WuM 1990, 116.
[634] BayObLG NJW-RR 1997, 1371; OLG Stuttgart NJW-RR 1993, 1422.
[635] LG Köln WuM 1984, 195; a. A. LG Frankenthal WuM 1986, 112.
[636] Vgl. BayObLG WuM 1987, 344.
[637] BGH NJW 2004, 2586 = NZM 2004, 653; LG Berlin WuM 1996, 758; LG Hamburg WuM 1992, 476; AG Lörrach WuM 1996, 613; AG Tiergarten WuM 1996, 90.
[638] BGH NJW 1985, 480; OLG Hamburg NJW-RR 1992, 10.
[639] WuM 2006, 122.
[640] *Wiek* WuM 2006, 680; *Artz* NZM 2007, 265 (274); *Kappus* Anm. zu BGH, 18. 10. 2006 – ZMR 2007, 31; *Seldeneck* InfoM 2006, 173; Berufungsgericht LG Kiel, 27. 4. 2006 – 1 S 263/05; a. A. *Schach* GE 2006, 1018: Wohnverhalten ist entscheidend.
[641] BGH NJW 2007, 3632.

292 Der Ablauf der „weichen" Frist bedeutet aber nicht, dass der Mieter dann in jedem Fall unabhängig von einem objektiven Renovierungsbedarf Schönheitsreparaturen zu erbringen hätte.[642] Ebenso führt der Ablauf der Renovierungsfristen nicht zu einem automatischen Verzug des Vermieters mit der Durchführung von Schönheitsreparaturen oder zu einer Beweislastumkehr.

Bei einem fehlenden Fristenplan aber ansonsten wirksamer Schönheitsreparaturverpflichtung des Mieters wird die Pflicht – auch **während der Mietzeit** – fällig, sobald aus Sicht eines objektiven Betrachters Renovierungsbedarf besteht, ohne dass es darauf ankommt, ob dadurch bereits die Substanz der Wohnung gefährdet ist.[643]

293 **c) Art und Weise.** Zulässig ist allein, dem Mieter die Durchführung „**fachgerechter**" oder „**fachmännischer**" Schönheitsreparaturen aufzuerlegen, was ihn auch zu entsprechenden Eigenleistungen berechtigt.[644] Die in vorformulierten Vertragsbestimmungen enthaltene Klausel, dass sich der Mieter verpflichtet, Schönheitsreparaturen auf eigene Kosten durch Fachhandwerker auszuführen und Teppichböden auf seine Kosten bei Auszug von einer Fachfirma reinigen zu lassen, sind hinsichtlich der Regelung, diese Arbeiten „**durch Fachhandwerker ausführen zu lassen**" bzw. „**von einer Fachfirma reinigen zu lassen**" unwirksam. Die Unwirksamkeit erfasst jedoch nicht die gesamte Regelung, sondern lässt die Verpflichtung des Mieters zur Vornahme der laufenden Schönheitsreparaturen bzw. zur Teppichbodenreinigung auch in Eigenleistung unberührt.[645] Letzteres gilt aber nur bei sprachlicher und inhaltlicher Trennbarkeit. Erst recht unwirksam ist daher eine Klausel, nach der die Schönheitsreparaturen von einem **bestimmten Handwerker** ausgeführt werden müssen, zumal der Mieter hierdurch ggf. an einer preisgünstigen Vergabe gehindert wird.[646]

294 Problematisch sind sog. **Farbwahlklauseln**,[647] wonach der Mieter verpflichtet ist, die Schönheitsreparaturen nur auf bestimmte Art und Weise (z. B. Raufaser weiß; neutrale, helle und deckende Farben) durchzuführen. Für während der Mietzeit geschuldete Schönheitsreparaturen sind derartige Klauseln vor dem Hintergrund des weitgehenden Gestaltungsspielraums des Mieters[648] unwirksam.[649] Dies gilt auch für vorformulierte Regelungen, wonach der Mieter nur mit Zustimmung des Vermieters „von der bisherigen Ausführungsart abweichen" darf.[650] Bezieht sich die Klausel aber nach ihrem Wortlaut ausschließlich auf den vom Mieter geschuldeten Zustand der Wohnung bei Rückgabe, begegnet sie, auch soweit es z. B. um die Farbgebung und Bearbeitung von Holzteilen geht, keinen Bedenken.[651] Der Mieter kann wirksam verpflichtet werden, die Mieträume nicht nur renoviert, sondern wieder vermietbar zurückzugeben. Soweit dadurch allerdings der Mieter verpflichtet wird, Renovierungsarbeiten durchzuführen, obwohl laufende Schönheitsreparaturen noch gar nicht fällig wären, könnte hierin eine unzulässige Schlussrenovierungsklausel (jedenfalls bei kundenfeindlichster Auslegung) liegen.[652]

295 Der Vorschlag, zur Vermeidung von Streitpunkten eine sog. „**Tapetenklausel**" vorzusehen, wonach der Mieter bei Vertragsbeginn eine tapezierfertige Wohnung übernimmt und verpflichtet ist, die Räume bei Vertragsende lediglich ebenso tapezierfähig wieder zurückzugeben,[653] lässt sich nicht wirksam umsetzen: So ist bereits problematisch, dass der Mieter bei Vertragsende mit Renovierungsarbeiten belastet wird, die noch nicht fällig sind und ihm auch nicht mehr zugute kommen. Wird der Mieter daneben verpflichtet, bei seinem Auszug

---

[642] OLG Stuttgart NJW-RR 1989, 520; LG Köln WuM 1997, 434; vgl. auch LG München I WuM 1997, 549.
[643] BGH NJW 2005, 1862 = NZM 2005, 450.
[644] BGH NJW 1988, 2790.
[645] OLG Stuttgart NJW-RR 1993, 1422.
[646] LG Koblenz WuM 1992, 431.
[647] Näher instruktiv *Beyer* NZM 2009, 137 ff. m.w. N.
[648] KG GE 1995, 1011.
[649] BGH NJW 2009, 2199 = NZA 2009, 313.; NJW 2008, 2499 = NZM 2008, 605.
[650] BGH NJW 2007, 1743 = NZM 2007, 298.
[651] BGH NJW 2009, 62 = NZM 2008, 926.
[652] BGH NJW 2007, 3776; OLG Frankfurt/M. NJW 1982, 453; OLG Hamm NJW 1981, 1049.
[653] *Blank* NZM 1998, 705.

alle von ihm angebrachten oder vom Vormieter übernommenen Tapeten zu beseitigen, liegt darin ebenfalls eine zur Klauselunwirksamkeit führende unangemessene Benachteiligung.[654]

Nach dem derzeitigen Stand dürften folgende Schönheitsreparaturregelungen (zur Abgeltungsklausel näher sogleich) wirksam sein:[655]

Formulierungsvorschlag:

(1) Der Vermieter ist zur Durchführung von Schönheitsreparaturen nicht verpflichtet.[656]

(2) Der Mieter übernimmt die während der Mietdauer erforderlich werdenden Schönheitsreparaturen. Dazu gehören
- das Tapezieren, Anstreichen oder Kalken der Wände und Decken,
- das Streichen der Heizkörper einschließlich der Heizrohre
- das Anstreichen oder Lackieren der Innentüren sowie der Fenster und Außentüren von innen oder soweit deren Materialgestaltung eine anderweitige sachgerechte Pflege erfordert, die Durchführung derselben.

(3) Der Mieter hat die Schönheitsreparaturen fachgerecht auszuführen.

(4) Im Allgemeinen (oder: in der Regel) werden Schönheitsreparaturen in den Mieträumen in folgenden Zeitabständen erforderlich sein:
a) in Küchen, Bädern und Duschen alle 5 Jahre,
b) in Wohn- und Schlafräumen, Fluren, Dielen und Toiletten alle 8 Jahre,
c) in Nebenräumen alle 10 Jahre.

Hat der Mieter danach fällige Schönheitsreparaturen während der Mietzeit nicht ausgeführt, ist er hierzu spätestens bis zum Mietvertragsende verpflichtet.

(5) Kommt der Mieter seinen Verpflichtungen aus Nr. 2 trotz Aufforderung und Fristsetzung durch den Vermieter nicht nach, so ist der Vermieter berechtigt, die Arbeiten auf Kosten des Mieters auszuführen oder ausführen zu lassen; der Mieter hat die Arbeiten zu dulden. Der Vermieter hat die Arbeiten sowie ihre voraussichtliche Dauer und Kosten mindestens zwei Wochen vor ihrem Beginn anzukündigen.

---

d) Abgeltungsregelungen/Quotenklauseln. Sofern die laufenden Schönheitsreparaturen rechtswirksam auf den Mieter übertragen worden sind,[657] ist es nach herrschender Auffassung zulässig, den Mieter zur Zahlung anteiliger Renovierungskosten zu verpflichten, obwohl die Durchführung von Schönheitsreparaturen noch nicht fällig ist,[658] und dies gilt selbst bei einer unrenoviert überlassenen Wohnung.[659] **Bedingung** hierfür ist allerdings,
- dass sich der Kostenanteil nach dem Verhältnis des Auszugszeitpunktes zum Ablauf der üblichen Renovierungsfristen orientiert, die erst mit dem Beginn des Mietverhältnisses zu laufen beginnen dürfen,
- dass der zugrunde liegende Kostenvoranschlag nicht als verbindlich erklärt wird (ein günstigerer Kostenvoranschlag des Mieters also maßgeblich ist) und
- dass dem Mieter nicht untersagt wird, seiner anteiligen Zahlungspflicht dadurch zuvorzukommen, dass er Schönheitsreparaturen in kostensparender Eigenarbeit ausführt.

Angesichts der mit der Schuldrechtsreform erfolgten Änderung in § 309 Nr. 5 b BGB ist es weiter erforderlich, dass dem Mieter ausdrücklich auf den Gegenbeweis durch Vorlage eines dann allein maßgeblichen günstigeren Kostenvoranschlags eines Malerfachgeschäftes und vorsorglich auch auf die kostensparende Eigenarbeit im Klauseltext hinzuweisen. Andernfalls könnte daneben ein Verstoß gegen das Transparenzgebot des § 307 BGB vorliegen, da nicht erwartet werden kann, dass der Mieter entsprechende Befugnisse annimmt und auch

---

[654] BGH NJW 2006, 2116 = NZM 2006, 622; NJW 2006, 2115 = NZM 2006, 621.
[655] Nach *Beyer* NZM 2008, 465, i. V. m. dem vhw-Klauselvorschlag, NZM 2008, 474.
[656] Vgl. hierzu näher nachstehend Rdnr. 304.
[657] LG Berlin WuM 1996, 758.
[658] BGH NZM 2007, 879; NZM 2004, 903 mit Anmerkung *Fischer* WuM 2005, 284 ff.; NZM 2004, 615.
[659] BGH NJW 1988, 2790; OLG Frankfurt/M. NZM 1998, 150.

wahrnimmt.[660] Weiter ist problematisch, wenn nach Ablauf des vollständigen Renovierungsturnus eine **100%ige Kostenerstattung** vorgesehen wird, da dann gegen § 309 Nr. 4 BGB verstoßen würde.[661]

Weiter führt die oben unter Rdnr. 284 zitierte BGH-Rechtsprechung zur Unwirksamkeit starrer Fristenklauseln dazu, dass bei **starren Fristen** oder der Bezugnahme auf eine „harte" Fristenklausel auch die Abgeltungsklausel unwirksam ist[662] und ggf. sogar eine für sich genommen wirksame „weiche" Fristenklausel infizieren kann.[663] Selbst bei einer „weichen" Frist kann eine Abgeltungsklausel aber wegen **Intransparenz** unwirksam sein, sofern sie eine „unangemessen hohe" Quote, etwa durch Berücksichtigung eines durchschnittlichen Wohnverhaltens für die nicht abgewohnte Restlaufzeit des „weichen" Fristenturnus,[664] oder wenn sie nicht erkennen lässt, wie das für die konkrete Berechnung der Abgeltungsquote maßgebliche Intervall ermittelt werden soll.[665]

298 Im Fall der **unrenoviert überlassenen Wohnung** ist eine Benachteiligung des Mieters ebenfalls nicht ausgeschlossen. Die Renovierungskosten dürften selbst bei einer Fristberechnung ab Beginn des Mietverhältnisses auf Grund der fehlenden Renovierung des Vormieters höher sein. Mit entsprechenden Mehrkosten auf Grund unterlassener Schönheitsreparaturen des Vormieters im Vergleich zur Überlassung einer frisch renovierten Wohnung und Ablauf des Renovierungsturnus kann der Mieter daher nicht mit Erfolg belastet werden.

Formulierungsvorschlag:[666]

(1) Ist die Wohnung in renoviertem Zustand an den Mieter übergeben worden und endet das Mietverhältnis, bevor Schönheitsreparaturen erstmals oder erneut fällig geworden sind (§ ... Abs. ...), so ist der Mieter verpflichtet, die anteiligen Kosten der Schönheitsreparaturen (Abgeltungsquote) für die in § ... Abs. ... lit. a) und b) genannten Räume an den Vermieter zu zahlen. Für die in § ... Abs. ... lit. c) genannten Räume (Nebenräume) ist keine Abgeltungsquote zu zahlen.

(2) Die Abgeltungsquote ist auf der Grundlage eines vom Vermieter einzuholenden Kostenvoranschlags eines Fachbetriebes für die vollständige Ausführung der Schönheitsreparaturen sowie nach vollen abgelaufenen Jahren seit Beginn des Mietverhältnisses oder seit der letzten Renovierung zeitanteilig zu berechnen. Ist die Wohnung weniger abgenutzt als es einer durchschnittlichen Abnutzung entspricht, so ist die Abgeltungsquote entsprechend zu ermäßigen.

(3) Berechnung der Abgeltungsquote nach Abs. 2:
  a) Bei durchschnittlicher Abnutzung beträgt die Quote je volles abgelaufenes Jahr ... seit Beginn des Mietverhältnisses oder seit der letzten Renovierung
   – für die in § ... Abs. ... lit. a) genannten Räume (Küchen, Bäder und Duschen) 20%,
   – für die in § ... Abs. ... lit. b) genannten Räume (Wohn- und Schlafräume, Flure, Dielen und Toiletten) 12% der veranschlagten vollen Renovierungskosten.
  b) Bei unterdurchschnittlicher Abnutzung berechnet sich die Quote nach dem kürzeren Zeitraum, dem die Abnutzung entspricht.
  c) Bei überdurchschnittlicher Abnutzung findet keine Erhöhung der Quote statt.

(4) Berechnungsbeispiele:
  a) Bei einer Mietdauer von 4 Jahren und durchschnittlicher oder überdurchschnitt- licher Abnutzung beträgt die Abgeltungsquote
   – für die in § ... Abs. ... lit. a) genannten Räume 80%,
   – für die in § ... Abs. ... lit. b) genannten Räume 48%, der vollen Renovierungskosten.

---

[660] AG Lörrach WuM 1998, 216 und WuM 1996, 613.
[661] OLG Karlsruhe NJW 1982, 2829; LG Berlin NZM 2001, 231 und ZMR 1992, 450.
[662] BGH NZM 2007, 355; NJW 2006, 3778 = NZM 2006, 924; NJW 2006, 1728 = NZM 2006, 459; vgl. auch NJW 2004, 3042 = NZM 2004, 615.
[663] Instruktiv zu diesem Problemkreis: *Fischer* WuM 2005, 284 f.; *Klimke/Lehmann-Richter* ZMR 2005, 417 ff.; *Steenbuck* WuM 2005, 220 ff.
[664] BGH NJW 2007, 3632 = NZM 2007, 879.
[665] BGH NJW 2008, 1438 = NZM 2008, 363.
[666] Wiederum nach *Beyer* NZM 2008, 465, i. V. m. dem vhw-Klauselvorschlag, NZM 2008, 474.

> b) Bei einer Mietdauer von 4 Jahren und unterdurchschnittlicher, einer Mietdauer von 2 Jahren entsprechender Abnutzung beträgt die Abgeltungsquote
> – für die in § ... Abs. ... lit. a) genannten Räume 40%,
> – für die in § ... Abs. ... lit. b) genannten Räume 24% der veranschlagten vollen Renovierungskosten.
>
> (5) Der Mieter ist berechtigt, statt Zahlung der anteiligen Kosten die Schönheitsreparaturen selbst fachgerecht durchzuführen oder durch eigenen Kostenvoranschlag eines Fachbetriebs geringere Kosten darzulegen. Legt der Mieter geringere Kosten dar, hat der Vermieter die Angemessenheit der Höhe der von ihm geltend gemachten Kosten nachzuweisen.

e) **Regelungen bei Nicht- bzw. Schlechterfüllung durch den Mieter.** Das **Setzen einer** 299 **Nachfrist** gem. § 326 Abs. 1 BGB a.F. als Voraussetzung für die Geltendmachung von Schadensersatzansprüchen wegen unterlassener Schönheitsreparaturen konnte gem. den §§ 9, 11 Nr. 4 AGBG nicht wirksam ausgeschlossen werden.[667] Das Erfordernis einer **Ablehnungsandrohung** gem. § 326 Abs. 1 BGB a.F. war hingegen formularmäßig abdingbar.[668] Nunmehr nach Inkrafttreten der Schuldrechtsreform seit dem 1. 1. 2002 (bzw. bei Alt-Mietverhältnissen seit dem 1. 1. 2003 – Art. 229 § 5 S. 2 EGBGB) hat der Vermieter dem Mieter gem. §§ 280 Abs. 1, 281 Abs. 1 BGB eine angemessene Frist zur Nacherfüllung seiner Schönheitsreparaturpflicht zu setzen, in der Regel **14 Tage bezogen auf die komplette Wohnung**[669] – formularmäßig nicht abdingbar (§ 309 Nr. 4 BGB). Mit deren ergebnislosem Verstreichen – einer Nachfristsetzung gar mit Ablehnungsandrohung bedarf es nicht mehr – geht aber anders als nach bisherigem Recht der Erfüllungsanspruch des Vermieters noch nicht unter sondern erst dann, wenn der Vermieter durch Gestaltungserklärung sein Wahlrecht zugunsten des neben dem Erfüllungsanspruch bestehenden Schadensersatzanspruchs ausgeübt hat (§ 281 Abs. 4 BGB).[670] Während nach altem Recht erst dann die Verjährung des Schadensersatzanspruchs begonnen hätte (sofern zu diesem Zeitpunkt der ursprüngliche Erfüllungsanspruch noch nicht verjährt war), beginnt nunmehr die 6-monatige Verjährung des § 548 BGB auch des Schadensersatzanspruchs bereits vor dessen Entstehen mit der Rückgabe der Mietsache[671] an den Vermieter; § 548 BGB enthält eine Regelung über einen „anderen Verjährungsbeginn" i. S. v. § 200 S. 1 BGB.[672]

Umstritten ist, ob bei unterlassenen Schönheitsreparaturen eine Kostenerstattungspflicht 300 des Mieters auch ohne (Nach-)Fristsetzung aus **GoA** besteht.[673] Zieht ein Mieter aus, ohne Schönheitsreparaturen auszuführen, kann in diesem Verhalten jedenfalls dann eine endgültige Erfüllungsverweigerung liegen, wenn ihm der Vermieter zuvor konkret mitgeteilt hat, welche Schönheitsreparaturen durchzuführen sind.[674]

Befindet sich der Mieter in Verzug, kann der Vermieter von ihm einen **Vorschuss** in Höhe 301 der voraussichtlichen Renovierungskosten verlangen.[675] Die **Kosten eines Gutachtens** zur Feststellung des Wohnungszustands sind grundsätzlich erstattungsfähig; der Vermieter muss nicht etwa auf Zeugen zurückgreifen.[676]

Eine Klausel, die den Vermieter berechtigt, Schönheitsreparaturen nach erfolgloser Mah- 302 nung des Mieters auf dessen Kosten selbst auszuführen, soll wirksam sein, da der **Aufwendungsersatzanspruch** nach seiner Rechtsnatur kein Schadensersatzanspruch wegen Nicht-

---

[667] BGH NJW 1988, 2790.
[668] BGH NJW 1985, 267.
[669] KG WuM 2007, 71.
[670] S. nur *Langenberg* NZM 2002, 972, 977.
[671] Vgl. hierzu BGH NZM 2006, 624; NZM 2004, 98.
[672] BGH NJW 2005, 739.
[673] OLG Koblenz NZM 2000, 234 = NJW-RR 2000, 82; zust. *Lützenkirchen* MDR 2001, 9; abl. *Wiek* WuM 2000, 11; *Wichert* ZMR 2000, 220.
[674] KG WuM 2007, 71.
[675] BGH NJW 2005, 1862 = NZM 2005, 450.
[676] BGH NJW 2004, 3042 = NZM 2004, 615 betr. das Bestreiten seiner Zahlungspflicht aus einer Abgeltungsklausel durch den Mieter.

erfüllung ist.[677] Wirksam soll auch eine Klausel sein, die den Vermieter zur **Durchführung von Schönheitsreparaturen auf Kosten des Mieters** berechtigt, wenn dieser das Mietobjekt bei Beendigung des Mietverhältnisses unrenoviert zurückgibt und eine Endrenovierung schuldet.[678]

303 Die Höhe des **Schadensersatzanspruchs** wegen Nichtdurchführung von Schönheitsreparaturen kann gem. § 309 Nr. 5 BGB wirksam **pauschaliert** werden, wenn die Pauschale den nach gewöhnlichem Verlauf entstehenden Schaden nicht übersteigt und dem Mieter ausdrücklich der Nachweis eröffnet bleibt, ein Schaden sei nicht oder in geringerer Höhe entstanden. Eine **Mietausfallschadenspauschale** in Höhe einer Monatsmiete ist angemessen.[679]

304 **f) Rechtsfolgen unwirksamer Schönheitsreparaturregelungen.**[680] Nachdem sämtliche einseitigen Heilungsversuche (anders die freiwillige Vereinbarung mit dem Mieter) zum Scheitern verurteilt sind,[681] stellt sich zunächst die Frage, ob den **Vermieter** die **Schönheitsreparaturpflicht** trifft.[682] Wie bei einer entsprechenden Pflichtenüberbürdung auf den Mieter wird dies einen objektiven Renovierungsbedarf voraussetzen, der damit zugleich einen Mangel der Mietsache darstellen dürfte mit er Folge, dass der Vermieter im Rahmen seiner Gebrauchsgewährpflicht nach § 535 BGB die Durchführung von Schönheitsreparaturen schuldet. Die Gebrauchsgewährungspflicht stellt aber nach überwiegender Meinung eine im Gegenseitigkeitsverhältnis mit der Mietzahlungspflicht des Mieters stehende Hauptpflicht dar, so dass man daran denken könnte, dass die auch teilweise Freizeichnung hiervon eine wesentliche Vertragspflicht des Mietvertrages im Sinne von § 307 Abs. 2 Nr. 2 BGB unzulässig einschränkt.[683] Wenn aber schon die vorformulierte Überbürdung dieser Pflicht auf den Mieter, soweit es die Schönheitsreparaturen betrifft, unter Beachtung bestimmter Voraussetzungen wirksam ist, dann erst recht die bloße Freizeichnung des Vermieters, sofern es sich nicht um eine überraschende Klausel i.S.v. § 305c Abs. 1 BGB handelt und das Transparenzgebot des § 307 Abs. 1 S. 2 BGB beachtet wird. Daher werden Freizeichnungsklauseln, sofern man darin nicht sogar eine Pflichtenabwälzung auf den Mieter sieht,[684] auch allgemein als rechtlich unbedenklich angesehen.[685]

305 Durch den BGH wurde im Übrigen zwischenzeitlich zu Recht geklärt, dass gewissermaßen als Korrektiv zur unwirksamen Schönheitsreparaturklausel im Rahmen des § 558 BGB ein – etwa an § 28 Abs. 4 II. BV orientierter – **Zuschlag zur ortsüblichen Vergleichsmiete** als dem Vergleichsmietensystem fremdes Element der Kostenmiete unzulässig ist.[686] Offen ist diese Frage noch beim **preisgebundenen Wohnraum**. Die Kostenmiete ist zwar gem. § 28 Abs. 4 II. BV um 8,50 €/p.a. = 0,71 €/m²/Mt. (ggf. indexiert, vgl. §§ 28 Abs. 5a, 26 Abs. 4 II. BV) höher anzusetzen, wenn der Vermieter die Schönheitsreparaturen selbst zu tragen hat. Hat der Vermieter jedoch – wie üblich – die Schönheitsreparaturverpflichtung auf den Mieter abgewälzt, aber unwirksam, ist fraglich, ob der Vermieter jetzt nachträglich eine entsprechende, einseitige Mieterhöhung gem. § 10 WoBindG durchsetzen kann. Das hierfür erforderliche „Nicht-Vertreten-Müssen" i.S.v. § 4 Abs. 1 NMV bzw. § 8a Abs. 3 Satz 2 WoBindG dürfte angesichts der Verwendung einer unwirksamen Klausel beim Vermieter fehlen (str.).[687]

---

[677] OLG Hamm WuM 1983, 76 – höchst umstritten.
[678] OLG Karlsruhe NJW-RR 1989, 331 – strittig.
[679] Bub/Treier/*Bub* II Rdnr. 490.
[680] Ausführlich *Hannemann*, FS für Blank, 2006, 189 ff.
[681] *Klimke*, www.mietgerichtstag.de/downloads/Mietgerichtstag 2009.
[682] Vgl. hierzu ausführlich *Flatow*, www.mietgerichtstag.de/downloads/Mietgerichtstag 2009
[683] Vgl. nur BGH RE NJW 2002, 673 = NZM 2002, 116, der eine solche unzumutbare Einschränkung bereits darin sieht, dass nach der Vertragsgestaltung die Verletzung einer vertraglichen Hauptpflicht sanktionslos bleibt.
[684] OLG Karlsruhe RE NJW-RR 1992, 969.
[685] Vgl. nur Schmidt-Futterer/*Langenberg* a.a.O., § 538 Rdnr. 121
[686] BGH NJW 2009, 1410 = NZA 2009, 313; NJW 2008, 2840 = NZM 2008, 641; vgl. hierzu *Häublein*, www.mietgerichtstag.de/downloads/Herbstveranstaltungen 2008; damit sind überholt OLG Frankfurt/M. WuM 2008, 82; OLG Karlsruhe NZM 2007, 481; LG Düsseldorf WuM 2007, 456.
[687] Vgl. nur *Bellinger* WuM 2009, 158 ff.; *Wüstefeld* WuM 2008, 697.

306 Höchstrichterlich noch nicht abschließend geklärt ist, welche Folgen es zeitigt, wenn der Mieter in **Unkenntnis der unwirksamen Schönheitsreparaturklausel dennoch renoviert**. Hat ihn der Vermieter hierzu veranlasst, könnte an ein **Schadensersatzanspruch** nach §§ 280, 281 BGB gedacht werden. Hierfür muss den Vermieter eine schuldhafte Pflichtverletzung treffen und der Mieter muss ihm vergeblich eine angemessene Abhilfefrist[688] gesetzt haben.[689] Erkennt der Vermieter, dass sein Mieter irrig von der Wirksamkeit nichtiger Klauseln in dem vom Vermieter gestellten Mietvertragformular ausgeht, muss er den Mieter über die Rechtslage aufklären – andernfalls macht er sich weiter nach §§ 282, 241 Abs. 2 BGB ersatzpflichtig, wobei auch hier Fahrlässigkeit genügt.[690] Unkenntnis kann auch den privaten Vermieter nicht entlasten; er muss ggf. Rechtsrat über die Wirksamkeit der in Rede stehenden Klauseln einholen,[691] dessen Unrichtigkeit oder Unvollständigkeit ihm zugerechnet werden würde.[692] Allein die Verwendung einer nach Vertragsschluss von der Rechtsprechung als unwirksam angesehenen Klausel gereicht dem Vermieter aber grundsätzlich nicht zum Verschulden.[693] Der zu ersetzende Schaden liegt in beiden Fällen in den vom Mieter aufgewandten Renovierungskosten.

307 Ein **Aufwendungsersatzanspruch** aus § 536a Abs. 2 Nr. 2 BGB wird demgegenüber nur ausnahmsweise gegeben sein, wenn die Schönheitsreparaturen zur Erhaltung der baulichen Substanz der Mieträume erforderlich gewesen sind und sich der Vermieter – wie vorstehend bereits festgehalten – in Verzug befunden hat.[694] Ein Anspruch aus § 539 BGB i.V.m. den Vorschriften über die GoA auf Ersatz der Aufwendungen des Mieters dürfte, sofern überhaupt neben § 536a Abs. 2 BGB anwendbar,[695] meistens am fehlenden Fremdgeschäftsführungswillen des Mieters scheitern.[696] Richtig ist zwar, dass vor allem der BGH wiederholt festgehalten hat, dass auch bei Nichtigkeit des Vertrages[697] und in den Fällen, in denen sich der Geschäftsführer gegenüber dem Geschäftsherrn zur Geschäftsführung für verpflichtet hält, es aber in Wahrheit nicht ist,[698] auf die Vorschriften über die GoA zurückgegriffen werden kann.[699] In diesen Fällen lag aber immer schon dem äußeren Inhalt nach ein objektiv fremdes Geschäft vor, bei dem ein Fremdgeschäftsführungswille vermutet wird, auch wenn zugleich eigene Belange wahrgenommen werden.[700] Dies lässt sich mit der hier in Rede stehenden Konstellation daher nicht vergleichen.[701] Natürlich liegt ansonsten die Vornahme von Schönheitsreparaturen im Interesse des Vermieters als Geschäftsherrn und entspricht auch dessen mutmaßlichem bzw. – etwa bei Aufforderung des Mieters zur Erfüllung seiner (angeblichen) Renovierungspflicht – wirklichem Willen.

308 Grundsätzlich kann der Mieter für nicht geschuldete Schönheitsreparaturen keinen Ausgleich in Geld verlangen.[702] Zu Recht spricht die Rechtsprechung dem Mieter aber in diesem Fall einen **Bereicherungsanspruch** gegen seinen Vermieter zu.[703] Fraglich ist dabei aber, ob die Bereicherung des Vermieters in den ersparten Renovierungskosten, einem höheren

---

[688] Wie auch umgekehrt bei Inanspruchnahme des Mieters auf Schadensersatz wegen unterlassener Schönheitsreparaturen bei wirksamer Klausel, wobei die Fristsetzung in unverjährter Zeit zu erfolgen hat – AG Bergisch Gladbach WuM 2006, 93.
[689] *Börstinghaus* WuM 2005, 675, 677.
[690] *Blank* WuM 2004, 243, 248; *Pfeilschifter* WuM 2003, 543.
[691] BGH NJW 1994, 2754.
[692] Vgl. OLG Koblenz NJW 2004, 77.
[693] BGH NJW 2009, 2590 = NZA 2009, 341.
[694] Dabei wird es i.d.R. an einer Mahnung schon allein deshalb fehlen, weil sich der Mieter zur Vornahme von Schönheitsreparaturen für verpflichtet hielt: Lehmann-Richter WuM 2005, 747, 748.
[695] Vgl. *Börstinghaus* WuM 2005, 675, 676 f.
[696] BGH NJW 2009, 2590 = NZA 2009, 541; *Blank* WuM 2004, 243, 248; *Börstinghaus* WuM 2005, 675, 677; a. A. *Lehmann-Richter* WuM 2005, 747, 749.
[697] BGH NJW 1993, 3196; NJW 1997, 47; NJW 2000, 72.
[698] BGH NJW 2000, 422.
[699] Vgl. nur BGH WM 2000, 973.
[700] BGH NJW 2000, 422 unter II 2 m.w.N.
[701] A. A. Lehmann-Richter WuM 2005, 747, 749.
[702] *Blank/Börstinghaus* a.a.O., § 535 Rdnr. 262; vgl. auch AG München NJW-RR 2002, 10.
[703] BGH NJW 2009, 2590 = NZA 2009, 541; vgl. ausführlich Schmidt-Futterer/*Langenberg* a.a.O., § 538 Rdnr. 205 ff.

Ertragswert oder einer sonstigen Wertsteigerung der dann renovierten Wohnung liegt. Einige bisher vorliegende Urteile bemessen die Höhe der Bereicherung mit den aufgewendeten Renovierungskosten.[704] Dem hat sich auch der BGH angeschlossen: Der Wert der rechtsgrundlos erbrachten Leistung soll sich grundsätzlich nach dem Betrag der üblichen, hilfsweise der angemessenen Vergütung für die ausgeführten Renovierungsarbeiten bemessen; erbringt der Mieter die Arbeiten in Eigenleistung oder mit Hilfe von Verwandten oder Bekannten, kommt es neben den Materialkosten darauf an, was der Mieter billigerweise für diesen Zeiteinsatz aufgewendet hat oder hätte aufwenden müssen (ggf. gerichtliche Schätzung nach § 287 ZPO).[705] Dies ist zwar praktikabel, kann aber nicht richtig sein: Herauszugeben ist nach § 818 Abs. 2 BGB Wertsatz, also der objektive Verkehrswert, den die Arbeitsleistung des Mieters für den Vermieter hat.[706] Dies hat nichts mit dem vom Mieter aufgewandten Betrag zu tun.[707] Nach anderer – richtiger – Auffassung liegt die auszugleichende Bereicherung in der Differenz zwischen dem Mietwert der Räume vor und nach der Renovierung.[708] Liegt die Renovierung schon einige Zeit zurück, kann ein derartiger Mehrwert entfallen sein.[709] Entscheidend und zu ersetzen ist also das, was dem Vermieter an wirtschaftlichem Wertzuwachs zugeflossen ist.[710] Dies muss nicht mit den vom Vermieter ersparten Aufwendungen identisch sein.[711] Unklar bleibt weiter, ob sich der Vermieter mit Erfolg auf § 818 Abs. 3 BGB berufen kann, weil er mit dem Mieter wegen der (fehlgeschlagenen) Überbürdung der Schönheitsreparaturen nach der „Mietpreisfiktion" des BGH eine geringere Miete vereinbart haben müsste und daher die Mindermieteinnahmen abziehen kann.[712] Sofern der Vermieter absichtlich nur zu einer geringeren oder nur gleichen Miete weitervermietet, muss er in jedem Fall seine Bereicherung herausgeben.[713] Anders dann, wenn ihm die Neubermietung nicht zu einer höheren Miete möglich ist.[714]

309 **Renoviert der Mieter** dennoch bei Auszug, obwohl er hierzu nicht verpflichtet ist, aber **mangelhaft** steht dem Vermieter insoweit ein Schadensersatzanspruch nach den Grundsätzen der positiven Forderungsverletzung wegen etwaiger Schlechtdurchführung der Renovierungsarbeiten nur dann zu, wenn die vom Vermieter an sich zu tragenden Renovierungskosten auf Grund der vom Mieter unzureichend vorgenommenen Arbeiten höher sind, als sie bei einem Auszug des Mieters ohne die Vornahme jeglicher Arbeiten gewesen wären.[715]

310 Enthält der Mietvertrag eine unwirksame Schönheitsreparaturklausel (sowohl Fristen- als auch Endrenovierungsregelung), kann der Mieter dennoch die Durchführung von Schönheitsreparaturen schulden, wenn er sich hierzu individualvertraglich nachträglich in einem **Übergabeprotokoll** verpflichtet.[716]

11. Gewährleistung

311 § 536 Abs. 4 BGB verbietet die **Einschränkung des Minderungsrechts** des Wohnraummieters.[717]

---

[704] LG Stuttgart WuM 1986, 370; ebenso die Vorinstanz AG Stuttgart WuM 1986, 369; AG Bergisch Gladbach WuM 1995, 479; dagegen zu Recht *Rave* GE 2005, 221, 222.
[705] BGH NJW 2009, 2590 = NZA 2009, 541.
[706] Vgl. nur BGH NJW 1982, 1154.
[707] *Lehmann-Richter* WuM 2005, 747, 751.
[708] BGH NJW 1967, 2255; NJW 1990, 1789; NZM 1999, 19; OLG Karlsruhe NJW-RR 1986, 1394; OLG München NJW-RR 1997, 650; Blank/Börstinghaus, a.a.O., § 535 Rdnr. 262.
[709] *Blank* WuM 2004, 143, 248.
[710] *Börstinghaus* WuM 2005, 675, 677 m.w.N.
[711] So aber *Rave* GE 2005, 221, 222 und – jedenfalls im Grundsatz – *Lehmann-Richter* WuM 2005, 747, 751.
[712] *Rave* GE 2005, 221, 223; *Langenberg*, Schönheitsreparaturen, Instandsetzung und Rückbau, 1. Teil E Rdnr. 102; a.A. *Lehmann-Richter* WuM 2005, 747, 751: Da Rechtsgrund der Mietzahlung der im Übrigen wirksame Mietvertrag ist, fehle es an einem nach der Saldotheorie zu berücksichtigenden Bereicherungsanspruch des Vermieters gegenüber dem Mieter auf Zahlung eines Mietzuschlags.
[713] BGH NJW 1967, 2255; NJW 1972, 2224; OLG Hamburg MDR 1974, 584.
[714] BGH NJW 1972, 2224; OLG Karlsruhe ZMR 1974, 47.
[715] LG Frankfurt/M. NZM 2001, 191.
[716] BGH NJW 2009, 1075 = NZA 2009, 233.
[717] BGH NJW 1992, 1759.

Insoweit sind Klauseln unwirksam,
- wonach die Höhe der Minderung auf einen bestimmten Prozentsatz festgeschrieben wird,[718]
- die Minderung von einer Anzeige mit einer bestimmten Frist abhängig gemacht,[719]
- die Gewähr für den ordnungsgemäßen Betrieb von gemeinschaftlich zu nutzenden Einrichtungen und Anlagen, z. B. die Warmwasserversorgung, einschränken oder ausschließen[720]
- bestimmte Fehler voraussetzen.

Die **verschuldensunabhängige Vermieterhaftung** gem. § 536a Abs. 1, 1. Alt. BGB für **bei Vertragsschluss vorhandene Mängel** kann als für das Haftungssystem des BGB atypische Garantiehaftung ausgeschlossen werden.[721]   312

Die Klausel, die eine Haftung des Vermieters „für die durch Wasser, Feuchtigkeit, Schwamm sowie durch Feuer, Rauch und Sott entstandenen Schäden" ausschließt oder einschränkt, ist dahingehend auszulegen, dass sie sich nur auf während des Mietverhältnisses entstehende Schäden bezieht.[722]   313

Die **verschuldensabhängige Vermieterhaftung** für nach **Vertragsschluss entstandene Mängel** gem. § 536a Abs. 1, 2. Alt. BGB auf Schadensersatz kann formularvertraglich gem. § 309 Nr. 7 BGB nicht für Vorsatz und grobe Fahrlässigkeit des Vermieters und seiner Erfüllungsgehilfen ausgeschlossen oder eingeschränkt werden.[723] Die Vermieterhaftung für mittlere und leichte Fahrlässigkeit kann dagegen grundsätzlich wirksam ausgeschlossen werden[724] – näher zu Haftungsfreizeichnungen des Vermieters nachstehend unter Ziffer 12.   314

Das **Selbsthilferecht** und der **Aufwendungs- und Ersatzanspruch** des Mieters gem. § 536a Abs. 2 Nr. 1 BGB kann nicht formularvertraglich abgedungen werden, da dies den Mieter i. S. d. § 307 BGB unangemessen benachteiligen würde.[725]   315

12. Pflichten-/Kostenüberbürdungen auf den Mieter

Grundsätzlich sind hier neben §§ 536 Abs. 4, 543 Abs. 4 S. 1, 560 Abs. 5 S. 1 BGB und § 307 BGB die §§ 309 Nr. 7 und 8a BGB einschlägig.[726]   316

a) **Kleinreparaturen.** Die Überbürdung der Kosten unabhängig von einem Verschulden des Mieters für anfallende Reparaturen an denjenigen Gegenständen, die dem ständigen Zugriff des Mieters im Rahmen des Mietgebrauchs ausgesetzt sind (orientiert an § 28 Abs. 3 S. 2 II. BV: „Die **kleinen Instandhaltungen** umfassen nur das Beheben kleiner Schäden an den Installationsgegenständen für Elektrizität, Wasser und Gas, den Heiz- und Kocheinrichtungen, den Fenster- und Türverschlüssen sowie den Verschlussvorrichtungen von Fensterläden.") bis zu einem Höchstbetrag im Einzelfall von € 75,–[727] und pro Kalenderjahr bis zu max. € 250,– bzw. € 300,– oder 6–8% der jährlichen Netto-Kaltmiete wird allgemein für zulässig erachtet.[728] Eine Kleinreparaturklausel ohne Höchstgrenze benachteiligt grundsätzlich den Mieter unangemessen und ist deshalb gem. § 307 BGB unwirksam.[729]   317

Weiter ist es unzulässig, den Mieter insoweit an höheren Kosten als dem für den Einzelfall genannten Höchstbetrag zu beteiligen[730] oder bis zu den genannten betragsmäßigen Grenzen die Kosten für Neuanschaffungen (z. B. den Austausch von Glühbirnen im Trep-   318

---

[718] LG Hamburg WuM 1990, 116.
[719] OLG Stuttgart WuM 1978, 250.
[720] OLG Celle WuM 1990, 114.
[721] BGH NJW-RR 1993, 519; NJW 1992, 2283; vgl. OLG Düsseldorf Urt. v. 12. 9. 2006 – 24 U 63/05 – NJOZ 2007, 3553.
[722] OLG Hamburg WuM 1990, 71.
[723] LG Berlin GE 1993, 159; LG Hamburg WuM 1990, 116.
[724] OLG Hamburg ZMR 1985, 236.
[725] LG Frankfurt/M. WuM 1984, 214.
[726] Vgl. z. B. zu § 11 Nr. 7 AGBG, jetzt § 309 Nr. 7 BGB: OLG Dresden WuM 1996, 553.
[727] BGH NJW 1992, 1759.
[728] BGH NJW 1989, 2247; OLG Hamburg NJW-RR 1991, 1167.
[729] BGH WuM 1991, 383.
[730] BGH NJW 1989, 2247.

penhaus) auf den Mieter abzuwälzen. Ebenso ist es unzulässig, wenn die Bagatellreparaturklausel bei kundenfeindlichster Auslegung dazu führen würde, dass der Mieter verpflichtet ist, selbst die Arbeiten vorzunehmen und nicht lediglich die damit verbundenen Kosten zu übernehmen (z. B. „Der Mieter ist verpflichtet, während der Dauer des Mietverhältnisses auf seine Kosten notwendige Schönheitsreparaturen ordnungsgemäß auszuführen, sowie Rollläden, Licht- und Klimaanlagen, Schlösser etc. in gebrauchsfähigem Zustand zu erhalten und zerbrochene Glasscheiben zu ersetzen"[731]). Daher sind auch Formularklauseln, nach denen der Mieter verpflichtet ist, zerbrochene Innen- und Außenscheiben zu ersetzen,[732] **Verstopfungen** im WC-Rohr seiner Wohnung auf eigene Kosten zu beseitigen[733] oder die Mieträume von **Ungeziefer** frei zu halten, sofern er sich wegen des Befalls nicht entlastet,[734] unwirksam.

319 Bei einer Verknüpfung einer in diesem Sinn unwirksamen Kleinreparaturklausel z. B. mit einer vorformulierten Schönheitsreparaturregelung kommt es wieder auf die sprachliche oder inhaltliche Trennbarkeit im Hinblick auf den Umfang der Unwirksamkeitsfolge an.[735]

320 In Mietverträgen über **preisgebundene Wohnungen** kann der Mieter formularvertraglich wirksam zur Übernahme der in § 28 Abs. 3 S. 2 II. BV genannten Kleinreparaturen verpflichtet werden, auch wenn eine Höchstgrenze nicht vereinbart ist. Der Mieter wird hierdurch nicht unangemessen benachteiligt, da sich die Kostenmiete gem. § 28 Abs. 3 S. 2 II. BV um den dort bezifferten €-Betrag/qm und Jahr (= € 1,05) verringert.[736] Wird die Kleinreparaturklausel dagegen als unwirksam beurteilt, so kann der Vermieter von preisgebundenem Wohnraum die Kostenmiete um die Pauschalbeträge gem. § 28 Abs. 3 II. BV erhöhen.[737]

321 b) **Wartungsarbeiten.** Die Kosten reiner Wartungsmaßnahmen gehören zu den umlagefähigen Betriebskosten (vgl. § 2 Nr. 4 d und 5 c BetrKV). Alternativ hierzu besteht folglich die Möglichkeit, den Mieter formularvertraglich zu verpflichten, statt die damit verbundenen, vom Vermieter zu veranlassenden Kosten zu übernehmen, selbst Wartungsmaßnahmen durch eine Fachfirma durchführen zu lassen. Angesichts der Umlagefähigkeit überzeugt daher die Auffassung nicht, dass eine Wartungsklausel nur dann wirksam ist, wenn sie eine maximale Kostenobergrenze pro Kalenderjahr entsprechend der Kleinreparaturklausel aufweist, um dem Mieter kein unübersehbares Kostenrisiko aufzubürden (das ihn aber im alternativen Fall einer Betriebskostenumlage ungeschmälert treffen würde).[738]

322 Unwirksam ist es allerdings, wenn eine entsprechende formularvertragliche Regelung jedenfalls bei kundenfeindlichster Auslegung dazu führen würde, dass der Mieter ggf. über eine Fachfirma auch **Instandsetzungsmaßnahmen** (z. B. bei der Wartung und Reinigung der Etagenheizung) auf eigene Kosten in Auftrag geben muss.[739] Daher sind vorsorglich Instandsetzungsmaßnahmen durch die Klausel ausdrücklich auszunehmen.

323 Die Verpflichtung, insoweit einen **Wartungsvertrag** abzuschließen, verstößt gegen § 307 Abs. 2 Nr. 1 BGB.[740] Ebenso wenig darf dem Mieter das zu beauftragende **Wartungsunternehmen** formularmäßig **vorgeschrieben** werden. Eine derartige Verpflichtung ist überraschend i. S. d. § 305 c Abs. 1 BGB und damit unwirksam.[741]

324 Aus Vermietersicht wäre daher zu überlegen, ob es nicht günstiger ist, die entsprechenden Wartungsarbeiten selbst über eine Fachfirma in Auftrag zu geben und die damit verbundenen Kosten über die Betriebskosten umzulegen. Problematisch ist insoweit aber, wenn der Vermieter über einen längeren Zeitraum hinweg von einer entsprechenden Kostenum-

---

[731] BGH NJW 1992, 1754; BayObLG NJW-RR 1997, 1371; OLG München WuM 1991, 388; LG Frankfurt/M. WuM 1996, 208.
[732] LG Hamburg WuM 1991, 681; LG Hamburg WuM 1990, 115; LG München I NZM 1998, 32.
[733] LG Berlin WuM 1993, 261; AG Ellwangen WuM 1991, 680.
[734] OLG Frankfurt/M. WuM 1992, 56, 61; LG München I NZM 1998, 32.
[735] BayObLG NJW-RR 1997, 1371.
[736] LG Braunschweig WuM 1992, 593.
[737] LG Hamburg WuM 1992, 593.
[738] BGH NJW 1991, 1750; AG Peine NZM 2005, 799.
[739] LG Berlin ZMR 1992, 302, 303.
[740] LG Berlin WuM 1993, 261, 263.
[741] Bub/Treier/*Bub* II Rdnr. 463.

lage (im Hinblick auf die im Mietvertrag enthaltene Wartungsklausel) abgesehen hat. Dann kann er nicht ohne Verzug des Mieters einseitig die bisherige jahrelange Praxis umstellen.

c) **Reinigungspflichten.** Die Verpflichtung des Mieters, **allgemein genutzte Flächen** wie 325 Treppen, Flure und Wege zu reinigen, muss eindeutig im Mietvertrag und nicht etwa in einer einseitig aufgestellten Hausordnung vereinbart sein.[742] Weiter bedarf es einer eindeutigen und zweifelsfreien Regelung und einer sachgerechten Pflichtenverteilung auf die Mietergemeinschaft (Gleichbehandlungsgrundsatz), wobei es zulässig sein dürfte, wenn sich der Vermieter (etwa bei Problemen mit der ordnungsgemäßen Erfüllung der Reinigungspflichten) vorbehält, die Übertragung auf den Mieter zu widerrufen. Das Recht, auf Kosten des Mieters zur Ersatzvornahme zu schreiten, steht dem Vermieter aber nur im Falle des Verzugs des Mieters mit der Reinigungspflicht (Mahnung erforderlich) zu.

Selbst bei wirksamer Übertragung bleibt aber der Vermieter sekundär (Stichwort: **Über-** 326 **wachungspflichten**) in der Haftung.

Die formularvertragliche Pflicht des Mieters zur **Treppenhausreinigung** ist unklar und 327 daher nicht wirksam vereinbart, wenn der Mietvertrag formularmäßig auch eine anteilige Betriebskostenbelastung für die Hausreinigung vorsieht.[743]

d) **Duldungspflichten.** Jede Abweichung von der gesetzlichen Vorgabe, wonach es auf eine 328 beiderseitige Interessenabwägung ankommt (z. B. bei Betretens- und Besichtigungsrechten) stellt eine unangemessene Benachteiligung des Mieters i. S. v. § 307 Abs. 2 BGB dar. Dies gilt auch für § 554 Abs. 1 BGB, wobei im Falle der Duldung von Modernisierungsarbeiten die Regelungen in § 554 Abs. 2 bis 4 BGB nach dessen Abs. 5 ohnehin zwingend sind. Klauseln, die eine generelle Duldungspflicht des Mieters (z. B. im Hinblick auf Gemeinschaftsantenne oder Kabelanschluss[744]) oder sein vorweg erklärtes Einverständnis mit einer bestimmten Maßnahme[745] vorsehen, sind daher unwirksam.

Eine Erweiterung der für **Modernisierungsmaßnahmen** durch § 554 Abs. 2 bis 4 BGB 329 begründeten Duldungspflicht ist zum Nachteil des Mieters unwirksam (§ 554 Abs. 5 BGB).[746]

Auch während der Duldung von baulichen Arbeiten ist der Mieter zur **Mietminderung** 330 berechtigt, so dass hiervon abweichende vertragliche Regelungen gegen § 536 Abs. 4 BGB verstoßen und unwirksam sind.[747] Dulden bedeutet im Übrigen rein passives Verhalten; der Mieter ist auch nicht zu vorbereitenden oder sichernden Maßnahmen verpflichtet und kann hierzu auch nicht formularmäßig angehalten werden.

Eine Klausel, die dem Vermieter das **Betreten und Besichtigen der Mietwohnung** „zur Prüfung ihres Zustands in angemessenen Abständen nach rechtzeitiger Ankündigung zu näher genannten Uhrzeiten an bestimmten Tagen" gestattet ist wegen Verstoßes gegen § 307 Abs. 2 BGB unwirksam. Die unzumutbare Benachteiligung des Mieters folgt aus den Vorgaben bestimmter Tage und Uhrzeiten, der Unbestimmtheit der „angemessenen Abstände" und des Fehlens eines – dem Mieter mitzuteilenden – Grundes für die Besichtigung, da Routinekontrollen zum Zwecke der Untersuchung der Wohnung auf ihren Allgemeinzustand unzulässig sind.[748]

e) **Instandhaltungs- und Instandsetzungspflichten.** Klauseln, die dem Mieter vollständig 331 die Erhaltung, also die **Instandhaltung** und **Instandsetzung**, z. B. auch an „Dach und Fach" überbürden, werden i. d. R. als überraschend gem. § 305 c Abs. 1 BGB nicht wirksam in den Mietvertrag einbezogen.[749]

---

[742] Staudinger/*Emmerich* § 535 Rdnr. 33; a. A. Bub/Treier/*Kraemer* III Rdnr. 1085, wonach sich die entsprechende Reinigungsverpflichtung bereits auf Grund einer vertragsimmanenten Obhutspflicht ergeben soll.
[743] AG Frankfurt WuM 1988, 153.
[744] BGH NJW 1991, 1750.
[745] OLG Frankfurt/M. WuM 1992, 56.
[746] LG Berlin GE 1993, 159; GE 1982, 1219; LG Stuttgart WuM 1987, 252.
[747] LG München I NZM 1998, 32.
[748] LG München II NJW-RR 2009, 276.
[749] BGH NJW 1977, 195; a. A. OLG Hamm ZMR 1988, 260.

332 Dem Mieter kann nicht formularmäßig die Pflicht überbürdet werden, den **bautechnischen Zustand herzustellen,** wiederherzustellen oder zu erhalten, der eine Nutzung zu dem vertraglich vereinbarten Zweck erst ermöglicht, soweit dies über Schönheitsreparaturen und kleine Reparaturen hinausgeht, da eine solche Klausel mit dem Grundgedanken der §§ 536 ff., 543, 569 BGB unvereinbar ist und auch die Hauptpflicht des Vermieters zur Überlassung der Mietsache in einem zum vertragsmäßigen Gebrauch geeigneten Zustand aushöhlt.[750] Anders ist dies dann, wenn die Klausel auf Veranlassung des Mieters Eingang in den Vertrag gefunden hat.[751]

333 **f) Verkehrssicherungspflichten.** Die formularmäßige Übertragung der Verkehrssicherungspflicht des Vermieters ist wirksam, wenn der Mieter erkennen kann, welche konkreten Pflichten, z. B. Treppenhausreinigung oder Schneeräumen und Streuen, ihn treffen. Wirksam ist eine solche Klausel in der Hausordnung allerdings nur, wenn die Hausordnung selbst unmittelbar Gegenstand des Mietvertrages ist.[752]

334 **g) Überbürdung öffentlich-rechtlicher Vorgaben.** Eine Klausel, wonach die Gewähr des Vermieters dafür, dass die Mieträume den behördlichen Vorschriften entsprechen, ausgeschlossen wird und dem Mieter die **Erfüllung behördlicher Auflagen** überbürdet, ist gem. § 307 BGB unwirksam.[753]

335 Der Vermieter kann formularmäßig auch nicht seine Pflicht, die für den vertragsmäßigen Gebrauch erforderlichen **öffentlich-rechtlichen Genehmigungen,** die das Mietobjekt, nicht die Person des Mieters betreffen, etwa eine baurechtliche Genehmigung der Nutzungsänderung oder eine Zweckentfremdungsgenehmigung zu erwirken, auf den Mieter überbürden, da eine solche Klausel die Hauptpflicht des Vermieters zur Gebrauchsüberlassung gem. § 535 Abs. 1 S. 2 BGB aushöhlt.[754] Eine Klausel, mit der dem Mieter auferlegt wird, sämtliche – also nicht nur von ihm persönlich benötigte öffentlich-rechtliche Genehmigungen, wie z. B. eine Gewerbeerlaubnis oder Gaststättenkonzession – herbeizuführen und aufrechtzuerhalten, ist wegen des Verbots der geltungserhaltenden Reduktion insgesamt unwirksam.[755]

13. Freizeichnungen des Vermieters[756] und Haftungsüberbürdungen auf den Mieter

336 **a) Rechtzeitigkeit der Übergabe.** Die Übergabepflicht des Vermieters ist Kardinalpflicht, von der sich der Vermieter nicht einmal für einfache Fahrlässigkeit freizeichnen kann.[757] Jede formularvertragliche Einschränkung verstößt daher gegen § 307 BGB. Der Vermieter kann folglich seine **Haftung** für die **rechtzeitige Übergabe** der Mieträume, insbesondere für die rechtzeitige **Bezugsfertigstellung** neu errichteter Räume oder für die rechtzeitige Räumung durch den Vormieter sowie Kündigungs- bzw. Rücktrittsrechte des Mieters in diesen Fällen formularmäßig nicht wirksam einschränken oder gar ausschließen.

337 Formularklauseln, die angesichts dessen „lediglich" den vereinbarten **Mietbeginn hinausschieben** (etwa bis zur Fertigstellung des Mietobjektes oder Auszug des Vormieters) verstoßen bei einem individuell eingesetzten Datum als Beginn des Mietverhältnisses gegen § 305 b BGB. Eine Klausel, wonach der Mieter bei nicht rechtzeitiger Übergabe zur Kündigung berechtigt ist, bzw. ihm Regressansprüche gegenüber dem Vormieter bzw. den Bauhandwerkern abgetreten werden, stellt eine unzulässige Haftungsbeschränkung dar[758] und dies fällt bei Verzug des Vermieters unter den Verstoß gegen § 309 Nr. 8 a BGB.

---

[750] OLG Frankfurt/M. WuM 1992, 56; LG Augsburg ZMR 2007, 697.
[751] OLG Oldenburg NZM 2003, 439.
[752] OLG Frankfurt/M. NJW 1989, 41; a. A. AG Schwelm WuM 1991, 86.
[753] OLG Düsseldorf ZMR 1992, 446.
[754] BGH NJW-RR 1993, 519.
[755] BGH NJW 1988, 2664; vgl. auch BGH ZMR 2008, 274.
[756] Zu Haftungsfreizeichnungen im Mietrecht ausführlich und instruktiv *Joachim* NZM 2003, 387 ff. = WuM 2003, 183 ff.
[757] OLG Düsseldorf DWW 1993, 197; OLG München WuM 1989, 128, 129; LG Hamburg WuM 1990, 115.
[758] A. A. Bub/Treier/*Bub* II Rdnr. 756.

b) Ausschluss der Garantiehaftung. Die Garantiehaftung des § 536a Abs. 1 S. 1, 1. Alt. **338**
BGB kann formularmäßig abbedungen werden.[759] Ein **vollständiger Haftungsausschluss**
ohne Unterscheidung zwischen vom Vermieter verschuldeten und unverschuldeten Mängeln
ist dagegen wegen des Verbots der geltungserhaltenden Reduktion insgesamt unwirksam.[760]
Weiter kann auch ein bestimmter Zustand als vertragsgemäß festgelegt werden, so dass
nicht nur die Haftung, sondern sogar ein entsprechender Erfüllungsanspruch des Mieters
ausgeschlossen wird.[761] Eine Klausel, nach der ein im Zeitpunkt der Errichtung des Gebäudes mangelfreier Zustand als vertragsgemäß gilt, soll – trotz problematischer Transparenz –
keinen Bedenken begegnen.[762]

Die Klausel, wonach eine **Mietsache vertragsgemäß** ist, wenn sie die Anforderungen **339**
nach Maßgabe der im Zeitpunkt der Errichtung des Gebäudes allgemein anerkannten Regeln der Bautechnik erfüllt, soll wirksam sein, soweit hierdurch nicht der gewöhnliche Gebrauch zum vertraglich vereinbarten Zweck ausgeschlossen oder nicht nur unerheblich
eingeschränkt wird. So soll der Vermieter z.B. seine Leistungspflicht dahingehend einschränken können, dass die Schall- und Wärmeschutzvorschriften zurzeit der Errichtung
des Gebäudes, und nicht die zum Zeitpunkt des Vertragsabschlusses oder der Störung
maßgeblich sind.[763] Klauseln, wonach der Mieter vorformuliert den Zustand bei Mietbeginn als vertragsgemäß ausdrücklich anerkennt oder der Vermieter nur für im Übergabeprotokoll festgehaltene (nicht verborgene) Mängel haftet, sind schon wegen § 309 Nr. 7
BGB und den Einschränkungen der §§ 536 Abs. 4, 543, 569 BGB i.V.m. § 309 Nr. 12 b
BGB unwirksam.

Gleiches gilt für eine vorformulierte Regelung, wonach der Mieter nur **Haushaltsgeräte** in **340**
dem Umfang an das vorhandene Leitungsnetz anschließen darf, dass die für die Mieträume
vorgesehene Belastung nicht überschritten wird, sofern der Mieter bei Überlastung des Leitungsnetzes nicht die Kosten für eine entsprechende Änderung trägt.[764]

c) Haftungsbeschränkung bei Sachschäden. Die Freizeichnung oder Beschränkung **341**
von Schadensersatzansprüchen bei mittlerer oder einfacher Fahrlässigkeit ist unwirksam, wenn es sich um die Verletzung von **Hauptpflichten**, wie z.B. die Gebrauchsüberlassungs- und Gebrauchsgewährungspflicht oder solcher Nebenpflichten handelt, deren Freizeichnung eine angemessene Risikoverteilung empfindlich stören würde, z.B. der Pflicht,
Leben und Gesundheit des Mieters zu schützen.[765] Die Benutzung von Mieträumen oder
von Einrichtungen, z.B. des Aufzugs „auf eigene Gefahr" des Mieters unter Freizeichnung
von auf einfacher und mittlerer Fahrlässigkeit beruhender Schäden, ist daher unwirksam.[766]

Eine Einschränkung der Haftung des Mieters auf Vorsatz und grobe Fahrlässigkeit bei **342**
Sachschäden des Vermieters infolge von **Mängeln** wird dagegen bislang als zulässig angesehen,[767] zumal sich der Mieter gegen derartige Schäden versichern kann und auch üblicherweise versichert.[768] Neuerdings wird dies mit guten Gründen in Zweifel gestellt: Das OLG
Hamburg,[769] insoweit dem LG Hamburg[770] folgend, hat dem BGH[771] die Frage vorgelegt,
ob folgende, seiner Auffassung nach unwirksame Formularklausel in einem Wohnraummietvertrag, mit der die Haftung des Vermieters für leicht fahrlässig verursachte Schäden
generell ausgeschlossen werden soll, gegen § 307 BGB verstößt:

---

[759] BGH NJW-RR 1991, 74; BayObLG NJW 1985, 1716; OLG Stuttgart NJW 1984, 2226.
[760] BayObLG WuM 1985, 49.
[761] BGH NJW-RR 2007, 1021; NJW-RR 1993, 522.
[762] Bub/Treier/*Bub* II Rdnr. 464.
[763] LG München WuM 1988, 352.
[764] OLG Frankfurt/M. NZM 1998, 150; LG Berlin WuM 1993, 261, 263.
[765] BayObLG WuM 1985, 49; OLG Stuttgart NJW-RR 1988, 1082.
[766] LG Hannover WuM 1988, 259.
[767] BayObLG NJW 1985, 1716; OLG Stuttgart NJW 1984, 2226.
[768] BGH NJW 1992, 1761.
[769] OLG Hamburg NZM 2001, 749.
[770] LG Hamburg NZM 2001, 521.
[771] BGH (RE) NZM 2002, 116.

„Führt ein Mangel des Mietobjektes zu Sach- oder Vermögensschäden, so haftet der Vermieter gegenüber dem Mieter und den in § 16 Ziffer 2 genannten Personen für diese Schäden – auch aus unerlaubter Handlung – nur bei Vorsatz oder grober Fahrlässigkeit."

343 Es ist der Auffassung, diese Freizeichnung betreffe die Instandhaltungsverpflichtung des Vermieters nach § 535 Abs. 1 S. 2 BGB und damit eine Kardinalpflicht, die im Gegenseitigkeitsverhältnis zur Mietzinszahlungspflicht des Mieters stehe. Weiter komme hinzu, dass das hier in Rede stehende Risiko allein vom Vermieter, in dessen Sphäre es sich verwirkliche, beherrschbar sei und daher nach der Rechtsprechung des BGH auf den Mieter nur dann abgewälzt werden dürfe, wenn der

344 Mieter dieses Risiko auf zumutbare Art und Weise versichern könne und eine derartige Versicherung praktisch lückenlos verbreitet sei.[772] Hieran fehle es. Das Gericht sieht sich aber an einer entsprechenden Entscheidung durch die Rechtsentscheide des OLG Stuttgart,[773] das von einer Versicherbarkeit des Risikos durch den Mieter ausging, und seines eigenen Rechtsentscheids,[774] der die Klage eines Hausratsversicherers betraf, gehindert.

345 Diese Auffassung deckt sich mit der im Vordringen befindlichen Rechtsprechung, wonach über § 309 Nr. 7 BGB hinaus bei Kardinalpflichten grundsätzlich eine formularvertragliche Haftungsbeschränkung auf einfache Fahrlässigkeit gegen § 307 BGB verstößt.

346 Die Begründung einer **verschuldensunabhängigen Zufallshaftung** des **Mieters** verstößt gegen § 307 BGB.[775] Die Haftung des Mieters für von ihm nicht zu vertretende aber üblicherweise versicherbare Schäden steht einer unwirksamen verschuldensunabhängigen Zufallshaftung gleich und kann daher formularvertraglich nicht wirksam vereinbart werden.[776] Die Erweiterung der verschuldensunabhängigen Zufallshaftung des Mieters auf nicht vom Vermieter oder seinen Erfüllungsgehilfen zu vertretenden Schäden, die üblicherweise durch eine vom Wohnraummieter abgeschlossene **Hausratversicherung** abgedeckt sind, begegnet dagegen keinen Bedenken.[777]

347 Die sog. **Sott-Klausel**, wonach der Vermieter nur haftet, wenn die entsprechenden Schäden durch grobe Vernachlässigung des Grundstücks entstanden sind, ist auf Grund der darin liegenden Haftungseinschränkung unwirksam, nachdem auch andere Schadensursachen denkbar sind.[778] Eine weitere Einschränkung, dass der Vermieter nur haftet, wenn der Mieter ihn zur Mangelbeseitigung auffordert, setzt eine Anzeigepflicht des Mieters nach § 536c BGB voraus.[779] Sie kann sich daher nur auf nach Vertragsbeginn in der Sphäre des Mieters ohne größere Untersuchungspflichten entstandene Schäden beziehen.

348 d) **Haftung des Mieters für Schäden und Zurechnung des Verschuldens Dritter.** Eine Klausel, die eine **verschuldensabhängige Haftung des Mieters** für jedes Handeln und Unterlassen des Untermieters oder Dritten, dem der Gebrauch oder Mitgebrauch einer Mietsache überlassen wurde, oder die **Erfüllungsgehilfen** des Mieters sind, ist wirksam.[780] Zu den Erfüllungsgehilfen zählen nur die Personen, die auf Veranlassung des Mieters mit der Mietsache in Berührung kommen, wie z. B. Betriebsangehörige, Untermieter, Gäste, Verwandte, Kunden, beauftragte Handwerker, Lieferanten, nicht aber solche Personen, die weder auf Veranlassung, noch mit Einverständnis des Vermieters das Mietobjekt betreten, wie z. B. Hausierer, Bettler, unerwünschte Vertreter oder verschmähte Liebhaber.[781]

349 Jegliche Haftungsüberbürdung auf den Mieter über die gesetzlichen Regelungen der Haftung für Erfüllungs- und Verrichtungsgehilfen nach den §§ 278, 831 BGB hinaus ist demgegenüber unwirksam.[782] So kann die Haftung des Mieters nicht auf diejenigen dritten Perso-

---

[772] BGH NJW 1992, 1761, 1762.
[773] NJW 1984, 2226.
[774] NJW-RR 1991, 1296.
[775] BGH NJW 1992, 1761.
[776] BGH NJW 1992, 1761.
[777] BGH NJW 1992, 1761.
[778] OLG Hamm NJW-RR 1996, 969.
[779] OLG Hamburg NJW-RR 1991, 1296.
[780] OLG Frankfurt/M. WuM 1992, 63.
[781] BGH NJW 1991, 1750; OLG Hamburg WuM 1991, 385.
[782] BGH NJW 1991, 1750; OLG Celle WuM 1990, 103, 112; OLG Hamburg WuM 1991, 385.

nen erstreckt werden, die ohne sein Zutun mit der Mietsache in Berührung kommen. Es darf auch nicht zu einer formularmäßigen Gefährdungshaftung des Mieters führen, etwa für Schäden durch den Betrieb von mieterseitigen Haushaltsgeräten[783] oder vom Mieter eingebrachte Sachen.[784]

Die **Haftung** des **Vermieters** und seiner **Erfüllungsgehilfen** kann gem. § 309 Nr. 7 BGB formularvertraglich **nicht** für **Vorsatz** und **grobe Fahrlässigkeit ausgeschlossen** oder **eingeschränkt** werden, wie z. B. durch Haftungshöchstsummen, Begrenzung der Haftung auf unmittelbare Schäden oder Verkürzung der Verjährungsfrist. 350

Der Mieter kann für Schäden, die ihre Ursache außerhalb seiner Sphäre haben und deren Verursacher nicht festgestellt werden kann, ebenfalls nicht haftbar gemacht werden (z. B. Verstopfungen des Hauptstrangs, an den die Mietwohnung angeschlossen ist).[785] Die Formularklausel, nach der, wenn bei **Kanal-** oder **Leitungswasserverstopfungen** der Verursacher nicht ermittelt werden kann, alle Mieter anteilig für die Kosten der Schadensbehebung haften, ist daher unwirksam.[786] Gleiches gilt in vergleichbaren Fällen, z. B. bei **Ungezieferbefall** oder **Lagerung von Gerümpel**. 351

Die Haftung für verloren gegangene Schlüssel ist formularmäßig auf den Mieter abwälzbar, sofern ihm (ausdrücklich? Transparenzgebot) der Nachweis erhalten bleibt, dass ihn hieran kein Verschulden trifft und dass ein Missbrauch der verlorenen Schlüssel ausgeschlossen ist (eine Begrenzung auf den von einem Hausratsversicherer zu ersetzenden Betrag ist zulässig).[787] 352

Die Wiederholung der gesetzlichen Regelung des § 536 c BGB in einer Formularklausel begegnet keinen Bedenken.[788] 353

Haftungsüberbürdungen, die jedenfalls bei kundenfeindlichster Auslegung dazu führen, dass den Mieter zum einen weitreichende Untersuchungs- und Prüfungspflichten treffen und dass er zum anderen das allein dem Vermieter obliegende bauliche Risiko trägt (z. B. die in den Mieträumen vorhandene Wasserzufuhr- und Abflussleitungen vor dem Einfrieren zu schützen) sind unwirksam.[789] 354

e) Beweislast für Schäden. Sog. **Besichtigungsklauseln**, in denen der Mieter bestätigt, dass sich das Mietobjekt bei Übergabe in einem mangelfreien, ordnungsmäßigen oder gebrauchsfähigen Zustand befunden hat, verstoßen gegen § 309 Nr. 12 BGB und sind daher unwirksam.[790] Dies gilt ebenfalls für formularvertragliche Regelungen, in denen der Mieter bestätigt, die Wohnung eingehend besichtigt zu haben (§ 309 Nr. 12 b BGB).[791] 355

Aus diesem Grund sind auch Klauseln, welche die Beweislast des Mieters in Abweichung von der sog. **Sphärentheorie** zu seinem Nachteil abändern, unwirksam (z. B. wenn der Mieter bei Schäden beweisen muss, dass ein schuldhaftes Verhalten nicht vorliegt).[792] Es bleibt dabei, dass der Vermieter zunächst alle denkbaren Drittursachen ausschalten muss,[793] also Baumängel und eine Schadensursache in anderen Mietwohnungen bzw. Gemeinschaftsflächen oder -einrichtungen. Erst dann ist der Mieter verpflichtet, nachzuweisen, dass ihn an der folglich allein in seinem Herrschaftsbereich liegenden Schadensursache kein Verschulden trifft.[794] 356

Klauseln, die die **Beweislast** zu Lasten des Mieters ändern, sind folglich gem. § 309 Nr. 12 BGB unwirksam. So darf dem Mieter nicht die Beweislast auferlegt werden, dass 357
- ihn kein Verschulden trifft, wenn der Vermieter nicht die Schadensverursachung durch den Mieter oder seiner Erfüllungsgehilfen nachgewiesen hat,[795]

---

[783] LG Saarbrücken NJW-RR 1987, 1496.
[784] OLG Frankfurt/M. NZM 1998, 150; OLG Celle WuM 1990, 103, 105 für Einbauten.
[785] OLG Hamm NJW 1982, 2005.
[786] LG Karlsruhe MDR 1980, 230.
[787] Bub/Treier/*Bub* II Rdnr. 457; vgl. OLG Brandenburg NZM 2004, 905.
[788] BGH NJW 1993, 1061; anders noch die Vorinstanz: OLG Frankfurt/M. WuM 1992, 56, 63.
[789] OLG Frankfurt/M. WuM 1992, 56, 60.
[790] LG Berlin GE 1996, 1377; LG Mannheim ZMR 1989, 338; LG München I NZM 1998, 32.
[791] LG Frankfurt/M. WuM 1990, 271, 279.
[792] OLG München WuM 1989, 128, 131; LG München I NZM 1998, 32.
[793] BGH NJW 1994, 2019; OLG München NJW-RR 1997, 1031.
[794] BGH NJW 2006, 1061; NZM 2005, 17; NZM 1998, 117.
[795] BGH NJW 1976, 1315; OLG Frankfurt/M. WuM 1992, 61.

- Verschlechterungen der Mietsache nicht auf vertragswidrigem Gebrauch beruhen,[796]
- Schäden an gemeinschaftlichen Einrichtungen, auf die er nicht allein Einfluss nimmt und die nicht allein seiner Obhut unterliegen, nicht von ihm verursacht oder zu vertreten sind,[797]
- er die Mietsache in nicht einwandfreiem Zustand übernommen hat.[798]

358 Die Klausel „der Mieter hat die Mietsache von **Ungeziefer** freizuhalten, es sei denn er beweist, dass der Befall nicht von ihm oder den zu seinem Haushalt gehörenden Personen sowie Untermieter, Besucher, Lieferanten, Handwerker usw. verursacht worden ist", verstößt gegen § 309 Nr. 12 a BGB.[799]

14. Pauschalierter Schadensersatz und Vertragsstrafe

359 Schadensersatzansprüche können im Rahmen des § 309 Nr. 5 BGB pauschaliert werden, sofern die Pauschale der Höhe nach den nach dem gewöhnlichen Verlauf zu erwartenden Schaden nicht übersteigt und der Gegenbeweis, dass tatsächlich ein niedriger Schaden erstanden ist, nicht abgeschnitten wird, wobei jetzt darauf ausdrücklich hingewiesen werden muss.[800]

360 Formulierungen, wie „**Mindestschaden**" oder „zu zahlen ist" oder „beträgt" schneiden diesen weiteren Nachweis zu Unrecht ab.[801] Umstritten ist, ob dies auch für den Zusatz „**ohne (weiteren) Nachweis**" gilt.[802] Eine Formulierung, wonach der Vermieter ohne jeden Einzelnachweis für die vorzeitige Auflösung eines Mietvertrags eine Pauschalsumme für den daraus entstehenden Aufwand verlangen kann, schneidet dem Mieter den Beweis ab, dass nur eine geringere Summe für die Auflösung des Vertrags bei der Neuvermietung angefallen ist. Bei objektiver Beurteilung lässt sich daraus der Schluss ziehen, dass dem Mieter die Möglichkeit des Gegenbeweises nicht offen steht, so dass die Klausel unwirksam ist.[803]

361 Klauseln, die den Mieter für den Fall einer berechtigten Kündigung des Vermieters aus wichtigem Grund oder einer einvernehmlichen vorzeitigen Aufhebung des Mietverhältnisses zur Zahlung einer **Vermietungsaufwandspauschale** an den Vermieter verpflichten, sind zulässig, wenn sie angemessen sind und dem Mieter ausdrücklich den Gegenbeweis geringerer Kosten eröffnen.[804]

362 **Vertragsstrafenregelungen** verstoßen in Wohnraummietverträgen gegen § 555 BGB. Die Vereinbarung einer **Umzugspauschale** ist daher als verschuldensunabhängige Vertragsstrafe gem. § 555, § 309 Nr. 5 b BGB unwirksam.[805]

15. Vertragsbeendigung

363 a) **Kündigungsbeschränkungen.** Das **Kündigungsrecht** des **Mieters** kann formularvertraglich nach § 309 Nr. 8 a BGB – bei der Wohnraummiete im Übrigen auch gem. §§ 543 Abs. 4 S. 1, 569 Abs. 5 S. 1 BGB – nicht einseitig ausgeschlossen oder eingeschränkt werden. Zulässig ist es aber, das ordentliche Kündigungsrecht befristet auszuschließen: individualvertraglich sogar einseitig allein zu Lasten des Mieters bis zu 5 Jahre,[806] formularvertraglich nur wechselseitig und unter Beachtung des § 305 c Abs. 1 BGB bis zu maximal 4 Jahren.[807] Das **Recht zur fristlosen Kündigung** eines Mietvertrags kann weder ausgeschlossen, noch wesentlich eingeschränkt werden; vgl. § 569 Abs. 5 S. 1 BGB.[808]

---

[796] OLG Saarbrücken NJW-RR 1988, 652.
[797] OLG Hamm WuM 1982, 201.
[798] OLG Hamburg WuM 1991, 328.
[799] OLG Frankfurt/M. WuM 1992, 60.
[800] A. A. noch zu § 11 Nr. 5 AGBG, jetzt § 309 Nr. 5 BGB: BGH NJW 1985, 321.
[801] BGH NJW 1988, 1374; NJW 1987, 61.
[802] So BGH NJW 1983, 1491; a. A. BGH NJW 1982, 2316.
[803] LG Frankfurt ZMR 1995, 75.
[804] Noch zum alten Recht: AG Bad Homburg WuM 1990, 142 für eine Pauschale von 250,– EUR.
[805] AG Frankfurt/M. WuM 1990, 195; vgl. näher *Mersson* NZM 2002, 773 ff.
[806] BGH NJW 2004, 1448.
[807] BGH NJW 2006, 1059; NJW 2005, 1574; wirksam ist mithin ein vorformulierter wechselseitiger Kündigungsausschluss von knapp 1 Jahr: BGH WuM 2004, 672, von 14 Monaten: BGH NZM 2004, 734, oder „innerhalb der ersten 2 Jahre": BGH NJW 2004, 3117.
[808] BGH ZMR 1978, 207.

Bei Wohnraummietverträgen können **weitere** als die gesetzlichen **Kündigungsgründe** der 364
§§ 543, 569 BGB zum Nachteil des Mieters gem. § 569 Abs. 5 S. 2 BGB nicht wirksam vereinbart werden.

Die **Heilungswirkung** bei einer Kündigung wegen Zahlungsverzugs gem. § 569 Abs. 3 365
Nr. 2 BGB darf nicht ausgeschlossen werden.[809]

Das Recht des Mieters, ein Mietvertragsverhältnis **wegen Nichtgewährung des vertrags-** 366
gemäßen Gebrauchs gem. § 543 BGB außerordentlich zu kündigen, kann bei Wohnraummietverträgen nicht ausgeschlossen oder eingeschränkt werden.

Eine **Verlängerung** der gesetzlichen **Kündigungsfristen** kann bei nach dem 31. 8. 2001 367
abgeschlossenen Wohnraummietverträgen wegen § 573c Abs. 4 BGB nicht mehr rechtswirksam formularvertraglich vereinbart werden.[810] Die vor der Mietrechtsreform zulässigerweise vereinbarten längeren Fristen gelten allerdings fort, für Kündigungen nach dem 31. 5. 2005 aber nur, wenn sie in dem Altvertrag nicht durch Formularklausel vereinbart wurden (Art. 229 § 3 Abs. 10 EGBGB).[811] Art. 229 § 5 S. 2 EGBGB, die Übergangsregelung für die zum 1. 1. 2002 in Kraft getretene Schuldrechtsreform hat an der Fortgeltung der älteren aber spezielleren Übergangsregelung für die Mietrechtsreform in Art. 229 § 3 Abs. 10 EGBGB nichts geändert.[812] Die **Verkürzung** der zwingenden gesetzlichen Kündigungsfristen hat zur Folge, dass der Mieter nur die vereinbarte kürzere, der Vermieter aber die gesetzliche Frist einzuhalten hat.[813]

Der formularvertragliche Hinweis des Vermieters auf das **Widerspruchsrecht** des Mieters 368
nach der **Sozialklausel** sowie auf **Form** und **Frist** ist unwirksam, da hierdurch der Zweck der Belehrung unterlaufen würde.[814]

b) **Zugangsregelungen.** Eine Klausel, die für die Kündigung ein strengeres Erfordernis als die 369
Schriftform, also etwa einen **eingeschriebenen Brief** vorsieht, ist in Bezug auf die Kündigung des Vertragspartners des Verwenders gem. § 309 Nr. 13 BGB unwirksam; der Verwender der Klausel ist allerdings an die von ihm selbst geforderte Form gebunden.[815] Dieses strengere Formerfordernis ist somit nicht als Wirksamkeitsvorgabe, sondern allenfalls als Beweiserleichterung formularvertraglich vereinbar.

Die **Fiktion** des **Zugangs der Kündigungserklärung** auf Grund einer Formularklausel, z.B. 370
für den 2. Tag nach Absendung und nur für den Fall der Absendung an die zuletzt dem Mieter/Vermieter bekannt gegebene Anschrift, ist unwirksam i.S.d. § 308 Nr. 6 BGB.[816]

c) **Verlängerungsklauseln.** Im Gegensatz zu einer Optionsregelung, bei der der Mieter eine 371
Erklärung abgeben muss, um das Mietverhältnis zu verlängern, muss der Mieter bei Verlängerungsregelungen aktiv werden, um das Mietverhältnis zu beenden. Derartige vorformulierte Regelungen, nach denen sich z.B. ein befristetes Mietverhältnis um einen bestimmten, festgelegten Zeitraum verlängert, wenn es nicht unter Einhaltung einer festgelegten Frist gekündigt wird, sind bei Altverträgen wirksam,[817] zumal § 565 Abs. 2 S. 4 BGB a.F. ersatzlos gestrichen wurde. Jetzt ist § 573 BGB zu beachten.

d) **Ausschluss der stillschweigenden Vertragsverlängerung.** § 545 BGB ist nach h.M. 372
dispositiv und kann auch formularmäßig abbedungen werden.[818] Hierfür ist aber Voraus-

---

[809] BGH NJW 1989, 1673.
[810] Anders bei Altverträgen, OLG Zweibrücken WuM 1990, 8; vgl. § 565 Abs. 2 S. 3 BGB a.F.
[811] Damit sind alle BGH-Entscheidungen überholt, nach denen § 573c Abs. 4 BGB gem. Art. 229 § 3 Abs. 10 EGBGB nicht auf formularvertraglich vereinbarte Kündigungsfristen in vor dem 1.9. 2001 abgeschlossenen Mietverträgen anzuwenden ist: BGH NJW 2003, 2739 (ebenso die Parallelentscheidungen ebenfalls vom 18. 6. 2003 – VIII ZR 324/02, 339/02, 355/02) und BGH WuM 2004, 101; dies galt selbst dann, wenn in der Klausel des Altvertrags auf die „gesetzlichen Kündigungsfristen" verwiesen und in einer Fußnote die damals geltenden Kündigungsfristen des § 565 Abs. 2 BGB a.F. sinngemäß wiedergegeben werden: BGH NJW 2004, 1447 und WuM 2004, 275.
[812] BGH NJW-RR 2007, 668; NJW 2005, 1572.
[813] KG NZM 1998, 299; OLG Zweibrücken WuM 1990, 8.
[814] Bub/Treier/*Bub* II Rdnr. 535.
[815] LG Hamburg NJW 1986, 262.
[816] BayObLG WM 1980, 222.
[817] LG Berlin GE 1998, 801; a. A. AG Augsburg ZMR 1997, 424.
[818] BGH NJW 1991, 1750; OLG Hamm NJW 1983, 826; OLG Schleswig NJW 1995, 2858.

setzung, dass die Klausel nicht lediglich auf die gesetzliche Regelung Bezug nimmt, sondern deren wesentlichen Wortlaut wiedergibt, so dass der Mieter über die abbedungene Rechtsfolge Kenntnis erhält.[819]

373 e) **Haftung des Mieters.** Die Klausel, dass der Mieter für den **Mietausfall** bis zum mietvertraglich vereinbarten Ende der Mietzeit, für den Fall, dass das Mietverhältnis vom Vermieter fristlos gekündigt wurde, haftet, ist wirksam, da sie lediglich die Rechtslage wiedergibt.[820]

374 f) **Aufwendungsersatzregelungen.**[821] Formularvertragliche Klauseln, die den Mieter im Falle seiner ordnungsgemäßen Kündigung des Mietverhältnisses zur Erstattung der dem Vermieter durch die Beendigung des Mietverhältnisses entstehenden Aufwendungen, z. B. Insertionskosten verpflichten, sind gem. § 555 BGB nichtig, da sie Vertragsstrafencharakter haben.[822]

16. Abwicklung des beendeten Mietverhältnisses

375 a) **Rückbaupflichten.** Geringfügige **bauliche Veränderungen** gehören zum vertragsgemäßen Gebrauchsrecht des Wohnraummieters mit der Folge, dass die Wiederherstellung des vormaligen Zustandes allenfalls im Rahmen einer wirksamen Schönheitsreparaturregelung verlangt werden kann. Eine generelle formularmäßige Verpflichtung des Mieters, z. B. Löcher unter Entfernung von Dübeleinsätzen unkenntlich zu verschließen und etwa durchbohrte Kacheln durch gleichartige zu ersetzen, ist daher nach § 307 BGB unwirksam.[823]

376 Unwirksam sind somit Klauseln, die den Mieter verpflichten, Schäden zu beseitigen, die auf einem ordnungsgemäßen Gebrauch der Mietsache beruhen und nicht über das verkehrsübliche Maß hinaus gehen. Bauliche Veränderungen durch den Mieter, mit denen er den vertragsgemäßen Mietgebrauch überschritten hat, hat er demgegenüber wieder rückgängig zu machen. Eine entsprechende Formularklausel begegnet daher keinen Bedenken. Insoweit kann allenfalls angesichts der Regelung in § 305 b BGB problematisch sein, ob nicht eine entgegenstehende Vereinbarung zwischen den Mietvertragsparteien Vorrang genießt, aus der ggf. abgeleitet werden kann, dass der Vermieter mit seinem Einverständnis zur Durchführung der baulichen Veränderung zugleich auf deren Rückgängigmachung bei Vertragsende verzichtet hat.

377 Die Klausel „**Veränderungen** an und in der Mietsache, insbesondere Um- und Einbauten dürfen nur mit **schriftlicher Einwilligung des Vermieters** vorgenommen werden" und „auf Verlangen des Vermieters ist der Mieter verpflichtet, die Um- und Einbauten ganz oder teilweise im Falle seines Auszugs zu entfernen und den früheren Zustand wieder herzustellen, ohne dass es eines Vorbehalts des Vermieters bei Einwilligung bedarf", ist unwirksam. Dies gilt zum einen wegen der Schriftlichkeit der Erlaubnis und zum anderen bzgl. der Rückbaupflicht, weil bei kundenfeindlichster Auslegung den vorstehend dargestellten Ausnahmen nicht Rechnung getragen wird.[824]

378 b) **Räumungsbefugnis des Vermieters.** Eine Klausel, wonach der Vermieter das Mietobjekt nach Mietvertragsende auch ohne Mitwirken des Mieters in Besitz nehmen, ggf. auch unter „**Verzicht auf den Einwand der verbotenen Eigenmacht**", oder das Mietobjekt nach Mietvertragsende räumen und **zurückgelassene Sachen** auf Kosten des Mieters abfahren lassen kann, sind als Erweiterung des zwingenden Umfangs des gesetzlichen Selbsthilferechts des § 229 BGB unwirksam.[825]

379 Gleiches gilt für eine formularvertragliche Klausel, die es dem Vermieter erlaubt (und sei es über eine konstruierte Ermächtigung von Seiten des Mieters), vom Mieter in der Mietsache zurückgelassene Gegenstände auf seine (des Mieters) Kosten räumen zu lassen, wenn dieser trotz

---

[819] OLG Schleswig NJW 1995, 2858; a. A. OLG Rostock NZM 2006, 584.
[820] OLG Düsseldorf ZMR 1987, 464.
[821] Ausführlich differenzierend mit Klauselvorschlag Mersson NZM 2002, 773 ff.
[822] BGH NJW 1985, 57.
[823] BGH NJW 1993, 1061; OLG Frankfurt/M. WuM 1992, 56, 61.
[824] OLG Frankfurt/M. WuM 1992, 56, 64; Sternel IV Rdnr. 600; a. A. Bub/Treier/Bub II Rdnr. 554: nur Wiedergabe der gesetzlichen Regelung.
[825] BGH NJW 1977, 1818.

Aufforderung mit Fristsetzung und Abänderungsandrohung nicht reagiert.[826] Dies deshalb, da bei einer derartigen vorformulierten Regelung bei kundenfeindlichster Auslegung ein Verschulden des Mieters, also Verzug mit seiner Räumungspflicht, unzulässigerweise nicht vorausgesetzt wird.

c) **Wegnahmerecht des Mieters.** Klauseln, die das **Recht des Mieters Einrichtungen wegzunehmen** mit denen er die Mietsache versehen hat, entschädigungslos oder gegen eine unangemessen niedrige Zahlung ausschließen, sind gem. § 552 Abs. 2 BGB unwirksam. 380

d) **Verwendungsersatzansprüche des Mieters.** Eine unangemessene Benachteiligung i.S.d. § 307 BGB stellt der formularmäßige Ausschluss des Anspruchs des Mieters auf **Ersatz notwendiger Verwendungen** gem. § 536a Abs. 2 BGB dar.[827] 381

Wirksam ist der formularmäßige Ausschluss des Anspruchs des Mieters auf **Ersatz nicht notwendiger Verwendungen,** da der Vermieter ein berechtigtes Interesse daran hat, sich vor unerwünschten Leistungen und daraus folgenden finanziellen Belastungen zu schützen.[828] 382

e) **Verjährungsregelungen.** Die 6-monatige Verjährungsfrist gem. § 548 BGB für Ansprüche des Vermieters wegen Veränderung oder Verschlechterung der Mietsache und für Ansprüche des Mieters auf Ersatz von Verwendungen und Duldung der Wegnahmen von Einrichtungen, kann durch individualvertragliche Regelung unter Beachtung des § 202 BGB und formularvertraglich in den Grenzen des § 307 Abs. 1 S. 1 BGB (etwa bis zu 1 Jahr) abbedungen werden.[829] Dies gilt auch für die Festlegung eines späteren Verjährungsbeginns oder für Verlängerungen bzw. Verkürzungen durch die Klausel, dass der ursprüngliche Zustand auf Verlangen des Vermieters wieder herzustellen ist,[830] die aber bereits für sich genommen jedenfalls im Wohnraummietrecht Bedenken begegnet. 383

17. Schlussbestimmungen

a) **Schriftformklauseln.** Die üblichen Regelungen in Mietverträgen, wonach abweichende oder ergänzende Vereinbarungen zwingend der Schriftform bedürfen, sind schon wegen Verstoßes gegen § 305b BGB unwirksam. Sie verstoßen weiter gegen das aus § 307 BGB abgeleitete Transparenzgebot, da beim Mieter der Eindruck erweckt wird, er könne sich nicht mit Erfolg auf mündliche Absprachen berufen.[831] 384

Dies gilt auch für sog. qualifizierte Schriftformklauseln, wonach eine Vereinbarung über die Aufhebung der Schriftform selbst schriftlich zu erfolgen hat.[832] 385

Daher entfalten diese wegen des Vorrangs der Individualabrede gem. § 305b BGB keine Wirkung: also Schriftformklauseln, nach denen **Nebenabreden etc. bei Vertragsschluss** nur wirksam werden sollen, wenn sie schriftlich vereinbart werden,[833] sog. **Bestätigungsklauseln,** wodurch Nebenabreden zur ihrer Wirksamkeit der schriftlichen Bestätigung bedürfen[834] oder auch Schriftformklauseln, die sich auf **nachträgliche Änderungen und Ergänzungen,** insbesondere **die Aufhebung der Schriftformklauseln** selbst beziehen.[835] 386

b) **Vollständigkeitsklauseln.** Demgegenüber sind vorformulierte Regelungen, in denen der Mieter bestätigt, dass andere als im Vertrag enthaltene Abreden nicht getroffen worden sind, zulässig und entsprechen der ohnehin bestehenden widerlegbaren Vermutung der Vollständigkeit eines schriftlichen Vertrages.[836] Dem Mieter darf allerdings nicht der Beweis abgeschnitten werden, dass doch andere Abreden getroffen worden sind. 387

---

[826] OLG Frankfurt/M. NZM 1998, 150.
[827] Bub/Treier/*Bub* II Rdnr. 555.
[828] OLG Karlsruhe NJW-RR 1986, 1394.
[829] Vgl. zu etwa maßgeblichen Kriterien BGH NJW 2000, 1110.
[830] BGH NJW 1980, 389; OLG Düsseldorf NJW-RR 1991, 208.
[831] OLG Frankfurt/M. WuM 1992, 56, 64; OLG Nürnberg DWW 1992, 143, 150.
[832] *Ulmer/Brandner/Hensen* Anh. § 310 BGB Rdnr. 717 ff. m.w.N.
[833] BGH NJW 1985, 321.
[834] BGH NJW 1983, 1853; OLG Frankfurt/M. WuM 1992, 63.
[835] BGH NJW 1991, 2559; OLG Frankfurt/M. WuM 1992, 64; OLG Nürnberg DWW 1992, 143.
[836] OLG Düsseldorf DWW 1990, 363, 364 unter Hinweis auf BGH NJW 1985, 2329; OLG Nürnberg DWW 1992, 143, 150.

388 c) **Vorrang von Willensbildungen der Wohnungseigentümer.** So nützlich eine Angleichung mietvertraglicher Absprachen mit den Vorgaben innerhalb einer Wohnungseigentümergemeinschaft (etwa durch Teilungserklärung oder Gemeinschaftsordnung) sein mögen, bedürfen sie immer einer individualvertraglichen Vereinbarung.
Entsprechende Formularklauseln verstoßen gegen § 305b BGB und bei einer wesentlichen Änderung mietvertraglicher Rechte und Pflichten auch noch gegen § 308 Nr. 4 BGB.

389 d) **Erfüllungsort/Gerichtsstandsklauseln.** Ist auch nur eine Mietvertragspartei nicht Vollkaufmann, so sind **Gerichtsstand**klauseln gem. den §§ 38 ZPO, 307 Abs. 2 Nr. 1 BGB unwirksam.[837]

390 Die Vereinbarung eines **Erfüllungsorts** verstößt gegen § 269 BGB i. V. m. § 29 Abs. 2 ZPO und ist bei Wohnraummietverträgen unwirksam.[838]

391 e) **Salvatorische Klauseln.** Soweit salvatorische Klauseln die Regelung in § 306 Abs. 1 bzw. Abs. 2 BGB lediglich wiederholen (sog. Erhaltungsklauseln), begegnen sie keinen Bedenken.[839] Hiergegen – wie auch gegen das Verbot der geltungserhaltenden Reduktion und § 307 Abs. 2 Nr. 1 BGB – verstoßen aber alle sog. Ersetzungsklauseln, wonach sich die Parteien bei Unwirksamkeit einer Klausel verpflichten, eine erneute Regelung zu treffen, die der unwirksamen wirtschaftlich am nächsten kommt.[840]

392 Sog. **salvatorische Zusätze** („soweit gesetzlich zulässig") entfalten überhaupt keine Wirkung.[841]

---

[837] BGH NJW 1985, 322.
[838] OLG Koblenz NJW-RR 1989, 1460.
[839] BGH NJW 1991, 1750; OLG Celle WuM 1990, 103, 107.
[840] *Wolf/Lindacher/Pfeiffer* Klauseln Rdnr. T 32 ff.
[841] BGH NJW 1993, 1061; NJW 1991, 2631 unter II 5.

4. Abschnitt. Parteien des Wohnraummietverhältnisses

§ 11 Mietvertragsparteien und Rechtsnachfolge

Übersicht

	Rdnr.
I. Mietvertragsparteien	1–135
1. Grundsätzliches	1–5
a) Vertragsklarheit, Grundbucheinsicht	2–3
b) Gesetzliche Vertragsgrundlage	4/5
2. Vermieterseite	6–61
a) Eine Person als Vermieter	6–23
b) Mehrheit von Vermietern	24–61
3. Mieterseite	62–110
a) Einzelperson als Mieter	62–69
b) Mehrheit von Mietern	70–110
4. Personenzusammenschlüsse	111–113
5. Stellvertretung	114–132
a) Auf Vermieterseite	114–126
b) Auf Mieterseite	127–132
6. Hausbesetzungen	133
Checklisten	134/135
II. Rechtsnachfolge	136–260
1. Rechtsnachfolge auf Vermieterseite	136–163
a) Rechtsnachfolge durch Vereinbarung	137–142
b) Kauf bricht nicht Miete, § 566 BGB	143–154
c) Beendigung gewerblicher Zwischenmiete	155
d) Rechtsnachfolge bei Zwangsversteigerung und Zwangsverwaltung	156–158
e) BGB-Gesellschaften bzw. Gemeinschaften als Vermieter	159–163
2. Rechtsnachfolge auf Mieterseite	164–260
a) Austausch des Vertragspartners	164–201
b) Rechtsnachfolge bei Wohngemeinschaften	202–213
c) Gerichtliche Zuweisung von Wohnraum durch das Familiengericht	214–255
d) Mieterwechsel bei nichtehelicher heterosexueller Lebensgemeinschaft	256–260
III. Tod einer Vertragspartei	261–423
1. Grundsätzliches	261–264
a) Tod der Vertragspartei	262
b) Todeserklärung und Wirkung eines Erbscheins	263/264
2. Tod des Vermieters	265
3. Tod des Mieters	266–418
a) Allgemeines	266–274
b) Tod eines Alleinmieters, § 563 BGB	275–342
c) Tod mehrerer Mieter, § 563 a BGB	343–374
d) Haftungs- und Ausgleichsregelungen, § 563 b BGB	375–394
e) Nachrangige Fortsetzung mit Erben, § 564 BGB	395–416
f) Sozialwohnung	417/418
4. Wirkung des Todes einer Vertragspartei auf bereits abgegebene Erklärungen	419–423
a) Rechtsnachfolge auf Mieterseite	419/420
b) Rechtsnachfolge auf Vermieterseite	421/422
Beratungscheckliste	423

Schrifttum: *Alexander,* Die Kündigungsterminsbestimmung nach § 569 Abs. 1 Satz 2 BGB, NZM 1998, 253; *Beisbart,* Stellvertretung bei Abschluss von Mietverträgen und Schriftform, NZM 2004, 293; *Börstinghaus,* Vermieterwechsel kraft Gesetzes, NZM 2004, 481 ff., 489; *Brudermüller,* Zuweisung der Mietwohnung bei Ehegatten, Lebenspartnern, Lebensgefährten, WuM 2003, 250 ff.; *Grooterhorst/Burbulla,* Zur Anwendbarkeit von § 566 BGB bei Vermietung durch Nichteigentümer; *Hartmann,* Tod des Mieters, DWW 1997, 118; *Heile,*

Form des Langzeitmietvertrags, NZM 2002, 505 ff.; *Hülsmann,* Ehegattenauszug und Mietvertragskündigung, NZM 2004, 124 ff.; *Jacobs,* Haftung der (studentischen) Wohngemeinschaft nach Anerkennung der Rechtsfähigkeit der Außen-GbR, NZM 2008, 111 ff.; *Jacobs/Stübner,* Eintritt des gleichgeschlechtlichen Lebenspartners in den Mietvertrag des Verstorbenen, NZM 1998, 796; *Kraemer,* Die Gesellschaft bürgerlichen Rechts als Partei gewerblicher Mietverträge, NZM 2002, 465; *Kandelhard,* Aufhebungsvertrag und Ersatzmieterstellung, WuM 2004, 249 ff.; *Langheim,* Entlassung eines Ehegatten aus dem gemeinsamen Mietvrtrag bei Trennung und Scheidung; *Lützenkirchen,* Die Entwicklung des Mietrechts in der obergerichtlichen Rechtsprechung des Jahres 2002, WuM 2003, 63; *Paschke,* Gescheiterte Beziehungen im Blickfeld des Mietrechts; *Pfeilschifter,* Generaldurchsicht und Gutglaubensschutz für Mieter und Mietinteressenten, WuM 1986, 327; *Porer,* Das Rechtsinstitut der Sonderrechtsnachfolge im Mietrecht, NZM 2005, 488 ff.; *Schraufl,* Schriftform bei GbR als Partei eines Langzeitmietvertrags, NZM 2005, 443 ff.; *Schuschke,* Vorläufiger Rechtsschutz unter Lebensgefährten im Hinblick auf die gemeinsame Wohnung, NZM 1999, 481; *Sonnenschein,* Forthaftung des Mitmieters nach Auszug aus der Wohnung, NZM 1999, 977, 979; *Sonnenschein,* Kündigung und Rechtsnachfolge, ZMR 1992, 417.

I. Mietvertragsparteien

1. Grundsätzliches

1 Die Festlegung, wer bei Neuabschluss Partei eines Wohnungsmietvertrages werden soll, obliegt den Vertragsschließenden selbst. Nicht immer wird hierbei die notwendige Sorgfalt angewandt, was – wie die Praxis zeigt – vielfältige Probleme verursachen kann.

2 **a) Vertragsklarheit, Grundbucheinsicht.** Für einseitige empfangsbedürftige Willenserklärungen muss der korrekte **Adressat** feststehen, auch muss feststehen, wer als Erklärender (bei Personenmehrheiten) die Erklärung abgeben muss. Letztlich muss im Prozess das Rubrum richtig formuliert werden.

Entscheidend hierfür ist der Vertrag, nicht die Eigentumslage oder der Besitz in Bezug auf das Mietobjekt. Fehlende Klarheit kann ggf. fatale Folgen – hier insbesondere für den Mieter – haben. Die am Vertragsschluss auf Vermieterseite nicht beteiligten Miteigentümer können die Herausgabe der Mietsache gemäß § 985 BGB verlangen,[1] im Falle der Veräußerung geht das Mietverhältnis nicht auf den Erwerber über.[2] Dem Mieter bleibt dann nur ein Schadensersatzanspruch gegen seinen direkten Vertragspartner, der dem Insolvenzrisiko unterliegt, er hat auch aus einer evtl. analogen Anwendung des § 566 BGB keinen Schadensersatzanspruch gegen einen Rechtsnachfolger des Eigentümers nach Grundbuchumschreibung.[3]

3 Daher wird zu Recht dem Mietinteressenten ein rechtliches Interesse an der Einsicht ins Grundbuch zugebilligt,[4] nicht aber auf Erteilung einer schriftlichen Grundbuchauskunft.[5]

4 **b) Gesetzliche Vertragsgrundlage.** Die Regelungen zum Vertragsabschluss und zum grundsätzlichen Vertragsinhalt, die den Ansatz für die Fragen nach der korrekten Bezeichnung der Vertragsparteien bilden, lauten wie folgt:

§ 535 BGB

(1) Durch den Mietvertrag wird der Vermieter verpflichtet, dem Mieter den Gebrauch der Mietsache während der Mietzeit zu gewähren.

...

(2) Der Mieter ist verpflichtet, dem Vermieter die vereinbarte Miete zu entrichten.

5 Mit den sprachlichen Änderungen im Zuge der Mietrechtsreform per 1. 9. 2001 waren inhaltliche Änderungen im hier zu behandelnden Zusammenhang nicht verbunden, Daher kann die vor der Mietrechtsreform ergangene Rechtsprechung zur Definition der Vertragsparteien unverändert angewandt werden.

---

[1] OLG Saarbrücken InfoM 2008, 114; Siehe auch *Grooterhorst/Burbulla* NZM 2006, 246 ff.
[2] OLG Celle ZMR 2000, 284 ff.; AG Wensingen NZM 2002, 143 f.
[3] BGH NZM 2004, 300 f.
[4] BayObLG WuM 1993, 135; *Pfeilschifter* WuM 1986, 327 f.
[5] LG Hamburg WuM 1993, 136.

2. Vermieterseite

a) Eine Person als Vermieter. aa) Natürliche Person als Vermieter. Handelt es sich beim Vermieter um eine einzelne natürliche Person, entstehen keine besonderen Probleme. Zu achten ist auf die richtige Bezeichnung, ggf. auf die korrekte Angabe rechtsgeschäftlicher oder gesetzlicher Vertretung.

> **Formulierungsvorschlag: Einzelperson als Vermieter**
>
> Vertragsrubrum:
> Zwischen
> AB ......, (Anschrift) als Vermieter
> und

Ist eine natürliche Person **Erbbauberechtigter,** so ist sie anstelle des Grundstückseigentümers zur Vermietung berechtigt. Gemäß § 30 Abs. 1 ErbBauRVO tritt mit Erlöschen des Erbbaurechts der Grundstückseigentümer gemäß § 566 BGB in das Mietverhältnis ein. Nur bei Ablauf des Erbbaurechts durch Zeitablauf hat der Eigentümer ein ihm für die beiden ersten zulässigen Termine zustehendes Sonderkündigungsrecht mit einer Kündigungsfrist von drei Monaten. Bei Wohnraum müssen berechtigte Interessen im Sinne des § 573 BGB gegeben sein, zudem muss die Kündigung die Schriftform einhalten. Ähnlich wie beim später behandelten Nießbrauch kann dem Grundstückseigentümer vom Mieter eine angemessene Frist zur Abgabe einer Kündigungserklärung gesetzt werden, dann kann die Kündigung nur innerhalb dieser Frist erfolgen, muss also zugehen. Bei vorzeitigem Erlöschen des Erbbaurechts besteht kein Sonderkündigungsrecht.[6]

Bei Bestehen eines **dinglichen Wohnrechts** folgt daraus nur dann das Recht zur Vermietung, wenn eine Gestattung des Eigentümers vorliegt. Von Bedeutung für die Vermietung ist, dass bei fehlender Gestattung der Eigentümer aus § 1004 BGB verlangen kann, dass der Mieter bzw. Wohnungsnutzer die Wohnung an den Wohnberechtigten zurückgibt. Für den Mietzins oder eine Nutzungsentschädigung verbleibt es aber bei der rein vertraglichen Beziehung zwischen Vermieter und Mieter.[7] Wann im Einzelfall eine Pflicht gegeben sein kann, dem Wohnberechtigten eine Vermietung an einen Dritten zu gestatten, führt mit weiteren Nachweisen *Blank* aus.[8]

bb) Juristische Person als Vermieter. Genauso ist es dann, wenn eine einzelne juristische Person als Vermieter auftritt. Nur die Gesellschaft wird Partei des Mietvertrags.

Stets muss bei Vertragsschluss durch eine juristische Person klargestellt und sichergestellt sein, dass diese durch die vertretungsberechtigten natürlichen Personen (Organe der Gesellschaft) vertreten wird. Es empfiehlt sich daher für den Mieter bzw. dessen Berater, einen aktuellen Auszug des Handelsregisters oder Vereinsregisters einzuholen und im Vertrag die Vertretungsbefugnis klar aufzuführen.

Bei der **Abgabe von Erklärungen** für die Gesellschaft durch einen Gesellschafter ohne Vorlage einer Vollmacht liegt es im eigenen Interesse des Erklärungsempfängers, von sich aus zu klären, ob und in welchem Umfang die übrigen Gesellschafter Vollmacht erteilt haben.[9] Diese zur GbR ergangene Entscheidung ist auch auf die Frage anzuwenden, wer eine juristische Person korrekt vertritt.

---

[6] Schmidt-Futterer/*Blank* Vorb. § 535 Rdnr. 196.
[7] Schmidt-Futterer/*Blank* Vorb. § 535 Rdnr. 200 m. w. N. in Fn. 356 dort.
[8] Schmidt-Futterer/*Blank* Vorb. § 535 Rdnr. 201.
[9] BGH NJW-RR 1996, 673.

Formulierungsvorschlag: Juristische Person als Vermieter

12   Vertragsrubrum:

Zwischen

der AB GmbH, (Anschrift), vertreten durch ihren alleinvertretungsberechtigten Geschäftsführer, GF, (Anschrift), (ggf. konkrete Vertretungsverhältnisse laut Handelsregister)

als Vermieter

13   Ist für einen Vertragsabschluss (z. B. für eine GmbH) eine Gesamtvertretung angeordnet, müssen dafür also mehrere Personen als Vertreter mitwirken, gilt für den **Empfang von Willenserklärungen** gleichwohl der **Grundsatz der Alleinvertretung**.[10] Aus §§ 125 Abs. 2 Satz 3 HGB, 28 Abs. 2 BGB, 78 Abs. 2 Satz 2 AktG, 35 Abs. 2 Satz 3 GmbHG, 1629 Abs. 1 Satz 2 BGB und 25 Abs. 1 Satz 3 GenG wird der allgemeine Rechtsgrundsatz abgeleitet, dass einer Personenmehrheit (z. B. mehreren nur gesamtvertretungsberechtigten Geschäftsführern einer GmbH) eine Willenserklärung durch Abgabe gegenüber einem der Gesamtvertreter zugeht.[11] Dies gilt auch für die Gesellschaft im Sinne der §§ 705 ff. BGB, in welcher die Gesellschafter grundsätzlich gesamtvertretungsberechtigt sind.[12]

14   *cc) Personen-Handelsgesellschaft.* Der Mietvertrag kommt mit der rechtlich selbstständigen Gesellschaft (OHG bzw. KG) zustande (§ 124 HGB), nicht mit den Gesellschaftern. Die Gesellschafter der OHG haften allerdings für die Verbindlichkeiten der Gesellschaft als Gesamtschuldner (§ 128 HGB), bei der KG bewirkt dies nur für die persönlich haftenden Gesellschafter eine unbeschränkte Haftung, während die Kommanditisten nur mit ihrer Einlage haften, was sich aus § 161 HGB ergibt.

15   Durch eine Änderung des Gesellschaftsform unter Fortdauer der Identität der Gesellschaft bleibt ein abgeschlossener Mietvertrag unverändert, wie bei einer Veräußerung bedarf es einer Mitwirkung des Mieters nicht.[13] Bei mehrfacher Wandlung der Gesellschaftsform kommt es für die Aktivlegitimation darauf an, welche Gesellschaft bei Anhängigkeit des Rechtsstreits die Vermieterstellung hatte.[14]

Bei Ausscheiden eines Gesellschafters (oder Umwandlung einer OHG-Stellung in die eines Kommanditisten) gelten für die Fortdauer der Haftung die allgemeinen handelsrechtlichen Grundsätze nebst der Nachhaftung auf fünf Jahre (nach der Eintragung ins Handelsregister) für nach dem Ausscheiden entstandene Verbindlichkeiten.[15]

16   *dd) Nießbrauch. (1) Abschluss des Mietvertrages bei Nießbrauch.* In Fällen vereinbarten oder testamentarisch angeordneten Nießbrauchs ist der Nießbraucher Vermieter, nicht der Eigentümer.[16] Auch dann, wenn ein Mietobjekt nach Abschluss des Mietvertrages an einen Dritten übertragen wird, wobei sich der Eigentümer gleichzeitig den Nießbrauch am Grundstück einräumen lässt, bleibt er Vermieter,[17] die Rechtsfolgen regeln § 567 BGB und § 567a BGB. Der Nießbraucher muss alle Vertragserklärungen abgeben, Erklärungen des Eigentümers sind unwirksam, umgekehrt ist der Nießbraucher der alleinige korrekte Adressat für Erklärungen des Mieters.

---

[10] BGHZ 136, 314, 323 = NJW 1997, 3437.
[11] BGHZ 20, 149 (153) = NJW 1956, 869; BGHZ 62, 166, 173 = NJW 1974, 1194, 1195; MünchKommBGB/*Schramm* § 164 Rdnr. 94.
[12] Palandt/*Heinrichs* § 167 Rdnr. 14.
[13] OLG Hamm NZM 1998, 720.
[14] Schmidt-Futterer/*Blank* Vorb. § 535 Rdnr. 165.
[15] Schmidt-Futterer/*Blank* Vorb. § 535 Rdnr. 165.
[16] Schmidt-Futterer/*Blank* Vorb. § 535 Rdnr. 197.
[17] Schmidt-Futterer/*Blank* Vorb. § 535 Rdnr. 198.

Praxistipp:

Der anwaltliche Berater der Vermieterseite muss also bei Mandatsannahme klären, ob Nießbrauchsanordnungen bzw. -vereinbarungen bestehen, um sicherzustellen, dass die korrekte Vermieterangabe berücksichtigt wird, sei es bei Vertragsgestaltung, sei es bei Ausübung von Rechten im bestehenden Mietverhältnis.

Im letzteren Fall ist es nicht selten so, dass sich zwischen Vertragsschluss und Notwendigkeit rechtlicher Schritte Eigentumsänderungen ergeben haben, jedoch der bisherige Eigentümer (und ursprüngliche Vermieter) sich den Nießbrauch vorbehalten hat. In diesem Falle bleibt er Vermieter.[18] Nicht immer ist dies durch Eintragung in Abteilung 2 des Grundbuches offensichtlich, ggf. muss im gerichtlichen Verfahren bei Bestreiten der Aktivlegitimation des Nießbrauchers die Nießbrauchsvereinbarung offengelegt werden. Die Nießbrauchsbestellung und noch mehr der Nießbrauchsvorbehalt hat u. a. zur Folge, dass vertragliche Ersatzansprüche gegen den ausgezogenen Mieter wegen der durch die Wegnahme vereinbarungsgemäß eingebrachter Einrichtungen verursachten Beschädigungen nicht dem Eigentümer, sondern ausschließlich dem durch einen eingeräumten Nießbrauch begünstigten Dritten zustehen.[19] Deliktische Ansprüche können jedoch bei Substanzschädigung und Wertminderung des Gebäudes auch dem Eigentümer zustehen.[20]

(2) Besonderheiten im Mietverhältnis durch Nießbrauchsbestellung. Der Nießbrauchberechtigte an einer vermieteten Eigentumswohnung, die erst nach Überlassung an den Mieter zur Eigentumswohnung gemacht wurde, der wegen Eigenbedarfs für seine Tochter kündigt, der er vor der Nießbrauchsbestellung das Eigentum an der Wohnung auf Grund einer Schenkung übertragen hatte, unterliegt hinsichtlich der Kündigung der Sperrfrist des § 577a BGB; dies wird begründet damit, dass zumindest für eine logische Sekunde die Vermieterstellung auf die Erwerberin übergegangen sei, wodurch die Sperrfrist ausgelöst wurde. Der Nießbraucher habe die Vermieterstellung erst mit dieser Belastung durch die Nießbrauchseinräumung wiedererlangt.[21] Es ist nicht sicher, ob bei Nießbrauchsvorbehalt die Frage, ob für eine logische Sekunde die Vermieterstellung auf den Erwerber übergegangen ist, anders zu entscheiden wäre.[22]

Praxistipp:

Vorsicht: Haftungsfalle!
Vor der Vereinbarung von Nießbrauchskonstruktionen alle Konsequenzen bedenken und nachweislich dem Mandanten deutlich machen.

Ist erst nach der Überlassung des vom Eigentümer vermieteten[23] Wohnraums an den Mieter ein Nießbrauch bestellt oder im Zuge einer Eigentumsübertragung vorbehalten worden, was eine Belastung mit dem Recht eines Dritten darstellt, so gilt durch § 567a BGB eine entsprechende Anwendung der §§ 566 bis 566e BGB zugunsten des Mieters.
Wenn der Eigentümer nach Bestellung des Nießbrauchs (bzw. bei bestehendem Nießbrauchsvorbehalt) einen Mietvertrag abschließt, ist dieser gegenüber dem Nießbraucher

---

[18] AG Dortmund NZM 1998, 511; LG Baden-Baden WuM 1993, 357.
[19] OLG Frankfurt ZMR 1986, 358.
[20] OLG Frankfurt ZMR 1986, 358.
[21] LG Berlin NJW-RR 1992, 1165.
[22] Offengelassen für den Fall des „Vorbehalts des Nießbrauchs" von BGH NJW 1983, 1780, 1781 im Zusammenhang mit der Frage, ob eine vormundschaftliche Genehmigung eines Grundstücksübertragungsvertrags erforderlich war. Dieses Sonderproblem ist auch durch OLG Düsseldorf ZMR 2003, 570 ff., nicht geklärt, wo es ausschließlich um die Frage einer Aktivlegitimation für Zahlungsansprüche ging.
[23] Schmidt-Futterer/*Gather* § 567 Rdnr. 10.

nicht wirksam. Der Nießbraucher kann vom Mieter die Räumung verlangen.[24] Dem Mieter verbleibt dann gegenüber seinem Vertragspartner nur ein Schadensersatzanspruch. Es empfiehlt sich daher auf Mieterseite, zumindest in Zweifelsfällen durch Grundbucheinsicht zu prüfen, ob nicht im Grundbuch ein Nießbrauch eingetragen ist.

20 *(3) Auswirkungen der Beendigung des Nießbrauchs.* Wichtig ist in diesem Zusammenhang auch § 1056 BGB, der in Abs. 1 für Mietverhältnisse, die über die Dauer des Nießbrauchs hinaus abgeschlossen sind und bei denen die Mietsache dem Mieter bereits überlassen ist, bei Nießbrauchsende (auch für den Fall des Nießbrauchsendes bei Tod des Nießbrauchers, § 1061 BGB) Regelungen trifft, die analog zu den bei Veräußerung des Grundstücks geltenden sind. Insbesondere findet § 566 BGB entsprechende Anwendung, ebenso §§ 566a BGB, 566b Abs. 1 BGB, §§ 566c bis 566e BGB sowie § 567b BGB. Wie beim Verkauf gilt also der Mietvertrag weiter, und zwar in der Form, dass der Eigentümer von Gesetzes wegen in den Mietvertrag eintritt, was keine Rechtsnachfolge nach dem Nießbraucher bedeutet.[25] Daneben kann aber auch eine erbrechtliche Rechtsnachfolge bestehen, die dazu führt, dass der Grundstückseigentümer, der auch Erbe des den Vertrag schließenden Nießbrauchers ist, durch erbrechtliche Universalsukzession zur Erfüllung des Mietvertrags verpflichtet ist, selbst wenn eine Übergabe der Mietsache noch nicht erfolgt war. In diesem Fall scheidet die Anwendung des § 1056 Abs. 2 BGB aus.[26]

21 Die Vorschrift statuiert in § 1056 Abs. 2 BGB für den Eigentümer bei Beendigung des Nießbrauchs, was auch bei Erlöschen des Nießbrauchs durch Zuschlag (§ 91 Abs. 1 ZVG) gilt,[27] (ohne erbrechtliche Universalsukzession) also ein Sonderkündigungsrecht, das mit der für Sonderkündigungsrechte geltenden verkürzten Frist von drei Monaten ausgesprochen werden darf. Diese Kündigung ist nicht von einer bestimmten Ausübungsfrist nach Ende des Nießbrauchs abhängig, jedoch kann der Mieter dem Eigentümer und neuen Vermieter eine angemessene Erklärungsfrist setzen, innerhalb derer das Sonderkündigungsrecht ausgeübt werden muss (§ 1056 Abs. 3 BGB), ansonsten verfällt es.

22 Dieses Sonderkündigungsrecht verschafft dem Vermieter jedoch nur eine Verkürzung einer ansonsten ggf. langen Kündigungsfrist bei längerfristig bestehenden und sogar befristeten[28] Vertragsverhältnissen, ist jedoch gemäß der ausdrücklichen Regelung des § 573d Abs. 1 BGB vom Vorliegen eines Kündigungsgrundes im Sinne des § 573 BGB abhängig. Dies war auch zur alten Rechtslage trotz fehlender ausdrücklicher gesetzlicher Regelung letztlich unstreitig, wurde dort jedoch aus allgemeinen Grundsätzen des Mieterschutzes entwickelt.[29]

23 Durch die ab 1. 9. 2001 geltende Assymetrie der Kündigungsfristen, bei der es für den Vermieter bei einer Kündigungsfrist von maximal neun Monaten (nach acht Jahren Überlassung des Wohnraums) bleibt (§ 573c BGB), hat dieses Sonderkündigungsrecht des § 1056 Abs. 2 BGB weiter Bedeutung. Durch einen Verzicht des Nießbrauchers entsteht aber kein derartiges Sonderkündigungsrecht des Eigentümers, vielmehr kann dieses erst von der Zeit an ausgeübt werden, zu der der Nießbrauch auch ohne den Verzicht vertraglich beendet sein würde (§ 1056 Abs. 2 Satz 2 BGB). Würde man ferner dem Grundstückseigentümer als Erben des Nießbrauchers ein außerordentliches Kündigungsrecht aus § 1056 II BGB zubilligen, würde sich eine zugunsten des Mieters erlassene Schutzvorschrift zu dessen Lasten in ein durch nichts gerechtfertigtes Haftungsprivileg des Erben verkehren.[30]

24 **b) Mehrheit von Vermietern.** Die neuere Rechtsprechung differenziert bei der Behandlung von Personenmehrheiten danach, ob sie als Vermieter oder als Mieter auftreten.

---

[24] Schmidt-Futterer/*Gather* § 567 Rdnr. 12.
[25] BGHZ 53, 174, 179 = NJW 1970, 752.
[26] BGHZ 109, 111, 117f. = NJW 1990, 443 (ergangen zu einem Gewerbemietvertrag, gilt bei Wohnraummiete erst recht).
[27] KG OLGE 39, 240.
[28] MünchKommBGB/*Pohlmann* § 1056 Rdnr. 11.
[29] LG Münster WuM 1996, 37; MünchKommBGB/*Pohlmann* § 1056 Rdnr. 11.
[30] BGHZ 109, 111, 117f. = NJW 1990, 443.

aa) Allgemeines zu Personenmehrheiten auf Vermieterseite. (1) Allgemeines und Abgabe **25**
von Willenserklärungen. In dem Fall, dass ein Miteigentümer im Kopf des Mietvertrages als Vermieter mit aufgeführt ist, soll dieser laut OLG Düsseldorf durch die alleinige Unterschrift des von ihm für sämtliche Grundstücksgeschäfte bevollmächtigten weiteren Miteigentümers (auch ohne ausdrückliche Angabe der Bevollmächtigung) vertreten und damit Mitvermieter werden.[31] Dieses Ergebnis ist streitig, im gleichen Sinne äußerten sich ein anderer Senat des OLG Düsseldorf[32] sowie die 62. ZK des LG Berlin,[33] dagegen LG Mannheim,[34] die 64. ZK des LG Berlin,[35] LG Kiel,[36] *Emmerich*[37] sowie bisher schon – tendenziell – wohl auch der BGH.[38] Die neuere Rechtsprechung des BGH hat jedenfalls für Gesellschaften bürgerlichen Rechts unter dem Aspekt der **Einhaltung der Schriftform** jedoch die Anforderungen erhöht. Unterzeichnet für eine Vertragspartei ein Vertreter den Mietvertrag, so muss dies in der Urkunde durch einen das Vertretungsverhältnis anzeigenden Zusatz hinreichend deutlich zum Ausdruck kommen.[39] Ob auch noch aus der Vertragsurkunde zu entnehmen sein muss, in welcher Funktion der Vertreter gehandelt hat,[40] lässt der BGH weiter offen.[41]

Rechtssicherheit ist damit weiterhin nicht gegeben, jegliche Prognose des anwaltlichen **26** Beraters kann sich als falsch erweisen. Ob die vorgenannten neueren Entscheidungen des BGH, die zu gewerblichen Mietverträgen ergangen sind, im Wohnraummietrecht Anwendung finden werden, bleibt abzuwarten. Dogmatisch müsste dies so sein, oftmals führen aber auch bestimmte Interessenlagen zu konkreten Gerichtsentscheidungen. Ob bei anderer Interessenlage im Wohnraummietrecht die dogmatisch gebotene Übertragung einer Entscheidung erfolgt, ist nicht sicher. Die Rechtsfolgen sind im Wohnraummietrecht zudem unterschiedlich. Während im Gewerberaummietrecht aus der Nichteinhaltung der Schriftform die Unwirksamkeit einer Festmietzeit folgt, was dann das Recht einer der Parteien zur fristgerechten Kündigung ergibt,[42] dem auch nicht ein Verstoß gegen Treu und Glauben entgegen gehalten werden kann,[43] hat dies im Wohnraummietrecht nur dann besondere Auswirkungen, wenn ein Zeitmietvertrag vereinbart wurde. Beim Regelfall des Vertrages auf unbestimmte Zeit ist die Mieterkündigung ohne Begründung stets möglich, die Vermieterkündigung nur bei Vorliegen der besonderen Gründe hierfür (dazu § 28) zulässig.

Bedeutsam bleibt die zutreffende Parteibezeichnung und korrekte Vertretungsbezeichnung aber in jedem Fall weiterhin für die Frage, wer Vertragspartei ist und wer daher die Rechte aus dem Vertrag wahrnehmen darf und wahrnehmen muss.

Blank nennt als Differenzierung die Möglichkeit, dass dann, wenn im Kopf des Mietver- **27** trags nur eine Person als Vermieter genannt ist, aber mehrere Personen auf Vermieterseite unterschrieben haben und zeitlich danach der Mieter unterschreibt, alle Unterzeichner Vermieter werden, dass umgekehrt dann, wenn die mehreren Personen auf Vermieterseite nach dem Mieter unterschreiben, nur die im Kopf des Vertrages genannte Person Vermieter werde.[44] Dies ist im Sinne eines Vertrauens des Mieters darauf, dass alle die, die vor seiner Unterschrift unterzeichnet haben, für ihn Vertragspartner sein sollen, nachvollziehbar, oftmals

---

[31] OLG Düsseldorf ZMR 2000, 210.
[32] OLG Düsseldorf WuM 1989, 362 f.
[33] LG Berlin 62. ZK, GE 1995, 567.
[34] LG Mannheim ZMR 1993, 415 (zur Mieterseite).
[35] LG Berlin 64. ZK, GE 1995, 1343; ZMR 1998, 347.
[36] LG Kiel WuM 1992, 56 (Vorlagebeschluss zum Rechtsentscheid).
[37] Staudinger/*Emmerich* (2006) Vorbem. zu §§ 535BGB Rdnr. 74 (zur Vermieterseite).
[38] BGH NJW 1994, 1649, 1950 f. (zur Pächterseite).
[39] BGH NZM 2003, 801 = NJW 2003, 3053; BGH NJW 2002, 3389, 3990 ff.; BGH NJW 2003, 1143, 1144 = NZM 2003, 235, 236; OLG Naumburg NZM 2004, 825 f. (nicht rechtskr.); anders – ausdrücklicher Hinweis auf Vertretung im Mietvertrag sei nicht nötig – OLG Dresden (nicht rechtskr.) NZM 2004, 826.
[40] Dies fordert *Kraemer* NZM 2002, 465, 471.
[41] BGH NZM 2003, 801 = NJW 2003, 3053.
[42] So in dem Fall BGH NZM 2003, 801 = NJW 2003, 3053.
[43] BGH NZM 2004, 97 = NJW 2004, 1103.
[44] Schmidt-Futterer/*Blank* Vorb. § 535 Rdnr. 320.

dürfte sich aber die zeitliche Reihenfolge im oft lange nach Vertragsschluss entstehenden Streitfall kaum beweisen lassen.

> **Praxistipp:**
>
> Daher ist es in jedem Fall geboten, bei anwaltlicher Beratung in der Phase der Vertragsgestaltung die schärfsten Anforderungen zugrunde zu legen.

28 Nimmt man mit dem genannten einen Teil der Rechtsprechung die Vertretung des nicht unterzeichnenden, aber im Vertragskopf genannten Vermieters durch den unterzeichnenden Vermieter an,[45] so ist z. B. eine Eigenbedarfskündigung, die nur von einem der Mitvermieter ausgesprochen wird, unwirksam.[46] Wie unter Übertragung der Grundsätze des BGH-Urteils vom 16. 7. 2003[47] in einer solchen Konstellation zu entscheiden ist, ist nicht klar absehbar. Eine Möglichkeit ist, dass nur der tatsächlich unterzeichnende GbR-Gesellschafter alleine Vermieter geworden ist. Im Falle der fehlenden Einhaltung der Schriftform liegt aber keine Nichtigkeit des Vertrags vor, sondern es folgt nur die sonst (vorliegend beim Zeitmietvertrag über Wohnraum) nicht gegebene Kündigungsmöglichkeit.[48] Diese Lösung setzt aber voraus, dass der Vertrag wirksam ist und zwar mit den Personen auf Vermieterseite, die als vorgesehene Vermieter im Vertrag bezeichnet sind. Die als Vermieter aufgeführten Personen müssen daher gemeinsam kündigen, auch wenn einige bei Vertragsschluss nicht korrekt vertreten waren, denn selbst eine Kündigung durch Personen, die überhaupt nicht Vermieter sind, nimmt der Kündigungserklärung der tatsächlichen Vermieter nicht die Wirkung.[49]

29 Auch eine Klage auf Ersatzansprüche i. S. des § 548 BGB muss laut Ansicht des OLG Düsseldorf von allen Vermietern gemeinsam und innerhalb offener Verjährungsfrist erhoben werden, eine erst nach Verjährungseintritt etwa durch Abtretung hergestellte alleinige Forderungsberechtigung des klagenden Mitvermieters genügt nicht.[50]

Damit eine derartige Folge unklarer Vertretungsangaben nicht erst in einem etwaigen Streitfall erkannt wird, ggf. zu spät erst durch eine gerichtliche Entscheidung, ist auch in derartigen Konstellationen die klare und vollständige Angabe aller Mitvermieter mit Angabe von Vertretungsverhältnissen im Vertrag anzuraten, damit für spätere Rechtshandlungen sofort aus dem Vertrag erkennbar ist, wer handeln oder jedenfalls Vollmachten erteilen muss. Es sollte bei der Unterschriftsleistung auch durch doppelte Unterschrift klargestellt werden, dass der unterzeichnende Vermieter nicht nur im eigenen Namen, sondern auch als Vertreter einer/mehrerer Mitvermieter/s gehandelt hat.[51]

Weiter muss dann, wenn die GbR nicht durch alle Gesellschafter handelt, der Nachweis der Vertretungsberechtigung des Handelnden einer Erklärung beigefügt werden, weil sonst der Empfänger einer Erklärung diese gemäß § 174 Satz 1 BGB zurückweisen kann, da es eine Registerpublizität bzgl. der Vertretungsverhältnisse bei der GbR nicht gibt.[52]

> **Formulierungsvorschlag: Personmehrheit als Vermieter**
>
> 30 Vertragsrubrum:
> Zwischen
>
> Der Erbengemeinschaft/Eigentümergemeinschaft
> bestehend aus

---

[45] Was das OLG Saarbrücken, InfoM 2008, 114 aber ablehnte.
[46] LG Hamburg WuM 1994, 423 f.
[47] BGH NZM 2003, 801 = NJW 2003, 3053.
[48] LG Düsseldorf DWW 1993, 103 f.
[49] LG Düsseldorf DWW 1993, 103 f.
[50] OLG Düsseldorf ZMR 2000, 210 f.
[51] So jetzt auch *Beisbart* NZM 2004, 293.
[52] BGH NZM 2002, 163 f.

```
AB, (Anschrift),
CD, (Anschrift),
EF, (Anschrift),
etc.
[ggf. EF vertreten durch ......]
als Vermieter
und
......
(Übriger Vertragstext)
......
Unterschriften:
......, den ......
                                              (Mieter/in 1)
                                              (Mieter/in 2)
(Vermieter AB)
(Vermieter CD)
(Vermieter EF)
[ggf.: für Vermieter EF: in Vertretung:
(Vertreterbezeichnung und -unterschrift)       ......]
etc.
```

Zu beachten ist weiter, dass die neuere Rechtsprechung des BGH zur Rechtsfähigkeit der GbR nicht auf die Erbengemeinschaft zu übertragen ist,[53] daher muss bei Abschluss eines Mietvertrages durch eine Erbengemeinschaft jedes einzelne Mitglied mitwirken, wobei es vertreten werden kann.[54] Sollen die derart genannten Mitvermieter beim Vertragsschluss durch einen der Miteigentümer oder durch eine dritte Person vertreten werden, so gelten dafür die Ausführungen unten bei Rdnr. 114 ff., die Vertretung muss also nachgewiesen sein. 31

Ist der Eigentümer des Objektes eine Personenmehrheit, schließt jedoch nur einer der Miteigentümer ohne Hinweis darauf, dass er die anderen Miteigentümer beim Vertragsschluss vertritt, also ohne Aufführung der anderen Miteigentümer im Vertragskopf, den Mietvertrag ab, so ist dies ein Mietvertrag nur im eigenen Namen dieses Miteigentümers. Dieser Mietvertrag ist wirksam, da es für die vertragliche Beziehung als solche gemäß den einführenden Ausführungen nicht auf die Eigentümerstellung oder ein vom Eigentümer eingeräumtes Recht zur Vermietung ankommt. 32

- **Risiken für den Mieter bei fehlender Identität zwischen Eigentümer und Vermieter**
Daraus folgt für den **Mieter** das **Risiko,** dass die anderen Eigentümer die Herausgabe aus dem Eigentum gemäß § 985 BGB verlangen, da gegenüber ihnen der Mietvertrag nicht bindend ist.[55] Dieses Ergebnis wird in der Rechtsprechung jedenfalls für das Bestandsinteresse des Mieters dann verneint, wenn die übrigen Eigentümer der Vermietung zugestimmt haben, was auch schlüssig erfolgen kann,[56] dies läuft auf eine Art analoger Anwendung des § 566 BGB hinaus. Es verbleibt hier ein Beurteilungsrisiko, das der anwaltliche Berater eines Mieters in der Vertragsanbahnungssituation vermeiden sollte.
Das weitere Risiko für den Mieter ist, dass in dieser Konstellation bei Veräußerung der Erwerber nicht gemäß § 566 BGB eintritt, da die dort geforderte Identität zwischen Vermieter, Eigentümer und Veräußerer nicht gegeben ist.[57] Einzelheiten zur Begründung in § 17. 33

---

[53] BGH NZM 2002, 950.
[54] *Lützenkirchen* WuM 2002, 63 ff.
[55] OLG Saarbrücken InfoM 2008, 114. (vermietet hatte gegen den Willen des anderen nur einer der geschiedenen Eheleute, die Miteigentümer der Wohnung waren).
[56] BGH WuM 1985, 63 (nur Leitsatz); OLG Karlsruhe NJW 1981, 1278 f. = WuM 1981, 179 f; *Grooterhorst/Burbulla* NZM 2006, 246 f.
[57] LG Berlin WuM 1988, 367 = ZMR 1988, 61 (für die Situation, dass ursprünglicher Eigentümer eine KG war, alleiniger ursprünglicher Vermieter einer der Gesellschafter).

> **Praxistipp:**
>
> Aus diesen Konsequenzen folgt erneut, dass der Mieter sich von der Identität zwischen Vermieter und im Grundbuch eingetragenem Eigentümer überzeugen sollte, weswegen ihm ja auch das Recht zur Grundbucheinsicht zusteht. Der anwaltliche Berater des Mieters sollte diese Klärung dringend empfehlen und diese Empfehlung auch dokumentieren, wenn er – was wohl eher selten der Fall sein dürfte – in der Phase der Vertragsanbahnung eingeschaltet ist.

34 Stellt der Mieter Abweichungen zwischen dem Eigentümerstand im Grundbuch und seinem vorgesehenen Vertragspartner fest, sollte er auf Klärung bestehen. Da für die fehlende Angabe weiterer Eigentümer in der Vermieterbezeichnung im Regelfall Bequemlichkeit und/oder Unkenntnis die Ursache sind, wird sich der Verhandlungspartner des Mieters dem nicht verschließen, ggf. gegebene Vollmachtsverhältnisse oder ein Recht zur Vermietung (im Falle gewerblicher Zwischenvermietung) nachweisen, so dass dann korrekte Angaben im Mietvertrag erfolgen können. Geschieht das allerdings nicht, besteht Anlass zu Bedenken, ob angesichts der aufgezeigten Risiken ein Vertragsschluss erfolgen soll.

- **Risiken für den Vermieter bei fehlender Identität zwischen Eigentümer und Vermieter**

35 Auf **Vermieterseite** bestehen die **Risiken** darin, dass bei Angabe nur eines der Eigentümer als Vermieter eben nur dieser die Vermieterstellung inne hat, denn auch bei Annahme der – ggf. schlüssigen – Zustimmung der anderen Eigentümer zur Vermietung werden diese damit nicht ebenfalls Vermieter. Vermieterrechte, die aus der vertraglichen Sonderbeziehung entstehen, können sie damit nicht geltend machen. So besteht insbesondere das Kündigungsrecht aus § 573 BGB zugunsten des **Vermieters**, nicht des Eigentümers. Praktisch bedeutsam wird dies insbesondere im Fall des Eigenbedarfs. Denn Eigenbedarf kann in der beschriebenen Konstellation nur dann als Kündigungsgrund anerkannt werden, wenn dieser in der Person des vermietenden Eigentümers (oder für Eigenbedarfspersonen, die mit dem Vermieter in der maßgeblichen Beziehung stehen) besteht. Ist also Eigenbedarf z. B. für das Kind eines Miteigentümers (Eigenbedarfsperson) gegeben, der aber nicht als Vermieter aufgetreten ist, so ist dieser Eigenbedarf nicht beachtlich, ein Kündigungsgrund besteht nicht. Nicht immer kann man sich dann auf Seiten der Eigentümer darauf verlassen, dass die Verwandtschaftsverhältnisse so eng sind, dass auch in der Person des vermietenden Miteigentümers zugunsten der Eigenbedarfsperson ein Kündigungsgrund besteht. Zu Einzelheiten siehe § 42 II. 3 b).

Dass auch andere Vermieterrechte in der beschriebenen Konstellation ausschließlich vom vermietenden Miteigentümer ausgeübt werden können, etwa der Ausspruch von Mieterhöhungsanforderungen[58] oder von Kündigungen bei Vorliegen eines wichtigen Grundes,[59] ist zu beachten.

36 Auch dann müssen jedoch die Formalien genau beachtet werden, was neue Risiken birgt. Das AG/LG Berlin hat eine Mieterhöhungsanforderung auch dann als formell inkorrekt und damit unwirksam angesehen, wenn diese nicht nur durch den richtigen Vermieter, sondern zusätzlich durch weitere Personen ausgesprochen wurde, die in Wahrheit aber nicht Vermieter waren.[60] Der Ausweg, in solch unklaren Situationen eine derartige Erklärung „vorsichtshalber" ggf. durch zu viele Personen abzugeben, die ggf. Vermieter sein könnten, ist damit verschlossen oder zumindest risikoreich. Die Entscheidung erscheint zwar überformalistisch, es liegt nahe, einen Verstoß gegen Art. 14 GG anzunehmen, denn diese Entscheidung reiht sich in die Reihe der Entscheidungen ein, die durch überformalistische Anforderungen dem Vermieter die Wahrnehmung seiner Rechte erschweren, was unzulässig ist.[61] Verlassen sollte man sich auf eine Korrekturmöglichkeit über die Verfassungsgerichtsbarkeit jedoch nicht, zumal damit erheblicher Zeitverlust verbunden ist.

---

[58] AG Augsburg WuM 1998, 670; AG Königstein i. Ts. NZM 2001, 421.
[59] LG Heidelberg NZM 2001, 91 f.
[60] LG Berlin ZMR 1999, 822.
[61] BVerfG NJW 1980, 1617; NJW 1994, 717.

Für den Fall einer Kündigung wurde andererseits entschieden, dass diese nicht deshalb 37
unwirksam ist, weil sie auch namens der Ehefrau, die ausweislich des Mietvertrages nicht
vermietet hat, erklärt worden ist. Denn dies nimmt der Erklärung des – allein – vermietenden Ehemannes, auf die allein es ankommt, nicht die Wirkung.[62] Diese Entscheidung verdient den Vorzug auch für den Fall der Mieterhöhungsanforderung, da es sich bei letzterer um eine Erklärung von weit geringerem Gewicht handelt als dies bei einer Kündigungserklärung der Fall ist.

Zur **Abwendung der stillschweigenden Vertragsverlängerung** im Sinne des § 545 BGB genügt allerdings auch bei einer Vermietermehrheit bereits der Widerspruch eines der Vermieter.[63]

Als ein Vorteil des Auftretens nur eines der Eigentümer als Vermieter könnte ggf. angesehen werden, dass bei verzweigtem Eigentum und weit auseinander liegenden Wohnorten der Miteigentümer die normale Abwicklung des Mietverhältnisses einfacher ist. 38

Hier kann aber eine **Vollmachtslösung** besser helfen, bei der mit dem Mietvertrag dem 39
Mieter eine Originalvollmacht aller Miteigentümer zugunsten des im Außenverhältnis Handelnden übergeben wird, die z.B. auch zur Abgabe von Kündigungserklärungen und Anforderung von Mieterhöhungen berechtigt und der Mieter den Erhalt dieser Vollmacht durch Unterschrift einer Kopie, die zum Vermieter-Exemplar des Mietvertrages genommen wird, bestätigt.

Formulierungsvorschlag: Vollmacht zur umfassenden Grundstücks- und Hausverwaltung

Vollmacht

40

Wir, die Eigentümer des Hausgrundstücks ......

erteilen hiermit

......

die Vollmacht, für uns alle im Zusammenhang mit der Vermietung des Grundstücks, von Wohnungen, Gewerbeflächen, Garagen und sonstigen Flächen abzugebenden Erklärungen abzugeben, insbesondere Verträge abzuschließen, Verträge zu kündigen, Mieterhöhungsanforderungen abzugeben, einseitige Mieterhöhungserklärungen abzugeben,

(Es folgen die Namen, Anschriften und Unterschriften der Eigentümer)

Zudem kann bei korrekter Behandlung die Inanspruchnahme von steuerlichen Abschrei- 41
bungen auf den vermietenden Miteigentümer beschränkt sein, wodurch bei den nicht mitvermietenden Miteigentümern die Abschreibung verloren geht, auch kann die steuerrechtliche Zuordnung der Vermietungseinkünfte nur bei einem der Miteigentümer Progressionsnachteile erzeugen. Einzelheiten zur steuerlichen Behandlung siehe § 54.

Als problematisch erweist sich auch die Konstellation, dass zusammen mit Eigentümern auch ein Nichteigentümer Vermieter ist. Er bleibt dies auch nach einer Veräußerung der Mietsache, so dass alle Vertragserklärungen, etwa Mieterhöhungsanforderungen für alle Zukunft von ihm mit abgegeben werden müssen.[64]

Insgesamt sollte bei Abwägung der Rechtsfolgen auch auf Eigentümerseite ein Interesse daran bestehen, die Identität zwischen Eigentum und Vermieterstellung im Vertrag herzustellen und also alle Eigentümer als Vermieter zu nennen.

(2) Empfang von Willenserklärungen. Eine gegenüber einer Vermietermehrheit ausge- 42
sprochene Willenserklärung muss allen Mitgliedern zugehen. Dies muss nicht stets dadurch geschehen, dass jedem Vermieter eine Erklärung einzeln zugeht. Für den Empfang von Willenserklärungen, die nicht den Bestand des Mietverhältnisses berühren, ist eine wechselseiti-

---

[62] LG Düsseldorf DWW 1993, 103 f.
[63] OLG Rostock NZM 2004, 423 f.
[64] Zu Recht: LG Berlin WuM 2000, 191 f.; a. A. LG Waldshut-Tiengen WuM 1993, 56.

ge Bevollmächtigung durch vorformulierte Vollmacht im Mietvertrag zulässig, der Wirkungskreis muss aber hinreichend genau umrissen sein und es muss eine Widerrufsmöglichkeit – jedenfalls aus wichtigem Grund – vorgesehen sein, sonst ist die Empfangsvollmacht gemäß § 305 c i. V. m. § 307 BGB unwirksam.[65]

43 Geht es um den Bestand des Mietverhältnisses, sind die Ausführungen der Literatur und Rechtsprechung, die sich regelmäßig allein mit der Situation auf der Mieterseite befassen, widersprüchlich. So führt *Sternel*[66] z. B. noch aus, dass **Vollmachtsklauseln** dahin ausgelegt werden müssen, dass sie nicht dazu dienen dürfen, ihre eigene Rechtsgrundlage zu beseitigen, so dass die – formularmäßige – Empfangsvollmacht nicht zulässig sei, laut LG Berlin hält aber die Regelung in § 16 II Mustermietvertrag, die eine solche wechselseitige formularmäßige Empfangsvollmacht auf Mieterseite auch für Kündigungserklärungen enthält, der Inhaltskontrolle stand.[67] Diese Auffassung ist durch den BGH mit Rechtsentscheid bestätigt worden.[68]

44 Dies ist spiegelbildlich auf eine Vermietermehrheit nicht nur dann anzuwenden, wenn der Mietvertrag eine solche Klausel für die Vermieterseite enthält, denn der BGH hat den Rechtsentscheid, der für die Mieterseite ergangen ist, unter dem Hinweis auf den allgemeine Rechtsgrundsatz begründet, dass einer Personenmehrheit eine Willenserklärung durch Abgabe gegenüber einem der Gesamtvertreter zugeht.[69] Auf Vermieterseite wird man daher nach allgemeinen Grundsätzen den Empfang einer Willenserklärung durch einen der Gesamtvertreter auch ohne entsprechende Vollmachtsklausel für den Zugang als ausreichend ansehen können.

45 Dem Vertreter oder Berater eines Mieters ist dennoch weiter anzuraten, den **sichersten Weg** zu gehen und eine Erklärung an alle bezeichneten Vermieter zu richten. Ist aber einer der Vermieter unerreichbar und dessen Anschrift mit zumutbaren Maßnahmen nicht kurzfristig zu ermitteln, so ist darauf zurückzugreifen, dass eine Mehrheit von Vermietern entweder eine (schlichte) Eigentümergemeinschaft in Form der Bruchteilsgemeinschaft gem. §§ 741–758 BGB oder eine Gesamthandsgemeinschaft, z. B. bei der Erbengemeinschaft, der Gesellschaft bürgerlichen Rechts (GbR), einer EWiV, einer ehelichen Gütergemeinschaft oder bei einem nicht rechtsfähigen Verein, darstellt, was zu der dargestellten Empfangsvollmacht auch nur eines der Gemeinschafter bzw. Gesellschafter führt. Der Umstand, dass alle Vermieter mit einer Erklärung angesprochen werden sollen, sollte in der Adressierung und auch der sonstigen Formulierung zu Tage treten. Denn im Falle z. B. der Bruchteilsgemeinschaft (§ 741 BGB) muss auch ein Gestaltungsrecht gegenüber allen Gemeinschaftern ausgeübt werden,[70] was die soeben dargestellte Empfangsvollmacht jedoch nicht ausschließt.

Formulierungsvorschlag: Adressierung an einen Gesamtvertreter

46 An die

Vermietergemeinschaft

A, B, C, (alle Mitglieder aufführen !)

z. Hd. B

47 *(3) Uneinigkeit mehrerer Vermieter.* Besteht Uneinigkeit über die Art und Weise der Verwaltung eines gemeinschaftlichen Mietgrundstücks, z. B. über den Abschluss eines Mietvertrages, muss unterschieden werden.

---

[65] OLG Celle WuM 1990, 103, 113; OLG Frankfurt/M. WuM 1992, 56, 61 (beide noch zu § 9 AGBG).
[66] *Sternel* I Rdnr. 403.
[67] LG Berlin WuM 1985, 291 f.
[68] BGH (RE) NJW 1997, 3437, 3440 = BGHZ 136, 314; *Bub*/Treier II Rdnr. 561 m. w. N. zum bisherigen Streitstand.
[69] BGH BGHZ 20, 149, 153 = NJW 1956, 869 = LM § 346 (Ea) HGB Nr. 2; BGH BGHZ 62, 166, 173 = NJW 1974, 1194; MünchKommBGB/*Schramm* § 164 Rdnr. 94.
[70] Palandt/*Sprau* § 741 Rdnr. 10.

§ 11 Mietvertragsparteien und Rechtsnachfolge

• Regelung bei möglicher Mehrheitsbildung

48 Ist auf Grund der Eigentumsverhältnisse eine Mehrheit eines oder mehrerer der Miteigentümer gegeben, kommt ein Mehrheitsbeschluss in Betracht, jedenfalls, soweit sich die zu beschließende Maßnahme im Rahmen ordnungsgemäßer Verwaltung hält. Denn Mehrheitsbeschlüsse einer Bruchteilsgemeinschaft haben grundsätzlich Außenwirkung. Die überstimmte Minderheit kann daher im Fall des § 745 Abs. 1 BGB im Innenverhältnis nicht nur im Fall eines Verpflichtungsgeschäfts, sondern auch im Fall der Verfügung über das Miteigentum verpflichtet werden.[71]

Es kann also ein Mehrheitsbeschluss herbeigeführt werden, z. B. einen Mietvertrag zu schließen, ein Mieterhöhungsbegehren abzugeben, eine Kündigung auszusprechen. Dies ist auch dann möglich, wenn sich ein Miteigentümer jeder Mitwirkung verweigert, etwa zu einer Miteigentümerversammlung nicht erscheint. Es ist nicht nötig, zuvor auf Zustimmung durch die Minderheit zu klagen.[72]

Formulierungsvorschlag: Beschlussvorschlag

49 Es wird beschlossen, zwischen der Vermietergemeinschaft A, B, C, vertreten durch die Miteigentümer A und B, und dem/den Mietinteressenten XY einen Mietvertrag für das Mietobjekt ...... zu den üblichen Konditionen (Nettomiete, Abrechnung aller Betriebskostenarten des § 2 der Betriebskostenverordnung) bei einer Nettomiete von DM ...... abzuschließen.

oder

Es wird beschlossen, durch die Vermietergemeinschaft A, B, C, vertreten durch die Miteigentümer A und B, gegenüber dem/den Mieter/n des Mietobjekts ......
eine Kündigung auszusprechen.

(Ort), ...

......
(Miteigentümer zu <Quote angeben>)

......
(Miteigentümer zu <Quote angeben>)

etc.

• Regelung bei Pattsituation und bei beabsichtigter Aufhebung der Gemeinschaft

50 Ansonsten – wenn also eine ggf. zu protokollierende Mehrheitsentscheidung wegen einer Pattsituation oder Unerreichbarkeit einiger Miteigentümer/Miterben nicht zustande kommen kann – kommt nur in Betracht, gemäß § 745 Abs. 2 BGB (auf den für die ungeteilte Erbengemeinschaft § 2038 Abs. 2 Satz 1 BGB verweist) mit einer Leistungsklage die anderen Miteigentümer (Miterben) auf Mitwirkung an einer ordnungsgemäßen Verwaltung gerichtlich in Anspruch zu nehmen. Dabei sind die Anträge auf eine bestimmte Maßnahme zu richten, die dem Interesse aller Miteigentümer nach billigem Ermessen entsprechen muss.[73] Führt die begehrte Maßnahme zur Beendigung der Gemeinschaft, so wird dies als Verfügung über den gemeinschaftlichen Gegenstand als Ganzes im Sinne des § 747 Satz 2 BGB angesehen, die Verpflichtung zur Mitwirkung am hiernach erforderlichen einstimmigen Handeln aus dem Aufhebungsanspruch des § 749 Abs. 1 BGB hergeleitet.[74]

Eine derartige gerichtliche Entscheidung ist schwerfällig, bis zu ihrem Ergehen ist die Bruchteilsgemeinschaft im Außenverhältnis nicht handlungsfähig,[75] es werden erhebliche Kosten ausgelöst.

Es ist daher dringend zu empfehlen, dass Bruchteilsgemeinschaften zu Zeiten, zu denen (noch) kein Streit herrscht, verbindliche Regelungen zur Außenvertretung in Konfliktsfällen treffen.

---

[71] LG Bonn NJW-RR 1991, 1114 f.
[72] LG Bonn NJW-RR 1991, 1114 f.
[73] Palandt/*Edenhofer* § 2038 Rdnr. 8; Palandt/*Sprau* § 745 Rdnr. 5.
[74] OLG Hamburg NZM 2002, 521 f.
[75] Siehe die Prozessgeschichte zu LG Bonn NJW-RR 1991, 1114 f.

Im Außenverhältnis kann eine Vermieter-GbR jedoch durch einen von zwei Gesellschaftern im Gerichtsverfahren ordnungsgemäß gesetzlich vertreten sein, wenn sich der andere Gesellschafter aus gesellschaftswidrigen Gründen weigert, an der gerichtlichen Geltendmachung einer Gesellschaftsforderung durch die Gesellschaft mitzuwirken.[76]

51 *bb) Ehegatten.* Ehegatten als Vermieter müssen zum Erlangen der Vermieterstellung zum einen im Kopf des Mietvertrages beide als Vermieter aufgeführt sein. Bei der Unterschriftsleistung ist – nach allgemeinen Regeln – Stellvertretung möglich, dazu siehe unten gesondert bei V.

52 Anders als dies auf Mieterseite gesehen wird, wird in Fällen, in denen im Rubrum des Mietvertragsformulars die Vermieter unter Angabe des jeweiligen Vornamens als Eheleute bezeichnet sind, der Mietvertrag jedoch nur von einem Ehegatten unterzeichnet ist, dies oftmals als Indiz dafür gesehen, dass auch der andere Ehegatte Vermieter ist.[77] Diese Annahme der Bevollmächtigung hat die Konsequenz, dass Rechtshandlungen im Mietverhältnis, z. B. eine Klage auf Zustimmung zur Mieterhöhung, von beiden Eheleuten gegen den Mieter durchgeführt werden müssen.[78] Es empfiehlt sich jedenfalls, so vorzugehen, denn das Risiko, dass eine Klage des allein unterschreibenden Ehegatten abgewiesen wird,[79] ist größer als das Risiko, dass einer Klage beider Ehegatten nur zugunsten des allein unterschreibenden Ehegatten entsprochen wird und eine teilweise negative Kostenentscheidung ergeht.

Auch bei Ehegatten können – bei internem Streit – Abwicklungsprobleme auftreten, die das Mietverhältnis tangieren können. Sind Entscheidungen zu treffen, und gibt es – wie dort meistens – keine festgelegte Regelung für den Konfliktfall, können nur die Regelungen der schlichten Eigentümergemeinschaft weiterhelfen, die oben bei Rdnr. 47 bis 50 dargestellt wurden.

53 *cc) Lebensgemeinschaften.* Auf Vermieterseite bestehen keine Unterschiede zu den direkt zuvor bereits dargestellten Rechtsverhältnissen bei sonstigen Vermietermehrheiten.

Anders als bei Ehegatten wird man hier aber eine Vermutung dafür, dass ein nicht selbst unterzeichnender Miteigentümer durch den anderen vertreten wird, nicht annehmen können.

54 *dd) Gesellschaft bürgerlichen Rechts als Vermieter.* Ist bei der Vermieterangabe nur der Name einer Gesellschaft bürgerlichen Rechts (GbR) angegeben, nicht deren Mitgliederbestand, so wird angenommen, dass ein stillschweigendes Einverständnis des Mieters mit einem Wechsel des Gesellschafterbestandes gegeben ist, so dass der jeweilige Gesellschafterbestand als Vermieter anzusehen ist.[80] Die Konsequenzen dieser Rechtsprechung bei Gesellschafterwechsel werden bei Rdnr. 159 bis 163 erörtert.

55 Ist gewollt, dass der jeweilige Gesellschafterbestand einer GbR als Vermieter anzusehen ist, so sollte in Konsequenz der die vorgenannte Rechtsprechung fortführenden Entscheidung des BGH vom 29. 1. 2001[81] bewusst nur der Name der GbR als Vermieter genannt werden. Denn der BGH hat dort die Parteifähigkeit der (Außen-)GbR als Folge ihrer Rechtsfähigkeit und Rechtssubjektivität anerkannt und ausgeführt, dass ein für die Praxis bedeutsamer Vorzug der nach außen bestehenden Rechtssubjektivität der GbR eben gerade darin bestehe, dass ein Wechsel im Mitgliederbestand keinen Einfluss auf den Fortbestand der mit der Gesellschaft bestehenden Rechtsverhältnisse hat, was zur Rechtsklarheit gerade bei Dauerschuldverhältnissen beitrage.[82] Das BVerfG hat im Übrigen die Grundrechtsfähigkeit der Vermietungs-GbR in Ansehung des Eigentums bejaht.[83]

---

[76] OLG Düsseldorf ZMR 2003, 424 ff.
[77] Anders bei geschiedenen Ehegatten: OLG Saarbrücken InfoM 2008, 114.
[78] LG Köln ZMR 1992, S. IX Nr. 2 (LS).
[79] LG Köln WuM 2001, 287.
[80] LG Berlin GE 1994, 1317.
[81] BGH NJW 2001, 1056 = NZM 2001, 299 ff.
[82] BGH NZM 2001, 299, 300.
[83] BVerfG NZM 2002, 986.

Bei Vertragsschluss durch eine GbR ist es erforderlich, das Vertretungsverhältnis des Unterzeichnenden im Vertrag klar anzugeben,[84] ansonsten kann sich der Vertragspartner auf den Mangel der Schriftform berufen, was auch im Wohnraummietrecht von Bedeutung sein kann (z. B. bei der nur unter Einhaltung der Schriftform zu vereinbarenden Index-Miete).[85]

Bei einer BGB Gesellschaft ist abweichend von der schlichten Eigentümergemeinschaft das nachfolgende Muster anzuwenden: **56**

Formulierungsvorschlag: GbR als Vermieter

Vertragsrubrum:
Zwischen
Der Gesellschaft bürgerlichen Rechts „Name der GbR"
vertreten durch den vertretungsberechtigten Gesellschafter AB
als Vermieter
und

......
(übriger Vertragstext zur Mieterbezeichnung)

......
Unterschriften:
......, den ....
Für die „Name der GbR" als Vermieter: Mieter:
AB   (Mieter/in 1)
                                              (Mieter/in 2)

Allenfalls könnte bei der Bezeichnung der GbR ergänzt werden:

Alternative:

Zwischen
der Gesellschaft bürgerlichen Rechts „Name der GbR"

derzeit bestehend aus (einzusetzen Namen der aktuelle Gesellschafter),
wobei Einigkeit besteht, dass Vermieter die GbR in ihrem jeweiligen Mitgliederbestand ist,
vertreten durch den vertretungsberechtigten Gesellschafter AB

als Vermieter
......

Eine Außen-GbR, bei der die Gesellschafter mit dem Zusatz „in Gesellschaft bürgerlichen Rechts" im Grundbuch eingetragen sind, muss eine Mieterhöhungszustimmungsklage durch die Gesellschaft, nicht seitens der Gesellschafter erheben.[86] Haben die Gesellschafter in Verkennung dieser Grundsätze die Klage in eigenen Namen erhoben, ist die Klage nicht mangels Aktivlegitimation abzuweisen, sondern das Klagerubrum ist dahin zu berichtigen, dass Klägerin die aus den zunächst genannten Personen bestehende GbR ist.[87] **57**

Handeln muss bei einseitigen Rechtsgeschäften entweder ein Alleinvertretungsberechtigter oder alle Gesamtvertretungsberechtigten oder aber ein wirksam Bevollmächtigter. Der Erklärungsempfänger kann dann, wenn nicht alle Gesellschafter der GbR handeln, die Erklärung deshalb gemäß § 174 BGB zurückweisen, weil keine Registerpublizität besteht.[88]

---

[84] Lützenkirchen, WuM 2005, 89 ff., 108 unter Hinweis auf BGH NZM 2003, 801; OLG Nürnberg MietRB 2004, 434; OLG Naumburg NZM 2004, 825.
[85] AG Pinneberg ZMR 2008, 468; zur Schriftform bei GbR: *Schraufl* NZM 2005, 443 ff.
[86] LG Berlin NZM 2002, 780.
[87] BGH NZM 2005, 942.
[88] *Kraemer* NZM 2002, 465, 471.

Zustellungen an die GbR müssen – z. B. im Rahmen der Zwangsvollstreckung gegen die GbR – an ihren Geschäftsführer oder dann, wenn ein solcher nicht bestellt ist, an einen ihrer Gesellschafter erfolgen.[89]

58 Folge des Vertragsabschlusses ist, dass die einzelnen Mitglieder persönlich für die mietvertraglichen Verpflichtungen haften.[90] Eine Haftungsbeschränkung auf das Gesellschaftsvermögen kommt nur dann in Betracht, wenn dies in den individuell ausgehandelten Vertrag aufgenommen ist, was eine Haftungsbeschränkung durch Formularvertrag ausschließt.[91] Auch durch den Zusatz „mbH" am Ende des Namens einer GbR kann deren Haftung bzw. die Haftung der Mitglieder der GbR nicht wirksam beschränkt werden.[92]

Hat der Gläubiger ein Urteil zu Lasten der Gesellschaft und der Gesellschafter erwirkt, kann er neben der Vollstreckung in das Gesellschaftsvermögen auch in das Privatvermögen der Gesellschafter vollstrecken.[93]

59 *ee) Gesamthandsgemeinschaft und Bruchteilsgemeinschaft als Vermieter.* Beide Gemeinschaften haben keine Rechtspersönlichkeit.

60 **Gesamthandsgemeinschaft** in diesem Sinne sind die Erbengemeinschaft und die (heute seltene) Gütergemeinschaft, letztere vereinbart durch Ehevertrag. In beiden Fällen müssen beim Abschluss von Mietverträgen alle Mitglieder der Gemeinschaft mitwirken. Vertretung ist möglich, muss aber vereinbart und nachgewiesen werden. Alle Mitglieder der Gemeinschaft werden Mietvertragsparteien[94] und haften persönlich für die mietvertraglichen Verpflichtungen.[95] Die Pflichten aus dem Mietvertrag treffen alle Mitglieder der Gemeinschaft als Gesamtschuldner i.S. des § 427 BGB. Alle Mitglieder müssen rechtsgeschäftliche Erklärungen abgeben und solche müssen auch allen zugehen.[96] Auch prozessual bedeutsam ist, dass die Erbengemeinschaft nicht rechtsfähig und parteifähig ist. Die Grundsätze zur Rechtsfähigkeit der GbR und der Gemeinschaft der Wohnungseigentümer sind nicht auf die Erbengemeinschaft zu übertragen. Daher sind Prozesspartei die Mitglieder der Erbengemeinschaft selbst, was z.B. dazu führt, dass im Falle des Auslandswohnsitzes auch nur eines Mitglieds der Erbengemeinschaft gemäß § 119 Abs. 1 Nr. 1 Buchst. b GVG das OLG und nicht das LG im Wohnraummietprozess das zuständige Berufungsgericht ist.[97]

Jeder einzelne Vermieter kann Leistung an sich selbst und die übrigen Vermieter verlangen, es sei denn, ein Urteil kann nur mit Wirkung für und gegen alle Vermieter ergehen. Im letzteren Fall, z.B. Klage auf Zustimmung zur Mieterhöhung, müssen alle Vermieter klagen.[98]

61 Bei der **Bruchteilsgemeinschaft** im Sinne des § 741 BGB gelten letztlich die Ausführungen zur Gesamthandsgemeinschaft. Anders als bei der BGB-Gesellschaft besteht kein gemeinsamer Zweck, der über das Miteigentum hinausgeht.[99]

Zur Auflösung von Konflikten innerhalb der Gemeinschaft der Vermieter ist auf die vorstehenden Ausführungen zu Rdnr. 47 bis 50 zu verweisen.

3. Mieterseite

62 a) *Einzelperson als Mieter. aa) Natürliche Person.* Handelt es sich beim Mieter um eine einzelne natürliche Person, entstehen keine besonderen Probleme. Zu achten ist auf die richtige Bezeichnung, ggf. auf die korrekte Angabe rechtsgeschäftlicher oder gesetzlicher Vertretung, im Einzelnen unten behandelt bei Rdnr. 127 bis 132.

---

[89] BGH NZM 2006, 559 f.
[90] Schmidt-Futterer/*Blank* Vorb. § 535 Rdnr. 177.
[91] BGH NJW 1999, 3493 ff. = WuM 1999, 703.
[92] AG Pinneberg ZMR 2008, 468.
[93] Schmidt-Futterer/*Blank* Vorb. § 535 Rdnr. 181.
[94] Schmidt-Futterer/*Blank* Vorb. § 535 Rdnr. 187.
[95] Schmidt-Futterer/*Blank* Vorb. § 535 Rdnr. 188.
[96] OLG Düsseldorf NJWE-MietR 1996, 172.
[97] BGH ZMR 2006, 26.
[98] Schmidt-Futterer/*Blank* Vorb. § 535 Rdnr. 189.
[99] Schmidt-Futterer/*Blank* Vorb. § 535 Rdnr. 191 und 192.

Dem Vermieter ist anzuraten, die **Identität des Mieters** verlässlich zu prüfen, sich also den Personalausweis oder sonstige amtliche Identitätspapiere vorlegen zu lassen und diese möglichst zu kopieren. Dies ist deshalb anzuraten, weil im Falle notwendiger Vollstreckungsmaßnahmen die genauen Personaldaten mit Geburtsdatum und Geburtsort benötigt werden, um den Schuldner aufzufinden und ohne Geburtsdatum Einwohnermeldeämter häufig keine Auskunft erteilen können, wenn geläufige Kombinationen von Vornamen und Familiennamen vorliegen (z. B. Peter Schmitz). 63

> **Formulierungsvorschlag: Einzelperson als Mieter**
>
> Vertragsrubrum:
> Zwischen
> (Vermieterbezeichnung wie oben Muster 1–3)
> und
> M......., (bisherige Anschrift), geb. am ...... in ......
> Personalausweis/Pass-Nr.......
> als Mieter/Mieterin
> wird folgender Mietvertrag geschlossen:
> (Übriger Vertragstext)

Zu beachten ist, dass bei der Vermietung an eine Einzelperson zur Räumungsvollstreckung gegen den nicht mietenden Ehegatten (und den nichtehelichen Lebensgefährten)[100] des Mieters ein eigenständiger Vollstreckungstitel erforderlich ist.[101] Für Kinder des Mieters ist dies umstritten, diese werden oft als reine Besitzdiener angesehen, selbst wenn sie volljährig geworden sind, so dass angenommen wird, gegen diese sei ein Vollstreckungstitel nicht notwendig.[102] Da dies u. a. damit begründet wird, bei volljährig gewordenen Kindern, die unverändert über die Volljährigkeit hinaus Unterhaltsansprüche haben, ändere sich nicht an dem Umstand, dass Sie keinen eigenständigen Mitbesitz hätten, muss im Einzelfall entschieden werden, ob die Umstände es als hinreichend sicher erscheinen lassen, dass nur gegen den Mieter, nicht aber gegen volljährige Kinder geklagt wird. Es kann sonst die Situation eintreten, dass bei Klage nur gegen das mietende Elternteil in der Vollstreckung Umstände vorgetragen werden, aufgrund derer ein eigenständiger Mitbesitz der nunmehr volljährigen Kinder nicht verneint werden kann. Dann muss unter erheblichem Zeitverlust gegen diese die Räumungsklage aus § 546 Abs. 2 BGB neu erhoben werden. Es kann wirtschaftlich in Zweifelsfällen das geringere Risiko sein, gegen die Kinder einen Prozessverlust zu riskieren, als in der Vollstreckung „hängenzubleiben". Der den Vermieter vertretende Rechtsanwalt sollte das mit seinem Mandanten erörtern und dies dokumentieren. 64

bb) Juristische Person. Genauso ist es grundsätzlich dann, wenn eine einzelne juristische Person als Mieter auftritt. Bei der Vermietung von Wohnraum werden juristische Personen häufig als Vermieter, seltener als Mieter auftreten. Dennoch ist die Anmietung von Räumlichkeiten, die objektiv zu Wohnzwecken geeignet und bestimmt sind, auch durch juristische Personen nicht etwa denknotwendig auszuschließen, etwa dann, wenn dies erfolgt, um Mitarbeitern Wohnungen zur Verfügung zu stellen. Derartige Mietverhältnisse werden jedoch rechtlich nicht als Wohnraummietverhältnisse gewertet,[103] nur das Mietverhältnis zwischen der anmietenden juristischen Person und dem Endmieter ist Wohnraummietverhältnis. 65

---

[100] Auch BGH BeckRS 2008, 8442.
[101] LG Saarbrücken NZM 2002, 939; Schmidt-Futterer/*Blank* Vorb. § 535 Rdnr. 264; BGH WuM 2004, 555 = NJW 2004, 3041.
[102] AG Berlin-Mitte NZM 2007, 264. Zuletzt auch BGH BeckRS 2008, 8442.
[103] BGHZ 133, 142 = ZMR 1996, 537; a. A. BGH ZMR 2003, 816 = WuM 2003, 563. zum Herausgabeanspruch im gestuften Mietverhältnis in einem Sonderfall.

66 Dies hat durchaus erhebliche Konsequenzen, die auch durch die Neuregelung der gewerblichen Zwischenvermietung durch § 565 BGB nicht gelöst sind. Denn in Fällen, in denen – wie bei einer Vermietung an einen karitativ tätigen, gemeinnützigen Verein – keine gewerbliche Zwischenvermietung gegeben ist, ist der Untermieter gegenüber dem Herausgabeverlangen des Hauptvermieters aus § 546 Abs. 2 BGB nicht geschützt,[104] es verbleibt nur, dass im Einzelfall dem Untermieter gegenüber dem Hauptvermieter Bestandsschutz bei etwaigem Rechtsmissbrauch gewährt werden kann.[105]

67 Für eine derartige Anmietung kann dennoch der nachfolgende Formulierungsvorschlag gelten.

> **Formulierungsvorschlag: Juristische Person als Mieterin**
>
> Vertragsrubrum:
>
> Zwischen
>
> (Vermieterbezeichnung wie oben Muster 1–3)
> und
> Variante a:
> der M GmbH, (Anschrift), vertreten durch ihren alleinvertretungsberechtigten Geschäftsführer, GF, (Anschrift), (ggf. konkrete Vertretungsverhältnisse laut Handelsregister)
> Variante b:
> Dem XY-Verein e. V., vertreten durch den Vorstand, dieser vertreten durch den ersten Vorsitzenden ...... und den zweiten Vorsitzenden/den Geschäftsführer ......, (Anschrift)
> als Mieter/Mieterin
> wird folgender Mietvertrag geschlossen:
>
> (Übriger Vertragstext)

68 Die Abgrenzung zur Anmietung zum Zwecke der gewerblichen Weitervermietung wird im Einzelnen in § 50 Rdnr. 16 ff. behandelt, worauf hier verwiesen wird.
Wichtig ist zu § 565 BGB auch, dass dieser nicht nur Rechte für den Wohnungsmieter, den Untermieter bzw. Endmieter begründet, sondern auch die Pflicht, den Mietvertrag mit dem Eigentümer als Vermieter fortzusetzen und einzuhalten.[106]

69 Im Rahmen der Vertragsfreiheit erscheint es als möglich, zugunsten vorgesehener Untermieter auch in Fällen nicht gewerblicher Zwischenmiete (wo also § 565 BGB nicht gilt), die Anwendung von Wohnraumrecht ausdrücklich zu vereinbaren. Dies wird als Vertrag zugunsten Dritter wirken, wenn das Hauptmietverhältnis endet.

70 **b) Mehrheit von Mietern.** Mehrere Mieter haften im Außenverhältnis gesamtschuldnerisch. Erklärungen des Vermieters müssen an alle Mieter gerichtet sein.

71 *aa) Ehegatten.* (1) *Allgemeines.* Wenn beide Ehegatten Mieter werden sollen, so müssen beide im Kopf des Mietvertrages aufgeführt sein und zusätzlich müssen beide Ehegatten den Mietvertrag unterschreiben. Die Unterschrift eines der Ehegatten reicht nicht.[107]

72 Die neuere Rechtsprechung hat hierzu entschieden, dass dann, wenn ein Wohnungsmietvertrag, in dessen Kopf beide Ehegatten als Mieter aufgeführt sind, nur von dem Ehemann unterschrieben wird, die Ehefrau nicht Vertragspartnerin wird. Der Abschluss eines Wohnraummietvertrages ist kein Geschäft zur Deckung des täglichen Lebensbedarfs im Sinne des § 1357 BGB.[108] Im Einzelfall kann aber ein Ehegatte im Verlauf des Mietverhältnisses kon-

---

[104] BGH NJW 1996, 2862; BayObLG NJW-RR 1995, 73; NJW-RR 1995, 71.
[105] BVerfGE 84, 197 = NJW 1991, 2272; BayObLG WuM 1995, 645.
[106] AG Aachen Urt. v. 9. 3. 2000 – 10 C 369/99 – n. v.; LG Aachen Urt. v. 20. 10. 2000 – 5 S 150/00 – n. v.
[107] LG Osnabrück NZM 2002, 943; ZK 64 des LG Berlin ZMR 1998, 347.
[108] LG Mannheim NJW-RR 1994, 274 = ZMR 1993, 415 (zur Mieterseite); LG Osnabrück Fn. 59; LG Baden-Baden WuM 1997, 430, 431 (zur Vermieterseite). Anders das LG Berlin GE 1995, 567.

kludent dem Mietvertrag als Mitmieter beitreten.[109] Die ältere Literatur und Rechtsprechung sah dies mehrheitlich anders,[110] man muss dies jedoch als überholt ansehen. Es muss zumindest gefordert werden, dass sich eine Vertretungsabsicht bei nur einer Unterschrift auf Mieterseite irgendwie aus der Vertragsurkunde selbst ergibt, also z. B. durch einen Vertreterzusatz bei der Unterschrift. Denn sonst wird die Schriftform (bei Verträgen über die Dauer eines Jahres hinaus) nicht gewahrt und es bleibt auch sonst unklar, wer Vertragspartner sein soll.[111] Ein gewisser Widerspruch zu der Möglichkeit des konkludenten Beitritts liegt wohl in der Entscheidung des OLG Celle,[112] wonach es zur Wahrung der Schriftform des § 550 BGB reicht, wenn mit dem hinzutretenden Mieter eine schriftliche Mietbeitrittsvereinbarung erfolgte, der der bisherige Mieter formlos zustimmen kann.

73 Der Vermieter kann und muss dann entscheiden, ob er mit nur einem der Ehegatten den Vertrag schließen will, da er in diesem Falle nicht auf beide Ehegatten als Gesamtschuldner zurückgreifen kann und in einer Situation, in der der mietende Ehegatte ggf. einkommens- und vermögenslos wird, erhebliche Vermögenseinbußen erleiden kann.

74 Auch der umgekehrte Fall wird uneinheitlich beurteilt. Ist nur einer der Ehegatten im Rubrum des Vertrags als Mieter bezeichnet, unterschreiben jedoch beide Ehegatten den Vertrag, so nimmt *Sternel* noch an, dass es im Zweifel im Interesse sowohl des Vermieters als auch der Mieter liegen solle, dass beide Ehegatten Mieter sind.[113] Die neuere Rechtsprechung sieht auch diese Konstellation anders,[114] zumal der nicht mietende Ehegatte durch das Eintrittsrecht aus § 563 BGB die Entscheidungsmöglichkeit hat, den Vertrag fortsetzen zu können, während er im Falle der Nichtausübung des Eintrittsrechts an einen ihn beschwerenden Vertrag nicht gebunden ist, sofern er nicht Erbe ist. Die Ehegatten können daher gute Gründe haben, die Entscheidung zu treffen, dass nur einer von Ihnen Mieter sein soll, was durch die Nennung nur eines Ehepartners im Rubrum des Vertrags zu Ausdruck kommt. Wird dann doch durch beide Eheleute unterschrieben, so soll es dann, wenn dem Vermieter die Zahl seiner Vertragspartner gleichgültig ist, doch zum Abschluss des Vertrages mit beiden Eheleuten kommen, während dann, wenn der Vermieter nur mit dem namentlich Genannten abschließen wollte, die Unterschrift des weiteren Ehepartners ins Leere gehen soll.[115] Die Abgrenzung dürfte m. E. kaum durchführbar sein, da sie sich nur auf letztlich nicht beweisbare innere Tatsachen stützt.

Praxistipp:

Vorsicht: Haftungsfalle!
Die wechselseitige Vertragssicherheit erfordert es daher gerade in der anwaltlichen Vertragsberatung, auf unbedingte Übereinstimmung der im Rubrum des Vertrages genannten Personen mit den unterzeichnenden Personen zu achten. Der beratende Anwalt kann sonst Haftungsrisiken für sich schaffen.

Formulierungsvorschlag: Beide Ehegatten als Mieter

75 Vertragsrubrum:

Zwischen

ab. . . . . . ., (Anschrift) als Vermieter

und

---

[109] LG Berlin NZM 2002, 119; so auch BGH NZM 2005, 659 f. = WuM 2005, 570.
[110] *Sternel* I Rdnr. 22 mit dortigen Nachweisen; *Sternel* Aktuell I Rdnr. 17 mit dortigen Nachweisen; so auch ZK 62 des LG Berlin GE 1999, 1285.
[111] Schmidt-Futterer/*Blank* Vorb. § 535 Rdnr. 255 f m. w. N.
[112] OLG Celle NZM 2008, 488 = ZMR 2008, 120.
[113] *Sternel* I Rdnr. 22 mit dortigen Nachweisen.
[114] LG Berlin MM 1997, 283; so auch schon LG Berlin ZMR 1988, 103 (Mitunterzeichnung führe nur zur Bürgenstellung).
[115] Schmidt-Futterer/*Blank* Vorb. § 535 Rdnr. 256.

cd. ......, geb. am ...... in ......
Personalausweis/Pass-Nr. ......
und
ef. ......, geb. am ...... in ......
Personalausweis/Pass-Nr. ......
bisherige Anschrift: ......

als Mietern wird folgender Mietvertrag geschlossen:
...... (Übriger Vertragstext)
Unterschriften:
......, den ......

...... (Mieter/in 1)

...... (Vermieter)

...... (Mieter/in 2)

- **Konsequenzen für Vertragserklärungen:**

76 Ein Zustimmungsverlangen gemäß § 2 Abs. 2 MHRG, dass der Vermieter einer an Eheleute vermieteten Wohnung nur an einen Mieter richtet, ist beiden Ehegatten gegenüber wirksam, wenn die Vertragspartner formularmäßig u. a. vereinbart haben: „Für die Rechtswirksamkeit einer Erklärung des Vermieters genügt es, wenn sie gegenüber einem der Mieter abgegeben wird.".[116] Es handelt sich dabei nicht um eine Empfangsvollmacht. Auf diese Argumentation sollte aber nur in Notfällen zurückgegriffen werden, nicht jedoch, wenn durch klare Adressierung die Situation noch gestaltet werden kann.

77 Umgekehrt soll im Fall der gemeinsamen Anmietung einer Wohnung durch Ehegatten gelten, dass eine Zustimmungserklärung nur eines von ihnen zu der vom Vermieter begehrten Mieterhöhung auch den anderen Ehegatten i. d. R. binde, weil es sich im bestehenden Mietverhältnis bei einer solchen Zustimmung um ein Geschäft zur angemessenen Deckung des Lebensbedarfs der Familie handele.[117] Die Entscheidung erscheint zweifelhaft und sollte dem auf Vorsicht bedachten Rechtsanwalt keine Leitschnur sein. Der Vermieter sollte auf der formellen Abgabe der Zustimmungserklärung auch durch den zweiten Ehegatten bestehen, da allgemein – richtig – darauf abgestellt wird, dass eine Mieterhöhungsvereinbarung nur wirksam ist, wenn beide Mieter mit der Mieterhöhung einverstanden sind.[118]

78 In speziellen Sonderfällen kann jedoch von einer Entlassung aus dem Mietvertrag ausgegangen werden. Ist einer von zwei Mietern bereits seit vielen Jahren ausgezogen und hat mit dem Vermieter seine Entlassung aus dem Mietvertrag vereinbart, ist von einer Alleinmieterstellung des verbliebenen Mieters auszugehen und zumindest sein Einwand, eine Mieterhöhungsanforderung hätte nicht nur ihn, sondern auch den ausgezogenen Mieter betreffen müssen, als treuwidrig und damit unbeachtlich zu behandeln.[119]

Formulierungsvorschlag: Ein Ehegatte als Mieter

79 Zwischen

ab. ......, (Anschrift) als Vermieter
und
cd. ...., geb. am ...... in ......
Personalausweis/Pass-Nr. ......
bisherige Anschrift: ......
als Mieter wird folgender Mietvertrag geschlossen:
...... (Übriger Vertragstext mit folgender Ergänzung)

---

[116] KG NJW-RR 1986, 173.
[117] AG Münster MDR 1996, 900 f.
[118] Schmidt-Futterer/*Blank* Vorb. § 535 Rdnr. 259.
[119] LG Krefeld ZMR 2003, 575; best. durch BGH NZM 2004, 419 f.; für die Adressierung einer Kündigung BGH NJW 2005, 1715 = NZM 2005, 452.

> Es besteht Einigkeit, dass der Mieter die Wohnung zusammen mit seiner Ehegattin/seinem Ehegatten ...... und ...... Kindern bezieht.
> ...... (übriger Vertragstext)
> Unterschriften:
> ......, den ......
>
> ......
> (Mieter/in 1)
>
> ......
> (Vermieter)

(2) Anspruch des Vermieters auf Beitritt des Ehegatten als Mieter? Streitig ist in der Vergangenheit gewesen, ob der Vermieter einen Anspruch auf Beitritt des Ehegatten des Mieters zum Mietvertrag hat, wenn der Mieter nach Abschluss des Mietvertrages heiratet und der Ehegatte des Mieters in die Wohnung mit einzieht. **80**

Der Vermieter einer Wohnung, der an einen ledigen Mieter vermietet hat, hat jedoch nach dessen Eheschließung keinen Anspruch gegen den neu in die Wohnung gezogenen Ehegatten auf Beitritt zu dem mit dem anderen Ehegatten bestehenden Mietvertrag[120] oder auf Abschluss eines inhaltsgleichen Mietvertrags.[121]

Der Mieter ist dennoch selbstverständlich berechtigt, seinen Ehegatten in die Wohnung aufzunehmen, da dies wie die Aufnahme von Kindern und Stiefkindern zum vertragsgemäßen Gebrauch der Mietwohnung gehört.[122] **81**

Es ist auch durch Individualvereinbarung nicht möglich, das Recht zur Aufnahme des Ehegatten (und naher Verwandter) auszuschließen, weil dies sonst gegen Art. 6 GG verstieße.[123]

(3) Besonderheit in den neuen Bundesländern: Im ZGB der DDR regelte § 100 Abs. 3 ZGB: **82**

> Mieter einer Wohnung sind beide Ehegatten, auch wenn nur ein Ehegatte den Vertrag abgeschlossen hat.

Eine Ausnahme bildeten Werkwohnungen, bei diesen kam gemäß § 130 Abs. 1 ZGB der Mietvertrag mit dem Mitarbeiter des Betriebs als Mieter zustande.

Waren unter Anwendung dieser Vorschriften beide Ehegatten bereits vor dem 3. 10. 1990 Mieter, so gilt § 100 Abs. 3 ZGB auch nach dem Beitritt fort, weil die Bestimmung keinen zwingenden Bestimmungen des BGB widerspricht.[124] Dies gilt auch dann, wenn die Ehe erst nach dem Abschluss des Mietvertrages eingegangen wurde, das ZGB zu diesem Zeitpunkt Anwendung fand und die Tatsache der Ehe dem Vermieter bekannt wurde.[125]

Dies hat erhebliche Konsequenzen auch für Vertragserklärungen nach dem 3. 10. 1990, denn die nur einem Mitmieter/Ehegatten gegenüber nach dem 3. 10. 1990 erklärte Mieterhöhung oder Kündigung des Mietvertrages ist unwirksam.[126] Der Vermieter, insbesondere dessen evtl. Rechtsnachfolger, muss sich also genau über die vor dem 3. 10. 1990 bestehende Situation informieren, um Erklärungen an die richtigen Adressaten zu richten. **83**

Bei Abschluss eines Mietvertrages über ein im Beitrittsgebiet gelegenes Mietobjekt ab dem 3. 10. 1990 einschließlich gelten ausschließlich die Bestimmungen des BGB, wie dies oben dargestellt ist.

---

[120] AG Köln NJW 1982, 239.
[121] LG Aachen NJW-RR 1987, 1373.
[122] OLG Hamm WuM 1997, 364; Schmidt-Futterer/*Blank* § 540 Rdnr. 23; Bub/Treier/*Kraemer* III. B Rdnr. 1259.
[123] Schmidt-Futterer/*Blank* § 540 Rdnr. 26.
[124] LG Görlitz WuM 1995, 649; LG Cottbus NJW-RR 1995, 524 = ZMR 1995, 30; BezG Erfurt WuM 1992, 357, 358; KrG Cottbus WuM 1992, 109, 111; AG Lichtenberg MM 1998, 441; AG Grimmen WuM 1992, 685; AG Burg WuM 1993, 111; Staudinger/*Rolfs* (2003) Art. 232 § 2 EGBGB Rdnr. 3 bis 5; a. A. *Quarch* WuM 1993, 224 f.
[125] KreisG Cottbus WuM 1993, 665.
[126] KreisG Cottbus WuM 1993, 665; LG Chemnitz WuM 1993, 665; BGH WuM 2005, 515 f.

84 bb) *Nichteheliche Lebensgemeinschaften (LG).* Es handelt sich dabei um eine **Lebensgemeinschaft mit persönlicher Verbundenheit,** die über das bloße Zusammenwohnen hinausgeht.

Durch das am 1. 8. 2001 in Kraft getretene Lebenspartnerschaftsgesetz[127] ändert sich an den nachstehenden Ausführungen zu den Vertragsparteien wenig. Bei Trennung gleichgeschlechtlicher eingetragener Lebenspartner gibt es Sonderregeln, dargelegt unter Rdnr. 214 bis 255. Für die Regelungen zur Rechtsnachfolge im Todesfall gab es eine Neugestaltung, die das Regelungssystem der heutigen § 563 BGB vorwegnahm. Dies wird unter Rdnr. 261 ff. näher dargelegt. Die nachstehenden Ausführungen betreffen daher heterosexuelle Lebensgemeinschaften.

85 *(1) Abschluss des Vertrages.* Beim Abschluss des Vertrages bestehen Probleme nicht, da es den Parteien freisteht, wer Mietvertragspartner werden soll, einer oder beide Beteiligte einer nichtehelichen Lebensgemeinschaft.

Jedoch wird – ohne dass dies bezweifelt würde – nur der den Mietvertrag auch tatsächlich unterzeichnende Partner der nichtehelichen LG Vertragspartei des Mietvertrags, auch wenn beide Partner der nichtehelichen LG im Kopf namentlich als Mieter bezeichnet sind.[128] Die Rechtsprechung hat hier von vorneherein die Lösung als richtig erkannt, die auch bei Ehegatten in der neueren Rechtsprechung herausgearbeitet wurde.

Als Muster einer derartigen Vertragsgestaltung wird auf das **Muster:** Beide Ehegatten als Mieter verwiesen.

86 *(2) Auflösung des Vertrages.* Ist der Mietvertrag mit beiden Partnern der nichtehelichen Lebensgemeinschaft als Mietern abgeschlossen worden und scheitert die nichteheliche Lebensgemeinschaft, entstehen Probleme, die Anlass zu gerichtlichen Entscheidungen waren.

Die nichteheliche LG wird als Gesellschaft i. S. der §§ 705 ff. BGB interpretiert,[129] bei der einer der Partner bei Scheitern der Lebensgemeinschaft die Auflösung der Gesellschaft aus wichtigem Grund verlangen kann.[130] Dies besagt jedoch noch nichts zum „Wie" der Auflösung.

87 • **Gemeinsame Kündigung:** Möglich ist selbstverständlich die gemeinsame Kündigung. Erfolgt diese aber nicht, weil sich die bisherigen Partner noch nicht einmal mehr darauf einigen können, so muss ein Ausweg gefunden werden.

88 • **Freistellungslösung:** Der Lösungsansatz, dass bei nicht erfolgender gemeinsamer Kündigung gegenüber dem Vermieter der in der Wohnung verbleibende Partner, der zu erkennen gibt, dass er die Wohnung behalten will, im Innenverhältnis den Mietzins alleine tragen muss und den ausgezogenen Partner gegenüber dem Vermieter von der Mietzinsforderung freistellen muss,[131] reicht nicht weit genug. Denn auch eine derartige Freistellung belässt den ausgezogenen Mitmieter in der vollen Außenhaftung gegenüber dem Vermieter, so dass er das Risiko der Insolvenz des in der Wohnung verbleibenden Mitmieters trägt.[132]

89 • **Pflicht der Mitmieter zur Mitwirkung bei Kündigung:** Daher hat der ausgezogene Mitmieter nicht nur einen Anspruch auf Mitwirkung an einer normalen Kündigung zum vertraglich und gesetzlich nächst möglichen Termin,[133] sondern auch darauf, dass etwaige Sonderkündigungsrechte (etwa aus § 561 BGB nach einer Mieterhöhungsanforderung) wahrgenommen werden.[134] Dazu muss der ausgezogenen Partner über eine solche Situation und Möglichkeit informiert werden, erst dann kann eine derartige Mitwirkungspflicht entstehen.

---

[127] BGBl. 2001 S. 266 ff.
[128] AG Osnabrück NJW-RR 1997, 774.
[129] LG Berlin NZM 1999, 758 = ZMR 1998, 776, 777; Schmidt-Futterer/*Blank* Vorb. § 535 Rdnr. 284 m. w. N.
[130] LG München II NJW-RR 1993, 334 f.
[131] OLG Düsseldorf NJW-RR 1998, 658 f. = NZM 1998, 72 = WuM 1998, 413; so auch OLG Köln ZMR 2004, 32 f. für das Innenverhältnis.
[132] KG MM 1995, 183.
[133] OLG Düsseldorf ZMR 2007, 960; OLG Köln NZM 1999, 998.
[134] KG MM 1995, 183.

- Eine **Pflicht zur Mitwirkung an einer fristlosen Kündigung** besteht nicht, da – normalerweise – kein Anlass für eine fristlose Kündigung gegenüber dem Vermieter besteht.[135] Beim befristeten Mietvertrag (bzw. bei Bestehen eines wirksamen Kündigungsausschlusses) muss an einem Angebot an den Vermieter zum Abschluss eines Mietaufhebungsvertrages mitgewirkt werden, es sei denn, das ist aussichtslos, weil der Vermieter bereits kundgetan hat, dass er einen solchen Aufhebungsvertrag nicht schließen werde.[136]

Da der Vermieter Erklärungen, die zu solchen Sonderkündigungsrechten führen können, an beide Mieter richten muss, muss er bei Auszug eines der Mieter die Erklärung auch an die neue Anschrift des ausgezogenen Mieters richten. Daher ist der **ausziehende Mieter** gehalten und es ist ihm **anzuraten**, den Auszug und seine neue Anschrift dem Vermieter eindeutig anzuzeigen und auch eine **Empfangsvollmacht**, die zugunsten des anderen Mitmieters ggf. vereinbart ist, **zu widerrufen**. Denn nur so kann er sicherstellen, dass ihn derartige Erklärungen erreichen und er dann auf die Wahrnehmung von Sonderkündigungsrechten gemeinsam mit dem in der Wohnung verbleibenden Mieter hinwirken kann. Denn ansonsten kann es sein, dass der Vermieter auf Grund einer vereinbarten wechselseitigen Empfangsbevollmächtigung der Mieter z.B. eine Mieterhöhungsanforderung nur an die Anschrift des Mietobjektes richtet, was zum wirksamen Zugang führt.[137]

Die Auflösung der Gesellschaft muss daher so erfolgen, dass der ausziehende Partner gegen den in der Wohnung verbliebenen Mitmieter einen Anspruch auf Zustimmung bzw. Mitwirkung zur Kündigung zu dem vertraglich nächst möglichen Zeitpunkt hat, was selbst dann gilt, wenn der Vermieter einer vorzeitigen Beendigung zustimmen würde.[138]

> **Formulierungsvorschlag: Klageantrag auf Mitwirkung bei Kündigung**
>
> Es wird beantragt,
> die/den Beklagte/n zu **verurteilen,** gegenüber (......, genaue Vermieterbezeichnung mit Anschrift) folgende Willenserklärung abzugeben:
> Hiermit kündige ich den Mietvertrag über die Wohnung (...... genaue Bezeichnung des Mietobjekts mit Anschrift und Lage im Haus) zum nächstmöglichen Termin.
>
> **Alternative bei Sonderkündigungsrechten:**
> Hiermit kündige ich unter Berufung auf (genaue Angabe des Sonderkündigungsrechts) den Mietvertrag über die Wohnung (...... genaue Bezeichnung des Mietobjekts mit Anschrift und Lage im Haus) zum nächstmöglichen Termin.

Die Rechtskraft eines derartigen Urteils ersetzt die Abgabe der Willenserklärung, § 894 Abs. 1 Satz 1 ZPO. Das mit Rechtskraftvermerk versehene Urteil ist dann dem Erklärungsempfänger zur Kenntnis zu bringen, am sinnvollsten wegen der Zugangsfiktion des § 132 Abs. 1 BGB durch Zustellung über den Gerichtsvollzieher.

Für den zurückgebliebenen Partner ergibt sich die Schwierigkeit, dass die auf diesem Wege erzwungene gemeinsame mieterseitige Kündigung das Mietverhältnis beendet. Er hat gegenüber dem Vermieter keinen Anspruch auf Neuabschluss eines Vertrages mit ihm als alleinigem Mieter. Dafür findet sich im Gesetz keine Grundlage.[139] Teilweise wird dennoch eine Anbietpflicht des Vermieters an den verbliebenen Mieter angenommen.[140] Dies ist m.E. abzulehnen, weil dem Vermieter, der mit zwei Personen (mit gesamtschuldnerischer Haftung) abschließen wollte, nicht aufgezwungen werden kann, jetzt nur mit einer Person zu kontrahieren.

---

[135] LG Gießen WuM 1996, 273.
[136] Schmidt-Futterer/*Blank* Vorb. § 535 Rdnr. 285.
[137] BGH NJW 1997, 3437, 3440.
[138] LG Gießen ZMR 1997, 142; OLG Düsseldorf ZMR 2007, 960.
[139] *Sonnenschein* NZM 1999, 977, 979.
[140] Schmidt-Futterer/*Blank* Vorb. § 535 Rdnr. 288.

95 • **Rechtliche Wirkung des bloßen Auszugs eines der Mieter:** Streit besteht über die Wirkungen des bloßen Auszuges eines der beiden Mieter. Während die eine Auffassung in entsprechender Anwendung gesellschaftsrechtlicher Enthaftungsregelungen die Inanspruchnahme des ausgezogenen Mitmieters ablehnt, wenn der Vermieter von einer ihm zumutbaren Kündigung des Mietverhältnisses keinen Gebrauch gemacht hat,[141] lehnt die andere Auffassung dies zutreffend ab und sieht den Vermieter auch nicht als verpflichtet an, den Mietvertrag etwa bei Zahlungsunfähigkeit des Mieters/der Mieter zu kündigen.[142] Eine Kündigung des Mietverhältnisses sei vielmehr Sache der Mieter,[143] wobei ja gemäß den vorangegangenen Ausführungen der ausgezogene Mieter einen Anspruch auf Mitwirkung des verbleibenden Mieters hat. Das Argument des LG Duisburg, ggf. müsse der ausgezogene Mieter einen langwierigen Prozess auf Mitwirkung führen, greift nicht durch, da es das Wesen der gesamtschuldnerischen Verbundenheit verkennt. Ebenso ist es verfehlt, wenn das LG Duisburg aus dem Umstand, dass im familienrechtlichen Wohnungszuweisungsverfahren häufig eine fortdauernde Mithaftung des ausgezogenen Mieters im Interesse des Vermieters angeordnet wird, ein Argument für eine „gesellschaftsrechtliche" Enthaftung gegen die Intention der HausRVO konstruiert.

96 • **Innenverhältnis der Mitmieter:** Bis zu einer nach obigen Kriterien zu bewirkenden Kündigung beider Mieter hat der verbliebene Mieter gegen den ausgezogenen Mitmieter einen Anspruch aus § 426 Abs. 1 BGB auf Erstattung der hälftigen Monatsmiete.[144] Ob dieser Anspruch zeitlich befristet ist, ist umstritten. Teilweise wird (selbst im Fall von Ehegatten, wo ja die Hausratsverordnung gilt) die Auffassung vertreten, nach Ablauf einer Übergangsfrist (dort mit 2½ Monaten angenommen) bestehe kein Anspruch mehr auf (interne) Beteiligung an der Zahlung des Mietzinses, wenn nicht besondere Gründe vorliegen, wobei dort die Möglichkeit bestand, den Mietvertrag zu beenden.[145] Andererseits wurde für den Fall eines befristeten Mietvertrages, der durch Partner einer nichtehelichen Lebensgemeinschaft im Hinblick auf eine alsbald erfolgte Heirat abgeschlossen wurde, entschieden, dass eine nur alleinige Haftung des nach einer Trennung in der Wohnung verbliebenen Partners für die Miete ausscheidet.[146]

Wegen der sich hier ergebenden Unsicherheiten ist daher dem ausziehenden Partner stets dringend zu empfehlen, auf eine im Außenverhältnis wirksame Kündigung des Mietverhältnisses gegenüber dem Vermieter zu drängen und dies auch ggf. durchzusetzen, falls sich keine einvernehmliche Entlassung des ausziehenden Mieters erreichen lässt.

97 • **Eilentscheidungen:** In der Phase der Trennung einer nichtehelichen Lebensgemeinschaft können auf Grund etwa von Gewalttätigkeiten Eilentscheidungen erforderlich werden, auch außerhalb der Anwendbarkeit des Gewaltschutzgesetzes.[147] Diese können über einen durch einstweilige Verfügung zu sichernden Unterlassungsanspruch dahin gelöst werden, dass als Reflexwirkung dieses Unterlassungsanspruchs letztlich eine vorläufige Räumung der gemeinsamen Wohnung erreicht wird. Ohne eine solche Sondersituation ist es jedoch wegen § 940a ZPO nicht möglich, einen materiell-rechtlichen Herausgabeanspruch durch einstweilige Verfügung vorläufig durchzusetzen. Im Falle der Aussperrung eines der bisherigen Partner kann dieser die Rückkehr in die Wohnung durch einstweilige Verfügung erzwingen, da das eigenmächtige Aussperren immer verbotene Eigenmacht darstellt.[148]

98 • **Sonderfall: Nur einer der Lebenspartner war Mieter:** Besteht kein förmliches Untermietverhältnis, so kann der Mieter ohne Anwendung von Kündigungsschutzvorschriften[149]

---

[141] LG Duisburg, NJW 1998, 1499, 1500 = NZM 1998, 73 = WuM 1997, 671 = ZMR 1998, 96, 97.
[142] *Klinkhammer* NZM 1998, 744 f.; LG Berlin ZMR 1998, 776, 777.
[143] LG Berlin NZM 1999, 758 = ZMR 1998, 776, 777.
[144] KG MM 1995, 183.
[145] OLG München FamRZ 1996, 291; so wohl auch: OLG Düsseldorf NJW-RR 1998, 658 = NZM 1998, 72.
[146] OLG Dresden ZMR 2003, 419 f. = FamRZ 2003, 158.
[147] Zum Gewaltschutzgesetz: siehe unten § 36.
[148] *Schuschke* NZM 1999, 481, 484 f. (insbesondere zur dogmatischen Begründung); Schmidt-Futterer/*Blank* Vorb. § 535 Rdnr. 289; zu einem Ausnahmefall AG Bruchsal FamRZ 1981, 447, das dort Rechtsmissbrauch für möglich hielt.
[149] *Singer* WuM 1982, 257.

vom bisherigen Partner die Räumung verlangen. Nur bei besonderen Umständen kann dies – etwa Verlangen nach Räumung zur Unzeit oder sofortiger Räumung ohne Rückfrist – im Sinne des § 242 BGB rechtsmissbräuchlich sein.[150] Es kann nicht vom Vermieter verlangt werden, dass er das Verbleiben des Nichtmieters in der Wohnung bei Auszug des Mieters duldet. Denn das wäre ein vertragswidriger Gebrauch in Form der unerlaubten Überlassung des Alleingebrauchs.[151] Möglich ist hier nur eine – nicht erzwingbare – Vereinbarung mit dem Vermieter über einen Mieterwechsel.[152]

(3) Wohngeld bei nichtehelichen Lebensgemeinschaften. Als Besonderheit im **Wohngeldrecht** gilt, dass in Fällen, in denen Partner einer nichtehelichen Lebensgemeinschaft die von einem der Partner allein gemietete Wohnung gemeinsam bewohnen, der auf den mitbewohnenden Partner entfallende Kopfteil der Miete bei der Entscheidung über die Gewährung von Wohngeld außer Ansatz bleibt. Diese in § 7 Abs. 3 Satz 1 WoGG getroffene Kopfteilregelung ist verfassungsgemäß.[153] Es erfolgt dann aber auch keine Anrechnung des Einkommens des nicht mietenden Partners.

Den Partnern einer solchen Lebensgemeinschaft bleibt es unbenommen, ggf. ein Untermietverhältnis (mit Zustimmung des Vermieters)[154] zu begründen, was dann für den nicht mietenden Partner zu eigenständigen Wohngeldansprüchen führen kann, oder aber, eine Mitmieterstellung des weiteren bisher nicht mietenden Partners mit dem Vermieter zu vereinbaren.[155]

cc) Wohngemeinschaften. Der Begriff der Wohngemeinschaft ist nur auf Mieterseite denkbar. Er ist dadurch gekennzeichnet, dass hier **keine besondere persönliche Beziehung** dem Wohnen in einer Wohnung zugrunde liegt, wie bei einer nichtehelichen Lebensgemeinschaft, sondern **einziger Zweck das gemeinsame Wohnen** ist, im Regelfall, um Wohnkosten zu sparen.

(1) Wohngemeinschaft ab Mietbeginn. Vertragspartner auf Mieterseite werden im Regelfall alle Personen, die in der Wohnung leben. Dazu ist – nicht anders als bei Ehegatten oder bei nichtehelichen Lebensgemeinschaften – erforderlich, dass jeder, der Mietvertragspartner werden soll und will, im Kopf des Mietvertrages auch als Mieter aufgeführt ist und den Mietvertrag unterschreiben muss.

Formulierungsvorschlag: Mietvertrag mit Wohngemeinschaft

Zwischen
(Vermieterbezeichnung wie oben)
und als Mietern:
1. AB, bisherige Anschrift: ......, geb. am: ...... in ......,
2. CD, bisherige Anschrift: ......, geb. am: ...... in ......,
3. EF, bisherige Anschrift: ......, geb. am: ...... in ......,
4. Etc.
in Form einer Wohngemeinschaft, gesamtschuldnerisch haftend,
(weiter wie üblich)

Wollen alle „Wohngemeinschafter" das Mietverhältnis beenden, muss – wie sonst auch – eine Kündigung von allen ausgesprochen werden und an den/alle Vermieter gerichtet werden. Eine Kündigung des Vermieters muss – was nicht verwundern – gegenüber **allen** Mitgliedern der Wohngemeinschaft erklärt werden. Denn bei Vermietung einer Wohnung z. B. an drei junge, voneinander unabhängige Personen handelt es sich um die Vermietung an

---

[150] Schmidt-Futterer/*Blank* Vorb. § 535 Rdnr. 289.
[151] Schmidt-Futterer/*Blank* Vorb. § 535 Rdnr. 290.
[152] Dazu siehe Rdnr. 164 bis 201.
[153] BVerwG NJW 1995, 1569, 1571.
[154] BGH NZM 2004, 22.
[155] BVerwG NJW 1995, 1569, 1572.

eine Wohngemeinschaft. Die Kündigung dieses Mietverhältnisses ist daher allen aktuellen Mitgliedern der Wohngemeinschaft gegenüber zu erklären.[156] Zu den Konsequenzen, die sich ergeben, wenn man einen Vertrag dahin auslegt, dass die Wohngemeinschaft als GbR „als solche" Vertragspartner geworden ist, ist auf Rdnr. 202 bis 213 zu verweisen.

Zur Empfangsbevollmächtigung wird auf die Ausführungen oben zu 2. b (Rdnr. 42 bis 44) verwiesen.

105 Als denkbare andere Konstruktion kommt in Betracht, dass einer der Mieter Hauptmieter mit dem ausdrücklich eingeräumten Recht ist, eines oder mehrere Zimmer unterzuvermieten, solange er selbst weiter die Wohnung mitbewohnt.[157] Diese Konstruktion wird im Einzelnen in § 12 behandelt.

106 *(2) Wechsel im Mieterbestand.* Besonderheiten ergeben sich dann, wenn nicht alle „Wohngemeinschafter" das Mietverhältnis beenden wollen, sondern nur einer oder einige. Dies wird im Einzelnen unter Rdnr. 202–213 behandelt. Kurz sei zum Ergebnis gesagt, dass der Vermieter verpflichtet ist, einer Auswechslung der Mieter zuzustimmen, weil er damit bei Vermietung an eine – insbesondere studentische – Wohngemeinschaft rechnen könne und müsse.

107 *(3) Wohngemeinschaft durch Aufnahme weiterer Personen in die Wohnung.* Eine weitere Besonderheit tritt auf, wenn ein bisheriger Einzelmieter nunmehr weitere Personen in eine Wohnung aufnehmen will. Zu unterscheiden ist hier, was der Mieter damit bewirken will. Geht es ihm allein um das faktische Handeln, so erfolgt keine Auswirkung auf die Vertragsparteien, es geht dann im engeren Sinne nur um die Frage, ob das Vorhaben des Mieters ein rechtmäßiger Mietgebrauch ist. Wegen des Sachzusammenhangs soll dies hier kurz dargestellt werden.

108 • **Faktische Aufnahme Dritter Personen**

Zur Beurteilung der Zulässigkeit dieses Vorhabens ist § 553 BGB unmittelbar auch dann anzuwenden, wenn der Mieter einen Dritten, der weder Familienangehöriger noch Bediensteter des Mieters ist, zum Mitgebrauch der Wohnung für dauernd in den Haushalt aufnimmt, ohne ihm im Wege der Untermiete einen bestimmten Teil der Wohnung zum alleinigen Eigengebrauch zu überlassen.[158] Der Mieter bedarf also der Zustimmung des Vermieters, auf die er aber im Regelfall einen Anspruch hat.[159]

Es hängt dabei von der Darlegung der tatsächlichen Gründe im Einzelfall ab, ob der Wunsch des Mieters, im Rahmen seiner Lebensgestaltung aus persönlichen Gründen mit dritten Personen gleichen oder anderen Geschlechts eine auf Dauer angelegte Wohngemeinschaft zu bilden, ein berechtigtes Interesse i. S. von § 553 BGB darstellt.[160]

109 Der Mieter hat – unbeschadet etwaiger Einwendungen des Vermieters aus dem Gesichtspunkt der Unzumutbarkeit (§ 553 BGB n. F. = § 549 Abs. 2 BGB) – bereits dann ein berechtigtes Interesse an der Aufnahme eines Dritten in die Mietwohnung i. S. des § 553 BGB n. F., wenn er im Rahmen seiner Lebensgestaltung aus persönlichen oder wirtschaftlichen Gründen mit dem Dritten eine auf Dauer angelegte Wohngemeinschaft begründen will, gleichviel, ob es sich bei dem Dritten um eine Person gleichen oder anderen Geschlechts handelt.[161]

Eine Berücksichtigung der Belange des Vermieters findet damit nur unter dem Gesichtspunkt der Zumutbarkeit i. S. von § 533 BGB n. F. (§ 549 Abs. 2 S. 1 Halbs. 2 BGB a. F.) statt.[162]

• **Verlangen des Mieters nach Mitmieterstellung der weiteren Person**

110 Will allerdings der Alleinmieter eine Aufnahme der weiteren Person in die Mieterstellung erreichen, so kann er das nur im Einvernehmen mit dem Vermieter durch eine entsprechende Ergänzung des Mietvertrages erreichen. Denn spiegelbildlich zu der oben dargestellten

---

[156] LG Hamburg NJW-RR 1996, 842.
[157] Schmidt-Futterer/*Blank* Vorb. § 535 Rdnr. 291.
[158] OLG Hamm NJW 1982, 2876.
[159] BGH NZM 2004, 22.
[160] BGH NJW 1985, 130.
[161] OLG Hamm NJW 1982, 2876.
[162] BGH NJW 1985, 130, 131.

Situation, dass der Vermieter nicht verlangen kann, dass z. B. der Ehegatte des ursprünglich ledigen Mieters als Mitmieter dem Vertrag beitreten muss, kann auch der Mieter ein solches Verlangen nicht stellen. Denn auch nach der teilweisen Umgestaltung der Regelungen zur Rechtsnachfolge im Todesfall des Mieters durch die Mietrechtsreform (§§ 563 bis 564 BGB) kann der Vermieter ein Interesse daran haben, nur mit einer Rechtsnachfolge durch berechtigte Personen rechnen zu müssen, die ihr Recht von seinem ursprünglichen Alleinmieter herleiten.

Die Rechtslage ist hier anders als bei der Vermietung an eine studentische Wohngemeinschaft, wie sie oben und unter Rdnr. 24 bis 61 dargestellt ist, denn bei der Vermietung an einen Einzelmieter muss der Vermieter gerade nicht mit einem Wechsel im Mieterbestand rechnen.

4. Personenzusammenschlüsse

Ist eine GbR als Mieter aufgetreten, so wird die Gesellschaft in ihrer jeweiligen Zusammensetzung Mieter; ein ausscheidender Gesellschafter verliert auch die Mieterstellung, haftet jedoch fünf Jahre lang für die mietvertraglichen Verbindlichkeiten weiter.[163] Im Wesentlichen ist hier in Betracht zu ziehen, dass handelsrechtliche Personenzusammenschlüsse, dies sind die Handelsgesellschaften laut HGB, also OHG und KG, Vertragsparteien sind.

Diese können als solche Vertragspartei sein, es werden also nicht ihre Mitglieder Vertragspartei und damit Mieter. Dies ändert aber nichts an der Haftung, die die Mitglieder auf Grund abgeschlossener Verträge trifft, so insbesondere durch die Regelung des § 128 HGB bei der OHG, gemäß § 161 Abs. 2 HGB auch anwendbar für den persönlich haftenden Gesellschafter der KG.[164]

Wird eine derartige Handelsgesellschaft gemäß den Vorschriften des Umwandlungsgesetzes in eine GmbH umgewandelt, so geht das Mietverhältnis auf die übernehmende oder neue Gesellschaft über, ohne dass hierzu die Zustimmung des Vermieters notwendig ist.[165] Hierdurch kann sich also eine Veränderung der Sicherheit des Vertragspartners ergeben, denn ein dem Falle, dass ursprünglicher Mieter eine OHG, gebildet aus zwei natürlichen Personen war, jetzt aber eine GmbH Vertragspartner wird, ist ein Gefälle in der Haftungssituation offensichtlich. Die bisherigen Vertragspartner haften für Altverbindlichkeiten bis zur Umwandlung neben der GmbH, für zukünftige Verbindlichkeiten haftet aber nur die GmbH.[166]

Folge einer derartigen Umwandlung ist aber dann, wenn der Vertragspartner mangels einer Mitteilung über die Umwandlung keinerlei Gelegenheit hatte, aus der Umwandlung die seine Ansprüche sichernden Konsequenzen zu ziehen, eine persönliche Weiterhaftung der bisherigen Mieter auch für die zukünftigen Verbindlichkeiten, da dann eine Berufung auf die Haftungsbeschränkung rechtsmissbräuchlich wäre.[167]

Denkbar ist es, in einen Vertrag mit einer aus natürlichen Personen gebildeten Handelsgesellschaft – ausschließlich als Individualregelung (mit all den hierzu bekannten Einschränkungen der Gestaltungssicherheit) – eine Regelung aufzunehmen, die es dem Vermieter ermöglicht, sich bei einer solchen Umwandlung vom Vertrag zu lösen.

Formulierungsvorschlag: Umwandlungsklausel

Überträgt einer der Inhaber der Mieterin seinen Geschäftsanteil auf eine juristische Person oder wird die Mieterin in eine juristische Person umgewandelt, so ist dies dem Vermieter sofort, spätestens binnen einer Woche, mitzuteilen. Der Vermieter hat in diesem Falle das binnen eines Monates nach Kenntnis auszuübende einmalige Recht, das Mietverhältnis außerordentlich mit einer Frist

---

[163] AG Berlin-Tiergarten GE 1999, 985.
[164] Schmidt-Futterer/*Blank* Vorb. § 535 Rdnr. 293.
[165] OLG Düsseldorf DWW 1992, 341.
[166] Schmidt-Futterer/*Blank* Vorb. § 535 Rdnr. 293.
[167] OLG Düsseldorf DWW 1992, 341 (dort war erst im Stadium der Beendigung und Abwicklung des Mietverhältnisses die Umwandlung der OHG in eine GmbH erfolgt).

von ...... Monaten zu kündigen; der Vermieter hat auch das einmalige Recht, die Stellung zusätzlicher Sicherheiten zu verlangen, welches binnen eines Monates nach Kenntnis auszuüben ist. Werden zusätzliche Sicherheiten innerhalb einer vom Vermieter zu setzenden angemessenen Frist mieterseits nicht gestellt, steht dem Vermieter ebenfalls das Recht zu, das Mietverhältnis außerordentlich mit einer Frist von ...... Monaten ab Ablauf der Frist für die Stellung der Sicherheiten zu kündigen.

5. Stellvertretung

114 a) **Auf Vermieterseite.** aa) *Rechtsgeschäftlich erteilte Vertretungsmacht.* Der Vermieter kann sich beim Abschluss eines Mietvertrages vertreten lassen. Dies erfolgt häufig durch einen Hausverwalter. Im Mietvertrag ist dann zu formulieren:

Formulierungsvorschlag: Hinweis auf Stellvertretung

115 AB, (Anschrift), als Vermieter, vertreten durch V, (Anschrift) ......

116 Der Mieter sollte sich die Berechtigung des Vertreters, für den Vermieter Verträge schließen zu dürfen, durch Vorlage der entsprechenden Original-Vollmacht nachweisen lassen und davon eine Fotokopie verlangen, mit dem Original vergleichen und diese Fotokopie zu seinem Mietvertragsexemplar nehmen.

117 Der Vertreter muss im eigenen Interesse, aber auch im Interesse seines Auftraggebers darauf achten, dass das Vertretungsverhältnis klargestellt ist. Denn es kommt für die Festlegung der Parteien eines Mietvertrages ausschließlich auf die Bezeichnung in dem zwischen ihnen geschlossenen Mietvertrag bestimmt, während es auf Eigentums-, Besitz- oder sonstige Nutzungsrechte nicht ankommt, so dass der Vermieter nicht Eigentümer der vermieteten Sache zu sein braucht.[168] Wenn daher im Kopf eines Mietvertrages eine „M. Verwaltung" als Vermieter genannt ist, ist aus dem Namensbestandteil „Verwaltung" nicht etwa zu schließen, dass diese Verwaltung den Mietvertrag nicht im eigenen Namen, sondern als Vertreter des Grundstückseigentümers geschlossen hat.[169]

Erfolgt die Klarstellung der Vertretungsverhältnisse nicht, können sich – wie im entschiedenen Fall – fatale Folgen ergeben, denn einerseits hat der Mieter in einem solchen Fall gegenüber dem Eigentümer kein Recht zum Besitz,[170] andererseits ergeben sich für den Eigentümer erhebliche Probleme, wenn in der Person des Eigentümers Eigenbedarf entsteht (und sei es für Familienangehörige und andere berechtigte Personen). Denn abzustellen ist nur auf den Eigenbedarf des **Vermieters.** Ist aber auf Grund solch formeller Fehler nicht die Person rechtlich als Vermieter anzusehen, die eigentlich Vermieter sein sollte, kann dies nicht mehr korrigiert werden und führt zum Verlust der in Rede stehenden Rechte beim Eigentümer.

118 Die Gegenmeinung, dass doch der nicht mit Vertretungszusatz genannte Eigentümer Vertragspartner werde, ist aus Gründen der Rechtsklarheit abzulehnen. Es mag noch angehen, dass ein Fall der Vertretung angenommen wird, wenn der Verwalter mit der Angabe „als Verwalter des Grundstücks" in der Vermieterzeile angegeben ist, da damit im Sinne der Erkennbarkeit nach Maßgabe des § 164 Abs. 2 BGB hinreichend klar wird, dass der Verwalter nicht in eigenem Namen handeln wollte,[171] es genügt aber m. E. entgegen KG Berlin[172] nicht, wenn in der Vermieterzeile bei dem Namen des Hausverwalters der Zusatz „Hausverwaltung" steht. Denn darin kann die Angabe der allgemeinen Geschäftstätigkeit der in der Vermieterzeile eingetragenen Person liegen, der dieses Objekt aber – wegen Eigentums

---

[168] KG WuM 1997, 101, 103.
[169] LG Berlin ZMR 1995, S. II Nr. 11.
[170] LG Berlin GE 1994, 1317.
[171] LG Berlin ZMR 1993, S. VIII Nr. 23 (nur Leitsatz).
[172] KG MDR 1983, 1023 (entschieden für das Rechtsverhältnis zwischen Bürgen und Vermieter).

oder wegen Bestehens eines gewerblichen Zwischenmietverhältnisses – doch in eigenem Namen vermietet. Hier muss gelten, dass gemäß § 164 Abs. 2 BGB in Fällen, in denen der Wille, in fremdem Namen zu handeln, nicht erkennbar hervortritt, der Mangel des Willens, in eigenem Namen zu handeln, nicht in Betracht kommt, also unbeachtlich ist.

Es soll ausreichen, wenn die im Rubrum des Vertrags genannten Personen gemeinsam Eigentümer des Mietobjekts sind und der tatsächlich Unterschreibende eine allgemeine Vollmacht hat, alle mit der Vermietung im Zusammenhang stehenden Geschäfte auszuführen.[173] Dies überzeugt im Sinne der Vertragsklarheit nicht, sofern nicht das Vertreterhandeln im Vertrag selbst deutlich gemacht ist (§ 164 Abs. 2 BGB).

Über AGB-Klauseln lassen sich unbegrenzte Vollmachten nicht wirksam erteilen. Eine Vertragsklausel „Rechtshandlungen und Willenserklärungen eines Vermieters sind auch für die anderen Vermieter, eines Mieters auch für die anderen Mieter verbindlich." ist wegen unangemessener Benachteiligung jedenfalls des Mieters unwirksam, da sie nicht auf bestimmte Zwecke eingegrenzt ist.[174]

Tritt allerdings auf Vermieterseite nur eine einzige natürliche Person als Vermieter (oder Mieter) auf und unterschreibt eine andere Person den Vertrag, so kann deren Unterschrift auf der entsprechend gekennzeichneten Unterschriftszeile des Vertrages laut BGH nur bedeuten, dass der Unterzeichnende die Vertragspartei vertreten will. Die Schriftform ist dann auch ohne Vertreterzusatz gewahrt.[175]

bb) Gesetzliche Vertretungsmacht. (1) Bei Minderjährigen. Minderjährige Kinder werden gemäß § 1626 i. V. m. § 1629 BGB durch ihre Eltern im Rahmen der Vermögenssorge gesetzlich vertreten. Dies ist vom Grundsatz her allumfassend, jedoch gibt es für bestimmte Rechtsgeschäfte Sonderregelungen.

119

Eine **Genehmigung des Vormundschaftsgerichts** ist dann nötig, wenn auch ein Vormund dieser Genehmigung bedarf (§ 1643 Abs. 1 BGB). § 1822 Nr. 5 regelt für den Vormund bei Miet- und Pachtverträgen (was sowohl auf Mieter- wie auf Vermieterseite gilt), dass in Fällen, in denen der Vertrag länger als ein Jahr nach Eintritt der Volljährigkeit des Minderjährigen fortdauern soll, also nicht eher vom Mündel bzw. minderjährigen Kind gekündigt werden kann, eine Genehmigung des Vormundschaftsgerichts erforderlich ist.

Der BGH hat – es fehlte dort die vormundschaftsgerichtliche Genehmigung – bei einem Mietvertrag, der die Vereinbarung enthielt, dass die Nichtigkeit einzelner Bestimmungen die Gültigkeit des übrigen Vertrags nicht berühren soll, die Gültigkeit des Vertrages gemäß § 139 BGB bis zum Ablauf von einem Jahr nach Vollendung der Volljährigkeit bejaht,[176] also nur teilweise Unwirksamkeit angenommen.

120

Die sich für den Minderjährigen durch den Erwerb eines Grundstücks ergebende gesetzliche Folge des Eintritts in einen bestehenden Mietvertrag (§ 566 Abs. 1 BGB) fällt jedoch nicht unter die Genehmigungstatbestände des § 1822 Nummern 5 und 10 BGB.[177]

121

Formulierungsvorschlag: Hinweis auf gesetzliche Vertretung

AB, (Anschrift), als Vermieter, gesetzlich vertreten durch V, (Anschrift) ......

(2) Bei Volljährigen. Hier kommt insbesondere die Anordnung einer **Betreuung** gemäß § 1896 BGB in Betracht. Wenn diese den Bereich der Vermögenssorge umfasst, ist der Betreuer gemäß § 1902 BGB im Rahmen der gerichtlichen und außergerichtlichen Vertretung berechtigt und verpflichtet, auch die Tätigkeiten zu leisten, die zur Vermietung des dem Betreuten gehörenden Grundbesitzes erforderlich sind. Wenn der Betreuer eines in der Erdge-

122

---

[173] LG Hamburg WuM 1994, 423.
[174] OLG Düsseldorf ZMR 2008, 44 f.
[175] BGH NZM 2008, 482.
[176] BGH FamRZ 1962, 154.
[177] BGH NJW 1983, 1780, 1781 (noch zu § 1643 Abs. 1 BGB in der bis 31. 12. 1979 geltenden Fassung i. V. m. § 571 BGB a. F.).

schosswohnung seines eigenen Hauses wohnenden volljährigen Betreuten die im Obergeschoss gelegene Mietwohnung nach Ablauf des bestehenden Mietverhältnisses erneut vermietet, benötigt er dazu nicht die Genehmigung des Vormundschaftsgerichts.

Es empfiehlt sich, auf die Tatsache der Betreuung zur Klarstellung im Mietvertrag hinzuweisen und dort das Aktenzeichen der Anordnung der Betreuung anzugeben.

Formulierungsvorschlag: Hinweis auf Betreuung

123 „AB, (Anschrift), als Vermieter, vertreten durch den gerichtlich bestellten Betreuer XY, ausgewiesen durch Bestallungsurkunde Aktenzeichen (......) Amtsgericht (......) vom (......)"

124 *(3) Andere Formen der gesetzlichen Vertretung.* Es kommen noch in Betracht die Stellung des **Zwangsverwalters** und die des **Insolvenzverwalters**.

Die Rechtsstellung des **Testamentsvollstreckers**, des **Nachlasspflegers** und des **Insolvenzverwalters bei Nachlassinsolvenz** werden unter Rdnr. 414 bis 416 (gilt für Vermieterseite analog) behandelt.

- Zwangsverwalter

125 Aufgrund § 152 ZVG hat der Zwangsverwalter das Recht und die Pflicht, alle Handlungen vorzunehmen, die erforderlich sind, um das Grundstück in seinem wirtschaftlichen Bestand zu erhalten und ordnungsgemäß zu benutzen. Dazu gehört auch der Abschluss von Mietverträgen, denn durch die Erträge hieraus sollen die Gläubiger befriedigt werden. Der Zwangsverwalter wird als Partei kraft Amtes selbst Vermieter, er vertritt nicht etwa den Schuldner. Der Zwangsverwalter muss dann, wenn er nach erhaltenen Hinweisen mit der Möglichkeit zu rechnen hat, dass ein Mieter durch seinen vertragswidrigen Gebrauch der Wohnung den Schuldner nicht unwesentlich schädigt, diese Gefahr für das anvertraute Eigentum durch Feststellung vor Ort klären. Versäumt er diese Feststellungen, haftet er für Verwahrlosungsschäden und trägt die Beweislast dafür, dass dieser Schaden nicht auf seinem Unterlassen beruht.[178] Man bezeichnet die vertragsrechtliche Rechtsstellung des Zwangsverwalters als eine Verpflichtungsermächtigung. Wenn die Zwangsverwaltung aufgehoben wird, tritt der (bisherige) Schuldner automatisch in die vom Zwangsverwalter abgeschlossenen Mietverträge als Vermieter ein, es erfolgt ein Vermieterwechsel sui generis. Rechtsgrund ist die Verpflichtungsermächtigung des Zwangsverwalters auf Grund § 152 ZVG, nicht eine hier unangebrachte Analogie zu § 571 BGB aF.[179]

Einzelheiten werden unter Rdnr. 156 bis 158 behandelt.

- Insolvenzverwalter

126 Mit dem Eröffnungsbeschluss tritt der Insolvenzverwalter in die Rechtsstellung des Vermieters ein und hat damit dem Mieter das Grundstück/die Wohnung zu überlassen und das Mietentgelt zur Masse einzuziehen. Zu beachten sind die Regelungen des § 110 InsO, die Vorausverfügungen betreffen. Sie werden im Einzelnen in § 39 behandelt.

Ferner ergibt sich aus § 111 InsO im Falle der Veräußerung eines Mietobjektes, welches dem Mieter bereits überlassen war,[180] durch den Insolvenzverwalter ein Sonderkündigungsrecht für den Erwerber zum ersten zulässigen Termin, anzuwenden ist die gesetzliche Frist für Sonderkündigungsrechte, eine kürzere vertragliche Frist (Die im Wohnraummietrecht wegen § 573c Abs. 4 BGB jedenfalls bei ab 1.9.2001 abgeschlossenen Verträgen ausgeschlossen sein dürfte) bleibt unberührt, auch bleibt der soziale Kündigungsschutz des Wohnungsmieters in vollem Umfang gültig (wie auch bei § 57a ZVG).[181] Auszuüben ist dieses Sonderkündigungsrecht nur für den ersten Termin, für den es zulässig ist, § 111 Satz 2 InsO. Damit wird die frühere Regelung in § 569a Abs. 5 BGB aF mit allen ihren Auslegungsprob-

---

[178] BGH WuM 2005, 597 ff.
[179] LG Berlin WuM 1992, 9.
[180] Kübler/Prütting/*Tintelnot* (2007) § 111 InsO Rdnr. 4.
[181] Kübler/Prütting/*Tintelnot* § 111 InsO Rdnr. 5.

lemen übernommen, ohne dass der Gesetzgeber an eine Vereinheitlichung der Rechtsordnung an jedenfalls diesem Punkt gedacht hätte.

b) Auf Mieterseite. Eine Stellvertretung beim Vertragsschluss ist gemäß allgemeinen Regeln möglich. 127

aa) Ehegatten. Bei Abschluss eines Wohnraummietvertrags durch einen Ehegatten als Vertreter auch des anderen Ehegatten muss die Vollmacht offen ausgewiesen und das Handeln in Vertretung im Mietvertrag auch zum Ausdruck gekommen sein, da es eine gesetzliche Vertretungsmacht beim Abschluss von Mietverträgen nicht gibt, wie oben bei Rdnr. 71 ff. dargestellt. Die daher nötige ausdrückliche Vollmacht sollte beim Vertragsschluss vorgewiesen und am sinnvollsten im Original zum Vermieter-Exemplar des Mietvertrages genommen werden. 128

bb) Minderjährige. Denkbar und notwendig ist eine Vertretung durch die Eltern z. B. bei der Anmietung von Wohnraum bei einem nicht am Wohnort der Eltern wohnenden minderjährigen Auszubildenden, Schüler oder Studenten. 129

> **Formulierungsvorschlag: Hinweis auf gesetzliche Stellvertretung Minderjähriger**
>
> „AB, (Anschrift, Geburtsdatum), als Mieter, gesetzlich vertreten durch die Eltern ......"

129a

Auch hier ist die oben zur Vermieterseite dargestellten Einschränkung[182] zu beachten, die sich aus einer ggf. erforderlichen Genehmigung des Vormundschaftsgerichts ergibt.

cc) Sonstige Fälle. In Betracht kommen auch hier Fälle, in denen ein Betreuer für den Betreuten eine Anmietung von Wohnraum vorzunehmen hat. 130

> **Formulierungsvorschlag: Hinweis auf Betreuung**
>
> „CD, (Anschrift), als Mieter, vertreten durch den gerichtlich bestellten Betreuer XY, ausgewiesen durch Bestallungsurkunde Aktenzeichen (......) Amtsgericht (......) vom (......)"

130a

Ist der Betreute geschäftsfähig, kann er weiter vollumfänglich selbst handeln.[183] Ist der Aufgabenbereich des Betreuers aber auf das Aufenthaltsbestimmungsrecht und/oder auf das Mietverhältnis erstreckt, so muss der Betreuer die Kündigung des vom Betreuten gemieteten Wohnraums dem Vormundschaftsgericht gemäß § 1907 Abs. 2 S. 1 BGB mitteilen. Muss der Betreuer ein Wohnraummietverhältnis kündigen, so muss er die Genehmigung des Vormundschaftsgerichts einholen, wobei hier unter Genehmigung die vorherige Zustimmung iS von § 183 BGB zu verstehen ist (§ 1831 S. 1 BGB). All das gilt selbst dann, wenn der Betreute nur in den Räumen lebt, ohne Mieter zu sein, da alle Maßnehmen, die zum Verlust der Wohnung führen, gleich zu behandeln sind. Daher ist die vorherige Zustimmung des Vormundschaftsgerichts auch für Mietaufhebungsverträge (§ 1907 Abs. 1 S. 2 BGB) und für die Akzeptanz einer offensichtlich unwirksamen Kündigung des Vermieters (§ 1907 Abs. 2 S. 2 BGB) einzuholen.[184] 131

Im Falle der Zustellung an die (unerkannt) geschäftsunfähige Partei ist der darin liegende Mangel, dass die Klage (zunächst) nicht wirksam erhoben ist, im Verfahren behebbar, sobald ein Betreuer für die prozessunfähige Partei bestellt ist; ist bereits ein Versäumnisurteil ergangen und zugestellt, wird durch diese Zustellung die Einspruchsfrist nicht in Gang gesetzt, vielmehr ist auf Antrag Wiedereinsetzung in den vorigen Stand zu gewähren.[185]

---

[182] Siehe Rdnr. 119 und 120.
[183] Schmidt-Futterer/*Blank* Vorb. § 535 Rdnr. 297.
[184] Schmidt-Futterer/*Blank* Vorb. § 535 Rdnr. 297.
[185] BGH ZMR 2008, 359.

132 Es kommt weiter in Betracht die Stellung des **Insolvenzverwalters**. Zunächst bestimmt § 108 InsO, dass Mietverhältnisse des Schuldners über Räume mit Wirkung für die Insolvenzmasse fortbestehen. Der Insolvenzverwalter kann gemäß § 109 InsO ein Mietverhältnis über Räume, das der Schuldner als Mieter eingegangen war, ohne Rücksicht auf die vereinbarte Vertragsdauer unter Einhaltung der gesetzlichen Frist kündigen. In diesem Fall kann der andere Vertragsteil lediglich als Insolvenzgläubiger wegen der vorzeitigen Beendigung des Vertragsverhältnisses Schadensersatz verlangen.[186]

Die Auswirkungen der Kündigungssperre des § 112 InsO werden in § 39 gesondert behandelt.

Die Rechtsstellung des **Testamentsvollstreckers**, des **Nachlasspflegers** und des **Insolvenzverwalters bei Nachlassinsolvenz** werden unter Rdnr. 414 bis 416 behandelt.

6. Hausbesetzungen

133 Im eigentlichen Sinne kann man hier nicht von „Vertragsparteien" sprechen, da es ja gerade keinen Vertragsschluss gegeben hat.

Es besteht hier letztlich hauptsächlich das prozessuale Problem, festzulegen, gegen wen sich Klagen oder Anträge auf einstweilige Verfügung eigentlich richten sollen. Der in Betracht kommende Personenkreis pflegt sich nicht unbedingt beim Einwohnermeldeamt zu melden, er wechselt meist – oft bewusst – häufig.

134

Checkliste aus Vermietersicht

Vermieterseite:
☐ Vermieterstellung geklärt?
☐ Vertretungsverhältnisse geklärt und ggf. angegeben? Vollmachten vorgelegt?
☐ Vormundschaftliche Genehmigung geklärt?
☐ Unterschriftsleistung durch alle Vermieter erfolgt?

Mieterseite:
☐ Mieterstellung geklärt?
☐ Mieteridentität geprüft und festgehalten (Kopie Personalausweis)
☐ Vertretungsverhältnisse geklärt und ggf. angegeben? Vollmachten vorgelegt?
☐ Vormundschaftliche Genehmigung geklärt?
☐ Unterschriftsleistung durch alle Mieter erfolgt?

Ohne Klärung dieser Punkte keine Schlüsselübergabe vornehmen!

135

Checkliste aus Mietersicht

Vermieterseite:
☐ Vermieterstellung geklärt? Ggf. Grundbucheinsicht!
☐ Auf Identität Eigentümer und Vermieter achten!
☐ Ggf. Zwischenmietverhältnisse klären!
☐ Vertretungsverhältnisse geklärt und ggf. angegeben? Vollmachten vorgelegt?
☐ Vormundschaftliche Genehmigung geklärt?
☐ Unterschriftsleistung durch alle Vermieter erfolgt?

---

[186] *Wetekamp* NZM 1999, 485, 487.

Mieterseite:
- ☐ Sollen alle vorgesehenen Bewohner wirklich Mieter werden?
- ☐ Vertretungsverhältnisse geklärt und ggf. angegeben? Vollmachten vorgelegt?
- ☐ Vormundschaftliche Genehmigung geklärt?
- ☐ Unterschriftsleistung durch alle Mieter erfolgt?

II. Rechtsnachfolge

1. Rechtsnachfolge auf Vermieterseite

Ein Sonderfall der Rechtsnachfolge sind die Rechtsverhältnisse, die sich im Todesfall ergeben. Sie werden im Folgenden unter Rdnr. 261 ff. gesondert behandelt. 136

a) Rechtsnachfolge durch Vereinbarung. Das Gesetz enthält auch nach der Mietrechtsreform keine Regelungen für diesen Sonderfall. Für diesen hat die maßgebenden Kriterien allein die Rechtsprechung erarbeitet. Eine solche Vereinbarung ist auf Grund des Grundsatzes der Vertragsautonomie zulässig. Sie kommt zum Beispiel in Betracht, wenn der Vermieter nicht gleichzeitig der Grundstückseigentümer ist und damit § 566 BGB nicht anwendbar ist oder dann, wenn der bisherige Vermieter zwar Grundstückseigentümer bleiben will, aber nicht mehr die Vermieterstellung innehaben will. Der Mieter muss sorgfältig abwägen, ob er sich auf eine solche Vereinbarung einlässt, denn die Bonität des vorgesehenen neuen Vermieters kann geringer sein als die des bisherigen Vermieters. 137

Eine derartige Vereinbarung zwischen ursprünglichem Vermieter, der nicht Grundstückseigentümer ist, einer anderen Person, die diese Vermieterstellung übernehmen soll und dem Mieter ist sogar mündlich möglich und gültig und bedarf – entgegen der Auffassung von *Heile*[187] – nicht der Schriftform des § 550 Abs. 1 BGB (§ 566 BGB a.F.),[188] sondern kann sogar konkludent getroffen werden.[189] 138

> **Praxistipp:**
>
> Die zitierte Entscheidung sollte aber nicht davon abhalten, in Fällen, in denen der anwaltliche Berater noch Einfluss auf die Vertragsgestaltung nehmen kann, aus Vorsichtsgründen zur schriftlichen Vereinbarung zu raten.

Außer durch dreiseitigen Vertrag, wie er nachstehend vorgeschlagen ist, kann der Vermieterwechsel auch durch Vereinbarung der beiden Vermieter erfolgen, die allerdings erst dann wirksam wird, wenn der Mieter sie genehmigt. Die Genehmigung setzt eine Mitteilung der Übernahme durch den alten oder den neuen Vermieter an den Mieter voraus. Die Genehmigung des Mieters ist nicht fristgebunden und kann auch durch Zahlung der Miete an den Dritten als neuen Vermieter erfolgen,[190] weiter kann auch in einer erst später im Prozess erfolgenden Erklärung des Mieters dessen ausdrückliche Zustimmung zum Vermieterwechsel liegen.[191] 139

---

[187] Bub/Treier/*Heile* II Rdnr. 808, 771.
[188] OLG Köln NZM 1999, 1004 (für gewerbliche Miete).
[189] LG Duisburg WuM 2004, 331 f.
[190] Schmidt-Futterer/*Blank* Vorb. § 535 Rdnr. 328.
[191] KG ZMR 2003, 835 = NJOZ 2003, 2409 ff. (für gewerbliche Miete).

Formulierungsvorschlag: Dreiseitige Vereinbarung über Vermieterwechsel

140 Zwischen A. ...... als bisherigem Vermieter
und B. ...... als neuem Vermieter
und M1 (und M2) als Mieter(n) wird hinsichtlich der Wohnung ...... vereinbart:
1. Der Mietvertrag vom ...... wird von B als neuem Vermieter mit Wirkung ab dem ...... fortgesetzt, der in alle Rechte und Pflichten des Vermieters aus dem Mietvertrag eintritt.
A wird mit Wirkung ab diesem Tag aus dem Mietverhältnis entlassen. Für die bis zu diesem Tage entstandenen Forderungen der Mieter einschließlich der sich aus einer noch zu fertigenden Betriebskostenabrechnung ergebenden Forderungen haftet/haften der/die bisherige/n Vermieter weiter.
2. Der Anspruch auf Rückzahlung der seitens der Mieter geleisteten Kaution besteht allein gegenüber B, A hat die Kaution mit aufgelaufenen Zinsen an B ausgehändigt, womit der/die Mieter einverstanden sind. M1 (und M2) verzichtet/verzichten gegenüber A auf jegliche Ansprüche auf Kautionsrückzahlung.
3. Alle übrigen Regelungen des Mietvertrages vom ...... bleiben unverändert gültig.

141 Der vorstehende Formulierungsvorschlag weicht zur Kaution von der Regelung des § 566a BGB ab, der für den Fall des Verkaufs eine Art Ausfallhaftung des ursprünglichen Vermieters selbst für den Fall vorsieht, dass dem Erwerber die Mietsicherheit ausgehändigt wurde. Dies erscheint – wenn die Vertragsschließenden dies wollen – zulässig, da es hier um eine frei verhandelte Vereinbarung geht und nicht um gesetzlich angeordnete Rechtsfolgen einer Veräußerung der Mietsache. Zudem ist § 566a BGB auf den vertraglichen Wechsel des Vermieters nicht anwendbar.[192]

142 Die Wirkung des Vermieterwechsels tritt ex nunc ein, wenn nicht ausdrücklich vereinbart wird, dass der neue Vermieter in Form einer Schuldübernahme auch sämtliche Verbindlichkeiten des früheren Vermieters übernimmt.[193] Ansonsten muss der Mieter z.B. bereits fällige Verwendungsersatzansprüche gegenüber dem früheren Vermieter geltend machen.[194]

143 **b) Kauf bricht nicht Miete, § 566 BGB.** Diese – mieterschützend gedachte – Vorschrift und die zugehörigen Regelungen der §§ 566a bis 567b BGB werden mit allen Einzelheiten ausführlich in § 14 behandelt. Darauf wird verwiesen. Bei einem Leihverhältnis, also einem unentgeltlichen Nutzungsverhältnis, gilt diese Vorschrift nicht.[195] Zu einigen gewichtigen Rechtsfolgen soll nachstehend wegen des Sachzusammenhangs jedoch eine kurze Darstellung gegeben werden.

144 *aa) Veräußerung bei Wohnungseigentum.* Der Umstand, dass zusammen mit einer Wohnung, die in eine Eigentumswohnung umgewandelt wurde und dann veräußert wurde, auch Nebenräume mitvermietet wurden, die nach der Umwandlung im Gemeinschaftseigentum aller Wohnungseigentümer stehen, führt nicht etwa dazu, dass jetzt alle Wohnungseigentümer in die Vermieterstellung zum Mieter der einzelnen Wohnung einrücken, vielmehr wird nur der Erwerber des Sondereigentums an den Wohnräumen alleiniger Vermieter.[196] Der Begründung zum RegE kann durch den Verweis auf die zitierte Entscheidung[197] entnommen werden, dass durch die Benutzung des Wortes „Wohnraum" im Gesetzestext die führende Bedeutung des Wohnraumes herausgestellt werden soll, so dass Nebenräume, die eben nicht Wohnräume sind, als „Anhängsel" zum Mietverhältnis des Rechtsschicksal des Wohnraumes teilen. Dies hat zur Folge, dass nur der Erwerber des Wohnraumes Vertragserklärungen abzugeben hat und Adressat von Erklärungen oder auch Gewährleistungsansprüchen (auch

---

[192] Schmidt-Futterer/*Blank* Vorb. § 535 Rdnr. 327; anders als *Blank/Börstinghaus* Miete § 535 BGB Rdnr. 192.
[193] Schmidt-Futterer/*Blank* Vorb. § 535 Rdnr. 327.
[194] *Blank/Börstinghaus* Miete § 535 BGB Rdnr. 192.
[195] OLG Düsseldorf ZMR 1989, 19.
[196] BGH RE NJW 1999, 2177 ff. = NZM 1999, 553.
[197] Begründung zum RegE S. 163.

bzgl. des im Gemeinschaftseigentum stehenden Raumes) des Mieters ist und nicht etwa, wie teilweise vor der genannten Entscheidung angenommen, alle Wohnungseigentümer in die Vermieterstellung einrücken, was de-facto dazu führen würde, dass das Mietverhältnis kaum oder nur äußerst erschwert zu handhaben wäre. Bestehen aber Wohnung und Keller (oder Wohnung und Garage) aus jeweils selbstständigen, aber gemeinsam vermieteten Sondereigentumseinheiten, so treten bei Erwerb dieser selbstständigen Einheiten durch unterschiedliche Personen alle Erwerber in das gesamte Mietverhältnis ein.[198] Befreiende Leistung ist für den Mieter nur an die Gemeinschaft der Erwerber möglich, die Erwerber müssen rechtsgeschäftliche Erklärungen gemeinsam abgeben und umgekehrt muss der Mieter Erklärungen gegenüber allen Erwerbern abgeben.[199]

bb) Verhältnis zur Formvorschrift des § 550 BGB. § 566 BGB macht den Eintritt des Erwerbers in das Mietverhältnis nicht davon abhängig, dass dem Erwerber der Mietvertrag, für den § 550 BGB zu seinem Schutz die Schriftform verlangt, auch tatsächlich vorgelegt werden kann, wenn die geforderte Schriftform im Zeitpunkt des Vertragsabschlusses gewahrt war.[200]

145

Fragen des Schriftformmangels werden verstärkt im Zusammenhang mit Bestrebungen einer Vertragspartei bedeutsam, sich von langfristigen Verträgen zu lösen, was u. a. dazu nötigt, zur Wahrung der Schriftform dafür Sorge zu tragen, dass bei Vertragsschluss im Briefwechsel die Annahmeerklärung binnen üblicher Frist (maximal zwei bis drei Wochen) erfolgt.[201]

cc) Folgen der Veräußerung. (1) Für Sicherheitsleistung des Mieters, § 566 a BGB. Die Regelung des § 566 a Satz 3 BGB sieht für den Fall des Verkaufs eine Art Ausfallhaftung des ursprünglichen Vermieters für die Mietsicherheit selbst für den Fall vor, dass dem Erwerber die Mietsicherheit ausgehändigt wurde, der Mieter diese vom Erwerber – etwa wegen Insolvenz – jedoch nicht zurückerhalten kann. Umgekehrt haftet der Erwerber unabhängig davon, ob sie ihm ausgehändigt wurde oder nicht, in Form einer Primärhaftung für die Rückgewähr einer an den ursprünglichen Vermieter geleisteten Sicherheit.[202] Eine formularmäßige Abbedingung dieser gesetzlichen Regelung dürfte unwirksam sein, da sie im Sinne des § 307 BGB gegen den gesetzlichen Grundgedanken verstößt.[203]

146

Es kommt in Betracht, diese Folge einzelvertraglich auszuschließen, da § 566 a BGB nicht als zwingend ausgestaltet ist, bzw., Regelungen zur Rückzahlung der Kaution an den Mieter mit Verpflichtung zur erneuten Zahlung der Kaution an den Erwerber zu vereinbaren. Auch kommt für den Veräußerer in Betracht, im Zusammenhang mit der Veräußerung dem Mieter die Kaution zurückzugewähren. Verlangt dann der Mieter statt der Rückgewähr an ihn die Aushändigung der Kaution an den Erwerber, so führt dies zur Entlassung des Vermieters und Veräußerers aus seiner Ausfallhaftung, da sich der Mieter ansonsten treuwidrig verhalten würde.[204]

147

(2) Folgen der Veräußerung für den Mietzins, §§ 566 b bis 566 e BGB. Die aktuellen Regelungen übernehmen mit sprachlichen Anpassungen den Inhalt der früheren Vorschriften. Hiernach gilt:

148

- Bei **einseitigen Verfügungen**, insbesondere Abtretung des Mietzinses an einen Dritten oder Aufrechnung, die der Vermieter vor grundbuchmäßigem Eigentumsübergang vorgenommen hat, wird der Mieter durch **§ 566 b BGB** vor Doppelzahlungen und der Erwerber vor einem Verlust des Anspruchs auf die Miete geschützt. Denn diese sind nur für den laufenden Kalendermonat gültig und dann, wenn der Eigentumsübergang nach dem fünfzehnten

149

---

[198] BGH NZM 2005, 941.
[199] *Blank/Börstinghaus* Miete § 566 Rdnr. 77.
[200] BGH NZM 1999, 962, 963 f.
[201] LG Stendal NZM 2005, 15; KG ZMR 2007, 535 f.
[202] Schmidt-Futterer/*Gather* § 566 a Rdnr. 13.
[203] Schmidt-Futterer/*Gather* § 566 a Rdnr. 33.
[204] Schmidt-Futterer/*Gather* § 566 a Rdnr. 34 m. w. N.

Tag des Monat lag, auch für den folgenden Kalendermonat.[205] Einzelheiten bei den Ausführungen zum Eigentumsübergang, § 14.

150 • **Rechtsgeschäfte zwischen dem ursprünglichen Vermieter und dem Mieter** über die Miete, also insbesondere Erlass, Stundung, Vorauszahlung, Aufrechnungsvertrag sind gemäß § 566c BGB gegenüber dem Erwerber wirksam, soweit sie sich nicht auf eine spätere Zeit als den Kalendermonat beziehen, in dem der Mieter Kenntnis vom Eigentumsübergang erlangt. Auch hier gilt die Ausweitung auf einen weiteren Kalendermonat, wenn die Kenntnis vom Eigentumsübergang nach dem fünfzehnten Tag eines Monats erlangt wird. Hatte der Mieter bei Vornahme des Rechtsgeschäfts von dem bereits erfolgten Eigentumsübergang bereits Kenntnis, so ist ein derartiges Rechtsgeschäft jedoch ungültig, § 566c Satz 3 BGB.

> **Praxistipp:**
>
> Dem Mieter ist also dringlich zu empfehlen, derartige Rechtsgeschäfte – insbesondere Mietvorauszahlungen – stets nur für die genannten begrenzten Zeiträume vorzunehmen, will er nicht in die Gefahr von Doppelzahlungen geraten.

151 • Für den eng begrenzten Zeitraum des § 566c BGB erlaubt § 566d BGB dem Mieter die **Aufrechnung gegen den Mietzinsanspruch** gegenüber dem Erwerber mit Forderungen, die er gegen den Vermieter – gleich aus welchem Rechtsgrund – vor Kenntnis vom Eigentumsübergang erlangt hat. Ist allerdings die Gegenforderung später als die Miete und erst nach Erlangung der Kenntnis fällig, so ist die Aufrechnung ausgeschlossen.

152 • Wenn der ursprüngliche Vermieter dem Mieter einen **Eigentumsübergang** am vermieteten Wohnraum an einen Dritten **mitgeteilt** hat, so muss er sich bezüglich der Mietforderung auch dann so behandeln lassen, also ob die Übertragung erfolgt sei, wenn diese nicht erfolgt ist oder unwirksam ist, § 566e BGB. Diese Mitteilung kann jedoch mit Zustimmung des als neuen Eigentümers Bezeichneten zurückgenommen werden, § 566e Abs. 2 BGB, was eine formlose empfangsbedürftige Willenserklärung darstellt, zur Sicherung der Beweisbarkeit sollte jedoch die Schriftform eingehalten und der Zugang beweisbar sichergestellt werden.[206]

153 *(3) Sonstige Folgen.* Die Veräußerung führt zu einer deutlichen Trennung der Rechtsverhältnisse. Hatte der alte Vermieter vor dem Eigentumsübergang über Betriebskosten abgerechnet, so steht ihm der Anspruch auf Nachzahlungen zu, für Überschüsse haftet er dem Mieter auf Rückzahlung.[207] Ohne Rücksicht auf die Fälligkeit des Zahlungsanspruchs ist der Veräußerer gegenüber dem Mieter bezüglich der zum Zeitpunkt des Wechsels im Grundeigentum (Umschreibung im Grundbuch bzw. Bestandskraft eine Rückgabebescheides gemäß Vermögensgesetz) abgelaufenen Abrechnungsperiode zur Abrechnung der Betriebskosten verpflichtet und zur Erhebung etwaiger Nachzahlungen berechtigt, diese Lösung bevorzugt der BGH im Interesse der Rechtsklarheit.[208] Entscheidend ist dabei der Zeitpunkt des Endes der Abrechnungsperiode, nicht der der Abrechnungsreife, erst recht nicht der der tatsächlichen (ggf. verspäteten) Abrechnung.[209]

154 Ferner haftet der Veräußerer gemäß § 566 Abs. 2 BGB für die Erfüllung der mietvertraglichen Verpflichtungen durch den Erwerber wie ein selbstschuldnerischer Bürge, sofern er selbst nicht den Mieter von dem Vermieterwechsel informiert hat und der Mieter daraufhin sein Kündigungsrecht zum ersten Termin nicht ausgeübt hat. Dies ist kein selbstständiges

---

[205] Einzelheiten bei Palandt/*Weidenkaff* § 566b.
[206] Schmidt-Futterer/*Gather* § 566e Rdnr. 9, 10.
[207] OLG Düsseldorf NJW-RR 1994, 1101; BGH WuM 2000, 609.
[208] BGH NZM 2004, 188f.
[209] *Langenberg*, Betriebskostenrecht der Wohnraummiete und Gewerberaummiete 2004, G Rdnr. 61; BGH NZM 2004, 188f; BGH NZM 2007, 441; identisch zur Gewerbemiete: BGH NZM 2005, 17.

Sonderkündigungsrecht.[210] Hat der Mieter nicht gekündigt, hat er sich mit dem neuen Vertragspartner abgefunden und damit keine Ansprüche mehr gegen den alten Vermieter.[211] Jedoch bleibt bei einem Zeitmietvertrag (und bei Kündigungsausschlussvereinbarungen) die Haftung des ursprünglichen Vermieters bis zum Ende der Mietzeit bestehen, da der Mieter nicht zu einem früheren Zeitpunkt kündigen kann.[212]

c) Beendigung gewerblicher Zwischenmiete. Abzugrenzen ist die Regelung des § 566 BGB zu den Fällen der Beendigung eines gewerblichen Zwischenmietverhältnisses. Denn der Wechsel des Untervermieters in Fällen der gewerblichen Untervermietung wird nicht durch § 566 BGB geregelt,[213] sondern – auf Grund gesetzlicher Regelung durch § 549a BGB aF mit Wirkung ab 1. 9. 1993 – inhaltlich unverändert jetzt in § 565 BGB.[214] Diese Regelung ist auch auf Mietverträge, die bis zum Inkrafttreten der ursprünglichen Neuregelung (1. 9. 1993) nicht beendet bzw. abgewickelt sind, anzuwenden.[215] Wichtig ist hierbei, dass diese Regelung nicht nur Rechte für den Wohnungsmieter, also den Untermieter bzw. Endmieter begründet, sondern auch die Pflicht, den Mietvertrag mit dem Eigentümer als Vermieter fortzusetzen und einzuhalten.[216]

d) Rechtsnachfolge bei Zwangsversteigerung und Zwangsverwaltung. *aa) Zwangsversteigerung.* Schließt der Schuldner/Vermieter nach der Beschlagnahme des Grundstücks (§ 20 ZVG) einen Mietvertrag ab, so tritt der Ersteher in diesen nicht ein, wenn der Mietvertrag nicht den Regeln einer ordnungsgemäßen Wirtschaft entspricht.[217] Diese Rechtsprechung ist umstritten.

Für die Praxis ergibt sich hieraus die **Empfehlung an den Mieter** und dessen anwaltlichen Berater, sich bei Abschluss eines Mietvertrages ggf. beim zuständigen Zwangsversteigerungsgericht zu erkundigen, ob eine Beschlagnahme des Grundstücks erfolgt ist. Das rechtliche Interesse an der Erteilung der Auskunft ergibt sich aus den Rechtsfolgen, die der Mieter sonst ggf. zu erleiden hätte: Er ist der Herausgabeklage aus dem Eigentum des Erstehers ausgesetzt, die Schadensersatzansprüche gegen den Schuldner/Vermieter dürften im Regelfall wirtschaftlich wertlos sein.

> **Praxistipp:**
>
> Zumindest in Zweifelsfällen die uneingeschränkte Berechtigung des Vermieters zum wirksamen Vertragsabschluss auch beim Zwangsversteigerungsgericht prüfen.

bb) Zwangsverwaltung. Hier tritt der (bisherige) Schuldner automatisch in die vom Zwangsverwalter abgeschlossenen Mietverträge als Vermieter ein, wenn die Zwangsverwaltung aufgehoben wurde.[218] Grund ist die Verpflichtungsermächtigung des Zwangsverwalters auf Grund § 152 ZVG, nicht eine hier unangebrachte Analogie zu § 566 BGB.

War ein Wohnraummietverhältnis bereits vor der Beschlagnahme des Grundstücks beendet, ist der Zwangsverwalter für eine Kautionsrückforderung nicht passivlegitimiert.[219] Der Zwangsverwalter bleibt aber aktivlegitimiert für bis zum Ende der Zwangsverwaltung fällig gewordene Mieten und ist verpflichtet, die Betriebs- und Nebenkosten aus den Abrechnungsperioden, die vollständig in die Zeit der Zwangsverwaltung fallen, abzurechnen.[220] Im

---

[210] Schmidt-Futterer/*Gather* § 566 Rdnr. 63.
[211] *Börstinghaus* NZM 2004, 481 ff., 489.
[212] Schmidt-Futterer/*Gather* § 566 Rdnr. 63.
[213] BGH MDR 1989, 906 = ZMR 1989, 331 ff., 332.
[214] Im Einzelnen erläutert in § 50.
[215] LG Hamburg WuM 1994, 279.
[216] AG Aachen Urt. v. 9. 3. 2000 – 10 C 369/99 – n. v.; LG Aachen Urt. v. 20. 10. 2000 – 5 S 150/00 – n. v.
[217] LG Kassel NJW-RR 1990, 976.
[218] BGH WuM 2007, 698 ff.
[219] LG Potsdam WuM 2005, 772 f.
[220] LG Potsdam WuM 2001, 289.

zum Zeitpunkt des Wirksamwerdens der Anordnung der Zwangsverwaltung noch laufenden Mietverhältnis muss der Zwangsverwalter die Betriebskostenvorauszahlungen des Mieters auch für solche Zeiträume abrechnen, die vor der Anordnung liegen.[221] Hierbei soll zur Abrechnungsfrist auch dann kein erleichterer Verschuldensmaßstab anzuwenden sein, wenn die Beschlagnahme des Grundstücks erst kurz vor Ablauf der Abrechnungsfrist des § 556 Abs. 3 Ziff. 2 und 3 BGB erfolgte.[222] War die Zwangsverwaltung vor Fälligkeit der Nebenkostenabrechnung aber bereits beendet, schuldet der Zwangsverwalter dem Mieter nicht die Abrechnung der Nebenkosten und die Auszahlung eines Guthabens,[223] muss aber den Überschuss der Vorauszahlungen dem Ersteher aushändigen, der zur Abrechnung gegenüber dem Mieter verpflichtet ist.[224] Allerdings ist der Zwangsverwalter dem Mieter zur Herausgabe einer von diesem geleisteten **Kaution** auch dann verpflichtet, wenn der Vermieter, der die Kaution vor Anordnung der Zwangsverwaltung erhalten hatte, die Kaution dem Zwangsverwalter nicht herausgegeben hatte.[225] Andererseits fehlt dann, wenn die Zwangsverwaltung vor Rechtshängigkeit einer Klage auf Kautionsrückzahlung aufgehoben wurde, die Prozessführungsbefugnis des Zwangsverwalters mit der Folge, dass die Klage als unzulässig abzuweisen ist.[226]

159 e) **BGB-Gesellschaften bzw. Gemeinschaften als Vermieter.** Wird hier ein Gesellschaftsanteil übertragen, so tritt nach überwiegender Meinung der Erwerber im Wege der „Anwachsung" gemäß § 738 BGB in das Mietverhältnis ein, der veräußernde Gesellschafter scheidet aus,[227] so dass letztlich außerhalb des Grundbuches ein Wechsel des Vermieters erfolgt, dessen Wirkungen wie bei § 566 BGB sind. Nach einer Gegenmeinung stellt dieser Vorgang keine Veräußerung im Sinne des § 566 BGB dar, weder bei Übertragung eines Gesellschafteranteils im Falle des Gesellschafterwechsels noch bei Aufnahme eines weiteren Gesellschafters soll hiernach ein Vermieterwechsel stattfinden.[228]

160 Im Falle des LG München waren in einem Vorgang die Gesellschaftsanteile der veräußernden GbR vollständig auf neue Gesellschafter übertragen worden, im Fall des OLG Düsseldorf war zu zwei verbleibenden Gesellschaftern ein dritter hinzugetreten, dem die bisherigen Gesellschafter Teile ihrer Gesellschaftsanteile übertragen hatten.

161 Da die mieterschützende Funktion des § 566 BGB – auch in entsprechender Anwendung – nicht davon abhängig sein kann, ob die Veräußerung in einem Zug erfolgt oder durch sukzessiven Austausch einzelner Gesellschafter, kann die Auffassung des OLG Düsseldorf nicht überzeugen.[229]

162 Der BGH hat sich für die Anwendung des § 566 BGB entschieden,[230] die nachfolgende Rechtsprechung der Obergerichte schließt sich dem nun an.[231] Man wird daher nunmehr von der zumindest analogen Anwendung des § 566 BGB für den Fall des Gesellschafterwechsels in der GbR ausgehen können, zumindest wenn die ursprünglichen Gesellschafter mit einem Vermerk im Sinne des § 47 GBO, der ihre gesamthänderische Bindung angibt, im Grundbuch als Eigentümer (oder Erbbauberechtigte) eingetragen waren. Bei Gesellschafterwechsel wird das Grundbuch unrichtig, es kann (und muss) berichtigt werden.[232]

163 Der BGH hat dies für die BGB-Gesellschaft mit der Bejahung der Rechtsfähigkeit der (Außen-)GbR bekräftigt.[233] Dies hat Auswirkungen auf den Ausspruch von Mieterhöhungs-

---

[221] BGH WuM 2006, 402 f.
[222] AG Dortmund WuM 2007, 697 f. (Berufung zugelassen).
[223] BGH NJW 2003, 2320, 2321.
[224] BGH WuM 2007, 698 ff.
[225] BGH NJW 2003, 3342 = NZM 2003, 849.
[226] BGH WuM 2005, 463 f.
[227] LG München I WuM 1985, 26; LG Berlin GE 1994, 931; BayObLG Rpfleger 1983, 431.
[228] OLG Düsseldorf DWW 1992, 242; LG Berlin GE 1994, 223; GE 1994, 941; GE 1995, 761.
[229] So auch *Sternel* I Rdnr. 66.
[230] BGHZ 138, 82 (84 ff.) = NZM 1998, 260.
[231] KG NZM 1998, 507; OLG Hamm NZM 1998, 720.
[232] *Blank/Börstinghaus* Miete § 566 BGB Rdnr. 34.
[233] BGH NJW 2001, 1056 = NZM 2001, 299.

anforderungen,[234] Kündigungen und auf die Aktivlegitimation für Forderungen.[235] Berechtigt ist auch hier jeweils die GbR in ihrem jeweiligen Bestand. Daraus folgt auch, dass für die Anwendung des § 119 Abs. 1 Nr. 1 b GVG ausschließlich auf den (dort inländischen) allgemeinen Gerichtsstand der klagenden BGB-Gesellschaft abzustellen ist und nicht auf einen (dort ausländischen) allgemeinen Gerichtsstand eines der Gesellschafter.[236]

2. Rechtsnachfolge auf Mieterseite

a) Austausch des Vertragspartners. Neben dem Todesfall – nachstehend gesondert unter Rdnr. 261 ff. behandelt – kommt auch hier die Rechtsnachfolge durch rechtsgeschäftliche Vereinbarung in Betracht. Gesetzliche Sonderregelungen gibt es dazu nicht.[237]

aa) Durch Vereinbarung. Zu beachten ist zunächst bei derartigen Vereinbarungen, dass – anders als auf der Vermieterseite – die **Schriftform des § 550 Satz 1 BGB** zu beachten ist, da nur dies dem Schutzzweck des § 550 Satz 1 BGB entspricht, den Grundstückserwerber über die Person des Mieters und die Dauer des Mietverhältnisses zu unterrichten;[238] denn die persönlichen Verhältnisse und die wirtschaftliche Leistungsfähigkeit eines Mieters können für den Vermieter bzw. den Grundstückserwerber von entscheidender Bedeutung sein.[239] Allerdings erfordert § 550 BGB nicht, dass der Mietvertrag dem Erwerber, für den zu seinem Schutz die Schriftform verlangt wird, auch tatsächlich vorgelegt werden kann, wenn die geforderte Schriftform im Zeitpunkt des Vertragsabschlusses gewahrt war.[240] In einer späteren Entscheidung wird allerdings gefordert, dass ein Nachfolgemieter in der Lage sein müsse, dem Erwerber eine Urkunde vorlegen zu können, aus der sich – im Zusammenhang mit dem zwischen Altmieter und Vermieter abgeschlossenen schriftlichen Vertrag – seine Mieterstellung gegenüber dem Vermieter ergibt; nur dann bleibe die Laufzeit eines Vertrages erhalten, der eben wegen seiner Laufzeit der Schriftform bedürfe.[241] Nimmt man beide Entscheidungen zusammen, so wird man vom Mietnachfolger nur das verlangen können, was seinem Einfluss unterliegt, nämlich eben die Vorlage der schriftlichen Nachfolgevereinbarung. Einzuhalten ist im Sinne der Rechtssicherheit und des Erwerberschutzes dabei die gesetzliche Schriftform des § 126 BGB.[242] Dazu soll es ausreichen, dass der Vermieter mit dem Altmieter schriftlich vereinbart, dass der Neumieter in den Vertrag eintritt und der Neumieter der Vertragsübernahme sodann formlos zustimmt.[243] Ebenso soll es ausreichen, wenn die Vertragsübernahme zwischen Altmieter und Neumieter zweiseitig vereinbart wird und dem der Vermieter seine nicht formbedürftige Zustimmung erteilt.[244] **Angesichts teilweise widersprüchlich erscheinender Aussagen der Rechtsprechung sollte stets dann, wenn der Rechtsanwalt in der Phase der Anbahnung derartiger Vereinbarungen eingeschaltet wird, auf strikte Formwahrung auch der Zustimmung des Neumieters geachtet werden.**

Die Rechtsfolgen eines Verstoßes gegen § 550 Satz 1 BGB sind im Wohnraummietrecht etwas anders als im Gewerberaummietrecht, zu dem die Entscheidungen im Regelfall ergangen sind. Denn aus dem Umstand heraus, dass ein die Form nicht einhaltender Vertrag als für unbestimmte Zeit geschlossen gilt, ergibt sich nur für den Wohnungsmieter das Recht der freien Kündigung unter Beachtung der normalen gesetzlichen Kündigungsfrist des § 573c BGB. Der Vermieter muss sich in diesem Fall auf das Vorliegen von Kündigungsgründen i.S. des § 573 BGB berufen können, so dass der Mieterschutz weiter besteht. Im Einzelfall kann dies dennoch dazu führen, dass bei Nichteinhaltung der Schriftform bei der

---

[234] AG Königstein i. Ts. NZM 2001, 429.
[235] KG NZM 2001, 520.
[236] OLG Düsseldorf WuM 2005, 655 f.
[237] So auch *Blank/Börstinghaus* Miete § 535 BGB Rdnr. 188.
[238] BGH NJW 1998, 62; BGH NZM 2002, 291.
[239] OLG Köln NZM 1999, 1004; BGH NJW 1975, 1653; BGHZ 72, 394 = NJW 1979, 369, 370 (zu einem Vertrag zwischen Mieter und zeitweisem Substituten).
[240] BGH NZM 1999, 962, 963 f.
[241] BGH Beschl. v. 30. 1. 2002 – XII ZR 106/99 – NZM 2002, 291.
[242] *Heile* NZM 2002, 505 ff.; *Sternel* ZMR 2001, 937.
[243] BGH NZM 2005, 584 f. (für Gewerbemiete).
[244] OLG Düsseldorf ZMR 2008, 122.

Mieterauswechslung der Vermieter bzw. der Erwerber vorzeitig z. B. Eigenbedarf geltend machen kann. Daher liegt es auch im Interesse des Mieters bzw. dessen Nachfolgers, bei Vertragsänderungen, durch die ein Mietnachfolger die Vertragsposition des bisherigen Mieters übernimmt, die Schriftform des § 550 Satz 1 BGB einzuhalten.

> **Praxistipp:**
> Für den anwaltlichen Berater beider Vertragsseiten ergibt sich daraus die Empfehlung, bei Mitwirkung an derartigen Änderungsvereinbarungen unbedingt die Einhaltung der gesetzlichen Schriftform zu empfehlen. Denn es ist reine Spekulation, dass ggf. auf Grund besonderer Interessenlage für die vertretene bzw. beratene Vertragspartei der Formmangel eventuell später zu Vorteilen führen könnte. Im Zweifel sind die vermutlichen Nachteile der Rechtsunsicherheit größer als etwaige Vorteile.

Für den Sonderfall des Auszuges eines Ehepartners aus der Ehewohnung wurde eine Vereinbarung als zulässig angesehen, mit welcher der Vermieter die Entlassung eines Mieters aus dem Mietvertrag ohne Mitwirkung des verbleibenden Mieters durchführte,[245] da keiner der Beteiligten ein schützenswerte Interesse hatte, dass der ausgezogene Mieter noch formell Mitmieter blieb. Der BGH hat jedenfalls eine Berufung des verbleibenden Mieters darauf, der ausgezogene Mieter sei nicht wirksam aus dem Vertrag entlassen worden, als einen Verstoß gegen Treu und Glauben (§ 242 BGB) angesehen, da dem verbliebenen Mieter gegenüber dem Mieterhöhungsverlangen des Vermieters die Berufung darauf verwehrt sei, er sei nicht Alleinmieter der Wohnung.[246] Identisch wurde zur Frage entschieden, wem gegenüber eine Kündigung auszusprechen ist (es reicht die Kündigung gegenüber dem verbliebenen Mieter einer Lebensgemeinschaft).[247]

167 *(1) Vertragsübernahme mit Identität des Mietvertrags.* Bei einer solchen Vereinbarung kann es sich um einen dreiseitigen Vertrag handeln, der zwischen dem ausscheidenden Mieter und dem eintretenden Mieter mit Zustimmung des Vermieters geschlossen wird.[248] Dem gleichzusetzen ist die Vereinbarung zwischen der austretenden Partei und der eintretenden Partei, der die weitere Partei zustimmt.[249] Beides stellt eine Auswechslung der Mieterpartei bei Identität des Mietvertrages dar.

168 Entscheidendes Gewicht bei der Gestaltung derartiger Vereinbarungen sollte auf eine **Klarstellung der Haftungsabgrenzung** gelegt werden. Denn der Nachmieter bzw. Ersatzmieter trägt ohne besondere Vereinbarung keine Haftung für Verbindlichkeiten des Vormieters gegenüber dem Vermieter,[250] während umgekehrt im Regelfall nicht anzunehmen ist, dass der ausscheidende Mieter für gegen ihn bereits begründete Verbindlichkeiten nicht mehr haften soll.[251]

> **Formulierungsvorschlag: Dreiseitige Vereinbarung über Mieterwechsel**
>
> 169 Zwischen A. ...... als Vermieter
> und M1 (und M2) als bisherigem/n Mieter(n) und M3 (und M4) als neuem/n Mieter(n) wird hinsichtlich der Wohnung ...... vereinbart:
> 1. Der Mietvertrag vom ...... wird von M3 (und M4) als neuem(n) Mieter(n) mit Wirkung ab dem ...... fortgesetzt, M1 (und M2) wird (werden) mit Wirkung ab diesem Tag aus dem Mietver-

---

[245] LG Krefeld WuM 2003, 447 f. mit ablehnender Anmerkung *Wiek* WuM 2003, 448; Urteil mit etwas abweichender Begründung bestätigt durch BGH NZM 2004, 419 f.
[246] BGH NZM 2004, 419 f.
[247] BGH NZM 2005, 452 f.
[248] BGHZ 96, 302, 308.
[249] BGHZ 96, 302, 308.
[250] OLG Frankfurt WuM 1988, 13.
[251] Bub/Treier/*Heile* II Rdnr. 809.

hältnis entlassen, für die bis zu diesem Tage entstandenen Forderungen des Vermieters einschließlich der sich aus einer noch zu fertigenden Betriebskostenabrechnung ergebenden Forderungen haftet/haften der/die bisherige/n Mieter weiter.
2. Der Anspruch auf Rückzahlung der seitens der Mieter geleisteten Kaution steht allein M3 (und M4) zu, M1 (und M2) verzichtet/verzichten gegenüber dem Vermieter auf jegliche Ansprüche auf Kautionsrückzahlung. Die Mieter haben sich intern über die Kaution bereits auseinandergesetzt.
3. Zum Zustand der Wohnung wird folgendes einvernehmlich festgestellt:
a) Schäden:
Der/Die bisherigen Mieter M1 (und M2) verpflichtet(n) sich, die Kosten der Schadensbehebung zu tragen. Diese werden hiermit einvernehmlich auf DM ...... festgelegt, dieser Betrag ist bis zum (......) an den Vermieter zu zahlen.

Alternativ:

Der/Die bisherigen Mieter M1 (und M2) verpflichten sich, die Kosten der Schadensbehebung zu tragen. Diese werden durch einen Kostenvoranschlag der Fachfirma ....../durch ein Gutachten eines Sachverständigen für das ...... Handwerk ermittelt und sind nach dessen Zusendung an den/die bisherigen Mieter binnen 2 Wochen an den Vermieter zu zahlen.

Eine **Überprüfung der Mietsache auf eventuelle Schäden** und eine Festlegung des Schadensumfangs ist – für den Vermieter – deshalb erforderlich, weil gegen den/die bisherigen Mieter Schadenersatzansprüche nur innerhalb der 6-Monatsfrist des § 548 Abs. 1 BGB geltend gemacht werden können. Der Vermieter kann andererseits den neuen Mieter nicht für den Zustand bei Beginn seiner Mietzeit verantwortlich machen, wenn während der Mietzeit des Mietnachfolgers keine negative Veränderung des Zustandes der Mietsache eingetreten ist. Denn der Mietnachfolger hat nur für eigenes Verschulden zu haften.[252] Aus Gründen der Vorsicht muss jedenfalls von dieser Situation ausgegangen werden.

Praxistipp:

Aus Gründen der Vorsicht muss daher bei Fortführung des ursprünglichen Mietvertrages der anwaltliche Vertreter eines Vermieters nach dem Prinzip des „sichersten Weges" darauf bedacht sein, eine etwa in Betracht kommende Schadensersatzverpflichtung des ursprünglichen Mieters zu realisieren bzw. in eine Vereinbarung einzubringen, bevor eine Vereinbarung zur Nachfolge in die Mieterposition getroffen wird und ggf. den Vermieter-Mandanten auf die Risiken – beweisbar – hinweisen, die bei Abweichen vom sichersten Weg bestehen.
Auch der Mietnachfolger (und dessen anwaltlicher Vertreter) muss nach dem Prinzip des „sichersten Weges" auf eine Klarstellung der Haftung des ersten Mieters drängen, da für ihn umgekehrt die Gefahr besteht, dass der Vermieter ihn doch erfolgreich für den Gesamtzustand des Mietobjektes in Anspruch nimmt, denn zukünftige Wendungen der Rechtsprechung in die eine oder andere Richtung sind nicht vorhersehbar.

Fortsetzung Formulierungsvorschlag: Dreiseitige Vereinbarung

......
b) Einbauten/Einrichtungen:
Der/Die neue(n) Mieter übernehmen die Einbauten und Einrichtungen, die der/die bisherigen Mieter in die Wohnung eingebracht haben, von diesen. Es handelt sich um:
......
(aufzählen)
Ein evtl. Kosten-/Wertersatz ist zwischen den bisherigen und den neuen Mietern direkt geregelt worden.

---

[252] LG Berlin NZM 1999, 839.

> Der/Die neue(n) Mieter übernimmt/übernehmen als eigene Verpflichtung die Pflicht, bei Ende seines/ihres Mietverhältnisses die Einbauten und Einrichtungen zu entfernen und den vorherigen Zustand auf seine/ihre Kosten wiederherzustellen.
>
> Sofern der Vermieter bei Beendigung des Mietverhältnisses den Verbleib der Einbauten und Einrichtungen verlangt, verbleibt es bei der gesetzlichen Regelung des § 552 BGB.

172 Es ist bei Mietverhältnissen über Wohnraum nicht möglich, einen entschädigungslosen Verbleib der Einbauten/Einrichtungen zu vereinbaren, da dies durch § 552 Abs. 2 BGB zwingend nicht nur für Formularregelungen ausgeschlossen ist. Ein Verstoß führt zur Nichtigkeit der Klausel.[253] Möglich bleibt eine Regelung, die vorweg einen angemessenen Ausgleich und die Form der Ermittlung regelt.

> **Formulierungsalternative:**
>
> 173 Sofern der Vermieter bei Beendigung des Mietverhältnisses den Verbleib der Einbauten und Einrichtungen verlangt, steht dem Mieter angemessener Wertersatz im Sinne des § 552 BGB zu. Dieser wird dergestalt ermittelt, dass der Verkehrswert der Einbauten und Einrichtungen zum Zeitpunkt der Beendigung des Mietvertrages ermittelt wird und von diesem die Kosten und der Wertverlust, die durch einen Ausbau entstehen, sowie die Aufwendungen für die Wiederherstellung des früheren Zustandes im Falle eines Ausbaus abgezogen werden. Einigen sich die Parteien nicht binnen zwei Wochen nach Beendigung des Mietverhältnisses auf einen Betrag, so wird dieser auf Antrag einer der Vertragsparteien durch einen durch die zuständige Industrie- und Handelskammer bestimmten Sachverständigen festgelegt. Die Kosten dieses Sachverständigenverfahrens tragen die Parteien im Verhältnis des Obsiegens und Unterliegens im Verhältnis zu dem durch die jeweilige Partei vorgeschlagenen Betrag des Wertersatzes.

174 Eine ausdrückliche Vereinbarung, dass der neue Mieter die Pflicht zur Entfernung von **Einbauten und Einrichtungen** übernimmt, ist aus **Sicht des Vermieters** deshalb erforderlich, weil der neue Mieter sich – wie im Falle von Vorschäden – darauf berufen kann, er habe das Mietobjekt mit den vorhandenen Einrichtungen übernommen, die er als vermieterseits gestellten Zustand habe verstehen können, daraus folge, dass er für eine Wiederherstellung des Ursprungszustands nicht hafte.

175 Sich insoweit auf die an sich durchaus zutreffende Auffassung zu berufen, bei Vertragsidentität sei der Nach-/Ersatzmieter sowieso verpflichtet, die Einbauten des Vorgängers zu entfernen,[254] erscheint als zu risikoreich. Dies gilt auch für die durchaus zutreffende Auffassung, dass in Fällen, in denen der Mietnachfolger Einbauten durch Vereinbarung mit dem bisherigen Mieter von diesem übernimmt, diese im Verhältnis zum Vermieter als eigene Einbauten des Mietnachfolgers gelten, die er deshalb bei Vertragsende entfernen muss. Der Vermieter wird in solchen Fällen im Regelfall erhebliche Darlegungs- und erst recht Beweisschwierigkeiten haben, dem Folgemieter zu beweisen, dass die Übernahme von Einbauten und Einrichtungen in Form einer Vereinbarung mit dem Vormieter erfolgte.

176 Jedenfalls dann, wenn der anwaltliche Berater des Vermieters Einfluss auf die Vertragsgestaltung hat, sollte eine eindeutige Regelung im vorstehend dargestellten Sinne erfolgen, auch wenn sie ggf. nur klarstellende Bedeutung hat.

---

[253] Palandt/*Weidenkaff* § 552 Rdnr. 4.
[254] OLG Hamburg ZMR 1990, 341 (bei Gewerberaum); so auch für Wohnraum: AG Lübeck Hamburger GE 1976, 505; LG Berlin MDR 1987, 234; anderer Ansicht: AG Dortmund WuM 1982, 86 (Leitsatz).

Fortsetzung Formulierungsvorschlag: Dreiseitige Vereinbarung

4. Alle übrigen Vereinbarungen des Mietvertrages vom ...... gelten zwischen dem Vermieter und dem/den Mieter/n M3 (und M4) weiter, insbesondere ändert sich am Beginn von Fristen, die laut Vertrag laufen (z. B. hinsichtlich der Schönheitsreparaturen) nichts, mit der vorliegenden Vereinbarung wird also kein neuer Vertrag geschlossen.

Formulierungsvorschlag: Zweiseitige Vereinbarung mit Zustimmung des dritten Vertragspartners

Vereinbarung zwischen bisherigem Mieter und neuem Mieter:
(Kann in Anlehnung an das vorhergehende Muster gestaltet werden)

Zustimmungserklärung des Vermieters:
Der Vermieter des Mietobjekts (......) stimmt der Übernahme der Mieterstellung durch (......) anstelle des bisherigen Mieters (......) zu, wie dies im Einzelnen in der Vereinbarung vom (......), von der eine Ausfertigung als Anlage zu dieser Zustimmungserklärung genommen wurde, geregelt wurde, zu.
Diese Zustimmungserklärung ist mit ihrer Anlage in drei Ausfertigungen erstellt, von denen eine der Vermieter, eine der neue Mieter und eine der bisherige Mieter erhält.
(......), den (......)

......
(Unterschrift Vermieter)

(2) Beendigung des ersten Vertrags und Neuabschluss. Es besteht auch die Möglichkeit, dass durch Vertrag zwischen dem Vermieter und dem bisherigen Mieter dieses Mietverhältnis der alten Vertragsparteien beendet wird und gleichzeitig ein neues Mietverhältnis mit dem Inhalt des bisherigen durch einen weiteren Vertrag mit dem neuen Mieter abgeschlossen wird. Was die Parteien gewollt haben, ist in Zweifelsfällen durch Auslegung der Vereinbarungen zu ermitteln.[255]

Nur im Fall dieser Vertragskonstellation ist es im Übrigen berechtigt, von einem „Nachmieter" zu sprechen, denn bei Vertragsidentität ersetzt der neue Mieter den bisherigen in dessen Mieterstellung, so dass dann der Begriff des „Ersatzmieters" die rechtliche Bedeutung besser zum Ausdruck bringt. Neben einem Neuabschluss eines Mietvertrags mit dem Nachmieter sind in einem solchen Fall Regelungen zur Beendigung des bisherigen Mietvertrages einschließlich Feststellungen zum Zustand der Mietsache zu treffen.

Der neue Mietvertrag ist nach den üblichen Regeln abzuschließen, im Falle der Übernahme von Einbauten und/oder Einrichtungen empfiehlt es sich, in diesen Vertrag eine Passage bei den besonderen individuellen Vereinbarungen wie folgt einzusetzen:

Formulierungsvorschlag: Vereinbarung zu Einbauten und Einrichtungen

b) Einbauten/Einrichtungen:

Der/Die Mieter übernimmt/übernehmen die Einbauten und Einrichtungen, die der/die bisherigen Mieter ...... in die Wohnung eingebracht haben, von diesen.
Es handelt sich um:
......
(aufzählen)
Ein evtl. Kosten-/Wertersatz ist zwischen den bisherigen und den neuen Mietern direkt geregelt worden.
Der/Die neue(n) Mieter übernimmt/übernehmen als eigene Verpflichtung die Pflicht, bei Ende seines/ihres Mietverhältnisses die Einbauten und Einrichtungen zu entfernen und den vorherigen Zustand auf seine/ihre Kosten wiederherzustellen.

---

[255] BGH NJW 1998, 531 = NZM 1998, 113.

> Sofern der Vermieter bei Beendigung des Mietverhältnisses den Verbleib der Einbauten und Einrichtungen verlangt, verbleibt es bei der gesetzlichen Regelung des § 552 BGB.
>
> **Alternativ:**
>
> Sofern der Vermieter bei Beendigung des Mietverhältnisses den Verbleib der Einbauten und Einrichtungen verlangt, steht dem Mieter angemessener Wertersatz im Sinne des § 552 BGB zu. Dieser wird dergestalt ermittelt, dass der Verkehrswert der Einbauten und Einrichtungen zum Zeitpunkt der Beendigung des Mietvertrages ermittelt wird und von diesem die Kosten und der Wertverlust, die durch einen Ausbau entstehen, sowie die Aufwendungen für die Wiederherstellung des früheren Zustandes im Falle eines Ausbaus abgezogen werden. Einigen sich die Parteien nicht binnen zwei Wochen nach Beendigung des Mietverhältnisses auf einen Betrag, so wird dieser auf Antrag einer der Vertragsparteien durch einen durch die zuständige Industrie- und Handelskammer bestimmten Sachverständigen festgelegt. Die Kosten dieses Sachverständigenverfahrens tragen die Parteien im Verhältnis des Obsiegens und Unterliegens im Verhältnis zu dem durch die jeweilige Partei vorgeschlagenen Betrag des Wertersatzes.

183 *(3) Haftungsregelungen.* Der Vermieter, der sich mit einem Mieterwechsel durch Vertragsübernahme wie auch durch Vereinbarung von Beendigung und Neuabschluss einverstanden erklärt, hat es dabei grundsätzlich in der Hand, auf einer Mithaftung des bisherigen Mieters neben dem neuen Mieter für die Verbindlichkeiten aus dem Mietverhältnis als Voraussetzung für seine Zustimmung zur Vertragsübernahme zu bestehen, die zumindest für einen bestimmten Zeitraum gilt.[256]

184 Diese zur Gewerbemiete ergangene Entscheidung muss an die Besonderheiten des Wohnraummietrechts angepasst werden. Denn die Absicherung kann sinnvoll nicht in der Übernahme einer Bürgschaft des bisherigen Mieters bestehen, wenn – wie häufig – eine Barkaution besteht. Eine solche Bürgschaft neben einer Barkaution wird als Verstoß gegen die zwingende Vorschrift des § 551 BGB angesehen, wonach keine über den dreifachen Betrag der Miete (ohne gesondert abrechenbare Nebenkosten) hinausgehende Mietsicherheit verlangt werden darf, so dass die zusätzliche Sicherheit der Kondiktion unterliegt[257] bzw. sich der Bürge auf die Unwirksamkeit der zusätzlichen Sicherung berufen kann.[258] Einzelheiten zu Mietkaution und Bürgschaft siehe § 26.

185 Es kommt daher – stellt man auf ein zusätzliches Sicherungsbedürfnis des Vermieters im konkreten Einzelfall ab – nur in Betracht, den Mietvertrag für eine gewisse Übergangszeit so zu gestalten, dass sowohl der alte Mieter als auch der neue Mieter in der Mieterposition sind.

> **Formulierungsvorschlag: Mitmieter – Lösung für Übergangszeit** (Anstelle von Ziffer 1 des vorherigen Formulierungsvorschlags)
>
> **186** 1. Mit Wirkung ab dem ...... (erster Termin) treten M3 (und M4) als weitere Mieter in den Mietvertrag ein. Mit Wirkung ab dem ...... (zweiter Termin) wird der Mietvertrag von M3 (und M4) als neuen Mieter(n) allein fortgesetzt, M1 (und M2) wird (werden) mit Wirkung ab dem ...... (zweiter Termin) aus dem Mietverhältnis entlassen, für die bis zu diesem Tage entstandenen Forderungen des Vermieters einschließlich der sich aus einer noch zu fertigenden Betriebskostenabrechnung ergebenden Forderungen haftet/haften der/die bisherige/n Mieter weiter, für die Zeit ab ...... (erster Termin) als Gesamtschuldner mit den neuen Mietern.

---

[256] BGH NJW 1998, 531 = NZM 1998, 113, 116.
[257] LG Heidelberg NJWE-Miet 1997, 99.
[258] LG Kassel NJW-RR 1998, 661 = WuM 1997, 555 = NZM 1998, 328.

In Betracht kommt als Übergangsfrist m. E. realistisch die Zeit, innerhalb derer der alte Mieter seinerseits fristgerecht die Kündigung des Mietvertrages erklären könnte, also ggf. bis zum Ende eines befristeten Mietvertrages. Denn der Vermieter könnte bei einer derartigen Mieterkündigung auch keine längere Nachhaftung erreichen. Würde man eine längere Nachhaftung erreichen wollen, besteht die Gefahr, dass dies als ein Verstoß gegen § 242 BGB gewertet wird, unwirksam ist, was ggf. die Gesamtnichtigkeit nach sich zieht.

Nach Lage der Dinge wird eine solche Regelung angesichts der Regelung des § 573c BGB und der dort geregelten maximalen Kündigungsfrist für den Mieter von drei Monaten nur dort in Betracht kommen, wo ein langfristig befristeter Mietvertrag besteht und kein Anspruch auf Entlassung aus dem Mietvertrag im Sinne der nachstehenden Ausführungen besteht.

Zusätzlich ist zu beachten, dass derartige Vereinbarungen formularmäßig gemäß § 307 BGB unwirksam sind, wenn der alte Mieter etwa über die bisherige Vertragsdauer belastet wird oder er eine Haftung für Verbindlichkeiten übernehmen soll, die erst durch die Änderungsvereinbarung entstehen.[259] **Daher sollten solche Vereinbarungen ausschließlich als beweisbar ausgehandelte Individualvereinbarungen abgeschlossen werden.**

(4) Entgeltregelungen bei Vereinbarungen zur Vertragsübernahme. In Fällen, in denen die nachstehend behandelnde Konstellation, dass der Mieter zur Ersatzmietergestellung berechtigt ist, wegen Fehlens der besonderen Voraussetzungen nicht besteht, kommt es vor, dass im Rahmen einer Vertragsübernahme vereinbart wird, dass der Mieter dem Vermieter für die Entlassung aus dem Vertrag eine Abstandszahlung zu leisten hat. Hier ist fraglich, ob durch solche Abstandszahlungen letztlich eine Notlage des Mieters im Sinne des § 138 Abs. 2 BGB ausgenutzt wird und faktisch eine Art Doppelvermietung erfolgt.[260] Eindeutige Grenzen wird man nicht ziehen können. Die Meinung *Kandelhards,* es dürften nur die dem Vermieter entstehenden Transaktionskosten des Wechsels – ggf. pauschal – ausgeglichen werden, erscheint zu eng. Der Vermieter übernimmt – ohne rechtlich gezwungen zu sein – das Risiko eines neuen ihm unbekannten Vertragspartners und dessen Solvenz. Ihn dann nur auf den reinen Verwaltungsaufwand des Wechsels des Vertragspartners zu beschränken und höhere Beträge als sittenwidrig zu brandmarken, geht fehl. Die Grenze des Zulässigen dürfte m. E. dort liegen, wo die Vorteile des Mieters aus der früheren Vertragsbeendigung durch eine Abstandsvereinbarung überwiegend aufgebraucht werden. Ob man die Grenze erst bei der Hälfte oder etwa bereits bei einem Drittel der Vorteile anzusetzen hat, muss hier unentschieden bleiben.

bb) Rechtsfolgen der Vereinbarung. (1) Kaution. Bei **Identität des Vertrages** ist die Kaution nicht dem ausscheidenden Mieter zu erstatten, wobei die Parteien des ursprünglichen Mietvertrages auch anderes vereinbaren können.

Formulierungsvorschlag: Regelung zur Kaution im Ursprungsvertrag, der Ersatzmieterklausel enthält

Die gezahlte Kaution verbleibt bei Stellung eines Ersatzmieters beim Vermieter, der bei Beendigung des Mietvertrages über die Kaution mit dem Ersatzmieter abzurechnen hat. Es ist Sache des Mieters, die Kaution nebst bis zum Zeitpunkt des Eintretens eines Ersatzmieters aufgelaufener Zinsen mit dem Ersatzmieter zu verrechnen.

Alternative:

Die gezahlte Kaution ist auf den Zeitpunkt des Eintretens eines Ersatzmieters einschließlich aufgelaufener Zinsen mit dem ursprünglichen Mieter abzurechnen.

---

[259] OLG Düsseldorf NJW-RR 1994, 1015.
[260] *Kandelhard* WuM 2004, 249 ff., 253.

In letzterem Falle muss konsequenter Weise auch der Zustand des Objektes festgestellt werden, eine etwa zu dem Zeitpunkt des Eintretens fällige Renovierungspflicht ist zu „aktivieren".

> **Praxistipp:**
> Aus Gründen der Vorsicht muss auch bei Fortführung des ursprünglichen Mietvertrages – wie bei einer nachträglich zustande kommenden Vereinbarung über die Auswechslung des Mieters, dazu siehe oben – eine etwa in Betracht kommende Schadensersatzverpflichtung des ursprünglichen Mieters realisiert werden, da ansonsten die Gefahr besteht, dass trotz der bei einer „echten" Ersatzmieterklausel anzunehmenden Identität des Mietverhältnisses der Ersatzmieter bei Ende seines Mietverhältnisses mit Erfolg dem Vermieter entgegenhält, dass Schäden aus der Zeit des ersten Mieters stammen. Der anwaltliche Vertreter eines Vermieters muss nach dem Prinzip des „sichersten Weges" hierauf bedacht sein und ggf. den Vermieter-Mandanten auf die Risiken – beweisbar – hinweisen, die bei Abweichen vom sichersten Weg bestehen.
> Auch der Ersatzmieter (und dessen anwaltlicher Vertreter) muss nach dem Prinzip des „sichersten Weges" an einer Klarstellung der Haftung des ersten Mieters interessiert sein, da für ihn umgekehrt die Gefahr besteht, dass der Vermieter ihn doch erfolgreich für den Gesamtzustand des Mietobjektes in Anspruch nimmt, denn zukünftige Wendungen der Rechtsprechung in die eine oder andere Richtung sind nicht vorhersehbar.

193   Bei **Beendigung des Erstvertrages** und Neuabschluss eines Folgevertrages ist bei Fälligkeit die Kaution abzurechnen, ggf. sind Schäden festzustellen und zu verrechnen.

194   *(2) Schönheitsreparaturen.* Bei **Identität des Vertrages** tritt der Ersatzmieter in die Vertragsstellung des bisherigen Mieters auch insoweit ein, als die Renovierungspflichten (Schönheitsreparaturen) betroffen sind.[261] Der Fristenplan ist so zu seinen Lasten anzuwenden, dass auch bereits abgelaufene Renovierungsfristen und erst recht die zukünftig fällig werdenden Renovierungen von ihm zu erfüllen sind. Er kann sich also nicht darauf berufen, dass die Renovierungsfristen erst ab seinem Vertragseintritt gelten.

195   Ohne anderslautende ausdrückliche Vereinbarung ist der ausscheidende Mieter zu einer Renovierung nicht mehr verpflichtet, die Auffassung von *Junker/v. Rechenberg/Sternel*, es sei ggf. eine Ausnahme zu machen, wenn sie gerade fällig war,[262] überzeugt nicht.

196   Wird die andere Konstruktion gewählt, mit dem Mietnachfolger einen **neuen Vertrag** zu schließen, so ergibt sich mit dem bisherigen Mieter ein ganz normales **Abwicklungsverhältnis des bisherigen Mietvertrages**. Regelungen zur Renovierung sind auszuführen, entweder durch Vornahme fälliger Renovierungen, ggf. mit Fristsetzung zur Nacherfüllung gemäß §§ 281, 323 BGB, oder durch Anwendung von Quotenklauseln.[263] Im Regelfall wird man aber davon ausgehen können, dass im Zusammenhang mit den Verhandlungen über eine Änderungsvereinbarung bereits der Renovierungszustand festgestellt wird und auch darüber eine ausdrückliche Regelung getroffen wird, da davon die Zustimmung zu der Änderungsvereinbarung abhängig gemacht werden kann.

197   *(3) Mietzahlungsverpflichtung.* Hat bei **Vertragsidentität** der Ersatzmieter den bisherigen Mieter ersetzt, so haftet der bisherige Mieter konsequent nur für die bis dahin fällig gewordenen Mieten,[264] die Zahlungspflicht des Ersatzmieters betrifft die ab seinem Eintritt in das Mietverhältnis fällig werdenden Mieten. Anderes, also eine befreiende Schuldübernahme,[265] bedürfte der ausdrücklichen Vereinbarung.

198   Bei **Abschluss eines Neuvertrages** mit dem Mietnachfolger ergibt sich letztlich das gleiche Ergebnis, hier als Folge der nicht mehr gegebenen Identität des Vertrages.

---

[261] *Blank/Börstinghaus* Miete § 535 BGB Rdnr. 188.
[262] *Junker/v. Rechenberg/Sternel*, Text- und Diktathandbuch Mietrecht, 2. Aufl., 10.1 Rdnr. 3 a.
[263] Einzelheiten dazu bei § 19.
[264] Bub/Treier/*Heile* (2005) II Rdnr. 809; *Blank/Börstinghaus* Miete § 535 BGB Rdnr. 188.
[265] *Blank/Börstinghaus* Miete § 535 BGB Rdnr. 190.

(4) Abrechnung von Betriebskosten. Bei **Vertragsidentität** ist die dogmatische Konsequenz, dass eine einheitliche Abrechnung auch bei Ersatz des Erstmieters durch den Ersatzmieter während der Abrechnungsperiode erfolgen kann. Es empfiehlt sich, dies in einer Nachfolgevereinbarung ausdrücklich festzulegen. 199

> **Formulierungsvorschlag: Klausel zur Abrechnung der Betriebskosten**
>
> Es besteht Einigkeit, dass der Vermieter die Betriebskosten (einschließlich Heizkosten) zum Ende der laufenden Abrechnungsperiode ausschließlich mit dem eintretenden Ersatzmieter abrechnet und dass dieser dem Vermieter allein für Restforderungen haftet, Erstattungsforderungen bei Überzahlungen stehen allein dem Ersatzmieter zu. Es ist insoweit festgestellt worden, dass der bisherige Mieter die Betriebskostenvorauszahlungen für den Zeitraum bis ...... (Tag des Mieterwechsels) in voller Höhe (nur in Höhe von ......) erbracht hat.
> Ein Ausgleich der zeitanteiligen Betriebskosten erfolgt allein im Innenverhältnis des bisherigen Mieters und des Ersatzmieters, die insoweit eine getrennte Regelung treffen.

200

Bei **Abschluss eines Neuvertrages** erfolgt eine normale Abrechnungstrennung wie im sonstigen Fall der Beendigung eines Mietvertrages während der Abrechnungsperiode. Es müssen Zwischenablesungen erfolgen. Wegen der Einzelheiten wird verwiesen auf § 24. 201

Zu beachten ist die Abrechnungsfrist von 12 Monaten des § 556 Abs. 3 Satz 1 BGB, die für jeglichen Wohnraum (und nicht nur wie bisher § 20 Abs. 3 NMV nur für preisgebundene Wohnungen) gilt, was auch gegenüber dem ausgeschiedenen Mieter anzuwenden ist.

Rechtsfragen im Zusammenhang mit einem eventuell gegebenen Anspruch auf Auswechslung des Vertragspartners auf Mieterseite, mit Nachmieterstellungsklauseln, und mit einem ggf. gegebenen allgemeinen Anspruch auf Akzeptanz eines Mietnachfoglers werden in § 27 behandelt.

b) Rechtsnachfolge bei Wohngemeinschaften. Wer an eine Wohngemeinschaft vermietet, muss wissen, was er tut. Es ergibt sich hier – je nach Betrachtungsweise – die Möglichkeit/das Schreckensbild eines mietrechtlichen „perpetuum mobile". 202

Grundsätze der Rechtsprechung. Eine Wohngemeinschaft wird heute zutreffend als GbR gewertet. Die Anerkennung der Rechtsfähigkeit der Außen-GbR führt noch nicht dazu, dass zwangsläufig die WG-GbR „als solche" Vertragspartner des Vermieters wird. Es kommt vielmehr darauf an, ob die GbR „als solche" Vertragspartner werden soll oder ob die Gesellschafter der stets anzunehmenden Innen-GbR jeweils im eigenen Namen Vertragspartner des Vermieters werden wollen.[266] Für die Haftung für sog. Primärverbindlichkeiten ergibt sich letztlich kein Unterschied, da auch bei Vertragsschluss mit der Außen-GbR als Mieterin die Mitglieder der WG persönlich und unbeschränkt analog §§ 128 ff. HGB gemäß der Akzessorietätstheorie haften. Unterschiede können sich bei der Haftung für Sekundärverbindlichkeiten (insbesondere bei Beschädigung der Mietsache) ergeben. Ist die WG-GbR „als solche" Vertragspartnerin geworden, besteht auch hier die persönliche und gesamtschuldnerische Haftung über § 128 HGB analog, während bei Vertragsschluss mit den einzelnen Mitgliedern eine gesamtschuldnerische Haftung nur unter eingeschränkten Voraussetzungen (Einordnung des ggf. schuldhaft Handelnden als Erfüllungsgehilfe im Sinne des § 278 BGB bzw. vertragliche Vereinbarung der gesamtschuldnerischen Haftung auch für Sekundärverpflichtungen) in Betracht kommt. 203

Bei einem Mietvertrag mit einer studentischen Wohngemeinschaft ist im Gegensatz zu einer Vermietung an eine Person oder an eine Lebensgemeinschaft von vornherein die Möglichkeit des Wechsels der Vertragspartner als vereinbart anzusehen, da für den Vermieter einer studentischen Wohngemeinschaft bei Vertragsabschluss ohne weiteres offensichtlich ist, dass die einzelnen Mieter nur zeitlich begrenzt und jeweils unterschiedlich an der Woh-

---

[266] Ausführlich *Jacobs* a. a. O. NZM 2008, 111 ff m. v. w. N.

nung interessiert sind und dass deshalb bei Abschluss eines unbefristeten Mietvertrags die wirtschaftliche Notwendigkeit des Austauschs der Wohngemeinschaftsmitglieder besteht.[267]

204 Eine studentische Wohngemeinschaft im herkömmlichen Sinn kann auch nur aus zwei Personen[268] bestehen mit der Folge, dass der Vermieter auch dort einem Wechsel der Wohngemeinschafter als Vertragspartner grundsätzlich zustimmen muss.[269] Der Vermieter muss in einer solchen Konstellation einem Mieterwechsel zustimmen, ohne dass es der Darlegung berechtigter Interessen der Mieter bedarf.[270] Eine Ausnahme gilt nur, wenn der Wechsel für den Vermieter unzumutbar im Sinne einer entsprechenden Anwendung des § 553 Abs. 1 Satz 2 BGB ist, also bei Unzumutbarkeit aus persönlichen Gründen.[271]

205 Dagegen kann die Verweigerung der vermieterseitigen Zustimmung zur Aufnahme eines neuen Mitglieds in den Mietvertrag regelmäßig nicht auf die mangelnde Solvenz des aufzunehmenden Mieters gestützt werden, da die Wohngemeinschaftsmitglieder für den Mietzins gesamtschuldnerisch haften.[272]

206 Die letzte Entscheidung erscheint dann problematisch, wenn nach und nach die solventeren Mitglieder einer Gemeinschaft ausscheiden und ggf. nur noch ein solventer Mieter verbleibt, der für sich allein die Gesamtbelastungen aus dem Mietvertrag nicht tragen kann. Wann dann die Grenze erreicht ist, bei deren Erreichen der Vermieter seine Zustimmung verweigern darf, hängt vom Einzelfall ab.

207 Verweigert der Vermieter die Zustimmung, so können eine Klage auf Zustimmung zur Auswechslung der Mitglieder der Wohngemeinschaft nur alle bisherigen Mieter gemeinsam erheben.[273]

208 Der Vermieter kann den dargestellten Effekt, der letztlich zu einem Dauermietverhältnis mit immer wieder wechselnden Vertragspartnern führt, bei dem letztlich keiner der Ursprungsmieter mehr im Mietverhältnis verbleibt, nur dadurch vermeiden, dass er eine gänzlich andere Vertragskonstruktion wählt. Er kann entweder über einzelne Zimmer der Wohnung Einzelverträge schließen,[274] oder mit einem der Mieter einen Vertrag abschließen, in dem dieser solange zur Untervermietung einzelner Räume an eine ggf. festzulegende Höchstzahl von Untermietern berechtigt wird, wie er selbst einen der Räume dauerhaft bewohnt. Denn eine völlige Aufgabe der Wohnung durch den Hauptmieter und die Weitergabe an einen Dritten zur Alleinnutzung stellt eine unzulässige Überlassung an einen Dritten im Sinne des § 540 BGB dar, die nach Abmahnung den Vermieter zur fristlosen Kündigung gemäß § 543 Abs. 1 i. V. m. Abs. 2 Ziff. 2 BGB berechtigt.[275] Ist eine personengebundene Erlaubnis zur Untervermietung vereinbart oder erteilt, dann ist die Aufnahme neuer Untermieter von der Erlaubnis des Vermieters abhängig. Auf diese wird der Hauptmieter jedoch regelmäßig einen Anspruch haben.[276]

209 Der bloße Auszug eines der Bewohner beendet seine Haftung nicht. Scheidet dagegen bei Annahme des Vertragsschlusses mit den einzelnen WG-Mitgliedern ein WG-Mitglied mit Zustimmung des Vermieters (worauf regelmäßig ein Anspruch bestehen wird) aus der WG aus, wird es vollständig aus dem Mietvertrag entlassen und damit auch aus der Haftung für die nach seinem Ausscheiden fällig werdenden Mietverbindlichkeiten. In diesem Fall ist wohl auch die (ggf. konkludente) Zustimmung des Vermieters zum Eintritt des neuen WG-Mitglieds dahin auszulegen, dass das Neu-Mitglied nicht für die Altschulden aus der Zeit vor seinem Eintritt haftet.[277]

---

[267] LG Göttingen NJW-RR 1993, 783.
[268] So auch *Jacobs* a. a. O. NZM 2008, 111 f., Fn. 1; Staudinger/*Emmerich* (2006) § 540 Rdnr. 52.
[269] LG Karlsruhe WuM 1997, 429 f.
[270] LG Karlsruhe, WuM 1992, 45; LG Göttingen NJW-RR 1982, 189; ablehnend LG Köln NJW-RR 1991, 1414; zum Meinungsstand ausführlich *Jacobs* a. a. O. NZM 2008, 111 ff., 115.
[271] LG Karlsruhe NJW 1985, 1561.
[272] LG Göttingen NJW-RR 1993, 783.
[273] LG Saarbrücken NJW-RR 1992, 781.
[274] LG Göttingen NJW-RR 1993, 783.
[275] LG Cottbus NJW-RR 1995, 524 f.
[276] *Blank/Börstinghaus* Miete § 540 BGB Rdnr. 17 a. E.
[277] *Jacobs* a. a. O. NZM 2008, 111 ff., 116.

Ist aber die WG-GbR „als solche" Vertragspartner, hat dies vor allem Folgen für die Nachhaftung des ausgeschiedenen Mitglieds, die nach gesellschaftsrechtlichen Grundsätzen besteht[278] und für die Haftung des eingetretenen Mitglieds für Altschulden, die nach gesellschaftsrechtlichen Grundsätzen ebenfalls anzunehmen ist.[279] Dies ist jedenfalls die Rechtsfolge, wenn der Wechsel der WG-Mitglieder ohne Zustimmung des Vermieters möglich ist. Ist jedoch im Falle des Abschlusses des Mietvertrags mit der WG-GbR „als solcher" dennoch vertraglich der Wechsel der Mitglieder von der Zustimmung des Vermieters abhängig gemacht worden, soll diese Zustimmung als Haftungsbeschränkung auszulegen sein, das ausscheidende WG-Mitglied nur für die Altschulden und das eintretenden WG-Mitglied nur für die Neuschulden in Anspruch zu nehmen.

All dies führt dazu, dass an die Vertragsgestaltung bei Abschluss mit einer Wohngemeinschaft erhebliche Sorgfaltsanforderungen zu stellen sind. Dem Vermieter wird an einer Haftungsausweitung gelegen sein, was zum Abschluss mit der WG-GbR „als solcher" tendieren würde, wobei aber ein Zustimmungsvorbehalt zum Mitgliederwechsel die Haftungsausweitung zunichte machen dürfte, der Mieterseite wird an einer Haftungsbegrenzung gelegen sein, was zur Vertragskonstruktion mit den WEG-Mitgliedern gemeinschaftlich als Mehrheit von Mietern als Vertragspartner des Mietvertrages führt. Ob man von der (Interessenlage her) im Zweifel davon ausgehen kann, dass die Mieterseite einen Vertrag nicht im Namen der WG abschließt,[280] erscheint zweifelhaft. Geboten ist die Klarstellung dessen, was wirklich Vertragsinhalt sein soll.

bb) Anspruch auf Mitwirkung an Kündigung. Sind die vorstehend aufgezeigten Mechanismen zum Auswechseln der Vertragspartner auf Mieterseite – mit der Folge der Haftungsbefreiung des ausgezogenen Mitmieters für die zukünftig entstehenden Verpflichtungen aus dem Mietverhältnis – im Einzelfall nicht anwendbar oder zweifelhaft, so kann nur empfohlen werden, dass der ausgezogene Mitmieter so verfährt wie bei einer gescheiterten nichtehelichen Lebensgemeinschaft. Ihm muss dann auch ein Anspruch gegen die übrigen Mitmieter auf Auflösung der als GbR zu wertenden Wohngemeinschaft (mit dem Zwecke der Beschaffung und Unterhaltung einer Unterkunft)[281] im Wege der gemeinsamen Kündigung gegenüber dem Vermieter zustehen.

Ein solcher Fall dürfte allerdings selten sein, etwa im Fall nicht mehr ausreichender Solvenz des/der bleibewilligen bisherigen Mieter, da der Vermieter im Regelfall auf Grund der vorgenannten Rechtsprechung verpflichtet sein wird, der Auswechslung zuzustimmen.

c) Gerichtliche Zuweisung von Wohnraum durch das Familiengericht. Bei Scheitern einer Ehe muss die Nutzung der bisherigen Ehewohnung geregelt werden.[282] Für eine gleichgeschlechtliche Lebenspartnerschaft gelten letztlich durch die Vorschriften des Lebenspartnerschaftsgesetzes entsprechende Regelungen, §§ 14, 17, 18 dieses Gesetzes.[283]

aa) Einvernehmliche Regelungen. Eine solche Regelung kann zum einen durch einvernehmliche Einigung der Eheleute/Lebenspartner erfolgen. Eine solche regelt jedoch das **Außenverhältnis** zum Vermieter nicht. Dieser kann einer solchen Einigung der Eheleute/Lebenspartner zustimmen, dann kommt eine rechtsgeschäftliche dreiseitige Vereinbarung zustande, wie sie bereits oben zu Rdnr. 165 bis 190 dargestellt ist. Ohne Abschluss einer dreiseitigen Vereinbarung gilt, dass in einem Fall, in dem Eheleute/Lebenspartner eine Wohnung gemeinsam gemietet haben, bei vorzeitigem Auszug eines der Ehegatten/Lebenspartner dieser weiterhin haftet, und zwar nicht nur für die Miete, sondern auch für die verbrauchsabhängigen Betriebskosten.[284] Ferner ist die Räumungsklage auch gegen den ausgezogenen Mitmieter

---

[278] *Jacobs* a.a.O. NZM 2008, 111 ff., 117 mit allen dortigen Nachweisen.
[279] BGHZ 154, 370 ff. = NJW 2003, 1803.
[280] *Jacobs* a.a.O. NZM 2008, 111 ff., 120.
[281] *Blank/Börstinghaus* Miete § 535 BGB Rdnr. 164; *Jacobs* a.a.O. NZM 2008, 111 ff.
[282] Zusammenfassende Darstellungen bei *Langheim* a.a.O. FamRZ 2007, 2030 ff.; *Paschke* a.a.O. WuM 2008, 59 ff.
[283] BGBl. 2001 S. 266 ff., 268, 269.
[284] AG Mannheim DWW 1995, 353.

zulässig und auch erforderlich, selbst wenn er sich keinerlei Rechte mehr in Bezug auf die Wohnung berühmt.[285]

216 Eine Mietaufhebungsvereinbarung zwischen Vermieter und dem scheidungswilligen Ehegatten/aufhebungswilligen Lebenspartner (der Alleinmieter war) zum Zwecke, dem Vermieter unter Umgehung des Wohnungszuweisungsverfahrens einen Herausgabeanspruch gegen die Ehefrau/Lebenspartner als Wohnungsinhaberin zu verschaffen, ist sittenwidrig, wenn Vermieter und Mieter als Vater und Sohn kollusiv zum Nachteil der Schwiegertochter und Ehefrau zusammenwirken.[286] Nichts anderes kann jetzt bei eingetragenen Lebenspartnern gelten.

Hat vor dem Hintergrund eines Scheidungsverfahrens, in dem der nicht mietende Ehegatte, der die frühere Ehewohnung mit einem gemeinschaftlichen Kind bewohnt, einen Antrag auf Zuweisung der Ehewohnung gestellt, so ist ein Räumungsklageverfahren des Vermieters bis zur Entscheidung über das Wohnungszuweisungsverfahren auszusetzen, wenn sich die Räumungsklage auf eine Mietaufhebungsvereinbarung des Vermieters mit dem alleine mietenden ausgezogenen Ehegatten stützt.[287] Denn im Wohnungszuweisungsverfahren ist es möglich, dass die Ehewohnung anstelle des bisherigen Mieters dem anderen Ehegatten unter Begründung eines Mietvertrages zwischen ihm und dem Vermieter zugewiesen wird (§ 5 Abs. 2 Satz 1 HausRVO).

217 Der in der Wohnung verbleibende Ehegatte/Lebenspartner kann, wenn er Sozialhilfeempfänger ist, seinen Eintritt in das Mietverhältnis nicht verlangen; denn er kann nicht die Gewähr für pünktliche Entrichtung des Mietzinses übernehmen wie etwa ein Mieter, der in einem festen Beschäftigungsverhältnis steht.[288]

Formulierungsvorschlag: Dreiseitige einvernehmliche Regelung

218 Zwischen A. .... als Vermieter

und M1 und M2 als bisherigen Mietern wird hinsichtlich der Wohnung ...., die die bisherige Ehewohnung der Mieter darstellt, vereinbart:

Der Mietvertrag wird von M1 als alleinigem Mieter mit Wirkung ab dem ...... fortgesetzt, M2 wird mit Wirkung ab diesem Tag aus dem Mietverhältnis entlassen.

Der Anspruch auf Rückzahlung der seitens der Mieter geleisteten Kaution steht allein M1 zu, M2 verzichtet gegenüber dem Vermieter auf jegliche Ansprüche auf Kautionsrückzahlung. Die Mieter haben sich intern über die Kaution bereits aus einandergesetzt.

Alle übrigen Vereinbarungen des Mietvertrages vom ...... gelten zwischen dem Vermieter und dem Mieter M1 weiter, insbesondere ändert sich am Beginn von Fristen, die laut Vertrag laufen (z. B. hinsichtlich der Schönheitsreparaturen) nichts, mit der vorliegenden Vereinbarung wird also kein neuer Vertrag geschlossen.

......
(Unterschriften)

---

219 Besteht für den Vermieter ein besonderes Sicherungsbedürfnis, so kommen Lösungen über Bürgschaftsgestellung oder eine zeitlich begrenzte weiterbestehende Mieterstellung des ausscheidenden Ehegatten/Lebenspartners in Betracht. Für die Stellung einer Bürgschaft ist zu beachten, dass gemäß der heutigen Rechtsprechung jegliches Überschreiten der zulässigen Sicherungshöhe des § 551 BGB von drei Nettomieten (also ohne Vorauszahlungen oder Pauschalen für Betriebskosten) dazu führt, dass die weitergehenden Sicherheiten wirkungslos sind[289] und als teilnichtig kondiziert werden dürfen.[290] Besteht also eine Barkaution, so

---

[285] LG Berlin ZMR 2004, 516 f.; BGH NZM 2004, 701.
[286] LG München I WuM 1997, 502.
[287] BVerfG WuM 2006, 503.
[288] AG Mannheim DWW 1995, 318 (in einem Räumungsklageverfahren; die Überlegungen sind analog auf die Abwägung bei gerichtlicher Wohnungszuweisung zu übertragen).
[289] BGHZ 107, 210.
[290] Palandt/*Weidenkaff* § 551 Rdnr. 9.

ist eine zusätzliche Sicherheit durch Bürgschaft des Ausscheidenden nur bis zum Auffüllen zur Höhe von drei Nettomieten möglich.

In Betracht kommt dann nur, eine zeitlich begrenzte weiterbestehende Mieterstellung zu vereinbaren. Zu denken ist hier daran, den vereinbarten Zeitraum der Nachhaftung so zu bemessen, wie er wäre, wenn die Mieter gemeinsam das Mietverhältnis mit der jeweils geltenden Kündigungsfrist gekündigt hätten. Bei starkem Bonitätsgefälle ist dies jedoch auch keine sichere Lösung, weil der Vermieter an den verbleibenden Ehegatten/Lebenspartner allein ggf. überhaupt nicht vermietet hätte.

Eine Nachhaftung des ausscheidenden Mieters für die Ansprüche, die sich aus dem Zustand des Mietobjektes bei endgültiger Rückgabe ergeben, kann hiernach nur im vorgenannten engen Rahmen in Betracht kommen. Es ist daher in jedem Fall dem Vermieter zu empfehlen, auf den zu vereinbarenden Zeitpunkt des Ausscheidens eines der Ehepartner/Lebenspartner aus dem Mietvertrag den Zustand der Mieträume festzustellen und die sich hieraus ergebenden Ansprüche zeitnah zu realisieren; der Vermieter kann seine Zustimmung zur Vertragsentlassung insbesondere von einer vorab erfolgenden Regelung der etwa aus dem aktuellen Zustand der Mieträume folgenden Ansprüche abhängig machen.

> **Formulierungsvorschlag:**
> Der ausscheidende Mieter M2 übernimmt für die im Zeitraum bis ...... fällig werdenden Verpflichtungen des Mieters M1 die unbefristete selbstschuldnerische Bürgschaft, begrenzt auf den dreifachen Betrag der Nettomiete von DM ......, sowohl für laufenden Mietzins als auch für Ansprüche des Vermieters aus der Abrechnung der Betriebskosten für den Abrechnungszeitraum.

In den neuen Bundesländern ist ferner die bereits unter Rdnr. 82/83 dargestellte Situation zu beachten, dass § 100 Abs. 3 ZGB besondere Wirkungen auslöst. Dieser wird nicht nur dahin interpretiert, dass durch ihn auch derjenige Ehepartner Mitmieter wurde, der den Mietvertrag nicht unterschrieben hatte, sondern auch umgekehrt dahin, dass bei Scheidung einer Ehe vor dem 3. 10. 1990 und daraufhin erfolgter Abmeldung eines der Ehegatten beim Rat des Kreises in Verbindung mit tatsächlichem Auszug aus der Wohnung das Mietverhältnis für die Person des ausgezogenen geschiedenen Ehegatten aufgelöst ist.[291] Dies kann auch heute noch für die Feststellung der korrekten Vertragspartei von Bedeutung sein, da in solchen Fällen vertragliche Regelungen (oder auch gerichtliche Zuweisungen) nicht mehr erforderlich waren.

War – allgemein – der frühere Ehemann schon vor langen Jahren aus der Wohnung ausgezogen, ist die in der Wohnung verbliebene Ehefrau hinsichtlich mietrechtlicher Ansprüche allein klagebefugt.[292] Dies könnte letztlich zu einer konkludenten Entlassung aus dem Mietverhältnis führen, so dass Vertragsregelungen dann überflüssig sind, sofern dem Vermieter dieser Umstand bekannt war.

bb) Regelungsbedürfnis und Einzelheiten des gerichtlichen Zuweisungsverfahrens. Kommt eine Einigung nicht zustande, weil sich entweder die Eheleute nicht einigen können oder weil der Vermieter nicht zustimmt, so kommt das gerichtliche Zuweisungsverfahren gemäß §§ 1 ff. HausrVO in Betracht, entsprechend anwendbar durch § 18 Abs. 3 LPartG bei Lebenspartnern. Alle nachstehenden Ausführungen sind daher sinngemäß auch bei Lebenspartnern anzuwenden, auch wenn teilweise die Begriffe nicht angeglichen sind.

(1) Verfahrensvoraussetzungen.
- **Vorliegen einer Ehewohnung/=gemeinsamen Wohnung:**
Alle Räume, die die Ehepartner/Lebenspartner als Wohnung benutzten, auch nicht abgeschlossene Wohneinheiten, sogar ein einzelner Raum, können im Sinne des weit auszulegenden Begriffs Ehewohnung im Rechtssinne der § 1 Abs. 1 HausrVO bzw. des § 1361 b BGB

---
[291] KreisG Genthin DtZ 1992, 400.
[292] AG Berlin-Neukölln Berliner GE 1998, 360.

sein.[293] Es reicht dabei aus, dass sie regelmäßig zeitweise durch die Eheleute/Lebenspartner benutzt wurden, so dass auch Ferienwohnungen oder ein Wochenendhaus Ehewohnung im Rechtssinne sein können.

Bei Auszug eines der Eheleute/Lebenspartner verliert eine derart definierte Wohnung ihre Rechtsqualität als Ehewohnung erst mit der endgültigen Aufgabe durch den Ausgezogenen, nicht durch das bloße Verlassen, wenn sich ein Ehegatte/Lebenspartner wegen aufgetretener Spannungen zum Verlassen der Wohnung gezwungen sah.[294] Ob eine endgültige Aufgabe der Wohnung oder nur ein vorübergehender Auszug vorliegt, ist im Streitfall sorgfältig zu prüfen.[295]

- Antrag und Zuständigkeitsabgrenzung:

227   Das Wohnungszuweisungsverfahren wird nicht von Amts wegen durchgeführt, sondern nur auf Antrag, § 1 Abs. 1 HausrVO/§ 17 LPartG. Antragsberechtigt sind nur die Eheleute/Lebenspartner, nicht Dritte. Der Vermieter kann also einen derartigen Antrag nicht stellen,[296] auch nicht Erben eines Ehegatten/Lebenspartners. Letzteres ist auch nicht notwendig, da in letzterem Fall die Regelungen anwendbar sind, die bei Tod eines Mieters gelten (siehe unten Rdnr. 261 ff. und insbesondere die Darstellung der Sonderkündigungsrechte für diesen Fall in § 28).

228   Dieses Verfahren kommt dann nicht (mehr) in Betracht, wenn sich die Eheleute/Lebenspartner bereits geeinigt haben[297] und der Vermieter der Einigung zugestimmt hat. Besteht Streit darüber, ob eine Einigung erfolgt war, kann der Einigungsinhalt durch eine ausdrückliche feststellende Entscheidung festgestellt werden.[298] Auch kann beim Familiengericht über die Wirksamkeit und den Inhalt einer Vereinbarung entschieden werden.[299]

229   Werden dagegen Ansprüche aus einer als solchen unstreitigen Vereinbarung geltend gemacht, geht es also um die Erfüllung, so ist das allgemeine Prozessgericht zuständig.[300]

230   *(2) Zeitpunkt des Antrags.* Der Antrag ist bereits **vor Rechtshängigkeit eines Scheidungsverfahrens** statthaft, sofern sich die Eheleute bereits getrennt haben oder aber getrennt leben wollen, wobei für das Wohnungszuweisungsverfahren gemäß § 1361 b BGB der Ablauf des Trennungsjahres nicht Voraussetzung ist (§§ 621 Abs. 1 Nr. 7 ZPO, 1 Abs. 2 und 18 a HausrVO). All dies gilt bei Lebenspartnerschaften entsprechend.

231   Ist ein **Scheidungsverfahren bereits anhängig**, ist das Wohnungszuweisungsverfahren als Scheidungsfolgesache im Verbundverfahren durchzuführen (§§ 621 Abs. 1 Nr. 7, 623 Abs. 1, 629 Abs. 1 ZPO, 1 Abs. 1 HausratsVO).

232   Auch **nach rechtskräftiger Beendigung des Scheidungsverfahrens** ist das Wohnungszuweisungsverfahren als selbständiges Verfahren noch zulässig. Jedoch ist die Möglichkeit zur Rechtsgestaltung dann eingeschränkt, wenn der Antrag auf Zuteilung **später als ein Jahr nach Rechtskraft** des Scheidungsurteils gestellt wird, da dann ohne Zustimmung des Vermieters weder eine Regelung zulässig ist, dass einer der Eheleute den gemeinsam abgeschlossenen Mietvertrag allein fortsetzt und der andere Ehegatte ausscheidet noch eine Regelung, dass bei Abschluss des Mietvertrags nur durch einen der Eheleute nunmehr mit dem anderen Ehegatten ein Mietvertrag neu durch richterliche Anordnung begründet wird, § 12 HausrVO. Teilweise wird vertreten, es könne nach Ablauf der Frist des § 12 HausratsVO nur noch das Innenverhältnis der (früheren) Ehegatten mit Räumungsverpflichtungen[301] und Freistellungsverpflichtungen bzgl. der Ansprüche des Vermieters[302] geregelt werden.[303] Richtig ist aber, dass der allgemeine Zustimmungsanspruch bzw. Mitwirkungsanspruch zu

---

[293] Johannsen/Henrich/*Brudermüller* Eherecht § 1 HausrVO Rdnr. 6 § 1361 b BGB Rdnr. 7 m. w. N.
[294] OLG Hamm FamRZ 1989, 739.
[295] Johannsen/Henrich/*Brudermüller* Eherecht § 1361 b BGB Rdnr. 7 m. w. N.
[296] BayObLG NJW 1953, 1914; OLG Celle NJW 1964, 1861.
[297] BGH NJW 1979, 2156.
[298] OLG Bremen ZMR 1964, 206.
[299] BayObLG FamRZ 1955, 211.
[300] BGH FamRZ 1994, 98, 99.
[301] KG NJW 1961, 78.
[302] OLG München FamRZ 1986, 1019; LG Berlin FamRZ 1963, 95; a. A. LG Wiesbaden FamRZ 1963, 94.
[303] Jetzt auch Palandt/*Brudermüller* Anh. §§ 1361 a, 1361 b, § 12 HausRVO Rdnr. 2.

einer gemeinsamen Kündigung gegenüber dem Vermieter bei Ehegatten auch nach Ablauf der Frist des § 12 HausratsVO anwendbar ist,[304] da § 12 HausratsVO keine abschließende Regelung ist.[305]

> **Praxistipp:**
> Bei Befassung mit einer Ehesache Rechtsverhältnisse an der Ehewohnung/gemeinsamen Wohnung klären und (insbesondere bei Vertretung des „weichenden" Ehegatten/Lebenspartners) auf eindeutige Regelung auch im Verhältnis zum Vermieter dringen, ggf. rechtzeitig Antrag auf gerichtliche Zuweisung stellen, um die Außenhaftung des „weichenden" Ehegatten/Lebenspartnern zu beenden bzw. jedenfalls zu beschränken oder zugunsten des bleibewilligen Ehegatten/Lebenspartners die Wohnung durch Anwendbarkeit des § 566 BGB zu sichern.

Hat der Vermieter jedoch bereits wirksam gekündigt, scheidet eine Zuweisung gemäß § 5 HausrVO aus, insbesondere dann, wenn er die Wohnung im Vertrauen auf die Kündigung bereits einem Dritten weitervermietet hat.[306] **233**

(3) Inhalt des Antrags. Dem üblichen Bestimmtheitserfordernis muss der Antrag nicht genügen,[307] da der Familienrichter ohne Bindung an den Antrag nach billigem Ermessen zu entscheiden hat.[308] **234**

Es ist aber nicht zulässig, einem der Eheleute/Lebenspartner die Wohnung zuzuweisen, wenn sie beide das nicht wollen.[309] Es ist auch nicht zulässig, eine Beendigung des Mietverhältnisses für beide Ehegatten anzuordnen oder eine Beendigung eines mit nur einem Ehegatten bestehenden Mietverhältnisses anzuordnen, wenn nicht gleichzeitig die Fortführung mit dem anderen Ehegatten angeordnet wird.[310] **235**

> **Formulierungsvorschlag: Zuweisungsantrag**
>
> Es wird beantragt,
> der/dem ...... die Wohnung ...... zur alleinigen Nutzung (ggf. ergänzen: mit den Kindern ......, geb. am ...... und ......, geb. am ......) zuzuweisen und ein Mietverhältnis allein des ...... mit dem Vermieter ...... mit Wirkung ab ...... zu begründen.

236

In der Begründung kann (abgesehen von den familienrechtlichen Voraussetzungen, die hier nicht zu behandeln sind) im Hinblick auf die Vertragsgestaltung ausgeführt werden: **237**

> **Formulierungsvorschlag:**
>
> Die/Der Antragsteller/in ...... ist dazu in der Lage, die Verpflichtungen aus dem allein mit ihr/ihm zu begründenden Mietverhältnis zu erfüllen, da sie/er über folgende gesicherte Einnahmequellen verfügt:
> (Im Einzelnen darzustellen)

238

---

[304] OLG Köln FamRZ 2007, 46 f. = ZMR 2006, 770 = WuM 2006, 511 ff.
[305] OLG Hamburg NZM 2001, 640; gegen AG Charlottenburg, FamRZ 1990, 532, 533; zu Überlegungen, eine ausdrückliche Regelung im Mietrecht aufzunehmen: *Hülsmann* NZM 2004, 124 ff., 129.
[306] AG Hamburg-Altona MDR 1994, 1125; MünchKomm/*Müller-Gindullis* (4. Aufl. 2000) § 5 HausrVO Rdnr. 2.
[307] OLG Zweibrücken FamRZ 1980, 1143.
[308] BGHZ 18, 143; OLG Zweibrücken ZMR 1987, 304.
[309] Bub/Treier/*Straßberger* II 9.4 a.
[310] Johannsen/Henrich/*Brudermüller* Eherecht § 5 HausrVO Rdnr. 6.

239 *(4) Verfahrensbeteiligte.* Neben beiden Eheleuten/Lebenspartnern ist gemäß § 7 HausrVO **zwingend der Vermieter** der Wohnung **zu beteiligen,** ferner der Grundstückseigentümer und über den Wortlaut hinaus auch der Nießbraucher,[311] ferner bei Werkmietwohnungen oder Werkdienstwohnungen der Dienstherr (dieser kann auch eine Doppelfunktion haben, wenn er auch Vermieter ist), letztlich Dritte, mit denen die Ehegatten oder einer von Ihnen bzgl. der Wohnung in Rechtsgemeinschaft stehen (zu denken ist etwa an andere Mitglieder einer Wohngemeinschaft, wenn die Wohnung von anderen Personen in Wohngemeinschaft mitbenutzt wird).

240 **All diesen Beteiligten ist ein Antrag und sind Entscheidungen zuzustellen,** Ihnen ist rechtliches Gehör zu gewähren. Wird nicht allen Beteiligten zugestellt, bleibt die Sache in der Schwebe, da eine Entscheidung erst mit Rechtskraft allen Beteiligten gegenüber wirksam wird.[312] Diese Beteiligten sind gemäß §§ 3, 14 HausrVO, 20 FGG selbstständig beschwerdeberechtigt. Ist eine zwingend vorgeschriebene Beteiligung unterblieben, so ist im Beschwerdeverfahren regelmäßig an das Familiengericht zurückzuverweisen.[313]

241 Es sollte zur **Vermeidung von Haftungsrisiken** seitens des anwaltlichen Vertreters der Partei, die auf eine Haftentlassung aus dem Mietvertrag drängt (also des „weichenden" Ehegatten/Lebenspartners) genau darauf geachtet werden, dass die hiernach zu beteiligenden Personen auch wirklich korrekt in das Verfahren einbezogen werden, da dies vom Familiengericht manchmal übersehen wird.

Formulierungsvorschlag: Zuweisungsantrag

242 (alternative Szenario: Der Antragsgegner ist der „weichende" Ehegatte/Lebenspartner)
Für den Antragsgegner wird ausdrücklich beantragt,
den Vermieter der streitbefangenen Wohnung förmlich gemäß § 7 HausratsVO am Verfahren zu beteiligen;

---

243 *(5) Rechtsform möglicher Entscheidungen*
- Bei Verfahren **vor Rechtshängigkeit** eines Scheidungsantrags ergeht ein **Beschluss** mit zeitlich bis zur Endentscheidung begrenzter Wirkung (§ 1361 b BGB).
- **Nach Rechtshängigkeit** eines Scheidungsantrags kann im Wege der **einstweiligen Anordnung** durch Beschluss eine **vorläufige Regelung** erfolgen (§§ 13 Abs. 4, 18a HausrVO, 620–620g ZPO).
- Nach Rechtshängigkeit des Scheidungsverfahrens erfolgt **durch Urteil** im Verbundverfahren gemäß § 629 Abs. 1 ZPO die Entscheidung über die **endgültige Zuweisung** der Ehewohnung.
- Bei Verfahrenseinleitung erst nach Rechtskraft des Scheidungsurteils erfolgt eine ebenfalls **endgültige Zuweisung** der Ehewohnung **durch Beschluss.**

Es ergeht ein **rechtsgestaltender Hoheitsakt.** Dieser regelt, welcher der Ehegatten die Ehewohnung weiter nutzt und bestimmt, welches Rechtsverhältnis dem zugrunde liegt.

244 *(6) Inhalt möglicher Entscheidungen.* In dem Fall, dass es sich bei der Ehewohnung um eine Mietwohnung handelt (nur dies ist hier zu behandeln), kann folgendes geregelt werden:
- Waren **beide Ehegatten Mieter,** kann gemäß § 5 Abs. 1 Satz 1, 1. Alt. HausratsV angeordnet werden, dass der Mietvertrag von einem Ehegatten allein fortgesetzt wird und der andere aus dem Mietvertrag ausscheidet.
- War **nur einer der Ehegatten Mieter,** wird die Wohnung aber nicht diesem Ehegatten zugewiesen, so kann er zum Auszug verpflichtet werden, während durch gerichtliche Anordnung gemäß § 5 Abs. 1, Satz 1, 2. Alt. HausrVO **ein Mietvertrag** zwischen dem Vermieter und dem anderen Ehegatten, dem die Wohnung zugewiesen wird, **neu begründet wird.**

---

[311] OLG Stuttgart OLGE 1968, 126.
[312] OLG Hamm JMBlNRW 1948, 119.
[313] OLG Düsseldorf FamRZ 1993, 575, 576.

Dieser Eingriff in die Vertragsfreiheit des Vermieters ist verfassungsrechtlich zulässig,[314] ist allerdings nur statthaft, wenn ein Zuweisungsantrag innerhalb der Frist von einem Jahr nach Rechtskraft des Scheidungsurteils gestellt wird.[315]

- **Besteht kein Mietverhältnis für die Ehewohnung**, etwa dann, wenn ein Alleinmieter selbst gekündigt hat, um ggf. die Zuweisung an den Ehegatten zu unterlaufen, wird die Wohnung aber noch vom anderen Ehegatten bewohnt und bei dieser auch den Willen, die Ehewohnung weiter zu bewohnen, so kann gemäß § 5 Abs. 2 HausrVO ein Mietverhältnis neu begründet werden, was das Mietverhältnis auch dem Schutz des § 566 BGB unterstellt.[316] Die Neubegründung ist in einem solchen Fall rückwirkend auf den Zeitpunkt der Wirksamkeit einer solchen Kündigung möglich, wodurch eine vertragslose Zeit vermieden wird.[317]
- Ist eine **Wohnung teilbar** – was wohl eher selten der Fall sein dürfte – so kann das Familiengericht gemäß § 6 HausrVO die Teilung anordnen und für die beiden so geschaffenen Wohnungen neue getrennte Mietverträge begründen.

Durch §§ 17, 18 LPartG gilt für gleichgeschlechtliche Lebenspartner letztlich der identische Regelungskanon.

(7) Sicherung der Entscheidungsmöglichkeit bei Alleinmiete eines Ehegatten. Hier besteht die Gefahr, dass der Ehegatte, der die Wohnung verlassen will und vereiteln will, dass der bleibewillige Ehegatte die Zuweisung der Wohnung an sich betreibt, den Mietvertrag kündigt und der Vermieter – vorausgesetzt, er ist gutgläubig und wirkt mit dem Mieter nicht kollusiv zusammen – die Wohnung bereits neu vermietet und dann eine Zuweisung über § 5 HausrVO ausscheidet.

Daher wird eine Befugnis des Familiengerichts angenommen, bereits im Rahmen einer vorläufigen Regelung im Wege der vorläufigen Anordnung gemäß § 13 Abs. 4 HausrVO oder der einstweiligen Anordnung gemäß § 620 S. 1 Nr. 7 ZPO ein Verbot gegenüber dem Alleinmieter auszusprechen, die Kündigung des Mietverhältnisses zu erklären oder eine Aufhebungsvereinbarung zu schließen.[318] Würde dagegen verstoßen, so wäre ein gerichtliches Verfügungsverbot i. S. d. §§ 136, 135 BGB verletzt, was die Kündigung zugunsten des in der Wohnung verbliebenen Ehegatten unwirksam macht.[319]

(8) Wirkung der Entscheidung. Die durch Richterspruch begründeten neuen Mietverträge treten – wenn schon zuvor ein Mietvertrag bestand – gemäß § 16 Abs. 1 HausrVO mit der Rechtskraft der gerichtlichen Entscheidung an die Stelle des alten Vertrages. Dieser endet gemäß §§ 6 Abs. 2, 5 Abs. 2, HausrVO.[320] Der aus dem Mietverhältnis damit entlassene bisherige Allein- oder Mitmieter haftet dann nicht mehr für künftig entstehende Verpflichtungen aus dem Mietverhältnis. Umgekehrt haftet der neue Mieter für Altforderungen nur dann, wenn er bisher bereits Mietmieter war.[321]

Bestand noch kein Mietverhältnis, wird es gemäß § 5 Abs. 2 HausrVO neu begründet, die **Vertragsbedingungen** werden durch das Familiengericht von Amts wegen festgesetzt. Bei nicht preisgebundenen Wohnungen wird als Mietzins die ortsübliche Vergleichsmiete im Sinne des § 558 Abs. 1 BGB anzusetzen sein, bei preisgebundenen Wohnungen die Kostenmiete.[322]

Für das fortgesetzte wie für das neu zustandegekommene Mietverhältnis gilt der gesetzliche Kündigungsschutz.[323] Eine Ausnahme besteht dann, wenn das Mietverhältnis durch den Familienrichter bewusst nur zu vorübergehendem Gebrauch begründet wurde.[324]

---

[314] BVerfG NJW 1992, 106 (= FamRZ 1991, 1413).
[315] Johannsen/Henrich/*Brudermüller* Eherecht § 12 HausrVO Rdnr. 1.
[316] OLG München WuM 2001, 283, 284.
[317] Johannsen/Henrich/*Brudermüller* Eherecht § 5 HausrVO Rdnr. 20; BayObLG NJW 1961, 317, 318; OLG München FamRZ 1991, 1452, 1454.
[318] OLG Dresden FamRZ 1997, 183; OLG München WuM 2001, 283, 284.
[319] Johannsen/Henrich/*Brudermüller* Eherecht § 1361 b BGB Rdnr. 63.
[320] Johannsen/Henrich/*Brudermüller* Eherecht § 5 HausrVO Rdnr. 13.
[321] Johannsen/Henrich/*Brudermüller* Eherecht § 5 HausrVO Rdnr. 14.
[322] Johannsen/Henrich/*Brudermüller* Eherecht § 5 HausrVO Rdnr. 21.
[323] Johannsen/Henrich/*Brudermüller* Eherecht § 5 HausrVO Rdnr. 23.
[324] BayObLG FamRZ 1974, 17.

250 *(9) Sicherung der Zahlungsansprüche des Vermieters.* Durch den Personenwechsel bzw. den Wegfall eines der bisher zwei Mieter können die Ansprüche des Vermieters gefährdet sein, wenn der verbleibende bzw. neue Mieter weniger solvent ist. Dann müssen[325] gemäß § 5 Abs. 1 Satz 2 HausrVO Sicherungsanordnungen zugunsten des Vermieters erfolgen. All dies ist gemäß § 18 Abs. 3 LPartG entprechend anzuwenden.

251 Dem aus dem Mietverhältnis kraft Richterspruchs ausscheidenden Ehegatten darf eine Weiterhaftung für zukünftig entstehende Mietzinsforderungen dann nicht auferlegt werden, wenn an der Solvenz des verbleibenden Ehegatten keine vernünftigen Zweifel bestehen und dieser auch schon während bestehender Ehe die Miete aus eigenen Mitteln aufgebracht hat.[326] Hat der durch Entscheidung aus dem Mietvertrag ausscheidende ausgezogene Ehegatte, der seine Entlassung aus dem Mietvertrag beantragt hat, dauerhaft so geringe Einkünfte, das diese stes unter der Pfändungsfreigrenze liegen, besteht kein wirtschaftliches Interesse des Vermieters an dessen Verbleib im Mietvertrag, so dass der ausgezogene Ehegatte aus dem Mietvertrag zu entlassen ist und auch Anordnungen zu einer gewissen Nachhaftung sinnlos sind.[327]

252 Es kann eine weitere gesamtschuldnerische Mithaftung des ausscheidenden Ehegatten angeordnet werden, was eine Sondermaßnahme ist, die trotz fehlender mietvertraglicher Verpflichtung die Gesamtschuld anordnet; dies ist allerdings zeitlich zu begrenzen.[328] In Betracht kommt auch die **Anordnung** einer vom ausscheidenden Ehegatten zu leistenden **Kaution.** Hierfür soll die Begrenzung in § 551 BGB auf drei Nettomieten (also ohne die abrechenbaren Betriebskosten) nicht gelten,[329] weil § 5 HausrVO hierzu vorrangige Sonderregelung ist. Zu vertreten ist das unter dem Gesichtspunkt, dass auch eine Fortdauer gesamtschuldnerischer Haftung trotz Ausscheidens aus der Mieterstellung möglich ist, wie oben dargestellt. Jedoch spricht dann alles dafür, nicht zur missverständlichen Anordnung einer Kaution zu greifen, sondern die Fortdauer gesamtschuldnerischer Haftung anzuordnen, ggf. flankiert durch eine Einzahlung bzw. Aufstockung einer Kaution bis zu Höhe von drei Nettomieten.

253 *(10) Rechtsmittel.* **Einstweilige Anordnungen** können mit der **sofortigen Beschwerde** nur innerhalb der Grenzen des § 620c ZPO, also nur bei Entscheidung auf Grund mündlicher Verhandlung, angegriffen werden, diese ist innerhalb von **zwei Wochen** einzulegen und gleichzeitig zu begründen (§ 620d ZPO).

254 Eine **Endentscheidung** über die Zuweisung der Ehewohnung unterliegt (isoliert von der Ehesache) der **Berufung,** wenn ein Urteil ergangen war; es gelten die allgemeinen Bestimmungen für die Berufung, also **Einlegungsfrist ein Monat nach Zustellung,** Begründungsfrist zwei Monate nach Zustellung. Sie unterliegt der **Beschwerde,** wenn ein **Beschluss** ergangen war. Die **Beschwerdefrist** beträgt hier **einen Monat,** §§ 621e Abs. 3 Satz 2, 517 ZPO, das OLG entscheidet, § 119 GVG. Eine Rechtsbeschwerde findet hier keine Anwendung, auch dann nicht, wenn die Beschwerde als unzulässig verworfen wurde.[330]

255 *cc) Regelungsmöglichkeiten bei Gewaltvorkommnissen.* Dies ist gesondert in § 36 (Gewaltschutzgesetz) behandelt, worauf verwiesen wird.

256 **d) Mieterwechsel bei nichtehelicher heterosexueller Lebensgemeinschaft.** *aa) Keine Analogie zur Ehe.* Als einen Sonderfall, der auch den zu Rdnr. 214 bis 255 dargelegten Grundsätzen folgen könnte, könnte man die Beendigung einer nichtehelichen heterosexuellen Lebensgemeinschaft betrachten. Jedoch sind die Regelungen der Hausratsverordnung hier nicht anwendbar, der Rechtsweg zum Familiengericht ist nicht eröffnet,[331] die entsprechende Anwendung der Hausratsverordnung ist ausschließlich für die gleichgeschlechtliche Lebenspartnerschaft angeordnet. Dies gilt selbst dann, wenn nach einer Jahre zurückliegenden

---

[325] Es besteht hier kein Ermessen, Johannsen/Henrich/*Brudermüller* Eherecht § 5 HausrVO Rdnr. 15.
[326] OLG Karlsruhe FamRZ 1995, 45.
[327] OLG Köln WuM 2007, 275 f.
[328] OLG Hamm FamRZ 1994, 388, 389.
[329] Johannsen/Henrich/*Brudermüller* Eherecht § 5 HausrVO Rdnr. 17.
[330] BGH WuM 2008, 363.
[331] Johannsen/Henrich/*Brudermüller* Eherecht § 1 HausrVO Rdnr. 4; *Brudermüller* WuM 2003, 250 ff., 254.

Scheidung einer Ehe die früheren Ehepartner erneut in der fraglichen Wohnung zusammengelebt haben.[332]

bb) Anwendung allgemeiner Regeln für BGB-Gesellschaft. Hier kommt nur in Betracht, eine Vertragsbeendigung über ein Verlangen nach Kündigung als Folge der Auflösung der BGB-Gesellschaft derart herbeizuführen, wie dies oben unter Rdnr. 86 bis 94 dargelegt ist. Für den Mieter, der in der Wohnung bleiben will, ist dies mit dem Risiko verbunden, dass der Vermieter mit ihm allein ggf. einen neuen Mietvertrag nicht abschließen will. Es muss dann eine Abwägung vorgenommen werden, ob der „bleibende" Mieter ein Interesse an einer Klarstellung der Vertragsverhältnisse forcieren will.

Ggf. empfiehlt es sich für den bleibewilligen Mieter, im Vorfeld etwaiger Bemühungen des „weichenden Mieters" auf Vertragsbeendigung mit dem Vermieter Kontakt aufzunehmen und mit diesem einen neuen Mietvertrag – aufschiebend bedingt durch die Kündigung des „weichenden Mieters" – abzuschließen, bevor der „bleibende Mieter" Maßnahmen zur Kündigung durch den „weichenden Mieter" einleitet.

Der „bleibende Mieter" hat seinerseits durchaus ein rechtliches Interesse an der Klarstellung der Vertragsverhältnisse. Denn der nur tatsächlich „weichende Mieter" hat gegenüber dem Vermieter weiter ein Recht zum Besitz, er hat – solange das Rechtsverhältnis nicht beendet ist – auch gegenüber dem „bleibenden Mieter" ein Recht auf Wiedereinräumung des Mitbesitzes. Zu den Einzelheiten, wie die Partner der gescheiterten nichtehelichen Lebensgemeinschaft die Vertragsauflösung betreiben können, ist auf Rdnr. 71 bis 74 zu verweisen.

cc) Regelungsmöglichkeiten bei Gewaltvorkommnissen. Dies ist gesondert in § 36 (Gewaltschutzgesetz) behandelt, worauf verwiesen wird.

III. Tod einer Vertragspartei

1. Grundsätzliches

Ein Vertrag gilt grundsätzlich zwischen den Parteien, die ihn abgeschlossen haben. Für Dauerschuldverhältnisse sind gesetzliche Sonderregelungen für den Tod einer Vertragspartei getroffen worden. Dies gilt insbesondere für Mietverhältnisse. Die gesetzlichen Regelungen der hierfür einschlägigen §§ 563 bis 564 BGB unterscheiden zwischen dem Todesfall auf Vermieterseite und auf Mieterseite. Die Erläuterungen orientieren sich am neuen Recht, die für „Altfälle" maßgeblichen bisherigen Regelungen sind in der ersten Auflage erläutert, worauf verwiesen wird. Rechtsprechung, die zum bis 1.9.2001 geltenden Recht erging, ist wie sonstige Quellen dadurch gekennzeichnet, dass die bisherigen Paragraphen bei den neuen Paragraphen in Klammerdefinition mitgenannt sind. Ansonsten sind die Paragraphen des neuen Rechts ohne Zusatz aufgeführt.

a) Tod der Vertragspartei. Zunächst ist klarzustellen, wann vom Tod einer Vertragspartei auszugehen ist:

In Betracht kommt nur der Tod einer natürlichen Person. Eine entsprechende Anwendung des § 563 BGB auf juristische Personen und Handelsgesellschaften scheidet aus.[333] Die Regelung ist auch bei Selbstmord anzuwenden, da es für die Anwendbarkeit des § 563 BGB nicht auf die Gründe für den Tod ankommt.[334] Das Lebensende ist heute als Hirntod (vollständiger, irreversibler Ausfall aller Funktionen von Großhirn, Kleinhirn und Hirnstamm) definiert.[335]

b) Todeserklärung und Wirkung eines Erbscheins. Dem Lebensende ist gleichzustellen die durch formelle Todeserklärung eines Verschollenen nach Maßgabe der §§ 9, 44 Abs. 2

---

[332] OLG Hamm WuM 2005, 571 f.
[333] MünchKommBGB/*Voelskow* § 569 a. F. Rdnr. 5 (zum früheren Mietrecht); Schmidt-Futterer/*Gather* § 563 Rdnr. 6. Zu einer Ausnahme siehe unten § 11 C Rdnr. C15.
[334] BGH NJW-RR 1991, 75 f.; Schmidt-Futterer/*Gather* § 563 Rdnr. 5.
[335] Dazu: Palandt/*Heinrichs/Ellenberger* § 1 Rdnr. 3 und Palandt/*Edenhofer* § 1922 Rdnr. 2 jew. m. w. N.

VerschG begründete Todesvermutung zum festgestellten Todeszeitpunkt, die allerdings nur eine widerlegbare Todesvermutung begründet.[336]

Beispiel:
Bei vorliegender Todeserklärung wird durch den Vermieter an den für den Fall des tatsächlichen Todes des Mieters in Betracht kommenden Erben eine Kündigungserklärung gerichtet. Der Mieter ist tatsächlich aber nicht gestorben, der vermeintliche Erbe war aber der Kündigungserklärung nachgekommen. Was gilt?

Lösung:
Hier gilt § 2370 BGB i. V. mit §§ 2366, 2367 BGB. Wenn nicht der Dritte, also hier der Vermieter, die Unrichtigkeit der Todeserklärung oder der Feststellung der Todeszeit kannte oder wusste, dass die Todeserklärung bereits aufgehoben worden ist, so gilt hiernach derjenige, der auf Grund der Todeserklärung oder der Feststellung des Todeszeitpunktes Erbe sein würde, zugunsten des Dritten als Erbe, ohne dass es der Erteilung eines Erbscheines bedarf.

264 Ist ein Erbschein erteilt, so gelten §§ 2366 und 2367 BGB direkt, über die wörtlich direkte Anwendung der §§ 2366, 2367 BGB auf Verfügungsgeschäfte im engeren Sinne hinaus wird im Sinne der Sicherheit des redlichen Rechtsverkehrs eine Kündigungserklärung an den Inhaber eines Erbscheins (Scheinerbe) als zugunsten des erklärenden Dritten, also des Vermieters, wirksam angesehen, da sie durch die Wirkung, das zugrundeliegende Rechtsverhältnis aufzuheben, Verfügungscharakter hat. Dies gilt auch im umgekehrten Fall, in dem der Inhaber eines Erbscheins eine Kündigungserklärung abgibt. Denn unter die Regelung des § 2367 BGB fallen auch einseitige Verfügungen, auch eine Kündigung, und zwar sowohl diejenige, die der Scheinerbe ausgesprochen hat als auch diejenige, die an ihn gerichtet war.[337] All dies gilt über § 2370 BGB bei Vorliegen einer Todeserklärung entsprechend.

Nicht ausreichend, um diese Rechtswirkungen auszulösen, ist die bloße Verschollenheit des Mieters, da für ihn gemäß § 10 VerschG eine Lebensvermutung gilt, solange eine Todeserklärung nicht erfolgt ist.[338]

2. Tod des Vermieters

265 Hier gilt der Grundsatz, dass im Wege der Universalnachfolge des § 1922 BGB der/die Erbe/n in die Vertragsstellung eintreten. Der Tod des Vermieters begründet kein (Sonder-)Kündigungsrecht des Mieters.[339] Dies beeinträchtigt die Rechte des Mieters nicht, denn ihm bleibt dann, wenn ihm der Erbe/die Erben als Vermieter nicht genehm ist/sind, das für den Mieter ohne Begründung mögliche Recht der fristgerechten ordentlichen Kündigung. Näheres hierzu bei § 28. Liegt gar eine Situation vor, in der in der Person bzw. dem Verhalten des Erben als Vermieter für den Mieter Sonderkündigungsrechte erwachsen, kann er diese ausüben. Näheres zu den Sonderkündigungsrechten des Mieters bei § 28.

Ist die Rechtsnachfolge nach dem verstorbenen Vermieter nicht klar, und kann der Mieter keine Gewissheit darüber erlangen, wer Gläubiger seiner Mietverpflichtungen geworden ist, unterbleiben (nicht geleistete) Mietzahlungen infolge eines Umstandes, den der Mieter nicht zu vertreten hat. Er kommt dann nicht in Verzug, es besteht für die tatsächlichen Rechtsnachfolger des verstorbenen Vermieters kein Kündigungsrecht.[340]

3. Tod des Mieters

266 **a) Allgemeines.** *aa) Grundsätzliches.* Grundsätzlich gilt auch hier die Universalnachfolge des § 1922 BGB, so dass der/die Erbe/n des Mieters in die Rolle des Vertragspartners auf der Mieterseite einrücken und damit alle Rechte und Pflichten auf ihn/sie übergehen.

---

[336] Staudinger/*Rolfs* (2006) § 563 Rdnr. 5.
[337] *Hoffmann* JuS 1968, 228 ff.; *Wiegand* JuS 1975, 283/284.
[338] Staudinger/*Rolfs* § 563 Rdnr. 5; Schmidt-Futterer/*Gather* § 563 Rdnr. 5.
[339] *Emmerich/Sonnenschein* Miete § 569 BGB a. F. Rdnr. 3.
[340] BGH NZM 2006, 11 f. = WuM 2005, 769 f.

Zu den Rechtsfolgen des Todes des Mieters hat der Gesetzgeber in Abweichung von vorgenannter Regelung der Universalnachfolge für die Miete von **Wohnraum** jedoch vorrangige **Sonderregelungen**[341] geschaffen, die unterschiedliche Auswirkungen haben in Abhängigkeit davon, ob eine einzelne Person Mieter war oder eine Mietermehrheit bestand.

bb) Begriff des Wohnraums. Da nach der Konzeption der Mietrechtsreform die §§ 563, 563a, 563b und 564 BGB Vorschriften sind, die speziell für Wohnraum gelten (§ 549 Abs. 1 BGB), ist dort eine besondere Nennung des Begriffs „Wohnraum" nicht geboten und erfolgt. In § 549 BGB wird der Begriff des Wohnraumes jedoch ebenfalls nicht gesetzlich definiert, so dass diese Definition hier zu erfolgen hat. 267

Voraussetzung für die Anwendbarkeit von Vorschriften über die **Miete von Wohnraum** ist zunächst, dass es sich um die Miete eines **Raumes**, also des **Innenteils eines Gebäudes**[342] handelt. Aus dieser Definition fallen heraus die Innenräume beweglicher Sachen, wie Wohnwagen, Schiffskajüten, Wohncontainer, Wohnwagen und Gerätewagen.[343] 268

Weiter muss der gemietete Raum **zum Wohnen bestimmt** sein. Diese Bestimmung ist dann gegeben, wenn der bzw. die Räume zum Schlafen, Essen, Kochen zu dauernder privater Nutzung bestimmt sind, wobei auf den vereinbarten vom Mieter verfolgten Vertragszweck abzustellen ist.[344] Dieser Wohnzweck soll auch bei transportablen Baracken anzunehmen sein,[345] worin aber ein Widerspruch zur vorstehend zitierten Entscheidung des OLG Düsseldorf liegt. Vorrangig muss zunächst die Raumeigenschaft gegeben sein, so dass letztlich Wohnraum im Sinne der gesetzlichen Definition bei einer transportablen Baracke nicht gegeben sein kann.[346] 269

Wenn ein Vertrag über Innenteile einer beweglichen Baracke/eines Containers daher unzweifelhaft dem Schutz des Wohnraummietrechts unterstellt werden soll, so sollte der Mieter darauf achten, dass durch ausdrückliche Regelung der Vertrag dem Wohnraummietrecht unterstellt wird. 270

> **Formulierungsvorschlag: Vertragliche Unterstellung unter Wohnraumrecht**
>
> Die Vertragsschließenden sind sich darüber einig, dass für den vorliegenden Vertrag zugunsten des Mieters alle gesetzlichen Bestimmungen anwendbar sind, die für die Miete von Wohnraum gelten. 271

Eine derartige Rechtswahl muss als zulässig angesehen werden, da sie nicht gegen bestehendes Recht verstößt, insbesondere verstößt sie nicht gegen § 563 Abs. 5 BGB. Sie ist auch im Sinne des § 305 BGB nicht unangemessen. Sie vermeidet auch bei anderen in der Einordnung zweifelhaften Mietobjekten als transportablen Baracken die Einordnungsprobleme, die sich sonst ergeben können. Denn die entscheidende Abgrenzung wird allgemein darin gesehen, dass der vertragsgemäße Gebrauch im eigenen Wohnen bestehen muss, so dass eine vorgesehene Weitervermietung zu Wohnzwecken nicht zur Anwendung von Wohnraummietrecht zwischen Vermieter und Mieter führt, selbst wenn ein gemeinnütziger Verein Räume anmietet, um diese an von ihm betreute dritte Personen zum Wohnen weiterzuvermieten.[347] Im Einzelfall führt zwar der Vertragszweck, dass nur eigene Mitglieder eines gemeinnützigen Vereins angemietete Räume zum Wohnen nutzen sollen, zur Anwendung von Wohnraummietrecht,[348] Klarheit schafft jedoch nur die eindeutige vertragliche Festlegung. 272

---

[341] Schmidt-Futterer/*Gather* § 563 Rdnr. 1.
[342] OLG Düsseldorf WuM 1992, 111 für den Fall eines demontierbaren Bürohauses.
[343] OLG Düsseldorf WuM 1992, 111.
[344] BGH NJW 1997, 1845 m. w. N.; OLG Düsseldorf WuM 1995, 434.
[345] Palandt/*Weidenkaff* Einf. v. § 535 Rdnr. 89 m. w. N.
[346] Schmidt-Futterer/*Gather* § 563 Rdnr. 8.
[347] BGHZ 133, 142, 147 = ZMR 1996, 537; BGH ZMR 846 = zu Herausgabeanspruch im gestuften Mietverhältnis.
[348] OLG Köln ZMR 2004, 31 = NJOZ 2005, 1428.

273 cc) *Gesetzesaufbau.* Als erste der bei Tod des Mieters anwendbaren Regelungen steht § 563 BGB, der beim Tod des Alleinmieters gilt, sodann folgt § 563a BGB, der mit einer Erweiterung der Anwendbarkeit gegenüber § 569b BGB a. F. Regelungen über die Fortsetzung eines Mietverhältnisses mit mehreren Personen enthält, sowie § 563b BGB mit der Regelung der Folgen einer Vertragsfortsetzung. Ungeregelt geblieben sind zwei besondere Fallkonstellationen, die unten in Rdnr. 365 bis 374 dargestellt sind. Zum Schluss folgt § 564 BGB, der die Regelungen zur Fortsetzung mit Erben enthält. Durch die geänderte Reihenfolge der vorgesehenen Regelungen wird klargestellt, dass die gesetzliche Erbfolge nur nachrangig gilt.[349]

274 dd) *Möglichkeit vertraglicher Sonderregelungen.* Der Gestaltungsspielraum für vertragliche Regelungen ist beschränkt. Denn der Gesetzgeber hat in den einschlägigen Bestimmungen teilweise angeordnet, dass diese nicht zu Lasten des Mieters abänderbar sind, siehe §§ 563 Abs. 5, 563a Abs. 3 BGB. Vertragliche Sonderregelungen kommen damit nur zu § 563b BGB, den Haftungs- und Ausgleichsregelungen sowie zu § 564 BGB für den Fall der Fortsetzung mit dem Erben in Betracht, ferner kann das Sonderkündigungsrecht des Vermieters abbedungen werden,[350] fraglich ist, ob das auch formularvertraglich (für den doch wohl eher unwahrscheinlichen Fall, dass der Formularvertrag vom Mieter gestellt ist) möglich ist.[351]

275 **b) Tod eines Alleinmieters, § 563 BGB.** *aa) Grundsätzliches.* Die Vorschrift behandelt die Rechtsfolgen, die vorrangig für den Ehegatten/Lebenspartner und nachrangig für Familienangehörige sowie sonstige Personen gelten, die mit dem verstorbenen Alleinmieter einen gemeinsamen Haushalt geführt haben. Es muss sich um eine natürliche Person gehandelt haben. Dagegen ist die Vorschrift nicht anwendbar, wenn eine juristische Person Alleinmieter war und diese durch Auflösung oder Gesamtrechtsnachfolge untergeht.[352] Sie ist auch nicht anwendbar, wenn ein Organ einer juristischen Person stirbt.[353] Vom Schutzzweck her muss § 563 BGB anwendbar sein, wenn der Wohnraum von einer Personengesellschaft gemietet wurde und von dem einzigen Komplementär bewohnt wurde, der gestorben ist.[354] Der Schutzzweck muss aber nur dann eingreifen, wenn mit dem Tode des Gesellschafters auch die Personengesellschaft endet, denn bei Fortbestehen der Personengesellschaft ändert sich am Mietverhältnis nichts. Diese Erwägungen gelten bei OHG oder KG als Mieter, nicht aber bei einer GmbH als Mieter.[355] Die Regelung gilt unabhängig davon, ob der Ehegatte bzw. der Lebenspartner (oder für Abs. 2, die dort aufgeführten Familienangehörigen/Personen) Erben des Mieters sind oder nicht.

276 Es handelt sich nach h. M. um eine Sonderrechtsnachfolge kraft Gesetzes,[356] die ohne Abgabe einer Willenserklärung zum Eintritt des überlebenden Ehegatten bzw. Lebenspartners (Abs. 1) oder der Familienangehörigen bzw. sonstigen berechtigten Personen (Abs. 2) in das Mietverhältnis führt. Daher ist der Begriff des Eintrittsrechts an sich dogmatisch falsch, er hat sich jedoch allgemein für diese Regelung eingebürgert und wird daher weiterhin benutzt. Die Vorschrift gilt nur für **Wohnraum.**[357]

277 *bb) Eintritt des Ehegatten bzw. des Lebenspartners, § 563 Abs. 1 BGB.* § 563 Abs. 1 BGB regelt das Eintrittsrecht des Ehegatten, so dass insbesondere das Erfordernis der gemeinsa-

---

[349] Schmidt-Futterer/*Gather* § 563 Rdnr. 1.
[350] Schmidt-Futterer/*Gather* § 563 Rdnr. 44.
[351] Dazu Herrlein/*Kandelhard* § 563 Rdnr. 18.
[352] Staudinger/*Rolfs* (2006) § 563 Rdnr. 5.
[353] *Wolf/Eckert* Handbuch des gewerbl. Miet-, Pacht- und Leasingrechts, 7. Aufl. 1995, Rdnr. 947.
[354] *Wolf/Eckert* a. a. O. Rdnr. 946; Staudinger/*Rolfs* (2006) § 563 Rdnr. 10; a. A. ohne Begründung Schmidt-Futterer/*Gather* § 563 Rdnr. 6; mit Verweis auf Bub/Treier/*Grapentin* IV Rdnr. 230.
[355] Staudinger/*Rolfs* (2006) § 563 Rdnr. 5; a. A. ohne Begründung Schmidt-Futterer/*Gather* § 563 Rdnr. 6; mit Verweis auf Bub/Treier/*Grapentin* IV Rdnr. 230.
[356] Palandt/*Weidenkaff* § 563 Rdnr. 1; Schmidt-Futterer/*Gather* § 563 Rdnr. 1 und 28; a. A. *Wenzel* ZMR 1993, 439, wonach eine Sondererbfolge eintreten soll (dies ist abzulehnen, da die Regelung keinen spezifisch erbrechtlichen Gehalt hat).
[357] Zur Definition des Wohnraums siehe oben Rdnr. 266 bis 272.

men Haushaltsführung gerade in den gemieteten Wohnräumen gilt,[358] wie dies im Einzelnen unten in Rdnr. 294 bis 299 dargestellt ist. Zusätzlich ist die Gleichstellung der eingetragenen Lebenspartnerschaft geregelt.

Die gesetzliche Regelung lautet:

§ 563 Abs. 1 BGB

Der Ehegatte, der mit dem Mieter einen gemeinsamen Haushalt führt, tritt mit dem Tod des Mieters in das Mietverhältnis ein. Dasselbe gilt für den Lebenspartner.

Bei Ehegatten ist Voraussetzung das **Bestehen einer Ehe,** was gemäß §§ 1353 ff. BGB beurteilt wird. Abzustellen ist bei Scheidung auf die Rechtskraft des Scheidungsurteils bzw. des Aufhebungsurteils.[359] Stirbt der Mieter zwischen der Verkündung des Scheidungsurteils und dessen Rechtskraft, so tritt der Ehegatte in das Mietverhältnis ein. Stirbt der Mieter nach der Rechtskraft, so ist § 563 Abs. 1 BGB auch dann nicht anwendbar, wenn die Eheleute trotz der Scheidung weiterhin in der Wohnung zusammen gelebt haben. § 563 BGB ist also bei laufendem Scheidungsverfahren durchaus anwendbar, jedoch wird dann häufig die nachstehend in Rdnr. 294 bis 299 genannte weitere Voraussetzung nicht mehr gegeben sein, dass in der Wohnung ein gemeinsamer Haushalt geführt werden muss. Unter Umständen ist – bei Bestehen eines gemeinsamen Haushalts – in einem solchen Fall aber ein Eintritt gemäß § 563 Abs. 2 BGB möglich.

Auf die **heterosexuelle nichteheliche Lebensgemeinschaft** ist § 563 Abs. 1 BGB nicht anwendbar, jedoch in Übereinstimmung mit der bereits zum früheren Recht ergangenen Rechtsprechung § 563 Abs. 2 BGB (dazu unten Rdnr. 285/286).

Für die **eingetragene gleichgeschlechtliche Lebenspartnerschaft** im Sinne des ab 1. 8. 2001 geltenden Lebenspartnerschaftsgesetzes[360] sind die Regelungen für Ehegatten identisch anzuwenden. Es kommt also für den Beginn der Anwendbarkeit auf die Eintragung bei der zuständigen Behörde im Sinne des § 1 Abs. 1 Satz 3 LPartG an, für das Ende auf die Aufhebung durch gerichtliches Urteil gemäß § 15 Abs. 1 LPartG.[361]

cc) Eintritt von Kindern und anderen Familienangehörigen, § 563 Abs. 2 Satz 1 bis 3 BGB. § 563 Abs. 2 Satz 1 bis 3 BGB regelt das Eintrittsrecht von Kindern und anderen Familienangehörigen. Vorrangig ist jedoch der Eintritt des Ehegatten bzw. des Lebenspartners, im letzteren Falle gleichrangig mit Kindern des verstorbenen Mieters.[362] Ist der Eintritt dieser Personen(-gruppe) erfolgt, schließt dies den Eintritt von anderen Familienangehörigen bzw. sonstigen berechtigten Personen aus, was das Gesetz selbst in § 563 Abs. 2 Satz 2 2. Halbsatz BGB aussagt.

Die gesetzliche Regelung lautet:

§ 563 Abs. 2 BGB

Leben in dem gemeinsamen Haushalt Kinder des Mieters, treten diese mit dem Tod des Mieters in das Mietverhältnis ein, wenn nicht der Ehegatte eintritt. Der Eintritt des Lebenspartners bleibt vom Eintritt der Kinder des Mieters unberührt.

Andere Familienangehörige, die mit dem Mieter einen gemeinsamen Haushalt führen, treten mit dem Tod des Mieters in das Mietverhältnis ein, wenn nicht der Ehegatte oder der Lebenspartner eintritt.

Durch den Gesetzestext wird die Rangfolge wie folgt dargestellt:

Vorrangig tritt der **Ehegatte** ein. Gibt es einen solchen nicht, aber **Kinder** des Mieters, treten diese dann, wenn ein **eingetragener Lebenspartner** des Mieters vorhanden ist, mit diesem gleichrangig ein. Kinder sind **leibliche und adoptierte Kinder.** Ob auch **Pflegekinder** unter diesen Begriff zu fassen sind, erscheint unklar.[363] Unter dem weiteren Begriff der Fa-

---

[358] Begründung zum RegE, S. 157.
[359] Staudinger/*Rolfs* (2006) § 563 Rdnr. 11; Schmidt-Futterer/*Gather* § 563 Rdnr. 13.
[360] BGBl. 2001 S. 266 bis 287, geändert durch Gesetz v. 20. 12. 2004, BGBl. I S. 3396, in Kraft seit 1. 1. 2005.
[361] Schmidt-Futterer/*Gather* § 563 Rdnr. 18.
[362] Schmidt-Futterer/*Gather* § 563 Rdnr. 19.
[363] Gegen eine Gleichstellung wegen fehlender Verwandtschaft Schmidt-Futterer/*Gather* § 563 Rdnr. 20; *Lützenkirchen,* Neue Mietrechtspraxis, Rdnr. 659.

milienangehörigen werden sie in jedem Fall erfasst.³⁶⁴ Gibt es keine in Betracht kommenden Kinder des verstorbenen Mieters, aber einen eingetragenen Lebenspartner, tritt auch dieser vorrangig ein. Nachrangig zu Ehegatte/Lebenspartner, aber gleichrangig zu eintretenden Kindern des Mieters, treten die in § 563 Abs. 2 Sätze 3 und 4 genannten Personen ein.

283 Um Familienangehöriger zu sein, muss eine **Verwandtschaft** oder eine **Schwägerschaft** im Sinne des BGB bestehen, gleich welchen Grades,³⁶⁵ auch **Pflegekinder** sind jedenfalls zu diesem Personenkreis zu zählen.³⁶⁶ Eine Eingrenzung auf engere Familienangehörige, wie dies bei der Auslegung der Regelungen zur Kündigung wegen Eigenbedarfs weitgehend angenommen wird, ist in der Kommentierung und Rechtsprechung nicht erkennbar³⁶⁷ und auch nicht geboten. Daher wird auch eine Erweiterung auf Verlobte für zulässig angesehen.³⁶⁸ Da jedoch eine Verlobung nicht (wie Ehe oder Lebenspartnerschaft) durch Urkunden belegt wird, ist zur Vermeidung von Missbrauch der/die Verlobte nicht dem Personenkreis der Familienangehörigen,³⁶⁹ sondern – bei Vorliegen des besonderen Voraussetzungen – dem Personenkreis der „anderen berechtigten Personen" zuzurechnen.

284 *dd) Eintritt von anderen berechtigten Personen, § 563 Abs. 2 Satz 4 BGB.* Die gesetzliche Regelung lautet:

> Dasselbe gilt für Personen, die mit dem Mieter einen auf Dauer angelegten gemeinsamen Haushalt führen.

285 *(1) Gleichrangigkeit zu „anderen" Familienangehörigen.* Der Gesetzgeber will eine Gleichrangigkeit zwischen dem Eintrittsrecht der Familienangehörigen und dem der sonstigen Personen. Die Formulierung „Personen" sollte laut ursprünglicher Gesetzesbegründung bewirken, dass auch gleichgeschlechtliche Lebenspartner in den Genuss des Eintrittsrechts kommen,³⁷⁰ so dass die kontroverse Rechtsprechung, die sich zu dieser Frage zur früheren Rechtslage entwickelt hat, überholt sein sollte. Die besondere gesetzliche Regelung der eingetragenen gleichgeschlechtlichen Lebenspartnerschaft und die Aufnahme in § 563 Abs. 1 BGB bewirkt, dass mit der Regelung des § 563 Abs. 2 Satz 4 BGB ein anderer Personenkreis angesprochen sein muss. Die Regelung sollte insgesamt bewirken, dass in einer Situation, in der Familienangehörige und Lebenspartner (welcher sexuellen Orientierung auch immer) bislang gemeinsam mit dem verstorbenen Alleinmieter in dessen Wohnung gelebt haben und dort einen gemeinsamen Haushalt geführt haben, alle gemeinsam in das Mietverhältnis eintreten können und auf diese Weise die bisher bestehende Lebensgemeinschaft in der Wohnung fortsetzen können.³⁷¹ Hinsichtlich der eingetragenen Lebenspartner im Sinne des LPartG ist deren Vorrangigkeit angeordnet worden, so dass dieses Regelungsziel aufgegeben wurde. Damit bleibt die Frage, welche Personengruppen noch von der Regelung erfasst sein sollen.

286 Auf den **nichtehelichen heterosexuellen Lebenspartner** wurde bereits zum früheren Recht die Regelung des § 569a Abs. 2 (nicht des Abs. 1) BGB a. F., die sich auf Familienangehörige bezog, analog angewandt,³⁷² wobei umstritten war, ob dies auch für gleichgeschlechtliche Partnerschaften gelten sollte.³⁷³ Letztere Diskussion hat sich erübrigt. Da die Rechtsstellung „anderer" Personen der von „anderen" Familienangehörigen gleichgestellt ist, scheint es für die Anwendung des neuen Rechts gleichgültig zu sein, ob man **nichteheliche heterosexuelle Lebenspartner** den Familienangehörigen (wie zum bisherigen Recht) oder der weiteren Per-

---

[364] BGH/RES Nr. 4 = BGHZ 121, 116 = NJW 1993, 999, Staudinger/*Rolfs* (2006) § 563 Rdnr. 21.
[365] Palandt/*Weidenkaff* § 563 Rdnr. 14; BGH RE ZMR 1993, 261; Schmidt-Futterer/*Gather* § 563 Rdnr. 22 m. w. N.
[366] BGH/RES Nr. 4 = BGHZ 121, 116 = NJW 1993, 999; Staudinger/*Rolfs* (2006) § 563 Rdnr. 23.
[367] Staudinger/*Rolfs* § 563 Rdnr. 20.
[368] LG Lüneburg ZMR 1993, 341; Schmidt-Futterer/*Gather* § 563 Rdnr. 28 m. w. N.
[369] A. A. Staudinger/*Rolfs* (2006) § 563 Rdnr. 25, der zugesteht, dass die Unterscheidung hier ohne praktische Relevanz ist, da sowieso – bei Vorliegen der übrigen Voraussetzungen – der Verlobte unter Satz 4 fällt.
[370] Begründung zum RegE, S. 158.
[371] Begründung zum KabinettsEntw., S. 158.
[372] BGH NJW 1993, 999; überholt daher die gegenteilige Entscheidung OLG Karlsruhe WuM 1989, 610.
[373] Dafür: LG Hannover NJW-RR 1993, 1103; AG Wedding NJW-RR 1994, 524; *Lützenkirchen* WuM 1993, 373; dagegen: OLG Saarbrücken RE NJW 1991, 1760.

sonengruppe der „anderen Personen" zuordnet. Die Differenzierung liegt vom Wortlaut her darin, dass bei Familienangehörigen gefordert wird, dass sie „mit dem Mieter einen gemeinsamen Haushalt führen", während bei „anderen Personen" gefordert wird, dass sie „mit dem Mieter einen **auf Dauer angelegten** gemeinsamen Haushalt führen". Entscheidend ist letztlich damit das nachstehend behandelte Kriterium der **Intensität der Beziehungen**.

Bei Familienangehörigen ist die besondere Intensität in eben der familienrechtlichen Beziehung zu sehen, während hier ein Verlangen danach, dass die gemeinsame Haushaltsführung „auf Dauer angelegt" sein muss, im Gesetz nicht formuliert ist. Umgekehrt muss zur Abgrenzung, wegen des Fehlens des Nachweises durch Urkunden[374] und zur Vermeidung von Missbrauch bei Personen, die nicht Familienangehörige sind, die besondere Intensität durch das Merkmal begründet sein, dass die gemeinsame Haushaltsführung „auf Dauer angelegt" sein muss. 287

(2) Kriterien für die geforderte Intensität der Beziehungen. Die Kriterien für die geforderte **Intensität der Beziehungen** entsprechen denjenigen, die die bisherige Rechtsprechung, insbesondere der Rechtsentscheid des BGH vom 13. 1. 1993,[375] herausgearbeitet hat. 288

Stets wurde für die bisherige analoge Anwendung vorausgesetzt, dass **beide Teile** einer Lebensgemeinschaft **unverheiratet** sind, daneben **keine weiteren Lebensbeziehungen gleicher Art** bestehen,[376] **innere Bindungen** bestehen, die ein **gegenseitiges Einstehen als Partner füreinander** begründen (also über eine reine Haushalts- und Wirtschaftsgemeinschaft hinausgehen)[377] und die **Gemeinschaft auf Dauer angelegt** war. Auf die tatsächliche Dauer kam es dabei nicht an, etwa beim baldigen Tode des Mieters, wenn dennoch feststeht, dass ein dauerhaftes Zusammenleben beabsichtigt war.[378] **Indizien** für eine nichteheliche Lebensgemeinschaft waren in der Rechtsprechung **ständiges Zusammenwohnen** und ein **Auftreten nach außen wie ein Ehepaar**.[379] 289

Da für die **eingetragenen Lebenspartnerschaften** im Sinne des Gesetzes über eingetragene Lebenspartnerschaften[380] eine ausdrückliche Nennung dieser Rechtsform erfolgt ist bzw. bei diesen eine Verfestigung gerade durch die erfolgte Eintragung dokumentiert ist, bleibt offen, welche sonstigen Formen eines Zusammenlebens daneben noch betroffen sein sollen. Denn die gewählte Formulierung greift über die Gleichstellung aller Lebenspartner ungeachtet ihrer sexuellen Orientierung hinaus. Bloße Haushalts- und Wirtschaftsgemeinschaften sollen jedoch nicht zu dem begünstigten Personenkreis gehören,[381] an die Intensität der Beziehungen sollen u. a. zur Vermeidung von Missbrauch hohe Anforderungen gestellt werden, es soll auf objektive und nachprüfbare Kriterien ankommen.[382] Was sind daher die Kriterien für die Bestimmung des genannten Personenkreises, für den im Folgenden der Begriff der „**berechtigten Personen**" benutzt werden soll? 290

Die Kriterien zum Begriff der „nichtehelichen Lebensgemeinschaft", die der BGH aufgestellt hat, sollen laut Begründung zum RegE sinngemäß auch für den Begriff des „auf Dauer angelegten gemeinsamen Haushalts" gelten. Da die eingetragenen Lebenspartnerschaften nicht für heterosexuelle Lebenspartner anwendbar sind, verbleiben zum einen die bisherigen „**nichtehelichen Lebensgemeinschaften**" heterosexueller Partner und nicht eingetragene Lebensgemeinschaften gleichgeschlechtlicher Lebenspartner,[383] zu deren Abgrenzung die bisherige Rechtsprechung gilt. 291

Nach den Vorstellungen des Gesetzgebers soll daneben auch das **dauerhafte Zusammenleben alter Menschen** als Alternative zum Alters- oder Pflegeheim, die ihr gegenseitiges Einstehen zum Beispiel durch gegenseitige Vollmachten dokumentiert haben, die Kriterien 292

---

[374] Schmidt-Futterer/*Gather* § 563 Rdnr. 23.
[375] BGHZ 121, 116.
[376] So auch LG München I NZM 2005, 336 ff.
[377] BVerfG WuM 1993, 240.
[378] LG Hamburg WuM 1997, 221; *Blank/Börstinghaus*, Miete, 2. Aufl. 2004, § 563 Rdnr. 47.
[379] LG Berlin GE 1997, 1581.
[380] Vom 16. 2. 2001, BGBl. I S. 266 bis 287.
[381] Schmidt-Futterer/*Gather* § 563 Rdnr. 23.
[382] Begründung zum RegE, S. 158.
[383] Schmidt-Futterer/*Gather* § 563 Rdnr. 24.

grundsätzlich erfüllen können,[384] auch das dauerhafte Zusammenleben von Geschwistern.[385]

293 Eine „Anbahnungspartnerschaft", die noch nicht zu einer (ggf. bei gleichgeschlechtlichen Personen eingetragenen) Lebenspartnerschaft geführt hat, wird dagegen den besonderen Rechtsschutz noch nicht genießen können. Mit dem Kriterium des „auf Dauer angelegten" Haushalts wird man die verneinen müssen, da in einer solchen „Anbahnungspartnerschaft" noch keine Anlage zur Dauerhaftigkeit festzustellen ist. Die Grenzen sind jedoch fließend und werden zu Streitfällen führen. Auf die sog. „Ehe zu dritt" wird man die Sondervorschrift des § 563 Abs. 2 S. 4 BGB nicht anwenden können, da dort die vom Gesetzgeber offenbar gewollte Exklusivität einer Zweipersonenbeziehung nicht vorliegt.[386]

294 *ee) Gemeinsame Voraussetzung: Führen eines gemeinsamen Haushalts.* Das Erfordernis der gemeinsamen Haushaltsführung gerade in den gemieteten Wohnräumen soll gegenüber dem bisherigen Recht unverändert bleiben.[387]

295 Entscheidend ist hierfür, dass in der Wohnung der Mittelpunkt einer gemeinsamen Lebens- und Wirtschaftsführung liegt.[388] Eine vorübergehende Trennung hebt den gemeinsamen Hausstand nicht auf, etwa aus beruflichen Gründen oder bei Verbüßung einer Freiheitsstrafe.[389] Ob dies auch bei Verbüßung einer lebenslangen Freiheitsstrafe anwendbar ist, ist umstritten. Regelmäßig dürften die tatsächlichen Umstände hier regelmäßig gegen einen weiter bestehenden Lebensmittelpunkt in einer gemeinsamen Wohnung sprechen.[390] Ist durch vorzeitige Haftentlassung und erneuten Einzug in die Wohnung die häusliche Gemeinschaft wieder hergestellt, stellt sich die Frage der Nichtanwendbarkeit an sich nach Auffassung des Verfassers gar nicht mehr.

296 *(1) Bei Ehegatten/Lebenspartnern.* Wenn die Ehegatten zwar innerhalb einer Wohnung leben, aber eherechtlich innerhalb der Wohnung getrennt leben (z. B., um mit möglichst geringen Kosten das Trennungsjahr gemäß § 1566 BGB zu absolvieren), hebt ein derartiges Getrenntleben den gemeinsamen Haushalt auf.[391] Die Anwendung des § 563 Abs. 1 BGB scheidet damit aus. Identisches muss für eingetragene Lebenspartner gelten.

297 *(2) Bei Kindern, anderen Familienangehörigen/berechtigten Personen.* Es kommt in einem solchen Fall jedoch dennoch die Fortsetzung mit etwa vorhandenen (sonstigen) Familienangehörigen bzw. „Haushaltsangehörigen" des Mieters in Betracht, wenn diese in ihrer Person die Voraussetzungen des § 563 Abs. 2 Satz 1, 3 bzw. 4 BGB erfüllen,[392] was dann vorrangig gegenüber dem Eintreten des Erben ist.[393]

298 Die Wohnung muss der Mittelpunkt der gemeinsamen Lebens- und Wirtschaftsgemeinschaft gewesen sein. Es gelten im Wesentlichen die gleichen Grundsätze wie bei Ehegatten. Entscheidend ist, ob eine gemeinsame Wirtschaftsführung in einem einheitlichen Haushalt geführt/beibehalten wird, oder ob – etwa bei Heirat eines Kindes des Mieters, das dennoch in der Wohnung verbleibt – in Zukunft zwei Haushaltungen geführt werden.[394]

299 Hat der Mieter seit Jahren in einem Altersheim gelebt, so hat er mit einem Kind, das in der Mietwohnung verblieben ist, keinen gemeinsamen Haushalt mehr geführt,[395] dies jedenfalls dann, wenn auf Seiten des Mieters nicht der Wille bestand, in die Wohnung zurückzu-

---

[384] Begründung zum RegE, S. 158/159.
[385] Schmidt-Futterer/*Gather* § 563 Rdnr. 24.
[386] Schmidt-Futterer/*Gather* § 563 Rdnr. 24 mit Verweis auf den Diskussionsstand.
[387] Begründung zum RegE zu § 563 BGB n. F., S. 157.
[388] LG Düsseldorf WuM 1987, 225.
[389] Staudinger/*Rolfs* (2006) § 563 Rdnr. 15; Schmidt-Futterer/*Gather* § 563 Rdnr. 10.
[390] Schmidt-Futterer/*Gather* § 563 Rdnr. 10 m. w. N.
[391] Unentschieden: Erman/Jendrek, BGB, 12. Aufl., § 563 Rdnr. 8; dafür: MünchKommBGB/*Häublein* § 563 Rdnr. 16; *Herrlein/Kandelhard* Mietrecht § 563 Rdnr. 9; Bub/Treier/*Heile* II. Rdnr. 850; a. A. Schmidt-Futterer/*Gather* § 563 Rdnr. 12; dagegen: *Blank/Börstinghaus* Miete § 563 Rdnr. 3, der bei Getrenntleben jedoch besonders auf das Kriterium des fortbestehenden gemeinsamen Haushalts abstellen will.
[392] MünchKommBGB/*Häublein* 563 Rdnr. 12/13.
[393] Siehe unten Rdnr. 395 bis 416.
[394] BGB-RGRK/*Gelhaar* § 569 a Rdnr. 3; Schmidt-Futterer/*Gather* § 563 Rdnr. 11.
[395] AG Hannover WuM 1981, 4.

kehren. Denn bei Vorliegen eines Rückkehrwillens kann selbst ein Aufenthalt in einem Altersheim wie ein Aufenthalt im Krankenhaus mit anschließender Verlegung in ein Pflegeheim nur als vorübergehende Aufhebung der gemeinsamen Wirtschafts- und Lebensführung zu werten sein,[396] selbst wenn der Ehegatte außerhalb der Wohnung stirbt.[397] Letztlich kommt es für die Abgrenzung auf die Umstände des Einzelfalles an, wobei angesichts der Gefahr des Rechtsmissbrauchs an das Vorliegen eines gemeinsamen Haushalts hohe Anforderungen zu stellen sind.[398]

ff) Grundsätzliche Rechtsfolgen des Eintritts. Die Wirkung des § 563 BGB (Abs. 1 und 2) besteht darin, dass der Ehegatte/Lebenspartner oder der/die Familienangehörige(n) bzw. berechtigten Personen kraft Gesetzes zunächst **ohne Abgabe einer Willenserklärung in das Mietverhältnis eintritt/eintreten,** also Mieter wird/werden. Die Haftungsfolgen und Ausgleichungsregelungen mit einem Erben des Mieters sind in § 563 b BGB geregelt.[399]

Praxistipp:
Um die Eintrittswirkung auszuschalten, muss der Ehegatte/Lebenspartner, müssen Kinder, Familienangehörige bzw. sonstige berechtigte Personen aktiv werden, wenn sie diese nicht wünschen.

Ist insbesondere ein in Betracht kommender Erbe in der Situation, dass er gehalten ist, eine **Beschränkung der Erbenhaftung** herbeizuführen, muss er eine Fortsetzung des Mietverhältnisses gemäß § 563 BGB verhindern, also die **Fortsetzung ablehnen.** Eine Haftungsbeschränkung des Erben ist nur dann wirksam, wenn das Mietverhältnis ausschließlich gemäß § 564 BGB mit dem Erben fortgeführt wird.[400]

gg) Ablehnungsrechte aus § 563 Abs. 3 BGB. Die Bestimmung regelt das **Ablehnungsrecht** von Ehegatten/Lebenspartnern, Kindern, Familienangehörigen und sonstigen berechtigten Personen. Die Tatsachen, die die rechtzeitige Abgabe und den rechtzeitigen Zugang einer Ablehnungserklärung belegen sollen, muss ein Eintrittsberechtigter beweisen.

§ 563 Abs. 3 BGB
Erklären eingetretene Personen im Sinne des Absatzes 1 oder 2 innerhalb eines Monats, nachdem sie vom Tod des Mieters Kenntnis erlangt haben, dem Vermieter, dass sie das Mietverhältnis nicht fortsetzen wollen, gilt der Eintritt als nicht erfolgt. Für geschäftsunfähige oder in der Geschäftsfähigkeit beschränkte Personen gilt § 210 entsprechend.
Sind mehrere Personen in das Mietverhältnis eingetreten, so kann jeder die Erklärung für sich abgeben.

(1) Primäres Ablehnungsrecht des Ehegatten/Lebenspartners. Es besteht ein **Ablehnungsrecht,** zunächst des Ehegatten/Lebenspartners. Dieses muss binnen eines Monats nach dem Zeitpunkt ausgeübt werden, zu dem der Ehegatte/Lebenspartner vom Tode des Mieters **Kenntnis** erlangt hat. Es muss positive Kenntnis gegeben sein,[401] abzustellen ist hierfür auf Verschuldensmaßstäbe.[402] Bei **Todeserklärung** beginnt die Frist nicht vor der Rechtskraft des fraglichen Beschlusses, zudem muss der Ehegatte/Lebenspartner von diesem positive Kenntnis genommen haben.[403] Die Monatsfrist wird gemäß § 188 BGB berechnet.[404]

Hat der **Vermieter** ein Interesse an möglichst **baldiger Klärung,** ob ein Ablehnungsrecht ausgeübt wird, kann es sinnvoll sein, den Ehegatten/Lebenspartner auf die Ablehnungsfrist

---
[396] Staudinger/*Rolfs* (2006) § 563 Rdnr. 15; LG Kiel WuM 1992, 692.
[397] Staudinger/*Rolfs* (2006) § 563 Rdnr. 15 unter Verweis auf LG Kiel WuM 1992, 692.
[398] LG München I NZM 2005, 336 ff.
[399] Gemeinsam bei Rdnr. 375 bis 394 erläutert.
[400] Staudinger/*Rolfs* (2006) § 563 b Rdnr. 12 a. E.; a. A. Schmidt-Futterer/*Gather* § 563 Rdnr. 3, der die Möglichkeit nennt, eine überschuldete Erbschaft auszuschlagen, aber das Mietverhältnis isoliert fortzusetzen. Letzteres führt dann aber – begrenzt auf das Mietverhältnis – zu den Haftungsfolgen des Eintritts.
[401] OLG Düsseldorf ZMR 1994, 114.
[402] RGZ 103, 271.
[403] Staudinger/*Rolfs* (2006) § 563 Rdnr. 37.
[404] Palandt/*Heinrichs* § 188 Rdnr. 2 mit Berechnungsbeispielen.

hinzuweisen. Neben ggf. gebotenen allgemeinen Kondolenzbekundungen sollte ein derartiges Schreiben – dessen Zugang ggf. durch geeignete Maßnahmen bis hin zur förmlichen Zustellung (§ 132 BGB) sichergestellt werden sollte – folgenden Hinweis enthalten:

> **Formulierungsvorschlag: Rechtshinweis des Vermieters**
>
> 305 Ihr am ...... verstorbener Ehegatte/Lebenspartner hat von mir/uns die Wohnung ...... gemietet. Sie haben als überlebender Ehegatte/Lebenspartner gemäß § 563 Abs. 3 BGB das Recht, die Fortsetzung des Mietverhältnisses abzulehnen. Hierauf weise ich Sie ausdrücklich hin. Dieses Recht muss innerhalb eines Monats ausgeübt werden, nachdem Sie vom Tode Ihres Ehegatten/Lebenspartners Kenntnis erlangt haben, Ihre Erklärung muss mich/uns innerhalb dieser Zeit erreicht haben.
>
> Da ich möglichst bald Klarheit über den weiteren Fortbestand des Mietverhältnisses haben möchte, wäre/n ich/wir Ihnen dankbar, wenn Sie mir/uns Ihre Erklärung bis zum ...... zukommen lassen könnten.

306 Die Ablehnungserklärung ist eine einseitige empfangsbedürftige Willenserklärung, sie kann formlos abgegeben werden, also auch mündlich.[405] Erfolgt eine mündliche Ablehnungserklärung, so kann es sich für den Vermieter empfehlen, dies schriftlich zu bestätigen; wenn dies auch nicht die Wirkung eines kaufmännischen Bestätigungsschreibens hat, dient dies einerseits dem Festhalten des Tages der Erklärung und provoziert im Streitfall zumindest die Frage, warum einer entsprechenden Bestätigung nicht widersprochen wurde, wenn sie nicht zutreffen sollte.

307 Für den **anwaltlichen Vertreter des Ehegatten/Lebenspartners** ist zur **Vermeidung von Haftungsfolgen** aus Beweisgründen **Schriftform zu empfehlen,** ggf. die Sicherung des Nachweises des Zugangs beim Vermieter durch förmliche Zustellung über den Gerichtsvollzieher (§ 132 BGB).

308 Durch die **Verweisung auf § 210 BGB** endet bei Fehlen eines gesetzlichen Vertreters für **geschäftsunfähige** oder **in der Geschäftsfähigkeit beschränkte Personen** die Erklärungsfrist erst einen Monat nach dem Zeitpunkt, zu dem die Person unbeschränkt geschäftsfähig wird oder der Mangel der Vertretung aufhört. Denn § 210 BGB ist auf Ausschlussfristen entsprechend anzuwenden.[406] Bei Fristen, die kürzer sind als die in § 210 BGB genannten sechs Monate, verlängert sich die Frist um die Dauer der fehlenden Geschäftsfähigkeit bzw. Vertretung,[407] hier ist also ab diesem maßgeblichen Zeitpunkt die Monatsfrist neu zu rechnen.[408] Diese Ablaufhemmung hat besondere Bedeutung für minderjährige Familienangehörige.[409]

> **Formulierungsvorschlag: Ablehnungserklärung des Ehegatten**
>
> 309 Ich habe mit meinem am ...... verstorbenen Ehegatten, der Mieter/in der Wohnung ...... war, in dieser Wohnung einen gemeinsamen Haushalt geführt. Ich will das Mietverhältnis nicht fortführen.
>
> Ich bitte, mir den Empfang dieser Erklärung und die Beendigung des Mietverhältnisses zu bestätigen.

---

[405] MünchKommBGB/*Voelskow* § 569 a a. F. Rdnr. 8; Schmidt-Futterer/*Gather* § 563 Rdnr. 32.
[406] Palandt/*Heinrichs* § 210 Rdnr. 2; Schmidt-Futterer/*Gather* § 563 Rdnr. 34.
[407] Palandt/*Heinrichs* § 210 Rdnr. 4.
[408] Staudinger/*Rolfs* (2006) § 563 Rdnr. 41.
[409] Schmidt-Futterer/*Gather* § 563 Rdnr. 34.

Falls der Ehegatte auch Erbe ist/zu den Erben gehört bzw. gehören kann und sich endgültig vom Mietvertrag lösen will, sollte mit dieser Erklärung direkt auch die Kündigung auf Grund des Sonderkündigungsrechts des § 564 BGB verbunden werden. Der Vermieter kann die Kündigung nicht wegen fehlenden Nachweises der Erbberechtigung zurückweisen.[410] War sie vom wahren Erben erklärt, ist sie wirksam, war sie vom Nichterben erklärt, nicht. Anders ist dies, wenn ein „Scheinerbe" kündigt, also eine Person, zugunsten deren ein Erbschein ausgestellt ist, bzw. wenn eine Todeserklärung vorliegt.[411]

> **Formulierungsvorschlag: Ablehnungserklärung des Ehegatten-Erben**
>
> Ich habe mit meinem am ...... verstorbenen Ehegatten, der Mieter/in der Wohnung ...... war, in dieser Wohnung einen gemeinsamen Haushalt geführt. Ich will das Mietverhältnis nicht fortführen.
> Gleichzeitig erkläre ich – sollte ich als Erbe/Erbin der/des Verstorbenen in Betracht kommen – auf Grund des Kündigungsrechts des § 564 BGB als Erbe/Erbin die Kündigung des Mietverhältnisses zum nächstmöglichen Termin, also zum Ablauf des ......
> Ich bitte, mir den Empfang dieser Erklärung und die Beendigung des Mietverhältnisses zu diesem Termin schriftlich zu bestätigen.

(2) Wirkung der Ablehnung durch Ehegatten/Lebenspartner. **Rechtsfolge** der Ablehnung der Vertragsfortsetzung durch den Ehegatten ist zunächst, dass der Eintritt der in Betracht kommenden Person in das Mietverhältnis als nicht erfolgt fingiert wird, also rückwirkend die eingetretene Sonderrechtsnachfolge beseitigt wird. Der so aus dem Eintrittsrecht Ausgeschiedene hat keinerlei Haftungswirkung zu tragen, auch nicht für Ansprüche aus der Zeit zwischen Tod des Mieters und der auf Grund der Ablehnungserklärung geschuldeten Räumung und Herausgabe an primär andere Familienangehörige und sekundär den Erben.[412] Dasselbe gilt für den Lebenspartner.

(3) Übergang des Eintrittsrechts und des Ablehnungsrechts auf Familienangehörige und berechtigte Personen. Mit der Abgabe der Ablehnungserklärung durch den Ehegatten geht die **Fortsetzungswirkung** rückwirkend[413] auf **Familienangehörige** und **sonstige berechtigte Personen** im Sinne des § 563 Abs. 2 BGB **über**, geregelt in § 563 Abs. 3 Satz 1 BGB.

Auch diese Familienangehörigen bzw. berechtigten Personen haben das Recht, den Vertragseintritt abzulehnen. Auch für sie gilt die Frist von einem Monat, wobei hier für die Bestimmung des Fristbeginns nach h. M. zur früheren Rechtslage, die für die Neuregelung unverändert zu übernehmen ist, neben die Kenntnis vom Tode des Mieters noch die Kenntnis von der Ablehnung des Ehegatten/Lebenspartners hinzutreten muss.[414] Diese Frist beginnt daher frühestens dann, wenn die Ablehnung des Ehegatten durch Zugang beim Vermieter wirksam geworden ist, womit ja erst der gesetzliche Eintritt der Kinder, Familienangehörigen bzw. berechtigten Personen in das Mietverhältnis stattgefunden hat.[415] Von diesem Zugang muss der Familienangehörige demnach auch Kenntnis haben, damit für ihn die Ablehnungsfrist läuft.

Hat der **Vermieter** ein Interesse an möglichst **baldiger Klärung**, ob ein Ablehnungsrecht ausgeübt wird, kann es sinnvoll sein, auch den/die Familienangehörigen auf die Ablehnungsfrist hinzuweisen, womit jedenfalls der spätestmögliche Zeitpunkt der Kenntnis der maßgeblichen Voraussetzungen für den Fristbeginn festgelegt wird. Die in Betracht kommenden Familienangehörigen sollten daher alsbald nach Kenntnis des Vermieters vom Tode des Mieters ermittelt werden. Jeder in Betracht kommende Familienangehörige sollte einzeln ange-

---

[410] MünchKommBGB/*Häublein* § 564 Rdnr. 10.
[411] Dazu oben Rdnr. 263/264.
[412] *Blank/Börstinghaus*, Miete, 2. Aufl., § 563 Rdnr. 51/52.
[413] Schmidt-Futterer/*Gather* § 563 Rdnr. 30.
[414] Erman/*Jendrek* § 563 Rdnr. 16.
[415] Staudinger/*Rolfs* (2006) § 563 Rdnr. 41.

schrieben werden. Neben ggf. gebotenen allgemeinen Kondolenzbekundungen sollte ein derartiges Schreiben – dessen Zugang ggf. durch geeignete Maßnahmen bis hin zur förmlichen Zustellung (§ 132 BGB) sichergestellt werden sollte – folgenden Hinweis enthalten:

> **Formulierungsvorschlag: Rechtshinweis des Vermieters**
>
> 316 Die/der am ...... verstorbene ...... hat von mir/uns die Wohnung ...... gemietet. Sie haben als überlebender Familienangehöriger gemäß § 563 Abs. 3 BGB das Recht, die Fortsetzung des Mietverhältnisses abzulehnen (ggf.: nachdem der überlebende Ehegatte/Lebenspartner die Fortsetzung des Mietverhältnisses abgelehnt hat. Diese Erklärung habe/n ich/wir am ...... erhalten).
>
> Hierauf weise ich Sie ausdrücklich hin. Dieses Ablehnungsrecht muss innerhalb eines Monats ausgeübt werden, nachdem Sie vom Tode des Mieters (ggf.: und der Ablehnung der Fortsetzung des Mietverhältnisses durch den Ehegatten/Lebenspartner) Kenntnis erlangt haben, Ihre Erklärung muss mich/uns innerhalb dieser Zeit erreicht haben.
>
> Da ich möglichst bald Klarheit über den weiteren Fortbestand des Mietverhältnisses haben möchte, wäre/n ich/wir Ihnen dankbar, wenn Sie mir/uns Ihre Erklärung bis zum ...... zukommen lassen könnten.

317 Sind in der Person von **mehreren Familienangehörigen** die Voraussetzungen für den (automatischen) Eintritt erfüllt, so können sie **jeder für sich** und unabhängig von anderen Familienangehörigen die **Ablehnungserklärung abgeben,** für jeden ist die maßgebliche Frist anhand der vorgenannten Grundsätze individuell zu berechnen.[416]

> **Formulierungsvorschlag: Ablehnungserklärung eines Familienangehörigen**
>
> 318 Ich habe mit der/dem am ...... Verstorbenen ......, die/der Mieter/in der Wohnung ...... war, in dieser Wohnung einen gemeinsamen Haushalt geführt. Ich will das Mietverhältnis nicht fortführen.
>
> Gleichzeitig erkläre ich – sollte ich als Erbe/Erbin der/des Verstorbenen in Betracht kommen – auf Grund des Kündigungsrechts des § 564 Satz 2 BGB als Erbe/Erbin die
>
> Kündigung des Mietverhältnisses zum nächstmöglichen Termin, also zum Ablauf des ......
>
> Ich bitte, mir den Empfang dieser Erklärung und die Beendigung des Mietverhältnisses zu diesem Termin schriftlich zu bestätigen.

319 Die Kombination der Ablehnungserklärung mit der Kündigungserklärung, die zulässig ist,[417] empfiehlt sich dann, wenn sich der Familienangehörige in jedem Fall vom Mietverhältnis lösen will, auch dann, wenn die Erbverhältnisse nicht klar sind, damit für den Fall, dass der Familienangehörige auch Erbe ist, zum frühestmöglichen Zeitpunkt auch für diese Rechtsposition die Haftung aus dem Mietvertrag endet. Der Vermieter kann die Kündigung nicht wegen fehlenden Nachweises der Erbberechtigung zurückweisen.[418] War sie vom wahren Erben erklärt, ist sie wirksam, war sie vom Nichterben erklärt, nicht. Anders ist dies, wenn ein „Scheinerbe" kündigt, also eine Person, zugunsten deren ein Erbschein ausgestellt ist bzw. wenn eine Todeserklärung vorliegt.[419]

320 *(4) Wirkung der Abgabe der Ablehnungserklärung durch Familienangehörige/sonstige berechtigte Personen.* Diese besteht darin, dass der Eintritt auch dieser in Betracht kommenden Personen in das Mietverhältnis als nicht erfolgt fingiert wird, also rückwirkend die ein-

---

[416] Staudinger/*Rolfs* § (2006) 563 Rdnr. 41; Schmidt-Futterer/*Gather* § 563 Rdnr. 32.
[417] *Stellwaag* ZMR 1989, 407.
[418] MünchKommBGB/*Häublein* § 564 Rdnr. 10.
[419] Dazu oben Rdnr. 263/264.

getretene Sonderrechtsnachfolge beseitigt wird. Der so aus dem Eintrittsrecht Ausgeschiedene hat keinerlei Haftungswirkung zu tragen.[420] Wenn also sämtliche eintrittsberechtigten Personen, also Ehegatte bzw. Familienangehörigen bzw. sonstige berechtigte Personen fristgerecht abgelehnt haben, ist **letzter Auffangtatbestand,** dass das Mietverhältnis mit dem/den Erben fortgesetzt wird, also der gesetzliche Normalfall eintritt, was § 564 BGB ausdrücklich regelt.[421]

321 Die Folge ist dann unter anderem das **Sonderkündigungsrecht aus § 564 BGB für den Vermieter und den/die Erben.**[422] Damit ist auch die Rangfolge der Eintrittswirkungen und das Verhältnis des Eintritts des Ehegatten bzw./und sonstiger Familienangehöriger bzw. sonstiger berechtigter Personen zur Kündigung durch den Erben (§ 564 BGB) geregelt.

322 *hh) Wirkungen des bestandskräftigen Eintretens im Einzelnen. (1) Mieterstellung der Eintretenden und Haftung für Neuverbindlichkeiten.* **Ehegatte/Lebenspartner oder Familienangehörige** und/oder **sonstige berechtigte Personen werden Mieter,** das Mietverhältnis wird also ab dem Zeitpunkt des Todes des Mieters mit allen Rechten und Pflichten mit dem Ehegatten bzw. nachrangig dem/den Familienangehörigen/berechtigten Personen fortgesetzt. Diese Rechtsfolge gilt aber nur für Wohnraum, wenn also mit getrenntem Vertrag z. B. eine Garage gemietet ist, gilt für die Garage die Fortsetzung mit dem Erben gemäß § 1922 BGB.[423] Häufig wird aber ein einheitliches Mietverhältnis mit dem Wohnraum vorliegen, dann gilt auch die einheitliche Fortsetzung des Gesamt-Mietverhältnisses.[424]

323 Die Regelung des § 569a Abs. 2 Satz 4 BGB a. F., wonach die Rechte aus dem Mietverhältnis nur gemeinsam ausgeübt werden können, wenn mehrere Familienangehörige in das Mietverhältnis eingetreten sind, hat die Neuregelung nicht übernommen. Sie erschien offenbar als überflüssig, da sie letztlich in der Tat nur das regele, was gemäß allgemeinem Vertragsrecht im Vertragsverhältnis gilt, das auf einer Vertragsseite mit mehreren Personen besteht.[425] Dieser allgemeine Rechtsgrundsatz ist allerdings nur auf das zustandegekommene Rechtsverhältnis anzuwenden, nicht auf das Ablehnungsrecht.

324 Für die ab diesem Zeitpunkt entstehenden **Neuverbindlichkeiten** haftet/n der/die Eintretende/n. Ist dies der Ehegatte, haftet er insoweit allein.

325 Sind mehrere gleichrangige Eintrittsberechtigte vorhanden und durch Nichtausübung des Ablehnungsrechtes Mieter geworden, so gilt für die weitere Fortsetzung des Mietverhältnisses, dass die Rechte aus dem Mietverhältnis von ihnen nur gemeinsam ausgeübt werden können. Sie sind damit Gesamthandsgläubiger im Sinne des § 432 BGB und Gesamtschuldner im Sinne des § 421 BGB für neu entstehende Verbindlichkeiten aus dem Mietverhältnis. Für die bis zum Tode des Mieters entstandenen Verbindlichkeiten besteht in diesem Fall die unten dargestellte gesamtschuldnerische Haftung neben dem Erben des Mieters im Außenverhältnis zum Vermieter.

326 Zur gesamtschuldnerischen Haftung mehrerer eingetretener Familienangehöriger/berechtigter Personen enthält die jetzige Regelung keine Bestimmung mehr, obwohl die Begründung des RegE eine Entsprechung zum früheren Recht behauptet und auf § 569a Abs. 2 Satz 5 BGB a. F. verweist. Es verbleibt der Rückgriff auf allgemeines Vertragsrecht, also § 427 BGB, wonach mehrere Vertragspartner im Außenverhältnis eben Gesamtschuldner sind.

327 Die weitere Wirkung des Eintretens ist, dass die Begründung von Wohnungseigentum auch dann „nach der Überlassung an den Mieter" erfolgt ist, wenn der Mieter, dem gekündigt wurde, zurzeit der Begründung des Wohnungseigentums als Angehöriger in der Woh-

---

[420] *Blank/Börstinghaus* Miete § 569a BGB a. F. Rdnr. 44.
[421] Unten bei Rdnr. 395 bis 416 erläutert.
[422] Dies ist unten bei Rdnr. 398 bis 413 näher erläutert.
[423] Schmidt-Futterer/*Gather* § 563 Rdnr. 28.
[424] Schmidt-Futterer/*Gather* § 563 Rdnr. 28; *Blank/Börstinghaus* Miete § 563 Rdnr. 21.
[425] A. A. zum bisherigen Recht: Staudinger/*Sonnenschein* (13. Aufl.) zu § 569a BGB a. F. Rdnr. 36; *Roquette* § 569a BGB a. F. Rdnr. 20, wonach die ausdrückliche Anordnung im bisherigen Recht erforderlich war, da keinerlei Rechtsbeziehungen zwischen den eingetretenen Familienangehörigen bestünden, die sonst zur Gesamtschuld bzw. zur nur gemeinsamen Handlungsberechtigung führen. Dies erscheint überspitzt, da eben das gemeinsame Eintreten die besondere Rechtsbeziehung begründet.

nung lebte und mit dem Tode des damaligen Mieters kraft Gesetzes in das Mietverhältnis eingetreten ist. Denn der Angehörige rückt auch bezüglich der Wartefrist, die ein Vermieter für eine Kündigung wegen Eigenbedarfs zu beachten hat, in die Rechtsposition des verstorbenen Mieters ein.[426] Auch sonst sind abgelaufene Zeiträume aus der Mietzeit des verstorbenen Mieters bei der Berechnung von Kündigungsfristen und Wartefristen für Mieterhöhungen mitzurechnen.[427]

328 *(2) Haftung für Altverbindlichkeiten und interner Ausgleich zum Erben.* Dies ist im Zusammenhang und einheitlich in § 17 behandelt, worauf verwiesen wird.

(3) Sonderkündigungsrecht des Vermieters.

§ 563 Abs. 4 BGB

329 Der Vermieter kann das Mietverhältnis innerhalb eines Monats, nachdem er von dem endgültigen Eintritt in das Mietverhältnis Kenntnis erlangt hat, außerordentlich mit der gesetzlichen Frist kündigen, wenn in der Person des Eingetretenen ein wichtiger Grund vorliegt.

330 Anders als bisher hat der Vermieter nun eine **einmonatige Überlegungsfrist**. Die Erwägungen zur bisherigen Rechtslage, wie bei extrem kurzen Zeitspannen zwischen Kenntnis und der Möglichkeit und Notwendigkeit, zum erstmöglichen zulässigen Termin zu kündigen, zu verfahren ist, werden dadurch überflüssig.

331 Bei Vorliegen eines **wichtigen Grundes**, der in der **Person** des in das Mietverhältnis eintretenden Ehegatten oder **auch nur eines mehrerer eintretender Familienangehöriger**[428] begründet ist, hat der **Vermieter ein Sonderkündigungsrecht aus § 563 Abs. 4 BGB**, auszusprechen mit der kürzestmöglichen gesetzlichen Frist (§ 573d BGB), also der um drei Werktage verkürzten Dreimonatsfrist. Zur Definition des wichtigen Grundes enthält die jetzige Regelung keine Klarstellung, man wird angesichts der insoweit zum früheren Recht unveränderten Formulierung annehmen müssen, dass die Kriterien dem entsprechen, was zum früheren Recht angenommen wurde. Der wichtige Grund wird hiernach so zu bestimmen sein wie in § 553 Abs. 1 Satz 2 BGB, also ähnlich wie bei der Untervermietung,[429] Einzelheiten zu den hiernach zu definierenden wichtigen Gründen siehe unten § 28.

332 Als **Grundzüge** können festgehalten werden: Es müssen nicht Gründe vorliegen, die zur fristlosen Kündigung berechtigen würden, es können aber auch derartige Gründe herangezogen werden. Ein wichtiger Grund in der Person des Eingetretenen kann vorliegen, wenn der Eingetretene mit dem Vermieter oder anderen Mietern persönlich verfeindet ist oder die Gefahr besteht, dass Vermieter oder andere Mieter durch persönliche Eigenschaften, den Beruf oder die Lebensweise des Eingetretenen beeinträchtigt werden, dass der Eintretende den Hausfrieden stören würde, wobei es auf Verschulden nicht ankommt.[430] Insbesondere ist ein unsittlicher Lebenswandel[431] ein solcher wichtiger Grund, auch – insoweit anders als bei § 553 BGB – die Zahlungsunfähigkeit.[432]

333 Streitig ist, ob eine fehlende Wohnberechtigung für eine öffentlich oder mit Wohnungsfürsorgemitteln geförderte Wohnung ein derartiger Grund ist,[433] denn der Eingetretene muss gemäß § 4 Abs. 7, 2. Halbs. WoBindG keine eigene Wohnberechtigung nachweisen.[434] Ist eine Genossenschaftswohnung vermietet, der Eintretende aber nicht Mitglied der Genossenschaft, kann ein Kündigungsrecht bestehen, das aber entfällt, wenn der Eintretende bereit ist, der Genossenschaft als Mitglied beizutreten.[435]

---

[426] BGH NZM 2003, 847.
[427] Schmidt-Futterer/*Gather* § 563 Rdnr. 29.
[428] Staudinger/*Rolfs* (2006) § 563 Rdnr. 47; Schmidt-Futterer/*Gather* § 563 Rdnr. 39 m.w.N.; Palandt/*Weidenkaff* § 563 Rdnr. 23.
[429] Palandt/*Weidenkaff* § 563 Rdnr. 23; denn auch § 553 Abs. 1 Satz 2 BGB enthält insoweit keine Formulierungsänderungen und soll auch laut der Begründung des RegE § 549 Abs. 2 BGB a.F. entsprechen.
[430] *Blank/Börstinghaus* Miete § 563 Rdnr. 64.
[431] Schmidt-Futterer/*Gather* § 563 Rdnr. 40.
[432] Staudinger/*Rolfs* (2006) § 563 Rdnr. 49; Schmidt-Futterer/*Gather* § 563 Rdnr. 40.
[433] So LG Koblenz WuM 1987, 201 für den Sonderfall einer Bundesmietwohnung.
[434] Siehe unten Rdnr. 159/160.
[435] Schmidt-Futterer/*Gather* § 563 Rdnr. 46.

Insgesamt ist der Zweck des § 564 Abs. 4 BGB zu beachten, der ausschließen soll, dass 334
dem Vermieter ein ihm unliebsamer Mieter aufgedrängt wird. Erfolgt diese Vermieterkündigung, so handelt es sich um eine außerordentliche Kündigung mit gesetzlicher Frist. Dies
führt zur Anwendung der kürzestmöglichen gesetzlichen Kündigungsfrist, es muss jedoch
die Kündigungserklärung bis zum Ablauf der Frist von einem Monat beim Eingetretenen
zugehen. Sodann ist wie üblich zu rechnen. Geht also die Kündigung bis zum dritten Werktag eines Monats zu, so endet das Mietverhältnis mit Ablauf des übernächsten Monats
(§ 573d Abs. 2 Satz 1 BGB für unbefristete Mietverhältnisse, § 575a Abs. 3 Satz 1 BGB für
befristete Mietverhältnisse).

Umstritten ist, welche **weiteren Anforderungen** eine gemäß § 563 Abs. 4 BGB ausgesprochene Vermieterkündigung erfüllen muss. Dass die **Formvorschrift der Schriftlichkeit** des 335
§ 568 BGB zu erfüllen ist, ist unstreitig.[436] Ob allerdings der Vermieter sich auch auf einen
Kündigungsgrund im Sinne des § 573 BGB berufen können muss, ist streitig.

Weite Teile von Rechtsprechung und Literatur nahmen dies zur Vorgängervorschrift 336
an,[437] die Gegenmeinung[438] hatte zum früheren Recht letztlich die besseren Argumente für
sich. Denn anzunehmen, dass die einzige Funktion des § 569a Abs. 5 BGB a.F. eine Abkürzung der Kündigungsfrist für den Vermieter und die Kündigungsmöglichkeit im befristeten
Mietverhältnis war,[439] erscheint verkürzt. Zumindest musste man annehmen, dass bei Vorliegen eines wichtigen Grundes im Sinne des § 569a Abs. 5 BGB a.F. gleichzeitig stets ein
besonderes Interesse an der Beendigung des Mietverhältnisses im Sinne des § 573 BGB gegeben war,[440] welches ja nicht nur dann anzunehmen war, wenn ein Katalogtatbestand des
§ 573 Abs. 2 BGB vorlag.

Die Regelung der §§ 573d, 573 BGB und die Formulierung der Verweisungsregelung 337
sprechen an sich dafür, dass damit der Meinungsstreit zur bisherigen Rechtslage entschieden
werden und eine doppelte Bedingung für die Kündigungsmöglichkeit kodifiziert werden
soll. Denn § 573d Abs. 1 BGB regelt, dass auch bei einer außerordentlichen Kündigung mit
gesetzlicher Frist zusätzlich § 573 BGB entsprechend gilt, wenn nicht ein Gebäude im Sinne
des § 573a BGB mit zwei Wohnungen angesprochen ist. § 573 BGB enthält den allgemeinen
Kündigungsschutz.

Damit ist jedoch eine inhaltliche Klärung nicht erfolgt. Was der Gesetzgeber wirklich 338
wollte, erscheint weiter unklar. Laut Begründung zum RegE soll die Rechtsprechung zur
bisherigen Rechtslage die Frage so auslegen, wie der RegE dies nun ausdrücklich regelt. Die
Begründung zu § 574 BGB beruft sich auf den Rechtsentscheid des BGH vom 21.4.
1982.[441] Diese Entscheidung ist allerdings zum gesetzlichen Sonderkündigungsrecht des
Erstehers in der Zwangsversteigerung ergangen, wo zum Schutz des vertragstreuen Mieters
eine Anwendung des allgemeinen Kündigungsschutzes, wie ihn §§ 564b und 554a BGB a.F.
gewährten, laut der Entscheidung des BGH geboten ist. Dies ist aber genau nicht die Situation, um die es vorliegend geht. Denn in der Person des Eingetretenen muss ja ein wichtiger
Grund vorliegen, damit überhaupt gekündigt werden darf.

Die Lösung kann daher nur in folgender Überlegung liegen: Zunächst muss der wichtige 339
Grund im Sinne des § 563 Abs. 4 BGB gegeben sein, zusätzlich muss ein berechtigtes Interesse des Vermieters an der Beendigung des Mietverhältnisses im Sinne des § 573 BGB gegeben sein. Will man jedoch das durch § 563 Abs. 4 BGB eingeräumte Kündigungsrecht nicht
inhaltlich entwerten, so muss man – wie zum bisherigen Recht[442] – annehmen, dass bei Vorliegen eines wichtigen Grundes im Sinne des § 563 Abs. 4 BGB zugleich ein berechtigtes In-

---

[436] Statt aller: MünchKommBGB/*Voelskow* § 569a BGB a.F. Rdnr. 16.
[437] Statt aller: Staudinger/*Sonnenschein* (13. Aufl.) zu § 569a BGB a.F. Rdnr. 56 m.w.N.
[438] LG Nürnberg-Fürth WuM 1985, 228; Bub/Treier/*Heile* II Rdnr. 848; *Lützenkirchen* WuM 1990, 413.
[439] So Staudinger/*Sonnenschein* (13. Aufl.) zu § 569a BGB a.F. Rdnr. 56.
[440] MünchKommBGB/*Voelskow* § 569a Rdnr. 16; Schmitt-Futterer/*Gather*, Mietrecht, 7. Aufl., zu § 569a BGB a.F. Rdnr. 34.
[441] BGHZ 84, 90, 101 = NJW 1982, 1696ff.
[442] MünchKommBGB/*Voelskow* § 569a Rdnr. 16; Schmitt-Futterer/*Gather*, Mietrecht, 7. Aufl., zu § 569a BGB aF Rdnr. 34.

teresse im Sinne des § 573 Abs. 1 BGB gegeben ist,[443] welches gleichwertig neben die Katalogtatbestände des § 573 Abs. 2 BGB tritt. Es ist also nicht zu fordern, dass ein Katalogtatbestand des § 573 Abs. 2 BGB zusätzlich vorliegen muss. Die Pflicht aus § 573 Abs. 3 BGB, die Kündigungsgründe im Kündigungsschreiben anzugeben, muss allerdings beachtet werden.

340 Obwohl § 563 Abs. 4 BGB keine Verweisung auf die Widerspruchsregelung des § 574 BGB mehr enthält, soll diese auf Grund ihrer systematischen Stellung auch für die außerordentliche Kündigung mit gesetzlicher Frist gelten.[444] Dies kann jedoch wie zum bisherigen Recht nur für den „normalen" wichtigen Grund im Sinne des § 563 Abs. 4 BGB gelten,[445] nicht dann, wenn dieser so schwerwiegend ist, dass er an sich einen Grund zur fristlosen Kündigung darstellt. Denn es muss hier von einer Abstufung von Kündigungsrechten ausgegangen werden, da eben § 563 Abs. 4 BGB kein Recht zur fristlosen Kündigung einräumt, sondern eben nur zur befristeten Kündigung. Wenn der Vermieter bei Vorliegen eines Grundes zur fristlosen Kündigung dennoch zuvorkommend nicht fristlos, sondern nur befristet kündigt, kann dem Mieter nicht noch zusätzlich die Berufung auf die Sozialklausel zustehen.[446] Dies ergibt sich auch aus § 574 Abs. 1 Satz 2 BGB.[447]

Formulierungsvorschlag: Vermieterkündigung

341 Hiermit erkläre ich auf Grund des außerordentlichen Kündigungsrechts des Vermieters aus § 563 Abs. 4 BGB mit der gesetzlichen Frist die Kündigung des Mietverhältnisses zum nächstmöglichen Termin, also zum Ablauf des ......
In das Mietverhältnis ist nach dem Tode des Mieters ...... auf Grund der Regelungen des § 563 Abs. 1 (oder: § 563 Abs. 2) ...... eingetreten. In dieser Person liegt ein wichtiger Grund vor, das Mietverhältnis zu kündigen. Der wichtige Grund besteht darin, dass ...... (näher ausführen).
Ich bitte, mir den Empfang dieser Erklärung und die Beendigung des Mietverhältnisses zu diesem Termin schriftlich zu bestätigen.

342 Diese Kündigung ist allen Personen zuzustellen, die das Mietverhältnis fortsetzen, ggf. ist der Zugang sicherzustellen.

343 c) **Tod mehrerer Mieter, § 563a BGB.** § 563a BGB regelt die Fälle, in denen der Verstorbene zusammen mit anderen Personen Mieter war, wobei gegenüber § 569b BGB a.F. eine Erweiterung des Personenkreises erfolgt ist, der damit erfasst ist.

344 aa) *Grundsätzliches.* Die Vorschrift des § 563a BGB nimmt eine Regelung vor, die eine Gleichbehandlung der Personen, die bei einem Alleinmieter „eintrittsberechtigt" wären, herstellt, wenn sie bereits mit dem verstorbenen Mieter Mitmieter waren.

345 Die Voraussetzungen für das gemeinsame Anmieten sind oben unter Rdnr. 70 bis 110 dargelegt, es reicht aus, wenn ein späterer Beitritt eines der Mieter zum ursprünglich nur von einem der Ehegatten geschlossenen Mietvertrag erfolgt ist.[448] Im Beitrittsgebiet gilt weiter § 100 Abs. 3 ZGB (DDR), wie oben bei Rdnr. 82/83 dargelegt.

346 Eine Sonderregelung für Fälle, in denen der **alleinige Mitmieter der Ehegatte** war, gibt es nicht, sie ist auch nicht erforderlich. Denn dann, wenn nur zwei Personen Mieter waren, ist unter dem Begriff „den überlebenden Mietern" der einzeln zurückbleibende Mieter zu verstehen. Es muss allerdings in dem Fall, dass der alleinige überlebende Mitmieter der Ehegatte des verstorbenen Mitmieters war – auch wenn das nicht ausdrücklich geregelt ist – ein Eintrittsrecht von sonstigen Familienangehörigen und/oder sonstigen Personen im Sinne des § 563 Abs. 2 BGB ausgeschlossen sein. Denn wenn deren Eintrittsrecht schon gemäß § 563

---

[443] Schmidt-Futterer/*Gather* § 563 Rdnr. 41; MünchKommBGB/*Häublein* (5. Aufl. 2008) § 563 Rdnr. 27.
[444] Begründung zum RegE, S. 178.
[445] Selbst dagegen sprach sich aus MünchKommBGB/*Voelskow* § 569a BGB a.F. Rdnr. 15.
[446] Staudinger/*Rolfs* (2006) § 574 Rdnr. 19/20.
[447] Palandt/*Weidenkaff* § 574 Rdnr. 15.
[448] Emmerich/*Sonnenschein* Miete (7. Aufl.) zu § 569b BGB a.F. Rdnr. 6.

Abs. 2 Satz 1, 2. Halbsatz BGB hinter das Eintrittsrecht des Ehegatten, der nicht Mitmieter war, zurücktritt, so muss diese Abfolge erst recht dann gelten, wenn der Ehegatte bereits Mitmieter war und daher das Mietverhältnis allein fortsetzt.

Sinn der Regelung ist, die vorrangige Fortsetzung des Mietverhältnisses mit dem genannten Personenkreis unter Ausschluss des/der Erben im Wege der Sonderrechtsnachfolge eigener Art zu gewährleisten.[449] Der Begründung des RegE ist zuzustimmen, dass Interessen des Vermieters nicht berührt werden, da er bereits zu Lebzeiten des Mieters auch mit den genannten anderen Personen ein Mietverhältnis eingegangen war.

Laut Begründung des RegE soll die gewählte Formulierung ausdrücklich klarstellen, dass – handelt es sich auch nach dem Tod eines der Mieter um eine Mietermehrheit – die Mitmieter das Kündigungsrecht nur gemeinsam wahrnehmen können. Diese Klarstellung kann der Formulierung indes nur dadurch entnommen werden, dass man auf allgemeine Grundsätze des Kündigungsrechtes bei einem Mietverhältnis mit mehreren Personen als Mietern zurückgreift. In diesen Fällen ist es in der Tat nach den allgemeinen Grundsätzen so, dass eine Kündigung nur von allen Mietern gemeinsam ausgesprochen werden kann, die Gesetzesformulierung bietet hierzu jedoch keinerlei Klarstellung.

Die bisherigen Mitmieter des verstorbenen Mieters sind nicht benachteiligt, da die Anwendbarkeit des § 563a BGB auf Personen im Sinne des § 563 BGB voraussetzt, dass diese schon bisher einen gemeinsamen Hausstand mit einem der Mieter geführt haben, so dass sie von Person dem bisherigen Mitmieter sowieso bekannt sind.

Für etwa doch bestehende oder entstehende Konfliktlagen in der nunmehr in neuer Konstellation bestehenden Mietergemeinschaft ist der allgemeine Aufhebungsanspruch aus § 749 BGB anzuwenden, wie er bei Rdnr. 92 bis 94 dargestellt ist, so dass sich durch die Sonderrechtsnachfolge weder eine Verbesserung noch eine Verschlechterung der Positionen von Mitmietern ergibt.[450]

Das neue Recht gestaltet die Regelung zu Gunsten der Mieterseite zwingend (§ 563a Abs. 3 BGB), was eine Änderung gegenüber der bisherigen Rechtslage, bei der eine Abdingbarkeit des § 569b BGB a. F. angenommen wurde,[451] darstellt.

bb) Anwendbarkeit und Rechtsfolgen. Der Anwendungsbereich erschließt sich aus der Verweisung auf § 563 BGB, oben im Einzelnen unter Rdnr. 277 bis 299 dargelegt. Jedoch erfolgt bei einer **bloßen Wohngemeinschaft mit getrennter Wirtschaftsführung** kein Eintreten der bisherigen weiteren Mieter, sondern dort, z.B. bei studentischen Wohngemeinschaften, tritt neben den bisherigen Mietern der Erbe des Mieters in den Mietvertrag ein.[452] Dies hat einen Anspruch auf anteiligen Mitgebrauch zur Folge, andererseits hat der Erbe als Mitmieter die Miete anteilig zu tragen. Warum die Mitmieter im Innenverhältnis die Miete allein tragen sollen, wenn der Erbe seinen Anteil an der Wohnung nicht nutzen will, so *Gather*,[453] ist nicht nachvollziehbar. Denn der Erbe rückt durch § 1922 BGB in die Rechtsstellung des verstorbenen Mitmieters in der Form ein, die dieser zu den Mitmietern auch bisher hatte. Dazu gehört dann auch die Pflicht, die Miete anteilig zu tragen.

Die Rechtsfolgen sind Vertragsfortsetzung mit ggf. Haftungsfolgen und Ausgleichsfolgen aus § 563b BGB, bzw. das Sonderkündigungsrecht aus § 563a BGB.

(1) Vertragsfortsetzung. Die **Vertragsfortsetzung** erfolgt automatisch per Gesetz. Eine besondere Erklärung der überlebenden Mitmieter ist nicht erforderlich. Es handelt sich dabei um eine Sonderrechtsnachfolge außerhalb und unabhängig von der Erbfolge, wobei der überlebende Mitmieter Alleinmieter wird, wenn es bisher nur zwei Mieter gab, bzw. die bisherigen und überlebenden Mitmieter unter Ausschluss des verstorbenen Mieters das Mietverhältnis fortsetzen, die Erben des verstorbenen Mieters sind also ausgeschlossen.[454]

---
[449] Schmidt-Futterer/*Gather* § 563a Rdnr. 1.
[450] OLG Karlsruhe ZMR 1990, 6 ff., 8.
[451] Palandt/*Putzo* (60. Aufl. 2001) § 569b BGB a. F. Rdnr. 1.
[452] Schmidt-Futterer/*Gather* § 563a Rdnr. 3.
[453] Schmidt-Futterer/*Gather* § 563a Rdnr. 4.
[454] Emmerich/*Sonnenschein* Miete (7. Aufl.) zu § 569b Rdnr. 8 BGB a. F.

355 Die weiteren möglichen Rechtsfolgen sind davon abhängig, ob das gesetzlich eingeräumte **Sonderkündigungsrecht** wahrgenommen wird oder nicht. Im letzteren Fall gilt § 563b BGB.[455]

356 *(2) Sonderkündigungsrecht der überlebenden Mitmieter.* **Der/Die überlebende/n Mitmieter,** nicht der Vermieter, hat/haben aus § 563a Abs. 2 BGB ein Sonderkündigungsrecht, nicht ein Ablehnungsrecht.[456] Er/Sie muss/müssen dieses durch Abgabe einer Kündigungserklärung ausdrücklich ausüben. Die Kündigung beendet das Mietverhältnis endgültig, eine ersatzweise Nachfolge in das Mietverhältnis durch Erbrecht scheidet aus.[457]

357 Unter der dargestellten Ausdehnung des von der Regelung erfassten Personenkreises verbleibt es bei dem Recht zur außerordentlichen Kündigung mit gesetzlicher Frist. Die Frist für die Ausübung der Sonderkündigung ergibt sich aus § 563a Abs. 2 BGB. Hier handelt es sich um eine – begrüßenswerte – **Neuregelung**.

358 Die **Ausübungsfrist** beträgt nunmehr **einen Monat**. Diese Frist rechnet ab dem Moment, zu dem die zur Kündigung berechtigten Personen **Kenntnis vom Tode des Mieters** erlangt haben.[458] Die Monatsfrist wird gemäß § 188 BGB berechnet.[459] Kenntnis von ihrer Vertragsstellung als Mietmieter haben die in Frage kommenden Personen sowieso, so dass es hierauf nicht ankommt.

359 Bei **Todeserklärung** beginnt die Frist nicht vor der Rechtskraft des fraglichen Beschlusses, zudem muss der Ehegatte bzw. sonst Kündigungsberechtigte von diesem Kenntnis genommen haben.[460] Bei mehreren Kündigungsberechtigten, die nur gemeinsam kündigen können, kommt es darauf an, wann der letzte Mieter Kenntnis vom Tode erlangt. Ansonsten würde seine Überlegungsfrist verkürzt.[461] Im Streitfall ist von demjenigen, der für sich positive Rechtsfolgen herleiten will, zu beweisen, dass die Voraussetzungen dafür vorliegen. Entscheidend ist der Zugang der Kündigung beim Vermieter innerhalb der Frist, wie sich das aus allgemeinen Regeln ergibt.

360 Die Regelung, dass den überlebenden Mietern das Recht zusteht, „außerordentlich mit der gesetzlichen Frist" zu kündigen, führt zu der Vorschrift des § 573c Abs. 2 BGB. Diese erklärt die kürzestmögliche gesetzliche Kündigungsfrist von drei Monaten für anwendbar. Die Auswirkungen des Zusammenspiels beider Regelungen sind folgende:

361 Zuerst ist der **Zugang der Kündigungserklärung innerhalb der Frist** des § 563a Abs. 2 BGB sicherzustellen. Sodann ist für die damit erfolgte Kündigung zu prüfen, wann die damit ausgelöste **Kündigungsfrist endet**.

Beispiel:
Kenntnis vom Tode des Mitmieters: 20. 8.
Zugang der Kündigung bis spätestens: 20. 9.
Wirkung der Kündigung: 31. 12.

Denn die Kündigung ist spätestens am dritten Werktag des Monats Oktober erfolgt, sie wirkt damit zum Ende des übernächsten Monats, also des Dezember. Dass sie schon früher erfolgt ist, schadet nicht.

362 Auch ein Mietverhältnis auf bestimmte Zeit kann auf Grund von § 563a BGB außerordentlich gekündigt werden. Dies gilt aber nur für die **sofortige** Sonderkündigung auf Grund § 563a Abs. 2 BGB.[462] Wird dieses Sonderkündigungsrecht nicht wahrgenommen, gilt eine Befristung und auch ein evtl. vereinbarter Kündigungsausschluss weiter. Bei unbefristeten Mietverhältnissen besteht das jederzeitige Recht der fortsetzenden Mitmieter, unter Beachtung der anzuwendenden Kündigungsfristen (abhängig davon, ob es sich um einen „Altvertrag" aus der Zeit vor dem 1. 9. 2001 handelt oder nicht; seit 1. 6. 2005 gelten für „Altver-

---

[455] Erläutert unten bei Rdnr. C116–C135.
[456] Schmidt-Futterer/*Gather* § 563a Rdnr. 12.
[457] *Emmerich/Sonnenschein* Miete § 569b Rdnr. 11.
[458] Staudinger/*Rolfs* (2006) § 563a Rdnr. 12.
[459] Palandt/*Heinrichs* § 188 Rdnr. 2 mit Berechnungsbeispielen.
[460] Staudinger/*Rolfs* (2006) § 563a Rdnr. 12.
[461] Schmidt-Futterer/*Gather* § 563a Rdnr. 12.
[462] Schmidt-Futterer/*Gather* § 563a Rdnr. 14.

träge" nur individuell vereinbarte längere Kündigungsfristen weiter) jederzeit zu kündigen. Das Sonderkündigungsrecht muss unter Beachtung der Schriftform (§ 568 Abs. 1 BGB) ausgeübt werden, zudem bei mehreren überlebenden Mietern gemeinsam.[463]

Formulierungsvorschlag 1 (Nur Ehegatte Mitmieter):

Ich habe mit meinem am ...... verstorbenen Ehegatten ...... die Wohnung ...... gemeinsam gemietet. Vom Tode meines Ehegatten habe ich am ...... Kenntnis erlangt. Ich kündige hiermit in Ausübung meines Sonderkündigungsrechtes aus § 563a Abs. 2 BGB den Mietvertrag zum nächstmöglichen Termin, also zum Ablauf des ......

Ich bitte, mir den Empfang dieser Erklärung und die Beendigung des Mietverhältnisses zu diesem Termin schriftlich zu bestätigen.

363

Formulierungsvorschlag 2 (Mehrere Personen Mitmieter):

Wir haben mit der/dem am ...... verstorbenen ...... die Wohnung ...... gemeinsam gemietet. Vom Tode der/des Verstorbenen haben wir am ...... Kenntnis erlangt. Wir kündigen hiermit in Ausübung unseres Sonderkündigungsrechtes aus § 563a Abs. 2 BGB den Mietvertrag zum nächstmöglichen Termin, also zum Ablauf des ......

Wir bitten, uns den Empfang dieser Erklärung und die Beendigung des Mietverhältnisses zu diesem Termin schriftlich zu bestätigen.

364

Die Wirkung dieser Kündigung ist, dass der Mietvertrag beendet wird und auch nicht in den Nachlass fällt.[464]

cc) Sonderfall: Tod eines mehrerer Mieter, Personen i. S. d. § 563 BGB vorhanden, aber nicht Mitmieter. Zu dieser Konstellation ist auch nach der Mietrechtsreform eine Regelungslücke verblieben. Denn für diese passt § 563a BGB vom Wortlaut her nicht, § 563 BGB ebenfalls nicht, da er laut Begründung zum RegE nur für den Alleinmieter gelten soll.

365

Waren zwei oder mehr Personen Mieter, die nicht Ehegatten waren, so wurde § 569a BGB a. F. analog angewandt, wenn einer von ihnen stirbt, da sich aus dem Schutzzweck der Norm ergibt, dass den bisher nicht selbst mietenden Familienangehörigen des verstorbenen Mitmieters der bisherige Lebensmittelpunkt erhalten werden soll und sich keine Beschränkung der Anwendbarkeit des § 569a BGB a. F. auf den Tod eines Alleinmieters feststellen ließ.[465]

366

Der Vermieter war nicht benachteiligt, da ihm auch in diesem Fall das Sonderkündigungsrecht des § 569a Abs. 5 BGB a. F. zur Kündigung des Mietverhältnisses gegenüber allen Mietern (verbliebener Altmieter und Neumieter) zustand, wofür es ausreichte, wenn in der Person des neuen Mitmieters ein Sonderkündigungsrecht bestand.[466]

367

Die identischen Überlegungen muss man zur Auslegung des neuen Rechts anstellen, denn es gibt keine Anhaltspunkte dafür, dass der Gesetzgeber in einer solchen Konstellation den Bestandsschutz für die „Personen im Sinne des § 563 BGB" von der Zufälligkeit abhängig machen wollte, ob diese entweder bereits Mitmieter waren oder ob der Verstorbene bisher Alleinmieter war.

368

Daher muss man für diese Konstellation ein Eintrittsrecht in analoger Anwendung des § 563 BGB in das Mietrecht des verstorbenen Mitmieters annehmen. Die Voraussetzungen sind oben bei Rdnr. 275 ff. dargelegt. Folge ist ein Mietverhältnis, bei dem ebenfalls der Erbe des Mieters ausgeschlossen ist, wenn es zur Bestandskraft des Eintritts kommt.

369

---

[463] Staudinger/*Rolfs* (2006) § 563 Rdnr. 13.
[464] *Sonnenschein* ZMR 1992, 417, 419.
[465] OLG Karlsruhe WuM 1989, 610 = ZMR 1990, 6; Staudinger/*Sonnenschein* (13. Aufl.) zu § 569a BGB a. F. Rdnr. 19.
[466] Palandt/*Putzo* (60. Aufl. 2001) zu § 569a BGB a. F. Rdnr. 14 (h. M.).

370   dd) *Sonderfall: Tod eines mehrerer Mieter, Personen i. S. d. § 563 BGB nicht vorhanden, aber andere Mitmieter.* Kommen all diese Möglichkeiten nicht zum Zuge, tritt in die Rechtsstellung des Verstorbenen dessen **Erbe** ein, für den § 564 BGB gilt,[467] näheres unten Rdnr. 395 bis 416. Es liegt dann ein Mietverhältnis mit mehreren Mietparteien vor, z. B. mit dem überlebenden Ehegatten (bei gemeinschaftlicher Miete, jedoch fehlender gemeinsamer Haushaltsführung oder bei „bloßer Wohngemeinschaft") einerseits und dem Erben des verstorbenen Mieters andererseits. In diesem Falle wird deren originäres Mietverhältnis vom Tode des Mitmieters nicht berührt. Die Kündigung kann wegen der Unteilbarkeit des Mietverhältnisses nur von allen oder gegenüber allen Beteiligten erklärt werden, es besteht keine Möglichkeit, den „Anteil" des verstorbenen Mitmieters zu kündigen.[468] Ob in diesem Mietverhältnis einer der Mitmieter berechtigt ist, eine Kündigung mit Wirkung für alle auszusprechen oder berechtigt ist, eine Aufhebung der Gemeinschaft und die Mitwirkung des anderen Mitmieters an einer gemeinschaftlichen Kündigung zu verlangen, ist umstritten und hängt von der Ausgestaltung des Innenverhältnisses ab.[469]

371   Da die Beurteilung des Innenverhältnisses nicht voraussehbar ist, sollte auch oder gerade in Zeiten eines eherechtlichen Getrenntlebens mit getrennter Haushaltsführung innerhalb der bisherigen Ehewohnung derjenige Ehepartner, der langfristig die Wohnung behalten will, auf eine umgehende dreiseitige Vereinbarung über die Vertragsfortführung allein durch ihn dringen, scheitert dies, besteht Anlass, möglichst umgehend ein Wohnungszuweisungsverfahren durchzuführen; Einzelheiten oben bei Rdnr. 214 bis 255.

372   Fraglich ist in dieser Konstellation weiter, ob der Vermieter bzw. der Mietererbe das Sonderkündigungsrecht aus § 564 Satz 2 BGB ausüben können. Das Mietverhältnis ist nur einheitlich kündbar.[470] Da der frühere Mitmieter des Verstorbenen in seinen Rechten nicht durch die Sonderrechtsnachfolge des § 563 Abs. 4 BGB beeinträchtigt werden soll, scheidet im Regelfall eine Kündigung des gesamten Mietverhältnisses aus.[471] Der BGH stellt in der angeführten Entscheidung – zu § 19 KO – letztlich auf die Umstände des Einzelfalles ab, so dass die Entscheidung kein Hindernis darstellt, Gründe, die z. B. im bereits bekannten persönlichen Verhalten des Erben oder in seiner Feindschaft zum Vermieter liegen, im Einzelfall als so schwerwiegend anzusehen, dass eine Vermieterkündigung gegenüber allen Mietern darauf gegründet werden kann, die das Mietverhältnis jedoch nur einheitlich beenden kann. Dies entspricht der Auslegung zum Kündigungsrecht des Vermieters im Falle des Eintretens, wenn Kündigungsgründe auch nur in der Person eines der Eintretenden bestehen, siehe oben Rdnr. 329 bis 342.

373   Mieterseits kann nur einheitlich gekündigt werden,[472] ggf. nach einem Verlangen auf Beendigung der Gemeinschaft. Die in diesem Zusammenhang fast überall für eine Möglichkeit der Kündigung nur durch den Erben allein zitierte Entscheidung des RG vom 19. 6. 1917[473] – ergangen zum Gewerbemietrecht – hält eine Kündigung nur durch die Erben eines der Mitmieter für nicht ausgeschlossen, zur Klärung des hierfür als maßgeblich erachteten Innenverhältnisses zwischen überlebendem Mitmieter und den Erben des verstorbenen Mitmieters wurde der Rechtsstreit zurückverwiesen. Dies führt letztlich zur Anwendung der oben unter Rdnr. 1 ff. und Rdnr. 136 ff. erörterten gemeinschaftsrechtlichen bzw. gesellschaftsrechtlichen Regelungen, aus denen sich im Regelfall eine Pflicht des überlebenden Mitmieters ergeben wird – jedoch nicht muss – an einer Kündigung mitzuwirken.

374   Im Wohnraummietrecht sind etwa vorhandene vertragliche Sonderregelungen, die dem Erben eines Mitmieters ein alleiniges Kündigungsrecht auch mit Wirkung gegen die Mitmie-

---

[467] MünchKommBGB/*Voelskow* § 569 b a. F. Rdnr. 6.
[468] Zutreffend Staudinger/*Sonnenschein* (13. Aufl.) zu § 569 BGB a. F. Rdnr. 7; gegen *Jauernig/Teichmann* BGB § 569 a BGB II 3 a); Schmidt-Futterer/*Gather* § 563 a Rdnr. 4.
[469] MünchKommBGB/*Voelskow* § 569 BGB a. F. Rdnr. 7.
[470] OLG Karlsruhe NJW 1990, 581 f., 582.
[471] BGHZ 26, 102 ff., 104 = NJW 1958, 421 f., 422 zum Sonderkündigungsrecht aus § 19 KO bei Konkurs eines mehrerer Mieter eines Geschäftshauses.
[472] Schmidt-Futterer/*Gather* § 563 a Rdnr. 4.
[473] RGZ 90, 328 ff., 331.

ter zugestehen, wegen des gemäß § 563a Abs. 3 BGB zwingenden Charakters von § 563a Abs. 1 und 2 unwirksam.[474]

d) **Haftungs- und Ausgleichungsregelungen, § 563b BGB.** Die **Haftung** des bzw. der überlebenden Mitmieter/s für die bisherigen Verpflichtungen aus dem Mietverhältnis und die Ausgleichung mit dem/den Erben ist einheitlich in § 563b Abs. 1 BGB geregelt.

aa) Grundsätzliches. Inhaltlich enthalten § 563b Abs. 1 und 2 BGB keine wesentlichen Änderungen zum früheren Recht. Für die bis zum Tode des Mieters entstandenen **Altverbindlichkeiten** haftet/n der/die Eintretende/n im Außenverhältnis neben dem/den Erben als Gesamtschuldner, § 563b Abs. 1 BGB. Im Innenverhältnis zu dem Ehegatten bzw. den Familienangehörigen haftet der Erbe für die Altschulden allein.

Eine Neuerung bildet die Regelung des § 563b Abs. 1 Satz 2 BGB, wo ein **Vorbehalt einer anderweitigen Bestimmung** gemacht wird. Dies soll für Fälle, in denen – insbesondere im Fall der Fortsetzung mit dem/den überlebenden Mitmieter/n – eine Haftung des Erben im Innenverhältnis nicht in jedem Fall sachgerecht ist, andere Regelungen ermöglichen. Diese sollen laut Begründung zum RegE darin bestehen können, dass der verstorbene Mieter zu Lebzeiten entsprechende Vereinbarungen mit den eintritts- oder fortsetzungsberechtigten Personen und/oder dem Erben getroffen hat.

Diese Begründung überzeugt alleine nicht. Mit den Mitmietern mag eine Vereinbarung zustande kommen. Mit dem/den Erben wird häufig keine Regelung getroffen worden sein, weil eine solche vom potentiellen Erblasser nicht gewollt ist, weil er zu Lebzeiten nicht aufdecken will, wer sein Erbe sein wird. Überzeugend ist insoweit die Ansicht, dass die anderweitige Bestimmung auch durch letztwillige Verfügung erfolgen kann.[475]

Ist bei mehreren eingetretenen **Familienangehörigen** nur einer **zugleich Miterbe**, können die anderen Familienangehörigen ihn voll auf Ausgleich in Anspruch nehmen, sie müssen sich keine eigene Haftungsquote anrechnen lassen.[476] Auch derjenige Sonderrechtsnachfolger, der Erbe ist, kann gegen Miterben den Ausgleich geltend machen, der nach den erbrechtlichen Haftungsquoten auszuführen ist.[477]

Im Verhältnis zum Erben ist für **Mietvorauszahlungen** ein **Ausgleich** vorzunehmen. Mietvorauszahlungen, die der verstorbene Mieter für eine Zeit nach seinem Tode im Voraus entrichtet hatte, sind durch den/die Eintretenden an den/die Erben herauszugeben, also zu bezahlen, es ist also die ersparte Miete an diesen auszuzahlen (§ 563b Abs. 2 BGB). Ob der gesamte noch nicht abgewohnte Rest der Mietvorauszahlung auf einmal oder nur der Betrag der jeweiligen Einzelmiete bei jeweiliger Fälligkeit an den Erben zu erstatten ist, hängt davon ab, ob durch die Vorauszahlung nach den Parteivereinbarungen die einzelne Mietzinsrate erst bei Fälligkeit durch Verrechnung getilgt werden soll oder ob nach dem Vertrag der Mietzins mit Leistung der Vorauszahlung sofort für einen bestimmten Zeitraum vorab getilgt wird, also überhaupt nicht mehr fällig wird. Im ersteren Fall ist jeweils bei Fälligkeit die Einzelrate auszugleichen, im letzteren sofort der gesamte Restbetrag auf einmal.[478]

Auch eine nicht abgewohnte und vom Vermieter zurückgezahlte Mietvorauszahlung ist an den Erben herauszuzahlen. Dies kommt etwa dann in Betracht, wenn der verstorbene Mieter eine Mietvorauszahlung für sehr lange Zeit getätigt hat, der Ehegatte/Familienangehörige gesetzlich zunächst eingetreten ist, dann aber das Mietverhältnis normal gekündigt hat und so die sich ergebende Mietzeit insgesamt kürzer ist als die Zeit, für die die Mietvorauszahlung erbracht war. Sind es mehrere Personen, die in das Mietverhältnis eingetreten sind (§ 563 BGB) oder mit denen es fortgesetzt wird (§ 563a BGB), so besteht gegenüber dem Erben eine gesamtschuldnerische Haftung.[479]

bb) Haftung bei Eintreten i. S. d. § 563 BGB. Im Fall des **Eintretens** wird es im Rahmen des Gesamtschuldnerausgleichs weiterhin berechtigt sein, dass der Erbe im Innenverhältnis

---

[474] Schmidt-Futterer/*Gather* § 563a Rdnr. 16.
[475] *Lützenkirchen*, Neue Mietrechtspraxis, Rdnr. 682; Schmidt-Futterer/*Gather* § 563b Rdnr. 7.
[476] Staudinger/*Rolfs* (2006) § 563b Rdnr. 11.
[477] Staudinger/*Rolfs* (2006) § 563b Rdnr. 12.
[478] Staudinger/*Rolfs* (2006) § 563b Rdnr. 17; Schmidt-Futterer/*Gather* § 563b Rdnr. 11.
[479] Schmidt-Futterer/*Gather* § 563b Rdnr. 12.

für Altschulden allein haftet. Die Regelung des § 563b Abs. 1 Satz 2 BGB ist für diese Konstellation daher sachgerecht. Eine **anderweitige Regelung** ist hier in der Tat dergestalt möglich, dass der Alleinmieter zu Lebzeiten dennoch eine Erklärung des/der Mitbewohners veranlasst, wonach dieser im Verhältnis zum Erben für den Fall seines Eintretens die Altverbindlichkeiten übernimmt.

> **Formulierungsvorschlag: Anderweitige Regelung zur Haftung**
>
> 383 Im Verhältnis zum Erben des Mieters der Wohnung ......, der/des ...... erkläre ich für den Fall, dass ich/wir in das Mietverhältnis dadurch eintreten, dass ich/wir keine Erklärung abgeben, dass ich/wir das Mietverhältnis nicht fortsetzen wollen, gegenüber dem/den Erben des Mieters, dass ich/wir im Innenverhältnis zu/m (den) Erben die Haftung für etwaige bis zum Tode der/des Mieters/Mieterin entstandenen Verbindlichkeiten aus dem Mietverhältnis zur Freistellung der/des Erbin/Erben übernehmen.
>
> Die Entscheidung, ob das Mietverhältnis fortgesetzt wird, behalte/n ich/wir mir/uns vor.

384 *cc) Haftung bei Fortsetzung i.S.d. § 563a BGB.* Im Falle der **Fortsetzung** bestand vor dem Tod des Mieters bereits eine gesamtschuldnerische Verbindlichkeit des/der Mitmieter.

385 Für „**Altverbindlichkeiten**" aus dem Mietverhältnis, die aus der Zeit vor dem Ableben des einen Mitmieters stammen, haftet/n der überlebende Mitmieter (bzw. die überlebenden Mitmieter) im Außenverhältnis gesamtschuldnerisch neben dem/den Erben. Wie der Gesamtschuldnerausgleich intern hier zu gestalten ist, bleibt trotz der neu aufgenommenen Regelung des § 563b Abs. 1 Satz 2 BGB unklar. Zur Auslegung der jetzigen Regelung kann und muss daher auf die Rechtsprechung zur bisherigen Rechtslage bei Ehegatten als Mitmietern zurückgegriffen werden.

386 Im Rahmen der bisherigen Verweisungsregelung des § 569b Satz 2 BGB a.F. galt folgendes: Der Erbe musste dort – anders als beim Ehegatten bzw. Familienangehörigen, der/die bisher nicht Mitmieter waren – im Verhältnis zum Ehegatten nicht die gesamten Mietverbindlichkeiten aus der Zeit vor dem Erbfall tragen, denn wegen des Gesamtschuldnerausgleiches zu gleichen Teilen musste der überlebende Ehegatte den auf ihn hälftig entfallenden Teil der Altschulden im Regelfall selbst tragen; nur dann, wenn im Innenverhältnis der Ehegatten der Erblasser allein für die Mietverbindlichkeiten aufkommen musste, traf den Erben die volle Ausgleichungspflicht.[480]

387 Die Neuregelung in § 563b Abs. 1 Satz 2 BGB stellt die Alleinhaftung des Erben in Anlehnung an § 426 Abs. 1 Satz 1 BGB unter den Vorbehalt einer anderweitigen Bestimmung. Laut Begründung zum Regierungsentwurf kann diese anderweitige Bestimmung zum einen darin liegen, dass der verstorbene Mieter zu Lebzeiten entsprechende Vereinbarungen mit den fortsetzungsberechtigten Personen oder dem Erben getroffen hat. Sofern ausdrückliche Vereinbarungen vorliegen, sind diese hiernach maßgeblich.

388 Wenn aber eine Vereinbarung nicht schriftlich vorliegt und sich eine evtl. mündliche Vereinbarung nicht beweisen lässt, bleibt die Anwendung der Kriterien, die die Rechtsprechung und die Literatur zur bisherigen Rechtslage herausgearbeitet haben. Die Abgrenzungskriterien können hiernach der Rechtsprechung zu § 426 BGB entnommen werden, wobei die anderweitige Bestimmung sich aus dem zwischen den Gesamtschuldnern bestehenden Rechtsverhältnis ergeben kann.

389 Abgrenzungskriterium bei intakter Ehe ist zum Beispiel, dass nur ein Ehegatte über Einkommen verfügte, dann entfällt im Regelfall eine Ausgleichspflicht des anderen, den Haushalt führenden Ehegatten.[481] Verdienten beide Ehegatten, so ist auf das Verhältnis der beiderseitigen Einkommen[482] und ggf. auch auf die Höhe der beiderseitigen Vermö-

---

[480] Staudinger/*Sonnenschein* (13. Aufl.) zu § 569b BGB a.F. Rdnr. 12; MünchKommBGB/*Voelskow* (3. Aufl.) zu § 569b a.F. Rdnr. 5.
[481] BGHZ 87, 269; BGH NJW 1984, 796; 1995, 653.
[482] BGH NJW-RR 1988, 966; 1989, 67.

gen[483] abzustellen. Derartige zu Lebzeiten anzuwendende Kriterien können als „anderweitige Bestimmung" vorliegend nach dem Tode eines Mitmieters anwendbar sein, was letztlich zu einer Abgrenzung wie im bisherigen Recht führt. Dasselbe ist bei eingetragenen Lebenspartnerschaften anzuwenden.

Diese Kriterien sind ferner auf die weiteren Personengruppen des § 563 BGB und § 563a BGB zu erweitern, so dass nach den jeweiligen Anteilen zu fragen ist, mit denen bisher bereits bei Lebzeiten die Mitmieter die Verpflichtungen aus dem Mietverhältnis getragen haben. Hat ein Sonderrechtsnachfolger den Vermieter befriedigt, hat er einen Ausgleichsanspruch gegenüber den anderen haftenden Personen aus § 426 Abs. 2 BGB.[484]

dd) Vermieteranspruch auf zusätzliche Sicherheitsleistung. Gegenüber dem früheren Recht neu ist die Regelung des **§ 563b Abs. 3 BGB,** der wegen einer Veränderung der Verhältnisse gegenüber dem Zeitpunkt des Vertragsabschlusses dem Vermieter einen eigenständigen, nicht im Mietvertrag vereinbarten, sondern **gesetzlichen Anspruch auf eine Sicherheitsleistung** gibt. Denn es kann sein, dass der Vermieter wegen der Person des ursprünglichen Mieters und dessen Bonität auf eine Sicherheitsleistung verzichtet hat, diese aber bei geändertem Personenstand auf der Mieterseite gefordert hätte, wenn er von vornherein nur mit diesen Personen oder dieser Person kontrahiert hätte. Ähnlich verhält es sich bei ursprünglicher Mietermehrheit. Auch hier kann ein Verzicht auf eine Sicherheit in der Person und der Bonität eines der mehreren Mitmieter, zwischen denen ja eine gesamtschuldnerische Verpflichtung bestand, begründet gewesen sein, was sich gewandelt hat.

Hatte der Vermieter mit dem Verstorbenen jedoch eine Sicherheit bestimmter Höhe vereinbart, so verbleibt es dabei. Eine Aufstockung kann ausweislich des Wortlautes nicht verlangt werden, obwohl es sein kann, dass der Vermieter im Hinblick auf die Bonität des Verstorbenen zwar nicht auf Sicherheitsleistung völlig verzichtet hat (dann hätte er das Nachforderungsrecht), aber geringere als die höchstmögliche Sicherheit für ausreichend gehalten hat. Dass hier kein Aufstockungsanspruch geregelt wurde, ist inkonsequent, kann jedoch nicht gegen den Wortlaut in die Bestimmung hineininterpretiert werden.[485]

Die Sicherheit kann nach Maßgabe des § 551 BGB verlangt werden, sie darf dann in drei Teilleistungen erbracht werden.[486] Einzelheiten zur Sicherheitengestellung und -verwertung bei § 26.

Formulierungsvorschlag: Verlangen nach Sicherheitsleistung

Sie sind in das Mietverhältnis eingetreten, dessen Mieter/in bisher der/die verstorbene ...... gewesen ist. Mit ...... hatte ich auf Grund besonderen persönlichen Vertrauens keine Mietsicherheit vereinbart.

(Alternativ:
Sie haben das Mietverhältnis, das mit Ihnen und der/dem verstorbenen ...... bestand, fortgesetzt. Bisher hatte ich ...... hatte ich auf Grund besonderen persönlichen Vertrauens zu der/dem Verstorbenen keine Mietsicherheit vereinbart.)

Sie bieten mir die erforderliche persönliche Sicherheit (allein) nicht. Ich mache daher von meinem Recht aus § 563b Abs. 3 BGB Gebrauch, nunmehr von Ihnen die Stellung einer Mietsicherheit zu verlangen. Ich ersuche Sie daher, mir eine Sicherheit von drei aktuellen Nettokaltmieten, dies sind DM ...... zu stellen und zwar durch Überweisung auf mein Mietkonto ...... Sie können die Zahlung durch drei gleichmäßige Teilzahlungen mit den nächsten fälligen Mieten erbringen. Nach Zahlungseingang werden ich die Sicherheitsbeträge gesondert von meinem Vermögen anlegen.

---

[483] BGH NJW-RR 1988, 259.
[484] Schmidt-Futterer/*Gather* § 563b Rdnr. 6.
[485] Anders wohl Schmidt-Futterer/*Gather* § 563b Rdnr. 16.
[486] Schmidt-Futterer/*Gather* § 563b Rdnr. 14.

395   e) **Nachrangige Fortsetzung mit Erben, § 564 BGB.** *aa) Grundsätzliches.* Die **Rechtsfolgen**, die sich ergeben, wenn es nicht zum Eintritt gemäß § 563 BGB bzw. zur Fortsetzung gemäß § 563a BGB gekommen ist, sind nunmehr **in § 564 BGB einheitlich geregelt.** Satz 1 der Regelung stellt den Vorrang des Eintritts- und Fortsetzungsrechtes klar. Satz 2 regelt ein außerordentliches Kündigungsrecht mit gesetzlicher Frist.

396   Nicht ausdrücklich genannt ist, dass es bei zunächst nach Maßgabe des § 563a BGB erfolgter Fortsetzung des Mietverhältnisses bei Ausspruch der Sonderkündigung der verbliebenen Mieter zur Beendigung des Mietverhältnisses kommt, es also nicht mit dem Erben fortgesetzt wird.[487] § 564 BGB kommt dann gerade nicht zum Tragen, er ist daher dahin zu verstehen, dass nur bei tatbestandlich nicht gegebenen Voraussetzungen des § 563a BGB die Rechtsfolge des § 564 BGB gilt.

397   § 564 BGB enthält keine Bestimmung über eine Unabdingbarkeit, ist also dispositiv. Die Reichweite dessen, was verändert werden kann, ist fraglich. Streitig ist, ob formularvertragliche Regelungen hier zulässig sind[488] und ob nicht eine Vereinbarung zwischen dem Vermieter und dem verstorbenen Mieter, die das Sonderkündigungsrecht des Erben bei einem langfristigen Mietverhältnis ausschließt, als Vereinbarung zu Lasten Dritter unzulässig ist.[489] Rechtsprechung hierzu ist noch nicht ersichtlich. Es spricht einiges dafür, dass der Erbe zumindest an Individualabreden gebunden ist, schließlich ist er Universalrechtsnachfolger (§ 1922) des verstorbenen Mieters und auch sonst an dessen Vereinbarungen gebunden.

398   *bb) Sonderkündigungsrecht des Mietererben und des Vermieters.* Inhaltlich gibt dieses Sonderkündigungsrecht des Erben und des Vermieters gemäß § 564 BGB anstelle der ordentlichen Kündigung dem/den Erben **und** dem Vermieter ein **Sonderkündigungsrecht** mit der kürzestmöglichen gesetzlichen Frist, § 564 BGB i. V. m. § 573d Abs. 2 BGB. Die Frist für dessen Ausübung beginnt mit der Kenntnis von den Voraussetzungen.

399   *(1) Voraussetzungen des Sonderkündigungsrechts.* Dies ist für den Vermieter neben der Kenntnis vom Tod des Mieters die Kenntnis, dass die Eintrittswirkung rückwirkend durch Ablehnungserklärungen der Berechtigten entfallen ist. Für die Berechtigten, die den Eintritt abgelehnt haben, beginnt sie mit der Kenntnis von der Erbenstellung. Da diese Kenntnis oft gleichzeitig besteht und im Übrigen die Kündigung auch bei § 564 BGB schon vorweg für zulässig erachtet wird,[490] ist für den Fall, dass der/die „Eintrittsberechtigten" sich in jedem Fall vom Mietverhältnis lösen wollen, die oben unter Rdnr. 314, 318 dargestellte kombinierte Ablehnungs- und Kündigungserklärung zu empfehlen.

400   Erst dann, wenn der **Vermieter** sowohl **Kenntnis vom Tode des Mieters** als auch von der **Person des Erben** erlangt hat, läuft die Frist für den Ausspruch der Kündigung für den Vermieter,[491] es kommt auf die positive Kenntnis an, wie auch umgekehrt erst die **sichere Kenntnis des Erben** von seiner Erbenstellung für diesen die Fristen des § 564 BGB in Gang setzt.[492]

401   **Die Erbenstellung muss hinreichend sicher** sein. Liegen nicht nur theoretische, von vorneherein verwerfbare Zweifel hieran vor, kann dies nicht angenommen werden. Von einer Annahme der Erbschaft sind die Kündigungsmöglichkeit und der Kündigungstermin allerdings nicht abhängig. Der vorläufige Erbe kann kündigen, darin liegt keine Annahme der Erbschaft (§ 1959 Abs. 2 BGB). Auch der Vermieter kann gegenüber dem vorläufigen Erben kündigen.[493] Ein Nachweis des Erbrechtes ist für die Wirksamkeit einer Kündigung des Erben nicht erforderlich, so dass der Vermieter auch nicht berechtigt ist, eine Kündigung wegen eines fehlenden Nachweises zurückzuweisen.[494]

---

[487] Siehe oben Rdnr. 356.
[488] *Lützenkirchen,* Neue Mietrechtspraxis, Rdnr. 696 Fn. 782.
[489] Schmidt-Futterer/*Gather* § 564 Rdnr. 13.
[490] *Stellwaag* ZMR 1989, 407 (zu § 569 BGB a. F.).
[491] LG Berlin ZMR 1988, 181.
[492] OLG Düsseldorf ZMR 1994, 114.
[493] Schmidt-Futterer/*Gather* § 564 Rdnr. 9.
[494] Schmidt-Futterer/*Gather* § 564 Rdnr. 9.

Nur ein **Erbschein** zugunsten der Erben des Mieters schafft letztlich die für den eine Kündigungserklärung Abgebenden (sei es Vermieter oder Erbe des Mieters) erforderliche Rechtssicherheit. Ggf. kann die Interessenlage der durch den Rechtsanwalt beratenen Personen aber auch so sein, dass eine Kündigung „auf Verdacht" sinnvoll ist, die dann aber an alle irgendwie als Erklärungsempfänger in Betracht kommenden Personen gerichtet werden müsste. 402

Für zu treffende Entscheidungen muss der beratende Rechtsanwalt die konkrete Interessenlage des Mandanten herausarbeiten. Will der – zunächst ggf. nur vermeintliche – Erbe kündigen, so muss er bedenken, dass er sich ggf. bei berechtigten – wenn auch ggf. später auszuräumenden – Zweifeln bei Ausübung des Sonderkündigungsrechts – sollte sich herausstellen, dass er nicht Erbe war – schadensersatzpflichtig machen kann, und zwar gegenüber dem wahren Erben, ggf. auch gegenüber dem Vermieter.[495] 403

Denn seine Kündigungserklärung wirkt jedenfalls in dem Fall, dass ein Erbschein ausgestellt war, über § 2367 BGB zugunsten des Erklärungsempfängers als wirksam,[496] es sei denn, der Erklärungsempfänger kennt die Unrichtigkeit des Erbscheins oder weiß, dass das Nachlassgericht die Rückgabe des Erbscheins wegen Unrichtigkeit verlangt hat (§ 2366 BGB). Der Erbschein muss für diese Wirkungen dem Vermieter nicht vorgelegt worden sein, der Vermieter muss dessen Existenz noch nicht einmal kennen.[497] 404

Die für eine Kündigung auf der Grundlage des § 564 BGB sowohl des Erbens als auch des Vermieters **erforderliche Sicherheit** ist hiernach erst dann gegeben, wenn ein **Erbschein** hinsichtlich der Erben des verstorbenen Mieters **vorliegt,** wenngleich allein entscheidend die materielle Rechtslage ist, die auch dann gegeben ist, wenn überhaupt kein Erbschein beantragt wurde. 405

> **Praxistipp:**
> Ohne das Vorliegen eines Erbscheines erfolgen Erklärungen daher letztlich „auf eigene Gefahr". Dem Erben des Mieters ist daher zu raten, vor Abgabe von Erklärungen einen – ggf. gegenständlich begrenzten – Erbschein zu beantragen.

Bestehen Zweifel über die Erbenstellung, muss auch dem Vermieter das Recht zustehen, die Ausstellung eines gegenständlich begrenzten Erbscheins zu beantragen, um Klarheit über seinen korrekten Erklärungsempfänger zu erlangen. Jedenfalls beginnt für den Vermieter die Frist für die Sonderkündigung nicht vor dem Zugang einer vom Vermieter beantragten Auskunft des Nachlassgerichts über die Erbenstellung.[498] 406

Mehrere Erben eines Mieters müssen alle die Kündigung erklären. Dies muss nicht gemeinsam erfolgen, parallele Erklärungen reichen aus. Jeder Miterbe muss aber positive Kenntnis von den Voraussetzungen des § 564 BGB haben.[499] 407

(2) Kündigungszeitpunkt und anzuwendende Kündigungsfrist. Es wird nun auch hier eine **Überlegungsfrist von einem Monat** ab dem Zeitpunkt der Kenntnis der Voraussetzungen eingeräumt, und zwar für beide Seiten, Erben wie Vermieter. Das ist sachgerecht, die Friktionen der früheren Regelung (dazu 1. Aufl.) werden vermieden. 408

Für beide Erklärungen ist zum einen das **Schriftformerfordernis** des § 568 Abs. 1 BGB und das **Zugangserfordernis** zu beachten, denn anders als bei § 121 BGB, wo ausdrücklich in § 121 Abs. 1 Satz 2 BGB bestimmt ist, dass die unverzügliche Absendung der Anfechtungserklärung ausreicht, handelt es sich vorliegend um eine Kündigungserklärung, so dass die allgemeinen Zugangsregelungen für Kündigungen gelten, ferner fehlt eine Regelung wie die des § 121 Abs. 1 Satz 2 BGB. 409

---

[495] OLG Düsseldorf ZMR 1994, 114.
[496] *Hoffmann* JuS 1968, 228 ff.; Schmidt-Futterer/*Gather* § 564 Rdnr. 9 m. w. N.
[497] Staudinger/*Rolfs* § 564 Rdnr. 10.
[498] LG München I NZM 2005, 336 ff.
[499] Schmidt-Futterer/*Gather* § 564 Rdnr. 8.

410 *(3) Besonderheiten bei Vermieterkündigung.* Aus § 573d Abs. 1 bzw. § 575a Abs. 1 BGB ergibt sich, dass für eine Kündigung des Vermieters gegenüber einem nicht in der Wohnung lebenden Erben der Kündigungsschutz des § 573 BGB nicht gilt. Dies ist sachgerecht, denn Erben, die in der Wohnung nicht ihren Lebensmittelpunkt haben – ansonsten könnten sie ja nach Maßgabe der §§ 563ff. BGB in das Mietverhältnis eintreten, so dass es gar nicht zur Anwendbarkeit des § 564 BGB kommt –, bedürfen keines mietrechtlichen Schutzes, so schon die Kritik der Literatur an der zur früheren Rechtslage ergangenen Rechtsprechung.[500]

411 Der/Die Mietererbe(n) kann/können daher ein Interesse daran haben, dass das Fristende für eine Vermieterkündigung fixiert wird, weil er/sie das Mietverhältnis dennoch erhalten wollen. Dies dürfte sich nur empfehlen, wenn keine Ausschlagung der Erbschaft und eine Beschränkung der Erbenhaftung in Betracht kommt. In einem solchen Fall ist es sinnvoll, den Vermieter über den Tod des Mieters ausdrücklich zu informieren. Der Zeitpunkt des Zugangs kann wie üblich sichergestellt werden.

Formulierungsvorschlag: Erklärung des Erben

412 Ich bin Erbe der/des am ...... verstorbenen ......, die/der Mieter/in der Wohnung ...... war. Ich darf Sie auf diesem Wege vom Tode Ihres Mieters in Kenntnis setzen.
Ich werde das Mietverhältnis fortführen.
Ich bitte, mir den Empfang dieser Erklärung schriftlich zu bestätigen.

---

413 Auf den Schutz der Sozialklausel des § 574 BGB kann sich der Erbe des Mieters dennoch berufen. Die Motive im Sinne der Abwägungsvorschriften der Sozialklausel müssen daher gemäß § 268 Abs. 2 BGB im Kündigungsschreiben angegeben werden.[501] Praktische Bedeutung wird dies allerdings kaum haben, da Härtegründe zugunsten eines Erben, der nicht im Haushalt des Mieters gelebt hat, kaum vorliegen dürften.

414 *cc) Besonderheiten bei Nachlassverwaltung, Testamentsvollstreckung und Nachlassinsolvenz.* Bei Anordnung von Nachlassverwaltung oder Testamentsvollstreckung hat allein der Nachlassverwalter oder der Testamentsvollstrecker das Kündigungsrecht, nicht der/die Erbe/n, da es sich nicht um ein höchstpersönliches Recht handelt.[502] Bei Anordnung der **Nachlassverwaltung** tritt die Beschränkung des Erben gemäß § 1984 Abs. 1 Satz 1 BGB erst mit der Anordnung ein.[503] Zuvor kann der Erbe also aus eigenem Recht kündigen.

415 Anders ist dies bei angeordneter **Testamentsvollstreckung**. Hier bemisst sich die Ausübungsfrist für die Kündigung durch den Testamentsvollstrecker so, dass sie erst mit der Annahme des Amtes läuft. In der Zwischenzeit seit dem Tod des Mieters kann der Erbe selbst nicht kündigen, da die Verfügungsbeschränkung sofort wirkt,[504] er ist aber empfangszuständig für eine Vermieterkündigung.[505]

416 Bei **Nachlassinsolvenz** steht das Kündigungsrecht nur dem Insolvenzverwalter zu, §§ 80 Abs. 1, 109 Abs. 1 i.V.m. § 315 InsO.

417 *f) Sozialwohnung.* Bei einer Sozialwohnung benötigt der gemäß § 563 BGB in das Mietverhältnis eintretende Ehegatte oder sonstige Familienangehörige des verstorbenen (Allein-) Mieters gemäß § 4 Abs. 7 WoBindG keinen Wohnberechtigungsschein i.S.d. § 5 WoBindG. Streitig ist, ob dies auch für den nichtehelichen Lebenspartner des verstorbenen Mieters

---

[500] *Conrads*, FS Fikentscher, S. 1.
[501] Schmidt-Futterer/*Gather* § 564 Rdnr. 12.
[502] So schon RGZ 74, 35; Staudinger/*Rolfs* (2006) § 564 Rdnr. 11; Schmidt-Futterer/*Gather* § 564 Rdnr. 10. gegen OLG Augsburg OLGE 17, 14.
[503] *Emmerich/Sonnenschein* Miete zu § 569 BGB a.F. Rdnr. 15.
[504] BGHZ 25, 275 f., 282.
[505] Staudinger/*Rolfs* (2006) § 564 Rdnr. 20.

gilt,[506] was vom VG Berlin nicht geteilt wurde.[507] Die Begründung des VG Berlin war, der Personenkreis sei unterschiedlich definiert, § 4 Abs. 7 WoBindG verlange die Direktanwendung des § 569a BGB a. F., nicht die nur analoge Anwendung.

Unter Anwendung des neuen Rechts handelt es sich um einen Fall der Direktanwendung des § 563 Abs. 2 Satz 4 BGB, so dass die Argumentation des VG Berlin für das neue Recht nicht mehr haltbar ist. 418

4. Wirkung des Todes einer Vertragspartei auf bereits abgegebene Erklärungen

a) **Rechtsnachfolge auf Mieterseite.** Kündigungserklärungen, die der verstorbene Mieter noch vor seinem Tode ausgesprochen hat und die dem Vermieter bereits zugegangen sind, bleiben wirksam, das Mietverhältnis geht als Abwicklungsverhältnis auf den Erben über, der die Kündigung auch nicht widerrufen kann.[508] 419

Bestand jedoch nur die **Möglichkeit einer vorfristigen Kündigung**, z. B. wegen persönlicher Verfeindung, wegen Nichtgewähr des Mietgebrauches, wegen Gesundheitsschädlichkeit der Mieträume, die noch nicht ausgeübt war, so muss im Einzelfall neu geprüft werden, ob nach Rechtsnachfolge für die Person des Mietnachfolgers die Kündigungsgründe fortbestehen.[509] So kann es sein, dass zum Beispiel zwischen dem Rechtsnachfolger des verstorbenen Mieters und dem Vermieter keine besondere Verfeindung besteht, die den verstorbenen Mieter ggf. zur vorzeitigen Kündigung gegenüber dem Vermieter berechtigten konnte, es kann sein, dass der Vermieter zwischenzeitlich Mängel der Mietsache beseitigt hat. 420

b) **Rechtsnachfolge auf Vermieterseite.** Hier gelten die gleichen Grundsätze. Abgegebene und zugegangene Erklärungen bleiben wirksam. Für noch nicht abgegebene Erklärungen gilt auch hier, dass objektive Verfehlungen des Mieters (Zahlungsverzug, vertragswidriger Gebrauch) auch den Erben des Vermieters weiter zur Kündigung berechtigen werden, persönliche Verfeindung kann weggefallen sein, was einen Kündigungsgrund aus §§ 543, 569 BGB beseitigen kann.[510] Denn es kann sein, dass der Mieter nach Rechtsnachfolge vorher bestehende Kündigungsgründe für die Vermieterseite umgehend ausräumt, z. B. Rückstände zahlt, vertragswidrige Nutzungen beendet. 421

Umgekehrt kann es sein, dass der Vermietererbe das Mietobjekt unverzüglich instand setzt, es kann sein, dass in seiner Person keine besondere Verfeindung besteht, die den Mieter ggf. zur vorzeitigen Kündigung gegenüber dem Erblasser berechtigten konnte. 422

Beratungscheckliste 423

Beim Tod des Vermieters:

Keine Handlungsnotwendigkeit oder -möglichkeit. Legitimation gegenüber Mieter mit Erbschein, ggf. gegenständlich beschränktem Erbschein, ggf. mit Grundbuchauszug nach Grundbuchberichtigung.

Beim Tod des Mieters:

- **Alleinmieter** bzw. Mitmieter, wenn nicht ausschließlicher Mitmieter Ehegatte/Lebenspartner Familienangehörige/berechtigte Personen:

  – Ehegatte/Lebenspartner vorhanden?

  Wenn ja: Wenn nein, dann unten 2. a) bb) prüfen

  |

  gemeinsamer Hausstand geführt?

  Wenn ja: Wenn nein, dann unten 2. A) bb) prüfen

  |

---

[506] *Sternel*, Mietrecht aktuell, Rdnr. 70 ohne nähere Begründung.
[507] VG Berlin WuM 1996, 22.
[508] *Sonnenschein* ZMR 1992, 417, 418.
[509] *Sonnenschein* ZMR 1992, 417, 419.
[510] *Sonnenschein* ZMR 1992, 417, 423.

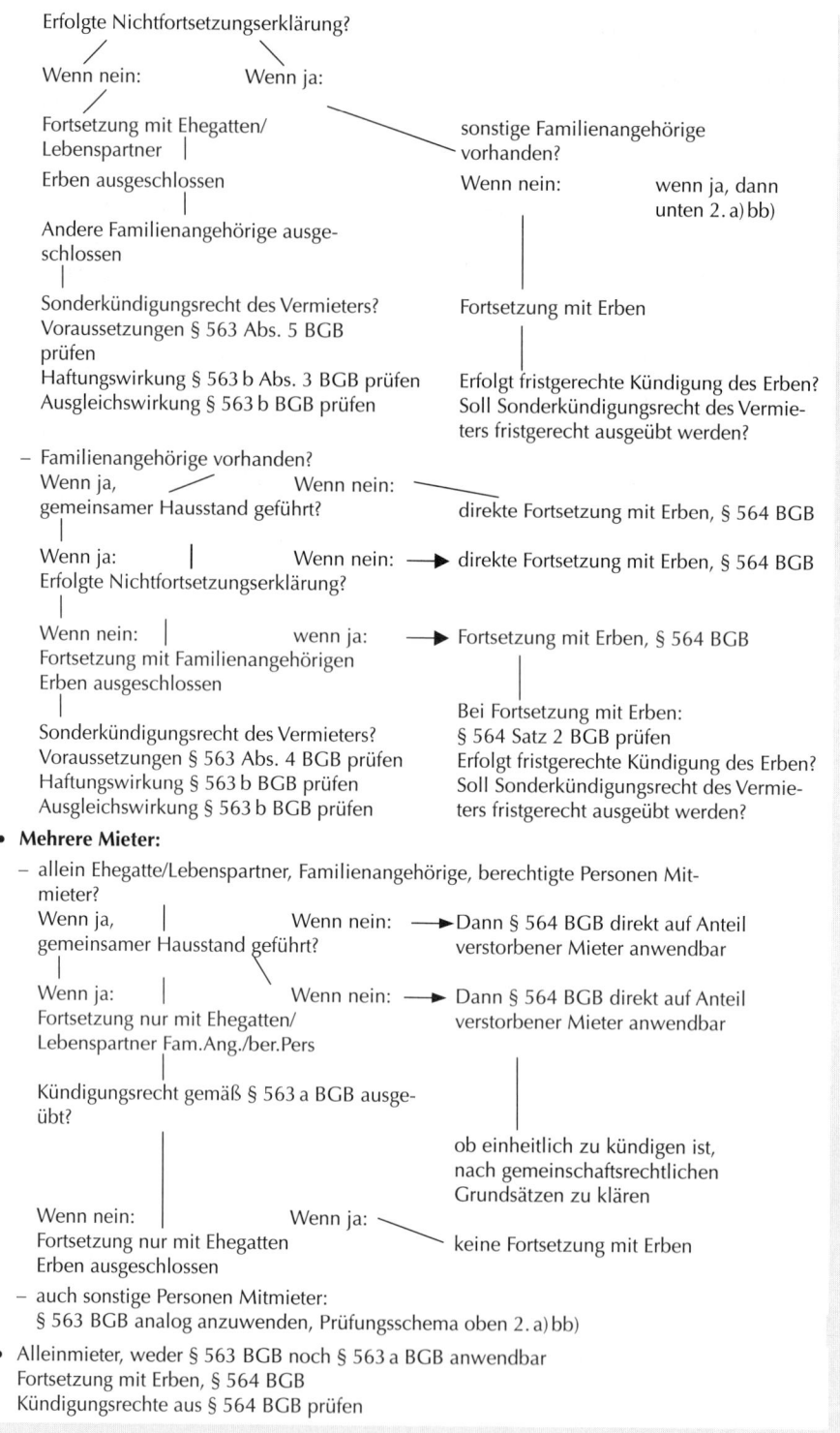

§ 12 Gebrauchsüberlassung an Dritte

Übersicht

	Rdnr.
I. Gebrauchsüberlassung durch Aufnahme Dritter in die Wohnung	1–48
1. Begriffsbestimmung	1–12
a) Selbstständiger/Unselbstständiger Mitgebrauch	2/3
b) Dauer	4
c) Entgeltlich/Unentgeltlich	5
d) Dritte/Aufnahme naher Angehöriger	6–12
2. Erlaubnis des Vermieters	13–43
a) Erteilung	13–17
b) Widerruf	18–20
c) Verweigerung	21
d) Anspruch auf Erlaubniserteilung	22–43
3. Übertragung der Mieterrechte	44–48
a) Abtretung des Anspruchs auf Gebrauchsüberlassung	44
b) Eintritt eines neuen Mieters	45
c) Vermietung an eine Wohngemeinschaft	46–48
II. Untermiete	49–60
1. Rechtsverhältnisse Vermieter – Mieter	50/51
2. Rechtsverhältnisse Mieter – Untermieter	52–58
3. Rechtsverhältnisse Vermieter – Untermieter	59/60
III. Haftungsfragen und Kündigungsbefugnisse	61–78
1. Haftungsfragen	61–66
2. Kündigungsrechte des Mieters	67–73
3. Kündigungsrechte des Vermieters	74–78
IV. Vertragsgestaltung	79/80

Schrifttum: *Heintzmann*, Die gewerbliche Untermiete, NJW 1994, 1177 ff.; *Hummel*, Die Aufnahme des Ehepartners in die Mietwohnung, ZMR 1975, 291 ff.; *Kraemer*, Die Kündigung aus wichtigem Grund nach altem und neuem Recht, NZM 2001, 553 ff.; *Meyer*, Rechtsprobleme bei der gemeinsamen Nutzung einer Wohnung, ZMR 1990, 444 ff.; *Lützenkirchen*, Neue Mietrechtspraxis für Wohnraum- und sonstige Mietverhältnisse, 2001; *Schneider*, Untervermietung als Beteiligung Dritter am Hauptmietvertrag, WuM 1999, 195 ff.; *Seyfarth*, Vermieterpflichten bei Untervermietungsanfragen, NZM 2002, 200 ff.

I. Gebrauchsüberlassung durch Aufnahme Dritter in die Wohnung

1. Begriffsbestimmung

Der Wortlaut von § 540 Abs. 1 S. 1 BGB ist nur scheinbar eindeutig, da dem Mieter demnach ohne Erlaubnis des Vermieters keinerlei Gebrauchsüberlassung an Dritte gestattet wäre. Der Mieter ist jedoch im Rahmen seines eigenen, ihm mietvertraglich gestatteten Gebrauchs dazu berechtigt, Dritten den Gebrauch der gemieteten Wohnung in gewissem Umfang zu überlassen, insbesondere seine Ehefrau oder Bedienstete in die Wohnung aufzunehmen. Dies erfordert eine Abgrenzung, in welchem Umfang es dem Mieter im Rahmen des Mietgebrauchs gestattet ist, Dritte in die Wohnung aufzunehmen und in welchen Fällen eine Gebrauchsüberlassung an Dritte gemäß § 540 Abs. 1 S. 1 BGB der Erlaubnis des Vermieters bedarf. 1

a) **Selbstständiger/Unselbstständiger Mitgebrauch.** In der älteren Rechtsprechung[1] und Literatur[2] wurde überwiegend danach differenziert, ob die Räume dem Dritten zum selbstständigen, von dem Willen und den Weisungen des Mieters unabhängigen Gebrauch überlassen wurden. Bei einem unselbstständigen, vom Mieter abgeleiteten Gebrauch (wie z.B. 2

---

[1] Grundlegend BGH WM 1967, 252.
[2] *Sternel* II Rdnr. 239.

bei Familienangehörigen oder Bediensteten) behalte dieser die alleinige Herrschaft über die Wohnung, weshalb kein Fall der erlaubnispflichtigen Gebrauchsüberlassung an Dritte vorliege.

3   Diese Rechtsauffassung ist für Wohnraummietverhältnisse nicht praktikabel, da bei diesen zwischen dem Mieter und dem Dritten zumeist keine gesellschaftsrechtlichen, sondern personale Beziehungen bestehen, in die der Vermieter keinen Einblick hat und die er deshalb nicht konkret vorgetragen und beweisen kann. Aus diesem Grund sowie auf Grund einer umfassenden, lesenswerten Auslegung von § 540 BGB hat das OLG Hamm[3] die Unterscheidung nach selbstständigem und unselbstständigem Mitgebrauch aufgegeben und die Auffassung vertreten, dass jede **auf gewisse Dauer angelegte** Gebrauchsüberlassung von § 540 Abs. 1 BGB erfasst wird.

Dieser Auffassung hat sich inzwischen die ganz herrschende Rechtsmeinung[4] angeschlossen, so dass es auf die Unterscheidung zwischen unselbstständigem oder selbstständigem Gebrauch des Dritten nicht mehr ankommt.

4   b) **Dauer.** Das von der nunmehr herrschenden Meinung verwendete Kriterium der Dauer der Gebrauchsüberlassung dient vor allem der Abgrenzung von der vorübergehenden Aufnahme von **Besuchern,** die unter den dem Mieter vertraglich gestatteten, eigenen Mietgebrauch fällt.[5] Da es in der Natur des Besuches als solchem liegt, dass er **vorübergehend** ist, eignet sich die Dauer als Abgrenzungskriterium zu einer erlaubnispflichtigen Gebrauchsüberlassung. Andererseits dauern Besuche je nach Anlass und Intensität der persönlichen Beziehungen unterschiedlich lange, so dass sich starre Höchstgrenzen nicht bestimmen lassen.[6]

Eine Besuchsdauer von bis zu 6 Wochen dürfte noch als üblich anzusehen sein.[7] Ab einer Dauer von ca. 3 Monaten dürfte eine – widerlegliche – Vermutung gegen das Vorliegen eines Besuches und für eine dauerhafte Gebrauchsüberlassung sprechen.[8] Wesentliches Indiz für einen Besuch ist die Beibehaltung einer anderen Wohnung durch den Besucher.[9] Die Anbringung von Namensschildern an Hauseingang oder Briefkasten spricht demgegenüber für eine dauerhafte Gebrauchsüberlassung.[10]

Der Mieter soll verpflichtet sein, dem Vermieter einen länger dauernden Besuch **anzuzeigen,**[11] was im Hinblick auf die vorübergehende Natur eines Besuches zweifelhaft erscheint.

5   c) **Entgeltlich/Unentgeltlich.** Für die Frage, ob die Gebrauchsüberlassung an Dritte der Erlaubnis des Vermieters bedarf, spielt es keine Rolle, ob diese entgeltlich oder unentgeltlich erfolgt.[12]

6   d) **Dritte/Aufnahme naher Angehöriger.** Sprachlich und vertragstechnisch ist „Dritter" i. S. v. § 540 Abs. 1 Satz 1 BGB zunächst jeder, der den Mietvertrag nicht als Mieter (mit-) abgeschlossen hat, also nicht selbst als Mieter Partei des Mietverhältnisses ist. Der Mieter ist jedoch im Rahmen seines eigenen, unentziehbaren vertragsmäßigen Gebrauchs dazu berechtigt, Dritten den Gebrauch der gemieteten Wohnung in gewissem Umfang zu überlassen, insbesondere wegen des ausdrücklichen Schutzes durch Art. 6 GG seine Familie, vor allem seine Ehefrau in die Wohnung aufzunehmen.[13] Dasselbe gilt sinngemäß für bloße Be-

---

[3] OLG Hamm NJW 1982, 2876 ff.
[4] BGH NZM 2004, 22 ff., 23; BayObLG WuM 1984, 13; NJW 1998, 1324; Schmidt-Futterer/*Blank* § 540 Rdnr. 2; MünchKommBGB/*Bieber* § 540 Rdnr. 3; Soergel/*Heintzmann* § 549 Rdnr. 3; Bub/Treier/*Kraemer* III Rdnr. 1011; Emmerich/Sonnenschein/*Emmerich* Miete § 540 Rdnr. 2; a. A. nur noch *Sternel* II Rdnr. 239.
[5] Vgl. etwa MünchKommBGB/*Bieber* § 544 Rdnr. 4.
[6] *Sternel* II Rdnr. 229.
[7] Bub/Treier/*Kraemer* III Rdnr. 1012.
[8] AG Frankfurt/M. WuM 1995, 396; so wohl auch *Kraemer* a.a.O. (Fn. 7); a. A. Schmidt-Futterer/*Blank* § 540 Rdnr. 34, wonach diese Vermutung schon ab 4–6 Wochen gelten soll.
[9] *Schneider* WuM 1999, 195 ff.; *Meyer* ZMR 1990, 444 ff., 445.
[10] MünchKommBGB/*Bieber* § 540 Rdnr. 4.
[11] Schmidt-Futterer/*Blank* § 540 Rdnr. 34.
[12] Vgl. etwa Soergel/*Heintzmann* § 549 Rdnr. 3; Bub/Treier/*Kraemer* III Rdnr. 1009.
[13] BGH NZM 2004, 22 ff., 23.

§ 12 Gebrauchsüberlassung an Dritte

sitzdiener (§ 855 BGB) des Mieters wie zum Beispiel Hausangestellte oder Personen, derer der Mieter zu seiner Pflege bedarf.[14]

Die Abgrenzung, welche Personen der Mieter als nächste Angehörige ohne Erlaubnis des Vermieters in die Wohnung aufnehmen darf, und die Aufnahme welcher Personen als Dritte dessen Einwilligung bedarf, sowie die hierzu ergangene, nicht immer einheitliche Rechtsprechung wird nachfolgend tabellarisch dargestellt:

Angehörige (Aufnahme vom Mietgebrauch gedeckt)	Dritte (Erlaubnis des Vermieters erforderlich)[15]
• Hausangestellte und Pflegepersonen[16] • Ehegatte[18] • Gemeinsame Kinder[20] • Eltern[22] • Schwiegermutter[24] • Tochter und Enkel[26] • Adoptivkinder[28]	• Geschwister[17] • Schwägerin[19] • Lebenspartner gemäß § 1 Abs. 1 LPartG[21] • Verlobte und Partner einer eheähnlichen Lebensgemeinschaft, gleich welchen Geschlechts[23] • erwachsener Stiefsohn[25] • Schwiegersohn[27] • Pflegekinder[29] • Verlobte oder Freunde der Kinder des Mieters[30]

Da die Aufnahme dieses Personenkreises in die Mietwohnung vom eigenen, vertragsmäßigen Gebrauch des Mieters gedeckt ist, ist der Mieter zur Aufnahme dieser Personen in die Wohnung auch dann berechtigt, wenn diese dadurch **überbelegt** würde.[31] Jedenfalls ist eine Kündigung des Mietverhältnisses durch den Vermieter allenfalls dann berechtigt, sofern dessen Rechte durch die Überbelegung erheblich verletzt werden.[32]

---

[14] Vgl. etwa BayObLG NJW 1998, 1324 ff., 1325; Schmidt-Futterer/*Blank* § 540 Rdnr. 23, 40.

[15] In diesen Fällen kann dem Mieter jedoch ein Anspruch auf Zustimmung zur Überlassung eines Teils der Wohnung gemäß § 553 BGB zustehen, vgl. hierzu Rdnr. 22 ff.

[16] BayObLG WuM 1984, 13; NJW 1998, 1324 ff., 1325; OLG Hamm WuM 1982, 319; AG Friedberg WuM 1991, 683; Bub/Treier/*Kraemer* III Rdnr. 1013; *Sternel* II Rdnr. 238.

[17] BayObLG WuM, 1984, 13; WuM 1997, 603; Bub/Treier/*Kraemer* a. a. O.; *Soergel* a. a. O.; a. A. LG Kassel WuM 1989, 72.

[18] BVerfG NJW 1994, 41; BGH NZM 2004, 22 ff., 23; NJW 1993, 2528; 1991, 1750, 1751; OLG Hamm WuM 1993, 30.

[19] AG Schöneberg GE 1990, 265; Bub/Treier/*Kraemer* a. a. O.; Schmidt-Futterer/*Blank* § 540 Rdnr. 24.

[20] BVerfG NJW 1994, 41; BGH NZM 2004, 22 ff.; 23; OLG Hamm WuM 1993, 30; Schmidt-Futterer/*Blank* § 540 Rdnr. 23.

[21] BGH NZM 2004, 22 ff.; 23; MünchKommBGB/*Bieber* § 540 Rdnr. 5; Emmerich/Sonnenschein/*Emmerich* § 540 Rdnr. 3.

[22] BayObLG ZMR 1998, 23; Bub/Treier/*Kraemer* III Rdnr. 1013; a. A. Soergel/*Heintzmann* § 549 Rdnr. 5.

[23] BGH NZM 2004, 22 ff.; 23; NJW 1990, 1750, 1751; OLG Hamm WuM 1997, 364; NJW 1982, 2876; Bub/Treier/*Kraemer* a. a. O.; Palandt/*Weidenkaff* § 540, Rdnr. 5; Vor der Grundsatzentscheidung des BGH vom 5. 11. 2003 (NZM 2004, 22 ff.) waren beachtliche Stimmen der Auffassung, dass wegen des zu § 569a BGB ergangenen Rechtsentscheids des BGH vom 13. 1. 1993 (NJW 1993, 999) sowie der weitgehenden Gleichstellung nichtehelicher Lebensgemeinschaften durch das Mietrechtsreformgesetz auch die Aufnahme von Lebensgefährten vom vertragsmäßigen Gebrauch gedeckt sei, vgl. etwa Schmidt-Futterer/*Blank* § 540 Rdnr. 30 ff.; *Lützenkirchen* Rdnr. 515; *Schneider* WuM 1999, 195 ff., 196.

[24] LG Berlin GE 1980, 660; Bub/Treier/*Kraemer* a. a. O.

[25] LG Berlin ZMR 1990, 458; Bub/Treier/*Kraemer* a. a. O.; a. A. Soergel/*Heintzmann* a. a. O.

[26] AG Koblenz WuM 1989, 175; Bub/Treier/*Kraemer* a. a. O.

[27] Bub/Treier/*Kraemer* a. a. O.; a. A. AG Limburg WuM 1989, 372.

[28] Soergel/*Heintzmann* ebd. (Fn. 12).

[29] LG Berlin ZMR 1990, 458; Bub/Treier/*Kraemer* a. a. O.; a. A. Soergel/*Heintzmann* a. a. O.

[30] LG Berlin GE 1988, 409; Emmerich/Sonnenschein/*Emmerich*, § 540 Rdnr. 3.

[31] BVerfG NJW 1994, 41; BGH NJW 1993, 2528 ff.; a. A. Schmidt-Futterer/*Blank* § 540 Rdnr. 27; Emmerich/Sonnenschein/*Emmerich* § 540 Rdnr. 4.

[32] Ebd.

9   Sofern der Mieter danach dazu berechtigt ist, nächste Angehörige oder Bedienstete in die Mietwohnung ohne Erlaubnis des Vermieters aufzunehmen, ist er aber verpflichtet, deren Aufnahme dem Vermieter **anzuzeigen**.[33]

10 Das Recht des Mieters, nächste Angehörige in die Mietwohnung aufzunehmen, gewährt ihm keinen Anspruch gegen den Vermieter darauf, dass dieser den Angehörigen (auch den Ehegatten nicht) als weiteren Mieter in den Mietvertrag aufnimmt.[34] Spiegelbildlich hierzu steht auch dem Vermieter wegen der Vertragsfreiheit kein Anspruch gegen den Angehörigen darauf zu, dass er die Mietzinszahlungs- und Obhutspflicht dadurch mit übernimmt, dass er als weiterer Mieter in das Mietverhältnis eintritt.[35]

11 Sofern es sich bei den Personen, deren Aufnahme der Mieter beabsichtigt, danach um „Dritte" handelt, ist der Vermieter nur unter den Voraussetzungen des § 553 BGB verpflichtet, seine Zustimmung zu erteilen.[36]

12 Ist das Mietverhältnis beendet, benötigt der Vermieter auch gegen die vom Mieter aufgenommenen Personen einen **Räumungstitel**.[37] Dies gilt auch für die **Ehefrau** des Mieters, nicht jedoch für seine **Kinder**, unabhängig davon, ob diese voll- oder minderjährig sind.[38]

2. Erlaubnis des Vermieters

13 a) **Erteilung.** Die Erlaubnis des Vermieters ist eine einseitige, empfangsbedürftige Willenserklärung, auf die §§ 116 ff., 130 BGB anzuwenden sind, also keine Zustimmung im Sinne von § 182 BGB. Die Erlaubnis hat keine rechtlichen Auswirkungen auf die zwischen dem Mieter und dem Dritten bestehenden, vertraglichen Vereinbarungen, sondern erweitert lediglich den dem Mieter zustehenden, vertragsmäßigen Gebrauch.[39]

14 Die Erteilung der Erlaubnis ist **formlos** möglich. Die (für den Einzelfall erteilte) Erlaubnis bedarf selbst dann nicht der Schriftform, wenn diese gem. § 550 BGB für den Mietvertrag erforderlich ist, da durch die Erlaubnis – anders als durch die allgemeine Gestattung im Mietvertrag – der Vertragsinhalt nicht abgeändert wird (die Untervermietung bedarf weiterhin der vorherigen Genehmigung des Vermieters).[40]

> **Praxistipp:**
>
> Da diese Frage jedoch sehr umstritten ist,[41] empfiehlt es sich, die Form des § 550 BGB bei für länger als 1 Jahr fest abgeschlossenen Mietverträgen (die im Wohnungsmietrecht ohnehin eine Ausnahme sind) sicherheitshalber zu wahren. Eine **Formularklausel**, die das Schriftformerfordernis für die Erlaubnis vorsieht, verstößt gegen § 307 Abs. 1 BGB und ist deshalb nichtig.[42]

15 Die Erlaubnis kann auch durch **schlüssiges Verhalten** erteilt werden, vor allem wenn der Vermieter die von ihm nicht gestattete Gebrauchsüberlassung kennt und über längere Zeit hinweg widerspruchslos duldet.[43] Da ein Zeitraum, ab dem bei widerspruchsloser Duldung

---

[33] BGHZ 92, 213 = NJW 1985, 130; LG Berlin GE 1982, 705; MünchKommBGB/*Bieber* § 540 Rdnr. 9; Bub/Treier/*Kraemer* III Rdnr. 1014; Palandt/*Weidenkaff* § 540 Rdnr. 5; *Hummel* ZMR 1975, 291.
[34] LG Aachen NJW-RR 1987, 1373; *Sternel* II Rdnr. 238.
[35] MünchKommBGB/*Bieber* § 540 Rdnr. 10; a. A. Bub/Treier/*Kraemer* III Rdnr. 1014.
[36] BGH NJW 1991, 1750, 1751; OLG Hamm WuM 1982, 318.
[37] Schmidt-Futterer/*Blank* vor § 535 Rdnr. 264.
[38] BGH NZM 2008, 400; Schmidt-Futterer/*Blank* § 540 Rdnr. 29.
[39] BGHZ 59, 3 ff., 7 = NJW 1972, 1267; NJW 1987, 1692; NJW 1991, 1750, 1751; BayObLG NJW-RR 1995, 969.
[40] Staudinger/*Emmerich* § 540 Rdnr. 12; Palandt/*Weidenkaff* § 540 Rdnr. 7.
[41] Wie hier LG Kiel WuM 1994, 610; Staudinger/*Emmerich* § 540 Rdnr. 42; Lindner-Figura/Oprée/Stellmann/*Stellmann*, Kap. 18 Rdnr. 24; *Sternel* II Rdnr. 245; *Sternel*, Mietrecht aktuell Rdnr. 212; wohl auch Bub/Treier/*Heile* II Rdnr. 770; a. A. Schmidt-Futterer/*Blank* § 540 Rdnr. 42; MünchKommBGB/*Bieber* § 540 Rdnr. 15.
[42] BGH NJW 1995, 2034; 1991, 1750, 1751.
[43] Str., wie hier BGH NJW 1995, 2034; 1991, 1750, 1751; MünchKommBGB/*Bieber* § 540 Rdnr. 15; Palandt/*Weidenkaff* § 540 Rdnr. 7; *Sternel* II Rdnr. 246; Schmidt-Futterer/*Blank* § 540 Rdnr. 42; a. A. Bub/Treier/*Kraemer* III Rdnr. 1016.

eine stillschweigend erteilte Erlaubnis anzunehmen ist, nicht verlässlich bestimmt werden kann und die Kenntnis des Vermieters häufig kaum zu beweisen sein wird, empfiehlt es sich in der **Praxis,** dem Mieter im Zweifel dazu zu raten, die Erlaubnis des Vermieters einzuholen, als sich auf eine womöglich stillschweigend erteilte Erlaubnis zu verlassen und das Risiko einer wirksamen Kündigung einzugehen.

Der Vermieter kann seine Erlaubnis **allgemein** oder nur konkret für einen bestimmten **Einzelfall** erteilen. Der Fall einer allgemein erteilten Erlaubnis dürfte in der **Praxis** nur vorkommen, wenn der Vermieter dem Mieter im Mietvertrag die Untervermietung generell gestattet hat. In einem solchen Fall bedarf die Gebrauchsüberlassung aber abweichend von § 540 Abs. 1 S. 1 BGB keiner Erlaubnis des Vermieters. Wird die Erlaubnis für einen bestimmten Einzelfall erteilt, ist sie **personenbezogen** auf die Person des Dritten, dem der Mieter den Gebrauch zu überlassen beabsichtigt. Will der Mieter den Gebrauch statt dem Dritten, für den eine Erlaubnis des Vermieters vorliegt, einem anderen Dritten überlassen, so muss er hierfür erneut die Erlaubnis des Vermieters einholen. 16

Die Erteilung der Erlaubnis steht im Belieben des Vermieters. Ihn trifft lediglich eine dahingehende Obliegenheit, wenn er verhindern will, dass der Mieter wegen unberechtigter Ablehnung ein Kündigungsrecht gemäß § 540 Abs. 1 S. 2 BGB zusteht. 17

Die Untermieterlaubnis beinhaltet auch nicht die Gestattung einer **Unter-Untervermietung**, also einer mehrstufigen Untervermietung.[44]

b) Widerruf. Die einmal erteilte Erlaubnis ist grundsätzlich auch widerruflich. Da der Mieter jedoch in aller Regel im Vertrauen auf die erteilte Erlaubnis Dispositionen trifft, nämlich vertragliche Vereinbarungen mit dem Dritten abschließt, ist die Erlaubnis aus Gründen des Vertrauensschutzes nicht frei, sondern nur aus **wichtigem Grund** widerruflich.[45] 18

Als Gründe für einen Widerruf sollen nur solche in Betracht kommen, die den Vermieter zur fristlosen Kündigung berechtigen würden, wenn sie in Person des Mieters vorlägen,[46] insbesondere wenn der Mieter die Wohnung dem Dritten zu einem ihm im Verhältnis zum Vermieter selbst nicht gestatteten Gebrauch überlässt oder auszieht, so dass ein Fall der echten Weitervermietung vorliegt.[47] Nicht diskutiert wurde in Rechtsprechung und Literatur bislang die Frage, ob ein Widerruf auf solche Gründe gestützt werden kann, die eine Versagung der Erlaubnis gemäß § 540 Abs. 1 S. 2 2. HS BGB gerechtfertigt hätten und bereits bei Erlaubniserteilung vorlagen. Dies wird man nur bejahen können, wenn die Gründe dem Vermieter trotz ordnungsgemäßer Erkundigung bei Erteilung der Erlaubnis nicht bekannt waren. **Formularklauseln,** die ein Widerrufsrecht des Vermieters vorsehen, sind nur wirksam, wenn sich die zum Widerruf berechtigenden Gründe an § 540 Abs. 1 S. 2 BGB orientieren.[48] 19

Nach einer in der Literatur vertretenen Auffassung[49] soll ein Widerruf **zeitlich** nur so ausgesprochen werden dürfen, dass dem Mieter die Beendigung eines Untermietverhältnisses zum nächstmöglichen Termin möglich ist. Da dies – z.B. bei Untermietverhältnissen mit fester Laufzeit (die regelmäßig nur bei gewerblichen Mietverhältnissen vorkommt) – die berechtigten Interessen des Vermieters zu stark beschneidet, wird man dies dahingehend einschränken müssen, dass ein solches Zuwarten für den Vermieter **zumutbar** sein muss.[50] 20

c) Verweigerung. Verweigert der Vermieter seine Erlaubnis unrechtmäßig, steht dem Mieter unter den Voraussetzungen des § 540 Abs. 1 S. 2 BGB ein Recht zur außerordentlichen 21

---

[44] Str., wie hier OLG Hamm NJW-RR 1992, 783; Lindner-Figura/Oprée/Stellmann/*Stellmann* § 18, Rdnr. 29; Schmidt-Futterer/*Blank* § 540 Rdnr. 50; Palandt/*Weidenkaff* § 540 Rdnr. 7; a. A. *Heintzmann* NJW 1994, 1177 ff., 1179.
[45] BGHZ 89, 308 ff., 313 = NJW 1984, 1031; Schmidt-Futterer/*Blank* § 540 Rdnr. 52; a. A. nur *Sternel* II Rdnr. 248.
[46] BGHZ 89, 309 = NJW 1984, 1031; Schmidt-Futterer/*Blank* § 540 Rdnr. 52; Soergel/*Heintzmann* § 549 Rdnr. 13.
[47] Emmerich/Sonnenschein § 540 Rdnr. 8.
[48] BGH NJW 1987, 1692.
[49] MünchKommBGB/*Bieber* § 540 Rdnr. 16.
[50] Bub/Treier/*Kraemer* III Rdnr. 1017.

Kündigung mit gesetzlicher Frist zu. Die Einzelheiten werden nachfolgend bei den Kündigungsbefugnissen (Rdnr. 67 ff.) dargestellt. Der Mieter ist alternativ dazu berechtigt, seinen Anspruch auf Erteilung der Erlaubnis im Wege der Leistungsklage zwangsweise durchzusetzen oder von seinem Kündigungsrecht Gebrauch zu machen.

22 d) **Anspruch auf Erlaubniserteilung.** Gemäß § 553 Abs. 1 BGB steht dem Wohnraummieter gegen den Vermieter ein Anspruch auf Erlaubnis zur Gebrauchsüberlassung **eines Teils** der Wohnung zu, wenn er hieran nach Abschluss des Mietvertrages ein berechtigtes Interesse erlangt hat.

Der Anspruch ist immer nur auf Erteilung einer **personenbezogenen,** nie einer generellen Erlaubnis gerichtet.[51]

23 *aa) Teil der Wohnung.* Der Anspruch besteht nach dem eigentlich eindeutigen Wortlaut des als Ausnahmevorschrift eng auszulegenden § 553 Abs. 1 BGB nur bei der Überlassung eines Teils der Wohnung, also nur einzelner Räume. Dennoch wird die Vorschrift entsprechend angewendet auf die dauerhafte Aufnahme eines Dritten zu bloßem Mitgebrauch der Wohnung,[52] also insbesondere Angehörigen des Mieters, deren Aufnahme nicht bereits zum Mietgebrauch zählt, weil es sich nicht um nächste Angehörige handelt (s. o. Rdnr. 6 ff.). Nicht unter § 553 Abs. 1 BGB fällt jedoch die Überlassung der Wohnung an Dritte zu dauerhaftem Alleingebrauch, insbesondere während längerer Ortsabwesenheit des Mieters.[53]

24 *bb) Berechtigtes Interesse.* Es reicht für die Annahme eines berechtigten Interesses aus, dass auf Seiten des Mieters **vernünftige Gründe** von **nicht unerheblichem Gewicht** vorliegen, die mit der geltenden Rechts- und Sozialordnung in Einklang stehen und seinen Wunsch nach einer Gebrauchsüberlassung eines Teils der Wohnung als **nachvollziehbar** erscheinen lassen.[54] Dabei ist nicht erforderlich, dass es sich gerade um rechtliche Interessen handelt, vielmehr reichen auch Gründe wirtschaftlicher, (höchst-)persönlicher und familiärer Natur aus.[55]

Bereits aus dem Wortlaut von § 553 Abs. 1 ergibt sich, dass das Interesse erst nach Abschluss des Mietvertrages entstanden sein darf. Lag das Interesse bereits bei Abschluss des Mietvertrages vor, scheidet ein Anspruch auf Erlaubniserteilung aus.

Bei **mehreren Mietern** reicht es aus, wenn einer von ihnen ein berechtigtes Interesse geltend machen kann.[56]

25 Von der Rechtsprechung wurde als berechtigtes Interesse anerkannt bzw. nicht anerkannt:

Berechtigtes Interesse bejaht:	Berechtigtes Interesse verneint:
• Aufnahme sonstiger, dem Mieter nahestehender Personen, deren Aufnahme nicht bereits unter § 540 BGB fällt[57] wie z.B. von Geschwistern,[58] noch nicht volljährigen Stiefkindern,[59] Verlobten, Freunden und sonstigen Lebensgefährten	• Ausgleich von Einnahmeverlusten, mit denen schon bei Mietvertragsabschluss zu rechnen war[60]

---

[51] KG WuM 1992, 350.
[52] OLG Hamm WuM 1982, 318; LG Heidelberg WuM 1987, 316; MünchKommBGB/*Bieber* § 553 Rdnr. 7; Schmidt-Futterer/*Blank* § 553 Rdnr. 1.
[53] Sehr str., wie hier LG Berlin GE 1995, 569; GE 1995, 1277; LG Hamburg WuM 94, 536; LG Mannheim WuM 1997, 369; *Bub/Treier* III Rdnr. 1020; a. A. LG Hamburg WuM 1994, 536; Soergel/*Heintzmann* § 549 Rdnr. 37; *Sternel,* Mietrecht Aktuell Rdnr. 211.
[54] BGHZ 92, 213 = NJW 1995, 130; BayObLG WuM 1997, 603; OLG Hamm NJW 1982, 2876; KG ZMR 1984, 376.
[55] Ebd.
[56] Schmidt-Futterer/*Blank* § 553 Rdnr. 3.
[57] Staudinger/*Emmerich* § 553 Rdnr. 8.
[58] LG Berlin GE 1991, 879; GE 1991, 881 ff., 883; LG Kassel WuM 1989, 72.
[59] LG Berlin GE 1993, 45; GE 1991, 571.
[60] AG Neukölln GE 1984, 1083.

Berechtigtes Interesse bejaht:	Berechtigtes Interesse verneint:
• Verringerung des Raumbedarfs oder Notwendigkeit von Nebeneinkünften infolge Todes oder Auszugs eines Familienmitglieds[61] oder Auszugs eines Mitmieter[62] • Gründung einer nichtehelichen Lebensgemeinschaft (unabhängig von Bestehen und Art einer sexuellen Beziehung)[64] zwischen gleich-[65] oder verschiedengeschlechtlichen[66] Partnern • Finanzielle Entlastung bei nach Mietvertragsabschluss geänderten Verhältnissen[68] • Interesse an einer finanziellen Entlastung oder Erzielung zusätzlicher Einnahmen ohne eine Änderung der wirtschaftlichen Verhältnisse[69] • Pflege oder Fürsorgebedürftigkeit eines Verwandten[70] • Trennung von Eheleuten[71] • Bessere Versorgung der eigenen Kinder[72] • Vermeidung der Vereinsamung eines älteren Menschen[73] • Gründung einer Wohngemeinschaft[74]	• Absicht der wirtschaftlichen Verwertung durch Nutzung zur Untervermietung während einer längeren Abwesenheit[63] • Nur altruistische Motive wie z.B. Aufnahme von Flüchtlingen oder Asylanten[67]

Ist danach ein berechtigtes Interesse auf Seiten des Mieters zu bejahen, wird dieses wegen der damit verbunden Kosten und der Verwurzelung des Mieters in der Wohnung und dem Wohnquartier nicht dadurch ausgeschlossen, dass der Mieter in eine kleinere, billiger Wohnung umziehen könnte.[75]

Nach früher herrschender Rechtsauffassung sollte der Anspruch auf Zustimmung zur Untervermietung eines Teils der Wohnung voraussetzen, dass der Mieter selbst weiterhin seinen **Lebensmittelpunkt** in der Wohnung hat.[76] Die früher herrschende Meinung ist indes abzulehnen.[77] Da der Mieter gemäß § 537 BGB nicht zum Gebrauch der Wohnung verpflichtet

---

[61] LG Berlin GE 1983, 1111; LG Frankfurt WuM 1981, 39; AG Büdingen WuM 1991, 585.
[62] LG Berlin NJW-RR 1990, 457.
[63] LG Berlin GE 1994, 703, 931; 1995, 1277, 1279; LG Mannheim WuM 1997, 369.
[64] BGH NJW 2004, 56; BGHZ 92, 213 = NJW 1985, 130; Palandt/*Weidenkaff* § 540 Rdnr. 5; § 553, Rdnr. 4.
[65] LG München I NJW-RR 1991, 112.
[66] OLG Hamburg WuM 1988, 420; LG Aachen WuM 1989, 372; AG Aachen NJW-RR 1991, 1112.
[67] Staudinger/*Emmerich* § 553 Rdnr. 4; LG Berlin WuM 1994, 326; a.A. Bub/Treier/*Kraemer* III Rdnr. 1020.
[68] LG Hamburg WuM 1983, 261; LG Landau ZMR 1989, 259; Emmerich/Sonnenschein/*Emmerich* Miete § 553 Rdnr. 5; a.A. LG Berlin MDR 1983, 132.
[69] BGH NJW 2006, 1200; LG Berlin NJW-RR 1994, 1289; LG Landau WuM 1989, 510; LG Mannheim WuM 1997, 263; MünchKommBGB/*Bieber* § 553 Rdnr. 7.
[70] LG Kassel WuM 1989, 72.
[71] LG Frankfurt WuM 1981, 39; AG Hamburg WuM 1985, 87.
[72] AG Büdingen WuM 1991, 585; AG Hamburg WuM 1985, 87.
[73] AG Hamburg WuM 1990, 500.
[74] LG Berlin NJW-RR 1992, 13; LG Hamburg WuM 1985, 7; nach BGH NJW 1985, 130 kommt es im Einzelfall auf die Darlegung der tatsächlichen Umstände an.
[75] OLG Hamm WuM 1982, 318, 322.
[76] LG Berlin GE 2005, 126f.; ZMR 2002, 49; GE 1994, 703; AG Berlin-Schöneberg GE 1991, 91; Schmidt-Futterer/*Blank* § 553, Rdnr. 8, 6; Bub/Treier/*Kraemer* II Rdnr. 1020; *Sternel*, Mietrecht aktuell Rdnr. 211.
[77] BGH NJW 2006, 1200f.; LG Hamburg ZMR 2001, 973f., 974.

ist, kann sein Anspruch auf Zustimmung zur Untervermietung eines Teils der Wohnung nicht davon abhängig gemacht werden, ob und in welcher Intensität der Mieter den anderen, weiterhin seiner eigenen Nutzung vorbehaltenen Teil der Wohnung tatsächlich nutzt oder nicht. Dies setzt freilich voraus, dass in tatsächlicher Hinsicht sichergestellt ist, dass dem Dritten wirklich nur ein Teil der Wohnung und nicht diese insgesamt dauerhaft zum alleinigen Gebrauch überlassen wird, weil der Mieter die Wohnung **aufgegeben** hat.[78]

27 Der Mieter muss das Vorliegen eines berechtigten Interessen darlegen und im Streitfalle beweisen.[79] Der Mieter muss dem Vermieter die tatsächlichen Grundlagen[80] für seine Absicht, einen Teil der Wohnung einem Dritten zum Gebrauch zu überlassen, so detailliert mitteilen, dass dieser die Tatsachen daraufhin überprüfen kann, ob
- diese erst nach Mietvertragsabschluss entstanden sind;
- ein berechtigtes Interesse begründen;
- die Gebrauchsüberlassung für den Vermieter im konkreten Fall unzumutbar ist.

Der Mieter wird in diesem Rahmen gehalten sein, den Vermieter über die Person des Dritten folgenden **Mindestangaben** mitzuteilen:
- Name des Dritten;[81]
- Beruf oder sonstige Tätigkeit des Dritten;[82]
- Erläuterung der persönlichen Beziehung zwischen dem Mieter und dem Dritten.[83] Dabei soll der Mieter nicht dazu verpflichtet sein, Einzelheiten der gemeinsamen Haushalts- oder Lebensführung anzugeben.[84] Dies erscheint in dieser Allgemeinheit nicht richtig. Wenn eine Überprüfung der Absicht des Mieters dies erfordert, muss dieser nötigenfalls auch Umstände aus seiner Privatsphäre offenbaren.[85]
- Der Wohnungsmieter (zu gewerblichen Mietverhältnissen vgl. § 50 Rdnr. 12) soll nach ganz herrschender Meinung nicht dazu verpflichtet sein, Angaben zu den Einkommensverhältnissen des Dritten zu machen, da der Mieter allein Vertragspartner und damit Schuldner des Mieters bleibt.[86] Dies erscheint zweifelhaft, da auch direkte Ansprüche des Vermieters gegen den Dritten entstehen können, zum Beispiel aus unerlaubter Handlung.

Praxistipp:

28 Es empfiehlt sich für den **Mieter,** das Verlangen zur Erteilung der Erlaubnis zur Gebrauchsüberlassung möglichst ausführlich zu begründen, um das Risiko auszuschließen, dass der Vermieter sich mit Erfolg darauf berufen könnte, er brauchte sich zu dem Verlangen des Mieters schon deshalb nicht zu äußern, weil es nicht ausführlich genug begründet war.

29 *cc) Unzumutbarkeit.* Ist danach ein berechtigtes Interesses des Mieters an der Gebrauchsüberlassung zu bejahen, braucht der Vermieter die Erlaubnis gleichwohl nicht zu erteilen, wenn dies für ihn **unzumutbar** ist, § 553 Abs. 1 Satz 2 BGB. Als Gründe für die Unzumutbarkeit nennt das Gesetz das Vorliegen eines wichtigen Grundes in der Person des Dritten, Überbelegung des Wohnraums sowie sonstige Gründe.

30 Für die Frage des Vorliegens einer **Überbelegung** kommt es eigentlich nur auf das Verhältnis der Anzahl der Bewohner zur Anzahl der Räume bzw. zur Größe der Wohnfläche an.[87] Hierfür kann als Faustregel je Erwachsenem sowie je zwei Kindern bis zum 13. Le-

---

[78] Schmidt-Futterer/*Blank* § 553, Rdnr. 8.
[79] BGHZ 92, 213 = NJW 1985, 130.
[80] Bub/Treier/*Kraemer* III Rdnr. 1020.
[81] KG WuM 1992, 350; LG Berlin WuM 1991, 483.
[82] Bub/Treier/*Kraemer* III Rdnr. 1021; Schmidt-Futterer/*Blank* § 553 Rdnr. 14.
[83] Bub/Treier/*Kraemer* a. a. O.; Soergel/*Heintzmann* § 549 Rdnr. 36.
[84] LG Berlin NJW-RR 1992, 13; Bub/Treier/*Kraemer* a. a. O.; *Sternel*, Mietrecht Aktuell Rdnr. 215.
[85] So auch Schmidt-Futterer/*Blank* § 553 Rdnr. 13; Soergel/*Heintzmann* § 549 Rdnr. 36.
[86] LG Hamburg NJW-RR 1992, 13; Schmidt-Futterer/*Blank* § 553 Rdnr. 14; *Sternel* II Rdnr. 255.
[87] OLG Hamm WuM 1993, 31.

bensjahr eine Wohnfläche von ca. 12 m² zugrundegelegt werden,[88] sofern dem Wohnungsaufsichtsgesetz des jeweiligen Bundeslandes keine anderen Vorgaben zu entnehmen sind. Trotzdem bedarf es über die bloß numerische Überbelegung hinaus einer zusätzlichen, die Belange des Mieters überwiegenden Beeinträchtigung der Interessen des Vermieters.[89] Eine verstärkte Abnutzung genügt hierfür nicht, da sie den Vermieter nicht zur Versagung der Erlaubnis sondern allenfalls dazu berechtigt, die Erlaubnis gemäß § 553 Abs. 2 BGB von der Erhebung eines Untermietzuschlages abhängig zu machen.[90] Der Versagungsgrund der Überbelegung hat deshalb in der Praxis nahezu keine Bedeutung.

Ein wichtiger Grund in der Person des Dritten liegt insbesondere vor bei zu befürchtenden **Störungen des Hausfriedens**[91] sowie bei bestehender Feindschaft zwischen dem Dritten und dem (im Haus lebenden) Vermieter oder anderen Mitmietern. Zur Frage der **wirtschaftlichen Verhältnisse des Untermieters** vgl. Rdnr. 27 sowie § 50 Rdnr. 12. 31

Es stellt demgegenüber keinen wichtigen Grund in der Person des Dritten dar, dass dieser **arbeitslos**[92] oder **Ausländer**[93] ist oder ein (sei es auch gleichgeschlechtliches)[94] Verhältnis mit dem Mieter hat. Überhaupt bleiben die persönlichen Moralvorstellungen des Vermieters bei der Prüfung einer etwaigen Unzumutbarkeit der Gebrauchsüberlassung unberücksichtigt.[95] Etwas anderes könnte ausnahmsweise dann gelten, wenn die Wohnung in den Räumen einer kirchlichen Institution liegt.[96]

Sonstige Gründe können eine Unzumutbarkeit der Gebrauchsüberlassung begründen, sofern sie gleiches Gewicht haben wie die gesetzlichen Regelbeispiele.[97] Ein sonstiger Grund liegt insbesondere vor bei zu erwartendem, **vertragwidrigen Gebrauch** durch den Dritten[98] oder wenn das Mietverhältnis ohnehin demnächst endet.[99] Keinen sonstigen Grund stellt es dar, dass der Vermieter beabsichtigt, die Wohnung bzw. das Haus zu verkaufen.[100] 32

> **Praxistipp:**
>
> Für den **Vermieter** empfiehlt es sich dringend, um kein Kündigungsrecht gemäß § 540 Abs. 1 S. 2 BGB entstehen zu lassen, die Bitte des Mieters auf keinen Fall einfach pauschal abzulehnen. Er muss die mitgeteilten Gründe sorgfältig prüfen, ob sich ihnen ein wichtiger Grund entnehmen lässt und muss den Mieter im Zweifel dazu auffordern, seine Angaben zu ergänzen, um dem Vermieter in die Lage zu versetzen, seine Entscheidung zu treffen.[101]

dd) Untermietzuschlag. Ein Untermietzuschlag ist nur in § 553 Abs. 2 BGB vorgesehen, also nur für den Fall, dass dem Mieter ein Anspruch auf Erlaubnis zur Gebrauchsüberlassung **eines Teiles der Wohnung** zusteht. Dies ist systemkonform, da dem Mieter bei einer Gebrauchsüberlassung der ganzen Wohnung dem Mieter (ohne dahingehende vertragliche Vereinbarung) kein Anspruch auf Erteilung der Erlaubnis des Vermieters zusteht, sondern diese nur eine Obliegenheit des Vermieters zur Vermeidung einer Kündigungsbefugnis des Mieters darstellt. 33

---

[88] AG Nürnberg WuM 1991, 690; Schmidt-Futterer/*Blank* § 540 Rdnr. 27; a. A. (6 bis 9 m²) Emmerich/Sonnenschein/*Emmerich* § 540, Rdnr. 4; MünchKommBGB/*Bieber* § 553 Rdnr. 9; Staudinger/*Emmerich* § 540, Rdnr. 7.
[89] BVerfG NJW 1984, 41.
[90] Bub/Treier/*Kraemer* III Rdnr. 1023.
[91] LG Bamberg WuM 1974, 197, 198.
[92] Bub/Treier/*Kraemer* III Rdnr. 1022.
[93] LG Berlin NJW-RR 1994, 1289; LG Köln WuM 1978, 15.
[94] LG München I NJW-RR 1991, 1112.
[95] OLG Hamm NJW 1982, 2876; NJW 1992, 513.
[96] LG Aachen NJW 1992, 289.
[97] BGHZ 92, 213, 222 = NJW 1985, 130; OLG Hamm NJW 1982, 2876.
[98] LG Berlin MDR 1967, 403.
[99] Bub/Treier/*Kraemer* III Rdnr. 1023; Schmidt-Futterer/*Blank* § 553 Rdnr. 11.
[100] LG Hamburg WuM 1994, 203.
[101] Insoweit vorbildlich der Vermieter in dem der Entscheidung BGH NZM 2007, 127 ff. zugrunde liegenden Sachverhalt.

34 Überraschenderweise kommt dem Untermietzuschlag sowohl in der Rechtsprechung, als auch in der **Praxis** so gut wie **keine Bedeutung** zu. Der Vermieter kann seine Erlaubnis nur dann von einer Zustimmung des Mieters zu einer angemessenen Mieterhöhung abhängig machen, wenn ihm die Erteilung der Erlaubnis nur bei einer solchen Erhöhung „zuzumuten" ist. Konkrete Kriterien, die diese Leerformel ausfüllen und sie für die Praxis handhabbar machen würden, hat die Rechtsprechung bislang nicht entwickelt. Die Anforderungen an dieses Tatbestandsmerkmal dürften sehr hoch sein, sie soll nicht erfüllt sein, wenn das Verlangen des Vermieters nach einem Untermietzuschlag verständlich oder angemessen erscheint, sondern nur wenn die Erlaubniserteilung ohne angemessene Erhöhung der Miete „grob unbillig"[102] wäre.

35 Hauptanwendungsfälle sind, dass die Gebrauchsüberlassung eines Teils der Wohnung an den Dritten zu einer **verstärkten Abnutzung** der Wohnung oder zu spürbar **höheren Betriebskosten**[103] führt. Jedoch soll nicht einmal die verstärkte Abnutzung einen Untermietzuschlag rechtfertigen, wenn die verstärkte Abnutzung sich noch im Rahmen einer im Verhältnis zur Wohnungsgröße und dem Mietpreis normalen Benutzung hält.[104] Da es schlechterdings unmöglich sein dürfte, mit der für einen Zivilprozess erforderlichen Substantiiertheit vorzutragen, welches Ausmaß an Nutzung sich im Verhältnis zur Wohnungsgröße und Miethöhe als normal darstellt und welches darüber hinausgehende Ausmaß an Abnutzung durch die Gebrauchsüberlassung verursacht wird und da weiter die Abwälzung der Betriebskosten auf den Mieter heute den Regelfall darstellt (dieses Merkmal also nur für nicht umlagefähige Betriebskostenarten oder Inklusivmieten Bedeutung haben kann), stellen sich die Anforderungen der Literatur an dieses Tatbestandsmerkmal im Ergebnis als prohibitiv dar. Richtigerweise ist deshalb darauf abzustellen, welche Miete am Markt üblicherweise für Wohnungen mit einer vergleichbaren Erlaubnis gezahlt wird.[105]

36 Nach der hier vertretenen Auffassung ist dem Vermieter die Erlaubniserteilung ohne Mietanpassung schon dann nicht zuzumuten, wenn der Mieter aus der Gebrauchsüberlassung einen Gewinn erwirtschaftet, also eine höhere Untermiete verlangt, als er selbst gegenüber dem Vermieter schuldet, da der Vertragszweck eben gerade nur in dem (eigenen) Bewohnen der Wohnung liegt und nicht in einer Weitervermietung, d.h. Gewinnerzielung (a. A. die wohl h. M.).[106]

Unabhängig von der dogmatischen Begründung besteht Einigkeit darüber, dass der Untermietzuschlag nicht (mehr) geschuldet wird, wenn das betreffende Untermietverhältnis beendet wird und der Untermieter auszieht.[107]

37 Auf das Verlangen des Vermieters und das erforderliche Einverständnis des Mieters ist § 558 BGB nicht anwendbar.[108] Nach richtiger Auffassung bleibt der Untermietzuschlag auch bei der Berechnung der Kappungsgrenze gem. § 558 Abs. 3 BGG unberücksichtigt.[109]

Der Untermietzuschlag muss „angemessen" sein. Er dürfte deshalb bei nicht preisgebundenen Wohnungen auf die Höhe der ortsüblichen Vergleichsmiete beschränkt sein.[110] Bei preisgebundenem Wohnraum sind die gem. § 26 Abs. 3 NMV zulässigen Untermietzuschläge angemessen.

Eine bestimmte Höhe des Untermietzuschlages kann in Wohnraummietverträgen **formularvertraglich** nicht wirksam festgelegt werden.[111]

---

[102] *Sternel* II Rdnr. 257.
[103] Bub/Treier/*Kraemer* III Rdnr. 1024; *Sternel* a. a. O.; Palandt/*Weidenkaff* § 553, Rdnr. 6; MüKommBGB/*Bieber* § 553 Rdnr. 11; Emmerich/Sonnenschein/*Emmerich* § 553 Rdnr. 11.
[104] Bub/Treier/*Kraemer* a. a. O.
[105] So auch Schmidt-Futterer/*Blank* § 553 Rdnr. 17; Staudinger/*Emmerich* § 553 Rdnr. 16.
[106] *Sternel* a. a. O.
[107] *Sternel* II Rdnr. 260; Bub/Treier/*Kraemer* III Rdnr. 1025.
[108] BayObLG WuM 1986, 205; Bub/Treier/*Kraemer* III Rdnr. 1025; Staudinger/*Emmerich* § 553 Rdnr. 15.
[109] *Sternel*, Mietrecht aktuell, Rdnr. 222; a. A. AG Hamburg WuM 1992, 257; Schmidt-Futterer/*Blank* § 553 Rdnr. 15.
[110] MünchKommBGB/*Bieber* § 553 Rdnr. 11; a. A. wohl Schmidt-Futterer/*Blank* § 553 Rdnr. 15.
[111] MünchKommBGB/*Bieber* § 553 Rdnr. 14 ; Bub/Treier/*Kraemer* III Rdnr. 1026; a. A. allerdings wohl nur im Hinblick auf § 557 BGB, nicht auf §§ 305 ff. BGB LG Köln WuM 1990, 219.

ee) Durchsetzung des Anspruchs auf Erlaubniserteilung. Der Gesetzgeber hat den Anspruch auf Erteilung der Erlaubnis gem. § 553 Abs. 1 BGB als echten, einklagbaren Anspruch ausgestaltet, den der Mieter im Wege der Leistungsklage (Klage auf Abgabe einer Willenserklärung) gegen den Vermieter geltend machen kann. Mit Rechtskraft dieses Urteils gilt die Willenserklärung als abgegeben, § 894 ZPO.

Will der Vermieter geltend machen, dass ihm die Erteilung der Erlaubnis nur gegen eine angemessene Erhöhung der Miete zuzumuten ist, wird er ein dahingehend eingeschränktes, sofortiges Anerkenntnis (§ 93 ZPO) erklären müssen, wenn er nicht das Risiko eingehen will, die Kosten des Rechtsstreits insgesamt tragen zu müssen. Selbst in diesem Fall trägt der Vermieter jedoch das Risiko, ob sich seine Auffassung von der Angemessenheit der Mieterhöhung in dem Rechtsstreit bestätigt. In diesem Zusammenhang erscheint es äußerst fraglich, ob insoweit ein unbezifferter Klageantrag mit der Maßgabe zulässig ist, die Höhe des Untermietzuschlages in das Ermessen des Gerichts (Schätzung analog § 287 ZPO) zu stellen.[112]

Der Mieter soll auch dazu berechtigt sein, seinen Anspruch auf Erteilung der Erlaubnis als **Einrede** gegen eine Unterlassungs- oder Räumungsklage des Vermieters geltend zu machen.[113] Auf die **praktisch äußerst wichtige** Frage, ob der Vermieter zur fristlosen Kündigung des Mietverhältnisses auch dann berechtigt ist, wenn dem Mieter zwar materiellrechtlich ein Anspruch auf Erlaubniserteilung zugestanden hätte, er es aber unterlassen hat, die Erlaubnis des Vermieters einzuholen, wird nachfolgend im Zusammenhang mit den Kündigungsbefugnissen (vgl. hierzu Rdnr. 77 ff.) näher eingegangen.

Die Erlaubnis des Vermieters bedarf auch bei Mietverträgen, die für eine längere Zeit als ein Jahr fest abgeschlossen wurden, nicht der **Schriftform** gem. § 550 BGB[114] (vgl. hierzu ausführlich Rdnr. 14), ein etwaiger Erwerber der Wohnung tritt gem. § 566 BGB in durch die erteilte Erlaubnis geschaffene Vertragslage ein.[115]

Der Vermieter ist nicht dazu berechtigt, die Erteilung der Erlaubnis an Bedingungen, Auflagen oder eine Befristung zu knüpfen.[116]

Die angemessen Mieterhöhung kann dem Mieter nicht aufgezwungen werden. Ist dieser mit der Mieterhöhung nicht einverstanden, kann und darf der Vermieter die Erlaubnis zur Gebrauchsüberlassung versagen. Im nachfolgenden Rechtsstreit ist sodann zu überprüfen, ob dies zu Recht geschehen ist, weil dem Vermieter die Erlaubniserteilung anders nicht zuzumuten war.

Verweigert der Vermieter die Erlaubnis zur Untervermietung zu Unrecht, ist der Mieter sowohl zur außerordentlichen, befristeten Kündigung analog § 540 Abs. 1 S. 2 BGB,[117] als auch wegen Nichtgewährung des vertragsmäßigen Gebrauches zur **fristlosen Kündigung** gem. § 543 Abs. 2 Nr. 1 BGB[118] berechtigt. Daneben kommt ein **Schadensersatzanspruch** aus pVV (§ 280 Abs. 1 BGB) in Betracht, der in erster Linie auf Erstattung der dem Mieter entgehenden Untermiete gerichtet ist,[119] allerdings nur, wenn dem Mieter ein Anspruch auf Erteilung der Erlaubnis zustand.[120]

3. Übertragung der Mieterrechte

a) Abtretung des Anspruchs auf Gebrauchsüberlassung. Da die Auswahl zumal des Wohnungsmieters besonders von dem Vertrauen in dessen Zuverlässigkeit geprägt ist, ist wegen des schutzwürdigen Interesses des Vermieters der Gebrauchsüberlassungsanspruch gemäß

---

[112] So aber Soergel/*Heintzmann* § 549 Rdnr. 39.
[113] OLG Hamburg WuM 1982, 41; LG München I NJW-RR 1991, 1112.
[114] *Sternel*, Mietrecht aktuell, Rdnr. 212.
[115] LG Kiel WuM 1994, 610.
[116] LG Hamburg WuM 1993, 737; a. A. wohl Schmidt-Futterer/*Blank* § 540 Rdnr. 51 für eine Befristung.
[117] Bub/Treier/*Kraemer* III Rdnr. 1019; Schmidt-Futterer/*Blank* § 553 Rdnr. 2; § 540 Rdnr. 73.
[118] BGHZ 89, 308 ff., 312 = NJW 1994, 1031; OLG Düsseldorf WuM 1995, 585; Schmidt-Futterer/*Blank* § 553 Rdnr. 2; § 540 Rdnr. 73.
[119] AG Offenbach WuM 1994, 537; Schmidt-Futterer/*Blank* a. a. O.
[120] Andernfalls steht ihm nur das Sonderkündigungsrecht gem. § 540 Abs. 1 S. 2 BGB zu, vgl. MünchKommBGB/*Bieber* § 553 Rdnr. 12.

§ 399 BGB nicht ohne dessen Zustimmung abtretbar.[121] Dies ist auch nur konsequent, da andernfalls § 540 BGB durch eine Abtretung umgangen werden könnte. Erteilt der Vermieter seine Zustimmung zu der Abtretung, erwirbt der Mieter nur isoliert den Gebrauchsüberlassungsanspruch, ohne im Übrigen in die Rechte und Pflichten aus dem Mietvertrag einzutreten. Im Übrigen soll § 540 BGB analog auf § 399 BGB anwendbar sein, so dass der Mieter zur Kündigung berechtigt ist, wenn der Vermieter seine Zustimmung grundlos verweigert.[122]

45 **b) Eintritt eines neuen Mieters.** Es bedarf ebenfalls der Zustimmung des Vermieters, also einer **dreiseitigen Vereinbarung,** wenn der Mieter einen Dritten an seiner Stelle oder neben sich als (weiteren) Mieter in das Mietverhältnis eintreten lassen möchte.[123]

46 **c) Vermietung an eine Wohngemeinschaft.** Ist der Mietvertrag mit einer Wohngemeinschaft als Mieter abgeschlossen worden, soll damit nach herrschender Meinung[124] **stillschweigend vereinbart** sein, dass der Vermieter einer Entlassung ausscheidender Mitglieder aus dem und dem Eintritt neuer Mitglieder in das Mietverhältnis zustimmen muss. Dies gilt jedenfalls dann, wenn der Vermieter diese Praxis jahrelang kennt[125] und ihr nicht beim ersten ihm bekannt werdenden Wechsel widerspricht.[126]

47 Auch bei vertraglich gestattetem Mitgliederwechsel kann der Vermieter diesem widersprechen, wenn ihm das neu eintretende Mitglied gemäß § 540 Abs. 1 S. 2 BGB nicht zugemutet werden kann.[127] Mangelnde Solvenz soll hierfür nicht ausreichen, da die mehreren Mieter solidarisch für die Miete haften.[128]

Praxistipp:

48 Es ist sehr wichtig, dass der Vermieter bei Abschluss eines Mietvertrages mit einer Wohngemeinschaft die Mieter vertraglich dazu verpflichtet, ihm das Eintreten und Ausscheiden von Mitgliedern schriftlich anzuzeigen und dass er die Einhaltung dieser Verpflichtung gelegentlich vor Ort überprüft, um auszuschließen, dass er Gestaltungsrechte (Mieterhöhungen, Kündigungen) nicht wirksam ausüben kann, da ihm nicht bekannt ist, welche Personen gegenwärtig als Mieter seine Vertragspartner sind.

Weiter ist es für den Vermieter überragend wichtig, daß sich die Mieter in dem Mietvertrag wechselseitig zur Entgegennahme von Willenserklärungen bevollmächtigen,[129] da der Vermieter andernfalls das Mietverhältnis betreffende Willenserklärungen wie insbesondere Mieterhöhungsverlangen und Kündigungen nicht wirksam abgeben kann, wenn die Mieter – wie in der Praxis bei studentischen Wohngemeinschaften in der Regel – ihre Auskunftsverpflichtung nicht erfüllen.

Da all dies kaum zuverlässig sichergestellt werden kann, ist von der Vermietung an eine Wohngemeinschaft generell abzuraten. Für den Vermieter ist es rechtlich sicherer, die Wohnung nur an einen Mieter zu vermieten und diesem die Untervermietung generell zu gestatten.

II. Untermiete

49 Bei dem Mieter gestatteter Gebrauchsüberlassung an einen Dritten, insbesondere der (entgeltlichen) Untermiete, stellen sich die vertraglichen Beziehungen zwischen den Parteien dar wie folgt:

---

[121] RGZ 134, 91 ff., 96; BGH NJW 1972, 2036.
[122] BGH NJW 1972, 2036.
[123] BGHZ 72, 394 = NJW 1979, 369.
[124] LG Frankfurt/M. WuM 1991, 33; LG Göttingen NJW-RR 1993, 783; LG Hamburg WuM 1995, 697; LG Karlsruhe WuM 1997, 429; NJW 1985, 1561; a. A. LG Trier WuM 1997, 548; a. A. Schmidt-Futterer/*Blank* § 540 Rdnr. 18, der die Vereinbarung eines vorweggenommenen Mieterwechsels für erforderlich hält.
[125] LG Braunschweig WuM 1982, 188 f.; LG München I WuM 1982, 188 f.
[126] Bub/Treier/*Kraemer* III Rdnr. 1028.
[127] LG Hamburg a. a. O. (Fn. 124).
[128] LG Göttingen a. a. O. (Fn. 124).
[129] Vgl. hierzu § 11 Rdnr. 70 ff.

1. Rechtsverhältnisse Vermieter – Mieter

Der Inhalt des Vertragsverhältnisses zwischen dem Vermieter und dem Mieter bleibt auch im Falle einer dem Mieter gestatteten Gebrauchsüberlassung an Dritte **unverändert**. Gem. § 540 Abs. 2 BGB muss der Mieter für ein Verschulden des Dritten, dem er die Wohnung (sei es auch nur teilweise) zum Gebrauch überlassen hat, einstehen.

> **Praxistipp:**
>
> Von großer Bedeutung ist, dass der Mieter dem Vermieter gegenüber auch dafür einzustehen hat, dass der Dritte keinen anderen oder weitergehenden Gebrauch von der Wohnung macht, als dem Mieter selbst nach dem Inhalt des Mietvertrages gegenüber dem Vermieter zusteht. Im Falle eines vertragswidrigen Gebrauchs durch den Dritten stehen dem Vermieter deshalb – nach erfolgloser Abmahnung! – folgende Handlungsalternativen offen:
> - Unterlassungsklage gem. § 541 BGB;
> - Kündigung des Mietverhältnisses, und zwar entweder fristlose Kündigung gem. § 543 Abs. 2 Nr. 2 BGB oder ordentliche Kündigung wegen schuldhafter Pflichtverletzungen gem. § 573 Abs. 2 Nr. 1 BGB;
> - Widerruf der Erlaubnis zur Untervermietung (s. o. Rdnr. 18 ff.).

Dem Vermieter steht zum Zwecke der Durchsetzung des Herausgabeanspruchs aus § 546 Abs. 2 BGB ein Auskunftsanspruch gegen den Mieter zu.[130]

2. Rechtsverhältnisse Mieter – Untermieter

Das Vertragsverhältnis zwischen dem Mieter und dem Untermieter stellt ein normales Mietverhältnis dar, auf das die §§ 535 ff. BGB anwendbar sind. Den Mieter treffen daher alle üblichen Pflichten eines Vermieters, er hat insbesondere dafür einzustehen, dass er dem Untermieter den diesem in dem (Unter-)Mietvertrag eingeräumten Gebrauch auch gewähren kann.

> **Praxistipp:**
>
> Es ist für den Mieter deshalb dringend erforderlich, das Vertragsverhältnis zu dem Untermieter so zu gestalten, dass er diesem **keine weitergehenden Rechte** einräumt, als ihm selbst nach dem Mietvertrag gegenüber dem Vermieter zustehen.

Bezüglich des Vertragsabschlusses ist zu empfehlen, diesen erst vorzunehmen, wenn der Vermieter die Erlaubnis zur Gebrauchsüberlassung bereits erteilt hat. Will der Untermieter nicht so lange zuwarten, bleibt dem Mieter keine andere Möglichkeit, als die Erteilung der Erlaubnis des Vermieters zur (aufschiebenden) Bedingung für den Bestand des Untermietvertrages zu erheben. Dies ist eindeutig zu regeln, ein bloßer Hinweis in dem Untermietvertrag darauf, dass die Erlaubnis des Vermieters erforderlich ist, genügt hierfür nicht.[131]

Hat sich der Untermieter bei Abschluss des Untermietvertrages gutgläubig für den Hauptmieter gehalten und stehen dem Hauptmieter im Verhältnis zum Vermieter die Schutzrechte der §§ 573, 574 BGB zu, so kann der Untermieter dem direkten Herausgabeanspruch des Vermieters aus § 546 Abs. 2 BGB die Einrede des Rechtsmissbrauchs entgegenhalten.[132] Dies führt auch zu Ansprüchen des Vermieters gegen den Mieter, z. B. auf Nutzungsentschädigung gemäß § 546a BGB, Erstattung von Verzugsschaden o. ä. Aus diesem Grund ist es in der **Praxis** sehr wichtig, dass der Mieter in dem Untermietvertrag ausdrücklich darauf hinweist, dass es sich nur um einen Untermietvertrag handelt. Dies kann z. B. so geschehen,

---

[130] LG Nürnberg GvT 2008, 348; OLG Hamburg NZM 1998, 758.
[131] RGZ 81, 59 ff., 62 f.
[132] BGHZ 84, 90 = NJW 1982, 1696.

dass der Vertrag ausdrücklich mit „Untermietvertrag" überschrieben und in der Präambel auf die Parteien und das Datum des Hauptmietvertrages hingewiesen wird.

55 Weiter empfiehlt es sich in der **Praxis**, den Untermieter ausdrücklich dazu zu verpflichten, die Rechte und Pflichten aus dem Mietvertrag zwischen dem Vermieter und dem Mieter einzuhalten. Eine solche Regelung in dem Untermietvertrag könnte formuliert werden wie folgt:

> **Formulierungsvorschlag:**
>
> Dem Untermieter ist der Inhalt des Mietvertrages zwischen dem Vermieter und dem Mieter bekannt, der Mietvertrag ist diesem Untermietvertrag als Anlage Nr. ... beigefügt. Der Untermieter verpflichtet sich ausdrücklich zur Einhaltung der Regelungen des Mietvertrages zwischen dem Vermieter und dem Mieter, die zum Bestandteil des vorliegenden Untermietvertrages gemacht werden, sofern dieser keine abweichende Regelungen enthält.

56 Für den Fall der **Vertragsbeendigung** ist zu beachten, dass es **kein** berechtigtes Interesse des Mieters zur Kündigung des Untermietvertrages im Sinne von § 573 BGB begründet, dass sein Mietverhältnis mit dem Vermieter auf Grund einer wirksamen Kündigung des Vermieters endet.[133] Diese Rechtsprechung ist allerdings sämtlich zum Sonderfall des gewerblichen Zwischenmietverhältnisses bei Bauherrenmodellen ergangen. Ihre Übertragbarkeit auf eine Untervermietung außerhalb dieser Fallkonstellation erscheint zweifelhaft.

57 Um das Risiko zu vermeiden, dem Untermieter den Gebrauch der Mietsache gewähren zu müssen, hierzu wegen Beendigung des Hauptmietverhältnisses aber nicht (mehr) in der Lage zu sein, wäre es zweckmäßig, den Bestand des Untermietvertrages (im Sinne einer auflösenden Bedingung) vom Bestand des Hauptmietverhältnisses abhängig zu machen. Damit wäre der Mieter für den Fall einer wirksamen Vermieterkündigung gegenüber dem Untermieter abgesichert sein, dessen Kündigungsschutz jedoch nicht durch eine einvernehmliche Aufhebung des Hauptmietverhältnisses umgangen werden kann, eine vereinbarte Abfindung hätte der Mieter gem. § 285 BGB an den Untermieter herauszugeben.[134]

Gemäß dem durch das Mietrechtsreformgesetz in das BGB eingeführten § 572 Abs. 2 ist eine derartige Bedingung allerdings unwirksam,[135] so dass der Mieter im Verhältnis zum Untermieter das Risiko des Fortbestands des Hauptmietverhältnisses nicht sicher abwälzen kann.

58 In diesem Zusammenhang ist allgemein darauf hinzuweisen, dass der Untermieter dem direkten Herausgabeanspruch des Vermieters aus § 546 Abs. 2 BGB den Einwand des Rechtsmissbrauchs gem. § 242 BGB entgegenhalten kann, wenn Vermieter und Mieter das Hauptmietverhältnis einvernehmlich nur zu dem Zweck aufheben, die Beendigung des Untermietvertrages unter Umgehung des dem Untermieter gegenüber dem Mieter zustehenden Kündigungsschutzes zu erzwingen.[136] Dies gilt jedoch dann nicht, wenn ein vernünftiger Grund für die einvernehmliche Aufhebung des Mietverhältnisses zwischen Vermieter und Mieter vorliegt.[137]

3. Rechtsverhältnisse Vermieter – Untermieter

59 Zwischen Vermieter und Untermieter bestehen **keine vertraglichen Beziehungen**. Der einzige dem Vermieter direkt gegen den Untermieter zustehende Anspruch ist der Räumungs- und Herausgabeanspruch gemäß § 546 Abs. 2 BGB (vgl. hierzu auch Rdnr. 54).

Ein vertraglicher Anspruch auf Nutzungsentschädigung steht dem Vermieter gemäß § 546a Abs. 1 BGB nur gegen den Mieter, nicht aber auch gegen den Untermieter zu. Gerät der Untermieter mit der Erfüllung des Herausgabeanspruchs gemäß § 546 Abs. 2 BGB in Verzug, schuldet er dem Vermieter Erstattung des Verzugsschadens nach §§ 286, 280 Abs. 2

---

[133] BGH NJW 1996, 1886, 1887; OLG Stuttgart WuM 1993, 386, 387; LG Köln WuM 1985, 709; Emmerich/Sonnenschein/*Haug* § 573 Rdnr. 83; einschränkend Schmidt-Futterer/*Blank* § 573 Rdnr. 201 f.
[134] BGH WuM 1986, 54.
[135] Schmidt-Futterer/*Blank* § 540 Rdnr. 6, § 572 Rdnr. 10; Emmerich/Sonnenschein/*Haug* § 572, Rdnr. 3.
[136] AG Helmstedt WuM 1989, 19; AG Tübingen ZMR 1989, 307.
[137] KG ZMR 1988, 97.

BGH.[138] Die Untergerichte stellen an den Nachweis eines Schadens enorm hohe Anforderungen, da der Vermieter substantiiert vortragen und beweisen muss, an wen, zu welchem Zeitpunkt und zu welcher Miete er die Wohnung hätte vermieten können, wenn der Untermieter seine Herausgabepflicht rechtzeitig erfüllt hätte. Dies ist wirklichkeitsfremd, da am Markt ernsthafte Vermietungsbemühungen nicht möglich sind, solange eine Wohnung noch im Besitz eines Dritten sind und der Rückgabezeitpunkt (und zumeist auch der Zustand der Wohnung nach erfolgter Rückgabe) völlig ungewiss ist. Der Anspruch auf Erstattung des Verzugsschadens ist deshalb in der Praxis nicht durchsetzbar. Sachliche Veranlassung, den säumigen Untermieter über derart überzogene Anforderungen an die Darlegungspflicht des Vermieters der Folgen seines Verzuges zu entheben, besteht jedoch nicht.

Im Übrigen besteht weitgehend Einigkeit, dass der Untermieter jedenfalls ab dem Zeitpunkt, ab dem er weiß, dass er sich unrechtmäßig im Besitz der Wohnung befindet, **Erstattung des Wertes der unrechtmäßig gezogenen Nutzung** schuldet. Der Anspruch ergibt sich nach h. M.[139] aus §§ 987, 990 BGB, setzt also voraus, dass der Vermieter zugleich Eigentümer ist. Nach einer Mindermeinung[140] soll Anspruchsgrundlage § 812 BGB sein. Der Anspruch ist auf Erstattung des **objektiven Mietwertes** gerichtet, was in der **Praxis** eine kostenintensive Beweiserhebung durch Sachverständigengutachten über den objektiven Mietwert erforderlich macht. Dies ist inkonsequent, da sich ein „objektiver Mietwert" wohl überhaupt nicht feststellen lässt und die Sachverständigen eben auch nur Aussagen zu den am Markt üblichen Entgelten treffen können. 60

> **Praxistipp:**
> Es empfiehlt sich deshalb, in dem Herausgabeverlangen gemäß § 546 Abs. 2 BGB für den Fall der nicht fristgerechten Räumung und Herausgabe die Geltendmachung der Nutzungsentschädigung ausdrücklich anzukündigen.

III. Haftungsfragen und Kündigungsbefugnisse

1. Haftungsfragen

Gemäß § 540 Abs. 2 BGB hat der **Mieter** für ein **Verschulden des Dritten** einzustehen. Die Vorschrift ist eigentlich überflüssig, da der Dritte schon Erfüllungsgehilfe des Mieters ist, für dessen Verschulden dieser nach § 278 BGB haftet.[141] Auf eigenes Verschulden des Mieters kommt es daneben nicht an. Das Tatbestandsmerkmal des Verschuldens des Dritten „beim Gebrauch" wird von der Rechtsprechung sehr weitgehend ausgelegt, es umfasst alle Handlungen des Dritten in den Räumen einschließlich vorsätzlicher Beschädigungen.[142] 61

Zwar muss der Vermieter das Verschulden des Dritten grundsätzlich beweisen, doch muss sich der Mieter nach den Regeln der Beweislastverteilung nach Gefahrenkreisen[143] entlasten, wenn feststeht, dass der Schaden durch den Dritten verursacht wurde oder sich in dessen Verantwortungsbereich ereignet hat.[144] 62

---

[138] BGHZ 131, 95 ff., 100 = NJW 1996, 321.
[139] BGH WM 1968, 1370; OLG Hamburg WuM 1997, 223; LG Stuttgart NJW-RR 1990, 654; LG Köln WuM 1997, 46; LG/AG Kempten WuM 1996, 36; LG Kiel WuM 1995, 540; MünchKommBGB/*Bieber* § 546a Rdnr. 8; Bub/Treier/*Scheuer* V 238; *Sternel* IV Rdnr. 585; Emmerich/Sonnenschein/*Rolfs* § 546a Rdnr. 6; Schmidt-Futterer/*Blank* § 540 Rdnr. 13; a. A. Emmerich/Sonnenschein/*Emmerich* Miete § 540 Rdnr. 17, nach dem sich der Anspruch aus Verzug oder Bereicherungsrecht ergeben soll.
[140] OLG Düsseldorf ZMR 1994, 215; LG Freiburg WuM 1989, 287; Emmerich/Sonnenschein/*Emmerich* Miete § 540 Rdnr. 17.
[141] Allgemeine Meinung, vgl. etwa MünchKommBGB/*Bieber* § 540 Rdnr. 24.
[142] BGHZ 112, 307 = NJW 1991, 489; OLG München NJW-RR 1987, 727; LG Berlin WuM 1995, 395; Schmidt-Futterer/*Blank* § 540 Rdnr. 77; a. A. nur *Sternel* II Rdnr. 262.
[143] Vgl. etwa Staudinger/*Otto* (2004) § 280 Rdnr. F 28; für Mietverträge z. B. BGH NJW 1964, 33; BB 1977, 866.
[144] Bub/Treier/*Kraemer* III Rdnr. 1029; III Rdnr. 960.

63 Hat der Mieter dem Dritten den Gebrauch **ohne Erlaubnis** des Vermieters überlassen (und stand ihm auch kein Anspruch gegen den Vermieter auf Erlaubniserteilung zu), stellt bereits dies eine eigene, schuldhafte Vertragsverletzung des Mieters dar, so dass dieser dem Vermieter für daraus entstehende Schäden auch ohne Verschulden des Dritten haftet.[145]

64 Es wurde bereits oben (Rdnr. 43) darauf hingewiesen, dass der **Vermieter** dem **Mieter Schadenersatz** wegen positiver Vertragsverletzung schuldet, wenn er die Erlaubnis zur Gebrauchsüberlassung schuldhaft unberechtigt nicht erteilt, dem Mieter aber aus § 553 Abs. 1 S. 1 BGB ein vertraglicher[146] Anspruch auf Erteilung der Erlaubnis zusteht.

65 Der **Dritte** ist (anders als die nächsten Angehörigen, die der Mieter als Ausfluss seines Gebrauchsrechts in die Wohnung aufnehmen darf) nicht, und zwar auch nicht bei vom Vermieter gestatteter Gebrauchsüberlassung, in den **Schutzbereich** des Mietvertrages zwischen Vermieter und Mieter einbezogen,[147] so dass dem Dritten bei vom Vermieter zu vertretenden Schäden kein vertraglicher Schadenersatzanspruch gegen diesen zusteht.

66 Die Haftung des Mieters gegenüber seinem **Untermieter** richtet sich nach §§ 536 ff. BGB, so dass der Mieter dem Dritten insbesondere dafür einzustehen hat, dass der Vermieter die Erlaubnis zur Gebrauchsüberlassung auch erteilt.[148]

2. Kündigungsrechte des Mieters

67 Da dem Mieter im Regelfall kein Anspruch auf Genehmigung der Gebrauchsüberlassung zusteht, er jedoch gemäß § 537 BGB allein das Verwendungsrisiko der Mietsache trägt, billigt ihm § 540 Abs. 1 S. 2 BGB als Ausgleich für Fälle, in denen die Verwendung der Wohnung für ihn nicht mehr von Interesse ist, ein Recht zur außerordentlichen Kündigung mit gesetzlicher Frist zu. Die Regelung ist in der **Praxis** nur dann von Bedeutung, wenn eine bestimmte Laufzeit vereinbart oder das Recht zur ordentlichen Kündigung sonst (wirksam) ausgeschlossen wurde, also zumeist bei **gewerblichen Mietverhältnissen**.

68 Voraussetzung für das Kündigungsrecht ist, dass der Mieter den Vermieter um die Erteilung seiner Erlaubnis gebeten, der Vermieter seine Erlaubnis jedoch verweigert hat. Der ausdrücklichen Verweigerung der Erlaubnis stehen gleich:
- Schweigen des Vermieters, obwohl ihn der Mieter mit angemessener Frist zur Erklärung aufgefordert hatte.[149] Dies gilt jedoch nur, wenn der Mieter den Untermietinteressenten zuvor namentlich benannt hat.[150] Nach einer zu einem gewerblichen Mietverhältnis ergangenen Entscheidung soll dies nur dann gelten, wenn der Mieter den Vermieter ausdrücklich darauf hingewiesen hat, daß er dessen Schweigen innerhalb der ihm gesetzten Frist als Verweigerung der Zustimmung ansehen werde.[151] Das Kündigungsrecht besteht nicht, wenn der Vermieter die Erlaubnis zwar nach Ablauf der ihm vom Mieter gesetzten Frist, aber vor Ausspruch der außerordentlichen Kündigung erteilt hat;[152]
- Der Vermieter macht die Erteilung von Einschränkungen oder Auflagen abhängig, die im Mietvertrag oder § 540 BGB keine Stütze finden.[153] Dieser Fall liegt auch vor, wenn der Vermieter seine Erlaubnis von einem Untermietzuschlag abhängig macht, obwohl ihm ein solcher dem Grund oder der Höhe nach nicht zusteht.[154] In der **Praxis** muss sich der Vermieter also entscheiden, ob er für das Ziel einer Durchsetzung des Untermietzuschlages eine Beendigung des Mietverhältnisses zu riskieren bereit ist;

---

[145] Allgemeine Meinung, vgl. etwa MünchKommBGB/*Bieber* § 540 Rdnr. 25; Emmerich/Sonnenschein/*Emmerich* Miete § 540 Rdnr. 21.
[146] Gegebenenfalls im Rahmen ergänzender Vertragsauslegung, KG KGR 2004, 23.
[147] BGHZ 70, 327 = NJW 1978, 883.
[148] Vgl. etwa Emmerich/Sonnenschein/*Emmerich* Miete § 540 Rdnr. 19.
[149] LG Berlin NZM 1999, 405; AG Hamburg-Wandsbek WuM 1986, 314; Bub/Treier/*Grapentin* IV Rdnr. 215; Emmerich/Sonnenschein/*Emmerich* Miete § 540 Rdnr. 10.
[150] OLG Koblenz NZM 2001, 581; OLG Hamm OLGR 1992, 275; LG Berlin GE 2006, 1405; LG Berlin NZM 2002, 338; LG Berlin NZM 1999, 405; a. A. LG Berlin NZM 2001, 231; Schmidt-Futterer/*Blank* § 540 Rdnr. 69 ff.; *Seyfarth* NZM 2002, 200 ff., 203.
[151] KG NZM 2008, 287 f.
[152] LG Berlin GE 2006, 1405 f.
[153] RGZ 74, 176, 179; BGHZ 59, 3 ff., 7 f. = NJW 1972, 1267; Schmidt-Futterer/*Blank* § 540 Rdnr. 73.
[154] *Sternel* IV Rdnr. 485.

- Der Vermieter widerspricht ganz allgemein und kategorisch jeder Untervermietung.[155] Dies gilt selbst dann, wenn der Mieter zuvor keinen konkreten Untermietinteressenten benannt hatte.[156]

69 Dieser Fall ist von enormer **praktischer Bedeutung**: Gerade um eine Umgehung einer **fest vereinbarten Laufzeit** über das außerordentliche Kündigungsrecht des § 540 Abs. 1 S. 2 BGB zu vermeiden, müssen Vermieter dringend darauf achten, das Ansinnen des Mieters nie generell abzulehnen, sondern allenfalls dann, wenn der Mieter ihnen umfassend Auskunft über die Person des Dritten und die von ihm beabsichtigte Nutzung erteilt haben und danach ein wichtiger Grund in der Person des Mieters zu bejahen ist (vgl. hierzu auch Rdnr. 31).

70 Um den Mieter in die Lage zu versetzen zu prüfen, ob eine Kündigung gemäß § 540 Abs. 1 S. 2 BGB Aussicht auf Erfolg verspricht, muss der Vermieter dem Mieter jedenfalls auf dessen **Verlangen** hin seine Versagungsgründe mitteilen.[157] Auf andere Gründe kann sich der Vermieter nur berufen, wenn sie ihm bei Erteilung der unverschuldet unbekannt war oder später entstanden sind.[158] Nach richtiger Ansicht dürfte die Obliegenheit des Vermieters, seine Versagungsgründe mitzuteilen, nur dann bestehen, wenn der Mieter seinerseits zuvor den Dritten benannt und die für die Entscheidung des Vermieters erforderlichen Angaben mitgeteilt hat.[159]

> **Praxistipp:**
> Es empfiehlt sich für den **Mieter** daher, seine Bitte um Erlaubniserteilung möglichst ausführlich zu begründen.

71 Aus Sicht des **Vermieters** sollte zur Vermeidung des Risikos einer möglicherweise wirksamen Kündigung die Erlaubnis nicht mit der Begründung versagt werden, der Mieter habe die erforderlichen Angaben nicht mitgeteilt. Vielmehr empfiehlt es sich, dem Mieter zunächst mitzuteilen, dass die Erlaubnis versagt wird, wenn dieser die entscheidenden Angaben nicht innerhalb einer zu setzenden Frist mitteilt.

72 Hinsichtlich des Ausspruchs der Kündigung gelten die allgemeinen Regeln, gemäß § 573d Abs. 2 BGB gilt die gesetzliche Kündigungsfrist. Die Kündigung kann nicht nur für den ersten Termin, zu dem sie möglich ist, wirksam ausgesprochen werden, vielmehr steht dem Mieter eine **angemessene Überlegungsfrist**[160] zu. Erst wenn diese verstrichen ist, hat der Mieter sein Kündigungsrecht verwirkt.

Das Kündigungsrecht ist ausgeschlossen, wenn in der Person des Dritten ein wichtiger Grund vorliegt (vgl. hierzu oben Rdnr. 29 ff.).

73 Steht dem Mieter vertraglich oder gemäß § 553 Abs. 1 BGB ein Anspruch auf Erteilung der Erlaubnis zu, kann er bei unrechtmäßiger Versagung nach erfolgloser Abmahnung die fristlose Kündigung des Mietverhältnisses gemäß § 543 Abs. 2 Nr. 1 BGB aussprechen[161] (vgl. hierzu Rdnr. 21, 43).

3. Kündigungsrechte des Vermieters

74 § 543 Abs. 2 Nr. 2 BGB nennt als gesetzliches Regelbeispiel eines vertragswidrigen Gebrauchs, wegen dessen der Vermieter nach erfolgloser Abmahnung die **fristlose Kündigung** aussprechen kann, dass der Mieter die Mietsache „unbefugt einem Dritten überlässt". We-

---

[155] KG WuM 1996, 696; OLG Düsseldorf DWW 1998, 20; LG Berlin WuM 1996, 763; Emmerich/Sonnenschein/*Emmerich* Miete § 540 Rdnr. 10.
[156] BGHZ 59, 3 ff., 7 f. = NJW 1972, 1267; KG ZMR 1996, 648, 649; LG Köln WuM 1994, 468.
[157] BGHZ 59, 3 ff., 7 f. = NJW 1972, 1267.
[158] RGZ 74, 176 ff., 178; 92, 118 ff., 120; Schmidt-Futterer/*Blank* § 540 Rdnr. 74.
[159] *Sternel* IV Rdnr. 485.
[160] BGHZ 59, 3 ff., 9 = NJW 1972, 1267.
[161] BGHZ 89, 308 ff., 312 = NJW 1984, 1031; OLG Düsseldorf WuM 1995, 585.

gen der allgemeinen Voraussetzungen einer fristlosen Kündigung gemäß § 543 BGB vgl. die Ausführungen zu diesem Kündigungstatbestand (in § 29 II).

75 Das Belassen des Gebrauchs ist unbefugt, wenn der Vermieter die Gebrauchsüberlassung weder allgemein, noch im Einzelfall gestattet hat. Einer **erheblichen Verletzung** der Rechte des Vermieters bedarf es daneben – auch nach der Mietrechtsreform – nicht, sie wird bei dem gesetzlichen Regelbeispiel vielmehr **indiziert**.[162] Die Gegenmeinung, die eine zusätzliche, erhebliche Verletzung der Rechte des Vermieters für erforderlich hält,[163] ist abzulehnen, da der Reformgesetzgeber die materielle Rechtslage gegenüber § 553 BGB a. F. ausdrücklich nicht verändern wollte.[164]

> **Praxistipp:**
>
> 76 Es ist dabei von enormer Bedeutung, dass die fristlose Kündigung gemäß § 242 BGB ausgeschlossen ist, wenn die Mieter die Erlaubnis des Vermieters zwar nicht eingeholt hat, ihm materiellrechtlich jedoch ein Anspruch auf Erteilung der Erlaubnis zusteht.[165] In diesem Fall bleibt dem Vermieter allenfalls eine ordentliche Kündigung wegen schuldhafter Pflichtverletzung des Mieters gemäß § 573 Abs. 2 Nr. 1 BGB.[166]

77 Es kann ein Recht des Vermieters zur ordentlichen Kündigung gemäß § 573 Abs. 2 Nr. 1 BGB begründen, wenn dem Mieter zwar ein Anspruch auf Erteilung der Erlaubnis gegen den Vermieter zustehen würde, er den Gebrauch dem Dritten jedoch überlässt, ohne die Erlaubnis auch einzuholen. Dies gilt freilich nur, wenn den Mieter ein **Verschulden** trifft und durch die Nichteinholung der Erlaubnis die **Interessen des Vermieters erheblich verletzt** werden. Hierfür kommt es auf die konkreten Umstände des Einzelfalles an.[167] Für die Durchsetzung einer solchen Kündigung besteht in der **Praxis** ein großes Risiko, da es im Hinblick auf den strengen Prüfungsmaßstab der Instanzgerichte kaum möglich sein dürfte nachvollziehbar darzulegen, dass und warum dem Vermieter eine Fortsetzung des Mietverhältnisses allein wegen der unterbliebenen Einholung der Erlaubnis nicht zuzumuten sein soll. Da in diesem Fall jedoch schon das Recht zur fristlosen Kündigung nach § 543 BGB besteht, kommt der ordentlichen Kündigung daneben keine praktische Bedeutung zu.

> **Praxistipp:**
>
> Es ist nicht ratsam, statt einer möglichen fristlosen Kündigung gemäß § 543 BGB nur, etwa um den Mieter möglichst weitgehend zu schonen, eine ordentliche Kündigung gemäß § 573 BGB auszusprechen, da dies von Mieter und Gericht so verstanden würde, als zweifelte der Vermieter selbst an seiner Rechtsposition. Dies gilt umso mehr, als eine unwirksame fristlose Kündigung unter gewissen Umständen in eine ordentliche Kündigung **umgedeutet** werden kann.[168]

---

[162] BGH NJW 1985, 2527; OLG Hamm NJW-RR 1997, 1370; BayObLG NJW-RR 1991, 461; OLG Frankfurt/M. WuM 1988, 395; OLG Hamburg WuM 1982, 41; Palandt/*Weidenkaff* § 543 Rdnr. 20; *Lammel* § 543 Rdnr. 82 a f.; dies gilt jedenfalls dann, wenn dem Mieter kein Anspruch auf Zustimmung zu Untervermietung zusteht, vgl. Emmerich/Sonnenschein/*Emmerich* Miete § 543 Rdnr. 25.

[163] *Sternel* IV Rdnr. 390; Schmidt-Futterer/*Blank* § 543 Rdnr. 70; *Kraemer* NZM 2001, 553 ff., 560; *Lützenkirchen* Rdnr. 866.

[164] Begr. d. RefE., abgedruckt bei *Lützenkirchen* Rdnr. 1145.

[165] BGH NJW 1985, 2527; BayObLG NJW-RR 1991, 461; WuM 1991, 18; OLG Hamm ZMR 1997, 349; Emmerich/Sonnenschein/*Emmerich* Miete § 543 Rdnr. 25; Bub/Treier/*Kraemer* III Rdnr. 1034; Bub/Treier/ *Grapentin* IV Rdnr. 166; Schmidt-Futterer/*Blank* § 543 Rdnr. 70; a. A. MünchKommBGB/*Bieber* § 553 Rdnr. 24, nach dem eine Interessenabwägung erforderlich sei.

[166] BayObLG ZMR 1995, 301 ff.; Palandt/*Weidenkaff* § 540 Rdnr. 14; § 573, Rdnr. 19 (jedoch könne ein Anspruch auf Erteilung der Zustimmung einem berechtigten Kündigungsinteresse wiederum entgegen stehen).

[167] BayObLG ZMR 1995, 301 ff., 303.

[168] Vgl. hierzu BGH NJW 1981, 976; OLG Düsseldorf DWW 1990, 304.

Um etwaigen Bedenken bezüglich der Wirksamkeit einer fristlosen Kündigung Rechnung zu tragen, sollte der Vermieter hilfsweise zur fristlosen Kündigung daneben vorsorglich auch die ordentliche Kündigung aussprechen.

Formulierungsvorschlag:

Nur hilfsweise und höchst vorsorglich wird die Kündigung daneben als ordentliche Kündigung wegen schuldhafter Pflichtverletzung gemäß § 573 Abs. 2 Nr. 1 BGB ausgesprochen, insbesondere für den Fall, dass Ihnen ein Anspruch auf Gestattung der Gebrauchsüberlassung zustehen sollte.

V. Vertragsgestaltung

Da sowohl gemäß § 553 Abs. 3 BGB, als auch gemäß § 565 Abs. 3 BGB zum Nachteil des Mieters abweichende Vereinbarungen unwirksam sind, besteht für die Gestaltung von **Wohnraummietverhältnissen** kein nennenswerter Spielraum. Herauszustellen sind folgende Aspekte:

Von besonderer **praktischer Bedeutung** ist, dass es gegen § 553 Abs. 3 verstoßen soll, ein **Schriftformerfordernis** für die Erlaubnis des Vermieters zu vereinbaren.[169]

Für einen dem Vermieter etwa zustehenden **Untermietzuschlag** kann die **Höhe** nicht von vorne herein vereinbart werden, da sie von den Umständen des Einzelfalls abhängt.[170]

Die formularmäßige **Abtretung** des Anspruchs auf die **Untermiete** soll gegen § 307 Abs. 1 BGB verstoßen.[171] Dies dürfte jedoch dann nicht gelten, wenn der Vermieter sich dazu verpflichtet, die Abtretung nur und erst dann offenzulegen, wenn sich der Mieter mit der Erfüllung seiner Verpflichtungen in Verzug befindet.

Der Vermieter kann sich den **Widerruf** der einmal erteilten Erlaubnis nicht allgemein, also unabhängig vom Vorliegen eines wichtigen Grundes, vorbehalten.[172]

Das außerordentliche Kündigungsrecht des Mieters für den Fall der Versagung der Untervermietungserlaubnis kann nicht wirksam ausgeschlossen werden.[173]

Das Recht des Mieters, **nächste Angehörige** und **Bedienstete** in die Wohnung aufzunehmen kann ebenso wenig eingeschränkt werden[174] wie sein Recht, Besucher zu empfangen.[175]

Allgemein ist festzustellen, dass im Wohnraummietrecht im Zusammenhang mit der Gebrauchsüberlassung an Dritte kein Spielraum für eine die Wiedergabe der gesetzlichen Rechtslage überschreitende, diese abändernde Vertragsgestaltung besteht.

---

[169] BGHZ 130, 50, 54 = NJW 1995, 2034; BGH WuM 1991, 381 ff., 382; BGH NJW 1990, 1750, 1751; OLG Frankfurt/M. WuM 1992, 56 ff., 63.
[170] OLG Hamm WuM 1983, 108 f., 111; LG Hannover WuM 1983, 236; Staudinger/*Emmerich* § 553 Rdnr. 18; Schmidt-Futterer/*Eisenschmid* § 553 BGB Rdnr. 20.
[171] OLG Celle WuM 1990, 103 ff., 105; Bub/Treier/*Bub* II Rdnr. 445; *Sternel* I Rdnr. 330.
[172] BGH NJW 1987, 1692; BGHZ 130, 50, 54 = NJW 1995, 2034.
[173] BGHZ 130, 50 = NJW 1995, 2034; LG Hamburg ZMR 1992, 452.
[174] BayObLG NJW 1998, 1324; BayObLG ZMR 1984, 13; OLG Hamm WuM 1982, 318; Schmidt-Futterer/*Blank* § 540 Rdnr. 26.
[175] Schmidt-Futterer/*Blank* § 540 Rdnr. 39; Bub/Treier/*Kraemer* III Rdnr. 1037; *Sternel* I Rdnr. 389.

5. Abschnitt. Mietobjekt

§ 13 Mietsache

Übersicht

	Rdnr.
I. Bestimmung des Vertragsgegenstandes	1–5
II. Nachträgliche Veränderungen des Mietobjekts	6–17
1. Vertraglicher Vorbehalt	6/7
2. Bauliche Veränderungen	8–17
a) Bauliche Veränderungen durch den Mieter	8–11
b) Bauliche Veränderungen durch den Vermieter	12–17

I. Bestimmung des Vertragsgegenstandes

1   Wesentlicher Inhalt eines Mietvertrages ist die Einigung über die zeitlich begrenzte Überlassung einer Sache zum Mietgebrauch gegen Zahlung eines Entgelts.[1] Hierüber ist eine ausdrückliche Einigung zu erzielen, ebenfalls hinsichtlich der für regelungsbedürftig gehaltenen weiteren Unterpunkte, also die **Essentialia** des Mietverhältnisses.

2   Der Mietgegenstand muss also im – mündlichen oder schriftlichen – Mietvertrag bestimmt, zumindest aber bestimmbar sein. Während bei bereits vorhandenen Räumlichkeiten eine Bezeichnung weitest gehend unproblematisch erscheint, müssen bei einem erst herzustellenden Objekt konkretere Bestimmbarkeitskriterien verlangt werden (zu empfehlen ist die Bezugnahme auf einen beigefügten Lageplan, Baubeschreibung etc.).

3   Fehlt eine Einigung über die **Nebenkosten**, so ist grundsätzlich davon auszugehen, dass diese mit dem Mietzins abgegolten sein sollen.[2] Für **Nebenräume, Bestandteile oder Zubehör** ist im Einzelfall zu prüfen, ob die Vertragsparteien eine Regelung für erforderlich hielten, diese aber nicht getroffen haben, oder der Mietvertrag dessen ungeachtet als bindend anzusehen sein soll.

4   **Keller, Dachbodenräume, Garagen, Gärten** sind nur dann Bestandteil des Mietgegenstandes, wenn hierüber eine Einigung erzielt wurde. Eine Ausnahme kann gelten, wenn nach der Verkehrsanschauung das Gebrauchsrecht sich auch auf solche Objekte erstreckt.[3] Gemeinschaftsräume wie Zu- und Abgänge, Flure, Waschräume, Trockenräume, Treppenhaus, Fahrradkeller, Aufzug etc. können auch ohne ausdrückliche Vereinbarung vom Mieter mitbenutzt werden.[4]

5   Werden **Garagen** zeitgleich mit dem Wohnraum angemietet, ist von einem einheitlichen Vertragsgegenstand auszugehen. Wird eine Garage, die sich auf dem selben Grundstück befindet, zu einem späteren Zeitpunkt angemietet, ist auch dann von einem einheitlichen Mietgegenstand auszugehen. Anderes kann gelten, wenn für die Garage eine eigene Kündigungsregelung getroffen wurde oder diese auf einem anderen Grundstück liegt.

II. Nachträgliche Veränderungen des Mietobjekts

1. Vertraglicher Vorbehalt

6   Der Vermieter wird in bestimmten Situationen versuchen, Vorbehalte von Änderungen und/oder Abweichungen gegenüber dem Zustand bei Besichtigung durch den Mieter bzw.

---

[1] BGHZ 55, 248.
[2] Ausnahme Heizkosten, Warmwasseraufbereitungskosten, wegen des zwingenden Charakters der HeizkostenVO.
[3] Z. B. Garten beim Einfamilienhaus, OLG Köln NJW-RR 1994, 334.
[4] Schmidt-Futterer/*Eisenschmid* § 535 BGB Rdnr. 25.

bei Vermietung von noch zu errichtenden Mieträumen gegenüber Lageplan und Baubeschreibung zu vereinbaren. Dies dürfte im Hinblick auf § 308 Nr. 4 BGB i. V. m. § 307 BGB in Formularverträgen zulässig sein, solange dies auf baurechtliche oder technisch zwingend erforderliche Änderungen beschränkt bleibt und die vertraglich geschuldete Gebrauchsfähigkeit nicht erheblich beeinträchtigt wird.[5]

Eine Mietvertragsklausel dahingehend, dass sich der Vermieter vorbehält, entweder andere Nebenräume oder sogar andere Hauptmietflächen bei nicht rechtzeitiger Räumung durch den Vormieter oder Nichteinhaltung der zugesicherten Bezugsfertigkeit zuzuweisen, wird gemäß § 308 Nr. 4 BGB i. V. m. § 307 BGB unwirksam sein, da dies letztlich dem Mieter nicht zuzumuten ist.[6]

2. Bauliche Veränderungen

a) **Bauliche Veränderung durch den Mieter.** Bauliche Veränderungen der gemieteten Räumlichkeiten sind dem Mieter ohne Zustimmung des Vermieters grundsätzlich verwehrt, so dass bei Vertragsende alle derartigen Veränderungen einschließlich Umbauten beseitigt werden müssen (als Teil der Rückgabepflicht nach § 546 BGB).[7] Hierzu gehören Verkleidungen an Wänden und Decken, Fußbodenbeläge, Leichtbauwände, Dübellöcher.

Dem Mieter sind allerdings bauliche Veränderungen gestattet, wenn es sich um notwendige Verwendungen im Sinne von § 536a Abs. 2 Nr. 2 BGB handelt (z.B. Ver- und Entsorgungsleitungen für Strom, Wasser, Gas, Telefon).

Trotz des Einverständnisses des Vermieters mit baulichen Veränderungen sind diese grundsätzlich bei Beendigung des Mietverhältnisses zu beseitigen.[8] Anderes kann nur dann gelten, wenn über die Dauer des Mietverhältnisses hinaus eine objektive Wertverbesserung erzielt wurde, die Beseitigung einen höheren Kostenaufwand erfordert und dadurch das Mietobjekt in einen schlechteren Zustand versetzt würde.[9] Letztlich schließt § 242 BGB die Beseitigungspflicht aus, wenn der Nachmieter die Maßnahme als eigene (Mitbeseitigungspflicht) zu übernehmen bereit ist oder im Rahmen von Umbaumaßnahmen der Vermieter die Rückbauarbeiten des Mieters seinerseits wieder beseitigen müsste.

Selbstverständlich entfällt die Beseitigungspflicht auch dann, wenn die Mietvertragsparteien die Maßnahme abgesprochen und eine Entfernung ausdrücklich oder schlüssig abbedungen haben.

b) **Bauliche Veränderungen durch den Vermieter.** *aa) Erhaltungsmaßnahmen.* Der Vermieter hat die uneingeschränkte Pflicht zur Erhaltung der Mietsache; damit korrespondiert die Duldungspflicht des Mieters im gleichen Umfang, die Berufung auf eine Härte greift ebenfalls grundsätzlich nicht, § 554 Abs. 1 BGB.

Zumutbarkeitserwägungen beziehen sich im Regelfall nicht auf die Maßnahme als solche, sondern die Art und Weise ihrer Ausführung (Jahreszeit, Dauer der Arbeiten). Der Mieter hat eine Duldungspflicht, keine aktive Mitwirkungspflicht. So muss der Vermieter auch den Ab- und Aufbau der Möbel auf eigene Kosten veranlassen.[10] Aufwendungen hat der Vermieter dem Mieter zu ersetzen, § 554 Abs. 4 BGB.

Das Mietobjekt ist nach Beendigung der Arbeiten durch den Vermieter in den vertragsgemäßen Zustand zurückzuversetzen (Erneuerung beschädigter Tapeten, Reinigung).

bb) Verbesserung, Einsparung von Energie, Schaffung neuen Wohnraums. Modernisierungsmaßnahmen dienen nicht der Erhaltung der Mietsache, sondern der Gebrauchswertsteigerung. Inwieweit der Mieter diese Maßnahmen zu dulden hat, regelt § 554 Abs. 2 BGB.

Anders als bei Instandhaltungs- und Instandsetzungsmaßnahmen nach § 554 Abs. 1 BGB ist hier im Einzelfall zu prüfen, ob eine Maßnahme im Sinne von § 554 Abs. 2 oder eventuell

---

[5] *Bub/Treier* II Rdnr. 422.
[6] *Bub/Treier* a. a. O.
[7] BGH NJW 1985, 309; *Sternel* IV Rdnr. 599.
[8] BGH NJW 1986, 2309; NJW 2006, 2115, 2116; LG Berlin MDR 1987, 234.
[9] Siehe hierzu *Sternel* IV Rdnr. 603.
[10] Schmidt-Futterer/*Eisenschmid* § 554 BGB Rdnr. 39.

eine nicht zu rechtfertigende Härte vorliegt. § 554 Abs. 1 u. 2 BGB gestattet also nicht einen Umbau, der den Wegfall von einzelnen Wohnungen zur Folge hätte oder die Aufteilung einer großen Wohnung in mehrere kleine Einheiten. Ebenfalls nicht mehr hinzunehmen ist eine sogenannte Luxusmodernisierung, d. h. Umgestaltung einer Altbauwohnung in ein Luxusappartement.[11] Es ist jeweils Frage des Einzelfalls, welche Auswirkungen eine Maßnahme hat.[12]

17 Der Mieter ist ferner verpflichtet, die Schaffung neuen Wohnraums durch Anbau, Umbau oder Ausbau der Wohnung oder des Hauses zu dulden. **Anbau** ist die Neugestaltung des Hauses mit dem Ergebnis weiteren Wohnraums, nicht zwingend weitere Wohnungen. **Ausbau** betrifft bislang nicht zu Wohnzwecken genutzte Gebäudebestandteile (Dachboden, Untergeschoss). Möglich ist auch ein **Umbau,** nämlich die Anpassung nicht mehr für Wohnzwecke geeignete Räume an aktuelle Wohnraumbedürfnisse. Zu den weiteren Voraussetzungen (nicht zu rechtfertigende Härte, Mieterhöhung, Sonderkündigungsrecht des Mieters) siehe § 31 und § 35 III.

---

[11] AG Köln WuM 1984, 220.
[12] Siehe hierzu den Überblick bei Schmidt-Futterer/*Eisenschmid* § 554 BGB Rdnr. 84 ff. m. w. N.

§ 14 Überlassung, Betrieb und Veräußerung der Mietsache

Übersicht

	Rdnr.
I. Überlassung und Betrieb der Mietsache	1–15
1. Übergabe	1–3
a) Gebrauchsrecht des Mieters	2
b) Einschränkung des Gebrauchs	3
2. Abnahme	4–7
a) Abnahmeprotokoll	5/6
b) Annahmeverzug des Mieters/Vermieters	7
3. Überlassung an Dritte	8/9
4. Problemfälle	10–15
a) Vormieter zieht nicht aus	10–12
b) Neubau nicht fertig	13
c) Verstoß gegen das AGB-Gesetz	14/15
II. Veräußerung der Mietsache	16–66
1. Einführung	16
2. Sinn und Zweck	17–19
3. Anwendungsbereich	20–37
a) Nutzungsverhältnisse	21
b) Veräußerungsfälle	22/23
c) Identität von Vermieter und Veräußerer	24–37
4. Folgen	38–45
a) Gesetzlicher Übergang auf den Erwerber	38/39
b) Beendigung des vertraglichen Mietverhältnisses	40
c) Kautionsansprüche	41–45
5. Konsequenzen für die anwaltliche Vertretung	46–66
a) Abschluss eines Mietvertrages	46
b) Veräußerer als Mandant	47–55
c) Erwerber als Mandant	56–61
d) Mieter als Mandant	62–65
e) Vertragliche Regelung der Dreierbeziehung	66

Schrifttum: *Börstinghaus*, Vermieterwechsel kraft Gesetzes – Fallstricke in wirtschaftlich schwerer Zeit, NZM 2004, 481; *Eisenhardt*, Verfassungskonforme Anwendung von § 571 BGB, WuM 1999, 20; *Gather*, Der Wechsel des Vermieters, DWW 2006, 312; *Grooterhorst/Burbulla*, Zur Anwendbarkeit von § 566 BGB bei Vermietung durch Nichteigentümer, NZM 2006, 246; *Harke*, Gesetzlicher Übergang des Mietverhältnisses bei der Veräußerungskette, ZMR 2002, 490; *Koch/Rudzio* Die Anwendbarkeit des § 566 BGB bei der Veräußerung einer vom Nichteigentümer vermieteten Immobilie, ZfIR 2007, 437.

I. Überlassung und Betrieb der Mietsache

1. Übergabe

Nach Maßgabe von § 535 Abs. 1, Satz 2 BGB hat der Vermieter dem Mieter die Mietsache in der Weise zu überlassen, dass der Mieter ohne weiteres den vertragsgemäßen Gebrauch ausüben kann.[1] Hierzu ist erforderlich die Besitzverschaffung im Sinne von § 854 BGB, aber nicht notwendig. Die Überlassung der Mietsache an den Mieter bedeutet für den Vermieter, dass er seine Pflicht nach § 536 BGB erfüllen muss. Danach kann es ausreichen, dass dem Mieter Zugang zur Sache verschafft wird.[2] Nach Abschluss des Mietvertrages hat der Mieter einen Anspruch auf Überlassung der Mietsache. Hierbei handelt es sich um eine Hauptleistungspflicht im Sinne der §§ 320 ff. BGB. Die Überlassung ist ein rein tatsächlicher Vorgang. Die Überlassung an den Mieter liegt im Ergebnis dann vor, sobald ihm der vertragsgemäße Gebrauch ermöglicht wurde; dazu reicht die Übergabe von Schlüsseln. 1

---

[1] Palandt/*Weidenkaff* § 535 Rdnr. 14.
[2] BGH, NJW-RR 1989, 589.

2 **a) Gebrauchsrecht des Mieters.** Die Übertragung des unmittelbaren Besitzes im Sinne von § 854 BGB bedeutet, dass der Mieter die tatsächliche Sachherrschaft ausüben kann.[3] Je nach Vereinbarung im Mietvertrag sind die Räume zu alleinigem Besitz zu übertragen oder zum Mitgebrauch des Mieters im Allein- oder Mitbesitz im Sinne von § 866 BGB. Dem Mieter sind die Schlüssel zu übergeben.[4] Ist zur Inbesitznahme des vermieteten Gegenstandes (z. B. Grundstück/Parkplatz/Bootsliegeplatz) eine Überlassung ohne Schlüsselübergabe möglich, so reicht die Einigung der Vertragsparteien über den Besitzübergang aus (§ 854 Abs. 2 BGB).

Der Mieter hat nach Besitzübergabe grundsätzlich ein uneingeschränktes Gebrauchsrecht an der Mietsache. Der Gebrauch darf allerdings nur „vertragsgemäß" erfolgen. Der Mieter darf den Gebrauch der Mietsache nur so durchführen, wie er im Mietvertrag vereinbart ist (§ 535 Abs. 1 Satz 2 BGB). Maßgeblich ist damit die Vereinbarung der Parteien einschließlich der bei Vertragsabschluss stillschweigend zugrunde gelegten Umstände. Nähere Einzelheiten hierzu siehe in § 16 (Gebrauchsrechte und Pflichten).[5]

3 **b) Einschränkung des Gebrauchs.** Das vorstehend beschriebene Gebrauchsrecht des Mieters an der Mietsache darf durch Formularvertrag nicht in einer unangemessenen Weise und dem Vertragszweck widersprechenden Art gemäß § 305 Abs. 1 BGB beschnitten werden.

Grundsätzlich sind dem Mieter Veränderungen an der Mietsache nicht erlaubt. Insbesondere darf er keine Eingriffe in die bauliche Substanz vornehmen.[6] Auch darf der Mieter beispielsweise zu Wohnzwecken vermietete Räume nicht als Geschäftsräume nutzen. Kleingewerbliche Tätigkeiten sind allerdings wiederum erlaubt im Rahmen eines Wohnraummietverhältnisses, wenn dadurch eine Störung anderer Hausbewohner und die Verschlechterung der Mietsache nicht zu befürchten ist.[7]

2. Abnahme

4 Grundsätzlich ist der Mieter nicht verpflichtet, die Mietsache auch tatsächlich zu übernehmen. Nach § 535 BGB ist der Mieter zwar berechtigt, aber nicht verpflichtet, die Mietsache zum vereinbarten Beginn des Mietverhältnisses in Besitz oder gar in Gebrauch zu nehmen.[8] Der Vermieter kann den Mieter nicht auf Abnahme des Vertragsgegenstandes verklagen. Anders ist dies, wenn eine Gebrauchspflicht zwischen den Parteien ausdrücklich vereinbart wurde.[9] Allerdings kann man nicht durch schlüssiges Verhalten eine Abnahmeverpflichtung des Mieters annehmen, die aus der allgemeinen Obhutspflicht abgeleitet wird. Die Obhutspflicht beginnt nämlich erst mit der tatsächlichen Besitzübergabe, gründet aber aus sich heraus keine Besitzpflicht.[10]

5 **a) Abnahmeprotokoll.** Von der Übergabeverhandlung zwischen Vermieter und Mieter sollte ein Protokoll gefertigt werden. Jeder einzelne Raum soll durchgesehen werden und die tatsächlichen Abweichungen vom Soll-Zustand schriftlich festgehalten werden.

Muster: Übergabeprotokoll

6 Zeit und Ort der Besichtigung/Übergabe ......

Die Mieter erklären, dass sich die Mietsache, wie bei der gemeinsamen Besichtigung festgestellt wurde – bis auf die nachstehend näher bezeichneten Beanstandungen – in ordnungsgemäßem Zustand befindet. Der Vermieter haftet nur für Mängel, die bei der Übergabe der Mietsache in dieser Verhandlung ausdrücklich vermerkt worden sind, außer dass es sich um Mängel handelt, die auch bei Anwendung der erforderlichen Sorgfalt nicht erkennbar waren. ......

---

[3] BGHZ 65, 137.
[4] Palandt/*Bassenge* § 854 Rdnr. 6.
[5] § 16 Rdnr. 2.
[6] BGH NJW 1974, 1463.
[7] LG Stuttgart WuM 1992, 250.
[8] BGH NJW 1979, 2351 (Geschäftsräume).
[9] LG Mannheim WuM 1982, 298.
[10] LG Mannheim a. a. O. und AG Mönchengladbach-Rheydt ZMR 1981, 210.

Der Vermieter verpflichtet sich, die folgenden Arbeiten bis zum ...... auszuführen. Die Richtigkeit der vorstehenden Wohnungsbeschreibung und Übergabeverhandlung erkennen wir an. Sie ergänzt den Mietvertrag.

....
Ort/Datum   Unterschrift Vermieter

....
Ort/Datum   Unterschrift Mieter

Das vorstehende Übergabeprotokoll kann als konstitutives Schuldanerkenntnis, als deklaratorisches Schuldanerkenntnis oder als einfache Quittung gesehen werden:

Es kann in aller Regel davon ausgegangen werden, dass die Feststellungen in einem Protokoll der Beweiserleichterung dienen. Mit einem solchen Protokoll ist der Vermieter in der Lage, den vertragsgemäßen Zustand der Mietsache bei Übergabe zu beweisen. Der Sinn und Zweck eines solchen Protokolls ist gerade die Feststellung des Zustandes in beweisbarer Form.[11]

Sieht man ein solches Übergabeprotokoll insoweit als deklaratorisches Schuldanerkenntnis an, so hat dies zur Folge, dass die darin festgestellten Tatsachen nicht mehr mit Einwendungen gegen das Protokoll „erschüttert" werden können.[12] Bescheinigt der Mieter in einem Abnahmeprotokoll, dass die Räume mangelfrei sind, so kann er sich später auf bestehende Mängel nicht mehr berufen.[13] Das vorstehende Muster enthält ja auch noch die Formulierung, dass der Vermieter sich verpflichtet, bis zu einem bestimmten Zeitpunkt bestimmte Arbeiten auszuführen. Darin ist ein konstitutives Schuldanerkenntnis zu sehen. Durch den eindeutigen Wortlaut wird eine neue selbständige Verpflichtung des Vermieters geschaffen, auf deren Erfüllung der Mieter einen klagbaren Anspruch hat, nämlich auf Beseitigung der festgestellten Mängel.

b) **Annahmeverzug des Mieters/Vermieters.** Fehlt es an einer vertraglich vereinbarten Abnahmeverpflichtung des Mieters, so gerät dieser durch Nichtabnahme der ihm angebotenen Mietsache nur in Annahmeverzug (§§ 293 ff. BGB), nicht aber in Schuldnerverzug (§§ 284 ff. BGB). Die fehlende Abnahmeverpflichtung des Mieters hat in diesem Falle für den Vermieter zur Folge, dass er etwaigen Verzugsschaden nicht gemäß § 286 BGB ersetzt verlangen kann, da sich der Mieter nicht pflichtwidrig verhält. Er kann allenfalls kündigen oder vom Vertrag zurücktreten. Allerdings kann der Vermieter Aufwendungsersatz gemäß § 304 BGB verlangen, und zwar die durch den Annahmeverzug bedingten Mehraufwendungen (z.B. vergebliche Anreise zum Übergabetermin). Dabei kann der Vermieter allerdings nur den objektiv erforderlichen Mehraufwand verlangen.[14] Ein Entgelt für den bloßen Zeit- oder Arbeitsaufwand steht dem Vermieter nicht zu. Davon unberührt bleibt selbstverständlich der Anspruch auf Zahlung des Mietzinses gemäß § 324 Abs. 2 BGB.

Voraussetzung für die Feststellung des Annahmeverzugs des Mieters ist, dass dem Mieter die Leistung ordnungs- und vertragsgemäß angeboten wurde (§ 294 BGB). Gemäß § 295 BGB genügt ein wörtliches Angebot, wenn der Mieter z.B. erklärt, er werde die Schlüssel für die Räumlichkeiten nicht entgegen nehmen.

Ist der Übernahmetermin kalendermäßig bestimmt, so gerät der Mieter automatisch gemäß § 296 BGB in Annahmeverzug, ohne dass es einem weiteren zusätzlichen Angebot des Vermieters bedarf.[15] Der Mieter ist auf Grund des Annahmeverzuges zur Zahlung des Mietzinses ab Beginn des Mietverhältnisses verpflichtet. Sollte der Mieter am Gebrauch der Mietsache gehindert sein, etwas aus Gründen, die in seiner Risikosphäre liegen, so ist der Einwand des Mieters gemäß § 537 BGB unbeachtlich.[16]

---

[11] BGHZ 1966, 250 (betrifft einen Verkehrsunfall).
[12] LG Berlin ZMR 1992, 25 (Schönheitsreparaturen).
[13] BGH NJW 1983, 446.
[14] Palandt/*Heinrichs* § 304 Rdnr. 2.
[15] BGH WuM 1991, 25.
[16] OLG Hamm RE WuM 1986, 201.

Dass die Gebrauchsüberlassung in Folge des Annahmeverzugs für den entsprechenden Zeitraum unmöglich wird, lässt den Mietzinsanspruch gemäß § 324 Abs. 2 BGB unberührt. Ähnlich sind die Fälle zu behandeln, etwa gemäß § 324 Abs. 1 BGB, wenn eine fristgerechte Gebrauchsüberlassung daran scheitert, dass der Mieter ihm obliegende Mitwirkungshandlungen vor dem Übergabetermin bzw. Überlassungstermin nicht oder nicht rechtzeitig vorgenommen hat.[17] Allerdings muss sich der Vermieter u. U. ersparte Aufwendungen gemäß § 324 Abs. 1 S. 2 und § 537 Abs. 1 BGB anrechnen lassen.

Verweigert der Mieter vor oder nach dem vereinbarten Überlassungstermin endgültig und ernsthaft die Erfüllung des abgeschlossenen Mietvertrages, so hat der Vermieter einen Anspruch auf Schadensersatz wegen Nichterfüllung aus dem Gesichtspunkt der positiven Vertragsverletzung oder er kann vom Vertrag zurücktreten. Selbstverständlich kann der Vermieter anstatt des Rücktritts oder des Schadensersatzes auch auf Vertragserfüllung bestehen.

3. Überlassung an Dritte

8   In § 536 ist geregelt, dass der Vermieter infolge der Überlassung des Gebrauchs an einen Dritten so lange keine Miete verlangen kann, wie er außerstande ist, dem Mieter die Gebrauchsüberlassung einzuräumen. Dies gilt auch, wenn der Vermieter die Sache selbst benutzt, so dass auf Grund des Mietvertrages der berechtigte Mieter nicht in den Besitz kommt. Kann der Vermieter den Gebrauch an der Mietsache nicht gewähren, so ist der Mieter von der Zahlungsverpflichtung befreit. Er hat auch grundsätzlich keine Mietdifferenz zu bezahlen.[18] Der Mieter allerdings kann sich nicht auf § 536 BGB berufen, wenn eine solche Einwendung als Rechtsmissbrauch im Sinne von § 242 anzusehen wäre.

Beispiel:

9   Der Mieter ist endgültig ausgezogen und hinterlässt hohe Mietschulden. Wenn der Vermieter nunmehr nach Anzeige an den Mieter die Mietsache weiter vermietet, kann der Mieter einer Neuvermietung an einen Dritten die Mietzahlung nicht verweigern, sondern muss die Differenz begleichen.[19] Im Übrigen darf auch der Mieter in der Regel nicht gemäß § 543 Abs. 2 Nr. 1 BGB kündigen, weil die Entziehung des vertragsgemäßen Gebrauchs der Mietsache auf Gründen beruht, die in seiner Person zu suchen sind (z. B. Mietrückstände). Dies ist ein Verhalten, das der Vermieter nicht zu vertreten hat. Allerdings kann der Mieter gemäß § 543 Abs. 2 BGB kündigen, wenn der Vermieter wegen der Weitervermietung den vertragsgemäßen Gebrauch der Mietsache nicht einräumen kann.[20]

4. Problemfälle

10 a) **Vormieter zieht nicht aus.** *aa) Aus Sicht des Vermieters.* Der Vermieter hat gegen den Vormieter, der nicht auszieht und den Platz für den neuen Mieter nicht freigibt, Ansprüche aus verspäteter Rückgabe bzw. Vorenthaltung der Mietsache gemäß § 546a BGB. Der Vermieter kann also von seinem bisherigen Mieter (= Vormieter) entweder die vereinbarte Miete für die Dauer der Vorenthaltung verlangen, oder die ortsübliche Miete für vergleichbare Objekte. Weitere Schadensersatzansprüche sind nicht ausgeschlossen. Gegebenenfalls hat der Vermieter weitere Schadensersatzansprüche, wenn die Rückgabe infolge von Umständen unterblieben ist, die der Mieter zu vertreten hat. Der Anspruch auf Nutzungsentschädigung hat also folgende Voraussetzungen:
- Mietverhältnis
- Beendigung
- Herausgabepflicht des Mieters
- Vorenthaltung

Eine Vorenthaltung liegt vor, wenn der Mieter die Sache dem Vermieter gegen dessen Willen nicht herausgibt.[21] Eine Vorenthaltung ist auch dann anzunehmen, wenn der Mieter zwar räumt, aber die Schlüssel nicht zurückgibt.[22]

---

[17] OLG Düsseldorf ZMR 1992, 536.
[18] BGH NJW 1993, 1645.
[19] OLG Naumburg ZMR 1998, 425.
[20] BGHZ 38, 295.
[21] BGH ZMR 1984, 380.
[22] LG Düsseldorf WuM 1992, 191.

Anders ist es allerdings, wenn der Mieter einen Teil der Schlüssel zurückgibt und der Vermieter dadurch in der Lage ist, über die Mietsache zu verfügen. Es ist jedoch auch zu überlegen, ob die bloße Rückgabe von allen Schlüsseln, sei es per Post oder durch Einwurf in den Vermieterbriefkasten, eine Rückgabe der Mietsache darstellt oder nicht. Gegen eine Rückgabe spricht, dass der Vermieter nicht sofort in der Lage ist, die Mietsache auf Schäden und Mängel zu überprüfen.

Eine Vorenthaltung liegt nicht vor, wenn die Rückgabe objektiv unmöglich ist oder der Mieter von der Obdachlosenbehörde wieder eingewiesen wird. Aufgrund der Einweisungsverfügung besitzt der Mieter die Räumlichkeiten nicht mehr auf Grund eines Mietvertrages oder eines vom Vermieter eingeräumten Besitzrechtes, sondern auf Grund von öffentlich-rechtlicher Beschlagnahme. Die Entschädigung, die der Mieter zu leisten hat, ist für die Dauer der Vorenthaltung zu begleichen.

Der Mieter schuldet auch bei schuldhaft verspäteter Rückgabe (Anspruchsgrundlage: § 286 BGB/Verzug) einen weiteren Schaden, der darin bestehen kann, dass die Vorenthaltung die Weitervermietung zu einem höheren Mietzins verhindert. Die Differenz der gezahlten Nutzungsentschädigung und der erzielbaren Miete ist der Schaden. Hierfür ist der Vermieter darlegungs- und beweispflichtig.

Der Schaden des Vermieters kann auch darin bestehen, dass die Mietsache im Vertrauen auf pünktliche Rückgabe weitervermietet wurde und dieser neue Mieter den Vermieter auf Schadensersatz wegen Nichterfüllung in Anspruch nimmt.

bb) Aus Sicht des Nachfolgemieters. Der Nachfolgemieter, der seinerseits nicht rechtzeitig in die zu räumende Wohnung einziehen kann, hat, wie vorstehend beschrieben, seinerseits gegen seinen Vertragspartner, also den Vermieter, Schadensersatzansprüche wegen Nichterfüllung. Der Mieter hat einen Erfüllungsanspruch nach § 535 BGB. Er kann aber auch alternativ gemäß § 543 BGB (Außerordentliche fristlose Kündigung aus wichtigem Grund) das Mietverhältnis beenden. Einen Mietzins schuldet er ohnehin nicht, da der Mietzins Kraft Gesetzes gemindert ist. Die Nichteinräumung des Besitzes oder der Gebrauchsmöglichkeit verpflichtet den Mieter nicht zur Zahlung der Miete.

Selbstverständlich kann der Mieter zunächst Erfüllung verlangen und für den Fall der nicht fristgemäßen Erfüllung die Kündigung androhen. Ein solches Vorgehen ist bereits gemäß § 543 BGB geboten. Im Rahmen des § 536a BGB hat der Vermieter dem Mieter den Schaden zu ersetzen, der bis zur Kündigung bereits eingetreten ist, als auch den durch die Kündigung verursachten Schaden selbst. Die Kündigung ist möglich, selbst dann, wenn der Vermieter die Verzögerung nicht zu vertreten hat.[23]

Für die Rechtzeitigkeit der Überlassung kommt es auf die vertraglichen Vereinbarungen an. Ist nichts besonderes im Mietvertrag vereinbart, so wird der Überlassungsanspruch gemäß § 271 Abs. 1 BGB sofort fällig. Die Kündigung ist jedoch erst dann zulässig, wenn der Vermieter eine ihm von dem Mieter bestimmte angemessene Frist hat verstreichen lassen, ohne abzuhelfen.

b) Neubau nicht fertig. Auch hier hat der Mieter, wie vorstehend beschrieben, entsprechende Schadensersatzansprüche gegen den Vermieter, wenn die Mietsache nicht zum vertraglich vereinbarten Zeitpunkt übergeben wird. Oder er hat die Möglichkeit, das Mietverhältnis zu kündigen. Dabei müssen die tragenden Kündigungsgründe im Zeitpunkt des Ausspruchs der Kündigung vorliegen oder es muss feststehen, dass sie bei Beginn des Mietverhältnisses gegeben sein werden, also, wenn bereits feststeht, dass die Fertigstellung eines Gebäudes zu einem bestimmten Termin unter keinen Umständen mehr erreicht werden kann. Wird die Mietsache nicht rechtzeitig übergeben, da sie nicht fertiggestellt ist, wird man in aller Regel davon ausgehen können, dass Unmöglichkeit im Sinne von §§ 323 ff. BGB vorliegt. Es kann nämlich die vergangene Mietzeit nicht mehr nachgeholt werden.

Der Mieter kann die Rechte aus den §§ 325, 326 BGB (Schadensersatz/Rücktritt) geltend machen, wenn der Vermieter die verspätete Überlassung zu vertreten hat (§§ 325, 326 Abs. 1,

---

[23] BGH NJW 1974, 2233.

285 BGB). Gleiches gilt natürlich auch, wenn der Vermieter die pünktliche Übergabe in Form eines Garantieversprechens zugesagt hat.[24] Die Schadensersatzansprüche wegen Nichterfüllung oder die Rücktrittsansprüche bestehen neben dem verschuldensunabhängigen Kündigungsrecht, gemäß § 543 BGB.

14 c) **Verstoß gegen das AGB-Gesetz.** Häufig ist bei Neubau-Vermietungen in Formularverträgen eine Klausel zu finden, die den Vertragbeginn relativ ungewiss lässt und offen lässt, damit sich der Vermieter vor erheblichen Schadensersatzansprüchen oder vor Kündigungen schützt. Die Formulierung „Das Mietverhältnis beginnt mit dem Auszug des bisherigen Mieters" oder die Formulierung „Das Mietverhältnis beginnt mit der Fertigstellung der Wohnung ......" verstößt gegen §§ 305 ff. BGB. Wenn also die Übergabe der Wohnung nicht zum vereinbarten Zeitpunkt erfolgen kann, und eine AGB-widrige Klausel im Vertrag enthalten ist, kann der Mieter alsbald seine Rechte gemäß § 543 BGB geltend machen.

Vereinbarungen, durch die das Kündigungsrecht des Mieters ausgeschlossen oder eingeschränkt wird, sind unwirksam. Dies ergibt sich aus § 543 Abs. 4 BGB.

Formulierungsvorschlag:

15 Steht die Mietsache zum Mietbeginn nicht zur Verfügung, kann der Mieter Ersatz des ihm dadurch entstandenen Schadens fordern, wenn der Vermieter die Verzögerung vorsätzlich oder grob fahrlässig verschuldet hat. Die Rechte des Mieters zur Mietminderung und zur fristlosen Kündigung wegen nicht rechtzeitiger Gebrauchsgewährung (§§ 543, 536 BGB) bleiben unberührt. ......

II. Veräußerung der Mietsache

1. Einführung

16 Die §§ 566–567b BGB, die noch prägnanter nun unter dem „Flagschiff" des § 566 BGB als „Kauf bricht nicht Miete" überschrieben sind, regeln systematisch zunächst die Veräußerung von vermietetem Wohnraum.

2. Sinn und Zweck

17 Die Vorschriften waren bei den Beratungen zur Mietrechtsreform heftig umstritten. Im Anschluss an das römische Recht und das gemeine Recht galt in einigen Teilen Deutschlands zunächst „Kauf bricht Miete". Ein Erwerber sollte sich (wenn auch möglicherweise unter Einhaltung einer Frist) ohne weiteres vom Mieter trennen können.

18 Aus Gründen des Mieterschutzes wurde dann der bekannte Bestandsschutz im BGB eingeführt, der zuvor nur in den Gebieten des preußischen ARL und den Gebieten französischen Rechts galt. Der Mieter, der durch die Veräußerung seinen selbstgewählten Schuldner verliert, ohne hierauf Einfluss nehmen zu können (also abweichend von § 415 BGB), sollte einerseits Bestandsschutz genießen, andererseits keine Risiken durch den Schuldnerwechsel übernehmen müssen.[25]

19 Ziel der Regelungen ist es, dem Mieter das Mietverhältnis zu gleichen Bedingungen zu erhalten und Risiken durch den Schuldnerwechsels möglichst zu vermeiden. Dieser Schutzzweck umfasst nicht die Besserstellung des Mieters durch einen Eigentümerwechsel. Ein Eigentümerwechsel kurz nach Beendigung des Mietverhältnisses führt also nicht dazu, dass der Erwerber in das Abwicklungsverhältnis hinsichtlich der Pflichten zur Kautionsrückzahlung oder Betriebskostenabrechnung eintritt.[26]

---

[24] BGH ZMR 1993, 7.
[25] *Derleder* NJW 2008, 1189.
[26] BGH NJW 2007, 1818.

3. Anwendungsbereich

Wenn auch keine strenge Begrenzung der Regelungen auf eine kaufvertragliche Veräußerung besteht, ist gleichwohl bei weitem **nicht jeder Eigentumsübergang bei beliebigem Nutzungsverhältnis** erfasst. Die Anwendung der Regelungen setzt ein bestimmtes Nutzungsverhältnis, bestimmte Arten der Rechtsnachfolge und grundsätzlich die Identität von Eigentümer und Vermieter voraus. 20

a) **Nutzungsverhältnisse.** Die §§ 566 ff. BGB gelten zunächst für **Mietverhältnisse über Wohnraum**; gemäß §§ 578 f. BGB erfolgt eine ausdrückliche Erstreckung. Weitere Nutzungsverhältnisse werden qua Verweisung erfasst. Für nicht ausdrücklich geregelte Nutzungsverhältnisse hat die Rechtsprechung Ergebnisse gefunden. Dabei wird eine analoge Anwendung überwiegend abgelehnt.[27] 21

Checkliste: Anwendbarkeit der §§ 566 ff. BGB

- Die Regelungen der §§ 566 ff. BGB sind weiter **anwendbar** für folgende Nutzungsverhältnisse:

Zwischen Genossenschaft und Genosse vereinbarter Nutzungsvertrag	OLG Karlsruhe NJW-RR 1986, 89
Gewerbliche Zwischenvermietung	§ 565 BGB
Wohnraummietverhältnis	§ 566 BGB

- Die Regelungen der §§ 566 ff. BGB sind **nicht anwendbar** für folgende Nutzungsverhältnisse:

Altenheimverträge mit überwiegend dienstvertraglichen Elementen	BGH NJW 1982, 221 (vgl. nun auch HeimG)
Bewegliche Wohncontainer	OLG Düsseldorf WM 1992, 11
Familienrechtliches Nutzungsverhältnis	BGH NJW 1964, 765
Unentgeltliche Gebrauchsüberlassung	OLG Düsseldorf ZMR 1989, 1
Untermiete (vgl. aber gewerbliche Zwischenvermietung!)	BGH NJW 1989, 2053
Unentgeltliches Wohnrecht	Soergel/*Heintzmann* § 571 Rdnr. 3

---

b) **Veräußerungsfälle.** Neben der Veräußerung durch Kaufvertrag werden auch andere Rechtsänderungen auf Vermieterseite erfasst. Da wesentlich auf den Eigentumsübergang abzustellen ist, werden ohne weiteres **Tausch, Schenkung** oder **Vermächtnis** erfasst. Darüber hinaus sind weitere Fallgestaltungen einbezogen: 22

---

[27] MünchKommBGB/*Häublein* § 566 Rdnr. 9 f.

Checkliste: erfasste Veräußerungsfälle	
Veräußerung des Erbbaurechtes am vermieteten Bauwerk	§ 11 ErbbRVO; BGH NJW 72, 198
Einbringung des Grundstückes in eine Gesellschaft	LG Berlin ZMR 1998, 704
Eintritt eines neuen Gesellschafters	BGH NJW 1998, 1220;
Beendigung des Nießbrauches	KG DWW 1998, 378 § 1056 BGB
Eintritt der Nacherbfolge	§ 2135 BGB
Zwangsversteigerung	§ 57 ZVG
Zwangsverwaltung	§ 152 Abs. 2 ZVG
Aufteilung eines Grundstücks durch Miteigentümer nach § 8 WEG	BayObLG NJW 1982, 451 BGHZ 141, 239
Nicht erfasst:	
Enteignung, mangels rechtsgeschäftlicher Veräußerung	OLG Bamberg NJW 1970, 2108
Gesellschafterwechsel in der AußenGbR	KG NZM 2001, 520; BGH NZM 1998, 260
Formwechsel nach dem UmwandlungsG	KG NZM 2001, 520

23 Bei Übertragung unter Nießbrauchsvorbehalt kommt es nicht zum Übergang des Mietverhältnisses trotz des Eigentümerwechsels;[28] auch nicht, wenn lediglich ein Quotennießbrauch beim Übertragenden verbleibt.[29] Systematisch zutreffend ist der Weg über § 567 BGB, wonach der Nießbrauchsberechtigte (wieder) in den Mietvertrag, den er als Eigentümer geschlossen hatte, eintritt. § 566 BGB erfasst nicht nur den rechtsgeschäftlichen Eigentumsübergang sondern auch Erwerbsfälle kraft Gesetzes.[30]

24 c) **Identität von Vermieter und Veräußerer.** Das Gesetz verlangt die Identität von Vermieter und Veräußerer. Dieses Erfordernis ist häufig problematisch, da das Grundstück mehreren gehören kann, der Mietvertrag gleichwohl allein mit einem Eigentümer geschlossen ist oder umgekehrt zwar ein Mietvertrag mit mehreren Vermietern geschlossen wurde, die aber nicht alle Grundstückseigentümer sind. Die schuldrechtliche Vermietung ist von der sachenrechtlichen Eigentümerstellung vollständig unabhängig. Die Gerichte wenden zunehmend die Regelungen aber auch bei fehlender Identität an.

25 *aa) Miteigentümergemeinschaft.* Besteht eine **Miteigentümergemeinschaft** (beispielsweise Eheleute) hinsichtlich des Grundstückes, hat aber nur einer der Miteigentümer das Mietverhältnis abgeschlossen, so ist nach einer Entscheidung des BGH[31] die Regelung der §§ 571 ff. BGB a.F. nicht anwendbar. Dabei blieb offen, ob bei Zustimmung der übrigen Miteigentümer zur Vermietung anders zu entscheiden sei.

---

[28] OLG Düsseldorf ZMR 2003, 570; OLG Düsseldorf, Grundeigentum 2009, 906.
[29] AG Heilbronn Beschl. v. 17. 6. 2005 – 16 C 1164/05 – n. v.
[30] BGH NZM 2008, 726; BGH NZM 2009, 513; *Lammel* jurisPR-Miete 20/2008 Anm. 3; *Drasdo* NJW-Spezial 2008, 449.
[31] BGH WuM 1974, 266.

Hat umgekehrt der Alleineigentümer vermietet und wird danach die Ehefrau Miteigentümerin, so soll sie auch kraft Gesetzes Mitvermieterin werden.[32]

bb) Einzeleigentümer und Vermietermehrheit. Gehört das Grundstück einem Ehegatten, als Vermieter sind jedoch die Eheleute tätig geworden, soll der Erwerber gleichwohl nach Veräußerung in das Mietverhältnis eintreten:[33] **26**

cc) Hausverwalter als Vermieter. Hat der (private) Hausverwalter das Mietverhältnis in eigenem Namen abgeschlossen und das Objekt wird anschließend vom Eigentümer veräußert, soll auch hier das Mietverhältnis übergehen.[34] **27**

Zum gleichen Ergebnis kam das BVerfG,[35] in dem Fall, dass die Beteiligten bei vergleichbarer Konstellation alle von einem bestehenden Mietverhältnis ausgingen. Der BGH geht davon aus, dass es sich hierbei um einen Sonderfall handelt.[36] **28**

dd) Einverständnis des Eigentümers mit Vermietung. Das OLG Karlsruhe[37] hat bei Zustimmung zur Vermietung die Anwendbarkeit der §§ 571 ff. BGB bejaht, wobei auch eine konkludente Zustimmung als ausreichend angesehen wurde (im entschiedenen Fall gehörte das Grundstück Ehegatten, der Mietvertrag wurde aber nur von einem Ehegatten abgeschlossen). **29**

Dieses Ergebnis will *Eisenhardt*[38] auf Grund der Interessenlage auf alle Mietverhältnisse erstrecken, in denen die Differenzierung zwischen Eigentümer und Vermieter mit Einverständnis des Eigentümers erfolgt. Dem haben sich *Groterhorst/Burbulla*[39] angeschlossen. Eine derartig weite Anwendung der Vorschriften widerspricht jedoch der bisher restriktiven Auslegung in der Rechtsprechung.[40] Der BGH ist dieser Ansicht entgegengetreten.[41] Diese Auffassung wird mittlerweile auch von der herrschenden Lehre geteilt.[42]

ee) Gesellschafterwechsel. Tritt ein weiterer Gesellschafter einer mit entsprechendem Gesellschaftszusatz im Grundbuch eingetragenen GbR, die auch Vermieter ist, ein, so sollte er nach der Entscheidung des OLG Düsseldorf[43] nicht Vermieter gemäß § 571 BGB a.F. werden, da die Eigentümerstellung durch Anwachsung außerhalb des Grundbuches erlangt wird. Dieser Auffassung ist der BGH[44] entgegengetreten, sofern die gesamthänderische Bindung in das Grundbuch eingetragen ist. Danach besteht in diesen Fällen der Mietvertrag jeweils gemäß der aktuellen personellen Zusammensetzung. Dieses Ergebnis dürfte in Anwendung der Entscheidung des BGH zur Rechts- und Parteifähigkeit der GbR[45] als gefestigt gelten; so nun auch das Kammergericht.[46] Das Brandenburgische OLG verzichtet nunmehr bei der Außen-GbR auf die ausdrückliche Eintragung der gesamthänderischen Bindung, also der Gesellschaft als Eigentümerin.[47] **30**

ff) Nachträgliche Bildung von Wohnungseigentum. Die zugrundeliegenden Fallgestaltungen haben gemeinsam, dass zunächst ein Mietverhältnis über eine Wohnung mit Nebenräumen (Keller, Dachbodenabteil, Garage, PKW-Stellplatz, u.a.) besteht. Danach wird das Gesamtobjekt in Wohnungseigentum umgewandelt, wobei die Begründung von Sondereigentum und Gemeinschaftseigentum nicht im Einklang mit den bestehenden Mietverhältnissen erfolgt. **31**

---

[32] LG Itzehoe WuM 1999, 219.
[33] LG Waldshut-Tingen WuM 1993, 56.
[34] LG Berlin NJW-RR 1994, 781.
[35] BVerfG NJWE-MietR 1996, 25 = ZMR 1996, 120.
[36] BGH NZM 2004, 300.
[37] OLG Karlsruhe WuM 1981, 179.
[38] *Eisenhardt* WuM 1999, 20 ff.
[39] *Groterhorst/Burbulla* NZM 2006, 245
[40] BGH WuM 1974, 266; LG Frankfurt WuM 1999, 42.
[41] BGH NZM 2004, 300.
[42] *Koch/Rudzio* ZfIR 2007, 437; differenzierend MünchKomm/*Häublein* § 566.
[43] OLG Düsseldorf NJW-RR 1992, 1291.
[44] BGH NJW 1998, 1220 = NZM 1998, 260.
[45] BGH NJW 2001, 1056 = NZM 2001, 299.
[46] KG GE 2001, 551.
[47] Brandenburgisches OLG 3 U 176/07 Urteil vom 13.8.2008.

32 Mit Rechtsentscheid vom 28. 4. 1999 hat der BGH[48] klargestellt, dass der Eigentümer der vermieteten Wohnung alleiniger Vermieter ist, auch wenn mitvermietete Nebenräume nach der Teilungserklärung nunmehr im **Gemeinschaftseigentum** stehen. Aus praktischen Erwägungen ist der BGH hier der Ansicht, das unteilbare Mietverhältnis bestehe mit allen Wohnungseigentümern auf Vermieterseite fort, entgegengetreten. Gleiches gilt, sofern eben nur die mitvermieteten Allgemeinflächen (Treppenhaus, Kellerzugänge, etc.) anschließend zu Gemeinschaftseigentum werden.

33 Wurde am mitvermieteten Nebenraum hingegen weiteres **Sondereigentum** gebildet und an einen Dritten veräußert (abgeschlossene Nebenräume, Garagen oder Garagenstellplätze), werden alle betroffenen Erwerber bei Veräußerung gemeinsam Vermieter.[49]

34 Teilen Miteigentümer das Objekt gemäß § 3 WEG und übertragen danach jeweils alleiniges Sondereigentum an einer Wohnung an einen Miteigentümer, bleiben alle Miteigentümer Vermieter.[50]

35 *gg) Missglückter Bauträgerverkauf/Kettenauflassung.* Der Bauträger ist Eigentümer gemäß Grundbuch. Er erstellt das Objekt und veräußert dieses an einen Kapitalanleger. Im Rahmen der Veräußerung übernimmt der Bauträger die Mietverwaltung und schließt als Vertreter des Erwerbers einen Mietvertrag ab. Je nach Fallgestaltung wird die Miete auf ein Konto des Bauträgers bezahlt. Aus welchem Grund auch immer wird der Kaufvertrag nicht vollzogen; der Vermieter wird nie Eigentümer. Das Objekt wird zwangsversteigert.

In diesen Fällen stellt sich die Frage nach der Anwendbarkeit des § 566 BGB.[51] Mit der bisherigen restriktiven Rechtsprechung ist die sachenrechtliche Betrachtung maßgebend. Die Zwangsversteigerung hat zwar einen Eigentümerwechsel erbracht, doch war der Voreigentümer nicht Vermieter.

Damit findet § 566 BGB keine Anwendung und der Erwerber in der Zwangsversteigerung kann vom Nutzer die Räumung nach § 985 BGB verlangen, ohne dass dieser Kündigungsfristen oder andere Mieterschutzvorschriften einwenden könnte. Auch das Handeln des Eigentümers als Vertreter des Vermieters kann hier keine andere Folge nach sich ziehen.

Ebenso sind die Fälle der Kettenauflassung zu lösen, in denen der „Zwischenerwerber" nicht Eigentümer gemäß Grundbucheintragung wird.[52]

36 *hh) Wertende Zusammenfassung.* Aufgrund des Ziels der Regelungen neigt die Rechtsprechung der Instanzgerichte dazu, zugunsten des Mieters den Übergang des Mietverhältnisses anzunehmen, sofern damit Ansprüche des vermeintlichen Vermieters (beispielsweise Kündigung) abgewehrt werden können. Dies ist jedoch eine verkürzte und unzulängliche Problemsicht. Erschwert man dem Erwerber den Übergang des Mietverhältnisses, so liegt dies auch nicht im Interesse des Mieters. Dieser trägt im Gegenteil das Risiko, selbst nicht den richtigen Vermieter identifizieren zu können. Auch der Mieter muss feststellen können, wer nach Eigentümerwechsel sein Vermieter ist. Andernfalls ist für ihn der Empfänger weder für Mängelrügen, noch für eine Kündigungserklärung oder auch nur für die laufende Mietzahlung sicher zu identifizieren.

Praxistipp:

37 Sind Vermieter und Eigentümer nicht identisch, ist nicht gewährleistet, dass das Mietverhältnis bei Veräußerung des Eigentums auf den Erwerber übergeht; besonders problematisch sind Personenmehrheiten als Vermieter, Umwandlung von Mietwohnungen in Eigentumswohnungen und Bauträgerfälle.

---

[48] BGH NZM 1999, 553.
[49] LG Hamburg NZM 2000, 656; BGH NJW 2005, 3781; *Flatow* juris Pr-MietR 1/2009 Anm. 3.
[50] LG Stuttgart WuM 1988, 404; Schmidt-Futterer/*Gather* § 566 Rdnr 36.
[51] *Streyl* GuT 2008, 317.
[52] *Koch/Rudzio* ZfIR 2007, 437; differenzierend MünchKomm/*Häublein* § 566 Rdnr. 19 a. A. *Harke* ZMR 2002, 490.

Bestehen Anhaltspunkte für einen Eigentümerwechsel während des Mietverhältnisses, ist die Rechtslage vor Bearbeitung der eigentlichen Mietrechtsfrage mittels eines aktuellen Grundbuchauszugs zu überprüfen.

4. Folgen

a) Gesetzlicher Übergang auf den Erwerber. Sind die Voraussetzungen gegeben, kommt es zwischen dem Erwerber und dem Mieter zu einem neuen, gesetzlich begründeten Mietverhältnis, für das die gleichen Bedingungen gelten, die für den Veräußerer als Vermieter zum Zeitpunkt der Veräußerung vertraglich galten. 38

Der Erwerber hat alle Rechte des Vermieters, beispielsweise steht ihm das Mieterhöhungsrecht zu, sofern der Vermieter die Modernisierungsmaßnahmen begonnen hat und der Erwerber diese fertig stellt (zu § 3 MHG).[53] Selbst die beim Veräußerer begründete Verzugslage wirkt beim Erwerber fort.[54] 39

Der Erwerber hat die gleichen Rechte und Pflichten wie der vertragliche Vermieter. Ein Widerspruchsrecht des Mieters gegen diese gesetzliche Folge des Eigentumsübergangs analog zu § 613a BGB besteht nicht.[55]

b) Beendigung des vertraglichen Mietverhältnisses. Sobald der Erwerber in die Rechte und Pflichten des Mietverhältnisses eintritt, gilt das Vertragsverhältnis mit dem Vermieter als beendet. Für den Vermieter ist das beendete Mietverhältnis abzuwickeln, genauso als sei es durch einen anderen Grund (z.B. Kündigung) beendet worden! Die §§ 566ff. enthalten konsequenterweise lediglich Regelungen über die Haftung des Veräußerers für Pflichtverletzungen des Erwerbers. 40

Der Veräußerer muss die mit ihm beendeten Mietverhältnisse wie bei jedem anderen Beendigungsgrund abwickeln; vgl. § 31.

Aber auch für den Mieter ergibt sich eine Zäsur. Für Ansprüche des Mieters gegen den Veräußerer beginnt beispielsweise die Verjährung mit Kenntnis der Grundbucheintragung des Erwerbers.[56]

c) Kautionsansprüche. Für die Konsequenzen in Bezug auf die Kaution kann zunächst auf die Ausführungen unter §§ 26, 31 verwiesen werden. 41

Bisher war der Erwerber zur Rückgewähr der Sicherheitsleistung nur in zwei Fällen verpflichtet; entweder er hat die Sicherheitsleistung vom Vermieter erhalten oder er hat sich gegenüber dem Vermieter zur Rückgewähr verpflichtet (§ 572 S. 2 a.F.). Nunmehr tritt der Erwerber **in jedem Fall** in die Rechte und Pflichten gegenüber dem Mieter ein. 42

Der Mieter wird dadurch geschützt, dass er die geleistete Sicherheitsleistung vom Veräußerer erhält, sofern er diese nicht vom Erwerber erlangen kann. Der Veräußerer trägt damit auch das Insolvenzrisiko des Erwerbers. 43

Die h.M., wonach bereits die **bekannte Vermögenslosigkeit** oder die **Abgabe der eidesstattlichen Versicherung** durch den (neuen) Vermieter als Voraussetzung für den Rückgriff auf den Veräußerer ausreichen soll,[57] ist abzulehnen. Die Sicherheitsleistung ist gemäß § 551 Abs. 3 S. 3 BGB getrennt vom Vermögen des Vermieters anzulegen. Die h.M. unterstellt dem vermögenslosen Vermieter eine gesetzwidrige Anlage der Sicherheitsleistung. Weder die Vermögenslosigkeit noch die Abgabe der eidesstattlichen Versicherung durch den Vermieter lässt jedoch einen Rückschluss auf die Erlangbarkeit der gesetzeskonform von seinem Vermögen getrennt angelegten Sicherheitsleistung zu. Ein Rückgriff auf den Veräußerer vor einem erfolglosen Vollstreckungsversuch des Mieters beim aktuellen Eigentümer ist daher abzulehnen. 44

Auch der **unbekannte Aufenthalt** des aktuellen Vermieters wird entgegen der h.M. nicht per se zum Rückgriff berechtigen. Es ist kein Grund ersichtlich, weshalb der Mieter nicht 45

---

[53] KG NZM 2000, 652.
[54] BGH NZM 2005, 253.
[55] A. A. *Kühn* NZM 2009, 4.
[56] BGH NJW 2008, 2556 = NZM 2008, 519.
[57] *Börstinghaus* NZM 2004, 481, 485; Emmerich/Sonnenschein/*Weitemeyer* § 566a Rdnr. 12.

mittels öffentlicher Zustellung einen Titel erwirken sollte, um einen Vollstreckungsversuch unternehmen zu können. Der aktuelle Vermieter ist schließlich zumindest Eigentümer des vermieteten Objektes. Bei unbekannten Aufenthalt ist daher zumindest die mit hoher Wahrscheinlichkeit voraussehbar erfolglose Vollstreckung zu verlangen. Hierfür ist der Mieter darlegungs- und beweispflichtig.

> **Praxistipp:**
>
> Der Erwerber ist nun stets zur Rückgewähr der Sicherheitsleistung an den Mieter verpflichtet. Der veräußernde Vermieter haftet gesetzlich für die Rückgewähr der Sicherheitsleistung durch den Erwerber, wenn der Mieter diese beim Erwerber nicht erlangen kann (vertraglich abdingbar!).

5. Konsequenzen für die anwaltliche Vertretung

46 a) **Abschluss eines Mietvertrages.** Bei anwaltlicher Betreuung des Mietvertragsabschlusses ist auf **Vermieterseite** darauf zu achten, dass die Haftung für die Rückgewähr einer Kaution gemäß § 566a vertraglich ausgeschlossen wird; auf **Mieterseite** wäre konsequenterweise auf das Fehlen einer diesbezüglichen Regelung zu achten.

47 b) **Veräußerer als Mandant.** Wird der Veräußerer anwaltlich betreut, ist sowohl das Rechtsverhältnis zum Mieter als auch das Rechtsverhältnis zum Erwerber zu regeln.

48 *aa) Gesichtspunkte gegenüber dem Mieter.* Der veräußernde Vermieter muss die Information über den Eigentumsübergang an den Mieter weiterleiten. Nur so kann er sich der Bürgenhaftung gemäß § 566 Abs. 2 entziehen.

49 Mit der **Information des Mieters** sollte der Vermieter aber zuwarten, bis der Eigentumsübergang auch sicher erfolgt ist, da die Rücknahme einer vorzeitig erfolgten und sich dann als unzutreffend ergebenden Information nur unter Mitwirkung des „Nichterwerbers" wirksam ist (§ 566e Abs. 2), die möglicherweise zu diesem Zeitpunkt nicht mehr problemlos erlangt werden kann. Außerdem stellt der BGH auf die Kenntnis des Grundbucheintrags ab.

50 Der veräußernde Vermieter muss das beendete **Mietverhältnis abwickeln.** Bedeutsam ist dies in erster Linie für die Ansprüche auf und aus **Betriebskostenabrechnung.** Der veräußernde Vermieter bleibt verpflichtet, Betriebskosten für die vor dem Eigentumswechsel abgeschlossenen Abrechnungsperioden abzurechnen; die Fälligkeit der Abrechnungsforderung spielt insoweit keine Rolle.[58]

51 Weiter sind die Ansprüche wegen Verschlechterung der Mietsache, Durchführung von Schönheitsreparaturen bzw. vertraglich vereinbarte Kostenansprüche hierfür und die Abrechnung der Sicherheitsleistung gegenüber dem Mieter zu beachten. Auch hier ist die kurze sechsmonatige Verjährungsfrist gemäß des § 548 zu beachten.

Um Klarheit über die gegenseitigen Verpflichtungen zu schaffen, ist eine **vertragliche Abwicklung des Mietverhältnisses** dringend zu empfehlen.

52 *bb) Gesichtspunkte gegenüber dem Erwerber.* Da die Regelungen nur das Verhältnis von Vermieter und Mieter bzw. Erwerber und Mieter betreffen, müssen die Konsequenzen des Eigentumsübergangs zwischen Vermieter und Erwerber **vertraglich geregelt** werden.

53 Die Aushändigung der Sicherheitsleistung an den Erwerber – unter Berücksichtigung von möglichen Aufrechnungsforderungen im Verhältnis Vermieter/Mieter - ist zu regeln. Eine Vereinbarung mit dem Erwerber über die Rückgewähr der Sicherheitsleistung an den Mieter ist möglich; da die Haftung des Veräußerers gesetzlich nur bei Ausfall des Erwerbers eingreift, wird eine derartige Regelung aber wirtschaftlich wenig sinnvoll sein.

54 Klarstellend wegen der Regelung des § 566c sind die Vereinbarungen zwischen Mieter und Vermieter über die Miete zu dokumentieren.

55 Ist der Eigentumsübergang noch nicht erfolgt, ist für den Vermieter eine vertragliche Regelung mit dem Erwerber zu treffen, die eine potentielle Rücknahme der Information des Mieters (§ 566e Abs. 2) absichert.

---

[58] BGH NZM 2004, 188.

c) Erwerber als Mandant. Wird der Erwerber anwaltlich betreut, ist sowohl das Rechtsverhältnis zum Mieter als auch das Rechtsverhältnis zum Vermieter zu regeln. 56

aa) Gesichtspunkte gegenüber dem Mieter. Der Erwerber hat den Mieter über den Eigentumsübergang zu **informieren,** um die Wirksamkeit von Verfügungen des Mieters an den Vermieter gemäß §§ 566b bis 566d auszuschließen. 57

Da der Vermieter das für ihn endende Mietverhältnis zum Zeitpunkt des Eigentumsübergangs abwickelt, kann es zu **Diskrepanzen zur Vertragsfortsetzung** seitens des Erwerbers kommen. Ungeklärt ist die Frage, ob Fristen für den Mieter mit Beginn des neuen Mietverhältnisses neu beginnen, beispielsweise die Renovierungsintervalle oder insoweit nun eine unrenovierte Wohnung überlassen wurde. 58

Sofern der Vermieter im Zuge der Abwicklung seine Ansprüche durch Aufrechnung mit der Sicherheitsleistung durchsetzt, ist der Erwerber später nur zur Rückgabe der verbliebenen Sicherheitsleistung verpflichtet und hat ab Eintritt in das Mietverhältnis einen Anspruch auf **Auffüllung der verbliebenen Sicherheitsleistung** gegen den Mieter bis zur vertraglich vereinbarten Höhe. Eine Zuzahlung der bis zur Aufrechnung angefallenen Zinsen schuldet der Mieter aber nicht. 59

Der Erwerber sollte den Eigentumsübergang zum **Abschluss eines neuen Mietvertrages** nutzen; nicht mit dem Ziel, dem Mieter neue und für diesen schlechtere Vertragsbedingungen zu präsentieren, sondern um Klarheit über die aktuellen gegenseitigen Verpflichtungen zu schaffen. Regelmäßig genügt hier nicht der Griff zum Formularmietvertrag; es muss im Wege des Individualvertrages das konkrete Mietverhältnis in seiner neuen Form gestaltet werden. Der Mieter ist nicht zum Abschluss eines neuen Vertrages verpflichtet! 60

bb) Gesichtspunkte gegenüber dem Vermieter. In diesem Verhältnis sind **vertragliche Mitteilungspflichten zu Lasten des Vermieters** angezeigt, die die möglichen Vereinbarungen zwischen Vermieter und Mieter offenlegen (§§ 566b ff.). Da der Vermieter sein vertragliches Mietverhältnis abwickelt, muss sich der Erwerber Kenntnis von dieser Abwicklung verschaffen. Nur dann kann er Kenntnis von seinen Rechten und Pflichten erhalten. Der Erwerber muss nunmehr unabhängig von der Frage, ob er die Sicherheitsleistung erhalten hat, diese möglicherweise zurückgewähren. 61

d) Mieter als Mandant. Wird der Mieter anwaltlich betreut, ist sowohl das Rechtsverhältnis zum Vermieter als auch das Rechtsverhältnis zum Erwerber zu regeln. 62

aa) Gesichtspunkte gegenüber dem Vermieter. Der Mieter sieht sich gegenüber seinem Vermieter dem **Abwicklungsverlangen** gegenübergestellt. Rechte und Pflichten sind daher genauso durchzusetzen wie bei sonstiger Vertragsbeendigung. Auf die Ausführungen in § 31 dieses Buches kann verwiesen werden. 63

In jedem Fall sollte sich der Mieter die Beendigung dieses Mietverhältnisses sowie die erfolgte Abwicklung (Verzicht auf weitere gegenseitige Ansprüche abgesehen von der Haftung des Vermieters für die Sicherheitsleistung nach § 566a) ausdrücklich bestätigen lassen.

bb) Gesichtspunkte gegenüber dem Erwerber. Macht der Erwerber mietrechtliche Ansprüche geltend, so ist zunächst zu **prüfen, ob der Anspruchsteller (alleiniger) Vermieter geworden ist.** Der anspruchstellende Erwerber muss nachweisen, dass er (alleiniger) Vermieter geworden ist. Neben einem Zeitgewinn, beispielsweise in Mieterhöhungs- oder Kündigungsverfahren, kann möglicherweise die Durchsetzung des Anspruches faktisch auf Dauer verhindert werden. 64

Will der Mieter Ansprüche geltend machen, trifft ihn das Risiko, den richtigen Vermieter in Anspruch zu nehmen. Selbst die Behauptung des vermeintlichen Erwerber-Vermieters, er sei der richtige, wird den Mieter nicht schützen, wenn später der tatsächlich richtige Erwerber-Vermieter seine Rechte verfolgt. Aus dieser Sicht besteht auch für den Mieter ein eigenes Interesse zur vertraglichen Klarstellung über den neuen Vertragspartner. Ohne Klarheit über seinen Vertragspartner hat der Mieter das Risiko 65
- seine Mietzahlung an den Falschen zu erbringen mit der Gefahr der nochmaligen Inanspruchnahme durch den wahren Berechtigten und dem Insolvenzrisiko beim tatsächlichen Empfänger oder gar wegen Zahlungsverzuges gekündigt zu werden.

- Mängelanzeigen an den Falschen zu adressieren und damit die Haftung des § 536c Abs. 2 zu tragen
- eine Kündigungserklärung an den Falschen zu richten und damit das Mietverhältnis nicht wirksam zu beenden und weiter zahlungspflichtig zu bleiben.

66 e) **Vertragliche Regelung der Dreierbeziehung.** Aus rechtlicher Sicht **empfiehlt sich** die Regelung der gesamten Dreierbeziehung zwischen Vermieter, Mieter und Erwerber in einem **gemeinsamen Vertrag.** Die wirtschaftliche Durchführbarkeit einer derartigen Vorgehensweise wird von der Größe des Objektes (Anzahl der Mietverhältnisse) sowie Vielfalt und Komplexität der einzelnen Verträge abhängen.

Checkliste: Vorgehensweise

	Vertretung Vermieter	Vertretung Mieter	Vertretung Erwerber
Abschluss Mietvertrag	Ausschluss der Haftung nach § 566 a für die Rückgewähr der Mietsicherheit	Keine Regelung über die Rückgewähr der Mietsicherheit	–
Vertretung Vermieter	–	vollständige Abwicklung des Mietverhältnisses; Information des Mieters über den Grundbucheintrag	Regelung über die Rücknahme einer Anzeige des Eigentumsüberganges
Vertretung Mieter	Bestätigung über erfolgte Vertragsabwicklung zum Zeitpunkt des Eigentumsübergangs	–	Rasche verbindliche Klärung der Vermieterstellung
Vertretung Erwerber	Vereinbarung von Mitteilungspflichten in Bezug auf Vorausverfügungen gemäß §§ 566 b ff.	Information des Mieters über den Eigentumsübergang wegen §§ 566 b ff. Informationsbeschaffung über die Vertragsabwicklung des Vermieters mit dem Mieter. Abschluss eines neuen Mietvertrages.	–
„Königsweg"	Gemeinsame vertragliche Regelung der Dreierbeziehung		

6. Abschnitt. Mietgebrauch

§ 15 Allgemeine Gebrauchsrechte und -pflichten, Hausordnung und Zutrittsrechte

Übersicht

	Rdnr.
I. Abgrenzungsfragen	1–3
II. Gebrauchsrechte des Mieters	4–39
1. Allgemeines	4–9
2. Bauliche Veränderungen	10–16
3. Funk und Fernsehen	17
4. Gartennutzung	18–24
5. Gemeinschaftsflächen und -räume	25–28
6. Gebrauchsüberlassung an Dritte	29
7. Gewerbliche Nutzung	30/31
8. Tierhaltung	32
9. Nutzung von Bad und Balkon	33–36
10. Musizieren	37
11. Haushaltsgeräte und Möblierung	38
12. Rauchen in der Wohnung	39
III. Gebrauchspflichten des Mieters	40–62
1. Gebrauchspflicht	41/42
2. Instandhaltung und Instandsetzung	43
3. Duldung von Maßnahmen des Vermieters zur Erhaltung der Mietsache	44–47
4. Duldung von Verbesserungsmaßnahmen	48
5. Obhutspflichten	49–54
6. Anzeigepflichten	55–58
7. Einhaltung der Grenzen des vertragsgemäßen Gebrauchs	59–62
IV. Rechte des Vermieters bei Pflichtverletzungen des Mieters	63–65
1. Erfüllung	63
2. Schadensersatz	64
3. Kündigung	65
V. Pflichten des Vermieters	66–90
1. Überlassungspflicht	67–69
2. Gebrauchsgewährung	70–77
a) Räumliche und zeitliche Grenzen	71/72
b) Wesentlicher Inhalt	73/74
c) Abwehr von Immissionen	75
d) Abwehr von Störungen durch Dritte	76/77
3. Instandhaltung und Instandsetzung	78
4. Fürsorge-, Aufklärungs- und Treuepflicht	79
5. Verkehrssicherungs-, Überwachungs- und Reinigungspflichten	80–83
6. Aufwendungsersatz	84/85
7. Duldung der Wegnahme von Einrichtungen	86–90
VI. Rechte des Mieters bei Pflichtverletzungen des Vermieters	91–93
1. Erfüllung	92
2. Gewährleistung	93
VII. Hausordnung	94–128
1. Verbindlichkeit	94–101
a) Vereinbarung	94–96
b) Erlass der Hausordnung durch den Vermieter	97
c) Beschluss der Hausgemeinschaft	98
d) Benutzungsordnungen in WEG-Anlagen	99
e) Bindung der Hausordnung	100
f) Bestimmtheit	101
2. Inhalt	102–118
a) Rücksichtnahmeverpflichtungen	102–108

		Rdnr.
b) Reinigungsverpflichtungen		109–111
c) Sorgfaltspflichten		112
d) Obhutspflichten		113
e) Wasch- und Trockenordnung		114–116
f) Feuer- und Kälteschutz		117
g) Tierhaltung		118
3. Änderungen		119–122
a) Gleichbehandlung		119
b) Änderungsvorbehalt		120/121
c) Wandel der sozialen Verhältnisse		122
4. Folgen bei Zuwiderhandlungen		123–128
a) Erfüllungsanspruch		123
b) Unterlassungsanspruch		124
c) Abmahnung		125–127
d) Schadensersatzanspruch		128
VIII. Zutritt und Besichtigung der Wohnung		129–155
1. Gesetzliche Regelung		129–151
a) Besichtigung der Wohnung durch den Vermieter		129–141
b) Abwehrrechte des Mieters		142–149
c) Gerichtliche Inanspruchnahme		150/151
2. Abweichende Vereinbarungen		152–155
a) Individualvereinbarungen		153
b) Formularklauseln		154/155

Schrifttum: *Börstinghaus,* Vermieterwechsel kraft Gesetzes, NZM 2004, 481; *Flatow,* Mitbenutzung von Gemeinschaftsflächen durch den Mieter, NZM 2007, 432 ff.; *Lames,* Technische Standards und Sollbeschaffenheit der Mietsache, NZM 2007, 465 ff.; *Paschke,* Rauchverbote im Mietverhältnis, NZM 2008, 265 ff.; *Rips,* Barrierefreiheit, Diss. 2003; *Stollenwerk,* Kinderlärm im Miet-, Wohnungseigentums- und Nachbarrecht, NZM 2004, 289.

I. Abgrenzungsfragen

1   Die grundsätzliche Abgrenzung zwischen Wohn- und Geschäftsraummiete ist an anderer Stelle dargestellt, zu verweisen ist auf § 44 ff. Nachfolgend werden die Rechtsfragen zum Gebrauch der Mietsache bei der Wohnraummiete dargestellt.

2   Ist mit der Wohnung zugleich eine Garage vermietet, so ist **im Zweifel von einem einheitlichen Wohnraummietvertrag auszugehen.**[1] Etwas anderes kann sich allerdings ergeben, wenn ein auf separate Verträge gerichteter Parteiwille feststellbar ist. Als Indizien für einen solchen abweichenden Parteiwillen kommen u. a. in Betracht

- die Verwendung unterschiedlicher Vertragsformulare für Wohnung und Garage,[2]
- eine getrennte Überweisung von Wohnungs- und Garagenmiete,
- die Vereinbarung unterschiedlicher Laufzeiten und Kündigungsbedingungen,[3]
- die Belegenheit der Garage auf einem anderen Grundstück,[4]
- unterschiedliche Miteigentümer des Wohnungs- und des Garagengrundstücks,
- die Anmietung von Garagen nur durch einen Teil der Wohnungsmieter,[5]
- der Umstand, dass der Vermieter mit der Überlassung der Garage zugleich einer öffentlich-rechtlichen Stellplatzverpflichtung nachkommt[6] sowie
- die Tatsache, dass der Mieter mit dem Erwerber der Garage eine gesonderte Vereinbarung, beispielsweise über die Miethöhe, getroffen hat.[7]

---

[1] OLG Düsseldorf, NZM 2007, 799 f. m. w. N.; LG Köln ZMR 1992, 251.
[2] OLG Karlsruhe (RE) NJW 1983, 1499; BayObLG WuM 1991, 78.
[3] BayObLG WuM 1991, 78; LG Köln ZMR 1993, S. X Nr. 12; LG Hamburg WuM 1991, 672; LG München I WuM 1992, 15; AG Frankfurt/M. Urt. v. 25. 3. 2003 – 301 C 3558/02-49 – ZME 2003, 744.
[4] OLG Karlsruhe (RE) NJW 1983, 1499; BayObLG WuM 1991, 78; AG Frankfurt/M. Urt. v. 25. 3. 2003 – 301 C 3558/02-49 – ZME 2003, 744.
[5] BayObLG WuM 1991, 78; LG Köln ZMR 1993, S. X Nr. 12; LG Hamburg WuM 1991, 672; LG München I WuM 1992, 15.
[6] LG Frankfurt WuM 1991, 36.
[7] LG Baden-Baden WuM 1991, 34, 35.

Fällt das ursprünglich einheitliche Eigentum an Wohnung und Garage nachträglich aus- 3
einander (beispielsweise durch Begründung einer Wohnungseigentümergemeinschaft mit
Teileigentum an den Garagen und anschließender Veräußerung an unterschiedliche Erwerber), so führt dies zu keiner Aufspaltung des ursprünglich einheitlichen Mietvertrages, vielmehr tritt der Erwerber der Garage als Mitvermieter in den einheitlichen Mietvertrag über
Wohnung und Garage ein.[8]

II. Gebrauchsrechte des Mieters

1. Allgemeines

Dem Mieter steht während der Mietvertragsdauer gemäß § 535 BGB ein umfassendes 4
Gebrauchsrecht an der gemieteten Sache zu. Dessen genaue Reichweite kann im Einzelfall
zweifelhaft sein, da sie außer durch die mietvertraglichen Vereinbarungen der Parteien maßgeblich auch durch die Verkehrsanschauung bestimmt wird.[9] Dabei kommt eine konkludente Erweiterung des vereinbarten Gebrauchs immer dann in Betracht, wenn der Vermieter
eine entsprechende Nutzung (z. B. eines nicht mitvermieteten Gartens) durch den Mieter
über einen längeren Zeitraum hingenommen hat.[10]

Nach einem Rechtsentscheid des Bayerischen Obersten Landesgerichts aus dem Jahr 5
1981[11] umfasst Wohnen allgemein

„alles, was zur Benutzung der gemieteten Räume als existentiellem Lebensmittelpunkt des Mieters und
seiner Familie gehört, also die gesamte Lebensführung des Mieters in allen ihren Ausgestaltungen und
mit allen ihren Bedürfnissen. Bei dieser Verwirklichung kann sich der Mieter auch solcher Errungen-
schaften der Technik bedienen, die als wirtschaftliche Hilfsmittel aus dem gesamten Leben nicht mehr
wegzudenken sind. Technische Neuerungen können folglich zu einer Ausweitung des vertragsgemäßen
Gebrauchs führen, insbesondere dann, wenn sie für weite Schichten der Bevölkerung eine Selbstverständlichkeit geworden sind und zum allgemeinen Lebensstandard gehören."

Die Wohnnutzung beinhaltet, dass Kinder sog. „**Kinderlärm**", also alterstypische Geräu- 6
sche, auch beim normalen Spielen,[12] entwickeln dürfen,[13] wobei von Kindern das Einhalten
einer Mittagspause nicht gefordert werden kann,[14] dies auch dann nicht, wenn ein Mitmieter wegen Nachtarbeit tagsüber schlafen muss.[15] Auch das Schreien eines Babys in der
Nacht ist hinzunehmen, es sei denn, die Eltern kümmern sich zurechenbar einfach nicht um
das Schreien ihrer Kinder.[16] Andererseits darf die Grenze zum ggf. bewussten Stören anderer
Hausbewohner nicht überschritten werden, wobei Eltern für das Verhalten ihrer Kinder im
Rahmen der Aufsichtspflicht verantwortlich sind. Weitere Anhaltspunkte zur Abgrenzung
führt *Stollenwerk* an.[17]

Bzgl. **Geräuschentwicklungen** gilt jedoch, dass nicht jedes grundsätzlich sozialadäquate 7
Verhalten auch mietrechtlich zulässig ist. Denn der Wohnungsmieter kann gemäß § 862 I S. 2
BGB von seinem Nachbarn verlangen, dass dieser auch tagsüber Geräusche durch Musik,
Streitigkeiten und lautes Stöhnen sowie „Yippie"-Rufe beim Sexualverkehr auf Zimmerlaut-
stärke hält.[18] Sofern ein Haus nur über unzulänglichen Schallschutz verfügen sollte, muss der
Verursacher von Geräuschen sogar ganz besondere Rücksicht nehmen.[19] Umgekehrt müssen

---

[8] BGH NZM 2005, 941 mit Bestätigung zu BayObLG NJW-RR 1991, 651; KG WuM 1993, 423; LG Köln Urt. v. 29. 6. 1999 – 12 S 30/99; *Börstinghaus* NZM 2004, 481, 484.
[9] OLG Köln ZMR 1994, 111.
[10] OLG Düsseldorf DWW 1992, 82; LG Hamburg WuM 1988, 67.
[11] BayObLG NJW 1981, 1275.
[12] LG Heidelberg WuM 1997, 30.
[13] LG Bad Kreuznach WuM 2003, 328; LG München I NZM 2005, 339.
[14] OLG Düsseldorf NJW-RR 1996, 211.
[15] AG Aachen NJW-RR 1987, 404.
[16] *Stollenwerk* NZM 2004, 289, 290 m. w. N.
[17] *Stollenwerk* NZM 2004, 289 ff.
[18] AG Warendorf DWW 1997, 344.
[19] AG Warendorf DWW 1997, 344.

Lärmbelästigungen in Altbauten, die sich im Rahmen des normalen Wohngebrauchs der Mitmieter bewegen, hingenommen werden und berechtigen nicht zur Mietminderung.[20]

8 Grundsätzlich kann jeder Mieter im Rahmen der mietrechtlichen Vorschriften mit der Mietsache nach seinen Vorstellungen verfahren, er kann auch eine Unzahl von Gegenständen wie Flaschen, Kartons, Plastiksäcke, Zeitschriften und Kleidungsstücke weitgehend auch am Fußboden stapeln. Selbst wenn eine solche Ansammlung von Gegenständen zu einem „muffigen" oder sonst unzuträglichen Geruch innerhalb der Wohnung führt, jedoch keine Außenwirkung auf andere Mieter, etwa in Form von Gerüchen im Treppenhaus, besteht, ist – sofern keine Essensreste, die z. B. Ungeziefer anlocken könnten, herumstehen – die Grenze des zulässigen Mietgebrauchs nicht überschritten.[21]

9 Grundsätzlich darf der Mieter **Schlüssel** zu Haus und Wohnung dritten Personen überlassen, zum Beispiel, um während eines Urlaubs die Pflanzen zu versorgen oder auch aus anderen, ihm allein zur Entscheidung zustehenden Gründen, da der Vermieter nicht berechtigt ist, den Zutritt zur Wohnung zu reglementieren.[22] Es besteht insoweit der Anspruch auf Überlassung zusätzlicher Schlüssel für Briefzusteller und Zeitungsboten, solange eine Briefkastenaußenanlage nicht besteht. Der Vermieter kann zuvor die Benennung der Namen dieser Personen verlangen.[23]

Ist in einem Miethaus ein **Fahrstuhl** vorhanden, ist der Vermieter verpflichtet, die Fahrstühle rund um die Uhr, sowohl an Werk- wie auch an Sonn- und Feiertagen, in Betrieb zu halten.[24] Einen nachträglich eingebauten Fahrstuhl darf ein Mieter auch dann nutzen, wenn er eine geltend gemachte Modernisierungsmieterhöhung nicht zahlt. Ihm kann die Nutzung nicht untersagt werden, der Vermieter muss seine Mieterhöhungsforderung durchsetzen.[25]

2. Bauliche Veränderungen[26]

10 Grundsätzlich ist ein Vermieter nicht verpflichtet, **bauliche Veränderungen,** die der Mieter beabsichtigt, zu akzeptieren. Ausnahmen von diesem Grundsatz hat die Rechtsprechung jedoch vielfach zugelassen, wobei allerdings eine **allgemeingültige Abgrenzungsformel** nur selten auszumachen ist, vielmehr eine zerfaserte Einzelfallrechtsprechung festzustellen ist. In Anlehnung an eine Entscheidung des LG Hamburg[27] und *Sternel*[28] sollte darauf abgestellt werden, ob mit der baulichen Veränderung eine Substanzbeeinträchtigung der Mietsache verbunden ist, ob die beabsichtigte Veränderung endgültigen Charakter hat, ob nachteilige Folgewirkungen zu befürchten sind, ob die Einheitlichkeit der Wohnanlage beeinträchtigt wird und ob Mitbewohner gestört werden.

11 Andererseits darf der Vermieter nicht ohne zwingenden Grund die Nutzung des technischen Fortschritts jedenfalls durch eigene Einbauten des Mieters unmöglich machen,[29] wenn etwa ein Bestandteil der Mietsache derart veraltet sei, dass ihr Gebrauchswert erheblich vermindert ist.

12 Von der Rechtsprechung wurde bei folgenden Änderungen ein **Anspruch des Mieters auf Zustimmung** anerkannt:
- Einbau eines elektrischen Treppenlifts im Treppenhaus zu Gunsten eines behinderten Lebensgefährten,[30] hierzu heute die Sonderregelung des § 554a BGB,[31]

---

[20] AG München NZM 2004, 499.
[21] AG München NZM 2003, 475 f.
[22] AG Meppen WuM 2003, 315 für Übergabe von Schlüsseln an Postboten unter Berufung auf *Sternel* II, Rdnr. 9.
[23] AG Mainz – 80 C 96/07, NZM 2007, 922 f.
[24] OLG Frankfurt/M. NZM 2004, 909 f. für Gewerbemiete, muss für Wohnraummiete ebenfalls gelten.
[25] AG München NZM 2001, 93 f.
[26] S. hierzu auch Teil H § 31.
[27] LG Hamburg WuM 1994, 145, 146.
[28] *Sternel* Aktuell, Rdnr. 174.
[29] Staudinger/*Emmerich* §§ 535, 536 Rdnr. 77.
[30] BVerfG NZM 2000, 539.
[31] Hierzu ausführlich: *Rips*, Barrierefreiheit, Diss. 2003.

- Einbau einer Gasetagenheizung,[32]
- Einbau einer Einbauküche,[33] wenn noch keinerlei Kücheneinrichtung vermieterseits besteht,
  Aber: Eine vom Vermieter eingebaute Einbauküche ist (jedenfalls) in Norddeutschland regelmäßig als Zubehör des Wohnhauses anzusehen. Ein Anspruch des Mieters auf Zustimmung des Vermieters zum Ausbau dieser Küche und Einbau einer vom Mieter erworbenen Küche besteht nicht.[34]
- Anbringung einer Außenjalousie vor Tür und Fenster zu einer Loggia,[35]
- Anbringung einer Wäschetrockenvorrichtung auf einem Hinterhofbalkon,[36]
- Neuverfliesung eines Bades,[37]
- Aufstellen einer transportablen Duschkabine,[38]
- Errichtung von Leichtbauwänden und Verkleben von Fußbodenplatten ohne Substanzbeeinträchtigung der Mietsache,[39]
- Anbringung einer Holzvertäfelung[40] bzw. einer Holzpaneel-Deckenverkleidung.[41]

Als **unzulässig** wurden von der Rechtsprechung demgegenüber folgende baulichen Veränderungen eingestuft:

- Ersatz einer Ofenheizung durch eine Gasheizung,[42]
- Einbau eines Duschbades,[43]
- Umbau eines vom Vermieter installierten Bades aus geschmacklichen Gründen,[44]
- Anbringen von Styroporplatten,[45]
- Anbringen einer Balkonverkleidung,[46]
- Einbau eines zusätzlichen Holzofens als Alternative zur vorhandenen Ölzentralheizung auch dann, wenn der Bezirksschornsteinfegermeister ihn abgenommen hat,[47]
- Anbringen einer Video-Kamera oder auch einer Kamera-Attrappe in einem Fenster seiner Wohnung, die auf den Hauseingang ausgerichtet sind, da der Mieter damit das allgemeine Persönlichkeitsrecht der Mitmieter und der Besucher des Hauses verletzt.[48]

Allgemein wird das **Anbringen von Dübeln** in angemessenem Umfang zur Befestigung von üblichen Installationen als zulässig angesehen,[49] was auch 14 Dübellöcher in einer Küche umfasst, mit denen eine Arbeitsplatte befestigt wurde, da auch ein Nachmieter dort wieder eine Arbeitsplatte anbringen muss.[50] Streit besteht zur zulässigen Zahl an Dübeln. Es kommt letztlich auf den Einzelfall an,[51] Bohrlöcher müssen aber so weit als möglich in Fu-

---

[32] LG Berlin GrundE 1995, 109; AG Lübeck DWW 1988, 143.
[33] LG Konstanz WuM 1989, 67 (wobei hier schon fraglich ist, ob nicht nur eine spezielle Möblierung vorliegt; zudem war dort eine Küche noch überhaupt nicht vorhanden, anders als im nachfolgenden Fall des LG Berlin).
[34] LG Berlin Beschl. v. 19. 9. 1996 – 62 S 115/96 – NJW-RR 1997, 1097.
[35] LG Hamburg HmbGE 1995, 291 (wobei dies in einer WEG nicht der Entscheidung des Vermieters allein unterfallen dürfte, da das Gemeinschaftseigentum optisch verändert wird).
[36] LG Nürnberg-Fürth Urt. v. 19. 1. 1990 – 7 S 6265/89 – WuM 1990, 199 (Die Einrichtung war nur vom Hinterhof aus sichtbar und ferner teilweise von der geschlossenen Balkonbrüstung verdeckt).
[37] AG Schöneberg GrundE 1995, 703.
[38] LG Berlin Urt. v. 26. 1. 1990 – 63 S 5216/89 – WuM 1990, 421 (Die Duschkabine wurde von ihren Auswirkungen mit einer Waschmaschine verglichen, Sicherheitsbedenken bei ordnungsgemäßer Installation verneint).
[39] LG Essen WuM 1987, 257.
[40] LG Osnabrück WuM 1986, 231.
[41] AG Brandenburg an der Havel Urt. v. 1. 4. 2003 – 32 C 181/00 – WuM 2003, 321 ff.
[42] AG Wuppertal DWW 1980, 30.
[43] LG Berlin GrundE 1995, 429.
[44] LG Hamburg HmbGE 1992, 51.
[45] LG Braunschweig NJW 1986, 322; AG und LG Bad Kreuznach WuM 1990, 292, AG Brandenburg an der Havel Urt. v. 18. 1. 2001 – 32 C 380/00 – zitiert in WuM 2003, 321 ff., 321.
[46] LG Hamburg HmbGE 1990, 185.
[47] AG Saarburg Urt. v. 31. 10. 2001 – 5 C 392/01 – WuM 2003, 357.
[48] AG Aachen Urt. v. 11. 11. 2003 – 10 C 386/03 – NZM 2004, 339 f.
[49] LG Darmstadt NJW-RR 1988, 80; LG Aurich, DWW 1989, 223, 225; LG Göttingen WuM 1990, 199.
[50] AG Rheinbach NZM 2005, 822 f.
[51] Schmitt-Futterer/*Langenberg* § 538 Rdnr. 49.

gen gesetzt werden,[52] eine Vielzahl einzelner Löcher muss vermieden werden, wenn z. B. eine einzige Konsole Platz für mehrere sonst einzeln aufzuhängende Badutensilien schaffen kann.[53] Eine Formularklausel zu Dübeln, wonach hinterlassene Dübellöcher generell zu entfernen sind und ordnungsgemäß und unkenntlich zu verschließen sowie durchgebohrte Kacheln stets durch gleichartige zu ersetzen sind, ist unwirksam, da dann auch die zu einem vertragsgemäßen Gebrauch unerlässlichen Dübel erfasst würden.[54]

15 Weigert sich der Mieter im Zusammenhang mit einem eigentlich berechtigten Umbauwunsch (Einbau einer Dusche wegen Unbenutzbarkeit der Wanne infolge der Körperfülle des Mieters), eine **Kaution** für die Rückbaukosten und sonstige Schäden aus dem Umbau zu stellen, hat er keinen Anspruch auf Gestattung des Umbaus.[55] So steht dem Mieter, der vom Vermieter die Erlaubnis zur Anbringung einer Parabolantenne begehrt, aber auf das Verlangen des Vermieters hin keine Sicherheit für die voraussichtlichen Kosten der Wiederentfernung der Anlage stellt, kein entsprechender Anspruch zu.[56]

Diese Erwägungen dürften zu verallgemeinern sein. Wenn schon in der Sonderregelung des § 554a BGB bei notwendigen Arbeiten zur Herstellung der Barrierefreiheit der Vermieter seine Zustimmung von der Stellung einer ausreichenden Sicherheit für die Rückbaukosten abhängig machen darf, so wird dies erst recht bei weniger gravierender Veranlassung des Umbauwunsches des Mieters gelten, denn der Vermieter dürfte solche anderen Umbauwünsche auch ablehnen.[57]

16 Endet das Mietverhältnis, so ist der Mieter auf Verlangen des Vermieters verpflichtet, die von ihm vorgenommenen Einbauten zu entfernen und den ursprünglichen Zustand wieder herzustellen, also einen sog. **Rückbau** vorzunehmen, sofern nicht ausdrücklich oder konkludent etwas anderes vereinbart wurde.[58] Auch die Genehmigung von Umbaumaßnahmen des Mieters bedeutet grundsätzlich nicht den Verzicht auf Rückbauansprüche nach Beendigung des Mietverhältnisses.[59]

3. Funk und Fernsehen

17 Das Recht des Mieters, eine Radio- oder Fernsehempfangsanlage zu installieren, war in den vergangenen Jahren Gegenstand einer Vielzahl von Entscheidungen u. a. auch des Bundesverfassungsgerichts. Inhalt und Grenzen dieses Rechtes sowie die Möglichkeiten des Vermieters, in diesem Bereich übertriebene Mieterforderungen abzuwehren, sind unter § 16 Rdnr. 144 f. ausführlich dargestellt. Hierauf wird an dieser Stelle verwiesen.

4. Gartennutzung

18 Grundsätzlich gilt bei Mehrfamilienhäusern ein **Garten** nur dann als mitvermietet, wenn dies ausdrücklich vereinbart wurde.[60]

Dies betrifft die Frage der Alleinnutzung. Eine Recht zur Mitbenutzung wird man je nach Charakter der Wohnanlage annehmen oder verneinen können. Es empfehlen sich daher klare Regelungen, etwa wie folgt:

---

[52] LG Berlin BerlGE 2002, 261.
[53] Schmitt-Futterer/*Langenberg* § 538 Rdnr. 49.
[54] BGH DWW 1993, 74 = WuM 1993, 109.
[55] AG Hamburg NJWE-MietR 1996, 123.
[56] AG Dortmund NZM 1999, 221; LG Dortmund NJW-RR 2000, 889 f.; LG Düsseldorf ZMR 1997, 423; OLG Karlsruhe NJW 1993, 2815 f. = WuM 1993, 525; a. A. AG Frankfurt/M. NZM 1999, 759.
[57] AG Hamburg NJWE-MietR 1996, 123.
[58] LG Berlin BerlinerGE 2003, 457; LG Berlin GE 2003, 1429; OLG Hamburg ZMR 1990, 341.
[59] LG Berlin BerlinerGE 2001, 1604; a. A. LG Berlin GE 1999, 316. Die unterschiedliche Beurteilung durch zwei Berufungskammern des selben Gerichts zeigt die Notwendigkeit einer baldigen Revisionsentscheidung des BGH auf.
[60] LG Aachen DWW 1991, 22.

> **Formulierungsvorschlag:**
> Die Gartenfläche ...... (Beschreibung, Lage)
> darf vom Mieter ☐ nicht genutzt werden*)
> ☐ mitgenutzt werden*)
> ☐ alleine genutzt werden*).
> *) Zutreffendes ausfüllen/ankreuzen und Nichtzutreffendes streichen

Bei Einfamilienhäusern wird demgegenüber umgekehrt angenommen, dass der zum Haus gehörende Garten stets mitvermietet ist, sofern im Vertrag nichts anderes steht.[61]

Ist der Garten nicht ausdrücklich mitvermietet, steht der Umstand, dass der Vermieter die Nutzung durch den Mieter mehrere Jahre ohne Widerspruch geduldet hat, einem freien Widerruf der darin liegenden sog. Gestattung nicht entgegen.[62]

Gleicht das um ein Mietshaus herum gelegene für einen Garten vorgesehene Gelände über Jahre einer Baustelle, dann berechtigt dieser Zustand zumindest den Mieter der Erdgeschoßwohnung unabhängig davon, ob eine Nutzungsberechtigung vereinbart ist, allein wegen des gravierenden optischen Mangels zur Mietzinsminderung.[63] Ist ein Garten mitvermietet, ist er von dem Vermieter gemäß § 536 dem Mieter in einem zur normalen Nutzung eines Hausgartens üblichen Zustand zu überlassen. Dazu gehört, dass der Garten mit einer Rasenfläche versehen sein muss und dass als üblicher Zustand einer Rasenfläche geschuldet ist, dass nach Regenfällen das auf die Rasenfläche aufgeschlagene Regenwasser versickern kann.[64]

Ist der Garten zur alleinigen Nutzung mitvermietet oder die alleinige Gartennutzung stillschweigend zum Vertragsinhalt geworden, so ist der Mieter auch berechtigt, geringfügige **gärtnerische Umgestaltungen** vorzunehmen.[65] Das Anpflanzen und Säen von Blumen (insbesondere einjährig wachsende Pflanzen) gehört in jedem Fall zu dieser zulässigen Nutzung.

Hat der Vormieter eines Mieters im Garten einer Eigentümergemeinschaft Bäume gefällt, die der seiner Wohneinheit zugeordneten Sondernutzungsfläche zugehören, hat der aktuelle Mieter keine Duldungspflicht bzgl. der Ersatzanpflanzung derartiger Bäume, denn er ist weder Handlungs- noch Zustandsstörer, noch können aus einer Gebrauchsregelung der Eigentümergemeinschaft über § 15 Abs. 3 WEG direkt Ansprüche gegen ihn abgeleitet werden.[66]

Nach Auffassung der Rechtsprechung ist der Mieter auch zu folgenden Umgestaltungen und Nutzungen berechtigt, wobei aber vorausgesetzt wurde, dass jeweils der alte Zustand bei Mietende wiederhergestellt werden kann:
- Anlage eines Teiches,[67]
- Anlage eines Komposthaufens,[68]
- Anlage eines Spielplatzes.[69]

Wesentliche Teile einer Gartenanlage, wie vorhandene Bäume und Sträucher, dürfen demgegenüber nur mit ausdrücklicher Genehmigung des Vermieters (und Eigentümers) entfernt werden.[70]

Pflanzt der Mieter Bäume und Sträucher, werden diese nicht Bestandteil des Grund und Bodens,[71] sondern bleiben als sog. Scheinbestandteile im Eigentum des Mieters, der diese al-

---

[61] OLG Köln ZMR 1994, 111.
[62] KG NZM 2007, 515 m. w. N.; a. A. noch AG Solingen WuM 1980, 112 (stillschweigende Einbeziehung der Gartennutzung in den Mietvertrag).
[63] LG Darmstadt Urt. v. 28. 9. 1989 – 6 S 593/88 – NJW-RR 1989, 1498.
[64] AG Neuss Urt. v. 21. 3. 1990 – 30 C 599/89 – NJW-RR 1990, 1163.
[65] AG Dortmund WuM 1991, 219.
[66] OLG München NZM 2003, 445; rechtskräftig durch BGH-Beschl. v. 25. 9. 2003 – V ZR 27/03 – (nicht veröffentlicht).
[67] LG Lübeck WuM 1993, 669.
[68] LG Regensburg WuM 1985, 242.
[69] AG Bonn WuM 1994, 20.
[70] AG Köln 151 C 1074/75 n. v.
[71] A. A. OLG Düsseldorf NZM 1998, 1022 f.

lerdings bei Mietende entfernen muss. Anders soll dies jedenfalls dann sein, wenn der Mietvertrag – ob wirksam oder nicht – bestimmt, dass Einrichtungen und Anlagen beim Auszug kostenlos zurückzulassen seien, denn dann ist auf den Willen des Mieters zu schließen, Baume und Sträucher dauerhaft mit dem Grund und Boden zu verbinden.[72] Ob letztere Ansicht zutreffend ist, muss bezweifelt werden. Die genannte Entscheidung des OLG Düsseldorf scheint von der gegebenen Konfliktsituation, einem Streit zwischen zwei Mitmietern wegen eines groben Rückschnitts jahrzehntealter Büsche, beeinflusst zu sein. Ob sie auch beim Streit zwischen Vermieter und Mieter bei Mietende so ausgefallen wäre, erscheint fraglich.

23 Sind im Mietvertrag die Mieter verpflichtet worden, den ihnen überlassenen Garten ständig zu pflegen, insbesondere einen Ziergarten als solchen zu erhalten und Ziersträucher einmal jährlich zu beschneiden, sind sie damit – wenn auch ggf. nicht verpflichtet – berechtigt, Pflanzen ggf. auch im erheblichen Umfang zurückzuschneiden und einen sonst ausufernden Busch zu reduzieren.[73] Der Mieter hat beim Beschneiden von Sträuchern einen großzügigen Ermessensspielraum.[74]

Hat der Mieter kraft vertraglicher Vereinbarung die „Kosten der Gartenpflege" zu tragen, so obliegt die Ausführung der Gartenpflege dem Vermieter, denn die fragliche Klausel lässt unklar, ob der Mieter auch zur Ausführung der Gartenpflege verpflichtet werden sollte.[75]

Sind Einzelheiten zu Art und Umfang der Gartenpflege im Mietvertrag über ein Einfamilienhaus mit Garten nicht ausdrücklich geregelt, so ist aus der vertraglichen Pflicht des Mieters, den Garten ständig zu pflegen, nur abzuleiten, dass einfache Pflegearbeiten wie Unkraut jäten, Rasen mähen und Entfernen von Laub durchzuführen sind.[76] Hat aber der Mieter die Gartenpflege unter Bezugnahme auf § 2 Nr. 10 BetrKV übernommen, so ist er im Rahmen der Pflege der gärtnerisch angelegten Flächen verpflichtet, bei entsprechender Notwendigkeit auch Bäume und Sträucher zu beschneiden, Rasenflächen neu anzulegen und sogar, kranke und morsche Bäume und Sträucher zu fällen.[77]

24 Darf der Mieter Hof und Garten mitbenutzen, so darf der Mieter bzw. dürfen seine Kinder auch fremde Kinder zum Spielen einladen, ein entgegenstehendes Verbot im Mietvertrag ist unwirksam.[78]

Jedoch überschreitet die Haltung von drei Schweinen, mehreren Kaninchen, Meerschweinchen, Schildkröten und Vögeln auf einem gemieteten Hausgrundstück am Rande einer Großstadt die zulässige Nutzung und begründet nach einer Abmahnung eine fristlose Kündigung, wenn in dem Mietvertrag lediglich die Haltung eines Hundes gestattet ist.[79]

5. Gemeinschaftsflächen und -räume

25 Ist ein **Fahrradkeller** vorhanden, in dem die Mieter ihre Fahrräder abstellen können, so darf ein Mieter sein Fahrrad nur dort abstellen.[80] Handelt es sich jedoch um ein besonders wertvolles Fahrrad, so soll er es nur ausnahmsweise im zur Wohnung gehörenden Keller abstellen dürfen.[81] Die letztere Entscheidung ist wenig nachvollziehbar, denn Rechte des Vermieters können beim Abstellen im eigenen Mieterkeller im Regelfall nicht negativ berührt sein. War ein vom Erdgeschossflur erreichbarer abschließbarer Raum zum Abstellen von Fahrrädern vorhanden, so führt das ersatzlose Wegfallen dieses Raums zum Recht zur Mietminderung.[82]

---

[72] OLG Düsseldorf NZM 1998, 1022 f.
[73] AG Hamburg-Altona Urt. v. 11. 9. 2003 – 317 C 305/03 – BeckRS 2003, 10056.
[74] LG Köln NJWE-MietR 1996, 243.
[75] LG Berlin NZM 2003, 20.
[76] OLG Düsseldorf ZMR 2005, 187 f.
[77] LG Frankfurt a. M. NZM 2005, 338 f.
[78] AG Solingen WuM 1980, 112 Ls.
[79] AG München NZM 1999, 616 f.
[80] Schmitt-Futterer/*Eisenschmitt* § 535 Rdnr. 290.
[81] AG Münster WuM 1994, 198.
[82] AG Hamburg NZM 2007, 802 (Minderung um 5%) = WuM 2008, 332 f.; AG Menden, NZM 2007, 883 (2,5% Minderung bei Entzug eines Fahrradkellers).

Grundsätzlich darf ein Mieter im **Treppenhaus** oder Kellergang keine Gegenstände abstellen,[83] auch kein Schuhregal[84] oder auch nur die Schuhe,[85] wohl aber ist das Auslegen einer Fußmatte vor der Wohnungstüre zulässig.[86] Dies entspricht der Rechtssituation in einer Wohnungseigentümergemeinschaft. Dort ist das Treppenhaus Gemeinschaftseigentum, das keiner der Miteigentümer – auch nicht deren Mieter – für seine Individualzwecke nutzen darf.[87] Zur Frage, ob im Treppenhaus geraucht werden darf, ist eine einheitliche Meinung nicht festzustellen, die Tendenz dürfte dahin gehen, (zu Recht) das bewusste Rauchen im Treppenhaus für unzulässig anzusehen.[88] Eine Ausnahme ist für den eigenen **Kinderwagen** des Mieters anerkannt, sofern keine andere, zumutbare Abstellmöglichkeit vorhanden ist[89] bzw. der Kinderwagen in einem geräumigen Hausflur kaum stört und ansonsten zumindest einen Treppenlauf (in einen Vorkeller) hätte getragen werden müssen, was das Gericht für unzumutbar hielt.[90] Bleibt neben einem im Eingangsbereich eines Mehrfamilienhauses abgestellten Kinderwagen zum Treppenabgang zum Keller ein Durchgang von etwa 60–70 cm, soll dies für die anderen Bewohner ausreichend sein, so dass der Kinderwagen verbleiben durfte.[91] Ebenso ist es zulässig, einen „Rollator" im Eingangsbereich eines Mietshauses abzustellen,[92] wobei bei beengten Platzverhältnissen das Prioritätsprinzip gelten soll.[93] 26

Eine im Haus befindliche, auch anderen Mietern zugängliche **Waschküche** darf vom Mieter auch ohne ausdrückliche Vereinbarung im Mietvertrag genutzt werden.[94] Sind den Mietern (z.B. in der Hausordnung) einzelne Wochentage zur Alleinbenutzung zugewiesen, so darf jeder Mieter die Waschküche an seinem Waschtag abschließen.[95] Falls dies nicht möglich ist, soll sogar ein Minderungsrecht (10%) bestehen.[96] Ist eine **Waschküche** nicht ausdrücklich im Mietvertrag als mitzunutzende Gemeinschaftseinrichtung bezeichnet, so führt der Umstand, dass eine ursprünglich vorhandene Gemeinschaftswaschmaschine seit über zehn Jahren entfernt ist und dass seit dieser Zeit keiner der Mieter mehr in diesem Raum Wäsche gewaschen hat, zu einer „einvernehmlichen Entwidmung" und zum Entfallen eines Nutzungsanspruchs.[97] 27

Hat ein Vermieter seinem Mieter einen Teil der zum Haus gehörenden **Hoffläche** über einen längeren Zeitraum ohne diesbezügliche Beanstandung zur Nutzung überlassen (beispielsweise als Stellplatz für den PKW des Mieters), so soll eine einseitige Nutzungsentziehung durch den Vermieter nicht mehr zulässig sein.[98] Diese weitgehende Rechtsfolge dürfte jedoch nur in Betracht kommen, wenn die Vorraussetzungen für eine konkludente Einbeziehung der Hoffläche in den Mietvertrag vorliegen oder wenn der konkludente Abschluss eines Leihvertrages, befristet bis zum Ende des Wohnungsmietvertrages,[99] festgestellt werden kann. 28

Der Mieter einer Garage darf sein Kraftfahrzeug jedenfalls dann unmittelbar vor dieser Garage auf der Zufahrt abstellen, wenn diese Zufahrt kein anderer Mieter oder Nutzer des Grundstücks benutzen kann.[100]

---

[83] AG Köln WuM 1984, 2.
[84] AG Köln WuM 1982, 86.
[85] OLG Hamm NJW-RR 1988, 1171.
[86] LG Berlin MM 1991, 264.
[87] KG Entscheidung NJW-RR 1993, 403; BayObLG NJW-RR 1998, 875 = NZM 1998, 336.
[88] Zum Streitstand: *Paschke*, a. a. O., *Flatow*, a. a. O., dort 435; AG Hannover NZM 2000, 520 (dort zum WEG-Recht); Stapel NZM 2000, 595.
[89] BGH NZM 2007, 37 f.; LG Bielefeld WuM 1994, 198; LG Hamburg WuM 1992, 188; AG Winsen NZM 2000, 237.
[90] AG Braunschweig WuM 2003, 354 f.
[91] AG Aachen, 84 C 512/07, WuM 2008, 94 (im Rahmen eines einstweiligen Verfügungsverfahrens ohne Einnahme des richterlichen Augenscheins).
[92] LG Hannover NZM 2007, 245.
[93] AG Hannover NZM 2006, 819; *Flatow*, a. a. O., S. 435.
[94] AG Neuss BlGBW 1959, 271.
[95] LG Kassel WuM 1953, 81.
[96] AG Kassel 451 C 3313/95.
[97] AG Spandau ZMR 2003, 121 f.
[98] AG Gießen WuM 1994, 198; a. A. AG Neubrandenburg WuM 1994, 262.
[99] So LG Berlin ZMR 1992, XV Nr. 19.
[100] AG Hamburg-Wandsbeck WuM 2003, 29.

6. Gebrauchsüberlassung an Dritte

29 Das Recht des Mieters zur vollständigen oder teilweisen Überlassung des Mietobjektes an Dritte ist in § 12 umfassend dargestellt. Hierauf wird verwiesen.

7. Gewerbliche Nutzung

30 Auch wenn gemäß Mietvertrag ausdrücklich eine reine Wohnnutzung vereinbart wurde, wird unter bestimmten Voraussetzungen eine Pflicht des Vermieters zur Duldung gewerblicher Aktivitäten des Mieters angenommen. Eine solche Duldungspflicht besteht, solange der Vermieter oder andere Mieter durch die **gewerbliche Nutzung** nicht unzumutbar gestört werden, der Charakter des Mietobjektes als Wohnraum nicht verändert und die Wohnung nicht, z.B. durch erhöhte Beanspruchung und Abnutzung, gefährdet wird.[101] Erheblicher Publikumsverkehr, das Anziehen von Laufkundschaft[102] oder die Beschäftigung von Arbeitnehmern in der Wohnung[103] überschreiten das zulässige Maß ebenso wie die Verwendung störender Maschinen.

31 Weitere Beispiele für unzulässige Nutzungen sind die Einrichtung einer Anwalts-, Arzt- oder Steuerberaterpraxis in den Wohnräumen.[104] Allerdings begründet eine unerlaubte Umwandlung von Wohn- in Geschäftsraum kein Geschäftsraummietverhältnis,[105] so dass der Vermieter zwar einen Unterlassungsanspruch bzgl. der gewerblichen Nutzung geltend machen kann und nach erfolgter Abmahnung wegen vertragswidrigen Verhaltens kündigen kann, aber nicht ohne vorherige Abmahnung etwa ohne Anwendung des wohnungsmietrechtlichen Kündigungsschutzes kündigen kann. Ein Wohnraummietverhältnis bleibt auch dann ein solches, wenn der Mieter vertragswidrig in der Wohnung ein Gewerbe betreibt, so dass das Amtsgericht gemäß § 23 S. 1 Nr. 2a GVG ausschließlich zuständig bleibt.[106] Umgekehrt führt eine eigenmächtige Wohnnutzung von Gewerberaum nicht dazu, dass hierdurch etwa die Schutzbestimmungen für Wohnraum anwendbar würden.[107]

Die Ausübung der **Prostitution** ist unzulässig, sofern es für Vermieter oder Mitmieter tatsächlich zu konkreten Belästigungen kommt,[108] wovon im Regelfall auszugehen sein dürfte. Allein die Verletzung des sittlichen Empfindens eines Grundstücksnachbarn durch das Bewusstsein, dass auf dem Nachbargrundstück Prostitution stattfindet, genügt demgegenüber für einen Unterlassungsanspruch nicht.[109] Entsprechendes dürfte auch im Mietverhältnis gelten.

8. Tierhaltung

32 Inhalt und Grenzen des Tierhaltungsrechtes des Mieters sind in § 16 eingehend dargestellt. Hierauf wird verwiesen.

9. Nutzung von Bad und Balkon

33 Gehört ein **Badezimmer** zur Wohnung, so ist dessen Nutzung (einschließlich Wassereinlauf in Wanne und Duschbecken), da sozialadäquat, zu jeder Tages- und Nachtzeit gestattet, sofern der Mietvertrag diesbezüglich keine Einschränkungen vorsieht. Allerdings hat die Rechtsprechung die zulässige Nutzungsdauer nachts, aus Gründen der Rücksichtnahme auf andere Mieter, auf 30 Minuten beschränkt.[110] Ein mietvertragliches, **vollständiges Dusch- und Bade-**

---

[101] LG Köln ZMR 1995, II Nr. 6; LG Hamburg WuM 1992, 241; LG Hamburg WuM 1993, 188; LG Stuttgart WuM 1992, 250; LG Osnabrück WuM 1986, 94.
[102] LG Schwerin WuM 1996, 214.
[103] Bub/Treier/*Kraemer* III.A Rdnr. 1003; BGH v. 14. 7. 2009 – VIII ZR 165/08 – BeckRS 2009 23009.
[104] BayObLG RE WuM 1986, 205; Bub/Treier/*Kraemer* III. A Rdnr. 1003.
[105] Bub/Treier/*Kraemer* III.A Rdnr. 1003.
[106] OLG Düsseldorf – 10 U 69/03 –, NZM 2007, 799.
[107] Bub/Treier/*Kraemer* III.A Rdnr. 1001.
[108] LG Berlin MM 1995, 354; AG Regensburg WuM 1990, 386.
[109] BGH WuM 1986, 69.
[110] OLG Düsseldorf ZMR 1991, 226.

verbot – auch ausgesprochen in der Hausordnung – für die Zeit von 22.00 Uhr bis 06.00 Uhr soll jedoch zulässig sein, jedenfalls dann, wenn eine Ausnahme für Sonderfälle besteht.[111] Ein **Bade- und Duschverbot** für die Zeit von 23.00 Uhr bis 5.00 Uhr ist durch Beschluss einer **Wohnungseigentümergemeinschaft** zulässig und bedarf keiner einschränkenden Ergänzung für Ausnahmefälle.[112] Mietrechtlich wird derartiges nur dann bindende Wirkung für den Mieter haben, wenn es mit dem Mieter klar vereinbart ist. Denn als allgemeine Vertragsbedingung wird dies ansonsten überraschend im Sinne des § 305 c BGB und damit unwirksam sein.

Ein mitvermieteter **Balkon** steht dem Mieter zur freien Verfügung, solange nicht Rechte von Mitmietern oder des Vermieters beeinträchtigt werden. Jedoch haben die Wohnungseigentümer gegen den Mieter einer Eigentumswohnung, der diese in einer zwar mietrechtlich zulässigen, aber die Wohnungseigentümer beeinträchtigenden Weise durch das Aufstellen eines Kakteengewächshauses nutzt, einen Unterlassungs- und Beseitigungsanspruch.[113] **34**

Im Regelfall ist der Mieter berechtigt, auf dem Balkon Wäsche zu trocknen oder auch **Familienfeiern** zu veranstalten. Einzuhalten ist hierbei die in den Immissionsschutzgesetzen der Länder festgeschriebene **Nachtruhezeit** (22.00 Uhr bis 07.00 Uhr).[114] Eine Störung dieser Nachtruhe ist auch nicht ausnahmsweise, etwa zu gelegentlichen persönlichen, beruflichen oder familiären Feiern zulässig.[115] Unabhängig von der Uhrzeit dürfen Nachbarschaft und Allgemeinheit nicht gefährdet oder erheblich belästigt werden.

Ob das **Grillen auf dem Balkon** zulässig ist, ist umstritten. Während einerseits die Auffassung vertreten wird, Mieter in Mehrfamilienhäusern dürften in der Zeit von April bis September einmal monatlich auf Balkon oder Terrasse grillen, wenn sie die Mieter im Haus, deren Belästigung durch Rauchgase unvermeidlich ist, 48 Stunden vorher darüber informiert haben,[116] wird andererseits vertreten, dass eine fristlose Kündigung des Mietvertrages gerechtfertigt sein kann, wenn der Mieter nachhaltig trotz entsprechender Abmahnungen gegen die Hausordnung (hier: das im Mehrfamilienhaus als sachgerecht angesehene Verbot, auf dem Balkon zu grillen und fremde Personen auf dem Hof des Mietobjektes parken zu lassen) verstößt.[117] Das LG Essen hat es dabei als gleichgültig angesehen, ob ein Holzkohlegrill oder ein Elektrogrill benutzt wird. **35**

Bei einer vermieteten Eigentumswohnung ist insoweit zusätzlich zu beachten, dass eine Mehrheitsentscheidung einer Eigentümerversammlung, gemäß der das Grillen auf den Balkonen gestattet ist, wegen Brandgefahr sowie Rauch- und Geruchsbelästigungen eine nicht ordnungsgemäße Gebrauchsregelung darstellt und daher unwirksam ist.[118] Zudem ist zu beachten, dass eine **Verstoß gegen Vorschriften des Immissionsschutzes** vorliegen kann. Denn dann, wenn der beim Grillen im Freien entstehende Qualm in die Wohn- und Schlafräume unbeteiligter Nachbarn in konzentrierter Weise eindringt, stellt dies eine erhebliche Belästigung der Nachbarn durch verbotenes Verbrennen von Gegenständen i.S. § 7 I 1 NRWImSchG dar.[119]

Praxistipp:
Zusammengefasst spricht all dies dafür, dass ein Grillen auf dem Balkon nur dann erfolgen sollte, wenn alle potentiell Gestörten einverstanden sind. Will ein Vermieter in einem Mehrfamilienhaus Konflikte vermeiden, empfiehlt sich eine klare Verbots-Regelung in der zum Vertragsgegenstand gemachten Hausordnung.

---

[111] AG Rottenburg ZMR 1995, 163.
[112] BayObLG NJW 1991, 1620.
[113] LG Düsseldorf NZM 2002, 131.
[114] OLG Düsseldorf WuM 1996, 56.
[115] OLG Düsseldorf WuM 1996, 56.
[116] AG Bonn NJW-RR 1998, 10.
[117] LG Essen ZMR 2002, 597.
[118] LG Düsseldorf NJW-RR 1991, 1170.
[119] OLG Düsseldorf NVwZ 1995, 1034 = ZMR 1995, 415.

36 Auf dem Balkon darf der Mieter jedoch **rauchen,** auch Zigarren.[120]

10. Musizieren

37 Das **Musizieren** in der Wohnung ist außerhalb der gesetzlichen **Nachtruhezeit** (22.00 Uhr bis 07.00 Uhr) und der von der Rechtsprechung anerkannten **Mittagsruhezeit** (13.00 Uhr bis 15.00 Uhr)[121] grundsätzlich gestattet. Mietvertragliche Vereinbarungen über die Musikausübung sind zulässig,[122] wobei der Gleichbehandlungsgrundsatz einzuhalten ist.[123] Ein völliges Verbot ist jedoch in Allgemeinen Geschäftsbedingungen unwirksam, durch Individualabrede allerdings möglich.[124] Liegt kein wirksames Verbot vor, soll ein Mieter – außerhalb der genannten Ruhezeiten – berechtigt sein, 2 Stunden täglich[125] bzw. 3 Stunden täglich[126] zu musizieren. Bei besonders lauten Instrumenten (z. B. Schlagzeug) sind auch weitergehende Einschränkungen möglich.[127] Es ist nicht zulässig, dass mehrere Personen einer Familie innerhalb der Wohnung gleichzeitig in verschiedenen Räumen musizieren, dagegen ist unter Beachtung vorgenannter Zeiten ein gemeinsames Musizieren genauso zulässig wie ein Musizieren in zeitlicher Abfolge.[128]

11. Haushaltsgeräte und Möblierung

38 Das Aufstellen von **Haushaltsmaschinen** stellt generell bei Neubauten im Regelfall keine zustimmungsbedürftige Sondernutzung dar.[129]

Das **Aufstellen einer Waschmaschine** in der Wohnung ist auch bei entgegenstehender Mietvertragsklausel jedenfalls einer Familie mit mehreren kleinen Kindern auch dann gestattet, wenn der Vermieter in einem Niedrigenergiehaus eine Gemeinschaftswaschmaschine zur Verfügung gestellt hat, deren Wasser aus einem Warmwasserspeicher des Hauses bezogen wird. Es müssen dann aber die üblichen Ruhezeiten beim Betrieb der Waschmaschine eingehalten werden, ferner muss der Mieter dafür Sorge tragen, dass die von ihm eingesetzte Maschine technologisch zum Energiekonzept des Hauses passt und das Waschwasser auch vom Warmwasserspeicher beziehen kann.[130] Ist in der Wohnungsbeschreibung im Mietvertrag geregelt, dass zur Wohnungsausstattung gehört „Waschküche: Gemeinschaftswaschküche im Kellergeschoss", so kann ein Mieter verlangen, dass eine bisher aufgestellte Gemeinschaftswaschmaschine auch dann weiter betrieben wird, wenn er dies als einziger Mieter verlangt. Daran hindern den Mieter weder genossenschaftliche Treuepflichten noch der Umstand, dass der Mieter innerhalb seiner Wohnung eine (weitere) Waschmaschine aufgestellt hat.[131]

Umstritten ist, ob der Mieter einen Anspruch darauf hat, dass die **Energieart für Kochzwecke** unverändert bleibt. Während das AG Tiergarten dem Mieter ein Recht gibt, dass etwa ein Gasherd bestehen bleiben muss[132] (wofür spricht, dass jedenfalls anspruchsvolle Köche großen Wert darauf legen, wegen der schnelleren Regulierbarkeit mit Gas zu kochen), sieht dies das LG Hannover anders, wenn der Vermieter dem Mieter einen funktionsfähigen Elektroherd zur Verfügung stellt und für ausreichend belastbare Elektroanschlüsse sorgt, während die ursprüngliche Gasleitung nur mit unverhältnismäßigem Aufwand zu reparieren gewesen wäre.[133] Das endgültige Abwägungsergebnis wird von besonderen Umständen des Einzelfalls abhängen, so dass Raum für sachgerechten Sachvortrag bleibt.

---

[120] AG Bonn Urt. v. 9. 3. 1999 – 6 C 510/98 – n. v.
[121] BayObLG WuM 1987, 39; KG WuM 1992, 387; LG München I DWW 1991, 111.
[122] OLG München NJW-RR 1992, 1097.
[123] LG Freiburg WuM 1993, 120.
[124] OLG München WuM 1988, 299.
[125] OLG Hamm NJW 1981, 465; LG Berlin BerlGE 2002, 397.
[126] BayObLG NJWE-MietR 1996, 12.
[127] LG Nürnberg-Fürth WuM 1992, 253.
[128] LG Flensburg DWW 1993, 102.
[129] LG Saarbrücken NJW-RR 1987, 1496 f.; Schmitt-Futterer/*Eisenschmitt* § 535 BGB Rdnr. 295–300 m. w. N.
[130] LG Aachen Urt. v. 10. 3. 2004 – 7 S 46/03 – *beck-online*.
[131] AG Hamburg-Altona NZM 2008, 127 f.
[132] AG Tiergarten WuM 1989, 365.
[133] LG Hannover NJW-RR 1991, 1355.

Die Art der Möblierung kann der Mieter frei wählen, er ist nicht gehalten, etwa größere Wandabstände der Möbel zu Außenwänden als „wenige Zentimeter" einzuhalten, sofern nicht im Mietvertrag anderes geregelt ist. Es kann ohne entsprechende Vertragsregelung nicht verlangt werden, einen Abstand von fünf Zentimetern oder mehr zu Außenwänden einzuhalten.[134]

12. Rauchen in der Wohnung

Umstritten ist, ob der Mieter in der Wohnung rauchen darf und welche Auswirkungen dies hat. Teilweise wird sog. exzessives Rauchen als Vertragsverletzung angesehen,[135] andere Gerichte argumentieren, dass es dem Mieter im Rahmen seiner Lebensgestaltung freistehe, sozial adäquate Verhaltensweisen auszuführen, wozu auch das Rauchen in der Wohnung gehöre. Dann sei auch die Folge dieser zulässigen Verhaltensweise, die hier zwangsläufig in Ablagerungen von (Nikotin-)Schadstoffen auf Tapeten, Türen etc. bestehe, als Teil des vertragsgemäßen Mietgebrauchs zu tolerieren.[136] Der BGH hat nunmehr entschieden, dass für die wohl eher seltenen Fälle, dass durch Rauchen verursachte Verschlechterungen der Wohnung nicht mehr durch Schönheitsreparaturen im Sinne des § 28 Abs. 4 Satz 3 II der II. BerechnungsVO beseitigt werden können, sondern darüber hinausgehende Instandsetzungsarbeiten erforderlich werden, die Grenze des vertragsgemäßen Gebrauchs überschritten wird und dann Schadensersatzansprüche des Vermieters entstehen können. Werden nur Schönheitsreparaturen erforderlich (wozu auch eine Neutapezierung gehört), hat der Vermieter Ansprüche nur dann, wenn er die Pflicht zu Schönheitsreparaturen wirksam auf den Mieter überwälzt hat (Einzelheiten dazu in § 19).[137] Die Frage, ob und wie es ggf. möglich ist, einzelvertraglich oder gar formularvertraglich wirksam ein Rauchverbot in der Wohnung zu vereinbaren, hat der BGH in einer früheren Entscheidung zu den Folgen starken Rauchens angesprochen, aber letztlich nicht entschieden.[138]

III. Gebrauchspflichten des Mieters

Folgende gesetzlichen und/oder vertraglichen Pflichten des Mieters kommen in Betracht:

1. Gebrauchspflicht

Es ist allgemein anerkannt, dass **ohne eine besondere vertragliche Vereinbarung keine Verpflichtung** des Wohnungsmieters angenommen werden kann, die Mietsache tatsächlich zu nutzen.[139] Dies ergibt sich auch aus § 537 Abs. 1 S. 1 BGB, wonach der Mieter im Falle einer – auch unverschuldeten – Gebrauchsverhinderung weiterhin verpflichtet ist, die Miete zahlen.[140] Es kommt nur in Betracht, dass der Mieter durch Nichtannahme der ihm angebotenen Mietsache in Annahmeverzug gerät. Im Annahmeverzug kann der Vermieter Mehraufwendungen für ein erfolgloses Angebot geltend machen, ferner für eine zwischenzeitliche Beaufsichtigung der Mietsache durch einen Dritten.[141] Voraussetzung ist ein ordnungsgemäßes Angebot der Mietsache durch den Vermieter, wozu ein wörtliches Angebot ausreicht.[142]

Vertraglich kann eine Gebrauchspflicht für den Mieter vereinbart werden. Durch eine vorformulierte Klausel dürfte dies jedoch im Wohnraummietrecht kaum möglich sein, denn die vertragliche Festschreibung einer Gebrauchspflicht stellt eine erhebliche Abweichung

---

[134] LG Mannheim NZM 2007, 682 f.
[135] AG Magdeburg ZMR 2000, 541; AG Cham ZMR 2002, 761.
[136] LG Köln NJW-RR 1991, 1162; AG Frankenberg (Eder) ZMR 2003, 848 f.
[137] BGH NZM 2008, 318.
[138] BGH NZM 2006, 691 f. zu Rdnr. 23.
[139] So etwa BGH NJW 1979, 2351.
[140] BGH WuM 1991, 25.
[141] Bub/Treier/*Kraemer* III.A Rdnr. 924.
[142] BGH WuM 1991, 25 ff., 27.

von der gesetzlichen Regelung dar, sie ist für den Mieter nachteilig und zudem überraschend.

Hat der Mieter die Mietsache übernommen, so obliegt ihm die Pflicht, eine vorhandene Heizungsanlage (egal ob Etagenheizung oder Sammelheizung) jedenfalls in dem Umfang zu nutzen, dass im Sinne einer **Frostschutzheizung** ein Einfrieren der Heizkörper und damit eine Beschädigung der Heizungsanlage vermieden wird.[143]

2. Instandhaltung und Instandsetzung durch den Mieter

43 Grundsätzlich ist gemäß § 535 Abs. 1 S. 2 BGB der Vermieter verpflichtet, das Mietobjekt während der Mietzeit auf eigene Kosten instandzuhalten und erforderlichenfalls instandzusetzen. Inhalt und Grenzen dieser Verpflichtung sowie die im Zusammenhang mit Mieterpflichten interessierende Möglichkeit, diese Pflichten – zumindest teilweise – auf den Mieter abzuwälzen, sind in § 19 dieses Handbuches ausführlich dargestellt.

3. Duldung von Maßnahmen des Vermieters zur Erhaltung der Mietsache

44 Soweit die vorstehend angesprochene, gesetzliche Instandhaltungsverpflichtung des Vermieters von diesem nicht vertraglich auf den Mieter abgewälzt wurde, also beim Vermieter verblieben ist, trifft den Mieter gemäß § 554 Abs. 1 BGB eine **umfassende Duldungspflicht**, die ihre Grenze nur im allgemeinen Verbot von Schikane und Rechtsmissbrauch findet. Diese Duldungspflicht kann sogar die vorübergehende Räumung des Mietobjektes zum Gegenstand haben.[144] Sie findet ihr Korrektiv in der Verpflichtung des Vermieters, die Arbeiten so zu gestalten, dass unnötige Beeinträchtigungen des Mieters vermieden werden.

45 Eine über die passive Duldung hinausgehende, **aktive Mitwirkungspflicht** des Mieters sieht das Gesetz nicht vor. Insbesondere ist der Mieter nicht verpflichtet, durch Wegräumen oder Entfernen seiner Sachen den notwendigen Platz für die Vornahme der Arbeiten durch den Vermieter zu schaffen (str.).[145] Muss die Wohnung zeitweise geräumt werden, muss daher der Vermieter dies organisieren und die Kosten hierfür tragen, was auch die Mehrkosten einer ggf. notwendigen zeitweiligen Unterbringung des Mieters in einem Hotel oder einer Pension erfasst.[146]

46 Wird der Mietgebrauch durch die vom Vermieter veranlassten Arbeiten mehr als unerheblich beeinträchtigt, so ist der Mieter gemäß § 537 Abs. 1 BGB zur **Minderung** der Miete berechtigt. Auch ein **Schadensersatzanspruch** gemäß § 536a Abs. 1 BGB kommt in Betracht, wenn die besonderen Voraussetzungen hierfür gegeben sind, also Eintreten der Garantiehaftung des Vermieters oder Vertretenmüssen des Vermieters.[147]

Der Mieter hat auch Anspruch auf **Wiederherstellung** des vor Durchführung der Erhaltungsmaßnahmen bestehenden Zustandes, auch Säuberungsmaßnahmen und das Zurückstellen von Einrichtungsgegenständen des Mieters muss der Vermieter organisieren und von den Kosten her tragen. Wird durch die Erhaltungsmaßnahmen der Dekorationszustand beeinträchtigt, hat der Vermieter auch diesen wiederherzustellen, wobei je nach Grad der Abnutzung der Mieter die Renovierungskosten anteilig tragen muss.[148]

47 Fallen Erhaltungsmaßnahmen im Sinne des § 554 Abs. 1 BGB und Verbesserungsmaßnahmen gemäß § 554 Abs. 2 BGB in einem Projekt zusammen, so ist streitig, ob nach dem Schwergewicht entweder insgesamt § 554 Abs. 1 BGB oder insgesamt § 554 Abs. 2 BGB einschlägig ist,[149] oder ob sich die Duldungspflicht des Mieters, unabhängig vom Schwergewicht der Maßnahme, stets nach § 554 Abs. 2 BGB richtet.[150]

---

[143] Bub/Treier/*Kraemer* III.A Rdnr. 934/935.
[144] Bub/Treier/*Kraemer* III. A Rdnr. 1094 m. w. N.
[145] LG Berlin NJW-RR 1996, 1163 m. w. N., auch zu abweichenden Meinungen im Schrifttum; LG Berlin NJWE-MietR 1996, 243 L = NJW-RR 1996, 243.
[146] Bub/Treier/*Kraemer* III. A Rdnr. 1094 a m. w. N.
[147] Bub/Treier/*Kraemer* III. A Rdnr. 1097.
[148] Bub/Treier/*Kraemer* III. A Rdnr. 1097.
[149] *Schopp* ZMR 1965, 193; *ders.* ZMR 1983, 11 (zur alten Rechtslage).
[150] AG Osnabrück WuM 1990, 291; Staudinger/*Emmerich* §§ 541 a, 541 b Rdnr. 15 (zur alten Rechtslage).

> **Praxistipp:**
> Der Vermieter sollte bei geplanten Mischmaßnahmen sicherheitshalber alle Maßnahmen nach den Grundsätzen des § 554 Abs. 3 BGB ankündigen.

Bei einer Mischmaßnahme hat der Vermieter die Wertverbesserung in seiner Modernisierungsankündigung eingehend darzulegen.[151]

5. Duldung von Verbesserungsmaßnahmen

Inwieweit der Mieter Verbesserungsmaßnahmen des Vermieters an der Mietsache zu dulden hat, welche Formalien der Ankündigung hier einzuhalten sind und welche Rechtsfolgen sich ergeben, ist einheitlich in § 20 dargestellt.

6. Obhutspflichten

Eine Obhutspflicht des Mieters für die Mietsache wird vom Gesetz nicht ausdrücklich festgeschrieben. § 536c Abs. 1 BGB, wonach der Mieter dem Vermieter einen Mangel der Mietsache oder eine notwendige Schutzmaßnahme unverzüglich anzuzeigen hat, setzt das Vorhandensein einer solchen Obhutspflicht jedoch zwingend voraus. Die Obhutspflicht folgt aus dem Besitz an der Mietsache, beginnt also zeitlich erst mit der Übernahme der Mietsache.[152]

Es ist allgemein anerkannt, dass der Mieter verpflichtet ist, die Wohnung pfleglich zu behandeln und Schäden von ihr abzuwenden, sofern er hierzu in der Lage und ihm dies zumutbar ist.[153] Hierzu gehören:
- Vorsichtsmaßnahmen gegen Unwetterschäden (Fenster schließen, Markise einfahren),[154]
- Vorsorgemaßnahmen gegen das Einfrieren von Heizungs- und Wasserrohren,[155]
- Beaufsichtigung von Waschmaschinen in Räumen ohne Fußbodenentwässerung (str.),[156]
- Schließen der Absperrventile von Geschirrspülmaschine[157] und Waschmaschine bei längerer Abwesenheit,
- bei längerer Abwesenheit hat der Mieter den Wohnungsschlüssel einer Person seines Vertrauens zu überlassen, die für den Vermieter oder den Hausverwalter in einem Notfall unschwer zu erreichen ist,[158]
- bei längerer Abwesenheit hat der Mieter auch dafür zu sorgen, dass seine sonstigen mietvertraglichen Pflichten (z. B. Schneefegen, Treppenhausreinigung) während seiner Abwesenheit erfüllt werden,
- Sachen, die geeignet sind, das Mietobjekt zu gefährden oder sogar zu schädigen, dürfen vom Mieter nicht eingebracht werden.[159]

Zur Vermeidung von Feuchtigkeitsschäden ist ein Mieter – im Rahmen des Zumutbaren – auch verpflichtet, sein Heizungs-, Lüftungs- und sonstiges Wohnverhalten nach der Beschaffenheit des Mietobjektes einzurichten und insbesondere nach dem Einbau neuer, isolierverglaster Fenster – entsprechend vom Vermieter zu erteilender, konkreter Hinweise – anzupassen.[160]

Der Mieter muss sich in seinem Verhalten nur auf **erkennbare Besonderheiten** des Mietobjektes einstellen. Solange ihm z. B. nicht bekannt ist, dass auf Grund von Besonderheiten des

---

[151] LG Berlin ZMR 1992, 546.
[152] LG Mannheim WuM 1982, 298.
[153] Palandt/*Putzo* § 545 Rdnr. 4.
[154] LG Berlin MDR 1981, 584.
[155] AG Köln WuM 1986, 159; *Sternel* II Rdnr. 282.
[156] OLG Hamm WuM 1985, 253; LG Landau WuM 1996, 29; LG München I ZMR 1994, 478; LG Berlin WuM 1971, 9; a. A. LG Koblenz VersR 1985, 72; *Sternel* Aktuell Rdnr. 264.
[157] OLG Düsseldorf MDR 1989, 645.
[158] BGH WuM 1972, 25; LG Düsseldorf NJW 1960, 2101; AG Köln WuM 1986, 86.
[159] LG Mannheim WuM 1977, 140; LG Köln MDR 1964, 765.
[160] Vgl. *Sternel* Aktuell Rdnr. 268 ff., mit vielen Hinweisen auf die Rechtsprechung.

Mietobjektes die Gefahr droht, dass bei Verwendung größerer Mengen Putzwasser dieses trotz vorhandenem PVC-Bodenbelag in der Küche an dessen Wandanschlüssen durch die Deckenkonstruktion in darunter liegende Wohnungen laufen kann, ist ihm die Verwendung größerer Wassermengen nicht als Obhutspflichtverletzung vorzuwerfen, ist derartiges aber einmal geschehen und dem Mieter so die besondere Schadensanfälligkeit bekannt, muss er sich darauf einstellen und darf fortan nur noch „feucht wischen".[161]

Zur Wahrung der Obhutspflicht reicht es auch aus, wenn der Mieter im Bad Haare aus den bauseits installierten **Abflusssieben von Waschtisch und Dusche/Badewanne** entfernt, er ist nicht verpflichtet, seinerseits besonders feine zusätzliche Einlegesiebe verwenden. Verstopfungen der Abflüsse, die nur durch solche zusätzlichen Einlegesiebe zu vermeiden gewesen wären, hat der Mieter nicht zu vertreten.[162]

51 Der Mieter verletzt die ihm obliegende Obhutspflicht auch durch eine Haustierhaltung, die gegen anerkannte Maßstäbe des Tierschutzes verstößt (z.B. zu geringer Lebensraum), da hier von vornherein die konkrete Gefahr einer übermäßigen Abnutzung der Wohnung besteht.[163]

52 Die Obhutspflicht des Mieters, insbesondere die Pflicht zur Anzeige eingetretener oder drohender Mängel, erstreckt sich nicht nur auf die angemietete Wohnung, sondern auf alle ihm zur Mitbenutzung zur Verfügung stehenden Räume (z.B. Keller, Treppenhaus, Waschküche, Aufzug, Fahrradkeller, Trockenboden, Garten, Tiefgarage).

53 Die Obhutspflicht endet zeitlich nicht bereits mit der faktischen Räumung der Wohnung durch den Mieter (Beendigung des Gebrauchs), sondern erst mit der Rückgabe der Wohnung an den Vermieter, wobei aus der Obhutspflicht nicht abgeleitet werden kann, dass der Mieter etwa zum Behalten der Mietsache verpflichtet wäre.[164]

54 Eine Konkretisierung der dem Mieter gesetzlich obliegenden Obhutspflichten ist vertraglich, z.B. in der **Hausordnung**, möglich. Die Begründung neuer, weitergehender Obhutspflichten dürfte jedoch im Sinne des § 305c BGB überraschend und damit unwirksam sein.[165]

7. Anzeigepflichten

55 Gemäß § 536c BGB ist der Mieter als eine besondere Ausprägung der allgemeinen Obhutspflicht[166] verpflichtet, dem Vermieter gegenüber unverzüglich Anzeige zu machen,
- wenn sich im Laufe der Mietzeit ein **Mangel der Mietsache** zeigt, offensichtlich ist, sich also derart aufdrängt, dass der Mieter ihn nur bei grober Fahrlässigkeit übersehen kann,[167]
- wenn eine **Maßnahme zum Schutz der Mietsache** gegen eine nicht vorhergesehene Gefahr erforderlich wird,
- bei **Rechtsanmaßung durch einen Dritten.**

56 Die **zeitlichen Grenzen** dieser Verpflichtung liegen einerseits in der tatsächlichen Überlassung der Mietsache und andererseits in deren tatsächlicher Rückgabe.[168]

57 Inhaltlich geht es um jeden schlechten Zustand der Mietsache, wobei es auf eine Beeinträchtigung der Brauchbarkeit für den Mieter nicht ankommt.[169]

Hat der Vermieter bereits auf andere Weise von den anzuzeigenden Umständen Kenntnis erlangt[170] oder ist die Abwendung der Gefahr unmöglich,[171] so besteht keine Anzeigepflicht.

---

[161] AG Bergisch-Gladbach WuM 2003, 28f.
[162] AG Neumünster WuM 2003, 116.
[163] AG Kassel WuM 1987, 144, *Sternel* II Rdnr. 166.
[164] Bub/Treier/*Kraemer* III.A Rdnr. 944.
[165] *Sternel* II Rdnr. 284 (zur bisherigen Rechtslage des § 3 AGBG).
[166] Bub/Treier/*Kraemer* III. A Rdnr. 968.
[167] Bub/Treier/*Kraemer* III. A Rdnr. 970.
[168] BGH LM § 556 Nr. 2.
[169] BGHZ 68, 281.
[170] OLG Düsseldorf ZMR 1991, 24; OLG Karlsruhe ZMR 1988, 52.
[171] BGH NJW 1977, 1236.

Besteht Brandgefahr, wird der Mieter verpflichtet sein, ihm mögliche Sofortmaßnahmen durchzuführen und auf jeden Fall sofort die Feuerwehr anzurufen.[172]

Rechtsfolgen eines Verstoßes gegen die Anzeigepflicht sind gemäß § 536c Abs. 2 BGB die Verpflichtung zur Schadensersatzleistung sowie der Verlust des Minderungsrechtes, eventueller eigener Schadensersatzansprüche und des Rechtes zur fristlosen Kündigung des Mietvertrages. **58**

Die **Beweislast** trägt für die Erkenntnismöglichkeiten des Mieters und den Umstand, dass durch das Versäumen der Anzeige ein Schaden entstanden ist, der Vermieter, auch dafür, dass er den Schaden bei Erfüllung der Anzeigepflicht hätte verhindern können. Für die Abgabe der Anzeige und deren Zugang beim Vermieter trägt der Mieter die Beweislast,[173] ebenfalls für die Vorkenntnis des Vermieters.[174]

8. Einhaltung der Grenzen des vertragsgemäßen Gebrauchs

Nach § 542 BGB kann ein Vermieter auf Unterlassung klagen, wenn der Mieter einen „vertragswidrigen Gebrauch" trotz Abmahnung fortsetzt. Ein Beseitigungsanspruch kann nur auf § 541 BGB gestützt werden und setzt eine vorherige Abmahnung voraus. Steht der Mieter unter Betreuung, muss die Abmahnung vor einer Klage dem Betreuer zugegangen sein.[175] Sofern seine Rechte durch den vertragswidrigen Gebrauch „in erheblichem Maße" verletzt werden, hat der Vermieter nach § 543 Abs. 2 Nr. 2 BGB unter bestimmten weiteren Voraussetzungen auch ein fristloses Kündigungsrecht. Neben diesen im Gesetz ausdrücklich genannten Rechten hat der Vermieter auch noch einen Schadensersatzanspruch aus § 823 BGB oder aus pVV, gerichtet auf Beseitigung und Wiederherstellung des früheren Zustandes.[176] **59**

Als Beispiele für eine **erhebliche Rechtsverletzung** nennt das Gesetz ausdrücklich nur **60**
- die unbefugte Gebrauchsüberlassung an einen Dritten sowie
- die erhebliche Gefährdung der Mietsache durch Vernachlässigung der dem Mieter obliegenden Sorgfalt.

Als **vertragswidriger Gebrauch** sind allgemein anerkannt bzw. wurden von der Rechtsprechung ausdrücklich anerkannt: **61**
- unerlaubte Beseitigung oder Gefährdung der Mietsache,
- bauliche Veränderungen der Mietsache,[177]
- Anbringen von Deckenplatten, sofern davon eine Gefährdung ausgeht,[178]
- Anbringung eines Katzennetzes am Balkon,[179]
- unter Umständen die Anbringung einer Parabolantenne (hierzu näheres unter § 16),
- Anbringung einer CB-Funkantenne[180]
- der vertragswidrige Nichtgebrauch des Mietobjektes (s. o. Rdnr. 41 f.),
- gewerbeähnliche Benutzung der Wohnung, z. B. als Kindertagesstätte,[181]
- Heimarbeit, sofern diese mit unzumutbaren Belästigungen, Gefährdung der Wohnung oder Änderung ihrer Beschaffenheit verbunden ist,[182]
- Lagern oder Benutzen hausgefährdender Gegenstände,
- sog. „Raucherexzess",[183] umstritten (siehe oben Rdnr. 39),
- vollständige dauerhafte Gebrauchsüberlassung an einen nahen Verwandten,[184]

---

[172] Schmitt-Futterer/*Eisenschmitt* § 536c Rdnr. 26.
[173] OLG Düsseldorf ZMR 1987, 376.
[174] Bub/Treier/*Kraemer* III. A Rdnr. 978.
[175] BGH NZM 2007, 481.
[176] BGH NJW 1974, 1463.
[177] BGH NJW 1974, 1463 (Fassade).
[178] LG Braunschweig NJW 1986, 322.
[179] AG Wiesbaden NZM 2000, 711.
[180] AG Köln NZM 2000, 88.
[181] LG Berlin NJW-RR 1993, 907.
[182] LG Berlin WuM 1974, 158.
[183] LG Paderborn NZM 2000, 710; AG Magdeburg NZM 2000, 657.
[184] LG Frankfurt NJW-RR 1993, 143.

- an sich erlaubte Aufnahme naher Verwandter in die Wohnung, sofern hierdurch eine Überbelegung entsteht,[185]
- unerlaubte Haustierhaltung,
- ruhestörender Lärm,
- erhebliche Geruchsbelästigung, wobei eine darauf gestützte Kündigung nicht erst nach viereinhalb Monaten erfolgen darf,[186]
- Verwendung von Wohnungsfenstern zur Wahlwerbung,[187]
- Verwendung von Wohnungsfenstern zur politischen Meinungsäußerung (str.).[188]

62 Als **nicht vertragswidrig** wurden demgegenüber von der Rechtsprechung folgende Formen des Gebrauchs der Mietsache befunden:
- die Aufnahme von Familienangehörigen in die Wohnung,[189] es sei denn, es entsteht eine Überbelegung,[190]
- Übernachten lassen von Freunden und Bekannten, soweit keine Gebrauchsüberlassung vorliegt,[191]
- dauerhafte Aufnahme eines – auch gleichgeschlechtlichen – Lebensgefährten,[192] jedoch muss die Genehmigung des Vermieters erfragt werden, auf die regelmäßig ein Anspruch besteht,[193]
- unter Umständen die Anbringung einer Parabolantenne (hierzu näheres unter § 16 Rdnr. 144 ff.).

IV. Rechte des Vermieters bei Pflichtverletzungen des Mieters

1. Erfüllung

63 Verstößt ein Mieter gegen die vorgenannten Vertragspflichten, so kann ihn der Vermieter außergerichtlich und notfalls auch gerichtlich auf **Erfüllung** bzw. auf **Unterlassung** in Anspruch nehmen. Soweit es sich um Pflichten im unmittelbaren Zusammenhang mit der Mietsache handelt, ist **Erfüllungsort** der Ort, an dem sich die Mietsache befindet. Erfüllungsort für die Mietzahlungspflicht ist demgegenüber – sofern nicht ausdrücklich oder konkludent etwas anderes vereinbart wurde – der Ort, an dem der Mieter bei Abschluss des Mietvertrages seinen Wohnsitz hatte.[194]

2. Schadensersatz

64 Sofern der Mieter schuldhaft gegen seine Vertragspflichten verstößt, haftet er dem Vermieter auch auf Schadensersatz. Inhalt und Grenzen dieser Haftung sind unter § 17 detailliert dargelegt. Hierauf wird an dieser Stelle verwiesen.

3. Kündigung

65 Schließlich kann der Vermieter das Mietverhältnis bei vertragswidrigem Gebrauch der Mietsache durch den Mieter auch fristlos kündigen. Zu den Voraussetzungen und Grenzen dieses Kündigungsrechtes wird auf die Ausführungen unter § 29 verwiesen.

V. Pflichten des Vermieters

66 Den unter Ziffer II. dargelegten Gebrauchsrechten des Mieters steht spiegelbildlich jeweils eine entsprechende **Gebrauchsgewährungspflicht** des Vermieters gegenüber, § 535

---

[185] OLG Karlsruhe ZMR 1987, 263.
[186] LG Berlin BerlGE 1997, 553.
[187] BVerfG NJW 1958, 259; LG Essen, NJW 1973, 2291.
[188] LG Darmstadt NJW 1983, 1201; LG Tübingen, NJW 1986, 320; a. A. LG Hamburg NJW 1986, 320.
[189] LG Frankfurt NJW-RR 1993, 143.
[190] OLG Karlsruhe ZMR 1987, 263.
[191] LG Aachen ZMR 1973, 330.
[192] BGH NJW 1992, 213; LG München I NJW-RR 1991, 1112.
[193] BGH NZM 2004, 22 = NJW 2004, 56.
[194] BGH NJW 1988, 1914.

Abs. 1 BGB. Zum Inhalt dieser Vermieterpflicht kann daher im Wesentlichen auf das unter Ziffer II. Gesagte verwiesen werden. Ergänzend hierzu ist aus Sicht des Vermieters noch folgendes anzumerken:

1. Überlassungspflicht

Hauptpflicht des Vermieters aus dem Mietvertrag ist zunächst gemäß § 535 Abs. 1 Satz 2 BGB die **Überlassung der Mietsache** in einem zu dem vertragsgemäßen Gebrauch geeigneten Zustand.

Überlassung ist in der Regel die Übertragung des alleinigen unmittelbaren Besitzes an der Mietsache vom Vermieter auf den Mieter.[195] Nicht nur die Mietsache selbst ist in diesem Sinne zu überlassen, sondern auch das **Zubehör** wie z. B. Haustür-, Wohnungstür-, Kellerraum- und Briefkastenschlüssel, Sanitär- und Kücheninstallationen, eventuell vorhandene Öfen, Teppichböden und Rollos. Gleiches gilt für mitvermietete Räume außerhalb der Wohnung, die sog. **Zubehörräume**, wie Kellerraum, Garage, Garten, ferner für die sog. **Gemeinschaftsräume**, an denen der Mieter ein Recht zur Mitbenutzung hat, wie z. B. Waschküche, Trockenboden und Fahrradkeller. Aus dieser Überlassungspflicht folgt u. a., dass der Vermieter nicht berechtigt ist, dem Mieter die Mitbenutzung dieser Räume ersatzlos zu entziehen.[196]

Die Mieträume müssen sich bei Überlassung in einem zum vertragsgemäßen Gebrauch geeigneten Zustand befinden. Maßgebend hierfür sind neben dem Vertragszweck „Wohnen" insbesondere die konkrete Art und Ausstattung des Gebäudes (Neu- oder Altbau), die – örtlich eventuell unterschiedliche – Verkehrssitte sowie auch die Miethöhe. Befinden sich die Mieträume bei Vertragsschluss noch nicht in vertragsgemäßem Zustand, so trifft den Vermieter eine entsprechende **Herrichtungspflicht**. Es ist zu empfehlen, in einem derartigen Falle im Mietvertrag konkret zu regeln, welche Arbeiten vom Vermieter noch bis zum Mietbeginn auszuführen sind.

> **Formulierungsvorschlag:**
> Vom Vermieter sind bis zum Mietbeginn noch folgende Arbeiten auszuführen:
> ......
> ......

2. Gebrauchsgewährung

Gemäß § 535 Abs. 1 S. 1 BGB ist der Vermieter ferner verpflichtet, dem Mieter den Gebrauch der Mietsache während der Mietzeit zu gewähren.

a) **Räumliche und zeitliche Grenzen.** Wie bereits bei der Überlassungspflicht dargelegt, bezieht sich diese Verpflichtung räumlich nicht nur auf das Mietobjekt selber, sondern auch auf das gesamte Zubehör, alle Einrichtungen des Hauses, zu deren Mitbenutzung der Mieter berechtigt ist[197] und natürlich auch auf sämtliche mitvermietete Räume außerhalb der eigentlichen Wohnung.

Die zeitlichen Grenzen werden durch den Mietvertrag gesteckt. Vor Mietvertragsbeginn ist der Vermieter nicht zur Überlassung der Mietsache verpflichtet. Nach Ablauf der Mietvertragsdauer hat der Vermieter aus § 546 Abs. 1 BGB einen sofort fälligen Rückgabeanspruch.

b) **Wesentlicher Inhalt.** Was vertragsgemäßer Gebrauch ist, wird vor allem durch den Mietvertrag und den sich hieraus ergebenden Vertragszweck „Wohnen" bestimmt, wesentlich aber auch durch den Zustand des Mietobjektes bei Vertragsschluss. Gegebenenfalls hat eine **Auslegung** gemäß § 157 BGB zu erfolgen. So kann im Laufe des Mietverhältnisses eine

---

[195] Palandt/*Putzo* § 536 Rdnr. 6.
[196] LG Hamburg WuM 1995, 533; AG Wuppertal DWW 1992, 28.
[197] BGH NJW 1967, 154.

Verbesserung des allgemeinen Lebensstandards oder eine Verschärfung technischer Grenzwerte im Wege der Auslegung zu einer Änderung dessen führen, was vertragsgemäßer Gebrauch ist. Der Vermieter einer Wohnung, in die Kleinkinder einziehen sollen, ist jedoch nicht verpflichtet, die mit einem Glasausschnitt versehenen Zimmertüren, die den baurechtlichen Vorschriften entsprechen, mit Sicherheitsglas nachzurüsten.[198] Umstritten ist, ob der ständig steigende Umfang der in üblicher Weise in einem Haushalt betriebenen **Elektrogeräte** dazu führen kann, dass die vorhandenen **Elektroleitungen** und deren Absicherung irgendwann einmal nicht mehr vertragsgemäß sind. Muss der Mieter sich laut einer AGB-Klausel die Geeignetheit von Elektroleitungen für eine schon bei Vertragsbeginn verkehrsübliche Benutzung durch Geldzahlung für deren Verstärkung de-facto „erkaufen", ist eine derartige Klausel unwirksam.[199] Auch der Mieter einer nicht modernisierten Altbauwohnung kann als Teilaspekt des geschuldeten Mindeststandards erwarten, dass die Stromversorgung der Wohnung so ausgelegt ist, dass zumindest ein größeres Haushaltsgerät wie eine Waschmaschine und gleichzeitig weitere haushaltsübliche Elektrogeräte benutzt werden können, ohne dass die Sicherung ständig anspricht und dass ferner das Badezimmer nicht nur über eine Beleuchtungsmöglichkeit verfügt, sondern auch über eine Steckdose (mit Fehlerstromschutzschalter) zum Betrieb kleinerer elektrischer Geräte.[200] Einen allgemeinen Modernisierungsanspruch hat der BGH in dieser Entscheidung jedoch deutlich abgelehnt und klargestellt, dass der Mieter allgemein nur den Bauzustand aus dem Errichtungsjahr des Objekts erwarten kann.[201]

Werden verbindliche Grenzwerte für den **Bleigehalt im Trinkwasser** oder für den **Asbestgehalt in der Raumluft** eingeführt oder verschärft, so kann hieraus eine Verpflichtung des Vermieters zum Austausch alter Bleiwasserrohre[202] oder asbesthaltiger Nachtspeicheröfen[203] folgen.

74 Der Vermieter ist vor allem verpflichtet, dafür zu sorgen, dass der Mieter, dessen Angehörige und Besucher stets ungehinderten **Zugang zum Mietobjekt** haben.[204] Er muss daher Schlüssel in ausreichender Anzahl und eine funktionierende **Klingelanlage** zur Verfügung stellen. Ein vorhandener **Aufzug** hat stets, also auch nachts, betriebsbereit zu sein. Eine geordnete Postzustellung (eigener **Briefkasten des Mieters**) ist ebenfalls zu gewährleisten. Im Übrigen kann auf das unter Ziffer II. zu den Gebrauchsrechten des Mieters Gesagte verwiesen werden.

75 **c) Abwehr von Immissionen.** Der Vermieter ist verpflichtet, **Immissionen,** die durch Dritte (auch andere Mieter) auf den Mietgebrauch einwirken, abzuwenden. Von praktischer Bedeutung sind vor allem **Lärmstörungen** durch andere Mieter. Hier ist der Vermieter verpflichtet, gemäß § 542 BGB Unterlassung zu verlangen, Abmahnungen auszusprechen und notfalls dem Störer zu kündigen.[205] Sozialadäquate Lärm- und Geräuschbeeinträchtigungen hat ein Mieter allerdings hinzunehmen.[206] In ländlicher Umgebung ist der Vermieter nicht verpflichtet, Schwalbennester am Mietobjekt zu beseitigen, es erwächst dem Mieter auch kein Minderungsrecht.[207] Zu Immissionen, die von einer Mobilfunksendeanlage ausgehen, siehe § 16, dort Rdnr. 315 ff.

76 **d) Abwehr von Störungen durch Dritte.** Der Vermieter ist ferner verpflichtet, das Betreten des Mietgebäudes durch Unbefugte durch Installation einer geeigneten **Schließanlage** zu verhindern.[208] Gegen Wohnungseinbrüche muss eine **Wohnungsabschlusstür** von verkehrsüblicher Qualität vorhanden sein. Zum Einbau besonderer **Sicherheitsschlösser** ist der Ver-

---

[198] BGH NZM 2006, 578 f.; dazu: *Schuschke* NZM 2006, 733 ff.
[199] OLG Frankfurt/M. WuM 1997, 609.
[200] BGH NJW 2004, 3174 = NZM 2004, 736.
[201] Ebenso der BGH NZM 2005, 60 f.; zum Problemkreis: *Lames,* a. a. O., NZM 2007, 465 ff. (466).
[202] LG Berlin GrundE 1987, 243.
[203] BVerfG ZMR 1998, 687; OLG Hamm WuM 1987, 248; LG Berlin GrundE 1998, 1091.
[204] LG Berlin NZM 2000, 710.
[205] Vgl. hierzu im Einzelnen *Sternel* II Rdnr. 107 f.
[206] Vgl. hierzu im Einzelnen *Sternel* II Rdnr. 108.
[207] AG Eisleben NZM 2006, 898.
[208] LG Berlin ZMR 1987, 334.

mieter allerdings in der Regel nicht verpflichtet.²⁰⁹ Kommt es wiederholt zu Störungen durch außenstehende Dritte, so kann der Vermieter gegen diese strafrechtlich (Strafanzeige wegen **Hausfriedensbruch**) und zivilrechtlich (**Hausverbot, Unterlassungsklage**) vorgehen²¹⁰ und dürfte hierzu auf Verlangen des Mieters auch verpflichtet sein.

Insbesondere bei großen Wohnanlagen in problematischen Stadtbereichen mit hoher Kriminalität (sog. soziale Brennpunkte) kann ein Vermieter auch ohne diesbezügliche Regelung im Mietvertrag zu weitergehenden Maßnahmen verpflichtet sein, wenn ein ungestörter Mietgebrauch auf andere Weise nicht ermöglicht werden kann. Zu denken ist hier insbesondere an die Einrichtung eines **Wach- bzw. Sicherheitsdienstes.**

Allerdings ist auch hier zu beachten, dass in einer Wohnungseigentümergemeinschaft eine bloß allgemeine Einbruchsgefahr z. B. nicht dazu berechtigt, per Mehrheitsbeschluss im Erdgeschoss eine Vergitterung anzubringen.²¹¹

3. Instandhaltung und Instandsetzung

Gemäß § 535 Abs. 1 Satz 2 BGB ist der Vermieter verpflichtet, die Mietsache während der Mietzeit in einem zum vertragsgemäßen Gebrauch geeigneten Zustand zu erhalten. Dazu gehört z. B. das Beseitigen von Grafitti-Schmierereien.²¹² Inhalt und Grenzen der Verpflichtung zu Instandhaltung und Instandsetzung sowie die Möglichkeiten, diese durch Individual- oder Formularvereinbarung auf den Mieter abzuwälzen, sind Gegenstand des § 19 dieses Werkes. Hierauf wird verwiesen.

4. Fürsorge-, Aufklärungs- und Treuepflicht

Gesetzlich nicht normiert, gleichwohl jedoch in Dauerschuldverhältnissen als Nebenpflicht allgemein anerkannt, ist eine gesteigerte **Fürsorge-, Aufklärungs- und Treuepflicht** der Vertragspartner untereinander. Auch dem Vermieter obliegt eine solche Verpflichtung gegenüber seinem Mieter. Er ist danach verpflichtet, den Mieter über alle für das Mietverhältnis wesentlichen Tatsachen und Vorkommnisse frühzeitig zu unterrichten,²¹³ insbesondere ihn vor drohenden Gefahren zu warnen.²¹⁴ Ferner folgt hieraus auch ohne ausdrückliche vertragliche Regelung die Verpflichtung, die sog. Leistungen der Daseinsvorsorge, wie Heizung, Wasser und Energie, zur Verfügung zu stellen.²¹⁵

5. Verkehrssicherungs-, Überwachungs- und Reinigungspflichten

Den Vermieter trifft hinsichtlich der Mietsache, aber auch hinsichtlich aller dem Mieter zur Mitbenutzung zur Verfügung stehenden Flächen (z. B. Treppenhaus, Bürgersteig, Hauszugänge, Aufzug, Garten, Kellergänge, Stellplätze, Hofraum, Gemeinschaftsräume) eine sog. **Verkehrssicherungspflicht.** Danach hat er alles zu tun, um den Mieter bzw. dessen Haushaltsangehörige und Besucher vor Schäden an Körper und Gesundheit durch den mangelhaften Zustand der Mietsache (bzw. der genannten sonstigen Flächen) zu bewahren.²¹⁶ Hierzu gehören beispielsweise folgende Maßnahmen:
- Anbringung von **Geländern** in Treppenhäusern und insbesondere in Kellerabgängen,
- ausreichende **Allgemeinbeleuchtung** aller zugänglichen Flächen,
- **Sicherheitsverglasung** in Haus- und Wohnungstüren sowie bei einer verglasten Treppenhausaußenwand,²¹⁷
- sorgfältige Absicherung von **Schwimmbecken** und **Gartenteichen** sowie benachbarter **Bachläufe,**²¹⁸

---

²⁰⁹ AG Hagen DWW 1987, 263.
²¹⁰ AG Wiesbaden WuM 1998, 572.
²¹¹ OLG Köln NZM 2004, 385.
²¹² AG Berlin Charlottenburg NZM 2007, 484.
²¹³ Vgl. hierzu im Einzelnen *Sternel* II Rdnr. 111 ff.
²¹⁴ BGH NJW 1957, 826; BGH NJW-RR 1990, 1422; OLG Hamburg NJW-RR 1988, 1481.
²¹⁵ BGH NJW-RR 1993, 1159; Palandt/*Putzo* § 535 Rdnr. 10.
²¹⁶ BGH NJW 1952, 1050.
²¹⁷ BGH WuM 1994, 480.
²¹⁸ BayObLG NZM 2000, 513 (für die entsprechende Verpflichtung in eine Wohnungseigentümergemeinschaft).

- sichere Abdeckung eines auf dem Grundstück befindlichen Schachtes,[219]
- Sicherstellung eines **Winterdienstes** für Bürgersteige und Hauszugänge,[220]
- Verhinderung unnötiger Bodenglätte durch ungeeignete Pflegemittel.[221]

81 Die **Grenzen der Verkehrssicherungspflicht** des Vermieters sind dort erreicht, wo Schutzmaßnahmen unzumutbar sind, die Gefahr nur eine fern liegende ist oder nur bei einer missbräuchlichen Nutzung durch den Mieter besteht. So muss z. B. eine Garageneinfahrt auch dann, wenn sie zugleich als Zugangsweg zu den Garagen dient, nicht mehrmals am Tage auf Verschmutzungen hin kontrolliert werden und auch nicht täglich gereinigt werden, sofern nicht Besonderheiten dies erfordern.[222]

82 Neben der allgemeinen Verkehrssicherungspflicht treffen einen Vermieter auch diverse spezielle **Überwachungs- und Prüfungspflichten.** Nach der Unfallverhütungsvorschrift „Elektrische Anlagen und Betriebsmittel" (VGB 4) ist er beispielsweise zur regelmäßigen Überprüfung der **Hauselektrik** verpflichtet.[223] Die **Gasleitungen** im Hause muss er ebenfalls einer regelmäßigen Überprüfung einschließlich Druckprobe unterziehen.[224] Die Kosten solcher Prüfungen können bei ausdrücklicher Vereinbarung ihrer Umlegung im Mietvertrag als Betriebskosten abgerechnet werden.[225] Allgemein wird eine entsprechende Überprüfungspflicht auch hinsichtlich des Hausdaches einschließlich der Kamine und Antennen angenommen.

83 Die **Reinigungspflicht** bezüglich Gemeinschaftsflächen obliegt grundsätzlich dem Vermieter. Sie wird jedoch häufig (vor allem bezüglich des Treppenhauses) im Mietvertrag auf den Mieter übertragen, was grundsätzlich auch formularmäßig möglich ist. Umstritten ist insoweit jedoch, ob dies auch im Rahmen einer Hausordnung wirksam geschehen kann[226] oder ob hierin ein Verstoß gegen **§ 305 c Abs. 1 BGB** liegt.[227] Insofern spricht viel dafür, dass eine Regelung in der Hausordnung überraschend ist, da man dort nur Ordnungsvorschriften erwartet und keine Tätigkeitspflichten. Umstritten ist ferner die Frage, ob ein Mieter, der wegen Alter oder Krankheit nicht mehr in der Lage ist, seinen Reinigungspflichten nachzukommen, eine Ersatzperson organisieren muss, oder – wegen nachträglicher subjektiver Unmöglichkeit – hiervon frei wird.[228] Zu entscheiden ist dies dahin, dass es sich nicht um eine höchstpersönliche Tätigkeit handelt, so dass ein Freiwerden von der Verpflichtung im Sinne des § 275 Abs. 3 BGB nicht anzunehmen ist.

6. Aufwendungsersatz

84 Gemäß § 536 a Abs. 2 BGB hat der Vermieter dem Mieter die anlässlich einer Mangelbeseitigung entstandenen Aufwendungen zu ersetzen, sofern der Vermieter sich entweder mit der Mangelbeseitigung in Verzug befand oder die Mangelbeseitigung zur Erhaltung oder Wiederherstellung der Mietsache notwendig war. Da es sich hierbei um einen Gewährleistungsanspruch des Mieters handelt, wird zu den Einzelheiten auf die diesbezüglichen Ausführungen in § 18 verwiesen.

85 Für alle Aufwendungen, die der Vermieter nicht bereits nach § 536 a Abs. 2 BGB zu ersetzen hat, kann der Mieter gemäß § 539 Abs. 1 BGB, unter den Voraussetzungen der GoA, Ersatz verlangen. Da § 536 a Abs. 2 BGB ausdrücklich nur Mangelbeseitigungskosten umfasst, die bislang weder als nützliche Verwendungen i. S. d. § 547 Abs. 2 BGB a. F., noch als notwendige Verwendungen i. S. d. § 547 Abs. 1 S. 1 BGB a. F. verstanden wurden,[229] folgt

---

[219] AG Potsdam WuM 1998, 288.
[220] OLG Köln ZMR 1995, 308.
[221] BGH ZMR 1994, 149.
[222] KG NZM 2007, 125 f.
[223] OLG Saarbrücken NJW 1993, 3077.
[224] OLG Stuttgart DWW 1972, 82.
[225] BGH NZM 2007, 282 f. (für Elektroinstallation); a. A. AG Kassel NZM 2006, 537 f. (für Gasleitungen, wo aber eine Umlagevereinbarung im Mietvertrag fehlte).
[226] So OLG Frankfurt NJW-RR 1989, 41.
[227] Vgl. LG Frankfurt NJW-RR 1988, 782 (dort noch zu § 3 AGBG).
[228] Vgl. *Sternel* Aktuell Rdnr. 258 f.; nicht entschieden: Schmitt-Futterer/*Eisenschmitt* § 535 Rdnr. 488.
[229] BGH NJW 1984, 1552.

hieraus, dass § 539 Abs. 1 BGB nicht nur – wie in der Gesetzesbegründung behauptet – für die bisherigen nützlichen, sondern auch für die bisherigen notwendigen Verwendungen gilt. Diese sind zukünftig insgesamt nur – wie bislang bereits die nützlichen Verwendungen – unter den Voraussetzungen der GoA ersatzfähig. Es muss also auf jeden Fall Fremdgeschäftsführungswille vorliegen. Ferner muss entweder eine Genehmigung des Vermieters vorliegen (§ 684 Satz 2 BGB) oder die Maßnahme muss dem Interesse und gleichzeitig dem wirklichen oder dem mutmaßlichen Willen des Vermieters entsprechen (§ 683 Satz 1 BGB).[230]

7. Duldung der Wegnahme von Einrichtungen

Gemäß § 539 Abs. 2 BGB hat der Vermieter die **Wegnahme von Einrichtungen** zu dulden, mit denen der Mieter die Mietsache versehen hat. Gemäß § 552 Abs. 1 BGB kann er die Entfernung jedoch gegen Zahlung einer angemessenen Entschädigung abwenden (sog. **Abwendungsbefugnis**), sofern dem kein berechtigtes Interesse des Mieters an der Entfernung entgegensteht.

Das Wegnahmerecht des Mieters kann gemäß § 552 Abs. 2 BGB abbedungen werden, wenn hierfür ein angemessener finanzieller Ausgleich vorgesehen ist. Außerdem kann wirksam vereinbart werden, dass der Mieter auf Verlangen des Vermieters verpflichtet ist, die von ihm eingebauten Einrichtungen entschädigungslos zu entfernen.

Der Mieter ist nicht verpflichtet, dem Vermieter vor Entfernung der Einrichtung deren Übernahme gegen Entschädigung gemäß § 552 Abs. 1 BGB anzubieten.[231] Er muss die Entfernung auch nicht vorher anzeigen.[232] Er ist zur Wegnahme selbst dann berechtigt, wenn die von ihm vorgenommene Einrichtung wesentlicher Gebäudebestandteil geworden und in das Eigentum des Vermieters oder eines Dritten übergegangen ist.[233] Die Abwendungsbefugnis des Vermieters erlischt, sobald der Mieter die Einrichtung ausgebaut hat.[234]

Als Einrichtungen im Sinne des § 539 Abs. 2 BGB wurden von der Rechtsprechung beispielsweise anerkannt:
- ein an der Wohnungstür zusätzlich angebrachtes **Sicherheitsschloss**,[235]
- eine eingebaute **Heizungsanlage**,[236]
- **Badezimmer- und Kücheneinrichtungen**.[237]

Für die Berechnung der vom Vermieter zu zahlenden angemessenen **Entschädigung** ist nicht vom **Zeitwert** auszugehen, sondern von den konkreten **Anschaffungskosten** abzüglich eines Abschlages für die bisherige Abnutzung.[238] Umstritten ist weiter, ob weiter die ersparten Aufwendungen des Mieters für den Ausbau und die Wiederherstellung des ursprünglichen Zustandes abzuziehen sind sowie der Wertverlust, den die Einrichtung durch den Ausbau erleiden würde, so die herrschende Meinung,[239] oder ob es auf den Wert ankommt, den der Vermieter erhält.[240]

VI. Rechte des Mieters bei Pflichtverletzungen des Vermieters

Verstößt der Vermieter gegen seine mietvertraglichen Verpflichtungen, so stehen dem Mieter eine Reihe rechtlicher Möglichkeiten zur Verfügung.

1. Erfüllung

In erster Linie besteht der Erfüllungsanspruch des Mieters. Dieser umfasst sämtliche Vertragspflichten des Vermieters, insbesondere auch dessen Verpflichtung, vorhandene Mängel

---

230 Schmitt-Futterer/*Langenberg* § 539 Rdnr. 33 bis 37 m. w. N.
231 OLG Köln ZMR 1994, 509.
232 Palandt/*Putzo* § 547a Rdnr. 4 a. E.
233 BGH NJW 1991, 3031.
234 Palandt/*Putzo* § 547a Rdnr. 5.
235 LG Karlsruhe WuM 1998, 22.
236 BGH NJW 1958, 2109; AG Köln und LG Köln WuM 1998, 345.
237 OLG Düsseldorf MDR 1972, 147.
238 AG Köln und LG Köln WuM 1998, 345 mit Anm. *Scholl* WuM 1998, 327.
239 Vgl. hierzu die Nachweise pro und contra bei *Scholl* WuM 1998, 327 f.
240 So Schmitt-Futterer/*Langenberg* § 552 BGB Rdnr. 9.

zu beseitigen. Eine formularmäßige Abwälzung dieser Vermieterpflicht auf den Mieter ist im Wohnraummietrecht kaum möglich, denn jedenfalls eine unbegrenzte Kleinreparatur-Vornahmeklausel ist als Formularklausel unwirksam[241] (vgl. weiter § 10 Rdnr. 317 ff.).

2. Gewährleistung

93 Die Gewährleistungsansprüche des Mieters, zu denen vor allem das Minderungs- und Zurückbehaltungsrecht, ferner auch der Schadensersatz- und Verwendungsersatzanspruch gehören, sind in § 18 dieses Werkes eingehend dargestellt. Hierauf wird verwiesen.

VII. Hausordnung

1. Verbindlichkeit

94 a) **Vereinbarung.** Die Hausordnung ist **Grundlage für das Zusammenleben** mehrerer Mieter unter einem Dach. Da die Hausordnung nicht weitergehen kann als die im Mietvertrag festgelegten Rechte und Pflichten, regelt sie den Mietgebrauch im Einzelnen, und zwar soweit es Berührungspunkte zwischen den einzelnen Mietern gibt. Es handelt sich in erster Linie um ordnende Regelungen, die das Verhältnis der Mieter untereinander betreffen.

95 Voraussetzung für die Wirksamkeit einer Hausordnung ist die **Einbeziehung in den Mietvertrag.** Oftmals wird die Hausordnung einem Mietvertrag lediglich als Anlage beigefügt. Teilweise sind die Regelungen einer Hausordnung dem Mietvertragsexemplar auf der Rückseite aufgedruckt. Neuere Verträge beinhalten die Hausordnung unter einem gesonderten Paragraphen des Mietvertrages, so dass die Regelungen des Mietvertrages die Hausordnung mit umfassen.

96 Ist eine Hausordnung lediglich als **Anlage** vorhanden und im Vertrag nur formularmäßig auf die „beigefügte" Hausordnung verwiesen, ist diese Bezugnahme wegen Verstoßes gegen §§ 305 ff. BGB unzulässig. So verstößt beispielsweise die Klausel:

Vorstehender Vertrag sowie die beigefügte Hausordnung wird nach genauerer Durchsicht hiermit vorbehaltlos anerkannt.

gegen § 309 Nr. 12 b) BGB, da es sich um eine Tatsachenbestätigung handelt, dass die Hausordnung dem Vertrag beigefügt und diese vom Mieter genau durchgesehen ist.[242] Die Klausel ist insbesondere deswegen zu beanstanden, weil die Hausordnung nicht in den Vertrag eingearbeitet, sondern in einem getrennten Vordruck enthalten ist. Die Unterschrift der Parteien unter dem Mietvertrag deckt mithin nicht die Hausordnung, hat vielmehr deren Einbeziehung im Sinne des § 305 Abs. 1 BGB zum Gegenstand. Nach dieser Entscheidung besteht eine andere Rechtslage als in den Fällen, in denen die Vertragsbedingungen rückseitig abgedruckt waren. Da nach § 305 Abs. 1 BGB die Einbeziehung von Geschäftsbedingungen davon abhängen, dass der Gegner des Verwenders vor oder bei Vertragsschluss von deren Inhalt Kenntnis erhält, kommt der Wissenserklärung für die Einbeziehung der Hausordnung entscheidendes Gewicht zu. Bestätigt der Mieter, dass diese beigefügt war, so wird damit eine für die Einbeziehung erforderliche Tatsache erklärt. Das führt in diesem Zusammenhang zu einer Veränderung der Beweislage i. S. des § 309 Nr. 12 b) BGB, so dass die Klausel als unwirksam anzusehen ist.

97 b) **Erlass der Hausordnung durch den Vermieter.** Ob ein Vermieter berechtigt ist, eine Hausordnung zu „erlassen", soweit noch keine Hausordnung bestanden hat, als der Mietvertrag abgeschlossen wurde, erscheint zweifelhaft. Eine Grundlage für einen derartigen **einseitigen Erlass** des Vermieters ist weder aus dem Mietvertrag abzuleiten noch aus der Gebrauchsgewährpflicht des Vermieters.

98 c) **Beschluss der Hausgemeinschaft.** Unter Heranziehung demokratischer Gesichtspunkte erscheint in erster Linie die **Hausgemeinschaft** in der Lage, sich eine Hausordnung zu geben, für die wiederum nach demokratischen Grundsätzen wenigstens eine **absolute Mehrheit** er-

---

[241] Grundlegend BGH NJW 1992, 1759 ff. = WuM 1992, 355.
[242] OLG Celle WM 1990, 103, 115; BGH WM 1991, 381.

forderlich sein dürfte. Nur dann, wenn eine Notwendigkeit für eine Hausordnung besteht und die Hausgemeinschaft nicht in der Lage ist, sich eine Hausordnung zu schaffen, kann dem Vermieter das Recht eingeräumt werden, seinerseits eine Hausordnung aufzustellen, die sodann für die Mieter bindend ist. Der Vermieter muss dabei die bestehenden mietvertraglichen Rechte und Pflichten beachten und darf keine über die vertraglichen Verpflichtungen der Mieter hinaus gehenden neuen Pflichten hinzufügen.

d) **Benutzungsordnungen in WEG-Anlagen.** Eine Wohnungseigentümergemeinschaft kann eine Benutzungsordnung sowohl für die im Gemeinschaftseigentum stehenden Räume als auch für die Nutzung der im Sondereigentum stehenden gemieteten Räume schaffen. Diese kann der Vermieter an den Mieter weitergeben, wobei allerdings keine neuen Pflichten des Mieters begründet werden können. Eine Klausel im Mietvertrag, mit der ein Mieter an die Beschlüsse der Wohnungseigentümergemeinschaft gebunden werden soll, verstößt gegen § 305c BGB. 99

e) **Bindung der Hausordnung.** An die Hausordnung sind sowohl der Mieter als auch der Vermieter gebunden. Daneben haben die Hausordnung die Personen zu beachten, die auf Vermieterseite Aufgaben des Vermieters erfüllen. Auf Mieterseite sind ebenfalls die Personen verpflichtet, die Hausordnung zu beachten, die vom Mieter ein unselbständiges Mietrecht ableiten. 100

f) **Bestimmtheit.** Regelungen einer Hausordnung sind so abzufassen, dass der einzelne Betroffene daraus klar ersehen kann, welchen Verpflichtungen er unterliegt. Mangels Bestimmtheit können Klauseln unwirksam sein, soweit darin wertende Begriffe verwendet werden, die unterschiedlicher oder nicht eindeutiger Auslegung zugänglich sind.[243] 101

2. Inhalt

a) **Rücksichtnahmeverpflichtungen.** Die Rücksichtnahmeverpflichtungen in einer Hausordnung befassen sich im Wesentlichen mit der **Lärmverursachung** durch Mieter infolge unterschiedlicher Verhaltensweisen. Es gibt eine Reihe von Entscheidungen, die sich mit der Verursachung von Lärm durch Tonwiedergabegeräte oder Musikinstrumente befassen. In diesem Zusammenhang kommen die in der Hausordnung genannten **Ruhezeiten** zum Tragen. 102

Nach der Entscheidung des Landgerichts Nürnberg[244] vom 17. 9. 1991 sind die Übungszeiten eines Schlagzeugspielers im Wohngebäude in zumutbaren Rahmen von den Nachbarn in die eigene Lebensgestaltung einzuplanen. Zusätzliche Ruhezeiten über das allgemeine Ruhebedürfnis hinaus setzen besondere Gründe im Einzelfall voraus.[245] Bei der Einräumung von Ruhezeiten hat der Vermieter den **Gleichbehandlungsgrundsatz** zu beachten. Keinem Mieter darf etwas untersagt werden, was einem anderen gestattet ist.[246] Im Beschluss des Bayerischen obersten Landesgerichts vom 12. 10. 1995 kommen rechtliche Bedenken zum Ausdruck, die das vollständige Verbot des Klavierspiels an Sonn- und Feiertagen betreffen. Nach der Entscheidung ist für die Untersagung nicht Voraussetzung, dass das Klavierspiel in der Wohnung deutlich zu hören ist; es muss aber doch einwandfrei wahrnehmbar sein, eine ganz unerhebliche Beeinträchtigung bleibt außer Betracht. Ein Musizieren, das außerhalb der Wohnung überhaupt nicht zu hören ist, kann ohnehin nicht untersagt werden.[247] 103

Eine Verpflichtung, Musik nur in **Zimmerlautstärke** zu hören, ist hinreichend bestimmt, um als Grundlage der Zwangsvollstreckung zu dienen.[248] Es ist nicht erforderlich, eine Höchstgrenze in Dezibel festzulegen, denn der Begriff „Zimmerlautstärke" ermöglicht es, bei einer Musikwiedergabe von Tonträgern festzustellen, ob die Lautstärke noch oder nicht mehr vom Nachbarn hinzunehmen ist. Insbesondere wird es damit möglich, dass Musik hö- 104

---

[243] BGH WM 1998, 738.
[244] LG Nürnberg-Fürth WM 1992, 253.
[245] Kammergericht WM 1992, 81.
[246] LG Freiburg WM 1993, 120.
[247] BayObLG WM 1996, 488.
[248] LG Hamburg WM 1996, 159.

ren in einer Lautstärke, die deutlich vernehmbar über das Zimmer hinaus in die Nachbarwohnung dringt, auszuscheiden.

105 Für ein hellhöriges Miethaus hat das Amtsgericht Frankfurt entschieden, dass es dem Mieter gestattet ist, außerhalb der Ruhezeit täglich bis zu 90 Minuten Klavier zu spielen. Darüber hinausgehende Beeinträchtigungen der übrigen Mieter, die in Anbetracht der unstreitig schlechten Geräuschdämmung des Hauses auf der Hand liegen und keines Beweises bedürfen, muss der Kläger als Vermieter nicht dulden.[249]

106 Weitere Rücksichtnahmeverpflichtungen beziehen sich in der Regel in Hausordnungen auf die Verursachung von Gerüchen oder sonstigen Lärm durch Baden oder Duschen zu nächtlicher Zeit. Nächtliche Badegeräusche, die der Mieter verursacht, gehören unter Berücksichtigung der grundrechtlichen Freiheits- und Eigentumsgarantien zum zulässigen, durch AGB nicht wirksam einschränkbaren Mietgebrauch.[250]

107 Soweit die Hausordnung das Abstellen von Kinderwagen im **Hausflur** generell verbietet, begegnet dieses Verbot erheblichen Bedenken. Das Verbot, Kinderwagen im Treppenhaus abzustellen, unterliegt der Abwägung, und zwar einerseits der drohenden Nachteile für die Sicherheit der Bewohner einerseits und anderseits der Nachteile, die sich für den mit dem Verbot belegten Bewohner ergeben. Eine gewisse Beschränkung der Bewegungsfreiheit im Flur ist durchaus hinzunehmen.[251]

108 Nach Ansicht des Landgerichts Bielefeld ist eine Bestimmung in der Hausordnung, dass das Abstellen eines Kinderwagens im Hausflur nur vorübergehend zulässig sei, nur dann wirksam, wenn für den Mieter eine zumutbare, anderweitige Abstellmöglichkeit besteht.[252]

109 b) **Reinigungsverpflichtungen.** Bei den Reinigungspflichten sind in erster Linie die Treppenhausreinigungspflicht, Kellerreinigungspflicht und die Verpflichtung, den Hauseingangsbereich zu säubern, zu nennen. Nach einer Entscheidung des AG München (Urteil vom 30. 9. 1999 – 412 C 13.623/99, NZM 2000, 35) kann eine Hausordnung als Teil des schriftlichen Mietvertrages über eine Wohnung zulässigerweise vorsehen, dass der Mieter das Treppenhaus im Turnus mit den übrigen Mietern zu reinigen hat, jedoch ist die Reinigung der Außenseite von Außenrollos an den Fenstern der Wohnung regelmäßig Sache des Vermieters. Es ist unzulässig, dem Erdgeschossbewohner aufzuerlegen, den Eingangsbereich zu reinigen, da dies gegen den Gleichheitsgrundsatz verstößt. Verschmutzungen durch Unrat im Lichthof einer Wohnanlage rechtfertigen eine Mietminderung nicht, soweit der Mieter nach der Hausordnung zur Reinhaltung verpflichtet ist. Übermäßige Verschmutzungen muss der Mieter im Einzelfall beweisen.[253] Die formularvertragliche Abwälzung der Schneereinigungspflicht auf die Mieter eines Mehrparteienhauses ist unwirksam, wenn erst die Hausordnung die Erdgeschossmieter alleine zur Leistung verpflichtet.[254] In der Regel wird nämlich der Mieter davon ausgehen, dass seine Rechte und Pflichten abschließend im Mietvertrag geregelt sind, während die Hausordnung nur noch die Ausübung der Rechte und Pflichten regelt.

110 Indem die **Schneebeseitigungspflicht** den Erdgeschossmietern alleine auferlegt wird, wird aber nicht nur die Ausübung dieser Pflicht geregelt, sondern die Verpflichtung, soweit mit ihr auf Grund der Mietvertragsvorschrift zu rechnen war, wesentlich quantitativ verändert. Eine solche Regelung in der Hausordnung ist so ungewöhnlich, dass der Mieter nicht damit rechnen muss. Diesbezüglich besteht insbesondere kein althergebrachter Grundsatz, wonach der Erdgeschossmieter allein die Schneebeseitigung zu besorgen hätte.

111 Der Mieter kann die ihm obliegende Reinigung der allgemein genutzten Flächen des Wohnhauses zu einer ihm genehmen Zeit während der Woche erledigen. Es ist auch gleichgültig, ob der Mieter die Putzarbeiten selbst leistet oder durch Dritte durchführen lässt.[255]

---

[249] AG Frankfurt/M. WM 1997, 430.
[250] LG Köln WM 1997, 323.
[251] AG Winsen (Luhe) WM 1999, 452.
[252] LG Bielefeld WM 1993, 37.
[253] LG Bonn WM 1990, 203.
[254] AG Schwelm WM 1991, 86.
[255] AG Reichenbach WM 1994, 322.

c) **Sorgfaltspflichten.** Die Hausordnungen sehen insoweit regelmäßig lediglich eine **Konkretisierung** derjenigen Verpflichtungen vor, die sich bereits aus dem **Inhalt des Mietvertrages** ergeben.

d) **Obhutspflichten.** Dasselbe gilt in Bezug auf Obhutspflichten, die ein Mieter zu beachten hat. Hier ist zu nennen die **unverzügliche Meldung von Mängeln oder Schäden** im Allgemeinbereich, damit der Vermieter alsbald Abhilfe schaffen kann. Häufig gehört zu den in der Hausordnung niedergelegten Obhutspflichten die Verpflichtung, die Hauseingangstüre ab einer bestimmten Uhrzeit abzuschließen. Je weiter die Obhutspflichten des Mieters über die in § 536c BGB vorgesehene Verpflichtung, die Mietsache vor Schaden zu bewahren, ausgedehnt werden, bestehen gegen die Wirksamkeit Bedenken unter Heranziehung des § 307 Abs. 2 Nr. 1 BGB. Die gesetzlichen Obliegenheiten dürfen nicht in einem Maße ausgedehnt werden, dass dies letztlich zu einer unzumutbaren Beschränkung in der Lebensführung des Mieter führen könnte.[256]

e) **Wasch- und Trockenordnung.** Wenn auf Grund der Vielzahl der Mieter keine Einigung darüber zustande kommt, wann welcher Mieter die Wasch- und Trockenräume benutzen darf, regelt die Hausordnung die Benutzungsmöglichkeiten. Soweit damit gleichzeitig eine Verpflichtung verbunden ist, Trockenspeicher und Waschraum zu benutzen, bezieht sich dies regelmäßig auf sog. „große Wäsche". Das Trocknen „kleiner Wäsche" auf einem Wäscheständer, der im Wesentlichen durch die Balkonbrüstung gegen Sicht abgedeckt ist, ist regelmäßig mit der Hausordnung und der mietvertraglichen Gebrauchsüberlassung vereinbar.[257]

Die Entscheidung des Amtsgerichts Siegen, wonach es dem Mieter nicht gestattet sein soll, in der Waschküche eine private Waschmaschine zu betreiben, da eine **zentrale Waschanlage** gegen Entgelt (Münzeinwurf) vorhanden ist, erscheint bedenklich.[258]

Nach Auffassung des Amtsgerichts Hameln ist das **Aufstellen und Benutzen einer Waschmaschine in der Mietwohnung** grundsätzlich dem vertragsgemäßen Gebrauch der Mietsache zuzurechnen, auch wenn im Mietvertrag die Pflicht zur Nutzung einer Gemeinschaftswaschmaschine vereinbart ist. Der Vermieter darf nicht ohne triftigen Grund dem Mieter Einrichtungen versagen, die ihm das Leben in der Mietwohnung erheblich angenehmer gestalten können, durch die er als Vermieter nur unerheblich beeinträchtigt und durch die die Mietsache nicht verschlechtert wird.[259]

f) **Feuer- und Kälteschutz.** Die insoweit in Hausordnungen gebräuchlichen Klauseln besitzen wenig praktische Bedeutung, zumal sie lediglich die Verpflichtungen aus dem Vertrag in konkretisierter Form wiedergeben.

g) **Tierhaltung.** In der Hausordnung kann es nur über die Ausgestaltung des im Mietvertrag verbrieften Rechtes, Tiere halten zu dürfen, gehen. Ein Verbot der Tierhaltung in der Hausordnung, ohne dass im **Mietvertrag** eine entsprechende Regelung zu finden wäre, erscheint unwirksam. Nach der Entscheidung des AG München (Urteil vom 2. 5. 2002 – 453 C 2425/01, NZM 2003/23) stellt eine in der Hausordnung enthaltene Klausel, in der keine Ausnahme für Kleintiere vom schriftlichen Erlaubnisvorbehalt enthalten ist, keine wirksame Einschränkung der Tierhaltung dar.

3. Änderungen

a) **Gleichbehandlung.** Auch bei Änderungen der Hausordnung ist der Vermieter an den Grundsatz der Gleichbehandlung gebunden. Es ist ihm mithin **versagt**, die Hausordnung im Nachhinein für verschiedene Mieter **unterschiedlich zu ändern**. Falls sachliche Gründe für eine unterschiedliche Behandlung vorliegen, kann diese zulässig sein. Bei Änderungen muss der Vermieter auch die bisherige Handhabung wie sie ggf. über Jahre stattgefunden hat, berücksichtigen. Werden durch die Neuregelung dem Mieter **Kosten** verursacht, die vorher nicht entstanden waren, spricht dies gegen die Zulässigkeit der Änderung.

---

[256] LG Trier WM 1993, 192.
[257] AG Euskirchen WM 1995, 310.
[258] AG Siegen WM 1998, 438.
[259] AG Hameln WM 1994, 426; BayObLG, Beschl. vom 19. 1. 1981, Allg.Reg. 103/80, WM 81, 80.

120 **b) Änderungsvorbehalt.** Die Möglichkeit der Änderung der Hausordnung durch den Vermieter ist von einem Änderungsvorbehalt in erster Linie abhängig. Hinzu kommt, dass ein besonderes Erfordernis für eine Neuregelung besteht, dass auch die Interessen der Mieter angemessen berücksichtigt. Neue, dem Mieter sich aus dem Mietvertrag nicht ergebende Pflichten können auch durch eine Änderung nicht eingeführt werden.

121 Fehlt es an einem vertraglichen Änderungsvorbehalt, ist eine Änderung der Hausordnung dem Vermieter dennoch gestattet, wenn ein **unabdingbares Erfordernis** besteht, um eine ordnungsmäßige Verwaltung zu gewährleisten. Ein Änderungsrecht des Vermieters sollte jedoch nur dann anerkannt werden, wenn zuvor eine Regelung unter den Mietern nicht zustande gekommen ist.

122 **c) Wandel der sozialen Verhältnisse.** Sind die Regelungen der Hausordnung **überholt** und können sie auch bei entsprechender Auslegung nicht mehr anerkannt werden, sind sie unwirksam.

4. Folgen bei Zuwiderhandlungen

123 **a) Erfüllungsanspruch.** Der Vermieter hat grundsätzlich einen **Anspruch auf Erfüllung** der dem Mieter obliegenden Verpflichtungen, wie sie sich unter Berücksichtigung des Mietvertrages und seiner Ausgestaltung aus der Hausordnung ergeben. Der Anspruch kann vermieterseits klageweise durchgesetzt werden.

124 **b) Unterlassungsanspruch.** Darüber hinaus steht dem Vermieter ein entsprechender **Unterlassungsanspruch** zu, wenn der Mieter Störungen der Hausordnung verursacht. Auch der Unterlassungsanspruch ist klageweise durchsetzbar. Eine Klage wegen der Unterlassung von Lärmbelästigungen bietet insoweit Schwierigkeiten, als ein **bestimmter Klageantrag** zu formulieren ist. Der Klageantrag gegen einen Mitbewohner, die Erzeugung von Lärm zu unterlassen, muss so hinreichend bestimmt sein, dass die Tragweite einer antragsgemäßen Urteilsentscheidung und die Grenzen ihrer Rechtskraft deutlich erkennbar sind.[260]

125 **c) Abmahnung.** Verstößt der Mieter entweder **in schwerem Maße oder wiederholt** gegen die Verpflichtungen, die sich aus der Hausordnung für ihn ergeben, kann der Vermieter ihn unter Hinweis auf eine ordentliche oder aber außerordentliche Kündigung abmahnen. Eine sofortige Kündigung kommt nur bei äußerst schwerwiegenden Vertragsverlegungen in Betracht, die unter die Vorschrift des § 543 Abs. 3 Ziff. 2 BGB eingeordnet werden können. In der Regel ist eine Abmahnung zunächst das geeignete, mildere Mittel, um den Mieter zur Einhaltung der ihm obliegenden Verpflichtungen zu bewegen. Das Unterlassen der mietvertraglich übernommenen bzw. durch Hausordnung auferlegten Treppenhausreinigung im

126 Mehrparteienhaus begründet nicht die Kündigung des Mietvertrages durch den Vermieter.[261] Aus der fristlosen Kündigung wegen Störungen des Hausfriedens kann der Vermieter den Räumungsanspruch nicht begründen, wenn das vertragswidrige Verhalten nach der Kündigung auch deshalb zurückgeführt wird, weil bereits seine Entstehung lebenszyklisch (hier: Pubertät des Kindes der Mieterin) bedingt war.[262]

127 Das Nichtabschließen der Hauseingangstür zu den in der Hausordnung angegebenen Zeiten gereicht gewöhnlich nicht zur fristlosen Kündigung des Mietvertrages durch den Vermieter.[263]

128 **d) Schadensersatzanspruch.** Einen Schadensersatzanspruch des Vermieters wegen Verstoßes gegen die Hausordnung dürfte nur im Einzelfall bei **schwerwiegender schuldhafter Verletzung** der dem Mieter obliegenden Verpflichtungen ersichtlich sein. Den Ersatz der Kosten einer Reinigungsfirma bei Verzug des Mieters kann der Vermieter grundsätzlich nicht verlangen, wenn er andere Möglichkeiten zur Durchführung einer Trockenbodenreinigung hat.[264]

---

[260] OLG Saarbrücken WM 1995, 269.
[261] AG Wiesbaden WM 2000, 190.
[262] LG Wiesbaden WM 1995, 706.
[263] LG Trier WM 1993, 192.
[264] AG Münster Urt. v. 6. 4. 1994, Az. 28 a C 59/94.

VIII. Zutritt und Besichtigung der Wohnung

1. Gesetzliche Regelung

a) **Besichtigung der Wohnung durch den Vermieter.** Ein **allgemeines Recht** des Vermieters, die Mieträume nach eigenem Ermessen zu betreten und zu besichtigen, **besteht nicht.** Es ist durch das Hausrecht des Mieters ausgeschlossen. Auf der anderen Seite muss der Vermieter seine Verpflichtungen zur Verkehrssicherung und Überprüfung erfüllen können, so dass er die Mieträume hierzu betreten muss. Demzufolge ist ein Recht des Vermieters zum Betreten und Besichtigen nur in Ausnahmefällen festzustellen, in denen er auch ohne vertragliche Regelung die Mieträume betreten darf, um seine Rechte und Pflichten wahrnehmen zu können. Mangels Vorliegen einer vertraglichen Regelung steht dem Vermieter daher ein Besichtigungs- und Betretungsrecht nur bei

Vorhandensein eines **hinreichend gewichtigen Grundes** zu.[265] Es stellt grundsätzlich eine erhebliche Vertragsverletzung dar, wenn der Vermieter ohne Ankündigung und ohne sich vorher zu vergewissern, ob der Mieter anwesend ist, die Wohnung mit Hilfe eines eigenen Schlüssels unbefugt betritt.[266] Eine derartige Vertragsverletzung kann sogar eine außerordentliche Kündigung nach sich ziehen.

Der Vermieter hat das ihm ggf. zustehende Besichtigungsrecht nur mit größtmöglicher Zurückhaltung und nach Terminabklärung mit dem Mieter wahrzunehmen.[267] Der noch nicht in das Grundbuch eingetragene Erwerber einer Wohnung hat gegenüber dem Mieter noch keinen Anspruch auf Besichtigung und Betreten der Wohnung, da dieses Recht allenfalls dem Vermieter selbst zusteht.[268, 269]

Ein **Besichtigungsanspruch besteht** demnach:

aa) Zur Überprüfung des Zustandes. Um die Wohnung auf ihren vertragsgerechten Zustand überprüfen zu können, kann der Vermieter sein Besichtigungsrecht nur in gewissen angemessenen Zeitabständen ausüben oder bei Vorliegen eines besonderen Anlasses. Wenn keine Mängel oder Schäden gemeldet wurden oder aus sonstigen Gründen zu befürchten sind, kann das Recht **etwa alle zwei Jahre** ausgeübt werden.[270] (AG Münster, Urteil vom 8. 2. 2000 – 28 C 6492/99) Das Recht dient einerseits und in erster Linie der Erfüllung der Pflicht des Vermieters zur Gebrauchsgewähr, andererseits kann der Vermieter überprüfen, ob der Mieter den ihm obliegenden Verpflichtungen nachgekommen ist, Schönheitsreparaturen auszuführen, Mängel oder Schäden zu melden oder die Mietsache pfleglich zu behandeln. Nach der Entscheidung des AG Bonn (Urteil vom 25. 5. 2005 – 5 C 275/04, NZM 2006, 698) steht einem Vermieter ein allgemeines, periodisches Besichtigungsrecht **nicht** zu. Das Recht des Mieters auf ungestörten Besitz der überlassenen Räume wird unter Bezugnahme auf die neuere Rechtsprechung des Bundesverfassungsgerichts als höherrangig eingestuft im Verhältnis zum allgemeinen Besichtigungsinteresse des Vermieters. Eine besondere Bedeutung besitzt das Besichtigungsrecht des Vermieters kurz vor oder bei Beendigung des Mietverhältnisses.[271, 272]

Allerdings wird ein Recht des Vermieters auf Wohnungszutritt nach einer fristlosen Kündigung des Mietverhältnisses durch den Vermieter verneint, wenn der Mieter die Kündigung als unbegründet zurückgewiesen hat und der Vermieter den Räumungsanspruch auch nicht gerichtlich geltend gemacht hat.[273]

bb) Zur Besichtigung oder Behebung von Mängeln oder Schäden. Sind Mängel vorhanden oder angezeigt, kann der Vermieter diesen nachgehen und die Besichtigung des Mietob-

---

[265] OLG Hamburg WM 1998, 751.
[266] LG Berlin WM 1999, 332.
[267] AG Neuss WM 1989, 364.
[268] AG Köln WM 1998, 56.
[269] LG Bremen WM 1989, 495.
[270] AG Lübeck WM 1993, 344.
[271] AG Köln WM 1980, 85.
[272] AG Freiburg WM 1983, 112.
[273] AG Ibbenbüren WM 1991, 360.

jekts verlangen.²⁷⁴, ²⁷⁵ Ein Anspruch des Vermieters unter diesen Voraussetzungen ist ebenfalls schonend auszuüben, wobei auf die Belange des Mieters Rücksicht zu nehmen und das
135 und das **Übermaßverbot** zu beachten ist. Es verstößt gegen das Gebot schonender Rechtsausübung, wenn eine Mehrzahl von Besichtigungsgründen in kurzer Folge zum Gegenstand immer neuer Besichtigungsbegehren gemacht wird, so dass der Vermieter gehalten ist, verschiedene, ihm bekannte Gründe für eine Inaugenscheinnahme der Mietwohnung zu bündeln und seinen Informationsbedarf nach Möglichkeit in einem einzigen Besichtigungstermin zu befriedigen (AG Hamburg, Urteil vom 23. 2. 2006 – 49 C 513/05). Auch bei Vorliegen eines konkreten Mangels darf der Vermieter die Miträumlichkeiten nur so oft betreten, wie es auf der Grundlage des heutigen Stands der Technik unbedingt notwendig erscheint. Ein Betretungsrecht zur Gefahrenabwehr ist ausnahmsweise unter engen Voraussetzungen gegeben, und zwar auch dann, wenn der Mieter nicht verfügbar ist.

136   *cc) Mit Kauf- oder Mietinteressenten oder Maklern.* Ist das Mietverhältnis gekündigt oder will der Vermieter das Mietobjekt veräußern, steht ihm ein Anspruch auf Betreten der Mieträumlichkeiten gegen den Mieter regelmäßig zu, um den Kauf- bzw. Mietinteressenten die Mietwohnung zeigen zu können. Er ist ferner zur Wohnungsbesichtigung **gemeinsam mit**
137 **einem Immobilienmakler** nach Terminvereinbarung mit dem Mieter berechtigt.²⁷⁶ Es gilt – wie auch im Übrigen – eine schonende und auf die Belange des Mieters Rücksicht nehmende Ausübung des Betretungsrechts. Der Mieter handelt nicht vertragswidrig, wenn er die Besichtigung der Wohnung durch Kaufinteressenten **wöchentlich nur einmal** gestattet.²⁷⁷ Das Landgericht Frankfurt (Urteil vom 24. 5. 2002 – 2/17 S 194/01, NZM 2002, 696) hat einer Eigentümerin und Vermieterin, die die Wohnung verkaufen will, ein Besichtigungsrecht mit Kaufinteressenten dreimal monatlich zuerkannt, wobei wegen der Berufstätigkeit der Mieter der Zeitraum für die Besichtigungen nach einer Ankündigung von drei Tagen werktags zwischen 19 und 20 Uhr sowie deren Dauer mit 30 bis 45 Minuten vertretbar erschien. Soll die Wohnung verkauft und vor dem Verkauf renoviert werden, so ist der Mieter berechtigt, sich von den Personen, die deswegen die Wohnung betreten wollen, den Ausweis vorzeigen zu lassen und deren Namen zu notieren.²⁷⁸ Begründet wird diese Auffassung unmittelbar mit dem Recht zum Mietgebrauch sowie der überragenden verfassungsrechtlichen und elementaren Bedeutung der Wohnung als Grundbedingung menschlichen Daseins und schließlich mit Sicherheitsaspekten, die Bestimmungen des Datenschutzes vorgehen. Eine andere Ansicht vertritt insoweit das Landgericht Trier in der Entscheidung vom 19. 10. 1992.²⁷⁹

138   *dd) Mit Handwerkern, Gutachtern oder Sachverständigen.* Es ist anerkannt, dass der Vermieter im Rahmen der Besichtigung Personen hinzuziehen kann, deren Hilfe er sich bei der Erfüllung seiner Verpflichtungen mangels eigener Sachkunde bedienen muss. Der Vermieter selbst kann zusammen mit diesen Personen die Mietwohnung betreten, um die durchzuführenden Arbeiten vor Ort abzusprechen, auch wenn zuvor lediglich der Handwerker angekündigt worden war.²⁸⁰ Demgegenüber ist der Vermieter jedoch nicht gegen den Willen des Mieters berechtigt, anderen Personen, die lediglich als Zeugen in Betracht kommen können, Zugang zu verschaffen.

139   Der Mieter ist nicht verpflichtet, von sich aus mit den vom Vermieter beauftragten Handwerkern in Kontakt zu treten, um einen Termin zu vereinbaren. Vielmehr obliegt es dem Vermieter, die **Terminabstimmung** vorzunehmen.²⁸¹

140   Dem Vermieter steht ein Anspruch auf Besichtigung durch einen Gutachter zu, der den ortsüblichen und angemessenen Mietzins für die Wohnung ermitteln soll. Ansonsten könnte der Vermieter seiner Begründungspflicht für eine Mieterhöhung gemäß § 2 MHG nicht

---

²⁷⁴ AG Frankfurt/Main WM 1992, 12.
²⁷⁵ LG Bremen WM 1993, 605.
²⁷⁶ AG Lüdenscheid WM 1990, 489.
²⁷⁷ LG Kiel WM 1993, 52.
²⁷⁸ AG München WM 1994, 425.
²⁷⁹ LG Trier WM 1993, 185.
²⁸⁰ LG Hamburg WM 1989, 22.
²⁸¹ AG Hamburg WM 1999, 456.

nachkommen. Ein Besichtigungsrecht durch einen Gutachter oder Sachverständigen setzt das Landgericht Frankfurt/Main in seinem Urteil vom 14. 8. 1990 voraus, auch wenn der Rechtsstreit des Vermieters mit dem früheren Mieter wegen einer behaupteten Mietpreisüberhöhung die Begutachtung erst erfordert.[282] Demgegenüber wurde der Wohnungsinhaber aus Treu und Glauben nicht als verpflichtet angesehen, einem gerichtlichen Sachverständigen den Zutritt zur Wohnung zu gestatten, damit der Sachverständige in der Wohnung Untersuchungen anstellt, die In einem Rechtsstreit zwischen dem Wohnungsnachbar/Mieter und dem Eigentümer/Vermieter erheblich sein können.[283] Der Mieter ist ebenfalls verpflichtet, das Betreten der Wohnung durch den Vermieter und einen Mitarbeiter der zuständigen Stelle zu dulden, um eine Bauprüfung zur Erteilung der Abgeschlossenheit durchzuführen.[284]

ee) Zur Ablesung von Messeinrichtungen. Damit der Vermieter in die Lage versetzt wird, in der Wohnung Messeinrichtungen des Mieters abzulesen, steht ihm ein Recht zum Betreten der Wohnung zu.[285] Gleichfalls kann der Vermieter zur Messung der Größe der Wohnung Zutritt verlangen.

b) Abwehrrechte des Mieters. Das Hausrecht des Mieters gibt ihm gegenüber dem Recht des Vermieters auf Betreten der Wohnung eine Reihe von Abwehrrechten in quantitativer und qualitativer Hinsicht. Diese Rechte ergeben sich aus dem Übermaßverbot als Ausfluss von Treu und Glauben gemäß § 242 BGB und unter Heranziehung des Art. 13 GG. Das Bundesverfassungsgericht (Beschluss vom 16. 1. 2004 – BvR 2285/03, NZM 2004, 186) hat sich eingehend mit der erforderlichen Interessenabwägung und den aus Art. 13 GG und Art. 14 GG ergebenden Rechten des Mieters und Vermieters beschäftigt und hat die Entscheidungen der Vorinstanzen auf Räumung wegen Zutrittsverweigerung wegen der unterlassenen, jedoch gebotenen Grundrechtsbeachtung aufgehoben.

Die Rechte des Vermieters sind insbesondere folgenden **Schranken** unterworfen:

aa) Ankündigung der Besichtigung. Der Vermieter hat die beabsichtigte Ausübung des ihm zustehenden Besichtigungsrechtes rechtzeitig anzukündigen und mit dem Mieter eine Terminvereinbarung zu treffen. Eine Möglichkeit des Vermieters, einseitig und ohne Berücksichtigung der Belange des Mieters einen Besichtigungstermin festzusetzen, besteht grundsätzlich nicht, allenfalls im Rahmen von Gefahrenabwehr.[286] Je nach dem Anlass der Besichtigung hat eine zeitlich weiträumigere oder engere Ankündigung stattzufinden, die schriftlich vorgenommen werden sollte. Wenn der Vermieter sich mit der Besichtigung von Reparaturen beispielsweise lange Zeit gelassen hat, kann er nicht plötzlich mit kurzer Frist unter Hinweis auf Dringlichkeit der Arbeiten auf einen zeitnahen Besichtigungstermin drängen. Der Mieter ist im Allgemeinen berechtigt, eine nicht mindestens 24 Stunden zuvor angekündigte Besichtigung seiner Wohnung abzulehnen.[287] Es dürfte problematisch sein, eine Ankündigung lediglich durch einen Aushang im Treppenhaus vorzunehmen.

bb) Zeitliche Einschränkungen. Ein allgemeiner Überprüfungsturnus liegt bei etwa zwei Jahren.[288] Für den Anspruch auf ein Betreten der Wohnung des Mieters vor Ablauf von zwei Jahren müssen besonders erhebliche Gründe vorliegen.

Ein Besichtigungstermin kann in der Regel **nur zu angemessenen Zeiten** beansprucht werden. Dazu gehören die üblichen Zeiten von 10 bis 13 Uhr und von 15 bis 18 Uhr an Werktagen. Problematisch erscheint bereits im Hinblick auf den regelmäßig arbeitsfreien **Samstag,** an diesem Tage eine Besichtigung dulden zu müssen. An **Sonn- und Feiertagen** braucht der Mieter grundsätzlich keine Termine zu akzeptieren. Das Freizeit- und Ruhebedürfnis des Mieters ist gegenüber den Interessen des Vermieters auf Betreten der Wohnung mit Handwerkern, Gutachtern oder Kauf- bzw. Mietinteressenten abzuwägen. Dasselbe gilt

---
[282] LG Frankfurt/Main WM 1990, 487.
[283] OLG Nürnberg WM 1990, 143.
[284] LG Hamburg WM 1994, 425.
[285] LG Köln WM 1985, 294.
[286] LG München I WM 1994, 370.
[287] AG Köln WM 1986, 86.
[288] AG Frankfurt/M. WM 1998, 343.

in Bezug auf die beruflichen Belange eines berufstätigen Mieters, von dem weder eine Arbeitsunterbrechung noch die Inanspruchnahme eines Urlaubstages verlangt werden kann. Urlaubspläne oder anderweitige Termine des Mieters sind vermieterseits zu respektieren. Dem

146   Vermieter steht auch kein Anspruch auf **Überlassung des Wohnungsschlüssels** zu, wenn die zeitlichen Möglichkeiten des Mieters stark eingeschränkt sind, einen Termin zu vereinbaren, da der Mieter grundsätzlich ein Recht hat, bei der Besichtigung zugegen zu sein.

147   *cc) Besondere Belange des Mieters.* Das Betretungs- und Besichtigungsrecht des Vermieters eröffnet ihm nicht die Möglichkeit, die Wohnung des Mieters ohne dessen Erlaubnis zu fotografieren, um deren Zustand festzuhalten. Das Wohnungsbesichtigungsrecht muss der Vermieter mit Rücksicht auf die religiösen Belange der Mieters ausüben.[289] Eine Schranke findet das Hausrecht des Mieters im Rahmen der allgemeinen Gepflogenheiten, soweit die Grenzen der Zumutbarkeit des Betretenden erreicht werden.[290]

148   *dd) Häufigkeit und Dauer von Besichtigungen.* Die Entscheidung des AG Hamburg,[291] wonach nur einmal im Monat für 30 Minuten eine Besichtigung mit Kaufinteressenten stattfinden darf, ist zu restriktiv und beruht offenbar auf den Besonderheiten des Einzelfalles, in dem bereits etwa 200 Interessenten in einem Zeitraum von über 1,5 Jahren Zutritt gewährt worden war. Eine wöchentliche Besichtigung erscheint auch unter Berücksichtigung der Belange eines Mieters zumutbar.[292] Die Dauer des Zutritts hängt im Wesentlichen von der Art der Besichtigung und den dadurch bedingten sachlichen Erfordernissen ab.

149   *ee) Eigenmächtige Besichtigungen.* Grundsätzlich darf der Vermieter eigenmächtige Besichtigungen, insbesondere ohne die Anwesenheit des Mieters, nicht durchführen. Ausnahmsweise im Falle der **Gefahrenabwehr** ist ein Betretungsrecht gerechtfertigt. Eine unzulässige Besichtigung stellt eine erhebliche Vertragsverletzung dar, die zur außerordentlichen Kündigung des Mieters berechtigt, die noch einmal einer Abmahnung bedarf.[293] Das grundrechtlich geschützte Recht des Mieters aus Art. 13 GG an der Unverletzlichkeit der Wohnung setzt den Maßstab für die die Beurteilung der widerstreitenden Interessen des Mieters und Vermieters. Eine Vereinbarung, nach der der Vermieter die Wohnung jederzeit betreten darf, ist unwirksam.[293a]

150   c) **Gerichtliche Inanspruchnahme.** Die Durchsetzung von Besichtigungsrechten im Wege der **einstweiligen Verfügung** scheitert in der Regel daran, dass es regelmäßig an der Eilbedürftigkeit fehlt und dass die Durchsetzung zu einer vollständigen Befriedigung des Antragstellers führen würde und nicht lediglich ein vorläufiger Regelungsinhalt vorhanden ist. Der Anspruch des Vermieters auf Besichtigung der vermieteten Wohnung kann nur dann ausnahmsweise im Wege einer einstweiligen Verfügung geregelt werden, wenn der Vermieter so dringend auf die Besichtigung angewiesen ist, dass die Erwirkung eines Titels im ordentlichen Verfahren nicht möglich ist (LG Duisburg, Beschluss vom 11. 8. 2006 – 13 T 81/06, NZM 2006, 897). Wenn dem Vermieter zuvor keine Möglichkeit eröffnet war, den Grund für das Betreten der Wohnung geltend zu machen und Gefahr im Verzug vorhanden ist, kann Eilbedürftigkeit gegeben sein.

151   Eine **Klage** auf Duldung einer Besichtigung bietet in den bestehenden Grenzen hinsichtlich Anzahl und Umfang und Zeit der Besichtigung Aussicht auf Erfolg, wenn der Mieter vorher rechtzeitig zur Mitwirkung aufgefordert wurde und keine erheblichen Belange des Mieters entgegenstehen. Zu Prüfen ist demnach:
- Wann hat die letzte Besichtigung stattgefunden?
- Welcher Grund lag für eine Besichtigung vor?
- War eine (erneute) Besichtigung zum jetzigen Zeitpunkt erforderlich?

---

[289] AG Waldbröl WM 1992, 599.
[290] AG München WM 1994, 425.
[291] AG Hamburg WM 1992, 540.
[292] LG Kiel WM 1993, 52.
[293] LG Berlin WM 1999, 332.
[293a] BVerfG WM 1993, 377.

- War das Besichtigungsrecht vertraglich geregelt?
- Welcher Ankündigungszeitrahmen war einzuhalten?
- War eine Terminvereinbarung zustande gekommen?
- Standen erhebliche Belange des Mieters entgegen?

2. Abweichende Vereinbarungen

Von der gesetzlichen Regelung abweichende Vereinbarungen zwischen den Mietvertragsparteien können entweder individuell oder im Rahmen von AGB getroffen werden, wobei die Formularklauseln in der Mehrzahl verwendet werden. 152

a) **Individualvereinbarungen.** Individuell zwischen Vermieter und Mieter ausgehandelte Vereinbarungen über Betretungs- und Besichtigungsrechte sind begrenzt durch **Art. 13 GG**, der im Rahmen der Bestimmung des § 242 BGB auf zivilrechtliche Abreden Einfluss hat. Auch im Falle der Berufung des Vermieters auf eine individuelle vertragliche Regelung ist die Ausübung des Rechts in schonender Weise vorzunehmen und das **Übermassverbot** zu beachten. Ebensowenig kann der Vermieter eigenmächtig die ihm vertraglich zugestandenen Rechte ausschöpfen. Vereinbarungen, die die ursprünglichen, grundlegenden Rechte des Mieters umgehen oder aushöhlen, führen zur Unwirksamkeit der entsprechenden Abreden. 153

b) **Formularklauseln.** Neben den Einschränkungen, denen auch Vereinbarungen mit individuellem Charakter unterliegen, sind Formularklauseln zusätzlich an den Vorschriften des AGBG zu messen. Insbesondere von Bedeutung ist § 9 AGBG. Eine formularmäßige Ausdehnung der des Besichtigungsrechtes zugunsten der Vermieterposition führt im Zweifel bei Überschreiten der durch Übermassverbot und § 242 BGB gesteckten Grenzen zur Unwirksamkeit, da eine geltungserhaltende Reduktion wegen des Schutzgedankens des AGBG nicht in Betracht kommt. Eine Formularklausel, die das Hausrecht des Mieters praktisch und rechtlich dadurch ausschließt, dass sich der Mieter mit der Nutzung eines Zentralschlüssels durch den Vermieter in bestimmten Fällen einverstanden erklärt, ist unwirksam.[294] 154

Dasselbe gilt in Bezug auf eine Klausel, nach der der Vermieter die Mieträume ohne vorherige Ankündigung betreten darf. Nur bei **längerer Abwesenheit** des Mieters muss dieser dafür sorgen, dass die Wohnung dennoch betreten werden kann. 155

---

[294] LG München I WM 1994, 370.

§ 16 Sonderprobleme: Tierhaltung, Rundfunk und Fernsehen, Mobilfunk

Übersicht

	Rdnr.
I. Tierhaltung	1–143
1. Rechtsnatur von Tieren	1/2
2. Tierhaltung	3–19
a) Eigentum und Besitz	3/4
b) Haltung in den Mieträumlichkeiten	5–8
c) Haltung auf den Freiflächen des Mietobjektes	9–11
d) „Wilde" Tiere	12/13
e) Ungeziefer	14–19
3. Rechtliche Grundlagen	20–41
a) Nach bestehendem Mietvertragsrecht	20–36
b) Nach Wohnungseigentumsrecht	37–41
4. Vorherige Erlaubnis der Tierhaltung	42–92
a) Antrag des Mieters	46–48
b) Entscheidungskriterien (Checkliste)	49–67
c) Prozessuale Durchsetzung	68–89
d) Widerruf der Erlaubnis	90–92
5. Nachträgliche Genehmigung der Tierhaltung	93–108
a) Antrag des Mieters	93/94
b) Entscheidungskriterien (Checkliste)	95–103
c) Prozessuale Durchsetzung (Formulierungsbeispiel)	104–107
d) Widerruf der Genehmigung	108
6. Tierhaltung während des Mietverhältnisses	109–112
a) Vertrags- und artgerechte Haltung	109–111
b) Bauliche Veränderungen des Mietobjektes	112
7. Rechte der anderen Mieter und sonstiger Nachbarn	113–117
8. Abschaffungsverlangen des Vermieters	118–140
a) Anspruchsgrundlage und Ermessenskriterien	118–120
b) Prozessuale Durchsetzung (Formulierungsbeispiele)	121–131
c) Zwangsvollstreckung (Formulierungsbeispiele)	132–136
d) Kündigung des Mietverhältnisses	137–140
9. Beendigung des Mietverhältnisses	141–143
II. Radio und Fernsehen	144–314
1. Rechtliche Grundlagen	144–185
a) Schutz des Grundgesetzes	144–148
b) Das Mietvertragsrecht	149–162
c) Rechtspositionen und Pflichten des Mieters (inkl. Minderungstabelle)	163–175
d) Rechtspositionen und Pflichten des Vermieters	176–185
2. Das Verhältnis zum Wohnungseigentumsrecht	186–195
3. Vorherige Erlaubnis zur Neuinstallation	196–264
a) Antrag des Mieters	196–198
b) Entscheidungskriterien	199–236
c) Vorherige Erlaubnis des Vermieters	237–239
d) Prozessuale Durchsetzung	240–261
e) Widerruf der Erlaubnis	262–264
4. Nachträgliche Genehmigung der Neuinstallation	265–285
a) Antrag des Mieters (weitere Entscheidungskriterien)	265–272
b) Nachträgliche Genehmigung des Vermieters	273–276
c) Prozessuale Durchsetzung (Formulierungsbeispiel)	277–282
d) Widerruf der Genehmigung	283–285
5. Pflichten des Mieters bei Gebrauch der Installation	286–289
6. Beseitigungsanspruch des Vermieters	290–311
a) Anspruchsgrundlage und Entscheidungskriterien	290–294
b) Prozessuale Durchsetzung (Formulierungsbeispiele)	295–303
c) Zwangsvollstreckung (Formulierungsbeispiele)	304–308
d) Kündigung des Mietverhältnisses	309–311
7. Beendigung des Mietverhältnisses	312–314
III. Mobilfunk	315–341

	Rdnr.
1. Allgemeine Grundlagen	315–321
a) Technische Grundlagen	315/316
b) Rechtliche Grundlagen	317–321
2. Problemstellungen im Wohnungsmietrecht	322–334
a) Rechtspositionen und Pflichten des Vermieters	322–328
b) Rechtspositionen und Pflichten des Mieters	329–332
c) Kosten und Einnahmen	333/334
3. Problemstellungen im Wohnungseigentumsrecht	335–341

Schrifttum: *Blank*, Die Tierhaltung in der Mietwohnung, NZM 1998,5; *Dallemand*, Die Berufungsfähigkeit auf Unterlassung der Tierhaltung gerichteter Urteile im Mietrecht, WuM 1997, 23; *Dörr*, Das Recht auf eine Satellitenempfangsanlage unter Berücksichtigung der EU-Mitteilung zum freien Dienstleistungs- und Warenverkehr, WuM 2002, 347; *Drasdo*, Telekommunikation, WuM 2006, 280; *Eisenschmid*, Anspruch eines eingebürgerten Mieters auf Anbringung einer Parabolantenne zum Empfang kurdischer Fernsehprogramme, WuM 2008, 78; *Frenzel*, Mobilfunkantennen in Wohngebieten, WuM 2002, 10; *Gaisbauer*, Tierlärm in der Wohnnachbarschaft – Ein Rechtsprechungsspiegel, NZM 1999, 982; *Gies*, Streitwerte in Mietsachen, NZM 2003, 886; *Hoffmann*, Tierhaltung in Mietwohnungen, MietRB 2008, 149; *Koch*, Kölner Rechtsprechung zur Hundehaltung in Mietwohnungen, WuM 1997, 148; *Kniep/Hohmuth*, Einfluss von Mobilfunksendeanlagen auf Miete und Kauf von Immobilien, WuM 2003, 312; *Kniep*, Mobilfunk und Mietumfeld, WuM 2002, 598; Abwehransprüche gegen den Betrieb von Mobilfunkanlagen, WuM 2004, 654; Mobilfunk – Kommunale Planung, WuM 2007, 611; *Langenberg*, Aktuelles Betriebskostenrecht, NZM 1999,54; *Lindner-Figura/Hartl*, Vermietung von Standorten für Mobilfunkantennen, NZM 2001, 401; *Lützenkirchen*, Die obergerichtliche Rechtsprechung zum Mietrecht im Jahre 2006, WuM 2007, 103; *Maaß/Hitpass*, Entwicklung der Parabolantennen-Rechtsprechung seit 2000, NZM 2003, 181; *Martens/Appelbaum*, Rechtliche Vorgaben für Errichtung, Änderung und Betrieb von Mobilfunkstationen, NZM 2002, 649; *Mehrings*, Die Parabolantenne – eine unendliche Geschichte, NZM 1998, 19; *Reismann*, Die Drittwirkung der Grundrechte im Wohnraummietrecht, WuM 2007, 361; *Pfeilschifter*, Parabolantenne gegen Kabelanschluss, WuM 2007, 187; *Ricker*, Die Freiheit des Fernseh-Direktempfangs und die rechtliche Zulässigkeit ihrer Beschränkung, NJW 1991, 602; *Roth*, Elektrosmog und Mietminderung im Wohnraummietrecht, NZM 2000, 521; *Streyl*, Die Grundsatzkatze, die Parabolantenne und das Internet, WuM 2007, 309; *Volmer*, Sprachmächtigkeit als Kriterium für Parabolantennen, NZM 1999, 205; *Wetekamp*, Mietgebrauch in der Informationsgesellschaft, NZM 2000, 1145; *Wüstefeld*, Einnahmen aus der Vermietung von Dachflächen für Mobilfunkantennen keine Erträge nach der II. Berechnungsverordnung ?, WuM 2005, 689.

I. Tierhaltung

1. Rechtsnatur von Tieren

Nach § 90 a BGB sind Tiere als Mitgeschöpfe **keine Sachen** im Rechtssinne. Es sind jedoch die für Sachen geltenden Vorschriften entsprechend anzuwenden, soweit nicht im Gesetz etwas anderes bestimmt ist.

Das Leben und Wohlbefinden von Tieren wird durch **besondere Gesetze** geschützt, z.B. § 1 S. 2 TierSG, §§ 251 Abs. 2 S. 2, 903 S. 2 BGB, §§ 811 Nr. 3 und Nr. 4, 811 c, 765 a Abs. 1 S. 2 ZPO.

2. Tierhaltung

a) **Eigentum und Besitz.** Für die mietrechtliche Verantwortung des ein Tier in dem Mietobjekt haltenden Mieters kommt es nicht auf dessen Eigentum an dem Tier an.[1] Entscheidend ist vielmehr der **Besitz** des Tieres, also ob sich das Tier dauerhaft in der Wohnung des Mieters aufhält.[2] Nach den Grundsätzen zur Differenzierung zwischen „Besuch" und „Untervermietung" ist ab einer Aufenthaltsdauer von rund **6 Wochen** von einer Haltung des Tieres in der Wohnung auszugehen.

Davon zu unterscheiden ist die Frage, ob sich der Mieter das störende Verhalten eines von seinem Besucher mitgebrachten Tieres mietrechtlich zurechnen lassen muss.

---
[1] LG Nürnberg-Fürth WuM 1981, 77.
[2] AG Frankfurt WuM 1988, 157.

5 **b) Haltung in den Mieträumlichkeiten.** Der Mieter verstößt nicht gegen ein mietvertragliches Tierhaltungsverbot, wenn ein **Besucher** stundenweise ein Tier in die Wohnung mitbringt[3] oder der Mieter sein Tier außerhalb des Mietobjektes hält.

6 Der Vermieter hat eine vertragswidrige Tierhaltung **darzulegen** und zu **beweisen**. Er sollte deshalb das oder die Tiere nach beispielsweise Rasse, Anzahl, Größe, Farbe, Gewicht, Alter, Geschlecht, Chip-Kenn-Nr. oder Name spezifizieren, damit eine Verwechslung nicht möglich ist und der Grund der Tierhaltung nach Möglichkeit erkennbar wird.

7 Dann sollte der Vermieter über einen längeren Zeitraum ein spezifiziertes **Protokoll** über den Aufenthalt des Tieres in dem Mietobjekt und etwaig von diesem ausgegangene Störungen führen. Das Protokoll sollte die Daten, Uhrzeiten, Dauer, Örtlichkeiten, Ursache, Art und Weise sowie Ausmaß der Beeinträchtigungen enthalten.

8 Schließlich sind **Beweismittel** zu sammeln, also beispielsweise Fotos anzufertigen oder das vorgenannte Protokoll von den Nachbarn des Mieters anfertigen und als Zeugen der Vorfälle unterzeichnen zu lassen.

9 **c) Haltung auf den Freiflächen des Mietobjektes.** Gehört zu dem Mietobjekt eine Außenfläche, so ist auch dort eine Tierhaltung des Mieters möglich.[4] Dann können sich für beide Mietvertragsparteien zusätzliche Verantwortlichkeiten ergeben, z.B. **Verkehrssicherungspflichten**.

10 Der Mieter hat von seinem Tier ausgehende **Störungen**, wie z.B. übermäßigen Lärm,[5] dass Dritte von seinen Hunden angesprungen werden,[6] seine Tauben[7] bzw. Katzen Nachbargrundstücke verkoten[8] oder Autos verkratzen,[9] zu vermeiden.

11 Anderenfalls kann der Mieter gegen Lärmschutzvorschriften verstoßen,[10] einen Straftatbestand erfüllen[11] oder bauordnungsrechtlich zur **Verantwortung** gezogen werden.[12] Ferner kann er Unterlassungs- oder Schadensersatzansprüchen der Nachbarn oder des Vermieters ausgesetzt sein.[13]

12 **d) „Wilde" Tiere.** Das Füttern wilder Vögel gehört zum **vertragsgemäßen Wohngebrauch** des Mieters.[14] Dem Mieter kann aber das Anlocken wilder Tauben untersagt werden, da diese Verschmutzungen, Geräuschbelästigungen und Ungezieferbefall erwarten lassen.[15] Stellt der Vermieter fest, dass der Mieter fortgesetzt gegen ein solches **Verbot** verstößt, kann er das Mietverhältnis fristlos kündigen.[16]

13 Andererseits kann der Vermieter, da § 906 BGB zwischen den Mietvertragsparteien keine Anwendung findet,[17] dem Mieter gegenüber verpflichtet sein, für eine **Beseitigung** von Taubennestern und -kot zu sorgen.[18] Bis dahin kann eine **Mietzinsminderung** des Mieters gerechtfertigt sein.[19]

14 **e) Ungeziefer.** Wird das Mietobjekt von Ungeziefer befallen, liegt ein **Mangel** vor, den der Mieter dem Vermieter gem. § 536c Abs. 1 S. 1 BGB unverzüglich **anzuzeigen** hat. Der Vermieter ist dann gem. § 535 Abs. 1 S. 2 BGB zur Mängelbeseitigung verpflichtet, es sei denn,

---

[3] AG Osnabrück WuM 1987, 380; AG Aachen WuM 1992, 432.
[4] AG Essen NZM 2008, 264.
[5] *Gaisbauer* NZM 1999, 982; LG Mainz Urt. v. 22. 6. 1994 – 6 S 87/94 – DWW 1996, 50 Gebell; LG Nürnberg-Fürth Urt. v. 28. 7. 1988 – 21 C 3883/88 – DWW 1988, 357 Papageien; AG Wiesbaden Urt. v. 9. 10. 1987 – 96 C 935/86 – DWW 1988, 18.
[6] OLG Köln NJW-RR 1988, 12.
[7] OLG Celle WuM 1989, 145.
[8] AG Köln Urt. v. 4. 12. 1991 – 219 C 496/91 – KM, Reg. 3 Nr. 19.
[9] LG Lüneburg 1 S 198/99.
[10] AG Leverkusen Urt. v. 8. 2. 1989 – 55 OWi 117 Js OWi 1104/88 – DWW 1989, 144.
[11] AG Hannover ZMR 1965, 223.
[12] OVG Lüneburg Urt. v. 30. 9. 1992 – 6 L 129/90 – DWW 1993, 106.
[13] Vgl. Rdnr. 113, 115.
[14] AG Frankfurt WuM 1977, 66.
[15] LG Berlin NJW-RR 1996, 264.
[16] AG Frankfurt WuM 1977, 66.
[17] BayObLG WuM 1987, 112.
[18] BayObLG NZM 1998, 713; LG Kleve WuM 1986, 333; AG Hamburg WuM 1990, 424.
[19] Vgl. Rdnr. 115.

dass der Ungezieferbefall auf ein vertragswidriges Wohnverhalten des Mieters zurückzuführen ist. Dann kann der Mieter **abgemahnt** und zur Mängelbeseitigung aufgefordert werden. In Ausnahmefällen kann der Vermieter gemäß § 543 BGB nach einer erfolglosen Abmahnung des Mieters zur fristlosen **Kündigung** dessen Mietverhältnisses berechtigt sein.

Ist der Mieter für den Ungezieferbefall nicht verantwortlich, kann ein **Mietminderungstatbestand** im Sinne des § 536 Abs. 1 S. 2 BGB vorliegen. Der Mietzins kann sich bei einem Wohnraummietverhältnis bis zu 100%[20] mindern, während bei einem gewerblichen Mietverhältnis das Minderungsrecht für solche Fälle wirksam vertraglich ausgeschlossen sein kann.[21]

Eine mietvertragliche **Formularklausel,** dass der Mieter die Mietwohnung auf eigene Kosten von Ungeziefer freizuhalten hat, kann unwirksam sein.[22]

In Ausnahmefällen kann der Mieter wegen des Ungezieferbefalls gemäß §§ 543, 569 BGB zur fristlosen **Kündigung** des Mietverhältnisses[23] berechtigt und der Vermieter zum Ersatz der Umzugskosten[24] verpflichtet sein.

Die dem Vermieter entstandenen Kosten einer **einmaligen** Ungezieferbekämpfung sind nicht als **Betriebskosten** auf den Mieter umzulegen.[25] Diese fallen i.d.R. dem Vermieter als Instandhaltungskosten zur Last. Der Vermieter kann die **laufend** für Vorsorgemaßnahmen zur Ungezieferbekämpfung aufgewandten Kosten bei bis zum 31.12.2003 abgeschlossenen Mietverträgen nach Ziffer 9 der Anlage 3 zu § 27 II. BV, bei seitdem abgeschlossenen Mietverträgen nach § 2 Ziffer 9 BetrKV auf die betroffenen Mieter **umlegen.**[26]

Hat jedoch der Mieter das Ungeziefer eingeschleppt, so ist er verpflichtet, die erforderlichen Bekämpfungsmaßnahmen auf eigene **Kosten** zu veranlassen, bzw. dem Vermieter diese Kosten zu erstatten.

3. Rechtliche Grundlagen

a) Nach bestehendem Mietvertragsrecht. Die Rechte und Pflichten beider Mietvertragsparteien bezüglich einer Tierhaltung im Mietobjekt sind **nicht** im **Gesetzestext** geregelt. Sie richten sich im Wesentlichen nach den zwischen den Parteien vereinbarten vertraglichen Bestimmungen.

aa) Erlaubnisklausel. Wenn der Mietvertrag eine Tierhaltung des Mieters in dem Mietobjekt erlaubt, so bezieht sich diese Erlaubnis nur auf **übliche** Haustiere wie Katzen, Hunde, Vögel und Fische. Für ungewöhnliche oder gefährliche Tiere[27] gilt diese vertragliche Erlaubnis nicht.[28]

bb) Verbotsklausel. Verbietet der Mietvertrag die Haltung **bestimmter Tiere,** wie z.B. von Hunden oder Katzen, dann ist der Mieter hieran grundsätzlich gebunden.[29] Die Durchsetzung eines solchen Verbots kann jedoch nach **Treu und Glauben** unzulässig sein, wenn der Mieter beispielsweise eines Blindenhundes bedarf.[30]

---

[20] Vgl. Rdnr. 115.
[21] OLG Hamm NZM 1998, 438.
[22] AG Bonn WuM 1986, 113.
[23] OLG Düsseldorf NZM 2003, 553; LG Duisburg NZM 2002, 214; LG Freiburg WuM 1986, 246; LG Saarbrücken WuM 1991, 91; LG Berlin GE 1997, 689; AG Bremen NZM 1998, 717; AG Kiel WuM 1980, 235; AG Tiergarten MM 1997, 243.
[24] BGH WuM 1974, 213.
[25] AG Hamburg WuM 1993, 619; AG Oberhausen WuM 1996, 714; AG Hamburg WuM 2002, 265; a.A. AG Offenbach NZM 2002, 214.
[26] LG WuM 1997, 230; AG Köln Urt. v. 13.7.1992 – 213 C 164/92 – KM, Reg. 1 Nr. 33; *Langenberg* NZM 1999, 51.
[27] Gesetz zur Bekämpfung gefährliche Hunde vom 21.4.2001 BGBl. I S. 530; Verordnung des Landes Berlin über das Halten gefährlicher Tiere wildlebender Arten vom 28.2.1996 GVBl. Berlin, S. 102; Washingtoner „Übereinkommen über den internationalen Handel mit gefährdeten Arten frei lebender Tiere und Pflanzen".
[28] AG Charlottenburg GE 1988, 1051.
[29] BVerfG WuM 1981, 77; LG Karlsruhe NZM 2002, 19.
[30] BGH WuM 1995, 447; BayObLG WuM 2002, 36; LG Berlin NZM 2001, 40; LG Hamburg WuM 1997, 674; AG Hamburg WuM 2003, 558; AG Hamburg WuM 1985, 256; LG Lüneburg WuM 1995, 704.

23 Verbietet der Mietvertrag **jegliche Tierhaltung,** so ist diese Klausel als **Individualabrede** wirksam,[31] auf eine Kleintierhaltung des Mieters jedoch nicht anwendbar.[32] Diese soll in angemessener Anzahl stets möglich sein, jedenfalls wenn keine negativen Auswirkungen auf die Mietsache oder Mitbewohner des Hauses zu befürchten sind. Dies gilt auch für ungewöhnliche oder exotische Kleintiere.[33]

24 Ist das Verbot **jeglicher Tierhaltung,** also auch von Kleintieren,[34] in einem **Formularmietvertrag** geregelt, so ist diese Klausel nach § 307 BGB insgesamt unwirksam.[35]

25 Es besteht dann kein rechtsfreier Raum, sondern es greift über § 242 BGB ein **vertragsimmanenter Erlaubnisvorbehalt** ein.[36] Da sich Störungen durch die Tierhaltung des Mieters nie ganz ausschließen lassen, muss der Vermieter die Möglichkeit haben, dem Mieter eine solche störende Tierhaltung zu verbieten.[37]

26 *cc) Fehlende Klausel.* Umstritten ist die Rechtslage, wenn in dem Mietvertrag jede Klausel zur Tierhaltung fehlt.

27 Zum Teil wird die Rechtsauffassung vertreten, dass die Tierhaltung zum **vertragsgemäßen Wohngebrauch** gehört und der Mieter deshalb nicht verpflichtet sei, den Vermieter zuvor um Erlaubnis zu bitten. Es würden kommunikative, pädagogische und medizinische Bedürfnisse erfüllt, begrenzt nur durch die allgemeine Obhutspflicht und die Pflicht zur Wahrung des Hausfriedens. Von dem Tier dürften keine Störungen ausgehen, die nicht mehr als sozialadäquat gelten und hingenommen werden müssen.[38] Dies gelte nicht nur bei der Haltung üblicher Kleintiere, sondern auch bei größeren Tieren, wie z.B.

- kleiner Hund   LG Hildesheim WuM 1989, 9; LG Kassel NZM 1998, 154; AG Hamburg-Bergedorf NZM 2003, 898.
- Katze   KG WuM 2004, 721; LG Mönchengladbach ZMR 1989, 21.
- Hund/Katze   AG Offenbach ZMR 1986, 57.
- ungiftige Schlangen   AG Köln WuM 1990, 343; AG Bückeburg NZM 2000, 238.
- Leguan   AG Köln WuM 1984, 78.
- Hund/Katze   AG Friedberg WuM 1993, 398.
- Bartagame   AG Essen ZMR 1996, 37.
- Kaninchen   AG Aachen WuM 1989, 236.
- Ratten   LG Essen WuM 1991, 340.
- Hausschwein   AG Köpenick NZM 2001, 892.
- Minischwein   AG München WuM 2005, 649.
- 100 Vögel   LG Karlsruhe NZM 2001, 891.
- Chinchillas   AG Hanau WuM 2002, 91.
- 14 Aquarien   LG Kaiserslautern WuM 1989, 177.

28 Der Vermieter dürfe nur dann seine **Erlaubnis** zu einer solchen Tierhaltung **verweigern,** wenn hierfür konkrete **sachliche Gründe** vorliegen, z.B. von dem Tier ausgehende Gefahren bekannt geworden sind.

29 Dem gegenüber wird bei größeren Tieren[39] die Auffassung vertreten, dass eine solche Tierhaltung nicht mehr zum vertragsgemäßen Wohngebrauch des Mieters gehöre, sondern eine **Sondernutzung** der Mietwohnung darstelle. Die Entscheidung, ob der **Vermieter** die Zustimmung zur Haltung eines Hundes in der Mietwohnung erteilt oder versagt, unterliege dessen Ermessen schlechthin. Der Vermieter müsse zwar sein **freies Ermessen** im Einzelfall

---

[31] BVerfG WuM 1981, 77; OLG Hamburg ZMR 1963, 40.
[32] AG Köln WuM 1984, 78; AG Aachen WuM 1989, 236.
[33] LG Kaiserslautern WuM 1989, 177.
[34] LG Braunschweig ZMR 1988, 144; AG München NZM 2003, 23.
[35] BGH WuM 1993, 109; OLG Frankfurt WuM 1992, 57; BGH MietRB 2008, 131.
[36] BGH NZM 2008, 78.
[37] BGH NJW 1991, 1750; LG Düsseldorf WuM 1993, 604.
[38] AG Bremen WuM 2007, 124.
[39] OLG Hamm WuM 1981, 53; LG Frankfurt NJW-RR 1988, 783; LG Köln ZMR 1994, 478; LG Konstanz DWW 1987, 196; LG Göttingen WuM 1991, 536; LG Berlin NZM 1999, 455; LG Karlsruhe NZM 2002, 246; AG Köln Urt. v. 12. 2. 1997 – 219 C 438/96 – KM, Reg. 3 Nr. 16.

ausüben, seine Entscheidung aber nicht näher begründen. Das Ermessen des Vermieters werde lediglich eingeschränkt durch das Verhalten der Parteien bei und nach dem Vertragsabschluss, die Friedenspflicht sowie die konkreten Lebenssituationen der Vertragsparteien.[40]

Der Vermieter darf weder sein gebundenes noch sein freies Ermessen **rechtsmissbräuchlich** ausüben.[41] Er muss seine Entscheidung spätestens in einer prozessualen Auseinandersetzung über die (Un-)Zulässigkeit der streitigen Tierhaltung seines Mieters begründen.[42] 30

dd) Vertraglicher Erlaubnisvorbehalt. Die meisten Mustermietverträge enthalten hinsichtlich einer Tierhaltung des Mieters einen grundsätzlich wirksamen Erlaubnisvorbehalt des Vermieters.[43] Diesem wird ein Ermessensspielraum eröffnet, dessen Grenzen streitig diskutiert werden.[44] Während einerseits von einem freien Ermessen des Vermieters ausgegangen wird,[45] das nur durch das Willkür- und Treuwidrigkeitsverbot begrenzt ist, wird andererseits die Auffassung vertreten, dass die Erlaubnis nur bei überzeugenden Sachgründen verweigert werden darf.[46] 31

Macht die Klausel aber **jede Tierhaltung**, also auch die Kleintierhaltung von der vorherigen Erlaubnis des Vermieters abhängig, so ist die **Klausel unwirksam**.[47] 32

Nach dem Maßstab des § 307 BGB ist folgende Klausel **wirksam**:[48] 33

Formulierungsvorschlag:

Mit Rücksicht auf die Gesamtheit der Mieter und im Interesse einer ordnungsmäßigen Bewirtschaftung des Hauses und der Wohnung bedarf der Mieter der vorherigen Zustimmung des Vermieters, wenn er Tiere hält oder in Pflege nimmt oder aus sonstigen Gründen nicht nur vorübergehend in die genutzten Räume aufnimmt; dies gilt nicht für sog. Kleintiere (Zierfische, Kanarienvögel, Schildkröten etc.), die in den üblichen Grenzen gehalten werden, aber insbesondere für Hunde, Katzen etc.

Der Vermieter hat sein Ermessen **sachgerecht** auszuüben. Zum Teil wird die Auffassung vertreten, dass die zu beachtenden **Ermessenskriterien** in den Mietvertrag aufzunehmen seien. Erst dann werde eine **Selbstbindung** und **Rechtsklarheit** erreicht. 34

Folgende **Checkliste**, in der einige Ermessenskriterien beispielhaft aufgezählt sind, kann als **Anlage** in den Mietvertrag einbezogen werden:

**Checkliste
zu den Ermessenskriterien**

☐ Nach dem Mietvertrag steht die Tierhaltung des Mieters in dem Mietobjekt unter einem vertraglichen Erlaubnisvorbehalt des Vermieters.
☐ Das Mietverhältnis besteht ungekündigt fort.
☐ Das Mietobjekt liegt in einem Mehrparteienhaus.
☐ Die artgerechte Haltung des Tieres ist in dem Mietobjekt möglich.
☐ Der Mieter ist volljährig und wird nicht durch einen Dritten, z. B. einen Betreuer gesetzlich vertreten.

35

---

[40] OLG Karlsruhe WuM 1981, 248; LG Braunschweig ZMR 1988, 140; LG Bonn ZMR 1989, 179.
[41] OLG Karlsruhe WuM 1981, 248; LG Kassel NZM 1998, 154; *Blank* NZM 1998, 5, 7 ff.
[42] LG Kassel WuM 1997, 260; LG Ulm WuM 1990, 343; LG Stuttgart WuM 1988, 121; LG München I WuM 1985, 263; LG Mannheim WuM 1984, 78.
[43] BGH NJW 1993, 1061.
[44] Vgl. Rdnr. 27, 29; LG Köln ZMR 1994, 478; AG Frankfurt NZM 1998, 759.
[45] OLG Hamm NJW 1981, 1626; LG Krefeld WuM 2006, 675; *Streyl* WuM 2007, 309; *Hoffmann* MietRB 2008, 149.
[46] OLG Karlsruhe WuM 1981, 248.
[47] BGH NZM 2008, 78; LG Freiburg WuM 1997, 175.
[48] *Koch* WuM 1997, 148.

- ☐ Der Mieter hat dem Vermieter sein Interesse an der geplanten Tierhaltung dargelegt und beantragt, ihm die beabsichtigte Tierhaltung in dem Mietobjekt zu erlauben.
- ☐ Das Tier ist nach Rasse, Größe, Farbe, Geschlecht, Gewicht, Alter, ggfs. Chip-Kenn-Nr. und Name individualisiert.
- ☐ Die Haltung eines solchen Tieres ist gesetzlich zulässig. Gesetzliche Vorgaben an die Zucht, Haltung und Ausbildung des Tieres sowie die an den Tierhalter gestellten Anforderungen werden erfüllt.
- ☐ Das Tier ist bzw. wird nicht zu groß. Ausgewachsene Tiere mit einer Widerristhöhe von 40 cm oder aber einem Gewicht von mindestens 20 kg dürfen grundsätzlich nicht in dem Mietobjekt gehalten werden.
- ☐ Die Anzahl der Tiere ist nicht zu hoch. Nicht zu den Kleintieren zählende Säugetiere sind grundsätzlich nur als Einzelexemplare zu halten.
- ☐ Das Tier ist oder gilt nicht als gefährlich.
- ☐ Von dem Tier sind keine wesentlichen Störungen Dritter oder Beschädigungen fremden Eigentums zu erwarten oder bereits ausgegangen.
- ☐ Der Vermieter kann die konkret beabsichtigte Tierhaltung von der Einhaltung diverser Auflagen durch den Mieter abhängig machen, z. B. Leinen- und Impfzwang.
- ☐ Der Mieter stellt den Vermieter von jedweden auf der Tierhaltung und ihren Auswirkungen beruhenden Schäden sowie Ansprüchen Dritter frei.
- ☐ Der Mieter schließt eine Privathaftpflicht- bzw. Tierhalterhaftpflichtversicherung ab und weist diese dem Vermieter gegenüber jährlich nach.
- ☐ Es findet keine gewerbliche Zucht in dem Mietobjekt statt.
- ☐ Es wird ein angemessener Mietzuschlag vereinbart.
- ☐ Eine Erlaubnis des Vermieters betrifft nur das konkret bezeichnete Tier und erlischt spätestens mit dem Tod oder der Abschaffung des Tieres.
- ☐ Der Vermieter ist berechtigt, eine dem Mieter erteilte Erlaubnis zur Tierhaltung aus Sachgründen zu widerrufen.
- ☐ Der Mieter verpflichtet sich, das Tier bei Räumung und Herausgabe des Mietobjektes mitzunehmen.

36   Die vereinbarten Ermessenskriterien sind dann während der Mietdauer auf den konkreten Einzelfall **sachgerecht** anzuwenden und Entscheidungen auf dieser Basis zu **begründen**. Dabei hat jede Partei ihre **Darlegungs- und Beweislast** zu beachten.

37   b) Nach **Wohnungseigentumsrecht**. Das Mietobjekt kann in einer **Eigentumswohnung** des Vermieters liegen, die ihrerseits zu einer Wohnungseigentümergemeinschaft gehört. Es sind dann bei der Mietvertragsgestaltung und späteren rechtlichen Beurteilung einer Tierhaltung in der Mietwohnung die **Gemeinschaftsordnung**,[49] Hausordnung[50] oder Beschlüsse der Wohnungseigentümerversammlung zu beachten.[51]

38   Ob eine beabsichtigte Tierhaltung **zustimmungsbedürftig** oder zu unterlassen ist und ob ein Mehrheitsbeschluss genügt oder Einstimmigkeit nach § 22 Abs. 1 WEG notwendig ist, hängt vom konkreten Einzelfall ab.[52]

39   Das Verbot jeder Tierhaltung ist gem. § 134 BGB nichtig, da die Rechte aus § 13 Abs. 1 WEG missachtet werden.[53] Es kann aber ein wirksames Hundehalteverbot bestehen.[54] Ferner kommen nach § 14 Nr. 1 WEG **Beschränkungen**[55] oder bei einem nicht ordnungsgemä-

---

[49] BGH NJW-RR 1995, LS; AG Frankfurt NZM 1998, 759.
[50] KG NZM 1998, 670.
[51] *Blank* NJW 2007, 729.
[52] OLG Köln NZM 2005, 785 wg. Kaninchengehege; BayObLG NZM 2005, 744 wg. Teich; OLG Frankfurt NZM 2006, 265 wg. Tauben.
[53] OLG Sarbrücken WuM 2007, 85.
[54] BGH NJW 1995, 2036; BayObLG WuM 1973, 771; OLG Frankfurt NJW-RR 1993, 981; OLG Düsseldorf NZM 2005, 345.
[55] BayObLG NJW-RR 1994, 658; NZM 1998, 961; OLG Stuttgart ZMR 1983, 322; OLG Saarbrücken NZM 1999, 621; OLG Celle WuM 2003, 161; KG MDR 1992, 50; KG WuM 2003, 583; OLG Schleswig WuM 2004, 561; BayObLG NZM 2004, 792; AG Hannover ZMR 2006, 484.

ßen Gebrauch des Sondereigentums durch z. B. das freie Herumlaufen eines Rottweilers oder die Haltung giftiger Tiere nach §§ 15 Abs. 3 WEG, 1004 Abs. 1 BGB Unterlassungsansprüche[56] in Betracht.

Insbesondere der vermietende Wohnungseigentümer sollte auf die Übereinstimmung der mietvertraglichen und wohnungseigentums-rechtlichen Regelungen achten. Der Mieter sollte nach einschlägigen Beschlüssen der Eigentümergemeinschaft fragen und Einsicht in die Beschluss-Sammlung i. S. d. § 24 Abs. 7 WEG nehmen.

Verstößt der Mieter **während der Mietdauer** nachhaltig gegen die von der Eigentümergemeinschaft an eine Tierhaltung geknüpften Auflagen, so kann der Vermieter nicht nach §§ 14, 15 WEG von den übrigen Mitgliedern der Eigentümergemeinschaft zur Kündigung des Mietverhältnisses verpflichtet werden. Der Vermieter unterliegt aber bezüglich dieser unzulässigen Beeinträchtigungen einem **Unterlassungsanspruch** der übrigen Wohnungseigentümer. Er hat deshalb gegenüber seinem Mieter die geeigneten Maßnahmen zu ergreifen, um die Einhaltung der Auflagen nachhaltig durchzusetzen.[57]

4. Vorherige Erlaubnis der Tierhaltung

Die Parteien sollten schon in den **Vertragsverhandlungen** für **Rechtsklarheit** sorgen, ob und zu welchen Bedingungen der Mietinteressent das Mietobjekt mit einem Tier beziehen kann. Eine Einigung sollte für das konkrete Tier und dessen Lebenszeit **schriftlich fixiert** werden. Der Vermieter sollte sich einen Widerruf dieser Erlaubnis für den Fall vorbehalten, dass von dieser Tierhaltung während der Mietdauer nicht hinzunehmende Störungen ausgehen.

Ferner sollten die Parteien in dem **Mietvertrag** regeln, unter welchen Voraussetzungen der Mieter während der Mietdauer mit der vorherigen Erlaubnis des Vermieters ein Tier anschaffen und in dem Mietobjekt halten darf. Auf das **Formulierungsbeispiel** nebst **Checkliste** wird verwiesen.[58]

Die Zulässigkeit einer Tierhaltung kann nicht formularvertraglich von einer **schriftlichen** Erlaubnis des Vermieters abhängig gemacht werden.[59] Es müssen auch **mündliche Abreden** der Parteien möglich bleiben.

Haben die Parteien jedoch bereits für die Erlaubnis des Vermieters ein formular-vertragliches Schriftformerfordernis vereinbart, so muss die Klausel nicht insgesamt unwirksam sein. Sie kann vielmehr **ohne** das **Schriftformerfordernis** wirksam bleiben, wenn sich dieses von der übrigen, mit der Gesetzeslage übereinstimmenden Regelung inhaltlich und sprachlich trennen lässt und nicht von so einschneidender Bedeutung ist, dass die Klausel durch den Wegfall der Schriftformregelung gegenüber der bisherigen Vertragsgestaltung einen völlig anderen Inhalt bekommt.[60]

a) **Antrag des Mieters.** Möchte der Mieter **während des Mietverhältnisses** ein Tier anschaffen und in dem Mietobjekt halten, so sollte er die **Erlaubnis** des Vermieter einholen und so vermeiden, dass das Tier möglicherweise nach kurzer Zeit aus rechtlichen Gründen wieder abgeschafft werden muss.

Der aus Beweisgründen möglichst **schriftlich** an alle an diesem Mietverhältnis beteiligten Vermieter zu richtende Antrag aller beteiligten Mieter sollte die beabsichtigte Tierhaltung **konkret** bezeichnen und unter Berücksichtigung der Checkliste[61] alle **Argumente** enthalten, die der Vermieter bei seiner Entscheidung berücksichtigen soll.

Der Antrag sollte dem Vermieter nachweisbar **zugestellt** und dieser aufgefordert werden, binnen einer vorgegebenen **Frist** über den Antrag zu entscheiden. Anderenfalls mag der Vermieter den Zugang des Antrags später bestreiten oder sich nicht veranlasst sehen, über den

---

[56] OLG Düsseldorf WuM 2002, 506; WuM 2006, 582; OLG Karlsruhe WuM 2004, 226; KG WuM 2002, 564.
[57] OLG Köln WuM 1997, 636.
[58] Vgl. Rdnr. 33, 35.
[59] BGH WuM 1991, 381; AG Konstanz WuM 2007, 315.
[60] OLG Frankfurt WuM 1992, 56.
[61] Vgl. Rdnr. 35.

Antrag des Mieters binnen eines angemessenen Zeitraums zu entscheiden. Lässt der Vermieter die Entscheidungsfrist ungenutzt verstreichen oder verweigert er die Erlaubnis, so kann der Mieter die Rechtslage gerichtlich klären lassen.[62]

49 b) **Entscheidungskriterien.** Bei der Antragstellung des Mieters bzw. der Entscheidungsfindung des Vermieters sind je nach **Vertragsklausel**[63] und unter Bezugnahme auf die zum Mietvertrag genommene, sonst argumentativ zu berücksichtigende **Checkliste**[64] die folgenden **Ermessenskriterien** in die Abwägung einzubeziehen:

50 • Das Mietverhältnis besteht **ungekündigt** fort, d. h. der Mieter muss das Mietobjekt nicht ohnehin bald verlassen.

51 • Die Haltung des Tieres muss **gesetzlich zulässig** sein, d. h. sie verstößt weder gegen Einfuhr-, Zucht- oder Tierhaltungsverbote.

52 • In dem Mietobjekt muss eine **artgerechte Tierhaltung** möglich sein. Dabei können die Wohngegend, die Größe und Lage des Mietobjektes im Haus sowie die Lebensanforderungen des konkreten Tieres von Bedeutung sein.[65]

53 • Das Tier überschreitet nicht eine vom Vermieter definierte **Größe**,[66] z. B. eine Widerristhöhe von 40 cm[67] oder ein Gewicht von 20 kg. Während die wohl überwiegende Rechtsprechung eine Überschreitung der Grenzwerte und das dann erhöhte Gefahrenpotential für das Abschaffungsverlangen des Vermieters ausreichen lässt,[68] werden zum Teil für eine Verurteilung des Mieters auch von dem Tier bereits ausgegangene Störungen verlangt.[69]

54 • Es dürfen nicht **mehrere** größere Tiere in der Mietwohnung gehalten werden.[70]

55 • Es dürfen keine **gefährlichen** Tiere in dem Mietobjekt gehalten werden, wie z. B. Kampfhunde im Sinne der örtlichen Landeshundeverordnung.[71] Die nach den öffentlich-rechtlichen Vorschriften vermutete Gefährlichkeit des Hundes kann aber durch ein Gutachten widerlegt werden.[72]

56 • Der Mieter hat in dem Antrag seine Interessen und Eignung zur Haltung des Tieres begründet. Das Interesse kann auf altersbedingten,[73] gesundheitlichen[74] sowie beruflichen Gründen beruhen, der Bekämpfung einer Mäuseplage[75] oder zu Schutzzwecken dienen.[76] Ferner kann der Mieter das Tier schon aus der vorangegangen Wohnung mitgebracht haben.[77] Hat der Vermieter die bisherige Tierhaltung des Mieters erlaubt,[78] so bedarf dieser für das nachfolgende Tier gleicher Art keiner neuen Erlaubnis des Vermieters.

57 • Die **Haftungsfrage** ist über § 833 BGB hinaus geklärt, d. h. der Mieter hat den Vermieter von jeglichen Ansprüchen Dritter **freigestellt,** die auf Auswirkungen der Tierhaltung zu-

---

[62] Vgl. Rdnr. 68 ff.
[63] Vgl. Rdnr. 20 ff.
[64] Vgl. Rdnr. 35.
[65] LG Bonn ZMR 1989, 179; AG Kassel WuM 1987, 144.
[66] AG Bergisch Gladbach WuM 1991, 341; AG Bergheim Urt. v. 13. 2. 1991 – 60 C 506/90 – KM, Reg. 3 Nr. 17.
[67] AG Frankfurt Urt. v. 8. 3. 1988 – 33 C 3913/87 – DWW 1988, 354.
[68] AG Köln WuM 1997, 109; *Koch* WuM 1997, 148.
[69] AG Köln WuM 1997, 366.
[70] 2 Hunde: LG Hannover WuM 1989, 566; AG Frankfurt WuM 2000, 569; 7 Katzen: AG Lichtenberg NJW-RR 1997, 774; 100 Vögel: LG Karlsruhe NZM 2001, 891; zooähnliche Zustände: AG München NZM 1999, 616; AG Neustadt NZM 1999, 308.
[71] Zahlreiche Gift- und Würgeschlagen: OLG Karlsruhe NZM 2004, 551; LG Bochum NJW-RR 1990, 1430; AG Charlottenburg GE 1988, 1051; AG Rüsselsheim WuM 1987, 144; Ratte: LG Essen WuM 1991, 340; Hunde: LG Nürnberg Urt. v. 2. 2. 1990 – 7 S 3264/90 – DWW 1990, 338; LG Nürnberg-Fürth WuM 1991, 93; LG Krefeld WuM 1996, 533; LG Giesen NJW-RR 1995, 12; AG Bergisch Gladbach WuM 1991, 341; AG Rüsselsheim WuM 1992, 117.
[72] LG München MietRB 2007, 57.
[73] LG Hamburg WuM 2002, 666.
[74] LG München I WuM 1985, 263; LG Hamburg WuM 1997, 674; 1996, 532; LG Ulm WuM 1990, 343; AG Münster WuM 1992, 116; AG Bonn WuM 1994, 323; AG Hamburg-Blankenese WuM 1985, 256.
[75] AG Steinfurt WuM 1981, 230.
[76] AG Neustrelitz WuM 1995, 535; a. A. LG Lüneburg WuM 1995, 704.
[77] LG Ulm WuM 1990, 343.
[78] AG Langenfeld WuM 1982, 226; a. A. AG Kassel WuM 1987, 144.

rückgehen. Ferner hat er den Abschluss einer Privathaftpflicht- bzw. **Tierhalterhaftpflichtversicherung** nachgewiesen.
- Der Vermieter hat eine solche Tierhaltung bei vergleichbarer Sachlage auch **anderen Mietern** nicht erlaubt.[79]
- Es findet keine gewerbliche **Zucht** in dem Mietobjekt statt.
- Ob andere **Hausbewohner** mit der Tierhaltung des Mieters einverstanden sind, ist unbeachtlich, da sich die Zusammensetzung der Hausgemeinschaft jederzeit ändern kann.[80] Ebenso soll der Vermieter nicht (Über-)Empfindlichkeiten anderer Hausbewohner, wie z.B. die eines Tierhaarallergikers, berücksichtigen müssen.[81]
- Der Vermieter kann einen angemessenen **Mietzinszuschlag** erheben,[82] dessen Höhe sich nach der mit der Tierhaltung verbundenen zusätzlichen Inanspruchnahme des Mietobjektes richtet und in der Regel zwischen € 10,– und € 18,– pro Monat beträgt. Die Haltung eines Hundes kann auch mit rund 10% des bisherigen Jahresnettomietzinses bewertet werden.[83]
- Der Vermieter kann seine Erlaubnis mit **Auflagen** verbinden, z.B. den Hund in Gemeinschaftsräumen oder auf zum Mietshaus gehörenden Außenflächen nur angeleint auszuführen. Ferner können Ruhezeiten und Impfanforderungen vorgegeben werden.
- Der Mieter hat sich verpflichtet, das von ihm in dem Mietobjekt gehaltene Tier bei Beendigung des Mietverhältnisses mitzunehmen.

58
59
60

61

62

63

Der Vermieter sollte eine etwaige **Erlaubnis** zur Tierhaltung auf ein **konkretes Tier** beschränken, dieses individualisieren und die Erlaubnis **zeitlich** auf die Lebensdauer des Tieres beschränken. Ferner sollte er seine Entscheidung unter **Widerrufsvorbehalt** für den Fall stellen, dass sich die Sach- oder Rechtslage künftig ändert. 64

Die begründete Entscheidung sollten alle an diesem Mietverhältnis beteiligten Vermieter allen Mietern **schriftlich** und **nachweisbar** zukommen lassen. 65

Missachtet der Mieter eine **Entscheidung** des Vermieters oder verstößt er gegen dessen an die Tierhaltung geknüpfte Auflagen, so kann der Vermieter mietrechtliche **Konsequenzen**[84] ziehen. Er kann den Mieter abmahnen, die Erlaubnis widerrufen und den Mieter zur Abschaffung des Tieres auffordern. 66

Auf der anderen Seite kann der Mieter die Entscheidung oder Auflagen des Vermieters **gerichtlich überprüfen** und eine verweigerte Erlaubnis der Tierhaltung durch Urteil ersetzen lassen. 67

c) Prozessuale Durchsetzung. Möchte der Mieter die verweigernde Entscheidung des Vermieters gerichtlich überprüfen lassen, so hat er – je nach Bundesland – zunächst zu prüfen, ob eine **außergerichtliche Streitschlichtung** durchzuführen ist, bevor die Erhebung einer Klage zulässig ist. 68

aa) obligatorische Streitschlichtung. Beispielsweise war bis zum 31. 12. 2007 in dem „Gütestellen- und Schlichtungsgesetz NRW" vorgesehen, dass bei vermögensrechtlichen Streitigkeiten mit einem Gegenstandswert von **bis zu € 600,–**, unter bestimmten Voraussetzungen eine Gütestelle anzurufen ist. Erst wenn bei dieser keine einvernehmliche Beilegung des Streites erreicht werden konnte und von der Gütestelle eine entsprechende **Erfolglosigkeitsbescheinigung** ausgestellt worden war, durfte der Klageweg beschritten werden. 69

Zu den **vermögensrechtlichen Streitigkeiten** gehören auch Rechte und Pflichten aus einem Mietverhältnis, also Zahlungsansprüche, Gebrauchsrechte und Unterlassungspflichten. Deshalb gehörte bis zum 31. 12. 2007 auch der Streit um die Rechtmäßigkeit einer **Tierhaltung** in der Mietwohnung zu den vermögensrechtlichen Streitigkeiten i. S. d. GüSchlG NRW.[85] 70

---
[79] LG Berlin NZM 1999, 455; WuM 1987, 213; LG Hamburg WuM 1982, 254; AG Langenfeld WuM 1982, 142; AG Lörrach WuM 1986, 247; AG Leonberg WuM 1997, 210.
[80] LG Braunschweig ZMR 1988, 140; AG Hamburg-Bergedorf NZM 2003, 898.
[81] AG Bad Arolsen NZM 2008, 83; AG Bückeburg NZM 2000, Heft 3, V., a. A. AG Aachen WuM 2006, 304.
[82] AG Rüsselsheim WuM 1987, 144; LG Köln WuM 2000, 94; *Schmidt-Futterer* § 550 BGB Rdnr. 64.
[83] Vgl. Rdnr. 122.
[84] Vgl. Rdnr. 90.
[85] LG Mannheim ZMR 1992, 545.

71 Wie sich der **Gegenstandswert** einer den **Tierhaltungswunsch** des Mieters betreffenden Streitigkeit bestimmt, ist streitig. Während ein Teil der Rechtsprechung auf den Verkehrswert des Tieres,[86] bzw. dessen Bedeutung für die Lebensführung des Mieters und damit auch auf immaterielle sowie subjektive Gesichtspunkte[87] abstellt, ist nach anderer Auffassung das nichtvermögensrechtliche Affektionsinteresse des Mieters ohne Belang.[88]

72 Es wird, da zu Beginn eines Verfahrens der Gegenstandswert noch nicht bekannt ist, bei Anwendbarkeit des außergerichtlichen Streitschlichtungsverfahren empfohlen, grundsätzlich vorab die **Erfolglosigkeitsbescheinigung** einzuholen. Anderenfalls besteht die Gefahr, dass eine **unzulässige Klage** erhoben wird, die dann vom Amtsgericht kostenpflichtig abgewiesen werden muss.

73 Möchte der Mieter trotz des bestehenden Zulässigkeitsrisikos sofort klagen, so sollte er die **Streitwertfestsetzung** beantragen. Hält das Gericht die Klage für unzulässig, sollte die Klage baldmöglichst zur Vermeidung höherer Kosten zurück genommen werden. Die nachträgliche Beschaffung der Erfolglosigkeitsbescheinigung und damit die **Heilung** der Unzulässigkeit der Klage ist nicht möglich.[89]

74 Bei der **Schlichtungsstelle** ist ein schriftlicher Antrag zu stellen, in dem die Parteien zu benennen, der verfolgte Anspruch und der konkrete Antrag zu bezeichnen und diese zu begründen sind. Der Einfachheit halber kann der **Entwurf** der beabsichtigten **Klageschrift** eingereicht werden.

75 bb) *Klageweg*. Der Mieter kann beim örtlich und i. d. R. sachlich zuständigen **Amtsgericht** klagen. Die Klage ist von allen an dem Mietverhältnis beteiligten Mietern gegenüber allen beteiligten Vermietern zu erheben.

76 Nach § 29a ZPO ist das Gericht ausschließlich **örtlich** zuständig, in dessen Bezirk sich die Mietwohnung befindet.

77 Die **sachliche** Zuständigkeit des Amtsgerichts ist nach § 23 Nr. 2a) GVG selbst dann gegeben, wenn der Gegenstandswert über € 5.000,– liegen sollte.

Der **Antrag** des Mieters könnte lauten:

Formulierungsvorschlag:

78 Der Beklagte (Vermieter) wird verurteilt, der Haltung der braunen, am 4. 3. 2002 geborenen und ca. 30 cm hohen Rauhaardackelhündin „Vicky" in der im Erdgeschoss des Hauses Sonnenstr. 2 in 54321 Köln gelegenen Mietwohnung **zuzustimmen**.

79 Der Vermieter würde „Klageabweisung" beantragen, hilfsweise der Klage nur nach Maßgabe der von ihm konkret in seinem Antrag vorgegebenen Auflagen stattzugeben.

80 Umgekehrt kann der Vermieter, wenn der Mieter trotz der verweigerten Erlaubnis zur Haltung eines Tieres in dem Mietobjekt an seinem außergerichtlichen Anschaffungsverlangen festhält, eine **negative Feststellungsklage** erheben. Er muss nicht die Anschaffung des Tieres abwarten, um dann „auf dessen Rücken" die Abschaffung zu verfolgen.

Der **Antrag** des Vermieters könnte lauten:

Formulierungsvorschlag:

81 Es wird festgestellt, dass der Beklagte (Mieter) nicht berechtigt ist, in der im Dachgeschoss links des Hauses Höllenpfad 12 in 54321 Köln gelegenen Mietwohnung den am 26. 3. 2003 geborenen, rund 60 cm hohen, schwarzen Riesenschnauzer „Felix" zu halten.

---

[86] LG Hannover WuM 1985, 127.
[87] LG Hamburg WuM 1986, 248; LG Wiesbaden WuM 1994, 486: DM 2.000,–; LG Kassel WuM 1998, 296; AG Rüsselsheim WuM 1987, 144; *Gies* NZM 2003, 890: DM 2.000,–.
[88] Unter € 600,–: BGH Beschl. v. 18. 5. 2005 – VIII ZB 113/04 – 3 Tauben; BGH Beschl. v. 6. 5. 2003 – VIII ZB 16/03 – Hund; LG Kiel WuM 1999, 586; a. A. LG Braunschweig WuM 1996, 291.
[89] BGH NZM 2005, 154; LG Ellwangen NZM 2002, 408.

Der Mieter würde „Klageabweisung" beantragen. Wenn er ferner **widerklagend** die Ersetzung der fehlenden Erlaubnis des Vermieters zu dieser Tierhaltung beantragt, wird die negative Feststellungsklage des Vermieters unzulässig. Sie muss deshalb nach Beginn der mündlichen Verhandlung, wenn der Mieter seinen Antrag nicht mehr ohne Zustimmung des Vermieters zurücknehmen kann, von dem Vermieter in der **Hauptsache für erledigt** erklärt werden.[90] 82

Beide Parteien haben ihre Anträge unter Berücksichtigung ihrer **Darlegungs-** und **Beweislast** umfassend und substantiiert zu **begründen** sowie die geeigneten **Beweismittel** anzuführen. 83

Die in erster Instanz unterlegene Partei hat zu prüfen, ob sie binnen der **Berufungsfrist** von **einem Monat** nach Zugang der erstinstanzlichen Entscheidung über einen Rechtsanwalt Berufung beim zuständigen Landgericht einlegen sollte. 84

Die Berufung ist zulässig, wenn entweder der Beschwerdewert über der **Berufungssumme** des § 511 Abs. 2 Nr. 1 ZPO in Höhe von **€ 600,–** liegt oder die Berufung von der ersten Instanz zugelassen wird. Im ersten Fall hat der Berufungskläger den Beschwerdewert glaubhaft zu machen. 85

Die **Höhe** des Beschwerdewertes hängt davon ab, ob der Mieter[91] oder der Vermieter[92] das Rechtsmittel einlegt. 86

DM 410,–	LG Kiel	WuM 1999, 586
DM 600,–	LG Berlin	NZM 2001, 41
DM 600,–	AG Rüsselsheim	WuM 1992, 117
DM 800,–	LG Berlin	NZM 2001, 41
€ 410,–	LG München I	NZM 2002, 820
DM 840,–	LG Köln	WuM 2000, 94
DM 1.200,–	LG Köln	WuM 1998, 606
DM 1.500,–	LG Hamburg	ZMR 1992, 506
DM 2.000,–	LG Braunschweig	WuM 1996, 291
DM 3.000,–	LG München I	NZM 2002, 734
DM 3.000,–	LG Hamburg	WuM 1996, 532
unter € 600,–:	BGH Beschl. v. 18. 5. 2005 – VIII ZB 113/04 – 3 Tauben	
	BGH Beschl. v. 6. 5. 2003 – VIII ZB 16/03 – Hund	

Hat der Amtsgerichte den Gegenstandswert der ersten Instanz festgesetzt, so ist das **Landgericht** hieran nicht gebunden, sondern setzt den Beschwerdewert selbst fest.[93] Der Berufungskläger sollte deshalb baldmöglichst beim Landgericht die **Streitwertfestsetzung** beantragen, um eine etwaig unzulässige Berufung aus Kostengründen kurzfristig zurücknehmen zu können. 87

Auch ein Antrag auf einstweilige **Einstellung der Zwangsvollstreckung** aus dem erstinstanzlich vorläufig vollstreckbaren Titel setzt voraus, dass der Titel mit Erfolgsaussichten in der zweiten Instanz angegriffen werden kann, d. h. die Berufung zumindest zulässig ist.[94] 88

Ist der Vermieter zur **Zustimmung** verurteilt worden, so kann der Titel gemäß §§ 894 Abs. 1 S. 2, 726 Abs. 2 ZPO **vollstreckt** werden. Wird der Titel rechtskräftig, so gilt die Willenserklärung als abgegeben. Der Mieter ist dann nach Maßgabe des Titels zur Haltung des Tieres in der Mietwohnung berechtigt. 89

d) Widerruf der Erlaubnis. Hält sich der Mieter während der Mietdauer nicht an die die Tierhaltung betreffenden **Auflagen** des Vermieters oder gehen von diesem Tier während der Mietdauer nicht hinzunehmende **Störungen**[95] aus, so ist der Mieter zunächst wegen der konkret zu benennenden Vorfälle (Datum, Uhrzeit, Dauer, Art und Weise sowie Ausmaß der Störungen) **abzumahnen,** zur Vermeidung weiterer von dem Tier ausgehender Beeinträchti- 90

---

[90] BGH NJW 1973, 1500.
[91] Vgl. Rdnr. 71, 122.
[92] Vgl. Rdnr. 122.
[93] BGH NJW-RR 2005, 219; BGH NZM 2008, 78.
[94] Vgl. Rdnr. 85.
[95] LG Hamburg WuM 1999, 453.

gungen aufzufordern und ihm für den Fall weiterer Störungen der **Widerruf** der Erlaubnis zur Haltung des Tieres **anzudrohen**.

91 Hat der Vermieter die Erlaubnis zur Tierhaltung widerrufen, so sollte er dem Mieter eine **Frist** für die Abschaffung des Tieres setzen und für den Fall des ergebnislosen Fristablaufs die Erhebung einer **Unterlassungsklage** beim örtlich zuständigen Amtsgericht **androhen**.

92 Der Vermieter sollte seine Entscheidung dem Mieter **schriftlich** und nachweisbar mitteilen. Die Entscheidung ist zu **begründen**, da der Mieter zu prüfen hat, ob er diese akzeptiert oder gerichtlich überprüfen lässt.

5. Nachträgliche Genehmigung der Tierhaltung

93 a) **Antrag des Mieters.** Hat der Mieter während der Mietdauer ein größeres Tier angeschafft und hält er dieses ohne die nach dem Mietvertrag erforderliche vorherige Erlaubnis des Vermieters in dem Mietobjekt, so hat er sich zunächst einmal **vertragswidrig** verhalten. Dies kann, wenn die Tierhaltung dem Vermieter bekannt wird, zu mietrechtlichen **Konsequenzen** wie z. B. einer Abmahnung und einem Abschaffungsverlangen des Vermieters führen.

94 Ob die Abmahnung Bestand hat und das Tier tatsächlich abgeschafft werden muss, hängt davon ab, ob der Mieter einen nachträglichen **Genehmigungsanspruch** hat.[96] In diesen Fällen sollte der Mieter beim Vermieter die nachträgliche Genehmigung der Tierhaltung beantragen. Er hat seinen **Antrag** detailliert zu **begründen**, wobei er sich an den **Kriterien** orientieren kann, die bei einer beantragten vorherigen Erlaubnis des Vermieters zu berücksichtigen wären.[97]

95 b) **Entscheidungskriterien.** Der Vermieter hat die zugrunde liegende **Vertragsklausel** sowie die vereinbarten **Kriterien**[98] zu berücksichtigen und ein ihm eröffnetes **Ermessen sachgerecht** auszuüben.

96 Ferner können folgende, während der bisherigen **Mietdauer** eingetretenen **Umstände** zu berücksichtigen sein:

97 • Das in dem Mietobjekt gehaltene Tier darf nicht zu **groß** oder zu schwer sein.

98 • Ferner dürfen von ihm bisher **keine** unzumutbaren **Störungen** Dritter oder Beschädigungen der Bausubstanz ausgegangen sein. Gelegentliches Bellen oder Zwitschern gehört jedoch in einem Mehrparteienhaus mit mehreren Kleintierhaltungen zur **hausüblichen** Geräuschkulisse.[99]

99 • Zu berücksichtigen ist ferner, ob der Vermieter die ihm bekannte Tierhaltung bereits **längere** Zeit ungerügt hingenommen, d. h. **stillschweigend geduldet** hat.[100] Ferner kann sich eine bisherige Erlaubnis des Vermieters auch auf das von dem Mieter neu angeschaffte Tier erstrecken.[101]

100 • Ferner kann zu beachten sein, ob der Vermieter z. B. über einen Mitarbeiter beim Mieter den **Eindruck** erweckt hat, dass die Tierhaltung erlaubt sei.

101 • Des Weiteren kann zu beachten sein, ob die Weggabe des Tieres zu einer nicht vertretbaren **Belastung** des Mieters, beispielsweise zu einer unzumutbaren psychischen Belastung führen würde.[102]

102 Kommt der Vermieter zu dem Ergebnis, dass er die Tierhaltung des Mieters nachträglich zu genehmigen hat, so sollte er diese **Genehmigung** dem Mieter **schriftlich** erteilen und sich ein **Widerrufsrecht** für den Fall vorbehalten, dass von dem Tier zukünftig Störungen ausgehen, die weder er noch Dritte hinzunehmen haben.

103 Genehmigt der Vermieter die Tierhaltung nicht, so sollte er auch dies dem Mieter schriftlich mitteilen und begründen. Er sollte den Mieter auffordern, die Tierhaltung ab einem be-

---

[96] In rechtsähnlicher Anwendung BayObLG WuM 1991, 18; AG Hamburg WuM 1998, 378; einschränkend BayObLG WuM 1995, 378; OLG Hamm NJW-RR 1997, 1370.
[97] Vgl. Rdnr. 49.
[98] Vgl. Rdnr. 35.
[99] AG Hamburg-Wandsbek WuM 1991, 94; AG Frankfurt WuM 1978, 127.
[100] LG Essen WuM 1986, 117; LG Berlin WuM 1984, 130.
[101] AG Neustrelitz WuM 1995, 535.
[102] LG Mannheim ZMR 1992, 545; LG Hamburg WuM 1996, 532.

stimmten Datum in dem Mietobjekt zu unterlassen. Verstreicht die **Frist** ungenutzt, so sollte der Vermieter seinen **Unterlassungsanspruch** alsbald gerichtlich durchsetzen, da der Anspruch sonst nach § 242 BGB verwirken kann.[103]

c) **Prozessuale Durchsetzung.** Genehmigt der Vermieter die bereits vorliegende Tierhaltung nicht oder nur unter nicht akzeptablen Auflagen, so kann der Mieter eine gerichtliche Klärung herbeiführen. Gegebenenfalls hat er zunächst die **außergerichtliche Streitschlichtung** zu betreiben, bevor ihm der Klageweg offen steht.[104]

Der vom **Mieter** beim örtlich und sachlich zuständigen Gericht[105] zu stellende **Antrag** könnte lauten:

> **Formulierungsvorschlag:**
> Der Beklagte (Vermieter) wird verurteilt, die Haltung der grauen, am 29. 1. 2004 geborenen und ca. 35 cm hohen Pudelhündin „Astrid" in der im 2. OG mitte des Hauses Mauspfad 5 in 54321 Köln gelegenen Mietwohnung zu genehmigen.

Der **Vermieter** würde „Klageabweisung" beantragen. Je nach den Umständen des konkreten Einzelfalles kann der Vermieter hilfsweise beantragen, der Klage nur nach Maßgabe seiner die weitere Tierhaltung einschränkenden Auflagen stattzugeben.

Die in erster Instanz unterlegene Partei hat fristgerecht zu prüfen, ob **Berufung** eingelegt sowie ein Antrag auf einstweilige **Einstellung der Zwangsvollstreckung** gestellt werden sollte.[106]

d) **Widerruf der Genehmigung.** Hält sich der Mieter während der weiteren Mietdauer nicht an die die weitere Tierhaltung betreffenden Auflagen des Vermieters oder gehen von diesem Tier während der weiteren Mietdauer nicht hinzunehmende Störungen[107] aus, so hat der Vermieter in der Regel zunächst gegenüber dem Vermieter eine **Abmahnung** auszusprechen. Erst im Wiederholungsfalle kann er seine Genehmigung der Tierhaltung gegenüber dem Mieter **widerrufen,** die **Abschaffung** des Tieres verlangen und erforderlichenfalls gerichtlich durchsetzen.

6. Tierhaltung während des Mietverhältnisses

a) **Vertrags- und artgerechte Haltung.** Der Mieter trägt eine **Obhutspflicht,** d.h. er hat von seiner Tierhaltung ausgehende Störungen der Hausgemeinschaft bzw. Schäden am Eigentum des Vermieters oder Dritter durch z.B. ein undichtes Aquarium zu vermeiden.[108] Die in dem Mietvertrag oder der einbezogenen **Hausordnung** geregelten Ruhezeiten[109] sind einzuhalten sowie Verunreinigungen der Gemeinschaftsräume und -flächen oder Geruchsbelästigungen der Nachbarn zu vermeiden.[110] Anderenfalls können Ordnungswidrigkeiten- oder sogar Straftatbestände erfüllt sein.[111]

Zum Schutz des Vermieters, Nachbarn oder Dritter kann zu berücksichtigen sein, ob der Mieter die **Vorschriften** zur Anmeldung und Haltung des Tieres, zum Leinen- und Maulkorbzwang, zu Zucht- und Handelsverboten, zur Zuverlässigkeitsprüfung, Haftpflichtversicherung und Kennzeichnung seines Tieres beachtet hat.[112]

---

[103] LG Essen WuM 1986, 117; LG Berlin WuM 1984, 130; AG Frankfurt NZM 1998, 759.
[104] Vgl. Rdnr. 68 ff.
[105] Vgl. Rdnr. 75 ff.
[106] Vgl. Rdnr. 84 ff.
[107] LG Hamburg WuM 1999, 453.
[108] OLG Köln NZM 2005, 179.
[109] OLG Hamm WuM 1990, 123; LG Kleve Urt. v. 17. 1. 1989 – 6 S 311/88 – DWW 1989, 362; LG München NJW-RR 1989, 1178.
[110] AG Münster WuM 1995, 534.
[111] OLG Köln NJW-RR 1988, 12; AG Hannover ZMR 1965, 223.
[112] Z.B. Landeshundeverordnung NW.

111 Dem Vermieter steht auch außerhalb des üblichen zweijährigen Turnus das Recht zur **Besichtigung** der Mietwohnung zu, wenn er über Anhaltspunkte für eine vertragswidrige Tierhaltung des Mieters verfügt.[113] Der Mieter hat die Begehung seiner Wohnung dann durch Gewährung des Zutritts zu ermöglichen und zu dulden.

112 b) **Bauliche Veränderungen des Mietobjektes.** Ist für die Tierhaltung eine bauliche Veränderung des Mietobjektes erforderlich, so ist hierfür von dem Mieter eine zusätzliche Erlaubnis beim Vermieter zu **beantragen**. Dies gilt z. B. auch dann, wenn der Mieter am Balkon ein Netz anbringen möchte, um das Entlaufen seiner Rassekatze zu verhindern.[114]

7. Rechte der anderen Mieter und sonstiger Nachbarn

113 Wird ein benachbarter Grundstückseigentümer durch die Tierhaltung des Mieters beeinträchtigt, so kann ihm nach § 1004 Abs. 1 S. 2 BGB ein **Unterlassungsanspruch** zustehen.[115] Er kann aber auch nach § 906 BGB, der zwischen den Parteien eines Mietverhältnisses keine Anwendung findet,[116] zur Duldung verpflichtet sein.

114 Werden weitere Mietparteien des Vermieters durch die Tierhaltung eines Mieters in ihrem Wohngebrauch erheblich beeinträchtigt, so kann der Minderungstatbestand des § 536 Abs. 1 S. 2 BGB erfüllt sein. Die Höhe der **Mietminderung** hängt vom Ausmaß und der Dauer der störenden Umstände im konkreten Einzelfalles ab.

115 Beispiele zur Höhe der angemessenen Mietzinsminderung:[117]

AG Aachen WuM 1999, 457	100% bei Befall mit Khraprakäfern, sodass kein Aufenthalt in der Wohnung möglich
AG Potsdam WuM 1995, 534	100% bei Rattenbefall
LG Freiburg WuM 1998, 212	35% bei Allergie gegen Tauben und Lärm
LG Berlin MM 1994, 361	30% wegen Katzengetrampel
AG Pforzheim WuM 2000, 302	30% bei vor dem Schlafzimmerfenster nistenden Tauben
AG Dortmund WuM 1980, 6	25% bei Lärm durch Taubenhaltung
AG Bremen WuM 2002, 215	25% bei Mottenbefall
AG Münster WuM 1995, 534	20% bei Hundekot im Treppenhaus und Geruchsbelästigungen aus der benachbarten Wohnung des Hundehalters
AG Spandau MM 1999, 355	20% bei Schwalbenwanzen
AG Lahnstein WuM 1988, 55	20% bei zahlreichen Silberfischen
AG Tiergarten MM 1990, 233	15% bei Silberfischen
AG Bonn WuM 1986, 212	15% bei nicht benutzbarem Balkon, weil sich dort ständig durch das Füttern des Nachbarn angelockte Katzen aufhalten
LG Berlin NJW-RR 1996, 264	10% bei Lärm und Schmutz durch Tauben
AG Köln Urt. v. 18. 3. 1997 – 209 C 349/96 – KM Reg. 35 Nr. 19	10% bei Kakerlaken

---

[113] AG Rheine WuM 2003, 315.
[114] OLG Zweibrücken NZM 1998, 376; AG Wiesbaden NZM 2000, 711.
[115] OLG Köln NJW 1985, 2338; LG Augsburg NJW 1985, 499; AG Neu-Ulm NZM 1999, 432; AG Hamburg und AG Tiergarten WuM 1989, 624.
[116] BayObLG WuM 1987, 112.
[117] Vgl. Rdnr. 13, 15, 114.

AG Bonn WuM 1986, 113	10% bei Mäusen in Stadtwohnung
AG Rendsburg WuM 1989, 284	10% bei Mäuseplage in Landwohnung
AG Aachen WuM 2000, 379	10% bei Ratten auf dem Hof
AG Hamburg WuM 1988, 121	5% bei Verunreinigungen durch am Haus nistende Tauben
AG Kiel WuM 1991, 343	5% bei Hundekot im Fahrstuhl, Treppenhaus und Sandspielplatz
LG Kleve WuM 1986, 333	0% bei Nutzungsbeeinträchtigung des Balkons durch Wildtauben als unbeherrschbare Umwelteinflüsse
AG Eisleben NZM 2006, 898	0% in ländlicher Umgebung bei Schwalbenflug und -kot auf der Fensterbank
AG Rostock WuM 1996, 31	0% bei Lärmbelästigungen durch Hund, aber Fortzahlung der ungekürzten Miete
AG Köln WuM 1999, 363	0% bei wenigen Ameisen
LG Lüneburg WuM 1998, 570	0% bei Silberfischen
AG Köln WuM 1993, 670	0% bei Spinnen

Der für die störende Tierhaltung verantwortliche Mieter kann dem Vermieter gegenüber zum Ersatz diesen **Mietausfallschadens** verpflichtet sein.

Ferner können die durch die Tierhaltung beeinträchtigten Mieter von dem Vermieter die **Beseitigung** der Störungen beanspruchen,[118] auch wenn diesen kein Verschulden an dem störenden Tatbestand trifft. Ein Schmerzensgeldanspruch wegen allergischer Reaktionen auf eine vertragsgerechte Tierhaltung besteht jedoch nicht.[119] Nur ausnahmsweise ist nach §§ 569 Abs. 1, 543 Abs. 1 BGB eine fristlose Kündigung des Mietverhältnisses wegen einer Gesundheitsgefährdung durch z. B. 80 Katzenflohbisse binnen 2 Monaten möglich.[120]

8. Abschaffungsverlangen des Vermieters

a) **Anspruchsgrundlage und Ermessenskriterien.** Verhält sich der Mieter durch eine Tierhaltung **vertragswidrig** und setzt er dieses vertragswidrige Verhalten trotz einer **Abmahnung** der Vermieters fort, so kann der Vermieter nach § 541 BGB den Mieter auf **Unterlassung** der Tierhaltung in dem Mietobjekt und damit **Abschaffung** des Tieres in Anspruch nehmen.[121]

Das schriftlich von allen an dem Mietverhältnis beteiligten Vermietern an alle Mieter zu richtende Unterlassungsverlangen sollte den **Widerruf** einer zuvor bestandenen Erlaubnis oder Genehmigung der Tierhaltung enthalten und konkret **begründet** werden,[122] z. B. mit der Verunreinigung des Treppenhauses durch Kot und Urin des Tieres, übermäßiges Gebell oder Eindringen des Tieres in fremde Wohnungen.[123] Es ist dem Mieter unter Androhung konkreter Konsequenzen eine angemessene **Frist** zu setzen, innerhalb derer er das störende Tier dauerhaft aus der Mietwohnung zu verbringen hat.

Hält der Mieter gleichwohl an der vertragswidrigen Tierhaltung fest, kann der Vermieter seinen Unterlassungsanspruch **gerichtlich** geltend machen. Nach vereinzelter Rechtspre-

---

[118] *Gaisbauer* NZM 1999, 982; BayObLG WuM 1998, 552.
[119] LG Hildesheim WuM 2002, 316; AG Bückeburg NZM 2000, Heft 3 V.
[120] AG Bremen NZM 1998, 717.
[121] LG Köln ZMR 1994, 478.
[122] Vgl. Rdnr. 90, 108.
[123] AG Hamburg-Altona WuM 1989, 624.

chung soll er zuvor berücksichtigen, dass der Mieter das Tier inzwischen lieb gewonnen haben kann.[124] Deshalb könne der Vermieter den Unterlassungsanspruch nur dann geltend machen, wenn keine weniger einschneidenden Maßnahmen zum gewünschten Erfolg führen würden.[125]

121 b) **Prozessuale Durchsetzung.** Der Vermieter sollte seinen Unterlassungsanspruch alsbald gerichtlich anhängig machen. Anderenfalls kann der Anspruch nach § 242 BGB verwirken.[126] Ferner steigt die Mitverantwortung des Vermieters für von dem Tier ausgehende Beeinträchtigungen Dritter, da der Vermieter einen ihm bekannten Mangel nicht mit dem gebotenen Nachdruck ausgeräumt hat.

122 Der Vermieter hat zu prüfen, ob das Mietobjekt in einem Bundesland liegt, in dem zunächst eine **außergerichtliche Streitschlichtung** durchzuführen ist, bevor ihm der Klageweg offen steht.[127]

Der Gegenstandswert des Abschaffungsverlangens und Unterlassungsinteresses[128] des Vermieters kann nach §§ 3 ZPO, 16 GKG von den Auswirkungen der von dem Tier ausgehenden Störungen abhängen,[129] also z.B. nach § 9 ZPO auf den 3,5-fachen Jahresbetrag eines **Mietausfallschadens** des Vermieters abgestellt werden.[130] Hat das Tier **Sachschäden** verursacht, so können die Schadensbeseitigungskosten herangezogen werden.[131] Auch generalpräventive Aspekte können berücksichtigt werden.[132] Nach Auffassung des LG Köln stellt die Tierhaltung eine **Teilnutzung** des Mietobjektes dar. Deshalb könne der Streitwert unter Berücksichtigung der Wohnungsgröße sowie der dort lebenden Personenzahl auf 10% des Jahresnettomietzinses festgesetzt werden.

123 In der auf **Entfernung** des Tieres und zukünftige **Unterlassung** einer Tierhaltung in der Mietwohnung gerichteten Klage hat der Vermieter den **Klageantrag** so konkret wie möglich zu formulieren. Es sind der Mieter, das Mietobjekt und das betroffene Tier so exakt wie möglich zu bezeichnen.

124 Möglich wäre beispielsweise folgende **Formulierung:**

> **Formulierungsvorschlag:**
>
> **125** Der Beklagte (Vor- und Nachname des Mieters) wird verurteilt, die in der im 4. OG links des Hauses Uferstraße 6 in 54321 Köln gelegenen Mietwohnung gehaltene, schwarze, am 23. 4. 1984 und ca. 60 cm hohe Rottweilerhündin „Britta" mit der Tätowiernummer 12345 zu entfernen **und** zukünftig keinen Hund ohne die vorherige Zustimmung des Klägers (Vermieters) in der Mietwohnung zu halten.

126 Der die Zukunft betreffende **Unterlassungsantrag** ist zu stellen, da der verurteilte Mieter sonst nach (vorübergehender) Abschaffung des Tieres das Urteil entwertet von dem Vermieter herausverlangen und dann entweder den Hund zurückholen[133] oder einen neuen Hund anschaffen und in der Mietwohnung halten könnte. Der Vermieter müsste dann erst wieder einen vollstreckungsfähigen Titel erstreiten, um diese erneute Tierhaltung zu unterbinden.

---

[124] LG Essen WuM 1986, 117, LG Mannheim MDR 1962, 989; AG Bonn WuM 1987, 213; AG Hamburg-Harburg WuM 1983, 236; a. A. AG Aachen ZMR 1992, 454.
[125] LG Hamburg MDR 1962, 656; AG Hamburg-Wandsbek WuM 1991, 94; AG Köln WuM 1980, 85.
[126] LG Berlin WuM 1984, 130; LG Essen WuM 1986, 117; AG Frankfurt NZM 1998, 759.
[127] Vgl. Rdnr. 68, 73; *Dallemand* WuM 1997, 23; LG Kassel WuM 1998, 296; LG Düsseldorf WuM 1993, 604; LG Braunschweig WuM 1996, 291; LG Hamburg WuM 1993, 469; LG München I WuM 1992, 495; LG Hamburg WuM 1996, 532 DM 3.000,–.
[128] LG Darmstadt WuM 1992, 117 DM 600,–; LG München I NZM 2002, 734; AG Kenzingen WuM 1986, 248: DM 2000,–; *Gies* NZM 2003, 890.
[129] BGH WuM 2000, 427; LG Hamburg WuM 1989, 10; a. A. LG Berlin WuM 2000, 313; LG Köln WuM 2001, 291.
[130] *Blank* NZM 1998, 5; vgl. Rdnr. 86.
[131] LG München I NZM 2002, 820.
[132] LG Hamburg WuM 1996, 532 DM 3.000,–.
[133] AG Hannover WuM 2000, 188; AG Aachen WuM 1992, 432.

Zur Beschleunigung einer etwaig später erforderlich werdenden **Vollstreckung** des Unterlassungstitels sollte schon in der Klageschrift **beantragt** werden:

Formulierungsvorschlag:

Für jeden Fall der Zuwiderhandlung wird dem Beklagten (Mieter) ein Ordnungsgeld bis zur Höhe von € 250.000,– oder, falls dieses nicht beigetrieben werden kann, Ordnungshaft von bis zu 6 Monaten angedroht.

127

Wird das Tier während des Rechtsstreits **abgeschafft**, kann der Vermieter den Rechtsstreit hinsichtlich des Entfernungsverlangens **teilweise** in der Hauptsache für **erledigt** erklären. Der Unterlassungsanspruch ist dann noch zu titulieren und insgesamt über die Kosten des Verfahrens zu entscheiden. 128

Stimmt der Mieter der teilweisen Erledigungserklärung nicht zu, weil er die ursprüngliche Klage für unbegründet hält und deshalb „Klageabweisung" verlangt, hat der Vermieter zu beantragen, dass die teilweise Erledigung des Rechtsstreits festgestellt werden soll. 129

Gegen ein Urteil des Amtsgerichts ist nur in Ausnahmefällen **Berufung** zulässig.[134] Der für die Zulässigkeit der Berufung wichtige **Beschwerdewert** hängt davon ab, ob der Mieter[135] oder der Vermieter[136] das Rechtsmittel einlegt. Hat das Amtsgerichte den Gegenstandswert der ersten Instanz unter der Berufungssumme festgesetzt, so ist das **Landgericht** hieran nicht gebunden, sondern setzt den Beschwerdewert selbst fest.[137] Der Berufungskläger sollte deshalb baldmöglichst beim Landgericht die **Streitwertfestsetzung** beantragen, um eine etwaig unzulässige Berufung aus Kostengründen kurzfristig zurücknehmen zu können. 130

Auch ein Antrag auf einstweilige **Einstellung der Zwangsvollstreckung** aus dem erstinstanzlich vorläufig vollstreckbaren Titel setzt voraus, dass der Titel mit Erfolgsaussichten in der zweiten Instanz angegriffen werden kann, d. h. die Berufung zumindest zulässig ist.[138] 131

c) Zwangsvollstreckung. Die Vollstreckung des auf **Entfernung** des Tieres aus der Mietwohnung gerichteten Titels erfolgt als vertretbare Handlung nach § 887 ZPO.[139] Sie setzt voraus, dass der Mieter **erfolglos** aufgefordert wurde, die ihm in dem Titel auferlegte Handlung in einer angemessenen, ihm konkret bestimmten **Erledigungsfrist** vorzunehmen. Dann kann sich der Vermieter durch das Gericht zur **Ersatzvornahme** berechtigen lassen. Es besteht ein Kostenvorschussanspruch des Gläubigers, dessen Höhe im Ermessen des Gerichts steht.[140] 132

Er kann **beantragen**:

Formulierungsvorschlag:

1. Der Gläubiger (Vermieter) wird gemäß § 887 Abs. 1 ZPO ermächtigt, die dem Schuldner (Mieter) in dem vollstreckbaren Urteil des Amtsgerichts Köln vom 1. 4. 2008, Az. 100 C 100/08 auferlegte Handlung, nämlich den in der im Erdgeschoss Mitte des Hauses Kuhstraße 27 in 54321 Köln gelegenen Wohnung gehaltenen Pitbull-Terrier „Tom" zu entfernen, auf Kosten des Schuldners vornehmen zu lassen.
2. Der Schuldner hat die Vornahme der Handlung zu dulden, insbesondere das Betreten seiner Wohnung durch die von dem Gläubiger mit der Vornahme der Handlung betraute Person. Dieser hat der Schuldner zur Vornahme der Handlung den Zugang zu seiner Wohnung zu verschaffen. Dies gilt zugleich als Durchsuchungsanordnung im Sinne von Art. 13 Abs. 2 GG.

133

---

[134] Vgl. Rdnr. 84 ff.
[135] Vgl. Rdnr. 71, 86.
[136] Vgl. Rdnr. 122.
[137] BGH NJW-RR 2005, 219; BGH NZM 2008, 78.
[138] Vgl. Rdnr. 85.
[139] OLG Hamm NJW 1966, 2415; LG Hamburg NJW-RR 1986, 158; a. A. LG Köln MDR 1963, 228.
[140] AG Bremen WuM 2007, 144.

> 3. Zugleich wird der Schuldner nach § 887 Abs. 2 ZPO verurteilt, auf die durch die Vornahme der Handlung durch den Gläubiger sowie die für den Fall einer eventuell notwendigen vorübergehenden Unterbringung des Hundes in einem Tierheim entstehenden Kosten, an den Gläubiger einen Vorschuss in Höhe von € 300,– zu zahlen.

134 Bei der Ersatzvornahme kann der Vermieter etwaigen Widerstand des Mieters gemäß § 892 ZPO durch den **Gerichtsvollzieher** brechen lassen. Das Tier kann dann von einem **Tierfänger** mitgenommen und auf Kosten des Mieters in einem Tierheim untergebracht werden.

Verstößt der Mieter zukünftig gegen den **Unterlassungstitel**, so kann der Vermieter gemäß § 890 ZPO beim Prozessgericht erster Instanz **beantragen:**

> **Formulierungsvorschlag:**
>
> 135 Gegen den Schuldner (Mieter) wird wegen Verstoßes gegen das in dem Urteil des AG Köln vom 1. 4. 2008, AZ 100 C 100/08, titulierte Verbot, in der im EG Mitte des Hauses Kuhstraße 27 in 54321 Köln gelegenen Wohnung ohne die vorherige Zustimmung des Gläubigers einen Hund zu halten, ein **Ordnungsgeld**, und für den Fall, dass dieses nicht beigetrieben werden kann, Ordnungshaft festgesetzt.

136 Nach dem Antrag hat der Vermieter das Vorliegen der **Vollstreckungsvoraussetzungen** darzulegen. Die Höhe des Ordnungsgeldes bzw. die Dauer der Ordnungshaft wird vom Gericht festgesetzt. Ein konkret beziffterter Antrag ist nicht erforderlich, Anregungen zur Höhe des Ordnungsgeldes aber möglich. Der Beschluss wird dann von Amts wegen gegenüber dem Schuldner vollstreckt.

137 d) **Kündigung des Mietverhältnisses.** In **Extremfällen** ist der Vermieter nach einer erfolglosen **Abmahnung** gemäß § 543 Abs. 2 Nr. 2 BGB zur fristlosen, sonst gemäß § 573 Abs. 2 Nr. 1 BGB zur ordentlichen **Kündigung** des Mietverhältnisses berechtigt,[141] z. B. bei zooähnlichen Zuständen in der Mietwohnung,[142] bei fortgesetzt unzulässigem Füttern von Tauben,[143] Verursachung eines Brandes durch einen unerlaubt gehaltenen Hund,[144] fortgesetzter Tierhaltung trotz Abmahnung[145] oder nach dem Angriff eines unerlaubt gehaltenen Hundes gegen einen anderen Mieter.[146] Der Vermieter muss sich **nicht vorrangig** auf die Durchsetzung des **Unterlassungs- und Entfernungsanspruchs** verweisen lassen.

138 Das gelegentliche Verschmutzen des Treppenhauses durch den Hund genügt ebenso wenig,[147] wie der Eindruck des Vermieters, der Mieter werde seinen Hund auf ihn hetzen,[148] oder die Errichtung zweier Taubenschläge auf dem gemieteten Grundstück, die ohne größere Probleme wieder entfernt werden können.[149]

139 Hat der Vermieter seinen Entfernungsanspruch rechtskräftig tituliert, so kann er das Mietverhältnis gem. § 569 Abs. 2 BGB **fristlos**, hilfsweise ordentlich **kündigen,** wenn der Mieter eine ihm für die Abschaffung des Tieres von dem Vermieter eingeräumte **Erledigungsfrist** ungenutzt verstreichen lässt. Es sei dem Vermieter dann nicht zuzumuten, das

---

[141] LG Hildesheim WuM 2006, 525; AG Potsdam NZM 2002, 735 bei Hundegebell; AG Frankfurt NZM 1998, 759 bei gefährlichen Tieren; a. A. LG Offenburg WuM 1998, 285.
[142] AG München NZM 1999, 616; LG Karlsruhe NZM 2001, 891; AG Neustadt NZM 1999, 308.
[143] AG Frankfurt WuM 1977, 66.
[144] LG Berlin GE 1991, 151.
[145] LG Berlin ZMR 1999, 28; LG Hildesheim WuM 2006, 525.
[146] LG Berlin GE 1993, 97.
[147] AG Reichenbach WuM 1994, 322; AG Köln WuM 2001, 512.
[148] AG Potsdam WuM 1994, 668.
[149] AG Jülich WuM 2006, 562.

hartnäckig vertragswidrige Verhalten des Mieters für die Dauer der ordentlichen Kündigungsfrist hinzunehmen.[150] Selbst eine **Räumungsfrist** komme nicht in Betracht.[151]

Ob der Vermieter zuvor die **Zwangsvollstreckung** des Entfernungstitels versucht haben muss, ist streitig. Da der vom Vermieter beauftragte **Gerichtsvollzieher** nicht für die Beseitigung des Tieres, sondern nur für die Durchsetzung des Zutritts zur Wohnung und Überwindung etwaigen Widerstandes des Tierhalters zuständig ist,[152] und die örtliche Feuerwehr, Ordnungsbehörde und Tierheime i. d. R. ebenfalls nicht weiterhelfen, ist dem Vermieter oftmals eine Vollstreckung nicht möglich. 140

9. Beendigung des Mietverhältnisses

Endet das Mietverhältnis, so hat der Mieter auf Grund seiner Rückbau- und Räumungsverpflichtung die Gebrauchsspuren des von ihm in dem Mietobjekt gehaltenen Tieres zu **beseitigen**[153] und das Tier selbst bei Auszug **mitzunehmen**. 141

Diese Verpflichtung hat der Mieter nicht erfüllt, wenn der Aufwand zur nachträglichen Beseitigung mit erheblichen Kosten verbunden ist. Die Grenze wird bei € 2.500,– oder 4 Monatsmieten gesehen. Dann ist der Mieter entweder auf **Räumung** zu verklagen oder gemäß § 281 Abs. 1 S. 1 BGB unter **Fristsetzung mit Ablehnungsandrohung** zur Nachholung der noch erforderlichen Arbeiten aufzufordern.[154] Nach ergebnislosem Fristablauf kann der Vermieter die Ersatzvornahme veranlassen und die Kosten vom Mieter erstattet verlangen. 142

Erfordert die restliche Räumung des Mietobjektes keine erheblichen Kosten, so ist der Vermieter auf Grund seiner Schadensminderungspflicht sofort zur **Schadensbeseitigung** und Weitervermietung der Wohnung verpflichtet.[155] Der ehemalige Mieter ist dann aus verpflichtet, dem Vermieter den Mietausfallschaden sowie die entstandenen Schadensbeseitigungskosten zu **ersetzen**. 143

II. Radio und Fernsehen

1. Rechtliche Grundlagen

a) **Schutz des Grundgesetzes.** Art. 5 Abs. 1 GG gewährleistet **jedermann Informationsfreiheit**, d. h. deutschen und ausländischen Mitbürgern das Recht, sich aus allgemein zugänglichen Quellen ungehindert zu unterrichten. Die jeweilige Staatsangehörigkeit eines Mieters kann von einem Stichtag abhängen und soll deshalb nicht entscheidend sein.[156] 144

Zu diesen Informationsquellen gehören u. a. Zeitungen, Hörfunk- und Fernsehsendungen sowie das Internet als **Massenkommunikationsmittel**. Einen Unterschied zwischen in- und ausländischen Informationsquellen macht das Grundgesetz nicht. „Allgemein zugänglich" sind daher auch alle **fremdsprachigen** Fernseh- und Rundfunkprogramme, deren Empfang in der Bundesrepublik Deutschland technisch möglich ist. 145

Der Grundrechtsschutz erstreckt sich auch auf die **technischen Anlagen,** die für den Empfang der Informationen beschafft, installiert und genutzt werden müssen. 146

Die Informationsfreiheit ist jedoch **nicht vorbehaltlos** gewährleistet. Sie findet gemäß Art. 5 Abs. 2 GG ihre **Schranken** in den allgemeinen Gesetzen. Zu diesen gehören auch die miet- und eigentumsrechtlichen Bestimmungen des BGB, insb. das durch Art. 14 GG geschützte **Eigentumsrecht** des Vermieters. 147

Es ist deshalb in jedem **Einzelfall** zwischen den Informationsinteressen des Mieters und den Eigentümerinteressen des Vermieters **abzuwägen**. Es gibt **keine allgemein gültige Zahl,** 148

---

[150] LG Köln Urt. v. 3. 4. 1991 = 10 S 520/90 – KM, Reg. 12 Nr. 10.
[151] BVerfG NZM 1999, 212; AG Neustadt NZM 1999, 308.
[152] AG Meschede Beschl. v. 24. 2. 1997 – 4 M 100/97 – DGVZ 1997, Nr. 6.91.
[153] OLG Bamberg NZM 2002, 917; LG Mainz WuM 2003, 624; LG Freiburg WuM 2002, 314.
[154] BGH NJW 1989, 451.
[155] OLG München DWW 1987, 125.
[156] VerfGH Berlin Beschl. v. 2. 7. 2007 – VerfGH 136/02 – InfoM 2008, 12 bei Deutschem polnischer Herkunft; KG WuM 2007, 618.

wie viele heimatsprachige Programme der Mieter beanspruchen kann, um Vorrang vor den Interessen des Vermieters zu haben.

149   b) **Das Mietvertragsrecht.** Gemäß § 535 Abs. 1 S. 2 BGB hat der Vermieter dem Mieter während der Mietzeit den **typischen Wohngebrauch** in der Mietsache zu gewährleisten. Hierzu gehört alles, was für die Benutzung des Mietobjektes als existenziellem Lebensmittelpunkt des Mieters und seiner Familie von Bedeutung ist,[157] also auch der **Fernseh- und Hörfunk**empfang.[158]

150   aa) *Vertragsgestaltung.* Die in dem Mietobjekt bauseits bereits zur Verfügung stehenden und etwaig zusätzlich vor Beginn des Mietverhältnisses zu schaffenden Empfangsmöglichkeiten sollten die Parteien schon in dem **Vermietungsgespräch** klären. Dies gilt insbesondere dann, wenn es sich bei dem Mietinteressenten um einen ausländischen Mitbürger handelt, oder wenn der deutsche Mietinteressent das Mietobjekt mit einem Ehe- oder Lebenspartner ausländischer Herkunft beziehen möchte.

151   Es sollte dann schon in dem ursprünglichen **Mietvertrag** geregelt werden,
- mit welcher bauseits vorhandenen **Einrichtung** für den Empfang welcher konkreten Fernseh- und Rundfunkprogramme das Mietobjekt vermietet und von wem diese Einrichtung betrieben wird,
- dass der Vermieter aber nicht für die zukünftige Empfangbarkeit dieser Programme haftet,
- ob der Vermieter mit einem Betreiber einen das ganze Haus betreffenden **Gestattungsvertrag** abgeschlossen hat und der Mieter verpflichtet ist, mit diesem Betreiber für seine jeweilige Wohnung einen **Versorgungsvertrag** abzuschließen,
- dass der Vermieter berechtigt ist, die personenbezogenen **Daten** des Mieters dem Betreiber zur Verfügung zu stellen,
- dass der Vermieter sich das Recht vorbehält, die Einrichtung für den Empfang von Fernseh- und Rundfunkprogrammen selbst oder durch eine andere Firma zu **betreiben,**
- dass der Vermieter sich die **Erlaubnis** zu einer Veränderung der bisherigen Empfangsmöglichkeiten vorbehält,
- über einen etwaigen **Antrag** des Mieters nach den aus der als Anhang zum Mietvertrag genommenen **Checkliste**[159] hervorgehenden Ermessenskriterien entscheidet,
- welche **Kosten** der Mieter einerseits an den Betreiber der vorhandenen Einrichtung sowie andererseits als umlagefähige Betriebskosten an den Vermieter derzeit zu zahlen hat und
- dass die Installation und der Betrieb von Sende- und **CB-Funk**antennen grundsätzlich nicht gestattet ist.[160]

152   Nach der hier vertretenen Auffassung haftet der Vermieter bei Verwendung der üblichen Mietvertragsformulare weder für die Empfangbarkeit konkreter Einzelprogramme noch ist er verpflichtet, auf eigene Kosten dem Mieter einen technisch notwendigen Decoder zur Verfügung zu stellen. Einen gegen den Vermieter gerichteten und auf die Anwendbarkeit des § 275 BGB hinaus laufenden **gesetzlichen** Anspruch des Mieters auf Bereitstellung einer **Grundversorgung** mit bestimmten Programmen gibt es nicht.

153   Fehlt eine vertragliche Anspruchsgrundlage, so hat der Mieter die Versorgung seiner Wohnung mit Funk und Fernsehen selbst zu bewerkstelligen. Werden Antennenprogramme nicht mehr vom Sender ausgestrahlt, so hat der Mieter sich den nun zum Empfang der digitalen Programme erforderlichen **Decoder** selber anzuschaffen.[161] Der Vermieter hat lediglich den Betrieb – ggfs. unter vom Mieter zu erfüllenden Auflagen – zu erlauben.

154   Darf der Mieter zu Beginn des Mietverhältnisses die vorhandenen Empfangsmöglichkeiten auf seine Kosten erweitern, so sollte das **Einverständnis** des Vermieters in dem Mietvertrag schriftlich fixiert, ein **Widerrufs**recht des Vermieters vereinbart und für den Fall der Be-

---

[157] BayObLG WuM 1981, 80.
[158] BVerfG NJW 1994, 1147; *Drasdo* WuM 2006, 279.
[159] Vgl. Rdnr. 160.
[160] Vgl. Rdnr. 160, 175, 316 ff.
[161] So auch LG Berlin Urt. v. 21. 8. 2003 MuL 3/2004, 14; auch nicht auf Sozialhilfe VG Hannover WuM 2004, 493.

endigung des Mietverhältnisses eine **Rückbau**verpflichtung des Mieters aufgenommen werden.

bb) Verbotsklausel. Eine die zukünftige Veränderung der vorhandenen Empfangsmöglichkeiten generell ausschließende Verbotsklausel ginge zu Lasten der durch das Grundgesetz geschützten Interessen des Mieters und ist deshalb nach § 307 BGB **unwirksam**.[162]

Dem Mieter kann aber im Mietvertrag durch eine Formularklausel wirksam untersagt werden, in dem Mietobjekt ein **CB-Funkgerät** zu betreiben. Es handelt sich i.d.R. um ein Hobby des Mieters, das als Freizeitinteresse nicht dem Wohnzweck dient und deshalb nicht zu dem geschützten, unabweisbaren Verkehrsbedürfnis des Mieters gehört.[163] Dies gilt selbst für einen blinden Mieter.[164]

cc) Vertraglicher Erlaubnisvorbehalt. Es sollte in den Mietvertrag eine Klausel aufgenommen werden, dass der Mieter nicht ohne vorherige **Rücksprache** mit dem Vermieter zur Veränderung der bisherigen Empfangsmöglichkeiten berechtigt ist. Diese könnte z.B. lauten:

> **Formulierungsvorschlag:**
> Der Mieter bedarf mit Rücksicht auf die Gesamtheit der Mieter und im Interesse einer ordnungsmäßigen Bewirtschaftung des Hauses und der Wohnung der vorherigen Zustimmung des Vermieters, wenn er die bisherige Einrichtung für den Empfang von Fernseh- und Rundfunkprogrammen verändern oder ergänzen möchte.

Die Zustimmung des Vermieters kann formularvertraglich nicht wirksam an ein **Schriftformerfordernis** gekoppelt werden, da auch **mündliche** Abreden der Parteien möglich bleiben sollen.[165] Eine bereits vereinbarte Schriftformklausel bleibt aber ohne das Formerfordernis wirksam, wenn sich dieses von der übrigen, mit der Gesetzeslage übereinstimmenden Regelung inhaltlich und sprachlich trennen lässt und nicht von so einschneidender Bedeutung ist, dass die Klausel durch den Wegfall der Schriftformregelung gegenüber der bisherigen Vertragsgestaltung einen völlig anderen Inhalt bekommt.[166]

Stellt der Mieter während des Mietverhältnisses einen auf Veränderung der bisherigen Empfangsmöglichkeiten gerichteten **Antrag**, so stellt sich die Frage, nach welchen Kriterien der Vermieter hierüber zu entscheiden hat. Zum Teil wird die Auffassung vertreten, dass die der Entscheidung des Vermieters zugrunde liegenden **Ermessenskriterien** vorab als **Anhang** in den Mietvertrag aufzunehmen seien. Erst dann werde eine **Selbstbindung** und **Rechtsklarheit** erreicht.

Folgende **Checkliste**, in der einige **Ermessenskriterien** beispielhaft aufgezählt sind, kann als **Anlage** in den Mietvertrag einbezogen werden:

> **Checkliste:**
> **Ermessenskriterien**
>
> ☐ Es besteht ein wirksam begründetes Mietverhältnis.
> ☐ Das Recht des deutschen Mieters, seines mit ihm in der Wohnung lebenden ausländischen Ehepartners oder des ausländischen Mieters, sich aus allgemein zugänglichen Programmquellen ungehindert unterrichten zu können, lässt sich bislang in dem Mietobjekt nicht ausreichend erfüllen.

---

[162] BGH WuM 2007, 381.
[163] BVerfG NVwZ 1992, 463; BayObLG WuM 1981, 80; LG Heilbronn NJW-RR 1992, 10; AG Schöneberg GE 1995, 763; AG Köln NZM 2000, 88; *Siegert* NJW 1996, 2287.
[164] LG Essen WuM 1980, 30.
[165] BGH WuM 1991, 381; AG Konstanz WuM 2007, 315.
[166] OLG Frankfurt WuM 1992, 56; LG Mannheim WuM 1992, 470.

☐ Der Mieter stellt bei dem Vermieter einen Antrag, in dem er sein verfolgtes Interesse an dem Empfang zusätzlicher heimatsprachiger Programme konkret dargelegt.
☐ Der Mieter kann über die von ihm gewünschte Neuinstallation mehr heimatsprachige Programme empfangen, als über die derzeit in dem Mietobjekt vorhandene Programmversorgung.
☐ Es ist ungewiss, ob und wann der Vermieter das Mietobjekt an eine bisher fehlende Gemeinschaftsanlage anschließt, über die dann der Empfang weiterer, vom Mieter gewünschter Programme möglich ist.
☐ Der Mieter hat dem Vermieter die gewünschte Neuinstallation konkret nach Hersteller, Typ, Größe, Farbe, gewünschten Montageort usw. benannt.
☐ Die von dem Mieter beabsichtigte Neuinstallation ist baurechtlich zulässig.
☐ Die von dem Mieter beantragte Änderung der bisherigen Empfangsmöglichkeiten von Fernseh- und Rundfunkprogrammen führt technisch zu einer Verbesserung des Informationsangebots.
☐ Der Neuinstallation stehen auch keine Vorschriften des Denkmalschutzes oder vom Vermieter zu beachtender Rechte Dritter entgegen.
☐ Der Mieter beauftragt einen Fachmann mit der Installation der neuen Einrichtung.
☐ Die neue Einrichtung stört technisch keine anderen Einrichtungen des Hauses.
☐ Der von dem Mieter unter Beachtung der angestrebten Empfangsmöglichkeiten beabsichtigte Montageort stört das Erscheinungsbild des im Eigentum des Vermieters stehenden Mietshauses am wenigsten.
☐ Der Mieter trägt alle mit der Installation und dem Betrieb der neuen Anlage verbundenen Kosten und Gebühren. Er stellt den Vermieter von etwaigen finanziellen Lasten frei.
☐ Der Mieter verpflichtet sich, seine Neuinstallation auf eigene Kosten zu beseitigen, wenn der Vermieter das Mietshaus an eine gleichartige Gemeinschaftseinrichtung anschließt.
☐ Der Vermieter kann von dem Mieter den Nachweis und die Aufrechterhaltung einer privaten Haftpflichtversicherung beanspruchen.
☐ Der Vermieter kann zur Absicherung von die Neuinstallation betreffenden Schadensbeseitigungs- und Rückbaukosten von dem Mieter Sicherheiten beanspruchen.
☐ Der Vermieter behält sich den Widerruf seiner Erlaubnis für den Fall vor, dass durch die Veränderung der bisherigen Empfangsmöglichkeit nicht hinzunehmende Beeinträchtigungen entstehen sollten.
☐ Der Mieter kann verpflichtet werden, bei Beendigung des Mietverhältnisses die von ihm vorgenommene Veränderung rückzubauen und den ursprünglichen Zustand wieder herzustellen.

161 Die vereinbarten Ermessenskriterien sind dann während des Mietverhältnisses auf den konkreten Einzelfall **sachgerecht** anzuwenden und Entscheidungen auf dieser Basis zu begründen. Dabei hat jede Partei ihre **Darlegungs-** und **Beweislast** zu beachten.

162 *dd) Fehlende Klausel.* Fehlt in einem bereits abgeschlossenen Mietvertrag eine einschlägige Vertragsklausel sowie einbezogene Checkliste, so ist gleichwohl eine Beteiligung des Vermieters und eine **Interessensabwägung** zwischen den auf beiden Seiten betroffenen Grundrechten erforderlich. Die Checkliste kann den Parteien dann als **Argumentationshilfe** dienen. Der Vermieter darf seine Erlaubnis nach § 242 BGB nur dann verweigern, wenn hierfür konkrete **sachliche Gründe** vorliegen. Überwiegen aber die Interessen des Mieters, so kann dieser die **Erlaubnis** des Vermieters zu der geplanten Veränderung der bisherigen Empfangsmöglichkeiten weiter beanspruchen und notfalls **einklagen**.[167]

163 *c) Rechtspositionen und Pflichten des Mieters.* Zum vertragsgemäßen Wohngebrauch des Mieters gehört ein möglichst störungsfreier **Radio- und Fernsehempfang**. Entgegenstehende Vertragsklauseln im Mietvertrag sind unwirksam.

164 Wurde dem gegenüber vereinbart, dass die Wohnung mit einer bestimmten Empfangsmöglichkeit vermietet wird, so hat der Vermieter den Fortbestand zu gewährleisten. Der

---

[167] Vgl. Rdnr. 240 ff.

Mieter hat gemäß § 535 Abs. 1 S. 2 BGB hinsichtlich der bauseits vorhandenen Empfangsanlage einen **Instandsetzungs-** und **Instandhaltungsanspruch**,[168] andererseits gemäß § 554 BGB eine Duldungsverpflichtung.

Da der vertraglich vereinbarte Empfang allgemein zugänglicher Fernseh- und Rundfunkprogramme zum **vertragsgemäßen Wohngebrauch** des Mieters gehört, ist der Vermieter bis auf die vertraglich vereinbarten oder gesetzlich geregelten Ausnahmen[169] **gehindert**, während des Mietverhältnisses die bisher mitvermietete Versorgung des Mieters mit Hörfunk- und Fernsehprogrammen ohne dessen Zustimmung zu **verändern**.

Davon zu unterscheiden ist der Fall, dass z. B.
- der Breitbandkabelnetzbetreiber seine **Programmpakete** verändert, ohne dass der Vermieter dies beeinflussen kann oder
- bisher terrestrisch empfangbare Programme nunmehr wegen der fortschreitenden **Digitalisierung** nur noch über einen zusätzlichen Decoder empfangen werden können.

Ob der Mieter bei Ausfall der vom Vermieter geschuldeten Versorgung zu einer angemessenen **Mietzinsminderung** berechtigt ist, hängt davon ab, ob der Wegfall der bisherigen Empfangsmöglichkeiten in dem konkreten Einzelfall als erheblicher Mangel i. S. d. § 536 Abs. 1 S. 2 BGB zu qualifizieren ist.

AG Schöneberg GE 1988, 361	10% bei mängelbedingt schlechtem Empfang.
LG München I WuM 1989, 563	5% wenn der Empfang ausländischer Programme aus vom Vermieter zu vertretenden Gründen unmöglich wird.
LG Berlin MM 1994, 396	5% bei Entfernung der Fernsehantenne wegen Ausbau des Dachgeschosses.
AG Schwäbisch Gmünd NZM 2005, 105	2% bei Ausfall der Hausantenne und über das Ersatzgerät nur noch 4 Programme zu empfangen sind.
LG Berlin GE 1996, 471	1% bei abgeklemmter Gemeinschaftsantenne, wenn die Programme auch über eine Einzelantenne zu empfangen sind.
AG Hamburg WuM 1990, 70	0% bei schlechtem Fernsehempfang auf Grund örtlicher Gegebenheiten.
AG Köln WuM 1980, 125	0% bei veralteter Gemeinschaftsantenne.
AG Frankfurt NJW-RR 1992, 971	0% bei 5-tägiger Störung des Fernsehempfangs.

Ist der Empfang der gewünschten Programme über eine Zimmerantenne nicht – mehr – gewährleistet, so kann der Mieter berechtigt sein, einen Decoder anzuschließen, sonst eine **eigene Außenantenne** zu installieren oder sein Mietobjekt an ein Breitbandkabelnetz anschließen zu lassen.[170] Dies kann der Vermieter nicht wirksam untersagen, jedenfalls nicht, wenn der Mieter die zusätzlich entstehenden Kosten selber trägt und die anderen Hausbewohner nicht in ihren Empfangsmöglichkeiten beeinträchtigt werden.[171] Lediglich wenn die angestrebte Einrichtung in dem Mietshaus bereits als Gemeinschaftsanlage vorhanden ist

---

[168] AG Dortmund NZM 2005, 664; AG Bad Oldesloe WuM 1986, 16.
[169] Vgl. Rdnr. 181.
[170] BVerfG WuM 1991, 573; BVerfG NJW 1994, 1147.
[171] BVerfG WuM 1992, 415; AG Düsseldorf WuM 1990, 423; AG Hamburg WuM 1990, 422.

und dem Mieter deren **Mitbenutzung** ermöglicht und zugemutet werden kann, darf dieser keine eigene Empfangseinrichtung beanspruchen, jedenfalls wenn sie Rechte Dritter beeinträchtigen würde.[172]

169 Aus diesen Gründen kann dem Mieter auch **nicht** wirksam durch eine **Formularklausel** generell verboten werden, eine eigene Empfangsanlage zu installieren.[173] Dem Mieter ist der Anspruch auf eine eigene Empfangsanlage im **Einzelfall** vielmehr nur dann versagt, wenn diese gegenüber der bereits vorhandenen Empfangseinrichtung keine nennenswerten Vorteile bietet.[174] Ferner kann der Mieter verpflichtet sein, seine zusätzliche Empfangsanlage wieder zu beseitigen, wenn eine nachträglich von dem Vermieter installierte Gemeinschaftsantenne für ihn nur Vorteile bietet.[175]

170 Wird von dem Vermieter nachträglich ein Breitbandkabelanschluss installiert, so bedarf er für den **Abbau** der bisher mitvermieteten Gemeinschaftsantenne der **Zustimmung aller** Mieter des Hauses, da diese dann zukünftig keine Programme aus dem Lang-, Kurz- und Mittelwellenbereich mehr empfangen können.[176] Erklärt sich auch nur ein Mieter des Hauses mit dem Verlust dieser Empfangsmöglichkeiten nicht einverstanden, so muss die bisherige Antenne installiert bleiben.[177]

171 Beantragt der Mieter bei dem Betreiber des Netzes einen **eigenen Breitbandkabelanschluss**, so bedarf er der vorherigen **Zustimmung** des Vermieters bzw. Hauseigentümers. Der Betreiber darf sonst nicht seinen Übergabepunkt im Haus installieren. Zudem muss der Vermieter/Hauseigentümer mit der Installation der hausinternen Verteilung bis in die einzelne Mietwohnung einverstanden sein.

172 Hat der Mieter den Anschluss des Mietshauses an das Breitbandkabelnetz veranlasst, so hat er zukünftig zu **dulden**, dass sich auch **andere** Mietparteien des Hauses von dem Betreiber an den nunmehr vorhandenen Übergabepunkt **anschließen** lassen. Es ist dann lediglich zu klären, wer Vertragspartner des Betreibers wird, wie die Kosten verteilt werden und für wen welche Vertragslaufzeiten bzw. Kündigungsfristen gelten. Die Mietparteien können sich zusammenschließen oder jeweils eigene **Verträge** schließen.

173 Es gibt **keinen** gegen den Vermieter, auf die Verbesserung der bisherigen Empfangsmöglichkeiten gerichteten **Modernisierungsanspruch** des Mieters. Der Mieter kann von dem Vermieter nicht beanspruchen, dass dieser ihm auf eigene Kosten einen Decoder zur Verfügung stellt oder für einen Anschluss an das Breitbandkabelnetz, die Errichtung des Übergabepunktes und der Hausverteilung sorgt. Dies würde einen Eingriff in die **Dispositionsfreiheit** des Vermieters darstellen, der dem typischen Wohngebrauch des Mieters nicht entnommen werden kann.[178]

174 Es können aber **technische Neuerungen** zu einer Ausweitung des vertragsgemäßen Wohngebrauchs führen, wenn sie für breite Schichten der Bevölkerung zu einer Selbstverständlichkeit geworden sind, d.h. zum **allgemeinen Lebensstandard** wie z.B. eine Geschirrspüler- oder Waschmaschine bzw. Telefon in der Wohnung gehören.[179] Der Mieter darf deshalb mit Fortschreiten der technischen Entwicklung auch ohne die Zustimmung des Vermieters z.B. einen **ISDN**- oder **Internet**-Zugang in seiner Wohnung schaffen bzw. dort über einen gekauften oder gemieteten **Decoder** zusätzliche Programme empfangen. Nur wenn hierfür noch z.B. Hausanschlüsse erforderlich sind bzw. Wasserrohre, Strom- oder Telefonleitungen verlegt werden müssen, können Interessen des Vermieters berührt und deshalb dessen Einwilligung erforderlich sein.

---

[172] BGH MDR 1993, 339.
[173] BVerfG NJW 1992, 493; BGH MDR 1993, 339; LG Mannheim ZMR 1992, 342.
[174] LG Hamburg WuM 1978, 140.
[175] AG Berlin-Wedding MM 1987, 77.
[176] KG WuM 1985, 248; LG Berlin MM 1985, 315; LG Tübingen ZMR 1986, 203; AG Siegburg WuM 1984, 245; AG Berlin-Neukölln NZM 2005, 104.
[177] AG Berlin-Neukölln NZM 2005, 104.
[178] BayVerfGH NJW-RR 1990, 593; LG Kassel WuM 1989, 557; AG Göttingen Urt. v. 17. 5. 1989 – 21 C 46/89 – DWW 1989, 231; AG Siegburg WuM 1990, 493; AG Wuppertal WuM 1991, 160; AG Hamburg WuM 1989, 557.
[179] BayObLG WuM 1981, 80.

175 Möchte der Mieter in dem Mietobjekt ein **CB-Funkgerät** betreiben und hierfür einen **Funkmast** errichten, so darf der Vermieter bei Fehlen einer Verbotsklausel den Antrag des Mieters gemäß § 242 BGB nur aus sachlichen Gründen ablehnen.[180] Dabei können das TKG[181] oder § 7 AfuG[182] zu beachten sein, d.h. der Mieter darf die CB-Funkanlage nur so betreiben, dass andere hierdurch nicht beeinträchtigt werden.[183]

d) Rechtspositionen und Pflichten des Vermieters. Dem Vermieter ist es rechtlich nicht **176** möglich, mit dem Mieter vertragliche Abreden zu treffen, die dessen **Grundrecht** unzulässig beschneiden.[184] Gleichwohl mag ein Vermieter bei der Vertragsgestaltung versucht sein, solche **unwirksamen Klauseln** in der Hoffnung zu vereinbaren, dass der (ausländische) Mieter sich an dem Ge- und Unterschriebenen festhalten lassen wird. Diesbezügliche Vereinbarungen und Klauseln bedürfen deshalb stets einer kritischen rechtlichen **Überprüfung.**

Dem Vermieter steht es frei, mit welchen Empfangseinrichtung für Fernseh- und Rund- **177** funkprogramme er das Mietobjekt **ausstattet** und vermietet. Auch die **Auswahl** zwischen verschiedenen Betreibern und Programmpaketen obliegt allein ihm. Er sollte aber vertraglich jede Haftung für die zukünftige Empfangbarkeit der ursprünglich zur Verfügung gestellten Programmversorgung ausschließen. Anderenfalls drohen dem Vermieter erhebliche Folgekosten, eine Haftung nach den Unmöglichkeitsregeln des BGB oder eine Mietzinsminderung des Mieters.

Dem Vermieter ist es aber verwehrt, in den Mietvertrag eine Klausel aufzunehmen, dass **178** sich der Mieter von vornherein mit einer späteren **Änderung** der Empfangsmöglichkeiten einverstanden erklärt, diese duldet und sich an den hierdurch entstehenden Kosten beteiligt.[185] Es muss vielmehr eine zeitnahe Prüfung der **Duldungsverpflichtung** i.S.d. § 554 Abs. 2 BGB möglich bleiben.

Der Vermieter ist nach **§ 535 Abs. 1 S. 2 BGB** während der Mietdauer zur **Instandhaltung** **179** und erforderlichenfalls **Instandsetzung** der von ihm mitvermieteten Empfangsanlage verpflichtet. Die Reparaturkosten hat der Vermieter selbst zu tragen, d.h. er kann diese nicht auf die an die Empfangseinrichtung angeschlossenen Mieter umlegen.

Tauscht der Vermieter eine eigene veraltete Empfangsanlage gegen eine **gemietete** neue **180** Anlage aus, so kann er die ihm hierdurch entstehenden Kosten ebenfalls nicht auf die betroffenen Mieter umlegen.[186] Auch die Kosten derjenigen Arbeiten, die nach einer Frequenzänderung des Betreibers erforderlich geworden sind, können nicht auf den Mieter umgelegt werden.[187]

Grundsätzlich kann der Vermieter während des Mietverhältnisses die bisherige Versor- **181** gung des Mieters mit Fernseh- und Rundfunkprogrammen nicht ohne dessen Zustimmung **ändern.** Nur wenn es sich um eine **Modernisierungsmaßnahme** handelt, kann nach § 554 Abs. 2 BGB eine **Duldungsverpflichtung** des Mieters bestehen. Dies ist nach u.a. § 559 Abs. 1 BGB dann der Fall, wenn durch die Veränderung „der Gebrauchswert der Mietsache nachhaltig erhöht" wird oder „die allgemeinen Wohnverhältnisse auf die Dauer verbessert" werden. Der bisher die Betriebskosten des Kabelanschlusses tragende Mieter muss dann nach der Umstellung der Gemeinschaftsversorgung die ihm zumutbaren Kosten der Gemeinschafts-Parabolantenne tragen[188]

Der erstmalige Anschluss an das rückkanalfähige Breitbandkabelnetz[189] bzw. an eine Ge- **182** meinschafts-Parabolantenne stellt i.d.R. eine Modernisierung dar,[190] da der Mieter dann

---

[180] LG Essen NJW-RR 1990, 782; AG Kenzingen WuM 1996, 403.
[181] TelekommunikationsG vom 1.8.1996 – BGBl. I S. 1120.
[182] AmateurfunkG vom 23.6.1997 – BGBl. I S. 1494.
[183] BayObLG WuM 1988, 98; LG Stuttgart WuM 1991, 213; AG Köln WuM 1998, 662; AG Kenzingen WuM 1996, 403.
[184] LG Kleve NJW-RR 1993, 656.
[185] BGH WuM 1991, 381; OLG Celle WuM 1990, 103; AG Regensburg WuM 1992, 185.
[186] AG Köln WuM 1987, 198.
[187] AG Düsseldorf WuM 1990, 423.
[188] AG Lörrach WuM 2005, 579.
[189] BGH NZM 2005, 697.
[190] LG München I WuM 1989, 27; AG Berlin-Tiergarten MM 1985, 171; AG Köln WuM 1987, 198.

mehr Fernseh- und Rundfunkprogramme als zuvor empfangen kann, die Qualität besser und eine interaktive Nutzung der Medien durch Pay-per-view und Internet möglich ist.[191] Es ist aber stets eine **Einzelfallbetrachtung** geboten,[192] bei der auch etwaige Härtegründe, Mieterhöhungsverlangen, Folgekosten und bisherige Investitionen des Mieters zu berücksichtigen sein können.

183 Die während des Mietverhältnisses **laufend** entstehenden Kosten einer Empfangsanlage des Mietshauses kann der Vermieter bei bis zum 31. 12. 2003 abgeschlossenen Mietverhältnissen als **Betriebskosten** im Sinne der Ziffer 15 der Anlage 3 zu § 27 II. BV, bei seitdem abgeschlossenen Mietverträgen nach § 2 Ziffer 15 BetrKV durch **Vereinbarung** auf die Mieter umlegen. Werden diese Kosten von den Mietern nicht gezahlt, so darf der Vermieter diese Mieter nicht durch **Abklemmen** von der Versorgung ausschließen.[193] Der Mieter ist an die Vereinbarung gebunden, auch wenn er den Kabelanschluss zukünftig nicht mehr nutzen möchte.[194]

184 Entstehen diese Betriebskosten **erstmals während** des Mietverhältnisses, so kann der Vermieter sie nur dann auf die Mieter umlegen, wenn dies bereits vertraglich vereinbart ist, der Mieter nachträglich zustimmt, es sich um eine Modernisierungsmaßnahme handelt,[195] die Kosten unabhängig vom Willen des Vermieters entstanden oder zur ordnungsgemäßen Verwaltung des Grundstücks zwingend erforderlich sind.[196] Aus der Duldungsverpflichtung des Mieters einer preisgebundenen Wohnung folgt nach §§ 24a Abs. 2 S. 2 NMV, 10 Abs. 4 WoBindG nicht automatisch auch die Verpflichtung, die laufenden Betriebskosten zahlen zu müssen.

185 Der **Verteilerschlüssel** muss der Billigkeit entsprechen.[197] In der Regel sollten die umlagefähigen Betriebskosten auf die Anzahl der in dem Mietshaus angeschlossenen Wohnungen unabhängig davon umgelegt werden, ob diese vermietet sind oder dort von dem Programmangebot Gebrauch gemacht wird. Die Kosten leer stehender Wohnungen hat dann der Vermieter zu tragen.[198]

2. Das Verhältnis zum Wohnungseigentumsrecht

186 Das Mietobjekt kann in einer **Eigentumswohnung** des Vermieters liegen, die ihrerseits zu einer Wohnungseigentümergemeinschaft gehört. Es sind dann bei der Mietvertragsgestaltung und einer nachträglichen Veränderung der bisherigen Empfangsmöglichkeiten von Radio- und Fernsehprogrammen die **Gemeinschaftsordnung**, Hausordnung oder **Beschlüsse** der Wohnungseigentümerversammlung zu beachten,[199] z. B. auch zur Kostenverteilung.[200]

187 Es können bestandskräftige Verbote oder Gebrauchsbeschränkungen bestehen.[201] Der vermietende Wohnungseigentümer sollte deshalb auf die **Übereinstimmung** der mietvertraglichen und wohnungseigentumsrechtlichen Regelungen achten. Der Mieter sollte nach einschlägigen Beschlüssen der Eigentümergemeinschaft fragen und Einsicht in die Beschluss-Sammlung i. S. d. § 24 Abs. 7 WEG nehmen.

---

[191] BGH 1991, 381; LG Berlin Urt. v. 13. 10. 1989 – 63 S 552/88 – DWW 1990, 206; LG Oldenburg Urt. v. 12. 2. 1985 – 1 S 1140/84 – DWW 1985, 233; AG Hamburg WuM 1990, 498; AG Gelsenkirchen Urt. v. 29. 4. 1987 – 9 C 240/87 – DWW 1987, 262; AG Münster WuM 1989, 190.
[192] LG Berlin WuM 1984, 82; AG Berlin-Schöneberg MM 1985, 353; AG Tempelhof-Kreuzberg WuM 1983, 53; AG Hanau WuM 1989, 189.
[193] AG Görlitz WuM 2006, 143, 372; AG Saarlouis WuM 1986, 16.
[194] AG Münster Urt. v. 27. 2. 2007 – 7 C 4811/06 – MietRB 2008, 133.
[195] BGH Urt. v. 27. 6. 2007 – VIII ZR 202/06 – MietRB 2007, 281.
[196] LG Hamburg WuM 1980, 50; LG Aachen WuM 1986, 159; AG Lörrach WuM 2005, 579.
[197] OLG Hamm WuM 1983, 315; LG Wuppertal WuM 1989, 520.
[198] BGH NZM 2003, 756.
[199] OLG Zweibrücken NZM 2006, 937.
[200] BGH NZM 2007, 886; KG NZM 2005, 425; OLG Hamm NZM 2004, 914; OLG München NZM 2007, 775; OLG München NZM 2007, 571.
[201] BVerfG NJW 1995, 236; OLG Düsseldorf WuM 1997, 387; KG NJW 1992, 2577; BayObLG WuM 2002, 325; BayObLG WuM 2004, 112; OLG Köln NZM 2004, Heft 20 V; BayObLG WuM 2004, 727; OLG Köln NZM 2004, 833.

188 Es entspricht gefestigter Rechtsprechung,[202] dass die zum Mietrecht entwickelten Grundsätze für eine verfassungsgemäße **Interessensabwägung** auch im Wohnungseigentumsrecht anwendbar sind.[203] Es ist stets eine fallbezogene Abwägung geboten.[204]

189 Der **Mieter** einer Eigentumswohnung hat grundsätzlich seinem Vermieter gegenüber dieselben **Rechte,** als wenn das Mietshaus in dessen ungeteiltem Alleineigentum stünde.[205] Der Mieter kann seinem Vermieter gegenüber darauf bestehen, dass eine Maßnahme der Miteigentümergemeinschaft für ihn mit **keiner Verschlechterung** verbunden ist. Er kann von dem Vermieter z. B. auch aus religiösen Gründen die Erlaubnis zur Installation einer eigenen Parabolantenne verlangen.[206] Der Mieter hat diese Rechte jedoch nicht unmittelbar gegenüber der Eigentümergemeinschaft.[207] Der **Vermieter** ist dann verpflichtet, die Interessen seines Mieters gegenüber der Eigentümergemeinschaft zu vertreten.[208]

190 Dies gilt auch in dem Fall, dass der Mieter eine zusätzliche Empfangsanlage an dem Gemeinschaftseigentum installieren möchte.[209] Der Vermieter hat dann die **Zustimmung** der **Eigentümergemeinschaft** einzuholen.[210]

191 Die erstmalige Herstellung einer Fernseh- und Rundfunkanlage kann nach § 21 Abs. 3, Abs. 5 Nr. 6 WEG mit Stimmenmehrheit beschlossen werden. Ansonsten stellt die Anbringung einer Parabolantenne zumeist eine **bauliche Veränderung** i. S. d. § 22 Abs. 1 WEG dar. Ein generelles **Verbot** von Parabolantennen kann deshalb nicht durch Mehrheitsbeschluss angeordnet werden.[211]

192 Den Wohnungseigentümern steht das Recht zur Standortbestimmung zu.[212] Dieser muss aber zum Empfang der benötigten Programme geeignet sein.[213]

193 Ein die Duldung ablehnender Beschluss der Eigentümerversammlung kann dem Vermieter genügen, um seinerseits den Antrag des Mieters abzulehnen und dessen beabsichtigte Installation zu untersagen.[214] Verletzt der Beschluss der Eigentümergemeinschaft die geschützten Rechte des Mieters, so hat der Vermieter den Beschluss erforderlichenfalls **anzufechten** und sich prozessual mit den Miteigentümern über diese Frage auseinander zu setzen. Ist die Anfechtungsfrist bereits verstrichen, so kann dies als Verzicht auf den ansonsten gegebenenfalls bestehenden Duldungsanspruch interpretiert werden.[215]

194 Nimmt der Mieter eine rechtswidrige Installation am Gemeinschaftseigentum vor, so kann der Vermieter von den übrigen Mitgliedern der Eigentümergemeinschaft nicht nach §§ 14, 15 WEG zur **Kündigung** des Mietverhältnisses verpflichtet werden. Der Vermieter unterliegt aber bezüglich dieser unzulässigen Beeinträchtigung einem **Unterlassungsanspruch** der übrigen Wohnungseigentümer. Er hat deshalb gegenüber seinem Mieter die geeigneten Maßnahmen zu ergreifen, um die Einhaltung der Beschlüsse der Eigentümerversammlung nachhaltig durchzusetzen.[216]

---

[202] BVerfG WuM 1991, 573; WuM 1992, 415; WuM 1994, 251; WuM 1995, 304; OLG Celle NJW-RR 1994, 2160.
[203] BVerfG WuM 1995, 304; NJW 1994, 2143; BayObLG WuM 1990, 169.
[204] BVerfG DWW 1995, 371.
[205] LG Tübingen ZMR 1986, 203.
[206] OLG München NZM 2008, 91; OLG Hamm NZM 2002, 445 für italienischen Lebensgefährten; BayObLG NZM 2004, 108 für Togolesen; LG Hanau NZM 1999, 367 für Kurden; AG Königswinter WuM 1999, 33 für Tschechen.
[207] BGH NJW 1996, 2858.
[208] BVerfG WuM 1996, 308; OLG Düsseldorf WuM 2001, 295 für Griechen.
[209] OLG Celle Beschl. v. 19. 5. 1994 – 4 W 350/93 – DWE 1995, 43; OLG Düsseldorf 3 WX 159/92; LG Arnsberg Urt. v. 8. 2. 1994 – 5 S 229/93 – DWE 1995, 44.
[210] AG Helmstedt DWW 1985, 130.
[211] BGH WuM 2004, 165; BayObLG WuM 2004, 359; OLG Köln NZM 2005, 223; a. A. OLG Zweibrücken NZM 2002, 269; LG Stuttgart WuM 2006, 107; *Jennißen* § 22 Rdnr. 100 ff.
[212] OLG Frankfurt NZM 2005, 427; BayObLG WuM 2004, 358; BayObLG NZM 2005, 462.
[213] OLG Schleswig WuM 2003, 404.
[214] LG Mannheim DWW 1991, 310.
[215] OLG Köln NZM 2005, 108; NZM 2005, 223; AG Hannover ZMR 2006, 402.
[216] OLG Köln WuM 1997, 636.

195 Daneben steht den Miteigentümern selbst aus § 1004 BGB ein **Beseitigungsanspruch** unmittelbar gegenüber dem Mieter zu.[217]

3. Vorherige Erlaubnis zur Neuinstallation

196 a) **Antrag des Mieters**. Möchte der Mieter **während des Mietverhältnisses** die ihm bisher für den Empfang von Fernseh- und Rundfunkprogrammen zur Verfügung stehende Einrichtung **verändern**, so sollte er zuvor die **Erlaubnis** des Vermieters einholen und so vermeiden, dass er sich vertragswidrig verhält sowie seine neue Installation möglicherweise aus rechtlichen Gründen wieder entfernen muss.

197 Der aus Beweisgründen möglichst **schriftlich** an alle an diesem Mietverhältnis beteiligten Vermieter zu richtende Antrag aller beteiligten Mieter sollte die beabsichtigte Veränderung konkret bezeichnen und unter Berücksichtigung der **Checkliste**[218] alle **Argumente** enthalten, die der Vermieter bei seiner Entscheidung berücksichtigen soll. Die von dem Mieter zu erbringenden **Gegenleistungen**, wie z. B. der Nachweis einer Haftpflichtversicherung und eine Kaution, sollten dem Vermieter schon aus Zeitgründen in dem Antrag angeboten oder nachgewiesen werden.

198 Der Antrag sollte dem Vermieter nachweisbar **zugestellt** und dieser aufgefordert werden, binnen einer angemessen bestimmten **Frist** über den Antrag zu entscheiden. Anderenfalls mag der Vermieter den Zugang des Antrags später bestreiten oder sich nicht veranlasst sehen, über den Antrag des Mieters zeitnah zu entscheiden. Lässt der Vermieter die Entscheidungsfrist ungenutzt verstreichen oder verweigert er die Erlaubnis, so kann der Mieter die Rechtslage **gerichtlich** klären lassen.[219]

199 b) **Entscheidungskriterien**. Bei der Antragstellung des Mieters bzw. der Entscheidungsfindung des Vermieters sind je nach **Vertragsklausel**[220] und unter Bezugnahme auf die zum Mietvertrag genommene, sonst argumentativ zu beachtende **Checkliste**[221] die Entscheidungskriterien sachgerecht zu berücksichtigen.

200 Die Art. 3 GG eigentlich widersprechende **unterschiedliche Behandlung** eines deutschen Mieters oder deutschen Spätaussiedlers[222] oder zum moslemischen Glauben konvertierten **Deutschen**[223] gegenüber einem über eine Parabolantenne verfügenden **ausländischen Mieter** kann nur aufgrund des vorhandenen Breitbandkabelanschlusses **sachlich gerechtfertigt** sein.[224] Mieter ausländischer Herkunft sind, wenn sachliche **Differenzierungsgründe** fehlen, gleich zu behandeln, selbst wenn inzwischen die Staatsangehörigkeit gewechselt wurde.[225]

201 aa) **Bei deutschen Mietern**. Das durch das Bundesverfassungsgericht mehrfach bestätigte OLG Frankfurt[226] hat in seinem Rechtsentscheid vom 22. 7. 1992 wegweisend verschiedene Kriterien aufgestellt, unter welchen Voraussetzungen der **deutsche** Mieter die **Zustimmung** seines Vermieters zur Anbringung einer **Parabolantenne** beanspruchen kann. Auf dieser Basis können folgende **Kriterien** ausschlaggebend sein:

202 (1) Das **Mietverhältnis** besteht ungekündigt fort, d. h. der Mieter muss das Mietobjekt nicht ohnehin bald verlassen.

203 (2) Das **Recht** des deutschen Mieters, sich aus allgemein zugänglichen Programmquellen ungehindert unterrichten zu können, lässt sich **bislang** in dem Mietobjekt **nicht erfüllen**. Es ist dem Mieter zuzumuten, seinen Informationsbedarf vorrangig über einen

---

[217] OLG München NZM 2006, 106; NZM 2006, 345.
[218] Vgl. Rdnr. 160, 199 ff.
[219] Vgl. Rdnr. 240 ff.
[220] Vgl. Rdnr. 149 ff.
[221] Vgl. Rdnr. 160.
[222] LG Kaiserslautern NZM 2005, 739.
[223] AG Reutlingen WuM 2006, 190.
[224] BVerfG WuM 2007, 379; NZM 2007, 125.
[225] KG UWuM 2007, 618 bei kurdisch-stämmigem Deutschen, der auf vietnamesischen Nachbarn verweist; kritisch *Eisenschmid* WuM 2008, 78.
[226] BVerfG WuM 1993, 229; OLG Frankfurt WuM 1992, 458.

selbst zu beschaffenden Zusatzdecoder und zusätzlich gebuchte Programmpakete zu decken.

Der Mieter hat **keinen Anspruch, alle** Medienangebote in seiner Wohnung auch nutzen zu können. Er muss gewisse Einschränkungen bei der Programmzahl hinnehmen.[227] Auch rein berufliche Interessen können den Anspruch des Mieters nicht ausweiten.[228]

(3) Es ist **ungewiss,** ob und wann der Vermieter das Mietobjekt seinerseits an eine verbesserte Empfangsanlage anschließt.[229] 204

(4) Der Mieter hat die gewünschte **Empfangseinrichtung** konkret nach Hersteller, Typ, Größe, Farbe, gewünschtem Montageort usw. benannt. 205

(5) Die von dem Mieter beabsichtigte Neuinstallation ist **baurechtlich** zulässig.[230] 206

(6) Die von dem Mieter beantragte **Änderung** der bisherigen Empfangsmöglichkeiten von Fernseh- und Rundfunkprogrammen führt technisch zu einer **Verbesserung** des bisherigen **Informationsangebots.** 207

Der Vermieter kann aber prüfen, ob er das berechtigte Interesse des Mieters nicht **anderweitig erfüllen** kann. Er kann z.B. die Einspeisung eines speziellen **Programmpakets** in das Breitbandkabelnetz veranlassen oder – auf Grund der erweiterten technischen Möglichkeiten – den Mieter auf die Anschaffung einer für den Empfang digitaler Programme geeigneten **Set-Top-Box** nebst **Smart-Card**[231] oder das **Internet**[232] verweisen. 208

(7) Der Mieter hat sein **Interesse** an dem Empfang zusätzlicher Programme konkret dargelegt. Der bisherige Empfang von 20 TV-Programmen kann aber ausreichend sein.[233] 209

(8) Der Installation und dem Betrieb stehen keine Vorschriften des **Denkmalschutzes**[234] oder vom Vermieter zu beachtende **Rechte Dritter** entgegen.[235] 210

(9) Der Mieter beauftragt einen namentlich zu benennenden **Fachmann** mit der **Installation** der neuen Einrichtung. Eine bereits unfachmännisch angebrachte Anlage ist wieder zu entfernen.[236] Die etwaig an dem Haus verursachten Schäden sind auf Kosten des Mieters zu beseitigen.[237] Auch die mobile Installation einer Parabolantenne muss **fachgerecht** sein, also z.B. in einem ausreichend beschwerten Kübel[238] bzw. an einem Schirmständer auf dem Balkon[239] oder an einem Holzpfahl im Garten des Mietobjektes.[240] 211

(10) Die Neuinstallation **stört** technisch keine anderen Einrichtungen des Hauses.[241] 212

(11) Der von dem Mieter unter Beachtung der angestrebten Empfangsmöglichkeiten gewählte **Montageort** stört das Erscheinungsbild des Mietshauses am wenigsten.[242] Der 213

---

[227] BVerfG NJW 1993, 1252; OLG Naumburg WuM 1994, 17.
[228] BayObLG NZM 1998, 965 für einen Radio- und Fernsehmechaniker; LG Chemnitz NZM 2000, 960 bei einem Home-Office; LG Hamburg WuM 1994, 391 für einen weltweit tätigen Geschäftsmann; LG Baden-Baden WuM 1997, 430 für einen Auslandsjournalist; AG Frankfurt Urt. v. 18. 6. 1993 – 33 C 396/93 – DWW 1993, 334 für einen Dolmetscher; a. A. LG Lübeck ZMR 1996, 143.
[229] AG Altötting WuM 1992, 365; AG Sinzig WuM 1990, 491; AG Andernach WuM 1990, 492.
[230] OVG Münster NVwZ 1992, 279; VGH Kassel Urt. v. 16. 7. 1998 – 4 UE 1706/94 – NVwZ-RR 1999, 297; *Ricker* NJW 1991, 602.
[231] BVerfG NZM 2005, 252; BGH NZM 2005, 335; LG Lübeck NZM 1999, 1044 ein türkisches Kabel- und 2 digitale Programme über den vom Mieter anzuschaffenden Decoder; ebenso LG Köln WuM 2001, 235.
[232] BerlVerfGH NZM 2002, 560; AG Lörrach WuM 2004, 658.
[233] BayObLG WuM 2002, 325.
[234] BVerfG NJW-RR 1994, 1232; AG Gladbeck NZM 1999, 221; AG Gelsenkirchen-Buer Urt. v. 6. 10. 1993 – 9 C 590/93 – DWW 1993, 369.
[235] LG Heilbronn WuM 1992, 10; LG Berlin Urt. v. 13. 10. 1989 – 63 S 552/88 – DWW 1990, 206; LG Heidelberg WuM 1987, 17; AG Hamburg WuM 1991, 160; Urt. v. 18. 12. 1984 – 46 C 646/84 – DWW 1985, 131; AG Bergheim WuM 1991, 340; AG Helmstedt Beschl. v. 16. 11. 1984 – 13 II 7/84 – DWW 1985, 130.
[236] AG Köln WuM 1997, 40.
[237] LG Wiesbaden WuM 1996, 403.
[238] LG Bremen WuM 1995, 43.
[239] AG Fulda NZM 1999, 1045; AG Köln Urt. v. 26. 11. 1993 – 221 C 231/93 – KM, Reg. 3 Nr. 12; AG Herne-Wanne WuM 2001, 277.
[240] LG Lübeck ZMR 1995, 79; AG Aachen WuM 1994, 199.
[241] LG Hagen Urt. v. 11. 9. 1995 – 10 S 162/95 – ZMR 1996, 32.
[242] LG Erfurt GE 2001, 1467.

Vermieter hat ein Minimum **optischer Beeinträchtigungen** hinzunehmen,[243] kann jedoch beanspruchen, dass keine Verunzierung des Hauses entsteht.[244] So kann das Anbringen einer Parabolantenne am Balkongeländer oder an der Hausfassade unzulässig, das Aufstellen einer mobilen Parabolantenne auf dem Balkon aber zulässig sein, jedenfalls wenn die Oberkante der Parabolantenne nicht das Balkongeländer überragt.[245] Manchmal kann eine ästhetische Beeinträchtigung des Mietshauses durch das Aufstellen am Innenfenster[246] oder durch eine farbliche Anpassung der Parabolantenne[247] oder Montage im Garten des Mietobjektes[248] vermieden werden.

214 Ist der von dem Mieter angestrebte Montageort nach Auffassung des Vermieters ungeeignet, so kann er dem Mieter unter Beachtung der Empfangsmöglichkeiten einen anderen **Montageort**, z. B. das Dach **zuweisen**.[249] Der Mieter hat es hinzunehmen, wenn ihm durch die Änderung höhere Kosten entstehen.[250]

215 (12) Die Gefahr der **Nachahmung** durch andere Mietparteien des Hauses hat der Vermieter hinzunehmen und dann unter Berücksichtigung des Gleichbehandlungsgebotes den jeweiligen Einzelfall zu prüfen.[251]

216 (13) Der Mieter trägt alle mit der Montage sowie dem Betrieb der Neuinstallation verbundenen **Kosten** und **Gebühren**.[252] Seine fehlenden finanziellen Möglichkeiten hat der Mieter selbst zu verantworten.[253]

217 (14) Der Mieter verpflichtet sich, seine Neuinstallation sowie etwaig durch deren Montage eingetretene Beschädigungen an der Bausubstanz des Mietshauses auf eigene Kosten fachgerecht zu **beseitigen**, wenn der Vermieter das Mietshaus an eine **gleichartige Gemeinschaftsinstallation** anschließt.

218 (15) Der Vermieter kann, da seine Gebäude- und Haftpflichtversicherung von dem Eigentum seines Mieters verursachte Schäden nicht abdeckt, von dem Mieter den Nachweis und die Aufrechterhaltung einer **privaten Haftpflichtversicherung** beanspruchen.[254] Eine Hausratversicherung des Mieters genügt nicht.

219 (16) Grundsätzlich kann der Vermieter im Hinblick auf die von dem Mieter an der Bausubstanz des Mietshauses vorzunehmenden Arbeiten den Nachweis weiterer **Sicherheiten** beanspruchen.[255] In Betracht kommt die Zahlung einer **Kaution** in Höhe der voraussichtlichen Schadensbeseitigungskosten von € 375,–,[256] € 500,–[257] oder eine entsprechende **Bankbürgschaft**.

220 Es war streitig, ob das nach §§ 551 Abs. 1, 134 BGB bestehende **Kumulationsverbot** dazu führt, dass von dem Mieter zur Absicherung aller mietrechtlichen Risiken eine maximale Sicherheitsleistung in Höhe von 3 Monatsnettomieten verlangt werden kann. **Einerseits** soll die Kaution des § 551 BGB die dem Vermieter aus dem vertragsgemäßen Wohngebrauch des Mieters fließenden Risiken abdecken. **Andererseits** wird, zumindest wenn die Empfangsanlage an der Außenfassade oder auf dem Dach des Mietshauses montiert wird, ein sonst nicht bestehendes **Sonderrisiko** eröffnet.

---

[243] LG Hamburg WuM 1999, 454; AG Siegen WuM 1999, 454; AG Herne-Wanne WuM 2001, 277; AG Bergisch Gladbach WuM 1992, 367; AG Fulda NZM 1999, 1045.
[244] BayObLG WuM 2002, 443; AG Lüdenscheid WuM 1993, 38.
[245] BGH WuM 2007, 381; AG Herne-Wanne WuM 2001, 277.
[246] AG Gladbeck NZM 1999, 221.
[247] *Ricker* NJW 1991, 605.
[248] LG Freiburg WuM 1993, 669; a. A. AG Köln WuM 1999, 456; AG Regensburg WuM 2007, 287.
[249] BVerfG WuM 1996, 82; WuM 1996, 608.
[250] LG Wiesbaden WuM 1996, 403.
[251] BVerfG WuM 1995, 693; BayObLG NZM 2002, 256; LG Mannheim WuM 1992, 470.
[252] BVerfG NZM 2005, 252; BGH NZM 2005, 335; LG Aachen MDR 1992, 48; LG Hagen ZMR 1996, 32.
[253] AG Frankfurt NZM 2002, 562.
[254] BayObLG WuM 2004, 358; AG Braunschweig WuM 2000, 413.
[255] OLG Karlsruhe WuM 1993, 525; LG Berlin GE 1994, 112; LG Düsseldorf ZMR 1997, 423; LG Dortmund NZM 2000, 544; AG Göttingen ZMR 1991, 397; *Sternel*, Mietrecht aktuell, Rdnr. 172; a. A. AG Frankfurt NZM 1999, 759; Hess StGH WuM 2001, 227.
[256] LG Lübeck ZMR 1996, 143.
[257] LG Hanau NZM 1999, 367.

Es hat aber das OLG Karlsruhe[258] die Absicherung des Beseitigungsaufwandes durch eine Kaution ohne einschränkenden Hinweis auf § 550 b Abs. 1 S. 1 BGB a. F. für zulässig erachtet und der Gesetzgeber in § 554a Abs. 2 S. 1 BGB eine von dem behinderten Mieter zusätzlich zu stellende Sicherheit ermöglicht. Deshalb kann der Vermieter nach der nunmehr wohl überwiegenden Auffassung die Sicherheitsleistung in Höhe der voraussichtlichen Schadensbeseitigungskosten unabhängig davon beanspruchen, ob er von dem Mieter bereits gemäß § 551 BGB eine Kaution in Höhe von 3 Monatsnettomieten erlangt hat.[259]

(17) Der Vermieter behält sich den **Widerruf** seiner Erlaubnis für den Fall vor, dass durch die von dem Mieter angestrebte Veränderung der bisherigen Empfangsmöglichkeit nicht hinzunehmende Beeinträchtigungen entstehen. Tritt dieser Fall dann später ein, so hat der Vermieter zu prüfen, ob er die Beeinträchtigung durch **Auflagen,** z. B. Zuweisung eines anderen Montageortes,[260] beseitigen kann.

(18) Der Mieter kann verpflichtet werden, bei Beendigung des Mietverhältnisses die von ihm vorgenommene Veränderung **rückzubauen** und den ursprünglichen Zustand wieder herzustellen.[261]

Der Vermieter hat eine **sachbezogene Einzelfallentscheidung** zu treffen. Er darf seine Zustimmung nach § 242 BGB nur dann verweigern, wenn seine Interessen die des Mieters überwiegen.[262] Hat der Vermieter zugestimmt oder ist seine Zustimmung gerichtlich ersetzt worden, so hat sich der **vertragsgemäße Wohngebrauch** des Mieters entsprechend erweitert.[263]

bb) Bei ausländischen Mietern. Art. 5 Abs. 1 S. 1 GG schützt auch die **Informationsfreiheit** eines fremdsprachigen Mieters ausländischer Herkunft und Staatsangehörigkeit.[264] Dieser kann deshalb unter diversen Voraussetzungen beanspruchen, in dem Mietobjekt heimatsprachige Fernseh- und Rundfunkprogramme empfangen zu können.[265]

Der ausländische Mieter muss sich nicht auf Zeitungen, Videos und Rundfunksendungen in seiner Heimatsprache beschränken lassen.[266]

Es gibt aber keinen allgemeinen Grundsatz, wie viele heimatsprachige Programme der ausländische Mieter beanspruchen kann, bzw. wann er sich mit der Zahl der empfangbaren Programme zu begnügen hat. Das Bundesverfassungsgericht und der Bundesgerichtshof haben **5 bis 7 fremdsprachige Programme** ausreichen lassen,[267] einzelne Instanzgerichte haben den Anspruch des Vermieters auf Beseitigung einer am Balkongeländer angebrachten Parabolantenne bereits durchgreifen lassen, wenn der ausländische Mieter über den Zusatzdecoder aus den USA ein heimatsprachiges Vollprogramm mit **2 Sendern** empfangen kann.[268] Anderenfalls kann dem ausländischen Mieter die Anbringung einer Parabolantenne zu ge-

---

[258] OLG Karlsruhe WuM 1993, 525.
[259] *Wetekamp* NZM 2000, 1145; a. A. *Lützenkirchen* Mietrecht G Rdnr. 157.
[260] LG Koblenz WuM 1990, 490; AG Andernach WuM 1990, 492.
[261] AG Göttingen ZMR 1991, 396; AG Frankfurt NZM 1999, 759.
[262] BVerfG WuM 1991, 573.
[263] BGH NJW 1974, 1463; BayObLG WuM 1981, 80; LG Karlsruhe WuM 1991, 536; LG Frankfurt WuM 1990, 492.
[264] BayObLG WuM 1995, 224 für Deutschen türkischer Herkunft; LG Lübeck NZM 1999, 1044; LG Dortmund NZM 2000, 544, 576; NZM 1999, 221 für deutschen Spätaussiedler aus Polen; LG Bielefeld NZM 2000, 947; a. A. LG Landau/Pfalz NZM 1999, 474; LG Wuppertal NZM 1999, 1043 für Deutsche israelischer Herkunft; *Volmer* NZM 1999, 205 zur „Sprachmächtigkeit" als Kriterium.
[265] BGH WuM 2007, 381 Grieche; BGH WuM 2007, 380 Spanier; BVerfG WuM 1994, 251 Türke; WuM 1994, 365 Türke; WuM 1995, 693 Türke; NJW 1994, 2143 Portugiese; BayObLG WuM 1994, 317 Türke; OLG Karlsruhe WuM 1993, 525 Italiener; OLG Hamm WuM 1993, 659 Palästinenser; OLG Hamburg WuM 1993, 527 Spanier; OLG Stuttgart WuM 1995, 306; LG Stuttgart NZM 1998, 1004; LG Essen WuM 1998, 344 Türke; LG Bonn WuM 1993, 468 Italiener; LG Hanau NZM 1999, 367 Kurde; LG Frankfurt NZM 1999, 759 Kroate; AG Mainz DWW 1993, 367 Iraker.
[266] BVerfG NJW 1994, 1147; WuM 1993, 229; WuM 1993, 231.
[267] BGH WuM 2007, 380 sieben; BVerfG NZM 2005, 252, sechs; BGH NZM 2005, 335, fünf; WuM 2005, 237, fünf; LG Düsseldorf NZM 2005, 861, sechs; *Mehrings* NZM 1998, 19.
[268] LG Krefeld WuM 2006, 676 Deutsche polnische Abstammung.

statten sein, während sich der deutsche Mieter aus dem gleichen Mietshaus auf den dort vorhandenen Breitbandkabelanschluss verweisen lassen muss.[269]

228 Das OLG Karlsruhe hat in seinem einen **ausländischen Mieter** betreffenden Rechtsentscheid vom 24. 8. 1993[270] den Rechtsentscheid des OLG Frankfurt[271] aufgegriffen und um weitere **sachgerecht** zu berücksichtigende **Ermessenskriterien** ergänzt:

229 (1) Der **Antrag** wird entweder von einem Mieter mit **ausländischer** Staatsangehörigkeit,[272] kulturellen Identität oder sprachlichen Wurzeln[273] bzw. einem deutschen Mieter gestellt, der in dem Mietobjekt mit einem ausländischen **Ehepartner**,[274] nicht lediglich Verlobten,[275] wohnt.

230 (2) In dem Antrag wird das **schutzwürdige Interesse** des Mieters (Sprache, Kultur, Brücke in das Heimatland usw.) an dem Empfang zusätzlicher **heimatsprachiger** Programme dargelegt.

In Betracht kommen auch religiöse Gründe, wenn dem Mieter die Teilnahme an gottesdienstlichen Handlungen nur auf diesem Wege möglich ist.[276] Die **Religionsfreiheit** gem. Art. 4 GG ist aber gegenüber dem Eigentumsrecht des Vermieters i. S. d. Art. 14 GG abzuwägen und tritt zurück, wenn der Mieter sich über die Inhalte seines Glaubens auch anderweitig, z. B. über Druckwerke und das Internet, informieren kann.[277]

231 (3) Der Mieter kann über die von ihm gewünschte Parabolantenne **mehr** heimatsprachige **Programme** empfangen, als über die derzeit vorhandene Programmversorgung. Der Mieter kann nicht auf **ein** über das vorhandene Breitbandkabelnetz zu empfangende heimatsprachige Programm beschränkt werden. Er soll die **Auswahl** zwischen mehreren heimatsprachigen Programmen haben.[278]

232 Der Vermieter kann aber prüfen, ob er das berechtigte Interesse des Mieters nicht **anderweitig erfüllen** kann. Er kann z. B. die Einspeisung eines speziellen „Ausländerpakets" in das Breitbandkabelnetz veranlassen oder – auf Grund der erweiterten technischen Möglichkeiten – den Mieter auf die Anschaffung einer für den Empfang zusätzlicher fremdsprachiger Programmpakete geeigneten **Set-Top-Box** nebst **Smart-Card**[279] oder das **Internet**[280] verweisen. Dem Mieter seien die Anschaffungskosten für den Decoder und z. B. € 8,00/mtl. für 6 Zusatzprogramme zuzumuten.

233 (4) Es findet **keine Qualitätsprüfung**[281] der empfangbaren Programme durch den Vermieter oder das Gericht statt, also ob der Mieter beispielsweise nur zensiertes Staatsfernsehen aus seinem Heimatland empfangen kann.

234 *cc) EuGH-Rechtsprechung.* Der **EuGH** hat entschieden,[282] dass die von einer belgischen Gemeinde auf Parabolantennen erhobene Abgabe in Höhe von € 125,– pro Jahr gegen den

---

[269] BVerfG NZM 2007, 125; AG Reutlingen WuM 2006, 190.
[270] OLG Karlsruhe 1993, 525.
[271] OLG Frankfurt WuM 1992, 458.
[272] BayObLG WuM 1995, 224 Türke; LG Berlin DWW 1995, 115 Araber; LG Konstanz WuM 2002, 210 für Kasache; LG Berlin DWW 1995, 115; AG Dortmund NZM 1999, 221.
[273] LG Wuppertal NZM 1999, 1043.
[274] LG Krefeld NZM 2007, 246; LG Wuppertal WuM 1997, 324; AG Eschweiler WuM 2000, 412; kritisch *Pfeilschifter* WuM 2007, 187.
[275] AG Wipperfürth Urt. v. 1. 4. 1999 – 9 C 374/98.
[276] BayObLG NZM 2008, 91.
[277] BGH NZM 2008, 37.
[278] BGH WuM 2007, 381; BVerfG ZMR 1996, 12; WuM 1995, 693; LG Stuttgart NZM 1998, 1004 bei bisher 3 Programmen für weitere 6 Programme; LG Hagen Urt. v. 11. 9. 1995 – 10 S 162/95 – DWW 1996, 52 bei bisher 4 Programmen für weitere 4 Programme; LG München I WuM 2002, 50 zusätzliche 3 türkische Programme; AG Hannover WuM 1999, 328; a. A. LG Frankfurt WuM 1993, 668; LG Heidelberg WuM 1993, 734; LG Tübingen NJW-RR 1994, 849 aufgehoben durch BVerfG NJW-RR 1994, 1232; LG München I WuM 2004, 659 bzgl. Radio.
[279] BVerfG NZM 2005, 252; BGH NZM 2005, 335; LG Lübeck NZM 1999, 1044 ein türkisches Kabel- und 2 digitale Programme über den vom Mieter anzuschaffenden Decoder; ebenso LG Köln WuM 2001, 235.
[280] BerlVerfGH NZM 2002, 560.
[281] LG Düsseldorf NZM 2005, 861; LG Frankfurt BescWuM 1993, 668; a. A. AG Reutlingen NJW-RR 1993, 15; LG Essen WuM 1998, 344; *Wetekamp*, MietR nach Rechtsentscheiden, Kap. 1 Rdnr. 37.
[282] EuGH WuM 2002, 368.

EG-Vertrag verstößt. Nicht nur in dieser Begründung hat der EuGH ausgeführt, dass die Ausstrahlung und die Übertragung von Fernsehsendungen unter die Dienstleistungsfreiheit fallen.[283] Allerdings besteht auch diese Dienstleistungs- und Informationsfreiheit nicht schrankenlos, sondern ist durch das ebenfalls durch das Gemeinschaftsrecht geschützte Eigentumsrecht begrenzt.[284]

Auch die **EU-Kommission** hat in einer am 27. 6. 2001 veröffentlichten Mitteilung den Standpunkt vertreten, dass die Waren- und Dienstleistungsfreiheit letztlich dazu führe, dass jeder EU-Bürger den Empfang aller gewünschten Programme beanspruchen könne.[285] Könne das gewünschte Programm nicht über den Kabelanschluss empfangen werden, so habe der Mieter die Wahl des geeigneten Empfangsmittels und damit das **Recht auf eine Parabolantenne**. 235

Da es sich bei der Mitteilung der EU-Kommission nur um eine rechtliche Interpretation, nicht aber unmittelbar anwendbares europäisches Recht handelt, muss abgewartet werden, ob die weitere Rechtsprechung des EuGH insbesondere zu Art. 49 ff. EG und Art. 10 der **Europäischen Menschenrechtskonvention** die Rechte der in der Bundesrepublik wohnenden Mieter weiter stärkt. Schließlich hat das EU-Gemeinschaftsrecht Anwendungsvorrang vor dem nationalen Recht seiner Mitgliedsstaaten, also auch vor der bisherigen deutschen Rechtsprechung zu Art. 5 Abs. 1 GG. Die weitere Frage ist dann, ob auf Grund der europarechtlichen Grundfreiheiten auch in die Privatautonomie der Mietvertragsparteien eingegriffen werden kann, d. h. unmittelbare Drittwirkung besteht. 236

c) **Vorherige Erlaubnis des Vermieters.** Der Vermieter sollte eine etwaige **Erlaubnis** auf einen **konkreten Sachverhalt** beschränken, diesen so detailliert wie möglich regeln[286] und seine Entscheidung unter **Widerrufsvorbehalt** für den Fall stellen, dass sich die Sach- oder Rechtslage zukünftig ändert. Die begründete Entscheidung sollten alle an dem Mietverhältnis beteiligten Vermieter allen Mietern **schriftlich** und **nachweisbar** zukommen lassen. 237

Missachtet der Mieter eine **Entscheidung** des Vermieters oder verstößt er gegen dessen an die Erlaubnis[287] geknüpfte Auflagen, so kann der Vermieter mietrechtliche **Konsequenzen**[288] ziehen. Er kann den Mieter abmahnen, die Erlaubnis widerrufen und den Mieter gemäß § 541 BGB zum Rückbau dessen Empfangsanlage auffordern. 238

Auf der anderen Seite kann der Mieter eine ablehnende **Entscheidung** oder Auflagen des Vermieters **gerichtlich überprüfen** und die Erlaubnis ersetzen lassen. 239

d) **Prozessuale Durchsetzung.** Möchte der Mieter die verweigernde Entscheidung des Vermieters gerichtlich überprüfen lassen, so hat er – je nach Bundesland – zunächst zu beachten, ob erst eine **außergerichtliche Streitschlichtung** durchzuführen ist, bevor die Erhebung einer Klage zulässig ist. 240

aa) *obligatorische Streitschlichtung.* So war z.B. bis zum 31. 12. 2007 in dem „Gütestellen- und Schlichtungsgesetz NRW" vorgesehen, dass bei **vermögensrechtlichen Streitigkeiten** mit einem Gegenstandswert von **bis zu € 600,–** unter bestimmten weiteren Voraussetzungen eine Gütestelle anzurufen ist. Erst wenn bei dieser keine einvernehmliche Beilegung des Streites erreicht werden konnte und von der Gütestelle eine entsprechende **Erfolglosigkeitsbescheinigung** ausgestellt worden war, durfte der Klageweg beschritten werden. 241

Zu den **vermögensrechtlichen Streitigkeiten** gehören auch die Rechte und Pflichten aus einem Mietverhältnis, also Zahlungsansprüche, Gebrauchsrechte und Unterlassungspflich- 242

---

[283] Weitere Entscheidungen bei *Dörr* WuM 2002, 348, 350. Abrufbar unter http://europa.eu.int/comm/internal_market/de/services/services/antenna.htm.
[284] BGH NJW 2006, 1062; *Lützenkirchen* Die obergerichtliche Rechtsprechung zum Mietrecht im Jahre 2006, WuM 2007, 103.
[285] *Dörr* WuM 2002, 347.
[286] LG Berlin DWW 1988, 83; LG Kleve DWW 1992, 26; LG Hamburg MDR 1996, 312.
[287] *Maaß* NZM 2003, 183.
[288] AG Braunschweig WuM 2000, 413.

ten. Deshalb gehörte bis zum 31. 12. 2007 auch der Streit um die Rechtmäßigkeit einer Installation für den Empfang von Radio- und Fernsehprogrammen in der Mietwohnung zu den vermögensrechtlichen Streitigkeiten i. S. d. GüSchlG NW.[289]

243 Wie sich der **Gegenstandswert** des Mieterwunsches auf Anbringung und Betrieb einer Parabolantenne bestimmt, ist streitig. Abzustellen ist auf die Bedeutung der Neuinstallation für die Lebensführung des Mieters und damit auch auf immaterielle sowie subjektive Gesichtspunkte. Die Anschaffungs- und Installationskosten sind ein weiteres Kriterium. Im Ergebnis kann diese Teilnutzung des Mietobjektes auf 10% der Jahresnettomiete beziffert werden.

244 Es wird, da zu Beginn eines Verfahrens der Gegenstandswert noch nicht bekannt ist, bei Anwendbarkeit des außergerichtlichen Streitschlichtungsverfahren empfohlen, grundsätzlich vorab die **Erfolglosigkeitsbescheinigung** einzuholen. Anderenfalls besteht die Gefahr, dass eine **unzulässige Klage** erhoben wird, die dann vom Amtsgericht kostenpflichtig abgewiesen werden muss.

245 Es ist bei der **Schlichtungsstelle** ein schriftlicher Antrag zu stellen, in dem die Parteien zu benennen, die konkreten Anträge zu bezeichnen und zu begründen sind. Der Einfachheit halber kann der **Entwurf** der beabsichtigten **Klageschrift** eingereicht werden.

246 Möchte der Mieter trotz des bestehenden Zulässigkeitsrisikos sofort klagen, so sollte er die **Streitwertfestsetzung** beantragen. Hält das Gericht die Klage für unzulässig, sollte die Klage baldmöglichst zur Vermeidung höherer Kosten zurück genommen werden. Die nachträgliche Beschaffung der Erfolglosigkeitsbescheinigung und damit die **Heilung** der zuvor vorliegenden Unzulässigkeit der Klage ist nicht möglich.[290]

247 *bb) Klageweg.* Der Mieter kann beim zuständigen **Amtsgericht** klagen. Die Klage ist von allen an dem Mietverhältnis beteiligten Mietern gegenüber allen beteiligten Vermietern zu erheben.

248 Nach § 29a ZPO ist das Gericht ausschließlich **örtlich** zuständig, in dessen Bezirk sich das Mietobjekt befindet.

249 Die **sachliche** Zuständigkeit des Amtsgerichts ist nach § 23 Nr. 2 a) GVG bei einem Wohnraummietverhältnis selbst dann gegeben, wenn der Gegenstandswert über € 5.000,– liegen sollte.

250 Der **Antrag** des Mieters könnte lauten:

> **Formulierungsvorschlag:**
>
> 1. Der Beklagte (Vermieter) wird verurteilt, der Installation einer Parabolantenne der Marke ABC, Typ XYZ auf Kosten des Klägers (Mieter) durch die Fernsehtechnikerin Astrid Alex, Bergweg 6, 56.789 Köln an der zum Garten gerichteten Seite des Schornsteins des Wohnhauses Uferstraße 7, 54321 Köln, zuzustimmen.

251 Der Vermieter würde „Klageabweisung" beantragen, hilfsweise der Klage nur nach Maßgabe der von ihm konkret in dem Antrag vorgegebenen Auflagen stattzugeben.

252 Hat es der **Vermieter versäumt,** dem Mieter fristgerecht einen Ort zur Montage der von diesem gewünschten Parabolantenne zu bezeichnen oder dessen im Gegenzug angebotene Sicherheitsleistung bzw. einen Nachweis über dessen Haftpflichtversicherung **anzunehmen,** so kann der Mieter folgenden **weiteren Antrag** stellen:

> **Formulierungsvorschlag:**
>
> 2. Es wird festgestellt, dass der Beklagte (Vermieter) sein Recht, dem Kläger (Mieter) einen Ort für die Installation der Parabolantenne an dem Objekt Uferstraße 7, 54321 Köln, zu benennen,

---

[289] LG Mannheim ZMR 1992, 545
[290] BGH NZM 2005, 154 für das Saarland; LG Ellwangen NZM 2002, 408.

verloren hat und sich hinsichtlich der ihm von dem Kläger angebotenen Sicherheitsleistung in Höhe von € 400,–, Nachweis einer Haftpflichtversicherung, Haftungsfreistellungs- und Kostenübernahmeerklärung sowie eingegangenen Rückbauverpflichtung im Annahmeverzug befindet.

Hat der Vermieter die von dem Mieter angekündigte Sicherheitsleistung und den vom Mieter vorgeschlagenen Montageort **akzeptiert** sowie dessen Versicherungsnachweise und Verpflichtungserklärungen zur Mieterakte genommen, den Antrag des Mieters aber aus anderen Gründen **abgelehnt**, so könnte der Mieter **prozessual** formulieren: 253

Formulierungsvorschlag:

1. Der Beklagte (Vermieter) wird verurteilt, der Installation einer Parabolantenne der Marke ABC, Typ XYZ auf Kosten des Klägers (Mieter) durch die Fernsehtechnikerin Astrid Alex, Bergweg 6, 56789 Köln, an der zum Garten gerichteten Seite des Schornsteins des Wohnhauses Uferstraße 7, 54321 Köln, **Zug um Zug** gegen Sicherheitsleistung des Klägers in Höhe von € 400,– zuzustimmen.

Hält der Mieter trotz der von dem Vermieter verweigerten Erlaubnis an seinem Verlangen fest, so kann der **Vermieter** eine **negative Feststellungsklage** erheben. Er muss nicht die mit der Änderung der bisherigen Empfangsmöglichkeiten verbundenen Beschädigungen der Bausubstanz abwarten, um erst dann auf Grund dieser „vollendeten Tatsachen" die Rechtslage zu klären: 254

Formulierungsvorschlag:

Es wird festgestellt, dass der Beklagte (Mieter) nicht berechtigt ist, an der zum Garten gerichteten Seite des Schornsteins des Wohnhauses Uferstraße 7 in 54321 Köln auf seine Kosten eine Parabolantenne der Marke ABC, Typ XYZ anbringen zu lassen.

Der **Mieter** würde „ Klageabweisung" beantragen. Beantragt er ferner **widerklagend** die Ersetzung der fehlenden Erlaubnis des Vermieters, so wird dessen negative Feststellungsklage wegen Fortfall des Feststellungsinteresses unzulässig. Sie muss deshalb nach Beginn der mündlichen Verhandlung, wenn der Mieter seinen Antrag nicht mehr ohne Zustimmung des Vermieters zurücknehmen kann, von diesem in der **Hauptsache für erledigt** erklärt werden.[291] 255

Beide Parteien haben ihre Anträge unter Berücksichtigung ihrer **Darlegungs** und **Beweislast** umfassend und substantiiert zu begründen sowie die geeigneten Beweismittel anzuführen. 256

Die in erster Instanz unterlegene Partei hat zu prüfen, ob sie binnen der **Berufungsfrist** von **einem Monat** nach Zustellung der erstinstanzlichen Entscheidung über einen Rechtsanwalt Berufung beim zuständigen Landgericht einlegen sollte. 257

Die Berufung ist zulässig, wenn entweder der Beschwerdewert über der **Berufungssumme** des § 511 Abs. 2 Nr. 1 ZPO in Höhe von € 600,– liegt oder die Berufung von der ersten Instanz zugelassen wurde. Im ersten Fall hat der Berufungskläger den Beschwerdewert glaubhaft zu machen. 258

€ 75,–   LG München I WuM 1993, 745.
€ 300,–   BGH NZM 2006, 637.
€ 600,–   LG Bonn WuM 1993, 468.
€ 650,–   LG Kaiserslautern NZM 2005, 739.

---

[291] BGH NJW 1973, 1500.

€ 875,- LG Frankfurt WuM 2002, 378.
€ 1.000,- LG Düsseldorf NZM 2005, 861.

259 Ist der Mieter in der ersten Instanz unterlegen, so ist bei der Festsetzung des Beschwerdewertes nach §§ 3 ZPO, 16 GKG der **Wert** der gewünschten **Teilnutzung** des Mietobjektes zu ermitteln.[292] Legt der Vermieter das Rechtsmittel ein, so können die Beseitigungskosten,[293] das Interesse an der Vermeidung optischer Beeinträchtigungen und Substanzbeschädigungen[294] ausschlaggebend sein.

260 Das **Landgericht** ist nicht an die Streitwertfestsetzung des Amtsgerichts gebunden, sondern setzt den Beschwerdewert selbst fest.[295] Der Berufungskläger sollte deshalb baldmöglichst beim Landgericht die **Streitwertfestsetzung** beantragen, um eine etwaig unzulässige Berufung aus Kostengründen kurzfristig zurücknehmen zu können.

261 Ist der Vermieter zur **Zustimmung** verurteilt worden, so kann der Titel gemäß §§ 894 Abs. 1 S. 2, 726 Abs. 2 ZPO **vollstreckt** werden. Wird der Titel rechtskräftig, so gilt die Willenserklärung des Vermieters als abgegeben. Der Mieter ist dann nach Maßgabe des Titels zur Installation der Empfangsanlage berechtigt.

262 d) **Widerruf der Erlaubnis.** Hält sich der Mieter während der Mietdauer nicht an die **Auflagen** des Vermieters oder gehen von der Empfangsanlage des Mieters während der Mietdauer nicht hinzunehmende **Störungen** aus, so ist der Mieter zunächst wegen der konkret zu benennenden Vorfälle (Datum, Uhrzeit, Dauer, Art und Weise sowie Ausmaß der Störungen) **abzumahnen.** Ferner ist er zur Vermeidung weiterer von der Empfangsanlage ausgehender Beeinträchtigungen aufzufordern und ihm für den Fall weiterer Störungen der **Widerruf** der Erlaubnis **anzudrohen.**[296]

263 Hat der Vermieter die Erlaubnis zur Montage und zum Betrieb der Empfangsanlage des Mieters widerrufen, so sollte er diesem eine **Frist** für die Stilllegung und Beseitigung der Anlage setzen. Für den Fall des ergebnislosen Fristablaufs sollte er dem Mieter die Erhebung einer **Unterlassungsklage** beim örtlich zuständigen Amtsgericht **androhen.**

264 Der Vermieter sollte seine Entscheidung dem Mieter **schriftlich** und nachweisbar mitteilen. Die Entscheidung ist zu **begründen,** da der Mieter zu prüfen hat, ob er den Widerruf akzeptiert oder gerichtlich überprüfen lässt.

4. Nachträgliche Genehmigung der Neuinstallation

265 a) **Antrag des Mieters.** Hat der Mieter während der Mietdauer eine Anlage für den Empfang von Fernseh- und Rundfunkprogrammen ohne die Zustimmung des Vermieters angeschafft, installiert und betrieben, so hat er sich zunächst einmal **vertragswidrig** verhalten.[297] Dies kann, wenn die Neuinstallation dem Vermieter bekannt wird, zu mietrechtlichen **Konsequenzen** wie z. B. einer Abmahnung und einem Unterlassungs- und Beseitigungsverlangen des Vermieters führen.

266 Ob die Abmahnung Bestand hat und die Anlage tatsächlich stillgelegt und beseitigt werden muss, hängt davon ab, ob der Mieter nachträglich einen **Genehmigungsanspruch** hat. Der Vermieter ist nämlich gehindert, sich auf das formale Fehlen seiner Erlaubnis zu stützen, wenn der Mieter materiell-rechtlich einen Anspruch auf Erteilung eben dieser Erlaubnis hat.[298] Beantragt der Mieter deshalb die Genehmigung seiner Empfangsanlage, so hat er seinen **Antrag** detailliert zu **begründen.** Dabei kann er sich an den **Kriterien** orientieren, die bei einer etwaig beantragten vorherigen Erlaubnis des Vermieters zu berücksichtigen gewesen wären.[299]

---

[292] Vgl. Rdnr. 243.
[293] OLG Köln NZM 2005, 224; LG München I WuM 1993, 745; LG Kiel WuM 1996, 632.
[294] LG Bonn WuM 1993, 648; LG Frankfurt WuM 2002, 378.
[295] BGH NZM 2006, 637; BGH NJW-RR 2005, 219; BGH NZM 2008, 78.
[296] BGH NZM 2007, 481.
[297] BVerfG WuM 1996, 82.
[298] BayObLG WuM 1991, 18 in rechtsähnlicher Anwendung.
[299] Vgl. Rdnr. 160, 199 ff.

Ferner können während der bisherigen **Mietdauer** eingetretene **Umstände** zu berücksichtigen sein: 267

aa) Ist die Wohnung **inzwischen** an das **Kabelnetz** angeschlossen worden, sodass der Mieter 268 dort 22 heimatsprachige Programme empfangen kann, so kann der Vermieter den Abbau der mietereigenen Parabolantenne verlangen.[300] Dies gilt auch, wenn inzwischen eine Gemeinschaftsparabolantenne zur Verfügung steht oder der Mieter die gewünschten Programme über eine selbst und auf eigene Kosten anzuschaffende Set Top Box oder das Internet empfangen kann. Aufgrund der fortschreitenden **Digitalisierung** der Programme und der damit verbundenen größeren Anzahl auch ohne Parabolantenne empfangbarer Programme, kann der Vermieter den Mieter zunehmend auf die alternativen Empfangsmöglichkeiten verweisen.

bb) Von der zusätzlichen Empfangsanlage des Mieters sind bisher **keine** unzumutbaren Be- 269 schädigungen der Bausubstanz oder **Störungen** der Empfangsmöglichkeiten Dritter ausgegangen.

cc) Es kann zu berücksichtigen sein, ob der Vermieter die ihm bekannte Neuinstallation 270 längere Zeit ungerügt hingenommen, d. h. **stillschweigend geduldet** hat.

dd) Ferner kann zu beachten sein, ob der Vermieter z. B. über einen Mitarbeiter den **Ein-** 271 **druck** erweckt hat, dass die Neuinstallation **erlaubt** sei,

ee) oder ob einem anderen Mieter bei vergleichbarer Sachlage die Nutzung einer Parabolantenne zugestanden oder auch von diesem die Beseitigung verlangt wurde.[301]

ff) Des Weiteren kann von Bedeutung sein, ob die Einstellung des Betriebes der Neuinstal- 272 lation und der Rückbau in den früheren Zustand zu einer nicht vertretbaren **Belastung** des Mieters führen würde.

b) Nachträgliche Genehmigung des Vermieters. Der Vermieter hat unter Beachtung der 273 vertraglichen Situation und der vorgenannten Kriterien sein **Ermessen** sachgerecht auszuüben. Er kann von dem Mieter erforderlichenfalls auch noch nachträglich die Erfüllung der diversen **Auflagen,** wie z. B. Zahlung einer Kaution, Nachweis einer Haftpflichtversicherung, Einhaltung der Ruhezeiten und Zimmerlautstärke beanspruchen.

Liegen durchgreifende Gründe für die **Verweigerung** der Genehmigung und ein Beseiti- 274 gungsverlangen des Vermieters vor, so hat dieser auf Grund des **Verhältnismäßigkeitsgrundsatzes** vorab zu prüfen, ob er dem Mieter als **milderes Mittel** z. B. einen anderen Montageort zuweist. Der Mieter kann in diesem Fall nicht geltend machen, dass die Umsetzung der Anlage für ihn mit hohen Kosten verbunden ist.[302]

Hat der Vermieter die Neuinstallation des Mieters nachträglich zu genehmigen, so sollte 275 er diese **Genehmigung** dem Mieter **schriftlich** erteilen und sich ein **Widerrufsrecht** für den Fall vorbehalten, dass von der Installation des Mieters zukünftig Störungen ausgehen, die nicht hingenommen werden müssen.

Genehmigt der Vermieter die Neuinstallation nicht, sollte er auch dies dem Mieter schrift- 276 lich mitteilen und **begründen.** Er sollte den Mieter auffordern, die Neuinstallation ab einem bestimmten Datum nicht mehr zu nutzen und rückzubauen. Verstreicht die **Frist** ungenutzt, so sollte der Vermieter den nach § 541 BGB bestehenden **Unterlassungs- und Beseitigungsanspruch** alsbald gerichtlich durchsetzen, da der Anspruch sonst nach § 242 BGB verwirken kann.[303]

c) Prozessuale Durchsetzung. Genehmigt der Vermieter die bereits vorhandene Empfangs- 277 anlage des Mieters nicht, oder nur unter Auflagen, so kann der Mieter eine gerichtliche Klä-

---

[300] LG Gera WuM 1994, 523; AG Oberhausen DWW 1996, 56; AG Arnsberg DWW 1995, 317 Ausländer kann über den neuen Kabelanschluss 2 heimatsprachige Programme empfangen.
[301] BVerfG NZM 2007, 125.
[302] LG Wiesbaden WuM 1996, 403 bei € 1.500,–.
[303] OLG Hamburg FWW 1962, 478; LG Berlin WuM 1984, 130; LG Essen WuM 1986, 117; AG Frankfurt NZM 1998, 759.

rung herbeiführen. Gegebenenfalls hat er zunächst die **außergerichtliche Streitschlichtung** zu betreiben, bevor ihm der **Klageweg** offen steht.[304]

278 Haben sich die Parteien bereits früher prozessual darüber auseinandergesetzt, ob der Mieter eine zusätzliche Empfangsanlage montieren darf, so steht die **Rechtskraft** einer früheren gerichtlichen Entscheidung einer neuen Klage nicht entgegen, wenn sich inzwischen der zugrunde liegende Sachverhalt verändert hat. Hat sich inzwischen die **Gesetzeslage** oder **Rechtsprechung** des Bundesverfassungsgerichts[305] **geändert**, so ist zu prüfen, ob eine Abänderungsklage nach § 323 ZPO erhoben werden kann.

279 Der vom Mieter beim örtlich und sachlich zuständigen Gericht[306] zu stellende **Antrag** könnte lauten:

> **Formulierungsvorschlag:**
>
> Der Beklagte (Vermieter) wird verurteilt, die durch die Fernsehtechnikerin Astrid Alex, Bergweg 6, 56789 Köln auf Kosten des Klägers (Mieter) erfolgte Installation einer Parabolantenne der Marke ABC, Typ XYZ an der zum Garten gerichteten Seite des Schornsteins des Wohnhauses Uferstraße 7, 54321 Köln zu genehmigen.

280 Der Vermieter würde „Klageabweisung" beantragen, hilfsweise der Klage nur nach Maßgabe seiner die weitere Nutzung der Empfangsanlage einschränkenden Auflagen stattzugeben.

281 Ein etwaiger **Annahmeverzug** des Vermieters kann gerichtlich festgestellt werden. Ferner kommt ein auf eine **Zug um Zug**-Verurteilung gerichteter Klageantrag des Mieters oder eine **negative Feststellungsklage** des Vermieters in Betracht.[307]

282 Die in erster Instanz unterlegene Partei hat fristgerecht zu prüfen, ob **Berufung** eingelegt werden sollte.[308]

283 d) **Widerruf der Genehmigung.** Hält sich der Mieter während der Mietdauer nicht an die einschlägigen **Auflagen** des Vermieters oder gehen von der Empfangsanlage des Mieters **Störungen** aus, so hat der Vermieter in der Regel zunächst unter Androhung des Widerrufs eine **Abmahnung** auszusprechen.[309] Erst im Wiederholungsfalle kann er seine Genehmigung gegenüber dem Mieter widerrufen.[310]

284 Hat der Vermieter die Genehmigung zum Betrieb der Empfangsanlage widerrufen, so sollte er diesem eine **Frist** für die Stilllegung und Beseitigung der Anlage setzen. Für den Fall des ergebnislosen Fristablaufs sollte er dem Mieter die Erhebung einer **Unterlassungsklage** beim örtlich zuständigen Amtsgericht **androhen**.

285 Der Vermieter sollte seine Entscheidung dem Mieter **schriftlich** und nachweisbar mitteilen. Die Entscheidung ist zu **begründen**, da der Mieter zu prüfen hat, ob er den Widerruf akzeptiert oder gerichtlich überprüfen lässt.

5. Pflichten des Mieters bei Gebrauch der Installation

286 Hat der Mieter mit einem Betreiber einen **Versorgungsvertrag** abgeschlossen, so hat er diesen zu erfüllen, also im wesentlichen Zahlungsverpflichtungen nachzukommen.

287 Ferner trifft den Mieter auf Grund des **Mietvertrages** eine **Obhutsverpflichtung**. Er hat z. B. dafür Sorge zu tragen, dass sich seine Parabolantenne bei Sturm nicht aus der Verankerung löst und Leben und Eigentum Dritter gefährdet. Auch von seiner Anlage ausgehenden Elektro-Smog[311] oder Störungen der Empfangsmöglichkeiten der anderen Mietparteien des Hauses hat er zu verhindern.

---

[304] Vgl. Rdnr. 240 ff.
[305] BGH NJW 1990, 3020.
[306] Vgl. Rdnr. 247 ff.
[307] Vgl. Rdnr. 254.
[308] Vgl. Rdnr. 257 ff.
[309] BGH NZM 2007, 481.
[310] Vgl. Rdnr. 262.
[311] *Roth* NZM 2000, 521.

Schließlich hat der Mieter bei seinem Empfang von Fernseh- und Radioprogrammen **Zimmerlautstärke** und die zumeist in der Hausordnung sowie dem LImschG als Ordnungswidrigkeitentatbestand geregelte **Mittags-** und **Nachtruhezeit** zu wahren. 288

Der störende Mieter kann zur Zahlung eines **Schmerzensgeldes**[312] oder zur Erstattung eines durch die berechtigte Mietminderung einer anderen durch ihn gestörten Mietpartei beim Vermieter entstandenen **Mietausfallschadens** verpflichtet sein. 289

6. Beseitigungsanspruch des Vermieters

a) **Anspruchsgrundlage und Ermessenskriterien.** Hat sich der Mieter durch eine in **verbotener Eigenmacht**[313] vorgenommene und nicht genehmigungsfähige Neuinstallation **vertragswidrig** verhalten, so ist er zunächst **abzumahnen**. Die Abmahnung und weitere Korrespondenz ist von allen an dem Mietverhältnis beteiligten Vermietern an alle beteiligten Mieter zu richten und der Zugang nachweisbar sicherzustellen. 290

Der Mieter muss grundsätzlich Gelegenheit haben, auf die Beanstandungen des Vermieters zu reagieren und sich zukünftig vertragsgerecht zu verhalten. Es sind dem Mieter die erforderlichen **Auflagen** zu erteilen oder eine angemessene **Erledigungsfrist** zu setzen und deren Einhaltung zuverlässig von dem Vermieter zu überwachen. 291

Verhält sich der Mieter weiterhin **vertragswidrig**, so hat der Vermieter zu entscheiden, welche mietrechtlichen **Konsequenzen** er nunmehr ziehen möchte. Genügt eine **Änderung** oder Einschränkung des bisherigen Gebrauchs der mietereigenen Empfangsanlage, so sollte der Vermieter diese alsbald gerichtlich durchsetzen. Nur wenn keine weniger einschneidenden Maßnahmen zum vom Vermieter gewünschten Erfolg führen, kann dieser nach § 541 BGB eine etwaig dem Mieter erteilte Erlaubnis oder Genehmigung **widerrufen**[314] und von diesem **Unterlassung** beanspruchen. 292

Der Widerruf und das Unterlassungsverlangen sind von dem Vermieter detailliert zu begründen. Die **Begründung** kann auf eine wirksam vereinbarte Vertragsklausel, in den Mietvertrag einbezogene Checkliste oder Sachverhalte verweisen, die den Vermieter auch zur Verweigerung einer Erlaubnis oder Genehmigung der Neuinstallation berechtigt hätten. 293

Macht der Vermieters seinen Unterlassungsanspruch gegenüber dem Mieter geltend, so hat er diesem für die Demontage dessen Empfangsanlage und Wiederherstellung der ursprünglichen Anlage unter Androhung des Rechtsweges eine **Erledigungsfrist** zu setzen. Diese hat der Vermieter zuverlässig zu überwachen und ein etwaig fortgesetzt vertragswidriges Verhalten des Mieters zu dokumentieren sowie Beweismittel zu sammeln. 294

b) **Prozessuale Durchsetzung.** Verhält sich der Mieter trotz Abmahnung und Beseitigungsaufforderung des Vermieters durch Belassen und weitere Nutzung seiner eigenen Empfangsanlage **fortgesetzt vertragswidrig**, so sollte der Vermieter seinen **Entfernungsanspruch** alsbald gerichtlich anhängig machen. Anderenfalls kann sein Anspruch nach § 242 BGB verwirken. 295

Auch der Vermieter hat zu prüfen, ob er zunächst eine **außergerichtliche Streitschlichtung** durchzuführen hat, bevor ihm der Klageweg offen steht.[315] 296

Die von allen Vermietern gegenüber allen Mietern zu erhebende **Klage** kann, da der Gegenstandwert regelmäßig unter € 5.000,– liegt oder es sich um ein Wohnraummietverhältnis handelt, beim sachlich und örtlich zuständigen **Amtsgericht** erhoben werden.[316] 297

In der auf **Beseitigung** der Neuinstallation gerichteten Klage hat der Vermieter sein Begehren in dem **Antrag** möglichst **konkret** zu formulieren. Es ist die von dem Mieter zu beseitigende Neuinstallation nach Adresse, Etage, dortigem Montageort sowie äußerem Erscheinungsbild im Detail zu bezeichnen: 298

---

[312] AG Dortmund NJW-RR 1994, 910.
[313] BVerfG WuM 1996, 82.
[314] Vgl. Rdnr. 262, 283.
[315] Vgl. Rdnr. 240 ff.; LG Frankfurt WuM 2002, 378 € 875,–.
[316] Vgl. Rdnr. 247 ff.

> **Formulierungsvorschlag:**
>
> Der Beklagte (Mieter) wird verurteilt, die an der zum Garten gerichteten Seite des Schornsteins des Wohnhauses Uferstraße 7, 54321 Köln montierte schwarze Parabolantenne der Marke ABC, Typ XYZ mit einem Durchmesser von rund 80 cm zu entfernen und ohne die vorherige Zustimmung des Klägers (Vermieters) nicht wieder an oder auf diesem Mietshaus zu befestigen.

299 Der **Unterlassungsanspruch** ist in den Antrag aufzunehmen, da die Wiederholungsgefahr durch den bisherigen Verstoß indiziert wird, d. h. der rechtskräftig verurteilte Mieter könnte sonst seine Parabolantenne nur vorübergehend entfernen, das Urteil entwertet von dem Vermieter herausverlangen und dann die Parabolantenne wieder installieren. Der Vermieter müsste dann erneut einen vollstreckungsfähigen Titel gegenüber dem Mieter erstreiten. Besteht aber ein Unterlassungstitel, so kann dieser sofort gegenüber dem Mieter vollstreckt werden.

300 Zur Beschleunigung einer etwaig später erforderlich werdenden **Vollstreckung** des Unterlassungstitels sollte schon in der Klageschrift gemäß § 890 Abs. 2 ZPO **beantragt** werden:

> **Formulierungsvorschlag:**
>
> Dem Beklagten wird für jeden Fall der Zuwiderhandlung ein Ordnungsgeld bis zur Höhe von € 250.000,–, ersatzweise Ordnungshaft von bis zu 6 Monaten angedroht.

301 Wird die Parabolantenne während des Rechtsstreits **demontiert,** kann der Rechtsstreit hinsichtlich des Entfernungsverlangens des Vermieters **teilweise** in der Hauptsache für **erledigt** erklärt und nur noch über den Unterlassungs- und Kostenantrag entschieden werden.[317] Stimmt der Mieter der teilweisen Erledigung nicht zu, da er die ursprüngliche Klage für unbegründet hält und deshalb „Klageabweisung" verlangt, hat der Vermieter zu beantragen, dass die teilweise Erledigung des Rechtsstreits festgestellt werden soll.

302 Gegen ein Urteil des Amtsgerichts ist nur in **Ausnahmefällen** eine beim örtlich zuständigen Landgericht über einen Rechtsanwalt einzureichende **Berufung** zulässig.[318] Es ist die Monatsfrist des § 517 ZPO zu wahren.

303 Der **Beschwerdewert** richtet sich i.d.R. nach dem Interesse des Vermieters an der Unversehrtheit seines Mietshauses und liegt zumeist unter der Berufungssumme.[319]

304 c) **Zwangsvollstreckung.** Die Vollstreckung eines **Beseitigungstitels** richtet sich nach § 887 ZPO. Sie setzt voraus, dass der Mieter **erfolglos** aufgefordert wurde, die ihm in dem Titel auferlegte Handlung in einer angemessenen, ihm konkret bestimmten **Erledigungsfrist** vorzunehmen. Ist diese Voraussetzung nachweisbar gegeben, kann sich der Vermieter durch das Gericht zur **Ersatzvornahme** berechtigen lassen.

305 Er kann deshalb **beantragen:**

> **Formulierungsvorschlag:**
>
> 1. Der Gläubiger (Vermieter) wird gemäß § 887 Abs. 1 ZPO ermächtigt, die dem Schuldner (Mieter) in dem vollstreckbaren Urteil des Amtsgerichts Köln vom 11. 11. 2008, Az. 200 C 200/08 auferlegte Handlung, nämlich die an der zum Garten gerichteten Seite des Schornsteins des Wohnhauses Uferstraße 7 in 54321 Köln installierte Parabolantenne der Marke ABC, Typ XYZ mit einem Durchmesser von rund 80 cm zu demontieren, auf Kosten des Schuldners vornehmen zu lassen.

---

[317] BGH WuM 2004, 725.
[318] Vgl. Rdnr. 258 ff.
[319] LG München I WuM 1993, 745: € 75,–; LG Bonn WuM 1993, 468: € 600,–.

> 2. Der Schuldner hat die Vornahme der Handlung zu dulden, insbesondere das Betreten des Mietshauses durch die von dem Gläubiger mit der Vornahme der Handlung betraute Person, der er zur Vornahme der Handlung auch den Zugang zum Mietshaus zu verschaffen hat. Dies gilt zugleich als Durchsuchungsanordnung im Sinne von Art. 13 Abs. 2 GG.
> 3. Zugleich wird der Schuldner nach § 887 Abs. 2 ZPO verurteilt, auf die durch die Vornahme der Handlung durch den Gläubiger entstehenden Kosten einen Vorschuss in Höhe von € 400,– zu zahlen.

Wird die Ersatzvornahme dann gleichwohl von den Mietern verhindert, so kann der Vermieter diesen Widerstand gemäß § 892 ZPO durch den **Gerichtsvollzieher** und einen ggf. erforderlichen Handwerker brechen lassen.

Verstößt der Mieter gegen den **Unterlassungstitel**, indem er gleichwohl eine Parabolantenne ohne die Zustimmung des Vermieters an dem Mietshaus befestigt, so kann dieser im Rahmen der **Zwangsvollstreckung** nach § 890 ZPO beim Prozessgericht erster Instanz **beantragen:**

> **Formulierungsvorschlag:**
>
> Gegen den Schuldner (Mieter) wird wegen Verstoßes gegen das in dem Urteil des AG Köln vom 11. 11. 2008, AZ 110 C 100/08, titulierte Verbot, ohne die vorherige Zustimmung des Gläubigers an oder auf dem Haus Uferstr. 7 in 54321 Köln eine Parabolantenne zu installieren, ein Ordnungsgeld, und für den Fall dass dieses nicht beigetrieben werden kann, Ordnungshaft festgesetzt.

Nach dem Antrag hat der Vermieter die **Vollstreckungsvoraussetzungen** darzulegen. Die Höhe des Ordnungsgeldes bzw. die Dauer der Ordnungshaft wird vom Gericht festgesetzt. Ein konkret bezifferter Antrag ist nicht erforderlich, Anregungen zur Höhe des Ordnungsgeldes aber möglich. Der Beschluss wird dann von Amts wegen gegenüber dem Schuldner vollstreckt.

d) **Kündigung des Mietverhältnisses.** Die **eigenmächtige** Verlegung eines Breitbandkabelanschlusses durch den Mieter rechtfertigt noch keine Kündigung des Vermieters, wenn dessen Bausubstanz nicht erheblich beeinträchtigt wurde und der Mieter von der **Genehmigungsfähigkeit** seiner Anlage ausging.[320]

Wurde der Mieter rechtskräftig zur Demontage seiner Neuinstallation verurteilt, lässt er jedoch eine ihm diesbezüglich von dem Vermieter gesetzte **Erledigungsfrist** ungenutzt verstreichen, so hat dieser grundsätzlich zunächst die **Zwangsvollstreckung** zu betreiben, bevor er gegenüber dem Mieter eine wirksame Kündigung aussprechen kann.

Verhält sich der Mieter jedoch durch die Installation einer Parabolantenne **wiederholt** und **schuldhaft vertragswidrig** oder können Ordnungsgelder bzw. zu Gunsten des Vermieters titulierte Vorschüsse auf Grund der schlechten finanziellen Verhältnisse des Mieters nicht vollstreckt werden, so ist der Vermieter gemäß § 569 Abs. 2 BGB zur **fristlosen Kündigung** des Mietverhältnisses berechtigt.[321] Es ist diesem dann nicht zuzumuten, die hartnäckige Verletzung des Mietvertrages und des vorliegenden Titels selbst für die Dauer der ordentlichen Kündigungsfrist hinzunehmen.[322] Auch die Gewährung einer **Räumungsfrist** kommt dann in der Regel nicht mehr in Betracht.[323]

---

[320] LG Heilbronn WuM 1992, 10.
[321] BVerfG BeschWuM 1995, 261; LG Kleve NJW-RR 1996, 206.
[322] LG Köln Urt. v. 3. 4. 1991 – 10 S 520/90 – KM Reg. 12 Nr. 10.
[323] BVerfG NZM 1999, 212; AG Neustadt NZM 1999, 308.

7. Beendigung des Mietverhältnisses

312 Endet das Mietverhältnis, so ist der Mieter zur Herstellung des vertragsgerechten Rückgabezustandes, **Räumung** und **Herausgabe** des Mietobjektes an den Vermieter verpflichtet.

313 Diese Verpflichtung hat der Mieter nicht erfüllt, wenn der Aufwand zur nachträglichen Beseitigung der mietereigenen Empfangsanlage mit erheblichen Kosten verbunden ist.[324] Die Grenze wird bei € 2.500,– oder 4 Monatsmieten gesehen. Dann ist der Mieter entweder auf **Räumung** zu verklagen oder, gemäß § 281 Abs. 1 S. 1 BGB unter **Fristsetzung mit Ablehnungsandrohung** zur Nachholung der noch erforderlichen Arbeiten aufzufordern.

314 Erfordert die restliche Räumung des Mietobjektes keine erheblichen Kosten, so ist der Vermieter auf Grund seiner Schadensminderungspflicht sofort im Wege der Ersatzvornahme zur **Schadensbeseitigung** und Weitervermietung der Wohnung verpflichtet.[325] Der ehemalige Mieter hat dem Vermieter den Mietausfallschaden sowie die entstandenen Schadensbeseitigungskosten zu ersetzen.

III. Mobilfunk

1. Allgemeine Grundlagen

315 a) **Technische Grundlagen.** Mobilfunksendeanlagen werden für die drahtlose Übertragung von Signalen, d. h. von Sprache und Daten benötigt. Die Signale werden auf elektromagnetischen Hochfrequenzfeldern, d. h. auf Wellen im Bereich um 900 MHz (D-Netze), um 1.800 MHz (E-Netze) und bis zu 2.200 MHz (UMTS) transportiert. Der Staat und die Mobilfunkbetreiber streben eine **flächendeckende Versorgung** mit mobilen Telekommunikationsmöglichkeiten an.[326] Bei derzeit rund 50 Mio. Handybesitzern in Deutschland und durch den Aufbau des UMTS-Netzes werden alsbald rund 100.000 Standorte für Mobilfunkstationen benötigt. Da Häuserdächer geeignete Standorte sind, werden Mobilfunkstationen und ihre Auswirkungen zunehmend Thema des Wohnungsmarktes.

316 Die **gesundheitlichen Auswirkungen** solcher elektromagnetischen Felder für Nachbarn solcher Stationen sind wissenschaftlich noch nicht abschließend erforscht. Nachgewiesen sind **thermische** Auswirkungen, also eine mit der Nähe zur Sendeanlage zunehmende Erwärmung des Körpers. Streitig sind **athermische** Auswirkungen,[327] wie Stoffwechselstörungen, Abnahme des Kurzzeit- und Störung des Langzeitgedächtnisses, Müdigkeit, Kopfschmerzen, brennende Haut, Erhöhung des Ruheblutdrucks, Schlafstörungen und Beeinträchtigung des Melatoninhaushalts bis hin zum gesteigerten Krebsrisiko.[328] Diesbezüglich sind insbesondere die Ergebnisse der zahlreichen **Langzeitstudien** abzuwarten.[329]

317 b) **Rechtliche Grundlagen.** Der Staat hat, um die flächendeckende Versorgung der Bevölkerung mit mobilen Telekommunikationsmöglichkeiten zu fördern, den Mobilfunkbetreibern in den ihnen vergebenen Lizenzen zahlreiche **Auflagen** gemacht. Andererseits hat der Staat aber auch nach Art. 2 Abs. 2 Satz 1 GG die **menschliche Gesundheit** zu schützen. So hat der Bundesgesetzgeber gemäß § 23 BImSchG zum 1. 1. 1997 in Anhang 1 zu § 2 der 26. BImSchV[330] **Grenzwerte** festgesetzt. Sie betreffen die Errichtung, die Beschaffenheit und den Betrieb von gewerblichen ortsfesten Anlagen, von denen hoch- oder niederfrequente elektromagnetische Felder ausgehen.[331]

---

[324] BGH WuM 1997, 217 Grenze bei € 2.500,– oder vier Monatsmieten; *Eisenschmid* WuM 1997, 494; OLG Hamm ZMR 1996, 372; LG Köln NJW-RR 1996, 1460; OLG Brandenburg ZMR 1997, 584.
[325] OLG München DWW 1987, 125.
[326] *Kniep* WuM 2007, 611.
[327] *Eisenschmid* WuM 1997, 22; *Kniep* WuM 2002, 598; WuM 2003, 312.
[328] Ärztezeitschrift für Naturheilverfahren 2002, 469 ff.
[329] Überblick bei RWTH Aachen http://wbldb.fermu.rwth-aachen.de; *Kniep/Hohmuth* WuM 2003, 312 Fußn. 14 mit weiteren Fundstellen.
[330] BGBl I S. 1996, 1966.
[331] *Martens/Appelbaum*, NZM 2002, 649.

Die Grenzwerte beruhen u. a. auf den übereinstimmenden Empfehlungen des Komitees 318
für nichtionisierende Strahlen der privaten Internationalen Strahlenschutzvereinigung „IC-
NIRP" sowie der Strahlenschutzkommission des Bundesamtes für Strahlenschutz, einer
Ratsempfehlung der EU vom 12. 7. 1999 und dem überwiegenden internationalen Standart.
Sie orientieren sich an den Ergebnissen zahlreicher **Studien** zu den nachweislich von Hoch-
frequenzfeldern ausgehenden Gesundheitsgefahren.

Die Bundesregierung hat ein **Restrisiko,** dass auch unterhalb dieser Grenzwerte Gesund- 319
heitsbeeinträchtigungen auftreten können, nicht ausgeschlossen, jedoch keinen Anlass zur
Senkung der Grenzwerte gesehen.[332] Auch nach Auffassung des Bundesverfassungsgerichts[333] verstoßen die Grenzwerte nicht gegen Art. 2 Abs. 2 S. 1 GG.

Die **verfassungsrechtliche Schutzpflicht** erfordert keine Vorsorge gegen rein hypothetische 320
Gefährdungen. Gerichtlich kann eine Verletzung der **Nachbesserungspflicht** erst dann festgestellt werden, wenn auf Grund neuer Erkenntnisse oder veränderter Situationen eine ursprünglich rechtmäßige Regelung zum Schutz der Gesundheit verfassungsrechtlich untrag-
bar geworden ist, d. h. die menschliche Gesundheit völlig unzureichend schützt.[334]

Die Ergebnisse der sog. Naila-Studie, dass im Umkreis von 400 m um eine Mobilfunksta- 321
tion herum das Risiko, an Krebs zu erkranken, drei Mal so hoch sei, wie außerhalb des
Umkreises, sind nicht zu verallgemeinern. Die in einem konkreten Einzelfall durchgeführte
gerichtliche Beweisaufnahme kann nicht zu einer **Gesamteinschätzung** des komplexen wissenschaftlichen Erkenntnisstandes führen.[335] Eine kompetente Risikobewertung setzt vielmehr eine fachübergreifende Sichtung und Bewertung der laufenden Forschung und wissenschaftlich begründete Zweifel an der Richtigkeit der als Stand der Technik akzeptierten
Grenzwerte voraus. Nach den bisher vorliegenden Studienergebnissen besteht bei Einhaltung der Grenzwerte keine Gesundheitsgefährdung.

2. Problemstellungen im Wohnungsmietrecht

a) **Rechtspositionen und Pflichten des Vermieters.** Der Vermieter ist, wenn das Mietshaus 322
in seinem Eigentum steht, gem. Art. 14 Abs. 1 GG, § 903 BGB berechtigt, trotz der laufenden Wohnungsmietverträge ohne Zustimmung der Mieter das bisher nicht zu den Mietobjekten gehörende Dach des Mietshauses dem Betreiber einer Mobilfunkanlage als Standort
zu vermieten, d. h. einen diesbezüglichen Mobilfunkstations-Standortmietvertrag, d. h. **einen
Nutzungsvertrag** abzuschließen.

Der Vermieter sollte sich aber in dem Nutzungsvertrag durch den Betreiber von auf der 323
Errichtung oder dem Betrieb der Anlage beruhenden Ansprüchen geschädigter Dritter **freistellen** und der Betreiber dieses Risiko versichern lassen.

Formulierungsvorschlag:

Der Betreiber stellt den Grundstückseigentümer im Außenverhältnis von allen berechtigten An- 324
sprüchen Dritter frei, die auf der Errichtung oder dem Betrieb der Mobilfunkanlage beruhen, es sei
denn, dass die Ansprüche auf einem Verschulden oder grober Fahrlässigkeit des Grundstückseigentümers beruhen.

Fühlt sich der Vermieter bzgl. der von der Anlage ausgehenden Emissionen und Gesund- 325
heitsrisiken nicht hinreichend durch den Betreiber **aufgeklärt,** ist er gleichwohl im Regelfall
aus den vorstehenden Gründen nicht zur Anfechtung des Nutzungsvertrages berechtigt.
Diesbezüglich gegen den Betreiber gerichtete Räumungsklagen des Vermieters waren, soweit
mir ersichtlich, bislang erfolglos.[336]

---

[332] BT-Drs. 14/7958; NZM-aktuell 2002 Heft 3 V; http://ww.bundesregierung.de\\dokumente\artikel\ix_
65285_1454.htm.
[333] BVerfG WuM 2002, 261; *Roth* NZM 2000, 521.
[334] BVerfG WuM 2002, 261; NJW 1997, 2509; OVG Koblenz WuM 2001, 561.
[335] OLG Frankfurt NZM 2005, 838.
[336] LG München I NZM 2002, 671.

326 Dem Vertragsabschluss steht ein **Vertrauensschutz** des Mieters an der Beibehaltung der bisherigen Situation nicht entgegen. Die Literatur geht aber davon aus, dass der Vermieter den Mieter im Rahmen seiner Gebrauchsgewähr- und **Verkehrssicherungspflicht** über Art und Umfang, sowie die hiervon ausgehenden Gefahren informieren, d.h. aufklären muss.[337]

327 Ferner bedarf die Anbringung einer über 10 m hohen Anlage i.d.R. nach der jeweiligen Landesbauordnung einer **Baugenehmigung**, d.h. die Errichtung der Mobilfunkanlage auf einem Wohngebäude ist baurechtlich eine genehmigungspflichtige Nutzungsänderung.[338] Des weiteren hat die Regulierungsbehörde für Telekommunikation und Post vor Inbetriebnahme der Anlage eine Standortbescheinigung auszustellen, in der sie **Sicherheitsabstände** festlegt, außerhalb derer die Grenzwerte nicht überschritten werden.

328 Dem Vermieter steht dem benachbarten Grundstückseigentümer gegenüber, auf dessen Haus eine Mobilfunksendeanlage betrieben wird, i.d.R. kein nachbarrechtlicher **Unterlassungsanspruch** gemäß §§ 1004 Abs. 1 S. 2, 906 Abs. 1 BGB zu, wenn die Anlage die Grenzwerte der 26. BImSchVO einhält.[339] Dem Vermieter obliegt dann entgegen dieser Indizwirkung des Gesetzes die Darlegungs- und Beweislast dafür, dass die von der Anlage ausgehenden Emissionen auch unterhalb der Grenzwerte gesundheitsschädliche Auswirkungen haben.

329 b) **Rechtspositionen und Pflichten des Mieters.** Mit einer vergleichbaren Begründung wird von der überwiegenden Rechtsprechung bei sog. **Elektrosmog**[340] ein auf § 536 Abs. 1 S. 2 BGB beruhendes Recht des Mieters zur **Mietzinsminderung** abgelehnt. Danach kommt es nicht auf das subjektive Empfinden des Mieters, also die von diesem angenommene, aber nicht nachgewiesene Gesundheitsgefährdung an. Der Mieter trägt die Darlegungs- und Beweislast dafür, dass seine Gesundheit durch die Mobilfunkanlage konkret gefährdet wird, deren Errichtung der Vermieter gestattet hat. Dem gegenüber genügte dem AG München bereits die begründete Angst des Mieters vor diesen Strahlungen.[341]

330 Auch ein mit der Fürsorgeverpflichtung des Vermieters begründetes **Unterlassungs**verlangen des Mieters hat nach der einschlägigen Rechtsprechung bislang keinen Erfolg.[342] Liegen die von der Mobilfunkanlage ausgehenden elektromagnetischen Strahlungen unterhalb der Grenzwerte, so ist die Nutzbarkeit der Mietwohnung nicht wesentlich beeinträchtigt.

331 Deshalb kommt auch kein außerordentliches **Kündigungsrecht** des Mieters gem. § 543 BGB in Betracht.

332 Der Mieter seinerseits kann von dem Vermieter nicht dessen Erlaubnis oder Genehmigung für das Aufstellen und Betreiben einer mietereigenen Mobilfunkantenne beanspruchen. Da der Mobilfunk keine allgemein zugängliche **Informationsquelle** darstellt, kann der Mieter sein Verlangen nicht auf Art. 5 Abs. 1 GG stützen.[343]

333 c) **Kosten und Einnahmen.** Der Steuerpflichtige kann aber Aufwendungen, die er für den Schutz vor Strahlungen der Mobilfunkanlage getätigt hat, steuerrechtlich als **außergewöhnliche Belastungen** geltend machen, wenn er entweder durch ein zuvor amtlich angefertigte, technische Gutachten nachweisen kann, dass die Grenzwerte überschritten sind, oder er

---

[337] *Frenzel* WuM 2002, 10.
[338] VGH Baden-Württemberg BauR 2000, 712; VGH Kassel BauR 2001, 944; *Martens/Appelbaum* NZM 2002, 649.
[339] BGH NZM 2004, 310; OLG Karlsruhe NZM 2003, 216; BayObLG WuM 2002, 382; OVG Bautzen BauR 1998, 1226; OVG Koblenz Beschl. v. 13. 1. 2004 – 8 B 11939/03 – IBR 2004, 166; LG München II NJW-RR 1997, 465; *Kniep* WuM 2004, 654.
[340] OLG München Urt. v. 13. 9. 2001 – 8 U 1553/99 in *Martens* NZM 2002, 650 Fußn. 64; LG Berlin NZM 2003, 60; LG Freiburg in *Lindner-Figura* NZM 2001, 406 Fußn. 31; AG Frankfurt NZM 2001, 1031; AG Tiergarten NZM 2002, 949; AG Traunstein ZMR 2000, 389; AG Gießen WuM 2001, 546; LG Hamburg WuM 2007, 692; *Drasdo* WuM 2006, 280.
[341] AG München WuM 1999, 111; AG Hamburg-Harburg WuM 2007, 621; *Kniep* WuM 2003, 313; 2006, 182; *Wolf* WuM 2007, 662.
[342] BGH WuM 2006, 304; *Reismann* WuM 2007, 361; a. A. AG Freiburg bei Gefahr für Herzschrittmacher bei rund 5 m entferntem Sender in *Kniep* WuM 2003, 312.
[343] Vgl. Rdnr. 156, 175.

durch ein amtsärztliches Gutachten dokumentiert, dass seine gesundheitlichen Beeinträchtigungen durch die unterhalb der Grenzwerte liegende Strahlung verursacht wurden.[344]

Die **Einnahmen** des Vermieters aus der Vermietung der Dachfläche als Aufstellungsort der Mobilfunkanlage sind keine Einnahmen i.S.d. § 31 Abs. 1 S. 1 II. BV, d.h. sie sind in der Wirtschaftlichkeitsberechnung für preisgebundenen Wohnraum nicht zu berücksichtigen.[345] 334

3. Problemstellungen im Wohnungseigentumsrecht

Stehen die Wohnungen des Mietshauses im Eigentum unterschiedlicher Vermieter, so bedarf die Errichtung einer Mobilfunksendeanlage, da sie eine **bauliche Veränderung** im Sinne des §§ 22 Abs. 1 S. 1, 14 Nr. 1 WEG darstellt,[346] der **Zustimmung** aller Wohnungseigentümer, selbst wenn die Anlage aus mehreren Gebäuden besteht.[347] Unmittelbar neben der Anlage lebende Wohnungseigentümer müssten die **Ungewissheit** der mit den Strahlen verbundenen **Gesundheitsgefahren** nicht hinnehmen. 335

Die Entscheidung der Wohnungseigentümer, den Mietvertrag über die Errichtung einer Mobilfunkstation auf dem Dach nicht abzuschließen, kann nach **billigem Ermessen** dem Interesse aller Teilhaber i.S.d. § 745 Abs. 2 BGB entsprechen, da auch bei Einhaltung der Grenzwerte einerseits die Besorgnis einer Gesundheitsgefahr die Gebrauchstauglichkeit von Miträumen zu Wohnzwecken sowie andererseits den Verkehrswert der Miteigentumsanteile beeinträchtigen kann.[348] Die ernsthafte Möglichkeit der Wertminderung genügt. 336

Wenn einem Sondernutzungsberechtigten in der Teilungserklärung ausdrücklich das Recht zum Aufstellen und Betrieb von Mobilfunkantennen eingeräumt wurde,[349] kann den übrigen Wohnungseigentümern ein auf § 15 Abs. 3 WEG i.V.m. § 1004 BGB beruhender **Unterlassungsanspruch** hinsichtlich der von der grundsätzlich zu duldenden Anlage ausgehenden Emissionen zustehen.[350] 337

Dabei kann ein Wohnungseigentümer seinen Unterlassungsanspruch auch mit berechtigten Interessen seines Wohnungsmieters begründen, bzw. mietrechtlich zur Durchsetzung der Ansprüche seines Mieters gegenüber der Eigentümergemeinschaft verpflichtet sein. Das kommerzielle Nutzungsinteresse des Berechtigten ist dann gegenüber dem Interesse der anderen Miteigentümer an der Vermeidung von etwaig gesundheitsgefährdendem Elektrosmog **abzuwägen**. 338

Ob diese Rechtsprechung auf Grund der entgegenstehenden Entscheidungen des BGH[351] und des Bundesverfassungsgerichts[352] aufrecht erhalten werden kann, ist fraglich.[353] Ferner ist der Mangelbegriff i.S.d. §§ 22 Abs. 1 S. 2, 14 Nr. 1 WEG nicht mit dem Mangel i.S.d. § 536 Abs. 1 BGB identisch und deshalb auch die Entscheidung des OLG Hamm nicht auf das Wohnungsmietrecht übertragbar. 339

Auch hier ist wieder die dargestellte Rechtsprechung und die Stellungnahme der Bundesregierung[354] zu berücksichtigen, dass nach dem derzeitigen wissenschaftlichen Erkenntnisstand **kein Handlungsbedarf** zur Absenkung der Strahlenschutzgrenzwerte besteht. Allerdings kann ein selbständiges Beweisverfahren zur Feststellung der Strahlenbelastung in Betracht kommen, wenn dem Käufer der Eigentumswohnung vom Verkäufer die bevorstehende Errichtung der Mobilfunkstation verschwiegen wurde.[355] 340

---

[344] BFH WuM 2007, 145; FG Baden Württemberg WuM 2006, 635.
[345] BGH NZM 2006, 133; LG Berlin WuM 2005, 648; *Drasdo* WuM 2006, 280; a.A. *Wüstefeld* WuM 2005, 689; Schmidt-Futterer/*Eisenschmid* § 535 Rdnr. 379.
[346] OLG Hamm NJW 2002, 1730; OLG Köln NZM 2001, 293; OLG Schleswig NZM 2001, 1035.
[347] OLG München WuM 2007, 34.
[348] OLG Karlsruhe WuM 2006, 159.
[349] OLG Köln NZM 2003, 200.
[350] BayObLG WuM 2002, 382.
[351] BGH NJW-Spezial 2004, Heft 1, S. 3.
[352] BVerfG WuM 2002, 261.
[353] BayObLG WuM 2004, 726.
[354] NZM Heft 3/2002 V.
[355] OLG Stuttgart NZM 2005, 559.

341 Streitig ist, ob das sich aus einer Teilungserklärung ergebende Sondernutzungsrecht, auf einer Fläche „eine" Funkstation errichten zu lassen, für die übrigen Wohnungseigentümer einen Abwehranspruch bezüglich einer angebrachten zweiten Mobilfunkstation ergibt.[356]

---

[356] OLG Köln NZM 2002, 612; OLG München NZM 2006, 226.

7. Abschnitt. Haftung und Gewährleistung

§ 17 Haftung

Übersicht

	Rdnr.
I. Mieterhaftung	1–91
1. Haftung aus Verschulden bei Vertragsverhandlungen	2–15
a) Haftung wegen grundlosen Abbruchs der Vertragsverhandlungen	3–6
b) Haftung wegen Verletzung von Aufklärungspflichten	7–9
c) Haftung wegen unrichtiger Angaben	10–14
d) Rechtsfolgen der schuldhaften Verletzung vorvertraglicher Pflichten ...	15
2. Haftung während des Mietgebrauchs	16–62
a) Verletzung von Hauptleistungspflichten	17–20
b) Verletzung von Nebenpflichten	21–51
c) Vertragswidriger Gebrauch	52–62
3. Haftung bei bzw. nach Beendigung des Mietverhältnisses	63–90
a) Schäden an der Mietsache	63–69
b) Schönheitsreparaturen	70–75
c) Verspätete Wohnungs- und Schlüsselrückgabe	76–85
d) Verjährung	86–90
4. Haftung des Mieters für Dritte	91
II. Vermieterhaftung	92–147
1. Gebrauchsüberlassung	92–99
a) Besitzeinräumung	92
b) Zeitpunkt der Überlassung	93/94
c) Schlüsselübergabe	95
d) Vertragsgemäßer Zustand der Mietsache bei Übergabe	96–99
2. Gebrauchsgewährung	100–118
a) Inhalt und Grenzen der Gebrauchsgewährungspflicht	100–102
b) wesentlicher Inhalt	103–105
c) Versorgungsleistungen	106–113
d) Abwehr von Immissionen	114
e) Fürsorge- und Treuepflichten	115/116
f) Konkurrenzschutz	117/118
3. Leistungsstörungen	119–140
a) Garantiehaftung des Vermieters	120–122
b) Haftung für Erfüllungsgehilfen	123
c) Schutzwirkung zugunsten Dritter	124/125
d) Unmöglichkeit	126–132
e) Verzug	133–135
f) pVV/c. i. c.	136–140
4. Haftungsausschlüsse	141

I. Mieterhaftung

Der Mieter ist neben den gesetzlichen und den von der Rechtsprechung entwickelten Haftungstatbeständen weiteren Pflichten und Haftungen ausgesetzt, die sich aus zusätzlichen bzw. von der gesetzlichen Regelung abweichenden **vertraglichen Vereinbarungen** ergeben können. Eine optimale Mandatsbetreuung sowohl aus Vermieter- als auch aus Mietersicht setzt voraus, dass der Anwalt bereits bei Annahme des Mandates den Sachverhalt genau analysiert und rechtlich zutreffend einordnet, um mit Erfolg eine Haftung des Mieters herzuleiten oder aber eine Inanspruchnahme durch den Vermieter abwehren zu können. Hierbei sind entsprechend der Chronologie eines Mietvertragsverhältnisses folgende Haftungsmöglichkeiten zu unterscheiden: 1

1. Haftung aus Verschulden bei Vertragsverhandlungen

2   Auch schon im Vorfeld eines Vertragsschlusses bestehen zwischen den Parteien Pflichten, deren schuldhafte Verletzung zu einem Schadenersatzanspruch führen kann. Die c.i.c.-Haftung ist mit der Schuldrechtsreform gesetzlich normiert worden durch **§ 311 Abs. 2 BGB iVm. § 241 Abs. 2 BGB. Anspruchsgrundlage** für den Schadenersatz wegen Verletzung vorvertraglicher Pflichten ist § 280 Abs. 1 BGB. Eine Haftung des Mieters aus Verschulden bei Vertragsverhandlungen kann in folgenden Fallgruppen in Betracht kommen:

3   **a) Haftung wegen grundlosen Abbruchs der Vertragsverhandlungen.** Grundsätzlich hat jeder Verhandlungspartner das Recht, von einem Vertragsabschluss Abstand zu nehmen, ohne sich hierdurch gegenüber dem anderen schadenersatzpflichtig zu machen.[1] In der Regel zeigen die Parteien ihren Bindungswillen erst durch den Abschluss des Vertrages. Dies gilt auch und vor allem im Bereich der Vermietung von Wohnraum, werden doch in den allermeisten Fällen schriftliche Mietverträge geschlossen, auch wenn nach § 550 BGB die Schriftform nicht zwingend vorgeschrieben ist.

4   Deshalb sind **Ansprüche des Vermieters nur ausnahmsweise** denkbar, wenn:
- der Vertragsschluss nach dem Verhandlungsstand als sicher anzusehen war, d. h. der Vermieter auf Grund des Verhaltens des Mieters darauf **vertrauen** konnte und durfte, es werde mit Sicherheit zum Abschluss des Mietvertrages kommen,
- der Vermieter im Hinblick hierauf **Aufwendungen** zur Durchführung des Vertrages vor dessen Abschluss gemacht hat
- und der Mieter den Vertragsschluss **ohne triftigen Grund** ablehnt.[2]

5   Nach der Entscheidung des BGH vom 29. 3. 1996[3] soll eine Schadenersatzpflicht sogar nur dann in Betracht kommen, wenn das Verhalten des in Anspruch Genommenen sich als **besonders schwerwiegender Treuverstoß** darstellt. Dies sei in der Regel nur eine **vorsätzliche Treupflichtverletzung**, z. B. das Vorspiegeln tatsächlich nicht vorhandener Abschlussbereitschaft.

> **Praxistipp:**
>
> 6   Unter Berücksichtigung der BGH-Rechtsprechung ist eine Haftung des Mieterinteressenten wegen grundlosen Abbruchs der Vertragsverhandlungen nur ausnahmsweise anzunehmen.

7   **b) Haftung wegen Verletzung von Aufklärungspflichten.** Seitens des Mieters können schon während der Vertragsverhandlungen **Aufklärungs- bzw. Offenbarungspflichten** bestehen, wenn ihm Umstände bekannt sind, die den Vertragszweck gefährden und wesentlichen Einfluss auf die Entscheidung des Vermieters haben können. Solche Umstände sind vom Mieter **ungefragt** zu offenbaren, wenn der Vermieter nach Treu und Glauben Aufklärung erwarten darf. Entscheidend für die Bejahung solcher Pflichten ist das objektive Interesse des Vermieters an der Kenntnis der Umstände. Je weniger die Umstände die berechtigten Hauptinteressen des Vermieters, insbesondere das Interesse an sicheren Mietzinseinnahmen, beeinflussen, desto eher ist eine Aufklärungspflicht zu verneinen.[4]

8   Ist eine vorvertragliche Aufklärungspflicht zu bejahen, und wird die Pflicht vom Mieter schuldhaft verletzt, führt dies gemäß §§ 311 Abs. 2, 241 Abs. 2, 280 Abs. 1 BGB zur Haftung und zum Schadenersatz wegen Verschuldens bei Vertragsschluss.[5]

---

[1] BGH NJW-RR 1989, 627; BGH NJW 1996, 1884, 1885.
[2] BGH NJW 1996, 1884; Schmidt-Futterer/*Blank* § 535 Rdnr. 19 ff.
[3] BGH NJW 1996, 1884.
[4] BVerfG WuM 1991, 463, 464; *Sternel* I Rdnr. 256, 260 ff.
[5] LG Karlsruhe WuM 1998, 479.

> **Praxistipp:**
> Der Mieter ist zur ungefragten Offenbarung von bestimmten Umständen in der Regel nur verpflichtet, wenn objektive und berechtigte Hauptinteressen des Vermieters an der Kenntnis der Umstände berührt sind.

9

c) Haftung wegen unrichtiger Angaben. In aller Regel wird vom Mieter verlangt, dass er zu bestimmten Fragen **Selbstauskünfte** erteilt. Häufig geschieht dies in Form von Fragebögen. Soweit der Vermieter den Mietinteressenten zu bestimmten Umständen ausdrücklich befragt, gibt er hiermit zu erkennen, dass es ihm auf die Antworten für den Vertragsabschluss ankommt. Damit der Vermieter sich gegebenenfalls hierauf berufen kann, empfiehlt es sich allerdings, die nachgefragten Umstände als Vereinbarung im schriftlichen Mietvertrag aufzunehmen.[6]

10

Die Fragen muss der Mieter jedenfalls dann wahrheitsgemäß beantworten, wenn:
- die nachgefragten Umstände bei **objektiver Würdigung** der Umstände für den Abschluss des Vertrages **wesentlich** sind
- und die Umstände vom Vermieter erfragt werden **durften**.[7]

11

Unzulässige Fragen braucht der Mieter also nicht zu beantworten. Dies sind z. B. Fragen nach dem früheren Mietverhältnis, Grund des Wohnungswechsels, Bankverbindung, Hobbys, Kinderwünschen, Bestehen einer Schwangerschaft, Mitgliedschaft in Mieterverein.[8] Auch Statusfragen bezüglich der Person (Alter, Beruf, Staatsangehörigkeit, Konfessions- oder Parteizugehörigkeit, Vorstrafen usw.) können unzulässig sein, jedenfalls wenn sie ohne schützenswertes Interesse des Vermieters gestellt werden.

12

Die **unwahrheitsgemäße Beantwortung** unzulässiger Fragen haben keine nachteiligen Rechtsfolgen für den Mieter. Selbst wenn zulässige Fragen falsch beantwortet werden, führt dies nicht zwangsläufig zu Konsequenzen, wenn sich nach Beginn des Mietverhältnisses keine relevante Verletzung der Interessen des Vermieters in Bezug auf die gestellte Frage zeigt.[9]

13

> **Praxistipp:**
> Nur wenn zulässige Fragen vom Mieter schuldhaft falsch beantwortet werden und sich hierdurch eine relevante Verletzung der Interessen des Vermieters ergibt, kann eine c. i. c.-Haftung in Betracht kommen.

14

d) Rechtsfolgen der schuldhaften Verletzung vorvertraglicher Pflichten. Neben der Anfechtbarkeit des Mietvertrages gemäß §§ 119, 123 BGB bis zum Vertragsbeginn und der Kündbarkeit gemäß § 543 Abs. 1 BGB nach Vertragsbeginn können sich **Schadenersatzansprüche des Vermieters** gemäß §§ 311 Abs. 2, 241 Abs. 2, 280 Abs. 1 BGB ergeben, wenn und soweit durch die Pflichtverletzung ein Schaden entstanden ist, der nicht durch andere Anspruchsgrundlagen abgedeckt ist.[10]

15

2. Haftung während des Mietgebrauchs

Bei der Haftung des Mieters während des Mietgebrauchs ist grundsätzlich zu **unterscheiden**, ob **Hauptleistungspflichten** oder **Nebenpflichten** betroffen sind, weil hiervon die anzuwendenden Rechtsvorschriften und die Rechtsfolgen abhängen:

16

---

[6] LG Stuttgart NJW-RR 1992, 1360.
[7] AG Rendsburg WuM 1990, 507, 508; AG Hamburg WuM 1992, 598; AG Bonn WuM 1992, 597; AG Miesbach WuM 1987, 379; LG Itzehoe WuM 2008, 281; OLG Koblenz WuM 2008, 471.
[8] Schmidt-Futterer/*Blank* § 543 Rdnr. 191.
[9] Vgl. LG Ravensburg WuM 1984, 299.
[10] BGH WuM 1996, 324; *Sternel* I 268.

17 **a) Verletzung von Hauptleistungspflichten.** Zu den **Hauptleistungspflichten** gehören die Entrichtung des vereinbarten Mietzinses, die Übernahme der Betriebskosten falls vereinbart, und nach herrschender Meinung auch die Übernahme und Durchführung von Schönheitsreparaturen.

18 *aa) Pflicht zur Zahlung des Mietzinses und der Betriebskosten.* Zu den Hauptleistungspflichten des Mieters während des Mietgebrauchs gehört in erster Linie die Pflicht zur Entrichtung des vereinbarten Mietzinses an den Vermieter gemäß § 535 Abs. 2 BGB, auch wenn der Mieter aus persönlichen Gründen an der Ausübung seines Gebrauchsrechts verhindert sein sollte, § 537 BGB. Insoweit ergeben sich aus haftungsrechtlichen Gesichtspunkten keine Besonderheiten.

19 Gleiches gilt für Betriebskosten, falls eine wirksame mietvertragliche Vereinbarung gemäß § 556 Abs. 1 BGB besteht, dass diese entgegen § 535 Abs. 1 BGB vom Mieter zu tragen sind.

20 *bb) Pflicht zur Vornahme von Schönheitsreparaturen.* Als weitere **Hauptleistungspflicht**[11] des Mieters wird die Vornahme von Schönheitsreparaturen angesehen, wenn die nach gesetzlicher Regelung dem Vermieter obliegende Erhaltungspflicht durch wirksame vertragliche Vereinbarung auf den Mieter übertragen worden ist. Daraus folgt, dass dem Vermieter (nur) ein **einklagbarer Erfüllungsanspruch während des laufenden Mietverhältnisses** zusteht, sollte der Mieter seine Pflicht nicht oder nur unzureichend erfüllen. Befindet sich der Mieter in Verzug, kann der Vermieter Vorschuss vom Mieter in Höhe der notwendigen Kosten verlangen und erforderlichenfalls einklagen.[12] Es besteht jedoch **kein Schadenersatzanspruch des Vermieters wegen unterlassener Schönheitsreparaturen während des laufenden Mietverhältnisses**, denn die Erhaltung der Mietsache soll nur dem Mieter zugute kommen.[13] Der Erfüllungsanspruch lässt sich erst bei Beendigung des Mietvertrages zum **Schadenersatzanspruch statt der Leistung** gemäß § 280 Abs. 3 BGB umwandeln, und zwar unter den Voraussetzungen der §§ 280 Abs. 1, 281 BGB (Fristsetzung zur Leistung oder Nacherfüllung). Eine Ablehnungsandrohung ist nicht mehr erforderlich.

21 **b) Verletzung von Nebenpflichten.** Mit Beginn des Mietverhältnisses und Übernahme der Mieträume setzen eine Reihe von **Nebenpflichten des Mieters** ein, deren schuldhafte Verletzung zur Schadenersatzpflicht führen können. Hierzu zählen:

22 *aa) Obhutspflicht.* Die **Obhutspflicht** beinhaltet, dass der Mieter die Wohnung vor Schäden bewahrt.[14]

23 Beispiele:
- kein Verkleben von **Teppichböden** oder **Parkett**,[15]
- keine **Bohr- bzw. Dübellöcher** über das übliche Maß hinaus, bei Kacheln oder Fliesen, nur soweit dies zur Befestigung von üblichen Einrichtungsgegenständen erforderlich ist,[16]
- Vermeidung von **Feuchtigkeitsschäden**[17] und **Frostschäden**[18] durch hinreichendes Heizen und Belüften der Mieträume,
- Vorkehrungen zur Vermeidung von Schäden treffen bei **längerer Abwesenheit**,[19]
- Vermeidung von Schäden durch **Tierhaltung**, sofern Grenzen der vertragsgemäßen Nutzung überschritten werden,[20]
- Vermeidung von **Wasserschäden**, insbesondere durch vom Mieter eingebrachte Haushaltsgeräte,
- keine **gefährlichen Gas-, Wasser- oder Elektroinstallationen**,
- kein Einbringen oder Lagern **gefährlicher Gegenstände** bzw. Stoffe.

---

[11] BGH NZM 1998, 710.
[12] BGHZ 111, 301; OLG Düsseldorf NZM 2000, 464; Palandt/*Weidenkaff* § 535 Rdnr. 54.
[13] BGH NJW-RR 1990, 1231.
[14] Schmidt-Futterer/*Eisenschmid* § 535 Rdnr. 213 ff.
[15] LG Mannheim WuM 1976, 49, 181, 205.
[16] BGH WuM 1993, 109, 110.
[17] LG Berlin WuM 1985, 22; LG Dortmund WuM 2008, 333.
[18] OLG Karlsruhe WuM 1996, 226; LG Görlitz WuM 1994, 669.
[19] OLG Hamm WuM 1996, 470.
[20] LG Oldenburg WuM 1998, 316.

Tritt ein Mangel während des Gebrauchs auf, muss der Mieter die Wohnung mit der gebotenen Sorgfalt nutzen, um den Schaden des Vermieters gering zu halten. So darf ein Mieter einen Elektroherd nicht uneingeschränkt benutzen, obwohl ihm bekannt ist, dass die Stromzufuhr in der Wohnung hierfür nicht ausreicht, und dadurch die Stromleitung zu Schaden kommt.[21] 24

bb) Anzeigepflicht, § 536c BGB. Aus der allgemeinen Obhutspflicht resultiert die Pflicht des Mieters, während seines Besitzes sich zeigende **Mängel** der gemieteten Wohnung **unverzüglich dem Vermieter anzuzeigen**. Gleiches gilt, wenn eine Vorkehrung zum Schutze der Mietsache gegen eine nicht vorhergesehene Gefahr erforderlich wird oder wenn sich eine Dritter ein Recht an der Sache anmaßt. 25

Sollte der Mieter längere Zeit abwesend sein, muss er für **geeignete Kontroll- und Sicherungsmaßnahmen** sorgen. 26

Unterlässt der Mieter die Anzeige schuldhaft, so ist er zum Ersatz des daraus entstehenden Schadens verpflichtet, § 536c Abs. 2 S. 1 BGB. 27

Praxistipp:
Der Mieter sollte vorsorglich jeden auftretenden Mangel dem Vermieter anzeigen, aus Beweisgründen möglichst schriftlich, und nicht etwa bis zur Beendigung des Mietverhältnisses zuwarten. 28

cc) Verkehrssicherungspflichten. Die Verkehrssicherungspflichten **obliegen grundsätzlich dem Vermieter bzw. Haus-/Wohnungseigentümer**, § 535 Abs. 1 S. 2 BGB. Er ist dafür verantwortlich, dass von dem Hausgrundstück bzw. von der Wohnung keine Gefahren ausgehen, durch die Mieter oder Dritte zu Schaden kommen könnten. Geeignete und nach den Umständen zumutbare Sicherungs- und Überwachungsmaßnahmen sind durchzuführen.[22] Der Vermieter darf allerdings darauf vertrauen, dass Mieter und Dritte auch ihrerseits bestehende Obhuts- und Sicherungspflichten erfüllen, so dass sich Art und Umfang der Verkehrssicherungspflicht im Einzelfall reduzieren können.[23] 29

Soweit der Mieter selbst Gefahrenlagen schafft, z. B. durch Anbringung von Blumenkästen außen, ist er unmittelbar verkehrssicherungspflichtig und haftet im Schadenfalle. 30

Verkehrssicherungspflichten können jedoch vom Vermieter **auf den Mieter übertragen** werden, nach h. M. auch formularmäßig.[24] 31

Voraussetzung ist, dass der Mietvertrag im Einzelnen aufführt, welche konkreten Pflichten auf den Mieter übertragen werden sollen. Unklarheiten gehen zu Lasten des Vermieters. Nur im Einzelfall ist auch ohne ausdrückliche Vereinbarung eine Überwälzung der Verkehrssicherungspflicht auf den Mieter denkbar, z. B. wenn ein Einfamilienhaus angemietet ist und der Vermieter erkennbar seinen Pflichten nicht nachkommen kann,[25] oder wenn die Mieter nach einem Reinigungsplan die Schneebeseitigung und Streupflicht faktisch übernommen haben.[26] 32

Regelmäßig werden folgende Sicherungspflichten auf den Mieter übertragen: 33
- Straßenreinigung,
- Sauberhaltung des Treppenhauses, des Hauseingangs und der Zuwege auf dem Grundstück,
- Schnee- und Eisbeseitigung.

In der Praxis von großer Bedeutung ist die Übertragung des **Winterdienstes**. Kommt der Mieter hier seinen Verkehrssicherungspflichten nicht ordnungsgemäß nach, haftet er gegenüber dem Geschädigten auf Schadenersatz nach Deliktsrecht.[27] Sollte die Gebäudehaft- 34

---

[21] AG Kassel WuM 1996, 30.
[22] BGH NJW 1994, 3348.
[23] BGH a. a. O.; OLG Karlsruhe WuM 1996, 226.
[24] *Sternel* II Rdnr. 85 f.; OLG Frankfurt/Main NJW-RR 1989, 397.
[25] Schmidt-Futterer/*Eisenschmid* § 535 Rdnr. 124.
[26] OLG Dresden WuM 1996, 553 f.; BGH NJW-RR 1989, 394.
[27] OLG Frankfurt a. M. NZM 2004, 144; OLG Brandenburg NZM 2007, 583.

pflichtversicherung des Vermieters für den Schaden eintreten und werden die Kosten der Versicherung auf den Mieter umgelegt, besteht für den Versicherer nur bei Vorsatz oder grober Fahrlässigkeit Regressmöglichkeit gegen den Mieter.

35   Ist der **Umfang des Winterdienstes** vertraglich nicht geregelt, ist darauf abzustellen, was allgemein üblich ist, wobei die einschlägigen **Satzungen der Städte und Gemeinden** herangezogen werden können.[28]

> **Praxistipp:**
>
> 36   Muss der Mieter auf Grund wirksamer Pflichtenübertragung Winterdienst durchführen, sollte er sich auf jeden Fall über die Regelungen in der einschlägigen Ortssatzung kundig machen.

37   Ist der Mieter abwesend, muss er für **ordnungsgemäße Vertretung** sorgen. Handelt es sich nur um eine vorübergehende Abwesenheit, genügt es, wenn der Mieter sich bei der Auswahl der Vertretungsperson kein Verschulden zukommen lässt. Eine darüber hinausgehende Überwachungs- und Kontrollpflicht ist unzumutbar.[29]

> **Praxistipp:**
>
> 38   Sind mehrere Mieter abwechselnd verantwortlich, empfiehlt sich die Benutzung einer „Schneekarte", die der Mieter nur dann weiterreichen darf, wenn er seine Winterpflichten (z. B. für einen Tag) tatsächlich erfüllt hat.[30]

39   dd) *Duldungs- und Mitwirkungspflichten. (1) Duldungs- und Mitwirkungspflicht im Hinblick auf Vorbereitung und Durchführung von Instandsetzungsmaßnahmen, § 554 Abs. 1 BGB.* Zur Erfüllung der Gewährleistungspflicht des Vermieters muss der Mieter die Erhaltungsmaßnahmen sowie die hierfür erforderlichen Planungsarbeiten dulden. Die **Duldungspflicht** ist **uneingeschränkt** und kann bis hin zur vorübergehenden Räumung der Wohnung gehen.

40   Streitig ist, ob sich die Duldungspflicht aus § 554 Abs. 1 BGB nur auf ein „passives Stillhalten" beschränkt, oder aber der Mieter auch verpflichtet ist, aktiv mitzuwirken, z. B. indem er Möbel wegräumen und demontieren muss, um den Arbeitsbereich freizumachen. Das LG Berlin hat in seinem Beschluss vom 30. 11. 1995[31] eine solch weitgehende Mitwirkungspflicht zu Recht verneint.

41   Verweigert sich der Mieter, kann der Vermieter auf Duldung klagen und erforderlichenfalls den Erlass einer einstweiligen Verfügung beantragen. Bei gerichtlich festgestellter Duldungspflicht können den Mieter bei weiterer Verweigerung Schadenersatzansprüche nach § 280 Abs. 1 BGB wegen vergeblicher Aufwendungen zur Durchführung der Instandsetzungsmaßnahmen sowie wegen möglicher Verschlechterung der Mietsache auf Grund der vom Mieter verschuldeten Verzögerung treffen. Das erforderliche Verschulden wird bei Verweigerung vor gerichtlicher Feststellung nur schwerlich zu bejahen sein, weil der Mieter grundsätzlich das Recht hat, die vom Vermieter behauptete Duldungspflicht gerichtlich überprüfen zu lassen. Etwas anders könnte nur gelten, wenn bei klarer Sachlage für einen verständigen Mieter die Duldungspflicht evident ist.

42   *(2) Duldungs- und Mitwirkungspflicht im Hinblick auf Vorbereitung und Durchführung von Modernisierungsmaßnahmen, § 554 Abs. 2 BGB.* Der Mieter unterliegt nach § 554 Abs. 2 S. 1 BGB einer Pflicht zur Duldung von Modernisierungsmaßnahmen des Vermieters, sofern

---

[28] LG Köln WuM 1995, 107: keine Streupflicht zwischen 20.00 Uhr bis 7.00 Uhr.
[29] LG Köln WuM 1995, 316.
[30] So OLG Hamm WuM 1985, 299.
[31] LG Berlin NJW-RR 1996, 1163 m. w. N.

- es sich tatsächlich um **Maßnahmen zur Verbesserung** der gemieteten Räume oder sonstigen Gebäudeteilen handelt und nicht lediglich um Instandhaltung oder Reparatur; das Vorliegen einer Verbesserung hat der Vermieter erforderlichenfalls darzulegen und zu beweisen,[32]
- der Vermieter die **Formalien** des § 554 Abs. 3 BGB beachtet,
- und die Maßnahmen unter Berücksichtigung der berechtigten Interessen des Vermieters und anderer Mieter **keine Härte für den Mieter** bedeuten würde.

Mithin besteht keine allgemeine Duldungspflicht des Mieters.[33]

Ist eine Duldungspflicht zu bejahen und kommt der Mieter seiner Pflicht nicht nach, können wegen vergeblicher Aufwendungen zur Vorbereitung der Modernisierungsmaßnahmen **Schadenersatzansprüche des Vermieters** nach § 280 Abs. 1 BGB in Betracht kommen, allerdings nur unter engen Voraussetzungen. Grundsätzlich unternimmt der Vermieter die vorbereitenden Aufwendungen auf eigenes Risiko, auch wenn er die Formalien des § 554 Abs. 3 BGB einhält, denn er muss damit rechnen, dass der Mieter seine Duldungspflicht bestreitet. Selbst wenn der Mieter auf ein Ankündigungsschreiben des Vermieters innerhalb einer gesetzten Frist nicht reagiert, darf der Vermieter nicht ohne weiteres davon ausgehen, der Mieter werde mit den angekündigten Maßnahmen einverstanden sein. Vielmehr ist der Vermieter gehalten, die Duldungspflicht gerichtlich feststellen zu lassen, sollte diese streitig sein bzw. eine Einverständniserklärung des Mieters fehlen. Dementsprechend ist auch eine Ersatzpflicht bezüglich Schäden, die möglicherweise durch Verzögerung entstehen, in der Regel zu verneinen. Nur für den Fall, dass der Mieter **trotz klarer Rechtslage mutwillig die Duldung verweigert**, könnte ein Verschulden und damit eine Ersatzpflicht im Einzelfall angenommen werden. Erst bei gerichtlicher Feststellung der Duldungspflicht kann bei weiterer Verweigerungshaltung ein Verschulden des Mieters angenommen werden. Hat der Vermieter jedoch eine Erklärungsfrist gesetzt und das Kommen von Handwerkern zu einem bestimmten Termin angekündigt, empfiehlt es sich für den Mieter, dem Vermieter rechtzeitig vorher Nachricht zu geben, falls er die Maßnahmen nicht dulden möchte. Anderenfalls ist bezüglich Kosten, die für einen konkreten Handwerkertermin anfallen, zumindest wegen Mitverschuldens eine Schadenersatzpflicht des Mieters denkbar.[34]

(3) Duldung der Wohnungsbesichtigung. Zum Wesen des Mietvertrages gehört die Überlassung des **unbeschränkten Besitzes** der Wohnung.[35] Verlangt der Vermieter Zutritt zur Wohnung, hat der Mieter dies grundsätzlich nur bei Vorliegen eines besonderen Anlasses zu dulden.[36] Ein Besichtigungsrecht des Vermieters kann ausnahmsweise vorliegen:
- Besichtigung der Wohnung mit **Nachmietinteressenten**, wenn die Beendigung des Mietverhältnisses mit hinreichender Sicherheit feststeht,[37]
- Besichtigung mit **Kaufinteressenten** bei bevorstehenden Wohnungsverkauf,[38]
- Besichtigungsrecht des Vermieters bei konkreten Anhaltspunkten für einen **drohenden Schaden**.[39]

Eine vertragliche Erweiterung des Besichtigungsrechtes ist nur in engen Grenzen zuzulassen. Eine **Formularvereinbarung**, die dem Vermieter jederzeit Zutritt zur Wohnung gewährt, ist auf jeden Fall wegen Verstoß gegen Art. 13 GG i. V. mit § 307 BGB unwirksam.[40] Eine Vereinbarung, dass alle 2 Jahre Besichtigung zur allgemeinen Zustandsfeststellung durchgeführt werden darf, ist als zulässig angesehen worden.[41]

Der Mieter kann zum Schadenersatz verpflichtet sein, wenn er dem Vermieter das Besichtigungsrecht rechtswidrig nicht gewährt.[42]

---

[32] LG Berlin NZM 1999, 705; LG Berlin ZM 1999, 1036.
[33] AG Bonn NZM 2006, 698.
[34] LG Köln WuM 1994, 465, 466.
[35] LG München WuM 1994, 370.
[36] AG Bonn NZM 2006, 698.
[37] AG Ibbenbüren WuM 1991, 360.
[38] AG Lüdenscheid WuM 1990, 489.
[39] Schmidt-Futterer/*Eisenschmid* § 535 Rdnr. 156.
[40] BVerfG NJW 1993, 2035.
[41] AG Lübeck WuM 1993, 344; *Sonnenschein* NJW 1998, 2180, 2181; Palandt/*Weidenkaff* § 535 Rdnr. 82.
[42] AG Wedding GE 1997, 749.

48 **ee) Verschulden.** Nur die **schuldhafte** Verletzung von Nebenpflichten des Mieters führt zur Schadenersatzpflicht, § 280 Abs. 1 S. 2 BGB.

49 **Verschuldensmaßstab** ist § 276 BGB. Abzustellen ist also auf einen objektiven Sorgfaltsmaßstab, der an einen durchschnittlichen Mieter angelegt werden darf. Für Verschulden **Dritter** haftet der Mieter gemäß § 278 BGB.[43]

50 Eine **Haftungsmilderung** bzw. einen **Haftungsverzicht** zugunsten des Mieters sieht der BGH nach einer grundlegenden Urteilsentscheidung vom 13. 12. 1995[44] in der mietvertraglichen Verpflichtung des Wohnungsmieters, die (anteiligen) Kosten der Gebäudefeuerversicherung des Wohnungseigentümers zu zahlen. Darin liege die stillschweigende Beschränkung der Haftung des Mieters für die Verursachung von Brandschäden auf Vorsatz und grobe Fahrlässigkeit. Der Mieter soll hier nicht weitergehender haftbar gemacht werden können, als hätte er die Feuerversicherung selbst abgeschlossen. Der BGH-Entscheidung ist allerdings nur dann zuzustimmen, wenn man von einem konkludent vereinbarten **Regressverzicht** ausgeht, so dass der Mieter vor hohen Regressforderungen des Sachversicherers geschützt werden kann. Eine Haftungsmilderung bzw. einen Haftungsverzicht will ein Vermieter indes mit Sicherheit nicht mit seinem Mieter vereinbaren, auch nicht konkludent. Im Gegenteil wird es ihm im Hinblick auf Brandschutz gerade darauf ankommen, dass der Mieter ganz besonders vorsichtig mit der Mietwohnung umgeht.[45]

51 Eine Beschränkung der Regressmöglichkeit ist für den Fall eines Glatteisunfalls entsprechend bejaht worden.[46]

52 **c) Vertragswidriger Gebrauch.** Hat der Mieter die gemietete Wohnung beschädigt oder verschlechtert, und ist Veränderung oder Verschlechterung nicht durch vertragsgemäßen Gebrauch herbeigeführt worden, ist er dem Vermieter gegenüber zu **Schadenersatz nach § 280 BGB** verpflichtet, sofern die Beeinträchtigungen nicht ohnehin im Rahmen einer bestehenden Pflicht zur Vornahme von Schönheitsreparaturen zu beseitigen sind.[47] Auch hier kann der Ersatzanspruch des Vermieters **sofort** und nicht etwa erst bei Beendigung des Mietverhältnisses geltend gemacht werden.[48]

53 **aa) Einzelfälle.** Zu der Frage, ob vertragsgemäßer Gebrauch vorgelegen hat, oder aber eine die Grenzen des vertragsgemäßen Gebrauchs überschreitende Handlung, muss nach den **konkreten Umständen des Einzelfalles** entschieden werden.

54 **Beispiele:**

- Badewanne/Waschbecken/Dusche

    Kleine Emailleabplatzungen an der Badewanne sind Abnutzungen durch vertragsgemäßen Gebrauch.[49]
    Auffällige Schlagstellen sollen hingegen zu Schadenersatzpflicht führen.[50]
    Starke Kalkablagerungen in Toilettenschüssel sind nicht mehr Folge vertragsgemäßen Gebrauchs.[51]
    Stark aufgeraute Oberfläche der Badewannenbeschichtung infolge fehlender Reinigung über Jahre hinweg ist kein vertragsgemäßer Gebrauch.[52]

- Dübellöcher

    Die Anbringung von Dübeln ist vertragsgemäßer Gebrauch, soweit sie zur Befestigung von üblichen Einrichtungsgegenständen (Einbauküche, übliche Installationsgegenstände im Bad usw.) erforderlich sind und über das übliche Maß nicht hinausgehen.[53] Auch Kacheln dürfen angebohrt werden, soweit erforderlich und im üblichen Rahmen.[54]

---

[43] LG Berlin ZMR 1982, 86.
[44] BGH NJW 1996, 715.
[45] *Prölss* r+s 1997, 221 ff.
[46] AG Waiblingen WuM 1996, 771.
[47] BGH NJW-RR 2005, 715.
[48] AG Köln a. a. O.; s. o. § 20.
[49] OLG Köln WuM 1995, 582, 583.
[50] Schmidt-Futterer/*Langenberg* § 538 Rdnr. 111.
[51] AG Rheine WuM 1998, 250.
[52] LG Düsseldorf Urt. v. 28. 3. 1995 DWW 1996, 281.
[53] BGH WuM 1993, 109, 110.
[54] BGH a. a. O.

- **Fensterbänke**
  Wasserflecke durch Blumentöpfe bzw. Blumengießen sollen vertragsgemäßer Gebrauch sein, jedenfalls wenn es an einer Schutzbeschichtung der Fensterbänke fehlt.[55]
- **Feuchtigkeitsschäden**
  Bei Verursachung von Feuchtigkeitsschäden durch falsches und vorwerfbares Heiz- und Lüftungsverhalten ist der Mieter schadenersatzpflichtig.[56]

> **Praxistipp:**
> Auf richtiges Heiz- und Lüftungsverhalten sollte der Vermieter den Mieter zu Beginn des Mietverhältnisses hinweisen.

55

Keine Ersatzpflicht, wenn Feuchtigkeit oder Schimmelbildung zumindest überwiegend auf bauliche Mängel zurückzuführen ist.[57]

56

- **Flecken/Kratzer**
  Kleinere Flecken und Kratzer an Wänden, Decken, Böden, Türen und sonstigen Wohnungsgegenständen sind nur Folge üblicher Abnutzung und daher vertragsgemäßer Gebrauch.[58]
  Deutliche Flecken, z. B. durch Rotwein, Brand oder Tierurin, verpflichten hingegen zu Schadenersatz.[59]
- **Frostschäden**
  Der Mieter ist verpflichtet, die Wohnung während der Winterzeit, in der Frostgefahr besteht, so zu beheizen, dass die Wasserleitungen nicht einfrieren und hierdurch Schaden entsteht.[60] Bei Abwesenheit muss er für entsprechende Vorkehrungen sorgen.[61]
- **Parkett**
  Für Beschädigung des Parketts infolge Verkleben oder Entfernen eines vom Mieter eingebrachten Bodenbelags ist der Mieter ersatzpflichtig.
  Kleinere Flecken und Kratzer sind Folge üblicher Abnutzung,[62] nicht hingegen starke Verfleckungen des Parketts z. B. infolge Tierurin oder vom Mieter verursachte Feuchtigkeit und schwere Kratzer z. B. infolge Tierhaltung oder unsachgemäßes Möbelrücken.[63]
  Umstritten ist, ob Druckspuren durch Pfennigabsätze noch als Folgen vertragsgemäßen Gebrauchs angesehen werden können.[64] Nach diesseitiger Ansicht umfasst die Obhutpflicht des Mieters, die Wohnung möglichst pfleglich zu behandeln, auch die Vermeidung solcher Druckspuren, zumal er solche Beeinträchtigungen leicht vermeiden kann.
  Sog. Laufstraßen sind hingegen normale Abnutzungsspuren.[65]
- **PVC-Belag**
  Für Schäden durch Verkleben oder Entfernen vom Mieter eingebrachter Bodenbeläge ist der Mieter ersatzpflichtig.
  Hingegen ist eine lose Verlegung eines Teppichbodens nicht zu beanstanden, auch wenn hierdurch unerwartet eine chemische Reaktion mit dem PVC-Boden des Vermieters hervorgerufen wird.[66]
- **Rauchen**
  Nikotinablagerungen an Wänden, Decken, Böden, Türen, Fenstern, Rollladengurten usw. infolge Rauchens sind Folgen eines als vertragsgemäß anzusehenden Mietgebrauchs.[67]

---

[55] OLG Köln WuM 1995, 582, 583.
[56] LG Berlin WuM 1985, 22.
[57] LG Braunschweig Urt. v. 4. 4. 1997 WuM 1998, 250.
[58] Schmidt-Futterer/*Langenberg* § 538 BGB Rdnr. 106, 110.
[59] LG Dortmund NJWE-MietR 1997, 100.
[60] OLG Karlsruhe WuM 1996, 226.
[61] OLG Hamm WuM 1996, 470.
[62] LG Berlin GE 1996, 925.
[63] LG Oldenburg WuM 1998, 316 für Tierhaltung.
[64] Bejahend AG Freiburg WuM 1991, 262; LG Berlin GE 1996, 925.
[65] Schmidt-Futterer/*Langenberg* § 538 BGB Rdnr. 110.
[66] AG Gera WuM 2000, 19; AG Köln WuM 2001, 510.
[67] BGH NZM 2008, 318; LG Köln NZM 1999, 456; LG Saarbrücken WuM 1998, 689, 690; LG Köln WuM 1998, 596.

- **Teppichboden**

Sog. Laufstraßen sind normale Abnutzungsspuren, ebenso Abdrücke durch Möbel, soweit unvermeidbar.
Starke Flecken, z. B. durch Rotwein, Brand, oder Tierurin, sind übermäßige Abnutzung und führen zu Schadenersatzpflicht.[68]

- **Tierhaltung**

Zerkratzen bzw. Verschmutzen der Wände, Türen, Fenster, Böden durch Hunde des Mieters überschreiten die Grenzen des vertragsgemäßen Nutzung.[69]
Verunreinigung des Teppichbodens infolge Ausscheidungen eines Tieres des Mieters führt jedenfalls zur Tierhalterhaftung nach § 833 BGB.[70]
Kleinere Kratzer sind als übliche Gebrauchsspuren zu akzeptieren.
Dagegen ist das Durchbohren von Türen zum Anbringen von Kleiderhaken ersatzpflichtige Sachbeschädigung.[71]
Unsachgemäße Lagerung von Türen im Keller führt zu Schadenersatzpflicht.[72]

- **Wandfliesen/Kacheln**

Dübellöcher sind im üblichen Umfang zulässig, vor allem wenn sie zur Anbringung üblicher Einrichtungen erforderlich und unvermeidbar sind.[73]
Das Überstreichen von Wandfliesen mit Farbe gehört hingegen nicht zum vertragsgemäßen Gebrauch und kann zur Pflicht zur Übernahme der Kosten für eine Neuverfliesung führen.[74]
Verfärbung der Fugen ist Folge üblicher Abnutzung.[75]

- **Wasserschäden**

Für Wasserschäden, die aus dem **Gefahrenbereich des Mieters** kommen (insbesondere Haushaltsgeräte), ist dieser nicht etwa bereits aus dem Gesichtspunkt der Gefährdungshaftung eintrittspflichtig, vielmehr ist ein **Verschulden des Mieters erforderlich.**[76] Eine mietvertragliche Formularklausel, nach der der Mieter ohne Rücksicht auf eigenes Verschulden für alle Schäden, z. B. durch Haushaltsgeräte, haftet, ist wegen unangemessener Benachteiligung des Mieters **unwirksam.**[77]
Bei Wasserschäden durch **planschende Kinder** oder durch Benutzung von **Wasseranschlüssen** in Kenntnis, dass diese undicht sind, liegt zweifellos Verschulden vor.[78]
Bei Wasserschäden durch den Betrieb von **Haushaltsgeräten** liegt ein Verschulden nur bei vorwerfbarem Verstoß gegen Überprüfungs- und/oder Überwachungspflichten vor.[79]
Bei modernen Haushaltsgeräten, die jedenfalls nicht älter als 5 Jahre sind, obliegt dem Mieter eine Überprüfungspflicht auf mögliche Fehlfunktionen nur, wenn konkrete Anhaltspunkte vorhanden sind, dass das Gerät nicht störungsfrei arbeitet.[80] Eine Pflicht zu regelmäßigen Wartungen besteht bei modernen Haushaltsgeräten nicht.[81]
Zur Erfüllung der **Überwachungspflicht** kann nicht verlangt werden, dass der Mieter das Gerät während des Betriebs ständig im Auge hat.[82] Keinesfalls aber darf nach Inbetriebnahme einer an das Wassernetz angeschlossenen Maschine die Wohnung verlassen werden, auch nicht für nur kurze Zeit.[83] Der Pflicht wird jedenfalls dann genüge getan, wenn der Mieter sich in der Wohnung aufhält, regelmäßige optische und akustische Kontrollen durchführt, um bei Bemerken des Austritts von Wasser sofort reagieren zu können.[84]
Zur **Beweislastverteilung** gilt, dass der Vermieter beweisen muss, dass die Schadenursache in dem der unmittelbaren Einflussnahme, Herrschaft und Obhut des Mieters unterliegenden Bereich gesetzt

---

[68] LG Dortmund NJWE-MietR 1997, 100.
[69] LG Oldenburg WuM 1998, 316.
[70] AG Böblingen WuM 1998, 33.
[71] AG Kassel WuM 1996, 757.
[72] LG Berlin WuM 1996, 138.
[73] BGH WuM 1993, 109; LG Hamburg WuM 2001, 359.
[74] LG Köln WuM 1997, 41.
[75] AG Köln WuM 1995, 312.
[76] LG Landau/Pfalz WuM 1996, 29; LG Saarbrücken NJW-RR 1987, 1496; OLG Hamm NJW 1982, 2005, 2008; OLG Hamm NJW 1985, 332.
[77] OLG Hamm NJW 1982, 2005, 2008; LG Saarbrücken WuM 1989, 558.
[78] AG Görlitz WuM 1994, 668.
[79] LG Landau/Pfalz WuM 1996, 29.
[80] LG Landau/Pfalz a. a. O.
[81] LG Landau/Pfalz a. a. O.
[82] OLG Hamm WuM 1985, 253, 254.
[83] OLG Hamm a. a. O.; OLG Düsseldorf NJW 1975, 171.
[84] LG Landau/Pfalz a. a. O.; OLG Hamm a. a. O.

worden ist, wozu er ggf. die Möglichkeit einer aus seinem Verantwortungs- und Pflichtenkreis herrührenden Schadenursache ausräumen muss. Ist dieser Beweis geführt, so hat sich der Mieter umfassend hinsichtlich Verursachung und Verschulden zu entlasten.[85]

- **Zweckentfremdung**
Der vertragswidrige Gebrauch kann auch in einer **Zweckentfremdung** liegen.[86]
Sofern keine abweichende Vereinbarung vorliegt, sind Wohnräume ausschließlich nur zu **Wohnzwecken** überlassen. Ein entsprechender Passus ist in den erhältlichen Mietvertragsformularen in aller Regel enthalten.
Nur in engen Grenzen ist eine andere Nutzung als zu Wohnzwecken auch ohne Zustimmung des Vermieters zulässig:
  - der Wohncharakter muss weiterhin im Vordergrund stehen,
  - die (teil-)gewerbliche oder berufliche Nutzung darf keine, jedenfalls keine unzumutbare Außenwirkung zeigen.

Gelegentliche Büroarbeiten in der Wohnung sind daher zulässig, jedoch nicht, wenn die berufliche Tätigkeit etwa Laufkundschaft anzieht.[87]

Durch eine unzulässige Zweckentfremdung kann der Mieter gegenüber dem Vermieter **schadenersatzpflichtig** werden, wenn der Vermieter bei fehlender behördlicher Zweckentfremdungsgenehmigung zur Zahlung von Bußgeldern oder Ausgleichsabgaben herangezogen wird.[88]

bb) Abzug „neu für alt"/Vorteilsausgleichung. Ist der Mieter wegen Veränderung oder Verschlechterung schadenersatzpflichtig, muss der Vermieter jedoch ggf. einen **Abzug „neu für alt"** gegen sich gelten lassen. Die Größenordnung hängt vom Alter und (nicht in der Verantwortung des Mieters liegendem) Zustand sowie von der **allgemeinen Lebenserwartungsdauer** des betreffenden Gegenstandes zum Zeitpunkt der Beschädigung ab. Je mehr die Lebenserwartungsdauer erreicht gewesen ist, desto höher ist der vorzunehmende Abzug. Die Ersatzpflicht des Mieters kann sich hierdurch sogar auf Null reduzieren.

Im Allgemeinen wird von folgenden Lebenserwartungen ausgegangen:
- **Teppichboden:** 10 Jahre,[89]
- **Parkett:** ca. alle 15 Jahre Schleifen und Versiegeln,[90]
- **PVC-Bodenbelag:** 20 Jahre,[91]
- **Wandfliesen:** länger als 30 Jahre, jedoch muss zu Lasten des Vermieters berücksichtigt werden, dass Fliesen dem jeweiligen Geschmack und der Mode unterliegen.[92]

cc) Kleinreparaturklausel. Die Rechtsprechung erachtet es für zulässig, wenn dem Mieter durch formularmäßige Vereinbarung die Pflicht auferlegt wird, die Kosten für kleinere Reparaturen zu tragen, auch wenn **kein Verschulden** des Mieters, sondern nur vertragsgemäßer Gebrauch vorliegt.[93]

Die **Wirksamkeitsvoraussetzungen** sind:
- die Klausel darf sich nur auf Teile der Mietwohnung beziehen, die dem **direkten und häufigen Zugriff des Mieters** ausgesetzt sind,
- die Kostenbeteiligung des Mieters darf pro erforderliche Reparatur einen **Höchstbetrag** von 80,– bis 100,– € nicht überschreiten,[94]
- und es muss eine **Höchstgrenze für einen bestimmten Zeitraum** genannt werden für den Fall, dass sich Kleinreparaturen häufen (idR nicht mehr als eine Netto-Monatsmiete pro Jahr).

---

[85] BGH WuM 1994, 466 ff.
[86] AG Köln WuM 2008, 595 zu Anbau von Cannabis-Pflanzen in Wohnung.
[87] LG Schwerin WuM 1996, 214; LG Stuttgart WuM 1997, 215.
[88] LG Berlin NZM 1999, 503.
[89] LG Kiel WuM 1998, 215; LG Dortmund NJWE-MietR 1997, 100; AG Böblingen WuM 1998, 33.
[90] LG Wiesbaden WuM 1991, 540; AG Köln WuM 1984, 197.
[91] AG Kassel WuM 1996, 757.
[92] LG Köln WuM 1997, 41.
[93] BGH NJW 1992, 1759; vgl. auch unten § 19.
[94] OLG Hamburg WuM 1991, 385, 387; Schmidt-Futterer/*Langenberg* § 538 Rdnr. 58: bis 100,– €.

3. Haftung bei bzw. nach Beendigung des Mietverhältnisses

63 **a) Schäden an der Mietsache.** Auch wenn der Mieter bereits während des laufenden Mietverhältnisses vom Vermieter wegen Beschädigungen an der Wohnung in Anspruch genommen werden kann, wird die Frage der Schadenersatzpflicht häufig erst **bei Beendigung des Mietverhältnisses** relevant, nämlich wenn dem Vermieter die vorhandenen Schäden bei Wohnungsbesichtigung erstmals gewahr werden.

64 *aa) Abgrenzung von vertragsgemäßem Gebrauch und Schönheitsreparaturen.* Der Mieter haftet für alle von ihm verursachten und verschuldeten Schäden an den Mieträumen auf **Schadenersatz**, soweit keine Abnutzung durch vertragsgemäßen Gebrauch vorliegt oder die Mängel ohnehin in den Bereich etwaig vorzunehmender Schönheitsreparaturen fallen.

65 Anders als bei den Schönheitsreparaturen kann der Mieter bei Schäden sofort wegen Schadenersatz in Anspruch genommen werden. Es bedarf keiner vorherigen Aufforderung zur Schadenbeseitigung mit Fristsetzung. Es gilt **allgemeines Schadensrecht** gemäß den §§ 249 ff. BGB iVm. § 280 Abs. 1 BGB. Zur Bezifferung des Schadens genügt ein Kostenvoranschlag.

> **Praxistipp:**
>
> 66 Der Vermieter sollte bei der Wohnungsbesichtigung und -übernahme unbedingt darauf achten, dass etwaig vorhandene Beschädigungen gesondert im Übergabeprotokoll aufgeführt werden, um bei der späteren Geltendmachung seiner Ansprüche von den Schönheitsreparaturen unterscheiden zu können.

67 *bb) Abgrenzung von Wiederherstellungspflicht des Mieters.* Ergibt sich aus § 546 BGB oder aus besonderer Vereinbarung eine Verpflichtung des Mieters zur **Wiederherstellung des ursprünglichen Zustandes** der Wohnung, und wird diese Verpflichtung nicht oder nicht ordnungsgemäß erfüllt (Beispiel: Der Mieter ist verpflichtet, einen von ihm eingebrachten Teppichboden zu entfernen und beschädigt hierbei den zur Wohnung gehörenden Fußbodenbelag), ist zu beachten, dass dem Vermieter zunächst nur ein **Herstellungsanspruch** zusteht, da eine Hauptleistungspflicht vorliegt.[95] Erst nach Fristsetzung gemäß § 281 BGB kann der Herstellungsanspruch wirksam in einen Schadenersatzanspruch statt der Leistung umgewandelt werden.[96]

68 *cc) Rechtsnachfolge während des Mietverhältnisses.* Bei **Rechtsnachfolge** auf Vermieterseite durch Veräußerung ist für den Erwerber Vorsicht geboten: Ist der Schaden an der Mietsache bereits während der Mietzeit mit dem Voreigentümer entstanden, gehen insoweit die Ersatzansprüche **nicht** gemäß § 566 BGB auf den Erwerber über.[97]

> **Praxistipp:**
>
> 69 Der Erwerber sollte sich vorsorglich die Ansprüche des Voreigentümers wegen etwaiger Schäden stets abtreten lassen.

70 **b) Schönheitsreparaturen.** Soweit der Mieter zum Vertragsende die Durchführung von Schönheitsreparaturen schuldet,[98] handelt es sich um eine **Hauptleistungspflicht**.[99]

---

[95] Palandt/*Weidenkaff* § 546 Rdnr. 7.
[96] KG NZM 1999, 612; Palandt/*Weidenkaff* § 546 Rdnr. 7.
[97] LG Kiel WuM 1998, 215; KG NZM 1999, 612; Palandt/*Weidenkaff* § 566 Rdnr. 17.
[98] Siehe hierzu im Einzelnen § 19.
[99] BGH NZM 1998, 710.

§ 17 Haftung

71 Bei nicht oder nicht ordnungsgemäß durchgeführter Schönheitsreparaturen wandelt sich der Erfüllungsanspruch des Vermieters nur unter den **Voraussetzungen der §§ 280, 281 BGB** in einen Anspruch auf Schadenersatz statt Leistung um. Die Voraussetzungen sind:
- der Mieter schuldet die Durchführung von Schönheitsreparaturen,
- dem Mieter muss eine angemessene Frist zur Durchführung der Renovierungsarbeiten gesetzt werden,

72 Die vor der Schuldrechtsreform wegen § 326 Abs. 1 BGB aF wichtig gewesene Nachfristsetzung mit **Ablehnungsandrohung** ist nicht mehr erforderlich.[100]

73 Die vorzunehmenden Arbeiten sollten möglichst im Einzelnen bezeichnet werden, insbesondere wenn der Mieter bereits Renovierungsarbeiten durchgeführt hat, diese aber mangelhaft sind. Hier sollten die Mängel möglichst genau genannt werden.[101]

74 **Formulierungsvorschlag:**

Sehr geehrte (r) ......
......

Bekanntlich sind gemäß der Regelung zu § ...... des zwischen uns vereinbarten Mietvertrages die Schönheitsreparaturen von Ihnen durchzuführen. Anlässlich der Wohnungsbesichtigung am ...... habe ich feststellen müssen, dass Sie Ihrer Verpflichtung nicht nachgekommen sind. Ich darf wegen der nicht durchgeführten Arbeiten im Einzelnen auf das erstellte Besichtigungsprotokoll Bezug nehmen. Vorsorglich führe ich nochmals auf, welche Arbeiten von Ihnen durchzuführen sind:
......

Zur Durchführung der erforderlichen Arbeiten setze ich eine angemessene Frist bis zum ...... Sollten Sie die Renovierungsarbeiten nicht innerhalb der gesetzten Frist ausgeführt haben, werde ich die Kosten für einen Maler als Schadenersatz gegen Sie geltend machen.
......

75 Nur ganz **ausnahmsweise** kann die Fristsetzung **entbehrlich** sein, zum Beispiel wenn der Mieter die Erfüllung ernsthaft und endgültig verweigert oder die neue Anschrift vom Mieter nicht angegeben wird und trotz Erkundigungen (Nachbarn, Post, Einwohnermeldeamt etc.) nicht ermittelt werden kann. Im Zweifelsfall sollte den Erfordernissen des § 281 Abs. 2 BGB entsprochen werden.

76 c) **Verspätete Wohnungs- und Schlüsselrückgabe.** § 546 BGB normiert die – selbstverständliche – Pflicht des Mieters, bei Beendigung des Mietverhältnisses die Mietsache an den Vermieter zurückzugeben, so dass diesem unmittelbarer Besitz eingeräumt wird.

77 Bei Mieträumen gehört hierzu auch die **Herausgabe aller Schlüssel**.[102]

78 Bei **nicht rechtzeitiger Rückgabe** kann der Vermieter nach § 546a Abs. 1 BGB für die Dauer der Vorenthaltung als **Entschädigung** den vereinbarten Mietzins oder den Mietzins verlangen, der für vergleichbare Räume ortsüblich ist. Der Vermieter kann eine höhere ortsübliche Vergleichsmiete ohne besondere rechtsgestaltende Willenserklärung und ohne vorherige Ankündigung verlangen.[103]

79 Ausdrücklich geregelt ist, dass die Geltendmachung eines **weiteren Schadens,** der durch die Vorenthaltung der Mietsache entsteht, nicht ausgeschlossen ist, § 546a Abs. 2 BGB, allerdings erheblich eingeschränkt durch die für Wohnraum geltende Sonderbestimmung des § 571 BGB.

80 Bei Wohnraumvermietung kann weiterer Schaden jedoch nur geltend gemacht werden, wenn die Rückgabe infolge von Umständen unterblieben ist, die der Mieter zu **vertreten** hat, § 571 Abs. 1 S. 1 BGB. **Kein Verschulden** z. B. liegt vor, wenn trotz ernsthafter Bemühungen kein Ersatzwohnraum zu zumutbaren Bedingungen zu bekommen war, ein Umzug infolge

---

[100] Palandt/*Weidenkaff* § 535 Rdnr. 50.
[101] LG Köln NZM 1999, 456.
[102] OLG Düsseldorf MDR 1997, 342.
[103] LG Hamburg WuM 2005, 771.

Erkrankung unmöglich gewesen ist, oder die Ersatzwohnung nicht rechtzeitig frei geworden ist.[104]

81 Vom Umfang her ist der Schadenersatzanspruch insofern beschränkt, als der Mieter den Schaden nur insoweit zu ersetzen hat, als den Umständen nach die **Billigkeit** eine Schadloshaltung des Vermieters erfordert, § 571 Abs. 1 S. 2 BGB. Die Billigkeitserwägung gilt nicht, wenn der Mieter gekündigt hat.

82 Gemäß § 571 Abs. 2 BGB ist die Ersatzpflicht wegen weiterer Schäden ausgeschlossen, wenn dem Mieter nach § 721 oder § 794a ZPO eine Räumungsfrist gewährt wird, und zwar für die Zeit von der Beendigung des Mietverhältnisses bis zum Ablauf der Räumungsfrist.

83 Von der Haftungsregelung des § 571 Abs. 1 BGB sind sonstige Schäden, die keine unmittelbare Folge der Vorenthaltung der Wohnung sind, nicht erfasst.

84 **Beispiele:**
- Aufwendungen des Vermieters, die ihm dadurch entstanden sind, dass er von dem Erwerber der Wohnung auf deren Herausgabe verklagt worden ist, weil er dazu nicht rechtzeitig in der Lage war,[105]
- Schadenersatzleistung des Vermieters an den Nachmieter, weil er diesem wegen des nicht rechtzeitig räumenden Mieters den Gebrauch der Mietsache nicht einräumen kann,[106]
- Mietausfallschaden, weil der Vermieter die Wohnung infolge der nicht rechtzeitigen Räumung nicht an einen Nachmieter weitervermieten kann.[107]

85 Wegen dieser möglichen Schäden ist der Mieter unter den Voraussetzungen der §§ 286 Abs. 1, 280 BGB uneingeschränkt haftbar zu machen.

86 **d) Verjährung.** Gemäß § 548 Abs. 1 BGB **verjähren** die Ersatzansprüche des Vermieters wegen Veränderung oder Verschlechterung der Mietsache **in kurzer Frist von 6 Monaten.** Die Verjährungsfrist beginnt mit dem Zeitpunkt, in dem der Vermieter die Mietsache zurückerhält, zu laufen. Eine lediglich vorübergehende Möglichkeit des Vermieters, die Mieträume während des Besitzes des Mieters zu besichtigen, genügt nicht.[108]

87 Die Verjährungsfrist beginnt auch dann mit dem Zeitpunkt der Rückgabe der Wohnung, wenn eine vom Mieter zu vertretende Veränderung oder Verschlechterung erst später erkennbar wurde.[109]

88 Besteht zunächst nur ein Erfüllungsanspruch (z.B. Durchführung von Schönheitsreparaturen), der erst später in eine Schadenersatzforderung übergeht (Ablauf der nach § 280 Abs. 1 BGB gesetzten Frist), beginnt die Verjährungsfrist für diesen Anspruch wegen § 198 BGB erst mit **Entstehung** dieses Anspruchs.[110]

89 Auf die kurze Verjährungsfrist ist seitens des Vermieters ganz besonders zu achten, zumal Veränderungen und Verschlechterungen an der Mietsache oft erst bei der Wohnungsübergabe bekannt werden. Ist **Verjährung bereits eingetreten**, bleibt dem Vermieter noch die Möglichkeit der **Aufrechnung mit der verjährten Schadenersatzforderung** gegen den Kautionsrückzahlungsanspruch, soweit er über entsprechende Mietsicherheit verfügt.

> **Praxistipp:**
>
> 90 Der Vermieter sollte am Tag der Wohnungsübergabe sofort die 6-monatige Verjährungsfrist im Kalender notieren. Der vom Vermieter beauftragte Anwalt sollte den Rückgabetag genau erfragen und entsprechende Frist stets notieren.

---

[104] LG Hamburg WuM 1996, 341.
[105] OLG Düsseldorf WuM 1998, 219.
[106] Vgl. OLG Düsseldorf NZM 1999, 24.
[107] BGH NJW 1998, 1303 f.; AG Lemgo NZM 1999, 961.
[108] BGH WuM 2004, 21.
[109] BGH NZM 2005, 176; OLG Frankfurt/Main WuM 2001, 397.
[110] Palandt/*Weidenkaff* § 548 Rdnr. 11.

4. Haftung des Mieters für Dritte

Der Mieter hat für das Verschulden aller Personen, die mit seinem Einverständnis mit der Mietsache in Berührung kommen, gemäß § 278 BGB wie eigenes Verschulden einzustehen.[111] Zu diesen Personen gehören insbesondere:
- zum Haushalt des Mieters gehörende Personen,
- Gäste,
- Lieferanten,
- beauftragte Handwerker,[112]

nicht hingegen:
- ungebetene Besucher (Bettler, Hausierer),
- unbeauftragte Handwerker,
- Personen, die sich gewaltsam Zugang zur Wohnung verschaffen.

Überlässt der Mieter die Wohnung einem Dritten, hat er ein dem Dritten zur Last fallendes Verschulden zu vertreten, § 540 Abs. 2 BGB. Auf ein eigenes Verschulden des Mieters kommt es nicht an. Hat der Mieter den Gebrauch ohne Zustimmung des Vermieters überlassen, haftet er auch für Schäden, die der Dritte unverschuldet verursacht hat. Insoweit liegt bereits eigenes Verschulden des Mieters vor, weil dieser vertragswidrig den Gebrauch überlassen hat.[113]

Eine vorsätzliche oder grob fahrlässige Herbeiführung eines Gebäudeschadens durch einen Dritten ist dem Mieter nur zuzurechnen, wenn der Dritte sein Repräsentant war; § 278 BGB ist nicht anwandbar.[114]

II. Vermieterhaftung

1. Gebrauchsüberlassung

a) **Besitzeinräumung.** Gemäß § 535 Abs. 1 S. 1 BGB trifft den Vermieter die Pflicht, „dem Mieter den Gebrauch der [...] Mietsache [...] zu gewähren." Dies ist eine Hauptleistungspflicht des Vermieters.[115] Den Vermieter trifft einerseits die Überlassungs- und andererseits die Erhaltungspflicht am Mietgegenstand.[116] Ersterer kommt er durch **Besitzeinräumung** am Mietgegenstand nach, welcher sich nach dem Mietvertrag bestimmt. Grundsätzlich ist der Vermieter verpflichtet, dem Mieter den unmittelbaren Besitz gemäß § 854 BGB einzuräumen. Nur ausnahmsweise reicht die Einräumung des mittelbaren Besitzes. Dies ist dann der Fall, wenn ein **Besitzmittlungsverhältnis** zwischen Mieter und einem Dritten – etwa einem Untermieter – besteht. Die Überlassungspflicht besteht bezüglich der vermieteten Räume, wobei kein Leistungsvorbehalt seitens des Vermieters möglich ist.[117] Die Pflicht erfasst auch sogenannte Nebenräume.[118] Dabei stellt die Überlassung nicht nur die Gestattung, sondern die Ermöglichung des vertragsgemäßen Gebrauches dar.[119]

Praxistipp:

Im Hinblick auf das unabdingbare Recht des Mieters zur Ratenzahlung (§ 551 Abs. 2 S. 1 BGB) ist es unzulässig, die Wirksamkeit des Mietverhältnisses von der aufschiebenden Bedingung der Kautionszahlung abhängig zu machen.

---

[111] BGH WuM 2007, 24.
[112] AG Köln WuM 1998, 314, 315.
[113] Palandt/*Putzo* § 540 Rdnr. 15; Schmidt-Futterer/*Gather* § 546 Rdnr. 95.
[114] BGH NZM 2006, 949.
[115] Schmidt-Futterer/*Eisenschmid* § 535 Rdnr. 1.
[116] Bub/Treier/*Kraemer* III B Rdnr. 1169.
[117] Verstoß gg. § 308 Nr. 4 BGB.
[118] Z. B. *Garten* NJW-RR 1994, 334.
[119] *Emmerich/Sonnenschein* § 535 Rdnr. 7.

> Wirksam dagegen ist es, die Zahlung der ersten Mietzinsrate als Bedingung für den Vertragsschluss oder die Übergabe der Schlüssel zu vereinbaren.
>
> Dem Vermieter steht auch ein Zurückbehaltungsrecht der Wohnung zu, wenn der Mieter die erste Kautionsrate nicht bezahlt. Die Übergabe der Schlüssel kann daher zumindest von der Zahlung der ersten Kautionsrate abhängig gemacht werden.

93 **b) Zeitpunkt der Überlassung.** Als Übergabezeitpunkt kommt grundsätzlich der vertraglich Vereinbarte in Betracht. Dabei muss der Zeitpunkt der Überlassung nicht unbedingt den Beginn des Mietverhältnisses darstellen,[120] da dieses zwingend erst zu der Zeit beginnt, ab der eine Mietzahlung vereinbart wurde.[121] Bei einer Überlassung vor Mietzahlung handelt es sich um ein Überlassungsverhältnis eigener Art.[122] Den Mieter trifft in dieser Zeit eine Obhutspflicht bezüglich der Mietsache, er muss Schlussmaßnahmen des Vermieters dulden.[123] Allerdings ergibt sich der Zeitpunkt der Übergabe in den meisten Fällen aus dem Mietvertrag. Stellt der Vermieter die Wohnung zum vertraglich vereinbarten Beginn des Mietverhältnisses – wenn dies datumsmäßig bestimmt ist – nicht zur Verfügung, kommt er ohne Mahnung in Verzug (§ 286 Abs. 2 Nr. 1 BGB) und macht sich damit für den Verspätungsschaden schadensersatzpflichtig (§§ 280 Abs. 1, Abs. 2, 286 BGB). Der Mieter kann gemäß § 323 Abs. 1 BGB zurücktreten.

94 An dieser Stelle muss auf einige Fallkonstellationen eingegangen werden: Die Mietparteien treffen oftmals die Vereinbarung, dass die Wohnung – Neubau oder Vollsanierung – **„ab Bezugsfertigkeit"** überlassen werden soll.[124] Hier muss ein Einzug dem Mieter zumutbar sein. Eine entsprechende AGB-Klausel ist wegen Verstoß gegen § 308 Nr. 1 BGB unwirksam. Wird als Überlassungszeitpunkt der **„Auszug des Vormieters"** vereinbart, so ist dies der Zeitpunkt, in dem der Vermieter den unmittelbaren Besitz zurückerlangt und diesen an den Mieter weitergibt.[125] Beide Fallkonstellationen stellen aufschiebende Bedingungen dar, die der Vermieter fördern muss.[126]

95 **c) Schlüsselübergabe.** Der Vermieter hat dem Mieter sämtliche Schlüssel[127] der vermieteten Räume/der Wohnung, des Hauses und die, die zur Benutzung der Gemeinschaftseinrichtungen notwendig sind, zu übergeben.[128] Er darf keine zurückhalten bzw. Zweitschlüssel ohne Wissen des Mieters besitzen.[129] Mit der Schlüsselübergabe erfolgt regelmäßig die Übergabe des unmittelbaren Besitzes im Sinne von § 854 BGB.[130] Zwar besteht zwischen den Parteien ein Besitzmittlungsverhältnis in der Form, dass der Mieter dem Vermieter den Besitz mittelt, jedoch regelt sich das Rechtsverhältnis nach dem Mietvertrag, der den Zutritt des Vermieters im Zweifel ausschließt.[131] Der Erhalt einer gewissen Anzahl von Schlüsseln kann vom Mieter nicht formularmäßig in allgemeinen Geschäftsbedingungen bestätigt werden (§ 309 Nr. 12 b BGB), sondern nur außerhalb dieser als Quittung.[132] Der Mieter ist auch ohne Erlaubnis des Vermieters berechtigt, sich die für ihn erforderliche Zahl von Schlüsseln (einer pro Hausgenosse) anfertigen zu lassen.[133]

---

[120] Schmidt-Futterer/*Eisenschmid* § 535 Rdnr. 3.
[121] Schmidt-Futterer/*Blank* Vor § 535 Rdnr. 3; *Eisele* WuM 1997, 533, 534.
[122] Schmidt-Futterer/*Eisenschmid* § 535 Rdnr. 4 m. w. N.
[123] Schmidt-Futterer/*Eisenschmid* § 535 Rdnr. 5 m. w. N.
[124] *Sternel* II Rdnr. 5.
[125] *Sternel* II Rdnr. 6.
[126] *Sternel* II Rdnr. 6.
[127] LG Berlin NJW-RR 1988, 203.
[128] Bub/Treier/*Kraemer* III B Rdnr. 1182; Kinne/Schach/Bieber/*Schach* Teil I § 535 Rdnr. 24 m. w. N.
[129] *Sternel* II Rdnr. 9 m. w. N.
[130] BGHZ 65, 137, 139.
[131] Kinne/Schach/Bieber/*Schach* Teil I § 535 Rdnr. 24 m. w. N.
[132] *Sternel* II Rdnr. 9.
[133] *Sternel* II Rdnr. 9.

Praxistipp:

Nach herrschender Meinung hat der Mieter auch Schlüssel zurückzugeben, die er selbst angeschafft hat. Eine andere Ansicht vertritt die Auffassung, dass eine Herausgabepflicht nur bei Kostenerstattung besteht, ansonsten der Mieter zur Vernichtung verpflichtet ist (Bub/Treier/Scheuer, V A Rdnr. 9).

Es empfiehlt sich daher, im Mietvertrag die Herausgabe sämtlicher, auch vom Mieter selbst angeschaffter Schlüssel, ohne Kostenerstattung zu vereinbaren.

d) Vertragsgemäßer Zustand der Mietsache bei Übergabe. In § 535 BGB sind Inhalt und Hauptpflichten des Mietvertrages normiert. § 535 Abs. 1 BGB spiegelt das gesetzliche Leitbild wider, wonach der Vermieter die Mietsache dem Mieter in einem zum vertragsgemäßen Zustand geeigneten Gebrauch zu überlassen hat und diesen Zustand zu erhalten hat. 96

Der Vermieter hat dem Mieter die Mietsache zum vereinbarten Beginn des Mietverhältnisses in der Weise zu überlassen, dass der Mieter ohne weiteres den vertragsgemäßen Gebrauch ausüben kann.[134] Der Gebrauchsüberlassungspflicht des Vermieters gemäß § 535 Abs. 1 S. 2 BGB korrespondiert keine Abnahmepflicht des Mieters (im Gegensatz zum Kauf- und Werkvertragsrecht). Jedoch kann eine Abnahmepflicht vereinbart werden.[135] Fehlt eine solche Vereinbarung, kann der Mieter zwar in Annahmeverzug geraten, nicht jedoch in Schuldnerverzug.[136] Empfehlenswert bei der Besitzübergabe ist eine Übergabeverhandlung durch Begehung der Mieträume und Erstellung eines Übergabeprotokolls. Die Unterzeichnung des Übergabeprotokolls ist allerdings kein Einwendungsausschluss, sondern lediglich ein Beweisproblem.[137] Ohne Besichtigung kann der Mieter vom „verkehrsüblichen Zustand" der Mieträume ausgehen.[138] Der **vertragsgemäße Zustand** ist aus dem Vertragszweck unter Berücksichtigung der Ortssitte und der Höhe der Miete zu ermitteln.[139] Auch die Qualitätserwartungen des Mieters in Bezug zur Miethöhe spielen eine Rolle. Der vertragsgemäße Gebrauch wird von der Entwicklung der Technik mitbestimmt, d.h. der Zustand muss eine zeitgemäße Nutzung zulassen.[140] Eine Vermietung unter diesem Standard ist allerdings dann vertragsgemäß, wenn sie vereinbart wurde. Vertragsgemäßheit setzt Bezugsfertigkeit[141] voraus. 97

aa) Herrichtungspflicht des Vermieters. Nach § 535 Abs. 1 S. 2 BGB muss der Vermieter die Mietsache nicht bloß in vertragsgemäßem Zustand übergeben, vielmehr hat er diese während der Dauer des Mietverhältnisses in vertragsgemäßem Zustand zu erhalten. Die sich daraus ergebende Mängelbeseitigungspflicht des Vermieters ist von einem auf seiner Seite bestehenden Verschulden unabhängig. Diese Einstandspflicht trifft ihn dann nicht, wenn seitens des Mieters ein Verschulden vorliegt. 98

bb) Überbürdung auf den Mieter. Er kann diese jedoch auf den Mieter durch Andienung im noch nicht fertigen Zustand abwälzen. Allerdings muss die Herrichtung mit zumutbarem Aufwand möglich sein. Hat sich der Mieter die Herrichtungspflicht überbürden lassen, hat in diesem Fall der Vermieter einen Erfüllungsanspruch. 99

Praxistipp:

Zu Übergabe der Mietsache sollte ein detailliertes Übergabeprotokoll erstellt und vom Mieter unterzeichnet werden. Das Protokoll soll auch vorhandene Mängel enthalten. Hat der Mieter dieses Protokoll unterzeichnet so ist er wegen der darin aufgeführten Mängel mit Minderungsansprüchen grundsätzlich ausgeschlossen.

---

[134] Bub/Treier/*Kraemer* III A Rdnr. 918 m w N
[135] Bub/Treier/*Kraemer* III A Rdnr. 923.
[136] Bub/Treier/*Kraemer* III A Rdnr. 924.
[137] Bub/Treier/*Kraemer* III A Rdnr. 918.
[138] *Sternel* II Rdnr. 14; s.a. BGH NZM 2004, 736.
[139] *Sternel* II Rdnr. 13.
[140] *Sternel* II Rdnr. 14 mit Beispielen; BGH NZM 2004, 736.
[141] Siehe oben Rdnr. 92: Zeitpunkt der Überlassung.

2. Gebrauchsgewährung

100 **a) Inhalt und Grenzen der Gebrauchsgewährungspflicht.** Die Hauptpflicht des Vermieters gemäß § 535 Abs. 1 S. 1 BGB wird durch § 535 Abs. 1 S. 2 BGB ergänzt und konkretisiert („zum vertragsmäßigen Gebrauch geeigneten Zustand"). Dies ist die Sicherung des Rahmens, innerhalb dessen der Mieter seinen Mietgebrauch ausübt.[142] Mit der Gebrauchsgewährungspflicht des Vermieters korrespondiert das Gebrauchs**recht** des Mieters, keine Gebrauchs**pflicht**. Inhaltlich richtet sich die Vermieterpflicht im Einzelnen nach Art und Umfang des Gebrauchs, der dem Mieter nach dem Mietvertrag gestattet ist.[143]

101 *aa) Räumlich.* Räumlich erfasst die Gebrauchsgewährungspflicht das Mietobjekt und die Teile des Grundstücks, die mitbenutzt werden dürfen. Der Umfang des Mietobjektes ergibt sich aus dem Vertrag, dessen Auslegung nach § 157 BGB, der Hausordnung und nach Treu und Glauben. Insbesondere dürfen die mitgemieteten Gebäudeteile mitbenutzt werden (z. B. Zugangsweg, Außenwand für Schild). Dabei ist zwischen „vom Mietgebrauch erfassten" Sachen und der „Gestattung der Benutzung" zu unterscheiden.[144]

102 *bb) Zeitlich.* Vor Vertragsbeginn ist der Vermieter nur dann zur Gebrauchsgewährung verpflichtet, wenn er dem Mieter das Mietobjekt vorher überlassen hat (siehe oben II 1 b). Mit Beendigung des Mietverhältnisses entfällt die grundsätzliche Gebrauchsgewährungspflicht des § 535 Abs. 1 S. 2 BGB. Es besteht danach nur eine eingeschränkte Gebrauchsgewährungspflicht[145] in Form einer Verkehrssicherungspflicht[146] bis zur Rückgabe der Mietsache. Der Vermieter hat die Grundvoraussetzungen für eine Benutzung der Mietsache zu schaffen.[147]

103 **b) Wesentlicher Inhalt.** *aa) Zugang zum Mietobjekt.* Die Zugangswege zum Mietobjekt müssen mitbenutzt werden dürfen. Der ungehinderte Zugang ist Voraussetzung für die vertragsgemäße Nutzung. Eine Zugangsbehinderung stellt einen Mangel dar, auch wenn sie nicht durch vom Vermieter beeinflussbare Bauarbeiten ausgeht.[148] Umstritten ist allerdings, ob ein Zugangshindernis (z. B. durch Straßenarbeiten der Gemeinde oder sonstige Baustellen) ein Kündigungsrecht des Mieters auslöst.[149] Der Mieter kann die Zugangsbehinderung gemäß § 1004 BGB analog abwehren.[150]

104 *bb) Nutzung.* Die Nutzungsmöglichkeiten der Mietsache ergeben sich aus dem Mietvertrag bzw. sind durch dessen Auslegung nach § 157 BGB zu ermitteln.[151]

Regelmäßig sind die Räume entweder zu Wohnzwecken oder zur gewerblichen Nutzung überlassen. Sind beide Nutzungszwecke vereinbart, liegt ein Mischmietverhältnis vor. Bei diesem muss geprüft werden, welcher Nutzungstyp das Übergewicht bildet. Je nachdem, welcher Nutzungszweck überwiegt, sind entweder die Vorschriften des Wohnraummietrechtes oder die der Gewerberaummiete anzuwenden. Dies ist insbesondere entscheidend bei Abweichungen vom Vertragszweck respektive bei Leistungsstörungen.

105 *cc) Gemeinschaftsflächen.* Besonders erwähnenswert ist die Nutzungsmöglichkeit der Gemeinschaftsflächen.[152] Das bloße Vorhandensein von Gemeinschaftseinrichtungen gibt

---

[142] *Sternel* II Rdnr. 27.
[143] Schmidt-Futterer/*Eisenschmid* § 535 Rdnr. 15.
[144] AG Lörrach WuM 1998, 662; Schmidt-Futterer/*Eisenschmid* § 535 Rdnr. 25: Grundstücks- u. Gebäudeteile (Treppenhaus), Rdnr. 28: Keller/Dachboden nicht vertragl. vereinbart, Garage u. Abstellplatz unterscheid.: Alleinige Vermietung (siehe normale Verm.), Vermietung mit Wohnraum WohnraummietR anwendb, da Schwerpunkt § 535 Rdnr. 31; § 535 Rdnr. 37 f.: Garten bei EFH grds. mitvermietet, bei MFH nur bei ausdrückl. Vereinb. bzw. konklud. Vertragserweiterung durch jahrelange Nutzung, Rdnr. 38: Einrichtungen u. Zubehör, § 311 c im Zweifel mitvermietet.
[145] Wenn z. B. Mieter die Wohnung nicht räumt.
[146] LG Aachen MDR 1992, 578.
[147] *Sternel* II Rdnr. 29.
[148] OLG Köln NJW 1972, 1814; Schmidt-Futterer/*Eisenschmid* § 536 Rdnr. 187.
[149] Lützenkirchen/*Eisenhardt* Anwaltshandbuch Mietrecht, Rdnr. 456 m. w. N.
[150] BGH NZM 1998, 411.
[151] Bub/Treier/*Bub* II Rdnr. 351.
[152] Wie z. B. Wäsche- oder Fahrradkeller, Garten, Grünanlage, Spielplatz.

dem Mieter einen Benutzungsanspruch und dem Vermieter eine Unterhaltungspflicht,[153] vorbehaltlich klarer abweichender vertraglicher Vereinbarungen.

c) Versorgungsleistungen. Gemäß § 535 Abs. 1 S. 2 BGB hat der Vermieter die Mietsache zu „überlassen" und zu „erhalten". Daraus ergibt sich nicht nur eine Instandhaltungspflicht des Vermieters an der Mietsache,[154] sie umfasst auch die Versorgung des Mietobjektes mit Wärme, Energie, Wasser und die Entsorgungsleistungen. Der Vermieter hat diese grundsätzlich selbst zu veranlassen oder die erforderlichen Einrichtungen zur Verfügung zu stellen.

aa) Heizung. Die Versorgung mit Wärme ist Nebenpflicht des Vermieters.[155] Sie gehört zum vom Vermieter geschuldeten „vertragsgemäßen Gebrauch" im Sinne von § 535 Abs. 1 S. 2 BGB. Der Mieter hat diesbezüglich einen Erfüllungsanspruch.[156] Die Heizdauer ist individuell zu bestimmen, mindestens dauert sie jedoch vom 15. 9. bis 15. 5. und die Mindesttemperatur beträgt 20–22 °C von 7.00 bis 23.00 Uhr.[157] Abweichende Regelungen in Formularverträgen sind nicht möglich[158] Die Heizpflicht kann auch formularmäßig vereinbart werden, allerdings ist dabei die mögliche Gesundheitsgefährdung des Mieters als Grenze anzusehen.[159]

bb) Wasser und Entsorgung. Es gehört zum Pflichtenkreis des Vermieters, die erforderlichen Zu- und Ableitungen zur Verfügung zu stellen, für die Instandhaltung und Instandsetzung Sorge zu tragen sowie Anlagen zur Abfallbeseitigung bereitzustellen.[160]

cc) Energie. Der Vermieter ist verpflichtet, in Mieträumen ausreichend Leitungen zur Verfügung zu stellen, für die er ebenfalls zur Instandhaltung und Instandsetzung verpflichtet ist.[161] Der Versorgungsvertrag kommt allerdings in der Regel zwischen Versorgungsunternehmen und Mieter zustande.[162]

dd) Einrichtung, Einbauten. Mitvermietet sind die Bestandteile und festen Einrichtungen des Mietobjektes.[163] Bei möblierten Wohnungen sind auch die Einrichtungsgegenstände im Zweifel (gemäß § 311c BGB) mitvermietet.[164] Sie gehören somit zum vertragsgemäßen Gebrauch der Mietsache. Eine Entfernung dieser Gegenstände seitens des Mieters ist ohne Einwilligung des Vermieters grundsätzlich nicht zulässig.[165]

Praxistipp:

Eine Erhöhung der Mietkaution über die gemäß § 551 Abs. 1 BGB hinausgehende Obergrenze von drei Nettomonatsmieten ist nicht zulässig. Auch nicht im Hinblick auf zusätzlich überlassene Einrichtungen und Einbauten.

Sondervereinbarungen zusätzlicher Sicherheiten dürfen beispielsweise bei Gestattung von baulichen Änderungen bei Übernahme der Rückbauverpflichtung zum Vertragsende getroffen werden. Der häufigste Anwendungsfall ist hier die Anbringung einer Parabolantenne durch den Mieter im Laufe des Mietverhältnisses.

---

[153] *Sternel* II Rdnr. 37.
[154] Bub/Treier/*Kraemer* III B Rdnr. 1169.
[155] MünchKommBGB/*Häublein* § 535 Rdnr. 76.
[156] Wenn der Vermieter diesem nicht nachkommt, einen Minderungsanspruch (§ 536 Abs. 1), Schadenersatzanspruch (§ 536a Abs. 1) bzw. Kündigungsrecht (§ 543 Abs. 2 S. 1 Nr. 1).
[157] MünchKommBGB/*Häublein* § 535 Rdnr. 77 f.; *Emmerich* §§ 535, 536 Rdnr. 23.
[158] LG Göttingen ZMR 1988, 179; LG Hamburg WuM 1988, S. 153.
[159] *Sternel* Rdnr. 67.
[160] *Sternel* II Rdnr. 71; *Kossmann* § 30 Rdnr. 5.
[161] *Sternel* II Rdnr. 75.
[162] AG Rastatt NZM 2000, 181.
[163] Z. B. Türen, Fenster, Heizkörper, Sanitärinstallationen usw.
[164] Schmidt-Futterer/*Eisenschmid* § 535 Rdnr. 40.
[165] LG Berlin GE 1997, 243 = NJW-RR 1997, 1097; ausnahmsweise ist Entfernung möglich zur Wiederherstellung des gebrauchsfähigen Zustandes, LG Konstanz WuM 1989, 67.

112 ee) *Zeitliche Begrenzung.* Die Versorgungspflicht des Vermieters besteht in dieser Form bis zur Beendigung des Mietverhältnisses. Danach wäre eine Unterbrechung der Versorgung bzw. Erschwerung eine Besitzstörung im Sinne von § 862 BGB.[166] Das Recht zum Besitz schließt die ungestörte Ausübung ein.

113 *ff) Zurückbehalt und Anspruchssicherung.* Der Vermieter hat kein Zurückbehaltungsrecht an Versorgungsleistungen bezüglich seiner Ansprüche, obwohl die Voraussetzungen der §§ 273, 320 BGB bei Zahlungsverzug des Mieters gegeben sind.[167] Ein solcher Zurückbehalt kann zur Unbewohnbarkeit führen und damit den Tatbestand der verbotenen Eigenmacht erfüllen (§ 858 BGB).[168]

Der Mieter kann seinen Anspruch auf Vorhalt der Versorgungsleistungen im Rahmen des einstweiligen Rechtsschutzes durchsetzen.

114 **d) Abwehr von Immissionen.** Die Pflicht des Vermieters zur Gebrauchsgewähr nach § 535 Abs. 1 S. 2 BGB schließt die Pflicht zur Unterlassung und zur Abwehr von Störungen des Mietgebrauchs ein. Dies sind Störungen, die vom Mietobjekt selbst, von Mitmietern, von Dritten und der Umwelt ausgehen können. Der Abhilfeanspruch des Mieters besteht nur insoweit, als der Vermieter die Unterlassung (von Dritten) nach §§ 862, 906, 1004 BGB verlangen kann. Soweit eine Abhilfe nicht möglich ist, greifen die verschuldensunabhängigen Gewährleistungsregelungen. Allerdings ist diese Sicherungspflicht individualvertraglich abdingbar. In Formularklauseln kann im Zweifel nur eine Freizeichnung des Vermieters vereinbart werden, dagegen keine Pflichtüberbürdung zu Lasten des Mieters (da der Vermieter sonst auf den Mieter Rückgriff nehmen könnte).[169]

115 **e) Fürsorge- und Treuepflichten.** Im Mietrecht gilt der allgemeine **Gleichbehandlungsgrundsatz**,[170] der dann einschlägig ist, wenn der Vermieter Kollektivregelungen (z. B. Hausordnung) trifft. Der Vermieter hat über § 242 BGB das **Willkürverbot** aus Art. 3 GG zu beachten (z. B. bei der Hundehaltung, Abstellen von Fahrzeugen im Hof etc.).

116 Das Mietverhältnis ist ein personenbezogenes Dauerschuldverhältnis. Den Vermieter treffen daher Aufklärungspflichten bezüglich weitergehender Maßnahmen, auch wenn keine Gefahr für Leib und Leben besteht. Über die Gewährpflicht hinaus trifft den Vermieter die Pflicht, durch Vorsorge Beeinträchtigungen des Mietgebrauchs zu vermeiden. Er hat alle Einwirkungen auf die Mietsache zu vermeiden, die schädigend sein könnten.[171]

117 **f) Konkurrenzschutz.** Dem Vermieter von Geschäfts- und Gewerberäumen obliegt eine Konkurrenzschutzpflicht gegenüber seinem Mieter in Bezug auf den Kernbereich der gewerblichen Nutzung. Eine solche ist im Wohnraummietvertrag grundsätzlich nicht vorgesehen. Allerdings sind auch gewisse berufliche oder kleingewerbliche Tätigkeiten in Wohnungen möglich, so z. B. schriftstellerische, wissenschaftliche Tätigkeiten, Sekretariatstätigkeiten, Nachhilfe- und Musikunterricht, Tagesmutter etc.[172] Allerdings ergibt sich hier aus der Natur der Sache keine Konkurrenzschutzpflicht, da diese Tätigkeiten allesamt keine Außenwirkung entfalten.

118 Problematisch könnte dies allerdings bei einem Mischmietverhältnis sein, in dem die Nutzung zu Wohn- und anderen Zwecken zugelassen ist. Fraglich ist, ob z. B. ein Junganwalt, der in seiner Wohnung eine „Wohnzimmerkanzlei" betreibt, von seinem Vermieter Konkurrenzschutz verlangen kann. Grundsätzlich genießen auch die Vertreter der freien Berufe Konkurrenzschutz.[173] Bei gemischten Mietverhältnissen wird grundsätzlich von einem Ge-

---

[166] *Sternel* II Rdnr. 80.
[167] OLG Hamburg WuM 1978, 169 bzgl. Heizung; LG Kassel WuM 1979, 51 bzgl. Wasser; LG Heilbronn WuM 1965, 46 bzgl. Strom; Bub/Treier/*v. Martius* III A Rdnr. 1152; a. A. ebenda: Abstellen von Strom ... ist keine verbotene Eigenmacht, denn M hat trotz mietvertragl. zustehenden Mitbenutzungsrecht kein Mitbesitzrecht an den Versorgungsleitungen.
[168] Schmidt-Futterer/*Eisenschmid* § 535 Rdnr. 101.
[169] Zum Ganzen: *Sternel* II Rdnr. 103.
[170] LG Offenburg WuM 1998, 289; Schmidt-Futterer/*Eisenschmid* § 535 Rdnr. 81.
[171] Schmidt-Futterer/*Eisenschmid* § 535 Rdnr. 91 f.
[172] Bub/Treier/*Kraemer* III A Rdnr. 1002.
[173] BGHZ 70, 79, da zwar kein Gewerbe, doch wirtschaftliche Konkurrenz; Bub/Treier/*Kraemer* III B Rdnr. 1247.

werbemietverhältnis ausgegangen, solange die Nutzung der Räumlichkeiten frei bestimmbar ist.¹⁷⁴ Allerdings kann dies nicht verallgemeinert werden; liegt das Schwergewicht der Berufsausübung außerhalb der Mieträume, so ist ein gewerbliches Mietverhältnis und damit Konkurrenzschutz zu verneinen.¹⁷⁵ Anders ist dann zu entscheiden, wenn die quasi-gewerbliche Nutzung nicht vertraglich vereinbart wurde.

3. Leistungsstörungen

An dieser Stelle ist auf das Verhältnis der mietrechtlichen Gewährleistung zu dem allgemeinen Leistungsstörungsrecht einzugehen. Nach neuerer Rechtsprechung des BGH sind die mietrechtlichen Gewährleistungsregeln wegen eines Sachmangels grundsätzlich erst anwendbar, wenn die Mietsache übergeben worden ist,¹⁷⁶ da bereits der Wortlaut des § 536 Abs. 1 BGB eine Übergabe voraussetzt. 119

a) **Garantiehaftung des Vermieters.** § 536a fasst die Schadensersatz- und Aufwendungsersatzansprüche des Mieters wegen eines Mangels der Mietsache zusammen. 120

Nach § 536 Abs. 2 Nr. 2 BGB besteht ein Aufwendungsersatzanspruch bei notwendiger umgehender Beseitigung eines Mangels zur Erhaltung oder Wiederherstellung des Bestandes der Mietsache, d. h. es geht um Notmaßnahmen, die keinen Aufschub dulden und die ohne vorherige Mahnung einen Aufwendungsersatzanspruch auslösen. 121

Gemäß § 536a Abs. 1 1. Alt. BGB trifft den Vermieter eine Garantiehaftung für anfängliche Mängel, d. h. Mängel, die bei Vertragsschluss vorhanden sind. Verschulden, Erkennbarkeit bzw. Vermeidbarkeit sind dabei irrelevant.¹⁷⁷ Die Garantiehaftung ist Folge des allgemeinen Grundsatzes, dass jeder Schuldner für sein anfängliches Leistungsvermögen ohne Rücksicht auf Verschulden einstehen muss.¹⁷⁸ Die Haftung geht aber mit Erstreckung auch auf objektiv unbehebbare Mängel der Mietsache über den Grundsatz hinaus. Dabei genügt es, dass zum Zeitpunkt des Vertragsschlusses die Ursache für späteren Schaden vorhanden war,¹⁷⁹ der Mangel braucht noch nicht zu Tage getreten zu sein. Die Garantiehaftung greift auch, wenn die Mietsache bei Vertragsschluss noch nicht fertiggestellt war und der Mangel bei der Übergabe vorhanden war.¹⁸⁰ Fallen Vertragsschluss und Beginn des Mietverhältnisses durch Übergabe der Mietsache auseinander, ist der Zeitpunkt des Vertragsschlusses maßgeblich.¹⁸¹ Dabei ist die Garantiehaftung ausdehnend auszulegen. Grund ist ein an Risikobereichen orientierter Mieterschutz. Der Mieter hat keine Einwirkungs- und Erkenntnismöglichkeit hinsichtlich des Zustandes des Mietobjektes vor Vertragsschluss.¹⁸² Allerdings ist die Garantiehaftung formularmäßig abdingbar. Ein solcher vertraglicher Ausschluss ist nicht nach § 307 BGB unwirksam,¹⁸³ soweit es nicht um Haftung für zugesicherte Eigenschaften im Sinn von §§ 536 Abs. 2, 536a Abs. 1 BGB geht. Die Verschuldenshaftung bleibt vom Ausschluss unberührt.¹⁸⁴ Des Weiteren ist der in einem Formularmietvertrag vereinbarte Ausschluss von Schadenersatzansprüchen des Mieters wegen Sachschäden, die durch Mängel der Mietsache verursacht wurden, für die der Vermieter infolge leichter Fahrlässigkeit verantwortlich ist, wegen Verstoßes gegen § 307 BGB unwirksam.¹⁸⁵ Die Unwirksamkeit ergibt sich daraus, dass durch einen derartigen Haftungsausschluss die Hauptpflicht des Vermieters eingeschränkt wird, die Mietsache in einem vertragsgemäßen Zustand zu erhalten. Im Gegensatz zum Mieter kann der Vermieter nämlich für Schäden, 122

---

¹⁷⁴ BGH WM 1986, 274.
¹⁷⁵ LG Berlin MM 1995, 63.
¹⁷⁶ BGHZ 136, S. 102 = NJW 1997, 2813.
¹⁷⁷ OLG Karlsruhe ZMR 1991, 378.
¹⁷⁸ *Sternel* II Rdnr. 484.
¹⁷⁹ Z. B. verborgene Mängel an Installationen: LG Köln WuM 1990, 386.
¹⁸⁰ OLG München ZMR 1996, 322 m. w. N.
¹⁸¹ Schmidt-Futterer/*Eisenschmid* § 536a Rdnr. 12.
¹⁸² *Sternel* II Rdnr. 564 m. w. N.
¹⁸³ Bub/Treier/*Kraemer* III B Rdnr. 1380; BGH NJW-RR 1991, 74, 1993, 519, OLG Stuttgart RE WuM 1984, 187; BayObLG WuM 1985, 49.
¹⁸⁴ OLG Düsseldorf ZMR 1988, 222, 223; NJW-RR 1996, 521.
¹⁸⁵ BGH NZM 2002, 116.

die durch eine leicht fahrlässige Verletzung seiner Instandhaltungspflicht entstanden sind, eine Haftpflichtversicherung abschließen. Ein derartiger Haftungsausschluss ist jedoch nur dann unwirksam, wenn sich der Vermieter gegen Schäden absichern will, die durch Mängel der Mietsache verursacht worden sind. Wenn es um Sach- und Vermögensschäden des Mieters geht, die ansonsten vom Vermieter leicht fahrlässig verursacht worden sind, ist eine Haftungsbeschränkung wirksam und weiterhin sinnvoll.

> **Praxistipp:**
>
> Siehe zunächst Praxistipp unter Rdnr. 111.
> Ergänzend sollte die Formulierung in den Mietvertrag aufgenommen werden, dass der Zustand der Wohnräume dem Mieter bei Einzug bekannt ist.

123 **b) Haftung für Erfüllungsgehilfen.** Erfüllungsgehilfe ist jede Person, die vom Vermieter für Verrichtungen bei, in oder an der Mietsache bestellt wird.[186] Der Vermieter haftet für alle Personen, die er zur Erfüllung einer dem Mieter gegenüber bestehenden Pflicht einsetzt. Dabei haftet er für alle schuldhaften Verhaltensweisen des Erfüllungsgehilfen, die zur Erfüllungshandlung in einem adäquat-kausalen Verhältnis stehen. Erfüllungsgehilfen sind z.B. der Hausverwalter, Hauswart, Arbeitnehmer des Vermieters,[187] beauftragte Handwerker, Lieferanten und deren Angestellte, Sachverständige, Kauf- und Mietinteressenten des Vermieters. Allerdings besteht nur Haftung für Verhaltensweisen „in Ausübung der Verrichtung", nicht „bei Gelegenheit" der Verrichtung.

124 **c) Schutzwirkung zugunsten Dritter. aa) Miteinbeziehung Dritter in den Vertrag.** Im Schutzbereich des Mietvertrages steht nicht nur der Mieter selbst, sondern jeder, der nach dem Inhalt des Mietvertrages bestimmungsgemäß am Gebrauch der Mietsache teilhaben oder ihn an Stelle des Mieters ausüben soll. Dies sind zu seinem Hausstand gehörige Angehörige, auch Angestellte (bei Gewerbemiete), also Personen, denen der Vermieter Schutz und Fürsorge gewährt.[188] Dies ist in der Regel dann der Fall, wenn zwischen Mieter und Drittem ein Rechtsverhältnis mit personenrechtlichem Einschlag besteht, wie z.B. familienrechtliche oder arbeitsrechtliche Beziehungen. Nicht in den Schutzbereich einbezogen ist der Untermieter, dieser muss sich an seinen Vermieter – den Hauptmieter – halten.[189] Bei dieser Miteinbeziehung handelt es sich um einen **Vertrag mit Schutzwirkung zugunsten Dritter, § 328 BGB.**[190] Dabei wird die Anspruchsgrundlage zum Schaden gezogen.[191] Die Zubilligung des Schutzes beruht auf dem Gedanken, dass es gegen Treu und Glauben verstoßen würde, ihm, der vertragslos aber bestimmungsgemäß mit der Mietsache in Berührung und durch sie oder in ihr zu Schaden kommt, einen vertraglichen Anspruch zu versagen, der dem Mieter ohne weiteres zusteht.[192]

125 *bb) Schutz- und Fürsorgepflichten.* Den Vermieter trifft eine Fürsorgepflicht gegenüber dem Mieter. Er hat eine **Prüfungs- und Überwachungspflicht** hinsichtlich der Mietsache, um Schäden – auch für das Eigentum des Mieters – zu unterbinden oder abzuwenden.[193] Er hat notfalls einen Fachmann hinzuzuziehen. Ihn trifft die Pflicht, vorbeugende Maßnahmen zur Abwendung einer akuten Gefahr zu treffen, die erforderlich und ihm zumutbar sind.[194] Dabei ist es irrelevant, ob die Gefahr von der Mietsache, dem Vermieter oder Dritten ausgeht. Dies umfasst auch eine **Kontrollpflicht** bezüglich der technischen Geräte in der Mietwoh-

---

[186] OLG Karlsruhe NJW-RR 1988, 528.
[187] BGH MDR 1964, 750.
[188] Schmidt-Futterer/*Eisenschmid* § 536a Rdnr. 77.
[189] BGHZ 70, 328.
[190] BGHZ 61, 227.
[191] Im Gegensatz zur Drittschadensliquidation, bei der der Schaden zur Anspruchsgrundlage gezogen wird.
[192] *Sternel* II Rdnr. 492.
[193] BGH ZMR 1990, 452 m. w. N.
[194] OLG Hamburg ZMR 1988, 420, 421.

nung, soweit diese nicht ausschließlich in der Obhut des Mieters stehen. Den Vermieter trifft auch eine **Verkehrssicherungspflicht** bezüglich der Gemeinschaftseinrichtungen, z. B. Spielplatz.[195]

> **Praxistipp:**
> Für den Vermieter empfiehlt sich die Vereinbarung einer sogenannten „Kleinreparaturenklausel" (s. o. Rdnr. 61 f. und u. § 28). Wichtig dabei ist die Vereinbarung einer Kostenklausel, also einer kostenmäßigen Beteiligung des Mieters auf der Höhe nach begrenzte Rechnungen (Richtwert: € 80,–) pro Reparatur. Eine Beteiligung an über diesen Betrag hinausgehenden Reparaturen ist nach der Rechtsprechung des BGH (WuM 1992, 355) nicht zulässig. Eine Begrenzung ist zwingend auch auf einen bestimmten Zeitraum notwendig (Wirtschaftsjahr, wobei ein Gesamtbetrag von 6% der Jahresbruttokaltmiete als Richtwert gelten kann).
> Ebenso wenig zulässig ist die sogenannte „Vornahmeklausel", nach der der Mieter mit der Vergabe von Reparaturaufträgen oder ihrer Vornahme belastet wird (§ 307 BGB).

d) Unmöglichkeit. Die Unmöglichkeitsvorschriften der §§ 275, 280, 311a, 326 BGB sind jedenfalls dann ausgeschlossen, wenn die §§ 536 ff. BGB eingreifen. Liegt ein Fall der Unmöglichkeit vor, wird auch im Mietrecht zwischen der objektiv und subjektiv anfänglichen und der nachträglichen Unmöglichkeit unterschieden. 126

aa) Anfängliche Unmöglichkeit. Hier ist zwischen objektiver und subjektiver Unmöglichkeit (Unvermögen) zu differenzieren. 127

Objektive Unmöglichkeit liegt dann vor, wenn die Mietsache vor Vertragsschluss bereits **nicht oder nicht mehr existiert,** so dass die Vermieterleistung von niemandem mehr erbracht werden kann. Dieser Umstand ändert jedoch nichts an der Wirksamkeit des Mietvertrages, § 311a Abs. 1 BGB. Im Falle der anfänglichen objektiven Unmöglichkeit gelten vor der Überlassung der Mietsache die §§ 275, 311a BGB,[196] d. h. der Vermieter haftet auf das positive Interesse, wenn er die Unmöglichkeit kannte oder seine Unkenntnis zu vertreten hat, § 311a Abs. 2 S. 2 BGB. Das Vertretenmüssen wird kraft Gesetzes widerleglich vermutet („gilt nicht"), so dass der Vermieter die Beweislast hat, dass gerade kein Vertretenmüssen vorliegt. 128

Subjektive Unmöglichkeit ist das **Unvermögen des Vermieters,** d. h. ein anderer als der Vermieter kann den Vertrag noch erfüllen. Ein solches anfängliches Unvermögen liegt beispielsweise bei einem tatsächlichen Leistungshindernis vor, wenn der Vormieter trotz Beendigung des Mietvertrages die Wohnung nicht rechtzeitig herausgibt.[197] Auch hier gelten vor der Überlassung der Mietsache die §§ 275, 311a BGB. Der Vermieter haftet im Falle des anfänglichen Unvermögens wie bei der anfänglichen objektiven Unmöglichkeit nach § 311a Abs. 2 S. 1 BGB auf Schadensersatz statt der Leistung bzw. Aufwendungsersatz. Subjektive Unmöglichkeit liegt auch vor bei einem **Rechtsmangel** im Sinne von § 536 Abs. 3 BGB – die Sache gehört beispielsweise nicht dem Vermieter allein.[198] § 536 Abs. 3 BGB verdrängt als besonderer Fall des Unvermögens die allgemeinen Vorschriften auch schon vor Überlassung der Mietsache.[199] Der Mieter hat in diesem Fall einen Erfüllungsanspruch auf Beseitigung des Mangels und Überlassung der Mietsache. Andernfalls kann der Mieter unabhängig von einem Verschulden des Vermieters Mietzinsbefreiung und Schadensersatz gem. § 536 Abs. 3 BGB in Verbindung mit entsprechender Anwendung der §§ 536 ff. BGB geltend machen. 129

bb) Nachträgliche Unmöglichkeit. Es wird zwischen dem Zeitraum vor Gebrauchsüberlassung und dem nach Gebrauchsüberlassung unterschieden: 130

---

[195] Zu alledem: Schmidt-Futterer/*Eisenschmid* § 535 Rdnr. 91 ff.
[196] Palandt/*Weidenkaff* § 536 Rdnr. 8.
[197] Schmidt-Futterer/*Eisenschmid* § 536 Rdnr. 521.
[198] BGH NJW-RR 1995, 715.
[199] Palandt/*Weidenkaff* § 536 Rdnr. 11.

131 Vor Gebrauchsüberlassung gilt nicht § 536 Abs. 1 S. 1 BGB, da der Anwendungsbereich der §§ 536, 536a BGB nach dem ausdrücklichen Gesetzeswortlaut („zurzeit der Überlassung an den Mieter") noch nicht eröffnet ist.[200] Stattdessen greift das allgemeine Leistungsstörungsrecht, hier § 326 BGB bzw. §§ 280 Abs. 1, Abs. 2, 283 BGB. Etwas anderes gilt nur dann, wenn dem Vermieter die Überlassung auf Grund eines Rechtsmangels unmöglich ist. In diesem Fall verdrängt § 536 Abs. 3 BGB iVm § 536a Abs. 1 BGB die allgemeinen Vorschriften auch schon vor Überlassung der Mietsache.

Nach Gebrauchsüberlassung gilt grundsätzlich § 536 Abs. 1 BGB, wenn ein Mangel vorliegt. Leidet die Mietsache jedoch an einem unbehebbaren Schaden, z.B. im Falle von Untergang oder Zerstörung, liegt nicht mehr ein bloßer Mangel vor. Es handelt sich dann vielmehr um Unmöglichkeit, so dass das allgemeine Leistungsstörungsrecht gilt, §§ 275 ff., 323 ff. BGB.[201] Hier gelten dann auch die allgemeinen Grundsätze über die unterschiedliche Verschuldenshaftung. D.h. ist die **Unmöglichkeit weder vom Mieter noch vom Vermieter zu vertreten**, wird der Vermieter von der Leistungspflicht gem. § 275 Abs. 1 BGB frei. Er verliert jedoch auch seinen Anspruch auf die Gegenleistung gem. § 326 Abs. 1 S. 1 1. Halbsatz BGB. Ist die **Unmöglichkeit vom Vermieter zu vertreten**, sind die §§ 275, 280, 326 BGB heranzuziehen. Zur Wiederherstellung der Mietsache ist der Vermieter auch hier nicht verpflichtet.[202] Der Erfüllungsanspruch des Mieters wandelt sich in einen Schadensersatzanspruch gem. §§ 280, 281, 283 BGB um. Nach Überlassung der Mietsache hat der Mieter statt eines Rücktrittsrechts gem. § 323 BGB ein Recht zur fristlosen Kündigung gem. § 543 BGB. Hat der **Mieter die Unmöglichkeit zu vertreten,** wird der Vermieter gem. § 275 BGB von seiner Leistungspflicht befreit und behält gleichzeitig seinen Anspruch auf die Gegenleistung gem. § 326 Abs. 2 S. 1 BGB. Ist die **Unmöglichkeit von beiden zu vertreten**, ist § 254 BGB anwendbar.[203] Beim nachträglichen Unvermögen[204] haftet der Vermieter auf Schadensersatz gem. §§ 536 Abs. 3, 536a Abs. 1 u. 2 BGB wenn er dieses zu vertreten hat. Durch die Verweisung in § 536 Abs. 3 BGB auf § 536 Abs. 1 u. 2 BGB werden die allgemeinen Vorschriften verdrängt.[205]

---

[200] Palandt/*Weidenkaff* § 536 Rdnr. 10.
[201] BGH WuM 1990, 546.
[202] Schmidt-Futterer/*Eisenschmid* § 536 Rdnr. 498.
[203] BGH WuM 1981, 259.
[204] Z.B. Doppelvermietung seitens des Vermieters, BGH NJW-RR 1995, 701.
[205] Palandt/*Weidenkaff* § 536 Rdnr. 30.

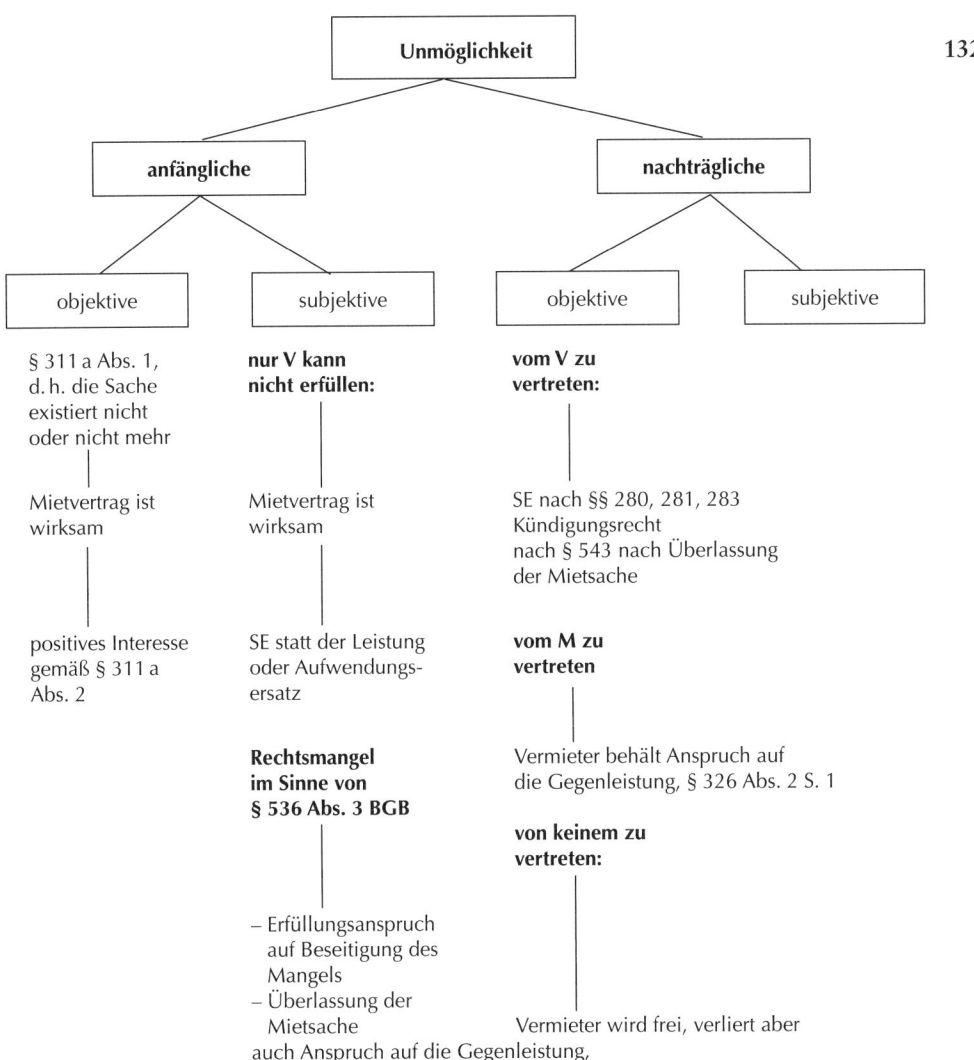

e) Verzug. Es ist vorrangig zu prüfen, ob tatsächlich Verzug vorliegt oder Unmöglichkeit 133 gegeben ist. Dies deswegen, da die Rechtsfolgen völlig unterschiedlich sind. Die Abgrenzung geschieht danach, ob Nachholbarkeit vorliegt (dann Verzug) oder nicht.[206] Das Wohnraummietverhältnis ist ein Dauerschuldverhältnis. Die Überlassung an den Mieter ist ein absolutes Fixgeschäft, so dass diese nach Zeitablauf nicht nachholbar ist, so dass Unmöglichkeit gegeben ist.

aa) Vor Überlassung. Ausnahmsweise kann vor Überlassung der Mietsache ein Verzöge- 134 rungsschaden gegeben sein, wenn seitens des Mieters ernsthafte Zweifel an der Leistungsbereitschaft und Leistungsfähigkeit des Vermieters gegeben sind.[207] Dann hat der Mieter ein dringendes Interesse, die Unsicherheit zu beseitigen. Er kann dem Vermieter vor Übergabe eine Frist zur Erklärung setzen und androhen, vom Vertrag zurückzutreten. Gleiches gilt,

---

[206] Schmidt-Futterer/*Eisenschmid* § 536 Rdnr. 530.
[207] OLG Hamm WuM 1996, 466.

wenn der Vermieter sich weigert, die Mietsache zu übergeben. Allerdings muss dann der Vermieter gemäß § 286 Abs. 4 BGB den Verzug zu vertreten haben. Dies ist dann der Fall, wenn er ausdrücklich oder konkludent eine Garantie für den Übergabetermin übernommen hat.[208]

135 *bb) Nach Überlassung.* Für den Fall des Verzuges nach Überlassung der Mietsache ist § 536a Abs. 1, 3. Fall BGB zu beachten. §§ 281, 283, 323 BGB werden insoweit verdrängt.[209] Der Mieter kann daher auch ohne Fristsetzung, die bei den §§ 281, 323 BGB nötig gewesen wäre, Schadensersatz statt der Leistung vom Vermieter verlangen.

136 *f) pVV/cic.* Sowohl bei pVV, § 280 BGB, als auch bei cic, §§ 280 Abs. 1, 241 Abs. 2, 311 Abs. 2, Abs. 3 BGB ist danach zu unterscheiden, ob eine „Verletzung" vor oder nach Überlassung der Mietsache eingetreten ist.

137 *aa) Vor Überlassung.* Verletzt der Vermieter seine vertraglichen Verpflichtungen schuldhaft, so liegt hierin eine pVV.[210]

Eine **Haftung aus pVV** ergibt sich beispielsweise dann, wenn der Vermieter den Mietvertrag ohne berechtigten Grund kündigt,[211] oder wenn er sich weigert, dem Mieter die Mietsache ganz oder teilweise im vertragsgemäßen Zustand zu überlassen.[212]

138 Da bis zur Übergabe der Mietsache die Gewährleistungsvorschriften der §§ 536f. BGB nicht anwendbar sind, gelten die allgemeinen Regeln des Schuldrechts und damit auch die cic. Eine **cic-Haftung** liegt vor bei Verstößen gegen die vorvertragliche Aufklärungspflicht, z.B. über behördliche Auflagen.[213] Eine cic-Haftung liegt jedenfalls dann vor, wenn der Vermieter arglistig handelt.[214] So z.B. dann, wenn der Vermieter dem Mieter gewisse Umstände verschweigt, von denen er weiß, dass der Mieter bei Kenntnis dieser Umstände den Vertrag nicht oder nicht so geschlossen hätte.[215]

139 *bb) Nach Überlassung.* Nach Überlassung der Mietsache findet die pVV in der Regel keine Anwendung, da die meisten Fälle der Schlechterfüllung bereits von §§ 536f. BGB erfasst werden.[216] Nach h. M. sind auch Mangelfolgeschäden von § 536a Abs. 1 Alt. 1 BGB erfasst, so dass die pVV auch insoweit verdrängt ist. Eine Haftung aus pVV liegt folglich nur vor, wenn die Mietsache zwar mängelfrei ist, der Vermieter jedoch vertragliche Nebenpflichten verletzt.[217] Der praktisch wichtigste Fall einer Haftung aus pVV ist der, dass der Vermieter wegen vorgetäuschtem Eigenbedarf die Wohnung kündigt.[218] Bei einer derartigen unberechtigten Kündigung durch den Vermieter umfasst die Schadensersatzpflicht nach pVV, § 280 BGB, auch die außergerichtlichen Anwaltskosten des Mieters zur Zurückweisung der unberechtigten Kündigung.[219]

140 Eine cic-Haftung ist nach Übergabe der Mietsache wegen der sich aus § 536b BGB ergebenden Beschränkung ausgeschlossen,[220] da man ansonsten den Gewährleistungsausschluss unterlaufen würde. Dies gilt jedoch nicht bei Arglist des Vermieters.[221]

4. Haftungsausschlüsse

141 Hierzu wird vollumfänglich auf § 18 III verwiesen.

---

[208] Zu alledem: Schmidt-Futterer/*Eisenschmid* § 536 Rdnr. 535f.
[209] OLG Hamm WuM 1984, 94; Palandt/*Weidenkaff* § 536a Rdnr. 3.
[210] Schmidt-Futterer/*Eisenschmid* § 536 Rdnr. 545.
[211] AG Düsseldorf WuM 1993, 36.
[212] Schmidt-Futterer/*Eisenschmid* § 536 Rdnr. 556.
[213] Schmidt-Futterer/*Eisenschmid* § 536 Rdnr. 555.
[214] *Tröster* NZM 1998, 697, 702; BGH NJW 1997, 2813.
[215] Schmidt-Futterer/*Eisenschmid* § 536 Rdnr. 553.
[216] *Sternel* II Rdnr. 629.
[217] Zu alledem: Schmidt-Futterer/*Eisenschmid* § 536 Rdnr. 547 m.w.N.; weitere Beispiele in *Sternel* II Rdnr. 629 bis 640.
[218] Schmidt-Futterer/*Eisenschmid* § 536 Rdnr. 549; OLG Karlsruhe WuM 1982, 11.
[219] AG Charlottenburg, MM 2003, 91.
[220] Schmidt-Futterer/*Eisenschmid* § 536 Rdnr. 553.
[221] BGHZ 136, 102 = NJW 1997, 2813.

§ 18 Gewährleistung

Übersicht

	Rdnr.
I. Sachmängelhaftung	1–19
1. Mangel	1–3
a) Begriff	1
b) Erheblichkeit	2
c) Abgrenzung zugesicherter Eigenschaften	3
2. Folgen	4–19
a) Minderung	4/5
b) Schadensersatz	6/7
c) Aufwendungsersatz	8–12
d) Kündigung	13–19
II. Rechtsmängel	20–35
1. Rechte Dritter	22–26
a) Doppelvermietung	23
b) Unerlaubte Untervermietung durch Mieter	24
c) Wohnungseigentümergemeinschaft	25/26
2. Folgen	27–35
a) Anfänglicher Rechtsmangel	28–31
b) Nachträglicher Rechtsmangel	32–35
III. Gewährleistungsausschlüsse	36–49
1. Gesetzliche Ausschlüsse	36–43
a) Kenntnis des Mieters § 536 b BGB	36–38
b) Ausschluss § 536 b (c.i.c., pVV, § 823 BGB)	39
c) Anwendungsfälle	40
d) Nachträgliche Vertragsänderung	41
e) Anzeigepflicht des Mieters § 536 c BGB	42
f) Treu und Glauben § 242 BGB	43
2. Vertragliche Ausschlüsse und Beschränkungen	44–46
a) Minderung	45
b) Schadensersatz	46
3. Wegfall der Geschäftsgrundlage	47–49
a) Voraussetzung	47
b) Folgen	48/49

I. Sachmängelhaftung

1. Mangel

a) Begriff. Ein im Sinne der Gewährleistung relevanter Sachmangel ist für den Mieter 1 nachteilige Abweichung des tatsächlichen Zustandes der Mietsache vom vertraglich vorausgesetzten; sie muss die Tauglichkeit zu dem von den Vertragsparteien konkret vorausgesetzten Gebrauch ganz aufheben oder mindern.[1] Unerheblich ist dabei, ob der Sachmangel bereits bei Überlassung der Sache bestand oder erst später eintrat.

b) Erheblichkeit. Aus § 536 Abs. 1 S. 3 BGB ergibt sich, dass der Sachmangel zu einer er- 2 heblichen Gebrauchsbeeinträchtigung geführt haben muss. Bei Schadensersatz- oder Erfüllungsanspruch kommt es auf die Erheblichkeit nicht an. Unerheblichkeit ist nur bei zugesicherten Eigenschaften von Bedeutung.[2]

Hinsichtlich der Frage, unter welchen Voraussetzungen eine für den Mieter nachteilige **Abweichung von der im Mietvertrag bezifferten Fläche** ein zur Mietminderung berechtigender erheblicher Mangel ist, vollzog sich ein Rechtsprechungswandel. Früher wurde ein be-

---

[1] Palandt/*Weidenkaff* § 536 Rdnr. 16.
[2] Palandt/*Weidenkaff* § 536 Rdnr. 17, Beispiele Rdnr. 24 ff.

achtlicher Mangel nur dann angenommen, wenn die Flächenabweichung erheblich und die Gebrauchstauglichkeit der Wohnung gerade durch die geringere Wohnfläche beeinträchtigt war.[3] Der BGH hat dies nunmehr mit seinen beiden Entscheidungen vom 24. 3. 2004[4] klargestellt. Danach ist bei einer Abweichung der Wohnfläche von mehr als 10% unter der im Mietvertrag angegebenen Fläche grundsätzlich ein Mangel i.S. des § 536 I 1 BGB gegeben. Einer zusätzlichen Darlegung, dass hierdurch die Tauglichkeit der Wohnung zum vertragsgemäßen Gebrauch gemindert ist, bedarf es nicht. Dies gilt auch bei der Angabe einer „ca. - Fläche" im Mietvertrag, da auch eine nur geringfügige Maßtoleranz nicht anzuerkennen ist.

3 c) **Abgrenzung zugesicherter Eigenschaften.** Gemäß § 536 Abs. 2 BGB besteht auch eine Sachmängelhaftung für zugesicherte Eigenschaften. Eigenschaft ist jeder wertbildende Faktor, also alle rechtlichen und tatsächlichen Umstände, die der Mietsache unmittelbar und nicht nur vorübergehend anhaften und daher auf ihre Wertschätzung Einfluss nehmen. Eine Zusicherung ist gegeben, wenn der Vermieter ausdrücklich (möglich auch stillschweigend) erklärt, dafür einstehen zu wollen. Dabei muss nach allgemeiner Meinung die Zusicherung in vertragsgemäß bindender Form erklärt werden.[5] Dies ist beispielsweise nicht der Fall bei der bloßen Beschreibung der Sache und der Angabe der qm-Zahl.[6]

2. Folgen

4 a) **Minderung.** Gemäß § 536 Abs. 1 S. 2 BGB kann der Mieter den Mietzins mindern, ohne dass dies auf seinen Erfüllungsanspruch von Einfluss ist. Dieser „Anspruch"[7] ist von einem Verschulden des Vermieters unabhängig. Die Höhe der Minderung wird nach folgender Formel berechnet:

$$\frac{\text{Ist-Beschaffenheit}}{\text{Soll-Beschaffenheit}} = \frac{\text{geminderter Mietzins}}{\text{vereinbarter Mietzins}}$$

$$\text{geminderter Mietzins} = \frac{\text{Ist-Beschaffenheit} \times \text{vereinbarter Mietzins}}{\text{Soll-Beschaffenheit}}$$

> **Praxistipp:**
>
> **5** Bei Mietzinsminderungsansprüchen ist sowohl seitens des Vermieters wie auch des Mieters die Verwirkung zu beachten. Dies insbesondere deshalb, weil die Rechtsprechung der unterschiedlichen Amts- und Landgerichtsbezirke hinsichtlich des Zeitmomentes erheblich differieren.
> Gerade die Rechtsprechung im Amts- und Landgerichtsbezirk München ging bereits nach einem Zeitraum von nur sechs Monaten – in dem der Mieter trotz Kenntnis des Mangels den Mietzins vorbehaltlos bezahlt, oder in dem der Vermieter die Mietzinsminderung widerspruchslos hinnimmt – von einer Verwirkung der jeweiligen Ansprüche aus. In diesem Zusammenhang ist jedoch die weitere Entwicklung zu beobachten, da der BGH jetzt den Verlust des Minderungsrechts nach vorbehaltloser und ungekürzter Mietzahlung durch den Mieter verneint[8] und eine Verwirkung deshalb wohl nicht mehr schon nach sechs Monaten angenommen werden kann.
> Dem Mieter ist daher zu empfehlen, nach Kenntnis des Mangels zumindest sofort einen Vorbehalt geltend zu machen. Dem Vermieter muss empfohlen werden, seine Ansprüche auf vollständige Mietzinszahlung unverzüglich gerichtlich geltend zu machen, wenn kurzfristig eine außergerichtliche Einigung mit dem Mieter nicht möglich ist.[9]

---

[3] OLG Dresden WuM 1998, 144.
[4] NZM 2004, 453 und 456; BGH WM 2005 Heft 38, 1816.
[5] *Sternel* II Rdnr. 526.
[6] OLG Dresden NZM 1998, 184 m. w. N.
[7] Minderung ist kein Anspruch, sondern eine rechtsvernichtende Einwendung.
[8] BGH NZM 2003, 679.
[9] LG Köln WM 2001, 79.

b) Schadensersatz. § 536a BGB fasst die Schadensersatz- und Aufwendungsersatzansprüche des Mieters wegen eines Mangels der Mietsache zusammen.

Gemäß § 536a Abs. 1 BGB haftet der Vermieter bei Mängeln auf Schadensersatz. War der Mangel bereits bei Vertragsabschluss vorhanden, so besteht eine verschuldensunabhängige Garantiehaftung des Vermieters.[10] Grundsätzlich ist § 536a Abs. 1 BGB erst ab Überlassung der Mietsache[11] anwendbar. Zu beachten ist jedoch, dass § 536a Abs. 1 BGB auch dann Anwendung findet, wenn der Vermieter mit der Mängelbeseitigung in Verzug gerät.[12] Dabei ist § 536a Abs. 1 BGB neben §§ 536 und 543 Abs. 2 S. 1 Nr. 1 BGB anwendbar. Der Anspruch des § 536a Abs. 1 BGB ist als Schadensersatzanspruch nach §§ 249 ff. BGB ausgestaltet, d.h., der Mieter ist so zu stellen, wie er bei ordnungsgemäßer Erfüllung des Vertrages durch den Vermieter stehen würde. Der Schaden wird nach der Differenzhypothese ermittelt. Dabei werden nach der h. M. neben Mangelschäden auch Mangelfolgeschäden[13] erfasst,[14] da eine stärkere Gefährdung der Rechtsgüter des Mieters durch ein Einbringen in die Mietsache besteht und ein größerer Schutz damit gerechtfertigt ist.

c) Aufwendungsersatz. § 536a Abs. 2 BGB regelt das Selbsthilferecht des Mieters.

Nach § 536a Abs. 2 Nr. 1 kann der Mieter im Falle des Verzuges des Vermieters den Mangel selbst beseitigen und Ersatz der erforderlichen Aufwendungen verlangen. Ein solcher Anspruch besteht unter folgenden Voraussetzungen: Grundsätzlich muss der Mieter dem Vermieter den Mangel gemäß § 536c Abs. 1 BGB anzeigen.

Sinn dieser Vorschrift ist der Schutz des Vermieters vor Kosten, die vermeidbar gewesen wären, wenn der Mieter ihm rechtzeitig Gelegenheit zur Mängelbeseitigung gegeben hätte.[15] Die Anzeigepflicht ist allerdings dann entbehrlich, wenn der Vermieter bereits auf andere Weise Kenntnis erlangt hat.[16]

Der Vermieter muss sich in **Schuldnerverzug** befinden. Allein durch den Verzug verliert der Vermieter sein Mängelbeseitigungsrecht jedoch nicht. Er kann die Mängelbeseitigung auch dann noch nachholen, wenn die vom Mieter gesetzte Frist bereits abgelaufen ist. Der Verzug wird aber nicht schon dadurch beendet, dass der Vermieter die Mängelbeseitigung ankündigt.[17] Beendet wird der Verzug nur dann, wenn der Mangel durch den Vermieter tatsächlich beseitigt wird oder wenn der Vermieter dem Mieter zumindest ein Angebot auf Mängelbeseitigung macht, das dieser aber ablehnt. Verzug setzt grundsätzlich eine **Mahnung** gemäß § 286 Abs. 1 BGB[18] sowie **Verschulden** gemäß § 286 Abs. 4 BGB voraus. Beim vorliegenden **Mangel** ist es irrelevant, ob es sich um einen anfänglich unverschuldeten oder einen nachträglich verschuldeten handelt. Der Aufwendungsersatzanspruch besteht neben dem Minderungsrecht nach § 536 Abs. 1 BGB und neben den Schadensersatzansprüchen aus § 536a Abs. 1 BGB. Allerdings kann die Miete nach vollständiger Behebung des Mangels nicht mehr gemindert werden, da kein Minderungsgrund nach § 536 Abs. 1 S. 2 BGB mehr besteht. Räumlich erstreckt sich das Selbsthilferecht des Mieters auf die gesamte Mietsache einschließlich des Zubehörs.[19] Vom Umfang her kann der Mieter nur Ersatz der erforderlichen – d.h. der geeigneten und notwendigen – Aufwendungen verlangen.

Nach § 536a Abs. 2 Nr. 2 kann der Mieter Ersatz der zur Erhaltung oder Wiederherstellung der Mietsache notwendigen Aufwendungen verlangen. In Abgrenzung zu Nr. 1 muss es sich hier um notwendige Aufwendungen handeln, eine Mahnung des Vermieters ist entbehrlich.

---

[10] § 536a Abs. 1 1. Fall BGB.
[11] Vgl. Verweisung auf § 536 BGB (zurzeit der Überlassung).
[12] § 536a Abs. 1 3. Fall BGB.
[13] Wie z. B. an der Wohnungseinrichtung.
[14] OLG München NJW RR 1990, 1099.
[15] *Emmerich* NZM 1998, 51.
[16] Palandt/*Weidenkaff* § 536c Rdnr. 8.
[17] LG Berlin ZMR 2003, 189.
[18] Diese ist entbehrlich, wenn der Vermieter die Mängelbeseitigung von vorne herein ablehnt (Bub/Treier/*Kraemer* III B Rdnr. 1395 m.w. N.) oder wenn Mahnung infolge Eilbedürftigkeit nicht möglich ist (LG Hagen WuM 1984, 215; AG Hamburg WM 1994, 609).
[19] BGH NJW 1986, 3206.

> **Praxistipp:**
>
> 12 Insoweit sei nochmals auf den Praxistipp § 24, II, 3, c, bb verwiesen. Zumindest in diesem Bereich kann der Aufwendungsersatz- wie auch der Schadensersatzanspruch umgangen werden.

13 d) **Kündigung.** Als weitere Folge der Sachmängelhaftung steht dem Mieter das Recht zur außerordentlichen Kündigung zu. Für dieses gibt es eine zentrale Vorschrift, den **§ 543 BGB.**

14 **Absatz 1** regelt das Kündigungsrecht im Grundsatz.
Absatz 2 zählt die wichtigsten Gründe für eine fristlose Kündigung auf.
Nummer 1 normiert die Kündigung wegen Nichtgewährung des vertragsmäßigen Gebrauches.
Nummer 2 regelt die Kündigung bei vertragswidrigem Gebrauch,
Nummer 3 die Kündigung wegen Zahlungsverzuges. Die Sonderregelung für die Wohnraummiete ist im 2. Untertitel „Mietverhältnisse über Wohnraum" in § 569 Abs. 3 BGB enthalten.
Absatz 3 legt als weitere Voraussetzung für die fristlose Kündigung eine Abmahnung oder Fristsetzung zur Abhilfe fest und regelt in Nummern 1 bis 3 Ausnahmen von diesem Grundsatz.
Absatz 4 Satz 1 verweist für das Kündigungsrecht nach Abs. 2 Nr. 1 auf die §§ 536b, 536d. In **Satz 2** wird die Beweislast zu Lasten des Vermieters geregelt.

§ 569 BGB ergänzt § 543 BGB und enthält besondere Regelungen zum außerordentlichen Kündigungsrecht aus wichtigem Grund bei Wohnraummietverhältnissen.
Absatz 1 nennt als wichtigen Grund eine erhebliche Gesundheitsgefährdung des Mieters.
Absatz 2 normiert eine nachhaltige Störung des Hausfriedens als wichtigen Grund.
Absatz 3 ergänzt § 543 Abs. 2 S. 1 Nr. 3 BGB bei Zahlungsverzug des Mieters. Die Schonfrist für die Nachholung der Zahlung der rückständigen Miete und der fälligen Entschädigung beträgt zwei Monate nach Eintritt der Rechtshängigkeit des Räumungsrechtsstreits. Die Schonfrist dient dem allgemeinen Interesse und der Vermeidung von Obdachlosigkeit. Der Vermieter ist vor Missbrauch durch **Absatz 3 Nr. 2 S. 2** (Nachholung nur einmal innerhalb von zwei Jahren) geschützt.
Absatz 4 enthält das Erfordernis, den Kündigungsgrund im Kündigungsschreiben zu nennen.
Absatz 5 erwähnt die Unabdingbarkeit der Vorschrift.

15 Das Kündigungsrecht wegen erheblicher tatsächlicher Gesundheitsgefährdung wird von **§ 543 Abs. 1 i. V. m. § 569 Abs. 1 BGB** geregelt. Dabei muss eine Gesundheitsgefährdung vorliegen, eine Schädigung muss jedoch noch nicht eingetreten sein. Die Gefährdung muss auf einer dauernden Eigenschaft der Mietsache beruhen. Ein Verschulden des Vermieters ist nicht erforderlich.

16 Beispiele
In den nachfolgend genannten Beispielsfällen ist von einer Gesundheitsbeeinträchtigung, die zur außerordentlichen und fristlosen Kündigung berechtigt, auszugehen:
- unerträglicher Lärm (AG Berlin-Mitte MM 1999, AG Köln WuM 1998, 21; 1979, 75 und 1978, 68)
- überhitzte Räume (OLG Düsseldorf ZMR 1998, 622)
- durchfeuchtete Räume (LG Berlin GE 1998, 1465; 1999, 45, LG Kassel WuM 1982, 188)
- nicht beheizbare, ungenügend beheizte Räume (LG Mannheim ZMR 1977, 154)
- dreimonatiger Ausfall der Heizung im Winter wegen Umbauarbeiten (LG Traunstein WuM 1986, 93)

Bei Schädlingen:
- Mäuse (AG Berlin-Tiergarten MM 97, 243)
- Kakerlaken (LG Freiburg WuM 1986, 246)
- Taubenzecken (LG Berlin GE 1997, 689)
- Kellerasseln (OLG Düsseldorf ZMR 1987, 263; LG Saarbrücken WuM 1991, 91)
- Silberfische (AG Kiel WuM 1980, 235; Umstr, a. A. AG Lahnstein WuM 1988, 55)

Schadstoffe:
- Schimmel (LG Düsseldorf WuM 1989, 13)
- Formaldehyd, erhöhte Konzentration (LG München I WuM 1991, 585)

Gemäß **§ 543 Abs. 2 S. 1 Nr. 1 BGB** kann der Mieter das Mietverhältnis außerordentlich kündigen, wenn der Vermieter ihm den vertragsgemäßen Gebrauch der Mietsache vorenthält. Diese Gebrauchsstörung kann sowohl ein Sach- als auch ein Rechtsmangel sein, ebenfalls eine – auch teilweise – Erfüllungsverweigerung.[20] Die Vorenthaltung/Störung muss jedoch erheblich sein, um unlauterem Missbrauch vorzubeugen.[21] Der Mieter kann in der Regel[22] erst dann kündigen, wenn die angemessene Frist im Sinne von § 543 Abs. 3 BGB erfolglos verstrichen ist. Das Kündigungsrecht ist dann ausgeschlossen, wenn der Mieter gemäß § 543 Abs. 4 S. 1 i. V. m. § 536 b BGB Kenntnis vom nicht vertragsgemäßen Zustand der Mietsache hatte.

Bei der Verletzung von Vertragspflichten seitens des Vermieters steht dem Mieter das außerordentliche Kündigungsrecht der **§§ 543 Abs. 1 i. V. m. 569 Abs. 2 BGB** zur Seite. Diese Vertragsverletzung muss allerdings vom Vermieter schuldhaft[23] herbeigeführt worden sein. Die Fortsetzung des Mietverhältnisses muss dem Mieter unzumutbar sein.

Die Kündigungstatbestände im Überblick
§ 543 BGB außerordentliche fristlose Kündigung aus wichtigem Grund
Abs. 1 Kündigungsrecht im Grundsatz
S. 1 Kündigungsrecht an sich
S. 2 Voraussetzungen
Abs. 2 S. 1 wichtigste Kündigungsgründe
Nr. 1 Entzug des vertragsgemäßen Gebrauchs
Nr. 2 Gefährdung der Mietsache durch – Vernachlässigung der Sorgfaltspflicht oder – unbefugte Überlassung an Dritte = Kündigungsrecht des Vermieters)
Nr. 3 a Verzug mit Miete oder erheblichem Teil der Miete für zwei aufeinander folgende Termine
Nr. 3 b Verzug mit Mietbetrag, der Miete von zwei Monaten erreicht, über Zeitraum, der sich über mehr als zwei Termine erstreckt
S. 2 Ausschluss des Kündigungsrechts bei Befriedigung, Aufrechnung
Abs. 3 weiteres Erfordernis der Abmahnung oder Fristsetzung zur Abhilfe, Ausnahmen
Abs. 4 S. 1 entsprechende Anwendung der §§ 536 b, 536 d auf Abs. 2 Nr. 1
Abs. 4 S. 2 Beweislastregelung

---
[20] Schmidt-Futterer/*Eisenschmid* § 543 Rdnr. 7.
[21] *Franke* ZMR 1999, S. 83, 84.
[22] Beachte § 543 Abs. 3 S. 2 BGB.
[23] §§ 276, 278 BGB.

Die Kündigungstatbestände im Überblick	
§ 569 ergänzt § 543 und enthält besondere Regelungen zum außerordentlichen fristlosen Kündigungsrecht aus wichtigem Grund bei Wohnraummietverhältnissen	
Abs. 1 außerordentliche fristlose Kündigung wegen Gesundheitsgefährdung	
Abs. 2 außerordentliche fristlose Kündigung wegen Störung des Hausfriedens	
Abs. 3 Sonderregelung für die fristlose Kündigung von Wohnraum wegen Zahlungsverzuges	
Abs. 3 Nr. 1 nimmt auf § 543 Abs. 2 S. 1 Nr. 3 a Bezug und definiert den „nicht unerheblichen Teil der Miete"	
Abs. 3 Nr. 2 stellt weitere Unwirksamkeitsgründe der Kündigung ein	
Abs. 3 Nr. 3 Sperrfrist für Vermieterkündigung nach rechtskräftiger Verurteilung des Mieters zur Zahlung einer erhöhten Miete	
Abs. 4 Pflicht zur Angabe des Kündigungsgrundes im Kündigungsschreiben	
Abs. 5 Unabdingbarkeitsregelung	

II. Rechtsmängel

20 Ein Rechtsmangel ist gegeben, wenn dem Mieter der vertragsgemäße Gebrauch durch das Recht eines Dritten ganz oder zum Teil entzogen wird, § 536 Abs. 3 BGB. Dies gilt auch dann, wenn erst nach Abschluss des Mietvertrages und Übergabe der Mietsache der Rechtsmangel entstanden ist. Danach sind die § 536 Abs. 1 u. 2 BGB auf Rechtsmängel entsprechend anwendbar.

21 In **§ 536 Abs. 3 BGB** wird die Haftung für Rechtsmängel geregelt. Damit sind die Rechtsfolgen von Sach- und Rechtsmängeln in einer Vorschrift zusammengefasst.

1. Rechte Dritter

22 Dritter ist jeder, der nicht zur Mieter- oder Vermieterpartei gehört. Z. B. ist der Vermieter im Verhältnis zum Untermieter des Mieters Dritter.[24] Die Rechtsmängelhaftung greift nur bei Rechten Dritter, die sich auf den Besitz oder den Mietgebrauch beziehen, nicht dagegen bei öffentlich rechtlichen Beschränkungen und nicht bei Rechten, die sich ausschließlich gegen den Vermieter richten, z. B. bei einem vom Vermieter mit einem Dritten vereinbarten Konkurrenzverbot.[25]

23 a) **Doppelvermietung.** Im Falle einer Doppelvermietung – der Vermieter schließt mit zwei verschiedenen Mietern einen Mietvertrag über ein und dasselbe Mietobjekt – verliert der eine Mieter ab Überlassung des Mietobjektes an den anderen seinen Erfüllungsanspruch gegenüber dem Vermieter. Zu den Folgen sei auf Rdnr. 27 ff. verwiesen.

24 b) **Unerlaubte Untervermietung durch Mieter.** Ebenfalls stellt die unerlaubte Untervermietung durch den Mieter einen Rechtsmangel dar. Der Untermieter kann im Falle des Herausgabeverlangens des Eigentümers an den Hauptmieter (= Untervermieter) gem. § 536 Abs. 3 i. V. m. §§ 536 ff. BGB vorgehen.

25 c) **Wohnungseigentümergemeinschaft.** Ein Unterfall – und damit ein Rechtsmangel – der unerlaubten oder ungenehmigten Untervermietung durch den Wohnungseigentümer liegt dann vor, wenn eine Untervermietung gegen eine Teilungserklärung bzw. eine Gemeinschafts-

---

[24] BGHZ 63, 132.
[25] BGH LM § 537 Nr. 3.

ordnung (beispielsweise erforderliche, aber fehlende Zustimmung der Eigentümergemeinschaft zur Untervermietung[26]) verstößt und die übrigen Teileigentümer dagegen vorgehen.

> **Praxistipp:**
>
> Die Wohnungseigentümergemeinschaft kann den Vermieter, der Räume entgegen der Zweckbestimmung vermietet („Laden" an den Betreiber einer Arztpraxis oder einer Gaststätte), vor dem Wohnungseigentumsgericht auf Unterlassung in Anspruch nehmen. Die Vollstreckung erfolgt hier gemäß § 890 ZPO durch die Festsetzung eines Ordnungsgeldes. Dieses setzt jedoch schuldhaftes Verhalten voraus, woran es regelmäßig fehlt, wenn der Vermieter vergeblich alles zumutbare getan hat die zweckwidrige Nutzung zu unterbinden.
>
> Gleichwohl ist der Vermieter in diesem Fall aber nicht zur Kündigung dieses Mietverhältnisses berechtigt (BGH WuM 1996, 105).
>
> Die Eigentümer können aber auch den Mieter gemäß § 1004 BGB auf Unterlassung der zweckwidrigen Nutzung in Anspruch nehmen (BGH, NJW-RR 1995, 715; OLG München WuM 1992, 326; OLG Karlsruhe, NJW-RR 1994, 146). In diesem Fall ist das Zivilgericht zuständig, die Vollstreckung erfolgt ebenfalls nach § 890 ZPO. Diese Vollstreckung ist jedoch unproblematisch da der Mieter die zweckwidrige Nutzung ohne weiteres einstellen kann.
>
> Ist der Mieter dann zur Aufgabe seines Betriebes gezwungen, stehen ihm gegen den Vermieter Schadensersatzansprüche zu, weil ein Rechtsmangel vorliegt, nämlich die Beeinträchtigung des nach dem Vertrag vereinbarten Mietgebrauchs. Für diese Beeinträchtigung genügt, dass die Rechtsinhaber, also die übrigen Wohnungseigentümer, von ihrem Recht Gebrauch machen wollen (BGHZ 1993, 132).
>
> Es entfällt die Pflicht zur Zahlung des Mietzinses, es entstehen Schadensersatzansprüche (BGH, NJW-RR 1995, 715).
>
> Alternativ kann der Mieter aber auch gemäß § 543 BGB fristlos kündigen und den Vermieter auf Ersatz des Kündigungsfolgeschadens in Anspruch nehmen.

2. Folgen

Für Rechtsmängel gelten die Folgen der Sachmängelhaftung (§§ 536, 536a BGB) entsprechend. Die allgemeinen Unmöglichkeitsvorschriften der §§ 275, 280, 311a, 326 BGB werden – wie oben ausgeführt – im Wege der vorrangigen Gewährleistung verdrängt.

a) **Anfänglicher Rechtsmangel.** Ein anfänglicher Rechtsmangel liegt dann vor, wenn das Recht eines Dritten bereits vor Vertragsschluss und vor Überlassung der Mietsache auf diese zum Nachteil des Mieters einwirkt. Sowohl die Doppelvermietung, als auch die unerlaubte Untervermietung können einen anfänglichen Rechtsmangel darstellen.

aa) *Mietzinszahlung.* Gemäß **§ 536 Abs. 3 i. V. m. § 536 Abs. 1 u. 2 BGB** kann der Mieter vollständige oder teilweise Befreiung von seiner Mietzinszahlungspflicht verlangen, wenn der Dritte sein Recht an der Mietsache durchsetzen kann, wie z. B. im Wege des Herausgabeverlangens nach §§ 546 Abs. 2, 985 BGB.[27]

bb) *Kündigung.* Unter den Voraussetzungen des **§ 536 Abs. 3 i. V. m. § 543 Abs. 2 S. 1 Nr. 1 BGB** steht dem Mieter ein Kündigungsrecht zu.

cc) *Schadensersatz.* Durch den Rechtsgrundverweis in **§ 536 Abs. 3 BGB** auf **§ 536a Abs. 1 BGB** kann der Mieter auch Schadensersatzansprüche geltend machen.

b) **Nachträglicher Rechtsmangel.** Der Vermieter hat ebenfalls für einen erst nach Abschluss des Mietvertrages und nach Überlassung der Mietsache entstandenen Rechtsmangel einzustehen.[28]

---

[26] BGH NJW 1962, 1613, BGH NJW 1996, 714.
[27] Bub/Treier/*Kraemer* III B Rdnr. 1425.
[28] MünchKomm/*Häublein* § 536a Rdnr. 9.

33 *aa) Verschulden.* Durch den Verweis auf § 536a Abs. 1 2. Alt. BGB ist sichergestellt, dass im Falle des nachträglichen Rechtsmangels ein Verschulden des Vermieters gegeben sein muss.[29]

34 *bb) Erfüllungsanspruch.* Der Mieter hat einen Erfüllungsanspruch gemäß § 535 Abs. 1 BGB auf die Beseitigung der Rechte Dritter bzw. er kann das Leistungsverweigerungsrecht gem. § 320 BGB ausüben. Eine Erfüllungsklage scheidet aus, wenn das Unvermögen des Vermieters bereits feststeht.[30]

35 *cc) Gewährleistungsansprüche (Minderung, Kündigung, Schadensersatz).* Die obigen Ausführungen hinsichtlich der Gewährleistungsansprüche gelten ebenfalls für nachträgliche Rechtsmängel mit der Intention, dass beim Schadensersatzanspruch nach § 536a Abs. 1 2. Alt. BGB Verschulden erforderlich ist.

III. Gewährleistungsausschlüsse

1. Gesetzliche Ausschlüsse

36 **a) Kenntnis des Mieters.** Kennt der Mieter bei Vertragsschluss den Mangel, so liegt gemäß § 536b S. 1 BGB ein gesetzlicher Gewährleistungsausschluss vor.

37 Ein Gewährleistungsausschluss besteht sowohl für den Sach- als auch den Rechtsmangel bei Kenntnis des Mieters vom Mangel oder grob fahrlässiger Unkenntnis, sofern der Vermieter den Mangel nicht arglistig verschwiegen hat. Sach- und Rechtsmangel werden hinsichtlich der grob fahrlässigen Unkenntnis gleich behandelt.

38 Nachträgliche Kenntnis des Mieters schadet nicht, vergleiche § 536b S. 1 BGB. Dies auch dann nicht, wenn der Mieter zwar erst nach Vertragsschluss Kenntnis vom ursprünglichen oder erst später aufgetretenen Mangel erlangt, seinen Mietzins aber dennoch über einen längeren Zeitraum vorbehaltlos und ungekürzt weiterzahlt.[31] Der Mieter kann jedoch erst Minderung verlangen, nachdem er dem Vermieter die Mängel gem. § 536c Abs. 2 S. 2 BGB angezeigt hat und diesem somit die Möglichkeit gegeben hat, Abhilfe zu schaffen. Wenn diese Abhilfe nicht erfolgt und der Mangel somit nicht beseitigt wird, ist der Mieter zur Minderung berechtigt. Dieses Recht bleibt ihm für die Zukunft auch dann erhalten, wenn er bisher vorbehaltlos seine Miete gezahlt hat. Der Mieter kann sein Minderungsrecht aber verlieren, wenn der Tatbestand der Verwirkung, § 242 BGB, angenommen wird. Wie bisher auch ist aber dann keine Verwirkung anzunehmen, wenn der Mieter in der erkennbaren oder mitgeteilten Erwartung zahlt, dass der Mangel demnächst beseitigt werde.[32] § 536b BGB sieht noch weitere Ausschlusstatbestände vor, z.B. im Falle der Anmietung eines alten Fachwerkhauses ohne vorherige Besichtigung.[33] Dies gilt jedoch dann nicht, wenn der Vermieter die Fehlerlosigkeit zugesichert hat oder den Fehler arglistig verschwiegen hat, § 536b S. 2 BGB. Nach § 536b S. 3 BGB liegt ein weiterer Haftungsausschluss vor, wenn der Mieter die Mietsache trotz positiver Kenntnis des Mangels vorbehaltlos annimmt.

> **Praxistipp:**
> Zu beachten ist jedoch, dass neben dem Gewährleistungsanspruch dennoch der Erfüllungsanspruch des Mieters bestehen bleibt (BGH, NJW 1982, 874).

39 **b) Ausschluss § 536b BGB (cic, pVV, § 823 BGB).** Der Vermieter haftet aus cic gem. §§ 311 Abs. 2, 241 Abs. 2, 280 Abs. 1 BGB, wenn er seine Aufklärungspflicht verletzt hat. Vor Übergabe der Mietsache ist eine cic-Haftung nur bei Vorsatz möglich, nach Übergabe

---

[29] OLG München ZMR 1996, 605.
[30] OLG Düsseldorf NJW-RR 1991, 137.
[31] BGH NZM 2003, 679; AG Pinneberg ZMR 2002, 603; AG Rudolfstadt NZM 2002, 163; a.A.: *Gerber* NZM 2003, 825; OLG Naumburg NJW 2002, 1132.
[32] Palandt/*Weidenkaff* § 536b Rdnr. 8.
[33] LG Köln ZMR 1964, 84.

immer, sofern nicht die vorrangigen und insoweit abschließenden Gewährleistungsregeln der §§ 536, 536a BGB greifen. Der Haftungsausschluss des § 536b BGB bezieht sich nicht auf Ansprüche aus positiver Vertragsverletzung wegen Begleitschäden und wegen Nebenpflichtverletzungen gem. § 280 BGB. Auch die verschuldensabhängigen deliktischen Ansprüche aus § 823 BGB bleiben von dem Ausschluss des § 536b BGB unberührt.

c) **Anwendungsfälle.** Als praktische Anwendungsfälle sind hier positive Kenntnis, grobe Fahrlässigkeit und vorbehaltlose Annahme zu nennen.

Für einen Gewährleistungsausschluss ist **positive Kenntnis des Mieters** vom Mangel des Vertrages erforderlich. Nicht ausreichend ist die Kenntnis des äußeren Erscheinungsbildes eines Mangels, wenn der Mieter nicht auch das Wissen um Ursache und konkrete Auswirkungen des Mangels auf die Gebrauchstauglichkeit der Mietsache hat.

Für die **grobe Fahrlässigkeit** ergibt sich die Definition aus § 277 BGB, wobei der Mieter grob fahrlässig handelt, wenn er die erforderliche Sorgfalt bei Vertragsschluss in einem ungewöhnlichen Maß verletzt und dasjenige unbeachtet lässt, was im gegebenen Fall jedem hätte einleuchten müssen.

Die **vorbehaltlose Annahme** schließt die Gewährleistung aus, wenn der Mieter zum Zeitpunkt der Annahme den Mangel kannte, ohne sich Rechte hieraus vorzubehalten. Der Annahme steht die Einräumung des tatsächlichen Besitzes an der Mietsache gleich.

d) **Nachträgliche Vertragsänderung.** Eine spätere Vertragsänderung wird in Bezug auf § 536b BGB einem neuen Vertragsschluss gleichgestellt. Jedoch gilt dies nicht für eine stillschweigende Vertragsverlängerung auf Grund Verlängerungsklausel oder nach § 545 BGB.[34] Der häufigste Anwendungsfall der Vertragsänderung ist eine Mieterhöhung nach den §§ 556ff.BGB oder nach dem WoBindG, wenn hierdurch das Äquivalenzinteresse verschoben wird.[35]

e) **Anzeigepflicht des Mieters § 536c BGB.** Nach § 536c Abs. 2 BGB liegt ein gesetzlicher Gewährleistungsausschluss vor bei Unterlassen der Mängelanzeige seitens des Mieters, wenn daraufhin der Vermieter wegen dieser Unterlassung keine Abhilfe (Wiederherstellung des vertragsgemäßen Zustandes gemäß § 535 Abs. 1 S. 2 BGB) leisten konnte, bzw. diese nicht rechtzeitig vorgenommen werden konnte. Der Mieter muss die Wohnungsmängel stets unverzüglich anzeigen. Gegen diese Pflicht verstößt er, wenn er einen Mangel nicht anzeigt, obwohl er ihn kennt oder grob fahrlässig nicht zur Kenntnis nimmt.[36] Dem Mieter bleiben aber die Ansprüche aus § 536a Abs. 2 BGB sowie die deliktischen Ansprüche erhalten.[37] Jedoch wird auch hier § 254 BGB angewandt, um somit einen interessengerechten Ausgleich zu erhalten.

f) **Treu und Glauben § 242 BGB.** Die Gewährleistung ist auch dann ausgeschlossen, wenn der Mieter mit der Geltendmachung der Gewährleistungsrechte gegen Treu und Glauben verstoßen würde.[38] Beispielsweise ist dies der Fall, wenn der Mieter den Vermieter an der Behebung der Schäden durch Zutrittsverweigerung hindert. Weiterhin stehen dem Mieter die Gewährleistungsrechte nicht zu, wenn er den Mangel selbst verschuldet hat.

2. Vertragliche Ausschlüsse

Grundsätzlich kann die Gewährleistung vertraglich ausgeschlossen werden. Dabei sind aber Schranken zu beachten. Verschweigt der Vermieter arglistig den Mangel, so ist der vertragliche Gewährleistungsausschluss nach § 536d BGB unwirksam. Arglist liegt dann vor, wenn der Vermieter den Fehler mindestens für möglich hält und gleichzeitig weiß, oder damit rechnet und billigend in Kauf nimmt, dass der Mieter den Fehler nicht kennt und bei Offenbarung den Vertrag nicht oder nicht so geschlossen hätte.[39] Bei Vermietung von

---

[34] Bub/Treier/*Kraemer* III B Rdnr. 1415.
[35] Schmidt-Futterer/*Eisenschmid* § 536b Rdnr. 6, 16.
[36] LG Hamburg WM 2001, 24.
[37] Schmidt-Futterer/*Eisenschmid* § 536c Rdnr. 34.
[38] *Sternel* II Rdnr. 678.
[39] Schmidt-Futterer/*Eisenschmid* § 536d Rdnr. 4.

Wohnraum sind §§ 536 Abs. 4, 569 Abs. 5 S. 1 BGB und weiterhin auch die §§ 305 ff. BGB für den formularmäßigen Gewährleistungsausschluss beachtlich.

45 **a) Minderung.** Das gesetzliche Minderungsrecht in § 536 Abs. 1 BGB ist dispositiv. Allerdings kann bei Wohnraummietverhältnissen von den gesetzlichen Regelungen nicht zum Nachteil des Mieters abgewichen werden, § 536 Abs. 4 BGB. Auch ist ein formularmäßiger Ausschluss der Minderung[40] nach § 309 Nr. 8 b aa BGB unzulässig. Im Zweifel kann der Ausschluss auch auf § 307 BGB gestützt werden, wenn der Mieter unangemessen benachteiligt wird.[41]

46 **b) Schadensersatz.** Auch die Schadensersatzpflicht des Vermieters gemäß § 536 a Abs. 1 BGB kann einzelvertraglich abbedungen werden. Eine entsprechende Klausel – wie § 536 Abs. 4 BGB – fehlt. Beim formularmäßigen Ausschluss ist zwischen anfänglicher Garantiehaftung und nachträglicher verschuldensabhängiger Haftung zu unterscheiden. Erstere ist nach h. M. formularvertraglich abdingbar,[42] soweit es sich nicht um eine Haftung für zugesicherte Eigenschaften handelt. Eine Verschuldenshaftung bleibt davon unberührt. Eine verschuldensabhängige Haftung nach § 536 a Abs. 1 BGB kann für Vorsatz und grobe Fahrlässigkeit nicht abbedungen werden. Bei leichter Fahrlässigkeit ist zu differenzieren: Ein in einem Formularmietvertrag vereinbarter Ausschluss von Schadensersatzansprüchen des Mieters wegen **Sachschäden, die durch Mängel der Mietsache verursacht** wurden, für die der Vermieter infolge leichter Fahrlässigkeit verantwortlich ist, ist gem. § 307 BGB unwirksam. Ein derartiger Haftungsausschluss würde die Kardinalpflicht des Vermieters einschränken, die Mietsache in einem vertragsgemäßen Zustand zu erhalten.[43] Möglich ist ein formularmäßiger Haftungsausschluss aber im Hinblick auf Sach- und Vermögensschäden des Mieters, die **ansonsten** vom Vermieter leicht fahrlässig verursacht wurden.

3. Wegfall der Geschäftsgrundlage, § 313 BGB

47 **a) Voraussetzungen.** Geschäftsgrundlage sind die bei Abschluss des Vertrages zu Tage getretenen, dem Geschäftsgegner erkennbar gewordenen und von ihm nicht beanstandeten Vorstellungen der einen Partei oder die gemeinsamen Vorstellungen beider Parteien von dem Vorhandensein oder dem künftigen Eintritt bestimmter Umstände, sofern der Geschäftswille der Parteien auf diesen Vorstellungen aufbaut.[44]

48 **b) Folgen.** Bei Wegfall der Geschäftsgrundlage ist der Vertrag anzupassen, oder nach §§ 346 ff. BGB rückabzuwickeln, § 313 BGB. Die Grundsätze des Wegfalls der Geschäftsgrundlage sind im Anwendungsbereich der Gewährleistungsvorschriften unanwendbar,[45] da ansonsten die strengen Voraussetzungen der §§ 536 ff. BGB umgangen werden könnten. Dies gilt auch dann, wenn die Gewährleistungsvoraussetzungen im Einzelnen nicht vorliegen, wenn die Gewährleistungsansprüche verjährt sind, oder diese vertraglich abbedungen sind.[46]

---

[40] Vertiefend dazu: *Sternel* II Rdnr. 682.
[41] *Sternel* II Rdnr. 682.
[42] BGH NJW-RR 1991, 74.
[43] BGH NZM 2002, 116.
[44] BGH NJW 1997, 323.
[45] NJW-RR 1992, 267.
[46] Palandt/*Grüneberg* § 313 Rdnr. 12.

§ 18 Gewährleistung

49

Übersicht: Gewährleistungsansprüche nach Vertragsstadium		
Vertrags-verhandlungen	Vertrags-abschluss	Überlassung der Mietsache
§ 311a Abs. 1 u. 2, wenn Mietsache nicht existiert c. i. c.	§§ 275, 311a, 280ff., 323ff.	bei Sachmängeln: §§ 536, 536a, 543 BGB §§ 280, 283, 326 sofern kein Sachmangel vorliegt; beachte: § 543 statt Rücktritt pVV wird grundsätzlich von § 536a verdrängt c. i. c. bei Arglist c. i. c. bei Arglist

8. Abschnitt. Instandhaltung und Instandsetzung

§ 19 Instandhaltung und Instandsetzung, Schönheits- und Kleinreparaturen, Wartungspflichten

Übersicht

	Rdnr.
I. Instandhaltung und Instandsetzung	1–86
1. Gesetzliche Regelung	1–13
a) Allgemeines	2–7
b) Abgrenzungsprobleme	8–13
2. Umfang	14–56
a) Sachlich	15–23
b) Zeitlich	24–26
c) Nachrüstungspflicht	27–32
d) Zerstörung der Mietsache	33–36
e) Opfergrenze	37–42
f) Verkehrssicherungspflicht	43–50
g) Fürsorge- und Schutzpflichten	51/52
h) Reinigungs- und Beleuchtungspflicht	53–56
3. Abwälzung auf Mieter	57–66
a) Individualvereinbarungen	57/58
b) Formularvereinbarungen	59–65
c) Bei preisgebundenem Wohnraum	66
4. Pflichten des Mieters	67–77
a) Duldungspflichten	67–74
b) Mitwirkungspflichten	75–77
5. Prozessuales	78–86
a) Beweislast	78–80
b) Inhalt der Klageanträge	81–84
c) Muster – Klageanträge	85/86
II. Schönheitsreparaturen	87–265
1. Allgemeines	87
2. Begriff	88–105
a) Gesetzliche Regelung	88–90
b) Inhalt und Qualität	91–96
c) Individualvertragliche Erweiterungen	97–99
d) Formularvertragliche Erweiterungen	100–102
e) Abgrenzung zum Schadensbegriff	103–105
3. Hauptpflicht	106/107
4. Übertragung von Schönheitsreparaturen auf den Mieter	108–263
a) Allgemeines	108–110
b) Individualvereinbarungen	111–119
c) Formularvereinbarungen	120–146
d) Preisgebundener Wohnraum	147–149
e) Art und Umfang der Ausführung	150–155
f) Fälligkeit	156–188
g) Schadensersatz für unterlassene Schönheitsreparaturen	189–251
h) Ansprüche bei Ausführung nicht geschuldeter Schönheitsreparaturen	252–260
i) Schadensersatz wegen Beschädigung der Mietsache	261–263
5. Muster und Formulierungsvorschläge	264/265
a) Leistungsaufforderung des Vermieters an den Mieter zur Durchführung der Schönheitsreparaturen gem. § 281 Abs. 1 BGB mit Erklärung gem. § 284 Abs. 4 BGB	264
b) Aufforderungsschreiben des Vermieters an den Mieter wegen Forderung aus Quotenhaftungsklausel	265
III. Kleinreparaturen	266–289
1. Begriff	266/267

	Rdnr.
2. Gesetzliche Regelung	268/269
3. Übertragung auf Mieter	270–289
a) Individualvereinbarungen	270
b) Formularvereinbarungen	271–289
IV. Wartungspflichten	290–299
1. Allgemeines	290–293
2. Übertragung auf Mieter	294–299
a) Individualvereinbarungen	295
b) Formularvereinbarungen	296–299

Schrifttum: *Artz,* Quotenabgeltungsklauseln, NZM 2007, 265; *Blank,* Welche gesetzlichen Neuregelungen für den Bereich der Schönheitsreparaturen sind sinnvoll?, NZM 2000, 1169; *ders.,* Das Gebot der Rücksichtnahme nach § 241 Abs. 2 BGB im Mietrecht, WuM 2004, 243; *Börstinghaus,* Rechtsfolgen unwirksamer Schönheitsreparaturklauseln, WuM 2005, 675; *Bub/von der Osten,* Abgeltungsklauseln und „starre" Fristen, NZM 2007, 76; *Dötsch,* Ersatz- bzw. Selbstvornahme im Mietrecht, NZM 2007, 275; *Both,* Die Abwälzung der Schönheitsreparaturen in der höchstrichterlichen Zerreißprobe, WuM 2007, 3; *Draber,* Renovierungsquiz, WuM 1988, 5; *Eckert,* Anmerkung zur Entscheidung des LG Berlin vom 2. 12. 1997–64 S 352/97 – ZMR 1998, 428; *Eisenschmid,* Welche gesetzlichen Neuregelungen sind für den Bereich der Schönheitsreparaturen sinnvoll?, NZM 2000, 1164; *ders.,* Mietrechtsverhältnisse nach der „Jahrhundertflut" im Osten, NZM 2002, 889; *Emmerich,* Schönheitsreparaturen bei Beendigung des Mietverhältnisses, NZM 2005, 1155; *ders.,* Anm. zu BGH RE v. 6. 7. 1988, JuS 1989, 62; *ders.,* Verjährung des Schadensersatzanspruches wegen unterlassener Schönheitsreparaturen, NZM 2005, 248; *ders.,* Starre Schönheitsreparaturfristen und die Folgen, NZM 2006, 761; *Fischer,* Verbot kumulierter Renovierungs- und Rückgabeklauseln in Wohnraummietverträgen, WuM 2004, 56; *ders.,* Zulässigkeit von Abgeltungsklauseln bei Schönheitsreparaturen, WuM 2005, 284; *Goch,* Schönheitsreparaturen bei Beendigung der Mietzeit, WuM 2003, 368; *Häublein,* Vereinbarung von Fristenplänen in Schönheitsreparaturklauseln bei Formularmietverträgen über Wohnraum, ZMR 2000, 139; *Harsch,* Schönheits- und Kleinreparaturen im Mietverhältnis (1998); *ders.,* Erfasst die unwirksame Renovierungsgrundverpflichtung des Wohnraummieters auch die Kostenbeteiligung?, WuM 2004, 706; *Heinrichs,* Das neue AGB-Recht und seine Bedeutung für das Mietverhältnis, NZM 2003, 6; *ders.,* Gesamtunwirksamkeit oder Teillaufrechterhaltung von Formularklauseln in Mietverträgen (Schönheitsreparatur- und Kautionsklauseln) NZM 2003, 201; *Herrlein,* Schönheitsreparaturpflicht des Mieters im laufenden Mietverhältnis, NZM 2003, 941; *Hinz,* Mietrechtsreform im Rechtsausschuss, NZM 2001, 264; *ders.,* Pauschale Abwälzungen von Betriebskosten und Schönheitsreparaturen im Lichte des neuen Mietrechts, ZMR 2003, 77; *Horst,* Auswirkungen der Schadensersatzrechtsreform auf das Mietrecht, NZM 2003, 537; *Jäkel,* Verjährungsbeginn nach § 548 BGB, WuM 2002, 528; *Kandelhard,* Die Verlängerung der Verjährung zum Ende des Mietverhältnisses, NZM 2002, 929; *Kinne,* Detailprobleme der Pflicht zur Gebrauchsgewährung, GE 2000, 1394; *Kraemer,* Gewährleistung im Mietrecht, WuM 2000, 515; *Klimke,* Ermessen des Vermieters zur Verlängerung „starrer" Schönheitsreparaturfristen, NZM 2005, 134; *Kraemer,* Berchtesgaden 2003: Schönheitsreparaturen, Erfüllung und Schadensersatz, NZM 2003, 417; *Lange,* Geschäftsführung ohne Auftrag bei nicht geschuldeten Schönheitsreparaturen?, NZM 2007, 785; *Langenberg,* Schönheitsreparaturen, Instandsetzung und Rückbau 3. Aufl. 2008; *ders.,* Mietrechtsreform im Rechtsausschuss, NZM 2001, 212; *ders.,* Abgrenzung der Schönheitsreparaturen von sonstigen Reparaturen zur Wiederherstellung der ordnungsgemäßen Dekoration des Mietobjektes, NZM 2000, 1125; *ders.,* Schönheitsreparaturen nach der Schuldrechtsreform, NZM 2002, 972; *ders.,* Zur Verjährung des Schadensersatzanspruchs wegen unterlassener Schönheitsreparaturen nach § 548 BGB n. F., WuM 2002, 71; *ders.,* Schönheitsreparaturen, Instandsetzung und Rückbau, 3. Aufl. 2008; *Lehmann-Richter,* Zu den Ersatzansprüchen des Mieters bei Renovierung aufgrund unwirksamer Schönheitsreparatur- oder Abgeltungsklausel, WuM 2005, 747; *Löwe,* Kritische Bemerkungen zum Referentenentwurf Mietrechtsreformgesetz, NZM 2000, 577; *Lützenkirchen,* Die obergerichtliche Rechtsprechung zum Mietrecht im Jahre 2006, WuM 2007, 167; *ders.,* Schönheitsreparaturen mittlerer Art und Güte, WuM 1989, 111; *ders.,* Unterlassene Schönheitsreparaturen durch den Mieter – Anwendbarkeit der Vorschriften über die Geschäftsführung ohne Auftrag, MDR 2001, 9; *ders.,* Die Entwicklung des Mietrechts in der obergerichtlichen Rechtsprechung des Jahres 2002, WuM 2003, 63; *ders.,* Die Entwicklung des Mietrechts in der obergerichtlichen Rechtsprechung des Jahres 2003, WuM 2004, 58; *ders.,* Renovierungspflicht bei der Wohnraummiete – Herstellung der Tapezierfähigkeit, NZM 1998, 942; *Neuhaus,* Malerarbeiten im Mietverhältnis – Anstriche als Streitpunkt, NZM 2000, 220; *Ricker,* Verjährungsprobleme bei Herstellungs- und Schadensersatzansprüchen des Vermieters wegen Veränderungen oder Verschlechterungen der Mietsache, NZM 2000, 216; *Rathjen,* Zum Modernisierungsanspruch des Mieters bei Wohn- und Geschäftsraummiete, ZMR 1999, 458; *Schach,* Umsatzsteuer künftig nur bei Durchführung von Schönheitsreparaturen, GE 2002, 781; *Schildt,* Die Abwälzung der Schönheitsreparaturen auf den Mieter und das Synallagma im Mietvertragsrecht, WuM 1994, 237; *Schopp,* Schönheitsreparaturklauseln in Formularmietverträgen, ZMR 1981, 258; *Schläger,* Wohnraummietrecht und Umweltschutz, ZMR 1990, 161; *Schuschke,* Die „kindgerechte" Mietwohnung und das „kindgerechte" Ferienappartement, NZM 2006, 733; *Schumacher,* Die Aufwertung des Transparenzgebots und die Konsequenzen für das Mietrecht, NZM 2003, 13; *Sonnenschein,* Inhaltskontrolle von Formularverträgen nach dem AGB-Gesetz, NJW 1980, 1713; *Stapel,* Rauchende Mieter – ja und?, NZM 2000, 595; *Sternel,* Schönheitsrepararen nach Hochwasserschäden, WuM 2002, 585; *ders.,* Folgen unwirksamer Schönheitsreparaturklauseln und Handlungsmöglichkeiten für den Vermieter, NZM 2007, 545; *Timme,* Schönheitsreparaturen gemäß Fristenplan bei Wohnungsumbau, NZM 2005, 132; *Wiek,* Selbsthilfeaufwendungen des Vermieters bei unterlassenen Schönheitsreparaturen, WuM 2000, 11; *ders.,* Anmerkungen zur Entscheidung des BGH v. 28. 4. 2004 – VIII ZR 230/03 – WuM 2004, 334; *Wüstefeld,* Fiktive Berechnung von Schönheitsreparaturkosten mit oder ohne Umsatzsteuer?, WuM 2003, 15.

I. Instandhaltung und Instandsetzung

1. Gesetzliche Regelung

1 In § 535 Abs. 1 Satz 2 BGB wird die **Erhaltungspflicht** des Vermieters für die Mietsache geregelt. Sie umfasst die Instandhaltungs- und Instandsetzungspflicht.[1] Ergänzende Regelungen enthalten § 538 BGB betreffend die Abnutzung durch vertragsgemäßen Gebrauch sowie die §§ 554 Abs. 1 und 554 Abs. 2 BGB betreffend die Duldungs- u. Mitwirkungspflichten des Mieters bei Maßnahmen zur Erhaltung sowie zur Verbesserung der Mietsache.

2 a) **Allgemeines.** Dem Vermieter obliegt gem. § 535 Abs. 1 Satz 2 BGB die Verpflichtung, die vermietete Sache dem Mieter in einem zum **vertragsgemäßem Gebrauch geeigneten Zustand** zu überlassen und sie während der Mietzeit in diesem Zustand zu erhalten. Unter diese Verpflichtung des Vermieters zur Gebrauchserhaltung der Mietsache in vertragsgemäßem Zustand fallen alle Maßnahmen, die erforderlich sind, um dem Mieter während der gesamten Mietzeit den vertragsgemäßen Zustand zu ermöglichen. Nach der Entscheidung des Bundesverfassungsgerichts vom 17. 12. 1998[2] zur Frage, ob der Einbau einer Gasheizung anstelle einer irreparablen Ölheizung im Wohnhaus eine Erhaltungsmaßnahme ist, ist unter Erhaltungsmaßnahme die Maßnahme zu verstehen, die die Substanz oder den Wert des Gegenstandes erhält. Sie ist notwendig, wenn sie vom Standpunkt eines vernünftigen Eigentümers aus als zur Erhaltung des Gegenstandes notwendig erscheint, wobei grundsätzlich ein wirtschaftlicher Maßstab anzulegen ist.

3 Zum einen umfasst die Erhaltungspflicht die **laufende Instandhaltung** der sich abnutzenden Mietsache. Infolge der Abnutzung der Mietsache sinkt deren Gebrauchstauglichkeit, ohne damit schon mangelhaft im Sinne des § 536 BGB zu sein. Die Instandhaltungspflicht beinhaltet mithin vorbeugende Maßnahmen[3] zur Verhinderung drohender Defekte und Schäden am Mietobjekt, wie sie insbesondere in den für den preisgebundenen Wohnungsbau geltenden Vorschrift des § 28 Abs. 1 Satz 1 II. BV aufgezählt werden. Danach ist Instandhaltung die Pflicht zur Beseitigung der durch Abnutzung, Alterung und Witterungseinflüssen auftretenden Verschleißerscheinungen.[4] Instandhaltung stellt mithin eine **Vorhaltepflicht** des Vermieters dar.[5]

4 Demgegenüber bezieht sich die von der Erhaltungspflicht des Vermieters umfasste **Instandsetzung** darauf, eingetretene Schäden der Mietsache, die nicht auf Abnutzungen beruhen, zu beseitigen. Sie geht mithin über die Instandhaltung hinaus. Gleichwohl ist eine Trennung der beiden Begriffe nicht immer gegeben, insbesondere dann nicht, wenn im Zusammenhang mit Instandhaltungsarbeiten, z. B. Wartungsarbeiten an einer Heizungsanlage einzelne kleinere Teile erneuert werden müssen. Die Abgrenzung der Instandhaltungs- und der Instandsetzungspflicht ist den Fällen von Bedeutung, in denen die eine oder andere wirksam auf den Mieter entgegen der Regelung des § 535 Abs. 1 Satz 2 BGB übertragen worden ist.

Beispiele für Instandhaltungsmaßnahmen

5 • Überprüfung von Gasleitungen in regelmäßigen Abständen[6]

---

[1] BGH NJW 1972, 1759.
[2] BVerfG WuM 1999, 155.
[3] Siehe hierzu auch OLG Köln ZMR 1994, 158.
[4] Siehe zur Begriffsbestimmung auch § 3 Abs. 4 des mit Wirkung ab 1. 1. 1987 aufgehobenen ModEnG. und § 177 Abs. 3 BauGB.
[5] *Sternel* Rdnr. II 39.
[6] BGH WuM 1976, 537; OLG Stuttgart ZMR 1973, 144 ff.

- Reinigung eines Heizöltankes sowie dessen Untersuchung auf Undichtigkeiten[7]
- Erneuerung eines veralteten Heizkessels oder Brenners, die zu einem erheblichen Mehrverbrauch an Heizmaterial führen können[8]
- Ausstattung der Heizungsanlage mit Thermostatventilen[9]
- Umstellung einer Heiztherme von Stadt- auf Erdgas bei fehlender Umrüstungsfähigkeit der alten Heiztherme[10]
- Spülung einer Fußbodenheizung[11]
- Auftragung eines Korrosionsschutzes am Öltank[12]
- Einbau einer Türschließanlage[13]
- Einbau einer einbruchhemmenden Türe[14]
- Einbau eines mechanischen Schließmechanismus in die Haustür[15]
- Reinigung der Außenseite von Außenrollos an den Fenstern der Wohnung[16]

Beispiele für Instandsetzungsmaßnahmen
- Ersatz schadhafter Fenster[17]
- Reparatur undichter Fenster und Türen und deren Außenanstrich[18]
- Reparatur einer Wohnungseingangstür[19]
- Austausch gesundheitsgefährdender Trinkwasserleitungen[20]
- Erneuerung eines verschlissenen Teppichbodens[21]
- Beseitigung der Braunverfärbung des Leitungswassers[22]
- Austausch asbesthaltiger Nachtstromspeicheröfen[23]
- Beseitigung von Setz- und Dehnrissen in der Dekoration[24]
- Austausch von beschädigten PVC-Platten[25]
- Erneuerung einer Heiztherme nebst Warmwasseraufbereitung[26]

Die Gebrauchserhaltungspflicht des Vermieters ist eine **Hauptleistungspflicht**, die im Austauschverhältnis mit der Mietzahlungspflicht des Mieters steht.[27] Bei Verstößen des Vermieters gegen seine Erhaltungspflicht, für die ein Verschulden nicht erforderlich ist, hat der Mieter grundsätzlich den Erfüllungs**anspruch**, der sich auf die Wiederherstellung des vertragsgemäßen Zustandes bezieht. Zudem kann der Mieter seine sich aus den §§ 536 ff. BGB ergebenden **Gewährleistungsrechte** und je nach den Umständen des Falles seine Rechte aus positiver Vertragsverletzung gem. § 280 BGB geltend machen.

b) Abgrenzungsprobleme. In der Regel wird in Formular- wie aber auch in Individualmietverträgen nicht zwischen Instandhaltung und Instandsetzung unterschieden. Neben dem Begriff der Schönheitsreparaturen, der als in Literatur und Rechtsprechung gefestigt angesehen werden kann, werden unterschiedliche Begriffe verwendet. Es werden u.a. Begriffe wie „Instandhaltungsmaßnahmen", „Unterhaltung in gebrauchsfähigem Zustand", „Renovierung", „Reparaturarbeiten", „Kleinreparaturen" und „Wartungsarbeiten" genannt.

---

[7] OLG Celle NJW 1995, 3197; LG Landau WuM 2005, 720.
[8] OLG Düsseldorf MDR 1983, 229.
[9] AG Gelsenkirchen WuM 1993, 735.
[10] AG Spandau MM 1995, 128.
[11] AG Köln WuM 1999, 235.
[12] LG München I WuM 1993, 736.
[13] AG Hamburg WuM 1994, 200.
[14] LG Köln WuM 1993, 608.
[15] AG Osnabrück WuM 1999, 329.
[16] AG München NZM 2000, 35.
[17] AG Neuss NJW-RR 1986, 891.
[18] LG Hamburg WuM 1979, 119; LG Bautzen WuM 2001, 279.
[19] LG Köln WuM 1993, 608.
[20] AG Hamburg WuM 1993, 736; LG Frankfurt ZMR 1990, 17.
[21] OLG Hamm WuM 1991, 219.
[22] LG Berlin NZM 2000, 709.
[23] LG Berlin GE 1998, 1091.
[24] AG Hamburg WuM 1984, 197.
[25] AG Hamburg-Altona NZM 2007, 515.
[26] AG Osnabrück WuM 2005, 48.
[27] BGH NJW-RR 1995, 123; 535, Staudinger/*Emmerich* § 535 Rdnr. 20.

Nach der gesetzlichen Regelung in Verbindung mit der hierzu ergangenen Rechtsprechung sind diese Begriffe wie folgt zu definieren:

9 **Schönheitsreparaturen** sind alle Maßnahmen, die zur Beseitigung von Mängeln der Mietsache, die durch vertragsgemäßen Gebrauch entstanden sind, erforderlich sind.[28] Die zudem regelmäßig verwendeten Begriffe Renovierung und Dekorationsarbeiten sind mit den Schönheitsreparaturen identisch.

10 **Der Begriff der Reparaturen** ist wiederum mit dem Begriff Instandsetzungsarbeiten gleich zu setzen. Er umfasst die Beseitigung erheblicher Beschädigungen der Mietsache.

11 Demgegenüber ist unter **Kleinreparaturen** die Instandsetzung kleinerer Schäden zu verstehen, deren Entstehung oftmals unklar ist und die daher nicht eindeutig dem Vermieter oder Mieter zuzuordnen sind. Diese Kleinreparaturen werden in Formularverträgen überwiegend auf den Mieter übertragen und beziehen sich dann auf diejenigen Teile der Mietsache, die dem häufigen Zugriff des Mieters ausgesetzt sind.

12 **Wartungsarbeiten** sind Instandhaltungsmaßnahmen, die dazu dienen, Installationsgegenstände für Elektrizität, Wasser und Gas, Heiz- und Kocheinrichtungen, sanitäre Einrichtungen, Schlösser, Rollläden sowie Fenster- und Türverschlüsse in einem gebrauchsfähigen Zustand zu erhalten. Klauseln in Formularverträgen, die den Mieter zur regelmäßigen Wartung dieser Installationsgegenstände verpflichten, sind nach denselben Grundsätzen wie die Klauseln über die Kleinreparaturen zu beurteilen.[29]

13 Schließlich bedarf es der begrifflichen Abgrenzung der **Modernisierungsmaßnahmen** von den Gebrauchserhaltungsmaßnahmen. Maßnahmen, die nur den Zustand erhalten oder wiederherstellen, der bei Abschluss des Mietvertrages bestand oder bestanden haben müsste, stellen keine Modernisierungsarbeiten, sondern solche der Gebrauchserhaltung dar. Modernisierung liegt nach der Legaldefinition des § 559 Abs. 1 BGB dann vor, wenn durch die Maßnahme entweder der Gebrauchswert der Mietsache nachhaltig erhöht wird, die allgemeinen Wohnverhältnisse auf die Dauer verbessert werden oder wenn die Maßnahme eine nachhaltige Einsparung von Heizenergie oder Wasser bewirkt. Modernisierungsmaßnahmen dienen mithin weder der Instandhaltung noch der Instandsetzung, denn sie sollen weder das Mietobjekt in einem bestimmten Zustand erhalten noch bauliche Mängel beheben, sondern in erster Linie den Gebrauchswert der Wohnung erhöhen.[30]

2. Umfang

14 Die Gebrauchserhaltungspflicht des Vermieters beinhaltet, dass der Vermieter dem Mieter die Mietsache nicht nur so bereit stellen muss, dass er in der Lage ist, von dieser den üblichen oder vertraglich bestimmten Gebrauch zu machen, sondern auch die Verpflichtung des Vermieters, diesen vertragsgemäßen Zustand während der gesamten Mietzeit zu erhalten.

15 a) **Sachlich.** Diese Gebrauchsgewährpflicht ist **räumlich nicht auf das Mietobjekt beschränkt**, sondern bezieht sich auf alle Grundstücks- und Gebäudeteile, die im Rahmen des Mietgebrauchs vom Mieter mitbenutzt werden dürfen,[31] mithin auf Zuwegungen, Treppenhäuser,[32] Wäscheplatz, Fahrstühle und Lastenaufzüge[33] sowie Gemeinschaftsräume wie Waschküche oder Trockenboden.[34] Dies gilt gleichfalls für einen nachträglich während des Mietverhältnisses eingebauten Fahrstuhl, auch wenn der Mieter die durch den nachträglichen Einbau vorgenommene Mieterhöhung nicht zahlt.[35] Ist die Allein- oder Mitnutzung eines Kellerraumes und/oder des Dachbodens vereinbart worden, werden diese ebenfalls von der Erhaltungspflicht umfasst.

---

[28] BGH NJW-RR 1995, 123.
[29] BGH WuM 1991, 381.
[30] Schmidt-Futterer/*Börstinghaus* § 559 Rdnr. 52.
[31] BGH WuM 1969, 1011; LG Kaiserslautern MDR 1982, 851; Bub/Treier/*Kraemer* III Rdnr. 1171.
[32] LG Berlin GE 1994, 1997; AG Köln WuM 1997, 470.
[33] BGH BB 1966, 1286; LG Hamburg NJW 1976, 1320.
[34] LG Münster WuM 1998, 723.
[35] AG München NZM 2001, 93.

Die Erhaltungspflicht erstreckt sich auf **Einrichtungen und Zubehör** der Mietsache, da diese gemäß der Auslegungsregel des § 311c BGB im Zweifel als mitvermietet gelten,[36] wie z. B. Einbauschränke, komplette Einbauküche,[37] Spülen[38] oder Waschmaschinen in der Waschküche. Hat jedoch der Mieter diese Einrichtungen und Gegenstände nach Überlassung des Mietobjektes selbst eingebracht oder vereinbarungsgemäß vom Vormieter übernommen, so trifft den Vermieter hierfür keine Pflicht zur Gebrauchserhaltung. Belässt allerdings der Vormieter ohne jegliche Absprache ihm gehörende Sachen und Einrichtungen in der Wohnung und mietet der Mieter die Wohnung in diesem Zustand, so sind diese mit der Folge mitvermietet, dass sich hierauf auch die Instandhaltungs- und Instandsetzungspflicht des Vermieters erstreckt, sofern der Vermieter den Mieter nicht ausdrücklich darauf hinweist, dass die Sachen vom Vormieter stammen.[39] Dies gilt selbst für den Fall, dass dem Vermieter das Vorhandensein dieser Sachen in den Mieträumen nicht bekannt ist.[40] 16

Häufig wird diese Rechtsfolge von den Vermietern verkannt, da sie irrigerweise davon ausgehen, ihre Erhaltungspflicht beziehe sich lediglich auf ihnen gehörende Einbauten und Gegenstände. Sie sollten daher bei Abschluss des Mietvertrages durch entsprechende schriftliche Vereinbarung klarstellen, ob und ggf. welche Einrichtungen mitvermietet und welche Einrichtungen der Mieter vom Vormieter übernommen hat. 17

Bei **vermieteten Eigentumswohnungen** kann der Vermieter auch dann auf Herstellung des vertragsgemäßen Zustands in Anspruch genommen werden, soweit zur Mängelbeseitigung Eingriffe in das gemeinschaftliche Eigentum erforderlich sind und der hierfür erforderliche Beschluss der Eigentümergemeinschaft noch nicht vorliegt.[41] Maßgebend ist ausschließlich der Mietvertrag, so dass auch gegen den gewerblichen Zwischenvermieter einer Eigentumswohnung dieser Erhaltungsanspruch durchgesetzt werden kann.[42] 18

Die Erhaltungspflicht des Vermieters beschränkt sich nicht auf die technische Gebrauchsfähigkeit, sondern beinhaltet auch – selbst bei Reparaturarbeiten – die Wahrung eines gewissen **optischen Eindrucks**.[43] Der Vermieter kommt seiner Erhaltungspflicht nicht nach, wenn er einige beschädigte PVC-Fliesen gegen neue Fliesen austauscht, diese aber farblich und von der Struktur von den übrigen Fliesen abweichen.

aa) Zustand bei Mietbeginn. Maßgebend für den vertragsgemäßen Zustand, der erhalten werden muss, sind **die Verhältnisse bei Vertragsschluss**. Verfügt die Mietsache sowohl über einen Gas- wie auch einen Stromanschluss, so ist der Vermieter nicht berechtigt, bei Auftreten eines Defektes einen dieser Energieanschlüsse zu entfernen. Vielmehr ist er gehalten, sämtliche an beiden Energieanschlüssen auftretenden Mängel zu beseitigen. 19

Andererseits besteht jedoch keine Verpflichtung des Vermieters, den bei Beginn des Mietverhältnisses vorhandenen Zustand zugunsten des Mieters zu verbessern. Das gilt auch, wenn sich im Laufe der Mietzeit die technischen Normen ändern, gleichwohl der vertragsgemäße Gebrauch der Wohnung weiter gewährleistet ist.[44] 20

So kann sich in der Regel der Mieter für einen Anspruch auf Veränderung der Mietsache auch nicht auf die **DIN-Vorschriften** stützen.[45] Ausnahmen hiervon bestehen nur dann, wenn die Berufung des Vermieters auf die zum Zeitpunkt der Errichtung des Gebäudes geltenden DIN-Vorschriften für den Mieter nicht zumutbar ist oder aber eine Nachrüstungspflicht des Vermieters auf Grund einer Gesundheitsgefährdung des Mieters besteht.[46]

Der Instandsetzungsanspruch des Mieters besteht auch dann, wenn der Mieter den Mangel der Mietsache bei Vertragsschluss kennt und er insoweit auch keinen Vorbehalt er- 21

---

[36] Schmidt-Futterer/*Eisenschmid* § 535 Rdnr. 40.
[37] LG Dresden WuM 2001, 336.
[38] LG Berlin GE 1997, 243.
[39] AG Köln WuM 1997, 647.
[40] *Sternel* II Rdnr. 40 a.
[41] KG NJW-RR 1990, 1166.
[42] OLG Zweibrücken WuM 1995, 144.
[43] AG Hamburg-Altona NZM 2007, 515.
[44] *Schläger* ZMR 1990, 161.
[45] Schmidt-Futterer/*Eisenschmid* § 536 Rdnr. 31.
[46] Vgl. Ausführungen Rdnr. 27 ff.

klärt.[47] § 536b BGB ist in diesem Zusammenhang nicht anwendbar, da der in dieser Vorschrift enthaltene Vorbehalt ausschließlich die Minderungs-, Schadens- und Aufwendungsersatzansprüche des Mieters, nicht jedoch seinen Instandsetzungsanspruch betrifft. Enthält eine Formularklausel die Vereinbarung, dass der Mieter die Räume als für den vertragsgemäßen Gebrauch tauglich anerkennt, bezieht sich das Anerkenntnis nur auf den Gewährleistungsanspruch, nicht aber auf den auf Instandsetzung gerichteten Erfüllungsanspruch.[48] Mit der h. M. entfällt der Instandsetzungsanspruch auch dann nicht, wenn der Mieter einen Mangel der Mietsache, den er seit Vertragsschluss kennt, über längere Zeit nicht rügt.[49]

22 Sofern schließlich die Mietvertragsparteien einen konkret gegebenen schlechten Bauzustand als vertragsgemäß vereinbart haben, so sind Erfüllungs- und Gewährleistungsansprüche des Mieters ausgeschlossen.[50]

23 *bb) Verschulden des Mieters.* Gem. § 538 BGB hat der Mieter Veränderungen oder Verschlechterungen der Mietsache, die durch den vertragsgemäßen Gebrauch herbeigeführt werden, nicht zu vertreten. Für Beschädigungen der Mietsache jedoch, die über die vertragsgemäße normale Abnutzung hinausgehen, hat der Mieter bei Vorliegen von Vorsatz oder Fahrlässigkeit (§ 276 BGB) einzustehen, so dass insoweit die Instandsetzungspflicht des Vermieters entfällt. Der Mieter haftet darüber hinaus gem. § 278 BGB für alle Schäden, die andere Personen fahrlässig oder vorsätzlich verursacht haben, soweit sie mit Wissen und Wollen des Mieters die Mietsache benutzt haben, wie z. B. Familienmitglieder des Mieters sowie dessen Besucher und Handwerker, die sich auf Veranlassung des Mieters in der Wohnung aufhalten.

Im Falle eines bloßen Mitverschuldens des Mieters neben einer vom Vermieter zu verantwortenden Schadensursache bleibt der Vermieter zwar zur Instandsetzung verpflichtet, kann aber über § 254 Abs. 1 BGB vom Mieter teilweisen Kostenersatz verlangen.[51]

24 **b) Zeitlich.** Die Erhaltungspflicht obliegt dem Vermieter grundsätzlich während der ganzen Dauer des Mietverhältnisses. Bereits **vor Beginn des Mietverhältnisses** besteht diese Pflicht, wenn er dem Mieter die Miträume vor dem vereinbarten Vertragsbeginn überlassen hat.[52]

Sie erstreckt sich auch **über das Vertragsende hinaus** auf eine erlaubte Nutzungszeit im Rahmen einer vereinbarten **Räumungsfrist**.

25 Eine Einschränkung der Erhaltungspflicht kann für einen Zeitpunkt kurz vor Vertragsende dann angenommen werden, wenn die zu erbringenden Erhaltungsmaßnahmen besonders hohe Kosten verursachen.[53] Dies gilt jedoch nicht für Maßnahmen, die sich auf die **Mindestanforderungen an die Nutzungsmöglichkeit** der Miträume beziehen.

26 Für die Zeit der **unerlaubten Nutzung** nach Beendigung des Mietverhältnisses, wozu auch die prozessualen Räumungsfristen gem. §§ 721, 794a ZPO gehören, ist die Pflicht des Vermieters darauf beschränkt, die zum Schutz von Leben und Gesundheit erforderlichen Maßnahmen zu treffen[54] und die lebensnotwendige Versorgung (Strom, Wasser, Heizung, Entsorgung) sicherzustellen.[55] Da der Mieter auf Grund der Vertragsbeendigung kein Recht zur Nutzung mehr hat, ist der Vermieter zu sonstigen Erhaltungsmaßnahmen nicht verpflichtet,[56] der Mieter allerdings auch nur zur Zahlung eines der geringeren Nutzung entsprechenden Entgeltes verpflichtet.

27 **c) Nachrüstungspflicht.** In der Rechtsprechung wird kontrovers die Frage beurteilt, welcher Zeitpunkt für die Prüfung des vertragsgemäßen Standards maßgeblich ist. Es wird

---

[47] OLG Köln NJW-RR 1993, 466; LG Berlin MM 1994, 281; *Sternel* Mietrecht aktuell, Rdnr. 317.
[48] OLG Köln NJW-RR 1993, 466.
[49] OLG Köln a. a. O.; Schmidt-Futterer/*Eisenschmid* § 536b Rdnr. 53; *Blank/Börstinghaus* § 535 Rdnr. 240; a. A. LG Berlin GE 1993, 99.
[50] BGH WuM 1994, 201; LG Marburg NZM 2000, 616.
[51] BGH NJW-RR 1991, 971.
[52] LG Mannheim WuM 1976, 150.
[53] LG Bonn WuM 1989, 367.
[54] LG Mannheim MDR 1967, 130 Nr. 54.
[55] LG Berlin MDR 1992, 478; LG Aachen MDR 1992, 578; LG Hamburg ZMR 1986, 122.
[56] BGH NJW 1981, 865.

hierbei abgestellt auf den Standard zum Zeitpunkt der Errichtung des Objektes,[57] des Mietvertragsabschlusses[58] oder der Geltendmachung des Mangels.[59] Dem Vertragsschluss geht regelmäßig eine Besichtigung des Mietobjektes durch die Parteien voraus. Der Zustand der Mietsache ist daher für die Vertragsparteien offenkundig, so dass ihre hierdurch gewonnenen Erkenntnisse der Maßstab für ihre Vorstellungen über Eignung und Zustand der Mietsache sind. Zutreffend ist demzufolge die Rechtsansicht, wonach sich die Erhaltungspflicht des Vermieters sich auf den Zustand der Mietsache zum Zeitpunkt des Mietvertragsabschlusses bezieht. Ändern sich allerdings im Laufe der Mietzeit auf Grund technischer oder wirtschaftlicher Erkenntnisse **die Anforderungen an das Wohnen**, so kann dies dazu führen, dass einzelne Teile der Mietsache nicht mehr den vertragsgemäßen Gebrauch gewährleisten. Insbesondere sind hier die Einhaltung von Baustandards im Bereich des Schall- und Wärmeschutzes sowie der Energieeinsparung und neu gewonnene Erkenntnisse über Richt- und Grenzwerte bestimmter Schadstoffbelastungen betroffen.

Die Einhaltung der DIN-Normen sind für die Frage des vertragsgemäßen Zustandes nicht von entscheidender Bedeutung, da diese oder vergleichbare technische Regelungsvorschriften keine Rechtsnormen,[60] sondern lediglich anerkannte Regeln der Baukunst, die in der Regel im öffentlichen und privaten Baurecht zu berücksichtigen sind, enthalten. **28**

Zu unterscheiden ist ebenso, ob die zum Zeitpunkt des Vertragsschlusses gültigen DIN-Normen eingehalten waren oder nicht. Bei Letzterem kann dies nach objektiver Bewertung zu einem vertragsgemäßen Zustand führen. Bei Einhaltung der DIN-Normen zum Zeitpunkt des Vertragsschlusses kann gleichwohl weder ein vertragsgemäßer Zustand unterstellt noch bei nachträglicher Änderung der DIN-Normen von einem vertragsgemäßen Zustand ausgegangen werden.[61] Vielmehr ist entscheidend, ob der Zustand der Mietsache von der vertraglich vereinbarten Beschaffenheit abweicht.[62] **28a**

Das Landgericht Berlin[63] vertritt die Auffassung, dass sich der Vermieter nicht auf die Einhaltung der DIN-Vorschriften zum Zeitpunkt der Erbauung des Gebäudes berufen kann, wenn für den Mieter dieser Zustand wegen Erreichens der Schmerzgrenze nicht mehr zumutbar ist. Andererseits wird die Ansicht vertreten, der Vermieter sei nicht zur Anpassung eines Mietgebäudes mit veralteter Ausstattung an den gegenwärtigen Standard verpflichtet, wenn die Wohnung dem Standard zurzeit der Bauerrichtung entsprach und keine technischen Mängel vorliegen.[64] Weicht allerdings bei einem bereits lang andauernden Mietverhältnis der vorhandene Standard nicht unerheblich von dem neuesten Standard ab, so kann der Vermieter verpflichtet sein, zur Gewährleistung eines ungestörten Mietgebrauchs technische Einrichtungen dem aktuellen wissenschaftlichen und technischen Entwicklungsstand anzupassen,[65] d. h. das Mietobjekt entsprechend **nachzurüsten,** sofern dieser Standard allgemein üblich ist.[66] Andererseits soll der Mieter eines nicht modernisierten Altbaus nicht erwarten können, dass die Elektroinstallationen in der Wohnung den bei Vertragsschluss geltenden Maßstäben für die elektrische Anlage in einem modernisierten Altbau entspricht und hat daher typische Unzulänglichkeiten einer Altbauwohnung hinzunehmen.[67] Nimmt der Vermieter nach Vertragsschluss bauliche Veränderungen am Gebäude vor, die zu Lärmimmissionen führen können, so kann der Mieter erwarten, dass Lärmschutzmaßnahmen getroffen werden, die den Anforderungen der zur Zeit des Umbaus geltenden DIN-Normen **28b**

---

[57] BGH NZM 2005, 60; LG Berlin GE 1991, 251; LG Frankfurt/Main WuM 1990, 384; LG Kassel WuM 1988, 355; Schmidt-Futterer/*Eisenschmid* § 536, Rdnr. 20.
[58] Schmidt-Futterer/*Eisenschmid* § 535, Rdnr. 49; OLG Celle WuM 1985, 9; LG Mannheim ZMR 1990, 220.
[59] LG Hamburg NJW 1991, 1898; LG Waldshut-Tiengen WuM 1991, 479; LG Flensburg WuM 1991, 582.
[60] BGH NJW 1987, 2222; Schmidt-Futterer/*Eisenschmid* § 536, Rdnr. 31.
[61] OLG NZM 1999, 804.
[62] BGH NJW-RR 2002, 1533.
[63] LG Berlin GE 1995, 1211.
[64] *Sternel* Mietrecht aktuell, Rdnr. 312.
[65] BVerfG WuM 1998, 657; AG Hamburg WuM 1994, 200.
[66] *Rathjen* ZMR 1999, 458; *Kinne* GE 2000, 1394, 1397.
[67] BGH NJW 2004, 3174.

genügen.⁶⁸ Die Rechtsprechung für diesen Problemkreis ist allerdings recht kontrovers und letztlich auch von § 242 BGB geprägt.

Die Nachrüstungspflicht wird bejaht:

29
- Bei nicht ausreichender Trittschalldämmung⁶⁹
- Für Nachisolierung, wenn ein ungewöhnlich hoher Heizenergieverbrauch infolge einer unzureichenden Wärmedämmung entsteht⁷⁰
- Bei unzureichender Beheizung wegen mangelnder Dimensionierung der Heizungsanlage⁷¹
- Für Ausstattung der Heizungsanlage mit Thermostatventilen⁷²
- Umrüstung einer Gemeinschaftsantenne auf neue Frequenzen bereites bestehender Sender⁷³
- Für Kabelanschluss⁷⁴
- Verstärkung der Stromleitungen, um dem Mieter die Nutzung technischer Haushaltsgeräte zu ermöglichen⁷⁵
- Für Einbau einer Schließanlage⁷⁶

Die Nachrüstungspflicht wird verneint:

30
- Zeitgemäße Wärmedämmung, wenn die Wohnung den zum Zeitpunkt der Errichtung des Hauses maßgeblichen Anforderungen entsprach und keine technischen Mängel vorliegen⁷⁷
- Für Fenster, die der Wärmeschutzverordnung nicht mehr entsprechen⁷⁸
- Verstärkung der elektrischen Leitung zum Anschluss eines Mikrowellenherdes⁷⁹

31 Zunehmend sind Gegenstand der Rechtsprechung die Fälle, bei denen die vorhandene Beschaffenheit der Mietsache nach dem aktuellen Entwicklungsstand der technischen, biologischen und medizinischen Erkenntnisse eine **nachhaltige Gesundheitsgefährdung** des Mieters darstellt, wobei es nicht auf die subjektive Empfindlichkeit des Mieters, sondern auf objektive Erkenntnisse ankommt.

31a Eine **Nachrüstungspflicht des Vermieters ist jedenfalls dann gegeben**, wenn ein **gesundheitsgefährdender Zustand** des Mietobjektes vorliegt, wie z. B. die Gesundheitsschädlichkeit durch Schadstoffbelastung auf Grund von z. B. Asbest, Blei, Formaldehyt, Nitrat, Perchlorethylen (PER) und polychlorierte Biphenyle (PCB).⁸⁰ Ändern sich während des Mietverhältnisses gesundheitsschützende Richt- oder Grenzwerte von Immissionen, werden diese zum Zeitpunkt ihrer Veröffentlichung für die Vertragsparteien zum Maßstab bei der Beurteilung des vertragsgemäßen Gebrauchs.⁸¹ Ein gesundheitsschädlicher Zustand der Wohnung begründet sowohl nach der Verkehrsauffassung wie nach dem Willen der Mietvertragsparteien einen Mangel der Wohnung.⁸² Für die Frage der Gewährleistung bei einem gesundheitsschädlichen Zustand der Mietsache kommt es nach Ansicht des Bayerischen Obersten Landgerichts⁸³ auf den Zeitpunkt an, ab dem die Kenntnis von der Gesundheitsgefährdung des Stoffes in den neuen Richtlinien umgesetzt wird. Führen also im Verlaufe des Mietverhältnisses neue Einsichten in die gesundheitsgefährdende Wirkung bestimmter Baustoffe zu

---

⁶⁸ BGH NZM 2005, 60.
⁶⁹ BGH NZM 2005, 60; OLG Düsseldorf WuM 1997, 221; LG Berlin GE 1996, 677.
⁷⁰ LG Waldhut-Tiengen WuM 1991, 479.
⁷¹ AG Bremerhaven WuM 1992, 601.
⁷² AG Gelsenkirchen WuM 1993, 735.
⁷³ AG Düsseldorf WuM 1990, 423.
⁷⁴ AG Bonn WuM 1990, 14.
⁷⁵ AG Schöneberg WuM 1992, 113.
⁷⁶ AG Hamburg WuM 1994, 200.
⁷⁷ LG München I ZMR 1987, 468; LG Berlin ZMR 1987, 338.
⁷⁸ LG Köln WuM 1990, 424.
⁷⁹ AG Osnabrück ZMR 1989, 339.
⁸⁰ BayObLG NZM 1999, 899; LG Frankfurt/Main ZMR 1990, 17; LG Hamburg NJW 1991, 1998; Bub/Treier/*Kraemer* III Rdnr. 1333; *Sternel* Mietrecht aktuell, Rdnr. 392.
⁸¹ Schmidt-Futterer/*Eisenschmid*, § 536, Rdnr. 24.
⁸² Bub/Treier/*Kraemer* III Rdnr. 1329.
⁸³ BayObLG a. a. O.

verschärften wissenschaftlich-technischen Standards, bringen diese eine Änderung der vertraglichen Soll-Beschaffenheit der Mietsache mit sich, weil die Vertragsparteien regelmäßig von der Fortdauer der gesundheitlichen Unbedenklichkeit der Mietwohnung ausgehen. Der Vermieter hat dann jeweils die Beschaffenheit der Mietsache herbeizuführen, die als Vorsorge gegen Gefahren für die Gesundheit der Bewohner der Mietsache nach dem aktuellen Standard erforderlich ist. Fehlerhaftigkeit der Mietsache tritt demnach erst ein, wenn der Vermieter nach Bekanntwerden der entsprechenden verschärften Standards gleichwohl nicht die Ursache der Gesundheitsgefährdung beseitigt.[84] Dem Mieter werden damit die Gewährleistungsrechte erst für die Zukunft gewährt.[85]

Neben dieser zur PCP-Schadstoffbelastung ergangenen Entscheidung des Bayerischen Obersten Landesgerichts haben in der Rechtsprechung die Nachrüstungspflicht infolge von Gesundheitsschäden bejaht:
- Beseitigung asbestbelasteter Nachtstromspeicheröfen[86]
- Instandsetzung der Hausinstallation bei Feststellung überhöhter Bleikonzentrationen im Wasser, wobei eine Gesundheitsgefährdung nach überwiegender Auffassung vorliegt, wenn der Grenzwert der Trinkwasserverordnung von 40 Mikrogramm pro Liter nicht nur ganz unerheblich nach Umfang und Dauer überschritten wird[87]
- Kompletter Austausch der alten Bleirohre bei überhöhter Bleikonzentration[88]
- Bei Formaldehytüberschreitung des Ausgasungsgrenzwertes von 0,01 ppm. in Innenräumen[89]
- Nitrat im Trinkwasser[90]

d) **Zerstörung der Mietsache.** Bei **vollständiger Zerstörung** der Mietsache wird der Vermieter gem. § 275 Abs. 1 BGB von seiner Erhaltungspflicht aus § 535 Abs. 1 Satz 2 BGB frei, weil die §§ 536 ff. BGB Sonderregelungen nur für die Folgen von Sach- und Rechtsmängeln enthalten. Eine Instandsetzungspflicht besteht nicht,[91] und zwar auch dann nicht, wenn die vollständige Zerstörung vom Vermieter zu vertreten ist. Der Vermieter ist in diesem Falle auch nicht verpflichtet, eine Versicherungsleistung zur Wiederherstellung des Mietobjektes zu verwenden, noch kann der Mieter gem. § 285 BGB deren Herausgabe verlangen, weil es sich insoweit um ein Surrogat für die Substanz der Mietsache und nicht für deren Nutzung handelt.[92] Zudem besteht auch keine Verpflichtung des Vermieters, bei Wiederherstellung des Mietobjektes mit dem Mieter einen neuen Mietvertrag abzuschließen.[93] Allenfalls kann der Vermieter aus § 242 BGB gehalten sein, dem Mieter den Abschluss eines neuen Vertrages anzubieten.

Ist die Zerstörung von keiner der Parteien zu vertreten, so wird der Vermieter nach § 275 Abs. 1 BGB von seiner Leistungspflicht,[94] der Mieter nach § 326 Abs. 1, 1. Halbsatz BGB von seiner Mietzahlungspflicht befreit. Zudem erlischt das Mietverhältnis, ohne dass es einer Kündigung des Mieters bedarf.

Sofern der Vermieter die Zerstörung zu vertreten hat, so wandelt sich der Erfüllungsanspruch des Mieters nach §§ 275, 280, 281, 283 BGB in einen Schadensersatzanspruch um. An die Stelle des verschuldensunabhängigen Rücktrittsrechts nach § 326 Abs. 5 BGB tritt nach Überlassung der Mietsache das Recht des Mieters zur fristlosen Kündigung gem. § 543 BGB.[95]

Hat hingegen der Mieter die völlige Zerstörung der Mietsache zu vertreten, so wird zwar der Vermieter von seiner Instandsetzungspflicht frei, ihm verbleibt jedoch gem. § 326 Abs. 2

---

[84] BayObLG a. a. O; a. A. *Kraemer* WuM 2000, 515, 521.
[85] Schmidt-Futterer/*Eisenschmid* § 536 Rdnr. 25.
[86] LG Berlin WuM 1999, 35; LG München I WuM 1998, 18; LG Dortmund WuM 1996, 141; AG Hamburg ZMR 1994 S. X Nr. 7; einschränkend LG Kassel ZMR 1996, 90.
[87] OLG Köln ZMR 1992, 155; *Sternel* Mietrecht aktuell, Rdnr. 315.
[88] LG Hamburg WuM 1991, 161.
[89] LG München I WuM 1991, 584; LG Frankfurt/Main WuM 1989, 284; AG Köln WuM 1987, 120.
[90] LG Köln NJW 1991, 1898.
[91] BGH ZMR 1992, 140; LG Berlin WuM 1998, 481.
[92] BGH WuM 1977, 5 und WuM 1992, 133.
[93] OLG Hamm WuM 1981, 259.
[94] BGH WuM 1990, 546 und WuM 1992, 133; OLG Karlsruhe WuM 1995, 307.
[95] BGHZ 50, 312.

Satz 1 BGB der Anspruch auf Gegenleistung, nämlich die Mietzahlung.[96] Darüber hinaus hat er vertragliche und deliktische Schadensersatzansprüche gegenüber dem Mieter.[97]

36 Soweit schließlich die Zerstörung der Mietsache von beiden Mietparteien zu vertreten ist, so hat ein Ausgleich der beiderseitigen Leistungen nach den Grundsätzen des § 254 BGB zu erfolgen.[98]

37 e) **Opfergrenze.** In den überwiegenden Fällen kommt es jedoch nicht zu einer völligen Zerstörung der Mietsache, sondern vielmehr zu deren **Teilzerstörung.** Dann ist die Frage zu entscheiden, ob der Vermieter zum Wiederaufbau verpflichtet ist.

38 Zu unterscheiden ist hierbei zunächst, ob es sich bei dem zerstörten Teil um einen trennbaren oder untrennbaren Teil der Mietsache handelt. Ist ein **trennbarer Teil** von der Zerstörung der Mietsache betroffen, so entfällt die Wiederherstellungspflicht des Vermieters, soweit der nicht zerstörte Teil nach dem Vertragszweck vom Mieter noch wirtschaftlich sinnvoll genutzt werden kann.[99]

39 Ist dies jedoch nicht der Fall, so hängt die Entscheidung über die **Wiederaufbaupflicht** des Vermieters davon ab, ob ihm die Kosten hierfür unter Berücksichtigung aller Umstände des Falles nach § 242 BGB zumutbar sind.[100] Maßgebend ist die **Opfergrenze**, die eine generelle Grenze der Instandsetzungspflicht bildet.

39a Die Rechtsprechung zur Opfergrenze stützte sich auf § 275 BGB a.F. mit der Begründung der wirtschaftlichen Unmöglichkeit. Diese wirtschaftliche Unmöglichkeit soll nach dem Willen des Gesetzgebers nunmehr unter § 313 BGB (Wegfall der Geschäftsgrundlage) zu prüfen sein.[101] Folglich sollen die Fallgestaltungen der Teilzerstörung gem. § 313 BGB, wonach der Vertrag den neuen Verhältnissen angepasst werden kann, zu beurteilen sein. Allerdings wird auch die Ansicht vertreten, dass wegen der Überschneidungen von § 313 BGB und § 275 Abs. 2 BGB der Schuldner die Wahl habe, sich auf sein Leistungsverweigerungsrecht gem. § 275 Abs. 2 BGB zu berufen oder Anpassung des Vertrages gem. § 313 BGB zu verlangen.[102] Unabhängig von dieser rechtsdogmatischen Problemstellung hat die bisherige Rechtsprechung an die Opfergrenze hohe Anforderungen gestellt. Daran wird das neue Recht auch in Zukunft nichts ändern.

39b Zur Opfergrenze wird die Ansicht vertreten, der Vermieter könne sich insoweit nicht auf seine fehlende finanzielle Leistungskraft, Schwierigkeiten bei der Kreditbeschaffung und mangelnde Wirtschaftlichkeit des Hausbesitzes berufen.[103] In der Rechtsprechung sind hiervon jedoch im Rahmen einer Beurteilung nach § 242 BGB Ausnahmen gemacht worden.[104]

39c Zwar ist es grundsätzlich unbeachtlich für die Erhaltungspflicht des Vermieters, in welcher Höhe Reparaturkosten anfallen.[105] Gleichwohl darf kein **krasses Missverhältnis** zwischen dem Reparaturaufwand und dem Nutzen der Reparatur für den Mieter sowie dem Wert des Mietobjektes und den aus ihm zu ziehenden Einnahmen entstehen.[106]

40 In der Rechtsprechung werden allerdings hohe Anforderungen an die Überschreitung der Opfergrenze gestellt.

Beispiele für zumutbare Reparaturkosten sind:
- 13.000,- € für Außensanierung wegen Feuchtigkeitsschäden[107]
- 17.000,- € für Balkonsanierung[108]

---

[96] BGH ZMR 1991, 57.
[97] BGH MDR 1976, 837.
[98] BGH WuM 1981, 259.
[99] BGH NJW 1992, 1036; OLG Karlsruhe WuM 1995, 307; Bub/Treier/*Kraemer* III Rdnr. 1286.
[100] BGH ZMR 1991, 20.
[101] BR-Drucks. 338/01, S. 294.
[102] Henssler/Graf von Westphalen/*Dedek* § 275 Rdnr. 24.
[103] LG Hamburg WuM 1997, 433; *Sternel* II Rdnr. 48; Schmidt-Futterer/*Eisenschmid* § 536 Rdnr. 504.
[104] LG Bonn WuM 1989, 367; LG Osnabrück WuM 1992, 119.
[105] LG Berlin WuM 1991, 538.
[106] LG Karlsruhe ZMR 1995, 202.
[107] LG Wuppertal WuM 1991, 178.
[108] LG Berlin GE 1995, 1013.

- Kosten einer Balkonerneuerung, deren Höhe nicht auf die Höhe der Mieteingänge beschränkt ist[109]
- 20.000,– € für eine auch der Substanzerhaltung des Gebäudes dienende Kellersanierung[110]

Überschritten ist die Opfergrenze jedenfalls dann, wenn die Reparaturkosten den Zeitwert des Mietobjektes erheblich übersteigen[111] oder diese nicht innerhalb von 10 Jahren durch eine erzielbare Rendite aus dem Objekt wieder erwirtschaftet werden können.[112]

Vom Vermieter erhaltene **Versicherungsleistungen** können bei der beiderseitigen Interessenabwägung der Mietvertragsparteien berücksichtigt werden und dazu führen, dass die Instandsetzungspflicht des Vermieters auch bei ansonsten bestehender Überschreitung der Opfergrenze gegeben ist.[113]

Nach Treu und Glauben kann der Herstellungsanspruch des Mieters ausgeschlossen sein, wenn der Vermieter den Mangel nur mit erheblichen Mitteln beseitigen, der Mieter die Folgen mit geringem Aufwand beheben könnte.[114] Eine hierzu ergangene Entscheidung des LG Berlin[115] zur Verpflichtung des Mieters, zur Vermeidung des Bleigehaltes Wasser ablaufen zu lassen, ist zu Recht in der Literatur auf Kritik gestoßen.[116]

f) Verkehrssicherungspflicht. Die Instandhaltungspflicht beinhaltet ebenso die Verkehrssicherungspflicht. Der Vermieter ist hiernach verpflichtet, dem Mieter die **gefahrlose Benutzung der Mietsache** zu ermöglichen. Hierzu gehört nicht nur, die auf dem Grundstück nebst allen vermieteten Räumen und Flächen vorhandenen Gefahrenquellen zu beseitigen, sondern diese auch durch regelmäßige Überprüfung zu verhindern.

Dabei erstreckt sich die Verkehrssicherungspflicht auf sämtliche Zu- und Abgänge, Treppen und Flure, Fahrstühle, Keller und Böden, so dass sich alle diese Räume und Flächen des Mietobjektes stets in einem Zustand befinden müssen, der vermeidbare Gefahren für die Mieter ausschließt.[117] Maßgebend für die Anforderungen an die Verkehrssicherungspflicht ist die Sicherungserwartung eines verständigen und umsichtigen Menschen[118] sowie Art und vereinbarte Nutzung des Gebäudes. Inhalt und Umfang können daher für einen Altbau oder Neubau sowie ein Wohn- oder Geschäftshaus unterschiedlich gewertet werden.[119]

Die Verkehrssicherungspflicht des Vermieters gilt nicht schrankenlos, sondern wird vielmehr durch Zumutbarkeitskriterien begrenzt.[120] Insoweit muss der Vermieter nicht für alle denkbaren, auch nur entfernten Möglichkeiten eines Schadeneintritts Vorsorge treffen. Stattdessen ist nur diejenige Sicherheit zu schaffen, die man bei Berücksichtigung der jeweils gegebenen Verhältnisse allgemein erwarten darf.[121] Die rechtlich gebotene Verkehrssicherung umfasst danach diejenigen Maßnahmen, die ein verständiger und vorausschauender, in vernünftigen Grenzen denkender vorsichtiger Vermieter für notwendig und ausreichend halten darf, um den Mieter vor Schäden zu bewahren.[122]

Konkrete Ausgestaltung der Verkehrssicherungspflicht erlangt diese durch die öffentlich rechtlichen Sicherungs- und Verhaltenspflichten, wie z. B. Bauvorschriften, Brandschutz-, Sicherheits- und Unfallverhütungsvorschriften u. s. w.

Zum **geschützten Personenkreis** der Verkehrssicherungspflicht des Vermieters gehören nicht nur der Mieter, sondern auch dessen Angehörige und Hausangestellte[123] sowie der Partner einer eheähnlichen Lebensgemeinschaft.[124] Zwar haben Besucher des Mieters keine

---

[109] LG Berlin WuM 1991, 538.
[110] LG Osnabrück WuM 1992, 119.
[111] BGH WuM 1990, 546; OLG Karlsruhe ZMR 1995, 202.
[112] OLG Hamburg GE 2001, 367.
[113] BGH WuM 1977, 5.
[114] LG Hamburg WuM 1985, 21; LG Berlin GE 1995, 1013.
[115] LG Berlin DWW 1987, 130.
[116] *Sternel* II Anm. 8 zu Rdnr. 48; OLG Köln NJW-RR 1995, 1178.
[117] BGH NJW 1994, 2232.
[118] BGH NJW 1990, 1236.
[119] *Sternel* II Rdnr. 84; Schmidt-Futterer/*Eisenschmid* §§ 535 Rdnr. 118 ff.
[120] *Schuschke* NZM 2006, 733.
[121] KG NZM 2007, 125.
[122] BGH NZM 2006, 579; *Lützenkirchen* WuM 2007, 167.
[123] BGH BGHZ 61, 233; 77, 124.
[124] OLG Hamburg NJW RR 1988, 1482.

vertraglichen Beziehungen zum Vermieter. Gleichwohl haftet der Vermieter diesen gegenüber bei Verletzung seiner Verkehrssicherungspflicht nach den deliktischen Vorschriften.[125]

Da zum geschützten Personenkreis auch Kinder gehören, ist der Verkehrssicherungspflichtige gehalten, auch mit unbefugtem und nicht ganz fern liegendem missbräuchlichen Verhalten zu rechen,[126] es sei denn, die Eltern haben ihre Aufsichtspflicht verletzt.[127]

46 Allerdings beinhaltet die Verkehrssicherungspflicht **keine Gefährdungs- oder Zufallshaftung** des Vermieters. Verletzt daher der Mieter seine Obhutspflicht nach § 536c BGB und erleiden dadurch Dritte einen Schaden, so haftet der Vermieter nicht, da er darauf vertrauen darf, dass der Mieter seine Obhutspflicht erfüllt.[128]

47 Die **Verletzung der Verkehrssicherungspflicht** wurde in der Rechtsprechung **anerkannt:**
- Pflicht, sich von der Beendigung von Bauarbeiten und der anschließenden gefahrlosen Benutzbarkeit der Mietsache zu vergewissern[129]
- Überwachung von Bauarbeiten auf dem Nachbargrundstück darauf, dass dem Mieter kein Schaden entsteht[130]
- Pflicht zur Überprüfung des ordnungsgemäßen Zustandes der Wasserleitungen[131] sowie der elektrischen Anlagen des vermieteten Gebäudes[132]
- Durchführung von Druckproben an den Gasleitungen, wobei ein bloßes Abklopfen der Leitungen nicht ausreicht[133]
- Absichern einer Lichtschachtabdeckung gegen Abheben, und zwar auch dann, wenn sich die Gefahrenlage erst aus dem vorsätzlichen Handeln Dritter ergibt[134]
- Pflicht zur Erhaltung der ordnungsgemäßen Schachtabdeckung[135]
- Pflicht zur Abhilfe bei gefährlicher Treppenhausverglasung aus Fensterglas[136]
- Gläserne Hauseingangstüren müssen so beschaffen sein, dass auch bei unsachgemäßem Öffnen keine Verletzungsgefahr besteht[137]
- Treppenhaus muss einen hinreichend trittsicheren Belag (hier schadhafter Teppichbodenbelag) haben[138]
- Bei der Treppenhausreinigung ist auf ein gefahrloses Reinigungsmittel zu achten, damit eine übermäßige Glätte des Fußbodens vermieden wird[139]
- Verwendung von Unkrautvernichtungsmitteln bzw. Rasendünger auf Wegen und Rasen des Hausgrundstückes, wodurch eine Gefährdung der Gesundheit insbesondere der Kleinkinder der Mieter zu befürchten ist[140]
- Ebenso liegt eine Pflichtverletzung des Vermieters vor, wenn das Gras in der Umgebung eines zum Mietobjekt gehörenden Spielplatzes nicht kurz gehalten wird, um evt. herumliegende Glasscherben zu entdecken und ggf. zu entfernen.[141]

Verneint wird die Verletzung der Verkehrssicherungspflicht:

48
- Bei einer Hauseingangstreppe mit unzulässigem Gefälle und dadurch bedingter Rutschgefahr[142]

---

[125] BGH NJW 1994, 2232.
[126] OLG Nürnberg NJW-RR 2002, 448.
[127] OLG Hamm GE 2001, 1058.
[128] OLG Karlsruhe WuM 1996, 226.
[129] LG Berlin WuM 1990, 378.
[130] OLG Karlsruhe ZMR 1988, 52.
[131] OLG Hamm VersR 1981, 1161; LG Köln WuM 1998, 277.
[132] OLG München NJW-RR 1997, 1031; OLG Celle NJW-RR 1996, 521.
[133] OLG Stuttgart ZMR 1973, 145.
[134] BGH WuM 1990, 868.
[135] AG Potsdam WuM 1998, 288.
[136] BGH NJW 1994, 2232.
[137] OLG Koblenz ZMR 1997, 417.
[138] OLG Köln NJWE-MietR 1996, 178.
[139] BGH WuM 1994, 218.
[140] LG München I WuM 1989, 500.
[141] OLG Hamm DWW 1990, 203.
[142] OLG Zweibrücken VersR 1994, 1487.

- Die tägliche Reinigung und Kontrolle im Abstand weniger Stunden einer Garageneinfahrt sowie dem Zugangsweg zur Garage[143]
- Für abstrakte Schadensrisiken, so dass den Vermieter auch keine Verpflichtung trifft, eine in der Erde liegende Wasserleitung auszugraben, um sich über den Erhaltungszustand der Rohre Gewissheit zu verschaffen[144]
- Überprüfung des Vermieters von in den Wänden verlegter Wasser- und Abwasserrohre, es sei denn es besteht ein konkreter Korrosionsverdacht auf Grund sich häufender Rohrbrüche.[145]
- Wenn der Vermieter die mit einem Glasausschnitt versehenen Zimmertüren der Wohnung, die insoweit den baurechtlichen Vorschriften entspricht, bei einer Vermietung an eine Familie mit Kleinkindern nicht mit Sicherheitsglas nachrüsten lässt.[146]

Letzteres ist bei kleineren Wasserschäden in längeren zeitlichen Abständen aber grundsätzlich nicht der Fall.[147] Bei häufigen Verstopfungen der Abwasserrohre ist jedoch auf eine Zusetzung der Rohre zu schließen und der Vermieter gehalten, die Leitungen jährlich überprüfen zu lassen.[148]

Im Rahmen der Verkehrssicherungspflicht ist auch immer wieder die Frage zu entscheiden, welche **Vorkehrungen** der Vermieter **im Winter** zu ergreifen hat. Die hierzu erforderlichen Sicherungsmaßnahmen, insbesondere die Anbringung von Schneefanggittern und Dachlawinen hängt zunächst von deren Ortsüblichkeit und im Übrigen von den klimatischen und örtlichen Verhältnissen sowie der Lage und Beschaffenheit des Gebäudes ab. Sind daher Gegenden mit wenig Schneefall betroffen, so sind Sicherungsmaßnahmen nicht erforderlich.[149] Treten jedoch auf Grund der örtlichen Wetterverhältnisse sowie der starken Dachneigung immer wieder Dachlawinen auf oder sind Schneefanggitter ortsüblich, so hat der Verkehrssicherungspflichtige Schneefanggitter anzubringen.[150]

Schließlich beinhaltet die Verkehrssicherungspflicht neben der Prüfungs- auch die **Wartungspflicht** des Vermieters.[151]

g) **Fürsorge- und Schutzpflichten.** Die aus der Erhaltungspflicht des Vermieters herzuleitende allgemeine Fürsorge- und Schutzpflicht betrifft die **Gefahrenabwehr** von nicht auf der Mietsache beruhender Störungen.

So ist der Vermieter verpflichtet, die Mieter über das Aufstellen eines Baugerüstes vorab zu informieren, wenn dadurch die Diebstahlsgefahr erhöht wird.[152]

Zudem ist der Vermieter gehalten, sich nach Durchführung von Bauarbeiten zu vergewissern, dass diese tatsächlich beendet sind und die Mietsache wieder gefahrlos benutzt werden kann.[153]

Lassen Diebstähle in einer Wohnanlage ein erhöhtes Risiko für weitere Einbrüche erkennen, ist der Vermieter gehalten, hierauf hinzuweisen.[154]

Besteht die Gefahr, dass sich Drogensüchtige und Stadtstreicher Zugang zum Treppenhaus verschaffen, so ist der Vermieter auf Verlangen verpflichtet, die Hauseingangstür zumindest mit einem Schnappschloss zu versehen.[155]

Bei Hochwassergefahr ist der Vermieter gehalten, die nach den Umständen zumutbaren und erforderlichen Schutzvorrichtungen vorzunehmen.[156]

---

[143] KG NZM 2007, 125
[144] BGH WuM 1993, 123; BGH ZMR 1957, 305.
[145] AG Menden ZMR 1999, 34.
[146] BGH NZM 2006, 578; *Schuschke* NZM 2006, 733.
[147] OLG München NJW-MietR 1996, 177.
[148] LG Berlin GE 1992, 1045.
[149] OLG Karlsruhe NJW 1983, 2946; LG Karlsruhe NZM 1998, 154.
[150] OLG Dresden WuM 1997, 377.
[151] Vgl. hierzu Ausführungen zu Rdnr. 290 ff.
[152] *Sternel* MietR aktuell, Rdnr. 331; Schmidt/Futterer/*Eisenschmid* § 535 Rdnr. 94.
[153] LG Berlin WuM 1990, 378.
[154] OLG Hamburg NJW-RR 1988, 1481.
[155] AG Hamburg WuM 1994, 676.
[156] OLG Düsseldorf NJW-RR 1988, 906; OLG Hamm NJW-RR 1988, 529; einschränkend OLG München WuM 1991, 681.

52 Ist der Mieter durch **Lärm oder sonstige Störungen Dritter** beeinträchtigt, so hat der Vermieter im Rahmen seiner Fürsorge- und Schutzpflicht für deren Beseitigung Sorge zu tragen, so für
- störendes Klavierspiel[157]
- Lärm und Gerüche aus der Gaststätte[158]
- Lärm und Geruchsbelästigung durch eine im Haus befindliche Bäckerei[159]
- Abluft aus dem Wäschetrockner eines Mitbewohners[160]
- Ständige Lärmstörungen durch Ladenbetrieb und Warenbelieferungen eines Mitmieters[161]
- Kinderlärm[162]
- Einen bordellartigen Betrieb im Wohnhaus[163]

h) Reinigungs- und Beleuchtungspflichten. Die Verkehrssicherungspflicht des Vermieters erstreckt sich weiterhin auf die Reinigung und Beleuchtung der Zu- und Abgänge sowie der Treppen und Flure.

53 Kraft Gewohnheitsrecht obliegt weder die **Treppenhausreinigung** den Mietern noch die Reinigung der Zu- und Abgänge des Gebäudes dem Mieter der Erdgeschosswohnung. Vielmehr ist für die Reinigung dieser gemeinschaftlichen Hausteile nach allgemeiner Rechtsauffassung der Vermieter zuständig,[164] es sei denn diese Pflichten sind kraft Individual- oder Formularvereinbarung wirksam auf den Mieter übertragen worden.

Die Reinigungspflicht erstreckt sich auf alle bestimmungsgemäßen Zuwege des Mietobjektes, wie insbesondere die Reinigung des Hauseingangs, den Zugangs zu den Mülltonnen, den Zuwegen zu Hof und Garten sowie Reinigung des Bürgersteigs.[165]

54 Die Pflicht des Vermieters zur **Eis- und Schneebeseitigung** ist Bestandteil der Reinigungspflicht. Zum gefahrlosen Begehen des Bürgersteigs und der Zugänge zum Haus ist er gehalten, einen für den Fußgängerverkehr ausreichend breiten Streifen zu streuen und zu säubern. Der Zeitrahmen für die Eis- und Schneebeseitigung richtet sich nach der Satzung der örtlichen Gemeinde, setzt in der Regel mit Beginn des Tagesverkehrs gegen 7.00 Uhr ein und endet gegen 20.00 Uhr. Während der Nacht besteht keine Streupflicht.[166]

Der Vermieter ist selbst dann nicht verpflichtet, einen Treppenabgang morgens vor 6.00 Uhr zu streuen, wenn ihm bekannt ist, dass der Mieter um diese Zeit seinen Weg zur Arbeit antritt.[167]

55 Bei andauerndem Schneefall und bei Eintritt von Glatteis braucht nach angemessener Zeit unter Berücksichtigung der örtlichen Verhältnisse gestreut zu werden. Bei überfrierendem Sprühregen muss der Vermieter notfalls mehrmals streuen.[168]

56 Schließlich hat der Vermieter auch für eine ausreichend lange **Beleuchtung** des Außenzugangs[169] wie des Treppenhauses[170] und für die dauerhafte Betriebssicherheit der Beleuchtungsanlage zu sorgen.[171] Bei einem mehrgeschossigen Gebäude sind 20 Sekunden Dauerlicht einer Treppenhausbeleuchtung zu wenig, da bei durchschnittlicher Gehgeschwindigkeit in dieser Zeit keine 2 Stockwerke begangen werden können.[172]

---

[157] LG Offenburg DWW 1990, 373.
[158] LG Hamburg WuM 1987, 218.
[159] LG Berlin MM 1995, 353.
[160] LG Köln WuM 1990, 385.
[161] LG Hamburg WuM 1984, 79.
[162] LG Berlin WuM 1999, 329; AG Schöneberg MM 1995, 397.
[163] KG WuM 1988, 286; LG Kassel WuM 1987, 122; AG Hamburg WuM 1984, 218.
[164] *Sternel* Rdnr. II 91; *Blank/Börstinghaus* § 535 Rdnr. 256.
[165] OLG Saarbrücken WuM 2000, 126.
[166] Schmidt-Futterer/*Eisenschmid* § 535 Rdnr. 149.
[167] OLG Düsseldorf WuM 2002, 89.
[168] OLG Saarbrücken a. a. O.; KG GE 1999, 1496.
[169] LG Flensburg WuM 1996, 215.
[170] OLG Koblenz WuM 1997, 50.
[171] LG Berlin GE 1990, 867.
[172] OLG Koblenz a. a. O.

3. Abwälzung auf Mieter

a) Individualvereinbarungen. Im Rahmen eines Individualmietvertrages können Instandhaltungs- und Instandsetzungsarbeiten am Mietobjekt auf den Mieter wirksam übertragen werden, soweit hierdurch die Gewährleistungsrechte des Mieters nicht eingeschränkt werden.[173] Die Übernahme von Maßnahmen der Instandhaltung und Instandsetzung durch den Mieter stellen eine geldwerte Leistung des Mieters dar. Sind diese Arbeiten im Einzelnen im Individualvertrag aufgeführt und werden diese im Rahmen der Mietzinskalkulation offen einberechnet, so bestehen grundsätzlich gegen diese Überbürdung auf den Mieter keine Bedenken.[174] Beinhaltet eine solche Vereinbarung jedoch ebenso die Haftung des Mieters für solche Veränderungen oder Verschlechterungen der Mietsache, die er nicht zu vertreten hat, so führt dies im Ergebnis zum Ausschluss der Gewährleistungsrechte, was bei der Wohnraummiete grundsätzlich zur Unwirksamkeit führt, auch wenn eine individualvertragliche Regelung vorliegt.[175]

Unwirksam ist daher eine Individualvereinbarung, wonach der Mieter verpflichtet wird, bereits bei Beginn des Mietverhältnisses vorhandene Mängel (Anfangsmängel) sowie solche Mängel zu beseitigen, die nicht durch seinen Gebrauch der Mietsache verursacht werden. Verursacht mithin ein vermieterseits zu vertretender Baumangel, wie z. B. ein Rohrbruch einen Schaden im Inneren der Wohnung oder wird das Mietobjekt durch einen Dritten, etwa durch einen Einbruch beschädigt, so trägt ausschließlich der Vermieter die Kosten notwendiger Instandsetzungsmaßnahmen, und zwar auch dann, wenn der Mieter hierfür Leistungen von seiner Hausratversicherung erhalten hat.[176]

Nicht zu beanstanden ist hingegen eine Individualvereinbarung, auf Grund derer sich der Mieter verpflichtet, Außenflächen von Fenstern und Wohnungstüren malermäßig zu behandeln oder Arbeiten an Bodenbelägen vorzunehmen, sofern diese übernommenen Verpflichtungen in der Mietkalkulation offen einberechnet werden.

Liegt eine individualvertraglich wirksame Überbürdung z. B. der Verkehrssicherungspflicht auf den Mieter vor, **verbleibt** beim Vermieter in jedem Fall dessen **Überwachungspflicht**.[177] Hat der Vermieter daher einem ungeeigneten Mieter, sei es auf Grund seines Alters oder seiner häufigen Abwesenheit zur Erhaltung der Verkehrssicherungspflicht bestellt, so haftet er Dritten gegenüber aus dem Gesichtspunkt des **Auswahlverschuldens**.[178]

b) Formularvereinbarungen. Formularmäßig kann dem Mieter nicht die Pflicht auferlegt werden, das Mietobjekt in einen bautechnischen Zustand zu versetzen, diesen wiederherzustellen oder zu erhalten, der eine Nutzung zu dem vertraglich vereinbarten Zweck erst ermöglicht, soweit eine solche Regelung über Schönheitsreparaturen und Kleinreparaturen hinausgeht.[179] Insoweit verstößt die Überwälzung der Erhaltungspflicht auf den Mieter nach der Rechtsprechung des BGH gegen § 307 BGB.[180] Solche Klauseln sind mit den Gewährleistungsvorschriften der §§ 536 ff. BGB wie auch den Kündigungsvorschriften gem. §§ 543 Abs. 2 Nr. 1, 569 Abs. 1 BGB unvereinbar und zudem gem. § 307 Abs. 2 Ziff. 1 BGB unwirksam, da sie die Hauptpflicht des Vermieters zur Überlassung der Mietsache in vertragsgemäßem Zustand aushöhlen.[181] Unwirksam ist eine solche formularmäßige vollständige Abwälzung der Erhaltungspflicht auf den Mieter auch deshalb, weil dem Mieter bei einer solchen Vertragsgestaltung ein unkalkulierbares Risiko auferlegt wird. Dies gilt auch bei der Vermietung von Einfamilienhäusern.[182]

---

[173] BGH NJW 1992, 1759.
[174] BGH WuM 2002, 484, 186; Bub/Treier/*Bub* II Rdnr. 459.
[175] *Langenberg* 2 C Rdnr. 36.
[176] AG Köln WuM 1998, 596.
[177] BGH NJW 1985, 270; OLG Köln WuM 1996, 226.
[178] BGH NJW 1985, 484; *Sternel* II Rdnr. 85.
[179] BGH NJW 1977, 195.
[180] BGH NJW 1989, 2247; NJW 1992, 1759.
[181] Bub/Treier/*Bub* II Rdnr. 459.
[182] LG Heidelberg NJW MietR 1997, 99.

60 Zu unterscheiden ist bei solchen Regelungen, ob es sich um **Vornahmeklauseln** oder aber **Kostenerstattungsklauseln** handelt. **Vornahmeklauseln** sind im Rahmen einer formularmäßigen Abwicklung generell unzulässig,[183] wohingegen Kostenerstattungsklauseln unter engen Voraussetzungen zulässig sind.[184]

Dem Mieter kann daher im Rahmen einer Formularvereinbarung weder das Ausbessern von Schäden an Verputz der Wände und Decken[185] noch das Abschleifen und Versiegeln des Parkettbodens[186] oder die Erneuerung des Teppichbodens[187] oder eines anderen Bodenbelages auferlegt werden. Schließlich hat der BGH auch eine Formularvereinbarung, wonach der Mieter verpflichtet war, bei Beendigung des Mietverhältnisses Dübeleinsätze zu entfernen, Löcher ordnungsgemäß und unkenntlich zu verschließen und etwa durchbohrte Kacheln zu ersetzen, für unwirksam erklärt.[188]

61 Es besteht auch keine Verpflichtung des Mieters, anstelle einer Kostenübernahme für erforderliche Reparaturmaßnahmen zugunsten des Vermieters eine Sach- oder Haftpflichtversicherung abzuschließen.[189]

Unzulässig ist ebenso eine Klausel, die den Mieter verpflichtet, Wasserleitungen vor dem Einfrieren zu schützen, da hierdurch dem Mieter das Risiko einer unzureichenden Isolierung oder eines Heizungsausfalles auferlegt wird.[190]

Weiterhin ist eine Formularklausel unwirksam, wonach die Pflicht des Mieters begründet wird, Installationsgegenstände für Elektrizität, Wasser und Gas, Haus- und Kücheneinrichtungen, Fenster- und Türschlösser sowie die Verschlussvorrichtungen von Fensterläden in einem gebrauchsfähigen Zustand zu halten.[191]

62 Wird der Mieter durch Klauselvereinbarung verpflichtet, die Mietsache auf seine Kosten frei von Ungeziefer zu halten, so verstößt dies gegen § 307 BGB, da sie eine verschuldensunabhängige Haftung des Mieters in den Fällen begründet, in denen der Ungezieferbefall von anderen Mietern oder vom Vermieter auf Grund einer Vernachlässigung von Grundstück und Gebäude zu vertreten ist.[192]

Für unzulässig sind in diesem Zusammenhang auch Klauseln erklärt worden, wonach eine Haftung des Mieters für Schäden begründet wird, die durch die Nichtbeseitigung von Ungeziefer oder durch die vom Vermieter veranlasste Ungezieferbeseitigung entstehen.[193]

63 Eine **Übertragung der Reinigungs- sowie Eis- und Schneebeseitigungspflicht** auf den Mieter durch Formularvertrag wird in Rechtsprechung und Literatur teilweise als zulässig angesehen. Voraussetzung hierfür ist jedoch, dass sie nicht an versteckter Stelle, wie z.B. in der **Hausordnung** stehen, da sie Hauptpflichten betreffen.[194] Unwirksam gem. § 307 BGB sind daher Klauseln in der Regel, wenn sie in der Hausordnung untergebracht sind, da die Hausordnung nicht die Rechte und Pflichten der Mietvertragsparteien untereinander, sondern typischerweise das Verhalten der Hausbewohner untereinander regelt.[195] Dagegen sollen solche Klauseln in der Hausordnung aber dann zulässig sein, wenn die Hausordnung unmittelbar Gegenstand des Mietvertrages ist[196] oder es sich nicht um eine überraschende Klausel gem. § 305c Abs. 1 BGB handelt.[197]

Bedenklich ist auch die teilweise vertretene Auffassung, wonach die Überwälzung der Streupflicht (Eis- und Schneebeseitigung) formularmäßig dann wirksam auf den Mieter er-

---

[183] BGH NJW 1992, 1759; OLG Frankfurt/Main WuM 1997, 609.
[184] BGH NJW 1989, 2247; vgl. im Übrigen Ausführungen zu Rdnr. 266 ff.
[185] LG Köln WuM 1989, 506.
[186] LG Köln WuM 1994, 199; AG Bergisch Gladbach WuM 1997, 211.
[187] OLG Hamm WuM 1991, 248.
[188] BGH WuM 1993, 109.
[189] LG München I WuM 1997, 612; LG Berlin WuM 1993, 261; LG Düsseldorf WuM 1990, 336.
[190] OLG Frankfurt/Main WuM 1992, 56.
[191] BGH WuM 1992, 355.
[192] AG Frankfurt/Main WuM 1989, 171; AG Bonn WuM 1986, 113.
[193] OLG Frankfurt/Main WuM 1992, 57.
[194] *Sternel* II Rdnr. 86.
[195] LG Frankfurt/Main NJW-RR 1988, 782.
[196] OLG Köln ZMR 1995, 308; OLG Frankfurt/Main NJW 1989, 41.
[197] *Blank/Börstinghaus* § 535 Rdnr. 254.

folgen könne, wenn eine entsprechende Orts- oder Verkehrssitte vorliege.[198] Eine solche letztlich jeglicher Wertung offenen Orts- oder Verkehrssitte kann keineswegs die zwingenden gesetzlichen Vorschriften des § 307 Abs. 2 Satz 1 BGB i. V. mit §§ 536 ff. BGB sowie des § 309 Ziff. 7 a BGB aushebeln.

In der Rechtsprechung ist umstritten, ob der Mieter von seiner wirksam übernommenen Reinigungs- sowie Eis- und Schneebeseitigungspflicht befreit wird, wenn er dazu infolge einer **Erkrankung oder wegen Alters** nicht mehr in der Lage ist. Hierzu wurde einerseits die Ansicht vertreten, es handele sich bei dieser Verpflichtung um die Vornahme einer vertretbaren Handlung, so dass der Mieter für seine Vertretung Sorge tragen müsse.[199] Eine andere Meinung nahm dann eine Befreiung des Mieters von seiner Leistungspflicht an, da ein Fall der subjektiven nachträglichen Unmöglichkeit (§§ 275, 613 BGB a. F.) vorliege.[200] Nunmehr kann der Mieter gem. § 275 Abs. 3 BGB die Leistung verweigern, wenn er die Leistung persönlich zu erbringen hat und sie ihm unter Abwägung des seine Leistung entgegenstehenden Hindernisses mit dem Leistungsinteresse des Gläubigers nicht zugemutet werden kann. Mit dieser Einrede hat der Mieter die Möglichkeit, sich von seiner persönlichen Leistungspflicht zu befreien.

Nach einer Entscheidung des LG Münster[201] wird der Mieter von der mietvertraglichen Winterdienstpflicht jedenfalls dann frei, wenn ihm persönlich aus gesundheitlichen Gründen der Winterdienst nicht mehr möglich ist und weder private noch gewerbliche Dritte am Ort zur Übernahme der Winterdienstleistung bereit sind.

Der Vermieter kann sich von seiner **Beleuchtungspflicht** hinsichtlich der allgemeine Zuwegungen sowie des Treppenhauses nicht allgemein frei zeichnen. So sind Formularklauseln wie „die Beleuchtung des Treppenhauses obliegt jeder Partei für ihre Etage" oder „der Mieter hat defekte Glühbirnen auszutauschen" wegen Verstoßes gegen § 307 BGB unwirksam, da sie dem Mieter Leistungspflichten überbürden, die nicht die von ihm angemieteten Räume betreffen und ihm auch die Haftung für von Dritten verursachte Schäden übertragen.[202]

c) Bei preisgebundenem Wohnraum. Die Instandhaltungskosten werden für den preisgebundenen Wohnraum in § 28 Abs. 1 II BV definiert. Es handelt sich hiernach um Kosten, die während der Nutzungsdauer zur Erhaltung des bestimmungsgemäßen Gebrauchs aufgewendet werden müssen, um die durch Abnutzung, Alterung und Witterungseinwirkung entstehenden baulichen oder sonstigen Mängel ordnungsgemäß zu beseitigen. Es handelt sich mithin um Kleinreparaturen, die gem. § 28 Abs. 3 Satz 1, II. BV als „kleine Instandhaltungen" auf den Mieter übertragbar sind, jedoch nur unter denselben Voraussetzungen wie bei frei finanziertem Wohnraum auf den Mieter übertragbar sind.[203]

Gem. § 9 Abs. 6 S. 2 WoBindG. können kraft Vereinbarung auf den Mieter auch Arbeitsleistungen übertragen werden, die zu einer Verringerung der Bewirtschaftungskosten führen. Hierunter fällt auch die Reinigungspflicht.

4. Pflichten des Mieters

a) Duldungspflichten. *aa) Allgemeines.* Der Mieter von Wohnraum hat gem. § 554 Abs. 1 BGB Einwirkungen auf die Mietsache zu dulden, die zur Erhaltung der Mieträume oder des Gebäudes erforderlich sind. Diese Vorschrift korrespondiert mit der Erhaltungspflicht des Vermieters gem. § 535 Abs. 1 S. 2 BGB und ermöglicht es ihm, einerseits die in seinem Interesse liegende Erhaltung des Gebäudes zu gewährleisten, andererseits aber auch seine ihm gegenüber dem Mieter bestehende Instandhaltungs- und Instandsetzungspflicht zu erfüllen und mögliche Gewährleistungsansprüche abzuwenden.

---

[198] Bub/Treier/*Kraemer* III A Rdnr. 1085 a.
[199] LG Kassel WuM 1991, 580; LG Düsseldorf WuM 1988, 400; Staudinger/*Emmerich* § 535 Rdnr. 34.
[200] LG Hamburg WuM 1989, 622; LG Darmstadt WuM 1988, 300; AG Münster WuM 1995, 36.
[201] LG Münster WuM 2004, 193.
[202] *Sternel* II Rdnr. 102.
[203] BGH NJW 1989, 2247; Schmidt-Futterer/*Eisenschmid* § 535 Rdnr. 75.

68 Da eine uneingeschränkte Verpflichtung des Vermieters zur Erhaltung der Mietsache besteht, gilt auch die Duldungspflicht des Mieters grundsätzlich uneingeschränkt.[204] Die Erhaltungsmaßnahme muss allerdings **objektiv notwendig** sein. Keine Erhaltungsmaßnahmen sind daher bauliche Veränderungen der Mietsache, sofern nicht die Voraussetzungen der Modernisierungsmaßnahmen gem. § 554 Abs. 2 BGB vorliegen.

Eine vom Mieter nicht zu duldende bauliche Veränderung der Mietsache liegt regelmäßig dann vor, wenn ältere aber noch funktionsfähige Einrichtungen durch eine gleichwertige Neuanschaffung ersetzt werden,[205] da hierdurch der Mieter keinen Gebrauchsvorteil erhält.

So stellt jedenfalls die geplante Überdachung einer Terrasse keine Erhaltungsmaßnahme dar.[206] Auch die reine Umgestaltung der Mietsache beinhaltet keine Erhaltungsmaßnahme. Der Austausch eines mit vermieteten defekten Gasherdes gegen einen Elektroherd[207] sowie einer defekten Nachtstromspeicherheizung gegen eine Gasheizung[208] braucht der Mieter daher nicht zu dulden. Dasselbe gilt für den Austausch intakter Fenster zur Vereinheitlichung der Fassadenansicht.[209]

69 Auch **vorbeugende Erhaltungsmaßnahmen** hat der Mieter zu dulden, wenn die Gefahr des Auftretens eines Defektes der Mietsache droht[210] wie z.B. der Austausch brüchiger Wasser- und Abwasserleitungen.[211]

70 Sofern die vom Vermieter beabsichtigte Maßnahme sowohl **Erhaltungs- wie auch Modernisierungsarbeiten** beinhaltet, richtet sich die Duldungspflicht des Mieters allein nach § 554 Abs. 2 BGB,[212] da diese in der Regel Mieterhöhungen zur Folge haben.

71 *bb) Umfang der vom Mieter hinzunehmenden Einwirkungen.* Im Rahmen der Duldungspflicht hat der Mieter die Einwirkungen, die durch die bauliche Maßnahme entstehen, hinzunehmen, und zwar auch dann, wenn sie für ihn und seine Familie eine Härte bedeuten. Eine Grenzziehung erfährt die Duldungspflicht lediglich durch die gesetzlichen Regelungen der §§ 226 und 242 BGB.[213] So hat der Mieter nicht nur **Belästigungen durch Schmutz, Staub, Lärm, Gerüche und Erschütterungen**, sondern auch den **Entzug von Licht und Luft** auf Grund der Errichtung eines Baugerüstes zu dulden, wobei seine Minderungsrechte hiervon unberührt bleiben.

72 Der Mieter hat zudem die **zügige Durchführung der Arbeiten** zu dulden. Allerdings darf der Vermieter die Arbeiten nicht zur Unzeit ausführen, etwa an Sonn- und Feiertagen, Samstagnachmittag oder in den Abendstunden ab 19.00 Uhr.[214] Der Duldungsanspruch beinhaltet weiterhin die **Gestattung des Zutritts** zu den Mieträumen, um dem Vermieter die Planung und sachgerechte Ausführung der Arbeiten zu ermöglichen. Der Vermieter hat diese Besichtigungsabsicht dem Mieter rechtzeitig und den Grund für deren Erforderlichkeit mitzuteilen.[215] Dieses Zutrittsrecht steht dem Vermieter jedoch nur an Wochentagen zu angemessener Tageszeit, d.h. zu den so genannten Besuchszeiten, in der Regel wochentags zwischen 10–13 Uhr und 15–18 Uhr zu.[216]

Bei längerer Abwesenheit, wie z.B. einem längeren Krankenhausaufenthalt muss der Mieter Vorsorge dafür treffen, dass der Vermieter sein Zutrittsrecht wahrnehmen kann.[217]

73 Eine **Einschränkung** der Pflicht, die Durchführung von Erhaltungsmaßnahmen zu dulden, kann für den Fall bejaht werden, dass der Auszug des Mieters aus der Wohnung unmittelbar

---

[204] LG Mannheim WuM 1987, 272.
[205] LG Hamburg WuM 1984, 217.
[206] LG Gießen WuM 1998, 278.
[207] LG Berlin NJW-MietR 1997, 222.
[208] LG Hamburg WuM 1998, 279.
[209] LG Berlin GE 1988, 145.
[210] LG Berlin ZMR 1992, 546.
[211] LG Hamburg WuM 1995, 267.
[212] LG Hamburg WuM 1998, 279; LG Berlin GE 1994, 927; LG Köln WuM 1993, 608.
[213] BGH NJW 1972, 723.
[214] Schmidt/Futterer/*Eisenschmid* § 554 Rdnr. 35.
[215] AG Lüdenscheid WuM 1990, 489; AG Neuss WuM 1989, 364; Staudinger/*Emmerich* § 535 Rdnr. 100.
[216] *Sternel* II Rdnr. 293.
[217] LG Berlin GE 1997, 245.

bevorsteht.[218] Nach einer Entscheidung des LG Berlin soll das auch bei akuter Selbstmordgefahr des Mieters gelten.[219]

cc) *Abweichende Vereinbarungen.* Sowohl in Individual- wie auch Formularverträgen kann die Duldungspflicht des Mieters gem. § 554 Abs. 1 BGB zu seinen Gunsten eingeschränkt werden. Dies gilt u. a. für den Fall, dass dem Mieter auf Grund seines Alters oder seiner Erkrankung aus ärztlicher Sicht lärm- und staubintensive Maßnahmen nicht zumutbar sind oder eine vertragliche Regelung vorsieht, dass eine Verschiebung dieser Arbeiten auf einen späteren Zeitpunkt stattzufinden hat, sofern sich der Mieter im Rahmen seiner Ausbildung in einer Prüfung befindet oder eine solche kurz bevorsteht.

Zwar gilt § 554 Abs. 5 BGB, wonach abweichende Vereinbarungen zum Nachteil des Mieters unwirksam sind, nicht für Vereinbarungen gem. § 554 Abs. 1 BGB. Gleichwohl finden solche Vereinbarungen ihre Begrenzung durch die §§ 138, 157, 242 BGB. Ihre Zumutbarkeit ist zudem jeweils auf der Grundlage des § 307 Abs. 2 Satz 1 BGB zu prüfen.[220]

b) **Mitwirkungspflichten.** Streitig ist, ob die Duldungspflicht auch eine Mitwirkungspflicht im Zusammenhang mit den Erhaltungsmaßnahmen beinhaltet, die über die Gewährung des Zutritts zu den Mieträumen auch das **Zusammenstellen und Wegräumen des Inventars** der Wohnung zur Ermöglichung der Durchführung der Arbeiten umfasst.

Nach überwiegender Meinung beschränkt sich die Duldungspflicht gem. § 554 Abs. 1 BGB auf ein passives Stillhalten des Mieters, so dass ihn **keine aktive Mitwirkungspflicht** trifft.[221] Daraus folgt, dass der Vermieter den notwendigen Ab- und Umbau des Inventars des Mieters selbst vorzunehmen hat.[222] Die hierfür und für ein Weg- und Zurückschaffen sowie eine nach § 554 Abs. 4 BGB zeitweilige Lagerung der Möbel entstehenden Aufwendungen hat der Vermieter zu tragen.[223] Allerdings ist der Mieter aus § 242 BGB verpflichtet, seine persönlichen Sachen zusammenzustellen, damit sie vom Vermieter beiseite geschafft werden können.[224] Eine zum Nachteil des Mieters hiervon abweichende Vereinbarung ist gem. § 554 Abs. 5 BGB unwirksam.

In Ausnahmefällen ist der Mieter auch verpflichtet, vorübergehend die Wohnung zu verlassen und eine Ersatzunterkunft (Hotel oder andere Wohnung) zu beziehen, wenn dies der Umfang der Instandsetzungsarbeiten erfordert.[225]

Nach Durchführung der Erhaltungsmaßnahmen hat der Vermieter den früheren vertragsgemäßen Zustand wieder herzustellen, notfalls Aufräum- und Säuberungsarbeiten vorzunehmen bzw. hierfür dem Mieter angemessene Kosten gem. § 554 Abs. 4 BGB zu erstatten. Sind Schönheitsreparaturen nach Beendigung der Instandsetzungsmaßnahmen erforderlich, so sind diese vom Vermieter auszuführen[226] und zwar auch dann, wenn nach dem Mietvertrag der Mieter die Schönheitsreparaturen zu tragen hat, weil sich diese nur auf Dekorationsmängel infolge des Mietgebrauchs beziehen.[227]

Allerdings vertritt Langenberg in konsequenter Anwendung des vom BGH vertretenen Gegenseitigkeitsaspektes von Mietreduzierung gegen Übernahme der Schönheitsreparaturen die Ansicht, dass der Mieter dann zur Durchführung der Schönheitsreparaturen verpflichtet ist, wenn im Zeitpunkt der Erhaltungsmaßnahme durch den Vermieter bereits eine Renovierungsbedürftigkeit vorliegt. Führt der Vermieter in Absprache mit dem Mieter in diesem Falle die Schönheitsreparaturen durch, so kann er vom Mieter einen angemessenen Ausgleich der Kosten verlangen, die dem Mieter für die von ihm geschuldeten Renovierungsar-

---
[218] BVerfG NJW 1992, 1378; LG Köln WuM 1995, 267.
[219] LG Berlin GE 1986, 283.
[220] *Sternel* NZM 1998, 834.
[221] LG Berlin NJW-RR 1996, 1163; MünchKommBGB/*Voelskow* § 541 a Rdnr. 6; Bub/Treier/*Kraemer* III Rdnr. 1094 a; *Blank/Börsinghaus* § 541 a Rdnr. 34.
[222] AG Wuppertal WuM 1988, 15.
[223] Bub/Treier/*Kraemer* III Rdnr. 1094 a.
[224] Schmidt-Futterer/*Eisenschmid* § 554 Rdnr. 39; Börsinghaus/*Blank* § 554 Rdnr. 36.
[225] LG Köln WuM 1989, 255; Bub/Treier/*Kraemer* III Rdnr. 1094 a; Schmidt-Futterer/*Eisenschmid* § 554 Rdnr. 41.
[226] AG Bad Bramstedt WuM 1987, 18.
[227] Bub/Treier/*Kraemer* III Rdnr. 1098.

beiten erspart geblieben sind. Andererseits kann dem Mieter nicht das Recht abgesprochen werden, die Schönheitsreparaturen nach Ausführung von dem Vermieter auf Grund der durchgeführten Erhaltungsmaßnahmen obliegenden Vorarbeiten selbst vorzunehmen.[228] Dieser Kostenausgleich soll auch dann stattfinden, wenn eine Renovierungsbedürftigkeit im Zeitpunkt der Erhaltungsmaßnahmen noch nicht besteht, da auch in diesem Falle dem Mieter auf Grund der vom Vermieter vorgenommenen Renovierung ein entsprechender Aufwand erspart bleibt und demzufolge bei Nichtbeteiligung des Mieters an diesen Kosten der Entgeltcharakter der Schönheitsreparaturen vernachlässig werde.[229]

5. Prozessuales

78 a) **Beweislast.** Sind Gegenstand eines Rechtsstreites die Erforderlichkeit von Erhaltungsmaßnahmen sowie deren Verursachung, so ist oftmals entscheidend, wer hierfür die Darlegungs- und Beweislast trägt.

Nach allgemeinen Grundsätzen hat derjenige die Tatsachen für notwendige Instandhaltungs- und Instandsetzungsarbeiten zu beweisen, der hierauf seinen Klageanspruch gründet.

79 Die Beweislast für die Verursachung obliegt derjenigen Mietpartei, in deren Verantwortungs- und Pflichtenkreis der Schaden der Mietsache fällt. So muss der Vermieter darlegen und beweisen, dass die Mietsache durch den Gebrauch der Mietsache schadhaft wurde, was im Bestreitensfalle die Darlegung sowie den Beweis dafür beinhaltet, dass die Verantwortlichkeit eines anderen Mieters oder eines Dritten auszuschließen ist.[230] Durch den Mietgebrauch ist der Schaden bedingt, wenn die Schadensursache in dem der unmittelbaren Einflussnahme, Herrschaft und Obhut des Mieters unterliegenden Bereich gesetzt worden ist.[231] Wenn ein Schaden bei Mietgebrauch entstanden ist und der Vermieter im Bestreitensfalle nachweist, dass dessen Ursache nicht in seinen Obhuts- und Verantwortungsbereich fällt, so trägt wiederum der Mieter die Beweislast dafür, dass er den Schadeneintritt nicht zu vertreten hat.[232] Ist daher bei Beginn des Mietverhältnisses nachweisbar ein Schaden des Mietobjektes nicht vorhanden, jedoch bei dessen Beendigung, so muss sich der Mieter dahingehend entlasten, dass die Ursache der Beschädigung nicht in seinen Obhutsbereich fällt.[233]

80 Bei Feuchtigkeitsschäden muss der Vermieter zunächst darlegen und beweisen, dass die Mietsache frei von Baumängeln ist.[234] Hat der Vermieter diesen Nachweis erbracht, so muss der Mieter nunmehr den vollen Beweis dafür erbringen, dass die Ursache nicht in seinem Obhuts- und Gefahrenbereich gesetzt wurde oder er sie nicht zu vertreten hat.[235] Hierzu hat der Mieter substanziiert darzulegen und zu beweisen, wie er geheizt und gelüftet hat und dass sein Heizungs- und Lüftungsverhalten sowie die Art der Möblierung nicht schadensursächlich war.[236]

81 b) **Inhalt der Klageanträge.** Der Anspruch des Mieters gegen den Vermieter auf Durchführung von Instandsetzungsmaßnahmen ist im Wege der Vornahmeklage durchzusetzen. Beim Klageantrag ist darauf zu achten, dass es **allein Sache des Vermieters ist, auf welche Art und Weise und mit welchen Mitteln er seine Erhaltungspflicht erfüllt.** Der Mieter hat lediglich Anspruch auf den angestrebten Erfolg der Maßnahme. Es ist daher unzulässig, im Klageantrag die erforderliche Maßnahme aufzunehmen, es sei denn es kommt nur eine Art der Instandsetzung in Betracht, wie z. B. beim Abschleifen und Versiegeln von Parkettboden.

82 Sind daher Feuchtigkeitsschäden in den Mieträumen vorhanden, deren Ursache in einem Baumangel begründet ist, so hat **der Klageantrag auf Vornahme geeigneter baulicher Maßnahmen** zur Beseitigung der Feuchtigkeitsschäden zu lauten. Der hierzu verurteilte Vermie-

---

[228] Schmidt-Futter/*Langenberg* § 538 Rdnr. 248 ff.
[229] *Langenberg* a. a. O.
[230] OLG Karlsruhe WuM 1984, 267.
[231] OLG Hamm ZMR 1997, 21.
[232] BGH NZM 1998, 117; BGH NJW 1976, 1315; OLG Karlsruhe WuM 1984, 267.
[233] BGH NJW 1994, 2019.
[234] LG Mannheim ZMR 1991, 481; LG Bochum DWW 1991, 188; LG Freiburg WuM 1989, 559.
[235] BGH NZM 1998, 117.
[236] LG Berlin GE 1989, 39; *Blank/Börstinghaus* § 538 Rdnr. 26.

ter muss dann selbst entscheiden, welcher Art im Einzelnen diese geeigneten Maßnahmen sind.

Die Vollstreckung des so titulierten Anspruches des Mieters richtet sich nach § 887 ZPO, da es sich um eine vertretbare Handlung handelt, was auch nicht dadurch ausgeschlossen wird, dass die titulierte Leistung auf verschiedene Art und Weise erfüllt werden kann. Allerdings ist der Vollstreckungsgläubiger im Rahmend des § 887 ZPO gehalten, nunmehr die erforderliche Maßnahme zur Erreichung der titulierten Leistung genau zu bezeichnen, damit ein entsprechender Ermächtigungsbeschluss, diese Handlung auf Kosten des Vollstreckungsschuldners vornehmen zu lassen, erlassen werden kann.

Der Anspruch des Vermieters gegenüber dem Mieter auf Duldung von Erhaltungsmaßnahmen kann der Vermieter durch Klage auf Abgabe einer Willenserklärung durchsetzen. Beim Klageantrag hat der Vermieter im Einzelnen die vom Mieter zu duldenden Erhaltungsmaßnahmen nach Art und Umfang darzulegen, da eine Titulierung dieses Antrags nach § 888 ZPO als unvertretbare Handlung zu vollstrecken und bei Titelunklarheiten diese Vollstreckung gehindert ist.

c) Muster – Klageanträge.

Formulierungsvorschlag: Klage auf Durchführung von Instandsetzungsmaßnahmen

......

wegen Instandsetzung
Namens und in Vollmacht des Klägers erhebe ich Klage und werde beantragen:
1. Der Beklagte wird verurteilt, in der Wohnung ...... durch geeignete bauliche Maßnahmen die Feuchtigkeitsschäden im Schlafzimmer und Wohnzimmer an den Decken sowie sämtlichen Wänden einschließlich Schäden am Putz und Anstrich zu beseitigen.
2. Der Beklagte trägt die Kosten des Rechtsstreits.
3. Das Urteil ist vorläufig vollstreckbar.
Begründung: ......

Formulierungsvorschlag: Klage auf Duldung von Erhaltungsmaßnahmen

......

wegen Duldung
Namens und in Vollmacht des Klägers erhebe ich Klage und werde beantragen:
1. Der Beklagte wird verurteilt, folgende durch den Kläger durchzuführende Erhaltungsmaßnahmen in der angemieteten Wohnung ...... zu dulden:
   a) Abschleifen und Versiegeln des Parketts im Wohnzimmer,
   b) Erneuerung des defekten Kunststofffensters im Schlafzimmer und
   c) Beseitigung des Feuchtigkeitsschadens an der Decke im Kinderzimmer durch Entfernung des beschädigten Putzes und Anstriches sowie Neuanbringung des Putzes und des Anstriches.
2. Der Beklagte trägt die Kosten des Rechtsstreites.
3. Das Urteil ist vorläufig vollstreckbar.

Begründung: ......

II. Schönheitsreparaturen

1. Allgemeines

Nichts verdeutlicht die Vielzahl der mit den Schönheitsreparaturen zusammenhängenden Probleme so sehr wie die kontrovers geführte Diskussion im Zusammenhang mit dem am

1.9. 2001 in Kraft getretenen **Mietrechtsreformgesetz**. Das gesetzliche Leitbild des § 535 Abs. 1 Satz 2 BGB, wonach grundsätzlich der Vermieter die Mietsache dem Mieter in einem zum vertragsgemäßen Gebrauch geeigneten Zustand zu überlassen und sie während der Mietzeit auch in diesem Zustand zu erhalten hat, entspricht im Bereich der Schönheitsreparaturen weitgehend nicht mehr der Wirklichkeit. In der Vertragspraxis werden Schönheitsreparaturen mehrheitlich in Formularverträgen und in geringerem Umfang ebenso in Individualverträgen auf den Mieter abgewälzt. Seit dem Recht der Allgemeinen Geschäftsbedingungen hat sich an der Frage der wirksamen Übertragung von Schönheitsreparaturen in Formularklauseln eine Fülle von Streitfragen entwickelt, die Gegenstand von grundlegenden Rechtsentscheiden waren. Sowohl in der Literatur[237] wie auch durch den Bundesrat[238] war daher der Gesetzgeber aufgefordert worden, diese in der gerichtlichen Praxis oftmals widersprüchlichen Antworten auf die Vertragswirklichkeit einer gesetzlichen Regelung zuzuführen. Hierzu waren sich an der derzeitigen Rechtsprechung orientierende konkrete Vorschläge unterbreitet worden, die einerseits den Begriff, Umfang sowie Art und Qualität der Schönheitsreparaturen und zum anderen die für deren Durchführung einzuhaltenden Zeitabstände und schließlich eine Regelung beinhalteten, welche Voraussetzungen für den Schadensersatzanspruch des Vermieters wegen unterlassener Schönheitsreparaturen vorliegen müssen.[239] Gleichwohl hat der Gesetzgeber an der bestehenden gesetzlichen Regelung mit dem Hinweis auf das gesetzliche Leitbild und „einige vernünftige und praxisgerechte Grundsätze der höchstrichterlichen Rechtsprechung" festgehalten. Er ließ sich hierbei von der Erkenntnis leiten, dass die Vorteile einer neuen gesetzlichen Regelung die damit verbundenen Nachteile nicht aufwögen und bei einer wie auch immer gestalteten und begrenzten Regelung von Renovierungspflichten des Mieters die Gefahr einer Veränderung des „bisherigen mieterfreundlichen Leitbildes" der §§ 536, 548 BGB a. F. bestehe.[240]

Was die angesprochene höchstrichterliche Rechtsprechung anbelangt, so hat sich der BGH in der Vergangenheit zur Wohnraummiete so gut wie gar nicht äußern müssen. Bei insgesamt 32 Rechtsentscheiden des BGH in 22 Jahren entspricht dies einem Schnitt von etwa 1,4 Rechtsentscheiden im Jahr oder 1 in 8 Monaten, wozu noch einige Klauselverfahren nach dem AGB-Gesetz kamen.[241] Dies hat seit der **ZPO-Reform** eine dramatische Veränderung erfahren. Die hierdurch erfolgte Einführung der Zulassungsrevision und der Rechtsbeschwerde bei gleichzeitiger Abschaffung des Rechtsentscheides hat zu einem erheblichen Anstieg der Zahl der zugelassenen Revisionen und Rechtsbeschwerden geführt, was *Börstinghaus* zu der Feststellung veranlasst, der BGH entwickele sich zu einem Bundesmietengericht.[242] Dem kann mit Hinweis darauf beigepflichtet werden, dass in der 2. Hälfte des Jahres 2004 sowie der ersten Hälfte des Jahres 2005 der BGH nahezu wöchentlich Entscheidungen zum Wohnraummietrecht verkündet wurden, die im Hinblick auf ihre Vielzahl dem Anspruch an den BGH, für eine Einheitlichkeit der Rechtsprechung zu sorgen und grundsätzliche Fragen zu klären, nicht immer gerecht werden. Die Problematik der Schönheitsreparaturen ist von dieser Entwicklung besonders betroffen. Allein im Zeitraum zwischen 2003 und 2007 ergingen 28 Entscheidungen des BGH zur Thematik der Schönheitsreparaturen. So erschweren die sich am Ergebnis des Einzelfalles orientierenden Entscheidungen des BGH zur Wirksamkeit von Formularklauseln zu den Schönheitsreparaturen unter dem Gesichtspunkt des Transparenzgebotes sowie des Summierungseffektes[243] in besonderem Maße die rechtsberatende Praxis und lassen wieder Forderungen an den Gesetzgeber laut werden, eine gesetzliche Regelung zu den Schönheitsreparaturen einzuführen.

---

[237] *Löwe* NZM 2000, 577 (581); *Emmerich* NZM 2000, 1155 ff.
[238] Mietrechtsreformgesetz im Bundesrat NZM 2001, 20 ff.
[239] *Langenberg* NZM 2001, 212, 217 ff.; *Hinz* NZM 2001, 264, 274 ff.; *Blank* NZM 2000, 1169 ff.; *Eisenschmid* NZM 2000, 1164 ff.
[240] BT-Drucks. 14/5663 S. 75 ff. – abgedruckt in NZM 2001, 798 ff.
[241] *Börstinghaus* NZM 2003, 829.
[242] *Börstinghaus* a. a. O.
[243] Siehe hierzu Ausführungen zu Rdnr. 120 ff.

2. Begriff

a) Gesetzliche Regelung. Nach einhelliger Meinung umfasst der **Begriff** der Schönheitsreparaturen in Anlehnung an die unmittelbar nur für preisgebundenen Wohnraum geltenden Definition in § 28 Abs. 4 Satz 4 II. BV, die gleich lautend mit § 7 Abs. 2 Mustermietvertrag 1976 des Bundesjustizministeriums ist, **das Tapezieren, Anstreichen oder Kalken der Wände und Decken, das Streichen der Fußböden und der Heizkörper einschließlich der Heizrohre, der Innentüren sowie der Fenster und Außentüren von innen.** Die üblichen Fristen für die Ausführung dieser Arbeiten werden in § 7 Abs. 3 des Mustermietvertrages mit alle 3 Jahre in Küche, Bädern und Duschen, alle 5 Jahre in Wohn- und Schlafräumen, Fluren, Dielen und Toiletten und alle 7 Jahre in sonstigen Nebenräumen angegeben. Werden daher in einem Mietvertrag ohne weitere Konkretisierung nur allgemein die Schönheitsreparaturen dem Mieter überbürdet, so sind damit allein die Arbeiten nach § 28 Abs. 4 Satz 4 II. BV gemeint,[244] nicht jedoch – entgegen dem missverständlichen Wortlaut – eigentliche Reparaturen im Sinne der Beseitigung von Schäden an der Bausubstanz wie Putz- oder Mauerwerk, an Türen, Fenstern oder Installationen.[245] Es geht mithin nahezu ausschließlich um die **malermäßige Beseitigung der üblichen Dekorationsmängel** infolge der unvermeidlichen Abnutzung der Räume durch den vertragsgemäßen Gebrauch des Mieters. 88

Andererseits ist § 28 II. BV lediglich eine **Auslegungsrichtlinie** für den Pflichtenumfang der auszuführenden Schönheitsreparaturen. Nach einer Entscheidung des BGH vom 5. 10. 1994[246] zählt zu den Schönheitsreparaturen grundsätzlich auch die Beseitigung solcher Mängel, die durch den vertragsgemäßen Gebrauch der Mietsache herbeigeführt werden und gem. § 538 BGB vom Mieter nicht zu vertreten sind. 89

Bei **unspezifizierter vertraglicher Übertragung** der Schönheitsreparaturen auf den Mieter stellt sich im Hinblick auf das nunmehr in § 307 Abs. 1 Satz 2 BGB geregelte Transparenzgebot jedoch die Frage, ob der Begriff der Schönheitsreparaturen klar und eindeutig ist, wenn im Mietvertrag lediglich ein Verweis auf § 28 Abs. 4 Satz 4 II. BV erfolgt oder gar gänzlich eine Begriffsbestimmung fehlt. In der Literatur wird diese Fragestellung kritisch[247] und teilweise ablehnend[248] beantwortet. Dem ist jedoch im Einklang mit der Rechtsprechung des BGH[249] entgegenzuhalten, dass der Begriff der Schönheitsreparaturen in der preußischen AusführungsVO zum Reichsmietengesetz vom 17. 4. 1924 verwandt wird und im Laufe der Zeit der Rechtsverkehr unter Schönheitsreparaturen die malermäßige Beseitigung der üblichen Dekorationsmängel im Inneren des Mietobjektes versteht. 90

b) Inhalt und Qualität. Schönheitsreparaturen sind stets in mittlerer Art und Güte (§ 243 BGB) auszuführen,[250] wobei ein **fachhandwerkliches Niveau** geschuldet wird. Fachhandwerkliche Qualität bedeutet nicht, dass die Renovierungsarbeiten von einem Fachhandwerker auszuführen sind, vielmehr müssen diese nach der Rechtsprechung einen ordnungsgemäßen Standard,[251] eine annehmbare Qualität[252] bzw. eine sorgfältige[253] oder eine handwerklich einwandfreie Ausführung[254] aufweisen. Ein DIN-Maßstab ist nicht einzuhalten.[255] 91

Bei einer wirksamen Übertragung der Schönheitsreparaturen auf den Mieter sind daher entsprechende **Eigenleistungen des Mieters** nicht ausgeschlossen,[256] jedoch reicht es nicht,

---

[244] BGH NJW 1985, 480; OLG Hamm WuM 1991, 248.
[245] BGH NJW-RR 1995, 123.
[246] BGH DWW 1995, 279.
[247] *Heinrichs* NZM 2003, 8, 12; *Hinz* ZMR 2003, 77, 80; *Kraemer* NZM 2003, 417, 418.
[248] *Schumacher* NZM 2003, 13, 17, der eine genaue und eindeutige Beschreibung der vom Mieter zu leistenden Schönheitsreparaturen im Mietvertrag verlangt.
[249] BGH NJW 1985, 180; 1987, 2575; 1988, 2790; NZM 1998, 710.
[250] BGH WuM 1988, 294.
[251] LG Wiesbaden WuM 1992, 602.
[252] LG Hamburg WuM 1989, 283.
[253] LG Osnabrück WuM 1988, 107.
[254] LG Berlin GE 1991, 403.
[255] LG Berlin GE 2000, 1255.
[256] BGH NJW 1988, 2790.

wenn er diese in Hobby-Qualität mittlerer Art und Güte abliefert, die unter fachhandwerklichem Niveau liegen.[257]

92 Zur **fachgerechten** Durchführung gehört daher u. a., dass geeignete Materialien verwendet, die Tapeten auf Stoß geklebt[258] und an Decken und Fußleisten sauber abgeschnitten, Streicharbeiten deckend vorgenommen sowie Anstriche nicht rissig werden und sich schließlich Tapeten nicht vorzeitig vom Untergrund lösen.[259] Fehlerhaft sind daher Schönheitsreparaturen, wenn Anstriche unregelmäßig oder wolkig erscheinen, durch übermäßig stark aufgetragene Dispersionsfarbe die Struktur der Raufaser verschlämmt wird oder sich diese an mehreren Stellen von der Wand löst.[260] Nicht fachgerecht ausgeführt sind auch solche Dekorationsarbeiten, bei denen eine Neutapezierung erfolgt, ohne zuvor die Tapeten zu entfernen,[261] Mustertapeten überstrichen werden[262] oder zwischen den Tapetenbahnen offene Nähte verbleiben.

93 Was die **Materialwahl** und **Farbgestaltung** der vorzunehmenden[263] Anstriche anbelangt, so ist deren Beurteilung bei einer bestehenden Renovierungspflicht des Mieters davon abhängig, ob es sich um Dekorationen während des laufenden Mietverhältnisses oder bei Beendigung des Mietverhältnisses handelt. Während **des laufenden Mietverhältnisses** ist der Mieter in der Wahl von Farbe[264] und Material weitgehend frei, soweit berechtigte Interessen des Vermieters hierdurch nicht beeinträchtigt werden. Auf Wünsche und Vorstellungen des Vermieters betreffend die Farbgestaltung braucht der Mieter daher grundsätzlich keine Rücksicht zu nehmen.[265] So ist der Mieter berechtigt, die Räume in grellen Farben, sogar schwarz zu streichen, sowie mit Muster- oder Fototapeten zu versehen, Mustertapeten zu überstreichen und mittels einer Lasurtechnik zu gestalten.[266] Es ist ihm auch nicht verwehrt, Wände untapeziert zu lassen und sie z. B. im Kinderzimmer mit verschiedenen Farben zu bemalen bzw. von den Kindern bemalen zu lassen, es sei denn dies ist mit Substanzschäden verbunden.[267]

Sind hingegen die Schönheitsreparaturen nicht wirksam auf den Mieter übertragen worden, obliegt mithin dem Vermieter im laufenden Mietverhältnis die Renovierungspflicht, so steht ihm auch das Auswahlrecht hinsichtlich der Farbgestaltung zu. Allerdings ist der Vermieter in der Farbgestaltung nicht völlig frei, sondern hat sich an den Farben zu orientieren, in denen er das Mietobjekt bei Mietbeginn dem Mieter übergeben hat.

94 Auch **beim beendeten Mietverhältnis** besteht hinsichtlich der **Farbgestaltung** ein Auswahlrecht des Mieters, allerdings sind nunmehr die üblichen Farbtöne einzuhalten, um eine Weitervermietung der Wohnung nicht zu erschweren oder zu verhindern.[268] Demzufolge ist ein Anstrich in weißer oder grauer Farbe nicht zu beanstanden.[269] Gleiches gilt für hellblaue Pastellfarbe.[270] Wandanstriche in kräftigen Farbtönen wie rot, blau (moos)grün, türkis, lila oder Schwarz[271] sowie blau lackierte Fensterrahmen[272] braucht der Vermieter dagegen nicht als ordnungsgemäße Schönheitsreparaturen hinzunehmen, da sie außerhalb der derzeit allgemeinen anerkannten Geschmacksgrenzen liegen. Ebenso hat der Mieter bei der Materialauswahl auf den allgemeinen Geschmack Rücksicht zu nehmen.[273] Dies schließt eine ei-

---

[257] LG Berlin GE 2000, 677; LG Kassel WuM 1989, 135; AG Köln WuM 1989, 380.
[258] LG Berlin NJW 1999, 1483.
[259] *Langenberg* NZM 2000, 1125; *Lützenkirchen* WuM 1989, 111.
[260] LG Düsseldorf DWW 1996, 280.
[261] LG Berlin GE 1994, 584.
[262] KG GE 1981, 1065.
[263] LG Berlin GE 1991, 573.
[264] LG Berlin NZM 1998, 73; LG Hamburg NZM 1999, 838; a. A. LG Aachen WuM 1998, 596.
[265] Bub/Treier/*Scheuer* V, Rdnr. 204; *Neuhaus* NZM 2000, 220.
[266] LG Mannheim NZM 2003, 511.
[267] LG Düsseldorf WuM 1996, 90.
[268] LG Hamburg NZM 1999, 838.
[269] LG Aachen WuM 1998, 596.
[270] KG NZM 2005, 663.
[271] KG NZM 2005, 663; LG Berlin, GE 1995, 249.
[272] LG Berlin GE 1995, 115.
[273] Staudinger/*Emmerich* § 535 Rdnr. 117.

genwillige und ausgefallene Dekoration, z. B. durch Anbringung von Farbtapeten oder Aufbringung eines Rauputzes bzw. eines Putzes in Spachteltechnik aus, da die Endrenovierung dem Vermieter die Möglichkeit eröffnen muss, die Wohnung in einem durchschnittlichen Geschmack entsprechendem Zustand einem Nachmieter zu übergeben. Zulässig soll hierbei neben Raufaser- und Strukturtapete auch Tapete mit einem floralem Muster sein, wenn diese farblich unaufdringlich und vom Muster her zurückhaltend gestaltet ist.[274] Gleiches soll für eine Harry Potter-Bordüre in einem Kinderzimmer gelten, da diese Art der Gestaltung derzeit dem Geschmack von Teilen der Gesellschaft entspricht.[275] Eine altrosa farbene intensiv gestaltete Mustertapete mit unterschiedlich glänzender Oberfläche entspricht dagegen keiner zurückhaltenden Gestaltung mehr.

Eine Vereinbarung im Formularmietvertrag, die den Mieter verpflichtet, die zur geschuldeten Renovierung notwendige Farbe sich vom Vermieter vorgeben zu lassen und die Farbe im **Malerfachgeschäft** zu kaufen, ist gem. § 307 Abs. 1 BGB unwirksam.[276]

Häufige Streitfrage sind auch die **unvermeidlichen Farbunterschiede**, die auf die Aufstellung von Schränken und das Aufhängen von Bildern zurückzuführen sind, oder aber auch normale Nikotinablagerungen. Sofern diese nicht das übliche und normale Maß des Mietgebrauchs überschreiten, werden diese vom Begriff der Schönheitsreparaturen nicht umfasst.[277] Letzteres gilt auch für Kratzer und Schmarren im Parkett, da diese grundsätzlich vertragsimmanent und als vertragsgemäße Abnutzung zu behandeln sind.[278]

Streitig ist in Rechtsprechung und Literatur, ob das **Rauchen** einschließlich des übermäßigen Nikotingenusses eine übervertragsmäßige Nutzung des Mietobjektes darstellt.[279] Mit dem überwiegenden Teil der Rechtsprechung ist dem Mieter im Rahmen seiner freien Lebensgestaltung zu gestatten, innerhalb der Wohnung zu rauchen, was zwangsläufig zu einer Ablagerung von Schadstoffen auf Tapeten, Decken, Gardinen etc. führt.[280] Ein Mieter, der während der Mietdauer in der Wohnung raucht, verhält sich daher grundsätzlich nicht vertragswidrig.[281] Eine übervertragsmäßige Nutzung kann nur dann angenommen werden, wenn ein exzessiver Tabakgenuss derart starke Nikotinablagerungen hinterlässt, dass sie einer Substanzverletzung der Mietsache gleichkommen.[282] In seiner Entscheidung vom 5. 3. 2008[283] hat der BGH seine bisherige Rechtsprechung bestätigt und dahingehend konkretisiert, dass Rauchen in einer Wohnung nur dann über den vertragsgemäßen Gebrauch hinaus geht und einen Schaden begründet, wenn durch das Rauchen Verschlechterungen der Wohnung verursacht werden, die sich nicht mehr durch Schönheitsreparaturen beseitigen lassen, sondern darüber hinausgehende Instandsetzungsarbeiten erfordern.

c) **Individualvertragliche Erweiterungen.** Bei **preisgebundenem Wohnraum** ist die individualvertraglich vereinbarte Ausweitung des Begriffs der Schönheitsreparaturen im Hinblick auf die allein zulässige Kostenmiete gem. § 8 Abs. 1 WoBindG unwirksam.

Hingegen kann der Mieter **preisfreien Wohnraums** mit weiteren Arbeiten belastet werden, wobei die Ansicht vertreten wird, dass dies individualvertraglich bis zur Grenze der Sittenwidrigkeit (§ 138 BGB) zulässig sei[284] bzw. sich an § 242 BGB messen lassen müsse, wobei die Interessen beider Parteien in fairer Weise zu berücksichtigen seien.[285] Soweit allerdings solche Regelungen dem Vermieter lediglich eine zusätzliche Einnahmequelle verschaffen, da

---

[274] LG Berlin NZM 2007, 801.
[275] LG Berlin NZM 2007, 801.
[276] LG Köln WuM 2005, 127.
[277] *Soergel/Heintzmann* §§ 535, 536 Rdnr. 313.
[278] OLG Düsseldorf WuM 2003, 621.
[279] Bejahend LG Baden-Baden WuM 2001, 603; AG Cham NZM 2002, 784; *Stapel* NZM 2000, 596.
[280] BGH NZM 2006, 691; LG Köln NZM 1999, 456; LG Saarbrücken WuM 1998, 689; LG Hamburg WuM 2001, 469; AG Nordhorn NZM 2001, 892; *Eisenschmid* in Schmidt-Futterer § 535 Rdnr. 461.
[281] BGH NZM 2006, 691; Schmidt-Futterer/*Eisenschmid*, § 535 Rdnr. 108.
[282] LG Paderborn NZM 2001, 710; AG Magdeburg NZM 2000, 657; offen gelassen BGH NZM 2006, 691.
[283] BGH NZM 2008, 318.
[284] Bub/Treier/*Kraemer* III Rdnr. 1069.
[285] *Schildt* WuM 1994, 237.

sie nicht der Instandhaltung der Mietsache dienen, sind diese auch im Rahmen einer Individualvereinbarung unwirksam.[286]

99 Nicht zu beanstanden ist die individuelle Erweiterung der Renovierungspflicht auf außerhalb der Wohnung liegende Räumlichkeiten, wie etwa auf den Keller, den Waschraum, die Garage und ein Außen-WC.[287]

100 **d) Formularvertragliche Erweiterungen.** Umfang und Qualität der Schönheitsreparaturen können formularvertraglich erweitert oder eingeschränkt werden, wobei jeweils die **Inhaltskontrolle nach § 307 BGB** zu beachten ist. Wird daher dem Mieter ein Übermaß an Renovierungsleistungen auferlegt, das über die gesetzliche Regelung des § 535 Abs. 1 S. 2 BGB hinausgeht, so kann eine unangemessene Benachteiligung gegeben sein.

101 Folgende Arbeiten fallen daher nicht unter den Begriff der durch Klauselerweiterung zu übertragenden Schönheitsreparaturen:
- Außenanstrich von Fenstern, Balkontür und Loggia[288] sowie Terrassen[289]
- Instandsetzung der Fensterverkittung[290]
- Abziehen (Abschleifen und Versiegeln) von Parkettböden[291]
- Abschleifen und Versiegeln des Parketts und Anstrich der Außenfenster, wenn daneben auch noch die üblichen Fristen für Schönheitsreparaturen verkürzt sind[292]
- Abschleifen und Versiegeln der Fußböden und das Ersetzen von Fußbodenbelägen, wenn sich Verfleckungen oder Verschmutzungen trotz Reinigung nicht beseitigen lassen[293]
- Ausbesserung von Schäden am Verputz der Wände und Decken und Bodenbelag[294]
- Erneuerung der Badewannenbeschichtung[295]
- Erneuerung schwarz gewordener Badezimmerfugen[296]
- Erneuerung eines infolge vertragsgemäßen Gebrauchs verschlissenen Teppichbodens[297]
- Entfernung und Erneuerung der Tapete an Wänden und Decken bei Auszug[298]
- Renovierung von Nebenräumen außerhalb der Wohnung,[299] wie z. B. Keller- und Speicherräume oder Garage,[300] was auch für Einfamilienhäuser gilt
- Renovierungsbedarf, der durch Umbau- oder Modernisierungsmaßnahmen des Vermieters oder durch vom Mieter nicht zu vertretender Wasser- oder Brandschäden entsteht.[301]

102 Formularklauseln, die dem Mieter die Ausführung der Schönheitsreparaturen „**durch Fachhandwerker**" oder „**durch einen Fachbetrieb**" oder die „**Reinigung des Teppichbodens durch eine Fachfirma**" auferlegen verstoßen gegen § 307 BGB, da sie den Mieter unangemessen benachteiligen. Dies gilt ebenso für Klauseln, wonach die Ausführung „nach den anerkannten Regeln der Technik" oder „ nach den Regeln der VOB" zu erfolgen hat.[302] Einer Auslegung dieser Klauseln, wonach der Mieter die Renovierung selbst vornehmen darf, wenn er nur die vereinbarte entsprechende Arbeit leistet,[303] kann nicht gefolgt werden, da diese einen Verstoß gegen das Verbot der geltungserhaltenden Reduktion beinhaltet. Besteht jedoch die Klausel aus einer wirksamen Verpflichtung zur Übernahme der Schönheitsrepara-

---

[286] *Blank*/Börstinghaus § 535 Rdnr. 268.
[287] LG Darmstadt WuM 1987, 315; LG Berlin GE 1992, 677.
[288] BGH NZM 2009, 353; LG Berlin GE 2001, 1674.
[289] AG Langen WuM 1991, 31.
[290] LG Bautzen WuM 2001, 279.
[291] KG GE 1981, 1065; OLG Düsseldorf WuM 2003, 621; LG Köln WuM 1989, 70; AG Bergisch Gladbach WuM 1997, 21; AG Münster WuM 2002, 451.
[292] LG Berlin GE 1999, 983.
[293] AG Freiburg WuM 1989, 233.
[294] LG Köln WuM 1989, 70.
[295] AG Köln WuM 1984, 197.
[296] AG Köln WuM 1995, 312.
[297] OLG Hamm WuM 1991, 248; LG Kiel WuM 1998, 215; AG Gelsenkirchen NJWE MietR 1996, 76.
[298] AG Wuppertal WuM 2000, 183.
[299] LG Darmstadt WuM 1987, 315; Staudinger/*Emmerich* § 535 Rdnr. 102.
[300] AG Langen WuM 1997, 40.
[301] LG Berlin NZM 2002, 121; LG Hamburg WuM 1985, 262.
[302] AG Remscheid NZM 2000, 89; AG Köln ZMR 2002, 131.
[303] So *Sternel* II Rdnr. 411.

turen und einer unwirksamen Fachhandwerkervereinbarung, so ist die Unwirksamkeit auf den Fachhandwerkerteil beschränkt.[304] Dagegen führt eine Formularklausel, wonach der Mieter im Rahmen der Durchführung von Schönheitsreparaturen nur mit Zustimmung des Wohnungsunternehmers von der „**bisherigen Ausführungsart**" abweichen darf, auch dann zur Gesamtunwirksamkeit der Überbürdung, wenn die Verpflichtung zur Ausführung von Schönheitsreparaturen bei isolierter Betrachtung wirksam ist.[305]

Ebenso verstößt die Klausel „der Vermieter kann im Übrigen bei übermäßiger Abnutzung Ersatz in Geld verlangen" gegen § 309 Nr. 4 BGB und ist damit unwirksam.[306] Dies berührt jedoch nicht die Wirksamkeit der Schönheitsreparaturen und einer vereinbarten Quotenklausel.

e) **Abgrenzung zum Schadensbegriff.** Die Abgrenzung des Begriffes der Schönheitsreparaturen zum **Schadensbegriff** hat nach Maßgabe des § 538 BGB zu erfolgen, wonach der Mieter Änderungen oder Verschlechterungen der Mietsache zu vertreten hat, die durch einen Gebrauch herbeigeführt werden, der nicht mehr als vertragsgemäß zu bezeichnen ist. Dabei ist die Grenzziehung fließend, da die Folgen üblicher Abnutzung zum Einen und die darüber hinausgehenden Schäden zum Anderen der subjektiven Bewertung unterliegen. 103

Nach der Rechtsprechung des BGH ist für die Abgrenzung nicht Art und Umfang der Veränderung oder Verschlechterung der Mietsache entscheidend, sondern die Frage, ob der Mieter die Grenzen des vertragsgemäßen Gebrauchs überschritten oder durch Verletzung seiner Obhutspflicht die Mietsache beschädigt oder verschlechtert hat.[307] In der Literatur ist die Abgrenzung nach der **Art der Schadensbeseitigung** vorgenommen worden,[308] was rechtsdogmatisch nicht immer ganz richtig ist, jedoch der Einzelfallentscheidung gerecht wird. Nach dieser Ansicht ist alles was unter den Oberbegriff des malermäßigen Zustandes zusammengefasst werden kann, dem Bereich der Schönheitsreparaturen zuzuordnen. Nur Substanzschäden, die nicht nur einer malermäßigen Bearbeitung, sondern einer Reparatur bedürfen, führen zu einem unmittelbaren Schadensersatzanspruch des Vermieters wegen Vertragsverletzung. Diese Unterscheidung hat Bedeutung für die rechtliche Behandlung der Ansprüche von Haupt- oder Nebenpflichten, auch wenn § 280 Abs. 1 Satz 1 BGB den Gläubigern einen Schadensersatzanspruch bei jeder schuldhaften Verletzung einer Pflicht aus dem Schuldverhältnis einräumt. Bei der Hauptpflichtverletzung führt der Schadensersatzanspruch des Vermieters nur über die erfolglose Leistungsaufforderung mit Fristsetzung gem. § 281 BGB, wohingegen sich der Schadensersatzanspruch bei Verletzung von Nebenpflichten unmittelbar aus §§ 280 Abs. 1 Satz 1, 249 ergibt. 103a

Unter den Schadensbegriff fallen mithin:
- Auffällige Schlagstellen im Waschbecken oder in Badewannen,[309] nicht jedoch die Abstumpfung der Emaillierung als typische Abnutzungserscheinung[310]
- Übermäßig angebrachte Dübellöcher, wobei die Feststellung des Übermaßes der Einzelfallentscheidung unterliegt[311]
- Beseitigung größerer Setz- und Dehnrisse[312]
- Anbohren der Badezimmertür, um dort Kleiderhaken anzubringen[313]
- Rotwein-, Brand- und Urinflecken von Tieren auf dem Teppichboden[314]

104

---

[304] OLG Stuttgart WuM 1993, 528; LG Köln WuM 1991, 87; LG Koblenz WuM 1992, 431; *Kraemer* NZM 2003, 417, 419; a. A. *Blank/Börstinghaus* § 535 Rdnr. 270, der Gesamtunwirksamkeit der Klausel annimmt.
[305] BGH NZM 2007, 398.
[306] LG Berlin NZM 2002, 118.
[307] BGH DWW 1995, 279.
[308] *Langenberg* NZM 2000, 1125.
[309] AG Köln WuM 1986, 85; a. A. LG Köln WuM 1985, 258.
[310] AG Köln WuM 1984, 197.
[311] BGH WuM 1993, 109; LG Köln WuM 1976, 51; LG Darmstadt NJW RR 1988, 80: Mehr als 5 Löcher im WC und 6 Löcher im Bad sind übermäßig; LG Göttingen ZMR 1999, 145 für 21 Bohrlöcher über die üblichen hinaus; AG Kassel WuM 1996, 757: 14 Bohrlöcher gehören noch zum üblichen Umfang.
[312] AG Hamburg WuM 1984, 197.
[313] AG Kassel WuM 1996, 757.
[314] LG Dortmund NJWE MietR 1997, 100; LG Mainz WuM 2003, 624.

- Vergilbter Teppichboden durch übermäßiges Rauchen[315]
- Überstreichen von Wandfliesen[316]
- Bekleben von Teilen der Mietsache mit Folien[317]
- Übermäßiges Abtreten und Vertiefungen des Fußbodens insbesondere Parkett z. B. durch so genannte Pfennigabsätze[318]
- Außerhalb der allgemein anerkannten Geschmacksgrenzen liegender Farbanstrich von Decken und Wänden bei Mietende[319]
- Arbeiten, welche die Beseitigung von Untergrundschäden an Holz, Putz oder Mauerwerk zum Gegenstand haben.[320]

Hingegen sind dem Begriff Schönheitsreparaturen zuzuordnen:

105
- Reinigung des Teppichbodens, da diese Maßnahmen inzwischen an die Stelle des in § 28 Abs. 4 S. 4 II. BV vorgesehenen Streichens der Fußböden getreten ist,[321] es sei denn die Formularklausel verpflichtet den Mieter zur Reinigung durch eine Fachfirma, was eine unzulässige Klausel darstellt[322]
- Beseitigung der durch Alterung entstandenen kleinen Deckenrisse[323]
- Kleinere Holzschäden, die durch Spachteln vor dem Lackieren beseitigt werden können[324]
- Wasser- und Kaffeeflecke auf der Fensterbank, es sei denn diese besteht aus einem Material, das für diesen Zweck völlig ungeeignet ist.[325]

3. Hauptpflicht

106   Die Vornahme der Schönheitsreparaturen ist eine Hauptleistungspflicht des Vermieters, die im **Gegenseitigkeitsverhältnis zur Mietzahlungspflicht** des Mieters steht. Durch die Übertragung der Schönheitsreparaturen auf den Mieter verändert sich diese nicht in ihrer rechtlichen Einordnung als Hauptleistung, vielmehr entsteht für den Mieter neben der Verpflichtung zur Zahlung der Miete aus § 535 Abs. 2 BGB eine weitere gleichberechtigte Hauptpflicht,[326] auf die dann u. a. die Vorschrift des § 281 BGB Anwendung findet. Nach der Rechtsprechung des BGH handelt es sich dabei um eine **zusätzliche geldwerte Leistung des Mieters für die Gebrauchsüberlassung**, die sich in der Regel in der vom Vermieter vorgenommenen Kalkulation des Mietzinses wiederspiegelt.[327]

107   Die in der Literatur geäußerte **Kritik**[328] **an dieser Rechtsprechung des BGH** dürfte teilweise gerechtfertigt sein. Dabei ist zunächst zu berücksichtigen, dass während des laufenden Mietverhältnisses § 281 BGB auf den Anspruch des Vermieters auf Durchführung der vom Mieter übernommenen Schönheitsreparaturen nicht anwendbar ist, sofern es um die bloße Nichterfüllung dieser Verpflichtung geht.[329] Bei Beendigung des Mietverhältnisses hingegen führen die rechtlichen Folgen des § 281 BGB bei vom Mieter unterlassener Renovierung zu praktikablen und der Sach- und Rechtslage angemessenen Ergebnissen, da bei Annahme

---

[315] AG Magdeburg WuM 2000, 303; siehe hierzu auch Ausführungen zu § 27 Rdnr. 10.
[316] LG Köln WuM 1997, 41.
[317] LG Köln WuM 1989, 136.
[318] Bub/Treier/*Scheuer* V Rdnr. 228; wohl auch *Langenberg* NZM 2000, 1125, 1129; a. A. LG Berlin GE 1996, 925.
[319] KG NZM 2005, 860; LG Berlin GE 1995, 249 für Farben Türkis, Lila, Rot oder Schwarz; LG Hamburg ZMR 1999, 204 für grellgrünen Anstrich; a. A. AG Miesbach WuM 1992, 602 für orangefarbenen Anstrich.
[320] BGH NJW 1988, 2790.
[321] OLG Stuttgart WuM 1993, 528; OLG Celle WuM 2001, 393; *Kraemer* NZM 2003, 417; Schmidt-Futterer/*Langenberg* § 538 Rdnr. 71; jetzt auch ausdrücklich für das Gewerberaummietverhältnis BGH NZM 2009, 126.
[322] LG Stuttgart NJW-RR 1989, 1170; LG Görlitz WuM 2000, 570.
[323] KG GE 1981, 1065.
[324] LG Berlin GE 1995, 150.
[325] OLG Köln WuM 1995, 582.
[326] BGH WuM 1985, 46; NJW 1988, 2790.
[327] BGH WuM 1985, 46; BGH WuM 2002, 484, 485.
[328] *Schildt* WuM 1994, 237; *Emmerich* NZM 2000, 1155, 1158; Schmidt-Futterer/*Langenberg* § 538 Rdnr. 70; *Sonnenschein* NJW 1980, 1713, 1719.
[329] BGH WuM 1990, 494.

einer Nebenpflicht der Vermieter ohne erfolglose Leistungsaufforderung mit Fristsetzung einen Schadensersatzanspruch aus positiver Vertragsverletzung unmittelbar aus §§ 280 Abs. 1 Satz 1, 249 BGB geltend machen könnte. Soweit der BGH seine Rechtsprechung, die Übernahme der Schönheitsreparaturen durch den Mieter stelle im Hinblick auf deren Entgeltcharakter eine Hauptpflicht dar, auch auf die Quotenhaftungsklauseln ausdehnt, so widerspricht dies im Ergebnis nicht nur dem Rechtsverständnis der Bevölkerung, sondern hat in der Rechtspraxis auch weithin untragbare Ergebnisse zur Folge.[330] Der Mieter hat nämlich nach Ansicht des BGH, wonach den Schönheitsreparaturen eine reduzierte Miete gegenüber steht, auch dann nach der Quotenhaftungsklausel eine Entschädigung als Abgeltung für ersparte Schönheitsreparaturen an den Vermieter zu zahlen, wenn er eine unrenovierte oder sogar renovierungsbedürftige Wohnung übernimmt, sie erst auf seine Kosten renoviert und dann nach kurzer Mietzeit vor Ablauf der üblichen Renovierungsfristen auszieht. Dem Vermieter fließt mithin durch diese doppelte Zahlung eine zusätzliche Entschädigung zu, die mit dem Leitgedanken des § 535 Abs. 1 Satz 2 BGB nicht vereinbar ist. Soweit der BGH bei wesentlich erhöhtem Aufwand infolge der Abnutzung der Räume durch den Vormieter eine Korrektur über § 242 BGB andeutet,[331] ist dies für die tägliche Praxis wenig hilfreich.

Bedenken hinsichtlich dieser Rechtsprechung des BGH ergeben sich zudem aus § 536 Abs. 4 BGB. § 536 Abs. 1 BGB befreit den Mieter von der Pflicht zur Zahlung der Miete in dem Umfang, in dem die vermietete Sache zurzeit der Überlassung oder nach Überlassung mit einem Mangel behaftet ist, der die Tauglichkeit zu dem vertragsgemäßen Gebrauch aufhebt oder mindert. Da hiervon abweichende Vereinbarungen gem. § 536 Abs. 1 BGB unwirksam sind, ist der Mieter nach der Rechtsprechung des BGH auch nicht zur Vornahme etwa erforderlicher Kleinreparaturen verpflichtet. Vielmehr können ihm lediglich in engen Grenzen die hierfür anfallenden Kosten auferlegt werden.[332] Soweit der BGH dies bei Schönheitsreparaturen anders sieht, so überzeugt dies rechtsdogmatisch nicht. Dennoch ist seiner Rechtsprechung zu folgen, da diese in der Rechtspraxis überwiegend zu annehmbaren Entscheidungen führt, da der Wohnraummieter ansonsten mit den Kosten der jeweils vom Vermieter auszuführenden Schönheitsreparaturen belastet würde und diese daher nicht mehr kostensparend selbst ausführen könnte. Kraemer[333] fordert daher vom Gesetzgeber eine entsprechende Klarstellung, um den Konflikt mit § 536 Abs. 4 BGB auszuräumen.

4. Übertragung der Schönheitsreparaturen auf den Mieter

a) Allgemeines. Im Rahmen der Erhaltungspflicht des Vermieters gem. § 535 Abs. 1 S. 2 BGB obliegen diesem auch während der gesamten Vertragsdauer die Durchführung der Schönheitsreparaturen. Zwar ist weithin üblich, die Pflicht des Vermieters zur Vornahme der Schönheitsreparaturen auf den Mieter abzuwälzen. Gleichwohl besteht weder eine Verkehrssitte noch ein Gewohnheitsrecht dieses Inhalts.[334] Die Verkehrssitte betrifft vielmehr nur die Tatsache der regelmäßigen Übertragung dieser Pflicht auf den Mieter kraft Vereinbarung.[335]

Es bedarf folglich immer einer **klaren und eindeutigen Vereinbarung,** wenn sich der Vermieter seiner Pflicht durch Abwälzung der Schönheitsreparaturen auf den Mieter entledigen will.[336] Eine stillschweigende Übernahme dieser Pflicht kann nur dann angenommen werden, wenn besondere Umstände darauf hindeuten, dass die Mietvertragsparteien eine von der gesetzlichen Regelung abweichende Vereinbarung treffen wollten.[337] So sollen die Voraussetzungen für eine stillschweigende Vereinbarung bei einem mündlichen Mietvertrag un-

---

[330] Schmidt Futterer/*Langenberg* § 538 Rdnr. 186.
[331] BGH RE NJW 1988, 2790.
[332] Siehe hierzu Ausführungen zu Rdnr. 266 ff.
[333] NZM 2003, 417, 419.
[334] BGH NJW 1987, 2575.
[335] BGH NZM 2004, 734.
[336] LG Berlin WuM 1991, 29; GE 1996, 476.
[337] OLG Celle WuM 1980, 185.

ter Verwandten vorliegen, wenn der Mieter 42 Jahre lang die Renovierungsarbeiten ausgeführt hat.[338] Ebenso soll der Mieter seinen Renovierungsanspruch gegen den Vermieter verwirken, wenn er 40 bzw. 30 Jahre lang die Schönheitsreparaturen durchgeführt hat.[339]

Andererseits soll allein die nicht geschuldete jahrelange Renovierung durch den Mieter keine entsprechende Vertragspflicht für die Zukunft begründen.[340]

110 Ist mithin die grundsätzliche Übertragung der Renovierungspflicht auf den Mieter sowohl auf Grund einer Individual- wie auch einer Formularvereinbarung zulässig,[341] so müssen dennoch die entsprechenden Regelungen klar und eindeutig sein. Beinhalten daher solche Vereinbarungen die bloße Verpflichtung des Mieters zur Rückgabe der Mietsache im vertragsmäßigen oder ordnungsgemäßen Zustand, so liegt darin keine wirksame Abwälzung der Schönheitsreparaturen auf den Mieter, da sie nur wiederholen, was sich ohnehin aus § 538 BGB ergibt. Dies gilt für Formulierungen wie:
- Die Wohnung ist in ordnungsgemäßem bzw. vertragsgemäßen Zustand zurückzugeben[342]
- Die Räume sind dem Vermieter in bezugsfertigem Zustand zu übergeben[343]
- Die Mietsache ist in dem Zustand wie übernommen zurückzugeben[344]
- Die Wohnung ist besenrein zurückzugeben, da dies nur die Reinigungs- nicht aber die Renovierungspflicht beinhaltet[345]

111 **b) Individualvereinbarungen.** Die **Erhaltungspflicht** des Vermieters gem. § 535 Abs. 1 S. 2 BGB sowie die Lastenverteilung der Mietvertragsparteien gem. § 538 BGB **sind abdingbar,** so dass durch Individualvereinbarung grundsätzlich die Überwälzung der Schönheitsreparaturen auf den Mieter zulässig ist.

Da gem. § 305 b BGB individuelle Vertragsabreden Vorrang vor Allgemeinen Geschäftsbedingungen haben, ist häufig zu klärende Streitfrage, ob der Mietvertrag eine solche individualvertragliche Übernahme der Renovierung durch den Mieter enthält.

112 Eine **Individualabrede** liegt jedoch nur dann vor, wenn zwischen den Parteien die entsprechenden Vertragsbedingungen **ausgehandelt** worden sind. Aushandeln im Sinne des § 305 Abs. 1 Satz 3 BGB kann nur dann angenommen werden, wenn der Verwender die vom Gesetz abweichenden Vertragsbedingungen inhaltlich in ihrem Kern zur Disposition stellt und dem Verhandlungspartner Gestaltungsfreiheit zur Wahrung eigener Interessen zumindest mit der realen Möglichkeit einräumt, die inhaltliche Ausgestaltung der Vertragsbedingungen zu beeinflussen.[346] Voraussetzung hierfür ist jedoch, dass der Verwender nicht nur zur Abänderung der vorgelegten Bedingungen bereit ist, sondern dies auch dem Vertragspartner gegenüber ausdrücklich erklärt.[347]

113 Hierzu gehört auch, dass der Vermieter den Mieter über den Vertragsinhalt aufklärt und ggf. darauf hinweist, dass eine bestimmte Regelung eine unangemessene Benachteiligung darstellen kann.[348] Nicht ausreichend für die Annahme einer Individualabrede ist eine im Formular enthaltene Aufforderung des Verwenders, Änderungen oder Streichungen vorzunehmen,[349] noch eine vorformulierte Erklärung, der Verwender sei zu Verhandlungen bereit gewesen und der Vertragsinhalt sei in allen Einzelheiten ausgehandelt worden.[350]

114 Dasselbe gilt für formularmäßige Erklärungen, wonach die Vertragsbedingungen von dem Mieter gelesen worden sein sollen und er sich hiermit vorbehaltlos einverstanden erklärt

---

[338] OLG Frankfurt MDR 1981, 498.
[339] LG Berlin GE 1991, 517.
[340] LG Berlin MDR 1984, 316; WuM 1989, 232; LG Berlin NZM 2002, 946; AG Tempelhof-Kreuzberg MM 1995, 31.
[341] BGH WuM 1985, 46; WuM 1987, 306; WuM 1988, 294.
[342] OLG Düsseldorf NJW-RR 1992, 1096; LG Köln MDR 1974, 583.
[343] LG München II WuM 1985, 62.
[344] LG München II a. a. O., bestätigt durch OLG München WuM 1985, 63.
[345] BGH WuM 1985, 47.
[346] BGH NJW 1992, 1107; NJW 1992, 2759; NJW-RR 1996, 787.
[347] AG Frankfurt WuM 1996, 24.
[348] LG Kiel WuM 1998, 216.
[349] BGH NJW 1987, 2011.
[350] BGH NJW 1977, 624.

habe³⁵¹ und schließlich für die formularmäßige Erklärung des Mieters, er habe die Vertragsbedingungen gelesen und verstanden.³⁵²

Ein Formularvertrag wird auch nicht dadurch zum Individualvertrag, dass der Verwender zwischen mehreren vorgedruckten Alternativen wie z. B. Übernahme oder Nichtübernahme der laufenden Schönheitsreparaturen sowie eine Endrenovierung auswählen kann.³⁵³

Unerheblich ist weiterhin, ob die Parteien die Klausel „erörtert", „besprochen" oder „erläutert" haben.³⁵⁴ Allein entscheidend ist, ob die Klausel vom Vermieter als Verwender ernsthaft zur Disposition gestellt worden ist, so dass der Mieter die Möglichkeit hatte, auf die Vertragsbedingungen Einfluss zu nehmen.³⁵⁵ Für den Ausnahmefall des Aushandelns ist der Verwender und damit in aller Regeln der Vermieter darlegungs- und beweispflichtig.³⁵⁶

Hand- oder maschinenschriftliche Ergänzungen im Mietvertrag bleiben dann Formularklauseln, wenn sie keinen eigenständigen Regelungsgehalt, sondern lediglich unselbstständige Ergänzungen beinhalten.³⁵⁷

Keinen eigenen Regelungsgehalt hat eine handschriftliche Klausel am Ende des Mietvertrages, wonach der Mieter die Wohnung „fachgerecht renoviert zurückzugeben" hat, wenn sie inhaltlich lediglich eine zuvor im Mietvertrag enthaltene vorformulierte und ausdrücklich angekreuzte Bestimmung, wonach der Mieter die Wohnung bei Beendigung des Mietverhältnisses in renoviertem Zustand zurückzugeben hat, wiederholt.³⁵⁸

Etwas anderes gilt für die Fälle, in denen diese hand- oder maschinenschriftlichen Einfügungen oder Änderungen einen eigenen Regelungsgehalt haben, wie z. B. den Zusatz, dass die Schönheitsreparaturen spätestens bei Beendigung des Mietverhältnisses auszuführen sind. Dann begründen diese Ergänzungen den ersten Anschein für eine Individualvereinbarung.³⁵⁹ Diese **Indizwirkung** kann aber durch den Beweis des Mieters entkräftet werden, dass gleich lautende Eintragungen oder Änderungen in einer Vielzahl von Fällen erfolgte³⁶⁰ oder dass diese Zusätze schon eingefügt waren, bevor dem Mieter der Vertrag erstmals vorgelegt und der Inhalt der handschriftlichen Klauseln nicht verhandelt worden war.³⁶¹

Nach einem Urteil des LG Köln³⁶² entfällt die Indizwirkung auch dann, wenn eine gesetzlich unzulässige Klausel zum Nachteil des Verwendungsgegners abgeändert wird, um sie als Individualvereinbarung durchzusetzen. Entgegen der grundsätzlichen Regelung, wonach derjenige für das Vorliegen einer Formularvereinbarung beweispflichtig ist, der den Schutz der §§ 305–310 BGB in Anspruch nehmen will, hat das LG Köln in dieser Entscheidung den Vermieter für beweispflichtig dafür angesehen, dass eine handschriftlich eingefügte Endrenovierungsverpflichtung des Mieters ohne Rücksicht auf die letzte Renovierung zwischen den Vertragsparteien ausgehandelt worden ist. Diese Entscheidung ist für die Praxis von weittragender Bedeutung, da eine Vielzahl von Formularmietverträgen solche Ergänzungen unter „sonstige Vereinbarungen" enthalten.

Unter der Voraussetzung, dass eine die Bestimmungen der §§ 305 b, 305 Abs. 1 Satz 3 BGB einhaltende Individualvereinbarung vorliegt, wird die Grenze deren Unwirksamkeit bei der Sittenwidrigkeit oder bei einem Verstoß gegen Treu und Glauben gezogen.³⁶³

So sind in der Rechtsprechung u. a. als **wirksame Individualvereinbarungen** angesehen worden:
- Die Regelung der Art der Renovierung, z. B. Tapetenwahl³⁶⁴

---

³⁵¹ OLG Hamm WuM 1981, 77.
³⁵² BGH NJW 1996, 1819.
³⁵³ BGH NJW 1992, 504; NJW 1996, 1208; OLG Celle WPM 1976, 653.
³⁵⁴ OLG Düsseldorf WuM 1994, 459.
³⁵⁵ BGH NJW 1992, 1107; OLG Düsseldorf a. a. O.
³⁵⁶ BGH NJW RR 1996, 787; LG Saarbrücken NZM 2000, 1179.
³⁵⁷ BGH NJW 1992, 504.
³⁵⁸ LG Wuppertal WuM 1999, 301; *Goch* WuM 2003, 368.
³⁵⁹ BGH WuM 1992, 316; a. A. LG Düsseldorf NZM 2002, 779.
³⁶⁰ BGH DWW 1994, 248; WPM 1997, 126.
³⁶¹ *Sternel*, MietR aktuell, Rdnr. 97.
³⁶² WuM 1994, 19.
³⁶³ AG Bergheim WuM 1996, 758; Bub/Treier/*Kraemer* III Rdnr. 1069.
³⁶⁴ LG Freiburg WuM 1980, 75.

- Erweiterung des Renovierungsumfangs auf Räumlichkeiten, die nach der Definition des § 28 II. BV nicht mehr unter die renovierungspflichtigen Flächen fallen, wie Keller und/oder Waschküche[365]
- Endrenovierung auch unabhängig vom Zeitpunkt der letzten Renovierung[366]
- Erneuerung des Teppichbodens oder das Abschleifen und Versiegeln des Parkettbodens[367]
- Vereinbarung kürzerer Renovierungsfristen[368]
- Vereinbarung einer Fachhandwerkerklausel, wobei einschränkend gilt, dass der Vermieter gegenüber einwandfrei ausgeführten Eigenleistungen des Mieters nicht auf nochmalige Ausführung durch einen Fachhandwerker bestehen kann[369]
- Die Vereinbarung einer Anfangsrenovierung mit Ausgleichsregelung[370] wie Renovierungskostenvorschuss[371] oder mietfreie Überlassung für einen angemessenen Zeitraum,[372] wohingegen eine Anfangsrenovierung ohne Ausgleichsregelung weder formularmäßig noch individualvertraglich vereinbart werden kann.[373]

119 Unwirksam sind hingegen Individualvereinbarungen die **Klauselkombinationen** aufweisen, wie z. B. die individuell vereinbarte Anfangsrenovierung und die formularvertraglich festgelegte laufende Renovierung.[374] Der so genannte **Summierungseffekt** macht diese Klauseln unwirksam, was auch für den umgekehrten Fall gilt, dass nämlich formularmäßig (was ohnehin unwirksam ist) die Anfangsrenovierung und individuell die laufende Renovierung vereinbart wird.

120 c) **Formularvereinbarungen.** *aa) Grundsätze.* Nach inzwischen gefestigter Rechtsprechung ist es grundsätzlich zulässig, die Pflicht zur Ausführung der Schönheitsreparaturen auf den Mieter durch Formularvertrag zu übertragen, da dies den Mieter nach § 307 BGB nicht unangemessen benachteiligt.[375] Zur Begründung hierfür beruft sich die Rechtsprechung insbesondere auf die Üblichkeit derartiger Klauseln und darauf, dass anderenfalls der Vermieter genötigt sei, den Mietzins entsprechend zu erhöhen, da – wovon im Regelfall die in den Mietspiegeln enthaltenen Vergleichsmieten der Gemeinden ausgehen – bei der Mietpreisgestaltung die Wohnungsrenovierung durch den Mieter unterstellt wird.

121 Gleichwohl ergeben sich bei der Frage, ob und in welchem Umfang durch Formularverträge die Abwälzung der Renovierung auf den Mieter zulässig ist, häufig Probleme, deren Lösung in Rechtsprechung und Literatur umstritten ist. Diese Streitfragen betreffen insbesondere die Fallgestaltungen
- ob die Klausel eine **Freizeichnung** des Vermieters oder aber eine **Abwälzung** auf den Mieter enthalten,
- ob ein Verstoß gegen das **Übermaßverbot** gem. § 307 Abs. 1 Satz 1 BGB im Hinblick auf das gesetzliche Leitbild des §§ 535 Abs. 1 Satz 2, 538 BGB oder
- ob ein Verstoß gegen das **Transparenzgebot** gem. §§ 305 c Abs. 2, 307 Abs. 1 Satz 2 BGB vorliegt,
- ob eine inhaltlich einschränkende Auslegung einer Klausel gegen das **Verbot der geltungserhaltenden Reduktion** verstößt,
- ob **Unteilbarkeit** einer einheitlichen Regelung oder nach dem „blue-pencil-test" zwei selbstständige Regelungsbereiche in einer Klausel zusammengefasst sind und
- ob **Klauselkombinationen** wegen des **Summierungseffektes** unwirksam sind.

---

[365] LG Darmstadt WuM 1987, 315.
[366] LG Aachen WuM 1988, 55; AG Münster WuM 1987, 53; *Draber* WuM 1988, 6.
[367] LG Berlin GE 1992, 677.
[368] BGH WuM 1987, 307.
[369] AG Heidelberg u. AG Königstein WuM 1983, 126; Bub/Treier/*Kraemer* III Rdnr. 1073.
[370] *Langenberg* 1 C Rdnr. 170.
[371] BGH RE WuM 1987, 306.
[372] BGH RE WuM 1988, 294.
[373] BGH RE NJW 1993, 532; OLG Celle ZMR 1999, 470; AG Hamburg NZM 2000, 1180.
[374] BGH NJW 1993, 532; OLG Celle ZMR 1999, 470; LG Kiel WuM 1998, 215.
[375] BGH NJW 1985, 480; NJW 1993, 532; NZM 1998, 710; BGH NZM 2004, 497; s.o. *Hannemann* in § 10 Rdnr. 282 ff.

Eine **Freizeichnungsklausel** beinhaltet die Befreiung des Vermieters von seiner Verpflichtung zur Durchführung der regelmäßig anfallenden Renovierungsarbeiten, ohne gleichzeitig diese Pflichten auf den Mieter zu übertragen. Eine solche Klausel ist bei einer Vereinbarung gegeben, in der dem Mieter „die Durchführung der Schönheitsreparaturen überlassen bleibt", mithin der Mieter entscheiden kann, ob er renoviert oder sich mit dem renovierungsbedürftigen Zustand zufrieden gibt. 122

Nach überwiegender Ansicht liegt eine wirksame **Abwälzung** der Renovierungspflicht auf den Mieter vor, wenn vereinbart wird, dass die Schönheitsreparaturen „zu Lasten des Mieters"[376] gehen, vom „Mieter getragen werden"[377] oder der Mieter „die Kosten der Schönheitsreparaturen trägt.[378] Soweit mit Hinweis auf das Transparenzgebot des § 307 Abs. 1 Satz 1 BGB die Meinung vertreten wird, mit diesen Formulierungen sei lediglich eine Freizeichnung des Vermieters von seiner Verpflichtung aus § 535 BGB verbunden,[379] so überzeugt dies im Hinblick auf die im Rechtsverkehr allgemein übliche Praxis der Abwälzung der Schönheitsreparaturen auf den Mieter nicht, zumal die rechtsunkundige Bevölkerung ohnehin davon ausgeht, dass der Wohnraummieter auch ohne entsprechende Vereinbarung die Renovierung schulde.

Für die Überprüfung eines Verstoßes gegen das **Übermaßverbot** gem. § 307 Abs. 1 Satz 1 BGB ist maßgebend, ob Formularklauseln vom gesetzlichen Leitbild der §§ 535 Abs. 1 Satz 2, 538 BGB abweichen, wonach der Mieter zunächst nur verpflichtet werden kann, Schönheitsreparaturen auszuführen, die auf Grund eigenen Mietgebrauchs erforderlich sind. Soweit Gebrauchsspuren des Vormieters eine Renovierung verlangen oder bei Mietbeginn keine Dekoration vorhanden ist, widerspricht die Übernahme der Anfangsrenovierung durch den Mieter dem vom BGH vertretenen Entgeltcharakter der Schönheitsreparaturen, da einer solchen Renovierungsleistung des Mieters kein Ausgleich des Vermieters gegenüber steht, wie dies durch die vom BGH unterstellte niedrigere Miete bei Beseitigung eigener Abnutzungsspuren der Fall ist. Wenn auch der Mieter hiernach keinen Anspruch auf Übergabe einer frisch renovierten Wohnung hat,[380] so muss sich diese jedoch in einem solchen Zustand befinden, dass der Mieter nicht alsbald zu renovieren braucht[381] wobei es ausreicht, wenn diese kurz vor dem Einzug des Mieters malermäßig überarbeitet worden ist.[382] 123

Ein Verstoß gegen das **Transparenzgebot** der §§ 305 c Abs. 2, 307 Abs. 1 Satz 2 BGB liegt dann vor, wenn der Vermieter dem Mieter nicht die Möglichkeit verschafft, in zumutbarer Weise von dem Inhalt der Vertragsklausel Kenntnis zu nehmen. Demzufolge müssen in einem Formularvertrag die dort geregelten Rechte und Pflichten möglichst durchschaubar, klar und vollständig dargestellt werden,[383] so dass sie für einen rechtsunkundigen Durchschnittsbürger verständlich sind. Eine Regelung betreffend die Übertragung von Renovierungspflichten auf den Mieter ist daher wegen eines Verstoßes gegen das Transparenzgebot unwirksam, wenn die Pflichten des Mieters an verschiedenen Stellen des Vertragswerkes aufgeführt werden und der Umfang der Verpflichtung des Mieters aus der Gesamtregelung nicht mit hinreichender Sicherheit erkennbar ist.[384] An der Klarheit einer Formularklausel fehlt es ebenso, wenn im Rahmen einer Renovierungsabgeltungsklausel (Quotenhaftungsklausel) nicht vereinbart wird, dass diese Klausel erst dann wirksam wird, wenn das Mietverhältnis vor Eintritt der Verpflichtung zur Durchführung von Schönheitsreparaturen endet.[385] Nach der Wortfassung dieser der Entscheidung des LG Berlin zugrunde liegenden Klausel war offen, ob bei Fälligkeit einer Renovierungspflicht nach Ablauf von 5 Jahren 124

---

[376] OLG Nürnberg ZMR 1991, 217.
[377] OLG Karlsruhe RE NJW-RR 1989, 520.
[378] BGHZ 49, 56, 58 Leitsatz 1; BGH NZM 2004, 734.
[379] *Goch* WuM 2003, 368; *Hinz* ZMR 2003, 77.
[380] BGH ZMR 1982, 180.
[381] LG Hamburg MDR 1986, 983.
[382] OLG Stuttgart NJW-RR 1989, 520.
[383] BGH NJW-RR 1996, 783; NZM 1998, 719.
[384] LG Mannheim WuM 2000, 485.
[385] LG Berlin NJWE-MietR 1997, 101.

eine volle Kostenerstattungspflicht des Mieter begründet wurde, ohne dass die Voraussetzungen des § 326 BGB a. F. hätten erfüllt werden müssen.

125 Belasten Formularklauseln den Vertragspartner in unbilliger Weise, so werden diese im Hinblick auf das **Verbot der geltungserhaltenden Reduktion** nicht mit einem gerade noch zulässigen Inhalt aufrechterhalten. So ist es daher nach überwiegender Ansicht nicht zulässig, bei Vereinbarung zu kurzer Renovierungsausführungsfristen diese durch die üblichen Fristen zu ersetzen, vielmehr ist die gesamte Regelung über die Abwälzung der Schönheitsreparaturen unwirksam.[386] Ebenso hat die unwirksame Vereinbarung von Schönheitsreparaturen nach einem starren Fristenplan die Unwirksamkeit der gesamten Renovierungsklausel zu Folge.[387]

126 Von dem Verbot der geltungserhaltenden Reduktion sind die Klauseln zu unterscheiden, die aus zwei selbstständigen Regelungen, und zwar einem zulässigen und einem unzulässigen Teil bestehen und daher nach dem „blue-pencil-test" derart inhaltlich und sprachlich voneinander getrennt werden können, dass eine Klausel mit einem sinnvollen wirksamen Inhalt aufrecht erhalten bleibt.[388]

127 **Klauselkombinationen,** die aus mehreren Formularteilen oder aber aus einem Formular- und Individualteil bestehen können, sind dann unzulässig, wenn deren **Summierungseffekt** eine übermäßige Belastung des Mieters ergibt, wobei jede Klausel für sich genommen unbedenklich sein kann.[389] Eine an sich zulässige Formularklausel zu den laufenden Schönheitsreparaturen kann daher mit einer gleichzeitigen unwirksamen Endrenovierungsklausel wegen des Summierungseffektes unwirksam sein.[390] Dabei ist auch unerheblich, ob diese Renovierungsklauseln im Mietvertrag an unterschiedlicher Stelle stehen.[391] Das LG Köln vertritt dagegen die Auffassung, dass die Unwirksamkeit der Endrenovierungsklausel nicht zugleich die Unwirksamkeit der Formularklausel über die laufenden Schönheitsreparaturen nach sich ziehe, da diese Klauseln sprachlich und inhaltlich ohne weiteres trennbar seien und somit ein Summierungseffekt nicht angenommen werden könne.[392]

128 Die vorstehenden Beurteilungskriterien sind nichts stets klar voneinander zu trennen, sondern weisen zum Teil deutliche Überschneidungen und Ergänzungen auf. Im Rahmen einer **Klauselkontrolle** sollten daher regelmäßig **sämtliche Kriterien einer Wertungsprüfung** unterzogen werden.

129 *bb) Zulässige Klauseln.* Klauselvereinbarungen, auf Grund deren der Mieter gehalten ist „je nach dem Grad der Abnutzung oder Beschädigung" während der Mietzeit Schönheitsreparaturen durchzuführen, sind wirksam, da hierdurch **auf den Umfang,** nicht jedoch wie **bei Bedarf auf den Zeitpunkt** der durchzuführenden Arbeiten abgestellt wird.[393] Selbst dann, wenn diese Arbeiten „unverzüglich" auszuführen und im Allgemeinen in nach der Art der Räume gestaffelten Zeitabständen von 3,5 und 7 Jahren erforderlich sind, verstößt diese Klausel nicht gegen § 307 Abs. 1, Abs. 2 Nr. 1 BGB, da sie nicht dahingehend auszulegen ist, dass die dem Mieter auferlegte Schönheitsreparaturpflicht unabhängig vom Beginn des Mietverhältnisses an einen objektiv bestehenden Renovierungsbedarf anknüpft.[394]

---

[386] LG Köln WuM 1991, 341; LG Berlin WuM 2002, 668; LG Frankfurt/M. NZM 2004, 62; Schmidt-Futterer/*Langenberg* § 538 Rdnr. 221; *Pfeilschifter* WuM 2003, 543, 551; a. A. *Kraemer* NZM 2003, 417, 419; *Blank/Börstinghaus* § 535 Rdnr. 269.

[387] BGH NZM 2004, 653 (diese Entscheidung ist mit der Verfassungsbeschwerde zum BVerfG angegriffen worden – 1 BvR 1959/04 –).

[388] Siehe hierzu BGH WuM 2004, 147 zur Rückforderung einer Mietkaution; BayObLG RE WuM 1997, 362 betreffend eine Klausel mit einer wirksamen Übertragung der Schönheitsreparaturen und einer unwirksamen Kleinreparaturklausel.

[389] BGH NJW 1993, 532.

[390] BGH NZM 2006, 623; BGH NZM 2003, 594; NZM 2003, 755; OLG Hamm NZM 2002, 988; LG Berlin NZM 1998, 403; LG Kiel WuM 1998, 215; LG Hamburg WuM 2000, 544; LG Frankfurt/M. WuM 2000, 545; a. A. LG Köln WuM 1999, 720.

[391] LG Kiel a. a. O.

[392] LG Köln WuM 1999, 720.

[393] OLG Hamburg NJW-RR 1992, 10; OLG Celle WuM 1996, 202; LG Duisburg NZM 1999, 955.

[394] BGH NZM 2005, 376.

§ 19 Instandhaltung und Instandsetzung

130 Bei Vermietung einer bei **Vertragsbeginn nicht renovierten Wohnung** ist die formularmäßige Abwälzung von Schönheitsreparaturen auf den Mieter nach Maßgabe eines **Fristenplanes** ebenfalls dann wirksam, wenn die Renovierungsfristen mit dem Anfang des Mietverhältnisses zu laufen beginnen[395] und es sich nicht um **feste/starre Fristen** als Höchst- oder Mindestfristen handelt,[396] wie es bei der Formulierung „**üblicherweise**", „**im Allgemeinen**" oder „**in der Regel**" der Fall ist.[397] Auch eine Klausel, nach der Schönheitsreparaturen „**in der Regel** in Küchen, Bädern und Toiletten **spätestens** nach drei Jahren, in Wohnräumen, Schlafräumen, Dielen ... spätestens nach fünf Jahren und in sonstigen Räumlichkeiten ... spätestens nach sieben Jahren" durchzuführen sind, enthält keinen starren Fristenplan, da sie für die Beurteilung des Einzelfalls genügend Raum lässt, um eine Anpassung der tatsächlichen Renovierungsintervalle an das objektiv Erforderliche zu ermöglichen.[398] Renoviert der Mieter gleichwohl bei Vertragsbeginn, so erbringt er eine freiwillige Leistung, die keinen Einfluss auf die Wirksamkeit der Renovierungsklausel hat[399] und die er einer bei Vertragsende fälligen Renovierungsverpflichtung nicht entgegenhalten kann, wenn die im Fristenplan vorgesehenen Fristen seit den letzten Schönheitsreparaturen während der Mietzeit abgelaufen sind.[400] Diese Rechtsprechung des BGH ist in der Literatur[401] zu Recht auf Kritik gestoßen, da sie bei unrenovierter oder renovierungsbedürftiger Wohnungsübernahme dem Entgeltargument des BGH widerspricht und von den Mietern als grob unbillig empfunden wird. Es hat daher ein finanzieller Ausgleich dergestalt stattzufinden, dass sich der Vermieter an den Renovierungskosten in dem Umfang zu beteiligen hat, der durch die Abnutzung des Vormieters verursacht worden ist.

131 Nicht zu beanstanden ist auch eine Klausel, wonach der Mieter die Wohnung **während der Mietzeit** regelmäßig zu renovieren und bei Beendigung der Mietzeit in **bezugsfertigem Zustand** zurückzugeben hat, da bezugsfertig nicht identisch mit renoviert ist.[402]

Gleiches gilt für Klauseln, wonach der Mieter bei Beendigung des Mietverhältnisses die Wohnung in „**ordnungsgemäßem Zustand**" bzw. „**in vertragsgemäßem Zustand**" zurückzugeben hat.[403]

132 Hat der Mieter eine unrenovierte Wohnung übernommen, so schuldet der Mieter **laufende Schönheitsreparaturen** oder **deren Ausführung bei Vertragsende** nur dann, wenn zwischen den Vertragsparteien ein wirksamer Fristenplan vereinbart worden ist, der Fristenlauf mit dem Mietverhältnis beginnt und die Renovierungsfristen abgelaufen sind,[404] wobei dem Mieter grundsätzlich der Nachweis offen bleiben muss, dass trotz Ablauf der Ausführungsfristen eine Renovierungsbedürftigkeit der Wohnung nicht besteht.[405] Eine **Endrenovierungsklausel**, die dem Mieter die Schönheitsreparaturen „spätestens bei Ende des Mietverhältnisses" auferlegt, jedoch klarstellt, dass der Mieter außerhalb der üblichen Ausführungsfristen alle 3, 5 und 7 Jahre nicht zu renovieren braucht und diese Renovierungsfristen „im Allgemeinen" gelten, mithin nicht starr sind, verstößt nicht gegen § 307 BGB.[406]

133 Vereinbaren die Parteien in einem Formularvertrag, dass nach Ablauf der üblichen Fristen renoviert werden muss, so ist diese Klausel wirksam.[407] Dies gilt jedoch nur mit der Einschränkung, dass tatsächlich ein Renovierungsbedarf besteht. Enthält eine Formularklausel

---

[395] BGH WuM 2005, 50, wobei dies auch dann gilt, wenn die Wohnung bei Vertragsbeginn renovierungsbedürftig war und der Anspruch des Mieters auf die Anfangsrenovierung durch den Vermieter vertraglich ausgeschlossen ist.
[396] BGH NZM 2004, 497; WuM 1987, 306; WuM 1988, 294.
[397] BGH NZM 2005, 860.
[398] BGH NZM 2005, 860.
[399] BGH WuM 1987, 306.
[400] BGH RE NJW 1988, 2790, LG Berlin GE 1993, 1099.
[401] *Emmerich* Jus 1989, 63; *Langenberg* 1 B Rdnr. 42, 43.
[402] OLG Düsseldorf WuM 1994, 323.
[403] OLG Düsseldorf NJW-RR 1992, 1096.
[404] BGH RE WuM 1987, 306.
[405] BGH NZM 2004, 497.
[406] OLG Bremen RE WuM 1982, 317.
[407] LG Berlin GE 1998, 181.

keinen Fristenplan, so gelten die üblichen Fristen, sofern nicht örtliche Gegebenheiten etwas anderes erfordern.[408] Die üblichen Fristen richten sich nach der Fußnote zu § 7 Mustermietvertrag 1976. Heinrichs gibt hierzu zu Recht zu bedenken, dass wohl in absehbarer Zeit wegen einer technisch verbesserten Qualität von Renovierungen über eine Verlängerung dieser Fristen zu diskutieren ist.[409]

134   cc) Unzulässige Klauseln. Werden Schönheitsreparaturen, die durch **Zufallsschäden** oder **Modernisierungsarbeiten** des Mieters erforderlich werden, auf den Mieter abgewälzt, so ist eine solche Klauselerweiterung unwirksam.[410]

135   Dasselbe gilt für eine zusätzliche Vereinbarung einer **Pauschale** für die Abnutzung der Tapeten.[411]

136   Soll der Mieter „nach Bedarf" oder „bei Erforderlichkeit" renovieren, so verstößt dies gegen § 307 BGB, wenn dem Mieter bei Vertragsbeginn eine nicht renovierte Wohnung übergeben worden ist.[412] In diesem Fall ist ein Renovierungsbedarf bereits bei Mietbeginn gegeben, so dass mit dieser Klausel eine unzulässige Klauselvereinbarung über die Anfangsrenovierung begründet wird.

137   Unwirksam ist eine Klausel, nach der der Mieter während der Mietzeit ohne Rücksicht auf den Zustand der Mietsache bei Vertragsbeginn und ohne Rücksicht auf den Zeitpunkt der erstmaligen Erforderlichkeit der Renovierung alle erforderlichen Schönheitsreparaturen auszuführen hat.[413]

Die Klausel „der Mieter übernimmt die Miträume in dem vorhandenen und ihm bekannten Zustand nach eingehender Besichtigung ... als vertragsgemäß, insbesondere als in jeder Hinsicht bezugsfertig und unbeschädigt mit folgender Ausnahme ..." verstößt gegen § 309 Nr. 12 b BGB,[414] da sie eine Tatsachenbestätigung enthält, die die Beweislast faktisch zum Nachteil des Mieters verschiebt.

138   Die Vereinbarung einer **Anfangsrenovierung** ist unwirksam, da dem Mieter Arbeiten überbürdet werden, die nicht auf seiner Abnutzung der Mietsache beruhen.[415] Dasselbe gilt für eine Klausel, wonach die erstmaligen Renovierungsarbeiten innerhalb von 3 Monaten nach Vertragsbeginn durchzuführen sind, so wie eine Klausel, nach der der Mieter die Wohnung in tapezierfähigem Zustand übernimmt und sie innerhalb von 14 Tagen nach Einzug zu tapezieren hat.[416]

139   Die formularmäßige Verpflichtung des Mieters sowohl zu einer **Anfangs- als auch zu einer laufenden Renovierung** ist insgesamt unwirksam.[417]

139a Die formularmäßige Vereinbarung von **Fristenplänen** für die Übernahme laufender Schönheitsreparaturen ist wirksam.[418] Jedoch muss sich der Fristenplan an die üblichen Renovierungsfristen (§ 7 Abs. 3 Mustermietvertrag 1976) ausrichten. Werden daher in einem formularmäßigen Fristenplan unangemessen kurze Fristen vereinbart, so sind diese gem. § 307 BGB unwirksam.[419] Nach überwiegender zutreffender Rechtsansicht ist eine geltungserhaltende Reduktion auf angemessene Fristen nicht zulässig, vielmehr die gesamte

---

[408] BGH WuM 1985, 47.
[409] *Heinrichs* NZM 2005, 201, 207.
[410] LG Berlin WuM 1993, 261; LG Berlin NZM 2002, 121; s.a. oben *Hannemann* in § 10 Rdnr. 282 ff.
[411] AG Köln WuM 1991, 579.
[412] BGH NJW 1993, 532; OLG Stuttgart NJW-RR 1989, 520.
[413] LG Berlin WuM 1993, 261.
[414] OLG Düsseldorf WuM 2003, 621.
[415] BGH RE NJW 1993, 532; BGH WuM 2005, 50; OLG Celle ZMR 1999, 470; AG Hamburg NZM 2000, 1180.
[416] OLG Hamburg RE WuM 1991, 523; OLG Celle ZMR 1999, 469.
[417] OLG Stuttgart WuM 1993, 528; LG Frankfurt/M. WuM 1996, 208; LG Hamburg WuM 2004, 88; AG Dortmund WuM 2004, 87.
[418] BayObLG RE WuM 1987, 344.
[419] BayObLG a.a.O.; LG Hamburg WuM 1992, 476 für Fristenpläne von 3 Jahren; LG Köln WuM 1989, 70, 506 für Fristenpläne von 2 und 4 Jahren; LG Berlin NZM 1999, 954 für Fristenplan: Nassräume 2 Jahre, Wohnräume, Diele und Toiletten 3 Jahren und Nebenräume 5 Jahre; LG Berlin WuM 2002, 668 für Fristenpläne von 2 und 3 Jahren.

Regelung über die Abwälzung der Schönheitsreparaturen unwirksam.[420] Die gegenteilige Ansicht, wonach es sich um trennbare Regelungen handele, so dass es wie bei komplett fehlender Fristbestimmung bei der Renovierungspflicht mit den üblichen Fristen verbleibe,[421] berücksichtigt nicht in ausreichendem Maße, dass es sich bei der Übertragung der Schönheitsreparaturen um einen einheitlichen Regelungsbereich handelt, dessen sachlicher Zusammenhang nicht nach jeweiliger Interessenlage einer Mietvertragspartei auf einen wirksamen Teilbereich reduziert werden kann. Zudem lassen die neuen Entscheidungen des BGH zum Summierungseffekt[422] sowie zum Verbot der geltungserhaltenden Reduktion[423] eine Tendenz erkennen, die für die Annahme einer Unwirksamkeit der gesamten Regelung spricht. Dies gilt auch dann, wenn sprachlich getrennte Klauseln zur Übertragung der Schönheitsreparaturen und zum den Mieter unangemessen benachteiligenden Fristenplan zugrunde liegen.[424]

139b Nach einer Entscheidung des LG Köln ist die Regelung in einem Fristenplan, wonach während der üblichen Ausführungsfristen auch das Holzwerk, die Wasserrohre und die Heizkörper zu streichen sind, unzulässig,[425] da, ohne gleichzeitig für diese Arbeiten das Merkmal der Erforderlichkeit als weiteren Maßstab heranzuziehen, solche kurzen Fristen eine unangemessene Benachteiligung des Mieters darstellen.

140 Die Vereinbarung **starrer/fester Fristen** als **Höchst- oder Mindestfristen** für die Ausführung der Schönheitsreparaturen im Gegensatz zur Formulierung in § 7 Abs. 3 Mustermietvertrag 1976, wonach eine solche Ausführung „im Allgemeinen" geschuldet wird, ist unwirksam. Dies gilt für Vereinbarungen, nach denen die Schönheitsreparaturen „spätestens nach Ablauf folgender Zeiträume", „mindestens innerhalb der nachfolgenden Fristen" auszuführen sind, oder eine Festlegung auf „die Fristen bzw. Maximalabstände betragen ..." erfolgt.[426] Eine feste Frist (Mindestfrist) hat der BGH auch für die Formularklausel, für die Schönheitsreparaturen gelten die drei-, fünf- und siebenjährigen Ausführungsfristen, „soweit nicht nach dem Grad der Abnutzung eine frühere Ausführung erforderlich ist" angenommen.[427] Die Vereinbarung solch starrer Fristen benachteiligen den Mieter gem. § 307 BGB unangemessen, da sie dem Vermieter einen Renovierungsanspruch ohne Rücksicht auf den tatsächlichen Dekorationszustand der Wohnung gewähren und dem Mieter nicht den Nachweis offen lassen, dass die Mietsache nicht renovierungsbedürftig ist.[428] Gleiches gilt für eine Klausel, wonach „der Mieter verpflichtet ist, während der Dauer des Mietverhältnisses notwendig werdende Schönheitsreparaturen auszuführen. Auf die üblichen Fristen wird insoweit Bezug genommen (z. B. Küchen/Bäder: drei Jahre, Wohn- und Schlafräume: vier-fünf Jahre, Fenster/Türen/Heizkörper: sechs Jahre)."[429] Einen starren Fristenplan enthält auch die Formularklausel, wonach der Mieter die Schönheitsreparaturen nach „**Regelfristen**" zu renovieren hat und zwar alle drei, fünf und sechs Jahre.[430]

140a Ein flexibler Fristenplan, der auf den tatsächlichen Renovierungsbedarf abstellt, ist dadurch gekennzeichnet, dass die Ausführungsfristen mit Zusätzen wie „im Allgemeinen",[431] „in der Regel"[432] oder „üblicherweise" gekennzeichnet und diese daher nicht zwingend sind. In diesen Fällen bleibt dem Mieter der Nachweis fehlender Renovierungsbedürftigkeit, wie z. B. durch schonende oder geringe Nutzung, längere Abwesenheit oder Verwendung qualitativ hochwertiger Dekorationsmaterialien offen.

---

[420] LG Köln WuM 1991, 341; LG Berlin WuM 2002, 668; LG München II WuM 2001, 599; Schmidt-Futterer/*Langenberg* § 538 Rdnr. 221; *Pfeilschifter* WuM 2003, 543, 551.
[421] *Kraemer* NZM 2003, 417; *Blank*/*Börstinghaus* § 535 Rdnr. 269.
[422] Siehe hierzu Ausführungen Rdnr. 127 f.
[423] BGH NJW 2004, 2586.
[424] LG Berlin NZM 1999, 954.
[425] LG Köln WuM 1999, 36; so auch LG München I WuM 1997, 549.
[426] BGH NJW 2004, 2586; LG Frankfurt/M. NZM 2004, 62; LG Hamburg NZM 2004, 295.
[427] BGH NZM 2004, 901.
[428] LG Hamburg ZMR 2004, 37; ZMR 2004, 196; *Heinrichs* NZM 2005, 201, 202.
[429] BGH NZM 2006, 620.
[430] LG Hannover WuM 2007, 191.
[431] BGH NZM 2004, 497.
[432] BGH NZM 2004, 615; a. A. OLG Düsseldorf WuM 2004, 603.

140b Um einen dem Mieter nach § 307 BGB unangemessen benachteiligenden „starren" Fristenplan handelt es sich dann nicht, wenn der Vermieter bei einem entsprechenden Zustand der Wohnung zur Verlängerung der Fristen verpflichtet ist.[433] In dieser vom BGH entschiedenen Formularvereinbarung einer Genossenschaftswohnung war neben einer „starren" Fristenregelung, wonach die Schönheitsreparaturen „spätestens" nach Ablauf bestimmter Fristen durchzuführen waren, eine zusätzliche Regelung enthalten, in der es hieß: „Lässt in besonderen Ausnahmefällen der Zustand der Wohnung eine Verlängerung der ...... vereinbarten Fristen zu oder erfordert der Grad der Abnutzung eine Verkürzung, sowie ist die Genossenschaft auf Antrag des Mitglieds verpflichtet, im anderen Fall aber berechtigt, nach billigem Ermessen die Fristen des Plans bezüglich der Durchführung einzelner Schönheitsreparaturen zu verlängern oder zu verkürzen". In einer weiteren Entscheidung geht der BGH zudem von einem „weichen" und nicht „starren" Fristenplan aus, der neben der Formulierung, die Arbeiten sind „spätestens" nach Ablauf bestimmter Zeiträume auszuführen in einer zusätzlichen Klausel anordnet: „Lässt in besonderen Ausnahmefällen während der Mietzeit der Zustand einzelner Räume der Wohnung eine Verlängerung der vereinbarten Fristen zu oder erfordert er eine Verkürzung, so kann der Vermieter nach billigem Ermessen die Fristen des Planes bezüglich der Durchführung einzelner Schönheitsreparaturen verlängern oder verkürzen". Auch diese Regelung enthalte eine Verpflichtung des Vermieters zur Fristverlängerung, soweit die vermieteten Räume nicht renovierungsbedürftig sind. Diese Entscheidung des Vermieters sei für den Mieter nur verbindlich, wenn sie der Billigkeit entspreche, so dass das Ermessen des Vermieters, die Fristen zu verlängern, sich nach dem formularmäßig vorgegebenen Maßstab der Billigkeit „auf Null" reduziere, soweit der Zustand der Wohnung eine Renovierung nicht erfordere.[434]

140c Im Gegensatz zum BGH sieht *Klimke*[435] hierin einen Verstoß gegen § 307 Abs. 1, Abs. 2 Nr. 1 BGB i. V. mit § 535 Abs. 1 Satz 2 BGB, weil diese Klausel dem Vermieter auch bei fehlendem Renovierungsbedarf ein Ermessen hinsichtlich des „ob" der Verlängerung einräumt und zudem keine Verlängerung mehr zulässt, wenn sich die Verpflichtung des Mieters in eine Schadenersatzpflicht nach § 281 Abs. 1 BGB umgewandelt hat.

140d Ebenso verstößt eine Formularklausel, mit der eine Frist „von allen 4 Jahren für Anstriche der Fenster, Türen (Holzwerk) und Heizkörper „vereinbart wird" nicht gegen § 307 Abs. 1, Abs. 1 Nr. 1 BGB, da hierin kein „starrer" Fristenplan zu sehen ist, vielmehr dem in Schönheitsreparaturenklauseln üblicherweise berücksichtigten Umstand Rechnung trägt, dass die Anstriche in Küchen und Bädern durch die dort auftretende Feuchtigkeit stärkerer Einwirkungen ausgesetzt sind als in Wohnräumen.[436]

140e Der Ansicht des LG Gießen,[437] die formularmäßige Vereinbarung von starren Renovierungsfristen, die schlicht als Fristen des Mustermietvertrages 1976 übernommen worden sind, sei danach auszulegen, dass redliche Parteien die Fristen nicht als starre Fristen behandeln, sondern die Vornahme von Schönheitsreparaturen am Zustand der Wohnung festmachen, ist entgegenzuhalten, dass in dem entschiedenen Fall die Vereinbarung über die Ausführungsfristen nicht die Einschränkung enthielt, dass diese Fristen „im Allgemeinen" – wie im Mustermietvertrag festgelegt – gelten sollten.

140f Ist die formularmäßige Vereinbarung zur Ausführung laufender Schönheitsreparaturen wegen der Festlegung starrer/fester Fristen unwirksam, so erfasst diese Unwirksamkeit ebenso die zusätzlich im Mietvertrag enthaltene Quotenhaftungsklausel.[438] Der Erfüllungsanspruch aus der Quotenhaftungsklausel ist von einer wirksamen Vereinbarung laufender Schönheitsreparaturen abhängig. Fehlt es an einer solchen wirksamen Renovierungsgrundverpflichtung, so entfällt auch der Anspruch aus der Quotenhaftungsklausel.[439]

---

[433] BGH WuM 2005, 50.
[434] BGH NZM 2005, 299.
[435] *Klimke* NZM 2005, 134.
[436] BGH NZM 2005, 299.
[437] LG Gießen WuM 2004, 197.
[438] BGH NZM 2006, 459.
[439] *Harsch* WuM 2004, 706.

Die Formularklausel, die den Wohnungsmieter zu den laufenden Schönheitsreparaturen **140g** und in jedem Falle zur Entfernung der Tapeten bei Vertragsende verpflichtet, ist insgesamt gem. § 307 BGB unwirksam, da sie dem Leitbild der §§ 535 Abs. 1 S. 2 und 538 BGB widerspricht.[440] Während die Aufbürdung der laufenden Schönheitsreparaturen auf den Mieter meist in der Höhe des Mietzinses mitberücksichtigt ist, ist das Entfernen der Tapeten bei Auszug allein für den Vermieter vorteilhaft, dem für die Grundrenovierung für den Nachmieter entsprechende Kosten erspart bleiben.[441] Zudem belastet eine derartige **Tapetenentfernungsklausel** den Mieter in unzulässigen Umfang mit Renovierungsverpflichtungen, weil ihm unabhängig von der Dauer des Mietverhältnisses und vom Zeitpunkt der letzten Schönheitsreparaturen die Beseitigung aller in der Wohnung vorhandenen Tapeten auferlegt wird.[442]

Endrenovierungsklauseln sind von der Rechtsprechung für unwirksam erklärt worden, **141**
- wenn der Mieter unabhängig von dem Zeitpunkt, zu dem die letzte Schönheitsreparatur stattgefunden hat, in jedem Fall bei Auszug zu renovieren hat[443] und
- sofern sie auch für nach kurzer Vertragsdauer vor Eintritt der Fälligkeit der üblichen Renovierungsfristen gelten sollen.[444]

Diese Klauseln widersprechen dem Leitbild aus § 535 Abs. 1 S. 2 BGB und verstoßen daher gegen § 307 BGB. Dies gilt erst recht bei Formularklauseln, mit denen sowohl die **Anfangs- als auch die Endrenovierung** auf den Mieter abgewälzt werden.[445]

Die Endrenovierungsklausel, die den Mieter im jedem Fall bei Auszug verpflichtet, die Tapete von den Wänden und Decken zu entfernen und zu erneuern, ist gem. § 307 BGB unwirksam, da dies allein für den Vermieter vorteilhaft ist, dem für die Grundrenovierung für den Nachmieter entsprechende Kosten erspart bleiben und es ihm daher zu Lasten des Mieters in unangemessener Weise ermöglicht, dem Nachmieter eine frisch renovierte Wohnung zu überlassen.[446]

Enthält der Formularvertrag eine **Klauselkombination** von Pflichten des Mieters, wonach er **142**
- die Schönheitsreparaturen nach einem Fristenplan auszuführen,
- bei Beendigung des Mietverhältnisses vor Ablauf der Fristen die Kosten für die Schönheitsreparaturen zu tragen und
- bei Auszug die Wohnung fachgerecht in frisch renoviertem Zustand zurückzugeben hat,

so beinhaltet diese Klausel einen unzulässigen **Summierungseffekt**. Sie ist daher mit der Folge **unwirksam,** dass der Mieter zu Schönheitsreparaturen nicht verpflichtet ist.[447]

Ein **klauselwidriger Summierungseffekt** liegt ebenso bei folgenden Klauselkombinationen vor:
- Überwälzung von laufenden Schönheitsreparaturen und Anfangs- sowie Endrenovierung.[448]
- Übertragung der laufenden Schönheitsreparaturen wie auch der Pflicht zur Anfangsrenovierung.[449]
- Kumulative formularmäßige Überbürdung der turnusmäßigen Schönheitsreparatur- und Endrenovierungspflicht unabhängig vom Zeitpunkt der letzten Schönheitsreparaturen.[450]

---

[440] BGH NZM 2006, 621.
[441] AG Wuppertal WuM 2000, 183.
[442] BGH NZM 2006, 621.
[443] BGH NZM 2004, 497; NZM 1998, 710; OLG Frankfurt NJW 1982, 453; OLG Hamm WuM 1981, 77; LG Frankfurt/M. NZM 2001, 191.
[444] OLG Stuttgart ZMR 1984, 350; LG Berlin GE 1998, 430.
[445] BGH NJW 1993, 532; OLG Stuttgart NJW 1986, 2150.
[446] AG Wuppertal WuM 2000, 183; *Lützenkirchen* NZM 1998, 942.
[447] LG Berlin ZMR 1999, 557.
[448] OLG Hamm NZM 2002, 988.
[449] OLG Stuttgart WuM 1993, 528; LG Frankfurt/M. WuM 1996, 208; LG Hamburg WuM 2004, 88; AG Dortmund WuM 2004, 87.
[450] BGH NZM 2003, 594; NZM 2003, 755; OLG Hamm NZM 2002, 988; a. A. LG München I NZM 2003, 512.

Dieser unzulässige Summierungseffekt hat zur Folge, dass nach h. M. beide Klauseln unwirksam sind,[451] wobei diese Rechtsfolge sowohl bei jeweils für sich genommen unbedenklichen Klauseln[452] wie auch beim Zusammentreffen einer wirksamen und einer unwirksamen Klausel[453] eintritt. Bei letzterer Fallgestaltung kann sich der Vermieter als Verwender einer aus 2 Teilen bestehenden Klausel, deren einer Teil nur Bestand haben kann, wenn der andere unwirksam ist, wegen des Gebots der Transparenz vorformulierter Vertragsbedingungen nicht auf die Unwirksamkeit des anderen Klauselteils berufen. Der unzulässige Summierungseffekt liegt auch dann vor, wenn die Renovierungsklausel formularmäßig und die Pflicht zur Anfangsrenovierung individualvertraglich vereinbart worden ist. Dies folgt aus der Erwägung, dass die Kombination einer Formularklausel mit einer Individualvereinbarung als einheitliche Regelung zu sehen und nach den Kriterien der §§ 305 ff. BGB zu bewerten ist.[454]

143 Ein unzulässiger Summierungseffekt liegt auch bei einer formularmäßigen Überbürdung der Schönheitsreparaturen nach einem (zulässigen) Fristenplan und einer individualvertraglich vereinbarten (zulässigen) Endrenovierungsverpflichtung („Tapeten entfernen und Deckenwände streichen") vor, da die jeweils für sich unbedenklichen, aber inhaltlich zusammengehörigen Klauseln in ihrer Gesamtwirkung eine unangemessene Benachteiligung für den Mieter darstellen.[455]

Eine Regelung betreffend die Übertragung von Renovierungspflichten auf den Mieter ist wegen eines Verstoßes gegen das **Transparenzgebot** insgesamt unwirksam, wenn die Pflichten des Mieters an verschiedenen Stellen des Vertragswerkes ausgeführt werden und der Umfang der Verpflichtung des Mieters aus der Gesamtregelung nicht mit hinreichender Sicherheit erkennbar ist. Ein solcher Fall liegt vor, wenn die Frage der Schönheitsreparaturen an drei verschiedenen Stellen des Vertrages geregelt ist, die Gesamtlänge des Textes mehr als drei DIN-A 4 Seiten umfasst und der Text unklar lässt, ob dem Mieter bei Vertragsende und Ablauf der Renovierungsfristen eine primäre und bezifferte Zahlungspflicht obliegt, ob die an verschiedener Stelle mit verschiedenem Inhalt geregelten Abgeltungsklauseln gelten sollen oder ob und unter welchen Voraussetzungen sich der Leistungsanspruch in einen Schadensersatzanspruch umwandelt.[456]

144 Auch **widersprüchliche Klauseln**, die z. B. eine gleichzeitige Vereinbarung einer besenreinen Rückgabe und einer Endrenovierungsverpflichtung beinhalten, sind wegen Verstoßes gegen § 305 c Abs. 2 BGB unwirksam.[457]

145 **Checkliste: Überprüfung der Wirksamkeit einer Formularklausel zur Übertragung der Schönheitsreparaturen auf den Mieter**

☐ Hat der Anspruch des Vermieters unterlassene Schönheitsreparaturen oder eine vom Mieter zu vertretende dekorative Beschädigung der Mietsache zum Gegenstand?
☐ Handelt es sich bei der Regelung zu den Schönheitsreparaturen/Renovierung um eine Individual- oder Formularvereinbarung?
☐ Beinhaltet die Formularklausel über die Schönheitsreparaturen
- eine Freizeichnung des Vermieters oder aber eine Abwälzung der Schönheitsreparaturen auf den Mieter?
- eine Anfangsrenovierungspflicht des Mieters?
- eine Anfangsrenovierungspflicht wie auch eine Pflicht des Mieters zur Ausführung der laufenden Schönheitsreparaturen?

---

[451] BGH a. a. O.; OLG Hamm a. a. O. *Blank* WuM 2004, 243, 247; Schmidt-Futterer/*Langenberg* § 538 Rdnr. 132; Soergel/*Heintzmann* §§ 535, 536 Rdnr. 314; a. A. LG Köln WuM 1999, 720; *Bub*/Treier II Rdnr. 482.
[452] BGH neg. RE WuM 1993, 175; *Langenberg* 1 B Rdnr. 72.
[453] BGH a. a. O.
[454] BGH a. a. O.
[455] BGH NZM 2006, 623.
[456] LG Mannheim WuM 2000, 485.
[457] OLG Düsseldorf DWW 1992, 339.

- eine Endrenovierungspflicht des Mieters mit gleichzeitiger Pflicht zur Ausführung der Anfangsrenovierung und/oder der laufenden Schönheitsreparaturen?
- angemessene oder starre/feste Ausführungsfristen?
- einen ausdrücklichen oder sinngemäßen Ausschluss des Rechtes des Mieters, sich trotz Ablaufs der üblichen Ausführungsfristen auf fehlenden Renovierungsbedarf zu berufen?

☐ Enthält die Formularklausel (sei es als Einzelklausel wie auch als aus mehreren Formularteilen bestehende Klauselkombination)
- einen Verstoß gegen das Transparenzgebot und/oder Übermaßverbot?
- einen Verstoß gegen das Verbot der geltungserhaltenden Reduktion?
- einen unzulässigen Summierungseffekt?

Formulierungsvorschlag:
Der Mieter ist verpflichtet, die Schönheitsreparaturen auf eigene Kosten durchzuführen.

Alternative (ausführlicher Klauseltext):

1. Der Mieter ist verpflichtet, die Schönheitsreparaturen auf eigene Kosten durchzuführen, die auf seinen Gebrauch zurückzuführen sind. Schönheitsreparaturen umfassen nur die Arbeiten innerhalb des Wohnraums, nämlich das Tapezieren, Anstreichen der Wände und Decken, der Heizkörper einschließlich der Heizrohre, der Innentüren sowie der Fenster und Außentüren von innen und das Reinigen der Fußböden.

2. Die Schönheitsreparaturen sind im Allgemeinen in folgenden Zeitabständen, gerechnet ab Beginn des Mietverhältnisses, auszuführen:
Wand- und Deckenanstriche in Küchen, Bädern und Duschen alle drei Jahre, in Wohn- und Schlafräumen, Dielen und Toiletten alle fünf Jahre, in anderen Räumen alle sieben Jahre; Lackieren von Heizkörpern und Heizrohren, Innentüren, Fensterrahmen und Außentüren von innen alle sechs Jahre.

d) Preisgebundener Wohnraum. Im preisgebundenen Wohnraum schuldet der Mieter die Kostenmiete gem. § 8 WoBindG. § 28 II. BV regelt die in der Kostenmiete enthaltenen Instandhaltungskosten. Die Kosten der Schönheitsreparaturen sind entsprechend § 28 Abs. 4 S. 1 II. BV nicht in den Instandhaltungskosten enthalten. Hieraus sowie aus § 9 Abs. 5 S. 1 WoBindG, wonach die Vereinbarung einer Sicherheitsleistung des Mieters auch unterlassene Schönheitsreparaturen sichert, ergibt sich, dass grundsätzlich der Vermieter preisgebundenen Wohnraums die Durchführung der Schönheitsreparaturen auf den Mieter kraft Vereinbarung abwälzen kann.

Allerdings ist der Umfang der auf den Mieter übertragbaren Renovierungsarbeiten durch § 28 Abs. 4 II. BV begrenzt. Werden daher in Formularverträgen für die Ausführung von Schönheitsreparaturen die üblichen Fristen (3, 5 und 7 Jahre) vereinbart, so verstößt dies nicht gegen § 307 BGB, wenn der Vermieter nur die Kostenmiete erhält oder beanspruchen kann.[458]

Nach einer Entscheidung des OLG Hamm[459] verstößt die in den Allgemeinen Geschäftsbedingungen Gemeinnütziger Wohnungsunternehmen festgelegte **Kostenbeteiligung** des ausziehenden Mieters an zukünftigen Renovierungsarbeiten nicht gegen § 307 BGB, wenn der Mieter die Durchführung der laufenden Renovierung unter Festlegung eines Fristenplans übernommen hat. Voraussetzung ist jedoch, dass dem Vermieter nur ein Anspruch auf die Kostenmiete gem. § 28 Abs. 2 II. BV ohne die Zusätze für von ihm auszuführende Schönheitsreparaturen gem. § 28 Abs. 4 II. BV zusteht und dass der vom Mieter zu tragende Kostenanteil dem Verhältnis zwischen den vollen Fristen laut Fristenplan und den seit Ausfüh-

---
[458] BayObLG WuM 1987, 344.
[459] OLG Hamm WuM 1981, 196; weitergehend LG Bremen WuM 1987, 414; ablehnend *Sternel* II Rdnr. 389.

rung der letzten Renovierung bzw. bei der ersten Frist seit Beginn des Mietvertrages abgelaufenen Zeiträumen entspricht.

149 Werden dem Mieter preisgebundenen Wohnraums formular- oder individualvertraglich die Kosten der Erstinnenstreicharbeiten in vollem Umfang übertragen, ist dies im Hinblick auf die festgelegten Grenzen des § 28 Abs. 4 II. BV unwirksam.[460]

150 **g) Art und Umfang der Ausführung.** Sind die Schönheitsreparaturen wirksam auf den Mieter übertragen worden, so schuldet er eine fachgerechte Ausführung in **mittlerer Art und Güte.**[461] Mit dieser Formulierung wird dargestellt, dass der Mieter ein **fachhandwerkliches Niveau** schuldet und sich der Vermieter nicht mit Hobby-Qualität oder gar Flickarbeit zufrieden geben muss.[462]

Weisen die Arbeiten in ihrer Gesamtheit einen ordnungsgemäßen Standard auf, schaden wenige kleinere Mängel nicht.[463] Fachgerechte Ausführung schließt nicht Eigenleistung des Mieters aus.[464]

151 **Fachhandwerkerklauseln,** die dem Mieter die Ausführung der Schönheitsreparaturen durch einen Fachbetrieb oder einen Fachhandwerker auferlegen, sind unwirksam, da sie dem Mieter die Möglichkeit kostensparender Eigenleistung verschließen und damit über das hinausgehen, was der Vermieter selbst gem. § 535 Abs. 1 S. 2 BGB schuldet.[465] Die Unwirksamkeit dieser Klausel betrifft lediglich den Fachhandwerkerteil, wohingegen die grundsätzliche Abwälzung der Renovierungspflicht bestehen bleibt.[466]

152 Unwirksam ist erst recht eine Klausel, nach der die Schönheitsreparaturen von einem bestimmten Handwerker ausgeführt werden müssen,[467] da der Mieter hierdurch ggf. an einer preisgünstigeren Vergabe der Arbeiten gehindert wird.

153 **Während des laufenden Mietverhältnisses** sind an die Qualität der vom Mieter auszuführenden Renovierungsarbeiten geringere Anforderungen zu stellen, da diese Arbeiten der Wohnqualität des Mieters dienen.[468]

154 Ein fachhandwerkliches Niveau der Arbeiten bei **Beendigung des Mietverhältnisses** bedingt, dass eine wisch- und waschfeste Farbe verwendet wird.[469] Die Verwendung einer Mischbinderfarbe auf Raufasertapete ist ungeeignet, da sie abkreidet.[470]

155 Bei der Wahl der **farblichen Gestaltung**[471] der Anstricharbeiten ist zu unterscheiden zwischen Arbeiten im laufenden Mietverhältnis und solchen bei seiner Beendigung. Während der Vertragszeit besteht grundsätzlich ein Auswahlrecht des Mieters, wohingegen bei Ende des Vertrages der Mieter die üblichen Farbtöne zu verwenden hat.[472] Wandanstriche in Türkis, Lila, Rot oder Schwarz,[473] blau lackierte Fensterrahmen[474] oder graublau glänzend gestrichene Holztürrahmen in Klarlack[475] braucht der Vermieter daher nicht hinzunehmen. Dasselbe gilt nach einer Entscheidung des LG Berlin[476] für eine lindgrüne Renovierungsfarbe mit Bordüre, wohingegen eine hellblau marmorierte Flurtapete bzw. eine Harry Potter-Bordüre im Kinderzimmer keine exzentrische Farb- bzw. Wandgestaltung darstellt.[477]

---

[460] AG Rheine WuM 1981, 288.
[461] BGH NJW 1988, 2790.
[462] LG Berlin GE 2000, 677; *Sternel,* MietR aktuell, Rdnr. 854.
[463] LG Wiesbaden WuM 1992, 602.
[464] OLG Frankfurt NZM 1998, 150.
[465] BGH NJW 1988, 2790; OLG Stuttgart NJW-RR 1993, 1422; LG Berlin WuM 1993, 263; LG Köln WuM 1991, 87.
[466] OLG Stuttgart NJW-RR 1993, 1422; BayObLG NJW-RR 1997, 1371; a. A. LG Köln WuM 1991, 87.
[467] LG Koblenz WuM 1992, 431.
[468] LG Düsseldorf WuM 1996, 90.
[469] AG Freiburg WuM 1986, 242.
[470] AG Köln WuM 1987, 150.
[471] Siehe Ausführungen zu § 19 Rdnr. 93 f.
[472] LG Hamburg DWW 1999, 152.
[473] KG NZM 2005, 663; LG Berlin, GE 1995, 249.
[474] LG Berlin GE 1995, 115.
[475] LG Aachen WuM 1998, 596.
[476] LG Berlin NZM 2002, 120.
[477] LG Berlin NZM 2007, 801; LG Lübeck NZM 2002, 485.

Eine Formularklausel, wonach der Mieter im Rahmen der während des Mietverhältnisses durchzuführenden Schönheitsreparaturen nur mit Zustimmung des Wohnungsunternehmers von der **bisherigen Ausführungsart** abweichen darf, ist unwirksam, da der Vermieter kein anzuerkennendes Interesse an einer bestimmten Farbwahl oder Ausführungsart hat.[478]

Eine Formularklausel, die den Mieter dazu verpflichtet, die auf ihn abgewälzten Schönheitsreparaturen in „**neutralen, hellen, deckenden Farben und Tapeten auszuführen**", ist wegen unangemessener Benachteiligung des Mieters unwirksam, wenn sie nicht auf den Zustand der Wohnung bei Rückgabe beschränkt ist, sondern auch für Schönheitsreparaturen gilt, die der Mieter während des Mietverhältnisses durchzuführen hat.[479]

f) **Fälligkeit.** aa) *Erfüllungsansprüche.* (1) *Im laufenden Mietverhältnis.* Soweit die Mietvertragsparteien keine nähere vertragliche Bestimmung zur Fälligkeit der Schönheitsreparaturen getroffen haben, so sind diese fällig, sobald ein **Renovierungsbedarf**[480] besteht. Dieser ist gegeben, wenn das Aussehen der Wände, Decken, Fußböden, Fenster und Türen durch den normalen Wohnungsgebrauch erheblich beeinträchtigt worden ist.[481] Nicht erforderlich ist das Vorliegen einer Substanzgefährdung der Mietsache.[482]

In der Regel werden ein **Fristenplan** bzw. bestimmte Renovierungsfristen vertraglich vereinbart, die sich an den Renovierungsfristen des § 7 Abs. 3 des Mustermietvertrages 1976 orientieren, wobei diese auch gelten, sofern der Mietvertrag einen solchen Fristenplan nicht enthält.[483] Zu beachten ist jedoch, dass ein solcher Fristenplan in der Regel eine **bloße Richtlinie** für einen voraussichtlichen Renovierungsbedarf darstellt und deshalb eine Verkürzung oder Verlängerung der Renovierungsfristen je nach dem Zustand der Räume nicht ausschließt.[484]

Zu kurze Renovierungsfristen im Formularvertrag führen jedoch insgesamt zur Unwirksamkeit der Renovierungsverpflichtung.[485]

Der Fristenplan hat auch dann Geltung, wenn der Mieter eine unrenovierte Wohnung übernommen hat, da mit dem Fristenplan lediglich eine erst ab Mietbeginn laufende Regelung getroffen wird.[486] Erstrecken sich Renovierungsklauseln mit einem Fristenplan hingegen auch auf Arbeiten für einen vorvertraglichen Zeitraum, so sind diese unwirksam.[487]

Mit dem Ablauf der vereinbarten Fristen spricht sowohl die allgemeine Lebenserfahrung[488] wie auch eine Vermutung[489] für den Renovierungsbedarf. Der **Fristablauf** hat mithin eine **Indizfunktion** für die Renovierungsbedürftigkeit.[490] Beruft sich der Mieter darauf, dass trotz Fristablauf auf Grund pfleglicher Behandlung oder nur gelegentlicher Nutzung der Mietsache eine Renovierungsbedürftigkeit nicht vorliegt, so trägt er hierfür die Beweislast. Andererseits ist der Vermieter dafür beweispflichtig, dass bereits vor Ablauf der Fristen auf Grund übermäßiger Abnutzung die Durchführung von Schönheitsreparaturen erforderlich ist.[491]

Die **Beweislast** für die Erfüllung seiner Renovierungsverpflichtung hat der Mieter, und zwar im Streitfall auch für den Zeitpunkt ihrer letztmaligen Durchführung.[492]

---

[478] BGH NZM 2007, 398; BGH NZM 2009, 313.
[479] BGH NZM 2008, 605.
[480] LG Berlin GE 1999, 385.
[481] *Blank/Börstinghaus* § 535 Rdnr. 269.
[482] *Bub/Treier/Kraemer* III Rdnr. 1070; a. A. LG Berlin WuM 1997, 210.
[483] BGH WuM 1985, 46; WuM 1987, 306.
[484] *Bub/Treier/Kraemer* III Rdnr. 1070; *Goch* WuM 2003, 368; *Häublein* ZMR 2000, 139, 141; *Langenberg* 1C Rdnr. 9.
[485] LG Berlin GE 1999, 983, LG Köln WuM 1989, 70; LG Hamburg WuM 1992, 476.
[486] BGH WuM 1987, 306.
[487] BGH NJW 1990, 3142; GE 1993, 309; OLG Stuttgart NJW-RR 1989, 520; OLG Frankfurt/M. WuM 1990, 136.
[488] LG Berlin GE 1993, 1099.
[489] LG Berlin GE 1996, 473.
[490] OLG Köln ZMR 1987, 431; *Schmidt-Futterer/Langenberg* § 538 Rdnr. 222.
[491] *Langenberg* 4 B Rdnr. 46.
[492] BGH NZM 1998, 710.

161 Führt der Mieter nach Fristablauf erforderliche Renovierungsarbeiten nicht aus, so hat der Vermieter einen entsprechenden **Erfüllungsanspruch**.[493] Bisher war streitig ist, ob der Erfüllungsanspruch bereits bei Renovierungsbedarf, also der ursprüngliche Zustand der Wohnung unansehnlich und verbraucht ist,[494] besteht, oder erst dann fällig wird, wenn die Wohnung in der Dekoration erheblich beeinträchtigt,[495] völlig verwohnt[496] oder sogar in der Substanz gefährdet[497] ist. Der BGH hat nunmehr entschieden, dass der Anspruch des Vermieters bereits dann fällig wird, wenn objektiv ein Renovierungsbedarf besteht, und zwar unabhängig davon, ob die Wohnung bereits in ihrer Substanz gefährdet ist.[498] Nach zutreffender Ansicht ist es daher für den Anspruch des Vermieters ausreichend, wenn eine Renovierungsbedürftigkeit vorliegt, weil dies dem Entgeltcharakter der Renovierungsverpflichtung entspricht, da ansonsten dem Mieter bei nicht ausgeführter Renovierung ein Entgeltvorteil zukommt.[499]

Der Erfüllungsanspruch kann klageweise geltend gemacht werden. Seine Vollstreckung erfolgt durch Ersatzvornahme gem. § 887 ZPO.[500]

162 Hingegen kann der Vermieter nach Ansicht des BGH im laufenden Mietverhältnis bei Nichterfüllung keinen **Schadensersatzanspruch** nach §§ 280, 281 BGB geltend machen.[501] Diese Vorschrift sei bei fortbestehendem Mietverhältnis nicht anwendbar da der Vermieter in der Verwendung des als Schadensersatz erlangten Geldbetrages frei wäre, dieser aber dem Mieter zugute kommen muss. Etwas anderes gelte nur dann, wenn Substanzschäden drohten.[502]

Stattdessen billigt der BGH dem Vermieter bei Verzug des Mieters einen Anspruch auf Zahlung eines Vorschusses in Höhe der erforderlichen Renovierungskosten zu, über den der Vermieter nach Durchführung der Renovierungsarbeiten dem Mieter Abrechnung zu erteilen und ihm ggf. auch einen nicht verbrauchten Kostenbetrag zu erstatten hat.[503]

163 *(2) Bei beendetem Mietverhältnis.* Bei Beendigung des Mietverhältnisses gelten für den Erfüllungsanspruch des Vermieters dieselben Grundsätze wie bei der Überwälzung der Schönheitsreparaturen während des laufenden Mietverhältnisses. Enthält der Mietvertrag eine wirksame Klauselvereinbarung über die Durchführung der laufenden Renovierung, ist der Mieter spätestens bei Vertragsende zu deren Erfüllung verpflichtet, sofern die üblichen Ausführungsfristen abgelaufen sind oder mit dem Vertragsende zusammen fallen.[504] Dies gilt sowohl für die Vereinbarung eines Fristenplanes[505] wie auch für die Renovierungsvereinbarung ohne festgelegte Fristen, da im letzteren Falle die üblichen Fristen heranzuziehen sind.[506]

164 Sind jedoch bei Ende der Mietzeit die üblichen Fristen für alle oder für einen Teil der Mieträume noch nicht abgelaufen, besteht für die entsprechenden Räumlichkeiten keine Renovierungspflicht. Vor Fristablauf tritt nur dann ausnahmsweise eine Fälligkeit der Renovierungspflicht ein, wenn sich die Räume in einem nicht mehr zur Weitervermietung geeigneten, bezugsfertigen Zustand befinden,[507] weil entweder die innerhalb des Fristenplanes ausgeführten Schönheitsreparaturen nicht ordnungsgemäß waren oder es sich um eine übervertragsgemäße Abnutzung der Wohnung handelt.

---

[493] BGH NJW 1990, 2376.
[494] LG Berlin GE 2001, 137; LG Berlin WuM 2004, 465; Schmidt-Futterer/*Langenberg* § 538 Rdnr. 233.
[495] *Sternel* II Rdnr. 420.
[496] *Schopp* ZMR 1981, 257, 261.
[497] LG München I WuM 2004, 602; LG Berlin WuM 1997, 210; LG München I WuM 1997, 616; LG Düsseldorf WuM 1996, 90.
[498] BGH NZM 2005, 450.
[499] *Herrlein* NZM 2003, 941; *Langenberg* 1 E Rdnr. 354, 355.
[500] BGH NJW 1990, 2376.
[501] BGH NJW 1990, 2376; NZM 2005, 450; Schmidt-Futterer/*Langenberg* § 538 Rdnr. 236; kritisch *Kraemer* NZM 2003, 417, 420; a. A. *Herrlein* NZM 2003, 941, 942.
[502] So auch LG Berlin GE 1992, 1155.
[503] BGH NJW 1990, 2376; NZM 2005, 450; a. A. LG Berlin NZM 2003, 1026.
[504] OLG Nürnberg ZMR 1991, 217.
[505] BGH WuM 1987, 306.
[506] BGH WuM 1985, 46.
[507] BGH NJW 1991, 2416; ablehnend hierzu *Emmerich* NZM 2000, 1155.

§ 19 Instandhaltung und Instandsetzung

Eine Renovierung zum Ende der Mietzeit schuldet der Mieter nicht, wenn eine Regelung **165** zu den laufenden Schönheitsreparaturen fehlt und lediglich eine unwirksame Endrenovierungsklausel besteht. Letzteres ist der Fall, wenn der Mieter in einer formularmäßigen Vereinbarung verpflichtet wird, unabhängig vom Zeitpunkt der letzten Schönheitsreparatur die Mieträume bei Vertragsende zu renovieren.[508] Dies gilt jedoch nicht für eine individuell ausgehandelte Endrenovierungsvereinbarung.[509]

Auch bei fristloser Kündigung des Mieters auf Grund einer Vertragsverletzung des Vermieters oder einer unberechtigten Eigenbedarfskündigung des Vermieters verbleibt es bei der Renovierungsverpflichtung bei deren Fälligkeit im Zeitpunkt der Beendigung des Mietverhältnisses.[510] Die gegenteilige Rechtsansicht verkennt, dass der Renovierungsanspruch bei seiner Fälligkeit ohne Rücksicht auf die Beendigung des Mietverhältnisses oder gar dessen Vertretermüssen besteht. Sie berücksichtigt im Übrigen nicht den Entgeltcharakter der Renovierungsverpflichtung.

Auszuführen sind die erforderlichen Renovierungsarbeiten spätestens am Tage der Been- **166** digung des Mietvertrages.[511] Sind hiermit keine unzumutbaren Störungen der Nachbarn verbunden, so ist auch eine Durchführung an einem Sonntag zulässig.[512]

bb) Rechtslage bei unrenoviert übernommenen Räumen. Die Verpflichtung des Mieters **167** zur Durchführung laufender Schönheitsreparaturen oder deren Nachholung bei Vertragsende besteht auch dann, wenn der Mieter eine unrenovierte Wohnung übernommen hat. **Voraussetzung** hierfür ist jedoch, dass

- die Vertragsparteien einen **zulässigen Fristenplan** vereinbart haben oder die **üblichen Fristen** gelten,
- der Fristenablauf mit dem Mietverhältnis beginnt und
- die Renovierungsfristen abgelaufen sind.[513]

Mit dieser Rechtsprechung ist sichergestellt, dass der Mieter nicht für eine nicht durch ihn verursachte Abnutzung der Wohnung des Vormieters aufkommen muss. Eine freiwillig vom Mieter durchgeführte Anfangsrenovierung steht dem nicht entgegen, so dass er diese auch einer fälligen Renovierungsverpflichtung während und zum Ende des Vertrages nicht entgegen halten kann.[514]

Zu unterscheiden sind folgende Fallgestaltungen:

Der Mieter übernimmt eine unrenovierte Wohnung und verpflichtet sich zur Durchfüh- **168** rung der laufenden Renovierung **mit Fristenplan** bzw. zu den **üblichen Fristen**. Nach dem Rechtsentscheid des BGH vom 1. 7. 1987[515] ist eine solche Klauselvereinbarung wirksam, wenn die Renovierungsfristen mit dem Anfang des Mietverhältnisses zu laufen beginnen. Der Anspruch des Mieters auf Durchführung einer Anfangsrenovierung ist dann ausgeschlossen, was regelmäßig durch die Kenntnis des Mieters vom Zustand der Wohnung bei Vertragsabschluss der Fall ist.

Sind bei einer bei Vertragsbeginn unrenovierten Wohnung dem Mieter die Schönheitsre- **169** paraturen nach einem Fristenplan übertragen worden und hat er diese bei **Bedarf** auf seine Kosten auszuführen, wobei ein Bedarf mindestens dann als gegeben gilt, wenn die vertraglich festgelegten Fristen verstrichen sind, so ist diese Klausel unzulässig, da der Mieter hierdurch je nach Zustand der Wohnung bereits vor Fristablauf und damit möglicherweise bereits bei Vertragsbeginn zur Renovierung verpflichtet sein kann.[516]

Das OLG Frankfurt/M. vertritt zu dieser Bedarfsklausel bei Übernahme einer unrenovier- **170** ten Wohnung demgegenüber die Ansicht, diese sei dahingehend auslegbar, dass mit ihr erst

---

[508] BGH NZM 1998, 710; OLG Frankfurt/M. NJW 1982, 453; OLG Hamm WuM 1981, 77.
[509] *Draber* WuM 1988, 5.
[510] *Blank/Börstinghaus* § 535 Rdnr. 276; a. A. AG Bad Hersfeld WuM 1998, 482; AG Hildesheim WuM 1995, 178.
[511] BGH ZMR 1989, 57.
[512] AG Köln WuM 1981, 19.
[513] BGH NJW 1987, 2575.
[514] BGH a. a. O.
[515] BGH a. a. O.
[516] OLG Stuttgart WuM 1989, 121.

eine ab Beginn des Vertragsverhältnisses laufende Regelung getroffen werde und somit die Klausel wirksam sei.[517]

171 Der BGH hat zu dieser Streitfrage durch seinen negativen Rechtsentscheid vom 2. 12. 1992[518] nicht abschließend Stellung genommen, da das OLG Frankfurt/M. unbeachtet gelassen hatte, dass in dem konkreten Fall der Mieter zur Durchführung einer Anfangsrenovierung verpflichtet war. Ist der Mieter einer unrenovierten Wohnung aber sowohl zur laufenden Renovierung auf Grund eines Fristenplanes und einer Bedarfsklausel wie auch zu einer Anfangsrenovierung verpflichtet, so ist die Unwirksamkeit dieser Klauselvereinbarung offenbar. Nun hat der BGH mit dem Urteil vom 23. 6. 2004[519] zu dieser Streitfrage klargestellt, dass unabhängig von einer Bedarfsklausel die Vereinbarung starrer/fester Ausführungsfristen zur Unwirksamkeit der gesamten Schönheitsreparaturklausel führt.

172 Wird dem Mieter bei gleichzeitiger Überbürdung der laufenden Schönheitsreparaturen nach einem Fristenplan ein **völlig verwahrlostes** Mietobjekt überlassen, so führt die Rechtsprechung des BGH auch dann zu einer unangemessenen Benachteiligung des Mieters, wenn eine Anfangsrenovierung nicht vereinbart worden ist. Nach zutreffender Ansicht von Langenberg ist in diesen Fällen nach § 242 BGB vom Vermieter ein Ausgleich für die vorvertragliche Abnutzung durch Zahlung eines Renovierungskostenbeitrages oder die Vereinbarung der mietfreien Überlassung des Mietobjektes für einen angemessenen Zeitraum zu gewähren.[520]

173 Schließlich ist bei einer unrenoviert übernommenen Wohnung nicht zu beanstanden, wenn neben der Übernahme der Schönheitsreparaturen mit Fristenplan der Mieter verpflichtet wird, im Rahmen einer wirksamen Quotenhaftungsklausel bei Vertragsende Renovierungskosten für nicht abgelaufene Fristen zu übernehmen.[521]

174 *cc) Quotenabgeltungsklausel.* Unter Quotenabgeltungsklauseln versteht man Bestimmungen in Formularverträgen, nach denen sich der Mieter bei Auszug vor der turnusmäßigen Fälligkeit der Schönheitsreparaturen anteilig an den Kosten der erst demnächst, d. h. nach seinem Auszug fällig werdenden Schönheitsreparaturen zu beteiligen hat. Ihr Zweck besteht darin, dem Vermieter, der von dem ausziehenden Mieter mangels Fälligkeit der Schönheitsreparaturen nach dem Fristenplan keine Endrenovierung verlangen kann, wenigstens einen prozentualen Anteil an Renovierungskosten für den Abnutzungszeitraum seit den letzten Schönheitsreparaturen während der Mietzeit zu sichern.[522]

Textbeispiel einer Quotenabgeltungsklausel:

175 Endet das Mietverhältnis vor Eintritt der Verpflichtung zur Durchführung von Schönheitsreparaturen, so hat der Mieter die anteiligen Kosten für die erforderlichen Schönheitsreparaturen auf der Grundlage eines Kostenvoranschlages einer Fachfirma nach folgender Maßgabe an den Vermieter zu zahlen:
Liegt der Beginn des Mietverhältnisses bzw. liegen die letzten Schönheitsreparaturen während der Mietzeit – ausgehend von dem Fristenplan nach § ... dieses Vertrages –

1. für Küche, Bad und WC:
Länger als 1 Jahr zurück = ein Drittel lt. Kosten des Voranschlages
Länger als 2 Jahre zurück = zwei Drittel lt. Kosten des Voranschlages

2. für Wohn- und Schlafräume, Flure, Dielen und Toiletten:
Länger als 1 Jahr zurück = ein Fünftel lt. Kosten des Voranschlages
Länger als 2 Jahre zurück = zwei Fünftel lt. Kosten des Voranschlages
Länger als 3 Jahre zurück = drei Fünftel lt. Kosten des Voranschlages
Länger als 4 Jahre zurück = vier Fünftel lt. Kosten des Voranschlages

3. für sonstige (Neben)räume:
Länger als 1 Jahr zurück = ein Siebtel lt. Kosten des Voranschlages
Länger als 2 Jahre zurück = zwei Siebtel lt. Kosten des Voranschlages
Länger als 3 Jahre zurück = drei Siebtel lt. Kosten des Voranschlages

---

[517] OLG Frankfurt/M. WuM 1992, 419.
[518] BGH WuM 1993, 175.
[519] BGH NJW 2004, 2586.
[520] *Langenberg* 1 B Rdnr. 90 ff.
[521] BGH RE WuM 1988, 294.
[522] BGH NJW 1988, 2790.

Länger als 4 Jahre zurück = vier Siebtel lt. Kosten des Voranschlages
Länger als 5 Jahre zurück = fünf Siebtel lt. Kosten des Voranschlages
Länger als 6 Jahre zurück = sechs Siebtel lt. Kosten des Voranschlages

Eine Kostenbeteiligung nach Maßgabe der angegebenen Quoten kann der Mieter dadurch abwenden, dass er die Schönheitsreparaturen bei Beendigung des Mietverhältnisses sach- und fachgerecht ausführt.

176 In seinem Urteil vom 6. 10. 2004[523] hatte der BGH eine derartige Abgeltungsregelung mit „starrer" Berechnungsgrundlage trotz seiner Rechtsprechung zur Vornahme von Schönheitsreparaturen aufgrund eines „starren" Fristenplanes[524] noch unter folgenden zusätzlichen Voraussetzungen für wirksam gehalten, wenn

- nach Übergabe einer unrenovierten oder renovierungsbedürftigen Wohnung die für die Durchführung wie für die anteilige Abgeltung der Schönheitsreparaturen maßgeblichen Fristen nicht vor Anfang des Mietverhältnisses zu laufen beginnen,
- die Klausel erst dann Geltung entfaltet, wenn das Mietverhältnis vor Eintritt der Verpflichtung zur Durchführung von Schönheitsreparaturen nach Fristenplan endet,
- sich die für die Abgeltung maßgeblichen Fristen und Prozentsätze am Verhältnis zu den üblichen Renovierungsfristen ausrichten,
- der Kostenvoranschlag eines vom Vermieter auszuwählenden Malerfachgeschäftes nicht für verbindlich erklärt wird und
- dem Mieter nicht untersagt ist, seiner anteiligen Zahlungsverpflichtung dadurch zuvorzukommen, dass er vor dem Ende des Mietverhältnisses Schönheitsreparaturen in kostensparender Eigenarbeit ausführt.[525]

177 Dieses Urteil des BGH ist zu einer Klausel ergangen, mit der die Prozentsätze mit der Formulierung „mindestens" starr an die üblichen Fristen ausgerichtet waren. Diese Entscheidung war in der Literatur[526] auf Kritik gestoßen, da starre Quotenabgeltungsklauseln die Mieter auch dann zur Zahlung eines allein vom Zeitablauf abhängigen Anteils an den Kosten für noch nicht fällige Schönheitsreparaturen verpflichten, wenn ein entsprechender Renovierungsbedarf aufgrund des tatsächlichen Wohnungszustandes noch nicht besteht. Nunmehr hat der BGH mit Urteil vom 18. 10. 2006 seine diesbezügliche Rechtsprechung aufgegeben und formularmäßige Abgeltungsklauseln mit „starrer" Abgeltungsquote gem. § 307 Abs. 1 S. 1, Abs. 2 Nr. 1 BGB für unwirksam erklärt.[527] Der BGH überträgt seine Rechtsprechung zu starren Fristenplänen nunmehr auch auf Abgeltungsklauseln. Die Begründung für die Unwirksamkeit beruht im Wesentlichen auf der gleichen Argumentation, die der BGH schon bei seiner Rechtsprechung bezüglich der „starren" Fristenpläne herangezogen hat. Insoweit führe auch eine „starre" Abgeltungsklausel bei einem überdurchschnittlichen Erhaltungszustand der Wohnung dazu, dass der Mieter mit höheren zeitanteiligen Renovierungskosten belastet werde, als es dem tatsächlichen Abnutzungsgrad entspreche. Im Hinblick auf diese Rechtsprechung sind die Prozentsätze an „weiche" Ausführungsfristen auszurichten, die mit dem Zusatz „im Allgemeinen", „in der Regel" oder „üblicherweise" verbunden sind. Anderenfalls wird dem Mieter die Möglichkeit abgeschnitten, sich auf die fehlende Renovierungsbedürftigkeit zu berufen, was eine Unwirksamkeit der gesamten Quotenhaftungsklausel wegen unangemessener Benachteiligung des Mieters gem. § 307 BGB zur Folge hätte.

177a Die Konsequenz dieser Entscheidung ist, dass Vermieter, deren Mietverträge derartige unwirksame Abgeltungsklauseln enthalten, nicht mehr die anteilige Erstattung der Kosten für noch nicht durchgeführte Schönheitsreparaturen vom Mieter verlangen können. Vielmehr dürften sich Vermieter zukünftig Rückforderungsansprüchen aus ungerechtfertigter Bereicherung von früheren Mietern ausgesetzt sehen, die im Vertrauen auf die Wirksamkeit der Quotenabgeltungsklausel anteilige Renovierungskosten an den Vermieter gezahlt haben.[528]

---

[523] BGH NZM 2004, 903; NJW 1988, 2790; siehe hierzu *Fischer* WuM 2005, 284.
[524] BGH NJW 2004, 2586; NZM 2004, 901; vgl. § 27 Rdnr. 54.
[525] BGH NZM 2004, 615.
[526] Schmidt-Futterer/*Langenberg* § 538 Rdnr. 195.
[527] BGH NZM 2006, 924; bestätigt durch BGH NZM 2007, 355.
[528] *Sternel* NZM 2007, 545; *Bub/von der Osten* NZM 2007, 76.

Soweit der Mieter bei Beendigung des Mietverhältnisses den vermeintlich bestehenden Abgeltungsanspruch des Vermieters beglichen hat, erfolgt diese Leistung rechtsgrundlos.[529]

177b Bisher nicht entschieden hatte der BGH, ob im Rahmen des Summierungseffektes die Unwirksamkeit einer starren Quotenabgeltungsklausel auch einen an sich wirksamen weichen Renovierungsfristenplan erfasst. Nach einer Rechtsansicht[530] ist in diesem Falle auch die Klausel über die Ausführung der laufenden Schönheitsreparaturen unwirksam, und zwar auch dann, wenn diese wegen fehlender Vereinbarung starrer/fester Fristen wirksam ist. Beide Regelungen beinhalteten Erfüllungsansprüche des Vermieters, die dem Mieter im Hinblick auf den Entgeltcharakter der Renovierungsverpflichtung eine entsprechende wertmäßige Ausgleichspflicht gegenüber dem Vermieter auferlegten. Es handele sich folglich um eine nicht trennbare einheitliche Regelung, die bei ihrer teilweisen Unwirksamkeit zur Gesamtunwirksamkeit führe.

177c Der BGH hat nunmehr mit Urteil vom 18. 6. 2008 ausdrücklich entschieden, dass eine unwirksame Quotenabgeltungsklausel nicht zur Unwirksamkeit der Übertragung der Schönheitsreparaturen führt.[531]

177d Ist bereits die formularmäßig vereinbarte Verpflichtung zur Ausführung laufender Schönheitsreparaturen wegen Festlegung starrer/fester Fristen unwirksam, so erfasst diese Unwirksamkeit auch die Quotenhaftungsklausel.[532] In dieser Konstellation läuft die Abgeltungsklausel ins Leere, da sie sich auf eine nicht existierende Renovierungspflicht bezieht und auch keine eigenständige Renovierungsverpflichtung begründen kann. Nach dieser Rechtsprechung sind ebenso Klauseln, bei denen die zu zahlende Quote zwar an die üblichen Fristen gebunden ist, der Mieter jedoch auch bei Übernahme einer unrenovierten Wohnung **bei Bedarf** zu renovieren hat, unwirksam.[533]

> **Formulierungsvorschlag:**[534]
>
> 1. Endet das Mietverhältnis vor Ablauf der vereinbarten Renovierungsfristen, so kann der Vermieter einen prozentualen Anteil der Renovierungskosten geltend machen. Dieser bemisst sich nach der seit der letzten Renovierung verstrichenen Zeit im Verhältnis zum vollen Renovierungsturnus. Ist seit dem Einzug des Mieters noch kein voller Turnus verstrichen, berechnet sich der Renovierungskostenanteil ab dem Datum des Einzugs. Der prozentuale Anteil ist im Allgemeinen folgendermaßen zu berechnen:
>
> Liegen die letzten Schönheitsreparaturen während der Mietzeit länger als ein Jahr zurück, zahlt der Mieter 20% der Renovierungskosten, länger als zwei Jahre 40%, länger als drei Jahre 60% und länger als vier Jahre 80%.
>
> 2. Die Renovierungskosten werden im Zweifel nach dem Kostenvoranschlag eines vom Vermieter benannten Malerfachgeschäftes ermittelt. Die Selbstdurchführung der erforderlichen Schönheitsreparaturen durch den Mieter bleibt unbenommen.

178 Ein **Zeitraum zwischen den einzelnen Jahren** bleibt unberücksichtigt, so dass die Überschreitung um ein halbes Jahr bei Wohnräumen nicht zu einer Erhöhung um 10% führt.[535]

179 Wird der übliche Renovierungsturnus in der Klausel nicht angegeben, entfaltet diese keine Zahlungsverpflichtung des Mieters, da ihm unbekannt ist, ab welchem Zeitpunkt die Pflicht zur Durchführung der Schönheitsreparaturen zu laufen beginnt.[536]

---

[529] *Artz*, NZM 2007, 265.
[530] Schmidt-Futterer/*Langenberg* § 538 Rdnr. 190; *Both* WuM 2007, 3; a. A. *Bub/von der Osten* NZM 2007, 76; *Artz* NZM 2007, 265; a. A. *Langenberg* 1 C Rdnr. 234.
[531] BGH NZM 2008, 605.
[532] BGH NZM 2006, 459; *Heinrichs* NZM 2005, 201, 208.
[533] OLG Stuttgart WuM 1989, 121.
[534] Nies/Gies/*Wetekamp* A. III. 2.
[535] LG Berlin GE 1989, 1113.
[536] LG Berlin NJWE-MietR 1997, 101.

Eine formularmäßige Kostenquotenregelung zur Vertragsbeendigung ist zudem unwirksam, wenn sie Zahlungen auch für den Fall vorsieht, dass der Mieter innerhalb des letzten Mietjahres Schönheitsreparaturen ausgeführt hat.[537]

Weiterhin ist eine Quotenhaftungsklausel unwirksam, die eine **Kostenerstattung von 100%** vorsieht, wenn die für die Schönheitsreparaturen vereinbarten Ausführungsfristen abgelaufen sind, z. B. länger als 5 Jahre zurückliegen.[538] Nach diesem Zeitraum besteht nach den meisten Klauseln bereits der Erfüllungsanspruch auf Vornahme der Schönheitsreparaturen, der nur unter den Voraussetzungen des § 281 BGB in einen Schadensersatzanspruch umschlägt, so dass diese Klausel eine unzulässige Umgehung des § 309 Nr. 4 BGB beinhaltet. Nach zutreffender Ansicht ist eine solche Quotenhaftungsklausel auch insgesamt unwirksam,[539] berührt jedoch nicht die Wirksamkeit der formularmäßigen Überbürdung der Schönheitsreparaturen auf den Mieter.[540]

Streitig ist, ob die Quotenhaftungsklausel **bei relativ kurzer Wohndauer** auch dann gilt, wenn der Mieter eine renovierungsbedürftige Wohnung übernommen hat, so dass beim Auszug ein erheblicher Renovierungsbedarf besteht, an dem er sich dann quotenmäßig zu beteiligen hätte. Jedenfalls kann der Rechtsprechung des BGH, wonach die vom Mieter nicht geschuldete, jedoch wegen des renovierungsbedürftigen Dekorationszustandes der Wohnung von ihm ausgeführte Anfangsrenovierung eine freiwillige Maßnahme darstelle,[541] nicht gefolgt werden, so dass bei diesen Fallgestaltungen der Vermieter für die vorvertragliche Abnutzung der Mietsache dem Mieter über § 242 BGB einen Ausgleich einzuräumen hat. Das LG Berlin[542] verwehrt dem Vermieter einen Anspruch aus einer grundsätzlich zulässigen Quotenhaftungsklausel nach § 242 BGB in den Fällen, in denen die Renovierung wegen vom Vormieter verursachter erheblicher Abnutzung teuer wird.

Der **Kostenvoranschlag,** der für die Kostenquote maßgeblich sein soll, darf nicht für verbindlich erklärt werden, da dem Mieter der Nachweis offen bleiben muss, dass die Arbeiten kostengünstiger ausgeführt werden können.[543]

Allerdings braucht sich der Kostenvoranschlag nicht auf die konkrete Wohnung zu beziehen. Es genügt vielmehr, wenn der Vermieter einen Kostenvoranschlag für eine baugleiche Wohnung vorlegt.[544]

Ferner ist der Mieter in jedem Falle berechtigt, ungeachtet einer Quotenhaftungsklausel die Arbeiten selbst in **kostensparender Eigenarbeit** auszuführen. Wird ihm das durch die Klausel verwehrt, so ist sie unwirksam.[545] Das AG Remscheid vertritt dabei die Auffassung, dass eine solche Verwehrung kostensparender Eigenarbeit vorliegt, wenn die Klausel den Mieter zur sach- und fachgerechten Ausführung der Schönheitsreparaturen „nach den Regeln der VOB" verpflichtet.[546]

Darüber hinaus wird die Ansicht vertreten, der Mieter müsse im Hinblick auf das Transparenzgebot in der Klausel **auf die Möglichkeit des Selbstvornahmerechtes hingewiesen** werden, da ansonsten die Klausel unwirksam sei.[547] In seiner Entscheidung vom 6. 10. 2004[548] bestätigt der BGH seine Rechtsprechung, wonach es ausreicht, dass die Formularklausel dem Mieter nicht untersagt, seiner anteiligen Zahlungsverpflichtung dadurch nachzukommen, dass er vor dem Ende des Mietverhältnisses Schönheitsreparaturen in kos-

---

[537] AG Gießen WuM 2002, 212.
[538] OLG Karlsruhe NJW 1982, 2829; LG Berlin GE 2001, 698; LG Berlin WuM 2002, 517; AG Leipzig WuM 2003, 563.
[539] LG Berlin GE 1996, 1375; NZM 2001, 231; a. A. LG Stuttgart WuM 1994, 462.
[540] LG Berlin NZM 2001, 231.
[541] BGH RE WuM 1987, 306.
[542] LG Berlin GE 2003, 257.
[543] BGH NZM 2006, 924; LG Duisburg WuM 1990, 201.
[544] OLG Celle WuM 2001, 393; *Blank*/Börstinghaus § 535 Rdnr. 194, 200.
[545] BGH WuM 1988, 294; LG Stuttgart ZMR 1991, 201.
[546] AG Remscheid NZM 2000, 89.
[547] AG Lörrach WuM 1998, 216; *Sternel,* MietR aktuell, Rdnr. 888; a. A. LG Berlin ZMR 1998, 778; Bub/Treier/*Scheuer* V, Rdnr. 216.
[548] BGH NZM 2004, 903.

tensparender Eigenarbeit ausführt, mithin in dieser Entscheidung keine ausdrückliche Hinweispflicht postuliert.

184a Die gegenteilige Ansicht und damit die **Hinweispflicht** folgert Langenberg[549] aus der Wertung des § 309 Nr. 5 BGB mit der Begründung, die Abgeltungsklausel stelle eine Pauschalisierung der vom Mieter durch Auszug vor Renovierungsfälligkeit erhaltenen Mietreduzierung anhand seines ersparten Aufwandes dar. Dem Mieter müsse daher die durch den entsprechenden ausdrücklichen Hinweis gekennzeichnete Möglichkeit eingeräumt werden, diesem durch Vorlage eines Kostenvoranschlages pauschalisierten Abgeltungsanspruch, wie beim Nachweis eines geringeren Schadens, durch Eigenarbeit die Grundlage zu entziehen. Dieser zutreffenden Rechtsansicht kann nicht das Argument entgegengehalten werden, nach dem Wortlaut der üblichen Abgeltungsklauseln sei ohne Weiteres zu erkennen, dass die Zahlungspflicht nur entsteht, wenn die letzten Schönheitsreparaturen eine gewisse Zeit zurückliegen,[550] da diese Abgeltungsklauseln mit den im Mietvertrag üblichen Ausführungsfristen korrespondieren und daher dem Mieter eben nicht „ohne Weiteres" erkennbar ist, dass er zur Vermeidung der Inanspruchnahme aus der Abgeltungsklausel die Renovierung in Eigenarbeit ausführen darf. Langenberg gibt zudem zu bedenken, dass die vom BGH geforderte Einräumung der Wahl zwischen Zahlung oder Eigenleistung wirtschaftlich dazu führt, dass unter dem Druck der Zahlung auf der Grundlage eines teuren Kostenvoranschlages einer Fachfirma der Mieter eine nicht geschuldete Endrenovierung vornimmt, durch die der Vermieter im Hinblick auf deren Entgeltcharakter eine Leistung erhält, auf die er keinen Anspruch hat. Der zur Eigenleistung bereite Mieter dürfe daher nur mit einem Ausgleich in Höhe der an den Kosten der Eigenarbeit orientierten Quote belastet werden.[551] Da die Bewertung der Kosten der Eigenleistung nicht nach allgemein gültigen Kriterien erfolgen kann, vielmehr von vielfältigen und verschiedenartigen individuellen Besonderheiten des Mieters abhängig ist, führt diese Rechtsansicht, die letztlich die Unwirksamkeit der Quotenhaftungsklausel gem. § 307 BGB zur Folge hat, zu keinem praktikablen Ergebnis.

185 Während der BGH in einer Entscheidung aus dem Jahre 2004[552] die Abgeltungsklausel „Die Mieträume sind zum Vertragsablauf geräumt, sauber und in dem Zustand zurückzugeben, in dem sie sich bei regelmäßiger Vornahme der Schönheitsreparaturen – vgl. § 8 Nr. 2 – befinden müssen, **wobei aufgelaufene Renovierungsintervalle – vgl. § 8 Nr. 2 – vom Mieter zeitanteilig zu entschädigen sind,** und zwar nach Wahl des Mieters in Geld auf der Basis eines Kostenvoranschlags oder durch fachgerechte Renovierung durch den Mieter" noch für zulässig erachtete, hat er in seiner Entscheidung vom 5. 3. 2008[553] eine Klausel mit identischem Wortlaut wegen Verstoßes gegen das Transparenzgebot für unwirksam erklärt. Insoweit benachteilige die Klausel den Mieter deswegen unangemessen, weil sie im Hinblick auf die konkrete Berechnung des vom Mieter hiernach als „zeitanteilige Entschädigung angelaufener Renovierungsintervalle" geschuldeten Betrages nicht hinreichend klar und verständlich sei. Der Mieter könne der Klausel nicht entnehmen, wie der von ihm zu tragende Anteil an einer mit Hilfe eines Kostenvoranschlags ermittelten Summe der Renovierungskosten (Abgeltungsquote) zu bestimmen sei. Gleichwohl hat der BGH dem Vermieter als Verwender der Allgemeinen Geschäftbedingungen, die sich im vorliegenden Falle auf Grund der Änderung der höchstrichterlichen Rechtsprechung als unwirksam erweisen, keinen Vertrauensschutz zugebilligt.[554]

186 In diesem Zusammenhang hat das Landgericht Waldshut-Tiengen entschieden, dass der Mieter grundsätzlich gegen den Vermieter keinen Erstattungsanspruch zu den Renovierungskosten geltend machen kann, wenn der Mieter bei Vertragsende Schönheitsreparaturen ausführt und die Quotenhaftungsklausel den Mieter nicht über sein Recht, die Schönheitsreparaturen in Eigenarbeit auszuführen, täuscht. Dabei spielt es keine Rolle, ob der Mieter die Renovierungsarbeiten selbst durchführt oder kostenträchtiger durch eine Fach-

---

[549] *Langenberg* 1 C Rdnr. 226.
[550] So *Blank/Börstinghaus* § 535 Rdnr. 297.
[551] *Langenberg* 1 C Rdnr. 227, 228.
[552] BGH NZM 2004, 615.
[553] BGH NZM 2008, 363.
[554] BGH NZM 2008, 363.

firma vornehmen lässt.⁵⁵⁵ Zulässig soll schließlich eine Quotenhaftungsklausel sein, die mit folgender Rückgabeklausel kombiniert wird:

> **Formulierungsvorschlag:**
> Bei Beendigung des Mietverhältnisses hat der Mieter die Wohnung in fachgerecht renoviertem Zustand zu übergeben. Weist der Mieter jedoch nach, dass die letzten Schönheitsreparaturen innerhalb der ...... Fristen ...... durchgeführt worden sind ......, so muss er anteilig ...... an den Vermieter zahlen.⁵⁵⁶

187

Da der Anspruch aus der Quotenhaftungsklausel auf Erfüllung durch Zahlung eines Geldbetrages gerichtet ist, verliert er seine Wirkung auch nicht durch einen nach Vertragsende vom Vermieter veranlassten Umbau des Mietobjektes.⁵⁵⁷

Da es sich bei dem Anspruch des Vermieters aus der Quotenhaftungsklausel um einen **Erfüllungsanspruch auf Zahlung**⁵⁵⁸ handelt, ist er nicht verpflichtet, den Mieter gem. § 281 Abs. 1 BGB zur Vornahme der Schönheitsreparaturen binnen einer bestimmten Frist aufzufordern, um diesen Zahlungsanspruch geltend machen zu können.⁵⁵⁹

188

g) **Schadensersatz für unterlassene Schönheitsreparaturen.** *aa) Grundsätze.* Spätestens zum Ende der Mietzeit sind die Schönheitsreparaturen in dem vom Mieter übernommenen Umfang fällig. Ist der Mieter dieser Pflicht nicht oder nicht ordnungsgemäß nachgekommen, so steht dem Vermieter ein entsprechender Erfüllungsanspruch zu, da die Ausführung von Schönheitsreparaturen eine Hauptpflicht darstellt.⁵⁶⁰ Dieser **Erfüllungsanspruch wandelt sich in einen Schadensersatzanspruch** wegen nicht ausgeführter Renovierungsarbeiten um, für den die Voraussetzungen der §§ 281 Abs. 1, 280 Abs. 1 u. 3 BGB vorliegen müssen, mithin der Vermieter dem Mieter **erfolglos eine Frist zur Durchführung der Schönheitsreparaturen** gesetzt hat **und Schadensersatz** verlangt. Leistet der Mieter bis zum Fristablauf nicht, so wandelt sich der Erfüllungsanspruch des Vermieters nicht automatisch, sondern erst durch entsprechendes Verlangen in Schadensersatz um.

189

Gegen eine zwischenzeitlich gefestigte Rechtsprechung wird vereinzelt die Ansicht vertreten, der Mieter sei auch außerhalb der Voraussetzungen des § 281 BGB aus **bereicherungsrechtlichen Gesichtspunkten** unter Anwendung der Grundsätze über die **Geschäftsführung ohne Auftrag** gem. §§ 677, 684, 818 Abs. 2 BGB zum Aufwendungsersatz in Höhe der durch eine Fachfirma entstandenen Renovierungskosten verpflichtet.⁵⁶¹ Dieser Auffassung wird jedoch zu Recht entgegengehalten, dass hinsichtlich der Ausführung der Schönheitsreparaturen zwischen den Mietparteien vertragliche Regelungen vorhanden sind, wohingegen es für die Geschäftsführung ohne Auftrag maßgebend ist, dass zwischen den Beteiligten keine Vertragsbeziehungen bestehen. Zudem setzen die Vorschriften über die Geschäftsführung ohne Auftrag voraus, dass der Vermieter mit Rücksicht auf den wirklich oder zumindest mutmaßlichen Willen des Mieters handelt. Zieht der Mieter jedoch ohne Vornahme der Renovierungsarbeiten aus, bringt er damit in aller Regel zum Ausdruck, dass er die Schönheitsreparaturen nicht vornehmen will.⁵⁶² Zudem würde das Gebot der Fristsetzung gem. § 281 Abs. 1 BGB, das nach § 309 Nr. 4 BGB durch Formularklauseln nicht abbedungen werden kann, dadurch unterlaufen werden, dass dem Vermieter ein Anspruch auf die Kosten einer Ersatzvornahme der Schönheitsreparaturen aus Geschäftsführung ohne Auftrag zugebilligt würde.⁵⁶³

190

---

⁵⁵⁵ WuM 2000, 240.
⁵⁵⁶ BGH NZM 1998, 710; LG Wiesbaden WuM 1996, 700; a. A. LG Frankfurt/M. WuM 1996, 208.
⁵⁵⁷ LG Düsseldorf WuM 1992, 431.
⁵⁵⁸ BGH RE WuM 1988, 294.
⁵⁵⁹ LG Köln WuM 2000, 545.
⁵⁶⁰ BGH NJW 1983, 446; ZMR 1995, 577.
⁵⁶¹ OLG Koblenz NZM 2000, 234; *Lützenkirchen* MDR 2001, 9.
⁵⁶² KG NZM 2007, 356; *Blank/Börstinghaus* § 535 Rdnr. 293; *Bub/Treier/Scheuer* V Rdnr. 194; *Wiek* WuM 2000, 11; *Kraemer* NZM 2003, 417.
⁵⁶³ *Kraemer* NZM 2003, 417, 422.

Abzuwarten bleibt, ob die gefestigte Rechtsprechung durch die mit der Mietrechtsreform geschaffene Regelung des § 539 Abs. 1 BGB einen Wandel erfährt. Hiernach kann der Mieter vom Vermieter Aufwendungen auf die Mietsache nach den Vorschriften über die Geschäftsführung ohne Auftrag ersetzt verlangen.

191 *bb) Voraussetzungen.* Der Übergang vom Erfüllungs- auf den Schadensersatzanspruch hat sich durch das Gesetz zur Modernisierung des Schuldrechts vom 26. 11. 2001 nicht wesentlich verändert. Setzte der § 326 BGB a. F. voraus, dass der Mieter mit der Erfüllung seiner Renovierungspflicht in Verzug gekommen war und der Vermieter ihm sodann zur Durchführung erforderlicher Renovierungsarbeiten eine angemessene Frist mit Ablehnungsandrohung gesetzt hatte, so ist nunmehr nicht der Verzug des Mieters, sondern die **Fälligkeit** des Erfüllungsanspruches für das Verfahren nach § 281 Abs. 1 BGB maßgeblich. Weiterhin bedarf es einer Ablehnungsandrohung nicht mehr. Vielmehr ist dem Mieter mit der **Leistungsaufforderung** eine **angemessene Erfüllungsfrist** zu setzen. Schließlich ist zu beachten, dass der Vermieter auch nach der Fristsetzung die Wahl hat, ob er weiterhin den Erfüllungsanspruch geltend macht oder Schadensersatz verlangt.[564] Der Leistungsanspruch ist erst dann ausgeschlossen, wenn der Vermieter gem. § 281 Abs. 4 BGB **statt der Leistung Schadensersatz** verlangt. Bis zu diesem Zeitpunkt ist der Mieter zur Ausführung der Schönheitsreparaturen berechtigt, mithin auch dann, wenn die gesetzte Frist bereits abgelaufen ist.

Die **Abbedingung** des § 281 Abs. 1 BGB durch Formularklausel ist wegen des Verstoßes gegen § 309 Nr. 4 BGB **unzulässig**.[565]

192 *(1) Fälligkeit.* Erste Voraussetzung für den Schadensersatzanspruch ist die **Fälligkeit** der Schönheitsreparaturen.

Die Fälligkeit der Schönheitsreparaturen richtet sich nach den Vereinbarungen der Parteien, wobei bei Formularvereinbarungen deren Inhaltskontrolle gem. § 307 BGB zu beachten ist.[566] Endet das Mietverhältnis auf Grund einer vereinbarten Befristung, eines Aufhebungsvertrages, einer ordentlichen sowie einer außerordentlichen Kündigung, so tritt Fälligkeit gem. § 286 Abs. 2 Nr. 2 BGB mit dem **Tag der Beendigung des Mietverhältnisses** ein, da dann die Voraussetzungen der kalendermäßigen Bestimmung des Leistungszeitpunktes vorliegen.[567] Hat mithin der Mieter bei wirksamer Übernahme der Schönheitsreparaturen trotz Renovierungsbedürftigkeit keine Schönheitsreparaturen ausgeführt, so werden sie nach herrschender Meinung jedenfalls mit dem Tag der Beendigung des Mietverhältnisses fällig, wobei die Gründe für die Beendigung nicht maßgebend sind.[568]

193 *(2) Leistungsaufforderung mit Fristsetzung.* Zur Begründung des Schadensersatzanspruches muss der Vermieter den Mieter zur Durchführung der Renovierungsarbeiten unter Fristsetzung auffordern. In diesem Aufforderungsschreiben des Vermieters sind **Art und Umfang** der Renovierungsarbeiten genau zu bezeichnen, weil der Mieter nur dann in der Lage ist zu erkennen, welche Arbeiten der Vermieter von ihm im Einzelnen innerhalb der angegebenen Frist erwartet.[569] Jede Ungenauigkeit geht zu Lasten des Vermieters und hat die Unwirksamkeit der Aufforderung zur Folge.[570]

194 Wird der Mieter lediglich aufgefordert, sich darüber zu erklären, ob er bereit sei, innerhalb einer bestimmten Frist die Schönheitsreparaturen durchzuführen, so liegt kein wirksames Aufforderungsschreiben vor.[571] Ebenso reicht es nicht, die „notwendigen Arbeiten"[572] oder die „vertragsgemäße"[573] Renovierung zu verlangen, vielmehr bedarf es in jedem Falle

---

[564] Schmidt-Futterer/*Langenberg* § 538 Rdnr. 260.
[565] *Langenberg* NZM 2002, 972, 974.
[566] Vgl. hierzu im Einzelnen Ausführungen zu Rdnr. 120 ff.
[567] BGH WuM 1989, 141; OLG Frankfurt/M. NJWE-MietR 1997, 273.
[568] *Langenberg* 1 F Rdnr. 420.
[569] OLG Hamburg WuM 1992, 70; KG GE 1995, 1011; GE 2003, 952; LG Itzehoe WuM 1997, 175; *Kraemer* NZM 2003, 417, 418.
[570] Bub/Treier/*Scheuer* V Rdnr. 167.
[571] OLG München ZMR 1997, 178; OLG Düsseldorf DWW 1992, 339.
[572] LG Berlin ZMR 1988, 177.
[573] LG Karlsruhe WuM 1991, 88.

einer **spezifizierten Leistungsaufforderung**.[574] Umstritten ist allerdings, ob diese spezifizierte Leistungsaufforderung auch eine **Zustandsbeschreibung** einschließt.[575]

Die Leistungsaufforderung bedarf keiner bestimmten Form, kann mithin auch mündlich ausgesprochen werden. Zwar ist die in einem Formularmietvertrag vereinbarte Schriftform in der Regel keine Wirksamkeitsvoraussetzung, da sie nur Warn-, Klarstellungs- und Beweisfunktion[576] hat. Gleichwohl ist aus Gründen der Beweissicherung dringend von einer mündlichen Leistungsaufforderung abzuraten.

Die Leistungsaufforderung mit Fristsetzung kann erst **nach Eintritt der Fälligkeit der Renovierungspflicht** ausgesprochen werden. Der Vermieter kann den Mieter bereits vor der Beendigung des Mietverhältnisses zur Erfüllung seiner Renovierungspflicht auffordern, wenn die Renovierungsfristen bereits vor dem Vertragsende abgelaufen sind. Die Fristsetzung hat dann dergestalt zu erfolgen, dass die Frist mit dem Ende der Vertragszeit abläuft.[577] Sind allerdings nach dem Vertrag die Schönheitsreparaturen „bis spätestens zum Mietende" auszuführen, so tritt deren Fälligkeit erst mit dem Vertragsende ein, so dass die Leistungsaufforderung mit Fristsetzung auch erst nach der Beendigung des Mietverhältnisses erfolgen kann.[578] Der gegenteiligen Ansicht,[579] wonach diese Klausel lediglich den Vertragsbeginn, nicht aber deren Fälligkeit betreffe, kann mit Rücksicht auf den Grundsatz der kundenfeindlichen Auslegung,[580] das Transparenzgebot und die Unklarheitenregelung gem. § 305c Abs. 2 BGB nicht zugestimmt werden. 195

Die **Fristsetzung** muss **angemessen** sein, wobei sich deren Dauer nach dem Umfang der vom Vermieter geforderten Arbeiten richtet.[581] In der Regel ist bei einer vollständigen Renovierung einer Wohnung von einer ausreichenden Frist von 14 Tagen auszugehen.[582] Bei einer zu kurz bemessenen Frist tritt an deren Stelle eine angemessene Frist.[583] 196

Treten während der vom Vermieter gesetzten Frist **Leistungshindernisse** ein, die der Mieter nicht zu vertreten hat, so wird der Mieter gem. § 280 Abs. 1 Satz 2 BGB von seiner Ersatzpflicht befreit, was ebenso gem. §§ 283, 275 Abs. 1 und 280 Abs. 1 BGB für den Fall gilt, dass **Unmöglichkeit der Leistung** durch den Mieter gegeben ist. 196a

Solche Leistungshindernisse liegen vor, wenn der Vermieter den Mieter an der Durchführung der erforderlichen Arbeiten hindert, sei es dass er ihm den Zutritt zur Wohnung zur Erledigung der Arbeiten durch Auswechslung des Türschlosses oder unterbleibender Wiederaushändigung der Wohnungsschlüssel verwehrt.[584] Dasselbe gilt, wenn der Vermieter einem vom Mieter beauftragten Handwerker den Zutritt verweigert[585] oder er eine Teilrenovierung ablehnt und unberechtigt eine Totalrenovierung verlangt.[586]

Sind auf Grund bauseitiger Schäden Schönheitsreparaturen sinnlos, so ist der Vermieter vorleistungspflichtig. Fälligkeit der Renovierungspflicht tritt in diesem Falle erst ein, wenn der Vermieter die notwendigen Vorarbeiten erbracht hat.[587] Der Mieter hat es auch nicht zu vertreten, wenn Renovierungsarbeiten während der vom Vermieter gesetzten Frist von diesem oder dem Nachmieter ausgeführt werden.[588] 196b

Andererseits ist der Vermieter nicht verpflichtet dem Mieter eine Nachfrist zu setzen, wenn dieser während der mit der Leistungsaufforderung gesetzten Frist lediglich **teilweise** 196c

---

[574] LG Itzehoe WuM 1997, 175.
[575] Bejahend KG ZMR 2003, 676; LG Berlin GE 1986, 311; Schmidt-Futterer/*Langenberg* § 538 Rdnr. 293; ablehnend LG Berlin GE 1986, 807; *Emmerich* NZM 2000, 1155, 1159; Bub/Treier/*Scheuer* V Rdnr. 167.
[576] BGH WuM 1997, 667.
[577] LG Berlin WuM 1996, 91; LG Berlin NZM 2004, 458; *Kraemer* NZM 2003, 417, 421.
[578] *Langenberg* 1 F Rdnr. 422.
[579] *Kraemer* NZM 2003, 417, 422.
[580] BGH NJW 1992, 1099.
[581] OLG München ZMR 1996, 202.
[582] KG NZM 2007, 356; LG Berlin GE 1989, 413; Bub/Treier/*Scheuer* V Rdnr. 169.
[583] BGH NJW 1985, 2640; LG Berlin GE 1999, 1497.
[584] LG Berlin GE 1998, 245.
[585] LG Mannheim WuM 1976, 228.
[586] AG Weinheim WuM 1973, 274.
[587] KG GE 2004, 297; Staudinger/*Emmerich* § 535 Rdnr. 106; a. A. LG Hannover WuM 2002, 214, siehe hierzu auch Ausführungen zu Rdnr. 156 ff.
[588] *Langenberg* NZM 2002, 972, 975.

Schönheitsreparaturen ausgeführt hat. Dabei spielt es keine Rolle, ob es sich um eine qualitative oder quantitative Minderleistung handelt. Wenn der Vermieter in diesem Falle kein Interesse an der Teilleistung hat, so kann er gem. § 281 Abs. 1 Satz 2 BGB Schadensersatz statt der ganzen Leistung verlangen. Es verbleibt dem Vermieter jedoch unbenommen, vor Geltendmachung des Schadensersatzanspruches statt der Erfüllung mit dem Mieter die Ausführung von restlichen Dekorationsarbeiten zu vereinbaren.

196d **Unmöglichkeit der Leistung** durch den Mieter ist gegeben, wenn nach Vertragsende das Haus abgerissen oder zerstört wird. Ob im Einzelfall der Vermieter dann anstelle des Erfüllungsanspruches im Wege der ergänzenden Vertragsauslegung einen Geldersatzanspruch gegenüber dem Mieter hat, ist streitig.[589]

197 *(3) Entbehrlichkeit der Fristsetzung und Leistungsaufforderung.* Das Erfordernis der Fristsetzung kann durch eine **Vereinbarung in einem Formularvertrag nicht abbedungen** werden, da dies einen Verstoß gegen § 309 Nr. 4 BGB darstellt.[590] Demzufolge ist eine Klausel, wonach der Vermieter „bei Gefahr in Verzug die Schönheitsreparaturen auf Kosten des Mieters ohne vorherige Ankündigung, Benachrichtigung oder Mahnung durchführen kann, was auch gilt, wenn Aufenthalt des Mieters unbekannt ist", unwirksam, da sie eine unzulässige Umgehung des § 281 Abs. 1 BGB darstellt. Unwirksam ist weiterhin eine Formularklausel, wonach der Mieter in einem Abnahmeprotokoll „die in meiner Gegenwart getroffenen Feststellungen anerkennt und die Genossenschaft beauftragt, die Schönheitsreparaturen, Instandsetzungsarbeiten und Ersatzleistungen in meinem Auftrag und für meine Rechnung auszuführen".[591]

Sofern der Mieter die Vornahme der Schönheitsreparaturen **ernstlich und endgültig verweigert,** ist eine Fristsetzung mit Leistungsaufforderung nicht erforderlich.[592]

198 **Der bloße** Auszug des Mieters ohne Vornahme der bei Beendigung des Mietvertrages geschuldeten Schönheitsreparaturen reicht für die Annahme einer endgültigen Erfüllungsverweigerung nicht aus.[593] Zwar ist in der Rechtsprechung eine deutliche Tendenz dahingehend zu erkennen, im Auszug des Mieters ohne Durchführung der Schönheitsreparaturen grundsätzlich eine ernstliche und endgültige Erfüllungsverweigerung zu sehen.[594] Gleichwohl ist erforderlich, dass zu dem Auszug weitere Umstände im Verhalten des Mieters treten, die die Erfüllungsverweigerung als ernstlich und endgültig begründen.[595] Voraussetzung hierfür ist, dass der Vermieter dem Mieter zuvor konkret mitteilt, welche genauen Arbeiten er durchführen hat.[596]

199 So genügt es nicht, wenn der Mieter seine neue Anschrift nicht hinterlässt,[597] da es dem Vermieter zuzumuten ist, sich nach der neuen Anschrift des Mieters zu erkundigen, ggf. auch durch eine Postanfrage oder eine Anfrage an das Einwohnermeldeamt.

200 Der teilweise vertretenen Ansicht, in der **Zusendung der Schlüssel** nach Auszug ohne weitere Erklärung des Mieters sei eine Erfüllungsverweigerung zu sehen,[598] kann nicht gefolgt werden. Mit der Übersendung der Schlüssel nach Auszug bringt der Mieter lediglich zum Ausdruck, dass er seiner Rückgabepflicht nach Beendigung des Mietverhältnisses nachkommt, nicht aber dass er eine Endrenovierungsverpflichtung verweigert.[599] Letzterer Erklärungswillen des Mieters bedingt nämlich, dass dem Mieter auf Grund der bestehenden Vereinbarungen mit dem Vermieter und auf Grund des renovierungsbedürftigen Zustandes

---

[589] LG Berlin ZMR 1998, 428; Bub/Treier/*Scheuer* V Rdnr. 190; Blank/Börstinghaus § 536 Rdnr. 86; *Eckert* ZMR 1998, 428.
[590] Blank/Börstinghaus § 535 Rdnr. 279; *Kraemer* NZM 2003, 417, 422; *Langenberg* NZM 2002, 972, 974.
[591] LG Köln ZMR 2002, 275.
[592] BGH NJW-RR 1992, 1226; WuM 1997, 217; OLG Hamburg WuM 1998, 17.
[593] KG NZM 2007, 356; OLG Hamburg WuM 1992, 70.
[594] BGH NJW 1998, 1303; OLG Köln ZMR 1987, 461; OLG Frankfurt/M. NJWE-MietR 1997, 273.
[595] Bub/Treier/*Scheuer* V Rdnr. 173 mit zahlreichen Rechtsprechungshinweisen.
[596] KG NZM 2007, 356.
[597] OLG Hamburg WuM 1992, 70; LG Wiesbaden WuM 1986, 113; LG Itzehoe WuM 1989, 508; a. A. LG Düsseldorf NJWE-MietR 1996, 26.
[598] LG Berlin GE 1991, 777.
[599] LG Landau WuM 1988, 119.

201 So liegt auch keine Erfüllungsverweigerung des Mieters vor, wenn dieser rechtliche Zweifel an seiner Verpflichtung zur Durchführung von Schönheitsreparaturen gegenüber dem Vermieter äußert.[600]

202 Zieht der Mieter hingegen ohne Renovierungsarbeiten aus, obwohl sich die Wohnung in einem offensichtlich renovierungsbedürftigen oder verwahrlosten Zustand befindet,[601] oder wird er auf die Notwendigkeit der Arbeiten vom Vermieter hingewiesen,[602] ist eine Erfüllungsverweigerung anzunehmen. Hat daher der Vermieter kurz vor Beendigung des Mietverhältnisses den Mieter zur Ausführung konkret aufgelisteter Renovierungsarbeiten aufgefordert und zieht der Mieter aus, ohne auch nur teilweise oder ansatzweise diese Arbeiten durchzuführen, so liegt hierin eine ernsthafte und endgültige Erfüllungsverweigerung.[603]

Der Mieter hingegen ohne Renovierungsarbeiten aus, obwohl sich die Wohnung in einem offensichtlich renovierungsbedürftigen oder verwahrlosten Zustand befindet,[601]

203 Schließlich liegt eine endgültige Erfüllungsverweigerung vor, wenn sich der Mieter weigert, die im Abnahmeprotokoll anerkannten Schönheitsreparaturen auszuführen,[604] nicht jedoch wenn er sich lediglich weigert, ein Wohnungsübergabeprotokoll zu unterschreiben.[605]

204 *(4) Schadensersatz statt der Leistung.* Der Leistungsanspruch des Vermieters ist gem. § 281 Abs. 4 BGB erst dann ausgeschlossen, wenn er **statt der Leistung Schadensersatz** verlangt, was auch durch die Klageerhebung dokumentiert wird.[606] Allerdings kann der Vermieter mit der Leistungsaufforderung und Fristsetzung gleichzeitig die Erklärung abgeben, dass er nach erfolglosem Fristablauf Schadensersatz verlangt, wie dies unter der Geltung des § 326 BGB a. F. mit der Ablehnungsandrohung regelmäßig geschah.[607]

205 *cc) Umfang des Schadens.* (1) Grundsätze. Bei dem Anspruch des Vermieters auf den Nichterfüllungsschaden handelt es sich um einen Geldanspruch, bei dem der Vermieter die **Wahl zwischen konkreter oder abstrakter Schadensberechnung** hat. Er kann mithin den tatsächlich angefallenen Rechnungsbetrag wie auch die Kosten als Schaden einsetzen, die auf der Grundlage eines **Kostenvoranschlages** einer Fachfirma, eines Privatgutachtens[608] oder eines **Gutachtens im selbstständigen Beweisverfahren** gem. § 485 ZPO ermittelt worden sind.

206 In Rechtsprechung und Schrifttum ist anerkannt, dass **Kosten**, die dem Vermieter dadurch entstehen, dass er nach Auszug des Mieters einen Sachverständigen mit der Feststellung des Zustandes der Wohnung beauftragt, im Rahmen eines bestehenden Schadensersatzanspruches als Schadensposten erstattungsfähig sind.[609] Dies wird teilweise in der Rechtsprechung unter dem Gesichtspunkt der **Erforderlichkeit** bzw. der **Schadensminderungspflicht** eingeschränkt, da Art und Umfang der dekorativen Schäden im Einzelfall die Hinzuziehung eines Sachverständigen entbehrlich machen können,[610] wenn z.B. aus Gründen der Kostenminderung eine Beweissicherung durch Handwerker[611] oder Fotos[612] geboten sei. Der BGH hat hierzu in seinem Urteil vom 26. 5. 2004[613] festgestellt, dass **diese Einschränkungen** jedenfalls in der Regel **nicht gerechtfertigt** sind, da der Vermieter in der Regel ein dringendes und berechtigtes Interesse hat, vorhandene Mängel alsbald beseitigen zu lassen, um die Wohnung möglichst rasch wieder vermieten zu können. Zur Beweissicherung ist ein Gutachten

---

[600] LG Berlin NZM 2000, 1178.
[601] BGH ZMR 1995, 579; LG Berlin GE 1995, 1419.
[602] BGH NJW 1991, 2416; OLG München ZMR 1995, 591.
[603] KG NZM 2007, 356; LG Saarbrücken WuM 1999, 547.
[604] LG Berlin ZMR 1992, 25.
[605] LG Wuppertal NJWE-MietR 1997, 53.
[606] Gesetzesbegründung BT-Drucks. 14/6040 S. 141.
[607] *Blank/Börstinghaus* § 535 Rdnr. 283; Schmidt/Futterer/*Langenberg* § 538 Rdnr. 260.
[608] KG GE 1995, 1011; LG Berlin GE 1993, 1159.
[609] BGH NZM 2004, 615; OLG Hamburg WuM 1990, 75; OLG Hamm WuM 1983, 76; KG GE 1995, 1011; OLG Köln NJW-RR 1994, 524; Bub/Treier/*Scheuer* 5 Rdnr. 180; Schmidt-Futterer/*Langenberg* § 538 Rdnr. 329.
[610] OLG Hamburg a.a.O; OLG Köln a.a.O.
[611] LG Darmstadt WuM 1987, 315.
[612] LG Mönchengladbach WuM 2000, 328.
[613] BGH NZM 2004, 615.

eines Sachverständigen ein objektives und geeignetes Beweismittel, so dass sich der Vermieter zur Rechtsdurchsetzung grundsätzlich nicht aus Kostengründen auf andere, im konkreten Fall ggf. weniger geeignete Beweismittel, etwa Zeugen mit nicht zu prognostizierendem Erinnerungsvermögen oder Vorlage von Fotos verweisen lassen muss.

In einem Rechtsstreit sind unter Umständen die Gutachterkosten um den Aufwand zu kürzen, der beim Sachverständigen für durch das Gericht nicht anerkannte, jedoch im Gutachten enthaltene Schadenspositionen angefallen ist.

207 Im Rechtsstreit besteht die Möglichkeit, die Kosten eines Privatgutachtens im **Kostenfestsetzungsverfahren** geltend zu machen,[614] wobei ebenso die Ansicht vertreten wird, dass die Gutachterkosten im Hinblick auf eine erforderliche Überprüfung ihrer materiellen Berichtigung im Rechtsstreit als Hauptforderung eingeklagt werden müsse.[615]

208 Gem. § 249 Abs. 2 Satz 2 BGB umfasst der Schadensersatzanspruch die **Mehrwertsteuer** nur dann, wenn und soweit sie tatsächlich angefallen ist, was bei einer **konkreten Schadensberechnung** etwa durch Vorlage einer Malerrechnung stets der Fall ist, es sei denn der Vermieter ist zum Vorsteuerabzug berechtigt.[616] Bei einer **abstrakten/fiktiven Schadensberechnung** durch Vorlage eines Kostenvoranschlages oder eines Gutachtens kommt es für den Anspruch des Vermieters auf Erstattung der darin ausgewiesenen Mehrwertsteuer darauf an, ob entsprechend der Vorschrift des Art. 12 § 8 des Zweiten Gesetzes zur Änderung Schadensersatzrichterlicher Vorschriften vom 19. 7. 2002 das schädigende Ereignis vor oder nach dem 31. 7. 2002 eingetreten ist. Trat das schädigende Ereignis vor dem 31. 7. 2002 ein, so ist die Mehrwertsteuer auch bei abstrakter Schadensberechnung zu erstatten. Lag es jedoch nach dem 31. 7. 2002, so verlangt der Anspruch des Vermieters gem. § 249 Abs. 2 Satz 2 BGB, dass tatsächlich Mehrwertsteuer angefallen ist, so dass für eine abstrakte Schadensberechnung kein Raum ist.[617] Die gegenteilige Ansicht,[618] wonach § 249 Abs. 2 Satz 2 BGB auf den vertraglichen Schadensersatzanspruch des Vermieters wegen nicht durchgeführter Schönheitsreparaturen nicht anwendbar sei, da dieser auf Gebrauchsspuren, denen ein vertragsgemäßes Verhalten zugrunde lag, beruhe, wohingegen der Schadensersatzanspruch gem. § 249 Abs. 2 BGB ein vertragswidriges Verhalten voraussetze, überzeugt nicht. Nachdem sich aus der Entstehungsgeschichte ergebenden Normzweck des § 249 Abs. 2 Satz 2 BGB ergibt sich eindeutig, dass dem Geschädigten kein Ersatz des fiktiven Schadens mehr zugebilligt werden sollte.

209 Zudem wird die Ansicht vertreten, § 249 Abs. 2 Satz 2 BGB finde auf die Zahlung von Abgeltungsbeträgen nach den Quotenhaftungsklauseln keine Anwendung, da es sich hierbei um einen Erfüllungs- und nicht einen Schadensersatzanspruch handele.[619] Auch dem kann nicht zugestimmt werden. Dem Abgeltungsanspruch nach der Quotenhaftungsklausel liegt der Hauptleistungsanspruch auf Vornahme der Schönheitsreparaturen wegen Veränderungen und Verschlechterungen der Mietsache zugrunde. Eine unterschiedliche rechtliche Behandlung von Schadensersatzanspruch wegen unterlassenen Schönheitsreparatur und Abgeltungsanspruch aus der Quotenhaftungsklausel Gem. § 249 Abs. 2 Satz 2 BGB ist daher nicht gerechtfertigt. Beide Ansprüche beruhen auf einer vom Mieter vertraglich übernommenen Verpflichtung, für die Abnutzung der Mietsache während der Mietzeit dem Vermieter gegenüber eine Leistung zu erbringen, sei es durch Ausführung der Renovierungsarbeiten oder Zahlung eines Abgeltungsbetrages. Unterlässt der Mieter diese Arbeiten und rechnet der Vermieter den Schadensersatzanspruch oder den Abgeltungsanspruch fiktiv ab, so ist er in beiden Fällen gem. § 249 Abs. 2 Satz 2 BGB nicht berechtigt, vom Mieter die auf die berechneten Renovierungskosten entfallende Mehrwertsteuer zu verlangen. Ein solcher Anspruch setzt auch bei der Geltendmachung aus der Quotenhaftungsklausel regelmäßig voraus, dass der Vermieter durch Vorlage einer Malerrechnung nachweist, dass tatsächlich Mehrwertsteuer angefallen ist.

---

[614] LG Berlin GE 1995, 115.
[615] KG GE 1995, 1011.
[616] KG GE 1996, 1373.
[617] *Horst* NZM 2003, 537, 541; *Langenberg* NZM 2002, 972, 976; *Schacht* GE 2002, 781.
[618] *Pfeilschifter* WuM 2003, 543, 553; *Wüstefeld* WuM 2003, 15.
[619] *Pfeilschifter* a. a. O.; *Wüstefeld* a. a. O.; *Horst* NZM 2003, 537, 541.

210 Der Vermieter ist nicht verpflichtet, die **Schadensersatzleistung** tatsächlich für die Renovierung zu verwenden, vielmehr ist er **in ihrer Verwendung völlig frei,** so dass er eine kostengünstigere Eigenleistung vornehmen oder auch auf die Durchführung von Schönheitsreparaturen gänzlich verzichten kann.[620]

211 Zudem umfasst der Schadensersatzanspruch den **Mietausfall,** der dadurch entsteht, dass die Renovierung erst nach Ablauf der gesetzten Frist vorgenommen werden kann. Voraussetzung hierfür ist jedoch, dass sich der Mieter mit der Erfüllung seiner Renovierungspflicht gem. §§ 280 Abs. 2, 286 BGB **in Verzug**[621] befand und die Nichtrenovierung des Mieters kausal für die Nichtvermietung und damit den entgangenen Mietzins war.[622] Der Vermieter kann daher Mietausfall wegen nicht oder unsachgemäß durchgeführter Schönheitsreparaturen nur verlangen, wenn er darlegt und beweist, dass er die vermieteten Räume bei ordnungsgemäßer Ausführung der Schönheitsreparaturen direkt an einen bereits vorhandenen Mietinteressenten hätte weitervermieten können.[623] Demgegenüber vertritt das Landgericht Frankfurt/M.[624] die Ansicht, dass auch ohne konkreten Nachweis der Weitervermietungsmöglichkeit ein Mietausfall in Höhe der ortsüblichen Marktmiete gefordert werden kann, und dies nicht nur in Gebieten mit Wohnungsknappheit.[625] Dieser verzögerungsbedingte Mietausfall ist der Höhe nach beschränkt auf den Zeitraum, der für eine zügig durchgeführte Renovierung benötigt wird. Dies ist in aller Regel ein Zeitraum von 2 Monaten.[626]

212 Ebenso ist bei Durchführung eines selbstständigen Beweisverfahrens die Schadensminderungspflicht in Bezug auf den Mietausfallschaden zu beachten. Dauert daher ein selbstständiges Beweisverfahren längere Zeit an, so kann der Vermieter lediglich für den Zeitraum den Mietausfallschaden geltend machen, der für die unverzügliche Schaffung des Wohnraums in einen bezugsfertigen Zustand genötigt wird.[627]

213 *(2) Schönheitsreparaturen durch Nachmieter.* Höchst umstritten ist in der Rechtsprechung die Frage, ob der Schadensersatzanspruch des Vermieters entfällt, wenn der **Nachmieter** seinerseits die notwendigen Schönheitsreparaturen freiwillig oder auf Grund einer vertraglichen Verpflichtung übernimmt.

214 Überwiegend wird dies zu Recht verneint, da der Nachmieter eine eigenständige eigene Leistung im Rahmen seines Mietverhältnisses erbringt, die den Vormieter nicht entlastet.[628] Es fehlt für die Entlastung an der erforderlichen Kausalität zwischen Vertragsverletzung des Vormieters und der Vornahme der Schönheitsreparaturen durch den Nachmieter.

215 Die in der Instanzrechtsprechung vertretene Gegenmeinung begründet dies mit fehlendem Schaden,[629] aus dem Gesichtspunkt der Vorteilsausgleichung[630] sowie der gesamtschuldnerischen Haftung von Vor- und Nachmieter.[631] Diese Ansicht hat sich jedoch in der Rechtsprechung nicht durchgesetzt.

Vereinbaren Vor- und Nachmieter, dass der Nachmieter die Endrenovierung für den Vormieter übernimmt, so erfüllt der Vormieter seine geschuldete Renovierungsleistung gem. § 267 BGB durch einen Dritten, so dass er bei ordnungsgemäßer Leistung durch den Vormieter von seiner Leistungspflicht gegenüber dem Vermieter frei wird, bei mangelhafter Ausführung jedoch gegenüber dem Vermieter verpflichtet bleibt.[632]

216 *(3) Umbaumaßnahmen.* Führt der Vermieter nach Beendigung des Mietvertrages **Umbauarbeiten** in den Miträumen aus, so berührt dies nach der Rechtsprechung des BGH die

---

[620] OLG Köln ZMR 1987, 375; KG GE 1995, 109.
[621] LG Frankfurt/M. NZM 2000, 1177.
[622] BGH WuM 1997, 218.
[623] LG Berlin NZM 2002, 909; *Kraemer* NZM 2003, 417, 423.
[624] LG Frankfurt/M. a. a. O.
[625] So *Kraemer* a. a. O.
[626] LG Berlin 1996, 1373.
[627] LG Mönchengladbach WuM 2000, 328.
[628] BGH NJW 1968, 491; LG Duisburg NZM 1999, 955; LG Berlin GE 1998, 618; *Blank/Börstinghaus* § 535 Rdnr. 286.
[629] AG Hannover WuM 1969, 40; AG Berlin-Tiergarten GE 1995, 501.
[630] OLG Hamm NJW 1964, 1373; LG Mannheim WuM 1976, 202; LG Nürnberg/Fürth WuM 1984, 244.
[631] LG Kassel NJW 1975, 1482.
[632] LG Berlin ZMR 1997, 243.

Erfüllungspflicht des Mieters auf Durchführung der Schönheitsreparaturen nicht. Die Übernahme der Schönheitsreparaturen stellt nach dieser Rechtsprechung einen Teil des Mietentgeltes dar, das der Mieter als Gegenleistung für die Überlassung des Mietobjektes dem Vermieter zu erbringen hat. Durch den Umbau darf dem Vermieter dieser Teil des Mietentgeltes nicht aberkannt werden, da er seine Leistung voll erbracht hat.

217 Da der Umbau diesen Erfüllungsanspruch des Vermieters wirtschaftlich sinnlos macht, kann der Vermieter im Wege der ergänzenden Vertragsauslegung statt Erfüllung einen Ausgleich in Geld verlangen,[633] es handelt sich mithin nicht um einen Schadensersatzanspruch.

Diese Grundsätze der ergänzenden Vertragsauslegung auf Zahlung eines Geldausgleiches sind nicht anzuwenden, wenn der Vermieter das Gebäude abreißen lässt.[634] Dem ist im Ergebnis zuzustimmen, wobei die Unterscheidung zwischen Umbau und Abriss auf der Grundlage der Rechtsprechung des BGH zum Entgeltcharakter dogmatisch nicht konsequent ist.[635]

218 Der Zahlungsanspruch des Vermieters entsteht, sobald der Mieter von der Absicht des Vermieters, die Mieträume umzubauen, Kenntnis erlangt. Er wird nicht dadurch ausgeschlossen, dass der Mieter in Kenntnis der Umbauabsichten des Vermieters vor Rückgabe renoviert oder sich zur Renovierung nach dem Umbau bereit erklärt.[636]

219 Allerdings ist der Zahlungsanspruch auf den Betrag beschränkt, den der Mieter für die Erfüllung seiner Renovierungspflicht hätte aufwenden müssen, mithin auf die Materialkosten sowie auf den geschätzten Wert seiner Eigenleistung,[637] es sei denn individualvertraglich war der Mieter verpflichtet, die Renovierung durch einen Fachhandwerker ausführen zu lassen. Der Wert der Eigenleistung des Mieters ist nach § 287 ZPO zu schätzen.[638] Jedenfalls hat der Mieter nicht die üblichen Handwerkspreise zu erstatten.[639]

220 *(4) Vorschäden- Vorteilsausgleichung.* Oftmals weisen Teile des bei Auszug zu renovierenden Mietobjektes **Vorschäden** auf, die der Mieter nicht zu vertreten hat, seien es Feuchtigkeitsschäden mit Schimmelbildung auf Grund bautechnischer Mängel oder Wasserschäden infolge eines Rohrbruches. In diesen Fällen ist der Mieter nicht verpflichtet, an den hierdurch betroffenen Teilen der Mietsache Schönheitsreparaturen vorzunehmen.[640] Für die Renovierungsverpflichtung kommt es nämlich nur auf den Renovierungsbedarf an, der durch den Mietgebrauch, nicht aber durch äußere Ursachen wie Brand oder Wassereinbruch oder durch eine Verletzung der Erhaltungspflicht des Vermieters entstanden ist.[641]

221 Dem Vermieter obliegt insoweit eine **Vorleistungspflicht** zur Beseitigung der Vorschäden, d.h. er hat die baulichen Voraussetzungen für eine sachgemäße Renovierung zu schaffen.[642] Befinden sich daher Fenster und Türen bereits bei Mietbeginn in einem desolaten Zustand, so hat der Vermieter diese **Untergrundschäden** zunächst zu beseitigen, ehe er vom Mieter eine Renovierungsleistung verlangen kann.[643] Demgegenüber vertritt das Landgericht Hannover[644] die Ansicht, der Vermieter sei nach Vertragsbeendigung nicht vorleistungspflichtig hinsichtlich der Beseitigung von Rissen an den Wänden oder baubedingten Feuchtigkeitserscheinungen der Wohnung, wenn der Mieter die vertraglichen Schönheitsreparaturen bei Beendigung des Mietverhältnisses trotz Aufforderung und Fristsetzung nicht ausgeführt hat.

---

[633] BGH WuM 1985, 46; BGH WuM 2002, 484; BGH WuM 2005, 50; OLG Schleswig WuM 1983, 75; OLG Düsseldorf ZMR 1994, 259; OLG Oldenburg WuM 2000, 301; *Timme* NZM 2005, 132; a. A. Staudinger/*Emmerich* § 535 Rdnr. 116.
[634] LG Berlin ZMR 1998, 428; AG Augsburg WuM 2000, 335; *Blank/Börstinghaus* § 535 Rdnr. 288; a. A. *Eckert* ZMR 1998, 428; *Langenberg* 1 F Rdnr. 522.
[635] *Eckert* a. a. O.
[636] OLG Oldenburg WuM 2000, 301.
[637] BGH WuM 2005, 50.
[638] LG Berlin ZMR 1999, 486; LG Münster WuM 2000, 628.
[639] OLG Oldenburg WuM 1992, 229.
[640] LG Berlin GE 1989, 675; AG Köln WuM 1980, 137.
[641] BGH NJW-RR 1987, 906.
[642] KG GE 2004, 297.
[643] LG Berlin NZM 2002, 909.
[644] LG Hannover WuM 2002, 214.

Ist der Vermieter wegen der Beseitigung von Vorschäden vorleistungspflichtig, so hat der Mieter ebenso die ersparten Renovierungsarbeiten nicht auszugleichen, was selbst dann gilt, wenn die Wohnung jahrelang entgegen seiner Verpflichtung nicht renoviert wurde.[645]

Renovierungsschäden, die durch **Fluteinwirkung/Hochwasser** verursacht worden sind, muss der Vermieter auf eigene Kosten auch dann beseitigen, wenn der Mieter vertraglich die laufenden Schönheitsreparaturen übernommen hat. Der Vermieter hat sich in diesem Falle auch keine ersparten Aufwendungen als **Vorteilsausgleich** anrechnen zu lassen, wenn sich durch die Renovierungsarbeiten des Vermieters die Fristen zur Durchführung von Schönheitsreparaturen zugunsten des Mieters verschieben.[646]

222 Dieser Grundsatz der **Vorteilsausgleichung** ist auch beim Umfang des Schadens zu berücksichtigen. Waren im Zeitpunkt des vom Mieter nicht zu vertretenden Schadenseintritts die von ihm übernommenen Schönheitsreparaturen mangels Ablauf der üblichen Frist noch nicht fällig, so hat der Vermieter sämtliche Instandsetzungsarbeiten einschließlich der Schönheitsreparaturen auszuführen.[647] Lag jedoch zum Zeitpunkt des Schadenseintrittes Fälligkeit der Renovierungspflicht des Mieters vor, so verbleibt es zwar bei der Vorleistungspflicht des Vermieters, der Mieter hat anschließend allerdings die fälligen Schönheitsreparaturen auszuführen bzw. dem Vermieter, sofern dieser die Renovierung vollständig erbringt, einen Ausgleich im Umfang seiner ersparten Aufwendungen zu zahlen.

223 Der Grundsatz der Vorteilsausgleichung betrifft ebenso die Fälle einer aufwändigen **Grundrenovierung**.[648]

Weisen demnach Holzteile der Mietsache wie Türen und Fenster eine Vielzahl von Farbschichten auf, die entfernt werden müssen, um den Farbanstrich von Grund auf neu aufzubauen, oder ist eine Raufasertapete infolge einer Vielzahl von Überstreichungen strukturmäßig nicht mehr streichbar, so hat der Mieter dies nicht zu vertreten, wenn dieser Zustand aus der Mietzeit verschiedener Mieter stammt. Dann entfällt auf den Mieter nur der seiner Nutzungszeit entsprechende Anteil der Grundrenovierung.[649] Demgegenüber hat der Mieter die Grundrenovierung zu übernehmen bzw. bei Nichterfüllung die Kosten hierfür zu tragen, wenn diese auf Grund langer Mietzeit allein durch den Mietgebrauch des Mieters erforderlich wird.[650]

224 Obliegt dem Mieter die individualvertraglich begründete Pflicht der Erneuerung von PVC-Ware und Teppichböden, so ist bei dem Abzug „Neu für Alt" von deren Lebensdauer auszugehen. Diese liegt in der Regel bei PVC-Ware je nach Qualität zwischen 8–20 Jahren[651] und bei Teppichböden bei mittlerer Qualität bei 10 Jahren,[652] kann aber auch deutlich darunter bzw. darüber liegen.[653] Das Abschleifen und Versiegeln von Parkett soll alle 15–20 Jahre erforderlich sein.[654]

225 *dd) Abweichende Vereinbarungen.* Die Vorschrift des § 281 Abs. 1 BGB ist individualvertraglich in allen Teilen **abdingbar.**

Der BGH hat zu § 326 BGB a. F. entschieden, dass die Parteien im Individualvertrag auf das Erfordernis der Fristsetzung und der Ablehnungsandrohung verzichten und dem Vermieter das Recht zur Ersatzvornahme der Schönheitsreparaturen auf Kosten des Mieters ohne das Erfordernis einer Ablehnungsandrohung einräumen können.[655]

226 Dagegen ist die Abbedingung des § 281 Abs. 1 BGB durch eine Formularklausel wegen des Verstoßes gegen § 309 Nr. 4 BGB unzulässig.[656]

---

[645] LG Berlin WuM 1987, 148; GE 1999, 385; AG Köln WuM 1980, 185.
[646] *Eisenschmid* NZM 2002, 889, 890.
[647] BGH NJW-RR 1987, 906; *Kraemer* NZM 2003, 417, 418; *Eisenschmid* NZM 2002, 889, 890; *Sternel* WuM 585, 586.
[648] Vgl. hierzu *Langenberg* NZM 2000, 1125.
[649] *Langenberg* a. a. O.; Buh/Treier/*Kraemer* III, Rdnr. 1077.
[650] *Goch* WuM 2003, 368, 371; Schmidt-Futterer/*Langenberg* § 538 Rdnr. 210; a. A. *Harsch* Rdnr. 104.
[651] LG Wiesbaden WuM 1991, 540; AG Staufen WuM 1992, 430; AG Kassel WuM 1996, 757.
[652] LG Dortmund NJWE-MietR 1997, 100; AG Köln WuM 2000, 435.
[653] LG Köln WuM 1983, 126.
[654] LG Wiesbaden WuM 1991, 540.
[655] BGH NJW 1982, 1036; 1985, 268.
[656] *Kraemer* NZM 2003, 417, 422; *Langenberg* NZM 2002, 972, 974.

227   ee) *Abnahme- bzw. Übergabeprotokoll.* In der Praxis ist es vielfach üblich, bei Auszug des Mieters ein Abnahme- oder Übergabeprotokoll zu fertigen. Sinn eines solchen Protokolls ist vor allem, den **Zustand der Mietsache beweissicher festzuhalten,** um spätere Streitigkeiten über das Vorhandensein und die Art von Schäden an der Mietsache sowie über die Erforderlichkeit evt. weiterer Schönheitsreparaturmaßnahmen zu vermeiden.

Ein wechselseitiger Anspruch der Mietvertragsparteien auf Erstellung eines solchen Protokolls besteht jedoch nicht, so dass der Mieter auch nicht verpflichtet ist, an der Erstellung eines Abnahmeprotokolls mitzuwirken.[657]

228   Welche **rechtliche Qualität** dem Protokoll beizumessen ist, ist streitig und letztlich nur anhand des Einzelfalls zu entscheiden.

229   Wird in dem Protokoll festgehalten, dass die Mieträume einwandfrei und in vertragsgemäßem Zustand vom Mieter zurückgegeben worden sind, liegt hierin ein **negatives Schuldanerkenntnis** des Vermieters im Sinne von § 397 Abs. 2 BGB, so dass der Vermieter dem Mieter nur in einem Protokoll bei Rückgabe der Wohnung festgeschriebenen Schäden entgegenstellen kann und mit darüber hinausgehenden Ansprüchen ausgeschlossen ist.[658] Wird daher von den Vertragsparteien bei Beendigung des Mietverhältnisses ein Wohnungsübergabeprotokoll gefertigt, so haftet der Mieter nur für die darin festgehaltenen Mängel. Es entfaltet Präklusionswirkung auch für solche Mängel, die nur einem Fachmann erkennbar sind, da Sinn und Zweck eines solchen Protokolls nicht nur die Verteilung der Beweislast, sondern auch die Vermeidung weiteren Streites über das Vorhandensein von Schäden am Mietobjekt ist.[659] Auf weitergehende als im Übergabeprotokoll festgehaltene Mängel kann sich der Vermieter auch nicht mit dem Hinweis berufen, auf Grund mangelnden Tageslichts habe er den weiteren mangelhaften Zustand der Mietsache nicht feststellen können, es sei denn der Vermieter hat insoweit im Protokoll einen Vorbehalt erklärt.[660]

229a   **Bestätigt der Vermieter** im Übergabeprotokoll dem Mieter **bei Rückgabe der Mieträume deren ordnungsgemäßen Zustand,** so schließt dies nicht nur einen Anspruch des Vermieters auf Durchführung der vertraglichen Schönheitsreparaturen, sondern auch einen Zahlungsanspruch aus einer Quotenklausel aus.[661] Die von *Blank*[662] hiergegen vertretene Ansicht, das Anerkenntnis beziehe sich nur auf den Zustand der Wohnung und nicht auf evt. Ansprüche, überzeugt nicht. Der Mieter hat nach der Rechtsprechung des BGH[663] ein Wahlrecht zwischen Durchführung der noch nicht fälligen Schönheitsreparaturen und Zahlung nach Quotenhaftungsklausel. Bestätigt der Vermieter, dass sich die Mieträume in einem ordnungsgemäßen Zustand befinden, so erklärt er damit gleichzeitig, dass Schönheitsreparaturen vom Mieter nicht durchzuführen sind. Er würde das Wahlrecht des Mieters unzulässig unterlaufen, wenn er gleichwohl berechtigt wäre, einen Anspruch auf Zahlung aus der Quotenhaftungsklausel geltend zu machen. Dieser Ausschluss der Haftung des Mieters für nicht im Protokoll aufgenommene Schäden umfasst auch die Mängel, die nur von einem Fachmann erkannt werden können. Der Vermieter ist daher gehalten, bei Rückgabe der Mietsache ggf. eine sachkundige Person hinzuzuziehen.[664]

Der Vermieter ist insbesondere auch dann mit weiteren Forderungen ausgeschlossen, wenn er mit der Erstellung des Übergabeprotokolls gleichzeitig die vorbehaltlose Rückzahlung der Kaution zusagt oder diese bereits ausgezahlt wurde, nachdem der Vermieter die Wohnung abgenommen hatte.[665]

Erklärt der Vermieter im Rahmen der Wohnungsübergabe gegenüber dem Mieter, „Geben Sie die Schlüssel und damit ist die Sache für mich erledigt", so beinhaltet dies ein negatives

---

[657] Bub/Treier/*Gather* § 556 Rdnr. 18.
[658] BGH NJW 1983, 446; OLG Celle MDR 1998, 149; LG Hamburg NZM 1999, 838; AG Köln WuM 2001, 153.
[659] LG München I NZM 2003, 714.
[660] KG GE 2003, 524, 525.
[661] AG Lörrach WuM 2003, 438 mit zustimmender Anm. von *Harsch*.
[662] Blank/Börstinghaus § 538 Rdnr. 4.
[663] BGH RE WuM 1988, 294.
[664] BGH a. a. O.
[665] LG Köln WuM 1981, 163.

Schuldanerkenntnis mit der Folge, dass der Vermieter keine weiteren Ansprüche aus dem Mietverhältnis mehr geltend machen kann.[666]

Ein solches negatives Schuldanerkenntnis des Vermieters liegt auch dann vor, wenn er dem Mieter eine so genannte „**Generalquittung**" ausstellt, wonach er gegenüber dem Mieter keinerlei Ansprüche, gleich aus welchem Rechtsgrund, mehr geltend macht.[667]

Werden in dem Protokoll Schäden oder Renovierungsmängel aufgezählt, so stellt sich die Frage, ob die Entgegennahme des Protokolls und dessen Unterzeichnung durch den Mieter für diesen als **deklaratorisches Schuldanerkenntnis** oder lediglich als **Beweismittel** zu werten ist. Bestätigt der Mieter mit seiner Unterschrift in einem Abnahmeprotokoll, dass die darin aufgeführten Mängel vorhanden sind, so kann er diese Zustandsfeststellungen später nicht mehr bestreiten. Das Protokoll stellt somit ein Beweismittel dar.

Mit außerhalb dieser Zustandsfeststellung der Mietsache bei Rückgabe liegenden Einwendungen ist der Mieter jedoch nicht ausgeschlossen. So kann er geltend machen, dass die Schäden bereits bei Beginn der Mietzeit vorhanden waren oder dass er diese nicht zu vertreten hat.[668]

Bei diesen dem Mieter verbleibenden Einwendungen ist zu berücksichtigen, dass die oftmals verwendete Formularklausel, wonach sich „die Wohnung bei Übergabe an den Mieter in einem einwandfreien, renovierten Zustand" befindet, wegen Verstoßes gegen § 309 Nr. 12 b BGB unwirksam ist, da insoweit die Beweislast zum Nachteil des Mieters abgeändert wird.[669]

In Ausnahmefällen kann ein vom Mieter unterzeichnetes Abnahmeprotokoll dann als ein deklaratorisches Schuldanerkenntnis gewertet werden, wenn durch den eindeutigen Wortlaut der Erklärung eine **neue selbstständige Verpflichtung** geschaffen wird. Eine solche vom Mietvertrag unabhängige Anspruchsgrundlage des Vermieters liegt dann vor, wenn das Abnahmeprotokoll z. B. eine Erklärung des Mieters enthält, wonach er sich verpflichtet im Einzelnen aufgelistete Renovierungsarbeiten auszuführen[670] oder aber deren Kosten zu übernehmen.

ff) Schadensersatz bei fortbestehendem Mietverhältnis. Führt der Mieter während der Mietzeit die vereinbarten Schönheitsreparaturen nicht innerhalb der festgelegten Fristen aus, so hat der Vermieter zunächst einen hierauf gerichteten Erfüllungsanspruch gegen den Mieter, den er auch im Wege der Klage durchsetzen kann. Da dessen Vollstreckung gem. § 887 ZPO durch Ersatzvornahme vielfältige Schwierigkeiten entfalten kann, stellt sich die Frage, ob der Vermieter bei Verzug des Mieters Schadensersatz wegen Nichterfüllung verlangen kann.

Der BGH hat die Anwendung des § 326 BGB a. F. im laufenden Mietverhältnis ausgeschlossen, weil der Vermieter in der Verwendung des als Schadensersatz erlangten Geldbetrages frei wäre, dieser aber dem weiterhin in den Miträumen wohnenden Mieter zugute kommen müsse.[671]

Stattdessen billigt der BGH dem Vermieter den Anspruch auf Zahlung eines Vorschusses in Höhe der erforderlichen Renovierungskosten gegenüber dem Mieter zu, ohne zuvor ein Leistungsurteil erstreiten und damit die Voraussetzungen für die Ersatzvornahme im Wege der Zwangsvollstreckung schaffen zu müssen.[672] Über diesen Kostenvorschuss muss der Vermieter nach erfolgter Durchführung der Renovierung dem Mieter Abrechnung erteilen und ihm ggf. einen nicht verbrauchten Betrag erstatten.

Bei dieser Vorgehensweise ist jedoch zu berücksichtigen, dass die Durchsetzung der Renovierungsmaßnahmen gem. § 554 Abs. 1 BGB nach Erhalt des Kostenvorschusses eines Duldungstitels bedarf, dessen Vollstreckung wiederum auf Grund weiterer möglicher Einwendungen des Mieters z.B. zum vom Vermieter gewählten Zeitpunkt und der Dauer der Ausführung recht zeitaufwändig sein kann, so dass der Vermieter in aller Regel einen solchen Anspruch erst geltend machen wird, wenn durch die Nichtrenovierung des Mieters

---

[666] LG Görlitz WuM 1999, 363.
[667] BGH NZM 1999, 371.
[668] *Blank/Börstinghaus* § 538 Rdnr. 5.
[669] LG München WuM 1997, 613.
[670] AG Münster WuM 1987, 53; Bub/Treier/*Scheuer* V Rdnr. 192.
[671] BGH NJW 1990, 2376; BGH NZM 2005, 450; siehe auch LG Berlin NZM 2000, 235.
[672] BGH a. a. O.

eine Substanzgefährdung der Mietsache droht. Dies hat im Übrigen einen Teil der Instanzrechtsprechung dazu verleitet, die Rechtsprechung des BGH zu der Vorschussregelung nur auf die Fälle anzuwenden, bei denen durch die Nichtdurchführung der Schönheitsreparaturen eine Substanzverletzung der Mietsache droht.[673] Zur Begründung wird angeführt, während des laufenden Mietverhältnisses kämen nach der Entscheidung des BGH die Schönheitsreparaturen dem Mieter zugute. Wenn dieser mit dem Zustand und der Gestaltung der Mieträume einverstanden sei, so berühre die unterbleibende Renovierung die Belange des Vermieters erst dann, wenn eine Substanzverletzung der Mietsache drohe. Nach zutreffender Ansicht[674] hat jedoch bei einer solchen Fallkonstellation der Vermieter gegenüber dem Mieter einen Schadensersatzanspruch aus positiver Vertragsverletzung, auf den allerdings der BGH § 326 BGB a. F. anwenden zu wollen scheint.[675] Der BGH hat nunmehr in seiner Entscheidung zur Vorschussklage des Vermieters klargestellt, dass der Anspruch des Vermieters bereits dann fällig wird, wenn objektiv ein Renovierungsbedarf besteht, und zwar unabhängig davon, ob die Wohnung bereits in ihrer Substanz gefährdet ist.[676]

237   *gg) Verjährung.* Die Ersatzansprüche des Vermieters wegen nicht durchgeführter Schönheitsreparaturen verjähren gem. § 548 Abs. 1 BGB in 6 Monaten. Die Verjährung beginnt mit dem Zeitpunkt, in dem der Vermieter die Mietsache zurückerhält, und zwar auch dann, wenn die Ansprüche erst zu einem späteren Zeitpunkt entstehen.[677]

238   Eine **Rückgabe der Mietsache** liegt vor, wenn der Vermieter die Sachherrschaft über die Mieträume erhält, sich mithin die Besitzverhältnisse an der Wohnung zugunsten des Vermieters verändert haben. Erst hierdurch wird der Vermieter in die Lage versetzt, das Mietobjekt auf seine Mängelfreiheit zu überprüfen.[678] Die Aushändigung eines Wohnungsschlüssels an den Vermieter reicht hierzu aus, wenn der Vermieter hierdurch ungestört den Zustand und damit evtl. Mängel der Mietsache bereits endgültig feststellen kann.[679] Der Einwurf des Schlüssels in den Briefkasten des Vermieters genügt für die Erlangung der unmittelbaren Sachherrschaft über die Mieträume.[680]

Die Rückgabe muss allerdings im Hinblick auf die Beendigung des Mietverhältnisses erfolgen.[681] Wenn daher der Mieter die Mieträume noch bewohnt und dem Vermieter lediglich zum Ende des Mietverhältnisses gestattet, sich einen Überblick vom Zustand der Räume zu machen, so liegt keine Rückgabe des Mietobjektes vor.

239   Nach der bis zur Neufassung des Verjährungsrechts durch das Schuldrechtsmodernisierungsgesetz vom 1. 1. 2002 (Art. 229 § 6 EGBGB) maßgeblichen Rechtsprechung zu § 558 BGB a. F. begann die Verjährung des Schadensersatzanspruches wegen unterlassener Schönheitsreparaturen erst mit dem Entstehen des Schadensersatzanspruches, also regelmäßig erst mit dem Ablauf der gesetzten Nachfrist, sofern die Voraussetzungen für die Umwandlung des Erfüllungsanspruchs in einen Schadensersatzanspruch wegen Nichterfüllung gem. § 326 BGB a. F. erst nach dem Zurückerhalten der Mietsache vorlagen.[682] Seit der Geltung der neuen Verjährungsvorschrift ist diese Rechtsprechung gegenstandslos. Die Vorschrift des § 200 BGB, die nach ihrer Überschrift den „Beginn anderer Verjährungsfristen" regelt, behandelt in Satz 1 die Verjährungsfrist von Ansprüchen, die nicht der regelmäßigen Verjährungsfrist unterliegen. Zwar formuliert § 200 BGB hierbei wie § 198 BGB a. F., dass die Verjährung grundsätzlich mit der Entstehung des Anspruches beginnt, schränkt dies jedoch ausdrücklich dahingehend ein, soweit ein anderer Verjährungsbeginn nicht gesetzlich bestimmt ist. Eine solche andere gesetzliche Bestimmung enthält § 548 BGB, wonach be-

---

[673] LG Berlin GE 1992, 1155; GE 1997, 311; a. A. LG Berlin NZM 2004, 655.
[674] AG Köln WuM 1987, 150.
[675] BGH a. a. O.
[676] BGH NZM 2005, 450.
[677] BGH NZM 2005, 176; *Emmerich* NZM 2005, 248.
[678] BGH NJW 1991, 2416; WuM 1992, 71.
[679] OLG Düsseldorf WuM 1993, 272; LG Berlin GE 1987, 111; a. A. OLG München ZMR 1987, 124: Rückgabe sämtlicher Schlüssel.
[680] LG Mannheim DWW 1995, 86.
[681] BGH NJW 1991, 2416.
[682] BGH WuM 1989, 376; KG RE WuM 1997, 32.

stimmte Ansprüche der Parteien der besonderen kurzen Verjährungsfrist von 6 Monaten unterliegen. Insoweit entspricht es nunmehr der herrschenden Meinung, dass **sowohl der Erfüllungsanspruch wie auch der Schadensersatzanspruch** des Vermieters wegen unterlassener Schönheitsreparaturen mit der Rückgabe der Mietsache **gem. § 548 BGB nach 6 Monaten verjähren.**[683] Die kurze Verjährung gem. § 548 BGB gilt auch für Ansprüche aus einer Quotenhaftungsklausel,[684] da sowohl dem Schadensersatzanspruch wegen unterlassener Schönheitsreparaturen wie auch dem Anspruch aus einer Quotenhaftungsklausel der Hauptleistungsanspruch auf Vornahme der Schönheitsreparaturen wegen Veränderungen und Verschlechterungen der Mietsache zugrunde liegen und daher deren unterschiedliche rechtliche Behandlung hinsichtlich der Verjährung nicht gerechtfertigt ist.[685]

240 Der kurzen Verjährung des § 548 Abs. 1 BGB unterliegen auch sämtliche Ansprüche des Vermieters aus unerlaubter Handlung, seien sie fahrlässig oder vorsätzlich vom Mieter herbeigeführt worden.[686] Sie greift lediglich dann nicht, wenn die vorsätzliche unerlaubte Handlung des Mieters eine sittenwidrige Schädigung bezweckte (z. B. Vandalismusschaden).[687]

241 Die **individualvertraglich** vereinbarte **Verlängerung** der Verjährungsfrist ist bis zur Obergrenze von 30 Jahren gem. § 202 Abs. 2 BGB zulässig, es sei denn es liegt eine Unwirksamkeit gem. § 138 BGB oder § 242 BGB vor.

242 Bei **formularvertraglichen** Vereinbarungen über die Verlängerung der Verjährungsfrist ist die Inhaltskontrolle gem. § 307 Abs. 2 Nr. 1 BGB sowie § 305 c BGB zu beachten, da § 548 BGB zum Ziele hat, eine rasche Auseinandersetzung der Parteien bei der Rückgabe der Mietsache hinsichtlich evt. bestehender Ansprüche wegen des Zustandes der Mietsache zu erreichen. Gleichwohl dürfte unter Berücksichtigung der früheren Rechtsprechung, wonach ein Hinausschieben der Fälligkeit der von § 558 BGB a. F. erfassten Ansprüche bis zu einem Jahr zulässig war, die Obergrenze für eine Verlängerung der kurzen Verjährungsfrist bei einem Jahr liegen.[688]

243 Ein **vertraglich vereinbarter Verzicht** auf die Verjährungseinrede ist unwirksam, wohingegen auf das Recht, die Einrede der Verjährung zu erheben, durch einseitige Erklärung sowohl vor als auch nach Eintritt der Verjährung verzichtet werden kann.

244 Gem. § 203 BGB ist der Lauf der Verjährungsfrist solange **gehemmt,** wie die Parteien über den Erfüllungsanspruch oder den Anspruch auf Schadensersatz **verhandeln** und nicht eine Vertragspartei die Verhandlungsfortsetzung verweigert.[689] Der Begriff der Verhandlung ist dabei weit auszulegen, so dass jeder Meinungsaustausch über Grund und Höhe der Forderung ausreicht, es sei denn der Mieter lehnt die Erfüllung der Ansprüche sofort und endgültig ab.[690]

245 Die durch Verhandlungen ausgelöste Hemmung endet gem. § 203 Satz 2 BGB frühestens 3 Monate nach deren Abbruch oder Einschlafen.[691]

246 Die **Hemmung der Verjährung durch Rechtsverfolgung** ist in § 204 BGB geregelt. Nach § 204 Abs. 2 BGB endet die Hemmung in den in Abs. 1 aufgeführten Fällen 6 Monate nach der rechtskräftigen Entscheidung oder anderweitigen Beendigung des eingeleiteten Verfahrens.

247 Soweit gem. § 204 Abs. 1 Nr. 3 BGB die **Zustellung des Mahnbescheids** die Verjährung hemmt, so tritt die verjährungsunterbrechende Wirkung nur dann ein, wenn der Mahn-

---

[683] LG Frankenthal WuM 2003, 444, auf die zugelassene Revision hat der BGH durch Urt. v. 21. 1. 2004 – VIII ZR 140/03 – die Sache aus formalprozessualen Gründen zurückverwiesen, ohne in der Sache selbst eine Entscheidung zu treffen; AG Cuxhaven ZMR 2003, 501; *Blank*/Börstinghaus § 548 Rdnr. 17; *Goch* WuM 2003, 368, 371; *Jäkel* WuM 2002, 528; *Kraemer* NZM 2003, 417, 422; *Langenberg* NZM 2002, 976; *Lützenkirchen* ZMR 2002, 889.
[684] LG Berlin NZM 2002, 120; *Blank*/Börstinghaus § 548 Rdnr. 4; *Langenberg* 4 A Rdnr. 15.
[685] Vgl. auch Ausführungen zu Rdnr. 208 betreffend Erstattung der Mehrwertsteuer bei fiktiver Abrechnung.
[686] BGH NJW-RR 1988, 1358; NJW 1993, 2797.
[687] LG Koblenz WuM 2000, 304.
[688] *Kandelhard* NZM 2002, 929, 933; *Langenberg* 4 A Rdnr. 19.
[689] BGH WuM 1992, 71; LG Berlin GE 1996, 1377.
[690] BGH WuM 1987, 154; BGH NZM 2004, 583.
[691] Palandt/*Heinrichs* § 203 Rdnr. 4.

bescheid die geltend gemachten Ansprüche unverwechselbar erkennen lässt,[692] mithin der Anspruch so bezeichnet wird, dass er individualisiert werden kann.[693] Allgemeine Formulierungen wie „Schadensersatzansprüche", „Mietforderungen" und Ähnliches genügen nicht. Das gilt ebenso für Formulierungen wie „Schadensersatz wegen nicht vertragsgemäßer Rückgabe der Wohnung"[694] oder „Mietnebenkosten auch Renovierungskosten".[695] Nach Ansicht von Blank[696] soll es jedoch ausreichen, wenn der Vermieter die Ansprüche in einem vorgerichtlichen Schreiben substanziiert dargelegt hat und der Mahnbescheid auf dieses Schreiben Bezug nimmt.

247a Gem. § 204 Abs. 1 Nr. 7 BGB, der § 548 Abs. 3 BGB a. F. ersetzt, tritt Verjährungshemmung durch den **Antrag auf Durchführung des selbstständigen Beweisverfahrens** ein. Zu beachten ist hierbei, dass hierdurch ausschließlich die Ansprüche der Partei gehemmt werden, die das selbstständige Beweisverfahren betreibt, nicht jedoch die Ansprüche der Gegenpartei.

248 Ist der Schadensersatzanspruch des Vermieters verjährt, so besteht gem. § 390 S. 2 BGB immer noch die Möglichkeit, mit diesem verjährten Schadensersatzanspruch gegen den Kautionsrückzahlungsanspruch des Mieters **aufzurechnen**, sofern sich beide Forderungen früher nicht verjährt gegenüber gestanden haben.[697] Das ist auch der Fall, wenn der Vermieter seinen Ersatzanspruch erst nach Ablauf der Verjährungsfrist beziffert hat.[698] Hat der Mieter jedoch mit seinem fälligen Kautionsrückzahlungsanspruch bereits gegenüber anderen Ansprüchen des Vermieters z. B. auf Zahlung von Mietzinsen seinerseits die Aufrechnung erklärt, so geht die spätere Aufrechnungserklärung des Vermieters mit seiner verjährten Schadensersatzforderung ins Leere.

249 *hh) Prozessuales.* Der Vermieter ist für das Vorliegen sämtlicher Voraussetzungen des § 281 BGB **darlegungs- und beweispflichtig**. Dies betrifft mithin die Fristsetzung mit Leistungsaufforderung einschließlich des Zugangs, deren ergebnislosen Ablauf und die Schadenshöhe. Dagegen hat der Mieter darzulegen und zu beweisen, dass er den Verzug nicht zu vertreten oder rechtzeitig den Anspruch erfüllt hat.

250 Ist zwischen den Parteien im Hinblick auf die Unwirksamkeit einer Renovierungsklausel nach § 307 BGB streitig, welchen Anfangszustand die Mieträume hatten, so trifft hierfür den Mieter die Beweislast.[699]

251 Für die fehlende Erforderlichkeit einer Renovierung, wenn der Mieter erklärt, die Mieträume seien trotz Ablaufs der Renovierungsfristen noch in einem ordentlichen Zustand gewesen, trägt der Mieter die Beweislast.[700] Dies gilt auch, wenn der Mieter seine Schadensersatzpflicht damit verneint, er habe die Schönheitsreparaturen während des Mietverhältnisses ausgeführt.[701] Hat daher der Vermieter den Fristablauf dargelegt, ist der Mieter darlegungs- und beweispflichtig dafür, dass er seiner turnusmäßigen Renovierungsverpflichtung nachgekommen ist. Hierzu reicht der Vortrag, er habe die Schönheitsreparaturen innerhalb der vereinbarten Fristen ausgeführt, nicht. Vielmehr muss er spezifiziert vortragen, wann und in welchem Umfang er die Renovierungsarbeiten vorgenommen hat[702] oder das kein Renovierungsbedarf bestand.

252 **h) Ansprüche bei Ausführung nicht geschuldeter Schönheitsreparaturen.** In der Praxis häufig sind die Fälle, in denen der Mieter rechtsirrtümlich davon ausgeht, bei Vertragsende zur Durchführung der Schönheitsreparaturen verpflichtet zu sein, obwohl eine entsprechende vertragliche Regelung nicht getroffen worden oder die vorhandene Renovierungsverein-

---

[692] BGH NJW 1993, 862.
[693] LG Köln WuM 2000, 436; LG Wuppertal WuM 2002, 116.
[694] LG Wuppertal WuM 1997, 110.
[695] LG Bielefeld WuM 1997, 112.
[696] KG WuM 2002, 614; *Blank*/Börstinghaus § 548 Rdnr. 52.
[697] BGH NJW 1998, 981.
[698] LG Berlin ZMR 1995, 18.
[699] LG Berlin GE 1986, 1169; Bub/Treier/*Kraemer* III Rdnr. 1078; Bub/Treier/*Scheuer* V Rdnr. 224; a. A. LG Berlin ZMR 1987, 270.
[700] BGH NZM 1998, 710.
[701] OLG Karlsruhe WuM 1984, 267.
[702] LG Berlin NZM 2000, 862.

barung unwirksam ist. Führt der Mieter gleichwohl Schönheitsreparaturen bei Mietende aus, so können hieraus Ansprüche von Vermieter und Mieter entstehen, je nach dem ob die Arbeiten ordnungsgemäß oder aber mangelhaft vorgenommen worden sind.

aa) Des Vermieters. Bei **mangelhafter Ausführung** der Renovierungsarbeiten haftet der Mieter dem Vermieter aus positiver Vertragsverletzung für die Verschlechterung der vorhandenen Dekoration.[703]

Voraussetzung hierfür ist jedoch, dass dem Vermieter durch die unfachmännischen Renovierungsarbeiten ein **Schaden** entstanden ist. Ein solcher liegt jedoch nur dann vor, wenn der Mieter durch seine Arbeiten einen Zustand geschaffen hat, der schlechter ist als derjenige vor den fehlerhaften Arbeiten. Da der Vermieter bei fehlender Renovierungsverpflichtung des Mieters die dekorationsbedürftige Wohnung ohnehin zur Neuvermietung herrichtet oder dies dem Nachmieter überlässt, entsteht z. B. durch einen nicht deckenden Anstrich oder auch die unvollständige Anbringung der Strukturtapete nach einer Mietzeit von mehr als 10 Jahren[704] kein zusätzlicher Aufwand und somit auch kein Schaden des Vermieters. Führen im Übrigen die vom Mieter nicht geschuldeten, jedoch ausgeführten Renovierungsarbeiten zu einer **Verbesserung** des Zustandes der Mietsache, so sind auch etwa vom Mieter zu vertretende Farbunterschiede auf den Wandflächen oder angegilbte Heizkörper nicht von rechtlicher Relevanz, da der Vermieter nach einer Wohndauer von 4 Jahren für eine Neuvermietung diese Gebrauchsspuren ohnehin hätte beseitigen müssen, so dass ihm durch die Arbeiten des Mieters kein Schaden entstanden ist.[705]

Etwas anderes gilt dann, wenn die fehlerhaften Arbeiten des Mieters zu einer **Verschlechterung** der Mietsache geführt haben.[706] Das kann dann angenommen werden, wenn Lackteile mit Binderfarbe gestrichen oder Raufasertapeten unnötig so mit Farbe zugeschmiert werden, dass die Struktur verloren geht, die bei fachgerechter Ausführung erhalten geblieben wäre,[707] oder etwa bei überlappenden Tapetenbahnen, Verwendung ungeeigneter Farben sowie Überstreichen von Fliesen mit Farbe.[708] Der Ersatzanspruch ist in diesem Falle durch eine **Differenzberechnung** darzulegen,[709] mit der der Vermieter die zusätzlichen Kosten auflistet, die durch die vom Mieter zu vertretende Verschlechterung der Mietsache entstanden sind, und zwar unter Berücksichtigung der Kosten, die er ohnehin durch seine Renovierungsleistung hätte aufwenden müssen.

Bei der Höhe des Schadensersatzanspruches des Vermieters ist jedoch der Gesichtspunkt der Vorteilsausgleichung zu berücksichtigen. Da die erneute Renovierung des Vermieters zu einem besseren Zustand führt, als er vor den fehlerhaften Arbeiten des Mieters bestand, ist ein Abzug Neu für Alt vorzunehmen. Dieser richtet sich nach dem Verhältnis eines angemessenen Renovierungsturnus zur Wohnzeit des Mieters.[710]

bb) Des Mieters. Führt der Mieter bei Mietende fachgerechte Schönheitsreparaturen aus, ohne hierzu rechtlich verpflichtet zu sein, so steht dem Mieter ein **Bereicherungsanspruch gem. §§ 812, 818 Abs. 2 BGB** zu.[711] Daneben wird teilweise vertreten, dass der Mieter die Rückforderung nicht geschuldeter Schönheitsreparaturleistungen nach den Grundsätzen der Geschäftsführung ohne Auftrag verlangen kann, §§ 539 Abs. 1, 683, 670 BGB.[712] Schließlich kann dem Mieter unter engen Voraussetzungen ein **Schadensersatzanspruch gem. §§ 311 Abs. 2 Nr. 1, 280 Abs. 1 BGB** zustehen.[713]

---

[703] LG Hamburg WuM 1986, 311; LG Berlin GE 1995, 115.
[704] AG Köln WuM 2000, 211.
[705] LG Braunschweig WuM 1999, 547.
[706] LG Berlin GE 2003, 257.
[707] *Langenberg* NZM 2000, 1125.
[708] LG Köln WuM 1997, 41.
[709] LG Berlin WuM 2002, 517.
[710] *Langenberg* a. a. O.
[711] LG Freiburg WuM 2005, 383; LG Freiburg WuM 2005, 384; LG Stuttgart WuM 2004, 665; AG Berg Gladbach WuM 1995, 479; *Börstinghaus* WuM 2005, 675; *Dötsch* NZM 2007, 275.
[712] LG Karlsruhe NZM 2006, 508; LG Wuppertal WuM 2007, 567; *Dötsch* NZM 2007, 275; a. A. *Börstinghaus* WuM 2005, 675; *Lange* NZM 2007, 785.
[713] LG Stuttgart WuM 1986, 369; *Lehmann-Richter* WuM 2005, 747.

Ein Anspruch kann jedenfalls nicht auf eine Geschäftsführung ohne Auftrag werden. Ein Mieter, der im Zeitpunkt der Durchführung von Schönheitsreparaturen keine Kenntnis davon hat, dass die Klausel unwirksam ist, handelt ohne Fremdgeschäftsführungswillen.[714] Der Mieter geht vielmehr rechtsirrig davon aus, ein eigenes Geschäft zu betreiben.[715] Insoweit liegen die Voraussetzungen einer irrtümlichen Eigengeschäftsführung vor gem. § 687 Abs. 1 BGB, auf die die Vorschriften der §§ 677ff. BGB keine Anwendung finden.

257a Geht man mit der überwiegenden Instanzrechtsprechung von einem bereicherungsrechtlichen Anspruch aus, stellt sich die Frage, wie der Bereicherungsanspruch **berechnet** wird: Hier kommen die vom Mieter aufgewandten Renovierungskosten,[716] die ersparten Renovierungsaufwendungen des Vermieters[717] sowie die durch die Renovierung objektiv erzielte Wertverbesserung der Wohnung in Betracht.[718]

258 Da Sinn und Zweck des § 812 BGB der Ausgleich einer „ungerechtfertigten Bereicherung" ist, kommt es auf die Feststellung der Bereicherung des Vermieters an und nicht auf die „Entreicherung" beim Mieter. Richtigerweise bemisst sich die Bereicherung daher nicht nach den vom Mieter aufgewendeten Kosten, sondern nach der **Differenz zwischen dem Ertragswert der Wohnung vor und nach der Renovierung bzw. nach dem Mehrerlös bei einem Weiterverkauf** der Wohnung. Dieser Mehrwert ist objektiv zu ermitteln, wobei maßgebend ist, ob der Vermieter durch die vom Mieter nicht geschuldete, jedoch ausgeführte Renovierung die Wohnung zu einem höheren Mietzins vermieten kann. Ob ein solcher Wertzuwachs tatsächlich eingetreten ist, dürfte im Einzelfall äußerst schwierig darzulegen und zu beweisen sein, da die Höhe der Miete überwiegend von der Marktlage nicht jedoch von dem Zustand einer renovierten Wohnung abhängig ist. Das LG Stuttgart vertritt demgegenüber die Ansicht, die Höhe des Bereicherungsanspruches sei mit dem Wert der gesamten Renovierungsleistung gleichzusetzen, so dass der Mieter einen Anspruch auf Ersatz der an den ausführenden Handwerker gezahlten Geldbeträge habe.[719]

259 Führt der Mieter aufgrund einer unwirksamen Renovierungsklausel Schönheitsreparaturen durch, kommt auch ein Schadensersatzanspruch gegenüber der Vermieter in Betracht. Dieser Anspruch kann sich aus einem Verschulden des Vermieters bei Vertragsschluss gemäß §§ 311 Abs. 2, 280 Abs. 1 BGB ergeben. In diesem Zusammenhang vertritt das LG Stuttgart[720] die Ansicht, dass die Verwendung einer unwirksamen Vertragsklausel und die Geltendmachung von vermeintlichen Rechten gegen vorvertragliche Vermieterpflichten verstoße und deshalb zum Schadensersatz führe.[721] Den Vermieter trifft aber nur dann ein Verschulden, wenn ihm bei Vertragsschluss die Unwirksamkeit der Klausel aufgrund von Fahrlässigkeit unbekannt war.[722] Verwendet der Vermieter einen vorformulierten Standardvertrag, muss er sich das Verschulden des Verfassers gemäß § 278 S. 1 BGB zurechnen lassen. Soweit der Vermieter den Mietvertrag selbst entwirft, trifft ihn die Pflicht, die höchstrichterliche Rechtsprechung zu den einzelnen Formularklauseln zu berücksichtigen. Kommt er dieser Pflicht nach, handelt er nicht fahrlässig.

259a Handelt der Vermieter bei Vertragsschluss nicht fahrlässig, kommt ein Schadensersatzanspruch dennoch gemäß §§ 280 Abs. 1, 241 Abs. 2 BGB in Betracht, wenn er während des Mietverhältnisses von der Unwirksamkeit der von ihm verwendeten Renovierungsklausel Kenntnis erlangt und trotzdem vom Mieter die Durchführung der Schönheitsreparaturen verlangt.[723] Insoweit trifft den Vermieter als Verwender der Formularklausel eine Aufklä-

---

[714] *Emmerich* NZM 2006, 761; *Both* WuM 2007, 3.
[715] *Börstinghaus* WuM 2005, 675; *Lange* NZM 2007, 785.
[716] LG Freiburg WuM 2005, 383; LG Freiburg WuM 2005, 384; LG Wuppertal WuM 2007, 567; AG Nürtingen WuM 2007, 316.
[717] *Sternel* NZM 2007, 545; *Lehmann-Richter* WuM 2005, 747.
[718] *Börstinghaus* WuM 2005, 675; LG Köln Urt. v. 7. 9. 2006 – 6 S 316/05 – n. v.; AG Karlsruhe DWW 2005, 374.
[719] LG Stuttgart WuM 2004, 665; WuM 1986, 369; so auch AG Berg Gladbach WuM 1995, 479.
[720] LG Stuttgart WuM 1986, 369.
[721] Schmidt/Futterer/*Langenberg* § 538 Rdnr. 208.
[722] *Lehmann-Richter* WuM 2005, 747.
[723] *Blank* WuM 2004, 248; *Fischer* WuM 2004, 57; Schmidt-Futterer/*Langenberg* § 538 Rdnr. 208; *Pfeilschifter* WuM 2003, 543.

rungspflicht gemäß § 241 Abs. 2 BGB.[724] Beruft er sich trotzdem auf die unwirksame Renovierungsklausel, liegt eine Pflichtverletzung vor. Hiervon zu unterscheiden ist die Frage, ob den Vermieter generell eine initiative Aufklärungspflicht gegenüber dem Mieter trifft, sobald er Kenntnis von der unwirksamen Renovierungsklausel erlangt. Hierzu wird vertreten, den Vermieter treffe keine allgemeine Aufklärungspflicht. Vielmehr sei der Mieter selbst verpflichtet, sich über aktuelle Entwicklungen zu informieren.[725] Eine andere Auffassung sieht dagegen in der unterlassenen Aufklärung über eine unwirksame Renovierungsklausel eine Pflichtverletzung. Dies folge aus der Rücksichtnahmepflicht des § 241 Abs. 2 BGB.[726] Als Schaden kann der Mieter den Ersatz der Renovierungskosten verlangen.[727]

Ein Schadens- und Aufwendungsersatzanspruch des Mieters aus § 536a Abs. 2 Nr. 2 BGB 260 setzt voraus, dass die von ihm zwar nicht geschuldeten, jedoch ausgeführten Schönheitsreparaturen zur Erhaltung der baulichen Substanz der Mieträume erforderlich waren.

i) **Schadensersatz wegen Beschädigung der Mietsache.** In der Rechtspraxis sind häufig die 261 Ansprüche des Vermieters auf Schadensersatz wegen unterlassener Schönheitsreparaturen des Mieters abzugrenzen von seinen Schadensersatzansprüchen gegenüber dem Mieter aus positiver Vertragsverletzung gem. § 280 BGB.[728] Letztere liegen vor, wenn der Mieter die Grenzen des vertragsgemäßen Gebrauchs überschritten oder infolge der Verletzungen seiner Obhutspflicht die Mietsache beschädigt oder verschlechtert hat.[729]

Solche Schadensersatzansprüche setzen nicht die Einhaltung des Verfahrens gem. § 281 Abs. 1 BGB voraus,[730] da es sich nicht um einen Schadensersatzanspruch statt der Leistung bei schlecht ausgeführten Schönheitsreparaturen, sondern um einen solchen handelt, der durch Beschädigung der Substanz der Mietsache infolge vertragswidrigen Gebrauchs entsteht, was einen sofortigen Geldausgleichsanspruch ohne Fristsetzung gem. §§ 241 Abs. 2, 280 Abs. 1 BGB zur Folge hat.

Die Grenzziehung zwischen den Folgen üblicher Abnutzung und darüber hinausgehender Schäden ist fließend und daher in der Rechtsprechung oftmals Gegenstand konträrer Entscheidungen.[731]

Die Höhe des Schadensersatzanspruches ist auf **Ersatz der notwendigen Kosten** gerichtet. 262 Hierbei ist der Grundsatz der Vorteilsausgleichung von besonderer wirtschaftlicher Bedeutung, d. h. die Frage, inwieweit sich der Vermieter einen Abzug Neu für Alt anrechnen lassen muss, wenn durch die Ersetzung älterer Teile des Mietobjektes eine Wertsteigerung derselben eingetreten ist. Dies ist in aller Regel bei Arbeiten am Parkett und der Erneuerung von Teppichbodenbelägen der Fall,[732] betrifft aber auch die Erneuerung anderer Teile des Mietobjektes, wie z.B. sanitäre und elektrotechnische Einrichtungen, Türen und Fenster, sofern deren Beschädigung der Mieter zu vertreten hat.

Macht der Vermieter **Schadensersatzansprüche aus positiver Vertragsverletzung** geltend, 263 so hat er darzulegen und zu beweisen, dass die Mieträume bei Überlassung an den Mieter mangelfrei waren,[733] welche Schäden im Zeitpunkt der Rückgabe vorgelegen haben[734] und dass die Beschädigung der Mietsache durch nicht vertragsgemäßen Gebrauch entstanden ist.[735] Hat der Vermieter den Nachweis erbracht, dass die Schadensursache aus dem Obhutsbereich des Mieters hervorgegangen ist, so obliegt dem Mieter der Entlastungsbeweis gem. § 538 BGB, dass er den Schaden nicht zu vertreten hat.[736] Wendet der Mieter ein, der Mangel sei schon vor seinem Einzug vorhanden gewesen, so muss grundsätzlich der Vermie-

---

[724] *Artz* NZM 2007, 265.
[725] *Artz* NZM 2007, 265.
[726] *Börstinghaus* WuM 2007, 675.
[727] Schmidt-Futterer/*Langenberg* § 538 Rdnr. 208; *Lehmann-Richter* WuM 2005, 747.
[728] BGH ZMR 1995, 577.
[729] BGH DWW 1995, 279.
[730] BGH WuM 1988, 52 zum Verfahren gem. § 326 BGB a. F.
[731] Siehe zur Abgrenzung Ausführungen zu Rdnr. 103 ff.
[732] Siehe hierzu Ausführungen zu Rdnr. 222 ff.
[733] BGH NJW 1994, 1800.
[734] LG Detmold WuM 1990, 290.
[735] BGH NZM 2003, 594; OLG Düsseldorf WuM 2003, 621.
[736] OLG Karlsruhe NJW 1985, 142.

ter beweisen, dass er die Mietsache mängelfrei übergeben hatte (Argument aus § 538 BGB), wobei ein Wohnungsübergabeprotokoll zum Einzug, in dem der Mangel nicht vermerkt ist, zu einer Beweislastumkehr zu Lasten des Mieters führt.[737] Streiten die Parteien darüber, wer von ihnen die Verschlechterung der Mietsache zu vertreten hat und kommen hierfür Ursachen aus dem Vertretungsbereich beider Parteien in Betracht, obliegt es zunächst dem Vermieter, sich von seiner Verantwortlichkeit zu entlasten.[738] Ist streitig, ob vermietete Räume infolge Mietgebrauchs beschädigt sind, trägt der Vermieter die Beweislast dafür, dass die Schadensursache nicht aus dem Verhalten eines Dritten herrührt, für den der Mieter nicht (nach § 278 BGB) haftet.[739] Bei allem ist zu berücksichtigen, dass bei dieser nach Verantwortungsbereichen vom BGH[740] vorgenommenen Beweislastverteilung der Obhutsbereich des Mieters nicht mit dem Mietgebrauch gleichzusetzen ist. Bei dem vom BGH entschiedenen Fall blieb offen, ob ein Brandschaden von einem Gerät des Mieters oder von einem bauseits in den Mieträumen verlegten Stromkabel ausgegangen war. Damit konnte der Vermieter nicht beweisen, dass der Schaden, obwohl bei Mietgebrauch entstanden, in den Obhutsbereich des Mieters fiel, was zu Lasten des Vermieters ging.

5. Muster

a) Leistungsaufforderung des Vermieters an den Mieter zur Durchführung der Schönheitsreparaturen gem. § 281 Abs. 1 BGB mit Erklärung gem. § 281 Abs. 4 BGB

Muster

264   Betr.: Auszuführende Schönheitsreparaturen in der Wohnung ......

Sehr geehrter ......

Der zwischen uns abgeschlossene Mietvertrag endete am ...... Die Besichtigung der Wohnung hat ergeben, dass Sie Ihre Verpflichtung zur Durchführung der Schönheitsreparaturen nicht im erforderlichen Umfang erfüllt haben. Die Renovierungsarbeiten weisen folgende Mängel auf ...... (substanziierte Beschreibung der Mängel – alternativ Bezugnahme auf ein die Mängel beinhaltendes, beigefügtes Besichtigungsprotokoll).

Ich fordere Sie auf, folgende Arbeiten fachgerecht auszuführen oder ausführen zu lassen: ...... (substanziierte Beschreibung der zu erbringenden Renovierungsleistungen).

Die vorgenannten Arbeiten sind unverzüglich durchzuführen. Ich setze Ihnen hierzu eine Frist bis zum ......

Nach Ablauf dieser Frist lehne ich die Ausführung aller noch erforderlichen Arbeiten durch Sie ab und werde diese sodann selbst ausführen lassen und Sie auf Schadensersatz in Anspruch nehmen.

Mit freundlichem Gruß

......

Unterschrift

b) Aufforderungsschreiben des Vermieters an den Mieter wegen Forderung aus Quotenhaftungsklausel.

Muster[741]

265   Betr.: Auszuführende Schönheitsreparaturen in der Wohnung ......
Hier: Forderung auf Grund Quotenhaftungsklausel

---

[737] OLG Düsseldorf a.a.O.
[738] OLG Düsseldorf WuM 2002, 545.
[739] BGH WuM 2005, 57.
[740] BGH NJW 1994, 2019; siehe auch BGH NJW 1998, 594.
[741] Nies/Gies/*Daams* F. II. 8.

Sehr geehrte (r)......,

sie haben in der Zeit vom ...... bis zum ......, mithin 2¼ Jahre in obiger Wohnung gewohnt. Im Mietvertrag hatten Sie sich zu einer Kostenbeteiligung verpflichtet, sofern bei Ihrem Auszug die vereinbarten Renovierungsfristen noch nicht abgelaufen sind. Die maßgebliche Vorschrift des Mietvertrages lautet wie folgt:

„Endet das Mietverhältnis vor Eintritt der Verpflichtung zur Durchführung von Schönheitsreparaturen, so ist der Mieter verpflichtet die anteiligen Kosten für die im Allgemeinen erforderlichen Schönheitsreparaturen anhand eines Kostenvoranschlages eines vom Vermieter auszuwählenden Malerfachbetriebes an den Vermieter zu zahlen.

Der prozentuale Anteil richtet sich nach dem Zustand der jeweiligen Teile des Wohnraums bei Beendigung des Mietverhältnisses im Verhältnis zur Nutzungsdauer durch den Mieter seit dem Zeitpunkt der letzten Schönheitsreparaturen. Als Basis für die Ermittlung der Renovierungsquote dienen die in § ...... genannten Fristen."

Die erforderlichen Renovierungskosten haben wir durch einen Kostenvoranschlag, den wir diesem Schreiben beifügen, ermitteln lassen. Da die Renovierungsfristen mit Beginn des Mietverhältnisses zu laufen begonnen haben, sind Sie zu der anteiligen Zahlung verpflichtet, obwohl die Wohnung Ihnen seinerzeit unrenoviert überlassen worden war. Sie haben selbst auch keine Renovierungsarbeiten durchgeführt. Der Anspruch wird somit wie folgt beziffert:

Gemäß Fristenplan sind Wohnzimmer, Kinderzimmer, Schlafzimmer und Flur in der Regel alle fünf Jahre zu renovieren. Laut Kostenvoranschlag erfordert die Renovierung der einzelnen Räume einen Kostenaufwand in folgender Höhe: Wohnzimmer ......, Schlafzimmer ......, Kinderzimmer ......, Flur und Diele ......

Nach der Formel erforderliche Kosten x 40% (Kostenquote) ergibt sich somit ein betrag von ...... €.

Die Nassräume sind laut Fristenplan im Allgemeinen alle drei Jahre zu renovieren. Der Kostenvoranschlag weist folgende Renovierungskosten für diese Räume aus: Küche ......, Bad ......, Gäste-WC ...... Die anteiligen, von Ihnen zu übernehmenden Kosten, für Küche und Gäste-WC betragen somit ...... EUR (66% laut Quotenklausel). Der tatsächliche Zustand der Wohnung rechtfertigt auch keine Abweichung von obiger Berechnung.

Eine Kostenbeteiligung für das Bad wird nicht geltend gemacht, da zwischen uns strittig war und ist, ob die Schimmelbildung an der Decke im oberen Teil der Wand oberhalb der Dusche bauseits bedingt oder auf fehlendes Lüftungsverhalten Ihrerseits zurückzuführen ist. Insgesamt steht uns somit ein Betrag in Höhe von ...... € zu. Bitte überweisen Sie diesen Betrag zur Vermeidung einer gerichtlichen Auseinandersetzung bis zum ...... an uns.

Mit freundlichem Gruß

......
Unterschrift

III. Kleinreparaturen

1. Begriff

Unter Kleinreparaturen sind Reparaturen zu verstehen, die zur Instandhaltung bzw. Instandsetzung der Wohnung erforderlich sind und einen Kostenaufwand bis etwa 75,– € in Anspruch nehmen. Der BGH hat im Jahre 1989 unter den damaligen wirtschaftlichen Verhältnissen als Höchstbetrag 100,– DM für eine Kleinreparatur zugrunde gelegt.[742] Mit Blick auf die seit 1989 geänderten wirtschaftlichen Verhältnisse hat die Rechtsprechung bereits wenige Jahre später eine Kostenbelastung bis 75,– € je Einzelfall für angemessen gesehen.[743] Dem inzwischen eingetretenen weiteren Kostenanstieg wird dadurch Rechnung getragen, dass eine Höchstgrenze von bis zu 100,– € nicht mehr für unangemessen bezeichnet wird.[744]

---

[742] BGH WuM 1989, 324.
[743] BHG NJW 1992, 1759; OLG München WuM 1991, 388; OLG Hamburg WuM 1991, 385.
[744] Schmidt-Futterer/*Langenberg* § 538 Rdnr. 58.

267 Fehlt im Mietvertrag eine genauere Beschreibung der Kleinreparaturen, so kann zur Auslegung die **Definition der kleinen Instandhaltungen in § 28 Abs. 3 Satz 2 II. BV** herangezogen werden.[745] Hierunter fällt das **Beheben kleiner Schäden an den Installationsgegenständen** für Elektrizität (z. B. Steckdosen, Schalter, Klingel), Wasser (z. B. Wasserhähne, Brausen, Mischbatterien) oder Gas (z. B. Warmwasserbereitung, Wasch-, Spül- und Toilettenbecken, Badewannen), den Heiz- und Kocheinrichtungen (z. B. Öfen, Heizkessel für Öl, Kohle, Gas, Elektrizität; Heizkörper; Kochplatten oder Kochherde für Kohle; elektrische Grillgeräte), den Fenster- und Türverschlüssen (z. B. Fenstergriffe, Umstellvorrichtungen zum Öffnen und Kippen, Türgriffe) sowie den Verschlussvorrichtungen von Fensterläden (z. B. Rollladengurte, Einbruchsicherungen, elektrischer Rollladenöffner). Inhaltlich identisch mit der Bezeichnung Kleinreparaturen ist der teilweise verwendete Begriff der **Bagatellschäden**.

2. Gesetzliche Regelung

268 Nach dem gesetzlichen Leitbild obliegt die Durchführung von Kleinreparaturen dem Vermieter. Gem. § 535 Abs. 1 S. 2 BGB ist der Vermieter verpflichtet, die Mietsache in einem zum vertragsgemäßen Gebrauch geeigneten Zustand zu überlassen und sie während der Mietzeit in diesem Zustand zu erhalten. Die Erhaltungspflicht des Vermieters ist **Hauptleistungspflicht**. Sie umfasst die Verpflichtung, einerseits Gebrauchsbeeinträchtigungen auf Grund üblicher Abnutzung zu beseitigen und einen ordnungsgemäßen Zustand des Mietobjektes zur Vermeidung von Schäden aufrechtzuerhalten (**Instandhaltungspflicht**), andererseits einen ordnungsgemäßen Zustand durch Schadensbeseitigung wiederherzustellen (**Instandsetzungspflicht**).

269 § 535 Abs. 1 S. 2 BGB gewährt dem Mieter eine **Anspruchsgrundlage** für etwa erforderliche Maßnahmen im Sinne der oben genannten Pflicht. Demgegenüber steht die **Duldungspflicht** des Mieters bei Durchführung von Erhaltungsmaßnahmen durch den Vermieter nach § 554 Abs. 1 BGB.

3. Übertragung auf Mieter

270 a) **Individualvereinbarung.** Grundsätzlich ist die Übertragung der Instandhaltungs- und Instandsetzungspflicht und damit als deren Bestandteil die Durchführung der Kleinreparaturen auf den Mieter individualvertraglich möglich.[746] Einschränkungen ergeben sich aus zwingenden gesetzlichen Regelungen etwa den Wirksamkeitshindernissen aus dem allgemeinen Teil des BGB.[747] Daneben sind aber die Grenzen des § 536 Abs. 4 BGB – **Unabdingbarkeit des Minderungsrechts** – zu berücksichtigen. Aus diesem Grunde ist die Abwälzung der Erhaltungspflicht auf den Mieter dann unwirksam, wenn sie zu einer Einschränkung des Minderungsrechts bei Mängeln führt.[748]

Individualvertraglich kann dem Mieter auch nicht die Verpflichtung auferlegt werden, bei Mietbeginn vorhandene Mängel oder solche Schäden zu beseitigen, die nicht aus seinem Mietgebrauch herrühren oder von Dritten verursacht worden sind. Dies gilt auch dann, wenn der Mieter aus einem von ihm abgeschlossenen Versicherungsvertrag Kostenerstattung für einen Reparaturaufwand erhalten hat.[749]

Eine zusätzliche Schranke für **preisgebundenen Wohnraum** enthält § 28 Abs. 3 II. BV, wonach lediglich die Kostenübertragung für kleine Instandhaltungen auf den Mieter zulässig ist.

271 b) **Formularvereinbarungen.** Grundsatzentscheidungen zu Formularverträgen hat der BGH in den Jahren 1989[750] zu Beteiligungs-, Neuanschaffungs- und Kleinreparaturklausel

---

[745] Schmidt-Futterer/*Langenberg* § 538 Rdnr. 39.
[746] BGH NJW 1992, 1759.
[747] OLG Stuttgart WuM 1988, 149.
[748] BGH WuM 1992, 355.
[749] AG Köln WuM 1998, 596.
[750] BGH WuM 1989, 324 ff.

und 1992[751] zur Vornahmeklausel getroffen. Bei zeitlich vor diesen Entscheidungen unter Verwendung von Vertragsformularen begründeten Mietverhältnissen ist – dies belegt auch die Anzahl späterer gerichtlicher Entscheidungen zu diesen Themen – insoweit mit unwirksamen Klauseln zu rechnen.

aa) Beteiligungs- und Vornahmeklauseln. Die **Beteiligungsklausel** legt dem Mieter anteilmäßig, in der Höhe aber auf den für Kleinreparaturen zulässigen Wert begrenzt die Kosten von Arbeiten mit insgesamt größerem Reparaturaufwand auf. 272

Beispiel:
Bei einem größeren Reparaturaufwand als 75,- € je Einzelfall hat der Mieter sich mit dem genannten Betrag an den Kosten der Reparatur der genannten Gegenstände zu beteiligen.

Diese Beteiligungsklausel ist nach § 307 BGB **unwirksam**. Der Mieter wird durch die Klausel unangemessen benachteiligt, weil er entgegen dem gesetzlichen Leitbild durch die Kosten unmittelbar an der Erhaltungspflicht des Vermieters beteiligt wird und durch den Wegfall der Beschränkung auf Bagatellschäden wegen der damit verbundenen Abhängigkeit von Alter, Abnutzungsgrad und Verhalten der Vormieter nur geringen Einfluss auf die Reparaturanfälligkeit nehmen kann.[752] In einer Formularvereinbarung über Kleinreparaturen kann daher der Mieter nicht verpflichtet werden, die Kosten größerer Reparaturen **anteilig** zu tragen.[753] 273

Unter der **Neuanschaffungsklausel** ist zu verstehen, dass der Mieter die Kosten der Neuanschaffung eines von der Kleinreparaturpflicht umfassten Gegenstandes zu übernehmen hat oder aber – insoweit dann eine **Unterart der Beteiligungsklausel** – sich anteilmäßig in der Höhe auf den für Kleinreparaturen zulässigen Wert beschränkt an den Kosten der Neuanschaffung zu beteiligen hat.[754] 274

Beispiel:
Im Falle einer Neuanschaffung eines der genannten Gegenstände hat der Mieter die Kosten zu tragen, wenn der Anschaffungsbetrag 75,- € nicht übersteigt. Bei einem größeren Anschaffungsaufwand als 75,- € je Einzelfall hat er sich mit dem genannten Betrag an den Kosten der Neuanschaffung zu beteiligen.

In der Ausgestaltung der alleinigen Kostentragung durch den Mieter ist die Neuanschaffungsklausel an den Wirksamkeitsvoraussetzungen der Kleinreparaturklausel zu messen.

In der Ausprägung der Kostenbeteiligung ist sie aus den bei der Beteiligungsklausel aufgeführten Gründen gem. § 307 BGB unwirksam, wenn die Neuanschaffung dem Zweck der **Wiederherstellung der Gebrauchsfähigkeit** der Mietsache dient.[755] Soweit die Neuanschaffung zum Zwecke der **Verbesserung der Mietsache** erfolgt, ist sie ebenfalls gem. § 307 BGB unwirksam.[756] Auch wenn sich aus § 559 Abs. 1 BGB für den Bereich der baulichen Veränderungen die Möglichkeit der Beteiligung des Mieters aus Aufwendungen ergibt, so ist er gleichwohl unangemessen benachteiligt, wenn er dazu von vornherein formularvertraglich verpflichtet wird. Den Vermieterinteressen ist ausreichend dadurch Rechnung getragen, dass er unter den Voraussetzungen des § 559 BGB bei Neuanschaffungen zum Zwecke der Verbesserung der Mietsache eine höhere Miete fordern kann.[757] 275

Zu beachten ist, dass die Beteiligungs- und die Neuanschaffungsklausel zum Teil in Formularverträgen sprachlich mit der Kleinreparaturklausel zusammengefasst wurden. Dies hat auf die **inhaltliche Trennbarkeit** und die Unwirksamkeit dieser Klauseln im Sinne des § 307 BGB jedoch keinen Einfluss.[758] 276

---

[751] BGH WuM 1992, 355 ff.
[752] BGH WuM 1989, 324, 327.
[753] OLG Düsseldorf WuM 2002, 545.
[754] BGH WuM 1989, 324 ff.
[755] BGH WuM 1989, 324 ff.
[756] BGH WuM 1989, 324 ff.
[757] BGH WuM 1989, 324 ff.
[758] BGH WuM 1989, 324 ff.

277 Als **Vornahmeklauseln** werden solche Klauseln bezeichnet, die den Mieter verpflichten, die Reparaturarbeiten zur Instandhaltung bzw. Instandsetzung selbst durchzuführen.[759] Sie sind gem. § 307 BGB **unwirksam**.[760] Die unangemessene Benachteiligung des Mieters liegt in einem Verstoß gegen die zwingende Vorschrift des § 536 Abs. 4 BGB. Die beim Wohnraummietverhältnis nach dieser Vorschrift unabdingbaren Minderungsrechte nach § 536 Abs. 1 und 2 BGB werden durch die Vornahmeklausel ausgeschlossen, da die Erhaltungspflichten des Vermieters auf den Mieter mit der Folge übertragen werden, dass während der Vertragsdauer auftretende Fehler der Mietsache nicht zur Mietzinsminderung führen.

278 Entgegen der insoweit irreführenden Bezeichnung als Kleinreparatur**vornahme**klausel im mitgeteilten Leitsatz der Entscheidung des AG Konstanz aus dem Jahre 1997[761] hat die Rechtsprechung zur Unwirksamkeit der Vornahmeklausel weiterhin Bestand. Die Bezeichnung ist wohl als ein Redaktionsversehen anzusehen.[762]

Als unwirksame Vornahmeklauseln sind z. B. die Verpflichtung des Mieters, die Rollläden instandzuhalten und instandzusetzen[763] und die zerbrochenen Innen- und Außenscheiben zu erneuern,[764] behandelt worden.

279 Bei der Beurteilung einer Klausel als Vornahmeklausel in Abgrenzung zur Kostenerstattungsklausel ist darauf abzustellen, ob die **Selbstvornahme** durch den Mieter auf seine Kosten – dann Vornahmeklausel[765] – oder ausschließlich die **Kostenübernahme** durch den Mieter – dann Kostenerstattungsklausel – in Rede steht. Hierbei gilt der Grundsatz, dass Unklarheiten bei der Auslegung zu Lasten des Vermieters als Verwender gehen.[766]

280 *bb) Kostenerstattungsklauseln.* Die überwiegend als **Kleinreparaturklausel** bezeichnete Kostenerstattungsklausel enthält die Verpflichtung des Mieters, die Kosten für kleinere Instandhaltungen und Instandsetzungen ohne Rücksicht auf ein Verschulden zu tragen. Die Kostenübertragung auf den Mieter ist in Formularverträgen üblich. Seit dem Urteil des BGH aus dem Jahre 1989[767] gelten die nachfolgenden **Voraussetzungen hinsichtlich der Wirksamkeit der Kleinreparaturklausel:**

281 *(1) Höchstbetrag je Reparaturmaßnahme.* Für jede **Einzelreparatur** ist in der Klausel ein Höchstbetrag festzusetzen. Dieser kann als fester Betrag – so überwiegend – oder als prozentualer Anteil des Mietzinses ausgewiesen werden. Der BGH erachtete in der genannten Entscheidung einen Betrag von 100,– DM ohne weiteres für zulässig. In späteren Entscheidungen wurden ebenfalls 75,– € als wirksam angesehen.[768] Beim prozentualen Anteil des Mietzinses ist diese betragsmäßige Größenordnung Orientierungspunkt.

282 *(2) Angabe eines bestimmten Zeitraumes.* Weiterhin muss die Klausel eine **Zeitgrenze** enthalten. Zusammen mit der nachfolgend behandelten Begrenzung der Gesamtkosten ist dies ein unabdingbarer Schutz des Mieters für den Fall, dass mehrere Reparaturen in einem bestimmten Zeitraum erforderlich werden. Der BGH hält in der Entscheidung einen **Jahreszeitraum** für unproblematisch. Dieser ist in Formularverträgen auch üblich.

283 *(3) Begrenzung der Gesamtkosten.* Die Gesamtkosten für mehrere Reparaturen innerhalb des Zeitraumes sind ebenfalls zu begrenzen. Der BGH hat zur Höhe des zulässigen Gesamtaufwandes keine Entscheidung gefällt. Er hat aber zur Orientierung die Kalkulationssätze in § 28 Abs. 3 Satz 2 II. BV genannt.[769] Eine einheitliche Linie ist derzeit in der Rechtsprechung noch nicht zu erkennen. Dies hat seine Ursache vor allem in der unterschiedlichen

---

[759] Sternel MietR aktuell, Rdnr. 139.
[760] BGH WuM 1992, 355; OLG Frankfurt WuM 1997, 609.
[761] AG Konstanz WuM 1998, 214.
[762] Vgl. die Veröffentlichung der genannten Entscheidung in NZM 1999, 370.
[763] LG Wiesbaden NJW 1985, 1562.
[764] LG Hamburg WuM 1990, 115.
[765] BGH NJW 1992, 1759; OLG München WuM 1991, 388; OLG Hamburg WuM 1991, 385.
[766] AG Konstanz WuM 1998, 214.
[767] BGH WuM 1989, 324.
[768] OLG München WuM 1991, 388.
[769] BGH WuM 1989, 324.

Berechnungsgrundlage (Jahresnetto-[770] oder Jahresbruttokaltmiete)[771] bzw. der fehlenden Festlegung insoweit.[772]

Die Höchstgrenze einer Monatsmiete für den Jahreszeitraum, die in vielen Mietverträgen enthalten ist, ist vom OLG Hamburg für zu hoch befunden worden.[773] Ob dies auch für 10% der Jahresmiete gilt, ist unterschiedlich entschieden worden.[774]

Jedenfalls dürfte eine Begrenzung auf **6% bis 8% der Jahresbruttokaltmiete** im Jahreszeitraum – ggf. durch Festsetzung eines dem entsprechenden, bestimmten Betrages – nach Auswertung der Rechtsprechung nicht zu beanstanden sein.[775] Langenberg[776] hält eine Begrenzung von 9% der Jahresbruttomiete für angemessen. Er ermittelt diesen Wert aus einem Vergleich der höchsten Instandhaltungspauschale nach § 28 Abs. 2 II. BV und dem Abschlag für kleine Instandhaltungen gem. § 28 Abs. 3 Satz 1 II. BV.

Eine **fehlende Höchstgrenze** kann der Klausel nicht durch Auslegung entnommen werden.[777] Dies läuft nach Ansicht des BGH auf eine unzulässige geltungserhaltende Reduktion hinaus.

(4) Häufiger Mieterzugriff. Die Klausel darf sich gegenständlich nur auf Teile der Mietsache erstrecken, die zum unmittelbaren Mietobjekt gehören. Die Einbeziehung von Gemeinschaftseinrichtungen oder sonstigen Ausstattungen des Hauses ist unzulässig.[778] Die der Kostentragungspflicht unterliegenden Teile der Mietsache müssen zudem dem **häufigen Zugriff** des Mieters ausgesetzt sein. Einen Anknüpfungspunkt bietet insoweit die Definition der kleinen Instandhaltungen in § 28 Abs. 3 Satz 3 II. BV. Der häufige Zugriff ist bei im Mauerwerk oder in der Wand verlegten Gas-, Wasser- und Stromleitungen nicht gegeben.[779] Auch die Beseitigung einer Störung der Heiztherme stellt keine Kleinreparatur da, da der Mieter mit einer Therme nicht in Berührung kommt.[780] 284

Beim Fehlen einer dieser Voraussetzungen ist die Kleinreparaturklausel unwirksam. Dies hat zur Folge, dass die gesetzlichen Vorschriften gelten und der Vermieter bei vom Mieter nicht verschuldeten Mängeln zur Durchführung der Kleinreparaturen auf **seine Kosten** nach § 535 Abs. 1 BGB verpflichtet ist. 285

Zum gegenwärtigen Zeitpunkt fehlen Entscheidungen zu der Frage, ob dem Mieter zur Kostenabwendung bei Kleinreparaturen ein **Selbstvornahmerecht** zusteht. Unter der Voraussetzung der fachgerechten Ausführung der Kleinreparaturen dürfte dieser Zusatz in Mietverträgen im Hinblick auf die kostensparende Eigenleistung des Mieters unbedenklich sein. 286

Bei einer wirksam vereinbarten Kleinreparaturklausel trägt das Risiko **fehlschlagender Reparaturen** der Vermieter.[781] Allerdings knüpft die Entscheidung an die Unklarheit der streitgegenständlichen Klausel zu diesem Gesichtspunkt an. Den Entscheidungsgründen ist zu entnehmen, dass grundsätzlich auch die Kosten eines fehlgeschlagenen Versuches wirksam auf den Mieter übertragen werden können. Dieser Rechtsansicht kann jedoch nicht gefolgt werden, da dem Mieter hierdurch das Risiko der nicht fachgerechten Reparatur auferlegt würde, was dem Leitgedanken des § 535 Abs. 1 BGB widerspricht, wonach der Vermieter während der Mietzeit die Mietsache in einem zum vertragsgemäßen Gebrauch geeigneten Zustand zu erhalten hat und dies auch die mit dieser Verpflichtung vorhandenen Risiken beinhaltet. Folglich hat der Vermieter die Kosten der fehlgeschlagenen Reparatur 287

---

[770] OLG Hamburg WuM 1991, 385.
[771] BGH WuM 1992, 355.
[772] BGH WuM 1989, 324; OLG Stuttgart WuM 1988, 149; AG Konstanz WuM 1998, 214.
[773] OLG Hamburg WuM 1991, 385.
[774] Bejahend für Jahresnettokaltmiete: OLG Hamburg WuM 1991, 385; verneinend für die Jahresmiete: OLG Stuttgart WuM 1988, 149.
[775] BGH WuM 1992, 355: 6%; AG Konstanz WuM 1998, 214: 5% innerhalb zulässigem Rahmen; BGH WuM 1989, 324: bis 8%.
[776] Schmidt-Futterer/*Langenberg* § 538, Rdnr. 58.
[777] BGH WuM 1989, 324; a. A. *Sternel* MietR aktuell, Rdnr. 135, der auf die Sätze des § 28 Abs. 2, II BV abstellt.
[778] Schmidt-Futterer/*Langenberg* § 538 Rdnr. 57.
[779] BGH WuM 1989, 324.
[780] AG Hannover WuM 2007, 504.
[781] AG Konstanz WuM 1998, 214.

und der Mieter die Kosten der sich anschließenden fachgerechten Reparatur zu tragen, sofern letztere nicht die Höchstgrenze überschreiten.

288 Werden Reparaturen auf Grund wiederholt auftretender Mängel an Teilen der Mietsache erforderlich, die auf altersbedingten Verschleiß und damit nicht auf den Gebrauch durch den Mieter zurückzuführen sind, so kann der Vermieter, der die erforderliche Erneuerung dieses Teils der Mietsache unterlässt, dem Mieter die Erstattung dieser Reparaturkosten auch bei Bestehen einer wirksamen Kleinreparaturklausel nicht auferlegen.[782]

> **Formulierungsvorschlag: Reparaturkostenklausel**
>
> 289 Der Mieter trägt die Kosten für kleine Instandhaltungen (Kleinreparaturen-Bagatellschäden) an den seinem häufigen und direkten Zugriff ausgesetzten Installationsgegenständen des Mietobjektes, wie z. B. für Elektrizität, Wasser und Gas, Heiz- und Kocheinrichtungen, WC-Anlagen, Wasch- und Abflussbecken und sonstigen sanitären Einrichtungen sowie Fenster- und Türverschlüssen, Rollläden und Verschlussvorrichtungen von Fensterläden. Die Kosten sind für die Einzelreparatur auf 75,– € und für den Zeitraum eines Jahres auf 8% der Jahres-Netto-Kaltmiete begrenzt.

IV. Wartungspflichten

1. Allgemeines

290 Die Gebrauchserhaltungspflicht des Vermieters gem. § 535 Abs. 1 S. 2 BGB beinhaltet die **Prüfungs- und Wartungspflicht.** Danach hat er in angemessenen Zeitabständen zu prüfen, ob sich das Mietobjekt noch in einem zum vertragsgemäßen Gebrauch geeigneten Zustand befindet. Das schließt erforderliche Wartungsarbeiten an verschleißanfälligen Teilen der Mietsache ein.

291 Wartungspflichten bestehen daher u. a. für Heizthermen, Kochendwassergeräte, Heizungsanlagen einschließlich Gasetagenheizung, Antennenanlagen, Blitzschutzanlagen, Feuerlöschgeräte sowie maschinellen Wascheinrichtungen.

292 Diese Wartungspflichten sind zudem in **öffentlich rechtlichen Normen** festgelegt, so u. a. für Aufzugsanlagen in § 20 Abs. 1 Nr. 1 AufzV und für Heizungsanlagen in § 9 Abs. 3 HeizAnlV (Heizungsanlagen-Verordnung). Ähnliches gilt für die Eichung der der Wasserversorgung dienenden Messgeräte nach dem Eichgesetz.

293 Die Kosten für Wartung zählen zu den **Betriebskosten,** wie sich aus § 27 II. BV Anl. 3 Nr. 5c für die Wartung von Warmwassergeräten ergibt. Demzufolge werden in einer Vielzahl von Verträgen diese Wartungskosten als Betriebskosten auf den Mieter als umlegbar vereinbart.

2. Übertragung auf den Mieter

294 Die Übertragung von Wartungspflichten auf den Mieter ist nach denselben Grundsätzen wie bei den Kleinreparaturen zu beurteilen.[783] Folglich sind reine Vornahmeklauseln, mit denen der Mieter verpflichtet wird, die Wartung an einzelnen aufgeführten Einrichtungen, wie z. B. Heizthermen oder Etagenheizung fachmännisch ausführen zu lassen unwirksam, hingegen Kostenerstattungsklauseln unter bestimmten Voraussetzungen zulässig.[784]

295 **a) Individualvereinbarungen.** Individualvereinbarungen der Mietvertragsparteien betreffend die Übernahme bestimmter Wartungspflichten des Vermieters durch den Mieter sind grundsätzlich zulässig, es sei denn sie führen zur Einschränkung der Gewährleistungsrechte, insbesondere des Minderungsrechtes des Mieters.[785]

---

[782] Bub/Treier/*Kraemer* III A Rdnr. 1081 b.
[783] BGH WuM 1991, 381.
[784] Siehe hierzu Ausführungen zu § 19 Rdnr. 60 ff.
[785] BGH WuM 1992, 355.

b) **Formularvereinbarungen.** Die Formularklausel:

Thermen sind auf Kosten des Mieters wenigstens einmal im Jahr von einem Fachmann zu warten.

verstößt mangels einer Kostenbegrenzung gegen § 307 BGB.[786] Entscheidendes Argument dürfte jedoch sein, dass durch die Überbürdung der Wartungspflicht dem Mieter Gewährleistungsrechte unzulässig entzogen werden[787] und er darüber hinaus das Haftungsrisiko für die Wartungsarbeiten trägt.[788]

Das OLG Celle,[789] das durch die Entscheidung des BGH[790] aufgehoben worden ist, ist der Ansicht, eine solche Übertragung von Vertragspflichten auf den Mieter sei zulässig, soweit die Kosten überschaubar und angemessen seien. Zudem wird hierzu die Auffassung vertreten, die Klausel sei nicht zu beanstanden, wenn sie eine kostenmäßige Obergrenze für die jährlichen Kosten enthalte[791] und im Übrigen könne sie dahingehend ausgelegt werden, dass der Mieter die Betriebsbereitschaft der Therme aufrecht zu erhalten, nicht aber Reparaturarbeiten durchzuführen hat.[792]

Wegen Verstoßes gegen § 307 BGB sind daher auch folgende Klauseln unwirksam:
- Der Mieter hat die Etagenheizung auf eigene Kosten einschließlich Wartung und Reinigung zu betreiben[793]
- Der Mieter hat die töpfermäßige Reinigung bei Öfen bis zur Schornsteineinführung auf seine Kosten ausführen zu lassen[794]
- Der Mieter hat die jährliche Wartung der Fenster durch eine Fachfirma vorzunehmen.[795]

Da insbesondere die Wartungskosten für Heizthermen, zentrale Heizungsanlage, eine Gas- und Etagenheizung sowie Aufzugsanlagen auf den Mieter umlegbare Betriebskosten sind, sollte der Vermieter auf Grund der widersprüchlichen gerichtlichen Entscheidungen davon Abstand nehmen, in einem Mietvertrag diese Wartungspflichten dem Mieter zu übertragen, vielmehr vereinbaren, dass die hierfür anfallenden Kosten vom Mieter anteilmäßig im Rahmen der Abrechnung der Betriebskosten zu tragen sind.

---

[786] BGH WuM 1991, 381; a. A. OLG Celle WuM 1990, 103; LG Berlin GE 1988, 299; Bub/Treier/*Bub* II Rdnr. 463.
[787] *Sternel*, MietR akutell, Rdnr. 140.
[788] Bub/Treier/*Kraemer* III Rdnr. 1082.
[789] A. a. O.
[790] A. a. O.
[791] AG Osnabrück WuM 1993, 602.
[792] OLG Karlsruhe Betr 1978, 2313; a. A. LG Berlin GE 1993, 265.
[793] LG Berlin ZMR 1992, 302.
[794] LG Berlin ZMR 1986, 443.
[795] AG Oldenburg WuM 1986, 135.

§ 20 Modernisierung, Aus-, Um- und Anbauten

Übersicht

	Rdnr.
I. Normzweck/Anwendungsbereich	1–6
II. Beratungscheckliste für Modernisierungsvorhaben	7
III. Anspruch des Vermieters auf Modernisierung/Duldungspflicht des Mieters	8–144
1. Materielle und formelle Voraussetzungen	8–141
a) Die zu duldende Maßnahme	8–90
b) Zumutbarkeitsprüfung/Würdigung der berechtigten Interessen bei Vorliegen einer Härte (sogenannte Härteklausel)	91–123
c) Mitteilungspflicht des Vermieters	124–141
2. Rechte des Vermieters auf Grund des zu duldenden Modernisierungsvorhabens	142–144
IV. Mieterrechte auf Grund einer Modernisierung	145–161
1. Erstattung von Aufwendungen	146–150
2. Anspruch auf vertragsgemäße Erhaltung, Minderungsrechte und Schadensersatz (Gewährleistungsrechte)	151–156
a) Vertragsgemäße Erhaltung	152
b) Minderung	153/154
c) Schadensersatz	155/156
3. Sonderkündigung gem. § 554 Abs. 3 Satz 2 BGB	157–161
V. Unwirksamkeit abweichender Regelungen	162/163
VI. Mietermodernisierung	164–185
1. Anspruch auf Durchführung	165–172
2. Daraus resultierende Ansprüche und Rechtsfolgen	173–177
3. Barrierefreiheit	178–185
VII. Übergangsregelung/Rechtslage vor Inkrafttreten des Mietrechtsreformgesetzes	186–198
1. Anwendung des neuen Rechts	186
2. Ausnahmen von der Anwendung des neuen Rechts/Fortgeltung des alten Rechts	187/188
3. Rechtslage bei Fortgeltung des alten Rechts	189–198
a) Abweichendes in Bezug auf den Anspruch des Mieters auf Modernisierung bzw. auf die Duldungspflicht des Mieters	190–197
b) Alte Rechtslage in Bezug auf die Mieterrechte durch die Modernisierung	198
VIII. Abgrenzungsfragen	199–203
IX. Gesetzliche Regelungen	204–212
X. Abweichende Vereinbarungen	213–216
XI. Übergangsregelung/Rechtslage vor Inkrafttreten des Mietrechtsreformgesetzes	217–221

I. Normzweck/Anwendungsbereich

1 Die Regelungen zur Durchführung von Modernisierungen und deren Duldung waren von 1983,[1] geändert und erweitert 1993 durch das 4. Mietrechtsänderungsgesetz,[2] bis 2001 in § 541b BGB angesiedelt. Nach Inkrafttreten des Mietrechtsreformgesetzes sind diese nunmehr in § 554 BGB geregelt, wobei entsprechend der Gesetzeslage vor 1982 die Duldungspflichten des Wohnraummieters für reine Erhaltungsmaßnahmen (§ 554 Abs. 1 BGB) sowie die hier zu behandelnden Modernisierungsmaßnahmen und deren Duldung (§ 554 Abs. 2 bis Abs. 5 BGB) in einer Vorschrift zusammengefasst sind.

2 Die Regelung in § 554 Abs. 2 bis Abs. 5 BGB, die einerseits der **Förderung der Verbesserungs- und Modernisierung von Wohnraum** sowie der Maßnahmen der Energie- und Was-

---

[1] BGBl. I 1982 S. 1912.
[2] BGBl. I S. 1257 – Viertes Gesetz zur Änderung mietrechtlicher Vorschriften vom 21. 7. 1993.

§ 20 Modernisierung 3–6 § 20

sereinsparung dient, ohne dass das Mietverhältnis beendet werden muss, soll andererseits auch den Mieter auf Grund Berücksichtigung seiner rechtlichen Belange davor schützen, dass er Maßnahmen hinnehmen muss, die ihn aus finanziellen Gründen oder unter erheblicher baulicher Veränderung zwingen, den Wohnraum aufzugeben[3] (Schutz vor Luxusmodernisierung oder so genanntem Hinausmodernisieren), so dass der Gesetzgeber versucht hat, die unterschiedlichen Belange des Vermieters und des Mieters allumfassend zu berücksichtigen.

So gibt § 554 Abs. 2 bis Abs. 5 BGB einerseits dem Vermieter einen Anspruch darauf, Maßnahmen der Verbesserung und Modernisierung von Wohnraum sowie Maßnahmen zur Energie- und Wassereinsparung gegenüber dem Mieter durchzusetzen, die ansonsten der Mieter aufgrund seines Rechtes auf ungestörten Mietgebrauch verhindern könnte. Des Weiteren räumt der Gesetzgeber infolge der Durchsetzung von Modernisierungsmaßnahmen bei frei finanziertem Wohnraum gem. §§ 559, 559a und 559b BGB, bzw. beim sozialen Wohnungsbau gem. § 6 NMV i.V.m. § 11 Abs. 6 II. BV die Miete auf Grund der Modernisierung zu erhöhen ein. Andererseits wird zum Zwecke des **Mieterschutzes** aber die Anspruchsdurchsetzung von einer Interessenabwägung mit berechtigten Belangen des Mieters im Hinblick auf die vorzunehmenden Arbeiten, baulichen Folgen, die vorausgegangene Verwendung, die zu erwartende Mietzinserhöhung oder andere Härtegründe abhängig gemacht. Um den Mieter insoweit – zur Beurteilung seiner Lage und um entsprechende Einwendungen erheben zu können – frühestmöglich in einen umfassenden Kenntnisstand zu versetzen, verpflichtet § 554 Abs. 3 BGB den Vermieter, vor Beginn der baulichen Maßnahmen und Arbeiten dem Mieter eine qualifizierte Mitteilung über Art, Umfang, Beginn und voraussichtliche Dauer der Maßnahme zu machen, die insbesondere auch den zu erwartenden höheren Mietzins wiedergeben muss, wobei diese Mitteilungsverpflichtung nicht für Bagatellmaßnahmen des Vermieters gilt (§ 554 Abs. 3 Satz 3 BGB).

Des Weiteren wird dem Mieter in § 554 Abs. 5 BGB ein Aufwendungsersatzanspruch gewährt, um ihn im Falle der Duldung zumindest vor anderen finanziellen Aufwendungen, außer der zu erwartenden Mieterhöhung, zu schützen, die die Modernisierungs- und Verbesserungsmaßnahmen mit sich bringen. § 541b Abs. 5 BGB enthält im Interesse des Schutzzwecks ein Verbot, die Regelungen durch vertragliche Vereinbarungen zum Nachteil des Mieters zu umgehen.

Der **Anwendungsbereich** der in § 554 Abs. 2 bis Abs. 5 BGB geregelten Duldungspflicht ist zunächst auf Grund der neuen Gesetzessystematik der Mietrechtsreform in dem lediglich auf Wohnraummietverhältnisse anwendbaren Teil der geänderten Mietrechtsvorschriften enthalten, so dass die Regelung zunächst auf Wohnraummietverhältnisse beschränkt ist.

Für Mietverhältnisse über andere Räume wird allerdings in § 578 Abs. 2 BGB auf die auch für diese Mietverhältnisse anwendbaren Teile der Vorschrift, nämlich § 554 Abs. 1 bis Abs. 4 BGB verwiesen. Die Duldungspflicht besteht insoweit sowohl für frei finanzierte, als auch für öffentlich geförderte Wohnungen.[4]

Gegenständlich wird von § 554 BGB „die Mietsache" erfasst, wodurch die unmittelbar angemieteten Räume und die zur Mitbenutzung überlassenen Räume und Raumteile, aber auch Teile des Gebäudes und Außenanlage[5], erfasst sind.

Zeitlich gilt in Literatur und Rechtsprechung § 554 BGB entsprechend auch für die Zeit nach Beendigung des Mietverhältnisses, wenn ein Mieter auf Grund von gewährtem Vollstreckungsschutz die Räumlichkeiten noch rechtmäßig nutzt.[6] Problematisch ist die Untervermietung. Der Hauptvermieter hat selbst keinen Anspruch. Nach herrschender Meinung kann aber der Hauptvermieter verlangen, dass der Hauptmieter den Untermieter zur Duldung verpflichtet.[7]

---

[3] BGH NJW 1992, 1386.
[4] BayOLG WuM 1996, 749; Schmidt-Futterer/*Eisenschmid* § 554 BGB Rdnr. 10.
[5] Schmidt-Futterer/*Eisenschmid* § 554 Rdnr. 6
[6] AG Regensburg WuM 1992, 104; Schmidt-Futterer/*Eisenschmid* § 554 BGB Rdnr. 11.
[7] Schmidt-Futterer/*Eisenschmid* § 554 Rdnr. 9 m.w.N.

Hinzuweisen ist dann noch auf eine Spezialvorschrift hinsichtlich der Pflicht zur Duldung von Ausstattungen zur Verbrauchserfassung von Wärme und Warmwasser in der Heizkostenverordnung (§ 4 Abs. 2 Satz 1 HeizkV).

II. Beratungscheckliste für Modernisierungsvorhaben

Checkliste zur Mandatsannahme

- ☐ Sind die formellen Voraussetzungen für eine Modernisierung gegeben?
  - Inhalt?
  - Frist?
  - Form?
- ☐ Ist die Erklärung von einem Berechtigten oder mehreren Berechtigten auszusprechen/ausgesprochen?
  - Richtet sich die Erklärung an den richtigen/die richtige Adressat/in?
  Zwischenergebnis:
  - Sind Inhalt, Frist und Form in Ordnung, folgt Fortführung der Prüfung gemäß Checkliste
  - Sind Inhalt, Frist und Form nicht eingehalten, besteht kein Anspruch auf Duldung, bzw. kann Duldung verweigert werden.
- ☐ Handelt es sich um eine „zu duldende Maßnahme" im Sinne des § 554 BGB? Verbesserungsmaßnahme?
  - Maßnahme zur Einsparung „aller Arten von Energie"?
  - Maßnahme zur Wassereinsparung?
  - Maßnahme zur Schaffung neuen Wohnraums?
- ☐ Liegt eine Härte auf Mieterseite vor, die unter Abwägung mit den berechtigten Interessen des Vermieters/der Vermieter oder anderer Mieter nicht hingenommen werden muss, so dass die Maßnahme nicht geduldet werden muss?
  - Geschützter Personenkreis auf Mieterseite:
    – Mieter oder weiterer Angehöriger seines Haushalts?
  - Überprüfung der gesetzlichen Beispiele:
    – Durchzuführende Arbeiten
    – Bauliche Folgen
    – Aufwendungen des Mieters
    – Zu erwartende Erhöhung des Mietzinses
  - Sonstige Gründe
  - Feststellung der Vermieterinteressen
  - Abwägung des Härtegrundes/der Härtegründe mit den Vermieterinteressen oder von Interessen anderer Mieter an der Modernisierung?
  Zwischenergebnis:
  - Bei unzumutbarer Härte besteht kein Anspruch auf Duldung; Duldung kann verweigert werden.
  - Bei zumutbarer Härte auf Grund Vermieterinteressen; Fortführung der Prüfung der Checkliste unter 5).
- ☐ Duldung: Welche Rechte/Pflichten bestehen auf Mieterseite?
  - Zutrittsgewährung
  - Duldung der Einwirkung
  - Gewährleistungsrechte
  - Aufwendungsersatz
  - Sonderkündigung
- ☐ Welche Rechte/Pflichten bestehen auf Vermieterseite?
  - Duldungsklage

- Zutrittsrecht
- Erhöhungsrecht
- Schadensersatz wegen Verweigerung

III. Anspruch des Vermieters auf Modernisierung/Duldungspflicht des Mieters

1. Materielle und formelle Voraussetzungen

a) Die zu duldende Maßnahme. Modernisierungsmaßnahmen sind Arbeiten, die **von Instandhaltungsarbeiten bzw. Instandsetzungsarbeiten zu unterscheiden** sind. Während jene der Erhaltung des Mietobjekts in einem bestimmten Zustand dienen bzw. Mängel des Mietobjekts beheben sollen, sollen Modernisierungsmaßnahmen den Substanz- oder Gebrauchswert des Mietobjekts oder sonstiger Teile des Gebäudes erhöhen und eine bessere und komfortablere Nutzung desselben ermöglichen.[8] Die Modernisierung ist somit ein Sammelbegriff für Maßnahmen des Vermieters, die er entsprechend den in § 554 Abs. 2 BGB aufgeführten Fallgruppen zum Zweck der Wohnwertverbesserung, Energie- und Wassereinsparung sowie zur Schaffung neuen Wohnraums vornehmen kann.[9] Dabei ist die Prüfung, ob eine Modernisierungsmaßnahme vorliegt, rein nach objektiven Kriterien der Verkehrsanschauung,[10] und nicht nach den Beurteilungen bzw. Wünschen und Vorstellungen des Mieters vorzunehmen. Die Frage der Wertverbesserung ist an dem Zustand zu messen, den das Mietobjekt vor der Maßnahme hatte.[11] Problematisch sind die Fälle, bei denen die Maßnahmen zwar der Verbesserung dienen, gleichzeitig aber in erheblichem Umfang auch Instandhaltungsarbeiten umfassen. Nach herrschender Meinung in Literatur und Rechtsprechung ist hier, um die generelle Duldungspflicht des Mieters nicht künstlich auszudehnen, grundsätzlich von der Anwendung des § 554 Abs. 2 bis Abs. 5 BGB auszugehen.[12]

Maßnahmen sind nicht nur Tätigkeiten, die unmittelbare Einwirkung auf die Nutzung der Mietsache haben, sondern auch solche, die zwar nicht unmittelbar einwirken, die aber den Mieter gleichwohl beeinträchtigen oder stören.

aa) Maßnahmen zur Verbesserung. Unter Maßnahmen zur Verbesserung der Mietsache (Räume oder sonstige Teile des Gebäudes) im Sinne des § 554 Abs. 2 BGB sind alle **baulichen Veränderungen** zu verstehen, **die den rein objektiven Gebrauchs- und Substanzwert der Räume und Gebäudeteile im Rahmen ihres Zwecks erhöhen und eine bessere Nutzung ermöglichen.** Hierunter fallen aber, wie § 554 Abs. 2 BGB regelt, nicht nur Verbesserungen der vom Mieter unmittelbar selbst genutzten Räume, sondern auch solche Verbesserungen an anderen Teilen des Gebäudes, in denen sich die Mietwohnung befindet, wie z.B. am Dachstuhl, Dach, Treppenhaus, Außenfassade. Im Gegensatz zu § 559 BGB setzt dabei § 554 Abs. 2 BGB weder voraus, dass die Maßnahmen an den anderen Teilen des Gebäudes dem betreffenden Mieter zugute kommen muss,[13] noch dass es sich um eine nachhaltige Erhöhung des Gebrauchswerts handeln muss.[14] Maßnahmen zur Verbesserung im Sinne des § 554 Abs. 2 BGB sind somit auch Maßnahmen, die nicht nur einem Mieter zugute kommen, sondern mehreren oder Dritten z.B. Anlagen oder Einrichtungen für die Allgemeinheit wie Trockenspeicher, Waschküche, Kinderspielplätze, gemeinschaftliche Grünanlagen, Auto- oder Fahrradabstellplätze. **Auch die Verbesserung der allgemeinen Wohnverhältnisse** ist also eine Verbesserung der Mietsache und damit eine Modernisierung.

---

[8] LG Karlsruhe WuM 1992, 121; LG Stuttgart WuM 1992, 13; Bub/Treier/*Krämer* III. A Rdnr. 1100; Palandt/*Putzo* § 541b Rdnr. 7.
[9] Schmidt-Futterer/*Eisenschmid* § 554 Rdnr. 59.
[10] KG RE WuM 1985, 248, 250.
[11] Schmidt-Futterer/*Eisenschmid* § 554 BGB Rdnr. 67.
[12] LG Berlin NZM 1999, 1137; GE 1994, 1927; LG Köln WuM 1993, 608; Schmidt-Futterer/*Eisenschmid* § 554 BGB Rdnr. 78; MünchKommBGB/*Voelskow* § 541b Rdnr. 7.
[13] Bub/Treier/*Krämer* III A Rdnr. 1100.
[14] Schmidt-Futterer/*Eisenschmid* § 554 BGB Rdnr. 70.

10   Insbesondere gilt als Maßnahme der Verbesserung im Sinne des § 554 Abs. 2 BGB auch die Schaffung neuen Wohnraums durch Anbau, Ausbau oder Umbau, denn der Mieter soll nicht nur Maßnahmen dulden, die für ihn von Vorteil sind, sondern auch solche, die allein den wirtschaftlichen Wert eines Hausgrundstücks verbessern. Ob eine Maßnahme zur Verbesserung der gemieteten Räume führt, ist rein objektiv zu bestimmen.[15]

11   Dabei ist nicht die Wertung des einzelnen Mieters, sondern allein die Verkehrsanschauung dafür maßgeblich, ob tatsächlich eine Verbesserung des Wohnwerts vorliegt oder nicht.[16] Die Prüfung, ob eine Wertverbesserung vorliegt, ist aus dem Vergleich zwischen vorhergehendem Standard und beabsichtigtem neuen Zustand zu beurteilen.
Probleme tauchen, wie bereits oben aufgezeigt, auf, wenn eine Maßnahme zwar der Verbesserung dient, gleichzeitig aber auch Instandhaltungsarbeiten beinhaltet. Hier besteht die Gefahr, dass der Schutz des § 554 Abs. 2 BGB umgangen wird, wenn die Maßnahme allein nach § 554 Abs. 1 BGB beurteilt wird bzw. dass die Duldungspflicht ausgedehnt wird. Nach überwiegender Meinung in Literatur und Rechtsprechung ist deshalb nach § 554 Abs. 2 BGB vorzugehen.[17]

12   *bb) Maßnahmen zur Einsparung von Energien aller Art.* Des Weiteren hat der Gesetzgeber die Duldungspflicht auch für Maßnahmen zur Einsparung von Energien aller Art geregelt. Insoweit soll dem öffentlichen Interesse an der Einsparung von Energie Genüge getan werden. Hier steht natürlich nach wie vor die Einsparung von Heizenergie an erster Stelle. Des Weiteren fallen aber auch Maßnahmen unter die Duldungspflicht, die zur Einsparung anderer Energien führen, z. B. zur Einsparung von Strom. Als Beispiel für Modernisierungsmaßnahmen in Bezug auf andere Art von Energien sind in der Begründung zum Mietrechtsreformgesetz, durch das die vorher allein bevorzugte Einsparung von Heizenergie nun auf Einsparungen aller Art von Energie erweitert wurde, z. B. drehzahlgeregelte Umwälzpumpen, Ventilatoren, Aufzugsmotoren sowie Energiesparlampen genannt.

13   So ist festzustellen, dass die meisten Maßnahmen zur Einsparung von Energien aller Art ohnehin bereits sogenannte „Verbesserungsmaßnahmen" im Sinne der ersten Alternative der Vorschrift des § 554 Abs. 2 BGB sind. Der eigentliche Sinn dieser Regelung besteht deshalb darin, dass auch Maßnahmen, die für sich gesehen keine sogenannte „Verbesserung" der Mietsache mit sich bringen, dann zu dulden sind, wenn sie wenigstens Energie einsparen.

14   Dabei ist in Bezug auf Heizenergie an Kellerdecken, Dächer, Außenwände, Fassaden, Außentüren usw. zu denken, schließlich aber natürlich auch an Maßnahmen in den Wohnungen selbst, wie an den Austausch eines Einzelofenheizsystems oder Einzelwarmwasseraufbereitungsgeräte gegen Zentralheizungen oder zentrale Warmwasseranlagen oder an den Austausch von Einfachfenstern gegen Isolierfenster usw.[18]

15   Auch hier setzt § 554 Abs. 2 BGB im Vergleich mit der Vorschrift des § 559 BGB keine „nachhaltige" Einsparung von Heizenergie voraus, woraus zu folgern ist, dass Maßnahmen durchaus im Rahmen der Duldungspflicht des Mieters durchgeführt werden können, aber nicht notwendigerweise zu einer Mieterhöhung führen, wenn eine Energieeinsparung zwar vorliegt, aber nicht nachhaltig ist.
Zu beachten ist, dass sich die Energieeinsparung auch nicht unmittelbar vorteilhaft für den Mieter auswirkt bzw. für diesen ausreichend bzw. rentierlich ist. Eine Energieeinsparmaßnahme kann selbst dann zu dulden sein, wenn diese zu keiner Energieeinsparung auf Mieterseite führt.
Jedoch ist bei der Maßnahme immer das Gebot der Wirtschaftlichkeit zu beachten.

16   *cc) Maßnahmen zur Einsparung von Wasser.* Schließlich muss der Mieter auch Maßnahmen dulden, die der Einsparung von Wasser dienen. Dabei ist an sogenannte Durchlaufbegrenzer, Toilettenspülungsspartasten, Duscheinrichtungen statt Badewanne, Regenwassergewin-

---

[15] Schmidt-Futterer/*Eisenschmid* § 554 BGB Rdnr. 67; MünchKommBGB/*Voelskow* § 541 b Rdnr. 7.
[16] LG Berlin NZM 1998, 189.
[17] Schmidt-Futterer/*Eisenschmid* § 574 BGB Rdnr. 78.
[18] LG Berlin GE 1985, 361 für Umstellung von Kohle auf Ölheizung; LG Berlin WuM 1991, 482 für Umstellung auf Fernwärme; OLG Celle WuM 1993, 89 für die Umstellung von Öl auf Erdgas.

nungsanlagen oder auch an den Einbau von Wasseruhren zu denken. Auch hier muss der Spareffekt nicht beim einzelnen Mieter eintreten, sondern der Spareffekt wird rein objektiv beurteilt. Die Einsparung von Wasser aber muss hier genauso wie bei der Einsparung von Heizenergie an dem Gebot der Wirtschaftlichkeit gemessen werden, so dass Maßnahmen zur Einsparung von Wasser wirtschaftlich vernünftig sein müssen und in einem vertretbaren Verhältnis zu einer etwa aus der Maßnahme resultierenden Mieterhöhung stehen müssen.

dd) Schaffung neuen Wohnraums. Erst seit dem 4. Mietrechtsänderungsgesetz wurde die Vorschrift dergestalt erweitert, dass nun auch Maßnahmen geduldet werden müssen, die der Schaffung neuen Wohnraums dienen. Der Gesetzgeber wollte damit ganz deutlich zum Ausdruck bringen, dass nicht nur Maßnahmen zu dulden sind, die sich für den Mieter wohnwerterhöhend auswirken oder in sonstiger Weise für diesen vorteilhaft sind, sondern auch solche, die allein dazu dienen, dem Vermieter eine Möglichkeit zu verschaffen, den wirtschaftlichen Wert seines Anwesens auszuschöpfen.[19]

Der Gesetzgeber wollte mit dieser Erweiterung insbesondere den Wohnungsbau fördern und dem Vermieter im Rahmen der Modernisierungsvorschrift auch die Ausschöpfung des wirtschaftlichen Werts seines Grundstücks ermöglichen.[20] Der Gesetzgeber verlangt also keinesfalls, dass eine völlig neue Wohnung geschaffen wird, sondern es genügt bereits die Vergrößerung bestehender Wohnungen. Er unterscheidet dabei zwischen **Anbau,** der Erweiterung und Ergänzung eines bereits vorhandenen Objekts, **Ausbau,** der Schaffung von Wohnraum durch eine unter wesentlichem Bauaufwand durchgeführte Umwandlung von Räumen, die nach ihrer baulichen und alten Ausstattung bisher anderen als Wohnzwecken dienten, oder **Umbau,** dem Schaffen von Wohnraum durch eine unter wesentlichem Bauaufwand durchgeführte Anpassung von Wohnräumen, die infolge einer Änderung der Wohnungsgewohnheiten nicht mehr für Wohnzwecke geeignet waren.

Alle drei vorausgegangenen Bauformen sollen hier im Rahmen der Vorschrift ermöglicht werden. Dabei müssen sich die Maßnahmen aber auf schon vorhandene Bauteile bzw. Gebäudeteile beziehen.[21]

Zu beachten ist, dass diese Erweiterung des Gesetzgebers nicht den Entzug mitgemieteter Nebenräume oder Flächen für sich allein rechtfertigt. Insoweit ist vielmehr aus den Regelungen in § 573b BGB und § 573a BGB erkennbar, dass der Gesetzgeber im Rahmen des Kündigungsrechts Anforderungen aufgestellt hat, die eine Kündigung ermöglichen und die natürlich nicht, falls die Voraussetzungen für eine Kündigung nicht vorliegen, dann im Wege einer Umgehung durch § 554 Abs. 2 bis 5 BGB durchgesetzt werden.[22] § 554 Abs. 2 bis 5 BGB können also niemals rechtfertigen, dass Nebenräume entzogen werden bzw. geräumt werden müssen.

Ebenso wenig ist es gem. § 554 Abs. 2 bis 5 BGB zulässig, durch veränderte Aufteilung von Geschossflächen im Rahmen der Duldungspflicht ein Zimmer oder eine ganze Wohnung zu entziehen.[23]

Der Ausbau von Nebenräumen allein zum Zwecke einer gewerblichen Nutzung dient nicht der Schaffung von Wohnraum. Die Duldungspflicht kann sich hier aber aus § 242 BGB ergeben.[24]

ee) Beispiele. Es folgen Beispiele von Maßnahmen, die eine Verbesserung, Einsparung von Energien aller Art, Wassereinsparung oder Schaffung von Wohnraum darstellen oder nicht:

Abwasserleitung
Des Öfteren werden im Zuge von Gebäudesanierungen durch Neueinbauten oder Sanierung von Bädern Abwasserleitungen neu eingelegt oder ausgetauscht. Der bloße Austausch von vorhandenen Leitungen stellt nur eine Modernisierung dar, wenn die Rohre auf Grund des Durchmessers eine größere Kapazität haben. Wird ein Bad dagegen neu in einer Woh-

---

[19] Schmidt-Futterer/*Eisenschmid* § 554 BGB Rdnr. 179; Bub/Treier/*Krämer* III A Rdnr. 1102 b.
[20] *Bub* NJW 1993, 2901.
[21] Schmidt-Futterer/*Eisenschmid* § 554 BGB Rdnr. 179.
[22] Bub/Treier/*Krämer* III A Rdnr. 1102 b.
[23] Bub/Treier/*Krämer* III A Rdnr. 1102 b.
[24] Schmidt-Futterer/*Eisenschmid* § 554 BGB Rdnr. 183.

nung eingebaut und werden deshalb Abwasserrohre durch andere Wohnungen geführt, ist dies ein zu duldende Maßnahme.

Alarmanlage

23 Der Einbau einer Alarmanlage stellt immer eine Wertverbesserung dar, da die Mietwohnung bezüglich der Sicherheit verbessert wird.

Antenne

24 Siehe auch Parabolantenne und Kabelanschluss

In Zukunft wird flächendeckend terrestrischer Empfang nur noch in digitaler Form möglich sein. Insoweit taucht das Problem auf, dass ältere Geräte der Mieter einen Decoder benötigen, welcher die digitalen Signale. Die gesendet werden, wieder in analoge umwandelt (sogenannte Set-Top-Box). Ist die bisher vorhandene Gemeinschaftsantennenanlage geeignet digitalen Empfang weiterzuleiten, ist die Anschaffung der Set-Top-.Box Sache des Mieters. Ist die Antenne nicht geeignet, muss der Vermieter eine neue Empfangsmöglichkeit schaffen, die dann aber keine Modernisierung, sondern im Regelfall eine Instandsetzung darstellt.[25]

Aufteilung von Räumen

25 Des Öfteren wird im Zuge von Gebäudesanierung eine neue Raumaufteilung vorgenommen, wenn z. B. aus bislang vorhandenen Räumen durch Trennung zwei Räume entstehen, z. B. bei Bad und Toilette. Nach herrschender Meinung in Literatur und Rechtsprechung wird hier eine Verbesserung angenommen, wenn neue Funktionsräume geschaffen werden.[26] Auch bei Schaffung eines weiteren Zimmers durch Trennung vorhandener Zimmer kann eine Verbesserung bejaht werden, wenn die Räume noch genügende Funktionalität aufweisen.[27]

Aufzug

26 Der Neueinbau eines Aufzuges ist immer eine Wertverbesserung, sobald der Aufzug in irgendeiner Weise von den betreffenden Wohnungen zum Vorteil genutzt werden kann. Dies gilt bei einer Erdgeschosswohnung schon dann, wenn der Aufzug bis in den Keller geht.[28]

Außenfassade

27 Hier ist zu unterscheiden, ob eine bloße Instandsetzung wegen dringend notwendiger Reparaturarbeiten oder eine Wärmeisolierung vorgenommen wird. Letztere Maßnahmen, die also einer besseren Wärmeisolierung dienen, stellen immer Modernisierungsarbeiten im Sinne des § 554 Abs. 2 BGB dar und zwar sowohl als Verbesserungsmaßnahme als auch als Maßnahme zur Einsparung von Heizenergie.[29]

Ausstattung:

28 Wird die Ausstattung geändert, z. B. wird bei einer Toilette oder einem Bad statt der bisherigen Ölfarbe ein Fliesenspiegel eingebracht, eine Wechselsprechanlage, ein elektrischer Türöffner oder neue Sicherheitsschlösser, so stellt dies immer eine Verbesserungsmaßnahme dar.[30]

Badezimmer

Siehe Aufteilung, siehe Ausstattung

29 Zu prüfen ist hier, ob lediglich bereits vorhandene Ausstattungsteile ausgetauscht werden dann stellt dies keine Verbesserungsmaßnahme dar – oder ob mit dem Austausch der Ausstattung auch tatsächlich eine Gebrauchswerterhöhung verbunden ist.

Balkon

30 Trotz vereinzelter anders lautender Entscheidungen ist der Neubau bzw. Anbau eines Balkons objektiv gesehen, es sei denn, es liegt keinerlei Wohnwertverbesserung vor, eine Verbesserungsmaßnahme.[31]

---

[25] Schmidt-Futterer/*Eisenschmid* § 554 BGB, Rdnr. 93 und 94.
[26] LG Berlin GE 1992, 39; Bub/Treier/*Krämer* III A Rdnr. 1101; *Barthelmess* § 3 MHRG Rdnr. 9.
[27] Sternel/*Eisenschmid* Rdnr. 657; Schmidt-Futterer/*Börstinghaus* § 559 Rdnr. 122.
[28] Bub/Treier/*Krämer* III A Rdnr. 1101; Schmidt-Futterer/*Eisenschmid* § 554 BGB Rdnr. 96 ff.
[29] Schmidt-Futterer/*Börstinghaus* § 559 BGB Rdnr. 94; LG Paderborn WuM 1993, 360.
[30] Bub/Treier/*Krämer* III A Rdnr. 1101.
[31] Schmidt-Futterer/*Eisenschmid* § 554 BGB Rdnr. 101 und 102; Bub/Treier/*Krämer* III A Rdnr. 1101.

Behinderten – oder altengerechter Umbau
Wenn ein Umbau auf Dauer für Behinderte oder für Altennutzung entsprechend umgebaut wird, stellt dies eine Modernisierungsmassnahme dar.[32]

Bodenaustausch
Der Austausch vorhandenen Bodenbelags durch einen hochwertigeren und pflegeleichteren Belag stellt eine Wertverbesserung dar.[33] Ebenso die erstmalige Fußbodenverfliesung (siehe Ausstattung).

Dachausbau
Im Rahmen eines Speicher- oder Dachausbaues werden meistens Energiesparmaßnahmen durchgeführt, indem das Dach isoliert und der Dachboden gedämmt wird. Dies stellt in der Regel eine Modernisierungsmaßnahme bzw. eine Maßnahme zur Einsparung von Heizenergie dar.[34] Des Weiteren kann auch der Ausbau eines Speichers als Trockenspeicher eine Wertverbesserung darstellen.[35]

Digitales Fernsehen
Die Umstellung eines Kabelnetzes von bisherigen alten Standard auf den neuen 862 Megahertz-Standard ist eine Modernisierungsmassnahmen, die den Gebrauchswert der Wohnung nachhaltig verbessert, da zahlreiche weitere Programme empfangen werden können und eine Multimedia-Verbindung (Telefon, Internet usw.) ermöglicht wird.

Druckspüler
Der Austausch eines Druckspülers gegen einen Spülkasten stellt keine Modernisierung dar.[36] Dagegen stellt der Austausch der normalen Toilettenspülung gegen einen Spülkasten mit Spartaste eine Verbesserung und Wassereinsparungsmaßnahme dar.

Durchlauferhitzer
Die Umstellung einer zentralen Warmwasserbereitung auf Durchlauferhitzer ist keine Wertverbesserung.[37]

Eingangstür
Der Einbau einer neuen Hauseingangstür kann je nach Gebrauchswertverbesserung oder besserer Einbruchssicherung eine Wertverbesserung sein.[38]

Elektroinstallation
Auch hier ist, wie bei Abwasserleitungen zu trennen, ob lediglich Leitungen instand gesetzt werden, oder ob Leitungen erstmals verlegt werden, um damit eine bessere Versorgung der Räumlichkeiten mit Elektrizität zu gewährleisten. Im letzteren Fall stellt die Verlegung von Elektroleitungen eine Verbesserung dar.

Fahrradständer
Das Anlegen von Fahrradabstellplätzen mit Fahrradständern stellt immer eine Gebrauchswertverbesserung dar.

Fahrstuhl
Siehe Aufzug

Fernwärme
Siehe Heizung

Fenster
Die Ersetzung einfach verglaster Fenster gegen Isolierglasfenster stellt in der Regel eine Modernisierungsmaßnahme dar.[39] Ob der Austausch von Kastendoppelfenstern gegen Iso-

---

[32] Schmidt-Futterer/*Börstinghaus* § 559 Rdnr. 97.
[33] *Barthelmess* § 3 MHG Rdnr. 10; MünchKommBGB/*Voelskow* § 3 MHRG Rdnr. 8.
[34] Schmidt-Futterer/*Börstinghaus* § 559 BGB Rdnr. 100.
[35] *Scholz* WuM 1995 Rdnr. 14.
[36] OVG Berlin GE 1985, 687.
[37] Schmidt-Futterer/*Börstinghaus* § 559 BGB Rdnr. 103.
[38] Schmidt-Futterer/*Börstinghaus* § 559 BGB Rdnr. 105.
[39] AG Hamburg WuM 1986, 245; AG Neumünster WM 1992, 258.

lierglasfenster eine Wertverbesserung darstellt, ist dagegen umstritten.[40] Eine Wertverbesserung stellt selbstverständlich auch dar, wenn statt bisher einfach zu öffnenden Fenstern Kipp- und Drehbeschläge eingebaut werden. Des Weiteren stellt der Einbau zusätzlicher Fenster grundsätzlich eine Wertverbesserung dar, es sei denn, die Funktionalität des Raumes wird erheblich beeinträchtigt, weil große Stellflächen verloren gehen.[41] Bei dem Austausch von Fenstern ist immer zu berücksichtigen, dass ohnehin fällige Instandsetzungen in Höhe des dafür notwendigen Kostenanteils berücksichtigt werden.

Fliesen
43 Siehe Ausstattung
Der bloße Austausch bereits vorhandener Fliesen ist keine Wertverbesserung, auch wenn die Fliesen rein optisch schöner sind.

Fußböden
44 Siehe Bodenbelag

Gasheizung
45 Siehe Heizung

Gasumstellung
46 Wird Warmwasser und Elektrobeheizung wegen des durch die Stadt durchgeführten Erdgasanschlusses des Anwesens auf Gasgeräte umgestellt, stellt dies keine Modernisierung dar.

Garagen
47 Garagen können als sonstige Teile des Gebäudes eine Wertverbesserung darstellen.[42]

Garten
48 Die Neuanlegung eines Gartens für die Mieter kann eine Wertverbesserung darstellen, wenn dieser den Mietern wieder zur Verfügung gestellt wird.[43]

Gegensprechanlage
49 Da durch eine Gegensprechanlage die Anforderungen an die Sicherheit erheblich verbessert werden, stellt eine Gegensprechanlage nach herrschender Meinung stets eine Verbesserung im Sinne des § 554 Abs. 2 BGB dar.[44]

Gemeinschaftseinrichtungen
50 Die erstmalige Neuerrichtung von Gemeinschaftseinrichtungen wie Küche, Trockenraum, Abstellplätze, Kinderspielplätze usw. stellt eine Verbesserung dar.

Hauswand
51 Siehe Fassade

Haustür
52 Siehe Eingangstür

Heizung
53 Der Austausch einer Einzelofenheizung gegen eine Zentralheizung in einem Mietobjekt ist immer eine Wertverbesserung und kann auch eine Energiesparmaßnahme sein.[45] Die Umstellung einer Kohleheizung auf Öl oder Gas stellt immer eine Wertverbesserung dar.[46]
54 Die Umstellung der ölbetriebenen Zentralheizung auf Fernwärme hat die instanzgerichtliche Rechtsprechung bisher unter § 554 Abs. 2 BGB summiert, wenn die Fernwärme aus einer Anlage der Kraft-Wärme-Kopplung erzeugt wird.[47] Insoweit muss der Mieter eine Umstellung, wenn die Fernwärme aus einer Anlage der Kraft-Wärme-Kopplung erzeugt wird, grundsätzlich dulden, wenn damit eine Einsparung von Primärenergie (Öl, Erdgas,

---

[40] VG Berlin GE 1983, 131, 755, OVG Berlin GE 1984, 977; a. A. AG Rostock GE 1996, 1251.
[41] Schmidt-Futterer/*Börstinghaus* § 559 BGB Rdnr. 111.
[42] Bub/Treier/*Krämer* III A Rdnr. 1101; MünchKommBGB/*Voelskow* § 541 b Rdnr. 9.
[43] Schmidt-Futterer/*Börstinghaus* § 559 BGB Rdnr. 117.
[44] LG München WuM 1989, 27; LG Berlin GE 1991, 575.
[45] LG Köln WuM 1989, 308; LG Hamburg WuM 1990, 18; LG Fulda WuM 1992, 242; LG Berlin WuM 1984, 219; Schmidt-Futterer/*Börstinghaus* § 559 BGB Rdnr. 127.
[46] LG Berlin WuM 1991, 482.
[47] LG Hamburg NZM 2006, 536.

Kohle) verbunden ist, wobei die Umstellung für den Mieter nicht einmal rentabel sein muss.[48] Zu prüfen nach der instanzgerichtlichen Rechtssprechung war allerdings, ob die finanziellen Belastungen nicht gegebenfalls bei der Härtefall-Kontrolle eine Rolle spielen.

Der Bundesgerichtshof hat nunmehr in der Umstellung aber kein Problem des § 554 Abs. 2 BGB gesehen, sondern ein Vertragsproblem. Nach Auffassung des Bundesgerichtshofes ist die vom Mieter geschuldete Form der Wärmelieferung ausschließlich nach dem Inhalt des Vertrages zu beurteilen. Ist dort vereinbart, dass die Wärmeversorgung über eine zentrale Heizungsanlage erfolgt, und dass der Mieter die Betriebskosten tragen muss, so hat der Vermieter Anspruch auf die Kosten des Betriebs der zentralen Heizungsanlage im Sinne des § 2 Nr. 4 a BetrKV. Ein Wechsel zur eigenständig gewerblichen Lieferung von Wärme setzt wegen der damit verbundenen höheren Kosten eine entsprechende Vertragsregelung voraus, die anlässlich der Umstellung getroffen werden muss.[49] Allerdings kann bereits im Mietvertrag selbst vereinbart werden, dass der Mieter einer Umstellung zuzustimmen hat und nach der Umstellung auch die Kosten der eigenständig gewerblichen Lieferung von Wärme tragen muss. Für eine solche Vereinbarung sollte es ausreichen, wenn im Mietvertrag vereinbart ist, dass der Mieter die Betriebskosten im Sinne der BetrKV zu tragen hat.[50] Wenn im Mietvertrag also bereits geregelt ist, dass der Mieter die Betriebskosten im Sinne der BetrKV zu tragen hat, erfasst diese Umlagevereinbarung nach der Ansicht des Bundesgerichtshofes, sowohl die Kosten der Zentralheizung im Sinne von § 2 Nr. 4a BetrKV, als auch die Kosten der eigenständig gewerblichen Lieferung von Wärme des § 2 Nr. 4c BetrKV. Bei einer derartigen Regelung hat der Vermieter deshalb letzten Endes immer die Wahl, auf welche Weise er die Wärmeversorgung sicher stellt. Selbst wenn die Umstellung zu höheren Betriebskosten führt, spielt dies keine Rolle bei einer derartigen Regelung; insoweit kann der Mieter nicht einmal einwenden, dass die Umstellung unwirtschaftlich ist, denn nach Rechtsprechung des BGH gilt der Wirtschaftlichkeitsgrundsatz nur innerhalb des vertraglich vereinbarten Wärmekonzepts, nicht für die Umstellung. Ebenso ist es unerheblich, ob mit dem Wechsel eine Energieeinsparung in irgendeiner Weise verbunden ist.[51] Nach einem Teil der Literatur, der sich auch der Verfasser anschließt, verkennt die BGH-Rechtsprechung gerade bei einem Formularvertrag die verbraucherschützende Funktion des AGB-Rechts bzw. verkehrt diese in ihr Gegenteil. Aus § 2 BetrVK folgt lediglich, welche Kosten vom Gesetzgeber her überhaupt auf den Mieter umgelegt werden dürfen, wenn der Mietvertrag eine hinreichende Umlagevereinbarung enthält. Ist im Mietvertrag aber eine zentral beheizte Wohnung vermietet, so folgt aus der Verweisung aus § 2 BetrVK lediglich, dass der Mieter die Kosten des Betriebs der zentralen Heizungsanlage im Sinne von § 2 Nr. 4 1 BetrVK zu tragen hat. Ein Recht des Vermieters zum Wechsel auf eine andere Beheizungsart kann aus der Betriebskostenverordnung selbst nicht hergeleitet werden.[52]

Das gleiche Problem ergibt sich bei der Umstellung einer ölbetriebenen Zentralheizung auf „Nahwärme" (Wärmecontracting). Dies ist eine Form der eigenständig gewerblichen Lieferung von Wärme im Sinne des § 2 Nr. 4c BetrVK. Nach Auffassung des BGH ist das Problem der Umstellung auch hier im allgemeinen Vertragsrecht anzusiedeln. Es gelten dieselben Grundsätze, wie bei der Umstellung auf Fernwärme.[53] Ausgerechnet in der höchstrichterlichen Rechtsprechung gibt es bislang zu der Problematik, wenn nach einem Mietvertrag nur die Kosten der Zentralheizung umlagefähig sind, und nicht die Umstellung der Vertragsauslegung bereits vereinbart ist.

In einem solchen Fall ist immer noch in Erwägung zu ziehen, ob der Mieter die Umstellung als Modernisierungsmaßnahme dulden muss, oder ob eine ergänzende Vertragsauslegung zu einer Umlagevereinbarungsänderung führt.

---

[48] LG Berlin NZM 2002, 64, LG Hamburg NZM 2006, 536.
[49] BGH WuM 2005, 387; WuM 2008, 285.
[50] BGH WuM 2077, 571 aA; Beyer NZM 2008, 12.
[51] BGH WuM 2008, 285.
[52] Beyer NZM 2008, 12, 14; Blank, Anforderungen an die Betriebskostenabrechnung nach der Rechtssprechung des BGH – offene Fragen und Probleme, S. 8.
[53] BGH WuM 2005, 387; WuM 2005, 456; WuM 2006, 322; WuM 2007, 445; WuM 2007, 571.

58 Die Umstellung einer Ölzentralheizung auf eine Erdgaszentralheizung stellt ebenfalls wegen der Verbesserung der Umweltbelastung eine Wertverbesserung dar.[54] Die Umstellung von Ölöfen auf Nachtspeichertherme stellt ebenfalls eine Wertverbesserung dar,[55] ebenso die Umstellung von Nachtstromspeicheröfen auf Gasetagenheizung.[56] Keine Wertverbesserung und auch keine Energieeinsparung stellt dagegen die Umstellung einer ölbeheizten Zentralheizung auf eine einzige Gasetagenheizung dar.[57]

Die Frage, ob der Austausch einer Ölzentralheizung durch eine Fernwärmeheizung eine Modernisierung darstellt, muss im Einzelfall entschieden werden und kann nicht generell bejaht werden.

Heizkörper

59 Der Austausch von Rippenheizkörpern gegen Flachheizkörper stellt nur dann eine Modernisierung dar, wenn damit eine nicht unerhebliche Energieeinsparung einhergeht.

Heizkörperventile

60 Der Einbau von Heizkörperventilen stellt eine Wertverbesserung und eine Energiesparmaßnahme dar.

Heizkostenverteiler

61 Der Einbau von Heizkostenverteilern stellt eine Energieeinsparungsmaßnahme dar.

Heiztankaustausch

62 Der Austausch eines Heizöltanks gegen einen mit einer wesentlich größeren Kapazität stellt nicht ohne weiteres eine Wertverbesserungsmaßnahme bzw. eine Modernisierung dar.[58]

Kabelanschluss

63 Der Anschluss ans öffentliche Kabelnetz stellt eine Modernisierungsmaßnahme dar, wenn dadurch Programme empfangen werden können, die durch Antenne nicht empfangen werden konnten, bzw. wenn die Empfangsqualität gegenüber der vorhandenen Antenne verbessert wird.[59] Dies gilt selbst bei vorhandener Gemeinschaftsantenne.[60]

Kacheln

64 Siehe Fliesen

Küche

65 Siehe Ausstattung

Kinderspielplatz

66 Siehe Gemeinschaftseinrichtung

Kfz-Stellplatz, Kfz-Flächen

67 Siehe Gemeinschaftseinrichtung

Kellerräume

68 Der erstmalige Ausbau eines Kellers in Kellerräume kann eine Verbesserungsmaßnahme darstellen.

Kanalisationsanschluss

69 Der Anschluss eines Gebäudes an die öffentliche Kanalisation stellt ebenfalls grundsätzlich eine Wertverbesserung dar.

Markise

70 Die Anbringung einer Sonnenmarkise bei einem Einfamilienhaus stellt eine Wohnwertverbesserung dar.

Nebenräume

71 Siehe Aufteilung

---

[54] OLG Celle WuM 1993, 89.
[55] AG Dortmund WuM 1983, 291.
[56] AG Hamburg WuM 1991, 30; AG Münster WuM 1996, 268.
[57] AG Rheine WuM 1987, 127.
[58] OVG Berlin GE 1990, 1263 zu § 11 AMVOB; Schmidt-Futterer/*Eisenschmid* § 554 Rdnr. 138.
[59] Schmidt-Futterer/*Börstinghaus* § 559 BGB Rdnr. 128.
[60] BGH WuM 1991, 381, 85.

Parabolantenne
Die Errichtung einer Gemeinschafts-Parabolantenne oder eine Parabolantenne für einzelne Mietern ist eine Wertverbesserung, wenn mit ihr zusätzliche Programme empfangen werden können.[61]

Rauchmelder
Diese stellen wegen ihres erhöhten Sicherheitsstandards eine Modernisierung dar.

Rollläden
Der Einbau von Rollläden stellt wegen der Verbesserung des Sicherheitsschutzes eine Wertverbesserung dar.

Sanitäranlagen
Siehe Bad, siehe Armaturen

Satellitenschüssel
Siehe Parabolantenne

Steigleitungen
Siehe Abwasserleitungen und Elektroleitungen

Schornstein
Der Einbau von notwendig gewordenen Edelstahlrohren in bereits vorhandene Schornsteine aufgrund einer modernisierten Heizungsanlage, ist eine Wertverbesserungsmaßnahme.[62]

Solaranlagen
Da durch den reinen Bau einer Solaranlage zunächst kein Strom eingespart wird, kann man von einer Modernisierung nur dann ausgehen, wenn die Solaranlage zum Beispiel für die Heizungsanlage genutzt wird, und deshalb weniger Heizenergie benötigt wird[63]

Spielplatz
Siehe Gemeinschaftsanlagen

Stromzähler
Der Einbau eines Stromzählers stellt nach diesseitiger Auffassung entgegen weiten Teilen der Rechtsprechung[64] eine Energiesparmaßnahme dar.

Treppenhaus
Veränderungen im Treppenhaus, die zur Gebrauchswerterhöhung führen wie erstmalige Anschaffung von Handläufen, Treppenlichttaster, usw. stellen Wertverbesserungen dar.[65]

Türen
Siehe Eingangstür

Türschließanlage
Siehe Gegensprechanlage

Umwälzpumpe drehzahlgeregelt
Dann, wenn der Austausch der alten Pumpe gegen eine intensivere oder energiesparsameren Pumpe vorgenommen wird, kann dies eine Maßnahme zur Einsparung von Energie sein.

Warmwasser
Der Anschluss einer Wohnung an eine Zentralwarmwasserversorgungsanlage ist nur dann eine Modernisierung, wenn die vorherige Warmwasserversorgung unter dem Gesichtspunkt der Energieeinsparung schlechter war. Der bloße Austausch eines Durchlauferhitzers durch einen Anschluss an die zentrale Warmwasserversorgung stellt dagegen keine Modernisierung dar.[66]

---

[61] BGH WuM 1991, 381
[62] AG Berlin-Spandau GE 1990, 1089; Schmidt-Futterer/*Börstinghaus* § 559 BGB Rdnr. 138; AG Berlin-Spandau GE 1990, 1089.
[63] Schmidt-Futterer/*Börstinghaus* § 559 BGB Rdnr. 139/Anders; immer für Gebrauchswerterhöhung Tücks ZMR 2003/806.
[64] LG Berlin MM 1994, 102.
[65] Schmidt-Futterer/*Eisenschmid* § 554 BGB Rdnr. 129 und 130; Bub/Treier/*Krämer* III A Rdnr. 1101.
[66] Schmidt-Futterer/*Eisenschmid* § 554 Rdnr. 132.

Waschraum

87 Siehe Gemeinschaftseinrichtung

Wärmedämmung

88 Siehe Heizung

Wasseruhr

89 Der Einbau einer Wasseruhr stellt eine Maßnahme der Wassereinsparung dar, weil sich durch das dadurch wahrscheinlich verbrauchsbewusstere Benutzerverhalten eine Einsparung ergibt.

Wohnungstür

90 Der erstmalige Einbau eines Sicherheitsschlosses als Austausch gegen ein Bartschloss wird als Wertverbesserung angesehen.[67]

91 **b) Zumutbarkeitsprüfung/Würdigung der berechtigten Interessen bei Vorliegen einer Härte (sogenannte Härteklausel).** § 554 Abs. 2 Satz 2 BGB enthält ein Abwägungsgebot zwischen den auf Seiten des Mieters in Betracht kommenden Härten und den auf Seiten des Vermieters bestehenden berechtigten Interessen an der Durchführung der Modernisierung bzw. den Interessen anderer Mieter.

92 Der Gesetzgeber beschränkt die Duldungspflicht des Mieters nach § 554 Abs. 2 Satz 1 BGB nach Abwägung der wechselseitigen Interessen ergibt keine unzumutbare Härte für den Mieter. Er hat insoweit in der Regelung aufgezählt, ohne diese abschließend zu regeln, während auf Vermieterseite bzw. auf der Seite der übrigen Mieter keine Beispiele benannt sind. Die Benennung der Beispiele macht die Intention des Gesetzgebers deutlich, dass hier im Rahmen einer Abwägung noch einmal überprüft werden soll, ob durch die grundsätzliche Duldung von Modernisierungsmaßnahmen im Einzelfall nicht ein „Hinausmodernisieren" vorliegt, was durch das öffentliche Interesse, dass ältere Bauten und Einrichtungen an einen moderneren Standard herangeführt werden, nicht mehr gedeckt ist.

93 Während auf **Vermieterseite** als berechtigte Interessen alle vernünftigen Gründe – sei es im wirtschaftlichen, familiären oder ästhetischen Bereich, die für die Durchführung einer Modernisierungsmaßnahme angeführt werden können, zu berücksichtigen sind und die es damit rechtfertigen, dass bestimmte Härten für den Mieter hinzunehmen sind und bei den **Interessen anderer Mieter** an der Durchführung von Modernisierungsmaßnahmen ebenfalls alle in Betracht kommenden Argumente für deren Interesse heranzuziehen sind, hat der Gesetzgeber auf Seiten des Mieters nicht von einem Interesse an der Verhinderung der Modernisierung gesprochen, sondern von einer „unzumutbaren Härte", so dass schon allein von der Wortwahl her vom Gesetzgeber vorgegeben wurde, dass Mieterinteressen im Rahmen der Abwägung nur dann zu berücksichtigen sind, wenn sie auch für den Mieter eine „Härte" darstellen.

94 Hierbei ist zu berücksichtigen, dass auf Mieterseite nicht nur die Härten für den Mieter Berücksichtigung finden dürfen, sondern auch die Härten für die Familie oder **eines anderen Angehörigen seines Haushalts**. Dies sind zum einen Partner, die mit dem Mieter in einem auf Dauer angelegten Haushalt leben, zum anderen sonstige dauerhaft im Haushalt des Mieters lebende Personen wie Pflegekinder oder Kinder des Lebenspartners.[68] Hierunter zählen sowohl hetero- oder homosexuelle Partnerschaften, wie auch das dauerhafte Zusammenleben alter Menschen, die als Alternative zum Alters- oder Pflegeheim zusammenleben, wobei der Gesetzgeber unter dem Begriff Haushalt eine dauerhafte Lebensgemeinschaft versteht, die keine weitere Bindung gleicher Art zulässt, und sich durch eine innere Bindung auszeichnet, die ein gegenseitiges Füreinander begründet, und auf jeden Fall über eine reine Wohn- und Wirtschaftsgemeinschaft hinausgeht.[69]

---

[67] Schmidt-Futterer/*Eisenschmid* § 554 BGB Rdnr. 135.
[68] BMJ Referentenentwurf Mietrechtsreformgesetz zu § 554 BGB Rdnr. 3; Bub/Treier/*Krämer* III A Rdnr. 1106; Schmidt-Futterer/*Eisenschmid* § 554 BGB Rdnr. 192 und 193; *Sternel* IV Rdnr. 199; Emmerich/Sonnenschein § 556a BGB Rdnr. 15 zur alten Rechtslage.
[69] BMJ Referentenentwurf Mietrechtsreformgesetz, A III 2c; Schmidt-Futterer/*Eisenschmid* § 554 BGB Rdnr. 193.

Als **Härtegründe** hat der Gesetzgeber für den Mieter und seine Familie vier Gesichtspunkte genannt, nämlich, dass sich insbesondere auf Grund von vorzunehmenden Arbeiten, baulichen Folgen, vorausgegangenen Verwendungen oder einer Erhöhung des Mietzinses eine Härte ergeben könnte. 95

aa) Härte auf Grund der durchzuführenden Arbeiten. Gerade die Durchführung von baulichen Maßnahmen kann für den Mieter ganz erhebliche Beeinträchtigungen durch Einschränkungen von Licht und Luft, Lärmimmissionen, Verschmutzungen bzw. Behinderung der Benutzbarkeit von Räumen oder gar den zeitweiligen Ausschluss der Benutzbarkeit mit sich bringen. Im Hinblick auf diese Beeinträchtigungen kann sich die Härte auch gerade auf Grund der Durchführung der Maßnahme zu einer bestimmten Jahreszeit ergeben. So kann z.B. der Fensteraustausch in den Wintermonaten unzumutbar sein.[70] Aber auch im Zusammenhang mit dem Gesundheitszustand oder dem Alter des betroffenen Mieters oder von Familienangehörigen des Mieters kann sich hier ebenfalls eine unzumutbare Härte ergeben. Eine unzumutbare Härte kann sich also im Hinblick auf in der Person des Mieters liegende Gründe im Zusammenhang mit Dauer und Umfang der vorzunehmenden Arbeiten ergeben, denn je länger und umfassender in die Sphäre des Mieters eingegriffen wird und je schwerwiegender dieser Eingriff in Bezug auf Alter bzw. Gesundheitszustand ist, umso eher wird von einer „unzumutbaren Härte", die auch bei Abwägung der berechtigten Vermieterinteressen oder Interessen anderer Mieter nicht mehr hinzunehmen ist, auszugehen sein. 96

Gerade bei einem Körperbehinderten oder bettlägerigen Mieter, der nur unter erschwerten Umständen anderweitig untergebracht werden kann, können umfangreiche Arbeiten physische und psychische Belastungen darstellen, die nicht mehr hinnehmbar sind.[71] Spätestens nach der Aufhebung eines Urteils des LG Regensburg durch das BVerfG steht fest, dass die vorübergehende vollständige Räumung einzelner Zimmer bzw. vollständige anderweitige Unterbringung durch vollständigen Zwischenumzug oder Ausquartierung in eine Pension oder ein Hotel nur dann in Betracht kommt, wenn ganz besonders schwerwiegende zwingende Gründe für die Modernisierung sprechen, jedoch auf jeden Fall dann ausgeschlossen ist, wenn das Leben des Mieters im Falle der Ausquartierung oder Räumung bedroht wäre.[72] 97

Des Weiteren ist in Rechtsprechung in Literatur unstritig, dass für den Fall, dass das Mietverhältnis bereits gekündigt ist bzw. die Beendigung des Mietverhältnisses aus anderen Gründen bevorsteht, gerade im Hinblick auf die Beeinträchtigung durch vorzunehmende Arbeiten einem Vermieter grundsätzlich zuzumuten sein wird, die Räumung der Wohnung abzuwarten und erst nach der Räumung mit den Arbeiten zu beginnen, vorausgesetzt, dass eine Verzögerung nicht zu erheblichen finanziellen oder organisatorischen Belastungen führt.[73] 98

bb) Härte auf Grund von baulichen Folgen. Als weiterer Härtegrund kommen die mit den Modernisierungsmaßnahmen verbundenen baulichen Auswirkungen bzw. Folgen in Betracht. Hier ist zu prüfen, ob durch die infolge der Modernisierungsmaßnahmen erfolgten Veränderungen Nachteile im Hinblick auf die Wohnbedürfnisse des Mieters im Vergleich zum Zustand vor den Bauausführungen mit sich bringen. 99

So ist die Veränderung des Charakters eines Mietobjekts immer eine nicht zu duldende Härte, wenn z.B. durch Einbau einer Küche statt Kochnische aus einer 2-Zimmer-Wohnung eine 1-Zimmer-Wohnung wird oder wenn eine bisher zusammengehörende Wohnung in zwei Appartements umgeändert wird oder wenn ein Zimmer durch den Einbau eines Bades verkleinert wird.[74] 100

---

[70] AG Köln WuM 1975, 225; Schmidt-Futterer/*Eisenschmid* § 554 BGB Rdnr. 197; Bub/Treier/*Krämer* III A Rdnr. 1107.
[71] LG Düsseldorf ZMR 1973, 81; AG Hamburg WuM 1988; 359 Schmidt-Futterer/*Eisenschmid* § 554 BGB Rdnr. 199; Bub/Treier/*Krämer* III A Rdnr. 1107; Emmerich/Sonnenschein § 541 b BGB Rdnr. 15.
[72] BVerfGG WuM 1992, 104 = NJW 1992, 1378; Bub/Treier/*Krämer* III A Rdnr. 1107; Schmidt-Futterer/*Eisenschmid* § 554 BGB Rdnr. 200.
[73] Schmidt-Futterer/*Eisenschmid* § 554 BGB Rdnr. 198.
[74] Schmidt-Futterer/*Eisenschmid* § 554 BGB Rdnr. 204.

101 Auch Änderungen am Zuschnitt einer Wohnung können eine Härte darstellen.[75] Kleinere Veränderungen oder geringfügige Verkleinerungen von Stellflächen sind aber meistens als zumutbar im Vergleich mit den Interessen des Vermieters hinzunehmen.[76]

102 Unter Härtegründe durch bauliche Folgen fallen natürlich auch wesentliche Veränderungen bezüglich der Zufuhr von Licht und Luft, z. B. durch Fensteränderungen, Verkleinerungen oder Wegfall von Fenstern.[77]

103 *cc) Härte auf Grund von Aufwendungen des Mieters.* Als weiteren Härtegrund gibt der Gesetzgeber mögliche vorausgegangene Aufwendungen des Mieters an. Hier spielt es keine Rolle, ob es sich um nützliche oder notwendige Aufwendungen handelt.

Zu denken ist dabei an eingebaute Holzdecken, Einbauduschen, Teppichböden oder selbst eingebaute Etagenheizungen oder Nachtstromspeicherheizungen.[78]

104 Maßgeblich ist natürlich, ob der Mieter die Investition ohne Kenntnis des Vermieters und ohne dessen Zustimmung eingebaut hat oder nicht. Denn nur Investitionen, die mit Zustimmung getätigt wurden oder die nachträglich genehmigt wurden und werden müssten, können in die Interessenabwägung einbezogen werden.[79] Zu prüfen ist, ob, eine solche Investition des Mieters nicht bereits als abgewohnt gilt.

105 Diesbezüglich wird im Schrifttum im Hinblick auf § 2 des Gesetzes über die Rückerstattung von Baukostenzuschüssen vom 21. 7. 1961 angenommen, dass eine Investition in Höhe einer Jahresmiete in 4 Jahren als abgewohnt gilt.[80] Festzustellen ist also, dass natürlich umso eher von einer unzumutbaren Härte auszugehen ist, je größer der Umfang der Investition war und je näher die Aufwendungen zeitlich zurückliegen.[81] Eine Rolle spielt bei der Bewertung auch, ob eine unzumutbare Härte vorliegt oder nicht, ob der Vermieter die Investition in irgendeiner Weise mitfinanziert hat, sei es durch unterbliebene Mieterhöhungen oder durch direkte Beteiligungen.

106 *dd) Härte auf Grund einer zu erwartenden Erhöhung des Mietzinses.* Als letzten Härtegrund in der beispielhaften Benennung benennt der Gesetzgeber dann in § 554 Abs. 2 BGB die zu erwartende Erhöhung des Mietzinses.

107 Der Gesetzgeber macht allerdings hinsichtlich dieses Härtegrundes eine Einschränkung dahingegen, dass die Erhöhung des Mietzinses dann außer Betracht bleibt, wenn das Mietobjekt lediglich in einen Zustand versetzt wird, der **allgemein üblich** ist. Der Gesetzgeber will mit dieser Einschränkung erreichen, dass solche Modernisierungen nicht verhindert werden, die lediglich einen Zustand durchsetzen wollen, der als allgemeiner Standard gilt. Unter „allgemein üblicher Zustand" versteht die höchstrichterliche Rechtsprechung einen Zustand, der vorliegt, wenn dieser bei der überwiegenden Zahl von Mieträumen – mindestens 2/3 – in Gebäuden gleichen Alters innerhalb der Region angetroffen wird.[82]

108 Dabei will die höchstrichterliche Rechtsprechung die „Region" nicht auf örtliche oder innerörtliche Verhältnisse begrenzt wissen, sondern eher „großräumig".

Obwohl die Entscheidung seinerzeit nur auf die alten Bundesländer begrenzt war, geht das Schrifttum davon aus, dass, nachdem nun auch die übrigen Sonderregelungen im Mietrecht für die östlichen Bundesländer überwiegend ausgelaufen sind, die vom BGH entwickelte Begriffsdefinition „allgemein üblich" auch für die östlichen Bundesländern anzuwenden ist.[83]

---

[75] LG Frankfurt WuM 1986, 138; LG Hamburg WuM 1989, 174; Schmidt-Futterer/*Eisenschmid* § 554 BGB Rdnr. 204.
[76] AG Köln WuM 1986 Einbau einer Fußleistenheizung mit dem Nachteil, dass Möbel abgerückt werden müssen; LG Berlin ZMR 1986, 444 wegen Verkleinerung eines Trockenbodens durch Wärmedämmmaßnahmen.
[77] AG Köln WuM 1979, 242; Bub/Treier/*Krämer* III A Rdnr. 1108.
[78] LG Hamburg ZMR 1984, 60; LG Berlin MM 1996, 365; AG Münster WM 1996, 268.
[79] Schmidt-Futterer/*Eisenschmid* § 554 BGB Rdnr. 209.
[80] Schmidt-Futterer/*Eisenschmid* § 554 BGB Rdnr. 212; Bub/Treier/*Krämer* III A Rdnr. 1109; *Emmerich/Sonnenschein* § 541 b BGB Rdnr. 8 a.
[81] LG Hamburg MDR 1983, 1026; Schmidt-Futterer/*Eisenschmid* § 554 BGB Rdnr. 211.
[82] BGH WuM 1992, 181 = NJW 1992, 1386.
[83] Schmidt-Futterer/*Eisenschmid* § 554 BGB Rdnr. 229 ff.; a. A. MünchKommBGB/*Voelskow* § 541 b Rdnr. 15 a; Staudinger/*Emmerich* § 541 b BGB Rdnr. 65.

Unter den Begriff des **Mietzinses** im Sinne des § 554 Abs. 2 BGB als Härtegrund fallen auch Nebenkosten.[84]

Maßgeblich hierbei ist zunächst für den Härtegrund die Erhöhung des Mietzinses, die der Vermieter im Rahmen seiner Ankündigung gem. § 554 Abs. 3 BGB mitgeteilt hat. Die Beurteilung, ob eine Erhöhung der Miete eine unzumutbare Härte ist, wird allein durch die individuelle Belastbarkeit des Mieters bestimmt. Insoweit ist eine umfassende Betrachtung der Einkommens- und Vermögensverhältnisse des Mieters anzustellen (das Nettolohneinkommen allein wäre ungeeignet, da dann andere Einkunftsarten und Sachzuwendungen des Arbeitgebers nicht berücksichtigen würden).

Eine einheitliche Auffassung, ab wann eine Belastungsquote eine unzumutbare Härte ergibt, gibt es nicht. Die Rechtsprechung setzt deshalb die Belastungsquote teilweise bei 30%,[85] teilweise bei 40%[86] bzw. teilweise sogar erst bei 50%[87] an.

Nach überwiegender Auffassung der Literatur dürfte jedoch die Belastungsgrenze im Bereich zwischen 25% und 30% des Nettoeinkommens liegen.[88] Teilweise wird aber in der Rechtsprechung auch unabhängig vom Einkommen von einer unzumutbaren Härte ausgegangen, wenn der Mietzins nach der Mieterhöhung verdoppelt oder gar verdreifacht wird.[89]

Zu prüfen ist jedoch immer, ob die Mieterhöhung nicht zu einem Teil durch öffentliche Gelder, z.B. Wohngeld aufgefangen werden kann.

Des Weiteren ist natürlich immer nur die tatsächlich vom Vermieter gewünschte Mieterhöhung zu beurteilen. Verzichtet der Vermieter auf einen möglichen Teil der Mieterhöhung, ist dies bei der Prüfung des Härtegrunds zu berücksichtigen. Insoweit hat ein Vermieter natürlich immer, wenn es lediglich um den Härtegrund „Erhöhung der Miete" geht, die Möglichkeit, durch einen vertraglichen Verzicht die finanzielle Härte zu vermeiden.[90]

ee) Sonstige Härtegründe. Die voranstehend behandelten Härtegründe stellen nach dem Willen des Gesetzgebers nur Beispiele dar. Selbstverständlich können auch ganz andere Härten im Rahmen der Würdigung der berechtigten Interessen zu einer berechtigten Verweigerung der Modernisierungsmaßnahme führen. Sonstige Härtegründe können im subjektiven Bereich liegen, also Alter, Krankheit, berufliche Schwierigkeiten bzw. kurz bevorstehender Familiennachwuchs, oder auch in der Einführung neuer Betriebskosten, die infolge der Modernisierungsmaßnahme anfallen.[91]

ff) Interessenabwägung. Wenn Härtegründe auf Seiten des Mieters vorliegen, ist gemäß § 554 Abs. 2 Satz 2 BGB eine Abwägung zwischen dem Interessen des Vermieters an der Modernisierung seines Wohnungsbestands bzw. den Interessen anderer Mieter an dieser Modernisierung auf der einen Seite und dem Schutz des Mieters vor den mit einer Modernisierung einher gehenden Härten, insbesondere vor einer Luxusmodernisierung und dem Hinausmodernisieren auf der anderen Seite abzuwägen. Insoweit ist also bei Vorliegen einer möglichen Härte eine umfassende Abwägung der gegenseitigen Interessen vorzunehmen.

Der Gesetzgeber hat durch dieses Abwägungsgebot eine **Kompromissformel** gewählt, die den richtigen Ausgleich zu finden versucht zwischen den Interessen des Vermieters oder anderer Mieter an der Verbesserung des Mietobjekts und den Interessen des Mieters, vor Luxusmodernisierung und Hinausmodernisieren geschützt zu werden. Ergibt die Abwägung zwischen dem Härtegrund und den Interessen des Vermieters oder anderer Mieter, dass die Durchsetzung der Interessen des Vermieters und der anderen Mieter unzumutbar ist, braucht der Mieter die Maßnahme nicht zu dulden.

---

[84] Bub/Treier/*Krämer* III A Rdnr. 1110; Schmidt-Futterer/*Eisenschmid* § 554 BGB Rdnr. 217.
[85] LG Berlin ZMR 1985, 338; LG Frankfurt WuM 1986, 312.
[86] LG Berlin GE 1986, 1069; AG Berlin-Tiergarten MM 1993, 327.
[87] LG Braunschweig WuM 1982, 208; LG Kiel WuM 1977, 120.
[88] Schmidt-Futterer/*Eisenschmid* § 554 BGB Rdnr. 222; Bub/Treier/*Krämer* III A Rdnr. 1112, LG Berlin GE 2005, 1491.
[89] LG Braunschweig WuM 1982, 208; LG Essen WuM 1983, 139; Bub/Treier/*Krämer* III A Rdnr. 1112.
[90] Bub/Treier/*Krämer* III A Rdnr. 112.
[91] Schmidt-Futterer/*Eisenschmid* § 554 BGB Rdnr. 235 ff.; Bub/Treier/*Krämer* III A Rdnr. 1114.

118 Auf Vermieterseite kommen als Interessen alle berechtigten Interessen bzw. alle vernünftigen Gründe in Betracht, die für „eine Modernisierung" sprechen, mögen es wirtschaftliche, familiäre oder ästhetische Gründe sein.

119 Besondere Durchsetzbarkeit räumt der Gesetzgeber aber dem Vermieterinteresse ein, ein Mietobjekt in einen allgemein üblichen Zustand zu versetzen, wie § 554 Abs. 2 Satz 4 BGB zeigt.

120 Hierzu zählen in erster Linie die Wertverbesserung des Mietobjekts, die Verbesserung von Wohnkomfort, das Senken von Wasser- und Heizkostenbelastung bzw. auch subjektive Gründe wie gesundheitliche Erfordernisse des Vermieters für den Bau einer Zentralheizung.[92]

121 Kein berechtigtes Interesse stellt dagegen der bloße Wunsch, eine Mietzinserhöhung durchzusetzen, dar.[93]

122 Bei der Abwägung gelten nicht nur Vermieterinteressen, sondern auf Vermieterseite auch die Interessen der übrigen Hausgemeinschaft bzw. anderer Mieter im Mietobjekt an der Durchführung der Maßnahme, wenn die Maßnahme auf deren Mietgebrauch einwirkt. Interessen von Mietern, die außerhalb des Mietgebrauchs liegen, sind nicht zu berücksichtigen. So kann das Interesse anderer Mieter an der Verbesserung des Wohnkomforts bzw. dem Ausbau und der Verbesserung ihrer Wohnung im Rahmen des Abwägungsgebots dazu führen, dass der Mieter die Verbesserungsmaßnahmen trotz Härte dulden muss.

123 Insoweit sind nicht nur Maßnahmen denkbar, von denen alle Mieter gleichermaßen Vorteile haben, sondern auch solche, die eine „Modernisierung" in der Mietwohnung eines anderen Mieters notwendig machen und dadurch auch die Beeinträchtigung der Wohnung des Mieters verlangen, z.B. die Verlegung von Strom, Wasser- oder Abwasserleitungen durch verschiedene Stockwerke, um eine Wohnung im Dachgeschoss auszubauen.[94]

124 c) Mitteilungspflicht des Vermieters. § 554 Abs. 3 BGB schreibt vor, dass der Vermieter bei Maßnahmen nach Abs. 2 Satz 1 BGB den Mieter spätestens 3 Monate vor Beginn der Maßnahme schriftlich über die Art der Maßnahme, ihren voraussichtlichen Umfang, den voraussichtlichen Beginn der Maßnahme, die Dauer sowie die zu erwartende Erhöhung des Mietzinses informiert. Der Mieter soll in den Stand versetzt werden, auf Grund der erhaltenen Informationen selbstständig zu prüfen, ob die vom Vermieter gewünschte „Modernisierungsmaßnahme" geduldet werden muss, ob er sie verweigern kann oder ob er von seinem Sonderkündigungsrecht gem. § 554 Abs. 3 Satz 2 BGB Gebrauch machen will. Diese Informationspflicht besteht nicht nur für Maßnahmen, die unmittelbar in der Wohnung des Mieters stattfinden, sondern die Mitteilungspflicht gilt selbstverständlich auch für Modernisierungen oder Energie- oder Wassereinsparungsmaßnahmen außerhalb der eigentlichen Mieträume, z.B. im Speicher, im Treppenhaus, an der Außenfassade usw.[95]

125 aa) Inhalt. Im Ankündigungsschreiben selbst sind die Maßnahmen sowohl in ihrer Art und ihrem Umfang zu beschreiben. Zugleich ist der voraussichtliche Beginn der Maßnahme, die voraussichtliche Dauer sowie die zu erwartende Erhöhung des Mietzinses mitzuteilen. Was die **Art** betrifft, so hat der Vermieter Angaben über die Bauart und die Größe zu machen, so dass der Mieter anhand dieser Beschreibung nachvollziehen kann, welche Auswirkungen die bauliche Maßnahmen auf seine Räume einschließlich der Möblierung hat. Insoweit ist die Baumaßnahme so konkret wie möglich und mit dem richtigen Begriff zu bezeichnen. Des- weiteren ist der voraussichtliche **Umfang** der Arbeiten zu konkretisieren, so dass der Mieter anhand der Umfangsbeschreibung erkennen kann, welche Räume betroffen sind und welche Beeinträchtigungen in den Räumen stattfinden. Der Gesetzgeber hat durch das Mietrechtsreformgesetz im Gegensatz zur alten Gesetzeslage durch die Einfügung des Begriffes „voraussichtlich" auch hinsichtlich Umfang und Beginn die strengen Maßstä-

---

[92] Schmidt-Futterer/*Eisenschmid* § 554 BGB Rdnr. 241.
[93] Staudinger/*Emmerich* §§ 541 a, b BGB Rdnr. 48; Bub/Treier/*Krämer* III A Rdnr. 1105; Schmidt-Futterer/*Eisenschmid* § 554 BGB Rdnr. 240.
[94] AG Leonberg WuM 1984; Schmidt-Futterer/*Eisenschmid* § 554 BGB Rdnr. 245; Bub/Treier/*Krämer* III A Rdnr. 1105.
[95] LG Berlin WuM 1987, 386; Schmidt-Futterer/*Eisenschmid* § 554 BGB Rdnr. 256.

be, die die Rechtsprechung früher an die formellen Voraussetzungen der Mitteilung gestellt hat, gesenkt. Das Merkmal „voraussichtlich" bezieht sich also nach der neuen Gesetzeslage im Gegensatz zur alten nicht nur auf die Dauer, sondern auch auf den Umfang und den Beginn, damit dem Umstand Rechnung getragen wird, dass ein Vermieter häufig gar nicht in der Lage ist, präzisere Angaben in diesem Bereich zu machen. Nach diesseitiger Auffassung ist aber selbst, nachdem der Gesetzgeber nun die Maßstäbe an die Konkretisierung herabgesetzt hat, nach wie vor eine Beschreibung hinsichtlich Umfang und Beginn der Maßnahme notwendig, die es dem Mieter erlaubt, die Beeinträchtigung bei seinem Mietobjekt nachzuvollziehen. So ist z. B. beim Einbau eines Bades der genaue Standort nach wie vor mitzuteilen, ebenso wie voraussichtlich die notwendigen Durchbrüche und der Verlauf der Versorgungsleitungen durch die sonstige Wohnung. Auch beim Einbau einer Zentralheizung sind nach wie vor die voraussichtliche Lage und der voraussichtliche Umfang der einzelnen Heizkörper und deren Standorte sowie die damit verbundenen Wanddurchbrüche und Flächeneinbußen anzugeben, damit der Mieter die Beeinträchtigungen, die an seiner Mietsache infolge der Modernisierungsmaßnahme möglicherweise entstehen, zumindest angezeigt bekommt und nachvollziehen kann.[96] Sowohl bezüglich Art als auch Umfang genügt es nach wie vor nicht, wenn erst auf Anfrage des Mieters eine Substantiierung erfolgt, weil eine nachträgliche Substantiierung nicht zu einer Heilung führt.[97] Hätte der Gesetzgeber diese Möglichkeit in Betracht gezogen, hätte er es nicht bei der Herabsetzung der strengen Maßstäbe belassen, sondern die Mitteilungspflicht dahingehend ergänzt, dass diese erst auf Anfrage des Mieters entsteht.

Der Gesetzgeber wollte aber nicht die Mitteilungspflicht von einer Anfrage des Mieters abhängig machen, sondern lediglich die bislang strengen Maßstäbe, die die Rechtsprechung an die Beschreibung gestellt hat, durch den Begriff „voraussichtlich" entschärfen.

Ebenso ist der Beginn der Maßnahme mit Hilfe eines voraussichtlichen Datums anzugeben. Auch hier ist im Gegensatz zur früheren Regelung der strenge Maßstab, den die Rechtsprechung zu der Mitteilungspflicht bezüglich des Beginns der Maßnahme entwickelt hat, gemildert worden, indem der Begriff „voraussichtlich" eingefügt wurde. Während also früher das konkrete Datum anzugeben war, ist nun nur noch der voraussichtliche Beginn anzugeben.[98] Gleichwohl ist nach diesseitiger Auffassung auch nach der Herabsetzung der strengen Maßstäbe immer noch ein Datum anzugeben, damit der Mieter sich auch darauf einstellen kann, und seine Planung nach diesem konkreten Termin vornehmen kann. Im Gegensatz zur früheren Regelung wird man allerdings davon ausgehen müssen, dass falls der angegebene Termin nicht eingehalten werden kann bzw. es zu erheblichen Verschiebungen von mehreren Tagen oder Wochen kommt, eine neue Mitteilung nicht wiederholt werden muss, sondern, da die Maßstäbe eben herabgesetzt wurden, die Verzögerung dem Mieter so rechtzeitig wie möglich mitzuteilen ist.[99]

Schließlich hat der Vermieter dann auch die **voraussichtliche Dauer** mitzuteilen.

Auch hier gilt jedoch, dass eine möglichst konkrete Angabe gemacht werden muss, und dass Angaben mit größeren zeitlichen Spielräumen als zu unbestimmt abzulehnen sind.[100]

Schließlich hat der Vermieter dann aber insbesondere auch **die zu erwartende Mietzinserhöhung**, die die Modernisierungsmaßnahme nach sich zieht, mitzuteilen. Insoweit ist ebenfalls die Angabe eines konkreten Erhöhungsbetrages notwendig und nicht etwa eine Prozentangabe oder eine Mietpreiserhöhungsspanne.[101] Im Gegensatz zu § 559 BGB verlangt allerdings diese Mitteilung im Rahmen des § 554 Abs. 2 bis 5 BGB weder eine nachprüfbare Darstellung darüber, wie der Vermieter auf die voraussichtliche Mietzinserhöhung gekom-

---

[96] LG Berlin MM 1989, Nr. 6; LG Hamburg WuM 1990, 18; LG Hamburg WuM 1992, 121; AG Gelsenkirchen WuM 1995, 480.
[97] Schmidt-Futterer/*Eisenschmid* § 554 BGB Rdnr. 267.
[98] Vgl. frühere Rechtslage: Schmidt-Futterer/*Eisenschmid* § 554 BGB Rdnr. 269, 270; a. A. Bub/Treier/*Krämer* III A Rdnr. 1115.
[99] Vgl. frühere Rechtslage: LG Berlin WuM 1989, 267.
[100] LG Berlin GE 1987, 521; Schmidt-Futterer/*Eisenschmid* § 554 BGB Rdnr. 275.
[101] Schmidt-Futterer/*Eisenschmid* § 554 BGB Rdnr. 277.

130 Bringt die Modernisierungsmaßnahme eine Erhöhung der Betriebskosten oder die Neueinführung von Betriebskosten mit sich, muss dies selbstverständlich ebenfalls im Rahmen der Mitteilungspflicht des § 554 Abs. 2 bis 5 BGB, mitgeteilt werden.[103]

131 *bb) Frist.* Die schriftliche Ankündigung hat mit einer Mindestfrist von 3 Monaten vor Beginn der Maßnahme zu erfolgen. Durch diese Frist ist gewährleistet, dass das Sonderkündigungsrecht des Mieters sinnvoll mit der Ankündigungsfrist verknüpft ist, da der Mieter berechtigt ist, bis zum Ablauf des Monats, der auf den Zugang der Mitteilung folgt, außerordentlich zum Ablauf des nächsten Monats zu kündigen. Dabei berechnet sich die 3-monatige Ankündigungsfrist nach den allgemeinen Regeln in §§ 187, 188 BGB. Für die Frage, ob die Mitteilung rechtzeitig erfolgt, ist allein auf den Beginn der Maßnahme abzustellen und nicht etwa auf irgendwelche technischen oder planerischen Vorbereitungen ohne bauliche Auswirkungen vor Ort.[104] Ausnahmsweise kann der Mieter trotz des Nachteilsverbots in § 554 Abs. 5 BGB dann auf die Einhaltung der 3-monatigen Frist verzichten, wenn dies für ihn nur vorteilhaft ist und er zum Zeitpunkt des Verzichts alle Folgen seines Verzichts vollständig voraussehen und übersehen konnte.[105] Des Weiteren hat der Gesetzgeber bei der Frist den Begriff „spätestens" eingefügt, um deutlich zu machen, dass auch längerfristige Mitteilungen, die den Anforderungen an eine ordnungsgemäße Modernisierungsankündigung genügen, wirksam sind.

132 *cc) Form.* Die in § 554 Abs. 3 BGB vorgeschriebene Mitteilung ist eine einseitige, empfangsbedürftige Willenserklärung, so dass die allgemeinen Regeln über einseitige, empfangsbedürftige Willenserklärungen hier Gültigkeit haben. Die Mitteilung selbst bedarf der Textform, so dass gemäß § 126 BGB sich unter der Mitteilung die Unterschrift des Vermieters oder seines Bevollmächtigten befinden muss, und dass eine Vollmachtsurkunde auf Grund der allgemeinen Regelungen im Falle einer Vertretung beigefügt werden muss, um dem Risiko einer Zurückweisung zu entgehen. Entgegen der alten Rechtslage, die Schriftform vorgeschrieben hatte, genügt nun auch die Verwendung eines Faxes, einer Email etc.[106]

133 Gemäß § 550 BGB kann die Ankündigungserklärung ebenso wie die Mieterhöhungserklärung gem. § 559b Abs. 1 BGB mit Hilfe von automatisierten Einrichtungen gefertigt werden.[107]

134 Auch wenn nun Textform statt Schriftform genügt bleibt es dabei, dass die Form nur gewahrt ist, wenn die Erklärung in einer Urkunde enthalten ist, damit der Mieter sich zusammenfassend ein vollständiges Bild machen kann.[108] Gemäß den üblichen Regeln muss eine Mitteilung, wenn mehrere Personen Vermieter bzw. Mieter sind, von allen Vermietern unterschrieben sein bzw. ausgehen bzw. sich an alle Mieter richten. Das Textformerfordernis bezieht sich natürlich auch auf sämtliche gem. § 554 Abs. 3 BGB mitzuteilenden Umstände. Es genügt also nicht, dass hier nur die sogenannten Umstände angerissen werden und eine mündliche vollständige Aufklärung etwa über Umstand und Zeitdauer erfolgen.

135 *dd) Ausnahme von der Mitteilungspflicht.* Die Mitteilungspflicht besteht nicht für solche Maßnahmen, die für den Mieter in Bezug auf die Mietsache zu keiner oder nur zu einer unwesentlichen Mietzinserhöhung führen (§ 554 Abs. 3 S. 3 BGB).

136 Diese Entbehrlichkeit bezieht sich aber nur auf die Mitteilung gem. § 554 Abs. 3 S. 1 BGB. Nach wie vor notwendig ist natürlich, dass der Vermieter im Rahmen seiner üblichen Unterrichtungspflicht und wegen des Anspruchs auf Zutritt zur Wohnung die insoweit notwendigen Ankündigungen entsprechend den allgemeinen Regeln einhält. Wann eine uner-

---

[102] LG Fulda WuM 1992, 243; *Emmerich/Sonnenschein* §§ 541a, b BGB Rdnr. 11a; *Bub/Treier/Krämer* III A Rdnr. 1115.
[103] Schmidt-Futterer/*Eisenschmid* § 554 BGB Rdnr. 277.
[104] Schmidt-Futterer/*Eisenschmid* § 554 BGB Rdnr. 260.
[105] Schmidt-Futterer/*Eisenschmid* § 554 BGB Rdnr. 263.
[106] Schmidt-Futterer/*Eisenschmid* § 554 BGB Rdnr. 251, 283, 284; *Bub/Treier/Krämer* III A Rdnr. 1115.
[107] *Bub/Treier/Krämer* III A Rdnr. 1115.
[108] Schmidt-Futterer/*Eisenschmid* § 554 BGB Rdnr. 251.

hebliche Erhöhung des Mietzinses vorliegt, ist in Literatur und Rechtsprechung umstritten. Ein Teil der Literatur und Rechtsprechung wendet hier eine betragsmäßige Begrenzung an, wobei eine unerhebliche Erhöhung nach dieser Auffassung jedenfalls unter EUR 10,00 monatlich liegen muss, während ein anderer Teil der Literatur und Rechtsprechung die Bagatellgrenze allgemein an prozentualen Mieterhöhungen misst und deshalb die Grenze bei maximal 5% bzw. 7,5% ansetzt.[109]

Als Maßnahme mit unerheblicher Einwirkung wurde bislang in der Rechtsprechung z.B. der Anschluss der Wohnung an das Kabelnetz angesehen sowie der Einbau von Thermostatventilen oder die Installation einer Klingel- bzw. Gegensprechanlage.[110] **137**

ee) Folgen der Verletzung der Aufklärungspflicht. Unterlässt der Vermieter die Ankündigungspflicht, braucht der Mieter die Maßnahmen nicht dulden. **138**

Aber auch Verstöße bei der Mitteilung hinsichtlich des Inhalts, der Form oder der Frist führen dazu, dass die Maßnahmen nicht geduldet werden müssen. So führt eine nachträgliche Substantiierung eines in einem ursprünglichen Ankündigungsschreiben nicht ausführlich gehaltenen voraussichtlichen Umfangs nicht etwa zu einer Heilung der ursprünglichen Mitteilung.[111] Ebenso führt eine nicht unerhebliche Abweichung vom voraussichtlichen Termin bzw. voraussichtlichen Zeitplan dazu, dass die ursprüngliche Mitteilung hinfällig ist und eine neue vollständige Erklärung mit den entsprechenden Fristen abgegeben werden muss.[112] Außerdem braucht ein Mieter eine Maßnahme nicht zu dulden, wenn die angekündigte Mieterhöhung im Ankündigungsschreiben nachweislich deutlich zu niedrig beziffert ist.[113]

Sind die Maßnahmen bereits durchgeführt worden und stellt sich dann die deutlich zu niedrige Bezifferung heraus, braucht der Mieter nur die ursprünglich angekündigte Mieterhöhung bezahlen. Dies widerspricht auch nicht der Regelung in § 559b Abs. 2 BGB, denn die dortige Vorschrift umfasst nur Fälle, in denen der Vermieter entweder über die Mieterhöhung versehentlich überhaupt keine Angaben gemacht hat, oder bei denen sich die Kosten aus vom Vermieter nicht zu vertretenden Gründen erhöht haben. **139**

Schließlich können falsche Angaben in der Mitteilung gem. § 554 Abs. 3 BGB lösen auch immer Schadensersatzansprüche aus positiver Vertragsverletzung aus, wenn nachgewiesen werden kann, dass schuldhaft Falschangaben gemacht worden sind, so dass es fälschlicherweise durch den Mieter zu einer Duldung mit den entsprechenden Folgen gekommen ist. Erst recht haftet der Vermieter natürlich nach den üblichen Grundsätzen auf Schadensersatz, wenn er infolge falscher Angaben den Mieter zur Ausübung seines Sonderkündigungsrechts veranlasst hat. **140**

Muster: Modernisierungsankündigung gem. § 554 Abs. 3 BGB

Einschreiben gegen Rückschein **141**
An .... (Ort, Datum)
Betreff: Modernisierungsankündigung
Sehr geehrte/r Frau/Herr,[114] (sämtliche Mieter)
hiermit teile ich Ihnen mit, dass beabsichtigt ist, in dem Anwesen ...... in Ihrer Mietwohnung/außerhalb Ihrer Miettträume, folgende Verbesserungsmaßnahmen/Maßnahmen zur Einsparung von Energie/Maßnahmen zur Einsparung von Wasser/Maßnahmen zur Schaffung neuen Wohnraums durchzuführen:
......

---

[109] Betragsmäßige Begrenzung: Schmidt-Futterer/*Eisenschmid* § 554 BGB Rdnr. 299; Prozentuale Begrenzung: LG Berlin NJW RR 1992, 144; Palandt/*Weidenhaff* § 541b Rdnr. 25; LG Berlin ZMR 1986, 444/ aA andere Auffassung LG Detmold WM 90/121. Eine Mietanhebung um 7,5% kann nicht als unerheblich bezeichnet werden.
[110] Schmidt-Futterer/*Eisenschmid* § 554 Rdnr. 297, mit weiteren Rechtsprechungsnachweisen.
[111] AG Neukölln MM 1993, 398.
[112] LG Berlin WuM 1989, 287.
[113] Schmidt-Futterer/*Eisenschmid* § 554 BGB Rdnr. 293.
[114] Bei Mietermehrheit müssen alle Mieter angeschrieben werden.

(Art der Maßnahme genau bezeichnen, insbesondere Art und Typ von einzubauenden Einrichtungsgegenständen)

Die Maßnahmen werden in folgenden Räumen stattfinden, wobei in den jeweiligen Räumen folgendes ausgeführt wird:

......

(Voraussichtlichen Umfang der Maßnahme ausführlich darstellen)

Mit den Maßnahmen wird voraussichtlich am ...... (genaues Datum) begonnen.

Die Maßnahmen erstrecken sich voraussichtlich über einen Zeitraum von ...... ab diesem Datum.

Nach Abschluss der Maßnahme wird sich der Mietzins infolge der Kosten durch die Modernisierungsmaßnahmen um ...... (konkreten Betrag) von bislang ...... auf künftig ...... erhöhen.

Die Erhöhung wird Ihnen mit einem gesonderten Schreiben aufgeschlüsselt und berechnet.

Insoweit fordere ich Sie hiermit auf, diese voranstehend bezeichnete Modernisierungsmaßnahme zu dulden. Zum Zeichen Ihres Einverständnisses bitte ich, das Doppel dieses Schreibens versehen mit Ihrer/n Unterschrift/en zurückzusenden.[115] Die Erklärung möge uns bis zum ...... zurückgesandt werden.[116] Insoweit mache ich Sie auch darauf aufmerksam, dass Ihnen ein Sonderkündigungsrecht gem. § 554 Abs. 3 Satz 2 BGB zusteht. Eine Kündigung ist allerdings nur bis zum Ablauf des Monats, der auf den Zugang dieser Mitteilung folgt, für den Ablauf des übernächsten Monats zulässig.[117]

......
Unterschrift

2. Rechte des Vermieters auf Grund des zu duldenden Modernisierungsvorhabens

142 Sind alle Voraussetzungen des § 554 Abs. 2 bis 5 BGB vom Vermieter ordnungsgemäß erfüllt worden, hat der Mieter die Maßnahme zu dulden. Diesen Anspruch kann der Vermieter nach Ablauf der 3-monatigen Ankündigungsfrist im Wege der Duldungsklage gerichtlich durchsetzen.

143 Duldung bedeutet aber lediglich das passive Verhalten des Mieters in Bezug auf die angekündigten Verbesserungs- bzw. Energiesparmaßnahmen, nicht aber notwendigerweise, dass der Mieter infolge seiner Duldungspflicht auch die Entfernung von Gegenständen und Einrichtungen dulden muss, die bislang Vertragsgegenstand des Mietverhältnisses waren. Nur wenn eine Modernisierungsmaßnahme dazu führt, dass eine bestimmte Einrichtung notwendigerweise den Austausch einer bereits vorhandenen Einrichtung beinhaltet, ist die Entfernung der alten Einrichtung vom Mieter hinzunehmen.[118] Des Weiteren hat der Vermieter einen Anspruch auf Schadensersatz, falls der Mieter die Modernisierungsmaßnahmen rechtswidrig verweigert.

144 Darüber hinaus hat der Vermieter im Zusammenhang mit § 554 Abs. 2 bis 5 BGB, abweichend vom allgemeinen Grundsatz, dass während eines Vertragsverhältnisses eine einseitige Abänderung nicht erlaubt ist, das Recht aus dem §§ 559 ff. BGB, nach Durchführung von Modernisierungsmaßnahmen den Mietzins für die erweiterte Vermieterleistung anzupassen bzw. eine Erhöhung der jährlichen Miete in Höhe von 11% der für die Wohnung aufgewandten Kosten zu verlangen..

IV. Mieterrechte auf Grund einer Modernisierung

145 Hat ein Mieter die Modernisierungsmaßnahmen zu dulden, so kann er wählen, ob er das Mietverhältnis fortsetzt und dann wegen seiner Duldung die ihm entstehenden Nachteile

---

[115] Die Duldung erfordert natürlich keine ausdrücklich Erklärung. Aus Gründen der Planung und zu Beweiszwecken ist aber die Anforderung einer schriftlichen Einverständniserklärung sinnvoll.

[116] Daher ist zu beachten, dass eine Ankündigungsfrist von 3 Monaten einzuhalten ist. Die Anforderung der Einverständniserklärung sollte diesen Zeitraum nicht unterschreiten.

[117] Der Gesetzgeber hat nicht vorausgesetzt, dass das Sonderkündigungsrecht mitgeteilt wird. Es ist aber sinnvoll, wenn auf das Sonderkündigungsrecht hingewiesen wird.

[118] Bub/Treier/*Krämer* III A Rdnr. 1103; Schmidt-Futterer/*Eisenschmid* § 554 b BGB Rdnr. 308.

1. Erstattung von Aufwendungen

Da die Modernisierungsmaßnahmen normalerweise mit sich bringen, dass der Mieter in dem Mietobjekt, damit die Arbeiten durchgeführt werden können, im eigenen Interesse bestimmte Vorarbeiten erbringt, dass er (Wegräumen und Auslagern von Möbeln und Einrichtungsgegenständen) bzw. eine Änderung seiner Lebensverhältnisse für die Zeit der Modernisierungsmaßnahme hinnehmen muss (Verköstigung außerhalb des eigenen Haushalts bzw. Kosten anderweitiger Unterbringung, weil kurzfristig eine Nutzung überhaupt nicht möglich ist), hat der Gesetzgeber in § 554 Abs. 4 BGB geregelt, dass dem Mieter die Aufwendungen, die er infolge der Maßnahme machen muss, zumindest in einem den Umständen angemessenen Umfang zu ersetzen sind, wobei auf Verlangen auch Vorschuss zu leisten ist. 146

Unstreitig fallen unter diese zu erstattenden Aufwendungen Lagerungskosten für Möbel und Einrichtungsgegenstände, die während der Modernisierungsmaßnahme ausgelagert werden müssen, die Kosten einer Hotelunterbringung des Mieters, allerdings unter Anrechnung des infolge der Nicht-Nutzbarkeit der Wohnung wegen § 536 BGB ersparten Mietzinses sowie die Mehrkosten einer Verpflegung außer Haus.[119] Umstritten hingegen ist, ob Reinigungsarbeiten oder Auslagen für Ausbesserungsarbeiten, weil Wände und Decken nicht wieder in den ordnungsgemäßen Zustand gebracht wurden, als Aufwendungsersatz im Rahmen des § 554 Abs. 4 BGB zu ersetzen sind,[120] oder ob diese Arbeiten nicht einfach als vorhandene Mängel der Mietsache nach Durchführung der Modernisierungsmaßnahmen anzusehen sind, die der Mieter dann nach § 538 Abs. 2 BGB nur dann auf Kosten des Vermieters beseitigen kann, wenn er diesen vorher durch Mahnung mit Ablehnungsandrohung ordnungsgemäß in Verzug gesetzt hat.[121] 147

Übereinstimmung herrscht dagegen, dass infolge der Modernisierungsmaßnahmen bei gewerblichen Räumen entgangene Einkünfte bzw. erhöhte Betriebskosten als Folge der Modernisierung keine Aufwendungen im Sinne des § 554 Abs. 4 BGB darstellen.[122] 148

Gemäß § 554 Abs. 4 Satz 2 BGB kann der Mieter für die voraussehbaren Aufwendungen einen Vorschuss verlangen. Bis zu dem Zeitpunkt, an dem der Vorschuss auf Verlangen bezahlt ist, kann der Mieter nach den allgemeinen Grundsätzen über das Zurückbehaltungsrecht die Duldung der Modernisierungsmaßnahme verweigern. 149

Nach herrschender Meinung in Literatur und Rechtsprechung kann der Vorschuss auch im Wege einer einstweiligen Verfügung geltend gemacht werden.[123] 150

2. Anspruch auf vertragsgemäße Erhaltung, Minderungsrechte und Schadensersatz

Über den Aufwendungsersatz hinaus stehen dem Mieter die allgemeinen Ansprüche auf vertragliche Erfüllung – Erhaltung in vertragsgemäßem Zustand –, Gewährleistungsrechte wie Minderung sowie schließlich Schadensersatzansprüche zu, wenn der Vermieter etwa schuldhaft Rechtsgüter des Mieters beschädigt oder sich ein Schaden wegen verzögerter Ausführung ergibt. 151
Im Einzelnen:

a) **Vertragsgemäße Erhaltung.** Selbstverständlich bleibt es auch unabhängig von der Durchführung von Modernisierungsmaßnahmen dabei, dass ein Vermieter gemäß §§ 535, 536 BGB verpflichtet ist, die Mietsache in vertragsgemäßem Zustand zu erhalten bzw. die- 152

---

[119] LG Hamburg WuM 1985, 262; LG Essen WuM 1981, 67; AG Schöneberg WuM 1978, 210; Schmidt-Futterer/*Eisenschmid* § 554 BGB Rdnr. 336; Bub/Treier/*Krämer* III A Rdnr. 1121 m. w. N.
[120] Schmidt-Futterer/*Eisenschmid* § 554 BGB Rdnr. 337.
[121] Bub/Treier/*Krämer* III A Rdnr. 1122.
[122] Schmidt-Futterer/*Eisenschmid* § 554 BGB Rdnr. 343; MünchKommBGB/*Schilling* § 554 Rdnr. 40; Bub/Treier/*Krämer* III A Rdnr. 1122.
[123] AG Köln WuM 1981, 95; Bub/Treier/*Krämer* III A Rdnr. 1121; Schmidt-Futterer/*Eisenschmid* § 554 BGB Rdnr. 362.

sen wieder herzustellen. So hat der Mieter einen Anspruch auf §§ 535, 536 BGB, falls durch die Modernisierungsarbeiten Abweichungen vom vertragsgemäßen Zustand verursacht wurden, z. B. wenn nach Einbau neuer Thermopenscheiben die um die Fenster herum liegenden Wandteile nicht ordnungsgemäß verputzt worden sind, oder wenn bei Durchführung von Rohrleitungen die vorgenommenen Durchbrüche nicht wieder ordnungsgemäß verschlossen wurden. Insoweit kann der Mieter vom Vermieter nach Abschluss der Arbeiten Wiederherstellung des vertragsgemäßen Zustands beanspruchen.[124]

153   b) **Minderung.** Des Weiteren hat der Mieter, auch wenn er zur Duldung der Modernisierungsmaßnahmen verpflichtet ist oder diesen zugestimmt hat, die allgemeinen Gewährleistungsrechte. So kann der Mieter die Miete gemäß § 536 BGB mindern, wenn der vertragsgemäße Gebrauch während der Durchführung der Modernisierungsarbeiten beeinträchtigt ist oder wenn nach Durchführung der Arbeiten ein Zustand zurückbleibt, der den vertragsgemäßen Gebrauch weiter beeinträchtigt.

154   Hierunter fallen z. B. Beeinträchtigungen durch Baulärm, durch die Bauarbeiten verursachter Schmutz, Einwirkungen auf Licht- und Luftzufuhr durch Abdeckplanen vor den Fenstern während der Durchführung der Modernisierungsarbeiten, Wegfall von Raumteilen oder Wegfall von Fenstern durch die Modernisierungsarbeiten.

155   c) **Schadensersatz.** Hier kommt zum einen Schadensersatz wegen Beschädigung der Rechtsgüter des Mieters, die auf schuldhaftem Verhalten des Vermieters oder seinen Erfüllungsgehilfen beruhen, in Betracht, zum anderen Schadensersatz wegen verzögerter Ausführung.

156   Streitig in Literatur und Rechtsprechung ist bei der Schadensersatzproblematik, ob der Vermieter allein deshalb aus Verschulden gemäß § 536 Abs. 1 Alt.2 BGB haftet, weil er die Modernisierungsmaßnahmen in die Wege geleitet hat und Handwerkerarbeiten vergeben hat.[125]

3. Sonderkündigung gem. § 554 Abs. 3 S. 2 BGB

157   Zum Schutz des Mieters hat der Gesetzgeber in § 554 Abs. 3 Satz 2 BGB, der die Maßnahme nicht dulden will, ein Sonderkündigungsrecht des Mieters verankert.

158   Der Mieter kann bis zum Ablauf des Monats, der auf den Zugang der Modernisierungsmitteilung folgt, zum Ende des nächsten Monats kündigen. Hat der Vermieter beispielsweise am 3. Januar die Modernisierungsarbeiten ordnungsgemäß angekündigt, kann der Mieter bis zum letzten Tag im Februar die Kündigung aussprechen (Zugang muss noch im Februar erfolgen), wobei dann die Kündigungsfrist zum 31. 3. ausläuft.

159   Der Mieter kann von seinem Kündigungsrecht Gebrauch machen, ohne dass er zur Duldung auf Grund der Ankündigung verpflichtet ist. Selbst wenn bei der Modernisierung gegen die Mitteilungspflicht verstoßen wurde, steht dem Mieter das Sonderkündigungsrecht zu.[126] Bei unterbliebener Mitteilung des Vermieters beginnt die Kündigungsfrist des Sonderkündigungsrechts jedoch erst dann zu laufen, wenn der Mieter verbindlich von den Modernisierungsabsichten des Vermieters Kenntnis erlangt hat, spätestens zu dem Zeitpunkt der Mieterhöhungserklärung des Vermieters nach §§ 559 ff. BGB.[127]

160   Als Folge des Sonderkündigungsrechts hat der Gesetzgeber dann aber festgelegt, dass die Modernisierungsmaßnahmen nur bis zum Ablauf der Kündigungsfrist nicht in Angriff genommen werden dürfen, woraus folgt, dass mit den Modernisierungsmaßnahmen begonnen werden kann, wenn die Mietzeit abgelaufen, der Mieter aber noch eine Räumungsfrist benötigt.

---

[124] AG Hamburg WuM 1985, 262; LG Bonn WuM 1990, 388; Schmidt-Futterer/*Eisenschmid* § 554 BGB Rdnr. 318.
[125] Für ein Verschulden: Schmidt-Futterer/*Eisenschmid* § 554 BGB Rdnr. 324/325; *Sternel* II Rdnr. 341; Gegen ein Verschulden: LG Berlin GE 1997, 619; MünchKommBGB/*Schilling* § 554 Rdnr. 8; Bub/Treier/*Krämer* III A Rdnr. 1097.
[126] Schmidt-Futterer/*Eisenschmid* § 554 BGB Rdnr. 351; Bub/Treier/*Krämer* III A Rdnr. 1117; a. A. LG Essen WuM 1990, 513.
[127] Schmidt-Futterer/*Eisenschmid* § 554 BGB Rdnr. 351; Bub/Treier/*Krämer* III A Rdnr. 1117.

Für die Nutzungszeit nach Ablauf der Kündigungsfrist kann der Mieter die Duldung also allenfalls aus § 242 BGB verweigern.

V. Unwirksamkeit abweichender Regelungen

§ 554 BGB enthält in Absatz 5 ein Verbot von zum Nachteil des Wohnraummieters abweichenden vertraglichen Regelungen. Dieses betrifft nicht nur die Duldungspflicht des Mieters und seine Gegenrechte, sondern auch nachteilige Regelungen bezüglich der Mitteilungspflicht[128] oder Verzichte oder Einschränkungen beim Aufwendungsersatzanspruch.[129] Dieses Verbot bei der Wohnraummiete schließt aber nicht aus, dass der Mieter im Einzelfall trotz Fehlens der Voraussetzungen des § 554 Abs. 2 bis 5 BGB einer Maßnahme freiwillig zustimmen kann.[130] Unwirksam sind auch sämtliche Formularklauseln, durch die eine Duldungspflicht von vorn herein für bestimmte Fälle oder erst recht generell geregelt wird, weil dann die in § 554 Abs. 2 BGB geregelte Interessenabwägung nicht vorgenommen werden würde.[131]

Bei der Geschäftsraummiete hingegen ist § 554 Abs. 5 BGB gem. § 578 Abs. 2 BGB nicht anwendbar.

VI. Mietermodernisierung

Während sich die Rechte und Pflichten von Mieter und Vermieter bei Modernisierung durch den Vermieter nach § 554 Abs. 2 bis 5 BGB regeln, hat der Gesetzgeber mit Ausnahme eines Anspruchs auf eine behindertengerechte Anpassung der Wohnung in § 554a BGB keine Vorschrift geschaffen, die die Durchsetzbarkeit des Anspruchs des Mieters, die Mietsache zu verbessern bzw. zu modernisieren, enthält. Der Gesetzgeber hat lediglich bei § 539 BGB eine Regelung für Fälle getroffen, in denen der Mieter während seiner Mietzeit Veränderungen oder Verbesserungen vorgenommen hat bzw. neue Einrichtungen geschaffen hat.

1. Anspruch auf Durchführung

Soweit sich Modernisierungen des Mieters von Art und Ausführung der Arbeiten und der verbleibenden Folgen im Rahmen des vertragsgemäßen Gebrauchs bewegen, kann der Mieter jederzeit Modernisierungen vornehmen, so z.B. den Austausch eines Ölheizofens gegen einen Elektronachtspeicher. Soweit Mietermodernisierungen jedoch Eingriffe in die Bausubstanz voraussetzen, ist der Mieter ohne Genehmigung des Vermieters hierzu nicht befugt, es sei denn, es handelt sich um geringfügige Einwirkungen, die nach Beendigung des Mietverhältnisses problemlos ohne weiteres wieder rückgängig gemacht werden können.[132]

Aus der Regelung in § 539 Abs. 2 BGB über das Wegnahmerecht und den Aufwendungsersatz für notwendige Verwendungen folgt dann aber, dass der Vermieter auch Maßnahmen ohne Zustimmungen des Mieters vornehmen darf, wenn es sich um notwendige Verwendungen auf die Sache handelt, z.B. Maßnahmen wie die Verlegung der für die Versorgung der Wohnung mit Gas-, Wasser- und Strom erforderlichen Leitungen oder zum Schutz notwendige Errichtung einer Einfriedung.[133]

Aus den voranstehenden Ausführungen zu den Rechten des Mieters auf Grund seines Anspruchs auf vertragsgemäßen Gebrauch des Verbots, die Bausubstanz zu verändern und auf Grund des Anspruchs für notwendige Verwendungen Verwendungsersatz zu beanspruchen, lässt sich zusammenfassend folgern, dass der Mieter zumindest dann Verbesserungsmaß-

---

[128] LG Berlin ZMR 1986, 169.
[129] AG Pinneberg WuM 1990, 73.
[130] Bub/Treier/*Krämer* III A Rdnr. 1124, *Schopp* ZMR 1983, 111; MünchKommBGB/*Schilling* § 554 Rdnr. 43.
[131] OLG Frankfurt WM 1991, 56, 59.
[132] AG Köln WuM 1985, 288; LG Gießen NJW-RR 1994, 1102; LG Berlin WuM 1996, 138.
[133] Schmidt-Futterer/*Eisenschmid* § 535 BGB Rdnr. 373 ff.

nahmen ohne Zustimmung des Vermieters durchführen darf, wenn es sich um Maßnahmen handelt, die vom vertragsgemäßen Gebrauch umfasst sind, die das gemietete Objekt in der Substanz nicht erheblich beeinträchtigen und die sich bei Beendigung des Mietvertragsverhältnisses wieder problemlos beseitigen lassen.

So kann ein Mieter problemlos ohne Zustimmung des Vermieters z. B. Mischbatterien, WC-Becken oder Waschbecken austauschen oder eine moderne Duschkabine aufstellen,[134] während der Einbau einer Zwischenwand wegen Veränderung der Bausubstanz einer Zustimmung des Vermieters bedarf.

168 Ausnahmsweise kann darüber hinaus im Einzelfall der Vermieter zur Zustimmung einer Verbesserungsmaßnahme des Mieters verpflichtet sein, wenn der Mieter auf die Verbesserungsmaßnahme zur Befriedigung seiner elementaren Lebensbedürfnisse angewiesen ist, für fachgerechte Durchführung der Verbesserungsmaßnahme gesorgt ist und der Mieter sich verpflichtet, bei Auszug einen auf Wunsch des Vermieters ordnungsgemäßen Rückbau vorzunehmen und die Versagung deshalb rechtsmissbräuchlich wäre.[135]

169 Voraussetzung bei der Duldungspflicht des Vermieters ist aber immer, dass nachteilige Folgewirkungen für das Mietobjekt nicht eintreten.[136]

170 Grundsätzlich ist einem Mieter zu raten, die Mietermodernisierung und eventuell daraus resultierende Ansprüche schriftlich in einer Vereinbarung mit dem Vermieter festzuhalten.

Muster: Vertrag über Modernisierung durch Mieter

171 Zwischen ...... Mieter
und
...... Vermieter
wird folgende Vereinbarung geschlossen:

Vorweg:
Der Mieter beabsichtigt in dem angemieteten Wohnraum bauliche Maßnahmen durchzuführen, die den Gebrauchswert der Wohnung nachhaltig erhöhen oder die allgemeinen Wohnverhältnisse auf Dauer verbessern oder nachhaltige Einsparungen von Energie oder Wasser bewirken. Insoweit vereinbaren die Parteien folgendes:

§ 1
Die Parteien sind sich darüber einig, dass in der angemieteten Wohnung in folgenden Räumen (in sämtlichen Räumen, im Bad, in der Küche, in ......) bauliche Maßnahmen durchgeführt
1. Es handelt sich um Arbeiten an
   – Heizung
   – Warmwassererzeugung
   – Wärme/Schallisolierung von Decken, Dach, Wänden, Böden
   – neue Sanitärinstallationen
   – neue Elektroinstallationen
   – Austausch von Fenstern, Türen, Rolläden
2. Art und Umfang der voran stehenden Maßnahmen im Einzelnen sind in der Anlage A1 dieses Vertrages ausgeführt. Die Anlage A1 ist wesentlicher Bestandteil dieses Vertrages.

§ 2 Leistungen des Mieters
1. Die Maßnahmen werden durch den Mieter im eigenen Namen sowie auf dessen eigene Kosten und auf eigene Rechnung ausgeführt, soweit nicht in diesem Vertrag vereinbart ist, dass sich der Vermieter mit Kosten beteiligt. Er ist dem Vermieter gegenüber verpflichtet, die Arbeiten ordnungsgemäß durchzuführen.
2. Zur Vermeidung von Schäden aus der Durchführung der Maßnahme verpflichtet sich der Mieter, diejenigen Arbeiten, die die Einhaltung technischer Vorschriften erforderlich machen oder die

---

[134] Schmidt-Futterer/*Eisenschmid* § 535 BGB Rdnr. 381 m. w. N.
[135] Für Parabolantenne: OLG Hamm RE WM 1993, 658; OLG Stuttgart WM 1995, 306; OLG Hamburg WM 1993, 527; LG Bonn WM 1993, 468 für ausländische Mieter.
[136] Schmidt-Futterer/*Eisenschmid* § 535 Rdnr. 381.

besondere Fachkenntnisse notwendig machen, nur durch Fachleute oder in fachkundiger Selbsthilfe durchzuführen.
3. Die Parteien sind sich einig, dass die neuen Anlagen und Einrichtungen, die durch den Mieter geschaffen werden, in das Eigentum des Vermieters übergehen, auch wenn sie nicht wesentliche Bestandteile des Grundstücks werden. Der Mieter verzichtet hiermit auf das Recht solche Anlagen und Einrichtungen wegzunehmen. Der Vermieter nimmt den Verzicht an.
4. Die Parteien sind sich einig, dass der Mieter für die Mietermodernisierung eine Haftpflichtversicherung abschließt.
5. Die Modernisierungsarbeiten sollen am …… beginnen und in der Zeit vom …… bis …… durchgeführt werden.
6. Die Kosten des Mieters für die gesamte Maßnahme einschließlich der notwendigen Begleit- oder Folgemaßnahmen betragen voraussichtlich …… €. Dieser Betrag setzt sich zusammen aus
   – Handwerkerleistungen in Höhe von …… €
   – Mieterleistungen im Wege der Eigenarbeit in Höhe von …… €
   – Durch zu beschaffendes Material in Höhe von …… €

§ 3 Abnahme
Nach Abschluss der Maßnahme sind die Arbeiten in einem gemeinsamen Termin, der zwischen Mieter und Vermieter abgesprochen ist, vom Vermieter abzunehmen. Hierüber wird ein Abnahme- und Kostenfeststellungsprotokoll gefertigt. Dieses wird dann Vertragsbestandteil. Zur Feststellung der endgültigen Kosten hat der Mieter, die während der Modernisierungsmassnahme erhaltenen Belege vorzulegen.

§ 4 Vermieterleistungen
1. Für die Abwohndauer verzichtet der Vermieter auf sein ordentliches Kündigungsrecht, ausgenommen der Fall einer schuldhaften, nicht unerheblichen Verletzung der vertraglichen Verpflichtung des Mieters. Der Mieter nimmt den Verzicht an.
2. Bei künftigen Mieterhöhungen dürfen die Mietermodernisierungsmaßnahmen nicht zur Bewertung herangezogen werden.
   Die Wohnung ist zu bewerten, als hätten diese Modernisierungsmaßnahmen nicht stattgefunden. Dies gilt für die Abwohndauer. Soweit nach dem Mietvertrag der Parteien Schönheitsreparaturen und Bagatellschadensklauseln vom Mieter übernommen worden sind, sind diese Klauseln auch für die neuen Einrichtungen gültig.
3. Die Abwohndauer beträgt jeweils 4 Jahre für Aufwendungen in Höhe einer Jahresmiete, insgesamt jedoch mindestens 5 und höchstens 15 Jahre. Sie beginnt mit der Abnahme der Arbeiten. Als Jahresmiete gilt das 12-fache der monatlichen Miete bei Abschluss dieser Vereinbarung. Die Betriebskosten, über die gesondert abzurechnen ist, bleiben hiervon unberührt.

§ 5 Abwicklung bei Beendigung des Mietverhältnisses und bei nachfolgenden Maßnahmen des Vermieters.
1. Der Mieter hat bei einer Beendigung des Mietverhältnisses einen Anspruch auf Rückzahlung des Restwertes der durchgeführten Maßnahmen.
2. Dieser Anspruch auf Rückzahlung des Restwerts besteht auch dann, falls die Maßnahmen des Mieters durch nachfolgende Maßnahmen des Vormieters zerstört oder wertlos gemacht wurden.
3. Für die Berechnung des Restwerts werden von den Aufwendungen des Mieters bis zum Ablauf eines Jahres nach der Abnahme 20% und in den folgenden Jahren jeweils weitere 10% abgezogen.

§ 6 Sonstige Vereinbarungen
Die Parteien vereinbaren zur Sicherheit des Vermieters, unabhängig von der Kaution, eine zusätzliche Sicherheitsleistung des Mieters in Höhe von …… €. Diese ist vom Vermieter ebenfalls getrennt von seinem sonstigen Vermögen mündelsicher anzulegen.

……………………………………
Unterschrift Vermieter mit Datum

……………………………………
Unterschrift Mieter mit Datum

172 Des Weiteren ist bei Maßnahmen des Mieters darauf zu achten, dass diese nicht störend wirken und das äußere Erscheinungsbild der Mietsache bzw. den Gesamteindruck des Gebäudes nicht stören. So kann z. B. die Verglasung eines Balkons in einem Mehrfamilienhaus im Einzelfall das äußere Erscheinungsbild des gesamten Gebäudes verändern, so dass eine Genehmigung einzuholen wäre, auch wenn der Mieter zur Befriedigung seiner elementaren Lebensbedürfnisses auf die Maßnahme angewiesen wäre.

2. Daraus resultierende Ansprüche und Rechtsfolgen

173 § 539 BGB, ausgenommen die Barrierenfreiheit in § 554 a BGB, ist die einzige unmittelbare Regelung, die sich mit der Mietermodernisierung befasst. § 539 Abs. 2 BGB räumt dem Mieter das Recht ein, seine eingebrachten Einrichtungen wegzunehmen.

174 Diese Ausübung des Wegnahmerechts kann der Vermieter nur dann abwenden, wenn er eine angemessene Entschädigung bezahlt, es sei denn, der Mieter hat ein berechtigtes Interesse an der Wegnahme. § 539 Abs. 2 BGB kann vom Wortlaut nur Verbesserungsmaßnahmen enthalten, die auch wegnehmbar sind.

175 Bei Eingriffen in die bauliche Substanz dürfte der Mieter dagegen an einer Wegnahme regelmäßig kein Interesse haben, so dass die Problematik in diesem Bereich darin liegt, dass der Mieter die Sachen rückbauen muss bzw. zum Rückbau verpflichtet ist. Enthält die Genehmigung oder die Vereinbarung der Parteien, die zu dem Eingriff in die Bausubstanz geführt hat, keine Regelung, ist nach den allgemeinen Auslegungsregeln zu ermitteln, ob der Mieter die Sache in verändertem Zustand mit oder ohne Entschädigung zurücklassen muss, oder ob er zur Wiederherstellung des ursprünglichen Zustands verpflichtet ist.[137] In diesem Zusammenhang ist auch der Grundsatz von Treu und Glauben gem. § 242 BGB zu beachten. So kann die Rückbauverpflichtung im konkreten Einzelfall treuwidrig sein, wenn sie reine Schikane ist, aus wirtschaftlicher Sicht überhaupt keinen Sinn macht und dem Vermieter durch die Eingriffe in die Bausubstanz keinerlei Nachteile entstehen. Jedoch wird ein Vermieter das Zurücklassen einer mangelhaft durchgeführten Verbesserungsmaßnahme, die zum Eingriff in die Bausubstanz geführt hat, nie dulden müssen.

176 Nicht geregelt ist der Fall, dass ein Mieter Mietermodernisierungsmaßnahmen durchführt, die einer Genehmigung bedurft hätten, die aber nicht erteilt wurde.

177 Die Rechtslage richtet sich dann nach den allgemeinen Bestimmungen, d. h. der Vermieter kann während des Mietverhältnisses auf Beseitigung klagen bzw., wenn die Voraussetzungen des § 543 BGB vorliegen, kündigen.

3. Barrierefreiheit

178 Mit § 554 a BGB hat der Gesetzgeber erstmals einen Anspruch auf Mietmodernisierung gesetzlich geregelt. Die gesetzliche Vorschrift basiert ganz wesentlich auf den Entscheidungsgründen, die das BVerfG in der sogenannten Treppenhausliftentscheidung erarbeitet hatte.[138] In diesem Verfahren hatte sich das BVerfG mit der Problematik zu befassen, ob die Ablehnung der Zustimmung zum Einbau eines Treppenhausliftes durch einen Vermieter gegenüber einem behinderten Mieter, der diese Zustimmung begehrte, um seine Wohnung leichter zu erreichen, rechtlich haltbar ist. Das BVerfG hat den Anspruch zugesprochen. Die Entscheidung ist dann bei der Schaffung des § 554 a BGB zugrunde gelegt worden und hat die gesetzliche Regelung geprägt.

179 Die Vorschrift gibt einem Mieter einen Anspruch auf Zustimmung zu baulichen Veränderungen in Bezug auf eine behindertengerechte Ausstattung seiner Wohnung, wenn der Mieter ein berechtigtes Interesse hieran hat und der Vermieter kein überwiegendes Interesse entgegen halten kann, etwa, das die Mietsache oder das Gebäude in unverändertem Zustand erhält. Der Gesetzgeber hat also auch hier eine Interessenabwägung eingeführt, wobei eine Versagung bei einem berechtigten Interesse des Mieters nur dann möglich ist, wenn das Interesse des Vermieters überwiegt.

---

[137] Schmidt-Futterer/*Eisenschmid* §§ 535, 536 Rdnr. 399.
[138] BVerfG WuM 2000, 298 ff.

Der Rechtscharakter der Vorschrift ist nicht eindeutig.[139] Man kann die Regelung als Neubestimmung des Inhalts des vertragsgemäßen Gebrauchs unter Berücksichtigung der Interessen von Menschen mit Behinderungen ansehen oder als Anspruch auf Vertragsänderung (Veränderungstheorie).[140] Für Letzteres sprechen Entstehungsgeschichte, Wortlaut, die textliche Identität mit der Regelung in § 558 Abs. 1 Satz 1 BGB und die Beschränkung auf bestimmte Barrierefreiheitsmaßnahmen.[141]

Dies führt zu einer Zweistufigkeit dergestalt, dass der Mieter, der eine Barrierefreiheitsmaßnahme realisieren will, zunächst die Zustimmung des Vermieters einholen muss, gegebenenfalls durch Zustimmungsklage, und sich dann im Falle der weiteren Verweigerung durch den Vermieter einen Duldungstitel besorgen muss.[142]

§ 554a BGB spricht von baulicher Veränderung oder sonstige Einrichtung, die für eine behindertengerechte Nutzung der Mietsache oder den Zugang zu ihr erforderlich sind. Als derartige behindertengerechte Ausstattung kommen z.B. in Betracht: Rollstuhlrampen, Haltegriffe, behindertengerechtes Bad, Türänderungen, spezielle Licht- und Tonsignale, ausreichende Wendefläche für Rollstuhlfahrer, Einbau eines behindertengerechten Aufzuges, Notrufausstattungen.

Der Gesetzgeber setzt nicht voraus, dass der Mieter selbst behindert sein muss. Ein berechtigtes Interesse kann nach dem Wortlaut der Regelung an entsprechenden baulichen Veränderungen und an einer behindertengerechten Ausstattung auch dann bestehen, wenn der Mieter in der Wohnung mit einem behinderten Angehörigen oder einem behinderten Lebensgefährten zusammen lebt, also Familienangehörige, Lebenspartner oder andere Angehörige des Mieterhaushaltes.

Der Anspruch steht dann unter dem Vorbehalt der Erforderlichkeit der Maßnahme. Dies darf nicht im strengen Sinne als unbedingt notwendig verstanden werden, sondern es genügt, wenn die Maßnahme hilfsreich und wesentlich ist.[143]

Was die Interessenabwägung betrifft, so sind hier die Faktoren Art, Dauer und Schwere der Behinderung und damit zusammenhängende Erforderlichkeit der baulichen Maßnahme, deren Umfang und Dauer, sowie die Möglichkeit des Rückbaus, schließlich die baurechtliche Genehmigungsfähigkeit, aber auch die mit der Maßnahme verbundene Beeinträchtigung anderer Mietmieter zu untersuchen und abzuwägen.

Gemäß § 554a Abs. 2 BGB hat der Gesetzgeber die Zustimmung des Vermieters aber, selbst wenn im Rahmen der Interessenabwägung ein Anspruch besteht, noch davon abhängig gemacht, dass der Vermieter vom Mieter eine angemessene zusätzliche Sicherheit, also eine weitere Sicherheit neben der Mietkaution verlangen kann.

Angemessenheit richtet sich dabei an den Kosten, die ein Vermieter aufwenden müsste, um die Mietsache zurückbauen zu lassen.

VII. Übergangsregelung/Rechtslage vor Inkrafttreten des Mietrechtsreformgesetzes

1. Anwendung des neuen Rechts

Gemäß Art. 2 des Mietrechtsreformgesetzes – Änderung des Einführungsgesetzes zum Bürgerlichen Gesetzbuches – gelten die Regelungen des § 554 Abs. 2 bis 5 BGB für Modernisierungen, deren Mitteilung am Tage des Inkrafttreten des Mietrechtsreformgesetzes oder später zugehen (Art. 229 § 3 Ziffer 6 Einführungsgesetz zum Bürgerlichen Gesetzbuch).

2. Ausnahmen von der Anwendung des neuen Rechts/Fortgeltung des alten Rechts

Die alte Rechtslage nach § 541b BGB greift jedoch noch für alle die Modernisierungsvorhaben, deren Ankündigung vor Inkrafttreten des Mietrechtsreformgesetzes beim Mieter eingegangen sind (Art. 229 § 3 Ziffer 6 Einführungsgesetz zum Bürgerlichen Gesetzbuch).

---

[139] *Rips*, Barrierefreiheit im Mietrecht gemäß § 554a BGB, 2003, S. 74.
[140] *Rips*, a.a.O., S. 80.
[141] *Rips*, a.a.O., S. 80.
[142] *Rips*, a.a.O., S. 81.
[143] *Haas*, Das Mietrecht, 2001, § 554a BGB Rdnr. 8; *Rips*, a.a.O., S. 118.

188 Maßgeblich, ob die neue oder alte Rechtslage Anwendung findet, ist also zum einen der Tag des Inkrafttretens des Mietrechtsreformgesetzes, zum anderen der Zugang der Ankündigungserklärung.

3. Rechtslage bei Fortgeltung des alten Rechts

189 Während der Gesetzgeber nach Inkrafttreten des Mietrechtsreformgesetzes Erhaltungs- und Modernisierungsmaßnahmen zusammengefasst in § 554 Abs. 1 BGB (Erhaltungsmaßnahmen) und § 554 Abs. 2 bis 5 BGB (Modernisierungsmaßnahmen) geregelt hat, waren die diesbezüglichen Regelungen früher in § 541a BGB (Erhaltungsmaßnahmen) und in § 541b BGB (Modernisierungsmaßnahmen) geregelt.[144]

190 a) **Abweichendes im Bezug auf den Anspruch des Mieters auf Modernisierung bzw. Duldungspflicht des Mieters.**

aa) Alte Rechtslage bezüglich der zu duldenden Maßnahme. Bei der zu duldenden Maßnahme waren vor Inkrafttreten des Mietrechtsreformgesetzes nicht Maßnahmen zur Einsparung aller Arten von Energie vom Gesetzgeber als in den Kreis der Modernisierungsmaßnahmen aufgenommen worden, sondern lediglich die Maßnahmen **zur Einsparung von Heizenergie (§ 541b Abs. 1 BGB).**

191 Im Übrigen war aber der Kreis der vom Gesetzgeber geregelten Modernisierungsmaßnahmen identisch.

192 *bb) Alte Rechtslage bezüglich der Zumutbarkeitsprüfung.* Hier hatte der Gesetzgeber vor Inkrafttreten des Mietrechtsreformgesetzes den Personenkreis auf Mieterseite streng geregelt. Hier waren nur Härtegründe von dem Mieter oder seiner Familie maßgeblich. Schon vor Inkrafttreten des Mietrechtsreformgesetzes hatte die herrschende Rechtsprechung aber unter Familie infolge des gesellschaftlichen Wandels nicht nur den engen Familienkreis verstanden, sondern **auch die in eheähnlichem Verhältnis zusammenlebenden Lebenspartner und Ähnliches.**[145]

193 Schon vor Inkrafttreten des Gesetzes waren insoweit sonstige, dauerhaft im Haushalt des Mieters lebende Personen, wie Pflegekinder, Kinder des Lebenspartners, sowie in den letzen Jahren auch hetero- oder homosexuelle Partnerschaften in den Schutzbereich aufgenommen.

Im Übrigen entsprach die alte Regelung in § 541b BGB vollständig der neuen Rechtslage.

194 *cc) Alte Rechtslage bezüglich der Mitteilungspflicht des Vermieters.* Hier hatte der Gesetzgeber früher strengere Maßstäbe an die formellen Voraussetzung der Mitteilung gestellt.

195 Insoweit war in § 541b Abs. 2 BGB bei der Mitteilungspflicht eine konkrete und genaue Mitteilung über Art, Umfang, Beginn gefordert, während nach Inkrafttreten des Reformgesetzes durch die Einfügung des Begriffes „voraussichtlich" die Präzisierung und Konkretisierung etwas abgeschwächt wird.

196 Des Weiteren war die Frist für die Mitteilung der Modernisierungsmaßnahmen entgegen der jetzigen Regelung auf **2 Monate verkürzt (§ 541b Abs. 2 BGB).**

197 *dd) Alte Rechtslage bezüglich der Rechte des Vermieters nach Durchführung der Modernisierung.* Insoweit entsprach die alte Rechtslage der heutigen Rechtslage. Die Möglichkeit der Mieterhöhung nach Modernisierung befand sich allerdings außerhalb des BGB in § 3 Miethöhegesetz (MHG).

198 b) **Alte Rechtslage im Bezug auf die Mieterrechte durch die Modernisierung.** Auch diesbezüglich war die alte Rechtslage identisch.

Insoweit war allerdings das Sonderkündigungsrecht wegen der Modernisierung in § 541b BGB und das Sonderkündigungsrecht wegen der nachfolgenden Modernisierungsmieterhöhung in § 9 MHG geregelt.

---

[144] Begründung des BMJ für Referentenentwurf Mietrechtsreformgesetz S. 92.
[145] Siehe oben Rdnr. 88 sowie die dortigen Fn. 61 und 62.

VIII. Abgrenzungsfragen

Über die Modernisierung von bereits vorhandenen Wohnräumen hinaus kommen auch den Mieter beeinträchtigende bauliche Maßnahmen in Betracht, die den bisherigen Wohnraum erweitern, ergänzen oder umgestalten, oder die Wohnraum an den bisher vorhandenen Wohnraum neu anschließen. Insoweit unterscheidet man zwischen Ausbau, Umbau und Anbau. 199

Unter **Ausbau** versteht man, wenn aus Räumen oder Räumlichkeiten, die bislang nicht für Wohnzwecke geeignet oder zu Wohnzwecken bestimmt waren, unter wesentlichem Bauaufwand Wohnraum entsteht, z.B. der Ausbau eines bisherigen Trockenspeichers als Dachgeschosswohnung oder der Ausbau von Untergeschossräumlichkeiten (Keller) zu einer Souterrainwohnung (zur Begriffsbestimmung siehe § 17 Abs. 1 II. WoBauG). 200

Umbau ist dagegen eine unter wesentlichem Bauaufwand durchgeführte Anpassung von Wohnräumen, die infolge einer Änderung des Wohnverhaltens oder der Wohngewohnheiten nicht mehr für Wohnzwecke geeignet sind, zur Schaffung von Wohnraum (siehe § 17 Abs. 1 Satz 2 II. WoBauG). 201

Ein **Anbau** dagegen ist die Erweiterung oder Ergänzung vorhandener Räumlichkeiten durch Vergrößerung oder Hinzufügung neuer Räumlichkeiten. 202

Bezüglich der drei voranstehend baulichen Maßnahmen treten im Mietverhältnis häufig folgende Problemkreise auf: 203
1. Kann der Vermieter den Ausbau, Umbau oder Anbau gegenüber dem Mieter durchsetzen bzw. muss der Mieter Ausbau, Umbau oder Anbau dulden?
2. Wer trägt die finanziellen Belastungen im Mietverhältnis bzw. sind diese umlegbar?

IX. Gesetzliche Regelungen

Der Gesetzgeber hat hierzu an verschiedenen Stellen innerhalb des im Bürgerlichen Gesetzbuchs enthaltenen Mietrechtsregelungen zu diesen Problemkreisen getroffen. 204

Die Duldungspflicht für Maßnahmen zur Schaffung neuen Wohnraums durch Ausbau, Umbau und Anbau ist zunächst einmal in § 554 Abs. 2 BGB geregelt. Auch in Bezug auf Ausbau-, Umbau- und Anbaumaßnahmen kann der Vermieter also gem. § 554 Abs. 2 bis 5 BGB vorgehen und diese Maßnahmen zur Schaffung neuen Wohnraums durchsetzen. Insoweit wird auf die voranstehenden Ausführungen in § 30 verwiesen. 205

Die Duldungspflicht hat aber selbstverständlich dort ihre Grenzen, wo bauliche Maßnahmen, die einen Ausbau, Umbau oder Anbau zum Gegenstand haben, dazu führen, dass ganze Wohnungen wegfallen oder eine große Wohnung durch Aufteilung in mehrere Appartements wegfällt, oder wo durch die Baumaßnahme das Mietobjekt so verändert wird, dass etwas völlig neues entsteht, z.B. indem aus einer einfachen Obergeschosswohnung durch die Zufügung des Dachgeschosses eine Luxusatelierwohnung entsteht. 206

Der Eigentümer, der sein Eigentum verändern will, obwohl dieses vermietet ist, hat in diesem Fall nur die Möglichkeit, Duldung gem. § 242 BGB durchzusetzen, wobei zu beachten ist, dass dies keine Umgehung der Schutzvorschrift des § 554 Abs. 2 bis 5 BGB ergeben darf. Dabei ist an Sachverhalte zu denken, bei denen der Vermieter zwar einen Anspruch aus § 554 Abs. 2 bis 5 BGB auf Grund der dortigen Voraussetzungen hat, aber andererseits die bauliche Tätigkeit den Mieter nicht besonders stark in seinem Besitzrecht stört, ohne Durchführung der Maßnahme jedoch die Wirtschaftlichkeit des Hausbesitzes oder der Verlust des Gebäudes zu befürchten wäre.[146] 207

Des Weiteren hat der Gesetzgeber bei § 573 Abs. 2 Ziffer 3 BGB sowie § 573b Abs. 1 Ziffer 1 und 2 BGB ein Kündigungsrecht verankert, um dem Vermieter die Möglichkeit zu geben, in bestimmten Fällen Ausbau, Umbau und Anbau durchzusetzen. So ist in § 573b Ziffer 1 und 2 BGB zunächst die Möglichkeit einer Teilkündigung geregelt, d.h. dass der Vermie- 208

---
[146] BGH NJW 1972, 723.

ter Nebenräume (insbesondere Speicherräume usw.) oder sonstige mitvermietete Grundstücksteile (Kfz-Stellplätze, Hinterhöfe, Gärten usw.) kündigen kann, wenn er diese Räumlichkeiten oder Grundstücksflächen zur Schaffung neuer Mietwohnungen verwenden will.[147] Außerdem wird durch § 573 Abs. 2 Ziffer 3 BGB ein Kündigungstatbestand geregelt, der den Verieter berechtigt, das Mietverhältnis zu kündigen, wenn er durch die Fortsetzung des Mietverhältnisses an einer angemessenen wirtschaftlichen Verwertung des Grundstücks gehindert ist und dadurch erhebliche Nachteile erleiden würde. Gerade in diesen Kündigungstatbestand fallen auch Ausbau-, Umbau- und Anbaumaßnahmen.

209 So kann der Umbau einer großen Wohnung in mehrere Kleinwohnungen eine Form einer angemessenen Verwertung sein, wenn die bisherige Nutzung der Räumlichkeiten für den Vermieter vollkommen unrentabel ist.

210 Des Weiteren ist in § 554a eine Regelung enthalten, die dem Mieter unter gewissen Voraussetzungen einen Anspruch auf einen behindertengerechten Umbau oder Ausbau enthält.

211 Der Gesetzgeber hat also auch bezüglich Anbau, Umbau und Ausbau dem Vermieter ein Instrumentarium an die Hand gegeben, mit dem teilweise die Baumaßnahme über § 554 Abs. 2 bis 5 BGB und § 554a BGB teilweise über § 573 Abs. 2 Ziffer 3 BGB sowie § 573b Abs. 1 Ziffer 1 und 2 BGB durchgesetzt werden kann bzw. der Mieter zur Duldung ist. indirekt durch Räumung zur Duldung verpflichtet sind. Soweit bauliche Ausbau-, Umbau- oder Anbaumaßnahmen nicht über § 554 Abs. 2 bis 5 BGB bzw. § 242 BGB oder über § 573 Abs. 2 Ziffer 3 BGB bzw. § 573b Abs. 1 Ziffer 1 und 2 BGB durch Kündigung durchzusetzen ist, kann der Vermieter die Baumaßnahmen nicht durchführen.

212 Eine Möglichkeit, etwaige Kosten auf den Mieter umzulegen, besteht aber nur dann, wenn diese Maßnahmen Modernisierungsmaßnahmen im Sinne des § 559 BGB sind.

X. Abweichende Vereinbarungen

213 Die Vertragsfreiheit erlaubt es, dass Mieter und Vermieter bezüglich Ausbau, Umbau und Anbau Vereinbarungen treffen, wobei allerdings die Nachteilsverbote zu Gunsten des Wohnraummieters in § 554 Abs. 5 BGB sowie in § 573 Abs. 4 BGB bzw. § 573b Abs. 5 BGB zu berücksichtigen sind.

214 Im Übrigen ist es aber im Rahmen der Beachtung dieser Nachteilsgebote problemlos möglich, dass ein Vermieter als Grundstückseigentümer einem Mieter ein ganzes Grundstück oder Räumlichkeiten zur Bebauung in Form eines Umbaus, Anbaus oder Ausbaus überlässt. Vertraglich geregelt wird, dass das Vertragsobjekt, in dem im Vertrag vereinbarten Zustand mit Anbau, Ausbau oder Umbau zurückzugeben ist. Verträge, die derartige Verpflichtungen zum Inhalt haben, sind nach höchstrichterlicher Rechtsprechung reine Mietverträge.[148] Der Vermieter ist insoweit sogar bei Verletzung der Ausbaupflicht durch den Mieter berechtigt, fristlos zu kündigen.[149] Zu beachten ist von Seiten des Vermieters, dass er, falls der Mieter die vertraglich geschuldeten Ausbau-, Umbau- oder Anbaumaßnahmen bis zum Vertragsende nicht durchgeführt hat, der Erfüllungsanspruch wegen Anwendung des § 548 BGB in 6 Monaten verjährt.

215 Zu prüfen ist aber immer anhand des Vertragstextes und der Umstände, ob der Mieter nur berechtigt ist, die vereinbarte Baumaßnahme durchzuführen oder ob eine Verpflichtung besteht. Wenn die vertragliche Regelung dergestalt geregelt ist, dass für die Ausführung des Ausbaus, Umbaus oder Anbaus Mietzins während der Zeit der Durchführung oder für eine bestimmte Dauer erlassen ist, oder lediglich in niedriger Höhe zu bezahlen ist, folgt daraus inzidenter, dass der Verwendungsersatzanspruch gem. § 539 Abs. 1 BGB und das in § 539 Abs. 2 BGB geregelte Wegnahmerecht ausgeschlossen sind.

216 Andererseits ist zu beachten, dass in derartigen Fällen im Fall vorzeitiger Vertragsbeendigung ein Anspruch des Mieters gegen den Vermieter auf Herausgabe der Bereicherung entstehen kann gem. §§ 812, 818 Abs. 2 BGB. Die Bereicherung besteht darin, dass der Vermie-

---

[147] Siehe *Schönleber* in § 42.
[148] BGHZ 86, 71, 76 m. w. N.
[149] BGHZ 50, 312.

ter durch die vorzeitige Beendigung vorzeitig einen durch die Baumaßnahme erhöhten Ertragswert der vermieteten Räumlichkeiten erhält.[150]

XI. Übergangsregelung/Rechtslage vor Einführung des Mietrechtsreformgesetzes

Die Übergangsvorschriften zum Gesetz zur Neugliederung, Vereinfachung und Reform des Mietrechts befinden sich in Art. 2 – Änderung des Einführungsgesetzes zum Bürgerlichen Gesetzbuch. Danach sind die alten Vorschriften dann maßgeblich, wenn eine Kündigung oder ein Erhöhungsverlangen vor Inkrafttreten des Mietrechtsreformgesetzes zugegangen ist. Im Übrigen gilt für Kündigungen, Ansprüche usw. die neue Rechtslage, soweit die Ansprüche oder die Kündigung nach Inkrafttreten des Gesetzes geltend gemacht werden. 217

Die wesentlichen Bestimmungen, die den Aus-, Um- und Anbau regeln, sind durch das Mietrechtsreformgesetz lediglich in neue Paragraphen abgefasst worden. Inhaltlich hat sich insoweit keine Änderung der Rechtslage ergeben. 218

Nach der alten Rechtslage befand sich die Duldungspflicht für Maßnahmen für Schaffung neuen Wohnraums durch Ausbau, Umbau und Anbau in § 541 b BGB statt nunmehr in § 554 BGB. 219

Des Weiteren befanden sich die maßgeblichen Kündigungsvorschriften statt in § 573 Abs. 2 Ziffer 3 BGB und in § 573 b Abs. 1 Ziffer 1 und 2 BGB in § 564 b Abs. 2 Ziffer 3 und Ziffer 4 BGB. 220

Auch nach der alten Rechtslage muss der Eigentümer, der sein Eigentum verändern will, obwohl dieses vermietet ist, seine Ansprüche bzw. die Duldung gem. § 242 BGB durchzusetzen, wobei auch damals bereits zu beachten war, dass diese Durchsetzung über § 242 BGB keine Umgehung der Vorschrift des § 541 b BGB ergeben durfte. 221

---

[150] BGH ZMR 1996, 122.

9. Abschnitt. Mietpreisrecht

§ 21 Mietpreisüberhöhung und Mietwucher

Übersicht

	Rdnr.
I. Anwendungsbereich und Tatbestandsvoraussetzungen des § 5 WiStG	1–45
1. Räume zum Wohnen	5–8
a) Wohnraummietverhältnis	5/6
b) Mischraummietverhältnis	7
c) Preisgebundene Wohnungen	8
2. Nebenleistungen	9/10
3. Unangemessen hohe Entgelte – Berechnung der höchstzulässigen Miete	11–34
a) Höchstzulässige Miete nach § 5 Abs. 2 S. 1 WiStG	11–20
b) Höchstzulässige Miete nach § 5 Abs. 2 S. 2 WiStG	21–34
4. Ausnutzung eines geringen Angebots an vergleichbaren Räumen	35–44
a) Geringes Angebot	35–37
b) Vergleichbare Räume	38–43
c) Ausnutzen	44
5. Fordern, Versprechen lassen, Annehmen	45
II. Darlegungs- und Beweislast	46–52
III. Rechtsfolgen der Mietpreisüberhöhung	53–71
1. Zivilrechtliche Folgen	53–67
a) Umfang des Anspruches	53–60
b) Ausschluss des Anspruches	61–64
c) Verjährung und Verwirkung	65/66
d) Passivlegitimation des Vermieters	67
2. Ordnungswidrigkeitsrechtliche Folgen	68–71
IV. Anwendungsbereich und Tatbestandsvoraussetzungen des § 291 Abs. 1 S. 1 Nr. 1 StGB	72–79
1. Ausbeutung des Mieters	74–78
a) Zwangslage	75
b) Unerfahrenheit	76
c) Mangel an Urteilsvermögen	77
d) Erhebliche Willensschwäche	78
2. Auffälliges Missverhältnis	79
V. Rechtsfolgen des Mietwuchers	80/81

Schrifttum: *Kinne,* Mietpreisüberhöhung (§ 5 WiStG) – alte Fragen, neue Antworten?, ZMR 1998, 474; *Lammel,* Theorie und Praxis der Mietpreisüberhöhung nach § 5 WiStG, NZM 1999, 989; *Langenberg,* Zur neueren Rechtsprechung des BGH zu § 5 WiStG, Festschrift für Hubert Blank, S. 291 ff.; *Pellegrino,* Die angemessene Eigenkapitalrendite des Vermieters nach § 5 WiStG, NZM 1998, 889; *Scholl,* Mangellage unter § 5 WiStG, NZM 1999, 396; *Weiler,* Zum Einfluss der Mangellage auf das Verbot des § 5 Abs. 2 WiStG, ZMR 1998, 480.

I. Anwendungsbereich und Tatbestandsvoraussetzungen des § 5 WiStG

1 Der Tatbestand des § 5 WiStG ist erfüllt, wenn der Vermieter unter Ausnutzung eines geringen Angebots an vergleichbaren Räumen unangemessen hohe Entgelte verlangt, wobei unangemessene Entgelte dann vorliegen sollen, wenn die vereinbarte Miete die ortsübliche Vergleichsmiete um mehr als 20% überschreitet. § 5 WiStG stellt somit eine Schranke für den Grundsatz der freien Mietvereinbarung über freifinanzierten Wohnraum dar. Zugleich ist § 5 WiStG auch für alle Mieterhöhungen nach den §§ 557 ff. BGB, für alle Erhöhungsvereinbarungen, §§ 557, 557a, 557b BGB und Modernisierungserhöhungen, § 559 BGB

anzuwenden. Die Erhöhung der Nutzungsentschädigung gemäß § 546a BGB nach der Beendigung des Mietverhältnisses fällt ebenfalls unter § 5 WiStG.[1]

Die Vorschrift ist eine **Mieterschutzvorschrift,** sie soll die Vereinbarung überhöhter Mieten unterbinden und auch den Missbräuchen wirtschaftlicher Macht entgegen wirken. Durch die Sanktion der (Teil-)nichtigkeit der Vereinbarung über die Höhe der Miete soll der Mieter davor geschützt und der Vermieter davon abgehalten werden, auf Grund einer unausgewogenen Lage auf dem Mietwohnungsmarkt sich eine unangemessene hohe Miete versprechen zu lassen bzw. zu fordern.[2]

Die Vorschrift beschreibt eine Ordnungswidrigkeit, die von Seiten des Vermieters nur vorsätzlich oder leichtfertig begangen werden kann.

Die Hauptbedeutung des § 5 WiStG liegt allerdings auf dem zivilrechtlichen Gebiet, da bei Verwirklichung des äußeren Tatbestandes und ohne Rücksicht auf Verschulden des Vermieters die Mietvereinbarung nach § 134 BGB nichtig ist, soweit die ortsübliche Vergleichsmiete um mehr als 20%, ausnahmsweise um mehr als 50%, überschritten wird. Die überzahlte Miete kann grundsätzlich zurückgefordert werden.

Praxistipp:

Hat der die Mietvertragsparteien beratende Anwalt den begründeten Verdacht, dass die Mietvereinbarung gegen § 5 WiStG verstoßen könnte, hat er seinen Mandanten auf die materiellen und gegebenenfalls auch prozessualen Konsequenzen eines solchen Verstoßes hinzuweisen. Die Hinweispflicht bezieht sich darauf, den Mieter auf die erhebliche Darlegungs- und Beweislast und schließlich auch auf das enorme Kostenrisiko hinzuweisen.

1. Räume zum Wohnen

a) **Wohnraummietverhältnis.** § 5 Abs. 1 WiStG begrenzt nur die Miete für „Räume zum Wohnen". Für die Anwendbarkeit ist allein die **Vereinbarung** der Vertragsparteien über den **Nutzungszweck der Räume** maßgebend.[3] So sind beispielsweise Garagen, Keller, Nebenräume, Scheunen, Büroräume und Wohnwagen als „Räume zum Wohnen" i.S.v. § 5 Abs. 1 WiStG anzusehen, wenn sie zu Wohnzwecken vermietet worden sind. Nicht zwingend erforderlich ist, dass das „Wohnen" langfristig erfolgt.[4] Auf Vermietung von Hotelzimmern ist § 5 WiStG jedoch nicht anwendbar.[5] Nicht zum Wohnen dient die Anmietung von Räumen zu Gewerbezwecken. Eine gewerbliche Vermietung liegt immer dann vor, wenn die Räume an die Mieter nicht zur Eigennutzung als Wohnraum vermietet werden, sondern andere Zwecke im Vordergrund stehen.[6] Diese anderen Zwecke können sich bereits aus der baulichen Anlage der vermieteten Räume ergeben, wie z.B. ein Ladengeschäft. Wird das Ladengeschäft wiederum als „Ladenwohnung" vermietet, handelt es sich jedoch trotz der baulichen Gestaltung zu Gewerbezwecken um Räume zum Wohnen und § 5 WiStG ist anwendbar.[7] Selbst die Überschrift als „Mietvertrag über Gewerberäume" würde daran nichts ändern.

Wer eine Wohnung als solche überhöht anmietet, um vereinbarungswidrig eine Anwaltskanzlei einzurichten, wird durch § 5 WiStG geschützt, selbst wenn die Miete für den Gewerberaum angemessen gewesen wäre. Wer einen Laden als solchen mietet, um darin vereinbarungswidrig zu wohnen, steht schutzlos da, wenn es sich nicht um ein Umgehungsgeschäft handelt.[8]

---

[1] Schmidt-Futterer/*Blank* § 5 WiStG Rdnr. 2.
[2] BGH NZM 2004, 381.
[3] LG Köln WuM 1987, 202; Bub/Treier/*Bub* Rdnr. 681a S. 344.
[4] Bub/Treier/*Bub* Rdnr. 681a S. 344.
[5] *Kinne* ZMR 1998, 473, 474.
[6] BGH NJW 1985, 1772; OLG Frankfurt NJW-RR 1986, 1211.
[7] *Kinne* a.a.O.
[8] *Kinne* a.a.O.

7 **b) Mischraummietverhältnis.** Bei Mischmietverhältnissen ist zu prüfen, ob die Anhaltspunkte für eine Einordnung als Wohnraummietverhältnis oder diejenigen für eine Einordnung als Gewerberaummietverhältnis überwiegen. Entscheidend ist auch hier der **Vertragszweck**. Überwiegt der Wohnraumanteil, gilt § 5 WiStG grundsätzlich für das gesamte Mietverhältnis.[9]

8 **c) Preisgebundene Wohnungen.** § 5 WiStG gilt nicht bei preisgebundenen Wohnungen. Hier ist als Spezialnorm § 26 Abs. 1 Nr. 4 i. V. m. § 8 WoBindG anzuwenden. Hiernach darf der Vermieter die gesetzlich zulässige Kostenmiete nicht überschreiten. Jede darüber hinausgehende Miete ist gemäß §§ 134 BGB, 26 WoBindG nichtig, dem Mieter steht ein Rückzahlungsanspruch hinsichtlich der Überschreitung der gesetzlichen Mietobergrenze gemäß § 8 Abs. 2 WoBindG zu.

Bei Wohnungen, die gemäß dem Wohnraumförderungsgesetz errichtet und vermietet wurden, gilt die in der Förderzusage bestimmte höchstzulässige Miete, § 28 Abs. 1 WoFG. Wegen des Vorrangs mietrechtlicher Vorschriften, § 28 Abs. 1 S. 3 WoFG, ist diese Miete jedoch begrenzt durch § 5 WiStG.

2. Nebenleistungen

9 Nach dem Gesetz spielt es keine Rolle, ob die unangemessen hohe Miete für die Vermietung von Räumen zu Wohnzwecken oder für damit verbundene Nebenleistungen gezahlt wird. Hiermit soll der **Grundsatz der Einheitlichkeit** des Mietverhältnisses gewahrt werden und verhindert werden, dass durch Aufteilung der Miete eine unzulässige Umgehung des § 5 WiStG möglich wäre.

10 Wird für die Vermietung von Wohnräumen eine zulässige, die Wesentlichkeitsgrenze nicht überschreitende, Miete verlangt, liegt gleichwohl ein Verstoß gegen § 5 WiStG vor, wenn für die **Nutzung von Nebenräumen** im Haus, etwa Waschküche, Hobbyraum, eine zusätzliche Miete verlangt wird und beide Mietanteile zusammen genommen den Höchstbetrag der nach § 5 WiStG zulässigen Miete überschreiten.

3. Unangemessen hohe Entgelte – Berechnung der höchstzulässigen Miete

11 **a) Höchstzulässige Miete nach § 5 Abs. 2 Satz 1 WiStG.** *aa) Wesentlichkeitsgrenze.* § 5 WiStG setzt für seine drei Begehungsformen (Fordern, Versprechen lassen, Annehmen) gemeinsam voraus, dass ein unangemessen hohes Entgelt die Gegenleistung für die Wohnraumüberlassung sein soll.

12 Unangemessen hoch i. S. v. § 5 Abs. 2 WiStG sind Entgelte, die infolge einer Ausnutzung eines geringen Angebots an vergleichbaren Räumen die üblichen Entgelte um mehr als **20%** übersteigen, die in Gemeinden oder vergleichbaren Gemeinden für die Vermietung von Räumen vergleichbarer Art, Größe, Ausstattung, Beschaffenheit und Lage oder damit verbundener Nebenleistungen in den letzten 4 Jahren vereinbart oder, von Erhöhungen der Betriebskosten abgesehen, geändert worden sind.

Der Gesetzestext entspricht beinahe wörtlich dem des § 558 Abs. 2 BGB, sodass für weitere Erläuterungen und Vertiefungen auch wegen der nachfolgenden Punkte auf die Kommentierung hierzu verwiesen werden kann.

13 *bb) Ermittlung der ortsüblichen Miete.* Der Begriff des Entgeltes umfasst alle geldwerten Leistungen,[10] die der Mieter für Überlassung von Wohnraum schuldet. In der Praxis wird regelmäßig nur die **Grundmiete** als Maßstab für den Vergleich der ortsüblichen Entgelte herangezogen. So sind vom Mieter darüber hinaus zu zahlende Betriebskosten oder Kosten für Schönheitsreparaturen und Kleinreparaturen zu vernachlässigen, da sie der allgemeinen Üblichkeit entsprechen. Dagegen sind besondere Mieterleistungen, wie beispielsweise Zuschüsse zur Wohnungsrenovierung oder Hausmeistertätigkeiten, die aus der Sicht des Vermieters einen geldwerten Vorteil darstellen, zu dessen Last zu berücksichtigen. Enthält die

---

[9] Bub/Treier/*Bub* Rdnr. 681 a S. 344.
[10] Schmidt-Futterer/*Blank* § 5 WiStG Rdnr. 16.

Grundmiete auch **Betriebskosten**, so sind diese **herauszurechnen**. Ist eine hohe Betriebskostenpauschale vereinbart, so ist der zur Deckung der Betriebskosten nicht benötigte Teil der Pauschale der Grundmiete zuzuschlagen.[11]

Umstritten ist im Zusammenhang mit § 5 WiStG, ob zur Ermittlung der ortsüblichen Vergleichsmiete alleine der **Mietspiegel** herangezogen werden kann.[12] Die obergerichtliche Rechtsprechung[13] geht allerdings bisher dahin, dass der Mietspiegel alleine **nicht** zur Feststellung der ortsüblichen Vergleichsmiete für eine konkrete Wohnung geeignet ist. Der für den Einzelfall erforderliche Vergleich der konkreten Leistung mit der konkreten Gegenleistung verbiete schon nach dem Grundsatz der vollständigen Aufklärung des Sachverhaltes eine undifferenzierte Anwendung von Mietspiegelwerten und setzt voraus, dass die für die betreffende Wohnung maßgebliche, ortsübliche Vergleichsmiete auf Grund der wohnwertbestimmenden Merkmale, gegebenenfalls mit einer engen Wertungsspanne und in der Regel durch ein Sachverständigengutachten, festzustellen ist.[14] Nur in Ausnahmefällen könne die Vergleichsmiete vom Gericht auf Grund der eigenen Sachkunde festgestellt werden. Bei Vorliegen eines qualifizierten Mietspiegels ist eine Schätzung nach § 287 ZPO zulässig.[15]

Praxistipp:
Für den den Mieter vertretenden Rechtsanwalt bedeutet dies, dass in Verfahren über Rückforderungen überzahlter Miete die Höhe der behaupteten ortsüblichen Vergleichsmiete anhand eines aktuellen Mietspiegels substantiiert dargestellt werden kann, jedoch in jedem Falle die Richtigkeit der entsprechenden Behauptungen durch Sachverständigengutachten unter Beweis zu stellen ist.

Fehlt es an einem Mietspiegel, so kann die ortsübliche Vergleichsmiete entsprechend § 558a Abs. 2 BGB durch ein **Privatgutachten**, durch **Vergleichswohnungen** oder Auskunft aus einer Mietdatenbank dargestellt werden. Auch in diesen Fällen muss der Mieter im Falle der gerichtlichen Geltendmachung des Rückforderungsanspruches die Richtigkeit der Angaben unter Beweis stellen durch Einholung eines Sachverständigengutachtens.

Obwohl die Einholung eines derartigen Gutachtens sehr teuer ist und für beide Parteien ein erhebliches Kostenrisiko darstellt, ist die Bereitschaft der Mietvertragsparteien, die ortsübliche Vergleichsmiete im Vergleichswege festzulegen, erfahrungsgemäß sehr gering, da die Vorstellungen auf Grund unterschiedlicher Betrachtungsweisen sehr weit auseinander gehen und die Raster der Mietspiegel doch oftmals sehr grob sind.

Praxistipp:
Die Anwälte der Vertragsbeteiligten sollten beachten, dass die Kosten eines Sachverständigengutachtens, Beträge von über 1.000,- € sind hier keine Seltenheit, oft den streitig erzielten finanziellen Erfolg zunichte machen, etwa wenn der Sachverständige die Angaben der Parteien nicht vollständig bestätigt.

Ebenso sollte der den Mieter vertretende Anwalt bei der eigenen Berechnung der ortsüblichen Vergleichsmiete anhand des Mietspiegels immer einen Sicherheitszuschlag zu den Werten des Mietspiegels vornehmen, umgekehrt sollte der den Vermieter vertretende Anwalt bei seiner Berechnung auch ins Kalkül ziehen, dass die ortsübliche Vergleichsmiete unter der eigenen Berechnung liegt und entsprechende Abzüge vornehmen.

---

[11] OLG Stuttgart WuM 1982, 129 = ZMR 1982, 176, 178.
[12] *Kinne* ZMR 1998, 473, 475.
[13] OLG Frankfurt NJW-RR 1994, 1234; OLG Karlsruhe NJW 1997, 3388.
[14] OLG Karlsruhe NJW 1997, 3388 f.
[15] BGH WuM 2005, 394; LG Hamburg WuM 2005, 326; LG Dortmund NZM 2006, 134.

20 cc) *Zuschläge zur ortsüblichen Miete.* In den meisten Mietspiegeln wird eine reine **Nettomiete** dargestellt. Hier wird vorausgesetzt, dass der Mieter neben dieser Miete die Betriebskosten gemäß § 19 Abs. 2 WoFG und der Betriebskostenverordnung trägt und die Schönheitsreparaturen übernimmt. Ändert sich diese Mietstruktur, etwa durch Vereinbarung von Teilinklusiv- oder Inklusivmieten oder bei Vermietung von möbliertem Wohnraum, so beeinflusst dies natürlich auch die Höhe der ortsüblichen Vergleichsmiete. Näheres hierzu ergibt sich aus der Kommentierung zu § 558 BGB in diesem Buch.

21 b) **Höchstzulässige Miete nach § 5 Abs. 2 S. 2 WiStG.** aa) *Anwendungsbereich.* Gemäß § 5 Abs. 2 Satz 2 WiStG ist eine Miete nicht unangemessen hoch, wenn der Vermieter diese Miete zur Deckung der laufenden Aufwendungen benötigt. Dies gilt für jede Art von Wohnraum.

22 bb) *Laufende Aufwendungen – Begriff und Berechnung.* Laufende Aufwendungen, die ein Überschreiten der Wesentlichkeitsgrenze von 20 % über der ortsüblichen Vergleichsmiete bis zur Wuchergrenze von 50 % rechtfertigen, müssen vom Vermieter durch eine **Wirtschaftlichkeitsberechnung** nachgewiesen werden.[16]

23 Der zunächst zu ermittelnden ortsüblichen Vergleichsmiete kann die Miete gegenüber gestellt werden, die zur Deckung der laufenden Aufwendungen des Vermieters erforderlich ist. Der Deckung der laufenden Aufwendungen dient die so genannte **Kostenmiete**, § 8 Abs. 1 Satz 1 WoBindG, die nach den §§ 8a, 8b WoBindG zu ermitteln ist. Diese Vorschriften verweisen wieder auf die Durchschnittsmiete für öffentlich geförderten Wohnraum, sodass letztendlich anhand einer Wirtschaftlichkeitsberechnung die **fiktive Kostenmiete** für den preisfreien Wohnraum zu ermitteln ist.[17] Die Wirtschaftlichkeitsberechnung ist nach §§ 18 ff. II. BV zu erstellen.[18] Um die laufenden Aufwendungen substantiiert darzulegen, müssen die einzelnen Kostenansätze nachvollziehbar erläutert werden. Hierzu sind dem Gericht auch die entsprechenden Belege über Ausgaben vorzulegen, wenn die Kostenansätze nicht zulässigerweise pauschaliert oder fiktiv sind.

24 Anhand der nachfolgenden Checkliste hat der beratende Anwalt die durch seinen Mandanten beizubringenden Unterlagen für einen substantiierten Vortrag festzulegen. Danach zählen zu den laufenden Aufwendungen:

25 • **Eigenkapitalkosten: § 20 II. BV**
Ob das vom Vermieter bei der Errichtung des Hauses oder beim Kauf eingesetzte Eigenkapital überhaupt bei der Berechnung der laufenden Aufwendungen erfasst werden kann, ist nicht unumstritten,[19] wird jedoch von der Rechtsprechung bejaht.[20] Insbesondere wird angeführt, dass der Gesetzgeber dem Eigentümer von frei finanziertem Wohnraum zumindest diejenige Miete zubilligen will, die auch der Vermieter von preisgebundenem Wohnraum zu beanspruchen hat.[21]
Die Höhe des anzusetzenden Eigenkapitals ergibt sich unter Berücksichtigung von § 15 II. BV aus dem Betrag, der zur Herstellung des Wohnraumes durch den Vermieter oder im Falle eines späteren Erwerbes des Wohnraumes durch den Vermieter zur Begleichung der Erwerbskosten eingesetzt wurde.[22] Hat der Vermieter Wohnraum erworben und diesen anschließend modernisiert, so kann hierfür eingesetztes Eigen- und Fremdkapital ebenfalls berücksichtigt werden.[23]
In die Wirtschaftlichkeitsberechnung und damit die Berechnung der laufenden Aufwendungen wird die Rendite eingestellt, die sich bei einer fiktiven Verzinsung des Eigenkapitals ergäbe, jedoch in den Grenzen des § 20 II. BV.

---

[16] *Sternel* Rdnr. 64.
[17] LG Frankfurt WuM 1994, 605.
[18] LG Berlin GE 1994, 345; *Lammel* § 5 WiStG Rdnr. 40.
[19] Zum Meinungsstreit: siehe *Pellegrino* NZM 1998, 889.
[20] BGH WuM 1995, 428; OLG Stuttgart NJW-RR 1989, 11; OLG Hamburg WuM 1994, 456; Schmidt-Futterer/*Blank* § 5 WiStG Rdnr. 43.
[21] Schmidt-Futterer/*Blank* § 5 WiStG Rdnr. 43.
[22] BGH a. a. O.
[23] KG NZM 1998, 225, 227, 228; Schmidt-Futterer/*Blank* § 5 WiStG Rdnr. 44.

Das Eigenkapital wird mit 4% verzinst, soweit es 15% der Herstellungs- oder Erwerbskosten nicht überschreitet, für den darüber hinausgehenden Anteil ist eine Verzinsung von 6,5% zu Grunde zu legen.[24]

- **Fremdkapitalkosten: § 21 II. BV** 26
  Fremdkapitalkosten sind die Kapitalkosten, die sich aus der Inanspruchnahme von Fremdmitteln ergeben. Hierzu zählen Zinsen, laufende Kosten, die aus Bürgschaften entstehen, sonstige wiederkehrende Leistungen, insbesondere Rentenschulden.
  In Ansatz zu bringen sind die tatsächlich zu zahlenden Zinsen.[25]

- **Abschreibungen: § 25 II. BV** 27
  Die Abschreibung berechnet sich nach dem Gebäudewert, sodass Grundstückskosten außer Betracht bleiben. Werden Erwerbskosten zu Grunde gelegt, dann muss hieraus ein fiktiver Grundstückswert herausgerechnet werden. Die Abschreibung beträgt 1% der vorstehenden Kosten. Für einzelne Anlagen und Einrichtungen kommen höhere Abschreibungssätze in Betracht, § 25 Abs. 3 II. BV.

- **Verwaltungskosten: § 26 II. BV** 28
  Hierbei ist eine Pauschale von 230,– € je Wohnung und Jahr vorgesehen, für Garagenplätze von 30,– € je Garagen- oder Einstellplatz. Diese Beträge haben sich zum 1. Januar 2005 und sodann zum 1. Januar 2008 automatisch entsprechend der Veränderung des Verbraucherpreisindex erhöht und belaufen sich nunmehr aktuell (Stand 1. Januar 2008) auf 254,79 € je Wohnung und auf 33,23 € je Garage. Weitere Erhöhungen der Verwaltungskosten finden statt am 1. Januar 2011 und sodann zum 1. Januar eines jedes darauf folgenden dritten Jahres entsprechend der Veränderung des Verbraucherpreisindexes.

- **Betriebskosten: § 27 II. BV** 29
  Es können nur die Betriebskosten berücksichtigt werden, die der Vermieter nicht separat auf den Mieter umlegt.

- **Instandhaltungskosten: § 28 II. BV** 30
  Insofern gelten die Pauschalbeträge, die sich ebenfalls entsprechend den Regelungen bei den Verwaltungskosten zu den darin angegebenen Terminen entsprechend den Veränderungen des Verbraucherpreisindexes ändern. Aktuell belaufen sich die Instandhaltungskostenpauschalen auf
  7,87 €/m²/Wohnfläche für Wohnungen, deren Bezugsfertigkeit weniger als 22 Jahre zurückliegt,
  bis 9,97 €/m²/Wohnfläche je Jahr für Wohnungen, deren Bezugsfertigkeit mindestens 22 Jahre zurückliegt,
  bis 12,74 €/m²/Wohnfläche je Jahr für Wohnungen, deren Bezugsfertigkeit mindestens 33 Jahre zurückliegt.
  Ebenso sind zu beachten die Zu- und Abschläge aus § 28 II. BV

- **Mietausfallwagnis: § 29 II. BV** 31
  Das Mietausfallwagnis beträgt 2% der sich aus der vorstehenden Berechnung ergebenden Kostenmiete und zwar unabhängig davon, ob eine Kaution gezahlt wurde oder nicht.[26]

cc) Auffälliges Missverhältnis. Trotz Einbeziehung der Aufwendungen in die Berechnung 32 der zulässigen Miethöhe darf diese nicht in einem auffälligen Missverhältnis zu der Leistung des Vermieters stehen. Mit diesem Kriterium wird auf den Wuchertatbestand des § 291 StGB verwiesen. Dort bedeutet das auffällige Missverhältnis jedenfalls eine Miethöhe, die mehr als 50% über der ortsüblichen Miete beträgt.

Unter Einbeziehung der Aufwandsdeckung sind bezüglich der Miethöhe im Rahmen des 33 § 5 WiStG folgende **Fallkonstellationen** denkbar:[27]

---

[24] LG Hamburg WuM 1993, 595; Schmidt-Futterer/*Blank* § 5 WiStG Rdnr. 43; a. A. *Pellegrino* NZM 1998, 889, 892.
[25] LG Stuttgart DWW 1997, 271; Schmidt-Futterer/*Blank* § 5 WiStG Rdnr. 47.
[26] Schmidt-Futterer/*Blank* § 5 WiStG Rdnr. 59.
[27] Beispiele in *Lammel* § 5 WiStG Rdnr. 56.

- Liegt die vereinbarte Miethöhe über der ortsüblichen Vergleichsmiete, jedoch unterhalb der Wesentlichkeitsgrenze von 20%, und beläuft sich der Betrag der anrechnungsfähigen Aufwendungen dagegen auf eine geringere Summe, bleibt die Miete in der vereinbarten Höhe bestehen;
- liegt die vereinbarte Miethöhe über der Wesentlichkeitsgrenze, jedoch unterhalb der Wuchergrenze, und sind die Aufwendungen niedriger als die Wesentlichkeitsgrenze, darf die Miete nur bis zur Wesentlichkeitsgrenze verlangt werden;
- liegt die vereinbarte Miethöhe über der Wesentlichkeitsgrenze, jedoch unter der Wuchergrenze, sind die Aufwendungen höher als die Wesentlichkeitsgrenze, aber niedriger als die vereinbarte Miete, bleibt die Miete nur in Höhe der Aufwendungen zulässig;
- liegt die vereinbarte Miethöhe über der Wesentlichkeitsgrenze, jedoch unter der Wuchergrenze und sind die Aufwendungen deckungsgleich oder höher, bleibt die Miete in der vereinbarten Höhe zulässig;
- liegt die vereinbarte Miete über der Wuchergrenze, bleibt sie nur in Höhe dieser Grenze zulässig, unabhängig davon, ob die Aufwendungen höher sind.

34 *dd) Untermietverhältnis.* In diesem Falle errechnen sich die laufenden Aufwendungen aus der Höhe der Miete, die der Untervermieter an seinen Vermieter zahlen muss, jedoch höchstens bis zur Höhe der laufenden Aufwendungen des Eigentümers.

4. Ausnutzen eines geringen Angebots an vergleichbaren Räumen

35 **a) Geringes Angebot.** Ob ein geringes Angebot an vergleichbaren Räumen vorliegt, ist stets anhand des Wohnungsmarktes im Zeitpunkt des Abschlusses der streitigen Mietvereinbarung zu überprüfen. Das Vorliegen eines geringen Angebots ist jedenfalls dann zu bejahen, wenn der Vermieter in der Lage ist, bei einem sehr engen, durch Nachfrage bestimmten, Wohnungsmarkt die Miete und die Mietbedingungen zu diktieren. Somit liegt in jedem Fall ein geringes Angebot vor, wenn die Nachfrage nach Wohnraum das Angebot übersteigt. Umgekehrt ist das Tatbestandsmerkmal des geringen Angebots zu verneinen, wenn Angebot und Nachfrage ausgeglichen sind.[28]

37 **Praxistipp:**
- Indizien (aber keinesfalls Beweis) für ein geringes Angebot sind folgende Kriterien:
- Die Marktmiete, also die Neuvermietungsmiete, liegt um 15% höher als die ortsübliche Miete.[29]
- Die Gemeinde gehört zu einem Gebiet mit gefährdeter Wohnraumversorgung durch landesrechtliche Rechtsverordnung.[30]
- Es gilt die Zweckentfremdungsverordnung.[31]
- Anstieg der registrierten Fälle von Wohnungslosigkeit.[32]
- Überproportionaler Anstieg des Mietpreisniveaus zur Steigerung der Lebenshaltungskosten im vergleichbaren Zeitraum.[33]
- Der Anteil der Wohnkosten am Einkommen wird größer.[34]

Es muss allgemein darauf hingewiesen werden, dass bei Anwendung dieser Punkte darauf zu achten ist, ob die Daten auch aktuell sind. Der Wohnungsmarkt hat sich zumindest in den letzten Jahren verändert. Derzeit ist jedenfalls für Teilbereiche des Wohnungsmarktes in Großstädten eine Sättigung eingetreten.[35]

---

[28] BGH NZM 2005, 534; a. A.: Blank/Börstinghaus § 535 Rdnr. 445.
[29] LG Braunschweig WuM 1983, 268.
[30] LG Berlin ZMR 1998, 349; LG Hamburg WuM 1998, 491.
[31] LG Mannheim NZM 2000, 86.
[32] Schmidt-Futterer/*Blank* § 5 WiStG Rdnr. 65.
[33] Schmidt-Futterer/*Blank* a. a. O.
[34] Schmidt-Futterer/*Blank* § 5 WiStG Rdnr. 66.
[35] LG Köln NZM 1999, 404; *Scholl* NZM 1999, 396.

b) Vergleichbare Räume. *aa) Objektbezogene Teilmärkte.* Das geringe Angebot ist nicht 38
auf den gesamten Wohnungsmarkt zu beziehen, sodass das abstrakte Verhältnis zwischen
Haushalten einer Stadt und vorhandenem Wohnraum nicht aussagekräftig ist. Es ist vielmehr auf **regionale Teilmärkte** innerhalb einer Gemeinde abzustellen.[36] Teilmärkte ergeben sich durch die Wohnungsgröße, die Ausstattung der Wohnung, das Jahr der Bezugsfertigstellung und die Wohnlage. Was das geringe Angebot angeht, können also nur Wohnungen miteinander verglichen werden, die in diesen Kriterien übereinstimmen. Allerdings ist bei der Beantwortung der Frage, ob der Vermieter ein geringes Angebot an vergleichbaren Räumen ausgenutzt hat, auf das gesamte Gebiet der Gemeinde, und nicht lediglich auf den Stadtteil, abzustellen, in dem sich die Mietwohnung befindet. Das Tatbestandsmerkmal des „geringen Angebots" ist deshalb nicht erfüllt, wenn der Wohnungsmarkt für vergleichbare Wohnungen nur in dem betreffenden Stadtteil angespannt, im übrigen Stadtgebiet aber entspannt ist.[37]

Ebenso ist das Tatbestandsmerkmal des geringen Angebots dann nicht gegeben, wenn die Mietwohnung zwar in einem Ballungsgebiet liegt, in dem zum Zeitpunkt der Mietvereinbarung ein Zweckentfremdungsverbot galt, es sich jedoch um eine Luxuswohnung handelte, für die jedenfalls kein hinreichendes aussagekräftiges Anzeichen für das Vorliegen eines Nachfrageüberhangs gegeben ist.[38]

bb) Personenbezogene Teilmärkte. Dagegen ist bei der Prüfung, ob ein geringes Angebot 39
vorliegt, nicht auf personenbezogene Teilmärkte abzustellen, also ob nur für bestimmte Gruppen von Wohnungssuchenden (wie Studenten oder Sozialhilfeempfänger) nicht genügend Wohnungen zur Verfügung stehen.[39] Jedoch kann das Tatbestandsmerkmal des geringen Angebots erfüllt sein, wenn der Marktzugang für bestimmte, nach allgemeinen Merkmalen abgrenzbare, Mietergruppen infolge mangelnder Vertragsbereitschaft der Vermieter in ihrer Gesamtheit der Marktzugang verengt ist.[40]

cc) Sondermärkte. Grundsätzlich umfasst § 5 WiStG nur Wohnungen, für die es einen 40
Markt gibt, auf dem vergleichbare Wohnungen angeboten werden. Er gilt nicht für Wohnungen, deren Anzahl durch Lage und Art der Gebäude begrenzbar ist.[41]

Hierbei handelt es sich also um Wohnungen, die wegen ihrer außergewöhnlich luxuriösen 41
Ausstattung, ihrer Größe und/oder der Einmaligkeit der Lage innerhalb einer Gemeinde von solchen Personen gemietet werden, die nicht ein primäres Wohnbedürfnis befriedigen wollen, sondern die mit der Anmietung das Ziel verfolgen, gerade eine Wohnung von derart exponierter Art bewohnen zu können.[42]

Da wegen der besonderen Umstände des Einzelfalls bei derartigen Objekten keine allgemeinen Marktverhältnisse herrschen,[43] unterfallen Mietvereinbarungen über derartige 42
Wohnungen nicht dem § 5 WiStG.

> **Praxistipp:**
>
> Der die Mietvertragsparteien vertretende Anwalt ist verpflichtet, sich eine genaue Kenntnis über 43
> den örtlichen Immobilienmarkt zu verschaffen, um von vornherein abschätzen zu können, zu
> welchem Teilmarkt die zu beurteilende Wohnung gehört bzw. um beurteilen zu können, ob die
> Wohnung sogar einem Sondermarkt zuzuordnen ist.

c) Ausnutzen. Liegt ein geringes Angebot an vergleichbaren Räumen vor, dann bedeutet 44
dies aber noch nicht unbedingt, dass damit das Tatbestandsmerkmal des „Ausnutzens" vor-

---

[36] BGH NZM 2005, 534; OLG Hamm ZMR 1995, 212, 213; LG Hamburg NZM 2000, 180.
[37] BGH a. a. O.
[38] BGH NZM 2006, 291.
[39] OLG Hamm NJW-RR 1986, 812; *Kinne* ZMR 1998, 473, 475.
[40] Schmidt-Futterer/*Blank* § 5 WiStG Rdnr. 63.
[41] LG Hamburg NZM 2000, 30.
[42] LG Hamburg NZM 2000, 30.
[43] LG Frankfurt WuM 1996, 286.

liegt. Vielmehr muss zwischen der Mangellage und der Vereinbarung der überhöhten Miete ein Kausalzusammenhang bestehen. Daran fehlt es, wenn der Mieter unabhängig von der Lage auf dem Wohnungsmarkt bereit ist, eine unverhältnismäßig hohe Miete zu bezahlen, etwa deshalb, weil er aus persönlichen Gründen eine bestimmte Wohnung anmieten möchte, ohne sich zuvor über ähnliche Objekte und die Höhe der üblichen Miete erkundigt zu haben. In diesen Fällen bedarf der Mieter nicht des Schutzes, den das Gesetz denjenigen gewähren will, die sich auf eine unangemessen hohe Miete nur deshalb einlassen, weil sie ansonsten auf dem Wohnungsmarkt keine entsprechende Wohnung finden können.[44]

Bei der Beurteilung, ob das Tatbestandsmerkmal der Ausnutzung gegeben ist, sind daher nicht nur alleine das Verhalten des Vermieters und die objektive Lage auf dem Wohnungsmarkt zu untersuchen, sondern auch die Motive des Mieters für den Vertragsschluss. Wer bereit ist, eine geforderte Miete ohne weiteres aus persönlichen Gründen zu zahlen, wird nicht ausgenutzt.[45]

Das Tatbestandsmerkmal der Ausnutzung liegt also nur dann vor, wenn der Mieter die wegen der Wohnungsmarktlage geforderte Miete akzeptiert, weil ihm keine anderen vernünftigen Alternativen verbleiben.

5. Fordern, Versprechen lassen, Annehmen

45   Der Tatbestand des § 5 WiStG kann bereits erfüllt sein, ohne dass es zum Abschluss eines Mietvertrages kommt, insbesondere dann, wenn das Tatbestandsmerkmal des „**Forderns**" gegeben ist. Dieses liegt dann vor, wenn der Vermieter gegenüber einem Mietinteressenten die überhöhte Miete nennt. Die Angabe dieser Miete in einem Zeitungsinserat reicht allerdings noch nicht aus.[46]

Das Tatbestandsmerkmal des „**Versprechen lassen**" liegt vor, wenn der Vermieter das Angebot des Mieters, eine unangemessen hohe Miete zu zahlen, annimmt.

Im Übrigen hat der Vermieter die überhöhte Miete bereits „**angenommen**", wenn die Miete auf seinem Konto ist und er diese nicht umgehend zurück überweist.

II. Darlegungs- und Beweislast

46   Die vorstehend beschriebenen Tatbestandsmerkmale sind von dem Mieter, der im Wege der Rückforderung gemäß § 812 Abs. 1 BGB i.V.m. § 5 WiStG die Teilunwirksamkeit der Mietvereinbarung geltend macht, darzulegen und im Falle des Bestreitens zu beweisen. Der Vermieter hingegen hat darzulegen und zu beweisen, dass die die Wesentlichkeitsgrenze überschreitende Miete durch seine laufenden Aufwendungen gerechtfertigt ist.

47   Besondere Schwierigkeiten für den Mieter und den ihn vertretenden Anwalt ergeben sich bei der Darlegung von Tatsachen, die die Annahme des Tatbestandsmerkmals des Ausnutzens des geringen Angebots an vergleichbaren Räumen „rechtfertigt". Sicher ist, dass das alleinige Aufstellen dieser Rechtsbehauptung unter Berufung auf Sachverständigenbeweis nicht ausreicht.[47] Die Rechtsprechung stellt hohe Anforderungen an die Substantiierungspflicht des Mieters.

48   Somit muss der Mieter zunächst Tatbestandsmerkmale darlegen, die seine Behauptungen zur ortsüblichen Vergleichsmiete stützen. Dann hat er diejenigen Tatsachen vorzubringen und gegebenenfalls unter Beweis zu stellen, die das geringe Angebot, also die Störung des marktwirtschaftlichen Preismechanismus, ausmachen.[48] Er hat darzutun, dass sich diese Störung auf dem Teilmarkt, zu dem die von ihm angemietete Wohnung gehört, ausgewirkt hat.[49] Auf keinen Fall ist es ausreichend darzutun, dass die Wohnung zu einem Gebiet ge-

---

[44] A. A. Schmidt-Futterer/*Blank* § 5 WiStG Rdnr. 68.
[45] BGH NZM 2004, 381; LG Hildesheim WuM 1999, 470; LG Düsseldorf NZM 2000, 278; LG Wiesbaden WuM 1999, 338; LG Frankfurt WuM 1998, 167; *Lammel* § 5 WiStG Rdnr. 31.
[46] Schmidt-Futterer/*Blank* § 5 WiStG Rdnr. 12.
[47] *Lammel* NZM 1999, 989, 995.
[48] *Lammel* a.a.O.
[49] *Lammel* a.a.O.

hört, in dem das Zweckentfremdungsverbot gilt. Ohne konkrete Angaben des Mieters kann das Gericht dem Beweisangebot, ein Sachverständigengutachten einzuholen, nicht nachkommen, da es sich insofern um einen **unzulässigen Ausforschungsbeweis** handelt.[50] In diesem Punkt gibt es für den Mieter und den ihn vertretenden Anwalt gegebenenfalls große Schwierigkeiten, der Substantiierungspflicht zu genügen. Da die Informationen über den besagten Teilmarkt nicht immer zur Verfügung stehen, kann die zur **Substantiierungspflicht** erforderliche Darstellung der kausalen Verknüpfung zwischen Störung der Marktwirtschaft und Preisbildung nicht immer genügend erfolgen. Maßgebliche Informationen, wie die Zahl der Wohnungsbewerber,[51] Vermietungsgeschwindigkeit zwischen Freiwerden der Wohnung und Neuabschluss eines Mietvertrages, die Zahlung von Sonderleistungen (Abstandszahlungen),[52] stehen dem Mieter und dem ihn vertretenden Anwalt nicht zur Verfügung.

> **Praxistipp:**
>
> Es sollten alle zur Verfügung stehenden Erkenntnisquellen ausgeschöpft und vorgetragen werden, wie Auswertung von Zeitungsannoncen, Erkundigungen bei Maklern, beim Wohnungsamt und beim Mieterverein. In jedem Fall ist es unabdingbar darzulegen, wie und wie lange sich der Mieter einen Überblick über das vorhandene Wohnungsangebot verschafft hat; ferner, welche Art von Wohnung er in welchem Bereich gesucht hat.[53]

49

Ebenfalls ist ein Vortrag dazu erforderlich, warum der Mieter aus seiner bisherigen Wohnung ausgezogen ist, welche Zeit er für die Wohnungssuche zur Verfügung hatte, welche konkreten Versuche er unternommen hat, welche Vorstellungen er über Lage und Ausstattung hatte, welche Angebot er hatte und wie letztendlich die Mietvertragsverhandlungen verlaufen sind.

50

Was das Tatbestandsmerkmal des Ausnutzens eines geringen Angebots angeht, gibt es keine Beweiserleichterung in Gestalt eines Anscheinsbeweises oder einer Vermutung zugunsten des Mieters.[54] Der Mieter ist vielmehr verpflichtet darzulegen, ob in seinem konkreten Fall der Vermieter die Lage auf dem Wohnungsmarkt zur Vereinbarung einer unangemessen hohen Miete ausgenutzt hat. Dazu muss er vortragen, welche Bemühungen bei der Wohnungssuche er bisher unternommen hat, weshalb diese erfolglos geblieben sind und dass er mangels einer Ausweichmöglichkeit nunmehr auf den Abschluss des für ihn ungünstigen Mietvertrages angewiesen war.[55]

51

Der Mieter muss in jedem Falle vortragen und beweisen, welchen Inhalt die Vertragsverhandlungen mit dem Vermieter hatten.[56]

Keinesfalls ist es gerechtfertigt, das Bestehen eines Zweckentfremdungsverbots oder einer Verordnung über die Gefährdung der Wohnraumversorgung als Anlass dazu zu nehmen, dem Vermieter die Darlegungs- und Beweislast dafür aufzuerlegen, dass die Höhe der vereinbarten Miete nicht auf einer Mangellage beruht.[57]

Anhand der nachstehenden Checkliste können die Anspruchsvoraussetzungen des § 5 WiStG noch einmal nachvollzogen werden:

52

---

[50] LG Köln NZM 1999, 104.
[51] LG Frankfurt Urt. v. 23. 2. 1999 – 2/11 S 231/98 – n.v.
[52] *Lammel* a. a. O.
[53] LG Köln NZM 1999, 168; LG Köln NJW-RR 2003, 797.
[54] BGH NZM 2004, 381.
[55] BGH a. a. O.
[56] LG Frankfurt NZM 1998, 73; LG Köln NZM 1999, 404; AG Köln NZM 1999, 414.
[57] BGH a. a. O.

> **Checkliste**
>
> ☐ Handelt es sich um Wohnraum? Entscheidend ist der vereinbarte Vertragszweck zwischen den Parteien.
> ☐ Ermittlung der ortsüblichen Miete um festzustellen zu können, ob die vereinbarte Miete die ortsübliche Miete um mehr als 20% übersteigt. Mit Hilfe des Mietspiegels der Gemeinde; es bedarf einer detaillierten Aufstellung der Ausstattung und Lage der Wohnung zwecks Einordnung in das betreffende Rasterfeld des Mietspiegels. Ist in der betreffenden Gemeinde kein Mietspiegel vorhanden, kann nur durch Einholung eines Sachverständigengutachtens die Vergleichsmiete ermittelt werden. Ein Beweisantritt durch Sachverständigengutachten sollte vor Gericht immer erfolgen.
> ☐ Laufende Aufwendungen des Vermieters für die Auskunft über die zulässige Höchstmiete bei laufenden Aufwendungen (Überschreitung der ortsüblichen Miete bis zu 50%) zu erteilen, bedarf es der Vorlage der entsprechenden Belege durch den Mandanten für die Kostenansätze nach §§ 18 ff. II. BV. Anhand der Daten ist die Wirtschaftlichkeitsberechnung zu erstellen, die entsprechenden Belege und Urkunden sind dem Gericht ebenfalls vorzulegen.
> ☐ Geringes Angebot: Ein geringes Angebot ist nur gegeben, wenn zum Zeitpunkt der Mietpreisvereinbarung die Nachfrage nach vergleichbarem Wohnraum über dem Angebot an frei stehendem Wohnraum liegt. Die Substantiierungspflicht, die dem Mieter obliegt, erfordert umfassenden Vortrag wegen der Wohnungsmarktsituation bei Vertragsschluss unter Ausschöpfen aller zugänglichen Erkenntnisquellen.
> ☐ Ausnutzen: Dieses Tatbestandsmerkmal ist nur dann gegeben, wenn zwischen der Mangellage und der Vereinbarung der überhöhten Miete ein Kausalzusammenhang besteht. Dieser ist dann gegeben, wenn der Mieter infolge der bestimmten Wohnungsmarktsituation, insbesondere wegen Fehlens von Alternativmöglichkeiten, den Mietvertrag und die überhöhte Miete akzeptieren musste. Hier sind an die Darlegungslast des Mieters hohe Anforderungen zu stellen, insbesondere im Hinblick auf seine Bemühungen anlässlich der Wohnungssuche.
> ☐ Beweislastverteilung Der Mieter muss darlegen und beweisen, dass die vereinbarte Miete die ortsübliche Miete um mehr als 20% übersteigt und unter Ausnutzung eines geringen Angebotes vereinbart wurde. Der Vermieter hat darzulegen und zu beweisen, dass kostendeckende laufende Aufwendungen eine Überschreitung der Wesentlichkeitsgrenze rechtfertigen.

III. Rechtsfolgen der Mietpreisüberhöhung

1. Zivilrechtliche Folgen

53   a) **Umfang des Anspruches.** *aa) Rückforderung zu viel gezahlter Miete.* § 5 WiStG beseitigt als Verbotsgesetz über § 134 BGB den Rechtsgrund für die Mietzahlung und zieht die **Teilnichtigkeit** der Mietvereinbarung nach sich. Die Nichtigkeitsfolge tritt bereits bei Verwirklichung des objektiven Tatbestandes ein. Die subjektiven Voraussetzungen des § 5 Abs. 1 WiStG brauchen nicht vorzuliegen. Der Mieter hat gemäß §§ 134, 812 Abs. 1 BGB einen Anspruch auf Rückzahlung des Teils der Miete, der über den Zulässigkeitsschranken liegt. Zurückfordern kann der Mieter also die Differenz zwischen der gezahlten Miete und der, je nach Fallkonstellation, zulässigen Miete zwischen 120% und 150% der ortsüblichen Vergleichsmiete.[58]

54   *bb) Schadensersatzanspruch des Mieters.* Hat der Vermieter die Mietpreisüberhöhung zudem **verschuldet,** besteht ein Schadensersatzanspruch gemäß § 823 Abs. 2 BGB, da § 5 WiStG ein Schutzgesetz zu Gunsten des Mieters darstellt.[59] Daneben kommen auch Ansprüche aus §§ 311, 280 BGB in Betracht.

---

[58] *Sternel* Rdnr. 68.
[59] LG Köln WuM 1989, 311.

cc) Anpassung der vereinbarten Miete. (1) Änderung der Vergleichsmiete. Da Ausgangspunkt für die zur Teilnichtigkeit führende Mietpreisüberhöhung immer die ortsübliche Vergleichsmiete ist, verändert sich der Umfang der Teilnichtigkeit auch mit der Änderung der ortsüblichen Vergleichsmiete.[60] § 5 WiStG wird daher auch als dynamische Verbotsnorm bezeichnet.[61] Führt also die jeweils in Jahresabständen[62] vorzunehmende Überprüfung dazu, dass die ursprünglich vereinbarte Miete infolge Steigens der ortsüblichen Vergleichsmiete die Wesentlichkeitsgrenze nicht überschreitet, so wird diese Mietvereinbarung wiederum wirksam. Gemäß § 308 Abs. 2 BGB kann immer nur derjenige Teil der überhöhten Miete zurückverlangt werden, welcher zum Zeitpunkt der Fälligkeit der Mietforderung die aktuelle Wesentlichkeitsgrenze übersteigt.

Liegt hingegen zum Zeitpunkt des Vertragsschlusses kein Verstoß gegen § 5 WiStG vor, und sinkt die ortsübliche Miete nachträglich so weit, dass die Mietvereinbarung die Wesentlichkeitsgrenze überschreitet, so ist der Vermieter weder verpflichtet, die Miete bis zur Wesentlichkeitsgrenze zu senken, noch die vereinnahmte Miete zurückzuzahlen.[63] Dies gilt ebenso für den Fall, soweit eine teilnichtige Mietvereinbarung durch das Ansteigen der ortsüblichen Vergleichsmiete teilweise geheilt ist und danach die ortsübliche Miete sinkt und dadurch erneut in einem höheren Umfange über der Wesentlichkeitsgrenze liegt.[64]

(2) Wegfall des „geringen Angebotes" i. S. v. § 5 WiStG. Umstritten ist weiterhin die Frage, ob die ursprünglich vereinbarte Miete wieder auflebt, wenn nach Abschluss des Mietvertrages das Tatbestandsmerkmal des „geringen Angebots" entfällt, weil zwischenzeitlich ein ausgeglichener Wohnungsmarkt vorliegt.

Richtigerweise muss man auf die Verhältnisse beim Zustandekommen der Mietvereinbarungen abstellen. Eine einmal eingetretene Teilnichtigkeit wird durch spätere Umstände grundsätzlich nicht berührt, lediglich das Ausmaß der Teilnichtigkeit hinsichtlich der bereits erwähnten Veränderung der ortsüblichen Vergleichsmiete kann zugunsten des Vermieters wirken.[65] Die gegenteilige Auffassung[66] verkennt den Mieterschutzcharakter des § 5 WiStG. Für den Mieter ergäbe sich bei Wegfall des geringen Angebots nur die Wahl, entweder die vereinbarte, nach § 5 WiStG überhöhte, Miete – die er bei einem im Zeitpunkt des Vertragsabschlusses ausgeglichenen Wohnungsmarkt nicht vereinbart und die ein der Vorschrift nicht zuwiderhandelnder Vermieter auch nicht verlangt hätte – nun doch zu zahlen, oder aber aus der Wohnung auszuziehen und sich eine neue Wohnung auf dem nunmehr ausgeglichenen Wohnungsmarkt zu suchen.[67]

Maßgeblich zur Frage des „Ausnutzens des geringen Angebots" ist somit allein der Zeitpunkt des Abschlusses der Mietvereinbarung.

(3) Modernisierung durch den Vermieter. Auch die Modernisierungsmieterhöhung nach § 559 BGB unterliegt der Schranke des § 5 WiStG. Allerdings führen aber vom Vermieter durchgeführte Modernisierungen zu einer anderen Einordnung der Wohnung, sodass durchaus eine ursprünglich die Wesentlichkeitsgrenze oder sogar auch die Wuchergrenze überschreitende Miete rechtswirksam wird, wenn sich die Vergleichsmiete für die in Betracht kommende Wohnung wegen durchgeführter Modernisierungsmaßnahmen erhöht.

(4) Staffelmiete. Die Staffelmietvereinbarung unterliegt ebenfalls der Schranke des § 5 WiStG. Die im Zeitpunkt des Abschlusses der Staffelmietvereinbarung zulässige Staffelmiete kann daher wegen Sinkens der ortsüblichen Vergleichsmiete zu einem späteren Zeitpunkt

---

[60] OLG Frankfurt WuM 1985, 139; KG GE 1995, 686.
[61] *Beiler* ZMR 1998, 480.
[62] OLG Frankfurt WuM 1985, 139.
[63] LG Berlin NZM 1999, 999; LG Berlin NZM 2000, 530; a. A. Schmidt-Futterer/*Blank* § 5 WiStG, Rdnr. 72, der allerdings beim Absinken des ortsüblichen Mietpreisniveaus den Wegfall der Wohnungsmangellage annimmt.
[64] LG Berlin NZM 1999, Heft 15, S. V.
[65] OLG Hamburg NZM 1999, 363; OLG Frankfurt WuM 2000, 535; LG Berlin NZM 1999, 959; LG Berlin NZM 2000, 520; zustimmend: Schmidt-Futterer/*Blank* § 5 WiStG Rdnr. 80.
[66] LG Frankfurt Vorlagebeschluss NZM 1999, 999; LG Braunschweig Vorlagebeschluss ZMR 1999, 639; vgl. hierzu auch den „negativen Rechtsentscheid" OLG Braunschweig ZMR 2000, 19.
[67] LG Hamburg NZM 1998, 622, 627.

unzulässig werden, jedoch nicht rückwirkend bezüglich der vorangegangenen Staffel. Maßgeblich ist immer ein Vergleich der jeweils gültigen Staffelmiete mit der dazu gültigen ortsüblichen Vergleichsmiete.[68] Die teilweise Nichtigkeit einer Staffelmiete führt nicht zum Wegfall der folgenden Staffelbeträge. Deren Wirksamkeit ist jeweils selbstständig im Hinblick auf die ortsübliche Vergleichsmiete im Zeitpunkt des jeweils bestimmten Anfangstermins zu beurteilen.[69] Trotz Absinkens der ortsüblichen Miete bleibt die Mietstaffel wirksam, wenn sie zu einem früheren Zeitpunkt wirksam war.[70]

60 *dd) Kündigungsrecht des Mieters nach § 543 Abs. 1 BGB.* Neben dem Anspruch auf Rückzahlung der überhöhten Miete kann der Mieter das Mietverhältnis auch ohne Einhaltung einer Kündigungsfrist nach § 543 Abs. 1 BGB fristlos kündigen. Diese Voraussetzungen sind gegeben, wenn der Vermieter über einen längeren Zeitraum den Mieter veranlasst, eine überhöhte Miete entgegen § 5 WiStG zu zahlen.[71] Liegt ein Verstoß gegen § 5 WiStG vor, so ist es der Dispositionsfreiheit des Mieters zuzuordnen, sich vom Vertragswerk zu lösen, wenn ein Festhalten an dem Mietverhältnis nach dem Verhalten des Vermieters unzumutbar ist. Allerdings soll die Kündigung erst zulässig sein nach vorheriger erfolgter Abmahnung des Vermieters. Durch diese Abmahnung soll dem Vermieter bewusst gemacht werden, dass er zu vertragsgemäßem Verhalten zurückzukehren hat.[72]

Eine Abmahnung ist jedoch entbehrlich, wenn der Vermieter die Mietpreisüberhöhung nachhaltig bestreitet.[73]

61 **b) Ausschluss des Anspruches. aa)** *Vorbehaltlose Zahlung in Kenntnis der Nichtschuld.* Der Anspruch des Mieters auf Rückzahlung der überhöhten Miete besteht auch dann, wenn der Mieter bei Vertragsbeginn positive Kenntnis der Mietpreisüberhöhung hatte. Ein Ausschluss des Rückforderungsrechtes gemäß § 814 BGB besteht nicht. Nutzt der Vermieter ein geringes Angebot aus, kann der Mieter nicht auf Vergleichsobjekte ausweichen und muss notwendigerweise den Vertrag zu einer überhöhten Miete abschließen. Es widerspricht dem Schutzzweck des § 5 WiStG, wenn bei entsprechender Kenntnis des Mieters der Rückforderungsanspruch ausgeschlossen wäre.[74]

62 *bb) Verstoß des Mieters gegen ein gesetzliches Verbot.* Die Anwendung des § 817 Satz 2 BGB führt ebenfalls nicht zum Ausschluss des Anspruches des Mieters. Bei einem Verstoß gegen Preisvorschriften kann diese Norm nicht gegen denjenigen angewendet werden, den die Preisvorschriften schützen sollen.[75] Zudem ist § 817 S. 2 BGB bei unwissentlichen Verstößen nicht anzuwenden.

63 *cc) Wegfall der Bereicherung.* Der Rückforderungsanspruch entfällt jedoch gemäß § 818 Abs. 3 BGB, wenn der Empfänger nicht mehr bereichert ist. Hier ist allerdings § 819 Abs. 2 BGB zu beachten, wonach der Vermieter aus dem Gesichtspunkt des Schadensersatzes zur Rückzahlung verpflichtet sein kann, wenn er positive Kenntnis vom Gesetzesverstoß hatte.

64 *dd) Verstoß gegen Treu und Glauben.* Ausnahmsweise kann dem Rückforderungsanspruch des Mieters der Arglisteinwand aus § 242 BGB entgegen gehalten werden, so wenn der Mieter den an sich vermietungsunwilligen Vermieter mit einem besonders attraktiven Angebot zum Vertragsabschluss bewogen hat.[76]

65 **c) Verjährung und Verwirkung.** Der Rückforderungsanspruch des Mieters verjährt bei einem Fortbestehen des Mietverhältnisses entsprechend § 195 BGB nach Ablauf von 3 Jahren. Liegen also keine Gründe für eine Hemmung vor, verjähren mit Ablauf des 31. 12. 2009 alle Rückforderungsansprüche, die vor dem 1. 1. 2007 entstanden sind.

---

[68] LG Berlin ZMR 1995, 77; LG Frankfurt WuM 1996, 425; Bub/Treier/*Bub* Rdnr. 684c.
[69] OLG Hamburg NZM 2000, 232.
[70] KG NZM 2001, 283.
[71] LG Köln Urt. v. 4. 6. 1998 – 1 S 17/98 – n. v.
[72] LG Köln a. a. O.
[73] LG Köln a. a. O.
[74] LG Stuttgart WuM 1989, 168; *Lammel* § 5 WiStG Rdnr. 60; Schmidt-Futterer/*Blank* § 5 WiStG Rdnr. 83.
[75] LG Berlin WuM 1993, 185; *Sternel* Mietrecht III Rdnr. 43.
[76] Bub/Treier/*Bub* Rdnr. 691; *Sternel* Mietrecht III Rdnr. 68.

Dagegen verwirkt der Rückforderungsanspruch des Mieters grundsätzlich nicht, da zu 66
Gunsten des Vermieters kein Vertrauenstatbestand eintreten kann.[77] Sind dem Vermieter die
anspruchsbegründenden Tatbestandsmerkmale nicht bewusst, dann fehlt ihm die Kenntnis
von einem möglichen Anspruch des Mieters. Ist er bösgläubig, so ist sein Vertrauen sowieso
nicht schützenswert.[78]

d) **Passivlegitimation des Vermieters.** Die Rückzahlungsverpflichtung trifft denjenigen 67
Vermieter, der die überhöhte Miete empfangen hat. Bei einer Veräußerung des Mietgrundstückes tritt der Erwerber nicht gemäß § 566 BGB in die bereits entstandenen Verbindlichkeiten des früheren Vermieters ein, der Erwerber ist nur verpflichtet, den Teil der überhöhten Miete zurückzuzahlen, den er erhalten hat.[79]

2. Ordnungswidrigkeitsrechtliche Folgen

Im Verfahren nach dem OWiG muss dem Vermieter **Vorsatz** oder **Leichtfertigkeit** nach- 68
gewiesen werden. Leichtfertigkeit ist dann anzunehmen, wenn der Täter einfachste, ganz
nahe liegende Überlegungen unterlässt und das nicht beachtet, was in jedem Fall jedem hätte einleuchten müssen.[80] Die Gerichte erlegen dem Vermieter eine **Erkundungspflicht** bezüglich der höchstzulässigen Miete auf, sodass dieser sich nicht auf seine Unkenntnis berufen
kann.[81] Der Vermieter muss sich also bei einer zuständigen Stelle über die höchstzulässige
Miete informieren, wobei es ausreichen kann, wenn der Mietvertrag unter Einschaltung eines sachkundigen Maklers oder Architekten zu Stande kommt.[82]

Auch trifft den Vermieter kein Schuldvorwurf, wenn er die Verwaltung seines Hauses zu- 69
verlässigen und sachkundigen Mitarbeitern einer **Hausverwaltungsgesellschaft** überlässt und
diese einen Mietvertrag unter Verstoß gegen § 5 WiStG abschließen.[83] Leichtfertigkeit kann
jedoch gegeben sein, wenn der Vermieter solche Hilfspersonen nicht sorgfältig ausgewählt
hat oder er seinen Kontroll- und Aufsichtspflichten nicht nachkommt. Dies ist bei einem objektiven Verstoß gegen § 5 WiStG jedoch nicht zu unterstellen. Das Gericht muss hierzu
konkrete Feststellungen treffen.

Liegt eine Ordnungswidrigkeit vor, kann diese gemäß § 5 Abs. 3 WiStG mit einer Geld- 70
buße von bis zu 50.000,– € geahndet werden.

Im Bußgeldverfahren kann angeordnet werden, dass der durch den überhöhten Mietpreis 71
erzielte Mehrerlös an das Land abzuführen ist, § 8 Abs. 1 WiStG. Auch in diesem Fall stehen dem Mieter Bereicherungsansprüche zu, § 9 Abs. 2 WiStG. Der Mieter kann auch beantragen, dass die Rückerstattung an ihn angeordnet wird, § 9 Abs. 1 WiStG. Dies gilt auch
für den Fall, dass kein Bußgeldverfahren durchgeführt wird, § 10 Abs. 1 WiStG. Der Antrag
auf Rückerstattung muss inhaltlich den Anforderungen einer Klage vor dem Amtsgericht
entsprechen, § 9 Abs. 3 WiStG.[84]

IV. Anwendungsbereich und Tatbestandsvoraussetzungen des § 291 Abs. 1 Satz 1 Nr. 1 StGB i. V. m. § 134 BGB

Nach § 291 Abs. 1 Satz 1 Nr. 1 StGB macht sich derjenige wegen Mietwuchers strafbar, 72
der die Zwangslage, die Unerfahrenheit, den Mangel an Urteilsvermögen oder die erhebliche Willensschwäche eines anderen dadurch ausbeutet, dass er sich oder einem Dritten für
die Vermietung von Räumen zum Wohnen und damit verbundenen Nebenleistungen Vermögensvorteile versprechen oder gewähren lässt, die in einem auffälligen Missverhältnis zu
der Leistung oder deren Vermittlung stehen.

---

[77] *Sternel* Mietrecht, 3. Aufl., III Rdnr. 43.
[78] *Sternel* Mietrecht, 3. Aufl., III Rdnr. 43.
[79] LG Mannheim WuM 1987, 362; *Sternel* Mietrecht, 3. Aufl., III Rdnr. 44.
[80] BGH NJW 1953, 1139.
[81] AG München WuM 1984, 250.
[82] OLG Hamm ZMR 1995, 212, 214.
[83] Schmidt-Futterer/*Blank* § 5 WiStG Rdnr. 81.
[84] OLG Hamm ZMR 1995, 212.

73 Gemäß § 138 Abs. 2 BGB ist bei Erfüllung dieses Tatbestandes das zu Grunde liegende Rechtsgeschäft nichtig.
Beide Vorschriften beschreiben also den gleichen Tatbestand, mit dem Unterschied, dass § 291 StGB die strafrechtlichen Konsequenzen, § 138 Abs. 2 BGB die zivilrechtlichen Konsequenzen beschreibt.
Daneben ist aber auch noch § 134 BGB anzuwenden.

1. Ausbeutung des Mieters

74 Tathandlung ist das materielle Ausbeuten einer bestimmten Schwäche, die in der Person des Opfers oder in dessen besonderer Lage besteht.[85]
Dem Vermieter muss diese persönliche Situation des Mieters bekannt sein, er muss also Kenntnis davon haben, dass eine oder mehrere der nachfolgend beschriebenen Einschränkungen der Entscheidungsfreiheit gegeben sind. Im Falle der Kenntnis des Vermieters liegt regelmäßig auch das Tatbestandsmerkmal des Ausbeutens vor.

75 a) **Zwangslage.** Diese ist gegeben, wenn der Mieter sich in einer schweren Notlage bei der Wohnraumbeschaffung befindet, insbesondere weil ihm keine anderen Wohnraumangebote zur Verfügung stehen, bis auf die Wohnung, für die die Wuchermiete verlangt wird.[86] Eine Existenzbedrohung ist nicht notwendig.[87]

76 b) **Unerfahrenheit.** Unerfahrenheit ist eine auf Mangel an Geschäftskenntnis und Lebenserfahrung beruhende Benachteiligung des Mieters.[88] Die Unkenntnis über die Bedeutung des abzuschließenden Geschäfts allein oder das Fehlen der Kenntnis von Spezialisten reichen hingegen nicht aus. Dies gilt auch für die Unkenntnis der Wohnungsmarktverhältnisse oder der Miethöhen.[89]

77 c) **Mangel an Urteilsvermögen.** Diese Tatbestandsvoraussetzung ist erfüllt bei fehlender Intelligenz oder geistiger Schwäche, die den Mieter daran hindert, die wirtschaftlichen Folgen seines Tuns zu übersehen.[90]

78 d) **Erhebliche Willensschwäche.** Diese liegt vor, wenn der Mieter durch Krankheit oder Sucht nicht in der Lage ist, seinen eigenen Willen durchzusetzen, also jegliche Widerstandskraft vermissen lässt.[91]

2. Auffälliges Missverhältnis

79 Mietwucher setzt voraus, dass der Wert der Vermieterleistungen und der Wert der Mieterleistungen in einem auffälligen Missverhältnis zueinander stehen. Dies liegt in der Regel dann vor, wenn die Miete für Wohnraum die ortsübliche Vergleichsmiete um mehr als 50% überschreitet.[92] Auf die Höhe der Aufwendungen des Vermieters kommt es nicht an.

V. Rechtsfolgen des Mietwuchers

80 Strafverfahren wegen Mietwuchers sind außerordentlich selten. Zivilrechtlich hat der Tatbestand des Mietwuchers bei Vermietung von Wohnraum ebenfalls keine Bedeutung, da überhöhte Mietpreise in der Regel nach §§ 5 WiStG, 134 BGB zurückverlangt werden.
Wegen der zivilrechtlichen Folgen des Mietwuchers kann auf die Kommentierung zu § 5 WiStG verwiesen werden. Der Mietvertrag ist gemäß § 134 BGB schon dann nichtig, wenn der objektive Tatbestand des § 291 StGB erfüllt ist. Diese Rechtsfolge gilt auch, wenn die

---

[85] *Tröndle/Fischer* StGB § 291 Rdnr. 9.
[86] *Tröndle/Fischer* StGB § 291 Rdnr. 10.
[87] Bub/Treier/*Bub* II Rdnr. 699.
[88] BGH NJW 1983, 2781.
[89] *Tröndle/Fischer* StGB § 291 Rdnr. 11.
[90] Bub/Treier/*Bub* II Rdnr. 700.
[91] Bub/Treier/*Bub* II Rdnr. 701.
[92] BGH BGHZ 135, 268, 277; BGH NJW 1996, 1845, 1847.

subjektiven Voraussetzungen erfüllt sind. Grundsätzlich gilt der Grundsatz, dass der Vertrag zur angemessenen Miete aufrecht zu erhalten ist.[93]

Allerdings kann der Mieter das Mietverhältnis gemäß § 543 Abs. 1 BGB fristlos kündigen. Auf die dortigen Ausführungen wird verwiesen. Der Strafrahmen des § 291 StGB reicht bis zu 3 Jahren Freiheitsstrafe oder Geldstrafe. In besonders schweren Fällen kann eine Freiheitsstrafe von 6 Monaten bis zu 10 Jahren verhängt werden.

---

[93] LG Köln NJW 1965, 157.

§ 22 Vereinbarte Mieterhöhungen – Staffelmiete und Indexmiete

Übersicht

	Rdnr.
I. Einleitung	1–3
II. Staffelmiete im preisfreien Wohnraum	4–38
1. Voraussetzung einer wirksamen Vereinbarung	4–14
a) Form	4–7
b) Notwendiger Inhalt der Staffelmietvereinbarung	8–13
c) Degressiver Mietnachlass („umgekehrte Staffelmiete")	14
2. Rechtsfolgen einer wirksamen Vereinbarung	15–18
3. Anderweitige Mieterhöhungen bei Unwirksamkeit der Staffelmietvereinbarung	19
4. Kündigungsrecht	20–24
5. Grenzen der Mieterhöhung außerhalb von §§ 557 ff. BGB	25–31
a) Geringere Wohnfläche als vereinbart	26
b) Mietpreisüberhöhung, § 134 BGB i. V. m. § 5 WiStG	27–30
c) Wegfall der Geschäftsgrundlage	31
6. Unwirksamkeit gem. § 557 a Abs. 4 BGB	32
7. Rechtsfolgen einer unwirksamen Vereinbarung	33
8. Verjährung und Verwirkung	34–38
a) Verjährung der Vermieteransprüche	34
b) Verjährung des Erstattungsanspruches des Mieters	35
c) Verwirkung des Vermieteranspruches	36–38
III. Staffelmiete im preisgebundenen Wohnraum	39–42
IV. Indexmiete	43–62
1. Index	43–46
2. Voraussetzungen einer wirksamen Vereinbarung	47–55
a) Form	47
b) Notwendiger Inhalt der Vereinbarung zur Indexmiete	48–51
c) Unzulässige Vereinbarungen	52–55
3. Erhöhungsverlangen	56–60
4. Rechtsfolgen einer wirksamen Vereinbarung	61/62

Schrifttum: *Emmerich*, Flexibilisierung des Mietzinses, NZM 2001, 690; *Grothe*, Überproportional wirkende Indexmieten und § 557 b BGB, NZM 2002, 54; *Nies*, Schrift- oder Textform im Mietrecht – Fallen für Vermieter, NZM 2001, 1071; *Mersson*, Jahresfrist und Mieterwechsel bei der Staffelmiete, ZMR 2002, 732; *Artz*, „Rosinentheorie" im Recht der Mieterhöhung, NZM 2004, 609; *Wetekamp*, Literaturübersicht zum Mietrecht, NZM 2005, 139.

I. Einleitung

1 Die Parteien können bereits bei Abschluss des Mietvertrages oder zu einem späteren Zeitpunkt eine Vereinbarung über die zukünftige Entwicklung der Miete treffen. Im Wohnraummietrecht sind sie dabei auf die Staffel- und Indexmiete beschränkt, § 557 Abs. 4 BGB.

2 Die Staffelmiete definiert sich dadurch, dass der Mietzins für bestimmte Zeiträume eine unterschiedliche Höhe aufweist. Durch Staffelmietvereinbarungen wird die Investitionsentscheidung des Vermieters erleichtert, da er ohne die Unsicherheiten des Vergleichsmieterverfahrens regelmäßige Mietsteigerungen vereinbaren kann. Der Mieter andererseits kann die Mietsteigerungen während der Laufzeit der Staffelmietvereinbarung, insbesondere wegen der Sperre des § 557 a Abs. 2 BGB, sicher kalkulieren. Der Vermieter, der einen nicht renovierten Altbau mit einer Staffelmietklausel vermietet, handelt ungeschickt.

3 Die Anwendung von Regelungen zur Staffel- oder Indexmiete machen aus einem Mietverhältnis auf unbestimmte Zeit **keinen Zeitmietvertrag**.

Die Regelungen der §§ 557 bis 557 b BGB sind mit dem Mietrechtsreformgesetz zum 1. 9. 2001 in Kraft getreten. Diese Regelungen gelten für alle Vereinbarungen ab diesem Zeitpunkt. Für davor abgeschlossene Kontrakte gelten weiterhin § 10 Abs. 2 MHG (Staffelmiete) und § 10 a MHG (Indexmiete).

II. Staffelmiete im preisfreien Wohnraum

1. Voraussetzung einer wirksamen Vereinbarung

a) **Form.** Die Staffelmietvereinbarung ist in der **gesetzlichen Schriftform, § 126 BGB**, abzuschließen. Diese kann durch die elektronische Form, § 126 a BGB, ersetzt werden, nicht aber durch die Textform, § 126 b BGB. Die Vereinbarung kann bei Abschluss des Mietvertrages, in derselben Urkunde oder separat und auch nachträglich geschlossen werden. Staffelmietvereinbarung und Mietvertrag sind **formal getrennt** von einander zu betrachten. Wird für den auf unbestimmte Zeit geschlossenen Mietvertrag Schriftform vereinbart, so reicht es, wenn diese den Anforderungen des § 127 BGB, insbesondere mit der Erleichterung des § 127 Abs. 2 BGB, genügt. Für die Staffelmietvereinbarung bleibt es auch dann bei § 126 BGB.

Wird für die Staffelmietvereinbarung die Schriftform des § 126 BGB nicht gewahrt, so ist lediglich die Staffelmietvereinbarung nichtig gem. § 125 BGB. Daran ändert sich selbst dann nichts, wenn die Staffelmietvereinbarung Teil eines gem. § 550 BGB formbedürftigen Mietvertrages ist. Hierdurch wird nicht die Rechtsfolge des § 550 BGB ausgelöst, der Mietvertrag bleibt als für bestimmte Zeit geschlossen.[1]

Die Vereinbarung kann formularmäßig erfolgen. Dies soll sich aber nur auf die Fristen und sonstigen Regelungen beziehen und nicht auf die Miete, da es sich dabei um eine Individualvereinbarung handeln soll.[2] Eine feste Verbindung mit dem Mietvertrag ist für die Wirksamkeit der Staffelmietabrede nicht erforderlich.[3]

> **Praxistipp:**
>
> Oft wird in einem Mietvertrag mit mehreren Mietern formularmäßig jedem der Mieter für die anderen Mieter Vertretungsmacht erteilt. Je nach Ausgestaltung kann es sein, dass diese für nachträgliche Willenserklärungen mit wesentlicher Bedeutung für das Mietverhältnis nicht gilt.[4] Nachträgliche Staffelmietvereinbarungen haben regelmäßig eine wesentliche Bedeutung für das Mietverhältnis. Vor Abschluss einer solchen sollte deshalb die Vollmachtsklausel genau untersucht werden. Im Zweifel ist die Staffelmietvereinbarung mit allen Mietern zu schließen oder für die Staffelmietvereinbarung **noch einmal** ausdrücklich **schriftlich Vertretungsmacht** zu erteilen.

Die Heilung der fehlenden Schriftform durch konkludentes Tun, i. d. R. durch vorbehaltlose Zahlung der höheren Miete, wird allgemein abgelehnt.[5] Selbst wenn eine Staffelmiete durch konkludentes Tun nicht wirksam vereinbart werden kann, so kann dies doch als Vereinbarung einer **Mieterhöhung gem. § 557 Abs. 1 BGB**, die formfrei möglich ist, ausgelegt werden.[6] Allerdings wird dadurch die Miete nur jeweils auf die nächste Staffel gehoben, die weiteren Staffeln bleiben ausgeschlossen. Zum gleichen Ergebnis auf anderem Weg kommt das Landgericht Essen, wenn es einen Rückforderungsanspruch des Mieters aus ungerechtfertigter Bereicherung ablehnt, weil der Vermieter, bei Kenntnis der wahren Rechtslage, die Mieterhöhung gem. § 558 BGB durchgesetzt hätte.[7]

---

[1] MünchKommBGB/*Artz* § 557 a Rdnr. 5.
[2] Schmidt-Futterer/*Börstinghaus* § 557 a Rdnr. 25.
[3] LG Berlin GE 1998, 857.
[4] Schmidt-Futterer/*Börstinghaus* § 557 a Rdnr. 29.
[5] MünchKommBGB/*Artz* § 557 a Rdnr. 5; Emmerich/Sonnenschein/*Weitemeyer* § 557 a Rdnr. 10; Staudinger/*dies.* § 557 a Rdnr. 17.
[6] LG Berlin GE 2002, 804 = Beck LSK 2002, 1052.
[7] LG Essen WuM 2000, 254.

Hiervon zu unterscheiden ist die Umdeutung einer einseitigen Mieterhöhung durch Gestaltungsrecht des Vermieters, z. B. § 558 BGB, in eine einvernehmliche Vertragsänderung. Dieser Umdeutung stehen die Grundsätze der Rechtsgeschäftslehre entgegen.[8] Dieses Problem besteht bei der Umdeutung der formunwirksamen Staffelmietabrede nicht.

8 b) **Notwendiger Inhalt der Staffelmietvereinbarung.** *aa) Angabe des Mietzinses.* Die für die jeweilige Staffel **geltende Miete** oder die **jeweilige Erhöhung** ist in einem Geldbetrag auszuweisen, § 557a Abs. 1 BGB. Die Angabe eines Erhöhungsprozentsatzes genügt nicht. Bei einer Netto- oder Teilinklusivmiete reicht es aus, wenn die jeweilige Netto- oder Teilinklusivmiete bzw. die entsprechende Erhöhung angegeben wird. Betriebskostenvorauszahlungen oder ähnliches müssen nicht mit angegeben werden. Bei Bruttomieten muss die jeweilige Bruttomiete/Erhöhung angegeben werden. Werden unterschiedliche Erhöhungen je Staffel vereinbart, muss sich eindeutig ergeben, ab wann welcher Erhöhungsbetrag hinzuzurechnen ist. Die Angabe der jeweils erhöhten Quadratmetermieten (z. B. „die Miete erhöht sich ab 1. 1. 2007 auf € 8,00/m²") genügt nicht. Dem Schutzzweck der Norm entspricht es nur, wenn der Mieter **auf einen Blick** die Erhöhung erkennen kann, es reicht nicht aus, wenn er die neue Miete erst berechnen muss. Aus dem gleichen Grund ist auch der Verweis auf eine spätere Vereinbarung der Parteien, auf die Bestimmung durch einen Dritten § 317 BGB oder auf die jeweilige ortsübliche Vergleichsmiete unzulässig.

9 *bb) Erhöhungszeitpunkte.* Es muss jeweils angegeben werden, für welchen Zeitraum die Erhöhung gelten soll. Es genügt, wenn jeweils ein **Anfangsdatum** oder die **Anzahl der Monate** angegeben wird, für die die jeweilige Staffel gelten soll.

> **Praxistipp:**
>
> 10 Wird in einem Mietvertrag eine Staffelmietvereinbarung für die Zeit nach der **Mietpreisbindung** geschlossen, muss das **genaue Datum** des Endes der Mietpreisbindung oder das Datum, zu dem die Staffelmietvereinbarung beginnen soll, angegeben werden. Wird lediglich vereinbart, dass die Staffelmietvereinbarung ab „Ende der Mietpreisbindung" gelten soll, genügt dies nicht den Anforderungen des § 557a Abs. 1 BGB an die genaue Angabe des Zeitpunktes. Der Mieter weiß nicht ohne weiteres, wann die Mietpreisbindung endet.

11 *cc) Jahresgrenze.* Die Jahresgrenze des § 557a Abs. 2 BGB ist eine **absolute Grenze**. Fehlt auch nur ein einziger Tag und ist auch nur eine einzige Staffel kürzer als ein Jahr, ist die gesamte Vereinbarung unwirksam. Längere von einander zeitlich abweichende Staffeln und auch unterschiedliche Erhöhungsbeträge sind, zulässig.

> **Praxistipp:**
>
> 12 Wenn der Vermieter bei Abschluss des Mietvertrages nicht weiß, ob die Wohnung pünktlich frei werden wird, z. B. wegen Streitigkeiten mit den bisherigen Mietern, empfiehlt es sich, „auf Nummer sicher zu gehen" und die erste Erhöhung besser einen oder auch mehrere Monate später als 1 Jahr nach Mietbeginn eintreten zu lassen.

13 Schon die Vereinbarung **eines einzigen Steigerungsbetrages** ist als Staffelmietvereinbarung zu qualifizieren.[9]
Wird die Staffelmiete während des laufenden Mietvertrages vereinbart, ist es nicht erforderlich, dass die Miete zu diesem Zeitpunkt ein Jahr unverändert war. Die Jahressperrfrist

---

[8] *Artz* NZM 2004, 609.
[9] H. M. Schmidt-Futterer/*Börstinghaus* § 557a Rdnr. 49; Emmerich/Sonnenschein/*Weitemeyer* § 557a BGB Rdnr. 5.

des § 558 Abs. 1 BGB findet keine analoge Anwendung.[10] Es fehlt an der notwendigen Regelungslücke: § 558 Abs. 1 BGB will den Mieter vor zu häufigen einseitigen Mieterhöhungen schützen, während die Staffelmiete nur einvernehmlich vereinbart werden kann.

c) **Degressiver Mietnachlass („umgekehrte Staffelmiete")**. Wenn der Vermieter einen im Laufe der Mietzeit geringer werdenden Nachlass auf die Miete gewährt, wird dies oft als „umgekehrte Staffelmiete" bezeichnet. Hierauf findet alles zur Staffelmiete Gesagte Anwendung.

Davon zu unterscheiden ist die stückweise Anrechnung eines Mieterdarlehens. Hierbei handelt es sich nicht um eine Staffelmietvereinbarung, sondern lediglich um die Verrechnung mit Ansprüchen des Mieters auf Zins und Tilgung. Dies kann lediglich bei einer degressiven Vereinbarung wie eine Staffelmiete aussehen. Auch die Vereinbarung eines Mietnachlasses z. B. während Modernisierungsmaßnahmen ist lediglich nach § 536 a BGB und nicht als Staffelmietvereinbarung zu behandeln.

2. Rechtsfolgen einer wirksamen Vereinbarung

Die jeweilige Mieterhöhung tritt grundsätzlich **automatisch** ein. Zu Gunsten des Mieters kann von den Parteien allerdings das Erfordernis einer Erhöhungserklärung vereinbart werden. Dann tritt die Erhöhung erst mit dem Zugang der Erklärung ein. Wird dies nicht vereinbart, kommt der Mieter bei Nichtleistung zum Fälligkeitszeitpunkt automatisch in Verzug gemäß § 286 Abs. 2 BGB.

Die **Kappungsgrenze** des § 558 Abs. 3 BGB findet **keine Anwendung**.[11]

Läuft die Staffelmietvereinbarung aus, gilt die am Ende erreichte Miethöhe weiter, bis eine neue Staffelmietvereinbarung getroffen wurde oder die Miete gemäß §§ 558 ff. erhöht wird. Bei einer anschließenden Erhöhung bis zur ortsüblichen Vergleichsmiete ist die Jahresfrist des § 558 Abs. 1 S. 2 BGB zu wahren.

Der Anreiz für den Mieter, eine Staffelmietvereinbarung zu schließen, ist § 557 a Abs. 2 S. 2 BGB. Hiernach sind Erhöhungen gemäß §§ 558–559 b BGB (ortsübliche Vergleichsmiete, Modernisierung) während der Laufzeit der Staffelmiete ausgeschlossen. Einseitig kann der Vermieter lediglich eine Veränderung der Betriebskosten gemäß § 560 BGB auf den Mieter umlegen.

> **Praxistipp:**
> **Die einvernehmliche Mieterhöhung bleibt möglich.** Es bleibt den Parteien auch bei einer Staffelmietvereinbarung stets unbenommen, eine Mieterhöhung einvernehmlich herbeizuführen. Diese ist nicht durch § 557 a Abs. 2 BGB ausgeschlossen. Der Ausschluss bezieht sich nur auf die Erhöhung durch einseitige Gestaltungserklärung des Vermieters. § 557 Abs. 1 BGB ist in § 557 a Abs. 2 BGB nicht genannt. Deshalb geht ein z. B. möglicher Einwand, es handele sich eigentlich um eine ausgeschlossene Modernisierungsmieterhöhung, ins Leere.[12]

Wurden in den Vertrag neben der Staffelmietvereinbarung noch eine **weitere Möglichkeit zur Mieterhöhung** aufgenommen, z. B. eine „Mieterhöhungsmöglichkeit nach dem BGB" vereinbart oder wurde dem Vermieter ein Wahlrecht zwischen der Staffelmietvereinbarung und anderen Erhöhungsmöglichkeiten eingeräumt, so ist die Staffelmietvereinbarung gemäß § 557 Abs. 4 BGB unwirksam.[13] Dem Vermieter verbleiben dann nur die Möglichkeiten der Mieterhöhung gemäß §§ 558 ff. BGB.

---

[10] Schmidt-Futterer/*Börstinghaus* § 557 a Rdnr. 34 BGB.
[11] MünchKommBGB/*Artz* § 557 a Rdnr. 4, 10.
[12] Schlussfolgerung aus BGH – VIII ZR 185/03 – NZM 2004, 456; *Artz* NZM 2004, 609.
[13] Schmidt-Futterer/*Börstinghaus* § 557 a BGB Rdnr. 54.

3. Anderweitige Mieterhöhungen bei Unwirksamkeit der Staffelmietvereinbarung

19 Der Versuch der Vertragspartner, eine Staffelmiete zu vereinbaren, ist nicht so auszulegen, dass die Vertragspartner auch bei Unwirksamkeit der Vereinbarung jegliche sonstigen Mieterhöhungsmöglichkeiten ausschließen wollten.[14] Durch die, wenn auch nichtige Staffelmietvereinbarung haben die Parteien gerade zum Ausdruck gebracht, dass sie während der Laufzeit des Mietvertrags Mietsteigerungen wollen. Der Vermieter wird nur deshalb auf seine Rechte aus §§ 558 ff. BGB verzichten, weil er von der Wirksamkeit der Staffelmietvereinbarung ausgeht.

4. Kündigungsrecht

20 § 557a Abs. 3 BGB war Teil einer der umstrittensten Fragen nach der Mietrechtsreform: Kann bei einem unbefristeten Mietverhältnis die Möglichkeit zur ordentlichen Kündigung für einen bestimmten Zeitraum durch formular- oder individualvertragliche Vereinbarung ausgeschlossen werden? Es geht hierbei um die Auflösung des scheinbaren Widerspruchs zwischen den §§ 557a Abs. 3 und 573c Abs. 4 BGB und um die Abgrenzung zum Zeitmietvertrag gemäß § 575 BGB. Der Bundesgerichtshof geht entsprechend § 557a Abs. 3 BGB davon aus, dass ein Kündigungsrechtsausschluss sowohl individualvertraglich als auch durch Formularklauseln vereinbart werden kann.[15] Bei einer Dauer von mehr als 4 Jahren soll der formularmäßige Kündigungsverzicht ausgeschlossen sein.[16] Dies wird mit einer unangemessenen, treuwidrigen Benachteiligung des Mieters § 307 Abs. 1 Satz 1 BGB begründet, wobei die Regelung des § 557a Abs. 3 BGB als Interpretationshilfe herangezogen wird. Hier hat der Bundesgerichtshof sich in seiner letzten Entscheidung allerdings die Hintertür offen gelassen, eine solche Vereinbarung bei ungeschickter Platzierung im Vertrag als überraschende Klausel gemäß § 305c Abs. 1 BGB für unwirksam zu erklären.[17]

21 Die individualvertragliche Vereinbarung eines 5-jährigen Kündigungsverzichts hat der Bundesgerichtshof nicht beanstandet und den Rechtsgedanken aus § 557a Abs. 3 BGB nicht entsprechend angewandt.[18] Allerdings kam es in dem zu entscheidenden Fall nicht auf die Dauer der Klausel an. Einer zukünftig anderen Rechtsprechung auch bezüglich individualvertraglich vereinbarter Klauseln steht dieses Urteil nicht entgegen. In der Literatur wird eine analoge Anwendung der Frist des § 557a Abs. 3 BGB mangels planwidriger Regelungslücke abgelehnt.[19] Der Gesetzgeber hat die Möglichkeit der langfristigen Bindung des Mietverhältnisses gesehen und dies gerade auch wegen der damit verbundenen Vorteile für den Mieter nicht generell eingeschränkt.[20]

22 Durch den Abschluss einer Staffelmietvereinbarung wird der Mietvertrag nicht zu einem Zeitmietvertrag gemäß § 575 BGB. Es bleibt grundsätzlich bei einem Mietvertrag auf unbestimmte Zeit. Aus dem Erreichen einer höheren Mietstaffel kann der Mieter kein Sonderkündigungsrecht ableiten, auch nicht analog § 561 BGB. Auch wenn die Wirksamkeit der Staffelmietvereinbarung formal getrennt von der Wirksamkeit des Mietvertrags zu betrachten ist, kann nur der Mietvertrag als Ganzes und nicht nur die Staffelmietvereinbarung alleine gekündigt werden.[21]

Wird in einem Zeitmietvertrag eine Staffelmietvereinbarung geschlossen, führt das dazu, dass der Zeitmietvertrag unabhängig von seiner Befristung entsprechend § 557a Abs. 3 BGB nach 4 Jahren gekündigt werden kann.

---

[14] So aber LG Görlitz WuM 1997, 682.
[15] BGH – VIII ZR 81/03 – NZM 2004, 216; BGH – VIII ZR 379/03 – NZM 2004, 733; für die vom BGH abgelehnte herrschende Lehre: Schmidt-Futterer/*Börstinghaus* § 557a BGB Rdnr. 68.
[16] BGH – VIII ZR 27/04 – NZM 2005, 416.
[17] BGH – VIII ZR 27/04 – NZM 2005, 416.
[18] BGH – VIII ZR 81/03 – NZM 2004, 216.
[19] Emmerich/Sonnenschein/*Weitemeyer* § 557b Rdnr. 23.
[20] BT-Drucks. 14/4553 S. 69.
[21] Palandt/*Weidenkaff* § 557a Rdnr. 10.

Praxistipp:
Wird das ordentliche Kündigungsrecht des Mieters für einen Zeitraum von mehr als vier Jahren individualvertraglich ausgeschlossen, führt dies nicht zur Unwirksamkeit der Staffelmietvereinbarung. Der Mieter hat lediglich gemäß § 557a Abs. 3 i.V.m. Abs. 4 BGB die Möglichkeit, sein Kündigungsrecht bereits nach vier Jahren auszuüben.

Der Mieter kann gemäß § 557a Abs. 3 BGB unter Einhaltung der Fristen des § 573c BGB frühestens auf das Monatsende **kündigen**, welches **4 Jahre nach dem Abschluss der Staffelmietvereinbarung** liegt. Eine Abrede des Inhalts, gekündigt werden könne nur nach 4 Jahren zzgl. der Fristen des § 573c BGB, ist gemäß § 557a Abs. 4 BGB unwirksam.

5. Grenzen der Mieterhöhung außerhalb von §§ 557ff. BGB

Wie bei der Neuvermietung ist es auch bei der Vereinbarung einer Staffelmiete die Aufgabe des Mieters, seine Rechte zu wahren. Die Höhe der Anfangsmiete und die Erhöhung in den einzelnen Staffeln sind frei vereinbar. Die Kappungsgrenze des § 558 Abs. 3 BGB soll den Mieter vor dem Gestaltungsrecht des Vermieters schützen, sie findet folglich auf die einvernehmliche Abrede der Staffeln keine Anwendung.

a) **Geringere Wohnfläche als vereinbart.** Nach der Rechtsprechung des Bundesgerichtshofes zur Mietminderung, wenn die tatsächliche Wohnfläche um mehr als 10% unter der vereinbarten Fläche liegt,[22] ist nach den Grundsätzen des Wegfalls der Geschäftsgrundlagen auch die Staffelmietvereinbarung anzupassen.[23]

b) **Mietpreisüberhöhung § 134 BGB i.V.m. § 5 WiStG.** Tatbestandsvoraussetzung des § 5 WiStG ist es, dass der Vermieter sich unter Ausnutzung eines geringen Wohnraumangebots eine Miete versprechen lässt, die um mehr als 20% über der ortsüblichen Vergleichsmiete liegt. Auf Grund der durch die jüngste Rechtsprechung des BGH gesteigerten Anforderungen an die Nachweispflicht des Mieters, insbesondere hinsichtlich der Kausalität zwischen geringem Angebot und Mietvertragsschluss, ist diese ehemals scharfe Waffe des Mieters erheblich stumpfer geworden.[24]

In der Praxis führt dies dazu, dass die Parteien auch eine Steigerung auf eine Miete von über 120% der ortsüblichen Vergleichsmiete vereinbaren können. Dies wird lediglich bei einem auffälligen Missverhältnis zwischen Leistung und Gegenleistung durch das wucherähnliche Rechtsgeschäft, § 138 Abs. 1 BGB, begrenzt.

Dessen ungeachtet ist jede Staffel einzeln an den Anforderungen der §§ 5 WiStG, 134 BGB zu messen. Jeder Staffelsatz ist mit der ortsüblichen Miete zu vergleichen. Es ist dabei auf den jeweiligen Anfangstermin der Staffel abzustellen. Eine bei Abschluss des Vertrags eventuelle unwirksame Staffel kann somit im Laufe der Zeit geheilt werden. Umgekehrt führt allerdings ein nachträgliches Absinken der ortsüblichen Vergleichsmiete nicht zur Unwirksamkeit einer späteren Staffel. Hier fehlt es am Tatbestandsmerkmal der Ausnutzung: Beide Parteien gingen bei Vertragsabschluss von einer anderen Entwicklung des Mietmarktes aus. Folglich lag das verbindende Element zwischen enger Marktlage und überhöhter Miete bei Abschluss der Staffelmietvereinbarung nicht vor. Es kann dann auch nicht nachträglich entstehen.

Erfüllt eine Staffel die Voraussetzungen der Mietpreisüberhöhung, führt dies lediglich zur **Teilnichtigkeit** der Vereinbarung, § 139 BGB. Auf Grund der Interessenlage ist davon auszugehen, dass die Parteien die Vereinbarung im Übrigen dennoch so geschlossen hätten, auch wenn sie von der Nichtigkeit der einen Staffel gewusst hätten. Die Teilnichtigkeit eines Staffelsatzes führt nicht zur Unwirksamkeit aller nachfolgenden Staffelsätze. Für die teil-

---
[22] BGH NZM 2004, 453.
[23] LG Hamburg WuM 2001, 20.
[24] BGH NZM 2004, 381.

nichtige Staffel schuldet der Mieter lediglich 120% über der ortsüblichen Vergleichsmiete. Bei der nächsten Staffel muss die Angemessenheit des Entgelts erneut geprüft werden.

31 c) **Wegfall der Geschäftsgrundlage.** Den Ausgangspunkt des Wegfalls der Geschäftsgrundlagen bildet eine Äquivalenzstörung. Es ist einer Partei nicht mehr zumutbar, an dem Vertrag, so wie er einmal geschlossen wurde, festzuhalten, weil sich die zugrunde liegenden Umstände schwerwiegend verändert haben. Bei der Staffelmietvereinbarung wird die Anwendung des Wegfalls der Geschäftsgrundlagen i. d. R. an der **vertraglichen Risikoverteilung** scheitern. Auch wesentliche Änderungen der Geschäftsgrundlage führen nicht zur Anpassung des Vertrages, wenn sich durch die Störung ein Risiko verwirklicht, das nur eine Partei zu tragen hat.[25] Bei der Vereinbarung einer Staffelmiete ist es nicht fern liegend, dass die vereinbarte Miete im Laufe der Zeit erheblich von der Entwicklung des marktüblichen Mietzinses abweichen wird. Das ist das typische Vertragsrisiko der Staffelmietvereinbarung, das die jeweils benachteiligte Vertragspartei – gleich ob Mieter oder Vermieter – zu tragen hat. Daran ändert sich auch nichts, wenn beide Parteien einvernehmlich davon ausgingen, dass das allgemeine Mietniveau im Vertragszeitraum steigen wird.[26]

6. Unwirksamkeit gemäß § 557a Abs. 4 BGB

32 Die Unwirksamkeit nach § 557a Abs. 4 BGB betrifft nur solche Gründe, die die Staffelmietvereinbarung **insgesamt wirksam** lassen, z. B. eine Anpassungsklausel, die es dem Vermieter gestatten würde, die Staffel nachträglich zu verändern. Eine solche Klausel wäre unwirksam, wobei die Staffelmietvereinbarung als solche wirksam bleibt. Ist die Staffelmietvereinbarung insgesamt unwirksam, ist damit auch der Anwendungsbereich des § 557a Abs. 4 BGB wegfallen (vgl. Rdnr. 7 a. E.).

7. Rechtsfolgen einer unwirksamen Vereinbarung

33 Die aufgrund einer unwirksamen Staffelmietvereinbarung zuviel geleistete Miete kann der Mieter gemäß **§ 812 Abs. 1 S. 1 1. Alt. BGB** zurückfordern. Der Konditionsanspruch kann durch die positive Kenntnis des Mieters vom Nichtbestehen der Schuld gemäß **§ 814 BGB** ausgeschlossen sein. Die Anforderungen sind hoch. Im Gegensatz zum Verjährungsrecht genügt die Kenntnis der Tatsachen, aus denen sich das Fehlen des Anspruches auf die erhöhte Miete ergibt, nicht. Notwendig ist positive Kenntnis der Rechtslage, zumindest in Form der Parallelwertung in der Laiensphäre. Verlangt wird die **sichere Kenntnis von der Unwirksamkeit der Staffelmietvereinbarung,** lediglich das Vorhandensein von Zweifeln an der Wirksamkeit der Staffelmietvereinbarung genügen nicht. Der Mieter muss die Absicht gehabt haben, auch für den Fall der Nichtschuld zu leisten oder er muss sich so verhalten haben, dass der Vermieter davon ausgehen durfte, dass der Mieter die Miete gegen sich gelten lassen wollte, einerlei wie der Rechtsgrund beschaffen sei. Dies tut er z. B., indem er beim Vermieter den Eindruck erweckt, dass er „um des lieben Friedens willen" zahlt.[27]

8. Verjährung und Verwirkung

34 a) **Verjährung der Vermieteransprüche.** Die Ansprüche des Vermieters auf die Mieterhöhung aus der Staffelmietvereinbarung verjähren in der regelmäßigen Verjährungsfrist von drei Jahren gemäß **§ 195 BGB**, beginnend mit dem Schluss des Jahres, für das die Mieterhöhung vereinbart war, § 199 Abs. 1 BGB.

35 b) **Verjährung des Erstattungsanspruchs des Mieters.** Der Anspruch des Mieters aus ungerechtfertigter Bereicherung gemäß § 812 Abs. 1 S. 1 1. Alt BGB auf Erstattung der zuviel gezahlten Miete verjährt ebenfalls in der Regelfrist von drei Jahren, § 195 BGB. Beim Verjährungsbeginn kommt es allerdings gemäß § 199 Abs. 1 Nr. 2 BGB auf die **Kenntnis** des

---

[25] BGH NJW 2000, 1714.
[26] Zur Geschäftsraummiete, aber verallgemeinerungsfähig auch für Wohnraummietverhältnisses BGH NZM 2002, 659.
[27] LG Frankfurt a. M. NZM 2001, 467.

Mieters von den anspruchsbegründenen Umständen an. Der Mieter muss die **Tatsachen**, die die Anspruchsvoraussetzungen des § 812 Abs. 1 S. 1 1. Alt. BGB erfüllen, kennen. Dies verlangt insbesondere Kenntnis oder grob fahrlässige Unkenntnis von dem fehlenden Rechtsgrund. Der Mieter muss nicht genau wissen, weshalb die Vereinbarung unwirksam ist, es genügt, dass er weiß, dass er nicht verpflichtet war, die höhere Staffel zu bezahlen. Der Mieter muss die Umstände nicht rechtlich richtig bewerten, es genügt, wenn er die Tatsachen kennt. Eine falsche rechtliche Bewertung hindert den Verjährungsbeginn nicht. Kennt der Mieter die Unwirksamkeit der Staffelmietvereinbarung und geht er aber irrig davon aus, dass er keinen Erstattungsanspruch hat, genügt dies für den Verjährungsbeginn. Für die grob fahrlässige Unkenntnis, die der Kenntnis gleichgestellt ist, genügt es, wenn der Mieter sich die Kenntnis in zumutbarer Weise ohne nennenswerte Kosten oder Mühen hätte beschaffen können.

c) **Verwirkung des Vermieteranspruchs.** Eine Verwirkung des Vermieteranspruchs kommt nur dann in Betracht, wenn der Mieter darauf **vertrauen** durfte, dass der Vermieter die erhöhte Miete nicht mehr verlangen wird (Umstandsmoment). Hierfür muss der Vermieter einerseits durch sein Verhalten den Eindruck erweckt haben, dass er die Miete nicht mehr verlangen wird und andererseits muss sich der Mieter auf diesen Vertrauenstatbestand in zulässiger Weise eingerichtet haben.[28] Bloße Untätigkeit über einen längeren Zeitraum genügt nicht. Das Zeitmoment indiziert nicht das Umstandsmoment.[29] Eine Verwirkung kommt beispielsweise in Betracht, wenn der Vermieter den erhöhten Mietzins trotz Einzugsermächtigung über längere Zeit nicht einzieht.[30] Teilweise wurde es aber schon als genügt angesehen, wenn der Vermieter, der zuvor die Erhöhungen immer unverzüglich geltend gemacht hat, hierfür auf einmal länger als ein Jahr nach Eintritt der Voraussetzungen braucht.[31] 36

Teilweise wird statt der Verwirkung auch ein **konkludenter Abschluss eines Verzichtsvertrags** angenommen, dieser wiederum unter Verzicht auf die Annahmeerklärung, § 151 Abs. 1 BGB.[32] 37

Die Verwirkung wird rückwirkend immer umfassend angewandt, so dass auch kürzliche Veränderungen, bei denen eigentlich das Zeitmoment fehlen würde, auch darunter fallen. Dies gilt sowohl zu Lasten des Vermieters als auch des Mieters.[33]

In die **Zukunft** wirkt die Verwirkung allerdings nicht. Die Staffelmietvereinbarung ist nicht insgesamt verwirkt, die vereinbarten und noch offenen Staffeln kann der Vermieter noch verlangen. Hier zeigt sich für den Vermieter ein Vorteil für die Nennung der vollen Miethöhe in der Staffelmietvereinbarung. Wird nur der Erhöhungsbetrag genannt, wird nur dieser auf die vorherige, geringere Miete addiert. Im anderen Fall wird mit Staffeleintritt die volle neue Miete fällig – der Verlust des Vermieters ist geringer. 38

Die Verwirkung wird u.a. auch mit der **Schutzwürdigkeit des Mieters** begründet, der nicht im Nachhinein verpflichtet werden soll, auf ein Mal eine **hohe Restzahlung** leisten zu müssen. Damit lässt sich wohl auch die Tendenz der Rechtsprechung in der Vergangenheit erklären, die bei der Verwirkung zu Lasten des Vermieters eine Frist kleiner den Verjährungsfristen hat genügen lassen, bei der Verwirkung zu Lasten des Mieters Fristen über den Verjährungsfristen[34] verlangt hat. Ob der Bundesgerichtshof dies halten wird, bleibt abzuwarten.

III. Staffelmiete im preisgebundenen Wohnraum

Das Wohnungsbindungsgesetz (WoBindG) verbietet Staffelmietvereinbarungen im preisgebundenen Wohnungsbau nicht. Eine Einschränkung ergibt sich lediglich gemäß § 8 Abs. 2 39

---

[28] Bub/Treier/*Gramlich* VI Rdnr. 103 ff.
[29] OLG Köln NJW-RR 1998, 231.
[30] LG München I ZMR 2003, 431.
[31] OLG Düsseldorf MDR 1998, 274.
[32] LG München I ZMR 2003, 431.
[33] OLG Düsseldorf NJW-RR 1993, 1036; LG Berlin NZM 2000, 1049.
[34] LG Frankfurt a. M. NZM 2001, 467.

WoBindG, wonach die Vereinbarung einer Miete über der Kostenmiete unwirksam ist. Das gilt genauso für Staffelmietvereinbarungen. Für den Fall, dass die Parteien eine Staffelmiete vereinbaren, deren Höchststaffel zum Zeitpunkt der Vereinbarung die zulässige Kostenmiete übersteigt, vertritt *Börstinghaus*, dass eine solche Vereinbarung unwirksam sein soll.[35] *Börstinghaus* begründet dies mit der Überschreitung der Kostenmiete gemäß § 8 Abs. 2 WoBindG und den Formerfordernissen des § 10 WoBindG. Dies erklärt aber nicht, wieso auch Staffeln, die noch unter der Kostenmiete bleiben, unwirksam sein sollen. Grundsätzlich ist auch im preisgebundenen Wohnraum die Wirksamkeit einer **jeden Staffel separat** zu prüfen. **Unwirksam** ist die Staffelmietvereinbarung demnach ausschließlich bezüglich der Staffeln, die die **Kostenmiete** wirklich **überschreiten**. Das die Kostenmiete im Laufe der Zeit die Höhe der vereinbarten Staffel erreichen könnte, genügt nicht.

40 Eine Staffelmietvereinbarung, die **während** des Laufs einer Mietpreisbindung für die Zeit **nach dem Ende dieser Mietpreisbindung** geschlossen wird, ist **wirksam**.[36] Da dies durch das WoBindG nicht verboten wird, entspricht dies der Vertragsfreiheit, § 311 Abs. 1 BGB. Es kann entweder ausdrücklich vereinbart werden, dass die erste Staffel erst nach dem Auslaufen der Mietpreisbindung fällig werden soll oder der erste Erhöhungstermin wird einfach auf einen Zeitpunkt nach dem Auslaufen der Mietpreisbindung gelegt. Es ist ein fester Termin zu vereinbaren (s. o. Rdnr. 2).

41 Nach dem WoBindG gilt eine Wohnung nicht als öffentlich gefördert, wenn der Widerruf der Bewilligung der Förderung vor der erstmaligen Auszahlung der öffentlichen Mittel erfolgt ist. Haben die Parteien allerdings vor dem Widerruf der Bewilligung einen Mietvertrag geschlossen, in dem die Wohnung als öffentlich geförderte Wohnung, Sozialwohnung o. ä. bezeichnet wird, kann dies als Vereinbarung eines Ausschlusses zur Mieterhöhung gemäß §§ 558 ff. BGB ausgelegt werden.[37] Die Eigenschaft der Mieträume, öffentlich gefördert oder sonst preisgebunden zu sein, hat der Bundesgerichtshof hier zum unmittelbaren Vertragsinhalt werden lassen, obwohl das WoBindG keine Anwendung fand.

42 Hat der Mieter eine überhöhte Miete entrichtet, ist § 8 Abs. 2 S. 3 WoBindG zu beachten. Die **Verjährungsfrist** des Rückerstattungsanspruchs ist auf **vier Jahre** verlängert. Dafür verjährt der Anspruch aber auch unabhängig von der Kenntnis des Mieters spätestens mit dem **Ablauf eines Jahres** nach der Beendigung des Mietverhältnisses, und zwar **tagesgenau** gem. § 188 Abs. 2 BGB und nicht am 31.12. wie im Fall des § 199 BGB.

IV. Indexmiete

1. Index

43 Als Indexmiete definiert man eine Vereinbarung, durch die der Mietzins der Höhe nach an die Entwicklung einer anderen Größe angepasst wird. Gebräuchlich sind hierfür auch die Bezeichnungen Wertsicherungs- oder Gleitklausel bzw. Mietanpassungsvereinbarung. § 557b Abs. 1 BGB gibt den Vertragsparteien die Möglichkeit, die Mietentwicklung vertraglich an den „Preisindex für die Lebenshaltung aller privaten Haushalte in Deutschland" zu binden. Diese Bezeichnung ist seit dem 1. 1. 2003 veraltet. Das Statistische Bundesamt verwendet hierfür inzwischen die Bezeichnung **„Verbraucherpreisindex für Deutschland"**.

44 Mit der Änderung der Begrifflichkeit sind auch die bis dahin ermittelten Verbraucherpreisindizes für 3 verschiedene Haushaltstypen weggefallen, die sich an einem höheren, einem mittleren und einem geringeren Einkommen orientierten. Dies lag daran, dass sich die Ergebnisse im längerfristigen Vergleich kaum unterschieden. Nach § 10a MHG konnten auch diese Indizes vereinbart werden.

---

[35] Schmidt-Futterer/*Börstinghaus* § 557a Rdnr. 17.
[36] BGH NZM 2004, 135.
[37] BGH NZM 2004, 378.

Praxistipp:

Wurde in einem Alt-Mietvertrag ein ehemals zulässiger Index vereinbart, so wird die Klausel nicht dadurch unwirksam, dass das Statistische Bundesamt diesen Index nicht mehr ermittelt. Im Rahmen der **ergänzenden Vertragsauslegung** ist dieser Alt-Index auf den Verbraucherpreisindex umzurechnen. Die Parteien wollten eine Indexvereinbarung schließen, hätten sie von dem Wegfall des vereinbarten Indexes gewusst, hätten sie gleich den Verbraucherpreisindex vereinbart.
Für die Umrechnung bietet das Statistische Bundesamt im Internet unter www.destatis.de/wsk/contractdata/start.do ein **interaktives Programm** an, das die selbstständige Berechnung von Schwellenwerten ermöglicht. Für eine Gebühr von € 30,– führt das statistische Bundesamt die Berechnung auch individuell durch.

Der Verbraucherpreisindex für Deutschland ist nicht zu verwechseln mit dem „Harmonisierten Verbraucherpreisindex (HVPI)". Dieser dient lediglich dazu, Preisveränderungen innerhalb der europäischen Union zu vergleichen und zu einer Gesamt-Inflationsrate zusammen zu fassen. Dieser Index steht erst am Anfang seiner Entwicklung und bietet sich deshalb – abgesehen davon, dass er für Wohnraummietverhältnisse nicht anwendbar ist – nicht zur Verwendung in Wertsicherungsklauseln an. Etwa alle 5 Jahre wird die Berechnung des Verbraucherpreisindizes auf ein neues **Preisbasisjahr** umgestellt. Preisbasisjahre sind normalerweise die auf 0 und 5 endenden Jahre. Seit Anfang 2003 wird auf das jetzt gültige Basisjahr 2000 abgestellt. Der jeweilige, monatsgenaue Verbraucherpreisindex findet sich unter **www.destatis.de**. Die Auswahlmöglichkeiten auf der website sind etwas verwirrend. Um einen Stand des Indizes vor Januar 2004 heraus zu bekommen, muss der Punkt „Gesamtindex nach 12 Ausgabekategorien" gewählt werden.[38]

2. Voraussetzungen einer wirksamen Vereinbarung

a) **Form.** Hierzu gilt das unter Randnummer 2 zur Staffelmiete Gesagte. Hervorzuheben ist, dass auch bei der Vereinbarung einer Indexmiete der Mietvertrag und die Indexmietenabrede formal getrennt zu betrachten sind. Bei einem gemäß **§ 550 BGB** formbedürftigen Mietvertrag führt die separate, der Schriftform nicht genügende Indexvereinbarung nicht zur Rechtsfolge des § 550 BGB, dass der gesamte Vertrag als auf unbestimmte Zeit abgeschlossen gilt, sondern lediglich dazu, dass keine wirksame Indexvereinbarung getroffen wurde.

b) **Notwendiger Inhalt der Vereinbarung zur Indexmiete.** Es muss eine Bezugsgröße angegeben werden, die sich entsprechend dem Index verändert. Dies kann die Bruttomiete, die Nettokaltmiete oder auch eine Teil-Inklusivmiete sein. Am **praktikabelsten** ist sicherlich die **Nettokaltmiete**. Die Veränderung des Preisindexes wird vom Statistischen Bundesamt in Punkten zum Ausgangswert (Jahr 2005 = 100) angegeben. In der Indexvereinbarung kann die Miete an einer Veränderung der **Indexpunktzahl** oder an die Veränderung der Indexpunktzahl **umgerechnet in Prozent** angeknüpft werden.

Die Indexveränderung in Prozent kann nach der Formel

$$\left(\frac{\text{neuer Indexstand}}{\text{alter Indexstand}} \times 100\right) - 100$$

aus dem Stand des Indexes in Punkten berechnet werden.

Praxistipp:

Es empfiehlt sich, an die **Veränderung in Prozent** anzuknüpfen. Damit machen sich die Parteien unabhängig vom Basisjahr, die Berechnung wird erheblich vereinfacht.

---
[38] Stand der Internetseite www.destatis.de Juli 2009.

50 Es kann vereinbart werden, dass **jede Veränderung** der Bezugsgröße – unter Beachtung der Jahresfrist – das Recht zur Mieterhöhung begründet. Allerdings ist, um Bagatellmieterhöhungen vorzubeugen, die Vereinbarung von **Untergrenzen** sinnvoll. Diese Grenze kann sowohl als Indexpunktzahl wie auch als prozentuale Veränderung der Indexwerte vereinbart werden. Hier empfiehlt sich wiederum die prozentuale Vereinbarung. So lange die Bagatellgrenze für Mieterhöhungen und Mietreduktionen gilt, ist dies mit § 557b Abs. 4 BGB vereinbar.

51 Die Indexvereinbarung kann jederzeit, auch während des bestehenden Mietverhältnisses, geschlossen werden. Im letzteren Fall ist es nicht erforderlich, dass die Miete bei Abschluss der Vereinbarung ein Jahr unverändert war. § 558 Abs. 1 BGB findet mangels Regelungslücke keine analoge Anwendung.

Obwohl in der Neuregelung des § 557b BGB eine klarstellende Formulierung wie in § 10a Abs. 1 S. 2 MHG („Das Ausmaß der Mietanpassung ... darf höchstens der prozentualen Indexänderung entsprechen.") fehlt, wird allgemein davon ausgegangen, dass **überproportional wirkende Indexklauseln** nach wie vor **unwirksam** sind.[39]

52 c) **Unzulässige Vereinbarungen.** *aa) Unzulässige Ausgestaltung einer erlaubten Klausel.* Grundsätzlich erlaubte Indexvereinbarungen, die den Anforderungen des § 557b Abs. 1 BGB genügen, bleiben trotz Ergänzungen zum Nachteil des Mieters wirksam. Unwirksam gemäß § 557b Abs. 4 BGB ist lediglich die zusätzliche Klausel. Hierunter fällt die **Einseitigkeitsklausel**, die nur dem Vermieter die Anpassung der Miete erlaubt und eine Reduktion der Miete ausschließt. Ebenso unwirksam ist die Vereinbarung einer **Mindestklausel**, die verhindern soll, dass die Miete unter einen bestimmten Grenzbetrag fällt. Ferner sind formale Erleichterungen, wie die **automatische Mieterhöhung ohne Erhöhungsschreiben**, der **Verzicht auf die Textform des Erhöhungsschreibens** oder die **Vereinbarung einer kürzeren Karenzzeit** unwirksam. Diese Unwirksamkeitsgründe lassen die (Grund-)Vereinbarung der Indexmiete unberührt.

53 *bb) Im Wohnraummietrecht unzulässige Klauseln.* Nicht von § 557b BGB erfasst und deshalb gemäß § 557 Abs. 2 BGB unwirksam sind **Leistungsvorbehalte, Spannungsklauseln** und **Kostenelementeklauseln**. Wenn ein Leistungsvorbehalt vereinbart wurde, erfolgt die Anpassung der Miete nicht automatisch linear zur Veränderung der Bezugsgröße, sondern die Änderung der Bezugsgröße ist lediglich der Anlass dafür, dass die Leistung durch die Parteien oder einen Dritten mit einem gewissen Ermessensspielraum neu festgesetzt wird. Eine solche flexible Handhabung will der Gesetzgeber für Wohnraummietverhältnisse gerade ausschließen.

54 Bei einer Spannungsklausel würde die Mietentwicklung an die Entwicklung anderer, vergleichbarer Mietverträge gekoppelt. Dies liefe auf eine automatische Anpassung an die ortsübliche Vergleichsmiete hinaus. Da hiermit die Voraussetzungen des § 558 BGB umgangen würden, ist auch dies unzulässig.

Wird die Miete von Kostenfaktoren abhängig gemacht, die mit der Herstellung oder Unterhaltung des Mietobjekts in Zusammenhang stehen, spricht man von einer Kostenelementeklausel. Da der Gesetzgeber die Sorge hatte, dass hierbei der Markt zu weit ausgehebelt wird, hat er diese nicht zugelassen.[40]

Muster einer Indexmietvereinbarung

55 Zwischen ...... (Vermieter) und ...... (Mieter) wird in Ergänzung zum Mietvertrag vom ...... folgende Wertsicherungsklausel festgelegt:

Ändert sich der vom Statistischen Bundesamt ermittelte Verbraucherpreisindex für Deutschland um mindestens 3% gegenüber dem Beginn des Mietverhältnisses bzw. dem Zeitpunkt der letzten Anpassung des Mietzinses, so kann jeder Vertragspartner durch schriftliche Erklärung und unter An-

---

[39] Schmidt-Futterer/*Börstinghaus* § 557b Rdnr. 19; Emmerich/Sonnenschein/*Weitemeyer* § 557b Rdnr. 12; *Grothe* NZM 2002, 54.
[40] BT-Drucks. 12/3254, 15.

gabe der eingetretenen Indexänderung eine Anpassung der Kaltmiete um diesen Prozentsatz verlangen, soweit der Mietzins jeweils mindestens 1 Jahr unverändert blieb. Der geänderte Mietzins ist mit dem Beginn des übernächsten Monats nach dem Zugang der Erklärung zu entrichten.

Unterschriften der Beteiligten

3. Erhöhungsverlangen

Die Miete passt sich nicht automatisch an, wie bei der Staffelmietenvereinbarung, sondern der Mieter oder der Vermieter müssen die Änderung erklären. Die Mitteilung der Änderung ist eine **einseitige, empfangsbedürftige Willenserklärung** gemäß § 130 Abs. 1 BGB, die durch Zugang beim Empfänger wirksam wird. Wenn sich der Verbraucherpreisindex entsprechend geändert hat, wird die Miete **durch die Erklärung unmittelbar erhöht**. Gemäß § 557b Abs. 3 BGB sind die eingetretene Änderung des Verbraucherpreisindexes sowie die geänderte Miete bzw. der Erhöhungsbetrag in Euro anzugeben. Grundsätzlich bedarf es keines Beweises für die Änderung des Verbraucherpreisindexes. Die Vorlage der entsprechenden Tabelle des Statischen Bundesamtes ist aber zweckmäßig, um potenziellen Auseinandersetzungen vorzubeugen. Ein Rechenfehler macht die Erklärung nur unrichtig, aber nicht unwirksam. Der Vertragspartner schuldet dann lediglich die Miete in der richtigen Höhe. Die Karenzzeit verlängert sich dadurch nicht. 56

§ 557b Abs. 2 BGB schreibt vor, dass der Mietzins mindestens ein Jahr unverändert bleiben muss, bis die nächste Erhöhung möglich ist. Die Wartefrist wird sowohl durch die Änderung der Miete aufgrund der Indexklausel als **auch durch einvernehmliche Änderung** gemäß § 557 Abs. 1 BGB ausgelöst. Sie beginnt mit Vertragsbeginn bzw. mit Wirksamkeit der Erhöhung nach Ablauf der Karenzzeit. Hat der Vermieter die Erhöhung der Miete erklärt und sinkt der Index danach unter den Erhöhungswert, ist dennoch auch der Mieter an die Abänderungsfrist gebunden, auch der Mieter muss dann ein Jahr warten. Die Erklärung kann, entsprechend § 558 Abs. 1 BGB, vor Ablauf der Jahresfrist zugehen, wenn die Mietänderung auf einen Zeitpunkt nach Ablauf der Frist terminiert ist. 57

Ist die Frist in der Änderungserklärung kürzer bemessen als in § 557b Abs. 3 BGB, verlängert sie sich automatisch auf die gesetzliche Frist. Die Vereinbarung einer längeren Karenzzeit ist möglich, wenn sie für Mieter und Vermieter gleichermaßen gilt. 58

Der Vermieter muss von seinem Erhöhungsrecht keinen Gebrauch machen. Wenn allerdings, anders als im vorgeschlagenen Muster, keine Untergrenze vereinbart wurde und mit der Mieterhöhung zugewartet wird, bis ein erhöhungswürdiger Betrag erreicht wird, kann im Einzelfall der Verwirkungseinwand greifen.

Grundsätzlich bedarf die Änderungserklärung lediglich der Textform des § 126 BGB. Dies ist bei einem **befristeten Mietvertrag** anders. Hier muss die Mieterhöhung auch in der **Schriftform des § 550 BGB** erfolgen, da es sich um eine wesentliche Änderung des Mietverhältnisses handelt. Wird in einem solchen Fall dennoch die Mieterhöhungserklärung lediglich in Textform abgegeben, führt dies nicht dazu, dass sich das Mietverhältnis in ein unbefristetes umwandelt, sondern nur dazu, dass die Erklärung unwirksam ist. Für eine wirksame Mieterhöhung bedarf es dann noch einmal einer Erklärung in Schriftform. 59

Muster einer Mieterhöhungserklärung:

Sehr geehrte (r) ......, 60

für das von Ihnen bewohnte Mietobjekt ...... zahlen Sie seit ...... eine Kaltmiete von € ...... zuzüglich Betriebskostenvorauszahlung in Höhe von € ...... In der zwischen uns festgelegten Wertsicherungsklausel ist geregelt, dass die Kaltmiete durch den vom Statistischen Bundesamt ermittelten Verbraucherpreisindex für Deutschland bestimmt ist.

Nach der beigefügten Veröffentlichung des Statistischen Bundesamtes betrug der Verbraucherpreisindex am ......, also dem Zeitpunkt der letzten Mietanpassung/des Mietbeginns, 108,2 Punkte.

> Seither hat sich der Index auf 111,7 Punkte erhöht. Damit erhöht sich die Kaltmiete um 3,23%/ [(111,7 : 108,2) x 100] – 100. Ihre Kaltmiete ist mehr als ein Jahr unverändert und erhöht sich damit ab ...... (= Beginn des übernächsten Monats) um 3,23% auf € ...... zzgl. Betriebskostenvorauszahlung € ...... wie bisher.
>
> Vermieter

4. Rechtsfolgen einer wirksamen Vereinbarung

61 Für die Begrenzung der Mieterhöhung auf 20% über der ortsüblichen Vergleichsmiete, § 134 BGB, 5 WiStG gilt umso mehr das zur Staffelmiete Gesagte. Wenn die Voraussetzungen des § 5 WiStG für die Einstiegsmiete noch nicht gegeben sind, werden sie das bei einer späteren Überschreitung der 20%-Grenze auch nicht sein. Die Erhöhung entsprechend der allgemeinen Preissteigerung kann **nicht kausal** auf das Ausnutzen eines geringen Wohnraumangebots zurückgeführt werden.

62 Die Vereinbarung einer Staffel- und einer Indexmiete schließen sich gegenseitig aus. Die Erhöhung bis zur ortsüblichen Vergleichsmiete ist schon von Gesetzes wegen ausgeschlossen, § 557b Abs. 2 BGB. Die Parteien können auch während der Geltungsdauer einer Indexvereinbarung **einvernehmlich** die Miete gemäß § 557 Abs. 1 BGB **erhöhen**. Dies kommt insbesondere bei einvernehmlich gewünschten Modernisierungen in Betracht. Eine Mieterhöhung gemäß § 559 BGB ist auch nach dem Auslaufen einer Indexvereinbarung für Modernisierungen möglich, die während der Geltung der Indexvereinbarung durchgeführt wurden. Der Vermieter ist nicht verpflichtet, eine Erhöhung gemäß § 559 BGB unmittelbar nach Abschluss der Modernisierungsmaßnahmen durchzuführen. **Modernisierungsmaßnahmen**, die der Vermieter nicht zu vertreten hat, § 557b Abs. 2 S. 2 BGB, sind solche, die auf **gesetzlichen Geboten** oder **behördlichen Anordnungen** beruhen, selbst wenn dies gleichzeitig zur Erhöhung des Wohnwerts führt. Hierbei orientiert man sich daran, ob ein sorgfältiger Vermieter die Maßnahmen hätte vorhersehen oder vermeiden können. Erklärt der Vermieter die Erhöhung der Miete, hat der Mieter **kein Sonderkündigungsrecht** analog § 561 BGB.

§ 23 Mieterhöhungen nach §§ 558 ff. BGB

Übersicht

	Rdnr.
I. Grundsätzliches zur Mieterhöhung	1–17
1. Anwendungsbereich	1–7
2. Abweichende Vereinbarungen nach § 557 Abs. 3 BGB	8–17
a) Ausdrückliche Vereinbarung	8
b) Stillschweigender Ausschluss	9–17
II. Mieterhöhung nach § 558 BGB	18–187
1. Allgemeines	18/19
2. Formelle Voraussetzungen	20–44
a) Geltungsbereich	20
b) Wartefrist	21–25
c) Textform	26
d) Vertragsparteien	27–41
e) Zugang beim Mieter	42–44
3. Materielle Voraussetzungen	45–137
a) Inhalt	45–49
b) Die ortsübliche Vergleichsmiete	50–64
c) Begründung des Mieterhöhungsbegehrens	65–108
d) Besonderheiten bei der Mieterhöhung	109–123
e) Kappungsgrenze	124–137
4. Rechtsfolgen	138–155
a) Vertragsänderung durch Zustimmung	138–151
b) Zustimmungsfrist	152
c) Schweigen des Mieters	153
d) Sonderkündigungsrecht	154/155
5. Gerichtsverfahren	156–184
a) Zuständiges Gericht	156
b) Klage/Klageantrag	157–168
c) Klagefrist	169
d) Darlegung, Darlegungslast	170–173
e) Beweislast, Beweisaufnahme	174–177
f) Beendigung des Verfahrens	178–181
g) Streitwert	182–184
6. Die Gebühren des Anwalts	185–187
III. Mieterhöhung nach §§ 559, 559a und 559b BGB	188–293
1. Einleitung	188–205
a) Normzweck	190/191
b) Anwendungsbereich	192–205
2. Materielle und formelle Voraussetzungen	206–274
a) Bauliche Maßnahmen durch den Vermieter als Bauherrn	206–222
b) Einverständnis des Mieters mit der Maßnahme	223–231
c) Berechnung der Mieterhöhung	232–248
d) Hinweispflicht des Vermieters	249–251
e) Anforderungen an das Mieterhöhungsverlangen	252–274
3. Mieterrechte auf Grund des Mieterhöhungsverlangens	275–282
a) Gewährleistungsrecht	275/276
b) Sonderkündigungsrecht gem. § 561 BGB	277–282
4. Abweichende Vereinbarungen/Ausschlüsse	283–285
5. Übergangsregelung/Rechtslage vor Inkrafttreten des Mietrechtsreformgesetzes	286–293
a) Regelungen außerhalb des bürgerlichen Gesetzbuches	287/288
b) Rechtslage nach §§ 3 und 9 MHG	289–293

Schrifttum: *Barthelmess*, Wohnraumkündigungsschutzgesetz, Miethöhegesetz, Kommentar, 5. Aufl. 1995; *Börstinghaus/Clar*, Mietspiegel, Erstellung und Anwendung, 1997; *Dröge*, Handbuch der Mietpreisbewertung; *Kinne*, Der Wohnraummietvertrag, 3. Aufl. 1997.

I. Grundsätzliches zur Mieterhöhung

1. Anwendungsbereich

1 Die Absicht des Gesetzgebers, jedwede Mieterhöhung in die Parteihoheit bzw. in den Parteiwillen zu stellen, kommt durch die Systematik des § 557 BGB klar zum Ausdruck. § 557 Abs. 1 und Abs. 2 BGB regelt die einverständliche Mieterhöhung durch Vereinbarung im Einzelfall oder durch Einigung auf eine Staffel oder den Index. Erst in Abs. 3, sozusagen subsidiär, wird die Rechtsgrundlage für die einseitige Mieterhöhung durch den Vermieter geschaffen. Durch die Stellung des Abs. 3 hinter den verschiedenen Möglichkeiten der einvernehmlichen Mietabänderung hat der Gesetzgeber zum Ausdruck bringen wollen, dass solche einvernehmliche Regelungen zu bevorzugen sind und nur, wenn diese nicht zustande kommen, dem Vermieter gegebenenfalls durchsetzbare Ansprüche auf Mietanpassung zustehen.[1]

2 Die vom Gesetzgeber zugelassenen einseitigen Mieterhöhungen durch den Vermieter unterscheiden sich allerdings in einem wesentlichen Punkt: Während eine Mieterhöhung bis zur ortsüblichen Vergleichsmiete nach § 558 BGB nur mit Zustimmung des Mieters, die allerdings auch durch das Gericht ersetzt werden kann, § 558b BGB, wirksam wird, tritt die Mieterhöhung nach § 559 BGB ohne jedes Zutun des Mieters in Kraft, sofern die Mieterhöhung berechtigt ist.

Hierdurch ergeben sich wichtige Unterschiede in der Durchsetzung der Mieterhöhung.

3 Die Vorschriften über das einseitige Mieterhöhungsrecht des Vermieters kommen nur zur Anwendung, wenn es sich um Mietverhältnisse über Wohnraum gemäß § 549 Abs. 1 BGB handelt. Mithin gelten die Vorschriften über die Mieterhöhung nicht bei einem

- Mietverhältnis über Wohnraum zum vorübergehenden Gebrauch
- Mietverhältnis über Wohnraum, welches von einer juristischen Person des öffentlichen Rechts oder von einem Träger der Wohlfahrtspflege für wohnraumbedürftige Dritte eingegangen ist
- Mietverhältnis über Wohnraum in einem Studenten- und Jugendwohnheim

Des Weiteren gelten die Mieterhöhungsvorschriften nicht bei einem Mietverhältnis über öffentlich geförderten Wohnraum, welches vor Inkrafttreten des Wohnraumförderungsgesetzes vom 13. 9. 2001 zustande gekommen ist.[2] Der Vermieter einer preisgebundenen Wohnung kann allerdings schon vor Ablauf der Bindung vom Mieter Zustimmung zu einer Mieterhöhung verlangen, die nach Ablauf der Bindung wirksam wird.[3]

4 Vermietet der Vermieter an einen gewerblichen Zwischenmieter zum Zwecke der Untervermietung an einen Endmieter i.S.d. § 565 BGB (gewerbliches Zwischenmietverhältnis), liegt ein gewerbliches Mietverhältnis vor, die §§ 557 ff. BGB sind auf das Hauptmietverhältnis nicht anwendbar, unabhängig davon, dass der Endmieter (Untermieter) die Räume zu Wohnzwecken nutzt.[4]

5 Handelt es sich um ein Mischmietverhältnis, werden die Räume also sowohl zu Wohnzwecken als auch zu gewerblichen Zwecken genutzt, so richtet sich die Anwendbarkeit der §§ 557 ff. BGB danach, ob Wohnraum- oder Gewerbenutzung überwiegt (vgl. oben § 6 Rdnr. 23). Überwiegt der Wohnraumanteil, finden die §§ 557 ff. BGB Anwendung, anderenfalls die Grundsätze des gewerblichen Mietrechts.

6 Auf Werkdienstwohnungen sind die §§ 557 ff. BGB nicht anwendbar, weil hier die Wohnraumüberlassung nicht auf einem Mietvertrag beruht, sondern neben der Entlohnung eine Gegenleistung für die Dienstleistung darstellt und daher Dienstvertragsrecht gilt.[5] Anders ist dies bei Werkmietwohnungen und Bundesbediensteten wohnungen,[6] hier gilt Mietrecht, die

---

[1] *Börstinghaus/Eisenschmid* § 557 S. 241; Nies/Gies/*Flintrop* C. IV. 2.
[2] Vgl. zur Mieterhöhung nach Inkrafttreten des Wohnraumförderungsgesetzes: § 28 Abs. 3 WoFG; vgl. hierzu Rdnr. 15, 20.
[3] OLG Hamm NJW 1981, 334.
[4] OLG Düsseldorf ZMR 1995, 203.
[5] BAG WuM 1993, 353.
[6] BAG BB 1973, 845; KG WuM 1987, 183.

§§ 557 ff. BGB finden Anwendung. Die Bestimmungen der §§ 557 ff. BGB gelten ebenfalls nicht, wenn im Rahmen des Anwendungsbereiches des Heimgesetzes Wohnraum zur Verfügung gestellt wird.[7]

Das Recht der Mieterhöhung ist ferner nur anzuwenden auf solche Mietverhältnisse, in welchen eine Miete in Form regelmäßiger Zahlungen vereinbart ist. Besteht die Gegenleistung des Mieters für die Überlassung der Wohnung in einer Dienstleistung des Mieters, ist eine Mieterhöhung auf die ortsübliche Vergleichsmiete nicht möglich.

2. Abweichende Vereinbarungen nach § 557 Abs. 3 BGB

a) Ausdrückliche Vereinbarung, dass die Miete unverändert bleibt. Die Parteien können bei Abschluss des Mietvertrages eine Vereinbarung über die Miethöhe auch dergestalt treffen, dass die Miete während der Dauer des Vertrages oder für eine bestimmte Zeit unverändert bleiben soll. Diese Vereinbarung ist grundsätzlich an keine besondere Form gebunden.

Eine Vereinbarung, wonach der Mieter von ihm vorgenommene Investitionen erst abwohnen soll, bevor die Miete erhöht werden soll, ist jedoch zu unbestimmt, sofern nicht konkret über Umfang, Wert der Investitionen und Verrechnungsschlüssel eine Vereinbarung getroffen wurde.[8]

Ebenso ist eine Mieterhöhung nach § 557 Abs. 3 BGB ausgeschlossen, wenn die Parteien ein Mietverhältnis als „öffentlich gefördert" oder „preisgebunden" bezeichnet haben, selbst wenn dies irrtümlich erfolgt ist.[9]

b) Stillschweigender Ausschluss. Mitunter lassen die Umstände, unter denen der Mietvertrag abgeschlossen wurde, darauf schließen, dass eine Anhebung der Miete nicht oder für bestimmte Zeit nicht gewollt ist.

aa) Vertrag auf bestimmte Zeit, § 575 BGB. Sehr umstritten ist die Frage, ob alleine mit der Vereinbarung eines Zeitmietvertrages auch ein Mieterhöhungsausschluss verbunden ist. Nach wie vor gilt der Rechtsentscheid des OLG Stuttgart vom 31. 5. 1994.[10] Danach soll das Bestehen eines Zeitmietvertrages an sich nicht eine Mieterhöhung verbieten. Der Ausschluss einer Mieterhöhung müsste sich auch noch aus weiteren Umständen ergeben, etwa der Vereinbarung einer festen Miete.

Nach dem Willen des Gesetzgebers sollen diese vom OLG Stuttgart entwickelten Grundsätze auch für den nunmehr ausschließlich zulässigen qualifizierten Zeitmietvertrag nach § 575 BGB gelten. Mithin ist bei diesen Verträgen in jedem Falle konkret zu prüfen, ob der Ausschluss einer Mieterhöhung gewollt war. Da die im Gesetz benannten Befristungsgründe ausschließlich im Interesse des Vermieters liegen, wird man ohne ausdrückliche Vereinbarung nicht von dem Ausschluss des Mieterhöhungsrechtes ausgehen können.[11] Allerdings wird vertreten, dass bei Vorliegen eines Zeitmietvertrages, zumindest von maximaler Dauer bis 3 Jahre, eine Vermutung dafür spricht, dass die Mieterhöhung ausgeschlossen sein soll.[12]

Die Vermutung kann aber im Einzelfall anhand konkreter Anhaltspunkte widerlegt werden.[13] Dies kann in erster Linie durch einen Mieterhöhungsvorbehalt geschehen, welcher in den Vertrag aufgenommen werden kann. Dessen Formulierung muss allerdings klar das Gewollte zum Ausdruck bringen, ein allgemeiner Hinweis auf die gesetzlichen Vorschriften der Mieterhöhung ist nicht ausreichend.[14]

Der Mieterhöhungsvorbehalt kann auch formularvertraglich vereinbart werden.[15] Es ist allerdings das Transparenzgebot des § 307 Abs. 1 S. 2 BGB zu beachten, das heißt, die Klau-

---

[7] Vgl. § 1 HeimG i. d. F. ab 1. 1. 2002.
[8] BGH WuM 1990, 140.
[9] BGH NZM 2004, 378.
[10] RE 31. 5. 1994 NJW-RR 1994, 401; zustimmend *Barthelmess* § 1 MHG Rdnr. 35 a.
[11] *Börstinghaus/Eisenschmid* § 575, 243; *Nies/Gies/Flintrop* C. IV. 1 Anm. 2.
[12] *Weitemeyer* NZM 2001, 563, 565; *Derleder* NZM 2001, 170, 172.
[13] RE OLG Stuttgart NJW-RR 1994, 401; OLG Karlsruhe WM 1996, 18.
[14] LG Bonn WuM 1992, 254 f.; LG Köln WuM 1992, 662; *Blank* WuM 1994, 421 f.; *Sternel* III Rdnr. 533 ff.
[15] LG Kiel WuM 1992, 623; LG Berlin WuM 1986, 122.

sel muss klar und verständlich sein. Außerdem muss die Klausel im Zusammenhang mit den Regelungen über Miethöhe und Befristung im Vertrag aufgenommen sein, ansonsten kann es sich um eine überraschende Klausel gemäß § 305c BGB handeln.[16]

14 *bb) Mietverhältnis auf Lebenszeit.* Ein Mieterhöhungsausschluss kann auch gelten, wenn ein Mietverhältnis auf Lebenszeit des Mieters abgeschlossen wurde. Hier spricht aus der bereits ungewöhnlichen Wahl des Vertragsverhältnisses eine Vermutung dafür, dass auch hinsichtlich der Miete nicht die gesetzliche Regelung gelten soll. Es handelt sich dabei wiederum nur um eine Auslegungsregel, welche durch abweichende Parteivereinbarung widerlegt werden kann. Ebenso verhält es sich ferner, wenn z.B. wegen einer familiären Beziehung der Parteien eine bewusst niedrige Miete vereinbart wurde.[17]

15 *cc) Kündigungsverzicht.* Grundsätzlich ist ein zwischen den Parteien vereinbarter befristeter Kündigungsausschluss in einem unbefristeten Mietverhältnis wirksam. Eine derartige Vereinbarung verstößt nicht gegen § 573c Abs. 4 BGB, da die Kündigungsfrist ein bestehendes Kündigungsrecht voraussetzt. Auch zielt ein befristeter Kündigungsausschluss nicht wie ein Zeitmietvertrag auf eine Beendigung des Mietverhältnisses durch Zeitablauf[18] ab.

Formulierungsvorschlag:

16 Beide Parteien verzichten auf das ihnen zustehende ordentliche Kündigungsrecht gemäß § ...... bis ......

---

17 Ob jedoch bei Abschluss eines Mietverhältnisses auf unbestimmte Zeit bei Vereinbarung eines beiderseitigen Kündigungsverzichts gleichzeitig der Wille dokumentiert ist, während dieses Zeitraums die Miete unverändert zu lassen, bedarf sorgfältiger Untersuchung und Auslegung. Die Vertragsschließenden werden den Kündigungsverzicht oftmals nur wählen, um auf diese Weise eine feste Vertragslaufzeit zu vereinbaren, da ja ein Zeitmietvertrag nur als qualifizierter Zeitmietvertrag zulässig ist.

II. Mieterhöhung nach § 558 BGB

1. Allgemeines

18 Bei der Mieterhöhung gem. § 558 BGB handelt es sich um die „allgemeine" Mieterhöhung, die dem Vermieter im frei finanzierten Wohnungsbau die Möglichkeit gibt, unabhängig von Erneuerungen und Verbesserungen des vermieteten Hauses oder der Wohnung die Miete an „allgemeine" Kostensteigerungen anzupassen, nämlich auf die **ortsübliche Vergleichsmiete** anzuheben. Begrenzungen enthalten die Einjahressperrfrist des § 558 Abs. 1 BGB sowie die Kappungsgrenze des § 558 Abs. 3 BGB.

---

19 **Checkliste: Vorgehen bei Abgabe einer Mieterhöhung oder bei Prüfung eines zugegangenen Mieterhöhungsbegehrens**

☐ Sind auf die Wohnung die §§ 558 ff. BGB anzuwenden?
☐ Ist die Wartefrist des § 558 Abs. 1 S. 2 BGB eingehalten?
☐ Ist der Absender des Schreibens zur Mieterhöhung berechtigt?
☐ Ist die Mieterhöhung an die – alle – Mieter gerichtet?

---

[16] Schmidt-Futterer/*Börstinghaus* § 557 BGB Rdnr. 54.
[17] LG Freiburg WuM 1981, 212; Schmidt-Futterer/*Börstinghaus* § 557 Rdnr. 43.
[18] BGH NZM 2004, 1448.

- ☐ Ist der Mieterhöhungserklärung – sofern sie von einem Vertreter abgegeben worden ist – eine Vollmacht beigefügt?
- ☐ Sind Kürzungsbeträge abgezogen?
- ☐ Findet die Kappungsgrenze im konkreten Fall Anwendung?
- ☐ Ist die Kappungsgrenze bei Berechnung der Miete eingehalten?
- ☐ Ist bei Vergleich der Ausgangsmiete mit der Vergleichsmiete (Mietspiegel, Datenbank, Vergleichsmiete) die Mietstruktur beachtet worden?
- ☐ Ist bei Verwendung eines einfachen Mietspiegels, einer Datenbank, von Vergleichsmieten, eines Gutachtens der Wert eines vorhandenen qualifizierten Mietspiegels angegeben?

2. Formelle Voraussetzungen

a) Geltungsbereich. Die §§ 558 ff. BGB gelten für den **frei finanzierten Wohnungsbau**. 20
Das Recht der Mieterhöhung im preisgebundenen Wohnungsbau ist geregelt in Spezialvorschriften des öffentlichen Mietrechts;[19] die §§ 558 ff. BGB finden keine Anwendung. Allerdings kann der Vermieter einer preisgebundenen Wohnung schon vor dem Ablauf der Bindung vom Mieter Zustimmung zu einer Mieterhöhung verlangen, die nach Ablauf der Bindung wirksam wird.[20] Anders ist die Rechtslage bei einer Wohnung, die auf Grund des seit dem 13. 9. 2001 geltenden Wohnraumförderungsgesetzes öffentlich gefördert und errichtet wurde. In diesem Fall gilt gemäß § 28 Wohnraumförderungsgesetz die höchstzulässige Miete, die in der Förderzusage festgelegt ist. Nach § 28 Abs. 3 Wohnraumförderungsgesetz kann der Vermieter die mit dem Mieter vereinbarte Miete nach Maßgabe der allgemein mietrechtlichen Bestimmungen erhöhen, also auch unter Anwendung der §§ 558 ff. BGB, allerdings darf die Mieterhöhung niemals die in der Förderzusage festgelegte höchstzulässige Miete überschreiten.

b) Wartefrist. § 558 Abs. 1 BGB regelt, dass die Miete ein Jahr lang unverändert sein 21
muss, ehe der Vermieter eine neue Mieterhöhungserklärung abgeben darf. Die **einjährige Sperrfrist** beginnt zu laufen mit dem Beginn des Mietvertrages oder dem Wirksamwerden der letzten Mietänderung. Ein vor Ablauf der Jahresfrist gestelltes Mieterhöhungsverlangen ist unwirksam.[21] Sperrfrist und anschließende Überlegungsfrist zusammen bewirken, dass zwischen dem Beginn der alten Mieterhöhung und dem Anlaufen der neuen Mieterhöhung 15 Monate liegen müssen.

Tritt ein weiterer Mieter zusätzlich in das Mietverhältnis ein, soll die Wartefrist von 22
einem Jahr erst ab diesem Zeitpunkt laufen.[22]

Auch bei Übergang von preisgebundenem zu freifinanziertem Wohnraum gilt die einjäh- 23
rige Wartefrist bezogen auf die letzte Erhöhung der Kostenmiete;[23] jedoch kann das Mieterhöhungsbegehren bereits während der Preisbindung abgegeben werden, so dass es ab dem Tage nach Ablauf der Bindung Wirksamkeit entfalten kann.[24] Bei Berechnung der Einjahressperrfrist bleiben in diesem Fall Mieterhöhungen, die auf den gleichen Gründen beruhen wie Mieterhöhungen gem. § 559 BGB aus Anlass von Modernisierungsmaßnahmen, außer Betracht.[25] Ebenso bleiben bei der Berechnung der Sperrfrist unberücksichtigt Mieterhöhungen auf Grund einer wegen einer Modernisierung erfolgten Mieterhöhungsvereinbarung.[26]

Die Jahressperrfrist wird auch durch die **Teilzustimmung** des Mieters ausgelöst. Die teil- 24
weise Zustimmung des Mieters in eine Erhöhung der Miete bedeutet abweichend von § 150

---

[19] Begr. RegE zum MietRRefG BT-Drucks. 14/4553, S. 52; *Weitemeyer* NZM 2001, 563, 564.
[20] OLG Hamm RE NJW 1981, 234.
[21] BGH NJW 1993, 2109.
[22] LG Berlin GE 1997, 185.
[23] OLG Hamm RE ZMR 1995, 247; LG Köln WuM 1995, 113; LG Köln ZMR 1994, 569.
[24] OLG Hamm WuM 1994, 455; LG Hamburg WuM 1997, 562; LG Köln ZMR 1997, 144.
[25] OLG Hamm RE NJW-RR 1995, 1293.
[26] BGH WuM 2004, 344; BGH NZM 2007, 727.

Abs. 2 BGB nicht eine Ablehnung verbunden mit einem neuen Antrag. Begnügt sich der Vermieter nicht mit der teilweisen Zustimmung, muss er bezüglich des Restbetrages Klage auf Zustimmung gegen den Mieter erheben.

25 Stimmt der Mieter einem formell unwirksamen Mieterhöhungsverlangen nur teilweise zu, ist dies gem. § 150 Abs. 2 BGB jedoch als Ablehnung verbunden mit einem neuen Antrag anzusehen. Allein durch die **Teilzustimmung** wird die Jahresfrist nicht ausgelöst.[27] Der Vermieter kann in diesem Fall die teilweise Zustimmung zurückweisen und sofort ein neues Mieterhöhungsbegehren stellen. Akzeptiert er jedoch das Angebot des Mieters, ist ein Abänderungsvertrag gem. § 311 Abs. 1 BGB zustande gekommen. Aufgrund des Abänderungsvertrages ist die erhöhte Miete zu zahlen, so dass hierdurch die Jahressperrfrist ausgelöst wird.[28] Auch dann, wenn der Mieter auf ein unwirksames Mieterhöhungsverlangen über einen längeren Zeitraum regelmäßig lediglich einen Teil der erhöhten Miete zahlt, und der Vermieter diese Zahlungen vorbehaltlos annimmt, kann dies im Einzelfall als Zustimmung zu dem geänderten Angebot zu verstehen sein.[29]

26 c) **Textform.** Die Mieterhöhungserklärung muss gem. § 558a Abs. 1 i. V. mit § 126b BGB in **Textform** abgegeben werden. Textform bedeutet, dass die Erklärung einem anderen gegenüber so abgegeben werden muss, dass sie in Schriftzeichen lesbar, die Person des Erklärenden angegeben und der Abschluss der Erklärung in geeigneter Weise erkennbar gemacht ist.

27 d) **Vertragsparteien.** *aa) Vermieter.* Das Mieterhöhungsbegehren muss vom richtigen **Absender** stammen. Der richtige Absender ist der jeweilige Vermieter zum Zeitpunkt der Abgabe des Mieterhöhungsbegehrens.[30] Wer Vermieter ist, ergibt sich in der Regel aus dem Mietvertrag; Vermieter und Eigentümer können grundsätzlich auseinander fallen.[31] Sind mehrere Personen Vermieter, müssen alle Vermieter die Erklärung abgeben. Seit der Entscheidung des BGH vom 29. 1. 2001[32] zur Rechtsfähigkeit der Gesellschaft bürgerlichen Rechts steht fest, dass die Gesellschaft bürgerlichen Rechts die Mieterhöhungserklärung abgibt und verfolgt, nicht die einzelnen Gesellschafter; die früher auftretenden Probleme beim Wechsel der Gesellschafter[33] sind damit beseitigt. Hat die BGB-Gesellschaft keinen eigenen Namen, so tritt sie auf als „BGB-Gesellschaft bestehend aus ......".

28 Ist eine **juristische Person** der Vermieter, muss ihr vertretungsberechtigtes Organ (Geschäftsführer, Vorstand) die Mieterhöhungserklärung abgeben und verfolgen.

29 Eine **Erbengemeinschaft** ist nicht rechtsfähig, sie kann daher nicht als Vermieter auftreten. Vermieter sind in diesem Fall alle Mitglieder der Erbengemeinschaft. Obwohl vertreten wird, dass die Bezeichnung „Erbengemeinschaft Müller" ausreichend und zulässig sei,[34] sollten aus Gründen der Rechtssicherheit, auch, weil ansonsten eine etwaig erforderliche Schriftform nicht eingehalten ist, die Mitglieder der Erbengemeinschaft namentlich bezeichnet werden, außerdem sollte angegeben werden, wer die Erbengemeinschaft vertritt. Dies muss nicht unbedingt ein Mitglied der Erbengemeinschaft sein.

30 Das Recht der Mieterhöhung ist **nicht abtretbar.**[35] Es kann auch nicht durch einen Dritten im Wege der Ermächtigung im Sinne des § 185 Abs. 1 BGB im eigenen Namen geltend gemacht werden.[36]

---

[27] LG Berlin WuM 1997, 51; LG Mannheim ZMR 1994, 516; LG Frankfurt WuM 1990, 224; LG Hamburg WuM 1987, 85; AG Köln WuM 1995; 114; a. A. LG Mainz WuM 1992, 136.
[28] LG Mannheim ZMR 1994, 516; LG Bonn WuM 1995, 113; LG Wiesbaden WuM 1993, 196; LG Mainz WuM 1992, 136; AG Köln WuM 1995, 114.
[29] LG Osnabrück WuM 1993, 618.
[30] LG Köln WuM 1996, 623.
[31] KG WuM 1997, 101, 103.
[32] NZM 2001, 299.
[33] BGH NJW 1998, 1220.
[34] *Kinne* Rdnr. 10.
[35] LG Kiel WuM 1999, 293; LG Augsburg WuM 1990, 226; LG München WuM 1989, 282; LG Hamburg WuM 1985, 310; KG WuM 1977, 101.
[36] Schmidt-Futterer/*Börstinghaus* vor § 558 Rdnr. 43.

31 Allerdings ist eine Abgabe der Mieterhöhung in **offener Stellvertretung** möglich. Aus der Erklärung des Vertreters muss sich ergeben, in wessen Namen sie abgegeben wurde, § 164 BGB. Die Grundsätze der Regel des „Geschäfts, für den, den es angeht" sind bei einem Dauerschuldverhältnis wie dem Mietverhältnis nicht anwendbar.[37] Der Vertreter sollte dem Mieterhöhungsbegehren eine Vollmacht beifügen, da anderenfalls der Mieter die Erklärung gemäß § 174 BGB wegen Fehlens einer Vollmacht zurückweisen kann.[38] Es ist zu beachten, dass auch die Zurückweisung wegen Fehlens einer Vollmacht eine einseitig empfangsbedürftige Willenserklärung darstellt, die, sofern der zurückweisende Mieter sich eines Vertreters bedient, gem. § 174 BGB zurückgewiesen werden kann, wenn der Vertreter des Mieters seinerseits keine Vollmacht beifügt.[39]

32 Ist der Mieter über die Bevollmächtigung eines Hausverwalters für den Vermieter bereits informiert, sei es durch Eintrag im Mietvertrag, sei es durch frühere Korrespondenz oder Schriftverkehr, kann bei Fehlen der Vollmacht keine Zurückweisung erfolgen, § 174 S. 2 BGB. Gleiches gilt, wenn die Stellvertretung bereits im Mietvertrag angezeigt ist. Unter diesen Umständen können die Vermieter sich auch wechselseitig zur Vertretung bevollmächtigen.

33 Bei einer Vertretung durch einen Rechtsanwalt ist bereits die Vorlage einer Prozessvollmacht nicht unbedingt ausreichend. Aus der dem Anwalt erteilten Vollmacht muss zumindest hervorgehen, dass die Bevollmächtigung die Vornahme einseitig empfangsbedürftiger Willenserklärungen umfasst. Vorsicht ist auch geboten, wenn eine vorgedruckte Vollmacht verwendet wird, in der alle Anwälte einer Anwaltssozietät aufgeführt sind. In diesem Falle könnte die Unterschrift des einzelnen Anwaltes unter das Mieterhöhungsverlangen als nicht ausreichend angesehen werden und stattdessen die Unterschrift aller in der Vollmacht erwähnten Anwälte verlangt werden.

> **Praxistipp:**
> Der mit der Mieterhöhung bevollmächtigte Rechtsanwalt sollte sich für den konkreten Fall bevollmächtigen lassen: „Hiermit bevollmächtige(n) ich/wir (Name und Anschrift des Vermieters) Herrn Rechtsanwalt ...... (Name und Anschrift des Rechtsanwaltes) in meinem/unserem Namen eine Mieterhöhungserklärung gegenüber Herrn/Frau/Familie (Vorname, Name) bezüglich der Wohnung (Adresse) abzugeben.
> Wichtig ist auch zu beachten, dass das Mieterhöhungsverlangen zwar in Textform, die Vollmacht allerdings in Schriftform, d. h. vom Vollmachtgeber originalunterschrieben, erstellt und beigefügt werden muss. **34**

35 Hat der vermietende Eigentümer das **Hausgrundstück verkauft,** ist er bis zur Umschreibung des Grundstücks im Grundbuch auf den Erwerber noch zur Abgabe der Mieterhöhungserklärung berechtigt. Allerdings kann der Erwerber bereits vor der Umschreibung des Grundstücks auf sich in offener Stellvertretung für den Veräußerer die Mieterhöhungserklärung abgeben. Ist bei Ablauf der Zustimmungsfrist die Umschreibung auf den Erwerber noch nicht erfolgt, muss der Veräußerer Klage erheben; er bleibt auch während des Rechtsstreits aktivlegitimiert.

36 *bb) Mehrheit von Mietern.* Alle Vermieter müssen **gegenüber allen Mietern** das Mieterhöhungsbegehren abgeben. Da es sich um eine Vertragsänderung handelt, hat eine Erklärung, die nicht von allen Vermietern gegenüber allen Mietern erfolgt, die Unwirksamkeit des Erhöhungsverlangens zur Folge.[40] Eine unwirksame Mieterhöhungserklärung kann nicht nachträglich geheilt oder genehmigt werden.[41]

---

[37] Schmidt-Futterer/*Börstinghaus* a. a. O.
[38] OLG Hamm RE NJW 1982, 2076.
[39] *Nies* NZM 1998, 221.
[40] KG RE WuM 1998, 12; OLG Celle WuM 1982, 102.
[41] LG Hannover WuM 1992, 441; AG Stuttgart WuM 1973, 105.

37 Probleme können auftreten, wenn der Mietvertrag auf Mieterseite von **Eheleuten** abgeschlossen worden ist, diese zwischenzeitlich geschieden oder getrennt lebend sind und einer von beiden ausgezogen ist. Auch in diesem Fall muss grundsätzlich das Mieterhöhungsbegehren gegenüber beiden Mietern abgegeben werden.[42] Jedoch kann im Einzelfall ein Mieterhöhungsverlangen, welches nur an den noch in der Wohnung lebenden Mieter gerichtet ist, dann wirksam sein, wenn das Festhalten am Erfordernis, dass die Erklärung beiden gegenüber erklärt und zugegangen sein muss, nur eine Formalie darstellt, weil einer der beiden Mitmieter die Wohnung seit Jahren endgültig aufgegeben hat, ohne dem Vermieter dies anzuzeigen und seine neue Adresse mitzuteilen.[43]

38 Des Weiteren ist ein Mieterhöhungsverlangen, welches sich nach dem Auszug eines Mitmieters allein an den in der Wohnung zurückbleibenden Mieter richtet, wirksam, wenn der ausgezogene Mieter von dem Vermieter aus dem Mietvertrag entlassen wurde (auch gegen den Willen des verbleibenden Mieters), wenn der verbleibende Mieter jahrelang die Miete zahlt und gegenüber der Nebenkostenabrechnung im Jahr des Auszuges eine Berücksichtigung der veränderten Personenzahl reklamiert. In diesem Fall kann sich der in der Wohnung verbleibende Mieter gegen ein nur an ihn allein gerichtetes Mieterhöhungsverlangen nicht damit verteidigen, dass auch der ausgezogene Mitmieter dem Verlangen zustimmen müsse.[44]

39 Haben die Mieter im Mietvertrag mit dem Vermieter eine **wechselseitige Empfangsvollmacht** vereinbart, kann der Vermieter auch die für den unbekannt verzogenen Mieter bestimmte Willenserklärung an den in der Wohnung verbliebenen Mieter als Empfangsbevollmächtigten richten; allerdings muss die Willenserklärung ausdrücklich gegenüber allen Mietern abgegeben werden. Eine derartige wechselseitige Bevollmächtigung ist auch formularmäßig zulässig.[45]

> **Formulierungsvorschlag:**
>
> 40 Erklärungen, deren Wirkung die Mieter berührt, müssen von oder gegenüber allen Mietern abgegeben werden; die Mieter bevollmächtigen sich jedoch gegenseitig zur Entgegennahme solcher Erklärungen.

41 Eine solche Vollmacht betrifft jedoch nur die Entgegennahme der Erklärung, die Erklärung selbst muss an alle Mieter gerichtet sein.

42 **e) Zugang beim Mieter.** Das Mieterhöhungsverlangen ist – wenngleich Angebot auf Abänderung des Mietvertrages – eine einseitig empfangsbedürftige **Willenserklärung im Sinne des § 130 BGB**. Es wird deshalb erst mit Zugang beim Empfänger wirksam. Zugang bedeutet, dass die Erklärung so in den Machtbereich des Empfängers gelangt sein muss, dass bei normalem Lauf der Dinge mit der Kenntnisnahme gerechnet werden kann.[46]

> **Praxistipp:**
>
> 43 Da der Vermieter die Beweislast für den Zugang des Mieterhöhungsbegehrens hat, empfiehlt sich die Zustellung per Boten, Einwurf des Schreibens unter Zeugen in den Hausbriefkasten des Mieters (sofern dieser verschlossen und unbeschädigt ist) oder per Gerichtsvollzieher, um später bei Bestreiten des Zuganges diesen nachweisen zu können.

---

[42] BayObLG RE WuM 1983, 107.
[43] OLG Frankfurt NJW-RR 1991, 459.
[44] BGH NZM 2004, 419.
[45] BGH NZM 1998, 22.
[46] BGH NJW 1998, 976.

Ein Mieterhöhungsbegehren kann auch gem. § 132 Abs. 2 BGB durch öffentliche Zustellung zugestellt werden. Steht der Mieter unter **Betreuung**, ist das Mieterhöhungsbegehren an den Betreuer zu richten und diesem zuzustellen.[47]

3. Materielle Voraussetzungen

a) **Inhalt.** Dem Mieterhöhungsbegehren muss unmissverständlich zu entnehmen sein, dass es **keine einseitige Erhöhung** der Miete erreichen will, sondern die **Zustimmung des Mieters** zur begehrten Mieterhöhung verlangt wird.[48] Erweckt das Schreiben den Anschein, die Mieterhöhung trete bereits ein auf Grund der einseitigen Erklärung des Vermieters, ist das Mieterhöhungsbegehren unwirksam.[49]

Aus dem Erhöhungsverlangen muss eindeutig erkennbar sein, dass und in welcher Höhe der Vermieter von seinem Recht, vom Mieter die Zustimmung zu einer höheren Miete zu verlangen, Gebrauch macht. Aus diesem Grund muss vor allem die erhöhte Miete betragsmäßig ausgewiesen sein,[50] die vom Mieter geschuldete Zustimmung muss sich auf den Endbetrag und nicht auf den Betrag, um den sich die Miete erhöhen soll, beziehen.[51]

Das Mieterhöhungsbegehren muss so formuliert sein, dass der Mieter – sofern im Übrigen die formellen und materiellen Voraussetzungen für die Mieterhöhung vorliegen – verpflichtet ist, die Zustimmung zu erteilen. Der Vermieter muss den Mieter deshalb ausdrücklich zur Abgabe einer Zustimmungserklärung auffordern.[52] Daraus ergibt sich, dass der Vermieter im Mieterhöhungsbegehren von der vereinbarten Mietstruktur ausgehen muss, das Mieterhöhungsbegehren keine verdeckte Änderung der Mietstruktur enthalten darf.[53]

Die zwischen den Parteien vereinbarte Mietstruktur kann sein die einer Nettokaltmiete, einer Inklusivmiete – hier sind sämtliche Betriebskosten in der Miete enthalten – oder einer Teilinklusivmiete, §§ 556, 556 a BGB. Ein Mieterhöhungsbegehren, welches stillschweigend oder ausdrücklich das Angebot zur Änderung der Mietstruktur inhaltlich untrennbar mit der Mieterhöhung enthält, ist daher unwirksam.[54]

Die Angabe, ab wann die erhöhte Miete zu zahlen ist, ist nicht erforderlich, dies ergibt sich vielmehr aus dem Gesetz, § 558 b BGB.[55]

b) **Die ortsübliche Vergleichsmiete.** § 558 Abs. 2 BGB besagt, dass die ortsübliche Vergleichsmiete gebildet wird aus den üblichen Entgelten, die in der Gemeinde oder einer vergleichbaren Gemeinde für Wohnraum vergleichbarer Art, Größe, Ausstattung, Beschaffenheit und Lage in den letzten vier Jahren vereinbart oder von Erhöhungen nach § 560 BGB abgesehen, geändert worden sind. Ausgenommen ist Wohnraum, bei dem die Höhe durch Gesetz oder im Zusammenhang mit einer Förderungszusage festgelegt worden ist.

Bei dem Begriff der ortsüblichen Vergleichsmiete handelt es sich um einen unbestimmten Rechtsbegriff. Gebildet wird die ortsübliche Vergleichsmiete aus dem Durchschnitt aller Mieten für vergleichbaren Wohnraum, die im Zeitpunkt des Zugangs des Erhöhungsverlangens gezahlt werden.[56] Die ortsübliche Vergleichsmiete ist somit eine marktorientierte modifizierte Durchschnittsmiete. Sie bildet sich aus den üblichen Entgelten, die in der Gemeinde in den letzten vier Jahren vereinbart oder geändert worden sind. Diese Miete kommt am Markt so nicht vor und ist sowohl empirisch wie auch normativ zu ermitteln.[57] Die ortsübliche Vergleichsmiete ist unbedingt zu unterscheiden von der „Marktmiete". Dies ist diejeni-

---

[47] LG Dresden WuM 1984, 377; LG Berlin MDR 1982, 321 für Kündigung.
[48] LG Gießen WuM 1996, 557; AG Wesel WuM 1993, 358.
[49] *Köhler/Kossmann* § 152 Rdnr. 6.
[50] KG RE NZM 1998, 107.
[51] KG RE NZM 1998, 68.
[52] Schmidt-Futterer/*Börstinghaus* § 558 a BGB Rdnr. 16.
[53] LG Koln WuM 1994, 27; WuM 1992, 255; WuM 1985, 313; LG Wiesbaden WuM 1991, 698; LG Hamburg WuM 1987, 86; LG Berlin ZMR 1988, 61.
[54] LG Wiesbaden WuM 1991, 698; LG Köln WuM 1994, 27; LG Berlin ZMR 1988, 61; LG Hamm WuM 1987, 86; Schmidt-Futterer/*Börstinghaus* § 558 a BGB Rdnr. 17.
[55] LG Berlin GE 1991, 729.
[56] BayObLG RE WuM 1992, 677.
[57] *Börstinghaus* NZM 2000, 768.

ge Miete, die bei einer Neuvermietung auf Grund der herrschenden Angebots- und Nachfragesituation erzielt werden kann. Die Marktmiete kann, je nach Lage auf dem Wohnungsmarkt, höher oder niedriger sein als die ortsübliche Vergleichsmiete. Die ortsübliche Vergleichsmiete wird hingegen gebildet aus den Mieten von Altverträgen, die innerhalb der letzten vier Jahre geändert oder abgeschlossen worden sind, wie auch aus aktuell zu erzielenden Marktmieten bei Neuabschlüssen. Die ermittelten Mieten stehen gleichberechtigt nebeneinander. Hieraus ergibt sich notwendigerweise, dass die ortsübliche Vergleichsmiete kein punktgenauer Durchschnittswert ist, sondern immer eine Spanne, die sich aus den unterschiedlichen Mieten für nahezu identische Wohnungen bildet.[58] Die ortsübliche Vergleichsmiete ist keine statische, sondern eine dynamische, sich ständig verändernde Größe. Die Vergleichsmiete ändert sich im Grunde genommen täglich, weil das Mietniveau, bezogen auf die der Festlegung der Vergleichsmiete vorhergehenden vier Jahre durch Neuabschlüsse und Erhöhungsvereinbarungen sich laufend ändert.[59]

52 Für die Ermittlung der ortsüblichen Vergleichsmiete hat das Gesetz in § 558 Abs. 2 BGB **fünf Wohnwertmerkmale** aufgeführt. Danach sind vergleichbar die Wohnungen, die nach **Lage, Ausstattung, Größe, Beschaffenheit und Art** in wesentlichen Punkten übereinstimmen.[60]

53 *aa) Art.* Hierunter ist die **Struktur des Hauses und der Wohnung** zu verstehen. Vergleichbar sind Wohnungen in Mehrfamilienhäusern, Reihenhäuser, Doppelhäuser, Dachgeschosswohnungen, Apartments, je untereinander. Teils wird auch das **Alter einer Wohnung** hierunter verstanden,[61] die h. M. lehnt dies ab und ordnet das Alter unter das Merkmal Beschaffenheit.[62]

54 *bb) Größe.* Die Wohnfläche einer Wohnung hat zweifache Bedeutung. Einmal werden über die Wohnungsgröße unterschiedliche Wohnungsmärkte voneinander abgegrenzt; 20 qm große Wohnungen sind nicht vergleichbar mit 100 qm großen Wohnungen, diese nicht mit 140 qm großen Wohnungen. Zum anderen ist die Wohnungsgröße von Bedeutung für die Ermittlung der Höhe der Miete, da sowohl bei der Ermittlung der ortsüblichen Vergleichsmiete nach Mietspiegel als auch nach Vergleichsobjekten als auch durch Sachverständigengutachten zunächst die Quadratmetermiete ermittelt wird, diese dann zur Feststellung der ortsüblichen Miete mit der Wohnfläche multipliziert wird.

55 Streitig ist, wie die Quadratmeterzahl einer Wohnung zu ermitteln ist. Der allgemeine Sprachgebrauch verbindet zunächst mit dem Begriff „Wohnfläche" keine bestimmte Berechnungsart.[63] Für den Bereich des **öffentlich geförderten Wohnungsbaus** hat der Gesetzgeber Berechnungsvorschriften erlassen. Bei Wohnraum, der bis zum 31. 12. 2003 errichtet wurde, gelten §§ 42 bis 44 II. BV, für Wohnraum, der ab dem 1. 1. 2004 errichtet wurde (dazu zählt auch der Umbau vorhandenen Wohnraums) gilt die Wohnflächenverordnung (WoFlV).

56 Im **freifinanzierten Wohnungsbau** wurde die Wohnfläche mit Hilfe der im August 1983 zurückgezogenen **DIN 283, Blatt 2** ermittelt. Von der Rechtsprechung wird die DIN 283 teils heute noch angewandt,[64] teils wenden die Gerichte bei der Ermittlung der Wohnfläche die II. BV an.[65] Zulässig ist es auch, die Wohnflächenverordnung anzuwenden, auch für Wohnraum, der vor dem 1. 1. 2004 entstanden ist.

Oft wird im Mietspiegel mitgeteilt, auf welcher Wohnflächenberechnung die Werte beruhen.

---

[58] Schmidt-Futterer/*Börstinghaus* § 558 BGB Rdnr. 45.
[59] Schmidt-Futterer/*Börstinghaus* § 558 BGB Rdnr. 55.
[60] AG Mainz WuM 1972, 197; Schmidt-Futterer/*Börstinghaus* § 558 Rdnr. 52.
[61] Bub/Treier/*Schultz* III Rdnr. 516.
[62] *Schach* GE 1994, 1026; *Börstinghaus/Clar* Rdnr. 95; *Dröge* S. 120; Schmidt-Futterer/*Börstinghaus* § 558 Rdnr. 55.
[63] BGH NJW-RR 1997, 2874; OLG Celle NZM 1999, 881; Schmidt-Futterer/*Börstinghaus* § 558 Rdnr. 57.
[64] OLG Hamm NJW-RR 1997, 1951.
[65] BayObLG RE WuM 1983, 254; AG Bergheim WuM 1998, 36; AG Neuss WuM 1993, 410.

Praxistipp:

Es empfiehlt sich, sofern nicht ein Mietspiegel eine bestimmte Berechnungsweise vorgibt, bei der Darlegung der Wohnfläche die Wohnflächenverordnung anzuwenden. Danach ermittelt sich die Wohnfläche wie folgt:

- Die gesamte Grundfläche von Räumen und Raumteilen mit einer lichten Höhe von mindestens zwei Meter;
- die Hälfte der Grundfläche von Räumen und Raumteilen mit einer lichten Höhe von mindestens einem Meter und weniger als zwei Meter;
- die Hälfte der Grundfläche von unbeheizbaren Wintergärten, Schwimmbädern und ähnlichen nach allen Seiten geschlossenen Räumen;
- Grundfläche von Balkonen, Loggien, Dachgärten und Terrassen in der Regel zu einem Viertel, höchstens jedoch, bei besonders hohem Nutzungswert für den Mieter, bis zur Hälfte.

Mietspiegel weisen zunächst einmal Raster auf, um Kleinwohnungen mit 30 bis 40 qm von Wohnungen mit 70 bis 80 qm von Wohnungen um 100 bis 120 qm zu trennen. Auf diese Weise wird bei dem Merkmal „Größe" im Mietspiegel eine gewisse Vergleichbarkeit hergestellt, die durch die weiteren Gruppen des Mietspiegels wie Baujahr, Ausstattung (Heizung, Bad), Lage (einfache, mittlere, sehr gute Lage) noch präzisiert wird.

Haben die Parteien des Mietvertrages eine Größe der Wohnung vereinbart, die kleiner ist als die tatsächliche Größe, ist diese Größe für Mieterhöhungen maßgebend, wie sich aus § 557 Abs. 3 BGB ergibt, denn es handelt sich insoweit um einen Mieterhöhungsausschluss.[66] Bei der Vereinbarung einer größeren Fläche der Wohnung im Mietvertrag als der tatsächlichen Fläche, ist die richtige Wohnungsgröße maßgebend.[67] Dies ergibt sich aus § 558 Abs. 2 BGB, denn es handelt sich bei der Vereinbarung einer größeren Wohnfläche als der tatsächlichen um eine zum Nachteil des Mieters abweichende Vereinbarung, die wegen Verstoßes gegen § 558 Abs. 6 BGB unwirksam ist. Übersteigt die in einem Mieterhöhungsverlangen angegebene Wohnfläche die tatsächliche, so kann der Mieter wegen ungerechtfertigter Bereicherung die Rückzahlung der überzahlten Miete verlangen, wenn die Abweichung mehr als 10 Prozent beträgt.[68] Entsprechendes gilt für den Fall einer Überschreitung der vertraglich vereinbarten Wohnflächen. Ein Abweichen von der getroffenen Vereinbarung über die Wohnfläche und ein Abstellen auf die tatsächliche Wohnungsgröße ist nur dann in Betracht zu ziehen, wenn einer der Parteien das Festhalten an der vertraglichen Vereinbarung nicht zugemutet werden kann. Ein Fall der Unzumutbarkeit für den Vermieter kann aber – wie im umgekehrten Fall einer Unterschreitung der vertraglich vereinbarten Wohnfläche – nur dann angenommen werden, wenn die Flächenabweichung mehr als 10% beträgt.[69]

cc) Ausstattung. Unter dem Wohnwertmerkmal Ausstattung versteht man die vom Vermieter dem Mieter **zur ständigen Benutzung zur Verfügung gestellten Ausstattungsmerkmale**, wie sanitäre Einrichtungen, Fußböden, Heizung, isolierverglaste Fenster, jedoch auch Waschküche, Keller, Speicher, Boden- und Trockenräume, für die der Mieter keine besondere zusätzliche Vergütung zahlen muss. Es gehören weiterhin hierzu die zur gemeinsamen Benutzung verfügbaren Räume wie Fahrradkeller, Vorplätze, Gärten, Kinderspielanlagen usw.

Einrichtungen des Mieters, z.B. eine Kücheneinrichtung, Einbau isolierverglaster Fenster sind bei der Feststellung des Wohnwertes nur dann zu berücksichtigen, wenn Vermieter und Mieter dies vereinbart haben oder wenn der Vermieter die vom Mieter verauslagten Kosten der Einrichtung erstattet hat.[70] Im Übrigen bleiben vom Mieter eingebrachte oder bezahlte

---

[66] LG Aachen WuM 1991, 501; LG Frankfurt WuM 1990, 157; AG Neustadt WuM 1996, 344; AG Köln WuM 1987, 159; WuM 1984, 283 noch zu § 1 S. 3 MHG.
[67] LG Köln WuM 1986, 121; *Kraemer* WuM 1998, Beilage zu Heft 12, S. 13, 18; *Sternel* Aktuell Rdnr. 593.
[68] BGH, NZM 2004, 699.
[69] BGH WuM 2007, 450.
[70] BayObLG NJW 1981, 2259.

Ausstattungen bei der Mietpreisbildung außer Betracht. Mietereinbauten sollen selbst dann nicht zu berücksichtigen sein, wenn dem Mieter gegenüber dem Vermieter Ausgleichsansprüche gem. §§ 539, 951 BGB zustehen.[71]

62 dd) *Beschaffenheit.* Hierunter ist der konkrete **Zustand des Mietobjekts unter architektonischen Gesichtspunkten** zu verstehen, also die Anzahl der Räume, ihr Zuschnitt, das Vorhandensein einer Garage oder eines Gartens.

63 **Nicht behebbare Mängel** wie starke Lärmbelästigung, schlechte Isolierung, schlechte Lichtverhältnisse, ungünstige Himmelsrichtung sind zu berücksichtigen.[72] Behebbare Mängel finden keine Berücksichtigung,[73] hier kann nämlich der Mieter dem Vermieter eine Frist zur Beseitigung der Mängel setzen und bei Nichtbeseitigung die Miete mindern. Dies gilt, wenn die Miete gem. § 558 BGB erhöht wird, selbst dann, wenn dem Mieter das Minderungsrecht wegen lang andauernder Zahlung ohne Vorbehalt unter dem Gesichtspunkt der Verwirkung verloren gegangen ist.

64 *ee) Lage.* Mit vergleichbarer Lage ist gemeint die **Zugehörigkeit zu einem bestimmten Stadtteil**, wie etwa Lage am Grüngürtel, im Zentrum, in reinem Wohngebiet, im Mischgebiet, vorhandene Infrastruktur, Einkaufsmöglichkeiten, Schulen, Gelegenheit zur Freizeitgestaltung, Verkehrsanbindung.[74] Der Lagefaktor ist nach objektiven Kriterien zu bestimmen, auf die subjektiven Bedürfnisse des konkreten Mieters kommt es nicht an.[75] Bei der Lage der Wohnung wird auch die Lage im Haus berücksichtigt, also etwa Lage im Vorderhaus, Hinterhaus, Anbau etc.

65 c) **Begründung des Mieterhöhungsbegehrens.** Das in Textform abgegebene Mieterhöhungsbegehren muss eine **Begründung** enthalten. Die notwendige Begründung des Mieterhöhungsbegehrens soll die Möglichkeit einer außergerichtlichen Einigung fördern und überflüssige Zustimmungsklagen vermeiden helfen.[76] Um diesen Zweck des Begründungserfordernisses zu erreichen, muss der Vermieter **Tatsachen** (Baujahr, Lage, Ausstattung, Beschaffenheit usw.) **vortragen**, die Wohnung z.B. in einen **Mietspiegel** einordnen, damit der Mieter in die Lage versetzt wird, die Behauptung des Vermieters, dass die derzeit gezahlte Miete niedriger sei als die ortsübliche Miete, zu überprüfen. Nur so erhält er die Möglichkeit, sich eine eigene Meinung darüber zu bilden, ob er zur Zustimmung verpflichtet ist oder nicht, um dementsprechend vor Ablauf der Überlegungsfrist zuzustimmen oder sich verklagen zu lassen.[77] Der Begründungszwang bezieht sich auf alle Tatbestandsvoraussetzungen des § 558 BGB, also auf die Einhaltung der Jahressperrfrist, der Kappungsgrenze und die Nichtüberschreitung der ortsüblichen Vergleichsmiete.[78]

66 Erfüllt das Mieterhöhungsbegehren nicht die Anforderungen des § 558a BGB, ist es **unwirksam**. Der Vermieter kann das Mieterhöhungsbegehren jedoch gemäß § 558b Abs. 3 BGB im Rechtsstreit nachholen oder die Mängel des Mieterhöhungsbegehrens im Rechtsstreit beheben,[79] § 558b Abs. 3 BGB. In beiden Fällen[80] steht dem Mieter die Zustimmungsfrist des § 558 Abs. 2 S. 1 BGB zu. Nachholung bzw. Neuabgabe des Mieterhöhungsbegehrens im Rechtsstreit können jedoch dazu führen, dass der Mieter nunmehr sofort in die Mieterhöhung einwilligt mit der Folge der Kostenlast für den Vermieter §§ 93, 91a ZPO.

67 § 558a Abs. 2 BGB nennt als Begründungsmittel: den (**einfachen**) **Mietspiegel** § 558c BGB, den **qualifizierten Mietspiegel** § 558d BGB, die **Datenbank** § 558e BGB, die Benennung von **Vergleichswohnungen** sowie ein mit Gründen versehenes **Gutachten** eines öffentlich bestellten **und** vereidigten **Sachverständigen**.

---

[71] *Olivet* ZMR 1979, 321.
[72] LG Saarbrücken WuM 1989, 578 für Lärmausgleichstätte.
[73] OLG Stuttgart RE WuM 1981, 225; LG Traunstein ZMR 1986, 294.
[74] *Lammel* § 2 MHG Rdnr. 44.
[75] Schmidt-Futterer/*Börstinghaus* § 558 Rdnr. 92.
[76] KG RE WuM 1984, 101.
[77] BVerfG NJW 1989, 96; OLG Hamm RE ZMR 1993, 112.
[78] Schmidt-Futterer/*Börstinghaus* § 558a Rdnr. 25.
[79] BT-Drucks. 439/00, S. 141; *Rips/Eisenschmid* S. 216.
[80] § 558b Abs. 3 S. 2 BGB ist sprachlich unkorrekt, wenn er formuliert „in diesem Fall", worauf *Langenberg* NZM 2001, 215 zutreffend hinweist; vgl. auch *Rips/Eisenschmid* S. 216.

aa) Mietspiegel. Ein Mietspiegel ist gem. § 558c Abs. 1 BGB eine **Übersicht** über die **orts-** 68 **übliche Vergleichsmiete**, welche von der Gemeinde oder von den Interessenvertretern der Vermieter und der Mieter (Haus- u. Grundbesitzerverein, Mieterverein) gemeinsam erstellt oder anerkannt worden ist. Der **Mietspiegel** soll einen **repräsentativen Querschnitt** der ortsüblichen Mieten für vergleichbaren Wohnraum wiedergeben.[81] Er muss auf **umfangreicher Datenermittlung** beruhen, wobei das Verhältnis von Bestandsmieten – also den Mieten bereits länger bestehender Mietverhältnisse – zu Neumieten in bestimmter Weise ausgewogen sein muss.

Beruft sich der Vermieter im konkreten Fall der Mieterhöhung auf einen einfachen oder 69 qualifizierten Mietspiegel, bedarf es der Beifügung des Mietspiegels nicht, wenn dieser öffentlich zugänglich ist.[82] Öffentlich zugänglich ist der Mietspiegel beispielsweise dann, wenn er in einem Amtsblatt der Stadt oder Gemeinde veröffentlicht ist.[83] Der Mietspiegel muss allerdings immer im Original oder in Kopie beigefügt werden, wenn er für den Mieter nur gegen Zahlung einer Gebühr zu erhalten ist, oder wenn er für den Mieter nur mit unverhältnismäßig großen Schwierigkeiten – kostenfrei – zu beschaffen ist.[84]

> **Praxistipp:**
> Da das auf einen Mietspiegel gestützte Mieterhöhungsverlangen für den Mieter nur verständlich ist, wenn der Mietspiegel auch dem Mieter vorliegt, sollte der Vermieter immer dem Mieterhöhungsverlangen das Original oder die Kopie des Mietspiegels beifügen, um unnötige Risiken wegen der Zulässigkeit des Mieterhöhungsverlangens zu vermeiden.

Der Mietspiegel muss auf die konkrete Wohnung anwendbar sein. Allerdings kann bei 70 Einfamilienhäusern auch auf den Mietspiegel Bezug genommen werden, selbst wenn nur Werte von Wohnungen in Mehrfamilienhäusern erfasst sind.[85] Mit einem Mietspiegel kann keine Mieterhöhung für ein Mischmietverhältnis, bei dem die Wohnraumnutzung nicht überwiegt, durchgeführt werden.[86]

Weiterhin muss der Mietspiegel für die konkrete Wohnung, deren Miete erhöht werden 71 soll, Daten enthalten. Enthält er hierüber keine Angaben, weil er z.B. nur Wohnungen bis 100 qm Wohnfläche erfasst, die konkrete Wohnung aber über 150 qm verfügt, ist er wiederum als Begründungsmittel für das Mieterhöhungsbegehren unanwendbar.

Der Vermieter muss die konkrete Wohnung in den Mietspiegel einordnen. Das Mieterhö- 72 hungsverlangen sollte durch Beschreibung der Wohnung nach Baujahr, Lage, Größe, Ausstattungsmerkmalen nachvollziehbar erkennen lassen, wie der Vermieter die Wohnung in den Mietspiegel eingruppiert und wie er zu der begehrten Miete kommt.[87] Allerdings dürfen hieran keine übertriebenen formalen Anforderungen gestellt werden. Enthält der Mietspiegel ein Raster von Feldern, in denen für Wohnungen einer bestimmten Kategorie jeweils eine bestimmte Mietspanne ausgewiesen ist, so ist im Erhöhungsverlangen nur die genaue Angabe des – nach Auffassung des Vermieters – für die Wohnung einschlägigen Mietspiegelfelds erforderlich, um den Mieter auf die im Mietspiegel für die Wohnung vorgesehene Spanne hinzuweisen.[88] Es reicht dann auch aus, wenn die verlangte Miete innerhalb der Spanne liegt, § 558a Abs. 4 S. 1 BGB. Liegt die verlangte Miete oberhalb der im Mietspiegel ausgewiesenen Mietspanne, so ist das Erhöhungsverlangen insoweit unbegründet, als es über den

---

[81] *Barthelmess* § 2 MHG Rdnr. 80.
[82] LG Berlin WuM 1990, 519; LG Nürnberg-Fürth WuM 1988, 279.
[83] BGH NJW 2008, 573.
[84] LG Wiesbaden WuM 2007, 706; LG Dresden WuM 2007, 707; AG Wiesbaden WuM 2007, 325; AG Köln NZM 2005, 146; *Börstinghaus* NZM 1999, 353.
[85] BGH NZM 2009, 27.
[86] Bei einem Mischmietverhältnis mit überwiegender gewerblicher Nutzung findet insgesamt, auch für die Mieterhöhung, gewerbliches Mietrecht Anwendung, vgl. Rdnr. 5; LG Berlin (61) GE 1996, 1181.
[87] LG Köln WuM 1994, 691; LG München WuM 1993, 67.
[88] BGH NJW 2008, 573.

im Mietspiegel ausgewiesenen Höchstbetrag hinausgeht.[89] Auf gar keinen Fall ist ein solches Mieterhöhungsverlangen unzulässig, denn ein formell wirksames Mieterhöhungsverlangen ist gegeben, wenn der Vermieter, unter zutreffender Einordnung der Wohnung des Mieters in die Kategorie des Mietspiegels, die dort vorgesehene Mietspanne richtig nennt und die erhöhte Miete angibt.[90]

73 Die Richtigkeit der Angaben ist keine Voraussetzung für die Zulässigkeit des Mieterhöhungsbegehrens.[91] Aus diesem Grunde führt eine Eingruppierung der Wohnung in ein falsches Rasterfeld des Mietspiegels grundsätzlich nicht zur Unwirksamkeit der Mieterhöhung.[92]

74 § 558a Abs. 4 BGB gestattet, dass, wenn in dem Zeitpunkt, in dem der Vermieter seine Mieterhöhungserklärung abgibt, kein Mietspiegel vorhanden ist, der den Anforderungen des § 558c BGB oder § 558d Abs. 2 BGB entspricht, auch ein anderer, insbesondere ein veralteter Mietspiegel oder ein Mietspiegel einer vergleichbaren Gemeinde, verwendet werden darf.

> **Praxistipp:**
> Obwohl nach BGH NJW 2008, 573 lediglich der Hinweis auf die Spanne genügt, sollte der den Vermieter vertretende Anwalt unbedingt darauf achten, dass die Einordnung der Wohnung in die Kategorien des Mietspiegels begründet wird. Das Mieterhöhungsverlangen sollte verständlich und auch transparent sein, damit der Mieter ohne weiteres zustimmen kann. Dies dient der Vermeidung von Zustimmungsprozessen, die einerseits durch die Kosten der Beweisaufnahme sehr teuer sind, andererseits aber nur sehr geringe Gebühren verursachen.

75 bb) *Qualifizierter Mietspiegel.* Der Vermieter kann sich zur Begründung seines Mieterhöhungsbegehrens auch auf einen qualifizierten Mietspiegel gem. § 558d BGB stützen. § 558d Abs. 1 BGB definiert den qualifizierten Mietspiegel als **Mietspiegel, der nach anerkannten wissenschaftlichen Grundsätzen erstellt ist und von der Gemeinde oder von Vermieter – und Mieterverbänden anerkannt worden ist.** Wann ein Mietspiegel nach anerkannten wissenschaftlichen Grundsätzen erstellt ist, ist problematisch.[93] Gesetzliche Regelungen über die anzuwendenden Grundsätze gibt es nicht, allerdings sind gewisse Mindestvoraussetzungen erforderlich:

76 • Der Mietspiegel muss vom richtigen Begriff der ortsüblichen Vergleichsmiete ausgehen;
• die Daten müssen auf einer repräsentativen Datenerhebung beruhen;
• es muss eine anerkannte wissenschaftliche Auswertungsmethode gewählt worden sein;
• die Einhaltung der drei zuvor genannten Voraussetzungen muss in einer öffentlich zugänglichen Dokumentation niedergelegt sein.[94]

77 Was die Datenauswertung angeht, müssen die anerkannten Methoden der Statistik angewandt werden. Insofern streiten zwei Methoden miteinander, die Tabellenmethode und die Regressionsmethode: Die Tabellenmethode stellt die Daten als Mietspannen nach den einzelnen Wohnmerkmalen in Rasterfeldern zusammen. Zur Anwendung der Regressionsmethode sind die Daten der Rasterfelder miteinander zu verknüpfen.

78 Nach § 558d Abs. 2 BGB muss ein qualifizierter Mietspiegel nach zwei Jahren fortgeschrieben und nach 4 Jahren neu erstellt werden, ansonsten verliert er seine Eigenschaft als qualifizierter Mietspiegel und steht einem einfachen Mietspiegel gleich. Darüber hinaus muss der nach diesen Methoden erstellte Mietspiegel als qualifiziert anerkannt werden, was

---

[89] BGH NZM 2004, 219.
[90] BGH a.a.O.
[91] LG Berlin GE 1999, 378.
[92] LG Berlin GE 1997, 369; LG Mönchengladbach WuM 1992, 196; AG Hamburg NJWE-MietR 1996, 268.
[93] *Börstinghaus* NZM 2002, 273 ff.
[94] Schmidt-Futterer/*Börstinghaus* §§ 558c, 558d BGB Rdnr. 61.

entweder durch die Gemeinde und/oder die Interessenverbände der Vermieter und Mieter geschieht. Das Anerkenntnis nur durch einen Interessenverband reicht nicht aus.

Erfolgt das Anerkenntnis durch eine Gemeinde, dann ist hierfür der Rat der Gemeinde zuständig, es sei denn, die Befugnis wurde auf den Bürgermeister übertragen. Bei dem Anerkenntnis durch Interessenverbände erfolgt dies durch Willenserklärung der vertretungsberechtigten Organe.

Die Erklärung der Gemeinde bildet keine hoheitliche Maßnahme mit regelndem Charakter. Eine verwaltungsgerichtliche Feststellungsklage gerichtet darauf, dass ein kommunaler Mietspiegel kein qualifizierter Mietspiegel ist, ist deshalb unstatthaft.[95]

Stützt sich der Vermieter zur Begründung seines Mieterhöhungsbegehrens auf einen qualifizierten Mietspiegel, gilt zu Gunsten des Vermieters gem. § 558 d Abs. 3 BGB im Rechtsstreit über die Begründetheit der Mieterhöhung die – allerdings widerlegbare – Vermutung, dass die Entgelte des qualifizierten Mietspiegels die ortsübliche Vergleichsmiete wiedergeben. Der Beweis des Gegenteils ist gem. § 292 ZPO möglich, dem Mieter obliegt die Darlegungs- und Beweislast dafür, dass der qualifizierte Mietspiegel die ortsübliche Vergleichsmiete nicht enthält.

Will umgekehrt der Vermieter von den Werten des qualifizierten Mietspiegels nach oben abweichen, so obliegt ihm die Darlegungs- und Beweislast dafür, dass die ortsübliche Vergleichsmiete höher liegt als die Werte des qualifizierten Mietspiegels. Er muss also darlegen und beweisen, dass der qualifizierte Mietspiegel die ortsübliche Vergleichsmiete nicht wiedergibt.

Praxistipp:

Ob ein Mietspiegel als qualifiziert anerkannt ist, ergibt sich meistens aus den Erläuterungen im Mietspiegel. Im Zweifel empfiehlt sich eine Nachfrage bei dem in der Gemeinde zuständigen Wohnungsamt oder bei den Interessenverbänden der Vermieter und Mieter.[96]

Liegt ein qualifizierter Mietspiegel vor, dann ist der Vermieter gemäß § 558a Abs. 3 BGB verpflichtet, bei Benutzung eines anderen Begründungsmittels (Mietdatenbank, Sachverständigengutachten, Vergleichswohnungen) auf die Existenz des qualifizierten Mietspiegels hinzuweisen und zugleich anzugeben, welche Angaben dieser Mietspiegel für die streitbefangene Wohnung enthält. Dies bedeutet, dass der Vermieter in diesen Fällen die Werte des konkreten Mietspiegelfeldes mitteilen muss. Es muss weder der gesamte Mietspiegel mitgeteilt werden noch muss der qualifizierte Mietspiegel beigefügt werden. Enthält der Mietspiegel eine Spanne, so genügt die Mitteilung der Spanne.[97]

Fehlt ein eigentlich erforderlicher Hinweis auf die Werte eines qualifizierten Mietspiegels, so ist das Mieterhöhungsverlangen unwirksam.[98] Allerdings kann dieser Hinweis im Rechtsstreit nachgeholt werden, was dann allerdings wiederum eine neue Überlegungsfrist zugunsten des Mieters auslöst.[99]

cc) Mietdatenbank. Nach § 558a Abs. 2 Nr. 2 BGB kann sich der Vermieter statt auf einen Mietspiegel auch auf die Auskunft aus einer Mietdatenbank zur Begründung seines Mieterhöhungsverlangens stützen. Eine Mietdatenbank ist nach der Definition des § 558e BGB eine zur Ermittlung der ortsüblichen Vergleichsmiete fortlaufend geführte Sammlung von Mieten, die von der Gemeinde oder von Interessenvertretern der Vermieter und Mieter gemeinsam geführt und anerkannt wird und aus der Auskünfte gegeben werden, die für einzelne Wohnungen einen Schluss auf die ortsübliche Vergleichsmiete zulassen.

---

[95] VG Minden NZM 2004, 148; *Wetekamp* NZM 2003, 184, 185; a. A. *Brüning* NZM 2003, 921 ff.
[96] Ein guter Überblick über die Praxis der qualifizierten Mietspiegel: *Börstinghaus* NZM 2003, 377 ff.
[97] Schmidt-Futterer/*Börstinghaus* § 558a Rdnr. 163.
[98] LG München I WuM 2002, 427; Schmidt-Futterer/*Börstinghaus* § 558a Rdnr. 165.
[99] Rips/*Eisenschmid* S. 209.

87 Bei der Erstellung und Unterhaltung der Mietdatenbank sind die gesetzlichen Vorgaben zur Ermittlung der ortsüblichen Vergleichsmiete gem. § 558 Abs. 2 BGB einzuhalten. Dies bedeutet, dass nur Entgelte berücksichtigt werden dürfen, die in den letzten vier Jahren vereinbart oder geändert worden sind. Die in der Mietdatenbank gesammelten Mietvereinbarungen und Mietänderungen sollen fortlaufend gesammelt, darüber hinaus strukturiert, aufgearbeitet und ausgewertet werden. Bei der heute vorhandenen Technik ist es möglich, eine Mietdatenbank aktuell zu halten, indem am Ende eines jeden Monats Altdaten, die älter als vier Jahre sind, gelöscht und die neuen Daten des laufenden Monats in die Datei hineingenommen werden. Zweifelhaft ist jedoch, ob eine Datenbank eine repräsentative Auswahl an Daten gewährleistet.[100]

88 Auch bei Verwendung von Daten einer Mietdatenbank zur Begründung des Mieterhöhungsbegehrens gilt, dass der Vermieter im Zustimmungsverlangen auf den entsprechenden (möglicherweise niedrigeren) Wert des qualifizierten Mietspiegels hinweisen muss, § 558a Abs. 3 BGB, soweit ein solcher für die Gemeinde oder Teile der Gemeinde besteht. Unterlässt der Vermieter dies, kann das Mieterhöhungsverlangen allein aus diesem Grunde unwirksam sein. Insoweit sei auf die Ausführungen zu Rdnr. 84 verwiesen.

89 *dd) Vergleichsobjekte.* Der Vermieter kann sich zur Begründung seines Mieterhöhungsbegehrens gem. § 558a Abs. 1 Nr. 4 BGB auch auf die Entgelte für einzelne vergleichbare Wohnungen beziehen. Es genügt hier die Benennung von drei Wohnungen. Diese Wohnungen müssen zum Zeitpunkt des Zugangs des Mieterhöhungsverlangens vermietet sein. Steht also eine Wohnung leer, dann kann nicht etwa die früher dafür gezahlte Miete zugrunde gelegt werden.[101]

90 Die vom Vermieter benannten Vergleichswohnungen müssen grundsätzlich dem örtlichen Wohnungsmarkt angehören.[102] Gibt es in der Gemeinde keine Vergleichswohnungen, darf der Vermieter ausnahmsweise auf drei Vergleichswohnungen aus einer Nachbargemeinde zurückgreifen.

91 Hierbei darf er auch zurückgreifen auf Vergleichswohnungen aus seinem eigenen Bestand.[103] Die Vergleichswohnungen müssen mit der konkreten Wohnung, deren Miete erhöht werden soll, vergleichbar sein. Die Vergleichbarkeit muss jedoch nicht hinsichtlich aller fünf Wohnwertmerkmale gegeben sein,[104] die Wohnungen müssen sich auch nicht vollständig entsprechen.[105] Allerdings fehlt es an der Vergleichbarkeit zwischen einer Wohnung mit Einzelöfen und einer Wohnung mit Etagen- bzw. Zentralheizung.[106]

92 Die Frage der Mietstruktur, somit die Frage nach der vereinbarten Miete (Nettokaltmiete, Inklusivmiete, Teilinklusivmiete) der Vergleichswohnungen ist kein gesetzlich vorgesehenes Vergleichskriterium. Die Wirksamkeit des Mieterhöhungsbegehrens gem. § 558 BGB hängt deshalb nicht davon ab, dass der Vermieter z.B. im Falle einer Inklusiv-, Pauschal- oder Gesamtmiete den als Grund- oder Nettomiete von allen Nebenkosten bereinigten Mietanteil rechnerisch ermittelt und sein auf § 558 BGB gestütztes Erhöhungsverlangen auf den so errechneten Netto-Mietanteil ausrichtet und begrenzt.[107] Es wird nicht einmal für erforderlich gehalten, dass der Vermieter auf die Unterschiede der Mietstruktur hinweist.[108]

93 Die Angaben im Mieterhöhungsbegehren müssen dergestalt sein, dass der Mieter in die Lage versetzt ist, die Berechtigung des Mieterhöhungsbegehrens nachzuprüfen. Es muss ihm möglich sein, zu überprüfen, ob die Wohnungen auch vergleichbar sind. Die Bezugnahme auf mehrere konkret bezeichnete Häuser, deren Wohnungen sämtlich als Vergleichswohnungen benannt werden, reicht daher nicht aus.[109] Aus diesem Grunde müssen die Angaben im

---

[100] Rips/Eisenschmid S. 112.
[101] Nies/Gies/*Flintrop* Beck'sches Formularbuch Mietrecht C.IV. 5 Anm. 2.
[102] LG München II WuM 1982, 138; AG Bayreuth WuM 1993, 454; AG Augsburg WuM 1990, 221.
[103] BVerfG NJW 1993, 2039; LG Bochum NJW-RR 1991, 1039; LG Berlin GE 1988, 729.
[104] BVerfGE 53, 352; a. A. jedoch AG Köln WuM 1988, 60.
[105] BVerfG NJW 1980, 1617.
[106] LG München I NZM 2003, 431.
[107] Schmidt-Futterer/*Börstinghaus* § 558a BGB Rdnr. 126.
[108] BVerfG NJW-RR 1993, 1485.
[109] LG Stade WuM 1988, 278.

Erhöhungsverlangen so sein, dass der Mieter die Wohnung ohne weitere Nachforschungen suchen kann, die postalische Anschrift muss daher Ort, Straße und Hausnummer beinhalten.[110] Sind unter der postalischen Anschrift mehrere Wohnungen zu finden, müssen im Mieterhöhungsbegehren konkrete Angaben enthalten sein, die eine eindeutige Identifizierbarkeit der Wohnung ermöglichen. Interne Unterscheidungsmerkmale des Vermieters, wie z. B. Wohnungsnummer reichen nicht aus.[111] Gibt es in einem Mehrfamilienhaus mit mehreren Geschossen auf derselben Ebene mehr als eine Wohnung, sind für die Auffindbarkeit der Wohnung über die Angabe der Adresse und des Geschosses hinaus weitere Angaben erforderlich. Solche Angaben können die Beschreibung der genauen Lage der Wohnung im Geschoss, die Bezeichnung einer nach außen erkennbaren Wohnungsnummer oder der Name des Mieters sein. Die Angaben müssen so genau sein, dass keine weiteren eigenen Nachforschungen erforderlich sind.[112] Ansonsten ist die Angabe des Namens des Wohnungsmieters der Vergleichswohnung an sich nicht zwingend erforderlich.[113]

Zur Überprüfung der Vergleichbarkeit ist die Kenntnis der Quadratmetermiete von entscheidender Bedeutung. In der Regel muss der Vermieter die **Quadratmetermiete**, die für die Vergleichswohnungen gezahlt wird, angeben.[114] Dies gilt auch bei einer Mieterhöhung eines Einfamilienhauses.[115] Allerdings kann dann auf die Angabe der Quadratmetermiete verzichtet werden, wenn diese für den Mieter leicht errechenbar ist, wenn im Mieterhöhungsbegehren nämlich Grundmiete und Wohnfläche angegeben sind.[116]

Hat der Vermieter drei Vergleichswohnungen angegeben, von denen eine nicht identifizierbar oder nicht vergleichbar ist, ist das Mieterhöhungsbegehren nicht ausreichend begründet und unwirksam.

Die Zustimmung zur Mieterhöhung kann verlangt werden bis auf die niedrigste der angegebenen Vergleichsmieten, wobei auf die Quadratmetermiete abzustellen ist. Es ist also auf keinen Fall ein Durchschnitt der angegebenen Vergleichsmieten zu bilden.[117] Ist die Quadratmetermiete von mindestens drei Vergleichswohnungen nicht ebenso hoch oder höher als die geforderte neue Miete, so ist das Mieterhöhungsbegehren nicht unwirksam, sondern nur in Höhe der niedrigsten Vergleichsmiete begründet.[118]

Gestatten die Mieter der Vergleichswohnungen nicht die Besichtigung der Wohnungen und verweigern auch ausreichende Auskünfte über die Wohnung, ist das Mieterhöhungsbegehren nicht deshalb unwirksam.[119]

Flächenabweichungen der Vergleichswohnungen zur betroffenen Wohnung schaden grundsätzlich nicht.[120] Fraglich kann dies jedoch sein bei sehr erheblichen Größenunterschieden zwischen der betroffenen Wohnung und den Vergleichswohnungen.[121] Ein Einfamilienhaus ist kein taugliches Vergleichsobjekt im Sinne des § 558 BGB für ein Reihenmittelhaus.[122]

Unwirksam, weil unzulässig, ist dagegen ein Mieterhöhungsverlangen, wenn auch nur eine der angegebenen Vergleichsmieten unter Verstoß gegen ein gesetzliches Verbot zustande gekommen ist, etwa unter Verstoß gegen § 5 WiStG. Hat der Vermieter in diesem Fall nur drei Vergleichswohnungen angegeben, unterschreitet er die Mindestzahl. Gleiches gilt, wenn der Vermieter als Vergleichsmiete einen Betrag angibt, der zwischen den Parteien der Vergleichswohnung streitig ist, etwa weil ein Mieterhöhungsprozess schwebt.[123]

---

[110] BVerfGE 49, 244.
[111] AG Köln WuM 1994, 546; AG Bad Homburg WuM 1989, 305.
[112] BGH WuM 2003, 149.
[113] BGH RE WuM 1982, 324; a. A. offenbar BVerfG NJW-RR 1993, 1485; BVerfG NJW 1989, 969.
[114] BVerfGE 49, 244; 53, 352; LG Berlin ZMR 1992, 62.
[115] LG Darmstadt WuM 1991, 49.
[116] OLG Schleswig RE WuM 1987, 140.
[117] OLG Karlsruhe WuM 1984, 21; BayObLG WuM 1984, 275.
[118] OLG Karlsruhe RE WuM 1984, 21.
[119] OLG Schleswig RE NJW 1984, 245.
[120] OLG Schleswig RE WM 1987, 140.
[121] Vgl. LG Köln WuM 1994, 691 sowie LG Berlin ZMR 1995, 77, für den Fall, dass über 30% oder über 50% größere Wohnungen als die zu bewertende benannt werden.
[122] AG Spandau MM 2000, 379.
[123] Nies/Gies/*Flintrop* C. IV. 5 Anm. 6.

100 Auch hier gilt, dass der Vermieter, der die Mieterhöhung auf Vergleichswohnungen stützt, dennoch im Zustimmungsbegehren auf den entsprechenden (möglicherweise niedrigeren) Wert des qualifizierten Mietspiegels hinweisen muss, sofern ein solcher für die Gemeinde oder Teile der Gemeinde besteht, § 558a Abs. 3 BGB; unterlässt er dies, ist das Mieterhöhungsbegehren unwirksam (vgl. die Ausführungen unter Rdnr. 84).

101 *ee) Sachverständigengutachten.* Der Vermieter kann sich zur Begründung des Mieterhöhungsbegehrens gem. § 558a Abs. 2 Nr. 3 BGB auf ein mit Gründen versehenes Gutachten eines öffentlich bestellten **und** vereidigten Sachverständigen berufen.

102 Das Gutachten, welches dem Mieterhöhungsbegehren beizufügen ist, ist ein **Parteigutachten**,[124] welches auf Grund eines privaten Gutachterauftrages erstellt wurde. Da das Gutachten dem Mieter ebenso wie ein Mietspiegel oder Vergleichsobjekte nur die notwendige Beschreibung/Information liefern soll, die er benötigt, um die Berechtigung des Mieterhöhungsbegehrens des Vermieters zu überprüfen, dürfen an das Gutachten keine allzu großen Anforderungen gestellt werden.[125]

103 Der Sachverständige muss mit der Mietbewertung befasst sein; nicht zwingend erforderlich ist, dass die öffentliche Bestellung und Vereidigung ausdrücklich für eine Mietbewertung erfolgt ist.[126] Der Sachverständige muss nicht zwingend Kenntnisse des örtlichen Wohnungsmarktes haben.[127] Die Anforderungen an ihn sind wesentlich geringer, als an einen gerichtlichen Sachverständigen.[128]

104 Das Gutachten, welches dem Mieterhöhungsbegehren beizufügen ist, muss mit **Gründen** versehen sein. Der Gutachter muss für den Mieter nachvollziehbar darstellen, wie er zu seiner Wertfeststellung gelangt ist;[129] es muss konkrete Grundlagen anführen, aus denen die Schlussfolgerung eines bestimmten Quadratmeterpreises als (nach Lage, Ausstattung, Beschaffenheit usw.) ortsüblich abgeleitet wird.[130] Im Gutachten müssen dem Mieter die Informationen geliefert werden, die er benötigt um festzustellen, ob seine bisherige Miete unter der ortsüblichen Vergleichsmiete liegt, ob er die Zustimmung erteilen muss oder nicht. Für die Wirksamkeit des Mieterhöhungsbegehrens ist es nicht erforderlich, dass der Sachverständige in dem Gutachten, in dem er sich auf ihm bekannte Vergleichswohnungen bezieht, einzelne vergleichbare Wohnungen konkret benennt.[131] Bei der Erstellung des Gutachtens muss der Sachverständige vom richtigen Begriff der ortsüblichen Vergleichsmiete ausgehen,[132] die Feststellungen über Lage, Größe, Ausstattung und Beschaffenheit der Wohnung müssen zutreffend sein,[133] das Gutachten muss die konkrete Wohnung betreffen.[134] Ausnahmsweise reicht bei einer Wohnanlage die Besichtigung einer Wohnung gleichen Typs, also von gleicher oder nahezu gleicher Art, Ausstattung und Beschaffenheit.[135]

105 Der Vermieter muss dem Mieterhöhungsbegehren das **vollständige Sachverständigengutachten** in vollem Wortlaut **beifügen**.[136] Allerdings reicht nicht die schlichte Übersendung des Sachverständigengutachtens an den Mieter, vielmehr muss der Vermieter im Mieterhöhungsbegehren die notwendigen Tatsachen zur Begründung der Erhöhung der Miete dartun und kann sich auf das beigefügte Sachverständigengutachten berufen.[137]

---

[124] BayObLG RE NJW-RR 1987, 1302; OLG Karlsruhe RE NJW 1983, 1863.
[125] BVerfG NJW 1987, 213; Schmidt-Futterer/*Börstinghaus* § 558a Rdnr. 84.
[126] BGH RE NJW 1982, 1701.
[127] BayObLG RE NJW-RR 1987, 1302.
[128] BVerfG NJW 1987, 313.
[129] BVerfG WuM 1986, 239.
[130] OLG Frankfurt RE NJW 1981, 1820; LG Hamburg WuM 1979, 33; LG Freiburg ZMR 1976, 152; *Barthelmess* § 2 MHG Rdnr. 95.
[131] OLG Oldenburg RE WuM 1981, 150; OLG Frankfurt RE NJW 1981, 2820.
[132] AG Charlottenburg NZM 1999, 460; Schmidt-Futterer/*Börstinghaus* § 558a Rdnr. 86.
[133] LG Bremen WuM 1995, 397.
[134] LG Koblenz DWW 1991, 22.
[135] AG Sinzig DWW 1990, 120.
[136] OLG Braunschweig RE WuM 1982, 272.
[137] Schmidt-Futterer/*Börstinghaus* § 558a Rdnr. 92.

106 Höchst streitig ist die Frage, **wie alt** das Sachverständigengutachten zum Zeitpunkt des Mieterhöhungsverlangens sein darf.[138] Da Mietspiegel nach zwei Jahren fortgeschrieben werden müssen, § 558 d Abs. 2 BGB, wird man davon ausgehen können, dass ein Sachverständigengutachten zum Zwecke der Begründung des Mieterhöhungsbegehrens auch nicht älter als zwei Jahre sein darf.[139]

107 Auch hier gilt, dass bei Begründung des Mieterhöhungsbegehrens durch ein Sachverständigengutachten bei Vorliegen eines qualifizierten Mietspiegels der entsprechende (möglicherweise niedrigere) Wert des qualifizierten Mietspiegels im Mieterhöhungsbegehren angegeben werden muss. Unterlässt der Vermieter dies, ist das Mieterhöhungsbegehren unwirksam. Insoweit sei verwiesen auf die Ausführungen zu Rdnr. 84.

Muster eines Mieterhöhungsbegehrens bei Bezugnahme auf Vergleichsobjekte:

108 Rechtsanwalt Dr. Cäsar
Vorgebirgstrasse 35
50677 Köln

Köln, 25. 9. 2009

Sehr geehrte Frau Müller,
sehr geehrter Herr Müller,

unter Beifügung einer auf mich lautenden Original-Vollmacht zeige ich an, dass mich Ihr Vermieter, Herr Franz Schmitz, mit der Wahrnehmung seiner Interessen beauftragt und mich beauftragt und bevollmächtigt hat, Ihnen gegenüber ein Mieterhöhungsbegehren gem. § 558 BGB abzugeben.

Sie bewohnen zu einer seit mehr als einem Jahr unveränderten Miete von 800,– € die im Hause meines Mandanten Siebengebirgsallee 83, 50.677 Köln im 1. OG links befindliche Wohnung mit einer Größe von 100 qm. Bei der Miete handelt es sich um eine Nettokaltmiete. Die Kaltmiete von 8,– €/Monat/qm entspricht nicht mehr den Vergleichsmieten für Wohnungen der von Ihnen bewohnten Art. Diese liegen vielmehr wesentlich höher.

Das Haus wurde errichtet Anfang der siebziger Jahre. Für Wohnungen dieser Art werden heute Mieten zwischen 8,50 € und 10,– €/Monat/qm gezahlt.

Ich benenne Ihnen zum Nachweise folgende drei Vergleichswohnungen:

a) Siebengebirgsallee 35, Köln, 3. OG links
    Mieter: Müller   807,50 €/kalt
    95 qm × 8,50 €/Monat/qm
    Baujahr 1972

b) Siebengebirgsallee 89, Köln, EG
    Mieter: Schmitz   855,– €/kalt
    95 qm = 9,00 €/Monat/qm
    Baujahr 1969

c) Siebengebirgsallee 100, Köln, 2. OG
    Mieter: Franz   883,50 €/kalt
    93 qm = 9,50 €/Monat/qm
    Baujahr 1971

Unter Berücksichtigung dieser Vergleichsobjekte ist daher von einer ortsüblichen Vergleichsmiete von mindestens

8,50 €/Monat/qm

auszugehen.

Im Auftrage meiner Partei unter Bezugnahme auf die beigefügte Vollmacht, darf ich Sie daher um Zustimmung in eine Mieterhöhung auf 8,50 €/Monat/qm/kalt × 100 qm = 850,– €/netto bitten mit Wirkung ab 1. 12. 2009.

---

[138] Vgl. insoweit Schmidt-Futterer/*Börstinghaus* § 558 a Rdnr. 90.
[139] So auch in Schmidt-Futterer/*Börstinghaus* § 558 a Rdnr. 91.

> Hinzu kommen die bisherigen Heiz- und Betriebskostenvorauszahlungen. Ihre Zustimmung erbitte ich bis 30. 11. 2009. Geht die Zustimmung nicht fristgerecht ein, müsste ich binnen dreier weiterer Monate auf Zustimmung gegen Sie klagen. Ich hoffe, dass dies nicht erforderlich sein wird.
> Ich muss Sie gem. § 558a Abs. 3 BGB dahingehend belehren, dass der qualifizierte Mietspiegel der Stadt Köln[140] vom ...... für Ihre Wohnung eine Miete von 7,80 €/Monat/qm/kalt ausweist.
> Schließlich darf ich Sie dahingehend belehren, dass Ihnen ein Sonderkündigungsrecht zusteht.
> Anlage
> Vollmacht
> Hochachtungsvoll   Rechtsanwalt

109 d) **Besonderheiten bei der Mieterhöhung.** aa) *Mieterhöhung bei Inklusivmiete/Teilinklusivmiete.* Wie bereits oben ausgeführt, kann der Vermieter mit dem Mieterhöhungsbegehren gem. §§ 558 ff. BGB die Zustimmung zur Erhöhung der „vereinbarten Miete" verlangen. Das Mieterhöhungsbegehren muss daher so formuliert sein, dass der Mieter, sofern das Mieterhöhungsverlangen formell und materiell berechtigt ist, lediglich „Ja" oder „Nein" sagen muss, es sei denn, er willige nur zum Teil in die Mieterhöhung ein.[141] Die vereinbarte Miete ist die, die Vermieter und Mieter bei Abschluss des Mietvertrages oder zu einem späteren Zeitpunkt vereinbart haben. Dies kann sein eine Nettokaltmiete, eine Inklusivmiete (somit eine Miete, die sämtliche umlagefähigen Betriebskosten, die für die Wohnung anfallen, enthält) oder eine Teil- inklusivmiete (somit eine Miete, die einen Teil der Betriebskosten enthält, bei Umlagefähigkeit der übrigen für die Wohnung anfallenden Kosten).

110 Schwierigkeiten können sich ergeben, wenn im Falle der Geltung einer Inklusivmiete oder Teilinklusivmiete die Miete erhöht werden soll nach einem Mietspiegel, welcher lediglich Nettokaltmieten enthält, wie dies überwiegend der Fall sein wird. Soll daher auf der Grundlage eines Netto-Mietspiegels die ortsübliche Vergleichsmiete einer Wohnung ermittelt werden, hinsichtlich derer die Parteien eine Inklusivmiete vereinbart haben, muss zunächst Vergleichbarkeit hergestellt werden, die Nettokaltmiete des Mietspiegels muss in eine Inklusivmiete für die konkrete Wohnung transformiert werden. Dies geschieht in der Weise, dass zunächst die ortsübliche Vergleichsmiete anhand des Nettomietspiegels ermittelt wird und sodann zu den Werten des Nettomietspiegels ein Zuschlag in Höhe der tatsächlich auf die Wohnung entfallenden Betriebskosten, soweit sie den Rahmen des üblichen nicht überschreiten, hinzugerechnet wird.[142] Maßgebend sind die Betriebskosten, wie sie im Zeitpunkt des Mieterhöhungsverlangens anfallen.[143] Der Zuschlag zu den Werten des Nettomietspiegels ist je nach den Vereinbarungen der Parteien zu berechnen. Ist eine Inklusivmiete vereinbart, sind die aktuellen Betriebskosten des Jahres zu addieren, durch die Gesamtquadratmeterzahl des Hauses zu teilen, durch 12 Monate zu dividieren, so dass die Quadratmetermiete pro Monat ermittelt ist. Haben die Parteien eine Teilinklusivmiete bei Umlagefähigkeit einiger weniger Betriebskosten vereinbart, ist nach dem oben dargestellten Schema der Betriebskostenanteil der in der Miete enthaltenen Betriebskosten zu ermitteln. Die auf diese Weise ermittelte qm/Inklusivmiete bzw. qm/Teilinklusivmiete ist der zuvor anhand des Nettomietspiegels der Gemeinde ermittelten ortsüblichen Nettokaltmiete hinzuzuaddieren, so dass die Addition die ortsübliche Inklusiv- bzw. Teilinklusivmiete pro Monat/qm ergibt.

Im Mieterhöhungsverlangen muss der Vermieter zu den Betriebskosten keine Angaben machen, wenn die von ihm beanspruchte erhöhte Teilinklusivmiete die ortsübliche Nettomiete nicht übersteigt.[143a]

---

[140] In diesem Formulierungsvorschlag wird unterstellt, dass ein qualifizierter Mietspiegel existiert, tatsächlich gibt es für die Stadt Köln zum Zeitpunkt des Redaktionsschlusses dieser Auflage keinen qualifizierten Mietspiegel.
[141] Schmidt-Futterer/*Börstinghaus* § 558a Rdnr. 17.
[142] OLG Hamm RE NJW-RR 1993, 398; OLG Stuttgart RE NJW 1983, 2329; KG Urt. v. 20. 1. 2005, GE 2005, 180; KG RE NZM 1998, 68; LG Rottweil NZM 1998, 432; LG Mannheim WuM 1991, 594; LG Stade WuM 1988, 279.
[143] BGH NZM 2006, 101; BGH NZM 2004, 253.
[143a] BGH NZM 2008, 128.

Muster für ein Mieterhöhungsbegehren einer Inklusiv-/Teilinklusivmiete

Rechtsanwalt Dr. Cäsar
Vorgebirgstrasse 35
50677 Köln

Köln, 25. 9. 2008

Sehr geehrte Frau Müller,
sehr geehrter Herr Müller,

unter Beifügung einer auf mich lautenden Original-Vollmacht zeige ich an, dass mich Ihr Vermieter, Herr Franz Schmitz, mit der Wahrnehmung seiner Interessen beauftragt und mich beauftragt und bevollmächtigt hat, Ihnen gegenüber ein Mieterhöhungsbegehren gem. § 558 BGB abzugeben.

Sie bewohnen zu einer seit mehr als einem Jahr unveränderten Miete von 800,– € die im Hause meines Mandanten Siebengebirgsallee 83, 50677 Köln im 1. OG links befindliche Wohnung mit einer Größe von 100 qm. Die Wohnung besteht aus 3 Zimmern, Küche, Diele Bad/WC, Loggia und dazugehörigem Kellerraum.

Für meine Mandanten möchte ich von Ihnen Zustimmung zu einer Erhöhung der Miete bis zur ortsüblichen Vergleichsmiete verlangen. Ich bitte Sie um Zustimmung zu einer Mieterhöhung auf 856,– € für die Wohnung. Ich darf Sie bitten, diese Miete ab dem 1. 12. 2009 zu zahlen. Hinzu kommen die Betriebskostenvorauszahlungen in bisheriger Höhe. Zum Nachweis der Vergleichsmiete nehme ich Bezug auf den Mietspiegel für nicht öffentlich geförderten Wohnraum im Stadtgebiet von Köln, Stand November 2008. Eine Abschrift des Mietspiegels füge ich in der Anlage bei. Aufgrund der im Mietspiegel enthaltenen Angaben bewerte ich die von Ihnen bewohnte Wohnung wie folgt:

1. Das Haus, in dem sich die Wohnung befindet, wurde im Jahre 1985 bezugsfertig. Es gilt die Baualtersklasse 3.
2. Ihre Wohnung ist 100 qm groß, sodass die Gruppe der Wohnungen um 100 qm Größe Anwendung findet.
3. Ihre Wohnung ist mit Bad, Heizung, WC und Gäste-WC ausgestattet. Die Wohnung hat Einbauschränke, sie verfügt über einen hochwertigen Marmorfußboden. Erwähnen will ich auch, dass Ihre Wohnung über einen großen, zum Garten hin gelegenen, Balkon verfügt. Es gilt die Ausstattungsgruppe 3.
4. Die von Ihnen bewohnte Wohnung liegt in einer guten mittleren Wohnlage. Hervorzuheben ist die gute Verkehrsanbindung sowohl mit öffentlichen Personennahverkehrsmitteln wie aber auch der gut zu erreichende nahe liegende Autobahnanschluss. Alle Geschäfte des täglichen Bedarfes aber auch Ärzte und Schulen sind fußläufig zu erreichen. Besondere Beeinträchtigungen durch Lärm und Schmutz sind nicht vorhanden. Es handelt sich um ein sehr gefragtes Wohngebiet mit überwiegend sanierten Altbauwohnungen, baumbestandenen Straßen, Gärten und Vorgärten.

In der hier maßgeblichen Gruppe beträgt die Vergleichsmiete 6,70 € – 8,90 € pro Monat und qm. Ich halte grundsätzlich eine Miete von 8,20 € pro qm und Monat für angemessen und ortsüblich. Die von mir für meinen Mandanten verlangte Miete berücksichtigt auch noch Folgendes:

Der Mietspiegel, auf den ich mich stütze, gibt ausschließlich die so genannten Nettokaltmieten wieder. Diese Mieten sind ermittelt ohne jegliche Einrechnung von Betriebskosten nach der Betriebskostenverordnung. Zwischen Ihnen und meinem Mandanten ist jedoch vereinbart, dass die Betriebskosten Grundsteuer, Versicherungen, Straßenreinigung und Feuerlöscherwartung nicht umgelegt werden, sondern in der Miete enthalten sind. Diese Betriebskosten sind also Bestandteile der Miete.

Im aktuellen Jahr sind für die vorgenannten Betriebskostenpositionen folgende Kosten entstanden: Grundsteuer 900,– €, Gebäudeversicherung 700,– €, Haftpflichtversicherung 100,– €, Straßenreinigung 150,– €, Feuerlöscherwartung 59,49 €.

Das gesamte Haus hat eine Wohnfläche von 468 qm, sodass pro Monat und qm auf die vorgenannten Betriebskosten ein Anteil von 0,34 € entfällt. Dieser Betrag ist der nach dem Mietspiegel errechneten Vergleichsmiete von 8,20 € hinzuzurechnen, sodass sich für Ihre Wohnung eine ortsübliche Miete von 8,54 €, insgesamt also 854,– € ergibt.

Ich bitte Sie um Zustimmung zu einer Mieterhöhung auf 854,– € zuzüglich Betriebskostenvorauszahlungen wie bisher bis zum 30. 11. 2009. Sollten Sie nicht zustimmen, werde ich für meinen Mandanten ein gerichtliches Zustimmungsverfahren einleiten müssen.

Hochachtungsvoll   Rechtsanwalt

112 Maßgebend für die Ermittlung der Inklusivmiete sind die aktuellen Betriebskosten gemäß der Betriebskostenverordnung zum Zeitpunkt der Abgabe des Mieterhöhungsbegehrens.[144]

113 Das Mieterhöhungsbegehren gem. § 558 BGB sowie auch die spätere Klage – im Falle der Nichterteilung der Zustimmung durch den Mieter – muss den Rechenvorgang, wie oben dargestellt, enthalten, denn der Mieter muss nachvollziehbar erkennen können, dass die ortsübliche Vergleichsmiete die mit ihm vereinbarte bzw. zuletzt gezahlte Miete übersteigt. Dies kann er nur, wenn bei einer Inklusivmiete, wie oben dargestellt, Vergleichbarkeit zwischen dem Mietspiegel mit Nettokaltmieten und der mit ihm vereinbarten Inklusivmiete hergestellt wird. Ausnahmsweise kann auf die konkrete Benennung der in der Miete enthaltenen Betriebskosten und deren konkrete Berechnung verzichtet werden, wenn die vom Vermieter beanspruchte erhöhte Teilinklusivmiete die ortsübliche Nettomiete nicht übersteigt.[145]

114 Die Mieterhöhung der Inklusiv-/Teilinklusivmiete ist allerdings nur dann zulässig, wenn die Anpassung an die ortsübliche Vergleichsmiete gemäß § 558 Abs. 1 verlangt wird. Die Miete kann nicht ausschließlich wegen gestiegener Betriebskosten erhöht werden.[146]

115 *bb) Mieterhöhung einer Miete bei Nichtübernahme der Schönheitsreparaturen durch Mieter.* Nach dem gesetzlichen Leitbild des § 535 BGB hat der Vermieter dem Mieter die gemietete Wohnung in einem zum vertragsgemäßen Gebrauch geeigneten Zustand zu überlassen und sie während der Mietzeit in diesem Zustand zu erhalten. Dem Vermieter obliegt daher der Erhaltungsaufwand einschließlich der Schönheitsreparaturen. Überwiegend werden in Mietverträgen die Schönheitsreparaturen auf den Mieter abgewälzt. In diesem Fall stellt die Übernahme der Schönheitsreparaturen durch den Mieter eine Hauptpflicht des Mietvertrages dar, die Übernahme der Schönheitsreparaturen hat Entgeltcharakter.[147] Haben die Parteien davon abgesehen, dem Mieter die Schönheitsreparaturen vertraglich aufzubürden, sind diese gem. § 535 BGB vom Vermieter vorzunehmen; daher ist dieser berechtigt, mit Zustimmung des Mieters, den für die Schönheitsreparaturen kalkulierten Anteil in die Miete einzukalkulieren.[148] Ergibt sich aus dem Mietvertrag unmissverständlich, dass die Parteien bei der Vereinbarung der Miete den Schönheitsreparaturanteil in die Miete mit einkalkuliert haben, gilt für den Fall der Mieterhöhung Folgendes: Verlangt in einem derartigen Fall der Vermieter unter Bezugnahme auf einen Mietspiegel, der keine Werte zu Schönheitsreparaturen in die Mietspannen einkalkuliert hat, die Zustimmung zu einer Mieterhöhung, so ist er berechtigt, zu den Werten des Mietspiegels den Zuschlag für Schönheitsreparaturen hinzuzurechnen. Da das Mieterhöhungsbegehren gem. § 558 BGB unzweideutig erkennen lassen muss, dass und in welchem Umfang eine Mieterhöhung gefordert wird und dies zu begründen ist, muss das Mieterhöhungsbegehren den Zuschlag für Schönheitsreparaturen erkennen lassen.[149] Insofern kann eingerechnet werden der ursprünglich von den Mietvertragsparteien in die Miete einkalkulierte Schönheitsreparaturanteil.

Ist dieser Betrag allerdings nicht ausdrücklich und nachvollziehbar ausgewiesen, ist es fraglich, ob der Vermieter die Kosten für die Vornahme der Schönheitsreparaturen mit einem Zuschlag auf die Vergleichsmiete des Nettomietspiegels berechnen kann. Nach diesseits vertretener Auffassung sollte dies möglich sein, wenn die Parteien im Mietvertrag ausdrücklich zum Ausdruck gebracht haben, dass der Vermieter die Schönheitsreparaturen übernimmt und dies bei der Kalkulation der Miete berücksichtigt wurde. Haben die Mietvertragsparteien den Betrag, den sie in die Miete einkalkulieren, nicht betragsmäßig ausgewiesen, dürfte der Vermieter berechtigt sein, einen Zuschlag entsprechend § 28 Abs. 4 II. BV zu der Miete hinzuzurechnen, die sich aus dem Schönheitsreparaturen nicht berücksichtigenden Mietspiegel ergibt.

---

[144] BGH NZM 2006, 101; BGH NZM 2004, 253; LG Rottweil NZM 1998, 432; *Hannemann* NZM 1998, 612.
[145] BGH NZM 2008, 124.
[146] BGH NZM 2004, 253.
[147] OLG Frankfurt RE ZMR 2001, 449; *Sonnenschein* JZ 1988, 100.
[148] OLG Frankfurt RE ZMR 2001, 449, 451.
[149] OLG Frankfurt RE ZMR 2001, 449.

Der insofern als Orientierungshilfe heranzuziehende § 28 Abs. 4 II. BV ergibt Schönheitsreparaturen mit höchstens 9,41 €/m²/Wohnfläche/Jahr.
Dieser Betrag verringert sich um **116**
0,76 €/Jahr für Wohnungen, die überwiegend nicht tapeziert sind; um 0,50 €/Jahr für Wohnungen ohne Heizkörper;
um 0,62 €/Jahr für Wohnungen, die überwiegend nicht mit Doppelfenstern oder Verbundfenstern ausgestattet sind.
Bei einer normal ausgestatteten Standardwohnung, tapeziert, mit Heizkörpern und Doppel- bzw. Isolierfenstern beträgt also der Zuschlag 0,78 € pro Monat und pro qm.

Wird bei entsprechender vertraglicher Vereinbarung ein Zuschlag für die Schönheitsreparaturen geltend gemacht, muss dies nach Ermittlung der ortsüblichen Vergleichsmiete anhand des Mietspiegels als Zuschlag im Mieterhöhungsbegehren angegeben werden, sodass die Zusammensetzung der Gesamtmiete, zu der die Zustimmung verlangt wird, für den Mieter nachvollziehbar ist.[150] **117**

Dagegen kann **kein Zuschlag** zur Miete verlangt werden, wenn eine in einem **Formularmietvertrag enthaltene Klausel**, die den Mieter zur Vornahme von Schönheitsreparaturen verpflichtet, unwirksam ist.[151] In einem solchen Fall begründet sich der Zuschlag nicht durch die Vereinbarungen der Mietvertragsparteien. Durch die Unwirksamkeit der Schönheitsreparaturklausel gelten die allgemeinen Bestimmungen des § 535 Abs. 1 Nr. 2 BGB, wonach der Vermieter den vertragsgemäßen Gebrauch während der Mietzeit zu erhalten hat. Aus dem Gesetz ergibt sich nicht, dass in diesen Fällen ein Zuschlag zur Vergleichsmiete verlangt werden kann. Die Vergleichsmiete selber orientiert sich an den jeweiligen Marktverhältnissen. Der Zuschlag für Schönheitsreparaturen orientiert sich an den Kosten.[152]

cc) Mieterhöhung bei einer möblierten Wohnung. Überlässt der Vermieter dem Mieter **118** einer Wohnung zusätzlich Möbel bzw. Einrichtungsgegenstände, spart der Mieter deren Anschaffung. Es ist daher zulässig bei einer Mieterhöhung hinsichtlich einer derartigen Wohnung einen **Zuschlag** zu verlangen, der jedoch ebenso wie die übrigen Zuschläge Mietbestandteil wird.[153]

Umstritten ist, wie der Möblierungszuschlag berechnet wird. Der Möblierungszuschlag **119** soll den Wert der Gebrauchsmöglichkeit für den Mieter widerspiegeln. Die überwiegende Meinung geht daher aus von Zeitwert = Nutzungswert für den Mieter,[154] wobei der Zeitwert dem Wiederbeschaffungswert entspricht.[155] Dieser Wert ist sodann entsprechend dem Grundgedanken einer Miete für den Mieter zu verzinsen, wobei dem Umstand Rechnung zu tragen ist, dass die Gegenstände durch die Benutzung regelmäßig wertloser werden. Umstritten ist, mit welcher Abschreibung und unter welcher Verzinsung im Einzelfall zu rechnen ist.[156]

Die Rechtsprechung (nachstehende Tabelle nach Schmidt-Futterer/*Börstinghaus* § 558a **120** BGB Rdnr. 65) hat folgende Werte angenommen:

Möblierungszuschlag:

11% des Zeitwertes analog § 559 BGB
LG Berlin GE 1996, 929; LG Mannheim WuM 1987, 362;

jährliche Abschreibung von 10%, Verzinsung 7,5%
LG Stuttgart WuM 1991, 600

2% mtl. pauschal
KG GE 1980, 863

---

[150] OLG Frankfurt RE ZMR 2001, 449, 451.
[151] BGH NJW 2008, 2840 = NZM 2008, 641.
[152] BGH NJW 2008, 2840 = NZM 2008, 641.
[153] Schmidt-Futterer/*Börstinghaus* § 558a Rdnr. 64.
[154] LG Berlin GE 1987, 577; AG Köln WuM 1998, 692.
[155] OLG Düsseldorf NJW RR 1992, 426; Schmidt-Futterer/*Börstinghaus* § 558a Rdnr. 65.
[156] Schmidt-Futterer/*Börstinghaus* § 558a Rdnr. 65.

jährliche Abschreibung von 30%, Verzinsung 10%
LG Köln ZMR 1975, 367
Abschreibung und Verzinsung von je 15%
LG Köln WuM 1980, 180; LG Mannheim WuM 1977, 147

121 Auch hier gilt wegen der Begründungspflicht des Mieterhöhungsbegehrens, dass der Möblierungszuschlag gesondert als Bestandteil der Miete ausgewiesen werden muss. Der Umstand, dass die Möbel mit dem Lauf der Zeit wertloser werden, bewirkt, dass der Möblierungszuschlag in späteren Mieterhöhungsbegehren geringer werden wird.

122 *dd) Kürzungsbeträge gem. § 558 Abs. 5 BGB.* Hat der Vermieter bei früheren Modernisierungsmaßnahmen **öffentliche Mittel** in Anspruch genommen, müssen die Zinsvorteile oder sonstigen geldwerten Vorteile von der ortsüblichen Vergleichsmiete in Abzug gebracht werden, § 558 Abs. 5 BGB. Nach dem Willen des Gesetzgebers sollen Mittel aus öffentlichen Haushalten an den Vermieter diesem weder bei einer Mieterhöhung nach § 559 BGB noch bei einer Mieterhöhung gem. § 558 BGB zu Gute kommen.[157] Vielmehr soll erreicht werden, dass bei einer Erhöhung der Vergleichsmiete gem. § 558 BGB Leistungen aus öffentlichen Haushalten nur dem Mieter durch entsprechende Kürzungsbeträge zu Gute kommen.

123 Der Vermieter muss im Mieterhöhungsbegehren Angaben zu den Kürzungsbeträgen machen.[158] Unterlässt er dies, muss der Mieter dies so verstehen, dass der Vermieter erklärt, keine Förderungsmittel erhalten zu haben und keine Kürzungsbeträge in Anrechnung bringen zu müssen.[159] Ein Mieterhöhungsverlangen, in dem der Vermieter die an sich anzugebenden Kürzungsbeträge verschweigt, ist unzulässig.[160] Ein Mieterhöhungsverlangen ist auch dann formell unwirksam, wenn der Vermieter einen durch öffentliche Förderung verursachten Kürzungsbetrag zwar angibt, diesen aber nicht erläutert. Das gilt selbst dann, wenn der Hinweis auf einen Kürzungsbetrag irrtümlich erfolgt, weil in Wahrheit eine Förderung gar nicht erfolgt war.[161] Behauptet der Mieter im Zustimmungsrechtsstreit gem. §§ 558 ff. BGB, der Vermieter habe bei früheren Mieterhöhungen öffentliche Mittel in Anspruch genommen, hat er die Darlegungs- und Beweislast hierfür. Bei Neuvermietung der Wohnung profitiert ein Folgemieter nicht vom Abzug der Kürzungsbeträge.[162]

124 **e) Kappungsgrenze.** Gemäß § 558 Abs. 3 BGB darf bei Mieterhöhungen gem. § 558 Abs. 1 BGB die Miete innerhalb von drei Jahren, von Erhöhungen aus Anlass der Modernisierung der §§ 559 bis 560 BGB abgesehen, nicht um mehr als 20% erhöht werden (Kappungsgrenze). Ebenso bleiben bei der Berechnung der Kappungsgrenze auch solche Mieterhöhungen unberücksichtigt, die auf den in §§ 559 ff. BGB genannten Gründen beruhen, jedoch nicht in dem dort vorgesehenen Verfahren geltend gemacht, sondern einvernehmlich vereinbart wurden.[163] Dagegen ist eine im preisgebundenen Wohnungsbau wegen gestiegener Kapitalkosten erklärte Mieterhöhung nach Wegfall der Preisbindung in die Berechnung der Kappungsgrenze mit einzubeziehen.[164] Die so genannte „Kappungsgrenze" stellt lediglich eine Obergrenze für die Mieterhöhung dar, falls die ortsübliche Vergleichsmiete mehr als 20% über der vor drei Jahren verlangten Miete liegen sollte. Sie gibt dem Vermieter nicht etwa das Recht, jeweils nach drei Jahren eine Mieterhöhung um 20% vorzunehmen.

125 Der Mietanstieg wird daher einmal begrenzt durch die ortsübliche Vergleichsmiete gem. § 558 Abs. 1 BGB, zum anderen durch die Kappungsgrenze des § 558 Abs. 3 BGB. Die je-

---

[157] LG Berlin NM 23.
[158] LG Berlin (64) MM 1996, 327; LG Berlin (65) MM 1990, 229; Schmidt-Futterer/*Börstinghaus* § 558 Rdnr. 236; *Barthelmess* § 2 Rdnr. 61; *Beuermann* GE 1996; 1514; 1521.
[159] *Beuermann* GE 1996, 1515, 1521; Schmidt-Futterer/*Börstinghaus* § 558 Rdnr. 237.
[160] BGH NZM 2004, 380.
[161] BGH NZM 2004, 699.
[162] LG Berlin GE 2001, 210; LG Berlin GE 1997, 238.
[163] BGH NZM 2004, 456.
[164] BGH NZM 2004, 545.

weils niedrigere der beiden Begrenzungen bestimmt den Umfang des Mieterhöhungsrechts im Einzelfall.¹⁶⁵

aa) Nichtanwendung der Kappungsgrenze. Gemäß § 558 Abs. 4 BGB gilt die Kappungsgrenze von 20% nicht, **126**
- wenn eine Verpflichtung des Mieters zur Ausgleichszahlung, die nach den Vorschriften über den Abbau der Fehlsubventionierung im Wohnungswesen bestand, wegen des Wegfalls der öffentlichen Bindung erloschen ist und
- soweit die Erhöhung den Betrag der zuletzt zu entrichtenden Ausgleichszahlung nicht übersteigt.

Die Regelung soll das unbefriedigende Ergebnis beseitigen, dass der Mieter, der auf **127** Grund seines Einkommens zu Unrecht eine Sozialwohnung inne hatte und somit anderen bedürftigen Wohnungssuchenden vorenthielt und deshalb mit einer Fehlbelegungsabgabe belastet wurde, nach dem Wegfall der Bindung angesichts der Kappungsgrenze, die bei der folgenden Mieterhöhung anzuwenden ist, besser als vorher gestellt würde. Die Gesamtbelastung dieses Mieters soll durch den Wegfall der Fehlbelegungsabgabe nicht sinken. Es sind daher nach Ende der Mietpreisbindung folgende Fälle denkbar:

Mieter zahlt keine Fehlbelegungsabgabe **128**
- Liegt die ortsübliche Vergleichsmiete 20 Prozent oder weniger über der Ausgangsmiete, dann kann die ortsübliche Vergleichsmiete verlangt werden.
- Liegt die ortsübliche Vergleichsmiete mehr als 20 Prozent über der Ausgangsmiete, dann tritt die Kappungsgrenze von 20 Prozent gemäß § 558 Abs. 3 BGB in Kraft.

Mieter zahlt Fehlbelegungsabgabe **129**
- Liegt die ortsübliche Vergleichsmiete 20 Prozent oder weniger über der Ausgangsmiete, kann die ortsübliche Vergleichsmiete verlangt werden.
- Beträgt die ortsübliche Vergleichsmiete mehr als 120 Prozent der Ausgangsmiete und ergeben die Ausgangsmiete und die Fehlbelegungsabgabe einen höheren Betrag als die ortsübliche Vergleichsmiete, dann kann die ortsübliche Vergleichsmiete verlangt werden.
- Beträgt die ortsübliche Vergleichsmiete mehr als 120 Prozent der Ausgangsmiete und liegen Ausgangsmiete und Fehlbelegungsabgabe unter der ortsüblichen Vergleichsmiete, kann eine Miete in Höhe der Ausgangsmiete und der Fehlbelegungsabgabe verlangt werden.
- Betragen Ausgangsmiete und Fehlbelegungsabgabe weniger als 120 Prozent der Ausgangsmiete und liegt die ortsübliche Vergleichsmiete über 20 Prozent der Ausgangsmiete, dann kann die Mieterhöhung in Höhe von 20 Prozent der Ausgangsmiete verlangt werden.¹⁶⁶

Der Vermieter hat vor Ablauf der Wohnungsbindung hinsichtlich der Wohnungen seines **130** Hauses daher zu prüfen:
- Hat eine öffentliche Bindung der Wohnung bestanden?
- Hat der Mieter eine Fehlbelegungsabgabe gezahlt?
- Ist die Wohnung aus der öffentlichen Bindung entlassen worden und damit die Fehlbelegungsabgabe beendet?

Um die Höhe der Mieterhöhungsmöglichkeiten abschätzen zu können, hat der Vermieter **131** gegenüber dem Mieter gemäß § 558 Abs. 4 BGB einen Auskunftsanspruch über die Höhe der vom Mieter zu zahlenden Fehlbelegungsabgabe. Der Auskunftsanspruch kann frühestens 4 Monate vor Ende der Mietpreisbindung geltend gemacht werden. Der Mieter ist verpflichtet, innerhalb eines Monats die Auskunft zu erteilen. Sowohl das Auskunftsverlangen wie auch die Auskunft sind empfangsbedürftige Willenserklärungen. Allerdings sind weder die Auskunft noch das Auskunftsersuchen an eine bestimmte Form gebunden.¹⁶⁷ Erteilt der Mieter die Auskunft nicht, dann kann der Vermieter unmittelbar nach Ablauf der Monatsfrist auf Auskunft klagen, des Weiteren kann der Vermieter verlangen, dass der Mieter die Richtigkeit der Auskunft an Eides Statt versichert.¹⁶⁸ Der Vermieter hat dagegen keinen An-

---
¹⁶⁵ BVerfG NJW 1986, 1669.
¹⁶⁶ Nies/Gies/*Flintrop* C. VI. 9 Anm. 6.
¹⁶⁷ *Blank* WuM 1993, 506.
¹⁶⁸ Schmidt-Futterer/*Börstinghaus* § 558 Rdnr. 190.

spruch auf Vorlage von Belegen, insbesondere der Kopie des Bescheides über die Fehlbelegungsabgabe.[169]

132 Umstritten ist, ob der Vermieter bei verweigerter Auskunft in seinem Mieterhöhungsverlangen die höchstmögliche Fehlbelegungsabgabe, die das Gesetz vorsieht, unterstellen kann, so dass die Kappungsgrenze nicht eingehalten zu werden braucht,[170] oder ob dass Mieterhöhungsverlangen ohne Berechnung einer etwaigen Fehlbelegungsabgabe und damit unter Beachtung der Kappungsgrenze erstellt werden kann.[171] Letztgenannter Meinung ist zu folgen, da der Vermieter in seinem Mieterhöhungsverlangen nur ihm bekannte Tatsachen vortragen darf und es grundsätzlich nicht zulässig ist, sein Mieterhöhungsverlangen auf Unterstellungen oder Vermutungen zu stützen.[172] Der Vermieter ist in solchen Fällen auch nicht schutzlos. Er kann den Mieter auf Auskunft verklagen. Erteilt der Mieter später die Auskunft, dann hat der Vermieter einen Schadenersatzanspruch wegen Pflichtverletzung gemäß § 280 Abs. 1 BGB. Der Mieter hat dann den Schaden zu ersetzen, der dem Vermieter entstanden ist, weil er wegen fehlender Auskunft eine an sich mögliche Mieterhöhung nicht realisieren konnte. Letztlich muss der Mieter dann die Mieterhöhung rückwirkend zahlen.[173] Das Gleiche gilt, wenn der Mieter eine falsche Auskunft erteilt.

133 Problematisch wird die Auskunft für den Mieter, wenn gegen den Fehlbelegungsbescheid Rechtsbehelf eingelegt wurde. Der Mieter ist verpflichtet, die tatsächlich geleistete Fehlbelegungsabgabe mitzuteilen. Bei einem späteren Mieterhöhungsverfahren kann er jedoch, sofern es hierauf ankommt, der Mieterhöhung unter Hinweis auf das laufende Rechtsbehelfsverfahren zustimmen. Stellt sich dann später rechtskräftig heraus, dass die tatsächlich geschuldete Fehlbelegungsabgabe geringer war als die gezahlte, und hatte dies Einfluss auf die Mieterhöhung, dann kann der Mieter vom Vermieter Rückforderung der entsprechend überzahlten Miete nach den Grundsätzen der ungerechtfertigten Bereicherung verlangen.[174]

134 *bb) Anwendung der Kappungsgrenze.* Die Kappungsgrenze gilt ohne Einschränkung für alle Mieterhöhungen, auch für Werkdienstwohnungen.[175] Sie gilt auch beim Übergang von preisgebundenen zu preisfreiem Wohnungsbau.[176] Die **Kappungsgrenze** gilt nur für Mieterhöhungen, die ihren **Rechtsgrund in § 558 BGB** haben, somit nicht für Mieterhöhungen aus Anlass von Modernisierung oder Betriebskostenerhöhungen.

135 Die Höhe der Kappungsgrenze beträgt gem. § 558 Abs. 3 BGB 20%. Maßgeblich für die Berechnung der Kappungsgrenze ist die so genannte Ausgangsmiete, also die Miete, die drei Jahre vor Wirksamwerden der neuen Mieterhöhung gezahlt wurde, ohne die im Umlageverfahren erhobenen Betriebskosten.[177] Gilt zwischen den Parteien eine Inklusiv- oder Teilinklusivmiete, wird die Kappungsgrenze hiervon errechnet.[178] Dies folgt daraus, dass der Gesetzgeber in § 558 BGB den Begriff „Miete" eben nicht ausdrücklich als Nettomiete bezeichnet hat, sondern durchaus hierunter Mieten mit unterschiedlicher Struktur versteht. Der Begriff der „Miete" in § 558 BGB ist entsprechend dem allgemeinen Sprachgebrauch als der vom Mieter zu zahlende Betrag ohne zusätzlich vereinbarte Betriebskostenvorauszahlung zu verstehen.[179] Nur wenn die Parteien während der vergangenen drei Jahre die Mietstruktur dergestalt geändert haben, dass die bisherige Inklusivmiete in eine Nettokaltmiete zzgl. Umlegung der Betriebskosten umgewandelt wurde, ist zur Ermittlung der Kappungsgrenze die fiktive Nettokaltmiete der vergangenen drei Jahre zu ermitteln.[180] Die Aus-

---

[169] Schmidt-Futterer/*Börstinghaus* § 558 Rdnr. 191.
[170] LG Köln MDR 1998, 1282.
[171] *Börstinghaus* WuM 1994, 417; Schmidt-Futterer/*Börstinghaus* § 558 Rdnr. 193.
[172] Schmidt-Futterer/*Börstinghaus* § 558 Rdnr. 193.
[173] Schmidt-Futterer/*Börstinghaus* § 558 Rdnr. 195.
[174] Nies/Gies/*Flintrop* C. IV. 10 Anm. 7.
[175] AG Düsseldorf WuM 1987, 264.
[176] Schmidt-Futterer/*Börstinghaus* § 558 Rdnr. 183; Bub/Treier/*Schultz* III. A Rdnr. 343; *Beuermann* DE 1994, 364.
[177] OLG Celle NJW-RR 1996, 331; BayObLG RE WuM 1988, 117.
[178] BGH NZM 2004, 218; LG Hannover WuM 1992, 136; LG Hamburg WuM 1991, 593; LG Karlsruhe WuM 1985, 328; LG München I WuM 1985, 330.
[179] BGH NZM 2004, 218.
[180] LG Kiel NJW 1985, 65; Schmidt-Futterer/*Börstinghaus* § 558 Rdnr. 172.

gangsmiete beinhaltet weiterhin Zuschläge, wenn sie länger als drei Jahre zurückliegen für beispielsweise Gartennutzung, Stellplatznutzung, Garage[181] oder Untermietzuschläge.[182] Besteht das Mietverhältnis weniger als drei Jahre, so gilt statt der Frist von drei Jahren die bisherige kürzere Vertragszeit, somit als Ausgangsmiete die im Mietvertrag vereinbarte Anfangsmiete.

Bei **Übergang von der Kostenmiete zur freifinanzierten Miete ist** bei der Errechnung der Kappungsgrenze auszugehen von der drei Jahre vor Wirksamwerden der aktuellen Mieterhöhung geschuldeten Kostenmiete.[183] Dabei sind keine Betriebskostenanteile herauszurechnen, da die bisherige Kostenmiete die Mietstruktur zum Zeitpunkt des Übergangs von der Mietpreisbindung zur Miete im preisfreien Wohnungsbau darstellt; die während des letzten Dreijahreszeitraumes durchgeführte Erhöhung der Kostenmiete wird auf die Kappungsgrenze angerechnet.[184] Demgegenüber bleiben die während der Mietpreisbindung durchgeführten Mieterhöhungen, die den Mieterhöhungen der §§ 559, 560 BGB entsprechen, außer Betracht.[185] Mieterhöhungen wegen gestiegener Kapitalkosten sind dagegen mit einzuberechnen.[186] 136

Übersteigt die verlangte Miete die Kappungsgrenze, so wird lediglich der darüber hinausgehende Teil gekappt, eine Überschreitung der Kappungsgrenze macht das Mieterhöhungsverlangen nicht formal unwirksam.[187] 137

4. Rechtsfolgen

a) **Vertragsänderung durch Zustimmung des Mieters.** Da das Zustimmungsverlangen des Vermieters gem. § 558 BGB ein Vertragsangebot im Sinne der §§ 145 ff. BGB darstellt, entspricht die Zustimmung des Mieters einer Annahmeerklärung im Sinne dieser Vorschriften. Nur zwei übereinstimmende **Willenserklärungen** lassen den Änderungsvertrag zustande kommen. Auf die Zustimmungserklärung des Mieters sind die allgemeinen Vorschriften des BGB, somit über Anfechtung, Stellvertretung, Geschäftsfähigkeit, Zugang von Willenserklärungen sowie die sonstigen Vorschriften über die Wirksamkeit von Rechtsgeschäften und deren Auslegung anwendbar. Die Folge ist, dass der Mieter seine Willenserklärung wegen Inhalts- oder Erklärungsirrtums anfechten kann. 138

Der Inhalt der Willenserklärung des Mieters ist darauf gerichtet, dass er der Änderung der Miete auf die neue höhere verlangte Miete zustimmt. Die **Zustimmung** bezieht sich auf den künftig zu zahlenden **neue Gesamtmiete;**[188] sie bezieht sich nicht auf eine Quadratmetermiete, mit der Folge, dass der Mieter, wenn sich später herausstellen sollte, dass die Wohnung kleiner ist, als im Mieterhöhungsverlangen angegeben, keinen Rückzahlungsanspruch hat. Allerdings gilt dies nur dann, wenn die Flächenabweichung unbedeutend ist. Dies ist dann nicht der Fall, wenn die Abweichung mehr als 10% beträgt.[189] Abweichungen von 10% sind unerheblich. Wird die 10%-Grenze überschritten, dann ist die tatsächliche Wohnungsgröße anzusetzen.[190] 139

Praxistipp:

Wichtig ist es, dem Mietermandanten zu erläutern, dass er ausschließlich der Mieterhöhung, also der erhöhten Miete zustimmt, nicht dagegen der Begründung des Mieterhöhungsverlangens. Die 140

---

[181] Bub/Treier/*Schultz* III. A Rdnr. 353.
[182] AG Hamburg WuM 1992, 257; a. A. *Sternel* Rdnr. 578.
[183] LG Hamburg WuM 1996, 277, LG Köln WuM 1996, 276.
[184] AG Schöneberg GE 1995, 117; Schmidt-Futterer/*Börstinghaus* § 558 Rdnr. 150.
[185] OLG Hamm RE NJW-RR 1995, 1293 für die Geltung der Jahressperrfrist; LG Wuppertal WuM 1999, 44.
[186] BGH NZM 2004, 545.
[187] OLG Celle RE NJW-RR 1996, 331.
[188] KG RE NZM 1998, 68.
[189] BGH NZM 2004, 453, 454.
[190] Schmidt-Futterer/*Börstinghaus* § 558 b BGB Rdnr. 12.

> oft geführte Diskussion, ob etwa die vom Vermieter beschriebene Wohnlage so gut ist wie dargestellt, erübrigt sich, wenn die Mieterhöhung auch bei Zugrundelegung einer normalen, mittleren Wohnlage berechtigt wäre.

141 Das Gesetz sieht für die Zustimmung **keine Form** vor, die Zustimmung kann daher ausdrücklich (schriftlich oder mündlich) oder konkludent erfolgen.[191]

142 Ob der Mieter die Zustimmung **schriftlich** abgeben muss, wenn die Parteien dies ausdrücklich vereinbart haben, oder wenn es sich um einen Vertrag handelt, der wirksam für länger als ein Jahr abgeschlossen wurde, § 550 BGB, ist fraglich.

Nach diesseits vertretener Auffassung ist eine nicht die Schriftform beachtende Zustimmungserklärung des Mieters wirksam und führt zur Änderung des Mietvertrages in dem maßgeblichen Umfang. Eine bestimmte Form der Zustimmung kann nicht verlangt werden, da dies gegen § 558 b Abs. 4 BGB verstößt.

Würde der Vermieter trotz mündlicher oder konkludent erteilter Zustimmung den Mieter auf **schriftliche** Zustimmung verklagen, läuft er Gefahr, wegen fehlenden Rechtsschutzbedürfnisses abgewiesen zu werden. Ob eine Klage auf schriftliche Zustimmung ein hinreichendes Rechtsschutzbedürfnis hat, wenn die Klage nur wegen der Einhaltung des Formerfordernisses des § 550 BGB geführt wird, erscheint äußerst fraglich, da die Mietänderung durch die mündlich oder konkludent abgegebene Zustimmungserklärung des Mieters ja eingetreten ist.

Zwar mag es sein, dass durch die fehlende schriftliche Zustimmung die nachteilige Rechtsfolge des § 550 BGB, nämlich Umwandlung eines befristeten Mietverhältnisses in ein unbefristetes Mietverhältnis, eintritt,[192] jedoch ist in diesen Fällen der Vermieter nicht schutzlos.

Es verstößt regelmäßig gegen Treu und Glauben, wenn der Mieter unter Berufung auf den von ihm veranlassten Formmangel nunmehr kündigt.[193] Dies kann allerdings nur dann gelten, wenn der Vermieter den Mieter ausdrücklich und unmissverständlich aufgefordert hat, dem Mieterhöhungsverlangen schriftlich zuzustimmen. Dies bedeutet auch, dass der Vermieter den Mieter, im Falle der formlosen Zustimmung zur Mieterhöhung, noch einmal ausdrücklich auf die Notwendigkeit der Schriftform für die Zustimmungserklärung hinweist. Das Formerfordernis der Zustimmungserklärung des Mieters ist, wenn der Mietvertrag wegen § 550 BGB der Form des § 126 BGB unterfällt, nur dann gewahrt, wenn die Parteien ihre Willensäußerungen in der gleichen Urkunde dokumentiert haben. Deshalb müssen grundsätzlich beide Vertragsparteien eine Vereinbarung unterzeichnen, in der die Vertragsänderung (Mieterhöhung) festgehalten ist.[194] Es genügt aber auch, wenn jede Partei die für die andere Partei bestimmte Urkunde unterzeichnet. Nicht ausreichend ist deshalb die Unterzeichnung einer isolierten „Zustimmungserklärung", in welcher der Mieter einer Mieterhöhung zustimmt, ohne dass in dieser Erklärung auch die Willenserklärung des Vermieters enthalten ist. Anders ist es dann, wenn der Mieter dem Vermieter ein Exemplar des Mieterhöhungsverlangens zurückschickt und auf diesem Exemplar befindet sich die Zustimmung des Mieters. Dann reicht es aus, wenn das vom Vermieter unterschriebene Exemplar beim Mieter verbleibt und die vom Mieter unterschriebene Durchschrift zum Vermieter gelangt.[195]

143 Ausnahmsweise kann die Zustimmung auch durch **konkludentes Verhalten** erfolgen, jedoch nur, wenn der Vermieter aus einem bestimmten Verhalten den Schluss ziehen kann, dass der Mieter die verlangte Zustimmungserklärung damit abgeben wollte. Ob das Verhalten als konkludente Willenserklärung zu verstehen ist, ist durch Auslegung zu ermitteln, ausgehend von den konkreten Umständen des Einzelfalles.[196] Hierbei ist insbesondere zu

---

[191] LG Wuppertal NJWE-MietR 1997, 266; Schmidt-Futterer/*Börstinghaus* § 558 b Rdnr. 21.
[192] LG Wiesbaden WuM 2000, 195.
[193] OLG München NJW-RR 1996, 654.
[194] BGH NJW 2001, 221.
[195] Schmidt-Futterer/*Börstinghaus* § 558 b BGB Rdnr. 22.
[196] LG Wuppertal NJWE-MietR 1997, 266; LG Kiel WuM 1993, 198.

prüfen, ob aus dem Verhalten des Mieters der Schluss auf einen Rechtsbindungswillen gezogen werden kann.[197] Die stärkste Form des konkludenten Verhaltens ist die vorbehaltlose Zahlung der erhöhten Miete. Hat der Vermieter den Mieter ausdrücklich aufgefordert, einer Mieterhöhung zuzustimmen und zahlt der Mieter dann, ohne zuvor sein Einverständnis ausdrücklich erklärt zu haben, die erhöhte Miete, dann weiß der Mieter, dass er rechtsgeschäftlich tätig wird, da er ja zur Zustimmung aufgefordert wurde. Der Vermieter darf aus der Sicht eines objektiven Empfängers bereits **eine einzige Zahlung** als Zustimmung verstehen.[198] Es wird allerdings auch vertreten, dass erst bei mehrmaliger vorbehaltloser Zahlung von einer konkludenten Zustimmung auszugehen ist.[199]

Da die **Klagefrist** für den Vermieter nach § 558b Abs. 3 S. 2 BGB drei Monate nach Ablauf der Zustimmungsfrist für den Mieter abläuft, kann der Vermieter also drei Fälligkeitstermine abwarten, bevor er sich entscheiden muss, ob er die Zustimmungsklage erhebt. Zahlt der Mieter in dieser Zeit die erhöhte Miete vorbehaltlos, ist damit die Zustimmung erteilt.

Dagegen liegt keine konkludente Zustimmung vor, wenn der Vermieter von einer Einzugsermächtigung Gebrauch macht und die erhöhte Miete einzieht. Schweigt der Mieter hierauf, so ist dies ausdrücklich nicht als Zustimmung zu verstehen.[200]

> **Praxistipp:**
> Wegen des ansonsten bestehenden großen Haftungsrisikos hat insbesondere der den Vermieter vertretende Anwalt auf die Einhaltung des Schriftformerfordernisses zu achten. Ist also der Mietvertrag zwischen den Parteien für eine längere Zeit als ein Jahr abgeschlossen (Zeitmietvertrag, Kündigungsausschluss), ist bei einem Mieterhöhungsverfahren darauf zu achten, dass durch die Zustimmung des Mieters das Schriftformerfordernis eingehalten wird. Weigert sich der Mieter, hieran mitzuwirken, ist der Mandant unbedingt über die unklare Rechtslage aufzuklären. Um den sichersten Weg zu wählen, wird man dem Mandanten empfehlen müssen, den Mieter auf schriftliche Zustimmung zur Mieterhöhung zu verklagen, allerdings mit dem ausdrücklichen Hinweis darauf, dass die Klage wegen fehlendem Rechtsschutzbedürfnis abgewiesen werden kann.

aa) Zustimmung unter einer Bedingung. Die Zustimmung des Mieters auf das Mieterhöhungsbegehren ist bedingungsfeindlich. Erteilt der Mieter die Zustimmung unter einer Bedingung, etwa der Beseitigung von Mängeln, ist die erteilte Zustimmung nichtig.[201] Erfolgt die Zustimmung unter einem Vorbehalt oder „ohne Anerkennung einer Rechtspflicht", so bedarf die Erklärung der Auslegung. Ergibt die Auslegung, dass die Zustimmung nur gelten soll, wenn weitere Umstände oder Ereignisse eintreten, fehlt eine wirksame Zustimmung. Allerdings enthält die Zustimmung mit Einschränkungen selbst ein neues wirksames Angebot auf Abschluss eines Mietänderungsvertrages, welches der Vermieter annehmen oder ablehnen kann. Lehnt er ab, muss er den gesamten Zustimmungsanspruch im Klagewege geltend machen.[202]

bb) Teilweise Zustimmung. Der Mieter kann dem Mieterhöhungsbegehren des Vermieters auch **teilweise** zustimmen.[203] War das Mieterhöhungsbegehren formell nicht zu beanstanden, ist durch die Teilzustimmung die teilweise Mieterhöhung unabhängig vom Willen des Vermieters eingetreten,[204] die allgemeine Regelung des § 150 Abs. 2 BGB, wonach eine

---

[197] LG Wuppertal NJWE-MietR 1997, 266; LG Kiel WuM 1993, 198.
[198] LG Trier WuM 1994, 217; LG Kiel WuM 1993, 198; Schmidt-Futterer/*Börstinghaus* § 558b Rdnr. 28.
[199] Vgl. hierzu Rechtsprechungsübersicht bei Schmidt-Futterer/*Börstinghaus* § 558b Rdnr. 31.
[200] LG München WuM 1996, 44; LG Göttingen WuM 1991, 280; Schmidt-Futterer/*Börstinghaus* § 558b Rdnr. 34.
[201] AG Heilbronn ZMR 1998, 171; AG Hohenschönhausen GE 1996, 869.
[202] Schmidt-Futterer/*Börstinghaus* § 558b Rdnr. 13; *Barthelmess* § 2 MHG Rdnr. 136a.
[203] BayObLG RE NJW-RR 1989, 1172; LG Berlin NJWE-MietR 1996, 195.
[204] LG Landshut WuM 1990, 223.

Annahme oder Einschränkung als Ablehnung verbunden mit einem neuen Angebot zu betrachten ist, gilt hier nicht. An die Teilzustimmung ist der Mieter gebunden.[205]

149 Besteht der Vermieter darauf, dass der Mieter in die begehrte volle Mieterhöhung einwilligt, muss er innerhalb der Klagefrist von drei Monaten klagen. Unterlässt er dies, ist eine Vertragsänderung über den Teilbetrag zustande gekommen, der Vermieter ist durch die Sperrfrist des § 558 BGB ein Jahr von der Abgabe eines neuen Mieterhöhungsbegehrens ausgeschlossen.

150 Hat der Vermieter in seinem Zustimmungsverlangen stillschweigend eine **Änderung der vereinbarten Mietstruktur** beispielsweise von einer Inklusivmiete auf Nettokaltmiete bei Umlegung der Betriebskosten, soweit sie für die Wohnung anfallen, vorgenommen, so soll in der Zustimmung des Mieters zugleich auch eine vertragliche Änderung der Mietstruktur liegen,[206] der Mieter wird auf die Anfechtung seiner Zustimmung wegen Inhaltsirrtums verwiesen.[207] Dies erscheint bedenklich. Der Vermieter, der stillschweigend eine Mieterhöhung abgibt, in welcher er bewusst nicht von der vereinbarten Mietstruktur ausgeht, handelt unredlich, er gibt eine unwirksame Mieterhöhungserklärung ab. Der Mieter, der bei Lesen des Mieterhöhungsbegehrens feststellt, dass die Mietstruktur geändert wurde, kann ablehnen. Der Mieter, der den Versuch der stillschweigenden Änderung der Mietstruktur nicht erkennt und ausdrücklich oder konkludent zustimmt, wird durch die Zustimmung nicht gebunden. Da das Mieterhöhungsbegehren unwirksam war, tritt keine Änderung der Miete gem. § 558 BGB ein. Das unwirksame Mieterhöhungsbegehren kann jedoch aufzufassen sein als Antrag auf Abänderung des Mietvertrages, einmal hinsichtlich der Mietstruktur, zum anderen hinsichtlich der Höhe der Miete.

151 Der arglose Mieter, der, ohne zu erkennen, dass die Mietstruktur geändert werden soll, zustimmt, schließt jedoch keinen Abänderungsvertrag gem. § 311 Abs. 1 BGB ab, da ihm das Erklärungsbewusstsein für die Abgabe einer derartigen Willenserklärung fehlt, es liegt ein Einigungsmangel vor.[208] Erkannten weder Vermieter noch Mieter, dass das Zustimmungsbegehren zusätzlich eine Änderung der Mietstruktur enthält, scheitert ein Abänderungsvertrag gemäß § 311 Abs. 1 BGB an einem beiderseitigen Einigungsmangel. Stimmt **von mehreren Mietern nur einer** dem Mieterhöhungsverlangen zu, gilt dies als **Ablehnung**, der Vermieter muss klagen.[209]

152 b) **Zustimmungsfrist.** Der Mieter kann die Zustimmung jederzeit ab Zugang des Mieterhöhungsverlangens erteilen und zwar bis Ablauf der Klagefrist.[210] Gemäß § 558 b Abs. 2 S. 1 BGB steht dem Mieter eine Überlegungs-/Zustimmungsfrist von **zwei Monaten** nach dem Zugang des Mieterhöhungsverlangens zu. Erhebt der Vermieter vor Ablauf der zwei Monate Klage und stimmt der Mieter noch innerhalb der Überlegungsfrist von zwei Monaten zu, trägt der Vermieter die Kosten des Rechtsstreits. Hat der Mieter jedoch bereits vor Ablauf der Überlegungsfrist die begehrte Mieterhöhung endgültig abgelehnt, ist eine Klageerhebung ausnahmsweise vor Fristablauf möglich.[211] Die Einhaltung der Zustimmungsfrist vor Klageerhebung ist eine **Prozessvoraussetzung**.[212]

153 c) **Schweigen des Mieters.** Reagiert der Mieter auf das Mieterhöhungsbegehren nicht, schweigt er und zahlt auch den Erhöhungsbetrag nicht, verweigert er die Zustimmung. Will der Vermieter die Mieterhöhung durchsetzen, muss er klagen.

154 d) **Sonderkündigungsrecht des Mieters.** Mit Zugang des Mieterhöhungsbegehrens beim Mieter steht diesem gem. § 561 Abs. 1 BGB ein Sonderkündigungsrecht zu. Gemäß § 561 BGB kann er bis zum Ablauf des zweiten Monats ab Zugang des Mieterhöhungsbegehrens

---

[205] AG Münster WuM 1985, 364.
[206] LG Berlin ZMR 1998, 165; LG Berlin MM 1996, 243: für den Fall der konkludenten Zustimmung.
[207] Schmidt-Futterer/*Börstinghaus* § 558 b Rdnr. 44.
[208] *Sternel* I Rdnr. 235.
[209] AG Wiesbaden WuM 1992, 135.
[210] Schmidt-Futterer/*Börstinghaus* § 558 b Rdnr. 16.
[211] OLG Celle ZMR 1996, 206; KG ZMR 1991, 158.
[212] BayObLG NJW 1982, 1292.

außerordentlich zum Ablauf des übernächsten Monats kündigen. Macht er hiervon Gebrauch, tritt die Mieterhöhung nicht ein, § 561 Abs. 1 S. 2 BGB.

Beispiel:
Das Mieterhöhungsbegehren gem. § 558 BGB geht dem Mieter im November 2009 zu. Die außerordentliche Kündigung des § 561 BGB muss bis 31. 1. 2010 beim Vermieter zugegangen sein.
Will der Mieter das Mietverhältnis jedenfalls auf Grund des Sonderkündigungsrechts gem. § 561 BGB beenden, kann er frühestens zum 1. 6. 2010 eine Wohnung anmieten, sollte er dem Vermieter die Kündigung bis spätestens 31. 1. 2010 zukommen lassen mit der Folge, dass sie wirksam wird zum 31. 3. 2010.
Gleichzeitig sollte er um eine Räumungsfrist bis 31. 5. 2010 bitten. Hier kann allerdings der Vermieter gem. § 546a BGB für die Dauer der Vorenthaltung als Entschädigung die Miete verlangen, die für vergleichbare Sachen ortsüblich sind. Gemäß § 546a Abs. 2 BGB ist die Geltendmachung eines weiteren Schadens nicht ausgeschlossen.

Die Ausübung des Sonderkündigungsrechts des § 561 BGB setzt nicht voraus, dass das 155
Mieterhöhungsbegehren des Vermieters wirksam war.[213]

5. Gerichtsverfahren

a) **Zuständiges Gericht.** Streitigkeiten zwischen den Parteien eines Mietverhältnisses über 156
Wohnraum sind gem. § 23 Abs. 2a GVG ohne Rücksicht auf den Streitwert dem Amtsgericht, gem. § 29a ZPO dem **Amtsgericht** zugewiesen, in dessen **Bezirk sich der Wohnraum befindet**.

b) **Klage/Klageantrag.** Lehnt der Mieter die Zustimmung der Mieterhöhung ausdrücklich 157
ab oder schweigt er bis zum Ablauf der Überlegungsfrist von 2 Monaten, muss der Vermieter gem. § 558b Abs. 2 S. 2 BGB innerhalb **dreier weiterer Monate** ab Ablauf der zweimonatigen Überlegungsfrist **Klage** erheben, will er seinen Anspruch auf Zustimmung nicht verlieren. Die Klage muss von allen Vermietern gegen alle Mieter gerichtet sein.[214]

aa) Klägerseite. Sind Eigentümer und Vermieter **personenverschieden**, muss der Vermieter 158
das Mieterhöhungsbegehren abgeben, er muss auch die **Zustimmungsklage** erheben.

Ist der Eigentümer zugleich Vermieter und tritt Zwangsverwaltung ein, muss der **Zwangs-** 159
verwalter das Mieterhöhungsbegehren abgeben sowie Zustimmungsklage erheben.[215] Die Klage des Eigentümers wäre unzulässig.

Tritt nach Zugang des Mieterhöhungsbegehrens auf Vermieterseite **Rechtsnachfolge** ein, 160
so tritt der Erwerber auch in die Rechte aus dem Mieterhöhungsverlangen ein.[216] Die Klage des ausgeschiedenen Vermieters kann die Klagefrist nicht mehr unterbrechen, da er nicht mehr Inhaber des Anspruchs ist.[217] Der Erwerber des Grundstücks tritt in das vom Veräußerer in Gang gesetzte Zustimmungsverfahren ein, der Erwerber tritt als Kläger auf, es handelt sich um einen Parteiwechsel und nicht um eine Parteiberichtigung.[218] Bei einem Parteiwechsel unterbricht die Klage die Klagefrist von 3 Monaten nur dann, wenn entweder die Klagefrist zum Zeitpunkt des Parteiwechsels noch nicht abgelaufen war oder, wenn die Klagefrist durch die Erhebung der Klage des ausgeschiedenen Vermieters bereits unterbrochen worden war. Dies jedoch ist nur dann der Fall, wenn der ausgeschiedene Vermieter zum Zeitpunkt der Zustellung der Klage noch im Grundbuch als Eigentümer eingetragen war.[219] Es wird allerdings auch vertreten, dass der veräußernde Vermieter, der ein Mieterhöhungsverlangen gemäß § 558a BGB gestellt hat, im anschließenden Zustimmungsprozess aktivle-

---
[213] LG Berlin GE 1998, 43; LG Braunschweig WuM 1986, 323; AG Ibbenbüren WuM 1982, 216; Staudinger/*Sonnenschein*/*Weytemeyer* § 9 MHG Rdnr. 8; *Beuermann* § 9 MHG Rdnr. 2.
[214] OLG Koblenz RE NJW 1984, 244.
[215] LG Berlin GE 1998, 357; AG Dortmund WuM 1994, 546.
[216] LG Kassel NJWE-MietR 1996, 222.
[217] KG NJWE MietR 1997, 170.
[218] KG NJWE-MietR 1997, 170.
[219] Schmidt-Futterer/*Börstinghaus* § 558b Rdnr. 57.

gitimiert ist, selbst wenn er während der Rechtshängigkeit des Prozesses sein Eigentum durch Eigentumsumschreibung verliert.[220]

161 Die Klage eines **Hausverwalters** im Wege der gewillkürten Prozessstandschaft ist unzulässig.[221]

162 Bei **Personenmehrheit** auf Vermieterseite liegt im Hinblick auf die Geltendmachung des materiellen Zustimmungsbegehrens eine Gesamthandsgemeinschaft vor,[222] in prozessualer Hinsicht (Zustimmungsklage) ein Fall der notwendigen Streitgenossenschaft; die Klage eines einzelnen reicht daher nicht aus, ihm fehlt die Aktivlegitimation zur Durchführung des Rechtsstreits.

163 *bb) Beklagtenseite.* Die Klage muss **gegen alle Mieter** gerichtet werden.[223] Entscheidend ist die Mieterposition im Zeitpunkt der Zustellung der Klage. Hat nach Zugang des Mieterhöhungsbegehrens gem. § 564 BGB Rechtsnachfolge stattgefunden, ist die Klage gegen den Rechtsnachfolger zu richten.[224]

164 Bei **Personenmehrheit** auf Mieterseite liegt **gesamthänderische Bindung** der Mieter vor, die Entscheidung gegen die Mieter kann nur einheitlich erfolgen, die Mieter sind im Rechtsstreit **notwendige Streitgenossen** im Sinne des § 62 Abs. 1 Alt. 2 ZPO.[225] Daran ändert es nichts, wenn ein Mieter vorprozessual bereits der Mieterhöhung zugestimmt hat. Auch er muss mitverklagt werden, da die Entscheidung einheitlich gegen alle erfolgen muss.

165 *cc) Klageantrag.* Der Klageantrag ist im Falle des § 558 BGB **auf Zustimmung zu einer Erhöhung** gerichtet, somit auf **Abgabe einer Willenserklärung**.[226] Mit Rechtskraft des Urteils ist die Willenserklärung des Mieters abgegeben, § 894 ZPO.

Formulierungsvorschlag für eine Zustimmungsklage/Antrag gegen mehrere Beklagte:

166 Die Beklagten werden zur gesamten Hand verurteilt, einer Erhöhung der monatlichen Nettokaltmiete für die von ihnen bewohnte Wohnung im Hause Vorgebirgsstr. 35, 50677 Köln auf € ...... zzgl. Betriebskosten- und Heizkostenvorauszahlungen wie bisher mit Wirkung ab ...... zuzustimmen.

167 Begehrt der Vermieter Zustimmung in eine Mieterhöhung in einem Fall, in dem der Mieter auf Grund der Vereinbarungen zwischen den Parteien eine Grundmiete bestehend aus Nettokaltmiete und Anteil für Schönheitsreparaturen schuldet, muss er auf Zustimmung zur Erhöhung der Grundmiete einschließlich des Anteils an Schönheitsreparaturen klagen;[227] dies gilt selbst dann, wenn er den Anteil für Schönheitsreparaturen unverändert lässt.

Praxistipp:

168 Unzulässig ist die Klagehäufung von Zustimmungsklage und Zahlungsklage oder auch die Erhebung einer Stufenklage.[228]

---

[220] LG Köln NZM 2002, 288.
[221] AG Köln WuM 1989, 579.
[222] BGHZ 30, 195.
[223] OLG Koblenz RE NJW 1984, 244.
[224] Schmidt-Futterer/*Börstinghaus* § 558 b Rdnr. 60.
[225] KG RE NJW-RR 1986, 439.
[226] Schmidt-Futterer/*Börstinghaus* § 558 b Rdnr. 63.
[227] OLG Frankfurt NJW-RR 2001, 945.
[228] LG Braunschweig ZMR 1973, 154; Schmidt-Futterer/*Börstinghaus* § 558 b Rdnr. 67.

c) **Klagefrist.** Gemäß § 558 Abs. 2 S. 2 BGB schließt sich an die Zustimmungsfrist von 169 zwei Monaten die Klagefrist von drei Monaten. Die Klagefrist ist eine Ausschlussfrist, eine Wiedereinsetzung nach Versäumung der Klagefrist ist nicht möglich.[229] Die Klagefrist wird nur durch rechtzeitige Klageerhebung vor Ablauf der Frist gewahrt. § 270 Abs. 3 ZPO ist anwendbar.

d) **Darlegung, Darlegungslast.** Zu einer schlüssigen Klage gehört der Vortrag aller Tatsa- 170 chen zur Erfüllung der Voraussetzungen der §§ 258 ff. ZPO wie:
- Vorliegen eines Wohnraummietvertrages,
- Behauptung, dass die Miete ein Jahr unverändert ist,
- Zugang des Mieterhöhungsbegehrens,
- Vortrag, dass keine Zustimmung erfolgte,
- Vortrag der Höhe der Miete drei Jahre vor Wirksamwerden der erhöhten Miete,
- Behauptung, dass die ortsübliche Vergleichsmiete der geltend gemachten Miete entspricht,
- Tatsachenvortrag zu den in § 558 Abs. 2 BGB aufgeführten Merkmalen wie Art, Größe, Ausstattung, Beschaffenheit sowie Lage,
- Vortrag, dass bei Verwendung eines anderen Begründungsmittels als des qualifizierten Mietspiegels der entsprechende Wert des qualifizierten Mietspiegels im Mieterhöhungsbegehren angegeben wurde,
- Ggf. Vortrag, dass die Werte des qualifizierten Mietspiegels die ortsübliche Vergleichsmiete nicht wiedergeben.

Dem **Vermieter** obliegt die Darlegungs- und Beweislast hinsichtlich der klagebegründen- 171 den Tatsachen sowie für die Behauptung, dass die Vermutungswirkung des § 292 ZPO hinsichtlich der Werte des qualifizierten Mietspiegels nicht zutrifft, der qualifizierte Mietspiegel die ortsübliche Vergleichsmiete nicht wiedergibt, die Mieten vielmehr höher liegen.

Dem **Mieter** obliegt demgegenüber im Rechtsstreit die Darlegungs- und Beweislast für 172 Behauptungen wie:
- Einbauten sowie Wohnwertverbesserung seien auf eigene Kosten vorgenommen
- Vermieter versuche, die Mietstruktur durch Mieterhöhungsbegehren und Rechtsstreit zu ändern.
- die Werte des qualifizierten Mietspiegels lägen zu hoch, die ortsübliche Vergleichsmiete liege unter den Werten.

Während des Rechtsstreits ist eine **Ergänzung oder Berichtigung** eines wirksamen Erhö- 173 hungsverlangens möglich.[230] Liegt ein unwirksames Erhöhungsverlangen vor, kann der Vermieter dieses im Rechtsstreit nachholen § 558b Abs. 3 BGB, d.h. er kann ein neues Mieterhöhungsbegehren abgeben. Stimmt der Mieter dem im Prozess nachgeholten neuen Erhöhungsverlangen innerhalb der neu angelaufenen Zustimmungsfrist zu, trägt der Vermieter gem. § 91a ZPO die Kosten des Verfahrens, da der Mieter zur Klage keine Veranlassung gegeben hat. Dies ist auch dann nach §§ 91a, 93 ZPO der Fall, wenn der Mieter nach Ablauf der im Prozess laufenden Zustimmungsfrist, jedoch bis zur letzten mündlichen Verhandlung zugestimmt hat.[231] Die Jahreswartefrist des § 558 Abs. 1 BGB muss nicht eingehalten werden, wenn der Mieter auf Grund eines teilweise wirksamen Erhöhungsverlangens im ersten Rechtszug verurteilt worden ist, der Erhöhung der Miete auf einen geringeren als den vom Vermieter verlangten Betrag zuzustimmen und ein Mieterhöhungsbegehren im Berufungsverfahren nachgeholt wurde.[232]

e) **Beweislast, Beweisaufnahme.** Im Rechtsstreit auf Zustimmung gem. §§ 558 ff. BGB gel- 174 ten die **allgemeinen Beweisregeln der ZPO.** Das Gericht kann sich daher aller in der ZPO vorgesehenen Beweismittel zur Ermittlung der ortsüblichen Vergleichsmiete bedienen, damit es dann im Rahmen der freien Beweiswürdigung gem. § 286 ZPO entscheiden kann, ob die verlangte Miete die ortsüblichen Entgelte übersteigt oder nicht.[233]

---

[229] AG Mölln WuM 1985, 310.
[230] BVerfGE 37, 132.
[231] LG Augsburg WuM 1991, 597.
[232] BayObLG RE ZMR 89, 412.
[233] Schmidt-Futterer/*Börstinghaus* § 558b Rdnr. 98.

175 Beschließt das Gericht die Einholung eines **Sachverständigengutachtens,** obliegt die Auswahl des Sachverständigen gemäß § 404 ZPO dem Prozessgericht. An das Sachverständigengutachten im Rechtsstreit sind höhere Anforderungen zu stellen als an das Gutachten als Begründungsmittel gemäß § 558 BGB. Der Gutachter muss im Gutachten zunächst erkennen lassen, dass er vom richtigen Begriff der ortsüblichen Vergleichsmiete ausgeht. Er muss darlegen, wie sich für vergleichbare Wohnungen die Mieten der letzten 4 Jahre entwickelt haben und zwar die Mieten bei Neuabschlüssen sowie die Mieten bestehender Mietverhältnisse durch Erhöhung.[234] Das Gutachten muss repräsentative Daten enthalten. Sofern die Gemeinde über einen Mietspiegel verfügt, muss sich das Gutachten mit den Mietspiegelwerten auseinandersetzen.[235] Inwieweit der Gutachter die zugrunde liegenden Befundtatsachen im Gutachten angeben muss, hängt von den Umständen des Einzelfalls ab;[236] der Umfang der Offenbarungspflicht hängt von der Qualität, der Nachvollziehbarkeit des Gutachtens ab.[237]

176 Gibt es in der Gemeinde einen **qualifizierten Mietspiegel,** der gem. den § 558 d Abs. 1 und 2 BGB errichtet, anerkannt und fortgeschrieben ist, gilt im Prozess die – **widerlegbare** – **Vermutung,** dass die Entgelte des qualifizierten Mietspiegels die ortsübliche Vergleichsmiete wiedergeben. Bestätigen die Werte eines qualifizierten Mietspiegels den Klägervortrag hinsichtlich der Höhe der ortsüblichen Vergleichsmiete, bedarf es keiner weiteren Beweiserhebung über die Höhe der ortsüblichen Vergleichsmiete.

177 Bestreitet jedoch der Mieter die Richtigkeit des qualifizierten Mietspiegels, behauptet er, die ortsübliche Vergleichsmiete liege unter den Werten des qualifizierten Mietspiegels, muss das Gericht Beweis erheben, ob die Werte des qualifizierten Mietspiegels die ortsübliche Vergleichsmiete enthalten. Die Darlegungs- und Beweislast hat der Mieter. Behauptet demgegenüber der Vermieter, die Mietspiegelwerte des qualifizierten Mietspiegels seien zu niedrig, die ortsübliche Vergleichsmiete liege hierüber, bedarf es wiederum der Beweisaufnahme, die Darlegungs- und Beweislast obliegt dem Vermieter. Zu beachten ist, dass die Richtigkeitsvermutung des qualifizierten Mietspiegels so weit geht, dass im Prozessfall das Gericht gem. § 287 ZPO die ortsübliche Vergleichsmiete schätzen darf, wenn sich die Mieterhöhung innerhalb der Spannen bewegt und die Kosten eines Sachverständigengutachtens außer Verhältnis zu der begehrten Mieterhöhung stehen.[238]

178 **f) Beendigung des Verfahrens.** *aa) durch Urteil.* Endet das Verfahren durch Urteil und obsiegt der Vermieter, ist mit **Rechtskraft des Urteils gem. § 894 ZPO** die vom Mieter verweigerte Willenserklärung – **Zustimmung in die Mieterhöhung** – ersetzt, die Zustimmung ist erteilt. Gemäß § 569 Abs. 3 BGB muss der Mieter binnen zwei Monaten nach Rechtskraft des Urteils die Rückstände, die durch die Mieterhöhung gem. § 558 BGB entstanden sind, ausgleichen, um – sofern die Rückstände die Summe von zwei Monatsmieten ausmachen – eine fristlose außerordentliche Kündigung zu vermeiden.

179 Zahlt der Mieter nach Rechtskraft des Zustimmungsurteils die zwischenzeitlich aufgelaufenen Rückstände nicht, muss der Vermieter, um einen Zahlungstitel zu erwirken, im Wege der **Leistungsklage auf Zahlung** klagen. In diesem Rechtsstreit kann der Mieter – sofern er gem. § 536 c BGB Mängel gerügt hat – die Mängel in den Zahlungsrechtsstreit einführen, um eine Minderung der Miete zu erreichen. Dies ist bis zur Höhe der eingetretenen Mieterhöhung sogar dann möglich, wenn der Mieter durch vorbehaltlose Zahlung der Miete trotz Vorliegens von Mängeln das Minderungsrecht verloren haben sollte. Zu beachten ist, dass dem Vermieter für die Zeit zwischen Wirksamwerden der Mieterhöhung und rechtskräftiger Entscheidung kein Anspruch auf Zahlung von Verzugszinsen wegen des Mietdifferenzbetrages zusteht. Dies folgt daraus, dass der Mieter erst mit Rechtskraft des Zustimmungsurteils in Verzug kommt.[239]

---

[234] Schmidt-Futterer/*Börstinghaus* § 558 b Rdnr. 103.
[235] LG Düsseldorf WuM 1996, 421; LG Köln WuM 1992, 256; LG Wiesbaden WuM 1992, 256.
[236] BVerfG WuM 1998, 13.
[237] BVerfG NJW 1997, 311; Schmidt-Futterer/*Börstinghaus* § 558 b Rdnr. 106.
[238] BGH WuM 2005, 385; LG Hamburg WuM 2005, 326; LG Dortmund NZM 2006, 134.
[239] BGH NZM 2005, 496.

bb) durch Vergleich. Auch im Zustimmungsprozess gem. § 558 BGB gilt die Dispositionsmaxime, so dass es den Parteien freisteht, zu jedem Zeitpunkt den Rechtsstreit durch einen **gerichtlichen oder außergerichtlichen Vergleich** zu beenden. Hierbei ist weder die Jahressperrfrist noch die Kappungsgrenze oder die Begrenzung auf die ortsübliche Vergleichsmiete zu beachten.[240] Allerdings darf auch ein gerichtlicher Vergleich nicht gegen ein gesetzliches Verbot verstoßen, so dass Mietvereinbarungen, welche gegen § 5 WiStG oder § 291 StGB verstoßen, unwirksam sind.[241] 180

Die Schonfrist des § 569 Abs. 3 BGB gilt für einen Zahlungsrückstand auf Grund eines gerichtlichen Vergleichs nicht.[242] Der Mieter kann jedoch, hinsichtlich der Fälligkeit des Rückstandes wie auch hinsichtlich der Vereinbarung einer Schonfrist, eine entsprechende Regelung wie in § 569 Abs. 3 BGB, im Vergleich treffen. 181

Vom Wortlaut des Vergleiches hängt es ab, ob er **vollstreckbar** ist. Verpflichtet sich der Mieter im Vergleich lediglich, einer Mieterhöhung zuzustimmen, bedarf es auch hier einer neuen Klage, um einen Leistungstitel auf Zahlung zu erwirken.

g) Streitwert. Für den **Gebührenstreitwert** eines Mieterhöhungsverfahrens gem. § 558 BGB enthält das Gesetz in § 41 Abs. 5 GKG eine ausdrückliche Regelung. Danach ist maßgebend höchstens der Jahresbetrag der zusätzlich geforderten Miete. 182

Hiervon zu unterscheiden ist der **Rechtsmittelstreitwert**. Die Frage, ob gegen ein Urteil ein Rechtsmittel möglich ist, bestimmt sich, abgesehen vom Ausnahmefall der Divergenzberufung gem. § 511 Abs. 2 Nr. 1 ZPO danach, ob der Wert des Beschwerdegegenstandes 600,- € übersteigt. Maßgeblicher Zeitpunkt für die Feststellung des Rechtsmittelstreitwertes ist der Zeitpunkt der Rechtsmitteleinlegung.[243] Für die Berechnung kommt es auf der Vermieterseite darauf an, ob und inwieweit die angegriffene Entscheidung vom letzten Antrag in der letzten mündlichen Verhandlung abweicht. Auf Beklagtenseite ist für die materielle Beschwer die Frage maßgeblich, inwieweit der Mieter durch die Entscheidung tatsächlich benachteiligt ist. 183

Der Rechtsmittelstreitwert für Zustimmungsklagen bemisst sich nach heute wohl ganz herrschender Auffassung in entsprechender Anwendung des § 9 ZPO auf das zweiundvierzigfache des Erhöhungsbetrages.[244] 184

6. Die Gebühren des Anwalts

Ist der Anwalt mit der Erstellung des Mieterhöhungsverlangens beauftragt, ist es umstritten, ob sich der Streitwert nach dem Jahresbetrag der Erhöhung gemäß § 41 Abs. 5 GKG oder nach dem dreifachen Jahresbetrag nach § 25 KostO bemisst. Für letztgenannte Auffassung spricht, dass die höhere Bewertung der anwaltlichen Tätigkeit für das Mieterhöhungsverlangen sich daraus rechtfertigt, dass der Rechtsanwalt verschiedene Erhöhungsmöglichkeiten prüfen und abwägen muss, sodass seine Tätigkeit weit reichender ist als bei der bloßen Forderung auf Zustimmung zu einer konkret bereits veranlassten Mieterhöhung. Dies sollte sich im Gegenstandswert niederschlagen.[245] 185

Es fällt eine **Geschäftsgebühr** an nach Ziffer 2300 des Vergütungsverzeichnisses (VV-RVG). 186

Inwieweit der Gebührenrahmen ausgeschöpft wird, ist eine Frage des Einzelfalls, jedoch dürfte ein **Gebührenansatz von 1,3** an sich immer angemessen sein. Die Geschäftsgebühr braucht auf das spätere Zustimmungsverfahren bei Gericht nicht angerechnet werden, weil es sich hierbei nicht um denselben Gegenstand handelt.[246] 187

---

[240] Schmidt-Futterer/*Börstinghaus* § 558 b Rdnr. 143; *Barthelmess* § 2 MHG Rdnr. 195.
[241] Schmidt-Futterer/*Börstinghaus* § 558 b Rdnr. 143; *Barthelmess* § 2 MHG Rdnr. 196; *Beuermann* GE 1991, 212.
[242] Schmidt-Futterer/*Börstinghaus* § 558 b Rdnr. 145.
[243] Zöller/*Gummer* § 511 a Rdnr. 5.
[244] BVerfG NJW 1966, 1531; BGH NZM 2004, 617; AG Dortmund NZM 2002, 949; Schmidt-Futterer/*Börstinghaus* § 558 b Rdnr. 135.
[245] Lützenkirchen/*Schneider* N Rdnr. 356.
[246] Lützenkirchen/*Schneider* a. a. O.

Im **gerichtlichen Zustimmungsverfahren** richten sich die Gebühren nach den Gebührenziffern 3100 Verfahrensgebühr, 3104 Terminsgebühr und gegebenenfalls 1003 Einigungsgebühr. Streitwert ist der Jahresbetrag der Erhöhungsbeträge gemäß § 41 Abs. 5 GKG.

III. Mieterhöhung nach §§ 559, 559a und 559b BGB

1. Einleitung

188 Während der Gesetzgeber grundsätzlich im Großen und Ganzen bei der Problematik, inwieweit ein Vermieter die Miete erhöhen kann, vom Grundgedanken der Vertragsfreiheit ausgegangen ist (so dass sich die Mietvertragsparteien über die Höhe des Mietzinses einvernehmlich einigen sollen und können, weshalb z. B. in §§ 558 ff. BGB auch nicht die **einseitige** Durchsetzbarkeit einer Mieterhöhung durch den Vermieter geregelt ist, sondern ein sogenanntes „Zustimmungsverfahren" einer Mieterhöhung vorangestellt wurde), so hat er in §§ 559 ff. BGB dem Vermieter ein Instrumentarium in die Hand gegeben, das quasi eine Ausnahmestellung im Mieterhöhungssystem des freien Wohnungsbaus einnimmt.[247] Denn §§ 559 ff. BGB gibt dem Vermieter die Möglichkeit, **einseitig** bei baulichen Änderungen eine bestimmte Erhöhung, die zu den Kosten der baulichen Änderungen ins Verhältnis gesetzt wird, durchzusetzen.

189 Dieser **Ausnahmecharakter** wird noch dadurch verstärkt, dass hier nicht etwa nur die Möglichkeit gegeben wird, den Mietpreis an den Mietpreis des Durchschnitts derart modernisierter Wohnungen anzupassen, sondern dass eine an den Kosten der baulichen Änderungen orientierte Mieterhöhung durchgesetzt werden kann.[248]

190 a) **Normzweck.** Der Gesetzgeber verfolgt mit den Regelungen in §§ 559, 559a und 559b BGB den Zweck, dem Vermieter wegen des Schutzes der Mieter vor Änderungskündigungen die Möglichkeit einzuräumen, wenn er Verbesserungen des vermieteten Wohnraums durchführt und damit seinen vertraglichen Leistungsumfang verbessert bzw. erweitert hat, auch die Gegenleistung für diese Verbesserungen einseitig zu erhöhen. Damit dienen die §§ 559 ff. BGB einerseits der **Förderung der Modernisierung von Altbauten**, um dem Eigentümer auch einen Anreiz zu geben, Altbaumodernisierung durchzuführen, andererseits soll der Vermieter auch angehalten werden, einen **sparsameren Umgang mit Heiz- und Wasserenergie** zu veranlassen. Schließlich darf aber nicht übersehen werden, dass die Regelung in § 559 BGB ebenso wie in § 554 BGB eine **Schutzfunktion für die Mieter** erfüllt, denn ein Vermieter kann nur, wenn die Voraussetzungen des § 559 BGB vorliegen, auch eine Kostenbeteiligung über die Mieterhöhung erreichen und hat selbstverständlich bestimmte Finanzierungszuschüsse zu Gunsten des Mieters zu berücksichtigen.

191 Zusammenfassend haben also die Regelungen in §§ 559 ff. BGB eine **wohnungspolitische, umweltpolitische und mieterschützende Funktion.**[249]

192 b) **Anwendungsbereich.** aa) *Mietverhältnis über Wohnraum gem. § 549 BGB, ausgenommen Wohnraum gemäß § 549 Abs. 2 BGB.* § 559 BGB setzt selbstverständlich voraus, dass es sich um ein Mietverhältnis über Wohnraum handelt. Dazu gehören auch die mit den früheren allgemeinnützigen Wohnungsunternehmen, insbesondere Genossenschaften, abgeschlossenen sogenannten Dauernutzungsverträge sowie Altenheimverträge, wenn sie im Kern Mietverträge sind und die Inhaberschaft einer Wohnung gegenüber den übrigen Dienstleistungen überwiegt bzw. bei Mischmietverhältnissen, wenn der eigentliche Vertragszweck auf eine überwiegend nicht gewerbliche Nutzung als Wohnung gerichtet ist.[250] Die Vorschrift gilt nicht bei Gewerberaummietverhältnissen, weil dort das System der ortsüblichen Vergleichsmiete nicht gilt und dementsprechend ein Verweis in § 578 BGB fehlt. Die Vorschrift gilt weiter nicht bei den gemäß § 549 Absatz 2 und Absatz 3 BGB ausgenommenen Mietverhältnissen, also Mietverhältnissen über Wohnraum, die nur zum vorüberge-

---

[247] *Sternel* Aktuell Rdnr. 761; Schmidt-Futterer/*Börstinghaus* § 559 Rdnr. 6.
[248] Schmidt-Futterer/*Börstinghaus* § 559 Rdnr. 2.
[249] Schmidt-Futterer/*Börstinghaus* § 559 Rdnr. 6, 7 und 8.
[250] Palandt/*Putzo* § 559 Rdnr. 2.

henden Gebrauch vermietet sind und Mietverhältnisse über Wohnraum, der Teil der vom Vermieter genutzten Wohnung ist und von diesem überwiegend mit Einrichtungsgegenständen ausgestattet wurde und nicht für Wohnraum in Studenten- und Jugendwohnheimen. In vorliegenden Fällen hat der Vermieter stattdessen die Möglichkeit der Änderungskündigung.

bb) Verhältnis zu §§ 558 ff. BGB. §§ 559 ff. BGB schließen die anderen Mieterhöhungsmöglichkeiten, insbesondere eine Erhöhung gemäß §§ 558 ff. BGB „Zustimmung zur ortsüblichen Vergleichsmiete" nicht aus. **193**

Der Vermieter, der Modernisierungsmaßnahmen vornimmt, kann vielmehr sogar zwischen verschiedenen Möglichkeiten wählen, wie er gegen den Mieter bei Durchführung von Modernisierungsmaßnahmen vorgeht. **194**

(1) Erste Möglichkeit. Der Vermieter hebt den Mietzins ausschließlich nach § 559 BGB anteilig nach Durchführung der Modernisierungsarbeiten an, wobei er die jährliche Miete um 11% der für die Wohnung aufgewendeten Kosten unter Berücksichtigung der weiteren Voraussetzung der §§ 559 ff. BGB anhebt. Vorteil dieser ausschließlichen Erhöhung liegt darin, dass der Vermieter hier keine Kappungsgrenze und keine Wartefrist zu beachten hat. Der neue Mietzins wird von dem Beginn des auf die ordnungsgemäße Erklärung folgenden übernächsten Monat an geschuldet und tritt an die Stelle des bisher geschuldeten Mietzinses, stellt also nicht etwa einen gesonderten Zuschlag dar (§ 559b Abs. 2 S. 1 BGB). **195**

(2) Zweite Möglichkeit. Der Vermieter verlangt zusätzlich zu der Mieterhöhung nach § 559 BGB eine Mieterhöhung nach § 558 BGB. Hier sind zwei Varianten möglich. **196**

(a) Erste Variante. Der Vermieter versucht zunächst einmal über den § 558 BGB eine Anhebung der Miete auf das ortsübliche Vergleichsmietzinsniveau durchzusetzen, so dass er die noch unmodernisierte Wohnung an das ortsübliche Vergleichsniveau, für diesen unmodernisierten Wohnraum durch Durchführung des Verfahrens gem. § 558 BGB, anpasst. Zusätzlich führt er dann Modernisierungsmaßnahmen durch und erhöht den angepassten Mietzins nochmals nach § 559 BGB. **197**

Bei dieser Variante stellt die ortsübliche Vergleichsmiete des modernisierten Wohnungszustands nicht die Obergrenze dar, denn es kann die ortsübliche Vergleichsmiete überschritten werden. Hier wird die Obergrenze also allein durch Beachtung der Regelung in § 5 WiStrG oder § 291 StGB gebildet. **198**

(b) Zweite Variante. Bei der zweiten Variante führt der Vermieter zunächst eine Mieterhöhung nach § 559 BGB durch und erhöht anschließend, weil die durch die Modernisierungsmaßnahmen erreichte Miethöhe noch immer nicht den ortsüblichen Mietzins für den modernisierten Wohnraum darstellt, die Miete nochmals nach § 558 BGB bis zur ortsüblichen Vergleichsmiete für modernisierten Wohnraum. **199**

Bei dieser Variante ist die Grenze der Mieterhöhung durch die ortsübliche Vergleichsmiete der modernisierten Wohnung vorgegeben. **200**

(3) Dritte Möglichkeit. Letztendlich kann der Vermieter aber auch nur nach § 558 BGB eine höhere Miete durchzusetzen versuchen, indem er die Miete nach Durchführung der Modernisierung an die ortsüblichen Vergleichsmieten für derart modernisierte Wohnungen anpasst, natürlich im Rahmen und in den Grenzen des Verfahrens des § 558 BGB, also unter Berücksichtigung der Kappungsgrenze und der Wartefristen. **201**

cc) Verhältnis zu § 554 Abs. 2 bis 5 BGB. Während § 554 Abs. 2 bis 5 BGB die Änderungsmöglichkeiten des Vermieters bzw. die Verweigerungsmöglichkeiten des Mieters in Bezug auf die Leistungspflicht im Rahmen des Mietvertrages mit seiner Leistung und Gegenleistung betrifft, stellt § 559 BGB sozusagen das Pendant in Bezug auf die Gegenleistung dar. Zunächst gilt auch im Rahmen des Mietverhältnisses bzw. Mietvertrages der Grundsatz, dass eine Partei nicht einseitig bei den eigenen Vertragspflichten Änderungen vornehmen kann und insoweit auch nicht einseitig die Leistungspflicht der Gegenpartei verändern kann. In Abkehr von diesem Grundsatz wird nun die Möglichkeit geschaffen, dass der Vermieter veränderte Leistungen durch § 554 Abs. 2 bis 5 BGB durchsetzen kann bzw. sein **202**

Leistungsangebot modernisiert und es wird unter bestimmten Voraussetzungen bzw. Umständen ein einseitiges Gestaltungsrecht eingeräumt, den Mietzins an diese „modernisierte" Leistung anzupassen. Zu beachten ist allerdings, dass die formell wirksame Geltendmachung des Duldungsanspruchs nicht grundsätzlich für eine Mieterhöhung gem. § 559 BGB zwingend notwendig ist.

203 Denn auch in Fällen, in denen ein Mieter Modernisierungsmaßnahmen ohne Ankündigung in ihrer Ausführung rein tatsächlich geduldet hat, ist nach herrschender Meinung in Literatur und Rechtsprechung eine Erhöhung gem. § 559 BGB möglich.

204 Maßgeblich ist also nicht, dass die Voraussetzungen des § 554 Abs. 2 bis 5 BGB eingehalten wurden, um eine Mieterhöhung nach § 559 BGB durchzuführen; maßgeblich ist vielmehr allein, ob die Modernisierung geduldet wurde, wobei nach herrschender Meinung in Literatur und Rechtsprechung für die Annahme einer Duldung zumindest zu verlangen sein wird, dass der Mieter über die Art und den Umfang der Modernisierungsmaßnahme zumindest in groben Zügen aufgeklärt, bzw. unterrichtet worden ist, wovon auszugehen ist, wenn die Modernisierungsmaßnahme in seinen Innenräumen stattfindet. Bereits rein passives Verhalten bedeutet dulden, denn wenn sich ein Mieter so verhält, dass er dem Vermieter gegenüber weder gegen die ihm bekannte Modernisierungsabsicht mündlich oder schriftlich Einwände erhebt, noch diesen durch Verweigerung des Zutritts bei Innenmaßnahmen an der Modernisierungsmaßnahme hindert, liegt hierin passives Mieterverhalten.[251] Bei einer Außenmodernisierung hingegen ist zu ermitteln, ob der Mieter sich dergestalt verhalten hat, dass sein Verhalten als Dulden zu beurteilen ist. Davon wird auszugehen sein, wenn der Mieter Kenntnis über Art und Umfang der Modernisierungsmaßnahme zumindest in groben Zügen hat und sich nicht gegen die Maßnahmen verwehrt hat.

205 Zum Teil wird in Rechtsprechung und Literatur die Auffassung vertreten, dass eine Duldung nur bei einer so genannten Innenmodernisierung in der Wohnung des Mieters vorliegen könne,[252] so dass bei einer Außenmodernisierung eine Duldung ausscheidet und immer eine Ankündigung nach § 554 Abs. 2 bis 5 BGB vorliegen muss.

2. Materielle und formelle Voraussetzungen

206 a) Bauliche Maßnahmen durch den Vermieter als Bauherrn. Voraussetzung für alle vier Alternativen des § 559 BGB ist zunächst einmal, dass eine „bauliche Maßnahme" vorliegt. Dabei herrscht in Literatur und Rechtsprechung Einigkeit, dass der Begriff wegen der Intention des Gesetzgebers weit auszulegen ist.[253] Voraussetzung ist immer, dass die baulichen Maßnahmen im Zusammenhang mit dem Mietgebrauch stehen.

207 Ausstattungen und Einrichtungen, die also nicht eingebaut werden und jederzeit – da frei beweglich – wieder weggenommen werden können, stellen deshalb keine bauliche Maßnahme dar. Ebenso wenig stellt die lose Änderung der Zweckbestimmung eines Raumes z.B. die Umwidmung eines Dachbodens zum Trockenspeicher für alle Mieter eine bauliche Maßnahme dar, wie z.B. die bloße Aufteilung eines Gebäudes in Wohnungseigentum.[254]

208 Zu unterscheiden sind dann die in § 559 Abs. 1 BGB genannten baulichen Maßnahmen zur Modernisierung bzw. Energieeinsparung von bloßen Instandsetzungs- und Instandhaltungsmaßnahmen. Instandsetzungsmaßnahmen sind alle Maßnahmen, die während der Nutzungsdauer zur Erhaltung des bestimmungsgemäßen Gebrauchs getätigt werden müssen, während Instandsetzung die Überführung eines ordnungs- oder vertragswidrigen Zustands in einen ordnungs- und vertragsgemäßen Zustand bedeutet, ist Instandhaltung die Aufrechterhaltung des ordnungs- und vertragsgemäßen Zustandes. Des Weiteren setzt § 559 Abs. 1 BGB voraus, dass diese „Modernisierungsmaßnahmen" im Sinne des § 559 Abs. 1

---

[251] KG NJW 1992/1362, Sternel, Mietrecht aktuell, Rdnr. 674.
[252] OLG Stuttgart RE v. 26. 4. 1991 NJW-RR 1991, 1108.
[253] Staudinger/*Emmerich* Art. 3 WKSchG II § 3 MHRG Rdnr. 30; Schmidt-Futterer/*Börstinghaus* § 559 BGB Rdnr. 41.
[254] LG Stuttgart WuM 1992, 13; Schmidt-Futterer/*Börstinghaus* § 559 BGB Rdnr. 41.

BGB durch den „**Vermieter**" durchgeführt sind. Der Vermieter muss also sozusagen der Bauherr der baulichen Maßnahme sein.[255]

Insoweit scheidet eine Mieterhöhung gem. §§ 559 ff. BGB aus, wenn eine bauliche Maßnahme im Sinne des § 559 Abs. 1 BGB im Auftrag und auf Rechnung einer GmbH ausgeführt wird, und der Vermieter lediglich Gesellschafter der GmbH ist.[256] Unschädlich ist es hingegen, wenn der Vermieter einen Architekten oder Generalunternehmer beauftragt, der dann die Aufträge für die einzelnen Gewerke im eigenen Namen erteilt, da er in diesem Fällen weiterhin der „Bauherr" ist.

aa) Maßnahmen zur Gebrauchswerterhöhung. Als erste Modernisierungsvariante erwähnt § 559 Abs. 1 BGB bauliche Maßnahmen „zur Gebrauchswerterhöhung".

Eine Gebrauchswerterhöhung liegt dann vor, wenn die Nutzung des Mietobjekts durch die bauliche Maßnahme angenehmer und weniger arbeitsaufwändig, bequemer, gesünder und sicherer wird. Dabei wird der Begriff der Gebrauchswerterhöhung durchweg weit ausgelegt.[257] Anzulegen ist deshalb bei der Frage, ob eine Gebrauchswertverbesserung vorliegt, ein rein objektiver Maßstab.[258] Die Verbesserung muss sich immer aus einem Vergleich des ursprünglich geschuldeten vertraglichen Zustands mit dem nach der baulichen Maßnahmen vorhandenen Zustand ergeben und Voraussetzung ist natürlich auch, dass die Verbesserung dem Mieter objektiv zugute kommt.[259] Aufgrund dieses rein objektiven Maßstabs spielt es deshalb keine Rolle, ob die Maßnahme für den Mieter von Interesse ist oder ob er subjektiv diesen Vorteil nicht hat.

Im Gegensatz zu § 554 Abs. 2 bis 5 BGB muss bei § 559 Abs. 1 BGB die Gebrauchswertverbesserung aber auch" „nachhaltig" sein. Nachhaltigkeit liegt vor, wenn eine Gebrauchswertverbesserung von Dauer ist und vom Gewicht her ein gewisses Ausmaß erreicht hat. Der Begriff „Nachhaltigkeit" berücksichtigt also zum einen den Zeitraum der Gebrauchswertverbesserung und zum anderen auch den Umfang dieser Gebrauchswerterhöhung, wobei damit nicht der finanzielle Aufwand des Vermieters gemeint ist, sondern die Gewichtigkeit der Verbesserung.

bb) Maßnahmen zur Verbesserung der Wohnverhältnisse. Des Weiteren berechtigt § 559 Abs. 1 BGB den Vermieter zur Mieterhöhung, wenn eine Verbesserung der allgemeinen Wohnverhältnisse auf Dauer vorliegt. Da bauliche Maßnahmen in der Wohnung, die selbst eine Verbesserung der Wohnverhältnisse auslösen, bereits schon unter § 559 Abs. 1 1. Alternative BGB (nachhaltige Gebrauchswertverbesserung) fallen, hat der Gesetzgeber mit dieser Alternative auch Verbesserungen außerhalb der eigentlichen Wohnräume erfassen wollen. Hierunter fallen z. B. die Errichtung oder die Verbesserung von Grünanlagen, Autoabstellplätzen, Kinderspielplätzen, Ausbau und Errichtung einer Waschküche, eines Fahrradraums, eines Hobby- oder Partykellers und schließlich auch das Anbringen einer Gemeinschaftsparabolspiegels oder einer Gemeinschaftsantenne.[260] Ebenso wie bei der Alternative 1, soll auch hier die Maßnahme bezüglich Zeitfaktor und Umfang von bestimmtem Gewicht sein, weshalb der Gesetzgeber hier die Verbesserung der Wohnverhältnisse auf „**Dauer**" verlangt. Wie bei Alternative 1, wo der Gesetzgeber den Begriff „Nachhaltigkeit" verwendet hat, ist auch bei „auf Dauer" zu prüfen, ob die Maßnahme von einer bestimmten Quantität ist, und ob diese nicht nur kurzfristig wirkt.

cc) Maßnahmen zur Energie- oder Wassereinsparung. In erster Linie hat der Gesetzgeber mit dieser Alternative eine ökologische Zielsetzung, um allgemein eine Einsparung von Energie aller Art und Wasser zu erreichen, so dass also **im Vordergrund die quantitative Beschränkung des Verbrauchs von Energie aller Art und Wasser** steht, während die Einspa-

---

[255] BayObLG RE v. 24. 6. 1981 NJW 1981, 2259; LG Hildesheim WuM 1985, 340; OLG Hamm RE v. 30. 5. 1983 NJW 1983, 2331; AG Hamburg WuM 1987, 30; Bub/Treier/*Schultz* III. A Rdnr. 553; Schmidt-Futterer/*Börstinghaus* § 559 BGB Rdnr. 31, 45.
[256] LG Berlin GE 1990, 371; Schmidt-Futterer/*Börstinghaus* § 559 BGB Rdnr. 31.
[257] Schmidt-Futterer/*Börstinghaus* § 559 BGB Rdnr. 60.
[258] LG München I WuM 1989, 27; MünchKomm/*Artz* § 559 BGB Rdnr. 14.
[259] LG Berlin WuM 1986, 245; Schmidt-Futterer/*Börstinghaus* § 559 BGB Rdnr. 60.
[260] Schmidt-Futterer/*Börstinghaus* § 559 BGB Rdnr. 63.

rung und Entlastung für den Mieter nur als Folge gesehen, nicht aber vorausgesetzt wird, so dass auch durchaus eine finanzielle Belastung, soweit das Gebot der Wirtschaftlichkeit beachtet wird, noch durch eine Energie- oder Wassereinsparungsmaßnahme gedeckt ist.

214 Energiesparmaßnahmen sind in erster Linie Heizenergiesparmaßnahmen. Energiesparmaßnahmen sind aber auch insbesondere alle Maßnahmen, die die Wärmedämmung von Bauteilen der Mietwohnung oder des Mietwohngebäudes verbessern, also die Wärmedämmung von Dächern, Kellerdecken, obersten Geschossdecken, Außenwänden, Außentüren und Fenstern. Aber auch sämtliche Verbesserungen zur Energieeinsparung von Heizung- und Warmwasseranlagen innerhalb des Mietobjekts fallen unter diese Alternative.

215 Des Weiteren fallen unter Energieeinsparmaßnahmen auch Maßnahmen, die zur Einsparung anderer Energien, wie z. B. Strom, Motoren usw. dienen. Als Beispiel für derartige Maßnahmen sind, wie bei § 554 Abs. 2 bis 5 BGB drehzahlgeregelte Umwälzpumpen, Ventilatoren, Aufzugsmotoren sowie Energiesparlampen zu nennen.

216 Mehrere Maßnahmen sind insoweit in der Begründung des Gesetzesentwurfs der Bundesregierung[261] abgedruckt. Zu den Maßnahmen zur Wassereinsparung zählen der Einbau von Wasserverbrauchserfassungsgeräten oder Wasserverbrauchseinsparvorrichtungen, wie Kaltwasserzähler, WC-Dosier-Spüler, Durchflussbegrenzer, Brauchwassergewinnungsanlagen und die dazugehörigen Versorgungsleitungen.

Ebenso wie bei den beiden ersten Alternativen fordert der Gesetzgeber auch hier eine Nachhaltigkeit der Energie- oder Wassereinsparung, also eine Überprüfung hinsichtlich des zeitlichen und quantitativen Umfangs.

217 Insoweit kann auf die voranstehenden Ausführungen unter § 558 Abs. 1 1. Alternative BGB zur Gebrauchswertverbesserung verwiesen werden.

218 Streit herrscht dann hinsichtlich der Frage, ob es für eine Einstufung als Energiesparmassnahme genügt, dass Primärenergie eingespart wird. Dieses Problem taucht auf beim Einsatz von Solarzellen zur Stromgewinnung und von Sonnenkollektoren zur Wassererwärmung sowie beim Anschluss an die Fernwärmeversorgung, die meistens aus Anlagen zur Verbrennung von Müll oder Anlagen der Kraft-Wärmekopplung gespeist wird. Alle diese Maßnahmen haben, wenn weniger Primärenergie benötigt wird, bzw. bei der Kraft-Wärmekopplung die eingesetzte Energie besser ausgenutzt wird, Primär-Energieispareffekte. Der Mieter selbst als Endglied der Energieverbrauchung spürt diesen Vorteil aber nicht. Seine Energiebilanz bleibt vielmehr vollkommen unverändert und beim Mieter führt dies nicht etwa zur Reduzierung von Energie, sondern nur dazu, dass er die Energie nun aus verschiedenen Quellen bezieht. Nach diesseitiger Auffassung liegt zwar eine umweltpolitisch zu fördernde Massnahme vor, die aber nach diesseitiger Auffassung nur als Energiesparmassnahme im Sinne des § 559 BGB angesehen werden kann, wenn beim Mieter tatsächlich in irgendeiner Weise Energie eingespart wird. Das Landgericht Berlin und das Landgericht Hamburg haben jedoch im Anschluss an ein Fernwärmenetz mit Kraftwärmekopplung, entgegen der Meinung des Verfassers, eine Energiesparmassnahme gesehen, die der Mieter grundsätzlich zu dulden hat, und die den Vermieter auch zur Mieterhöhung berechtigt.[262]

219 Zu beachten ist im Übrigen, dass seit 1. 10. 2007 die **Energieeinsparverordnung** in Kraft getreten ist, die Mindestanforderungen an die Gesamtenergieeffizients von Gebäuden stellt. Sie löst die EnEV vom 1. 2. 2002 ab und gilt zunächst einmal für Gebäude, für die der Bauantrag oder die Bauanzeige ab dem 1. 10. 2007 gestellt wurde. Insoweit werden dort Nachrüstungspflichten für bereits bestehende Gebäude geregelt. Inwieweit die damit zusammen hängenden Massnahmen aber als Energiesparmassnahme im Sinne des § 559 BGB zu werten sind, muss immer gesondert geprüft werden.

220 Bei den Maßnahmen zur Einsparung von Energie und Wasser ist aber stets das **Gebot der Wirtschaftlichkeit** zu berücksichtigen. Es ist zwar im Gegensatz zu den Modernisierungsmaßnahmen bei den Energie- und Wassereinsparmaßnahmen nicht erforderlich, dass diese

---

[261] Entwurf des Mietrechtsreformgesetzes v. 19. 7. 2000, BMJ Mietrechtsreformgesetz zu § 559 BGB; Schmidt-Futterer/*Börstinghaus* § 559 BGB Rdnr. 69, der diese Maßnahmen aus der Begründung des Gesetzentwurfs aufzählt.
[262] LG Hamburg NZM 2006, 536; LG Berlin GE 2008, 61; GE 2005, 1193.

zu einer Verbesserung des Wohnwerts des einzelnen Mieters führen, sondern nur, dass sie im öffentlichen Interesse an Einsparung von Energie aller Art und Wasser sind. Dies bedeutet aber nicht, dass auf Grund dieses volkswirtschaftlichen ökologischen Interesses an einer Energie- und Wassereinsparung gegen das Gebot der Wirtschaftlichkeit verstoßen werden kann. Deshalb muss neben dem durch die Maßnahme erreichbaren Einsparungseffekt an Energie anderer Art oder Wasser gleichwohl auch die unmittelbare Auswirkung auf den einzelnen Mieter berücksichtigt werden. Infolgedessen muss die Energie- und Wassereinsparungsmaßnahme zumindest auch objektiv wirtschaftlich vertretbar sein. Es herrscht einhellige Meinung darüber, dass ein Vermieter nicht berechtigt ist, im Namen von § 559 BGB Kosten von Energie- und Wassersparmaßnahmen auf die Mieter umzulegen, wenn die finanzielle Auswirkung für den Mieter in keinerlei vernünftigem Verhältnis mehr zu dem Spareffekt steht.[263] Nach Rechtsentscheid des OLG Karlsruhe verstößt eine bauliche Maßnahme zur Einsparung von Heizenergie auf jeden Fall dann gegen das Gebot der Wirtschaftlichkeit, wenn die darauf gestützte Mietzinserhöhung die Energieeinsparung um mehr als 200% übersteigt.[264]

dd) Maßnahmen aus sonstigen vom Vermieter nicht zu vertretenden Gründen. Unter dieser letzten Alternative des § 559 Abs. 1 BGB hat der Gesetzgeber all diejenigen baulichen Maßnahmen zusammenfassen wollen, die auf nachträglichen gesetzlichen Geboten oder behördlichen Anordnungen beruhen und die ein auch noch so sorgfältiger Vermieter weder vorhersehen noch vermeiden konnte.[265] Hierunter zählen z. B. der vorgeschriebene Einbau von Wärmezählern zur Heizkostenverteilung auf Grund der Heizkostenverordnung, der nachträglich vorgeschriebene Anschluss an die Kanalisation, der vorgeschriebene Einbau von Öltanksicherungen, jegliche Maßnahme auf Grund neuerer Anforderungen von Immissionsschutzwerten usw. 221

„Vom Vermieter nicht zu vertreten" ist insoweit weiter zu verstehen, als die Regelung in § 176 BGB für den Begriff „nicht zu vertreten" vorsieht. 222

Aus dem Systemzusammenhang des § 559 BGB wird deutlich, dass hier nicht nur ein Ausschluss bei vorwerfbarem Verhalten des Vermieters gewünscht ist, sondern dass der Gesetzgeber in § 559 BGB geregelt haben wollte, dass der Vermieter alle Modernisierungen oder sonstige Änderungen im Sinne des „nicht zu vertretens" zu verantworten hat, die nicht in seinen Risikobereich fallen und die bei einer ordnungsgemäßen Wirtschaftung und Verwaltung angefallen wären.[266] Denn vom Wortlaut her wird deutlich, dass vertragliche Verpflichtungen, die der Vermieter eingegangen ist, nicht unter die vierte Alternative des § 559 BGB fallen.[267]

b) Einverständnis des Mieters mit der Maßnahme. Auf Mieterseite sind verschiedene Verhaltensweisen zu unterscheiden: 223

aa) Erste Variante. Nach einer materiell und formell ordnungsgemäßen Ankündigung gem. § 554 Abs. 2 bis 5 BGB duldet der Mieter ausdrücklich oder ist gerichtlich zur Duldung verurteilt worden. In diesem Fall ist eine Mieterhöhung nach § 559 BGB problemlos möglich. 224

bb) Zweite Variante. Der Vermieter führt keine Ankündigung nach § 554 Abs. 2 bis 5 BGB durch, sondern trägt dem Mieter das Angebot auf Abschluss einer Modernisierungsvereinbarung vor. Der Mieter nimmt dieses Angebot an. In diesem Fall erhöht sich die Miete um den Betrag, der zwischen den Parteien vereinbart wurde. Andernfalls ist in jedem Fall eine Mieterhöhung gem. § 559 BGB möglich. 225

---

[263] OLG Karlsruhe WuM 1985, 17; Schmidt-Futterer/*Börstinghaus* § 559 BGB Rdnr. 78; *Barthelmess* § 3 MHRG Rdnr. 15.
[264] OLG Karlsruhe RE v. 20. 9. 1984 WuM 1985, 17; LG Bautzen WuM 1999, 45; LG Köln ZMR 1998, 562; LG Berlin GE 1992, 719; LG Aachen WuM 1991, 356.
[265] *Emmerich/Sonnenschein* § 3 MHRG Rdnr. 12; Bub/Treier/*Schultz* Rdnr. 576; Schmidt-Futterer/*Börstinghaus* § 559 BGB Rdnr. 83.
[266] Schmidt-Futterer/*Börstinghaus* § 559 BGB Rdnr. 88.
[267] Schmidt-Futterer/*Börstinghaus* § 559 BGB Rdnr. 89.

226 cc) *Dritte Variante.* Der Vermieter führt zwar eine Maßnahme nach § 554 Abs. 2 bis 5 BGB durch, unterlässt aber die ordnungsgemäße Ankündigung. Hier ist zwischen folgenden Untervarianten zu unterscheiden:

227 • Der Mieter hat Kenntnis von den Modernisierungsmaßnahmen und duldet die Durchführung der Modernisierungsmaßnahmen; eine Mieterhöhung nach §§ 559 ff. BGB ist problemlos möglich.

228 • Der Mieter hat keine Kenntnis von der Modernisierungsmaßnahme, duldet sie aber, was den Umfang betrifft; eine Mieterhöhung nach §§ 559 ff. BGB ist nicht möglich. Nach anderer Auffassung, ist im Rahmen des §§ 559 ff. BGB zu prüfen, ob eine Duldungspflicht bestanden hätte.

229 • Der Mieter widerspricht der Modernisierung, dann scheidet bei Innenmodernisierungen so lange eine Mieterhöhung aus, bis der Vermieter die Modernisierungsduldung gerichtlich durchsetzt.

230 Findet die Modernisierung trotz Widerspruch statt, weil es sich etwa um eine Außenmodernisierung handelt, so ist eine Mieterhöhung nach § 559 BGB, wie dies überwiegend in Rechtsprechung und Literatur vertreten wird, nicht möglich.[268]

231 Eine andere Meinung vertritt die Auffassung, dass im Verfahren nach § 559 BGB geprüft werden kann, ob eine Duldungspflicht besteht.[269]

232 c) *Berechnung der Mieterhöhung.* Gem. § 559 Abs. 1 BGB kann der Vermieter 11% der für die Wohnung aufgewendeten Kosten auf die jährliche Miete aufschlagen bzw. den Mietzins um diesen Betrag erhöhen.

233 Der bisherige Streit, ob unter „jährlicher Miete", der insgesamt im letzten Jahr gezahlte Mietzins oder der 12-fache Betrag des im letzten Monat vor der Modernisierung gezahlten Mietzinses zu verstehen ist, ist durch die Begründung des Mietrechtsreformgesetzes zu § 559 BGB nun dahingehend entschieden, dass für die Berechnung der jährlichen Miete der 12-fache Betrag der aktuellen Miete zu verstehen ist.[270]

234 Umlagefähig sind **alle tatsächlich entstandenen Kosten**. Hierunter fallen zunächst die reinen Baukosten einschließlich der sogenannten Baunebenkosten. Wurden die Baumaßnahmen dagegen in Eigenarbeit fachmännisch durchgeführt, so kann der Vermieter als Kosten diejenigen Kosten in Ansatz bringen, die bei der Beauftragung eines Handwerkers entstanden wären.[271] Zu den Baunebenkosten gehören dagegen nicht Finanzierungskosten, Kapitalbeschaffungskosten oder die durch die Modernisierung entstandenen neuen Betriebskosten. Umlagefähig sind natürlich auch nur tatsächlich angefallene Kosten, mit Ausnahme der Eigenleistungen durch den Vermieter. Rabatte, Skonti, Nachlässe usw. sind deshalb in vollem Umfang von den anrechenbaren Kosten abzuziehen, ebenso wie Arbeiten, die von Dritten oder vom Vermieter selbst kostenlos durchgeführt werden. Diese können fiktiv in Ansatz gebracht werden.[272]

235 Zu den so genannten **Baunebenkosten** können auch Architekten- und Ingenieurhonorare zählen, falls die Beauftragung von Architekten und Ingenieuren auf Grund Art und Umfang der Arbeiten notwendig waren.[273] In diesem Zusammenhang ist immer abzugrenzen, ob es sich bei den Architektenkosten um notwendige Baunebenkosten handelt, oder ob hier nur ein nicht berücksichtigungsfähiger Verwaltungsaufwand vorliegt, weil der Architekt lediglich Koordinierungs- oder Kontrollaufgaben wahrnimmt.[274]

---

[268] LG Berlin NZM 1999, 219; Schmidt-Futterer/*Börstinghaus* § 559 BGB Rdnr. 17; *Sternel* Aktuell A 86, A 88.

[269] *Beuermann* § 3 MHG Rdnr. 9e.

[270] BMJ Referentenentwurf Mietrechtsreformgesetz v. 19. 7. 2000 zu § 559 Rdnr. 1; für 12-fachen Betrag des zuletzt gezahlten Monatsmietzinses: Bub/Treier/*Schultz* III. A Rdnr. 577; MünchKomm/Arzt § 559 Rdnr. 25; *Barthelmess* § 3 MHG Rdnr. 20; *Sternel* III Rdnr. 783; Schmidt-Futterer/*Börstinghaus* § 559 BGB Rdnr. 174.; *Beuermann* § 3 MHG Rdnr. 59. Für jährliche Miete der insgesamt im letzten Jahr gezahlte Miete: Staudinger/*Emmerich* § 559 Rdnr. 39 Derleder WuM 1976, 224; *Marienfeld* ZMR 1978, 38.

[271] Schmidt-Futterer/*Börstinghaus* § 559 BGB Rdnr. 155; Bub/Treier/*Schultz* III. A Rdnr. 579; *Barthelmess* § 3 MHRG Rdnr. 14.

[272] Schmidt-Futterer/*Börstinghaus* § 559 BGB Rdnr. 159; MünchKomm/Arzt § 559 Rdnr. 12.

[273] Schmidt-Futterer/*Börstinghaus* § 559 BGB Rdnr. 157; Bub/Treier/*Schultz* III. A Rdnr. 578.

[274] Schmidt-Futterer/*Börstinghaus* § 559 BGB Rdnr. 157.

Des Weiteren fallen unter Baunebenkosten Kosten der Gerüstaufstellung, Reinigungskosten, und Kosten für Genehmigungsbescheide. 236

Zu beachten ist, dass Mietausfall wegen Minderung von Mietern während der Durchführung der Baumaßnahmen nie umlagefähige bzw. anrechenbare Kosten darstellen, da der Mietausfall nicht mit der Wertverbesserung zusammen hängt, sondern nur dadurch verursacht ist, dass der vertragsgemäße Gebrauch während der Bauzeit beeinträchtigt ist. 237

aa) Umlageschlüssel. Der Gesetzgeber ist davon ausgegangen, dass grundsätzlich diejenigen Kosten für die Mieterhöhung in Ansatz gebracht werden, die für die konkrete Wohnung im Einzelnen aufgewendet werden mussten.[275] Sind Maßnahmen durchgeführt worden, deren Kosten nicht auf der unmittelbaren Wohnungsebene entstehen, sondern sind Kosten für mehrere Wohnungen angefallen, z.B. Zentralheizung, Wärmedämmung, Kinderspielplatz usw. so sind die Kosten vom Vermieter gem. § 559 Abs. 2 BGB angemessen zu verteilen, wobei der Vermieter im Rahmen der § 315, § 316 BGB einen Verteilungsschlüssel nach billigem Ermessen bestimmen kann. 238

Der Billigkeit würde es nicht entsprechen, wenn z.B. bestimmte Mieter oder Mietergruppen unberechtigter Weise bevorzugt oder benachteiligt würden oder wenn zurzeit unvermietete Wohnungen aus der Verteilung ausgeklammert werden, oder wenn hier Wohnungen ohne Begründung aus der Modernisierungsmaßnahme selbst einen günstigeren Verteilungsschlüssel erhalten würden. Grundsätzlich hat der Vermieter dabei die Kosten auf die Wohnung zunächst nach dem Verhältnis der Wohnfläche aufzuteilen. Selbstverständlich muss aber auch im Einzelfall auf den Unterschied und die unterschiedliche Wertverbesserung und die unterschiedlichen Nutzen für die jeweiligen Wohnungen abgestellt werden, wenn z.B. Maßnahmen in einer Wohnung umfangreicher sind als in einer anderen Wohnung. Insoweit kann auch eine Verteilung nach Anzahl der Wohnungen oder aber nach Anzahl der einzelnen Maßnahmen gerechtfertigt und billig sein. Unberücksichtigt lassen kann der Vermieter aber immer die Verteilung der Kosten in unterschiedlichem Gebrauchswert.[276] 239

Im Allgemeinen spricht gegen eine Verteilung nach dem unterschiedlichen Gebrauchswert nichts. Es wird allerdings in der Realität kaum möglich sein, einen angemessenen und akzeptablen Verteilungsschlüssel nach dem unterschiedlichen Gebrauchswert zu finden, der die Verteilung für die Mieter nachvollziehbarer macht. 240

So lässt sich nicht prinzipiell argumentieren, dass ein Erdgeschossbewohner kein Interesse an einer Fahrstuhlnutzung hat, wenn der Fahrstuhl in den Keller geht. Auch hier wäre ein objektiver Gebrauchswert gegeben. Nur wenn der Erdgeschosswohner von dem Fahrstuhl überhaupt keinen Nutzen hätte, wurde sich ein Umlageschlüssel nach Gebrauchswert nachvollziehen lassen. 241

bb) Vom Mietzuschlag abzuziehende Beträge. Der Gesetzgeber hat in § 559a BGB eine **Anrechnungspflicht für bestimmte finanzielle Förderungsmaßnahmen** durch öffentliche Zuschüsse, zinsverbilligte Darlehen oder Ähnliches geregelt. 242

Voraussetzung ist, dass die öffentlichen Mittel auch Zuschüsse zu der Baumaßnahme im Sinne des § 559 BGB sind. Maßgeblich ist dabei allein der Verwendungszweck der Gelder, nicht die tatsächliche Verwendung. Eine Anrechnung ist vorzunehmen, wenn die Kosten der Baumaßnahme ganz oder wenigstens zum Teil durch zinsverbilligte oder zinslose Darlehen aus öffentlichen Haushalten gedeckt werden, oder wenn hinsichtlich der laufenden Aufwendungen Zuschüsse oder Darlehen zu deren Deckung gewährt werden. Ebenso werden die Mittel aus öffentlichen Haushalten, Mieterdarlehen, Mietvorauszahlungen sowie andere Leistungen von Dritten für den Mieter behandelt. Zahlungen, die ein Dritter als Zuschuss für die Kosten der Baumaßnahme leistet, sollten selbstverständlich auch Auswirkungen auf den Mieter im Rahmen der anrechenbaren Kosten haben, da ja dieser Kostenzuschuss zur Verringerung der Belastung des Mieters gewährt wurde. § 559a BGB unterscheidet insoweit bei der Berechnung der Beträge nach den Arten der Forderung. So ist bei zinsverbilligten Darlehen die jährliche Zinsersparnis zu errechnen. Hierfür ist die prozentuale Zinsverbilligung zu ermitteln, die sich aus einem Vergleich des Zinssatzes für erstrangige Hypotheken 243

---

[275] Schmidt-Futterer/*Börstinghaus* § 559 BGB Rdnr. 169.
[276] Schmidt-Futterer/*Börstinghaus* § 559 BGB Rdnr. 173.

zum Zeitpunkt der Beendigung der Baumaßnahme auf dem freien Markt zum Zeitpunkt der Beendigung der Baumaßnahme, mit dem tatsächlich vom Vermieter bezahlten Zinssatz ergibt. Die ermittelte prozentuale Zinsverbilligung ist dann auf den maßgeblichen Darlehensbetrag anzuwenden. Als Ergebnis würde also ein Vermieter ein Darlehen von 100.000,- € zu einem Prozentsatz von 5% erhalten, während der übliche Zinssatz der erstrangig abgesicherten Darlehen zum maßgeblichen Zeitpunkt bei Beendigung der Baumaßnahme 9% beträgt. Dann berechnet sich der Kürzungsbetrag 9% abzüglich 5%, ergibt 4%; 4% von 100.000,- € sind 4.000,- € so dass bei einem derartigen Fall der Vermieter vom Jahresbetrag einer nach § 559a Abs. 2 S. 1 BGB möglichen Mieterhöhung 4.000,- € abziehen müsste.

244 Bei einem anrechenbaren Bauaufwand von 200.000,- € kann er deshalb die Jahresmiete des Gesamtobjekts nicht um 22.000,- € erhöhen (= 11% von 200.000,- €), sondern um 4.000,- weniger, also um 18.000,- €.

245 Ebenso verhält es sich bei den nach § 559a Abs. 2 S. 4 BGB zu berücksichtigenden Aufwendungszuschüssen. Wie voranstehend ausgeführt, sind auch Aufwendungszuschüsse unmittelbar von dem Jahresumlagebetrag abzuziehen. Wenn also der Vermieter für eine Modernisierung 100.000,- € aufgewendet hat und einen Aufwendungsersatzzuschuss von 10% der insoweit angefallenen Baukosten erhalten hat, dann ist gem. § 559a Abs. 2 S. 4 BGB die jährliche Mieterhöhung von 11.000,- € um 10.000,-€ zu kürzen, so dass der Vermieter nur noch einen Betrag in Höhe von 1.000,- € gem. § 559a Abs. 2 S. 4 BGB auf den Mieter umlegen kann.

246 Zu berücksichtigen ist insbesondere, für welche Wohnung der Zuschuss bezahlt worden ist. Kann der Zuschuss nicht einer Wohnung zugeordnet werden, so sind die Zuschüsse nach dem Verhältnis der aufzuwendenden Kosten zu verteilen. Ebenso ist zu verfahren bei einem Aufwendungsdarlehen. Bei diesem hat der Vermieter keinen Zuschuss zu laufenden Aufwendungen erhalten, sondern der Zuschuss besteht darin, dass ihm zur Finanzierung der laufenden Aufwendung ein zinsverbilligtes Darlehen gewährt wird, so dass die Förderung des Vermieters allein in dieser Zinsersparnis besteht. Insoweit ist auch nur diese Zinsersparnis von der möglichen Jahresmieterhöhung in Abzug zu bringen.

247 Der Vermieter ist aber nicht verpflichtet, für die Modernisierung öffentliche Mittel zu beantragen.[277]

248 Bei den so genannten „verlorenen Baukostenzuschüssen" ist der gesamte Baukostenvorschuss von den aufgewendeten Kosten abzuziehen, so dass die Mieterhöhung von vornherein auf Grund des Abzug des Zuschusses niedriger ausfällt.

249 **d) Hinweispflicht des Vermieters.** Des Weiteren ist zu beachten, dass der Vermieter im Vorfeld dem Mieter die zu erwartende Erhöhung des Mietzinses nach § 554 Abs. 3 S. 1 BGB mitgeteilt haben muss und dies tatsächliche Mieterhöhung nicht mehr als 10% nach oben von der mitgeteilten abweichen darf. Ansonsten verschiebt sich gem. § 559b Abs. 2 S. 2 BGB der Wirkungszeitpunkt der Mieterhöhung um 6 Monate, so dass, wenn dieser Hinweispflicht nicht Genüge getan worden ist, die Wirkung der Mieterhöhung erst ab dem 8. Monat, der nach dem Zugang eines Erhöhungsverlangens folgt, eintritt.

250 Dies gilt natürlich auch, wenn der Vermieter überhaupt keine Modernisierungsankündigung gem. § 554 Abs. 3 S. 1 BGB vorgenommen, der Mieter aber Modernisierungsmaßnahmen geduldet hat, weil dann ja auch die vorausgehende Hinweispflicht des Vermieters fehlt. Die Hinweispflicht entfällt, wenn es sich um eine Bagatellmaßnahme handelt. Dies ergibt sich zwar nicht unmittelbar aus § 559b Abs. 2 S. 2 BGB, aber aus einer Auslegung nach Sinn und Zweck,[278] denn § 559b Abs. 2 S. 2 BGB will für ein Fehlverhalten des Vermieters eine Sanktion aussprechen.

251 Auch bloße formelle Unwirksamkeitsgründe bei der Ankündigungserklärung des § 559b Abs. 2 S. 2 BGB führen nicht zur Verlängerungswirkung, denn § 559b Abs. 2 S. 2 BGB will nur die fehlende Ankündigung der Mieterhöhung sanktionieren, nicht aber eine formell unrichtige Ankündigung.

---

[277] AG Miesbach WM 81, 416.
[278] Schmidt-Futterer/*Börstinghaus* § 559 BGB Rdnr. 20.

e) Anforderungen an das Mieterhöhungsverlangen. Die Mieterhöhungserklärung gem. 252
§ 559 b BGB ist ebenso wie die Kündigung eine einseitige, empfangsbedürftige Willenserklärung mit rechtsgestaltender Wirkung. Sie führt also im Gegensatz zu §§ 558 ff. BGB, wo der Vermieter erst einen Anspruch auf Zustimmung zu seinem Verlangen geltend macht, unmittelbar durch die Erklärung selbst bereits zu einer Erhöhung der Miete.

aa) Inhalt. § 559 b Abs. 1 BGB setzt voraus, dass in der Erhöhungserklärung die Erhöhung selbst anhand der entstandenen Kosten berechnet und entsprechend ihren Voraussetzungen nach § 559 und § 559 a BGB erläutert wird. In Abweichung von der normalerweise im BGB geregelten Schriftform lässt § 550 Abs. 2 BGB das Fehlen der Unterschrift des Vermieters dann zu, wenn die Erhöhungserklärung mit Hilfe einer automatischen Einrichtung gefertigt ist. 253

Eine Erhöhungserklärung, die nicht diesen formalen Voraussetzungen des § 559 b BGB entspricht, ist **nichtig**.[279] In diesem Fall kann ein Mieter Zahlungen, die auf Grund einer solchen Erklärung erbracht wurden, zurückverlangen.[280] Zu prüfen ist hier jedoch immer, ob nicht durch mehrmalige Zahlung auf die einseitige nichtige Mieterhöhungserklärung in Verbindung mit anderen Umständen durch konkludente Willenserklärung ein Mietabänderungsvertrag zustandegekommen ist.[281] 254

Eine einmal unwirksame Mieterhöhung ist **nicht heilbar.** Es bleibt dem Vermieter zwar unbenommen, eine neue Mieterhöhungserklärung zu erstellen. Es verschiebt sich dann aber der Zeitpunkt der Wirksamkeit der Mieterhöhung. 255

Der BGH hat entscheiden, dass die Mieterhöhung vollständig neu vorgenommen werden muss.[282] 256

Hat ein Mieter auf deine derartige unwirksame Mieterhöhung bezahlt, kann er die zu Unrecht bezahlten Beträge zurückfordern.[283] 257

Es gibt jedoch **keine Frist**, innerhalb derer die Erhöhungserklärung abgegeben werden muss, so dass ein Vermieter auch noch längere Zeit, solange keine Verwirkung gegeben ist, nach Durchführung der Modernisierungsarbeiten die Mieterhöhung gem. § 559 BGB aussprechen kann. Eine Mieterhöhung gem. § 559 BGB ist jedoch nicht mehr möglich, wenn in der Zwischenzeit bereits eine Mieterhöhung nach § 558 BGB auf der Basis der modernisierten Wohnung durchgeführt wurde. 258

Eine Mieterhöhung kann **frühestens nach Abschluss der baulichen Maßnahmen** gestellt werden. Dies folgt daraus, dass Voraussetzung für das Erhöhungsrecht ist, dass bauliche Maßnahmen auch tatsächlich durchgeführt worden sind. 259

Die Mieterhöhungserklärung nach § 559 BGB selbst muss, wie bereits ausgeführt, eine **in sich nachvollziehbare Errechnung des Erhöhungsbetrages** beinhalten. Das bedeutet, dass die Erklärung so gehalten sein muss, dass eine überschlägige Überprüfung des begehrten Mieterhöhungsbetrages dem Mieter ohne besondere Kenntnisse auf dem Gebiet der Rechnungsprüfung und ohne jegliche weitere Einsicht in Belege möglich ist.[284] 260

Insoweit müssen die gesamten **Grundlagen der Berechnung** angegeben werden, d. h. sämtliche für den Mieter notwendige Positionen spezifisch berechnet werden. Eine bloße Bezugnahme genügt nicht, wenn die Rechnung nicht beigefügt ist. Demzufolge müssen die Positionen der Rechnung, auf die Bezug genommen wird, ebenfalls aus der Erhöhungsberechnung selbstständig hervorgehen. 261

Des Weiteren ist es immer erforderlich, die jeweiligen **Gesamtkosten** der Maßnahme anzugeben. Es reicht nicht aus, dass bei Maßnahmen, die einen Gesamtwert mit mehreren Wohnungen betreffen, lediglich die Positionen, die sich auf die Wohnung des Mieters beziehen, herausgenommen werden. 262

---

[279] LG Stralsund WuM 1997, 271; AG Lüdenschein WuM 1997, 438; Schmidt-Futterer/*Börstinghaus* § 559 b BGB Rdnr. 7; Bub/Treier/*Schultz* III. A Rdnr. 566.
[280] Schmidt-Futterer/*Börstinghaus* § 559 b BGB Rdnr. 7; LG Dresden WuM 1998, 216, 217.
[281] LG Leipzig ZMR 1999, 767.
[282] BGH WuM 2006, 157
[283] LG Bautzen WuM 2007/497, LG Dresden WuM 98, 216.
[284] LG Dresden WuM 1998, 216, 217; LG Görlitz WuM 1999, 44; Schmidt-Futterer/*Börstinghaus* § 559 b Rdnr. 9.

263 Außerdem muss, wenn mehrere Modernisierungsmaßnahmen auf einmal durchgeführt werden, eine differenzierte Darstellung der Kosten bezüglich der **verschiedenen einzelnen Modernisierungsmaßnahmen** vorgenommen werden. Das geht soweit, dass innerhalb der einzelnen Modernisierungsmaßnahme auch nach einzelnen Gewerken zu trennen ist, also z. B. Tapezier- und Malerarbeiten, Verputzarbeiten, Maurerarbeiten, Elektroinstallationsarbeiten, Sanitärinstallationsarbeiten usw.

264 Niemals ausreichend wäre die bloße Angabe eines Gesamtbetrages, da dies dann keine Berechnung darstellen würde und der Gesamtbetrag in sich nicht überprüfbar wäre.[285]

265 Zu einer ordnungsgemäßen Berechnung gehört bei der Verteilung von Maßnahmen auf mehrere Wohnungen auch die **Angabe des Verteilungsschüssel** und die Darlegung, wie sich der Verteilerschlüssel zusammensetzt.

266 Umstritten ist, ob der Vermieter in einem Mieterhöhungsverlangen auch jeden einzelnen **Rechnungsbetrag** nach **Rechnungsdatum** und bauausführendem Unternehmen anzugeben hat,[286] oder ob, wie bei der Nebenkostenabrechnung, der Mieter nur durch eine geordnete Zusammenstellung der Gesamtkosten sowie Angabe und Erläuterung des Verteilerschlüssels und der Berechnung des Anteils, der auf den Mieter fällt, in die Lage versetzt werden soll, die Rechnung nachzuvollziehen.[287]

267 Eine Beifügung von **Belegen** ist für die Wirksamkeit der Erhöhungserklärung nicht Voraussetzung. Der Mieter hat aber immer ein Einsichtsrecht in die Belege gem. § 259 BGB.

268 Des Weiteren muss der Vermieter die Mieterhöhung nicht nur für den Mieter nachvollziehbar berechnen, sondern er muss sie auch – so die ausdrückliche Regelung in § 559 b Abs. 1 BGB – erläutern.

269 Der Begriff „Erläuterung" ist nach Sinn und Zweck der Verpflichtung, die der Gesetzgeber hier dem Vermieter auferlegt hat, auszulegen, d. h. unter Erläuterung ist die Gesamtheit der Informationen zu verlangen, die ein Mieter benötigt, um allein qualifiziert überprüfen zu können, ob ein berechtigter Anspruch vorliegt. Der Mieter soll durch die Erläuterung überprüfen können, ob die Tatbestandsmerkmale des § 559 BGB erfüllt sind. Zu erläutern ist also zunächst die Bauart, Umfang der baulichen Maßnahme bzw. welche Energie- und Wassereinsparung die zu erwartende mengenmäßige Einsparung gegebenenfalls unterstützt durch technische Daten der eingebauten Materialien ergibt. Des Weiteren sind natürlich auch die Kürzungsbeträge anzugeben, was sich unmittelbar aus § 559 b Abs. 1 BGB ergibt, denn danach sind alle Voraussetzungen des §§ 559 und 559 a BGB „zu erläutern", wozu eben auch die Kürzungsbeträge nach § 559 a BGB gehören.[288] Der zu zahlende Erhöhungsbetrag ist exakt in Euro anzugeben. Die bloße Berechenbarkeit oder Bestimmbarkeit des Erhöhungsbetrages genügt nach allgemeiner Meinung in Literatur und Rechtsprechung nicht. Es reicht deshalb auch nicht die Angabe eines neuen Quadratmeterpreises.[289]

270 *bb) Form.* Wie bereits oben ausgeführt, muss die Mieterhöhungserklärung nach § 559 b Abs. 1 BGB **schriftlich** erfolgen. Insoweit gelten die allgemeinen Regelungen gem. § 126 BGB. Danach wird vorausgesetzt, dass die Urkunde eigenhändig vom Vermieter durch Unterschrift unterzeichnet sein muss und dass bei mehreren Blättern sich zumindest eine Einheit aus fortlaufender Seitenzahl oder fortlaufender Nummerierung einzelner Bestimmungen, einheitlicher grafischer Gestaltung und inhaltlich zusammenhängendem Text oder ähnlichen vergleichbaren Merkmalen zweifelsfrei ergibt.[290] Eine Mieterhöhungserklärung bedarf dann jedoch gem. § 559 BGB unter den Voraussetzungen des § 550 Abs. 2 BGB keiner eigenen Unterschrift.

271 Die Mieterhöhungserklärung gemäß § 559 b BGB muss dann sämtlichen Mietern zugehen. Eine nicht an alle Mieter gerichtete Mieterhöhungserklärung ist unwirksam.

---

[285] LG Frankfurt WuM 1983, 115; LG Berlin GE 1984, 1127.
[286] LG Köln WuM 1989, 308; AG Greifwand WuM 1994, 379; AG Lichtenberg MM 1997, 239; *Sternel* Aktuell Rdnr. 676.
[287] Schmidt-Futterer/*Börstinghaus* § 559 b BGB Rdnr. 12.
[288] Schmidt-Futterer/*Börstinghaus* § 559 b BGB Rdnr. 28.
[289] Schmidt-Futterer/*Börstinghaus* § 559 b BGB Rdnr. 31; a. A. Bub/Treier/*Schultz* III. A Rdnr. 565.
[290] BGH NJW 1998, 58 = NZM 1998, 25; *Sternel* Aktuell Rdnr. 39.

cc) Fälligkeit. Die Erklärung des Vermieters hat gem. § 559 b Abs. 2 BGB zur Folge, dass **mit Beginn des dritten Monats des Zugangs der Erklärung** der erhöhte Mietzins an die Stelle des bislang entrichteten Mietzinses tritt. Da die Mieterhöhungserklärung gem. § 559 b Abs. 2 S. 1 BGB, wie voranstehend ausgeführt, eine einseitige, empfangsbedürftige Willenserklärung ist, greift für die in § 559 b Abs. 2 BGB vom Gesetzgeber verordneten Fälligkeitsfristberechnung § 130 BGB, wie der Gesetzgeber es auch ausdrücklich festgelegt hat, d. h. die Frist beginnt erst mit Zugang der Erhöhungserklärung zu laufen. Geht also eine Erklärung im Verlaufe des Januars einem Mieter zu, erhöht sich der Mietzins automatisch ab 1. 4., vorausgesetzt, die Erhöhung war ordnungsgemäß bereits im Modernisierungsankündigungsschreiben gem. § 554 Abs. 2 bis 5 BGB angezeigt worden.

Fehlt der Hinweis oder liegt eine Abweichung von mehr als 10% vor, so verschiebt sich der wirksame Zeitpunkt, wie bereits oben dargestellt, um 6 Monate, wirkt hier also erst ab dem 8. Monat.

Muster: Mieterhöhungsverlangen nach erfolgter Modernisierung[291]

Einschreiben gegen Rückschein
An ...... (sämtliche Mieter)

Betreff: Modernisierungsmieterhöhung
Sehr geehrte/r Frau/Herr,[292]
unter Vorlage einer auf mich im Original lautenden Vollmacht (Vollmacht aller Vermieter) gebe ich namens und in Vollmacht von ...... (alle Vermieter nennen) nachfolgende Erklärung ab:
Mit Schreiben vom ...... hatte ich (alternativ: mein Mandant) Sie fristgerecht zur Duldung der nachfolgend aufgeführten Modernisierungsmaßnahmen aufgefordert, wobei eine zu erwartende Mieterhöhung von ...... auf ...... zum ...... angekündigt worden war.
Die angekündigten Modernisierungsmaßnahmen im Einzelnen:
– ...... *(einzelne Maßnahmen bitte vollständig und ausführlich darstellen)*
wurden zwischenzeitlich durchgeführt und am ...... abgeschlossen.

Gemäß §§ 559, 559 a und 559 b BGB kann der Vermieter vom Mieter nach erfolgter Modernisierung die Zahlung einer erhöhten Miete verlangen.
Nachdem die Modernisierungsmaßnahmen abgeschlossen sind, darf ich Sie bitten, eine erhöhte Miete in Höhe von ...... statt bislang ...... nebst Nebenkosten wie bisher zu bezahlen. Diese erhöhte Miete schulden Sie ab dem ......, denn gemäß § 559 b Abs. 2 BGB schuldet der Mieter die erhöhte Miete mit Beginn des dritten Monats nach Zugang der Erklärung.
Die Mieterhöhung erläutere und berechne ich Ihnen wie folgt:
......
(Es folgt ausführliche Erläuterung, dass nachhaltige Gebrauchswertverbesserung durch Maßnahme oder nachhaltige Einsparung von Heizenergie erfolgt ist.)
......
Der Mieterhöhung liegen die nachstehend aufgezählten Kostenpositionen für die einzelnen baulichen Maßnahmen zu Grunde, wobei diejenigen Kosten, die Instandhaltung betreffen erkennbar ausgespart und erparste notwendige Instandsetzung jeweils, soweit angefallen, am Ende der Kostenposition in Abzug gebracht worden sind und der jeweilige Erhöhungsbetrag für jede einzelne Maßnahme gesondert errechnet und am Schluss saldiert wurde:
......
(Ausführliche Zusammenstellung von Kostenpositionen für die einzelnen Maßnahmen, wobei Kosten für Instandhaltung nicht angerechnet werden dürfen bzw. ausgespart werden müssen und Kosten für erparste notwendige Instandsetzung in Abzug zu bringen sind und die Berechnung der einzelnen Mieterhöhungsbeträge.)

---

[291] Weitere Muster siehe bei Nies/Gies/*Flintrop* C. V.4 ff.
[292] Bei Mietermehrheit müssen alle Mieter angeschrieben werden.

> Beispiel:
> Einbau einer Hauseingangstür, einbruchsicher mit Sicherheitsverriegelung
>
> - gemäß Rechnung der Firma ......   600,– €
> - hiervon 11%   66,– €
> - aufgeteilt auf die Gesamtfläche des Hauses von 200 qm   0,33 €
> - pro Monat, somit   0,03 €
> - soweit für Ihre Wohnung mit der Wohnfläche 55 qm   1,65 €
>
> ......
>
> Es ergibt sich also aus den Erläuterungen und den Berechnungen eine Mieterhöhung von insgesamt ...... , so dass Sie statt der bisherigen Miete von ...... ab ...... eine neue Miete von ...... nebst Nebenkosten, wie bisher, bezahlen müssen.
> Abschließend darf ich Sie dann noch darauf aufmerksam machen, dass Sie auch bis zum Ablauf des zweiten Monats nach Zugang dieser Mieterhöhung zum Ablauf des übernächsten Monats kündigen können.
> Mit freundlichen Grüßen
>
>   Rechtsanwalt

3. Mieterrechte auf Grund des Mieterhöhungsverlangens

275   **a) Gewährleistungsrecht.** Unabhängig von der Berechtigung und Wirksamkeit einer Mieterhöhung steht dem Mieter natürlich das Recht zu, die Miete zu mindern. Insoweit kann sich auf Grund der Modernisierungsmieterhöhung, die automatisch ab dem Fälligkeitszeitpunkt eintritt, auf Grund der Änderung des Leistungsgefüges ein Minderungsrecht wegen Altmängeln ergeben. Hat ein Mieter länger als 3 Monate die Miete vorbehaltslos bezahlt, seitdem die Mängel vorliegen, scheidet eine Minderung aus. Dieses Minderungsrecht lebt dann aber gerade im Falle der automatischen Erhöhung wieder auf, weil durch die Änderung des Leistungsgefüges der Mieter natürlich auch das Recht haben muss, die erhöhte Miete, zumindest in Höhe des Erhöhungsbetrages zu mindern.

276   Des Weiteren hat der Mieter natürlich sämtliche Gewährleistungs- und Schadensersatzansprüche, falls während der Durchführung der Modernisierung oder während des Zeitraums zwischen der Abgabe der Erhöhungserklärung und dem Wirksamwerden Mängel auftreten.

277   **b) Sonderkündigungsrecht gem. § 561 BGB.** Darüber hinaus hat der Gesetzgeber dem Mieter, nachdem diesem bereits gem. § 554 Abs. 3 S. 2 BGB bei der Durchsetzung der Leistung durch den Vermieter ein Sonderkündigungsrecht eingeräumt wurde, auch im Rahmen der Mieterhöhung ein weiteres Sonderkündigungsrecht eingeräumt. Hat ein Mieter die Frist des Sonderkündigungsrechts gem. § 554 Abs. 3 S. 2 BGB verpasst oder mangels Ersatzwohnraum von seinem Sonderkündigungsrecht bis zum Ablauf der Frist keinen Gebrauch machen wollen, dann steht dem Mieter nochmals ein Sonderkündigungsrecht gem. § 561 BGB zu, sobald ihm die eigentliche Mieterhöhung der Modernisierung zugeht. Auch hier kommt es nicht darauf an, ob die Mieterhöhungserklärung wirksam war oder nicht. Der Mieter ist vielmehr nach Zugang einer Modernisierungsmieterhöhung berechtigt, das Mietverhältnis bis zum Ablauf des 2. Monats nach dem Zugang der Erklärung des Vermieters, das Mietverhältnis außerordentlich zum Ablauf des übernächsten Monats zu kündigen. Hat der Vermieter die zu erwartende Erhöhung des Mietzinses nicht ordnungsgemäß nach § 554 Abs. 2 bis 5 BGB mitgeteilt, oder weicht die tatsächliche Mieterhöhung gemäß dieser Mitteilung mehr als 10% nach oben ab, hat dies entgegen der früheren Rechtslage keine Auswirkungen auf das Sonderkündigungsrecht, da das Sonderkündigungsrecht nicht mehr in Abhängigkeit zum Wirksamwerden der Mieterhöhung steht.

Voraussetzung für eine Kündigung ist aber in allen Fällen, dass der Mieter erst kündigen kann, wenn ihm ein entsprechendes Verlangen des Vermieters zugegangen ist. Eine vor Zugang der Mieterhöhung erklärte Kündigung ist unwirksam.[293] 278

Ein Sonderkündigungsrecht steht dem Mieter auch zu, wenn er sich in einem gekündigten Mietverhältnis, gleichgültig von welcher Seite gekündigt wurde, befindet, und das Mietverhältnis nur nicht beendet ist, ebenso wenn das Mietverhältnis aufgrund Kündigungswiderspruch sich in einer Fortsetzungszeit befindet. 279

Kündigt der Mieter, so tritt dann auch die Mieterhöhung nicht ein (§ 561 Abs. 1 S. 2 BGB). 280

Auch für die Kündigung des Mieters gilt gemäß § 558 Absatz 1 BGB Schriftform. Textform genügt nicht. In der Kündigungserklärung muss der Kündigungswille zum Ausdruck kommen und bedingungsfrei sein. Allerdings muss die Kündigung nicht begründet werden. 281

Setzt der Mieter trotz Kündigung gemäß § 581 BGB nach Kündigungsende das Mietverhältnis fort und widerspricht der Vermieter nicht gemäß § 565 BGB bzw. enthält der Mietvertrag keinen wirksamen Ausschluss des § 545 BGB, wird das Mietverhältnis zu unveränderten Bedingungen fortgesetzt, was aber bedeutet, dass die Mieterhöhung nicht greift. Aufgrund der Kündigung des Mieters ist ja die Wirkung der Mieterhöhung gemäß § 561 Absatz 1 Satz 2 entfallen, so dass das Mietverhältnis mit einer nicht erhöhten Miete fortgesetzt wird.[294] 282

4. Abweichende Vereinbarungen/Ausschlüsse

In den §§ 559, 559a, 559b und 561 BGB ist jeweils im letzten Absatz geregelt, dass abweichende Vereinbarungen zu Lasten des Mieters unwirksam sind, was sich sowohl auf die materiellen als auch formellen Voraussetzungen bezieht.[295] So sind zunächst einmal sämtliche Vereinbarungen unwirksam, die den Vermieter von Teilen oder vollständig von den formellen Voraussetzungen des §§ 559ff. BGB befreien. Dies bezieht sich auf die Form, die Frist und den erforderlichen Inhalt, so dass auch die Berechnungs- und Erläuterungspflicht nicht nachteilig zu Lasten des Mieters eingeschränkt werden kann. 283

Unzulässig sind aber dann auch alle Vereinbarungen, die die materiellen Voraussetzungen des §§ 559ff. BGB zum Nachteil des Mieters umgehen, etwa dergestalt, dass auch Maßnahmen, die nicht unter die Aufzählung des §§ 559ff. BGB fallen, eine Mieterhöhung auslösen oder dass der Umlageprozentsatz von 11% erhöht wird. Insoweit ist auch eine bereits im Mietvertrag angekündigte Modernisierungsmaßnahme, die automatisch einen höheren Mietzins auslöst, als Vereinbarung unwirksam. 284

Zulässig wäre allerdings eine Einigung gem. § 557 Abs. 1 BGB dahingegen, dass die Miete sich wegen einer konkreten baulichen Maßnahme um einen festen Betrag erhöht, wenn diese bauliche Maßnahme erst während der Mietzeit stattfindet. Insoweit kann nach den allgemeinen Grundsätzen eine Vereinbarung durch schlüssiges Verhalten auf Mieterseite zustande kommen. 285

5. Übergangsregelung/Rechtslage vor Inkrafttreten des Mietrechtsreformgesetzes

Auch hier befindet sich die Übergangsregelung in Art. 2 – Änderung des Einführungsgesetzes zum Bürgerlichen Gesetzbuch –. Maßgeblich ist auch hier, ob das Erhöhungsverlangen vor Inkrafttreten dem Mieter zugestellt wurde oder nicht (Art. 229 § 3 Einführungsgesetz zum Bürgerlichen Gesetzbuch). 286

a) Regelungen außerhalb des Bürgerlichen Gesetzbuches. Die maßgeblichen Regelungen für Modernisierungsmieterhöhungen befanden sich vor Inkrafttreten des Mietrechtsreformgesetzes außerhalb des BGB's im sogenannten Miethöhegesetz (MHG). Hier war die maßgebliche Vorschrift, die sowohl die Voraussetzungen für eine Mieterhöhung bei Modernisierung, die Anrechnung von Drittmitteln als auch die Geltendmachung der Miet- 287

---

[293] Schmidt-Futterer/Börstinghaus § 559b BGB Rdnr. 24.
[294] Schmit-Futterer/Börstinghaus § 561 BGB Rdnr. 49 aA Arzt im Münch.Komm. § 561 Rdnr. 11.
[295] Schmidt-Futterer/*Börstinghaus* § 559b BGB Rdnr. 66 und 67.

288   erhöhung sowie ihr Wirksamkeitszeitpunkt regelte in § 3 MHG zusammenfassend geregelt.
288   Das Sonderkündigungsrecht für Mieter, denen eine Modernisierungsmieterhöhung gem. § 3 MHG zugegangen war, befand sich in § 9 MHG.

289   **b) Rechtslage nach §§ 3 bis 9 MHG.** Im Grunde genommen entsprach die Rechtslage vor Inkrafttreten des Mietrechtsreformgesetzes mit kleinen Änderungen weitestgehend der derzeitigen mit der Ausnahme, dass die Vorschriften außerhalb des BGB geregelt waren.

290   Bei der alten Rechtslage war lediglich der Kreis der duldungspflichtigen Modernisierungsmaßnahmen statt auf alle Maßnahmen zur Einsparung aller Arten von Energie **auf Heizenergieeinsparungsmaßnahmen beschränkt.**

291   Des Weiteren war vor Inkrafttreten des Mietrechtsreformgesetzes die Frist für das Wirksamwerden der Mieterhöhung **um einen Monat verkürzt.** Die Erklärung des Vermieters hätte nämlich gem. § 3 Abs. 4 MHG zur Folge, dass vom Beginn des auf die Erklärung folgenden übernächsten Monats der erhöhte Mietzins an die Stelle des bislang entrichteten Mietzinses trat.

292   Des Weiteren war früher ein Sonderkündigungsrecht für einen Mieter, der eine Modernisierungsmieterhöhung gem. § 3 MHG erhielt, gesondert gegenüber anderen Sonderkündigungsrechten ausschließlich für den Fall der Modernisierungsmieterhöhung gem. § 3 MHG in § 9 MHG geregelt. Der Mieter war nach § 9 MHG berechtigt, nach Zugang einer Modernisierungsmieterhöhung das Mietverhältnis spätestens am 3. Werktag des Monats, von dem an der Mietzins erhöht wird, für den Ablauf des übernächsten Monats zu kündigen. Hatte der Vermieter die zu erwartende Erhöhung des Mietzinses nicht ordnungsgemäß gem. § 541 b Abs. 2 S. 1 BGB mitgeteilt, oder wich die tatsächliche Mieterhöhung gemäß dieser Mitteilung mehr als 10% nach oben ab, verschob sich gem. § 3 Abs. 2 S. 2 MHG der Wirkungszeitraum um 6 Monate, was natürlich ebenfalls Auswirkungen auf die Überlegungsfrist hatte, so dass sich hier auch die Überlegungsfrist verlängerte. Die Kündigung wirkte immer zum Ablauf des übernächsten Monats, an dem die Mieterhöhung eintreten sollte.

293   Des Weiteren war früher zusammenfassend in § 10 Abs. 1 MHG geregelt, dass abweichende Vereinbarungen zu Lasten des Mieters bezüglich der Vorschriften des MHG unwirksam waren, was sich ebenfalls sowohl auf die materiellen als auch formellen Voraussetzungen bezog.

§ 24 Betriebs- und Nebenkosten und ihre Abrechnung

Übersicht

	Rdnr.
I. Begriffbestimmung	1
II. Gesetzliche Regelung, § 535 Abs. 1 S. 3 BGB	2/2 a
III. Vertragliche Vereinbarung zur Überwälzung der Betriebskosten auf den Wohnungsmieter, § 556 BGB	3–11
IV. Bruttomiete	12/13
V. Nettokaltmiete	14
VI. Pauschalen	15–19
VII. Umwandlung der Mietstruktur	20–30
VIII. Vorauszahlungen	31–44
IX. Einzelne Betriebskostengruppen	45–150
1. Die laufenden Lasten des Grundstücks, § 2 Ziffer 1 BetrKV	45–49
2. Die Kosten der Wasserversorgung, § 2 Ziffer 2 BetrKV	50–63
3. Die Kosten der Entwässerung, § 2 Ziffer 3 BetrKV	64–66
4. Die Kosten der Straßenreinigung und Müllbeseitigung, § 2 Ziffer 8 BetrKV	67–78
5. Die Kosten des Betriebs des maschinellen Personen- und Lastenaufzugs, § 2 Ziffer 7 BetrKV	79–86
6. Die Kosten der Gartenpflege, § 2 Ziffer 10 BetrKV	87–98
7. Die Kosten der Gebäudereinigung und Ungezieferbekämpfung, § 2 Ziffer 9 BetrKV	99–107
8. Die Kosten der Beleuchtung, § 2 Ziffer 11 BetrKV	108/109
9. Die Kosten der Sach- und Haftpflichtversicherung, § 2 Ziffer 13 BetrKV	110–118
10. Die Kosten für den Hauswart, § 2 Ziffer 14 BetrKV	119–132
11. Die Kosten nach § 2 Ziffer 15 BetrKV	133–138
12. Die Kosten des Betriebs der Einrichtungen für die Wäschepflege, § 2 Ziffer 16 BetrKV	139–141
13. Die Kosten der Schornsteinreinigung, § 2 Ziffer 12 BetrKV	142/143
14. Sonstige Betriebskosten, § 2 Ziffer 17 BetrKV	144–148
15. Betriebskostenmehrbelastungsklauseln	149/150
X. Betriebskostenabrechnung	151–290
1. Passivlegitimation	151–154
2. Form der Abrechnung	155–158
3. Grundsatz der Wirtschaftlichkeit	159–165
4. Materielle Anforderungen	166–180
5. Belege und Prüfungsrecht	181–191
6. Abrechnungsfrist, Abrechnungszeitraum und Ausschlussfristen	192–234
7. Verjährung und Verwirkung	235–240
8. Prüfungsfrist und Ausgleich des Saldos	241–246
9. Leerstände	247–253
10. Abrechnung nach Wirtschaftseinheit	254–257
11. Umlageschlüssel	258–281
12. Kosten bei Mieterwechsel während der Abrechnungsperiode	282–285
13. Übergangsvorschriften	286–288
14. Zwangsvollstreckung	289
15. Streitwert	290
XI. Besonderheiten bei der Heizkostenverordnung	291–372
1. Geltungsbereich der Heizkostenverordnung	291–303
2. Heizkosten	304–313
3. Verbrauchserfassung	314–322
4. Kostenumlage	323–330
5. Heizkostenabrechnung	331–346
a) Betretungsrecht des Vermieters und Ablesung	331–335
b) Abrechnung	336–346
6. Einführung von Wärmecontracting	347–357
7. Mängel und Fehlerquellen der verbrauchsabhängigen Heizkostenabrechnung	358–372

Schrifttum: *Börstinghaus,* Aktuelles zur verbrauchsabhängigen Heizkostenabrechnung, MDR 2000, 1345; *ders.,* Umlagefähigkeit von Kompostabfuhrkosten, NZM 1998, 62; *ders./Hannig,* Euro-Umstellung im Miet- und Wohnungseigentumsrecht, 2000; *Both,* Umlage von Müllgebühren auf den Mieter von Wohnraum, NZM 1998, 457; *Derleder,* Die mietvertragsrechtlichen Voraussetzungen und Folgen des Outsourcing hinsichtlich der Wärmelieferung des Wohnungsvermieters, WuM 2000, 3; *Eisenschmid/Rips/Wall,* Betriebskosten-Kommentar, 2. Aufl. 2006; *Gather,* Die rückwirkende Erhöhung und nachträgliche Einführung von Betriebskosten, DWW 2000, 299; *Gruber,* Heizkostenabrechnung und Nichterfassung des Verbrauchs, NZM 2000, 842; *Jendrek,* Mietrecht und Versicherungsrecht, NZM 2003, 697; *Kossmann,* Handbuch der Wohnraummiete, 5. Aufl. 2000; *Lammel,* Wohnraummietrecht, 1998; *Langenberg,* Betriebskostenrecht der Wohn- und Gewerberaummiete, 4. Aufl. 2006; *ders.,* Die neuen Verordnungen zur Berechnung der Wohnfläche und zu den Betriebskosten, NZM 2004, 41; *ders.,* Ungelöste Fragen der Umlage und Abrechnung von Betriebskosten, NJW 2008, 1269; *Ludley,* Folgen des vorbehaltslosen Ausgleichs eines Betriebskostensaldos, NZM 2008, 72; *Peruzzo,* Heizkostenabrechnung nach Verbrauch, 5. Aufl. 1996; *v. Seldeneck,* Betriebskosten im Mietrecht, 1999; *Schmid,* Energiecontracting von Zentralheizung auf Fernwärme, NZM 2000, 25; *ders.,* Handbuch der Mietnebenkosten, 4. Aufl. 1998; *ders.,* Nebenkostenumlegung bei Erfassungsmängeln, NZM 1998, 499; *ders.,* Übergang zur Wärmelieferung und Mietrecht, DWW 2000, 147; *ders.,* Zur Kostenumlegung bei Übergang zur Wärmelieferung, WuM 2000, 339; *ders.,* Die Umlegung von „Nutzerwechselgebühren" auf den Wohnraummieter, NZM 2008, 762; *Streyl,* Darlegungs- und Beweislast bei Verletzung des Wirtschaftlichkeitsgebots, NZM 2008, 23; *Tiefenbacher,* Einführung von Wärmecontracting in bestehende Mietverhältnisse bei bislang vermieterseitig beheizter Wohnung, NZM 2000, 161; *Sternel,* Mietrecht, 3. Aufl. 1988; *ders.,* Mietrecht aktuell, 3. Aufl. 1996; *Wall,* Die Änderungen des Betriebskostenrechts durch die neue Betriebskostenverordnung, WM 2004, 10; *Weyhe,* Aktuelle Entwicklungen im Mietrecht, MDR 2000, 742.

I. Begriffsbestimmung

1   Was unter Betriebskosten zu verstehen ist, ist im Gesetz definiert. **Seit dem 1. 1. 2004 gilt die Betriebskostenverordnung.**[1] Betriebskosten sind die Kosten, die dem Eigentümer oder Erbbauberechtigten durch das Eigentum oder Erbbaurecht am Grundstück oder durch den bestimmungsgemäßen Gebrauch des Gebäudes, der Nebengebäude, Anlagen, Einrichtungen und des Grundstücks laufend entstehen. Sach- und Arbeitsleistungen des Eigentümers oder Erbbauberechtigten dürfen mit dem Betrag angesetzt werden, der für eine gleichwertige Leistung eines Dritten, insbesondere eines Unternehmers, angesetzt werden könnte; die Umsatzsteuer des Dritten darf nicht angesetzt werden, § 1 Abs. 1 BetrKV. Über § 556 Abs. 1 BGB gilt diese Begriffsbestimmung für die Mietverhältnisse über preisfreien Wohnraum.
   Zu den Betriebskosten gehören nicht:
   - die Kosten der zur Verwaltung des Gebäudes erforderlichen Arbeitskräfte und Einrichtungen,
   - die Kosten der Aufsicht,
   - der Wert der vom Vermieter persönlich geleisteten Verwaltungsarbeit,
   - die Kosten für die gesetzlichen oder freiwilligen Prüfungen des Jahresabschlusses,
   - die Kosten für die Geschäftsführung (Verwaltungskosten) und
   - die Kosten, die während der Nutzungsdauer zur Erhaltung des bestimmungsmäßigen Gebrauchs aufgewendet werden müssen, um die durch Abnutzung, Alterung oder Witterungseinwirkung entstehenden baulichen oder sonstigen Mängel ordnungsgemäß zu beseitigen (Instandhaltungs- und Instandsetzungskosten).
   Weist ein nach dem 1. 9. 2001 – d. h. nach Inkrafttreten der Mietrechtsreform – abgeschlossener Mietvertrag im Hinblick auf die Vereinbarung einer Umlage einen Bezug zu § 556 Abs. 1 BGB auf, ist die neue Betriebskostenverordnung uneingeschränkt seit dem 1. 1. 2004 Vertragsbestandteil. § 556 Abs. 1 BGB enthält einen Verweis auf § 19 Abs. 2 WoFG und dieser in Satz 2 auf die mit Zustimmung des Bundesrates zu erlassende Betriebskostenverordnung. Die bis zu deren Erlass bestehende Lücke war vorübergehend durch § 27 der 2. BVO ausgefüllt worden.[2]

---

[1] BGBl. 2003 I S. 2346.
[2] *Langenberg* NZM 2004, 41, 47.

Liegt ein älterer oder ein nach dem 1. 1. 2004 geschlossener Mietvertrag vor, der auf § 27 der 2. BVO Bezug nimmt, ist der darin enthaltene Katalog der Betriebskosten vereinbart und damit seinem Umfang nach festgelegt. Demgemäß verbietet es sich dem Vermieter, die neu in die Betriebskostenpositionen aufgenommenen Änderungen in den Vertrag einzuführen und die damit verbundenen Mehrkosten umzulegen. Der Vermieter ist also auf den Umfang der umlagefähigen Betriebskosten beschränkt, wie dies zwischen den Parteien vereinbart ist und der Aufstellung des § 27 der 2. BVO entspricht.

II. Gesetzliche Regelung, § 535 Abs. 1 S. 3 BGB

§ 535 BGB bezieht sich auf alle Verbindlichkeiten, die der Vermieter grundsätzlich tragen muss und die auf der Sache selbst ruhen.[3] Dabei kann es sich um öffentlich-rechtliche Lasten wie Grundsteuer, kommunale Abgaben für Müllabfuhr, Schornsteinfegergebühren oder Straßenreinigungskosten handeln. Ferner werden von § 535 BGB privatrechtliche Lasten erfasst wie Kapitalkosten, Reallasten und Dienstbarkeiten.[4] Teilweise überschneiden sich die Kreise des § 535 BGB und der BetrKV. Öffentliche Lasten wie Grundsteuer, Müllgebühren, Beiträge zur gesetzlichen Feuerversicherung des Eigentümers stellen gleichzeitig Betriebskosten im Sinne der BetrKV dar. Zu den Betriebskosten zählen andererseits nicht die Erschließungskosten. Demgegenüber gehören Betriebskosten, die auf Grund persönlicher Verpflichtung des Vermieters entstehen, etwa Kosten für den Hausmeister, Beleuchtungskosten, Heizungs- und Warmwasserkosten, nicht zu den Lasten des § 535 BGB. Angesichts dieser relativen Unübersichtlichkeit ist eine Vereinbarung, derzufolge der Mieter „alle Lasten trägt/übernimmt", mangels Bestimmtheit unwirksam.[5] Da nach der gesetzlichen Grundregel der Vermieter die Lasten der Sache zu tragen hat, besteht aus der Sicht des Vermieters ein starkes Interesse, soweit wie rechtlich möglich die Lasten auf den Mieter abzuwälzen.

Die Vorschriften der BetrKV selbst sind in sich nicht widerspruchsfrei. Nach § 1 Abs. 2 BetrKV sollen die Verwaltungs-, Instandhaltungs- und Instandsetzungskosten von den umlagefähigen Betriebskosten ausgenommen sein; allerdings sind nach dem Aufstellungskatalog des § 2 BetrKV in bestimmten Fällen derartige Kosten ausdrücklich als umlagefähig bezeichnet worden.[6] Die Kosten der Verbrauchserfassung und Aufteilung für Kaltwasser, Heizung/Warmwasser, oder Müll sind als Verwaltungskosten im Sinne des § 1 Abs. 2 Nr. 1 BetrKV zu qualifizieren, ferner die Kosten für Aufbereitungsstoffe der Wasseraufbereitungsanlage, der Erneuerung von Pflanzen, Gehölzen und Spielsand als Instandhaltungs- bzw. als Instandsetzungskosten im Sinne des § 2 Abs. 2 Nr. 2 BetrKV.

III. Vertragliche Vereinbarung zur Überwälzung der Betriebskosten auf den Wohnungsmieter, § 556 BGB

§ 556 Abs. 1 BGB gestattet den Vertragsparteien, alle bisherigen zulässigen Mietstrukturen zu vereinbaren, also Brutto- und Bruttokaltmiete, ferner Teilinklusiv- und Nettomieten einschließlich Betriebskostenpauschale oder Vorauszahlungen.[7]

Für eine Überwälzung der Betriebskosten auf den Mieter ist eine **ausdrückliche und eindeutige Vereinbarung** notwendig.[8] Der Mieter muss klar feststellen können, mit welchen Betriebskosten er zu rechnen hat.[9] Die Klausel „Mieter trägt die üblichen Nebenkosten" ist zu

---

[3] BGH NJW 1980, 2465.
[4] *Sternel* III 295.
[5] OLG Düsseldorf ZMR 2000, 603; LG Aachen WuM 1980, 112; LG Aachen Urt. v. 23. 2. 2001 – 5 S 360/00 – NZM 2001, 707; *Sternel* III 295.
[6] *Langenberg* NZM 2004, 41, 46.
[7] *Langenberg* NZM 2001, 783, 784.
[8] OLG Köln WuM 1991, 357; OLG Frankfurt NZM 2000, 757; OLG Düsseldorf ZMR 2000, 603; LG Saarbrücken NZM 1999, 408, 409, Wetekamp, Kap. 6, Rdnr. 1.
[9] LG Saarbrücken NZM 1999, 458; AG Bad Mergentheim WM 1997, 439; *Schmid* NZM 2002, 483.

unbestimmt;[10] entsprechendes gilt für die Formulierung, wonach der Mieter „sämtliche Nebenkosten" zu tragen hat. Enthält der Mietvertrag eine beispielhafte Aufzählung, die mit dem Zusatz „u.a., etc." versehen ist, können die im Mietvertrag nicht aufgeführten Betriebskosten nicht auf den Mieter umgelegt werden, nur diejenigen, die beispielhaft aufgezählt worden sind.[11]

Eine Aufzählung von Betriebskosten im Mietvertrag wirkt abschließend.[12] Werden im Mietvertrag Vorauszahlungsbeträge für einzelne der vorgedruckten Betriebskostenpositionen eingetragen, kann es für die Umlage weiterer Betriebskosten an einer erforderlichen klaren Vereinbarung fehlen.[13] Nicht ausgeschlossen ist in diesem Zusammenhang die Möglichkeit, eine Umlegbarkeit bestimmter Betriebskostenpositionen zu vereinbaren, ohne Vorauszahlungen zu erheben

Angesichts § 556 Abs. 1 BGB reichte eine Bezugnahme auf die nicht dem Wohnungsmietvertrag beigefügte Anlage 3 zu § 27 der 2. BVO für eine formularvertragliche Einbeziehung in den Mietvertrag aus.[14] Nach Inkrafttreten der Betriebskostenverordnung ab 1.1.2004 ist eine Bezugnahme auf die Betriebskosten im Sinne des § 2 BetrKV ausreichend, um eine Umlagefähigkeit der Betriebskosten sicher zu stellen. Zu empfehlen ist die Formel „Neben der Miete sind monatlich die Kosten für Betriebskosten gemäß § 2 BetrKV zu zahlen". Einer zusätzlichen Erläuterung des Betriebskostenkatalogs bei Vertragsschluss oder der Beifügung eines Abdrucks bedarf es nicht. Allerdings sollte aus Gründen verstärkter Akzeptanz dem Mietvertrag ein Betriebskostenkatalog beigefügt werden.[15] Die Formel lässt nach ihrem objektiven Inhalt keine Zweifel, welche Betriebskosten der Mieter zu zahlen hat und welche nicht. Der Begriff „Betriebskosten" gehört zum allgemeinen Sprachgebrauch, jeder durchschnittliche Mieter besitzt eine Vorstellung über die wesentlichen umlegbaren Betriebskosten und im Text, auf den verwiesen wird, wird keine gesetzliche Bestimmung abbedungen, sondern eine mit der normativen Regelung des § 556 Abs. 1 BGB übereinstimmende Vereinbarung getroffen.[16]

4   Ist im Mietvertrag auf die Betriebskostenverordnung Bezug genommen worden, so werden auch **neu eingeführte Betriebskosten**, die bisher noch nicht Berücksichtigung gefunden hatten, umlagefähig. Dies gilt z.B. für eine Sach- und Haftpflichtversicherung, die bisher noch nicht bestand, nunmehr aber für das Gebäude abgeschlossen worden ist.[17] Entsprechendes gilt für die Kosten eines Hausmeisters, den der Vermieter während eines bestehenden Mietverhältnisses für das Mietobjekt einstellt; diese Kosten sind umlegbar, wenn im Mietvertrag diese Kosten konkret als umlegbar bezeichnet worden sind.[18]

5   Strenge Anforderungen werden an das Vorliegen einer Vereinbarung zur Überwälzung von Betriebskosten auf den Mieter in Form **schlüssigen Verhaltens** gestellt. Entscheidend ist stets, dass ausreichend Tatsachen zur Verfügung stehen, die einen Rückschluss auf das Vorhandensein eines Änderungswillens auf beiden Vertragsseiten zulassen. Aus der bloßen Zahlung nicht geschuldeter Betriebskosten kann nicht auf eine stillschweigende Abänderung des Vertrages geschlossen werden; durch bloße Zahlungen auf vertragswidrig abgerechnete Betriebskosten wird der Mietvertrag nicht geändert. Dies gilt selbst für Zahlungen über längere Zeiträume und namentlich auch dann, wenn der Mieter aus Rechtsirrtum Zahlungen erbracht hat,[19] es fehlt nämlich an den Voraussetzungen für eine vertragsändernde Willenserklärung.

---

[10] OLG Celle WuM 1983, 291; *Langenberg*, Erstattung der Nebenkostenvorauszahlungen bei unklarer Formularvertragslage NZM 2000, 801.
[11] AG Düsseldorf WuM 1985, 366.
[12] LG Frankfurt WuM 1986, 33.
[13] AG Freiburg WuM 1990, 84, 85.
[14] OLG Hamm NZM 1998, 186; OLG Frankfurt NZM 2000, 757; Emmerich/Sonnenschein/*Weitemeyer* § 556, 30; *Kossmann* S. 138.
[15] Nies/Gies/*Wetekamp* A. III. 6 Ziffer 3.
[16] LG Augsburg ZMR 1989, 307 zu § 4 MHG a.F.
[17] BGH NZM 2006, 896; Blank, Sach- und Haftpflichtversicherung als neue umlagefähige Betriebskosten, NZM 2007, 233.
[18] AG Berlin-Neukölln NZM 2008, 127.
[19] LG Hamburg und LG Itzehoe WuM 1985, 367; LG Darmstadt WuM 1989, 582.

In der **Übersendung einer vom Mietvertrag abweichenden Betriebskostenabrechnung** liegt 6
nur dann ein schlüssiges Angebot zum Abschluss eines Änderungsvertrages, wenn die Parteien diese Frage zuvor erörtert haben und der Vermieter daraufhin den Eindruck gewinnen konnte, der Mieter sei mit der Erweiterung der Umlagevereinbarung einverstanden.[20] Für eine schlüssige Vereinbarung reicht es nicht aus, dass der Mieter die Abrechnung des Vermieters rechnerisch richtig stellt oder aber die vom Vermieter geforderten Vorauszahlungen entrichtet,[21] denn eine rechtsgeschäftliche Erklärung auf Vertragsänderung ist nicht gegeben.

Allerdings hat der Bundesgerichtshof[22] eine **jahrelange Übung** als ausreichend angesehen 7
(10 Jahre), dass sich die Vertragsparteien stillschweigend darauf geeinigt haben, vom Vermieter in Rechnung gestellte Betriebskosten auf den Mieter abzuwälzen. Das Verhalten des Erklärungsempfängers konnte im zu entscheidenden Fall nur dahingehend ausgelegt werden, dass er mit der Auferlegung bestimmter Betriebskosten einverstanden war. Im zu entscheidenden Fall ging es um die Kosten für eine Reinigung einer Dachrinne, was im Mietvertrag nicht als umlegungsfähig vereinbart war. Durch jahrelange Übung – so der BGH – sei davon auszugehen, dass die Parteien sich stillschweigend darauf geeinigt haben, dass die in Rechnung gestellten Betriebskosten von dem Mieter zu tragen seien. Auch stillschweigend abgegebene Willenserklärungen seien aus der Sicht eines objektiven Erklärungsempfängers auszulegen. Das Zahlen auf die Betriebskostenabrechnungen könne nur dahin verstanden werden, dass der Mieter mit der Auferlegung der fraglichen Reinigungskosten für die Dachrinne einverstanden sei. Diese Auffassung des BGH hat naturgemäß Kritik hervorgerufen und ist unter dem Gesichtspunkt der reinen Lehre über das Zustandekommen vertraglicher Vereinbarungen sehr bedenklich, berührt zudem die Grundfesten des § 812 BGB.[23] Die Rechtsprechung ist in diesem Zusammenhang nicht einheitlich; so hat das Landgericht Heilbronn entschieden, dass zumindest nach der dritten Bezahlung der in Abweichung vom ursprünglichen Mietvertrag aufgestellten Betriebskostenabrechnung angenommen werden müsse, dass der Mieter mit der Einstellung weiterer Nebenkostenpositionen einverstanden sei.[24]

Im Rahmen eines **gewerblichen Mietverhältnisses** hat der Bundesgerichtshof[25] eine Ver- 8
einbarung über die Umlegung zunächst nicht umgelegter Betriebskosten auch stillschweigend durch jahrelange Übung (6 Jahre) angenommen; Voraussetzung war jedoch, dass der Erklärungsempfänger das Verhalten des Handelnden nur dahin verstehen konnte, mit der Abwälzung der Betriebskosten einverstanden zu sein.

Im umgekehrten Fall gelten die gleichen Regeln. Werden **vertraglich vereinbarte Betriebs-** 9
kosten in der Vergangenheit nicht erhoben, kommt es dadurch allein noch nicht zu einer Veränderungsvereinbarung. Die gleichen strengen Anforderungen sind zu erfüllen wie im Falle schlüssiger Vereinbarung weiterer Betriebskosten. Der Vermieter ist grundsätzlich berechtigt, die vertraglich vereinbarten Betriebskosten auch dann zukünftig abzurechnen, wenn er dies zehn Jahre zuvor nicht getan hatte. Für die Vergangenheit ist der Mieter durch die Einrede der Verwirkung weitgehend geschützt. Entscheidend ist auch in diesem Falle, ob ein rechtsgeschäftlicher Änderungswille auf beiden Seiten vorhanden ist.[26] Grundsätzlich hat der Mieter keinen Anlass, in der Abrechnung nur eines Teils der umlegbaren Betriebskosten eine vertragsändernde Willenserklärung des Vermieters zu sehen. Diese Problematik stellt sich insbesondere dann, wenn der Vermieter über längere Zeiträume nicht abgerechnet hat, der über § 566 Abs. 1 BGB an seine Stelle tretende **Erwerber** nunmehr die Betriebskosten in vollem Umfang geltend macht, so wie dies im schriftlichen Mietvertrag vereinbart ist.

Ein rechtsgeschäftlicher Änderungswille ist etwa anzunehmen, wenn der Vermieter in 10
einem Rundschreiben an seine Mieter erklärt, künftig die Kosten der Grundsteuer und

---

[20] *Sternel* Aktuell Rdnr. 757.
[21] LG Hamburg WuM 1988, 347.
[22] BGH NZM 2004, 418.
[23] Vgl. *Kappus,* Schweigen ist Geld – Betriebskostenüberbürdung im Stillen?, NZM 2004, 411.
[24] LG Heilbronn NZM 2004, 459.
[25] BGH NZM 2000, 961, 962.
[26] AG Neuss DWW 1996, 284.

Haftpflichtversicherungen auf die Mieter umzulegen und der Mieter daraufhin jahrelang diese Betriebskosten bewusst zahlt.[27]

Fehlt eine klare Vereinbarung über die abzurechnenden Betriebskosten, ist von einer Inklusivmiete auszugehen, selbst wenn der Mieter einmal eine Betriebskostennachzahlung geleistet hat; darin kann noch keine vertragliche Abänderung der ursprünglichen mietvertraglichen Vereinbarung gesehen werden.[28]

11 Der Mieter stimmt einer Umlage nicht vereinbarter Betriebskosten nicht allein dadurch zu, dass er gegen die in der Vergangenheit ein Guthaben zu seinen Gunsten ergebenden Betriebskostenabrechnungen keine Einwendungen erhebt.[29] Zwar könne ein Änderungsvertrag auch stillschweigend zustande kommen; erforderlich sei aber, dass der Vermieter nach den Gesamtumständen davon ausgehen könne, der Mieter stimme einer Umlage weiterer Betriebskosten zu. Fehlende Beanstandungen reichen für eine Vertragsänderung nicht aus.[30]

IV. Bruttomiete

12 Die vom Mieter zu leistende Miete kann sich aus mehreren Komponenten zusammensetzen. Diese Kalkulationsbestandteile gliedern sich auf in die **Grundmiete** und die **Betriebskosten**. Werden sämtliche Betriebskosten durch einen einheitlichen Mietzins erfasst und abgegolten, liegt eine sog. Bruttomiete vor (Inklusivmiete). Eine derartige Vereinbarung der Struktur ist auch nach der Mietrechtsreform zulässig, § 556 Abs. 2 BGB. Ist eine solche Mietstruktur vereinbart, trägt grundsätzlich der Vermieter das Risiko einer Erhöhung der Betriebskosten.

13 Zu beachten ist, dass im Anwendungsbereich der Heizkostenverordnung den Vermieter gemäß §§ 4 und 6 HeizKVO eine Verpflichtung zur Verbrauchserfassung der Energie für Heizung und Warmwasser trifft bei einer zentralen Heizungs- oder Warmwasseranlage oder bei der Fernlieferung von Wärme oder Warmwasser; die entsprechenden Kosten sind auf die Nutzer umzulegen.

V. Nettokaltmiete

14 Von einer **Nettokaltmiete** wird gesprochen, wenn alle Betriebskosten nach Anlage 3 zu § 27 der 2. BVO aus der Miete herausgerechnet worden und diese Betriebskosten gesondert ausgewiesen sind. Denkbar ist aber auch, dass nur einige Betriebskostenpositionen im Mietvertrag besonders herausgehoben worden sind; in diesem Fall liegt eine **Teilinklusivmiete** vor. Die nicht gesondert erwähnten Betriebskostenanteile sind in der Grundmiete enthalten. Bei einer derartigen Teilinklusivmiete ist eine Erhöhung wegen gestiegener Betriebskosten ausgeschlossen.[31] Allenfalls dann, wenn eine Teilinklusivabrede getroffen worden ist und Betriebskosten nachträglich neu entstehen, können diese im Wege konkludenter Vereinbarung umgelegt oder zum Gegenstand von Vorauszahlungen gemacht werden.

Durch den Begriff der **Kaltmiete** wird klargestellt, dass zu den gesondert ausgewiesenen Betriebskosten auch die Heizkosten gehören, die vom Mieter zu tragen sind.

VI. Pauschalen

15 Die Umlage von Betriebskosten auf den Mieter kann in der Weise vereinbart werden, dass ein fester Betrag als Pauschale gilt, über den nicht im Einzelnen abgerechnet werden muss, § 556 Abs. 2 BGB. In diesem Fall hat grundsätzlich der Vermieter das Risiko einer Kostensteigerung der Betriebskosten zu tragen. Ob eine Pauschale vertraglich gewollt ist, ist durch

---

[27] LG Kassel DWW 1996, 312.
[28] LG Detmold WuM 1991, 701.
[29] BGH NZM 2008, 81.
[30] BGH NJW 2008, 1302; BGH NJW 2008, 283.
[31] BGH NZM 2004, 253; NZM 2004, 218.

Auslegung zu ermitteln. Auszugehen ist vom Wortlaut der vertraglichen Abreden.[32] Liegt ein Klauselwerk vor, gehen Zweifel bei der Auslegung Allgemeiner Geschäftsbedingungen zu Lasten des Verwenders, § 305c Abs. 2 BGB.[33] Bei einer Individualabrede gelten die allgemeinen Auslegungsregeln des BGB. Ein – wenn auch schwaches – Indiz für eine Pauschale kann darin gesehen werden, dass der Nebenkostenanteil des Mieters betragsmäßig bis auf den Cent genau angegeben wird, während ein auf- oder abgerundeter Betrag eher auf eine Vorauszahlung hindeuten kann.[34] Für eine Pauschale spricht die Angabe differenzierter Beträge für einzelne Betriebskostenarten sowie die fehlende Vereinbarung eines Umlageschlüssels.

Aus dem Umstand, dass über längere Zeit nicht über Betriebskosten abgerechnet worden ist, kann sich grundsätzlich nicht ergeben, dass sich die Parteien abweichend von den Formulierungen im Mietvertrag darauf geeinigt hätten, dass die Betriebskosten mit der monatlichen Zahlung pauschal abgegolten sind. Fraglich erscheint nämlich, ob über **das bloße Untätigbleiben** der Parteien hinaus von einem rechtsgeschäftlichen Änderungswillen ausgegangen werden kann. Diese Frage ist nur für den Einzelfall zu entscheiden, bedarf einer sorgfältigen Prüfung der rechtsgeschäftlichen Voraussetzungen und ist einer Verallgemeinerung nicht zugänglich. Nach allgemeinen Grundsätzen lässt die **Unterlassung einer Abrechnung** – auch über mehrere Abrechnungsperioden – noch keinen Rückschluss darauf zu, eine Vertragsänderung sei angestrebt. Werden allerdings über einen Zeitraum von acht Jahren Betriebskostenguthaben entgegengenommen, so kann dies – konkludent – eine Umlegbarkeit der abgerechneten Betriebskosten begründen.[35]

Bei der Vereinbarung einer Pauschale trägt der Vermieter grundsätzlich das Risiko der Kalkulation und ist regelmäßig mit Nachforderungen ausgeschlossen. Eine Erhöhung der Pauschale ist nur kraft Vereinbarung zulässig, die allerdings bereits im ursprünglichen Mietvertrag getroffen werden kann, § 560 Abs. 1 BGB, selbst in einem Klauselwerk.[36] Der Vermieter hat dem Mieter die näheren Umstände der Erhöhung mitzuteilen, § 560 Abs. 1 BGB, wobei sich der Vermieter mindestens der Formvorschrift des § 126b BGB zu bedienen hat. Die Gründe für die Erhöhung sind zu erläutern, so dass der Mieter sie nachvollziehen kann. Eine konkrete Abrechnung ist nicht erforderlich; eine Gegenüberstellung namentlich etwa durch Versorgungsunternehmen erteilter Gebührenbescheide erscheint zweckmäßig. Auch ist dem Mieter ein Recht auf Einsichtnahme in die dem Vermieter vorliegenden Belege zuzubilligen; verweigert der Vermieter die Einsichtnahme, ist eine Erhöhung der Pauschale ausgeschlossen.

Der Mieter schuldet den auf ihn entfallenden Teil der Umlage mit Beginn des auf die Erklärung folgenden übernächsten Monats. Soweit die Erklärung darauf beruht, dass sich die Betriebskosten rückwirkend erhöht haben, wirkt sie auf den Zeitpunkt der Erhöhung der Betriebskosten, höchstens jedoch auf den Beginn des der Erklärung vorausgehenden Kalenderjahres zurück, sofern der Vermieter die Erklärung innerhalb von drei Monaten nach Kenntnis von der Erhöhung abgibt, § 560 Abs. 2 BGB.

Formulierungsvorschlag zur Erhöhung einer Pauschale bei vertraglichem Vorbehalt:

Sehr geehrte(r) ......,

Im Mietvertrag vom 1. 1. 2002 ist vereinbart, dass die Pauschale der Betriebskosten angehoben werden kann durch vertragliche Vereinbarung, wenn sich die Betriebskosten im laufenden Kalenderjahr um mindestens 8% erhöhen. Wie Sie den beiliegenden Kopien des Grundsteuerbescheides sowie der Bescheide über Müllabfuhr, Straßenreinigung und Entwässerung entnehmen, sind diese Positionen im Vergleich zum Vorjahr erheblich angestiegen. Die übrigen Betriebskosten haben sich – nicht – nicht wesentlich – geändert – erhöht. Die Kostensteigerung wird wie folgt deutlich:

---

[32] AG Kempten WuM 1985, 366; *Kossmann* S. 137.
[33] LG Wiesbaden WuM 1987, 274; *Kossmann* S. 137.
[34] *Sternel* III Rdnr. 315.
[35] LG Aachen NZM 2001, 707.
[36] OLG Karlsruhe WuM 1993, 257.

Kostenart	bisher	jetzt
Heizkosten	3.562,61 €	unverändert
Strom	300,79 €	unverändert
Müllabfuhr	662,94 €	967,94 €
Straßenreinigung	61,68 €	171,68 €
Versicherungen	1.962,83 €	unverändert
Hausreinigung/Garten	2.152,03 €	unverändert
Grundsteuer	281,92 €	472,50 €
	9.658,– €	10.563,58 €

Damit haben sich die Kosten im Vergleichszeitraum um mehr als 9% erhöht, so dass nunmehr die Voraussetzungen für eine Anpassung der Pauschale gegeben sind.

Ich bitte Sie höflich, mit Wirkung ab . . . . . . einen zusätzlichen Betrag von . . . . . . als Pauschale auf die Betriebskosten zu zahlen.

Wenn Sie Einsicht in die Betriebskostenunterlagen nehmen wollen, bitte ich um einen kurzen telefonischen Rückruf zwecks Terminsvereinbarung.

Mit freundlichen Grüßen

Ihr Vermieter

Anlagen

VII. Umwandlung der Mietstruktur

20 Bei preisfreiem Wohnraum steht es den Parteien frei, welche Mietstruktur sie vereinbaren. An die einmal getroffene Vereinbarung sind sie jedoch gebunden. Ein Anspruch auf **Änderung der Mietstruktur** besteht grundsätzlich nicht.[37] Dies gilt selbst für den Fall, dass eine Preisbindung endet; auch insoweit bleibt die Mietstruktur erhalten.

21 Allerdings kann bei preisfreiem Wohnraum die einmal vereinbarte Mietstruktur vertraglich abgeändert werden. Diese Vereinbarung kann durch **konkludentes Verhalten** erfolgen; Voraussetzung ist jedoch stets, dass aus dem Verhalten der Parteien auf das Vorliegen eines Erklärungsbewusstseins, also auf eine rechtsgeschäftliche **Willenserklärung** geschlossen werden kann.[38] Das Bewusstsein einer Vertragsänderung kann nicht unterstellt werden, wenn Betriebskosten mehrfach vertragswidrig angefordert und entsprechend geleistet worden sind.[39] Langjährige Praxis allein reicht grundsätzlich nicht aus; in Betracht kommen kann, dass trotz fehlenden Erklärungsbewusstseins eine rechtsgeschäftliche Willenserklärung angenommen wird, wenn der Leistende bei verkehrserforderlicher Sorgfalt hätte erkennen und vermeiden können, dass seine Äußerung nach §§ 157, 242 BGB als Willenserklärung aufgefasst werden durfte und wenn der Empfänger sie auch tatsächlich so verstanden hat.[40] Darauf kann sich aber nicht berufen, wer ein solches Verhalten dadurch ausgelöst hat, dass er sich objektiv nicht vertragsgemäß gezeigt hat, indem er nicht geschuldete Betriebskosten in Rechnung gestellt hat.

22 Eine Änderung der Mietstruktur ist nach § 556a Abs. 2 BGB in einem Ausnahmefall durch einseitige Erklärung des Vermieters möglich. Voraussetzung ist eine Erfassung des unterschiedlichen Verbrauchs oder der unterschiedlichen Verursachung bestimmter Betriebskosten. Entsprechende Messeinrichtungen müssen vorhanden sein.[41] Der Verbrauch muss demgemäß konkret erfasst werden durch etwa Müllmengenzähler, Kaltwasserzähler etc.; die Erklärung des Vermieters ist nur vor Beginn einer Abrechnungsperiode zulässig, § 556a Abs. 2 Satz 2 BGB. Waren die Kosten bisher in der Miete enthalten, so muss diese entsprechend herabgesetzt werden, § 556a Abs. 2 Satz 3 BGB.

---

[37] OLG Hamburg WuM 1983, 49; LG Köln WuM 1985, 313.
[38] LG Mannheim NZM 1999, 365.
[39] LG Offenburg NZM 1999, 171; LG Landau Urt. v. 28. 2. 2001 – 1 S 354/00 – WuM 2001, 613; Emmerich/Sonnenschein/*Weitemeyer* § 556 Rdnr. 34.
[40] BGHZ 109, 177; NJW 1995, 1953.
[41] *Börstinghaus* NZM 2004, 121, 123.

Vereinbaren die Parteien eine Änderung der Mietstruktur, etwa Netto- statt Bruttomiete, 23
macht sich der Vermieter schadensersatzpflichtig, wenn er offenkundig zu niedrige Betriebskostenvorauszahlungen festlegt und den Eindruck erweckt, die Vorauszahlungen deckten im Wesentlichen die Gesamtbelastung ab und der Mieter sich darauf einstellen durfte. Im Sinne von § 249 BGB in Form der Naturalrestitution ist der Mieter so zu stellen, als würden die Vorauszahlungen die Betriebskostenbelastung abdecken. Liegen allerdings keine besonderen Umstände vor, begeht der Vermieter keine Pflichtverletzung beim Vertragsschluss, wenn er mit dem Mieter Vorauszahlungen über Nebenkosten vereinbart, die die Höhe der später anfallenden tatsächlichen Kosten nicht nur geringfügig, sondern auch deutlich unterschreiten.[42] Derartige Umstände könnten vorliegen, wenn der Vermieter dem Mieter bei Vertragsschluss die Angemessenheit der Betriebskostenvorauszahlungen in dem Sinne zugesichert hätte, die Höhe der Vorauszahlungen werde in etwa der Höhe der zu erwartenden Betriebskostenabrechnung entsprechen. Entsprechendes gilt, falls der Vermieter bewusst die Vorauszahlungen zu niedrig bemessen hat, um etwa den Mieter zum Vertragsschluss zu veranlassen, was bei Kenntnis der wahren Größenordnungen unterblieben wäre. Während eines laufenden Mietverhältnisses sind die voraussichtlichen Kosten unabhängig von einem Unsicherheitsfaktor für die verbrauchsabhängigen Betriebskosten dem Vermieter in der Regel bekannt, so dass insoweit der Vermieter in der Lage ist, angemessene Vorauszahlungen dem Mieter vorzuschlagen. Anders kann dies in den Fällen des § 566 BGB sein, in denen der Vermieter kraft Gesetzes in die Vermieterstellung einrückt. Sind dem Vermieter die voraussichtlichen jährlichen Betriebskosten nicht bekannt, kann dem Vermieter keine Pflichtverletzung vorgeworfen werden, wenn die anfallenden tatsächlichen Betriebskosten die Summe der Vorauszahlungen deutlich übersteigen.

Allein in der Nachlässigkeit des Vermieters, nicht alle nach dem Mietvertrag als umlage- 24
fähig vereinbarten Betriebskosten abzurechnen, kann ohne weitere Umstände keine vertragsabändernden Willenserklärung des Vermieters gesehen werden.[43]

Haben die Parteien nichts anderes vereinbart, sind die Betriebskosten vorbehaltlich an- 25
derweitiger Vorschriften – etwa der Heizkostenverordnung – nach dem Anteil der Wohnfläche umzulegen, § 556a Abs. 1 Satz 1 BGB. Wie die Wohnfläche zu ermitteln ist, ergibt sich aus der ab 1. 1. 2004 gültigen Wohnflächenverordnung. Das bisherige Recht des Vermieters, den Maßstab nach § 315 BGB zu bestimmen, ist weggefallen.

Die Mietvertragsparteien sind an diesen im Mietvertrag vereinbarten Umlageschlüssel ge- 26
bunden; eine Korrektur ist unter der Voraussetzung möglich, dass sich eine nicht zu rechtfertigende Zuvielbelastung und Ungleichbehandlung von Mietparteien ergibt und ein anderer diesen Umständen Rechnung tragender neue Umlageschlüssel dem Vermieter zumutbar ist.[44] Ein eventuelles Änderungsverlangen kann sich allein auf die Zukunft richten.[45] Regelmäßig tritt der Mieter nach Erhalt einer Betriebskostenabrechnung mit dem Ansinnen einer Änderung des Umlagemaßstabs an den Vermieter heran, dem es naturgemäß verwehrt ist, eine Änderung für die Vergangenheit vornehmen zu können.

Eine Umlage verbrauchsunabhängiger Kosten hat nach dem Flächenmaßstab des § 556a 27
Abs. 1 BGB zu erfolgen. In Ausnahmefällen mag ein Maßstab nach umbautem Raum als sachgerecht vereinbart werden, wenn es sich um ein Mietobjekt handelt, das unterschiedliche Raumhöhen aufweist; auch mag es angemessen sein, diesen Maßstab im Fall einer Jugendstilvilla anzuwenden, deren Raumhöhen vier Meter übersteigen.

Bei der Abrechnung der Betriebskosten ist auf die tatsächliche Fläche des angemie- 28
teten Objekts abzustellen, auch wenn im Mietvertrag eine andere Größenangabe zu finden ist. Zwar wird die Auffassung vertreten, dass auf die vereinbarte Wohnungsgröße dann abzustellen ist, wenn dies für den Mieter günstiger ist, etwa weil die vereinbarte Fläche kleiner ist als die tatsächliche;[46] abzustellen sei allein auf die objektive Flä-

---

[42] BGH NJW 2004, 1102.
[43] AG Speyer NZM 2001, 708.
[44] Schmidt-Futterer/*Langenberg* § 556a Rdnr. 8.
[45] Schmidt-Futterer/*Langenberg* § 556a Rdnr. 14; a. A. *Blank* DWW 1992, 69 (Änderungserklärung des Mieters bis zur Abrechnungsreife möglich).
[46] LG Hannover WuM 1990, 228, 229.

che.⁴⁷ Die Angaben im Mietvertrag beruhen vielfach auf ungenauen Quellen; wenig sachgerecht ist eine Abrechnung auf der Basis unrichtiger Angaben. Eine derartige Abrechnung führt zu unbilligen Nachteilen, so dass allein auf die tatsächliche Größe des Mietobjekts oder für den Fall der Heizkosten auf die beheizbare Fläche abzustellen ist. Erweist sich die im Mietvertrag ausgewiesene Fläche als zu groß, ist aber unter dieser Prämisse die Abrechnung der Betriebskosten erfolgt, kann sich eine Rückzahlungsanspruch nach § 812 Abs. 1 BGB zu Gunsten des Mieters ergeben, der in einem Zeitraum von drei Jahren nach § 195 BGB verjährt. Erweist sich demgegenüber die vermietete Fläche größer als in dem Mietvertrag angegeben, soll der Vermieter für die Vergangenheit an den Umlagemaßstab gebunden sein als Folge eines Kalkulationsirrtums, nachdem er seine Berechnung wie in vielen Fällen üblich nicht offengelegt hat, während er für die Zukunft die tatsächliche Fläche seiner Abrechnung zu Grunde legen kann.⁴⁸ Der **Bundesgerichtshof** hat diese Frage nunmehr entschieden.⁴⁹ Weicht die im Mietvertrag vereinbarte Wohnfläche von der tatsächlichen Wohnfläche ab, so ist der Betriebskostenabrechnung die vereinbarte Wohnfläche zu Grunde zu legen, wenn die Abweichung nicht mehr als 10 Prozent beträgt.

29   Bei der Vermietung einer **Eigentumswohnung** findet sich vielfach im Mietvertrag die Vereinbarung, dass die Betriebskosten nach dem Verhältnis der Miteigentumsanteile umgelegt werden sollen. Dies ist dann ohne weiteres sachgerecht, wenn das vermietete Sondereigentum der Größe nach dem Miteigentumsanteil des Vermieters entspricht. Von diesem Grundsatz abzuweichen, erscheint untunlich. Im Einzelfall mag eine Umlage möglich sein, die sich auf das Verhältnis der Nutzflächen zueinander bezieht.⁵⁰ Der Verteilungsschlüssel der Eigentümer untereinander darf nicht dazu führen, dass dem Mieter höhere Kosten angelastet werden als dem Vermieter als Miteigentümer im Verhältnis zu seiner WEG-Verwaltung.⁵¹

Formulierungsvorschlag für eine Änderung der Mietstruktur auf „Netto-Kalt":

30   Sehr geehrte(r) ......,

In der von Ihnen zu zahlenden Miete sind sämtliche Betriebskosten mit Ausnahme der Heizkosten enthalten. Als Vermieter erstrebe ich eine Veränderung dieser Mietstruktur an dahingehend, dass sämtliche Betriebskosten, so wie sie in § 2 BetrKV enthalten sind, umgelegt und nach Zahlung monatlicher Vorauszahlungen konkret abgerechnet werden.

Die veränderte Mietstruktur schafft verschiedene Vorteile:

Der Mieter kann durch sein Verbrauchsverhalten die Höhe der Kosten nachhaltig beeinflussen, was erfahrungsgemäß zu einer Kostenersparnis und damit geringeren finanziellen Belastung der Mieter führt.

Der Mieter kann konkret feststellen, wie hoch die Einzelpositionen sind; damit besteht eine größere Kostentransparenz.

Eine Abrechnung über die Vorauszahlungen kann zu Rückerstattungen an den Mieter führen.

Ab ...... soll die neue Mietstruktur gelten, die sich wie folgt darstellt:

	bisher	ab ......
Bruttomiete	1.000,- €	1.150,- €
Nettokaltmiete	800,- €	1.000,- €
Vorauszahlung auf die Betriebskosten	200,- €	150,- €
Vorauszahlung auf die Heiz- und Warmwasserkosten		150,- €

---

⁴⁷ LG Freiburg WuM 1988, 263; AG Hamburg WuM 1987, 230; *Sternel* III 408; Schmidt-Futterer/*Langenberg* § 556a Rdnr. 28.
⁴⁸ AG Frankfurt DWW 1987, 104; *Sternel* I Rdnr. 132; Schmidt-Futterer/*Langenberg* § 556a Rdnr. 30.
⁴⁹ BGH NJW 2008, 142.
⁵⁰ Schmidt-Futterer/*Langenberg* § 556a Rdnr. 31.
⁵¹ Schmidt-Futterer/*Langenberg* § 556a Rdnr. 32.

In der Anlage ist eine Kopie dieses Schreibens beigefügt. Wenn Sie mit der Änderung der Mietstruktur einverstanden sind, unterschreiben Sie bitte diese Kopie und senden Sie diese unter Verwendung des beiliegenden Freiumschlags an meine obige Adresse zurück.
Mit freundlichen Grüßen

Ihr Vermieter

Anlagen

VIII. Vorauszahlungen, § 556 Abs. 2 BGB

Beispiel:[52] Mit Vertrag vom 4. 5. 2003 mietete die Beklagte ab 1. 6. 2003 die im Eigentum der Klägerin stehende Dachgeschosswohnung mit einer Größe von ca. 100 m^2; die Grundmiete betrug zunächst 864,- € monatlich, ab 1. 2. 2005 sollte sie sich in zwei Stufen erhöhen. Die Beklagte verpflichtete sich darüber hinaus, monatlich 102,26 € Vorauszahlungen auf die von ihr übernommenen Betriebs- und Heizkosten zu leisten. Anfang 2005 rechnete die Klägerin die Betriebs- und Heizkosten für die Jahre 2003 und 2004 ab; für das Jahr 2003 ergab sich ein Nachzahlungsbetrag von ca. 1.540,- € und für das Jahr 2004 ein leicht darüber liegender Betrag. Nachdem die Beklagte sich geweigert hatte, entsprechende Nachzahlungen zu erbringen, hat die Klägerin diese Beträge im Wege der Klage zuzüglich Zinsen geltend gemacht. 31

Amts- und Landgericht haben die Klage abgewiesen. Zur Begründung ist sinngemäß ausgeführt worden, bei Vermietung der Wohnung sei eine vorvertragliche Nebenpflicht der Klägerin verletzt worden; demgemäß sei sie der Beklagten zum Schadensersatz verpflichtet.

Der Bundesgerichtshof hat dieser Rechtsauffassung nicht zugestimmt.

Anspruchsgrundlage für die Klägerin bietet die Vorschrift des § 535 Abs. 2 BGB; nach der vorbezeichneten Vorschrift ist der Mieter zur Entrichtung der vereinbarten Miete verpflichtet. 32

Sollen Betriebskosten im **Abrechnungsverfahren** erhoben werden, kann der Vermieter Vorauszahlungen nur fordern, wenn dies vertraglich vereinbart ist.[53] Diese Vereinbarung ergibt sich regelmäßig aus dem – schriftlichen – Mietvertrag, der eine ausdrückliche Abrede insoweit enthalten sollte. Ist eine derartige vertragliche Abrede zwischen den Vertragsparteien nicht feststellbar, kann sich aber auf Grund langjähriger anderweitiger Übung durch Auslegung ergeben, dass der Mietvertrag durch konkludente übereinstimmende Willenserklärungen dahingehend abgeändert worden ist, dass auch künftig Vorauszahlungen auf die Betriebskosten zu leisten sind.[54] Vorauszahlungen können wirksam nur für Betriebskosten vereinbart werden, die im Mietvertrag als **umlagefähig vorgesehen** sind.[55] Nicht für jede Betriebskostenart muss ein besonderer Vorauszahlungsbetrag im Mietvertrag angegeben sein; ausreichend ist die Festlegung eines Gesamtvorauszahlungsbetrages.

Sind Vorauszahlungen nicht vereinbart, kann eine Vorauszahlungsverpflichtung nicht durch richterliche Vertragsergänzung herbeigeführt werden.[56] Daraus folgt jedoch nicht, dass der Vermieter entsprechende Betriebskosten nicht umlegen könnte; allein die Verpflichtung zur Leistung der Vorauszahlungen entfällt. 33

Gemäß ihrem Zweck muss die Höhe der Vorauszahlungen kostenorientiert bleiben, § 556 Abs. 2 BGB. Sie dürfen nur in angemessener Höhe vereinbart werden. Ein derartiges Postulat ergibt sich unmittelbar aus dem Gesetz selbst, § 556 Abs. 2 Satz 2 BGB. Angemessen sind Vorauszahlungen, die nach den Kosten der vergangenen Abrechnungsperiode kalkuliert sind und den Preisanstieg sowie den voraussichtlichen Verbrauch für die künftige Abrechnungsperiode mit berücksichtigen. Sollen die Vorauszahlungen monatlich geleistet werden, ist der Jahresbetrag entsprechend aufzuteilen. Die Größenordnung ist nach Erfahrungswer- 34

---

[52] Nach BGH NZM 2004, 251.
[53] *Barthelmess* § 4 MHG Rdnr. 7.
[54] LG Berlin NZM 2002, 940; LG Aachen NZM 2001, 707; LG Frankfurt a. M. NZM 2001, 667; LG Heilbronn Urt. v. 17. 6. 2003 – 2 S 7/03 – NZM 2004, 459.
[55] LG Köln WuM 1985, 346; *Kossmann* S. 139.
[56] OLG Düsseldorf ZMR 1988, 97.

ten zu schätzen. Nicht erforderlich ist, dass innerhalb einer Abrechnungsperiode die Vorauszahlungen gleich hoch sind.[57]

35 Übersteigt der Vorauszahlungsbetrag die angemessene Höhe erheblich, ist die Vereinbarung, soweit sie die angemessene Höhe übersteigt, unwirksam mit der Folge, dass der Mieter nur zur Zahlung angemessener Vorauszahlungen verpflichtet ist.[58] Sind demgemäß die Vorauszahlungen von Anfang an überhöht, ist der Mieter nicht verpflichtet, den die Angemessenheit erheblich übersteigenden Teil der Vorauszahlungen zu zahlen. Für die Zukunft steht dem Mieter ein Recht auf Zustimmung zu einer Absenkung der Vorauszahlungen zu.

36 Der **bewusst zu niedrige Ansatz** der Betriebskostenvorauszahlungen im Mietvertrag verpflichtet den Vermieter zum **Schadensersatz**. Der Mieter kann den Schadensersatzanspruch gegen eine Nachzahlungsforderung aus der Betriebskostenabrechnung aufrechnen.[59] Der Vermieter ist nach Abrechnung zu Nachforderungen dann berechtigt, wenn die vereinbarten Betriebskostenvorauszahlungen deutlich zu gering waren, es sei denn, er hat den Mieter über die Höhe der Betriebskosten vorwerfbar getäuscht.[60] Liegen allerdings keine besonderen Umstände vor, begeht der Vermieter keine Pflichtverletzung beim Vertragsschluss, wenn er mit dem Mieter Vorauszahlungen für Betriebskosten vereinbart, die die Höhe der später anfallenden tatsächlichen Kosten nicht nur geringfügig, sondern auch deutlich unterschreiten.[61] Vereinbart allerdings der Vermieter mit seinem Mieter eine Zahlung „angemessener" Vorauszahlungen auf die Betriebskosten und übersteigen diese sodann die vereinbarten Vorauszahlungen um mehr als 100 Prozent, so kann der Mieter den geltend gemachten Nachzahlungen ein Verschulden des Vermieters beim Vertragsabschluss entgegenhalten.[62] Wenn der Vermieter in derartigen Fällen keine ausreichende tatsächliche Grundlage für die Berechnung der Höhe der Betriebskosten haben sollte, sollte ein entsprechender Hinweis in den Vertragstext aufgenommen werden, aus dem sich mit hinreichender Deutlichkeit ergibt, dass die tatsächlich entstehenden Kosten von den Vorauszahlungen in ganz erheblicher Weise abweichen können. Derartige Fälle mögen denkbar sein, wenn etwa der Vermieter im Wege einer Versteigerung oder einer Rechtsnachfolge Vermieter geworden ist, ohne bisher über die einzelnen Verhältnisse im Mietobjekt näher informiert zu sein und auch die angemessene Höhe der Betriebs- und Heizkosten zu kennen. Auf den konkreten Fall bezogen bedeutet dies, dass der BGH die Klage auf Nachzahlung der Betriebs- und Heizkosten nebst Zinsen für begründet erachtet hat. Da weitere Feststellungen notwendig waren, hat der BGH im konkreten Fall das Berufungsurteil aufgehoben und die Sache an das Berufungsgericht zurückverwiesen.

37 Hat sich nach Ende einer Abrechnungsperiode ergeben, dass sich die Betriebskostenvorauszahlungen als zu niedrig erwiesen haben, steht dem Vermieter nach § 560 Abs. 4 BGB das Recht zu, nach einer Abrechnung die Vorauszahlungen einer **Anpassung auf angemessene Höhe** zu unterziehen.[63] Grundsätzlich setzt die Erhöhung eine wirksame Abrechnung voraus.[64] Der Vermieter kann sich dabei einer Erklärung in Textform nach § 126 b BGB bedienen. Voraussetzung ist nach § 560 Abs. 4 BGB stets, dass eine Abrechnung vorausgegangen ist. Eine Erhöhung der Vorauszahlungen setzt eine formell ordnungsgemäße Betriebskostenabrechnung voraus.[65] Im geschilderten Fall des BGH wäre dies für die Klägerin in der Zukunft ein gangbarer Weg, um sich der Belastung durch die permanente Vorfinanzierung zu begeben.

Der Vermieter trägt die Darlegungs- und Beweislast dafür, dass zwischen den Vertragsparteien Vorauszahlungen auf die Betriebskosten vereinbart sind.[66]

---

[57] LG Kassel WuM 1986, 345.
[58] *Barthelmess* § 4 MHG Rdnr. 11.
[59] AG Spandau WuM 2000, 678.
[60] OLG Hamm NZM 2003, 717.
[61] BGH NZM 2004, 251; kritisch dazu *Derckx* NZM 2004, 321.
[62] AG Wismar ZMR 2004, 200.
[63] AG Hamburg-Bergedorf NZM 2002, 435.
[64] AG Dortmund NZM 2004, 220; Langenberg, NJW 2008, 1269, 1272.
[65] Derckx, NZM 2007, 385, 386.
[66] AG Rheine WuM 1980, 42; Emmerich/Sonnenschein/*Weitemeyer* § 556, 37.

Aus der Natur der Vorauszahlungen folgt, dass der Vermieter auch ohne ausdrückliche 38
Vereinbarung zu einer Erhöhung mit Wirkung für die Zukunft berechtigt ist, falls die Vorauszahlungen erheblich unter dem Gesamtbetrag der vorangegangenen Abrechnungsperiode liegen, § 560 Abs. 4 BGB. Die Vorauszahlungen sollen dazu dienen, dem Vermieter eine Vorfinanzierung zu ersparen und den Mieter vor zu hohen Nachzahlungen zu bewahren. Aus § 560 Abs. 4 BGB ist darüber hinaus das Recht des Mieters abzuleiten, nach einer Abrechnung eine **Herabsetzung** der Vorauszahlungen vorzunehmen, falls die Abrechnung über die vergangene Abrechnungsperiode ergeben hat, dass die Vorauszahlungen sich als überhöht herausgestellt haben. Zur Form der Erklärung ist auf § 126 b BGB zu verweisen.

Gemäß **§ 556 b BGB** ist die Miete zu Beginn, spätestens bis zum dritten Werktag der einzelnen Zeitabschnitte zu entrichten, nach denen sie bemessen ist. Von dieser Regelung sind 39 in vollem Umfang die Vorauszahlungen auf die Betriebskosten erfasst, die damit regelmäßig zu Beginn des laufenden Monats zu zahlen sind. Die Vertragsparteien können allerdings davon abweichende Vereinbarungen treffen.[67]

Praxistipp:

Der Rechtsanwalt sollte im Falle einer Beratung des Mieters darauf hinweisen, dass dieser mit Versorgungsunternehmen einen unmittelbaren Vertrag abschließt, z. B. für die Lieferung von Strom, 40 Gas oder Wasser. Zahlt nämlich der Mieter vertragsgerecht seine Vorauszahlungen auf die Betriebskosten, kann er Schwierigkeiten erwarten, falls der Vermieter mit dem Versorgungsunternehmen unmittelbare vertragliche Beziehungen hat und dieser mit seinen Zahlungsverpflichtungen gegenüber dem Versorgungsunternehmen in Verzug kommt.

Unter bestimmten Voraussetzungen kann sich das Versorgungsunternehmen auf ein Leis- 41
tungsverweigerungsrecht berufen, falls der Vermieter mit seinen Zahlungsverpflichtungen in Verzug geraten ist, z. B. § 33 Abs. 2 AVBEltV, § 33 Abs. 2 AVBFernwärmeV, § 33 Abs. 2 AVBGasV, § 33 Abs. 2 AVBWasserV. Gegenüber einer infolge erheblichen Zahlungsrückstands des Vermieters gerechtfertigten Liefersperre mit Gütern der Daseinsvorsorge können sich die betroffenen Mieter nur insoweit erfolgreich wehren, dass sie sich dem Versorgungsunternehmen gegenüber – bei einer Mietermehrheit gesamtschuldnerisch – verpflichten, den vermieterseitigen Rückstand auszugleichen und die laufenden Zahlungen sicher zu stellen; denn weder aus § 862 BGB oder aus dem Gesichtspunkt des § 242 BGB[68] ergeben sich außerhalb direkter Vertragsbeziehungen unmittelbare Lieferansprüche gegen das Versorgungsunternehmen.[69] Ist dagegen der Vermieter Wohnungseigentümer und hat er seine Eigentumswohnung vermietet, ist die Wohnungseigentumsgemeinschaft bei erheblichem Wohngeldrückstand des Vermieters und Wohnungseigentümers für die Vergangenheit nicht berechtigt, gegenüber dem Mieter des säumigen Wohnungseigentümers die Versorgung der vermieteten Räume mit Energie, Elektrizität, Strom, und Wasser, bis zum Ausgleich der Rückstände zu unterbinden.[70] Anderes gilt allerdings innerhalb der Wohnungseigentümergemeinschaft: Die Gesamtheit der Wohnungseigentümer ist grundsätzlich berechtigt, einen Wohnungseigentümer bei erheblichen Wohngeldrückständen von der Belieferung mit Wasser und Heizenergie auszuschließen.[71]

Die Versorgungsunternehmen sind grundsätzlich nicht verpflichtet, Versorgungsverträge 42 mit den Mietern unter gleichzeitiger Entlassung des Grundstückeigentümers als Vermieter aus seinem Vertragsverhältnis abzuschließen. Die direkte Abrechnung zwischen Mieter anderenseits und Versorgungsunternehmen andererseits ist nur in den Fällen direkter vertraglicher Verbindung möglich. Vor der Mietrechtsreform war es möglich, dass seitens des Wohnungsvermieters dieser seinen Mieter auf einen Direktvertrag mit dem Versorgungsunternehmen

---

[67] Emmerich/Sonnenschein/*Weitemeyer* § 556 Rdnr. 45.
[68] BGH NZM 2003, 551.
[69] LG Neuruppin NZM 2002, 1028.
[70] OLG Köln NZM 2000, 1026.
[71] BayObLG MDR 1992, 967.

verwies, indem er von seinem ihm durch § 4 Abs. 5 MHG eingeräumten Bestimmungsrecht Gebrauch machte und das Versorgungsunternehmen mitspielte; dieses Bestimmungsrecht ist seit der Mietrechtsreform entfallen.[72] Die unmittelbare vertragliche Beziehung ist allerdings auch nach neuem Recht zwischen Mieter auf der einen Seite und dem Versorgungsunternehmen auf der anderen Seite möglich. Dazu bedarf es allerdings ausdrücklicher vertraglicher Vereinbarungen; in der bloßen Entnahme etwa von Wasser, also der Inanspruchnahme der Leistung des Versorgungsunternehmens durch den Mieter, kann die Begründung eines Vertragverhältnisses nicht gesehen werden, da sich das Angebot des Versorgungsunternehmens typischerweise an den Grundstückseigentümer, also praktisch an den Vermieter richtet; nur diesem steht ein Anspruch auf Anschluss an die Wasserversorgung zu.[73] Das Amtsgericht Flensburg[74] hat in diesem Zusammenhang entschieden, führen Zahlungsrückstände des Vermieters gegenüber dem Versorgungsunternehmen zu einer Liefersperre mit Fernwärme und Allgemeinstrom, so kann eine Mietpartei im Wohngebäude die Ersatzvornahme der gegen den Vermieter erwirkten einstweiligen Verfügung auf Gewährung der Versorgung bewirken. Verlangt das Versorgungsunternehmen vor der Aufnahme der Wohnungsversorgung von dem Mieter die Bezahlung der Rückstände des Vermieters, kann der Mieter von dem Vermieter den Geldbetrag als Vorschuss auf die Kosten der Ersatzvornahme verlangen. Das AG Flensburg hat sich dabei auf die Vorschrift des § 887 Abs. 1 und Abs. 2 ZPO gestützt.

43 Der **Zutritt zu einer Wohnung, um die Gasversorgung zu sperren**, stellt keine Durchsuchung im Sinne von Art. 13 Abs. 2 GG, §§ 758, 758a ZPO dar. Dem Richtervorbehalt zum Schutz der Unverletzlichkeit der Wohnung (Art. 13 Abs. 1 GG) ist in einem solchen Fall dadurch genügt, dass dem Schuldner in einer von einem Richter erlassenen Entscheidung aufgegeben wurde, dem Gläubiger Zutritt zu seiner Wohnung zu gestatten und die Einstellung der Gasversorgung zu dulden.[75] Einer weitergehenden, speziellen richterlichen Anordnung, wie sie bei Durchsuchungen im Hinblick auf die dort betroffene Geheimsphäre erforderlich ist, bedarf es nicht.

Formulierungsvorschlag: Erhöhung der Vorauszahlungen

44 Sehr geehrter Mieter!

Im letzten Jahr haben sich die Kosten für Straßenreinigung von ...... auf ......, für Hausreinigung von ...... auf ...... und die Grundsteuer von ...... auf ...... erhöht, wie Sie der letzten Abrechnung entnommen haben.

Angesichts dieser Kostensteigerungen ist eine Erhöhung der monatlichen Vorauszahlungen auf die Betriebskosten unumgänglich.

Die Erhöhung der gesamten Betriebskosten beläuft sich auf x%. Ich bitte Sie daher, die Betriebskostenvorauszahlungen ab ...... um einen Betrag von ...... zu erhöhen und auf das Ihnen bekannte Konto einzuzahlen.

Sollte sich eine Reduzierung bestimmter Betriebskostenarten absehen lassen, werde ich Ihnen dies sofort mitteilen.

Falls Sie Einblick in die Belege nehmen wollen, bitte ich um kurzfristige Nachricht.

Mit freundlichen Grüßen

Ihr Vermieter

---

[72] Palandt/*Weidenkaff* § 556a Rdnr. 10.
[73] OLG Saarbrücken NJW-RR 1994, 436.
[74] AG Flensburg WuM 2004, 32.
[75] BGH NJW 2006, 3352.

IX. Einzelne Betriebskostengruppen

1. Die laufenden öffentlichen Lasten des Grundstücks, § 2 Ziffer 1 BetrKV

Zu den umlegbaren laufenden öffentlichen Lasten eines Grundstücks gehört wesentlich 45
die Grundsteuer. Dazu ist eine ausdrückliche vertragliche Abrede erforderlich.[76] Voraussetzung ist selbstverständlich, dass ihre Umlage im Mietvertrag vereinbart ist. Bei gemischt genutzten Objekten muss eine Aufteilung nach Wohn- und Gewerbeflächen vorgenommen werden; der Vermieter muss also den Anteil für die Gewerbefläche herausrechnen und kann diesen Anteil auf die Wohnungsmieter nicht umlegen.[77] Als Begründung wird herangezogen, dass die Grundsteuer für Gewerbeflächen erheblich höher ausfällt als für Wohnungsanteile.[78]

Demgegenüber finden sich in Rechtssprechung[79] und Literatur[80] Hinweise darauf, dass 46
der Vermieter den gesamten Grundsteuerbetrag einschränkungslos umlegen kann, wenn die Verwaltungsbehörde eine einheitliche Grundsteuerbemessung vorgenommen hat, die nicht nach Wohn- und Gewerberaum getrennt ist. Um eine möglichst gerechte Kostenverteilung zu erreichen, dürfen bei gemischt genutzten Gebäuden die Wohnungsmieter jedoch nicht mit Kosten belastet werden, die durch die teilweise gewerbliche Nutzung des Objektes entstehen. Wenn auf Grund des Grundsteuerbescheides der Verwaltungsbehörde eine Unterscheidung ausscheidet, ist für den Vermieter gleichwohl eine Differenzierung möglich. Mit Hilfe der Ermittlungsgrundlage für den Einheitswert, insbesondere dem Vorbogen der Jahresrohmiete, lassen sich die Anteile konkret berechnen. Nach der Ertragswertberechnung der Finanzbehörde lassen sich die unterschiedlichen Anteile für Wohn- und Gewerberäume feststellen. Entsprechend kann eine prozentuale Differenzierung zwischen den Gewerbemieten und den Wohnungsmieten erfolgen.[81] Zur differenzierten Umlage der Grundsteuer bedarf es also nur des Einheitswertbescheides bzw. des zugrundeliegenden Vorbogens zur Ermittlung der Jahresrohmiete. Sofern diese Unterlagen beim Vermieter nicht vorhanden sein sollten, können sie vom Vermieter beim Finanzamt angefordert werden. Eine differenzierende Verteilung der Grundsteuer führt regelmäßig zu einer spürbaren Entlastung der Wohnungsmieter.

Bisher ist nicht abschließend geklärt, wie es sich mit einer **Grundsteuermehrbelastung** 47
verhält, die auf dem Ausbau eines Dachgeschosses beruht oder einer Aufteilung nach § 8 WEG. Sind anteilig alle Wohnungen oder nur die ausgebauten Wohnungen zu belasten? Nach dem Rechtsgedanken des § 36 Abs. 2 der 2. BVO dürfen bei Wiederherstellung, Ausbau und Erweiterung Bewirtschaftungskosten insoweit angesetzt werden, als sie für den Teil des Gebäudes oder der Wirtschaftseinheit, der Gegenstand der Berechnung ist, zusätzlich entstehen. Nach dieser Zuweisungsregel aus dem Recht für preisgebundenen Wohnraum dürften allein die ausgebauten Dachgeschosswohnungen mit der Grundsteuermehrbelastung berechnet werden.

Andererseits wird durch den Ausbau des Dachgeschosses eine Veränderung des Einheits- 48
wertes für das gesamte bebaute Grundstück herbeigeführt, so dass die Berechnungsgrundlagen für die übrigen Wohnungen tangiert werden. Der Eigentümer kann eine Aufteilung nach § 8 WEG jederzeit vornehmen. Vorzuziehen ist daher eine erhöhte Umlage auf den gesamten Wohnungsbestand.[82]

Nach einer Aufteilung eines Mietobjekts in Wohn- oder Teileigentum nach den Vorschrif- 49
ten des WEG ist regelmäßig eine **Grundsteuererhöhung** festzustellen, die entweder den Eigentümer trifft, der nach der Umwandlung noch Gesamteigentümer bleibt, oder den Erwerber des Sondereigentums einschließlich des Miteigentumsanteils. Der Mieter, dessen

---

[76] BGH NZM 2004, 580; OLG Jena NZM 2002, 70.
[77] LG Hamburg NZM 2001, 806.
[78] AG Köln WuM 1986, 234.
[79] AG Essen-Steele WuM 1993, 198, 199.
[80] *Sternel* III Rdnr. 346.
[81] LG Frankfurt WuM 1997, 630, 631; AG Köln WuM 1998, 56; *Laug* WuM 1993, 171.
[82] Vgl. *Langenberg* S. 12 § 556 Rdnr. 107.

Mietverhältnis bereits vor der Umwandlung bestand, schuldet lediglich den Anteil an der Grundsteuer, der vor der Umwandlung auf ihn entfiel. Dieses sachgerechte Ergebnis wird erzielt durch eine Anlehnung an die Vorgaben des öffentlich geförderten Wohnraums; der Eigentümer und Vermieter hat ohne Notwendigkeit eine Erhöhung der Grundsteuer verursacht. Nach Begründung von Wohnungseigentum hat der Eigentümer eine Wirtschaftlichkeitsberechnung zu erstellen, aus der sich die Differenz zwischen der bisherigen Belastung und der infolge der Umwandlung nunmehr berechneten Gesamtbelastung ergibt. Diese Differenz, bezogen auf die Grundsteuer, hat der bisherige Eigentümer und Vermieter zu tragen, da er die Kostenerhöhung zu vertreten hat. Nach einer Veräußerung des Sondereigentums aber auch bei Begründung eines neuen Mietverhältnisses mit einem Mietnachfolger ist die erhöhte Grundsteuerbelastung umlegbar. Sachgerecht ist eine Übertragung dieser Rechtsgedanken auf preisfreien Wohnraum, da die Interessenlage identisch ist. Bis zum Verkauf schuldet der Mieter, dessen Mietverhältnis bereits vor der Umwandlung bestand, allein seinen Anteil an der ursprünglichen Grundsteuer.[83] Wird allerdings nach Veräußerung der Erwerber als Eigentümer in das Grundbuch eingetragen, ist dieser befugt, als Vermieter die erhöhte Grundsteuer auf den Mieter umzulegen.

2. Die Kosten der Wasserversorgung, § 2 Ziffer 2 BetrKV

50 Hierzu gehören die Kosten des Wasserverbrauchs, die Grundgebühren, die Kosten der Anmietung oder anderer Arten der Gebrauchsüberlassung von Wasserzählern sowie die Kosten ihrer Verwendung einschließlich der Kosten der Eichung sowie der Kosten der Berechnung und Aufteilung, die Kosten der Wartung von Wassermengenreglern, die Kosten einer hauseigenen Wasserversorgungsanlage und einer Wasseraufbereitungsanlage einschließlich der Aufbereitungsstoffe.

51 Ansetzbar sind **nur die Kosten des tatsächlichen Verbrauchs, die im Verbrauchszeitraum angefallen sind**.[84] Die vorläufige Rechnungserteilung während der Abrechnungsperiode ist nicht maßgebend; entscheidend ist die Endabrechnung.[85] Entsprechendes gilt im Hinblick auf die Abschlagszahlungen des Vermieters an das Versorgungsunternehmen; derartige Zahlungen stehen unter dem Vorbehalt endgültiger Abrechnung; daher darf der Vermieter derartige Zahlungen nicht als Betriebskosten in Rechnung stellen.[86] Zieht ein Mieter während eines laufenden Abrechnungszeitraums ein und gelten für diesen Zeitraum unterschiedliche Tarife eines Versorgungsunternehmens, so sind in der Abrechnung die Kosten des Versorgungsunternehmens nach den auf die Mietzeit entfallenden Kosten aufzuschlüsseln.

52 Zu den Wasserkosten zählen im Zweifel nicht die Abwasserkosten.[87] Kosten der Wasserentkalkung und der erforderlichen Filter sind als Kosten der Wasseraufbereitungsanlage umlagefähig. Auch die Wartungskosten und Eichgebühren für Kalt- und Warmwasserzähler können umgelegt werden.[88] Stehen die Zwischen- und Einzelwasserzähler im Eigentum des Versorgungsunternehmens und hat der Vermieter diese angemietet, sind die Kosten in vollem Umfang umlegbar. Stehen dagegen die Zähler im Eigentum des Vermieters, sind die Eichkosten unter dem Stichwort „Kosten ihrer Verwendung" umlegbar. Hat ein Zähleraustausch stattgefunden, können die Kosten bis zur Höhe der ersparten Eichkosten angesetzt werden, sollte der Austausch als Ersatz für die Eichung anzusehen sein.[89]

53 Auch können **Leasingkosten** für Kaltwasserzähler sowie die Ablese- und Abrechnungskosten umgelegt werden (4. VO zur Änderung wohnungsrechtlicher Vorschriften vom 13. 7. 1992, BGBl. I 1250). Eine besondere Mitteilungspflicht wie in § 4 Abs. 2 HeizKVO besteht hier nicht.

---

[83] Schmidt-Futterer/*Langenberg* § 556 Rdnr. 106.
[84] *Sternel* Aktuell 768; *Langenberg* S. 13.
[85] AG Köln WuM 1997, 232; AG Hannover WuM 1994, 435.
[86] AG Prenzlau WuM 1997, 231, 232; *Sternel* III Rdnr. 304.
[87] LG Köln WuM 1988, 307; *Sternel* III Rdnr. 348.
[88] *Sternel* III Rdnr. 348.
[89] AG Koblenz DWW 1996, 252.

Nach § 2 Abs. 1 EichG[90] müssen Messgeräte geeicht sein, sollen sie im geschäftlichen Verkehr Verwendung finden. Diese Voraussetzungen sind regelmäßig gegeben, wenn die Messgeräte zur Grundlage eine Abrechnung über Betriebskosten herangezogen werden. Die **Eichung** ist grundsätzlich alle 6 Jahre durchzuführen. Nach der Verordnung zur Änderung der Eichordnung vom 24. 9. 1992[91] kann sich die Gültigkeitsdauer mehrfach verlängern. Ist jedoch der Gültigkeitszeitraum endgültig überschritten, sind die Messergebnisse für eine Abrechnung nicht mehr brauchbar.[92]

Nicht umlagefähig sind die Mehrkosten, die durch Schäden im Leitungssystem etwa in Form von Rohrbrüchen entstanden sind.[93] Werden die Mehrkosten durch schuldhaftes Verhalten eines Dritten oder eines Mitmieters verursacht, sind diese Mehrkosten nicht berücksichtigungsfähig; gegebenenfalls bleibt ein Schadensersatzanspruch gegen den Verursacher. Nicht umlegbar sind auch die Mehrkosten, die der Vermieter etwa durch im Mietobjekt durchgeführte Bauarbeiten selbst veranlasst hat. Die berücksichtigungsfähigen Kosten sind in diesen Fällen nach den Durchschnittswerten früherer Abrechnungsperioden zu ermitteln. Erhöht sich der Verbrauch sprunghaft und sinkt er in den folgenden Verbrauchsperioden wieder auf den früheren Umfang zurück, so trifft den Vermieter die Darlegungs- und Beweislast, wie es zu dem Mehrverbrauch gekommen ist. Gibt es hierfür keinen plausiblen Grund, so kann der Mieter mit den Mehrkosten nicht belastet werden.[94] Entsprechendes gilt, wenn ein sprunghafter Anstieg der Wasserverbrauchskosten zu verzeichnen ist, ohne dass eine plausible Erklärung dafür ersichtlich wäre und der Vermieter der Ursache nicht nachgegangen ist. Unterlässt er diese Untersuchungen oder haben seine Nachforschungen kein Ergebnis, können die Mieter mit den Mehrkosten nicht belastet werden.[95]

Das Risiko dafür, dass der Wasserverbrauch nicht korrekt festzustellen ist oder die Kosten nicht angemessen verteilt werden können, trägt der Vermieter auch dann, wenn nicht auszuschließen ist, dass einige Mitmieter einen unvernünftig hohen Verbrauch hatten.[96] Führen außergewöhnliche Umstände zu einem erheblich abweichenden **erhöhten Verbrauch**, so kann der Vermieter eine Nachzahlungsforderung nur gegenüber den einzelnen Mietern geltend machen, wenn er nachweist, dass der jeweils in Anspruch genommene Mieter diese besonderen Umstände zu vertreten hat.[97]

Allerdings ist zu berücksichtigen, dass der Mieter verpflichtet ist, einen Mangel im Sinne des § 536 BGB dem Vermieter anzuzeigen, § 536c Abs. 1 BGB; unterlässt der Mieter eine derartige Anzeige, obwohl ihm der Mangel im Hinblick auf den übermäßigen Wasserverbrauch durch einen Defekt bekannt ist, kann der Mieter auf Schadensersatz in Anspruch genommen werden mit der Folge, dass der Vermieter die Kosten des Mehrverbrauchs, die er ursprünglich allein zu tragen hatte, auf den anzeigepflichtigen Mieter abwälzen kann.[98] Die Anzeigepflicht bezieht sich auf das Mietobjekt selbst sowie alle mitgenutzten Teile wie z. B. Kellerräume, Flure und Treppen. Ein durch Feuchtigkeitserscheinungen manifestierter Schaden in derartigen Räumen ist dem Vermieter unverzüglich anzuzeigen.

Ist der vom geeichten Hauptwasserzähler des Wohngebäudes gemessene Wasserdurchfluss erheblich höher als der durch Zwischenzähler in den Wohnungen nachweisbare Wasserverbrauch, so kann die Unterschiedsmenge nicht mehr zu angemessenen Teilen auf die Mieter umgelegt werden.[99] Zu beachten ist allerdings, dass die Mengen, gemessen am Hauptzähler, nicht mit den gemessenen Ergebnissen der auf die Wohnungen verteilten Einzelmessgeräte identisch sein müssen.[100]

---

[90] BGBl 1992 I 711.
[91] BGBl 1992 I S. 1653, 1658.
[92] Schmidt-Futterer/*Langenberg* § 556 Rdnr. 116.
[93] AG Bergisch Gladbach WuM 1984, 230.
[94] LG Düsseldorf DWW 1995, 286 zur Plausibilität von Heizkosten.
[95] Schmidt-Futterer/*Langenberg* § 556 Rdnr. 110.
[96] *Sternel* Aktuell Rdnr. 770.
[97] AG Bochum WuM 1985, 373.
[98] Schmidt-Futterer/*Langenberg* § 556 Rdnr. 111.
[99] AG Salzgitter WuM 1996, 285.
[100] *Peters*, Messdifferenzen bei Wasserzählern NZM 2000, 696.

59 Die Kosten für Maßnahmen des Korrosionsschutzes der Wasserleitung können nicht als Kosten der Wasseraufbereitung umgelegt werden.[101] Dieser Maßnahmen dienen nicht der Hebung der Wasserqualität sondern der Vorbeugung von Lochfraß oder sonstigen Beschädigungen der Anlage.

60 Zu den Betriebskosten der Ziffer 2 des § 2 BetrKV gehören auch die Kaltwasserzählergebühren, denn den Kosten des Wasserbezuges sind die Kosten der Messeinrichtungen zuzuordnen; im Interesse des Mieters liegt, dass die Kosten für den Wasserbezug nicht nach einem Wahrscheinlichkeitsmaßstab, sondern nach dem Wirklichkeitsmaßstab abgerechnet und umgelegt werden.[102]

61 Der Mieter hat grundsätzlich keinen Anspruch darauf, dass statt eines vereinbarten festen Maßstabs verbrauchsabhängig abgerechnet wird. Aus diesem Grunde kann er nicht verlangen, sich einen eigenen Wasserzähler zu setzen.[103] Überhaupt ist der Vermieter nicht verpflichtet, **Einzelwasserzähler** einzubauen. Ein Anspruch auf Abänderung des Abrechnungsmodus zugunsten des Mieters ergibt sich jedoch dann, wenn grob unbillige Ergebnisse herbeigeführt werden; dies kann der Fall sein, wenn in einer bisher als Wohnung genutzten Einheit nunmehr eine Pension betrieben wird oder Gastarbeiterunterkünfte mit hoher Belegungsstärke eingerichtet werden oder eine Wohngemeinschaft mit häufigen Besuchern eingezogen ist. Diese Grundsätze sollen auch dann gelten, wenn sich durch die Abrechnung nachträglich herausstellt, dass nach einer Abrechnung nach Personenzahl sich die Belastung des betroffenen Mieters halbieren würde.[104]

62 Wird das **Mietgebäude zu Wohn- und Gewerbezwecken gemischt genutzt,** so ist grundsätzlich eine gesonderte Erfassung des Wasserverbrauchs der gewerblichen Einheit notwendig. Eine derartige Vorerfassung ist dann nicht geboten, wenn der Vermieter einen Pauschalabzug zu Lasten des gewerblichen Bereichs vornimmt, etwa 25% für ein Dentallabor, und in den übrigen gewerblichen Räumen nicht mehr Wasser anfällt als in den Haushalten der Wohnungen.[105] Dies ist denkbar bei Arztpraxen und Büros, in denen weder gewaschen, getrocknet, gekocht noch geduscht wird und die an Wochenenden nicht benutzt werden. Ist demgegenüber eine getrennte Erfassung objektiv ausgeschlossen, kann der Vermieter die Kosten nach dem Verhältnis der Wohn- und Nutzflächen oder des umbauten Raumes umlegen.

63 Der **Bundesgerichtshof**[106] hat aber nunmehr entschieden, dass ein Vorwegabzug der auf Gewerbeflächen entfallenden Kosten für alle oder einzelne Betriebskostenarten dann nicht geboten ist, wenn diese Kosten nicht zu einer ins Gewicht fallenden Mehrbelastung der Wohnraummieter führen.

3. Die Kosten der Entwässerung, § 2 Ziffer 3 BetrKV

64 Hierzu gehören die Gebühren für die Haus- und Grundstücksentwässerung, die Kosten des Betriebs einer entsprechenden nichtöffentlichen Anlage und die Kosten des Betriebs einer Entwässerungspumpe. Ist vertraglich seitens des Mieters „**Wassergeld**" geschuldet, sind die Kosten der Entwässerung erfasst; sind im Vertrag jedoch nur die „Wasserkosten" erwähnt, gehören im Zweifel die Abwasserkosten nicht dazu.[107] Die Höhe der Gebühren ergibt sich aus den Bescheiden der Versorgungsunternehmen.

65 Bei einer nicht-öffentlichen Anlage kann es sich um eine vollbiologische Kläranlage, eine Sammelgrube oder Sickergrube handeln.[108] Derartige Anlagen bedürfen regelmäßiger Überprüfung und Wartung. Die damit verbundenen Kosten, ferner die Kosten der Entleerung

---

[101] AG Lörrach WuM 1995, 593; *Langenberg*, Betriebskostenrecht, A 49; a. A. AG Dresden NZM 2001, 708; Emmerich/Sonnenschein/*Weitmeyer* § 556 Rdnr. 8.
[102] AG Steinfurt WuM 1999, 721.
[103] AG Hamburg WuM 1988, 171.
[104] AG Lippstadt WuM 1995, 594, 595.
[105] LG Düsseldorf DWW 1990, 240.
[106] BGH NZM 2006, 340.
[107] LG Köln WuM 1986, 323.
[108] AG Bergisch Gladbach WuM 1985, 369.

durch Abfuhr des gesammelten Schmutzwassers, sind umlegbar.[109] Durch den Betrieb einer Entwässerungspumpe wird gewährleistet, dass Abwasser von einer tiefer liegenden Ebene in ein höher gelegenes Kanalnetz gepumpt wird. Insoweit fallen regelmäßig Strom- und Wartungskosten an. Demgegenüber sind Kosten für die Beseitigung einer Rohrverstopfung nicht umlegbar;[110] Ablagerungen in Abwasserleitungen, die deren Querschnitt verringern, sind vom Vermieter zu beseitigen, wenn ansonsten eine Gebrauchsbeeinträchtigung der Mietsache gegeben ist.[111]

Bei Durchsicht der Belege sollte gerade auf eine differenzierende Darstellung der einzelnen Leistungen geachtet werden, namentlich auf die Leistungsbeschreibung. Nach § 21 Abs. 3 NMV gehören bei preisgebundenem Wohnraum zu den Kosten der Entwässerung die Gebühren für die Benutzung einer öffentlichen Entwässerungsanlage oder die Kosten des Betriebs einer entsprechenden nicht öffentlichen Anlage sowie die Kosten des Betriebs einer Entwässerungspumpe. Der Umlegungsmaßstab richtet sich nach § 21 Abs. 2 NMV; daher sind bei der Berechnung der Umlage für die Kosten der Wasserversorgung zunächst die Kosten des Wasserverbrauchs abzuziehen, der nicht mit der üblichen Benutzung der Wohnungen zusammenhängt. Die verbleibenden Kosten dürfen nach dem Verhältnis der Wohnflächen oder nach einem Maßstab, der dem unterschiedlichen Wasserverbrauch der Wohnparteien Rechnung trägt, umgelegt werden. Wird der Wasserverbrauch, der mit der üblichen Benutzung der Wohnungen zusammenhängt, für alle Wohnungen eines Gebäudes durch Wasserzähler erfasst, hat der Vermieter die auf die Wohnungen entfallenden Kosten nach dem erfassten unterschiedlichen Wasserverbrauch der Wohnparteien umzulegen, § 21 Abs. 2 NMV. 66

4. Die Kosten der Straßenreinigung und Müllbeseitigung, § 2 Ziffer 8 BetrKV

Zu den Kosten der **Straßenreinigung** gehören die für die öffentliche Straßenreinigung zu entrichtenden Gebühren und die Kosten entsprechender nicht öffentlicher Maßnahmen; zu den Kosten der **Müllbeseitigung** gehören namentlich die für die Müllabfuhr zu entrichtenden Gebühren, die Kosten entsprechender nicht öffentlicher Maßnahmen, die Kosten des Betriebs von Müllkompressoren, Müllschluckern, Müllabsauganlagen sowie des Betriebs von Müllmengenerfassungsanlagen einschließlich der Kosten der Berechnung und Aufteilung. 67

Wird die Straßenreinigung von der örtlichen Gemeinde/Stadt vorgenommen, ergeben sich die jeweiligen **Gebühren aus deren Bescheiden**. Dabei sollte namentlich auf den von der Gemeinde gewählten Schlüssel geachtet werden (Frontmeter/Grundstückstiefe). Entsprechendes gilt für die Durchführung des Winterdienstes (Beseitigung von Schnee und Eisglätte). 68

Wird die Straßenreinigung vom Eigentümer vorgenommen, sollte dies der Ortssatzung entsprechen, sind die Kosten auf den Mieter umlegbar, wobei sich der Vermieter auch gewerblicher Unternehmen bedienen kann, deren Kosten unter dem Gesichtspunkt der Wirtschaftlichkeit berücksichtigungsfähig sind. Die Straßenreinigung erfasst auch den **Winterdienst in Form einer Beseitigung von Schnee und Eis** bei Glätte.[112] Übernimmt der Mieter vertraglich die Straßenreinigung im Sinne des § 2 Ziffer 8 BetrKV, so wird damit auch die Fußwegreinigung erfasst, die sich auf ein Teilgebiet des Straßenbereichs bezieht.[113] 69

Im Rahmen der Schnee- und Glättebeseitigung müssen nicht Vorkehrungen gegen alle denkbaren und entfernten Möglichkeiten für einen Schadenseintritt getroffen werden; erforderlich sind vielmehr nur diejenigen Vorkehrungen, die nach den Sicherheitserwartungen des jeweiligen Verkehrs im Rahmen des wirtschaftlich Zumutbaren geeignet sind, Gefahren von Dritten abzuwenden, die bei bestimmungsgemäßer oder nicht ganz fern liegender Benutzung Dritten drohen.[114] Dabei ist bei der Frage der Abstumpfung von Wegen bei Eisglät- 70

---

[109] Schmidt-Futterer/*Langenberg* § 556 Rdnr. 127.
[110] OLG Hamm WuM 1982, 201; AG Hagen WuM 1990, 200.
[111] AG Hagen WuM 1990, 200.
[112] Schmidt-Futterer/*Langenberg* § 556 Rdnr. 140.
[113] AG Hannover WuM 1987, 275.
[114] Palandt/*Thomas* § 823 Rdnr. 130.

te insbesondere auch deren Verkehrsbedeutung und der Umfang ihrer üblichen Benutzung zu berücksichtigen, und es sind nur diejenigen Gefahren auszuschließen, die ein sorgfältiger Benutzer nicht oder nicht rechtzeitig erkennen kann.[115] Dies hat zur Folge, dass auf Bürgersteigen, in Fußgängerzonen und auf belebten Fußgängerüberwegen in der Regel etwa eine Breite von 1 bis 1 1/2 Metern gestreut werden muss, auf der Fußgänger vorsichtig aneinander vorbeigehen können. Auf Privatwegen, die für die Öffentlichkeit nicht zugänglich sein sollen, kann eine Breite von etwa 1/2 Meter ausreichen. An diesen Erfordernissen orientiert sich die Höhe der Aufwendungen für den Winterdienst.

71 Auch die Kosten der Reinigungsmittel und des Streuguts sind umlagefähig. Erfolgen die Arbeiten maschinell, können die Kosten für Benzinverbrauch, Steuer, Versicherung und Wartung berücksichtigt werden,[116] jedoch nur insoweit sich die Arbeiten konkret auf die Straßenreinigung beziehen. Im Hinblick auf die Anschaffung von Reinigungsgeräten und deren Ersatzbeschaffung ist eine differenzierte Lösung vorzuziehen: Erstanschaffung wie Ersatzbeschaffung obliegt dem Vermieter und ist von diesem zu finanzieren; Wartungs- und Reparaturkosten motorgetriebener Geräte sind dagegen umlagefähige Betriebskosten, was sich dadurch rechtfertigt, dass der Einsatz maschineller Geräte regelmäßig kostengünstiger ist als Handarbeit und den damit verbundenen Lohnkosten.[117]

72 Dem Vermieter entstehen keine umlegbaren Kosten, falls vertraglich ein Mieter die Reinigungsarbeiten – etwa der Erdgeschossmieter – übernommen hat. Dies gilt erst recht, wenn zudem der Mieter die Kosten der Reinigungs- und Streumittel übernommen hat. Systematisch handelt es sich dabei um ein zusätzliches Entgelt für die Überlassung der Mietwohnung, was auch nach § 9 Abs. 6 Satz 2 WoBindG im sozialen Wohnungsbau zulässig ist. Erhält der Mieter allerdings zum Ausgleich seiner Arbeitsleistung einen Mietnachlass, ist der Differenzbetrag auf die übrigen Mieter umlegbar.[118]

Die Gebühren für die **Müllabfuhr** ergeben sich aus den gemeindlichen Bescheiden.

73 Problematisch ist der Ansatz der Kosten von **Sperr- oder Sondermüll oder Entrümpelung von Böden**. Die Kosten der Sperrmüllabfuhr sind dann ansetzbar, wenn diese bei ordnungsgemäßer Bewirtschaftung laufend entstehen;[119] dies gilt namentlich auch dann, wenn Mieter auf Fluren und anderen der Allgemeinheit dienenden Räumen Sperrmüll und sonstige Gegenstände **stetig** abstellen und der Vermieter gehalten ist, durch Sonderaktionen den vertragsgemäßen Zustand wieder herzustellen. Anders ist dann zu entscheiden, wenn nur einzelne Mieter gelegentlich ihren Sperrmüll vertragswidrig auf dem Mietgrundstück abstellen und der Vermieter insoweit gehalten ist, eine Sperrmüllabfuhr zu veranlassen; in diesen Fällen ist eine Umlage der entstandenen Kosten auf alle Mieter nicht zulässig, zumal eine Haftungsgemeinschaft der Mieter eines Objekts nicht angenommen werden kann.[120] Entsprechendes gilt, wenn der Vermieter allen Mietern unterschiedslos anbietet, Müll an bestimmten Tagen auf dem Hof abzustellen.[121]

74 Die Höhe der Gebühren für die Müllabfuhr ergeben sich aus den Bescheiden der Stadtverwaltung oder der Versorgungsunternehmen. Trinkgelder werden nicht erfasst, da sie auf freiwilliger Basis geleistet werden ohne vertragliche Grundlage. Ob der zu beseitigende Müll sortiert ist oder nicht, spielt für die Frage der Umlegbarkeit der Gebühren keine Rolle. Ist zwischen den Parteien die Geltung der Betriebskostenverordnung vereinbart (früher Ziffer 8 der Anlage 3 zu § 27 der 2. BVO), braucht zwischen den einzelnen Müllarten wie Biomüll, Wertstoff oder Hausmüll, nicht unterschieden zu werden. Alle insoweit anfallenden Gebühren sind in vollem Umfang umlagbar.[122]

---

[115] OLG Frankfurt a. M. NZM 2001, 1049.
[116] LG Hamburg WuM 1998, 640.
[117] Schmidt-Futterer/*Langenberg* § 556 Rdnr. 141; vgl. auch AG Schöneberg Urt. v. 20. 12. 2000 – 6 C 206/00 – NZM 2001, 808.
[118] Schmidt-Futterer/*Langenberg* § 556 Rdnr. 142.
[119] LG Berlin ZMR 1995, 353; LG Berlin NZM 2003, 65; Emmerich/Sonnenschein/*Weitemeyer* § 556 Rdnr. 15; Schmidt-Futterer/*Langenberg* § 556 Rdnr. 146.
[120] Schmidt-Futterer/*Langenberg* § 556 Rdnr. 146.
[121] LG Berlin NZM 2002, 65.
[122] *Börstinghaus* NZM 1998, 62; Schmidt-Futterer/*Langenberg* § 556 Rdnr. 145.

Die beim Vermieter anfallenden Kosten für Müllkompressoren, Müllschluckern, Müllabsauganlagen oder Müllmengenerfassungsanlagen werden nach der Definition der Betriebskostenverordnung als auf die Mieter umlegbar bewertet. 75

Bei **gemischt genutzten Grundstücken** muss der Vermieter zwischen dem Wohnhausmüll und dem gewerblichen Müll, sofern dieser ins Gewicht fällt, unterscheiden, indem er für getrennte Müllgefäße sorgt. Stehen separate Müllbehälter nicht zur Verfügung, ist der gewerbliche Anteil des Mülls zu schätzen. Ergibt sich aus den tatsächlichen Verhältnissen, dass die Gewerbeeinheiten keinen erhöhten Müllbeseitigungsaufwand erfordern, kann von einem Vorwegabzug abgesehen werden.[123] Die Stadtgemeinden verfügen über Erfahrungswerte, die dort erfragt werden können. Zu beachten ist aber noch, dass eine formell ordnungsgemäße Betriebskostenabrechnung voraussetzt, dass dem Mieter auch dann die Gesamtkosten einer berechneten Kostenart mitgeteilt werden, wenn einzelne Kostenanteile nicht umlagefähig sind. Dem Mieter muss ersichtlich sein, ob und in welcher Höhe nicht umlagefähige Kosten vorab abgesetzt worden sind.[124] 76

Das wachsende Umweltbewusstsein hat dazu geführt, die Kosten der Entsorgung genauer zu ermitteln. Teilweise ist es üblich geworden, die Kosten der Müllabfuhr nach der Häufigkeit der Entleerungen der Müllgefäße zu berechnen. Soweit Müllgefäße und Müllfahrzeuge mit einem Scanner-System ausgerüstet sind, wird bei jeder Leerung genau aufgezeichnet, welche Mülltonne geleert wurde. Durch den anschließenden Gebührenbescheid erhält der Vermieter aufgelistet, welche Tonne wie oft im Abrechnungszeitraum geleert wurde. Zu § 2 Ziffer 8 BetrKV wird auch Bio-Müll und Altpapier gerechnet.[125] 77

Mit den Kosten für **Mülltrennung** hatte sich das Landgericht Tübingen zu befassen.[126] Eine Firma war durch den Vermieter eingeschaltet worden, weil verschiedene Mieter ihrerseits den Müll nicht gesondert getrennt hatten. Die damit verbundenen Kosten hat das Landgericht nicht für umlagefähig gehalten und zur Begründung ausgeführt, für die Folgen mangelhafter oder unterlassener Mülltrennung hätten die jeweiligen Verursacher aufzukommen. Wenn diese nicht feststellbar seien, müsse der Vermieter dafür haften. Da zudem nicht auszuschließen sei, dass sogar am Mietverhältnis nicht beteiligte Dritte den Müll unsortiert in die gemeinschaftliche Mülltonne entsorgt hätten, könne die Gemeinschaft der Mieter damit nicht belastet werden. 78

5. Die Kosten des Betriebs des Personen- oder Lastenaufzugs, § 2 Ziffer 7 BetrKV

Hierzu gehören die Kosten des Betriebsstroms, die Kosten der Beaufsichtigung, der Bedienung, Überwachung und Pflege der Anlage, der regelmäßigen Prüfung ihrer Betriebsbereitschaft und Betriebssicherheit einschließlich der Einstellung durch eine Fachkraft sowie die Kosten der Reinigung der Anlage. Wird der Betriebsstrom nicht von einem gesonderten Zähler erfasst, muss der Stromverbrauch gleichmäßig auf alle Mieter verteilt werden. Ansonsten bleibt nur die Möglichkeit einer Schätzung auf sachgerechter Basis, wobei jedoch sichergestellt sein muss, dass alle Mieter gleichmäßig belastet werden. 79

Nach § 20 Aufzugsverordnung muss der Eigentümer des Mietobjekts einen Aufzugwärter bestellen, wenn in dem Aufzug Personen befördert werden sollen;[127] wegen der jederzeitigen Erreichbarkeit wird regelmäßig der Hausmeister mit dieser Aufgabe betraut. Die damit zusammenhängenden Kosten sind grundsätzlich umlegbar. Anstelle eines Aufzugswärters kann auch eine **Notrufbereitschaft** eingerichtet werden, die aus dem Fahrstuhl ständig erreichbar sein muss; die dadurch entstehenden Betriebskosten sind berücksichtigungsfähig. Entsprechendes gilt für die Wartungskosten der Notrufanlage.[128] 80

---

[123] Wall in Betriebskostenkommentar, Rdnr. 2907.
[124] BGH NJW 2007, 1059.
[125] Mitteilungen des Verbandes Norddeutscher Wohnungseigentümer e. V. v. 15. 4. 1998 NZM 1998, 400 zur früheren Ziffer 8 der Anlage 3 zu § 27 der 2. BVO; Emmerich/Sonnenschein/*Weitemeyer* § 556 Rdnr. 15.
[126] LG Tübingen WuM 2004, 497.
[127] Vgl. Aufzugsverordnung BGBl. 1998 I 1410.
[128] LG Gera WuM 2001, 615; Schmidt-Futterer/*Langenberg* § 556 Rdnr. 133.

81 Das Oberlandesgericht Frankfurt[129] hat entschieden, dass in einem Hochhaus der Vermieter verpflichtet ist, die Fahrstühle rund um die Uhr sowohl an Werktagen wie Sonn- und Feiertagen in Betrieb zu halten. Bereits bei Gebäuden ab vier Stockwerken ist der Einbau von Fahrstühlen zwingend vorgeschrieben. Wenn Räume etwa im 10. Obergeschoss angemietet sind, muss sichergestellt sein, dass der Mieter jederzeit Zugang zu diesen Räumen hat, dies gilt auch für Sonn- und Feiertage.

82 Hat der Vermieter mit der Fahrstuhlfirma einen **Wartungsvertrag** geschlossen, der u. a. auch die Lieferung von Ersatzteilen vorsieht, Reparatur und Ersatz von durch Verschleiß unbrauchbaren Teilen und Erneuerung von Tragseilen usw., handelt es sich der Sache nach um typische Instandhaltungs- und Instandsetzungsarbeiten, die nach dem Grundgedanken des § 535 Abs. 1 S. 2 BGB allein dem Vermieter auf seine Kosten obliegen. Beim Ansatz von Kosten des Aufzugs ist der Vermieter nicht berechtigt, neben den Wartungskosten die Kosten für die Beseitigung von Störungen und für die Lieferung kleinerer Ersatzteile anzusetzen; denn diese Kosten gehen über die Aufwendungen für die bloße Wartung hinaus.[130] Werden in der Rechnung der Fahrstuhlfirma die Kosten zwischen Reparatur und Wartung differenziert dargestellt, kann der Vermieter eine entsprechende Unterscheidung vornehmen und den Mietern allein die Wartungskosten als umlagefähig anlasten. Ist allerdings eine pauschale Vergütung vereinbart, kann eine ordnungsgemäße Abrechnung den Mietern gegenüber nur so aussehen, dass eine den tatsächlichen Verhältnissen entsprechende prozentuale Aufteilung der Arbeitsleistung der Aufzugsfirma hinsichtlich der dem Mieter zur Last fallenden Kosten einerseits und der dem Vermieter zur Last fallenden Kosten andererseits getroffen wird. Die durchschnittlichen Werte liegen bei 20 bis 40 Prozent,[131] teilweise aber auch bei 50 Prozent.[132] Die Kosten der Hauptprüfung nach § 10 Aufzugsverordnung und von Zwischenprüfungen nach § 11 Aufzugsverordnung sind einschließlich der Gebühren für Sachverständige und Helfer umlagefähig.

83 Ist eine Behebung von **Betriebsstörungen** mittels Wartungsarbeiten möglich, sind diese Kosten umlegbar.[133] Dies gilt dann nicht, wenn der Einsatz des Störungsdienstes auf eine vorangegangene mangelhafte Wartung zurückzuführen ist; insoweit ist der Vermieter auf Ansprüche gegen die Wartungsfirma zu verweisen.[134] Wird der Austausch von Kleinteilen an Ort und Stelle vorgenommen, ohne dass eine Bearbeitung in der Werkstatt notwendig ist, sollen die Kosten ebenfalls umlegbar sein.[135] Geht die Beseitigung der Störung über Wartungsarbeiten hinaus, sind die Kosten nach anderer Ansicht nicht umlegbar.[136] Beruht die Betriebsstörung auf technischem Defekt, sollen die Kosten nicht umlegbar sein; anderes gilt, falls die Betriebsstörung auf unsachgemäße Bedienung durch die Mieter zurückzuführen ist.[137] Welchen Grund die Arbeiten hatten, ergibt sich regelmäßig aus den Tätigkeitsberichten der Fahrstuhlmonteure, die sich der Anwalt vorlegen lassen sollte. Nicht praktikabel erscheint eine Unterscheidung dahingehend, kann die Fachkraft den Aufzug mit dem mitgeführten Bordwerkzeug wieder in Betrieb setzen, gegebenenfalls unter Reparatur und Austausch kleinerer Teilstücke, oder ist eine Bearbeitung des Aufzugs oder Teilen davon in der Werkstatt der Fahrstuhlfirma erforderlich; ist die Ingangsetzung an Ort und Stelle möglich, handelt es sich um Wartung, im anderen Fall um Reparatur.[138] In diesen Fällen hängt die Umlegbarkeit der Kosten vom Geschick und der Erfahrung der Fachkraft ab. Daher empfiehlt es sich, derartige Kosten als nicht umlagefähig anzusehen, wenn die Beseitigung von Störungen über die regelmäßige Wartung hinausgeht.[139]

---

[129] OLG Frankfurt NZM 2004, 909.
[130] LG Hamburg NZM 2001, 806.
[131] LG Aachen DWW 1993, 42; AG Bruchsal WuM 1988, 62, 63; *Langenberg* S. 22.
[132] LG Essen WuM 1991, 702.
[133] *Sternel* III 298.
[134] Schmidt-Futterer/*Langenberg* § 556, 138.
[135] LG Berlin GE 1987, 827; vgl. auch *Langenberg* S. 22.
[136] AG Bruchsal WuM 1988, 62, 63.
[137] *Lützenkirchen* Anwaltshandbuch Mietrecht L 226.
[138] LG Berlin GE 1987, 827.
[139] LG Hamburg NZM 2001, 806; Schmidt-Futterer/*Langenberg* § 556 Rdnr. 138.

Die **Reinigung des Fahrkorbs** gehört zu Ziffer 9 der Anlage 3 der 2. BVO; daher können Reinigungskosten der Fahrstuhlanlage nur konkret auf die Anlage selbst bezogen berücksichtigungsfähig sein, z. B. Reinigung der technischen Teile der Aufzugsanlage. 84

Auch der Mieter einer Wohnung im Erdgeschoss kann formularmietvertraglich an der Umlage der Aufzugskosten beteiligt werden.[140] Nur wenn der Aufzug für den Erdgeschossmieter gänzlich nutzlos ist, etwa wenn sich der Aufzug in einem Nebengebäude befindet, sollen die Kosten nicht umlegbar sein, wenn der Mieter diesen Aufzug nicht benutzt.[141] Die Kosten des Aufzugs, der vom Erdgeschoss und dann wieder vom 3. Obergeschoss zu betreten ist, können nicht wirksam auf die Mieter des 1. und 2. Obergeschosses umgelegt werden.[142] 85

Bei einer Wirtschaftseinheit dürfen die Kosten des Aufzugs nicht auf die Mieter der Wohnungen umgelegt werden, die sich in Gebäuden befinden, die nicht mit Fahrstühlen ausgestattet sind.[143] Demgemäß müssen Abrechnungskreise innerhalb der Wirtschaftseinheit gebildet werden, um den Besonderheiten der Gebäude mit Aufzugsanlagen Rechnung zu tragen. 86

6. Die Kosten der Gartenpflege, § 2 Ziffer 10 BetrKV

Hierzu gehören die Kosten der Pflege gärtnerisch angelegter Flächen einschließlich der Erneuerung von Pflanzen und Gehölzen, der Pflege von Spielplätzen einschließlich der Erneuerung von Sand und der Pflege von Plätzen, Zugängen und Zufahrten, die dem nichtöffentlichen Verkehr dienen. 87

Gemeint sind die **Kosten der Gartenpflege**, nicht die Gartenpflege selbst, die Kosten auslösen kann.[144] Ist der Mieter nach den vertraglichen Vereinbarungen – etwa bei der Anmietung eines Einfamilienhauses mit Garten – verpflichtet, die Pflege des Gartens vorzunehmen, sind hierunter nur einfache Pflegearbeiten zu verstehen, die weder besondere Fachkenntnisse des Mieters noch einen besonderen Zeit- oder Kostenaufwand erfordern, z. B. Rasenmähen, Unkrautjäten oder Entfernen von Laub.[145] Darüber hinausgehende Arbeiten unterfallen der Instandhaltungspflicht des Vermieters. Von diesen einfachen Pflegemaßnahmen werden folgende Arbeiten nicht mehr erfasst: Pflanzenflächen düngen, Gehölze beschneiden, Rasenkante abstechen, Teich von Schlamm, Algen und Pflanzenbewuchs säubern, Teichrand freilegen, Rasenfläche vertikulieren, düngen, nachsäen und mit Kompost bestreuen, Pflanzenkübel und Schubkarre entsorgen. Diese Arbeiten gehören nicht mehr zu den einfachen Pflegeleistungen, wenn vertraglich dem Mieter die Gartenpflege übertragen worden ist. 88

Die **Kosten** der Gartenpflege sind nicht auf Mieter umlegbar, die **keine Berechtigung zur Gartenbenutzung** haben.[146] Entsprechendes gilt für die Kosten der Pflege einer Dachbegrünung, wenn der Mieter zur Nutzung der Dachbegrünung nicht berechtigt ist.[147] Der bloße Ausblick „ins Grüne" oder „aufs Grüne" rechtfertigt den Ansatz der Kosten nicht. Demgegenüber sind die Pflegekosten für einen Vorgarten ansatzfähig, auch wenn Vorgärten üblicherweise nicht betreten werden. 89

Diese Rechtsgrundsätze galten bisher uneingeschränkt und fanden sich übereinstimmend in fast allen Abhandlungen über die Fragen der Kostenverteilung der Gartenpflege. Der Bundesgerichtshof weis es jetzt besser:[148] „Eine gepflegte Gartenfläche verschönert ein Wohnanwesen insgesamt und verbessert die Wohn- und Lebensqualität, was auch denjenigen Mietern zuteil wird, die den Garten nicht nutzen oder nutzen können. Deshalb dürfen 90

---

[140] BGH NZM 2006, 895; LG Essen WuM 1991, 702; LG Duisburg WuM 1991, 597; LG Hannover WuM 1990, 228; LG Köln WuM 1998, 233; Wall in Betriebskostenkommentar, Rdnr. 3352, 3353.
[141] AG Göppingen WuM 1977, 117; vgl. auch LG Kiel NZM 2001, 92.
[142] AG Frankfurt/M. NZM 2000, 906.
[143] AG Trier NJW-RR 1989, 1170.
[144] LG Berlin NZM 2003, 20.
[145] OLG Düsseldorf NZM 2004, 866.
[146] AG Köln WuM 1985, 344; *Langenberg* S. 32.
[147] LG Karlsruhe WuM 1996, 230.
[148] BGH NZM 2004, 545.

die Kosten der Gartenpflege – mit Ausnahme der Flächen, die dem Vermieter oder Mietern zur alleinigen Nutzung zugewiesen sind – auf den Mieter umgelegt werden." Eine gepflegte Gartenfläche kommt ihnen zugute, während ein vernachlässigter Garten den Gesamteindruck eines Wohnanwesens beeinträchtigt und damit auch den Wohnwert für die im Wohnanwesen lebenden Mieter herabsetzt.

91 Zu den Gartenpflegekosten zählen auch die Kosten der **Pflanzenerneuerung**, die dadurch verursacht werden, dass unter gartenpflegerischen Gesichtspunkten der vorhandene Bewuchs gegen neuen ausgetauscht werden muss, wohingegen er nicht unbedingt gleichartig zu sein braucht.[149] Entscheidend ist der Begriff des **Auswechselns**; denn für eine Anschaffung von Sträuchern können Gartenpflegekosten nicht angesetzt werden, da es sich um Instandsetzungskosten handelt.[150]

92 Zu den Gartenpflegekosten zählen auch die Aufwendungen für eine Beseitigung von Sturmschäden.[151] Die Pflege von gärtnerischen Flächen und die Erneuerung von Pflanzen umfasst auch das Entfernen von Bäumen, Dabei ist es unerheblich, ob es sich um einen Sturmschaden handelt.[152] Für die Annahme umlegbarer Betriebskosten ist nur erforderlich, dass sie mit einer gewissen **Regelmäßigkeit** anfallen.[153] Stellt sich demgegenüber ein Sturm als für die Region ungewöhnliches Naturereignis dar, fehlt es an dem Merkmal fortlaufender Wiederholbarkeit und somit sind diese Kosten nicht ansatzfähig.[154]

93 Auch sind Kosten für das Fällen kranker Bäume nicht berücksichtigungsfähig,[155] da es sich um Instandsetzungskosten handelt. Entsprechendes gilt, wenn durch das Fällen von Bäumen einer Verkehrssicherungspflicht Rechnung getragen wird oder Rückschnitte in der Vergangenheit nicht fachgerecht durchgeführt worden sind oder das Nachbarrecht ein Fällen von Bäumen erfordert.

94 Wird nach länger unterlassener Pflege der Garten einer Grundpflege unterzogen, sind die dafür aufzuwendenden höheren Kosten nicht umlagefähig.[156] Die Behebung eines Wartungsstaus ist als Instandsetzung zu werten.[157] Demgegenüber sind die Kosten für die Neuanlegung eines Gartens ansatzfähig,[158] ebenso wie die Kosten für Erneuerung von Pflanzen und Gehölzen im Rahmen natürlichen Abgangs, wobei es sich nicht unbedingt um gleichartige und gleichwertige Bepflanzung handeln muss.[159]

95 Zu den Kosten einer Gartenpflege zählen auch diejenigen für Baumpflegearbeiten, die **aperiodisch** anfallen; sie gehören zu den regelmäßigen laufenden Aufwendungen, die in größeren Zeitabständen anfallen; diese Kosten können im Anschluss an ihre Entstehung umgelegt werden.[160]

96 Die Kosten für eine Erneuerung von Plattenwegen zu Spielplätzen und der dort befindlichen Sitzbänke sind ebenfalls umlagefähig.[161] Anders ist zu entscheiden in den Fällen einer **Erstausstattung** des Spielplatzes; insoweit ist von Instandsetzungskosten auszugehen, die nicht umlagefähig sind;[162] die Aufwendungen für eine laufende Pflege von Spielplätzen sind allerdings umlagefähigen Betriebskosten zuzuordnen, ferner auch die Kosten für einen gelegentlichen Austausch veralteter oder verbrauchter Spielgeräte.

97 Die durch die Pflegemaßnahmen veranlassten **Personalkosten** sind umlagefähig.[163] auch die entsprechenden **Sachkosten** sind umlegbar. Dabei handelt es sich um Materialien wie

---

[149] *Sternel* Aktuell Rdnr. 773.
[150] LG Hamburg WuM 1985, 369.
[151] *Sternel* Aktuell Rdnr. 774.
[152] LG Hamburg WuM 1989, 640, 641.
[153] LG Tübingen WuM 2004, 669; AG Reutlingen WuM 2004, 95; a. A. *Bausch*, NZM 2006, 366.
[154] AG Königstein/T. WuM 1993, 410.
[155] AG Hamburg WuM 1989, 641.
[156] LG Hamburg WuM 1994, 695; *Sternel* Aktuell Rdnr. 774.
[157] Schmidt-Futterer/*Langenberg* § 556, 157; *Sternel* III Rdnr. 350.
[158] LG Hamburg WuM 1989, 191.
[159] AG Neuss DWW 1993, 296.
[160] LAG Frankfurt/M. WuM 1992, 545, 547.
[161] *Sternel* Aktuell 774.
[162] Schmidt-Futterer/*Langenberg* § 556 Rdnr. 163.
[163] Schmidt-Futterer/*Langenberg* § 556 Rdnr. 160.

Pflanzen, Dünger oder Ähnliches,[164] und um Betriebskosten für Gartengeräte wie Rasenmäher und Traktoren in Form von Treibstoff, Schmiermittel, Steuer und Versicherung, auch für deren Wartung.[165] Soweit Ersatzgeräte angeschafft werden, handelt es sich der Sache nach um nicht umlegbare Instandsetzungskosten.[166] Die Kosten der Ersatzbeschaffung für einen Rasenmäher können ausnahmsweise als Kosten der Gartenpflege umlagefähig sein, wenn die Ersatzbeschaffung günstiger ist als die Reparatur.[167] Durch diese Art der Behandlung werden die Mieter günstiger gestellt als in dem Falle, dass eine teurere Reparatur veranlasst wird. Es verbleibt allerdings bei dem Grundsatz, dass die **Anschaffungskosten und auch die Ersatzbeschaffungen** von Gerätschaften **als Betriebskosten nicht umlegbar** sind. Die Kosten allerdings für mutwillige Zerstörungen oder Beschädigungen, auch Verunreinigungen, sind nicht auf die Mieter umlegbar; in diesen Fällen ist der Vermieter allein auf den Schadensersatzanspruch gegen den Verursacher zu verweisen, da es nicht sachgerecht ist, die Mieter mit den Aufwendungen für eine Beseitigung mutwilliger Zerstörungen durch Dritte zu belasten. Falls es dem Vermieter nicht gelingt, den Verursacher zu ermitteln und einen Schadensersatzanspruch mit Erfolg im Wege der Zwangsvollstreckung gegen den Schädiger durchzusetzen, trägt der Vermieter den Schaden allein.

Um einen Überblick über den Umfang der umlagefähigen Kosten zu gewinnen, sollte der Anwalt von dem Recht seines Mandanten auf Einsicht in die Belege Gebrauch machen, da sich dort detaillierte Aufzeichnungen und Abrechnungen befinden, namentlich dann, wenn sich der Vermieter Fremdfirmen bedient hat. Durch eine Vorlage der Belege wird auch deutlich, ob Kosten geltend gemacht sind, die nur bestimmte Mieter treffen dürfen, nicht aber alle wie etwa die Pflegekosten für Garagenzufahrten, die nur einem Teil der Mieter zur Benutzung überlassen sind. 98

7. Die Kosten der Gebäudereinigung und Ungezieferbekämpfung, § 2 Ziffer 9 BetrKV

Zu den Kosten der Hausreinigung gehören die Kosten für die Säuberung der von den Bewohnern gemeinsam benutzten Gebäudeteile wie Zugänge, Flure, Treppen, Keller, Bodenräume, Waschküchen oder Fahrkorb des Aufzugs. Sie gliedern sich auf in Personal- und Sachkosten, namentlich die Kosten für Reinigungsmittel und Reinigungsgeräte. 99

Hausreinigungskosten können als Personalkosten nur im üblichen Umfang umgelegt werden;[168] üblich sind die Kosten, die einschlägigen Tarifverträgen entsprechen, und die tägliche Arbeitszeit der Stundenlohnberechnung angemessen zu Grunde gelegt wird. 100

Treppenreinigungskosten können grundsätzlich in voller Höhe umgelegt werden.[169] Bei einer nicht unwesentlichen Überschreitung der normalen Kosten besteht ein Indiz für eine nicht ordnungsgemäße Bewirtschaftung, so dass der Vermieter den Anfall solcher Kosten plausibel erklären muss.[170] 101

Personalkosten der Hausreinigung können nicht gesondert angesetzt werden, falls die Arbeiten durch einen Hausmeister durchgeführt werden, dessen Kosten bereits umgelegt werden.[171] Die Kosten für eine Reinigung von Stellplätzen, die nicht allgemein zur Verfügung stehen, können nicht auf alle Mieter sondern nur auf die Stellplatzmieter umgelegt werden.[172] Entsprechendes gilt für Kosten, die eindeutig sich als Folge eines vertragswidrigen Verhaltens einzelner Mietparteien darstellen.[173] Sonderreinigungsmaßnahmen, auch einmalige wie z. B. Beseitigung von Farbschmierereien (Graffitis),[174] Baudreck, können nicht angesetzt werden, da es sich nicht um laufende Pflegemaßnahmen handelt. Kosten für eine Fas- 102

---

[164] Schmidt-Futterer/*Langenberg* § 556 Rdnr. 160.
[165] LG Hamburg WuM 1989, 640; *Langenberg* S. 32.
[166] *Langenberg* S. 32.
[167] AG Lichtenberg NZM 2004, 96
[168] AG Hamburg-Wandsbek WuM 1985, 373.
[169] *Sternel* III Rdnr. 349.
[170] LG Kiel WuM 1996, 628.
[171] *Sternel* III Rdnr. 349.
[172] LG Hamburg WuM 1989, 640.
[173] LG Siegen WuM 1992, 630.
[174] AG Köln WuM 2001, 515.

sadenreinigung und die PVC-Beschichtung am Treppenhausfußboden betreffen Instandsetzungsmaßnahmen und sind daher als Betriebskosten nicht umlagefähig.[175] Ebenso wie die Versiegelung eines Parkettfußbodens in den Wohnungen der Mieter obliegt eine Versiegelung des Linoleumsbelages der Treppen dem Vermieter, wobei es sich nicht um eine Pflegemaßnahme, sondern um eine grundsätzliche Behandlung des Bodens handelt, damit dieser zur weiteren Benutzung den heutigen Anforderungen entsprechend tauglich ist. Anschaffungskosten für Reinigungsgeräte sind ebenfalls nicht umlagefähig.[176] Entsprechendes gilt für eine Ersatzbeschaffung.[177]

103 **Reinigungsmittel** sind demgegenüber in vollem Umfang berücksichtigungsfähig. Falls Mieter im Rahmen eines Reinigungsplans die turnusmäßig anfallenden Reinigungsarbeiten planmäßig in eigener Regie oder nach Plan ausführen, fallen besondere Kosten zu Lasten des Vermieters regelmäßig nicht an.

104 Bei der **Ungezieferbekämpfung** dürfen nur die Kosten für **wiederkehrende Bekämpfungsmaßnahmen** angesetzt werden. Sie brauchen nicht jährlich anzufallen.[178] Zu den Kosten gehören die Aufwendungen für regelmäßige Maßnahmen zur Prophylaxe gegen Ungeziefer,[179] nicht jedoch solche, die dadurch entstehen, dass ein konkreter Befall mit Ungeziefer auftritt. Eine **einmalige Schadensbeseitigungsmaßnahme** ist **nicht** berücksichtigungsfähig, da nämlich im Falle eines Ungezieferbefalls ein Mangel der Mietsache nach § 536 BGB vorliegt, den der Vermieter grundsätzlich auf eigene Kosten beheben muss.

105 Ein Kostenansatz ist nur für Maßnahmen auf **Gemeinschaftsflächen** zulässig, **nicht** jedoch für eine Entseuchung **in einzelnen Mietwohnungen**.[180] Für Maßnahmen in einzelnen Mietwohnungen kann ein Schadensersatzanspruch des Vermieters bestehen, falls der Mieter die Ungezieferplage verursacht hat. Ist nicht feststellbar, ob der Schaden auf das Verhalten des Mieters zurückzuführen ist, etwa wenn ein gesamtes Hochhaus mit Ungeziefer befallen ist, so trifft den Vermieter die Kostenlast für eine Beseitigung des Mangels; eine Umlagefähigkeit dieser Kosten ist ausgeschlossen.

106 Eine Holzbockbekämpfung – ebenso wie die Nachschau – ist als Instandhaltungsmaßnahme nicht umlagefähig.[181] Die Kosten für eine Bekämpfung von Ameisen, Wanzen oder Motten in einem Gebäude können **turnusgemäß** ausgeführt werden und sind damit umlagefähig. Anders ist zu entscheiden für eine Bekämpfung von Ungeziefer außerhalb des Mietobjekts. Zu den Betriebskosten gehören nicht die Aufwendungen für die Beseitigung eines Bienennestes im Dachstuhl[182] oder eines Wespennestes im Mietobjekt, da diese Kosten dem Vermieter nicht mit einer gewissen Regelmäßigkeit entstehen. Die Kosten dieser einmaligen Maßnahme können daher nicht auf die Mieter über § 2 Ziffer 9 BetrKV umgelegt werden.

107 Eine Klausel in einem Wohnraummietvertrag, derzufolge eine Ungezieferbekämpfung innerhalb der Mietwohnung Sache des Mieters ist, ist nach § 307 Abs. 1 BGB unwirksam.[183] Die Klausel lässt außer acht, dass hinsichtlich der Ursächlichkeit des Ungezieferbefalls sowohl bauseitige Ursachen in Betracht kommen, die der Vermieterseite angelastet werden müssten, als auch vom Mieter zu vertretenden Ursachen. Eine unangemessene Benachteiligung des Mieters ist aus entsprechenden Erwägungen heraus auch im Falle der Klausel gegeben, dass der Mieter für Schäden durch das Beseitigen von Ungeziefer haftet, wenn die Beseitigungsmaßnahmen vom Vermieter veranlasst worden sind.[184]

---

[175] AG Hamburg WuM 1995, 652.
[176] AG Lörrach WuM 1996, 628.
[177] Schmidt-Futterer/*Langenberg* § 556 Rdnr. 149.
[178] AG Köln WuM 1992, 630.
[179] AG Oberhausen WuM 1996, 714, 715; a. A. AG Offenbach NZM 2002, 214.
[180] AG Oberhausen WuM 1996, 714, 715; Schmidt-Futterer/*Langenberg* § 556 Rdnr. 153.
[181] *Langenberg* S. 29.
[182] AG Freiburg WuM 1997, 471.
[183] LG Hamburg NZM 2001, 853.
[184] OLG Frankfurt WuM 1992, 57, 61.

8. Die Kosten der Beleuchtung, § 2 Ziffer 11 BetrKV

Hierzu gehören die Kosten des Stroms für die Außenbeleuchtung und die Beleuchtung der von den Bewohnern gemeinsam benutzten Gebäudeteile wie Zugänge, Flure, Treppen, Keller, Bodenräume, Waschküchen. 108

Nach der Legaldefinition sind ausschließlich die **Kosten einer Beleuchtung von Gemeinschaftsflächen umlagefähig.** Werden Teile des Mietgrundstücks oder Teile des Gebäudes beleuchtet, die nicht allen Mietern zugänglich sind, z. B. Garagen und deren Zufahrten, dürfen die Kosten der Beleuchtung nur auf die Mieter umgelegt werden, die Zugang zu diesen Flächen haben.[185] Zu den **Stromkosten** gehören die Grundgebühren, die Verbrauchskosten und evtl. die Zählermiete.

Zu den Kosten der Beleuchtung **gehören nicht** die Kosten für den Ersatz von Glühbirnen; dabei handelt es sich um **nicht** umlagefähige Instandsetzungskosten.[186] Nach der Legaldefinition fallen darunter auch nicht die Kosten, die für eine Umstellung auf Energiesparlampen entstanden sind. Nicht umlagefähig sind auch die Aufwendungen für Lichtschalter oder Sicherungen.[187] 109

Der Betriebsstrom für eine zentrale Heizungsanlage ist grundsätzlich als Teil der Kosten des Betriebs der zentralen Heizungsanlage und nicht als Allgemeinstrom in der Betriebskostenabrechnng umzulegen.[188]

9. Die Kosten der Sach- und Haftpflichtversicherung, § 2 Ziffer 13 BetrKV

Hierzu gehören namentlich die Kosten der Versicherung des Gebäudes gegen Feuer-, Sturm- und Wasser- sowie sonstige Elementarschäden, der Glasversicherung, der Haftpflichtversicherung für das Gebäude, den Öltank und den Aufzug. 110

Grundsätzlich ist dem Mieter anzuraten, sich vertraglich zu verpflichten, die **Feuerversicherungsprämie als Betriebskostenanteil** zu entrichten. Darin liegt nämlich die stillschweigende Beschränkung der Haftung des Mieters für die Verursachung von Brandschäden auf Vorsatz und grobe Fahrlässigkeit.[189] Hat der Mieter selbst eine Versicherung abgeschlossen, haftet er nach § 61 VVG lediglich für Vorsatz und grobe Fahrlässigkeit; kein Grund ist ersichtlich, den Fall anders zu entscheiden, hat der Vermieter die Versicherung für das Gebäude abgeschlossen und der Mieter trägt im Innenverhältnis zum Vermieter die Prämie. In der Gebäudeversicherung gilt selbst im gewerblichen Mietrecht ein konkludenter Regressverzicht des Versicherers in den Fällen, in denen der Brandschaden durch einfache Fahrlässigkeit verursacht worden ist.[190] 111

Die Kosten einer **Sach- und Haftpflichtversicherung** sind vertraglich nur dann umlegbar, wenn sie einer ordentlichen Geschäftsführung unter Einbeziehung der Mieterinteressen genügen. Unter dieser Voraussetzung sind neben den genannten Versicherungen umlagefähig auch Aufwendungen für eine Versicherung für die **Starkstromleitung** des Fahrstuhls, die **Schwamm-** und **Hausbockversicherung** sowie die **Glasversicherung**.[191] Die Mieterinteressen sind insoweit berücksichtigt, als die erforderlichen finanziellen Mittel für eine Behebung etwa auftretender Schäden und damit für die Beseitigung für die Mieter damit verbundener Beeinträchtigungen des Mietgebrauchs zur Verfügung stehen. 112

Umlegbar sind darüber hinaus die Beiträge für auf das Mietgrundstück bezogene Haftpflichtversicherungen. In diesem Zusammenhang ist zunächst auf die **Gebäudehaftpflichtversicherung** zu verweisen, durch die der Eigentümer seine Haftung Dritten gegenüber für 113

---

[185] LG Aachen DWW 1993, 41, 42, 44; Emmerich/Sonnenschein/*Weitemeyer* § 556 Rdnr. 18.
[186] OLG Düsseldorf DWW 2000, 193, 194; *Langenberg* S. 34; *Sternel* III Rdnr. 351.
[187] Schmidt-Futterer/*Langenberg* § 556 Rdnr. 165.
[188] AG Leipzig NZM 2008, 83.
[189] BGHZ 22, 109, 113 ff.; BGH NJW 2001, 1353 – NZM 2001, 108; OLG Hamm NZM 2002, 503; LG Duisburg WuM 1997, 687.
[190] BGH NZM 2002, 795.
[191] LG Hamburg WuM 1989, 191.

Schäden durch das Gebäude versichert. Eine Differenzierung im Hinblick auf die in der Gebäudehaftpflichtversicherung eingeschlossene Grundbesitzerhaftpflicht ist nicht erforderlich, da es in der Sache keinen Unterschied macht, ob sich eine Gefahr infolge unterlassener Pflege des Gebäudes oder Grundstücks und dadurch bedingter Substanzschäden, z. B. – in Form abgelöster Dachziegel verwirklicht oder infolge nicht ausreichender Verkehrssicherung. Derartige Konstellationen fallen in den Verantwortungsbereich des Vermieters und sind daher unter dem Gesichtspunkt des § 2 Ziffer 13 BetrKV auf die Mieter einschränkungslos umlegbar.[192] Zu beachten ist, dass auch im Rahmen einer Sach- und Haftpflichtversicherung die Grundsätze der Wirtschaftlichkeit zu berücksichtigen sind. Der Grundsatz der Wirtschaftlichkeit hat zur Folge, dass der Vermieter Versicherungen möglichst günstig anzuschließen hat. Er braucht nicht den billigsten Anbieter zu nehmen, aber unter Berücksichtigung der Besonderheiten des zu versichernden Objektes den günstigsten, dessen Regulierungsverhalten in der Vergangenheit keinen Anlass zu Beanstandungen gegeben hat.[193]

114 Die Kosten für den **Haus- und Mietrechtsschutz** sind nicht umlagefähig.[194] Ebenso wenig sind die Kosten einer **Reparaturversicherung** berücksichtigungsfähig.[195] Auch die Prämien für eine Versicherung der **Gegensprechanlage** im Aufzug kann nicht dem Katalog des § 2 Ziffer 13 BetrKV zugeordnet werden.[196] Ebenso gehört eine **Mietverlustversicherung** nicht zu den umlagefähigen Betriebskosten.[197] Entsprechendes gilt für die Umlage von Kosten einer Maschinenversicherung für den Heizungskessel, da es sich der Sache nach um eine Reparaturversicherung handelt.[198]

115 Problematisch ist, ob die Kosten für eine Versicherung des **Vandalismusrisikos** umlegbar sind, da es sich der Sache nach um eine Reparaturversicherung handelt. Die Beiträge für Reparaturversicherungen sind nicht auf die Mieter umlagefähig.[199] Allerdings stellt die Versicherung des Vandalismusrisikos durchaus eine Versicherung des Gebäudes dar und ist als echte Sachversicherung aufzufassen, wie dies auch für die Versicherungen gegen Feuer-, Sturm- und Hagelschäden gilt. Daher ist im Ergebnis die Umlagefähigkeit der Versicherung gegen das Vandalismusrisiko zu befürworten.[200]

116 Prämienerhöhungen der **Leitungswasserversicherung** können dann nicht auf die Mieter umgelegt werden, wenn der Grund für die Erhöhungen in häufigen Rohrbrüchen liegt, der Vermieter also seiner Instandhaltungspflicht nicht nachgekommen ist.[201] Demgegenüber können die Kosten einer Glasbruchversicherung umgelegt werden; Maßstab ist die anteilige Fensterfläche.[202]

117 Bei **gemischt genutzten Grundstücken** ist dem Vermieter anzuraten, sich bei dem Versicherer nach den Grundlagen für die Prämienkalkulation zu erkundigen. Erfahrungsgemäß schätzen Versicherungsunternehmen das Risiko bezogen auf gewerbliche und nichtgewerbliche Objekte unterschiedlich ein. Die Wohnungsmieter dürfen nicht mit Kosten belastet werden, die durch ein erhöhtes Risiko der Gewerbemieter entstehen. Insoweit sollte nach den eingeholten Informationen des Vermieters ein Vorwegabzug zum Nachteil der Gewerbemieter vorgenommen werden. Eine formell ordnungsgemäße Betriebskostenabrechnung setzt im übrigen voraus, dass dem Mieter auch dann die Gesamtkosten einer berechneten Kostenart mitgeteilt werden, wenn einzelne Kostenanteile nicht umlagefähig sind. Dem Mieter muss ersichtlich sein, ob und in welcher Höhe nicht umlagefähige Kosten vorab abgesetzt worden sind.[203]

---

[192] Schmidt-Futterer/*Langenberg* § 556 Rdnr. 176.
[193] AG Leipzig NZM 2008, 83.
[194] OLG Koblenz WuM 1986, 50; AG Bonn WuM 1987, 274.
[195] AG Köln WuM 1990, 556; *Langenberg* S. 40.
[196] LG Berlin WuM 1986, 187, 188.
[197] AG Frankfurt/M WuM 1988, 170, 171; *Sternel* Aktuell Rdnr. 779.
[198] AG Hamburg WuM 2004, 202.
[199] AG Köln WuM 1990, 556.
[200] Schmidt-Futterer/*Langenberg* § 556 Rdnr. 169; a. A. *Jendrek* NZM 2003, 697, 698.
[201] AG Hamburg WuM 1986, 346.
[202] LG Stuttgart WuM 1989, 521.
[203] BGH NJW 2007, 1059.

Prämienrückvergütungen wegen Schadensfreiheit hat der Vermieter den Mietern gutzuschreiben in dem Jahr, in dem die Rückvergütung erfolgt ist.[204] Neu aufgenommen in den Katalog des § 2 Ziffer 13 BetrKV ist aus Gründen der Klarstellung die **Elementarversicherung**. Die Kosten für diese Versicherung sind bereits vor Inkrafttreten der Betriebskostenverordnung umlagefähig gewesen.[205] Als Elementarschäden werden Folgen von Naturereignissen aufgefasst, d. h. durch Überschwemmung, Erdbeben, Erdfall, Erdrutsch, Lawinen und Schneedruck sowie Vulkanausbruch. Demgegenüber sind durch Sturm, Feuer und Hagel verursachte Schäden regelmäßig durch die Gebäudeverscherung abgedeckt.

10. Die Kosten für den Hauswart, § 2 Ziffer 14 BetrKV

Hierzu gehören die Vergütung, die Sozialbeiträge und alle geldwerten Leistungen, die der Eigentümer oder Erbbauberechtigte dem Hauswart für seine Arbeit gewährt, soweit diese nicht die Instandhaltung, Instandsetzung, Erneuerung, Schönheitsreparaturen oder die Hausverwaltung betrifft; soweit Arbeiten vom Hauswart ausgeführt werden, dürfen Kosten für Arbeitsleistungen nach den Nummern 2 bis 10 und 16 des § 2 BetrKV nicht angesetzt werden.

Zu den Hausmeisterkosten zählen die **Lohnnebenkosten**, wie pauschale Lohnsteuerbeträge;[206] entsprechendes gilt im Hinblick auf Urlaubsvertretung und das Weihnachtsgeld.[207] Bei größeren Wohnungsunternehmen werden regelmäßig sog. Springer eingesetzt für den Fall eines Einsatzes im Urlaub, einer Krankheit oder eines sonstigen Ausfalls der für das Mietobjekt vorgesehenen Hauswartsperson. Insoweit entstehende Kosten sind auf die Mieter umlegbar, soweit die Ersatzkräfte tatsächlich zum Einsatz gekommen sind. Unrichtig ist die Praxis, die Hausmeisterwohnung von allen Betriebskosten auszunehmen. Zu den Kosten des Hauswarts gehören auch die auf die Hauswartswohnung entfallenden Betriebskosten, wenn sie vom Hauswart nicht getragen werden, weil er als Teil seiner Vergütung mietfrei wohnt.[208]

Die Hausmeisterkosten beschränken sich auf das Entgelt für **körperliche Arbeiten** wie z.B. Haus-, Treppen- und Straßenreinigung einschließlich Schneeräumung, Gartenpflege, Heizungs- und Fahrstuhlbedienung sowie -überwachung. Bei Vollumlage ist eine Trennung nicht geboten; anders liegt der Fall, wenn etwa eine Teilinklusivmiete vereinbart ist, die Gartenpflegearbeiten dabei nicht als umlagefähig vereinbart sind, wohl aber die Hausmeisterarbeiten.[209]

Aus den Hausmeisterkosten sind die Anteile herauszurechnen, die sich auf **Verwaltung und Instandsetzung** beziehen.[210] Dabei können auch Quoten auf Prozentbasis gebildet werden. Insoweit ist eine Schätzung vorzunehmen, die sich an der zeitlichen Ausdehnung der Verwaltungs- und Instandsetzungsmaßnahmen orientiert. Auszusondern sind die Kostenanteile, die z.B. auf eine Überprüfung der Brennstoffvorräte entfallen, das Auswechseln von Glühbirnen, die Erstellung von monatlichen Wassergeldabrechnungen, das Kassieren des Waschmaschinenentgelts sowie die Annahme und Weiterleitung von Störmeldungen an die Hausverwaltung. Kosten eines Hausmeisterbüros sind als Verwaltungskosten nicht ansetzbar.[211] Ist der Hausmeister nach dem Hauswartsvertrag verpflichtet, die allgemein genutzten Fenster, Türen und Absperrhähne für Gas und Warmwasser gangbar zu halten, handelt es sich um nicht umlagefähige Instandhaltungsmaßnahmen.[212]

Eine Differenzierung bei den **Telefonkosten** des Hausmeisters ist geboten: Grundsätzlich ist es zulässig, dass der Hausmeister die Telefonkosten, die im Zusammenhang mit seiner Hausmeistertätigkeit entstehen, erstattet bekommt und dass diese Kosten auf die

---

[204] Schmidt-Futterer/*Langenberg* § 556 Rdnr. 180.
[205] *Wall* WuM 2004, 10, 11.
[206] AG Kleve WuM 1989, 28.
[207] Emmerich/Sonnenschein/*Weitemeyer* § 556 Rdnr. 21.
[208] AG Köln WuM 1997, 273.
[209] *Langenberg* S. 46.
[210] LG Köln ZMR 1992, 115; AG Köln WuM 1994, 612; *Langenberg* S. 43.
[211] LG Aachen DWW 1992, 42.
[212] AG Köln WuM 1994, 612.

Mieter umgelegt werden können. Soweit allerdings die Telefonkosten dem Verwaltungsbereich zuzuordnen sind, handelt es sich um nicht gesondert ansetzbare Verwaltungskosten.[213]

124 Dagegen sind ansatzfähig die Kosten für **Notdiensttätigkeiten** des Hauswarts, etwa bei Strom- und Heizungsausfall, auch bei Wasserrohrbruch.[214] Ansatzfähig sind allein die Kosten der Notdiensttätigkeit selbst, nicht die Kosten der Reparaturen, die als Instandsetzungsmaßnahmen nicht umlagefähig sind.

125 Liegt eine **gemischte Tätigkeit** des Hausmeisters vor, muss im Streitfall der Vermieter den berücksichtigungsfähigen Arbeitsumfang darlegen und gegebenenfalls beweisen.[215] Der Vermieter muss den Hausmeister oder die Reinigungskräfte zwar nicht verpflichten, ein Stundenbuch zu führen.[216] Den Beweis für das Vorliegen umlagefähiger Betriebskosten, namentlich deren Umfang, hat im Rechtsstreit der Vermieter durch die zulässigen Beweismittel der Zivilprozessordnung zu führen. Dabei kann er sich namentlich des Hausmeisters als Zeuge bedienen. Regelmäßig empfiehlt sich, den Arbeitsvertrag des Hausmeisters vorzulegen, aus dem sich die Teilbereiche des Arbeitsumfangs des Hausmeisters ergeben müssen.

126 Die Kosten für einen **Pförtner** sind bei großen Wohnanlagen als umlagefähig anzunehmen.[217] Die Tätigkeit des Pförtners dient im Wesentlichen der Kontrolle der Besucher sowie der Bewohner und Aufrechterhaltung der Sicherheit und Ordnung im Interesse des Vermieters wie der Mieter. Entsprechendes gilt für die Kosten eines Wachdienstes,[218] wenn der bestimmungsgemäße Gebrauch der Mietsache durch Vandalismus, Obdachlose, Prostituierte oder Drogensüchtige beeinträchtigt wird.[219] Hier ist aber dem Grundsatz der Wirtschaftlichkeit besondere Aufmerksamkeit zu widmen, um nicht den Mieter mit überzogenen und überraschenden Betriebskostenforderungen zu überziehen. Im Regelfall nimmt der Hausmeister nämlich die Aufgaben der Überwachung des Mietobjekts wahr. Entsprechend bezieht sich seine Vergütung auch auf diese Tätigkeit Daher bedarf es **besonderer Darlegung im Streitfall,** warum die Hinzuziehung eines besonderen Wachdienstes erforderlich war. Insoweit mag eine Darlegung erforderlich sein, warum die obligationsmäße Betätigung des Hausmeisters die von Dritten ausgehenden Gefahren nicht zu beherrschen vermag. Ferner sind die Kosten des Bereitschaftsdienstes, der außerhalb der Arbeitszeit des Hausmeisters für Vermieter und Mieter tätig ist und zugleich den vorgeschriebenen Notdienst für eine vorhandene Aufzugsanlage wahrnimmt, umlegbar.[220]

127 Der **Grundsatz der Wirtschaftlichkeit** ist stets zu beachten. Nach diesem Grundsatz beurteilt sich, ob es überhaupt erforderlich ist, einen Hausmeister zu beschäftigen. Die Kosten können bei einem Verstoß gegen diesen Grundsatz selbst dann nicht angesetzt werden, wenn ihre Umlage vereinbart ist.[221] Sind die Arbeiten für Schneeräumung, Treppenhausreinigung und Gartenpflege anderweitig vergeben, muss der Vermieter die Erforderlichkeit der Einstellung eines Hausmeisters konkret im Streitfall darlegen.[222] Denkbar sind weitere Arbeiten des Hausmeisters: Arbeiten im Zusammenhang mit einer Bedienung der Heizung, des Müllschluckers oder des Fahrstuhls.

128 Eine besondere Begründungspflicht trifft den Vermieter, falls im Abrechnungsjahr die Ausgaben für den Hausmeister außerhalb jeden Vergleichsmaßstabs liegen.[223] Die Kosten eines Hausmeisters können nur im ortsüblichen Rahmen umgelegt werden;[224] ortsüblich

---

[213] AG Hannover WuM 1994, 435.
[214] LG Köln WuM 1997, 230, 231.
[215] AG Köln WuM 2002, 615.
[216] LG Karlsruhe WuM 1996, 230.
[217] LG Köln WuM 1997, 230, 231; a. A. AG Berlin-Mitte NZM 2002, 523.
[218] LG Wuppertal WuM 1998, 319; AG Köln, *Lützenkirchen,* Kölner Mietrecht 1/21; a. A. LG Hamburg ZMR 1997, 358.
[219] Emmerich/Sonnenschein/*Weitemeyer* § 556 Rdnr. 21.
[220] AG Köln, *Lützenkirchen* Kölner Mietrecht 1/4.
[221] *Langenberg* S. 45; *Sternel* Aktuell Rdnr. 776.
[222] AG Hamburg WuM 1988, 308.
[223] AG Köln WuM 1996, 628.
[224] AG Köln WuM 1997, 273.

wird ein Betrag von 0,25 €[225] bis 0,50 €[226] pro Quadratmeter und Monat angesehen. Abweichungen von diesen Regelsätzen sind naturgemäß auf Grund besonderer allerdings darzulegender Gesichtspunkte denkbar.[227] Entstehen Kosten erstmals durch Heranziehung einer Hausmeisterfirma, können die Kosten trotz vereinbarter Umlagefähigkeit nicht umgelegt werden, wenn der Vermieter die Erforderlichkeit nicht dargelegt hat.[228] Übersteigen die Hauswartkosten einer im ländlichen Raum gelegenen Mietwohnung nach einem Wechsel der mit der Durchführung der Hauswarttätigkeit beauftragten Person die sich etwa aus Mietspiegeln ergebenden Vergleichswerte von Großstädten, ergeben sich Zweifel an der Wirtschaftlichkeit der Beauftragung. Zur Überprüfung der Wirtschaftlichkeit der Beauftragung eines Hauswarts sind substantiierte Angaben des Vermieters im Rechtsstreit zu den vom Hauswart erbrachten Leistungen nach Art der Tätigkeit und Stundenaufwand erforderlich. Werden derartige Angaben im Rechtsstreit nicht gegeben, geht dies bei der Beurteilung der Umlagefähigkeit bei der Betriebskostenabrechnung unter dem Gesichtspunkt eines Verstoßes gegen das Prinzip der Wirtschaftlichkeit zu Lasten des Vermieters.[229]

Wird ein **Hausmeister für eine Wirtschaftseinheit** oder für mehrere entfernt liegende Gebäude tätig, können seine Kosten anteilig nach der Anzahl der Wohnungen in den einzelnen Gebäuden aufgeteilt werden; zu diesen Kosten gehören auch die Fahrtkosten einschließlich der PKW-Kosten, die nach Kilometerpauschalen abgerechnet werden und die Bewirtschaftungskosten abdecken können. Hierbei dürfen aber die Kosten, die bei Benutzung öffentlicher Verkehrsmittel zuzüglich des zeitlichen Mehraufwandes entstanden wären, nicht überschritten werden.[230]

Angesichts der Vielfalt der Gestaltungsmöglichkeiten für eine Beschäftigung des Hauswarts sollte der Anwalt die jeweiligen Verträge des Vermieters mit dem Hauswart einsehen und die Einzeltätigkeiten des Hausmeisters genau prüfen. Dies empfiehlt sich umso mehr, als etwa bei einer Teilinklusivmiete möglicherweise die Betriebskosten bezogen auf den Hausmeister vom Vermieter zu tragen sind, während Arbeiten zur Gartenpflege oder zur Hausreinigung von Dritten Personen wahrgenommen werden, deren Tätigkeit über § 2 Ziffern 8 und 10 BetrKV auf die Mieter umlegbar ist.

Die Kosten eines Hausmeisters, den der Vermieter während eines bestehenden Mietverhältnisses für das Mietobjekt einstellt, können anteilig auf die Mieter umgelegt werden, wenn im Mietvertrag Hausmeisterkosten als umlagefähige Betriebskosten bezeichnet sind und dem Vermieter das Recht eingeräumt ist, auch neu entstehende Betriebskosten auf die Mieter umzulegen.[231]

Eine formell ordnungsgemäße Betriebskostenabrechnung setzt voraus, dass dem Mieter auch dann die Gesamtkosten einer berechneten Kostenart mitgeteilt werden, wenn einzelne Kostenanteile nicht umlagefähig sind. Dem Mieter muss ersichtlich sein, ob und in welcher Höhe nicht umlagefähige Kosten vorab abgesetzt worden sind.[232]

11. Die Kosten nach § 2 Ziffer 15 BetrKV

a) **des Betriebs der Gemeinschafts-Antennenanlage.** Hierzu gehören die Kosten des Betriebsstroms und die Kosten der regelmäßigen Prüfung ihrer Betriebsbereitschaft einschließlich der Einstellung durch eine Fachkraft oder das Nutzungsentgelt für eine nicht zu dem Gebäude gehörende Antennenanlage sowie die Gebühren, die nach dem **Urheberechtsgesetz** für die Kabelweitersendung entstehen;

oder

b) **des Betriebs der mit einem Breitbandkabelnetz verbundenen privaten Verteilanlage.** Hierzu gehören die Kosten entsprechend Buchstabe a), ferner die laufenden monatlichen

---

[225] AG Köln WuM 1997, 273.
[226] LG Wuppertal WuM 1999, 342.
[227] LG München I NZM 2002, 286, 287.
[228] *Sternel* Aktuell Rdnr. 776.
[229] AG Wetzlar WuM 2004, 339.
[230] *Sternel* III 353.
[231] AG Berlin – Neukölln NZM 2008, 127.
[232] BGH NJW 2007, 1059.

Grundgebühren für Breitbandanschlüsse. Nach der Legaldefinition zählt das Anschlussentgelt nicht zu den Betriebskosten und ist damit nicht umlagefähig; die Kosten können aber als Baukosten im Sinne von § 559 BGB mieterhöhend angesetzt werden. Demgegenüber zählen die monatlichen Gebühren für die Anschlüsse an die Telekom und die Service-Gesellschaften zu den Betriebskosten und können umgelegt werden; entsprechendes gilt für die Betriebskosten der Hausverteileranlage und die Leasing-Kosten für die Gemeinschaftsantenne.[233]

135 Der Mieter ist auch dann zur Zahlung der Betriebskostenposition „Kabelgebühren" verpflichtet, wenn er kein Interesse mehr an einem Kabelanschluss hat; denn die vertragliche Grundlage hat sich nicht verändert. Die Verpflichtung zur Zahlung der Kabelgebühren kann nur durch eine einvernehmliche Vertragsänderung entfallen.[234]

136 Nutzt der Mieter nach Verkabelung die Gemeinschaftsantenne weiter, hat er alle damit verbundenen Kosten zu tragen.[235] Die laufenden Kosten des Sperrfilters in der breitbandverkabelten Wohnung, der allein die Versorgung der zuvor über die stillgelegte Gemeinschaftsantenne empfangenen Rundfunksender dem Mieter, der dem Kabelanschluss widersprochen hat, sichert, kann der Vermieter nicht ohne besondere Vereinbarung auf den Mieter übertragen.[236]

137 Die Vereinbarung einer Umlegung von **Antennenkosten** führt im Wege **ergänzender Vertragsauslegung** zur Umlegbarkeit der **Breitbandkabelkosten,** wenn es sich um eine duldungspflichtige Modernisierung handelt.[237] Regelmäßig gehört zu den duldungspflichtigen Modernisierungsmaßnahmen in einer Wohnanlage auch den Anschluss an das Breitbandkabelnetz. Ob der Mieter den Kabelanschluss nutzt, ist ohne Bedeutung für die Umlegbarkeit der Kabelgebühren.[238]

138 § 2 Ziffer 15 BetrKV bestimmt erstmals, dass die Gebühren auf die Mieter umlegbar sind, die nach den Vorgaben des Urheberrechtsgesetzes für die Kabelweitersendung entstehen. Gemäß § 20b UrhG unterliegt eine Weiterverbreitung von Rundfunk- und Fernsehprogrammen in Kabelnetzen dem Schutzgedanken des Urheberrechts. § 20b UrhG ist durch Gesetz vom 8. 5. 1998[239] in das Urheberrechtsgesetz aufgenommen worden. Die Vorschrift basiert auf der Rechtsprechung des Bundesgerichtshofs, der die kabelgestützte Weiterverbreitung von Rundfunk- und Fernsehprogrammen innerhalb eines Gebäudekomplexes als Eingriff in das Senderecht des Urhebers angesehen hat.[240] Da § 20b UrhG grundsätzlich alle Sendeanlagen erfasst, auch wenn sie nur der technischen Empfangsverbesserung dienen oder Einzelempfangsanlagen ersetzen,[241] kann der Vermieter durch die Verwendung einer Gemeinschaftsantennenanlage sich den Zahlungsansprüchen von Verwertungsgesellschaften ausgesetzt sehen. Entsprechendes gilt für den Fall einer eigenen Kabelkopfstation zwecks Weiterleitung von Fernseh- und Rundfunkprogrammen. Ist der Vermieter nach den Vorgaben des Urheberrechtsgesetzes von der Zahlung der Gebühren nicht befreit, stellt sich zumindest die Frage, ob er die insoweit ihn belastenden Gebühren auf die Mieter umlegen kann, die er auf diese Weise mit Rundfunk- und Fernsehprogrammen versorgt. Enthält der Mietvertrag lediglich eine Bezugnahme auf den Katalog der Anlage 3 zu § 27 der 2. BVO, sind die Gebühren des § 20b UrhG ausdrücklich nicht erfasst, so dass sie auf die Mieter über diese Ziffer nicht umgelegt werden können.[242] Eine Ausdehnung auf nicht im Mietvertrag genannte Betriebskostenpositionen ist grundsätzlich unzulässig.[243] Allerdings dürfte sich empfehlen, über Nr. 17 der Anlage 3 zur 2. BVO eine Umlagefähigkeit der Verwer-

---

[233] *Langenberg* S. 47; *Sternel* III Rdnr. 354.
[234] AG Münster NZM 2007, 771.
[235] AG Karlsruhe-Durlach DWW 1987, 164, 165; a. A. *Pfeilschifter* WuM 1987, 279, 289.
[236] AG Freiburg WuM 1996, 285; a. A. *Lützenkirchen* L 274.
[237] Schmidt-Futterer/*Langenberg* § 556 Rdnr. 196.
[238] BGH NJW 2007, 3060, 3061.
[239] BGBl. I S. 902.
[240] BGH NJW 1993, 2871 zur Verbreitung in einer Justizvollzugsanstalt.
[241] *Wall* WuM 2004, 10, 12.
[242] Schmidt-Futterer/*Langenberg* § 556 Rdnr. 192.
[243] *Langenberg* A 121.

tungsgebühren anzunehmen, da nämlich diese Gebühren den Betriebskosten der Ziffern 1 bis 16 ohne weiteres vergleichbar sind;[244] sie entstehen unmittelbar im Zusammenhang mit dem Betrieb des Mietobjekts. Außerdem wäre es sachwidrig, den Vermieter mit diesen Kosten allein zu belasten, obwohl die Auswirkungen der Belastung ausschließlich den Mietern zu Gute kommen. Hinzu tritt der Umstand, dass es wenig angemessen erscheint, diese Kosten als Verwaltungskosten allein dem Vermieter aufzubürden. Entschließt sich der Vermieter auf Veranlassung der Mieter zur Installation einer Anlage, die Gebühren nach dem Urheberrechtsgesetz zur Folge hat, lässt sich die Umlage auf eine vertragliche Basis gründen; insoweit ist von Willenserklärungen durch konkludentes Verhalten auszugehen, das die Mieter verpflichtet, anteilsmäßig die anfallenden Gebühren als Betriebskosten zu übernehmen.

12. Die Kosten des Betriebs der Einrichtungen für die Wäschepflege, § 2 Ziffer 16 BetrKV

Hierzu gehören die Kosten des Betriebsstroms, die Kosten für Überwachung, Pflege und Reinigung der Einrichtungen, der regelmäßigen Prüfung ihrer Betriebsbereitschaft und Betriebssicherheit sowie die Kosten der Wasserversorgung entsprechend Nr. 2, soweit sie nicht dort bereits berücksichtigt sind. **139**

Stromkosten für eine **Waschmaschine** können dann nicht angesetzt werden, wenn diese Kosten von den Mietern bereits durch den Betrieb der Waschmaschine aufgebracht worden sind, etwa durch die Betätigung von Münzautomaten.[245] Der Anwalt sollte daher prüfen, ob die Münzeinnahmen ausschließlich für den Betrieb der Waschanlage verwendet werden, nicht aber die Kosten der Instandhaltung sowie Instandsetzung damit gedeckt werden.[246] Zu beachten ist auch, dass die **Verwaltungskosten**, die durch die Abrechnung der Kosten für die maschinelle Wascheinrichtung entstehen, nicht umlegbar sind.[247] **140**

Nunmehr werden auch die Kosten für die Einrichtungen zur Wäschepflege erfasst. Damit wird klargestellt, dass auch neben der **Gemeinschaftswaschmaschine** die Kosten für andere Geräte umlegbar sind, so zum Beispiel für die **Wäschentrockner, Wäscheschleuder und Bügelmaschinen**.[248] Da bereits in Anlage 3 zu § 27 der 2. BVO in Ziffer 16 die Kosten einer maschinellen Wascheinrichtung umlagefähig waren, handelt es sich der Sache nach lediglich um eine Klarstellung, da auch früher die Kosten von Bügelmaschinen, Wäscheschleudern und Trockengeräten umlegbar waren.[249] Für preisgebundenen Wohnraum gilt **§ 25 NMVO**: Für die Kosten der Instandhaltung darf ein Erfahrungswert als Pauschbetrag angesetzt werden. **141**

13. Die Kosten der Schornsteinreinigung, § 2 Ziffer 12 BetrKV

Hierzu gehören die Kehrgebühren, die auf den Rechtsverordnungen beruhen, die nach dem Schornsteinfegergesetz[250] erlassen worden sind. Diese Kosten fallen hier nur dann an, wenn die Reinigungskosten nicht nach § 7 Abs. 2 HeizKVO umlagbar sind, d.h. nur dann, wenn sich im Haus eine Zentralheizung nicht befindet und der Mieter nur über eine Etagenheizung oder einen Einzelofen verfügt. **142**

§ 2 Ziffer 12 BetrKV betrifft ausschließlich **Einzelfeuerstätten**, z.B. an Schornsteine angeschlossene Kamine, Feuerstellen von Etagenheizungen oder Lüftungsanlagen. Entscheidend für die Umlage anfallender Kosten ist der Umstand, ob der Schornstein offen ist und einer Wartung bedarf. Demgemäß entfallen die umlagefähigen Kosten erst dann, nachdem einzelne Mieter sich etwa von dem Schornstein wegen der Installation einer Fernwärmeheizung abgekoppelt haben, wenn der Schornstein stillgelegt worden ist. Vor der Stilllegung ist der Schornstein zu prüfen und nach den Regeln des Schornsteinfegergesetzes zu reinigen.[251] **143**

---

[244] *Langenberg* A 173.
[245] Emmerich/Sonnenschein/*Weitemeyer* § 556 Rdnr. 23.
[246] Vgl. LG Hamburg WuM 1985, 390; *Langenberg* S. 50.
[247] AG Mülheim/Ruhr NZM 2001, 335.
[248] *Wall* WuM 2004, 10, 12.
[249] *Langenberg* A 126.
[250] Schornsteinfegergesetz v. 25. 9. 1969, BGBl. I 1634.
[251] Schmidt-Futterer/*Langenberg* § 556 Rdnr. 167.

14. Sonstige Betriebskosten, § 2 Ziffer 17 BetrKV

144 Dazu gehören Betriebskosten im Sinne des § 1 BetrKV, die von den Nummern 1 bis 16 nicht erfasst sind.

145 Eine pauschale Bezeichnung „sonstige Betriebskosten" im Mietvertrag reicht **nicht** aus, um eine Übertragung dieser Kosten auf den Mieter herbeizuführen. Gerade mit Rücksicht auf § 535 Abs. 1 Satz 3 BGB bedarf es einer substantiierten Aufzählung der sonstigen Kosten, um eine wirksame Forderung sicherzustellen.[252] Der Sache nach handelt es sich bei Ziffer 17 um einen Auffangtatbestand für solche Betriebskosten, die nicht ausdrücklich geregelt sind. Auszugrenzen sind auch hier Verwaltungs-, Instandhaltungs- und Instandsetzungskosten.

146 Anerkannt sind **Kosten der Dachrinnenreinigung,**[253] **Kosten für Wartung von Feuerlöschgeräten,**[254] **Wartungskosten für eine Lüftungsanlage und Kosten für die Brandschutzwartung,**[255] **Kosten für den Betrieb von Müllschluckern,**[256] **TÜV-Gebühren für Überprüfung und Wartung von Blitzschutzanlagen,**[257] **Kosten für die Überprüfung und Wartung von Rauchmeldern und Sprinkleranlagen,**[258] **Klimaanlagen, Rückstausicherungen,**[259] **Gemeinschaftseinrichtungen wie Sauna oder Kinderspielplatz.**[260] **Wiederkehrende Kosten, die dem Vermieter zur Prüfung der Betriebssicherheit einer technischen Anlage z. B. Elektroanlage entstehen, sind Betriebskosten,** die bei entsprechender ausdrücklicher Vereinbarung der Mietvertragsparteien als „sonstige Betriebskosten" im Sinne des § 2 Nr. 17 BetrKV auf den Mieter umgelegt werden können.[261]

147 **Nicht anerkannt** sind Wartungskosten der Klingel- und Gegensprechanlage,[262] Kosten für die Installation von Feuerlöschern,[263] die Kosten einer Wach- und Schließgesellschaft,[264] wenn dies ausschließlich den Eigentümerinteressen dient, den Mietern nur als Nebeneffekt zu Gute kommt, die Kosten für Fußmatten im Treppenhausflur eines Mehrfamilienhauses, Leasingkosten für einen Flüssiggastank oder einen Gastank,[265] ferner Kosten für Wartung von Fenstern,[266] oder die Wartung und vorbeugende Reinigung von Abflussrohren.[267] Nicht anerkannt ist darüber hinaus auch die Umlage der Kosten für eine Maschinenversicherung für den Heizungskessel, da es sich der Sache nach um eine Reparaturversicherung handelt.[268] Bei der Beurteilung, ob die Bestellung eines Wachdienstes zu umlagefähigen Betriebskosten führen könnte, sollte differenziert vorgegangen werden, namentlich sollte auf die Besonderheiten des Einzelfalles abgestellt werden; dient der Wachdienst in erster Linie den Interessen des Eigentümers und Vermieters, etwa weil sich der Eigentümer ausschließlich gegen Zerstörungen oder Beschädigungen seines Eigentums schützen will, kommt eine Umlagefähigkeit der damit verbundenen Kosten auf die Mieter nicht in Betracht. Der eventuell damit einhergehende Schutz auch den Mieter und deren Interessen steht so wenig im Vordergrund, dass eine Umlagefähigkeit dieser Kosten nicht als geboten erscheinen. Ist demgegenüber der Wachdienst eingeschalt, um unerwünschte Dritte vom Objekt fernzuhalten, die Mieter, Lieferanten oder Besucher belästigen, kann der Hauptgrund für die Beschäfti-

---

[252] OLG Oldenburg WuM 1995, 430, 431; LG Osnabrück WM 1995, 434; Emmerich/Sonnenschein/*Weitemeyer* § 556 Rdnr. 24.
[253] BGH ZMR 2004, 417; BGH WuM 2004, 292; LG Hamburg WM 1989, 640; *Langenberg* S. 58.
[254] LG Berlin NZM 2003, 65; *Langenberg* S. 61; *Sternel* Aktuell Rdnr. 780.
[255] LG Köln WuM 1997, 230.
[256] Bub/Treier/*Bub* II Rdnr. 435; *Langenberg* S. 62.
[257] AG Bremervörde WuM 1987, 198.
[258] LG Berlin NZM 2000, 27.
[259] LG Braunschweig ZMR 1984, 243; Pfeifer ZMR 1993, 353, 355; a. A. *Langenberg* S. 64.
[260] LG Osnabrück WuM 1995, 434; *Langenberg* S. 62.
[261] BGH NZM 2007, 282.
[262] AG Hamburg WuM 1988, 308; *Langenberg* S. 61.
[263] AG St. Goar DWW 1990, 152.
[264] OLG Düsseldorf DWW 1991, 283; str. vgl. Schmidt-Futterer/*Langenberg* § 556 Rdnr. 213.
[265] LG Bonn WuM 1989, 398.
[266] *Langenberg* S. 60.
[267] Schmidt-Futterer/*Langenberg* § 556, Rdnr. 211.
[268] AG Hamburg WuM 2004, 202.

gung eines Wachdienstes darin gesehen werden, Mieterinteressen zu schützen, etwa bei besonders exklusiven Wohnlagen. Je nach dem, wo der Hauptgrund für die Heranziehung eines Wachdienstes liegt, sind die hierdurch entstandenen Aufwendungen als Betriebskosten ersatzfähig oder vom Vermieter selbst zu tragen. Sind hingegen beide Aspekte, nämlich Schutz des Eigentums wie auch Schutz der Mieterinteressen, gleichrangig, erscheint es nahe liegend, eine Quotelung der angefallenen Betriebskosten für den Wachdienst vorzunehmen, dies naturgemäß im Wege einer Schätzung.[269]

Anerkannt werden sollten die Gebühren, die nach dem Urheberrechtsgesetz zu Gunsten von Verwertungsgesellschaften zu Lasten des Vermieters anfallen nach Installation einer Antennenanlage oder einer Kabelkopfstation.[270] § 2 Ziffer 17 BetrKV nimmt die Funktion eines Auffangtatbestandes wahr, so dass es sachgerecht ist, eine Umlagefähigkeit dieser Kosten zu befürworten, da es nämlich um Betriebskosten handelt, die erst auf Grund neuer Entwicklungen entstanden sind und demgemäß vom Verordnungsgeber nicht berücksichtigt worden sind.[271]

15. Betriebskostenmehrbelastungsklauseln

Betriebskostenmehrbelastungsklauseln sind wirksam, soweit sie sich auf die in der Betriebskostenverordnung genannten Betriebskosten beziehen. Auf eine Vorhersehbarkeit, Neueinführung oder Erhöhung kommt es nicht an, so z. B. bei dem Wegfall der Grundsteuerbefreiung für das Mietobjekt.[272] Ist eine Mehrbelastungsklausel zwischen den Mietparteien nicht vereinbart, ist nach Neueinführung von Betriebskosten, etwa nach Durchführung von Modernisierungsmaßnahmen in Form des Einbaus eines Aufzugs, eine Umlage der Kosten möglich,[273] wobei die Regelungslücke des Vertrages durch ergänzende Vertragsauslegung geschlossen werden kann.[274]

Allgemein wird folgende Klausel als wirksam angesehen:[275]

> **Formulierungsvorschlag:**
> Erhöhen sich nach Abschluss des Mietvertrages die Betriebskosten gemäß § 2 BetrKV (früher § 27 der 2. BVO), so ist der Vermieter berechtigt, durch schriftliche Erklärung, die Grund und Berechnung enthält, die jährlich entstehende Mehrbelastung auf die beteiligten Mieter im Verhältnis der Wohnflächen in Quadratmetern umzulegen. Die Zahlung der Umlage hat monatlich mit der Miete im Voraus zu erfolgen.

Nicht unbedenklich erscheint, dass die vorbezeichnete Klausel keine Beschränkung im Hinblick auf eine rückwirkende Geltung beinhaltet, § 560 Abs. 2 BGB. Die Erhöhung kann auf steigendem Verbrauch beruhen, auf Erhöhungen von Gebühren oder etwa auf Neueinführung von Kostenpositionen. Auf die Frage, ob derartige Erhöhungen voraussehbar sind – wie etwa bei der Grundsteuer – kommt es nicht an.[276] Eine Erhöhung der Betriebskostenumlage ist allerdings erst dann zulässig, wenn die **gesamten** Betriebskosten sich im Ergebnis erhöht haben. Erhöhungen einzelner Betriebskostenpositionen und eine Ermäßigung anderer Betriebskostenarten führt zu einer Saldierung, so dass nur eine im Endergebnis erhöhte Betriebskostenbelastung zu einer Erhöhung der Umlage führen kann. Die Erhöhung der Umlage erfolgt durch Erklärung des Vermieters, wobei er sich der Form des § 126 b BGB – Erklärung in Textform – bedienen kann. Die Erklärung ist von allen Vermietern gegenüber

---

[269] Schmidt-Futterer/*Langenberg* § 556, Rdnr. 213.
[270] *Langenberg* A 173; *Wall* WuM 2004, 10, 13.
[271] Zutreffend *Wall* WuM 2004, 10, 13; Schmidt-Futterer/*Langenberg* § 556, Rdnr. 244.
[272] OLG Karlsruhe WuM 1981, 56.
[273] *Langenberg* C 17.
[274] *Gather* DWW 2000, 299, 303.
[275] *Langenberg* C 21; *Sternel* aktuell Rdnr. 684.
[276] *Langenberg* C 23.

allen Mietern abzugeben; Vertretung ist nach allgemeinen Regeln zulässig. In der Erklärung ist die Erhöhung der Betriebskosten im Einzelnen zu erläutern. Empfehlenswert ist, bereits den Verteilerschlüssel anzugeben und den Anteil des Mieters an der Erhöhung darzulegen und konkret sowie nachvollziehbar zu berechnen. Die Folgerungen aus der Betriebskostenerhöhung ergeben sich sodann aus § 560 Abs. 2 BGB.

X. Betriebskostenabrechnung

1. Passivlegitimation

151 Der Anspruch des Mieters auf Erstellung einer Betriebskostenabrechnung richtet sich **gegen den Vermieter**. Der Mieter hat jedoch gegen den kraft Eigentumserwerbs in den Mietvertrag eintretenden Vermieter keinen Anspruch auf Abrechnung der Betriebskostenvorschüsse aus der Zeit **vor** dem Eigentumsübergang; eine entsprechende Anwendung von § 404 BGB scheidet aus.[277] Dem entspricht, dass die Rückzahlungsverpflichtung den neuen Vermieter trifft, wenn voraus zu entrichtende Betriebskosten für einen Abrechnungszeitraum vor Eigentumswechsel des Mietobjekts erst nach dem Eigentumsübergang abgerechnet und damit fälliggestellt werden.[278]

152 Maßgebend ist der **Zeitpunkt des Eigentumsübergangs nach § 566 Abs. 1 BGB**. Der Wechsel des Vermieters nach Ablauf der Abrechnungsperiode lässt die Abrechnungsverpflichtung des früheren Vermieters unberührt. Der Mieter muss sich für den Fall einer Abrechnung über abgeschlossenen Abrechnungsperioden an seinen früheren Vermieter halten.[279] **Nach einem Eigentumswechsel** ist nicht der Erwerber, sondern der Veräußerer gegenüber dem Mieter bezüglich der zum Zeitpunkt des Wechsels im Grundstückseigentum abgelaufenen Abrechnungsperiode zur Abrechnung der Betriebskosten verpflichtet und zur Erhebung etwaiger Nachzahlungen berechtigt; wann der Zahlungsanspruch fällig geworden ist, ist unerheblich.[280] Ein Eigentümerwechsel **während der laufenden Abrechnungsperiode** führt dazu, dass der neue Eigentümer verpflichtet wird, über die Gesamtperiode abzurechnen; um die Einheitlichkeit einer derartigen Abrechnung sicher zu stellen, muss sich der neue Eigentümer aller Unterlagen bedienen, die dem früheren Eigentümer zur Verfügung standen. Sachgerecht ist daher, bereits in dem Kaufvertrag Regelungen insoweit zu vereinbaren, denenzufolge der Veräußerer verpflichtet wird, die entsprechenden Unterlagen dem Erwerber auszuhändigen. Im **Innenverhältnis** zwischen Veräußerer und Erwerber ist der Veräußerer zur Mitwirkung verpflichtet.[281] Für den Streitfall verbleibt dem Erwerber allein die Möglichkeit, im Klageweg eine Herausgabe der für eine Abrechnung erforderlichen Unterlagen zu erzwingen.[282]

153 Der **Zwangsverwalter** eines Grundstücks hat die Betriebskosten für ein Mietobjekt auch für solche Abrechnungszeiträume abzurechnen, die vor seiner Bestellung liegen, sofern eine etwaige Nachforderung von der als Beschlagnahme geltenden Anordnung der Zwangsverwaltung erfasst wird, §§ 1123 Abs. 2 Satz 1 BGB, 21, 148 Abs. 1 Satz 1 ZVG. Soweit der Zwangsverwalter zur Abrechnung verpflichtet ist, hat er auch ein etwaiges Vorauszahlungsguthaben an den Mieter auszuzahlen; dies gilt auch dann, wenn ihm die betreffenden Vorauszahlungen nicht unmittelbar zugeflossen sind.[283] Nach § 152 Abs. 1 ZVG hat der Zwangsverwalter das Recht und die Pflicht, alle Handlungen vorzunehmen, die erforderlich sind, um das Grundstück in seinem wirtschaftlichen Bestand zu erhalten und ordnungsgemäß zu nutzen. Ansprüche, auf die sich die Beschlagnahme erstreckt, sind seitens des Zwangsverwalters geltend zu machen. An bestehende Miet- und Pachtverträge ist er gebunden. Bei der Zwangsverwaltung erstreckt sich die Beschlagnahme anders als bei der

---

[277] LG Berlin NZM 1999, 616.
[278] OLG Naumburg NZM 1998, 806.
[279] BGH NZM 2007, 441; Schmidt-Futterer/*Langenberg* § 556 Rdnr. 292.
[280] BGH NZM 2004, 188 – ZMR 2004, 250; Palandt/*Weidenkaff* § 535 Rdnr. 96.
[281] Palandt/*Weidenkaff* § 535 Rdnr. 96.
[282] AG Hamburg WuM 1992, 380.
[283] BGH NZM 2003, 473.

§ 24 Betriebs- und Nebenkosten und ihre Abrechnung

Zwangsversteigerung (§ 23 Abs. 2 ZVG) auch auf die Miet- und Pachtforderungen (§ 148 Abs. 1 Satz 1 ZVG). Daraus folgt, dass der Verwalter zunächst rückständige Mieten einzuziehen hat. Für Betriebskosten auch in Form von Vorauszahlungen gilt nichts anderes. Soweit in der Vergangenheit Betriebskostenvorauszahlungen nicht oder nicht in der vereinbarten Höhe seitens des Mieters geleistet worden sind, demgemäß mit einer Nachforderung zu rechnen ist, ergibt sich die Verpflichtung zur Geltendmachung dieser Forderung unmittelbar aus § 152 Abs. 1 ZVG. Eine derartige Geltendmachung setzt allerdings eine ordnungsgemäße Betriebskostenabrechnung voraus, die daher der Zwangsverwalter zu erstellen insoweit verpflichtet ist, als die eventuelle Nachforderung der Beschlagnahme unterliegt. Ist der Zwangsverwalter zur Vornahme der Abrechnung verpflichtet, umfasst diese Verpflichtung auch den Ausgleich des sich aus der Abrechnung ergebenden Saldos unabhängig davon, ob es sich um einen Saldo zugunsten der Haftungsmasse, also des Zwangsverwalters, oder des Mieters handelt. Mit Rücksicht auf die Einheitlichkeit der Abrechnung kommt es nicht darauf an, ob der Zwangsverwalter die noch vom Vermieter oder der von diesem beauftragten Hausverwaltung vereinnahmten Betriebskostenvorauszahlungen erhalten hat oder nicht.[284]

Der vom Zwangsverwalter zur Geltendmachung von Mietforderungen ermächtigte Vermieter kann Nachforderungen aus Betriebskostenabrechnungen im Wege der Prozessstandschaft im Rechtsstreit selbst geltend machen, wenn er Zahlung an den Zwangsverwalter verlangt.[285] 154

Wird über das Vermögen des Vermieters das **Insolvenzverfahren** eröffnet, bleibt hiervon der Bestand eines vollzogenen Mietvertrages unberührt. Der Mietvertrag ist nach § 108 Abs. 1 InsO auch der Insolvenzmasse gegenüber wirksam und der **Insolvenzverwalter** hat gegenüber dem Mieter die Ansprüche aus dem Mietvertrag zu erfüllen. Der Mieter ist verpflichtet, die Mieten wie auch die Betriebskosten an den Insolvenzverwalter zu zahlen.[286] Nach Eröffnung des Insolvenzverfahrens über das Vermögen des Vermieters ist der Insolvenzverwalter über § 80 InsO zur Abrechnung über die Betriebskosten verpflichtet und zwar unabhängig davon, ob der Abrechnungszeitraum vor oder nach Insolvenzeröffnung liegt.[287]

2. Form der Abrechnung

Bei preisfreiem Wohnraum bestehen besondere Formvorschriften über eine Betriebskostenabrechnung nicht. Da jedoch die Abrechnung eine geordnete Zusammenstellung aller Betriebskostengruppen, der Gesamtkosten, der Anteile der auf die einzelnen Mieter entfallenden Kosten und die Vorauszahlungen enthalten muss, wird regelmäßig eine schriftliche Abrechnung zu verlangen sein. Eine eigenhändige Unterschrift ist nicht erforderlich.[288] 155

Sollte sich ein Betriebskostensaldo zugunsten des Vermieters ergeben, wird er regelmäßig mit der Abrechnung eine Leistungsaufforderung an den Mieter verbinden, den fälligen Betriebskostensaldo auszugleichen. Wenn auch insoweit Schriftform gesetzlich nicht vorgesehen ist, wird der Vermieter diese Leistungsaufforderung zweckmäßigerweise schriftlich vornehmen, damit in einem eventuell nachfolgenden Rechtsstreit die Voraussetzungen etwa eines Verzuges des Mieters dargelegt werden können. Die schriftliche Erklärung sollte mit der Unterschriftsleistung abgeschlossen werden. 156

Bei **preisgebundenem Wohnraum** muss die Betriebskostenabrechnung mit Rücksicht auf §§ 20 Abs. 4 Satz 1, 4 Abs. 7 und 8 NMV 1970 den Formvorschriften des § 10 WoBindG genügen.[289] Erforderlich ist demgemäß die Schriftform, wobei sich der Vermieter der Erleichterungen des § 10 Abs. 1 Satz 5 WoBindG bedienen kann.[290] Hat der Vermieter seine Erklärung mit Hilfe automatischer Einrichtungen gefertigt, bedarf es seiner eigenhändigen 157

---

[284] BGH NZM 2003, 473, 474.
[285] LG Berlin NZM 2001, 707.
[286] BGH NJW 1986, 3206.
[287] Emmerich/Sonnenschein/*Weitemeyer* § 556 Rdnr. 59.
[288] *Langenberg* S. 227; *Schmid*, Handbuch der Mietnebenkosten, S. 204.
[289] BGH WuM 2004, 666; Schmidt-Futterer/*Langenberg* § 556 Rdnr. 374.
[290] *Schmid*, Handbuch der Mietnebenkosten, S. 205.

Unterschrift nicht. Betriebskostenabrechnungen können sich angesichts zahlreicher Einzelheiten über mehrere Seiten erstrecken, können zudem aus einem Hauptteil und verschiedenen Anlagen bestehen.

158 Auch bei der Abrechnung über Betriebskosten ist der Grundsatz der **Einheitlichkeit der Urkunde** zu beachten. Nach der Rechtsprechung des Bundesgerichtshofs zur gesetzlichen Schriftform ist die erforderliche Einheit der Urkunde dann gewahrt, wenn die Zusammengehörigkeit einer aus mehreren Blättern bestehenden Urkunde entweder durch körperliche Verbindung oder sonst in geeigneter Weise erkennbar gemacht worden ist. Letzteres kann durch fortlaufende Seitenzahlen, fortlaufende Nummerierung der einzelnen Bestimmungen, einheitliche grafische Gestaltung, inhaltlichen Zusammenhang des Textes oder vergleichbare Merkmale geschehen, sofern sich hieraus die Zusammengehörigkeit der einzelnen Blätter zweifelsfrei ergibt.[291] Besteht die Urkunde aus einem Hauptteil und Anlagen, müssen die Anlagen in der Hauptkurunde so genau bezeichnet werden, dass eine zweifelsfreie Zuordnung möglich ist; in einem derartigen Fall ist eine Unterzeichnung der beigefügten Anlagen nicht erforderlich.[292]

3. Grundsatz der Wirtschaftlichkeit

159 In § 556 Abs. 3 BGB ist auf den Grundsatz der Wirtschaftlichkeit hingewiesen worden. Gesetzestechnisch findet sich das Gebot der Wirtschaftlichkeit im Bereich der Regelungen über die Betriebskostenabrechnung, beinhaltet aber grundsätzlich die allgemeine Forderung, dass nur solche Betriebskosten vereinbart und umgelegt werden können, die für eine ordnungsgemäße und sparsame Wirtschaftsführung im Mietobjekt unerlässlich sind.[293] Letztlich beruht dieses Gebot auf § 242 BGB.[294] Dabei steht dem Vermieter ein gewisser Ermessensspielraum zu; erst wenn das Ermessen überschritten ist, ist eine Umlage der Mehrkosten nicht berechtigt. Die Unwirtschaftlichkeit kann sich sowohl auf die Betriebskostenart als solche als auch auf deren Höhe beziehen.[295] Der Vermieter von Wohnraum muss im Rechtsstreit im Falle substantiierten Bestreitens der Wirtschaftlichkeit des Betriebskostenansatzes darlegen, ob die angefallenen Kosten erforderlich waren.[296] Der Grundsatz der Wirtschaftlichkeit beschränkt den Vermieter nicht auf den Ansatz üblicher Kosten, räumt ihm vielmehr ein Ermessensspielraum ein, in welcher Weise er die Betriebsleistung erbringen möchte. Dabei hat er sich an den Erfordernissen des Gebäudes, für das die Betriebsleistungen zu erbringen sind, zu orientieren.

160 Das Gebot der Wirtschaftlichkeit ist verletzt, wenn etwa bei Wartungsleistungen und anderen dem Mietobjekt dienenden Leistungen durch Fremdunternehmen auf Veranlassung des Vermieters besondere Anstrengungen unternommen werden, die von der Sache her auch unter Zubilligung eines gewissen Ermessensspielraums des Vermieters nicht mehr erforderlich sind. Entsprechend verhält es sich bei Kostenexzessen des Vermieters, der z.B. überhöhte Preise akzeptiert hat. Der Grundsatz der Wirtschaftlichkeit ist auch dann verletzt, wenn auf Grund von Verwaltungsfehlern oder mangelhafter Koordination der Verwaltung seitens des Vermieters überhöhte Betriebskosten entstehen.[297] Vom Vermieter ist zu fordern, dass er sich die Prinzipien der Markwirtschaft zu Nutze macht und den Wettbewerb der Leistungsanbieter zu seinen Gunsten in Anspruch nimmt. Dies gilt namentlich für Produkte mit einem hohen Preiswettbewerb wie etwa Öl, Gas oder in neuerer Zeit auch für elektrischen Strom. Anders kann verfahren werden bei Leistungen, die nur in beschränktem Maße am Markt angeboten werden wie z.B. Firmen zur Beseitigung von Ungeziefer. Vermieter mit einem größeren Wohnungsbestand und vor allem Wohnungsunternehmen sind gehalten, mehr

---

[291] BGH WuM 2004, 666, 667.
[292] BGH NJW 2003, 1248.
[293] BGH NZM 2008, 78; AG Bersenbrück NZM 2000, 863; *Beyer,* Aktuelle Aspekte des Grundsatzes der Wirtschaftlichkeit im Wohnraummietrecht, NZM 2007 1; *ders.,* AGB- Kontrolle, Äquivalenzprinzip und Wärmeversorgung in der Wohnraummiete, NZM 2008, 12.
[294] *Langenberg* S. 200.
[295] *Gather* DWW 2000, 299, 303.
[296] LG Hamburg NZM 2001, 806.
[297] *V. Seldeneck* NZM 2002, 545, 552.

noch als Vermieter einzelner Objekte sich am Markt zu orientieren. Dabei bleibt aber daran festzuhalten, dass dem Vermieter oder seiner Verwaltung eine gewisse Toleranzgrenze bei der Auswahl des Leistungserbringers zuzubilligen ist. Wegen geringfügiger Preisdifferenzen braucht der Heizöllieferant, der sich in der Vergangenheit als zuverlässig erwiesen hat, nicht gewechselt zu werden. Eine undifferenzierte Toleranzgrenze von 20 Prozent ist allerdings nicht zu akzeptieren;[298] im Einzelfall kann sie deutlich niedriger liegen, gelegentlich auch höher.

Will der Mieter die abgerechneten Betriebskosten erfolgreich angreifen, muss er zunächst die Belege einsehen, um nicht eine Zurückweisung seines Vorbringens im Rechtsstreit mit dem gerichtlichen Hinweis auf fehlende Substantiierung zu riskieren.[299] Ist allerdings nach substantiiertem Bestreiten der Angemessenheit der Höhe einzelner Betriebskostenpositionen ein derartiges Zurückweisen nicht möglich, bedarf es regelmäßig der Einholung eines **Sachverständigengutachtens** durch das Gericht. Insoweit ist der Vermieter angesichts seiner Darlegungs- und Beweislast im Falle eines Rechtsstreits zur Geltendmachung eines Betriebskostensaldos im Hinblick auf die Gebühren vorleistungspflichtig. Nicht immer kann erwartet werden, dass die einzelnen Gerichte so sachverständig sind, das sie sich der Vorschrift des § 287 ZPO im konkreten Falle bedienen können.

In Zukunft wird der Vermieter auch im Hinblick auf die Lieferung von Strom sich den freien Wettbewerb zu Nutze machen müssen. Die Liberalisierung des Marktes hat dazu geführt, dass eine Trennung zwischen den Funktionen Stromerzeugung, Netzbetrieb und Stromlieferung erfolgt ist.[300] Der **Vermieter könnte als Strommakler tätig werden** und den Strom seinen Mietern anbieten. Dies könnte vor allem bei größeren Wohnungs- und Verwaltungsunternehmen dazu führen, dass der Strom zu günstigeren Konditionen als bisher den Mietern überlassen werden könnte, da größere Unternehmen über eine größere Marktmacht verfügen und damit eine effektivere Durchsetzungsfähigkeit aufweisen als einzelne Mieter. An Stelle einer Vermittlung könnte der Vermieter auch als Stromhändler tätig werden. Preisgünstig könnte der Vermieter seinen Strom bei seinem Energielieferanten einkaufen und an seine Mieter weiterverkaufen. In diesem Falle schließen die Mieter – bei Neuvermietungen – nicht mit dem Energielieferanten einen Vertrag ab sondern mit ihrem Vermieter als Stromlieferanten. Nicht zuletzt könnte der Vermieter auch als Energieversorger auftreten und den Mietern anbieten, deren Stromversorgung zu übernehmen.[301] Insoweit ist allerdings auf die Haftungsrisiken des Vermieters zu verweisen.[302]

Das Prinzip der Wirtschaftlichkeit erfordert vom Vermieter nicht, dass er eine Kostenanalyse zu erstellen hat, ob er sein Objekt mittels Gas – oder Ölheizung, mittels einer von ihm selbst betriebenen zentralen Heizungsanlage oder mittels Nah- oder Fernwärme zu versorgen und zu entscheiden hat, welche Art der Versorgung für die Mieter am preisgünstigsten ist.[303] Das Wirtschaftlichkeitsprinzip gilt ausschließlich innerhalb der gewählten Versorgungsart.[304]

Aus dem Grundsatz der Wirtschaftlichkeit lässt sich eine Verpflichtung des Vermieters zur Modernisierung einer vorhandenen alten, die Wärmeversorgung der Wohnung aber sicherstellenden Heizungsanlage nicht herleiten.[305]

Ein Verstoß gegen den Grundsatz der Wirtschaftlichkeit hat einen Schadensersatzanspruch des Mieters gegen seinen Vermieter nach § 280 Abs. 1 BGB zur Folge.[306] Verletzt der Schuldner eine Verpflichtung aus dem Schuldverhältnis, hier eine Nebenpflicht aus § 241 Abs. 2 BGB, kann der Gläubiger Ersatz des hierdurch entstehenden Schadens verlangen. Regelmäßig hat der Vermieter als Schuldner eine Verletzung des Grundsatzes der Wirt-

---

[298] *V. Seldeneck* NZM 2002, 545, 550.
[299] AG Aachen WuM 2004, 611.
[300] *Bub* NZM 2001, 458, 459.
[301] *Bub* NZM 2001, 458, 464.
[302] *Bub* NZM 2001, 458, 463.
[303] BGH WuM 2007, 393.
[304] *Milger* NZM 2008, 1, 8.
[305] BGH NZM 2008, 35.
[306] *Streyl* NZM 2008, 23, 24.

schaftlichkeit zu vertreten, § 276 BGB, etwa wenn ein möglicherweise erfolgreicher Antrag auf Ermäßigung von Gebühren zu stellen unterlassen worden ist,[307] oder wenn etwa bei der Hausmüllentsorgung durch den Vermieter Überkapazitäten bereit gestellt werden.[308] Da der Schaden des Mieters in der Belastung mit unnötigerweise entstandenen Betriebskosten zu sehen ist, richtet sich der Anspruch auf Schadensersatz im Wege der Naturalrestitution nach § 249 Abs. 1 BGB auf eine Befreiung von dieser Kostenlast in Höhe des Betrages, der den unnötigen Betriebskosten entspricht.[309] Dieser Schadensersatzanspruch braucht nicht im Wege eines Zurückbehaltungsrechts nach § 273 BGB ausdrücklich im Rechtsstreit geltend gemacht zu werden; er ist als besondere Ausprägung des Grundsatzes von Treu und Glauben von Amts wegen zu berücksichtigen, § 242 BGB, da der Vermieter als Gläubiger im Falle eines schuldhaften Verstoßes gegen den Grundsatz der Wirtschaftlichkeit zur Rückgewähr des Erlangten, nämlich des erhöhten Betriebskostenanteils, verpflichtet ist.[310]

165 Die Darlegungs- und Beweislast ist wie folgt verteilt: Der Mieter muss konkrete Anhaltspunkte dafür vortragen, dass ein anderer Anbieter wesentlich preiswerter ist als der vom Vermieter ausgesuchte.[311] Anhaltspunkte dieser Art sind erhebliche Abweichung aus der Vorjahresabrechnung, ein Vergleich mit anderen Wohnung gleichen Zuschnitts, vom Mieter selbst eingeholte Vergleichangebote oder erhebliche Abweichungen von Betriebskostenspiegeln.[312]

4. Materielle Anforderungen

166 Im Hinblick auf die inhaltlichen Anforderungen gelten nach wie vor die Grundsätze aus der Entscheidung des Bundesgerichtshofs vom 23. 11. 1981.[313] Danach muss die Abrechnung § 259 BGB entsprechen und nachprüfbar sein; der Mieter muss sie namentlich nachvollziehen können. Aus diesem Grunde muss die Abrechnung klar, übersichtlich und verständlich sein. Auch bei großen Mietobjekten müssen dazu die Gesamtkosten, der Verteilungsschlüssel, die Berechnung des Anteils der einzelnen Mieter und die Vorauszahlungen angegeben werden. Der Mieter muss ferner die Möglichkeit haben, die Abrechnung nachzuprüfen. Hinzu tritt die Forderung, dass die Abrechnung vertragsgerecht ist.

167 Der Anspruch auf Zahlung restlicher Betriebskosten wird grundsätzlich erst mit der Erteilung einer ordnungsgemäßen Abrechnung fällig.[314] Die Einzelangaben in der Abrechnung müssen klar, übersichtlich und aus sich heraus verständlich sein. Abzustellen ist dabei auf das durchschnittliche Verständnisvermögen eines juristisch und betriebswirtschaftlich nicht geschulten Mieters, der sich aber im zumutbaren Rahmen bemühen muss, die Abrechnung zu verstehen und sich die notwendigen Kenntnisse zuzulegen. Dazu gehört die Anschaffung eines Taschenrechners[315] ebenso wie die Einholung fachmännischen Rates.

168 Hinsichtlich der Vorauszahlungen hat der Vermieter die vom Mieter im Abrechnungszeitraum **tatsächlich geleisteten Vorauszahlungen** in Abzug zu bringen. Der Mieter muss nämlich überprüfen können, welche von ihm erbrachten Leistungen der Vermieter bei der Berechnung seiner Saldoforderung berücksichtigt hat. Eine Abrechnung, in der lediglich die **geschuldeten Vorschüsse** aufgeführt worden sind, entspricht dann den Anforderungen an eine ordnungsgemäße Betriebskostenabrechnung, wenn zum Zeitpunkt der Erteilung der Abrechnung der Mieter für den Abrechnungszeitraum keinerlei Vorauszahlungen erbracht hat, die offenen Vorauszahlungsansprüche vom Vermieter bereits eingeklagt sind und auch noch keine Abrechnungsreife nach § 20 Abs. 3 Satz 4 NMVO oder § 556 Abs. 3 BGB eingetreten ist.[316]

---

[307] Emmerich/Sonnenschein/*Weitemeyer* § 556 Rdnr. 53.
[308] AG Wennigsen WM 2003, 90.
[309] AG Frankfurt a. M. WM 2002, 376, 377; Emmerich/Sonnenschein/*Weitemeyer* § 556 Rdnr. 53.
[310] Emmerich/Sonnenschein/*Weitemeyer* § 556 Rdnr. 53.
[311] BGH NZM 2007, 563.
[312] *Streyl* NZM 2008, 23, 24.
[313] BGH NJW 1982, 573; vgl. auch BGH NZM 2003, 196.
[314] OLG Düsseldorf NZM 2001, 383; AG Potsdam NZM 2001, 378.
[315] LG Köln WuM 1985, 371.
[316] BGH NZM 2003, 196.

Grundsätzlich muss der Verteilerschlüssel erläutert werden. Nicht genügt, dass der Vermieter einen bestimmten Bruchteil oder Prozentsatz angibt; er hat vielmehr offen zu legen, wie er die jeweiligen Quoten ermittelt hat.[317] Solange konkrete Angaben dazu fehlen, ist der Anspruch des Vermieters auf Nachzahlung von Betriebskosten nicht fällig. Überzogene Anforderungen dürfen nicht gestellt werden: Ergibt sich der Verteilerschlüssel aus dem Vertrag oder kann die Berechnung unter Einsatz der vier Grundrechenarten nachvollzogen werden, ist eine Erläuterung entbehrlich.

169

Welche Anforderungen an eine **Erläuterung** der Betriebskostenabrechnung zu stellen sind, ist Frage des einzelnen Falles. Die Abrechnung hat dem durchschnittlichen Verständnisvermögen eines juristisch und betriebswirtschaftlich nicht geschulten Mieters zu entsprechen.[318] Sie muss gedanklich und rechnerisch ohne allzu große Schwierigkeiten nachvollziehbar sein. In der Rechtswirklichkeit wird dieses Postulat teilweise auf eine harte Probe gestellt. Dies gilt namentlich in den Fällen einer Betriebskostenabrechnung für gemischt genutzte Mietobjekte, in denen teilweise von verschiedenen Abrechnungskreisen, von verschiedenen Umlageschlüsseln und teilweisen Trennung von gewerblichen Einheiten von privat genutzten Wohnungen ausgegangen werden muss. Auch wenn die Nachvollziehbarkeit der einzelnen Betriebskostenabrechnung schwer zu bewerkstelligen ist, so ist die Abrechnung doch wirksam. Die Betriebskostenabrechnung für Wohnraum im gemischt genutzten Gebäude bedarf grundsätzlich des Vorwegabzugs aller Kosten, die ihren Grund nicht in der Wohnnutzung haben, und der Herleitung des Kostenanteils aus den Gesamtkosten und aus der Trennung der Betriebskosten.[319] Die Wohnungsmieter dürfen nicht mit Kosten belastet werden, die aus nicht gleichartiger Nutzung des Gebäudes entstanden sind. Von diesem Grundsatz kann nur in Ausnahmefällen abgewichen werden, wenn die gewerbliche Nutzung zu keinem Mehrverbrauch geführt hat.

170

Problematisch und umstritten ist die Frage, welche Anforderungen an die Spezifizierung der einzelnen Betriebskostenpositionen zu stellen sind. Das Landgericht Berlin[320] fordert eine Darstellung jeder einzelnen Ausgabe; nicht genüge die Kostenangabe der jeweiligen Betriebskostenart; vielmehr sei eine Aufschlüsselung jeder Kostenposition nötig. Ergänzend verweist das OLG Nürnberg[321] darauf, dass jede einzelne Position sich rechnerisch nachvollziehen lassen müsse. Die Abrechnung entspreche nicht den gesetzlichen Vorgaben, wenn sich die Einzelheiten erst aus den Belegen ergeben, deren Einsichtnahme der Vermieter dem Mieter anbietet. Eine Einsichtnahme in die Belege komme nämlich nur zur Kontrolle und zur Behebung von Zweifeln in Betracht. Vereinzelt ist gefordert worden, dass die Rechnungsdaten angegeben werden.[322]

171

Die Tendenz dieser Entscheidungen im Auge haltend orientiert sich der vorsichtige Anwalt an den Mindestvoraussetzungen, die der Bundesgerichtshof für eine wirksame Betriebskostenabrechnung fordert.[323] Danach sind die Betriebskostengruppen einzeln zu bezeichnen, die Gesamtaufwendungen des Vermieters darzulegen, ferner der Anteil, der auf die Wohnung des Mieters entfällt und der Umlageschlüssel.[324] Hat der Mieter Zweifel im Hinblick auf eine Berücksichtigung bestimmter Rechnungen bei der Berechnung des Vermieters, ist er gehalten, die entsprechenden Belege einzusehen. Dem entspricht prozessual, dass das Vorbringen des Mieters nur dann als substantiiert berücksichtigt wird, wenn er zuvor die Belege eingesehen hat.

172

Neben einer Zusammenstellung der Gesamtkosten – unabhängig von der Frage der Umlegbarkeit im Einzelfall[325] – sind die auf die einzelnen Kostenpositionen entfallenden Aufwendungen anzugeben. Eine derartige Aufschlüsselung ist dem Vermieter ohne weiteres zu-

173

---

[317] OLG Nürnberg WuM 1995, 308.
[318] BGH NJW 1982, 573.
[319] AG Osnabrück WuM 2004, 668.
[320] WuM 1996, 154.
[321] WuM 1995, 308.
[322] LG Berlin ZMR 1997, 299, 300.
[323] NJW 1982, 573.
[324] So auch KG NZM 1998, 620.
[325] Schmidt-Futterer/*Langenberg* § 556 Rdnr. 337.

zumuten, da er zur Vorbereitung einer nachprüfbaren Abrechnung eine derartige differenzierte Angabe sich zu erarbeiten hat. Besonderheiten sind im Einzelnen zu erläutern, etwa wenn der Hausmeister für mehrere Objekte tätig ist, wenn unterschiedliche Versicherungskosten etwa wegen Gewerbeeinheiten anfallen, wenn bei einer Abrechnung nach Wirtschaftseinheit nur in einem bestimmten Haus Betriebskosten anfallen, wenn ein Vollwartungsvertrag – über Aufzugsanlagen – besteht und der Reparaturanteil herausgerechnet werden muss, wenn der Hausmeister Verwaltungsaufgaben mitübernommen hat, deren Umfang zu bewerten ist, wenn neben den Hausmeisterkosten noch erhebliche Kosten für Schneeräumung und Gartenpflege in die Abrechnung aufgenommen worden sind.[326] Im Laufe eines Mietverhältnisses können sich die Anforderungen an eine sachgerechte Erläuterung der Abrechnung verringern, wenn dem Mieter durch frühere Abrechnungen und entsprechende Erläuterungen alle wesentlichen Umstände bekannt sind.[327]

174 Eine formell ordnungsgemäße Betriebskostenabrechnung setzt voraus, dass dem Mieter auch dann die Gesamtkosten einer berechneten Kostenart mitgeteilt werden, wenn einzelnen Kostenteile nicht umlegbar sind; dem Mieter muss ersichtlich sein, ob und in welcher Höhe nicht umlagefähige Kosten vorab abgesetzt worden sind.[328] Fehlt es an einer solchen Offenlegung, liegt ein formeller Mangel vor, der zur Unwirksamkeit der Abrechnung führt. Zieht sich der Fehler durchgängig durch die Betriebskostenabrechnung, ist sie insgesamt formell nicht ordnungsgemäß. Soweit ein gebotener Vorwegabzug nur im Hinblick auf einzelne Betriebskostenpositionen unterblieben ist, bleibt die Abrechnung im übrigen beanstandungsfrei, wenn die Einzelpositionen herausgerechnet werden können.[329]

175 Soweit keine besonderen Abreden getroffen worden sind, sind in der Abrechnung bei Gebäuden mit mehreren Wohneinheiten regelmäßig folgende Mindestangaben aufzunehmen: eine Zusammenstellung der Gesamtkosten, die Angabe und Erläuterung der zu Grunde gelegten Verteilerschlüssel, die Berechnung des Anteils des Mieters und der Abzug seiner Vorauszahlungen. Nicht ausreichend ist, bereinigte Kosten anzugeben; die Gesamtkosten müssen auch dann mitgeteilt werden, wenn einzelne Kostenanteile nicht umlagefähig sind. Fehlt es an einer solchen Offenlegung, liegt ein formeller Mangel vor, der zur Unwirksamkeit der Betriebskostenabrechnung führt. Dies gilt allerdings nur für den Fall, dass sich der Fehler durch die gesamt Abrechnung zieht; soweit ein gebotener Vorwegabzug nur im Hinblick auf einzelne Ansätze unterblieben ist, bleibt die Abrechnung im übrigen wirksam, wenn die jeweiligen Einzelpositionen unschwer herausgerechnet werden können.[330] Der Bundesgerichtshof hat ferner klargestellt, dass sich diese Rechtsprechung auch auf sog. „gemischte Kosten" bezieht, d.h. in denen Kostenanteile enthalten sind, die nicht zu den Betriebskosten gehören.[331]

176 Nicht zulässig sind allerdings **Sammelpositionen**, unter denen der Vermieter verschiedene nicht miteinander zusammenhängende Betriebskostenpositionen verbirgt.[332] Nicht zulässig ist, Heizungskosten, Wasserkosten und die Kosten für eine Klimaanlage in einer Position zusammenzufassen. Eine derartige Abrechnung ist von vornherein nicht prüffähig, denn der Mieter muss die ihm angelasteten Kosten spezifiziert nach den einzelnen Betriebskostenarten getrennt der Abrechnung entnehmen können.

177 Das Amtsgericht Berlin-Mitte[333] verwirft eine Betriebskostenabrechnung, in der die Position „Versicherungen" nicht aufgeschlüsselt ist in die Versicherungen, die nach § 2 Ziffer 13 BetrKV umlagefähig sind und übrigen Versicherungen, wie z.B. Reparatur-, Mietausfall- und Rechtsschutzversicherungen. Insoweit wäre ausreichend gewesen, entweder pauschal anzugeben, dass nur Kosten für Sach- und Haftpflichtversicherungen abgerechnet werden, oder die versicherten Risiken im Einzelnen aufzuzählen. Ob diese Entscheidung zutreffend

---

[326] AG Berlin-Mitte NZM 2002, 523.
[327] Schmidt-Futterer/*Langenberg* § 556 Rdnr. 354.
[328] BGH NJW 2007, 1059 = NZM 2007, 244.
[329] Kritisch Langenberg, NJW 2008, 1269, 1270.
[330] Schmidt-Futterer/*Langenberg* § 556 Rdnr. 467.
[331] BGH NZM 2007, 770.
[332] OLG Dresden NZM 2002, 437.
[333] AG Berlin-Mitte NZM 2002, 523.

ist, kann diskutiert werden; fraglich wäre nämlich, ob über das Einsichtsrecht in die Belege die Abrechnung hätte gerettet werden können.

Bei der **Vermietung einer Eigentumswohnung** werden keine geringeren Anforderungen an die Abrechnungspflicht des Vermieters gestellt. Hinsichtlich der Abrechnung der Betriebskosten kann der Wohnungseigentümer an den Verwalter die gleichen Anforderungen stellen wie der Mieter an den Vermieter. Umgekehrt muss ein Wohnungseigentümer auch selbst den Anforderungen aus dem Mietrecht genügen, wenn er seine Wohnung vermietet. Der Vermieter ist berechtigt, den Mieter auf die Abrechnung des Verwalters zu verweisen, wenn diese den Anforderungen des § 259 BGB entspricht.[334] Dies wird im Einzelfall nicht immer möglich sein, da die Grundsätze des Mietrechts nicht identisch sind mit den Regeln, die innerhalb einer Wohnungseigentümergemeinschaft zur Anwendung gelangen.[335] Wird allerdings die Verwalterabrechnung den Anforderungen des § 259 BGB gerecht, kann sie erst dann zur Grundlage einer Abrechnung zwischen den Mietvertragsparteien gemacht werden, wenn die Eigentümergemeinschaft die Beschlussvorlage des Verwalters gebilligt hat.[336] Gemäß § 28 Abs. 5 WEG beschließen die Wohnungseigentümer über den Wirtschaftsplan, die Abrechnung und die Rechnungslegung des Verwalters durch Stimmenmehrheit. Der Beschluss ist Grundlage für eine Abrechnung des einzelnen Eigentümers im Verhältnis zu seinem Mieter.[337] Auf die Frage, ob ein entsprechender Beschluss der Wohnungseigentümergemeinschaft angefochten werden kann, sollte nicht abgestellt werden, da ansonsten eine Abrechnung zwischen den Mietvertragsparteien unnötigerweise hinausgeschoben wird. Eine derartige Verzögerung sollte aus praktischen Erwägungen heraus vermieden werden, da dem Mieter erst nach bestandskräftigem Eigentümerbeschluss – evtl. erst nach längerem Zeitablauf und Rechtsstreitigkeiten der Wohnungseigentümer untereinander – Schwierigkeiten bei der Nachprüfung einzelner Betriebskostenpositionen entstehen könnten. Zu beachten ist, dass nur solche Betriebskostenarten in die Abrechnung der Mietvertragsparteien übernommen werden könne, die dem Katalog des § 2 BetrKV entsprechen; die ansonsten zwischen den Eigentümern der Wohneinheiten aufgeteilten Kosten, die diesem Katalog des § 2 BetrKV nicht entsprechen, sind demgegenüber nicht umlegbar. Ist die Verwalterabrechnung korrekt, kann sie der Vermieter an seinen Mieter bereinigt um die Verwaltungs- und Instandsetzungskosten – weiterreichen. Geschickterweise sollte der Wohnungseigentümer in den Mietvertrag aufnehmen, dass die Verteilung der Betriebskosten nach den Miteigentumsanteilen geschieht. Dies dürfte bei preisfreiem Wohnraum für verbrauchsunabhängige Betriebskosten eine Abrechnungsmethode darstellen, die den Grundsätzen des § 556a Abs. 1 BGB entspricht, wenn die Miteigentumsanteile genau der Größe des vermieteten Eigentums entsprechen.

Ist die Abrechnung des Verwalters der Wohnungseigentümergemeinschaft nicht korrekt, kann der Vermieter an den Verwalter die gleichen Anforderungen stellen wie der Mieter an den Vermieter im vergleichbaren Fall. Der Vermieter ist bei einer derartigen Sachlage außerstande, eine ordnungsgemäße Abrechnung für seinen Mieter zu erstellen. Um dieses Ergebnis zu vermeiden, ist der Vermieter gehalten, eine ordnungsgemäße, nachgebesserte und spezifizierte Abrechnung gegenüber dem Verwalter durchzusetzen.[338]

Muster für eine Betriebskostenabrechnung

Anschrift der Mieterin/des Mieters

Betr.: Abrechnung über die Betriebskosten 2003

Sehr geehrte Frau/sehr geehrter Herr ......!

Die Verwalterin der Eigentümergemeinschaft hat die Daten über die Betriebskosten 2003 für die von Ihnen angemietete Wohnung übermittelt. Demgemäß ergibt sich folgende Abrechnung:

---

[334] AG Neuss DWW 1996, 84.
[335] AG Tiergarten WuM 1989, 86; *Schmid* DWW 1990, 351.
[336] Emmerich/Sonnenschein/*Weitemeyer* § 556 Rdnr. 49.
[337] LG Düsseldorf DWW 1990, 207, mit zustimmender Anmerkung von *Geldmacher*.
[338] Schmidt-Futterer/*Langenberg* § 556 Rdnr. 382.

	Gesamt	verteilt nach	Ihr Anteil
Heizkosten	3.562,61 €	s. Abrechnung	193,55 €
Strom (Stadtwerke)	300,79 €	1/9	33,42 €
Wasser (Stadtwerke)	1.319,31 €	Verbrauch	176,26 €
Kabelgebühren	1.325,46 €	1/9	147,27 €
Müllabfuhr	662,94 €	1/9	73,66 €
Straßenreinigung	61,68 €	1/9	6,85 €
Regenwasser	753,35 €	1/9	83,70 €
Wasserverbrauch	65,54 €	Verbrauch	65,54 €
Schmutzwasser	673,20 €	1/9	74,80 €
Versicherungen	1.962,83 €	1/9	170,77 €
Hausreinigung/Garten/Schnee	2.152,03 €	1/9	239,11 €
Grundsteuer	281,92 €		281,92 €
			1.551,95 €

Der Verteilerschlüssel ergibt sich aus den Eigentumsanteilen, so wie dies den vertraglichen Vereinbarungen entspricht; im Übrigen sind die Daten verbrauchsabhängig.

An Vorauszahlungen haben Sie insgesamt 1.200,– € geleistet, so dass sich eine Differenz von 351,95 € ergibt.

Sehr geehrte Mieterin/sehr geehrter Mieter, ich bitte Sie, diesen Differenzbetrag auf mein Konto ...... bei ...... (BLZ) zu überweisen.

Die obigen Daten habe ich der Verwaltungsabrechnung vom ...... entnommen. Falls Sie Einblick in die Belege nehmen wollen, bitte ich um kurzfristige Nachricht.

Mit freundlichen Grüßen

Ihr Vermieter

5. Belege und Prüfungsrecht

181 Der Saldo aus der Betriebskostenabrechnung wird nicht fällig, solange der Vermieter nicht die verlangte vollständige Einsicht in die Originalbelege der Abrechnung gewährt hat.[339] Zwar gehört die Vorlage von Belegen nicht zur formellen Ordnungsgemäßheit der Abrechnung, jedoch steht dem Mieter ein Zurückbehaltungsrecht nach § 273 BGB zu, solange der Vermieter entgegen dem verlautbarten Willen des Mieters keine Belegeinsicht gewährt.[340] Der Anspruch des Mieters richtet sich grundsätzlich auf Einsicht in die **Originalunterlagen.** Hat der Vermieter Kopien vorgelegt, schließt dies eine Einsichtnahme in die Originalbelege nicht aus, hat der Mieter konkrete Gründe, sich mit den Kopien nicht zufrieden geben zu sollen, etwa wenn noch Aufklärungsbedarf bestehen sollte.[341]

182 Der Vermieter ist gehalten, neben den Originalbelegen auch **Verträge** vorzulegen, aus denen sich eine Berechnung der Betriebskosten ergibt. Dies gilt namentlich für Wartungsverträge, die vielfach auch Reparaturkostenanteile enthalten, auch für Hausmeisterverträge, in denen die Tätigkeit des Hausmeisters beschrieben ist und aus denen sich der Umfang der eventuellen Verwaltungstätigkeit ergibt. Um eine entsprechende Differenzierung der umlagefähigen Kosten vornehmen zu können, ist die Vorlage dieser Originalbelege unerlässlich; der Mieter könnte nicht nachprüfen, ob eine sachgerechte Differenzierung vorgenommen worden ist. Auch kann dem Mieter nicht die Nachprüfung verwehrt werden, ob die Kosten etwa beim zutreffenden Objekt angesetzt worden sind, wenn nach einer Wirtschaftseinheit abgerechnet worden ist. Insoweit muss dem Mieter die Nachprüfung ermöglicht werden, ob nach der **kleinstmöglichen Einheit** abgerechnet worden ist. Der Mieter muss sich nicht damit zufrieden geben, dass ihm der Vermieter allein gescannte Belege vorlegt; die ausgedruckten Unterlagen ersetzen das Original nicht. Durch den Ausdruck werden dem Mieter nur die

---
[339] OLG Düsseldorf NZM 2001, 48; AG Aachen MDR 1994, 271; AG Brühl WuM 1992, 201; *Römer* WuM 1996, 595.
[340] *Sternel* Aktuell 809.
[341] Schmidt-Futterer/*Langenberg* § 556 Rdnr. 480.

Belege zur Verfügung gestellt, die in dem Computer des Vermieters oder der Vermietungsgesellschaft gespeichert sind. Ob allerdings der Inhalt dieses Ausdrucks mit den Originalbelegen übereinstimmt, lässt sich ohne nähere Prüfung der Originale nicht feststellen. Daher ist es sachgerecht, auch in diesen Fällen dem Mieter ein Einsichtsrecht in die Originalbelege zuzubilligen.[342]

Die Entwicklung des technischen Fortschritts ist allerdings unaufhaltsam. Für die Zukunft wird zu erwägen sein, ob nicht für den Fall, dass die Buchführung eines Vermieters gänzlich auf gescannte Belege und damit auf Kopien gestützt ist, ein Anspruch des Mieters auf Einsichtnahme in die Originalbelege zu versagen wäre.[343] Der Vermieter mag nach § 257 HGB seine Betriebsunterlagen auf Mikrofilmen und anderen Datenträgern speichern können, wozu auch das Scannverfahren mit Speichermöglichkeiten zu zählen ist.[344] Allerdings dürfte es problematisch werden, wenn der Vermieter Anspruch auf Einblick in die Originalunterlagen erhebt, nachdem sich bei der Abrechnung Unstimmigkeiten herausgestellt haben. Erst wenn sichergestellt ist, dass bei Einspeisung der Daten aus dem Original in das Scannverfahren Manipulationen ausgeschlossen sind und im weiteren Verfahren eine Veränderung der Daten – insbesondere zum Nachteil der Mieter – unmöglich ist, wäre eine potentielle Mieterbenachteiligung nicht mehr erkennbar, so dass für diesen Fall die Mieter, die ihr Recht auf Einsichtnahme verfolgen, auf die im Scannverfahren erfassten Daten verwiesen werden können. Solange allerdings diese Voraussetzungen nicht gegeben sind, ist es dem Vermieter zumutbar, die Originalbelege aufzubewahren, um dem Mieter Einblick in diese Belege gewähren zu können, da der Ausdruck der Daten, so wie sie im Computer gespeichert sind, eine Prüfung nicht zulässt, ob diese Daten mit den Originalen übereinstimmen oder aber ein Softwarefehler, möglicherweise auch ein Fehler bei der Eingabe der Daten vorliegt, der für einen Dritten nicht erkennbar ist. Demgemäß ist in diesen Fällen das Interesse des Mieters an einer Vorlage der Originalbelege vorrangig.[345]

Das Landgericht Hamburg[346] ist einen Schritt weiter gegangen. Zwar wird auch in dieser Entscheidung zunächst davon ausgegangen, dass der Mieter einen Anspruch auf Einsichtnahme in die Originalbelege hat. Präsentiert der Vermieter gescannte Belege, kann es allerdings nicht sein Bewenden damit haben, dies seien keine Originale, wenn der Vermieter gleichzeitig ausführlich vorträgt, die vom Speichermedium ausgedruckten Belege stünden den Originalen gleich. Nach dem Ergebnis einer Beweisaufnahme stand zur Überzeugung der Kammer fest, dass die vom Kläger vorgelegten Belege wie Originale behandelt werden konnten. Dazu hatte die Kammer ein Sachverständigengutachten eingeholt. Der Sachverständige hat in seinem Gutachten zur Frage der Fälschungssicherheit des vom Kläger verwendeten Verfahrens der elektronischen Dokumentspeicherung und -verwaltung ausführlich und überzeugend dargelegt, dass die inneren Abläufe
- beim Scannen sowohl nach der Arbeitsweise der damit beauftragten Mitarbeiter des Klägers wie auch nach der verwendeten Software,
- beim Ausdrucken der Belege und
- bei der Sicherheit der benutzten optischen Speicherplatten

eine Verfälschung auf Grund der technischen und administrativen Hürden praktisch ausschließen. Der Sachverständige hatte sogar das Verfahren in den Räumen des Klägers geprüft und war dann zu dem Ergebnis gekommen, dass Maßnahmen zur außerordentlichen Sicherheit vor Manipulationen getroffen worden waren. Dabei wurde insbesondere festgestellt, dass Dokumente, die einmal im System gespeichert waren, nicht mehr geändert werden konnten. Das Eindringen ins System, um gefälschte Rechnungen unterzubringen, war nach der Darstellung des Sachverständigen so schwierig, dass es nur noch als theoretische Möglichkeit angesehen werden konnte. Schließlich waren die Daten durch zusätzliche Speicherung und Aufbewahrung an einem räumlich getrennten Rechenzentrum vor Verlust gesi-

---

[342] Schmidt-Futterer/*Langenberg* § 556 Rdnr. 481.
[343] AG Mainz ZMR 1999, 114; *Scheffler/Petrick* NZM 2003, 544.
[344] *Scheffler/Petrick* NZM 2003, 544.
[345] AG Hamburg WuM 2002, 499; AG Hamburg WuM 2002, 499, 500.
[346] LG Hamburg WuM 2004, 97.

chert. Nachdem zusätzlich die Bearbeitung der Belege und die technische Erfassung personell getrennt worden waren, war der Schutz vor Fälschungen so perfekt, dass die gescannten Belege den Originalen gleichgesetzt werden konnten, so dass auf die Berufung hin die Klage auf Ausgleich der Betriebskostennachforderung zugesprochen werden konnte. Bis jetzt ist diese Entscheidung des Landgerichts Hamburg vereinzelt geblieben. Zu erwarten ist allerdings, dass weitere Instanzgerichte diese Rechtsprechung aufgreifen, wobei sicherlich die Anzahl der Fälle überwiegen wird, in denen der Schutz vor Manipulationen nicht so perfekt ausgestaltet ist wie im Ausgangsfall des Landgerichts Hamburg.

185 Der Vermieter ist nicht generell verpflichtet, jedem Mieter auf dessen globale Anforderung hin alle vorhandenen **Rechnungsbelege** zu kopieren, sondern nur diejenigen, die der Mieter **konkret bezeichnet** hat.[347] Ein Recht auf Kopien soll der Mieter dann nicht haben, wenn dies für den Vermieter mit unverhältnismäßigem Aufwand verbunden ist und der Mieter in zumutbarer Weise Einsicht in die Belege nehmen kann.[348] Der Vermieter kann seinen Sonderaufwand mit 0,25 € bis 0,50 € pro Kopie berechnen.[349]

186 Die Belege sind vorbehaltlich einer vertraglichen Regelung im Mietvertrag grundsätzlich am **Sitz des Vermieters** vorzulegen.[350] Ist dieser Sitz des Vermieters mit dem Mietobjekt identisch, ergeben sich keine Probleme. Dies gilt insbesondere dann, wenn sich am Sitz des Vermieters ein Büro der Hausverwaltung befindet. Zur systematischen Begründung kann auf die Vorschrift des § 269 BGB verwiesen werden, derzufolge die Leistung an dem Ort zu erfolgen hat, an welchem der Schuldner seinen Wohnsitz hat. Schuldner der Leistung ist der Vermieter, der die Belege vorzulegen hat, um dem Mieter Einsicht zu gewähren. Gelegentlich wird die Auffassung vertreten, die Vorlage der Belege sei am Ort der Mietwohnung notwendig.[351] Dies wird dann nicht verlangt werden können, wenn der Mieter nur einen unerheblichen Weg bis zum Sitz des Vermieters oder der Mietverwaltung zurückzulegen braucht. Liegt der Sitz der Verwaltung nicht am Ort der Mietwohnung, so kann der Mieter die Übersendung von Ablichtungen der Unterlagen gegen Kostenerstattung verlangen.[352] Der Mieter kann das **Einsichtsrecht auch durch Dritte** ausüben lassen.[353] Insbesondere bei Einsichtnahme in komplizierte Abrechnungsunterlagen hat sich bewährt, dass sie durch einen fachkundigen Anwalt vorgenommen worden ist. Der Anwalt sollte allerdings zuvor mit seinem Mandanten die Honorarfrage abgeklärt haben, da in vielen Fällen die Einsichtnahme in die Belege und der damit verbundene Aufwand zeitintensiv sind, namentlich wenn es sich um größere Mietobjekte oder Wohneinheiten handelt, während die Streitwerte relativ gering erscheinen, die der Rechtsanwalt regelmäßig seiner Berechnung für die von ihm ausgehenden Bemühungen zugrunde legen kann.

187 Nimmt der Mieter das Angebot des Vermieters auf Übersendung der Abrechnungsbelege zur Betriebskostenabrechnung **gegen angemessene Kostenerstattung** nicht wahr, ist er zu behandeln, als habe er Einsicht in die Kostenbelege gehabt.[354] In diesen Fällen kann der Mieter die Zahlung einer Betriebskostennachforderung nicht verweigern. Ein Zurückbehaltungsrecht steht dem Mieter nicht zu, wobei letztlich auf den allgemeinen Rechtsgedanken des § 162 BGB zurückgegriffen werden kann, demzufolge niemand Vorteile daraus ziehen kann, dass er sich selbst nicht vertragsgerecht verhält.

188 Bei Vermietung einer **Eigentumswohnung** hat der Mieter gelegentlich Nachteile, wenn er allein auf Einsicht in die Berechnungsunterlagen verwiesen wird, die der Verwalter dem Eigentümer ausgehändigt hat. Eine Ungleichbehandlung gegenüber sonstigen Wohnungsmie-

---

[347] AG Neubrandenburg WuM 1994, 531; *Sternel* Aktuell Rdnr. 810.
[348] LG Frankfurt/M WuM 1999, 576; AG Gelsenkirchen WuM 1996, 349.
[349] LG Duisburg WuM 1990, 562 (0,50 DM bis 1,– DM); a. A. AG Pankow/Weißensee NZM 2002, 655 (0,05 bis 0,1 €).
[350] LG Frankfurt/M NZM 2000, 27; AG Hannover WuM 1997, 275; *Sternel* Aktuell Rdnr. 811; a. A. AG Wiesbaden WuM 2000, 312.
[351] AG Wetter ZMR 1984, 119; *Schmid* Nebenkosten 5088.
[352] AG Ahaus WuM 1992, 646.
[353] LG Hamburg WuM 1985, 400; AG Hannover WuM 1987, 275; *Sternel* III Rdnr. 371; Schmidt-Futterer/*Langenberg* § 556 Rdnr. 483.
[354] AG Aachen WuM 2004, 611.

tern ist aber nicht gerechtfertigt.[355] Zwischen den Rechtsbeziehungen der Wohnungseigentümer zum Verwalter und den Rechtsbeziehungen des vermietenden Wohnungseigentümers zum Mieter ist zu unterscheiden. Z.B. hat der Eigentümer Reparaturkosten des Aufzugs zu tragen, der Mieter grundsätzlich nicht. Daher ist dem Mieter ein umfassendes Einsichtsrecht in die Belege zuzugestehen, die **in den Räumen des Verwalters** vorzulegen sind. Der Vermieter kann sich auch die Abrechnungsunterlagen beim Verwalter besorgen und diese – gegen Kostenerstattung – dem Mieter überlassen. Der Vermieter einer Eigentumswohnung hat regelmäßig allein die Abrechnung des Verwalters in seinen Händen, zusätzlich den Wirtschaftsplan bezogen auf ein Jahr. Aus diesen Unterlagen ergeben sich jedoch keine ausreichenden Hinweise darauf, ob die Reparaturkosten von den Wartungskosten ordnungsgemäß getrennt worden sind, ob Verwaltungskosten herausgerechnet worden sind oder aber die Aufwendungen für die Instandhaltungsrücklage nicht dem Mieter belastet worden ist. Zur Vereinfachung empfiehlt es sich für den Vermieter einer Eigentumswohnung, den Mieter zu ermächtigen, die Originalunterlagen beim Verwalter der Wohnungseigentümergemeinschaft einzusehen.[356] Gegenüber dem Recht jedes Wohnungseigentümers auf Einsicht in die der Jahresabrechnung zu Grunde liegenden Belege kann sich der Verwalter nicht auf tatsächliche Schwierigkeiten berufen, die sich bei der Geltendmachung des Einsichtsanspruchs durch die zahlreichen Eigentümer einer großen Wohnanlage ergeben. Im Rahmen der Einsichtnahme hat der Wohnungseigentümer Anspruch auf Aushändigung von Fotokopien; die Kosten sind dem Verwalter dafür zu erstatten. Das Einsichtsrecht der Eigentümer wird allein durch den Grundsatz von Treu und Glauben und das Schikaneverbot begrenzt.

Die mit der Einsichtnahme selbst verbundenen Kosten hat der Vermieter zu tragen. Der Sache nach handelt es sich um Kosten, die der Verwaltung des Mietobjekts zuzuordnen sind. Der Vermieter ist gehalten, die Belege dem Mieter in geordneter Form vorzulegen. Nicht ausreichend ist, dem Mieter eine Anzahl mehrerer Aktenordner zu präsentieren, aus denen er sich die passenden Unterlagen heraussuchen kann. Empfehlenswert ist in diesem Zusammenhang, die Unterlagen nach Betriebskostenarten getrennt aufzubewahren und die zusammengehörenden Belege dem Mieter zur Prüfung zur Verfügung zu stellen.[357] Zumutbar ist auch, dass der Vermieter die Belege gegen Kostenerstattung kopiert. Letztlich erscheint dies vor dem Hintergrund sachgerecht, dass der Vermieter im Hinblick auf die Betriebskosten und deren Vorauszahlungen als **Treuhänder für den Mieter** tätig wird.

Ein Bestreiten des Kostenansatzes im Rechtsstreit ist nur dann zu berücksichtigen, wenn der Mieter zuvor die Berechnungsunterlagen eingesehen hat; von dieser Möglichkeit muss der Mieter Gebrauch machen, soll sein Bestreiten nicht als unsubstantiiert und damit als rechtlich unerheblich angesehen werden.[358]

Formulierungsvorschlag für den Mieter, der von seinem Recht auf Einsichtnahme in die Belege Gebrauch machen möchte:

Sehr geehrter Vermieter!

Die Betriebskostenabrechnung vom 3. 4. 2003 für das Jahr 2002 habe ich erhalten. Da eine nicht zu erklärende Steigerung der Gesamtkosten/Kosten für Grundbesitzabgaben/Hausreinigung zu verzeichnen ist, möchte ich die Unterlagen einsehen, die Grundlage der Abrechnung waren.

Ich wäre Ihnen sehr verbunden, wenn Sie die Unterlagen für mich am ...... in der Zeit von ...... bis ...... oder am ...... in der Zeit von ...... bis ...... bereitlegen könnten. Eine kurze telefonische Nachricht genügt.

Ich schlage Ihnen vor, die Einsichtnahme in die Belege in Ihrem Büro in der ......-Straße vorzunehmen.

---

[355] Windisch WuM 1996, 630 ff.
[356] BayObLG NZM 2000, 873.
[357] AG Köln WuM 1992, 201.
[358] OLG Düsseldorf DWW 2000, 193, 194.

> Entstehende Kopierkosten werden mit 0,25 € ausgeglichen.
> Mit freundlichen Grüßen
>
> Ihr Mieter

6. Abrechnungsfrist, Abrechnungszeitraum und Ausschlussfristen

192 Zu unterscheiden sind: Verbrauchszeitraum, Abrechnungszeitraum und Abrechnungsfrist. Verbrauchszeitraum und Abrechnungszeitraum werden sich häufig decken, was aber nicht zwangsläufig ist. Der Abrechnungszeitraum beträgt bei Wohnraummietverhältnissen längstens 12 Monate, § 556 Abs. 3 S. 1 BGB. Der Sache nach handelt es sich um eine Höchstfrist, die sich mit dem Kalenderjahr nicht zu decken braucht. Aus Gründen der Praktikabilität sind Abweichungen möglich; namentlich ist eine Umstellung **auf das Kalenderjahr** aus triftigen Gründen zulässig. Dabei darf jedoch der Abrechnungszeitraum in der Übergangsphase nur unerheblich überschritten werden.[359] Kosten, die nicht jährlich sondern im Abstand mehrerer Jahren anfallen (**aperiodische Betriebskosten**), können im Jahr ihres Anfalls angesetzt werden oder auf mehrere folgende Jahre verteilt werden. Dies gilt z. B. für Baumpflegearbeiten[360] oder Austausch von neu geeichten Wärmezählern.[361]

193 Abrechnungszeitraum und tatsächlicher Ablesezeitraum können auseinanderfallen; im Allgemeinen gehört es zum Wesen einer ordnungsgemäßen Abrechnung, dass sich Abrechnungs- und Ablesezeitraum nach den technischen und wirtschaftlichen Möglichkeiten des Einzelfalls weitestgehend decken; die Grenze ist erst dann überschritten, wenn Abrechnungs- und Ablesezeitraum so auseinander klaffen, dass der ausgewiesene Abrechnungszeitraum und der tatsächlich abgerechnete Ablesezeitraum erheblich voneinander abweichen und nicht nur um einige Wochen.[362]

194 Im Hinblick auf den Abrechnungszeitraum ist zu unterscheiden dahingehend, dass Leistungen von Versorgungsunternehmen und deren Abrechnung mit dem Vermieter nicht stets sich mit der Abrechnungsperiode des Vermieters mit seinem Mieter decken. Zur Auswahl stehen in derartigen Fällen drei mögliche Abrechnungsmethoden, nämlich die Abrechnung nach Leistungen, nach Rechnungen oder nach Ausgaben.[363] Vorzuziehen ist das Prinzip der **Leistungsabrechnung**. Abgerechnet wird über Betriebs**kosten**. Nach dem betriebswirtschaftlichen Begriff sind Kosten diejenigen Belastungen, die aus dem Verbrauch von Gütern materieller und immaterieller Art stammen. Sie sind unabhängig von Ausgaben und es kann nicht darauf ankommen, ob der Vermieter seinerseits die entsprechenden Kosten bei Dritten ausgeglichen hat. Maßgeblich ist, inwieweit Güter, die schon vor dem Abrechnungszeitraum oder während seiner Dauer angeschafft worden sind, bis zu seinem Ende verbraucht worden sind. Dieser Definition entspricht allein die Leistungsabrechnung.[364] Daher dürfen nur die Kosten angesetzt werden, die innerhalb des Abrechnungszeitraums entstanden sind.[365] Dabei ist das Rechnungsdatum unbeachtlich.[366] Maßgeblich ist der Kostenanfall, nicht der Zahlungsabfluss. Der Vermieter kann nicht die Vorauszahlungen an die Versorgungsunternehmen in die Abrechnung einstellen.[367] Betriebskosten, die für zwei Abrechnungsräume angefallen sind, dürfen nur zeitanteilig einbezogen werden.[368] Ebensowenig können die Kosten aus einer abgeschlossenen Abrechnungsperiode in die jetzige Abrechnung aufgenommen werden.[369] Um aber unhaltbare Ergebnisse zu vermeiden, können etwa die Heizkosten des Vorjahres dann in die Abrechnung des Folgejahres aufgenommen werden, wenn

---

[359] AG Köln WuM 1997, 232.
[360] LAG Frankfurt/M. WuM 1992, 252.
[361] AG Koblenz DWW 1996, 252.
[362] OLG Schleswig DWW 1990, 355, 356.
[363] Vgl. dazu Schmidt-Futterer/*Langenberg* § 556 Rdnr. 303 ff.
[364] Schmidt-Futterer/*Langenberg* § 556 Rdnr. 306.
[365] Z. B. AG Neuss DWW 1993, 296; AG Leipzig WuM 2002, 376; AG Nürnberg NZM 2002, 859.
[366] AG Neuss DWW 1993, 296.
[367] AG Köln WuM 1997, 232.
[368] AG Hagen DWW 1990, 211.
[369] AG Tübingen WuM 1991, 122.

die Abrechnung des Wärmelieferanten nicht dem vertraglichen Abrechnungszeitraum angepasst ist und das Mietverhältnis sowohl im Vorjahr als auch im Folgejahr bestanden hat.[370]

Der **Bundesgerichtshof** hat die Streitfrage insoweit entschieden, als §§ 556 ff. BGB den Vermieter bei der Abrechnung von Betriebskosten nicht auf eine Abrechnung nach dem Leistungsprinzip festlegen. Auch eine Abrechnung nach dem Abflussprinzip ist grundsätzlich zulässig.[371]

Mit Ablauf der Abrechnungsfrist tritt **Abrechnungsreife** ein. Mit Abrechnungsreife ist der Vermieter nicht mehr in der Lage, mit Erfolg Vorauszahlungen auf die Betriebskosten geltend zu machen. Ihm steht allenfalls ein Anspruch auf Zahlung eines Saldos aus einer von ihm vorzunehmenden Abrechnung zu. Verzugszinsen bleiben unberührt. Tritt Abrechnungsreife während eines laufenden Rechtsstreits ein, in dessen Rahmen der Vermieter als Kläger u. a. Vorauszahlungen auf die Betriebskosten für einen vergangenen Zeitraum geltend gemacht hat, ist die Klage umzustellen auf den Saldo aus der Betriebskostenabrechnung. Unterlässt der Kläger dies und verfolgt er weiterhin die Vorauszahlungen auf die Betriebskosten, ist er mit seiner Klage als unbegründet abzuweisen.[372]

Die Abrechnung ist dem Mieter spätestens bis zum Ablauf des zwölften Monats nach Ende des Abrechnungszeitraums mitzuteilen, § 556 Abs. 3 S. 2 BGB. Rechnet der Vermieter nicht oder nicht fristgerecht ab, kann der Mieter auf Rechnungslegung klagen, was insbesondere dann in Betracht zu ziehen ist, wenn sich der Mieter die Rückzahlung eines Überschusses an geleisteten Vorauszahlungen verspricht.

Formulierungsvorschlag für einen Mieter, der eine Klage auf Abrechnung erhebt:

An das Amtsgericht Köln
Luxemburger Straße 101
50939 Köln

Hiermit erhebe ich Klage gegen ...... (Name und ladungsfähige Anschrift des Vermieters), Beklagten, und bitte um Anberaumung eines möglichst nahen Verhandlungstermins, in dem ich beantragen werde:
Der Beklagte wird verurteilt, hinsichtlich des Mietobjekts ...... über die Heiz- und Betriebskosten in dem Zeitraum vom 1. 1. 2003 bis 31. 12. 2003 unter Berücksichtigung der vom Kläger geleisteten Vorauszahlungen abzurechnen.

Begründung

Der Kläger ist Mieter, der Beklagte Vermieter des Objektes ...... Maßgeblich sind die Vereinbarungen im Mietvertrag vom 1. 1. 1999. Nach § 2 dieses Mietvertrages beläuft sich die monatliche Grundmiete auf € 500,– und die Vorauszahlung auf die Betriebskosten entsprechend Anlage 3 zu § 27 der 2. BVO (§ 2 BetrKV) einschließlich Heizkosten auf € 160,– pro Monat. Trotz Mahnung hat der Beklagte für das Jahr 2003 eine Abrechnung über die Betriebskosten nicht vorgelegt. Hinderungsgründe hat der Beklagte nicht angegeben. Demgemäß war Klage auf Abrechnung geboten.

Unterschrift

Durch die Mietrechtsreform ist seit dem 1. 9. 2001 die **Ausschlussfrist des § 556** Abs. 3 S. 3 BGB in das Gesetz aufgenommen worden. Nach Ablauf der Jahresfrist nach Ende des Abrechnungszeitraums ist eine Nachforderung durch den Vermieter ausgeschlossen.[373] Dieser Grundsatz gilt nicht, wenn der Vermieter die verspätete Geltendmachung nicht zu vertreten hat. Der Zweck der Vorschrift, die an § 20 Abs. 3 Satz 4 NMV angelehnt ist, liegt darin, dem Mieter Sicherheit über den Verbleib seiner Vorauszahlungen zu verschaffen und Streit über lange zurückliegenden Zeiträume zu vermeiden.[374] Da es nach § 556 Abs. 3 S. 2 BGB

---

[370] LG Düsseldorf DWW 1990, 51.
[371] BGH NZM 2008, 277.
[372] OLG Hamburg WuM 1989, 150; Schmidt-Futterer/*Langenberg* § 556 Rdnr. 455.
[373] BGH NJW 2008, 1150.
[374] Emmerich/Sonnenschein/*Weitemeyer* § 556 Rdnr. 62.

auf die Mitteilung der Abrechnung ankommt, genügt zur Fristwahrung nicht die rechtzeitige Absendung der Abrechnung. Vielmehr muss sie dem Mieter noch innerhalb der Frist zugegangen sein, wobei es nicht darauf ankommt, ob der Mieter von ihr tatsächlich Kenntnis genommen hat. Der Zweck der gesamten Regelung ist darin zu sehen, dass beide Vertragsparteien möglichst zügig Klarheit über den relativ kostenintensiven Bereich der Betriebskosten erhalten.[375]

200 Dem Vermieter ist in diesem Zusammenhang anzuraten, die Voraussetzungen für einen **Nachweis des rechtzeitigen Zugangs** beim Mieter zu schaffen, damit dieser sich nicht auf den – möglicherweise wahrheitswidrigen – Einwand berufen kann, die Abrechnung sei nicht oder nicht fristgerecht zugegangen. Selbst wenn bewiesen würde, dass die einfache Postsendung abgeschickt worden wäre, könnte damit der Beweis für den Zugang der Abrechnung nicht geführt werden, da der Beweis des Absendens nicht den Beweis des Zugangs indiziert.[376] Der Vermieter ist für den Zugang der Betriebskostenabrechnung innerhalb der Abrechnungsfrist darlegungs- und beweispflichtig.[377] Versäumnisse seiner Hilfspersonen muss er sich wie eigenes Verschulden zurechnen lassen, § 278 BGB. Im Hinblick auf den Zugang der Betriebskostenabrechnung gelten die allgemeinen Regeln, wobei streitig ist, ob die Regeln über den Zugang von Willenserklärungen entsprechend oder überhaupt nicht angewendet werden können.[378] Rechtzeitig im Sinne des § 556 Abs. 3 BGB geht die Betriebskostenabrechnung des Vermieters dem Mieter zu, wenn unter normalen Umständen damit gerechnet werden darf, dass diese noch vor Fristablauf Kenntnis genommen werden kann.[379] Ein am Sylvestertag nach 19 Uhr beim Bevollmächtigten des Mieters eingehendes Telefaxschreiben geht demgemäß verspätet zu.[380] Wird ein Schriftstück erst am 31.12. nachmittags in den Briefkasten eines Bürobetriebs geworfen, in dem branchenüblich Sylvester nachmittags – auch wenn dieser Tag auf einen Werktag fällt – nicht mehr gearbeitet wird, so geht es erst am nächsten Werktag zu.

201 Die Ausschlussfrist beginnt mit dem **Ende des Abrechnungszeitraums**. Nach § 187 Abs. 1 BGB ist damit der erste Tage gemeint, der dem letzten Tag der Abrechnungsperiode folgt. Fristende ist der Ablauf des zwölften Monats nach dem Ende des Abrechnungszeitraums. Nach dem Sinn und Zweck der Vorschrift, einen Streit über lang zurückliegende Zeiträume zu vermeiden, ist das Vorliegen einer formell ordnungsgemäßen Abrechnung erforderlich, aber auch ausreichend, wobei es auf die materielle Richtigkeit der Abrechnung nicht ankommt.[381]

202 Nach Fristablauf kann der Vermieter eine **Nachzahlung** nur noch dann verlangen, wenn er die verspätete Geltendmachung nicht zu vertreten hat. Nach der gesetzlichen Systematik hat der Vermieter nach § 276 Abs. 1 BGB Vorsatz und Fahrlässigkeit zu vertreten. Daraus ist der Schluss abzuleiten, dass der Vermieter alles in seiner Macht stehende zu veranlassen hat, um an die Grundlagen seiner Abrechnung zu gelangen, wobei er sich im Einzelfall auch gerichtlicher Hilfe bedienen muss. Dies gilt namentlich auch für die Abrechnungen seiner Zulieferer. Ursachen der Verzögerung, die außerhalb des Einflussbereichs des Vermieters liegen, hat dieser regelmäßig nicht zu vertreten, etwa Verzögerungen im Postverkehr. Im Einzelfall können auch Verzögerungen im Einflussbereich des Vermieters diesen entschuldigen, § 276 BGB. Solche nicht zu vertretenden Verspätungen können ihre Ursache z.B. darin haben, dass Versorgungsunternehmen ihre Abrechnung erst lange nach Ablauf der Abrechnungsperiode erstellt haben, so dass die Frist nicht mehr eingehalten werden kann. Auch Steuern oder Abgaben werden manchmal erst sehr viel später festgesetzt. Als weitere Fälle entschuldigter Verspätungen kommen Streitigkeiten mit Lieferanten über die von ihnen ausgestellten Rechnungen in Betracht, Unstimmigkeiten mit Mietern über die Vorjahresabrech-

---

[375] *Langenberg* NZM 2001, 783, 785.
[376] AG Duisburg-Ruhrort WuM 2004, 203; AG Meißen WuM 2007, 628.
[377] LG Düsseldorf NZM 2007, 328.
[378] AG Köln NJW 2005, 2930/05; AG Hamburg-St. Georg NJW 2006, 162.
[379] AG Ribnitz – Damgarten WuM 2007, 18.
[380] Vgl. auch BGH NJW 2008, 843.
[381] *Gies* NZM 2002, 514, 515; *Langenberg* NZM 2001, 783, 785; Emmerich/Sonnenschein/*Weitemeyer* § 556 Rdnr. 63.

nung, die als Grundlage für die aktuelle Abrechnung dienen soll, oder auch längerer Ausfall der EDV-Anlage.³⁸²

Nach der gesetzlichen Systematik hat der Vermieter für den Fall einer Fristversäumung **im Rechtsstreit** darzulegen, dass er die Fristversäumung seinerseits nicht zu vertreten hat.³⁸³ Um sich insoweit in einem Rechtsstreit zu exkulpieren, kann sich der Vermieter dem Erfordernis umfangreichen Sachvortrags ausgesetzt sehen. Um eventuelles Fremdverschulden darzulegen, insbesondere auch eigenes Verschulden substantiiert in Abrede zu stellen, bedarf es gegebenenfalls umfangreichen Sachvortrags, was den Rechtsstreit mit dem zahlungsunwilligen Mieter zusätzlich belastet, verfolgt der Vermieter Nachforderungen nach einer Abrechnung. 203

Nach der gesetzlichen Systematik hat der Vermieter gemäß § 276 BGB Vorsatz und Fahrlässigkeit zu vertreten. Daraus folgt, dass der Vermieter alles in seinem Einfluss Stehende veranlassen muss, um die Abrechnungen seiner Zulieferer zu erlangen, wobei er sich auch gerichtlicher Hilfe im Einzelfall bedienen muss. Nach der gesetzlichen Systematik findet grundsätzlich auch § 278 BGB Anwendung. Jedoch dürfte im Verhältnis des Vermieters zu seinen Mietern der Brennstofflieferant im Hinblick auf die Abrechnungspflicht des Vermieters zu seinen Mietern nicht als Erfüllungsgehilfe des Vermieters anzusehen sein. 204

Keine Besonderheiten treten auf bei der Frage, ob sich der Vermieter eine eventuelle Verzögerung der Abrechnung seitens des **WEG-Verwalters** zurechnen lassen muss. Nach einer Auffassung hat der Vermieter Verzögerungen, die ihren Ursprung in seinem Rechtskreis haben, immer zu vertreten.³⁸⁴ Kommt der WEG-Verwalter seiner Verpflichtung zur zügigen Abrechnung nicht nach, stammt die Ursache der Verzögerung aus der Sphäre des Vermieters, so dass er sich die Verzögerung zurechnen lassen müsse. Nach anderer Auffassung³⁸⁵ hat er die Verspätung nicht zu vertreten, wenn er sich nachdrücklich um die Vorlage der WEG-Abrechnung bemüht; nicht ausgeschlossen ist außerdem, dass der Vermieter gegen den Verwalter auf Erstellung einer Abrechnung klagt. Der WEG-Verwalter, der nicht zugleich das Sondereigentum verwaltet, ist nicht Erfüllungsgehilfe des Vermieters. Er steht insoweit Dritten gleich, deren Rechnungen der Vermieter, gegebenenfalls mit zwischenzeitlichen nachdrücklichen Mahnungen, abwarten darf, ohne nach § 556 Abs. 3 Satz 4 BGB zur Vornahme von Teilabrechnungen verpflichtet zu sein. 205

Bei einem **einheitlichen Vorauszahlungsbetrag** auf die Betriebskosten, bei dem nicht zwischen den Heizkosten und den sonstigen Betriebskosten unterschieden wird, gilt eine Besonderheit. Der Vermieter rechnet am Jahresende über die Betriebskosten ab, nachdem das Ende der entsprechenden Heizperiode bereits seit 1½ Jahren zurücklag. Der Bundesgerichtshof³⁸⁶ meinte dazu, dass die Ausschlussfrist des § 556 Abs. 3 BGB im Hinblick auf die Heizkosten nicht greife, weil angesichts des einheitlichen Betrages der Vorauszahlungen eine Verpflichtung zur gesonderten Abrechnung über die Heizkosten nicht bestanden habe; wenn auf Grund einheitlicher Vorauszahlungen auf die Betriebskosten eine Gesamtabrechnung über alle Betriebskosten zu erstellen ist, kann für den Nachforderungsausschluss auch nur eine einheitliche Abrechnungsfrist gelten, und zwar die für die Gesamtabrechnung. 206

Der Mieter, der aus der Mietwohnung auszieht, ohne seinem Vermieter seine neue Anschrift mitzuteilen, kann sich gegenüber einer Betriebskostennachforderung nicht auf den Ablauf der Jahresfrist des § 556 Abs. 3 Satz 2 BGB berufen. Eine bewusste und gewollte Verzögerung des Zugangs ist allein auf das treuwidrige Verhalten des Mieters zurückzuführen, so dass er sich nicht auf den Ablauf der Ausschlussfrist berufen kann.³⁸⁷ 207

Eine erteilte und ausgeglichene Betriebskostenabrechnung kann zu Lasten des Mieters geändert werden, wenn etwa das Finanzamt **nachträglich** die umlagefähige **Grundsteuer** erhöht hat.³⁸⁸ Der Vermieter hat keinerlei Einfluss auf die Bearbeitung seiner Unterlagen 208

---

³⁸² *Langenberg*, S. 214.
³⁸³ Palandt/*Weidenkaff* § 556 Rdnr. 12; *Gies* NZM 2002, 514.
³⁸⁴ *Beuermann/Blümmel*, Das neue Mietrecht, 2001, S. 117.
³⁸⁵ *Langenberg*, Die Betriebskosten der vermieteten Eigentumswohnung NZM 2004, 361, 365.
³⁸⁶ BGH NZM 2008, 520, 522.
³⁸⁷ AG Bad Neuenahr – Ahrweiler NZM 2008, 205.
³⁸⁸ AG Köln NZM 2001, 708; LG Frankfurt a. M. NZM 2001, 583; LG Frankfurt a. M. NZM 2002, 336.

durch die Finanzbehörden und deren Schnelligkeit. Er hat es daher nicht zu vertreten, wenn nachträglich Änderungen, seien sie auch erwartet worden, bei der Bemessung der Grundsteuer vorgenommen werden, etwa wenn nachträglich Vergünstigungen in Wegfall geraten sind.[389] Der Vermieter ist daher berechtigt, in diesem Fall eine Betriebskostenabrechnung nachträglich zu korrigieren.

209 Eine Befugnis zur Korrektur der Betriebskostenabrechnung im Falle der Nachbelastung mit erhöhter Grundsteuer ist nicht mehr gegeben, ist das Mietverhältnis beendet.[390] Zur Begründung wird darauf verwiesen, dass im Zeitpunkt der Nachbelastung ein Mietverhältnis zwischen den Parteien nicht mehr vorliegt und der Mieter nur mit solchen Kosten belastet werden soll, die während seiner Mietzeit fällig geworden sind und damit seinem durch das Mietobjekt vermittelten Nutzungsvorteil entsprechen.

210 § 556 Abs. 3 Satz 4 BGB stellt klar, dass der Vermieter nicht zu Teilabrechnungen verpflichtet ist, wenn bereits einzelne **Teilabrechnungen** von Lieferanten vorliegen. Jedoch ist es dem Vermieter freigestellt, einzelne Teilabrechnungen vorzunehmen. Ob dies praktikabel ist, entscheidet sich im Einzelfall und hängt namentlich davon ab, ob erhebliche Nachzahlungen seitens des Vermieters erwartet werden.

211 Eine Teilabrechnung ist dem Vermieter dann zu empfehlen, wenn er die Belastungen durch eine Vorfinanzierung der Betriebskosten lindern möchte, aber trotz Abrechnungsreife nach Ende der Abrechnungsperiode nicht sämtliche Belege, etwa Abrechnungen der Energielieferanten, vorliegen. Die Ausschlussfrist für Einwendungen des Mieters bezieht sich sodann auf die geltend gemachte Teilabrechnung.

212 Auch wenn der Vermieter zu Teilabrechnungen nach § 556 Abs. 3 Satz 4 BGB nicht verpflichtet ist, sollte beachtet werden, dass in Einzelfällen zwischen den Betriebskosten und den Heizkosten unterschieden werden muss. Grundsätzlich bezieht sich die Ausschlussfrist des § 556 Abs. 3 Satz 3 BGB auf beide Betriebskostengruppen. Stehen dem Vermieter noch nicht alle Unterlagen für eine Abrechnung zur Verfügung, jedoch alle Belege für eine Heizkostenabrechnung, ist für den Fall einer im Mietvertrag vereinbarten einheitlichen Betriebskostenvorauszahlung der Vermieter nicht gehalten, eine separate Heizkostenabrechnung vorzunehmen; der Vermieter kann auf eine Teilabrechnung verzichten und innerhalb der Abrechnungsfrist eine Gesamtabrechnung vornehmen. Anders zu entscheiden ist für den Fall, dass im Mietvertrag getrennte Vorauszahlungen für Heiz- und sonstige Betriebskosten vereinbart sind. Ist demgemäß eine Abrechnung einerseits für Heizkosten möglich, andererseits für die übrigen Betriebskosten, ohne dass bereits sämtliche Belege aus beiden Abrechnungskreisen vorliegen, ist eine Teilabrechnung im Fall **getrennter Vorauszahlungen** geboten.[391] Die Ausschlussfrist des § 556 Abs. 3 Satz 3 BGB ist für die jeweilige Betriebskostengruppe gesondert zu bestimmen.

213 Hat der Vermieter in einem Rechtsstreit einen Nachforderungsanspruch durchzusetzen, müssen die Anspruchsvoraussetzungen schlüssig dargelegt werden, um zumindest ein Versäumnisurteil zu erlangen. Dazu gehört die Darstellung der vertraglichen Beziehungen und die Vorlage der Abrechnung selbst, aus der sich der überschießende Saldo ergibt. Ferner ist der Sachvortrag erforderlich, dass dem Mieter die Abrechnung zugegangen ist verbunden mit der Aufforderung, den Saldo auszugleichen.

214 § 556 Abs. 3 Satz 3 BGB ist § 20 Abs. 3 Satz 4 NMVO nachgebildet. In einem Rechtsstreit, den der Vermieter gegen den Mieter führen muss, um den Betriebskostensaldo zu erlangen, ist zusätzlich zu beachten:

215 Regelmäßig geht der **Rechtsstreit**, insbesondere wenn die **Berufungsinstanz** beteiligt ist, über mehr als ein Jahr, so dass die Ausschlussfrist ausgeschöpft wird. Verliert der Vermieter mit der Begründung, eine ordnungsgemäße Abrechnung und damit eine fällige Nachzahlungsforderung liege nicht vor, stellt sich die Frage, ob der Vermieter unter Verwendung der gerichtlichen Hinweise eine nachgebesserte Abrechnung mit Erfolg durchsetzen kann. Die Ausschlussfrist des § 20 Abs. 3 S. 4 NMVO kommt nicht in Betracht, wenn der Vermieter

---

[389] AG Bielefeld NZM 2003, 22.
[390] LG Frankfurt a. M. NZM 2002, 336.
[391] Schmidt-Futterer/*Langenberg* § 556 Rdnr. 478.

die Betriebskostenabrechnung nach einem einschlägigen Prozess zwischen den Mietvertragsparteien unverzüglich neu erstellt und dem Mieter zuleitet.[392] Die Ausschlussfrist wurde damit begründet, der Mieter sollte sich nicht mehr nach einem bestimmten Zeitablauf mit Betriebskostennachforderungen überrascht sehen, die aus länger zurückliegenden Verbrauchszeiträumen resultieren. Ist die Abrechnung aber fristgerecht erstellt und dem Mieter zugegangen, kann bis zur Grenze der Verwirkung eine erneute Abrechnung erstellt werden, da der Mieter mit dieser Abrechnung rechnen muss, nachdem ein einschlägiger Prozess geführt und vom Vermieter verloren wurde. Dem Vermieter muss Gelegenheit gegeben werden, die Hinweise des Gerichts in einer neuen Abrechnung umzusetzen. Zu fordern ist jedoch, dass nach Abschluss des Rechtsstreits die neue Abrechnung unverzüglich erfolgt. Da § 556 Abs. 3 Satz 3 BGB von den gleichen Erwägungen getragen wird wie § 20 Abs. 3 Satz 4 NMVO, gelten die vorstehenden Erwägungen selbstverständlich auch für die im Rechtsstreit geltend gemachten Betriebskostenforderungen im preisfreien Wohnraummietrecht. Eine verspätete Geltendmachung der Betriebskostennachforderung hat der Vermieter zu vertreten, wenn er nicht unverzüglich nach Wegfall des Verspätungsgrundes die Betriebskostenforderung durch Abrechnung fällig stellt.[393] Begründet wird diese Auffassung mit dem Zweck der Ausschlussfrist. Der Vermieter kann entschuldigt die Frist zur Erstellung einer Betriebskostenabrechnung verpasst haben, auch wenn er sich bemüht hat, fristgemäß die Abrechnung vorzulegen. § 556 BGB soll gewährleisten, dass beide Vertragsparteien schnell Klarheit über die noch zu leistenden Betriebskostennachzahlungen erhalten können. Diesem Zweck würde es zuwiderlaufen, wenn ein Vermieter, der auf Grund fehlenden Verschuldens die Abrechnung auch noch nach Ablauf der Ausschlussfrist erstellen kann, in der Folgezeit an keine Fristen mehr gebunden wäre. Denn in diesem Fall könnte der Vermieter noch bis zur Grenze der Verwirkung oder Verjährung Nachforderungen geltend machen; der Zweck der Ausschlussfrist erfordert jedoch, dass der Vermieter die Abrechnung unverzüglich nach Wegfall des Grundes für die Verspätung erstellt.

Der **Bundesgerichtshof**[394] hält eine unverzügliche Geltendmachung der Nachforderung nicht für erforderlich. Ausgehend von einer gesetzgeberischen Wertung an Hand des § 560 Abs. 2 BGB und § 4 Abs. 8 Satz 2 NMVO 1970 hält er einen Zeitraum von **3 Monaten** nach Wegfall des Hindernisses für ausreichend, um dem Vermieter die Möglichkeit einer Nachforderung zuzubilligen.[395] Erst wenn der Vermieter diese Frist von drei Monaten überschreitet, ist für eine erfolgreiche Nachforderung kein Raum mehr.

Wenn auch dem Vermieter unter engen Voraussetzungen die Möglichkeit einer Neuerstellung von Betriebskostenabrechnungen nach Ablauf der Ausschlussfrist zugebilligt werden kann, ist die **Höhe** einer eventuellen Nachforderung begrenzt. Der Vermieter kann maximal fordern, was er in seiner ursprünglichen Abrechnung, die seinem Mieter fristgerecht zugegangen war, als Nachforderung ermittelt hat. Daraus ist die Schlussfolgerung abzuleiten, dass sich der Mieter, dessen Zahlungsunwilligkeit oder -unfähigkeit durch den bisherigen Verlauf des Rechtsstreits hinlänglich unter Beweis gestellt worden ist, ohne Risiko auf alle erdenklichen Einwendungen berufen und bei entsprechender Rechtsschutzversicherung und passendem Streitwert durch zwei Instanzen streiten kann.

Einwendungen gegen die Abrechnung hat der Mieter dem Vermieter spätestens bis zum Ablauf des zwölften Monats nach Zugang der Abrechnung mitzuteilen, § 556 Abs. 3 Satz 5 BGB. Nach Ablauf dieser Frist kann der Mieter Einwendungen nicht mehr geltend machen, es sei denn, der Mieter hat die verspätete Geltendmachung nicht zu vertreten, § 556 Abs. 3 Satz 6 BGB. Dieser Einwendungsausschluss gilt auch für einen nachfolgenden Rechtsstreit, in dem der Vermieter den Betriebskostensaldo einklagt. Hat demgemäß der Vermieter die Anspruchsvoraussetzungen schlüssig dargelegt, ist der Mieter nach Fristablauf grundsätzlich gehindert, seine eventuellen Einwendungen mit Erfolg durchzusetzen. Dies gilt namentlich bezüglich der Rüge, einzelne Betriebskostenarten seien unzutreffend berechnet. Zu den

---

[392] AG Köln WuM 1995, 399.
[393] AG Tübingen WuM 2004, 342.
[394] BGH NJW 2006, 3350.
[395] So jetzt auch Schmidt-Futterer/*Langenberg* § 556 Rdnr. 473; Palandt/*Weidenkaff* § 556 Rdnr. 12.

Einwendungen gegen eine Abrechnung des Vermieters über Vorauszahlungen für Betriebskosten, die der Mieter spätestens bis zum Ablauf des zwölften Monats nach Zugang einer formell ordnungsgemäßen Abrechnung geltend machen muss, gehört auch der Einwand, dass es für einzelne, nach § 556 Abs. 1 BGB grundsätzlich umlagefähige Betriebskosten an einer vertraglichen Vereinbarung über deren Umlage fehlt.[396] Entsprechendes gilt für den Einwand, dass der Vermieter Betriebskosten, die nach der mietvertraglichen Vereinbarung durch eine Teilinklusivmiete abgegolten sein sollten, abredewidrig konkret abgerechnet hat.[397]

219 Anderes hat nur dann zu gelten, wenn der Vermieter eine nach Fristablauf **nachgebesserte Abrechnung** vorlegt. Insoweit kann sich der Mieter mit allen prozessual zulässigen Mitteln verteidigen. Denn wenn dem Vermieter die Befugnis zusteht, nach Fristablauf auf gerichtliche Hinweise hin eine neue Abrechnung zu erstellen, ist es bereits aus Gründen der Waffengleichheit geboten, dem Mieter die Befugnis zuzugestehen, alle Einwendungen zu erheben.

220 Nach Ablauf der Frist von 12 Monaten kann der Mieter Einwendungen gegen die Abrechnung nicht mehr geltend machen, es sei denn, er hat die verspätete Geltendmachung nicht zu vertreten. Insoweit gelten die gleichen Maßstäbe, die für das fehlende Verschulden beim Vermieter als Beurteilungsgrundlage herangezogen worden sind. Im Hinblick auf die Grenzen des Einwendungsausschlusses ist Folgendes zu bemerken:

221 Beinhaltet die Vermieterabrechnung Kosten, die **nicht** zum Katalog des § 2 BetrKV gehören, etwa Kosten, die allein auf Wohnungseigentümer nach den Vorschriften des WEG umlegbar sind, kann sich der Mieter auch noch nach Ablauf der Einwendungsfrist dagegen wehren. Denn einerseits liegt ein Wertungswiderspruch vor, wenn das Gesetz in Form des § 2 BetrKV dem Vermieter verbietet, weitere Kostenarten umzulegen, und dem Mieter allein durch Fristablauf, sich dagegen zu wehren,[398] und andererseits wird dadurch die Vorschrift des § 812 BGB unterlaufen.

222 Die Ausschlussfrist des § 556 Abs. 3 Satz 3 BGB gilt **nicht** für Rückzahlungsansprüche des Mieters gegen den Vermieter wegen überzahlter Betriebskosten. Die Rechte des Mieters richten sich in diesem Fall wie bisher nach allgemeinen Vorschriften. Hat der Vermieter ordnungsgemäß abgerechnet und ergibt sich daraus eine Nachzahlung zugunsten des Mieters, so kann er diesen Betrag notfalls gerichtlich einklagen. Zu erwägen wäre auch, in eine Prüfung einzutreten, ob eine Aufrechnung gegen fällig werdende Mietzinsforderungen möglich wäre.

223 Dieser Auffassung hat das Amtsgericht Mettmann[399] widersprochen. Auch Ansprüche des Vermieters im Zusammenhang mit einer Überzahlung von Betriebskosten oder Forderungen aus § 812 BGB fallen danach unter den Tatbestand des § 556 Abs. 3 Satz 3 BGB. Zu Unrecht war auf Grund eines Umrechnungsfehlers anlässlich der Einführung des EURO ein Guthaben des Mieters ermittelt worden und an den Mieter ausgezahlt worden. Der Umrechnungsfehler wurde dem Vermieter als fahrlässiges Verhalten angelastet und in dem Überschuss eine Nachforderung gesehen, deren Geltendmachung allerdings unter die Ausschlussfrist fiel. Nach dem Zweck der Vorschrift sei es dem Vermieter nach Fristablauf versagt, mehr zu fordern, als er in die Abrechnung eingestellt habe. Zusätzlich hat das Amtsgericht dahingehend argumentiert, dass durch die Auszahlung und widerspruchslose Annahme des überschießenden Betrages der Saldo verbindlich geworden sei.

224 Fehlt es bereits an einer Abrechnung, muss der Mieter zunächst im Wege einer Stufenklage auf Rechnungslegung klagen und kann dann anschließend Rückzahlung des überzahlten Betrages verlangen. Außerdem steht dem Mieter bis zur ordnungsgemäßen Abrechnung unter weiteren Voraussetzungen ein Zurückbehaltungsrecht zu.

225 § 556 Abs. 4 BGB legt fest, dass eine **zum Nachteil des Mieters** abweichende Vereinbarung von den Regelungen des § 556 Abs. 2 Satz 2 BGB über die Angemessenheit von Be-

---

[396] BGH NZM 2008, 80.
[397] BGH NZM 2008, 361.
[398] Schmidt-Futterer/*Langenberg* § 556 Rdnr. 503.
[399] AG Mettmann NZM 2004, 784.

triebskostenvorauszahlungen oder in Absatz 3 über die jährlich Abrechnungsperiode und die Ausschlussfristen unwirksam ist. Mit anderen als in § 556 Abs. 1 BGB in Verbindung mit § 2 BetrKV erfassten Betriebskostenarten dürfen die Mieter nicht belastet werden. Überhöhte Betriebskostenvorauszahlungen belasten die Mieter ebenfalls unangemessen, so dass sie sich nachteilig im Sinne des § 556 Abs. 4 BGB auswirken und damit als unzulässig zu behandeln sind. Von den Regelungen des § 556 Abs. 3 BGB darf zum Nachteil der Mieter ebenfalls nicht abgewichen werden. Die Einwendungsfrist für Mieter kann verlängert werden, nicht jedoch die Frist zur Abrechnung über die Vorauszahlungen für den Vermieter. Auch ist eine Festlegung im Mietvertrag, welche Umstände der Vermieter im Fall einer verspäteten Abrechnung nicht zu vertreten haben soll, dann unzulässig, wenn sie einer objektiven Nachprüfung im Einzelfall nicht standhält.[400]

Neben der **Klage auf Rechnungslegung** und der Geltendmachung eines **Zurückbehaltungsrechts** nach § 273 BGB haben einzelne Instanzgerichte[401] dem Mieter einen Anspruch auf **Rückzahlung der Vorauszahlungen** zugebilligt, wenn der Vermieter eine ordnungsgemäße Abrechnung unterlässt oder er dazu nicht in der Lage ist. Das OLG Hamm hat dem in seinem Rechtsentscheid vom 26. 6. 1998[402] einen Riegel vorgeschoben: Für den Fall eines fortbestehenden Mietverhältnisses kann vom Vermieter die Rückzahlung auf die Betriebskosten geleisteter Vorauszahlungen nicht allein deshalb verlangt werden, weil der Vermieter seine Pflicht zur Abrechnung tatsächlich entstandener Nebenkosten nicht binnen angemessener Frist erfüllt hat. Der Rückzahlungsanspruch des Mieters wird erst nach einer Abrechnung fällig; liegt eine entsprechende Abrechnung des Vermieters nicht vor, ist keine Fälligkeit eines Rückzahlungsanspruchs gegeben. Demgemäß ist der Mieter gehalten, seinerseits auf Abrechnung zu klagen oder aber im Rechtsstreit eine Abrechnung vorzulegen, aus der sich schlüssig ergibt, dass Betriebskosten über einen bestimmten Betrag hinaus nicht angefallen sind. Dabei kann sich der Mieter auch früherer Abrechnungen aus voraufgegangenen Abrechnungsperioden bedienen, aus denen sich die Betriebskosten der Höhe nach ergeben können. Das OLG Braunschweig[403] hat ergänzt, dass der Mieter einen eventuellen Rückforderungsanspruch auf der Grundlage früherer Abrechnungen schätzen könne; nur wenn ausnahmsweise – etwa wegen kurzer Dauer – eine Schätzgrundlage nicht vorhanden sei, könne der Mieter aus Billigkeitserwägungen berechtigt sein, die gesamten Vorauszahlungen zurückzuverlangen, während es dem Vermieter unbenommen bleibt, seinerseits später abzurechnen und die Betriebskosten erstattet zu verlangen. Hat der Vermieter entgegen § 556 Abs. 3 Satz 2 BGB nicht innerhalb der Frist von 12 Monaten abgerechnet, wird der Rückzahlungsanspruch spätestens nach Ablauf eines Jahres fällig.[404]

Die Beweislast für den Anfall der Betriebskosten trägt der Vermieter; dies gilt auch im Rückforderungsrechtsstreit, nachdem die Bezahlung der Betriebskosten unter Vorbehalt erfolgt ist.[405] Der allgemeine Grundsatz, dass der Bereicherungsgläubiger die tatsächlichen Voraussetzungen seines Bereicherungsanspruchs darlegen und gegebenenfalls beweisen muss,[406] findet dann keine Anwendung, wenn der Bereicherungsgläubiger auf eine Forderung **Abschlagszahlungen** erbracht hat, deren Höhe zurzeit der Leistung noch nicht feststand.[407] Vorauszahlungen sind der Sache nach Vorschussleistungen auf die im Zeitpunkt der Leistungsvornahme der Höhe nach noch nicht feststehende Forderung des Vermieters. Rechtsgrund für die letztliche Zuordnung zum Vermögen des Vermieters bildet die Abrechnung, in der die Forderung der Höhe nach konkretisiert wird.

Richtigerweise dürfte ein Rückzahlungsanspruch allerdings nur insoweit gegeben sein, wenn feststeht, dass die geleisteten Vorauszahlungen nicht verbraucht sind.[408] Auch dies hat

---

[400] Schmidt-Futterer/*Langenberg* § 556 Rdnr. 509.
[401] LG Essen WuM 1992, 200; LG Lüneburg WuM 1992, 380; LG Gießen WuM 1995, 442.
[402] NZM 1998, 568.
[403] NZM 1999, 751; auch LG Duisburg NZM 1998, 808.
[404] Emmerich/Sonnenschein/*Weitemeyer* § 556 Rdnr. 91.
[405] AG Hamburg-Harburg NZM 2000, 460.
[406] Palandt/*Sprau* § 812 Rdnr. 103 ff.
[407] Emmerich/Sonnenschein/*Weitemeyer* § 556, 92; *Geldmacher* DWW 1995, 105, 106.
[408] OLG Hamm NZM 1998, 568; LG Köln WM 1989, 28; *Kossmann* S. 150.

der Vermieter als Bereicherungsschuldner darzulegen und gegebenenfalls zu beweisen. Unterlässt er dies, so ist die Klage des Mieters auf Rückzahlung der Betriebskostenvorauszahlungen schlüssig, namentlich reicht der Sachvortrag aus, um eine Versäumnisurteil gegen den Vermieter erlassen zu können, § 331 ZPO. Problematisch bleibt allein die Frage, ob der Mieter als Bereicherungsgläubiger gegen die Grundsätze der prozessualen Wahrheitspflicht verstößt, § 138 Abs. 1 ZPO, wenn er eine Rückforderung der gesamten Betriebskostenvorauszahlungen anstrebt, obwohl nach der Lebenserfahrung bestimmte Betriebskosten ganz oder teilweise verbraucht worden sind. Regelmäßig werden allerdings dem Mieter mangels Vorlage von Belegen die notwendigen Schätzgrundlagen fehlen; dies gilt insbesondere dann, wenn der Vermieter in der Anfangsphase eines Mietverhältnisses eine Abrechnung der Betriebskosten unterlässt und es damit dem Mieter verwehrt ist, auf frühere Abrechnungsgrundlagen zurückgreifen zu können. Im Übrigen bleibt es dem Vermieter unbenommen, den prozessual negativen Folgen durch eine ordnungsgemäße Abrechnung noch während des Rechtsstreits zu entgehen,[409] so dass für den Fall einer Geltendmachung des Anspruchs aus § 812 Abs. 1 BGB seitens des Mieters der Vermieter nicht rechtlos gestellt ist.

229 Der **Bundesgerichtshof**[410] hat entschieden, dass der Anspruch auf Rückzahlung eines Überschusses aus a-conto-Zahlungen sich aus dem zugrunde liegenden Vertrag ergibt und nicht aus § 812 BGB. Aus einer Vereinbarung über Abschlagszahlungen folgt die vertragliche Verpflichtung des Auftragnehmers, seine Leistungen abzurechnen. Der Auftraggeber hat einen vertraglichen Anspruch auf Auszahlung eines Überschusses. Macht der Auftraggeber einen derartigen Anspruch geltend, so genügt er seiner Darlegungspflicht unter Hinweis auf die Abrechnung des Auftragnehmers und dem Vortrag, dass sich daraus ein Überschuss ergebe oder zumindest nach einer Korrektur ein derartiger Überschuss ergeben müsse. Sache des Auftragnehmers ist es sodann, dieser Berechnung entgegenzutreten und nachzuweisen, dass er berechtigt ist, die Abschlagszahlungen endgültig zu behalten.

230 Im Mietverhältnis wird aber zusätzlich differenziert. Rechnet der Vermieter nicht fristgerecht über die Betriebskosten eines Abrechnungszeitraumes ab, so kann der Mieter, wenn das **Mietverhältnis beendet** ist, sogleich die **vollständige Rückzahlung** der geleisteten Abschlagszahlungen verlangen; er ist nicht gehalten, zuerst auf Erteilung der Abrechnung zu klagen. In einem solchen Fall hindert selbst die Rechtskraft eines der Klage des Mieters stattgebenden Urteils den Vermieter nicht daran, über die Betriebskosten nachträglich abzurechnen und eine etwaige Restforderung einzuklagen.[411] Demgegenüber kann der Mieter bei einem **bestehenden Mietverhältnis** über Wohnraum **nicht die vollständige Rückzahlung** der geleisteten Abschlagszahlungen verlangen, wenn der Vermieter nicht fristgerecht über die Betriebskosten abgerechnet hat. In diesem Fall ist der Mieter ausreichend geschützt, dass ihm bis zu ordnungsgemäßen Abrechnung gemäß § 273 Abs. 1 BGB ein Zurückbehaltungsrecht hinsichtlich der laufenden Betriebskostenvorauszahlungen zusteht.[412]

231 Ist bereits seitens des Mieters Klage erhoben worden und rechnet der Vermieter während des Rechtsstreits ab, kann der Rechtsstreit durch den Kläger nach § 91a ZPO **für erledigt** erklärt werden. Die Kosten des Rechtsstreits trägt regelmäßig der Vermieter, da nämlich die Klage auf Abrechnung bis zum erledigenden Ereignis zulässig und begründet war.[413] Bei übereinstimmender Erledigungserklärung kann es billigem Ermessen im Sinne des § 91a Abs. 1 ZPO entsprechen, die Verfahrenskosten dem Mieter ganz oder anteilig aufzuerlegen, wenn der Vermieter die Abrechnungsfrist unverschuldet versäumt hat und er dem Mieter vor Erhebung der Klage die Hinderungsgründe mitgeteilt hat.[414]

232 Von der Ausschlussfrist des § 556 Abs. 3 BGB wird **nicht** der Fall erfasst, dass der Mieter die Vorauszahlungen nicht geleistet hat und der Vermieter diese Vorauszahlungen – nach einer Abrechnung – gerichtlich geltend macht. Auf Grund einer nach Ablauf der Abrech-

---

[409] LG Hamburg WuM 1997, 380; AG Brühl WuM 1996, 631; Emmerich/Sonnenschein/*Weitemeyer* § 556 Rdnr. 93.
[410] BGH WuM 2004, 679.
[411] BGH NZM 2005, 373 = WuM 2005, 337.
[412] BGH NZM 2006, 533.
[413] *Geldmacher* DWW 1995, 105, 107.
[414] Emmerich/Sonnenschein/*Weitemeyer* § 556 Rdnr. 95; *Geldmacher* DWW 1995, 105, 107.

nungsfrist erteilten Abrechnung kann der Vermieter Betriebskosten bis zur Höhe der vereinbarten Vorauszahlungen des Mieters verlangen, wenn der Mieter diese Vorauszahlungen nicht erbracht hat, denn der Sache nach handelt es sich nicht um Nachforderungen im Sinne des § 556 Abs. 3 BGB.[415] Nachforderungen sind begrifflich dann gegeben, wenn der Vermieter nach Ablauf der zwölfmonatigen Abrechnungsfrist einen Betrag verlangt, der eine bereits erteilte Abrechnung oder, falls er eine rechnerische Abrechnung nicht erstellt hat, die Summe der Vorauszahlungen des Mieters übersteigt. Dies gilt entsprechend, soweit der Mieter geschuldete Vorauszahlungen nicht erbracht hat.[416]

Hat der Mieter auf eine **verfristete Betriebskostenabrechnung** Zahlungen erbracht, liegt kein Fall des § 556 Abs. 3 Satz 3 BGB vor; der Mieter kann seinen Anspruch aus § 812 Abs. 1 1. Alt. BGB geltend machen. Der Ablauf einer Ausschlussfrist führt anders als der Fall einer Verjährung zu einem Untergang des Rechts. Der Schuldner, der nach Ablauf einer Ausschlussfrist Leistungen auf einen untergegangenen Anspruch erbringt, leistet ohne Rechtsgrund und kann daher das Geleistete aus dem Gesichtspunkt ungerechtfertigter Bereicherung kondizieren.[417] 233

Der **Streitwert** einer Klage auf Rückzahlung der Betriebskosten richtet sich nach der Höhe des Zahlungsbetrages, der sich aus dem Zahlungsantrag ergibt. Der Streitwert für eine Klage auf Abrechnung der Betriebskosten bemisst sich nicht nach der Summe der abzurechnenden Vorauszahlungen, sondern nach dem erfahrungsgemäß denkbaren Rückzahlungsanspruchs des Mieters.[418] Ein entsprechendes Ergebnis ist zu erzielen, wenn ein nach § 3 ZPO zu bewertender Teilwert der Hauptsache in Ansatz gebracht wird.[419] Maßgebend ist insoweit, in welchem Maß die Durchsetzbarkeit des Anspruchs des Klägers von der Auskunftserteilung des Beklagten abhängt; das Interesse ist umso höher zu bewerten, je geringer die Kenntnisse und das Wissen über die zur Begründung des Leistungsanspruchs maßgeblichen Tatsachen sind. Der Streitwert für das Erstellen einer Betriebskostenabrechnung soll sich nach der Höhe des Guthabens bestimmen, das der Mieter als Ergebnis der Abrechnung vermutet, mangels näherer Angaben hierzu nach einem Bruchteil (regelmäßig $1/3$) der Höhe der geleisteten Vorauszahlungen.[420] 234

7. Verjährung und Verwirkung

Die Verjährungsfrist eines **Zahlungsanspruchs des Vermieters** aus der Betriebskostenabrechnung beträgt entsprechend § 195 BGB drei Jahre. Nach § 199 Abs. 1 BGB beginnt die Verjährungsfrist mit dem Schluss des Jahres, in dem der Anspruch entstanden ist, und der Gläubiger von den den Anspruch begründenden Umständen und der Person des Schuldners Kenntnis erlangt oder ohne grobe Fahrlässigkeit erlangen musste. Die Kenntnisse über die näheren Umstände ergeben sich regelmäßig aus dem Mietvertrag als solchem. Die Verjährungsfrist kann sich demgemäß über einen Zeitraum von fast vier Jahren erstrecken. 235

Im Hinblick auf den Anspruch des Vermieters auf Zahlung der Betriebskostenvorauszahlungen stellt sich die Frage der Verjährung nicht. Nach Ablauf der Abrechnungsfrist stellt sich Abrechnungsreife ein, so dass der Anspruch des Vermieters auf Zahlung eines Saldos aus der Betriebskostenabrechnung gerichtet ist. Die regelmäßige Verjährungsfrist gilt für ausstehende Betriebskostenpauschalen, §§ 195, 199 BGB.

Der **Rückforderungsanspruch des Mieters wegen überzahlter Betriebskosten** bei fortbestehendem Mietverhältnis verjährt ebenfalls nach Ablauf von drei Jahren.[421] Auch hier wird die Verjährungsfrist nach Maßgabe des § 199 BGB in Lauf gesetzt zu dem Zeitpunkt, zu dem der Vermieter die Abrechnung erstellt.[422] 236

---

[415] BGH NZM 2008, 35.
[416] Schmidt-Futterer/*Langenberg* § 556 Rdnr. 470.
[417] BGH NZM 2006, 222.
[418] AG Landau/Pfalz WuM 1990, 86; Emmerich/Sonnenschein/*Weitemeyer* § 556 Rdnr. 95; Schmidt-Futterer/*Langenberg* § 556 Rdnr. 547.
[419] Zöller/*Herget* § 3, Stichwort „Auskunft"; Thomas/*Putzo* § 3 Stichwort „Auskunftsanspruch".
[420] AG Witten NZM 2003, 851.
[421] Schmidt-Futterer/*Langenberg* § 556 Rdnr. 515.
[422] BGH WuM 1991, 151, 152.

237 Auskunftsansprüche in Form eines Kontrollrechts verjähren ebenfalls in einem Zeitraum von drei Jahren; allerdings beginnt die Verjährung nicht schon mit der Entstehung des Anspruchs, sondern setzt zusätzlich die Kenntnis der den Anspruch begründenden Umstände voraus oder deren grob fahrlässige Unkenntnis.[423] Sind in der Abrechnung des Vermieters Unklarheiten oder Ungereimtheiten festzustellen, hat sich der Mieter seiner Kontrollrechte zu bedienen, namentlich seines Rechtes auf Einsichtnahme in die Belege. Kommt er dieser Obliegenheit nicht nach, ist dem Mieter der Vorwurf grober Fahrlässigkeit nicht zu ersparen. Entsprechend verhält es sich, wenn der Vermieter Kosten angesetzt hat, die überhaupt nicht dem Katalog des § 2 BetrKV zugeordnet werden können. Stellt sich allerdings erst nach längerem Zeitablauf heraus, dass der Vermieter einzelne Positionen mit unberechtigten Kostenansätzen belastet und dies verschleiert hat, beginnt die Verjährung nicht vor Kenntnisnahme dieses Sachverhalts durch den Mieter.

238 Die **Rechtsfolgen der Verjährung** ergeben sich aus § 214 BGB. Nach Eintritt der Verjährung ist der Schuldner berechtigt, die Leistung zu verweigern. Das zur Befriedigung eines verjährten Anspruchs Geleistete kann nicht zurückgefordert werden, auch wenn in Unkenntnis der Verjährung geleistet worden ist, § 214 Abs. 2 Satz 1 BGB. Das Gleiche gilt von einem vertragsgemäßen Anerkenntnis sowie einer Sicherheitsleistung des Schuldners, § 214 Abs. 2 Satz 2 BGB.

239 Der Gesichtspunkt der **Verwirkung** ist im Betriebskostenrecht durch die Ausschlussfrist des § 556 Abs. 3 BGB fast gänzlich obsolet geworden. Kennzeichen der Verwirkung ist das Zeit- und Umstandsmoment. Das Zeitmoment wird regelmäßig frühestens mit dem Ablauf der Ausschlussfrist des § 556 Abs. 3 Satz 3 BGB vorliegen, während das Umstandsmoment eines zusätzlichen Gesichtspunktes bedarf, nämlich dass sich der Schuldner darauf eingerichtet hat und sich nach dem gesamten Verhalten des Berechtigten auch darauf einrichten durfte, dass dieser auch in Zukunft das Recht nicht mehr geltend machen werde.[424] Verwirkung mag im Einzelfall in Betracht kommen, wenn der Vermieter auf Einwendungen des Mieters gegen eine Betriebskostenabrechnung fast zwei Jahre geschwiegen hat.[425] Auch mag ein Anspruch verwirkt sein, macht der Vermieter nach Auseinandersetzung über eine Betriebskostenabrechnung aus einem seit fünf Jahren bestehenden Mietverhältnis erst zweieinhalb Jahre nach Beendigung der Auseinandersetzung den Anspruch aus der Betriebskostenabrechnung erneut geltend.[426] Eine abschließende Abrechnung etwa über die Kaution nach Mietende kann seitens des Mieters dahingehend verstanden werden, dass weitere Zahlungsansprüche aus dem beendeten Mietverhältnis nicht mehr geltend gemacht werden.

240 Die Verwirkung begründet eine **inhaltliche Begrenzung des Rechts.** Sie stellt eine rechtsvernichtende Einwendung dar und ist im Rechtsstreit von Amts wegen zu berücksichtigen, wenn die entsprechenden Tatsachen vorgetragen worden sind. Die Darlegungslast trägt der Verpflichtete, der sich auf das Rechtsinstitut der Verwirkung beruft.[427]

8. Prüfungsfrist und Ausgleich des Saldos

241 Hat der Vermieter eine formell ordnungsgemäße Betriebskostenabrechnung dem Mieter zukommen lassen, wird diesem nach vielfacher Auffassung eine Prüfungsfrist zugebilligt, innerhalb derer er die Abrechnung und die entsprechenden Belege prüfen kann. Diese Frist, die dem Mieter zur Prüfung der Schlüssigkeit der Abrechnung bleibe, ferner zur Beantwortung der Frage, ob er von seinen Rechten Gebrauch machen wolle, belaufe sich auf einen Monat.[428] Diese Frist sei ausreichend, um dem Mieter Gelegenheit zu geben, das Rechenwerk der Abrechnung, gegebenenfalls die zu Grunde liegenden Belege einzusehen und sich

---

[423] Schmidt-Futterer/*Langenberg* § 556 Rdnr. 516.
[424] Palandt/*Heinrichs* § 242 Rdnr. 87.
[425] AG Plön WuM 1988, 132; Schmidt-Futterer/*Langenberg* § 556 Rdnr. 524.
[426] LG Berlin NZM 2002, 286.
[427] Palandt/*Heinrichs* § 242 Rdnr. 96.
[428] AG Gelsenkirchen-Buer WuM 1994, 549; LG Frankfurt a.M. WuM 1990, 271, 274; LG Berlin NZM 2001, 707 (2 Wochen); Bub/Treier/*v. Brunn* III 123 (2. Wochen); Schmidt-Futterer/*Langenberg* § 556 Rdnr. 437; vgl. auch *Sternel* Aktuell Rdnr. 807; a. A. *Schmid*, Handbuch der Mietnebenkosten, 3330.

über die Zahlungsverpflichtung nach entsprechender Nachprüfung der Grundlagen klar zu werden. Vor dem Hintergrund des § 286 Abs. 3 BGB habe die Zubilligung einer Prüfungsfrist erhebliches Gewicht.

Der **Bundesgerichtshof**[429] hat diese Überlegungsfrist verworfen. Der Eintritt der Fälligkeit setze nicht voraus, dass nach Erteilung der Abrechnung zunächst eine angemessene Frist zur Überprüfung verstrichen sei. Gemäß § 271 BGB könne der Gläubiger die Leistung sofort verlangen wenn eine Zeit für die Leistung nicht bestimmt oder aus den Umständen zu entnehmen sei. Der Anspruch des Vermieters werde daher grundsätzlich mit einer formell ordnungsgemäßen Betriebskostenabrechnung fällig.[430]

Vor Auszahlung eines Saldos oder Ausgleich der Nachforderung ist eine **Korrektur der Abrechnung** innerhalb der Fristen des § 556 Abs. 3 BGB möglich. Sobald ein Abrechnungssaldo zugunsten des Vermieters oder Mieters ausgeglichen ist, wird angenommen, dass dadurch ein **deklaratorisches Schuldanerkenntnis** des Leistenden begründet wird;[431] Einwendungen, die der Leistende vor Zahlung hätte erheben können, sind ausgeschlossen.[432] Das OLG Hamburg[433] nimmt einen Vertrag eigener Art an, gelangt damit jedoch zu gleichen Ergebnissen.

Das deklaratorische Anerkenntnis kann dann aber keine Bedeutung entfalten, wenn **nicht umlagefähige Kosten** in die Abrechnung aufgenommen worden sind, z.B. Teile des Wohngeldes eines Wohnungseigentümers, also Positionen, die nicht in dem Betriebskostenkatalog des § 2 BetrKV enthalten sind. Entsprechendes gilt, wenn der Vermieter versteckt und allenfalls nach Belegprüfung erkennbar nicht vereinbarte Betriebskosten angesetzt hat. In diesen Fällen ist der Vermieter durch die Vorschrift des § 556 Abs. 3 Satz 5 BGB nicht schutzwürdig.

Der sich aus § 812 Abs. 1 BGB ergebende Bereicherungsanspruch eines Wohnungsmieters, der die wegen Versäumung der Abrechnungsfrist des § 556 Abs. 3 Satz 2 BGB nach § 556 Abs. 3 Satz 3 BGB ausgeschlossene Betriebskostennachforderung des Vermieters bezahlt hat, ist nicht in entsprechender Anwendung des § 214 Abs. 2 Satz 1 BGB ausgeschlossen.[434] Im Gegensatz zur Verjährung erlischt nach Ablauf der Ausschlussfrist das betroffene Recht, so dass eine gleichwohl erbrachte Leistung nach den Grundsätzen des Bereicherungsrechts zurückgefordert werden kann.[435]

Hat sich der Mieter auf eine entsprechende Zahlungsaufforderung nach Abrechnung geweigert, Zahlungen zu erbringen, sollte der Anwalt genau prüfen, ob die Abrechnung des Vermieters allen nach Vertrag und Gesetz geschuldeten Voraussetzungen gerecht wird. Eine Prüfung dieser Abrechnung im Übrigen aber auch eine Neuerstellung für den Vermieter ist mit **erheblichem Arbeitsaufwand** verbunden, so dass im Einzelfall erwogen werden muss, eine **Honorarvereinbarung** zu treffen, ferner auch überlegt werden muss, ob sich die Erstellung einer Neuabrechnung angesichts des zu erwartenden Saldos lohnt. Entsprechende Überlegungen hat der Rechtsanwalt anzustellen, wenn er angesichts eines unzureichenden Abrechnungswerks des Vermieters eine Gegenrechnung anzufertigen hat, um Gegenansprüche des Mieters zu begründen.

9. Leerstände

Kosten, die auf leer stehende Wohnungen entfallen, hat grundsätzlich der Vermieter zu tragen.[436] Dies gilt selbstverständlich auch für die Grundkosten bei der Heizkostenabrechnung.[437] Gelegentlich ist in der Praxis anzutreffen, dass Vermieter die Betriebskosten, die auf leer stehende Wohnungen entfallen, auf die übrigen verbliebenen Mieter verteilen. Eine

---

[429] BGH NJW 2006, 1419, 1421.
[430] BGH NJW 2005, 1499.
[431] AG Aachen WuM 1994, 436; Emmerich/Sonnenschein/*Weitemeyer* § 556 Rdnr. 85.
[432] AG Alsfeld NZM 2001, 707.
[433] WuM 1991, 199.
[434] BGH NZM 2006, 222.
[435] Zweifelnd *Ludley* NZM 2008, 72; vgl. auch *Langenberg* NJW 2008, 1269, 1270, 1271.
[436] AG Weißenfels WuM 2004, 24; AG Görlitz WM 1997, 648; *Langenberg*, S. 171.
[437] BGH NZM 2004, 254; vgl. auch *Peters* NZM 2002, 1009, 1013.

derartige Vorgehensweise ist unter keinem rechtlichen Gesichtspunkt vertretbar.[438] Auch eine Klausel, derzufolge die anfallenden Betriebskosten ausschließlich nach der vermieteten Wohnfläche umgelegt werden sollen, ist ohne weiteres unzulässig, da eine unbillige Benachteiligung des Mieters darin liegt, dass nicht abschätzbar ist, welche Kosten in welcher Höhe auf ihn zukommen;[439] zudem ist das Risiko der Vermietung verlagert. Eine solche Vereinbarung ist nicht einmal als Individualvereinbarung zulässig;[440] als Begründung dürfte auf § 138 Abs. 1 BGB zu verweisen sein. Ist vereinbart, dass die Betriebskosten **nach Personenzahl** umgelegt werden sollen, müssen die Grundkosten, die auf leer stehende Wohnungen entfallen, vom Vermieter getragen werden, da er das Vermietungsrisiko trägt. Angemessen ist, die leer stehenden Wohnungen so zu berücksichtigen, als seien sie jeweils wenigstens an eine Person vermietet.[441] Nach dem Grundsatz des § 556a Abs. 1 BGB sind die Betriebskosten aber regelmäßig nach dem Anteil der Wohnfläche umzulegen. Bei Wegfall eines Mieters sind die Kosten nicht zwischen den übrigen Mietern aufzuteilen; vielmehr sind die Kosten, die für die leer stehenden Wohnungen angefallen sind, dem Vermieter anteilig, d. h. entsprechend dem Wohnflächenanteil der leer stehenden Wohneinheit, aufzubürden.[442] Bei **verbrauchsunabhängigen** Betriebskosten ergeben sich insoweit größere Probleme nicht, also bei Grundsteuern, Versicherungskosten, Antennenkosten, den Kosten für die Schornsteinreinigung oder den Kosten für den Hauswart.[443] Bei den **verbrauchsabhängigen** Wasserkosten werden die Wassergrundkosten, soweit sie auf die leere Wohnung entfallen, vom Vermieter getragen; die Verbrauchskosten werden wie üblich nach Verbrauch abgerechnet. Bei den Müllgebühren richtet sich die Aufteilung nach der Struktur der Gebühren.[444] Sollte eine Grundgebühr pro Wohnung seitens der Gemeinde erhoben werden, hat der Vermieter die auf die leer stehende Wohnung entfallende Grundgebühr zu übernehmen. Wird seitens der Gemeinde ohne Grundgebühr die Müllabfuhr berechnet, kann nach vermieteter Fläche abgerechnet werden; dies findet seine Berechtigung darin, dass ausschließlich auf den vermieteten Flächen Müll produziert wird.[445]

248 Auch die Kosten für die Beleuchtung sind nach dem **Flächenmaßstab** zu verteilen. Die Beleuchtung im Außenbereich wie auch im Innenbereich etwa der Treppenhäuser dient im wesentlichen Maße der Verkehrssicherungspflicht. Demgemäß ist es sachgerecht, den Vermieter an diesen Kosten zu beteiligen entsprechend dem Anteil der leer stehenden Einheit.[446]

249 Wird kein Flächenmaßstab vereinbart, vielmehr ausschließlich nach Verbrauch ohne Grundkosten abgerechnet, wird die leer stehende Wohnung von der Kostenverteilung praktisch ausgenommen. Dieses Ergebnis ist als sachgerecht ohne weiteres zu akzeptieren, da von der leer stehenden Wohnung keinerlei Verbrauchskosten veranlasst werden. Daher ist in diesen Fällen der Ansatz, die leer stehende Wohnung müsse als mit einer Person belegt fingiert werden ebenso überflüssig wie eine anteilsmäßige Belastung des Vermieters mit Durchschnittswerten, die auf Wohnungen vergleichbarer Art und Größe entfallen.[447]

250 Anders ist zu entscheiden für den Fall einer Abrechnung verbrauchsunabhängiger Kosten mit Betriebsanteil, wenn nach Personen oder „**Kopfteilen**" abgerechnet werden soll. Vertreten wird in diesen Fällen, dass sich der Vermieter an den Grundkosten beteiligt insoweit, als für die leer stehende Wohnung eine Person zu seinen Lasten in Ansatz gebracht wird.[448] Eine angemessene Beteiligung des Vermieters ist in diesen Fällen allerdings nur dann zu er-

---

[438] AG Köln WuM 1998, 290, 291; *Sternel* III Rdnr. 359; Schmidt-Futterer/*Langenberg* § 556a Rdnr. 34; *ders.* WuM 2002, 589; *Schmid*, Handbuch der Mietnebenkosten, 4010.
[439] AG Görlitz WuM 1997, 648; *Langenberg* WuM 2002, 589.
[440] *Langenberg* WuM 2002, 589; a. A. *Schmid*, Handbuch der Mietnebenkosten 4010.
[441] AG Köln WuM 1998, 290, 291; a. A. *Schmid*, Handbuch der Mietnebenkosten 4013.
[442] AG Görlitz WuM 1997, 648; *Langenberg* S. 171; a. A. *Bub/Treier* II Rdnr. 439; AG Zwickau NZM 2001, 467.
[443] Vgl. BGH NZM 2003, 756.
[444] *Langenberg* WuM 2002, 589, 591.
[445] Schmidt-Futterer/*Langenberg* § 556a Rdnr. 53.
[446] AG Zwickau NZM 2001, 467; zu differenziert Schmidt-Futterer/*Langenberg* § 556a Rdnr. 54.
[447] AG Köln WuM 2000, 37, 38; *Schmid*, Handbuch der Mietnebenkosten, 4013; Emmerich/Sonnenschein/*Weitemeyer* § 556a Rdnr. 20; a. A. AG Köln WuM 2002, 285.
[448] AG Köln WuM 1998, 290, 291.

zielen, wenn sich die Beteiligung an der durchschnittlichen Belegung der anderen Wohnungen orientiert.[449] Ansonsten werden die übrigen Mieter unangemessen benachteiligt. Dies gilt namentlich für die Grundkosten für Antennen, Wartungskosten des Aufzugs und der Kosten für die Einrichtungen der Wäschepflege.

Der **Bundesgerichtshof** hat klargestellt, dass der Vermieter bei einer nach § 7 Abs. 1 Satz 2 HeizKV vorzunehmenden Abrechnung der verbrauchsunabhängigen Betriebskosten den auf leer stehende Wohnungen entfallenden Anteil zu tragen hat.[450] 251

Das **Leerstandsrisiko** kann der Vermieter nicht einseitig durch Änderung des Umlageschlüssels der Betriebskostenabrechnung verändern und auf die Mieter umlegen.[451] Dies gilt namentlich von einer Veränderung des Flächenmaßstabs hin zu einer Abrechnung nach Personenanzahl. 252

Der Mieter wird seinem Anwalt bereits von sich aus mitteilen, ob in dem von ihm bewohnten Teil eines Wohnkomplexes verschiedene Wohnungen – gegebenenfalls in welchem Zeitraum – leer stehen. Der Mieter erhofft sich nämlich eine spürbare Entlastung von Betriebskostenzahlungen für den Fall des Leerstands einzelner Wohnungen in einem größeren Wohnkomplex. Manchmal werden allerdings von dem Mieter mangels genauerer Kenntnis nur ungenaue Angaben zu erwarten sein. Hier kann eine entsprechende Rüge gegenüber dem Vermieter oder dessen Hausverwaltung helfen, die über die konkreten Leerstände unterrichtet sein müssten. 253

10. Abrechnung nach Wirtschaftseinheit

Grundsätzlich ist nach der kleinstmöglichen Einheit abzurechnen.[452] Dies wird jedoch im Einzelfall nicht immer möglich sein, zumindest nicht immer praktikabel. Soll die Abrechnung auf der Grundlage einer Wirtschaftseinheit erfolgen, muss dies **im Mietvertrag vereinbart** sein. Eine derartige Abrechnungsmethode ist sowohl bei preisgebundenen Wohnungen wie auch bei preisfreien Mietwohnungen grundsätzlich zulässig.[453] Dazu muss im Mietvertrag deutlich zum Ausdruck kommen, dass die angemietete Wohnung sich in einer Wirtschaftseinheit befindet. Eine Wirtschaftseinheit liegt vor, wenn die Gebäude in unmittelbarem **örtlichen Zusammenhang** stehen und zwischen den einzelnen Gebäuden **keine wesentlichen Unterschiede** bestehen, der **Wohnwert** im Wesentlichen **identisch** ist, sie einer **gleichartigen Nutzung** dienen und **einheitlich verwaltet** werden.[454] Da wesentlicher Faktor die einheitliche Verwaltung darstellt, kommt es nicht darauf an, ob die fraglichen Gebäude demselben Eigentümer gehören.[455] Eine Abrechnung der Betriebskosten auf der Basis größerer Wirtschaftseinheiten ist nur dann gerechtfertigt, wenn dem Vermieter eine Einzelabrechnung entweder überhaupt nicht möglich wäre oder aber diese Einzelabrechnung unter Berücksichtigung der gegenseitigen mietvertraglichen Verpflichtungen als treuwidrig angesehen werden müsste.[456] Allerdings setzt dies voraus, dass entsprechende vertragliche Vereinbarungen zwischen den Parteien getroffen worden sind, zumindest der Mietvertrag einer derartigen Abrechnung nicht entgegensteht.[457] 254

Eine derartige vertragliche Vereinbarung ist auch dann anzunehmen, wenn der Mieter die Wohnung vor Anmietung in dem entsprechenden Wohnkomplex besichtigt hat und sich aus der Objektbeschreibung im Vertragseingang eine Bezifferung der Wohnung und der Bezeichnung des Stockwerks ergibt, woraus die Folgerung abzuleiten ist, dass sich das Mietobjekt in einem größeren Gesamtkomplex befindet; in diesen Fällen muss der Mieter redlicherweise sich darauf einlassen, dass die Betriebskosten nach größeren Einheiten abgerechnet 255

---

[449] Schmidt-Futterer/*Langenberg* § 556a Rdnr. 56.
[450] BGH NZM 2004, 254, 255; NJW 2003, 2902; missverständlich AG Rathenow WuM 2004, 342.
[451] AG Weißenfels WuM 2004, 74.
[452] LG Köln WuM 1983, 202, 203; WuM 1989, 82, 83; LG Itzehoe ZMR 2004, 198; AG Köln WuM 1997, 232.
[453] *Blank* DWW 1992, 65, 66; Emmerich/Sonnenschein/*Weitemeyer* § 556a Rdnr. 23.
[454] LG Hamburg WuM 2004, 498; *Sternel* III Rdnr. 901; *Schmid*, Handbuch der Mietnebenkosten, 4022.
[455] Schmidt-Futterer/*Langenberg* § 556a Rdnr. 62; anders noch *Sternel* III Rdnr. 901.
[456] LG Köln WuM 1989, 82, 83.
[457] LG Köln NZM 2001, 617.

werden. Voraussetzung ist jedoch stets, dass eine Abrechnung nach kleineren Einheiten nicht möglich ist.[458]

256 Eine Abrechnung nach Wirtschaftseinheiten ist für **jede Betriebskostenart gesondert** zu prüfen. Ist eine gebäudebezogene Abrechnung verbrauchsabhängiger Betriebskosten wie z.B. der Müllabfuhrkosten möglich und entspricht die Berechnung der Gebühren den tatsächlichen Verhältnissen, ist der Vermieter zu einer Gesamtabrechnung im Rahmen einer Wirtschaftseinheit nicht berechtigt.[459] Die Kosten eines Aufzugs können nicht auf die Mieter einer Wirtschaftseinheit umgelegt werden, in deren Häusern sich ein Fahrstuhl nicht befindet;[460] insoweit sind separate Abrechnungsstränge zu bilden. Das Gleiche gilt, wenn bestimmte Kosten nur in einzelnen Einheiten anfallen, etwa wenn Gartenpflegearbeiten in einem Teilkomplex von den Mietern erledigt werden, in anderen Teilkomplexen die Arbeiten jedoch von der Verwaltung an externe Firmen vergeben werden müssen.[461]

257 Das Amtsgericht Pinneberg[462] hatte den Fall zu entscheiden, dass keine vertragliche Vereinbarung über ein Abrechnung nach einer Wirtschaftseinheit vorlag, aber gleichwohl nach diesen Grundsätzen abzurechnen war, wenn einer hausbezogenen Kostenerhebung faktische oder unzumutbare technische Hindernisse entgegenstehen, wie z.B. etwa bei gemeinsamem Versorgungsanschluss mehrerer gleichartiger Häuser oder gemeinsam genutzter Anlagen. Aus **Gründen der Praktikabilität** hat das Amtsgericht eine derartige Abrechnungsweise als zulässig erachtet. Ob diese Auffassung zutreffend ist, erscheint zumindest problematisch, könnte allerdings aus Gründen der Praktikabilität den Vorzug genießen.

11. Umlageschlüssel

258 Die nähere Ausgestaltung des Umlageschlüssels kann im Mietvertrag über Wohnraum im Verhandlungswege zwischen den Parteien vereinbart werden. Fehlt eine Vereinbarung über den Umlageschlüssel, gilt § 556a Abs. 1 BGB. Allerdings ist zu beachten, dass für die Fälle der Geltung der Heizkostenverordnung deren Regelungen zwingend vorgehen, § 2 HeizKV; im Übrigen ist auf die speziellen Normen der Neubaumietenverordnung zu verweisen. Die Betriebskosten sind gemäß § 556a Abs. 1 Satz 1 BGB nach dem **Anteil der Wohnfläche** umzulegen. Die Vereinbarung eines derartigen Umlageschlüssels findet sich regelmäßig in den vertraglichen Vereinbarungen der Parteien. Betriebskosten, die von einem erfassten Verbrauch oder einer erfassten Verursachung durch den Mieter abhängen, sind nach einem Maßstab umzulegen, der dem **unterschiedlichen Verbrauch** oder der **unterschiedlichen Verursachung** Rechnung trägt, § 556a Abs. 1 Satz 2 BGB.

259 Ist in der Abrechnung über Betriebskosten der Verteilerschlüssel unverständlich, liegt ein formeller Mangel vor, der zur Unwirksamkeit der Betriebskostenabrechnung führt.[463]

260 Die Umlage nach dem Flächenmaßstab erscheint gegenüber einer Umlage nach **Personenzahl**, die wegen der Abdingbarkeit des Flächenmaßstabs vertraglich vereinbart werden kann, leichter handhabbar, zumal sich die Personenzahl häufiger im Abrechnungszeitraum ändern kann und dies für den Vermieter nicht immer leicht feststellbar ist. Soweit es im Einzelfall zu einer krassen Unbilligkeit für einzelne Mieter kommt, hat dieser auch in Zukunft nach § 242 BGB einen Anspruch auf Umstellung des Umlagemaßstabs.

261 Ein Anspruch auf **Veränderung des Umlageschlüssels** ist nicht schon bei jeder Ungleichbehandlung der Mieter gegeben. Eine genaue und gleichmäßige Belastung lässt sich überdies nur in den Fällen erreichen, wenn eine Einzelerfassung des Verbrauchs oder des Gebrauchs veranlasst wird. Eine Korrektur des Umlagemaßstabs kommt dann in Betracht, wenn der Unterschied in der Belastung der Mietparteien erheblich ist und die Anwendung eines neuen Umlagemaßstabs für den Vermieter zumutbar ist.[464]

---

[458] A.A. LG Darmstadt WuM 2000, 311; *Blank* DWW 1992, 65, 66.
[459] Emmerich/Sonnenschein/*Weitemeyer* § 556a Rdnr. 23.
[460] AG Köln WuM 1982, 195; Emmerich/Sonnenschein/*Weitemeyer* § 556a Rdnr. 23.
[461] AG Mülheim/Ruhr WuM 1998, 39; Schmidt-Futterer/*Langenberg* § 556a Rdnr. 62.
[462] AG Pinneberg n. rkr. – WuM 2004, 537.
[463] BGH NZM 2008, 477.
[464] Schmidt-Futterer/*Langenberg* § 556a Rdnr. 8.

Der Anspruch des Vermieters auf Zustimmung zu einer Änderung des Verteilungsmaß- 262
stabs kann sich aus einem **vertraglichen Vorbehalt** ergeben, der bereits in dem schriftlichen
Mietvertrag enthalten sein kann. In deinem derartigen Fall hat der Mieter bereits seine Zustimmung erklärt. Allerdings darf der Vermieter von dieser Befugnis nur Gebrauch machen,
wenn auf Grund sachlicher Veränderungen eine Regelung angestrebt wird, die im Sinne der
§§ 315, 316 BGB auf eine angemessene Neuverteilung der Betriebskosten gerichtet ist. Fehlt
indessen ein vertraglicher Vorbehalt, auf Grund dessen der Vermieter bei erheblich geänderter Sachlage eine den Grundsätzen der Angemessenheit orientierte Neuverteilung der Be-
triebskostenlast vornehmen kann, ist eine Änderungsbefugnis der Vorschrift des § 242 BGB
zu entnehmen. Der Anspruch richtet sich auf Zustimmung des Mieters zu dem im Verhältnis
zu vergangenen Abrechnungsperioden veränderten Umlagemaßstab.[465] Die Zustimmung des
Mieters kann nach allgemeinen Regeln erfolgen, ist mithin auch durch konkludentes Verhalten in Form vorbehaltlosen Ausgleichs eines auf dem neuen Umlagemaßstab beruhenden
Abrechnungssaldos möglich. Eine derartige Veränderung des Umlagemaßstabs soll nur für
die Zukunft wirken, nicht für bereits angeschlossene Abrechnungsperioden.[466]

Unter entsprechenden Voraussetzungen hat der Mieter einen **Anspruch auf Abänderung** 263
des Umlageschlüssels. Soweit es sich um Kosten handelt, bei denen der unterschiedliche
Verbrauch oder die unterschiedliche Verursachung durch die verschiedenen Mieter eines
Objekts bereits erfasst werden, etwa die Kosten der Wasserversorgung, der Müllabfuhr oder
der Entwässerung, kann der Mieter auf Grund des § 556a Abs. 1 Satz 2 BGB verlangen,
dass die Kosten nach dem tatsächlichen Verbrauch umgelegt werden.[467] Auch dieses Änderungsverlangen soll sich grundsätzlich nur auf die Zukunft beziehen und ergibt sich regelmäßig auf Grund von Abrechnungen, die sich auf vergangene Abrechnungsperioden beziehen. Dem Mieter ist ein Anspruch auf Änderung des Umlagemaßstabs mit Wirkung für die
Zukunft eingeräumt worden, wenn eine Abrechnung nach der Anzahl der im Haus lebenden
Personen für den betroffenen Mieter zu einer Halbierung der anteiligen Betriebskostenbelastung führen würde, wenn also der Verteilungsschlüssel grob unbillig geworden ist.[468]

Bei erfasstem Verbrauch oder erfasster Verursachung geht dieser Maßstab dem Flächen- 264
maßstab vor. Der Vermieter ist also verpflichtet, in diesen Fällen verbrauchsabhängig abzurechnen. Der Mieter hat aber keinen zusätzlichen Anspruch auf Einbau von Geräten zur
Verbrauchserfassung, z. B. Wasseruhren. Die entsprechende Verpflichtung ist vielmehr Rege-
lungsgegenstand der Landesbauordnungen.

§ 556a Abs. 2 BGB gibt dem Vermieter die Möglichkeit, durch einseitige Erklärung eine 265
verbrauchsabhängige Abrechnung aller verbrauchs- und verursachungsabhängig erfassten
Betriebskosten einzuführen. Damit soll nicht nur mehr Abrechnungsgerechtigkeit geschaffen, sondern auch vor allem auch der sparsame und kostenbewusste Umgang mit Energie
gefördert werden.

§ 556a Abs. 2 BGB gilt für den Fall, dass die Vertragsparteien zur Umlage der Betriebs- 266
kosten bisher einen anderen Abrechnungsmaßstab vertraglich vereinbart hatten. Das **Ände-**
rungsrecht im Sinne der vorbezeichneten Vorschrift besteht nur, wenn der Vermieter durch
technische Einrichtungen oder auf ähnlich zuverlässige Weise die Voraussetzungen dafür geschaffen hat, dass die Kosten nach dem Verbrauchs- oder Verursachungsprinzip umgelegt
werden. Der bloße Wechsel des Umlageschlüssels reicht dafür nicht aus.[469] Die Vorschrift
findet darüber hinaus auch dann Anwendung, wenn die Parteien bislang gar keine oder nur
eine teilweise gesonderte Umlage der Betriebskosten vereinbart hatten, so z.B. bei einer
Brutto- oder Teilinklusivmiete oder bei einer Betriebskostenpauschale.[470] Dies kann je nach
Höhe der bisherigen Miete und der Verbrauchskosten eine Kostenerhöhung zu Lasten der

---

[465] *Sternel* III 361, Emmerich/Sonnenschein/*Weitemeyer* § 556a Rdnr. 9; Schmidt-Futterer/*Langenberg*
§ 556a Rdnr. 11.
[466] OLG Frankfurt a. M. ZMR 2004, 182, 183; *Sternel* III Rdnr. 362; Schmidt-Futterer/*Langenberg* § 556a
Rdnr. 12.
[467] Schmidt-Futterer/*Langenberg* § 556a Rdnr. 13.
[468] OLG Düsseldorf WuM 1996, 777; LG Mannheim NZM 1999, 366.
[469] *Sternel* Aktuell A Rdnr. 90; Blank WM 1993, 507; Schmidt-Futterer/*Langenberg* § 556a Rdnr. 131.
[470] LG Augsburg ZMR 2004, 269.

Mieter mit sich bringen; jedoch ist bei einem niedrigen Verbrauch auch eine Kostensenkung denkbar. Andererseits bringt die Umstellung für die Vermieterseite mehr Kostengerechtigkeit bei solchen Alt-, Brutto- oder Teilinklusivmietverträgen, die auf Grund der in den letzten Jahren stark angestiegenen Betriebskosten nicht mehr kostendeckend sind. Macht der Vermieter von seinem Bestimmungsrecht Gebrauch, ist die Grundmiete entsprechend herabzusetzen, § 556a Abs. 2 Satz 3 BGB.

267 Bei der **Ausübung seines Bestimmungsrechts** nach § 556a Abs. 2 Satz 2 BGB kann sich der Vermieter der Form des § 126b BGB bedienen. Dabei ist nach allgemeinen Regeln auf den Empfängerhorizont der Erklärung, also auf den Mieter abzustellen; dieser muss erkennen können, dass der Vermieter den Umlagemaßstab geändert hat und in welcher Weise er für die Zukunft abzurechnen gedenkt. Das Bestimmungsrecht kann nur **vor** Beginn eines Abrechnungszeitraums ausgeübt werden, § 556a Abs. 2 Satz 2 BGB.

268 Die Regelungen in § 556a Abs. 2 BGB sind insoweit zwingend, als von ihnen zum Nachteil des Mieters nicht abgewichen werden kann. Demgegenüber sind die Regelungen des § 556a Abs. 1 BGB nicht zwingend und unterliegen der Dispositionsbefugnis der Vertragsparteien.

269 Ist in einem Mietvertrag vereinbart, dass die Betriebskosten nach der Wohnfläche umgelegt werden sollen, kann der Mieter eine verbrauchsabhängige Abrechnung über die Betriebskosten grundsätzlich nicht verlangen.[471] Ist in einem Mietvertrag geregelt, dass die Umlage nach der anteiligen Wohnfläche zu erfolgen hat, ist dies eindeutig auch bei gemischt genutzten Gebäuden; sie erfordert hier eine **getrennte Erfassung des Gewerbeverbrauchs**.[472] Dies bedeutet, dass alle Kosten, die auf gewerbliche Flächen oder fremdgenutzte Garagen entfallen, vorweg abzuziehen sind. Die Begründung liegt darin, dass der Wohnungsmieter nicht mit Kosten belastet werden darf, die allein aus einer nicht gleichartigen Nutzung des Gebäudes herrühren. Im Übrigen gilt umgekehrt das Gleiche: Auch die Gewerberaummieter dürfen nicht mit Kosten belastet werden, die allein aus dem Bereich der Wohnungsmieter stammen. In Ausnahmefällen kann eine Trennung entfallen; dann ist allerdings der Anteil der Kosten für den gewerblichen Teil im Wege einer Schätzung zu ermitteln; im Rechtsstreit müssen die Tatsachen substantiiert dargelegt werden, auf denen diese Schätzung beruht. Eine formell ordnungsgemäße Betriebskostenabrechnung setzt voraus, dass dem Mieter auch dann die Gesamtkosten einer berechneten Kostenart mitgeteilt werden, wenn einzelne Kostenteile nicht umlagefähig sind. Dem Mieter muss ersichtlich sein, ob und in welcher Höhe nicht umlagefähige Kosten vorab abgesetzt worden sind.[473] Sämtliche Rechenschritte in diesem Zusammenhang müssen dokumentiert sein.

270 Sind Verbrauchserfassungsgeräte vorhanden, lag darin bereits in der Vergangenheit im Zweifel auch der schlüssig vereinbarte Umlageschlüssel begründet; heute kann insoweit auf § 556a Abs. 2 BGB verwiesen werden.

271 Rechnet der Vermieter preisfreien Wohnraums über Betriebskosten in **gemischt genutzten Abrechnungseinheiten** ab, ist – soweit die Parteien nichts anderes vereinbart haben – ein Vorwegabzug der auf Gewerbeflächen entfallenden Kosten für alle oder einzelne Betriebskostenarten jedenfalls dann nicht geboten, wenn diese Kosten nicht zu einer ins Gewicht fallenden Mehrbelastung der Wohnraummieter führen.[474] Rechnet der Vermieter preisfreien Wohnraums über Betriebskosten in gemischt genutzten Abrechnungseinheiten nach einem Flächenmaßstab ab, ohne einen Vorwegabzug der auf Gewerbeflächen entfallenden Kosten vorzunehmen, trägt der Mieter die **Darlegungs- und Beweislast** dafür, dass diese Kosten zu einer erheblichen Mehrbelastung der Wohnungsmieter führen und daher ein Vorwegabzug der auf die Gewerbeflächen entfallenden Kosten geboten ist.[475] Zur Begründung wird darauf verwiesen, § 556a Abs. 1 Satz 1 BGB fordere nicht generell einen Vorwegabzug von Gewerbeflächen. Sache des Mieters sei, die Tatsachen vorzutragen, die einen Vorwegabzug

---

[471] LG Berlin NZM 2001, 707.
[472] LG Lübeck WuM 1989, 83; AG Osnabrück WuM 2004, 668.
[473] BGH NJW 2007, 1059.
[474] BGH NJW 2006, 1419.
[475] BGH NZM 2007, 83.

ausnahmsweise aus Gründen der Billigkeit (§§ 315, 316 BGB) geboten erscheinen lassen. Hinsichtlich der dafür erforderlichen Informationen könne der Mieter Auskunft vom Vermieter und Einsicht in die der Abrechnung zu Grunde liegenden Belege verlangen; sollte der Mieter danach weiterhin nicht in der Lage sein, die für einen **Vorwegabzug der Gewerbeflächen** maßgebenden Tatsachen vorzutragen, während dem Vermieter Angaben zumutbar sind, komme zu Gunsten des Mieters eine Modifizierung seiner Darlegungslast nach den Grundsätzen über die sekundäre Behauptungslast in Betracht.[476]

In einem Wohnraummietvertrag kann vereinbart werden, dass bei vermieteten **Eigentumswohnungen** die Verteilung von Betriebskosten gemäß den Wohnungseigentumsanteilen nach der Teilungserklärung erfolgt.[477] Der Mieter wird damit nicht anders gestellt als der Wohnungseigentümer. Eine derartige Vorgehensweise ist allerdings nur möglich, wenn sich die Mietfläche und der Umfang des Wohnungseigentums entsprechen. Ausgeschlossen ist sie, wenn die Mietfläche kleiner ist als der Wohnungseigentumsanteil. Bei verbrauchsunabhängigen Betriebskosten kann in diesem Fall ein entsprechender Anteil – bei Zugrundelegung des Flächenmaßstabs – rechnerisch ermittelt werden, indem der durch die Wohnungseigentümerverwaltung übermittelte Endbetrag der einzelnen Betriebskostenart und die Gesamtfläche der vermieteten Eigentumswohnung in ein Verhältnis gesetzt werden zur Größe der tatsächlich vermieteten Wohnung; ist bei verbrauchsabhängigen Betriebskosten keine separate Erfassung dieser Kosten möglich, ist bei Geltung des Flächenmaßstabs ein entsprechender prozentualer Abschlag zu machen, der dem Vermieter anzulasten ist.

Ist im Mietvertrag eine bestimmte Wohnfläche vereinbart, muss davon ausgegangen werden, dass beide Parteien diese Angabe für die Kalkulation der nach Quadratmetern abzurechnenden Betriebskosten zugrunde legen wollten. Der Mieter kann sich darauf einstellen, dass die Umlage lediglich in entsprechender Höhe erfolgt.[478] Dieser Auffassung folgt auch das Landgericht Köln,[479] das nur dann die tatsächliche Größe der Wohnung bei der Kalkulation der Betriebskosten berücksichtigen will, wenn die Größenangabe als Eigenschaftszusicherung aufzufassen sei; denn wenn der Mieter wegen der geringen Wohnungsgröße nach § 536 Abs. 1 BGB mindern könne, dann müsse er sich auch bei den Betriebskosten auf diesen Umstand berufen können. Komme indessen – wie regelmäßig – der Größenangabe die Bedeutung zu, Streit über die vereinbarte und tatsächliche Größe zu vermeiden, sind beide Parteien mit dem Einwand, tatsächliche und vereinbarte Größe fielen auseinander, ausgeschlossen. Um verfälschte Betriebskostenabrechnungen im Falle mehrerer Mitmieter zu vermeiden, muss sich in dem Falle, dass sich die vereinbarte Mietfläche geringer darstellt als die tatsächlich vermietete, der Vermieter die Differenz von der vereinbarten zur tatsächlich vermieteten Fläche zurechnen lassen. Weder sachgerecht noch billig wäre, den Mieter mit Kosten zu belasten, die er nicht verursacht hat oder die seinem Teil der gemieteten Fläche nicht zugeordnet werden können. Demgemäß ist auf die tatsächliche Fläche abzustellen.[480] Ist die vermietete Fläche kleiner als im Mietvertrag vereinbart, ist gleichwohl in der Vergangenheit unter Zugrundelegung der größeren Fläche abgerechnet worden, besteht zu Gunsten des Mieters ein Rückzahlungsanspruch, basierend auf § 812 Abs. 1 BGB; der Rückzahlungsanspruch bemisst sich nach dem prozentualen Anteil der Betriebskosten, der zu berücksichtigenden Fläche entspricht. Entsprechendes ergibt sich, wenn die Grundfläche auf Grund von Wertungen etwa nach § 4 der ab 1. 1. 2004 geltenden Wohnflächenverordnung zu ermitteln ist. Die Wohnfläche ist nach dieser Verordnung festzulegen, so dass es einen Wertungswiderspruch bedeutet, sie nicht auch bei der Ermittlung der Wohnfläche zur Abrechnung der Betriebskosten als maßgeblich heranzuziehen. Allerdings hat der **Bundesgerichtshof**[481] eine Einschränkung vorgenommen: Weicht die im Mietvertrag vereinbarte Wohnfläche von der tatsächlichen Wohnfläche ab, so ist der Abrechnung von Betriebskosten die vereinbarte Wohnfläche zu Grunde zu legen, wenn die Abweichung nicht mehr als 10

---

[476] BGH, a. a. O., 84, unter Hinweis auf BGH NZM 2005 580.
[477] LG Düsseldorf DWW 1988, 210.
[478] LG Hannover WuM 1990, 228, 229.
[479] WuM 1993, 362.
[480] LG Köln WuM 1986, 121; *Sternel* III 408; Schmidt-Futterer/*Langenberg* § 556 a Rdnr. 28.
[481] BGH NZM 2008, 35.

Prozent beträgt. Auf eine Flächendifferenz kommt es dann nicht an, wenn die Abweichung unerheblich ist, d. h. wenn die Abweichung nicht mehr als 10 Prozent beträgt. In diesem Fall ist genau so zu entscheiden wie im Falle einer Mietminderung.[482] Für die Abrechnung der Betriebskosten gilt nichts anderes.

274 Eine Umlage nach „Kopfteilen" in den Mieterhaushalten kann zwar vereinbart werden, ist aber grundsätzlich nicht empfehlenswert; gemeint ist eine Umlage nach der Anzahl der in den Miethaushalten lebenden Personen. Eine Abrechnung von Warmwasserkosten nach Personenzahl verstößt indessen gegen § 9 HeizKVO.

275 Rechnet der Vermieter das Wassergeld nach Personenzahl ab, hat er im Streitfall darzulegen und gegebenenfalls zu beweisen, in welchem Monat wie viel Personen im Haus wohnten. Werden die Angaben des Vermieters bestritten, muss er mit den üblichen Beweismitteln der Zivilprozessordnung nachweisen, wie viel Personen – gegebenenfalls bei wechselnder Anzahl – sich in einem bestimmten Zeitraum in den Wohnungen aufgehalten haben.[483] Ist vertraglich eine Umlegung der Betriebskosten nach der Kopfzahl der in einer Mietwohnung ständig lebenden Personen vereinbart, ist das Register nach dem Melderechtsrahmengesetz keine hinreichend exakte Grundlage für die Feststellung der wechselnden Personenzahl in einem Mietshaus mit einer Vielzahl von Wohnungen.[484] Auf die tatsächliche Benutzung der Wohnung ist abzustellen, nicht auf die melderechtliche Registrierung.

Formulierungsvorschlag für Veränderung des Umlagemaßstabs seitens des Vermieters:

276 Sehr geehrte(r) Mieter!

Bis jetzt habe ich das Wassergeld in dem von Ihnen bewohnten Mehrfamilienhaus vertragsgemäß nach Personenzahl abgerechnet. Dabei ist es in der Vergangenheit zu Schwierigkeiten gekommen, weil nicht alle Mieter den Auszug oder Einzug von Familienangehörigen oder Lebensgefährten/Lebensgefährtinnen rechtzeitig oder überhaupt dem Vermieter mitgeteilt haben. Nach entsprechenden Hinweisen wurden komplizierte Neuberechnungen des Wassergeldes und anderer Betriebskostenarten notwendig, was die Hausverwaltung unnötig belastet hat. Auch ist bei einigen Abrechnungen auf Unverständnis gestoßen, wenn von „2,7 Personen" oder anderen Dezimalzahlen ausgegangen werden musste.

Um diese Schwierigkeiten für die Zukunft zu vermeiden, schlage ich Ihnen vor, ab dem ...... (etwa 1. 1. des Folgejahres) das Wassergeld im Verhältnis der Wohnungsgrößen der einzelnen Mietwohnungen zu verteilen. Dieser Umlegungsmaßstab ist einfach, klar und nachvollziehbar. Bis zum Einbau separater Wasserzähler ist damit für größtmögliche Verteilungsgerechtigkeit gesorgt.

Zum Zeichen Ihres Einverständnisses senden Sie bitte die anliegende Kopie dieses Schreibens unterzeichnet unter Verwendung des beiliegenden Freiumschlags an meine o. e. Adresse zurück.

Mit freundlichen Grüßen

Ihr Vermieter

Anlage

---

277 Nach § 4 Abs. 5 Satz 1 Nr. 2 MHG hatte der Vermieter die Befugnis, durch eine einseitige Erklärung zu bestimmen, dass die Kosten der Wasserversorgung, Entwässerung und Müllabfuhr unmittelbar zwischen den Mietern auf der einen Seite und dem Versorgungsunternehmen auf der anderen Seite abgerechnet werden sollte. Durch die Mietrechtsreform ist dem Vermieter mit Wirkung ab dem 1. 9. 2001 die Möglichkeit abgeschnitten, von der Befugnis nach der vorbezeichneten Vorschrift Gebrauch zu machen. Nunmehr sind die Parteien des Mietverhältnisses darauf verwiesen, dass **im Wege vertraglicher Regelung** die Mieter mit den Versorgungsunternehmen in Rechtsbeziehungen über die Lieferung von Wasser pp. eintreten. Haben die Mieter mit den Versorgungsunternehmen Vertragsbeziehungen aufge-

---

[482] BGH NZM 2004, 453.
[483] AG Bad Iburg WuM 1986, 234.
[484] BGH NZM 2008, 242.

nommen, orientieren sich die Gewährleistung wie auch die Leistungsstörungen an der Vorgabe der gesetzlichen Regelungen auf der Basis der geschlossenen Vereinbarungen. Etwaige Ansprüche des Mieters richten sich an das Versorgungsunternehmen; bei Störungen im Leistungsverhältnis zum Versorgungsunternehmen scheiden Gewährleistungsansprüche gegen den Vermieter aus.

Auch während eines laufenden Mietverhältnisses sind derartige vertragliche Regelungen zwischen den Mietparteien ohne weiteres denkbar. Problematisch erscheint allenfalls bei Vertragsschluss die Frage, ob im Wege einer Klausel der Mieter von vornherein auf eine Vertragsbeziehung zu einem Versorgungsunternehmen seitens des Vermieters verwiesen werden kann. Eine derartige Klausel dürfte dann zulässig sein und eine nicht hinnehmbare Benachteiligung des Mieters nicht enthalten, wenn der Verweis des Vermieters auf eine unmittelbare vertragliche Beziehung zu einem Versorgungsunternehmen gleichzeitig zu einer entsprechenden Entlastung des Mieters mit den anteiligen Betriebskosten und deren Vorauszahlungen bzw. Pauschale führt. Zwar hat die **Direktabrechnung des Mieters** mit seinem Versorgungsunternehmen zur Folge, dass eine teilweise Haftungsbefreiung des Vermieters eintritt;[485] dies führt indessen nicht zu einer unangemessenen Benachteiligung des Mieters, zumal eine derartige Möglichkeit noch bis zum 1. 9. 2001 auf gesetzlicher Basis möglich war und die alte gesetzliche Regelung nur deshalb nicht im Rahmen der Mietrechtsreform beibehalten wurde mit der Begründung, die Regelung habe sich in der Praxis nicht bewährt und von ihr sei kaum Gebrauch gemacht worden.[486] Der früheren gesetzlichen Regelung ist nicht entgegengehalten worden, sie beinhalte eine unangemessene Benachteiligung des Mieters. Die Haftung des Vermieters aus § 536 BGB bleibt allerdings erhalten, soweit er für den ordnungsgemäßen Zustand des Mietobjekts Sorge zu tragen hat und eventuell durch Mängel des Objekts der Mieter Einbußen bei der Leistung des Versorgungsunternehmens hinzunehmen hat.

Der finanzielle Ausgleich des Mieters für den Fall eines Direktbezugs von Leistungen durch Versorgungsunternehmen sollte sich auf der Basis wirtschaftlicher Betrachtungsweise ergeben. Bei einer **Herausrechnung der Betriebskostenanteile** sollte an die letzte Abrechnung angeknüpft werden, um einen aktuellen Bezug zur Höhe des Betriebskostenanteils und damit sachgerechten Entlastung des Mieters zu gewährleisten. Bei dieser Vorgehensweise wird eine verdeckte Mieterhöhung vermieden, andererseits der Druck auf den Mieter erhalten, mit den Leistungen des Versorgungsunternehmens sparsam umzugehen.

Formulierungsvorschlag für Mieter zur Änderung des Umlagemaßstabs:

Sehr geehrter Vermieter!

Mit meiner Tochter lebe ich seit 5 Jahren in der angemieteten Wohnung, die 80 qm umfasst. 3 Wohnungen befinden sich im Hause, die jeweils 63 qm groß sind. In der Vergangenheit lebten im Hause 21 bis 22 Personen, wobei sich in den 3 größeren Wohnungen insgesamt 8 Personen ständig aufhielten, in den 3 kleinen insgesamt 13 Personen.

In der Vergangenheit sind die verbrauchsabhängigen Betriebskosten nach Quadratmetern abgerechnet worden. Dies hat für mich bedeutet, dass ich bei einer Gesamtwohnfläche des Hauses von ca. 428 qm etwa 18% der verbrauchsabhängigen Betriebskosten zahlen musste. Dies halte ich für unbillig, da nämlich bei einer personenbezogenen Abrechnung in einer Belegung von 22 Personen von mir nur noch 9% der Betriebskosten des Hauses zu tragen wären.

Ich bitte daher, zukünftig, d.h. ab dem (Folgejahr) von dem bisherigen Umlagemaßstab abzuweichen und auf eine personenbezogene Umlage der Betriebskosten, soweit sie verbrauchsabhängig sind, umzustellen.

Mit freundlichen Grüßen

Ihr Mieter

---

[485] Schmidt-Futterer/*Langenberg* § 556a Rdnr. 140.
[486] Vgl. Schmidt-Futterer/*Langenberg* § 556a Rdnr. 140.

> **Formulierungsvorschlag für Vermieter zur Änderung des Umlageschlüssels nach § 556 a BGB:**
>
> 281 Sehr geehrter Mieter!
>
> Bis zum letzten Jahr habe ich die Wasserkosten nach dem Anteil der Wohnflächen der Mietwohnungen abgerechnet. Dieser Maßstab entspricht den vertraglichen Vereinbarungen gemäß Mietvertrag vom ......
>
> Nunmehr sind Wasseruhren in jede einzelne Mietwohnung eingebaut worden. Daher ist es sachgerecht, für die Zukunft ausschließlich nach Verbrauch abzurechnen, der sich auf Grund der Ablesungen ergeben wird.
>
> Ab dem kommenden Kalenderjahr/ab Datum wird jährlich eine Ablesung der Wasseruhren erfolgen, so dass der konkrete Verbrauch in jeder einzelnen Mietwohnung ermittelt werden kann.
>
> Dieser so ermittelte Wert wird ab ...... der jährlichen Abrechnung zugrunde gelegt werden.
>
> Mit freundlichen Grüßen
>
> Ihr Vermieter

12. Kosten bei Mieterwechsel während der Abrechnungsperiode

282 Findet während der Abrechnungsperiode ein Mieterwechsel statt, sind die Betriebskosten anteilmäßig auf den ausziehenden und einziehenden Mieter zu verteilen. Bei verbrauchsabhängigen Betriebskosten kann eine Aufteilung nach Zeitanteilen vorgenommen werden.[487] Tarife, auch unterschiedliche Tarife, ergeben sich aus den Rechnungen der Versorgungsunternehmen, die zeitanteilig zu berücksichtigen sind. Sofern eine Ablesung von Messgeräten etwa bei Strom oder Wasserverbrauch erfolgt, hat der Mieter einen Anspruch auf Zwischenablesung; somit ergibt sich aus den Ablesequittungen, wie hoch der Verbrauch zum Stichtag war. Dem Mieter sollte empfohlen werden, an der Ablesung selbst teilzunehmen.

283 Wie die **Kosten einer Zwischenablesung** zu verteilen sind, ist umstritten. Nach dem Verursacherprinzip trägt der ausziehende Mieter diese Kosten;[488] zum Teil wird angenommen, sie auf alle Nutzer umzulegen.[489] Im Fall einer außerordentlichen Kündigung soll sie derjenige tragen, der sie zu verantworten hat.[490] Sachgerecht ist eine Kombination, basierend auf dem Verursacherprinzip:

284 Hat der Mieter gekündigt, trägt er die Kosten der Zwischenablesung; hat demgegenüber der Vermieter – etwa wegen Eigenbedarf – gekündigt, sind sie dem Vermieter anzulasten. Im Falle einer außerordentlichen Kündigung etwa wegen Zahlungsverzuges oder schwerwiegender schuldhafter Vertragsverletzung trägt die Kosten der Zwischenablesung derjenige, der den Kündigungsgrund zu vertreten hat.[491] Im Falle einverständlicher Vertragsauflösung sind die Kosten hälftig zu teilen. Den übrigen Nutzern können die Kosten nicht angelastet werden, da sie diese nicht verursacht haben.[492]

285 Der **Bundesgerichtshof** hat die Sache nunmehr klargestellt.[493] Kosten der Verbrauchserfassung und der Abrechnung von Betriebskosten, die wegen des Auszuges eines Mieters vor Ablauf der Abrechnungsperiode entstehen, sind keine Betriebskosten, sondern Verwaltungskosten, die in Ermangelung anderweitiger vertraglicher Regelungen dem Vermieter zur Last fallen. Die Nutzerwechselgebühr falle nicht in wiederkehrenden periodischen Zeiträumen an, sondern im Laufe eines Mietverhältnisses lediglich einmal im Zusammenhang mit dem Auszug des Mieters an.

---

[487] Schmidt-Futterer/*Langenberg* § 556 Rdnr. 362.
[488] AG Coesfeld WuM 1994, 696.
[489] AG Hamburg WuM 1996, 562; AG Oberhausen DWW 1994, 24; Schmidt-Futterer/*Langenberg* § 556 Rdnr. 364.
[490] AG Lörrach WuM 1993, 68; *Bub/Treier* III Rdnr. 93.
[491] Schmidt-Futterer/*Langenberg* § 556 Rdnr. 365.
[492] *Bub/Treier* III 93.
[493] BGH NZM 2008, 123; kritisch dazu Langenberg, NJW 2008, 1269, 1270; LG Görlitz WuM 2007, 265.

13. Übergangsvorschriften

Auf ein am 1. 9. 2001 bestehendes Mietverhältnis ist im Falle einer vor dem 1. 9. 2001 zugegangenen Erklärung über die Betriebskostenänderung § 4 Abs. 2 bis 4 MHG in der bis zu diesem Zeitpunkt geltenden Fassung anzuwenden. Nach diesem Stichtag gelten die neuen Regelungen des § 556a BGB.

Auf ein am 1. 9. 2001 bestehendes Mietverhältnis ist im Falle einer vor dem Stichtag zugegangenen Erklärung über die Abrechnung von Betriebskosten § 4 Abs. 5 Satz 1 Nr. 2 und § 14 MHG in der bis zu diesem Zeitpunkt geltenden Fassung anzuwenden; betroffen sind Wasserversorgung, Entwässerung und Müllabfuhr. Nach dem Stichtag kann der Vermieter die Mieter nicht mehr zwingend auf eine vertragliche Beziehung zum Versorgungsunternehmen verweisen.

Grundsätzlich gelten die neuen Regeln ab 1. 9. 2001. Damit hat der Gesetzgeber an dem Grundsatz festgehalten, dass eine schnellstmögliche Anwendung des neuen Rechts zur Beendigung des aus seiner Sicht derzeitig unbefriedigenden Rechtszustandes führt.

14. Zwangsvollstreckung

Die Erteilung einer Betriebskostenabrechnung stellt eine **vertretbare Handlung** dar, da eine Betriebskostenabrechnung nicht allein vom Vermieter erstellt werden kann, sondern von jedem Sachverständigen, dem die Unterlagen über die Betriebskosten sowie die Ablesequittungen übergeben worden sind. Die Durchsetzung des Anspruchs auf Erteilung von Betriebskostenabrechnungen muss daher nach § 887 ZPO erfolgen.[494] Dabei hat das Gericht die Möglichkeit, im Anordnungsbeschluss bereits einzelne zur Vornahme der erforderlichen Handlungen notwendige Anordnungen zu treffen, z.B. auf Herausgabe von Unterlagen.[495] Der Bundesgerichtshof[495a] sieht den Fall differenziert: Die Erstellung einer Abrechnung auf Grund von Unterlagen stellt eine vertretbare Handlung dar, während die Erteilung einer Betriebskostenabrechnung als nicht vertretbare Handlung aufzufassen ist. Grundlage für diese Abrechnung ist die Rechnungslegung des Schuldners über die Betriebskosten in den laufenden Abrechnungsperioden. Diese Rechnungslegung setzt verbindliche Erklärungen des Schuldners auf Grund seiner besonderen Kenntnisse voraus, die nur von ihm abgegeben werden können.

15. Streitwert

Der **Streitwert** für eine Klage auf Abrechnung der Betriebskosten richtet sich nach der Höhe des Guthabens, das der Mieter nach einer Abrechnung erwartet.[496] An Hand von Erfahrungswerten aus früheren Abrechnungsperioden kann auch ein bestimmter Bruchteil geschätzt werden, der bei $1/3$ der Höhe der Vorauszahlungen liegen kann. Sind allerdings keine Erfahrungswerte vorhanden, verbleibt allein eine Schätzung nach § 3 ZPO, die jedoch zu ähnlichen Ergebnissen gelangt. Vom Streitwert für das Verfahren ist der Wert für die **Beschwer im Berufungsverfahren** zu unterscheiden.[497] Ist der Vermieter auf Rechnungslegung Anspruch genommen worden und hat er in erster Instanz den Rechtsstreit verloren, bemisst sich seine Beschwer für das Berufungsverfahren nach seinem Aufwand und der Zeit für eine Erstellung einer Betriebskostenabrechnung.[498]

---

[494] LG Münster NZM 2001, 333; Schmidt-Futterer/*Langenberg* § 556 Rdnr. 546; a. A. AG Augsburg ZMR 2004, 272; *Schmid*, Handbuch der Mietnebenkosten, 7066.
[495] LG Münster NZM 2001, 333, 334.
[495a] BGH NJW 2006, 2706, 2707.
[496] AG Witten NZM 2003, 851; Schmidt-Futterer/*Langenberg* § 556 Rdnr. 547.
[497] Vgl. *Gies*, Streitwerte in Mietsachen, NZM 2003, 886.
[498] BGH NJW 1995, 664; Schmidt-Futterer/*Langenberg* § 556 Rdnr. 547.

XI. Besonderheiten bei der Heizkostenverordnung

1. Geltungsbereich der Heizkostenverordnung

291 Die Verordnung über die verbrauchsabhängige Abrechnung der Heiz- und Warmwasserkosten in der Fassung mit Wirkung ab Januar 2009 gilt für die Verteilung der Kosten
1. des Betriebs zentraler Heizungsanlagen und zentraler Warmwasserversorgungsanlagen,
2. der eigenständig gewerblichen Lieferung von Wärme und Warmwasser, auch aus Anlagen nach Nr. 1 (Wärmelieferung, Warmwasserlieferung) durch den Gebäudeeigentümer auf die Nutzer der mit Wärme oder Warmwasser versorgten Räume.

Der Zweck der Heizkostenverordnung besteht darin, den jeweiligen Nutzer der Energie zur besonderen **Sparsamkeit** anzuhalten.[499] Die Heizkostenverordnung wendet sich an den Gebäudeeigentümer und die ihm gleichgestellten Personenkreise und ferner an die Nutzer der Wärmeenergie.

292 Die neue Heizkostenverordnung tritt am 1. Januar 2009 in Kraft. Für Abrechnungszeiträume, die vor diesem Datum beginnen, gilt nach wie vor die alte Verordnung in der Fassung vom 20. 1. 1989.

293 In § 1 Abs. 2 HeizKV ist geregelt, wer dem **Gebäudeeigentümer** gleichgestellt ist. Dem Gebäudeeigentümer stehen gleich der zur Nutzungsüberlassung im eigenen Namen und für eigene Rechnung Berechtigte, z.B. der Nießbraucher nach § 1030 BGB oder der Inhaber eines Dauerwohnrechts oder Dauernutzungsrechts nach § 37 WEG,[500] ferner derjenige, dem der Betrieb von Anlagen im Sinne des § 1 Abs. 1 Nr. 1 HeizKV in der Weise übertragen worden ist, dass er dafür ein Entgelt vom Nutzer zu fordern berechtigt ist, darüber hinaus beim Wohnungseigentum die Gemeinschaft der Wohnungseigentümer im Verhältnis zum Wohnungseigentümer, bei Vermietung einer oder mehrerer Eigentumswohnungen der Wohnungseigentümer im Verhältnis zum Mieter, § 1 Abs. 2 Ziffern 1) bis 3) HeizKV. In Abs. 3 ist geregelt, dass diese Verordnung auch für die Verteilung der Kosten der Wärmelieferung und Warmwasserlieferung auf die Nutzer der mit Wärme und Warmwasser versorgten Räume gilt, soweit der Lieferer unmittelbar mit den Nutzern abrechnet und dabei nicht den für den einzelnen Nutzer gemessenen Verbrauch, sondern die Anteile der Nutzer am Gesamtverbrauch zugrundelegt; in diesem Fall gelten die Rechte und Pflichten des Gebäudeeigentümers aus dieser Vorschrift für den Lieferer.

294 In § 2 HeizKV ist der Vorrang der Bestimmungen der Heizkostenverordnung vor rechtsgeschäftlichen Regelungen der Vertragsparteien niedergelegt. Außer bei Gebäuden mit nicht mehr als zwei Wohnungen, von denen eine der Vermieter selbst bewohnt, gehen die Vorschriften der Heizkostenverordnung rechtsgeschäftlichen Bestimmungen vor. Zweck der Norm bildet das öffentliche Interesse an der Einsparung von Energie gegenüber privatautonom gestalteten Kostenverteilungen.[501]

295 Der **Vorrang der verbrauchsabhängigen Heizkostenabrechnung** vor anderslautenden rechtsgeschäftlichen Bestimmungen nach § 2 HeizKV gilt auch für eine **Heizkostenpauschale**, die die Mietvertragsparteien vor Inkrafttreten der Heizkostenverordnung vereinbart haben.[502] Der Heizkostenanteil ist aus der Warmmiete herauszurechnen.[503] Bei Umrechnung einer Warmmiete in eine Kaltmiete ist der kalkulatorische Ansatz der Heiz- und Warmwasserkosten aus der ursprünglich vereinbarten oder der auf Grund der letzten Mietanpassung geschuldeten Pauschalmiete herauszurechnen und künftig als Vorauszahlung zu behandeln.[504]

296 Die vertragliche Anpassung an die Bestimmungen der Heizkostenverordnung kann im Wege einer Vereinbarung zwischen dem Nutzer und dem Nutzungsgeber erfolgen oder aber auch einseitig durch den Nutzungsgeber selbst; bei der einseitigen Umgestaltung des Nut-

---

[499] Schmidt-Futterer/*Lammel* § 1 HeizKV Rdnr. 1.
[500] Schmidt-Futterer/*Lammel* § 1 HeizKV Rdnr. 35.
[501] Schmidt-Futterer/*Lammel* § 2 HeizKV Rdnr. 1.
[502] OLG Hamm DWW 1986, 69; a. A. wohl LG Berlin NZM 2000, 333, 334.
[503] LG Kiel WuM 1987, 360, 361.
[504] BayObLG WuM 1988, 275; *Kossmann* S. 139.

zungsvertrages ist § 315 BGB zu beachten. Aus den bisherigen Pauschalen sind die Anteile für die Heizkosten herauszurechnen.[505]

Die Heizkostenverordnung ist dann nicht anwendbar, wenn der **Ausnahmetatbestand des § 11 HeizKV** gegeben ist. Nach bisheriger Fassung gilt dies u. a. für Räume, bei denen das Anbringen der Ausstattung für Verbrauchserfassung, die Erfassung des Wärmeverbrauchs oder die Verteilung der Kosten des Wärmeverbrauchs nicht oder nur mit unverhältnismäßig hohen Kosten möglich wäre. Die Erschwernisse, Heizkostenverteiler dort anzubringen, wo die Heizkörper verkleidet sind, ist kein technischer Hinderungsgrund, der einer Verbrauchserfassung im Sinne von § 11 HeizKV entgegensteht.[506] 297

Ob die Kosten der Ausstattung des Gebäudes mit Erfassungsgeräten unverhältnismäßig hoch sind, beurteilt sich auf Grund eines Vergleichs der Kosten für die Installation der Messgeräte sowie des Mess- und Abrechnungsaufwandes mit der möglichen Einsparung an Heizenergie.[507] Dies ist auf Grund eines hochgerechneten 10-Jahres-Vergleiches zu ermitteln, d. h. es ist zu prüfen, ob sich die Kosten für Installation, Wartung, Nacheichung und Abrechnung durch die eingesparten Energiekosten **innerhalb eines Zeitraums von zehn Jahren amortisiert** haben.[508] Im Übrigen gilt der Ausnahmetatbestand des § 11 HeizKV (a. F.) für Räume, die vor dem 1. 7. 1981 bezugsfertig geworden sind und in denen der Nutzer den Wärmeverbrauch nicht beeinflussen kann. 298

Nach § 11 Ziffer 2 HeizKV gilt die Verordnung nicht für Räume in Alters- und Pflegeheimen, Studenten- und Lehrlingsheime, für Räume in vergleichbaren Gebäuden oder Gebäudeteilen, deren Nutzung Personengruppen vorbehalten ist, mit denen wegen ihrer besonderen persönlichen Verhältnisse regelmäßig keine üblichen Mietverträge abgeschlossen werden. Der Ausnahmetatbestand ist auch gegeben bei Räumen in Gebäuden, die überwiegend versorgt werden mit Wärme aus Anlagen zur Rückgewinnung von Wärme oder aus Wärmepumpen- oder Solaranlagen oder mit Wärme aus Anlagen der Kraft-Wärme-Kopplung oder aus Anlagen zur Verwertung von Abwärme, sofern der Wärmeverbrauch des Gebäudes nicht erfasst wird, wenn die nach Landesrecht zuständige Stelle im Interesse der Energieeinsparung und der Nutzer eine Ausnahme zugelassen hat. Sonstige Ausnahmen ergeben sich aus § 11 Abs. 1 Ziffern 4 und 5 HeizKV. Die Ausnahmetatbestände beruhen auf ökologischen und ökonomischen Erwägungen. 299

Die Heizkostenverordnung mit Wirkung ab 1. Januar 2009 enthält folgende Änderungen: Soweit sich die §§ 3 bis 7 der Heizkostenverordnung auf die Versorgung mit Wärme beziehen, sind sie nicht anwendbar auf Räume 300
a) in Gebäuden, die einen Heizwärmebedarf von weniger als 15 kWh/m² · a aufweisen,
b) bei denen das Anbringen der Ausstattung zur Verbrauchserfassung oder die Verteilung der Kosten des Wärmeverbrauchs nicht oder nur mit unverhältnismäßig hohen Kosten möglich ist; unverhältnismäßig hohe Kosten liegen vor, wenn diese nicht durch die Einsparungen, die in der Regel innerhalb von zehn Jahren erzielt werden können, erwirtschaftet werden können, oder
c) die vor dem 1. Juli 1981 bezugsfertig geworden sind und in denen der Nutzer den Wärmeverbrauch nicht beeinflussen kann.
§ 11 Ziffern 2 bis 5 und § 11 Absatz 2 HeizKV sind unverändert geblieben.

Nach § 1 Abs. 1 Nr. 2 HeizKV wird auch die Lieferung von Wärme erfasst, die der Eigentümer entweder selbst produziert oder durch einen dritten gewerblichen Wärmelieferer bezieht. Die Wärme kann hergestellt werden in einem klassischen Fernheizwerk, das ganze Städte oder bestimmte Stadtteile versorgen kann, in Blockheizwerken, die eine Versorgung mehrerer Gebäude sicherstellen, aber auch in herkömmlichen Zentralheizungen. Eine eigenständige gewerbliche Lieferung im Sinne des § 1 Abs. 1 Nr. 2 HeizKV liegt dann vor, wenn die Lieferung auf Grund eines Kaufvertrages erfolgt und dieser einer Gewinnerzielung dient.[509] 301

---

[505] Schmidt-Futterer/*Lammel* § 2 HeizKV Rdnr. 14.
[506] LG Hamburg WuM 1992, 259.
[507] BGH WuM 1991, 282.
[508] KG WuM 1993, 300.
[509] Schmidt-Futterer/*Lammel* § 1 HeizKV Rdnr. 12.

302 Nach § 4 Abs. 3 HeizKV sind gemeinschaftliche Räume von der Verbrauchserfassung ausgenommen, es sei denn, sie haben nutzungsbedingt einen höheren Wärme- oder Warmwasserverbrauch wie Schwimmbäder oder Saunen. Die auf die Gemeinschaftsräume entfallenden Kosten sind auf die Nutzer/Mieter nach rechtsgeschäftlichen Bestimmungen umzulegen, § 6 Abs. 3 HeizKV, bei Gemeinschaftsräumen wie Bäder oder Saunen nach dem Anteil der Nutzer am Gesamtverbrauch. Dies bedeutet, dass der Gemeinschaftsverbrauch – etwa in einem Treppenhaus – regelmäßig in den Gesamtverbrauch einfließt und entsprechend dem Maßstab für die Ermittlung des Einzelverbrauchs umgelegt und abgerechnet wird.

303 Ist in einem Wohnungsmietvertrag nicht geregelt, mit welcher Temperatur der Vermieter seine Pflicht zur Beheizung erfüllt, dann ist in der vom 1. 10. bis 30. 4. dauernden **Heizperiode** von 6 bis 23 Uhr in den Räumen eine Temperatur von 20°, in Bad und Toilette von 21° und in der Zeit von 23 bis 6 Uhr in allen Räumen von 18° zu unterhalten.[510] Ist dagegen das **Bad ohne Heizung** vermietet worden, besteht weder ein Anspruch auf eine bestimmte Temperaturregelung noch ein Anspruch auf Einbau einer Heizung. Warmwasser ist, wenn vertraglich keine Temperatur geregelt ist, mit 40° ohne zeitlichen Vorlauf zu liefern.[511]

2. Heizkosten

304 Nach § 7 Abs. 2 HeizKV gehören zu den Kosten des Betriebs der zentralen Heizungsanlage einschließlich der Abgasanlage die Kosten der verbrauchten Brennstoffe und ihre Lieferung, die Kosten des Betriebsstroms, die Kosten der Bedienung, Überwachung und Pflege der Anlage, der regelmäßigen Prüfung ihrer Betriebsbereitschaft und Betriebssicherheit einschließlich der Einstellung durch einen Fachmann, (HeizKV 2009 „Fachkraft") der Reinigung der Anlage und des Betriebraums, die Kosten der Messungen nach dem Bundes-Immissions-Schutzgesetz, die Kosten der Anmietung oder anderer Arten der Gebrauchsüberlassung einer Ausstattung zur Verbrauchserfassung sowie die Kosten der Verwendung einer Ausstattung zur Verbrauchserfassung einschließlich der Kosten der Eichung sowie der Kosten der Berechnung, Aufteilung und Verbrauchsanalyse. Die Verbrauchsanalyse sollte insbesondere die Entwicklung der Kosten für die Heizwärme- und Warmwasserversorgung der vergangenen drei Jahre wiedergeben.

305 Nach § 8 Abs. 2 HeizKV gehören zu den **Kosten des Betriebs** der zentralen Wasserversorgungsanlage die Kosten der Wasserversorgung, soweit sie nicht gesondert abgerechnet werden, und die Kosten der Wassererwärmung entsprechend § 7 Abs. 2 HeizKV. Zu den Kosten der Wasserversorgung gehören die Kosten des Wasserverbrauchs, die Grundgebühren und die Zählermiete, die Kosten der Verwendung von Zwischenzählern, die Kosten des Betriebs einer hauseigenen Wasserversorgungsanlage und einer Wasseraufbereitungsanlage einschließlich der Aufbereitungsstoffe.

306 Bei der Berechnung der Kosten der Brennstoffe muss der Anfangs- und Endbestand ausgewiesen werden.[512] Der den Mieter beratende Anwalt sollte seinen Mandanten um Vorlage der Unterlagen ersuchen, die sich beim Vermieter befinden. Aus den Rechnungen des Vermieters ergeben sich die Bestände.

307 Der Vermieter muss günstige Einkaufspreise und Liefermengen nach Auftragsgrundsätzen zugunsten des Mieters ausnutzen.[513] Seinen Lieferanten braucht er nicht ohne weiteres zu wechseln.[514] Insgesamt gilt das Gebot der Wirtschaftlichkeit.[515] Zusätzliche Kosten, die etwa durch ein Trockenheizen von Neubauwohnungen entstehen, dürfen nicht zu Lasten der Mieter angesetzt werden.[516] Die nach Erstbezug eines Neubaus erstellte Heizkostenabrechnung ist nicht ordnungsgemäß, wenn kein Abzug für das Trockenheizen vorgenommen

---

[510] Palandt/*Weidenkaff* § 535 Rdnr. 64.
[511] LG Berlin NZM 1999, 1039; vgl. auch Emmerich/Sonnenschein/*Emmerich* § 535 Rdnr. 33.
[512] LG Köln WuM 1985, 303.
[513] OLG Koblenz MDR 1986, 59.
[514] LG Itzehoe WuM 1985, 398.
[515] *Börstinghaus* MDR 2000, 1345.
[516] LG Mannheim WuM 1977, 138; LG Lübeck WuM 1988, 351.

und in der Abrechnung nachvollziehbar berechnet worden ist.[517] Der Mehrverbrauch kann mit 25% geschätzt werden.

Wird der Stromverbrauch für die Heizung und die Beleuchtung des Heizungsraums durch einen **Zwischenzähler** erfasst, ist auf der Grundlage der dadurch ermittelten Werte abzurechnen. Falls kein Zwischenzähler vorhanden ist, obliegt es dem Vermieter, den Verbrauch des Betriebsstroms zu schätzen, wobei regelmäßig 5% der Gesamtkosten, die beim Betrieb der Heizungsanlage entstehen, nicht überschritten werden sollen.[518] Eine darüber hinausgehende Schätzung ist nicht plausibel.

Bedienungskosten bei vollautomatischer Anlage können wegen ihrer Geringfügigkeit nicht angesetzt werden.[519] Ansonsten wird regelmäßig der Hausmeister mit der Bedienung und Überwachung der Heizungsanlage betraut. Insoweit kann ein Teilbetrag aus der Hausmeisterentlohnung in Ansatz gebracht werden, der dem zeitlichen Aufwand zu entsprechen hat, den der Hausmeister für den Heizbetrieb aufgewendet hat. Der den Mieter beratende Anwalt sollte hier Tätigkeitsnachweise des Hausmeisters verlangen, was insbesondere dann von Bedeutung ist, wenn zwar die Heizkosten mit Bedienungskosten umlegbar, die Kosten für den Hausmeister aber als nicht umlegbar im Mietvertrag vereinbart sind.

Trinkgelder, z. B. für Tankwagenfahrer oder Hausmeister, sind in keinem Falle ansatzfähig.[520]

Anschaffungs- und Reparaturkosten können nicht als Wartungskosten berücksichtigt werden.[521] Der den Mieter beratende Anwalt sollte sich den Wartungsvertrag vorlegen lassen. Handelt es sich um einen **Vollwartungsvertrag,** müssen die Anteile für Reparaturen herausgerechnet werden. Auch hier wird von dem Vermieter ein prozentualer Abschlag gefordert, der den Reparaturkosten bestehend aus Kosten für Ersatzteile nebst Arbeitslohn entspricht. Ebenso wenig können Tankreinigungskosten angesetzt werden, die zur Vorbereitung einer Neubeschichtung des Öltanks anfallen,[522] ferner nicht die Kosten des Austauschs von Wärmemessgeräten.[523]

Leasingkosten für die Ausstattung zur Verbrauchserfassung dürfen nur umgelegt werden, wenn der Vermieter die Mieter vor der Anmietung der Anlage hierauf und auf die dadurch anfallenden Kosten hingewiesen und die Mehrheit der Mieter nicht widersprochen hat, § 4 Abs. 2 HeizKV.[524] Bei dem Hinweis handelt es sich um eine einseitige, empfangsbedürftige Willenserklärung, die keiner besonderen Form bedarf; jedoch ist ein Aushang im Treppenhaus nicht ausreichend.[525] Die Mitteilung braucht keine Begründung zu enthalten; jedoch muss der Vermieter seine Leasing-Absicht und die Höhe der Leasing-Kosten mitteilen.[526] Dabei muss der Kostenansatz dem Gebot der Wirtschaftlichkeit entsprechen. Der Anwalt sollte daher darauf achten, dass das Abrechnungsunternehmen deutlich unterscheidet zwischen den Kosten der Ablesung selbst und den Leasing-Kosten.

Formulierungsvorschlag für den Vermieter zur Einführung des Leasing-Verfahrens für Geräte zur Verbrauchserfassung:

Sehr geehrter Mieter!

Nachdem das bisher genutzte System zur Verbrauchserfassung der Heizkosten veraltet ist, steht eine Neuanschaffung von Geräten zur Verbrauchserfassung an. Ein von einem Wärmedienstunternehmen eingeholtes Angebot beläuft sich auf die Summe von ...... Diese Kosten könnten anteilmäßig auf die Mieter umgelegt werden.

---

[517] AG Köln WuM 1985, 371.
[518] AG Hamburg WuM 1991, 50.
[519] KG MDR 1976, 756; LG Kassel WuM 1980, 267.
[520] LG Mannheim MDR 1978, 317.
[521] BayObLG ZMR 1997, 256.
[522] LG Hamburg WuM 1989, 522.
[523] AG Nürnberg WuM 1990, 524.
[524] LG Köln WuM 1990, 562; Börstinghaus MDR 2000, 1346.
[525] AG Neuss WuM 1995, 46.
[526] AG Hamburg WuM 1994, 695.

> Angesichts der Höhe der zu erwartenden Aufwendungen befürworte ich jedoch die Alternative, Geräte zur Verbrauchserfassung im Leasing-Verfahren zu nutzen. Leasing-Kosten, die von den Kosten der Ablesung zu trennen sind, würden jährlich in Höhe von lediglich ...... anfallen, wie sich aus einem mir vorliegenden schriftlichen Angebot ergibt. Angesichts des Gebotes der Wirtschaftlichkeit ist daher dem Leasing-Verfahren der Vorrang einzuräumen.
>
> Ich habe den Weg einer schriftlichen Benachrichtigung in Form eines Briefes an jeden Mieter gewählt, damit in Ruhe überlegt werden kann, ob Sie meinem Vorhaben folgen. In meinen Unterlagen habe ich eine Überlegungsfrist von einem Monat für Sie notiert.
>
> Sollte bis zum Ablauf eines Monats kein Widerspruch bei mir eingegangen sein, gehe ich davon aus, dass Sie meinem Vorschlag zustimmen; sodann werde ich den Leasing-Vertrag zu den mitgeteilten Bedingungen abschließen, dies in der Hoffnung, damit einen Beitrag zur nachdrücklichen Senkung der Betriebskosten geleistet zu haben.
>
> Mit freundlichen Grüßen
>
> Ihr Vermieter

3. Verbrauchserfassung

314 Nach § 4 Abs. 1 HeizKV hat der Gebäudeeigentümer den anteiligen Verbrauch der Nutzer an Wärme und Warmwasser zu erfassen. Zur Erfassung des anteiligen Wärmeverbrauchs sind **Wärmezähler oder Heizkostenverteiler,** zur Erfassung des anteiligen Warmwasserverbrauchs **Warmwasserzähler** oder andere geeignete Ausstattungen zu verwenden, § 5 Abs. 1 Satz 1 HeizKV. Soweit nicht eichrechtliche Bestimmungen zur Anwendung kommen, dürfen nur solche Ausstattungen zur Verbrauchserfassung verwendet werden, hinsichtlich derer sachverständige Stellen bestätigt haben, dass sie den anerkannten **Regeln der Technik entsprechen** oder dass ihre Eignung auf andere Weise nachgewiesen wurde, § 5 Abs. 1 Satz 2 HeizKV. Erfassen des Verbrauchs erfordert ein Messen diesen Verbrauchs, keine bloße Berechnung.[527]

315 Wird der Verbrauch der von einer Anlage im Sinne des § 1 Abs. 1 HeizKV versorgten Nutzer nicht mit gleichen Ausstattungen erfasst, so sind zunächst durch Vorerfassung vom Gesamtverbrauch die Anteile der Gruppen von Nutzern zu erfassen, deren Verbrauch mit gleichen Ausstattungen erfasst wird. Der Gebäudeeigentümer kann auch bei unterschiedlichen Nutzungs- oder Gebäudearten oder aus anderen sachgerechten Gründen eine Vorerfassung nach Nutzergruppen durchführen, § 5 Abs. 2 HeizKV. In diesen Fällen sind die Kosten zunächst mindestens 50 vom Hundert nach dem Verhältnis der erfassten Anteile am Gesamtverbrauch auf die Nutzergruppen aufzuteilen, § 6 Abs. 2 Satz 1 HeizKV. Werden die Kosten nicht vollständig nach dem Verhältnis der erfassten Anteile am Gesamtverbrauch aufgeteilt, sind die übrigen Kosten der Versorgung mit Wärme nach der Wohn- oder Nutzfläche oder nach dem umbauten Raum auf die einzelnen Nutzergruppen zu verteilen; es kann auch die Wohn- oder Nutzfläche oder der umbaute Raum der beheizten Räume zu Grunde gelegt werden; die übrigen Kosten der Versorgung mit Warmwasser sind nach der Wohn- oder Nutzfläche auf die einzelnen Nutzergruppen zu verteilen, § 5 Abs. 2 HeizKV. Die Kostenanteile der Nutzergruppen sind sodann auf die einzelnen Nutzer zu verteilen.

316 **Wärmezähler** sind Geräte zur physikalisch exakten Messung der in einem Heizungskreislauf angegebenen thermischen Energie.[528] Die verbrauchte Wärmemenge wird in Kilowattstunden gemessen (KWh). Bei Heizkostenverteilern ist zu unterscheiden zwischen den Geräten, die auf der Grundlage des Verdunstungsprinzips arbeiten und solchen, die auf elektrischer Messgrößenerfassung beruhen. Gebräuchlich sind heute die Heizkostenverteiler nach dem Verdunstungsprinzip. In einem Röhrchen befindet sich Messflüssigkeit, die je nach Einstellung des Heizkörpers langsamer oder schneller verdunstet. Die Menge der verdunsteten Flüssigkeit lässt sich an einer Skala ablesen. Der so abgelesene Wert wird mit dem vom Hersteller des Heizkörpers angegebenen Faktor multipliziert und findet somit seinen

---

[527] BGH NZM 2008, 767, 768.
[528] *Bub*/Treier III Rdnr. 65.

Eingang in die Abrechnung;[529] der den Mieter beratende Anwalt sollte darauf bestehen, dass dieser Weg erläutert wird durch den Vermieter, da sich nämlich aus den Ablesequittungen allein kein übersichtliches Bild für den Mieter ergibt.

Wärmezähler erfassen **physikalisch exakt** den Warmwasserverbrauch. Die gemessene Menge wird in Kubikmetern ermittelt (m³). Die Wärmezähler bestehen aus drei Teilen, den Temperaturfühlern an Vor- und Rücklauf des Wärmeträgermediums, dem Messteil für das Volumen des durchfließenden Wärmeträgers und dem elektronischen Rechenwerk mit der Anzeige der verbrauchten Energie.[530] Die Geräte müssen alle 5 Jahre geeicht werden. Auch vor ihrem ersten Einsatz ist eine Eichung erforderlich.[531] 317

Warmwasserzähler messen den Durchfluss des erwärmten Wassers, also das Volumen, nicht die jeweilige Wassertemperatur. Auch diese Geräte sind eichpflichtig und müssen nach 5 Jahren zur Nacheichung vorgelegt werden.[532] 318

Warmwasserkostenverteiler funktionieren entweder als Verdunstungsgeräte oder auf mechanischer oder elektrischer Grundlage. Im konkreten Einzelfall muss – gegebenenfalls durch einen Sachverständigen – ermittelt werden, ob ihre Verwendung den Mindestanforderungen an die anerkannten Regeln der Technik gerecht wird. Die Ausstattungen müssen nach § 5 Abs. 1 Satz 4 HeizKV für das jeweilige Heizsystem geeignet sein und so angebracht werden, dass ihre technisch einwandfreie Funktion gewährleistet ist.[533] 319

Kann der Verbrauch nicht ermittelt werden, weil die Geräte zur Verbrauchserfassung ausgefallen sind oder andere vom Vermieter nicht zu vertretende zwingende Gründe vorliegen, so darf der Verbrauch der betroffenen Räume nach § 9 a HeizKV auf folgender Grundlage geschätzt werden: 320
- nach dem Verbrauch in früheren Abrechnungszeiträumen oder
- nach dem Verbrauch vergleichbarer Wohnungen im Abrechnungszeitraum.

Die Schätzung ist unzulässig, wenn sich der Hinderungsgrund für die Verbrauchserfassung auf mehr als 25 % der gesamten Wohn- und Nutzfläche bezieht; in diesem Fall sind die Kosten nur nach einem festen Maßstab, z. B. anteilige Fläche, zu verteilen; außerdem greift hier das Kürzungsrecht des § 12 Abs. 1 HeizKV.[534]

Praxistipp:

Hat der Vermieter den in die Heizkostenabrechnung eingestellten Wert auf Grund einer Schätzung ermittelt und dies auch in der Abrechnung gekennzeichnet, muss er die Ermittlung des Schätzergebnisses bereits in der Abrechnung nachvollziehbar darstellen. Eine derartige Erläuterung ist nicht allein der Nachfrage des Mieters vorbehalten; sie muss vielmehr bereits in der Abrechnung als solcher nachvollziehbar enthalten sein. Damit ist dem Mieter die Möglichkeit eröffnet, an Hand der Abrechnung die Plausibilität der Ermittlung des Schätzergebnisses zu prüfen und gegebenenfalls durch ergänzende Belegeinsicht die Richtigkeit der Einsatzwerte festzustellen.[535] 321

Der Brennstoffverbrauch einer zentralen Warmwasserversorgungsanlage ist nach § 9 Abs. 2 HeizKV zu ermitteln (§ 9 Abs. 1 Satz 4 HeizKV). Hierzu stellt § 9 HeizKV grundsätzlich drei Berechnungsmethoden zur Verfügung, nämlich die in § 9 Abs. 2 Sätze 1–3 HeizKV enthaltene Berechnungsmethode, eine Ermittlung nach den anerkannten regeln der Technik (§ 9 Abs. 2 Satz 4 HeizKV) und einen pauschalen Ansatz von 18 % (§ 9 Abs. 2 Satz 5 HeizKV). Dabei besteht zwischen der ersten und der zweiten Möglichkeit ein Wahlrecht. Von der dritten Möglichkeit darf nur dann Gebrauch gemacht werden, wenn das Volumen des verbrauchten Wassers nicht gemessen werden kann.[536]

---

[529] Vgl. Schmidt-Futterer/*Lammel* § 5 HeizKV Rdnr. 14 ff.
[530] Schmidt-Futterer/*Lammel* § 5 HeizKV Rdnr. 26.
[531] Schmidt-Futterer/*Lammel* § 5 HeizKV Rdnr. 28.
[532] Schmidt-Futterer/*Lammel* § 5 HeizKV Rdnr. 29, 30.
[533] *Bub*/Treier, III 67.
[534] AG Köln WuM 1997, 273, 274.
[535] AG Neuruppin WuM 2004, 538, 539.
[536] BayObLG WuM 2004, 679, 680.

322 Grundkosten wie Verbrauchskosten können nur dann ordnungsgemäß ermittelt werden, wenn bei der Abrechnung nicht **unterschiedliche Gebäudestrukturen** vermengt werden. Werden sowohl Mietwohnungen in Mehrfamilienhäusern als auch Einfamilienhäuser von einem Heizwerk mit Warmwasser zu Heizzwecken versorgt, ist es unbillig, den Grundkostenanteil der Heizkosten nach der Gesamtwohnfläche aller belieferten Objekte zu bemessen.[537] Anders verhält es sich dann, wenn eine Mehrheit von Gebäuden zu einer **Wirtschaftseinheit** zusammengefasst ist. Regelmäßig können nur die Kosten der zentralen Heizungsanlage abgerechnet werden, an der die Wohnung angeschlossen ist.[538] Grundsätzlich ist nach möglichst kleinen Einheiten abzurechnen.

4. Kostenumlage

323 Nach § 7 Abs. 1 HeizKV sind 50 bis 70% der Kosten verbrauchsabhängig abzurechnen. Nach § 10 Abs. 1 HeizKV kann ein höherer Verbrauchskostenanteil vereinbart werden, um einen **Anreiz** zu schaffen, **Heizenergie einzusparen**. Ist ein Verhältnis zwischen Grundkosten und verbrauchsabhängigen Kosten nicht festgelegt, so kann der Vermieter dieses bestimmen; Maßstab bilden die §§ 315, 316 BGB.[539] Die Wahl hat sich an den jeweiligen wärmespezifischen Eigenheiten des Gebäudes zu orientieren.[540] In Altbauten mit schlechter Isolierung und entsprechendem hohen Grundwärmebedarf widerspricht eine Heizkostenabrechnung überwiegend nach Verbrauchsanteilen der Billigkeit.[541] Die Grundlagen für einen eventuellen Ermessensfehlgebrauch können mittels Prüfung durch einen Sachverständigen herbeigeschafft werden.

324 Der Festkostenanteil darf nicht nach Wohnfläche, sondern muss nach beheizbarer Fläche berechnet werden, wenn die Räume in den einzelnen Wohnungen der Wohnanlage unterschiedlich mit Heizkörpern ausgestattet sind, sich einzelne Heizkörper in einigen Wohnungen auch in der Küche und im Flur befinden.[542] Dabei ist die tatsächliche und nicht die vereinbarte Wohnfläche anzusetzen.[543] Überhaupt muss ein gleicher Maßstab für alle Wohnungen zugrunde gelegt werden, der nach objektiven Kriterien festzulegen ist.[544] Dabei ist immer wieder mit besonderer Bedeutung, wie Grundflächen von Terrassen und Balkonen angerechnet werden können. Auch insoweit ist ein einheitlicher Maßstab zu verwenden.[545] Weisen die Wohnungen eines Mietobjekts teils Balkone/Terrassen auf, teils nicht, kann nur die beheizbare Fläche zur Grundlage eines ermessensfehlerfreien Maßstabs gemacht werden.[546]

325 § 7 Abs. 1 Satz 2 HeizKV 2009: In Gebäuden, die das Anforderungsniveau der Wärmeschutzverordnung vom 16. August 1994 (BGBl. I S. 2121) nicht erfüllen, die mit einer Öl- oder Gasheizung versorgt werden und in denen die freiliegenden Leitungen der Wärmeverteilung überwiegend gedämmt sind, sind von den Kosten des Betriebs der zentralen Heizungsanlage 70 vom Hundert nach dem erfassten Wärmverbrauch der Nutzer zu verteilen. In Gebäuden, in denen die freiliegenden Leitungen der Wärmeverteilung überwiegend ungedämmt sind und deswegen ein wesentlicher Anteil des Wärmverbrauchs nicht erfasst wird, kann der Wärmeverbrauch der Nutzer nach anerkannten Regeln der Technik bestimmt werden. Der so bestimmte Verbrauch der einzelnen Nutzer wird als erfasster Wärmeverbrauch nach § 7 Abs. 1 Satz 1 HeizKV berücksichtigt.

326 Eine Umlage nach Miteigentumsanteilen ist unzulässig und führt zu einer Kürzung nach § 12 Abs. 1 HeizKV.[547] **Netzverluste** der Fernwärmelieferung sind in der Heizkostenabrech-

---

[537] LG Hildesheim WuM 1986, 118.
[538] AG Hamburg WuM 1987, 89.
[539] Vgl. dazu BGH NZM 2004, 254.
[540] Schmidt-Futterer/*Lammel* § 7 HeizKV Rdnr. 5.
[541] AG Lübeck WuM 1988, 64.
[542] AG Hamburg WuM 1987, 230, 231.
[543] LG Mannheim DWW 1987, 297.
[544] AG Hamburg WuM 1996, 778.
[545] LG Köln WuM 1987, 359.
[546] Schmidt-Futterer/*Lammel* § 7 HeizKV Rdnr. 11.
[547] LG Frankfurt/M. WuM 1988, 38.

nung nach einem festen Maßstab kostenmäßig zu quantifizieren; eine Umlage der Netzverluste entsprechend dem Nutzerverhalten, d. h. dem Verbrauch, ist fehlerhaft.[548] Netzverluste sind nach der Quadratmeterzahl im Sinne billigen Ermessens nach §§ 315, 316 BGB zu verteilen.

Zu den Kosten des Betriebs der zentralen Heizungsanlage einschließlich der Abgasanlage gehören die Kosten der verbrauchten Brennstoffe und ihrer Lieferung, die Kosten des Betriebsstroms, die Kosten der Bedienung, Überwachung und Pflege der Anlage, der regelmäßigen Prüfung ihrer Betriebsbereitschaft und Betriebssicherheit einschließlich der Einstellung durch einen Fachmann (HeizKV 2009 „Fachkraft"), der Reinigung der Anlage und des Betriebsraums, die Kosten der Messungen nach dem Bundes-Immissionsschutzgesetz, die Kosten der Anmietung oder anderer Arten der Gebrauchsüberlassung einer Ausstattung zur Verbrauchserfassung sowie die Kosten der Verwendung einer Ausstattung zur Verbrauchserfassung einschließlich der Kosten der Eichung sowie der Kosten der Berechnung, Aufteilung und Verbrauchsanalyse, § 7 Abs. 2 HeizKV. Die Verbrauchsanalyse sollte insbesondere die Entwicklung der Kosten für die Heizwärme- und Warmwasserversorgung der vergangenen drei Jahre wiedergeben. 327

Über die Verteilung der Kosten der Versorgung mit **Wärme und Warmwasser** bei **verbundenen Anlagen** verhält sich § 9 HeizKV. Ist die zentrale Anlage zur Versorgung mit Wärme mit der zentralen Warmwasserversorgungsanlage verbunden, so sind die einheitlich entstandenen Kosten des Betriebs aufzuteilen, § 9 Abs. 1 Satz 1 HeizKV. Die Anteile an den einheitlich entstandenen Kosten sind bei Anlagen mit Heizkesseln nach den Anteilen am Brennstoffverbrauch oder am Energieverbrauch, bei eigenständiger gewerblicher Wärmelieferung nach den Anteilen am Wärmeverbrauch zu bestimmen. Kosten, die nicht einheitlich entstanden sind, sind dem Anteil an den einheitlich entstandenen Kosten hinzuzurechnen. Der Anteil der zentralen Anlage zur Versorgung mit Wärme ergibt sich aus dem gesamten Verbrauch nach Abzug des Verbrauchs der zentralen Warmwasserversorgungsanlage. Bei Anlagen, die weder durch Heizkessel noch durch eigenständige gewerbliche Wärmelieferung mit Wärme versorgt werden, können anerkannte Regeln der Technik zur Aufteilung der Kosten verwendet werden. Der Anteil der zentralen Warmwasserversorgungsanlage am Wärmeverbrauch ist nach § 9 Abs. 2 HeizKV, der Anteil am Brennstoffverbrauch nach § 9 Abs. 3 HeizKV zu ermitteln. 328

§ 9 Abs. 2 HeizKV 2009: Die auf die zentrale Warmwasserversorgungsanlage entfallende Wärmemenge (Q) ist ab dem 31. 12. 2013 mit einem Wärmezähler zu messen. Kann die Wärmemenge nur mit einem unzumutbar hohen Aufwand gemessen werden, kann sie nach der Gleichung 329

$Q = 2{,}5 \times kWh/(m^3 \times K) \times V \times (tw - 10°\,C)$

bestimmt werden. Dabei sind zu Grunde zu legen
– das gemessene Volumen des verbrauchten Warmwassers (V) in Kubikmetern (m^3);
– die gemessene oder geschätzte mittlere Temperatur des Warmwassers (tw) in Grad Celsius (°C).

Wenn in Ausnahmefällen weder die Wärmemenge noch das Volumen des verbrauchten Warmwassers gemessen werden können, kann die auf die zentrale Warmwasserversorgungsanlage entfallende Wärmemenge nach folgender Gleichung bestimmt werden:

$Q = 32 \times kWh/(m^2\,AWohn) \times AWohn$

Dabei ist die durch die zentrale Anlage mit Warmwasser versorgte Wohn- und Nutzfläche (AWohn) zu Grunde zu legen. Die nach den vorstehenden Gleichungen bestimmte Wärmemenge ist 1. bei brennwertbezogener Abrechnung von Erdgas mit 1,11 zu multiplizieren und 2. bei eigenständiger gewerblicher Wärmelieferung durch 1,15 zu dividieren.

§ 9 Abs. 3 HeizKV 2009: Bei Anlagen mit Heizkesseln ist der Brennstoffverbrauch der zentralen Warmwasserversorgungsanlage (B) in Litern, Kubikmetern, Kilogramm oder Schüttraummetern nach der Gleichung

$B = Q/H$

zu bestimmen. Dabei sind zu Grunde zu legen

---

[548] AG Bremerhaven WuM 1989, 194.

- die auf die zentrale Warmwasserversorgungsanlage entfallende Wärmemenge (Q) nach § 9 Absatz 2 HeizKV in kWh;
- der Heizwert des verbrauchten Brennstoffes (Hi) in Kilowattstunden (hWh) je Liter (l), Kubikmeter (m³), Kilogramm (kg) oder Schüttraummeter (SRm). Als Hi – Werte können verwendet werden für
  - leichtes Heizöl EL 10 kWh/l
  - schweres Heizöl 10,9 kWh/l
  - Erdgas L 9 kWh/m³
  - Flüssiggas 13,0 kWh/kg
  - Koks 8,0 kWh/kg
  - Braunkohle 5,5 kWh/kg
  - Steinkohle 8,0 kWh/kg
  - Holz (lufttrocken) 4,1 kWh/kg
  - Holzpellets 5,0 kWh/kg
  - Holzhackschnitzel 650 kWh/SRm

Enthalten die Abrechnungsunterlagen des Energieversorgungsunternehmens oder Brennstofflieferanten Hi – Werte, so sind diese zu verwenden. Soweit die Abrechnung über kWh – Werte erfolgt, ist eine Umrechnung in Brennstoffverbrauch nicht erforderlich.

330 § 9 Abs. 4 HeizKV enthält für verbundene Anlagen den grundsätzlichen Hinweis, dass der Anteil an den Kosten der Versorgung mit Wärme nach § 7 Abs. 1 HeizKV und der Anteil an den Kosten der Versorgung mit Warmwasser nach § 8 Abs. 1 HeizKV zu verteilen ist, sofern die Heizkostenverordnung nichts anderes bestimmt oder zulässt.

5. Heizkostenabrechnung

331 a) **Betretungsrecht des Vermieters und Ablesung.** Der vertragstreue Mieter ist nicht verpflichtet, eine Heizkostenabrechnung hinzunehmen, die in wesentlichen Teilen auf einer Schätzung der verbrauchten Wärmeeinheiten beruht; der Vermieter hat gegenüber seinem Mieter einen Anspruch auf Gewährung des Zutritts zu den Mieträumen, um die Wärmemessgeräte an den Heizkörpern ablesen zu lassen. Zur Durchsetzung dieses Anspruchs genügt es nicht, wenn der Vermieter durch sein Wärmedienstunternehmen einen oder zwei Ablesetermine festsetzen lässt, wenn diese Termine durch einen Aushang im Hausflur, Treppenhaus oder Aufzug bekannt gemacht werden. Macht ein Mieter an den bekannt gegebenen Terminen seine Wohnung nicht zugänglich, ist es Aufgabe des Vermieters, diesen Mieter durch andere geeignete Maßnahmen zur Duldung einer Ablesung der Wärmemessgeräte anzuhalten.[549] Der den Vermieter beratende Anwalt wird insbesondere bei einer Ablesung in größeren Wohneinheiten den **Erlass einer einstweiligen Verfügung** anstreben. Dazu muss er die Eilbedürftigkeit darlegen und glaubhaft machen – gegebenenfalls durch eidesstattliche Versicherungen des Vermieters und der Mitarbeiter des Wärmedienstes –, dass entsprechende und wirksame Ankündigungen gegenüber dem Mieter erfolgt sind.

332 **Formulierungsvorschlag für den Vermieter auf Erlass einer einstweiligen Verfügung für ein Betretungsrecht zur Mieterwohnung:**

An das Amtsgericht Köln
Luxemburger Str. 101
50939 Köln

In Sachen

des Vermieters ......, Antragsteller,

gegen

den Mieter ......, Antragsgegner,

wird im Wege einstweiliger Verfügung – gegebenenfalls ohne mündliche Verhandlung – beantragt,

---

[549] LG Köln WuM 1985, 294.

> dem Antragsgegner aufzugeben, dem Antragsteller und einem von ihm beauftragten Monteur nach vorheriger schriftlicher Ankündigung eines Termins an einem Werktag [genaue Bezeichnung von 2 oder 3 Terminatgen] zwischen 10 und 13 Uhr oder 15 und 18 Uhr Zutritt zur Wohnung ...... zu gewähren durch Öffnen der Eingangstür und aller Zimmertüren.
>
> Begründung:
>
> Der Antragsteller ist Vermieter, der Antragsgegner Mieter der Wohnung ...... im Objekt ......, das aus 128 Wohneinheiten besteht. Zur Vorbereitung der Heizkostenabrechnung für das Jahr 2004
>
> soll eine Ablesung der Verdunstungsmessgeräte in der Woche vom ...... bis ...... erfolgen. Der Antragsgegner ist schriftlich aufgefordert worden, Zutritt zu der von ihm angemieteten Wohnung am ...... in der Zeit von ...... bis ...... zu gewähren, damit eine Ablesung vorgenommen werden kann. Er hat sich jedoch ausdrücklich geweigert, Zutritt zur Wohnung zu gestatten.
>
> Beweis: Glaubhaftmachung durch Vorlage der beiliegenden eidesstattlichen Versicherung des Antragstellers und des Mitarbeiters ...... des Wärmemessunternehmens
>
> Um unnötige Mehrkosten angesichts der Größe des Objekts zu vermeiden, ist Eile geboten. Daher ist dem Antrag auf Erlass einer einstweiligen Verfügung – ohne mündliche Verhandlung – stattzugeben.
>
> Unterschrift des Rechtsanwalts oder des Vermieters

Im eigenen Interesse sollte der Mieter **an der Ablesung** der Messwerte **teilnehmen**, das Protokoll prüfen, bevor er es unterschreibt und am besten kurz vor dem Ablesetermin eine Kontrollablesung selbst durchführen. Behauptet der Mieter, das von ihm unterzeichnete Ableseprotokoll sei unrichtig, muss er diese Behauptung gegen die Urkunde beweisen.[550] Insoweit gelten die allgemeinen zivilprozessualen Grundsätze, wie ein Beweis gegen eine Privaturkunde geführt werden muss.

§ 6 Abs. 1 HeizKV beinhaltet eine zusätzliche Stärkung des Mieters; danach soll das Ergebnis der Ablesung dem Nutzer in der Regel **innerhalb eines Monats mitgeteilt** werden. Kommt der Vermieter – wenn auch verspätet nach Ablauf der Monatsfrist – dieser Verpflichtung nach, dürfte dies für die Fälligkeit eines Anspruchs auf Ausgleich eines eventuellen Nachzahlungsbetrages aus der Heizkostenabrechnung keine negativen Konsequenzen haben; bis zur Vorlage der entsprechenden Information durch den Vermieter ist dem Mieter ein Leistungsverweigerungsrecht – im Hinblick auf fällig werdende Heizkostenvorauszahlungen – zuzubilligen, da der Vermieter seiner Verpflichtung zur Mitteilung der Ablesewerte nicht nachgekommen ist. Die Erfüllung dieser Verpflichtung wird vom Verordnungsgeber als erforderlich angesehen, wie sich aus dem Umkehrschluss für die Ausnahmeregelung in § 6 Abs. 1 HeizKV 2009 ableiten lässt. Anders ist die Rechtslage für den Fall einer endgültigen Weigerung des Vermieters auf Mitteilung der Ergebnisse der Ablesung: von einer ordnungsgemäßen Heizkostenabrechnung kann in diesem Fall nicht die Rede sein, zumal auch das Recht des Mieters auf Einsicht in die Belege nicht weiterhilft, da dieses Recht nur der Kontrolle des Mieters dient, die Informationsverpflichtung des Vermieters über § 6 Abs. 1 HeizKV 2009 unberührt lässt. In diesem Falle ist ein fälliger Anspruch auf Ausgleich eines Heizkostensaldos nicht gegeben.

Eine gesonderte Mitteilung ist nicht erforderlich, wenn das Ableseergebnis über einen längeren Zeitraum in den Räumen des Nutzers gespeichert ist und von diesem selbst abgerufen werden kann. Einer gesonderten Mitteilung des Warmwasserverbrauchs bedarf es auch dann nicht, wenn in der Nutzeinheit ein Warmwasserzähler eingebaut ist.

b) Abrechnung. Die Heizkostenabrechnung muss formell und inhaltlich den Anforderungen einer Betriebskostenabrechnung entsprechen. Die Abrechnung muss § 259 BGB entsprechen, eine geordnete Zusammenstellung der Einnahmen und Ausgaben enthalten, die Angabe des Gesamtverbrauchs und des Verteilungsschlüssels und die Einzelverteilung auf

---

[550] OLG Köln DWW 1985, 180.

den Nutzer nach diesem Schlüssel.[551] Die Abrechnung muss für einen nicht geschulten Mieter aus sich heraus nachvollziehbar und verständlich sein.[552] Vom Mieter kann gefordert werden, dass er sich mit der Abrechnung auseinandersetzt und sich eines Hilfsmittels in Form eines Taschenrechners bedient.[553] Wenn allerdings die Ablesewerte nicht in die Heizkostenabrechnung eingestellt werden, sondern statt dessen umgerechnete Verbrauchseinheiten ausgewiesen werden, ist der maßgebende **Umrechnungsfaktor** nachvollziehbar seitens des Vermieters zu erläutern.[554] Eine Abrechnung über die Heizkosten erfordert eine übersichtliche Gliederung und eine klare Abfolge der einzelnen Rechenschritte. Soweit demgegenüber die Abrechnung verwickelte und verwinkelte Rechenoperationen aufweist, dass sie auch unter Berücksichtigung sich einstellender Summierungseffekte nicht mehr nachvollzogen werden kann, ist sie unheilbar unwirksam, denn der abrechnende Vermieter darf mit seinem Mieter kein „Heizkostenquiz" veranstalten.[555] Eine Betriebskostenabrechnung, die auch ein Rechtskundiger nicht ohne weiteres nachvollziehen kann, ist nicht ordnungsgemäß.[556]

337 In die Abrechnung aufzunehmen sind zunächst die Kosten für den Brennstoff. Ob die Kosten des Brennstoffs in die Abrechnung aufzunehmen sind, entscheidet sich nach dem Datum der Lieferung, nicht etwa nach dem Datum der Rechnung oder gar der Bezahlung dieser Rechnung. Fällt die Lieferung in den Abrechnungszeitraum, steht einer Berücksichtigung nichts entgegen. Die Feststellung der Menge verbrauchten Gases wird durch Ablesung ermittelt.

338 Von der Gesamtsumme sind die Vorauszahlungen auf die Heizkosten in Abzug zu bringen. Dies ist rechnerisch dann uneingeschränkt möglich, sind die Vorauszahlungen auf die Heizkosten im Mietvertrag gesondert ausgewiesen. Falls lediglich ein einheitlicher Betrag als Vorauszahlung auf die gesamten Heiz- und sonstigen Betriebskosten nach der Betriebskostenverordnung geschuldet wird und von einer weiteren Differenzierung abgesehen wurde, muss die Abrechnung der Heizkosten als Teil einer Gesamtabrechnung verstanden werden.

339 Hat sich nach einer Abrechnung herausgestellt, dass die **Vorauszahlungen** auf die Heizkosten in der Vergangenheit sich als **zu niedrig** erwiesen haben, besteht für den Vermieter nach § 560 Abs. 4 BGB die Möglichkeit, für die Zukunft eine Heraufsetzung der Vorauszahlungen zu verlangen, um die wirtschaftlichen Nachteile durch eine auf seinen Schultern ruhende Vorfinanzierung zu mildern. Der Vermieter kann sich einer Erklärung in Textform bedienen, § 560 Abs. 4 BGB in Verbindung mit § 126 b BGB. Haben sich dagegen die **Vorauszahlungen** auf die Heizkosten als **zu hoch** erwiesen, kann der Mieter eine entsprechende Herabsetzung der Vorauszahlungen verlangen.

340 Die **Abrechnungsfrist** beläuft sich bei preisgebundenem Wohnraum nach § 20 Abs. 3 Satz 4 NMVO und für preisfreien Wohnraum nach § 556 Abs. 3 Satz 2 BGB auf zwölf Monate nach Ende der Abrechnungsperiode. Der Sache nach handelt es sich um eine **Ausschlussfrist**. Wird die Frist versäumt, ist der Vermieter mit Nachforderungen grundsätzlich ausgeschlossen. Im Hinblick auf eine Nachholung der Abrechnung oder deren Korrektur wird auf die Ausführungen § 36 X 6 verwiesen.

341 Ist die formell und materiell zutreffende Abrechnung dem Mieter zugegangen, wurde nach früherer Auffassung eine eventuelle Nachforderung nicht sofort fällig. Dem Mieter sollte eine mindestens zwei Wochen lange Überprüfungsfrist zustehen.[557] Der Bundesgerichtshof[558] hat diese Überprüfungsfrist verworfen. Nach § 271 BGB könne der Gläubiger die Leistung sofort verlangen, wenn eine Zeit für die Leistung nicht bestimmt oder aus den Umständen zu entnehmen sei. Ist die Heizkostenabrechnung formell nicht zu beanstanden, tritt Fälligkeit der Forderung ein.

---

[551] Schmidt-Futterer/*Lammel* § 6 HeizKV Rdnr. 10.
[552] AG Dortmund NZM 2004, 220, 221; *Sternel* III 414.
[553] LG Köln WuM 1985, 371.
[554] LG Berlin ZMR 1988, 182.
[555] AG Dortmund NZM 2004, 220; NZM 2004, 782.
[556] AG Dortmund NZM 2004, 782.
[557] Schmidt-Futterer/*Lammel* § 6 HeizKV Rdnr. 20.
[558] BGH NJW 2006, 1419, 1421.

Im Falle einer **Zwischenablesung** gelten die Grundsätze, die bereits bei der Betriebskostenabrechnung (Rdnr. 282 ff.) dargestellt worden sind. Bei einer Zwischenablesung von Heizkostenverteilern nach dem Verdunstungsprinzip infolge Nutzerwechsels ist hinsichtlich der **Kaltverdunstungsvorgabe** eine Umrechnung vorzunehmen, wenn die Zwischenablesung gegen Ende oder Anfang eines Abrechnungszeitraums vorgenommen wird;[559] ansonsten werden grob unrichtige Ergebnisse erzielt, so dass eine unkorrigierte Abrechnung nicht akzeptiert werden kann. 342

Nach § 9 b Abs. 1 HeizKV hat der Gebäudeeigentümer bei Nutzerwechsel innerhalb eines Abrechnungszeitraums eine Ablesung der Ausstattung zur Verbrauchserfassung der vom Wechsel betroffenen Räume vorzunehmen (**Zwischenablesung**). Die nach dem erfassten Verbrauch zu verteilenden Kosten sind auf der Grundlage der sich aus anerkannten Regeln der Technik ergebenden Gradtagszahlen oder zeitanteilig und die übrigen Kosten des Warmwasserverbrauchs zeitanteilig auf Vor- und Nachnutzer aufzuteilen, § 9 b Abs. 2 HeizKV. Ist eine Zwischenablesung nicht möglich oder lässt sie wegen des Zeitpunktes des Nutzerwechsels aus technischen Gründen keine hinreichend genaue Ermittlung der Verbrauchsanteile zu, sind die gesamten Kosten nach den nach § 9 b Abs. 2 HeizKV für die übrigen Kosten geltenden Maßstäben aufzuteilen. Ein Kürzungsrecht nach § 12 HeizKV scheidet in diesem Fall aus.[560] Entsprechendes gilt für die Fälle des § 9 a HeizKV. Kann der anteilige Wärme- oder Warmwasserverbrauch von Nutzern für einen Abrechnungszeitraum wegen Geräteausfalls oder aus anderen zwingenden Gründen nicht ordnungsgemäß erfasst werden, ist er vom Gebäudeeigentümer auf der Grundlage des Verbrauchs der betroffenen Räume in vergleichbaren früheren Abrechnungszeiträumen oder des Verbrauchs vergleichbarer anderer Räume im jeweiligen Abrechnungszeitraum zu ermitteln, § 9 a Abs. 1 Satz 1 HeizKV. Der so ermittelte anteilige Verbrauch ist bei der Kostenverteilung an Stelle des erfassten Verbrauchs zu Grunde zu legen, § 9 a Abs. 1 Satz 2 HeizKV. 343

Zu beachten ist aber, dass eine Rückrechnung von Heiz- bzw. Warmwasserkostenanteilen einen Mieterwechsel voraussetzt, im laufenden Mietverhältnis aber nicht einsetzbar ist.[561] Im laufenden Mietverhältnis steht die Anwendung der Gradtagsmethode nicht im Einklang mit den Vorschriften der §§ 6 ff. HeizKV. Nach §§ 6 ff. HeizKV in Verbindung mit §§ 7 bis 9 HeizKV sind die Kosten der Versorgung mit Wärme und Warmwasser auf der Grundlage des tatsächlichen Verbrauchs der Nutzer zu verteilen. Dagegen handelt es sich bei dem Gradtagszahlverfahren im Ergebnis um ein als Hilfsmaßstab nur bedingt anerkanntes Schätzungsverfahren, das auf Grundlage eines 20-Jahres-Mittel gebildet worden ist. Betroffen sind allein Vor- und Nachmieter einer Nutzungseinheit; übrige Mieter werden davon nicht erfasst. 344

Überschreitet die von der Verbrauchsermittlung nach § 9 a Abs. 1 HeizKV betroffene Wohn- oder Nutzfläche oder der umbaute Raum 25 vom Hundert der für die Kostenverteilung maßgeblichen gesamten Wohn- oder Nutzfläche oder des gesamten maßgeblichen umbauten Raum, sind die Kosten ausschließlich nach den nach § 7 Abs. 1 Satz 2 HeizKV und § 8 Abs. 1 HeizKV für die Verteilung der übrigen Kosten zu Grunde zu legenden Maßstäben zu verteilen, § 9 a Abs. 2 HeizKV. Bei Überschreiten der Grenze von 25 Prozent verbietet sich aus praktischen Gründen die Anwendung eines Ersatzverfahrens.[562] Das Schätzverfahren ist in diesem Fall ausgeschlossen. Demgemäß ist nach den gesetzlichen Vorgaben die Kostenverteilung ausschließlich verbrauchsunabhängig nach dem zuvor gewählten oder vereinbarten Schlüssel der §§ 7 Abs. 1 Satz 2 und 8 Abs. 1 HeizKV vorzunehmen. Dies gilt selbst für die Nutzer, bei denen die Verbrauchswerte ordnungsgemäß erfasst worden sind.[563] 345

---

[559] LG Bonn WuM 1988, 72.
[560] *Pfeifer* § 12 Rdnr. 4b; *Kinne* § 12 HeizKV Rdnr. 221; a. A. Schmidt-Futterer/*Lammel* § 12 HeizKV Rdnr. 12.
[561] LG Osnabrück NZM 2004, 95.
[562] Schmidt-Futterer/*Lammel* § 9 a HeizKV Rdnr. 29.
[563] Schmidt-Futterer/*Lammel* § 9 a HeizKV Rdnr. 34.

Muster für Einzelabrechnung der Heizkosten

Herr/Frau/Firma
Vermieter
Hugo-Haelschner-Str. 5
53129 Bonn

Liegenschafts-Nr. 2.384.394 E	Abrechnungszeitraum: 1. 10. 2003–30. 9. 2004
Liegenschaft: Hugo-Haelschner-Str. 5 53129 Bonn	Abrechnung erstellt am: 13. 12. 2004
Nutzer-Nr.: 0002/01	Im Auftrag und nach Angaben von:
Verwaltungs-Nr.:	

☐ Aufstellung der Gesamtkosten

Brennstoff- kosten	cbm Erdgas	Betrag Euro
Lt. Angaben	4.028	2.760,23
Summe	4.028	2.760,23

Weitere Heizungs- betriebskosten	Datum	Betrag Euro
Wartung Schornsteinf./ Immission Verbrauchs- abrechnung Summe	29. 11. 2003 30. 11. 2003 13. 12. 2004	255,20 101,79 391,69 748,68
Summe Brenn- stoffkosten		2.760,23
Gesamtkosten		3.508,91

☐ Verteilung der Gesamtkosten   ☐ Ihre Abrechnung

Kostenart	Betrag :	Gesamteinheiten	Betrag je Einheit	Ihre Einheiten	Ihre Kosten
Gesamtkosten	3.508,91 :				
Heizkosten	3.508,91 :	davon			
30% Grundkosten	1.052,67 :	354,90 qp beh. Wohnfl.	= 2,96.610	× 29,50	= 87,50
70% Verbrauchs- kosten	2456,24 :	428,50 Striche	= 5,73.218	× 18,50	= 106,05
			Heizkosten		= 193,55
		⇒	Ihre Kosten		= 193,55

Abschließend mussten eventuelle Vorauszahlungen eingestellt werden.

6. Einführung von Wärmecontracting

Schrifttum: *Beyer*, Aktuelle Aspekte des Grundsatzes der Wirtschaftlichkeit im Wohnraummietrecht, NZM 2007, 1; *ders*. AGB – Kontrolle, Äquivalenzprinzip in der Wohnraummiete, NZM 2008, 12; *Derleder*, Die mietrechtlichen Voraussetzungen und Folgen des Outsourcing hinsichtlich der Wärmelieferung des Wohnraumvermieters, WM 2000, 3; *Eisenschmid*, Die Auslagerung von Vermieterleistungen, WM 1998, 449; *Milger*, Die Umlage von Kosten der Wärmelieferung unter besonderer Berücksichtigung des Wirtschaftlichkeitsgebots, NZM 2008, 1; *Langenberg*, Zur Umlage der Wärmelieferungskosten beim Nahwärme-Contracting, NZM 2004, 375; *ders*. Wärmecontracting auf dem Weg zum BGH?, WM 2002, 465; *Schmid*, Zur Kostenumlegung bei Übergang zur Wärmelieferung, WM 2000, 339; *ders.*, Energiecontracting von Zentralheizung auf Fernwärme, NZM 2000, 25; *Tiefenbacher*, Einführung von Wärmecontracting in bestehende Mietverhältnisse bei bislang vermieterseitig beheizter Wohnung, NZM 2000, 161.

Unter **Contracting** wird der Vorgang verstanden, dass der **Vermieter den Betrieb von Einrichtungen des vermieteten Gebäudes an einen Dritten vergibt**.[564] In erster Linie handelt es sich um eine Versorgung des Mietobjekts mit Heiz- und Warmwasser. Der Vermieter ist verpflichtet, das Objekt dem Mieter in einem vertragsgerechten Zustand zur Verfügung zu stellen und diesen Zustand aufrecht zu erhalten; er kann demgemäß ein Interesse daran haben, bestimmte Aufgaben auszulagern und sich eines Dritten zu bedienen, Heizenergie an den Mieter zu liefern, etwa weil der Dritte diese Lieferung einfacher oder preisgünstiger vornehmen kann oder der Vermieter Investitionskosten in eine neue Anlage ersparen will. Dies ist insbesondere insoweit für den Vermieter von Bedeutung, als er bei den Investitionskosten regelmäßig nicht den Anteil von 11 Prozent des gesamten Investitionsvolumens über § 559 BGB dem Mieter anlasten kann, weil die ersparten Reparaturkosten mit einem bestimmten Prozentsatz in Abzug zu bringen sind.[565]

Dem Vermieter steht es regelmäßig frei, in eigener Regie zu bestimmen, wie er seiner vertraglichen Verpflichtung auf Lieferung von Heizenergie und Warmwasser nachkommt. Wird durch eine Änderung im Zusammenhang mit der Heiz- und Wärmelieferung der vertragliche Anspruch des Mieters unberührt gelassen, ist eine derartige Veränderung ohne Zustimmung des Mieters möglich.

Bei **Abschluss eines Mietvertrages** sind Regelungen denkbar, denen zufolge der Vermieter dem Mieter auferlegt, die Kosten der Wärmelieferung zu übernehmen. Eine derartige Verpflichtung kann dem Mieter auch im Wege formularmäßiger Vereinbarung überbürdet werden. Der Vermieter kann den Mieter auch auf den Abschluss eines Versorgungsvertrages mit einem Unternehmen verweisen, das Strom oder Gas zu liefern bereit ist. In diesen Fällen tritt der Mieter in vertragliche Beziehungen zu dem Energielieferungsunternehmen; der Vermieter schuldet allein die Bereitstellung des Leitungsnetzes und den passenden Anschluss. Denkbar ist auch die Fallkonstellation, dass der Vermieter einen Lieferungsvertrag mit dem Versorgungsunternehmen abgeschlossen hat; in diesen Fällen rechnet der Vermieter nach allgemeinen Regeln über die Kosten der Energieversorgung mit seinem Mieter auf der Grundlage des Mietvertrages ab. Eine Freizeichnung des Vermieters für die Fälle von Schlechtlieferung oder gar vollständigen Ausfalls der Versorgung dürfte dann keine im Sinne des § 307 BGB unangemessene Benachteiligung des Mieters darstellen, wenn sich der Vermieter verpflichtet, bei Ausfall des Versorgers unverzüglich einen Ersatz durch die Verpflichtung eines anderen Versorgungsunternehmens sich zu stellen.[566]

Anders ist der Fall zu beurteilen, dass sich der Mieter für die Zukunft formularmäßig verpflichten soll, mit einem Versorgungsunternehmen einen Vertrag abzuschließen, wenn die Versorgungsanlage des Vermieters stillgelegt wird. Nach dem Grundsatz der kundenfeindlichsten Auslegung liegt eine Benachteiligung des Mieters darin, dass er zum Abschluss eines Versorgungsvertrages verpflichtet wird unabhängig davon, ob die Versorgung durch ein Drittunternehmen technisch, ökonomisch oder ökologisch eine Verbesserung bringt, der Mieter seine Gewährleistungsrechte gegenüber seinem Vermieter verliert und den Mieter

---
[564] *Tiefenbacher* NZM 2000, 161; *Langenberg* NZM 2004, 375.
[565] Vgl. *Langenberg* NZM 2004, 375, 378.
[566] *Langenberg* NZM 2004, 375, 376.

einer verdeckten Mieterhöhung aussetzt, ohne das dafür erforderliche Verfahren einzuhalten.[567]

351 **In einem laufenden Mietverhältnis** gelten Besonderheiten. War der Vermieter in der Vergangenheit für eine Beheizung des Mietobjekts nicht zuständig, etwa weil nach den technischen Vorgaben die Mieter sich mit einer Ofenheizung begnügen mussten, und lässt sodann der Vermieter eine zentrale Beheizung einbauen und von einem Dritten betreiben, kann der Vermieter die vollständigen vom Betreiber berechneten Kosten einschließlich der darin enthaltenen Investitionsanteile, Verwaltungskosten und den Unternehmergewinn auf die Mieter umlegen.[568] Eine Zustimmung der Mieter ist entbehrlich, da sich an der vertraglichen Situation nichts verändert hat und sofern die Grundsätze ordnungsgemäßer Bewirtschaftung des Mietobjekts eingehalten werden. Ob diese Entscheidung des Bundesgerichtshofs vom 16. 7. 2003 Anlass zu weiteren Auslegungsmöglichkeiten geben kann, erscheint nicht zweifelsfrei; denn die Entscheidung bezieht sich auf Besonderheiten des Beitrittsgebiets und lässt die höchst schwierige Kernfrage unberührt.[569]

352 Problematisch und höchst umstritten ist nämlich die Frage, **ob und gegebenenfalls mit welchen Kosten der Mieter belastet werden kann, wenn eine vorhandene Heizanlage durch einen Dritten betrieben werden soll.** Zunehmend gehen die Vermieter dazu über, die Heizanlage einem Versorgungsträger zu übergeben und mit ihm für eine feste Laufzeit (in der Regel 25 Jahre) einen Energieversorgungsvertrag zu schließen. Im Gegenzug verpflichtet sich der Versorgungsträger nicht nur zur Lieferung von Energie, sondern auch zur Wartung, Instandhaltung und gegebenenfalls auch zur Erneuerung der Anlage, wobei diese Kosten pauschal in den Energiepreis eingerechnet werden. Aus der Entscheidungsfreiheit des Vermieters lässt sich eine Zahlungsverpflichtung des Mieters nicht herleiten: Auch ist aus diesen Erwägungen heraus die vertragliche Regelung über die Vorauszahlungen auf die Betriebskosten nicht geeignet, eine Zahlungsverpflichtung zu Lasten des Mieters zu begründen, genauso wenig wie das Bestimmungsrecht des Vermieters nach § 315 BGB. Eine einseitige Umstellung von bisheriger Eigenerzeugung von Heiz- und Wärmeenergie mit Belastung des Mieters in voller Höhe der Kosten des Drittbetreibers ist nicht zulässig. Soll eine derartige Umstellung vorgenommen werden, ist eine **vertragliche Vereinbarung** zwischen den Mietvertragsparteien **erforderlich**.[570] Ist bei Vertragsschluss eine Heizanlage im Mietobjekt vorhanden, orientieren sich die umzulegenden Kosten an § 7 Abs. 2 HeizKV. Der Vermieter kann sich davon nicht durch eine einseitige Erklärung lösen. Das Interesse des Vermieters besteht darin, Reparatur- und Instandsetzungskosten zu ersparen, obwohl der Mieter bisher die entsprechenden Anteile als Kalkulationsposten bei der Grundmiete weiter entrichtet. Neben diese doppelte Belastung tritt der Umstand, dass der Mieter die Gewinnquote des Betreibers tragen soll. Eine derartige Umstrukturierung der Miete erfordert konsequenterweise eine vertragliche Abrede zwischen den Vertragsparteien. Diese vertragliche Abrede kann auch formularmäßig getroffen werden, setzt allerdings voraus, dass die Rechte des Mieters in der Form gewahrt bleiben, dass sich der entsprechende kalkulatorische Anteil an der Grundmiete reduziert.

353 Die Frage, ob der Vermieter aus seiner Organisationskompetenz heraus **ohne Zustimmung des Mieters** auf ein Wärmecontracting übergehen kann, ist höchst **streitig:**[571] Eine Meinung[572] geht davon aus, dass der Vermieter auf Grund seiner Organisationskompetenz berechtigt ist, ohne Zustimmung des Mieters auf Wärmelieferung umzustellen. Da die Heizkostenverordnung die Umlage von Kapitalkosten und Gewinnen nicht verbiete, soll der Vermieter ohne weiteres berechtigt sein, auch die im Energiepreis enthaltenen weiteren Kostenfaktoren umzulegen.

---

[567] LG Braunschweig ZMR 2000, 832; *Langenberg* NZM 2004, 375, 376.
[568] BGH NZM 2003, 757.
[569] Vgl. dazu *Glause* WuM 2003, 323, 324.
[570] LG Neuruppin WuM 2000, 554; Schmidt-Futterer/*Lammel* § 1 HeizKV Rdnr. 18; *Langenberg* NZM 2004, 375, 378.
[571] Vgl. die Nachweise bei *Lützenkirchen* WuM 2004, 58, 65.
[572] LG Osnabrück WuM 2003, 325; LG München WuM 2000, 81; Landgericht Frankfurt/Oder NZM 2000, 1037; LG Chemnitz NZM 2000, 63.

Die Gegenmeinung[573] sieht in der Umstellung auf Wärmecontracting eine Änderung der 354
vertraglichen Grundlage und Struktur. Bei Beginn des Mietverhältnisses wurden die Vorhaltekosten für Instandhaltung oder Rücklagen über die Grundmiete finanziert und waren kalkulatorisch dort angesiedelt. Durch die Auslagerung dieser Kosten auf den Wärmelieferanten wird die Grundlage der vereinbarten Miete verändert, ohne dass dafür eine gesetzliche Grundlage gegeben wäre. Daher wird verlangt, dass in der Abrechnung verdeutlicht wird, dass keine Kapital- oder Instandhaltungskosten in den Kostenpositionen enthalten sind.[574]

Die letztgenannte Ansicht ist vorzuziehen. Eine Abweichung von der mit dem Mieter 355
vereinbarten Vertragsgestaltung durch einseitige Erklärung des Vermieters ist nicht gerechtfertigt und würde ihn mit Kosten belasten, auch wenn sie ihm durch die vertragliche Belastung mit Heizkosten nicht auferlegt werden. Dies betrifft insbesondere die Investitionskosten.[575]

Eine grundlegende Entscheidung hat der **Bundesgerichtshof** zu dieser Frage bereits im 356
Jahre 2005 gefällt.[576] Will der Vermieter von Wohnraum während eines laufenden Mietverhältnisses den Betrieb einer vorhandenen Heizungsanlage auf einen Dritten übertragen, bedarf es einer **Zustimmung des Mieters,** wenn eine ausdrückliche Regelung hierfür im Mietvertrag fehlt und dem Mieter dadurch zusätzliche Kosten auferlegt werden sollen. Eine Abweichung von der mit dem Mieter vereinbarten Vertragsgestaltung durch einseitige Erklärung des Vermieters ist nicht gerechtfertigt und würde den Mieter mit Kosten belasten, auch wenn sie ihm durch die vertragliche Belastung mit den Heizkosten nicht auferlegt werden; dies betrifft insbesondere die Investitionskosten.

Problematisch erscheint, wie die vertragliche Basis ausgestaltet sein muss, die den Vermie- 357
ter berechtigt, die Heizkosten nach Contracting auf den Mieter umzulegen. Eine Vereinbarung im Mietvertrag, derzufolge der Mieter die Betriebskosten im Sinne der Anlage 3 zu § 27 Abs. 1 der 2. BVO zu tragen hat, erlaubt dem Vermieter, der während des laufenden Mietverhältnisses den Betrieb einer im Haus vorhandenen Heizungsanlage auf einen Dritten überträgt, dann nicht die Umlegung der Wärme- lieferungskosten auf den Mieter, wenn die zum Zeitpunkt des Vertragsschlusses geltende Fassung der 2. Berechnungsverordnung (hier Fassung vom 5. 4. 1984) eine Umlegung der Kosten der Wärmelieferung im Nahbereich nicht vorsah.[577] Der Bundesgerichtshof hält nunmehr eine Bezugnahme auf die Anlage 3 zu § 27 der 2. BVO für ausreichend.[578] Voraussetzung ist allerdings, dass die maßgebliche Fassung der 2. BVO eine Umlegung der Wärmelieferungskosten für Fernwärme und Fernwarmwasser ausdrücklich vorsieht. Demgemäß erfordert eine Umlegung der Kosten nach Contracting, dass im Mietvertrag auf die Betriebskostenverordnung verwiesen wird, die eine Umlage von Wärmelieferungskosten alternativ zur Umlage der Kosten des Betriebs einer zentralen Heizungsanlage vorsieht.[579]

Fehlt eine vertragliche Grundlage, sind die Kosten der Wärmelieferung nicht umleg- bar.[580]

7. Mängel und Fehler der verbrauchsabhängigen Heizkostenabrechnung

Zu unterscheiden ist zwischen Mängeln des Messsystems, die sich als Verteilerfehler aus- 358
wirken, und Mängeln des Gebäudes oder der Anlage, die einen unwirtschaftlichen Mehrverbrauch zur Folge haben.

Der Vermieter ist gemäß § 4 HeizKV verpflichtet, die vermieteten Räume mit verbrauchs- 359
abhängigen Ablesevorrichtungen für den Wärmeverbrauch zu versehen, ohne eine Aufforde-

---

[573] Z. B. LG Frankfurt WuM 2003, 217.
[574] AG Waiblingen WuM 2003, 216.
[575] BGH NJW 2005, 1776, 1777.
[576] BGH NJW 2005, 1776.
[577] BGH JNW 2006, 2185.
[578] BGH NZM 2007, 769; zustimmend *Milger* NZM 2008, 1, 4.
[579] BGH NZM 2007, 769; *Milger* NZM 2008, 1, 5; kritisch dazu *Beyer* NZM 2007, 1 ff.; NZM 2008, 12 ff.
[580] BGH WuM 2007, 445.

rung durch den Mieter abwarten zu müssen; das Fehlen solcher Vorrichtungen begründet das Recht des Mieters, die abgerechneten anteiligen Heizkosten um 15% zu kürzen, § 12 HeizKV.[581]

360 Die allgemeine Systemrüge gegenüber dem Verdunstungsverfahren ist als unerheblich zurückgewiesen worden.[582] Auch die durch Eigenverdunstung entstehenden Ungenauigkeiten sind grundsätzlich unbeachtlich und hinzunehmen. Erfassungsfehler, die bei ordnungsgemäßer Befolgung der Heizkostenverordnung unvermeidlich sind, braucht sich der Vermieter nicht entgegenhalten zu lassen. Der Mieter kann aber mit solchen Einwendungen gehört werden, die ihren Grund in außerhalb der zulässigen Toleranzen liegenden Fertigungs-, Skalierungs-, Montage- oder Ablesefehlern haben.[583]

361 Wird durch Heizkörperverkleidungen die Wärmeabgabe der Heizkörper am Verdunstungsgerät verfälscht erfasst und die Funktion der Thermostatventile gestört, ist der Verbrauch nicht verbrauchsabhängig erfasst.[584] Damit ist der Vermieter nicht gänzlich rechtlos gestellt: Eine verbrauchsunabhängige Abrechnung ist möglich, wobei eine 15%ige Kürzung nach § 12 Abs. 1 HeizKV in Kauf zu nehmen ist.

362 Wenn das Verbrauchserfassungsgerät am Heizkörper wegen der vom Mieter veranlassten Möblierung nicht abgelesen werden kann, kann der Wert **einer** früheren Ablesung des Heizkostenabrechnung zugrunde gelegt werden.[585] Eine Kette von Schätzungen ist wegen § 9a Abs. 1 Satz 1 HeizKV unzulässig. Das LG Berlin[586] hat sodann weiter entschieden, dass sich der Mieter auf Ablesefehler nicht mehr berufen kann, hat er das Ableseprotokoll unterschrieben; durch die Unterschrift sei ein deklaratorisches Schuldanerkenntnis erfolgt; demgemäß sei der Mieter mit allen Einwendungen ausgeschlossen, die ihm am Tage der Ablesung bekannt waren oder infolge Fahrlässigkeit nicht kannte.

363 Auch auf **Skalierungsfehler** sollte der Mieter achten;[587] ein Indiz dafür ist gegeben, wenn der Vermieter ohne ersichtlichen oder nachvollziehbaren Grund die Skalencodierung der Heizkostenverteiler ändert; in diesem Fall ist davon auszugehen, dass die vorangegangene Heizkostenverteilung nach Einschätzung des Vermieters wie auch der Heizkostenverteilerfirma unbrauchbar gewesen sein muss.[588] Eine Heizkostenabrechnung auf der Grundlage des bisherigen Ablesewertes begründet keine Fälligkeit einer Betriebskostennachforderung. Dem Vermieter verbleibt allerdings für den Fall eines nicht behebbaren Fehlers die Möglichkeit, den gekürzten Betrag nach § 12 Abs. 1 HeizKV geltend zu machen.

364 **Mängel des Gebäudes** oder der **Heizungsanlage** selbst können zu Nachteilen des Mieters führen. Lagenachteile der Wohnung oder des Gebäudes bleiben grundsätzlich unberücksichtigt.[589] Ein Anspruch auf zusätzliche wärmeisolierende Maßnahmen lässt sich nicht konstruieren, denn insoweit liegt vertragsgemäßer Gebrauch und Beschreibung des Mietobjekts als solches vor. Dass eine Wohnung auf Grund ihrer wärmetechnischen Beschaffenheit (große Fenster einfacher Bauart, verminderte Wärmedämmung) verhältnismäßig hohe Heizkosten verursacht, kann daher grundsätzlich nicht als Mangel aufgefasst werden. Eine nicht ausreichende Wärmedämmung bleibt unberücksichtigt, wenn sie noch der Baualterklasse des Gebäudes entspricht. Daraus, dass das Gebäude nicht den nach seiner Errichtung in Kraft getretenen Vorschriften über die Wärmedämmung entspricht, kann der Mieter weder eine Fehlerhaftigkeit der Heizkostenabrechnung noch Schadensersatz noch eine Mietminderung nach § 536 BGB ableiten. Anders ist zu entscheiden, wenn es zurzeit des Hausbaus keine entsprechenden Vorschriften gab.[590] Wenn der vertragsgemäße Gebrauch der Mieträume nur durch unverhältnismäßig hohe Aufwendungen der Bewohner erreicht werden

---

[581] AG St. Blasien NZM 2003, 394.
[582] BGH WuM 1986, 214; OLG Köln DWW 1985, 180.
[583] LG Hamburg NJW-RR 1987, 1493.
[584] LG Hamburg WuM 1991, 561.
[585] LG Berlin ZMR 1997, 145; *Börstinghaus* MDR 2000, 1345, 1348.
[586] A. a. O.
[587] Schmidt-Futterer/*Lammel* § 12 HeizKV Rdnr. 10.
[588] LG Saarbrücken WuM 1989, 311.
[589] LG Berlin ZMR 1987, 338; Schmidt-Futterer/*Lammel* § 6 HeizKV Rdnr. 22.
[590] LG Frankfurt/M. WuM 1987, 119.

kann, ist der Vermieter verpflichtet, den Mieter bei Abschluss des Mietvertrages auf diese Umstände hinzuweisen; den Mieter trifft allerdings ein hälftiges Mitverschulden, wenn er sich bei Bezug einer Altbauwohnung nicht insoweit informiert.

Mängel des Gebäudes, etwa eine **mangelhafte Wärmedämmung**, zugige Fenster, werden gewährleistungsrechtlich berücksichtigt; der mangelbedingte Mehrverbrauch an Heizenergie und die dadurch bedingten Mehrkosten bilden den Schaden des Mieters. Der Mieter kann die Nichtberücksichtigung dieses Mehrverbrauchs in der Abrechnung als Schadensausgleich verlangen.[591] Außerprozessual kann sich der Mieter mit einer Schätzung des Mehrverbrauchs begnügen; im Rechtsstreit obliegt dem Mieter der Beweis durch Bemühung eines Sachverständigen. **365**

Auch die **Heizungsanlage** selbst kann **mangelhaft** sein. Dies kann jedoch dann nicht angenommen werden, wenn sie nicht modernisiert worden ist und der Mehrverbrauch ausschließlich auf das Alter der Anlage zurückzuführen ist. Auch sind überdimensionierte Heizkörper oder ein nicht normgerechter Heizwasserumlauf, die weder die Erfassung des Wärmeverbrauchs verfälschen noch zu einem unnötigen Verlust an Heizenergie führen, bei der Heizkostenabrechnung beachtlich. Der Mieter hat keinen Anspruch darauf, dass in seiner Wohnung Heizkörper vorhanden sind, die eine optimale Beheizung der Räume ermöglichen. Auf eine Einhaltung der richtigen Vorlauftemperaturen kommt es nicht an, da sämtliche Nutzer gleichermaßen begünstigt oder benachteiligt werden. Eine Heizkostenabrechnung wird nicht dadurch unrichtig, dass die Heizungsanlage überaltert ist und die Heizungsrohre im Keller unzureichend verkleidet sind; der Vermieter kann sich jedoch wegen Verletzung von Nebenpflichten schadensersatzpflichtig machen; ein 15 Jahre alter Kessel, der ständig gewartet aber nicht umgerüstet worden ist, bedeutet noch kein Fehlverhalten des Vermieters.[592] Nur wenn ungewöhnlich hohe Heizkosten auf einem Fehler der Heizungsanlage beruhen, kann ein Mangel der Mietsache im Sinne des § 536 BGB vorliegen. Ob aber ein Fehler der Heizungsanlage gegeben ist, muss nach dem Stand der Technik zur Zeit des Einbaus der Heizungsanlage beurteilt werden; der Vermieter ist ohne besondere Rechtsgrundlage nicht verpflichtet, die Anlage ständig auf dem neuesten Stand zu halten, und schuldet keine Verbesserung der dem technischen Stand zur Zeit der Gebäudeerrichtung entsprechenden Wärmedämmung. Er schuldet allerdings einen Mindeststandard, den der Mieter bei Vertragsschluss erwarten durfte.[593] **366**

Der Mieter sollte die Heizkostenabrechnung einer **Plausibilitätskontrolle** unterziehen.[594] Dies gilt namentlich bei erheblichen Abweichungen von früheren Abrechnungen. Der Anwalt sollte sich zum Vergleich Abrechnungen aus verschiedenen Abrechnungsperioden vorlegen lassen. Die Ordnungsgemäßheit einer Abrechnung kann allerdings nicht allein mit dem Hinweis auf Abweichungen von einem allgemeinen Durchschnittsbetrag angegriffen werden.[595] Nur dann, wenn der Energieverbrauch sprunghaft in die Höhe geschossen ist, eine Änderung im Nutzerverhalten oder in Witterungseinflüssen nicht feststellbar ist, trifft den Vermieter die Darlegungs- und Beweislast, wie es zu diesem Mehrverbrauch gekommen ist. Soweit für diesen sprunghaften Mehrverbrauch kein Grund angegeben oder ermittelt werden kann, braucht der Mieter die auf den Mehrverbrauch entfallenden Kosten nicht zu tragen.[596] **367**

Weist der Wohnungsnutzer nach, dass er die Heizkörper dauernd abgestellt hatte, kann er nicht verlangen, dass er von den verbrauchsabhängigen Kosten des Heizbetriebs gemäß den bei ihm abgelesenen Verdunstungswerten völlig freigestellt wird. Er kann allenfalls nach § 242 BGB verlangen, so gestellt zu werden wie derjenige Nutzer einer Wohnung gleicher Größe, bei dem die niedrigsten Verbrauchswerte festgestellt worden sind.[597] **368**

Enthält die Abrechnung über die Heizkosten **behebbare Fehler**, insbesondere Rechenfehler, Einstellung periodenfremder Lieferdaten oder nicht belegte Kosten, führt dies grundsätz- **369**

---

[591] OLG Hamm NJW-RR 1987, 969; LG Essen WuM 1989, 262.
[592] LG Darmstadt NJW-RR 1987, 787.
[593] KG MDR 2008, 966.
[594] Schmidt-Futterer/*Lammel* § 6 HeizKV Rdnr. 21.
[595] AG Münster WuM 1989, 261.
[596] LG Düsseldorf DWW 1995, 286.
[597] BayObLG WuM 1988, 334.

lich zu einer **Unbegründetheit der Nachforderung.** Nur dann, wenn sich unter Berücksichtigung der vier Grundrechenarten das richtige Ergebnis aus den vorgelegten Unterlagen und der Berechnung selbst in überschaubarer Weise ermitteln lässt, kann eine Korrektur durch den Mieter oder das Gericht veranlasst werden.[598]

370 Demgegenüber berechtigen **nicht behebbare Fehler** der Abrechnung, z. B. etwa fehlerhafte oder fehlende Ausstattung mit geeigneten Erfassungsgeräten, fehlerhafte Ablesung oder Vernichtung der alten Messampullen zu einer Herabsetzung der Forderung nach Maßgabe des § 12 HeizKV.[599] Soweit die Kosten der Versorgung mit Wärme oder Warmwasser entgegen den Vorschriften der Heizkostenverordnung nicht verbrauchsabhängig abgerechnet werden, hat der Nutzer das Recht, bei der nicht verbrauchsabhängigen Abrechnung der Kosten den auf ihn entfallenden Anteil um 15 vom Hundert zu kürzen, § 12 Abs. 1 Satz 1 HeizKV. Dies gilt allerdings nicht beim Wohnungseigentum im Verhältnis des einzelnen Wohnungseigentümers zur Gemeinschaft der Wohnungseigentümer; insoweit verbleibt es bei den allgemeinen Vorschriften. Dem einzelnen Wohnungseigentümer verbleibt allein die Möglichkeit, gegenüber der Gemeinschaft auf das ihm zustehende Recht auf Durchführung der Heizkostenverteilung und Abrechnung nach der Heizkostenverordnung zu bestehen. Anwendbar ist dagegen das Kürzungsrecht im Verhältnis des einzelnen Eigentümers zu dem die Eigentumswohnung mietenden Nutzer.[600]

371 Die Gradtagszahlmethode zur Rückrechnung von Heiz- bzw. Warmwasserkostenanteilen ist im laufenden Mietverhältnis nicht einsetzbar.[601] Denn nach § 6 HeizKV in Verbindung mit §§ 7 bis 9 HeizKV sind die Kosten der Versorgung mit Wärme und Warmwasser auf der Grundlage des tatsächlichen Verbrauchs der Nutzer zu verteilen. Dagegen handelt es sich bei dem Gradtagszahlverfahren um ein als Hilfsmaßstab nur bedingt anerkanntes Schätzverfahren, das auf der Grundlage eines 20-Jahre-Mittels entwickelt worden ist. Die Methode ist geeignet für einen Nutzerwechsel im laufenden Abrechnungszeitraum. Betroffen sind dabei allein der Vor- und der Nachmieter einer Nutzungseinheit. Die übrigen Mieter des Gebäudes werden davon nicht erfasst.

372

**Checkliste
zur Prüfung einer Betriebskostenabrechnung**

☐ Aktiv- und Passivlegitimation
☐ Sind Betriebskosten – gegebenenfalls welche – im Mietvertrag als umlagefähig vereinbart? Ergibt sich eventuell die Umlagefähigkeit aus anderen Gesichtspunkten?
☐ Abrechnungszeitraum
☐ Zusammenstellung der Gesamtkosten
☐ Erläuterung des Umlageschlüssels
☐ Berechnung des Anteils des Mieters
☐ Abzug der Vorauszahlungen
☐ Einzelne Erläuterungen:
  ☐ Wirtschaftseinheit
  ☐ Gewerbeanteil
  ☐ außergewöhnliche Erhöhung einzelner Positionen
  ☐ Reparatur- und Verwaltungskosten
  ☐ aperiodische Kosten
  ☐ Abrechnungskreise
  ☐ leer stehende Wohnungen

---

[598] A. A. Schmidt-Futterer/*Lammel* § 6 HeizKV Rdnr. 25.
[599] BGH NZM 2008, 35; Schmidt-Futterer/*Lammel* § 6 HeizKV Rdnr. 26.
[600] Schmidt-Futterer/*Lammel* § 12 HeizKV Rdnr. 18.
[601] LG Osnabrück NZM 2004, 95, 96.

§ 25 Preisgebundener Wohnraum und Sozialer Wohnungsbau

Übersicht

	Rdnr.
I. Förderung nach dem Wohnraumförderungsgesetz (WoFG)	1–8
1. Inhalt der neuen Förderung	2/3
2. Höchstzulässige Miete statt Kostenmiete	4
3. Mieterhöhung und Bindungszeit	5
4. Weitere Unterschiede zur bisherigen Förderung	6
5. Neue Landesgesetze auf der Grundlage des Föderalismusreformgesetzes ..	7/8
II. Förderung nach dem I. und II. WohBauG	9–19
1. Sozialwohnungen	10–12
2. Mit Wohnungsfürsorgemitteln geförderter Wohnraum § 87 a–§ 87 b II. WohBauG	13/14
3. Steuerbegünstigter Wohnungsbau	15
4. Eigentumswohnung, Eigenheim	16
5. Bauherrenwohnung	17
6. Bundes-, Landes- und Gemeindeeigene Wohnungen	18
7. Sonstige geförderte Wohnungen	19
III. Die Kostenmiete	20–58
1. Die vorläufige Wirtschaftlichkeitsberechnung § 4 II. WohBauG und die Schlussabrechnung gemäß § 72 Abs. 2 WohBauG/§ 8 a Abs. 4 WohnBindG	20–32
2. Besonderheiten	33–42
a) Teil- und Gesamtwirtschaftlichkeitsberechnung	33–35
b) Bauherrenwohnung	36/37
c) Garagen	38/39
d) Wirtschaftseinheit § 2 Abs. 2 II. BV	40
e) Eigenheim, Eigentumswohnung	41/42
3. Durchschnittsmiete/Einzelmiete	43
4. Einfrierungsgrundsatz und spätere Veränderungen	44–58
a) Ausbau § 7 NMV	47/48
b) Vereinigung und Trennung § 5 a NMV	49
c) Aufteilung in Wohnungseigentum § 5 a Abs. 1 NMV	50
d) Wohnungsvergrößerung § 8 NMV	51
e) Bauliche Änderungen § 11 Abs. 1 bis 6 II. BV	52
f) Modernisierung § 11 Abs. 6 und 7 II. BV	53
g) Ablösung von Finanzierungsmitteln § 21 II. BV	54/55
h) Wegfall der Abschreibungsbeträge des § 25 II. BV	56
5. Rechte des Mieters bei der Festsetzung der Kostenmiete	57/58
IV. Die Mieterhöhung	59–115
1. Vorbemerkung	59
2. Die einzuhaltenden Formalien	60–91
a) Entwicklung der Rechtsprechung	60–63
b) Berechnen und Erläutern	64–72
c) Beifügen einer WB, eines Auszuges daraus oder einer ZB	73/74
d) Fehler in der WB	75–79
e) Zeitpunkt der Wirksamkeit	80–89
f) Heilung einer formal nicht ordnungsgemäßen Mieterhöhung	90/91
3. Sonderfälle	92–109
a) Modernisierung	92–96
b) Wärmecontracting § 5 Abs. 3 NMVO	97/98
c) Untervermietung § 21 WoBindG	99/100
d) Umstellung der Betriebskosten nach § 25 b NMV	101–107
e) Neubestimmung der Kostenmiete	108/109
4. Rechte des Mieters	110
5. Folgen einer unwirksamen Mieterhöhungserklärung	111–115
a) materiell unberechtigt	112
b) formell unwirksam	113/114
c) Rückforderungsansprüche des Mieters	115

	Rdnr.
V. Einmalige Mieterleistungen	116–130
1. Vorbemerkung	116
2. Übernahme der Kleinreparaturen und der Schönheitsreparaturen	117–119
3. Mietvorauszahlung und Mieterdarlehen zum Bau der Wohnung	120
4. Mietvorauszahlung und Mieterdarlehen zur Modernisierung	121
5. Übernahme von Finanzierungsbeiträgen durch den Nachmieter	122
6. Kaution	123–126
7. Möbliertzuschlag, Übernahme von Arbeiten, Kauf von Gegenständen	127/128
8. Erstattungsansprüche des Mieters	129
9. Erstattungspflichtiger	130
VI. Betriebskosten	131–161
1. Umlagefähigkeit	132–134
2. Aufteilung	135–154
a) Umlagemaßstab	135–139
b) Verteilung bei gemischt genutzten Objekten	140–154
3. Jahresfrist	155–160
4. Erhöhung der Vorauszahlung	161
VII. Die vorzeitige Rückzahlung der öffentlichen Mittel	162–170
1. Sozialer Wohnungsbau	162–164
2. Bei Wohnungsfürsorgemitteln	165
3. Sonstige öffentliche Förderung	166
4. Wohnungseigentum	167–170
a) Vermietet	167
b) Selbstgenutzt	168
c) Eigenheim	169
d) Zwangsversteigerung	170
VIII. Mieterhöhung zum Ende der öffentlichen Bindung	171–184
1. Anzuwendende Vorschriften	171
2. Zeitpunkt der Erhöhung	172
3. Kappungsgrenze und Fehlbelegungsabgabe	173–177
4. Auskunftsanspruch § 558 Abs. 4 BGB	178–183
5. Vereinbarung einer Staffelmiete	184
IX. Umwandlung in Wohnungseigentum	185–199
1. Verfahren	185–190
2. Vorkaufsrecht § 577 BGB (früher in § 2 b WohnBindG) geregelt	191–196
3. Kündigungsschutz nach § 577 a BGB	197–199
X. Verstöße gegen die öffentliche Bindung	200–236
1. Allgemein	200/201
2. Mietpreisüberhöhung	202/203
3. Fehlbelegung, § 4 WohnBindG	204–214
4. Folgen des Verstoßes	215–236
a) Bei Mietpreisüberhöhung	215–223
b) Bei Fehlbelegung	224
c) Bei Zweckentfremdung	225
d) Bei Rechtsnachfolge	226
e) Behebung des Verstoßes	227–233
f) Speziell Eigentumswohnung und Eigenheim	234/235
g) Geltungsbereich der §§ 25, 26 WohnBindG	236

I. Förderung nach dem Wohnraumförderungsgesetz (WoFG)

1

Checkliste:

☐ Nach welchen Vorschriften wurde das Haus gefördert?
☐ Bei Förderung über das WoFG ist der Genehmigungsbescheid einzusehen.
☐ Bei alter Förderung ist abzuklären, nach welcher Unterart gefördert wurde.
☐ Beim 1. und 2. Förderweg ist die Schlussabrechnung einzusehen.
☐ Beim 3. Förderweg ist die Vereinbarung mit dem öff. Darlehensgeber einzusehen.
☐ Bei mit Wohnungsfürsorgemitteln gefördertem Wohnraum sind Schlussabrechnung und Genehmigungsbescheid einzusehen.

Anzuwendende Vorschriften: WoFG, Mietrecht des BGB, BK-VO, Wohnflächen-VO.

1. Inhalt der neuen Förderung

Die neue Förderung hat die bisherige Förderung nach den Vorschriften des II. WohnBauG mit Wirkung zum 1. 1. 2002 abgelöst. Eine Übergangsfrist bis zum 31. 12. 2002 (§ 46 Abs. 2 WoFG) erlaubte es den Ländern, bis dahin Wohnraum auch noch nach den alten Vorschriften zu fördern. Davon hat z. B. das Land NRW Gebrauch gemacht und eine „alte" Förderung zugelassen, wenn der Antrag vor dem 13. 3. 2002 gestellt war (WFB = Wohnraumförderungsbestimmungen, RdErl vom 5. 2. 2003, Ziffer 10.21).

Im Gegensatz zum II. WohnBauG enthält das WoFG nur noch Rahmenbedingungen und überlässt es den Bundesländern, zu welchen Bedingungen Fördergelder vergeben werden sollen. Damit kann jedes Bundesland den Schwerpunkt der Förderung anders bestimmen, was zu unterschiedlichen Vertragsbedingungen und damit zur Rechtszersplitterung führt (z. B. NRW: es gelten die WFB).

Die grundlegenden Bestimmungen des WoFG sind
- Es können nach wie vor Mietwohnungen, Genossenschaftswohnungen und selbst genutztes Wohnungseigentum gefördert werden (§ 1 Abs. 1 WoFG);
- Zielgruppe sind Haushalte, die sich am Wohnungsmarkt nicht angemessen mit Wohnraum versorgen können (geringes Einkommen, Familien und Haushalte mit Kindern, Alleinerziehende, Schwangere, ältere Menschen, behinderte Menschen, Wohnungslose und sonstige hilfsbedürftige Menschen, § 1 Abs. 2 Satz 1 WoFG).
- Schaffung und Erhaltung (insbesondere durch Modernisierung) von preisgünstigem Wohnraum (§ 6 Ziffer 1–6 WoFG);
- Ermächtigung zur Bestimmung höchstzulässiger Mieten zur Erreichbarkeit tragbarer Wohnkosten (§ 6 Ziffer 7–9, § 7 WoFG);
- Bestimmung der Einkommensgrenzen (§ 9 i. V. m. §§ 20–24 WoFG) und der Wohnungsgrößen (§ 10 i. V. m. § 19 WoFG + Wohnflächen-VO);
- Vereinbarung von Belegungs- und Mietbindungen (§§ 25–33 WoFG);
- Ahndung von Fehlförderungen (§ 34–37 WoFG) mit zusätzlicher Bestimmung für die Förderung mit Wohnungsfürsorgemittel (§ 45 Abs. 2 WoFG).

2. Höchstzulässige Miete statt Kostenmiete

Die neue Förderung kennt nicht mehr den Begriff der Kostenmiete. Stattdessen wird eine höchstzulässige Miete zwischen Darlehensgeber und Bauherrn vereinbart. Das Nähere hierzu ist den Ländern überlassen. Die WFB des Landes NRW enthalten hierzu ausführliche Regelungen: Mietstufen von 1–6 (entsprechend den Mietstufen der Wohngeld-VO) mit entsprechenden Höchstbeträgen der Förderung, für das Gebiet der Stadt Köln z. B.: Mietstufe 5, höchstzulässige Miete 4,80 € für die Einkommensgruppe A (Einkommen übersteigt nicht die Einkommensgrenze des § 9 WoFG), Förderpauschale 1.200,- €/qm Wohnfläche.

Höchstzulässige Miete 5,90 € für die Einkommensgruppe B (Einkommen übersteigt die Einkommensgrenze um bis zu 40%), Förderpauschale 765,- €/qm Wohnfläche.

3. Mieterhöhung und Bindungszeit

Mieterhöhungen sind nach den Vorschriften des BGB durchzuführen, also nach den §§ 558 ff. BGB. Allerdings gelten Beschränkungen für Zeitraum und Höhe dieser Mieterhöhungen (z. B. 0,15 € pro Jahr, siehe Ziffer 2.6 WFB).

Die Bindung wird auf 15 oder 20 Jahre festgelegt (Ziffer 2.41 der WFB), eine vorzeitige freiwillige Rückzahlung der öffentlichen Darlehen hat hierauf keine Auswirkung (Ziffer 2.41 WFB, siehe auch § 29 Abs. 1 Satz 1 WoFG). Wird das öffentliche Darlehen vom Darlehensgeber vorzeitig gekündigt, oder wird das Grundstück zwangsversteigert und das bestellte Grundpfandrecht erlischt, dann gelten kürzere Fristen (12 bzw. 3 Jahre, § 29 Abs. 1 Satz 2 WoFG). Für Zuschüsse gilt die Bestimmung des § 29 Abs. 2 WoFG.

Eine Freistellung ist von der Belegungsbindung, nicht aber von der vereinbarten Miete, zulässig, § 30 WoFG. Es können sogar Belegungs- und Mietbindungen auf bisher preisfreien Wohnraum übertragen werden (§ 31 WoFG).

4. Weitere Unterschiede zur bisherigen Förderung

6   Eine rückwirkende Mieterhöhung ist nicht möglich. Die Kaution dient auch zur Absicherung von Mietrückständen. Ist die Umlage von Betriebskosten nicht oder nicht vollständig mit dem Mieter vereinbart, so ist eine einseitige „Reparatur" entsprechend der inzwischen aufgehobenen Vorschrift des § 25 b NMVO nicht zulässig.

Bei der mietrechtlichen Beratung von Vermieter oder Mieter sind immer die maßgeblichen landesrechtlichen Förderbestimmungen und der Bewilligungsbescheid beizuziehen. Dem Mieter steht gegenüber dem Vermieter ein Auskunftsrecht zu (§ 28 Abs. 5 WoFG).

5. Neue Landesgesetze auf der Grundlage des Föderalismusreformgesetzes

7   Das Föderalismusreformgesetz hat die Zuständigkeit für den geförderten Wohnungsbau vom Bund auf die Länder verlagert. Im Zusammenhang damit sind die bisherigen Bundesvorschriften, also WoFG, BK-VO, Wohnfl-VO, wie auch die besonderen Vorschriften des Sozialen Wohnungsbau alter Förderung, vom Bund „freigegeben" worden. Sie gelten solange fort, bis die Länder für ihr Landesgebiet eigene Landesgesetze erlassen (Art 125 a GG). Dementsprechend gilt die Wohnfl-VO nach wie vor.[1]

Zwingend anzuwenden ist die Wohnfl-VO nur für den geförderten Wohnungsbau. Für den freien Wohnungsbau kann sie zur Bestimmung der Wohnungsgröße herangezogen werden, wenn dies von der Vorstellung der Parteien gedeckt ist.[2] Alternativen sind die §§ 42–44 II.BV oder die DIN 277.

8   Auf der Grundlage der neuen Kompetenzverteilung haben folgende Länder inzwischen eigene Wohnraumförderungsgesetze erlassen:
Bayern 2008 unter Einschluss der alten Förderung und Verbleib der Kostenmiete,
Baden-Württemberg mit Abschaffung der Kostenmiete nach alter Förderung zum 1. 1. 2009,
Hamburg wie Bayern 2009,
Schleswig-Holstein zum 1. 7. 2009 mit Abschaffung der Kostenmiete nach alter Förderung zum 1. 7. 2014.

II. Förderung nach dem I. und II. WohnBauG

9   Anzuwendende Vorschriften: I. und II. WohnBauG, WohnBindG, NMVO, II.BVO mit den Anlagen 1 und 2, BK-VO i. V. m. den §§ 20 ff NMVO, Wohnfl-VO bei baulichen Veränderungen ab dem 1. 1. 2004, Mietvorschriften des BGB. Baden-Württemberg: nur noch BGB mit Landes-WoFG; Schleswig-Holstein: nur noch bis 1. 7. 2014. Darlehensvertrag oder Bewilligungsbescheid bestimmen, um welche Art öffentlich geförderten Wohnungsbau es sich handelt.

1. Sozialwohnungen

10   Es werden öffentliche Mittel im Sinne des § 6 Abs. 1 II. WohnBauG bewilligt. Nur die dort genannten Mittel sind „öffentliche Mittel", (alle anderen Mittel, obwohl sie von öffentlichen Darlehensgebern bewilligt werden, sind laut Definition „nichtöffentliche Mittel"). Die Wohnungen dürfen nur an Personen vermietet werden, welche mit ihrem Einkommen die in den §§ 20–24 WoFG (früher §§ 25 bis 25d II. WohnBauG) genannten Einkommensgrenzen nicht überschreiten. Diese Förderung wird der 1. Förderweg genannt, nur diese Wohnungen sind Sozialwohnungen. Das WohnBindG und seine beiden Verordnungen gelten, ohne dass es einer diesbezüglichen Vereinbarung bedarf.

---

[1] Schreiben des Bundesministers für Verkehr an den Verfasser vom 21. 4. 08.
[2] BGH NJW 2004, 2230.

Im 2. Förderweg (§§ 88–88c II. WohnBauG) wird freifinanzierter Wohnungsbau mit nichtöffentlichen Mitteln gefördert. Bezugsberechtigt sind Mieter, deren Einkommen die Einkommensgrenze des 1. Förderwegs um bis zu 60% überschreitet, oder welche eine Sozialwohnung freimachen (§ 88a II. WohnBauG). Die Vorschriften des WohnBindG gelten nur insoweit, als auf sie gesetzlich verwiesen wird oder sie vertraglich vereinbart werden (siehe § 88b II. WohnBauG). Wegen des Verweises auf die §§ 8ff. WoBindG gilt die Kostenmiete. Es gelten die §§ 20–24 WoFG zur Bestimmung der Einkommensgrenze. Der Förderzeitraum beträgt grundsätzlich 15 Jahre.

Im 3. Förderweg (§ 88d II. WohnBauG) werden ebenfalls nichtöffentliche Mittel bewilligt. Die geförderten Wohnungen sind nicht preisgebunden, die Miete wird aber zwischen Darlehensgeber und Darlehensnehmer vertraglich festgelegt. Es greifen ergänzend die Vorschriften des BGB ein, soweit eine Mieterhöhung während der Dauer der Förderung, das sind in der Regel 15 Jahre, nach den vertraglichen Vereinbarungen zulässig ist (§ 88d Abs. 2 II. WohnBauG), also die §§ 557ff. BGB. Die Vorschriften der §§ 8ff. WoBindG gelten ausdrücklich nicht.

Dass auch bei dieser rechtlich eigentlich einfachen Förderung Schwierigkeiten auftreten können, zeigt das Urteil des LG Freiburg.[3] Der Darlehensgeber bestimmt auch hier, welche Personen die so geförderten Wohnungen beziehen dürfen. Diese Förderung ist Vorbild für die neue Förderung nach dem WoFG gewesen.

2. Mit Wohnungsfürsorgemitteln geförderter Wohnraum § 87a–§ 87b II. WohnBauG

Hier werden nichtöffentliche Mittel bewilligt, um Wohnungen für die Unterbringung von Bediensteten der öffentlichen Hand zu schaffen, also für Beamte, Angestellte und Arbeiter des öffentlichen Dienstes, sowie auch für Soldaten. Die maßgeblichen Bestimmungen regelt der Darlehensvertrag, die Vorschriften des WoBindG greifen nur ergänzend ein, soweit auf sie vertraglich oder gesetzlich verwiesen wird. Das gilt namentlich für die Bestimmung und Höhe der Kostenmiete, es gelten die §§ 10 und 11 WoBindG, über § 87a Absätze 2 bis 5 II. WohnBauG gelten auch die Vorschriften der §§ 8 bis 8b sowie 18a bis 18d und 18f WoBindG.

Hierunter fallen auch die Postwohnungen und die Bahnwohnungen. Bei diesen ist auch eine Mischfinanzierung vorgekommen, nämlich mit Wohnungsfürsorgemitteln und zusätzlich mit öffentlichen Mitteln. In diesem Falle gelten die Darlehensbestimmungen und die Vorschriften des WoBindG nebeneinander, was vor allem für die Bestimmung des Endes der Bindung wichtig ist.

3. Steuerbegünstigter Wohnungsbau

Es handelt sich um freien Wohnungsbau, der steuerlich begünstigt wird, wenn der Wohnraum bestimmte Flächengrößen nicht überschreitet, so z.B. bei der Eigenheimförderung. Diese Förderungsart ist ersatzlos fortgefallen.

Wurden allerdings für diesen Wohnraum Aufwendungsdarlehen und/oder Aufwendungszuschüsse bewilligt, so unterlagen sie bei öffentlichen Mitteln der Preisbindung des 1. Förderwegs, bei nichtöffentlichen Mitteln den Bestimmungen des Darlehensvertrages.

4. Eigentumswohnung, Eigenheim

Neben dem Mietwohnungsbau wurde auch die Eigentumsbildung mit öffentlichen und nichtöffentlichen Mitteln gefördert. Der Status richtet sich hier ebenfalls nach der Art der gewährten Mittel. Es gibt also Eigentumswohnungen als Sozialwohnungen und solche mit Wohnungsfürsorgemittel geförderte Wohnungen. Entscheidend ist hier, dass der Bauherr die Wohnung/das Eigenheim selbst beziehen will, seine Einkommensverhältnisse sind maßgebend. Wird in einem Eigenheim auch eine Einliegerwohnung geschaffen, gilt für diese die vereinbarte Bindung, allerdings ist vom Mieter die Vergleichsmiete zu nehmen (§ 11 NMV). Dies gilt auch für die Hauptwohnung, wenn der Bauherr später aus seiner Wohnung/seinem

---

[3] WuM 2003, 696.

Eigenheim auszieht und den Wohnraum dann vermietet. Der Übergang zur Kostenmiete ist zulässig, aber genehmigungsbedürftig.

5. Bauherrenwohnung

17 Gesetzlich geregelt ist sie nur im 1. Förderweg (§ 6 WoBindG), entsprechende vertragliche Regelungen sind in den anderen Förderungsbereichen möglich. Die Bauherrenwohnung ist ein Haftungsrisiko ersten Ranges. Nach außen erscheint sie wie eine freie Wohnung, in Wirklichkeit ist sie aber ebenfalls eine Sozialwohnung. Der Bauherr darf grundsätzlich nicht ohne Genehmigung der Bewilligungsstelle eine Wohnung in seinem Haus beziehen. Erstellt er bis zu drei Wohnungen, so kann er nur mit Wohnberechtigungsschein eine davon beziehen, er ist also jedem berechtigten Mieter gleichgestellt. Erstellt der Bauherr mehr als drei Wohnungen, erhält er auf Antrag die Zustimmung zum Bezug einer Wohnung, ohne dass er hier die Einkommensgrenzen einzuhalten hat. Dieses Privileg steht nur dem Bauherrn zu, also nicht einem späteren Eigentümer des Hauses.

Das Wesen als Sozialwohnung tritt wieder hervor, sobald der Bauherr diese Wohnung verlässt und sie neu vermietet. Sie darf nun – wie jede andere Wohnung im Haus – nur an solche Mietinteressenten vermietet werden, die hierzu berechtigt sind.

6. Bundes-, Landes- und Gemeindeeigene Wohnungen

18 Mit öffentlich geförderten Wohnungen nicht zu verwechseln sind Wohnungen, die im Eigentum der öffentlichen Hand stehen, also bundeseigene, landeseigene oder gemeindeeigene Wohnungen. Diese Wohnungen sind grundsätzlich freier Wohnraum, es sei denn, sie sind mit öffentlichen oder nichtöffentlichen Mitteln gefördert worden. Ansonsten darf für diese Wohnungen die Vergleichsmiete nach den §§ 557ff. BGB verlangt werden, es sei denn, durch Selbstbeschränkung ist nur eine geringere Miete vereinbart oder zulässig.[4]

7. Sonstige geförderte Wohnungen

19 Besonders im Bundesland Berlin wurden Modernisierungen der Wohnhäuser mit öffentlichen Mitteln unterstützt. Im Gegenzug musste sich der Vermieter verpflichten, die Modernisierungsmieterhöhung auf einen bestimmten Betrag zu beschränken. Der so geförderte Wohnraum ist nach wie vor freier Wohnraum, lediglich die Miete ist durch Vereinbarung beschränkt.[5]

Wird Wohnraum vermietet, der vom Mieter mit Sozialbindung an Berechtigte weitervermietet wird, so unterliegt nur der Untermietvertrag Zwischenmieter-Untermieter der öffentlichen Bindung; der Hauptmietvertrag Vermieter-Zwischenmieter kann sogar ein gewerblicher Mietvertrag sein.[6]

Der Untermieter ist nicht berechtigt, einzelne Teilleistungen des Zwischenmieters zu kündigen.[7]

---

[4] BayObLG NJW-RR 1999, 1100; BayObLG Beschluss WM 2000, 238.
[5] BGH WuM 2003, 694; BGH NJW-RR 2004, 518; BGH WuM 2004, 283; BGH WuM 2004, 284 = NZM 2004, 655.
[6] OLG Düsseldorf WuM 2003, 151.
[7] BGH WuM 2003, 573 = NZM 2004, 22.

III. Die Kostenmiete

1. Die vorläufige Wirtschaftlichkeitsberechnung § 4 II. BV/§ 72 II. WohnBauG und die Schlussabrechnung gemäß § 72 Abs. 2 WohnBauG/§ 8a Abs. 4 WohnBindG

Vorläufige Wirtschaftlichkeitsberechnung (im Folgenden immer abgekürzt als WB): Das Gesetz spricht von der WB, welche bei Beantragung der öffentlichen Mittel zu erstellen ist. Das hierfür zu verwendende Formular (in NRW) folgt den Anforderungen des § 3 II.BVO und gliedert sich also wie folgt: eine Beschreibung der Baumassnahme, die Anzahl und Größe der zu schaffenden Wohnungen, eine Zusammenstellung der Boden- und Baukosten und eine Aufstellung des Finanzierungsplans. Unter der Überschrift „Vorläufige Wirtschaftlichkeitsberechnung" folgt dann die Berechnung der Kostenmiete unter Zugrundelegung der Kosten und der Finanzierung.

Der Bauherr muss, um öffentliche Mittel zu erhalten, eine genaue Kostenschätzung vornehmen, nach Möglichkeit sollte er schon Verträge nach entsprechender Ausschreibung abgeschlossen haben. Was alles zu den Boden- und Baukosten gehört und damit bei der Ermittlung der Kosten berücksichtigt werden darf, ist in der **Anlage 1 zur II. BV** bestimmt. Es handelt sich dabei z.B. um den Wert des Grundstückes, seine Erschließungskosten, die Baukosten, die Baunebenkosten wie Architektenhonorar, die Finanzierungskosten wie Disagio oder Zwischenfinanzierung. Es sind also alle Kosten zu erfassen, diese bilden die Grundlage für die Ermittlung der Kostenmiete.

Definition: Die Kostenmiete basiert auf den Baukosten und ist eine rechnerische Umsetzung dieser Baukosten nach den Vorschriften der II.BVO. Die Kostenmiete wird berechnet in Form einer WB.

Die vorläufige WB ist die Grundlage für die weitere Entwicklung der Kostenmiete. Einer **Schlussabrechnung** bedarf es grundsätzlich nicht. Da allerdings die vorläufige WB auf den geschätzten Baukosten aufbaut, können sich während der Bauphase Kostenänderungen ergeben, und zwar Verteuerungen wie Einsparungen (z.B.: inflationsbedingte Verteuerung, unerwartet höhere Gründungskosten wegen des Bodenzustands – z.B. sandiger Boden oder verschütteter Bunker aus der Zeit vor 1918 –, die Zinsen sind geringer als zunächst angegeben oder es werden mehr Eigenmittel eingesetzt). In allen diesen Fällen müssen die Veränderungen genehmigt werden, um Eingang in die Kostenmietberechnung zu finden. Dafür muss eine Schlussabrechnung innerhalb von zwei Jahren ab Bezugsfertigkeit des Hauses eingereicht werden (§ 8a Abs. 4 WoBindG). Der Darlehensgeber besteht grundsätzlich auf Einreichung einer Schlussabrechnung, auch um zu überprüfen, ob sich Kostenverringerungen ergeben haben. Diese sind dann Grundlage für eine Reduzierung der öffentlichen Darlehen. Im Folgenden ist das **Original einer Schlussabrechnung wiedergegeben:**

Muster 8 b WFB 1967

Schlußberechnungsanzeige und Wirtschaftlichkeitsberechnung (Kaufeigenheime, Trägerkleinsiedlungen und Kaufeigentumswohnungen für noch nicht feststehende Bewerber sowie Miet- und Genossenschaftswohnungen)

I. Baugrundstück: 5 Köln 71 (Chorweiler);
II. Bauherr: 5 Köln 60
III. Betreuer/Beauftragter: 5 Köln 80
IV. Planverfasser: 5 Köln 80
V. Bewilligungsbescheid Nr. ...... vom 31. 12. 1975

An
Stadt Köln
Amt für Wohnungswesen
in 5 Köln 1/Lindenstraße 14

Anzeige

über die Aufstellung der Schlußabrechnung und Wirtschaftlichkeitsberechnung

A.

1. Gemäß Nr. 80 WFB 1967 wird hiermit angezeigt, daß die Schlußabrechnung gem. DIN 276 für das auf dem vorbezeichneten Grundstück errichtete Bauvorhaben aufgestellt worden ist und zur Nachprüfung durch Sie bereitgehalten wird. Das Bauvorhaben wurde am **30. 6. 1977/Bl. 265** bezugsfertig.
2. – Das Bauvorhaben ist – dem genehmigten Antrag auf Bewilligung öffentlicher Mittel – vom 22. 4. 1975 – entsprechend durchgeführt worden.*) – Bei der Durchführung des Bauvorhabens haben sich folgende Änderungen ergeben:*)

Art der Änderung	Grund
....	....
....	....
....	....

Die erforderlichen Unterlagen (ggf. Bauzeichnungen, Wohnflächen- und Raummeterberechnung, Abänderung der Baubeschreibung) sind beigefügt. Es wird beantragt, den Wertverbesserungen zuzustimmen; die Kosten der Wertverbesserungen sind bereits mit ...... DM in der Aufstellung enthalten. Der Antrag auf Anerkennung der Änderungen kann erst jetzt gestellt werden, weil

3. Die der Bewilligung der öffentlichen Mittel zugrunde liegenden Gesamtkosten
(Teil C Ziff. I des Antrages), die mit .... 3.384.700,00 DM
angesetzt waren, haben sich verändert auf .... 3.383.568,47 DM
verringert .... 3.383,53 DM

§ 25 Preisgebundener Wohnraum und Sozialer Wohnungsbau

B. Wirtschaftlichkeitsberechnung

I. **Aufstellung der Gesamtkosten** (nach DIN 276, Ausg. März 1954) – ohne Kosten, die nach dem Zeitpunkt der Bezugsfertigkeit entstanden sind – – ohne Kosten von baulichen Veränderungen, die nur bei einem Teil der öffentlich geförderten Wohnungen entstanden sind[2] –	Gesamtkosten die der Bewilligung der öffentlichen Mittel zugrunde gelegen haben DM	abgerechnete Gesamtkosten		
		\multicolumn{3}{c}{Aufteilung der Gesamtkosten}
		Gesamt-betrag DM	auf die öffentlich geförderten Wohnungen DM	auf die sonstigen WE und den Geschäftsraum TG + DM PH
	1	2	3	4
1. Kosten des Baugrundstücks:				
1.1 Wert des Baugrundstücks (2.199,– qm × 110,– DM)	241.890,–	241.890,00	222.540,00	19.350,00
1.2 Erwerbskosten (Grundstücksnebenkosten)	4.100,–	3.712,14	3.413,99	298,15
1.3 Erschließungskosten	55.400,–	36.281,89	35.985,20	296,69
	301.390,–	281.884,03	261.939,20	19.944,83
2. Baukosten:				
2.1 Kosten der Gebäude (reine Baukosten) 2.199,– qm × 900,– DM	1.979.100,–	1.979.098,02	1.979.098,02	
2.11 im umbauten Raum (= ...... cbm) erfaßte Bauteile (DIN 277 Abschn. 1.1 bis 1.3) mithin Raummeterpreis = ... DM/cbm 8.277,41 DM/FP × 20	156.400,–	165.548,20		165.548,20
2.12 besonders zu veranschlagende Bauausführungen und Bauteile (DIN 277 Abschn. 1.4)	23.700,–	28.160,00 23.700,00	28.160,00 23.700,00	
Tieferfundierung nur nachrichtlich	18.000,–	17.632,81	17.632,81	
in 2.11 und 2.12 enthaltene Mehrkosten Heizung 140.000,– DM Aufzug 42.800,– DM Antenne 5.000,– DM Warmwassergeräte 7.700,– DM				
2.13 Wert der vorhandenen und wiederverwendeten Gebäudeteile; bei Wiederherstellung abzügl. der Hypothekengewinnabgabe		13.454,39	13.454,39	
2.2 Kosten der Außenanlagen	70.900,–	70.900,00	70.900,00	
2.3 Baunebenkosten	2.248.100,–	2.298.493,42	2.132.945,22	165.548,20
2.31 Architekten- und Ingenieurleistungen	176.010,–	176.010,–	162.610,00	13.400,00
2.32 Kosten der Verwaltungsleistungen	22.500,–	22.500,00	20.900,00	1.600,00
2.33 Kosten der Behördenleistungen	44.900,–	45.986,00	40.654,32	5.331,68
2.341 Kosten der Beschaffung der Dauerfinanzierungsmittel	566.800,–	537.484,32	528.444,32	9.040,00
2.342 Kosten der Beschaffung und Verzinsung der Zwischenfinanzierungsmittel				
2.35 Sonstige Baunebenkosten	22.500,–	20.059,04	18.718,66	1.341,28
2.4 Kosten der besonderen Betriebseinrichtungen				
2.5 Kosten der Geräte und der sonstigen Wirtschaftsausstattung	2.500,–	1.150,86	920,56	230,20
BNK.: I. Gesamtkosten	835.210,–	903.191,02	772.247,86	30.943,16
BK. + BNK.:	3.083.310,–	3.101.684,44	2.905.193,08	196.491,36
Gesamtkosten	3.384.700,–	3.383.568,47	3.167.132,28	216.436,19

§ 25   22 — Teil A. Wohnraummiete

II. Aufstellung der Finanzierungsmittel	Finanzierungs-mittel die der Bewilligung der öffentlichen Mittel zugrunde gelegen haben	neuer Finanzierungsplan		
		Aufteilung der Finanzierungsmittel		
		Gesamt-betrag	auf die öffentlich geförderten WE	auf die sonstigen WE und den Geschäftsraum
	DM	DM	DM	TG + DM PH
	1	2	3	4
1. Fremdmittel:				
1.1 Dinglich gesicherte Fremdmittel (einschl. öffentlicher Baudarlehen) in der Reihenfolge der dinglichen Sicherung				
1.11 Darlehen der Centralboden AG Köln	1.644.700,–	1.644.700,–	1.588.700,–	56.000,–
1.12 Darlehen der WFA/ Centralboden AG Köln Zinssatz: 0,5%; Tilgung 1%; Auszahlung 96%/8%	1.103.200,–	1.103.200,–	1.103.200,–	
1.13 Darlehen des Landes NRW Zinssatz: 0,5%; Tilgung 1%; Auszahlung 99%	120.000,–	120.000,–		120.000,–
1.14 Darlehen d ...... Zinssatz: ......%; Tilgung ......%; Auszahlung ......%				
1.2 Sonstige Fremdmittel				
1.21 Darlehen d...... Zinssatz: ......%; Tilgung ......%; Auszahlung ......%				
1.22 Darlehen d...... Zinssatz: ......%; Tilgung ......%; Auszahlung ......%				
2. Nicht rückzahlbare Baukostenzuschüsse (Ersteinrichtungszuschuß für Kleinsiedlungen, Zuschuß für die Bergschadensicherung, für kinderreiche Familien) a) ...... b) ...... c)				
3. Eigenleistungen: a) Bargeld und Guthaben 515.668,– DM b) Sachleitungen ...... DM c) Selbsthilfe ...... DM d) Gebäuderestwert u. Wert vorhandener Gebäudeteile abzügl. Belastungen ......DM e) Wert d. Baugrundstücks (abzügl. Belastungen) ...... DM insgesamt 515.668,– DM davon mit 4% Zinsen	516,800,–	515.668,–	475.232,–	40.436,–
II. Finanzierungsmittel:	3.384.700,–	3.383.568,–	3.167.132,–	216.436,–

§ 25 Preisgebundener Wohnraum und Sozialer Wohnungsbau

III. Aufstellung der Aufwendungen ohne Aufwendungen, die nach dem Zeitpunkt der Bezugsfertigstellung entstanden sind – – durch Umlagen gedeckt werden sollen –	Aufwendungen für öffentlich geförderte WE bei Bewilligung DM	Aufteilung der Aufwendungen im Zeitpunkt der Bezugsfertigstellung		
		auf die öffentlich geförderten Wohnungen DM	auf die sonstigen WE und den Geschäftsraum TG + DM PH	Gesamtbetrag (Spalten 2 u. 3) DM
	1	2	3	4
1. Kapitalkosten:				
1.1 Fremdmittel-Zinsen				
a) Darlehen II. 1.11 1.290.700,– DM	96.803,–	96803,–		96.803,–
b) Darlehen II 1.12 298.000,– DM	7450,–	7.450,–		7.450,–
c) Darlehen II. 1.13 56.000,– DM			4.200,–	4.200,–
d) Darlehen II. 1.14 1.103.200,– DM	5.516,–	5.516,–		5.516,–
e) Darlehen II. 1.21 120.000,– DM			600,–	600,–
f) Darlehen II. 1.22 ...... DM				
1.2 Zinsersatz zur Aufbringung erhöhter Tilgungen (besonders berechnen)....				
1.3 Eigenkapital-Zinsen 4% von 475.232,– DM 4% von 40.436,– DM	19.008,–	19.009,–	1.617,–	19.009,– 1.617,–
1.4 Erbbauzinsen (... qm × ... DM)				
1.5 Lfd. Gebühr für Bürgschaft				
2. Bewirtschaftungskosten: Garagen:				
2.1 Abschreibung 1% von 196.491,36 DM 1% von 2.905.193,08 DM 2% von 140.000,– DM 2% von 42.800,– DM 4% von 7.700,– DM	28.917,– 2.800,– 856,– 308,–	19.052,– 4.414,–	1.965,–	1.965,00 29.052,00 4.414,00
2.2 Verwaltungskosten 9% von 5.000,– DM 28 Wohnungen × 180,– = 5.040,– DM 20 Wagenplätze × 30,– = 600,– DM	450,– 5.040,–	5.040,–	600,–	5.640,00
2.3 Betriebskosten (lt. besonderer Aufstellung, der die Belege beigefügt sind; sonst Pauschalansatz) 2.199,– qm Wohnfläche × 5,– DM = 10.995,– DM 20 Wagenplätze × 30,– = 600,– DM	6.597,–	10.995,–	600,–	11.595,00
2.4 Instandhaltungskosten 2.199,– qm Wohnfläche × 8,– D; = 17.592,– DM 20 Wagenplätze × 50,– = 1.000,– DM	17.592,–	17.592,–	1.000,–	18.592,00
2.5 Mietausfallwagnis (2% von 119.088,– DM)	3.904,–	2.381,–	216,–	2.597,00
III. Aufwendungen insgesamt	195.241,–	198.252,–	10.798,–	209,09
abzüglich der Erträge aus der Vermietung von Garagen		108.252,		
3. Verbleibende durch die Miete zu deckende Aufwendungen	195.241,–			

§ 25 22   Teil A. Wohnraummiete

C.

Berechnung der Durchschnittsmiete im Zeitpunkt der Bezugsfertigstellung

1. Bei Förderung aller Wohnungen mit nach Art und Höhe gleichartigen öffentlichen Mitteln
Die Durchschnittsmiete beträgt

   a) vor Abzug des Aufwendungserlasses 79.164,– DM Bl. 75
   198.252,– DM : 12 : 2.199,– qm Wohnfläche = 7,51 DM/qm/mtl.

   b) nach Abzug des Aufwendungszuschusses
   119.088,– DM : 12 : 2.199,– qm Wohnfläche = 4.51 DM/qm/mtl.

Durchschnittsmiete bei Bewilligung DM/qm/mtl.
4.40
Bl. 128

2. Bei Förderung mit nach Art und Höhe unterschiedlichen öffentlichen Mitteln. Gemäß anliegender Teilberechnung der laufenden Aufwendungen entfallen auf

	Teilaufwendungen jährlich DM	abzüglich Aufwendungszuschuß jährlich DM	bleiben Teilaufwendungen jährlich DM
	1	2	3
c) Wohnungen, die mit Normaldarlehen/Bankdarlehen und Aufwendungszuschuß in Höhe von 3,00 DM/qm gefördert sind		entfällt	
d) Wohnungen, die mit verringerten Darlehen/Bankdarlehen und Aufwendungszuschuß in Höhe von 3,00 DM/qm gefördert sind			

Die Durchschnittsmiete beträgt

e) für Wohnraum gem. Nr. 2 c
...... DM (Nr. 2 c Sp. 3): 12: ...... qm Wohnfläche = ... DM/qm/mtl.

f) für Wohnraum gem. Nr. 2 d
...... DM (Nr. 2 d Sp. 3): 12: ...... qm Wohnfläche = ... DM/qm/mtl.

Durchschnittsmiete bei Bewilligung DM/qm/mtl.

3. Gemäß § 20 NMV 1970 sollen folgende Umlagen erhoben werden:

Art der Leistung	vorgesehen		
	ursprünglich DM	jetzt DM	Grund der Veränderung
1. für die Kosten der Wasserversorgung und der Entwässerung			
2. für die Kosten des Betriebes der zentralen Heizungs- und Brennstoffversorgungsanlagen und der Versorgung mit Fernwärme	nach den tatsächlichen Kosten		
3. für die Kosten der zentralen Warmwasserversorgungsanlage und der Fernwasserversorgungsanlagen			
4. für die Kosten des Betriebes maschineller Aufzüge			

Abrechnung erfolgt am Ende eines Bewirtschaftungszeitraumes. Überzahlte Beträge werden erstattet, Nachforderungen bleiben vorbehalten. Neben der Einzelmiete werden die Kosten des Betriebes und der Instandhaltung für maschinelle Wascheinrichtungen auf die Benutzer umgelegt. Vorauszahlungen hierfür sind unzulässig.

D.

Nachträgliche Änderung von Aufwendungen[1]
1. Nach der Bezugsfertigstellung haben sich die Gesamtkosten einschließlich der Kosten für Wertverbesserungen bei sämtlichen Wohnungen erhöht.

E.

1. Wir – Bauherr – und Betreuer – versichern, die vorstehenden und die in den Anlagen enthaltender Angaben nach bestem Wissen und Gewissen richtig gemacht und keine Tatsachen verschwiegen zu haben, die für die Beurteilung von Bedeutung sein könnten.
2. Dieser Anzeige sind folgende Anlagen beigefügt:
Die erforderlichen Rechnungen, die gemäß Bewilligungsbescheid zum Nachweis der Kosten erforderlich sind.

5000 Köln 80, den 20. 6. 1989

....
Unterschrift des Bauherrn   Unterschrift des Betreuers

Anmerkungen:
[*] Nichtzutreffendes ist zu streichen.
[1] Notwendig wegen Höhe und Zeitpunkt einer Mieterhöhung
[2] Kosten für bauliche Änderungen, die nur bei einem Teil der Wohnungen entstanden sind, berechtigen zu einem Zuschlag nach § 6 Abs. 2 und § 26 Abs. 5 NMV 1970.

§ 25 23–30

23 Auf der 1. Seite ist das Haus beschrieben. Es handelt sich vorliegend um ein mehrstöckiges Haus mit 28 Wohnungen, fertiggestellt 1977 in Köln-Chorweiler-Nord (Stadt aus der Retorte mit überwiegend öffentlich geförderten Mehrfamilienwohnhäusern). Das Jahr der Bezugsfertigkeit ist entscheidend für den zutreffenden Kostenansatz der Instandhaltungspauschale.

24 Auf der Seite 2 sind die Baukosten aufgeführt, getrennt nach den Bodenkosten, wozu die Erschließungskosten gehören, und den eigentlichen Baukosten. Bei letzteren sind einzelne Gewerke gesondert angegeben, es handelt sich um die Kosten, für die eine Sonderabschreibung angesetzt werden darf. Die Grundstückskosten dürfen bei der Abschreibung nicht berücksichtigt werden (§ 25 Abs. 2 II. BVO). Außerdem ist eine Aufteilung der Kosten vorgenommen zwischen Wohnhaus und Tiefgarage (TG) und Parkhaus (PH). Hier fließen also die Baukosten für die Garagenstellplätze nicht in die Baukosten der Wohnungen ein. Im nachfolgenden wird nur die Berechnung der Kostenmiete für das Wohnhaus weiter beschrieben.

25 Auf der Seite 3 ist dann die Finanzierung angegeben mit den Namen der Darlehensgeber, Berechnung genommen werden. Ausnahme: Aufwendungsdarlehen § 18 Abs. 3 II. BVO. Ebenfalls hier angegeben ist die Summe der Eigenmittel. Diese müssen nicht immer aus Geldbeträgen bestehen, zumeist ist der Wert des eingebrachten Grundstücks angesetzt.

26 Auf der Seite 4 folgt sodann die Berechnung der Kostenmiete. Es sind die Darlehen mit ihrem Nominalbetrag angegeben und es wird der Aufwand anhand des Zinssatzes ermittelt. Beim erststelligen Darlehen fällt sofort auf, dass dieses aufgeteilt ist in einen Betrag von 1.290.700,– DM, der mit dem vereinbarten Zins von 7,5% berücksichtigt wird, und einem weiteren Teil von 298.000,– DM, für den eine Verzinsung von lediglich 2,5% angesetzt ist (7.450,– DM * 100 : 298.000,– DM). Auf Blatt 5 findet sich der Hinweis hierzu: Es wird ein Aufwendungszuschuss durch Übernahme der Verzinsung des erststelligen Darlehens in Höhe von 5% bewilligt. Dies geschieht, um die Miete zu senken und für die Mieter auf eine tragbare Höhe zu begrenzen. Dieser Zuschuss ist eine nichtrückzahlbare Subvention. Er fällt nach 10 Jahren fort, sodass ab dann das erststellige Darlehen in voller Höhe mit dem dann aktuellen Zinssatz angesetzt werden kann.

27 Bei den öffentlichen wie nichtöffentlichen Mitteln findet zumeist zunächst keine Verzinsung statt, sondern es wird ein Verwaltungskostenbeitrag (VKB) von 0,25 bis 0,5% verlangt. Dieser VKB ist wie Zinsen zu berücksichtigen (§ 21 Abs. 1 Satz 2 II. BVO). Die Eigenmittel dürfen ebenfalls verzinst werden, und zwar 15% der Gesamtkosten nur mit 4%, der darüber hinausragende Teil mit 6,5%, bei vor 1974 bewilligten Bauvorhaben mit dem damals ortsüblichen Zinssatz (§ 20 Abs. 2 II. BVO). Angesetzt werden darf auch – mit besonderer Genehmigung – Zinsersatz (§ 22 II. BV). Dieser Ansatz ist nur zulässig, wenn Darlehen mit mehr als 1% jährlich getilgt werden.

28 Es schließen sich dann an die Grundabschreibung (nur von den Baukosten) in Höhe von 1% und die Sonderabschreibungen gemäß § 25 II. BVO. Diese Ansätze dürfen, wenn später gesetzlich eine höhere Abschreibung erlaubt wird, jedoch nicht angepasst werden (§ 30 Abs. 2 II. BVO). Es folgen sodann die beiden Pauschalen für Verwaltungskosten und Instandhaltungskosten. Diese dürfen mit den in den §§ 26 und 28 II. BVO angegebenen Höchstbeträgen angegeben werden ohne Nachweis, dass Kosten in dieser Höhe entstehen (§ 30 Abs. 1 II. BVO).

Die Verwaltungskostenpauschale wird mit der Anzahl der Wohnungen multipliziert, somit gehört die Anzahl der Wohnungen zu den zwingenden Grundlagen der Kostenmietberechnung.

29 Die Instandhaltungspauschale wird mit der Gesamtwohnfläche multipliziert. Damit gehört auch die Wohnfläche zu den zwingenden Grundlagen der Kostenmietberechnung. Zur Bestimmung der Wohnfläche enthält die II. BV in den §§ 42 bis 44 ins Einzelne gehende Vorschriften zur Berechnung. Diese Vorschriften sind nach wie vor maßgebend. Die Wohnflächen-VO greift nur ein, wenn nach dem 31. 12. 2003 eine Wohnflächenvergrößerung stattfindet.

30 In der vorliegenden Schlussabrechnung ist noch ein Kostenansatz für Betriebskosten enthalten. Im Jahre 1977 – und zwar bis Juli 1984 – galt das Prinzip der Bruttokostenmiete. Bis auf Wasser, Waschmaschine und Heizkosten waren alle Betriebskosten in der Kostenmie-

te enthalten. Das ist 1984 geändert worden, seitdem sind die Betriebskosten (früher Anlage 3 zur II. BVO, heute BK-VO) außerhalb der WB anzusetzen und abzurechnen (siehe §§ 20 ff. NMV).

Zum Schluss folgt die Berechnung des Mietausfallwagnisses (MAW, § 29 II. BVO). Es beträgt 2% der Erträge im Sinne des § 31 der II. BVO. Da die Erträge nicht höher sein dürfen als die nach der WB ermittelte Kostenmiete, heißt dies, dass in der zulässigen Kostenmiete 2% MAW enthalten sind. Das sind dann, rechnerisch auf die Summe der Kostenansätze ohne MAW berechnet, 2,04%.

Auf Blatt 5 erfolgt eine weitere Berechnung der Kostenmiete. Außer durch den Zuschuss wird die Miete noch zusätzlich durch ein bewilligtes Aufwendungsdarlehen reduziert. Dieses Darlehen wird in 10 oder 12 Jahresraten (entweder in gleich hohen Beträgen oder in degressiver Staffelung) ausgezahlt und verringert damit ebenfalls die Kostenmiete. Im Gegensatz zum Zuschuss ist dieses Darlehen aber zurückzuzahlen. Die Rückzahlungsraten sind einschließlich Tilgung ansatzfähig (§ 18 Abs. 3 II. BVO).

Dem ermittelten Kostenaufwand sind die Erträge gegenüberzustellen. Die Erträge dürfen den Kostenaufwand nicht überschreiten (§ 31 II. BV). Erträge sind die Mieteinnahmen, was also bedeutet: Der Vermieter darf nicht mehr als die zulässige Kostenmiete nehmen.

Über den Antrag des Bauherrn entscheidet die Bewilligungsstelle durch Bewilligungsbescheid und damit öffentlich-rechtlich durch Verwaltungsakt. Die Bewilligungsbehörde kann dabei Kostenansätze streichen. Will der Bauherr sich hiergegen wehren, muss er den Verwaltungsrechtsweg beschreiten.

Vor der Bewilligung der öffentlichen Mittel hat der Bauherr außerdem zivilrechtliche Darlehensverträge zu unterschreiben, womit er sich auch zivilrechtlich bindet. Dieser zivilrechtliche Vertrag ist die Grundlage für die Eintragung entsprechender Grundpfandrechte und vertraglich vereinbarter Besetzungsrechte im Grundbuch.

2. Besonderheiten

a) **Teil- und Gesamtwirtschaftlichkeitsberechnung.** Wenn das zu errichtende Haus nicht nur Sozialwohnungen haben wird, sondern außerdem freie Wohnungen, Gewerbeflächen oder Garagen, so ist eine Teilwirtschaftlichkeitsberechnung aufzustellen (§§ 32 ff. II. BV). Diese folgt dem Prinzip, dass die Kosten des Bauvorhabens aufgeteilt werden auf die Sozialwohnungen, die freien Wohnungen, den Gewerbebereich und die Garagen. Die Aufteilung erfolgt, soweit eine solche nach konkretem Aufwand nicht möglich ist, entweder nach Fläche oder nach umbautem Raum. Wie der umbaute Raum zu ermitteln ist, schreibt die Anlage 2 zur II. BV vor.

Die Kostenmiete wird dann nur von dem auf die Sozialwohnungen entfallenden Teil der Gesamtbaukosten ermittelt. Kosten und Einnahmen der übrigen Wohn- und Gewerbeflächen haben auf die Kostenmiete damit keinen Einfluss.

Grundsätzlich ist die Teilwirtschaftlichkeitsberechnung vorgeschrieben, mit Zustimmung der Bewilligungsstelle darf aber auch eine Gesamtwirtschaftlichkeitsberechnung aufgestellt werden (§ 37 II. BV).

In diesem Fall werden die gesamten Baukosten zusammengefasst. Beim Ansatz der Pauschalen für Verwaltung und Instandhaltung sind für die freien Wohnungen und den Gewerbebereich nicht die Pauschbeträge der II. BV anzusetzen, sondern Pauschalen, die nach tatsächlichem Aufwand geschätzt werden. Der Gesamtaufwand ist dann angemessen auf den geförderten Wohnraum, auf den freien Wohnraum usw. zu verteilen. Schon daran erkennt man, dass die Erstellung einer Gesamtwirtschaftlichkeitsberechnung mit einigen Mühen verbunden ist. Dies gilt erst recht, wenn zu späteren Zeitpunkten die Kostenmiete angepasst werden muss, was der Bauherr dann eigenverantwortlich vornehmen soll. Erst recht unattraktiv ist diese Art der Berechnung der Kostenmiete dadurch, wenn die Bewilligungsstellen im Bewilligungsbescheid festsetzen, dass die Überschüsse an Mieteinnahmen im Gewerbebereich und beim freien Wohnraum zur Ermäßigung der Kostenmiete heranzuziehen sind (Quersubventionierung).

Gesamtwirtschaftlichkeitsberechnungen finden sich daher auch nur selten, absolut vorherrschend ist die Teilwirtschaftlichkeitsberechnung.

36 b) **Bauherrenwohnung.** Auch hier gibt es unterschiedliche Ansatzmöglichkeiten. Früher war üblich, dass die Bauherrenwohnung ununterscheidbar in den Baukosten enthalten war, die Kostenmiete wurde damit einheitlich für Sozialwohnungen und Bauherrenwohnung bestimmt.

Später, besonders bedingt durch die unterschiedlich hohen Zuschüsse, wurden die Baukosten für die Bauherrenwohnung aus den Gesamtbaukosten herausgenommen und für diese eine eigene Kostenmiete ermittelt, welche regelmäßig höher war als die für die normalen Sozialwohnungen. Die Aufteilung erfolgte in Form von Teilwirtschaftlichkeitsberechnungen, jeweils eine für die Sozialwohnungen und eine nur für die Bauherrenwohnung.

37 Teilweise wurde die Bauherrenwohnung auch gar nicht gefördert, dann handelte es sich um eine freie Wohnung. In diesem Fall wurde nur für die Sozialwohnungen eine Teilwirtschaftlichkeitsberechnung erstellt, für die Bauherrenwohnung war in diesem Fall eine Kostenmiete nicht zu ermitteln. Sie war und ist dann aber auch keine Bauherrenwohnung im Sinne des § 6 WoBindG, auch wenn in der Regel der Bauherr diese Wohnung bezog.

38 c) **Garagen.** Früher wurden die Kosten für die Erstellung von Garagen, ob im oder am Haus, in die Kostenaufstellung mit hineingenommen. Ansatzfähig sind in diesem Fall auch die Pauschalen für Verwaltung und Instandhaltung, die eigene Beträge für Garagen haben. Als „Gegenleistung" wurden die Mieterträge der Garagen vom ermittelten Gesamtaufwand abgezogen, nur der Restbetrag bildete die Kostenmiete für den Wohnraum.

39 Gerade nach dem Aufkommen von Tiefgaragen, welche nicht unerhebliche Mehrkosten verursachten, wurde die vorbeschriebene Praxis geändert. Die Kosten für die Erstellung der Garagen wurden ausgesondert und fanden daher keine Berücksichtigung mehr bei der Ermittlung der Kostenmiete für den Wohnraum (siehe oben beschriebene WB). Dementsprechend waren die Mieterträge der Garagen auch nicht mehr bei dem Gesamtaufwand des Wohnraums abzuziehen (vollständige Trennung). Auch hier ist für den Wohnraum eine Teilwirtschaftlichkeitsberechnung aufzustellen (zu den Problemen bei der Verteilung von Betriebskosten, wenn Garagen vorhanden sind, siehe Abschnitt V 2).

40 d) **Wirtschaftseinheit § 2 Abs. 2 II. BV.** Darunter zu verstehen ist der Bau mehrerer gleichartiger Häuser durch denselben Bauherrn auf einem oder benachbarten Grundstücken mit einer einheitlichen Finanzierung. Beispiele hierfür sind die Bebauung eines Grundstücks mit einem aus mehreren Häusern bestehenden Wohnblock, die Bebauung eines Straßeneckgrundstückes mit zwei aneinanderstoßenden Häusern, auch die Bebauung eines oder mehrerer aneinanderliegenden Grundstücke mit mehreren freistehenden Häusern, dem sogenannten Siedlungsbau.

In allen diesen Fällen wird auf Antrag eine Wirtschaftseinheit genehmigt, die Baukosten aller Objekte werden also zusammengefasst und eine einheitliche gleich hohe Miete für alle betroffenen Wohnungen ermittelt (zu den Problemen bei den Betriebskosten unten V 2).

41 e) **Eigenheim, Eigentumswohnung.** Im 1. Förderweg wird für selbstgenutzte Eigenheime und Eigentumswohnungen keine WB aufgestellt, es wird die Vergleichsmiete ermittelt (§ 11 NMV und §§ 46 ff. II. BV). Solange der Bauherr die Wohnung selbst nutzt, hat das keine Auswirkungen. Wird der Eigengebrauch aber aufgegeben, darf nur gegen Vereinbarung der Vergleichsmiete vermietet werden. Auch ist die Bindung dann zu beachten, die Wohnung steht also nur dem begünstigten Personenkreis zur Verfügung. Bei Einliegerwohnungen im Eigenheim ist von Anfang an die Vergleichsmiete zu nehmen (§ 15 Abs. 3 NMV).

42 Ein Übergang von der Vergleichsmiete zur Kostenmiete unter Erstellung einer WB ist nur mit Genehmigung der Bewilligungsstelle zulässig (§ 15 NMV).

Bei von Anfang an zur Fremdvermietung bestimmten Eigentumswohnungen ergibt sich gegenüber den Mietwohnungen kein Unterschied. Es ist eine WB aufzustellen und die Kostenmiete mit dem Mieter zu vereinbaren.

Beim 2. und 3. Förderweg ist maßgebend der Inhalt des geschlossenen Darlehensvertrages. Bei Wohnungsfürsorgemitteln ist ebenfalls die Vergleichsmiete maßgebend (§ 18 NMV).

3. Durchschnittsmiete/Einzelmiete

Die Schlussabrechnung weist die Durchschnittsmiete aus (§ 3 Abs. 2 NMV), die Kostenmiete ist also für jede Wohnung pro qm gleich hoch.

Ausgehend von dieser Durchschnittsmiete hat der Vermieter unter Berücksichtigung von Lage und Ausstattung der jeweiligen Wohnung einen Zu- oder Abschlag von der Durchschnittsmiete vorzunehmen, er gelangt auf diese Weise zur Einzelmiete (§ 3 Abs. 3 NMV).

Zu- und Abschläge dürfen in ihrer Summe nicht dazu führen, dass die Durchschnittsmiete überschritten wird.

Beispiel:
6 gleich große und gleich ausgestattete Wohnungen in einem dreistöckigen Wohnhaus, Durchschnittsmiete 3,40 € pro qm.
Der Vermieter darf wie folgt staffeln: für die beiden EG-Wohnungen ein Abschlag von 0,06 €/qm auf 3,34 €; für die beiden Wohnungen im 1. OG ein Zuschlag von 0,04 €/qm auf 3,44 €, für die beiden Wohnungen im 2. OG ein Zuschlag von 0,02 €/qm auf 3,42 €. Insgesamt erhält der Vermieter aber nicht mehr als die Durchschnittsmiete: (2 × 3,34 €) + (2 × 3,44 €) + (2 × 3,42 €) : 6 Wohnungen = 3,40 €.

4. Einfrierungsgrundsatz und spätere Veränderungen

Die restriktive Berücksichtigung von Kostenänderungen zwischen Vorläufiger WB und Schlussabrechnung ergibt sich aus § 4a II. BV. Dahinter verbirgt sich der tragende Grundsatz der Einfrierung der Kostenmiete. Dieser gilt auch nach Genehmigung der Schlussabrechnung. Dieser Einfrierungsgrundsatz macht die vielen besonderen Vorschriften verständlich, die sich mit späteren Veränderungen der laufenden Aufwendungen, mit Ausbau, Modernisierung, Änderung der Wirtschaftseinheit, Wohnungsvergrößerung befassen (§§ 4 bis 11 NMV), oder mit dem Fortfall der aufgenommenen Darlehen oder Ersetzung durch andere Kapitalmittel (§§ 18 bis 23 II. BV).

Der Einfrierungsgrundsatz bezieht sich nur auf den Gesamtaufwand. Ändern sich Einzelansätze, ohne dass es zu einer Veränderung des Gesamtaufwandes kommt, so ist eine Änderung der Einzelansätze zulässig.[8]

Hat der Bauherr es unterlassen, nach Antragstellung, aber vor Bewilligung der öffentlichen Darlehen eingetretene Erhöhungen des Gesamtaufwands mitzuteilen, so kann er die Erhöhungsbeträge nach Bewilligung nicht mehr berücksichtigt bekommen. Der Bauherr ist in diesem Fall an seine Kostenansätze gebunden.[9]

Erhöhungen der Kosten zwischen Vorläufiger WB und Schlussabrechnung können, wenn sie vom Bauherrn nicht zu vertreten sind, in der Schlussabrechnung mitberücksichtigt werden.

Damit die Kostenmiete einen bestimmten Betrag nicht überschreitet, verlangt die Bewilligungsstelle bei Kostenerhöhungen bisweilen, dass zunächst auf den zulässigen Kostenaufwand teilweise verzichtet wird.

Beispiel:
Durch Erhöhung der Baukosten überschreitet die Durchschnittsmiete die mit 4,60 € bestimmte vorläufige Kostenmiete erheblich. Der Bauherr verzichtet auf alle Kostensteigerungen, damit die Durchschnittsmiete bei 4,60 € bleibt.

Der Bauherr ist allerdings nur 6 Jahre lang an diesen Kostenverzicht gebunden, danach kann er die Kosten voll in die WB einsetzen und die Kostenmiete erhöhen (§ 8 b Abs. 1 WoBindG).

Im Folgenden werden einzelne Fälle für eine Veränderung der Kostenmiete erläutert:

a) **Ausbau § 7 NMV.** Hier sind zwei Fallgruppen zu unterscheiden.
Wird neuer Wohnraum geschaffen, ohne dass Zubehörräume in Anspruch genommen werden, die bisher Wohnraum dienten, so wird der so geschaffene neue Wohnraum freier

---
[8] OVG Münster WM 1983, 163.
[9] BVerwG ZMR 1975, 124; KG NJW 1983, 2453.

Wohnraum. Nur wenn hierfür öffentliche Mittel zur Verfügung gestellt werden, unterfällt der Ausbau ebenfalls der Bindung.

Wird neuer Wohnraum unter Inanspruchnahme von Zubehörräumen ausgebaut (typischer Fall: Ausbau des Dachbodens, der bisher als Trockenspeicher diente), so wird der ausgebaute Wohnraum gebundener Wohnraum. Holt der Eigentümer neben der baurechtlichen Genehmigung auch die Genehmigung der Bewilligungsstelle ein, so wird freier Wohnraum geschaffen (Abs. 4).

Wird freier Wohnraum geschaffen, so ändert sich die Kostenmiete für den bisherigen geförderten Wohnraum nicht, sie ist allerdings in Form einer Teil-WB fortzuführen. Fallen Zubehörräume endgültig fort, weil der Vermieter keinen Ersatz schafft, so ist die Kostenmiete um einen angemessenen Betrag zu senken (wie im freien Wohnungsbau!).

Für die Kündigung von Zubehörräumen gelten die Vorschriften des BGB.

48 Die vorbeschriebene Regelung gilt seit 1990. Die alte Fassung des § 7 NMV bestimmte, dass die ursprünglichen Erstellungskosten des Hauses nach Ausbau aufzuteilen waren auf die bisher vorhandenen Wohnungen und auf den neugeschaffenen Wohnraum. Die Kosten für den neugeschaffenen Wohnraum waren nur bei diesem zu berücksichtigen. Das führte dazu, dass sich der Kostenaufwand für die bisher vorhandenen Sozialwohnungen ermäßigte und damit auch die Kostenmiete zu senken war. Dies wiederum veranlasste viele Vermieter, von einem Ausbau abzusehen, obgleich dieser von Seiten des Staates erwünscht war.

49 **b) Vereinigung und Trennung § 5 a NMV.** Wirtschaftseinheiten können jederzeit nach Erstellung der Schlussabrechnung getrennt oder gebildet werden. In diesem Fall müssen die Kosten auf die neu geschaffenen Einheiten verteilt oder zusammengefasst werden, für die entstandene neue Einheit ist also eine neue WB aufzustellen.

Teilung und Vereinigung bedürfen der Zustimmung der Bewilligungsstelle.

50 **c) Aufteilung in Wohnungseigentum § 5 a Abs. 1 NMV.** Die Vorschrift behandelt die Umwandlung in Eigentumswohnungen als Unterfall der Trennung einer Wirtschaftseinheit, es gelten also die Ausführungen unter b). Die Entscheidung des BVerwG,[10] welches die Genehmigungspflicht für verfassungswidrig hält, weil das WoBindG insoweit keine Ermächtigung geschaffen habe, ist inzwischen überholt, weil eine solche gesetzliche Regelung in § 8 b Abs. 3 WoBindG geschaffen wurde.

51 **d) Wohnungsvergrößerung § 8 NMV.** Der Bauherr hat die Kostenmiete neu zu berechnen, die Bewilligungsstelle hat zuzustimmen. Sind alle Wohnungen vergrößert worden, so werden die Kosten der Vergrößerung in die WB aufgenommen. Sind nur einzelne Wohnungen vergrößert worden, so ist für diese Wohnungen ein Zuschlag im Wege einer Zusatzberechnung zu ermitteln.

52 **e) Bauliche Änderungen § 11 Abs. 1 bis 6 II. BV.** Hier ist eine Abgrenzung erforderlich zwischen baulichen Änderungen und Instandsetzungen. Nur bei baulichen Änderungen, die keine Instandsetzungen sind, dürfen deren Kosten in die WB aufgenommen werden. Bauliche Änderungen sind z. B. die Einrichtung einer Nasszelle in einer Wohnung, die vorher eine solche nicht hatte; der erstmalige Einbau eines Aufzuges.

Keine bauliche Änderung ist z. B.: die „Modernisierung" des Bades, indem alle Sanitärartikel durch zeitgemäße ersetzt werden und die Verfliesung ebenfalls erneuert und erweitert wird.

Die Abgrenzung ist oftmals schwierig, es sind die von den Ländern erlassenen Verwaltungsvorschriften (VV) zur II. BV heranzuziehen.

53 **f) Modernisierung § 11 Abs. 6 und 7 II. BV.** Der Begriff der Modernisierung ist derselbe wie im freien Wohnungsbau, umfasst ausdrücklich auch Maßnahmen zur Einsparung von Heizenergie. Kosten einer Modernisierung dürfen in die WB nur aufgenommen werden, wenn die Bewilligungsstelle der Modernisierungsmaßnahme zugestimmt hat. Keine Zustimmung ist erforderlich, wenn der Vermieter gesetzlich verpflichtet ist, Modernisierungs-

---

[10] BVerwG WM 1998, 671.

maßnahmen durchzuführen. Das war der Fall bei Thermostatventilen. Die Genehmigung kann auch nachträglich und rückwirkend erteilt werden.[11]

Dabei ist zugunsten der betroffenen Mieter zu überprüfen, ob die Kostenmiete nach der Modernisierung noch tragbar ist. Die Länder haben hier Obergrenzen bestimmt, in NRW beträgt diese Grenze (Stand 2008 für Köln) 4,90 € mit zusätzlicher Beschränkung auf den doppelten Betrag der Energieeinsparung bei energieeinsparenden Modernisierungen (z.B. Iso-Fenster, neue Heizung, Wärmedämmung Fassade oder Dach) (zu den Rechten des Mieters siehe unten Ziffer 6).

g) Ablösung von Finanzierungsmitteln § 21 II. BV. Werden öffentliche Mittel vorzeitig zurückgezahlt, so gilt seit 1990, dass sie mit dem Nominalbetrag und dem letzten gültigen Zinssatz in der WB verbleiben. Die Zinsen der Umfinanzierungsmittel dürfen also nicht angesetzt werden. Vor 1990 galt, dass der planmäßig getilgte Anteil mit dem letzten gültigen Zinssatz in der WB verblieb, der vorzeitig getilgte Anteil durfte aber mit 5% angesetzt werden. Hatte das öffentliche Darlehen zu diesem Zeitpunkt bereits einen höheren Zinssatz, so durfte dieser angesetzt werden.

Bei der planmäßigen Tilgung von privaten Darlehen bleibt der Kostenansatz in der WB mit dem letzten vereinbarten Zinssatz bestehen.

Wird ein privates Darlehen vorzeitig abgelöst, so bleibt der planmäßig getilgte Anteil mit dem letzten vereinbarten Zinssatz in der WB bestehen, der vorzeitig getilgte Anteil darf mit dem Zinssatz des Umfinanzierungsdarlehens angesetzt werden, allerdings darf dieser den marktüblichen Zinssatz für erststellige Hypotheken nicht überschreiten (§ 23 Abs. 4 II. BV). Werden Eigenmittel eingesetzt, so gilt § 20 II. BV.

Bei einem Kauf werden meistens alle Mittel vorzeitig abgelöst, es wird eine Umfinanzierung vorgenommen. Gerade auch für diesen Fall gelten die obigen Ausführungen. In der WB bleiben die Kostenansätze der Ursprungsfinanzierung. Der gegenüber den Baukosten in der Regel weitaus höhere Kaufpreis darf also der Kostenmiete nicht zugrunde gelegt werden.

h) Wegfall der Abschreibungsbeträge des § 25 II. BV

Beispiel:

Die Kosten der Dachantenne sind mit 1% in der Grundabschreibung enthalten und mit 9% als Sonderabschreibung. Rein rechnerisch sind die Kosten der Antenne damit nach 10 Jahren abgeschrieben.

Der Kostenansatz verbleibt dennoch in der WB, denn es gilt der Einfrierungsgrundsatz des § 4a II. BVO. Die dort in Abs. 1 unter den Ziffern 1 bis 4 genannten Ausnahmen greifen bei dieser Fallgestaltung nicht ein.

5. Rechte des Mieters bei der Festsetzung der Kostenmiete

Die mit der Bewilligung der öffentlichen Mittel genehmigte vorläufige Kostenmiete ist der Überprüfung durch die Zivilgerichte entzogen.[12]

Anders ist dies aber schon bei der Genehmigung der Schlussabrechnung. Hier kann das Zivilgericht von einer Erhöhungsgenehmigung nach § 8a Abs. 4 WoBindG zugunsten des Mieters abweichen.[13]

Der Mieter kann aber nicht im Verwaltungsrechtsweg gegen den Bescheid vorgehen.[14] Er ist auch nicht notwendig beizuladen, wenn der Vermieter gegen den Bescheid vorgeht.[15]

Nachprüfbar von den Zivilgerichten ist eine WB, die aus Anlass der Umwandlung in Wohnungseigentum aufgestellt wird.[16]

---

[11] BVerwG Urt. v. 30. 5. 1979 – BBauBl. 1980, 42.
[12] OLG Hamm WM 1984, 321.
[13] OLG Hamm NJW-RR 1993, 1424.
[14] BVerwG ZMR 1986, 136.
[15] BVerwG ZMR 1972, 160.
[16] OLG Hamburg WM 1991, 151.

58 Bei einer Modernisierungsmieterhöhung kann das Zivilgericht die Modernisierung insgesamt nach Grund und Höhe überprüfen. Das Zivilgericht ist dabei an die Modernisierungsgenehmigung nicht gebunden. Verständlich ist dies, weil die Bewilligungsstelle zwar überprüft, ob es sich um eine Modernisierung handelt, jedoch dabei die Angaben des Vermieters grundsätzlich ohne eigene Überprüfung vor Ort als wahr zu unterstellen hat.

IV. Die Mieterhöhung

1. Vorbemerkung

59 Im Gegensatz zum freien Wohnungsbau kann sich die Kostenmiete sowohl erhöhen als auch ermäßigen. Eine Senkung der Kostenmiete ist dem Mieter unverzüglich mitzuteilen, eine besondere Form ist dabei nicht einzuhalten. Es empfiehlt sich allerdings, die WB anzupassen.

Für eine Mieterhöhung sind dagegen Formvorschriften zu beachten. Festgelegt sind sie in § 10 WoBindG. Es handelt sich dabei, soweit nicht die §§ 557 ff. BGB anzuwenden sind, um die einzige Mieterhöhungsvorschrift für den gesamten Bereich des öffentlich geförderten Wohnungsbaus alter Prägung.

2. Die einzuhaltenden Formalien

60 a) **Entwicklung der Rechtsprechung.** Das Wohnungsbindungsgesetz trat 1965 in Kraft. Sein Vorgänger war das 1. Bundesmietengesetz, dessen § 18 die Voraussetzungen für eine Erhöhung der Kostenmiete regelte.

Zu dieser Vorschrift hatte der BGH mit Urteil vom 21. 12. 1960[17] ausgeführt, dass die Anforderungen an eine Mieterhöhung nicht überspannt werden dürfen. Der BGH bestätigte dies in einem weiteren Urteil vom 12. 1. 1966.[18]

61 Erst mit der Einführung des Rechtsentscheid-Verfahrens konnte sich der BGH erneut mit den formalen Anforderungen, jetzt des § 10 WoBindG, befassen. Vorher hatte allerdings das KG in seinem Rechtsentscheid vom 3. 3. 1982[19] die formalen Anforderungen an eine Mieterhöhungserklärung drastisch verschärft, soweit es um den Umfang der beizufügenden Unterlagen ging. Nach Vorlagebeschluss des OLG Hamm vom 28. 7. 1983[20] konnte der BGH dann durch Rechtsentscheid vom 11. 1. 1984[21] folgendes ausführen:

„Es geht nicht an, die durch die komplizierten gesetzlichen Regelungen geschaffenen tatsächlichen und rechtlichen Schwierigkeiten des Vermieters aus Anlass einer Mieterhöhung durch überhöhte Anforderungen an formale Erfordernisse noch zu verstärken".

Der BGH bezog sich dabei auch ausdrücklich auf seine älteren Entscheidungen zu § 18 1. Bundesmietengesetz (siehe oben) und sorgte damit nicht nur für eine Kontinuität seiner Rechtsprechung, sondern berücksichtigte nun auch Entscheidungen des BVerfG zur Verfassungswidrigkeit einer Überdehnung formaler Anforderungen an mietrechtlichen Erklärungen.

62 Außer dieser grundsätzlichen Äußerung hatte der BGH während der Geltung des RE-Verfahrens nicht die Gelegenheit, zu weiteren Fragen der Mieterhöhung Stellung zu beziehen. Daran hat sich seit 2002 leider nichts geändert. Es fehlen deshalb bis heute Aussagen des BGH zur Abgrenzung zwischen formaler Unwirksamkeit und materieller Unbegründetheit einer Mieterhöhung nach § 10 WoBindG. Vielleicht ist der BGH der Auffassung, dass eine Klärung grundsätzlicher Fragen nicht zur Rede stehe, da das alte Recht der öffentlichen Förderung „auslaufendes Recht" ist.[22] Der Grundsatz des BGH lässt sich jedoch so nicht halten. Zwar ist diese Förderung beendet. Die so geförderten Häuser kommen jedoch bei den in den letzten 30 Jahren gewährten Bedingungen der öffentlichen Darlehen (1% Tilgung, 0,5% VKB, 0%

---

[17] BGH WPM 1961, 355.
[18] BGH WPM 1966, 225.
[19] KG NJW-RR 1982, 1468.
[20] OLG Hamm NJW 1983, 2352.
[21] BGH NJW 1984, 1034.
[22] BGH NZM 2006, 340 (Fotokopien); BGH NJW 2006, 96 (vorheriger Abzug der auf Gewerbe entfallenden Betriebskosten).

§ 25 Preisgebundener Wohnraum und Sozialer Wohnungsbau

Zinsen) erst nach 100 (!) Jahren aus der Bindung, sodass diese Rechtsbestimmungen tatsächlich erst im Jahr 2102 auslaufen (das BGB ist 2008 gerade einmal 108 Jahre alt).

So ist derzeit auf die ältere RSpr der Untergerichte einzugehen, die alles andere als „unkompliziert" ist. Für die folgenden Ausführungen ist eine begriffliche Unterscheidung notwendig: Wird von einer unwirksamen Mieterhöhungserklärung gesprochen, so ist die formale Seite angesprochen. Wird von einer unbegründeten Mieterhöhung gesprochen, ist die materielle Seite gemeint.

b) Berechnen und Erläutern. § 10 WoBindG verlangt 3 Dinge, die eine Mieterhöhungserklärung aufweisen muss: das Berechnen der Mieterhöhung, die Erläuterung der Mieterhöhung, das Beifügen einer bestimmten Urkunde (WB, Auszug WB, Zusatzberechnung oder Genehmigungsbescheid). Fehlt nur eine hiervon, ist die Mieterhöhungserklärung unwirksam. Ausgehend von Beispielen soll eine Verdeutlichung erfolgen.

Beispiel 1:

„Auf Grund Änderungen wohnungsrechtlicher Vorschriften erhöht sich Ihre Kostenmiete ab dem 1. 8. 1992 um 0,21 DM/qm, sodass die Kostenmiete ab dann 343,21 DM beträgt."

Hier fehlen alle drei Anforderungen, es wird weder berechnet noch erläutert noch eine Urkunde beigefügt. Nur einem Eingeweihten erschließt sich bei dieser Erklärung der Grund der Erhöhung, denn zum 1. 8. 1992 wurden die Pauschalen für Verwaltung und Instandhaltung erhöht. Diese Mieterhöhung ist damit unwirksam.

Beispiel 2:

(Eine formal wirksame Mieterhöhung könnte so aussehen:)
„Der Bundesgesetzgeber hat mit Wirkung zum 1. 8. 1992 die Pauschalen für Verwaltung und Instandhaltung erhöht, und zwar die Verwaltungskostenpauschale von bisher 320,– DM pro Wohnung auf jetzt 420,– DM pro Wohnung, die Instandhaltungspauschale von bisher 15,60 DM pro qm Wohnfläche auf jetzt 19,30 DM pro qm Wohnfläche (bezogen auf Baujahr 1965 mit Zentralheizung).
Das führt nun zu folgender Mieterhöhung:

Bisher	6 Wohnungen	× 320,– DM	=	1.920,– DM
Jetzt	6 Wohnungen	× 420,– DM	=	2.520,– DM,
Bisher	15,60 DM	× 360 qm	=	5.616,– DM
Jetzt	19,30 DM	× 360 qm	=	6.948,– DM
				mehr also

Mehraufwand damit	1.932,– DM
2,04% Mietausfallwagnis	39,41 DM
Mieterhöhung im Jahr	1.971,41 DM

Mieterhöhung pro qm und Monat (: 360 qm: 12 Monate)   0,4563 DM
Fr Ihre 60 qm große Wohnung ergibt sich damit eine monatliche Mieterhöhung von 27,38 DM. Ab dem 1. 8. 1992 zahlen Sie bitte:

Bisherige Kostenkaltmiete	252,60 DM
Mieterhöhung	27,38 DM
Vorauszahlung auf Betriebskosten	110,– DM
Neue Miete ab 1. 8. 92	389,98 DM

Als Anlage füge ich die neue Wirtschaftlichkeitsberechnung bei.

Das Beispiel zeigt, dass zunächst der Grund der Mieterhöhung genannt wird und erst danach die Berechnung erfolgt. Für die Erfüllung der formalen Anforderungen ist die Reihenfolge jedoch unbeachtlich, entscheidend ist immer, dass sowohl berechnet wie erläutert wird. Die beigefügte WB wird wirklich nur beigefügt, sie ersetzt also weder die Berechnung noch die Erläuterung.

Die nicht ausreichende Berechnung oder Erläuterung:

Beispiel 3:
Ab dem 1. 1. 2008 haben sich die Pauschalen für Verwaltung und Instandhaltung um jeweils 6% erhöht, und zwar die Verwaltungskostenpauschale von bisher 240,37 € auf jetzt 254,79 €, die Instand-

haltungspauschale von bisher 12,02 € auf jetzt 12,74 €. Daraus ergibt sich folgende Mieterhöhung (es folgt die genaue Berechnung des Differenzbetrages, ein Auszug der WB ist beigefügt).

67 **Berechnen** heißt, der Mieter muss in der Lage sein, jeden Schritt der Mieterhöhung nachvollziehen zu können, er soll also selber nachrechnen können. Daran mangelt es in diesem Fall aber, denn der Vermieter hat nicht angegeben, wie er zu einer Veränderung der Pauschalen um 6% gekommen ist.

Dazu hätte es der Gegenüberstellung der Indexzahlen von 10/04 zu 10/07 und der Berechnung des prozentualen Unterschiedes bedurft (siehe auch Beispiel in Nies/Gies C VIII 1). Es fehlt damit folgende Berechnung:
Index 10/04 war 106,3
Index 10/07 war 113
Veränderung damit 113 : 106,3 = × : 100 ; × = 113 × 100: 106,3 ; × = 106 = 6%

Beispiel 4:
Die Zinsen des erststelligen Darlehens haben sich ab dem 1. 8. 2007 von bisher 4,5% auf dann 5,5% erhöht. Daraus ergibt sich folgende Mieterhöhung (es folgt eine genaue Berechnung, ein Auszug aus der WB ist beigefügt)

68 **Erläutern** heißt, dem Mieter sind alle **notwendigen** Umstände mitzuteilen, damit er überprüfen kann, ob die Mieterhöhung berechtigt ist. Im vorliegenden Fall ist die Erläuterung unvollständig. Gemäß §§ 21 Abs. 3, 23 Abs. 1 II.BVO dürfen Zinserhöhungen nur umgelegt werden, wenn der Vermieter sie nicht zu vertreten hat. Folglich hätte der Vermieter hier also auch den Grund der Zinserhöhung angeben müssen (z.B. Auslaufen der 10-jährigen Zinsfestschreibung).

In welchem Umfang zu berechnen und zu erläutern ist, hängt also entscheidend von den Gründen der Kostenveränderung ab. Berechnen und Erläutern sollen es dem Mieter ermöglichen, sich aus der Erklärung ein „einigermaßen deutliches Bild" darüber zu machen, woher der Vermieter die Berechtigung zur Anhebung der Miete um einen bestimmten Betrag herleitet.[23]

Wagen wir eine Betrachtung der BGH-RSpr zu § 559b BGB (Modernisierungsmieterhöhung). Die Vorschrift hat viele Ähnlichkeiten mit § 10 WoBindG, auch hier ist die Mieterhöhung zu berechnen und zu erläutern. Dazu der BGH:[24]

69 Der Vermieter muss in der Mieterhöhungserklärung darlegen, inwiefern die von ihm durchgeführten Maßnahmen solche sind, die eine Modernisierung bewirken. Dabei genügt es, wenn der Mieter den Grund der Mieterhöhung anhand der Erläuterung als plausibel nachvollziehen kann.

Berechnen und Erläutern haben damit für beide Vorschriften denselben Inhalt. Der Mieter muss in die Lage versetzt werden, die Mieterhöhung plausibel nachvollziehen zu können. Die RSpr des BGH zu § 559a BGB kann deshalb ohne Abstriche auf § 10 WoBindG übertragen werden. Augenfällig wird das vor allem dann, wenn über § 10 WoBindG eine Modernisierungsmieterhöhung durchgeführt wird.

Fehler bei der Berechnung und Erläuterung:

70 Es kommt oft genug vor, dass sich bei der Berechnung der Mieterhöhung Rechenfehler oder Fehler im Kostenansatz ergeben. Solange die dann fehlerhafte Berechnung für den Mieter gedanklich nachvollziehbar ist (und das ist sie z.B., wenn der Mieter beim Nachrechnen den Fehler entdeckt), ist die formale Seite eingehalten, die Mieterhöhung ist lediglich materiell – ganz oder teilweise – unberechtigt. Entsprechendes gilt für das Erläutern.

Auch hier sollten wir einen Blick auf § 559a BGB werfen. Hier wird – lediglich – eine in sich nachvollziehbare Berechnung des Mieterhöhungsbetrages verlangt. Fehler in der Berechnung führen nicht zur formalen Unwirksamkeit, sondern haben nur Einfluss auf die Höhe des dann tatsächlich zutreffenden Erhöhungsbetrages.

---

[23] BGH LM Nr. 8 zu § 18 I. BMG; WuM 61, 355.
[24] BGH NZM 2004, 252; BGH WuM 2005, 157.

Wagen wir einen darüber hinaus gehenden Blick auf § 558 BGB (Vergleichsmieterhöhung). Hier hat der BGH in jüngster Zeit in mehreren Entscheidungen das Bestreben der Instanzgerichte beendet, jeden Fehler im Mieterhöhungsverlangen als formalen Fehler anzusehen.[25] Auch hier ist allein entscheidend, dass das Mieterhöhungsverlangen für den Mieter nachvollziehbar (wenn auch falsch) berechnet ist. 71

Übertragen wir diesen klaren und zutreffenden Rechtsstandpunkt auf § 10 WoBindG, so lässt sich erkennen, dass dieser auch hier Anwendung finden kann. Gerade im Hinblick auf den Ausgangspunkt (komplizierte Regelung, keine zusätzlichen Erschwernisse zu Lasten des Vermieters) ist es sachgerecht, an die formalen Anforderungen keine übertriebenen Ansprüche zu stellen. Sonst gelangt man nie zur materiellen Überprüfung der Mieterhöhung, was im Sinne der Rspr. des BVerfG eine übermäßige Beschränkung des Eigentums wäre. 72

c) Beifügen eines WB, eines Auszuges daraus oder einer ZB. Einer Mieterhöhung ist **eine WB, ein Auszug daraus, eine Zusatzberechnung** oder ein Genehmigungsbescheid der Bewilligungsstelle beizufügen. 73

Vollständige WB werden in der Regel nicht überreicht. Üblich ist die Beifügung eines Auszuges aus der WB § 39 II. BV. Der Vermieter, der dem Mieter bereits eine WB oder einen Auszug daraus übergeben hatte (zweckmäßig bei Abschluss des Mietvertrages), kann auch eine Zusatzberechnung übergeben. Schließlich reicht es auch, wenn ein Genehmigungsbescheid der Bewilligungsstelle für diese konkrete Mieterhöhung beigefügt wird.

Zwar sagt das Gesetz, dass eine der vorgenannten Berechnungen beizufügen ist, die Rechtsprechung lässt es aber ebenso zu, dass eine Zusatzberechnung oder ein Auszug aus der WB in das Mieterhöhungsschreiben miteingearbeitet wird.[26] 74

Werden Zinsen öffentlicher Darlehen im Sinne der §§ 18 a ff. WohnBindG erhöht, muss der Vermieter keine Anlagen beifügen. Zu beachten ist, dass die §§ 18 a ff. nur für öffentliche Darlehen gelten, die vor 1970 bewilligt worden sind. Für Darlehen nach diesem Stichtag ist also eine Anlage zur Mieterhöhung erforderlich.

d) Fehler in der WB. Es stellt sich zunächst die Frage, ob für die WB irgendwelche Formalien einzuhalten sind. Der Gesetzestext schweigt zwar dazu, dürfte aber – das ergibt sich letztlich aus den §§ 4 und 5 II. BVO – davon ausgehen, dass als WB nur anzusehen ist, was eben vorgenannte Vorschriften berücksichtigt und entsprechend aufgebaut ist. Wird also eine WB beigefügt, welche überhaupt nicht nach §§ 4 ff. II. BVO aufgebaut ist, kann von einer WB nicht gesprochen werden, die Mieterhöhungserklärung leidet damit an einem formalen Mangel. Die Vereinfachte WB gemäß § 39 Abs. 1 II. BVO ist zwar wie eine WB aufgebaut, steht aber nicht in § 10 WoBindG, sodass bei deren Beifügen ein formaler Mangel vorliegt. 75

Schwieriger zu beantworten ist jedoch, ob ein formaler Mangel vorliegt, wenn die WB zwar korrekt aufgebaut ist, aber falsche Zahlen enthält. Die Bandbreite reicht dabei von 1 falschen Zahl bis zu vollkommen falschen Zahlen. Hier hat der BGH noch zur Vorgängervorschrift des § 18 1. Bundesmietengesetz wie folgt judiziert: 76

1. Die der Mieterhöhung beigefügte WB ist zwar nicht frei von Mängeln. Diese können jedoch auch insgesamt betrachtet nicht als so schwerwiegend angesehen werden, dass der Erklärung die Rechtswirksamkeit abzusprechen wäre.[27]
2. Eine Erklärung zur Erhöhung der Kostenmiete ist unwirksam, wenn die Berechnung der erhöhten Miete nicht auf den Herstellungskosten des Hausgrundstücks, sondern auf den Erwerbskosten aufbaut.[28]

Die Instanzgerichte haben diese Entscheidungen dahin interpretiert, dass „schwerwiegende Mängel" der WB die Mieterhöhungserklärung unwirksam machen:
AG München WuM 1982, 159: wie BGH 1970
LG Bremen WuM 1981, 135: wesentlicher Mangel der WB
AG Rheine WuM 1981, 275: Dachwohnungsfläche nicht berücksichtigt
AG Köln WuM 1981, 279: pauschale Betriebskostenangabe

---

[25] BGH WuM 2007, 707 = BGH NJW 2004, 1379; BGH NJW-RR 2006, 1305.
[26] OLG Hamm ZMR 1983, 335.
[27] BGH DWW 1966, 63.
[28] BGH MDR 1970, 672.

AG Lüdenscheid BBauBl 1970, 25: Berechnung der laufenden Aufwendungen und Erträge fehlt völlig

AG Wuppertal WuM 1983, 197: Fehler in der WB haben die Unwirksamkeit der Mieterhöhungserklärung zur Folge

LG Bonn WuM 1979, 172: Eine falsche WB ist als Grundlage einer Mieterhöhung ungeeignet

77 Diese Instanzrechtsprechung übersieht, dass der BGH nicht auf schwere Mängel an sich abgestellt hatte. In seiner Entscheidung von 1970 heißt es, dass dem Mieter von vorneherein die Möglichkeit genommen worden sei, sich ein Bild darüber zu machen, ob das Mieterhöhungsverlangen berechtigt ist. Hinzu kommt, dass der Begriff „schwere Mängel" zu unbestimmt ist. Eine Abgrenzung zu einem „leichten Mangel" ist kaum vorstellbar und nicht scharf vollziehbar. Die Gefahr der Willkür besteht augenscheinlich. Und dazu ergibt sich aus dem Gesetzestext des § 10 WoBindG überhaupt kein Anhaltspunkt, dass Mängel der beigefügten WB überhaupt zur formalen Unwirksamkeit führen sollen.

Aber auch die Argumentation des BGH erscheint als Abgrenzungskriterium zu unscharf und unbestimmt. Wenn bei Berechnen und Erläutern keine allzu hohen Anforderungen zu stellen sind, so muss das erst recht für die WB gelten.

78 Dabei ist allerdings noch auf die Frage einzugehen, welche Funktion das Beifügen einer WB denn überhaupt haben soll. Diese ist die in Form gebrachte Berechnung der zulässigen Kostenkaltmiete. Die beigefügte WB gibt aber nicht irgendeine Kostenmiete an, sondern soll die aktuelle Kostenmiete angeben, also mit der Mieterhöhungserklärung korrespondieren. Wie der Vermieter zu dieser Kostenmiete gelangt ist, ist aus der WB nicht ersichtlich, es gibt in der WB keine Gegenüberstellung von alten und neuen Kostenansätzen. Die Veränderung darzulegen ist vielmehr Aufgabe der Erhöhungserklärung. Die WB ist daher für sich keine Willenserklärung, vielleicht noch eine Wissenserklärung. Ihre Funktion erschließt sich letztlich aus § 29 NMV. Der Mieter hat das Recht, die Mieterhöhungserklärung darauf zu überprüfen, ob die Kostenansätze zutreffend sind. Dazu kann er in die vollständige WB und auch in die Schlussabrechnung einsehen. Über diese Kontrolle kann der Mieter feststellen, ob die vorgelegte WB die alte WB mit den dort vorhandenen Kostenansätzen fortschreibt. Und hierüber kann der Mieter dann auch den materiellen Gehalt der Mieterhöhungserklärung überprüfen. Daraus ergeben sich folgende Thesen:

79 Die WB dient lediglich als rechnerischer Nachweis der aktuellen zulässigen Kostenmiete, darüber hinaus hat sie keinen Erklärungsinhalt.

Entscheidend ist das Mieterhöhungsschreiben, weil hier die Veränderung der Kostenansätze zu berechnen und zu erläutern ist.

Der Mieter kann sich „ein einigermaßen deutliches Bild" von der Berechtigung der Mieterhöhung nur durch das Berechnen und Erläutern in der Mieterhöhungserklärung machen, die beigefügte WB ist dazu „stumm" und damit nicht dienlich.

Es kommt damit nicht darauf an, ob die beigefügte WB Fehler aufweist. Fehler in der WB sind dieselben wie in der Mieterhöhungserklärung. Wenn sie dort nicht die formale Seite beeinflussen, können sie bei der WB nicht durchschlagen.

80 **e) Zeitpunkt der Wirksamkeit.** Bei der Mieterhöhung nach § 10 WohnBindG handelt es sich um eine einseitige empfangsbedürftige Willenserklärung, anders als bei § 558 BGB ist also die Zustimmung des Mieters nicht erforderlich. Eine entsprechende Klage ist also auch nicht auf Zustimmung gerichtet, sondern es sind die durch die Erklärung rückständig gewordenen Mieterhöhungsbeträge durch Zahlungsklage geltend zu machen.

Die Mieterhöhungserklärung ist von allen Vermietern abzugeben und zu unterschreiben und muss an alle Mieter des bestehenden Mietverhältnisses gerichtet sein. Es gilt, anders als bei § 558 BGB, hier nach wie vor Schriftform, eine Erklärung in Textform ist also nicht zulässig.

81 Der Vermieter kann die Mieterhöhung auch mit Hilfe automatischer Einrichtungen abgeben, dann ist eine Unterschrift nicht erforderlich (siehe Kapitel 23).

Die Mieterhöhung wird, wenn sie dem Mieter bis zum 15. des Monats zugeht, zum nächsten 1. wirksam; geht sie dem Mieter erst nach dem 15. zu, so wird sie zum 1. des übernächsten Monats wirksam.

Beispiel:
Die Mieterhöhungserklärung vom 8. 2. 2008 geht dem Mieter am 15. 2. 2008 zu, sie wird damit wirksam zum 1. 3. 2008. Geht diese Erklärung dem Mieter erst am 16. 2. 2008 zu, wird sie zum 1. 4. 2008 wirksam.

Maßgebend für die Berechnung der Frist ist immer der Zugang beim Mieter. Der Vermieter sollte also dafür sorgen, dass er den Zugang beim Mieter sicherstellt und nachweisen kann. Es empfiehlt sich mindestens die Verwendung eines Einschreibens mit Rückschein, bei belasteten Mietverhältnissen sollte die Zustellung über den Gerichtsvollzieher erfolgen, nur dieser kann mit Postzustellungsurkunde zustellen. In diesem Fall ist auch eine Ersatzzustellung durch Niederlegung möglich, d. h. der Gerichtsvollzieher wirft den Brief in den Briefkasten des Mieters und schickt die von ihm ausgefüllte Zustellungsurkunde an den Vermieter zurück. Bei einem Brief, gleich in welcher Art der Versendung, kann dagegen die Zustellung durch Niederlegung nicht erreicht werden, der Zugang ist erst erfolgt, wenn der Mieter den Brief beim Postamt abholt. 82

Nach der Regelung des § 10 WoBindG wirkt die Mieterhöhung in die Zukunft. Davon gibt es aber Ausnahmen: 83

Gemäß § 4 Abs. 8 NMV darf eine Miterhöhung auch rückwirkend erfolgen. Das ist aber nur unter folgenden Voraussetzungen möglich:
Die Mietvertragsparteien müssen im Mietvertrag die Geltung der jeweils zulässigen Kostenmiete vereinbart haben. Die Vereinbarung einer solchen Klausel ist wirksam und verstößt nicht gegen das Transparenzgebot.[29] Nach dem Grundsatz der Vertragsfreiheit ist es auch zulässig, nicht sämtliche Erhöhungen der laufenden Aufwendungen, sondern lediglich bestimmte Fälle der Kostenmieterhöhung einer Gleitklausel zu unterstellen.[30]

Die Rückwirkung ist möglich bis zum Beginn des vorangegangenen Jahres.

Beispiel:
Die Verzinsung hat sich zum 1. 1. 2006 erhöht. Die Mieterhöhung wird erst am 14. 10. 2007 dem Mieter zugestellt. Die Mieterhöhung ist rückwirkend ab 1. 1. 2006 zulässig.

Eine noch weiter zurück wirkende Mieterhöhung ist zulässig, wenn der Vermieter ohne sein Verschulden gehindert war, eine Mieterhöhung bis zum Ablauf des auf die Erhöhung olgenden Kalenderjahres durchführen zu können. Der Vermieter muss aber die Mieterhöhung dann innerhalb von drei Monaten nach Fortfall der Hemmnisse nachholen. 84

Beispiel:
Die Hypothekenbank erhöht den Gleitzins zum 1. 1. 2006, macht davon dem Vermieter aber erst am 16. 2. 2008 Mitteilung und verlangt rückwirkende Zahlung. In diesem Fall darf der Vermieter innerhalb von drei Monaten die Mieterhöhung zum 1. 1. 2006 nachholen. Die Frist wird von ihm eingehalten, wenn die Erhöhungserklärung innerhalb der drei Monate beim Mieter eingeht.

Bei der Erhöhung der Zinsen öffentlicher Darlehen im Sinne der §§ 18 a ff. WoBindG ist eine rückwirkende Mieterhöhung gemäß § 4 Abs. 8 Satz 3 NMV nicht zulässig. Zu beachten ist, dass die §§ 18 a ff. nur für Darlehen gelten, die vor 1970 bewilligt worden sind. 85

Für Darlehen ab 1970 gelten die §§ 18 a ff. WoBindG jedoch nicht, hier ist also eine rückwirkende Mieterhöhung zulässig.

Eine weitere Möglichkeit einer rückwirkenden Mieterhöhung enthält § 8b Abs. 4 WoBindG. Weiter oben unter II 1 und 2 war die Entwicklung der Kostenmiete vom Antrag auf Förderung bis zur Schlussabrechnung beschrieben worden. Nach Bezugsfertigkeit des Hauses sind die Wohnungen unverzüglich zu vermieten und damit ihrem Zweck zuzuführen. Zu diesem Zeitpunkt liegen dem Bauherrn die endgültigen Kosten vielleicht schon vor, er kann vielleicht auch schon die Schlussabrechnung aufstellen, aber die Genehmigung der Schlussabrechnung fehlt auf jeden Fall. Zu diesem Zeitpunkt liegt also nur die Vorläufige WB mit der vorläufigen Kostenmiete vor, diese ist zu diesem Zeitpunkt die zulässige Kostenmiete. Der Vermieter ist damit verpflichtet, mit den Mietern diese vorläufige Kostenmiete zu vereinbaren. 86

---

[29] BGH NJW 2004, 1598 ff.; WuM 2004, 25 ff.; NZM 2004, 93; BGH NJW 2004, 1738; NZM 2004, 336; WuM 2004, 288.
[30] BGH WuM 2004, 345, 346.

87 Erst wenn die Schlussabrechnung genehmigt ist, tritt die hierdurch ermittelte Kostenmiete an die Stelle der vorläufigen Kostenmiete. Ist die endgültige Kostenmiete höher (das ist die Regel), so kann der Vermieter gemäß § 10 WoBindG selbstverständlich für die Zukunft eine Mieterhöhung durchführen. Obige Vorschrift berechtigt den Vermieter in diesem Fall, auch eine rückwirkende Mieterhöhung durchzuführen. Die Voraussetzungen sind:

88 Die laufenden Aufwendungen müssen sich bis zur Anerkennung der Schlussabrechnung erhöht haben, spätestens bis 2 Jahre nach der Bezugsfertigkeit, die höhere Kostenmiete bedarf der Zustimmung der Bewilligungsstelle, die Rückwirkung ist auf eine Zeitspanne bis drei Monate vor Stellung des Antrages auf Schlussabrechnung mit prüffähigen Unterlagen begrenzt. Mit dem Mieter muss eine Regelung über eine rückwirkende Mieterhöhung für diesen Fall vereinbart sein.

89 Die ersten beiden Voraussetzungen sind Gegenstand der Prüfung durch die Bewilligungsstelle. Die beiden weiteren Voraussetzungen kann nur der Vermieter herbeiführen, er muss also so schnell wie möglich die Schlussabrechnung einreichen, und er muss mit dem Mieter im schriftlichen Mietvertrag eine entsprechende Klausel über eine rückwirkende Mieterhöhung für diesen Fall vereinbaren. Die Klausel „Die Geltung der jeweils zulässigen Kostenmiete ist vereinbart" erfasst diese Rückwirkung nicht. Üblich ist in Köln folgende Klausel: „Die vereinbarte Miete ist bei Erstbezug eine vorläufige und gilt nur bis zur Genehmigung der endgültigen Miete durch die Bewilligungsbehörde. Die endgültig genehmigte Miete ist dann rückwirkend vom Tage des Vertragsbeginns ab zu zahlen."

90 **f) Heilung einer formal nicht ordnungsgemäßen Mieterhöhung.** Ist zwischen den Mietvertragsparteien die jeweils zulässige Kostenmiete nicht vereinbart, so führt erst eine formal ordnungsgemäß begründete Mieterhöhungserklärung zu einer Änderung der Kostenmiete.[31] Die Heilung einer formal nicht ordnungsgemäßen Mieterhöhungserklärung ist hier nur möglich durch eine neue Mieterhöhungserklärung, die den formalen Anforderungen des § 10 WoBindG entspricht (konstitutive Wirkung der Mieterhöhungserklärung).

91 Ist dagegen die jeweils zulässige Kostenmiete vereinbart, so tritt die Mieterhöhung automatisch ein. Die Mieterhöhung wird allerdings erst durch die Mieterhöhungserklärung fällig (deklaratorische Wirkung der Mieterhöhungserklärung). Hat diese Mieterhöhungserklärung Mängel bei der Erläuterung, so ist sie dadurch nur vorübergehend ohne Wirkung. Der Vermieter kann jederzeit seine Erklärung berichtigen und ergänzen, um sie formal begründet werden zu lassen. Dem Mieter steht solange nur ein Leistungsverweigerungsrecht (Zurückbehaltungsrecht) zu.[32] Eine solche nachträgliche Erläuterung ist auch noch im laufenden Prozessverfahren zulässig. Für die anwaltliche Beratung ist aber darauf zu achten, dass seit der Änderung der ZPO eine Erläuterung, da Sachvortrag, grundsätzlich nur noch in der 1. Instanz möglich ist, nicht mehr im Berufungsverfahren.

> **Praxistipp:**
> Sowohl Vermieteranwalt wie Mieteranwalt sollten darauf bestehen, die Schlussabrechnung zu erhalten. Der Vermieteranwalt kann mit dieser Grundlage überprüfen, ob die Mieterhöhungserklärung formal und materiell begründet ist. Der Mieteranwalt kann durch Einsicht in die WB überprüfen, ob der Vermieter auf der zutreffenden Grundlage gerechnet hat.

3. Sonderfälle

92 **a) Modernisierung.** Auch wenn die Bewilligungsstelle beteiligt ist, muss der Vermieter zunächst das formale Verfahren des § 554 BGB (früher 541 b BGB) beschreiten, also die Modernisierung ordnungsgemäß ankündigen. Das Genehmigungsverfahren nach § 11 Abs. 7 Satz 2 BV ist parallel dazu erforderlich. Die Mieterhöhung richtet sich jedoch wieder nach § 10 WohnBindG, eine rückwirkende Mieterhöhung ist zulässig.

93 Ebenso wie im freien Wohnungsbau hat der Vermieter bei seiner Mieterhöhung genau zu beschreiben, welche Arbeiten im Einzelnen durchgeführt wurden und wie hoch die Kosten

---

[31] Siehe BGH NJW 1970, 1078.
[32] Siehe BGH NJW 1982, 1587.

hierfür waren. Anzugeben ist auch, ob gleichzeitig ein Abzug für Instandhaltung oder Instandsetzung vorzunehmen war, dieser Betrag ist ebenfalls nachprüfbar zu berechnen.[33] Ebenso wie im freien Wohnungsbau muss die Mieterhöhung nicht darlegen, dass die baulichen Maßnahmen zu einer „Wertverbesserung" geführt haben.[34] Und auch im geförderten Wohnungsbau ist bei Modernisierungen zur Einsparung von Wärmeenergie die Vorlage einer Wärmebedarfsrechnung zusammen mit der Mieterhöhung nicht notwendig (der Mieter hat aber ein Einsichtsrecht, eine solche Berechnung ist also anzufertigen).[35]

Während im freien Wohnungsbau die Modernisierungskosten wohnungsbezogen zu ermitteln sind (siehe *Flintrop* in Nies/Gies Münchener Formularbuch Mietrecht Formular C V 6), entscheidet im geförderten Wohnungsbau die Schlussabrechnung, welche „Einheit" für die Ermittlung der Mieterhöhung maßgebend ist. In der Regel wird die Kostenmiete für das gesamte Haus – also alle Wohnungen – einheitlich ermittelt. Folglich werden auch die Modernisierungskosten für das gesamte Haus ermittelt und umgelegt, so dass sich für alle Wohnungen eine Mieterhöhung um denselben Betrag pro qm ergibt (siehe *Bister* a. a. O. Formular C VIII 2). Ausnahmen: a) Modernisierung nur in einzelnen Wohnungen, hier ist wohnungsbezogen zu berechnen und eine Zusatzberechnung für diese Wohnung zu erstellen (Zuschlag zur Kostenmiete). b) Eigentumswohnung: Hier wird für jede Wohnung getrennt die Kostenmiete berechnet, dies gilt dann also auch für die Modernisierung. c) Es bestehen Teil-WB (z. B. Teil-WB für Sozialwohnungen und Teil-WB für die Bauherrenwohnung), hier sind die Kosten der Modernisierung auf die Teil-WB aufzuteilen und dann innerhalb dieser Teil-WB einheitlich umzulegen. 94

Im Gegensatz zum freien Wohnungsbau (11% vom Aufwand) muss der Vermieter außerdem angeben, auf welche Weise er die Kosten der Modernisierung aufgebracht hat. Er muss also sagen, ob er einen Kredit aufgenommen hat oder Eigenmittel eingesetzt hat. Für die Mieterhöhung gelten die Vorschriften der II. BVO, der Vermieter darf also die Verzinsung, die Abschreibung und das Mietausfallwagnis ansetzen. 95

Beispiel 1:
Es werden in allen Wohnungen von zusammen 360 qm isolierverglaste Fenster eingebaut mit Kosten von 40.000,– €. Der Betrag ist durch ein Darlehen mit 40.000,– € finanziert mit Nominalzins von 6,3% und Disagio von 10%, das Disagio wird aus Eigenmitteln aufgebracht:

Modernisierungskosten:

Fenster		40.000,– €
Disagio		4.000,– €
Gesamte Kosten		44.000,– €
Berechnung der Mieterhöhung:		
Kredit	40.000,– DM zu 6,3% =	2.520,– €
Eigenmittel	4.000,– DM zu 4% =	160,– €
Abschreibung	44.000,– DM zu 1% =	440,– €
Zwischensumme		3.120,– €
2,04% MAW		63,65 €
Gesamt		3.183,65 €
: 12 Monate : 360 qm =	0,7369 €/qm im Monat	

Selbstverständlich ist auch hier eine WB, ein Auszug daraus oder eine ZB beizufügen.

Beispiel 2:
Werden Eigenmittel eingesetzt, so können 15% der Kosten mit 4% Verzinsung angesetzt werden, der Rest von 85% der Baukosten darf mit 6,5% Verzinsung angesetzt werden (aber § 20 II. BV beachten). Die Abschreibung darf auch mit mehr als 1% angesetzt werden. Das Gesetz geht bei 1% Abschreibung von einer 100-jährigen Abschreibungszeit aus. Wird nach 30 Jahren eine Modernisierung durchgeführt, die das Lebensalter des Hauses nicht nachhaltig erhöht, wird die Abschreibung der Modernisierungsmaßnahme nach der Restlaufzeit berechnet, hier also nach 70 Jahren. Es darf damit eine Abschreibung von 100 : 70 = 1,43% angesetzt werden (§ 25 Abs. 1 Satz 2 + § 30 Abs. 4 II. BV).

---

[33] LG Köln WM 1991, 503.
[34] BGH NJW-RR 2004, 658.
[35] BGH NZM 2002, 519; BGH NJW-RR 2004, 658; BGH WuM 2004, 154 f.

Beispiel 3:
Werden Thermostatventile eingebaut, so ist eine Abschreibung von 4 % zulässig, da diese Bestandteil der Heizanlage werden.

Beispiel 4:
Nur zwei Wohnungen werden mit Isolierfenstern ausgestattet. Hier kann ein Kostenansatz – bei sonst gleicher Berechnung – nicht in der WB erfolgen, sondern es ist für die beiden Wohnungen eine Zusatzberechnung zu erstellen, aus der sich dann die Höhe des Zuschlages ergibt.

96 Für energieeinsparende Modernisierungsmaßnahmen hatte die RSpr die Mieterhöhung im freien Wohnungsbau auf das Doppelte der eingesparten Energiekosten begrenzt[36] und diesen Grundsatz beibehalten, obwohl das OLG Karlsruhe in seinem Rechtsentscheid eine solche starre Grenze ausdrücklich verworfen hatte.[37] Dieser RSpr hat der BGH in zwei Entscheidungen nun ein Ende bereitet. Danach gibt es keine Begrenzung der Mieterhöhung unter wirtschaftlichen Zumutbarkeitsgesichtspunkten. Diese Entscheidungen sind für den geförderten Wohnungsbau ergangen, aus den Urteilsgründen ergibt sich aber, dass diese ebenso für den freien Wohnungsbau gelten sollen.[38] Die Bewilligungsstellen in NRW haben jedoch seit einem Runderlass des Landesbauministers Genehmigungen nach § 11 II. BV mit der Auflage versehen, dass die Mieterhöhung das Zweifache der eingesparten Heizenergie nicht überschreiten darf. Verursacht war dieser Runderlass durch die Auffassung, es sei unerträglich, dass im freien Wohnungsbau eine solche Begrenzung der Mieterhöhung gelte, nicht aber im sozialen Wohnungsbau. Durch die Entscheidung des BGH ist jedoch dem Runderlass diese Begründung der Einschränkung der Mieterhöhung entzogen worden. Der BGH hat in vorgenannter Entscheidung der Bewilligungsstelle allerdings nach wie vor das Recht zugesprochen, eine Begrenzung der Mieterhöhung anordnen zu dürfen, damit die Miete für den Mieter tragbar bleibt. Eine solche absolute Tragbarkeitsgrenze wird bei Modernisierungsmieterhöhungen in NRW jedoch immer bei der Genehmigung mit 4,90 €/qm (für Köln) angegeben, sie darf laut Bewilligung nicht überschritten werden. Die Beschränkung auf das Doppelte der Heizkostenersparnis ist dann eine zusätzliche Einschränkung. Der zuständige Landesbauminister NRW vertritt derzeit durch Runderlass weiterhin die Auffassung, dass die BGH-Entscheidung nicht zu beachten sei, sondern die Beschränkung auf den doppelten Betrag der Energieeinsparung zulässig und anzuwenden sei. Ob diese Anweisung rechtmäßig ist, bleibt einer gerichtlichen Überprüfung vor dem Verwaltungsgericht (Anfechtung der Modernisierungszustimmung) vorbehalten. Immerhin ist nicht einsehbar, dass neben der absoluten Zumutbarkeitsgrenze außerdem eine weitere Begrenzung angeordnet wird. Vermieter werden dadurch von Modernisierungsmaßnahmen abgeschreckt, obwohl diese vom Gesetzgeber als wünschenswert angesehen werden (siehe Energieeinsparungs-VO). Auch unter sozialen Gesichtspunkten reicht es zum Schutz des Mieters aus, eine einzige Obergrenze festzusetzen.

97 **b) Wärmecontracting § 5 Abs. 3 NMVO.** Die Umstellung auf fremdgewerbliche Wärmelieferung ist im geförderten Wohnungsbau jederzeit – und ohne Zustimmung der Bewilligungsstelle – möglich. § 5 Abs. 3 NMVO erfasst aber weder den Fall, dass schon beim Bau des Hauses fremdgewerbliche Lieferung von Wärmeenergie vorgesehen wird, noch den Fall, dass das Haus gar keine Heizanlage hat und später eine solche bei fremdgewerblicher Lieferung eingebaut werden soll. Erfasst ist nur der Fall, dass das Haus von Anfang an eine Heizanlage hat, diese vom Eigentümer und Vermieter betrieben wird, und dass deren Kosten in den Baukosten des Hauses und damit in der Kostenmiete enthalten sind. Erfolgt in diesem Fall der Übergang auf Wärmecontracting, so hat der Vermieter für das Haus zwei Teil-WB aufzustellen. Die Teil-WB für das Haus darf keine Kostenansätze für die Heizung mehr enthalten, herauszunehmen sind also die Baukosten der Heizung, ihre Finanzierungskosten, die Grund- und Sonderabschreibung. Schließlich ist die Instandhaltungspauschale um 0,20 €/qm zu reduzieren (§ 28 Abs. 2 Satz 2 II. BVO), ebenso ermäßigt sich das Mietaus-

---

[36] Siehe LG Köln ZMR 1978, 562.
[37] OLG Karlsruhe RE WuM 1985, 17.
[38] BGH WuM 2004, 285; BGH WuM 2004, 288; NZM 2004, 336.

fallwagnis. Alle diese herausgenommenen Kostenansätze sind nun in eine zweite Teil-WB nur für die Heizanlage aufzunehmen. Auf diese Weise entstehen zwei Kostenkaltmieten, wobei die für die Heizanlage in die Heizkosten einfließt (siehe dazu unter Umlage von Betriebskosten). Wird nur die Heizung mit Brenner und angeschlossenen Pumpen ausgegliedert, so bleiben die Kosten für die Rohrleitungen und die Heizkörper innerhalb des Hauses in der Teil-WB für das Haus. Beim Finanzierungsaufwand regelt die Vorschrift nicht, ob das erststellige Fremddarlehen, eines oder alle öffentlichen Darlehen, die Eigenmittel oder aber alle in Anspruch genommenen Darlehen anteilmäßig zu verringern sind. Ungeklärt ist auch der Fall, dass die bisherige Altanlage – z.B. wegen der Übergangsfristen der Energieeinsparungs-VO – ganz entfernt wird und stattdessen vom Fremdwärmelieferanten eine neue Anlage eingebaut wird. Sind in diesem Fall die Kosten der neuen Anlage aus der alten WB auszugliedern oder doch nur die Kosten der alten Anlage? Letzteres dürfte zutreffend sein, denn die Kosten der neuen Anlage sind nie in der bisherigen WB enthalten gewesen. Außerdem korrespondiert nur diese Lösung mit § 11 Abs. 6 und 7 II. BVO. Wenn nämlich der Eigentümer selbst eine neue Heizanlage einbaut, kann er eine Modernisierungsmieterhöhung durchführen, womit sich die Kostenkaltmiete für das Haus erhöht. Würde der Eigentümer zunächst diesen Weg gehen und anschließend nach § 5 Abs. 3 NMVO auf Wärmecontracting umstellen, wären von dieser höheren Miete die Baukosten für die Heizanlage abzuziehen. Das bedeutet aber andererseits auch, dass beim Einbau einer neuen Heizanlage durch den Fremdwärmelieferanten die Kosten der alten Anlage aus der Haus-WB herauszunehmen sind, während die Teil-WB für die Heizanlage in diesem Fall aber die Kosten der neuen Anlage enthält.

Die Vorschrift führt zu einer spürbaren Verringerung der Kostenkaltmiete für das Haus, für den Vermieter ergeben sich hieraus keine Vorteile, Wärmecontracting einzuführen. **98**

Die Vorschrift des § 5 Abs. 3 NMVO enthält nur Bestimmungen über die Berechnung der Kostenmiete für den Fall der Einführung von Wärmecontracting, aber keine darüber hinaus gehenden Regelungen. Nicht geregelt wird also insbesondere das vertragliche Problem, ob der Vermieter den Mieter verpflichten kann, mit dem Fremdwärmelieferanten einen eigenen Vertrag über den Bezug von Wärme abzuschließen.[39] Der BGH[40] verlangt eine Vereinbarung (siehe zu diesem Problem auch § 24 – Betriebskosten – in diesem Buch).

c) Untervermietung § 21 WoBindG. Der Vermieter schuldet eine Zustimmung zur Unter- **99** vermietung nur nach den Bestimmungen des § 541 BGB. Ist danach eine Untervermietung zu dulden, wirkt sich dies auf die Kostenmiete wie folgt aus:

Der Mieter ist nicht an die Kostenmiete gebunden, wenn er dem Untermieter weniger als die Hälfte seiner Wohnung untervermietet. Zur Berechnung der Hälfte werden nur die Wohnräume zugrunde gelegt. Vermietet der Mieter mehr als die Hälfte unter, so darf er vom Untermieter auch nur die Kostenmiete nehmen.

Der Vermieter darf aus Anlass einer Untervermietung die Kostenmiete nicht erhöhen, aber **100** er darf einen Mietzuschlag nehmen, der bei Untervermietung an 1 Person 2,50 € beträgt, bei Untervermietung an mehr als 1 Person 5,– € (§ 26 NMV). Eine Mieterhöhung nach § 10 WohnBindG ist nicht erforderlich, der Zuschlag ist fällig und zahlbar, sobald eine Untervermietung vorliegt.

Nimmt der Vermieter einen höheren als den gesetzlich zugelassenen Zuschlag, so hat er den überschießenden Teil ohne rechtlichen Grund erhalten, da ein Verstoß gegen § 8 WoBindG vorliegt.

d) Umstellung nach § 25 b NMV. Diese Vorschrift ist ersatzlos weggefallen. Das bedeutet **101** aber nicht, dass auch ihr eigentlicher Zweck weggefallen ist. Zum Verständnis dieser Klausel muss auf die alte Rechtslage eingegangen werden. Bis 1984 waren die Betriebskosten bis auf Wasser, Heizung und Waschmaschine in der Kostenmiete enthalten. Veränderungen bei den Betriebskosten führten also zur Veränderung der Kostenmiete, eine Mieterhöhung wegen gestiegener Betriebskosten musste nach § 10 WohnbindG durchgeführt werden. Da die Betriebskosten ab Mitte der 70-er Jahre rasant stiegen, waren immer öfters solche Erhöhungser-

---

[39] Siehe hierzu *Derleder* NZM 2003, 737 ff.; *Langenberg* WuM 2004, 375 ff.; LG Köln WuM 2004, 400.
[40] WuM 2005, 387.

klärungen notwendig, was für die Vermieter mit erheblichem Aufwand verbunden war. Deswegen, und auch um die Höhe der Nebenkosten transparenter zu machen und eine verbrauchsabhängige Abrechnung nicht nur für Wasser und Heizung zu ermöglichen, wurde § 25 b NMV geschaffen. Der Vermieter hatte hiernach die Betriebskosten vollständig aus der Kostenmiete herauszunehmen. Damit wurde die Kostenkaltmiete eingeführt, die Betriebskosten waren per monatlicher Vorauszahlung umlegbar und jährlich (nicht unbedingt kalenderjährlich) abzurechnen. Die Vorschrift führte im Wesentlichen zu 2 Rechtsproblemen:

Anfangs war nicht klar, ob für die Trennungserklärung irgendeine Form einzuhalten war. Es gab also Umstellungserklärungen, die wie folgt aussahen:

Beispiel:

Sie bezahlen derzeit eine Kostenmiete von 536,70 DM, darin sind 70,96 DM an Betriebskosten enthalten. Ab sofort wird die Kostenmiete auf 465,74 DM gesenkt, über den Betrag von 70,96 DM wird jährlich abgerechnet.

102 Solche Umstellungserklärungen wurden durch die Rechtsprechung als unwirksam betrachtet. Es stellte sich die Erkenntnis ein, dass die Umstellungserklärung in der Form des § 10 WoBindG abzugeben war mit der Besonderheit, dass nicht nur eine neue WB ohne jeden Betriebskostenanteil beizufügen war, sondern auch eine Aufstellung aller Betriebskosten nach Namen und Betrag, womit der Vermieter bestimmte und festlegte, welche Betriebskosten er in Zukunft umzulegen beabsichtigte.[41]

Beispiel:

Der Gesetzgeber hat in § 25 b NMVO bestimmt, dass ich die Betriebskosten aus der Kostenmiete herausnehme und in Zukunft als Vorauszahlung verlange und über sie jährlich abrechne. Die letzte WB, die ich Ihnen mit Mieterhöhungsschreiben vom 1. 1. 1984 übergeben hatte, enthält noch alle Betriebskosten außer Wasser und Heizung. Als Anlage überreiche ich Ihnen nun eine neue WB, die Kostenansätze darin sind unverändert, nur die Betriebskosten sind darin nicht mehr enthalten. Es ergibt sich eine Kostenkaltmiete von 5,46 DM/qm. Daneben habe ich die Betriebskosten in einer weiteren Aufstellung beigefügt. Alle dort genannten Betriebskosten werden in voller Höhe umgelegt, ich rechne über sie kalenderjährlich ab. Es ergibt sich ein Anteil von 1,05 DM/qm. Für Sie ergibt sich damit folgende Miete:
Kostenkaltmiete ......
Vorauszahlung auf die Betriebskosten ......
Vorauszahlung auf die Heizkosten ......
Miete gesamt ......

103 Das zweite Problem wurde dadurch geschaffen, dass viele Vermieter bis Ende 1986 die Kostenmiete noch nicht umgestellt hatten, sondern dies erst später taten oder bis heute überhaupt nicht. Die Frage, ob § 25 b NMVO eine Ausschlussfrist gesetzt hatte, ist dahin entschieden, dass eine Umstellung auch heute noch jederzeit – aber nur für die Zukunft – zulässig ist.[42] Diese Auffassung ist zutreffend. Die Vorschrift kann den Willen des Gesetzgebers nur herbeiführen, wenn sie auch über den 31. 12. 1986 hinaus die Pflicht zur Trennung vorschreibt. Das ergibt sich auch aus dem Wortlaut, denn die Vorschrift verlangte eine sofortige Umstellung, gab aber dem Vermieter das Recht, bis Ende 1986 die Kostenmiete noch nach der alten Rechtslage berechnen und verlangen zu dürfen.

104 Selbst wenn der Vermieter nach dem 1. 8. 1984 noch einen Mietvertrag nach altem Schema abgeschlossen hatte, so darf er für die Zukunft die Trennung durchführen. Er darf sogar durch entsprechende Erklärung Betriebskosten für die Zukunft auf den Mieter umlegen, die bisher nicht als umlegbar vereinbart waren.[43]

105 Die Umstellungserklärung hat vertragsändernde Wirkung, durch einseitige empfangsbedürftige Willenserklärung in der Form des § 10 WoBindG kann also der Vermieter eine entgegenstehende Vereinbarung des Mietvertrages ändern. Da der schriftliche Mietvertrag meist nicht abgeändert wird, empfiehlt es sich deshalb, die Mietumstellungserklärung in den Mietvertrag einzuheften. Es haben sich nämlich die Fälle gehäuft, dass Mieter zehn und mehr Jahre nach der Umstellung plötzlich Nebenkostenabrechnungen mit dem Argument

---

[41] LG Kleve WM 1992, 201; LG Köln WM 1992, 254.
[42] LG Dortmund DWW 1991, 242.
[43] LG Köln WM 1991, 259.

angreifen, im Mietvertrag sei die Umlage von Betriebskosten nicht oder nicht umfassend vereinbart. Hier hilft auf jeden Fall, das damalige Umstellungsschreiben vorzulegen und dessen damaligen Zugang nachzuweisen. Auch das Argument, dass die gegenwärtige Abrechnungspraxis seit mehr als 10 Jahren bestehe und vom Mieter anstandslos akzeptiert worden sei, dürfte helfen.

Diese Grundsätze gelten nach wie vor auch nach Aufhebung des § 25 b NMVO. Als entsprechende gesetzliche Grundlage können nämlich die §§ 20 ff. NMVO herangezogen werden. Aus diesen Vorschriften ergibt sich, dass in der Kostenkaltmiete keine Betriebskosten enthalten sein dürfen. Folglich ist die Umstellung einer Kostenmiete alter Prägung nach wie vor zwingend notwendig, auch wenn § 8 WoBindG nicht verletzt ist, weil die zulässige Kostenmiete nach wie vor die Summe von Kaltmiete, BK-Vorauszahlung, HK-Vorauszahlung und Zuschlägen zur Miete ist. **106**

In vielen Fällen ist die Umstellung nicht unter Beachtung des § 10 WoBindG erfolgt. Der Vermieter hat aber in den folgenden Jahren über die Betriebskosten immer formal ordnungsgemäß abgerechnet, Guthaben oder Nachzahlung sind ausgeglichen worden. Hier hat die Instanzrechtsprechung diese Abrechnungen trotz der unwirksamen Umstellungserklärung als wirksam angesehen, weil die Parteien jahrelang die Umlage so praktiziert und damit einverständlich eine Vertragsänderung herbeigeführt haben. Dem hat sich der BGH angeschlossen.[44] **107**

e) **Neubestimmung der Kostenmiete.** Eine Anpassung der Kostenkaltmiete an geänderte Kosten ist immer unproblematisch, wenn der Vermieter seine WB im aktuellen Zustand hält und seinen Mietern jede Änderung mitteilt. In diesem Fall kann der Vermieter auch – wie es der Wortlaut des § 10 WoBindG sagt – die Miet„erhöhung" berechnen und erläutern. Leider gibt es jedoch immer wieder Fälle, wo der Vermieter über Jahre hinweg Kostenänderungen nicht mitteilt. Oder das Haus wird verkauft oder – was für den Erwerber (!) wegen fehlender Unterlagen weitaus schlimmer ist – zwangsversteigert. Oft genug ist Hintergrund der Veräußerung lang anhaltender Streit zwischen den Mietparteien über die Höhe der zulässigen Kostenkaltmiete und über die Wirksamkeit von Mieterhöhungen. Wenn dann die Mieter die zulässige Kostenmiete nach eigenem Gutdünken bestimmen, steht in solchen Fällen der Erwerber vor einem „Mietchaos". Er kann eine Mieterhöhung ausgehend von der derzeit gezahlten Miete weder erläutern noch berechnen, weil er nicht weiß, auf welcher Grundlage der Mieter gerade diese Miete zahlt. **108**

Der Vermieter muss damit die Kostenmiete auf eine sichere Basis zurückbringen. Das kann er in diesen Fällen nur, indem er ausgehend von der Schlussabrechnung alle Veränderungen in den Kostenansätzen nachvollziehbar berechnet und erläutert, um den nach § 10 WoBindG vorgeschriebenen Formalien zu genügen. Neben der immer notwendigen aktuellen WB sollte auch die Schlussabrechnung beigefügt werden, beide WB dienen als Grundlage der Erläuterung, welche Kostenansätze sich verändert haben. Je nach Umfang der Veränderungen kann das zu einem mehrere Seiten langen Mieterhöhungsschreiben führen. Auch ist bei jeder veränderten Kostenposition die Veränderung zu berechnen, (die WB sind beizufügen, ersetzen aber nicht die Berechnung!). Die Instanzgerichte haben diese Art der Mieterhöhung akzeptiert.[45] **109**

4. Rechte des Mieters

Der Mieter kann nach Erhalt der Mieterhöhung die Mietverhältnis mit einer Frist von zwei Monaten kündigen (§ 11 WoBindG). In diesem Falle tritt die Mieterhöhung nicht ein. Der Mieter kann vom Vermieter, wenn dieser ihm einen Auszug aus der WB oder eine Genehmigung vorgelegt hat, die Einsicht in die vollständige WB verlangen (§ 10 Abs. 3 WoBindG). **110**

---

[44] BGH NJW-RR 2000, 1463; NJW 1998, 445; BGH NJW 2004, 877 = WuM 2004, 290 und 292.
[45] Nicht veröffentlichte Urteile des LG Köln: v. 5. 3. 1992 – 1 S 349/91; v. 19. 5. 1994 – 1 S 377/93; v. 2. 3. 1994 – 10 S 402/93.

Daneben hat der Mieter ein umfassendes Auskunftsrecht nach § 29 NMVO.[46] Er hat darüber hinaus das Recht, vom Vermieter Kopien der Berechnungsunterlagen zu verlangen gegen Kostenersatz.

5. Folgen einer unwirksamen Mieterhöhungserklärung

111 Wird eine Mieterhöhungserklärung nach § 10 WoBindG nicht in der gebotenen Form durchgeführt, so entfaltet die Erklärung keine Wirkung. Wird die Form eingehalten, ist sie aber materiell nicht begründet, entfaltet sie keine materielle Änderung der Kostenmiete.

Stimmen in der WB einzelne Kostenansätze nicht oder sind Rechenfehler vorhanden, so ist die Mieterhöhung nur materiell nicht oder nicht ganz begründet. Das mit der Sache befasste Gericht hat alle Kostenansätze selbstständig zu überprüfen und – nach entsprechender Aufklärung – selbst zu berichtigen und die Kostenmiete nachzurechnen.[47] Nur wenn die vorgelegte WB schwere Fehler hat, also z. B. ihr der Kaufpreis des späteren Erwerbers zu Grunde gelegt wird, soll auch ein formaler Mangel vorliegen.[48]

Hat der Mieter seine Miete entsprechend der Mieterhöhungserklärung angepasst, so stehen ihm folgende Rückforderungsansprüche zu:

112 a) **Materiell unberechtigt.** Ist die Mieterhöhung materiell nicht oder nicht ganz berechtigt, so ist die Überzahlung als ungerechtfertigte Bereicherung nach § 812 BGB zu erstatten. Der Vermieter hat in diesem Fall mehr als die zulässige Kostenmiete verlangt.

113 b) **Formell unwirksam.** Liegt eine zwar materiell berechtigte, aber formal unwirksame Mieterhöhungserklärung vor, so muss wiederum unterschieden werden:

Haben die Parteien nicht die jeweils zulässige Kostenmiete vereinbart, so hat die Mieterhöhungserklärung eine konstitutive Wirkung, d. h. die Mieterhöhung tritt nur dann mit Rechtsgrund ein, wenn die Formalien eingehalten sind. Ist dies nicht so, erfolgt eine Zahlung durch den Mieter ohne Rechtsgrund im Sinne des § 812 BGB, daraus ergibt sich auch der Rückforderungsanspruch.[49]

114 Wurde die jeweils zulässige Kostenmiete vereinbart, so tritt die Mieterhöhung sofort ein, ohne dass eine Mieterhöhungserklärung hierfür notwendig wäre. Die Erhöhungserklärung ist aber trotzdem abzugeben, weil erst dadurch die Forderung des Vermieters auf höhere Miete fällig wird. Die Mieterhöhungserklärung hat in diesem Fall nur deklaratorische Bedeutung. Bei einer formal unwirksamen Mieterhöhungserklärung hat der Mieter in diesem Fall keine Rückforderungsansprüche, denn der Vermieter hat nicht mehr als die jeweils zulässige Kostenmiete erhalten.[50]

Die Vereinbarung der jeweils zulässigen Kostenmiete hat also eine dreifache Wirkung. Neben der Möglichkeit, eine Mieterhöhung auch rückwirkend durchführen zu dürfen, und der Möglichkeit, fehlende Erläuterungen nachholen zu können, verhindert sie auch Rückforderungsansprüche des Mieters.

115 c) **Rückforderungsansprüche des Mieters.** Rückforderungsansprüche des Mieters aus § 812 BGB verjähren in 3 Jahren (für am 1. 1. 2002 bereits laufende Verjährungsfristen nach altem Recht ist die Übergangsregelung des Art. 229 § 6 Absatz 4 EGBGB zu beachten, die Verjährung tritt in diesen Fällen spätestens mit Ablauf des 31. 12. 2004 ein).

V. Einmalige Mieterleistungen

1. Vorbemerkung

116 Gemäß § 9 Abs. 1 WoBindG sind Vereinbarungen über einmalige Mieterleistungen unwirksam, jedoch zulässig nach den Abs. 2 bis 6. Die Vorschrift gilt nicht bei mit Wohnungs-

---

[46] LG Duisburg WM 1990, 562.
[47] LG Dortmund WM 1994, 81.
[48] BGH WPM 1966, 225.
[49] LG Münster WM 1988, 214.
[50] OLG Schleswig WM 1984, 327; BGH NJW 1982, 1587.

fürsorgemitteln geförderten Wohnungen, hier sind die Bestimmungen des Darlehensvertrages maßgebend.

Unwirksam sind verlorene Baukostenzuschüsse, Mieterdarlehen, Mietvorauszahlungen. Auch persönliche Dienste des Mieters beim Bau des Hauses sind unzulässig, soweit sie zu einer Erhöhung des Herstellungsaufwandes führen. Das gilt z.B. für die Übernahme der Erstrenovierung durch den Mieter.[51] Sonderwünsche, die über den vorgegebenen Baustandard hinausgehen, dürfen dagegen vom Mieter wirksam übernommen werden, z. B. der Mieter baut eine Nirostaspüle ein, bauseits vorgegeben ist ein Porzellanbecken.

Unwirksam ist auch eine Regelung, wonach der Nachmieter Miet- und Nebenkostenschulden des Vormieters durch Vereinbarung mit dem Vermieter übernimmt.[52] Die zulässigen Ausnahmen sind:

2. Übernahme der Kleinreparaturen und der Schönheitsreparaturen

Dies ergibt sich unmittelbar aus § 28 II. BV: § 28 Abs. 3 II. BV berechtigt den Vermieter, kleine Instandhaltungen auf den Mieter abzuwälzen. Was unter kleinen Instandhaltungen zu verstehen ist, ist in Abs. 3 Satz 2 definiert. Als Gegenleistung hat der Vermieter die Instandhaltungspauschale der Abs. 1 und 2 um einen bestimmten Betrag zu senken, derzeit sind das 1,17 €/qm. Hat ein Mieter eine unwirksame Kleinreparaturklausel in seinem Mietvertrag (es gilt die Rechtsprechung zum freien Wohnungsbau), so darf der Vermieter einen vorgenommenen Abzug on (derzeit 1,17/qm rückgängig machen (durch Mieterhöhung nach § 10 WohnBindG).

Die Instandhaltungspauschale nach den Abs. 1 und 2 des § 28 dient nur der Deckung von Instandhaltungs- und Instandsetzungskosten, nicht aber zur Deckung von Schönheitsreparaturen. Hierfür darf der Vermieter eine zusätzliche Pauschale ansetzen, deren Höhe sich aus Abs. 4 ergibt. Voraussetzung ist lediglich, dass der Vermieter die Schönheitsreparaturen trägt, eine entsprechende Vereinbarung im Mietvertrag ist also nicht notwendig. Hat der Mieter die Schönheitsreparaturen übernommen, so ist die Wirksamkeit dieser Abrede wie im freien Wohnungsbau nach der dort ergangenen Rechtsprechung zu beurteilen. Dabei ist allerdings darauf zu achten, dass Abs. 4 eine Definition enthält, was unter Schönheitsreparaturen zu verstehen ist Eine Klausel im Mietvertrag kann also schon deshalb unwirksam sein, weil sie Arbeiten enthält, die in Abs. 4 nicht angeführt sind.

Erweist sich eine Vereinbarung mit dem Mieter, wonach dieser die Schönheitsreparaturen übernimmt, als unwirksam, so kann der Vermieter diese Unwirksamkeit dadurch heilen, dass er stattdessen nun die zusätzliche Instandhaltungspauschale für Schönheitsreparaturen verlangt (Form: § 10 WoBindG).

3. Mietvorauszahlung und Mieterdarlehen zum Bau der Wohnung

Eine solche Vereinbarung bedarf der Zustimmung der Bewilligungsbehörde. Bei vorzeitiger Vertragsbeendigung ist § 547 BGB (früher § 557a BGB) anzuwenden.

4. Mietvorauszahlung und Mieterdarlehen zur Modernisierung der Wohnung

Hier ist die Zustimmung der Bewilligungsbehörde nur für die Modernisierung notwendig. Der vom Mieter zur Verfügung gestellte Betrag darf nicht höher sein als zur Durchführung der Modernisierungsmaßnahme erforderlich ist, er darf außerdem nicht höher als die vierfache Jahresmiete sein.

5. Übernahme von Finanzierungsbeiträgen durch den Nachmieter

Nicht zulässig ist eine direkte Vereinbarung zwischen Vormieter und Nachmieter Zulässig ist nur eine Vereinbarung zwischen dem Vermieter und dem Nachmieter und nur unter der Voraussetzung, dass der Vormieter vorzeitig ausgezogen ist und den Rest seiner Finanzhilfe ausbezahlt bekommen hat. In Höhe dieses vorzeitig zurückgezahlten Betrages darf dann

---

[51] AG Rheine WM 1981, 278.
[52] LG Berlin MDR 1981, 848.

auch eine gleichartige neue Vereinbarung mit dem Nachmieter und nur für den Rest der ursprünglich vorgesehenen Laufzeit getroffen werden.

6. Kaution

123   Die Vereinbarung einer Kaution ist zulässig, allerdings nur zur Absicherung von Ansprüchen des Vermieters aus der Verschlechterung der Mietsache oder unterlassener Schönheitsreparaturen. Der Hauptzweck der Kaution, auch Mietrückstände abzusichern, ist also im geförderten Wohnungsbau nicht zulässig. Dafür erhält der Vermieter in der Kostenmiete eine Pauschale, nämlich das Mietausfallwagnis. Im Übrigen gilt § 551 BGB.
Diese eingeschränkte Sicherung gilt für Sozialwohnungen 1. und 2. Förderweg direkt aus § 9 WoBindG, für mit Aufwendungsdarlehen oder -zuschüssen geförderte Wohnungen gemäß § 88 II. WoBauG über §§ 17, 10 NMVO, für Wohnungen, für die die Vergleichsmiete zu ermitteln ist, über §§ 18, 10 NMVO.

124   Keinen Verweis hat § 16 NMVO, der für mit Wohnungsfürsorgemitteln geförderte Wohnungen gilt. Daraus hat das LG München geschlossen, dass hier eine Kaution überhaupt nicht vereinbart werden darf.[53] Das ist unzutreffend. Aus § 87 a II. WohnBauG ergibt sich ein Verweis nur auf die Vorschriften der §§ 8 bis 8 b, 10 und 18 ff. WoBindG, nicht aber auf § 9 WoBindG. Diese Vorschrift ist also mangels Verweisung nicht anzuwenden, sondern es gilt eine entsprechende Vereinbarung im Darlehensvertrag oder § 551 BGB unmittelbar.

125   Der Streit, ob nur die entsprechende Teilbestimmung oder die gesamte Kautionsklausel unwirksam ist, wenn nach der Klausel die Kaution auch für Mietrückstände vereinbart wird, dürfte auf Grund der neuesten Entscheidungen des BGH[54] dahin beendet worden sein, dass der unwirksame Teil der Klausel nicht die ganze Klausel unwirksam macht (weil der Vermieter grundsätzlich Anspruch auf eine Kaution hat). Auch ist auf § 8 Abs. 2 WoBindG hinzuweisen, danach sind Mietpreisvereinbarungen „nur insoweit" unwirksam, als sie die zulässige Kostenmiete überschreiten. Damit soll nur Teilnichtigkeit und nicht Gesamtnichtigkeit eintreten.

126   Streitig ist nach wie vor, ob nach Ende des Mietverhältnisses der Vermieter gegen den Anspruch des Mieters auf Rückzahlung der Kaution mit Mietzinsansprüchen aufrechnen darf.[55] Der Vermieter wird hier seinen Mietrückstand per Widerklage geltend machen müssen, um dann den Kautionsrückzahlungsanspruch pfänden zu können. Die Zweckbestimmung der Kaution hindert nicht die Pfändung gerade durch den begünstigten Vermieter. Besonders aufpassen muss der Vermieter, wenn er selbst Kläger ist. Er darf die Kaution nur gegen Ansprüche aus Verschlechterung der Mietsache oder wegen unterlassener Schönheitsreparaturen aufrechnen. Hat er nur Mietzinsforderungen, so kann er nicht verrechnen (wohl aber der Mieter). Für diesen Fall empfiehlt sich, den rückständigen Mietzins in voller Höhe einzuklagen Zug um Zug gegen Herausgabe der Kaution.[56]

7. Möblierungszuschlag, Übernahme von Arbeiten, Kauf von Gegenständen

127   Der Mieter soll grundsätzlich davor geschützt werden, neben der Anmietung von Wohnraum auch noch damit gekoppelte Geschäfte abschließen zu müssen.
Zulässig ist die Anmietung einer Garage, eines Stellplatzes oder eines Gartens. Zulässig ist auch die Übernahme von Sach- und Arbeitsleistungen, die zu einer Verringerung der Bewirtschaftungskosten führen, z. B. die Hausmeistertätigkeit im Rahmen der umlagefähigen „Betriebskosten-Arbeiten" (Gartenpflege, Reinigung, regelmäßige Überwachung der technischen Anlagen).

128   Unzulässig ist die Verknüpfung des Mietvertrages mit dem Kauf von Einrichtungsgegenständen. Zulässig ist dagegen die Anmietung von Einrichtungsgegenständen, z. B. einer Einbauküche. Hierzu ist die Zustimmung der Bewilligungsstelle notwendig, wenn die vertragliche Regelung zu Beginn des Mietverhältnisse erfolgt (aus Anlass des Vertragsabschlusses).

---

[53] LG München WM 1985, 399.
[54] BGH NJW 2003, 2899 = WuM 2003, 495; BGH NJW 2004, 1240.
[55] Verneinend AG Köln WM 2000, 22; ebenso *Bellinger* WuM 2007, 178.
[56] Siehe *Nies* NZM 2003, 349 zur Unwirksamkeit von Kautionsklauseln im freien Wohnungsbau (inzwischen wegen der neuen RSpr des BGH überholt).

Wird dagegen in einem bereits bestehenden Mietverhältnis später ein Möbliertzuschlag vereinbart, so ist hier keine Zustimmung mehr notwendig.[57]

Der Mietzuschlag muss angemessen sein, das prüft die Bewilligungsstelle selbstständig. Üblich und angemessen ist ein Zuschlag, der sich an der regelmäßigen Nutzungsdauer des Gegenstandes orientiert (Abschreibung).[58]

8. Erstattungsanspruch des Mieters

Soweit die Vereinbarung von Zuschlägen und einmaligen Leistungen unwirksam ist, hat der Vermieter die empfangene Leistung zurückzugeben und vom Tage des Empfangs an zu verzinsen. Es handelt sich nicht um einen Anspruch aus § 812 BGB, sondern um einen Erstattungsanspruch eigener Art[59] (§ 9 Abs. 7 WoBindG). Die Verjährungsfrist beginnt erst mit Ende des Mietverhältnisses zu laufen, die Verjährung tritt 1 Jahr nach Mietvertragsende ein.

9. Erstattungspflichtiger

Erstattungspflichtig ist immer der Vermieter, der die Leistung empfangen hat.

VI. Betriebskosten

Da die Betriebskosten gemäß § 27 II. BV Bestandteil der Kostenmiete sind, war festzulegen, welche Kosten als Betriebskosten gelten. Diese Bestimmung wurde in der Anlage 3 zur II. BV (heute: BK-VO) getroffen. Diese Anlage ist im Rahmen des geförderten Wohnungsbau verbindlich, weitere Betriebskosten, die hier nicht genannt sind, dürfen also nicht umgelegt werden. Möglich ist nur eine Zuordnung unter Ziffer 17 = sonstige Betriebskosten. Diese müssen aber im Mietvertrag namentlich angegeben sein, können aber auch durch jahrelange wiederholte Abrechnung vereinbart worden sein.[60] Die BK-VO ist Ergänzung zu § 556 BGB. Es kann daher auf die grundlegende Darstellung in § 24 dieses Buches verwiesen werden. Nicht für den geförderten Wohnungsbau gelten aber BGH NJW 2006, 1419 (§ 20 Abs. 2 NMVO brauche nicht berücksichtigt zu werden) und BGH WuM 2006, 684 = NZM 2007, 83 (zur Beweislastverteilung).

Die Vorschriften der §§ 20 ff. NMVO enthalten einige vom freien Wohnungsbau abweichende Regelungen, die hier zu besprechen sind:

1. Umlagefähigkeit

Gemäß § 20 Abs. 1 NMVO hat der Vermieter Betriebskosten, die er umlegen will, nach Art und Höhe bei Überlassung der Wohnung bekannt zu geben. Maßgebender Zeitpunkt ist dabei der Abschluss des Mietvertrages.

Das geschieht nicht durch bloßen Verweis auf § 27 II. BV, sondern nur durch eine Aufzählung aller Betriebskosten, die umgelegt werden sollen.[61] Streit besteht nach wie vor darüber, was die Anforderung des § 20 Abs. 1 NMVO = „nach Art und Höhe bei Überlassung der Wohnung anzugeben" dem Vermieter für Pflichten aufbürdet. Die RSpr ist überwiegend der Auffassung, dass es ausreicht, die BK-Arten im Mietvertrag anzugeben und eine Vorauszahlung anzugeben (so die Mietabteilungen des AG Köln). Die andere Meinung verlangt vom Vermieter, dass dieser zu jeder BK-Art auch den Kostenanteil für die Wohnung im Mietvertrag angibt.[62]

Nach diesseitiger Auffassung ist der vorgenannte Passus nur eine Ergänzung zu § 29 NMVO. Nach dieser Vorschrift ist der Vermieter verpflichtet, dem Mieter auf Verlangen

---

[57] BVerwG NZM 1998, 885.
[58] LG Dortmund WM 1999, 463.
[59] BGH ZMR 1973, 350 ff.
[60] BGH WuM 2004, 290, 292; NZM 2004, 417, 418; inzwischen sehr zweifelhaft, siehe BGH WuM 2008, 225 = NJW 2008, 1302.
[61] LG Köln WM 1991, 259.
[62] *Sternel* MietR III Rdnr. 380.

Auskunft über die Ermittlung und Zusammensetzung der zulässigen Miete zu geben und Einsicht in die WB und sonstige Unterlagen, die eine Berechnung der Miete ermöglichen, zu gewähren. Da die WB keine Betriebskosten angibt, bezieht sich diese Vorschrift nur noch auf die Kostenkaltmiete und die vereinbarten Zuschläge, während § 20 NMVO für die BK damit eine Ergänzung vornimmt. Sowohl eine Verletzung des § 29 NMVO wie eine des § 20 NMVO ist sanktionslos, allerdings kann der Mieter den Vermieter auf Auskunft verklagen und notfalls auch die Mietzahlung zurückhalten. Weitere Sanktionen, insbesondere die Nichtigkeit der Vereinbarung der Kostenmiete wie der Umlage der BK, sind nicht erkennbar, gerade im Hinblick auf § 8 WohnBindG, der die Vereinbarung der zulässigen Kostenmiete (das sind Kaltmiete + BK + Zuschläge) zulässt.[63]

134 Fazit: Sind die BK im Mietvertrag im Einzelnen angegeben und ist nur eine Vorauszahlung hierfür vereinbart, so ist diese Regelung wirksam. Der Mieter hat aber das Recht, die einzelnen Anteile an den verschiedenen BK zu erfragen. Dazu genügt es dann auch, ihm die letzte BK-Abrechnung für seine Wohnung vorzulegen.

Das OLG Oldenburg hat 1997 einen RE zu dieser Rechtsfrage abgelehnt, weil „nach einhelliger Ansicht" die Verletzung der Bekanntgabe mit der ersten Nebenkostenabrechnung geheilt wird.[64]

Auf die Betriebskosten darf der Vermieter auch ein Umlagenausfallwagnis aufschlagen, die Berechnungsformel lautet hier (§ 25 a NMVO): Das Umlagenausfallwagnis darf 2 vom Hundert der im Abrechnungszeitraum auf den Wohnraum entfallenden Betriebskosten nicht überschreiten. Damit dürfen 2% aufgeschlagen werden.

2. Aufteilung

135 a) **Umlagemaßstab.** Die Betriebskosten sind zwingend nach der Wohnfläche umzulegen, es sei denn, die §§ 20 ff. NMVO lassen einen anderen Maßstab zu oder schreiben ihn zwingend vor.

Wasser und Abwasser – Schmutzwasser – können gemäß § 21 NMVO auch nach einem anderen Maßstab umgelegt werden, z. B. nach der Anzahl der im Haus lebenden Personen. Wird der Wasserverbrauch allerdings durch eingebaute Wasseruhren erfasst, so ist zwingend nach abgelesenem Verbrauch abzurechnen. Dieser Zwang besteht aber nur, wenn alle Wohnungen mit Wasseruhren ausgestattet sind. Ansonsten hat der Mieter, nur in dessen Wohnung eine Wasseruhr vorhanden ist, keinen Anspruch auf eine verbrauchsabhängige Abrechnung.[65]

136 Die Kosten für Heizung und Warmwasser sind gemäß § 22 NMVO zwingend nach den Vorschriften der Heizkosten-VO abzurechnen. Für den Altbestand, der am 30. 4. 1984 die Kosten für Heizung und Warmwasser unaufgeteilt umlegte, bleibt diese Abrechnungsart auch weiterhin zulässig.

137 Die Kosten der Müllabfuhr können gemäß § 22 a NMVO nach einem Maßstab umgelegt werden, der einer unterschiedlichen Müllverursachung Rechnung trägt. Das kann eine Aufteilung nach Personenzahl sein, aber auch eine Zuordnung einzelner Müllgefäße zu bestimmten Mietern, soweit diese Müllgefäße allein nutzen.

Die Kosten des Betriebs einer zentralen Brennstoffversorgungsanlage dürfen gemäß § 23 NMVO nur nach dem Brennstoffverbrauch umgelegt werden.

Die Kosten des Betriebs maschineller Aufzüge dürfen gemäß § 24 NMVO mit Einverständnis der Mieter auch nach einem anderen Maßstab als der Wohnfläche umgelegt werden. Der Wohnraum im Erdgeschoss kann auch von der Umlage befreit werden.

138 Für die Kosten des Breitbandkabelnetzes enthält § 24 a NMVO zwei Umlagemaßstäbe. Betriebsstrom, regelmäßige Wartung und Entgelt für eine Verteileranlage sind nach Wohnfläche umzulegen, sofern nicht mit Zustimmung der (= aller) Mieter ein anderer Umlagemaßstab festgelegt wird. Die laufenden monatlichen Gebühren des Anschlusses sind dagegen zwingend zu gleichen Teilen auf die angeschlossenen Wohnungen zu verteilen.

---

[63] Siehe hierzu auch *Lützenkirchen* NZM 2008, 630.
[64] OLG Oldenburg NJW-RR 1998, 12.
[65] BGH WuM 2008, 288 = NJW 2008, 1876 = NZM 2008, 444.

Die Betriebs- und Instandhaltungskosten der maschinellen Wascheinrichtung nehmen eine Sonderstellung ein. Gemäß § 25 NMVO darf für diese Kosten keine Vorauszahlung genommen werden, die Kosten dürfen nur auf die Nutzer umgelegt werden, was i. d. R. durch Münzen erfolgt. Auch der Ansatz von Instandhaltungskosten ist zulässig. Die Erlöse aus dem Verkauf der Münzen sind zu verrechnen mit den Kosten der Waschanlage, also Strom, Wasser und Instandhaltung. Das Ergebnis der Verrechnung, gleich ob Überschuss oder Verlust, ist in die BK-Abrechnung aufzunehmen und nach Wohnfläche umzulegen. 139

b) Verteilung bei gemischt genutzten Objekten. § 20 Abs. 2 NMVO bestimmt, dass Betriebskosten, die nicht für Wohnraum angefallen sind, vorweg abzuziehen sind. Für die Praxis ist aber zu beachten, dass diese Anforderung nicht mit der Entscheidung des BGH[66] kollidieren darf, wonach die Abrechnung der Betriebskosten so einfach und übersichtlich sein soll, dass der Mieter sie ohne weiteres nachvollziehen kann. 140

Werden alle auf Geschäftsraum oder Garagen entfallenden Anteile ausnahmslos vorweg abgezogen, so wird die Nebenkostenabrechnung sehr schnell unübersichtlich. Dem Mieter müsste begründet werden, nach welchem Maßstab die Aussonderung erfolgt und welche Betriebskosten davon betroffen sind. Das ist aber nicht nötig. Für Betriebskosten, deren gewerblicher Anteil nicht festgestellt werden kann, sieht das Gesetz selbst die Ausnahme vor: diese Betriebskosten dürfen auf Wohnraum und Gewerbe im Verhältnis der umbauten Raumes oder der Wohn- und Nutzflächen aufgeteilt werden (§ 20 Abs. 2 Satz 2, 2. Halbsatz NMVO). Es sind also nur die Betriebskosten vorweg auszusondern, die unterscheidbar für Gewerberaum oder Garagen angefallen sind. 141

Eine vorherige Aussonderung ist möglich:

Bei Geschäftsraum ein Prämienzuschlag zur Wohngebäude**versicherung** oder Haushaftpflichtversicherung (Gaststätten!), bei einer Glasversicherung nur für den Gewerberaum. 142

Die Grundsteuer ist nach dem Verhältnis der Teileinheitswerte zu verteilen. Die Grundsteuer wird bestimmt aus dem Produkt von Steuermessbetrag und Hebesatz. Der Hebesatz wird durch Ratsbeschluss der Gemeinde festgesetzt, der Steuermessbetrag durch das örtlich zuständige Finanzamt. Der Steuermessbetrag ist wiederum das Produkt aus Einheitswert und Steuersatz. Während letzterer im Gesetz (BewG) festgelegt ist, wird der Einheitswert bestimmt nach den Mieteinnahmen. Hierfür ist ebenfalls das Finanzamt zuständig. Bei gemischt genutzten Häusern sind die Mieteinnahmen unterschiedlich hoch, es werden deshalb Teileinheitswerte für Gewerbe, für öffentlich geförderten Wohnraum, für freifinanzierten Wohnraum und auch für Garagen bestimmt. Damit lässt sich die Grundsteuer nach dem Verhältnis der Teileinheitswerte einfach und zutreffend verteilen. Diese Verteilung führt meist zu prozentual anderen Anteilen als bei einer Umlage nach Fläche (siehe dazu die BK-Abrechnung unter C. X. 4 in *Nies/Gies* Formularbuch Mietrecht).

Bei **Wasser** ist nach der Art des Gewerbes zu unterscheiden. Reine Büroräume dürften weniger Wasser verbrauchen als Wohnungen, eine Umlage nach Fläche oder Personenzahl ist danach zulässig, würde höchstens den Büromieter benachteiligen. 143

Bei verbrauchsintensiven Gewerben (Gaststätten, Wäschereien z. B.) verbietet sich eine pauschale Umlage nach Fläche. Eine Umlage nach Personenzahl erscheint bedenklich, weil auch hier der Verbrauch nur geschätzt werden könnte. Hier ist der Einbau eines Wasserzwischenzählers erforderlich, der den Wasserverbrauch messen kann. In Köln war und ist es üblich, dass die Bewilligungsstelle in solchen Fällen den Einbau von Wasserzwischenzählern bereits bei Genehmigung des Bauvorhabens verlangt.

Abwasser – Schmutzwasser – kann entsprechend des Wasserverbrauchs umgelegt werden. Abwasser – bebaute Fläche – ist dagegen, da verbrauchsunabhängig, nach der Fläche zu verteilen. 144

Kosten der **Müllabfuhr** sind meist trennbar. Entweder hat der Gewerbemieter mit dem örtlich zuständigen Abfallentsorgungsunternehmen einen eigenen Vertrag abgeschlossen und erhält also auf eigene Rechnung Müllgefäße, oder aber der Vermieter stellt dem Gewerbe nur für ihn zu nutzende Müllgefäße zur Verfügung. Bei reinen Büroräumen dürfte sich eine Sonderstellung wegen des geringen Müllaufkommens erübrigen.

---

[66] BGH NJW 1982, 573.

145 **Garagen:** Die Problematik der Berücksichtigung von Garagen bei der Abrechnung von Betriebskosten ist bis heute nicht abschließend geklärt.

Nach einer verbreiteten Auffassung[67] sind Garagen als Zubehör zum Wohnraum (§ 42 II. BV) anzusehen und damit nicht bei der Verteilung der Betriebskosten zu berücksichtigen, wenn zu jeder Wohnung eine Garage gehört und vom Wohnungsinhaber genutzt wird. Ein Leerstand soll nicht schaden, auch nicht, wenn eine einzelne Garage fremd vermietet ist.

Dieser Auffassung kann sich der Verfasser nicht anschließen.

146 Wie oben in II 1 unter dem Stichwort Besonderheiten ausgeführt, sind Garagen auf ganz unterschiedliche Weise bei der Ermittlung der Kostenmiete berücksichtigt worden. Danach hat sich auch zu richten, ob die Betriebskosten anteilig auf die Garagen zu verteilen sind.

Sind die Garagenbaukosten in der WB enthalten und werden die Erträge aus der Vermietung der Garagen vom Gesamtaufwand abgezogen – und damit den Wohnungsmietern gutgebracht –, so führt ein Vergleich der Rechtslage bis 1984 und den Änderungen danach im Hinblick auf die §§ 20 ff. NMVO zu folgender Klärung: Bis 1984 waren fast alle Betriebskosten in der Kostenmiete enthalten und wurden anteilig nur auf die Wohnungsmieter umgelegt. Der auf die vorhandenen Garagen etwa anfallende Anteil an Betriebskosten wurde ausgeglichen durch Berücksichtigung der vollen Mieterträge dieser Garagen.

147 Die Neufassung der §§ 20 ff. NMVO hat zu einem ungewollten Bruch in diesem System geführt. Zwar wurden die Betriebskosten aus der Kostenmiete vollständig herausgenommen, die Erträge der Garagen blieben jedoch in voller Höhe in der Kostenkaltmiete. Da nun Garagenmieten Bruttomieten sind (Garagenmietverträge mit Aufteilung in Kaltmiete und NK-Vorauszahlung sind unbekannt), wird mit der Zahlung der Garagenmiete auch der Anteil an den Betriebskosten mit abgegolten. Dieser Anteil kommt also den Wohnungsmietern zugute.

148 Die Lösung kann also für diesen Fall nur lauten: Die Garagen sind bei der Umlage von Betriebskosten nicht zu berücksichtigen, wenn sie mit Aufwand und Ertrag in die Berechnung der Kostenmiete für den Wohnraum einfließen.

Sind die Garagen jedoch bei der Ermittlung der Kostenmiete von Anfang an ausgegliedert, so sind die Garagen bei der Verteilung der Betriebskosten anteilig zu berücksichtigen.

149 Bei diesen „ausgegliederten" Garagen gelten obige Ausführungen zum Gewerberaum entsprechend. Problematisch ist allerdings der Verteilungsmaßstab. Fallen Betriebskosten nachweisbar nur für Garagen an, sind sie vorher auszusondern. Fallen sie für Wohnraum und Garagen an, so ist eine verhältnismäßige Verteilung notwendig. Die Nutzfläche der Garagen wie das Verhältnis der Garagenmieten zu den Wohnungsmieten sind geeignete Maßstäbe.

150 Bei der Grundsteuer ist nach Teileinheitswert aufzuteilen. Bei Versicherungen kommt es auf eine unterschiedliche Gefahrenklasse an, wenn danach die Prämie berechnet ist. Wasser und Abwasser können nur anteilig umgelegt werden, wenn Garagen über einen Wasseranschluss verfügen. Dasselbe gilt für Stromkosten.

151 Für den Vermieter besteht immer die Schwierigkeit, eine angemessene Verteilung der Betriebskosten vorzunehmen. Trotz der zwingenden Anordnung des § 20 Abs. 2 NMVO wird der Vermieter daneben immer auch eine Verteilung unter Berücksichtigung des § 315 BGB vorzunehmen haben.

152 **Wirtschaftseinheit:** Der Vermieter hat hier das Wahlrecht. Er kann die Betriebskosten hausbezogen oder für die Wirtschaftseinheit einheitlich abrechnen.

153 Umlegung von Heizkosten beim **Wärmecontracting:** Die Heizkosten-VO lässt die Umlage von Kosten bei fremdgewerblicher Lieferung von Heizenergie zu. Zu diesen Kosten gehören nicht nur die Kosten des Energieträgers, sondern auch Fixkosten, Arbeitslohn, Abschreibung und Gewinn. Im Falle des § 5 Abs. 3 NMVO (siehe oben Stichwort Wärmecontracting) setzt sich die zulässige Kostenmiete aber nach wie vor aus den eigentlichen Brennstoffkosten, Stromkosten, Emissionsmessgebühren, Wartung und Reinigung der Heizanlage und nun auch aus der in der Teil-WB berechneten Kostenmiete für die Heizanlage zusammen. Wenn weitere Kosten hätten angesetzt werden dürfen, wäre es nicht notwendig, die Kosten der Heizanlage in einer eigenen Teil-WB festzuschreiben. § 22 NMVO enthält insoweit keine entgegenstehende Regelung und ist mit § 5 Abs. 3 NMVO abgestimmt auszulegen.

---

[67] *Fischer-Dieskau,* Wohnungsbaurecht zu § 42 II BV Anm. 12.6.

Da nun die HK-VO eine Aufteilung der Kosten nach Heizverbrauch und Wohnfläche vor- 154
schreibt, fließen die Kosten der Teil-WB Heizung ebenfalls in diese Aufteilung. Damit wird
vom Ergebnis her eine gleichartige Abrechnung wie beim originären Wärmecontracting erreicht, wenn auch nicht alle Kosten wie dort umlegbar sind.

3. Jahresfrist

Über die Betriebskosten ist innerhalb eines Jahres nach Ablauf der Abrechnungsperiode in 155
Schriftform (§ 20 Abs. 4 i. V. m. § 4 Abs. 7 + 8 NMV und § 10 WoBindG) abzurechnen.
Maßgebend für die Einhaltung der Frist ist der Zugang der Abrechnung beim Mieter. Für
den Mieter läuft aber keine Jahresfrist für Einwendungen!

Entspricht die Abrechnung nicht den geringen formalen Anforderungen des BGH-Urteils 156
von 1981, ist die Abrechnung formal unwirksam. Sie kann innerhalb der laufenden Jahresfrist jederzeit wiederholt werden.

Üblicherweise erfolgt die Abrechnung nach dem Leistungsprinzip: Alle für das Abrechnungsjahr bestimmte Rechnungen werden umgelegt, auch wenn die Zahlung nachträglich
oder im Voraus erfolgte.

Beispiel: Die Gebäudeversicherung für 2008 wird bereits im Dezember 2007 bezahlt, Sie ist einzustellen
in die Abrechnung für 2008.

Nach BGH darf aber auch das Abflussprinzip zugrunde gelegt werden.[68]

Beispiel wie oben: Die bezahlte Rechnung ist in der Abrechnung 2007 zu berücksichtigen, weil in diesem Jahr bezahlt.

Auch im geförderten Wohnungsbau ist die Wahl des Abrechnungsprinzips zulässig, da 157
keine entgegenstehende Vorschrift vorhanden ist.

Nach Ablauf der Jahresfrist kann der Vermieter aus einer danach erstellten Abrechnung
keine Forderungen mehr herleiten. Dem Mieter steht aber auch nach Ablauf der Jahresfrist
das Recht zu, vom Vermieter die Abrechnung zu verlangen. Ein Guthaben ist an den Mieter
auszuzahlen, mit Nachforderungen ist der Vermieter ausgeschlossen. Die Entscheidung des
BGH,[69] wonach der Vermieter nach Ablauf der Abrechnungsfrist die nicht geleisteten Vorauszahlungen weiterhin verlangen darf, ist auf den geförderten Wohnungsbau übertragbar.

Ansonsten war vieles höchstrichterlich noch nicht entschieden.[70] Der BGH[71] hat nun zumindest einige Zweifelsfragen geklärt:.

Entspricht die Abrechnung den geringen Anforderungen gemäß Entscheidung vom 23. 11. 158
1981, so ist sie formell ordnungsgemäß. Inhaltliche Fehler der Abrechnung berühren nur den
materiellen Anspruch des Vermieters. Konkret entschieden hat der BGH, dass die Verwendung
eines falschen Umlageschlüssels nur die materielle Seite der Abrechnung betrifft. Der Vermieter ist verpflichtet (und berechtigt!), die Abrechnung zu berichtigen. Er kann aber keine höhere
Forderung stellen als in der fehlerhaften Abrechnung ausgewiesen war. Diese Entscheidung
wird sich dahin interpretieren lassen, dass alle nur erdenklichen Fehler der Abrechnung (z. B.
besonderer Aufteilungsschlüssel bei Grundsteuer, Vollumlage statt Berücksichtigung einer Teilinklusivmiete) lediglich den materiellen Teil der Abrechnung erfassen, womit dem Vermieter
die Möglichkeit verbleibt, auch nach Ablauf der Jahresfrist die Abrechnung zu berichtigen und
sich dadurch die bisher unzutreffend berechnete Nachforderung zu sichern.

Stellt der Vermieter nur Teilbeträge in die Abrechnung (z. B. wegen Aussonderung für 159
Gewerberaum) und weist dies in der Abrechnung oder im Anschreiben nicht aus, so ist jedoch ein formaler Mangel vorhanden.

Ist die Jahresfrist verstrichen, hat der Vermieter aber immer noch Anspruch auf nicht geleistete Vorauszahlungen für das Abrechnungsjahr.[72]

---

[68] BGH WuM 2008, 285 = NJW 2008, 1300 = NZM 2008, 277; bestätigt NZM 2008, 403 = NJW 2008, 1801.
[69] BGH WuM 2007, 700.
[70] Versuch einer Standortbestimmung: *Langenberg* WuM 2003, 670 ff.
[71] BGH NJW 2005, 219; WuM 2005, 61.
[72] BGH WuM 2007, 700 = NZM 2008, 35.

160 Geklärt ist nun vom BGH[73] auch, welche Rechte der Mieter hat, wenn der Vermieter innerhalb der Abrechnungsfrist nicht abrechnet. Neben der Klage auf Abrechnung kann der Mieter beim beendeten (!) Mietverhältnis auch sofort die Rückzahlung aller geleisteten Vorauszahlungsbeträge verlangen. Der Vermieter kann seinerseits dann immer noch die Abrechnung erteilen, hat aber keinen weitergehenden Anspruch als auf die vom Mieter geleisteten Vorauszahlungen. Da im geförderten Wohnungsbau die Jahresabrechnungsfrist seit 1984 besteht, sind die Urteilsgründe des BGH zur Abrechnung 2001 hier maßgebend. Im ungekündigten Mietverhältnis scheint der BGH der Meinung zu folgen, dass der Mieter gemäß § 273 BGB die laufende Zahlung von Betriebskosten einstellen darf, bis die Abrechnung erteilt ist.

4. Erhöhung der Vorauszahlung

161 Ergibt sich aus der Jahresabrechnung eine nennenswerte Nachforderung zu Lasten des Mieters, so darf der Vermieter die Vorauszahlung auf die Betriebskosten in Schriftform erhöhen. Dies erfolgt in sinngemäßer Anwendung des § 10 WoBindG. Beizufügen ist hier nicht eine WB, sondern die Betriebskostenabrechnung. Die Erhöhung kann mit der Abrechnung erfolgen, sie kann auch später nachgeholt werden Die Anhebung ist, auch wenn die jeweils zulässige Kostenmiete vereinbart ist, immer nur für die Zukunft zulässig (§ 20 Abs. 4 Satz 2 NMVO).

VII. Die vorzeitige Rückzahlung der öffentlichen Mittel

1. Sozialer Wohnungsbau

162 Die vorzeitige Rückzahlung der öffentlichen Mittel ist – soweit der Darlehensvertrag nicht eine feste Mindestlaufzeit vorsieht – jederzeit möglich (§ 16 WoBindG). Die vorzeitige Rückzahlung führt aber nicht dazu, dass das Haus sofort aus der Bindung entlassen ist. Die Unterscheidung, ob das Gebäude in einem Gebiet mit erhöhtem Wohnbedarf liegt (dann immer Nachbindung) oder in einem Gebiet ohne erhöhtem Wohnbedarf (dann u. U. Nachbindung), ist 1990 aufgehoben worden zugunsten einer generellen Nachbindung von 10 Jahren. Diese Frist beginnt nur zu laufen, wenn alle öffentlichen Mittel vorzeitig und freiwillig zurückgezahlt werden. Gerechnet wird die Frist ab dem Schluss des Jahres, in dem die Mittel zurückgezahlt worden sind (Eingang beim Darlehensgeber).

Beispiel 1:
Rückzahlung am 23. 2. 1991 bei der Stadt, am 24. 3. 1991 beim Land. Die Nachfrist beginnt am 1. 1. 1992 und endet am 31. 12. 2001.

Beispiel 2:
Rückzahlung 20. 12. 1991 bei der Stadt, am 26. 12. 1991 beim Land; die Frist beginnt ebenfalls am 1. 1. 1992.

163 Würden die öffentlichen Darlehen bei planmäßiger Tilgung aber schon vor Ablauf der 10 Jahre getilgt, so läuft die Nachbindung nur bis zu diesem Zeitpunkt.

Beispiel 3:
wie vor. Die Mittel wären planmäßig aber schon am 31. 12. 1998 getilgt gewesen. Die Nachbindung endet ebenfalls mit diesem Tag.

164 Wichtig: Die Nachbindung beginnt erst, wenn alle öffentlichen Darlehen zurückgezahlt sind (§ 18 Abs. 6 WoBindG).

Wurden pro Wohnung öffentlicher Gelder von nicht mehr als durchschnittlich 1.550,- € bewilligt, so endet die Bindung sofort mit der Rückzahlung (§ 16 Abs. 2 WoBindG).

Hat der öffentliche Darlehensgeber die Mittel fristlos gekündigt, so läuft eine 12-jährige Nachbindung (§ 15 Abs. 1 WoBindG).

---

[73] BGH NJW 2005, 1499 = WuM 2005, 337.

Im Falle der Zwangsversteigerung endet die Nachbindung 3 Jahre ab Ende des Jahres, in dem der Zuschlag erfolgte, wenn die Grundpfandrechte der öffentlichen Mittel mit dem Zuschlag erloschen sind (§ 17 WoBindG).

Während der Nachbindung gelten alle Vorschriften des WoBindG weiterhin uneingeschränkt.

2. Bei Wohnungsfürsorgemitteln

Die §§ 15 ff. WoBindG gelten hier nicht, da keine Verweisung in den §§ 87 a und b II. WoBauG vorliegt. Maßgebend sind also allein die vertraglichen Vereinbarungen. Üblich ist die Vereinbarung eines zeitlich festgelegten Belegungsrechts zugunsten des öffentlichen Darlehensgebers. Werden diese Darlehen – soweit eine Mindestlaufzeit nicht vereinbart ist – vorzeitig abgelöst, so endet die Bindung aber erst, wenn auch das Belegungsrecht ausläuft (§ 87 a Abs. 4 II. WoBauG).

Beispiel 1:
Das Belegungsrecht ist für einen Zeitraum bis zum 31. 12. 1998 vereinbart. Die Mittel werden 1992 vorzeitig und freiwillig zurückgezahlt. Die Bindung endet 31. 12. 1998.

Beispiel 2:
wie vor, die Mittel werden aber erst am 30. 12. 1999 vorzeitig zurückgezahlt. Die Bindung endet ebenfalls am 30. 12. 1999.

3. Sonstige öffentliche Förderung

Beim 2. Förderweg läuft die Bindung bis zum Ende des vereinbarten Förderungszeitraumes, also grundsätzlich 15 Jahre. Werden die öffentlichen Darlehen vorzeitig vollständig zurückgezahlt, so endet die Bindung sofort (§ 88 c Abs. 3 II. WoBauG). Wird auf die restliche Auszahlung des Aufwendungsdarlehens verzichtet, so verringert sich die Bindungszeit um den Zeitraum, für den der Darlehensrestbetrag vorgesehen war, allerdings nicht um mehr als 3 Jahre.

Verzichtet der Bauherr auf die weitere Auszahlung von Aufwendungszuschüssen, so endet die Bindung, sobald die bereits gewährten Zuschüsse den Aufwand nicht mehr verringern (§ 88 c Abs. 3 II.WoBauG)

Beim 3. Förderweg gelten die Bestimmungen des Darlehensvertrages (§ 88 d II. WoBauG).

4. Wohnungseigentum

a) **Vermietet.** Es gilt § 16 WoBindG, also die Nachbindung von 10 Jahren bei Sozialeigentumswohnungen; bei anderweitiger Förderung gelten die obigen Ausführungen unter 3. entsprechend.

b) **Selbstgenutzt.** Bei der geborenen Eigentumswohnung endet die Bindung mit dem Tag, an dem alle öffentlichen Mittel zurückgezahlt sind (§ 16 Abs. 5 Satz 1 WoBindG).

Bei einer umgewandelten Eigentumswohnung endet die Bindung nur dann sofort mit der Rückzahlung, wenn der Eigentümer zum Bewohnen berechtigt ist im Sinne der §§ 20–24 WoFG (§ 16 Abs. 5 Satz 3 WoBindG). Ist der selbst nutzende Eigentümer kein berechtigter Bewohner, gilt die 10-jährige Nachbindung.

Beispiel 1:
Der Eigentümer ist als Mieter in diese Wohnung mit WBS eingezogen und hat sie nach der Umwandlung gekauft und die Mittel beim Kauf abgelöst. Dieser Eigentümer ist ein berechtigter Bewohner der Wohnung, mit der Rückzahlung endet die Bindung.

Beispiel 2:
Die umgewandelte Eigentumswohnung ist vom Mieter geräumt worden, der Käufer zieht selbst ein und löst bei Kauf die Mittel ab. Der Käufer ist ein unberechtigter Bewohner, die Wohnung ist nach wie vor gebunden und er hätte einen WBS zum Bezug der Wohnung haben müssen. Es gilt die 10-jährige Nachbindung. Dieser Käufer kann jedoch einen WBS auch noch nachträglich beantragen. Bekommt er ihn, so endet die Bindung mit diesem Tag.

169 c) **Eigenheim.** Die unter b) genannten Grundsätze gelten auch für das selbstgenutzte Eigenheim, welches der Bauherr veräußert. Der Käufer benötigt grundsätzlich einen WBS, um das Haus rechtmäßig beziehen zu dürfen. Es empfiehlt sich deshalb, dass der Verkäufer zunächst die öffentlichen Mittel vorzeitig ablöst und dann das aus der Bindung entlassene Eigenheim veräußert.[74]

170 d) **Zwangsversteigerung.** Die Bindung erlöscht sofort mit dem Zuschlag, wenn die Grundpfandrechte der öffentlichen Mittel mit dem Zuschlag erloschen sind (§ 17 Abs. 1 Satz 1 WoBindG).

VIII. Mieterhöhung zum Ende der öffentlichen Bindung

1. Anzuwendende Vorschriften

171 Mit dem Ende der Bindung geht die vermietete Wohnung in den freien Wohnungsmarkt über. Die vom Mieter bisher verlangte Kostenkaltmiete wird zur Kaltmiete.
Die bisherige Mietstruktur bleibt bestehen. Wurde also die Kostenmiete wirksam umgestellt auf Kostenkaltmiete und BK-Vorauszahlung, so bleibt diese Struktur. Wurde keine Umstellung vorgenommen, so hat der Mieter jetzt eine Teilinklusivmiete zu zahlen, die Betriebskosten, die vorher umgelegt wurden, können auch weiterhin umgelegt werden.[75] Um die Vorteile einer Kaltmiete mit voll umlegbaren Betriebskosten zu haben, ist es ratsam, die Kostenmiete noch vor Ablauf der Bindung umzustellen. Nur während der Bindung ist dies zulässig, da § 25 b NMVO die entsprechende Berechtigung gibt. Im freien Wohnungsbau gibt es für eine einseitige Änderung der Kostenstruktur keine gesetzliche Ermächtigung außer in § 556a Abs. 2 BGB.

2. Zeitpunkt der Erhöhung

172 Die Mieterhöhung nach § 558 BGB (früher § 2 MHG) darf noch während der Bindung ausgesprochen werden für den 1. Tag nach Ende der Bindung.[76]

Beispiel:
Ablauf der Bindung 31. 12. 2004; Mieterhöhungserklärung zulässig im Oktober 2004 zum 1. 1. 2005.

3. Kappungsgrenze und Fehlbelegungsabgabe

173 Für die Mieterhöhung gelten alle Voraussetzungen, also auch die Einhaltung der Kappungsgrenze und die Jahressperrfrist. Vorangegangene Mieterhöhungen zurzeit der Bindung werden dabei nach den §§ 558 ff. BGB (früher §§ 2–5 MHG) bewertet.[77]

Beispiel 1:
Ablauf der Bindung 31. 12. 2004, Miete 6,50 €, letzte Mieterhöhung wegen Anhebung der Pauschale für Instandhaltung zum 1. 1. 2002 in Höhe von 0,08 €. Diese Mieterhöhung wird als Mieterhöhung nach § 558 BGB gewertet, für die Kappungsgrenze ist also von der Miete am 1. 1. 2001 = 6,42 € auszugehen, das führt bei 20% Kappungsgrenze zu einer neuen Miete von 7,70 €.

Beispiel 2:
Ablauf der Bindung wie vor, aber keine Mieterhöhung zum 1. 1. 2002, also Miete 6,42 €. Stattdessen Einbau isolierverglaster Fenster zum 1. 1. 2003 mit einer Mieterhöhung von 0,76 €, Miete bei Ablauf der Bindung also 6,42 € + 0,76 € = 7,18 €. Die Mieterhöhung in 2003 wird als solche nach § 559 BGB angesehen, sodass nach § 556 Abs. 1 Satz 3 BGB zu rechnen ist 6,42 € + 20% Kappungsgrenze = 7,70 € + 0,76 € Modernisierungszuschlag = 8,46 € neue Miete.

174 So ist auch zu rechnen, wenn die Modernisierung nicht durch einseitige Mieterhöhung durchgesetzt worden ist, sondern auf einer Vereinbarung der Mietparteien beruht.[78] Für den

---

[74] So jetzt auch BVerwG NJW 2004, 173 = WuM 2003, 697 = NZM 2004, 267.
[75] AG Dortmund WM 1989, 333.
[76] OLG Hamm NJW 1981, 234; KG NJW 1982, 2077.
[77] OLG Hamm WM 1990, 538.
[78] BGH WuM 2004, 344 = NJW 2004, 2088 = NZM 2004, 456.

geförderten Wohnungsbau ist allerdings zu berücksichtigen, dass die vereinbarte Mieterhöhung nicht höher sein darf als die gesetzlich zulässige Mieterhöhung. Ein überschießender Teil wäre unwirksam vereinbart (§ 8 WoBindG).

Beispiel 3:
wie vor, das erststellige private Darlehen ist 2002 planmäßig getilgt. Wegen des Einfrierungsgrundsatzes bleibt der Kostenansatz in der Kostenkaltmiete bestehen, diese verringert sich also nicht. Nach dem früher geltenden § 5 Abs. 3 Satz 2 MHG musste der Wegfall aber berücksichtigt werden. Wegen des zum Sozialen Wohnungsbau bestehenden unüberbrückbaren Widerspruchs findet dieses Vorschrift aber keine Anwendung.[79]

Beispiel 4:
Wie vor, der Zins des weiterhin vorhandenen erststelligen Darlehens hat sich aber zum 1. 1. 2002 erhöht, wodurch die Kostenmiete von 6,42 € auf 6,75 € gestiegen ist. Die Mieterhöhung darf in diesem Fall nur von 6,42 € ausgehend um 20% erhöht werden.[80]

Zahlt der Mieter eine Fehlbelegungsabgabe, so kann die Kappungsgrenze überschritten werden. Es gelten allerdings folgende Einschränkungen: **175**

Der Mieter muss noch bis zum Ablauf der Bindung diese Fehlbelegungsabgabe zu bezahlen haben. Bisherige Kostenkaltmiete + Fehlbelegungsabgabe dürfen die Vergleichsmiete nicht überschreiten. (Achtung: in vielen Bundesländern (NRW seit 1. 1. 2006) wird keine Fehlbelegungsabgabe mehr erhoben). **176**

Beispiel 1 (ohne Fehlbelegungsabgabe):
6,50 € Kostenkaltmiete zum 31. 12. 2004, keine Mieterhöhung in den letzten drei Jahren, nach Mietspiegel Vergleichsmiete 8,75 € bis 9,80 €.
Mieterhöhung zulässig 6,50 € + 20% = 7,80 €. Da dieser Betrag weit unter der Vergleichsmiete liegt, ist die Mieterhöhung gerechtfertigt.

Beispiel 2:
wie vor, aber **Fehlbelegungsabgabe** von 3,– €. Mieterhöhung danach 6,50 € + 3,– € = 9,50 €. Dieser Betrag liegt noch innerhalb der Vergleichsmiete, aber am oberen Rand. In diesem Fall sollte der Vermieter begründen, warum diese Miete gerechtfertigt ist.

Beispiel 3:
Miete 6,50 €, Fehlbelegungsabgabe 3,50 €. Eine Mieterhöhung von 6,50 € + 3,50 € führt zu einer neuen Miete von 10,– €. Dieser Betrag liegt aber außerhalb der Vergleichsmiete und ist damit nicht gerechtfertigt. Die Fehlbelegungsabgabe kann also hier nicht voll ausgeschöpft werden.

Beispiel 4:
6,50 € Miete, 1,– € Fehlbelegungsabgabe. Die Summe beider Beträge führt zu einer Miete von 7,50 €. Bei Anwendung der Kappungsgrenze von 20% erreicht man aber eine Miete von 7,80 €. Der Vermieter hat hier ein Wahlrecht, er kann die für ihn günstigere Alternative wählen.

Muster eines Mieterhöhungsverlangens:

Hiermit bitten wir Sie um Zustimmung zu einer Mieterhöhung ab dem 1. 1. 2005 gemäß 558 BGB. Sie zahlen seit dem 1. 1. 2002 eine Kostenkaltmiete von 250,– €, das sind bei einer Wohnungsgröße von 60 qm 4,17 €/qm im Monat. Ihre Wohnung ist laut Mietspiegel der Stadt Köln vom 1. 7. 2004 wie folgt einzuordnen: Gruppe 2 (bezugsfertig 1963), mittlere Wohnlage, Wohnungen um 60 qm, Ausstattungsgruppe 2 (mit Heizung, Bad/WC). Für diese Wohnungen nennt der Mietspiegel Vergleichsmieten von 6,– € bis 7,80 €. Unter Berücksichtigung der Kappungsgrenze darf eine Mieterhöhung von 20% vorgenommen werden, das sind also 250,– € + 20% = 300,– € = 5,– €/qm. Dieser Mietbetrag liegt weit unter der Vergleichsmiete und ist deshalb gerechtfertigt. Sie zahlen aber eine Fehlbelegungsabgabe von monatlich 240,– €, das sind bei 60 qm 4,– €/qm. Wir sind berechtigt, als Mieterhöhung diesen Betrag zu verlangen, wenn die Vergleichsmiete dadurch nicht überschritten wird, also 4,17 € + 4,– € = 8,17 €. Diese Miete liegt bereits oberhalb der Vergleichsmiete und wird **177**

---
[79] OLG Hamm WM 1990, 333.
[80] BGH WuM 2004, 345, 348 = NZM 2004, 545, 735.

deshalb begrenzt auf 7,40 €. Diese Miete liegt im oberen Drittel der Vergleichsmiete und ist damit gerechtfertigt. Wir bitten deshalb um Zustimmung zu einer Mieterhöhung von derzeit 250,– € auf dann 444,– € ab dem 1. 1. 2005. Hinzu kommen wie bisher die Vorauszahlungen auf die Betriebskosten mit monatlich 100,– €. Die Zustimmung ist von Ihnen bis zum 31. 12. 2004 schriftlich zu geben. Sie können hierzu das beigefügte Doppel unterschreiben und uns zurückgeben. Geht Ihre Zustimmung nicht ein, verlangt das Gesetz, dass wir die Zustimmung einklagen müssen, anderenfalls wir die Rechte aus diesem Erhöhungsverlangen verlieren.[81]

4. Auskunftsanspruch § 558 Abs. 4 BGB

178 Der Vermieter kann 4 Monate vor Ablauf der Bindung vom Mieter Auskunft verlangen, ob und in welcher Höhe dieser eine Fehlbelegungsabgabe bezahlt. Es ist zweckmäßig, dem Mieter hierfür eine Frist zu setzen, damit noch im Oktober die Mieterhöhungserklärung abgegeben werden kann.

Beispiel:
Ende dieses Jahres läuft die Bindung des Hauses ab. Ich werde Ihnen im Oktober ein Mieterhöhungsverlangen zum 1. 1. zuschicken. Dazu bitte ich um Ihre Auskunft, ob und in welcher Höhe Sie derzeit eine Fehlbelegungsabgabe bezahlen. Ich verweise insoweit auf § 558 Abs. 4 BGB. Ich bitte um Antwort bis zum 30. 9.

179 Gibt der Mieter die Auskunft, so kann der Vermieter im Oktober das Mieterhöhungsverlangen fristgerecht abgeben. Es sind alle Formalien des § 558 BGB zu beachten. Probleme ergeben sich aber, wenn der Mieter schweigt.

180 § 558 Abs. 4 BGB gibt dem Vermieter ein Recht auf Auskunft und damit auch das Recht zu einer entsprechenden Auskunftsklage. Diese ist an sich unproblematisch, doch die Vollstreckung umso mehr. Es handelt sich um eine unvertretbare Handlung, die also nur der Mieter erbringen kann. Schweigt der Mieter weiterhin, kann sich die Vollstreckung hinziehen. Unterdessen ist der Vermieter gezwungen, um die Fristen einzuhalten, die Mieterhöhung zunächst ohne Berücksichtigung einer Fehlbelegungsabgabe durchzuführen.

181 Gibt der Mieter dann irgendwann später die Auskunft, so steht dem Vermieter als Schadensersatzanspruch das Recht zu, vom Mieter rückwirkend ab Mieterhöhungsbeginn die um die Fehlbelegungsabgabe erhöhte Miete verlangen zu dürfen, das ist ein Schadensersatzanspruch in Geld, für die Zukunft schuldet der Mieter die um die Fehlbelegungsabgabe erhöhte Miete. Diesen Schadensersatz muss der Vermieter aber notfalls wiederum einklagen. Insgesamt drohen also drei Klagen: Auskunftsklage, Klage auf Zustimmung zur Mieterhöhung und Schadensersatzklage.

182 Die Rechtsprechung hat einen weitaus kürzeren Weg anerkannt: Der schweigsame Mieter wird vom Vermieter so behandelt, als zahle er die höchste Fehlbelegungsabgabe. Dementsprechend darf dann auch das Mieterhöhungsverlangen begründet werden. Der Mieter kann dann während der Zustimmungsfrist immer noch sein Schweigen brechen und die zutreffende Höhe seiner Fehlbelegungsabgabe mitteilen. Schweigt er aber auch bis zum Ablauf der Zustimmungsfrist, so kann der Vermieter entsprechend seinem Erhöhungsverlangen auch Klage erheben. Auch in diesem Verfahrensstadium kann der Mieter seine Auskunft noch nachholen, jetzt allerdings mit der Konsequenz, dass er die vollen Prozesskosten übernehmen muss, wenn seine Fehlbelegungsabgabe geringer ist.[82]

183 Dieser Weg, der 2 Prozesse und eine langwierige Zwangsvollstreckung erspart, ist nur deshalb begehbar, weil die Einhaltung der Kappungsgrenze, um die es hier geht, keine formelle Voraussetzung für ein wirksames Mieterhöhungsverlangen ist, sondern nur die Höhe des materiellen Anspruchs betrifft.[83] Weitere Voraussetzung ist, dass der Vermieter den Mieter im Auskunftsverlangen ausdrücklich darauf hinweist, dass sein Schweigen dahin inter-

---

[81] Nach der RSpr muss die Überschreitung des Mittelwertes nicht begründet werden. Der Kölner Mietspiegel ist kein qualifizierter Mietspiegel.
[82] LG Köln MDR 1998, 1282.
[83] BayObLG NJW-RR 1988, 721.

pretiert wird, dass er die höchste Fehlbelegungsabgabe bezahlt. Wenn der Mieter dann tatsächlich keine Auskunft gibt, so wird von Seiten des Vermieters nichts „ins Blaue hinein" unterstellt. Da der Vermieter Anspruch auf Auskunft hat, darf das Schweigen des Mieters in diesem Sinne ausgelegt werden. Zu berücksichtigen dabei ist auch, dass der Mieter gegenüber der für die Festsetzung der Fehlbelegungsabgabe zuständigen Behörde ebenfalls keine Angaben über die Höhe seines Einkommens machen muss. In diesem Fall wird ihm unterstellt, dass er die Einkommensgrenze weit übersteigt, es wird auf sein Schweigen hin die Höchststufe der Fehlbelegung festgesetzt. Dem Mieter ist also daraus bekannt, dass sein Schweigen eine für ihn nachteilige Rechtsfolge auslöst.

5. Vereinbarung einer Staffelmiete

184 Gerade wenn ein Mieterwechsel in den letzten zwei Jahren vor Ablauf der Bindung stattfindet, wäre ein einfacher Weg die Vereinbarung einer Staffelmiete. Eine solche kann noch während der Bindungszeit vereinbart werden. Zu beachten ist lediglich, dass die Anfangsmiete nicht höher als die zulässige Kostenmiete sein darf und dass sie mindestens 1 Jahr **und** bis zum Ablauf der Bindung unverändert bleiben muss.[84]

IX. Umwandlung in Wohnungseigentum

1. Verfahren

185 Auch Sozialwohnungen können jederzeit in Eigentumswohnungen umgewandelt werden. Insoweit gibt es keine weitergehenden Beschränkungen als bei freien Wohnungen.
Gerade zum Schutz der Sozialmieter hat § 2 WoBindG i. V. m. § 32 Abs. 3 WoFG (früher in § 2a WoBindG geregelt) den Vermieter verpflichtet, der Bewilligungsbehörde umgehend die Umwandlung in Wohnungseigentum mitzuteilen.

186 Diese Mitteilung sollte nicht vergessen werden oder verspätet oder unvollständig erfolgen. Die Verletzung dieser Verpflichtung führt einmal zu einer Geldleistung in Höhe von bis zu 5,– € je qm im Monat gemäß § 33 WoFG. Außerdem ist der Verstoß bußgeldbewehrt mit Geldbuße bis zu 2.500,– € gemäß § 52 WoFG/§ 26 WoBindG.

187 Dagegen ist die früher in § 2a WoBindG vorgeschriebene Pflicht der Bewilligungsstelle, den Mieter über den Verkauf einer Eigentumswohnung oder die Aufteilung in Wohnungseigentum zu unterrichten, ersatzlos fortgefallen. Stattdessen gelten hier nun die Vorschriften der §§ 577 ff. BGB. Diese verpflichten nur den Vermieter zur Mitteilung und nur für den Fall eines Verkaufs der in Wohnungseigentum umgewandelten Wohnung.

188 Die Bildung von Wohneigentum tangiert die Kostenmiete. Die Umwandlung wird als Änderung der Wirtschaftseinheit nach § 5a NMVO angesehen, es ist also für jede umgewandelte Wohnung eine neue Kostenmiete zu berechnen. Die Genehmigung durch die Bewilligungsbehörde ist in § 5a Abs. 3 NMVO vorgesehen, dieser Teil der Vorschrift war aber vom BVerwG als mit der Ermächtigung des WoBindG nicht vereinbar für unwirksam angesehen worden.[85] Diese Entscheidung ist inzwischen überholt, denn es ist nun die Genehmigungspflicht zusätzlich auch im WohnBindG geregelt worden (§ 8b Abs. 3 WohnBindG).

189 Die Einschaltung der Bewilligungsstelle ist schon deshalb erforderlich, weil die Wohnungen mit unterschiedlich hohen öffentlichen Darlehen gefördert gewesen sein können, sodass eine Aufteilung der Darlehen nach Wohnfläche nicht richtig ist und zu unzutreffenden neuen Kostenmieten nach § 8 WoBindG führen kann.

190 Die neu ermittelte Kostenmiete kann vom Zivilgericht in vollem Umfang überprüft werden.[86]
Wird die umgewandelte Eigentumswohnung verkauft, so hat der Verkäufer der Bewilligungsstelle dies unverzüglich mitzuteilen (§ 2 WohnBindG i. V. m. § 32 Abs. 3 WoFG). Die Unterlassung der Mitteilung oder die verspätete oder unvollständige Mitteilung sind auch

---

[84] BGH WuM 2004, 28 = NZM 2004, 135.
[85] BVerwG WM 1998, 671.
[86] OLG Hamburg WM 1991, 152.

hier nach § 52 WoFG/§ 26 WoBindG bußgeldbewehrt. Außerdem droht auch eine Geldstrafe nach § 33 WoFG.
Der Mieter hat folgende Rechte:

2. Vorkaufsrecht § 577 BGB (früher in § 2b WohnBindG geregelt)

191 Dieses Vorkaufsrecht wurde bis zur Änderung des WohnBindG zum 1.1.2002 in § 2b WohnBindG für den geförderten Wohnungsbau geregelt. Durch der Gesetzesänderung sind die §§ 2a und 2b WohnBindG ersatzlos fortgefallen. Dadurch sind Mieter einer geförderten Wohnung aber nicht rechtlos geworden. Für sie gelten nun dieselben Vorschriften wie für Mieter freier Wohnungen. Damit kommt § 577 BGB zur Anwendung.

192 Das Vorkaufsrecht besteht nur beim erstmaligen Verkauf nach Umwandlung, dazu gehört auch die Zwangsversteigerung.[87] Ungeschützt ist der Mieter bei einer Schenkung[88] und bei der privilegierten Veräußerung an Familienangehörige[89] Anwendbar ist die Vorschrift auch bei Realteilung des mit Einfamilienwohnhäusern bebauten Grundstücks.[90]

193 Der Mieter hat gemäß § 577 BGB i.V.m. den Vorschriften des Vorkaufsrechts, hier § 469 Abs. 2 BGB, 2 Monate Zeit, sich zu entscheiden. Seine Erklärung, das Vorkaufsrecht auszuüben, bedarf der Schriftform (§ 577 Abs. 3 BGB). Ergänzend ist auf § 48 dieses Buches hinzuweisen.

194 Dieses Vorkaufsrecht ist allerdings nur obligatorisch ausgestaltet, und nicht dinglich abgesichert. Es wäre wohl besser gewesen, dem Mieter das dingliche Vorkaufsrecht nach §§ 1094 ff. BGB zu gewähren, in diesem Fall wäre der Mieter umfassend geschützt gewesen.

195 Der Mieter ist damit ziemlich ungeschützt gegenüber bösgläubigem Verhalten von Verkäufer und Käufer, die das Vorkaufsrecht unterlaufen wollen. Das kann geschehen durch fehlende, durch zu späte oder durch unvollständige Unterrichtung. Wenn der Käufer erst einmal im Grundbuch eingetragen ist, kann das Vorkaufsrecht nicht mehr zum Erfolg führen. Dem Mieter stehen dann nur noch Schadensersatzansprüche aus § 242 BGB. und wohl auch aus §§ 823, 826 BGB zu.[91]

196 Die Berechnung des eingetretenen Schadens kann erfolgen durch Vergleich des Kaufpreises mit dem tatsächlichen Wert des Objekts. Möglich ist auch ein Vergleich, ob der Mieter sich mit einer Kaufpreisfinanzierung besser gestanden hätte als mit der weiterhin zu zahlenden Miete.[92]

Als einziges Sicherungsmittel erscheint hier, sich nicht zu lange mit der Entscheidung über das Vorkaufsrecht Zeit zu lassen, sondern dieses unverzüglich auszuüben. Auch kann der Mieter durch Einstweilige Verfügung eine Vormerkung ins Grundbuch eintragen lassen.[93]

3. Kündigungsschutz nach § 577a BGB

197 Dieser Kündigungsschutz ist – im Gegensatz zum Vorkaufsrecht – sehr stark ausgebildet. Er war bis zum 31.12.2001 in § 6 Abs. 7 WohnBindG geregelt. Auch diese Vorschrift ist fortgefallen. Geregelt ist dieser Kündigungsschutz jetzt in § 2 WoBindG i.V.m. § 32 Abs. 3 WoFG und § 577a BGB. Der Mieter ist vor Eigenbedarfskündigungen des Erwerbers der umgewandelten Eigentumswohnung im Sinne des § 573 BGB (früher § 564b Abs. 2 Nr. 2 BGB) geschützt bis zum Ablauf der Bindung. Löst der Erwerber also die öffentlichen Mittel nicht ab, so läuft der Kündigungsschutz bis zur planmäßigen Tilgung dieser Mittel. Werden die öffentlichen Mittel vor oder bei Verkauf abgelöst, so läuft der Kündigungsschutz bis zum Ablauf der Nachbindung.

198 Darüber hinaus besteht auch für Mieter geförderten Wohnraums ein erweiterter Kündigungsschutz im Anschluss an das Ende der Bindungszeit (früher Sozialklauselgesetz), jetzt

---

[87] BGH NZM 1999, 629.
[88] OLG Zweibrücken NJW-RR 2000, 94.
[89] BGH WuM 2007, 464 = NJW 2007, 2699.
[90] BGH NJW 2008, 2257 (bedenklich siehe *Drasdo* NJW spezial 2008, 481).
[91] BGH WuM 2004, 211 zum Fall der unvollständigen Unterrichtung, und BGH Fn. 82.
[92] BGH WuM 2004, 211.
[93] OLG München NJW-RR 1999, 1314.

geregelt in § 577 a Abs. 2 BGB i. V. m. § 32 Abs. 3 letzter Halbsatz WoFG. Zu beachten ist, dass der in § 577 a Abs. 1 BGB gewährte Kündigungsausschluss von drei Jahren zum 31. 8. 2004 abgelaufen ist. Nur wenige Bundesländer haben von der Ermächtigung Gebrauch gemacht.[94] Das Land NRW hat mit Wirkung ab 1. 9. 2004 in der Kündigungssperrfrist-VO vom 20. 4. 2004 für in der Anlage aufgezählten 57 Gemeinden (u. a. auch Köln) einen Kündigungsausschluss von generell 8 Jahren angeordnet, bei 48 Gemeinden (z. B. Gelsenkirchen und Herne) beträgt die Sperrfrist 6 Jahre. Die VO ist mit Ablauf des 31. 12. 2006 außer Kraft getreten, hat aber eine Übergangsbestimmung dahingehend, dass bei Umwandlung und Verkauf vor dem 1. 1. 2007 die bis dahin geltenden Bestimmungen noch bis zum 31. 12. 2009 weiter anzuwenden sind. Ein am 1. 1. 2007 bereits verstrichener Teil der Frist wird angerechnet.

Zu beachten ist, dass die Sperrfrist wie im freien Wohnungsbau ab dem erstmaligen Verkauf der Wohnung zu laufen beginnt. 199

Beispiel:
Verkauf der Wohnung 1. 8. 2004, Ende der Bindung 31. 12. 2008. Wegen Eigenbedarfs ist eine Kündigung bis zum Ablauf der Bindung nach § 32 WoFG nicht zulässig, anschließend läuft 1 weiteres Jahr Sperrfrist gemäß § 577 a BGB + Sperrfrist-VO NRW bis zum 31. 12. 2009.
Die Kündigung für eine Pflegeperson des Vermieters ist laut BGH (NZM 2009, 430) zulässig, weil es sich nicht um eine Eigenbedarfskündigung handelt.

X. Verstöße gegen die öffentliche Bindung

1. Allgemein

Öffentlich geförderter Wohnraum unterliegt der Mietpreisbindung und steht dazu nur bestimmten Bevölkerungsgruppen zur Verfügung. Der Vermieter kann in mannigfaltiger Weise hiergegen verstoßen. Diese Verstöße führen zu einer im Mietrecht ansonsten seltenen Konstellation der widerstreitenden Interessen. Der Vermieter sieht sich nicht nur etwaigen Ansprüchen seines Mieters ausgesetzt, sondern auch Maßnahmen der Bewilligungsstelle. Der Vermieter muss also an „zwei Fronten" kämpfen. 200

Die Auseinandersetzung mit dem Mieter ist vor dem Zivilgericht auszutragen, es handelt sich um eine Mietrechtsstreitigkeit. Die Auseinandersetzung mit der Bewilligungsstelle ist, soweit der Bestand der öffentlichen Darlehen betroffen ist, ebenfalls zivilrechtlicher Natur. Soweit Maßnahmen nach § 25 WoBindG erlassen werden, ist der Verwaltungsrechtsweg gegeben. Da viele Verstöße außerdem bußgeldbewehrt sind, ist auch der Rechtsweg des OWiG zu beachten. 201

2. Mietpreisüberhöhung

Gemäß § 8 WoBindG darf der Vermieter nicht mehr als die zulässige Kostenmiete verlangen. Bleibt der Vermieter darunter, ist dies unschädlich. Die Kostenmiete ist die Summe von Kostenkaltmiete, Vorauszahlung für Betriebskosten und Heizkosten, einmalige Leistungen des Mieters und Zuschläge. 202

Bis auf die im Gesetz genannten Fälle ist die Kostenmiete vom Vermieter eigenverantwortlich zu ermitteln. Die Gefahr, dabei die Kostenmiete zu überschreiten, ist relativ hoch.

Bei den Betriebskosten liegt ein Verstoß nicht vor, wenn der Vermieter einen Vorschuss verlangt, der über $1/12$ des tatsächlichen Jahresanteils liegt. Der Vermieter darf einen angemessenen Vorschuss verlangen (§ 20 Abs. 3 NMVO), und nur wenn der Vorschuss unangemessen hoch ist, ist ein Preisverstoß denkbar. 203

Wenn eine Kaution auch als Sicherheit für Mietrückstände dienen soll, liegt ein Preisverstoß vor, führt aber nicht zur Ahndung, weil die Regelung unwirksam ist.

Wird ein Untermietzuschlag von mehr als dem in § 26 NMVO zugelassenen Zuschlag verlangt, ist ein Preisverstoß gegeben.

---

[94] Siehe die Aufstellung in WuM 2004, 455 mit Ergänzung 521.

Dasselbe gilt, wenn ein Möblierungszuschlag ohne Zustimmung der Bewilligungsstelle verlangt wird oder während der Mietzeit zu einem unverhältnismäßigen Betrag vereinbart wird.

3. Fehlbelegung, § 4 WohnBindG

204 Eine solche liegt vor, wenn der eingezogene Mieter zum Bezug dieser Wohnung nicht berechtigt war.

Der Mietinteressent für eine Sozialwohnung benötigt einen Wohnberechtigungsschein (WBS), § 5 WoBindG i. V. m. § 27 WoFG.

Dieser WBS wird nicht für eine bestimmte Wohnung ausgestellt, kann dies aber, wenn der Mieter das ausdrücklich beantragt. Für den Vermieter ist der WBS der einzige Nachweis, dass der Interessent zum begünstigten Kreis der Wohnungssuchenden gehört.

205 Der Vermieter hat sich deshalb, bevor er einen Mietvertrag abschließt, vom Mieter den WBS vorlegen zu lassen. Tut er das nicht und hat der Mieter keinen WBS, so ist ein trotzdem abgeschlossener Mietvertrag gültig, jedoch liegt eine Fehlbelegung vor.

Aber auch mit WBS kann eine Fehlbelegung eintreten. Im WBS finden sich Angaben über die Person des Berechtigten und seiner Familienangehörigen, die mit ihm die Wohnung beziehen dürfen, über die zulässige Wohnungsgröße, über einen etwa vorhandenen besonderen Förderungsstatus.

206 Wohnberechtigter: Es darf nur die Person die Wohnung beziehen, die im WBS als Begünstigter angegeben ist.

Zulässige Wohnungsgröße: Es wird nach den Verwaltungsvorschriften (VV) der Länder eine Staffelung vorgenommen, z. B. in NRW:
1 Person bis 45 qm, 2 Personen 60 qm oder 2 Wohnräume, 3 Personen 75 qm oder 3 Räume, 4 Personen 90 qm oder 4 Räume; für jede weitere Person weitere 15 qm oder 1 Raum. Für junge Familien und für besondere Bedürfnisse können zusätzliche Räume bewilligt werden.

207 Sozialwohnungen werden teilweise für besondere Gruppen gefördert, z. B. Aussiedler, Flüchtlinge, ehemalige Verfolgte. Solche Wohnungen dürfen auch nur an diese Personen vermietet werden.

Beispiele einer Fehlbelegung:

Der WBS ist auf den Ehemann ausgestellt, die Familie trennt sich, nur die Frau mietet für sich und ihre Kinder und zieht ein.

Zwei nicht miteinander verheiratete Personen haben jeder für sich einen WBS über 45 qm und mieten zusammen eine 2-Zimmer-Sozialwohnung. Fehlbelegung, weil WBS nicht zusammengezählt werden dürfen. Es wäre ein WBS für beide Personen zusammen notwendig gewesen (wird erteilt für Verlobte, Geschwister, auch schon für Studenten bei Unterversorgung mit Wohnraum).

keine Fehlbelegung:

Keine Fehlbelegung dagegen trotz § 4 Abs. 7 WoBindG: Die Familie trennt sich eine Zeit nach Bezug der Wohnung, der Ehemann zieht aus. Das Ehegattenprivileg des früheren § 4 Abs. 7 WoBindG ist zwar aufgehoben worden. Der BayVWGH hat aber unter Hinweis auf Art. 3 GG entschieden, dass die Ehefrau als Mitbegünstigte anzusehen ist und damit wohnen bleiben darf, ohne einen neuen WBS beantragen zu müssen.[95]

Keine Fehlbelegung auch, wenn der Begünstigte stirbt. Die Personen, die nach § 563 Abs. 1 bis 3 BGB durch den Tod in den Mietvertrag eingetreten sind, können wohnen bleiben, ohne einen WBS zu benötigen.

208 Der berechtigt eingezogene Mieter darf die Wohnung so lange bewohnen, wie es ihm beliebt. Steigt sein Einkommen im Laufe der Jahre über die Einkommensgrenze, so hat das auf sein Wohnrecht keine Auswirkung, wohl aber wird der Mieter zur Fehlbelegungsabgabe herangezogen (AFWoG des Bundes in Verbindung mit dem Ausführungsgesetz des jeweiligen Bundeslandes).

209 Bei Untervermietung ist zu unterscheiden: Der Vermieter kann eine von ihm bewohnte geförderte Wohnung untervermieten, zu weniger oder mehr als die Hälfte, ohne dass der Un-

---

[95] BayVWGH ZMR 1995, 503.

termieter einen WBS benötigt. Der Vermieter ist allerdings an die Kostenmiete gebunden, wenn er mehr als die Hälfte der Wohnung untervermietet (§ 21 Abs. 2 WoBindG).

Der Mieter darf auch untervermieten. Bei weniger als der Hälfte des Wohnraums benötigt der Untermieter keinen WBS, es darf die freie Miete genommen werden. Wird mehr als die Hälfte untervermietet, gilt die Kostenmiete, der Untermieter braucht auch einen WBS (§ 21 Abs. 1 WoBindG, § 31 NMVO). 210

Ein Wohnungstausch ist nur zulässig, wenn beide Mietparteien sich für die jeweils andere Wohnung einen gezielten WBS neu ausstellen lassen. Natürlich muss in diesem Fall auch der Vermieter noch zustimmen. 211

Zweckentfremdung, früher geregelt in § 12 WoBindG, seit dem 1. 1. 2002 in § 28 Abs. 7 WoFG geregelt: Es handelt sich um dieselbe Definition wie in Art. 6 – Zweckentfremdung –, behandelt in § 34 dieses Buches, siehe dort. 212

In diesem Rahmen ist auf das „leer stehen lassen" einzugehen. Sozialwohnungen sind spätestens mit dem Auszug des bisherigen Mieters dem zuständigen Wohnungsamt als leer zur Neuvermietung zu melden. Dabei spielt es keine Rolle, ob der bisherige Mieter eine längere Kündigungszeit hatte und vorzeitig ausgezogen ist. Der Vermieter darf die Wohnung nicht bis zum Ablauf der tatsächlichen Kündigungszeit leer stehen lassen, nur weil er meint, der bisherige Mieter schulde noch die Miete bis zum Ablauf der Kündigungsfrist.[96] 213

Auch die Bauherrenwohnung darf nach dem Auszug des Bauherrn nur an wohnberechtigte Mieter neu vermietet werden. Auch ein Erwerber des Hauses darf diese Wohnung nur mit WBS beziehen. 214

Eine selbstgenutzte Eigentumswohnung/ein Eigenheim darf nach Auszug des Bauherrn nur an Wohnberechtigte mit WBS vermietet werden. Das gilt auch für den Käufer einer umgewandelten Eigentumswohnung, der in diese Wohnung einziehen will.

4. Folgen des Verstoßes

a) **Bei Mietpreiserhöhung.** Bei der Mietpreisüberhöhung ist der Vermieter verpflichtet, die zu viel erlangten Mietteile an den Mieter zu erstatten. Wurde die überhöhte Miete vereinbart, so ergibt sich der Erstattungsanspruch aus § 8 Abs. 2 WoBindG. Dieser Anspruch verjährt in 4 Jahren, von jedem Monat der Überzahlung aus einzeln berechnet, bei Ende des Mietverhältnisses endet die Verjährungsfrist 1 Jahr danach. 215

Wurde die überhöhte Miete durch Mieterhöhung verlangt, so besteht der Erstattungsanspruch aus § 812 BGB mit der hierfür geltenden Verjährungsfrist. 216

Diese Erstattungsansprüche stehen nicht nur dem Mieter zu, der berechtigt in der Wohnung lebt, sondern auch dem ohne Berechtigung dort wohnenden Mieter.[97]

Auseinandersetzungen gehören vor das Zivilgericht – Mietabteilung –.

Erfährt die zuständige Bewilligungsstelle von einer Mietpreisüberhöhung, schaltet sie sich von Amts wegen ein. Grundlage hierfür ist das Auskunftsrecht des § 32 Abs. 2 WoFG (früher § 2 Abs. 3 WoBindG alte Fassung bis 2002). Damit gekoppelt sind die Rechte aus den §§ 25 und 26 WoBindG. 217

Gemäß § 25 WoBindG kann die Behörde eine Geldleistung festsetzen, diese beläuft sich nach den VV der Länder meist in derselben Höhe wie die überzahlte Miete. Die Festsetzung erfolgt durch Verwaltungsakt, Rechtsmittel sind im Verwaltungsrechtsweg einzulegen. 218

Die Behörde kann außerdem ein Bußgeld nach § 26 WoBindG verhängen, es gilt der Rechtsweg des OWiG.

Der öffentliche Darlehensgeber kann in solchen Fällen auch das Darlehen fristlos kündigen, das hat eine 12-jährige Nachbindung zur Folge. Meist erfolgt aber hier keine Kündigung, da die Bindung bestehen bleiben soll. 219

Verwaltungsakt wie Bußgeldbescheid richten sich an den Verfügungsberechtigten. Das ist der vermietende Eigentümer, das ist aber auch ein mit Vollmacht ausgestatteter Vertreter, der selbstständig handeln darf, z. B. Verwalter, Generalbevollmächtigter. 220

---

[96] OVG Münster WM 2000, 23.
[97] OLG Hamm NJW-RR 1988, 1037.

Die fristlose Kündigung des Darlehensvertrages richtet sich notwendigerweise nur an den Darlehensnehmer.

221 Nach den VV zu § 25 WoBindG soll die Behörde bei Feststellung einer Mietpreisüberhöhung dem Verfügungsberechtigten zunächst die Möglichkeit geben, den gesamten überzahlten Mietzins an den betroffenen Mieter zurückzuzahlen. Dabei brauchte die Behörde bisher keine Rücksicht auf eine etwa eingetretene Verjährung für die eigenen Ansprüche des Mieters gegenüber dem Vermieter zu nehmen. Das hat sich allerdings seit dem 1. 1. 2002 geändert. Vorherrschende Auffassung war weiterhin, dass öffentlich-rechtliche Ansprüche nach den Regelungen der §§ 197 ff. BGB verjähren, also nach altem Recht grundsätzlich in 30 Jahren. Ab dem 1. 1. 2002 ist aber die Verjährungsfrist grundsätzlich auf drei Jahre, maximal 10 Jahre bei Unkenntnis, herabgesetzt worden. Somit wird auch die Bewilligungsstelle seit dem 1. 1. 2002 nicht mehr rückwirkend für eine unbestimmte Zeit eine Erstattung zugunsten des Mieters verlangen dürfen, sondern nur noch in den Grenzen der neuen Regelverjährung.[98]

222 Erstattet der Vermieter alsdann den überzahlten Mietzins komplett an den Mieter, sieht die Behörde in der Regel von einem Geldleistungsbescheid ab. Zeigt sich der Vermieter jedoch uneinsichtig, so setzt die Behörde eine Geldleistung rückwirkend für den gesamten Zeitraum des Verstoßes und für die Zukunft fest, die Höhe der monatlichen Geldleistung entspricht mindestens der Mietpreisüberhöhung. Daneben hat der Mieter für die unverjährten Zeiten weiterhin seinen Erstattungsanspruch, sodass der Vermieter also seinen Verstoß für den unverjährten Zeitraum zweifach bezahlen muss.

223 Bei vorsätzlichem oder leichtfertigem Verhalten des Vermieters kann ein höheres Bußgeld verhängt werden (§ 26 Abs. 3 WoBindG).

Die Verjährungsfrist für die Festsetzung von Geldleistungen beträgt – mangels anderweitiger Regelung – 30 Jahre, für Bußgelder ist § 31 OWiG zu beachten.

Beispiel:
Ein Vermieter hat 1982 bis 1986 eine zu hohe Kostenmiete genommen. 1993 erfährt die Behörde davon. Eine Geldleistung kann festgesetzt werden, für ein Bußgeld ist Verfolgungsverjährung eingetreten.

224 **b) Bei Fehlbelegung.** Bei Fehlbelegung kann ebenfalls eine Geldleistung festgesetzt werden, sie richtet sich nach dem Schaden, der dem öffentlichen Darlehensgeber entsteht, dass die Wohnung nicht einer wohnberechtigten Person zur Verfügung gestellt worden ist. Die Geldleistung ist nach den Länderregelungen pauschaliert, in NRW 2,50 € pro qm im Monat. Sie wird festgesetzt für den Zeitraum ab Beginn der Fehlbelegung und wird auch für die Zukunft festgesetzt. Endet die Fehlbelegung, hat der Vermieter dies der Behörde mitzuteilen, der Bescheid wird dann für den Zeitraum ab Ende des Verstoßes aufgehoben.

Ein Bußgeld kann daneben verhängt werden (§ 26 Abs. 1 Ziffer 2 WohnBindG).

225 **c) Bei Zweckentfremdung.** Bei der genehmigten Zweckentfremdung hat der Vermieter eine Ausgleichszahlung zu erbringen, soweit dies im Bescheid festgesetzt wird – was die Regel ist –.

Bei der ungenehmigten Zweckentfremdung wird eine Geldleistung festgesetzt, die deutlich über 2,50 € liegt, meist wird der Höchstbetrag des Rahmens aus § 25 WoBindG genommen = 5,– € pro qm im Monat. Auch wird hier die Aufhebung des bestehenden Mietverhältnisses verlangt sowie der Rückbau der Räume zu Wohnzwecken, jeweils durch Verwaltungsakt.

226 **d) Rechtsnachfolge in** der Haftung. Geht das Mietverhältnis durch Universalsuksession (z. B. Erbfall) über, so haftet der Gesamtrechtsnachfolger in vollem Umfang auch für das Verhalten seines Vorgängers. Hier tritt eine Unterbrechung der Haftungskette nicht ein.[99]

Anders ist die Haftung bei Einzelrechtsnachfolge (z. B. Kauf). Die Haftung des Vorgängers geht nicht auf den Erwerber über, die Haftungskette wird unterbrochen. Der Erwerber haftet aber für eigenes Handeln wie auch Unterlassen. Eine eigene Haftung entsteht erst, wenn der Erwerber von einem Verstoß erfährt und ihn nicht in angemessener Frist beseitigt. Erst für den Zeitraum danach kann eine Geldleistung gegen den Erwerber festgesetzt werden.

---

[98] Siehe *Mansel/Budzikiewicz*, Verjährungsanpassungsgesetz, NJW 2005, 323 mit Rdnr. 26.
[99] OVG Münster WM 1980, 272; BVerwGE, 64, 105; OVG Münster WuM 2004, 162.

Beispiel 1:
Erblasser überlässt die Wohnung einem Mieter ohne WBS. Der Erbe haftet für das Verhalten des Erblassers und zusätzlich – ohne dass Kenntnis vorhanden sein muss – ab Erbfall auch für eigenes Verhalten.

Beispiel 2:
Vermieter verkauft das Haus. Vermieter haftet für Fehlbelegung bis zum Tag des Eigentumsübergangs. Der Käufer haftet solange nicht, bis er erfährt, dass eine Fehlbelegung vorliegt. Er hat dann umgehend zu versuchen, die Fehlbelegung abzustellen, hier durch Kündigung. Tut er dies umgehend nach Kenntnis, so liegt ein Verschulden auch dann nicht vor, wenn die Fehlbelegung wegen eines notwendigen Räumungsprozesses erst sehr viel später beendet werden kann.
Ergänzung zu Beispiel 1: Der Erbe haftet auch für die Zeit des Räumungsprozesses und bis zur endgültigen Räumung der Wohnung.

e) Behebung des Verstoßes. Wegen der erheblichen Strafen wird der Vermieter meistens bestrebt sein, den Verstoß von sich aus zu beenden. 227

Bei einem Mietpreisverstoß ermäßigt der Vermieter die Kostenmiete auf die zulässige Höhe, damit ist für die Zukunft der Verstoß beseitigt. Außerdem hat er die zu hohen Mietanteile an die betroffenen Mieter zurückzuzahlen, damit der Verstoß auch rückwirkend beseitigt wird.

Bei einer Fehlbelegung stehen dem Vermieter mehrere Wege offen: 228
Zum einen kann er mit dem Mieter zusammen versuchen, für diesen noch nachträglich einen WBS zu erhalten. Nach der Rspr des BVerwG liegt nämlich bei Fehlbelegung nur ein formaler Verstoß vor, wenn der Mieter Anspruch auf einen WBS hat. Erhält der Mieter also noch auf seinen nachträglichen Antrag hin ab Einzug einen WBS, so wird der Verstoß rückwirkend beseitigt. Verdiente der Mieter bei Bezug der Wohnung zu viel, kann auch überprüft werden, ob er zu einem späteren Zeitpunkt ein Einkommen innerhalb der Einkommensgrenzen hatte. Dann kann zu diesem Zeitpunkt ein WBS ausgestellt werden. Das hat für den Vermieter den Vorteil, dass er zu Geldleistungen nach § 25 WohnBindG nur für eine bestimmte Zeit herangezogen wird.

Es kann versucht werden, eine Freistellung nach § 7 WohnBindG i. V. m. § 30 WoFG zu erreichen. Eine solche ist möglich unter den in § 30 Abs. 1 Ziffern 1 bis 4 normierten Voraussetzungen. Es wird eine Freistellung also nicht aus jedem Grund bewilligt.

Überwiegend private Gründe sind z. B.: 229
- die Aufnahme von Verwandten oder Dritten als Pflegeperson für den im Haus lebenden pflegebedürftigen Vermieter,
- die Aufnahme einer Person, die bereit ist, die im Haus anfallenden umfangreichen Hausmeisterarbeiten durchzuführen, wenn der Vermieter hierzu nicht mehr in der Lage ist und eine Fremdfirma nicht beauftragt werden kann, weil der Hausmeister immer am Haus erreichbar sein muss,

wenn Mieter mit WBS auch unter Einschaltung des Wohnungsamtes nicht zu finden sind.

In allen diesen Fällen wird in der Regel eine Freistellung genehmigt. Diese ist aber verbunden mit einer Ausgleichsabgabe zu Lasten des Vermieters von 1,- €/qm im Monat. Für den Vermieter ist das allerdings ohne großes Interesse, da er diese Abgabe auf den Mieter abwälzen darf. Die Abgabe wird regelmäßig zeitlich begrenzt (auf 2–3 Jahre) und fällt dann fort. Dafür wird der Mieter danach zur Fehlbelegungsabgabe herangezogen, wenn er die Einkommensgrenze weiterhin übersteigt. 230

Kann die Fehlbelegung nicht beseitigt werden, bleibt als letzte Konsequenz nur die Kündigung des Mietverhältnisses. Dabei ist unproblematisch, dass selbstverständlich der Mieter jederzeit die ordentliche Kündigung aussprechen kann. Eine fristlose Kündigung dürfte dagegen nur zulässig sein, wenn den Vermieter ein erhebliches Verschulden (wie Kenntnis der Bindung) bei Abschluss des Mietverhältnisses trifft. 231

Der Vermieter kann sich lediglich auf ein berechtigtes Interesse nach § 573 BGB berufen. Aber auch dann steht ihm ein Kündigungsrecht nicht immer zu. Sind beide Vertragspartner bei Abschluss des Mietvertrages gutgläubig oder ist der Vermieter allein gutgläubig, so ist 232 die ordentliche Kündigung durch den Vermieter zulässig.[100] Sind beide Vertragspartner bösgläubig bei Vertragsabschluss, verdient der Mieter ebenfalls keinen Schutz, die Kündigung ist also zulässig. Eine Kündigung ist aber problematisch, wenn der Vermieter wusste oder wissen musste, dass er diesen Mieter nicht nehmen durfte, er Mieter dagegen gutgläubig war. In diesem Fall wird überwiegend trotzdem ein Kündigungsrecht des Vermieters angenommen.[101] Für alle Fälle soll aber weiterhin Voraussetzung sein, dass die Bewilligungsbehörde Sanktionen (gemäß § 25 WoBindG) angedroht hat. Ein Kündigungsrecht soll ohne diese Voraussetzung zulässig sein, wenn die Behörde eine Räumungsverfügung nach § 27 Abs. 6 WoFG androht. Das praktische Problem ist hier aber, dass die zuständigen Behörden in der Regel von diesem Recht keinen Gebrauch machen, sondern den Verstoß lieber nach § 25 WohnBindG mit einer Geldleistung bestrafen. Der betroffene Vermieter hat auch keinen Anspruch, dass eine Räumungsverfügung angedroht oder erlassen wird.

233 Diese Grundsätze gelten für den Vermieter, der selbst den Mietvertrag abgeschlossen hat, sie gelten aber auch für den Verfügungsberechtigten, also den Verwalter oder Bevollmächtigten des Vermieters.

Geht das Mietverhältnis durch Gesamtrechtsnachfolge (z. B. Erbfall) über, so ist die Bösgläubigkeit des früheren Eigentümers maßgebend, nicht die des Nachfolgers. Wird dagegen das Haus verkauft (Einzelrechtsnachfolge), so wird die „Haftung" unterbrochen, die Bösgläubigkeit des bisherigen Vermieters geht auf den Erwerber nicht über. Es ist allein auf die Kenntnis des Erwerbers abzustellen. Das bedeutet im Ergebnis, dass bei alleiniger Bösgläubigkeit des bisherigen Vermieters der Verkauf des Hauses das Kündigungsrecht „erleichtert".

234 f) **Speziell Eigentumswohnung und Eigenheim.** Nur bei der von Anfang an fremdvermieteten geborenen oder später umgewandelten Eigentumswohnung gelten obige Ausführungen uneingeschränkt.

235 Bei der selbstgenutzten Eigentumswohnung und beim Eigenheim gelten die §§ 25, 26 WoBindG nicht, sondern es sind die Bestimmungen des abgeschlossenen Darlehensvertrages oder Bewilligungsbescheides maßgebend; außerdem gelten hier die Vorschriften des Art. 6 des Gesetzes zur Verbesserung des Mietrechts und zur Begrenzung des Mietanstiegs – Zweckentfremdung –.

236 g) **Geltungsbereich der §§ 25, 26 WoBindG.** Die §§ 25, 26 WoBindG gelten nur für die Sozialwohnungen des 1. und 2. Förderweges.

Für alle anderen Förderungstypen gelten die Bedingungen des abgeschlossenen Darlehensvertrages oder Bewilligungsbescheides. Dort sind Strafen für Verstöße gegen die vereinbarte Bindung geregelt, zum Beispiel Vertragsstrafen, Kündigungsrecht in Bezug auf den Darlehensvertrag. Es handelt sich um vertragliche Rechte, soweit ein Darlehensvertrag abgeschlossen wurde, sodass hier der Zivilrechtsweg gegeben ist. Wurde nur ein Bewilligungsbescheid erlassen, so ist der Verwaltungsrechtsweg gegeben. Oft werden Bescheid und Vertrag nebeneinander vorliegen (zweistufiges Verwaltungshandeln), dann kommt es darauf an, aus welcher Grundlage die öffentliche Hand vorgeht.

Bei Zweckentfremdung ist Art. 6 anzuwenden (siehe § 34 dieses Buches).

---
[100] RE des OLG Hamm NJW 1982, 2563; WuM 1982, 244.
[101] Siehe Schmidt-Futterer/*Blank* § 573 BGB Rdnr. 189 ff.

§ 26 Mietsicherheiten

Übersicht

	Rdnr.
I. Kaution	1–62
1. Muster einer Kautionsvereinbarung	1
2. Verpflichtung zur Kautionszahlung	2–6
3. Arten der Sicherheitsleistung	7–22
a) Barkaution	7–9
b) Bürgschaft, Bürgschaft auf erstes Anfordern	10–16
c) Verpfändung von Wertpapieren	17
d) Sicherungsabtretung, Schuldübernahme, Schuldbeitritt	18–21
e) Auskunft	22
4. Höhe der Kaution	23–27
5. Fälligkeit und Einzelprobleme	28–62
a) Beginn des Mietverhältnisses	28–34
b) Beendigung des Mietverhältnisses	35
c) Kosten	36
d) Verwirkung/Verjährung	37
e) Verzinsung/Verzugszinsen	38/39
f) Besteuerung	40/41
g) Pfändung des Kautionsanspruches	42
h) Ergänzungspflicht	43
i) Kautionsabrechnung	44–46
j) Vorzeitige Vertragsbeendigung	47
k) Veräußerung der Mietsache	48/49
l) Sonderfälle der Kaution	50–62
II. Vermieterpfandrecht	63–91
1. Pfandrecht	65
2. Pfandgläubiger	66/67
3. Forderung	68/69
4. Pfandgegenstand	70–75
5. Erlöschen	76–83
6. Selbsthilferecht	84–91

Schrifttum: *Antoni,* Aktuelle Entwicklungen zum Recht der Mietkaution, WM 2006, 359 ff.; *Bieber,* Darlegungs- und Beweislast im Rahmen des § 572 Satz 2 BGB a. F., WM 2006, 89; *Blank,* Zurückbehaltungsrecht an Miete wegen fehlender Nachweise gesetzeskomformer Kautionsanlage, NZM 2002, 58 ff.; *Blank/Börstinghaus,* Kommentar, Miete 2000; *Börstinghaus,* Das Mietrechtsreformgesetz – Eine erste Stellungnahme zu der „Gerichtlichen Praxis", NZM 2000, 583 ff.; *ders.,* Liste der BGH-Entscheidungen zum Mietrecht seit 2002 NZM 2004, 853; *ders.,* Der BGH als „neue Stimme" im Wohnraummietrecht, NZM 2003, 829 (832); *ders.,* Die aktuelle Rechtsprechung des BGH zum Mietrecht, NZM 2006, 721 ff.; *ders.,* Die aktuelle Rechtsprechung des BGH zum Mietrecht, NZM 2007, 897 ff., *ders.,* Die aktuelle Rechtsprechung des BGH zum Mietrecht – Berichtszeitraum Juli 2007 – Oktober 2008, NZM 2008, 905 ff. (907); *Cymutta,* Die Mietkaution in der Insolvenz des Vermieters und des Mieters, WM 2008, 441 ff.; *Dickersbach* u. Kollegen, Die treuhänderische Bindung der Barkaution, WM 2006, 595 ff.; *Derleder,* Im Überblick: Die Sicherung des Vermieters durch Barkaution, Bürgschaft, Verpfändung, Sicherungsabtretung und Schuldübernahme, NZM 2006, 601 ff.; *Drasdo,* Aufstockung der Mieterkaution bei Vorwegnahme der Kapitalertragssteuer, NZM 2000, 225; *ders.,* Die Neuregelung der Kautionsvorschrift im Mietrechtsreformgesetz – Gut gemeint vom Regen in die Traufe?, NZM 2000, 1109 f.; *ders.,* Mietkautionshaftung des Erwerbers beim Kauf aus der Insolvenzmasse, NJW Spezial 2008, Heft 1; Expertenanhörung zur Mietrechtsreform im Rechtsausschuß (*Langenberg* u. a., NZM 2001, 212 f.); *Forster,* (K-) Ein Zinsanspruch des Vermieters bei Nichtleistung der Barkaution, ZMR 2009, 245 ff. sowie *Haber/Hannig/Jahn/Rips/Kort-Weiher,* NZM 2000, 305 f.; *Feuerlein,* Die Bürgschaft auf erstes Anfordern als formularmäßige Mietsicherheit, Gedächtnisschrift für Sonnenschein, 2003, S. 407 ff.; *Fischer,* Das Schicksal der Kaution bei Veräußerung der Wohnung und Beendigung des Mietverhältnisses vor Eintragung des Erwerbers im Grundbuch, WM 2005, 79 ff.; *Fritz,* Wohnraummietverträge in der Klauselkontrolle, NZM 2002, 713 ff.; *Geldmacher,* Die Kaution im Miet- und Pachtverhältnis 1994–1997, DWW 1997, 241 f.; *ders.,* 1997–1998, DWW 1998, 230 f.; *ders.,* 1998–1999, DWW 1999, 248 f.; *ders.,* 2000–2001, DWW 2001, 178 f.; *ders.,* Die Kaution in Miet- und Pachtverhältnissen, Teil 7 – Gerichtliche Spruchpraxis Juni 2002 bis Mai 2003 in DWW 2003, 214 ff.; *ders.,* Teil 7/1-Juni 2003 bis Mai 2004, DWW 2004, 215 ff.; *ders.,* Teil 7/2 in DWW 2004, 248 ff.; *ders.,* Mietbürgschaft und Einrede der Verjährung der Hauptschuld, NZM 2003, 502;

ders., Die Kaution im Miet- und Pachtverhältnis Teil 9 DWW 2005, 270 ff.; *ders.,* Die Kaution im Miet- und Pachtverhältnis Teil 10 DWW 2007, 269 ff.; *Heinrichs,* Gesamtunwirksamkeit oder Teilaufrechterhaltung von Formularklauseln in Mietverträgen unter besonderer Berücksichtigung der aktuellen Rechtsprechung zu Schönheitsreparaturen- und Kautionsklauseln, WM 2005, 155 ff.; *Herrlein,* Die Rechtsprechung zur Wohnraummiete, NJW 2008, 2823 und 2009, 1250; *Kandelhard,* Das Schicksal der Mietsicherheiten bei Vertragsübernahme, NZM 2001, 696 f.; zur Auswirkung der Mietrechtsreform, NZM 2001, 702 f.; *Kluth-Grün,* Kautionsverrechnung im laufenden Mietverhältnis, NZM 2002, 1015 f.; *Lammel,* Nochmals: Mietrechtsreform-Systematik und Dogmatik, ZMR 2000, 803 f.; *Langenberg,* Mietsicherheit, Betriebskosten und Schönheitsreparaturen in der Mietrechtsreform, NZM 2001, 69 f.; *Lützenkirchen,* Die obergerichtliche Rechtsprechung zum Mietrecht im Jahre 2006, WM 2007, 173; *ders.,* Die obergerichtliche Rechtsprechung zum Mietrecht im Jahre 2007, WM 2008, 186 f.; *Manger,* Mietkaution Praxistipps für Vermieter und Mieter in: Haus & Grund Deutschland, 1. Aufl. 2004; *Merson,* Barrierefreiheit – doch nicht hindernisfrei, NZM 2002, 313 ff.; *Nies,* Gesetzeswidrige Kautionsvereinbarung in der praktischen Abwicklung, NZM 2003, 349 ff.; *Nies/Gies,* Beck'sches Formularbuch Mietrecht, 2. Aufl. 2007; *Pfeifer,* Die Mietkaution im Lichte aktueller Rechtsprechung, DWW 2009, 132 ff.; *Ritter,* Mietrechtsreform und verfassungsrechtliche Grenzen, NZM 2000, 737 f.; *Ruff,* Die Mietkaution im Rahmen von Sozialhilfe und Arbeitslosengeld II, WM 2005, 177 f.; *Wieck,* Nachschußpflicht bei der Mietkaution, WM 2005, 685 ff.; *Wetekamp,* Mietsachen, 3. Aufl. 1998; *ders.,* Mietsicherheiten (Vortrag 22./23. 6. 2001 Köln, Frühjahrstagung Arbeitsgemeinschaft Mietrecht).

I. Kaution

1. Muster einer Kautionsvereinbarung

1   „Der Mieter verpflichtet sich, eine Kaution in Höhe von € ... an den Vermieter zu zahlen. Diese Kaution wird vom Vermieter von dessen Vermögen getrennt bei einem Kreditinstitut zu dem für Spareinlagen mit drei monatiger Kündigungsfrist üblichen Zinssatz angelegt; mit Zustimmung des Vermieters ist der Mieter auch berechtigt die Kautionssumme in der Weise zu leisten, dass er dem Vermieter eine öffentliche rechtliche Körperschaft als Bürgen stellt. Die Kaution ist drei Monate nach Rückgabe der Mietsache zuzüglich der angefallenen Zinsen unter Abrechnung eventueller Vermieterforderungen an den Mieter zurückzuzahlen. Steht eine Forderung des Vermieters zu diesem Zeitpunkt noch nicht fest, so ist er berechtigt, einen der voraussichtlichen Forderung entsprechenden Betrag auch darüber hinaus zurückzubehalten. Eine jährliche Auszahlung der angefallenen Zinsen kann vom Mieter nicht verlangt werden."

2. Verpflichtung zur Kautionszahlung

2   Die Vorschrift des § 551 BGB über die Begrenzung und Anlage von Mietsicherheiten gibt keinen gesetzlichen Anspruch auf Leistung einer Sicherheit, sondern setzt eine vertragliche Vereinbarung voraus. Häufig ist diese Vereinbarung bereits in einem Formularvertrag getroffen; dabei ist darauf hinzuweisen, dass diese vertragliche Leistungspflicht nur bei Wohnraumverträgen, jedoch nicht bei Geschäftsraummietverträgen[1] gilt. Die Vertragsparteien sind jedoch auch berechtigt, entsprechende Regelungen in einem Geschäftsraummietvertrag zur Grundlage des Vertragsverhältnisses zu machen.

3   Bei Mischmietverhältnissen ist davon auszugehen, dass nur dann die Regelung des § 551 Platz greift, wenn das Mietverhältnis seinen Schwerpunkt im Wohnmietrecht hat.[2] Maßgeblich ist in erster Linie der Parteiwille, also wie der Mieter das Objekt nutzen soll und welche Art der Nutzung im Vordergrund steht. Entscheidend ist also nicht, ob die Parteien in dem Vertrag das Mietverhältnis als Wohn- oder Geschäftsraummietverhältnis bezeichnet haben, sondern lediglich der wirkliche Wille der Partei ist zu erkunden. Als Indiz für eine derartige Vereinbarung kann beispielsweise angesehen werden, wenn die Parteien zur Regelung des Vertragsverhältnisses ein für Wohnraummiete vorgesehenes Formular verwenden.

---

[1] Bei Gewerbemietverträgen besteht grundsätzlich Vertragsfreiheit; zur Beweislast bei Zahlung einer Kaution im Gewerbemietvertrag KG ZMR 2004, 110 f.; zur Anlagepflicht Beschluss OLG Celle OLGR 2003, 221; siehe im Übrigen § 64 in diesem Werk.

[2] So auch *Drasdo* NZM 2000, 226.

Bei preisgebundenen Wohnungen ist außerdem § 9 Abs. 5 S. 1 WoBindG zu beachten; dies bedeutet, dass die Kaution keine Sicherheit für alle Forderungen des Vermieters aus dem Mietverhältnis, sondern nur für Ansprüche aus Beschädigung der Wohnungen oder wegen Unterlassens überwälzter Schönheitsreparaturen darstellt.[3] Die Vereinbarung einer Sicherheit ist also nur insoweit zulässig, als sie dazu bestimmt ist, Ansprüche des Mieters gegen den Vermieter aus Schäden an der Wohnung oder unterlassenen Schönheitsreparaturen zu sichern. Bei Angehörigen des öffentlichen Dienstes oder ähnlichen Personengruppen darf in der Vereinbarung eines Wohnungsbesetzungsrechts (§ 16 NMV) keine Kaution vereinbart werden.[4]

Bezüglich so genannter Altverträge, d.h. wo der Vertragsschluss vor dem Inkrafttreten dieser Neuregelung der Kautionsvorschrift liegt, sind wir der Meinung, dass die individual vertraglichen Vereinbarungen weiter gelten. Sofern jedoch in diesen Altverträgen eine Verzinsungspflicht ausgeschlossen ist würde diese gegen § 9 AGBG verstoßen, weil der Vermieter durch die Kaution lediglich Sicherheit, nicht aber zusätzliche Einnahmen haben soll.[5] Insbesondere ist in diesem Zusammenhang auch darauf hinzuweisen, dass alle Vereinbarungen über Mietsicherheiten, die zum Nachteil des Mieters angesehen werden können auf Grund der Regelung des § 551 Abs. 4 BGB als unwirksam angesehen werden müssen.

Bei Wohnraum in einem Studenten- und Jugendwohnheim besteht für den Vermieter keine Pflicht, die Sicherheitsleistungen zu verzinsen (vgl. § 551 Abs. 3 Satz 5).[6]

Die Ausnahme bezieht sich nur auf die Verzinsung, nicht auf die vom Vermögen des Vermieters getrennte Anlagepflicht. Im Einzelfall entscheidet die Vereinbarung. Ohne Vereinbarung ist der Vermieter nicht verpflichtet, Zins zu zahlen, oder die Kaution für Zins zu Gunsten des Mieters anzulegen.

3. Arten der Sicherheitsleistung

Die Regelung des § 551 BGB gilt für Sicherheiten jeder Art.[7] In Betracht kommen also:

a) **Barkaution.**[8] In diesem Fall ist der Mieter verpflichtet, an den Vermieter eine bestimmte Geldsumme zu übergeben oder diese auf ein vom Vermieter bestimmtes Konto einzuzahlen. Eine Zahlung auf ein vom Mieter ausgewähltes Konto ist nur im Benehmen mit dem Vermieter möglich; ein Einvernehmen ist jedoch nicht erforderlich.

Eine weitere Möglichkeit besteht darin, dass der Mieter diese Geldsumme auf ein Sparbuch einzahlt, das auf seinen Namen ausgestellt ist. In diesem Fall wird das Recht auf die Sparforderung vom Mieter an den Vermieter verpfändet. Der Mieter muss die Verpfändung dem Kreditinstitut anzeigen und gleichzeitig mitteilen, wer der Pfandgläubiger ist. Diese Anlagemöglichkeit kann in der Praxis zu Schwierigkeiten führen, wenn der Mieter etwaige Auszahlungsansprüche bestreitet und die Bank die Auszahlung deshalb verweigert. Bedeutsam ist, dass der Vermieter sowohl eine vom Mieter unterzeichnete Abtretungs- bzw. Verpfändungserklärung als auch das auf den Namen des Mieters ausgestellte Sparbuch in seinem Besitz hat.[9]

Eine weitere Möglichkeit besteht darin, dass die Sparforderung gemäß §§ 398 ff. BGB sicherheitshalber abgetreten wird, d.h. die Sparforderung steht zur Sicherheit der Erfüllung

---

[3] Vgl. dazu LG Hannover WuM 1998, 347 und *Geldmacher* DWW 2004, 220.
[4] Dazu LG München I. WuM 1985, 399; LG Berlin NZM 2003, 280; Keine Mietzinsaufrechnung gegen Kaution unter WoBindG.
[5] *Blank/Börstinghaus* § 550 b Rdnr. 2.
[6] Zur Privatbürgschaft vgl. *Manger* S. 9 und *Palandt/Weidenkaff* § 551, 14.
[7] Dazu Palandt/*Weidenkaff* § 551 Rdnr. 7 ff., zum Wortlaut von Kautionsvereinbarungen Formularbuch *Nies/Gies* A. III. 18.
[8] *Nies/Gies* A. III. 18; *Foerster* ZMR 2009, 245 ff., der u. a. einen Zinsanspruch bei Nichtleistung ablehnt.
[9] Zum vorläufigen Rechtsschutz gegen Auflösung eines Mietkautionssparbuches LG Wuppertal NZM 2004, 298; zur treuhänderischen Anlage *Geldmacher* DWW 2004, 249; *Geldmacher* DWW 2005, 275 und *Geldmacher* DWW 2007, 277 f.; *Nies/Gies* A. III. 19; Zum Aussonderungsrecht bei „vermischter" Mietkaution BGH NJW 2008, 1152 mit Anmerkung *Derleder* NJW 2008, 1153; Anwaltskosten bei Sparbuchauflösung, AG Bad Homburg WM 2008, 401.

der Verbindlichkeit aus dem Mietvertrag dem Vermieter zu (dazu LG Baden-Baden, WuM 2002, 697).[10]

10 b) **Bürgschaft.**[11] Besonders streitträchtig und von einer Reihe namhafter Autoren beanstandet war die im Entwurf in § 551 Abs. 2 S. 3 enthaltene Regelung, wonach der Mieter berechtigt sei, die vereinbarte Mietkaution auch durch Stellung eines tauglichen Bürgen zu erbringen. Die Notwendigkeit dieser Regelung war nicht erkennbar. Nach der jetzigen Formulierung bleibt es den Parteien überlassen, bei Abschluss des Mietvertrages die Art und Weise der Mietsicherheit zu vereinbaren. Ein Mieter, der eine Barkaution nicht erbringen kann oder will, kann dies bei Abschluss des Vertrages mit dem Vermieter vereinbaren. Die zunächst vorgeschlagene Regelung hätte das Mietverhältnis mehr belastet.

11 Bedeutsam bei der Verwendung einer Bürgschaft ist, dass auch eine Anwendung des § 138 Abs. 1 BGB möglich ist. Entscheidend ist der Grad des Missverhältnisses zwischen Verpflichtungsumfang und finanzieller Leistungsfähigkeit des Bürgen.[12] Dabei ist entscheidend, das Vermögen und Einkommen im Zeitpunkt der Übernahme der Verpflichtung. Dabei ist auch der Parteiwille bei Abschluss des Mietvertrages zu beachten. Nach § 766 BGB ist zur Gültigkeit des Bürgschaftsvertrages die schriftliche Erteilung der Bürgschaftserklärung erforderlich; auf § 350 HGB ist besonders hinzuweisen. Wenn die vom Mieter bereitgestellte Bürgschaft nur zur Sicherung der Ansprüche aus einem bestimmten Mietverhältnis dienen soll, dann fehlt es an der notwendigen Akzessorietät zwischen Bürgschaft und Hauptschuld, wenn nunmehr die geleistete Kaution auch für die neue Wohnung gelten soll.[13]

12 Von weiterer Bedeutung ist, ob bei der Bestimmung der Höchstgrenze von drei Monatsmieten nach § 551, Abs. 3 BGB etwaige Mängel der Wohnung eine Rolle spielen. Nach BGH bleibt eine Minderung wegen Mängel außer Betracht; dies bedeutet aber auch, dass bei einer Mieterhöhung die Kautionsvereinbarung nicht anzupassen ist.[14] Vom Sicherungsgedanken aus betrachtet, dürften jedoch gegen diese Betrachtungsweise gewisse Bedenken bestehen.

13 Die Praxis unterscheidet:

aa) Mietausfallbürgschaft. Hier haftet der Bürge erst nach fruchtloser Zwangsvollstreckung beim Mieter; deshalb wird diese Sicherheit von Vermieterseite häufig abgelehnt.[15]

bb) Selbstschuldnerische Bürgschaft. Hier wird auf die vorausgehende Zwangsvollstreckung gegen den Mieter verzichtet bzw. auf die Einrede der noch bestehenden Anfechtbarkeit gemäß § 770 BGB; diese Verzichte können formularmäßig vereinbart werden.[16]

cc) Bürgschaft auf erstes Anfordern,[17] welches von der Zulässigkeit einer derartigen Bürgschaft bei einer Tierarztpraxis ausgeht. Andererseits ist nach Fischer eine formularmäßige Bestellung mit der Verpflichtung einer Bürgschaft auf erstes Anfordern unwirksam.[18]

---

[10] Zum Sperrvermerk beim Sparbuch und den Folgen *Geldmacher* DWW 2004, 249; Geldmacher DWW 2007, 277 sowie LG Berlin in GE 2007, 449; Zur Problematik bei Kaution in Fremdwährung, *Pfeifer* DWW 2009, 132.
[11] Hierzu ZMR Sonderdruck, *Geldmacher* DWW 2003, 215 ff.; *Nies/Gies* A. III. 20.; AG Hattingen WM 2008, 480; LG Münster WM 2008, 481 („Die Mietbürgschaft sichert nur dann solche Ansprüche des Vermieters aus dem Mietvertrag, die nach dem Tod gegen die Erben des Mieters (Mietzinsansprüche) entstehen, wenn der Bürge nach dem Bürgschaftsvertrag solche Verbindlichkeiten übernommen hat.), *Pfeifer* DWW 2009, 135.
[12] *Geldmacher* DWW 2005, 272; BGH in NJW 2005, 971.
[13] Zur Bedeutung des Bestimmtheitsgebotes *Geldmacher* DWW 2007, 2070 ff.; *Derleder* NZM 2006, 604; BGH in NJW 1995, 959 und 1995, 1886 sowie *Geldmacher* DWW 2005, 273.
[14] *Derleder* NZM 2006, 605.
[15] Hierzu ZMR Sonderdruck, *Geldmacher* DWW 2003, 215 ff.; *Pfeifer* DWW 2009, 135; LG Münster WM 2008, 481.
[16] Palandt/*Sprau* § 773, Rdnr. 2; *Pfeifer* DWW 2009, 135.
[17] Dazu *Manger* S. 6; *Geldmacher* DWW 2003, 215 ff.; *Geldmacher* DWW 2005, 274, *ders.* 2007, 273 sowie OLG Naumburg in NZM, 2006, 600; *Pfeifer* DWW 2009, 135.
[18] Dazu *Fischer* NZM 2003, 497 ff.; zum gewerblichen Bereich OLG Karlsruhe NZM 2004, 742; *Manger* S. 7 f.; *Geldmacher* DWW 2004, 217 f.

Falls die Kaution in anderer Form (z. B. in Form einer Bankbürgschaft) geleistet wurde, muss der Vermieter seine Forderungen innerhalb der Abrechnungsfrist entweder gegenüber dem Mieter oder gegenüber dem Bürgen geltend machen. Insoweit dürfte dem Vermieter ein Wahlrecht zustehen. Der Anspruch des Vermieters auf Zahlung korrespondiert mit dem Anspruch des Bürgen auf Herausgabe der Bürgschaft. Die Bürgschaft muss zur Beendigung des Mietverhältnisses den uneingeschränkten Zugriff durch den Vermieter zur Befriedigung seiner Forderungen ermöglichen (z. B. also z. B. keine Einrede der Vorausklage). 14

Bemerkenswert in diesem Zusammenhang ist auch die Möglichkeit einer Bürgschaft auf Zeit im Sinne des § 777 BGB. Dies bedeutet, dass bei einer Befristung der Bürge nach Ablauf der bestimmten Zeit frei wird und insoweit der Vermieter keinerlei Ansprüche hat. Aus diesem Grund ist es dem Vermieter zu empfehlen, möglichst eine Bürgschaft auf Zeit nicht abzuschließen, sondern lediglich eine Begrenzung bezüglich der Beendigung des Mietverhältnisses vertragsgemäß zu vereinbaren. 15

Ist in einer Bürgschaftsurkunde eine Zeit nicht bestimmt, so ist der Bürgschaftsvertrag grundsätzlich ordentlich kündbar. Bei einer Verlängerung eines befristeten Mietvertrages, hängt die Verpflichtung des Bürgen davon ab, ob der bisherige Mietvertrag verlängert oder ein neuer Mietvertrag begründet wurde.[19] Ist die Verjährungsfrist nach § 548 BGB gegenüber dem Mieter abgelaufen, ohne dass der Bürge in Anspruch genommen wurde bzw. geleistet hat, ist eine Anfechtung mangels Aufrechnungslage gegenüber dem Bürgen unmöglich; sollte trotzdem der Bürge in Anspruch genommen werden, steht ihm die Einrede der Verjährung zu. 16

c) **Verpfändung von Wertpapieren.** Neben den oben genannten Sicherheiten dürfte auch eine Verpfändung von Wertpapieren gemäß § 1293 BGB weiterhin möglich sein. Dabei ist für die Entstehung dieses Pfandrechts die Übergabe des Papiers und die Einigung über die Entstehung des Pfandrechts erforderlich (§ 1205 BGB). Der Vermieter ist – sofern keine individualen Vereinbarungen bestehen – nur zur Verwahrung nicht jedoch zur Werterhaltung verpflichtet. Wir sind auch der Meinung, dass im Hinblick auf die Börsensituation bei Gefahr eines Kursverlustes der Vermieter vom Mieter eine Anpassung der Verpfändungshöhe unter Bezugnahme auf § 242 BGB verlangen kann. 17

d) **Sicherungsabtretung, Schuldübernahme, Schuldbeitritt, Insolvenz.** Neben den oben genannten Sicherheiten stehen weiter zur Verfügung die Sicherungsabtretung und die Schuldübernahme.[20] Für die Verpfändung eines Barguthabens ist die Übergabe des Sparbuches nicht erforderlich. Damit kann der Vermieter, wobei die Bank vorher einen Verpfändungsvermerk anbringen muss, vor Fälligkeit seines gesicherten Anspruches eine anderweitige Kontoführung des Mieters verhindern. Nach Fälligkeit ist der Vermieter zur Einziehung berechtigt und das Kreditinstitut kann nur an ihn leisten; dabei hat der Vermieter die Rechte nach § 1238 Abs. 3 BGB. Der Vermieter muss aber bei der Einziehung die Fälligkeit der Forderung nachweisen (§ 1228 Abs. 2 BGB). Ohne Nachweis wird die Bank nicht auszahlen. 18

Anstelle der Verpfändung steht auch die Abtretung eines nach § 551 BGB geeigneten Kontoguthabens des Mieters dem Vermieter zur Verfügung;[21] dabei ist eine Anzeige an die Bank günstig, aber nicht notwendig. In der Übergabe des Sparbuches liegt nach BGH (vgl. BGH WM 1965, 897 (900) die stillschweigende Abtretung des Guthabens. Auf den Nachweis der Fälligkeit kommt es hier nicht an. Ist aber über das Vermögen des Mieters das Insolvenzverfahren eröffnet, hat der Sicherungszessionar nach § 51, Abs. 1 InsO in gleicher Weise wie der Pfandgläubiger ein Absonderungsrecht. Da der Vermieter bei der Sicherungsabtretung das Verwertungsrecht des Insolvenzverwalters zu beachten hat und diesem eine Kostenpauschale gemäß § 171 InsO zusteht,[22] hat die Verpfändung den Vorzug vor der Sicherungsabtretung. 19

---

[19] *Lützenkirchen* WM 2008, 191 m. w. N.
[20] *Derleder* NZM 2006, 604; zum Garantieversprechen *Geldmacher* DWW 2007, 273.
[21] *Derleder* NZM 2006, 604 f
[22] *Derleder* NZM 2006, 605, ausführlich *Cymutta* „Die Mietkaution ..." WM 2008, 441 ff. m. w. N.

Als weiteres Sicherungsmittel steht noch der Schuldbeitritt[23] zur Verfügung. Dabei kommt es auf den Willen der Vertragsparteien an; im Gegensatz zur Bürgschaft ist hier keine besondere Form vorgegeben.

20 Weiter ist darauf hinzuweisen, dass nach BGH (ZMR 2008, 280) der Mieter von Wohnraum die von ihm geleistete Mietkaution in der Insolvenz des Vermieters nur dann aussondern kann, wenn der Vermieter sie von seinem Vermögen getrennt angelegt hat; anderenfalls ist der Rückforderungsanspruch lediglich eine Insolvenzforderung. Ist jedoch die Kaution unter Verletzung zu § 551, Abs. 3, S. 3 BGB nicht vom Eigenvermögen des Schuldners getrennt worden, besteht keine Aussonderungsbefugnis für den Mieter. Dem Mieter steht das Recht zu, vom Vermieter den Nachweis zu verlangen, die Kaution sei gesetzeskonform angelegt.[24]

21 Nach einer Entscheidung des HansOLG vom 3. 4. 2008 (ZMR 2008, 714) wird im Fall der Fortsetzung des bei der Eröffnung des Insolvenzverfahrens über das Vermögen des Mieters bestehenden Mietverhältnisses nach § 108 InsO das Recht des Vermieters, zu bestimmen, ob eine vertragsgemäße Mietsicherheit zur Tilgung von Schulden des Mieters aus dem Mietvertrag eingesetzt und welche Schuld des Mieters durch Verrechnung getilgt werden soll, nicht beseitigt oder eingeschränkt.

22 **e) Auskunft.** Der Vermieter ist sowohl bei der Barkaution wie bei der Bürgschaft und den anderen Sicherungsformen jederzeit verpflichtet, dem Mieter Auskunft zu geben, ob dieser seiner Pflicht nach § 551 Abs. 3 Satz 1 und Satz 3 BGB nachgekommen ist.[25] Dazu gehören zum Beispiel Name der kontoführenden Bank, Anlageart, Anlagedatum, Kontonummer, Name des Kontoinhabers und dergleichen.

Auch wenn die Barkaution nicht auf ein besonderes Konto, sondern auf ein allgemeines Konto des Vermieters überwiesen wurde, dient der Anspruch des Vermieters gegenüber der kontoführenden Bank in der Höhe der Kaution als Sicherheit, sofern ein Guthaben vorhanden ist.[26] Der Vermieter hat keine Treuhänderstellung im Sinne § 47 InsO; aufgrund der etwaigen treuwidrigen Verwendung ist ggf. der Untreue-Tatbestand begründet.[27]

4. Höhe der Kaution

23 Nach § 551 BGB darf die Kaution eine dreifache Monatsmiete nicht übersteigen.[28] Maßgeblich ist dabei die Grundmiete; Nebenkosten bleiben unberücksichtigt. Ist jedoch eine Pauschalmiete vereinbart, in der auch nicht abzurechnenden Betriebskosten enthalten sind, dann ist diese Pauschalmiete für die Kautionsberechnung maßgebend. Entscheidend ist der Mietzins zum Zeitpunkt der Vereinbarung der Mietkaution. Wird die nach § 551 BGB zulässige Obergrenze überschritten, so führt dies nicht zur Unwirksamkeit der gesamten Kautionsvereinbarung, sondern die Vereinbarung bleibt in der gesetzlich zulässigen Höhe wirksam. Ist die Miete wegen eines Mangels der Mieträume gemindert, ist nur dann die geminderte Miete für die Höhe der Kaution maßgebend, wenn ein unbehebbarer Mangel vorliegt.[29] Für besondere Risiken des Vermieters kann im Einzelfall keine weitergehende Sicherheit vereinbart werden.[30]

24 Sofern der Mieter mehrere Sicherheiten anbietet, also beispielsweise neben einer Barkaution noch eine Bürgschaft oder eine Verpfändung von Wertpapieren, so müssen diese Sicherheiten zusammengerechnet werden und dürfen insgesamt die nach § 551 BGB bestimm-

---

[23] Derleder NZM 2006, 605.
[24] Zur Anlagepflicht des Zwangsverwalters BGH WM 2009, 289; Zum Absonderungsrecht des Kautionsversicherers, BGH NJW-RR 2008, 1007.
[25] *Geldmacher* DWW 2007, 269 ff.; Schmidt/Futterer/*Blank*, 9. Aufl. § 551 Anm. 91; LG Ulm DWW 2008, 96 (Rechnungslegung); AG Oranienburg WM 2007, 41.
[26] *Derleder* NZM 2006, 602
[27] BGH in NJW 1996, 65; BGH in WM 2008, 336 (Wohnraummmiete) und hier I 51.
[28] *Geldmacher* DWW 2003, 221 ff.; *ders.* DWW 2005, 276 f.; *ders.* 2007, 274; *Nies/Gies* A III. 18.1; A. III. 20.1; Zur Kritik an der Maximalhöhe, *Pfeifer* DWW 2009, 132.
[29] Schmidt-Futter/*Blank* § 551 Rdnr. 39; *Nies/Gies* A. III. 18.1; BGH WM 2005, 384.
[30] Dazu *Langenburg* NZM 2000, 69; OLG Karlsruhe NJW 1993, 2815; BVerfG NZM 2000, 59; Zur Höhe bei behindertengerechten Nutzung, *Pfeifer* DWW 2009, 132.

te Grenze nicht übersteigen.³¹ Verpflichtet sich der Mieter auf Verlangen des Vermieters neben einer zulässigen Höhe von drei Grundmieten vereinbarten Barkaution eine Bürgschaft seines Vaters als zusätzliche Sicherheit beizubringen, dann ist diese Verpflichtung unwirksam.³² Eine Ausnahme ist nach der Rechtsprechung des BGH anzunehmen, wenn der Dritte dem Vermieter die Bürgschaft unaufgefordert zur Verfügung stellt und mit einer solchen Bürgschaft erkennbar keine besonderen Belastungen für den Mieter verbunden sind (BGH in ZMR 1990, 327).

Von besonderer Bedeutung ist auch im Zuge der Erhöhung der Miete, dass die bisherige Mietkautionshöhe unter Umständen nicht mehr ausreicht. Der Wortlaut des § 551 BGB enthält jedoch keine Verpflichtung, wonach der Mieter zur Anhebung der Kaution verpflichtet sein soll. In diesem Fall sollte der Vermieter bei Mietanhebungen gleichzeitig darauf drängen, dass der Mieter einer Anpassung der Kaution zustimmt. Sollte der Mieter dieser Anpassung nicht zustimmen, dann ist davon auszugehen, dass in diesem Fall der Vermieter ein Kündigungsrecht hat. Die Ansicht, wonach unter Anwendung der Sicherungsergänzungspflicht im Sinne des § 240 BGB der Mieter zur Ergänzung oder zum Ersatz der Sicherheit verpflichtet ist, ist zu negieren, da dies dem Wortlaut des § 551 Abs. 4 BGB widersprechen dürfte³³

Ungeklärt ist unseres Erachtens inwieweit bei einem Mangel nach § 537 BGB die zulässige Kautionshöhe tangiert ist. Dies ist z.B. von Bedeutung, wenn die Mietfläche um mehr als 10% unter der im Mietvertrag vereinbarten Fläche liegt. Nach BGH stellt dies einen nicht unerheblichen Mangel dar und bewirkt kraft Gesetzes eine angemessene Absenkung der Miete. Dies hat auch Auswirkungen auf die Kautionshöhe, d.h. diese ist entsprechend anzupassen. Sofern jedoch ein Mangel nach § 536 BGB vorliegt, dürfte dies zwar eine Auswirkung auf die Mietzinspflicht, jedoch ohne Einfluss auf die Ermittlung der Kautionsobergrenze haben.³⁴

Anmerkungsweise sei noch darauf hinzuweisen, dass auch ein geringerer Betrag als drei Monatsmieten vereinbart werden kann, dieser ist jedoch auch für die Dauer des Mietverhältnisses grundsätzlich zugrunde zulegen und der Vermieter ist nicht berechtigt, während des Bestehen des Mietverhältnisses dann eine Anpassung nach oben bezüglich der Kautionshöhe zu verlangen, auch wenn dann die Obergrenze als dreifache Monatsmiete verlangt werden würde.

5. Fälligkeit und Einzelprobleme

a) **Beginn des Mietverhältnisses.** Nach § 551 Abs. 2 BGB ist bei Bereitstellung einer Geldsumme als Sicherheit, sofern der Mieter Zahlung in drei gleichen monatlichen Raten nach Absprache mit dem Vermieter tätigt, die erste Teilzahlung zu Beginn des Mietverhältnisses fällig.³⁵ Das bedeutet, dass die Teilleistung nicht zum Vertragsschluss sondern erst zu dem Zeitpunkt getätigt werden muss, indem das Mietverhältnis vereinbarungsgemäß beginnen soll. Diese Regelung ist unabhängig davon, ob die Miete im voraus oder erst am Monatsende bezahlt werden muss.³⁶

Der Gesetzgeber hat zwar davon abgesehen, festzulegen wann die Folgeraten zu entrichten sind. Jedoch ist davon auszugehen, dass die beiden Folgeraten jeweils ein bzw. zwei Monate nach Beginn des Mietverhältnisses fällig sein dürften.³⁷ Sind die ersten drei Mietmonate verstrichen, ohne dass der Mieter die Zahlungen geleistet hat, so kann der Vermie-

---

[31] Zur Wiederauffüllungspflicht *Geldmacher* DWW 2004, 252; LG Berlin GE 2003, 1161; *Geldmacher* DWW 2005, 276.
[32] *Geldmacher* DWW 2005, 276.
[33] Zur Problematik *Manger* S. 14 f.; LG Berlin WM 2005, 454; Palandt/*Weidenkaff* § 551 Anm. 9; Zur Kautionsaufstockung, *Pfeifer* DWW 2009, 133.
[34] *Geldmacher* DWW 2007, 274.
[35] Zur unwirksamen Fälligkeitsbestimmung LG Berlin NZM 2002, 1024 f.
[36] Zur Fälligkeitsklausel BGH NJW 2003, 2899; *Geldmacher* DWW 2004, 249 ff.; 2005, 275; *Nies/Gies* A. III. 182.
[37] Zur Unwirksamkeit der Kautionsabrede wegen Ratenzahlungsausschluss LG München NZM 2001, 583.

30 ter die gesamte Kaution auf einmal verlangen und der Mieter hat kein Recht auf Bereitstellung weiterer Raten.

30 Durch Formularklausel kann der Mieter nicht verpflichtet werden, die Kaution in einem Betrag zu bezahlen. Umstritten ist nach wie vor, ob der Mieter, die in einer Summe geleistete Kaution nach § 812 BGB zurückzuverlangen kann oder nicht.[38] Wir sind der Meinung, dass dann falls der Mieter mit der Zahlung der Kaution in Verzug gerät, er dem Vermieter die Zinsen ersetzen muss, die bei rechtzeitiger Anlage der Kaution inzwischen angefallen wären.

31 In dem Urteil vom 3. 12. 2003[39] vertrat der BGH mit der sog. doppelt gesetzwidrigen Mietkautionsabrede die Ansicht, dass die Annahme einer Teilunwirksamkeit der Kautionsvereinbarung keine geltungserhaltende Reduktion einer Formularklausel darstellt, da nur eine sprachlich und inhaltlich teilbare Formularbestimmung ohne ihre unzulässigen Bestandteile mit ihrem zulässigen Inhalt aufrechterhalten werden kann.

32 In einer Geldsumme wird nach *Wetekamp* auch die Kaution geleistet, wenn der Vermieter ein Sparguthaben verpfändet oder ein Sparkonto zugunsten des Vermieters mit einem Sperrvermerk versehen wird.

Nach § 563 BGB können beim Eintritt des Todes des Mieters die entsprechenden Personen innerhalb eines Monats, nachdem sie vom Tod des Mieters Kenntnis erlangt haben, dem Vermieter mitteilen, dass sie das Mietverhältnis nicht fortsetzen wollen. Sofern der verstorbene Mieter bis zu diesem Zeitpunkt keine Sicherheit geleistet hat, sollte als Beginn des Mietverhältnisses der Zeitpunkt des Zugangs der Anforderung einer Kaution angesehen werden.[40]

33 Die Übergabe der Schlüssel darf von der Zahlung der vollen Kaution nicht abhängig gemacht machen. Eine entsprechende Vereinbarung, wonach die Übergabe der Schlüssel erst nach Zahlung der vollen Kaution erfolgen soll, ist nach unserer Meinung unwirksam.[41] Eine unwirksame Vertragsformulierung führt im übrigen nicht zur Unwirksamkeit der gesamten Kautionsabrede im Mietvertrag; die Vereinbarung bleibt vielmehr in der gesetzlich zulässigen Form erhalten.[42]

34 Nach § 543 Abs. 1 Satz 1 BGB kann jede Partei das Mietverhältnis aus wichtigem Grund außerordentlich fristlos kündigen.[43] Unter Bezugnahme auf BGH-Urteil vom 21. 3. 2007, sind wir der Ansicht, dass die Nichtzahlung eine erhebliche Pflichtverletzung darstellt und deshalb der Vermieter zur Kündigung berechtigt sein dürfte. Diese ist innerhalb einer angemessenen Frist im Sinne des § 314 Abs. 3 BGB auszusprechen. Dabei ist zuvor eine erfolglose Abmahnung oder erfolglose Abhilfefrist notwendig. Ein Zeitraum von vier Monaten seit Kenntnis des Vermieters von den Umständen dürfte als zu weit reichend angesehen werden.

35 b) **Beendigung des Mietverhältnisses.** Der Anspruch auf Zahlung der Kaution besteht auch nach Beendigung des Mietverhältnisses.[44] D. h. der Vermieter hat noch solange Anspruch auf Zahlung der Kaution solange ihm aus dem beendeten Vertrag noch Forderungen zustehen. Es stellt keine unzulässige Rechtsausübung dar, wenn der Vermieter nach Beendigung des Mietvertrages seinen Anspruch auf Kautionszahlung geltend macht, es sei denn, es handelt sich hier nur noch um einen Minimalbetrag.

36 c) **Kosten.** Der Mieter ist des weiteren verpflichtet, dem Vermieter u. a. die Kosten der Kontoführung und -auflösung zu erstatten.[45]

---

[38] *Manger* S. 16, LG Berlin WM 1988, 266 LG Hamburg ZMR 2004, 586; *Geldmacher* DWW 2005, 275; Zur Zahlung in einem Betrag, Pfeifer, DWW 2009, 133.
[39] AG Giessen WM 2000, 247; *Wiek* WM 2004, 497 f.; LG Lüneburg ZMR 2000, 203.
[40] *Manger* S. 16, LG Frankenthal NZM 2002, 374 ; LG Nürnberg-Fürth NJW-RR 1992, 335; nach Palandt/ *Weidenkaff* § 551 Rdnr. 10 hat der Vermieter bei unterbliebener Zahlung ein Zurückbehaltungsrecht.
[41] NZM 2004, 217.
[42] *Wetekamp* Vortrag Köln.
[43] *Blank/Börstinghaus* § 550 b Rdnr. 13.
[44] *Blank/Börstinghaus* § 550 b Rdnr. 13; Zum Anspruch der Gewährung durch das Sozialamt AG Pinneberg ZMR 2004, 275; der Anspruch des Mieters auf Rückzahlung seiner Kaution ist nach OLG Düsseldorf ZMR 2007, 708 – in angemessener Frist nach Ende des Mietverhältnisses fällig; *Pfeifer* DWW 2009, 137; Zur Verwertungsfunktion der Kaution, OLG Karlsruhe ZMR 2009, 120.
[45] BGH DWW 2004, 83; *Manger* S. 17.

d) Verwirkung/Verjährung. Es liegt auch keine Verwirkung vor, wenn der Vermieter eine vertraglich vereinbarte Kaution über mehrere Jahre hinaus nicht geltend gemacht und der Mieter darauf vertraut, dass er nicht mehr in Anspruch genommen wird.[46] Dabei ist darauf hinzuweisen, dass nach einem Beschluss des KG (ZMR 2008, 624) die Verjährung des Anspruches des Vermieters auf Stellung einer Kaution nach § 199 Abs. 1, Nr. 1 BGB mit der Fälligkeit des Anspruchs beginnt; der Verjährungsbeginn ist nicht bis zum Ende der Mietzeit hinausgeschoben.

e) Verzinsung. Nach § 551 Abs. 3 hat der Vermieter eine ihm als Sicherheit überlassene Geldsumme bei einem Kreditinstitut zu dem für Spareinlagen mit drei monatiger Kündigungsfrist üblichen Zinssatz anzulegen. Eine Anlage ohne Verzinsung ist sicherlich nicht möglich, insbesondere aus wirtschaftlichen Gründen. Der Gesetzgeber hat darüber hinaus den Vertragsparteien die Möglichkeit eröffnet andere Anlageformen zu vereinbaren. Fest steht dabei, dass der Vermieter eine Barkaution von seinem Vermögen getrennt bei einem Kreditinstitut anlegen muss. Dies bedeutet, dass der Vermieter ein Konto einrichten muss, das speziell für einen anderen geführt wird und dass dieses auch nach außen hin sichtbar ist.[47] Dabei steht die Wahl des Kreditinstitutes dem Vermieter frei. Er kann dieses Geld sowohl bei einer Privatbank als auch bei einer anderen Bank im EG-Bereich anlegen. Er ist nicht verpflichtet, das Kreditinstitut auszuwählen, dass die höchsten Zinsen zahlt.[48] Er ist lediglich verpflichtet, die Barkaution zu dem für Spareinlagen üblichen Zinssatz anzulegen.

Bei einer höher verzinslichen Anlage stehen die Zinsen jedoch auf jeden Fall dem Mieter in voller Höhe zu; etwaige abweichende Vereinbarungen sind unzulässig. Nach § 551 Abs. 3 S. 4 erhöhen Zinsen und Zinseszinsen.[49] die Sicherheit. Daraus folgt, dass der Mieter keinen Anspruch auf jährliche Auszahlung des Zinsbetrages hat. Die Verzinsungspflicht besteht also solange bis das Konto aufgelöst wird, wobei die Kosten der Kontoführung und Kostenauflösung nicht vom Vermieter, sondern vom Mieter zu tragen sind.

f) Besteuerung der Zinsen. Bezüglich der Besteuerung der Zinsen.[50] gelten die Rundschreiben des Bundesministers der Finanzen vom 5. 11. 2002 (BStBl. I 2002, 1338 ff.) und 29. 3. 2007 (BStBl. I 2007, 369 ff.).[51] Die Besteuerung der Zinsen regelten bis Ende 2008 die Rundschreiben des Bundesministers der Finanzen vom 5. 11. 2002 (BStBl. I 2002, 1338 ff.) und 29. 3. 2007 (BStBl. I 2007, 369 ff.). Zum 1. Januar 2009 hat die Bundesregierung die Einführung einer Abgeltungssteuer auf Zinsen, Dividenden sowie Veräußerungs- und Einlösungsgewinne aus Kapitalvermögen beschlossen. Alle Kapitalerträge unterliegen somit ab 1. 1. 2009 einer pauschalen Abgeltungssteuer von 25% zzgl. Solidaritätszuschlag und einer möglichen Kirchensteuer behält das zuständige Finanzamt rund 28% ein. Die Einführung der Abgeltungssteuer wirkt sich somit auch auf die Mietkaution aus.

---

[46] *Geldmacher* DWW 2007, 267.
[47] *Blank/Börstinghaus* § 550 b Rdnr. 20.
[48] *Geldmacher* DWW 2005, 277; 2007, 274 f.; *Nies/Gies* A VI 1 Nr 36; Zur Strafbarkeit bei falscher Anlage, *Pfeifer* DWW 2009, 134 und BGHSt 41, 224 und BGH NStZ 2008, 505; Zur Anlagepflicht des Zwangsverwalters zur erstmaliger Anlage, BGH NJW 2009, 1673.
[49] *Wetekamp* Nr. 31 f.; nach OLG Düsseldorf (NZM 2001, 1125) ist ein Kautionsguthaben zunächst analog § 366 BGB auf die Nebenkostenvorauszahlungen und danach auf die restliche Miete zu verrechnen.
[50] *Manger* S. 29 m. w. N.
[51] LG Köln WM 1987, 156; LG München WM 1966, 541; ausführlich Geldmacher DWW 2005, 277; ders. DWW 2007, 274 f.

41 Die steuerliche Behandlung von Mietkautionen stellt sich derzeit in Anlehnung an die Sparkassenregelung wie folgt dar:

I. Mietkaution in Form von verpfändeten Sparkonten

Möglichkeit	Grundsätzliches zur Verpfändung	Steuerliche Behandlung der Erträge	Abzug von Abgeltungsteuer	Abzug von Kirchensteuer
gewerblicher Vermieter – gewerblicher Mieter (Kontoinhaber: Mieter)	Bei der Verpfändungsvariante wird das Mietkautionskonto (üblicherweise ein Sparkonto) auf den Mieter angelegt. Der Mieter ist also Kontoinhaber und verpfändet das Sparkonto anschließend im Rahmen einer Verpfändungserklärung an den Vermieter. Das Sparbuch wird beim Vermieter verwahrt.	Der Mieter ist Kontoinhaber, d. h. die Erträge aus dem Mietkautionsguthaben stehen dem Mieter zu. Bei gewerblichen Mietern stellen die Zinserträge Einkünfte aus Gewerbebetrieb dar.	Es werden 25% Abgeltungsteuer zzgl. Solidaritätszuschlag einbehalten. Eine Freistellung ist nicht möglich. Der Steuerabzug hat keine abgeltende Wirkung, d. h. der Mieter muss den Ertrag in der Steuererklärung deklarieren und mit seinem individuellen Einkommensteuersatz versteuern	Bei gewerblichen Kontoinhabern grundsätzlich nicht möglich.
privater Vermieter – gewerblicher Mieter (Kontoinhaber: Mieter)				
gewerblicher Vermieter – privater Mieter (Kontoinhaber: Mieter)		Der Mieter ist Kontoinhaber, d. h. die Erträge aus dem Mietkautionsguthaben stehen dem Mieter zu. Bei privaten Mietern stellen die Zinserträge Einkünfte aus Kapitalvermögen dar. Da der Mieter Kontoinhaber ist, wird das Mietkautionskonto in seinen Freistellungsauftrag (sofern vorhanden) mit einbezogen (= kein Steuerabzug für Zinserträge bis max. 801,– € bzw. 1.602,– € bei Ehegatten).	Es werden 25% Abgeltungsteuer zzgl. Solidaritätszuschlag einbehalten. Der Mieter kann einen Freistellungsauftrag erteilen. Der Steuerabzug hat abgeltende Wirkung, d. h. der Ertrag muss nicht mehr in der Steuererklärung des Mieters deklariert werden.	Abzug von Kirchensteuer ist möglich, wenn der Kunde seinem Kreditinstitut hierfür einen Auftrag erteilt. Alternativ kann die Kirchensteuer auch im Rahmen der Steuererklärung entrichtet werden.
privater Vermieter – privater Mieter (Kontoinhaber: Mieter)				

§ 26 Mietsicherheiten

II. Mietkautionen in Form von Treuhandkonten

Möglichkeit	Grundsätzliches zur Verpfändung	Steuerliche Behandlung der Erträge	Abzug von Abgeltungsteuer	Abzug von Kirchensteuer
gewerblicher Vermieter – gewerblicher Mieter (Kontoinhaber: Vermieter)	Bei der Treuhandvariante wird das Mietkautionskonto auf den Vermieter angelegt. Mieter und Vermieter schließen eine Treuhandvereinbarung ab. Der Vermieter ist also Kontoinhaber, muss das Vermögen aber separat von seinem eigenen Vermögen verwalten. Das Vorliegen eines Treuhandverhältnisses wird beim kontoführenden Kreditinstitut vermerkt.	Der Mieter ist wirtschaftlich Berechtigter, d. h. die Erträge aus dem Mietkautionsguthaben stehen dem Mieter zu. Die Steuerbescheinigung wird vom jeweiligen Kreditinstitut an den Treuhänder (Vermieter) versandt; dieser muss sie an den Mieter weiterreichen. Bei gewerblichen Mietern stellen die Zinserträge Einkünfte aus Gewerbebetrieb dar.	Es werden 25% Abgeltungsteuer zzgl. Solidaritätszuschlag einbehalten. Eine Freistellung ist nicht möglich. Der Steuerabzug hat keine abgeltende Wirkung, d. h. der Mieter muss den Ertrag in der Steuererklärung deklarieren, und mit seinem individuellen Einkommensteuersatz versteuern.	Abzug von Kirchensteuer ist bei Treuhandkonten generell nicht möglich (da abweichender Gläubiger)
privater Vermieter – gewerblicher Mieter (Kontoinhaber: Vermieter)				
gewerblicher Vermieter – privater Mieter (Kontoinhaber: Vermieter)		Der Mieter ist wirtschaftlich Berechtigter, d. h. die Erträge aus dem Mietkautionsguthaben stehen dem Mieter zu. Die Steuerbescheinigung wird vom jeweiligen Kreditinstitut an den Treugeber (Vermieter) versandt; dieser muss sie an den Mieter weiterreichen. Bei privaten Mietern stellen die Zinserträge Einkünfte aus Kapitalvermögen dar.	Es werden 25% Abgeltungsteuer zzgl. Solidaritätszuschlag einbehalten. Die Erteilung eines Freistellungsauftrages ist allerdings nicht möglich, da der Mieter nicht selbst Kontoinhaber ist. Der Steuerabzug hat abgeltende Wirkung, d. h. der Ertrag muss nicht mehr in der Steuererklärung deklariert werden.	Abzug von Kirchensteuer ist bei Treuhandkonten generell nicht möglich (da abweichender Gläubiger)
privater Vermieter – privater Mieter (Kontoinhaber: Vermieter)				

Bis zum Zeitpunkt der Manuskript-Abgabe lagen noch keine neuen Rundschreiben vor. In der Praxis wird die Neuordnung anfänglich wahrscheinlich zu Irritationen führen. Der Vermieter ist bei Anlage auf einem Sammelkonto verpflichtet beim Finanzamt eine Erklärung zur einheitlichen und gesonderten Feststellung der Einkünfte abzugeben. Bei der Kirchensteuer muss der Mieter für den Abzug der Bank einen Auftrag erteilen bzw. diese im Rahmen der Steuererklärung entrichten; bei gewerblichen Kontoinhabern ist dies grundsätzlich nicht möglich. Dabei hat die Einführung der Abgeltungssteuer auch Auswirkungen für die Freistellungsaufträge.

42 g) **Pfändung des Kautionsguthabens.** Gläubiger des Vermieters können während der Bestandskraft der Kaution das Kautionsguthaben nicht pfänden; wird trotzdem eine Pfändung durchgeführt, hat der Mieter die Möglichkeit, in Anwendung des § 771 ZPO der Pfändung zu widersprechen. Gegebenenfalls kann der Mieter bei Vermögensverschlechterung des Vermieters eine insolvenzsichere Anlage der Kaution verlangen.[52]

43 h) **Ergänzungspflicht.** Während der Mietzeit ist der Mieter verpflichtet, die vertraglich vereinbarte Kaution wieder aufzufüllen bis zum Höchstbetrag von drei Monatsmieten, sofern der Vermieter eine Forderung gegenüber dem Mieter hat, die aus dem Kautionsguthaben erfüllt werden kann.[53] Das bedeutet aber auch, dass der Vermieter nur dann einen Anspruch auf Bereitstellung der Kaution hat, wenn seine Forderung unstreitig oder rechtskräftig festgestellt ist. Solange das Mietverhältnis besteht, darf aber der Mieter – sofern nicht besondere Vereinbarungen zwischen den Mietparteien vorliegen – mit seinem Kautionsrückzahlungsanspruch nicht aufrechnen;[54] insbesondere darf der Mieter – was leider immer häufiger vorkommt – die Kaution nicht „abwohnen".[55]

44 i) **Kautionsabrechnung.** Bei Beendigung des Mietverhältnisses ist der Vermieter verpflichtet, dem Mieter eine Abrechnung zu erteilen. Diese kann wie folgt aussehen:

Muster einer Kautionsabrechnung:

Sehr geehrter Mieter,

nach Beendigung des Mietverhältnisses und des Mietvertrages vom ...... (Datum) rechnen wir die mit Ihnen vereinbarte Kaution wie folgt ab.
Laut Mitteilung der X-Bank beträgt das Kautionsguthaben der ...... (Datum) ...... (Euro) zuzüglich ...... (Zinsen).
Gegen Ihren Anspruch auf Rückzahlung dieses Gutachtens erkläre ich hiermit die Aufrechnung mit den nachstehenden Ansprüchen.
1. Anspruch auf Ersatz der Kosten wegen nicht durchgeführter Endrenovierung gemäß Kostenvoranschlag der Firma Maler vom ......
2. Ersatz für beschädigtes Waschbecken gemäß Kostenvoranschlag der Firma Wasser vom ...... abzüglich 50% wegen Alters
3. Nachforderung aus der Betriebskostenabrechnung für das Jahr ...... In Höhe von ...... (Euro); liegt Ihnen bereits vor.
Der verbleibende Restbetrag in Höhe von ...... (Euro) wird innerhalb einer Frist von 4 Wochen auf das von Ihnen zu benennende Konto überwiesen.

Mit freundlichen Grüßen

Vermieter

45 Der Vermieter ist also verpflichtet, eine Abrechnung gemäß der Bestimmung des § 259 BGB zu tätigen. Aus dieser muss die Höhe der Kautionssumme einschließlich der Zinsen feststellbar sein. Im Anschluss an die herrschende Meinung nimmt das Kammergericht an, dass der Mieter bei Fortbestehen dem Sicherungsbedürfnis des Vermieters auch nach zeitlicher Beendigung des Mietverhältnis zur Zahlung der während der Mietzeit vertragswidrig nicht geleisteten Kaution verpflichtet bleibt, ohne dass sich der Mieter demgegenüber auf Verwirkung berufen kann.[56] Außerdem müssen entsprechende Gegenforderungen nachvollziehbar nach Grund und Höhe ausgewiesen werden.[57]

---

[52] BGH NJW 1987, 2372; LG Berlin GE 2006, 1483.
[53] *Geldmacher* DWW 2007, 275.
[54] BGH DWW 2006, 113.
[55] *Blank/Börstinghaus* § 550b Rdnr. 38 ff.
[56] BGH NJW 1987, 2372.
[57] *Nies/Gies* A. III. 203.

Wie bisher hat der Gesetzgeber davon abgesehen, eine Frist zur Abrechnung festzulegen. **46** Instanzgerichte vertreten dazu divergierende Meinungen.[58] Die Frist zur Abrechnung muss sicherlich dem Einzelfall Rechnung tragen. Insbesondere hat der Vermieter solange ein Zurückbehaltungsrecht an der Kaution als die Höhe der Betriebskosten noch nicht feststeht. Unter Bezugnahme auf die Entscheidung des BGH sind bei der Rückzahlungsfrist die Umstände des Einzelfalles zu berücksichtigen. Mit Geldmacher sind wir der Meinung, dass der Vermieter im Regelfall den die Angemessenheitsgrenze übersteigenden Kautionsbetrag an den Mieter auszukehren hat, wenn keine weiteren von der Kaution gesicherten Forderungen mehr bestehen. Versäumt der Wohnraumvermieter die Abrechnungsfrist des § 556 Abs. 3 BGB dürfte dies den Untergang einer nach Fristablauf errechneten Nachforderung zur Folge haben.[59] Ein Rückgriff auf die Kaution ist dann ausgeschlossen. Eine Frist von ca. sechs Monaten nach Ablauf der Abrechnungsperiode dürfte in der Regel für den Vermieter ausreichend sein, die entsprechenden Unterlagen zusammenzustellen und dem Mieter an die letzte dem Vermieter bekannte Adresse zu übermitteln. An eine etwaige im Mietvertrag vereinbarte Abrechnungsfrist für die Kaution ist der Vermieter gebunden. Sollte der Mieter bereits vorher auf Zahlung der Restsumme drängen, dann muss er sich ggf. entgegenhalten lassen, dass dem Vermieter mindestens für den dreifachen Ausbezahlungsbetrag bezüglich der Betriebskosten ein Zurückbehaltungsrecht zustehen dürfte.[60]

j) Vorzeitige Vertragsbeendigung. Will der Mieter ein vorzeitiges Ende des Mietvertrages **47** herbeiführen, dann ist es empfehlenswert, bereits in diesem Zusammenhang die Abrechnung der Kaution vorzunehmen.

Sofern dem Vermieter gegen den Rückforderungsanspruch des Mieters Gegenforderungen zustehen, dann darf dieser auch wenn sie bereits verjährt sind, damit aufrechnen.[61] Der Vorteil des Vermieters gegenüber dem Kautionsrückzahlungsanspruch aufzurechnen greift bei der Bürgschaft nicht. Der Bürge hat die Einreden des Mieters gegenüber den geltend gemachten Ansprüchen so auch die Verjährungseinrede. Die Anwendung des § 768 BGB wird durch § 215 BGB nicht gehindert.[62] Erforderlich ist jedoch, dass die Gegenforderung nach Grund und Höhe substantiiert dargelegt wird und dass gegebenenfalls ein hinreichend substantiierter Kostenvoranschlag vorliegt. Soweit der Vermieter bei Vertragsende die Kaution vorbehaltlos zurückgibt, ist dann der Verzicht auf die Geltendmachung etwaiger Ersatzansprüche (z.B. wegen Beschädigung) zu sehen und damit das Anerkenntnis des Vermieters, wonach der Mieter die Mietsache vertragsgemäß zurückgegeben hat.[63] Der Vermieter ist zur Kautionsverwertung nicht verpflichtet. Er kann auch im Bedarfsfall auf die Leistung durch den Mieter bestehen. Der Mieter kann den Vermieter nicht auf die Befriedigung aus der Kaution verweisen. Eine etwaige unberechtigte Verwertung führt jedoch im Wege des Schadensersatzes zur Auffüllungspflicht des Vermieters.[64]

k) Veräußerung der Mietsache. Von besonderer Bedeutung ist der Stellenwert der Mietsicherheit bei Veräußerung der Mietsache. Nach § 566a S. 1 BGB tritt der Erwerber des veräußerten Wohnraums in die Rechte und Pflichten ein, die durch die Leistung der Sicherheit begründet wurden. Dies bedeutet, dass der Mieter auch dann, wenn der Erwerber die Kaution nicht erhalten hat bzw. eine Pflicht zur Rückgewähr übernommen hat, er diese Kaution in jedem Fall vom Erwerber zurückverlangen kann.[65] Diese Verpflichtung zur Rückgewähr trifft nicht nur den rechtsgeschäftlichen Erwerber, sondern gemäß § 57 ZVG, § 566a BGB S. 1 BGB auch bei dem Erwerb des Grundstückes im Wege der Zwangsversteigerung. Im Anwendungsbereich des § 572 a.F. BGB trägt jedoch grundsätzlich der Mieter die Darle- **48**

---

[58] Nies/Gies A.III. 203; Zur Rückzahlung auch OLG Düsseldorf ZMR 2008, 708.
[59] Geldmacher DWW 2003, 224; BGH NJW 2002, 1788.
[60] Nies/Gies A. VI. 1.33; OLG München NJW-RR 1995, 461; Zur Generalquittung und Kautionsrückzahlung, AG Hannover ZMR 2008, 745.
[61] OLG Düsseldorf NZM 1999, 620.
[62] Nies/Gies A.III. 20.3.
[63] Zur Befristung Blank/Börstinghaus § 550 b Rdnr. 44.
[64] Geldmacher DWW 2005, 278; ders. DWW 2007, 278.
[65] NJW 2005, 3494; BGH NZM 2006, 179; LG Frankfurt WM 1998, 31.

gungs- und Beweislast dafür, dass die geleistete Sicherheit dem Erwerber ausgehändigt worden ist.[66] Nach Geldmacher a. a. O. soll durch § 566a BGB ein Auseinanderfallen von Mietvertrag und Kautionsabrede vermieden werden und es ist deshalb ein enger Zusammenhang mit dem Eintritt des Erwerbers in das Mietverhältnis zu sehen. Alle vor dem Eigentumswechsel entstandenen und fällig gewordenen Ansprüche gegen den Mieter bleiben beim bisherigen Vermieter; nach dem Auszug des Mieters etwa noch fällig werdende Nachzahlungsansprüche des Vermieters sind jedoch von diesem geltend zu machen.[67]

49 Weiter ist in diesem Zusammenhang darauf hinzuweisen, dass das oben angesprochene Recht des Vermieters auf Auffüllung einer teilweise in Anspruch genommenen Kaution auf die ursprüngliche Höhe auch dem Erwerber des veräußerten Wohnraumes zusteht. Sofern der frühere Vermieter (Veräußerer) die Kaution unberechtigt in Anspruch genommen hat, haftet er dem Mieter und dem Erwerber aus positiver Vertragsverletzung auf Auffüllung der Kaution einschließlich der entgangenen Zinsen.[68]

50 l) **Sonderfälle einer Kaution.** *aa) Bauliche Veränderungen.* Obgleich der Gesetzgeber die Kaution auf 3 Monatsmieten begrenzt hat, ist mit *Wetekamp* davon auszugehen, dass beispielsweise bei der Installation einer **Parabolantenne** der Grundsatz der Begrenzung nicht beachtet werden muss. Unter Bezugnahme auf eine Entscheidung des OLG Karlsruhe vom 24. 8. 1993[69] kann der Vermieter aufgrund des nicht mehr durch den vertragsgemäßen Gebrauch abgedeckten Sonderrisikos eine zusätzliche Sicherheitsleistung verlangen, die höhenmäßig je nach Haftungsrisiko änderbar sein dürfte.[70]

51 Im Hinblick auf die zunehmenden baulichen Veränderungen im Rahmen der **Barrierefreiheit** nach § 554a BGB kann der Vermieter seine Zustimmung nach § 554a Abs. 2 BGB von einer zusätzlichen Sicherheitsleistung des Mieters abhängig machen,[71] Dabei muss nach unserer Meinung eine umfassende Abwägung zwischen den Interessen des Vermieters und der Mieters stattfinden. Unter Bezugnahme auf eine Entscheidung des Bundesverfassungsgerichts BVerfG in NZM 2000, 539 ist grundsätzlich davon auszugehen, dass jedenfalls zur Abdeckung zusätzlicher Haftungsrisiken ein Nachweis einer besonderen Versicherung nicht verlangt werden darf. Die Art der Sicherheit unterliegt der vertraglichen Vereinbarung der Parteien, wobei auch andere Anlagenformen nach § 551 Abs. 3 Satz 2 BGB vereinbart werden können.[72] Barzahlungen für diese Art von Kautionsvereinbarungen dürften jedoch nicht zulässig sein. Jedoch muss die Kaution entsprechend der § 551 Abs. 3 und Abs. 4 BGB angelegt werden. Bezüglich der Höhe ist von einer Schätzung auszugehen, in der Weise, welche Kosten für die Wiederherstellung des ursprünglichen Zustandes notwendig sein dürften. Sofern die vom Mieter angebrachten Einrichtungen für einen etwaige Nachfolgemieter von Bedeutung sein könnte, dürfte aus wirtschaftlichen Gründen sinnvoll sein, dass der Vermieter eine entsprechende Entschädigung leistet, wobei die Abnützung Berücksichtigung finden muss.[73] Sofern der Mieter zur Leistung dieser Kaution aufgrund seiner mangelnden finanziellen Leistungsfähigkeit nicht in der Lage ist, müssen andere Träger (z. B. Sozialhilfe) die Kosten entsprechend übernehmen.

52 *bb) Wohnheime.* Nach § 551 Abs. 3 S. 5 hat der Gesetzgeber verfügt, dass bei Wohnraum, der Teil einer Studenten- oder Jugendwohnheimes ist, für den Vermieter keine Verpflichtung besteht, die Sicherheitsleistung zu verzinsen. Wie bisher dürfte diese Regelung auf der Annahme beruhen, dass die Betreiber von Jugend- und Studentenwerken ihren Mietern im Hinblick auf den Zinsgewinn eine günstigere Miete einräumen. Dabei ist jedoch auch darauf hinzuweisen, dass der jeweilige Heimbetreiber dadurch keine Pflicht zur Anlage oder

---

[66] NJW 2005, 3494; BGH NZM 2006, 179; LG Frankfurt WM 1998, 31.
[67] BGH in NJW 2004, 851; zur weiteren Darstellung Geldmacher DWW 2007, 279; *Derleder* NJW 2008, 1192.
[68] *Geldmacher* DWW 2004, 252.
[69] NZM 1993, 2815 sowie OLG Frankfurt MDR 1992, 869.
[70] LG Hanau NZM 1999, 367, OLG Düsseldorf NZM 1997, 423, *Geldmacher* DWW 2001, 183; zur Zweckbindung der Sonderkaution AG Köln WM 2008, 556.
[71] *Messon* NZM 2002, 316 f.; *Nies/Gies* A. III. 17.
[72] *Nies/Gies* A. III. 17.5; *Pfeifer* DWW 2009, 137.
[73] *Nies/Gies* A III. 17.9.

Verwahrung einer Kaution hat. Die Regelungen über die Höhe der Sicherheit, über die Fälligkeit und über die Möglichkeit der Ratenzahlung dürften jedoch entsprechend gelten.

cc) Sozialhilfe. 2005 wurde das Recht der Sozialhilfe und der Arbeitslosenhilfe grundlegend reformiert.[74] Dies hat auch Auswirkungen auf die Bereitstellung einer Kaution durch Empfänger von Arbeitslosenhilfe und für erwerbsfähige Sozialhilfebezieher. Sofern die Kaution bereits geleistet wurde, dürfte dies keine Veränderung erfahren. Anders ist es jedoch der Neuabschluss von Mietverträgen zu bewerten.

Zunächst ist darauf hinzuweisen, dass örtliche Träger der Sozialhilfe gemäß § 3 Abs. 2 SGB XII die kreisfreien Städte und die Kreise sind, soweit nicht nach Landesrecht etwas anderes bestimmt ist.

Die Kaution wird in der Regel vom Hilfeträger direkt an den Mieter bezahlt, der sie an den Vermieter weiterleiten muss. Dabei kommen als Modalitäten Barkaution, Übergabe eines Sparguthabens, Mietbürgschaft und Kostenverpflichtungserklärung vor. Welche Form der Hilfeträger wählt, steht ihm grundsätzlich frei. Oft geschieht dies in der Form, dass der Hilfeträger mit dem Hilfebedürftigen (Mieter) ein Darlehensvertrag gemäß § 53 Abs. 1 SGB X abschließt. Dabei wird häufig das Darlehen durch einen Verwaltungsakt bewilligt. Im Vertrag bzw. Verwaltungsakt werden die Modalitäten (z. B. Laufzeit, Tilgung) festgelegt. Es empfiehlt sich dem Vermieter nach § 409 BGB eine Fertigung des Abtretungsvertrages zu übersenden; darin dürfte kein Verstoß gegen datenschutzrechtliche Vorschriften gesehen werden. Überlicherweise wird das Kautionsdarlehen zinslos gewährt. Der Vermieter muss dies aber nach § 551 Abs. 3 S. 1 BGB zinsbringend anlegen. Etwaige Zinsen stehen jedoch dem Hilfeträger und nicht dem Hilfebedürftigen zu, es sei denn im Darlehensvertrag ist etwas anderes vereinbart. Dabei wird auf die entsprechende steuerrechtlichen Auswirkungen verwiesen (siehe oben Nr. 40).

Die Tilgung bzw. Rückzahlung der Kaution erfolgt in der Regel an den Hilfeträger; sofern der Vermieter sich daran nicht hält, muss er mit Ansprüchen nach §§ 280 ff. BGB rechnen.

Sofern der Mieter im laufenden Mietverhältnis wieder zahlungsfähig wird, ist er verpflichtet den Hilfeträger darüber zu informieren und beim Vermieter die Rückgabe der Kaution Zug um Zug gegen Bereitstellung einer eigenen Kaution (z. B. Bürgschaft) zu veranlassen.

Der Hilfeträger ist darüber hinaus auch verpflichtet den Kautionsbetrag zu erhöhen, wenn z. B. die Mietfläche des Hilfebedürftigen erhöht wird. Dabei ist jedoch immer auf die Höchstbetragsgrenze des § 551 Abs. 1 BGB zu achten.

Sofern der Hilfebedürftige das Mietkautionsdarlehen zu Unrecht empfangen hat, ist er zur Rückzahlung verpflichtet. Gleiches dürfte gelten, wenn er diese Kaution zweckwidrig verwendet hat. Meines Erachtens ist der Hilfeträger berechtigt, in den Grenzen des § 43 SGB II und des § 26 SGB XII eine Aufrechnung vorzunehmen.[75]

Nicht unerwähnt darf unter Bezugnahme auf § 22 III SGB II das Urteil des SG Reutlingen vom 23. 11. 2006[76] bleiben. Danach stellen bestimmte Genossenschaftsanteile Wohnungsbeschaffungskosten im Sinne des § 22 III SGB II dar. Diese sind als Darlehen zu gewähren. Auch wenn – wie hier – der gesetzliche Rahmen des § 551 BGB gesprengt wird (hier ist der achtfache Betrag einer Monatsmiete angenommen worden), wird dies als zulässig angesehen werden. Angesichts dem Wortlaut des § 551 Abs. 1 BGB bestehen dagegen erhebliche Bedenken.

dd) Mietermehrheit. Unter Bezugnahme auf eine Entscheidung des OLG Düsseldorf wird darauf hingewiesen, dass bei einer Personenmehrheit auf Pächterseite die Herausgabe der Kaution nur an die beiden Pächter gemeinsam verlangt werden kann. Ist der Mieter verstorben, so wird der Nachlass, zudem auch ein Kautionsrückzahlungsanspruch gehören dürfte, bei mehreren Erben nach § 2032 Abs. 1 BGB deren gemeinschaftliches Vermögen. Da jedoch die Erbengemeinschaft weder rechtsfähig noch parteifähig ist, kann der Kautionsrückzahlungsanspruch nur von den einzelnen Miterben gerichtlich geltend ge-

---

[74] *Ruff* WM 2005, 177 ff.
[75] *Ruff* a. a. O.
[76] NZM 2007, 298 f.

macht werden, mit der Maßgabe dass Rückzahlung der Kaution an alle Miterben zu richten ist.

58 ee) *Aufrechnung.* Die Aufrechnung nach § 387 BGB setzt eine gleichartige Gegenforderung voraus. Daran fehlt es, wenn der Mieter die Kaution bei Vertragsbeginn durch ein zugunsten des Vermieters verpfändetes Spargutenhaben geleistet hat.[77] Nach einer Entscheidung des AG Schöneberg[78] kann gegen den Freigabeanspruch des Mieters der Vermieter nicht mit einem Schadensersatzanspruch aufrechnen. Nach einer Entscheidung des OLG Düsseldorf[79] ist darauf hinzuweisen, dass die formularmäßige Beschränkung der Aufrechnungsmöglichkeit des Mieters auf anerkannte oder rechtskräftig festgestellte Gegenforderungen über das Vertragsende hinaus wirkt und auch den strittigen Kautionsrückzahlungsanspruch des Mieters erfasst.

59 Nach einem Beschluss des BGH vom 21. 2. 2008 – I ZB 66/07 – NZM 2008, 478 - kann ein Zwangsverwalter bei einer Kautionsverrechnung mit rückständiger Miete in Herausgabevollstreckung keine weitergehenden Angaben verlangen als diejenigen, die der Schuldner gemacht hat; ein entsprechender (Ergänzungs-)Auskunftsanspruch wird also verneint. („Keine Präzisierungslast")

60 ff) *Garantieversprechen.* Neben den oben angeführten Anlagemöglichkeiten für eine Kaution besteht auch die Möglichkeit, dass der Mieter anstelle einer Kaution mit dem Vermieter einen Garantievertrag abschließt.[80]

61 gg) *Gerichtsstand.* Von Bedeutung im Rahmen der Kautionsabreden ist auch der Gerichtsstand. Der ausschließliche (örtliche) Gerichtsstand bei Miet- und Pachträumen gilt nicht für Garantie- oder Bürgschaftsverträge eines Dritten.[81] Sofern keine nach §§ 38, 40 ZPO wirksame Gerichtsstandsvereinbarung vorliegt, ist ein Rechtsstreit zwischen dem Vermieter und dem als Schuldner in Anspruch genommenen Dritten an dessen allgemeinen Gerichtsstand zu führen.

62 hh) *Strafbarkeit.* Durch die gesetzliche Regelung des § 551 Abs. 3 BGB wird eine auf Gesetz beruhende Vermögensbetreuungspflicht im Sinne der Untreue des § 266 I Strafgesetzbuch begründet.[82] Diese Vermögensbetreuungspflicht entsteht nach Ansicht des BGH nur bei der Wohnungsmiete; nicht aber bei Gewerberaummieten. Dabei weist der BGH weiter darauf hin, dass auch im Rahmen der Wohnraummiete allein die Einzahlung der Kaution auf die Geschäftskosten einer Gesellschaft noch keine Verwirklichung des Untreuetatbestandes darstellt, denn dadurch entstehe noch kein Nachteil oder keine insoweit ausreichende Vermögensgefährdung. Diese trete erst dann ein, wenn für den Mieter die Gefahr des Verlustes seiner Kaution gegeben sei.

II. Vermieterpfandrecht

63 Die praktische Bedeutung des Vermieterpfandrechts im Rahmen der Wohnraummiete wird von der Praxis in zunehmenden Maße wahrgenommen.[83] Vor allem bei der sogenannten „Berliner Räumung" hat das Vermieterpfandrecht an Bedeutung erlangt.[84]

---

[77] *Geldmacher* DWW 2007, 269; *Pfeifer* DWW 2009, 13.
[78] MM 2006, 227.
[79] EMR 2004, 905; *Geldmacher* DWW 2005, 271, *ders.* DWW 2007, 269; Der Vermieter kann gegen die Kaution nicht mit Heizkostennachforderungen aufrechnen, wenn diesen Gegenforderungen ein Zurückbehaltungsrecht des Mieters wegen unterlassener Abrechnung der sonstigen Betriebskosten gegenübersteht (OLG Düsseldorf ZMR 2008, 708).
[80] *Geldmacher* DWW 2007, 273.
[81] *Geldmacher* DWW 2007, 276; *Geldmacher* DWW 2004, 218; BGH NZM 2004, 299; Nach einem Beschluss des OLG Düsseldorf vom 8. 11. 2007 (NZM 2008, 479) ist ausschließlich das Amtsgericht zuständig, in dessen Bezirk der Wohnraum belegen ist, wenn sich ein auf Räumung und Zahlung einer Nutzungsentschädigung verklagter Mieter auf einen mündlich geschlossenen Wohnraummietvertrag beruft.
[82] So BGH 5 StR 354/07 in WM 2008, 336 ff.; *Drasdo* NJW-Spezial 2008, 417.
[83] *Nies/Gies* A. VI. 8.16.
[84] BGH NZM 2006, 817.

§ 26 Mietsicherheiten

Während im früheren Mietrecht das Vermieterpfandrecht in § 559 f BGB geregelt war, finden sich nunmehr die Vorschriften des Vermieterpfandrechts in §§ 562 ff. Im Gegensatz zu dem bisherigen § 559 BGB ist nunmehr die Bestimmung des § 562 in zwei Absätzen gegliedert, wobei bezüglich des Inhaltes des § 562 (neu) keine Unterschiede der Formulierungen zwischen dem Referentenentwurf vom 20. 3. 2000 und dem Kabinettsbeschluss vom 19. 7. 2000 bestehen.

1. Pfandrecht

Die Bestimmung des § 562 gewährt dem Vermieter ein besitzloses gesetzliches Pfandrecht[85] für alle Forderungen aus dem Mietverhältnis. Dieses Pfandrecht entsteht an allen Sachen des Mieters, wenn diese in die Mieträume eingebracht worden sind. Dabei ist das Vermieterpfandrecht nach wie vor als dingliches Recht ausgestaltet, das nicht nur gegenüber dem Mieter, sondern gegenüber jedermann wirkt. Die Einbringung der Sachen muss aufgrund eines wirksamen Miet- oder Pachtvertrages erfolgen. Das Vermieterpfandrecht entsteht nicht, wenn der Mieter eine formularmäßig im Mietvertrag enthaltene Eigentumserklärung über die eingebrachten Sachen abgibt, die nicht der wahren Rechtslage entspricht. Gegebenenfalls macht sich hier der Mieter wegen Eingehungsbetruges strafbar.[86]

2. Pfandgläubiger

Pfandgläubiger ist der Vermieter, wobei im Gegensatz zu der früheren Vorschrift des § 559 BGB nunmehr die Formulierung „Vermieter eines Grundstückes" gestrichen ist. Dies bedeutet, dass somit bei einem Untermietverhältnis der Eigentümer gegenüber dem Untermieter kein Pfandrecht hat; dieses steht allein dem Untervermieter zu. Steht die eingebrachte Sache im Miteigentum mehrerer Personen, von denen nur einer Mieter ist, erfasst das Vermieterpfandrecht nur dessen Miteigentumsanteil.[87]

Bei einem etwaigen Vermieterwechsel verbleiben die im Zeitpunkt des Eigentumsübergangs fälligen Forderungen bei dem bisherigen Vermieter. Im Falle der Abtretung geht das Pfandrecht auf den Zessionar über und bei teilweiser Abtretung erwirbt der Zessionar ein Pfandrecht nur hinsichtlich der abgetretenen Forderungen. Im übrigen verbleibt das Pfandrecht beim bisherigen Vermieter. Die dabei entstehenden Pfandrechte haben den gleichen Rang.

3. Forderung[88]

Das in § 562 Abs. 1 festgelegte Pfandrecht besteht nur für Forderungen aus dem Mietverhältnis, also u. a. Mietzinsforderungen und Forderungen wegen Nebenkosten. Auch Ansprüche des Vermieters auf Durchführung von Schönheitsreparaturen, auf Herstellung eines vertraglich vereinbarten Zustandes bei Mietende, auf Ansprüche wegen einer schuldhaften Beschädigung der Mietsache, wegen unterlassener Mängelanzeige, auf einen Untermietzinszuschlag, oder wegen Verletzung der Obhutspflicht fallen unter die Bestimmungen des § 562 Abs. 1. Es ist davon auszugehen, dass das Vermieterpfandrecht auch neben einer wirksamen Kaution bestehen kann. Nicht gesichert wird jedoch der Anspruch auf Leistung einer Kaution.[89]

Die Pfandhaftung ist auf fällige Ansprüche beschränkt.[90] Nach § 562 Abs. 2 besteht das Pfandrecht nicht für künftige Entschädigungsforderungen, oder für die Miete für eine spätere Zeit als das laufende und das folgende Mietjahr. Dabei ist unter dem Mietjahr nicht das Kalenderjahr zu verstehen, sondern es ist an den Beginn des Mietverhältnisses anzuknüpfen.[91] Maßgeblich dabei ist auch zu welchem Zeitpunkt der Vermieter sein Pfandrecht geltend macht.

---

[85] *Schmidt-Futterer* Mietrecht 8. Aufl. § 562 Rdnr. 5.
[86] *Schmidt-Futterer* § 562 Rdnr. 18 f.
[87] *Schmidt-Futterer* § 562 Rdnr. 23.
[88] Palandt/*Weidenkaff* § 562 Rdnr. 11 ff.; *Schmidt-Futterer* § 562 Rdnr. 34 ff.
[89] *Schmidt-Futterer* § 562 Rdnr. 38.
[90] *Schmidt-Futterer* § 562 Rdnr. 42 ff.
[91] *Schmidt-Futterer* § 562 Rdnr. 44.

4. Pfandgegenstand

70   Das Pfandrecht entsteht mit Einbringung der dem Mieter gehörenden Sachen in die Mieträume. Dabei ist der Begriff Mieträume umfassend auszulegen, d. h. es gehören neben den Wohnräumen dazu auch der Stellplatz, Garage, Garten, Carport, Gartenteil. Erforderlich ist, dass die Sachen in die Mietsache bestimmungsgemäß eingebracht werden, wobei ein dauerhafter Verbleib nicht erforderlich ist. Auch ein zeitlich begrenztes Einstellen dürfte genügen.[92] Häufig werden Sachen bereits vor Beginn des Mietverhältnisses in die Mieträume eingebracht. Wir sind der Meinung, dass das Pfandrecht in diesem Fall erst entsteht mit den Beginn des Mietverhältnisses.

Nach § 562 Abs 1 Satz 1 sind Pfandgegenstand Sachen; dabei geht der Gesetzgeber vom Sachbegriff des § 90 BGB aus und demzufolge gehören zu den Sachen nur körperliche Gegenstände; an Forderungen oder sonstigen Rechte kann demzufolge kein Pfandrecht entstehen.[93]

71   Die Sachen müssen auch im Eigentum des Mieters stehen; ist also der Mieter nur Miteigentümer so entsteht das Pfandrecht nur an seinem Miteigentumsanteil. Ist z.B. die Ehefrau des Mieters nicht Partei des Mietvertrages, so kann an den ihr gehörenden Sachen kein Pfandrecht entstehen. Auch Sachen, die im Eigentum der Kinder stehen, werden nicht vom Pfandrecht umfasst. Im Hinblick auf die Gleichstellung von ehelichen und nicht ehelichen Gemeinschaften sind wir der Meinung, dass in diesem Fall die Vorschrift auch auf die Lebensgefährten des Mieters entsprechend anwendbar ist, auch bei gleichgeschlechtlichen Mietern.[94]

72   Problematisch ist es, wenn die Vermietung an eine Wohngemeinschaft (z.B. Studenten) erfolgt. Sind die Mitglieder der Wohngemeinschaft alle Partei des Mietvertrages, so entsteht das Pfandrecht an allen eingebrachten Sachen; ist jedoch der Mietvertrag nur mit einzelnen Mietern abgeschlossen, so entsteht das Pfandrecht nur an den Gegenständen, die dem betreffenden Mieter gehören.

73   Von besonderer Bedeutung im Rahmen des Pfandrechts ist das Sicherungseigentum.[95] Die Sachen, die vor der Einbringung bereits sicherungsübereignet worden sind, stehen für das Pfandrecht im Sinne des § 562 Abs. 1 BGB nicht zur Verfügung. Hat jedoch der betreffende Mieter das Eigentum an ihm gehörenden Gegenständen erst nach Einbringung in die Mietsache auf einen Dritten zur Sicherheit übertragen, so wird das Pfandrecht des Vermieters nicht durch die Sicherungsübereignung berührt; dies gilt auch im Falle eines Raumsicherungsübereignungsvertrages über gegenwärtiges oder künftiges Eigentum zu Gunsten eines Kreditgebers.

74   Wenn der betreffende Mieter die von ihm eingebrachten Gegenstände jedoch unter Eigentumsvorbehalt erworben hat, so kann das Vermieterpfandrecht nur an dem Anwartschaftsrecht entstehen. Ist beispielsweise vereinbart, dass der Mieter mit der Bezahlung des Kaufpreises das Eigentum erwirbt, so entsteht dieses Pfandrecht an der Sache erst mit der endgültigen Bezahlung des betreffenden Kaufpreises.

75   Nach § 562 Abs. 1 Satz 1 erstreckt sich jedoch das Vermieterpfandrecht nicht auf die Sachen, die der Pfändung nicht unterliegen. Dabei ergibt sich der Kreis der unpfändbaren Sachen aus § 811 ZPO. Unpfändbar sind demzufolge Sachen, die dem persönlichen Gebrauch und dem Haushalt dienen, die für den Mieter, seiner Familie und seinen Hausangehörigen erforderlichen Nahrungs-, Feuerungs-, und Beleuchtungsmittel, Haustiere, Arbeitsgeräte und Arbeitsmaterialien, angemessene Kleidungsstücke, Familienpapiere, Trauringe, Orden- und Ehrenzeichen und dergleichen.[96]

Nach der Rechtsprechung wird auch die Vorschrift des § 803 Abs. 2 ZPO entsprechend angewendet. Dies bedeutet, dass die Pfändung unterbleiben muss, wenn bei der Verwertung der Gegenstände ein Überschuss für die Kosten der Pfandverwertung nicht erzielt werden kann.

---

[92] Zum Einstellen *Schmidt-Futterer* § 562 Rdnr. 33.
[93] Palandt/*Weidenkaff* § 562, Rdnr. 7 ff.
[94] *Schmidt-Futterer* § 562 Rdnr. 24.
[95] Palandt/*Weidenkaff* § 562, Rdnr. 10; *Schmidt-Futterer* a. a. O. § 562 Rdnr. 22.
[96] *Schmidt-Futterer* § 562 Rdnr. 14 f.

5. Erlöschen[97]

Das Pfandrecht des Vermieters erlischt mit der Entfernung der Sachen von dem Grundstück, außer wenn diese ohne Wissen oder unter Widerspruch des Vermieters erfolgt (§ 562a Satz 1). Dabei kann der Vermieter dieser Entfernung nicht widersprechen, wenn diese den gewöhnlichen Lebensverhältnissen entspricht oder wenn die zurückbleibenden Sachen zur Sicherung des Vermieters offenbar ausreichen.

Bei der Vermietung von Wohnräumen genügt es demzufolge, wenn die Sachen aus der Mietsache herausgeschafft werden, beispielsweise in eine andere Wohnung. Wenn jedoch die Sachen nur von einem Teil des Gebäudes in einen anderen Teil gebracht werden, in der der Mieter ein Mitbenutzungsrecht hat, dann dürfte es sich nicht um ein Entfernen im Sinne § 562a BGB handeln.

Der Grund der Entfernung spielt nach wie vor keine Rolle, es ist also gleichgültig, ob die Sachen auf Dauer oder nur auf eine bestimmte Zeit entfernt werden. Unbeachtlich ist es auch, ob der Mieter bei der Entfernung die Absicht hat, den Gegenstand alsbald wieder in die Mietsache einzubringen oder nicht. Das Pfandrecht dürfte auch dann erloschen sein, wenn die Sache zu Reparaturzwecken aus der Mietsache entfernt wird. Unbeachtlich ist auch, ob die Gegenstände vom Mieter selbst entfernt werden, oder ob ein Dritter die Sachen im Auftrag des Mieters wegschafft. Die Beweislast für das Vorliegen der Tatbestände des Erlöschens des Vermieterpfandrechts tragen der Mieter oder dessen Gläubiger, die auf das vormalige Pfandobjekt zugreifen wollen.[98]

Ohne Bedeutung ist es, ob der Mieter mit der Entfernung nicht einverstanden ist (z.B. Wegschaffen durch einen Dieb). In diesem Fall bleibt das Pfandrecht bestehen, wenn die Entfernung ohne Kenntnis des Vermieters erfolgt. Hat er Kenntnis, so muss der Vermieter Widerspruch gegen die Entfernung erheben, wenn er das Erlöschen des Pfandrechtes verhindern will. Erfolgt die Entfernung ohne sein Wissen, dann ist allerdings kein Widerspruch möglich. Entscheidend ist allein, ob der Vermieter positiv Kenntnis von der Entfernung besitzt; dabei ist es unbeachtlich, dass der Vermieter weiß, welche Gegenstände vom Mieter weggeschaffen worden sind.

Erfolgt die Entfernung mit Wissen des Vermieters, dann ist er verpflichtet, unverzüglich der Entfernung zu widersprechen, sonst erlischt sein Pfandrecht. Dabei ist es nicht notwendig, dass der Vermieter durch tätige Handlung der Entfernung widerspricht, es genügt jede Äußerung oder Handlung aus der entnommen werden kann, dass der Vermieter mit der Entfernung der Sache nicht einverstanden ist.[99]

Erfolgt die Entfernung durch einen Dritten, kann der Widerspruch sowohl dem Mieter als auch dem Dritten gegenüber erklärt werden. Ausreichend ist sicherlich, die Mitteilung alternativ abzugeben, so dass keine kumulative Erklärung notwendig sein dürfte.

Nach § 562a Satz 2 kann der Vermieter jedoch nicht widersprechen, wenn die Entfernung den gewöhnlichen Lebensverhältnissen entspricht oder wenn die zurückbleibenden Sachen für die Sicherung des Mieters offenbar ausreichen.[100]

Während in der bisherigen Formulierung des § 560 BGB noch Aussagen über die betriebliche Entfernung enthalten waren, ist diese in der Neufassung nicht mehr aufgeführt. Danach ist künftig der Widerspruch ausgeschlossen, wenn die Entfernung gewöhnlichen Lebensverhältnisse entspricht. Dieser Tatbestand ist auf die Wohnungsmieter zugeschnitten. Dabei ist nicht maßgeblich, welche Gepflogenheiten der einzelne Mieter hat, sondern es kommt darauf an, was in den betreffenden Kreisen allgemein üblich ist, wobei dies aufgrund eines objektiven Maßstabes bestimmt werden soll. Weiter ist ein Widerspruch nicht möglich, wenn die zurückbleibenden Sachen zur Sicherung ausreichen. Dies bedeutet, dass der Vermieter auf die verbleibenden Sachen verwiesen wird. Maßgeblich ist dabei, welche Forderung zugunsten des Vermieters bestehen und welchen Wert die Sachen haben, die in

---
[97] Palandt/*Weidenkaff* § 562a Rdnr. 1 ff.
[98] *Schmidt-Futterer* § 562a Rdnr. 20.
[99] Palandt/*Weidenkaff* § 562a Rdnr. 3; *Schmidt-Futterer* § 562a Rdnr. 23 ff.
[100] Palandt/*Weidenkaff* § 562a Rdnr. 10; *Schmidt-Futterer* § 562a Rdnr. 17 f.

den Räumen verbleiben. Auch hier dürfte eine objektive Betrachtungsweise geboten sein. Dieses Verweisungsrecht steht auch Dritten, insbesonderen den Gläubigern des Mieters zu; so kann beispielsweise ein Sicherungseigentümer den Vermieter auf die verbleibenden Sachen verweisen, sofern die Voraussetzungen des § 562a BGB vorliegen.

83 Liegen die Voraussetzungen des § 562a BGB vor, so darf der Mieter die Sachen ohne Wissen des Vermieters entfernen und einen Widerspruch des Vermieters ist wirkungslos. Das Pfandrecht erlischt und der Vermieter kann die Entfernung nicht im Wege der Selbsthilfe nach § 562 BGB verhindern. Die Bestimmung des § 562 BGB ist im übrigen nicht abdingbar.

6. Selbsthilferecht, Herausgabeanspruch

84 Der Gesetzgeber hat im § 562b BGB das Selbsthilferecht und den Herausgabeanspruch des Vermieters neu geregelt. Dabei darf der Vermieter die Entfernung der Sachen, die seinem Pfandrecht unterliegen, auch ohne Anrufung eines Gerichtes verhindern, soweit er berechtigt ist, der Entfernung zu widersprechen. Sofern der Mieter auszieht, darf der Vermieter die Sachen in seinen Besitz nehmen. In dieser Vorschrift werden die Rechte des Vermieters geregelt, wenn der Mieter oder ein Dritter eine dem Pfandrecht unterliegende Sachen aus den Mieträumen entfernt.[101]

Obgleich aus heutiger Sicht dieses Selbsthilferecht als überholt angesehen werden dürfte, hat der Gesetzgeber die Vorschrift erneut in die Neufassung übernommen. Gegenüber der bisherigen Regelung des § 561 BGB sind jedoch fachliche Änderungen vorgenommen worden.

85 Nach § 562b Abs. 1 hat der Vermieter bei Beeinträchtigungen Ansprüche aus §§ 1227, 1257 BGB, außerdem steht ihm ein Unterlassungsanspruch nach § 1204 BGB zu. Dabei dürfte an die Glaubhaftmachung der Voraussetzung des Verfügungsanspruches und des Verfügungsgrundes keine zu hohen Anforderungen zu stellen sein. Dieses Selbsthilferecht steht dem Vermieter jedoch nur dann zu, wenn obrigkeitliche Hilfe nicht rechtzeitig erlangbar ist und ohne sofortiges Eingreifen die Gefahr besteht, dass die Verwirklichung des Pfandrechtes vereitelt oder wesentlich erschwert werden würde. Dabei steht das Recht nach § 562b neben dem Selbsthilferecht des § 229 BGB; es scheint günstiger für den Vermieter bei Beeinträchtigungen eher nach § 562b als nach § 229 BGB vorzugehen.[102]

Auf die Entfernung des Pfandobjektes im Rahmen einer Zwangsvollstreckung nach § 808 ZPO oder eines Insolvenzverfahrens nach §§ 166ff. InsO ist die Vorschrift des § 562b insgesamt unanwendbar.

86 Der Widerspruch des Vermieters soll dazu dienen, die Wegschaffung durch den Mieter zu verhindern. Will also der Mieter beim Auszug irgendwelche Sachen, die ihm gehören wegnehmen, dann kann der Vermieter vom Mieter verlangen, dass diese Sachen in der Mietsache belassen werden oder anderweitig verwahrt werden. Dabei bedeutet Selbsthilfe die Durchsetzung oder Sicherung „auf eigene Faust" und der Vermieter darf zur Durchsetzung seiner Forderungen auch Gewalt anwenden und zwar nicht nur gegenüber dem Mieter, sondern gegenüber jedermann, der die Pfandsache wegnehmen will, ohne dazu berechtigt zu sein. Gegen unbeteiligte Dritte darf jedoch keine Gewalt angewendet werden.[103]

87 Auch hier gilt das Prinzip der Verhältnismäßigkeit, d. h. vor der Anwendung von Gewalt muss der Vermieter zunächst friedliche Mittel einsetzen. Sollten diese jedoch nicht genügen, dann darf der Vermieter auch ohne jedoch die körperliche Integrität des Mieters zu verletzten, entsprechende Maßnahmen ergreifen. Dieses Selbsthilferecht entsteht, wenn der Mieter mit der Entfernung der Sache beginnt und es erlischt, wenn die Sachen aus den Mieträumen entfernt sind. Überschreitet der Vermieter die Befugnis nach § 562b liegt verbotene Eigenmacht vor und ggf. auch positive Vertragsverletzung bzw. deliktische Haftung nach § 823 BGB.[104]

---

[101] Palandt/*Weidenkaff* § 562b Rdnr. 1 ff.
[102] *Schmidt-Futterer* § 562b Rdnr. 6 ff.
[103] *Schmidt-Futterer* § 562b Rdnr. 16 ff.
[104] *Schmidt-Futterer* § 562b Rdnr. 18 ff.

88 Nach § 562 Abs. 2 Satz 2 BGB erlischt dieses Pfandrecht mit Ablauf eines Monats, nachdem der Vermieter von der Entfernung der Sachen Kenntnis erlangt hat. Das Pfandrecht bleibt jedoch bestehen, wenn der Anspruch vorher geltend gemacht worden ist. Die Frist beginnt mit der Kenntnisnahme des Vermieters von der Entfernung des Pfandgegenstandes, wobei hier positive Kenntnis notwendig ist. Bezüglich des gerichtlichen Verfolgungsanspruches ist es notwendig, dass der Vermieter eine Klage auf Herausgabe einreicht und dabei zum Ausdruck bringt, dass er an dem Pfandrecht festhalten will. Zur Vorbereitung besteht ein Auskunftsanspruch.[105]

89 Von geringerer Bedeutung sind die Bestimmungen des § 562c und § 562d BGB. Bezüglich der Bestimmungen des § 562c handelt es sich um die Abwendung des Pfandrechtes durch Sicherheitsleistung. Um die Ausübung der in § 562c enthaltenen Rechte zu ermöglichen, ist der Vermieter verpflichtet, auf Verlangen über Grund und Höhe seiner Forderungen Auskunft zu erteilen.[106]

Der Mieter kann die Geltendmachung des Pfandrechtes des Vermieters durch eine Sicherheitsleitung abwenden, wobei die Höhe der Sicherheitsleistung sich grundsätzlich nach der Höhe der Forderung des Vermieters richtet.[107]

Die Sicherheitsleistung ist ggf. auf einzelne Sachen beschränkt, d.h. der Mieter kann jede einzelne Sache dadurch von dem Pfandrecht befreien, dass er in Höhe ihres Wertes Sicherheit leistet.

90 In der Bestimmung des § 562d hat der Gesetzgeber bezüglich der Formulierung eine Veränderung gegenüber der bisherigen Bestimmung des § 563 BGB vorgenommen. In der Neufassung wurde zum Ausdruck gebracht, dass eine Sache, die dem Pfandrecht des Vermieters unterliegt und die für einen anderen Gläubiger gepfändet ist, der Vermieter diesem gegenüber das Pfandrecht nicht wegen der Miete für eine frühere Zeit als das letzte Jahr vor der Pfändung geltend machen kann.[108]

91 Dies bedeutet dass in Anwendung der Prioritätsregelung ein bereits bestehendes Vermieterpfandrecht der zeitlich nachfolgenden Pfändung vorgeht. Der Vermieter hat deshalb bei der Verwertung der Pfandsache durch einen Pfändungsgläubiger einen Anspruch auf vorzugsweise Befriedigung. Eine Beschränkung gilt jedoch bezüglich der Dauer, d.h. betroffen sind nur rückständige Mietzinsforderungen, die früher als das letzte Jahr vor der Pfändung fällig geworden sind, wobei auch hier nicht das Kalenderjahr, sondern das Mietjahr vor der Pfändung maßgebend ist.

Vorläufiger Rechtsschutz nach § 805 Abs. 4 ZPO i.V.m. § 769 ZPO ist bereits bei Erhebung der Klage mit dem Antrag auf Hinterlegung des vom Vermieter beanspruchten Anteils am Erlös möglich.[109]

---

[105] Palandt/*Weidenkaff* § 562b Rdnr. 9.
[106] *Schmidt-Futterer* § 562c Rdnr. 4 ff.
[107] *Schmidt-Futterer* § 562c Rdnr. 8 ff.
[108] *Schmidt-Futterer* § 562d Rdnr. 9 f.
[109] *Schmidt-Futterer* § 562d Rdnr. 6 f.

10. Abschnitt. Beendigung des Wohnraummietverhältnisses

§ 27 Vorzeitiger Auszug des Mieters

Übersicht

	Rdnr.
I. Zahlungspflicht	1–27
1. Allgemeines	1–5
a) Grundsatz	1
b) Anwendungsbereich § 537 BGB	2
c) Dispositives Recht	3
d) Entgelt für vorzeitige Entlassung?	4/5
2. Einschränkungen der Zahlungspflicht des Mieters	6–26
a) Anrechenbare Vorteile, § 537 Abs. 1 S. 2 BGB	7–18
b) Fehlende Gebrauchsermöglichung	19–26
3. Übersicht: Zahlung bei Auszug	27
II. Vorzeitige Entlassung bei Stellung eines Nachmieters	28–50
1. Vertragliche Nachmieterklausel	28–30
a) Vertraglich	28
b) Nachvertraglich	29
2. Stellung eines Nachmieters nach Treu und Glauben (§ 242 BGB)	31–49
a) Allgemeines	31
b) Entlassung ohne besonderes Interesse des Mieters?	32
c) Deutlich überwiegendes Interesse des Mieters	33–37
d) Persönliche und wirtschaftliche Eignung des Nachmieters	38–44
e) Erhebliche Restlaufzeit des Vertrages	45/46
f) Folgen einer unberechtigten Ablehnung	47–49
3. Übersicht: Nachmieterstellung	50

Schrifttum: *Heile,* Ersatzmietergestellung bei Wohn- und Geschäftsraummiete, ZMR 1990, 249; *Kandelhard,* Aufhebungsvertrag und Ersatzmieterstellung, NZM 2004, 846; *Rädler,* Der Mieter im „Annahmeverzug" – zur Vorschrift des § 552 BGB, NJW 1993, 689; *Röchling,* Die Pflicht des Vermieters zur Annahme eines vom Mieter gestellten Ersatzmieters, NJW 1981, 2782; *Röhrmann,* Die Pflicht des Vermieters zur Aufnahme eines Ersatzmieters, NJW 1971, 787; *Schmidt-Futterer,* Der Mietzinsanspruch bei vorzeitiger Räumung des Mieters, NJW 1970, 917; *Streyl,* Vorzeitige Vertragsbeendigung bei der Miete von Wohn und Geschäftsräumen – Mögliche Auswege aus einem Kündigungsausschluss, NZM 2005, 361.

I. Zahlungspflicht

1. Allgemeines

1 **a) Grundsatz.** Der Mieter trägt das Risiko der persönlichen Verwendungsmöglichkeit der Wohnung. Er muss auch dann den Mietzins zahlen, wenn er aus persönlichen Gründen nicht nutzt. Das Gesetz sagt: Der Mieter wird von der Entrichtung der Miete nicht dadurch befreit, dass er durch einen in seiner Person liegenden Grund an der Ausübung seines Gebrauchsrechts gehindert wird (§ 537 Abs. 1 S. 1 BGB).[1] Insbesondere bei langfristigen Mietverträgen kommt es vor, dass der Mieter die Räume nicht während der gesamten restlichen Laufzeit nutzen kann und vorzeitig auszieht. Er bleibt jedoch gemäß § 537 BGB an den Vertrag gebunden. Die Vorschrift bekräftigt die allgemeine Regel **„pacta sunt servanda"**. Für die Anwendung der Grundsätze des Wegfalls der Geschäftsgrundlage oder der Unmöglichkeit ist insoweit kein Raum.[2] Persönliche Verhinderung, Vermögensverfall oder wirtschaft-

---

[1] § 537 BGB ist seit 1. 9. 2001 in Kraft; er entspricht inhaltlich dem alten § 552 BGB, der nunmehr in zwei Absätze aufgeteilt und sprachlich geringfügig geändert ist. Die alte Rechtsprechung und Kommentarliteratur bis 2001 zu § 552 BGB bleibt daher in vollem Umfang anwendbar.

[2] *Rädler* NJW 1993, 689.

liche Schwierigkeiten des Mieters begründen grundsätzlich keine Änderung der ursprünglichen Risikoverteilung für das Verwendungsrisiko.[3] Entscheidend und insoweit vorrangig ist, ob der Vermieter erfüllungsbereit und -fähig ist. Ist das der Fall, behält er den Mietzinsanspruch, auch wenn der Mieter nicht nutzt. Auf eine einfache Formel gebracht: Der Mieter trägt das Gebrauchs-, der Vermieter das Gebrauchsüberlassungsrisiko.

b) Anwendungsbereich des § 537 BGB. § 537 BGB findet vor allem auch auf die Mietverhältnisse Anwendung, die für den Mieter nicht nach § 573c BGB kündbar sind. Nach der auf harter Überzeugung beruhenden Rechtsprechung des BGH[4] soll es kein Verbot von Kündigungsausschlussvereinbarungen – mindestens auf vier Jahre – geben. Die Kündigung nach § 573c BGB soll nach der formalistisch argumentierenden Auffassung des BGH nicht in Betracht kommen, wenn die Parteien einen Kündigungsverzicht vereinbart haben. Die Anwendung des § 573c BGB soll also erst in Betracht kommen, wenn eine Kündigung möglich ist – die vom BGH zur Begründung herangezogene Unterscheidung zwischen der Zulässigkeit der Kündigung einerseits und der Kündigungsfrist andererseits zur Begründung der Zulässigkeit eines Kündigungsausschlusses entgegen § 573c BGB stellt einen klassischen Zirkelschluss dar. Er führt dazu, dass sich die Möglichkeit der Kündigung für den Mieter stark reduziert. Das Gebrauchsrisiko bleibt auf diese Weise weitgehend beim Mieter. § 537 BGB kommt auch in den Fällen zur Anwendung, in denen der Mieter gar nicht erst einzieht. Es ist unerheblich, ob das Gebrauchshindernis **vor oder nach Überlassung** der Mietsache eintritt.[5] Die passivische Konstruktion des § 537 Abs. 1 S. 1 BGB („gehindert wird") legt eine Einschränkung nahe. Es sind jedoch alle Fälle erfasst, in denen der Mieter nicht nutzen kann oder will.[6] Auf die Ursache für die Nichtausübung des Mietgebrauchs kommt es nicht an. Es reicht, dass die Gründe in der Person des Mieters zu suchen sind.

c) Dispositives Recht. § 537 BGB ist **abdingbar**. Jeglicher Ausschluss der Verpflichtung, den Mieter vorzeitig aus dem Vertrag zu entlassen, dürfte aber formularmäßig unwirksam sein. Auch ein formularmäßiger Ausschluss von § 537 Abs. 1 S. 2 und Abs. 2 BGB verstößt gegen § 307 Abs. 2 S. 1 BGB.

d) Entgelt für vorzeitige Entlassung. Unübersichtlich ist die Rechtsprechung zum Entgelt für eine Entlassung aus dem Mietverhältnis. Die formularmäßige Vereinbarung einer **Bearbeitungsgebühr** bei vorzeitiger Beendigung des Mietverhältnisses ohne Einräumung der Nachweismöglichkeit eines geringeren Schadens soll unwirksam sein.[7] Unwirksam soll auch die Vereinbarung einer **Geldzahlung als Gegenleistung** für die vorzeitige Vertragsaufhebung sein.[8] Dagegen ist die Wirksamkeit einer Klausel bejaht worden, nach der der Mieter zur Zahlung einer Monatsmiete für die pauschale Abgeltung der Unkosten bei vorzeitiger Entlassung verpflichtet wird, sofern darin keine Vertragsstrafe, sondern eine **Aufwendungsersatzpauschale** liege).[9]

> **Praxistipp:**
> Generell gilt: Vereinbarungen mit Vertragsstrafencharakter werden zumeist unwirksam sein, maßvoller Aufwendungsersatz dagegen nicht.

2. Einschränkungen der Zahlungspflicht des Mieters

Die Pflicht zur Zahlung der Miete entfällt jedoch bzw. wird in folgenden Ausnahmefällen eingeschränkt:

---

[3] BGH WuM 1979, 236.
[4] BGH NJW 2005, 1574 und NJW 2004, 1440.
[5] BGH NJW-RR 1991, 267; OLG Naumburg WuM 1998, 283; OLG Düsseldorf ZMR 1992, 536; *Blank/Börstinghaus* § 537 Rdnr. 1.
[6] OLG Köln NJW-RR 1992, 443.
[7] LG Berlin GE 1996, 607.
[8] AG Berlin-Charlottenburg GE 1996, 869.
[9] OLG Hamburg (RE) WuM 1990, 244; kritisch dazu *Sternel* Aktuell Rdnr. 519.

- Der Vermieter erlangt Vorteile durch anderweitige Verwendung oder erspart Aufwendungen (§ 537 Abs. 1 S. 2 BGB).
- Der Vermieter ist nicht in der Lage, den Gebrauch zu gewähren (§ 537 Abs. 2 BGB).

7 a) **Anrechenbare Vorteile.** *aa) Ersparte Aufwendungen, § 537 Abs. 1 S. 2 BGB.* Der Vermieter soll keinen Vorteil durch die persönliche Verhinderung des Mieters erlangen. Er muss sich daher neben Vorteilen aus anderweitiger Verwertung auch **ersparte Aufwendungen** anrechnen lassen, § 537 Abs. 1 S. 2 BGB. Entsprechend können Vorauszahlungen auf die Betriebskosten zu kürzen sein, sofern die Betriebskosten nach den vertraglichen Vereinbarungen gesondert umlegbar sind.[10]

8 Für das Vorliegen ersparter Aufwendungen trägt der Mieter die **Beweislast**. Die praktische Bedeutung dieser Vorteilsausgleichung ist gering. Zu denken ist an den Wegfall von **Wartungs-, Instandhaltungs- und Bereithaltungspflichten**.[11] Hier kann allerdings auch ein Anspruch gegen den Mieter entstehen. Trifft der Vermieter nach dem vorzeitigen Auszug des Mieters Vorsorgemaßnahmen zur Vermeidung eines drohenden Schadens, für die ansonsten der Mieter verantwortlich gewesen wäre, so wird dem Vermieter Anspruch auf Ersatz der Kosten dieser Vorsorgemaßnahme zugebilligt, also z. B. für Heizkosten zur Verhinderung des Einfrierens während der Frostperiode.[12]

9 *bb) Anderweitige Verwendung, § 537 Abs. 1 S. 2 BGB.* Durch **anderweitige Verwendung** erlangte Vorteile muss der Vermieter sich anrechnen lassen. In der Praxis ist vor allem die **Vermietung an einen Dritten** bedeutsam. Zwar kann der Vermieter dem ursprünglichen Mieter die Räume in einem solchen Fall nicht zur Verfügung stellen. Der Mieter kann sich gegenüber dem Mietzinsanspruch des Vermieters aber nicht darauf berufen, der Vermieter sei wegen der Weitervermietung zu einer Gebrauchsüberlassung an ihn nicht mehr in der Lage gewesen.[13] Die Begründung für das Weiterbestehen des Differenzanspruchs und gegebenenfalls ein Aufleben des vollen Anspruchs, wenn die Weitervermietung endet, ist zweifach: zum einen als eine Art der Geschäftsführung des Vermieters ohne Auftrag, zum anderen als **Rechtsmissbrauch**, aus einem Verhalten des Vertragspartners Rechte herzuleiten, das der andere durch einen groben Vertragsbruch erst herbeigeführt hat.

> **Praxistipp:**
>
> 10 Sofern nicht eindeutig feststeht, ob der Mieter endgültig ausgezogen ist, empfiehlt sich für den Vermieter eine Mitteilung an den Mieter, er werde versuchen, die Mietsache im beiderseitigen Interesse weiterzuvermieten, behalte sich aber die Geltendmachung einer eventuellen Mietdifferenz vor.[14] Reagiert der Mieter auf eine solche Mitteilung nicht, wird es ihm regelmäßig verwehrt sein, sich z. B. nachträglich darauf zu berufen, er habe die Mietsache nicht endgültig aufgeben wollen, sondern nur vorübergehend nicht genutzt.

11 Macht der Mieter – etwa durch **Übersendung der Wohnungsschlüssel**[15] – deutlich, dass er endgültig auszieht, so begründen die Entgegennahme der Schlüssel durch den Vermieter oder gemeinsames **Ablesen der Zählerstände** für sich noch keine konkludente Zustimmung zu einer Vertragsauflösung.[16] Gleiches gilt, wenn der Mieter auf Grund einer Kündigung auszieht, die der Vermieter für unwirksam hält und der er aus diesem Grund widerspricht. Eine endgültige Klärung wird in solchen Fällen möglicherweise erst nach einem längeren Rechtsstreit erfolgen. Auch kann auf Grund der wirtschaftlichen Lage des Mieters die Realisierbarkeit von Mietzinsforderungen sich als beträchtliches Risiko darstellen. Der Vermieter

---

[10] AG Arnsberg DWW 1988, 213.
[11] OLG Düsseldorf ZMR 1985, 382.
[12] LG Berlin GE 1988, 251.
[13] BGH NJW 1993, 1645; OLG Düsseldorf NJOZ 2004, 2216.
[14] Vgl. BGH NJW 1993, 1645, 1647; *Blank/Börstinghaus* § 537 Rdnr. 13.
[15] LG Düsseldorf DWW 1996, 281.
[16] BGH WuM 1981, 57.

ist daher in der Regel gut beraten, bei vorzeitigem Auszug des Mieters von diesem die Schlüssel entgegenzunehmen, um gegebenenfalls Zugang zu den Mieträumen zu haben.

Auch die Überlassung der **Schlüssel an einen Mietinteressenten** soll keine Gebrauchsüberlassung an diesen begründen, selbst dann nicht, wenn der Mietinteressent die Wohnung verbotswidrig bereits bezieht.[17]

Allein die Bereitschaft, vom Mieter vorgeschlagene **Mietinteressenten als Nachmieter** in Betracht zu ziehen, begründet keinen Anspruch des Mieters. Dieser kann sich dadurch gegenüber dem Vermieter nicht auf eine Ersetzungsbefugnis durch einen Nachmieter berufen.[18] Der Mieter, der den bisherigen Mietvertrag beenden möchte, muss weiter tätig werden. Er muss sich gegebenenfalls beim Vermieter **erkundigen,** ob der vorgeschlagene Nachmietvertrag zustande gekommen ist.[19] Andererseits muss aber auch der Vermieter **Auskunft** über seine Gründe geben, wenn er keinen der vorgeschlagenen Interessenten akzeptieren will.[20] Den Abschluss eines neuen Mietvertrages mit einem Nachmieter wird man allerdings auch als Angebot an den bisherigen Mieter ansehen können, den alten Vertrag aufzuheben.[21] 12

Der Vermieter ist nicht nach § 254 BGB verpflichtet, für eine **anderweitige Vermietung** zu sorgen.[22] Das gilt auch bei einem angespannten Wohnungsmarkt.[23] Der auszugswillige Mieter profitiert in solchen Fällen bereits von der verstärkten Nachfrage insofern, als er dem Vermieter leichter geeignete Nachmieter präsentieren kann. Ein Grund zur Verschärfung der Vermieterpflichten ergibt sich ferner nicht aus den Grundsätzen eines sozialen Mietrechts, da der Mieter dann zweifach privilegiert wäre.[24] Da der Vermieter nach § 537 BGB grundsätzlich den Erfüllungsanspruch gegen den ausgezogenen Mieter behält, kommen schadensersatzrechtliche Normen nicht zur Anwendung. Es gibt also insbesondere keine Schadensminderungspflicht des Vermieters.[25] 13

Zu den anrechenbaren anderweitigen Verwertungen rechnet auch die **Eigennutzung** durch den Vermieter selbst. Zieht der Vermieter selbst ein, so muss er sich den vertraglich vereinbarten Mietzins anrechnen lassen. Für einen Differenzanspruch dürfte – auch bei einem gesunkenen Mietpreisniveau – kein Raum sein. Gleichgestellt sind die Fälle der Eigennutzung zum Zwecke der **Renovierung.** Der Vermieter muss sich so behandeln lassen, als hätte er die Wohnung an Dritte zur Verfügung gestellt.[26] 14

Problematisch sind die Fälle, in denen der Vermieter die Mietsache umbaut. In der Regel geschieht dies mit der Begründung, die Mietsache lasse sich sonst anderweitig nicht weitervermieten. Die Rechtsprechung hat bisher dem Mieter regelmäßig die Berufung auf § 537 Abs. 2 BGB als rechtsmissbräuchlich versagt, da sie davon ausgegangen ist, der vertragsbrüchige Mieter haben den Vermieter zum **Umbau** veranlasst.[27] Dies sollte selbst dann gelten, wenn anschließend eine Vermietung an die Ehefrau erfolgte.[28] Einzelne Instanzen urteilen anders. Das AG Kiel hat etwa den vorzeitig ausgezogenen Mieter von der Mietzahlungspflicht befreit, soweit der Vermieter etwa 1½ Monate vor Fristende mit Umbauten begonnen hatte, die ein Bewohnen der Wohnung unmöglich machten.[29] 15

Richtig ist: dem Vermieter ist hinsichtlich der Bemühungen, die er (auch) im Interesse des ausgezogenen Mieters zur Weitervermietung der Räume unternimmt, ein **Beurteilungsspielraum** zuzugestehen. Dabei ist auf eine **ex-ante-Betrachtung** abzustellen. Sofern er jedoch 16

---

[17] KG Berlin NZM 1998, 659.
[18] OLG Hamburg WuM 1997, 214.
[19] LG Wuppertal WuM 1997, 328.
[20] AG Recklinghausen WuM 1996, 409.
[21] A. A. LG Gießen WuM 1997, 370: erforderlich sei Vollzug des Vertrages.
[22] OLG Düsseldorf NJW 1991, 1143, 1144.
[23] A. A. AG Neuss WuM 1989, 554.
[24] OLG Hamm (RE) NJW-RR 1995, 1438.
[25] OLG Koblenz WuM 2002, 552, 554; LG Köln WuM 1979, 186. Für § 254 BGB: AG Pinneberg ZMR 1999, 264 und LG Braunschweig WuM 1998, 220: Schadensminderung nach Treu und Glauben.
[26] AG Lörrach WuM 1999, 303.
[27] LG Berlin Urt. v. 7. 5. 2002 – 63 S 334/01 – GE 2002, 1269; LG Berlin ZMR 1998, 229.
[28] LG Magdeburg Urt. v. 2. 4. 1996 – 2 S 652/95 – n. v.
[29] AG Kiel WuM 2000, 629.

etwa Umbauten vornimmt, die nach Beendigung des Mietverhältnisses ohnehin erforderlich gewesen wären, erlangt er eigene Gebrauchsvorteile. Diese muss er sich anrechnen lassen.[30] In den Umbaufällen wird man daher immer fordern müssen, dass der Vermieter die Mietsache (auch) im Interesse des Mieters umbaut und dies wie in den Fällen der Geschäftsführung ohne Auftrag **nach außen** erkennbar wird, etwa durch **Anzeige** der beabsichtigten anderweitigen Nutzung an den Mieter.[31]

> **Praxistipp:**
>
> 17 Der Vermieter sollte in diesen Fällen daher dem Mieter mitteilen, dass er einen Umbau vornehme, um die Wohnung weitervermieten zu können.

18   Häufig ist der vorzeitig ausgezogene Mieter unerreichbar. Bei entsprechenden erfolglosen Nachforschungen soll in diesen Fällen die Anzeige entbehrlich sein.[32]

19   **b) Fehlende Gebrauchsermöglichung.** Solange der Vermieter infolge der Überlassung des Gebrauchs an einen Dritten außerstande ist, dem Mieter den Gebrauch zu gewähren, ist der Mieter nach § 537 Abs. 2 BGB dem Grundsatz nach zur Entrichtung der Miete nicht verpflichtet. Es muss sich jedoch um eine dauerhafte Weitervermietung handeln. Kann der Vermieter dem Mieter die Räume jederzeit zur Verfügung stellen, ist dem Mieter die Berufung auf § 537 Abs. 2 BGB versagt. Mit dieser Vorschrift hat der Gesetzgeber eine Regelung geschaffen, nach der bei einer **Erfüllungsverhinderung durch den Vermieter** die Gegenleistungspflicht des Mieters entfällt. Die h. M. geht davon aus, dass der Mieter gegebenenfalls die Vorenthaltung beweisen muss;[33] nach a. A. muss der Vermieter beweisen, dass er erfüllungsbereit war, da dies Voraussetzung für den Mietzinsanspruch ist.[34]

20   Dies gilt jedoch nur dann, wenn der Mieter die **Weitervermietung nicht selbst provoziert**, diese also durch seinen Auszug veranlasst hat. Die Rechtsprechung geht grundsätzlich davon aus, dass der Mieter eine Vermietung an einen Dritten in einem solchen Fall herbeigeführt hat und spricht dem Vermieter den Anspruch auf die Mietdifferenz trotz marktgerechter Weitervermietung zu.[35] Nach einer Entscheidung des OLG Naumburg[36] soll sich der Mieter auch dann nicht auf § 537 Abs. 2 BGB berufen dürfen, wenn zwar die Weitervermietung gelingt, der neue Mieter aber nicht zahlt. Der Vermieter soll in diesem Fall den ursprünglichen – vertragsbrüchigen – Mieter auf Zahlung der gesamten Miete in Anspruch nehmen können. Hier tobt die Einzelfallgerechtigkeit.[37] Eine durchgängige Wertung ist in der Rechtsprechung nur insofern erkennbar, als der alte Mieter dem Grundsatz nach als vertragsbrüchig angesehen und entsprechend behandelt wird. Andererseits gilt: bei **nicht marktgerechter Weitervermietung** unter dem erzielbaren Marktpreis soll dem Mieter die Berufung auf § 537 Abs. 2 BGB erhalten bleiben.[38] Der Vermieter darf nicht schlechthin darauf vertrauen, dass der Mieter die Differenz zahlen muss; er kann also nicht ohne hinreichenden Grund unter dem Marktpreis weitervermieten.

21   Die **Beweislast** für die Behauptung, dass der Vermieter die Wohnung nicht zur Verfügung stellen kann, trifft den Mieter. Dies betrifft auch die Behauptung, der Vermieter habe die Wohnung selbst bezogen.[39] Der Vermieter kann allerdings den Gegenbeweis antreten, dass

---

[30] Bei grundlegender Sanierung: LG Gießen ZMR 1996, 143.
[31] OLG Hamm NJW 1986, 2321.
[32] OLG Hamm WuM 1986, 201; LG Berlin ZMR 1998, 229.
[33] *Blank/Börstinghaus* § 537 Rdnr. 19; Schmidt-Futterer/*Eisenschmid* § 537 Rdnr. 27; KG WuM 1998, 472, 473.
[34] Staudinger/*Emmerich* § 537 Rdnr. 39.
[35] Grundlegend: BGH NJW 1993, 1645; BGH NJW 2000, 1105.
[36] OLG Naumburg WuM 1998, 283.
[37] Vgl. dazu insbes. LG Berlin Urt. v. 19. 7. 2002 – 63 S 233/01 – GE 2002, 1269 mit Bespr. von *Schach* GE 2002, 1235.
[38] BGH NJW 1993, 1645, 1647.
[39] OLG Oldenburg WuM 1981, 177.

er gleichwohl in der Lage war, dem ursprünglichen Mieter den Mietgebrauch wieder zu gewähren.[40]

Das ursprüngliche Vertragsverhältnis wird durch anderweitige Vermietung nicht aufgehoben. Die gegenseitigen Leistungspflichten werden jedoch durch § 537 Abs. 2 BGB suspendiert, so lange der Vermieter die Mietsache nicht zur Verfügung stellen kann.

> **Praxistipp:**
> Der Mieter kann allerdings gemäß § 543 BGB kündigen, wenn der Vermieter wegen anderweitiger und endgültiger Gebrauchsüberlassung den vertragsgemäßen Gebrauch der Mietsache nicht einräumen kann, sobald seine persönliche Verhinderung entfällt.[41]

22

Andernfalls kann der volle vertragliche Mietzinsanspruch auch wieder aufleben, wenn die Gebrauchsüberlassung an den Dritten endet und der Vermieter zur Gebrauchsüberlassung an den ursprünglichen Mieter wieder imstande ist. Durch § 537 Abs. 2 BGB reduzieren sich im Ergebnis die vertraglichen Ansprüche des Vermieters bei endgültiger Überlassung des Gebrauchs an einen Dritten zu einem niedrigeren Mietzins.

23

Er kann insofern nämlich gegen den ursprünglichen Mieter keinen ergänzenden vertraglichen oder schadenersatzrechtlichen Anspruch geltend machen.

24

> **Praxistipp:**
> Der Vermieter kann dieser Rechtsfolge jedoch dadurch entgehen, dass er das Mietverhältnis mit dem ursprünglichen Mieter vor Weitervermietung kündigt. In diesem Fall behält er seine Schadenersatzansprüche.

25

Die Fälle der Eigennutzung und die Umbaufälle können nur dann sachgerecht gelöst werden, wenn die **Kausalität zwischen Vertragsbruch und Gebrauchsverhinderung** genauer untersucht wird: es ist also stets zu fragen, ob das Fehlen der Gebrauchsüberlassungsmöglichkeit auf dem Vertragsbruch des Mieters beruht oder ob sie dem Vermieter zuzurechnen ist. Letzteres ist insbesondere bei Umabaumaßnahmen, die den Wert der Sache erhöhen bzw. deren weitere Vermietbarkeit erst ermöglichen gegeben. Diese Fälle sind wirtschaftlich der Sphäre des Vermieters zuzurechnen und führen daher zu einem Wegfall der Vergütungspflicht. In der Regel ist jedoch davon auszugehen, dass dem Vermieter bei anderweitiger Vermietung der **Differenzanspruch** erhalten bleibt.[42] Denn die Rechtsprechung versagt dem Mieter, der vor Beendigung des Mietverhältnisses auszieht und seine Mietzahlung einstellt, regelmäßig die Berufung auf § 537 Abs. 2 BGB.[43]

26

---

[40] OLG Celle ZMR 2003, 343.
[41] BGHZ 38, 295, 301.
[42] LG Berlin Urt. v. 14. 1. 2001 – 67 S 235/00 – GE 2001, 1540; LG Erfurt Urt. v. 28. 42.000 – GE 2000, 1184.
[43] OLG Düsseldorf NJOZ 2004, 2216; BGH NJW 1993, 1645; OLG Düsseldorf WuM 1994, 469; OLG Koblenz NJW-RR 1995, 394.

3. Übersicht: Zahlungspflicht bei Auszug

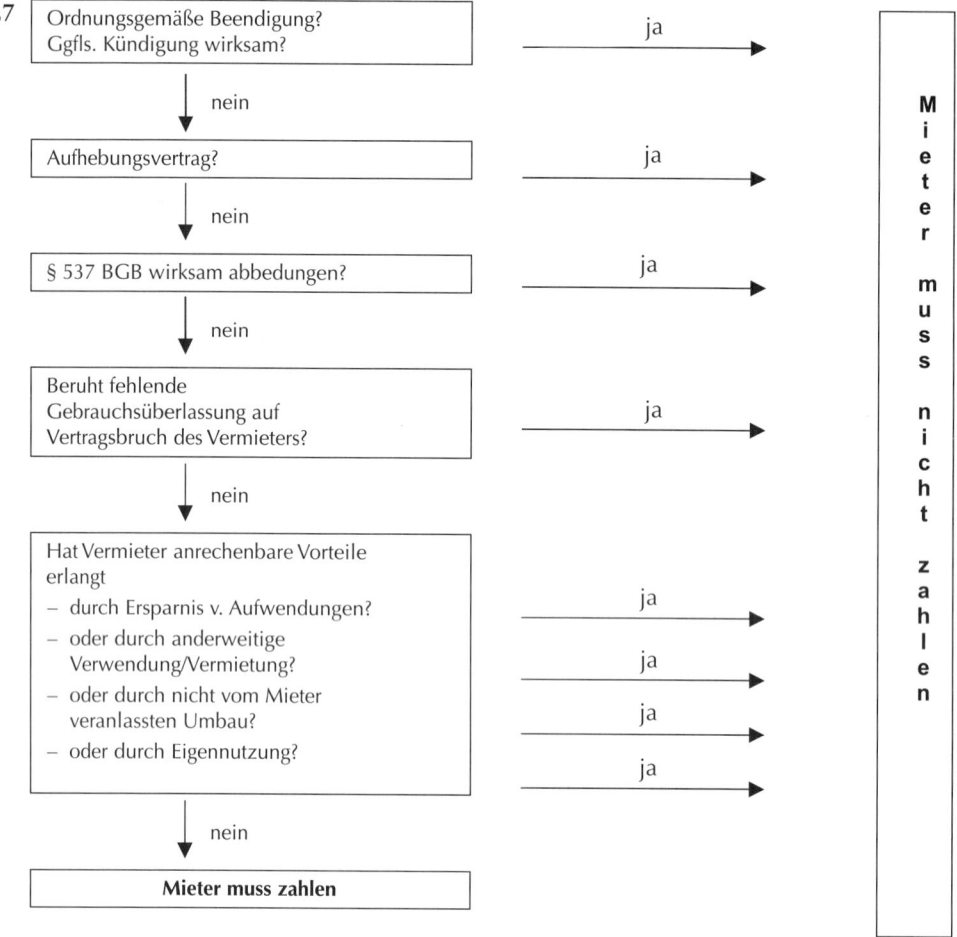

II. Vorzeitige Vertragsentlassung bei Stellung eines Nachmieters

1. Vertragliche Nachmieterklausel

28   a) **Vertraglich.** Die Parteien können bereits im ursprünglichen Mietvertrag vereinbaren, dass der Vermieter gegebenenfalls einen **Nach- oder Ersatzmieter**, etwa bei Benennung von drei solventen Interessenten, akzeptieren muss. Dem Vermieter bleibt auch hier ein Widerspruchsrecht, sofern der vorgeschlagene Nachmieter nicht über die persönliche oder wirtschaftliche Eignung verfügt.[44] Der Vermieter soll nicht schlechter gestellt werden als gegenüber dem bisherigen Mieter.

29   b) **Nachvertraglich.** Die Befugnis des Mieters, gegen Stellung eines Nachmieters aus dem Mietvertrag entlassen zu werden, kann sich auch aus einer sogenannten **nachvertraglichen Nachmietervereinbarung** ergeben.

---

[44] OLG Düsseldorf DWW 1995, 257.

Praxistipp:
Wenn im Zuge der Vertragsauflösungsverhandlung der Vermieter erklärt, dass er den Mieter aus dem Vertrag entlassen wolle, sofern ein Nachmieter gefunden werde, verbessert sich die Position des Mieters. Er kann nunmehr bei geeigneter Nachmieterstellung Entlassung aus dem Vertrag verlangen.

2. Stellung eines Nachmieters nach Treu und Glauben (§ 242 BGB)

a) **Allgemeines.** Fehlt eine vertragliche **Nachmieterklausel,** dann gilt: Der Vermieter muss sich grundsätzlich nicht auf einen Nachmieter einlassen. Zwar sah der Mustermietvertrag 1976 eine Nachmieterklausel vor, nach der bei Stellung von mindestens drei akzeptablen und vom Vermieter abgelehnten Nachmietern der Mieter einen Anspruch auf Entlassung aus dem Mietverhältnis hatte. Eine allgemeine Regel, nach der bei Präsentation von einem oder bis zu drei Interessenten, die bereit und in der Lage sind, in das Mietverhältnis einzutreten, der Vermieter den Mieter entlassen muss, existiert indes nicht.[45]

b) **Entlassung ohne besonderes Interesse des Mieters?** Zwar wird vereinzelt mit durchaus beachtlichen Gründen ein Anspruch auf Entlassung aus Mietverhältnissen auch ohne Vorliegen eines **berechtigten Interesses** diskutiert, sofern der Mieter Gründe für eine vorzeitige Beendigung hat, die nicht das Gewicht einer besonderen Härte (also z. B. Auffinden einer günstigeren Wohnung) haben.[46] Es ist nicht zu verkennen, dass langfristige Mietverträge einseitig den Vermieter begünstigen. Der Mieter ist häufig gezwungen, die für ihn ungünstige langfristige Bindung einzugehen. Zur Korrektur dieses Ungleichgewichts behilft sich die Rechtsprechung, indem sie eine **Fürsorgepflicht** annimmt, wenn der Vermieter ohne größere Schwierigkeiten neu vermieten kann[47] oder sogar **Wartelisten** führt.[48]

c) **Deutlich überwiegendes Interesse des Mieters.** Es gilt also grundsätzlich die vereinbarte vertragliche Bindung. Die Rechtsprechung lässt gleichwohl Ausnahmen zu, wenn nach Treu und Glauben (§ 242 BGB) ein Festhalten am Vertrag unbillig wäre. Folgende Voraussetzungen müssen gegeben sein:[49]
- berechtigtes, d. h. **deutlich überwiegendes Interesse** des Mieters,
- Nachmieter muss **persönlich und wirtschaftlich geeignet** sein,
- **erhebliche Restlaufzeit.**

Die Bejahung eines deutlich überwiegenden Interesses des Mieters setzt voraus, dass die Interessenabwägung zwischen dem Vermieterinteresse am Fortbestand dem Mieterinteresse an der Beendigung des Mietverhältnisses zugunsten des Mieters ausfällt. Das Interesse des Mieters muss deutlich überwiegen. Dies ist dann der Fall, wenn er Gründe für die vorzeitige Beendigung vorbringen kann, die **nicht vorhersehbar** waren. Es muss sich also um Gründe handeln, die **nachträglich eingetreten** sind und die **ohne willentliche oder zurechenbare Herbeiführung** durch den Mieter entstanden sind. Kernpunkt aller Entscheidungen ist eine **Interessenabwägung.**

Diese Abwägung fällt zugunsten des Mieters aus, wenn er ein deutliches Überwiegen reklamieren kann. Ein solches ist dann gegeben, wenn die Gründe sich als **schicksalhaft** darstellen. Dabei dürfen die Anforderungen nicht zu hoch gesteckt werden. Es reicht in vielen Fällen aus, dass der Mieter **unverschuldet** an einer angemessenen Nutzung der Wohnung gehindert ist.

aa) Das Vorliegen eines berechtigten Interesses wird also bejaht z. B. bei
- bevorstehender **Heirat,**[50]

---

[45] H. M.; a. A. aber *Schmidt-Futterer* NJW 1970, 917, 920.
[46] *Wetekamp*, Mietrecht nach Rechtsentscheiden, S. 312.
[47] LG Hannover WuM 1994, 424.
[48] AG Gießen WuM 1993, 609.
[49] OLG München ZMR 1995, 156.
[50] LG Hannover WuM 1988, 12.

- wenn die Wohnung wegen **Vergrößerung der Familie** des Mieters zu klein wird,[51]
- auch wenn durch **Geburt eines Kindes** die Wohnung zu teuer wird,[52]
- mangelnder Zahlungsfähigkeit auf Grund unverschuldeter **Arbeitslosigkeit**,[53]
- beruflicher und privater **Neuorientierung** an einem anderen Ort,[54]
- **Arbeitsplatzwechsel**,[55]
- schwerer **Erkrankung**, die zu Wohnsitzwechsel nötigt,[56]
- Aufnahme in ein **Altenheim**.

37   *bb) Vorliegen eines berechtigten Interesses verneint.* Ein berechtigtes Interesse des Mieters an der vorzeitigen Beendigung wird immer dann verneint, wenn er die **Gründe selbst herbeigeführt** hat oder diese **vorhersehbar** waren.
Kein berechtigtes Interesse besteht also z. B. bei
- Einzug in ein selbst erstelltes **Eigenheim**,[57]
- Wunsch nach einer qualitativ **besseren, billigeren** oder **verkehrsgünstigeren** Wohnung,[58]
- Aufnahme einer **eheähnlichen Lebensgemeinschaft**,[59]
- **Arbeitsplatzwechsel**, wenn bisher schon langer Anfahrtsweg zur Arbeitsstätte gegeben war.[60]

38   **d) Persönliche und wirtschaftliche Eignung des Nachmieters. aa)** *Persönliche Eignung.* **Persönliche Eignung** des Nachmieters ist eine Frage des Einzelfalls. Der Vermieter darf in dem Maß seine subjektiven Anschauungen zur Grundlage der Beurteilung machen, so lange diese nicht ersichtlich unvernünftig, also **schikanös** sind. Einigkeit besteht insoweit, als der Nachmieter dem Vermieter **zumutbar** sein muss. Denn bei der Wohnungsmiete handelt es sich – jedenfalls in der überwiegenden Zahl der Mietverhältnisse – um langfristige vertragliche Bindungen, bei denen das Vertrauen der Vertragspartner zueinander eine nicht unbeachtliche Rolle spielt.[61] Hier gilt: je enger die **persönliche und räumliche Beziehung** der Parteien, umso mehr ist auf die Belange des Vermieters Rücksicht zu nehmen.[62] Liegt die Mietwohnung in einem auch vom Vermieter bewohnten Wohnhaus, soll der Vermieter höhere Anforderungen an den Nachmieter stellen können.[63] Auch weltanschauliche Fragen sind stärker zu berücksichtigen, wenn Mieter und Vermieter unter einem Dach wohnen; bei Vermietung einer Wohnung in einer „Mietskaserne" dagegen weniger.[64] Zumutbar soll ferner nur der Nachmieter sein, von dem erwartet werden kann, dass er die Wohnung **nicht weniger pfleglich** behandelt als sein Vorgänger.[65] Dabei ist auch zu berücksichtigen, ob und inwieweit der vorgeschlagene Nachmieter sich vom auszugswilligen Mieter unterscheidet. Eigenschaften, die der Vermieter einmal beim Mieter akzeptiert hat, kann er beim Nachmieter nicht mehr beanstanden.[66] Soweit also etwa der Nachmieter die Wohnung als Wohngemeinschaft nutzen will, ist er zumutbar, sofern der bisherige Mieter dies mit Einverständnis des Vermieters getan hat.[67] Auch bloße **Ausländereigenschaft** stellt keinen Ablehnungsgrund dar.[68]

---

[51] OLG Karlsruhe (RE) NJW 1981, 1741; LG Osnabrück WuM 1995, 394; LG Köln WuM 1989, 283.
[52] LG Landshut WuM 1996, 542.
[53] LG Berlin Urt. v. 20. 7. 1999 – 64 S 112/99 – n. v.
[54] LG Bielefeld WuM 1993, 118.
[55] LG Hamburg NJW-RR 1988, 723.
[56] MünchKommBGB/*Voelskow* § 552 Rdnr. 9.
[57] OLG Karlsruhe (RE) NJW 1981, 1741.
[58] OLG Oldenburg WuM 1981, 177.
[59] LG Wiesbaden WuM 1989, 76 = II. Instanz zu AG Wiesbaden WuM 1988, 400.
[60] LG Gießen WuM 1997, 327.
[61] OLG Hamm (RE) NJW 1983, 1564.
[62] So auch *Röchling* NJW 1981, 2782, 2784.
[63] AG Neuwied WuM 1992, 189.
[64] OLG Hamm (RE) NJW 1983, 1564, 1566.
[65] *Röhrmann* NJW 1971, 787, 789.
[66] AG Hannover WuM 1980, 206 für „wilde Ehe".
[67] LG Hamburg WuM 1986, 326.
[68] LG Saarbrücken WuM 1995, 313 für ausländischen Fußballspieler des 1. FC Saarbrücken; LG Hannover WuM 1977, 223.

Nicht zumutbar sollen aber eine „**begründete Antipathie**" oder auch **freundschaftliche** 39
Beziehung zwischen Vermieter und Nachmieter sein, da es in letzterem Fall dem Vermieter unangenehm sein kann, bei vertragswidrigem Verhalten des Interessenten diesen auf seine Pflichten aufmerksam machen zu müssen.[69] Dem Vermieter wird grundsätzlich zugebilligt, bei der Auswahl des Nachmieters Gefühle wie **Sympathie** oder Antipathie zugrundezulegen.[70] Sie müssen jedoch nachvollziehbar dargelegt werden.

> **Praxistipp:**
> Der Vermieter sollte daher dem Mieter die Gründe benennen, warum er einen vorgeschlagenen 40
> Nachmieter nicht akzeptiert.
> Dies gilt nicht zuletzt deshalb, um dem auszugswilligen Mieter Gelegenheit zu geben, die Vorstellungen des Vermieters bei der Auswahl weiterer Nachmieter zu berücksichtigen.

bb) Wirtschaftliche Eignung. Die in der Praxis häufigste Frage zur Eignung des Nachmie- 41
ters ist seine **Bonität**. Zumutbar ist ohnehin nur **gleiche** oder **zumindest vergleichbare** Zahlungskraft. Maßgeblicher Zeitpunkt für den Vergleich der Einkommenslage der Vor- und Nachmieter ist der beabsichtigte **Zeitpunkt des Eintritts des Nachmieters** in den Mietvertrag. Es ist unerheblich, wenn der ursprüngliche Mieter zu Beginn des Mietverhältnisses ein höheres Einkommen erzielte. Denn entscheidend ist der Erhalt der Position des Vermieters durch den Mieterwechsel.[71] Der Vermieter soll durch den Mieterwechsel weder besser noch schlechter gestellt werden. Die **Solvenz** des Nachmieters muss der Mieter beweisen, allerdings nur dann, wenn der Vermieter diesbezüglich Zweifel äußert.[72] Das Risiko einer nachträglich sich ergebenden fehlenden Solvenz des Nachmieters trägt der Vermieter.[73]
Verneint wurde eine Zumutbarkeit in folgenden Fällen: 42
- bei einer **alleinstehende Person mit unsicherem Einkommen** als Ersatzmieter für eine Familie mit regelmäßigen Einkommen,[74]
- **Ehepaar** als Nachmieter für Einzimmerwohnung,[75]
- kinderreiche **Gastarbeiterfamilie**,[76]
- in Scheidung lebende einkommenslose Mieterin mit **Kleinkind**,[77]
- wenn mit **Kindern** und damit verbundener **Unruhe** zu rechnen ist in einem bisher ausschließlich von kinderlosen älteren Mietern bewohnten Sechsfamilienhaus,[78]
- beabsichtigte **Nutzungsveränderung** der Mieträume,[79]
- wenn der Nachmieter nicht bereit ist, die mit dem Mieter vereinbarten Vertragsbedingungen uneingeschränkt zu akzeptieren.[80]

Auf eine **Änderung der Vertragsbedingungen** muss sich der Vermieter nicht einlassen.[81] 43
Der Vermieter ist auch nicht verpflichtet, mit dem Nachmieter einen neuen Vertrag abzuschließen oder den Wunsch des Nachmieters zu akzeptieren, die Wohnung zwar zu der alten Miete, aber über das Ende der ursprünglichen Vertragszeit anzumieten.[82] Andererseits handelt derjenige Vermieter treuwidrig, der die Akzeptanz eines Nachmieters an **bisher nicht ge-**

---

[69] KG WuM 1992, 9.
[70] AG Halle WuM 1986, 314.
[71] LG Hamburg WuM 1986, 326.
[72] LG Hamburg WuM 1979, 144.
[73] LG Köln WuM 1989, 18.
[74] LG Darmstadt DWW 1976, 135.
[75] LG Hamburg MDR 1966, 846.
[76] LG Hannover MDR 1973, 1021.
[77] AG Lemgo NZM 1999, 1047.
[78] AG Lemgo NZM 1999, 1047.
[79] LG Hannover MDR 1973, 1021.
[80] OLG Frankfurt ZMR 1970, 49.
[81] *Heile* ZMR 1990, 249.
[82] OLG Oldenburg (RE) ZMR 1982, 285.

stellte Bedingungen knüpft. In einem solchen Fall wird der Mieter durch den Vorschlag eines geeigneten und zumutbaren Nachmieters frei.[83] Der Versuch, durch eine Vertragsänderung mit dem Nachmieter geänderte Konditionen zu vereinbaren, ist allerdings unschädlich. Der Vermieter darf mit dem Nachfolger **verhandeln**.[84] Er darf auch dann vom Nachmieter eine erhöhte Miete verlangen, wenn er bereits gegen den bisherigen Mieter einen Anspruch auf Mieterhöhung hatte.[85] Treuwidrig handelt er jedoch, wenn er vom Nachmieter eine Miete verlangt, die mehr als 60% über der bisher gezahlten liegt.[86]

> **Praxistipp:**
>
> 44 Bei mehreren Ersatzmietern steht das Auswahlrecht allein dem Vermieter zu. Der Mieter hat auch nicht das Recht, einen bestimmten Ersatzmieter zu verlangen, weil dieser etwa bereit ist, eine Abstandszahlung für Einrichtungen zu leisten.[87] Dem Mieter steht insoweit auch kein Schadensersatzanspruch aus positiver Vertragsverletzung gegen den Vermieter zu.[88]

45 **e) Erhebliche Restlaufzeit des Vertrages.** Bei lediglich **kurzer restlicher Mietzeit** stellt sich ein Festhalten des Mieters am Vertrag nicht als Härte dar, so dass er auch bei Präsentation eines eintrittswilligen Nachmieters keine Entlassung aus dem Mietverhältnis fordern kann. Der Mieter kann durch die außerordentliche Vertragsaufhebung nicht besser gestellt werden als ein vergleichbarer Mieter, der ordentlich kündigt. Die restliche Vertragslaufzeit muss daher mindestens die Frist betragen, die bei einer ordentlichen Kündigung einzuhalten wäre.[89]

46 Der Vermieter muss die persönliche und wirtschaftliche Eignung des Nachmieters prüfen können. Ihm wird daher überwiegend eine **Überlegensfrist** auch dann zugebilligt, wenn ihm der Mieter einen Nachmieter präsentiert, der zum sofortigen Eintritt bereit ist. Als angemessen wird eine „Quasi-Kündigungsfrist" entsprechend der gesetzlichen Kündigungsfrist angesehen;[90] bei engem räumlichen Zusammenleben des Vermieters mit dem Mieter auch mehr.[91]

47 **f) Folgen einer unberechtigten Ablehnung.** Der Vermieter ist nicht verpflichtet, einen Nachmieter zu akzeptieren. Er kann die Wohnung auch unvermietet lassen. Sofern der Mieter einen Mietinteressenten präsentiert, den der Vermieter nach Treu und Glauben akzeptieren müsste, ist der Mieter nach Ablauf der Überlegens- und Kündigungsfrist aus dem Vertrag zu entlassen. Der auszugswillige Mieter ist auch nicht verpflichtet, mehrere geeignete Bewerber zu präsentieren. Es genügt die **Bestimmung eines zumutbaren Bewerbers**, der bereit ist, in den Mietvertrag einzutreten.[92]

48 Auch sofern der Vermieter einen Nachmieter ohne Prüfung unter Inanspruchnahme der Überlegensfrist ablehnt, wird der Mieter von der Pflicht zu weiterer Mietzinszahlung frei.[93]

> **Praxistipp:**
>
> 49 Bei **grundloser Ablehnung** eines Nachmieters verliert der Vermieter den Mietzinsanspruch gegen den Mieter.[94] Dieser ist so zu stellen, als sei er zu dem Zeitpunkt aus dem Mietverhältnis ausgeschieden, zu dem der Vermieter mit dem Nachmieter einen Mietvertrag hätte schließen können.

---

[83] LG Hamburg DWW 1988, 85; OLG München NJW-RR 1995, 393.
[84] OLG Hamburg ZMR 1987, 173.
[85] LG Trier DWW 1986, 246.
[86] AG Dortmund WuM 1998, 438; LG Düsseldorf DWW 1999, 156.
[87] BGH NJW 1963, 1299.
[88] LG Düsseldorf DWW 1999, 156.
[89] *Heile* ZMR 1990, 249, 251.
[90] LG Köln WuM 1989, 18.
[91] LG Gießen WuM 1997, 264.
[92] LG Saarbrücken WuM 1995, 313.
[93] LG Oldenburg WuM 1997, 491.
[94] LG Oldenburg WuM 1982, 124.

3. Übersicht: Nachmieterstellung

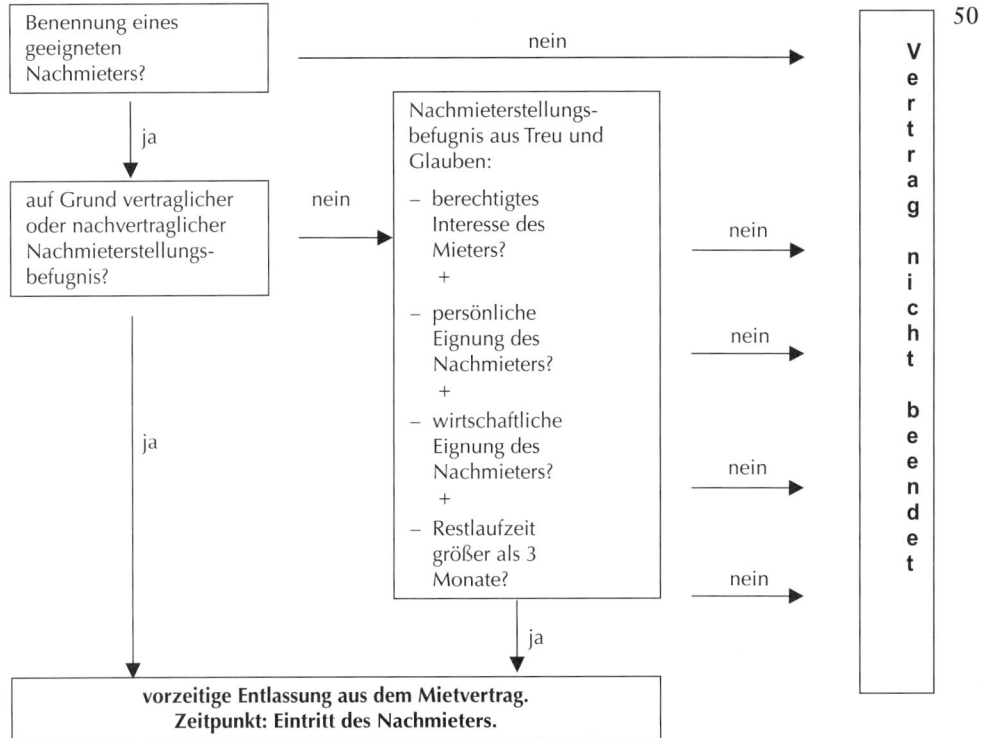

§ 28 Vertragsbeendigung durch Kündigung

Übersicht

	Rdnr.
I. Allgemeine Grundlagen	1–70
1. Begriff und Arten der Kündigung	1–6
a) Allgemeines	1/2
b) Arten der Kündigung	3–6
2. Erklärender	7–21
a) Vertragspartei	7/8
b) Personenmehrheit	9–11
c) Stellvertretung	12–16
d) Ermächtigung	16–21
3. Erklärungsempfänger	22–33
a) Vertragspartei	22–25
b) Personenmehrheit	26–28
c) Stellvertretung	29–33
4. Inhalt	34–56
a) Allgemeiner Erklärungsinhalt	34
b) Abgrenzung zu anderen Erklärungen, Umdeutung	35–42
c) Begründungserfordernis und Nachreichen von Gründen	43–47
d) Teilkündigung	48–53
e) Bedingte Kündigung, hilfsweise Kündigung	54–56
5. Form der Kündigung	57–60
6. Zugang einschließlich Nachweismöglichkeiten	61–70
a) Notwendigkeit des Zuganges	61
b) Übermittlung der Kündigungserklärung	62–69
7. Checkliste	70
II. Außerordentliche fristlose Kündigung	71–343
1. Fristlose Kündigung des Mieters	71–200
a) Einleitung	71–80
b) Änderungen im Vergleich zum alten Recht	81–84
c) Fehlende Gebrauchsgewährung, § 543 Abs. 1 i. V. m. Abs. 2 Ziff. 1 BGB	85–143
d) Gesundheitsgefährdung, § 569 Abs. 1 i. V. m. § 543 Abs. 1 BGB	144–161
e) Störung des Hausfriedens, § 569 Abs. 2 i. V. m. § 543 Abs. 1 BGB	162–178
f) Unzumutbarkeit der Vertragsfortsetzung, § 543 Abs. 1 BGB	179–193
g) Kündigung wegen Verweigerung der Genehmigung zur Untervermietung	194–200
2. Fristlose Kündigung des Vermieters	201–343
a) Einleitung	201–259
b) Vertragswidriger Gebrauch, § 543 Abs. 2 Nr. 2 BGB	260–285
c) Zahlungsverzug, §§ 543 Abs. 2 Nr. 3, 569 Abs. 3 BGB	286–333
d) Unzumutbarkeit der Vertragsfortsetzung, §§ 543 Abs. 1, 569 Abs. 2 BGB	334–342
e) Muster einer Räumungsklage	343
III. Ordentliche befristete Kündigung	344–580
1. Ordentliche befristete Kündigung des Mieters	344–375
a) Allgemeines	344
b) Fristen	345–351
c) Kündigungsfristen bei Altmietverträgen	352–368
d) Abweichende Vereinbarungen	369–375
2. Ordentlich befristete Kündigung des Vermieters	376–580
a) Grundsätzliches zur ordentlichen Kündigung im Wohnraummietrecht	376–387
b) Beschränkungen des Kündigungsrechts	388–397
c) Kündigungsgründe/Vorliegen eines berechtigten Interesses	398–520
d) Mietverhältnisse mit gemindertem Kündigungsschutz	521–532
e) Mietverhältnisse ohne Kündigungsschutz	533–540
f) Kündigungswiderspruch nach § 574 BGB (Sozialklausel)	541–567
g) Schadensersatz wegen unberechtigter Kündigung	568–580
IV. Außerordentliche befristete Kündigung	581–693
1. Sonderkündigungsrechte des Mieters	581–683
a) Allgemeines	581

		Rdnr.
b)	Sonderkündigungsrecht des Mieters wegen Versagung der Untermieterlaubnis gem. § 540 Abs. 1 Satz 2 BGB	582–604
c)	Sonderkündigungsrecht bei Mietvertrag mit mehr als 30-jähriger Dauer nach § 544 BGB	605–615
d)	Sonderkündigungsrecht wegen Modernisierungsmaßnahmen des Vermieters § 554 Abs. 3 Satz 2 BGB	616–628
e)	Kündigungsmöglichkeit bei Staffelmietvereinbarung, § 557a Abs. 3 BGB	629–633
f)	Sonderkündigungsrecht des Mieters bei Mieterhöhungen, § 561 BGB	634–642
g)	Sonderkündigungsrechte in Verbindung mit dem Tod des Mieters	643–656
h)	Sonderkündigungsrecht des Mieters bei Versetzung gem. § 570 BGB aF	657–683
2. Sonderkündigungsrechte des Vermieters		684–693
a)	Vertrag über mehr als 30 Jahre (§ 544 BGB)	685
b)	Tod des Mieters (§§ 563 Abs. 4, 564, 580 BGB)	686
c)	Erlöschen des Nießbrauches (§ 1056 Abs. 2 S. 1 BGB)	687
d)	Kündigungsrecht des Nacherben (§ 2135 BGB)	688
e)	Erlöschen des Erbbaurechts	689
f)	Erwerb in der Zwangsversteigerung (§ 57a ZVG)	690
g)	Beendigung des Dauerwohnrechts (§ 37 WEG)	691/692
h)	Insolvenz	693

Schrifttum: *Barthelmess*, Wohnraumkündigungsschutzgesetz und Miethöhegesetz, 5. Aufl. 1995; *Blank*, Die geplanten Neuregelungen im Kündigungsrecht, NZM 2001, 9 ff.; *ders.*, Die Rechtzeitigkeit der Mietzahlung WuM 1995, 567 ff.; *Börstinghaus*, Aktuelle Brennpunkte des Mietrechts 1995, 1995; *ders.*, Die Kündigungsfristen der Mietrechtsreform, NZM 2002, 49; *ders.*, Der BGH als „neue Stimme" im Wohnraummietrecht, NZM 2003, 829; *Both*, Das Sonderkündigungsrecht für Beamte im Lichte des Berlinumzuges, WuM 1998, 579; *Bottenberg/Kühnemund*, Der Sonnabend als einer von drei Werktagen im Wohnraummietrecht, ZMR 1999, 221; *Derleder*, Zeitmiete und zeitlicher Kündigungsausschluss im neuen Mietrecht, NZM 2001, 649; *ders.*, Zum Kündigungsrecht des Mieters nach einer Mieterhöhung, MDR 1976, 804; *Flatow*, Typische Fehler bei der Kündigungserklärung, NZM 2004, 281; *Harsch*, Zur Kündigung des Mieters wegen Gesundheitsgefährdung (§ 544 BGB), WM 1989, 162 (163); Materialien des Zentralverbandes der deutschen Haus-, Wohnungs- und Grundeigentümer e. V. Lärmstörungen – Gutachten und Lärmlexikon, 8. Aufl. 1998; *Herrlein/Kandelhard*, Mietrecht, Kommentar, 3. Aufl. 2007; *Hinz*, Langer Zeitmietvertrag und Kündigungsausschluss bei der Wohnraummiete, NZM 2003, 659; *Kossmann*, Handbuch der Wohnraummiete, 6. Aufl. 2003; *Kraemer*, Die Kündigung aus wichtigem Grund nach altem und neuem Recht, NZM 2001, 553; *Lützenkirchen*, Die Entwicklung der obergerichtlichen Rechtsprechung des Jahres 2003, WuM 2004, 58; *ders.*, Zur Klarstellung: Art. 229 § 3 EGBGB gilt fort, ZMR 2004, 323; *Nies*, Fallstricke bei Abgabe von Willenserklärungen bei Personenmehrheit und Stellvertretung: Abmahnung, einseitige Willenserklärung, Mieterhöhung, NZM 1998, 221 ff.; Dokumentation, Mietrechtsreformgesetz im Bundesrat, NZM 2001, 20 ff.; *Nies/Gies*, Beck'sches Formularbuch Mietrecht, 2. Aufl. 2007; *Schimmel/Meyer*, Fortbestand der Altvertragskündigungsfristen auch nach der Schuldrechtsreform, NJW 2004, 1633; *Schmidt-Kessel*, Mieters Altvertragskündigungsfristen – schuldrechtsmodernisiert ade!, NJW 2003, 3748; *Timme*, Verzicht des Mieters auf gesetzliches Kündigungsrecht, NJW 2004, 1639; *Weimar*, Die Kündigungsfristen bei Wohnungswechsel im selben Haus, WuM 1969, 36. *Wetekamp*, Kommentar zum BGB-Mietrecht, 2. Aufl. 2002;

I. Allgemeine Grundlagen

1. Begriff und Arten der Kündigung

a) **Allgemeines.** Eine Kündigung ist eine einseitige empfangsbedürftige Willenserklärung, die rechtsgestaltend unter der Voraussetzung ihrer Wirksamkeit das Mietverhältnis beendet.[1] Als rechtsgestaltende Erklärung kann eine Kündigung nach Zugang nicht mehr einseitig zurückgenommen werden.[2] Die Erklärung einer Rücknahme einer Kündigung kann jedoch umgedeutet werden in ein Angebot zum Abschluss eines neuen Vertrages, der zustandekommt, wenn dieses Angebot von dem Empfänger der Kündigungserklärung – ggf.

---

[1] Palandt/*Weidenkaff* § 542 Rdnr. 12; Schmidt-Futterer/*Blank* § 542 Rdnr. 12 f.; Bub/Treier/*Grapentin* S. 983 Rdnr. 2.
[2] Palandt/*Weidenkaff* § 542 Rdnr. 12; Schmidt-Futterer/*Blank* § 542 Rdnr. 87.

auch konkludent – angenommen wird. Teilweise wird hierzu vertreten, es handele sich hierbei weder um den Neuabschluss des Mietvertrages noch um die Fortsetzung eines beendeten Mietvertrages sondern um einen Vertrag über die Aufhebung der Kündigungswirkungen.[3] Demgegenüber dürfte es richtigerweise entweder sein ein Vertrag über die Fortsetzung des noch nicht beendeten Mietverhältnisses – bei einer fristgerecht ausgesprochenen Kündigung, bei der die Vereinbarung über die Fortsetzung getroffen wird vor Ablauf der Kündigungsfrist – oder um die Vereinbarung eines neuen Mietverhältnisses – bei ausgesprochener fristloser Kündigung oder bei Vereinbarung zu einem Zeitpunkt, zu dem nach ausgesprochener fristgemäßer Kündigung das Mietverhältnis bereits beendet war.

2 Soweit keine anderweitigen Vereinbarungen getroffen werden, gelten die bisherigen Regelungen des Mietvertrages weiterhin fort. Soweit die Vereinbarung jedoch getroffen ist zu einem Zeitpunkt, zu dem auf Grund der ausgesprochenen Kündigung das alte Mietverhältnis bereits beendet war, greift die Vorschrift des § 550 BGB ein mit der Folge, dass bei Nichteinhaltung der Schriftform das alte Mietverhältnis zwar erneuert wird, jedoch eine in dem alten Mietvertrag enthaltene Befristung nicht weiterhin Gültigkeit hat.[4]

3 b) **Arten der Kündigung. aa)** *Ordentliche befristete Kündigung.* Durch eine ordentliche befristete Kündigung wird ein unbefristetes Mietverhältnis mit gesetzlicher Kündigungsfrist beendet. Vertraglich vereinbarte Kündigungsfristen sind zu beachten. Bei Wohnraummietverhältnissen ist eine kürzere als die gesetzliche Kündigungsfrist für den Vermieter nur zulässig, falls die Wohnung nicht zum dauernden Gebrauch überlassen ist. Soweit in einem Mietvertrag für beide Parteien eine kürzere Kündigungsfrist vereinbart ist, ist die Vereinbarung für die Vermieterkündigung unwirksam; der Mieter kann sich jedoch für seine eigene Kündigung auf die kürzere Frist berufen.[5] Ältere Formularmietverträge enthalten mitunter die Regelung, dass das Mietverhältnis zum 3. eines Monats für den Ablauf des übernächsten Monats gekündigt werden kann, ohne dass die Verlängerung der Kündigungsfristen bei länger andauerndem Mietverhältnis gemäß § 565 Abs. 2 BGB miterwähnt ist. In diesem Falle kann der Mieter mit der vertraglichen Frist kündigen, der Vermieter muss jedoch die verlängerte Kündigungsfrist beachten.

4 bb) *Außerordentliche unbefristete Kündigung.* Eine außerordentliche unbefristete – fristlose Kündigung – ist aus wichtigem Grund für Vermieter und Mieter zulässig. Wichtige Gründe sind im Gesetz geregelt. Eine darüber hinaus gehende Vereinbarung wichtiger Gründe zugunsten des Vermieters ist rechtlich nicht möglich. § 569 Abs. 4 S. 2 bestimmt:

„Ferner ist eine Vereinbarung unwirksam, nach der der Vermieter berechtigt sein soll, aus anderen als den im Gesetz zugelassenen Gründen außerordentlich fristlos zu kündigen."

5 Eine außerordentliche Kündigung aus wichtigem Grund muss nicht als fristlose Kündigung ausgesprochen werden. Sie kann auch als fristgemäße Kündigung ausgesprochen werden oder als Kündigung mit einer „Auslauffrist". Soweit eine Kündigung aus wichtigem Grund jedoch ausgesprochen wird mit der Maßgabe, dass das Mietverhältnis erst zu einem späteren Zeitpunkt beendet werden soll, ist im Einzelfall zu prüfen, ob die Angabe des späteren Beendigungszeitraumes nicht ein Indiz dafür darstellt, dass ein wichtiger Grund im Sinne des Gesetzes doch nicht vorhanden sei.

6 cc) *Außerordentliche befristete Kündigung.* Darüber hinaus gibt es eine Reihe von – teilweise im Gesetz geregelten, teilweise von der Rechtsprechung entwickelten – Möglichkeiten sowohl für Vermieter als auch Mieter, eine außerordentliche befristete Kündigung auszusprechen. Insoweit wird verwiesen auf die Ausführungen unter § 43.

2. Erklärender

7 a) **Vertragspartei.** Kündigungsberechtigt ist sowohl auf Vermieterseite als auch auf Mieterseite jeweils die Partei, die Vertragspartner des Mietvertrages ist.

---

[3] Schmidt-Futterer/*Blank* § 542 Rdnr. 87.
[4] BGH NJW 1998, 2664.
[5] LG Köln WuM 1988, 404.

Der Eigentümer, der selbst nicht die Stellung des Vermieters hat, hat gegenüber dem Mieter kein Kündigungsrecht. Ebenso wenig hat der Bewohner der Wohnung, der selbst nicht Mietvertragspartner ist, eine rechtliche Möglichkeit, gegenüber dem Vermieter durch Kündigungserklärung ein Mietverhältnis zu beenden. 8

b) **Personenmehrheit.** Bei Personenmehrheiten steht das Kündigungsrecht jeweils der Personenmehrheit als solcher zu und nicht einer jeweiligen Einzelperson. Mehrere Vermieter können nur gemeinschaftlich kündigen, mehrere Mieter können ebenfalls nur gemeinschaftlich kündigen. Die Kündigung durch lediglich einen Teil der Personenmehrheit ist unwirksam und nicht geeignet, das Mietverhältnis auch nur teilweise zu beenden. 9

Die Kündigung, die nicht von allen ausgesprochen wird, ist allerdings wirksam, wenn sie erklärt wird mit vorheriger Zustimmung der übrigen.[6] 10

Wenn von mehreren Mietern einer bereits längere Zeit vorher ausgezogen ist und damit erkennbar den Mitbesitz an der Wohnung aufgegeben hat, dürfe er damit den verbleibenden Mietern jedoch die Einwilligung (§ 183 Satz 1 BGB) erteilt haben, auch ohne seine Mitwirkung das Mietverhältnis durch Kündigungserklärung zu beenden. 11

c) **Stellvertretung.** Eine Kündigung kann durch Stellvertreter erklärt werden. 12

aa) Gesetzliche Stellvertretung. Bei gesetzlicher Stellvertretung steht das Kündigungsrecht jeweils dem gesetzlichen Vertreter zu, nicht dem Vertretenen. Im Falle der Betreuung steht das Recht im Rahmen des Aufgabenkreises des Betreuers gemäß § 1902 BGB dem Betreuer zu. Das Kündigungsrecht des Betreuten selbst wird hierdurch noch nicht ausgeschlossen, wenn der Betreute nicht geschäftsunfähig ist; das Kündigungsrecht des Betreuten entfällt jedoch dann, wenn ein Einwilligungsvorbehalt gemäß § 1903 BGB angeordnet ist.

bb) Rechtsgeschäftliche Stellvertretung. Eine rechtsgeschäftliche Stellvertretung bei der Kündigungserklärung ist generell zulässig. Eine Formularklausel, wonach sich mehrere Mieter wechselseitig zum Ausspruch einer Kündigung bevollmächtigen, verstößt jedoch gegen § 307 BGB; es stellt eine unangemessene Benachteiligung dar, wenn Mieter sich bereits bei Vertragsabschluss gegenseitig zur Aufhebung des Vertrages bevollmächtigen sollen.[7] 13

cc) Widerspruchsmöglichkeit gemäß § 174 BGB. Die Erteilung der Vollmacht für eine Stellvertretung ist formlos möglich. Bei Ausspruch einer Kündigung durch einen Stellvertreter ohne Vorlage einer schriftlichen Originalvollmacht hat jedoch der Empfänger der Kündigungserklärung die rechtliche Möglichkeit, gemäß § 174 BGB – unter Hinweis auf die fehlende vorgelegte Vollmacht – der Kündigung unverzüglich zu widersprechen. Der Widerspruch gemäß § 174 BGB ist wiederum eine einseitige empfangsbedürftige Willenserklärung, die bei fehlender Vorlage einer Vollmacht zurückgewiesen werden kann.[8] Im Falle eines unverzüglichen Widerspruchs ist die Kündigungserklärung unwirksam. Die Vorlage einer Originalvollmacht – nicht Telefax oder Kopie – ist unentbehrlich. 14

Im Falle des begründeten Widerspruchs gibt es keine Möglichkeit zur Heilung der Erklärung durch Nachreichung der Vollmacht sondern nur die Möglichkeit, eine neue Kündigungserklärung abzugeben.[9] 15

Im Falle der gesetzlichen Stellvertretung ist § 174 BGB nicht anwendbar.[10] 16

d) **Ermächtigung.** Umstritten ist die Frage, ob der Vermieter einem Dritten eine Ermächtigung zur Kündigung im eigenen Namen erteilen kann. Der Bundesgerichtshof hat diese Möglichkeit bejaht.[11] 17

Eine solche Ermächtigung ist jedoch nur dann wirksam, wenn der Ermächtigte einen Kündigungsgrund – soweit ein solcher notwendig ist – geltend macht, den auch der Ermächtigende geltend machen könnte.[12] Wenn beispielsweise der Vermieter die Wohnung an 18

---

[6] Schmidt-Futterer/*Blank* § 542 Rdnr. 41.
[7] OLG Frankfurt WuM 1992, 57, 61.
[8] MünchKommBGB/*Schramm* § 174 Rdnr. 4.
[9] Schmidt-Futterer/*Blank* § 542 Rdnr. 49.
[10] OLG Düsseldorf NJW-RR 1993, 470.
[11] BGH NZM 1998, 146.
[12] Schmidt-Futterer/*Blank* § 542 Rdnr. 39.

einen Erwerber verkauft, der Erwerber Eigenbedarf geltend machen kann, kann der Veräußerer den Erwerber nicht zur Kündigung wegen Eigenbedarfs ermächtigen, da der Veräußerer selbst einen derartigen Eigenbedarf nicht hat; in diesem Fall muss der Erwerber abwarten, bis er durch Eigentumsübertragung gemäß § 566 BGB selbst die Vermieterstellung erhalten hat.

19 Soweit die Kündigung auf Grund einer Ermächtigung ausgesprochen wird, gilt die Vorschrift des § 174 BGB entsprechend; die Kündigung kann demnach ebenfalls unverzüglich mit der Begründung zurückgewiesen werden, dass eine schriftliche Ermächtigung nicht vorgelegt worden ist.

Praxistipp:

20 Wenn eine Kündigungserklärung vorliegt, prüfen, ob sie von der richtigen Person ausgesprochen worden ist. Wenn der Kündigende nicht selbst Vertragspartei ist, prüfen, ob die Kündigung im Namen der Vertragspartei – also als Vertreter der Vertragspartei – ausgesprochen worden ist. Falls dies zu bejahen ist, Vorlage der Vollmacht prüfen. Ist diese nicht – im Original – beigefügt, der Kündigung für den Mandanten – mit Vorlage einer schriftlichen Vollmacht – widersprechen. Der Widerspruch muss zwar unverzüglich erfolgen, nicht jedoch sofort. Es kann zweckmäßig sein, einige Tage mit dem Widerspruch abzuwarten, wenn damit erreicht wird, dass ein Kündigungstermin bei einer sodann zu erwartenden neuen Kündigung überschritten wird.

21 Falls ein „Falscher" die Kündigung erklärt hat – z. B. der Erwerber der Wohnung, der noch nicht als Eigentümer eingetragen ist und der sich auch nicht auf eine Vollmacht oder Ermächtigungserklärung des Vermieters beruft – kann es sinnvoll sein, nicht zu widersprechen, um nicht den Fehler frühzeitig erkennen zu lassen und damit eine neue nunmehr ordnungsgemäße Kündigung zu provozieren.

3. Erklärungsempfänger

22 **a) Vertragspartei.** Die Kündigungserklärung ist zu richten an die Vertragspartei des Mietvertrages. Wenn beispielsweise Eigentümer und Vermieter nicht identisch sind, ist die Mieterkündigung zu richten an den Vermieter und nicht an den Eigentümer. Wenn der Mieter die Wohnung nicht selbst bewohnt sondern ein Dritter, ist gleichwohl die Kündigung zu richten an den Mieter und nicht an den tatsächlichen Bewohner der Wohnung. Unschädlich ist jedoch, wenn die Kündigung zusätzlich auch gerichtet wird an eine Person, die nicht Mietvertragspartner ist.

23 Falls die Vertragsverhältnisse unklar sind, ist es empfehlenswert, eine Kündigung auszusprechen gegenüber allen, die als Vertragspartner in Betracht kommen und dabei in Kauf zu nehmen, dass möglicherweise ein Nichtvertragspartner zur Abwehr der Kündigung anwaltliche Hilfe in Anspruch nimmt, wobei der Kündigende eventuell insoweit Kosten zu übernehmen hat.[13]

24 Wer Erklärungsempfänger der Kündigung ist, bestimmt sich nach allgemeinen Auslegungsregelungen. Eine an den Verwalter des Mietobjektes gerichtete Kündigung ist zu verstehen als Erklärung gegenüber dem Vermieter. Wenn Eheleute Mieter sind, ist eine Erklärung, gerichtet an „Familie" als Kündigungserklärung gegenüber dem Ehepaar zu verstehen.[14]

25 Im Falle eines Vermieterwechsels gemäß § 566 BGB wird man eine Kündigung des Mieters gegenüber dem bisherigen Vermieter in entsprechender Anwendung des § 407 BGB als rechtswirksam ansehen müssen, wenn die Kündigung erklärt worden ist zu einem Zeitpunkt, zu dem der Eigentumswechsel dem Mieter noch nicht bekannt war.[15] Gleiches wird gelten müssen für den Fall, dass die Kündigung gegenüber dem Erwerber ausgesprochen

---

[13] Schmidt-Futterer/*Blank* § 542 Rdnr. 31.
[14] Schmidt-Futterer/*Blank* § 542 Rdnr. 27.
[15] Palandt/*Weidenkaff* § 566 Rdnr. 19; LG Duisburg NJW-RR 1997, 1171.

wird, falls der bisherige Vermieter den Mieter über einen Eigentumswechsel informiert hat, der mangels Umschreibung im Grundbuch tatsächlich noch nicht stattgefunden hat.

b) Personenmehrheit. Wenn eine Personenmehrheit Mieter oder Vermieter ist, ist die Kündigung zu richten an diese Personenmehrheit. Auch hier kommt es jedoch nicht auf die exakte Bezeichnung des Adressaten an sondern darauf, wer als Adressat zu verstehen ist. Wenn beispielsweise eine GbR Vermieter ist, der gesamte Schriftwechsel während des bestehenden Mietverhältnisses jedoch ausschließlich von einem der Gesellschafter der GbR mit dem Mieter geführt wird, ist die Kündigungserklärung des Mieters, die gerichtet ist an diesen Gesellschafter im Zweifel zu verstehen als Kündigungserklärung gegenüber sämtlichen Mitgliedern der GbR.

Wenn auf Mieterseite einer von mehreren Mietern ausgezogen ist, ohne dass dieser Mieter einvernehmlich aus dem Mietvertragsverhältnis entlassen worden ist, ist eine Kündigungserklärung des Vermieters notwendig auch gegenüber dem ausgezogenen Mieter. Die Kündigung kann gegenüber den einzelnen Personen durch jeweils einzelne Schriftstücke abgegeben werden, bei denen jedoch ein enger zeitlicher und sachlicher Zusammenhang vorhanden sein muss, damit diese Schriftstücke noch als einheitliche Erklärung verstanden werden können.[16]

Ausnahmsweise ist eine Kündigung gegenüber dem ausgezogenen Mitmieter entbehrlich, wenn der Auszug schon längere Zeit zurückliegt und sich aus den Umständen ergibt, dass der Mieter mit der Wohnung nichts mehr zu tun haben will.[17] Wegen der verbleibenden Unsicherheiten empfiehlt sich jedoch die Abgabe der Kündigungserklärung auch gegenüber dem ausgezogenen Mieter.

c) Stellvertretung. *aa) Gesetzliche Stellvertretung.* Bezüglich der gesetzlichen Stellvertretung gelten dieselben Grundsätze für den Empfang der Kündigungserklärung wie bei deren Abgabe.

bb) Rechtsgeschäftliche Stellvertretung. Die Kündigung kann auch erklärt werden gegenüber einem rechtsgeschäftlich Bevollmächtigten des Kündigungsempfängers (§ 164 Abs. 3 BGB).

Insoweit gelten die gleichen Regelungen wie bei der Abgabe der Kündigungserklärung nach Maßgabe folgender Abweichungen:

Wenn der Kündigungsempfänger eine GbR ist, die am kaufmännischen Verkehr teilnimmt, reicht der Zugang an einen der gesamtvertretungsberechtigten Gesellschafter aus.[18] Das Gleiche gilt in anderen Fällen der Gesamtvertretung von Handelsgesellschaften und juristischen Personen.

Eine Formularklausel in Mietverträgen, wonach sich mehrere Mieter wechselseitig zur Entgegennahme von Kündigungserklärungen bevollmächtigen, ist nach der Rechtsprechung wirksam.[19] Enthält der konkrete Mietvertrag eine derartige Klausel, ist der Vermieter demzufolge in der Lage, auch bei einem ihm bekannten Auszug eines von mehreren Mietern die Kündigung auszusprechen gegenüber dem in der Wohnung verbliebenen Mieter bzw. Mietern auch in ihrer Eigenschaft als Empfangsvertreter des ausgeschiedenen Mieters.

> **Praxistipp für den Mieter:**
>
> Wenn die Kündigung an den Falschen gerichtet ist, dem Richtigen lediglich bekannt wird, kann es richtig sein, nicht zu widersprechen, um den Irrtum nicht frühzeitig aufzudecken und damit eine erneute Kündigung, nunmehr an den Richtigen, zu veranlassen. Dies gilt auch für die Fälle, dass mehrere Mieter vorhanden sind und die Kündigung fehlerhaft nur an einen der Mieter gerichtet ist.

---

[16] Schmidt-Futterer/*Blank* § 542 Rdnr. 29.
[17] OLG Frankfurt WuM 1991, 76; LG Stuttgart WuM 1996, 94.
[18] Palandt/*Heinrichs* § 167 Rdnr. 14.
[19] BGH NZM 1998, 22; a. A. LG Limburg WuM 1993, 47.

> **Praxistipp für den Vermieter:**
>
> 33 Umgekehrt ist bei Ausspruch der Kündigung sorgfältig darauf zu achten, dass sie an die richtige Partei gerichtet ist. Bei bestehenden Unklarheiten – z.B. mündlicher Mietvertrag, bei dem nicht klar ist, ob er nur mit dem Ehemann oder mit den Eheleuten abgeschlossen ist oder auch noch mit einem anderen erwachsenen Familienmitglied – sollte die Kündigung vorsorglich gegenüber allen ernsthaft in Betracht kommenden ausgesprochen werden. Das Risiko, dass einer der Beteiligten sich gegen die Kündigung mit anwaltlicher Hilfe zur Wehr setzt mit der Begründung, er sei nicht Vertragspartner und daher die Kündigung ihm gegenüber unberechtigt, sollte in Kauf genommen werden, zumal in diesem Falle zweifelhaft ist, ob dadurch entstandene Anwaltskosten überhaupt erstattet werden müssen (wenn tatsächlich mit dem Betreffenden kein Vertragsverhältnis bestanden hat, kann die Kündigung auch keine positive Vertragsverletzung bedeuten; eine anderweitige Anspruchsgrundlage für die Erstattung von Anwaltskosten kommt kaum in Betracht).

4. Inhalt

34 **a) Allgemeiner Erklärungsinhalt.** Aus der Erklärung muss hervorgehen, dass durch einseitige Erklärung das Mietverhältnis beendet werden soll. Die Benutzung des Wortes Kündigung ist nicht erforderlich. Die Erklärung eines Rücktrittes von dem Mietvertrag ist als Kündigungserklärung zu verstehen, da auch diese Erklärung die Äußerung des rechtsgeschäftlichen Willens zur einseitigen Vertragslösung beinhaltet.[20]

35 **b) Abgrenzung zu anderen Erklärungen, Umdeutung.** Die Kündigungserklärung ist abzugrenzen von Erklärungen, die nicht als rechtsgeschäftliche Erklärungen zu verstehen sind. Eine Erklärung etwa des Inhaltes, man möchte am liebsten demnächst ausziehen, kann nicht als rechtsgeschäftliche Kündigungserklärung angesehen werden, ebenso nicht eine Erklärung des Vermieters, ihm sei es am liebsten, wenn der Mieter sich eine andere Wohnung suche.[21] Gleichermaßen liegt keine Kündigungserklärung vor, wenn eine Kündigung lediglich angedroht wird.

36 Es stellt keine Kündigungserklärung dar, wenn der Wunsch geäußert wird, das Mietverhältnis einvernehmlich zu beenden. Hierbei kann es sich um einen Antrag auf Abschluss eines Mietaufhebungsvertrages handeln. Eine Kündigung liegt nur dann vor, wenn aus der Erklärung hervorgeht, dass unabhängig von dem Verhalten des Vertragspartners eine einseitige Beendigung des Mietverhältnisses gewünscht wird.[22]

37 Ob die Erhebung einer Räumungsklage oder die Einreichung von Schriftsätzen im Rahmen eines Räumungsprozesses als Kündigung zu verstehen ist, ist jeweils eine Frage der Auslegung. Entscheidend ist, dass aus dem schriftsätzlichen Vorbringen deutlich wird, dass auch eine materiell-rechtliche Erklärung im Hinblick auf die Beendigung des Mietverhältnisses abgegeben werden soll. Wenn in einer Räumungsklage **ausschließlich** Gründe für eine vorprozessual angeblich oder tatsächlich erklärte Kündigung dargelegt werden, also lediglich eine früher abgegebene Erklärung rechtlich verteidigt wird, kann in der Klageerhebung keine materiell-rechtliche Kündigungserklärung gesehen werden. Wenn dagegen beispielsweise in einem Räumungsklageprozess zur Begründung des Räumungsbegehrens Sachverhalte vorgetragen werden, die zeitlich später liegen als die ursprünglich angeblich oder tatsächlich erklärte Kündigung, so kann die schriftsätzliche Darstellung als neue Kündigungserklärung ausgelegt werden. Für die Praxis ist es jedoch empfehlenswert, in derartigen Fällen in dem Prozessverfahren eine eindeutige Erklärung dahingehend abzugeben, dass vorsorglich eine erneute Kündigung ausgesprochen werde.

38 Wichtig ist in diesem Falle, dass die Kündigungserklärung dem Empfänger auch zugehen muss. Wenn die Klage oder der sonstige Schriftsatz nur durch Niederlegung zugestellt wird, liegt ein Zugang im Rechtssinne nicht vor, wenn der Empfänger das zuzustellende Schriftstück nicht abgeholt hat.[23]

---

[20] Schmidt-Futterer/*Blank* § 542 Rdnr. 13; BGH ZMR 1987, 143, 144.
[21] Schmidt-Futterer/*Blank* § 542 Rdnr. 13.
[22] Schmidt-Futterer/*Blank* § 542 Rdnr. 13.
[23] BGH WuM 1987, 209.

Die Umdeutung einer mangels ausreichender Kündigungsgründe unwirksamen Kündigung in ein anderes Rechtsgeschäft gemäß § 140 BGB ist nur in engen Grenzen zulässig. Eine fristgemäß ausgesprochene Kündigung kann nicht umgedeutet werden in eine fristlose Kündigung, selbst wenn die Begründung der fristgemäßen Kündigung auch eine fristlose Kündigung rechtfertigen würde; eine derartige Umdeutung würde dem erklärten Willen des Kündigenden widersprechen. 39

Eine fristlose Kündigung kann, soweit aus der Erklärung hervorgeht, dass der Kündigende auf jeden Fall das Vertragsverhältnis so bald wie möglich beenden wolle, in eine fristgemäße Kündigung umgedeutet werden.[24] Empfehlenswert ist jedoch, in einem derartigen Fall wenigstens hilfsweise eine ordentliche Kündigung auszusprechen, wenn beispielsweise Zweifel daran bestehen, ob die Gründe für eine fristlose Kündigung ausreichen, für eine fristgemäße Kündigung jedoch genügend erscheinen. Einer Umdeutung einer fristlosen Kündigung aus wichtigem Grund in eine fristgemäße Kündigung widerspricht jedoch, wenn der Kündigende erkennbar nur das Vorliegen ganz bestimmter Gründe – die sich tatsächlich als nicht vorhanden herausstellen – geltend macht.[25] 40

Die Umdeutung einer unwirksamen Kündigungserklärung in ein Angebot auf Abschluss eines Mietaufhebungsvertrages ist regelmäßig nicht zulässig. Eine Umdeutung ist ausnahmsweise möglich, wenn sich der Erklärende bei dem Ausspruch der Kündigung hinsichtlich der mangelnden Wirksamkeit der Kündigung bewusst gewesen ist und aus der Erklärung hervorgeht, dass der Erklärungsempfänger aufgefordert worden ist, eine Entschließung über eine vorzeitige Vertragsaufhebung kund zu tun.[26] 41

Praxistipp:

Bei Überprüfung einer Erklärung, die auf die Beendigung eines Mietverhältnisses gerichtet ist, ist jeweils sorgfältig zu prüfen, ob im Rechtssinne eine Kündigungserklärung vorliegt. 42

Andererseits ist ebenfalls bei dem Wunsch einer Beendigung des Vertragsverhältnisses im Einzelnen zu prüfen, ob eine Kündigung ausgesprochen werden kann. Der Ausspruch einer ungerechtfertigten Kündigung gegenüber dem Vertragspartner kann Schadensersatzansprüche wegen positiver Vertragsverletzung – z. B. Anwaltskosten durch Inanspruchnahme eines Anwalts zur Abwehr der Kündigung – herbeiführen.

Wenn eine Kündigung erklärt werden soll, sollte dies klar und unmissverständlich erfolgen. Dies gilt auch für die Fälle, in denen im Rahmen eines Räumungsrechtsstreites eine möglicherweise vorgerichtlich ausgesprochene Kündigung hinsichtlich der Wirksamkeit zweifelhaft ist und deswegen eine neue Kündigung erklärt werden soll. Man sollte sich nicht darauf verlassen, dass Erklärungen im Prozess vielleicht als neue Kündigungserklärung ausgelegt werden.

Wenn beispielsweise vorprozessual wegen Zahlungsverzuges des Mieter gekündigt worden ist, im Prozess von dem Mieter vorgetragen wird, dass Gegenansprüche bestehen, die möglicherweise den nach dem Gesetz erforderlichen Umfang des Zahlungsverzuges ausschließen, während des Prozessverfahrens jedoch ein weiterer Zahlungsverzug eingetreten ist, ist es empfehlenswert, unbedingt im Prozess eine neue Kündigung auszusprechen. Der bloße schriftsätzliche Hinweis darauf, dass zwischenzeitlich weitere Mietrückstände angefallen sind, wird vom Gericht möglicherweise nicht als ausreichend angesehen, um darin eine neue Kündigung zu sehen.

c) **Begründungserfordernis und Nachreichen von Gründen.** Es gibt keine gesetzliche Verpflichtung zur Begründung der Kündigung. Bei einer Vermieterkündigung, die gestützt wird auf ein berechtigtes Interesse an der Beendigung des Mietverhältnisses gemäß § 573 b BGB führt jedoch die mangelnde Begründung der Kündigung gemäß § 573 b Abs. 3 BGB im Ergebnis dazu, dass die Kündigung ohne Begründung unwirksam ist. Im Übrigen ist eine Begründung nicht vorgeschrieben. 43

---

[24] Schmidt-Futterer/*Blank* § 542 Rdnr. 23.
[25] Bub/Treier/*Grapentin* S. 988.
[26] BGH WuM 1981, 57.

44 Eine Begründung der Kündigung kann auch im Rahmen eines Rechtsstreites noch nachgeschoben werden. Diese Möglichkeit des Nachschiebens bezieht sich auf Kündigungsgründe, die bei dem Zugang der Kündigung schon bestanden haben. Erst später entstandene Gründe können die ausgesprochene Kündigung nicht rechtfertigen, sie können lediglich dazu dienen, – vorsorglich – eine neue Kündigung zu erklären.

45 Ein Nachschieben von Kündigungsgründen im Falle der ordentlichen Vermieterkündigung ist gemäß § 573 Abs. 3 BGB ausgeschlossen; insoweit können lediglich die in der Kündigungserklärung angegebenen Kündigungsgründe näher spezifiziert und vertieft dargestellt werden.

46 Soweit es eine Kündigung nach § 573b BGB betrifft, muss es sich um Gründe handeln, die vom Lebenssachverhalt jedoch bereits im Kündigungsschreiben angegeben sind. Für die Angabe des Lebenssachverhaltes reicht im Kündigungsschreiben der Hinweis auf „Eigenbedarf" nicht aus, vielmehr ist es erforderlich, näher zu konkretisieren, für wen beispielsweise die Wohnung benötigt wird.

Praxistipp:

47 Soweit die Kündigung einer Begründung bedarf, sollte die Begründung bereits in der Kündigung möglichst konkret angegeben werden. Wenn beispielsweise bei Eigenbedarf die konkrete Entwicklung, bezogen auf den Wohnungsbedarf, feststeht, sollte dieser auch bereits in der Kündigungserklärung entsprechend dargelegt werden. Dies gilt auch im Hinblick darauf, dass derjenige Mieter, dem gegenüber der Wohnbedarf des Vermieters oder seiner Angehörigen konkret und glaubhaft geschildert wird, eher dazu geneigt sein wird, freiwillig zu räumen und es nicht auf die Räumungsklage ankommen zu lassen.

Andererseits kann es angebracht sein, bei ungewissem Verlauf in der Zukunft sich in der Kündigungserklärung nicht eindeutig festzulegen. Wenn der Vermieter die Wohnung für seinen Sohn haben will, der die Wohnung mit seiner Freundin beziehen will, ist es durchaus sinnvoll, in der Kündigungserklärung die Tatsache, dass die Wohnung von Sohn und Lebensgefährtin bezogen werden soll, anzugeben. Sollte die Wohnung jedoch von dem Sohn auch bewohnt werden sollen, falls das Verhältnis mit der Freundin auseinander geht, sollte auch diese Alternative mit einbezogen werden, etwa in dem Sinne:

„Mein Sohn will die Wohnung mit seiner Freundin beziehen. Er ist jedoch unabhängig davon daran interessiert, in die Wohnung einzuziehen, da er auch als Alleinstehender diese Wohnung bewohnen will".

48 d) **Teilkündigung.** Regelmäßig ist eine Teilkündigung weder vermieterseits noch mieterseits zulässig. Das Mietverhältnis kann nur als Ganzes durch einseitige Erklärung aufgelöst werden.

49 Die Kündigungserklärung des Vermieters an einen von mehreren Mietern mit dem Ziel, dass dieser eine Mieter aus dem Mietverhältnis ausscheide, ist rechtlich unwirksam. Teilweise ist in der Rechtsprechung hierzu vertreten worden, es bestehe sogar eine Verpflichtung des Vermieters, die Kündigung auf einen von mehreren Mieter zu beschränken, wenn nur diesem ein vertragswidriges Verhalten zur Last falle und dem Vermieter die Fortsetzung des Vertrages mit dem anderen Mieter zugemutet werden könne.[27] Dieser Auffassung kann nicht gefolgt werden, da sie nicht mit dem Grundsatz des einheitlichen Vertragsverhältnisses zu vereinbaren ist.[28]

50 Unwirksam ist auch die Kündigung hinsichtlich eines Teils der Mietsache. Wenn beispielsweise eine Wohnung mit Garage vermietet ist, können weder Vermieter noch Mieter isoliert den Mietvertragsteil Garage aufkündigen. Soweit echte getrennte Mietverhältnisse vorliegen, ist allerdings die Kündigung eines der Mietverträge isoliert möglich. Im Einzelfall ist zu prüfen, ob auch bei getrennten Verträgen nicht in Wirklichkeit ein einheitliches Mietverhältnis vorhanden ist.

---

[27] Z. B. LG Frankfurt WuM 1987, 21; LG Darmstadt WuM 1983, 54.
[28] Bub/Treier/*Grapentin* S. 992.

Eine Ausnahme von dem Verbot der gegenständlichen Teilkündigung bietet jedoch für den Vermieter die Regelung des § 573 b S. 4 BGB bezüglich von nicht zum Wohnen bestimmter Nebenräume.

Weiterhin nicht möglich ist die Kündigung hinsichtlich einzelner vertraglicher Regelungen des Mietverhältnisses. Der Vermieter kann demzufolge beispielsweise nicht durch eine entsprechende Teilkündigung erreichen, dass eine im Mietvertrag enthaltene Nebenkostenpauschale umgeändert wird in eine Nebenkostenvorauszahlung mit Abrechnung.

> **Praxistipp:**
> Es sollte darauf geachtet werden, Teilkündigungen nur dort auszusprechen, wo sie gesetzlich tatsächlich zulässig sind. In anderen Fällen sollte keine Kündigungserklärung abgegeben werden, sondern deutlich gemacht werden, dass eine einvernehmliche Änderungsregelung angeboten wird.

c) **Bedingte Kündigung, hilfsweise Kündigung.** Eine echte bedingte Kündigung ist nicht zulässig, da die Kündigung als einseitige gestaltende Willenserklärung bedingungsfeindlich ist. Potestativbedingungen sowie Rechtsbedingungen sind jedoch zulässig. Zulässig ist eine hilfsweise Kündigung. Eine derartige hilfsweise Kündigung ist auch gebräuchlich, wenn beispielsweise ein Mietverhältnis aus wichtigem Grund fristlos gekündigt wird und hilfsweise unter Beachtung der gesetzlichen Kündigungsfrist gekündigt wird, nämlich für den Fall, dass die Gründe für eine fristlose Kündigung nicht ausreichen, wohl jedoch für eine fristgemäße Kündigung.

Eine Änderungskündigung ist grundsätzlich zulässig. Im Rahmen des Wohnraummietverhältnisses ist jedoch eine vermieterseitige Änderungskündigung zum Zwecke der Mieterhöhung ausgeschlossen gemäß § 573 Abs. 1 S. 2.

> **Praxistipp:**
> Im Rahmen eines Prozessverfahrens auf Räumung kann es sinnvoll, eventuell sogar notwendig sein, hilfsweise Kündigungen auszusprechen.
> Wenn beispielsweise das Räumungsbegehren gestützt wird auf eine fristlose Kündigung wegen Störung des Hausfriedens, kann eine durchzuführende Beweisaufnahme ergeben, dass eine Störung des Hausfriedens zwar zu bejahen ist, diese jedoch nicht als so gravierend anzusehen ist, dass sie es für den Vermieter unzumutbar macht, das Mietverhältnis bis zum Ablauf einer ordentlichen Kündigungsfrist fortzusetzen. In diesem Falle ist es angebracht, bereits bei Ausspruch der fristlosen Kündigung vorsorglich und hilfsweise eine Kündigung zu erklären unter Berücksichtigung der vertraglichen oder gesetzlichen Kündigungsfrist.
> Wenn der Kündigungsgrund – Störung des Hausfriedens – nicht sicher nachweisbar ist, der Mieter jedoch in der Zwischenzeit die Mietzahlungen einstellt, sollte der Vertreter des Vermieters eine erneute fristlose Kündigung wegen Mietzinsverzuges aussprechen. Soweit es dem Vermieter um die Räumung der Wohnung geht, kann es ihm letztlich gleichgültig sein, ob sein Räumungsbegehren Erfolg hat wegen des Vorwurfes der Störung des Hausfriedens oder Erfolg hat wegen des Mietzinsverzuges.

5. Form der Kündigung

Für die Kündigung des Mietverhältnisses gilt gemäß § 568 a BGB die Schriftform. Dies gilt sowohl für die Vermieterkündigung als auch für die Mieterkündigung.

Diese gesetzliche Schriftform ist nur dann eingehalten, wenn die Willenserklärung dem Empfänger im Original oder in einer Ausfertigung der Urkunde übermittelt wird. Ein Telegramm oder ein Telefax ist nicht ausreichend. Möglich ist auch eine Kündigung in elektronischer Form gemäß § 126 BGB; zurzeit dürfte dies in der Praxis bei Wohnraummietverhältnissen kaum Bedeutung haben.

59   Bei einer Zustellung durch den Gerichtsvollzieher reicht der Zugang einer beglaubigten Abschrift nach § 132 Abs. 1 BGB aus.

60   Soweit in einem Prozessverfahren eine Kündigung durch den Prozessbevollmächtigten erklärt wird, soll der Beglaubigungsvermerk auf der Schriftsatzabschrift, die dem Kündigungsempfänger zugestellt wird, für den Zugang der Kündigung ausreichen.[29] Für die Praxis zu empfehlen ist jedoch, dass der Prozessbevollmächtigte die Schriftsatzabschrift nicht lediglich beglaubigt sondern ohne Beglaubigungsvermerk im Original unterzeichnet.

6. Zugang einschließlich Nachweismöglichkeiten

61   a) *Notwendigkeit des Zuganges.* Die Kündigungserklärung ist nur dann wirksam, wenn sie dem Empfänger zugegangen ist. Zugang bedeutet, dass die Erklärung so in den Bereich des Empfängers gelangt sein muss, dass dieser unter normalen Verhältnissen die Möglichkeit hat, von dem Inhalt Kenntnis zu nehmen.[30] Ob der Empfänger tatsächlich Kenntnis genommen hat, ist demgegenüber unerheblich.

62   b) *Übermittlung der Kündigungserklärung. aa) Persönliche Übergabe.* Die sicherste Form der Übermittlung ist diejenige gegen Empfangsbekenntnis oder durch Boten, der die Kündigungserklärung dem Kündigungsempfänger aushändigt. Ausreichend ist auch beispielsweise der Einwurf der Kündigungserklärung in den Briefkasten des Empfängers, wobei ein Zugang in diesem Falle erst dann anzunehmen ist, wenn zu erwarten ist, dass der Empfänger seinen Briefkasten leert. Ein Einwurf beispielsweise um 20.00 Uhr in den Briefkasten bewirkt einen Zugang erst am nächsten Tag, wenn die Post regelmäßig vormittags ausgetragen wird.

63   *bb) Versendung per Post.* Regelmäßig werden Kündigungserklärung per Post übersandt. Im Rechtssinne ausreichend ist die Übersendung durch einfachen Brief. Diese Art der Übersendung ist auch dann ausreichend, wenn der Mietvertrag die Regelung enthält, wonach die Kündigung durch eingeschriebenen Brief zu erfolgen habe. Die Vereinbarung eines derartigen Übermittlungsweges ist nicht als Wirksamkeitserfordernis anzusehen. Wenn die Kündigungserklärung dem Empfänger in anderer Weise zugeht, ist sie gleichwohl wirksam.[31]

64   Die Übersendung durch einfachen Brief ist jedoch problematisch, weil der Erklärende im Falle des Bestreitens des Zuganges des Briefes regelmäßig keine Möglichkeit des Nachweises hat. Der Beweis der Absendung des Briefes, der die Kündigungserklärung enthält, ist als Nachweis für den Zugang nicht ausreichend.[32]

65   Die Übersendung durch Einschreiben/Rückschein ist dann geeignet, wenn der Postbote den Empfänger antrifft und daraufhin auf dem Rückschein der Empfang der Sendung quittiert wird. Wenn dies nicht der Fall ist, der Brief lediglich niedergelegt wird, gilt er nicht als zugegangen, da das Einlegen der Benachrichtigung in den Briefkasten nicht dazu führt, dass das zugrunde liegende Schriftstück als in den Bereich des Empfängers gekommen anzusehen ist.

66   Die Übersendung per Einschreiben/Einwurf ist für die Praxis als durchaus geeignetes Mittel anzusehen. Wenn das Einschreiben eingeworfen ist, gilt es als zugegangen ohne Rücksicht darauf, ob der Empfänger das Einschreiben tatsächlich zur Kenntnis genommen hat. Problematisch ist jedoch der Nachweis des Einwerfens, da seitens der Post AG hierüber keine Originalurkunden gefertigt werden. Lediglich auf entsprechende Anfrage kann man im Nachhinein eine Bestätigung seitens der Post AG erhalten. Ob diese Bestätigung mit Rücksicht darauf, dass die Post nicht mehr öffentlich-rechtlich geführt wird, als Urkundenbeweis als ausreichend angesehen wird, ist – soweit ersichtlich – in der Rechtsprechung bislang nicht entschieden. Da Manipulationen nahezu ausgeschlossen sind, wäre es zu begrüßen, wenn die Rechtsprechung diese Frage bejahen würde.

67   *cc) Zustellung durch Gerichtsvollzieher.* Für den Fall, dass mit einem Versuch der Zugangsvereitelung gerechnet werden muss, empfiehlt sich die Zustellung durch den Gerichts-

---

[29] BGH WuM 1987, 209.
[30] BGH NJW 1967, 275; NJW 80, 990; NJW 83, 930; BAG NJW 84, 1651; NJW 93, 1093.
[31] BAG NJW 1980, 1304.
[32] BGH NJW 1964, 1176; NJW 96, 2035; BAG NJW 61, 2132.

vollzieher nach § 132 BGB. Für den Fall einer derartigen Zustellung durch den Gerichtsvollzieher kommt es auf den tatsächlichen Zugang der Erklärung nicht an. Der Zugang der Erklärung wird vielmehr fingiert.

dd) Öffentliche Zustellung. Notfalls muss eine öffentliche Zustellung gemäß § 132 Abs. 2 BGB veranlasst werden. Diese Fälle sind von Bedeutung z. B. dann, wenn der Vermieter gegenüber einer Personenmehrheit das Mietverhältnis aufkündigen will, wobei ein Mitglied der Personenmehrheit schon seit längerer Zeit nicht mehr in der Wohnung lebt und unbekannt verzogen ist, jedoch mangels Vereinbarung über eine Entlassung aus dem Mietverhältnis noch weiter Mieter ist und der in der Wohnung verbliebene Mieter nicht auf Grund entsprechender formularmäßiger Vereinbarung im Mietvertrag eine Empfangsvollmacht hat oder diese Empfangsvollmacht widerrufen worden ist.

Praxistipp:

Immer dann, wenn es besonders wichtig ist, dass die Kündigung zu einem bestimmten Zeitpunkt ausgesprochen wird, sollte man den Mehraufwand nicht scheuen, die Kündigung durch Boten – möglichst mit Empfangsbekenntnis des Empfängers des Kündigungsschreibens – überbringen zu lassen.

Soweit der zu Kündigende nicht angetroffen wird oder die Annahme verweigert, soll der Bote angehalten sein, für einen anderweitigen Zugang der Kündigung Sorge zu tragen, z. B. durch Einwurf in den Briefkasten.

Zeitnah sollte die betreffende Person eine schriftliche Notiz fertigen, bei der sie spezifiziert darlegt, in welcher Form der Zugang realisiert worden ist, damit sie für den Fall des Bestreitens des Zuganges später in der Lage ist, im Rahmen des Prozessverfahrens hierzu eine glaubhafte Aussage zu machen.

Bei der Zustellung über den Gerichtsvollzieher muss man berücksichtigen, dass man keinen entscheidenden Einfluss darauf hat, wann der Gerichtsvollzieher die Zustellung tatsächlich durchführt.

Ein solches Verfahren ist in der Praxis kaum geeignet, wenn es darum geht, am letzten Tag der Kündigungsfrist noch eine Kündigung zu bewirken.

Eine darüber hinausgehende erhebliche zeitliche Verzögerung muss in Kauf genommen werden, falls die Notwendigkeit der öffentlichen Zustellung besteht. Einzukalkulieren ist hierbei der Zeitraum von Antragstellung an das Gericht bis zur Entscheidung des Gerichts über die öffentliche Zustellung. Der Zugang gilt erst als bewirkt nach Ablauf einer Frist von einem Monat nach Aushang an der Gerichtstafel (§ 188 ZPO). Bei dem Antrag selbst muss unter Beibringung von Beweismitteln dargelegt werden, dass die Voraussetzungen des § 185 ZPO vorliegen. Das Mindeste, was vorgelegt werden muss ist eine erfolglose Einwohnermeldeamtsanfrage und auch eine erfolglose Anfrage nach einem Postnachsendeauftrag. Es ist darüber hinaus zumindest zweckmäßig, Angaben dazu zu machen, ob und welche vergeblichen Bemühungen angestellt worden sind – z. B. Nachfrage nach Verwandten und/oder Bekannten – die tatsächliche Anschrift des zu Kündigenden in Erfahrung zu bringen.

Checkliste:
Kündigungserklärung mit Stichworten und Beispielen

1. Liegt eine Kündigungserklärung vor oder soll eine Kündigungserklärung abgegeben werden?

   Klargestellt muss sein das Ziel einer einseitigen Beendigung des Mietverhältnisses und nicht eine bloße Absichtserklärung. Nicht: „Ich möchte das Mietverhältnis beenden ......", sondern: „Hiermit kündige ich das Mietverhältnis ......".

2. Wird die Erklärung abgegeben von dem Richtigen an den Richtigen?

   Erklärung von Vermieter an Mieter und umgekehrt, bei Abgabe durch Vertreter, Klarstellung, dass Handeln im Namen des Vertretenen und nicht im eigenen Namen („Namens und in Vollmacht Ihres Vermieters kündige ich ......").

Bei Abgabe der Kündigungserklärung an Vertreter, Klarstellung, dass Vertreter als solcher angesprochen wird („Ich erkläre Ihnen in Ihrer Eigenschaft als Vertreter des Vermieters, dass ich das Mietverhältnis kündige.").

3. Liegt bei Kündigung durch rechtsgeschäftlichen Vertreter eine schriftliche Vollmacht vor?
Beifügung der schriftlichen Vollmacht. Widerspruch bei Erhalt einer Kündigung ohne schriftliche Vollmacht unter Hinweis auf das Fehlen der schriftlichen Vollmacht; Widerspruch unverzüglich, aber nicht unbedingt sofort (läuft möglicherweise Kündigungstermin ab?).

4. Ist der Zugang der Kündigung sichergestellt?
Übergabe gegen Empfangsbekenntnis, Einschaltung eines Boten, bei Kündigung per Post, im Zweifel doppelt und zwar Einschreiben/Einwurf und normale Post.

5. Sind Kündigungsgründe erforderlich, wenn ja, sind sie angegeben?
Falls Begründung erforderlich, entsprechende Sachverhaltsdarstellung, die wenigstens eine Individualisierbarkeit der Gründe ermöglicht.
Nicht einfach: „Ich kündige wegen bestehenden Eigenbedarfs", sondern „Ich kündige das Mietverhältnis, weil mein zwischenzeitlich erwachsener Sohn, der noch innerhalb der elterlichen Wohnung wohnt, einen eigenständigen Haushalt aufmachen will".

6. Ist die Kündigung geeignet, das Mietverhältnis zu beenden?
Überprüfung von Form und Frist und Überprüfung, ob die Begründung ausreichend ist und auch Überprüfung, ob im Falle des Bestreitens die Gründe beweisbar sind.

7. Zu welchem Zeitpunkt endet das Mietverhältnis?
Außerordentliche oder ordentliche Kündigung, Berechnung der Kündigungsfrist.

II. Außerordentliche fristlose Kündigung

1. Fristlose Kündigung des Mieters

71 **a) Einleitung.** Wie jedes Dauerschuldverhältnis kann auch das Mietverhältnis **ohne Einhaltung einer Frist** gekündigt werden, wenn für einen der Vertragspartner das Festhalten am Vertrag unzumutbar wird. Klar ist, dass die außerordentliche Kündigung nicht eine fristlose Kündigung sein muss, auch eine Kündigung mit einer kürzeren als der gesetzlichen Frist ist als außerordentliche Kündigung möglich.

72 Dabei sind im Mietrecht des BGB die wichtigsten Kündigungsgründe, die zu einer außerordentlichen Kündigung berechtigen sollen, gesetzlich geregelt. Das Recht zur fristlosen Kündigung aus wichtigem Grund in einer **zentralen Vorschrift, § 543 Abs. 1 BGB,** zusammengefasst. Diese Vorschrift ersetzt das bis zur Mietrechtsreform 2001 aus allgemeinen Rechtsgrundsätzen hergeleitete Recht zur fristlosen Kündigung aus wichtigem Grund.[33] Darüber hinaus ist die Regelung des Kündigungsrechts wegen Pflichtverletzung, die früher in § 554a BGB alt enthalten war, stark geändert worden.

73 **Zwei Tatbestände** gibt es, die ein außerordentliches Kündigungsrecht **ausschließlich für den Mieter** vorsehen:
§ 543 Abs. 1 und 2 Ziff. 1 BGB gibt dem Mieter ein Kündigungsrecht für den Fall, dass der Vermieter seiner Hauptleistungspflicht, der **Gebrauchsgewährung**, nicht nachkommt. § 569 Abs. 1 i. V. m. § 543 Abs. 1 BGB betrifft für Wohnräume und andere zum Aufenthalt von Menschen bestimmte Räume einen Fall der erheblichen Gebrauchsbeeinträchtigung, nämlich der **Gesundheitsgefährdung.** Daneben gibt es noch die Kündigung wegen Störung des Hausfriedens gem. § 569 Abs. 2 i. V. m. § 543 Abs. 1 BGB und wegen Unzumutbarkeit der Vertragsfortsetzung gem. § 543 Abs. 1 BGB. Schließlich ist noch das Kündigungsrecht wegen verweigerter Untermieterlaubnis gemäß § 540 Abs. 1 Satz 2 BGB zu erwähnen.

---

[33] Begründung Regierungsentwurf zu § 543.

Die Kündigung von Wohnraummietverträgen muss schriftlich erfolgen, § 568 BGB. Zwar 74
taucht in dieser Vorschrift nicht das Wort „Wohnraum" auf, aus der systematischen Stellung innerhalb der Vorschriften über die Vermietung von Wohnraum (Abschnitt II) ergibt sich aber, dass die Schriftform für diese Mietverhältnisse gelten soll. Dies ergibt sich auch aus § 569 Abs. 4 BGB, der ein Kündigungs**schreiben** voraussetzt.

Mehr noch als bei anderen Kündigungen ist es bei einer fristlosen Kündigung seitens des 75
Mieters wichtig, im Streitfall den **Zugang der Erklärung** beweisen zu können. Der Mieter, der fristlos kündigt, hat im Regelfall bereits ein anderes Objekt angemietet oder konkret in Aussicht. Kann er dann den Zugang der Kündigung nicht beweisen, besteht das Mietverhältnis fort und er schuldet weiterhin Erfüllung, also Zahlung des Mietzinses, muss also ggfs. für das alte und die neue Objekt zahlen.

Die Übersendung der Erklärung per **Einschreiben/Rückschein** wird zwar in den meisten 76
Fällen ausreichen, allerdings muss dabei beachtet werden, dass die Erklärung bei Abwesenheit des Empfängers erst zugeht, wenn dieser den Brief nach Benachrichtigung bei der Post abholt. Unterbleibt dies, ist die Erklärung nicht zugegangen. Der Absender bemerkt dies in der Regel erst etwa drei Wochen später, kann dann erst für einen Zugang sorgen. Bei der Übersendung als Einwurf/Einschreiben wird das Schreiben in den Briefkasten geworfen, der Postbote vermerkt auf dem Beleg die Zustellung.

Die einzig sichere Art besteht in der **Zustellung der Erklärung per Gerichtsvollzieher**, weil 77
dieser das Schreiben niederlegen kann und weil der Gerichtsvollzieher auch die Erklärung selbst fotokopiert. Mindestens sollte die Erklärung per Boten überbracht werden, wobei der Einwurf in den Briefkasten des Empfängers ausreicht. Der Bote sollte das Schreiben lesen, dann selbst einkuvertieren und sodann abgeben oder einwerfen. Sinnvoll ist es, das bereits unterschriebene Schreiben zu kopieren und auf der Kopie zu vermerken:

Formulierungsvorschlag:
Ich, (Name des Boten), habe das hier in Fotokopie wiedergegebene Schreiben gelesen, einkuvertiert und samt Vollmacht vom (Datum) am (Datum) in den Briefkasten von (Name des Vermieters) eingeworfen.

Damit kann, notfalls durch Befragung des Boten als Zeugen, der Zugang bewiesen werden. 78

Natürlich muss sich aus der Kündigungserklärung eindeutig ergeben, dass es sich um eine 79
außerordentliche Kündigung handelt. Ausdrücke wie „schnellstmöglichst" sind deshalb zu vermeiden. Kündigt man neben der fristlosen Kündigung hilfsweise auch fristgerecht, was im Regelfall zu empfehlen ist, muss man darauf achten, dass die Vollmacht sich nicht auf eine fristlose Kündigung beschränkt.[34]

Darüber hinaus müssen die **allgemeinen Voraussetzungen** der Kündigung beachtet werden, wie bei jeder Kündigung.[35] 80

b) Änderungen im Vergleich zum alten Recht. Mit der Mietrechtsreform 2001 sind keine 81
neue Kündigungsrechte eingeführt worden. Lediglich die Vorschriften wurde redaktionell überarbeitet, es gab einige kleinere Änderungen. Die Kündigung wegen Unzumutbarkeit der Vertragsfortsetzung nach § 543 Abs. 1 BGB war früher nicht kodifiziert, sondern wurde aus allgemeinen Rechtsgrundsätzen und § 242 BGB hergeleitet. Deshalb kann auch die vor 2001 zu den einzelnen Kündigungsrechten ergangene Rechtsprechung weiter zur Auslegung herangezogen werden. Sofern Änderungen vorliegen, wird darauf bei den einzelnen Vorschriften eingegangen.

Bei unbefristeten Wohnraummietverhältnissen ist die **Bedeutung der fristlosen Kündigungsrechte** für den Mieter zurückgegangen, weil durch die Reform die Fristen für die ordentliche Kündigung des Mieters zu dessen Gunsten auf einheitlich 3 Monate verkürzt 82

---
[34] LG Berlin NZM 2002, 829.
[35] Vgl. hierzu § 40.

wurden, § 573c BGB. Dadurch ist die Notwendigkeit, sich mit einer fristlosen Kündigung aus einem mit einer längeren Kündigungsfrist versehenen Mietvertrag lösen zu müssen, geringer geworden. Zu überlegen ist nämlich immer, ob nicht dem Mieter schon damit gedient ist, dass die ordentliche Kündigung ausgesprochen wird. Diese beendet das Mietverhältnis zwar nur innerhalb der 3-Monatsfrist, ist dafür aber grundlos möglich, so dass der Mieter einem Streit über die Wirksamkeit der fristlosen Kündigung und das Vorliegen eines insofern rechtfertigenden Grundes aus dem Weg geht.

83 Zwar kann eine fristlose Kündigung auch im Regelfall in eine fristgerechte Kündigung **umgedeutet** werden, auch diesem Problem sollte der Anwalt dadurch aus dem Weg gehen, indem er mit Ausspruch der fristlosen Kündigung für den Mieter bei auf unbestimmte Zeit abgeschlossenen Verträgen immer auch hilfsweise die fristgerechte Kündigung erklärt.

84 Bei befristeten Mietverträgen oder bei Ausschluss der ordentlichen Kündigung bleibt die bisherige Bedeutung natürlich erhalten.

85 c) **Fehlende Gebrauchsgewährung, § 543 Abs. 1 i.V.m. Abs. 2 Ziff. 1 BGB.** *aa) Einleitung.* Gemäß § 543 Abs. 1 i.V.m. Abs. 2 Ziff. 1 BGB steht dem Mieter das Recht der fristlosen Kündigung zu, wenn ihm der **vertragsmäßige Gebrauch der Mietsache** ganz oder zum Teil **nicht rechtzeitig gewährt** oder **wieder entzogen** wird. Diese Vorschrift gilt für alle Arten von Mietverhältnissen über Räume, allerdings ausdrücklich nur für den Mieter.

86 Der Sinn dieses Kündigungsrechtes ist klar: Kommt der Vermieter seiner Hauptleistungspflicht, der Gebrauchsgewährung, nicht nach, soll der Mieter nicht auf eine ordentliche Kündigung beschränkt sein.

87 In der Begründung des Regierungsentwurfs ist ausgeführt, dass mit der Neuregelung des Kündigungsrechts **keine wesentlichen Änderungen zur alten Rechtslage** verbunden sind.[36] Deswegen ist die bisher zu § 542 BGB alt, dort war dieses Kündigungsrecht früher geregelt, ergangene Rechtsprechung und Literatur auch zur Auslegung der Vorschrift heran zu ziehen.

88 Bei völliger Zerstörung des Mietobjekts erlischt das Mietverhältnis allerdings automatisch, ohne dass es einer Kündigung bedarf.[37]

89 *bb) Beginn des Kündigungsrechts.* Grundsätzlich steht dem Mieter das Kündigungsrecht erst ab dem vertragsmäßigen Beginn des Mietverhältnisses zu,[38] weil der Vermieter den Gebrauch erst ab diesem Zeitpunkt gewähren muss. Liegt der Kündigungsgrund aber bereits vor Vertragsbeginn vor oder steht zumindest fest, dass der Vermieter den Gebrauch nicht rechtzeitig gewähren kann, kann das Kündigungsrecht auch bereits vor Vertragsbeginn ausgeübt werden.[39] Die Überlassung des Mietobjektes ist jedenfalls nicht Voraussetzung für den Beginn des Kündigungsrechts.[40]

90 *cc) Voraussetzungen. (1) Nichtgewährung des Gebrauchs oder Entzug.* Wie der Wortlaut der Vorschrift schon klarstellt, führen sowohl die **komplette Nichtgewährung** oder der **komplette Entzug des Gebrauchs** zum Kündigungsrecht wie auch die **teilweise Nichtgewährung** oder der **teilweise Entzug**.

91 Dabei ist zunächst zu beachten, dass eine ausdrückliche Regelung für Fälle, in denen nur eine **unerhebliche Behinderung des Gebrauchs** vorliegt, wie sie früher in § 542 Abs. 2 BGB alt vorgesehen war, heute fehlt. Nach der alten Regelung war eine Kündigung bei einer nur unerheblichen Behinderung nur möglich, wenn sie durch ein besonderes Interesse des Mieters gerechtfertigt war.

92 Allerdings wird das Fehlen einer entsprechenden Regelung im neuen Recht nach Auffassung des Verfassers nicht dazu führen, dass auch unerhebliche Behinderungen ohne weiteres für eine Kündigung für den Mieter ausreichen werden. Denn es gilt der Grundsatz, dass

---

[36] Begründung Regierungsentwurf zu § 543.
[37] LG Karlsruhe NZM 2005, 221.
[38] *Sternel* IV Rdnr. 454.
[39] LG Freiburg WM 1986, 246; AG Jever NJW 1971, 1086; *Sternel* a.a.O.
[40] Staudinger/*Emmerich* § 543 Rdnr. 16; Palandt/*Weidenkaff* § 543 Rdnr. 53.

Kündigungsrechte **nicht missbräuchlich** ausgenutzt werden dürfen.[41] Würde man aber jede noch so geringe Gebrauchsbeeinträchtigung zur fristlosen Kündigung ausreichen lassen, so steht dies außer Verhältnis zu den Interessen der Vertragsparteien. Zu berücksichtigen ist nämlich, dass dem Mieter auch bei einer unerheblichen Beeinträchtigung der Erfüllungsanspruch verbleibt, den er geltend machen kann.[42]

Dieses Ergebnis erhält man auch, wenn man sich vor Augen hält, dass die Kündigungsmöglichkeit wegen Gebrauchsentziehung oder -beeinträchtigung nur ein **Unterfall des § 543 Abs. 1 BGB** ist, weil die Gebrauchsentziehung oder -beeinträchtigung in § 543 Abs. 2 Ziff. 1 BGB lediglich als ein wichtiger Grund definiert wird, der zur Erfüllung der Voraussetzungen des § 543 Abs. 1 BGB notwendig ist.

Damit scheiden unerhebliche Gebrauchsentziehungen oder -beeinträchtigungen aus, weil diese das Festhalten am Vertrag in der Regel nicht unzumutbar machen.

Auf die Frage, ob die Fortsetzung des Vertragsverhältnisses zumutbar ist oder nicht, kommt es nicht an. Wenn einer der Tatbestände des § 543 Abs. 2 BGB vorliegt, muss die in § 543 Abs. 1 BGB weiter genannte Voraussetzung der Zumutbarkeit der Vertragsvoraussetzung nicht mehr zusätzlich vorliegen.[43]

Voraussetzung für das Kündigungsrecht ist also eine **erhebliche Gebrauchsstörung**, wobei das **Verschulden des Vermieters nicht erforderlich** ist.[44]

Zwar wird im Wortlaut des § 543 Abs. 1 BGB auf das Verschulden hingewiesen, allerdings nur im Rahmen der Abwägung der Interessen beider Vertragsparteien. Dies ergibt sich daraus, dass das Verschulden nur ein eventuell zu berücksichtigender Umstand sein soll.

Praxistipp:
Festzustellen ist zunächst, welcher Gebrauch seitens des Vermieters geschuldet wird. Dafür sind die Vereinbarungen im Mietvertrag maßgebend.[45]

Eine Gebrauchsbeeinträchtigung kann nicht nur in der völligen **Verhinderung des Gebrauchs** liegen, sondern kann sich auch aus der **Mangelhaftigkeit des Mietgegenstandes** oder dem **Fehlen einer zugesicherten Eigenschaft** ergeben.[46] Bei der Prüfung, ob eine Gebrauchsstörung vorliegt, ist deshalb § 536 BGB heran zu ziehen.[47] Gebrauchsbeeinträchtigungen können deshalb durch eine **Erfüllungsverweigerung** hervorgerufen werden, aber auch auf Grund eines **Sach- und/oder Rechtsmangels** bestehen.

Eine **Erfüllungsverweigerung** liegt vor, wenn der Vermieter dem Mieter den Gegenstand nicht übergibt oder ihn dem Mieter wieder entzieht. Dabei reicht es aus, dass der Mietgegenstand nur teilweise übergeben oder teilweise entzogen wird. Auf die Gründe, warum der Vermieter seine Gebrauchsgewährungspflicht nicht erfüllt, kommt es regelmäßig nicht an. Ausnahmsweise sind die Gründe nur dann zu berücksichtigen, wenn der Vermieter seine Gebrauchsgewährungspflicht deswegen nicht erfüllt, weil der Mieter aus Gründen, die allein in seiner Person liegen, am Mietgebrauch gehindert ist[48] oder den Mietgegenstand nicht abnimmt. Der Vermieter muss aber erfüllungsbereit bleiben.

Mängel, die eine Gebrauchsbeeinträchtigung sind, müssen ihre Ursache nicht im Mietgegenstand selbst haben. Beispielsweise liegt eine Gebrauchsbeeinträchtigung auch vor, wenn eine behördliche Genehmigung, die für den Gebrauch des Mietgegenstandes ggf. erforderlich

---

[41] Palandt/*Weidenkaff* § 543 Rdnr. 19.
[42] Im Ergebnis auch *Kraemer*, Die Kündigung aus wichtigem Grund nach altem und neuem Recht, NZM 2001, 553 (560).
[43] BGH NZM 2006, 929.
[44] BGH NJW 1974, 2233; Schmidt-Futterer/*Blank* § 543 Rdnr. 14; MünchKomm/*Bieber* § 543 BGB Rdnr. 20; Palandt/*Weidenkaff* § 543 Rdnr. 18.
[45] Schmidt-Futterer/*Blank* § 543 Rdnr. 15.
[46] *Sternel* IV Rdnr. 453; Staudinger/*Emmerich* § 543 Rdnr. 20.
[47] MünchKomm/*Bieber* § 543 BGB Rdnr. 18.
[48] BGH BGHZ 38, 295; OLG Düsseldorf ZMR 1994, 402.

ist, nicht vorliegt bzw. nicht erteilt wird.[49] Dies kann der Fall sein, wenn nach einem Umbau die ggf. erforderliche Baugenehmigung nicht vorliegt.

100 Sobald ein **Sachmangel** den Gebrauch nicht unerheblich beeinträchtigt, kann dies grundsätzlich auch für eine Kündigung nach § 543 Abs. 1 BGB i. V. m. Abs. 2 BGB ausreichen.[50] **Rechtsmängel** können zum Kündigungsrecht führen, wenn die Mietsache nicht unbelastet von Rechten Dritter übergeben wird. Dabei reicht das Bestehen des Rechtes aber nicht aus, weil dies allein den Gebrauch des Mietgegenstandes noch nicht beeinträchtigt.[51] Dies ist nur gegeben, wenn der Dritte sein Recht auch ausübt[52] bzw. die Ausübung androht.[53] Wird das Objekt vom Besitzer vermietet, ohne dass er dazu vom Eigentümer ermächtigt worden ist, ist dies kein ausreichender Grund für eine fristlose Kündigung, erst dann, wenn der Eigentümer vom Mieter die Herausgabe nach § 985 BGB verlangt.[54] Auch die **fehlende Zustimmung zur Untervermietung** führt zu einem Kündigungsrecht des Mieters, wenn er einen Anspruch auf eine entsprechende Erteilung hat, denn auch in diesem Fall wird der Mieter in seinem Gebrauch beeinträchtigt.[55]

101 Wie oben schon ausgeführt, reichen **unerhebliche Gebrauchsbeeinträchtigungen** für eine fristlose Kündigung nicht aus. Grund ist, dass der Mieter sonst leicht Kleinigkeiten zum Anlass nehmen könnte, um das Mietverhältnis rasch zu beenden. Die Frage, ob eine Beeinträchtigung erheblich oder unerheblich ist, kann nur in Bezug auf den Einzelfall gelöst werden. Dabei kommt es immer auf den Vertragszweck an. Eine objektiv gleich hohe Lärmbelästigung kann in einem Gewerbeobjekt noch hinzunehmen sein, während in einem Wohnraummietverhältnis bereits eine erhebliche Gebrauchsbeeinträchtigung schon vorliegen kann.[56] Ein Mangel ist jedenfalls dann nicht erheblich, wenn er ohne großen finanziellen und zeitlichen Aufwand leicht behoben werden kann.[57] Grundsätzlich ist aber alles, was zu einer spürbaren Beeinträchtigung des vertragsgemäßen Gebrauchs führt, nicht mehr unerheblich.

102 Zu beachten ist jedenfalls, dass die **Unerheblichkeit eines Mangels** der Ausnahmefall ist. Die zu § 542 BGB alt ergangenen Einzelfallentscheidungen lassen sich deshalb nicht ohne weiteres auf anders gelagerte Fälle übertragen.

103 Eine unerhebliche Gebrauchsbeeinträchtigung kann jedoch zur fristlosen Kündigung ausreichen, wenn die Beeinträchtigung in dem Fehlen einer zugesicherten Eigenschaft liegt, weil der Mieter dann zu erkennen gegeben hat, dass es ihm gerade auf diese Möglichkeit ankam.[58] Erheblichkeit kann auch vorliegen, wenn mehrere Mängel vorliegen, die jeder für sich betrachtet zwar unerheblich sind, in ihrer **Gesamtheit** aber nicht mehr hingenommen werden müssen.

104 Im Übrigen kommt es zur Beurteilung der Frage, ob gekündigt werden kann, auch auf die **restliche Vertragsdauer** an. Weil mit der Mietrechtsreform die für den Mieter geltenden Kündigungsfristen bei einem Mietverhältnis auf unbestimmte Zeit auf 3 Monate unabhängig von der Dauer verkürzt worden sind (§ 573c BGB), wird man nach Auffassung des Verfassers bei **unerheblichen Beeinträchtigungen die Kündigungsfrist einhalten** müssen.

105 *(2) Frist oder Abmahnung.* Früher war in § 542 Abs. 1 Satz 2 BGB ausdrücklich bestimmt, dass die Kündigung erst zulässig ist, wenn der Vermieter eine ihm von dem Mieter bestimmte **angemessene Frist** hat verstreichen lassen, ohne Abhilfe zu schaffen.

106 Jetzt ist in § 543 Abs. 3 BGB geregelt unter allgemeiner Bezugnahme auf die vorher geregelten Kündigungsgründe für Mieter und Vermieter, dass die Kündigung erst nach erfolglosem Ablauf einer zur **Abhilfe bestimmten angemessenen Frist** oder nach **erfolgloser Abmahnung** zulässig ist, **wenn der wichtige Grund in der Verletzung einer Pflicht aus dem Mietvertrag besteht.** Diese Vorschrift ist § 314 Abs. 2 BGB nachgebildet.

---

[49] OLG Hamburg WM 1995, 653; OLG Düsseldorf DWW 1993, 99; LG Frankfurt/Main NJW 1977, 1885.
[50] Einzelfälle bei Schmidt-Futterer/*Blank* § 543 Rdnr. 28.
[51] BGH NJW-RR 1995, 715.
[52] BGH BGHZ 63, 132.
[53] Vgl. Fn. 15.
[54] OLG Düsseldorf DWW 1992, 15.
[55] BGH NJW 1984, 1031; OLG Düsseldorf WM 1995, 585; vgl. dazu auch nachfolgend Rdnr. 124 ff.
[56] *Sternel* IV Rdnr. 461.
[57] OLG Düsseldorf ZMR 1994, 402.
[58] LG Hamburg ZMR 1998, 560.

Die **Mängelanzeige** nach § 536 c BGB ersetzt jedenfalls die erforderliche Fristsetzung oder Abmahnung nicht.[59]

Zunächst bedeutet dies, dass geprüft werden muss, ob die Beeinträchtigung auf eine **Vertragspflichtverletzung** zurückzuführen ist oder nicht, wobei aber schuldhaftes Verhalten des Vermieters nicht gefordert wird.[60] Ist dies nicht der Fall, ist nach dem Wortlaut der Vorschrift eine **Fristsetzung oder eine Abmahnung nicht notwendig**. Offensichtlich geht aber der Gesetzgeber davon aus, dass, abgesehen von den in § 543 Abs. 3 Satz 2 BGB genannten Ausnahmen immer eine Fristsetzung oder eine Abmahnung erforderlich ist. In der Begründung des Regierungsentwurfs wird nämlich zu § 543 Abs. 3 BGB darauf hingewiesen, dass in Übereinstimmung mit der bisherigen Rechtsprechung ausdrücklich feststehe, dass als weitere Voraussetzung für die fristlose Kündigung **grundsätzlich eine Abmahnung oder Fristsetzung zur Abhilfe** erforderlich ist. Lediglich bei Vorliegen besonderer Umstände (Satz 2) werde auf dieses Erfordernis verzichtet.[61] Das bedeutet aber, dass dann, wenn die Voraussetzungen des § 543 Abs. 3 Satz 2 BGB nicht vorliegen, eine Abmahnung oder Fristsetzung immer erforderlich ist, es also nach dem Willen des Gesetzgebers auf die Frage einer Pflichtverletzung gar nicht ankommt. Die Entwicklung der Rechtsprechung bleibt insoweit abzuwarten.

Zu empfehlen ist jedenfalls, immer abzumahnen oder eine Frist zu setzen, damit über die Frage bei Fehlen einer Abmahnung oder einer Fristsetzung nicht gestritten werden muss.

Mit der Neuregelung ist dem Mieter nunmehr ein **Wahlrecht** eingeräumt, ob er dem Vermieter eine angemessene Frist zur Beseitigung der Gebrauchsstörung setzt oder ihn entsprechend abmahnt. Damit stellt sich die Frage, ob es für den Mieter günstiger ist, dem Vermieter eine angemessene Frist zu setzen oder ihn abzumahnen.

> **Praxistipp:**
> Der Anwalt sollte immer empfehlen, dem Vermieter eine angemessene Frist zu setzen.

Dabei muss man sich bei der Prüfung, ob eine Abmahnung günstiger ist, vor Augen halten: Eine **Abmahnung** wird allgemein definiert als die **Beschreibung eines Fehlverhaltens unter gleichzeitiger Aufforderung zu richtigem Verhalten**, wobei streitig ist, ob in der Abmahnung die Kündigung angedroht werden muss, dies ist in der Regel nicht der Fall.[62] Es ist aber auch nicht schädlich, so dass in der anwaltlichen Abmahnung zur Sicherheit eine Androhung aufgenommen werden sollte.

Wenn der Vermieter noch nicht von der Gebrauchsbeeinträchtigung weiß, so muss der Mieter zuerst die Gebrauchsbeeinträchtigung dem Vermieter **anzeigen**. Erst wenn der Vermieter auf die Anzeige die Beeinträchtigung nicht beseitigt, kann der Mieter ihn abmahnen. Das bedeutet, dass der Mieter auf jeden Fall zweimal tätig werden muss, wobei unklar ist, wie viel Zeit der Mieter zwischen Anzeige und Abmahnung verstreichen lassen muss.

Kennt der Vermieter bereits die Beeinträchtigung, so könnte der Mieter ihn zwar bereits abmahnen, auch dann ist aber unklar, ob und ggf. wie lange noch abgewartet werden muss, bis der Mieter seine Kündigung aussprechen kann.

Diese Unsicherheiten umgeht der Mieter, wenn er dem Vermieter eine **Frist zur Abhilfe** setzt. Zudem wird der Mangel regelmäßig noch andauern, in diesen Fällen ist es besser, eine Frist zur Beseitigung zu setzen.[63] Handelt es sich jedoch um ein Unterlassen, das gefordert wird, wird auch eine Abmahnung ausreichen.[64]

---

[59] Staudinger/*Emmerich* § 543 Rdnr. 74.
[60] Begründung Regierungsentwurf zu § 543.
[61] Begründung Regierungsentwurf zu § 543 Abs. 3.
[62] Staudinger/*Emmerich* § 543 Rdnr. 78.
[63] Palandt/*Weidenkaff* § 543 Rdnr. 46.
[64] MünchKomm/*Bieber* § 543 Rdnr. 62.

115 Die Aufforderung zur Abhilfe oder ggf. die Abmahnung muss die **Mängel**, deren Beseitigung der Mieter verlangt, so konkret wie möglich **bezeichnen**.[65] **Nur wegen der Mängel, die bezeichnet und deren Abhilfe verlangt wurde, kann später gekündigt werden.** Der Vermieter muss aus der Aufforderung erkennen können, welche Arbeiten zu erledigen sein sollen, wobei der Mieter weder verpflichtet noch berechtigt ist, dem Vermieter bestimmte Anweisungen zu geben.[66]

> **Praxistipp:**
> 116 Die Mängel oder Störungen, die zu beseitigen sind, müssen genau bezeichnet werden.

117 Aus dem Merkmal „bestimmt" ergibt sich bereits, dass der Mieter eine mindestens **kalendermäßig berechenbare Frist** zu setzen hat. Über die Frage, ob eine Frist kalendermäßig berechenbar ist oder nicht, muss man sich nicht streiten, wenn man in der Beseitigungsaufforderung einen Kalendertag angegeben hat.

> **Praxistipp:**
> 118 Wegen des zu wählenden „sichersten Wegs" muss der Anwalt deshalb in der Aufforderung zur Mängelbeseitigung einen bestimmten Kalendertag als Ende der Beseitigungsfrist angeben.

119 Nur dann, wenn Mängel **sehr kurzfristig** behoben werden müssen (Rohrbrüche und ähnliches), reicht es aus, den Vermieter „unverzüglich" oder „sofort" zur Abhilfe aufzufordern.[67]

120 Schließlich muss die Frist **angemessen** sein. Das kann nicht allgemein bestimmt werden, sondern hängt von der Schwere der Beeinträchtigung, den Möglichkeiten der Beseitigung, dem Interesse des Mieters an der Beseitigung und ggf. von der Jahreszeit ab. Die Frist muss jedenfalls so bemessen sein, dass der Vermieter die **Beanstandungen prüfen** und sodann **Angebote zur Erledigung** einholen kann. Dies muss er zügig, aber nicht überstürzt einschließlich der Vergabe des Auftrags und der Durchführung der Arbeiten erledigen können.[68] Das kann auch eine längere Zeitspanne sein, wenn es beispielsweise um die Beseitigung von Lärmbelästigungen durch Nachbarn geht.[69]

121 Wird die Frist zu kurz bemessen, ist die Aufforderung aber nicht unwirksam, sondern die Frist verlängert sich automatisch, bis sie angemessen ist.[70] Dies muss dann ggf. beim Ausspruch der Kündigung beachtet werden.

122 Die Fristbestimmung oder Abmahnung ist **formfrei** möglich, wobei die Vereinbarung der Schriftform im Wohnraummietverhältnis unzulässig ist. Dies wurde bisher aus § 543 Abs. 2 BGB alt hergeleitet und ergibt sich nunmehr aus § 569 Abs. 5 BGB. Auch hier gilt aber, dass der Anwalt die beabsichtigte Erklärung tunlichst schriftlich und nachweisbar abgibt.[71]

123 Nach § 543 Abs. 3 Satz 2 BGB ist eine **Fristsetzung oder Abmahnung** unter den dort genannten Voraussetzungen Ziff. 1–3 **entbehrlich**. Ziff. 3 bezieht sich dabei nur auf die Kündigung des Vermieters wegen Zahlungsverzug, kann hier also unberücksichtigt bleiben. Eine Abmahnung oder Fristsetzung kann deshalb unterbleiben, wenn dies **offensichtlich keinen Erfolg** verspricht (Ziff. 1) oder die **sofortige Kündigung aus besonderen Gründen unter Abwägung der beiderseitigen Interessen** gerechtfertigt ist (Ziff. 2).

124 Dies ist eine andere Regelung, als sie im alten Recht unter § 542 Abs. 1 Satz 3 BGB bestanden hat. Denn dort war die Fristsetzung dann entbehrlich, wenn die Erfüllung des Ver-

---

[65] Staudinger/*Emmerich* § 543 Rdnr. 74; MünchKomm/*Bieber* § 543 Rdnr. 62.
[66] *Sternel* IV Rdnr. 463; MünchKomm/*Bieber* § 543 Rdnr. 62.
[67] *Sternel* IV Rdnr. 463.
[68] *Sternel* IV Rdnr. 463.
[69] Schmidt-Futterer/*Blank* § 543 Rdnr. 30.
[70] LG Frankfurt/Main WM 1987, 55.
[71] Vgl. oben Rdnr. 5 f.

trages infolge des die Kündigung rechtfertigenden Umstandes für den Mieter kein Interesse mehr hatte. Danach war die Frage des Interessewegfalls ausschließlich objektiv nach der Situation des Mieters zu beurteilen. Der Begründung des Gesetzes ist leider nicht zu entnehmen, ob auch hinsichtlich der Entbehrlichkeit der Abmahnung oder Fristsetzung die bisher geltende Rechtslage übernommen werden sollte. Es heißt dort lediglich, dass in Übereinstimmung mit der bisherigen Rechtsprechung (wohl eher Gesetzeslage) weiterhin grds. eine Kündigung ohne Fristsetzung oder Abmahnung nicht möglich sein solle. Lediglich unter den Voraussetzungen der Ziff. 1–3 könne darauf verzichtet werden.[72] Damit ist aber nicht gesagt, dass bezüglich der Ziff. 1–3 niedergelegten Regelungen an die bisherige Gesetzeslage angeknüpft werden soll. Wegen des anderen Wortlauts insbesondere in Ziff. 2 wird dies auch kaum möglich sein.

Nach Ziff. 1 ist die **Kündigung** unmittelbar **möglich**, wenn die Fristsetzung oder Abmahnung **keinen Erfolg verspricht**. Das ist z. B. dann der Fall, wenn dem Vermieter die Beseitigung der Gebrauchsbeeinträchtigung rechtlich oder tatsächlich unmöglich ist, wobei es ausreicht, wenn der Mieter davon ausgehen durfte, dem Vermieter werde eine Beseitigung nicht möglich sein.[73] Das ist beispielsweise dann der Fall, wenn schon verschiedene **Mängelbeseitigungsversuche** des Vermieters **gescheitert** sind.[74] Vorsicht ist aber angezeigt, wenn es bei der Gebrauchsstörung um die Geltendmachung von Rechten Dritter geht. Dann hat nämlich der Vermieter immer noch die Möglichkeit, sich mit dem Dritten zu einigen. Vorsicht ist generell angebracht, wenn es sich um subjektive Unmöglichkeit handelt. 125

Fristsetzung oder Abmahnung ist selbstverständlich ohne Erfolgsaussicht, wenn der Vermieter die Erfüllung **ernsthaft und endgültig verweigert** hat. Ziff. 2 stellt auf eine Interessenabwägung zwischen Mieter und Vermieter ab. Hier ist es fraglich, ob die zu § 542 BGB alt zum Merkmal des Interessewegfalls ergangene Rechtsprechung und Literatur übernommen werden kann. Wie oben schon ausgeführt, ist dies deswegen zweifelhaft, weil § 542 Abs. 1 Satz 3 BGB alt lediglich auf die Interessen des Mieters abstellte, wogegen nach § 543 Abs. 3 Satz 2 Ziff. 2 BGB eine Interessenabwägung stattfinden hat. Die Entwicklung der Rechtsprechung muss hier abgewartet werden. 126

(3) Untätigkeit des Vermieters. Weitere Voraussetzung ist, dass die gesetzte Frist erfolglos verstrichen oder die Abmahnung erfolglos geblieben ist. Dies ist nicht nur dann der Fall, wenn der Vermieter **untätig** geblieben ist, sondern auch dann, wenn die **Mangelbeseitigung fehlgeschlagen** oder nur teilweise Mangelbeseitigung gelungen ist. 127

Wird die Gebrauchsbeeinträchtigung erst nach Ablauf der Frist, aber vor Ausspruch der Kündigung beseitigt, ist die Rechtslage streitig: Nach einer Ansicht soll die Kündigung nicht mehr möglich sein,[75] wonach nach anderer Auffassung es darauf ankommt, ob das Festhalten am Vertrag dem Mieter noch zumutbar ist.[76] 128

Wichtig ist, dass es nicht darauf ankommt, ob dem Vermieter die Beseitigung der Beeinträchtigung möglich ist oder nicht,[77] denn bei der Gebrauchsgewährung handelt es sich um die Hauptleistungspflicht des Vermieters. 129

dd) Ausschluss des Kündigungsrechts. Das Kündigungsrecht kann auch **ausgeschlossen** sein. Allerdings ist ein vertraglicher genereller Ausschluss nach § 569 Abs. 5 BGB im Wohnraummietrecht unwirksam, weil der Ausschluss zum Nachteil des Mieters von § 543 Abs. 2 Nr. 1 BGB abweichen würde. 130

Ein Ausschluss des Kündigungsrechts ergab sich aber für das alte Recht aus § 543 BGB, der auf § 539 BGB verwies. Jetzt ist der inhaltlich gleiche Verweis in § 543 Abs. 4 Satz 1 BGB auf § 536b BGB enthalten. Damit scheidet ein Kündigungsrecht aus, wenn der Mieter bei Abschluss des Vertrages **die Gebrauchsbeeinträchtigung kannte** und er sich ein Kündigungsrecht **nicht vorbehalten** hat. 131

---

[72] Begründung Regierungsentwurf zu § 543 Abs. 3.
[73] OLG Karlsruhe ZMR 1988, 224.
[74] OLG Hamm NJW 1989, 2629 (2630).
[75] LG Saarbrücken WM 1995, 159; *Sternel* IV Rdnr. 467.
[76] OLG Düsseldorf MDR 1988, 866; Schmidt-Futterer/*Blank* § 543 Rdnr. 38.
[77] BGH NJW 1974, 2233.

132 Dem Mieter ist im Übrigen zu empfehlen, **zeitnah nach dem Auftreten der Beeinträchtigung** tätig zu werden. Ein Recht zur fristlosen Kündigung gleich welcher Art ist nämlich **verwirkt**, wenn der Berechtigte zu viel Zeit verstreichen lässt.[78] Anderenfalls könne der Vermieter nicht mehr erkennen, dass seine Maßnahmen dem Mangel nicht abgeholfen haben.[79] Der Gesetzgeber hat in der Begründung ausdrücklich darauf hingewiesen, dass diese Rechtsprechung auch weiter gelten soll und nur deshalb von der Festlegung bestimmter Fristen, innerhalb derer eine Kündigung ausgesprochen werden muss, abgesehen, weil er die möglichen Fallgestaltungen für zu vielschichtig hält, um sie mit einer Frist abzudecken.[80]

133 Weiter ist § 314 Abs. 3 BGB zu beachten. § 314 BGB regelt insgesamt die Kündigung von Dauerschuldverhältnissen aus wichtigem Grund; in Abs. 3 ist bestimmt, dass nur innerhalb einer **angemessenen Frist** gekündigt werden kann. Welche Frist angemessen ist, ist nach dem Einzelfall zu bestimmen.[81] Dies schwankt von zwei Wochen[82] bis zu mehreren Monaten.[83] Jedenfalls kann die 2-Wochen-Frist des § 626 Abs. 2 BGB nicht analog herangezogen werden.[84]

134 Kündigen darf der Mieter auch nicht, wenn er den **Kündigungsgrund selbst oder mit verursacht hat**,[85] oder er die rechtzeitige **Beseitigung der Beeinträchtigung verhindert hat**.[86] Hat der Mieter bei der Fristsetzung angedroht, nach erfolglosem Ablauf eine Ersatzvornahme vorzunehmen, verliert er ebenfalls sein Kündigungsrecht, denn er hat dann einen Vertrauenstatbestand dergestalt gesetzt, dass es ihm nicht auf die Kündigung, sondern auf die Fortsetzung des Vertrages ankommt.[87]

135 Nur der Vollständigkeit halber sei auf § 543 Abs. 4 Satz 1 BGB i.V.m. § 536d BGB hingewiesen. Nach § 536d BGB kann sich der Vermieter auf eine Vereinbarung, die Rechte des Mieters wegen eines Mangels ausschließt oder beschränkt, nicht berufen, wenn er den Mangel arglistig verschwiegen hat. Diese Vorschrift hat für Wohnraummietverhältnisse nur geringe Bedeutung, denn ein vertraglicher Ausschluss ist ja bereits nach § 569 Abs. 5 BGB nicht möglich.

136 *ee) Teilkündigung.* Eine Teilkündigung ist nicht möglich.

137 *ff) Kündigungserklärung.* Die Kündigung muss **schriftlich** erklärt werden, § 568 BGB.[88]
Erklärt der Anwalt die Kündigung, so ist eine **Originalvollmacht** wegen § 174 BGB beizufügen.
Geschieht dies nicht und weist der Empfänger die Kündigung aus diesem Grunde zurück, wobei auf die Zurückweisungserklärung ebenfalls § 174 BGB anzuwenden ist, so ist die ausgesprochene Kündigung unwirksam. Das kann im Extremfall dazu führen, dass eine dann erforderliche erneute Kündigung verspätet ist.

138 Die **Angabe des Kündigungsgrundes** ist nötig. Dies ist in § 569 Abs. 4 BGB normiert, so dass der zur Kündigung führende Grund im Kündigungsschreiben anzugeben ist. Zwar ist diese Regelung in dem hier interessierenden § 543 BGB nicht enthalten, so dass man die Angabe des Kündigungsgrundes für nicht erforderlich halten könnte, zumal der Vermieter bereits aus der Fristsetzung oder Abmahnung weiß, weswegen gekündigt wird. Allerdings steht § 569 BGB in dem Abschnitt II (Mietverhältnisse über Wohnraum), so dass bei solchen Mietverhältnissen der Kündigungsgrund anzugeben ist. § 569 Abs. 4 BGB unterscheidet im Übrigen nicht zwischen Vermieter und Mieter, so dass die Pflicht, den Kündigungsgrund anzugeben, für alle außerordentlichen Kündigungen im Wohnraummietverhältnis gilt.

---

[78] BGH WM 1967, 515 (517); MünchKomm/*Bieber* § 543 Rdnr. 30.
[79] LG Halle NZM 2003, 309.
[80] Begründung Regierungsentwurf zu § 543, Ziff. 5.
[81] Palandt/*Grüneberg* § 314 Rdnr. 10.
[82] MünchKomm/*Bieber* § 543 Rdnr. 30.
[83] Beispiele bei Schmidt-Futterer/*Blank* § 543 Rdnr. 35.
[84] BGHZ 133, 331; Palandt/*Weidenkaff* § 543 Rdnr. 53; a. A. MünchKomm/*Bieber* § 543 Rdnr. 30.
[85] Schmidt-Futterer/*Blank* § 543 Rdnr. 29.
[86] OLG Düsseldorf ZMR 1993, 522.
[87] Schmidt-Futterer/*Blank* § 543 Rdnr. 20.
[88] Vgl. oben Rdnr. 4 f.

Für den Umfang der Begründung gilt folgendes: Aus anwaltlicher Sicht sollte man für 139
eine möglichst genaue Begründung sorgen. Bisher ist noch nicht geklärt, welchen Umfang
eine Begründung haben muss, selbst für den Fall der vermieterseitigen Kündigung wegen
Zahlungsverzug noch nicht.[89] Aus der Begründung sollte hervorgehen, welcher Umstand
(wo, was, wann etc) dazu geführt hat, dass eine Gebrauchsbeeinträchtigung vorliegt. Dem
Kündigungsgegner muss es möglich sein, den Grund von möglichen anderen Gründen abzugrenzen. Er soll die Erfolgsaussichten einer Verteidigung gegen die Kündigung abschätzen
können.[90] Insbesondere bei der durch den Mieter ausgesprochen Kündigung darf das Begründungserfordernis im Vergleich zur alten Rechtslage nicht übersehen werden.[91] Dabei ist
aber Vorsicht geboten, insbesondere dann, wenn man als Vertreter des Vermieters eine mieterseitige Kündigung zu beurteilen hat: Ob die Rechtsprechung für die Begründung der mieterseitigen Kündigung genauso strenge Richtlinien findet wie für die vermieterseitige Kündigung, bleibt abzuwarten.

gg) Darlegungs- und Beweislast. Grundsätzlich hat der Mieter die Voraussetzungen des 140
Kündigungsrechts **vollumfänglich zu beweisen**.[92] Der Mieter muss also, hat er den Mietgegenstand angenommen, darlegen und ggf. beweisen, dass eine Gebrauchsbeeinträchtigung
besteht. Geht es aber darum, ob der Vermieter von Anfang an seiner Gebrauchsgewährungspflicht nicht nachgekommen ist oder er rechtzeitig die Beeinträchtigung beseitigt hat,
kehrt sich die Beweislast zugunsten des Mieters gemäß § 543 Abs. 4 Satz 2 BGB **um**. Die
Darlegungslast bleibt aber beim Mieter.

Im Übrigen muss der Mieter die Beeinträchtigung, die Fristsetzung oder Abmahnung so- 141
wie die Kündigung darlegen und beweisen.[93]

Behauptet der Vermieter, die Gebrauchsbeeinträchtigung sei unerheblich oder der Mieter 142
habe den Eintritt der Beeinträchtigung verschuldet oder die Beseitigung behindert, so ist der
Vermieter dafür beweispflichtig. Demgegenüber muss der Mieter wiederum darlegen und
beweisen, dass ein Festhalten am Vertrag trotz der Unerheblichkeit des Mangels unzumutbar gewesen sei.

Checkliste 143

☐ allgemeine Voraussetzungen der Kündigung
  Schriftform, Begründung, sichere Zustellung
☐ Vertrag bereits begonnen? Wenn nicht, vielleicht Ausnahme?
☐ Nichtgewährung oder Entzug des Gebrauchs, ganz oder teilweise
  Ausnahme: unerhebliche Beeinträchtigung
☐ Angemessene Fristsetzung oder Abmahnung
  Ausnahmsweise entbehrlich?
☐ Richtige Bezeichnung der Mängel
☐ Untätigkeit des Vermieters
☐ Kündigungsrecht ausgeschlossen oder verwirkt? Frist?
☐ Wer trägt die Beweislast?

d) Gesundheitsgefährdung, § 569 Abs. 1 i.V.m. § 543 Abs. 1 BGB. *aa) Einleitung.* Die 144
Kündigungsmöglichkeit wegen Gesundheitsgefährdung betrifft einen **Sonderfall der Kündigung wegen Nichtgewährung des Gebrauchs**. Auch dann, wenn die Wohnung zwar zur Verfügung gestellt ist, jedoch der Zustand der Wohnung gesundheitsgefährdend ist, liegt ein

---

[89] BGH WM 2004, 97; ausdrücklich beschränkt auf einen einfachen Fall.
[90] Staudinger/*Emmerich* § 569 Rdnr. 57.
[91] *Flatow*, Typische Fehler bei der Kündigungserklärung, NZM 2004, 281(285 f.).
[92] BGH NJW 1985, 2328.
[93] Schmidt-Futterer/*Blank* § 543 Rdnr. 41.

145 Mangel vor, auch hierin liegt, eine Nichtgewährung des Gebrauchs. Wie bei § 543 Abs. 1 i. V. m. Abs. 2 BGB ist Fristsetzung oder Abmahnung erforderlich.[94]

145 Im Übrigen hat sich die Rechtslage im Verhältnis zu § 544 BGB a. F. im Wesentlichen nicht geändert.[95] Zwar betrifft § 569 Abs. 1 BGB dem Wortlaut nach nur Wohnraum, während in § 544 BGB auch andere zum Aufenthalt von Menschen bestimmte Räume genannt waren, aber bezüglich dieser Räume wird nun in § 578 Abs. 2 Satz 2 BGB auf § 569 Abs. 1 BGB verwiesen.[96]

146 Das Kündigungsrecht ist nach § 569 Abs. 4 Satz 1 BGB nicht abdingbar.

147 *bb) Voraussetzung: Erhebliche Gesundheitsgefährdung.* Voraussetzung ist, dass mit der Benutzung des Wohnraums eine **erhebliche Gefährdung der Gesundheit** verbunden ist. Eine Beeinträchtigung der Gesundheit muss noch nicht eingetreten sein, es reicht aus, dass in absehbarer Zeit eine Beeinträchtigung konkret zu befürchten ist.[97] Eine lediglich abstrakte Gefährdung reicht nicht aus.[98]

148 Notwendig ist somit, darzulegen, dass die Gesundheitsgefährdung **mit der Benutzung der Wohnung** entsteht, die Benutzung der Wohnung also **kausal** für die Gesundheitsgefährdung ist. Dabei ist ein objektiver Maßstab anzulegen, es kommt also nicht auf die individuellen Verhältnisse des Mieters an.[99] Beweispflichtig für diesen Umstand ist der Mieter. Das bedeutet, dass der Mieter nicht nur den Sachverhalt darlegen und beweisen muss, aus dem er die Gesundheitsgefährdung ableitet, also in der Regel den Mangel, sondern auch, dass dieser Umstand **objektiv gesundheitsgefährdend** ist, wobei aber nicht erforderlich ist, dass schon eine Beschädigung der Gesundheit eingetreten ist. Der Beweis kann in der Regel nur über ein **medizinisches Sachverständigengutachten** geführt werden. Atteste des Hausarztes reichen in aller Regel nicht aus, weil die Ärzte oft die Ausführungen des Patienten (Mieter) zum Zustand der Wohnung übernehmen, jedenfalls eine Kausalitätsprüfung nicht stattfindet.

149 *(1) Gesundheitsgefährdung.* Nicht immer muss ein **Mangel der Mietsache im hygienischen Sinn** vorliegen, weil § 569 BGB auf die Gefährdung abstellt, die sich noch nicht konkretisiert haben muss. So kann eine Gefährdung der Gesundheit auch dann gegeben sein, wenn die Standsicherheit des Gebäudes beeinträchtigt ist.[100] Beispielhaft seien folgende Umstände genannt, die zur Kündigung berechtigen können: Pilz- und Schwammbefall,[101] übermäßige Feuchtigkeit,[102] ungenügende Heizung,[103] Ungeziefer,[104] gesundheitsgefährdende Beschaffenheit von Sicherheitseinrichtungen des Gebäudes oder Trinkwasserrohre aus Blei, wenn Grenzwerte überschritten sind.[105] Verschulden des Vermieters ist jedenfalls nicht Voraussetzung für die Ausübung des Kündigungsrechts.[106]

150 Wesentlich ist auch, dass der Umstand, aus dem die Gesundheitsgefährdung abgeleitet wird, von Dauer ist.[107] Unberücksichtigt bleiben also Dinge, die ihrer Natur nach vorübergehend sind, z. B. Baustellenlärm.

151 Zwei Problemkreise haben sich in den letzten Jahren herausgebildet: Belastung einer Wohnung mit Schimmel oder Asbest. Dabei ist zu berücksichtigen, dass eine abstrakte Gefährdung nicht ausreicht. Zur Darlegung einer Gesundheitsgefährdung reicht es also nicht aus, bspw. darzulegen, in einem Nachtspeicherofen befände sich Asbest, sondern es muss

---

[94] BGH Urt. v. 18. 4. 2007, VIII ZR 182/06; Palandt/*Weidenkaff* § 569 Rdnr. 9.
[95] Begründung Regierungsentwurf zu § 569.
[96] Siehe § 13.
[97] Staudinger/*Emmerich* § 569 Rdnr. 7.
[98] Staudinger/*Emmerich* § 569 Rdnr. 7.
[99] Schmidt-Futterer/*Blank* § 569 Rdnr. 11.
[100] AG Saarlouis WM 1990, 389.
[101] AG Langenfeld WM 1986, 314; AG Köln WM 1986, 94.
[102] OLG Düsseldorf ZMR 1987, 263.
[103] LG Traunstein WM 1986, 93.
[104] LG Saarbrücken WM 1991, 91; LG Freiburg WM 1986, 246; AG Berlin-Tiergarten MM 1997, 243; AG Kiel WM 1980, 235.
[105] AG Hamburg NJW-RR 1988, 914; AG Frankfurt NJW-RR 1988, 311.
[106] Schmidt-Futterer/*Blank* § 569 Rdnr. 9; Palandt/*Weidenkaff* § 569 Rdnr. 10.
[107] OLG Koblenz ZMR 1989, 376.

dargelegt werden, dass der Asbest in die Atemluft austreten kann. Entsprechendes gilt für den Schimmel: Es reicht nicht aus, lediglich Feuchtigkeitsschäden darzulegen, sondern es muss auch konkret aufgezeigt werden, dass durch einen Feuchtigkeitsschaden Schimmelbefall entstanden ist.

(2) Erheblichkeit. Für die Erheblichkeit der Gesundheitsgefährdung ist **nicht erforderlich,** 152 dass bereits eine **Gesundheitsbeschädigung** aufgetreten ist, sondern es reicht aus, wenn der Mieter die Mietsache nur unter der Befürchtung benutzen kann, die Gefährdung könnte sich verwirklichen.[108] Entscheidend ist, wie nachhaltig die Gefährdung ist, ein bloßes Unbehagen des Mieters reicht nicht aus. Dabei kommt es auch auf die Art der Gefahr an: Droht z.B. die Decke einzustürzen, reicht es aus, wenn sich dies nicht mehr ausschließen lässt, während es bei der Feuchtigkeit darauf ankommt, wie sicher die Gefährdung ist. Generell trägt jedenfalls der Vermieter die Prognoserisiken.[109]

Betrifft die Gefährdung nur einen Raum der Wohnung, ist entscheidend, ob dadurch die 153 Benutzbarkeit der Wohnung erheblich eingeschränkt ist.[110]

(3) Abmahnung oder Fristsetzung. Auch bei dem Kündigungsrecht wegen Gesundheitsge- 154 fährdung ist es notwendig, den Mangel entweder abzumahnen oder eine Frist zur Abhilfe zu setzen.[111]

cc) Ausschluss des Kündigungsrechts und Verwirkung. Stark umstritten ist die Frage, ob 155 das Kündigungsrecht aus § 569 Abs. 1 BGB ausgeschlossen ist, wenn der Mieter den Umstand, der zur Kündigung berechtigen soll, **selbst herbeigeführt** hat. Dies kann bspw. dann der Fall sein, wenn der Mieter den Schimmelpilzbefall dadurch herbeigeführt hat, dass er die Wohnung nicht ausreichend beheizt und gelüftet hat.

Eine Richtung der Literatur vertritt die Ansicht, dass der Mieter auch dann kündigen 156 kann, wenn er den Zustand der Wohnung selbst herbeigeführt hat. Dabei wird als Begründung angeführt, die Vorschrift habe allein den Zweck, die **Gesundheit des Mieters bzw. die Volksgesundheit zu schützen.** Dem Vermieter stünden ggf. Schadensersatzansprüche zu.[112]

Dem wird entgegengehalten, dass ein rücksichtsloser Mieter in einem solchen Fall **selbst die Voraussetzungen dafür schaffen kann,** sich aus dem Mietverhältnis zu befreien.[113]

M.E. muss der Zweck der Vorschrift hier zurückstehen. Verträge sind einzuhalten, mit 157 diesem Grundsatz ist es nicht vereinbar, dass ein Vertragspartner absichtlich oder unabsichtlich ein Kündigungsrecht selbst schafft. Dabei hilft der Verweis auf Schadensersatzansprüche nicht weiter, denn der Erfüllungsanspruch kann leichter geltend gemacht werden als der Schadensersatzanspruch.

Dabei ist aber zu beachten, dass der Vermieter eventuell bestehende Ausschlusstatbestän- 158 de darlegen und beweisen muss. Steht fest, dass bspw. Feuchtigkeitsschäden vorhanden sind, liegt es am Vermieter, darzulegen und zu beweisen, dass die Schäden auf das Verhalten des Mieters zurückzuführen sind.

Anders als andere Kündigungsrechte aus wichtigem Grund kann das Kündigungsrecht 159 wegen Gesundheitsgefährdung **nicht verwirken.**[114] Dies folgt aus dem Umstand, dass das Kündigungsrecht aus § 569 BGB nicht in entsprechender Anwendung des § 537b BGB ausgeschlossen sein kann, denn im Gegensatz zu der Kündigung wegen Nichtgewährung des Gebrauchs fehlt ein Verweis auf § 537b BGB in § 569 BGB. Die Kenntnis des zur Kündigung berechtigenden Umstandes schon bei Abschluss des Mietvertrages schadet also nicht. Eine zeitnahe Ausübung dieses Kündigungsrechtes muss nicht erfolgen: So lange die Gesundheitsgefährdung noch besteht, ist die Kündigung möglich. Bezogen auf den Eintritt der

---

[108] OLG Hamm NJW-RR 1987, 267.
[109] Schmidt-Futterer/*Blank* § 569 Rdnr. 11.
[110] Schmidt-Futterer/*Blank* § 569 Rdnr. 9.
[111] Wegen der Einzelheiten vgl. oben Rdnr. 35 ff.
[112] *Harsch,* Zur Kündigung des Mieters wegen Gesundheitsgefährdung (§ 544 BGB), WM 1989, 162 (163).
[113] LG Mannheim DWW 1978, 72; *Palandt/Weidenkaff* § 569 Rdnr. 8; Schmidt-Futterer/*Blank* § 569 Rdnr 12.
[114] Schmidt-Futterer/*Blank* § 569 Rdnr. 12.

Gefährdung kommt es also auf die Einhaltung einer angemessenen Frist gem. § 314 Abs. 3 BGB nicht an.[115]

160 dd) *Kündigungserklärung.* Für die Erklärung der Kündigung gelten zunächst die allgemeinen Hinweise.[116] Auch hier ist also für die Kündigung **Schriftform** erforderlich und die Kündigung ist zu begründen.[117] Die Begründung muss erkennen lassen, dass der Mieter eine Gesundheitsgefährdung annimmt und diese Gefährdung auf den **Zustand der Wohnung** zurückführt.[118]

161

Checkliste

☐ allgemeine Voraussetzungen der Kündigung
☐ Gesundheitsgefährdung
  Ausnahme: unerheblich?
☐ Kausalität durch Benutzung der Wohnung
☐ Ausschluss oder Verwirkung?

162 e) **Störung des Hausfriedens, § 569 Abs. 2 i. V. m. § 543 Abs. 1 BGB.** aa) *Einleitung.* § 569 Abs. 2 BGB legt für Wohnraummietverhältnisse fest, dass ein **wichtiger Grund** i. S. d. § 543 Abs. 1 BGB in der Störung des Hausfriedens liegt. Dieses Kündigungsrecht steht Mieter und Vermieter gleichermaßen zu, wird aber in der Regel nur von Vermieterseite geltend gemacht. Die Vorschrift ist nur insoweit ein Ersatz des § 554a BGB a. F., als in § 569 Abs. 2 BGB die Störung des Hausfriedens genannt ist, im Übrigen umfasste § 554a BGB a. F. auch andere schuldhafte Vertragspflichtverletzungen, die von § 569 Abs. 2 BGB nicht geregelt werden.[119]

163 bb) *Voraussetzungen.* (1) *Störung des Hausfriedens.* Das Tatbestandsmerkmal „Hausfrieden" wird weder in § 569 BGB noch an anderer Stelle im BGB näher definiert, lässt sich auch nicht aus §§ 123, 124 StGB ableiten.[120] Abzustellen ist vielmehr darauf, dass das Zusammenleben mehrer Bewohner eines Hauses nur dann funktionieren kann, wenn die Bewohner **gegenseitig Rücksicht** nehmen. Das Nähere regelt eine Hausordnung, wenn eine solche vereinbart ist, im Übrigen ist auf die Verkehrssitte abzustellen. Dies gilt natürlich nicht nur für die Mieter, sondern auch für den im Hause wohnenden Vermieter.[121]

164 Wohnt der Vermieter nicht im Hause und stört ein Mieter den Hausfrieden, so ist für den gestörten Mieter eine Kündigung nicht nach § 569 Abs. 2 BGB möglich, denn das Verhalten eines Dritten müsste sich der Vermieter nur nach § 278 BGB zurechnen lassen, dessen Voraussetzungen sind aber im Regelfall nicht gegeben. Zudem geht in einem solchen Fall § 543 Abs. 1, Abs. 2 Ziff. 1 BGB als die speziellere Norm dem § 569 Abs. 2 BGB vor, wenn dessen Voraussetzungen vorliegen.[122]

165 Eine Störung des Hausfriedens liegt dann vor, wenn die zur **Wahrung des Hausfriedens notwendigen Verhaltenspflichten zur gegenseitigen Rücksichtnahme verletzt** und dies zur Beeinträchtigung eines Anderen, hier des Mieters, führt. Dafür ist nicht notwendig, dass der Vermieter im Hause wohnt, auch eine Störung anlässlich eines Besuches oder der Durchführung von Arbeiten im Hause reicht grundsätzlich aus.

166 Im Wesentlichen kommen **Lärmstörungen** als Kündigungsgründe in Betracht. Möglich ist eine Verletzung des Hausfriedens aber auch durch das unbefugte Betreten der Mieträume

---

[115] MünchKomm/*Häublein* § 569 Rdnr. 15.
[116] Vgl. oben Rdnr. 4 f.
[117] Siehe oben Rdnr. 68.
[118] BGH Urt. v. 22. 6. 2005, VIII ZR 326/04.
[119] Begründung Regierungsentwurf zu § 569; Schmidt-Futterer/*Blank* § 569 Rdnr. 3.
[120] Schmidt-Futterer/*Blank* § 569 Rdnr. 18.
[121] MünchKomm/*Häublein* § 569 Rdnr. 20.
[122] Schmidt-Futterer/*Blank* § 569 Rdnr. 19.

durch den Vermieter. Bei Lärmstörungen ist zu beachten, dass nicht nur Randalieren oder Ähnliches zur Kündigung führen kann, sondern auch die eigentlich bestimmungsgemäße Nutzung von Radio, Fernseher, Musikanlage und Musikinstrumenten, wenn deren Nutzung zu Störungen führt. Dabei ist darauf abzustellen, ob eine **objektive Störung** tatsächlich vorliegt. Fälle dieser Art zeichnen sich häufig dadurch aus, dass Streit darüber besteht, was im Rahmen eines geordneten Zusammenlebens noch hingenommen werden muss. Die Auffassungen der Parteien sind dabei in der Regel von **subjektiven Empfindlichkeiten geprägt,** weil die Frage, ob jemand durch Lärm gestört wird, eine subjektive Frage ist. Die „Störungsschwelle" ist eben unterschiedlich hoch angesetzt. Ob eine Lärmstörung tatsächlich vorliegt, kann daher nur im **Einzelfall** beurteilt werden. Auf eine Aufzählung verschiedener Einzelfälle wird deshalb an dieser Stelle verzichtet. Bei der Prüfung darf jedenfalls nicht übersehen werden, dass in einem Mehrfamilienhaus Beeinträchtigungen durch andere Bewohner nicht ausgeschlossen werden können und deshalb im notwendigen Umfang auch hinzunehmen sind.

Die Störung muss auch **nachhaltig** sein, also jedenfalls häufiger vorkommen.[123] Eine einmalige Störung reicht daher für eine Kündigung im Regelfall nicht aus. 167

(2) Unzumutbarkeit der Vertragsfortsetzung. § 569 Abs. 2 BGB definiert lediglich einen **weiteren wichtigen Grund,** der nach § 543 BGB zur Kündigung berechtigt. Die **übrigen Tatbestandsmerkmale des § 543 BGB** müssen deswegen auch vorliegen, insbesondere muss durch die nachhaltige Störung des Hausfriedens die Fortsetzung des Vertragsverhältnisses für die andere Partei, hier den Mieter, **unzumutbar** sein. Dabei sind die **Interessen** beider Vertragspartner gegeneinander **abzuwägen,** auf der einen Seite also das Kündigungsinteresse des Mieters und auf der anderen Seite das Interesse des Vermieters, am Vertrag festzuhalten. Dabei kann zu Lasten des Mieters zu berücksichtigen sein, dass ihm die Beendigung des Mietverhältnisses unabhängig von der Dauer immer mit einer Frist von drei Monaten möglich ist, so dass es ihm unter Umständen zuzumuten ist, diese Zeit noch abzuwarten. Die Zumutbarkeitsfrage kann auch, wie die Frage der Störung, nur im Einzelfall entschieden werden. Dabei sind die persönlichen Verhältnisse der Parteien zu berücksichtigen. 168

(3) Verschulden? § 569 BGB fordert als absolute Kündigungsvoraussetzung nicht, dass schuldhaftes Handeln gegeben sein muss.[124] Das Verschulden einer Vertragspartei (oder beider Vertragsparteien) ist im Gesetz lediglich als ggf. zu berücksichtigender Umstand des Einzelfalles genannt. Weil dieser Umstand allerdings als einziger expressis verbis genannt wurde, kann man jedenfalls annehmen, dass das **Verschulden bei der Abwägung eine gewichtige Rolle** spielen soll.[125] Nach m. A. kann allerdings bei fehlendem Verschulden nicht darauf geschlossen werden, dass der Tatbestand auf jeden Fall nicht erfüllt ist. Denn eine Gebrauchsbeeinträchtigung, die zur Kündigung berechtigen würde, kann durchaus auch eintreten, ohne dass der Vermieter dies schuldhaft herbeigeführt hat. Umgekehrt führt auch schuldhaftes Handeln nicht unbedingt zu einem zur Kündigung berechtigenden Grund, wenn nämlich die Schwelle der Unzumutbarkeit nicht überschritten wird. 169

Festzuhalten ist also, dass **schuldhaftes Handeln nicht Tatbestandsvoraussetzung** ist, wohl aber im Rahmen der Abwägung wichtig ist. Fehlt das Verschulden, müssen besonders gewichtige Gründe vorliegen, wenn man die Unzumutbarkeit annehmen will.[126]

(4) Abmahnung oder Fristsetzung. Durch § 543 Abs. 3 BGB wird festgelegt, **dass eine Abmahnung oder eine Fristsetzung regelmäßig erforderlich ist** und nur unter den Voraussetzungen des § 543 Abs. 3 Satz 2 BGB darauf verzichtet werden kann. 170

Das **Wahlrecht** zwischen einer Abmahnung und einer Fristsetzung wird der Mieter angemessen ausüben müssen, bei der Störung des Hausfriedens kommt wohl nur eine Abmahnung in Betracht, weil nur dadurch dem Vertragspartner sein vertragswidriges Verhalten vor Augen geführt werden kann. 171

---

[123] Schmidt-Futterer/*Blank* § 569 Rdnr. 21.
[124] Siehe auch oben Rdnr. 25.
[125] So auch Schmidt-Futterer/*Blank* § 569 Rdnr 21; Staudinger/*Emmerich* § 569 Rdnr. 27.
[126] Palandt/*Weidenkaff* § 543 Rdnr. 33.

172 cc) *Darlegungsprobleme.* Der kündigende Mieter muss im Streitfall beweisen, dass er zur Kündigung berechtigt war. Er läuft sonst Gefahr, mindestens bis zum nächstmöglichen ordentlichen Kündigungstermin oder ggf. bis zu Beendigung des befristeten Mietverhältnisses auf Miete in Anspruch genommen zu werden. Der **Beweis des Kündigungsgrundes** setzt voraus, dass dieser im Prozess **substantiiert dargelegt** werden kann, damit das Gericht entsprechende Beweisantritte nicht als Ausforschung zurückweisen kann. Die Gerichte stellen zum Teil sehr hohe Anforderungen an die Substantiierung.

173 Lärmstörungen können im Regelfall nicht anders als durch **Zeugenbeweis** nachgewiesen werden. Im Ausnahmefall kann einmal ein **Lärmmessgutachten** vorliegen, aber auch dann wird man zum Beweis der Frage, aus welcher Wohnung der Lärm kam, auf den Zeugenbeweis nicht verzichten können.

174 Notwendig ist deswegen in der Regel, dass die Störungen nach Art, Intensität, Datum, Uhrzeit und Dauer vorgetragen werden können. Dabei hat sich bewährt, dem Mandanten zu empfehlen, ein **Lärmprotokoll** tabellarisch zu führen. Dabei kommt es dann auf folgende Kriterien an:[127]
- Hörbarkeit in der eigenen Wohnung
- Notwendigkeit, die eigenen Fenster zu schließen
- Notwendigkeit, die eigene Stimme zu erheben
- Tages- oder Nachtzeit
- Sonstige Ruhezeiten
- Maskierung durch Hintergrundgeräusche
- Störung des Einschlafens und der Weckreaktion
- Störung konzentrierten Lesens oder Arbeitens
- Störung eigenen Musikhörens
- Art der Töne
- Wechsel von Sprache und Musik.

175 Dabei ist dann auch erforderlich, zu notieren, ob und ggf. welche **Zeugen** die Störung ebenfalls zur Kenntnis genommen haben. Dieses Protokoll muss den **gesamten maßgeblichen Zeitraum** abdecken, also die Vorfälle, die zur Abmahnung oder Fristsetzung führen und das Verhalten des Störenden danach. Diese Prozedur wird häufig von den Mandanten als unangenehm empfunden, sie ist aber nach Erfahrung des Verfassers die einzige sichere Möglichkeit, die Berechtigung der Kündigung später darlegen zu können, vom Beweis ganz zu schweigen.

176 dd) *Ausschluss und Verwirkung.* Nach § 569 Abs. 5 BGB ist eine Vereinbarung, die zum Nachteil des Mieters von § 569 Abs. 1–4 BGB oder von § 543 BGB abweicht, unwirksam. Damit kann das Kündigungsrecht wegen Störung des Hausfriedens im Wohnraummietverhältnis vertraglich **weder ausgeschlossen noch eingeschränkt** werden.

177 Eine **Verwirkung** des Kündigungsrechtes ist allerdings möglich, wenn der Berechtigte bei Vorliegen eines Kündigungsgrundes zu lange zuwartet, weil dann angenommen wird, dass eine Unzumutbarkeit der Vertragsfortsetzung nicht vorliegt.[128] Bezüglich der Länge des Abwartens ist die Rechtsprechung der Instanzgerichte höchst unterschiedlich, Auffassungen von einem Monat[129] bis 2 Jahren[130] werden vertreten. Dabei sind die Gründe für das Zuwarten zu berücksichtigen. Nach einer Stimme in der Literatur darf der Mieter abwarten, bis er eine Ersatzwohnung gefunden hat.[131] § 314 Abs. 3 BGB gilt auch hier.

Zur Kündigungserklärung wird auf die obigen Ausführungen verwiesen.[132]

---

[127] Lärmstörungen – Gutachten und Lärmlexikon, S. 28 (8. Aufl. 1998), Materialien des Zentralverbandes der deutschen Haus-, Wohnungs- und Grundeigentümer e. V.
[128] BGH NJW-RR 1988, 77.
[129] AG Delmenhorst WM 1980, 163.
[130] OLG Düsseldorf DWW 1997, 435 (438).
[131] Schmidt-Futterer/*Blank* § 569 Rdnr. 28.
[132] Vgl. oben Rdnr. 67 ff.

Checkliste 178

☐ allgemeine Voraussetzungen des Kündigungsrechts
☐ Störung des Hausfriedens, Unzumutbarkeit der Vertragsfortsetzung
   Darlegung und Nachweis möglich? Lärmprotokoll
   Liegt objektive Störung vor?
☐ Abmahnung oder Fristsetzung
☐ Ausschluss oder Verwirkung

f) Unzumutbarkeit der Vertragsfortsetzung, § 543 Abs. 1 BGB. *aa) Einleitung.* Nach 179
§ 543 Abs. 1 BGB kann jeder Vertragsteil das Mietverhältnis aus wichtigem Grund außerordentlich fristlos kündigen. Die **Legaldefinition des wichtigen Grundes** findet sich in Satz 2 und orientiert sich im Interesse der Rechtseinheitlichkeit an § 626 BGB:[133] Ein wichtiger Grund liegt danach vor, wenn dem Kündigenden unter Berücksichtigung aller Umstände des Einzelfalles, insbesondere eines Verschuldens der Vertragsparteien und unter Abwägung der beiderseitigen Interessen die Fortsetzung des Mietverhältnisses bis zum Ablauf der Kündigungsfrist oder bis zur sonstigen Beendigung des Mietverhältnisses nicht zugemutet werden kann.

Diese Vorschrift ist mit der Mietrechtsreform 2001 entstanden und normiert ein **allgemeines und unabdingbares Recht beider Vertragsparteien zur fristlosen Kündigung**.[134] Allerdings ist nur die Vorschrift, nicht das in ihr normierte Kündigungsrecht neu. Denn auch bisher bestand Einigkeit darüber, dass außer den gesetzlichen normierten Kündigungsgründen ein aus **allgemeinen Rechtsgrundsätzen hergeleitetes Kündigungsrecht aus wichtigem Grund** besteht, weil es sich beim Mietverhältnis um ein Dauerschuldverhältnis handelt. Die neue Vorschrift dient deshalb auch dem Ersatz dieses allgemeinen Kündigungsrechts.[135] 180

bb) Kündigungsfrist. Es heißt im Gesetzestext, aus wichtigem Grund könne man fristlos 181
kündigen. Damit wäre nach dem Wortlaut auch nur eine sofortige Beendigung möglich. Nach dem Zweck der Vorschrift darf man dies aber nicht eng auslegen, sondern muss wie bisher eine Kündigung „**ohne Einhaltung einer Kündigungsfrist**" zulassen, so dass auch die Kündigung mit einer geringeren als der gesetzlichen Kündigungsfrist möglich ist.

cc) Voraussetzungen. (1) *Verschulden?* Verschulden ist nicht Tatbestandsvoraussetzung, 182
sondern eventuell zu berücksichtigender Umstand des Einzelfalles.[136]

(2) *Wichtiger Grund.* Der Gesetzestext ist, worauf die Begründung des Regierungsentwurfs hinweist, an § 626 BGB angelehnt, so dass es angezeigt erscheint, die Definition des wichtigen Grundes ähnlich wie dort vorzunehmen: 183
- Zunächst müssen Tatsachen vorliegen, die einen wichtigen Grund darstellen können.
- Es müssen alle Umstände des Einzelfalles berücksichtigt werden, ggf. auch solche, die mit dem wichtigen Grund nicht unmittelbar zusammenhängen.
- Interessenabwägung, dabei muss dann zu Lasten des Vermieters etwa vorhandenes Verschulden berücksichtigt werden, wobei fehlendes Verschulden nicht automatisch entlastet.
- Unzumutbarkeit muss im Wesentlichen nach der noch möglichen Länge des Vertragsverhältnisses beurteilt werden, wobei zu Lasten des Mieters zu berücksichtigen sein wird, dass im unbefristeten Mietverhältnis die Kündigung für den Mieter ohne weiteres mit einer Frist von 3 Monaten möglich ist.

Wie oben schon erwähnt, dient die neue Vorschrift auch dem Ersatz des bisher von der 184
Rechtsprechung gestalteten außerordentlichen Kündigungsrechts. Weil die neue Regelung

---
[133] Begründung Regierungsentwurf zu § 543 Entw.
[134] Begründung Regierungsentwurf zu § 543 Entw.
[135] Begründung Regierungsentwurf zu § 543 Entw.
[136] Vgl. oben Rdnr. 99.

im Wesentlichen der bisherigen Rechtslage entsprechen soll,[137] wird man auch zunächst die bisher von der Rechtsprechung gebildeten Fallgruppen für die Auslegung von § 543 Abs. 1 BGB übernehmen müssen.

185 *(3) Abmahnung.* Nach dem Wortlaut der Vorschrift ist eine **Abmahnung grundsätzlich nicht erforderlich.** Eine Ausnahme, die in der Praxis allerdings bedeutsam ist, findet sich § 543 Abs. 3 BGB, nämlich dann, wenn es sich um die Verletzung einer mietvertraglichen Pflicht handelt, wobei dann aber wieder die dort genannten Gegenausnahmen zu beachten sind. Zu berücksichtigen ist auch, dass dort neben der Abmahnung auch ausdrücklich die Frist zur Abhilfe genannt wird. Der Mieter hat deshalb auch dann, wenn er sich vor der Kündigung an den Vermieter wenden muss, die Wahl, welches Mittel er dabei wählt.

186 Da das Gesetz das Erfordernis der Abmahnung oder Fristsetzung ausdrücklich auf die Verletzung mietvertraglicher Pflichten beschränkt, muss man im Zirkelschluss davon ausgehen, dass in anderen Fällen eine Abmahnung nicht erforderlich sein soll. Ob dieses Ergebnis sich durchsetzt, muss jedoch abgewartet werden. Denn auf der anderen Seite ist ein Verschulden nicht mehr erforderlich. Eine Kündigung gänzlich ohne Verschulden und ohne Abmahnung ist nur schwer vorstellbar und wird m.E. dem Grundsatz, dass Verträge einzuhalten sind, nicht gerecht. Der Anwalt sollte jedenfalls grundsätzlich dem Mieter dazu raten, eine Abmahnung auszusprechen oder eine Frist zur Abhilfe zu setzen.

187 *(4) Einzelfälle.* Dabei müssen zwei Gruppen unterschieden werden: Der **Kündigungsgrund** liegt entweder in der **Zerrüttung des Mietvertrages** oder er ergibt sich aus der **Interessensphäre des Kündigenden.**

188 Die Zerrüttung des Mietvertrages setzt voraus, dass der **Kündigungsgrund in der Person des Gekündigten oder mindestens in dessen Risikosphäre liegt.** Weil § 569 Abs. 2 BGB den alten § 554a BGB nur zum Teil ersetzt, sind dies auf jeden Fall alle Vertragspflichtverletzungen mit einigem Gewicht, die früher unter § 554a BGB alt fielen, wobei es nun nicht mehr unmittelbar darauf ankommt, ob schuldhaftes Handeln gegeben ist oder nicht.

189 Deswegen besteht ein Kündigungsrecht nach § 543 Abs. 1 BGB dann, wenn der Vermieter sich gegenüber dem Mieter strafbar macht. Dabei kommen im Wesentlichen schwere Beleidigungen, Tätlichkeiten, Verleumdung, Diebstahl, Hausfriedensbruch und ähnliches in Betracht. Immer muss man sich in solchen Fällen fragen, ob es durch den Vorfall **unzumutbar wird, das Vertragsverhältnis fortzusetzen.** In solchen Fällen kann auch häufig ohne Abmahnung gekündigt werden. Bei der Frage, ob eine Abmahnung notwendig ist oder nicht, sollte man stets prüfen, ob mit einer Abmahnung bezogen auf den Vorfall dem Abmahnungsgegner nicht etwas völlig Selbstverständliches mitgeteilt wird. In solchen Fällen ist eine Abmahnung in der Regel entbehrlich.

190 Weiter gehört hierhin der Fall der leichtfertigen Strafanzeige gegen den Mieter. Dies kann nämlich ein Kündigungsgrund sein, wenn bei der Strafanzeige der Grundsatz der Verhältnismäßigkeit nicht beachtet wird. Dies ist selbstverständlich dann der Fall, wenn die Anzeige auf erfundenen Tatsachen beruht, denn dann liegt auch in der Regel der Tatbestand der Verleumdung oder üblen Nachrede vor. Aber auch dann, wenn die der Anzeige zugrunde liegenden Tatsachen wahr sind, kann diese zur Kündigung führen. Es kommt dann darauf an, ob der Anzeigenerstatter zur Wahrung eigener Interessen[138] oder aus staatsbürgerlicher Pflicht[139] handelt, oder ob die Anzeige lediglich aus Böswilligkeit oder aus nichtigem Anlass heraus erstattet wird.[140]

191 Sorgfältig muss man in diesen Fällen die **Beweislastverteilung** beachten: Der Mieter, der auf Grund der Anzeige des Vermieters das Mietverhältnis kündigt, muss lediglich den einfachen Beweis führen, dass der Vermieter die Anzeige erstattet hat. Der Vermieter muss dann beweisen, dass der Sachverhalt wahr und die Anzeige nicht leichtfertig ist.[141] Dies ergibt sich für den Fall der Verleumdung (§ 187 StGB) und der üblen Nachrede (§ 186 StGB) be-

---

[137] Begründung Regierungsentwurf zu § 543 Entw.
[138] Z.B. eine Anzeige nach § 5 Wirtschaftsstrafgesetz.
[139] Z.B. bei schweren Straftaten.
[140] Schmidt-Futterer/*Blank* § 543 Rdnr. 188.
[141] Schmidt-Futterer/*Blank* § 543 Rdnr. 189.

reits daraus, dass der Tatbestand dadurch erfüllt wird, dass der Täter „wider besseren Wissens" handelt oder die Tatsache „nicht erweislich wahr" ist. Diese strafrechtliche Verteilung der Beweislast wirkt sich auch mietrechtlich aus.[142] Das bedeutet also, dass der durch die Anzeige Beschwerte, in diesem Fall der Mieter, lediglich nachweisen muss, dass die Anzeige vom Vermieter stammt. Dieser verhält sich schon dann pflichtwidrig, wenn er die Richtigkeit des angezeigten Sachverhalts nicht nachweisen kann.

In der 2. Gruppe (Kündigungsgrund aus der Interessensphäre des Kündigenden) kann sich ein Kündigungsgrund nach den Grundsätzen des **Wegfalls oder der Veränderung der Geschäftsgrundlage** ergeben.[143] Wird dabei die Kündigung auf Umstände gestützt, auf die der Gekündigte, hier der Vermieter, keinen Einfluss hat, ist die Kündigung nur ausnahmsweise wirksam, denn grundsätzlich kann eine Kündigung nicht auf Umstände gestützt werden, die nicht in der Risikosphäre des Gekündigten liegen.[144] So kann der Mieter die Wohnung nicht außerordentlich kündigen, wenn die Wohnung wegen Familienzuwachs zu klein oder auf Grund negativer Einkommensentwicklung beim Mieter zu teuer geworden ist.[145] Kündigungsgründe für den Mieter lassen sich hier nur schwer vorstellen, da es ihm ja bei unbefristeten Mietverhältnissen immer möglich ist, das Mietverhältnis mit einer Frist von 3 Monaten zu beenden und bei befristeten Mietverhältnissen die Möglichkeit der außerordentlichen Kündigung mit gesetzlicher Frist besteht.

Checkliste

- ☐ allgemeine Voraussetzungen, s. § 40
- ☐ Wichtiger Grund
  Unzumutbarkeit der Vertragsfortsetzung
- ☐ Verschulden nicht erforderlich
- ☐ Abmahnung

g) Kündigung wegen Verweigerung der Genehmigung zur Untervermietung, § 540 Abs. 1 Satz 2 BGB. *aa) Einleitung.* Grundsätzlich hat der Mieter keinen Anspruch gegen den Vermieter, ihm die Untervermietung der Wohnung zu gestatten. Nur unter den Voraussetzungen des § 553 Abs. 1 Satz 1 BGB besteht für den Mieter ein Anspruch gegen den Vermieter, ihm die Untervermietung zu gestatten. Das Kündigungsrecht in § 540 Abs. 1 Satz 2 BGB kommt deshalb dann zum Tragen, wenn der Mieter vom Vermieter die Zustimmung zur Untermiete nicht verlangen kann, er aber die Mietsache selbst nicht mehr benötigt.[146] Das Kündigungsrecht kann formularmäßig nicht ausgeschlossen werden, wohl aber durch eine Individualvereinbarung.[147]

bb) Voraussetzungen. (1) Verweigerte Erlaubnis. Voraussetzung ist zunächst, dass der Vermieter dem Mieter die Erlaubnis verweigert, das Mietobjekt unterzuvermieten. Das wiederum setzt voraus, dass der Mieter eine konkrete Anfrage an den Vermieter gerichtet hat. Denn nur dann ist der Vermieter zu einer Antwort verpflichtet. Also muss in der konkreten Anfrage mindestens der Name des Untermieters enthalten sein.[148] Der Vermieter verweigert die Erlaubnis, wenn er entweder ausdrücklich erklärt, einer Untermiete nicht zuzustimmen oder sich auf eine angemessene Frist des Mieters hin nicht meldet.

---

[142] Schmidt-Futterer/*Blank* § 543 Rdnr. 189.
[143] Schmidt-Futterer/*Blank* § 543 Rdnr. 223 ff.
[144] *Sternel* IV Rdnr. 528.
[145] LG Frankfurt DWW 1986, 45.
[146] Schmidt-Futterer/*Blank* § 540 Rdnr. 64.
[147] LG Hamburg WuM 1992, 689; Schmidt-Futterer/*Blank* § 540 Rdnr. 66; MünchKomm/*Bieber* § 540 Rdnr. 26.
[148] MünchKomm/*Bieber* § 540 Rdnr. 14; Schmidt-Futterer/*Blank* § 540 Rdnr. 67.

Praxistipp:

196 Um die Erlaubnis zur Untervermietung sollte schriftlich nachgefragt werden. In dem entsprechenden Schreiben sollte eine angemessene Frist zur Erklärung bestimmt werden.

197 *(2) Kein wichtiger Grund.* Der Vermieter ist berechtigt, die Erlaubnis zur Untervermietung zu verweigern, wenn in der Person des Dritten ein wichtiger Grund vorliegt. In diesen Fällen entsteht das Kündigungsrecht des Mieters nicht. Dabei sind die persönlichen Verhältnisse des potenziellen Untermieters entscheidend. Ist beispielsweise eine Störung des Hausfriedens zu erwarten, kann der Vermieter die Erlaubnis zur Untervermietung verweigern. Das kann beispielsweise der Fall sein, wenn der potentielle Untermieter dem Vermieter bekannt ist oder wenn dessen Beruf, beispielsweise bei Musikern die Befürchtung rechtfertigt, es werde zu erheblichen Lärmstörungen kommen.[149] Kein wichtiger Grund sind die finanziellen Verhältnisse des potenziellen Untermieters. Denn zwischen dem Untermieter und dem Vermieter besteht kein Vertragsverhältnis. Der Erfüllungsanspruch besteht nur gegenüber dem Mieter, so dass es nur auf dessen Solvenz ankommt.

198 *(3) Beweislast.* Der Mieter trägt im Streitfall die Beweislast dafür, dass er konkret um die Gestattung der Untermiete nachgesucht hat und dies im vom Vermieter verweigert wurde, der Vermieter trägt die Beweislast dafür, dass in der Person des Dritten ein wichtiger Grund vorliegt.[150]

199 *cc) Kündigungserklärung.* Auch für die Kündigung nach § 540 Abs. 1 BGB gilt die Schriftform, die Angabe eines Kündigungsgrundes ist jedoch nicht erforderlich.[151]
Im Übrigen kann bei der Wohnraummiete mit der gesetzlichen Frist des § 573d Abs. 2 BGB gekündigt werden. Das bedeutet, dass das Kündigungsrecht wegen Versagung der Erlaubnis zur Untervermietung in den gewöhnlichen unbefristeten Wohnraummietverträgen keine Rolle spielt, da sowieso mit dreimonatiger Frist gekündigt werden kann. Dieses Kündigungsrecht ist deswegen nur in den Mietverhältnisses von Bedeutung, die zulässiger Weise befristet sind oder in denen die ordentliche Kündigung zulässiger Weise ausgeschlossen wurde. Eine bestimmte Frist ist nicht vorgesehen, allerdings kann auch dieses Kündigungsrecht verwirken, so dass der Mieter mit der Kündigung nicht all zu lange warten sollte.[152]

200 **Checkliste**

- ☐ allgemeine Voraussetzungen, s. § 40
- ☐ konkrete Anfrage?
- ☐ verweigerte Erlaubnis
  Ausdrückliche Erklärung oder
  keine Antwort innerhalb angemessener Frist
- ☐ kein wichtiger Grund für Ablehnung des Untermieters

2. Fristlose Kündigung des Vermieters

201 *a) Einleitung.* Die fristlose Kündigung des Vermieters stößt unter dem Gesichtspunkt des landläufig propagierten Kündigungsschutzes gern auf Widerstand bei Gericht, zumal dann, wenn der Kündigungsgrund nicht in Zahlungsverzug besteht, sondern in einem anderen vertragswidrigen Verhalten; die Entscheidung des AG Nürnberg vom 11. 5. 94 zur Zurückwei-

---

[149] Palandt/*Weidenkaff* § 540 Rdnr. 12.
[150] MünchKomm/*Bieber* § 540 Rdnr. 28.
[151] Schmidt-Futterer/*Blank* § 540 Rdnr. 75.
[152] Schmidt-Futterer/*Blank* § 540 Rdnr. 75.

sung der Räumungsklage, wenn der Vermieter vom Mieter als „A…loch und Drecksau" betitelt wird[153] ist kein Einzelfall.

Nachdem meist nur Entscheidungen der Amts- und Landgerichte zu den einzelnen Kündigungssachverhalten vorliegen, fällt die Argumentation vor dem eigenen Amts- oder Landgericht zuweilen schwer. Der mit der Durchsetzung einer Kündigung beauftragte Anwalt wird daher vor dem eigentlichen Klagverfahren in mehreren Richtungen ausloten müssen, wie eine Räumung des missliebigen Mieters gelingen kann; er wird das Gericht davon überzeugen müssen, dass „dem Kündigenden unter Berücksichtigung aller Umstände des Einzelfalles und unter Abwägung der beiderseitigen Interessen die Fortsetzung des Mietverhältnisses bis zum Ablauf der Kündigungsfrist oder bis zur sonstigen Beendigung des Mietverhältnisses nicht zugemutet werden kann".[154]

aa) Reform der Kündigungsvorschriften. In der Neufassung des BGB zum Mietrecht sind die bisherigen Regelungen zur fristlosen Kündigung von Mieter- und Vermieterseite gemäß §§ 542, 543, 553, 554 und 554a BGB a. F. zusammengefasst und umstrukturiert worden.[155] Ein Vergleich zwischen der Rechtslage bis zum 1. 9. 2001 und der seither geltenden Rechtslage soll nachstehend deshalb erfolgen, weil häufig ältere Urteile noch eine Rolle spielen, aber nicht ohne weiteres auf die neue Rechtslage übertragen werden können.

Der Grundtatbestand ist im allgemeinen Teil des Mietrechts niedergelegt, § 543 BGB; ergänzende Vorschriften für die Wohnraummiete finden sich im diesbezüglichen Teil der Vorschriften über die Wohnraummiete, § 569 BGB.

Die Kündigungstatbestände des Zahlungsverzuges und der schweren Störung des Hausfriedens werden infolge der vor die Klammer gezogenen allgemeinen Bestimmungen auseinander gerissen.

Eine materielle Änderung gegenüber der bisherigen Rechtslage ergibt sich einmal daraus, dass einer fristlosen Kündigung wegen der Verletzung von vertraglichen Pflichten grundsätzlich die Setzung einer allgemeinen **Abhilfefrist** bzw. eine **erfolglose Abmahnung** vorausgehen muss. Dies war bislang beim Kündigungstatbestand von § 554a BGB a. F. nicht erforderlich gewesen.

Als Ausnahme hiervon sind in § 543 Abs. 3 BGB drei weitreichende Ausnahmetatbestände ausgeführt, welche die fristlose Kündigung auch ohne vorherige Fristsetzung bzw. Abmahnung zulassen.

Neuartig ist auch, dass entgegen der bisherigen Rechtslage eine fristlose Kündigung von Wohnraum wegen nachhaltiger Störungen des Hausfriedens durch einen Vertragsteil auch **ohne** dessen **Verschulden** möglich sein soll, §§ 543 Abs. 1, 569 Abs. 2 BGB; in diesen Fällen hatte die Rechtsprechung bisher auf den Rechtsgedanken aus § 242 BGB zurückgreifen müssen, um den Vermieter/die Hausbewohner nicht rechtlos zu stellen und auch die Räumung schuldunfähiger Mieter zu ermöglichen. Das Verschulden ist nunmehr lediglich noch ein Abwägungskriterium, nicht aber eine absolute Kündigungsvoraussetzung.[156]

Eine weitere gravierende Neuerung liegt in der Verlängerung der **Schonfrist** bei der fristlosen Kündigung wegen Zahlungsverzugs von einem Monat auf nunmehr **zwei Monate,** § 569 Abs. 3 Nr. 2 BGB. Damit soll nach dem Willen des Gesetzgebers den Sozialbehörden mehr Zeit gegeben werden, den Rückstand des Mieters zu bearbeiten und zu reagieren. Inwieweit diese Neuregelung Einfluss auf die zuweilen gängige Praxis der Gerichte, schriftliches Vorverfahren anzuordnen und vor Ablauf der Schonfrist ein Versäumnisurteil zu erlassen, haben wird, bleibt abzuwarten. Der rechtsuchende Vermieter, der Opfer eines Einmietbetrugs geworden ist, wird jedenfalls kein Verständnis dafür aufbringen können, wenn das Gericht nach Ablauf von mehr als zwei Monaten erst Termin zur mündlichen Verhandlung anzuberaumen gedenkt.

---

[153] AG Nürnberg Urt. v. 11. 5. 1994 – 26 C 4676/93 – DWW 1996, 87, Bespr. Schmidt-Futterer/*Pfeiffer* § 543 Rdnr. 182 ff.
[154] BGH NJW 1981, 1264; BGH NJW 1978, 947.
[155] Überblick: *Blank* NZM 2001, 9 ff.; *Kraemer* WuM 2001, 163 ff.
[156] *Kraemer* a. a. O.; BGH NZM 2005, 300.

209 Stellt man die bisher geltenden Vorschriften über die fristlose Kündigung des Vermieters den neu geltenden Kündigungsvorschriften gegenüber, so ergibt sich folgendes Bild:

bisherige Vorschrift:	neue Vorschrift:
§ 553 BGB	§ 543 Abs. 2 Nr. 2 BGB
§ 554 BGB	§ 543 Abs. 2 Nr. 3 i. V. m.
	§ 569 Abs. 3 Nr. 1, Nr. 2 BGB
§ 554 a BGB	§ 543 Abs. 1 i. V. m.
	§ 569 Abs. 2 BGB

210 *bb) Taktische Überlegungen.* Der Vermieteranwalt tut gut daran, den mit mehr der weniger guten Gründen aufgebrachten Vermieter auf die Notwendigkeit einer überlegten Vorbereitung der fristlosen Kündigung einzustimmen. Dem Vermieter können hierbei die lokalen Besonderheiten bei Gericht, Erfahrungen über die Verfahrensdauer, Tendenzen zu schriftlichem Vorverfahren oder mündlicher Verhandlung etc. aufgezeigt werden, um in die Euphorie, den Gang zum Anwalt bewältigt zu haben, die Erkenntnis einzumischen, dass vor dem eigentlichen Erfolg ein Behördengang stehen kann, dem eine schwer zu beeinflussende Eigendynamik innewohnt.

211 Im Einzelfall kann sinnvoll sein, die fristlose Kündigung einer weiteren Abmahnung vorzuziehen, wenn damit „Bewegung in die Sache" kommt und ein Kompromiss über einen Auszug sich anbahnen könnte. Oft zeigt sich der schwierige Mieter, der mancherlei mehr oder weniger professionelle Schreiben seines Vermieters erhalten hat, erst dann beeindruckt, wenn er ein Schreiben von dessen Anwalt erhalten hat, wenn also eine weitere Stufe der Eskalation erklommen wurde. Es ist daher für den Anwalt des Vermieters sinnvoll, wenn er die Tragweite seiner Einschaltung dem zu kündigenden Mieter auch vor Augen führt durch Formulierungen wie:

> **Formulierungsvorschlag:**
>
> 212 Sie sind bereits jetzt verpflichtet, auf Grund Ihrer Vertragsverstöße die Kosten meiner Einschaltung zu tragen. Diese Kosten werden gemäß anliegender Kostennote bekannt gegeben und sind bis spätestens ...... von Ihnen auf einem der Konten des Unterzeichners zum Ausgleich zu bringen. Diese Kosten werden sich erheblich erhöhen, wenn gerichtliche Hilfe in Anspruch genommen werden muss. Es ist daher in Ihrem eigenen Interesse, eine außergerichtliche Einigung anzustreben.

213 Soweit der Mieter beeindruckt werden soll, ist auch hilfreich, die Abmahnung/Kündigung durch den Gerichtsvollzieher zustellen zu lassen. Aufgrund des finanziellen Risikos einer mehr oder weniger ausreichend begründeten fristlosen Kündigung hängt die Entscheidung über ein sofortiges gerichtliches Vorgehen oder die Aufnahme außergerichtlicher Kontakte davon ab, ob dem Vermieter das Kostenrisiko gleichgültig sein kann (Rechtsschutzversicherung) und ob eine Chance besteht, den Mieter mit einer raschen Kündigung zu beeindrucken.

214 Kündigt der Vermieter fristlos, ohne dass ihm ausreichende Kündigungsgründe zur Verfügung stehen, so macht er mit seiner unwirksamen Kündigung dem Mieter den Gebrauch der Mietsache streitig und verletzt damit seine Pflichten aus dem Mietvertrag; handelt er dabei mindestens fahrlässig und erwächst dem Mieter daraus ein Schaden (beispielsweise Kosten anwaltlicher Beratung), so ist er diesem zum Ersatz des daraus entstehenden Schadens aus positiver Vertragsverletzung (vgl. § 42 Rdnr. 191 ff.) verpflichtet.[157] Nach der Entscheidung des BGH vom 20. 2. 2008 hat der Mieter jedoch gegenüber dem Vermieter keinen Anspruch auf Beseitigung oder Unterlassung einer von ihm als unberechtigt erachteten Abmahnung. Eine Klage auf Feststellung, dass eine vom Vermieter erteilte Abmahnung aus tatsächlichen Gründen unberechtigt war, ist unzulässig.[158] Die hieraus für den Vermieteranwalt resultierende **Haftungsproblematik** ist nicht zu unterschätzen und sollte dem Mandanten vor Au-

---

[157] BGHZ 89, 296.
[158] BGH NJW 2008, 1303.

gen gehalten werden. Der den Mieter beobachtende Vermieter argumentiert häufig mit Indizien, die ihn zu Folgerungen verleiten, die eine fristlose Kündigung rechtfertigen würden – hierbei muss der Vermieter deutlich auf die **Beweisbarkeit von Wahrnehmungen** hingewiesen werden, dass das Gericht also zwischen bewiesenen und unbewiesenen Tatsachen unterscheiden wird und dass die instinktiven Folgerungen des Vermieters keine Rolle spielen werden.

Die fristlose Kündigung ist innerhalb angemessener Zeit seit Kenntnis von dem Kündigungsgrund auszusprechen, um dem Einwand der Verwirkung der Kündigungsgründe zu entgehen. Bei der Reform des Mietrechts wurde ausdrücklich **keine allgemeine Ausschlussfrist** für die fristlose Kündigung eingeführt, weshalb sich die Überlegungen des Vermieteranwalts an der bisherigen Rechtsprechung ausrichten können:

Nachdem ein Teil der Rechtsprechung sich an § 626 BGB orientiert und vom Vermieter fordert, dass er die Kündigungserklärung innerhalb von zwei Wochen nach Kenntnis vom Vorliegen des Vertragsverstoßes zugehen lässt,[159] ist für den Anwalt des Vermieters eiliges Vorgehen angezeigt, um Rechtsnachteile für den Mandanten zu verhindern. Nach der Reform des Schuldrechts ist auch § 314 Abs. 3 BGB zu beachten. Danach kann die Kündigung nur innerhalb einer angemessenen Frist erfolgen. Diese richtet sich nach den Umständen des Einzelfalles und beträgt mindestens zwei Wochen.[160] Bei Mietern, die sich im Zahlungsverzug befinden, gilt jedoch, dass derjenige Vermieter, der mit dem Ausspruch der Kündigung noch einige Monate zuwartet, statt diese gleich zum ersten zur Kündigung berechtigenden Termin auszusprechen, keine Rechtsnachteile erleidet.[161]

Um dieser Argumentation zu begegnen muss daher rasch gehandelt werden; nach Ablauf einer Frist von vier bis fünf Monaten zwischen Abmahnung und Kündigung wird überwiegend der Kündigungsgrund als verwirkt angesehen.[162] Dieser manchmal recht kurze Zeitraum kann zuweilen mit dem Argument verlängert werden, dass die Ermittlung des die Kündigung rechtfertigenden Sachverhalts noch nicht abgeschlossen war und dass weitere Nachforschungen angestellt wurden, um Gewissheit zu schaffen.

Ein weiteres Haftungsproblem besteht in denjenigen Fällen, in welchen dem Mieter die **erste Kündigung in der Klagschrift** übermittelt wird;[163] häufig drängt der Vermietermandant auf raschestes Vorgehen und ist daher über diese Möglichkeit aufzuklären. Hierbei besteht dann zwar die Gefahr, dass der klagende Vermieter Kosten des Rechtsstreits auferlegt bekommt, wenn der Mieter sofort anerkennt, §§ 93, 93 b ZPO; mit etwas Gespür kann jedoch abgeschätzt werden, ob der Mieter sofort anerkennt und auszieht oder ob er sich einer Kündigung widersetzen wird. Auf jeden Fall ist der Mandant auf die Gefahr des sofortigen Anerkenntnisses bei dem gewünschten raschen Vorgehen aufmerksam zu machen.

In krassen Fällen empfiehlt es sich, vorprozessual keine Kündigung mehr auszusprechen, sondern sogleich zu klagen und die Kündigung in der Klagschrift zu erklären. In denjenigen Fällen, in welchen ein **Einmietbetrug** durch so genannte Mietnomaden auf der Hand liegt, geht für den Vermieter nur unnötig Zeit verloren, wenn außergerichtlich noch eine Kündigung ausgesprochen wird, ggf. auch noch mit dem Problem, wirksam zustellen zu können. Auch im Fall hoher Aggressivität des Mieters und damit einhergehender erheblicher Straftaten kann sich eine ausgeprägte vorgerichtliche Korrespondenz erübrigen.

cc) Beschaffung von Informationen. Häufig bereitet es Schwierigkeiten, in kurzer Zeit ausreichend Informationen darüber zu erhalten, welche Vertragsverstöße in welchem Umfang begangen worden sind und insbesondere, inwieweit diese beweisbar sind, ob also beispielsweise Zeugen zur Verfügung stehen.

Für den Fall des Zahlungsverzugs (§ 543 Abs. 2 Nr. 3 BGB i. V. m. § 569 BGB), wird von Mieterseite nicht selten mit **Mängeln** der Mietsache argumentiert, um der Räumung zu entrinnen. Ob dieser Einwand nur vorgeschoben ist und in welcher Höhe eine Minderung ein-

---

[159] OLG Frankfurt WuM 1991, 475, 477; *Schmidt-Futterer* § 569 Rdnr. 27 ff.
[160] *Schmidt-Futterer* § 543 Rdnr. 5.
[161] BGH NZM 2009, 314.
[162] *Schmidt-Futterer* § 569 Rdnr. 28 m. w. N.
[163] Zur Zulässigkeit: RE OLG Hamm NJW 1982, 452; BayObLG NJW 1981, 2197.

schließlich Zurückbehaltung gerechtfertigt ist, kann „vom Schreibtisch aus" nur vage auf Grund der vom Mandanten zur Verfügung gestellten Angaben beurteilt werden. Gegenüber dem Gericht kann die Glaubwürdigkeit des Mieters dadurch erschüttert werden, wenn der Vermieter Informationen über die Vermögensverhältnisse der Mieters beibringen kann, also durch Einschaltung von **Auskunfteien** und Recherchediensten. Auch **Rückfragen beim vorherigen Vermieter** sind meist aufschlussreich und immer dann anzuraten, wenn das im Streit stehende Mietverhältnis erst kurze Zeit andauert.

222 Nachdem die Beschaffung der Informationen Aufgabe des Mandanten ist, kann die entsprechende Tätigkeit des Anwalts Gegenstand einer gesonderten **Honorarvereinbarung** sein; dies zumindest dann, wenn die entsprechende Tätigkeit eine besondere Bedeutung für die Bearbeitung des Mandats hat und ein nicht unerheblicher Umfang an Tätigkeit entfaltet wird, wie dies bei der Rückfrage bei vorherigen Vermietern des Mieters oder bei anderen Hausbewohnern der Fall ist. Auch die außergerichtliche Kündigung kann Gegenstand einer gesonderten Vereinbarung sein. Eine Honorarvereinbarung könnte wie folgt lauten:

Muster einer Honorarvereinbarung:

223 Der/die Auftraggeber verpflichtet/en sich gemäß § 4 RVG
a) soweit durch die RAe ...... eine Kündigung ausgesprochen wurde, die Gebühren für die außergerichtliche Tätigkeit zusätzlich zu den im Rahmen des Räumungsverfahrens anfallenden Gebühren zu zahlen;
b) für den Fall, dass durch die RAe ...... außergerichtlich Kontakt mit potentiellen Zeugen und Sachverständigen zur Vorbereitung der Klage aufgenommen werden soll, zusätzlich zu den gesetzlichen Gebühren eine Gebühr von 1,3 gemäß Nr. 2400 Vergütungsverzeichnis zu zahlen;
Die Bedeutung dieser Honorarvereinbarung wurde im Einzelnen erläutert ....

224 *dd) Mieterverhalten nach Kündigung.* Soweit der störende Mieter nach Ausspruch der Kündigung weitere Vertragsverstöße begeht, sind diese für eine Räumungsklage von besonderer Bedeutung und sollten entsprechend konkret vorgetragen werden können. Hierbei empfiehlt sich, dem Vermieter bereits beim ersten Gespräch ein entsprechendes **Muster** mitzugeben, welches er selbst nutzen oder den weiteren Hausbewohnern **aushändigen** kann, damit diese die Vertragsverstöße notieren und an den Vermieteranwalt weiterreichen können. Auf dieser Grundlage können dann weitere Kündigungen ausgesprochen oder der neue Sachverhalt im Rahmen des bereits laufenden Räumungsprozesses verwendet werden. Eine solche Handreichung kann wie folgt aussehen:

225 ☐ Art der Vertragsverstöße (Bsp.: Zahlungsverzug, Lärm, Beleidigungen (wem gegenüber), Handgreiflichkeiten, unerlaubte Veränderungen der Mietsache ......)
☐ Wer hat die Vertragsverstöße begangen ......
☐ Wann haben die Vertragsverstöße stattgefunden, Datum, Uhrzeit, von ...... bis
☐ Wer kann die Vertragsverstöße bezeugen ......
☐ Liegen schriftliche Protokolle der Verstöße vor ......
☐ Welche Zeugen haben bereits zugesagt, auch vor Gericht auszusagen ......

226 Dem Mandanten muss klar vor Augen gehalten werden, dass allgemeine Ausführungen über Vertragsverstöße nicht ausreichen, sondern dass diese „beweisfest" sein müssen. Die Angaben müssen also genau sein und die Zeugen sollten anhand ihrer **Aufschriebe** vortragen können, dass sie immer nach dem jeweiligen Vertragsverstoß eine entsprechende Notiz angefertigt haben, um ein hohes Maß an Glaubwürdigkeit und Authentizität zu gewährleisten.

227 *ee) Form der Kündigung.* Die fristlose Kündigung muss schriftlich erfolgen, § 568 BGB, und gem. § 569 Abs. 4 BGB schriftlich begründet werden.

Bei mehreren Vermietern, die an verschiedenen Orten wohnen, bereitet dies zuweilen Schwierigkeiten (vgl. § 12). Oft ist den Mandanten nicht klar, ob sie alleine – oder zusammen mit anderen – Vermieter des störenden Mieters sind. Der Anwalt der Vermieter sollte insbesondere in folgenden Fällen „nachbohren:"

- seit Jahren bestehende Erbengemeinschaften, deren Bestand ggf. gewechselt hat;
- Minderjährige als Mitglieder von Eigentümergemeinschaften, wobei deren gesetzlicher Vertreter ausgemacht werden muss;
- einzelne Mitglieder der Gemeinschaft befinden sich in einem Heim/stehen unter Betreuung;
- es besteht Nießbrauch;
- der Mietvertrag wurde von Nichteigentümern abgeschlossen und unterzeichnet.

Der den/die Vermieter vertretende Anwalt bedarf der **Original(!)-vollmachten** aller Vermieter, um wirksam Kündigungen aussprechen zu können (§ 174 BGB). Daher muss besondere Aufmerksamkeit dem Herausfinden des/der Vermieter/s geschenkt werden, wenn ein Haftungsfall vermieden werden soll.

(1) Vollmacht. Es führt zu zeitlichen Verzögerungen, wenn mehrere Vollmachten den einzelnen Eigentümern übermittelt werden müssen, damit diese das Original (§ 174 BGB) zurücksenden können, um dem Vermieteranwalt die Möglichkeit zu geben, eine wirksame Kündigung auszusprechen. Bei Dauermandanten (beispielsweise Vermietungsgesellschaften, Erbengemeinschaften mit größerem Grundvermögen, gewerbliche Zwischenvermieter) empfiehlt es sich „auf Vorrat" Originalvollmachten bereitzuhalten, um rechtzeitig handeln zu können, nachdem diese Gläubiger zur gesamten Hand sind; das Kündigungsrecht ist nicht teilbar.¹⁶⁴ 228

Vor diesem Hintergrund empfiehlt es sich, größeren Eigentümergemeinschaften den Rat zu erteilen, in abzuschließenden Mietverträgen **nur ein Mitglied der Gemeinschaft als Vermieter** im Vertragsformular aufzunehmen. Damit ist gewährleistet, dass rasch Vollmachten besorgt werden können, wenn dies erforderlich wird und die weiteren Mitglieder der Gemeinschaft, die im selben Haus wie die Mieter wohnen, können als Zeugen in einem Prozess auftreten, weil sie nicht Vermieter und damit auch nicht Partei des Räumungsprozesses geworden sind. 229

Bei Annahme des Mandats sollte der Vermieteranwalt sich auch bei einem **Einzelmandat mehrere Originalvollmachten** ausstellen lassen, um den in Betracht kommenden Eventualitäten vorbeugen zu können und den Mandanten nicht damit zu verärgern, erneut zur Unterzeichnung von Vollmachten vorbeikommen zu müssen, bzw. zurückzusenden. 230

Nachdem eine Originalvollmacht der Kündigung beigefügt werden muss, § 174 BGB, wird auch für die Räumungsklage eine Originalvollmacht erforderlich werden, da regelmäßig auch dort nochmals eine Kündigung ausgesprochen werden sollte. Dies vor dem Hintergrund, dass zuweilen der Einwand der Mieterseite kommt, die Vollmacht sei nicht beigefügt gewesen. Um diesem Einwand vorzubeugen, sollte in die Handakte jeweils eine **Kopie** derjenigen Vollmacht genommen werden, die der Kündigung beigefügt wurde. Die bearbeitende Sekretärin kann sodann als Zeugin für die Ordnungsmäßigkeit der Kündigung benannt werden. 231

Bei einer Mehrheit von Mietern (vgl. § 12) ist den beglaubigten Abschriften der Klage **jeweils** eine Originalvollmacht beizufügen sein, um den Anforderungen von § 174 BGB zu genügen. Da es zuweilen vorkommt, dass Mitarbeiter der Geschäftsstelle des Amtsgerichts versehentlich die Vollmacht/-en zur Gerichtsakte nehmen oder diese verloren geht, empfiehlt sich, eine weitere Originalvollmacht in der Handakte zu behalten, um diese ggf. in der mündlichen Verhandlung vorzulegen, wenn mieterseits vorgetragen wird, eine Originalvollmacht sei weder der Kündigung, noch der beglaubigten Abschrift der Klage angeheftet gewesen, dadurch kann sich eine zeitaufwändige Beweisaufnahme über die Wirksamkeit der Bevollmächtigung erübrigen. 232

Eine besondere Schwierigkeit ergibt sich, wenn der Vermieter oder einer der Vermieter wegen angeordneter Betreuung oder längerer Ortsabwesenheit durch notarielle Urkunde ei- 233

---

¹⁶⁴ BayObLG a. a. O.

nen ‚Vertreter zur Regelung seiner Angelegenheiten' bestellt hat. Hierbei muss zunächst untersucht werden, ob die ausgestellte **notarielle Vollmacht** ausreicht, auch eine Kündigung des Mietverhältnisses herbeizuführen. Es kommt durchaus vor, dass die notarielle Vollmacht zur Durchführung von „Grundstücksgeschäften" ermächtigt, nicht aber zu „Begründung, Aufhebung und Kündigung" von Mietverhältnissen".

234 Zudem ist zu bedenken, dass die notarielle Urkunde dem Kündigungsschriftsatz in einer **Ausfertigung** beizufügen ist, um die ordnungsgemäße Bevollmächtigung nach § 174 BGB darzulegen. Das Beifügen von Abschriften der notariellen Urkunde ist nicht ausreichend.[165] Der notariell bestellte Vertreter sollte daher angehalten werden, sogleich weitere Originale der notariellen Vollmacht sich zu besorgen, um dem Anwalt zu ermöglichen, ausreichend ausgestattet (vgl. oben) die Räumung in die Wege zu leiten.

235 Soweit der Mandant die üblichen Anwaltsvollmachten unterzeichnet, gilt Folgendes:
Aus der beizufügenden Originalvollmacht muss die Befugnis zur Kündigung eindeutig hervorgehen. Es genügt also für den Anwalt des Vermieters nicht, die üblichen **Vollmachtsformulare** mit dem Betreff „Mietsache" auszufüllen. Hieraus ergibt sich noch nicht mit der notwendigen Klarheit, dass der Anwalt auch berechtigt ist, einseitige Willenserklärungen abzugeben. Daher soll in den Betreff der Vollmachtsurkunde aufgenommen werden:

> **Formulierungsvorschlag:**
>
> wegen: Kündigung Mietverhältnis, Räumung, Zahlung

236 Genügt die Vollmachtsurkunde nicht den Erfordernissen von § 174 BGB, so kann der Empfänger der Kündigung diese zurückweisen. Die Zurückweisung wegen fehlender ordnungsgemäßer Bevollmächtigung muss erkennen lassen, dass diese auf die unterbliebene Vorlegung der Vollmachtsurkunde gestützt wird. Eine Zurückweisung aus anderen Gründen genügt nicht.[166]

237 Die **Zurückweisung** muss **unverzüglich** erfolgen. Eine über die für eine Prüfung bzw. die Einholung von Rechtsrat notwendige Zeit hinausgehende Überlegungsfrist steht dem Kündigungsempfänger nicht zu. In der Regel wird man eine Frist von 10 bis 14 Tagen annehmen können.[167] Für den Anwalt des Mieters ist dies eine lässige Möglichkeit, Zeit für die Prüfung der weiteren Vorgehensweise zu finden.

238 Gemäß § 180 BGB ist die Kündigung unwirksam, wenn sie zurückgewiesen wird. Eine Heilung durch nachträgliche Genehmigung ist nicht möglich. Wird die Kündigung jedoch nicht zurückgewiesen, so ist sie wirksam, wenn die Vollmacht zurzeit des Zugangs erteilt war.

239 *(2) Weitere Kündigungsmöglichkeiten.* Zu einer erschöpfenden Vorbereitung der beabsichtigten Räumung der Wohnung gehört es, den Vermieter gezielt nach den weiteren Kündigungsmöglichkeiten zu befragen, insbesondere auch zu Möglichkeiten einer **fristgemäßen Kündigung**; so ist beispielsweise die Sonderkündigungsmöglichkeit bei Einliegerwohnungen, § 573a Abs. 1 BGB, auf Mieter- und Vermieterseite kaum bekannt.

240 Regelmäßig empfiehlt es sich, weitere Kündigungsgründe im Kündigungsschreiben aufzuführen, also den Mandanten zu befragen, ob Besonderheiten vorliegen, die weitere Kündigungsmöglichkeiten eröffnen. Soweit Vertragsverstöße nach §§ 543 Abs. 2 Nr. 2 oder 553 Abs. 2 Nr. 3 i. V. m. 569 Abs. 3 Nr. 1, Nr. 2 bzw. 543 Abs. 1 i. V. m. 569 Abs. 2 BGB vorliegen, ist regelmäßig hilfsweise auch eine fristgemäße Kündigung nach § 573 Abs. 1 Nr. 1 BGB oder gegebenenfalls auch nach § 573a Abs. 1 BGB (Einliegerwohnung) auszusprechen, um sämtliche Rechte des Vermieters wahrzunehmen. Entfällt beispielsweise die fristlose Kündigung, weil der Mieter innerhalb der Schonfrist von zwei Monaten die Zahlungsrückstände ausgleicht, so bleibt die fristgemäße Kündigung wegen Vertragsverstößen gemäß

---

[165] Einzelheiten: *Nies* NZM 1998, 221; BGH NJW 1981, 1210.
[166] OLG Hamburg WuM 1978, 120.
[167] Palandt/*Heinrichs* § 174 Rdnr. 3; *Schmidt-Futterer* § 542 Rdnr. 44 ff.

§ 573 Abs. 2 Nr. 1 BGB weiterhin bestehen sowie eine möglicherweise ausgesprochene Kündigung bei Zwei-Familien-Wohnhäusern gemäß § 573a Abs. 1 BGB.

Werden nicht sämtliche Kündigungsmöglichkeiten ausgeschöpft, so entsteht für den Vermieteranwalt eine Haftungsproblematik.

(3) Nachschieben von Kündigungsgründen. Ein Nachschieben von Kündigungsgründen, die beim Zugang der Kündigung schon bestanden haben, ist dann möglich, wenn sämtliche gesetzlichen Voraussetzungen (z. B. eine Abmahnung) vorliegen.[168] 241

Nach Zugang entstehende Kündigungsgründe können aber eine unwirksame Kündigung nicht heilen.[169]

Setzt der Kündigungsgrund eine Gesamtwürdigung des Verhaltens des Kündigungsgegners oder der Interessen des Kündigenden voraus (Beispiel: Erheblichkeit der Beeinträchtigung der Interessen des Vermieters bei vertragswidrigem Gebrauch, § 543 Abs. 2 Nr. 2 BGB), so dürfen Kündigung und Räumungsklage darauf gestützt werden, dass der Kündigungsgegner das vertragswidrige Verhalten nach Abweisung einer hierauf gestützten Räumungsklage fortgesetzt habe. Vom Vermieter dürfen dann für die erneute Kündigung auch solche Gründe herangezogen werden, die im Zeitpunkt der letzten mündlichen Verhandlung zwar schon vorgelegen hatten, ihm aber zu dieser Zeit aber nicht bekannt waren.[170] 242

Mit anderen Worten: Kündigungsgründe, die dem Gericht nicht ausreichend erschienen, eine Räumungsklage zu rechtfertigen, können für eine weitere Räumungsklage als Begründung herangezogen werden, wenn weitere Vertragsverstöße nach Abweisung der Klage aufgetreten sind. Insbesondere für Vertragsverstöße **zwischen den Instanzen** ist dies von erheblicher Bedeutung, wenn der Mieter also unter dem Eindruck der zurückgewiesenen Räumungsklage des Vermieters und mit gestärktem Selbstbewusstsein sich zu weiteren Aktionen aufschwingt. 243

(4) Inhalt der Kündigung. Nach dem Regierungsentwurf zu § 568 BGB bedurfte die Kündigung lediglich noch der schriftlichen Form. Entgegen der früheren Rechtslage, § 564a BGB a. F., wonach die „Gründe der Kündigung" im Kündigungsschreiben angegeben werden mussten, sollte dies nach neuer Rechtslage gemäß § 573 Abs. 3 BGB nur noch bei der fristgemäßen Kündigung für erforderlich gehalten worden. Der Gesetzgeber hielt es in der Begründung zum Entwurf der Mietrechtsreform für ausreichend, die Begründungspflicht des Vermieters lediglich bei der fristgemäßen Kündigung einzuführen. 244

Auf Initiative des Bundesrats war im Gesetzgebungsverfahren eingelenkt worden und daher ist – wie bisher – in sämtlichen Kündigungen eine Begründung aufzunehmen.[171]

Das Fehlen der Angabe der Kündigungsgründe macht die Kündigung nicht unwirksam. Im Zusammenspiel mit dem Kündigungsschutz für Wohnraummietverhältnisse bleibt die umfassende Angabe der Kündigungsgründe jedoch von Bedeutung: Soweit der Mieter der fristgemäßen Kündigung widerspricht und Fortsetzung des Vertrages verlangt, werden bei der **Interessenabwägung** zugunsten des Vermieters nur die im Kündigungsschreiben angegebenen Gründe berücksichtigt, soweit die Gründe nicht nachträglich entstanden sind (Einzelheiten: § 42 Abs. 2 Nr. 6). Für den Anwalt des Vermieters gilt, lieber einen Satz zu viel in die Kündigung mit aufzunehmen, als einen Satz zu wenig. 245

Die Kündigungsgründe selbst sind in der Kündigung so genau zu bezeichnen, dass sie identifiziert und von anderen Sachverhalten und Lebensvorgängen unterschieden werden können.[172] 246

In der Kündigung braucht also nicht die Klagebegründung vorweggenommen zu werden und es brauchen nicht alle möglicherweise entscheidungserheblichen Tatsachen und Beweismittel dargestellt werden. Es wird jedoch als nicht ausreichend angesehen, eine Bezugnahme auf frühere mündliche oder schriftliche Mitteilungen des Kündigenden oder auf das Vorbringen in einem früheren Rechtsstreit Bezug zu nehmen. Die Vermieterseite hat viel- 247

---

[168] RE OLG Karlsruhe a. a. O.
[169] RE OLG Karlsruhe WuM 1982, 241 = NJW 1982, 2004.
[170] BGH NZM 1998, 33.
[171] Bericht in WuM 2000, 650, 652; NZM 2001, 20, 37.
[172] RE BayObLG WuM 1981, 200; WuM 1985, 50.

mehr im Kündigungsschreiben klarzustellen, auf welche Gründe die Kündigung gestützt werden soll.[173]

248 Inwieweit dem Amtsrichter eine Bezugnahme auf Einzelheiten der Kündigungstatbestände, die lediglich in der außergerichtlichen Kündigung aufgeführt sind, ausreicht, ist eine andere Frage. Soweit dem Amtsgericht die Angaben in der Klagschrift nicht ausreichen sollten, würde ein richterlicher Hinweis ergehen (müssen); der mit dem richterlichen Hinweis befasste Anwalt wird sich bei seiner Pflicht zur Prozessförderung jedenfalls leichter tun, wenn er auf Einzelheiten in der außergerichtlichen Kündigung zurückgreifen kann, statt beim Mandanten nach Details der Kündigungsgründe fragen zu müssen, was den Eindruck hinterlassen kann, der Anwalt hätte sich nicht ausreichend mit dem Fall befasst. Daher empfiehlt sich, die außergerichtliche Kündigung „breit" anzulegen.

249 *(5) Hinweis auf Kündigungswiderspruch.* Wegen der regelmäßig in Betracht kommenden fristgemäßen Kündigung (vgl. Rdnr. 106), soll der Mieter auch auf die Möglichkeit des Widerspruches nach §§ 574 bis 574c BGB hingewiesen werden. Rechtsfolge einer unterbliebenen Belehrung wäre, dass dem Mieter das Recht zum Kündigungswiderspruch und zum Fortsetzungsverlangen bis zum ersten Termin des Räumungsrechtsstreits erhalten bleibt (vgl. wegen Einzelheiten § 42 Abs. 2 Nr. 6).

Eine bestimmte Form der Belehrung ist nicht vorgeschrieben. Es empfiehlt sich jedoch, eine Kopie der Gesetzesvorschriften beizufügen und wie folgt einen Hinweis zu erteilen:

> **Formulierungsvorschlag:**
>
> Die Vorschriften von §§ 574–574c BGB sind als Belehrung über Ihr Widerspruchsrecht in Kopie beigefügt. Soweit Sie Widerspruch erheben, wird eine Begründung begehrt.

250 Es ist nicht lohnend, sich bei der Umsetzung der Gesetzessprache in Umgangssprache zu verkünsteln. Für Gericht und Mieterseite ist es meist leicht, eine Unklarheit in die umgangssprachliche Übersetzung des Gesetzestextes hineinzuinterpretieren und so dem Mieter die Möglichkeit zu eröffnen, im laufenden Prozess den Sozialwiderspruch anzubringen.[174] Demgegenüber kann dem Anwalt des Vermieters nicht angesonnen werden, sich klarer auszudrücken, als es der Gesetzgeber selbst für nötig hält. Durch **Beifügung der Vorschriften in Kopie**, welche der dauerhaft mit mietrechtlichen Mandaten befasste Anwalt in einem gesonderten Ordner in Kopie stets bereithält, und dem entsprechenden Hinweis auf die beigefügte Kopie des Gesetzestextes, ist dieser Punkt daher kurz und knapp erledigt.[175]

251 *(6) Zugang der Kündigung.* Um den Zugang der Kündigung zu erleichtern, empfiehlt sich, dem Mandanten das Original der Kündigung zu übermitteln oder mitzugeben, damit er dieses unter **Zeugen** beim Mieter einwirft oder diesem übergibt. Andere Möglichkeiten der Zustellung werfen häufig Probleme auf.

252 Die Übermittlung der schriftlichen Kündigung durch den **Gerichtsvollzieher** ist zwar ein sicherer Weg der Zustellung, dauert jedoch bei fristlosen Kündigungen in der Regel zu lange und verursacht unnötige Kosten.

253 Die Kündigung mittels **eingeschriebenem Brief** kann daran scheitern, dass der Empfänger nicht angetroffen wird und die Sendung auf dem Postamt niedergelegt wird. Die Kündigung ist dann nicht schon mit der Benachrichtigung über die Niederlegung zugegangen, sondern erst mit der Abholung der Sendung.[176] Holt der Erklärungsempfänger trotz Benachrichtigung die Nachricht nicht ab, so rechtfertigt dieser Umstand allein nach einer Entscheidung des BGH[177] nicht die Annahme einer gegen Treu und Glauben verstoßenden

---

[173] A. a. O.
[174] LG Kempten NJW-RR 1993, 1101.
[175] *Schmidt-Futterer* § 568 Rdnr. 21 ff.
[176] BGHZ 67, 271; OLG Celle NJW 1974, 1386.
[177] BGH NJW 1998, 1976.

Zugangsvereitelung mit der Folge, dass die Erklärung als zugegangen behandelt werden dürfte. Anders dann, wenn der Erklärungsempfänger grundlos die Annahme der Sendung verweigert, obwohl er mit rechtsgeschäftlichen Erklärungen seines Vertragspartners rechnen musste.[178]

Bei der Zustellung mit einem **Zeugen** besteht zudem die Möglichkeit, dass der mitgeführte Zeuge **Wahrnehmungen** über weitere Vertragsverstöße macht, die dann vor Gericht verwendet werden könnten. Besonders gilt dies, wenn der Vermieter sich entschließen sollte, die Kündigung persönlich zu übergeben; dabei entstehende Wortwechsel lassen nicht selten den ausschlaggebenden Kündigungsgrund entstehen, also dann, wenn der Mieter ausfällig wird oder droht. In den weniger eindeutigen Fällen wird nicht selten auf diese Weise der entscheidende Kündigungsgrund provoziert, wobei sich allerdings nur besonders robuste Vermieter zu diesem Schritt entschließen.

(7) Vollmachtsklauseln. Die in Formularmietverträgen häufig enthaltene Klausel, dass die Mieter sich gegenseitig zum Empfang von Willenserklärungen des Vermieters bevollmächtigen, ist nach dem BGH[179] auch dann wirksam, wenn sie den Empfang einseitiger Erklärungen einschließen, welche die Grundlagen des Vertrags berühren wie Mieterhöhungen und Kündigungen. Diese Auffassung ist in der Literatur nach wie vor umstritten und war vom OLG Celle[180] noch anders entschieden worden. Der BGH hat in seiner Entscheidung, die den Zugang einer Mieterhöhungserklärung zum Gegenstand hatte, darauf hingewiesen, dass den Mietern unbenommen bleibt, die gegenseitige **Empfangsvollmacht** gegenüber dem Vermieter zu **widerrufen** und so die Wirkung der Klausel aufzuheben. Ob man beim Auszug eines Mitmieters und damit einhergehender Mitteilung an den Vermieter konkludent vom Widerruf der Klausel über die Empfangsvollmacht ausgehen kann ist – soweit ersichtlich – bislang nicht entschieden, aber nahe liegend.

In denjenigen Fällen, in welchen einer der Mieter ausgezogen und nicht mehr auffindbar ist, ist jedoch gleichwohl zu empfehlen, das Mietvertragsformular auf eine derartige Klausel hin zu untersuchen. Zwar ist nach einer Entscheidung des OLG Frankfurt[181] die Kündigung gegenüber nur einem Mitmieter ausnahmsweise nach § 242 BGB wirksam, wenn der andere Mitmieter schon vor langer Zeit die Wohnung verlassen hatte; – der Hinweis des Gerichts auf § 242 BGB zeigt jedoch, dass man sich auf dünnem Eis befindet, wenn man sich auf jene Entscheidung bezieht.

Soweit das zuständige Amtsgericht dahin tendieren sollte, die gegenseitige Empfangsvollmacht zu verneinen, bleibt noch die – zeitraubende – Möglichkeit einer öffentlichen Zustellung der Kündigung nach § 132 Abs. 2 BGB.

(8) (Trick mit dem Untervermieter) Problematisch im Rahmen einer Zwangsvollstreckung kann werden, dass der mit einer fristlosen Kündigung konfrontierte Mieter Untermieter aufnimmt, um die Durchführung des Räumungstitels zu verhindern. Der Untermieter steht regelmäßig nicht im Räumungstitel und der Gerichtsvollzieher ist gehindert, gegen diesen die Zwangsräumung durchzusetzen. Mit Beschluss des BGH vom 25.6.2004 war entschieden worden, dass der Vermieter aus einem Räumungstitel nicht vollstrecken kann, wenn sich in der Wohnung ein im Räumungstitel nicht aufgeführter Ehegatte aufhält. Dies würde selbst dann gelten, wenn nur einer von beiden Ehepartnern Partei des Mietvertrags sei.[182]

Mit weiterem Beschluss des BGH vom 19.3.2008 war ausgeurteilt worden, dass auch gegen nichteheliche Lebensgefährten ein eigener Räumungstitel erforderlich sei, soweit dieser Mitbesitzer der Wohnung ist. Bei der bloßen Aufnahme eines Lebenspartners in die Wohnung sei noch nicht von Mitbesitz auszugehen. Dieser Mitbesitz müsse „nach außen dokumentiert" sein. Hierbei sei es ausreichend, wenn der Mieter die Aufnahme des Lebensgefährten gegenüber dem Vermieter anzeige oder diesen beim Einwohnermeldeamt anmelde. Minderjährige Kinder seien regelmäßig bloße Besitzdiener. Ein Vollstreckungstitel gegen die Eltern sei hierbei

---

[178] BGHZ 67, 271.
[179] BGH NJW 1997, 3437.
[180] OLG Celle WuM 1990, 103.
[181] OLG Frankfurt/M. WuM 1991, 76.
[182] BGH NZM 2004, 7001.

ausreichend.[183] Nachdem der BGH in seiner Entscheidung angedeutet hat, dass der Grundsatz von Treu und Glauben nicht unberücksichtigt bleiben darf, ist dem Anwalt des Vermieters zu raten, im Rahmen der Kündigung den Mieter dazu aufzufordern, nach weiteren in der Wohnung lebenden Personen zu befragen, damit diese in die Räumungsklage einbezogen werden können. Soweit der Mieter auf diese Anfrage hin keine oder falsche Auskunft erteilen sollte, wäre damit zu rechnen, dass ein Verstoß gegen Treu und Glauben vorliegt, der eine Durchsetzung der Zwangsräumung dann doch noch ermöglicht.[184]

258 *(9) Muster einer „geballten" Kündigung.* Vorstehend wurde darauf hingewiesen, dass es für den einen Vermieter vertretenden Anwalt wichtig ist, alle in Betracht kommenden Möglichkeiten bereits bei der außergerichtlichen Kündigung auszuschöpfen, diese also „breit" anzulegen.

Das Muster einer fristlosen Kündigung wegen mehrerer unterschiedlicher Vertragsverstöße und auf Grund unterschiedlicher Kündigungstatbestände kann wie folgt aussehen:

Muster: „Geballte Kündigung"

259 Übergabe durch Boten

Herrn
Heinrich Ungestüm
Eigenheimstraße 8
74076 Heilbronn

Betr.: Kündigung

Sehr geehrter Herr Ungestüm,

wir vertreten Ihre Vermieter, die Eheleute Werner und Agathe Lieblich, Eigenheimstraße 8, 74076 Heilbronn. Originalvollmacht anbei.

Nachdem Sie sich nunmehr mit drei Monatsmieten im Zahlungsrückstand befinden und darüber hinaus zahlreiche weitere Vertragsverstöße begangen haben, die nachstehend im Einzelnen aufgeführt sind, sprechen wir namens unserer Mandanten die

fristlose Kündigung des Mietverhältnisses

aus und stützen diese auf §§ 543 Abs. 2 Nr. 2, 543 Abs. 2 Nr. 3 i. V. m. 569 Abs. 3 Nr. 1, Nr. 2, sowie 543 Abs. 1 i. V. m. 569 Abs. 2 BGB. Sie sind aufgefordert, die Mietsache bis spätestens zum

31. 8. 2010

in vertragsgerechtem Zustand zurückzugeben. Der Fortsetzung des Mietverhältnisses über diesen Zeitpunkt hinaus wird gemäß § 545 BGB bereits jetzt widersprochen. Noch eingehende Zahlungen werden als Nutzungsentschädigung entgegengenommen *(Anm. 1)*.

Des Weiteren wird vom Vermieterpfandrecht nach § 562 BGB im gesetzlichen Umfang Gebrauch gemacht. Sie werden darauf hingewiesen, dass ein Verstoß gegen das Vermieterpfandrecht Strafbarkeit nach § 289 Strafgesetzbuch auslöst *(Anm. 2)*.

Des Weiteren wird hilfsweise und vorsorglich *(Anm. 3)* eine

fristgemäße Kündigung,

gestützt auf § 573 Abs. 2 Nr. 1 BGB, auf Grund der anhaltenden Vertragsverstöße ausgesprochen. Diese weitere Kündigung wird wirksam zum

31. 10. 2010.

Auch diesbezüglich wird der Fortsetzung des Mietverhältnisses gemäß § 545 BGB widersprochen. Gesetzlicher Obliegenheit entsprechend werden die Vorschriften von §§ 574 bis 574c BGB als Belehrung über Ihr Widerspruchsrecht hinsichtlich dieser weiteren Kündigung in Kopie beigefügt. Soweit Sie Widerspruch erheben, wird eine Begründung begehrt.

---

[183] BGH a. a. O.
[184] *Klimesch* ZMR 2009, 431 ff.

Eine weitere hilfsweise

Kündigung wird ausgesprochen gemäß § 573a Abs. 1 BGB,

nachdem Ihre Wohnung sich in einem Zwei-Familien-Wohnhaus befindet, die auch vom Vermieter bewohnt wird. Hinsichtlich dieser weiteren Kündigung weisen wir darauf hin, dass diese Kündigung nicht auf die Voraussetzungen von § 573 BGB gestützt wird. Diese weitere Kündigung wird wirksam zum

31. 1. 2011.

Auch hinsichtlich dieser Kündigung wird der Fortsetzung des Mietverhältnisses gemäß § 545 BGB widersprochen. Auf die beigefügten Vorschriften von §§ 574 bis 574c BGB weisen wir als Belehrung über das Widerspruchsrecht hin und begehren eine Begründung, soweit Widerspruch erhoben wird.

Aufgrund Ihres Zahlungsverzuges und Ihrer Vertragsverstöße sind Sie verpflichtet, die Kosten unserer Einschaltung zu tragen. Diese Kosten werden noch in einem gesonderten Schriftsatz bekanntgegeben *(Anm. 4)*.

Wir sind bereits jetzt beauftragt, Räumungsklage gegen Sie beim Amtsgericht Heilbronn zu erheben. Soweit wir Räumungsklage erheben müssen, werden sich die Kosten unserer Einschaltung erheblich erhöhen, weshalb es in Ihrem eigenen Interesse ist, einen freiwilligen Auszug vorzunehmen, gegebenenfalls nach vorheriger Kontaktaufnahme mit uns *(Anm. 5)*.

Die Kündigung wird auf folgende weiteren Vertragsverstöße gestützt *(Anm. 6)*:

- So haben Sie im Zeitraum vom Einzugstermin, dem 1. 5. 2010 bis heute, an jedem Wochenende mit Ihren Bekannten in der Wohnung Feste veranstaltet, die bis morgens gegen 2.00 Uhr andauerten und an eine Nachtruhe für unsere Mandanten nicht denken ließen. Laute Musik und Geschrei gingen damit einher, wie auch Gejaule und Gebell des von Ihnen unerlaubt gehaltenen Hundes.
- Mehrfache Versuche unserer Mandanten, eine Besserung herbeizuführen, wurden von Ihnen mit Beleidigungen wie „Idiot," „Halt's Maul, du Depp!", „Ich schlag' dir auf'd Gosch, wenn du nicht verschwindest!" beantwortet, insbesondere am 30. 7. 2010 um 22.45 Uhr . . . . . . Zeugen hierfür stehen zur Verfügung . . . .
- Die Kaution ist ebenfalls bis heute nicht gezahlt.
- Ihre Mitteilung, das Sozialamt würde die Mietrückstände übernehmen und diese seien bereits angewiesen, haben sich als unrichtig herausgestellt, nachdem bereits vier Wochen seit Ihrer Ankündigung, die Rückstände seien bereits ausgeglichen, verstrichen sind. Die Rückstände errechnen sich wie folgt: . . . . . .
- Mehrfache mündliche und schriftliche Abmahnungen unserer Mandanten unter jeweiligem Hinweis auf die Vertragsverstöße haben keinerlei Besserung gebracht . . . .

Mit höflichem Gruß

Rechtsanwalt

Anm. 1: Um die Unbedingtheit der Kündigung zu unterstreichen sollte darauf hingewiesen werden, dass in der Empfangnahme von Geld kein neuer Mietvertrag begründet wird oder der alte Mietvertrag fortgesetzt.

Anm. 2: Obwohl das Vermieterpfandrecht im Bereich der Wohnraummiete gemeinhin als „stumpfe Waffe" bezeichnet wird, lässt sich die Mieterseite hiervon gleichwohl zuweilen beeindrucken (vgl. § 38 Rdnr. 40ff.). Auf jeden Fall wäre es ein Kunstfehler, dieses Recht des Vermieters nicht ebenfalls geltend zu machen, zumal sich aus dem möglichen Bruch des Vermieterpfandrechts durch den Mieter, ein weiterer Kündigungsgrund sich ergeben kann. Dieser Kündigungsgrund könnte – auch im laufenden Räumungsprozess – nachgeschoben werden, und zwar auch dann wenn beispielsweise auf Grund von Zahlungen des Mieters nur noch die fristgemäße Kündigung übrig bleiben sollte.

Anm. 3: Inwieweit die fristgemäße Kündigung auf jeden Fall erhalten bleibt, wenn der Mieter innerhalb der Schonfrist gezahlt hat, war umstritten; nach den Rechtsentscheiden OLG Stuttgart vom 28. 8. 1991[185] soll die fristgemäße Kündigung jedoch aufrechterhalten bleiben. Durch Ur-

---

[185] OLG Stuttgart WuM 1991, 429.

teil des BGH vom 16. 2. 2005[186] bleibt die fristgemäße Kündigung aufrechterhalten, wenn dem Mieter ein Verschulden zur Last fällt. Unzulässig ist jedoch, nach Zahlung der Rückstände innerhalb der Schonfrist eine fristgemäße Kündigung auszusprechen und mit den nicht mehr bestehenden Rückständen zu begründen. Daher ist auf jeden Fall im Rahmen der fristlosen Kündigung hilfsweise auch die fristgemäße Kündigung auszusprechen.

Anm. 4: Das Beifügen einer Kostennote erübrigt sich im Stadium der Kündigung: Ist der Mieter zahlungsfähig, so wird er auch die Kostennote zahlen können – ist er es nicht, so wird er die Kostennote ebenfalls nicht zahlen. Man würde sich also nur unnötig Arbeit machen.

Anm. 5: Soweit es zu einer Kontaktaufnahme durch den Mieter kommt, könnte ein Mietaufhebungsvertrag (§ 44 Abs. 3) abgeschlossen werden, welcher in dem im Muster geschilderten Fall etwas Kreativität erfordert: Dem Vermieter müsste gestattet werden, sofort eine Klage auf Räumung einzureichen, wenn die Störungen des Hausfriedens nicht abreißen.

Anm. 6: Die einzelnen Vertragsverstöße müssen „individualisierbar" aufgeführt sein; pauschale Vorhaltungen sind nicht ausreichend. Zur Straffung des Textes wurde auf weitere Einzelheiten verzichtet.

260 b) **Vertragswidriger Gebrauch, § 543 Abs. 2 Nr. 2 BGB.** Begeht der Mieter einen vertragswidrigen Gebrauch der gemieteten Sache, so kann sich der Vermieter dadurch zur Wehr setzen, dass er den Mieter auf Unterlassung in Anspruch nimmt oder das Mietverhältnis fristlos kündigt, § 541 BGB.

261 *aa) Mietrechtsreform.* Während nach alter Rechtslage die Kündigung wegen vertragswidrigen Gebrauchs nach § 543 Abs. 2 Nr. 2 BGB (nach altem Recht: § 553 BGB) eine Abmahnung voraussetzte – jedoch kein Verschulden – setzte die Kündigung nach § 543 Abs. 2 Nr. 2 BGB (nach altem Recht: § 554a BGB) zwar ein Verschulden voraus, jedoch keine Abmahnung. Nunmehr ist durch § 543 Abs. 3 BGB eingeführt worden, dass bei jeder Kündigung, die auf der Verletzung einer Pflicht aus dem Mietvertrag beruht, eine **Fristsetzung erforderlich** ist, binnen welcher der vertragswidrige Zustand abzustellen ist oder eine erfolglose **Abmahnung.** Entgegen der bisherigen Rechtslage ist durch die Neuregelung nun klargestellt, wann und unter welchen Voraussetzungen eine Abmahnung erforderlich ist.

262 Abmahnung und Fristsetzung sind nicht erforderlich, wenn
- eine Frist oder Abmahnung offensichtlich keinen Erfolg verspricht;
- die sofortige Kündigung aus besonderen Gründen unter Abwägung der beiderseitigen Interessen gerechtfertigt ist oder
- Zahlungsverzug mit mehr als zwei Monatsmieten vorliegt.

Eine verlässliche Abgrenzung dazu, ob und wann eine Abmahnung „offensichtlich keinen Erfolg verspricht", bzw. wann eine „Abwägung der beiderseitigen Interessen" besondere Gründe ergeben kann, die eine Abmahnung überflüssig werden lassen, wird von der Rechtsprechung gefunden werden müssen. Für den Vermieteranwalt wird jedoch **im Zweifel eine Abmahnung** immer ausgesprochen werden, um einer Zurückweisung der Räumungsklage wegen fehlender Abmahnung und mithin fehlender Kündigungsvoraussetzungen vorbeugen zu können.[187]

263 Die für alle Mietverhältnisse geltende Vorschrift von § 543 Abs. 2 Nr. 2 BGB nennt – nicht abschließend – Beispielsfälle des vertragswidrigen Gebrauchs, und zwar
- der Mieter verletzt die Rechte des Vermieters dadurch, dass er sie durch Vernachlässigung der ihm obliegenden Sorgfalt gefährdet;[188]
- der Mieter überlässt die Mietsache unbefugt einem Dritten.

Es wird als ausreichend angesehen, wenn einer von mehreren Mietern sich vertragswidrig verhält.[189]

---

[186] BGH NZM 2005, 334.
[187] *Schmidt-Futterer* § 543 Rdnr. 75, 124, 164 f.
[188] *Schmidt-Futterer* § 543 Rdnr. 52 ff.
[189] OLG Düsseldorf ZMR 1987, 423; *Schmidt-Futterer* § 543 Rdnr. 55.

bb) Verhältnis zu anderen Kündigungstatbeständen. Bei den ähnlichen Kündigungstatbeständen von § 543 Abs. 2 Nr. 2 BGB und § 543 Abs. 1, § 569 Abs. 2 BGB ist zu beachten, dass teilweise identische Sachverhalte geregelt werde. Ruhestörender Lärm beispielsweise kann nach beiden Vorschriften zur Kündigung berechtigen. 264

Das Verhältnis beider Vorschriften zueinander ist umstritten, wobei die überwiegende Rechtsprechung davon ausgeht, dass § 543 Abs. 2 Nr. 2 BGB vorrangig sei und §§ 543 Abs. 1, 569 Abs. 2 BGB ein Auffangtatbestand.[190] Während das OLG Hamburg in einer Entscheidung[191] davon ausgeht, beide Vorschriften seien nebeneinander anwendbar, gilt nach dem aktuellen Rechtsentscheid des OLG Koblenz vom 16. 7. 1997,[192] dass beide Vorschriften nicht nebeneinander anwendbar seien. 265

Daher empfiehlt sich, Kündigung und Räumungsklage **auf beide Vorschriften** zu stützen, wenn deren Voraussetzungen jeweils gegeben sind. 266

Der Vermieter sollte daher konkret nach allen in Betracht kommenden Vertragsverstößen befragt werden, also in Fällen der Störung des Hausfriedens auch nach Gefährdungen der Substanz der Mietsache, damit beide Vorschriften zum Zuge kommen und die Möglichkeit eröffnet wird, im Rahmen der mündlichen Verhandlung zu beiden Vorschriften weiter vorzutragen, soweit die Vertragsverletzungen nicht abreißen, was häufig der Fall ist.

Nach der gesetzlichen Neuregelung wird nunmehr **bei beiden Vorschriften kein Verschulden mehr vorausgesetzt,**[193] nachdem das Verschulden nur noch ein Abwägungskriterium sein soll. Ein Aufatmen des Vermieteranwalts, der sich bislang Beweisaufnahmen über das Verschulden des Mieters ausgesetzt sehen musste, kann es gleichwohl nicht geben, nachdem das Problem der Zurechnung des Verschuldens Dritter damit nicht gelöst ist, also beispielsweise verspätete Zahlungen des Sozialamts oder die Zurechnung des Verhaltens Minderjähriger.[194] 267

In beiden Fällen ging das Kammergericht jeweils davon aus, dass dem Mieter das Verschulden des Sozialamts bzw. der Kinder des Mieters nicht zurechenbar ist, mit der Folge, dass die fristlose Kündigung unwirksam gewesen war.

cc) Unerlaubte Gebrauchsüberlassung. Klassisch für den Fall der unerlaubte Gebrauchsüberlassung ist die Aufnahme weiterer Personen mit dem Hinweis des Mieters, dass eine „Lebensgemeinschaft" bestehen würde, also keine Untervermietung vorläge. Vor dem Hintergrund, dass nach der Mietrechtsreform, § 563 BGB, auch gleichgeschlechtliche Lebensgemeinschaften hingenommen werden müssen, nachdem eine „auf Dauer angelegte Haushaltsgemeinschaft" ausreicht, um in den Genuss mietrechtlicher Privilegien zu kommen (vgl. §§ 553, 563 Abs. 2, 574 Abs. 1 BGB) wird dem Kündigungsgrund wegen unerlaubter Untervermietung teilweise der Boden entzogen. 268

(1) Anspruch auf Erlaubnis. Nach § 553 BGB kann dem Mieter ein Anspruch auf Erteilung der Erlaubnis zur Untervermietung zustehen, wenn nach Abschluss des Mietvertrags ein berechtigtes Interesse des Mieters an der Untervermietung entstanden ist (vgl. § 15).[195] Die Vorschrift ist unabdingbar, § 553 Abs. 3 BGB, weshalb die häufig in Formularverträgen anzutreffende Formulierung über die Anzahl der Bewohner zunächst kein Anhaltspunkt für eine Überbelegung ist. 269

Der Vermieter kann die Untervermietung verweigern, wenn
- in der Person des Dritten ein wichtiger Grund vorliegt;
- der Wohnraum übermäßig belegt würde;
- die Überlassung aus sonstigen Gründen nicht zumutbar ist.

Nachdem die Prüfung der Voraussetzungen von § 543 Abs. 2 Nr. 2 BGB regelmäßig einer Beweisaufnahme bedarf, kann der Vermieter nicht darauf hoffen, eine fristlose Kündigung 270

---

[190] *Schmidt-Futterer* § 543 Rdnr. 4 m. w. N.
[191] OLG Hamburg a. a. O.
[192] OLG Koblenz a. a. O.
[193] *Schmidt-Futterer* § 543 Rdnr. 77.
[194] KG NZM 1998, 110; KG NZM 2000, 905; *Schmidt-Futterer* § 543 Rdnr. 93 ff.
[195] OLG Hamm NJW 1982, 2876.

wegen unerlaubter Untervermietung in kurzer Zeit durchzusetzen, wenn der Mieter einwendet, er habe einen Anspruch auf Gestattung.

271 Im Rahmen der unerlaubten Untervermietung ist der Vermieteranwalt gehalten, den Mieter damit bloßzustellen, dass er keine Erlaubnis eingeholt hat, obwohl im Mietvertrag ein entsprechendes Verbot der Untervermietung enthalten ist. Der entsprechende Passus aus dem Mietvertrag sollte in Kündigung und Klagschrift aufgeführt werden, um dem Mieter den konkreten Vertrags- und Gesetzesverstoß vor Augen zu halten und dem Einwand der Unwissenheit zu begegnen. Nach dem RE des BayObLG vom 26. 4. 95[196] ist der Vermieter im Fall einer Untervermietung ohne Einholung einer Erlaubnis berechtigt, das Mietverhältnis zumindest fristgemäß zu kündigen – und zwar auch dann, wenn dem Mieter ein Anspruch auf Erlaubnis der Untervermietung zusteht. Das Nichteinholen der Erlaubnis kann hiernach für sich allein zumindest eine fristgemäße Kündigung rechtfertigen.[197]

272 *(2) Gebrauchsüberlassung.* Für den Fall, dass der Mieter die Wohnung bereits verlassen hat und sodann an eine andere Person überlässt, liegt der Fall der unerlaubten Gebrauchsüberlassung auf der Hand. Es ist dem Mieter nach der Instanzrechtsprechung auch nicht gestattet, den Gebrauch der Mietsache nächsten Familienangehörigen zu überlassen.[198]

273 Wohnt der Mieter demgegenüber noch in der Wohnung, so ist ihm nach der Rechtsprechung erlaubt, weitere **Familienangehörige** in die Wohnung aufzunehmen. So auch: Aufnahme der Eltern[199] oder des Lebensgefährten.[200]

274 Soweit der Mieter jedoch ausgezogen ist, scheidet eine Überlassung der Mietsache an nichteheliche Lebenspartner oder Geschwister aus.[201] Des Weiteren ist dem Mieter nicht erlaubt, die Wohnung für seinen erwachsenen Sohn und/oder dessen Familie freizumachen.[202] Obwohl es nach dem Gesetz nicht erforderlich ist, dass von der unbefugten Gebrauchsüberlassung konkrete Störungen ausgehen, ist es sinnvoll, den Mandanten hiernach zu befragen und dann in Kündigung und Klage hierzu vorzutragen, um die Durchsetzbarkeit einer hilfsweise zusätzlich erklärten Kündigung nach § 573 Abs. 2 Nr. 1 BGB zu verstärken.

275 Der **Anwalt des Mieters** wird in den Fällen der Gebrauchsüberlassung regelmäßig vortragen, sein Mandant sei entweder berechtigt, die weitere Person in die Wohnung mitaufzunehmen, weil er mit dieser eine Lebensgemeinschaft gegründet habe, oder aber, es liege Gestattung oder Duldung des Vermieters vor bzw. dem Mieter stehe ein Anspruch auf Untervermietung zu.

276 Soweit der Vermieter die Gebrauchsüberlassung einige Monate geduldet hat, kann der Kündigungsgrund der unerlaubten Gebrauchsüberlassung verwirkt sein und zwar sowohl hinsichtlich der fristlosen, wie auch hinsichtlich der fristgemäßen Kündigung.[203]

277 *(3) Einzelfälle.* Fälle der unbefugten Gebrauchsüberlassung sind:
- Untervermietung und Fortsetzung derselben nach Abmahnung;
- Überbelegung, auch bei nur zeitweiser Überlassung;
- erlaubte Untervermietung, wenn der Mieter nicht verhindert, dass der Untermieter nochmals untervermietet.[204]

278 Obwohl es sich empfiehlt, konkrete Beeinträchtigungen des Vermieters in der Kündigung und im **Prozess** darzulegen, bedarf es dieser Beeinträchtigungen nach einhelliger Meinung nicht.[205] Es genügt also auch die Beeinträchtigung der Bewohner.

279 Soweit von Mieterseite eingewendet wird, es bestehe ein Anspruch auf Gebrauchsüberlassung an Dritte oder die Kündigung des Vermieters sei rechtsmissbräuchlich, ist eine **Interes-**

---

[196] BayObLG NJW-RR 1995, 969.
[197] *Schmidt-Futterer* § 543 Rdnr. 68 ff.
[198] LG Frankfurt NJW-RR 1993, 143.
[199] BayObLG NZM 1998, 29; LG Hamburg NJW-RR 2000, 602.
[200] BGH NZM 2004, 22; *Schmidt-Futterer* § 543 Rdnr. 71.
[201] LG Berlin WuM 1995, 569. – Einzelheiten: *Sternel* IV, XII Rdnr. 117.
[202] LG Cottbus WuM 1995, 38.
[203] LG München I NJW-RR 1991, 1112.
[204] OLG Hamm NJW-RR 1992, 783.
[205] BGH NJW 1985, 2527; RE OLG Hamburg NJW 82, 1157; RE OLG Frankfurt NJW-RR 1989, 10; RE BayOLG NJW-RR 1991, 461.

senabwägung maßgebend.²⁰⁶ Soweit der Mieter jedoch verschleiert, dass er einen Dritten in die Wohnung ohne Erlaubnis aufgenommen hat oder soweit der Mieter den zuvor geäußerten (und beweisbaren) Willen des Vermieters missachtet hat, ist von einer Erheblichkeit der Vertragsverletzung auszugehen.²⁰⁷ Jedenfalls reicht es für eine fristlose Kündigung nach § 543 Abs. 2 Nr. 2 BGB nicht aus, wenn der Mieter lediglich übersehen hat, dass er eine Genehmigung des Vermieters einholen muss.²⁰⁸ In diesem Fall kann lediglich die fristgemäße Kündigung gem. § 573 Abs. 2 Nr. 1 BGB zum Zuge kommen.

Abzulehnen ist die Auffassung, dass bei nicht genehmigter Untervermietung die in der Abmahnung gesetzte Frist zur Abhilfe grundsätzlich der für das Untermietverhältnis geltenden Kündigungsfrist entsprechen müsse, weil der Mieter andernfalls zur Abhelfung außerstande sei. Dies hätte im Fall der befristeten Untervermietung zur Folge, dass auf lange Zeit die Abmahnung nicht durchsetzbar wäre und es könnte den Mieter und den Untermieter reizen, entsprechend vorzutragen, dass beispielsweise ein mehrjähriges Untermietverhältnis begründet worden sei.²⁰⁹

dd) Gefährdung der Mietsache. Obwohl der Vermieter verpflichtet ist, die Mietsache in einem gebrauchsfähigen Zustand zu erhalten, treffen den Mieter weitere Sorgfaltspflichten: Er ist nach § 536c Abs. 1 BGB zur **Anzeige** verpflichtet, wenn die Mietsache mangelhaft wird, wenn gewisse Vorkehrungen zum Schutz der Mietsache gegen eine nicht vorhergesehene Gefahr erforderlich werden oder wenn sich ein Dritter ein Recht an der Mietsache anmaßt. Regelmäßig finden sich in den Formularmietverträgen oder den beigefügten Hausordnungen entsprechende ausführliche Regelungen, die in Kündigung und Klage zu **zitieren** sind, um dem Einwand der Mieterseite, man habe von nichts gewusst, begegnen zu können.

Darüber hinaus ist der Mieter verpflichtet, die Mietsache pfleglich zu behandeln und Schäden von ihr abzuwenden, wenn der Vermieter nicht rechtzeitig tätig werden kann. Nachdem der Mieter gemäß § 536 Abs. 2 BGB Ersatz für Aufwendungen verlangen kann, spielen Kostengesichtspunkte nur eine untergeordnete Rolle. Soweit der Mieter die ihm obliegenden Anzeige- und Obhutspflichten trotz Abmahnung (§ 543 Abs. 3 BGB) nicht erfüllt und soweit die Mietsache dadurch erheblich gefährdet wird, liegt ein Tatbestand für die fristlose Kündigung vor. Der Streit entzündet sich also regelmäßig daran, wann eine **erhebliche Gefährdung** der Mietsache vorliegt, ob also beispielsweise erste Anzeichen von Schimmel an den Wänden ausreichen. Beim Suchen nach den Vorgängen ist nach der aktuellen Entscheidung des BGH vom 28. 5. 2008, VIII ZR 271/07, dem Mieter kein Vorwurf zu machen und der Vermieter ist verpflichtet, entsprechende Schäden zu beseitigen.

Soweit die Kündigung auf die Gefährdung der Mietsache gestützt werden soll, ist zu beachten, dass Zweifel zu Lasten des Vermieters gehen, nachdem dieser beweispflichtig ist, dass die Gefährdung **konkret** gegeben ist. Es ist hierbei ein gewisses Wagnis, den Angaben des eigenen Mandanten zu vertrauen.

Die Rechtsprechung zu dieser Problematik ist dünn: Nach einer Entscheidung des AG Wiesbaden vom 15. 5. 1991 ist eine Kündigung nach § 543 Abs. 2 Nr. 2 BGB gerechtfertigt, wenn der Mieter innerhalb von vier Jahren vier Wasserschäden mit seiner Waschmaschine verursacht hat und hierdurch beim vierten Vorfall ein Schaden von € 5.000,– entstanden ist.²¹⁰

ee) Weitere Einzelfälle. Weitere Fälle, in denen eine Kündigung nach § 553 BGB, jetzt: § 543 Abs. 2 Nr. 2, für zulässig erachtet worden ist:
- **Bauliche Veränderungen:** Wenn der Mieter bauliche Veränderungen durchführt und der Vermieter von einem Dritten zu Recht auf Beseitigung dieser baulichen Veränderungen in Anspruch genommen wird, insbesondere also bei Eigentumswohnungen;²¹¹ eigenmächtiger Ausbau eines Dachbodens zu Wohnzwecken.²¹²

---

[206] RE BayOLG NJW-RR 1990, 461; RE BayOLG WuM 1995, 378.
[207] OLG Hamm WuM 1997, 364.
[208] LG Kiel WuM 1991, 548; LG München I WuM 1991, 548; *Schmidt-Futterer* § 543 Rdnr. 73.
[209] LG Mannheim WuM 1985, 262.
[210] AG Wiesbaden NJW-RR 1992, 76; *Schmidt-Futterer* § 543 Rdnr. 55 ff., 59 ff.
[211] LG Gießen NJW-RR 1994, 1102.
[212] LG Hamburg WuM 1992, 190.

- **Beschädigungen der Mietsache:** Wasserschäden.[213]
- **Geruchsbelästigung:** Der Mieter pflegt seine Wohnung nicht, so dass die Nachbarn durch einen unzumutbaren Geruch belästigt werden.[214]
- **Gewerbliche Nutzung:** Der Mieter betreibt ein Elektrogewerbe in der Wohnung und lagert im Keller und in der Garage Materialien ein.[215]
- Ein Kfz-Stellplatz wird als Kfz-Werkstatt benutzt.[216]
- **Prostitution:** Soweit der Mieter der Prostitution in der Wohnung nachgeht, ist eine Kündigung berechtigt, wobei freilich der Nachweis derselben aufwändig sein kann.[217]
- **Rauschgift:** In der Wohnung wird mit Rauschgift gehandelt oder es werden in der Mietsache Cannabis- und Marihuana-Pflanzen vorgefunden.[218]
- **Sperrmüll:** Der Mieter lagert Abfall, Karton, Zweiräder und Gartengeräte im Kellerflur ab mit der Folge, dass andere Mieter ihre Kellerräume nur schwer erreichen können und der Brandschutz nicht mehr gewährleistet ist.[219]
- **Tauben:** Der Mieter füttert Tauben an, was in hygienischer und akustischer Hinsicht nicht mehr für die anderen Mieter hinnehmbar ist.[220]
- **Tierhaltung:** Der Mieter hält zwei Katzen vertragswidrig.[221] Trotz Widerrufs der Erlaubnis zur Tierhaltung, weil der Hund andere Hausbewohner gebissen hat, hält der Mieter den Hund weiterhin.[222]
- Die Mieterin hält mehrere Katzen und einen Hund, was erhebliche Geruchsbelästigungen verursacht.[223] Allerdings ist bei den Entscheidungen zur vertragswidrigen Tierhaltung zu beachten, dass nach der Entscheidung des BGH vom 14. 11. 2007, VIII ZR 340/06,[224] eine Klausel in einem formularmäßigen Wohnraummietvertrag, wonach die Haltung von Hunden und Katzen untersagt sein soll, einer Inhaltskontrolle nach § 307 Abs. 1 BGB nicht standhält und daher unwirksam ist. Daher dürfte nur noch in denjenigen Fällen, in welchen von der Tierhaltung extreme Belästigungen für die anderen Hausbewohner ausgehen, eine Kündigung möglich sein.
- **Überbelegung:**
Eine Überbelegung kann selbst dann vorliegen, wenn dies durch die Geburt von Kindern oder den Zuzug von Familienangehörigen entstanden ist. Nach dem RE des OLG Hamm vom 6. 10. 1982[225] richtet sich dies nach den Umständen des Einzelfalles, da es in der Regel keine verbindlichen Vorschriften gebe. Nach einer Entscheidung des LG Oldenburg, die vom BVerfG bestätigt wurde,[226] ist eine Überbelegung gegeben, wenn eine 70 qm große 4-Zimmer-Wohnung am Nachmittag und am Abend von 4 Erwachsenen und 3 Kindern genutzt wird.
Keine Überbelegung soll demgegenüber gegeben sein, wenn eine 20 qm große Wohnung von zwei Erwachsenen und einem Kind bewohnt werden.[227]
Einen Anhaltspunkt zur Feststellung der Überbelegung im Einzelfall können die **Landesgesetze** zur Beseitigung von Wohnungsmissständen geben, beispielsweise das Bayerische Wohnungsaufsichtsgesetz vom 24. 7. 1974, wonach Wohnungen nur dann überlassen und genutzt werden dürfen, wenn für jede mindestens 6 Jahre alte Person eine Wohnfläche von mindestens 10 qm und für jede noch nicht 6 Jahre alte Person mindestens 6 qm Wohnfläche

---

[213] AG Helmstedt ZMR 1988, 148.
[214] AG Rheine v. 28. 2. 2008, ZMR 2008, 803.
[215] AG Lüdinghausen WuM 1983, 327.
[216] LG Berlin GE 1991, 1253.
[217] LG Lübeck NJW-RR 1993, 525.
[218] AG Linz NJW-RR 1991, 1225.
[219] AG Dortmund DWW 1990, 179.
[220] AG Frankfurt/M. WuM 1977, 66.
[221] LG Berlin GE 1987, 1111.
[222] LG Berlin GE 1993, 97.
[223] LG Berlin GE 1996, 1433.
[224] NJW 2008, 218 = NZM 2008, 78.
[225] DWW 1982, 335.
[226] BVerfG WuM 1994, 119.
[227] LG Köln WuM 1983, 237.

vorhanden sein müssen. Mit diesem Gesetz kann mit guten Gründen auch in Bundesländern argumentiert werden, die über keine entsprechenden Landesgesetze verfügen.

Zwar soll nach einer Entscheidung des LG München I[228] aus dem Verstoß gegen das Wohnungsaufsichtsgesetz nicht zwangsläufig die Möglichkeit einer fristlosen Kündigung erfolgen – nachdem ein Verstoß gegen dieses Gesetz jedoch mit einem erheblichen Bußgeld bewehrt ist und die Ordnungsbehörden zum Einschreiten aufgefordert sind, wird man ohne weiteres von einem vertragswidrigen Gebrauch von erheblichem Gewicht sprechen können.

- **Nutzung als Wohnung:** Der Mieter nutzt Gewerberäume vertragswidrig zu Wohnzwecken.[229]

Nachdem zu den einzelnen Kündigungsgründen von § 543 Abs. 2 Nr. 2 BGB meist nur Entscheidungen der Instanzgerichte vorliegen, ist es in Grenzfällen ratsam, die im Rechtsentscheid des OLG Koblenz vom 16. 7. 1997[230] enthaltene Aufzählung in der Klage zu zitieren, um den Entscheidungen der Amtsgerichte eine gewisse Qualität und Autorität zu verschaffen.

c) *Zahlungsverzug, §§ 543 Abs. 2 Nr. 3, 569 Abs. 3 BGB. aa) Allgemeines.* Die auf den ersten Blick einfache Kündigungsmöglichkeit von §§ 543 Abs. 2 Nr. 3, 569 Abs. 3 BGB gestaltet sich im Hinblick auf das Recht des Mieters zur Vornahme von Mietminderungen, Zurückbehaltungsrechten und zur Aufrechnung im Einzelfall schwierig. Auch die Regelungen im Mietvertrag sowie mündliche Vereinbarungen zwischen den Parteien können zuweilen Tücken verursachen.

(1) Mietrückstand. Nach § 543 Abs. 2 Nr. 3 BGB muss der Mieter mit fälligen, vom Mieter laufend geschuldeten Mieten im Rückstand sein. Die rückständigen Mieten, wegen welcher der Vermieter die Kündigung ausspricht, müssen noch im Zeitpunkt der Abgabe der Kündigungserklärung offen sein. Nach der Entscheidung des OLG Naumburg vom 5. 11. 1998[231] soll es bei der Bestimmung des Rückstands ebenfalls nicht auf den Zeitpunkt der Gutschrift, sondern auf den Zeitpunkt der Einzahlung durch den Mieter ankommen.

(2) Modalitäten. Die Vorschrift von § 543 Abs. 2 Nr. 3 BGB enthält mehrere Modalitäten der Kündigung:

a) die Kündigung bei Verzug mit zwei aufeinander folgenden Terminen in Höhe der Gesamtmiete;
b) die Kündigung bei Verzug mit zwei aufeinander folgenden Terminen in Höhe einer Monatsmiete zuzüglich einem Pfennig/Cent;
c) Verzug über einen Zeitraum von mehr als zwei Terminen in Höhe einer doppelten Monatsmiete, womit die Möglichkeit des Mieters, jede zweite, vierte, sechste Miete zu zahlen, also Mieten zu „überspringen", verhindert werden soll.

Soweit diese Voraussetzungen nicht gegeben sind, tritt die Gestaltungswirkung der Kündigung wegen Zahlungsverzugs nicht ein mit der Folge, dass das Mietverhältnis fortbesteht.

Die **Umdeutung** einer unwirksamen Kündigung in ein Angebot zum Abschluss eines Mietaufhebungsvertrags kommt nicht in Betracht.[232] Der Vermieter kann sogar schadenersatzpflichtig werden, wenn ihm hinsichtlich des Ausspruchs der Kündigung Vorsatz oder Fahrlässigkeit zur Last gelegt werden kann.[233]

bb) Begriff der Miete. Hierzu gehören die regelmäßigen Leistungen, die der Mieter als Entgelt für die Überlassung des Gebrauchs der Mietsache zu erbringen hat, also die Grundmiete sowie die Betriebskostenvorauszahlung nebst einer Betriebskostenpauschale, gleichgültig, ob diese als Pauschale oder als Vorauszahlung entrichtet werden.[234]

---

[228] WuM 1983, 22.
[229] OLG Düsseldorf NJW-RR 1987, 1370.
[230] NJW-RR 1998, 659.
[231] BayOLG a. a. O.; BayOLG NJW-RR 1991, 461.
[232] BGH NJW 1984, 1028.
[233] BGH NJW 1984, 1028.
[234] OLG Hamm WuM 1997, 364.

292   Nicht unter den Begriff der Miete fallen die nicht regelmäßig wiederkehrenden vertraglichen Zahlungsverpflichtungen also die Rückstände mit Betriebskostennachzahlungen,[235] die Kaution,[236] Finanzierungsbeiträge, die Kosten vorangegangener Prozesse, die der Mieter verloren hat und Ansprüche auf Schadensersatz oder Verzugszinsen.[237]

293   *(1) Besonderheit nach Mieterhöhung.* Soweit eine rechtskräftige gerichtliche Entscheidung wegen Mieterhöhung vorliegt, ist § 569 Abs. 3 Nr. 3 BGB zu beachten. Hiernach kann der Vermieter nicht vor Ablauf von zwei Monaten nach rechtskräftiger Entscheidung kündigen. Auch nach neuem Recht dürfte § 569 Abs. 3 Nr. 3 BGB jedoch nicht anwendbar sein, wenn die Parteien sich in einem Prozessvergleich auf einen höheren Mietzins geeinigt haben.[238] Dann kann sofort entsprechend der Fälligkeitsregelung im Vergleich gekündigt werden.

294   *(2) Fälligkeit der Miete.* Der Fälligkeitszeitpunkt ist in Mietverträgen in der Regel nach dem Kalender bestimmt; der Verzug setzt dann eine Mahnung nicht voraus.

295   Abweichend von der bisherigen Rechtslage, § 551 BGB a. F., wonach die Miete am Ende des jeweiligen Zeitabschnitts zu zahlen war, ist nunmehr vom Gesetzgeber eingeführt worden, dass der Mieter die Miete zu Beginn der Mietzeit bzw. der vereinbarten Zeitabschnitte zu entrichten hat, § 556b Abs. 1 BGB. Abweichende vertragliche Regelungen bleiben zulässig.

296   Die Entscheidung des BGH vom 26. 10. 1994[239] zum Zusammentreffen von Vorauszahlungsklauseln und einem Aufrechnungsverbot in allgemeinen Geschäftsbedingungen hat daher teilweise an Bedeutung verloren. Nach jener Entscheidung folgte aus dem Zusammentreffen des Aufrechnungsverbots und der Pflicht zur Vorauszahlung der Miete, dass der Mieter berechtigt war, die Miete am Ende des jeweiligen Zeitabschnitts zu zahlen, also jeweils am Monatsende, wie dies in § 551 BGB a. F. geregelt gewesen war.

297   *(3) Gesetzliche Regelung der Fälligkeit, §§ 269, 270 BGB.* Nach dem Gesetz hat der Mieter die Zahlung der Miete herbeizuführen, wenn nicht im Vertrag etwas anderes vereinbart worden ist. Es kommt also nicht auf die Ankunft der Miete beim Vermieter an, also der Gutschrift, sondern darauf, wann der Mieter der Bank den Überweisungsauftrag erteilt oder eine Bareinzahlung vorgenommen hat. Dies birgt für den Vermieter und dessen Anwalt die Gefahr in sich, dass er kündigt/klagt, obwohl die Zahlung der Rückstände bereits angewiesen worden ist und durch ein Versehen der Bank noch nicht dem Konto des Mieters gutgeschrieben wurde. Der Mieter hat also die Möglichkeit, dem Vermieter zu beweisen, dass er die Überweisung rechtzeitig der Bank in Auftrag gegeben hat und die Ausführung dieses Auftrags auf Grund eines Versehens der Bank erst einige Tage später erfolgte. Dies würde zur Folge haben, dass ein Verzug nicht vorgelegen hat.[240]

Es gibt keine Pflicht des Vermieters, durch die Annahme eines Schecks die Zahlung zu bewirken; wird ein **Scheck** hingegeben, so kann also im Regelfall der Rechtsanwalt des Vermieters diesen ohne weiteres seiner Bank zum Einzug vorlegen, damit der im Scheck genannte Betrag seinem Konto gutgeschrieben wird. Nunmehr ist aber abzuwarten, ob die Gutschrift auch von Dauer ist. In der Praxis ist die Zahlung nach einem Zeitraum von **fünf Werktagen** ab dem Tag der Gutschrift als sicher auf dem Konto des Anwalts als eingegangen zu bewerten. Erst ab diesem Zeitpunkt kann der Rechtsanwalt von einer endgültigen Erfüllung der Mietzinsforderung ausgehen. Nach Ablauf von fünf Werktagen kommt eine **Erledigungserklärung** im Zahlungs- und/oder Räumungsprozess in Betracht und nicht früher.

298   *(4) „Leistung unter Vorbehalt", „Mietminderung".* Der Mieter kommt nicht in Verzug, wenn ihm gegenüber dem Vermieter die Einrede des nicht erfüllten Vertrags gem. § 320

---

[235] LG Kiel WuM 1991, 548; LG München I WuM 1991, 548; OLG Koblenz NJW 1984, 2396.
[236] LG Hamburg WuM 1974, 54.
[237] Einzelheiten: *Schmid-Futterer* § 543 Rdnr. 83 ff.
[238] OLG Hamm NJW-RR 1992, 340.
[239] BGH NJW 1995, 254.
[240] *Schmidt-Futterer* § 543 Rdnr. 96.

BGB zusteht; das sich hieraus ergebende Zurückbehaltungsrecht muss nicht ausdrücklich geltend gemacht werden, weil schon sein Bestehen den Eintritt des Leistungsverzugs verhindert.[241]

Ist die Mietsache also mangelhaft und hat der Mieter gegenüber dem Vermieter einen Anspruch auf Herstellung des vertragsgemäßen Zustands, wird es für den Vermieter schwierig, seine Ansprüche rasch und ohne eine umfang- und kostenreiche Beweisaufnahme durchzusetzen. Nachdem die Rechtsprechung Analogien zum Werkvertragsrecht zieht und das Drei- bis Fünffache der ausstehenden Leistung als angemessenes Zurückbehaltungsrecht ansieht,[242] wäre der Vermieter nicht selten gehalten, dem Mieter noch Geld zu bringen, bevor er diesen wegen Zahlungsrückständen angeht. Wenn die Mieteinbehalte das Drei- bis Fünffache des voraussichtlichen Kostenaufwands für eine Schadenbeseitigung erreicht haben, ist die Ausübung eines Zurückbehaltungsrechts nicht mehr zulässig (Einzelheiten: § 23). 299

Inwieweit Minderungs- und Zurückbehaltungsansprüche gem. §§ 536 b, 536 c BGB ausgeschlossen sein können, ist nunmehr in einer für den Vermieter günstigen Weise durch § 556 b BGB abgeändert worden: Der Mieter ist jetzt gehalten den Mangel „**mindestens einen Monat vor der Fälligkeit der Miete schriftlich**" anzuzeigen und ist nicht berechtigt, Mietminderungen und Zurückbehaltungsrechte geltend zu machen, wenn er die schriftliche Mangelanzeige versäumt hat. Inwieweit sich diese Neuregelung auf die Möglichkeit der Kündigung wegen Zahlungsverzugs ohne Abstriche günstig auswirkt, wie sich also die Rechtsprechung hierauf einstellen wird, bleibt abzuwarten. Der Anwalt der Vermieters wird jedenfalls mit dieser Neuregelung argumentieren.[243] 300

Soweit der Mieter die Mängel, Minderungsansprüche und Zurückbehaltungsrechte gesetzeskonform schriftlich angezeigt hat, gilt es, dem Gericht plausibel zu machen, dass die Höhe der Minderungen/Zurückbehaltungsrechte völlig überzogen sind. Soweit der Mieter sich weigert, Zutritt zur Wohnung zu gewähren, um die Mietsache ausreichend zu untersuchen, ist dies ein Indiz dafür, dass die Mängel nur vorgeschoben sind. Ansprüche des Mieters auf Minderung können dann zudem **verwirkt** sein, was einzuwenden ist (Einzelheiten: § 23). 301

(5) Unregelmäßige Zahlungen des Mieters. Soweit unregelmäßig Zahlungen seitens des Mieters eingehen, ist genau zu beachten, inwieweit der Mieter eine **Tilgungsbestimmung** getroffen hat. Der prozessuale Streitgegenstand ist dadurch festzulegen, dass genau bestimmt wird, welche Mieten der Mieter mit seinen Zahlungen ausgleichen wollte und welche noch offen sind. Hierbei genügt ein Blick auf den „**Verwendungszweck**" des entsprechenden Überweisungsträgers oder des Bareinzahlungsbelegs. 302

Nur dann, wenn der Mieter keine Leistungsbestimmung getroffen hat, greift § 366 Abs. 2 BGB. Hiernach ist bei einer fehlenden Tilgungsbestimmung des Mieters die Zahlung auf den ältesten Rückstand verrechnen, soweit nicht eine stillschweigende Bestimmung des Mieters angenommen werden kann.[244] 303

Inwieweit der konkreten Tilgungsbestimmung des Mieters mit Formularklauseln begegnet werden kann, ist zweifelhaft[245] und sollte im Regelfall außer Betracht gelassen werden.

Bei zahlreichen Vermietern ist zu beobachten, dass eingehende Zahlungen des Mieters „**wild" verbucht** werden und unklar wird, welche Rückstände tatsächlich bestehen, nachdem mit den eingehenden Zahlungen oft Zinsen, Betriebskostennachzahlungen, Verzugspauschalen etc. in Verrechnung kommen. Inwieweit dem Vermieter in dieser Situation angesonnen werden kann, die Verbuchungen in Ordnung zu bringen, was einen erheblichen Erklärungsaufwand bedeuten kann (freilich muss die so erklärte Hausaufgabe dann auch wieder vom Anwalt des Vermieters überprüft werden) oder ob es nicht vorteilhafter ist, dies als Anwalt des Vermieters „gerichtstest" selbst zu tun, bleibt Frage des Einzelfalls und ggf. 304

---

[241] BGH NJW 1966, 200.
[242] BGH NJW 1992, 1632; LG Hamburg WuM 1989, 172.
[243] *Schmidt-Futterer* § 556 b Rdnr. 39 ff.
[244] *Schmidt-Futterer* § 543 Rdnr. 113.
[245] BGH NJW 1984, 2404.

der Bereitschaft der Vermieters, diese zusätzliche buchhalterische Aufgabe gesondert zu vergüten.

305 Zuweilen reicht es den Gerichten aus, wenn auf eine Verrechnung nach § 366 Abs. 2 BGB hingewiesen wird; hierauf kann man sich jedoch nicht verlassen und der Vermietermandant ist auf das entsprechende Risiko, dass die Rückstände nicht schlüssig nachgewiesen sind, hinzuweisen. Instruktiv in diesem Zusammenhang ist die Entscheidung des BGH vom 22. 12. 2003[246] und des AG Dortmund vom 28. 5. 2003,[247] in welchem zwischen „einfachen" und „komplizierten" Fällen von Zahlungsverzug unterschieden wurde. Um dem Risiko der Einordnung eines Kündigungssachverhaltes als kompliziert bei nur knapper Darstellung der Rückstände zu entgehen, sollte die Zahlungsentwicklung genau dargestellt und mitgeteilt werden, welche Mieten oder anteiligen Monatsmieten rückständig sind.

306 *(6) Sonderfall: Mieter ist gleichzeitig Vermieter.* Soweit der Mieter gleichzeitig Mitglied einer Vermietergemeinschaft ist, ist besondere Vorsicht geboten. Wenn also eine aus mehreren Personen bestehende Eigentümergemeinschaft an einen der Miteigentümer vermietet hat und dieser keine Mieten mehr zahlt, kann nur Leistung an die Gesamthand der Miteigentümer/Mitvermieter verlangt werden. Der beklagte Mieter kann in diesem Fall nicht gleichzeitig als Kläger im Rubrum mitaufgeführt werden.[248]

307 *cc) Die einzelnen Kündigungstatbestände von § 543 Abs. 2 Nr. 3 i. V. m. § 569 Abs. 3 BGB. (1) Kündigung gem. §§ 543 Abs. 2 Nr. 3 a, 569 Abs. 3.* Der Grundfall der fristlosen Kündigung besteht darin, dass der Mieter für zwei aufeinander folgende Termine mit der Entrichtung der Miete in Verzug ist.

308 Innerhalb dieser Variante ist es jedoch für die Kündigungsbefugnis ausreichend, wenn der Mieter für zwei aufeinander folgende Termine mit der Entrichtung eines nicht unerheblichen Teils der Miete im Verzug ist. Wann diese Variante vorliegt, ist in der Rechtsprechung und Literatur umstritten.

309 Nachdem gemäß §§ 543 Abs. 2 Nr. 3 i. V. m. 569 Abs. 3 Nr. 1 BGB der rückständige Teil der Miete nur dann nicht unerheblich ist, wenn er die Miete für einen Monat übersteigt, ist nach einer Ansicht davon auszugehen, dass es ausreichend ist, wenn der Rückstand in zwei Monaten eine volle Monatsmiete übersteigt.[249]

310 Nach herrschender Meinung kommt es nicht darauf an, ob eine Miete im Rahmen von §§ 543 Abs. 2 Nr. 3 i. V. m. 569 Abs. 3 Nr. 1 BGB unerheblich rückständig ist. Nach überwiegender Auffassung ist mithin eine fristlose Kündigung zulässig, wenn mehr als eine Monatsmiete im Zeitraum von zwei Monaten rückständig ist.[250]

311 *(2) Kündigung gem. §§ 543 Abs. 2 Nr. 3 b, 569 Abs. 3 Nr. 1 BGB.* Nach dieser Vorschrift ist die Kündigung zulässig, wenn der Rückstand, der sich über mehr als zwei Termine erstreckt, eine Höhe von mindestens zwei Monatsmieten erreicht hat.

312 Konkret bedeutet dies, dass im Falle einer monatlichen Miete von € 500,– die fristlose Kündigung möglich ist, wenn beispielsweise innerhalb von fünf Monaten jeweils soviel an Rückständen auftritt, dass im sechsten Monat ein Rückstand von mehr als zwei Monatsmieten auftritt, also € 1.000,– und 1 Cent.

313 Vor diesem Zeitpunkt kann der Vermieter lediglich gemäß § 573 Abs. 1 Nr. 1 BGB fristgemäß kündigen.

314 *dd) Schonfrist, § 569 Abs. 3 Nr. 2 BGB.* Nach dieser Vorschrift kann der Mieter die fristlose Kündigung unwirksam machen, wenn er die Rückstände bis spätestens vor Ablauf von **zwei Monaten seit Zustellung der Klagschrift** ausgleicht oder sich eine öffentliche Stelle zur Befriedigung des Vermieters verpflichtet.

315 Der Anwalt des Vermieters hat daher zu beachten und zu überprüfen, ob der Mieter innerhalb der Schonfrist alle zum Zeitpunkt der Zahlung offenen Mietzinsrückstände und An-

---

[246] BGH NZM 2004, 187.
[247] AG Dortmund NZM 2003, 596; LG Dortmund NZM 2004, 189, zur sog. „Saldoklage" – *Junglas* ZMR 2008, 673 ff.
[248] OLG Düsseldorf NJW-RR 1998, 11.
[249] BGH NJW-RR 1987, 903, andere Ansicht *Sternel*.
[250] Einzelheiten: *Schmidt-Futterer* § 554 Rdnr. 113 ff.

sprüche des Vermieters auf Nutzungsentschädigung in Höhe der zuletzt vereinbarten Miete ausgleicht. Geschieht dies nicht, kommt dem Mieter diese Rechtswohltat nicht zugute.[251]

Die Kündigung wird auch dann nachträglich unwirksam, wenn sich eine öffentliche Stelle gegenüber dem Vermieter verpflichtet, alle aufgelaufenen Rückstände zu übernehmen. 316

Dies bedeutet also in aller Regel, dass das zuständige Wohnungs- oder Sozialamt nach dem BSHG die Übernahme der Rückstände gegenüber dem Vermieter erklärt. Die Verpflichtungserklärung ist bedingungsfeindlich. Deshalb darf deren Wirksamkeit nicht davon abhängig gemacht werden, dass der Vermieter bestimmte Handlungen vornimmt. Umstritten ist es, ob die Klarstellung schädlich ist, dass der Mietrückstand nur dann übernommen wird, wenn die Rechtsfolge von § 569 Abs. 3 Nr. 2 S. 1 BGB eingreift.[252] 317

Die **Übernahmeerklärung** muss direkt an den Vermieter erfolgen. Es genügt nicht, wenn die Übernahmeerklärung an Dritte, gegenüber dem Mieter oder gegenüber dem Gericht erfolgt.[253] Die Übernahmeerklärung muss auch innerhalb der Schonfrist zugehen, wobei umstritten ist, ob eine Übermittlung per Telefax ausreicht.[254] 318

Der Mieteranwalt wird daher seinem Mandanten raten, unverzüglich Kontakt mit dem Wohnungs- oder Sozialamt aufzunehmen, insbesondere dort persönlich vorzusprechen, um die Leistungen nach dem BSHG zu erhalten. 319

Soweit im Verlauf des Räumungsprozesses die Rückstände ausgeglichen werden oder eine Zusage des Sozialamtes erfolgt, die Rückstände zu übernehmen, wäre der Rechtsstreit in der Hauptsache für erledigt zu erklären mit der Folge, dass eine Entscheidung nach **§ 91a ZPO** erfolgt. Hierbei werden die Kosten des Rechtsstreits regelmäßig dem Mieter auferlegt. 320

Nachdem die nach dem BSHG zuständige Behörde für den Kostenerstattungsanspruch des Vermieters nicht eintrittspflichtig ist, erhält der Vermieter durch die gesetzliche Regelung in § 569 Abs. 3 Nr. 2 BGB Steine statt Brot, nachdem die Prozesskosten gegebenenfalls die Mietrückstände übersteigen. Dem Vermieter bleibt daher nur, im Wege der Zwangsvollstreckung zu versuchen, seinen **Kostenerstattungsanspruch** durchzusetzen, was freilich ein wenig aussichtsreiches Unterfangen ist, wenn das Sozialamt lediglich die Übernahme der Mieten zugesagt hat. 321

Die Mitarbeiter des Sozialamts sind oft nicht ausreichend informiert, weshalb es nicht selten gelingt, auch einen Ausgleich der Prozesskosten (oder einen Teil davon) durch das Sozialamt zu erreichen. 322

Soweit der Mieter zum zweiten Mal innerhalb von **zwei Jahren** in einen Rückstand im Sinne von §§ 543 Abs. 2 Nr. 3, 569 Abs. 3 Nr. 1, Nr. 2 BGB geraten ist, kommt eine erneute Schonfrist nicht mehr in Betracht, § 569 Abs. 3 Nr. 2 S. 2 BGB. Bei derartigen „Zweitfällen" kann es vorkommen, dass das Sozialamt sich ausnahmsweise auch bereiterklärt, den Kostenerstattungsanspruch zu erfüllen, wenn das Mietverhältnis fortgeführt wird. Möglich ist hierbei auch, dass das Sozialamt die weitere anwaltliche Tätigkeit, also die Gebühren, die durch den Abschluss eines außergerichtlichen Vergleiches in dieser Situation entstehen, übernimmt. Soweit der Vermieter rein wirtschaftlich denkt, wäre eine vergleichsweise Einigung über den Fortbestand des Mietverhältnisses nicht uninteressant. 323

In der Regel wird sich der Anwalt des Vermieters nicht so weit aus dem Fenster wagen, bei der Vereinbarung mit dem Sozialamt auf den Räumungstitel zu verzichten. Demgegenüber ist zweckmäßig, auf ein Anerkenntnis zu drängen und den somit geschaffenen Räumungstitel unter Bedingungen vollstreckungsfähig zu erhalten. Die Grundbedingung für eine **vergleichsweise Einigung** ist in der Regel, dass eine Vollstreckung aus dem Räumungstitel nicht erfolgt, sofern die künftigen Raten auf Zahlung von Miete/Nutzungsentschädigung vom Mieter pünktlich und vollständig gezahlt werden. Soweit erneut Zahlungsrückstände auftreten, hat der Vermieter also die Möglichkeit, nicht erneut fristlos wegen Zahlungsverzuges kündigen zu müssen, sondern er kann unmittelbar im Wege der Räumungsvollstreckung gegen den säumigen Mieter vorgehen. 324

---

[251] Einzelheiten: *Schmidt-Futterer* § 569 Rdnr. 35 ff.
[252] *Schmidt-Futterer* § 569 Rdnr. 44.
[253] BayOLG NJW 1995, 338.
[254] LG Köln WuM 1997, 215.

325 Vorsicht ist insoweit angebracht, als die Vereinbarung als Abschluss eines neuen Mietvertrages gelten könnte. In der vergleichsweisen Einigung sollte daher auf jeden Fall aufgenommen werden, dass für eine gewisse Dauer Nutzungsentschädigung entgegengenommen wird und dass ausdrücklich **kein neuer Mietvertrag** begründet werden soll.

326 *ee) Fristlose und fristgemäße Kündigung bei Zahlungsverzug.* Um der Problematik der Schonfristregelung als Anwalt des Vermieters zu begegnen, empfiehlt sich regelmäßig, alle Kündigungsmöglichkeiten auszuschöpfen, also insbesondere auch eine Kündigung nach § 573 Abs. 2 Nr. 1 BGB aufzunehmen.

327 Selbst wenn der Mieter innerhalb der Schonfrist zahlen würde, bliebe die fristgemäße Kündigung aufrechterhalten.[255] Gibt der Mieter gerichtlich oder außergerichtlich an, dass er die fristgemäße Kündigung nicht akzeptiert, besteht **Anlass zur Klagerhebung**. Es kann daher Klage auf künftige Räumung erhoben werden (§ 259 ZPO), bzw. der Klagantrag wird bei Zahlung nach Erhebung der Klage geändert.

328 Fristlose und ordentliche Kündigung können wegen ihrer Gestaltungswirkung weder alternativ noch kumulativ ausgesprochen werden. Zulässig soll nur die Staffelung in einem Hilfsverhältnis sein.[256]

329 Wurde die fristlose Kündigung durch Nachzahlung geheilt, soll nach einer Entscheidung des Landgerichts Berlin[257] eine anschließende ordentliche Kündigung nicht mehr auf denselben Zahlungsverzug gestützt werden können. Diese Auffassung ist bedenklich, lässt sich aber mit §§ 574–574c BGB begründen. Im Hinblick auf die Rechtsprechung des LG Berlin ist daher auf jeden Fall empfehlenswert, bereits in der fristlosen Kündigung die fristgemäße Kündigung mitaufzunehmen.

330 *ff) Kündigung wegen laufend verspäteter Zahlungen.* Laufend verspätete Zahlungen können eine fristlose Kündigung nach §§ 543 Abs. 2 Nr. 3, 569 Abs. 3 Nr. 1, Nr. 2 BGB rechtfertigen oder aber eine fristgemäße Kündigung nach § 573 Abs. 1 Nr. 1 BGB.

331 Nach der Entscheidung des BGH vom 28. 11. 2007 ist es nicht mehr zwingend erforderlich, dass der Kündigung des Mietverhältnisses über Wohnraum durch den Vermieter wegen schuldhafter nicht unerheblicher Vertragsverletzung des Mieters gemäß § 573 Abs. 2 Nr. 1 BGB eine Abmahnung durch den Vermieter vorausgehen muss.[258]

332 Soweit eine **Abmahnung** erforderlich ist, sollte der Anwalt des Vermieters im Falle laufend verspäteter Zahlungen folgende Einzelheiten in das Abmahnschreiben aufnehmen:

333 **Checkliste: Abmahnung**

- ☐ Hinweis, dass die nach dem Vertrag geschuldete Miete zu einem bestimmten Zeitpunkt fällig ist und dass dieser Fälligkeitszeitpunkt überschritten wurde
- ☐ Auflistung der Zahlungseingänge in den vergangenen Monaten
- ☐ Aufforderung, künftig vertragsgemäß die Miete zu zahlen
- ☐ Ankündigung, dass das Mietverhältnis fristlos oder fristgemäß gekündigt werden wird, wenn die Vertragsverstöße anhalten

Soweit in den darauf folgenden Monaten gleichwohl erneut Rückstände auftreten sollten, kann fristlos und hilfsweise fristgemäß gekündigt werden.

334 d) **Unzumutbarkeit der Vertragsfortsetzung, §§ 543 Abs. 1, 569 Abs. 2 BGB.** aa) *Mietrechtsreform.* Nach der neuen Rechtslage ist auch bei der Kündigung nach §§ 543 i.V.m. 569 Abs. 2 BGB eine Abmahnung erforderlich, während dies nach § 554a BGB a.F. nicht notwendig gewesen war. Setzt nunmehr der Mieter das abgemahnte Verhalten fort und ist

---

[255] OLG Stuttgart NJW-RR 1991, 1487.
[256] *Schmidt-Futterer* § 542 Rdnr. 23 ff.
[257] LG Berlin GE 1994, 399; *Schmidt-Futterer* § 573 Rdnr. 34.
[258] BGH NJW 2008, 508 = NZM 2008, 121.

eine Besserung nicht ersichtlich, kann gekündigt werden. Gewöhnlich lassen sich die Gerichte durch die Menge an Entscheidungen, die zu § 554a BGB ergangen sind, nicht beeindrucken, sondern entscheiden mehr oder weniger „aus dem Bauch heraus." Die Toleranzschwelle ist nun einmal unterschiedlich und die Entscheidungen der Instanzgerichte lassen die Argumentationsmöglichkeit offen, der Fall läge anders.

Problematisch waren diejenigen Fälle, in denen Zweifel an der Schuldfähigkeit des Mieters bestehen, nachdem § 554a BGB ein Verschulden des Vermieters voraussetzte. Nach neuer Rechtslage ist ein Verschulden des Mieters nicht mehr Voraussetzung, sondern lediglich Abwägungskriterium. Weil das Verschulden nicht mehr Tatbestandsmerkmal ist, sondern nur ein (wichtiges) **Abwägungskriterium,** kann der Einwand fehlenden Verschuldens nicht mehr ausschlaggebend sein.[259] 335

Auch nach der Mietrechtsreform ist eine nachhaltige **Hausfriedensstörung** erforderlich. Dieser konturlose Begriff war und wird durch eine Vielzahl von Urteilen der Instanzgerichte näher erläutert, weshalb nachstehend einige Entscheidungen aufgeführt werden, um die in der Rechtsprechung vorherrschende Tendenz aufzuzeigen. 336

Obwohl – wie ausgeführt – die Toleranzschwelle bei Gericht unterschiedlich ist, soll nachstehend eine Auflistung der zu § 554a BGB ergangenen Entscheidungen erfolgen. Es empfiehlt sich, bei Einreichung der Räumungsklage einschlägige Entscheidungen der Klagschrift beizufügen, um dem Argument, es sei die Schwelle sozialtypischen Wohnverhaltens noch nicht überschritten, zu begegnen. 337

Besteht die Mieterseite aus mehreren Personen und wird der Hausfrieden nur von einem von mehreren Mietern gestört, so muss gleichwohl allen Mietern gekündigt werden,[260] nachdem eine Teilkündigung nicht zulässig ist. Es ist auch nicht erforderlich, dass der Mieter selbst die Vertragsgrundlage zerstört oder erschüttert; ausreichend ist auch, wenn der wichtige Grund in dem Verhalten eines nahen Angehörigen des Vertragspartners, beispielsweise der Ehefrau, liegt und dieses Verhalten zugerechnet werden kann.[261] Dies ist allerdings umstritten.[262] 338

Hat der im Hause lebende Vermieter infolge einer Krankheit oder infolge seines Lebensalters besonders unter den Vertragsverletzungen zu leiden, so ist dies bei der Abwägung zu würdigen[263] und mithin vom Anwalt des Vermieters in der Klagschrift auszuführen. 339

Typische Kündigungssachverhalte sind: 340
- Unpünktliche Mietzahlungen
- Lärmstörungen
- Beleidigungen, Nötigung und Tätlichkeiten
- Unberechtigte Strafanzeigen
- Unseriöses Prozessverhalten
- Straftaten, insbesondere Diebstahl
- Verletzung von Aufklärungspflichten
- Gefährdungen und Beschädigungen der Mietsache.

bb) Einzelfälle. Als Kündigungsgründe im Sinne von § 554a BGB, jetzt § 543 BGB, wurden anerkannt: 341
- Verletzung vorvertraglicher Aufklärungspflicht;[264]
- wiederholte und nachhaltige Störungen des Hausfriedens durch unverschuldete, insbesondere krankheitsbedingte Handlungen, wenn fortgesetzt höchstpersönliche Rechtsgüter verletzt oder gefährdet werden;[265]
- wiederholte grobe oder öffentliche formale Beleidigungen;[266]

---

[259] *Kraemer* WuM 2001, 163, 170; BGH NZM 2005, 300.
[260] *Schmidt-Futterer* § 543 Rdnr. 218.
[261] BGH LM Nr. 6 zu § 553 BGB.
[262] KG NZM 2000, 905.
[263] *Schmidt-Futterer* § 543 Rdnr. 155.
[264] OLG Düsseldorf ZMR 1995, 465; BGH NJW 1969, 1845; LG Itzehoe ZMR 2008, 536.
[265] LG Köln MDR 1974, 232; LG Bielefeld ZMR 1968, 172.
[266] LG Köln WuM 1993, 349; LG Köln 1888, 925.

§ 28 341

- andauernde unzumutbare Belästigungen anderer Mieter, auch wenn sie von Kindern ausgehen;
- Belästigungen durch Geruch;[267]
- nicht zu beseitigender Befall mit Ungeziefer;[268]
- unberechtigtes Anzapfen einer Stromleitung;[269]
- fortdauernde unpünktliche Zahlung;[270]
- Waffengebrauch des Mieters gegen Nachbarn;[271]
- Lärmstörungen durch unerlaubt gehaltenen Hund;[272]
- Drohen mit Gewaltanwendung;[273]
- vorsätzlich oder leichtfertig unrichtige Strafanzeige gegenüber Vermietern;[274]
- wiederholtes Veranlassen von Polizeieinsätzen mit gewaltsamem Öffnen der Tür;[275]
- Beleidigung von Angehörigen, Mitarbeitern oder Hausverwaltern des Vermieters;[276]
- in der Presse veröffentlichte Beleidigungen;[277]
- Anbringen eines beleidigenden Transparentes an der Außenwand der Mietwohnung;[278]
- Bezeichnen des Vermieters als „Arschloch";[279] als „Penner" und als „Sau";[280]
- ob man dem Vermieter ein Angebot mit dem „Götz-Zitat" unterbreiten darf, ist demgegenüber umstritten (Kündigung zulässig;[281] Kündigung unzulässig);[282]
- Unterstützung von Hausbesetzern durch den Mieter;[283]
- Weigerung des Mieters, mit Hausverwalter zusammenzuarbeiten;[284]
- Aufruf an Mitmieter, ihn beim Kampf gegen die Willkür des Vermieters zu unterstützen;[285]
- Verleumdung anderer Mieter im Haus;[286]
- Stromdiebstahl zu Lasten des Vermieters;[287]
- vertragswidrige Nutzung einer Garage als Kfz-Werkstatt;[288]
- bewusst wahrheitswidrige Angaben über die Vermögensverhältnisse in der Mieterselbstauskunft;[289]
- erhebliche Substanzgefährdungen der vermieteten Räume durch Verzug des Mieters mit vertraglichen Leistungspflichten;[290]
- unterlassene Aufklärung des Vermieters über Einzelheiten der Nutzung des Mietobjekts durch dritte Personen;[291]
- unberechtigte Nutzung des Gartens durch den Mieter;[292]
- Versuch des Mieters, das Haus in die Luft zu sprengen;[293]

---

[267] LG Berlin NJW-RR 1997, 395.
[268] AG Bremen NJW 1998, 3283.
[269] LG Köln NJW-RR 1994, 909.
[270] BGH NJW-RR 1988, 77.
[271] LG Berlin GE 1993, 207.
[272] AG Frankfurt/M. WuM 1978, 127.
[273] LG Berlin GE 1991, 933.
[274] LG Berlin GE 1990, 1079; LG Frankfurt/M. WuM 1994, 15.
[275] LG Mannheim DWW 1994, 50.
[276] LG Berlin WuM 1987, 56.
[277] LG Köln DWW 1988, 325.
[278] LG München WuM 1983, 263.
[279] LG Berlin GE 1991, 151.
[280] LG Berlin GE 1991, 933.
[281] LG Berlin WuM 1987, 56; LG Köln WuM 1986, 250.
[282] LG Offenburg WuM 1986, 250.
[283] AG Wedding und AG Frankfurt/M. WuM 1981, 210.
[284] LG Götting WuM 1980, 19.
[285] LG Koblenz WuM 1976, 78.
[286] LG Kaiserslautern WuM 1983, 263.
[287] LG Köln NJW-RR 1994, 909.
[288] LG Berlin GE 1991, 1253.
[289] LG Wuppertal WuM 1999, 39.
[290] LG Düsseldorf WuM 1999, 333.
[291] OLG Hamburg ZMR 1992, 23.
[292] AG Steinfurt WuM 1987, 260.
[293] WuM 1989, 569.

- wiederholte Verursachung von schweren Wasserschäden;[294]
- Verursachung eines Wohnungsbrandes durch einen unerlaubt gehaltenen Hund;[295]
- unerlaubt gehaltener Hund greift anderen Mieter an;[296]
- Nutzung der Wohnung als Bordell trotz Abmahnung;[297]
- Zerstörung von Einrichtungsgegenständen in betrunkenem Zustand aus Verärgerung über Kündigung oder Mieterhöhung;[298]
- unzulässiges Füttern von Tauben;[299]
- Aufbewahrung von Rauschgift in der Wohnung;[300]
- unberechtigtes Parken auf Vermietergrundstück.[301]

Demgegenüber wurde eine Kündigung nach § 554a BGB a. F. abgelehnt in folgenden Fällen:

- öffentliche Kritik an einem überhöhten Mietzins;[302]
- bei normalem Kinderlärm;[303]
- bei Überbelegung der Wohnung durch Zuzug von Kindern des Mieters;[304]
- bei Weigerung, eine Wohnungsbesichtigung durch Kaufinteressenten zu gestatten;[305]
- bei Tätlichkeit gegenüber Mietern eines anderen Hauses;[306]
- die Aufzeichnung eines Gesprächs mit dem Vermieter durch ein Diktiergerät, wenn diese Aufzeichnung nicht heimlich erfolgt ist.[307]

e) Muster einer Räumungsklage

Muster

Amtsgericht
......

Klage

der Eheleute ......,

– Kläger –

Proz.bev.: ......

gegen

Herrn Hans Müller, ...
Frau Johanna Müller, ...

– Beklagte –

wegen Räumung von Wohnraum und Zahlung;
Streitwert: € 7.800,–;
(Räumung: 12 x € 500,– = € 6.000,–; Zahlung: € 1.800,00);
Gerichtskosten: € 498,– per Verrechnungsscheck anbei

Namens der Kläger erheben wir Klage mit dem

Antrag:

1. Die Beklagten werden als Gesamtschuldner verurteilt, die Wohnung im Erdgeschoss des Anwesens Eigenheimstraße 8, 74076 Heilbronn, bestehend aus vier Zimmern, Küche, Bad, zugehöri-

---

[294] LG Berlin GE 1988, 145.
[295] LG Berlin GE 1991, 151.
[296] LG Berlin GE 1993, 97.
[297] AG Köln WuM 1984, 281.
[298] LG Mannheim DWW 1976, 33.
[299] AG Frankfurt/M. WuM 1977, 66.
[300] AG Frankfurt/M. NJW-RR 1990, 911, AG Linz NJW-RR 1991, 1225.
[301] AG Lörrach WuM 1989, 180.
[302] AG Solingen WuM 1991, 97.
[303] LG Lübeck WuM 1989, 627.
[304] BGH NJW 1993, 2528.
[305] AG Erkelenz WuM 1986, 251.
[306] LG Paderborn WuM 1992, 191.
[307] LG Hamburg WuM 1999, 333.

gem Abstellraum im Keller, Autoabstellplatz und Garage, ca. 100 m² Wohnfläche, zu räumen und an die Kläger herauszugeben.
2. Die Beklagten werden als Gesamtschuldner verurteilt, an die Kläger € 1.800,– nebst 5 Zinspunkten über dem Basiszinssatz aus € 600,– seit 4. 8. 2010, aus weiteren € 600,– seit 6. 9. 2010, aus weiteren € 600,– seit 5. 10. 2010 zu zahlen.
3. Die Beklagten tragen die Kosten des Rechtsstreits.
4. Das Urteil ist vorläufig vollstreckbar. Angeordnete Sicherheitsleistungen können von den Klägern durch Bankbürgschaft erbracht werden.

Des Weiteren stellen wir

Anträge nach §§ 307 Abs. 2, 331 Abs. 3 ZPO,
also gegebenenfalls Erlass eines Anerkenntnis oder Versäumnisurteils.

Begründung:

In dem seit einem Jahr andauernden Mietverhältnis haben die Beklagten noch keine einzige Miete pünktlich gezahlt. Nunmehr sind diese mit drei Mieten in Rückstand geraten und haben trotz fristloser Kündigung und zahlreichen Abmahnungen nicht angemessen reagiert.

Vor diesem Hintergrund wird angeregt, schriftlich zu verhandeln.

Im Einzelnen:

Zum 1. 8. 2007 haben die Parteien ein Wohnraummietverhältnis über die im Klagantrag Ziff. 1 näher bezeichnete Wohnung abgeschlossen. Die Miete setzt sich zusammen aus

Grundmiete	€ 500,–
Betriebskostenvorauszahlung	€ 100,–
Gesamtmiete:	€ 600,–

Beweis: Mietvertrag vom …… gemäß § 133 Abs. 1 Satz 2 ZPO einfach beigefügt in Kopie, Anlage K 1

Nachdem die Beklagten gleich zu Beginn des Mietverhältnisses immer wieder in Rückstand gerieten und regelmäßig von den Klägern abgemahnt wurden, erfolgten beklagtenseits jeweils Vertröstungen und unwahre Angaben, die Miete sei bereits überwiesen bzw. ein Bankversehen läge vor.

Beweis: Vorlage der Abmahnungen im Bestreitensfall;
Zeugnis N. N.

Nachdem die Beklagten mit den Mieten 08/10 und 09/10 gänzlich in Rückstand gerieten, wurden sie unter dem 10. 9. 2010 fristlos gekündigt. Die Kündigung wurde im Beisein von Zeugen in den Briefkasten der Beklagten eingeworfen. Räumungsfrist wurde bis 30. 10. 2010 gewährt.

Beweis: Fristlose Kündigung, gemäß § 133 Abs. 1 S. 2 ZPO einfach beigefügt, in Kopie, Anlage K 2;
Zeugnis N. N.

Nachdem eine Reaktion von Beklagtenseite nicht erfolgte, war Klage geboten.

Die Rückstände setzen sich folgendermaßen zusammen:

Miete 08/10 bis 10/10, 3 x € 600,00 = € 1.800,00

Ausweislich des als Anlage K 1 vorgelegten Mietvertrags ist die Miete zum dritten Werktag eines jeden Monats geschuldet, weshalb sich die Beklagten ab dem darauf folgenden Tag in Verzug befinden und entsprechende Verzugszinsen schulden.

Die Beklagten sind antragsgemäß zu verurteilen.

Rechtsanwalt

III. Ordentliche befristete Kündigung

1. Ordentliche befristete Kündigung des Mieters

a) **Allgemeines.** Die Kündigung eines Wohnraummietverhältnisses ist wie jede sonstige Kündigung eines Vertragsverhältnisses ein Gestaltungsakt, also eine einseitige empfangsbedürftige Willenserklärung nach den allgemeinen Vorschriften der §§ 116 bis 144 BGB; daneben gelten die speziellen mietrechtlichen Vorschriften der §§ 573 ff. BGB.

Ausgangspunkt jeder mietrechtlichen Kündigung ist § 542 Abs. 1 BGB, welcher hinsichtlich der zu beachtenden Fristen auf § 573 c BGB verweist.

Inhalt der Kündigung ist die Erklärung einer Vertragspartei, dass das Mietverhältnis beendet sein soll. Die Wiedergabe des Kündigungstermins ist hierbei nicht erforderlich, die Angabe eines zu frühen Termins ist unschädlich und wird nach § 140 BGB umgedeutet, wenn sich aus der Erklärung unzweifelhaft der definitive Beendigungswillen entnehmen lässt. Der Lauf der Frist beginnt mit dem Zugang der Kündigung beim Empfänger gem. § 130 BGB.

Nach § 568 Abs. 1 BGB ist bei der Kündigung eines Wohnraummietverhältnisses die Schriftform zu beachten. Eine Begründungspflicht besteht nach § 573 Abs. 3 BGB nur für die Vermieterkündigung, nicht jedoch für die ordentliche Kündigung des Mieters.

Im Übrigen gelten die unter Rdnr. 57 ff. dargestellten formalen Anforderungen auch für die Mieterkündigung.

344

b) **Fristen.** *aa) Anwendungsbereich des § 573 c Abs. 1 BGB.* Die Vorschrift gilt für alle Wohnraummietverhältnisse, die ordentlich kündbar sind. Sie bestimmt eine Regelkündigungsfrist von 3 Monaten. Nur für die Vermieterkündigung gelten gemäß § 573c Abs. 1 S. 2 BGB weitere, nach der Länge des Mietverhältnisses gestaffelte Fristen bis zur Maximalfrist von neun Monaten. Für den Mieter verbleibt es unabhängig von der Dauer des Mietverhältnisses stets bei der Dreimonatsfrist des § 573 c Abs. 1 S. 1 BGB. Besonderheiten gelten nach § 573c Abs. 2 BGB für Wohnraum zu vorübergehendem Gebrauch (siehe Rdnr. 350) und nach § 573 c Abs. 3 i. V. m. § 549 Abs. 2 Nr. 2 BGB für möblierten Einliegerwohnraum (siehe Rdnr. 351).

345

bb) Fristberechnung. Unter der „**Kündigungsfrist**" ist der Zeitraum zwischen dem Zeitpunkt des Zugangs der Kündigung (sog. „**Kündigungstag**") und dem Beendigungszeitpunkt des Mietverhältnisses zu verstehen (auch „**Kündigungstermin**" genannt).

346

Kündigungstag ist spätestens der dritte Werktag eines Kalendermonats. Dies gilt für alle Mietverhältnisse über Wohnraum, sowohl Haupt- als auch Untermietverhältnisse.

Die gesetzliche Kündigungsfrist beträgt drei Monate abzüglich der Karenz von drei Werktagen („... zum Ablauf des übernächsten Monats ...").

Die Fristberechnung erfolgt dabei in der Weise, dass die Kündigung bis zum Ablauf des dritten Werktages eines Monats zugegangen sein muss, damit dieser Monat Anrechnung findet („Karenz"). Der Zugang bestimmt sich nach § 130 BGB, wobei die Erklärung dann zugegangen ist, wenn sie so in den Machtbereich des Empfängers gelangt ist, dass dieser üblicherweise Kenntnis nehmen konnte (vgl. die Ausführungen unter Rdnr. 61 ff.).

Umstritten war früher, wie bei der **Karenzberechnung** der Samstag zu bewerten ist.[308]

347

Vertreten wurde, dass der Samstag kein Werktag im Sinne der Vorschrift und deshalb bei Berechnung der Karenz nicht mitzuzählen sei.[309] Gegenstimmen bewerteten den Samstag als Werktag und hielten zugleich § 193 BGB bei der Karenzberechnung für unanwendbar.[310]

---

[308] *Bottenberg/Kühnemund* ZMR 1999, 221 m. w. N.; zur Zugangsfiktion bei Niederlegung eines Einschreibens am Samstag: LG Freiburg NZM 2004, 617 f.
[309] Bub/Treier/*Grapentin* Rdnr. IV 49; Emmerich/Sonnenschein/*Sonnenschein* § 573 c BGB Rdnr. 8; *Sternel* Kap. IV Rdnr. 51; Schmidt-Futterer/*Blank* (8. Aufl.) § 573 c Rdnr. 8; Herrlein/Kandelhard/*Kandelhard* § 573 c Rdnr. 4; *Bottenberg/Kühnemund* ZMR 1999, 221.
[310] BGHZ 59, 265, 267 f. = NJW 1972, 2083 zum Handelsvertretervertrag; Wolf/Eckert/*Ball* Rdnr. 915; Schmidt-Futterer/*Blank* (9. Aufl.) § 573 c Rdnr. 8.

Eine vermittelnde Ansicht[311] bewertete den Samstag zwar grundsätzlich auch als Werktag, wendet jedoch § 193 BGB mit der Folge an, dass der Samstag als erster und zweiter Werktag mitgezählt wird, als dritter Werktag jedoch nicht in Betracht kommt, vielmehr in diesem Fall noch am folgenden Montag gekündigt werden kann.

348 Der BGH hat den Streit im Sinne der letztgenannten Ansicht entschieden.[312] Diese Entscheidung klärt die Frage zumindest für den Bereich der Wohnraummiete verbindlich. Ob die Entscheidung auch in der Gewerbemiete angewendet werden kann, ist aufgrund der Rechtsprechung des BGH zu § 193 BGB[313] zumindest fraglich und vom zuständigen XII. Zivilsenat noch nicht entschieden.

> **Praxistipp:**
> Bei der Kündigung eines Wohnraummietverhältnisses ist bei der Berechnung der Karenzzeit von drei Werktagen der Samstag mitzuzählen, wenn er der Monatserste oder -zweite ist.

- Kündigungstage, -fristen und -termine sind im Einzelnen der Kündigungsfristtabelle in § 1 V Nr. 4 zu entnehmen.
- Zum Muster einer ordentlichen Mieterkündigung siehe *Paltzer* in Nies/Gies, Kap. D.III.15.

349 Auf den Kündigungs**termin** findet § 193 BGB keine Anwendung; das Mietverhältnis endet also (rechtlich) auch dann mit Ablauf des übernächsten Monats, wenn der Monatsletzte ein Samstag ist. Die Rückgabeverpflichtung des Mieters nach § 546 BGB ist hiervon begrifflich zu trennen, hier wird in der Praxis § 193 BGB entsprechend angewendet.[314]

350 *cc) Wohnraum, der nur zu vorübergehendem Gebrauch vermietet ist, § 573 c Abs. 2 BGB.* Ist ein Wohnraummietverhältnis nur zu vorübergehendem Gebrauch befristet abgeschlossen, ist § 573 c BGB unanwendbar. Ist das Mietverhältnis unbefristet, gilt grundsätzlich zwar § 573 c BGB,[315] allerdings ist hier die Vereinbarung kürzerer als der gesetzlichen Fristen möglich. Bei diesen Mietverhältnissen steht die Kurzfristigkeit der Überlassung im Vordergrund, etwa während einer Messe oder eines Kuraufenthalts. Oftmals ergibt sich die Kündigungsfrist aus den vertragsbegleitenden Umständen oder aus der Verkehrssitte, so ist z.B. von einer täglichen Kündigungsmöglichkeit des Hotelgastes auszugehen. Für diese Fristen besteht zudem kein Benachteiligungsverbot zugunsten des Mieters, sie können daher beliebig verkürzt werden.[316]

Soll hingegen ein auf Dauer angelegter Wohnbedarf befriedigt werden, kommen auch anders lautende Vertragsklauseln nicht in Betracht und es liegt ein (normales) unbefristetes Mietverhältnis vor.[317]

351 *dd) Kündigungsfristen bei Mietverhältnissen über möblierten Einliegerwohnraum.* Bei gewöhnlicher möblierter Miete gelten die allgemeinen Kündigungsfristen (mit gesetzlicher Staffelung auf Vermieterseite) gemäß den vorstehenden Ausführungen. Ist möblierter Wohnraum aber Teil der Wohnung des Vermieters und nicht zum dauernden Gebrauch für eine Familie bestimmt, gilt die besondere Kündigungsfrist des § 573 c Abs. 3 BGB. Hiernach beträgt die Kündigungsfrist einheitlich zwei Wochen; diese Frist verlängert sich für keine Partei. Die Kündigung muss spätestens am Fünfzehnten eines Monats dem Empfänger zugehen (keine Karenzregelung); dies gilt auch dann, wenn der Fünfzehnte ein Samstag, Sonntag oder Feiertag ist.[318] Sie wirkt zum Ablauf des laufenden Monats.

---

[311] LG Aachen WuM 2004, 32; LG Wuppertal ZMR 1994, 226; LG Kiel WuM 1994, 543; Palandt/*Weidenkaff* § 573 c Rdnr. 10; *Börstinghaus* Rdnr. 324; *Lammel* § 573 c Rdnr. 19 f; Staudinger/*Rolfs* § 573 c Rdnr. 12.
[312] BGH WuM 2005, 465 f. = NZM 2005, 532 f.
[313] BGH WuM 2005, 247 f. = NZM 2005, 391 f.
[314] *Lammel* § 573 c Rdnr. 21.
[315] *Blank/Börstinghaus* § 549 Rdnr. 4.
[316] Schmidt-Futterer/*Blank* § 573 c Rdnr. 16.
[317] Staudinger/*Rolfs* § 573 c Rdnr. 33; Emmerich/Sonnenschein/*Haug* § 573 c Rdnr. 17.
[318] Schmidt-Futterer/*Blank* § 573 c Rdnr. 17; BGHZ 59, 265 = NJW 1972/2083.

Ist möblierter Einliegerwohnraum dem Mieter zum dauernden Gebrauch für seine Familie überlassen, findet § 573c Abs. 3 BGB keine Anwendung, was sich aus der Bezugnahme auf § 549 Abs. 2 Nr. 2 BGB ergibt, vielmehr gilt dann die Regelfrist des § 573c Abs. 1 BGB.

c) **Kündigungsfristen bei Altmietverträgen.** Bei vor dem 1. 9. 2001 geschlossenen Mietverträgen ergaben sich sowohl aus dem Überleitungsrecht der Mietrechtsreform als aufgrund der wenige Monate später in Kraft getretenen Schuldrechtsreform zahlreiche Unsicherheiten hinsichtlich der Kündigungsfristen.

aa) Ziele der Mietrechtsreform. Zu den umstrittensten Fragen der gesetzlichen Neuregelung bei Einführung der asymmetrischen Kündigungsfristen gehörte die Behandlung der Kündigungsfristen so genannter Altmietverträge. Der Gesetzgeber wollte grundsätzlich für alle Mieterkündigungen ab 1. 9. 2001 die Dreimonatsfrist einführen. Hiervon sollten nur wirksam vereinbarte Fristen ausgenommen sein,[319] wobei der Rechtsausschuss des Bundestages hierunter nur so genannte „echte" Vereinbarungen verstanden wissen wollte, nicht hingegen Verweisungen oder Wiederholungen in Formularmietverträgen.[320] Diese Absicht hat im Überleitungsrecht des Art. 229 § 3 Abs. 10 EGBGB nur unvollkommenen Ausdruck gefunden.[321] Die folgende Rechtsprechung der Instanzgerichte war kontrovers und unübersichtlich.[322]

bb) Rechtsprechung des BGH. Die Unsicherheiten wurden vom BGH in mehreren Entscheidungen zum größten Teil beseitigt: danach sind auch die in Formularverträgen wiederholend wiedergegebenen Kündigungsfristen des alten Rechts einschließlich der dort bestimmten Verlängerungsstaffeln als Vereinbarungen anzusehen und binden die Mietvertragsparteien weiterhin.[323] Dies soll nach der BGH-Rechtsrechung unabhängig davon gelten, ob die Kündigungsfristen und -staffeln wörtlich oder sinngemäß,[324] im laufenden Vertragstext oder in einer Fußnote[325] wiedergegeben sind. Allerdings stellt die Wiederholung der gesetzlichen Kündigungsfristen in der Fußnote eines Altvertrages mit dem Zusatz „z. Zt." keine eigenständige vertragliche Vereinbarung dar.[326]

Auch die vertragliche Vereinbarung in einem Altvertrag, nach der sich das Mietverhältnis mangels Kündigung jeweils um einen bestimmten Zeitraum verlängert, ist weiterhin wirksam; das Mietverhältnis kann auch nach dem 31. 8. 2001 nur zu dem im Vertrag vereinbarten Ablauftermin gekündigt werden.[327]

cc) Schuldrechtsmodernisierung. Die ersten einschlägigen BGH-Entscheidungen nach der Mietrechtsreform betrafen Fälle, bei denen die Kündigungen vor dem 31. 12. 2002 ausgesprochen worden waren. Bereits zum 1. 1. 2002 trat das Schuldrechtsmodernisierungsgesetz in Kraft.[328] Die diesbezüglichen Übergangsvorschriften bestimmen in Art. 229 § 5 S. 2 EGBGB, dass für alle Dauerschuldverhältnisse unabhängig davon, wann sie begründet wurden, ab dem 1. 1. 2003 das BGB in der schuldrechtsmodernisierten Fassung anzuwenden ist. Zweck dieser Regelung ist die Rechtsvereinheitlichung, die vermeiden soll, dass „auf Jahre hinaus doppeltes Recht gilt".[329] Mit dem Auslaufen dieser Übergangsfrist zum 1. 1. 2003 stellte sich nunmehr das Problem „konkurrierender Übergangsvorschriften": Nach einer Meinung wurde das Überleitungsrecht der Mietrechtsreform durch dasjenige der Schuldrechtsmodernisierung überlagert[330] mit der Folge, dass eine nach dem 31. 12.

---

[319] BT-Drucks. 14/4553, S. 75.
[320] Begr. des Rechtsausschusses, BT-Drucks. 14/5663, S. 83 = NZM 2001, 798, 804.
[321] Zur Entwicklung im Gesetzgebungsverfahren: *Börstinghaus* NZM 2003, 829, 836.
[322] Nachweise bei *Lützenkirchen* WuM 2004, 72, Fn. 253, 254.
[323] BGHZ 155, 178 = NJW 2003, 2739 = WuM 2003, 505 = NZM 2003, 711.
[324] BGH WuM 2004, 101.
[325] BGH NZM 2004, 336 = WuM 2004, 275 m. abl. Anm. *Wiek.*
[326] BGH NZM 2006, 460 ff.; *Wiek* InfoM 2006, 125.
[327] BGH NZM 2007, 728; BGH NZM 2007, 728 f.
[328] Gesetz zur Modernisierung des Schuldrechts v. 26. 11. 2001, BGBl. I, S. 3138.
[329] BT-Drucks. 14/6040, S. 273.
[330] AG Bückeburg NZM 2004, 420 = WuM 2004, 407; *Schmidt-Kessel* NJW 2003, 3748 f.

2002 ausgesprochene Mieterkündigung allein noch nach § 573c BGB zu beurteilen sein sollte. Nach der Gegenansicht ging Art. 229 § 3 Abs. 10 EGBGB als lex specialis weiter vor, so dass es nach den zitierten BGH-Entscheidungen bei den verlängerten Altvertragsfristen verblieb.[331] Hiergegen wurde eingewandt, dass das Überleitungsrecht der Schuldrechtsreform als lex posterior den Vorschriften des Mietrechts vorgehen müsse.[332] Der BGH hat den Streit zugunsten der Übergangsregelungen des Mietrechtsreformgesetzes entschieden.[333] Er hat hierbei insbesondere auf die Spezialität dieser Regelungen abgestellt. Des weiteren folgert er daraus, dass der Gesetzgeber Regelungsbedarf zur Änderung des EGBGB in Verbindung mit der Rechtsprechung des BGH zu vertraglichen Vereinbarungen sieht, dass eine Überlagerung der mietrechtlichen Überleitungsvorschriften durch diejenigen der Schuldrechtsreform vom Gesetzgeber offenbar nicht beabsichtigt war.[334]

356   dd) *Gesetzgeberische Korrektur im EGBGB.* Die Rechtsprechung des BGH hatte letztlich zum Gegenteil dessen geführt, was der Gesetzgeber ursprünglich beabsichtigt hatte.[335] Nachdem der BGH in seinem weiten Verständnis auch Verweise in Fußnoten und dynamische Klauseln als Vereinbarungen ansieht,[336] hat der Gesetzgeber den Nachbesserungsbedarf erkannt und durch ein „Altvertragskündigungsfristenreparaturgesetz"[337] in Art. 229 § 3 Abs. 10 EGBGB folgenden Satz 2 angefügt:
„Für Kündigungen, die ab dem 1. Juni 2005 zugehen, gilt dies nicht, wenn die Kündigungsfristen des § 565 Abs. 2 Satz 1 und 2 des Bürgerlichen Gesetzbuchs in der bis zum 1. September 2001 geltenden Fassung durch Allgemeine Geschäftsbedingungen vereinbart worden sind."

357   Das Gesetz ist zum 1. 6. 2005 in Kraft getreten.[338]
Durch dieses Gesetz mag die Unterscheidung zwischen „echter" und „unechter" Vereinbarung obsolet werden; Entscheidungskriterium ist jedoch zukünftig die Abgrenzung zwischen AGB und Individualvereinbarungen, was ebenfalls streitträchtig sein kann, denkt man nur an die Tatbestandsmerkmale des § 305 Abs. 1 BGB, z.B. *Vielzahl von Verträgen* und *Aushandeln im Einzelfall.*

358   ee) *Überlassung des Wohnraums.* Das Tatbestandsmerkmal der Überlassung und der jeweils anzurechnende Überlassungszeitraum sind heute nur noch bei der Kündigung des Vermieters relevant. Die nachfolgenden Erläuterungen erfolgen wegen der Geltung der Übergangsvorschrift des Art. 229 § 3 Abs. 10 EGBGB in Bezug auf Altverträge der Vollständigkeit halber.
Anknüpfungspunkt der Fristberechnung ist sowohl nach altem als auch nach neuem Recht das Merkmal der Überlassung. Hierunter ist der Zeitpunkt zu verstehen, zu dem der Vermieter in Erfüllung seiner Verpflichtung aus §§ 535, 536 BGB dem Mieter den Besitz an der Wohnung übertragen hat.

359   Abzustellen ist also auf die Änderung der Besitzverhältnisse nach § 854 BGB, auf den Zeitpunkt des Vertragsabschlusses kommt es nicht an.[339] Ebenso wenig ist ausschlaggebend, wann der Mieter die Räume bezogen hat; wird der Mietvertrag geschlossen und erlangt der Mieter (z.B. durch Übergabe der Schlüssel) die tatsächliche Gewalt, liegt Überlassung im Sinne der Vorschrift vor. Zieht der Mieter schon vor Vertragsabschluss mit Einverständnis des Vermieters ein, ist dieser Zeitpunkt maßgeblich. Es kommt also in diesem Zusammenhang

---

[331] *Lützenkirchen* ZMR 2004, 323.
[332] *Schmidt-Kessel* NJW 2003, 3748, 3749 m. w. N.
[333] BGH NZM 2005, 417 f. = WuM 2005, 342 ff. m. teilw. abl. Anm. *Gellwitzki*; BGH WuM 2005, 520 f.; BGH WuM 2005, 584 f.
[334] Vgl. insoweit auch *Wiek* WuM 2004, 407, 408; *Schimmel/Meyer* NJW 2004, 1633 ff.
[335] Begr. des Rechtsausschusses, BT-Drucks. 14/6553, S. 83 = NZM 2001, 798, 804.
[336] BGH NZM 2004, 336 = WuM 2004, 275 m. abl. Anm. *Wiek*.
[337] Gesetzentwurf zur Änderung des EGBGB über die Änderung der Übergangsregelung für Kündigungsfristen in Altverträgen vom 9. 11. 2004, BT-Drucks. 15/4134.
[338] BGBl I 2005, 1425.
[339] LG Zwickau WuM 1998, 158; *Emmerich/Sonnenschein/Sonnenschein* § 573c BGB Rdnr. 11 ff.

auf die Freiwilligkeit der Überlassung durch den Vermieter an; ein eigenmächtiges Handeln des (späteren) Mieters stellt nie eine Überlassung dar.

Ein **Wechsel in der Person des Eigentümers** hat keine Auswirkung auf die Berechnung der Kündigungsfrist (§ 566 BGB „Kauf bricht nicht Miete"). Selbst wenn Erwerber und Mieter einen neuen Mietvertrag abschließen, ist dies unerheblich für die Länge der Frist, da der Erwerber nach § 566 BGB in den bestehenden Mietvertrag eintritt. Wird der Vertrag in Ansehung der baldigen Grundbucheintragung bereits vorher abgeschlossen, ist dies gleichfalls ohne Einfluss.[340]

Ein **Personenwechsel auf Mieterseite** ist nur dann ohne Einfluss auf die Länge der Kündigungsfrist, wenn die Identität des Mietverhältnisses nicht angetastet wird. Andernfalls dürfte (nach der Vereinbarung der Parteien) von einem neuen Mietverhältnis auszugehen sein. Beruht ein Mieterwechsel auf gesetzlichen Vorschriften (z. B. Eintritt nach dem Tod des Mieters), ändert dies nichts an der Identität des Mietverhältnisses, welches fortgesetzt wird.

Als Überlassungszeitraum zählt also auch der Zeitraum, in welchem der jetzige Mieter die Wohnung gemeinsam mit seinem früheren Ehegatten auf Grund dessen Mietvertrages berechtigt bewohnt hat.[341]

Das Gleiche gilt, wenn die Parteien die Fortführung des Mietverhältnisses unter Hereinnahme weiterer Personen auf Mieterseite vereinbaren.[342] Vereinbaren die Parteien eines Altmietvertrages nach dem 31. 8. 2001 den Beitritt eines weiteren Mieters unter Fortführung des Mietverhältnisses im Übrigen, wirken die wirksam per Formularmietvertrag vereinbarten Kündigungsfristen auch gegenüber dem Beigetretenen.[343]

Wird eine Wohnung dem bisherigen **Untermieter** nunmehr als Hauptmieter überlassen, soll die Besitzzeit als Untermieter nicht als Überlassungszeitraum anzurechnen sein.[344] Nach der Gegenmeinung soll die Untermietzeit dann berücksichtigt werden, wenn die Räume des Haupt- mit denen des Untermietverhältnisses im Wesentlichen identisch sind.[345] Soweit ersichtlich, ist diese Meinung in der Rechtsprechung vereinzelt geblieben;[346] sie verkennt, dass die Überlassung, also die Besitzeinräumung, in den Fällen der Untermiete durch den Mieter als Untervermieter und nicht durch den (Haupt-)Vermieter erfolgt ist. Es handelt sich letztlich also um sowohl rechtlich als auch tatsächlich voneinander verschiedene Mietverhältnisse zwischen unterschiedlichen Personen, weshalb eine Anrechnung insoweit nicht erfolgen kann (Relativität der Schuldverhältnisse).

Beim **Wohnungswechsel im selben Haus** werden verschiedene Meinungen vertreten: Dabei kann eine „Anrechnung" der Mietzeit der „alten" Wohnung überhaupt nur dann in Betracht kommen, wenn beide Wohnungen im Eigentum desselben Vermieters stehen. Geht mit dem Wohnungs- zugleich ein Vermieterwechsel einher, ist eine Addition der jeweiligen Wohnzeiten ausgeschlossen.

Nach einer lediglich auf die Besitzzeit der zu kündigenden Wohnung und den Wortlaut des § 565 BGB a. F. abstellenden Meinung ist die Wohnzeit der früheren Wohnung für die Fristberechnung ohne Belang.[347]

Eine Gegenansicht addiert die gesamte Mietzeit eines Mieters im Hause desselben Vermieters. Hierbei werden weitere Abstufungen vorgenommen, z. B. soll es darauf ankommen, ob der Wohnungswechsel mit Einverständnis des Vermieters erfolgte;[348] andere stellen darauf ab, ob der Wechsel auf Wunsch oder im Interesse des Mieters oder des Vermieters erfolgt ist – nur im zweiten Fall soll dann die Zeit in der früheren Wohnung berücksichtigt werden.[349]

---

[340] *Weimar* WuM 1969, 36.
[341] OLG Stuttgart (RE) WuM 1984, 45.
[342] LG Göttingen WuM 1991, 266.
[343] BGH NZM 2007, 202 ff.
[344] Schmidt-Futterer/*Blank* § 573 c Rdnr. 13; Palandt/*Weidenkaff* § 573 c Rdnr. 11.
[345] *Sternel* IV Rdnr. 54; *Wetekamp* § 565 Rdnr. 19.
[346] AG Hagen WuM 1969, 167.
[347] Bub/Treier/*Grapentin* IV Rdnr. 59.
[348] LG Bonn WuM 1987, 322; AG Bochum WuM 1987, 56.
[349] *Kossmann* § 89 Rdnr. 10.

Beispiel:

Ein Mieter hat zum 1. 7. 1985 eine Wohnung angemietet; auf Veranlassung des Vermieters (Eigenbedarfswunsch, Modernisierung; Wohnungstausch aus sonstigen Gründen) ist er später in eine andere Wohnung im gleichen Haus umgezogen. Für eine Kündigung des Vermieters nach dem 1. 7. 1995 gilt eine 12-monatige Kündigungsfrist.

366   *ff) Altmietverträge in den neuen Ländern.* Nach § 120 des ZGB der DDR galt für den Mieter von Wohnraum eine Kündigungsfrist von 2 Wochen. Seit dem 3. 10. 1990 sind die Vorschriften des BGB und damit die Fristen des § 565 BGB a. F. an die Stelle des ZGB getreten. Seit der Mietrechtsreform gilt für beide Teile § 573 c BGB. Soweit jedoch eine vertragliche Vereinbarung besteht, die der Regelung des § 120 ZGB wörtlich oder sinngemäß entspricht, gilt diese Regelung für den Mieter weiter und geht damit der gesetzlichen Regelung vor; für den Vermieter gelten die längeren Fristen des § 573 c BGB.[350]

367   *gg) Empfehlungen für die anwaltliche Beratung:* Bei nach dem 1. 9. 2001 abgeschlossenen Mietverträgen gilt die Dreimonatsfrist des § 573 c Abs. 1 BGB. Bei Altverträgen gilt dies grundsätzlich auch, es sei denn, es bestehen (echte) Vereinbarungen der Mietvertragsparteien, die weiterhin wirksam sind. Nach Inkrafttreten des Änderungsgesetzes zum EGBGB kommen hierbei abweichende Vereinbarungen – auch in Form des Verweises und der Bezugnahme auf die Regelungen des § 565 BGB a. F. – in Allgemeinen Geschäftsbedingungen nicht mehr in Betracht; von daher ist zu ermitteln, ob im Einzelfall eine Individualvereinbarung der Parteien vorliegt. Dieser Fall dürfte jedoch in der Praxis kaum einmal vorkommen.

Besondere Vereinbarungen längerer Fristen oder bestimmter Kündigungstermine sind weiterhin grundsätzlich wirksam und zu beachten. Hier sind alle Umstände des Einzelfalls zu überprüfen, beispielsweise, ob durch Hereinnahme weiterer Personen in das Mietverhältnis eine Änderung eingetreten ist. Durch den Beitritt eines neuen Mieters soll sich an verlängerten Altvertragsfristen zwar nichts ändern[351] – etwas anderes könnte aber gelten, wenn ein neuer Mieter anstelle eines anderen in einen Mietvertrag eintritt: in diesem Fall sollen unabhängig davon, auf welche Weise der Mieterwechsel erfolgt, die neuen Kündigungsvorschriften gelten.[352]

368   Zu beachten ist auch, dass es vorkommen kann, dass in einem Altvertrag die Kündigungsregelungen teilweise ausgehandelt, teilweise formularvertraglich vereinbart sind; in diesem Fall soll § 573 c Abs. 1 BGB auf die Formularklauseln Anwendung finden.[353]

369   **d) Abweichende Vereinbarungen. aa)** *Allgemeines:* Nach § 573 c Abs. 4 BGB sind abweichende Vereinbarungen zum Nachteil des Mieters unwirksam. Nachteilig sind Verlängerungen der Kündigungsfrist des Mieters entgegen der insoweit zwingenden gesetzlichen Fristen des § 573 c Abs. 1 und Abs. 3 BGB oder Verkürzungen der vom Vermieter einzuhaltenden Frist. Dies gilt auch für die Staffelung der längeren Kündigungsfristen: auch hier ist eine Abkürzung zu Lasten des Mieters unzulässig.

370   *bb) Einseitige Vereinbarungen:* Für den Mieter ist die Vereinbarung einer kürzeren Frist stets möglich,[354] was auch konkludent erfolgen kann.[355] Gleichfalls ist die Vereinbarung einer längeren als der gesetzlichen Frist für die Vermieterkündigung möglich.[356]

371   *cc) Beiderseitige Vereinbarungen:* Ist vertraglich für beide Parteien eine kürzere als die gesetzliche Frist vereinbart, so wird diese Vereinbarung als teilunwirksam (§ 139 BGB) angesehen mit der Folge, dass für den Mieter die verkürzte vertragliche Frist und für den Vermieter die gesetzliche Regelung (ggf. mit Verlängerung) gilt.[357]

---

[350] KG (RE) WuM 1998, 149 ff. = NZM 1998, 299.
[351] BGH NZM 2007, 202 ff.
[352] Schmidt-Futterer/*Blank* § 573 c Rdnr. 36.
[353] AG Borken WuM 2008, 90 f.
[354] LG Baden-Baden WuM 1988, 402.
[355] LG Wiesbaden WuM 1988, 59.
[356] Schmidt-Futterer/*Blank* § 573 c Rdnr. 21.
[357] LG München I NZM 1998, 153; a. A. LG Köln WuM 1988, 404; *Lammel* § 573 c Rdnr. 37.

Dasselbe gilt im Fall der Verlängerung der gesetzlichen Fristen.[358] Die frühere Rechtsprechung, nach der auch formularvertraglich eine Verlängerung auf 6 Monate möglich sein soll,[359] ist durch die gesetzliche Neuregelung überholt. Für den Mieter verbleibt es danach stets bei der gesetzlichen Dreimonatsfrist, der Vermieter ist an die verlängerte Frist gebunden. 372

Die Vereinbarung eines anderen als des im Gesetz bestimmten Kündigungstages, beispielsweise des 1. oder 15. eines Kalendermonats, wird ebenfalls für unwirksam gehalten;[360] jedenfalls ist besondere Vorsicht bei einer solchen Klausel geboten. Denn eine solche Vereinbarung darf nicht zu einer Fristverlängerung zu Lasten des Mieters führen, weshalb in diesen Fällen ebenfalls eine abweichende Regelung für den Kündigungstermin getroffen werden muss. 373

Beispiel:

„Das Mietverhältnis kann spätestens zum 15. eines jeden Kalendermonats mit Wirkung zum 15. des dritten auf den Zugang der Kündigung folgenden Monats gekündigt werden."

Das Beispiel zeigt, dass solche Klauseln rein praktisch nur schwer eindeutig und wirksam zu vereinbaren sind; denn die gesetzliche Kündigungsfrist beträgt drei Monate abzüglich dreier Karenztage. Der dritte Werktag müsste also vom Kündigungstag aus berechnet und dies sprachlich verständlich vereinbart werden, ansonsten liegt ein Verstoß gegen § 573c Abs. 4 BGB vor. 374

dd) Befristeter Kündigungsausschluss. Die Zulässigkeit eines befristeten Ausschlusses der ordentlichen Kündigung war seit Inkrafttreten der Mietrechtsreform am 1. 9. 2001 stark umstritten. Die Kritiker hatten vor allem eingewandt, dass hierdurch die zwingenden gesetzlichen Regelungen des § 573c Abs. 1 BGB umgangen und so eines der Kernziele der Reform, das „Mobilitätsleitbild", ausgehöhlt werden würde.[361] Der BGH hat die grundsätzliche Zulässigkeit in mehreren Entscheidungen bejaht.[362] Als Leitlinie kann festgehalten werden, dass ein (auch einseitiger) Kündigungsausschluss auch in Formularverträgen grundsätzlich bis zur Dauer von vier Jahren zulässig ist, wenn er zusammen mit einer Staffelmiete vereinbart wird. Wegen der Einzelheiten wird auf die Darstellung in § 29 Rdnr. 96 ff. verwiesen. 375

2. Ordentlich befristete Kündigung des Vermieters

a) **Grundsätzliches zur ordentlichen Kündigung im Wohnraummietrecht.** Wie aus der Regelung in § 573 Abs. 1 BGB klar hervorgeht, kann der Vermieter im Wohnraummietverhältnis im Gegensatz z. B. zum Gewerbemietverhältnis eine wirksame Kündigung nur aussprechen, wenn er ein **berechtigtes Interesse** an der Beendigung des Mietverhältnisses hat (zur Abgrenzung der Wohnraummiete von anderen Mietverhältnissen siehe § 6). Die Vorschrift bildet das Kernstück des mietrechtlichen **Bestandsschutzes**. Der vertragstreue Mieter soll danach vor Vertragsbeendigungen weitgehend geschützt werden, sofern nicht berechtigte Ausnahmen vorliegen. Der Gesetzgeber wollte mit Schaffung dieser Vorschrift dem Umstand Rechnung tragen, dass es sich bei der Wohnung um ein besonderes Wirtschaftsgut mit starkem **Sozialbezug** handelt. Der ungewollte Verlust der Wohnung als Lebensmittelpunkt des Mieters sollte auf berechtigte Ausnahmefälle beschränkt werden. Soweit wurde berücksichtigt, dass die Bundesbürger in der Mehrheit zur Miete wohnen bzw. wohnen müssen, nicht zuletzt bedingt durch die hohen Kosten für die Erstellung des Wirtschaftsgutes Wohnung. 376

Die Einschränkung der Kündigungsmöglichkeit des Vermieters besteht in ihren Grundzügen bereits seit 1971. Von den politischen Parteien wird inzwischen nahezu einhellig vertre- 377

---

[358] Schmidt-Futterer/*Blank* § 573c Rdnr. 23.
[359] OLG Zweibrücken (RE) WuM 1990, 8 = ZMR 1990, 106.
[360] *Lammel* § 573c Rdnr. 39.
[361] Dokumentation NZM 2002, 722, 724; *Hinz* NZM 2003, 659, 664f.; *Derleder* NZM 2001, 649, 652; LG Krefeld NZM 2003, 309.
[362] BGH NZM 2004, 216 = ZMR 2004, 251 m. Anm. *Häublein*; *Timme* NJW 2004, 1639; BGH NZM 2004, 733f.; BGH NZM 2005, 419f.; BGH NZM 2006, 256f.; BGH NZM 2006, 254f.

ten, dass sich die Vorschrift bewährt habe und eine grundlegende Korrektur nicht erforderlich sei. Von den Vertretern einer wirtschaftsliberaleren Einstellung, insbesondere von den Vermieterverbänden, wird die damit verbundene Einschränkung aber auch weiterhin als marktwirtschaftlich nicht vertretbar angesehen. Das Bundesverfassungsgericht hat jedoch in Hinblick auf die **Sozialpflichtigkeit** des Eigentums nach Art. 14 Abs. 2 S. 1 GG die Vorschrift mit der Eigentumsgarantie des Art. 14 Abs. 1 S. 1 GG als vereinbar angesehen. Die Einschränkung der Kündigungsmöglichkeit wurde daher als verfassungsgemäß eingestuft.[363]

378 *aa) Form.* Die Kündigung bedarf nach § 568 Abs. 1 BGB der schriftlichen Form. Auf die Möglichkeit, die Form und die Frist des Kündigungswiderspruches nach den §§ 574 bis 574b BGB soll der Vermieter hinweisen (§ 568 Abs. 2 BGB) (zu den Voraussetzungen und Folgen siehe unten Rdnr. 541 ff.).

379 Die Gründe für das berechtigte Kündigungsinteresse des Vermieters sind im Kündigungsschreiben anzugeben. Andere Gründen werden nur berücksichtigt, soweit sie nachträglich entstanden sind (§ 573 Abs. 3 BGB). Zu den sonstigen Formalien der Kündigung siehe oben Rdnr. 1 ff.

380 *bb) Frist.* Während die Kündigungsfrist für **Mieter** nunmehr unabhängig von der Wohndauer 3 Monate beträgt, ist die Kündigungsfrist für den **Vermieter** auch weiterhin zeitlich gestaffelt (§ 573c Abs. 1 BGB). Wie bisher im Rahmen des § 565 Abs. 2 BGB a. F. kann das Wohnraummietverhältnis spätestens am dritten Werktag des Monats für den Ablauf des übernächsten Monats gekündigt werden. Bei Feiertagen und Wochenenden am Monatsbeginn kann somit die Kündigungsfrist auch nicht unerheblich kürzer als drei Monate sein.

381 Für den Mieter verlängert sich diese Kündigungsfrist zukünftig nicht mehr. Für den Vermieter verlängert sich die Kündigungsfrist nach fünf und acht Jahren seit Überlassung des Wohnraums um jeweils drei Monate (§ 573c Abs. 1 S. 2 BGB). Die längste Kündigungsfrist für den Vermieter beträgt somit neun Monate, wenn seit der Überlassung des Wohnraums mehr als acht Jahre vergangen sind. Die frühere **gesetzliche** Verlängerung der Kündigungsfrist nach § 565 Abs. 2 S. 2 BGB a. F. auf 1 Jahr bei einem Überlassungszeitraum von mehr als 10 Jahren ist entfallen. Allerdings ist zu beachten, dass nach den Grundsatzentscheidungen des BGH zu den Kündigungsfristen bei so genannten Altmietverträgen die früheren, längeren Kündigungsfristen ggf. gültig bleiben und zwar dann sowohl für den Mieter als auch für den Vermieter.[364] Auch nach der **Gesetzesänderung,** die auf Grund der BGH-Entscheidungen erfolgt ist, kann es auch jetzt noch im Einzelfall ausnahmsweise zu längeren Kündigungsfristen kommen. Bei solchen Verträgen mit wirksam vereinbarter längerer Kündigungsfrist muss der Vermieter diese längeren Fristen im Rahmen seiner Kündigung auch beachten und einhalten (siehe auch unten Rdnr. 385).

382 **Kürzere Kündigungsfristen** können nach § 573c Abs. 2 BGB vereinbart werden bei Wohnraum, der nur zum vorübergehenden Gebrauch vermietet wird. Bei möbliertem Wohnraum im Sinn des § 549 Abs. 2 Nr. 2 BGB ist die Kündigung spätestens am 15. eines Monats zum Ablauf dieses Monats zulässig (§ 573c Abs. 3 BGB).

383 Unbedingt zu beachten ist der Umstand, dass nach § 573c Abs. 4 BGB mit Ausnahme des nur zum vorübergehenden Zweck vermieteten Wohnraums **zum Nachteil des Mieters** von den genannten Kündigungsfristen **nicht abgewichen** werden kann. Es war das erklärte Ziel des Gesetzgebers, dem Mieter den Vorteil der kurzen Kündigungsfrist zu erhalten und die Kündigungsfristen für den Vermieter mit Ausnahme der Herabsetzung der Höchstkündigungsfrist nicht zu verkürzen.

384 Wichtig sind soweit allerdings die Überleitungsvorschriften des Artikel 229 § 3 Abs. 10 BGB. Danach ist die Regelung des § 573c Abs. 4 BGB, die eine Abänderung der Kündigungsfristen zum Nachteil des Mieters ausschließt, nicht auf Mietverträge anzuwenden, die vor dem 1. 9. 2001 abgeschlossen wurden **und** bei denen abweichende Kündigungsfristen durch Vertrag vereinbart wurden.

---

[363] BVerfG NJW 1985, 2633; WuM 1985, 75.
[364] BGH NZM 2003, 711 ff.; WuM 2003, 505 ff.

Anderslautende Kündigungsfristen bleiben somit bei so genannten Altverträgen, die vor 385
dem 1. 9. 2001 abgeschlossen wurden, gültig, wenn jedenfalls die anderslautende Frist ausdrücklich im Mietvertrag aufgeführt wurde. Dies gilt auch für Formularklauseln, bei denen die damalige gesetzliche Regelung wörtlich oder sinngemäß wiedergegeben wird.[365] Der Gesetzgeber hat auf die Kritik, die an diesem Urteil erwachsen ist, reagiert. Mit Wirkung zum 1. 6. 2005 ist eine Gesetzesänderung in Kraft getreten.
Art. 229 § 3 Abs. 10 lautet im zweiten Satz nunmehr: „Für Kündigungen, die ab dem 1. 6. 2005 zugehen, gilt dies nicht, wenn die Kündigungsfristen des § 565 Abs. 2 Satz 1 und 2 BGB in der bis zum 1. September 2001 geltenden Fassung durch Allgemeine Geschäftsbedingungen vereinbart sind".[366]
Durch diese Änderungen gelten somit auch bei Altverträgen die kürzeren Kündigungsfristen, wenn, wie meist üblich, im Mietvertrag nur die früheren gesetzlichen Kündigungsfristen wiederholt werden.

Für die **Berechnung** der Kündigungsfrist ist der Zeitpunkt der tatsächlichen Überlassung 386
der Wohnung maßgebend, nicht der Abschluss des Mietvertrages.[367] Für die Berechnung der Überlassungszeit kommt es auf den Zeitpunkt des Zugangs der Kündigung an, nicht auf den Ablauf der Kündigungsfrist.[368] Die kürzere Kündigungsfrist kommt so z.B. dem Vermieter zugute, wenn die Kündigung noch rechtzeitig zum Ablauf des Fünfjahreszeitraumes seit Überlassung zugeht, auch wenn dann die Vertragsdauer unter Berechnung der Kündigungsdauer länger als fünf Jahre ist.

Sehr streitig ist weiterhin die Frage, ob ein Wohnungswechsel des Mieters während der 387
Mietdauer für die Kündigungsfrist von Bedeutung ist. Dies wird teils bejaht, teils verneint.[369]

b) Beschränkungen des Kündigungsrechts. *aa) Vertragliche Beschränkungen.* Neben der 388
bereits automatisch bestehenden gesetzlichen Kündigungsbeschränkung können sich auch vertragliche Beschränkungen ergeben. Durch Vereinbarung der Vertragsparteien kann die Kündigungsmöglichkeit beschränkt oder ausgeschlossen werden. Dies betrifft jedoch nur die ordentliche Kündigung. Wie aus § 569 Abs. 5 BGB hervorgeht, kann die Berechtigung zur außerordentlichen Kündigung nur eingeschränkt ausgeschlossen werden.

Möglich ist der **Ausschluss** der ordentlichen Kündigung zum einen durch Vereinbarung 389
eines befristeten Mietvertrages (vgl. soweit § 29). Möglich ist es zum anderen aber auch, die Berechtigung zur Kündigung zeitlich und/oder inhaltlich zu **beschränken**. Im Rahmen der Vertragsfreiheit sind den Mietvertragsparteien hier weitgehende Gestaltungsmöglichkeiten gegeben. Z.B. kann die Möglichkeit der Eigenbedarfskündigung (siehe unten Rdnr. 409) ausgeschlossen werden. Denkbar wäre auch ein genereller Ausschluss der ordentlichen Kündigung für einen Zeitraum von drei Jahren oder eine Kombination beider Möglichkeiten (zu den Voraussetzungen eines wirksamen Kündigungsausschlusses siehe eingehend § 29 Rdnr. 96 ff.). Ein Verzicht des Vermieters auf das Recht, das Mietverhältnis wegen Eigenbedarfs zu kündigen, bedarf aber gemäß § 550 S. 1 BGB der Schriftform, wenn der Verzicht für mehr als ein Jahr gelten soll.[370]

Nach der Vorschrift des § 544 BGB kann aber auch die ordentliche Kündigung weder 390
durch Befristung noch durch Ausschluss länger als dreißig Jahre beschränkt werden, es sei denn es liegt ein Mietvertrag auf **Lebenszeit** vor. Eine Erbmiete ist jedenfalls nach der Intention des BGB nämlich nicht vorgesehen. Ein Verstoß gegen diese Vorschrift führt aber nicht zur Unwirksamkeit des Vertrages, sondern lässt lediglich den Kündigungsausschluss entfallen.[371] Durch die Regelung des § 550 S. 1 BGB bedarf auch der Kündigungsausschluss von mehr als einem Jahr der **Schriftform** (zum Schriftformerfordernis siehe § 9). Bei Nichtbeach-

---

[365] BGH a. a. O.
[366] Zu den näheren Einzelheiten vgl. *Gellwitzki* WuM 2005, 436 ff.
[367] Schmidt-Futterer/*Blank* § 573 c Rdnr. 11.
[368] Schmidt-Futterer/*Blank* § 573 c Rdnr. 10.
[369] Schmidt-Futterer/*Blank* § 573 c Rdnr. 13 mit ausführlicher Darlegung des Meinungsstreits.
[370] BGH WuM 2007, 272 = NZM 2007, 399.
[371] Palandt/*Weidenkaff* § 544 Rdnr. 6.

tung der Form ergibt sich im Übrigen nach § 550 S. 2 BGB ein gesetzlicher Kündigungsausschluss von einem Jahr.

391   bb) *Finanzierungsbeiträge.* Wenn der Mieter einen Finanzierungsbeitrag in erheblichem Umfang geleistet hat, z.B. durch Leistung eines Darlehens oder eines Baukostenzuschusses, wird im Regelfall davon ausgegangen, dass der Mieter auch in den vollen Genuss seiner Leistung kommen wollte. In solchen Fällen wird daher regelmäßig ein Kündigungsausschluss vermutet, wobei diese Folge aber auch durch eine anderslautende Regelung im Mietvertrag widerlegt werden kann.[372]

392   cc) *Erfordernis der Zustimmung Dritter.* Die Kündigung kann auch von der Zustimmung eines Dritten abhängen. Hier kommt vor allem die Zustimmungspflicht des Betriebsrats bei Werkwohnungen in Betracht (vgl. soweit § 33 II). Falls die Zustimmung eines Dritten zur Kündigung erforderlich ist, muss diese im Rahmen der Kündigung vorliegen, wobei streitig ist, ob bereits bei Ausspruch oder erst bei Zugang.[373] Der Mieter ist nach § 182 Abs. 3 BGB berechtigt, die Kündigung zurückzuweisen, wenn die schriftliche Genehmigung der Kündigung nicht beigefügt ist.

393   dd) *Rechtsmissbrauch.* Wie jede andere Rechtsausübung unterliegt auch die Vermieterkündigung den allgemeinen Schranken der Rechtsausübung nach den Vorschriften der §§ 138, 157, 226 und 242 BGB. Naturgemäß darf die Ausübung des Kündigungsrechts auch nicht unverhältnismäßig sein. Z.B. wäre es nicht zulässig, einen geringen Vertragsverstoß des Mieters dazu zu nutzen, den aus anderen Gründen „lästig" gewordenen Vertragspartner los zu werden. Zu diesen Fragen wird unter den speziellen Kündigungstatbeständen noch näher eingegangen werden, insbesondere bei der Eigenbedarfskündigung (s. Rdnr. 430 ff.).

394   ee) *Verwirkung.* Wie jede Rechtsausübung kann auch die Berechtigung zur Kündigung verwirken. Ein Recht ist verwirkt, wenn der Berechtigte es längere Zeit hindurch nicht geltend gemacht hat und der Verpflichtete sich nach dem gesamten Verhalten des Berechtigten darauf einrichten durfte und auch eingerichtet hat, dass dieser das Recht auch in Zukunft nicht geltend machen wird.[374] Zu beachten ist hier sowohl das Zeit- als auch das Umstandsmoment.[375]

So wurde z.B. das Recht zur Eigenbedarfskündigung als verwirkt angesehen, weil der Bedarfsgrund schon bei Beginn des Mietverhältnisses vorhanden war.[376]

Bei der außerordentlich befristeten Kündigung (siehe unten Rdnr. 581 ff.) muss der Berechtigte von seiner Kündigungsbefugnis alsbald nach Kenntnis vom Kündigungsgrund Gebrauch machen, sofern die Kündigung nicht ohnehin fristgebunden ist.[377]

395   ff) *Beschränkungen im Beitrittsgebiet.* Mit dem Ablauf des 2.10.1990 trat das ZGB der ehemaligen DDR außer Kraft. Auf die Kündigung von Wohnraummietverträgen ist seitdem grundsätzlich das Mietrecht des BGB anzuwenden (vgl. Art. 232 § 2 Abs. 1 BGB). Die Übergangsregelungen des Art. 232 § 2 Abs. 2 bis 4 EGBGB beschränkten jedoch zunächst die bestehenden Kündigungsmöglichkeiten.

396   Auf berechtigte Interessen i.S.d. § 564b Abs. 2 Nr. 2 BGB a.F. (Eigenbedarf) durfte der Vermieter sich ohne das Vorliegen besonderer Härtegründe erst nach dem 31.12.1995 berufen. Das Kündigungsrecht des Vermieters aus § 564b Abs. 4. S. 1 BGB a.F. (Sonderkündigungsrecht für Wohnungen in Zwei- und Dreifamilienhäusern) war bis zum 31.12.1995 auf Fälle beschränkt, bei denen dem Vermieter die Fortsetzung des Mietverhältnisses nicht zugemutet werden konnte.

397   Die **Verwertungskündigung** (§ 573 Abs. 2 Nr. 3 BGB) war im Bereich der Neuen Bundesländer auch nach der Mietrechtsreform zunächst weiterhin ausgeschlossen (Art. 232 § 2

---

[372] *Sternel* IV Rdnr. 64.
[373] *Sternel* IV Rdnr. 66 mit dem dortigen Meinungsstand.
[374] Palandt/*Heinrichs* § 242 Rdnr. 87.
[375] Palandt/*Heinrichs* § 242 Rdnr. 93 ff.
[376] LG Braunschweig WuM 1987, 131.
[377] *Sternel* IV Rdnr. 78.

Abs. 2 EGBGB). Durch Gesetz zur Aufhebung des Art. 232 § 2 Abs. 2 EGBGB (BGBl. 2004 I, S. 478) ist mit Wirkung ab dem 1. 5. 2004 aber auch im Bereich der Neuen Bundesländer die Verwertungskündigung auch bei Mietverträgen möglich, die vor dem 3. 10. 1990 abgeschlossen wurden.

c) Kündigungsgründe/Vorliegen eines berechtigten Interesses. In § 573 Abs. 2 BGB werden beispielhaft vom Gesetzgeber einige Fälle des berechtigten Interesses näher ausgestaltet. Die Aufzählung ist zwar nicht abschließend, wie aus der Verwendung des Begriffes „insbesondere" klar hervorgeht. Es besteht jedoch Einigkeit dahingehend, dass die genannten Fälle den Hauptregelungsbereich darstellen und das berechtigte Interesse bei anderen Fällen mindestens ebenso schwer wiegen muss wie in den ausdrücklich aufgeführten drei Fällen.[378]

aa) Pflichtverstöße des Mieters (§ 573 Abs. 2 Nr. 1 BGB). Ein berechtigtes Interesse liegt dann vor, wenn der Mieter seine Vertragspflichten aus dem Mietverhältnis schuldhaft nicht unerheblich verletzt. Unerheblich ist dabei zunächst, ob es sich um eine Haupt- oder Nebenpflicht handelt.[379] Die Verletzungshandlung kann sowohl in einem Tun, aber auch in einem Unterlassen bestehen.[380]

(1) Erheblichkeit der Pflichtverletzung. Wie eingangs dargelegt, soll der Wohnraummieter vor nicht erwünschten Vertragsbeendigungen möglichst geschützt werden. Es versteht sich unter dieser Vorgabe von selbst, dass nur Pflichtverletzungen von gewisser Erheblichkeit die Kündigung rechtfertigen können. Wie nachfolgend unter cc) anhand von Beispielsfällen noch gezeigt werden wird, verbleibt hier auf Grund der Vorgaben der Rechtsprechung nur ein schmaler Bereich für eine eigenständige Kündigungsmöglichkeit.

Auf der einen Seite muss die Messlatte für die Erheblichkeit der Pflichtverletzung unter den Voraussetzungen der §§ 543, 569 BGB liegen, da sonst ja bereits die Möglichkeit zur fristlosen Kündigung greift (zu den diesbezüglichen Voraussetzungen siehe Rdnr. 201 ff.). Auf der anderen Seite muss die Pflichtverletzung aber so schwerwiegend sein, dass sie die Auflösung des Mietverhältnisses rechtfertigt. In der Praxis ist festzustellen, dass die Gerichte eine solche Kündigung nur durchgreifen lassen, wenn auch die Voraussetzungen für eine fristlose Kündigung erfüllt oder jedenfalls so gut wie erfüllt sind.

(2) Verschulden des Mieters. Der Kündigungstatbestand setzt ein schuldhaftes Verhalten des Mieters voraus, wobei das Verschulden im Sinne von § 276 BGB zu verstehen ist.[381] Wurde bislang noch davon ausgegangen, dass der Mieter für das Verschulden von Hilfspersonen jedenfalls weitgehend nach § 278 BGB einstehen musste,[382] ist durch Rechtsentscheid des Kammergerichts verbindlich entschieden, dass die Vorschrift grundsätzlich ein eigenes Verschulden voraussetzt und eine Zurechnung nach § 278 BGB in jedem Fall entfällt.[383]

Spätestens nach der Vorgabe dieser Entscheidung sollte der vorsichtige Anwalt vor jeder Kündigung nach § 573 Abs. 2 Nr. 1 BGB eine Abmahnung gegenüber dem Mieter aussprechen. Es wird zwar unter Berufung auf den Gesetzeswortlaut zum Teil davon ausgegangen, dass eine vorherige Abmahnung entbehrlich ist.[384] Durch die Abmahnung wird der Mieter aber auf die Pflichtverletzung aufmerksam gemacht und kann sich daher nicht mehr auf fehlendes Verschulden berufen, wie auch der Rechtsentscheid des Kammergerichts aufzeigt.[385]

---

[378] Bub/Treier/*Grapentin* IV Rdnr. 60; *Sternel* IV Rdnr. 115.
[379] Bub/Treier/*Grapentin* IV Rdnr. 61; *Sternel* IV Rdnr. 116.
[380] Bub/Treier/*Grapentin* IV Rdnr. 61.
[381] Schmidt-Futterer/*Blank* § 573 Rdnr. 14.
[382] Vgl. soweit z. B. Bub/Treier/*Grapentin* IV Rdnr. 63; *Sternel* IV Rdnr. 123; Schmidt-Futterer/*Blank* § 573 Rdnr. 19.
[383] KG (RE) NZM 2000, 905; WuM 2000, 481.
[384] Für Entbehrlichkeit: Bub/Treier/*Grapentin* IV Rdnr. 62; *Barthelmess* § 564 b Rdnr. 60 unter Berufung auf den RE des OLG Oldenburg WuM 1991, 467 = NJW-RR 1992, 79; jetzt auch ausdrücklich BGH, Urt. vom 28. 11. 2007, VIII ZR 145/07, WuM 2008, 31 dagegen: *Sternel* IV Rdnr. 124; Schmidt-Futterer/*Blank* § 573 Rdnr. 13, eingehend zu dieser Frage jetzt auch *Fischer* WuM 2008, 251.
[385] So im Ergebnis auch BGH WuM 2008, 31, eingehend zur Frage jetzt *Blank* WuM 2008, 91 und *Fischer* WuM 2008, 251 ff.

Ist der Mieter allerdings schuldunfähig, kann die Kündigung nicht auf Abs. 2 Nr. 1, sondern allenfalls auf Abs. 1 gestützt werden.[386]

404 *(3) Einzelfälle. (a) Zahlungsverzug.* Ein schuldhaft verursachter Zahlungsrückstand im Sinne von §§ 569, 543 BGB berechtigt naturgemäß auch zur fristgemäßen Kündigung. Streitig ist, ob auch bei einem geringeren Zahlungsrückstand schon gekündigt werden kann. Dies wird überwiegend bejaht, allerdings mit unterschiedlichen Voraussetzungen bezüglich der Höhe und der Dauer des Zahlungsrückstandes.[387] Hiergegen werden jedoch auch mit gewichtigen Argumenten Bedenken erhoben unter Hinweis darauf, dass der Gesetzgeber eine schuldhafte, nicht unerhebliche Vertragsverletzung vorschreibe. Mit der Vorschrift des § 543 Abs. 2 Nr. 3 BGB seien hier schon die Grenzen gezogen.[388] Die Instanzgerichte folgen in nicht unerheblichem Umfang dieser Ansicht.

405 Die Frage, ob bei einer fristgemäßen Kündigung wegen Zahlungsverzuges die Regelung des § 569 Abs. 3 Nr. 2 BGB analog anzuwenden ist (zur dortigen Regelung siehe Rdnr. 286 ff.), kann jetzt endlich als geklärt angesehen werden. Zwar hatten schon vor der Mietrechtsreform zwei Rechtsentscheide verbindlich geklärt, dass eine analoge Anwendung **nicht** in Betracht kommt.[389] Trotzdem wurde die sich hieraus ergebende Rechtslage wegen der naturgemäß einschneidenden Folge für den Mieter vehement abgelehnt.[390] Die Instanzgerichte neigten dazu, dieser Einstufung zu folgen. Der BGH hat nun jedoch festgestellt, dass der Ausgleich des Zahlungsrückstandes innerhalb der Frist des § 569 Abs. 3 Nr. 2 BGB zwar die fristlose Kündigung unwirksam werden lässt, nicht dagegen auch ohne weiteres die fristgemäße Kündigung. Das Ausbleiben der Zahlung muss allerdings schuldhaft verursacht sein. Außerdem ist eine nachträgliche Zahlung bei der Prüfung der Frage, ob der Mieter die Vertragspflicht schuldhaft nicht unerheblich verletzt hat, zu berücksichtigen.[391]

406 *(b) Ständig unpünktliche Mietzahlung.* Neben der Möglichkeit zur fristlosen Kündigung nach § 569 Abs. 2 BGB wegen ständig unpünktlicher Mietzahlung (zu den dortigen Voraussetzungen siehe Rdnr. 286 ff.) besteht auch die Möglichkeit zur fristgemäßen Kündigung.

Voraussetzung ist aber auch hier eine schuldhafte, nicht unerhebliche Pflichtverletzung. Dem Mieter muss daher der Umstand der Zahlungsverspätung bekannt sein. Unbekannte Zahlungsverzögerungen durch seine Bank gehen nicht zu seinen Lasten. Auch nur gelegentliche, geringfügige Zahlungsverspätungen sind nicht ausreichend.[392] Als Voraussetzung muss hier wie bei den sonstigen Fällen der Kündigung nach § 573 Abs. 1 Nr. 1 BGB angesehen werden, dass die Vertragsverletzung, also hier die Zahlungsverspätung, Ausfluss einer mietvertragswidrigen Haltung des Mieters ist.[393] Zu beachten ist, dass vor dem Ausspruch der Kündigung wegen ständiger Zahlungsverspätung sehr sorgfältig geprüft werden sollte, ob überhaupt eine Zahlungsverspätung gegeben ist. Sehr viele Wohnraummietverträge, die vor dem 1. 9. 2001 abgeschlossen wurden, enthalten nämlich eine **unwirksame Aufrechnungsklausel**, was zur Folge hat, dass die Vorauszahlungsklausel unwirksam ist und Verzug somit nicht vorliegt.[394] Eine Berechtigung zur fristgemäßen Kündigung wird auch angenommen, wenn der Mieter mehrfach die berechtigte **Nachforderung** aus einer ordnungsgemäßen **Betriebskostenabrechnung** nicht leistet.[395]

407 *(c) Unbefugte Gebrauchsüberlassung.* Neben der Möglichkeit zur fristlosen Kündigung nach § 543 Abs. 2 Nr. 2 BGB besteht auch die Möglichkeit zur fristgemäßen Kündigung. Allerdings können auch soweit die Motive des Mieters, die erforderliche vorherige Genehmigung des Vermieters zur Gebrauchsüberlassung (vgl. hierzu § 12) einzuholen, sehr unter-

---

[386] Bub/Treier/*Grapentin* IV Rdnr. 63; LG Mannheim NJW 1976, 1407.
[387] Vgl. die Fundstellen bei Schmidt-Futterer/*Blank* § 573 Rdnr. 27.
[388] Schmidt-Futterer/*Blank* § 573 Rdnr. 28.
[389] OLG Stuttgart WuM 1991, 526 = NJW-RR 1991, 1487; OLG Karlsruhe WuM 1992, 517 = NJW-RR 1993, 79.
[390] *Sternel* Aktuell Rdnr. 1130; *Scholl* WuM 1993, 99.
[391] BGH NZM 2005, 334; WuM 2005, 250.
[392] Schmidt-Futterer/*Blank* § 573 Rdnr. 31.
[393] *Sternel* IV Rdnr. 116, 120.
[394] BGH NJW 1995, 254 f. = WuM 1995, 28.
[395] LG Kleve WuM 1996, 37; Schmidt-Futterer/*Blank* § 573 Rdnr. 29.

schiedlich sein. Die Skala reicht hier vom bloßen Rechtsirrtum bis zur bewussten Missachtung und Täuschung des Vermieters. Im Rahmen der Prüfung, ob eine nicht unerhebliche Pflichtverletzung vorliegt, ist daher sehr sorgfältig festzustellen, ob nicht etwa ein Anspruch auf Erlaubniserteilung besteht und ob die Nichtanzeige bewusst pflichtwidrig erfolgte.[396]

(d) Vertragswidriger Gebrauch und Belästigungen. Auch diese Vertragsverletzungen können sowohl die fristlose Kündigung nach §§ 543, 569 BGB als auch die fristgemäße Kündigung rechtfertigen. Zu beachten ist auch hier, dass stets eine schuldhafte, nicht unerhebliche Vertragsverletzung von einigem Gewicht vorliegen muss.[397]

bb) Eigenbedarf. Er stellt sicherlich die in der Praxis mit Abstand am häufigsten vorkommende Art der fristgerechten Vermieterkündigung dar. Nach dem gesetzlichen Wortlaut des § 573 Abs. 2 Nr. 2 BGB kann der Vermieter kündigen, wenn er die vermietete Wohnung für sich, die zu seinem Haushalt gehörenden Personen oder für Familienangehörige benötigt.

Die Verwendung des Begriffes „benötigen" durch den Gesetzgeber sollte aber nicht etwa zum Ausdruck bringen, dass der Vermieter von diesem Kündigungsrecht nur bei einer besonderen „Wohnungsnot" Gebrauch machen kann.[398] Es hat sich daher zu Recht der Begriff Eigenbedarfskündigung eingebürgert.

(1) Leitlinie der obergerichtlichen Rechtsprechung. Der Umstand, dass durch die Eigenbedarfskündigung auch der langjährige, stets vertragsgetreue Mieter zu einem relativ kurzfristigen Verlassen seiner Wohnung gezwungen werden kann, hat naturgemäß zu einer Unzahl von Gerichtsurteilen geführt. Wegen der nicht unerheblichen Bedeutung der Wohnung für eine Vielzahl von Mietern wurden im Rahmen der Verfahren die Obergerichte und nicht zuletzt auch das Bundesverfassungsgericht eingeschaltet. Auf Grund der Vielzahl der Entscheidungen des Bundesverfassungsgerichts zu dieser Frage wird die Rechtsprechung der Instanzgerichte inzwischen weitgehend von den Leitlinien dieser Entscheidungen bestimmt.

Wurde der Eigenbedarf durch die Instanzgerichte bis zum Ende der 80er Jahre hin relativ streng gehandhabt, ist durch den grundlegenden Rechtsentscheid des BGH vom 20. 1. 1988 eine nicht unerhebliche Auflockerung eingetreten. Der Eigenbedarf ist danach zunächst grundsätzlich bereits dann gegeben, wenn der Vermieter sein **Erlangungsinteresse** auf **vernünftige und nachvollziehbare Gründe** stützen kann und ein **Missbrauch nicht gegeben** ist.[399] Diese Rechtsprechung ist dann durch die Grundsatzentscheidung des Bundesverfassungsgerichts vom 14. 2. 1989 ausdrücklich bestätigt worden. Dabei wurde festgelegt, dass der Eigenbedarfswunsch des Vermieters grundsätzlich zu achten ist und die Gerichte nicht ihre Vorstellung vom Bedarf an die Stelle der Lebensplanung des Vermieters setzen dürfen.[400]

Diese deutliche Lockerung durch die obergerichtliche Rechtsprechung hat naturgemäß in der Folgezeit zunächst zu einem nicht unerheblichen Ansteigen der Eigenbedarfskündigungen geführt.

Da dieses Ansteigen in die Zeit größerer Wohnungsknappheiten Ende der 80-er/Anfang der 90-er Jahre fiel, kam es zu einer Unzahl von Klageverfahren, da geeigneter Ersatzwohnraum nicht oder nur mit erheblichen Schwierigkeiten kurzfristig zu erlangen war. Dieser Umstand hat zu einer Reihe von weiteren Entscheidungen des Bundesverfassungsgerichts geführt. Diese Entscheidungen haben die oben geschilderten Vorgaben vom Ergebnis her jedoch bestätigt und lediglich weitere Vorgaben hinsichtlich der Darlegungslast sowie des Ausscheidens von Missbrauchsfällen gegeben.[401]

---

[396] BayObLG (RE) WuM 1995, 378 = NJW-RR 1995, 969. Zur Frage der Erlaubnis jetzt auch aktuell BGH Urt. v. 5. 11. 2003 – VIII ZR 371/02 – WuM 2003, 688 = NZM 2004, 22.
[397] Vgl. soweit z. B. *Emmerich/Sonnenschein* § 573 Rdnr. 27, 28; umfassende Auflistung der Rechtsprechung bei *Barthelmess* § 564 b Rdnr. 65, 66.
[398] Vgl. *Barthelmess* Rdnr. 67.
[399] BGH (RE) WuM 1988, 47 = NJW 1988, 904.
[400] BVerfG WuM 1989, 14 = NJW 1989, 970.
[401] Vgl. die Zusammenstellung der Entscheidungen bei *Sternel* Aktuell Rdnr. 980 ff.

413 Die Entspannung, die Mitte bis Ende der 90er Jahre auf dem Wohnungsmarkt eingetreten ist, hat mittlerweile dazu geführt, dass die Zahl der Räumungsklagen wegen Eigenbedarfs deutlich abgenommen hat. Durch die Vielzahl der Entscheidungen ist inzwischen für die Vertragsparteien auch besser ersichtlich, ob der Erlangungswunsch des Vermieters bzw. das Bestandsinteresse des Mieters sich voraussichtlich durchsetzen lässt, was mehr Raum für außergerichtliche Regelungen schafft. Hier sollte sich daher der beratende Anwalt mit den ergangenen Entscheidungen vertraut machen und dann sein Verhandlungsgeschick walten lassen.

414 Vom Grundsatz her kann heute festgehalten werden, dass eine Eigenbedarfskündigung, die auf vernünftige Gründe gestützt werden kann und ersichtlich nicht missbräuchlich ist, in der überwiegenden Zahl der Fälle zum Erfolg führt, wenn nicht auf Seiten des Mieters besondere Härtegründe vorliegen, die das Erlangungsinteresse des Vermieters überwiegen. An diesem Leitschema kann sich eine Prüfung zunächst ein mal grob orientieren.

415 *(2) Berechtigter Personenkreis. (a) Eigennutzung.* Unproblematisch erfasst ist der Fall, dass der alleinige Vermieter selbst allein in die Wohnung einziehen will. Bei mehreren Vermietern genügt es, wenn einer der Vermieter einziehen will.[402] Juristische Personen oder Vereine können sich nicht auf Eigenbedarf berufen, da sie selbst naturgemäß nicht in der Wohnung wohnen können und ein Bewohnen durch Gesellschafter, Mitglieder, gesetzliche Vertreter o. ä. keine Eigennutzung im Sinne des Gesetzes darstellen würde.[403] Die Vorgenannten gehören auch ansonsten nicht zum privilegierten Personenkreis, für den Eigenbedarf geltend gemacht werden könnte.[404] Sehr umstritten war allerdings, ob bei einer Personenhandelsgesellschaft Eigenbedarf für einen Gesellschafter geltend gemacht werden kann.[405] Der BGH hat dies ausdrücklich abgelehnt, da Eigenbedarf bereits begrifflich nicht in Betracht komme.[406] Möglich sei allenfalls eine Kündigung wegen Betriebsbedarfs, wenn hierfür eine betriebliche Notwendigkeit bestehe[407](siehe auch Betriebsbedarf Rdnr. 517). Für die GbR hat er die Möglichkeit eines Eigenbedarfes ausdrücklich bejaht, sofern der Gesellschafter, für den Eigenbedarf geltend gemacht wird, bereits bei Begründung des Mietvertrages Gesellschafter der GbR war.[408]

416 *(b) Haushaltsangehörige.* Hierzu gehören alle Personen, die auf Dauer und seit längerer Zeit mit dem Vermieter in dessen bisheriger Wohnung in häuslicher Gemeinschaft zusammenleben.[409] Sofern die Person nicht bereits zu den Familienangehörigen zu rechnen ist, wird es sich meist um den Lebenspartner bzw. um Hausangestellte und Pflegepersonal handeln.[410] Durch die Mietrechtsreform ist hier eine Erweiterung des Personenkreises vorgenommen worden. Vergleiche hierzu auch die Erläuterungen zum Begriff „Angehörige seines Haushalts" in § 12.

417 *(c) Familienangehörige.* Hier besteht eine ausufernde Kasuistik zu der Frage, wer zu diesem Personenkreis zählt. Auch die Mietrechtsreform bringt hier trotz der hinreichend bekannten Problematik keinerlei Klarstellung und lässt die alten Streitfragen ungeklärt. Erstaunlicherweise taucht der Begriff ansonsten im BGB an keiner Stelle auf, insbesondere auch nicht im Familienrecht. Allgemein wird ansonsten in der Familie die Gesamtheit der durch Ehe und Verwandtschaft verbundenen Personen gesehen.[411] Einigkeit besteht lediglich dahingehend, dass im Rahmen der Eigenbedarfskündigung der Kreis nicht derart weit gezogen werden soll.

---

[402] LG Hamburg DWW 1991, 89; LG Berlin GE 1992, 207; 549.
[403] Schmidt-Futterer/*Blank* § 573 Rdnr. 46.
[404] Schmidt-Futterer/*Blank* § 573 Rdnr. 46.
[405] Vgl. soweit Schmidt-Futterer/*Blank* § 573 Rdnr. 47.
[406] BGH WuM 2007, 457 = NZM 2007, 639.
[407] BGH WuM 2007, 459 = NZM 2007, 681.
[408] BGH WuM 2007, 515 = NZM 2007, 679.
[409] *Barthelmess* Rdnr. 78.
[410] *Barthelmess* a. a. O.
[411] BVerwG FamRZ 1977, 541.

Geklärt ist auch durch Rechtsentscheid, dass der Kreis der in Betracht kommenden Personen sich nicht nach § 8 Abs. 2 WobauG richtet, sondern enger zu ziehen ist.[412]   418

Zum Kreis der Familienangehörigen zählen nach den Vorgaben der Rechtsprechung die Verwandten in gerader Linie, also Kinder, Enkel, Urenkel usw. sowie Eltern, Großeltern, Urgroßeltern usw. Hinzu kommen der Ehegatte sowie die Geschwister. Bei weiter entfernten Verwandten oder bei Verschwägerten wird darauf abgestellt, ob ein tatsächliches Näheverhältnis besteht wie unter engen Verwandten, aus der sich eine zumindest billigenswerte sittliche Verpflichtung zur Gewährung von Wohnraum ergibt.[413]

(3) Nutzungswille – Fallgruppen. Das Tatbestandsmerkmal „benötigt" in Abs. 2 Nr. 2   419
setzt voraus, dass der Vermieter die ernsthafte Absicht hat, die Räume selbst als Wohnung zu nutzen oder durch die berechtigterweise in Betracht kommenden Bedarfspersonen nutzen zu lassen. Die Nutzungsabsicht muss ernsthaft vorliegen und darf nicht nur vorgetäuscht sein.[414] Die Nutzungs- bzw. Überlassungsabsicht muss bereits konkret bestehen und darf nicht nur vage und unbestimmt sein.[415]

Kündigungen „auf Vorrat" sind unzulässig.[416] Der Vermieter muss auch schon bei Ausspruch der Kündigung angeben, für wen konkret Eigenbedarf geltend gemacht wird. Alternativkündigungen sind ebenfalls unwirksam.[417]

Zu beachten ist auch, dass dem geltend gemachten Nutzungswunsch keine tatsächlichen oder rechtlichen Hindernisse entgegenstehen dürfen. So muss z. B. die Geltendmachung von Eigenbedarf ausscheiden, wenn eine Nutzung durch die Bedarfsperson nicht möglich ist, weil diese noch eine langjährige Haftstrafe verbüßen muss. Bei einer Sozialwohnung müssen die Voraussetzungen des Wohnungsbindungsgesetzes bei der Bedarfsperson vorliegen.   420

Es sei nochmals ausdrücklich darauf hingewiesen, dass die Eigenbedarfskündigung wie   421
jede ordentliche Kündigung des Vermieters ausreichend **begründet** werden muss. Soweit ist der Rechtsentscheid des Bayerischen Obersten Landesgericht weiterhin richtungsweisend.[418] Im Kündigungsschreiben sind sämtliche Gründe, die als berechtigtes Interesse in Betracht kommen, im Einzelnen anzugeben. Es muss ein konkreter Lebenssachverhalt angegeben werden, der es dem Mieter ermöglicht, die Berechtigung der Kündigung prüfen zu können und seine Rechtsverteidigung hierauf einzustellen. Diese Anforderungen sind vom Bundesverfassungsgericht mehrfach bestätigt worden.[419]

Der beratende Anwalt sollte sich nicht scheuen, hier auch ein mal ein Kündigungsschreiben von zwei oder drei Seiten zu fertigen, um den Eigenbedarf ausreichend darzulegen. In schwierigen Fällen können auch noch weitergehende Darlegungen notwendig sein. Allgemeinplätze wie z. B. „Mein Mandant benötigt Ihre Wohnung wegen bestehenden Eigenbedarfs" oder „Die Wohnung soll von der Tochter meines Mandanten bezogen werden" sind keinesfalls ausreichend.[420] Zur Frage der ausreichenden Begründung von Kündigungen siehe auch Rdnr. 376 ff.   422

Naturgemäß musste sich die Rechtsprechung schon mit einer Unzahl der unterschiedlichsten Eigenbedarfsfälle beschäftigen.[421] An dieser Stelle soll nur auf die Hauptfallgruppen eingegangen werden, um so exemplarisch die Grundsätze zu beleuchten: 423

(a) Nicht ausreichende Unterbringung. Soweit ist zu berücksichtigen, dass es nach dem   424
Rechtsentscheid des BGH nicht erforderlich ist, dass die Bedarfsperson unzureichend untergebracht ist. Es reicht aus, wenn vernünftige und nachvollziehbare Gründ für die Inan-

---

[412] OLG Oldenburg (RE) WuM 1993, 386 = NJW-RR 1993, 526.
[413] *Sternel* Aktuell Rdnr. 1015 ff. mit Rechtsprechungsnachweisen, umfangreiche Rechtsprechungsnachweise auch bei *Barthelmess* Rdnr. 77, für den Schwager jetzt bejahend bei engem Kontakt; BGH WuM 2009, 294.
[414] Schmidt-Futterer/*Blank* § 573 Rdnr. 60 mit zahlreichen Rechtsprechungsnachweisen.
[415] Schmidt-Futterer/*Blank* § 573 Rdnr. 61.
[416] BVerfG NJW 1990, 3259.
[417] LG München WuM 1991, 490.
[418] BayObLG NJW 1981, 2197.
[419] BVerfG WuM 1989, 483; WuM 1992, 178 = NJW 1992, 1379; WuM 1992, 417 = NJW 1992, 2411.
[420] Schmidt-Futterer/*Blank* § 573 Rdnr. 221 mit umfangreichen Rechtsprechungsnachweisen.
[421] Eine sehr umfassende Auflistung der unterschiedlichsten Fälle findet sich bei *Barthelmess* Rdnr. 80 ff.

spruchnahme bestehen.[422] In dieser Entscheidung bringt der BGH drei **Beispielsfälle,** die als Leitlinie der obergerichtlichen Rechtsprechung angesehen werden können:

1. Der Vermieter hat die Wohnung als Altersruhesitz gekauft und will nun einziehen. Ihm kann nicht entgegengehalten werden, er verfüge ja bereits über eine Wohnung, die auch nicht kleiner sei.
2. Den Eltern, die Eigenbedarf für ihr erwachsenes Kind geltend machen, kann nicht entgegengehalten werden, das Kind sei zu Haus weiterhin ausreichend untergebracht.
3. Der Wunsch des Vermieters, sein Haus vor Ort zu verwalten und z. B. die Heizung selbst zu warten, sei vom Grundsatz her ein anerkennenswertes Interesse.

425   Diese Beispielsfälle zeigen, dass der BGH an das berechtigte Interesse beim Eigenbedarf nur relativ geringfügige Anforderungen stellt. Dies hat dazu geführt, dass die Instanzrechtsprechung teilweise höhere Anforderungen stellt, um den Mieterschutz nicht über Gebühr aufzuweichen und Missbrauchsfällen zu begegnen.

426   Allerdings hat das Bundesverfassungsgericht ausdrücklich entschieden, dass die Instanzrechtsprechung soweit die Entscheidung des Wohnungseigentümers über seinen Wohnbedarf grundsätzlich zu respektieren hat. Die Gerichte dürften nicht ihre Vorstellungen über den Wohnbedarf an die Stelle der Interessen des Vermieters setzen. Auszuscheiden seien lediglich Missbrauchsfälle.[423]

Festzuhalten ist somit, dass der nicht missbräuchliche, ernsthafte Raumbedarf des Vermieters grundsätzlich zu einem berechtigten Eigenbedarf führt.

427   *(b) Pflegebedarf.* Verstärkt wird in letzter Zeit Eigenbedarf für Pflegepersonal geltend gemacht. Hiermit will der Vermieter meist erreichen, so lange wie möglich in seiner Wohnung bleiben zu können, um einen Heimaufenthalt zu vermeiden bzw. auch, seinen Angehörigen dies zu ersparen. Entsprechend den recht großzügigen Maßstäben der obergerichtlichen Rechtsprechung wird auch ein solcher Fall dem Eigenbedarf unterstellt. Es wurde als ausreichend erachtet, dass die Dienste einer Hilfsperson in naher Zukunft für die Pflege und Betreuung gebraucht werden. Der konkrete Pflegebedarf braucht also noch nicht aktuell zu sein.[424] Streitig ist in der Instanzrechtsprechung, ob bei einer entsprechenden Kündigung die konkrete Pflegeperson bereits feststehen und benannt werden muss.[425]

428   *(c) Befristeter Bedarf.* Auch ein nur vorübergehender Wohnbedarf ist von der Rechtsprechung anerkannt worden.[426] Voraussetzung ist allerdings, dass die Nutzung für einen nicht nur unerheblichen Zeitraum geplant ist. Eine Nutzung nur für wenige Monate kommt nicht in Betracht. Außerdem muss der Wohnbedarf schon berechtigterweise einige Dringlichkeit besitzen. Es ist sehr umstritten, ob es ausreicht, wenn die in Aussicht genommene Wohnung nur als Zweitwohnung genutzt werden soll. Überwiegend wird dies von der Rechtsprechung abgelehnt.[427]

429   *(d) Wirtschaftliche Gründe.* Das Bestehen eines berechtigten Eigenbedarfs wird von der Rechtsprechung auch bejaht, wenn durch den Bezug der Mieterwohnung Miete gespart und so die wirtschaftliche Situation verbessert werden soll.[428]

430   *(4) Missbrauchsfälle.* Wie beschrieben ist der Eigenbedarf des Vermieters, der sich auf vernünftige und nachvollziehbare Gründe stützen kann, grundsätzlich zu achten. Die obergerichtliche Rechtsprechung hat im Bereich des Eigenbedarfes mit dieser relativ weit gehenden Ansicht den Kündigungsschutz des Mieters, der ansonsten recht umfassend ist, nicht unerheblich eingeschränkt.

Auf Grund dieser weiten Öffnung der Kündigungsmöglichkeit für den Vermieter achtet die Instanzrechtsprechung meist sehr darauf, Missbrauchsfälle auszuschließen. Die relative

---

[422] BGH (RE) WuM 1988, 47 = NJW 1988, 904.
[423] BVerfG WuM 1989, 114, NJW 1989, 970.
[424] BayObLG (RE) WuM 1982, 125 = NJW 1982, 1159.
[425] Bejahend LG Kiel WuM 1990, 22; LG Trier WuM 1990, 349; verneinend LG Hamburg WuM 1990, 302; LG Potsdam WuM 2006, 44, LG Koblenz WuM 2007, 637, zu dieser Frage jetzt eingehend auch *Winning* WuM 2007, 608.
[426] BayObLG (RE) WuM 1993, 252 = NJW-RR 1993, 979.
[427] Schmidt-Futterer/*Blank* § 573 Rdnr. 99 mit zahlreichen Rechtsprechungsnachweisen.
[428] BVerfG WuM 1991, 661; LG Frankfurt WuM 1990, 347.

Großzügigkeit bei der Eigenbedarfskündigung soll nämlich nicht dazu führen, Kündigungen aus anderen Gründen, die ansonsten nicht oder nur schwer zum Erfolg führen würden, auf diesem Umweg zu erleichtern. Die Entfernung des lästig gewordenen Mieters soll nicht durch „Eigenbedarf" erreicht werden können.

Ähnlich wie beim berechtigten Eigenbedarf sind auch in den Missbrauchsfällen eine Vielzahl von Fallkonstellationen denkbar. Hauptsächlich musste sich die Rechtsprechung bislang mit den folgenden Fallgruppen beschäftigen: **431**

(a) Vorgetäuschter Eigenbedarf. Klar rechtsmissbräuchlich ist naturgemäß der Eigenbedarf, der in Wirklichkeit gar nicht besteht, sondern nur vorgetäuscht wird. Wenn der Vermieter im Zusammenhang mit der Eigenbedarfskündigung gegenüber dem Mieter unverblümt erklärt: „Dieser Querulant muss raus", kann von der Durchsetzung eines berechtigten Eigenbedarfes nicht mehr ausgegangen werden.[429] Ersichtlich dient die Möglichkeit der Eigenbedarfskündigung in einem solchen Fall ja nur als Vehikel zur Entfernung eines lästigen Mieters, dem auf andere Weise nicht gekündigt werden kann. Die Kündigung wird hier nicht auf einen vernünftigen, d. h. von der Rechtsordnung gebilligten Grund gestützt und ist daher unwirksam, mögen auch Eigenbedarfstatbestände vorliegen. **432**

Allerdings sind die meisten Eigenbedarfskündigungen nachvollziehbarer Weise nicht so leicht auf Missbrauchsfälle hin zu überprüfen. Kritisch zu beurteilen sind üblicherweise Eigenbedarfskündigungen, die in engem zeitlichen Zusammenhang mit mietrechtlichen Streitigkeiten zwischen Vermieter und Mieter erfolgen, z. B. wenn der Mieter die Mieterhöhung oder die Nebenkostennachforderung nicht anerkennen will. Auch der Umstand, dass die Wohnung erst verkauft werden soll, kurz darauf aber Eigenbedarf angemeldet wird, kann ein Indiz für vorgetäuschten Eigenbedarf sein.[430] **433**

Praxistipp:

Der Anwalt, der den Mieter im Rahmen einer Eigenbedarfskündigung vertritt, sollte daher den Mandanten eingehend zu den näheren Hintergründen des Mietverhältnisses befragen und sorgfältig prüfen, ob sich hier Anzeichen für einen missbräuchlichen Eigenbedarf zeigen.[431] **434**

Der Anwalt, der den **Vermieter** im Rahmen einer geplanten Eigenbedarfskündigung berät, muss unmissverständlich darauf hinweisen, dass ein nur vorgetäuschter oder ansonsten missbräuchlicher Eigenbedarf unbeachtlich ist. Auf Grund der Großzügigkeit der obergerichtlichen Rechtsprechung bestehen hier sehr oft Fehlvorstellungen seitens der Mandantschaft. Es muss auch klar darauf aufmerksam gemacht werden, dass ein nur vorgetäuschter Eigenbedarf erhebliche Konsequenzen nach sich ziehen kann. In Betracht kommen nämlich nicht nur Schadensersatzansprüche des Mieters.[432] Ein vorgetäuschter Eigenbedarf kann nämlich auch strafrechtliche Relevanz haben, nämlich als Betrug oder Betrugsversuch.[433] **435**

Praxistipp:

Der Anwalt sollte sich daher sowohl aus standes- als auch aus strafrechtlichen Gesichtspunkten heraus davor hüten, an der Durchsetzung eines von ihm klar erkannten, ersichtlich nur vorgetäuschten Eigenbedarfs mitzuwirken. Auf der anderen Seite sollte er bei einem berechtigten Eigenbedarf, der nur durch gewisse Indizien zunächst als scheinbar unberechtigt erscheint, durch sehr sorgfältige Darlegung der Kündigungsgründe und konkretes Eingehen auf die Problempunkte dafür sorgen, dass bestehende Zweifel ausgeräumt werden können. **436**

---

[429] LG Lübeck WuM 1989, 516.
[430] Hierzu sowie zu weiteren Fällen vorgetäuschten Eigenbedarfs Schmidt-Futterer/*Blank* § 573 Rdnr. 60 mit Beispielen aus der Rechtsprechung.
[431] Zu den Verteidigungsmöglichkeiten des Mieters *Schumacher* WuM 2007, 664 ff.
[432] OLG Karlsruhe (RE) NJW 192, 54; BayObLG (RE) NJW 1982, 2003, siehe hierzu auch unten 8.
[433] BayObLG WuM 1987, 129; OLG Koblenz WuM 1989, 253.

437 (b) *Vorhersehbarer Eigenbedarf.* Eine wirksame Kündigung ist nicht gegeben, wenn der im Rahmen der Kündigung geltend gemachte Eigenbedarf bereits beim Abschluss des Mietvertrages klar erkennbar vorhanden war oder aber zumindest konkret voraus gesehen werden konnte. Dies hat bereits das Bundesverfassungsgericht im Rahmen seiner Grundsatzentscheidung aus dem Jahr 1989 ausdrücklich festgelegt.

438 Im Gegensatz zu den beiden anderen gleichzeitig entschiedenen Verfassungsbeschwerden von Vermietern war hier der Eigenbedarf verneint worden. Das Bundesverfassungsgericht hat sich soweit auf den Standpunkt gestellt, dass es sich unter dem Gesichtspunkt des ansonsten bestehenden Kündigungsschutzes des Wohnraummieters als treuwidrig darstelle, wenn der Vermieter die Wohnung auf unbestimmte Zeit vermiete, obwohl er entschlossen sei oder zumindest erwäge, die Wohnung selbst in Gebrauch zu nehmen.[434]

Dabei wurde in der Entscheidung konkret darauf abgehoben, dass es dem Vermieter durch die Regelung des § 564c BGB a. F. möglich sei, seinen beabsichtigten oder in Aussicht stehenden Eigenbedarf durch einen befristeten Mietvertrag abzusichern und so dem Mieter den Umstand der begrenzten Wohndauer klar vor Augen zu führen.[435] Die Instanzrechtsprechung ist dem gefolgt und hat dem Vermieter unter Berufung auf die 5-Jahres-Frist des § 564c BGB a. F. praktisch eine Kündigungssperrfrist für diesen Zeitraum auferlegt, wenn der Vermieter einen unbefristeten Vertrag abschließt, obwohl bei Vertragsabschluss der Eigenbedarf bereits feststeht oder bei umsichtiger Vorschau hätte konkret vorausgesehen werden können.[436]

439 Mit dieser Entscheidungsvorgabe wurde ein relativ klarer Maßstab für die Beurteilung derartiger Fälle vorgegeben. Soweit stellt sich jedoch im Rahmen der Mietrechtsreform das Problem, das im Rahmen der Vorschrift des § 575 BGB eine maximale Zeitdauer für die Befristung nicht mehr vorgesehen ist. Abzuwarten bleibt daher, ob die Rechtsprechung die bisherigen 5-Jahres-Frist einfach fortschreibt oder ob sich hier neue Zeitgrenzen entwickeln. Der Bundesgerichtshof hat diese Frage ausdrücklich offen gelassen, neigt aber wohl dazu, die Fristen eher herabzusetzen, da er eine Frist von weniger als vier Jahren in einem Sonderfall nicht beanstandet hat.[437]

Entscheidend dürfte auch weiterhin sein, ob bei Vertragsabschluss die Nutzungsabsichten des Vermieters schon hinreichend konkret feststanden.[438]

Das Bundesverfassungsgericht hat den Instanzgerichten soweit ein mal mehr ins Stammbuch geschrieben, dass die Anforderungen an ein Feststehen bzw. eine konkrete Vorsehbarkeit von Eigenbedarfstatbeständen nicht überspannt werden dürfen.[439]

440 Nach Einschätzung des Verfassers erscheint eine Ausweitung der bisherigen Zeitspanne von fünf Jahren jedenfalls im Regelfall nicht als angezeigt, da in Anbetracht der sich immer rascher verändernden Lebensumständen der modernen Gesellschaft eine feste Lebensplanung jedenfalls über den Zeitraum von fünf Jahren meist hinaus nicht möglich sein wird.

441 (c) *Alternativwohnung.* Angesichts der grundsätzlich zunächst einmal bestehenden Schutzposition des Mieters ist auch nachvollziehbar, dass eine wirksame Eigenbedarfskündigung nicht in Betracht kommt, wenn der Vermieter den Eigenbedarf auch durch eine andere Wohnung befriedigen könnte oder zuvor bei einer in der Vergangenheit freigewordenen Wohnung hätte befriedigen können.

442 Der Hinweis der Mieterseite, ein solcher Umstand sei im Rahmen der Kündigung gegeben, hat naturgemäß zu einer Vielzahl von Entscheidungen zu dieser Frage geführt, wobei auch mehrfach das Bundesverfassungsgericht bemüht wurde. Das Bundesverfassungsgericht hat dabei festgelegt, dass die in Betracht stehende Alternativwohnung den Bedürfnissen des

---

[434] BVerfG WuM 1989, 114, 118 = NJW 1989, 970, 972.
[435] BVerfG a. a. O.
[436] Schmidt-Futterer/*Blank* § 573 Rdnr. 130 ff. mit den dortigen Rechtsprechungsnachweisen; *Sternel* Aktuell Rdnr. 1068 mit den dortigen Rechtsprechungsnachweisen.
[437] BGH WuM 2009, 180.
[438] Vgl. soweit z. B. *Eisenschmid* WuM 1990, 129, 132, aktuell jetzt AG Bremen WuM 2008, 730 und AG Erding/OLG München WuM 2009, 358.
[439] BVerfG WuM 1994, 132 = NJW-RR 1993, 1357.

Vermieters bzw. der Bedarfsperson genügen muss.[440] Soweit wurde erneut entschieden, dass das erkennende Gericht auch in dieser Frage ebenso wie bei der Prüfung des Eigenbedarfes an sich seine persönliche Wertung nicht an die Stelle der Lebensplanung des Vermieters oder der Bedarfsperson setzen darf.[441] Konkret ist aber vom Gericht zu prüfen, ob vernünftige und nachvollziehbare Gründe dafür vorliegen, die vermietete Wohnung und nicht die freie Wohnung beziehen zu wollen, wobei auch den Belangen des Mieters Rechnung zu tragen ist.[442]

Auf dieser Basis hat die Instanzrechtsprechung herausgearbeitet, dass ein Freiwerden einer anderen Wohnung des Vermieters für sich noch nicht ausreicht, den Eigenbedarf zu verneinen. Vielmehr muss feststehen, dass auch die freie Wohnung geeignet ist, den vorhandenen Wohnbedarf ohne wesentliche Abstriche ebenso zu befriedigen und zwar nach Größe, Lage und Zuschnitt. Dabei ist der jeweils unterschiedliche Wohnbedarf im Einzelfall zu berücksichtigen.[443]

Verbindlich entschieden ist auch der Umstand, dass der Vermieter verpflichtet ist, eine frei werdende Wohnung, über die er verfügen kann, dem Mieter anzubieten. Dies wird aus der Treuepflicht des Vermieters hergeleitet. Er ist danach verpflichtet, die aus dem Verlust der Wohnung sich für den Mieter ergebenden negativen Folgen möglichst zu mindern.[444]

Das OLG Karlsruhe hat dies durch Rechtsentscheid ausdrücklich bestätigt.[445] Danach ist der Vermieter auch nach dem Ausspruch der Kündigung verpflichtet, dem Mieter die freiwerdende Wohnung anzubieten und zwar zu angemessenen Bedingungen.[446] Dabei muss der Vermieter zwar einerseits nicht die bisherige, möglicherweise recht günstige Miete fortschreiben. Auf der anderen Seite darf er aber auch nicht durch überzogene Forderungen die Anmietung unattraktiv machen.

Wenn der Vermieter die ortsübliche Vergleichsmiete verlangt, dürfte dies im Regelfall nicht zu beanstanden sein.[447] Bei Unzumutbarkeit, Eigenbedarf für andere Bedarfspersonen oder vertragswidrigem Verhalten des Mieters besteht eine Anbietverpflichtung allerdings nicht.[448]

Kündigt der Vermieter, obwohl beim Ausspruch der Kündigung eine geeignete Alternativwohnung freisteht, ist die Kündigung unwirksam. Die Kündigung wird auch unwirksam, wenn eine nach Kündigung freiwerdende, geeignete Wohnung nicht in Anspruch genommen wird. Eine Unwirksamkeit der Kündigung ist ebenfalls gegeben, wenn eine geeignete Wohnung vor Kündigung bei Feststehen oder klarer Erkennbarkeit des Eigenbedarfes zur Verfügung stand und nicht in Anspruch genommen, sondern weitervermietet wurde.[449]

Wie aus dem Rechtsentscheid des OLG Karlsruhe hervorgeht, wird die Eigenbedarfskündigung auch dann unwirksam, wenn der Vermieter bezüglich einer für seinen Bedarf nicht geeigneten, freiwerdenden Wohnung die Anbietpflicht missachtet und eine Weitervermietung vornimmt.

Dabei kann sich der Vermieter sich üblicherweise nicht darauf berufen, das Angebot sei unterblieben, weil die freigewordene Wohnung für den Mieter nicht geeignet sei, z. B. weil sie zu groß oder zu klein sei. Das Bundesverfassungsgericht hat soweit festgelegt, dass auch hier der Nutzungswunsch des Nutzers, hier diesmal des Mieters, grundsätzlich zu achten sei. Weder das Gericht noch der Vermieter könne hier seine Maßstäbe anstelle der Überlegungen des Mieters setzen. Auszuschließen sei lediglich Missbrauch.[450] Zu berücksichtigen sind aber nun

---

[440] BVerfG WuM 1989, 114, 117 = NJW 1989, 970, 971; WuM 1991, 145 = NJW 1991, 158; WuM 1991, 247 = NJW 1991, 2273.
[441] BVerfG a. a. O.
[442] BVerfG a. a. O.
[443] Schmidt-Futterer/*Blank* § 573 Rdnr. 105 bis 110; *Sternel* Aktuell Rdnr. 1044 mit jeweils umfangreichen Rechtsprechungsnachweisen.
[444] *Sternel* Aktuell Rdnr. 1047 mit Rechtsprechungsnachweisen.
[445] OLG Karlsruhe (RE) WuM 1993, 105 = NJW-RR 1993, 660.
[446] OLG Karlsruhe a. a. O.
[447] OLG Karlsruhe a. a. O.
[448] OLG Karlsruhe a. a. O.; LG Karlsruhe WuM 1991, 41; LG Regensburg WuM 1991, 109.
[449] BVerfG WuM 1990, 535; WuM 1991, 247 = NJW 1991, 2273.
[450] BVerfG WuM 1992, 180 = NJW 1992, 1220.

die beiden bereits auf deutlich Kritik gestoßenen Grundsatzentscheidungen des BGH.[451] Danach soll sich die Anbietpflicht nur noch auf Wohnungen im selben Haus oder der selben – so wörtlich – Wohnanlage beziehen. Auf andere Wohnungen soll sich die Anbietpflicht nicht erstrecken. Die Entscheidungen sind zu Recht auf deutliche Kritik gestoßen.[452] Letztlich bleibt unklar, was mit dem Begriff Wohnanlage gemeint sein soll. Möglicherweise hat sich der Senat bei seinen Entscheidungen ins Wohnungseigentumsrecht verirrt. Der vorsichtige Vermieter sollte daher die Grenzen der Anbietpflicht auch weiterhin nicht zu eng ziehen.

450 Hinsichtlich der Verpflichtung zur Inanspruchnahme einer geeigneten Alternativwohnung bzw. zum Anbieten einer für den Eigenbedarf nicht geeigneten Wohnung wurde bislang überwiegend davon ausgegangen, dass diese zumindest bis zur Rechtskraft eines Räumungsurteils besteht.[453] Der BGH hat nun entschieden, dass diese Verpflichtung nur noch bis zum Ende der Kündigungsfrist bestehen soll.[454]

451 Im Rechtsstreit trifft den Mieter die Darlegungs- und Beweislast für den Umstand, dass eine freistehende Alternativwohnung vorhanden ist bzw. war.
Um diese Vortragslast erfüllen zu können, räumt die Rechtsprechung dem Mieter einen Auskunftsanspruch gegenüber dem Vermieter ein, der auch durch selbstständige Klage geltend gemacht werden kann.[455] Bejaht wird auch ein Anspruch des Mieters auf Grundbucheinsicht.[456]
Der Vermieter muss dagegen darlegen und beweisen, dass die freiwerdende Wohnung zur Befriedigung des Eigenbedarfes nicht geeignet war bzw. dass die Anbietpflicht erfüllt wurde.

452 *(d) Überhöhter Bedarf.* Soweit ist zunächst zu berücksichtigen, dass der Nutzungsbedarf grundsätzlich zu achten ist. Da keine Wohnraumzwangsbewirtschaftung besteht und Wohnflächenobergrenzen nur im preisgebundenen Wohnraum bestehen, ist auch die Inanspruchnahme größerer Wohnflächen zunächst nicht zu beanstanden. Die Abwägung, ob z.B. der Vermieter als Einzelperson die 4-Zimmer-Wohnung erhält oder ob diese bei der Mieterfamilie mit drei Kindern bleibt, hat erst im Rahmen der Abwägung der wechselseitigen Interessen, insbesondere im Rahmen der Berücksichtigung der sogenannten Sozialklausel (siehe hierzu unten Rdnr. 541 ff.) stattzufinden.

453 Als missbräuchlich sind hauptsächlich Fälle anzusehen, bei denen Großwohnungen oder sogar Häuser an noch minderjährige oder gerade erst volljährig gewordene Bedarfspersonen ohne oder nur mit geringem Einkommen überlassen werden sollen.[457]

454 *(e) Wegfall des Eigenbedarfs.* Der Wegfall des Eigenbedarfes ist zunächst einmal für sich kein Missbrauchsfall. Ein solcher Wegfall kann sich ja völlig unvorhersehbar ergeben, z.B. durch plötzliche Versetzung oder Tod der Bedarfsperson.
Entfällt der Eigenbedarf vor dem Zugang der Kündigung, so ist diese unwirksam. Ein nachträglicher Wegfall berührt die Wirksamkeit der Kündigung zwar nicht, die Weiterverfolgung des nicht mehr bestehenden Eigenbedarfes kann sich aber als rechtsmissbräuchlich darstellen.[458]

455 Sehr streitig war lange die Frage, bis wann den Vermieter eine Benachrichtigungspflicht bezüglich des Wegfalls des Eigenbedarfes trifft. Hier reichte die Bandbreite vom Ablauf der Kündigungsfrist[459] bis zum Abschluss des Räumungsrechtsstreits.[460] Der BGH hat nun ent-

---

[451] BGH WuM 2003, 463 = NZM 2003, 682; WuM 2003, 464 = NZM 2003, 681.
[452] Vgl. z.B. *Lützenkirchen* WuM 2004, 70; *Kappus* NZM 2003, 657 f.
[453] Schmidt-Futterer/*Blank* § 573 Rdnr. 115; LG Köln WuM 1984, 248.
[454] BGH WuM 2003, 463 = NZM 2003, 682; so auch bereits LG Köln WuM 1994, 212; zur Anbietpflicht jetzt auch BGH WuM 2008, 497.
[455] LG Berlin WuM 1994, 75 = NJW-RR 1994, 850.
[456] BayObLG WuM 1993, 135 = NJW 1993, 1142; LG Mannheim WuM 1992, 130.
[457] *Sternel* Aktuell Rdnr. 1063 mit der dort aufgeführten Instanzrechtsprechung, aktuell auch wieder AG Fürstenfeldbruck WuM 2008, 600.
[458] OLG Karlsruhe (RE) WuM 1982, 11 = NJW 1982, 54.
[459] LG Köln WuM 1993, 195.
[460] OLG Koblenz WuM 1989, 253; zu den unterschiedlichen Zeitpunkten siehe auch *Sternel* Aktuell Rdnr. 1073 mit den dortigen Rechtsprechungsnachweisen.

schieden, dass dann, wenn der Eigenbedarf nach Zugang der Kündigung wegfällt, dies nur zu beachten ist, wenn der Wegfall vor **Ablauf der Kündigungsfrist** eintritt. Nur bis dahin besteht eine Mitteilungspflicht gegenüber dem Mieter. Nach Ablauf der Kündigungsfrist berührt der Wegfall des Eigenbedarfs die Wirksamkeit der Kündigung nicht mehr. Es besteht dann auch keine Mitteilungspflicht mehr gegenüber dem Mieter.[461] Das Bundesverfassungsgericht hat diese Entscheidung bestätigt.[462]

(5) Sperre bei Umwandlung in Wohnungseigentum. Eine immer größere werdende Anzahl von Mietwohnungen sind Eigentumswohnungen (vgl. soweit auch § 33 I). Hatte das am 20. 3. 1951 in Kraft getretene Wohnungseigentumsgesetz zunächst noch keine größere praktische Auswirkung, steigerte sich die Bedeutung ab Ende der 60er Jahre nicht zuletzt durch steuerliche Förderung ganz erheblich. 456

Waren es 1968 noch rund 380.000 Eigentumswohnungen, stieg die Zahl bis 1987 auf rund 1,8 Millionen.[463] Ende der 90er Jahre wurde bereits von einem Bestand von über 4 Millionen Eigentumswohnungen ausgegangen mit deutlich steigender Tendenz.[464] Der Verfasser geht davon aus, dass mittlerweile in der Bundesrepublik deutlich über 5 Millionen Eigentumswohnungen vorhanden sind. Ein Ende der Entwicklung ist dabei nicht abzusehen. Der Zuwachs beruht dabei in nicht unerheblichem Maß auf Teilungen von Bestandsbauten, meist durch so genannte „Aufteiler" nach § 8 WEG. Der Umstand, dass Bundesunternehmen wie z. B. die frühere Bundespost bzw. Bundesbahn in erheblichem Umfang Wohnungsbestand abgestoßen haben, macht sich hier deutlich bemerkbar. Durch Verkauf von Wohnanlagen aus dem Bereich der Versicherer, dem Verkauf großer Wohnungsunternehmen an ausländischen Investoren und dem Generationswechsel im Bereich der privaten Hauseigentümer wird sich die Umwandlung sicherlich noch weiter deutlich steigern. 457

Macht der Vermieter eines Mehrfamilienhauses nur gelegentlich von der Möglichkeit des Eigenbedarfes Gebrauch und dies meist auch nur für eine Wohnung, drängt sich die Frage des Eigenbedarfes bei einer umgewandelten Wohnung sehr viel häufiger auf. Meistens wird die gerade umgewandelte Wohnung nämlich zum Zweck der Befriedigung einer bestehenden Eigenbedarfssituation gekauft. 458

Dies hat den Gesetzgeber bereits im Jahr 1974 im Rahmen des 2. Wohnraumkündigungsschutzgesetzes dazu veranlasst, eine Kündigungssperre einzuführen für den Fall der Umwandlung, damals mit einer Frist von drei Jahren. 459

Die rasante Zunahme von Umwandlungen führte dazu, dass der Gesetzgeber im Jahr 1990 die Möglichkeit schuf, die Sperrfrist in bestimmten Fällen zu verlängern. Danach wurden die Landesregierungen ermächtigt, Gemeinden, in denen eine ausreichende Versorgung der Bevölkerung mit Mietwohnungen zu angemessenen Bedingungen besonders gefährdet ist, durch Rechtsverordnung zu bestimmen. In diesem Bereich gilt dann eine Sperrfrist bei Umwandlungen von fünf Jahren. Die meisten Landesregierungen machten von dieser Möglichkeit Gebrauch.[465] 460

1992 löste der Beschluss des gemeinsamen Senates der obersten Gerichtshöfe vom 30. 6. 1992[466] eine starke Umwandlungswelle aus, da die von zahlreichen Gemeinden zuvor gehandhabte Beschränkung der Erteilung von Abgeschlossenheitsbescheinigungen damit hinfällig wurde.[467] Dieser Anstieg löste hektische Überlegungen des Gesetzgebers aus, die dann in Art. 14 des Investionserleichterungs- und Wohnbaulandgesetzes mündeten, dem so genannten Sozialklauselgesetz. Es trat zum 1. 5. 1993 in Kraft. Die Landesregierungen wurden wiederum ermächtigt, Gebiete zu bestimmen, in denen die ausreichende Versorgung der Bevölkerung mit Mietwohnungen zu angemessenen Bedingungen besonders gefährdet ist. Der Begriff deckt sich zwar mit demjenigen in § 564 b Abs. 2 Nr. 2 BGB a. F. Für die Anwendung des Sozialklauselgesetzes reichte aber eine Verordnung der Lan- 461

---

[461] BGH NZM 2006, 50 = WuM 2005, 782.
[462] BVerfG WuM 2006, 300 = NZM 2006, 459.
[463] *Bärmann/Pick* WEG, 18. Aufl., Einl. Rdnr. 4.
[464] *Drasdo* NZM 1999, 681, 682.
[465] *Sternel* Aktuell A Rdnr. 130 mit Auflistung der Bundesländer und Stadtstaaten.
[466] WuM 1992, 671 = NJW 1992, 3290.
[467] Vgl. hierzu im Einzelnen *Börstinghaus/Meyer* NJW 1993, 1353 ff.

desregierung auf dieser Basis nicht aus. Vielmehr war eine eigenständige Verordnung erforderlich. Die überwiegende Zahl der Länder machte auch von dieser Verordnungsmöglichkeit Gebrauch.[468]

462 Durch die Mietrechtsreform sind diese Regelungen aufgehoben und durch § 577a BGB ersetzt worden. Nach § 577a Abs. 1 BGB gilt bundesweit zunächst ein mal eine einheitliche Sperrfrist von drei Jahren. Nach § 577a Abs. 2 BGB werden die Landesregierungen ermächtigt, wiederum Gemeinden festzulegen, bei denen die ausreichende Versorgung der Bevölkerung mit Mietwohnungen zu angemessenen Bedingungen besonders gefährdet ist. Hier können dann unter Berücksichtigung der jeweiligen Situation Sperrfristen von drei Jahren bis zu 10 Jahren festgelegt werden mit potentiell jeder beliebigen Zwischenfrist. Erklärter Wille des Gesetzgebers ist dabei, den Ländern einen Handlungsspielraum für die unterschiedliche Bedarfssituation an die Hand zu geben.

463 Das Sozialklauselgesetz sowie die bisherigen Sperrfristen entfallen durch die Mietrechtsreform. Allerdings ist zu beachten, dass nach § 3 Abs. 6 der Übergangsvorschriften zur Reform des Mietrechts die bisherigen Beschränkungen des Kündigungsrechtes bis zum 31. 8. 2004 weiterhin anzuwenden sind. Eine bei In-Kraft-Treten der Mietrechtsreform bereits verstrichene Frist wird jedoch in Anrechnung gebracht. Da somit die bisherigen Regelungen noch eine gewisse Zeit Anwendung finden, soll auch hierauf eingegangen werden, zumal dies dem besseren Verständnis der Neuregelung dient.

464 Über das Eingreifen der Sperrfristen herrschten häufig Missverständnisse, was sich wohl auch durch die Mietrechtsreform kaum ändern wird. Notwendig waren und sind die folgenden Voraussetzungen:[469]
1. Vermietung und Überlassung der Wohnung an den Mieter (§ 535 BGB)
2. Begründung von Wohnungseigentum (§§ 3 oder 8 WEG)
3. Veräußerungsvertrag und Veräußerung (§ 566 BGB)
4. Kündigung durch den Erwerber unter Berufung auf § 573 Abs. 2 Nr. 2 oder 3 BGB.

465 Für Kündigungen von Wohnungen, die bereits bei Anmietung Eigentumswohnung waren gilt ebenso wenig eine Sperrfrist wie bei sonstigen Veräußerungen von Immobilien außerhalb der Geltung des Wohnungseigentumsgesetzes.[470] Auch für den aufteilenden Eigentümer besteht auch nach Aufteilung keine Sperrfrist. Diese greift erst nach Veräußerung an einen anderen Eigentümer.[471]

466 Die analoge Anwendung der Vorschriften über die Sperrfrist bei Erwerb des Grundstückes durch eine GbR ist abgelehnt worden, auch wenn im Gesellschaftsvertrag ausdrücklich festgelegt wurde, dass jedem Gesellschafter an einer bestimmten Wohneinheit das ausschließliche Nutzungsrecht zustehen soll.[472]

467 Auch die Aufteilung eines Gebäudes in Bruchteilseigentum mit anschließender Aufteilung in Wohnungseigentum nach § 3 WEG löst die Sperrfrist für die bisherigen Eigentümer der Bruchteilsgemeinschaft nicht aus.[473]

468 Ein Missbrauch wurde allerdings angenommen, wenn dem Erwerber von Bruchteilseigentum bereits eine bestimmte Wohnung zur ausschließlichen Nutzung zugewiesen wurde und die Abgeschlossenheitsbescheinigung bei Kauf schon vorlag.[474]

469 Die Sperrfrist beginnt mit der Eintragung des Erwerbers im Grundbuch. Maßgeblich ist soweit die Vollendung des ersten Eigentumserwerbes (§ 925 BGB).[475] Der Abschluss des notariellen Kaufvertrages bzw. die Eintragung einer Auflassungsvormerkung setzt die Frist somit noch nicht in Gang, was unbedingt zu beachten ist.

470 Soweit ist auch zu berücksichtigen, dass ein vor Ablauf der Wartefrist ausgesprochene Kündigung unwirksam ist.[476] Eine auch nur einen Tag vor Fristablauf ausgesprochene Kün-

---

[468] *Sternel* Aktuell A Rdnr. 140a mit Auflistung der Bundesländer und Stadtstaaten.
[469] Vgl. soweit *Barthelmess* § 564b BGB Rdnr. 84.
[470] *Barthelmess* a.a.O.
[471] *Barthelmess* a.a.O.
[472] OLG Karlsruhe (RE) WuM 1990, 330 = NJW 1990, 3278.
[473] KG (RE) WuM 1987, 138 = NJW-RR 1987, 847; BGH (RE) WuM 1994, 452 = NJW 1994, 2542.
[474] OLG Karlsruhe WuM 1992, 519 = NJW 1993, 405.
[475] Schmidt-Futterer/*Blank* § 577a Rdnr. 13.
[476] OLG Hamm (RE) WuM 1981, 35 = NJW 1981, 584.

digung ist somit unwirksam, selbst wenn sie erst deutlich nach Ablauf der ansonsten bestehenden Kündigungsfrist Wirksamkeit haben soll.

Die Eigenbedarfskündigung des Vermieters für einen Angehörigen wirkt zu dessen Gunsten fort, auch wenn dieser anschließend die Wohnung erwirbt und er wegen des Eingreifens der Kündigungssperrfrist selbst nicht kündigen könnte.[477]

Sehr viel Streit hat die Frage ausgelöst, ab wann das Sozialklauselgesetz Anwendung findet. Durch die deutliche Verlängerung der Kündigungsfrist war und ist die Vermieterseite bemüht, möglichst nicht unter die Regelung des Gesetzes zu fallen.

Da das Sozialklauselgesetz keine Übergangsvorschrift enthielt, wurden die Gerichte in erheblichem Umfang mit der Klärung der Frage beschäftigt, ab wann das Gesetz nun eingreift. Eine Vielzahl von Instanzurteilen und immerhin sechs(!) Rechtsentscheide mussten ergehen, um hier endlich Klarheit zu schaffen.

Das BayObLG entschied zunächst, dass das Sozialklauselgesetz nicht auf Kündigungen anzuwenden war, die dem Mieter vor dem 1. 5. 1993 zugingen.[478] Das KG hat dann festgelegt, dass keine Anwendung erfolgt, wenn das Wohnungseigentum auf Grund von vor dem 1. 8. 1990 abgeschlossenen Verträgen erstmals veräußert wurde.[479] Das OLG Hamburg[480] sowie das OLG Hamm[481] haben sich dem angeschlossen. Das OLG Stuttgart hatte dagegen zunächst entschieden, dass das Gesetz keine Anwendung findet, wenn die Veräußerung vor dem 1. 5. 1993 erfolgt ist.[482] Dies war dann auf heftige Kritik gestoßen,[483] was schließlich zur Vorlage an den BGH führte. Dieser hat nun abschließend festgelegt, dass Stichtag der **1. 8. 1990** ist. Bei Veräußerungen nach dem 1. 8. 1990 greift das Sozialklauselgesetz ein, vorher nicht.[484]

Durch das Sozialklauselgesetz wurde aber nicht nur eine zeitliche Sperrfrist geschaffen. In Art. 2 wurde außerdem festgelegt, dass auch nach Ablauf der Frist im Fall der Eigenbedarfs- bzw. Verwertungskündigung die diesbezüglichen Interessen des Vermieters nicht berücksichtigt werden, wenn die vertragsmäßige Beendigung des Mietverhältnisses für den Mieter oder ein bei ihm lebendes Familienmitglied eine nicht zu rechtfertigende Härte bedeuten würde, es sei denn, dass der Vermieter dem Mieter angemessenen Ersatzwohnraum zu zumutbaren Bedingungen nachweist.

Hochstreitig ist bislang nun, ob durch diese Regelung nun ein **Kündigungsausschluss** besteht oder lediglich die bisherige **Sozialklausel** nach § 556 a BGB a. F. (jetzt § 574 BGB) eigenständig ausgeweitet wird.[485]

Die letztgenannte Ansicht hat zur Folge, dass der Mieter im Fall der Kündigung den Kündigungswiderspruch nach § 574 BGB ordnungsgemäß und rechtzeitig unter Beachtung der in § 574 b BGB genannten Formen und Fristen erheben muss, damit das Sozialklauselgesetz zu seinen Gunsten greift. Bei der erstgenannten Ansicht ist es dagegen ausreichend, wenn der Mieter sich noch im Räumungsrechtsstreit hierauf beruft, wobei ihn für das Vorliegen der Voraussetzungen die Darlegungs- und Beweislast trifft.

Da das Sozialklauselgesetz erst für Veräußerungen nach dem 31. 7. 1990 eingreift, liegen obergerichtliche Entscheidungen zu dieser Frage nicht vor, da die 10-Jahres-Frist für die Ersten Fälle erst am 1. 8. 2000 abgelaufen ist. Hier bleibt die weitere Entwicklung abzuwarten. Der sorgfältige Mietervertreter wird daher von der Möglichkeit des § 574 b BGB form- und fristgerecht Gebrauch machen.

cc) Hinderung angemessener wirtschaftlicher Verwertung. Ein berechtigtes Interesse des Vermieters an der Kündigung sieht der Gesetzgeber auch als gegeben an, wenn der Vermieter durch die Fortsetzung des Mietverhältnisses an einer angemessenen wirtschaftlichen Verwertung des Mietverhältnisses gehindert und dadurch erhebliche Nachteile erleiden

---

[477] OLG Hamm (RE) WuM 1992, 460 = NJW-RR 1992, 1164.
[478] BayObLG (RE) WuM 1995, 380 = NJW-RR 1995, 1034.
[479] KG (RE) WuM 1996, 395.
[480] OLG Hamburg (RE) WuM 1997, 29 = NJW-RR 1997, 460.
[481] OLG Hamm (RE) WuM 1997, 664 = NJW-RR 1998, 153.
[482] OLG Stuttgart (RE) WuM 1995, 262 = NJW-RR 1995, 908.
[483] Vgl. soweit z. B. *Sternel* Aktuell Rdnr. A 151 a ff. zum Meinungsstand.
[484] BGH (RE) NZM 2001, 188 = WuM 2001, 74.
[485] Vgl. soweit eingehend zum Meinungsstand *Sternel* Mietrecht aktuell Rdnr. A 145 ff.

würde (§ 573 Abs. 2 S. 1 Nr. 3 BGB). Die bisherige Regelung des § 564b Abs. 2 S. 1 Nr. 3 BGB a. F. wurde hier wortwörtlich übernommen. Es kann daher auch soweit auf die bisherige Rechtslage verwiesen werden.

480 *(1) Leitlinie der verfassungsgerichtlichen Rechtsprechung.* Nachdem man von Vermieterseite erkennen musste, dass die Eigenbedarfskündigung auch nach neuerer Rechtsprechung die häufig gewünschte Erleichterung bei der Kündigung nicht brachte und unter Berücksichtigung der Sozialpflichtigkeit des Eigentums auch nicht bringen konnte, rückte die weitere Kündigungsalternative des Gesetzes verstärkt ins Blickfeld.

481 Die häufig außerhalb der Fachpresse nur verkürzt wiedergegebene Grundsatzentscheidung des Bundesverfassungsgerichtes vom 14. 2. 1989[486] zu dieser Frage, die zeitgleich mit den Eigenbedarfsentscheidungen erging, weckte offenbar den Eindruck, hierdurch nun eine erleichterte Kündigungsmöglichkeit zur Verfügung zu haben. Die Kündigung wegen Hinderung angemessener wirtschaftlicher Verwertung, oft Verwertungskündigung genannt, stellt jedoch gerade keine erleichterte Kündigungsmöglichkeit dar. Vielmehr werden bereits vom Gesetz verschärfte Anforderungen gestellt, wie aus dem Wortlaut **„erhebliche Nachteile erleiden"** schon hinreichend deutlich wird.

482 Das Bundesverfassungsgericht hat in seiner Grundsatzentscheidung zur Verwertungskündigung diese starken Einschränkungen des Gesetzgebers ohne Vorbehalt als verfassungsgemäß eingestuft. Verwiesen wurde erneut darauf, dass die Wohnung Lebensmittelpunkt des Einzelnen sei.

Große Teile der Bevölkerung seien dabei auf die Anmietung fremder Wohnungen angewiesen. Auf Grund der Eigentumsgarantie sei zwar das Interesse des Eigentümers an einer freien wirtschaftlichen Verfügbarkeit grundsätzlich zu achten. Da der personale Bezug jedoch hier geringer sei als beim Eigenbedarf, sei der Spielraum des Gesetzgebers größer.

483 Festgelegt wurde aber auch, dass als wirtschaftliche Verwertung, die eine Kündigung rechtfertigen kann, auch der Verkauf eines Objektes anzusehen ist. Ein Ausschluss aus dem Anwendungsbereich des berechtigten Interesses sei verfassungswidrig. Auch dürfe die Anwendung nicht nur auf Fälle drohenden Existenzverlustes oder wirtschaftlichen Zusammenbruches beschränkt werden.

Auf der anderen Seite wurde aber ebenfalls klar zum Ausdruck gebracht, dass es eine Grenze gibt, bis zu der vom Eigentümer wirtschaftliche Nachteile durch die Vermietung zu tragen seien. Die Grenzziehung wurde dabei den Fachgerichten überlassen.

484 Die Bedeutung der Entscheidung ist darin zu sehen, dass das Bundesverfassungsgericht zwar die bestehenden „Kündigungshürden" als verfassungsgemäß angesehen, der Verfassungsbeschwerde aber trotzdem stattgegeben hat. Es wurde dabei darauf abgehoben, dass auch Kündigungsschutzvorschriften in die Substanz des Eigentums eingreifen können, wenn ihre Handhabung den Verkauf als wirtschaftlich sinnlos erscheinen lasse. Zwar bestehe nicht bei jedem wirtschaftlichen Nachteil ein Anspruch auf Räumung. Die Einbußen des Vermieters dürften aber auch keinen Umfang annehmen, der die Nachteile weit übersteige, die dem Mieter im Fall des Verlustes der Wohnung erwachsen.

485 Das Bundesverfassungsgericht hat jedoch ausdrücklich offen gehalten, wo nun die Grenze liege bis zu welcher der Eigentümer wirtschaftliche Nachteile zu tragen habe. Die Entscheidung hierüber wurde ausdrücklich den Fachgerichten überlassen. Eine klare Entscheidungsformel wie z. B. die der Notwendigkeit des Vorliegens vernünftiger und nachvollziehbarer Gründe beim Eigenbedarf wurde gerade nicht aufgestellt.

486 Der positive Ausgang der Verfassungsbeschwerde führte dann zu zahlreichen Verfahren, die das Ziel hatten, gestützt auf eine Verwertungskündigung ebenfalls zu einer Räumung des Mieters zu gelangen. Da man hier vom Ergebnis her in der Entscheidung einen Unterschiedsbetrag von rund 15% zwischen vermietetem und unvermietetem Zustand als ausreichend angesehen hatte, schien eine Vielzahl von Fällen ähnlich gelagert wie der vom Bundesverfassungsgericht entschiedene Fall.

---

[486] BVerfG WuM 1989, 118 ff = NJW 1989, 972 ff.

Dabei wurden dann von Seiten der Rechtsprechung zunehmend stärkere Anforderungen aufgestellt, um ein Ausufern der Kündigungsmöglichkeit zu verhindern und dabei Missbräuchen und Fällen von Mieterverdrängung entgegen zu wirken.

Eine einheitliche Linie, die Vermietern und Mietern die Handhabung und Einschätzung der Vorschrift erleichtern würde, hat sich dabei jedoch leider bis heute nicht herausgebildet. Die Rechtsprechung schwankt von einer relativ großzügigen Handhabung entsprechend der Vorgabe aus dem Entscheidungsfall des Bundesverfassungsgerichts bis zu einer sehr rigiden Handhabung, die praktisch nur noch enteignungsähnlichen Fällen bei intensivstem Sachvortrag Raum lässt. 487

Auch die weiteren Entscheidungen des Bundesverfassungsgerichts haben keine größere Leitlinie geschaffen, da sie sich letztlich in speziellen Einzelfallentscheidungen erschöpfen, ohne eine allgemeingültige Abgrenzung schaffen zu wollen.

Im Wesentlichen kann man **drei große Leitlinien** aus der Rechtsprechung des Bundesverfassungsgerichts zur Verwertungskündigung herleiten: 488
- **Keine Gewinnmaximierung**
  Die Verwertungskündigung soll nicht dazu dienen, dem Vermieter einen möglichst hohen Gewinn zu ermöglichen.
- **Verluste ggf. hinnehmbar**
  Der Eigentümer muss auch Verluste in Kauf nehmen. Diese müssen sich jedoch noch in hinnehmbarem Rahmen halten, wobei als Grenze nicht erst die Enteignung oder Existenzvernichtung anzusehen ist.
- **Einzelfallbezogenheit**
  Die Interessensituation des Vermieters ist nicht schematisch, sondern jeweils einzelfallbezogen zu werten.

Gerade der letzte Grundsatz überlässt naturgemäß den Instanzgerichten einen recht weiten Beurteilungsspielraum, der entsprechend auch sehr unterschiedlich ausgeschöpft wird.

Bei allen Verwertungskündigungen muss der Vermieter die Gründe schon im Kündigungsschreiben **ausführlich** darlegen. Dabei ist zu beachten, dass auch und gerade bei der Verwertungskündigung bloße Wiederholungen des Gesetzestextes oder allgemeine Redensarten keineswegs genügen.[487] Auch ein späteres „Nachschieben" von Gründen ist unzulässig.[488] Die Kündigungsgründe müssen so nachvollziehbar dargelegt werden, dass der Mieter die Möglichkeit hat zu überprüfen, ob er sich mit Erfolg gegen die Kündigung zur Wehr setzen kann.[489] 489

(2) Tatbestandsvoraussetzungen. Es wird davon ausgegangen, dass der Tatbestand der Verwertungskündigung aus **vier Elementen** besteht, die **sämtlich** gegeben sein müssen, um das Kündigungsrecht zu verwirklichen, nämlich: 490
- Der Vermieter muss die Absicht haben, die Mietsache anderweitig zu verwerten
- Der Bestand des Mietverhältnisses muss der Verwertung entgegen stehen
- Die Verwertung muss dem Gesamtumständen nach angemessen sein
- Durch die Hinderung der Verwertung müssen ursächlich erhebliche Nachteile für den Vermieter eintreten

Die Absicht der anderweitigen Verwertung entspricht der Nutzungs/Überlassungsabsicht im Rahmen der Eigenbedarfskündigung. Hier wie dort muss es sich um eine ernsthafte, nicht vorgetäuschte Absicht handeln. 491

Eine solche anderweitige Verwertung kann der Verkauf sein. Weiterhin kommt der Abbruch des Objektes in Betracht.[490] Aber auch die umfassende Modernisierung oder der wesentliche Umbau können in Betracht kommen, z.B. die Ausstattung einer Altbauwohnung mit Bad und eigenem WC, wenn dadurch die betreffende Wohnung wegfällt.[491] Unvernünf-

---
[487] LG Köln WuM 1989, 255.
[488] AG Bergisch Gladbach WuM 1991, 181.
[489] LG Karlsruhe WuM 1991, 168; LG Braunschweig WuM 1991, S. 694.
[490] AG Düsseldorf WuM 1991, 168.
[491] BayObLG NJW 1984, 372.

tige und erkennbar unwirtschaftliche Verwertungsabsichten scheiden dagegen von vorneherein aus.

492 • Verhinderung der Verwertung durch das Mietverhältnis.

Wird die Maßnahme durch das Mietverhältnis nicht verhindert oder beruht das Hindernis auf anderen Umständen kommt eine Kündigung in jedem Fall nicht in Betracht.

493 • Angemessenheit der Verwertungsmaßnahme.

Hierbei sind die persönlichen und wirtschaftlichen Verhältnisse des Vermieters in vollem Umfang zu berücksichtigen.[492] Von Angemessenheit kann nur gesprochen werden, wenn ihm ein berechtigtes Interesse an dem angestrebten Verwertungsgeschäft zugebilligt werden kann.

Ausscheiden müssen in jedem Fall sittenwidrige Formen der Verwertung wie z. B. die Absicht, in der Wohnung ein Bordell einzurichten, aber auch rechtswidrige Maßnahmen wie der Verstoß gegen ein Zweckentfremdungsverbot oder zwingende baurechtliche Vorschriften.[493]

Entsprechend der Eigenbedarfsrechtsprechung fordern die Gerichte auch hier teilweise das Vorliegen von vernünftigen und nachvollziehbaren Gründen für die Durchführung des angestrebten Verwertungsgeschäftes.[494] Hierfür reicht es jedoch nicht aus, wenn die Verwertung lediglich eine besonders günstige Gelegenheit für den Vermieter darstellt. Die bloße Erzielung von Spekulationsgewinnen kann in jedem Fall nicht als angemessene Verwertung angesehen werden.[495]

494 Als unangemessen wird ein anstößiges, rein spekulatives Gewinnstreben angesehen. So wurde die Kündigungsberechtigung abgelehnt bei bewusstem und gezielten Kauf eines renditelosen Hausgrundstückes in der Absicht des Umbaues und nachfolgend gewinnbringenden Verkaufes.[496] Gerechtfertigte Bedürfnisse können beispielsweise sein der Verkaufszwang bei einer Ehescheidung[497] oder die Ablösung von Verbindlichkeiten.[498] Der BGH hat jetzt eine Verwertungskündigung einer Bank als gerechtfertigt angesehen, bei der der Mieter durch anfechtbares Rechtsgeschäft seine Vertragsstellung erlangt hat und die Verwertung des Grundstückes zu zumutbaren Bedingungen nicht möglich ist.[499]

495 Recht großzügig zeigte sich der BGH jetzt auch bei einer Kündigung durch einen Neuerwerber, der den im schlechten baulichen Zustand befindlichen Altbau durch einen Neubau ersetzen wollte und daher mehrere Bestandsmietverhältnisse gekündigt hatte. Es stelle hier einen erheblichen Nachteil dar, den Vermieter auf Sanierungsmaßnahmen zu verweisen.[500]

Die Entscheidung entspricht aber nicht den strengen Wertungen der Instanzgerichte und hat daher auch schon deutliche Kritik erfahren.[501]

496 Wie bei der Eigenbedarfskündigung wird es dem Gericht aber üblicherweise als verwehrt angesehen, die wirtschaftlichen Planungen des Eigentümers durch eigene, tatsächlich oder vermeintlich vernünftigere Entscheidungen zu ersetzen.[502]

497 • Eintritt erheblicher Nachteile.

Ob die Nachteile erheblich sind, muss im Einzelfall ebenfalls unter Berücksichtigung der persönlichen und wirtschaftlichen Verhältnisse des Vermieters beurteilt werden, wobei geringfügige Nachteile in keinem Fall ausreichen.[503] Der Eintritt dieser Nachteile muss konkret nachweisbar oder zumindest in hohem Maße wahrscheinlich sein, bloße Befürchtungen reichen keinesfalls aus.[504]

---

[492] Schmidt-Futterer/*Blank* § 573 Rdnr. 150 ff.
[493] Schmidt-Futterer/*Blank* § 573 Rdnr. 150.
[494] AG Tempelhof-Kreuzberg WuM 1991, 200; LG Hamburg WuM 1991, 186.
[495] AG Bonn ZMR 1978, 267.
[496] LG Augsburg WuM 1992, 614.
[497] AG Bayreuth WuM 1991, 180.
[498] LG Freiburg WuM 1991, 183; LG Stuttgart WuM 1991, 201.
[499] BGH WuM 2008, 233.
[500] BGH WuM 2009, 182.
[501] *Hinz* Info M 2009, 57.
[502] *Barthelmess* Rdnr. 92 a.
[503] *Lammel* § 573 Rdnr. 128.
[504] *Sternel* IV Rdnr. 150.

Wird die Kündigungsnotwendigkeit vom Vermieter mit einer unzureichenden Rendite be- 498
gründet, ist darzulegen, dass derzeit keine angemessene Rendite erzielt wird. Dies ist anhand
einer Wirtschaftlichkeitsberechnung zu prüfen, die sich an den Vorgaben der Berechnung
der Kostenmiete im preisgebundenen Wohnraum nach der II. Berechnungsverordnung orientiert.[505] Ergibt sich danach eine Verzinsung des Eigenkapitals, die wenigstens derjenigen
einer Kostenmiete im preisgebundenen Wohnungsbau entspricht, soll der Vermieter keinen
erheblichen Nachteil erleiden, wenn er an der bisherigen Nutzung festgehalten wird.[506] Eine
umfassende Darstellung des Vermögensstatus des Vermieters in betriebswirtschaftlicher und
steuerlicher Hinsicht wird jedoch nicht für erforderlich gehalten.[507] Bringt jedoch die gegenwärtige Nutzung dem Vermieter einen angemessenen Gewinn, so ist der Nachteil, keine
noch bessere Rendite erwirtschaften zu können, kein Nachteil im Sinne des Gesetzes.[508]

Entgegen einer weit verbreiteten Auffassung begründet der Umstand der umfassenden 499
Modernisierung oder Sanierung noch keinen Kündigungsgrund. Soweit der Mieter Modernisierungsarbeiten wegen seiner besonderen persönlichen Verhältnisse nicht zu dulden hat,
kommt auch eine Kündigung nicht in Betracht. Hat der Mieter aber eine Modernisierung
oder Sanierung zu dulden, besteht ebenfalls kein Kündigungsrecht, da der Vermieter hier die
Duldung notfalls gerichtlich erzwingen muss.[509]

Im Falle des Verkaufes ist zunächst zu fragen, ob die Beendigung des Mietverhältnisses 500
zum Zwecke des Verkaufes erforderlich ist. Ein billigenswerter Kündigungsgrund liegt
nicht vor, wenn der Vermieter das Grundstück in vermietetem Zustand gekauft hat in der
Absicht, es später nach Räumung gewinnbringend weiterzuveräußern.[510] Auch der Umstand, dass das Objekt unvermietet mit entsprechendem Preisvorteil veräußert werden
könnte, ist für sich noch nicht ausreichend.[511] Ein bei bestehendem Mietverhältnis ungünstiger Verkauf kann nämlich trotzdem eine angemessene wirtschaftliche Verwertung darstellen.[512] Dies hat auch das Bundesverfassungsgericht in einer weiteren Grundsatzentscheidung nochmals klargestellt.[513]

Anders wird die Situation nur beurteilt, wenn der Verkauf auf Grund des Mietverhältnis- 501
ses nicht oder nur zu einem erheblichen Minderpreis möglich ist. Dabei hat der Rechtsentscheid des OLG Koblenz zwar klargestellt, dass ein Kündigungsrecht nicht schon deshalb
entfällt, weil das Mietobjekt früher bereits in vermietetem Zustand erworben wurde.[514] Hat
der Eigentümer das Mietobjekt aber seinerseits bereits mit einem bestehenden Mietverhältnis erworben, so ist der Einkaufspreis mit dem Verkaufspreis jeweils im vermieteten Zustand zu vergleichen.[515]

Die Fachgerichte sind dabei verpflichtet zu prüfen, ob sich der Verkauf möglicherweise
als wirtschaftlich sinnlos darstellt und der Kündigungsschutz ein faktisches Verkaufshindernis darstellt.[516]

Das volle wirtschaftliche Risiko des Kaufes einer vermieteten Immobilie kann der Vermie- 502
ter jedoch nicht auf den Mieter abwälzen, vor allem nicht bei bereits vorab absehbaren
Renditeverlusten.[517] Insbesondere wird es von der Rechtsprechung als rechtsmissbräuchlich
angesehen, wenn das Objekt schon bei Erwerb ersichtlich nur Verluste einbringen kann und
nur die Veräußerung in geräumtem Zustand einen positiven Ertrag verspricht.[518]

---

[505] *Sternel* IV Rdnr. 150; LG München WuM 1981, S. 234; LG Aachen WuM 1991, 495.
[506] *Sternel* IV Rdnr. 150.
[507] LG Osnabrück WuM 1994, 214.
[508] LG Düsseldorf WuM 1981, 162; LG Bonn WuM 1987, 225.
[509] LG Köln WuM 1989, 255.
[510] LG Mainz ZMR 1986, 14.
[511] LG Berlin NJW-RR 1988, 527.
[512] LG Munchen I WuM 1984, 247.
[513] BVerfG WuM 1991, 663 = NJW 1992, 361.
[514] OLG Koblenz (RE) WuM 1989, 164 = NJW-RR 1989, 595.
[515] LG München I WuM 1992, 373; LG Gießen WuM 1994, 668; LG Köln WuM 2007, 135.
[516] BVerfG WuM 1992, 46 = NJW 1991, 3270; aktuell auch wieder Beschl. v. 12. 11. 2003 – 1 BvR 1424/02
– NZM 2004, 134.
[517] LG Hamburg WuM 1991, 187.
[518] LG Köln WuM 1992, 132; LG Wiesbaden WuM 1994, 215.

503 Auf Grund der vorgenannten Entscheidung des Bundesverfassungsgerichts (Rdnr. 481) wird inzwischen überwiegend gefordert, dass die Vermögenslagen bei Erwerb des Objektes und bei beabsichtigter Veräußerung gegenübergestellt werden müssen, um festzustellen, ob tatsächlich ein erheblicher Nachteil im Sinne des Gesetzes vorliegt. Dies wird üblicherweise verneint, wenn der Verkaufspreis für das vermietete Grundstück über dem Erwerbspreis liegt.[519]

504 Der Fall einer völligen Unmöglichkeit des Verkaufes muss jedenfalls nach Ansicht des Verfassers in der praktischen Anwendung nahezu ausscheiden, auch wenn er von Vermieterseite immer wieder gern ins Feld geführt wird. Da sich letztlich für nahezu jedes Objekt ein Käufer finden lässt und sei es auch nur zu einem Symbolpreis von wenigen Hundert oder Tausend Euro kann von einer völligen Unveräußerbarkeit eines Objektes faktisch nicht gesprochen werden.[520] In Betracht kommen kann allerdings das Vorliegen eines deutlichen Preisunterschiedes zwischen dem Verkauf in unvermietetem gegenüber dem in vermietetem Zustand. Hierfür wird jedoch mittlerweile von den Gerichten gefordert, dass bereits in der Kündigung hierzu konkrete Ausführungen gemacht werden müssen. Der bloße Verweis auf diesbezügliche „Erfahrungssätze" reicht keinesfalls aus.[521]

505 So muss der Preis genannt werden, der bei einer Veräußerung im unvermieteten Zustand **mindestens** zu erzielen wäre. Wunsch- oder Phantasiepreise haben dabei selbstverständlich außer Betracht zu bleiben. Es wird deshalb inzwischen auch schon verlangt, dass der oder die Verkaufsinteressenten namentlich benannt werden, so dass dem Mieter eine Überprüfung möglich ist.[522]

506 Auf der anderen Seite muss auch der Preis konkret genannt werden, der bei einer Veräußerung in vermietetem Zustand **maximal** zu erzielen wäre. Hier haben ebenfalls völlig unrealistische Kaufangebote außer Betracht zu bleiben. Anzugeben ist der Preis, den auch seriöse Interessenten äußerstenfalls zahlen würden. Auch die Benennung dieser Kaufinteressenten wird für erforderlich gehalten.[523] Notwendig ist dabei, dass in ausreichendem Umfang nach solchen Kaufinteressenten gesucht wurde, z.B. durch Inserate in geeigneten Zeitungen und durch Einschaltung von Maklern mit hinreichender Vermittlungsmöglichkeit.[524]

507 Demgegenüber steht dann die Großzügigkeit einiger verfassungsgerichtlicher Entscheidungen,[525] die von den Instanzgerichten jedoch nicht geteilt wird.
Hinsichtlich des erforderlichen Unterschiedsbetrages scheint sich die Rechtsprechung im Rahmen der vom Bundesverfassungsgericht ausdrücklich offen gehaltenen Grenzbildung bei 15% einzupendeln, wobei die Grenzen häufig zwischen 10% und 20% schwanken.[526]

508 Sehr wichtig zu erwähnen ist, dass im Rahmen eines notwendig werdenden Räumungsprozesses der Vermieter fast immer gezwungen sein wird, nicht nur die Verkaufsproblematik umfassend mit möglichen Erwerbern und bestehenden Hindernissen darzulegen. Erforderlich wird meist auch ein umfassender Vortrag zu den persönlichen und wirtschaftlichen Verhältnissen sein. Die Darlegungs- und Beweislast trägt nämlich in vollem Umfang der Vermieter. Es wird nämlich regelmäßig vom Mieter bestritten werden, dass auch ein größerer Unterschiedsbetrag für den Vermieter eine besondere Härte darstellen würde.

---

[519] LG München I WuM 1992, 374; LG Lübeck WuM 1993, 616; LG Berlin WuM 1995, 111; LG Köln WuM 1996, 39.
[520] So auch AG Hamburg WuM 1991, 497; LG Dortmund WuM 1992, 23.
[521] LG Bad Kreuznach WuM 1991, 179, so jetzt auch eingehend OLG Stuttgart, Urt. v. 26. 9. 2005, 5 U 73/05 WuM 2005, 658.
[522] LG Köln WuM 1989, 255; LG Bad Kreuznach a. a. O.; LG Hannover WuM 1991, 189.
[523] LG Hannover WuM 1991, 189; LG Wiesbaden WuM 1993, 54.
[524] LG Hannover WuM 1994, 432; LG Stuttgart WuM 1994, 686.
[525] BVerfG WuM 1992, 417 = NJW 1992, 2411.
[526] AG Landshut WuM 1989, 422; LG Traunstein WuM 1989, 420; LG Hamburg WuM 1991, 185; AG Hannover WuM 1993, 403.

Praxistipp:

Im Rahmen einer erfolgreichen Prozessführung wird es so erforderlich, die persönlichen und wirtschaftlichen Verhältnisse offen zu legen. Auf Grund der prozessualen Wahrheitspflicht nach § 138 ZPO ist hier Vollständigkeit geboten. Wen der Mandat dies, aus welchen Gründen auch immer, nicht möchte, kann von der Klagedurchführung nur abgeraten werden.

(3) Ausschlussfälle. Die Möglichkeit der Verwertungskündigung schützt nicht vor enttäuschten Gewinnerwartungen bzw. Fehlkalkulationen beim Kauf der Immobilie.[527] Dies hat zur Folge, dass die Grenzziehung zwischen dem noch Hinnehmbaren und dem wirtschaftlichen Ruin des Vermieters in der Praxis nur schwer zu ziehen ist.

Gelingt während eines Rechtsstreites dann der Verkauf, hat dies zur Folge, dass der Rechtsstreit beendet werden muss. Der neue Eigentümer kann sich auf die ausgesprochene Kündigung nicht berufen.[528] Ähnlich wie beim Eigenbedarf wird inzwischen auch bei der Verwertungskündigung davon ausgegangen, dass der Vermieter kein neues Mietverhältnis abschließen darf, wenn die Kündigungssituation bereits feststeht oder sich erkennbar abzeichnet.[529]

Nicht außer Acht zu lassen ist auch der Beschluss des Bundesverfassungsgerichts vom 26. 5. 1993.[530] Nach dieser Entscheidung ist das Besitzrecht des Mieters an der gemieteten Wohnung Eigentum im Sinne von Artikel 14 Grundgesetz. Diese Entscheidung ist zwar zur Frage der Eigenbedarfskündigung ergangen. Sie hat aber zur verfassungsrechtlichen Auslegung auch bei der Verwertungskündigung Einfluss, da die entsprechende Abwägung der Eigentumsrechte zueinander hier erst recht zu beachten ist.[531]

Die Möglichkeit, im Fall einer anderweitigen Vermietung als Wohnraum eine höhere Miete zu erzielen, ist vom Gesetzgeber in § 573 Abs. 2 Nr. 3, 2. Halbsatz BGB ausdrücklich ausgeschlossen worden.

Der Vermieter kann sich gem. § 573 Abs. 2 Nr. 3 letzter Halbsatz BGB auch nicht darauf berufen, dass er die Mieträume im Zusammenhang mit einer beabsichtigten oder nach Überlassung an den Mieter erfolgten Begründung von Wohnungseigentum veräußern will.

(4) Sperre bei Umwandlung in Wohnungseigentum. Hier gilt weitgehend das oben unter Rdnr. 456 ff. bei der Eigenbedarfskündigung Gesagte. Nach § 577 a Abs. 1 BGB besteht eine Sperrfrist von drei Jahren, die von den Landesregierungen in Gebieten mit nicht ausreichender Versorgung der Bevölkerung mit Wohnraum auf bis zu 10 Jahren verlängert werden kann. Auch hier ist die Übergangsregelung nach Artikel 229 § 3 Abs. 6 EGBGB zu beachten.

Es ist noch darauf hinzuweisen, dass die Verwertungskündigung unter den obigen Vorgaben jetzt auch bei Mietverhältnissen in den Neuen Bundesländern uneingeschränkt möglich ist.

dd) Sonstige Fälle berechtigten Interesses. Wie aus der Verwendung des Begriffes „insbesondere" in § 573 Abs. 2 S. 1 BGB deutlich hervorgeht, ist die Auflistung der Kündigungsgründe in Abs. 2 der Vorschrift keinesfalls abschließend. Die Aufzählung ist lediglich **beispielhaft**.[532] Voraussetzung ist, dass sich die Kündigung auf ein „berechtigtes Interesse" des Vermieters an der Vertragsbeendigung stützen kann. Der Begriff des berechtigten Interesses ist dabei ein ausfüllungsbedürftiger unbestimmter Rechtsbegriff, der vom Gesetzgeber auch im Rahmen der Mietrechtsreform nicht näher definiert wurde.[533] Dabei steht die Vorschrift im Spannungsfeld der Eigentumsgarantie nach Art. 14 Abs. 1 GG, die einerseits das Eigen-

---

[527] LG Hamburg WuM 1991, 186, 187; LG Köln WuM 1992, 374.
[528] AG Landshut WuM 1989, 422; LG Aachen WuM 1990, 27; LG Münster WuM 1991, 197.
[529] LG Hamburg WuM 1991, 187; AG Münster WuM 1993, 616.
[530] BVerfG WuM 1993, 377 = NJW 1993, 2035.
[531] *Kinne/Schach* § 573 Rdnr. 43.
[532] *Lammel* § 573 Rdnr. 21.
[533] Schmidt-Futterer/*Blank* § 573 Rdnr. 181.

tum des Vermieters schützt, auf der anderen Seite aber auch im Rahmen des sozialen Mietrechts das Besitzrecht des Mieters an der Wohnung zu beachten hat.[534]

514 Ein sonstiges berechtigtes Interesse muss daher ein ähnliches Gewicht haben wie die vom Gesetzgeber im Absatz 2 aufgeführten Beispielsfälle.[535]

Bei der Prüfung, ob das berechtigte Interesse gleichwertig ist, kann sich der Anwalt insbesondere an den reichhaltigen Entscheidungsvorgaben des Bundesverfassungsgerichts zum Eigenbedarf orientieren.[536]

Eine Sperrfrist gibt es hier nicht, da diese nur für die Eigenbedarfs- und die Verwertungskündigung Gültigkeit hat.[537]

Denkbar sind naturgemäß eine Vielzahl von sonstigen Fällen des berechtigten Interesses. Es können daher hier nur beispielhaft weitere Hauptfälle aufgeführt werden.

515 • **Öffentlich-rechtliche Gründe:** Die Vermietung einer Wohnung trotz entgegenstehender öffentlichrechtlicher Vorschriften, z.B. fehlender Genehmigungsmöglichkeit nach baurechtlichen Vorschriften oder Wohnungsbindung nach § 4 Wohnungsbindungsgesetz macht den Mietvertrag zwar nicht nichtig, gibt aber ein berechtigtes Interesse zur Kündigung.[538]

516 • **Nicht sozial adäquate Nutzung:** Die Rechtsprechung hat einer gemeinnützigen Wohnungsbaugenossenschaft ein berechtigtes Interesse zugestanden, wenn sie eine erheblich unterbelegte Genossenschaftswohnung an eine größere Familie mit entsprechendem Wohnbedarf vermieten will.[539] Anerkannt ist nun auch das berechtigte Interesse bei einem Genossenschaftsausschluss des Mieters und bestehendem Wohnungsbedarf eines anderen Genossenschaftsmitgliedes.[540]

517 • **Betriebsbedarf:** Hier ist z.B. an Wohnungsbedarf für einen **Hausmeister** zu denken. Erforderlich ist soweit, dass die Einstellung eines Hausmeisters objektiv notwendig und die Wohnung hierfür geeignet ist.[541] Hauptfall ist jedoch das Benötigen der Wohnung für einen Betriebsangehörigen. Soweit darf auf die Ausführungen im Kapitel „Die Werkwohnung" § 33 II verwiesen werden. Denkbar ist allerdings auch das Benötigen für Pflegepersonal.[542]

518 • **Abrisskündigung:** Insbesondere in den Neuen Bundesländer ist verstärkt das Bedürfnis der Vermieterseite entstanden, unrentable und größtenteils leer stehende Gebäude abzureißen. Besonders stellt sich die Problematik im Bereich der so genannten Plattenbauten. Verbleibende Mieter haben aus den unterschiedlichsten Gründen heraus ein großes Interesse am Verbleib in den letzten bewohnten Wohnungen. Ein berechtigtes Interesse kann sich ergeben, wenn der Abriss sich als zwingend notwendig wirtschaftlich darstellt. Eingehende Darlegungen im Kündigungsschreiben hierzu sind unbedingt notwendig.[543] Der BGH hat entschieden, dass eine solche Kündigung vom Grundsatz her möglich ist und auch nicht durch die bestehende Verwertungskündigung ausgeschlossen wird.[544]

519 *ee) Kündigung von Nebenräumen.* Eine **Teilkündigung** ist regelmäßig unzulässig.[545] Nur ausnahmsweise ist sie im Bereich der Eigenbedarfskündigung in besonderen Fällen für zulässig erachtet worden.[546] Die Entscheidung ist dabei jedoch auf heftige Kritik gestoßen.[547]

---

[534] *Kinne/Schach* § 573 Rdnr. 5.
[535] KG (RE) WuM 1981, 82 = NJW 1981, 1048; OLG Stuttgart (RE) WuM 1991, 330 = NJW-RR 1991, 1294.
[536] *Kinne/Schach* a.a.O.
[537] BGH WuM 2009, 294.
[538] OLG Hamm (RE) WuM 1982, 244 = NJW 1982, 2563.
[539] OLG Stuttgart (RE) WuM 1991, 379 = NJW-RR 1991, 1226.
[540] BGH WuM 2003, 691 = NZM 2004, 25.
[541] LG Freiburg WuM 1992, 437; LG Heidelberg WuM 1993, 678.
[542] BGH WuM 2009, 294.
[543] Vgl. soweit die Zusammenstellung bei *Lützenkirchen* WuM 2004, 71 mit weitergehenden Rechtsprechungsnachweisen.
[544] BGH NZM 2004, 377 = WuM 2004, 277 mit Anm. *Hinz* zur bestehenden Situation bei der Abrisskündigung.
[545] Schmidt-Futterer/*Blank* § 542 Rdnr. 79.
[546] OLG Karlsruhe (RE) WuM 1997, 202 = NJW-RR 1997, 711.
[547] Schmidt-Futterer/*Blank* § 542 Rdnr. 79.

Um den wohnungspolitisch gewünschten Ausbau von Dachgeschossen und Baulücken durch diesen Umstand nicht über Gebühr zu behindern, hat der Gesetzgeber im Jahr 1990 eine Möglichkeit zur Teilkündigung für nicht zum Wohnen bestimmte Nebenräume oder Teile eines Grundstücks in das BGB eingeführt und zwar in § 564 b Abs. 2 Nr. 4 BGB a. F. Die 1996 modifizierte Regelung ist im Rahmen der Mietrechtsreform inhaltlich unverändert in Form des § 573 b BGB übernommen worden.

Die Voraussetzungen für diese Teilkündigung erschließen sich weitgehend aus dem Gesetz. Voraussetzung für die Kündigung ist, dass der Vermieter Wohnraum zum Zweck der Vermietung schaffen oder Wohnraum mit Nebenräumen oder Grundstücksteilen ausstatten will. Es gilt eine 3-Monatskündigungsfrist. Der Mieter kann eine angemessene Senkung der Miete verlangen.

Streitig ist, ob während eines befristeten Mietverhältnisses gekündigt werden kann.[548] Weitgehend uneinig ist man auch, ob der Vermieter kündigen kann, wenn er die Nebenräume selbst beziehen und nur seine bisher genutzten Räume zur Vermietung anbieten will.[549]

d) Mietverhältnisse mit gemindertem Kündigungsschutz. Bei bestimmten Mietverhältnissen hat der Gesetzgeber den ansonsten recht durchgängigen Kündigungsschutz deutlich aufgelockert bzw. sogar praktisch ganz aufgehoben. Auf die diesbezüglichen Fälle wird nachfolgend eingegangen.

aa) Einliegerwohnraum. Der in der Praxis sicherlich relevanteste Fall der Lockerung des Kündigungsschutzes ist die so genannte Einliegerwohnung. Danach hatte der Gesetzgeber schon im Rahmen des II. WKSchG diese Auflockerung eingeführt und zwar in zwei Fällen:
- Die Wohnung liegt in einem vom Vermieter selbst bewohnten Wohngebäude mit nicht mehr als zwei Wohnungen.
- Die Mieträume sind Bestandteil der vom Vermieter selbst bewohnten Wohnung, jedoch nicht vom Vermieter möbliert bzw. möbliert, aber zum Gebrauch an eine Familie überlassen. Geregelt war dies in § 564 b Abs. 4 BGB a. F.

Im Jahr 1990 ist im Rahmen einer befristeten Regelung noch eine Erweiterung der obigen Vorschrift erfolgt, und zwar für: Mietverhältnisse in einem vom Vermieter selbst bewohnten Wohngebäude mit nicht mehr als drei Wohnungen, wobei mindestens eine dieser Wohnungen durch Ausbau oder Erweiterung nach dem 31. 5. 1990 und vor dem 1. 6. 1999 fertig gestellt sein muss. Hier musste der Vermieter auf diesen Umstand auch ausdrücklich hinweisen.

Hintergrund der Kündigungserleichterung ist die Erwägung des Gesetzgebers, dass das enge Zusammenleben von Vermieter und Mieter in einem Haus ohne weitere Mietparteien oder sogar in einer gemeinsamen Wohnung ein Mindestmaß an Harmonie voraussetzt. Hier soll eine Kündigung auch ohne berechtigtes Interesse, insbesondere ohne den mangels Zeugen oft nur schwer zu führenden Nachweis einer schuldhaften, nicht unerheblichen Vertragsverletzung möglich sein.[550] Eine erleichterte „Zerrüttungskündigung" sollte hier vom Grundsatz her möglich sein.

Um die Schaffung neuen Wohnraums durch Dachausbau auch in Zwei-Familien-Häusern zu ermöglichen, ist 1990 die Erweiterung um die dritte Variante vorgenommen worden, obwohl damit der ursprüngliche Sinn der Vorschrift durch Erweiterung durchbrochen wurde.

Die bisherigen Regelungen sind **weitgehend unverändert** in § 573 a BGB übernommen worden. War früher allerdings noch Voraussetzung, dass es sich um ein **Wohngebäude** handelt, ist dies jetzt **entfallen.**

Unschädlich ist danach nun, dass sich im Gebäude auch noch so viele Gewerbemieteinheiten befinden, wenn jedenfalls ansonsten nur eine vom Vermieter bewohnte Wohnung und eine Mieterwohnung im Objekt vorhanden ist. Der Bundesgerichtshof hat dies jetzt ausdrücklich bestätigt.[551]

---

[548] Dafür *Sternel* Aktuell Rdnr. A 30; dagegen Schmidt-Futterer/*Blank* § 573 b Rdnr. 4.
[549] Schmidt-Futterer/*Blank* § 573 b Rdnr. 13 mit den dortigen Nachweisen.
[550] Schmidt-Futterer/*Blank* § 573 a Rdnr. 1.
[551] BGH WuM 2008, 564.

526 Endgültig weggefallen ist das im Übrigen nur befristete Sonderkündigungsrecht für die nachträglich auf drei Wohnungen erweiterten Gebäude. Bei **Neuvertragsabschlüssen nach dem 31. 8. 2001 ist ein Sonderkündigungsrecht nicht mehr gegeben.** Bei bestehenden **Mietverträgen** in solchen Objekten konnte noch **bis zum 31. 8. 2006** ohne berechtigtes Interesse gekündigt werden. Seitdem ist auch bei bestehenden Mietverhältnissen ein berechtigtes Interesse zwingend erforderlich (Art. 229 § 3 Abs. 2 EGBGB).

527 Die Übergangsregelung erscheint unter dem Gesichtspunkt des Vertrauensschutzes verfassungsrechtlich nicht ganz unbedenklich. Es sei daran erinnert, dass der Gesetzgeber Eigentümer von Zwei-Familien-Häusern 1990 durch die Erweiterung der Lockerung des Kündigungsschutzes zu einem entsprechenden Ausbau erst ermuntert hat. Hier wird die Rechtsprechung klären müssen, ob dieses nachträgliche Zurückholen verfassungsrechtlichen Vorgaben standhält.

528 **Voraussetzung** für das Sonderkündigungsrecht ist auch weiterhin das Vorliegen von nicht mehr als zwei Wohnungen. Wohnung ist dabei eine selbstständige, räumlich und wirtschaftlich gesonderte Wohneinheit, die eine eigenständige Haushaltsführung ermöglicht. Dazu sind eine eigene Küche oder Kochgelegenheit, Wasserversorgung, Ausguss und Toilette erforderlich.[552]

529 Der **Vermieter** muss **selbst** im Gebäude wohnen, bei mehreren Vermietern zumindest einer. Der Vermieter muss sich dort zwar nicht ständig aufhalten, aber seinen Lebensmittelpunkt im Objekt haben.[553] Anders als beim ausgebauten Drei-Familien-Haus ist die Kündigung auch möglich, wenn der Vermieter erst später als der Mieter eingezogen ist.[554] Der Vermieter muss aber jedenfalls zumindest bis zum Ende der Mietzeit weiterhin im Objekt wohnhaft sein, da eine Berufung auf den Kündigungsgrund ansonsten als treuwidrig anzusehen wäre.[555] Die Kündigungsmöglichkeit ist ausgeschlossen, wenn der Vermieter nur kündigt, um das Haus nach dem anschließenden eigenen Auszug unvermietet weiterverkaufen zu können.[556]

> **Praxistipp:**
>
> Im Rahmen einer Sonderkündigung einer Einliegerwohnung ist darauf zu achten, dass im Kündigungsschreiben ausdrücklich und unmissverständlich darauf hingewiesen werden muss, dass sich die Kündigung nicht auf ein berechtigtes Interesse im Sinn von § 573 BGB stützt (§ 573 a Abs. 3 BGB). Dies macht allerdings auch schon auf die bestehende Problematik dieses Sonderkündigungsrechts aufmerksam.

530 Die so genannte **Sozialklausel, geregelt in § 574 BGB,** findet auch bei der Kündigung von Einliegerwohnraum in vollem Umfang Anwendung. Das Sonderkündigungsrecht wird dadurch häufig zur leeren Hülse. Es ist halt nun ein mal, wie in der Kündigung ausdrücklich aufgeführt, eine Kündigung, die nicht auf ein berechtigtes Interesse gestützt ist. Der Mieter kann hier also die für ihn bestehenden sozialen Härtegründe voll entgegen halten, ohne dass dem Interessen des Vermieters erkennbar entgegen stehen. Der Vermieter kann sich ja nur darauf berufen: „Ich will die Wohnung zurückhaben, weil ich sie als Vermieter zurückhaben will". Hier greift in erheblichem Umfang das verfassungsrechtlich geschützte Interesse des Mieters am Erhalt der Wohnung ein, so dass sich derartige Kündigungen meist nicht durchsetzen lassen, wenn soziale Härtegründe auf Seiten des Mieters vorliegen.

---

[552] Schmidt-Futterer/*Blank* § 573 b Rdnr. 21.
[553] Schmidt-Futterer/*Blank* § 573 b Rdnr. 17 mit den dortigen Rechtsprechungsnachweisen.
[554] BayObLG (RE) WuM 1991, 249 = NJW-RR 1991, 1036.
[555] LG Braunschweig WuM 1991, 202.
[556] LG Stuttgart WuM 2007, 75.

Praxistipp:

Ist erkennbar, dass auf Seiten des Mieters soziale Härtegründe vorliegen, sollte ein gerichtliches Verfahren möglichst nur angestrengt werden, wenn die Kündigung sich auch auf berechtigte Interessen stützen lässt. Ansonsten droht leicht die Gefahr der Klageabweisung. Der Vermieter kann von seinen Kündigungsbefugnissen auch gestaffelt Gebrauch machen, also die Kündigung in erster Linie auf das Sonderkündigungsrecht und dann auf das berechtigte Interesse stützen.[557] Möglich ist es auch, neben einer Kündigung wegen berechtigtem Interesse vom Sonderkündigungsrecht Gebrauch zu machen.[558]

Zu beachten ist, dass sich die Kündigungsfrist für den Vermieter im Rahmen des Sonderkündigungsrechts um drei Monate verlängert (§ 573a Abs. 1 S. 2 BGB).

bb) Jugend- oder Studentenwohnheim. Auch bei Kündigung von Wohnraum, der Teil eines Studenten- oder Jugendwohnheims ist, braucht ein berechtigtes Interesse nicht vorzuliegen (§§ 573, 549 Abs. 3 BGB). Verhindert werden soll dadurch ein dauerhaftes Wohnen „ewiger Studenten". **Voraussetzung** ist allerdings, dass es sich um echte Studenten- bzw. Jugendwohnheime handelt mit einer Aufnahme zu fremdnützigen Zwecken und nicht nur zu bloßen Gewinnerzielung.[559] „Studentenhäuser" privater Vermieter fallen also nicht hierunter.

Da auch diese Mieterschicht nicht ungeschützt bleiben soll, kann der Mieter sich hier ebenfalls auf **soziale Härtegründe** nach § 574 BGB berufen, um eine Vertragsbeendigung zur Unzeit zu vermeiden.

cc) Werkmietwohnungen. Auf Werkwohnungen finden jetzt die Regelungen der §§ 576, 576a BGB Anwendung. Hier gelten einige Besonderheiten, die im Kapitel „Die Werkwohnung" § 33 II näher behandelt werden.

e) **Mietverhältnisse ohne Kündigungsschutz.** *aa) Wohnraum nur zum vorübergehenden Gebrauch.* Bei Wohnraum, der nur zum vorübergehenden Gebrauch überlassen wird, ist eine Kündigung auch ohne berechtigtes Interesse möglich. Hier **entfällt** sogar die Berufungsmöglichkeit des Mieters auf **soziale Härtegründe.** Die Kündigungsmöglichkeit gleicht hier somit der Kündigungsmöglichkeit bei einem Gewerbemietverhältnis.
Typisch für das Mietverhältnis auf vorübergehende Dauer ist die Miete eines **Hotel- oder Pensionszimmers** bzw. einer **Ferienwohnung** für die Dauer von ein paar Tagen oder Wochen. Denkbar ist auch die Überlassung für die Dauer einer Messe oder einer Kur.[560] Dabei muss die Kurzfristigkeit in der Natur der Überlassung begründet sein und sich nicht als Missbrauch darstellen.

bb) Möblierter Einliegerwohnraum. Auch hier besteht kein Kündigungsschutz. Zu den wohl häufigsten **Irrtümern** im Rahmen der rechtlichen Beratung von Vermietern gehört jedoch die Annahme, bei möbliertem Wohnraum bestehe generell kein Kündigungsschutz. Daher ist es wichtig, dass der beratende Anwalt unmissverständlich darauf hinweist, dass sich das Sonderkündigungsrecht nur auf möblierten Wohnraum bezieht, der **Bestandteil der vom Vermieter selbst bewohnten Wohnung** ist. Die Wohnräume dürfen auch nicht an eine Familie oder eine Haushaltsgemeinschaft überlassen worden sein.

Die Regelung kommt in der Praxis meist nur noch bei den immer seltener werdenden Fällen vor, bei denen der Vermieter, meist dann eine Witwe, die freigewordenen Zimmer der großen Altbauwohnung an Studenten vermietet, selbst aber noch mit in der Wohnung wohnt. Nur in derartigen Fällen des Mitwohnens des Vermieters in der Wohnung besteht das Sonderkündigungsrecht. Derartiges ist aber nur noch in seltenen Ausnahmefällen gegeben, worauf nicht oft genug hingewiesen werden kann. Praktische Auswirkung hat die Vorschrift somit fast nicht mehr.

---

[557] OLG Hamburg (RE) WuM 1982, 151 = NJW 1983, 182.
[558] OLG Karlsruhe (RE) WuM 1982, 14 = NJW 1982, 391.
[559] Schmidt-Futterer/*Blank* § 549 Rdnr. 36, eingehend auch *Sieweke* WuM 2009, 86.
[560] Schmidt-Futterer/*Blank* § 549 Rdnr. 5.

536 cc) *Ferienhäuser/Ferienwohnungen.* Aus § 564b Abs. 7 Nr. 4 BGB a. F. ergab sich auch ein Sonderkündigungsrecht ohne Kündigungsschutz für Ferienhäuser und Ferienwohnungen in Ferienhausgebieten, die vor dem 1. 6. 1995 dem Mieter überlassen wurden, wobei der Vermieter bei Vertragsabschluss auf die Zweckbestimmung und die Ausnahme vom Kündigungsschutz aufmerksam machen musste. Die Vorschrift wurde 1990 in das BGB eingefügt, um eine Erweiterung des Wohnraumangebotes zu schaffen. Die Vorschrift hat jedoch keine praktische Bedeutung erlangt und ist daher im Rahmen der Mietrechtsreform entfallen.

Für bestehende Mietverhältnisse ergibt die **Übergangsregelung** nach Art. 229 § 3 Abs. 2 EGBGB, dass hier bei Mietverhältnissen, die vor dem 1. 9. 2001 bereits bestanden, noch **bis zum 31. 8. 2006** ohne Kündigungsgrund gekündigt werden konnte.

537 dd) *Mietverhältnisse mit juristischen Personen des öffentlichen Rechts/Privater Träger der Wohlfahrtspflege.* Auch hier kann ohne Kündigungsgrund und ohne Schutz durch die Sozialklausel gekündigt werden (§§ 573, 549 Abs. 2 Nr. 3 BGB).

Hintergrund der Ausnahme vom Kündigungsschutz ist der Gesichtspunkt, dass Mietergruppen, die auf dem allgemeinen Wohnungsmarkt nur schwer eine Wohnung finden, z. B. Obdachlose oder Drogenabhängige, Möglichkeiten erhalten sollen, eine Wohnung zu bekommen. Die Vorschrift ermöglicht es juristischen Personen des öffentlichen Rechts und seit dem 1. 9. 2001 auch anerkannten privaten Trägern der Wohlfahrtspflege, unkompliziert zu beendende Mietverträge mit diesen Mietergruppen abzuschließen.

538 **Voraussetzung ist,** dass eine Überlassung an Personen mit dringendem Wohnbedarf erfolgt, also Personen, die besondere Schwierigkeiten mit der Wohnungssuche haben. Für diese Gruppen kann die juristische Person bzw. der Träger der Wohlfahrtspflege dann als Zwischenmieter Wohnraum bei Vermietern anmieten. Das Mietverhältnis zwischen Hauptvermieter und Zwischenmieter gilt üblicherweise als gewerbliches Mietverhältnis und kann daher vom Hauptvermieter problemlos gekündigt werden, was die Vermietung naturgemäß erleichtert (vgl. soweit näher hierzu Kapitel Gebrauchsüberlassung an Dritte § 12).

539 Durch die nicht beschränkte Kündigungsmöglichkeit wird es dem Zwischenmieter ermöglicht, seinerseits das Mietverhältnis mit dem Endmieter problemlos zu beenden, wenn das Hauptmietverhältnis gekündigt wird. Hierdurch kann die Institution, die Anmietungen für benachteiligte Mietergruppen vornehmen will, leichter Anmietungsmöglichkeiten erreichen, was diesen Mietergruppen zugute kommt und die Ausnahme vom Mieterschutz unter dem Gesichtspunkt des übergeordneten Interesses als berechtigt erscheinen lässt.

540 Da es sich um öffentliche bzw. karitative Organisationen handelt, erscheint dem Gesetzgeber ein Missbrauch auch als praktisch ausgeschlossen. Außerdem ist der Mieter auf die Zweckbestimmung sowie die Kündigungsmöglichkeit durch den Vermieter bei Vertragsabschluss ausdrücklich hinzuweisen.

541 f) **Kündigungswiderspruch nach § 574 BGB (Sozialklausel).** Bislang fand sich die Regelung zum Kündigungswiderspruch in § 556a BGB a. F. Mit Ausnahme der Erweiterung des Schutzbereiches auf Angehörige des Mieterhaushalts ist die bisherige Vorschrift inhaltlich unverändert übernommen worden.

542 Die Regelung über den Kündigungswiderspruch ist im Jahr 1960 erstmals in das BGB aufgenommen worden. Hiermit sollte der damals zunächst eingeführten weitgehenden Lockerung der Kündigungsmöglichkeiten im Wohnraummietverhältnis ein Gegengewicht gegenübergesetzt werden. Da damals noch an eine besondere soziale Notlage angeknüpft wurde, hat sich seitdem der Begriff „Sozialklausel" eingebürgert.[561]

543 Der weitgehende Kündigungsschutz durch Einführung des sozialen Mietrechts Anfang der 70-er Jahre ließ die Bedeutung der Vorschrift zunächst etwas in den Hintergrund treten. Die Lockerung des Kündigungsschutzes durch die obergerichtliche Rechtsprechung bei der Eigenbedarfskündigung hat der Vorschrift jedoch neue Bedeutung gegeben.

Im Rahmen des sozialen Mietrechts wird der Mieter nicht nur gegen Kündigungen ohne berechtigtes Interesse des Vermieters geschützt, sofern nicht einer der relativ geringen Ausnahmefälle vorliegt.

---

[561] Schmidt-Futterer/*Blank* § 574 Rdnr. 1.

Auch bei einem berechtigten Kündigungsinteresses des Vermieters kann der Mieter dieser Kündigung widersprechen und Fortsetzung des Mietverhältnisses verlangen. Hierfür ist allerdings Voraussetzung, dass die vom Vermieter erstrebte Beendigung des Mietverhältnisses für den Mieter bzw. seine Familie oder Angehörige seines Haushalts eine Härte bedeuten würde, die auch unter Würdigung der berechtigten Interesses des Vermieters nicht zu rechtfertigen wäre. Wenn Gründe für eine fristlose Kündigung vorliegen, kann der Mieter sich allerdings hierauf nicht berufen (§ 574 Abs. 1 BGB). 544

aa) Geltendmachung (Form/Frist). Der Mieter muss seinen Widerspruch gegen die Kündigung **schriftlich** erklären (§ 574b Abs. 1 BGB). Mündliche „Proteste" auch vor noch so vielen Zeugen sind daher rechtlich ohne Bedeutung. Schriftform bedeutet bislang immer noch die originalschriftliche, unterschriebene Erklärung. Ein Telefaxschreiben ist daher nicht ausreichend. 545

Die schriftliche Erklärung muss allerdings lediglich **unmissverständlich** zum Ausdruck bringen, dass der Mieter der **Kündigung** des Vermieters **widerspricht** und **Fortsetzung** des Mietverhältnisses **verlangt**. Eine **Begründung** des Widerspruches ist **nicht erforderlich,** wie aus § 574b Abs. 1 S. 2 BGB hervorgeht. Danach ist erst auf Verlangen des Vermieters über die Gründe des Widerspruches unverzüglich Auskunft zu erteilen. 546

Verletzt der Mieter diese Verpflichtung zur Auskunftserteilung, ist daran bezüglich der Folgen des Widerspruches keine Sanktion geknüpft. Der Mieter kann sich auch im Räumungsprozess noch bis zum Schluss der mündlichen Verhandlung in vollem Umfang auf bestehende Härtegründe berufen.[562] Im Gegensatz zum Vermieter bei der Kündigung kann der Mieter beim Kündigungswiderspruch auch noch weitere Härtegründe im Prozess nachschieben.[563] Der Mieter riskiert dabei aber ebenso wie beim Schweigen auf die Begründungsaufforderung des Vermieters, dass ihm nach § 93b Abs. 2 ZPO trotz Durchgreifens des Kündigungswiderspruches die Kosten des Räumungsrechtsstreits ganz oder zumindest teilweise auferlegt werden.[564] 547

Im System des Kündigungsschutzes hat sich der Gesetzgeber vorgestellt, dass der Vermieter seine berechtigten Interessen bereits im Rahmen der Kündigung vollständig darlegen muss, da er sich sonst auf weitere Gründe nicht mehr berufen kann, sofern sie nicht erst später entstehen (§ 573 Abs. 3 BGB). Der Mieter soll dann auf Verlangen des Vermieters seine Härtegründe offen legen. Beide Parteien soll so ermöglicht werden, die bestehenden Erlangungs- und Bestandsinteressen gegeneinander abzuwägen. Der Führung von Rechtsstreiten soll durch diesen Zwang zur „Transparenz" entgegen gewirkt werden. 548

Wegen der sozialen Bedeutung der Wohnung für den Mieter hat die **Verletzung der Offenbarungspflicht** die **völlige Unwirksamkeit** bzw. die **erschwerte Durchsetzung** der Kündigung zur Folge. Die Verletzung der Pflicht auf Seiten des Mieters soll eben wegen dieser Bedeutung nur finanzielle Nachteile zur Folge haben, nicht jedoch den Verlust der Wohnung. 549

> **Praxistipp:**
>
> Da Räumungsrechtsstreitigkeiten jedenfalls für mietrechtliche Verhältnisse nicht ganz billig sind und schnell vierstellige Kostenbeträge erreichen, ist der Anwalt gut beraten, die sozialen Härtegründe des Mieters auf Verlangen des Vermieters vollständig zu erklären. Ansonsten riskiert er Regressansprüche des Mandanten.

Der Widerspruch ist bis spätestens **zwei Monate vor Ablauf der Kündigungsfrist** zu erklären (§ 574b Abs. 2 S. 1 BGB). Maßgeblich ist soweit der Zugang beim Vermieter. Fast noch mehr als bei der Kündigung für den Vermieter sollte daher der Anwalt im Rahmen der Mietervertretung darauf achten, dass der **Zugang** der Erklärung bei der Gegenseite **nachgewiesen** werden kann. Durch die erleichterten Kündigungsbedingungen bei der Eigenbedarfs- 550

---

[562] *Lammel* a.a.O. § 574b Rdnr. 9.
[563] LG Wiesbaden WuM 1988, 269.
[564] *Lammel* a.a.O.; *Sternel* Aktuell Rdnr. 1251.

kündigung ist es schon recht wichtig, dass der rechtzeitige Zugang des Widerspruches nachgewiesen werden kann.

551 Zwar ist der Widerspruch eigentlich an keine Frist gebunden. Der Vermieter kann im Prozess aber einredeweise die Fortsetzung des Mietverhältnisses ablehnen, wenn die Frist für den Widerspruch nicht eingehalten wurde.[565] Der Anwalt sollte hier ebenso wenig darauf hoffen, dass der Vermieter die Erhebung dieser Einrede vergisst, wie darauf gehofft werden kann, dass die Gegenseite die Einrede der Verjährung vergisst.

> **Praxistipp:**
> Wegen der Gefahr des Verlusts der Wohnung setzt der Anwalt des Mieters sich erheblichen Regressgefahren aus, wenn er nicht auf den Nachweis des rechtzeitigen Zugangs des Widerspruchs achtet.
> Da des Öfteren von Vermieterseite mehrere Kündigungen hintereinander ausgesprochen werden, um „nachzubessern", sollte von Mieterseite darauf geachtet werden, der jeweiligen Kündigung vorsorglich stets rechtzeitig zu widersprechen.

552 Der rechtzeitige Widerspruch ist nur dann **entbehrlich,** wenn von Vermieterseite nicht rechtzeitig vor Ablauf der Widerspruchsfrist auf die Möglichkeit des Widerspruches sowie auf dessen Form und Frist **hingewiesen** wurde (§ 574b Absatz 2 Satz 2 BGB). Dann, aber auch nur dann, kann der Widerspruch problemlos noch im ersten Termin zur mündlichen Verhandlung im Räumungsrechtsstreit nachgeholt werden.

553 Wenn es auch sehr wichtig ist, dass der Widerspruch nicht zu spät zugeht, so ist aus taktischen Gründen ein zu früher Widerspruch im Interesse des Mieters meist nicht zu empfehlen. Der Mieter ist vor Fristablauf auch auf Anfrage des Vermieters nicht dazu verpflichtet, zu erklären, ob er der Kündigung widerspricht.[566] Der Widerspruch eröffnet dem Vermieter nämlich im Regelfall die Möglichkeit zur vorzeitigen Erhebung der Räumungsklage schon vor Ablauf der Kündigungsfrist nach § 259 ZPO.[567] Dem Mieter kann hier wertvolle Zeit für die Suche nach einer ihm zusagenden Ersatzwohnung verloren gehen.

554 *bb) Fallgruppen.* Hier haben sich seit Einführung der Vorschrift in ihrer jetzigen Form vor rund dreißig Jahren einige Hauptfallgruppen herausgebildet.

Die sicherlich immer noch wichtigste, die fehlende Möglichkeit, angemessenen Ersatzwohnraum zu zumutbaren Bedingungen sich zu beschaffen, war und ist eigens im Gesetz geregelt (§ 574 Abs. 2 BGB). Besonders in Zeiten größerer Wohnungsknappheit hat dieser Fall erhebliche Bedeutung, ist aber auch bei einer Entspannung auf dem Wohnungsmarkt nicht bedeutungslos.

555 In der ungefähren Reihenfolge der Bedeutung und Häufigkeit lässt sich die folgende Gruppierung aufführen:[568]
- Fehlender Ersatzwohnraum
- Alter
- Krankheit
- Ausbildung
- Vermeidung eines Doppelumzuges
- Kinder
- lange Wohndauer
- Beruf
- erhebliche Investitionen.

556 Entscheidend ist naturgemäß immer die Situation im Einzelfall, wobei dann die Härtegründe des Mieters gegenüber den Erlangungsinteressen des Vermieters abzuwägen sind. Hier ist besonders zu berücksichtigen, dass das Bundesverfassungsgericht im Rahmen seiner

---

[565] *Lammel* § 574b Rdnr. 13.
[566] *Sternel* Aktuell Rdnr. 1251.
[567] OLG Karlsruhe (RE) WuM 1983, 253 = NJW 1984, 2953.
[568] Vgl. soweit auch *Sternel* Aktuell Rdnr. 1255 ff.; *Wetekamp* DWW 1990, 102 ff.

"Besitzeigentumsentscheidung" darauf abgehoben hat, dass bei der Abwägung zwischen berechtigtem Interesse des Vermieters und Härtegründen des Mieters auf den Verfassungsrang des Besitzrechtes des Mieters abgehoben werden müsse.[569] Da die obergerichtliche Rechtsprechung bei der Abwägung des Erlangungsinteresses meist nur Missbrauchsfälle ausscheidet, kommt der Prüfung der Härtegründe naturgemäß nicht unerhebliche Bedeutung zu, um das Bestandsinteresse des Mieters nicht leer laufen zu lassen.

Maßgeblicher Beurteilungszeitpunkt ist der Zeitpunkt der letzten mündlichen Verhandlung.[570]

(1) Fehlender Ersatzwohnraum. Angemessener Ersatzwohnraum muss nicht zu erlangen sein. Hier kann sich der Mieter darauf berufen, dass eine andere Wohnung nach Art, Größe, Ausstattung, Beschaffenheit und Lage im Regelfall zumindest annähernd vergleichbar zur bisherigen Wohnung ist. Er muss dabei gewisse Veränderungen hinnehmen, aber keine deutlichen Verschlechterungen, wobei er auf deutliche Verbesserungen aber auch keinen Anspruch hat.[571] Auch auf eine Angemessenheit des Mietpreises kann der Mieter Wert legen, wobei sowohl der bisherige Mietpreis als auch die finanziellen Verhältnisse des Mieters zu berücksichtigen sind. Dabei kommt es immer auf den Einzelfall an, so dass generalisierende Überlegungen nicht möglich sind.[572] Sehr streitig ist, ob der Mieter sich sofort nach dem Erhalt der Kündigung auf der Suche nach Ersatzwohnraum begeben muss oder ob er hierfür Zeit hat, möglicherweise sogar bis zum Abschluss des Räumungsrechtsstreits.[573]

Richtigerweise ist mit *Sternel* darauf abzuheben, ob für den Mieter erkennbar ist, dass er sich letztlich nur auf den Härtegrund des fehlenden Ersatzwohnraums berufen kann. Durch die Vorgaben des sozialen Mietrechts kann der Mieter nicht von vorneherein auf eine zeit- und auch kostenintensive Suche nach Ersatzwohnraum verwiesen werden, wenn er berechtigterweise davon ausgehen durfte, dass die Kündigung schon nicht durchgreift bzw. andere Härtegründe bereits ausreichen. Auch hier kann jeweils nur im Einzelfall entschieden werden.

Dabei muss der Mieter jedenfalls im Rechtsstreit seine Suchbemühungen konkret darlegen.[574] Hier gilt letztlich: "Wer nicht sucht, kann auch nicht finden!" Allenfalls in Zeiten besonderer Knappheit auf dem Wohnungsmarkt erscheint es berechtigt, die Anforderungen an die Darlegungs- und Beweislast des Mieters zu erleichtern. In Zeiten besonderer Mangellagen ist von den Gerichten aber auch schon von einer entsprechenden Vermutung ausgegangen worden.[575]

(2) Alter. Sehr hohes Lebensalter bildet meist einen Härtegrund, der der Kündigung entgegensteht. Die Gerichte gehen überwiegend davon aus, dass älteren Mietern mit einem Alter von 80 Jahren oder mehr ein Umzug regelmäßig nicht mehr zuzumuten ist.[576] Meist kommt in diesen Fällen allerdings auch noch die Härtegründe "lange Wohndauer" und "Krankheit" hinzu. Nur in besonders gelagerten Einzelfällen mit hohem berechtigten Erlangungsinteresse des Vermieters wird eine Räumungsklage gegenüber einem Mieter mit einem Lebensalter von über 80 Jahren und langer Wohndauer und altersspezifischen Erkrankungen erfolgreich sein. Die Aussichten solcher Räumungsrechtsstreitigkeiten sollten jedenfalls auf Vermieterseite mit Vorsicht beurteilt werden.

(3) Krankheit/Ausbildung. Auf Grund der Vorgaben des sozialen Mietrechts versteht es sich fast von selbst, dass schwerwiegende Erkrankungen, Prüfungen und Examen sowie Schwangerschaften die Kündigung jedenfalls vorübergehend ausschließen.[577]

---

[569] BVerfG WuM 1993, 377 = NJW 1993, 2035.
[570] Schmidt-Futterer/*Blank* § 574 Rdnr. 25.
[571] Schmidt-Futterer/*Blank* § 574 Rdnr. 31.
[572] Schmidt-Futterer/*Blank* § 574 Rdnr. 33.
[573] Vgl. einerseits Schmidt-Futterer/*Blank* § 574 Rdnr. 29, andererseits, *Sternel* Aktuell Rdnr. 1258 jeweils mit Rechtsprechungsnachweisen.
[574] *Sternel* Aktuell Rdnr. 1259 mit den dortigen Rechtsprechungsnachweisen.
[575] Schmidt-Futterer/*Blank* § 574 Rdnr. 36 mit den dortigen Rechtsprechungsnachweisen.
[576] Vgl. *Sternel* Aktuell Rdnr. 1261 ff.
[577] Schmidt-Futterer/*Blank* § 574 Rdnr. 45 ff., 46, 52.

562 *(4) Doppelumzug.* Wenn der Mieter in absehbarer Zeit auszieht, ist ihm ein Doppelumzug in der Regel nicht zuzumuten wegen der damit verbundenen persönlichen und finanziellen Belastungen. Dabei muss aber der Auszug konkret absehbar sein.[578]

563 *(5) Kinder, lange Wohndauer, Beruf.* Diese Merkmale, insbesondere die lange Wohndauer, bilden für sich gesehen noch kein zwingendes Merkmal einer besonderen Härte.[579]
Es müssen daher weitere Umstände hinzukommen wie z. B. die besondere Verwurzelung in der bisherigen Umgebung bei älteren Leuten oder die Notwendigkeit der Nähe der Wohnung zur Arbeitsstätte. Kinderreichtum kann bei besonders hoher Kinderzahl ein Härtegrund sein.[580]

564 *(6) Erhebliche Investitionen.* Sie sind nur dann von Bedeutung, wenn die Investitionen mit Zustimmung des Vermieters erfolgt sind. Weiterhin ist erforderlich, dass die Einbauten nicht ohne Wertverlust oder erhebliche Wertminderung entfernt werden können und kein Ausgleich durch eine vergünstigte Miete stattgefunden hat. Außerdem darf keine Ersatzverpflichtung des Vermieters für den Fall der Beendigung des Mieters bestehen. Die geleisteten Investitionen müssen außerdem von nicht unerheblichem finanziellen Gewicht sein.[581]
Zu beachten ist, dass der Vermieter einen Teil der Härtegründe aushebeln kann durch eigene Angebote z. B. durch eine geeignete Ersatzwohnung bzw. Ersatz besonderer Verwendungen.

565 Auch der Widerspruch, der gegenüber der Vermieterkündigung wirksam durchgreift, führt nicht automatisch zur Unwirksamkeit der Kündigung. Er begründet nur einen Anspruch auf Fortsetzung des Mietverhältnisses.[582] Können die Mietvertragsparteien sich hierüber nicht einigen, ergeht im Rahmen eines Rechtsstreits nach § 574a Abs. 2 BGB in Verbindung mit § 308a ZPO ein Urteil über die Fortsetzung des Mietverhältnisses. Hierbei handelt es sich um ein Gestaltungsurteil. Regelmäßig wird entweder die Kündigung greifen oder aber vom Gericht die dauerhafte Fortsetzung des Mietverhältnisses ausgesprochen werden. Die Fälle einer befristeten Fortsetzung sind in der Praxis recht selten, so dass hierauf nicht näher eingegangen werden soll. Die Regelungen über die **befristete Fortsetzung** finden sich in **§ 574a Abs. 2 BGB.**

566 Geregelt sind auch die Fälle, wie eine Beendigung oder Fortführung bzw. Kündigung vorzunehmen ist, wenn das Mietverhältnis durch Einigung oder Urteil befristet fortgesetzt wurde bzw. das Urteil ausnahmsweise eine Fortführung auf unbestimmte Zeit ausspricht. Die Regelungen finden sich in § 574c BGB. Mangels größerer praktischer Auswirkung soll hierauf ebenfalls nicht näher eingegangen werden, zumal sich die Rechtsfolgen letztlich auch aus dem Gesetz selbst erschließen lassen.

567 *cc) Besonderheiten beim Sozialklauselgesetz.* Hochstreitig ist weiterhin, ob durch das Sozialklauselgesetz die bisherige Sozialklauselregelung erweitert wurde oder ob die Vorschrift als Kündigungsausschluss zu werten ist. Hier darf auf die obigen Ausführungen unter 3 b ee) verwiesen werden.

568 **g) Schadensersatz wegen unberechtigter Kündigung.** Auf Grund der Erleichterung bei der Eigenbedarfskündigung durch die obergerichtliche Rechtsprechung konnte es wegen des ansonsten hohen Kündigungsschutzes nicht ausbleiben, dass es auch zu **Missbrauchsfällen** kommt. Die Möglichkeit der Eigenbedarfskündigung wird von Vermietern auch gebraucht, um missliebige Mieter loszuwerden oder das Objekt leichter verkaufen zu können.

569 Es ist inzwischen allgemein anerkannt, dass dem Mieter, der auf Grund einer **unberechtigten Eigenbedarfskündigung** die Wohnung verloren hat, ein **Schadensersatzanspruch wegen Pflichtverletzung nach § 281 BGB (früher positive Vertragsverletzung)** grundsätzlich zu-

---

[578] *Emmerich/Sonnenschein* § 574 Rdnr. 36.
[579] *Emmerich/Sonnenschein* § 574 Rdnr. 23.
[580] *Emmerich/Sonnenschein* § 574 Rdnr. 29.
[581] *Lammel* a. a. O. § 574 Rdnr. 26.
[582] *Emmerich/Sonnenschein* § 574a Rdnr. 1.

steht.⁵⁸³ Die Ansprüche bestehen sogar dann, wenn die Eigenbedarfskündigung formell unwirksam ist und lediglich schlüssig vorgebracht wurde. Selbst der Abschluss eines außergerichtlichen Vergleichs lässt den Anspruch dann nicht entfallen.⁵⁸⁴

Auch ansonsten können sich Schadensersatzansprüche des Mieters ergeben, wenn der Vermieter ein berechtigtes Interesse an der Kündigung lediglich vorgetäuscht hat.⁵⁸⁵ Wegen der deutlich strengeren Anforderungen an die übrigen Kündigungstatbestände des § 574 BGB werden solche Fälle aber in der Praxis die große Ausnahme bilden. Die nachfolgenden Grundsätze zur unberechtigten Eigenbedarfskündigung können dann aber entsprechend herangezogen werden.

Der Schadensersatzanspruch des Mieters setzt eine objektiv rechtswidrige Verschuldenshandlung voraus, die schuldhaft sein muss.⁵⁸⁶ Der Vermieter kann sich somit nicht nur durch eine vorsätzliche Begehensweise schadensersatzpflichtig machen. Auch grobe Fahrlässigkeit oder sogar leichte Fahrlässigkeit ist ausreichend. Der Anwalt des Vermieters sollte daher durch Nachfragen genau prüfen, ob z. B. der geltend gemachte Eigenbedarf für einen Familienangehörigen tatsächlich auch verwirklicht werden soll. Der Anwalt sollte den Vermieter ausdrücklich darauf hinweisen, dass auch der Eigenbedarf, der sich in Folge von Fahrlässigkeit nachher als unberechtigt darstellt, Schadensersatzansprüche auslösen kann.

In Betracht kommen können daneben auch **Schadensersatzansprüche aus unerlaubter Handlung**. Wenn der Vermieter den Eigenbedarf bewusst wahrheitswidrig vortäuscht, können die Voraussetzungen des § 826 BGB erfüllt sein. Außerdem kommt ein Anspruch aus § 823 Abs. 2 i. V. m. § 263 StGB bzw. § 574 BGB in Betracht, da beide Normen als so genannte Schutzgesetze i. S. des § 823 Abs. 2 BGB anzusehen sind.⁵⁸⁷

Für die Frage des Vortäuschens können drei Fallgruppen unterschieden werden:
- Die in der Kündigung geltend gemachten Gründen treffen nicht oder jedenfalls so nicht zu
- Die geltend gemachten Gründe treffen zu, rechtfertigen jedoch den Räumungsanspruch nicht
- Der berechtigte Eigenbedarf fällt nachträglich weg, der Vermieter teilt dies jedoch nicht mit.

aa) Angabe unzutreffender Gründe. Hier handelt es sich um den klassischen Fall des vorgetäuschten Eigenbedarfs. Er betrifft zum einen die Fälle, bei denen der Eigenbedarf überhaupt nicht besteht, z. B. die nur behauptete Trennung der Eheleute wegen angeblicher Zerrüttung der Ehe. Zum anderen betrifft er Fälle, bei denen ein Eigenbedarf zwar besteht, in Wirklichkeit aber nicht realisiert werden soll. Zu denken wäre hier z. B. an die Geltendmachung von Eigenbedarf für den erwachsenen Sohn, der auch gern eine eigene Wohnung beziehen will. Die Wohnung, für welche die Kündigung ausgesprochen wird, soll aber in Wirklichkeit nicht vom Sohn bezogen, sondern verkauft werden. In solchen Fällen liegt es auf Grund des Verfassungsranges des Besitzrechtes des Mieters an der Wohnung auf der Hand, dass derartige Vorgehensweisen des Vermieters Schadensersatzansprüche auslösen.

bb) Nicht gerechtfertiger Eigenbedarf. Hier sind die Fälle angesprochen, bei denen ein Eigenbedarf zwar besteht und auch ausgeübt werden soll, die Gründe aber nach bestehender Rechtsprechung nicht ausreichen. Zu denken wäre hier z. B. an die Inanspruchnahme der großen Villa für die gerade volljährig gewordene, alleinstehende Tochter ohne Einkommen. Denkbar wäre auch eine Kündigung, bei der die Wohnung nur ganz sporadisch als Unterkunft des Vermieters in den Ferien genutzt werden soll. Die Rechtsprechung sieht hier die Eigenbedarfsgründe nicht als tragfähig an.⁵⁸⁸

---

⁵⁸³ OLG Karlsruhe (RE) WuM 1982, 11 = NJW 1982, 54; BayObLG (RE) WuM 1982, 203 = NJW 1982, 2003, BGH NZM 2005, 580 = WuM 2005, 521, erneut jetzt BGH WuM 2009, 359.
⁵⁸⁴ BGH, Urt. v. 8. 4. 2009 aaO. mit Anmerkung *Hintz* WuM 2009, 331.
⁵⁸⁵ *Lammel* § 574 Rdnr. 144.
⁵⁸⁶ *Lammel* § 574 Rdnr. 146.
⁵⁸⁷ *Emmerich/Sonnenschein* § 573 Rdnr. 94.
⁵⁸⁸ LG Köln WuM 1990, 119; LG München I WuM 1990, 352 für den erstgenannten Fall; LG Berlin WuM 1990, 23; AG München WuM 1989, 299 im zweiten Fall.

575 Bei einer prozessualen Auseinandersetzung stellt sich die Frage eines Schadensersatzanspruches regelmäßig nicht, da die Räumungsklage ja abgewiesen wird. Problematisch ist aber, wenn der Mieter der Kündigung im Vertrauen auf die Durchsetzbarkeit Folge leistet oder aber der Amtsrichter im Rahmen der richterlichen Unabhängigkeit eine abweichende Ansicht vertritt. Durch Rechtsentscheid des OLG Hamm sollte eigentlich abschließend geklärt sein, dass in solchen Fällen eine Schadensersatzpflicht nicht besteht.[589] Das OLG Hamm hatte nämlich in solchen Fällen durch Rechtsentscheid eine Schadensersatzpflicht ausdrücklich verneint. Auch weiterhin wird aber unter Berufung auf zwei Entscheidungen des BGH aus dem Bereich des Gewerbemiet- bzw. Pachtrechts[590] die Ansicht vertreten, dass eine Schadensersatzpflicht grundsätzlich besteht.[591]

576 Diese Ansicht übersieht jedoch, dass hier ein Schadensersatzanspruch jedenfalls mangels Verschulden regelmäßig ausscheiden dürfte. Angesichts der Vielfältigkeit der Instanzrechtsprechung ist es sehr schwer einzuschätzen, ob der Eigenbedarf nun im konkreten Fall anerkannt wird oder nicht.[592] Anders mag die Angelegenheit zu beurteilen sein, wenn ein ersichtlich unbedarfter Mieter mit ersehbar nicht berechtigter Begründung zum Auszug bewegt werden soll. Auch durch diesen Streit wird jedoch ersichtlich, dass mit der Eigenbedarfskündigung keinesfalls leichtfertig umgegangen werden sollte.

577 *cc) Verschweigen des nachträglichen Wegfalls des Eigenbedarfs.* Der Vermieter ist verpflichtet, den Wegfall des Eigenbedarfs dem Mieter mitzuteilen, wobei streitig ist, bis zu welchem Zeitpunkt die Mitteilungspflicht noch besteht (vgl. soweit oben Rdnr. 454 Stichwort Wegfall des Eigenbedarfs). Unterlässt er die Mitteilung zu einem Zeitpunkt, wo er noch mitteilungspflichtig ist, macht er sich schadensersatzpflichtig.[593] Aus der Treuepflicht des Mietvertrages sowie aus der besonderen Bedeutung der Wohnung als Lebensmittelpunkt des Mieters ergibt sich die Mitteilungsverpflichtung des Vermieters.

578 In allen drei vorgenannten Fallgruppen ergibt sich eine Problematik, wenn der Mieter sich außergerichtlich oder gerichtlich auf einen **Räumungsvergleich** einlässt. Durch Rechtsentscheid wurde festgelegt, dass jedenfalls dann, wenn der Mieter den Eigenbedarf zunächst bestreitet, dann aber unter Aufrechterhaltung der wechselseitigen Standpunkte ein Räumungsvergleich erfolgt, der Mieter mit Schadensersatzansprüche ausgeschlossen ist.[594]

> **Praxistipp:**
>
> Der Rechtsanwalt des Mieters ist daher gut beraten, bei Abschluss eines Räumungsvergleiches darauf zu achten, dass das Vertrauen auf das Bestehen des Eigenbedarfes Grundlage des Vergleiches wird, damit Schadensersatzansprüche in Missbrauchsfällen offen bleiben.

579 Der vom Vermieter zu ersetzende Schaden umfasst nach den § 249 ff. BGB die gesamte Vermögenseinbuße, die dem Mieter adäquat kausal entsteht. Hierzu gehören z. B. die Kosten der Rechtsverteidigung, Detektivkosten und die gesamten Umzugskosten einschließlich der Begleitkosten sowie für einen begrenzten Zeitraum auch die erhöhte Miete.[595] Es können sich daher durchaus auch größere fünfstellige Schadensersatzforderungen ergeben. Daneben besteht auch ein Anspruch auf Naturalrestitution durch erneute Überlassung der noch nicht weiter vermieteten oder veräußerten Wohnung, der durch einstweilige Verfügung gesichert werden kann.[596]

---

[589] OLG Hamm (RE) WuM 1984, 94 = NJW 1984, 1044.
[590] BGH NJW 1984, 1028 = DWW 1984, 133; WuM 1988, 118 = NJW 1988, 1268.
[591] *Sternel* Aktuell Rdnr. 1084; LG Essen WuM 1991, 494.
[592] *Kinne/Schach* § 573 Rdnr. 34.
[593] OLG Zweibrücken WuM 1983, 209 = NJW 1983, 694; OLG Koblenz WuM 1989, 253.
[594] OLG Frankfurt (RE) WuM 1994, 600 = NJW-RR 1995, 145.
[595] *Emmerich/Sonnenschein* § 573 Rdnr. 95 mit weitergehenden Hinweisen zum Umfang sowie Rechtsprechungsnachweisen.
[596] LG Hamburg WuM 2008, 92.

Die Darlegungs- und Beweislast für das Vorliegen des Schadensersatzanspruches und insbesondere des Umfangs des Schadens liegen aber zunächst ein mal beim Mieter.[597] Bezüglich der Vortäuschung des Eigenbedarfes lässt die Rechtsprechung zu Gunsten des Mieters Beweiserleichterungen eingreifen, insbesondere für den Fall des Nichtbezuges der Wohnung.[598] Grundlegend ist soweit auch die Entscheidung des Bundesverfassungsgerichts, wonach der Vermieter überzeugend und auf hohem Niveau darlegen muss, warum nach dem Mieterauszug der Eigenbedarf weggefallen ist. Kann der Vermieter diesen Darlegungsanforderungen nicht genügen, ergibt sich eine Schadensersatzverpflichtung jedenfalls dem Grund nach.[599]

Praxistipp:
Der Anwalt des Mieters sollte jedoch darauf achten, dass bei allen Schadenspositionen auch belegt werden kann, dass sie ursächlich durch die unberechtigte Eigenbedarfskündigung entstanden sind. So kann z. B. der Ersatz der Kosten für Mobiliar, dass auch in der neuen Wohnung noch hätte verwendet werden können, nicht verlangt werden. Übersetzte oder nicht nachweisbare Schadenspositionen führen auch bei einem dem Grunde nach noch so berechtigten Anspruch zu einer teilweisen Klageabweisung mit entsprechender Kostenfolge.

IV. Außerordentliche befristete Kündigung

1. Sonderkündigungsrechte des Mieters

a) **Allgemeines.** Unter einem Sonderkündigungsrecht versteht man die nach Vertrag oder Gesetz bestehende Möglichkeit, ein Mietverhältnis vorzeitig (befristetes Mietverhältnis) bzw. unter Abkürzung der gesetzlichen Kündigungsfristen zu beenden.

Da seit der Mietrechtsreform nach § 573c BGB eine Verlängerung der Kündigungsfrist für den Mieter nicht mehr vorgesehen ist, kommt den Sonderkündigungsrechten des Mieters praktische Bedeutung nur noch in drei Fällen zu: Bei vor dem 1. 9. 2001 abgeschlossenen Zeitmietverträgen, bei Altverträgen mit verlängerter Kündigungsfrist und in den Fällen zulässigen Kündigungsausschlusses. Im Gesetz finden sich enummerativ geregelte Tatbestände, die Sonderkündigungsrechte zugunsten des Mieters von Wohnraum begründen. Diese werden als „außerordentliche Kündigung mit gesetzlicher Frist" bezeichnet (§ 573d BGB beim unbefristeten Mietverhältnis bzw. § 575a BGB beim Zeitmietvertrag). Hinsichtlich des Kündigungstages und des Kündigungstermines sind die jeweiligen Sonderkündigungsrechte unterschiedlich ausgestaltet; teilweise schreibt das Gesetz Ausschlussfristen vor, binnen derer die Kündigung erklärt sein muss.

b) **Sonderkündigungsrecht des Mieters wegen Versagung der Untermieterlaubnis gem. § 540 Abs. 1 Satz 2 BGB.** *aa) Allgemeines.* Möchte der Mieter seine Wohnung an einen Dritten zur Nutzung überlassen, bedarf er der Erlaubnis des Vermieters; versagt der Vermieter die Erlaubnis, kann der Mieter unter Einhaltung der gesetzlichen Frist kündigen, sofern nicht ein wichtiger Grund in der Person des Dritten die Verweigerung rechtfertigt.

Grundsätzlich hat der Mieter **keinen Anspruch auf Erlaubniserteilung** zur Gebrauchsüberlassung der gesamten Wohnung. Da der Mieter jedoch das Verwendungsrisiko trägt, schafft § 540 Abs. 1 BGB im Fall der Verweigerung der Erlaubnis einen Ausgleich. Dies gilt sowohl im Bereich der Wohnraum- als auch der Geschäftsraummiete. Für Wohnungsmieter besteht allerdings nach § 553 BGB unter bestimmten Voraussetzungen ein Anspruch auf Erlaubniserteilung zur Untervermietung eines Teils der Wohnung. Einzelheiten hierzu sind in § 12 dargestellt.

Jede Form der Gebrauchsüberlassung an Dritte bedarf der Genehmigung des Vermieters nach § 540 Abs. 1 S. 1 BGB. Dies gilt sowohl dann, wenn der Mieter auszieht und einem

---
[597] *Emmerich/Sonnenschein* § 573 Rdnr. 97.
[598] LG Köln WuM 1993, 195; LG Hamburg WuM 1995, 175.
[599] BVerfG WuM 1997, 361, so jetzt auch BGH WuM 2005, 521.

Dritten die Wohnung ganz oder teilweise zum selbstständigen Gebrauch zur Verfügung stellt[600] als auch im Fall der lediglich unselbstständigen Gebrauchsüberlassung durch Aufnahme des Dritten in den (gemeinsamen) Haushalt.[601] Der in der Praxis wichtigste Fall ist die Untervermietung. Genehmigungsfrei ist lediglich die Aufnahme nächster Familienangehöriger, also von Ehegatten und Kindern; dies stellt keine Drittüberlassung i. S. d. § 540 BGB dar.[602] Gleiches gilt für zum Haushalt gehörende Angestellte oder Pflegepersonal des Mieters.[603] Wegen weiterer Einzelheiten zur Abgrenzung wird ebenfalls auf die Darstellung inv Kapitel verwiesen.

585 *bb) Erlaubnisverweigerung.* In allen Fällen der **verweigerten Erlaubnis** zur Gebrauchsüberlassung steht dem Mieter das Sonderkündigungsrecht nach § 540 Abs. 1 Satz 2 BGB zu. Voraussetzung ist demnach, dass der Mieter um die Erlaubnis nachsucht und der Vermieter diese verweigert. Die Feststellung dieser Voraussetzungen bereitet in der Praxis häufig Schwierigkeiten, wenn entweder das Ersuchen des Mieters nur allgemein gehalten ist oder der Vermieter ausweichend reagiert oder gar schweigt.

Folgende Konstellationen können sich ergeben:

586 *(1) Ausdrückliche Ablehnung.* Erklärt der Vermieter **ausdrücklich** und generell, dass er die Untervermietung „auf alle Fälle" ablehne, ist das Sonderkündigungsrecht nach hier vertretener Ansicht gegeben. Dies gilt auch für den Fall der nur generellen Anfrage des Mieters, in welcher er einen Untermieter nicht konkret benennt.[604]

Nach einschränkender Ansicht ist eine generelle Anfrage des Mieters nicht ausreichend, eine entsprechende Ablehnung des Vermieters löst danach noch kein Sonderkündigungsrecht aus.[605] Hiernach müsste der Mieter trotz ihm bekannter ablehnender Haltung des Vermieters einen konkreten Untermieter präsentieren, um nach dann erklärter weiterer Ablehnung des Vermieters kündigen zu können. Diese Ansicht überzeugt jedenfalls bei der ausdrücklich erklärten Verweigerung nicht; schweigt der Vermieter, kann etwas anderes gelten.

587 *(2) Schweigen des Vermieters.* **Schweigt** der Vermieter und reagiert nicht binnen **angemessener Frist,** ist umstritten, ob und wann eine Verweigerung anzunehmen ist. Nach herrschender Meinung in Literatur und Rechtssprechung gilt die Erlaubnis zumindest dann als verweigert, wenn der Mieter einen **konkreten Untermieter** benannt hat.[606] Denn dem Vermieter obliegt die Mitwirkung auf Grund des Mietvertrages; der Mieter darf erwarten, dass der Vermieter sich auf seine Nachfrage äußert und Stellung nimmt.

Schweigt der Vermieter auf eine **generelle Anfrage** des Mieters, ist streitig, ob von einer Verweigerung auszugehen ist.[607]

588 Ob eine Frist **angemessen** ist, richtet sich nach den Umständen des Einzelfalls. Feiertage und Wochenenden sind beim Lauf der Frist zu beachten. Eine Frist von nur einer Woche ist als zu kurz bewertet worden.[608] Als angemessen ist in der Rechtsprechung grundsätzlich ein Zeitraum von mindestens 10 Tagen[609] bis zwei Wochen[610] angesehen worden. Allerdings

---

[600] OLG Hamm (RE) NJW 1982, 2872 = WuM 1982, 318 = ZMR 1983, 49.
[601] BGH NZM 2004, 22; Schmidt-Futterer/*Blank* § 540 Rdnr. 2.
[602] *Kossmann* § 51 Rdnr. 1.
[603] Schmidt-Futterer/*Blank* § 540 Rdnr. 2.
[604] KG (RE) ZMR 1996, 648 m. w. N.; LG Köln WuM 1994, 468; LG Berlin ZMR 1998, 372; AG Dülmen WuM 1998, 346; LG Waldshut-Tiengen WuM 1998, 22; LG Berlin NZM 1999, 405; LG Hamburg NZW 1998, 1003.
[605] OLG Celle ZMR 2003, 344 (zu Gewerberaum); LG Mönchengladbach NZM 2000, 18; LG Gießen WuM 1997, 368; LG Berlin WuM 1996, 763; LG Landshut WuM 1996, 408; AG Bergheim, zitiert in: Kölner Mietrecht 13.13.
[606] OLG Köln WuM 2000, 597; AG Köln WuM 1998, 346.
[607] Sonderkündigungsrecht bejaht: LG Nürnberg-Fürth WuM 1995, 587; AG Hamburg-Wandsbeck WuM 1986, 314; verneint: AG Wiesbaden ZMR 2000, 391 m. Anm. *Peter* ZMR 2000, 357; LG Gießen NZM 2000, 617; einschränkend wiederum: LG Braunschweig WuM 1999, 216.
[608] LG Berlin ZMR 1998, 558.
[609] LG Berlin NZM 1999, 405.
[610] AG Köln WuM 1998, 348.

können auch zwei Wochen zu kurz sein, wenn der Vermieter seine Hausverwaltung mit der Prüfung beauftragt hat und dies dem Mieter umgehend mitteilt.[611]

(3) Unklare Antworten des Vermieters. Erteilt der Vermieter auf eine generelle Anfrage des Mieters eine grundsätzliche Erlaubnis und **behält sich eine abschließende Entscheidung vor,** bis ihm weitere Angaben zur Person des konkreten Untermieters vorliegen, besteht noch kein Sonderkündigungsrecht.[612] Denn der Vermieter ist nicht verpflichtet, eine von der Person des Untermieters unabhängige pauschale Erlaubnis zu erteilen.

Erteilt der Vermieter die Erlaubnis unter **Auflagen** und/oder **Bedingungen,** auf die er keinen Anspruch hat[613] oder die unerfüllbar sind,[614] gilt die Erlaubnis als verweigert mit der Folge des Sonderkündigungsrechts.

Reagiert der Vermieter **ausweichend,** ist zu unterscheiden: Grundsätzlich muss der Mieter ein Taktieren nicht hinnehmen.[615] Erklärt der Vermieter aber beispielsweise, er habe die Anfrage des Mieters an die von ihm beauftragte Hausverwaltung zur Prüfung und weiteren Bearbeitung abgegeben, soll noch kein Sonderkündigungsrecht bestehen, wenn diese nicht innerhalb der vom Mieter gesetzten Zweiwochenfrist antwortet.[616]

Zweifel am Inhalt der Vermietererklärung gehen zu seinen Lasten; im Zweifel ist also von einer Verweigerung der Erlaubnis auszugehen.[617]

cc) *Verhaltenstipps.* Anhand der vorstehend dargestellten Praxisfälle empfiehlt sich folgendes zweckmäßiges Vorgehen:

(1) für den Mieter. Der Mieter sollte zunächst abstrakt nachfragen, ob die Untermieterlaubnis erteilt wird. Lehnt der Vermieter ausdrücklich und generell ab, ist die Kündigungsmöglichkeit eröffnet. Bleibt eine Antwort aus, kann der Mieter – um sicher zu gehen – nochmals unter ausdrücklicher Fristsetzung nachfragen. Er kann aber auch schon jetzt kündigen (vgl. oben die Nachweise zu Rdnr. 587 f.).

Muster eines Mieterschreibens

Aufgrund von ...... (Darstellung eines plausiblen Grundes: Z. B. Berufliche Neuorientierung mit Ortwechsel o. ä.) ...... bitte ich um Erlaubnis, die Wohnung ...... untervermieten zu dürfen.

Da ich die mit der Suche eines Untermieters verbundenen Kosten für Annoncen usw. nur aufwenden möchte, wenn Sie mit einer Untervermietung grundsätzlich einverstanden sind, bitte ich, mir dies mitzuteilen. Ich gehe davon aus, dass mir Ihre Antwort bis zum ...... (mindestens 14 Tage) vorliegen kann. Sollte ich bis dahin keine Antwort erhalten habe, gehe ich weiter davon aus, dass Sie einer Untervermietung nicht zustimmen.
Mit freundlichen Grüßen

(2) für den Vermieter. Der Vermieter sollte auf eine solche Mieteranfrage weder mit einer pauschalen Ablehnung reagieren noch diese mit Schweigen übergehen, da in beiden Fällen das Sonderkündigungsrecht droht. Vielmehr sollte er dem Mieter mitteilen, dass er eine Untervermietung nicht generell ablehne und um Benennung des Untermieters sowie um konkrete nachprüfbare Angaben zu dessen Person bitte. Zu beachten ist dabei, dass der Vermieter (nur) diejenigen Angaben verlangen kann, die ihm die Überprüfung ermöglichen, ob in der Person des Dritten ein Ablehnungsgrund besteht[618] (vollständiger Name und Adresse zur Kontaktaufnahme). Mangelnde Solvenz des Dritten ist dabei grundsätzlich kein Ablehnungsgrund, da zwischen dem Vermieter und dem Dritten keine vertragliche Beziehung zu-

---

[611] LG Mannheim ZMR 1998, 565.
[612] KG NJW-RR 1992, 1229.
[613] AG Hamburg-Harburg WuM 2000, 188; AG Albstadt WuM 1998, 556.
[614] AG Köln WuM 2000, 187.
[615] AG Baden-Baden ZMR 2000, 619.
[616] LG Mannheim ZMR 1998, 565.
[617] AG Bergisch-Gladbach WuM 1999, 514.
[618] KG WuM 1992, 350; LG Berlin WuM 1996, 763; LG Hamburg WuM 1991, 585.

stande kommt und der Mieter in der Zahlungsverpflichtung bleibt.[619] Etwas anderes gilt nach der Rechtsprechung des BGH in der Gewerbemiete.[620] Andererseits soll fehlende Kreditwürdigkeit auch den Vermieter von Wohnraum dann zur Ablehnung berechtigen, wenn der Mieter auf die Mietzahlungen des Dritten angewiesen ist, um seinerseits den Mietzins zahlen zu können.[621]

596 Eine Begründung für die Ablehnung ist abgesehen von den Fällen des in der Person des Dritten liegenden wichtigen Grundes nicht erforderlich; allerdings ist der Vermieter verpflichtet, auf entsprechende Nachfrage des Mieters die Gründe seiner Ablehnung mitzuteilen, damit der Mieter die Durchsetzbarkeit einer Kündigung einschätzen kann.[622]

597 *dd) Rechtsfolge der Verweigerung.* Verweigert der Vermieter die begehrte Erlaubnis, hat der Mieter ein Recht zur **außerordentlichen Kündigung mit gesetzlicher Frist.**

598 *(1) Form und Frist.* Wie jede Kündigung im Wohnraummietrecht ist die Einhaltung der **Schriftform** zwingend, § 568 Abs. 1 BGB.

Die Kündigung wirkt mit dreimonatiger Frist (abzüglich der Karenz von 3 Werktagen), §§ 573 d Abs. 2 bzw. 575 a Abs. 3 BGB.

599 Die **Ausübung** des Kündigungsrechts ist an keine bestimmte Frist gebunden, jedoch empfiehlt sich eine möglichst baldige Ausübung, nachdem feststeht, dass der Vermieter die Erlaubnis verweigert.

Wenn der Mieter zuwartet, besteht ansonsten einerseits die Gefahr, dass der Vermieter seine Verweigerung widerruft und die Erlaubnis erteilt; andererseits kann bei Vorliegen der entsprechenden Voraussetzungen Verwirkung eintreten.[623]

600 Eine gesetzliche Regelung besteht weder für die Ausübung noch für eine etwaige **Überlegungsfrist** des Mieters. Da der Mieter sich jedoch vom Mietverhältnis grundsätzlich lösen will, wenn er um die Untervermieterlaubnis nachsucht, wird man die Überlegungsfrist – wenn überhaupt – nur kurz bemessen können. Liegt die Ablehnung eines Vermieters schon längere Zeit zurück, sollte der Mieter sich vergewissern, dass der Vermieter noch bei seiner Ablehnung bleibt und notfalls neu nachfragen.

601 Im Übrigen ist der Mieter nicht gehindert, von dem Sonderkündigungsrecht des § 540 BGB auch noch während des Laufs einer regulären Kündigungsfrist Gebrauch zu machen.[624] Des Weiteren schließen sich auch Verhandlungen über einen Mietaufhebungsvertrag und eine Kündigung nach § 540 BGB nicht aus.[625]

Ein Muster einer Mieterkündigung nach § 540 Abs. 1 S. 2 BGB mit Erläuterungen findet sich bei Nies/Gies, D. V. 2.

602 *(2) Ausschluss des Kündigungsrechts.* Das Kündigungsrecht besteht jedoch trotz verweigerter Erlaubnis nicht, wenn in der Person des in Aussicht genommenen Dritten ein **wichtiger Grund** besteht, der den Vermieter zur Ablehnung berechtigt. Der Begriff ist umfassend zu verstehen. In Betracht kommen alle schützenswerten Interessen des Vermieters, welche allerdings nach objektiven Kriterien zu bestimmen sind; auf die subjektive Betrachtungsweise des Vermieters kommt es nicht an.

Im Streitfall sind die Gründe vom Vermieter darzulegen und zu beweisen.

603 Wichtige Gründe können etwa sein: der begründete Verdacht, der Dritte werde die Mietsache beschädigen oder den Hausfrieden stören; Überbelegung der Wohnung; Verlangen des Untermieters nach Abschluss eines unbefristeten Mietverhältnisses bei befristetem Hauptmietvertrag. Die bloße Zugehörigkeit zu einer bestimmten Bevölkerungsgruppe allein reicht allerdings nicht aus.

604 *ee) Unabdingbarkeit.* Das Sonderkündigungsrecht des Mieters von Wohnraum ist unabdingbar, §§ 573 d Abs. 3 bzw. 575 a Abs. 4 und 553 Abs. 3 BGB.

---

[619] LG Berlin WuM 1993, 344.
[620] BGH NZM 2007, 127.
[621] Bub/Treier/*Grapentin* IV Rdnr. 215 m. w. N.
[622] MünchKomm/*Schilling* § 540 Rdnr. 19; BGH NJW 1972, 1267.
[623] Schmidt-Futterer/*Blank* § 540 Rdnr. 75.
[624] LG Hamburg NZM 1998, 1003.
[625] LG Wiesbaden WuM 1988, 265.

c) Sonderkündigungsrecht bei Mietvertrag mit mehr als 30 jähriger Dauer nach § 544 BGB. 605
aa) Allgemeines. Die Vorschrift des § 544 BGB betrifft Fälle, in denen auf Grund vertraglicher Vereinbarung das Recht zur ordentlichen Kündigung auf mehr als 30 Jahre ausgeschlossen ist. Die praktische Relevanz der Vorschrift ist gering und insbesondere im Wohnraummietrecht durch § 575 BGB stark eingeschränkt, weswegen die vorliegende Darstellung bewusst knapp gehalten ist.

Die Vorschrift bezweckt den Ausschluss der „Erbmiete": Miete ist grundsätzlich entgeltliche Gebrauchsüberlassung auf Zeit. Das Mietobjekt soll nicht durch vertragliche Vereinbarungen dem Rechtsverkehr gänzlich entzogen werden können. Eine Ausnahme stellt § 544 S. 2 BGB für Lebenszeitverträge auf; auch hierbei handelt es sich letztlich um befristete Mietverhältnisse.[626] 606

Die Vorschrift gilt sowohl im Gewerbe- als auch im Wohnraummietrecht, was aus ihrer systematischen Stellung im allgemeinen Teil folgt. Das Sonderkündigungsrecht des § 544 BGB gilt für beide Vertragsteile unter denselben Voraussetzungen.[627]

bb) Voraussetzungen. Es muss eine **vertragliche Bindung von mehr als 30 Jahren** vereinbart sein. Hierfür ist **Schriftlichkeit** des Mietvertrages Voraussetzung, andernfalls gilt das Mietverhältnis nach der Fiktion des § 550 BGB als auf unbestimmte Zeit geschlossen. 607

Neben den Fällen der ausdrücklichen Befristung auf einen Zeitraum von mehr als 30 Jahren ist ansonsten zur Beurteilung der Vereinbarung auf die **Situation bei Vertragsschluss** abzustellen.[628]

Beispiele:

Ein Mietvertrag mit einer kürzeren Laufzeit als 30 Jahre unterfällt dann dem § 544 BGB, wenn einem Vertragspartner eine **Verlängerungsoption** eingeräumt wird und deren Ausübung zu einer Verlängerung der Gesamtlaufzeit von über 30 Jahren führt.[629]

Gleiches gilt, wenn das Kündigungsrecht für einen Vertragsteil für einen Zeitraum von mehr als 30 Jahren ausgeschlossen ist.[630]

So genannte **Kettenmietverträge**, die eine jeweils kürzere Laufzeit haben, aneinandergereiht jedoch eine Gesamtlaufzeit von mehr als 30 Jahren erreichen, fallen ebenso wenig unter § 544 BGB wie Verträge auf unbestimmte Dauer, bei denen es nach § 545 BGB zu einer tatsächlich länger als 30 Jahre andauernden Überlassung kommt.

Wird die Beendigung hingegen an ein **ungewisses Ereignis** geknüpft, welches erst nach 30 Jahren eintreten kann, so soll § 544 BGB anwendbar sein.[631]

cc) Kündigungsrecht. Ein Verstoß gegen § 544 BGB bewirkt lediglich die Kündbarkeit des Mietvertrages, welcher im Übrigen voll wirksam bleibt. 608

(1) Fristbeginn. Die gesetzliche Neuregelung stellt nunmehr ausdrücklich klar, dass die 30 jährige Frist erst mit der (vertraglich vereinbarten) **Überlassung** beginnt. Wird nach Überlassung der Wohnung eine Verlängerungsvereinbarung getroffen, die zu einer mehr als 30 jährigen Bindung führt, ist der Zeitpunkt dieser Vereinbarung maßgeblich.[632] 609

(2) Schriftform. Wie bei jeder Kündigung im Wohnraummietrecht ist die Einhaltung der Schriftform zwingend, § 568a Abs. 1 BGB. 610

(3) Vermieterkündigung. § 544 BGB lässt für den kündigungswilligen Vermieter nicht die Notwendigkeit des berechtigten Interesses an der Beendigung des Mietverhältnisses i. S. d. § 573 BGB entfallen. 611

---

[626] BayObLG (RE) NJW RR 1993, 1164 – WuM 1993, 523 = ZMR 1993, 462.
[627] Schmidt-Futterer/*Lammel* § 544 Rdnr. 17.
[628] BGH NJW 1996, 2078.
[629] RGZ 130, 143, 146.
[630] OLG Hamm NZM 1999, 753; OLG Frankfurt a. M. NZM 1999, 419; OLG Hamburg ZMR 1998, 28.
[631] Emmerich/Sonnenschein/*Emmerich* § 544 Rdnr. 4; OLG Hamburg ZMR 1998, 28, 29.
[632] BGH NJW 1996, 2028 = WuM 1996, 476 = ZMR 1996, 424.

612 (4) *Kündigungszeitpunkt.* Der Ausspruch der Kündigung kann erst nach Ablauf der 30-jährigen Frist erfolgen, wie § 544 S. 1 BGB ausdrücklich klarstellt. Eine vor Ablauf der Frist ausgesprochene Kündigung ist unwirksam.[633]

613 (5) *Kündigungsfrist.* Die Kündigung wirkt mit der gesetzlichen Frist von drei Monaten gemäß §§ 573d Abs. 1 bzw. 575a Abs. 3 BGB.

614 (6) *Keine Ausübungsfrist.* Eine Frist zur Ausübung des Kündigungsrechts besteht nicht. Die Kündigung kann sofort nach Ablauf der 30-jährigen Laufzeit erklärt werden, zwingend ist dies jedoch nicht.[634] Das Kündigungsrecht verwirkt oder erlischt auch nicht durch Fortsetzung des Mietverhältnisses.[635]

Ein Muster einer Mieterkündigung nach § 544 Abs. 1 BGB mit Erläuterungen findet sich bei Nies/Gies, D. V. 3.

615 dd) *Abdingbarkeit/Vertragsgestaltung.* Das Kündigungsrecht aus § 544 S. 1 BGB ist unabdingbar, was sich aus dem eingangs dargestellten Gesetzeszweck ergibt und der herrschenden Meinung entspricht.[636]

Eine vertragliche Bindung auf 30 Jahre kann nur durch Individualvereinbarung wirksam getroffen werden; in Formularverträgen verstößt eine solche Klausel gegen § 307 Abs. 2 BGB.[637]

616 **d) Sonderkündigungsrecht wegen Modernisierungsmaßnahmen des Vermieters, § 554 Abs. 3 Satz 2 BGB.** aa) *Allgemeines.* Den Vermieter trifft nach § 554 Abs. 3 S. 1 BGB eine Ankündigungspflicht bei der Durchführung von Modernisierungsmaßnahmen. Wegen der Einzelheiten des Begriffs der Modernisierung wird auf die Darstellung in §§ 20 und 23 Rdnr. 188 ff. verwiesen.

Das Sonderkündigungsrecht des Mieters ist einmalig und knüpft begrifflich und zeitlich an diese Ankündigung an.

617 bb) *Voraussetzungen.* (1) *Zugang der Mitteilung.* Die Mitteilung des Vermieters muss in schriftlicher Form zugehen, eine mündliche Ankündigung des Vermieters ist nicht ausreichend.[638] Holt der Vermieter eine zunächst unterlassene Mitteilung nach, verschiebt sich der Kündigungszeitpunkt entsprechend; gleiches gilt im Fall der Ergänzung oder Berichtigung einer unwirksamen Mitteilung.

618 (2) *Duldungspflicht des Mieters nicht erforderlich.* Eine materielle Duldungspflicht des Mieters zur Durchführung der beabsichtigten Maßnahmen ist für das Sonderkündigungsrecht nicht erforderlich. Durch die Möglichkeit, das Mietverhältnis außerordentlich beenden zu können, soll gerade der Streit über Grund und Umfang der Verpflichtung des Mieters verhindert werden.[639]

619 Es genügt, wenn die formelle Voraussetzung der Duldungspflicht, nämlich eine ordnungsgemäße (form- und fristgerechte) Ankündigung nach § 554 Abs. 3 S. 1 BGB, vorliegt. Das Kündigungsrecht des Mieters besteht also auch dann, wenn er nicht zur Duldung verpflichtet gewesen wäre.

620 (3) *Ausschluss des Kündigungsrechts bei Bagatellmaßnahmen.* Nach § 554 Abs. 3 S. 3 BGB ist das Kündigungsrecht des Mieters (ebenso wie die Mitteilungspflicht des Vermieters) im Fall von sogenannten **Bagatellmaßnahmen** ausgeschlossen. Das Gesetz stellt hierzu **zwei Voraussetzungen** auf: Zum einen dürfen mit der beabsichtigten Maßnahme überhaupt keine oder nur unerhebliche Einwirkungen „auf die vermieteten Räume" verbunden sein, zum anderen darf die Maßnahme zu keiner oder nur zu einer unbedeutenden Erhöhung des Mietzinses führen.

---

[633] OLG Celle NJW-RR 1994, 1473 f.
[634] *Kossmann* § 93 Rdnr. 12 m. w. N.
[635] MünchKomm/*Voelskow* § 567 Rdnr. 4; Schmidt-Futterer/*Lammel* § 544 Rdnr. 16.
[636] Schmidt-Futterer/*Lammel* § 544 Rdnr. 5.
[637] OLG Hamm ZMR 1988, 386; Emmerich/Sonnenschein/*Emmerich* § 544 Rdnr. 1; Schmidt-Futterer/*Lammel* § 544 Rdnr. 11.
[638] Bub/Treier/*Kraemer* III. A. Rdnr. 1115.
[639] *Kossmann* § 44 Rdnr. 80.

621 Unter **Einwirkungen auf die Mietsache** sind in zeitlicher Hinsicht sowohl solche Einwirkungen zu verstehen, die sich während der Ausführung der Arbeiten ergeben als auch solche, die zu dauernden Änderungen in der Wohnung führen.

In räumlicher Hinsicht muss die Wohnung selbst (wegen des Gesetzeswortlauts einschließlich der gemieteten Nebenräume) betroffen sein, es muss also der Mietgebrauch negativ tangiert sein. Arbeiten an der Außenanlage bleiben daher ebenso wie Arbeiten an der Fassade oder im Treppenhaus außer Betracht. Arbeiten in der Wohnung fallen unter die Bagatellklausel, wenn sie entweder kurzfristig andauern oder die Benutzbarkeit lediglich objektiv verbessern. Hierzu zählen beispielsweise die Installation einer Gegensprechanlage,[640] einer neuen Klingelanlage,[641] der Einbau von Thermostatventilen,[642] der Anschluss an das Kabelnetz,[643] ebenso die Anbringung einer Briefkastenanlage, eines Durchlauferhitzers, einer Gemeinschaftsantenne, die Aufstellung eines Waschautomaten, die Einrichtung eines Sandkastens und der Austausch der Wohnungseingangstür gegen eine einbruchhemmende Tür, wenn die Kosten allein vom Vermieter getragen werden.[644]

622 Die Maßnahme darf des Weiteren zu keiner oder nur zu einer unerheblichen **Mieterhöhung** führen. Diese weitere Voraussetzung ist zugleich Indikator für die Erheblichkeit bzw. Unerheblichkeit der Einwirkung auf die Räume. Im Gesetz ist der Begriff der Unerheblichkeit der Mieterhöhung nicht definiert. In der Literatur und Rechtsprechung werden hierzu verschiedene Ansichten vertreten. Nach einer Meinung ist die Grenze der Erheblichkeit bei einer Steigerung der Miete von ca. 4–5% anzusetzen.[645] In der Rechtsprechung ist eine Steigerung von 5% als Maximum des noch Unerheblichen angesehen worden.[646] Nach anderer Ansicht ist eine prozentuale Bestimmung in keinem Fall interessengerecht, da bei hohem Mietzins hierdurch der absolute Bagatellbereich leicht überschritten werden kann; nach dieser Ansicht ist die Grenze bei einer „Belastungsquote" von 30% als Anteil der Bruttowarmmiete (nach Erhöhung) im Verhältnis zum Gesamtfamilieneinkommen zu ziehen.[647] In der Rechtsprechung wurden teilweise Grenzen in absoluten monatlichen Mehrbeträgen gesetzt: zu DM-Zeiten wurden Beträge von 10,– bis 15,– DM,[648] teilweise von 20,– DM[649] genannt. Eine monatliche Erhöhung um 68,– € ist bei einer Bruttowarmmiete von 502,12 € und einem Gesamteinkommen einer dreiköpfigen Familie von rd. 1.385,– € als unzumutbar angesehen worden.[650]

623 *cc) Form und Frist.* Für die Kündigung des Mieters gilt das Schriftformerfordernis des § 568 Abs. 1 BGB.

Nach § 554 Abs. 3 S. 2 BGB besteht zugunsten des Mieters eine höchstens zweimonatige Überlegungsfrist sowie eine sich daran unmittelbar anschließende Kündigungsfrist von einem Monat. Die Überlegungsfrist erreicht maximal die Länge von zwei Monaten, da der Mieter zum Kündigungsausspruch bis zum Ablauf des auf den Zugang der Mitteilung des Vermieters folgenden Monats berechtigt ist. Die Kündigung wirkt zum Ablauf des nächsten Monats. Geht dem Mieter die Ankündigung des Vermieters beispielsweise am 15. Mai zu, kann er die Kündigung bis zum 30. Juni (Zugang beim Vermieter!) erklären, das Mietverhältnis endet dann zum 31. Juli.

---

[640] AG Berlin-Tiergarten GE 1991, 153.
[641] AG Charlottenburg GE 1989, 683.
[642] LG Berlin ZMR 1986, 444.
[643] AG Hamburg WuM 1990, 498.
[644] LG Köln WuM 1993, 608.
[645] *Kossmann* § 44 Rdnr. 87.
[646] LG Berlin ZMR 1986, 444; WuM 1987, 386.
[647] Schmidt-Futterer/*Eisenschmid* § 554 Rdnr. 223.
[648] LG Berlin WuM 1987, 386; LG Detmold WuM 1990, 121.
[649] AG Charlottenburg GE 1991, 255.
[650] LG Berlin NZM 1999, 705.

> **Formulierungsvorschlag:**
>
> 624 Unter Bezugnahme auf Ihre Mitteilung vom ......, die am ...... bei mir eingegangen ist, kündige ich hiermit das zwischen uns bestehende Mietverhältnis über die Wohnung ...... zum ...... (Ablauf des folgenden Monats).
> Eigenhändige Unterschrift.

Ein weiteres Muster einer Mieterkündigung nach § 554 Abs. 3 S. 2 BGB mit Erläuterungen findet sich bei Nies/Gies, D. V. 1.

625 Das Sonderkündigungsrecht des § 554 BGB ist ein einmaliges und an die Ankündigung des Vermieters anknüpfendes Recht; eine Nachholungsmöglichkeit des Mieters besteht im Fall der Fristversäumung nicht. Allerdings entsteht das Kündigungsrecht neu, wenn der Vermieter eine Mitteilung nachholt oder eine unwirksame Mitteilung ergänzt.

> **Praxistipp:**
>
> 626 Die Kündigungsfrist des § 554 BGB ist – wie dargestellt – recht kurz bemessen und wird für den Mieter häufig nicht ausreichen, Ersatzwohnraum zu finden. Übt der Mieter das Sonderkündigungsrecht nach § 554 BGB nicht bis spätestens zwei Monate nach Zugang der Mitteilung des Vermieters aus, ist es erloschen.
>
> Dem grundsätzlich auszugswilligen Mieter ist dann zu raten, die Maßnahme zunächst zu dulden (soweit die materiellen Voraussetzungen hierfür vorliegen) und weiter nach einer neuen Wohnung zu suchen, und zwar in der Erwartung der nachfolgenden Mieterhöhung nach § 559 BGB. Diese eröffnet dem Mieter dann wiederum ein Sonderkündigungsrecht nach § 561 BGB (siehe Rdnr. 634 ff.).

627 *dd) Rechtsfolgen der Mieterkündigung.* Macht der Mieter von seinem Kündigungsrecht Gebrauch, entfällt seine Duldungspflicht; durch die Verlängerung der Ankündigungsfrist von früher 2 Monaten (§ 541 b Abs. 2 BGB a. F.) auf jetzt drei Monate besteht ein Gleichlauf mit der Kündigungsfrist.

628 *ee) Unabdingbarkeit.* Zum Nachteil des Mieters abweichende Vereinbarungen sind nach § 554 Abs. 5 BGB unwirksam; dies bedeutet für das Sonderkündigungsrecht, dass Fristverkürzungen zulässigerweise nicht vereinbart werden können, Verlängerungen der Überlegungs- und der Kündigungsfrist aber möglich sind. Möglich ist auch, das Kündigungsrecht von der Bagatellklausel zu lösen, dem Mieter also die Möglichkeit einzuräumen, auch in Bagatellfällen kündigen zu können.[651]

629 e) **Kündigungsmöglichkeit bei Staffelmietvereinbarung, § 557 a Abs. 3 BGB.** *aa) Allgemeines.* § 557 a Abs. 3 BGB eröffnet dem Mieter bei Vereinbarung einer Staffelmiete unter bestimmten Voraussetzungen eine Kündigungsmöglichkeit. Diese ist im Gesetz als „teilweise Unwirksamkeit einer Kündigungsbeschränkung" ausgebildet, woraus hervorgeht, dass es sich nicht um ein Sonderkündigungsrecht im eigentlichen Sinne handelt.

Die ordentliche Kündigung kann von den Parteien durch Abschluss eines Zeitmietvertrages nach § 575 BGB beidseitig ausgeschlossen werden. Tritt zu einer solchen Vertragskonstruktion jedoch eine Staffelmietvereinbarung hinzu, ist der Ausschluss der ordentlichen Kündigung nicht unbegrenzt möglich, sondern unabhängig von der eigentlichen Vertragslaufzeit nur für 4 Jahre ab Abschluss der Vereinbarung.

630 *bb) Voraussetzungen.* Es müssen ein **Zeitmietvertrag** und eine **Staffelmietvereinbarung** in einem Mietverhältnis zusammentreffen. Beide können jeweils unabhängig voneinander eine längere Laufzeit als vier Jahre haben. Zu den Einzelheiten der Staffelmiete siehe § 22 II.

---

[651] *Kossmann* § 44 Rdnr. 98, 100.

Treffen jedoch beide in einem Vertragsverhältnis zusammen, führt dies zur Kündbarkeit des Vertrages nach vier Jahren, da das Gesetz eine längere Bindung des Mieters an eine Staffelmietvereinbarung verhindern will; ein Zeitraum von vier Jahren wird als Grenze dessen angesehen, was für den vorausschauenden Mieter überblickbar ist.[652] Nach Ablauf dieser Zeit soll der Mieter frei sein können, auch wenn der Vertrag selbst noch eine längere Laufzeit hat.

Die 4-Jahres-Frist beginnt mit dem **Abschluss der Staffelmietvereinbarung**, wie § 557a Abs. 3 BGB ausdrücklich klarstellt. Diese kann vor, nach oder zeitgleich mit der Vereinbarung der Vertragslaufzeit erfolgen.

cc) Rechtsfolge. Der Mietvertrag wird kündbar. Er endet also nicht automatisch, wie sich aus dem eindeutigen Wortlaut der Vorschrift („Ausschluss des Kündigungsrechts") ergibt, vielmehr bedarf es zur Beendigung einer Kündigungserklärung. Gekündigt werden kann nur der gesamte Mietvertrag als solcher, eine isolierte Kündigung der Staffelmietvereinbarung ist nicht möglich.[653]

631

Für die **Kündigungsfrist** gilt die gesetzliche Frist des § 573c Abs. 1 BGB. Die Kündigung muss **schriftlich** erfolgen, § 568a BGB. Einen besonderen Kündigungstermin sieht § 557a Abs. 3 BGB nicht vor. Das Mietverhältnis kann daher auch schon vor Ablauf der Frist ordentlich zum Ende des vierten Jahres gekündigt werden.[654]

Nach Ablauf von vier Jahren seit Abschluss der Staffelmietvereinbarung ist das Mietverhältnis wie ein unbefristetes zu behandeln und daher **jederzeit kündbar**. Eine sonstige vertragliche Beschränkung auf z. B. einen einzigen Kündigungszeitpunkt ist unwirksam.[655] Es gelten die allgemeinen Regeln:

632

Beispiel:
Mietvertrag vom 1. 7. 2003 mit 10-jähriger Dauer. Vertragsende: 30. 6. 2013.
Staffelmietvereinbarung am 1. 4. 2004, bis ins Jahr 2009 laufend.
Die Kündigung ist frühestens **zum** 31. 3. 2008 (4 Jahre nach dem 1. 4. 2004) möglich, diese Kündigung muss dem Vermieter bis zum 3. Werktag des Monats Januar 2008 zugehen.

Eine verfrühte Kündigung ist nicht unwirksam sondern wirkt nach den allgemeinen Regeln zum Ersten zulässigen Termin.

Ein Muster einer Mieterkündigung nach § 557a Abs. 3 BGB mit Erläuterungen findet sich bei Nies/Gies, D. V. 9.

dd) Unabdingbarkeit. Gemäß § 557a Abs. 4 BGB ist eine zum Nachteil des Mieters abweichende Regelung unwirksam.

633

f) **Sonderkündigungsrecht des Mieters bei Mieterhöhungen, § 561 BGB.** *aa) Anwendungsbereich.* Nach § 561 BGB steht dem Mieter von (nicht preisgebundenem) Wohnraum ein außerordentliches Kündigungsrecht im Falle einer Mieterhöhung zu. Betriebskostensteigerungen nach § 560 BGB begründen kein außerordentliches Kündigungsrecht, ferner auch nicht Staffelmiet- und Mietanpassungsvereinbarungen gem. § 557 BGB.

634

Frühere Kündigungen einer Vertragspartei sind für das Kündigungsrecht des § 561 BGB irrelevant. Allein maßgeblich ist das Erhöhungsverlangen des Vermieters.

bb) Materielle Voraussetzungen. Umstritten ist, ob das Kündigungsrecht des § 561 BGB eine **rechtswirksame Erhöhungserklärung** voraussetzt. Dies wird teilweise mit dem Argument vertreten, dass nur von wirksamen Erhöhungsverlangen Rechtswirkungen entfalten könne.[656] Diese Meinung würde in der Konsequenz dem Mieter zumuten, die Begründetheit bzw. Unbegründetheit eines Mieterhöhungsverlangens u. U. erst gerichtlich prüfen zu lassen. Die überwiegende Meinung lehnt diese Ansicht daher ab.[657] In der Rechtsprechung ist versucht worden, Abgrenzungen zu schaffen, die jedoch nicht immer trennscharf sind: So soll

635

---

[652] Schmidt-Futterer/*Börstinghaus* (7. Aufl.) zur Vorgängervorschrift § 10 MHG Rdnr. 127.
[653] Schmidt-Futterer/*Börstinghaus* § 557a Rdnr. 68.
[654] Emmerich/Sonnenschein/*Weitemeyer* § 557a Rdnr. 15.
[655] BGH NZM 2004, 736.
[656] *Barthelmess* § 9 MHG Rdnr. 4.
[657] Emmerich/Sonnenschein/*Weitemeyer* § 561 Rdnr. 6; Schmidt-Futterer/*Börstinghaus* § 561 Rdnr. 14.

demjenigen Mieter kein Sonderkündigungsrecht zustehen, der die Unwirksamkeit eines Erhöhungsverlangens selbst zweifelsfrei erkennt.[658] Dieser Fall dürfte für den Vermieter nur schwer nachzuweisen sein und deswegen nur selten vorliegen. Selbst bei einem mündlichen und damit (eindeutig) unwirksamen Erhöhungsverlangen soll dem Mieter das Sonderkündigungsrecht zustehen.[659] Es ist dem Vermieter auch verwehrt, sich auf die Unwirksamkeit seines eigenen Zustimmungsverlangens zu berufen, wenn der Mieter im Vertrauen auf dessen Wirksamkeit das Sonderkündigungsrecht ausgeübt hat.[660] Die Grenze ist allenfalls im Gebot von Treu und Glauben (§ 242 BGB) dort zu ziehen, wo eine formale Rechtsposition missbräuchlich ausgenutzt wird.

Nach der Begründung zur gesetzlichen Neuregelung soll es nur auf das bloße Verlangen des Vermieters ankommen, was der Wortlaut der Vorschrift klarstellt.[661] Denn der Mieter muss die Kündigung in jedem Fall binnen der Überlegungsfrist aussprechen; die gegenteilige Ansicht, nach welcher die Frist erst ab Rechtskraft eines Mieterhöhungsurteils zu laufen beginnt,[662] ist heute überholt.[663]

636 *cc) Fristen. (1) Überlegungsfrist.* Nach § 561 Abs. 1 BGB steht dem Mieter eine **Überlegungsfrist** von zwei Monaten zu, welche einheitlich für alle Arten der Mieterhöhung gilt. Die Überlegungsfrist entspricht derjenigen des § 558 b Abs. 1 u. 2 BGB für die Zustimmung und ist nunmehr auch in Bezug auf Mieterhöhungen nach Modernisierung (§ 559 b Abs. 3 BGB) vereinheitlicht. Binnen der Überlegungsfrist kann der Mieter entscheiden, ob er der Erhöhung ganz oder teilweise zustimmen oder aber das Mietverhältnis kündigen will. Die Frist beginnt mit dem Zugang des Mieterhöhungsverlangens beim Mieter; die restlichen Tage des Monats, in dem das Erhöhungsverlangen zugegangen ist, sind zur Zweimonatsfrist hinzurechnen, weshalb die Frist u. U. fast drei Monate betragen kann.

637 *(2) Kündigungsfrist.* Die **Kündigungsfrist** beträgt einheitlich zwei Monate. Die Formulierung „zum Ablauf des übernächsten Monats" bezieht sich auf den in der Vorschrift unmittelbar zuvor genannten Zeitpunkt des Ablaufs des zweiten Monats, der auf den Zugang der Erklärung des Vermieters folgt. Der Zeitpunkt der Kündigungserklärung des Mieters ist insoweit unerheblich, als auch eine sofort nach Zugang des Erhöhungsverlangens erklärte Kündigung zum Ablauf des übernächsten Monats (nach Ablauf der Überlegungsfrist) wirkt.[664]

638

Zugang des Mieterhöhungsverlangens gem. § 558 b BGB im Lauf des Monats	Zugang der Kündigung beim Vermieter bis spätestens Ende des Monats	Wirkung der Kündigung zum Ende des Monats
Januar	März	Mai
Februar	April	Juni
März	Mai	Juli
April	Juni	August
Mai	Juli	September
Juni	August	Oktober
Juli	September	November
August	Oktober	Dezember
September	November	Januar
Oktober	Dezember	Februar
November	Januar	März
Dezember	Februar	April

---

[658] AG Bad Münsingen WuM 1997, 499.
[659] AG Bad Herfeld WuM 2000, 36.
[660] AG Andernach WuM 1994, 547.
[661] Vgl. die Begründung der BReg zum Gesetzesentwurf, BT-Drucks. 14/4763, S. 59.
[662] *Derleder* MDR 1976, 804.
[663] Schmidt-Futterer/*Börstinghaus* § 561 Rdnr. 16 und 38.
[664] AG Hannover WuM 1996, 154.

dd) Formalien der Kündigung. Es gelten keine Besonderheiten gegenüber anderen Kündigungen: Die Kündigungserklärung des Mieters bedarf der **Schriftform** gem. § 568 Abs. 1 BGB. Bei **Personenmehrheiten** müssen auf Mieterseite alle Mieter gemeinsam kündigen; auf Vermieterseite muss die Kündigung gegenüber allen Vermietern erklärt werden. Die **Angabe von Gründen** ist nicht erforderlich, allerdings empfiehlt sich die Bezugnahme auf das vorangegangene Erhöhungsverlangen. 639

ee) Wirkung der Kündigung. Das Mietverhältnis endet zum übernächsten Monat nach Ablauf der Überlegungsfrist. Des Weiteren tritt gem. § 561 Abs. 1 S. 2 BGB die Mieterhöhung nicht ein. 640

ff) Abdingbarkeit. (1) Nach § 561 Abs. 2 BGB ist eine **zum Nachteil des Mieters abweichende Regelung** unwirksam. Insbesondere sind hiernach Vereinbarungen unwirksam, die das Kündigungsrecht des Mieters erschweren oder gar ausschließen, z. B. Verschärfungen der Schriftform, Begründungserfordernisse, Verkürzungen der Überlegungsfrist, Verlängerungen der sich anschließenden Kündigungsfrist oder die Verpflichtung zur Zahlung des erhöhten Mietzinses trotz Kündigung. 641

Ein Muster einer Mieterkündigung nach § 561 BGB mit Erläuterungen findet sich bei Nies/Gies, D. V. 8.

(2) *Abweichende Vereinbarungen zum Vorteil des Mieters* sind allerdings möglich, so z. B. alle Formerleichterungen und diejenigen Fristverlängerungen, die dem Mieter zugute kommen. 642

g) Sonderkündigungsrechte in Verbindung mit dem Tod des Mieters. *aa) Kündigungsberechtigte Personen.* Die §§ 563 bis 564 BGB sehen in Abweichung vom Prinzip der Gesamtrechtsnachfolge unter bestimmten Voraussetzungen eine Sonderrechtsnachfolge bestimmter Personen in das Mietverhältnis vor, und zwar entweder 643

- durch **Eintritt** (bei Ehegatten, Lebenspartnern, Familienangehörigen sowie Personen, mit denen ein gemeinsamer Haushalt geführt worden war, § 563 BGB)

oder

- durch **Fortsetzung** (bei Mietermehrheit, § 563 a BGB).

Sowohl Fortsetzung als auch Eintritt gehen der Erbfolge vor und schließen den Erben des Mieters aus. Beide Fälle sind gesetzlich angeordnet; im Fall der Fortsetzung besteht ein Sonderkündigungsrecht, beim Eintritt besteht die Möglichkeit, diesen durch Erklärung rückwirkend entfallen zu lassen. Der nachrangig fortsetzende Erbe hat ebenfalls ein Sonderkündigungsrecht, § 564 BGB.

bb) Privilegierte Personen. Auf diese Weise sind folgende Personen privilegiert:

(1) Nach § 563 Abs. 1 BGB tritt der **Ehegatte** in den Mietvertrag ein, soweit er mit dem verstorbenen Mieter einen gemeinsamen Hausstand geführt hat. Ob dies der Fall war, richtet sich nach den tatsächlichen Gegebenheiten. Es kommt hierbei auf die häusliche, nicht die geistige oder persönliche Gemeinschaft an.[665] Ist die Ehe gescheitert, wird die häusliche Gemeinschaft jedoch aufrechterhalten, sind die Vorschriften anwendbar; leben Eheleute hingegen getrennt, ohne sich scheiden zu lassen, besteht kein gemeinsamer Hausstand mehr.[666] Eine nur vorübergehende Trennung hebt allerdings den gemeinsamen Hausstand nicht auf, auch wenn die Trennung auf unabsehbare Zeit erfolgt.[667] 644

(2) Die gleichen Rechte wie dem Ehegatten stehen nach § 563 Abs. 1 S. 2 BGB dem eingetragenen **Lebenspartner** nach dem Lebenspartnerschaftsgesetz[668] zu. 645

(3) Nachrangig treten beim Nichteintritt des Ehegatten die im gemeinsamen Haushalt lebenden **Kinder** des Mieters ein. Das Eintrittsrecht des Lebenspartners besteht neben dem der Kinder, wie § 563 Abs. 2 S. 2 BGB klarstellt. 646

---

[665] Emmerich/Sonnenschein/*Rolfs* § 563 Rdnr. 6.
[666] Bub/Treier/*Heile* II Rdnr. 850; *Kossmann* § 16 Rdnr. 2 bis 4.
[667] Emmerich/Sonnenschein/*Rolfs* § 563 Rdnr. 6 m. w. N.
[668] Gesetz zur Beendigung der Diskriminierung gleichgeschlechtlicher Gemeinschaften: Lebenspartnerschaftsgesetz vom 22. 2. 2001, BGBl. I S. 266 bis 287.

647 **(4) Andere Familienangehörige** treten unter derselben Voraussetzung des gemeinsamen Hausstandes ein, jedoch nachrangig zum Ehegatten/Lebenspartner, § 563 Abs. 2 S. 1 BGB. Der Begriff des Familienangehörigen ist umstritten und nach h. M. weit auszulegen.[669] Neben den verwandten (§ 1589 BGB) und verschwägerten (§ 1590 BGB) Personen gehören auch Adoptiv- und Pflegekinder[670] dazu, ferner die Kinder eines verstorbenen Lebensgefährten aus anderer Ehe oder Beziehung.

648 **(5)** § 563 Abs. 2 S. 4 BGB erweitert den berechtigten Personenkreis auf „**Personen, die mit dem Mieter einen auf Dauer angelegten gemeinsamen Haushalt führen**". Diese treten ebenso nachrangig wie andere Familienangehörige ein. Damit besteht nach dem neuen Recht ein für den Vermieter nicht mehr zu überschauender Kreis von Berechtigten. Trennscharfe Abgrenzungskriterien des Merkmals „auf Dauer angelegt" fehlen, insbesondere ist eine Mindestdauer der zurückliegenden gemeinsamen Haushaltsführung nicht geregelt.

649 Mit der Neuregelung wollte der Gesetzgeber den gewandelten Lebensverhältnissen in der Bevölkerung und der wachsenden Bedeutung dieser Form des Zusammenlebens Rechnung tragen.[671] Zum einen wurde die bisherige Streitfrage gelöst, wie der Partner einer nichtehelichen Lebensgemeinschaft beim Tode des Mieters zu behandeln ist; zum anderen wird durch die Verwendung des geschlechtsneutralen Begriffs „Personen" klargestellt, dass sowohl die hetero- als auch die homosexuelle Partnerschaft als auch weitere Arten des dauerhaften Zusammenlebens (etwa das Zusammenleben älterer Menschen als Alternative zum Alten- oder Pflegeheim) geschützt werden.[672] Nach der Begründung der Neuregelung ist das Vorliegen geschlechtlicher Beziehungen nicht maßgebend, weshalb auch deren jeweilige Ausprägung keine Rolle spielt.[673] Allerdings muss es sich um eine besonders enge Lebensgemeinschaft handeln, an welche wegen der anknüpfenden Folgen hohe Anforderungen zu stellen sind. Da hierbei anders als bei Ehe oder familiären Bindungen in der Regel keine urkundliche Dokumentation geführt wird, müssen objektiv nachprüfbare Kriterien gegeben sein, um Rechtsmissbrauch ausschließen zu können. Hierzu können die vom BGH[674] zum Begriff der nichtehelichen Gemeinschaft aufgestellten Kriterien herangezogen werden. Es muss hiernach eine auf Dauer angelegte, durch innere Bindung ausgezeichnete und zugleich weitere Bindungen gleicher Art ausschließende Lebensgemeinschaft bestehen, die ein gegenseitiges Füreinandereinstehen begründet und über die reine Wohn- und Wirtschaftsgemeinschaft hinausgeht.

650 *cc) Mietermehrheit – Mitmieter.* Stirbt einer von mehreren Mietern, wird das Mietverhältnis gem. § 563a BGB mit den nach § 563 BGB eintrittsberechtigten Personen fortgesetzt: neben dem Ehegatten sind der Lebenspartner einer eingetragenen Partnerschaft sowie Familienangehörige ausdrücklich genannt. Voraussetzung ist in allen Fällen, dass diese Personen mit dem verstorbenen Mieter einen gemeinsamen Haushalt geführt haben (zum Begriff und zur Abgrenzung von der bloßen Haushalts- und Wirtschaftsgemeinschaft siehe vorstehend zu Rdnr. 649).

651 *dd) Erbe.* Soweit keine Sonderrechtsnachfolge nach §§ 563, 563a BGB stattfindet, tritt der Erbe in das Mietverhältnis ein. Ihm steht dann ein Sonderkündigungsrecht zu, § 564 Satz 2 BGB.

652 *ee) Ausübung des Kündigungsrechts. (1) Überlegungsfrist.* Sowohl den Eintrittsberechtigten (Personenkreis des § 563 BGB) als auch den Kündigungsberechtigten (Mitmieter, Erben) steht eine einmonatige Überlegungsfrist zu, welche mit Kenntnis des Todes des Mieters beginnt.

653 Bei dem zur Kündigung berechtigten Erben oder Mitmieter entfällt durch die Einführung der Überlegungsfrist der §§ 563a Abs. 2, 564 S. 2 BGB die Beschränkung der Kündigung

---

[669] BGH (RE) NJW 1993, 999 = BGHZ 121, 116 ff. = WuM 1993, 254 = ZMR 1993, 261.
[670] BGH a. a. O. (Fn 57).
[671] Vgl. die Begründung der BReg zum Gesetzesentwurf, BT-Drucks. 14/4553, S. 60 f.
[672] Begründung der BReg zum Gesetzesentwurf, BT-Drucks. 14/4553, S. 61.
[673] Begründung der BReg zum Gesetzesentwurf, BT-Drucks. 14/4553, S. 61.
[674] BGHZ 121, 116 = NJW 1993, 999.

auf den ersten zulässigen Termin, so dass die Härtefälle nach dem früheren Recht vermieden werden.

(2) Kündigungsfrist. Als außerordentliche Kündigung mit gesetzlicher Frist (§ 573 d Abs. 2 BGB) wirkt die Kündigung mit dreimonatiger Frist abzüglich der Karenztage. **654**

Die Kündigung kann von mehreren Mitmietern nur gemeinsam ausgeübt werden, was sich bereits aus den allgemeinen schuldrechtlichen Grundsätzen ergibt, darüber hinaus aber auch in § 563 a Abs. 2 BGB ausdrücklich klargestellt ist.

Im Falle des Erben beginnt die einmonatige Überlegungsfrist mit Kenntnis vom Tode und davon, dass ein Eintritt in das Mietverhältnis oder dessen Fortsetzung nicht erfolgt ist; dies kann zu einer zeitlichen Verschiebung der Ausübungsfrist führen.

(3) Eintrittsberechtigte Personen können innerhalb eines Monats ab Kenntniserlangung eine **Ablehnungserklärung** abgeben, § 563 Abs. 3 BGB. Eine Änderung zum früheren Recht besteht nicht. Durch die Ablehnung gilt der Eintritt in das Mietverhältnis als nicht erfolgt. **655**

ff) Abdingbarkeit. Vereinbarungen zum Nachteil von Eintrittsberechtigten (§ 563 Abs. 5 BGB) oder Mitmietern (§ 563 a Abs. 3 BGB) sind unwirksam. **656**

h) Sonderkündigungsrecht des Mieters bei Versetzung gemäß § 570 BGB a. F. *aa) Allgemeines.* Nach § 570 BGB a. F. bestand zu Gunsten von **Beamten im Falle der Versetzung** an einen anderen Dienstort ein Sonderkündigungsrecht hinsichtlich der von ihnen oder von ihrer Familie genutzten Wohnung. Die Vorschrift, die als Privileg für Staatsbedienstete konzipiert war, war zuletzt umstritten, hauptsächlich hinsichtlich ihres Anwendungsbereichs bzw. einer Ausdehnung auf Arbeitnehmer des öffentlichen Dienstes oder der Privatwirtschaft. Sie ist **im neuen Mietrecht ersatzlos entfallen**. Die Übergangsregelung bestimmt in Art. 229 § 3 Abs. 3 EGBGB, dass § 570 BGB a. F. bei einfachen Zeitmietverträgen alten Rechts weiter anzuwenden ist, wenn das Mietverhältnis bereits vor dem 1. 9. 2001 bestand. **657**

Eine entsprechende Regelung zu Zeitmietverträgen neuen Rechts fehlt, die §§ 575, 575 a BGB enthalten kein Sonderkündigungsrecht des Mieters bei Versetzung. Der amtlichen Begründung ist zu entnehmen, dass „sich der Mieter im Einzelfall auch zukünftig nach den von der Rechtsprechung entwickelten Grundsätzen unter bestimmten Voraussetzungen durch Stellung eines Nachmieters vorzeitig aus dem Mietverhältnis lösen" können soll.[675] Dieser Hinweis in der Begründung ist mehr als verwirrend: Es hätte dem Gesetzgeber freigestanden, eine dem § 570 BGB a. F. entsprechende Regelung bei der Zeitmiete aufzunehmen, was er jedoch unterlassen hat. Der Begründung ist aber zu entnehmen, dass der Gesetzgeber von einer „analogen" Weitergeltung bei Zeitmietverträgen in den Fällen des alten § 570 BGB auszugehen scheint. Wie diese aussehen soll, wird nur vage angedeutet; die Erwähnung eines Nachmieters in diesem Zusammenhang macht keinen Sinn, da es bei § 570 BGB a. F. um Kündigung, nicht um Mietaufhebung geht. **658**

Fraglich ist ferner, ob § 570 BGB a. F. in Fällen verlängerter Altvertragskündigungsfristen und vereinbarten Kündigungsverzichts weiter angewendet werden kann. Hierzu enthält das Übergangsrecht keine Regelungen, da der Gesetzgeber diese Konstellationen offensichtlich nicht vorgesehen hat. Dem betroffenen Mieter kann hier nur geraten werden, sich auf eine analoge Anwendung des Art. 229 § 3 Abs. 3 EGBGB zu berufen. **659**

bb) Begünstigter Personenkreis. (1) Militärpersonen. Hierunter sind **Soldaten** im Sinne des Soldatengesetzes zu verstehen,[676] also Berufssoldaten und Soldaten auf Zeit, Wehrpflichtige und einberufene Reservisten, nicht jedoch zivile Angestellte der Bundeswehr oder der in Deutschland stationierten Nato-Truppen,[677] letztere schon deshalb nicht, weil die Vorschrift ihren Zweck im öffentlichen Interesse hat. **660**

(2) Beamte. Der Beamtenbegriff ist hier im staatsrechtlichen Sinne zu verstehen,[678] bestimmt sich also nach den Beamtengesetzen des Bundes und der Länder. Ob auch **Wider-** **661**

---

[675] Begründung der BReg zum Gesetzesentwurf, BT-Drucks. 14/4553, S. 67.
[676] Bub/Treier/*Grapentin* IV Rdnr. 239.
[677] AG Königstein NJW-RR 1997, 1032.
[678] BGH ZMR 1992, 98 ff.

rufsbeamte (Referendare) hierzu zählen, ist umstritten: Die ablehnende Meinung begründet dies damit dass ihr Beamtenverhältnis dem (privaten) Interesse des Ausbildungsabschlusses dient, nicht aber dem öffentlichen Interesse.[679] Die Gegenansicht[680] stellt allein auf die Beamteneigenschaft ab und bejaht demzufolge ein Sonderkündigungsrecht. Die praktische Bedeutung der Vorschrift dürfte aber im Falle der Referendare gering sein, zumal die weitere Voraussetzung, nämlich die Versetzung an einen anderen Dienstort, hier regelmäßig nicht gegeben sein dürfte.[681] **Berufsrichter** zählen ebenfalls zu den Beamten i. S. d. Vorschrift.[682] Für **Angestellte im öffentlichen Dienst** gilt die Vorschrift nicht direkt, ihre analoge Anwendung ist umstritten, wohl aber zu bejahen, da die Versetzbarkeit hier ebenfalls im öffentlichen Interesse liegt.[683] Für **sonstige Arbeitnehmer** kommt eine Anwendung der Vorschrift nicht in Betracht.[684] Ein (nichtbeamteter) **Nurnotar** nach § 3 Abs. 1 BNotO gehört nicht zu den Beamten i. S. d. § 570 BGB a. F.[685]

662   *(3) Geistliche.* Allen hauptberuflich für eine Religionsgemeinschaft Tätigen kommt das Privileg des § 570 BGB a. F. zugute, wobei es auf den Rechtsstatus der betreffenden Religionsgemeinschaft nicht ankommt, insbesondere kommen nicht nur öffentlich-rechtliche Körperschaften in Betracht.[686] Nach erweiternder Ansicht steht das Sonderkündigungsrecht auch denjenigen zu, deren Tätigkeit für eine Religionsgemeinschaft mit dem Verkündungsauftrag in Zusammenhang steht.[687]

663   *(4) Lehrer an öffentlichen Unterrichtsanstalten.* Da die Vorschrift dem öffentlichen Interesse dient, kommen nur solche Unterrichtsanstalten in Betracht, die von der öffentlichen Hand getragen werden. Die dort unterrichtenden Personen werden durch § 570 BGB a. F. privilegiert. Es kommt darauf an, dass eine Lehrtätigkeit ausgeübt wird; der möglicherweise nur geringe Umfang derselben neben einer hauptsächlichen Forschungs- oder Verwaltungstätigkeit (Schulleiter) ist unerheblich.[688] Ein bloßer Lehrauftrag reicht allerdings nicht aus, vielmehr muss zwischen dem Anstaltsträger und dem Lehrer entweder ein Beamten- oder aber ein Angestelltenverhältnis bestehen.[689] Folglich zählen alle Hochschullehrer hierzu, ferner alle an einer öffentlich getragenen Schule mit der Unterrichtsleitung betrauten Personen.

664   *(5) Ehegatten als Mitmieter/Familienangehörige.* Nach dem Wortlaut der Vorschrift steht das Sonderkündigungsrecht nur dem dort genannten privilegierten Personenkreis zu; eine verfassungskonforme Auslegung der Vorschrift gebietet ihre Anwendung auch auf den Ehegatten des Mieters, soweit er ebenfalls Mietvertragspartei ist.[690] Das Gleiche soll für weitere Familienangehörige gelten, die Mitmieter sind und in einem gemeinsamen Hausstand leben.[691] Gehört allerdings ein Ehegatte oder sonstiger im gemeinsamen Hausstand lebender Familienangehöriger zum nach § 570 BGB a. F. begünstigten Personenkreis, ohne selbst Mitmieter zu sein, soll dem Mieter kein Sonderkündigungsrecht zustehen.[692]

665   *cc) Versetzung.* Der Begriff der **Versetzung** ist ein beamtenrechtlicher Terminus (§ 26 BBG) und meint die dauernde Zuweisung eines anderen Dienstpostens innerhalb des Dienstbereichs des bisherigen oder eines anderen Dienstherrn. Die Versetzung erfolgt entweder auf Antrag des Beamten oder wenn ein dienstliches Bedürfnis dafür besteht. Beamtenrechtlich

---

[679] Schmidt-Futterer/*Blank* nach § 575 Rdnr. 53.
[680] Emmerich/Sonnenschein/*Emmerich* (7. Aufl.) § 570 Rdnr. 2.
[681] *Both* WuM 1998, 579.
[682] MünchKomm/*Voelskow* (3.Aufl) § 570 Rdnr. 5.
[683] Palandt/*Weidenkaff* (60. Aufl.) § 570 Rdnr. 2; Bub/Treier/*Grapentin* IV Rdnr. 239; *Kossmann* (5. Aufl.) § 88 Rdnr. 13; offen gelassen in BGH ZMR 1992, 98 ff.
[684] BayObLG ZMR 1985, 198.
[685] BGH WuM 1992, 73.
[686] Bub/Treier/*Grapentin* IV Rdnr. 239.
[687] *Sternel* IV Rdnr. 492, für Kirchenmusiker, Gemeindeschwestern usw.
[688] Schmidt-Futterer/*Blank* nach § 575 Rdnr. 55.
[689] LG Kiel WuM 1993, 357.
[690] AG Köln WuM 1992, 194; Emmerich/Sonnenschein/*Emmerich* (7. Aufl.) § 570 Rdnr. 5.
[691] MünchKomm/*Voelskow* (3. Aufl.) § 570 Rdnr. 9.
[692] Staudinger/*Emmerich* § 570 Rdnr. 21; Bub/Treier/*Grapentin* IV Rdnr. 240; a. A.: *Sternel* IV Rdnr. 494.

zu unterscheiden ist die Abordnung nach § 27 BBG, worunter die nur vorübergehende Zuweisung einer anderen Dienststelle zu verstehen ist. In beiden Fällen kann ein Ortswechsel vorliegen. Im Anwendungsbereich des § 570 BGB a. F. muss der Begriff der Versetzung dem Gesetzeszweck entsprechend ausgelegt werden. Danach ist **jeder Ortswechsel** relevant, der auf Dauer oder nicht nur unerhebliche Zeit angelegt ist. Somit kommt auch eine beamtenrechtliche Abordnung in Betracht, wenn sie über einen Zeitraum mehrerer Jahre dauert und die Begründung eines neuen Wohnsitzes auch im Interesse der Familie des Mieters liegt.[693]

Einzelfälle: Versetzung an einen anderen Dienstort innerhalb des Dienstbereichs des gleichen oder eines anderen Dienstherrn; Rückversetzung in Form der Aufhebung einer angeordneten und durchgeführten Versetzung; Umzug der Behörde,[694] Annahme eines Rufs an eine andere Universität durch einen Hochschullehrer.[695]

Es ist nicht erforderlich, dass der Mieter bereits bei Mietvertragsabschluss zu dem Personenkreis des § 570 BGB a. F. gehört, vielmehr ist es ausreichend, wenn er während der Dauer des Mietverhältnisses z. B. zum Beamten ernannt wird.[696] Die Gegenansicht stellt darauf ab, dass der Vermieter bei Mietvertragsabschluss nicht mit der Entstehung eines Sonderkündigungsrechtes rechnen konnte und brauchte.[697] Diese Ansicht verkennt aber den öffentlich-rechtlichen Sinn und Zweck der Vorschrift. Das Kündigungsrecht ist schließlich nicht auf die erste tatbestandsmäßige Versetzung beschränkt sondern entsteht bei jeder Versetzung wieder neu.[698]

Keine Anwendung findet § 570 BGB a. F. allerdings bei der erstmaligen Berufung des Mieters in das Beamtenverhältnis.[699] Läuft ein befristeter Arbeitsvertrag aus und schließt der Mieter andernorts einen neuen befristeten Arbeitsvertrag ab, ist ebenfalls kein Sonderkündigungsrecht gegeben,[700] ferner nicht bei der Entlassung aus dem Beamtenverhältnis, der Rücknahme der Ernennung sowie dem Eintritt in den Ruhestand.

Die Versetzung muss an einen **anderen Ort** erfolgen. Dieses Tatbestandsmerkmal ist erfüllt, wenn sich die neue Dienststelle in einer anderen Gemeinde befindet, auf die Entfernung zum bisherigen Wohn- und Dienstort kommt es grundsätzlich nicht an.

Wenn der Mieter allerdings bereits am neuen Dienstort wohnt, ist ein Sonderkündigungsrecht nicht gegeben. Dies folgt aus dem Zweck der Vorschrift sowie aus dem ungeschriebenen Tatbestandsmerkmal,[701] dass die Gründe für den Wohnungswechsel zwar dienstlich veranlasst, darüber hinaus aber auch nachvollziehbar und vernünftig sein müssen. Soll eine andere Wohnung in derselben Gemeinde angemietet werden, ist das Kündigungsrecht aus § 570 BGB a. F. ausgeschlossen, allerdings stellt sich insoweit meist ein Beweisproblem zu Lasten des Vermieters, wenn dieser die Rechtswirkung der Kündigung bereits bestätigt hat.

Andererseits kann eine Versetzung **innerhalb derselben Gemeinde** ausnahmsweise dann in Betracht kommen, wenn die Nähe zur Dienststelle aus dienstlichen Gründen erforderlich ist.

dd) Form und Frist der Kündigung. Die Kündigung bedarf der **Schriftform**, § 568 BGB (§ 564 BGB a. F.). Eine **Begründung** ist nicht erforderlich, es empfiehlt sich jedoch aus Gründen der Klarstellung, dem Vermieter den Grund, also den Erhalt der Versetzungsverfügung und deren Wirkung mitzuteilen, schon um unnötige Diskussionen hinsichtlich der Wirksamkeit der Kündigung und des Beendigungstermins zu vermeiden.

Die Kündigung kann nur für den **ersten zulässigen Termin** erfolgen. Zu unterscheiden sind der Tag der **Bekanntgabe der Versetzung** (Zugang, Aushändigung der Verfügung), der **Tag der Versetzung** (Dienstantritt an der neuen Dienststelle) und der **Kündigungstag** (Zugang der Kündigung beim Vermieter).

---

[693] *Kossmann* (5. Aufl.) § 88 Rdnr. 14; einschränkend gegen eine Anwendung bei Abordnung: *Both* WuM 1998, 579.
[694] *Both* WuM 1998, 579.
[695] LG Hamburg ZMR 1982, 114.
[696] *Sternel* IV Rdnr. 494; Schmidt-Futterer/*Blank* nach § 575 Rdnr. 70.
[697] Bub/Treier/*Grapentin* IV Rdnr. 240.
[698] AG Weiden i. d. Opf. WuM 1997, 113.
[699] OLG Hamm (RE) WuM 1985, 213; BayObLG (RE) WuM 1985, 140.
[700] LG Kiel WuM 1993, 357.
[701] Schmidt-Futterer/*Blank* nach § 575 Rdnr. 64.

673 Das Sonderkündigungsrecht entsteht bei Eröffnung der Versetzungsverfügung. Hierunter ist nach strenger Ansicht bei förmlicher Entscheidung die Aushändigung zu verstehen,[702] nach anderer Ansicht reicht die amtliche Unterrichtung von einem feststehenden Versetzungsbeschluss, die auch (fern-)mündlich erfolgen kann.[703]

674 Die Kündigung hat dann für den **ersten zulässigen Termin** zu erfolgen. Diesbezüglich ist umstritten, ob dem Mieter eine gesonderte **Überlegungsfrist** zu gewähren ist. Dagegen spricht der Wortlaut der Vorschrift, nach welchem die Überlegungsfrist sich allein nach der Zeitspanne bemisst, die zwischen Zugang oder Kenntniserlangung der Verfügung und dem 3. Werktag des Folgemonats liegt.[704] Für die Gewährung einer gesonderten kurzen Frist wird ähnlich wie im Falle des § 569 BGB a. F. argumentiert, dem Mieter müsse ein Zeitraum von etwa zwei Wochen verbleiben, um überlegen und Dispositionen treffen zu können.[705] Diese Ansicht findet jedoch keine Stütze im Gesetz, der Vergleich zu § 569 BGB a. F. ist überdies nicht sachgerecht, da der Erbe erst sichere Kenntnis von dem Tod des Mieters, seiner Erbenstellung usw. haben und dann noch unter Umständen weiteren Ermittlungsaufwand treiben muss, um die Adresse des Vermieters zu erfahren. All dies muss der Beamte im Falle der Versetzung nicht.[706]

675 Die Berechnung des Kündigungstages macht keine Schwierigkeiten, soweit die Bekanntgabe der Versetzung **nach** oder **zeitgleich mit dem Tag der Versetzung** erfolgt oder wenn dieser Tag innerhalb der Kündigungsfrist liegt.

Beispiele:
1. Bekanntgabe der Versetzung zum 1. März am 5. Mai. Kündigungstag ist der 3. Juni, das Mietverhältnis endet zum 31. 8.
2. Bekanntgabe der Versetzung zum 1. Juli am 1. Juli. Kündigungstag ist der 3. Juli, das Mietverhältnis endet zum 30. 9.
3. Bekanntgabe der Versetzung zum 1. Juli am 5. Mai. Kündigungstag ist der 3. Juni, das Mietverhältnis endet zum 31. 8.

676 Problematisch ist die Berechnung in den Fällen, in denen zwischen der Bekanntgabe und dem Tag der Versetzung eine längere Zeitspanne als drei Monate liegt. Nach wohl unbestrittener Auffassung im Schrifttum braucht der Mieter entgegen dem Wortlaut des § 570 S. 2 BGB a. F. nicht für einen Termin zu kündigen, der vor dem Versetzungstermin liegt. Vielmehr soll er seine Wohnung in solchen Fällen bis zum Versetzungstermin nutzen können, so dass ein nahtloser Übergang möglich ist.[707] Der Mieter kann unter Einhaltung einer längeren Frist kündigen,[708] wenn der Kündigungstermin vor dem Zeitpunkt der Versetzung liegt.

677 Die Kündigung wirkt mit der gesetzlichen Frist von drei Monaten gemäß § 565 Abs. 5, Abs. 2 S. 1 BGB a. F.
Wird die Kündigung nach § 570 BGB a. F. nicht zum ersten Termin ausgeübt, geht das Sonderkündigungsrecht verloren, entsteht aber im Falle einer erneuten Versetzung wieder neu.[709] Handelt es sich um ein befristetes Mietverhältnis, führt die Versäumung des ersten Termins zum Rechtsverlust; ist das Mietverhältnis hingegen ordentlich kündbar, kommt eine Umdeutung der unwirksamen in eine wirksame Kündigung zum nächstzulässigen Termin in Betracht.

678 *ee) Abdingbarkeit.* Die Abdingbarkeit der Regelung war streitig. Nach wohl noch h. M. ist das Sonderkündigungsrecht aus § 570 BGB a. F. unabdingbar, wofür vor allem der Gesetzeszweck spricht. Im Vordringen begriffen war jedoch die Gegenansicht, dass der Mieter auf die Kündigungsbefugnis verzichten können soll.[710] Dies liegt auf der Linie der neuen Recht-

---
[702] LG Mannheim WuM 1997, 374.
[703] *Both* WuM 1998, 579, 581.
[704] LG München II WuM 1984, 110.
[705] Schmidt-Futterer/*Blank* nach § 575 Rdnr. 72.
[706] Emmerich/Sonnenschein/*Emmerich* (7. Aufl.) § 570 Rdnr. 6.
[707] Palandt/*Weidenkaff* (60. Aufl.) § 570 Rdnr. 5.
[708] Schmidt-Futterer/*Blank* nach § 575 Rdnr. 80 f.
[709] AG Weiden i. d. Opf. WuM 1997, 113.
[710] Schmidt-Futterer/*Blank* (7. Aufl.) § 570 Rdnr. 40.

sprechung des BGH zum einseitigen Kündigungsverzicht.[711] Teilweise wurde auch mit einer als ungerechtfertigt und nicht mehr zeitgemäß empfundenen Privilegierung von Staatsbediensteten argumentiert, die für die Abdingbarkeit spreche.[712] In jedem Fall muss ein entsprechender Ausschluss hinreichend deutlich sein, sodass eine formularvertragliche Regelung insoweit nicht ausreichend erscheint.

ff) Prozessuales. Der Mieter ist darlegungs- und beweisbelastet hinsichtlich der Voraussetzungen des von ihm ausgeübten Sonderkündigungsrechts. Dies umfasst die Versetzung als solche, den Zeitpunkt der Bekanntgabe und den Zugang beim Vermieter. Zweckmäßigerweise ist im Kündigungsschreiben der Grund präzise anzugeben und das Kündigungsschreiben per Einschreiben/Rückschein, besser noch per Boten zuzustellen.

Formulierungsvorschlag:

Betr. Unser Mietverhältnis über Wohnung ……, Mietvertrag vom ……
Sehr geehrter ……,
wie Sie wissen, bin ich als …… bei (Behörde) beschäftigt. Mit Verfügung meines Dienstherrn vom ……, welche mir am …… zuging, wurde mir meine Versetzung nach …… mit Wirkung zum …… eröffnet. Aus diesem Grunde mache ich hiermit form- und fristgerecht von meinem Sonderkündigungsrecht Gebrauch und **kündige** das zwischen uns bestehende Mietverhältnis zum ……
Ich darf Sie bitten, mir (den Erhalt dieses Schreibens und) das Ende des Mietverhältnisses zu dem genannten Tag zu bestätigen.
Mit freundlichen Grüßen.

gg) Verhaltensmöglichkeiten des Mieters eines Zeitmietvertrages oder bei verlängerten Altvertragskündigungsfristen. Wie oben ausgeführt, hat der Gesetzgeber es in Kenntnis der Bedeutung des § 570 BGB a. F. beim Zeitmietvertrag unterlassen, unter §§ 575 f. BGB eine entsprechende Regelung aufzunehmen; stattdessen gibt die Begründung irreführende Hinweise.

Es kann daher jedem betroffenen umzugswilligen Mieter eines Zeitmietvertrages nur geraten werden, umgehend nach Erhalt der Versetzungsverfügung eine außerordentliche Kündigung mit gesetzlicher Frist unter Hinweis auf die Versetzung auszusprechen, also sich so zu verhalten, wie es § 570 BGB a. F. entsprochen hätte. Der Vermieter sollte im Kündigungsschreiben um Bestätigung gebeten werden. Für den Fall, dass der Vermieter widerspricht, sollte der Mieter allgemein um die Untermieterlaubnis nachsuchen, um so möglicherweise die Voraussetzungen des Sonderkündigungsrechts des § 540 Abs. 1 BGB zu schaffen. Daneben kann dem Vermieter (nachrangig) die Stellung eines Nachmieters angeboten werden.

Formulierungsvorschlag:

Betr. Unser Mietverhältnis über Wohnung ……, Mietvertrag vom ……
Sehr geehrter ……,
wie Sie wissen, bin ich als …… bei (Behörde) beschäftigt. Mit Verfügung meines Dienstherrn vom ……, welche mir am …… zuging, wurde mir meine Versetzung nach …… mit Wirkung zum …… eröffnet. Aus diesem Grunde **kündige** ich hiermit das zwischen uns bestehende Mietverhältnis fristgerecht zum ……, da ich gezwungen bin, zum …… meinen Wohnsitz an meinen neuen Dienstort nach …… zu verlegen. Ich darf Sie bitten, mir (den Erhalt dieses Schreibens und) das Ende des Mietverhältnisses zu dem genannten Tag zu bestätigen.
Vorsorglich bitte ich hiermit um Erteilung der Erlaubnis zur Untervermietung, da die Erfüllung des Mietvertrages bis zum Ende der Vertragslaufzeit für mich zu einer Doppelbelastung führt, welche ich finanziell nicht tragen kann. Den mit der Suche eines Untermieters verbundenen Aufwand, Anzeigen etc., möchte ich allerdings nur entfalten, wenn mir Ihr grundsätzliches Einverständnis vorliegt. Ich gehe davon aus, dass mir Ihre

---

[711] BGH NZM 2004, 216 = ZMR 2004, 251.
[712] *Kossmann* (5. Aufl.) § 88 Rdnr. 16.

> Erlaubnis bis zum …… (2 Wochen) vorliegen kann. Sollten Sie bereit sein, gegen Stellung eines Nachmieters das Mietverhältnis aufzuheben, bitte ich ebenfalls um Ihre Nachricht binnen der Frist.
> Mit freundlichen Grüßen.

2. Sonderkündigungsrechte des Vermieters

684 Aus einer Reihe von Vorschriften ergeben sich auch für den Vermieter Sonderkündigungsrechte. Hier kann das Mietverhältnis außerordentlich unter Einhaltung der gesetzlichen Frist gekündigt werden. Gesetzliche Frist ist hier die kurze Frist des § 573c Abs. 1 Satz 1 BGB. Das Sonderkündigungsrecht besteht auch bei befristeten Verträgen.[713]

Es ist aber ausdrücklich zu beachten, dass auch bei diesen Sonderkündigungsrechten eine Kündigung des Vermieters nur möglich ist, wenn ein berechtigtes Interesse i. S. von § 573 BGB vorliegt (§ 573d Abs. 1 BGB). Die Auswirkung der Sonderkündigungsrechte liegt somit letztlich beim Wohnraummietverhältnis nur in der Verkürzung der Kündigungsfrist.

685 **a) Vertrag über mehr als 30 Jahre (§ 544 BGB).** Nach § 544 BGB kann sowohl der Mieter als auch der Vermieter bei einem Mietvertrag, der für eine längere Zeit als dreißig Jahre geschlossen wird, nach Ablauf von dreißig Jahren nach Überlassung der Mietsache das Mietverhältnis unter Einhaltung der gesetzlichen Frist kündigen.

Im Wohnraummietverhältnis hat diese Vorschrift letztlich keine Bedeutung, da derart lange Vertragszeiträume praktisch nicht vorkommen. Darüber hinaus kann nach dem 31. 8. 2001 ein Wohnraummietvertrag nur unter den Voraussetzungen des § 575 BGB wirksam befristet werden. Die dort genannten Befristungsgründe schließen von ihrer Art her eine Befristung über einen Zeitraum von mehr als dreißig Jahren nahezu aus.

686 **b) Tod des Mieters (§§ 563 Abs. 4, 564, 580 BGB).** Beim Tod des Mieters hat auch der Vermieter ein Sonderkündigungsrecht. Zu den Voraussetzungen sowie den sich in den unterschiedlichen Fällen ergebenden Regelungen siehe § 11 Tod des Mieters.

687 **c) Erlöschen des Nießbrauchs (§ 1056 Abs. 2 S. 1 BGB).** Obwohl er nicht Eigentümer ist, kann der Nießbraucher durch seine dingliche Rechtsstellung auch Vermietungen vornehmen (§ 1030 Abs. 1 BGB), sofern die Berechtigung nicht nach § 1030 Abs. 2 BGB diesbezüglich eingeschränkt ist. Das Erlöschen des Nießbrauchs hätte eigentlich auch die Beendigung des Mietverhältnisses zur Folge, da der Mietvertrag ja nicht mit dem Eigentümer abgeschlossen wurde. Durch den Verweis auf § 566 BGB wird jedoch sichergestellt, dass sich das Mietverhältnis mit dem Eigentümer fortsetzt.

Dieser ist allerdings dazu berechtigt, das Mietverhältnis unter Einhaltung der gesetzlichen Frist zu kündigen. Auch in diesem Fall muss ein berechtigtes Interesse nach § 573 BGB vorhanden sein.

688 **d) Kündigungsrecht des Nacherben (§ 2135 BGB).** Auch der Vorerbe ist auf Grund seiner Erbenstellung bis zum Eintritt des Nacherbfalls zur Vermietung berechtigt. Für den Eintritt des Nacherbfalls verweist § 2135 BGB auf die Regelung des § 1056 BGB, so dass auf die obigen Ausführungen zu Rdnr. 687 verwiesen werden kann.

689 **e) Erlöschen des Erbbaurechts.** Hat der Erbbauberechtigte vermietet, so geht das Mietverhältnis bei Erlöschen des Erbbaurechts nach § 566 BGB auf den Grundstückseigentümer über. Ist das Erbbaurecht durch Zeitablauf nach §§ 27 bis 29 ErbbauVO erloschen, so kann der Eigentümer das Mietverhältnis mit der gesetzlichen Frist kündigen und zwar für einen der beiden ersten Termine, für die die Kündigung zulässig ist (§ 30 Abs. 2 ErbbauVO).

690 **f) Erwerb in der Zwangsversteigerung (§ 57a ZVG).** Auch bei einem Erwerb in der Zwangsversteigerung ergibt sich für den Erwerber ein Sonderkündigungsrecht und zwar nach § 57a ZVG. Zu den Voraussetzungen und Folgen siehe § 39 Zwangsversteigerung.

---

[713] Schmidt-Futterer/*Blank* § 542 Rdnr. 118.

g) **Beendigung des Dauerwohnrechts (§ 37 WEG).** Wenn das Dauerwohnrecht des § 31 691
WEG erlischt, erlischt automatisch auch das Mietverhältnis (§ 37 Abs. 1 WEG). Auch der
Wohnraummieter kann sich in einem solchen Fall nicht auf Bestandsschutz berufen. Hier
besteht eine Lücke im Bestandsschutz des sozialen Mietrechts.[714] Auch im Rahmen der
WEG-Reform ist hier keine Änderung eingetreten. In der Praxis führt die Vorschrift aber
bislang nicht zu größeren Problemen, da das Dauerwohnrecht des WEG auch weiterhin nur
eine sehr geringe Verbreitung erfahren hat.

Bei einem Erwerb des Dauerwohnrechts in der Zwangsversteigerung wird nach § 37 692
Abs. 3 S. 2 WEG auf § 57a ZVG verwiesen. Es kann daher auf die obigen Ausführungen
unter Rdnr. 690 Bezug genommen werden.

h) **Insolvenz.** Im Fall der Insolvenz bestehen besondere Regelungen über die Kündigung. 693
Soweit darf auf die Ausführungen in § 57 verwiesen werden.

---

[714] Bärmann/Pick/Merle/*Pick* § 37 Rdnr. 16.

§ 29 Vertragsbeendigung ohne Kündigung

Übersicht

	Rdnr.
I. Zeitmietvertrag	1–147
1. Einführung	1–3
2. Voraussetzungen eines Zeitmietvertrages	4–27
a) Befristung	5/6
b) Verlängerungsregelung	7/8
c) Option	9–12
d) Kombination	13
e) Laufzeit von mehr als 30 Jahren	14
f) Mietvertrag auf Lebenszeit	15/16
g) Mietvertrag bis zum Eintritt eines bestimmten Ereignisses	17–20
h) Befristung durch richterlichen Gestaltungsakt	21–23
i) Kettenmietvertrag	24–26
j) Nachträgliche Änderung der Laufzeit	27
3. Zeitmietvertrag	28–73
a) Voraussetzungen	30–69
b) Rechtsfolgen	70–72
c) Abweichende Vereinbarungen	73
4. Alt-Zeitmietvertrag mit Bestandsschutz	74–95
a) Fortsetzungsverlangen nach § 564 c Abs. 1 BGB a. F.	77–88
b) Sozialklausel gemäß § 556 b BGB a. F.	89–93
c) Wiederholte Anwendung der Sozialklausel nach § 556 c BGB a. F.	94/95
5. Vereinbarungen über den Kündigungsausschluss	96–110
a) Individualvereinbarungen	100–102
b) Formularklauseln	103–110
6. Befristung und AGB-Recht	111–118
a) Grenzen der Vereinbarung einer Befristung durch das AGB-Recht	112–115
b) Auswirkungen der Unklarheitenregelung des § 305 c Abs. 2 BGB	116–118
7. Zeitmietvertrag und Mieterhöhung	119–128
8. Weiternutzung durch den Mieter	129–132
9. Anspruch des Mieters auf vorzeitige Entlassung aus einem Zeitmietvertrag	133–147
a) Ersatzmieterstellung	135/136
b) Verweigerung der Untermieterlaubnis	137–141
c) Fehlende Schriftform	142–144
d) Eigenmächtiger Auszug des Mieters	145–147
II. Vereinbartes Rücktrittsrecht/Auflösende Bedingung	148–156
1. Allgemeines	148
2. Rücktrittsrecht	149–151
3. Auflösende Bedingung	152–156
III. Mietaufhebungsvertrag	157–182
1. Checkliste	157
2. Allgemeines	158–171
a) Zustandekommen des Vertrages	158–160
b) Vertragsschluss durch konkludentes Handeln	161–163
c) Formbedürftigkeit	164–170
d) Auslegungsfragen	171
3. Rückanspruch auf Abschluss eines Aufhebungsvertrages	172–182
a) Vereinbarung einer Ersatzmieterklausel	173–178
b) Nachmieterstellung bei fehlender vertraglicher Vereinbarung	179–182
4. Nachmieterproblem	183
5. Inhalt eines Aufhebungsvertrages	184–189
IV. Öffentlich-rechtliche Gründe	190–196

Schrifttum: *Blank,* Das Vierte Mietrechtsänderungsgesetz, Teil 2: Die Änderungen des Bürgerlichen Gesetzbuchs und des Heimgesetzes, WuM 1993, 573 ff.; *Blank,* Anmerkung zum Rechtsentscheid des OLG Stuttgart v. 31. 5. 1994 (NJW-RR 1994, 1291), WuM 1994, 420 ff.; *Blank,* Der Ausschluss der Mieterhöhung nach § 1 MHG, Partner im Gespräch (PiG) 40, 1993, Der Mietzins als Gegenleistung, S. 143 ff.; *Blank,* Zeitmietverträge mit

Verlängerungsklausel, WuM 2007, 514; *Börstinghaus*, Kündigungsausschlussvereinbarungen nach neuem Recht, WuM 2003, 487 ff.; *Börstinghaus*, Zur Wirksamkeit von Kettenmietverträgen, ZAP F. 4 R, 20 ff. zu OLG Frankfurt/M., WuM 1991, 17 f.; *Brock/Lattka*, Kündigungsverzicht in Formularmietverträgen über Wohnraum, NZM 2004, 729 ff.; *Bub*, Das 4. Mietrechtsänderungsgesetz, Änderungen des Gesetzes zur Regelung der Miethöhe, NJW 1993, 2897 ff.; *Claas*, Zur Anwendung der Schuldrechtsreform auf Altmietverträge, WuM 2004, 86; *Derckx*, Vereinbarungen über den Kündigungsausschluss im neuen Mietrecht, NZM 2001, 826 ff.; *Derleder*, Der Kündigungsverzicht des Wohnraummieters, NZM 2004, 247 ff.; *Derleder*, Zeitmiete und zeitlicher Kündigungsausschluss im neuen Mietrecht, NZM 2001, 649 ff.; *Eisenschmid*, Die mietrechtlichen Neuregelungen des Jahres 1993, Vortrag anlässlich der Bad Salzufler Mietrechtstage 1993, Deutsches Volksheimstättenwerk e. V., S. 7 ff.; *Feuerlein*, Nichts Neues beim Zeitmietvertrag?, WuM 2001, 371 ff.; *Fischer*, Zulässigkeit eines befristeten Kündigungsausschlusses bei Wohnraummietverträgen?, WuM 2004, 123 ff.; *Franke*, Der „wiederentdeckte" § 566 BGB – Schriftform für Mietverträge, ZMR 1998, 529 ff.; *Gather*, Der Zeitmietvertrag über Wohnraum, DWW 1991, 69 ff.; *Gather*, Ausgewählte Fragen der Mietvertragsgestaltung, DWW 1992, 353 ff.; *Gather*, Zeitmietvertrag, Tod des Mieters und Eintrittsrecht Dritter in den Wohnraummietvertrag, NZM 2001, 57 ff.; *Gellwitzki*, Mit welchen Fristen kann ein Zeitmietvertrag mit Verlängerungsklausel und mit eventueller Staffelmiete gekündigt werden?, WuM 2004, 575 ff.; *Gellwitzki*, Verkürzung von Altvertragskündigungsfristen und formularmäßige Altzeitmietverträge mit Verlängerungsklauseln, WuM 2005, 436 ff.; *Grundmann*, Die Mietrechtsreform – Wesentliche Inhalte und Änderungen gegenüber der bisherigen Rechtslage, NZM 2001, 2505; *Haase*, Das mietvertragliche Formerfordernis und das Prinzip der Einheitlichkeit der Urkunde: Die ratio legis des § 566 BGB als Regulativ des Zusammenwirkens der §§ 566, 126 BGB, WuM 1995, 625 ff.; *Hannemann*, Im Überblick: Risiken des Zeitmietvertrags bei der Wohnraummiete, NZM 1999, 585 ff.; *Hannemann/Wiek*, Handbuch der Mietrechtsentscheide (HdM), Loseblattwerk; *Häublein*, Befristeter (fünfjähriger) Verzicht des Mieters auf sein Kündigungsrecht, ZMR 2004, 252 ff.; *Häublein*, Ordentliche Kündigung von Zeitmietverträgen? – Ein Beitrag zur Auslegung der Zeitmietabrede im Wohnraummietrecht, ZMR 2004, 1 ff.; *Heiderhoff*, Schriftform bei langfristigen Mietverträgen und „Loseblatt"-Rechtsprechung des BGH, NZM 1998, 896 ff.; *Hinz*, Der befristete Mietvertrag, WuM 2009, 79 ff.; *Hinz*, Kündigungsverzicht und „Mindestmietzeit" bei der Wohnraummiete, WuM 2004, 126 ff.; *Hinz*, Langer Zeitmietvertrag und Kündigungsausschluss bei der Wohnraummiete, NZM 2003, 659 ff.; *Horst*, Der Zeitmietvertrag über Wohnraum, ZAP F. 4, 359 ff.; *Kandelhard*, Aufhebungsvertrag und Ersatzmieterstellung, NZM 2004, 846 ff.; *Kandelhard*, Zur Wirksamkeit von Kündigungsausschlüssen, WuM 2004, 129 ff.; *Lammel*, Ersatz des Zeitmietvertrages durch einen Kündigungsausschluss?, WuM 2003, 123 ff.; *Langenberg*, Mietrechtsreform im Rechtsausschuss, NZM 2001, 212 ff.; *Lechner*, Aktuelle Probleme des Mietrechts, ZMR 1982, 166 ff.; *Linder-Figura*, Mietverträge: Schriftformerfordernis bei Nachtragsvereinbarungen, MDR 1997, 209; *Lützenkirchen*, Möglichkeit der Befristung von Wohnraummietverträgen nach dem Mietrechtsreformgesetz, ZMR 2001, 769 ff.; *Lützenkirchen*, Die Entwicklung des Mietrechts in der obergerichtlichen Rechtsprechung des Jahres 1997, Teil 1, WuM 1998, 127 ff.; *Nies*, Praxistipp: Fallstricke im Mietprozess, Kündigungswiderspruch, stillschweigende Vertragsfortsetzung, Fortsetzungsverlangen, NZM 1998, 18 ff.; *Schimmel/Meyer*, Fortbestand der Altmietvertragskündigungsfristen auch nach der Schuldrechtsreform, NJW 2004, 1633 ff.; *Schläger*, Rechtsentscheide in Wohnraummietsachen seit Mitte 1989, ZMR 1990, 241 ff.; *Schlemminger*, Das Schriftformerfordernis im Abschluss langfristiger Mietverträge, NJW 1992, 2249 ff.; *Schmidt*, Schriftformerfordernis bei Geschäftsraummietverträgen, ZflR 1997, 701 ff.; *Schmidt-Kessel*, Mieters Altvertragskündigungsfristen – schuldrechtsmodernisiert eben!, NJW 2003, 3748 ff.; *Schönleber*, Praxistipp: Sonderkündigungsrecht bei Verweigerung der Erlaubnis zur Untervermietung, NZM 1998, 948; *Schopp*, Art. 1 des Gesetzes zur Erhöhung des Angebots an Mietwohnungen, ZMR 1983, 109 ff.; *Sternel*, Neues Wohnraummietrecht, MDR 1983, 265 ff.; *Sternel*, Anmerkung zu BGH v. 24. 9. 1997 (NJW 1998, 58 = NZM 1998, 25), MDR 1998, 33 f.; *Stürzer*, Miet„verhältnis" ist nicht Miet„vertrag", NZM 2001, 825 f.; *Thaler*, Praxistipp: Die Mär von der Nachmietergestellung, NZM 1998, 994 f.; *Wetekamp*, Neue Bedeutung für die Sozialklausel der §§ 556 a–c BGB?, DWW 1990, 102 ff.; *Wiek*, Der Kündigungsverzicht des Mieters nach der Mietrechtsreform, WuM 2004, 509 ff.; *Wiek*, Zur Geltung der dreimonatigen Kündigungsfrist bei Altmietverträgen, WuM 2004, 407 ff.; *Wiek*, Anmerkung zu BGH (NZM 2001, 854), WuM 2001, 442 f.

I. Zeitmietvertrag

1. Einführung

Ein Zeitmietvertrag ist ein befristeter Mietvertrag, bei dem das Mietverhältnis grundsätzlich mit dem Ablauf der Zeit endet, für die es eingegangen ist, ohne dass es einer Kündigung bedarf. So die gesetzliche Regelung in § 542 Abs. 2 BGB, die der grundsätzlichen Rechtslage auch bei sonstigen befristeten Vertragsverhältnissen entspricht. 1

Dies verleitet Vermieter wie auch Mieter – und manchmal sogar Juristen jedenfalls dann, wenn sie nicht ständig mit mietrechtlichen Problemen befasst sind – häufig zu unrichtigen Annahmen mit „schmerzlichem Erwachen" oft erst nach dem Ende eines zeit- und kostenaufwendigen Rechtsstreits. Beide Parteien sind in der Regel der Auffassung, ein Zeitmietver- 2 trag könne ohne weitere Voraussetzungen rechtswirksam befristet abgeschlossen werden. Vermieter gehen weiter z. B. davon aus, dass der Abschluss eines Zeitmietvertrages – und sei es auch zur „Erprobung"[1] des Mieters vor Abschluss eines unbefristeten Mietvertrages – gewährleistet, dass der Mieter in jedem Fall spätestens nach Ablauf der vereinbarten Mietzeit ausziehen muss, oder, dass damit der Mieter zumindest für die Vertragslaufzeit an die Wohnung gebunden ist und ständige Mieterwechsel verhindert werden. Mieter sind gewissermaßen umgekehrt z. B. der Auffassung, sie müssen zwingend zum vertraglich festgelegten Ende der Mietzeit die Wohnung räumen, könnten aber ggf. auch früher ausziehen, sofern sie nur kündigen oder zumindest drei Nachmieter stellen. Sonstige Nachteile während der Laufzeit eines befristeten Mietverhältnisses gegenüber einem Mietvertrag auf unbestimmte Zeit vermuten die Vertragsparteien meist nicht.

3   Nach der Rechtslage bis zur Mietrechtsreform, mithin bis zum 31. 8. 2001, wurde differenziert zwischen dem sog. **einfachen Zeitmietvertrag** mit Bestandsschutz (§ 564c Abs. 1 BGB a. F.) und dem sog. **qualifizierten Zeitmietvertrag** ohne Bestandsschutz (§ 564c Abs. 2 BGB a. F.). Das Mietrechtsreformgesetz sieht demgegenüber nur noch einen „**echten Zeitmietvertrag**" als einzige zulässige Befristung eines Wohnraummietverhältnisses vor, der sich an den bisherigen qualifizierten Zeitmietvertrag in § 564c Abs. 2 BGB a. F. anlehnt (§ 575 BGB). Jeder Zeitmietvertrag, der die dort normierten Voraussetzungen nicht erfüllt, gilt nach § 575 Abs. 1 Satz 2 BGB als auf unbestimmte Zeit geschlossen und ist daher wie jeder unbefristete Wohnraummietvertrag kündbar (§ 542 Abs. 1 BGB). Der bisherige einfache Zeitmietvertrag kann daher nach dem 31. 8. 2001 nicht mehr rechtswirksam befristet abgeschlossen werden. Für am 1. 9. 2001 bereits bestehende Mietverhältnisse auf bestimmte Zeit i. S. v. § 564c Abs. 1 BGB a. F. gilt ohne zeitliche Beschränkung das bisherige Recht unverändert weiter (Art. 229 § 3 Abs. 3 EGBGB), das daher im folgenden auch noch dargestellt wird. Maßgeblich ist, ob der Mietvertrag vor dem 31. 8. 2001 abgeschlossen wurde; dann gelten die §§ 564 Abs. 1, 564c BGB a. F., auch wenn die vereinbarte Mietzeit erst danach begonnen hat.[2]

2. Voraussetzungen eines Zeitmietvertrages

4   Nach der bereits genannten gesetzlichen Grundregel des § 542 Abs. 2 BGB setzt ein Zeitmietvertrag voraus, dass das **Mietverhältnis auf bestimmte Zeit eingegangen** wird. Es bedarf folglich einer ausdrücklichen vertraglichen Regelung über die Mietzeit, andernfalls liegt kein Zeitmietvertrag vor (so z. B. bei einem Mietvertrag, bei dem nur der Mietzins für einen bestimmten Zeitraum unverändert bleiben soll).[3] Wann ist nun die Vertragsdauer in diesem Sinne auf bestimmte Zeit festgelegt?

5   a) **Befristung.** Die Mietzeit ist zunächst dann bestimmt, wenn der **Tag der Beendigung des Mietverhältnisses** kalendermäßig genau festgelegt oder aufgrund des Vertragsinhaltes hinreichend **bestimmbar** ist, so dass es keiner Kündigung oder sonstiger Erklärungen der Mietvertragsparteien bedarf, um das Mietverhältnis zu beenden.[4] So etwa durch Angabe eines bestimmten Kalendertages, eines variablen Festtages für ein bestimmtes Jahr oder auch durch Vereinbarung einer festen, nach Tagen, Monaten oder Jahren bemessenen Frist ab dem kalendermäßig festgelegten Beginn des Mietverhältnisses.[5]

Die Fristbestimmung muss aber nicht ausdrücklich erfolgen, sondern kann sich auch aus der Vertragsauslegung ergeben, sofern die Vertragsdauer zumindest bestimmbar ist.[6] Heranzuziehen ist daher z. B. der Vertragszweck, aus dem sich etwa dann eine Befristung ergeben kann, wenn die Wohnung für eine bestimmte Saison, für eine Messe oder einen sonstigen, nach der Verkehrssitte bestimmbaren Zeitraum, wie etwa ein Semester, dem Mieter überlas-

---

[1] OLG Stuttgart NJW 1982, 2673; LG Duisburg ZMR 1994, 17.
[2] BGH NJW-RR 2007, 10 = NZM 2006, 927.
[3] BGH NJW 1976, 1351.
[4] Vgl. statt vieler Staudinger/*Rolfs* § 542 Rdnr. 107.
[5] Staudinger/ *Rolfs* § 542 Rdnr. 108.
[6] *Gather* DWW 1991, 69; *Horst* ZAP, F. 4, S. 359.

sen wird.[7] Dagegen ist die Vermietung z. B. für die Dauer eines Studiums wegen der großen zeitlichen Schwankungsbreite kein in diesem Sinne bestimmbarer Zeitraum.[8] Ein Zeitmietvertrag liegt somit auch ohne kalendermäßig bestimmte Zeit immer dann vor, wenn sich die Mietzeit nach einem von vornherein zeitlich begrenzten Gebrauchszweck des Mieters richtet.[9]

An einer wirksamen Befristung fehlt es dagegen, wenn die Parteien vereinbaren, dass das Mietverhältnis zwar nach einer bestimmten Zeit enden soll, dann aber ein neuer Mietzins festzulegen sei.[10]

b) Verlängerungsregelung. Ein Mietvertrag mit **Verlängerungsklausel**[11] ist zunächst ein auf bestimmte Zeit abgeschlossener Vertrag, der sich automatisch erneut einmal oder mehrfach auf bestimmte oder auch auf unbestimmte Zeit verlängert,[12] wenn nicht zumindest eine der beiden Vertragsparteien – i. d. R. innerhalb einer festgelegten Frist – vor Ablauf der ursprünglichen Vertragslaufzeit die weitere Fortsetzung des Mietverhältnisses ablehnt.[13] Über die rechtliche Einordnung dieser Erklärung besteht Streit: Trotz der häufigen – untechnischen – Bezeichnung als Kündigung soll damit lediglich die Willensbekundung gemeint sein, mit der die Fortsetzung des Vertrages abgelehnt werde.[14] Es wird daher danach differenziert, ob nach Ablauf der ursprünglichen Befristung ohne Kündigung oder – je nach Formulierung im Mietvertrag – Widerspruch[15] ein neuer, inhaltsgleicher Mietvertrag zustande gekommen ist[16] oder ob das Mietverhältnis nach Verstreichen des Kündigungstermins einfach auf der ursprünglichen vertraglichen Grundlagen fortgesetzt wird.[17] Damit korrespondiert die Frage, ob ein Mietvertrag mit Verlängerungsklausel jeweils zu hintereinandergeschalteten befristeten Mietverträgen führt,[18] oder ob es sich um jeweils um unbefristete Mietverhältnisse handelt, bei denen die Kündigungsmöglichkeiten eingeschränkt werden, es sich also faktisch um wiederholte Kündigungsausschlüsse handelt.[19] Für letzteres spricht, dass die Vertragsbeendigung anders als beim Zeitmietvertrag nicht durch Zeitablauf, sondern durch Kündigung erfolgt.[20] Im zuerst genannten Fall muss § 575 BGB im zuletzt genannten § 573c Abs. 1 (wegen dessen abs. 4) BGB eingehalten werden, ganz abgesehen davon, dass in dieser Klauselregelung dann bei kundenfeindlichster Auslegung auch ein Ausschluss des gesetzlichen Rechts des Mieters zur außerordentlichen Kündigung liegen würde mit der Folge des Verstoßes gegen § 307 BGB.[21] Bestand der Vertrag schon am 1. 9. 2001, hält die erste Auffassung die danach mangels Kündigung/Widerspruch erfolgenden Vertragsverlängerungen für unwirksam, sofern § 575 BGB nicht eingehalten wird.[22] Die Gegenmeinung hält

---

[7] Bub/Treier/*Grapentin* IV Rdnr. 260; Staudinger/ *Rolfs* § 542 Rdnr. 108.
[8] LG Berlin WuM 1989, 632.
[9] Bub/Treier/*Grapentin* IV Rdnr. 260.
[10] Umgehung der zwingenden Mieterhöhungsvorschriften des BGB mit der Nichtigkeitsfolge nach § 134 BGB: AG Frankfurt/M. WuM 1996, 556; zum selben Ergebnis kommt Staudinger/*Rolfs* § 542 Rdnr. 108 über § 117 BGB.
[11] Zu § 9 AGBG, jetzt § 307 BGB vgl. OLG Karlsruhe NJW-RR 1989, 243; AG Gelsenkirchen-Buer NJW-RR 1989, 245.
[12] Vgl. LG Augsburg WuM 1996, 169.
[13] *Gather* DWW 1991, 69; Staudinger/*Rolfs* § 542 Rdnr. 122.
[14] BGH NJW 1975, 40; OLG Düsseldorf WuM 1993, 673; LG Wuppertal NJW 1976, 2215; Palandt/ *Weidenkaff* § 542 Rdnr. 10; Staudinger/*Rolfs* § 542 Rdnr. 122; a. A. LG Gießen ZMR 1977, 157; Schmidt-Futterer/*Blank*, Wohnraumschutzgesetze, 6. A. (1988), B 27.
[15] Vgl. Schmidt-Futterer/*Blank* § 542 Rdnr. 163 ff.
[16] RGZ 86, 60, 62; 107, 300, 301; BGH NJW 1975, 40 für ein Gewerberaummietverhältnis.
[17] BGHZ 150, 373, 375; Schmidt-Futterer/*Blank* § 542 Rdnr. 160, 166; Palandt/*Weidenkaff* § 542 Rdnr. 10; Staudinger/*Emmerich* Vorbem. zu 535 Rdnr. 105 m.w.N.
[18] *Gellwitzki* WuM 2004, 575, 578 f.; dort im Übrigen unter IV näher bei Neu- wie auch Altmietverträgen zur Variante Verlängerungsklausel und **Staffelmiete**; vgl. hierzu auch BGH NZM 2004, 736, wonach die Beschränkung der Kündigung auf eine Möglichkeit im Jahr gegen § 10 Abs. 2 S. 6 MHG bzw. jetzt § 557a Abs. 3 BGB verstößt.
[19] Schmidt-Futterer/*Blank* § 542 Rdnr. 160, 162 und 166, § 575 Rdnr. 78; *Derleder* NZM 2001, 649, 657.
[20] Vgl. BGH NJW 1991, 1348.
[21] So in anderem Zusammenhang *Fischer* WuM 2004, 123, 125; *Hinz* WuM 2004, 126, 128; *Wiek* WuM 2004, 509, 511.
[22] A. A. wohl *Lützenkirchen* MDR 2004, 926, 927.

demgegenüber § 575 Abs. 1 S. 2 BGB nicht für anwendbar, sondern prüft über Art. 229 § 3 Abs. 3 EGBGB i. V. m. § 565a Abs. 1 BGB a. F., wonach ein befristetes Mietverhältnis mit Verlängerungsklausel bezogen auf die Anwendung der Kündigungsvorschriften einem unbefristeten Mietverhältnis gleichzustellen ist, ob die danach allein maßgebliche Kündigungsregelung vor dem 1. 9. 2001 vereinbart wurde. Dann gilt Art. 229 § 3 Abs. 10 S. 1 EGBGB,[23] so dass die Kündigungsregelung wirksam wäre. Der BGH teilt – auch wenn er den o. g. Meinungsstreit über die Rechtsnatur der Fortsetzung des Mietvertrags dahingestellt sein lässt – die zuletzt genannte Auffassung und hält bei dieser Gelegenheit fest, dass die Übergangsregelung zu Schuldrechtsreform in Art. 229 § 5 S. 2 EGBGB für die Zeit ab 1. 1. 2003 hieran nichts ändert.[24] Es ist mithin wie folgt zu differenzieren: **Kündigungsfristen** in einem Altmietvertrag unterfallen Art. 229 § 3 Abs. 10 EGBGB und gelten für den Vermieter unverändert fort.[25] Für **Kündigungstermine** in vor dem 1. 9. 2001 abgeschlossenen Wohnraummietverträgen gilt Art. 229 § 3 Abs. 3 EGBGB mit der Folge, dass auch nach dem 31. 8. 2001 nur zu dem im Mietvertrag vereinbarten Ablauftermin gekündigt werden kann.[26]

8   Auch für den fortgeltenden einfachen Zeitmietvertrag nach **altem Recht** sind nach § 565a Abs. 1 BGB a. F. alle Kündigungsvorschriften unmittelbar anwendbar,[27] von der Schriftform und dem Begründungserfordernis des § 564a Abs. 1 BGB a. F.[28] über die einzuhaltenden Fristen des § 565 Abs. 2 oder 3 BGB a. F.[29] bis hin zum Erfordernis des berechtigten Interesses nach § 564b BGB[30] und der Geltung der Sozialklausel gemäß §§ 556a, 556c BGB a. F., ohne die Einschränkungen des § 556b Abs. 2 BGB a. F.[31] Oft wird dies in die Verlängerungsregelung mit aufgenommen.[32] Abweichende Vereinbarungen sind nur nach § 565a Abs. 3 BGB a. F. zuungunsten des Mieters zulässig. § 564c Abs. 1 BGB a. F. ist dagegen auf diese Vertragsgestaltung nicht anwendbar,[33] außer das Mietverhältnis soll sich nach der Verlängerungsklausel lediglich einmal um eine feste bestimmte Zeit verlängern.[34] Ist die Zahl der Verlängerungen in einem am 1. 9. 2001 bereits bestehenden Zeitmietverhältnis aber gewissermaßen umgekehrt unbegrenzt, kann das Mietverhältnis nur nach § 565a Abs. 1 BGB a. F. enden.[35]

9   c) **Option.** Während bei einer Verlängerungsklausel mindestens eine Vertragspartei aktiv werden muss, um das Mietverhältnis zu beenden, wird eine Option dadurch gekennzeichnet, dass der berechtigte Vertragspartner etwas tun muss, um das Mietverhältnis zu verlängern. Ein Mietvertrag mit Optionsrecht ist daher ein auf bestimmte Zeit abgeschlossener

---

[23] Beachte aber ab dem 1. 6. 2005 Art. 229 § 3 Abs. 10 S. 2 EGBGB.
[24] BGH NJW 2005, 1572 = NZM 2005, 417; a. A. zuerst *Schmidt-Kessel* NJW 2003, 1748, 1749; *Claas* WuM 2004, 86; demgegenüber wie BGH u. a. *Schimmel/Meyer* NJW 2004, 1633; *Wiek* WuM 2004, 407.
[25] NJW 2008, 1661 = NZM 2008, 362; NJW 2005, 1572 = NZM 2005, 417.
[26] BGH NJW 2007, 2760 = NZM 2008, 728; vgl. auch BGH NJW 2007, 728.
[27] LG Kaiserslautern ZMR 1986, 167; MünchKomm/*Voelskow* 3. A. 1995, § 565a Rdnr. 3; Staudinger/*Sonnenschein* 13. A. 1997, § 565a Rdnr. 10; a. A. LG Kaiserslautern NJW 1975, 1325; LG Wuppertal NJW 1976, 2215.
[28] LG Freiburg WuM 1990, 300.
[29] LG Frankfurt/M. WuM 1981, 10 m. Anm. *Ronimi*; AG Arnsberg DWW 1987, 80; die Erklärung kann bereits vor Ablauf der Mietzeit abgegeben werden, um eine frühestmögliche Beendigung zu erreichen: LG Mannheim WuM 1970, 11; AG Köln WuM 1970, 22, aber erst zum Ablauf der in der Verlängerungsklausel vereinbarten Periode: LG Memmingen WuM 1979, 255; AG Köln WuM 1970, 22.
[30] LG Arnsberg WuM 1990, 434; LG Freiburg WuM 1990, 300; LG Gießen NJW 1976, 1455; LG Köln NJW-RR 1990, 520; AG Büdingen WuM 1979, 255; AG Pinneberg WuM 1979, 193; AG Würzburg WuM 1978, 191.
[31] H. M. Bub/Treier/*Grapentin* IV Rdnr. 281; Staudinger/*Sonnenschein* 13. A. (1997), § 565a Rdnr. 14; *Sternel* IV Rdnr. 332; a. A. Palandt/*Putzo* 60. A. (2001), § 565a Rdnr. 6, der § 556b Abs. 2 BGB anwenden will.
[32] AG Bad Hersfeld WuM 1996, 706; AG Bremen-Blumenthal WuM 1987, 395.
[33] LG Düsseldorf WuM 1989, 414; AG Pinneberg WuM 1979, 193; ganz h. M. *Barthelmess* § 564c Rdnr. 6; MünchKomm/*Voelskow* 3. A. (1995) § 564c Rdnr. 7; Palandt/*Weidenkaff* § 575 Rdnr. 2; Staudinger/*Sonnenschein* 13. A. (1997), § 564c Rdnr. 9.
[34] LG Augsburg WuM 1996, 169; Staudinger/*Sonnenschein* 13. A. (1997), § 565a Rdnr. 9.
[35] AG Arnsberg DWW 1987, 80; AG Würzburg WuM 1978, 191.

Vertrag, der die Vereinbarung enthält, dass eine Partei berechtigt ist, ihn durch einseitige Erklärung einmal oder mehrfach über die ursprünglich vereinbarte Mietzeit hinaus um den in der Optionsklausel[36] vorgesehenen Zeitraum oder auf unbestimmte Zeit zu verlängern.[37] Unter den Voraussetzungen des § 550 BGB bedarf die Optionsvereinbarung der Schriftform.[38] Die Optionsausübung kann von der Einhaltung einer Frist abhängig gemacht werden, die sich auch aus der Vertragsauslegung ergeben kann.[39] Andernfalls kann das Optionsrecht noch bis zum Ablauf der Mietzeit ausgeübt werden,[40] was durch ausdrückliche und zweifelsfreie Erklärung[41] aller Berechtigter[42] geschehen muss. Allein z. B. die bloße Weiterzahlung des Mietzinses genügt nicht, sofern den Parteien der Ablauf des Mietverhältnisses nicht bewusst war.[43]

10 Liegt ein wirksamer **Zeitmietvertrag nach § 575 BGB** vor, begegnet ein Optionsrecht, den Vertrag unbefristet zu verlängern, keinen Bedenken. Eine Verlängerung wiederum auf bestimmte Zeit ist dagegen nur erneut unter den Vorgaben des § 575 BGB zulässigerweise möglich, außer es handelt sich – wie meist – um ein allein dem Mieter zustehendes Optionsrecht. Zu dessen Gunsten sind Abweichungen nach § 575 Abs. 4 BGB selbstverständlich zulässig.

11 Wird das **Optionsrecht ausgeübt**, erlischt es. Ein erneutes Optionsrecht bedarf einer eindeutigen Vereinbarung.[44] Dies gilt auch bei mehrfach vereinbarten Verlängerungsoptionen. Zeitlich nachfolgende Optionsrechte können nur dann wirksam ausgeübt werden, wenn zeitlich frühere Verlängerungsoptionen rechtzeitig ergriffen worden waren. Andernfalls wandelt sich das Mietverhältnis nach Ablauf der ursprünglich vereinbarten Laufzeit wegen nicht rechtzeitiger Optionsausübung in ein unbefristetes um, so dass eine erneute Befristung durch ein neues Optionsrecht einer schriftlichen Ergänzungsvereinbarung bedarf (§ 550 Satz 2 BGB).[45] Wird die **Option nicht wahrgenommen,** endet ein wirksam befristetes Mietverhältnis durch Zeitablauf.[46] Ansonsten bedarf es der Kündigung nach den gesetzlichen Vorschriften.

12 Liegt ein fortgeltender **alter einfacher Zeitmietvertrag** vor, findet § 565a BGB a.F. keine Anwendung.[47] § 564c Abs. 1 BGB a.F. greift weiter uneingeschränkt dann ein, wenn der Vermieter sein Optionsrecht nicht ausübt.[48] Nimmt der Mieter sein Optionsrecht nicht wahr, gilt § 564c Abs. 1 BGB a.F. nach einer Meinung in jedem Fall,[49] nach anderer Auffassung jedenfalls dann, wenn die Optionsvereinbarung eine Vertragsverlängerung nur unter ungünstigeren Bedingungen für den Mieter zulässt als nach der gesetzlichen Regelung (Verstoß gegen §§ 564c Abs. 1 Satz 2, 564b Abs. 6 BGB a.F.).[50]

13 d) **Kombination.** Verlängerungsklausel und Option können in einem Zeitmietvertrag verbunden werden. Lehnt keine der Parteien die Vertragsfortsetzung ab, würde das Mietverhältnis schon aufgrund der Verlängerungsklausel (auf bestimmte Zeit nur unter den Voraussetzungen des § 575 BGB) fortgesetzt.[51] Andernfalls kann eine Vertragspartei durch un-

---

[36] Darf der Mieter den Vermieter nur um die Abgabe eines Angebots zur Vertragsfortsetzung zu geänderten Bedingungen bitten, ist die Optionsklausel nach § 9 Abs. 2 Nr. 2 AGBG unwirksam – OLG Hamburg DWW 1990, 176; DWW 1991, 307; *Gather* DWW 1991, 69, 70.
[37] *Gather* DWW 1991, 69; Staudinger/*Rolfs* § 542 Rdnr. 119.
[38] BGH NJW-RR 1987, 1227.
[39] OLG Düsseldorf DWW 1992, 79f. – ZMR 1992, 52.
[40] OLG Düsseldorf MDR 1981, 847; AG Hamburg-Blankenese ZMR 1986, 17.
[41] BGH WM 1967, 935; NJW 1982, 2770.
[42] LG Berlin GE 1990, 763.
[43] OLG Köln NJWE-MietR 1996, 200; LG Berlin GE 1995, 1209.
[44] BGH NJW-RR 1995, 714.
[45] OLG Hamburg NZM 1998, 333.
[46] Staudinger/*Rolfs* § 542 Rdnr. 119.
[47] Bub/Treier/*Grapentin* IV Rdnr. 263; MünchKomm/*Häublein* § 575 Rdnr. 10; Staudinger/*Sonnenschein* 13. A. (1997), § 565a Rdnr. 7.
[48] Staudinger/*Sonnenschein* 13. A. (1997), § 564c Rdnr. 11 a. E.
[49] *Sternel* IV Rdnr. 284; unklar Staudinger/*Sonnenschein* 13. A. (1997) § 564c Rdnr. 11.
[50] Bub/Treier/*Grapentin* IV Rdnr. 263; MünchKomm/*Voelskow* 3. A. (1995), § 564c Rdnr. 7; anders bei widersprüchlichem Mieterverhalten über § 242 BGB: Staudinger/*Sonnenschein* 13. A. (1997), § 564c Rdnr. 11.
[51] Staudinger/*Rolfs* § 564 Rdnr. 14 a. E.

verzügliche Ausübung ihres Optionsrechtes (jedoch nicht vor Ablauf der Kündigungsfrist) die Ablehnungserklärung der anderen Seite wirkungslos machen und damit verhindern, dass das Mietverhältnis endet.[52]

14 **e) Laufzeit von mehr als 30 Jahren.** Mietverträge mit einer vereinbarten[53] Laufzeit von mehr als 30 Jahren – und sei es durch Optionseinräumung oder Ausschluss des Kündigungsrechts einer Partei für diesen Zeitraum,[54] sofern individualvertraglich vereinbart[55] – genießen ab diesem Zeitpunkt den Bestandsschutz eines unbefristeten Mietverhältnisses. Ungeachtet einer etwa abweichenden vertraglichen Regelung[56] ist ein derartiger Mietvertrag erstmals 30 Jahre nach Überlassung der Mietsache an den Mieter[57] bzw. vom Abschluss einer entsprechenden Verlängerungsvereinbarung an[58] gemäß § 544 Satz 1 BGB mit gesetzlicher Frist außerordentlich kündbar, gemäß § 573d BGB unter Beachtung der §§ 573, 573c und 574ff. BGB.[59] Ein Rückgriff auf § 564c BGB a.F. bei Altverträgen scheidet aus.

15 **f) Mietvertrag auf Lebenszeit.** Ein nach § 550 BGB schriftlich[60] zu vereinbarender Mietvertrag auf Lebenszeit unterliegt nicht der Kündigungsmöglichkeit nach § 544 Satz 1 BGB; vielmehr bleibt gemäß § 544 Satz 2 BGB die Kündigung auch nach Ablauf von 30 Jahren unzulässig. Die Rechtsnatur eines derartigen Vertrages ist umstritten. Nach einer Meinung soll es sich um einen unbefristeten und damit zu kündigenden Vertrag handeln,[61] nach der anderen um einen Vertrag unter einer auflösenden Bedingung.[62] Mit der h. M. ist aufgrund der Tatsache, dass der Tod sicher eintreten wird und nur ungewiss ist, wann, von einem befristeten Mietverhältnis auszugehen.[63]

16 War ein zum 1. 9. 2001 bestehender Vertrag an die Lebenszeit des Vermieters (oder eines Dritten) geknüpft, gelten die §§ 564c Abs. 1, 556b BGB a.F. mit der Maßgabe, dass sämtliche Fristen erst mit der Beendigung des Mietverhältnisses durch den Tod zu laufen beginnen.[64] Bei einem Mietverhältnis auf Lebenszeit des Mieters ist zu differenzieren: Existieren Eintrittsberechtigte i.S.v. § 563 BGB, die von ihrem Widerspruchsrecht keinen Gebrauch machen, setzt sich das Mietverhältnis mit diesen nicht erneut auf Lebenszeit, sondern auf unbestimmte Zeit fort mit vollem Kündigungsschutz.[65] Wird das Mietverhältnis mit beiden Eheleuten an die Lebenszeit des einen gebunden, setzt es sich gemäß § 563a BGB mit dem anderen, überlebenden Ehegatten ebenfalls auf unbestimmte Zeit fort.[66] Gibt es keine Eintrittsberechtigten, endet das Mietverhältnis mit dem Tod des Mieters; eine irgendwie geartete Rechtsposition kann in diesem Fall nicht vererbt werden, so dass kein Fortsetzungsanspruch des oder der Erben besteht.[67]

17 **g) Mietvertrag bis zum Eintritt eines bestimmten Ereignisses.** Die Einordnung eines derartigen Mietverhältnisses hängt davon ab, ob dieses zukünftige bestimmte Ereignis nach dem Willen der Parteien (also nicht etwa im naturwissenschaftlichen Sinne) mit Gewissheit ein-

---

[52] BGH NJW 1985, 2581; NJW 1992, 2281.
[53] Dies gilt nicht, wenn ein unbefristetes Mietverhältnis länger als 30 Jahre angedauert hat: *Sternel* IV Rdnr. 532.
[54] Staudinger/*Emmerich* § 544 Rdnr. 5 m. w. N.
[55] OLG Celle MDR 1990, 154; LG Kassel NJW-RR 1995, 269; a. A. OLG Hamm NJW-RR 1992, 270.
[56] § 567 BGB ist zwingend: BGH NJW 1951, 974; LG Kassel NJW-RR 1995, 269.
[57] OLG Celle NJW-RR 1994, 1473; Bub/Treier/*Grapentin* IV Rdnr. 223; Staudinger/*Emmerich* § 544 Rdnr. 8; *Sternel* IV Rdnr. 273; unklar: BGH NJW 1993, 1651.
[58] BGH NJW 1996, 2028.
[59] Staudinger/*Emmerich* § 544 Rdnr. 8.
[60] BGH NJW 1958, 2062; LG Berlin WuM 1991, 498; LG Hannover WuM 1991, 349.
[61] AG Bruchsal WuM 1983, 142; Schmidt-Futterer/*Blank*, Wohnraumschutzgesetze, 6. Aufl. 1988, B 22.
[62] *Sternel* IV 274; anders Mietrecht aktuell, Rdnr. 1149.
[63] BayObLG NJW-RR 1993, 1164; LG Arnsberg WuM 1989, 380; LG Frankfurt/M. WuM 1990, 82; LG Mannheim WuM 1987, 353; AG Trier WuM 1993, 196; Bub/Treier/*Grapentin* IV Rdnr. 47, 260, 282; MünchKomm/*Bieber* § 542 Rdnr. 21; Palandt/*Weidenkaff* § 575 Rdnr. 9; Staudinger/*Rolfs* § 542 Rdnr. 111.
[64] BayObLG NJW-RR 1993, 1164 in einem obiter dictum; Staudinger/*Rolfs* § 542 Rdnr. 113.
[65] BayObLG NJW-RR 1993, 1164; Bub/Treier/*Grapentin* IV Rdnr. 260; Staudinger/*Rolfs* § 542 Rdnr. 113.
[66] AG Bruchsal WuM 1983, 142.
[67] BayObLG NJW-RR 1993, 1164; Staudinger/*Rolfs* § 542 Rdnr. 113.

treten wird oder ob sein Eintritt ungewiss ist. Im zuerst genannten Fall handelt es sich um einen befristeten, ansonsten um einen **auflösend bedingten Mietvertrag**.[68]

Für den befristeten Mietvertrag gilt § 575 BGB, bei alten einfachen Zeitmietverträgen die §§ 564c, 556b BGB a. F., auch wenn das mit Gewissheit eintretende Ereignis in der Hand nur einer Vertragspartei liegt (z. B. Hausbau).[69] 18

Als auflösende Bedingungen kommen demgegenüber z. B. in Betracht: Beendigung des Arbeitsvertrages bei Werkwohnungen,[70] Auszug des Mitmieters,[71] Versetzung des Mieters,[72] Verlust des Bleiberechtes in Deutschland, Verlust der Mitgliedschaft in einer Genossenschaft oder sonstigen Organisation, von der die Wohnung angemietet wurde,[73] die Beendigung des Hauptmietverhältnisses[74] oder der Abbruch bzw. die Sanierung der Mietsache.[75] Da es sich nicht um eine Beendigung durch Zeitablauf, sondern aufgrund sonstiger Umstände handelt, greifen die Regelungen über den Zeitmietvertrag nicht ein.[76] Nach **neuem Recht** kann sich zwar der Mieter nicht aber der Vermieter auf die Bedingung berufen (§ 572 Abs. 2 BGB). Nach **bisherigem Recht** galt demgegenüber gemäß § 565a Abs. 2 BGB a. F. das Mietverhältnis ab dem Bedingungseintritt als auf unbestimmte Zeit verlängert und bedürfte daher zur Beendigung der Kündigung.[77] 19

Umstritten ist in diesem Zusammenhang, ob das Wohnraummietverhältnis auch **vor Bedingungseintritt gekündigt** werden kann. Eine Meinung verneint dies,[78] nach anderer Auffassung soll die Kündigung schon vor Eintritt der Bedingung erklärt werden können, die Frist aber erst mit Bedingungseintritt zu laufen beginnen.[79] Richtigerweise ist zu differenzieren: Handelt es sich um ein unbefristetes Mietverhältnis, kann jederzeit, also auch vor Bedingungseintritt, gekündigt werden, sofern nicht, etwa gerade durch die Vereinbarung der auflösenden Bedingung, Anhaltspunkte dafür bestehen, dass das Kündigungsrecht ausgeschlossen wurde. § 572 Abs. 2 BGB will nur die Vertragsbeendigung gerade durch den Bedingungseintritt verhindern, so dass die Kündigungswirkung erhalten bleibt, wenn während der Kündigungsfrist die Bedingung eintritt.[80] War das Mietverhältnis dagegen rechtwirksam befristet, ist eine Kündigung vor Zeitablauf unwirksam.[81] Tritt die Bedingung allerdings vor Ablauf der Mietzeit ein, wandelt sich der Zeitmietvertrag nach altem Recht in ein unbefristetes Mietverhältnis um.[82] 20

h) Befristung durch richterlichen Gestaltungsakt. aa) *Hausratsverordnung.* Die Hausratsverordnung erlaubt dem Hausratsrichter nach billigem Ermessen unter besonderer Berücksichtigung des Wohls der Kinder und der Erfordernisse des Gemeinschaftslebens (§ 2 HausratsVO) die Rechtsverhältnisse an der Ehewohnung zu gestalten (§ 5 HausratsVO). Nach **altem Recht** war dies auch durch Begründung befristeter Mietverhältnisse möglich.[83] Dem Mieter wurde dabei nach allgemeiner Auffassung der Schutz der Sozialklausel zugebilligt, nach h. M. aber nicht der Bestandsschutz des § 564c Abs. 1 BGB a. F.[84] Im Wesentlichen 21

---

[68] Vgl. nur Staudinger/*Rolfs* § 542 Rdnr. 110.
[69] AG Dresden ZMR 1994, 411.
[70] LG Aachen WuM 1985, 149; LG Düsseldorf WuM 1985, 151; AG Gelsenkirchen-Buer WuM 1973, 138; KreisG Görlitz WuM 1992, 684.
[71] LG Göttingen WuM 1989, 184.
[72] MünchKomm/*Voelskow* 3. A. (1995), § 565a Rdnr. 10.
[73] LG Lübeck WuM 1970, 201.
[74] LG Osnabrück WuM 1994, 24.
[75] *Lechner* ZMR 1982, 166, 169.
[76] Staudinger/*Rolfs* § 542 Rdnr. 113 a. E.
[77] Staudinger/*Sonnenschein* 13. A. (1997), § 565a Rdnr. 16 ff.
[78] Schmidt-Futterer/*Blank* § 580a Rdnr. 7; *Sternel* IV Rdnr. 334.
[79] Bub/Treier/*Grapentin* IV Rdnr. 283; MünchKomm/*Voelskow* 3. A. (1995), § 565a Rdnr. 9.
[80] Staudinger/*Sonnenschein* 13. A. (1997), § 565a Rdnr. 21; a. A. Schmidt-Futterer/*Blank*, Wohnraumschutzgesetze, 6. A. (1988), B 877.
[81] Staudinger/*Sonnenschein* 13. A. (1997), § 565a Rdnr. 22.
[82] Bub/Treier/*Grapentin* IV Rdnr. 283.
[83] BayObLG NJW 1957, 62.
[84] *Barthelmess* § 564c Rdnr. 8; Bub/Treier/*Grapentin* IV Rdnr. 263; MünchKomm/*Voelskow* 3. A. (1995), § 564c Rdnr. 8; Palandt/*Weidenkaff* § 575 Rdnr. 2.

stützte sich die h. M. zur Begründung auf eine Entscheidung des BayObLG.[85] Dort wurde die Einschränkung des Bestandsschutzes aber zum einen auf die damals nur befristete Geltung des Art. 1 § 2 WKSchG gestützt und zum anderen nur auf Zeitmietverträge bezogen, die nach § 5 Abs. 2 HausratsVO begründet werden. Darunter fallen Mietverhältnisse, die zugunsten eines Ehegatten an der im Eigentum des anderen oder im Miteigentum beider stehenden Ehewohnung (§ 3 HausratsVO) bzw. Teilwohnung (§ 6 Abs. 2 HausratsVO) begründet werden,[86] folglich von vornherein nicht die Umgestaltung bestehender Mietverhältnisse auch durch Befristung oder rückwirkenden Eintritt des verbleibenden Ehegatten nach Kündigung gemäß § 5 Abs. 1 HausratsVO.[87] Nachdem § 564c Abs. 1 BGB a. F. als Dauerrecht ausgestaltet war und die Gründe für eine Befristung keine Rolle spielten, ließ sich die Ausnahme vom Bestandsschutz nicht mehr rechtfertigen,[88] wobei dem Umstand, dass das Mietverhältnis mit dem ehemaligen Ehegatten im eigenen (Mit-)Eigentum zwangsweise begründet wurde, bei der Prüfung berechtigter Interessen angemessen zu berücksichtigen war. Dabei kam hinzu, dass die h. M. bei der Begründung eines unbefristeten Mietverhältnisses nach § 5 Abs. 2 HausratsVO den Bestandsschutz des § 564b BGB a. F. hinnehmen musste.

22   Nach **neuem Recht** scheidet eine einfache Befristung ohne die Voraussetzungen des § 575 BGB (vgl. dessen Abs. 4) durch den Hausratsrichter aus.

23   *bb) Sozialklausel.* Wird ein Mietverhältnis dagegen aufgrund der Sozialklausel nach § 574a Abs. 2 BGB durch Gerichtsurteil auf bestimmte Zeit verlängert, ist für die Frage der Vertragsfortsetzung allein § 574c BGB maßgebend. Bei am 1. 9. 2001 bestehenden einfachen Zeitmietverträgen findet § 564c Abs. 1 BGB a. F., der den Bestandsschutz auf einer völlig anderen Ebene des Wohnraumkündigungsschutzes (der des § 564b BGB a. F., jetzt § 573 BGB – Erfordernis eines berechtigten Interesses) gewährleistet, die im Rahmen der Sozialklausel gewissermaßen schon durchschritten ist, daher keine Anwendung.[89]

24   i) Kettenmietvertrag. Die **wiederholte Befristung** eines Mietverhältnisses wird als Kettenmietvertrag bezeichnet. Dient der so vermietete Wohnraum der Befriedigung des allgemeinen Wohnbedarfs des Mieters, etwa mangels anderweitiger Bleibe, liegt kein Mietverhältnis zu vorübergehendem Gebrauch vor, selbst wenn bloß eine relativ kurze Mietzeit vereinbart ist.[90] Anders nur bei kurzfristiger Gebrauchsüberlassung aus besonderem Anlass, deren Entzug den Mieter nicht schwer treffen kann.[91]

25   Ein Kettenmietvertrag dürfte heute kaum die Voraussetzungen des § 575 BGB erfüllen, so dass derartige wiederholte Befristungen **nach dem 1. 9. 2001** unwirksam sind und jeweils von einem Wohnraummietverhältnis auf unbestimmte Zeit auszugehen ist (§ 575 Abs. 1 Satz 2 BGB).

26   **Am 1. 9. 2001 bereits bestehende Kettenmietverträge** sind auch bei noch so kurzer Laufzeit der aneinandergereihten Befristungen grundsätzlich nicht nach §§ 564c Abs. 1 Satz 2, 564b Abs. 7 Nr. 1 BGB a. F. vom Bestandsschutz befreit. Nach einer Mindermeinung waren derartige Kettenmietverträge, die unter Ausnutzung einer beengten Wohnungsmarktlage zustande kamen, nach § 138 BGB nichtig, insbesondere wegen „der Umgehung der Vorschriften des 2. WKSchG und des § 565 BGB".[92] Die h. M. hatte dagegen keine Bedenken gegen die Zulässigkeit von Kettenmietverträgen.[93] Auch nach der Rechtsprechung waren Mietverträge, die für dieselbe Wohnung mehrfach nacheinander ausdrücklich nur für ein Jahr geschlossen werden, grundsätzlich wirksam, da der Mieter sich nicht auf den jeweils vom

---

[85] BayObLG NJW 1973, 2295.
[86] Palandt/*Brudermüller* § 5 HausratsVO Rdnr. 5.
[87] Palandt/*Brudermüller* § 5 HausratsVO Rdnr. 1, 3.
[88] Staudinger/*Sonnenschein* 13. A. (1997), § 564c Rdnr. 8 a. E.
[89] LG Siegen NJW-RR 1991, 1113; MünchKomm/*Voelskow* 3. A. (1995), § 564c Rdnr. 8; Palandt/*Weidenkaff* § 575 Rdnr. 2; Staudinger/*Sonnenschein* 13. A. (1997), § 564c Rdnr. 8 a. E.
[90] OLG Hamm WuM 1986, 217; OLG Frankfurt/M. NJW-RR 1991, 268; *Sternel* III Rdnr. 501; die Klausel im Mietvertrag, dass die Überlassung zu nur vorübergehendem Gebrauch erfolgt, vermag hieran nichts zu ändern: *Barthelmess* § 564b BGB, Rdnr. 32 m. w. N.
[91] OLG Hamm WuM 1986, 217.
[92] AG Tübingen WuM 1982, 275.
[93] Bub/Treier/*Bub* II Rdnr. 718; Bub/Treier/*Grapentin* IV Rdnr. 262.

Vermieter vorgesehenen Neuabschluss eines Mietvertrages einzulassen braucht, wenn er das Verlängerungsrecht gemäß § 564c Abs. 1 BGB a. F. form- und fristgemäß ausübt.[94] In diesem Fall wurde das Mietverhältnis auf der Grundlage des letzten befristeten Vertrages zu den dort vereinbarten Bedingungen auf unbestimmte Zeit fortgesetzt.[95] Auch dem unkundigen Mieter sollte es durchaus zugemutet werden können, sich über den Fortsetzungsanspruch des § 564c Abs. 1 BGB a. F. rechtzeitig zu informieren, so dass die Unkenntnis hierüber dem Kettenmietvertrag kein sittenwidriges Gepräge geben könne.[96] Dies kann bei Altverträgen auch heute noch in der Praxis zu nicht unerheblichen Problemen und auch Ungerechtigkeiten führen.[97] Rechtsprechung und Schrifttum stützen sich dabei, z. T. ohne dies besonders zu betonen, auf die ganz überwiegenden Meinung, dass der Vermieter nicht verpflichtet ist, den Mieter rechtzeitig auf sein Fortsetzungsrecht aus § 564c Abs. 1 BGB a. F. hinzuweisen, wodurch die Rechtsstellung des Mieters entscheidend verkürzt wird.[98] Da eine analoge Anwendung der §§ 556a Abs. 6 Satz 2, 564a Abs. 2 BGB a. F. nicht in Betracht kommt,[99] ist bei der Beurteilung, ob durch einen Kettenmietvertrag unzulässig in unabdingbare Schutzrechte des Mieters eingegriffen wird, je nach den konkreten Umständen eine differenzierte Einzelfallentscheidung erforderlich.[100] Immerhin besteht die „naheliegende Möglichkeit, dass diese Vertragsgestaltung einer Umgehung der unabdingbaren Schutzrechte des Mieters in § 564b Abs. 6 BGB a. F. und § 10 Abs. 1 MHG Vorschub leistet".[101] Eine weitere rechtswirksame Befristung nach dem 31. 8. 2001 ohne Beachtung von § 575 BGB ist nun nicht mehr möglich. Zur Rechtslage bei **Altmietverträgen mit Verlängerungsklauseln** siehe vorstehend unter Rdnr. 7 ff.

j) **Nachträgliche Änderung der Laufzeit.** Die Vertragsparteien können wirksam ein Mietverhältnis auf unbestimmte Zeit nachträglich unter Beachtung der Vorgaben in § 575 BGB befristen oder umgekehrt, wobei sich diese zuletzt genannte Rechtsfolge auch aus § 545 BGB ergeben kann.

3. Zeitmietvertrag

Gegenüber der bisherigen, nach Ansicht des Gesetzgebers komplizierten und für juristische Laien schwer verständlichen Vorschrift des § 564c BGB a. F. wurde mit § 575 BGB ein „echter" Zeitmietvertrag geschaffen, der nach Ablauf der vereinbarten Mietzeit tatsächlich zur Beendigung des Mietverhältnisses führt. Nach der Gesetzesbegründung im Kabinettsentwurf[102] soll dies eine erhebliche Rechtsvereinfachung zur Folge haben und zugleich dem zunehmenden Bedürfnis der Mietvertragsparteien an Mobilität Rechnung tragen. Die Neuregelung orientiert sich am bisherigen qualifizierten Zeitmietvertrag i. S. v. § 564c Abs. 2 BGB a. F. Wie dort hat der Mieter künftig keinen Verlängerungsanspruch nach Ablauf der vereinbarten Mietzeit und kann der Kündigung auch nicht nach der sog. Sozialklausel (§§ 574 bis 574c BGB) widersprechen. Die bisherige zeitliche Beschränkung der Befristung ist entfallen.

§ **575 BGB gilt nicht** für diejenige Mietverhältnisse, die ohnehin keinen Bestandsschutz genießen. Dies sind die Mietverhältnisse nach § 549 Abs. 2 und 3 BGB, also
- Wohnraum, der nur zum vorübergehenden Gebrauch vermietet ist;
- Wohnraum, der Teil der vom Vermieter selbst bewohnten Wohnung ist und den der Vermieter überwiegend mit Einrichtungsgegenständen auszustatten hat, sofern der Wohnraum dem Mieter nicht zum dauernden Gebrauch mit seiner Familie oder mit Per-

---

[94] OLG Frankfurt/M. NJW-RR 1991, 268; zweifelnd *Sternel*, Mietrecht aktuell, Rdnr. 9.
[95] Schmidt-Futterer/*Blank*, § 542 Rdnr. 181; *Barthelmess* § 564b BGB Rdnr. 32.
[96] So aber *Sternel* III Rd. 501 Fn. 62.
[97] Vgl. *Borstinghaus* ZAP F. 4 R, S. 20.
[98] Staudinger/*Sonnenschein* 13. A. (1997), § 564c Rdnr. 18 m. w. N.
[99] LG Frankfurt NJW-RR 1986, 1146; AG München DWW 1978, 150; Staudinger/*Sonnenschein* 13. A. (1997), § 564c Rdnr. 18; offengelassen LG Karlsruhe DWW 1990, 178.
[100] Hannemann/Wiek/*Wiek*, Handbuch der Mietrechtsentscheide, Kap. 25/1.1.4.
[101] *Sternel*, Mietrecht aktuell, Rdnr. 9.
[102] NZM 2000, 812 ff. vgl. auch, soweit übereinstimmend mit dem Referentenentwurf NZM 2000, 415, 450 f.

sonen überlassen ist, mit denen er einen auf Dauer angelegten gemeinsamen Haushalt führt;
- Wohnraum, den eine juristische Person des öffentlichen Rechts oder ein anerkannter privater Träger der Wohlfahrtspflege angemietet hat, um ihn Personen mit dringendem Wohnungsbedarf zu überlassen, wenn sie den Mieter bei Vertragsschluss auf die Zweckbestimmung des Wohnraums und die Ausnahme von den (im Einzelnen aufgeführten Wohnraumschutz-)Vorschriften hingewiesen hat;
- Wohnraum, in einem Studenten- oder Jugendwohnheim.

In diesen Fällen bleibt es wie bisher dabei, dass Zeitmietverträge uneingeschränkt zulässig sind.

30 a) **Voraussetzungen.** Ein qualifizierter Zeitmietvertrag liegt nur vor, wenn die sogleich dargestellten zwingenden (§ 575 Abs. 4 BGB) Voraussetzungen erfüllt sind, die kumulativ gegeben sein müssen. Andernfalls gilt das Mietverhältnis als auf unbestimmte Zeit geschlossen (§ 575 Abs. 1 Satz 2 BGB). Die Darlegungs- und Beweislast hierfür trägt der Vermieter.[103]

31 *aa) Vertragliche Höchstdauer.* Während nach § 564c Abs. 2 Satz 1 Nr. 1 BGB a.F. die Laufzeit des Vertrages 5 Jahre nicht übersteigen durfte, sieht § 575 BGB **keine zeitliche Begrenzung** mehr vor. Zeitmietverträge können daher für jede beliebige Dauer abgeschlossen werden. Der Gesetzgeber hat hierzu in der Gesetzesbegründung zum Kabinettsentwurf wörtlich folgendes ausgeführt:[104]

Durch die Streichung der Laufzeitbegrenzung wird den Vertragsparteien mehr Gestaltungsspielraum gelassen. Längere Vertragslaufzeiten können für beide Seiten Vorteile haben. Der Vorteil des Mieters besteht darin, dass er die Sicherheit hat, während der Vertragslaufzeit nicht ordentlich gekündigt zu werden. Falls er also in absehbarer Zeit keine räumlichen Veränderungen zu erwarten hat, wird gerade der Abschluss eines längeren Zeitmietvertrages in seinem Interesse liegen. Der Vermieter hat den Vorteil, auch für einen längeren Zeitraum als fünf Jahre Planungssicherheit zu haben.

32 Am 1. 9. 2001 **bereits bestehende qualifizierte Zeitmietverträge** i.S.v. § 564c Abs. 2 BGB a.F. gelten fort (Art. 229 § 3 Abs. 3 EGBGB). Maßgeblich ist, ob der Mietvertrag vor dem 31. 8. 2001 abgeschlossen wurde; dann gelten die §§ 564 Abs. 1, 564c BGB a.F., auch wenn die vereinbarte Mietzeit erst danach begonnen hat.[105] Damals konnte, da eine Mindestfrist gesetzlich nicht vorgesehen war, eine beliebige Laufzeit bis zur Grenze von 5 Jahren vereinbart werden.[106] Bei geringer Vertragslaufzeit ist aber zu prüfen, ob nach dem Vertragszweck der allgemeine Wohnbedarf des Mieters abgedeckt werden soll, oder ob es sich um ein Mietverhältnis zu nur vorübergehendem Gebrauch handelt, auf das § 564c BGB a.F. angesichts der Verweisung in dessen Abs. 1 Satz 2 auf § 564b Abs. 7 Nr. 1 BGB a.F. überhaupt nicht anzuwenden ist.[107] Wurde bzw. wird die Laufzeit von höchstens 5 Jahren nach den vertraglichen Vereinbarungen überschritten, fällt das Mietverhältnis uneingeschränkt unter den Bestandsschutz nach §§ 564c Abs. 1, 556b BGB a.F.[108]

33 Nach überwiegender Auffassung ist die **Fünfjahresfrist** ab dem vereinbarten Mietbeginn bis zum vertraglich vorgesehenen Endtermin zu **berechnen,** unabhängig vom Zeitpunkt des Abschlusses des Mietvertrages.[109] Anderes gilt aber dann, wenn ein bislang auf unbestimmte Zeit abgeschlossener Wohnungsmietvertrag in einen Zeitmietvertrag geändert oder aufgehoben und durch einen Zeitmietvertrag ersetzt wird. In diesen Fällen ist der Zeitpunkt der Änderungsvereinbarung maßgebend.[110] Nach einer Meinung im Schrifttum soll für die Einhaltung der Fünfjahresfrist die Gesamtwohnzeit maßgebend sein, um der Verwurzelung des

---

[103] Staudinger/*Rolfs* § 575 Rdnr. 68; vgl. auch § 575 Abs. 3 Satz 3 BGB.
[104] NZM 2000, 812 ff. vgl. auch, soweit übereinstimmend mit dem Referentenentwurf NZM 2000, 415, 450 f.
[105] BGH NJW-RR 2007, 10 = NZM 2006, 927.
[106] Staudinger/*Sonnenschein* 13. A. (1997) § 564c Rdnr. 40.
[107] Vgl. zur Abgrenzung nur *Barthelmess* § 564b Rdnr. 26 f. m. w. N.
[108] Statt vieler Palandt/*Putzo* 60. A. (2001), § 564c Rdnr. 12.
[109] *Barthelmess* § 564c Rdnr. 56; Bub/Treier/*Grapentin* IV Rdnr. 269; MünchKomm/*Voelskow*, 3. A (1995) § 564c Rdnr. 33; Staudinger/*Sonnenschein* 13. A. (1997) § 564c Rdnr. 40; a. A. Palandt/*Putzo* 60. A. (2001) § 564c Rdnr. 12.
[110] Schmidt-Futterer/*Blank*, 7. A. (1999), § 564c Rdnr. 34.

Mieters in seinem Wohnquartier Rechnung zu tragen.[111] Nach überwiegender Auffassung soll dagegen unter Heranziehung von Gesetzeswortlaut und Zweck die Fünfjahresfrist danach zu berechnen sein, für welche Zeit der geänderte oder neue befristete Mietvertrag „eingegangen worden ist", so dass es allein auf die Restdauer ankommt.[112] Die h. M. überzeugt nicht.[113] Der Gesetzgeber hatte sich seinerzeit gegen die Zulassung eines qualifizierten Zeitmietvertrages auf eine längere Zeit als 5 Jahre mit der Begründung entschieden, damit „der Mieter dann nicht mehr unter den erleichterten Voraussetzungen des Zeitmietverhältnisses die Wohnung verlieren sollte, weil er in deren Umgebung schon stark verwurzelt ist".[114] Dies legt entgegen der h. M. die Wertung nahe, dass nach einer Gesamtwohnzeit von mehr als 5 Jahren das Bestandsinteresse des Mieters Vorrang hat. Hinzu kommt, dass die nachträgliche Vereinbarung eines Zeitmietvertrages eine atypische Fallgestaltung ist, auf die der Gesetzeszweck nicht unmittelbar abzielt.[115]

§ 564c Abs. 2 Satz 1 Nr. 1 und 3 BGB a. F. betraf nur den Neuabschluss eines Vertrages.[116] Die Ausnahme vom Bestandsschutz soll durch die zeitlich eindeutige Begrenzung des Mietverhältnisses Vermietern einen Anreiz bieten, für vorübergehende Zeit Wohnraum zu vermieten, den sie bei Geltung des Bestandsschutzes leerstehen ließen.[117] Bei nachträglicher Vereinbarung eines Zeitmietvertrages bestand aber mit dem betreffenden Mieter bereits ein (unbefristetes) Mietverhältnis mit Bestandsschutz. Der Vermieter kann also in derartigen Fällen nicht mehr „durch die Möglichkeit, kurz befristete Wohnungsmietverträge abzuschließen, veranlasst werden, freien Wohnraum anzubieten und zu vermieten".[118]

bb) Befristungsgründe. § 575 Abs. 1 BGB verlangt bestimmte Verwendungsabsichten des Vermieters, die das Gesetz alternativ auf drei Fallgestaltungen abschließend beschränkt. Eine darüber hinausgehende vertragliche Erweiterung ist unwirksam.[119] Diese drei Alternativen schließen sich nach überwiegender Meinung nicht aus, sondern können **nebeneinander oder haupt- und hilfsweise** geltend gemacht werden.[120] Entfällt daher z. B. eine Verwendungsabsicht während der Vertragslaufzeit, kann sich der Vermieter rechtzeitig vor Vertragsende auf die weiter aufgeführten Verwendungsabsichten berufen.[121]

Ein **Auswechseln** des Befristungsgrundes ist wie bisher[122] nicht zulässig.[123] Nach dem Willen des Gesetzgebers[124] soll allerdings die Veränderung des Sachverhaltes bei ansonsten gleichbleibendem Befristungsgrund nicht ausgeschlossen sein. Werde derselbe Befristungsgrund lediglich durch einen geänderten Sachverhalt erfüllt, stelle dies keinen Wechsel des Befristungsgrundes dar, so z. B., wenn an Stelle der Tochter nun der Sohn des Vermieters die Wohnung nutzen will[125] oder der Vermieter statt des bisher geplanten wesentlichen Umbaus eine allerdings ebenfalls wesentliche Instandsetzung durchführen möchte.[126] Nach anderer

---

[111] *Sternel* IV Rdnr. 308 bei Fn. 46; *Schläger* ZMR 1990, 241, 243.
[112] BayObLG NJW-RR 1990, 17; *Barthelmess* § 564c Rdnr. 56; Bub/Treier/*Grapentin* IV Rdnr. 269; MünchKomm/*Voelskow* 3. A. (1995), § 564c Rdnr. 33; Palandt/*Putzo* 60. A. (2001) § 564c Rdnr. 12; Staudinger/*Sonnenschein* 13. A. (1997), § 564c Rdnr. 41; so auch für die Berechnung der 30-Jahrfrist des § 567 BGB a. F. BGH NJW 1996, 2028.
[113] Vgl. Hannemann/Wiek/*Wiek*, Handbuch der Mietrechtsentscheide, Kap. 25/1.2.2.1.
[114] Begründung des RegE, BT-Drucks. 9/2079, S. 15 zu § 564c BGB a. F.
[115] Hannemann/Wiek/*Wiek*, Handbuch der Mietrechtsentscheide, Kap. 25/1.2.2.1.
[116] Staudinger/*Sonnenschein* 13. A. (1997), § 564c Rdnr. 41.
[117] Begründung RegE, BT-Drucks. 9/2079, S. 7 zu § 564c BGB a. F.
[118] So aber BayObLG NJW-RR 1990, 17.
[119] So auch zu § 564c Abs. 2 BGB a. F. LG Lübeck WuM 1988, 277.
[120] *Barthelmess* § 564c Rdnr. 64; Schmidt-Futterer/*Blank* § 575 Rdnr. 7; Bub/Treier/*Grapentin* IV Rdnr. 270; Staudinger/*Sonnenschein* 13. A. (1997) § 564c Rdnr. 42; a. A. noch Schmidt-Futterer/*Blank*, Wohnraumschutzgesetze, 6. A. (1988), B 795.
[121] *Horst* ZAP F. 4, S. 359, 361.
[122] Vgl. nur Schmidt-Futterer/*Blank* § 575 Rdnr. 42 m. w. N.
[123] NZM 2000, 812 ff. vgl. auch, soweit übereinstimmend mit dem Referentenentwurf NZM 2000, 415, 450 f.
[124] NZM 2000, 812 ff. vgl. auch, soweit übereinstimmend mit dem Referentenentwurf NZM 2000, 415, 450 f.
[125] AG Berlin-Charlottenburg GE 1992, 1155.
[126] Schmidt-Futterer/*Blank* § 575 Rdnr. 42.

Ansicht soll dies dazu führen, dass der Vermieter Befristungsgründe auf Vorrat einführen könne, was ebenso wie sog. Vorratskündigungen[127] unzulässig sei.[128] Diese abweichende Auffassung verkennt, dass der Vermieter jedenfalls nach h. M. auch bei einer ordentlichen Kündigung unter entsprechend engen Grenzen berechtigt ist, innerhalb gleichartiger Kündigungsgründe den bisherigen Grund durch einen vor dessen Wegfall bereits entstandenen Grund zu ersetzen, wenn auch nicht völlig auszuwechseln oder neue Gründe nachzuschieben.[129] Warum soll dies dann bei den Befristungsgründen i. S. v. § 575 Abs. 1 BGB nicht gelten?

37 Liegt der **Befristungsgrund** von vornherein **nicht** vor **oder** handelt es sich um einen **nicht** von § 575 Abs. 1 BGB **erfassten** Befristungsgrund, so führt dies zu einem unbefristeten Wohnraummietverhältnis (§ 575 Abs. 4 BGB). Der Mietvertrag als solches bleibt somit grundsätzlich wirksam, sofern nicht ein Fall des § 154 BGB vorliegt, also ohne Befristung nach dem Willen beider Parteien kein Mietvertrag abgeschlossen werden sollte.[130]

38 *(1) Eigennutzung.* Die zunächst in § 575 Abs. 1 Nr. 1 BGB genannte Eigennutzungsabsicht des Vermieters entspricht § 564 c Abs. 2 Satz 1 Nr. 2 a BGB a. F. Sie unterscheidet sich vom Eigenbedarf i. S. v. § 573 Abs. 2 Nr. 2 BGB dadurch, dass der Vermieter die Räume **nicht benötigen** muss. Der Vermieter muss lediglich den Willen haben, die Räume selbst oder durch ihm nahestehende Personen zu nutzen.[131] Es genügt somit allein der Nutzungswunsch, der nicht begründet zu werden braucht.[132]

39 Der **Kreis der begünstigten Personen** stimmt mit demjenigen der Eigenbedarfskündigung überein.[133] Wie dort wurde der Begriff der „zum Hausstand" des Vermieters „gehörenden Personen" geändert in „Angehörige seines Haushalts". Damit sollen nicht nur Personen, die mit dem Mieter einen auf Dauer angelegten gemeinsamen Haushalt führen, sondern auch Personen erfasst werden, die dauerhaft im Haushalt des Vermieters leben, so z. B. Pflegekinder des Vermieters oder Kinder des Lebenspartners des Vermieters.[134] Die Personen müssen zu Beginn des Mietverhältnisses zumindest bestimmbar sein,[135] wobei es genügt, wenn die Zugehörigkeit zum begünstigten Personenkreis spätestens am Ende des Mietverhältnisses vorliegt.[136]

40 Ausweislich des Gesetzeswortlauts muss der Vermieter die – auch einzelnen[137] – Räume **zu Wohnzwecken** benutzen wollen. Eine gewerbliche Nutzungsabsicht scheidet aus.[138] Allerdings muss sich der Nutzungswunsch nicht darauf beziehen, dass die Wohnräume künftig den Lebensmittelpunkt des Vermieters oder des begünstigten Personenkreises bilden, so dass auch die Nutzung als Zweit- oder Ferienwohnung ausreicht.[139]

41 *(2) Baumaßnahmen.* Die zweite, in § 575 Abs. 1 Nr. 2 BGB genannte Verwendungsabsicht betrifft zwei Gruppen von Baumaßnahmen, einmal die Beseitigung der Mieträume und zum anderen deren wesentliche Veränderung oder Instandsetzung. Sie entspricht unverändert dem bisherigen Recht, nachdem der noch im Kabinettsentwurf vorgesehene Wegfall der Voraussetzung, dass die Baumaßnahme durch die Fortsetzung des Mietverhältnisses erheblich erschwert sein müsse, nach den Beratungen im Rechtsausschuss gewissermaßen in letzter Minute doch unterblieb. Die bisherigen Streitpunkte gelten somit unverändert fort:

---

[127] BVerfG NJW 1990, 3259.
[128] *Börsinghaus/Eisenschmid* § 575, S. 560.
[129] Vgl. nur *Sternel* IV Rdnr. 106 ff. m. w. N.
[130] Hierfür genügt allein die Nichteinhaltung der Formvorgabe des § 550 BGB nicht: BGH NZM 2000, 548.
[131] Begründung RegE, BT-Drucks. 9/2079, S. 15 zu § 564 c BGB a. F.
[132] LG Wuppertal WuM 1994, 543; Bub/Treier/*Grapentin* IV Rdnr. 270; Palandt/*Putzo* 60 A. (2001), § 564 c Rdnr. 13.
[133] Begründung RegE, BT-Drucks. 9/2079, S. 15 zu § 564 c BGB a. F.
[134] NZM 2000, 812 ff. vgl. auch, soweit übereinstimmend mit dem Referentenentwurf NZM 2000, 415, 447 f. zu § 573.
[135] *Horst* ZAP F. 4, S. 359, 361.
[136] Staudinger/*Rolfs* § 575 Rdnr. 14.
[137] Eine selbständige „Wohnung" ist nicht erforderlich: *Barthelmess* § 564 c Rdnr. 71.
[138] *Gather* DWW 1991, 69, 74.
[139] *Barthelmess* § 564 c Rdnr. 69; *Gather* DWW 1991, 69, 74; MünchKomm/*Voelskow* 3. A. (1995), § 564 c Rdnr. 28; Staudinger/*Rolfs* § 575 Rdnr. 18; a. A. *Sternel* IV Rdnr. 309 und MDR 1983, 265, 271.

42 Im Schrifttum bestehen unterschiedliche Auffassungen, was unter **Beseitigung der Miet-räume** zu verstehen ist. Nach einer Meinung genügt es, wenn die Mietsache nach der Baumaßnahme nicht mehr in ihrer ursprünglichen räumlichen Gestalt vorhanden ist,[140] so dass auch ein teilweiser Abbruch ausreichen würde.[141] Da die rechtlich zulässige Beseitigung stets die Auflösung des Mietverhältnisses voraussetze, müsse nicht noch die Erschwerung durch die Fortsetzung des Mietverhältnisses hinzukommen.[142] Abgesehen davon, dass sich diese – sogleich näher behandelte – weitere Voraussetzung nach dem Gesetzeswortlaut auch auf die Beseitigung der Mieträume bezieht,[143] belegen die Gesetzesmaterialien zu § 564 c BGB a. F., dass der Gesetzgeber bei dieser Alternative ausschließlich von einem vollständigen Abriss der Mieträume ausging.[144] Dieser wird natürlich so gut wie immer durch den Fortbestand des Mietverhältnisses erschwert werden, da der Vertragsgegenstand vollständig untergeht, so dass das Mietverhältnis vorher beendet werden muss.[145] Bei einer bloßen Veränderung der Mietsache könnte demgegenüber das Mietverhältnis bestehen bleiben und wäre allenfalls anzupassen, außer die Maßnahmen würden dadurch erheblich erschwert.[146]

43 Unter die zweite Gruppe von Baumaßnahmen – **wesentliche Veränderung oder Instandsetzung** – fallen nach den Gesetzesmaterialien[147] einmal Ausbauten, Umbauten sowie Erhaltungsmaßnahmen und sonstige Modernisierungsmaßnahmen i. S. v. § 554 BGB,[148] auch wenn § 575 Abs. 1 Nr. 2 BGB lediglich die Instandsetzung ausdrücklich erwähnt.[149] Schönheitsreparaturen oder geringfügige Instandhaltungsmaßnahmen werden allerdings nicht erfasst,[150] wobei der Streit im Schrifttum, ob sich dies bereits aus den vom Gesetz genannten Maßnahmen[151] oder aus der weiteren Tatbestandsvoraussetzung der erheblichen Erschwerung durch die Fortsetzung des Mietverhältnisses[152] ergibt, rein akademischer Natur ist.

44 Beide Gruppen von baulichen Maßnahmen müssen öffentlich-rechtlich,[153] aber auch zivilrechtlich[154] zulässig (**genehmigungsfähig**) sein. Die Genehmigung muss dabei noch nicht bei Vertragsschluss, sondern erst bei Vertragsende vorliegen.[155] Unerheblich ist es dagegen, ob die beabsichtigte Baumaßnahme wirtschaftlich sinnvoll ist, oder ob der Vermieter ohne deren Durchführung erhebliche Nachteile etwa i. S. v. § 573 Abs. 2 Nr. 3 BGB erleiden würde.[156]

45 Schließlich muss der **Fortbestand des Mietverhältnisses,** also die unterbliebene Räumung, die Durchführung dieser Baumaßnahmen zwar nicht unmöglich machen,[157] wohl aber **erheblich erschweren.** Dies kann sowohl aus tatsächlichen, rechtlichen oder auch aus finan-

---

[140] *Barthelmess* § 564 c Rdnr. 81.
[141] Palandt/*Putzo* 60. A. (2001), § 564 c Rdnr. 13.
[142] *Barthelmess* § 564 c Rdnr. 81.
[143] Vgl. nur Bub/Treier/*Grapentin* IV Rdnr. 270; a. A. gestützt auf die Satzstellung: Staudinger/*Rolfs* § 575 Rdnr. 23.
[144] Begründung RegE, BT-Drucks. 9/2079, S. 15 zu § 564 c BGB a. F.
[145] AG Freiburg WuM 1992, 193.
[146] Staudinger/*Rolfs* § 575 Rdnr. 21 a. E.
[147] Dort werden als Beispiele genannt: Vereinigung zweier kleiner Wohnungen zu einer großen, Ersatz morscher Holzdecken eines Altbaus, Einrichtung eines Bades in einem Raum, der bisher zu anderen Zwecken genutzt wurde, Begründung RegE, BT-Drucks. 9/2079, S. 14, 15 zu § 564 c BGB a. F.
[148] LG Hamburg NJW 1993, 201; AG Wuppertal WuM 1994, 543; a. A. Schmidt-Futterer/*Blank,* Wohnraumschutzgesetze, 6. A. (1988), B 805.
[149] Staudinger/*Rolfs* § 575 Rdnr. 22.
[150] *Gather* DWW 1991, 69, 74; Bub/Treier/*Grapentin* IV Rdnr. 270; MünchKomm/*Häublein* § 575 Rdnr. 21.
[151] *Barthelmess* § 564 c Rdnr. 83.
[152] Staudinger/*Rolfs* § 575 Rdnr. 22 a. E.
[153] Z. B. Genehmigung zum Abbruch, zur Errichtung, Änderung oder zur Zweckentfremdung eines Gebäudes, so Begründung RegE, BT-Drucks. 9/2079, S. 15 zu § 564 c BGB a. F.
[154] Staudinger/*Rolfs* § 575 Rdnr. 24; a. A. Schmidt-Futterer/*Blank,* Wohnraumschutzgesetze, 6. Aufl. 1988, B 802.
[155] *Barthelmess* § 564 c Rdnr. 85; Bub/Treier/*Grapentin* IV Rdnr. 270; MünchKomm/*Häublein* § 575 Rdnr. 21; Staudinger *Rolfs* § 575 Rdnr. 24; *Sternel* IV Rdnr. 310; a. A. Schmidt-Futterer/*Blank* § 575 Rdnr. 43.
[156] Begründung RegE, BT-Drucks. 9/2079, S. 15 zu § 564 c BGB a. F.
[157] Staudinger/ *Rolfs* § 575 Rdnr. 23.

ziellen Gründen der Fall sein.[158] So z. B. auch dann, wenn der Mieter nicht zur Duldung nach § 554 BGB verpflichtet oder das Bestehen eines entsprechenden Duldungsanspruchs zweifelhaft ist.[159] Es genügt daher, wenn bei bestehender Duldungspflicht des Mieters, also seinem Verbleib in der Wohnung, die baulichen Arbeiten erschwert und dadurch erheblich verzögert oder teurer werden würden.[160]

46   *(3) Dienstverhältnis.* Das 4. MietRÄndG hatte seit dem 1. 9. 1993 mit § 564c Abs. 2 Satz 1 Nr. 2c BGB a. F. eine weitere Verwendungsabsicht für den Abschluss eines qualifizierten Zeitmietvertrages für den Vermieter einer **Werkmietwohnung** eröffnet, sofern er diese nach Ablauf der Mietzeit an einen anderen Arbeitnehmer vermieten will. Neben dem Arbeits- oder Dienstvertrag musste dabei ein selbständiger Mietvertrag bestehen, entweder über eine werkseigene Wohnung, eine vom Arbeitgeber angemietete und/oder direkt bzw. über z. B. eine Vermietungsgesellschaft an den Mitarbeiter untervermietete Wohnung oder auch über die Wohnung eines Dritten, an welcher dem Dienstberechtigten ein Belegungsrecht zusteht.[161] Eine Werkdienstwohnung schied daher ebenso aus, wie die Vermietung an einen betriebsfremden Dritten, selbst wenn die Wohnung dann nach Mietvertragsende einem Arbeitnehmer überlassen werden sollte.[162] Im zuletzt genannten Fall liegt gerade noch keine Werkswohnung vor, sondern soll erst geschaffen werden, was nicht zu den qualifizierten Befristungsgründen zählte.[163]

47   Mit dieser Erweiterung des Anwendungsbereichs sollte nach dem Willen des Gesetzgebers erreicht werden, dass sich die Wirtschaftsunternehmen „in stärkerem Maße dem Bau von Werkwohnungen zuwenden".[164] Die Beendigung des Dienst- bzw. Arbeitsverhältnisses mit dem Mieter, ggf. sogar gleichzeitig mit der Beendigung des Mietverhältnisses, war aber nicht erforderlich. Auch bei unbefristeten Dienst- oder Arbeitsverhältnissen konnte daher für eine erste Übergangszeit eine Werkmietwohnung zur Verfügung gestellt werden bis eine andere Miet- oder als Eigentum erworbene Wohnung bezogen werden kann, etwa um auswärtige Kräfte zu gewinnen.[165]

48   Grundsätzlich gilt diese auch für die **jetzige Rechtslage** in § 575 Abs. 1 Nr. 3 BGB mit der Änderung, dass es nicht mehr erforderlich ist, dem Mieter selbst die Räume mit Rücksicht auf das Bestehen eines Dienstverhältnisses zu vermieten. Vielmehr kann die Werkwohnungen auch an einen Nicht-Werkangehörigen dann befristet vermietet werden, wenn sie jedenfalls nach Fristablauf wieder an einen Werkangehörigen vermietet werden soll. Nach dem Willen des Gesetzgebers soll damit die Möglichkeit geschaffen werden, Räume, die an sich Werkwohnungen sind, zur Vermeidung von unnötigen Leerständen zwischenzeitlich anderweitig zu vermieten, wenn zur Zeit kein Interesse eines zur Dienstleistung Verpflichteten besteht.[166]

49   Daher ist die Absicht ausreichend, die Wohnung künftig einem Arbeitnehmer – und sei es auch wiederum für denselben Arbeitgeber, dem ein Belegungsrecht zusteht – befristet oder auch auf unbestimmte Zeit zu überlassen.[167] Ein „Benötigen", etwa sogar schon bei Abschluss des qualifizierten Zeitmietvertrages, war und ist dagegen nicht erforderlich.[168]

50   *cc) Anfangsmitteilung.* § 575 Abs. 1 Satz 1 a. E. BGB verlangt wie bisher § 564c Abs. 2 Satz 1 Nr. 3 BGB a. F. kumulativ weiter, dass der Vermieter dem Mieter bei Abschluss des Mietvertrages seine Verwendungsabsicht(-en) schriftlich mitteilt, um jegliche Zweifel hier-

---

[158] LG Hamburg NJW 1993, 201; *Barthelmess* § 564c Rdnr. 86; *Horst* ZAP F. 4, S. 359, 362; Münch-Komm/*Voelskow* 3. A. (1995), § 564c Rdnr. 31.
[159] Bub/Treier/*Grapentin* IV Rdnr. 270.
[160] Schmidt-Futterer/*Blank* § 575 Rdnr. 15.
[161] Ausführlich *Barthelmess* § 564c Rdnr. 89a.
[162] Staudinger/ *Rolfs* § 575 Rdnr. 27.
[163] OLG Stuttgart NJW-RR 1991, 1294 und NJW-RR 1993, 1102.
[164] Begründung RegE, BT-Drucks. 12/3254, S. 9, 18 zu § 564c BGB a. F.
[165] Begründung RegE, BT-Drucks. 12/3254, S. 18 zu § 564c BGB a. F.
[166] NZM 2000, 812 ff. vgl. auch, soweit übereinstimmend mit dem Referentenentwurf NZM 2000, 415, 450 f.
[167] *Barthelmess* § 564c Rdnr. 89a.
[168] Staudinger/ *Rolfs* § 575 Rdnr. 27.

über auszuschließen[169] und eine Art Selbstbindung des Vermieters herbeizuführen.[170] Diese Mitteilung muss nicht in den Mietvertrag aufgenommen werden, so dass ein **gesondertes Schreiben ausreicht,** sofern es nur in einem unmittelbaren zeitlichen Zusammenhang vor oder mit dem Vertragsschluss (aber in keinem Fall mehr danach)[171]dem Mieter zugeht.[172] Allerdings ist die Aufnahme der Mitteilung in den Mietvertrag aus Beweisgründen empfehlenswert.[173] Für die Form gilt § 126 BGB[174] und zwar auch dann, wenn der Vermieter dem Mieter hiervon zuvor auf andere Art und Weise Kenntnis – etwa mündlich[175] – gegeben hat.[176] Andernfalls gilt § 575 Abs. 1 Satz 2 BGB.[177] Eine erst nach Vertragsschluss erfolgte Mitteilung über einen Befristungsgrund i.S.v. § 575 Abs. 1 BGB führt zu einem kündbaren Wohnraummietverhältnis auf unbestimmte Zeit (§ 575 Abs. 4 i.V.m. Abs. 1 Satz 2 BGB).

Die Verwendungsabsicht des Vermieters muss so ausreichend („**hinreichend konkret**")[178] **bezeichnet** werden, dass dem Mieter eine Nachprüfung möglich ist.[179] Hieran sind strenge[180] bzw. erhebliche[181] Anforderungen zu stellen. Die bloße Wiederholung des Gesetzeswortlauts genügt – ähnlich wie bei § 573 Abs. 3 BGB – ebenso wenig wie lediglich formelhafte oder schlagwortartige Angaben.[182] Einer Aufklärung über die Rechtsfolgen des § 575 BGB ist wie bisher dagegen nicht erforderlich.[183]

51

So reicht bei der beabsichtigten **Eigennutzung** die Begründung mit „Eigenbedarf"[184] oder die bloße Berufung auf „familiäre Gründe"[185] nicht aus. Wie bisher muss mitgeteilt werden, für welche konkrete Person die Wohnung nach Ablauf der Mietzeit vorgehalten werden soll.[186] Andererseits ist die namentliche Benennung der Nutzungsberechtigten nicht erforderlich, deren Kreis – auch etwa zwei Gruppen kumulativ wie alternativ[187] – aber konkretisiert werden muss.[188] Inwieweit die Auffassung, die bloße Bezeichnung als Familien- oder Hausstandsangehöriger mit der Möglichkeit der späteren freien Auswahl innerhalb dieser Gruppe reiche nicht aus,[189] angesichts der gegenüber § 564c Abs. 2 Satz 1 Nr. 2c BGB a.F. gleichgebliebenen Regelung in § 575 Abs. 1 Nr. 1 BGB, bei der ebenfalls der Hinweis auf die Gruppe genügt, aufrecht erhalten werden kann, wird zu Recht in Frage gestellt.[190]

52

Aus der Mitteilung beabsichtigter **Baumaßnahmen** muss ersichtlich sein, dass sie von ihrem Umfang her zum Abschluss eines Zeitmietvertrages berechtigen.[191] Bei der Beseitigungsabsicht genügt eine hierauf beschränkte Mitteilung auch ohne nähere Begründung,[192]

53

---

[169] Begründung RegE, BT-Drucks. 9/2079, S. 15 zu § 564c BGB a.F.
[170] Bub/Treier/*Grapentin* IV Rdnr. 272.
[171] Damit scheidet ein Nachbessern oder Nachschieben aus.
[172] Staudinger/*Rolfs* § 575 Rdnr. 33.
[173] *Horst* ZAP F. 4, S. 359, 362.
[174] Staudinger/*Rolfs* § 575 Rdnr. 34.
[175] *Horst* ZAP F. 4, S. 359, 363.
[176] *Barthelmess* § 564c Rdnr. 92 m.w.N.
[177] Der qualifizierten Zeitmietvertrag i.S.v. § 564c Abs. 2 BGB a.F. gilt dann als einfacher Zeitmietvertrag nach § 564c Abs. 1 BGB a.F.: AG Ebersberg WuM 1988, 23.
[178] Begründung RegE, BT-Drucks. 9/2079, S. 8 zu § 564c BGB a.F.; *Barthelmess* § 564c Rdnr. 78; Bub/Treier/*Grapentin* IV Rdnr. 272; Staudinger/*Rolfs* § 575 Rdnr. 29.
[179] LG Hamburg WuM 1992, 374, 376.
[180] LG München I WuM 1994, 543; AG Freiburg WuM 1992, 193.
[181] LG Berlin GE 1996, 127 und GE 1990, 1037.
[182] So ausdrücklich die Gesetzesbegründung: NZM 2000, 812 ff. vgl. auch, soweit übereinstimmend mit dem Referentenentwurf NZM 2000, 415, 450 f.; vgl. auch *Gather* DWW 1991, 69, 74.
[183] *Barthelmess* § 564c Rdnr. 97; Staudinger/*Rolfs* § 575 Rdnr. 29; a.A. LG Berlin ZMR 1993, 118; Bub/Treier/*Grapentin* IV Rdnr. 272.
[184] LG Berlin GE 1996, 127.
[185] LG Berlin ZMR 1993, 118.
[186] Schmidt-Futterer/*Blank* § 575 Rdnr. 24.
[187] *Barthelmess* § 564c Rdnr. 78.
[188] Schmidt-Futterer/*Blank* § 575 Rdnr. 24; Bub/Treier/*Grapentin* IV Rdnr. 272; MünchKomm/*Häublein* § 575 Rdnr. 25; Staudinger/*Rolfs* § 575 Rdnr. 30; a.A. *Sternel* IV Rdnr. 313.
[189] LG München I WuM 1994, 543.
[190] Staudinger/*Rolfs* § 575 Rdnr. 29 a.E.
[191] *Landfermann*, Gesetz zur Erhöhung des Angebots an Mietwohnungen, 1983, S. 36.
[192] AG Freiburg WuM 1992, 193; *Barthelmess* § 564c Rdnr. 87; Staudinger/*Rolfs* § 575 Rdnr. 31.

also etwa, dass das bestehende Gebäude abgerissen und durch einen Neubau ersetzt werden soll.[193] Die Angabe des genauen Abrissdatums und der genauen geplanten Baumaßnahme auf der Grundlage einer konkreten und genehmigungsfähigen Bauplanung ist nicht erforderlich.[194] Bei der geplanten wesentlichen Veränderung oder Instandsetzung reichen dagegen Angaben wie „Modernisierung",[195] „grundlegender bzw. wesentlicher Umbau"[196] oder „Sanierung"[197] nicht aus. Vielmehr müssen die beabsichtigten Baumaßnahmen und deren Auswirkungen auf den Mieter so genau bezeichnet werden, dass Art und Dauer der Störung ggf. von einem Sachverständigen beurteilt werden können und erkennbar ist, inwieweit die Fortsetzung des Mietverhältnisses hier erheblich erschwerend wirkt,[198] was beim Totalabriss – wie dargelegt – grundsätzlich zu vermuten ist. Dabei ist z. B. die Angabe, die Wohnung würde keinen Strom und kein Wasser mehr haben, nicht ausreichend.[199] Konkrete Baupläne oder Entwürfe müssen allerdings nicht vorliegen.[200] Es können nicht die gleichen Anforderungen gestellt werden, wie an die Mitteilungspflicht nach § 554 Abs. 3 BGB.[201] Abriss, Veränderung und Instandsetzung können alternativ oder eventualiter kombiniert werden, so dass sich der Vermieter die Entscheidung bis zur Beendigung des Zeitmietvertrages vorbehalten kann.[202]

54 Besteht die Verwendungsabsicht in der betrieblichen Verwendung einer **Werkmietwohnung** reicht die Mitteilung des Vermieters aus, dass es sich um eine Werkwohnung handelt, die er nach Ablauf der Mietzeit einem Arbeitnehmer überlassen möchte.[203] Zum Zeitpunkt des Vertragsschlusses muss der als neuer Mieter vorgesehene Arbeitnehmer weder namentlich bekannt sein noch muss seine dienstliche Stellung genannt werden.[204] Es ist auch nicht erforderlich, dass der spätere Mieter bereits jetzt zum Kreis der Arbeitnehmer gehört.[205] Diese geringeren Anforderungen an die Anfangsmitteilung folgen hier aus dem Gesetzeszweck, auch die beabsichtigte Überlassung einer Werkwohnung an neue Arbeitnehmer zu privilegieren.[206]

55 *dd) Schlussmitteilung bei qualifizierten Alt-Zeitmietverträgen.* Nach § 564c Abs. 2 Satz 2 BGB a. F., also bei **am 1. 9. 2001 bereits bestehenden qualifizierten Zeitmietverträgen**, die fortgelten (Art. 229 § 3 Abs. 3 EGBGB), muss der Vermieter dem Mieter **mindestens drei Monate vor Ablauf der Mietzeit schriftlich** (§ 126 BGB) **mitteilen**, dass die Verwendungsabsicht noch besteht. Maßgebend zur Fristwahrung ist der Zugang beim Mieter.[207] Aus dieser Schlussmitteilung muss sich weiter ergeben, dass die Verwendungsabsicht zum Zeitpunkt der Vertragsbeendigung noch verwirklicht werden kann.[208] Spätestens jetzt hat der Vermieter die Personen namentlich zu benennen, für die er den Eigennutzungswunsch geäußert hat (ergänzt um die genaue familiäre Beziehung zum Vermieter) oder der die Werkmietwohnung überlassen werden soll; bei Baumaßnahmen ist darzutun, ob spätestens bis zum Vertragsende mit dem Vorliegen der erforderlichen Genehmigungen gerechnet werden kann.[209] Nur dann, wenn dies bereits in der Anfangsmitteilung enthalten war, genügt nunmehr die bloße Bezugnahme hierauf.[210]

---

[193] BGH NJW 2007, 2177 = NZM 2007, 439.
[194] BGH NJW 2007, 2177 = NZM 2007, 439.
[195] LG Berlin GE 1990, 1037.
[196] LG Hamburg WuM 1992, 375.
[197] AG Freiburg WuM 1992, 193.
[198] *Barthelmess* § 564c Rdnr. 87; Bub/Treier/*Grapentin* IV Rdnr. 272; Staudinger/*Rolfs* § 575 Rdnr. 31.
[199] AG Köln WuM 1992, 616.
[200] *Barthelmess* § 564c Rdnr. 87; Staudinger/*Rolfs* § 575 Rdnr. 31.
[201] Schmidt-Futterer/*Blank* § 575 Rdnr. 24; Staudinger/*Rolfs* § 575 Rdnr. 31; a. A. noch Schmidt-Futterer/*Blank*, Wohnraumschutzgesetze, 6. A. (1988), B 808.
[202] *Barthelmess* § 564c Rdnr. 89; Staudinger/*Rolfs* § 575 Rdnr. 31 a. E.
[203] Schmidt-Futterer/*Blank* § 575 Rdnr. 26; Staudinger/*Rolfs* § 575 Rdnr. 32.
[204] *Barthelmess* § 564c Rdnr. 89a; MünchKomm/*Häublein* § 575 Rdnr. 25.
[205] Staudinger/*Rolfs* § 575 Rdnr. 32.
[206] *Blank* WuM 1993, 576.
[207] LG Hamburg WuM 1992, 375; Staudinger/*Rolfs* § 575 Rdnr. 48.
[208] *Barthelmess* § 564c Rdnr. 107; *Sternel* IV Rdnr. 307, 317.
[209] Staudinger/*Rolfs* § 575 Rdnr. 46 a. E.
[210] Schmidt-Futterer/*Blank*, Wohnraumschutzgesetze, 6. A. (1988), B 810.

56 Die übermittelte Verwendungsabsicht muss mit der in der **Anfangsmitteilung** genannten Absicht identisch sein; ein Auswechseln des Befristungsinteresses ist unzulässig,[211] sofern sich der Vermieter keine Alternativen vorbehalten hat.[212] Andernfalls entsteht ebenso wie beim Wegfall der Verwendungsabsicht nach der Schlussmitteilung, worauf der Vermieter den Mieter hinweisen muss, ein Fortsetzungsanspruch des Mieters nach § 564c Abs. 1 BGB a. F.[213]

57 Besondere Probleme entstehen beim **zwischenzeitlichen Vermieterwechsel**, sei es im Wege der Gesamtrechts-, der Einzelrechtsnachfolge oder über § 566 BGB. Die Rechtsfolgen des § 564c Abs. 2 BGB a. F. bleiben erhalten, wenn der Rechtsnachfolger oder Erwerber die ursprüngliche Verwendungsabsicht übernimmt und realisiert, etwa die geplanten Baumaßnahmen oder bei Verwendung der Mietsache als Werkmietwohnung, sofern er Betriebsinhaber ist oder die Verpflichtungen aus einem Werkförderungsvertrag übernommen hat.[214] Schwierigkeiten bereitet dagegen der Eigennutzungswunsch. Nach einer Meinung muss es sich nach wie vor um dieselbe Nutzungsperson bzw. Personengruppe handeln, auch wenn mit dem neuen Vermieter keine Familienangehörigkeit oder Hausstandszugehörigkeit besteht.[215] Nach anderer Auffassung bleibt der neue Vermieter zwar an die mitgeteilte Verwendungsabsicht gebunden, die Eigennutzung ist aber auch durch eine andere Person als die in der Anfangsmitteilung genannte statthaft, sofern diese in der Schlussmitteilung aufgeführt wird.[216] Nach der überwiegenden Auffassung können die bisher benannten Personen nicht zulässigerweise einfach durch den entsprechenden Personenkreis beim neuen Vermieter ersetzt werden.[217] Nach Sternel tritt sogar der Erwerber im Falle des § 566 BGB überhaupt nicht in die ursprüngliche Rechtsposition des bisherigen Vermieters ein, so dass § 564c Abs. 1 BGB a. F. gilt.[218]

58 Der Zeitpunkt, wann der Vermieter frühestens vor Ablauf der 3-Monats-Frist die Schlussmitteilung abgeben darf, reicht nach den im Schrifttum vertretenen Meinungen von drei Wochen,[219] über einen Monat,[220] ein bis zwei Monate[221] bis zu drei Monaten.[222] Richtigerweise wird man einen **zeitlichen Zusammenhang mit dem Vertragsende** verlangen müssen, damit der Zweck der Schlussmitteilung, den Mieter an das vereinbarte Vertragsende zu erinnern, erreicht und dem Mieter bis zum Beginn der Drei-Monats-Frist noch präsent ist.[223]

59 **Versäumt der Vermieter die Mitteilungsfrist**, so kann der Mieter eine Verlängerung des Mietverhältnisses um einen entsprechenden Zeitraum verlangen. Diese Bestimmung wurde erst durch das 4. MietRÄndG eingefügt. Zuvor hatte ein Verstoß gegen die Mitteilungsfrist zur Folge, dass dann nicht mehr ein qualifizierter, sondern ein einfacher Zeitmietvertrag vorlag, auf den § 564c Abs. 1 BGB a. F. anwendbar ist.[224] Darin sieht der Gesetzgeber jetzt ein unerwünschtes Hindernis für den Abschluss von Zeitmietverträgen.[225] Nunmehr verlängert sich das Mietverhältnis um die Dauer der Verzögerung, sofern diese vom Vermieter nicht verschuldet ist (§ 564c Abs. 2 Satz 2 BGB a. F.). Holt der Vermieter vor Ablauf der vorgesehenen Mietzeit die Schlussmitteilung nach, so kann der Mieter verlangen, dass das Mietverhältnis um die Zeit der Verspätung – gerechnet ab Beginn der Drei-Monats-Frist – verlängert wird. Da es sich hierbei begrifflich nicht um ein Fortsetzungsverlangen han-

---

[211] *Barthelmess* § 564c Rdnr. 103; Staudinger/*Rolfs* § 575 Rdnr. 46.
[212] LG Stuttgart WuM 1994, 690.
[213] Bub/Treier/*Grapentin* IV Rdnr. 276; *Horst* ZAP F. 4, S. 359, 363; a. A. *Barthelmess* § 564c Rdnr. 106, der lediglich eine Verlängerung des Mietverhältnisses um einen entsprechenden Zeitraum zulassen will.
[214] Staudinger/*Rolfs* § 575 Rdnr. 47.
[215] *Barthelmess* § 564c Rdnr. 67 und 68.
[216] MünchKomm/*Voelskow* 3. A. (1995), § 564c Rdnr. 40.
[217] Bub/Treier/*Grapentin* IV Rdnr. 273; Staudinger/*Rolfs* § 575 Rdnr. 47.
[218] *Sternel* IV Rdnr. 316.
[219] *Sternel* IV Rdnr. 314.
[220] *Barthelmess* § 564c Rdnr. 102.
[221] *Schopp* ZMR 1983, 109, 112.
[222] Bub/Treier/*Grapentin* IV Rdnr. 273; MünchKomm/*Voelskow* 3. A. (1995), § 564c Rdnr. 37.
[223] Staudinger/*Rolfs* § 575 Rdnr. 48.
[224] Hannemann/Wiek/*Wiek*, Handbuch der Mietrechtsentscheide, Kap. 25/1.2.3.
[225] Begründung RegE, BT-Drucks. 12/3254, S. 18 zu § 564c BGB a. F.

delt,[226] gilt die Zwei-Monats-Frist des § 564c Abs. 1 BGB a.F. nicht.[227] Eine Frist für das Verlängerungsverlangen besteht vielmehr ebenso wenig wie eine Formvorgabe, so dass auch ein mündliches Verlangen ausreicht.[228]

60 ee) *Auskunfts- und Fortsetzungsverlangen i.S.v. § 575 Abs. 2 BGB.* Diese Rechtslage wird durch § 575 BGB modifiziert. Nach dessen Abs. 2 erhält der Mieter **frühestens vier Monate vor Ablauf der Mietzeit** einen Auskunftsanspruch gegenüber dem Vermieter auf Mitteilung darüber, ob der angegebene Befristungsgrund noch besteht. Der Mieter muss also von sich aus aktiv werden. Dann ist der Vermieter verpflichtet, **binnen eines Monats** nach Zugang des Auskunftsverlangens des Mieters **zu antworten**, das heißt, dass die Antwort innerhalb dieser Frist dem Mieter zugegangen sein muss.

61 Ursprünglich war eine Frist von drei Monaten vorgesehen, die im Rahmen der Beratungen im Rechtsausschuss auf vier Monate verlängert wurde, um dem Mieter ausreichend Zeit zu geben, auszuziehen. Dabei wurde gleichzeitig die Verpflichtung des Vermieters aufgenommen, auf das Auskunftsverlangen binnen eines Monats zu antworten, damit dem Mieter in jedem Falle drei Monate bis zum Ende der Mietzeit verbleiben.[229] Vor diesem Hintergrund ist es zulässig, dass der Mieter auch früher als vier Monate vor Ablauf der Befristung Auskunft vom Vermieter begehrt. Die einmonatige Antwortfrist beginnt aber frühestens vier Monate vor der vereinbarten Beendigung des Zeitmietvertrages zu laufen.

62 Wird die erbetene Auskunft fristgerecht erteilt und besteht der Befristungsgrund fort, so endet das Mietverhältnis zum vereinbarten Zeitpunkt (zu der Fallkonstellation, dass sich die beabsichtigte Verwendung verzögert oder der Befristungsgrund gar entfallen ist, s. näher sogleich unter ff). Dabei schadet es nicht, wenn der Befristungsgrund zuvor vorübergehend entfallen war.[230] Erfolgt die **Auskunft** des Vermieters **verspätet**, kann der Mieter eine Verlängerung des Mietverhältnisses um den Zeitraum der Verspätung verlangen, § 575 Abs. 2 Satz 2 BGB.

63 Ist die **Auskunft** des Vermieters **unrichtig**, steht dem Mieter einen Schadensersatzanspruch nach den Grundsätzen der positiven Vertragsverletzung zu.[231] Sollte der Mieter zu diesem Zeitpunkt noch nicht ausgezogen sein, kann er aus § 242 BGB eine Verlängerung des Mietverhältnisses auf unbestimmte Zeit verlangen.[232]

64 Wie bisher (vgl. vorstehend unter dd) handelt es sich bei dem **Fortsetzungsverlangen** des Mieters um ein Angebot, den Zeitmietvertrag über den vertraglich vereinbarten Endtermin hinaus um den Zeitpunkt der Verzögerung fortzusetzen.[233] Das Fortsetzungsbegehren wird nicht dadurch gehindert, dass es der Vermieter im Rahmen der erteilten Auskunft bereits abgelehnt hat, das Mietverhältnis – befristet oder unbefristet – fortzusetzen.[234] Da das Fortsetzungsverlangen vom Inhalt der vom Vermieter erteilten Auskunft abhängt (es richtet sich bei Verspätung nach § 575 Abs. 2 Satz 2 BGB oder Verzögerung i.S. von § 575 Abs. 3 Satz 1 BGB auf befristete Fortsetzung und unter den Voraussetzungen des § 575 Abs. 3 Satz 2 BGB auf unbefristete Fortsetzung) kann es nicht gleichzeitig mit dem Auskunftsbegehren gestellt werden.

65 Die **Beweislast** für den Eintritt des Befristungsgrundes trifft dabei den Vermieter (§ 575 Abs. 3 Satz 3 BGB).

66 *ff) Verzögerung der beabsichtigten Verwendung.* Liegt zum 1.9.2001 ein fortgeltender **qualifizierter Zeitmietvertrag nach altem Recht** vor und verzögert sich die vom Vermieter beabsichtigte Verwendung der Räume ohne sein Verschulden,[235] so kann der Mieter nach

---

[226] Zutreffend *Blank* WuM 1993, 576f.
[227] So aber *Bub* NJW 1993, 2902.
[228] Hannemann/Wiek/*Zahn/Wiek*, Handbuch des Mietrechts, § 27 Rdnr. 48.
[229] BT-Drucks. 14/5663, S. 181f.
[230] *Barthelmess* § 564c Rdnr. 66.
[231] Schmidt-Futterer/*Blank* 7. A. (1999), § 564c Rdnr. 61.
[232] Schmidt-Futterer/*Blank* 7. A. (1999), § 564c Rdnr. 61.
[233] Staudinger/*Rolfs* § 575 Rdnr. 49.
[234] LG Karlsruhe DWW 1990, 178.
[235] I.S. v. Sorgfalt in eigenen Angelegenheiten Schmidt-Futterer/*Blank* 7. A. (1999), § 564c Rdnr. 62a.E.; Staudinger/*Sonnenschein* § 564c Rdnr. 78; *Sternel* IV Rdnr. 321.

§ 564c Abs. 2 Satz 2 BGB a. F. eine **Verlängerung des Mietverhältnisses um einen entsprechenden Zeitraum** verlangen. Die **Darlegungs- und Beweislast** hierfür trägt der Mieter.[236] Die Verlängerung bemisst sich somit nach der Dauer der Verzögerung. Der Mieter kann folglich eine Verlängerung auf bestimmte Zeit bis zu dem Zeitpunkt verlangen, bis zu dem die Verwendungsabsicht des Vermieters voraussichtlich zu verwirklichen ist.[237] Dies kann formlos auch noch am letzten Tag der Mietzeit geschehen.[238] Erfährt der Mieter erst nach Ablauf der Mietzeit von der bereits zuvor feststehenden Verzögerung, kann er aus Schadensersatzgesichtspunkten wegen Verletzung einer Nebenpflicht Wiederbegründung des Mietverhältnisses und dessen Fortsetzung auf bestimmte Zeit verlangen.[239] Stellt sich die vom Vermieter nicht verschuldete Verzögerung erst nach Mietende heraus, hilft allenfalls noch § 545 BGB, falls der Mieter noch nicht ausgezogen ist.[240]

Es schadet nicht, wenn durch die Verlängerung die **Höchstfrist von fünf Jahren** seit dem Beginn des Mietverhältnisses **überschritten** wird.[241] Die frühere gegenteilige Regelung in § 564c Abs. 2 Satz 2 Halbs. 2 BGB a. F. ist durch das 4. MietRÄndG ersatzlos gestrichen worden, um die Entstehung eines Anspruchs des Mieters auf unbefristete Fortsetzung bei einer über das 5. Vertragsjahr hinausreichenden Verzögerung zu verhindern.[242] Der Vermieter ist zur Mitteilung der Verzögerung an den Mieter verpflichtet[243] und zwar nach der strengeren und daher vorsorglich zu beachtenden Auffassung schriftlich drei Monate vor dem regulären Ende des Mietverhältnisses.[244] Andernfalls greifen – und sei es im Wege des Schadensersatzes wegen Verletzung einer vertraglichen Nebenpflicht[245] – die soeben dargestellten Folgen einer unterbliebenen bzw. verzögerten Schlussmitteilung ein. Einer erneuten Mitteilung über den Fortbestand der ursprünglichen Verwendungsabsicht bedarf es dagegen nicht.[246] Unternimmt der Mieter demgegenüber nichts, endet das Mietverhältnis nach der Grundregel des § 564 Abs. 1 BGB a. F. durch Zeitablauf.[247] 67

Hat der Vermieter die **Verzögerung verschuldet**, ist das Mietverhältnis als einfacher Zeitmietvertrag nach § 564c Abs. 1 BGB a. F. zu behandeln.[248] Darin liegt zugleich eine Schranke für eine beliebig lange Überschreitung der ursprünglichen Höchstdauer von fünf Jahren. Je länger sich die vom Vermieter beabsichtigte Verwendung verzögert, desto näher liegt die Annahme eines Verschuldens, das auf einem zu vertretenden Planungsfehler beruht.[249] Sofern der Mieter erst nach Ablauf der Zwei-Monats-Frist des § 564c Abs. 1 BGB a. F. hiervon erfährt, ist dies nach § 242 BGB oder pVV unschädlich, sofern er das Fortsetzungsverlangen dann unverzüglich schriftlich stellt.[250] 68

Beim **jetzigen „echten" Zeitmietvertrag** kann der Mieter nach § 575 Abs. 3 Satz 1 BGB Verlängerung des Mietvertrages um den Zeitraum verlangen, um den der **Befristungsgrund** erst **später** als vorgesehen **eintritt**. Ist der Befristungsgrund ganz **entfallen**, steht dem Mieter sogar ein Anspruch auf Verlängerung des Wohnraummietvertrages auf unbestimmte Zeit zu (§ 575 Abs. 3 Satz 2 BGB). Dies entspricht im wesentlichen der bisherigen Rechtslage. Neu ist, dass allein den Vermieter insoweit die **Beweislast** trifft (§ 575 Abs. 3 Satz 3 BGB). 69

---

[236] Staudinger/*Rolfs* § 575 Rdnr. 68.
[237] Staudinger/*Rolfs* § 575 Rdnr. 60.
[238] Staudinger/*Rolfs* § 575 Rdnr. 61.
[239] Staudinger/*Rolfs* § 575 Rdnr. 61.
[240] Staudinger/*Rolfs* § 575 Rdnr. 61.
[241] Staudinger/*Sonnenschein* 13. A: (1997), § 564c Rdnr. 76.
[242] Begr. zum RegE BT-Drucks. 12/3254, S. 19 zu § 564c BGB a. F.
[243] Als vertragliche Nebenpflicht *Barthelmess* § 564c Rdnr. 122; Staudinger/*Rolfs* § 575 Rdnr. 59 bzw. Bestandteil der Schlussmitteilung Schmidt-Futterer/*Blank*, Wohnraumschutzgesetze, 6. A. (1988), B 815 oder deren Ersatz *Sternel* IV Rdnr. 322.
[244] *Blank* WuM 1993, 577.
[245] Staudinger/*Rolfs* § 575 Rdnr. 61.
[246] Staudinger/*Rolfs* § 575 Rdnr. 60; a. A. *Barthelmess* § 564c Rdnr. 133; *Sternel* IV Rdnr. 325.
[247] Staudinger/*Rolfs* § 575 Rdnr. 60.
[248] *Barthelmess* § 564c Rdnr. 141; Staudinger/*Sonnenschein* 13. A. (1997), § 564c Rdnr. 82; *Sternel* IV Rdnr. 323 f.
[249] *Blank* WuM 1993, 577.
[250] *Sternel* IV Rdnr. 324.

70 **b) Rechtsfolgen.** Der Zeitmietvertrag i. S. v. § 575 BGB endet ebenso wie der frühere qualifizierte Zeitmietvertrag i. S. v. § 564c Abs. 2 BGB a. F. durch Zeitablauf, ohne dass der Mieter dies verhindern kann. Der Mieter kann also keine Fortsetzung des Mietverhältnisses unter Berufung auf §§ 573 ff., 574 ff. BGB verlangen (vgl. § 564c Abs. 2 Satz 1 BGB a. F.), außer auch nur eine der vorgenannten Voraussetzungen wäre nicht erfüllt. Auch die Vorschriften über die Räumungsfrist sind ausgeschlossen (§§ 721 Abs. 7, 794a Abs. 5 ZPO). Nicht ausgeschlossen ist lediglich der Vollstreckungsschutz nach § 765a ZPO. Anwendbar ist auch § 545 BGB[251] (hierzu näher sogleich).

71 Dies gilt aber nur, wenn das Mietverhältnis durch Zeitablauf endet. **Kündigt** der Vermieter zuvor **fristlos**, ist der gerichtliche Räumungsschutz nach § 721 ZPO nicht ausgeschlossen. Bei Ausspruch einer außerordentlichen befristeten Kündigung (**Sonderkündigung** – vgl. § 573d BGB) durch den Vermieter während der Laufzeit des qualifizierten Zeitmietvertrages, die eines berechtigten Vermieterinteresses i. S. v. § 573 BGB bedarf, gilt sogar noch die Sozialklausel des § 574 BGB (§ 575a BGB). Eine Vertragsfortsetzung über den im Zeitmietvertrag vorgesehenen Endtermin scheidet gemäß § 575 Abs. 2 BGB aber aus.[252]

72 Hat der Vermieter eine nach § 575 Abs. 1 BGB (bzw. § 564c Abs. 2 BGB a. F.) privilegierte Verwendungsabsicht vorgespiegelt, deren Wegfall oder die Verzögerung ihrer Realisierung nicht angezeigt, können sich **Schadensersatzansprüche** aus c. i. c., pVV oder unerlaubter Handlung ergeben, vor Räumung auf befristete oder unbefristete Vertragsverlängerung, danach auf Ersatz sämtlicher finanzieller Einbußen hinsichtlich der bisherigen Wohnung wie auch sämtlicher Aufwendungen im Hinblick auf die neue Wohnung.[253]

73 **c) Abweichende Vereinbarungen.** Von den soeben dargestellten Regelungen in § 575 Abs. 1–3 BGB kann zuungunsten des Mieters weder individualvertraglich, geschweige denn durch Formularvertrag abgewichen werden (§ 575 Abs. 4 BGB). Dies bedeutet, dass zum einen der Vermieter an die (unwirksame) Befristung gebunden bleibt und zum anderen allein der Mieter die Wahl hat, ob er die Befristung akzeptiert oder eine Fortsetzung des Wohnraummietvertrages verlangen will („kann der Mieter …" – § 575 Abs. 2 und 3 BGB).[254]

4. Alt-Zeitmietvertrag mit Bestandsschutz

74 Nach Art. 229 § 3 Abs. 3 BGB gilt ein zum 1. 9. 2001 bestehender bisheriger einfacher Zeitmietvertrag i. S. v. § 564c Abs. 1 BGB unverändert und ohne zeitliche Begrenzung fort. Maßgeblich ist, ob der Mietvertrag vor dem 31. 8. 2001 abgeschlossen wurde; dann gelten die §§ 564 Abs. 1, 564c BGB a. F., auch wenn die vereinbarte Mietzeit erst danach begonnen hat.[255] Daher wird für diese Fälle nachstehend noch die **bisherige Rechtslage** dargestellt.

75 Insoweit gibt es aber eine Unklarheit, die aus der unterschiedlichen Wortwahl in der vorzitierten Übergangsregelung einerseits und der Gesetzesbegründung andererseits resultiert. In Art. 229 § 3 Abs. 3 EGBGB wird darauf abgestellt, ob am 1. 9. 2001 ein **Mietverhältnis** auf bestimmte Zeit nach § 564c BGB a. F. besteht. Demgegenüber wird in der Gesetzesbegründung festgehalten, dass die bisherigen Vorschriften weitergelten, wenn der **Mietvertrag** am 1. 9. 2001 bereits bestanden hat.[256] Es handelt sich dabei nicht lediglich um verschiedene Worte für denselben Tatbestand sondern um unterschiedliche Sachverhalte: kommt es auf den Abschluss des Mietvertrages an, ist damit in aller Regel ein früherer Zeitpunkt gemeint, vor Überlassung der Mietsache an den Mieter. Erst dann, wenn die Mietsache dem Mieter übergeben ist, wird der Mietvertrag vollzogen und das Mietverhältnis entsteht.[257]

---

[251] *Barthelmess* § 564c Rdnr. 111.
[252] Zum alten Recht: *Barthelmess* § 564c Rdnr. 109; Staudinger/*Sonnenschein* 13. A. (1997), § 564c Rdnr. 65; *Sternel* MDR 1983, 265, 273.
[253] *Barthelmess* § 564c Rdnr. 156 ff.; MünchKomm/*Voelskow* 3. A. (1995), § 564c Rdnr. 39; Staudinger/ *Sonnenschein* 13. A. (1997), §§ 564c Rdnr. 83, 564b Rdnr. 193 ff. m. w. N., *Sternel* IV Rdnr. 329; vgl. auch BVerfG NJW 1997, 2377.
[254] So auch *Lützenkirchen*, Neue Mietrechtspraxis, Rdnr. 418 f.
[255] BGH NJW-RR 2007, 10 = NZM 2006, 927.
[256] BT-Drucks. 14/4553, S. 75.
[257] Vgl. nur BGH NJW 1979, 1288.

Stellt man folglich allein auf den – erster Linie maßgeblichen – Wortlaut der vorzitierten Übergangsvorschrift ab, ist das neue Recht dann anwendbar, wenn die Mietsache nach dem 31. 8. 2001 dem Mieter übergeben worden ist, unabhängig davon, wann der Mietvertrag abgeschlossen wurde. Soll demgegenüber die Gesetzesbegründung maßgeblich sein, gilt das bisherige Recht unverändert weiter, sofern nur der Mietvertrag am 1. 9. 2001 bereits abgeschlossen war, auch wenn das Mietverhältnis erst danach begonnen hat.[258] Auf eine entsprechende Anfrage hin hat das Bundesministerium der Justiz (BMJ) entgegen dem Wortlaut des Art. 229 § 3 Abs. 3 EGBGB die Auffassung vertreten, dass ausschließlich der Zeitpunkt der Unterzeichnung des Mietvertrages maßgeblich sein soll, unabhängig davon, wann die Mietsache dem Mieter übergeben worden ist.[259] Vom Sinn und Zweck der Übergangsregelung her, den Willen der vertragsschließenden Parteien unter der jeweils zu diesem Zeitpunkt geltenden Rechtslage zu perpetuieren, trifft die Auffassung des BMJ uneingeschränkt zu. Ob allerdings diesem gesetzgeberischen Willen gegenüber dem unverständlicherweise abweichenden Gesetzeswortlaut Vorrang zukommt, wird die Rechtsprechung zeigen.

Der Gesetzgeber wollte ursprünglich sicherstellen, dass die Regelung des § 564b BGB a. F. **76** über den **Kündigungsschutz nicht durch die Vereinbarung befristeter Mietverhältnisse umgangen** wird, und hat daher § 564c Abs. 1 BGB a. F. anstelle des fast wortgleichen Art. 2 des 2. WKSchG als Dauerregelung in das BGB a. F. aufgenommen.[260] Im Ergebnis waren befristete und unbefristete Mietverhältnisse damit hinsichtlich des Bestandsschutzes gleichgestellt.[261]

a) **Fortsetzungsverlangen nach § 564c Abs. 1 BGB a. F.** *aa) Bestandsschutz.* Der Gesetz- **77** geber hat den Bestandsschutz von Zeitmietverträgen vor dem 1. 9. 2001 nicht etwa dahingehend ausgestaltet, dass sich das Mietverhältnis nach Ablauf der Vertragszeit gewissermaßen automatisch kraft Gesetzes fortsetzt. Vielmehr muss der Mieter tätig werden und nach § 564c Abs. 1 Satz 1 BGB a. F. **spätestens zwei Monate vor Ablauf der vereinbarten Mietzeit** durch **schriftliche** Erklärung gegenüber dem Vermieter die Fortsetzung des Mietverhältnisses auf unbestimmte Zeit verlangen. In diesem **Fortsetzungsverlangen** liegt dogmatisch ein Vertragsangebot i. S. v. § 145 BGB, das auf eine Vertragsänderung dahin gerichtet ist, den befristeten Mietvertrag nach dem vertraglich vorgesehenen Endtermin auf unbestimmte Zeit fortzusetzen.[262] Es muss auch dann erklärt werden, wenn es der Vermieter schon zuvor abgelehnt hat, den Vertrag fortzusetzen.[263] Bei einem form- und fristgerechten Fortsetzungsverlangen ist der Vermieter verpflichtet, in die Vertragsänderung (kein neuer Mietvertrag) einzuwilligen. Aufgrund der über § 564c Abs. 1 Satz 2 BGB a. F. entsprechenden Geltung des § 564b BGB a. F.[264] darf der Vermieter ein ordnungsgemäßes Fortsetzungsverlangen nur ablehnen, wenn er ein berechtigtes Interesse an der Beendigung des Mietverhältnisses hat. Das Abwehrrecht des Vermieters gegen das Verlangen des Mieters, den befristeten Mietvertrag in ein unbefristetes Mietverhältnis umzuwandeln, ist demnach in gleicher Weise an das Vorliegen berechtigter Interessen gebunden wie die ordentliche Vermieterkündigung bei einem unbefristeten Mietverhältnis.[265]

Die bereits erwähnte Verweisung in § 564c Abs. 1 Satz 2 BGB a. F. auf § 564b BGB a. F. **78** erfasst diese Vorschrift in allen ihren Absätzen.[266] § 564c Abs. 1 BGB a. F. gilt also nicht für Mietverhältnisse der in § 564b Abs. 7 BGB a. F. bezeichneten Art. Bei einem befristeten Mietverhältnis über **Einliegerwohnraum** braucht der Vermieter in seiner Widerspruchserklärung kein berechtigtes Interesse an der Beendigung des Mietverhältnisses darzulegen, sondern kann sich auf den in § 564b Abs. 4 Satz 4 BGB a. F. vorgesehenen Hinweis beschränken. Das Mietverhältnis endet dann – vorbehaltlich § 556b BGB a. F. – entsprechend

---

[258] So zu Recht *Stürzer* NZM 2001, 825.
[259] *Stürzer* NZM 2001, 825.
[260] Staudinger/*Sonnenschein* 13. A. (1997), § 564c Rdnr. 2, 4.
[261] Staudinger/*Sonnenschein* 13. A. (1997), § 564c Rdnr. 4 a. E.
[262] Staudinger/*Sonnenschein* 13. A. (1997), § 564c Rdnr. 13.
[263] LG Karlsruhe DWW 1990, 178.
[264] Vgl. nur Staudinger/*Sonnenschein* 13. A. (1997), § 564c Rdnr. 19 f. m. w. N.
[265] Hannemann/Wiek/*Wiek*, Handbuch der Mietrechtsentscheide, Kap. 25/1.1.1.1.
[266] Begründung RegE, BT-Drucks. 9/2079, S. 14 zu § 564c BGB a. F.

§ 564b Abs. 4 Satz 2 BGB a. F. drei Monate nach Ablauf der vereinbarten Mietzeit.[267] Eine von § 564c Abs. 1 BGB a. F. zum Nachteil des Mieters abweichende Vereinbarung ist gemäß § 564b Abs. 6 BGB a. F. unwirksam.[268]

79 Ohne Fortsetzungsverlangen endet das befristete Mietverhältnis durch Zeitablauf. Ein Fortsetzungsverlangen bedarf der **Schriftform** gemäß § 126 BGB; Telefax-Schreiben genügt für diese materiell-rechtliche Willenserklärung[269] nicht.[270] Gründe braucht der Mieter auch auf Nachfrage des Vermieters nicht anzugeben.[271] Tut er es dennoch, soll dies nach überwiegender Auffassung ein Fortsetzungsverlangen nach § 564c Abs. 1 BGB a. F., welches gegenüber § 556b BGB a. F. das stärkere Recht gewährt, nicht unwirksam machen, sofern sich aus dem Wortlaut keine gegenteilige Auslegung ergibt, etwa wenn sich der Mieter ausdrücklich auf § 556b BGB a. F. beruft.[272] Sein Fortsetzungsverlangen muss sich aber auf den Abschluss eines Vertrages auf **Fortsetzung des Mietverhältnisses auf unbestimmte Zeit** richten. Verlangt der Mieter hingegen eine Fortsetzung des Mietverhältnisses nur zu geänderten Bedingungen oder bloß auf bestimmte Zeit, so liegt darin ein nicht durch § 564c Abs. 1 BGB a. F. privilegierter Antrag auf Vertragsänderung, den der Vermieter ohne weiteres ablehnen darf.[273] In diesen Fällen kommt aber eine Auslegung dahin in Betracht, dass die Erklärung als Fortsetzungsverlangen nach §§ 556b, 556a BGB a. F. angesehen werden kann.[274]

80 Bei Beendigung des Zeitmietverhältnisses steht dem Mieter ungeachtet dessen **Räumungsschutz** gemäß §§ 721, 794a ZPO und **Vollstreckungsschutz** gemäß § 765a ZPO zu. Bezieht sich das Begehren des Mieters allein auf diese Vorschriften handelt es sich um kein Fortsetzungsverlangen nach § 564c Abs. 1 BGB a. F.[275] Zweifel gehen allein zu Lasten des Mieters; der Vermieter muss nicht nachfragen.[276]

81 *bb) Verspätetes Fortsetzungsverlangen.* Trotz des materiell-rechtlich gleichwertigen Bestandsschutzes von befristeten und unbefristeten Mietverhältnissen liegt die Tücke für den Mieter bei Zeitmietverträgen im Verfahren, da Rechtsunkenntnis zu einem Rechtsverlust führen kann.[277] Das Fortsetzungsverlangen des Mieters muss dem Vermieter wie dargelegt **spätestens zwei Monate vor der Beendigung des Mietverhältnisses zugehen** (§ 130 BGB), wobei § 193 BGB gilt.[278] Eine Karenzzeit von drei Tagen besteht aber nicht.[279] Im Streitfall obliegt dem Mieter die **Darlegungs- und Beweislast** für den rechtzeitigen Zugang.[280]

82 Ein **verspätetes Fortsetzungsverlangen** ist unwirksam und kann nicht nachgeholt werden. Es handelt sich hier um eine **Ausschlussfrist**,[281] so dass auch eine Wiedereinsetzung in den vorigen Stand ausscheidet.[282] Wird die Frist versäumt, verliert der Mieter sein Fortsetzungs-

---

[267] *Barthelmess* § 564c Rdnr. 30; MünchKomm/*Voelskow* 3. A. (1995) § 564c Rdnr. 21; Palandt/*Putzo* 60. A. (2001) § 564c Rdnr. 7; Staudinger/*Sonnenschein* 13. A. (1997) § 564c Rdnr. 22 f.; *Sternel* IV Rdnr. 292.
[268] Vgl. statt vieler Staudinger/*Sonnenschein* 13. A. (1997) § 564c Rdnr. 85 ff.
[269] Daher sind die prozessrechtlichen Erklärungen entwickelten Grundsätze nicht übertragbar: BGH NJW 1983, 1489; NJW 1990, 188; BAG NJW 1989, 1822.
[270] BGH NJW 1993, 1126, 1127; OLG Frankfurt/M. NJW 1991, 2154; OLG Hamm NJW 1991, 1185; a. A. OLG Düsseldorf NJW 1992, 1050; AG Schöneberg WuM 1985, 286.
[271] AG Wuppertal WuM 1994, 543.
[272] Staudinger/*Sonnenschein* 13. A. (1997) § 564c Rdnr. 14; *Sternel* IV Rdnr. 286; a. A. *Barthelmess* § 564c Rdnr. 17 a. E.: im Zweifel § 556b BGB.
[273] Hannemann/Wiek/*Wiek*, Handbuch der Mietrechtsentscheide, HdM, Kap. 25/1.1.1.1 a. E.
[274] *Barthelmess* § 564c Rdnr. 15; 57; a. A. AG Bad Säckingen DWW 1990, das eine Umdeutung in ein Verlangen nach § 564c Abs. 1 BGB bei entspr. hypothetischem Parteiwillen erwägt.
[275] Schmidt-Futterer/*Blank,* Wohnraumschutzgesetze, 6. A. (1988), B 775.
[276] *Barthelmess* § 564c Rdnr. 14; Bub/Treier/*Grapentin* IV Rdnr. 264; MünchKomm/*Voelskow* 3. A. (1995), § 564c Rdnr. 10; Staudinger/*Sonnenschein* 13. A. (1997) § 564c Rdnr. 14 a. E.; a. A. Schmidt-Futterer/*Blank,* Wohnraumschutzgesetze, 6. A. (1988), B 775.
[277] Hannemann/Wiek/*Wiek*, Handbuch der Mietrechtsentscheide, Kap. 21/1.1.1.2.
[278] AG München WuM 1980, 196; *Barthelmess* § 564c Rdnr. 20; MünchKomm/*Voelskow* 3. A. (1995), § 564c Rdnr. 11.
[279] Staudinger/*Sonnenschein* 13. A. (1997) § 564c Rdnr. 17 a. E.
[280] *Barthelmess* § 564c Rdnr. 42.
[281] Staudinger/*Sonnenschein* 13. A. (1997) § 564c Rdnr. 18.
[282] *Barthelmess* § 564c Rdnr. 18; MünchKomm/*Voelskow* 3. A. (1995) § 564c Rdnr. 11.

recht aus § 564c Abs. 1 BGB a. F.[283] Nur in Ausnahmefällen kann das Fortsetzungsrecht trotz Versäumung der Ausschlussfrist unter dem Gesichtspunkt von Treu und Glauben (§ 242 BGB) noch nachträglich geltend gemacht werden, etwa dann, wenn der Vermieter den Mieter von der Stellung eines rechtzeitigen Fortsetzungsverlangens abgehalten hat.[284] Im übrigen kann auch umgekehrt ein Fortsetzungsverlangen des Mieters **treuwidrig** sein, wenn er seinen Auszug zum Ablauf der Mietzeit ausdrücklich zugesagt und der Vermieter daraufhin entsprechend disponiert hat.[285]

Nach allgemeiner Meinung ist der **Vermieter** entgegen der Regelung der §§ 564a Abs. 2, 556a Abs. 6 Satz 2 BGB a. F. hinsichtlich des Fortsetzungsanspruchs nach § 564c Abs. 1 BGB a. F. **nicht verpflichtet,** den Mieter auf den bevorstehenden Ablauf der Frist des § 564c Abs. 1 Satz 1 BGB a. F. und die Möglichkeit eines schriftlichen Fortsetzungsverlangens **hinzuweisen.**[286] Eine fehlende Belehrung durch den Vermieter hat daher auf den Fristablauf keinen Einfluss; § 556a Abs. 6 Satz 2 BGB a. F. findet auch keine analoge Anwendung.[287] Allerdings kann ein verspätetes Fortsetzungsverlangen in ein Fortsetzungsverlangen nach §§ 556b, 556a BGB a. F. **umgedeutet** werden,[288] wobei dann aber auch die Frist des § 556a Abs. 6 BGB a. F. zu beachten ist.[289]

cc) Einverständnis des Vermieters. Der Vermieter kann das im Fortsetzungsverlangen liegende Vertragsangebot des Mieters **formlos annehmen.**[290] Das Mietverhältnis wird dann auf unbestimmte Zeit, ansonsten aber zu den bisherigen Vertragsbedingungen fortgesetzt, welche die Parteien natürlich einvernehmlich ändern können (bei erneuter Befristung ist ggf. § 550 BGB beachten).[291] Dabei ist es ohne Bedeutung, ob der Vermieter sein Einverständnis vor oder erst nach Ablauf der vertraglich vorgesehenen Mietzeit erklärt.[292] Umstritten ist allerdings, was gilt, wenn der **Vermieter** bis zum Ende der Mietzeit **nicht reagiert.** Nach einer Meinung soll dann ein Verlängerungsvertrag durch stillschweigende Annahme nach § 151 BGB schlüssig zustande kommen.[293] Richtigerweise ist aber bloßes Schweigen, also allein der unterlassene Widerspruch des Vermieters, keine Willenserklärung und reicht daher für die Annahme einer konkludenten Zustimmung nicht aus.[294]

dd) Widerspruch des Vermieters. Demgegenüber muss der Widerspruch des Vermieters gegen das Fortsetzungsverlangen des Mieters nach § 564c Abs. 1 BGB a. F. form- und fristgerecht erfolgen (§ 564b Abs. 3 BGB a. F. analog). Der Verlängerungswiderspruch bedarf der **Schriftform** und ist zu **begründen.**[295] Als berechtigte Interessen des Vermieters, die einer Vertragsfortsetzung auf unbestimmte Zeit entgegenstehen, werden daher nur die Gründe

---

[283] LG Frankfurt/M. NJW-RR 1986, 1146; LG Hildesheim WuM 1990, 209; LG Lüneburg DWW 1985, 322; AG München DWW 1978, 150; MünchKomm/*Voelskow* 3. A. (1995) § 564c Rdnr. 11; *Sternel* IV Rdnr. 287.
[284] AG Frankfurt/M. WuM 1987, 321.
[285] AG Marburg WuM 1991, 285.
[286] LG Frankfurt/M. NJW-RR 1986, 1146; LG Hildesheim WuM 1990, 209; LG Lüneburg DWW 1985, 322; AG München DWW 1978, 150; MünchKomm/*Voelskow* 3. A. (1995), § 564c Rdnr. 11; *Sternel* IV Rdnr. 287.
[287] LG Frankfurt/M. NJW-RR 1986, 1146; LG Hildesheim WuM 1990, 209; LG Lüneburg DWW 1985, 322; AG München DWW 1978, 150; offengelassen LG Karlsruhe DWW 1990, 178; als im Interesse des Mieters für wünschenswert erachtet: Staudinger/*Sonnenschein* 13. A. (1997) § 564c Rdnr. 18.
[288] *Barthelmess* § 564c Rdnr. 20.
[289] Zu den Gemeinsamkeiten und Unterschieden zwischen dem Verlängerungsanspruch des § 564c Abs. 1 BGB und dem Fortsetzungsanspruch nach § 556b BGB instruktiv *Sternel* IV Rdnr. 298.
[290] AG Wuppertal WuM 1994, 543.
[291] Staudinger/*Sonnenschein* 13. A. (1997) § 564c Rdnr. 33.
[292] Palandt/*Putzo* 60. A. (2001) § 564c Rdnr. 10; Staudinger/*Sonnenschein* 13. A. (1997) § 564c Rdnr. 33.
[293] *Barthelmess* § 564c Rdnr. 21.
[294] Bub/Treier/*Grapentin* IV Rdnr. 265; MünchKomm/*Voelskow* 3. A. (1995) § 564c Rdnr. 12; Palandt/*Putzo* 60. A. (2001) § 564c Rdnr. 10; Staudinger/*Sonnenschein* 13. A. (1997) § 564c Rdnr. 32; einschränkend *Sternel* IV Rdnr. 295, der jedenfalls bei fehlender Reaktion des Vermieters auf Nachfrage eine Zustimmung ableiten will.
[295] LG Berlin ZMR 1993, 118; LG Hamburg WuM 1992, 252; *Barthelmess* § 564c Rdnr. 31; MünchKomm/*Voelskow* 3. A. (1995) § 564c Rdnr. 14; Staudinger/*Sonnenschein* 13. A. (1997) § 564c Rdnr. 24; *Sternel* IV Rdnr. 291.

berücksichtigt, die in dem Verlängerungswiderspruch angegeben sind, soweit sie nicht nachträglich entstanden sind. Der Verlängerungswiderspruch muss dem Mieter **spätestens am letzten Tage des Mietverhältnisses zugehen.**[296] Ein mündlicher oder verspäteter Widerspruch ist wirkungslos, könnte aber ggf. als Fortsetzungswiderspruch nach § 545 BGB umgedeutet werden.[297] In diesem Fall steht dem Mieter ein Anspruch auf Vertragsfortsetzung nach § 564c Abs. 1 BGB a. F. zu.[298]

86 Ein **Nachschieben von Gründen** ist nur unter denselben engen Voraussetzungen möglich, wie bei der Kündigung (nachträglich, vor Wegfall des angegebenen Grundes entstandener, gleichartiger Grund).[299]

87 Ist die **Ablehnung** danach **rechtmäßig**, endet das Mietverhältnis durch Zeitablauf, allerdings kann sich der Mieter immer noch auf die **Sozialklausel** berufen (hierzu näher sogleich unter b).[300] Andernfalls muss der Mieter zur Durchsetzung seiner Rechte aus § 564c Abs. 1 BGB a. F. gerichtliche Hilfe in Anspruch nehmen.

88 *ee) Gerichtliche Geltendmachung.* Der Mieter kann seinen Anspruch auf Fortsetzung des Mietverhältnisses bei Vorliegen der Voraussetzungen des § 564c Abs. 1 BGB a. F. durch **Leistungsklage** gegen den Vermieter **auf Abgabe einer Zustimmungserklärung** zur Fortsetzung des Mietverhältnisses erzwingen. Die Wirkung eines obsiegenden Urteils tritt nach § 894 ZPO mit materieller Rückwirkung auf den Zeitpunkt des Ablaufs der vereinbarten Vertragszeit erst mit der formellen Rechtskraft ein.[301] Aus prozessökonomischen Gründen kann es sich in einem derartigen Fall für den Vermieter empfehlen, **Widerklage auf Räumung** zu erheben,[302] unter den Voraussetzungen des § 530 Abs. 1 ZPO auch noch in der Berufungsinstanz. Hat der Vermieter umgekehrt bereits Räumungsklage erhoben, ist der Mieter nach h. M. gehalten, seinen Anspruch auf Fortsetzung des Mietverhältnisses hiergegen durch **Widerklage auf Abgabe der Zustimmungserklärung** geltend zu machen.[303] Entgegen der abweichenden Auffassung kann der Mieter den Fortsetzungsanspruch **nicht als bloße Einwendung** geltend machen,[304] da die Fortsetzung erst vollzogen werden muss.[305] Weiter kommt hinzu, dass nach § 308a ZPO eine Vertragsfortsetzung durch richterlichen Gestaltungsakt nur im Rahmen der Sozialklausel möglich ist.[306] Das Gericht kann aber erforderlichenfalls nach § 139 ZPO verpflichtet sein, den Mieter auf eine richtige Antragstellung hinzuweisen.[307]

89 **b) Sozialklausel gemäß § 556b BGB a. F.** Aus § 564b Abs. 5 BGB a. F. folgt, dass das Fortsetzungsrecht des § 564c Abs. 1 BGB a. F. – wie bereits kurz dargelegt – nicht die weitergehenden Schutzrechte des Mieters verdrängt, von denen nur zu seinen Gunsten abgewichen werden kann (§§ 556b Abs. 1 Satz 2, 556a Abs. 7 BGB a. F.). Der Mieter kann folglich **zusätzlich oder alternativ aufgrund der Sozialklausel** nach §§ 556b, 556a BGB a. F. die **befristete oder unbefristete Fortsetzung des Mietverhältnisses**, ggf. zu veränderten Bedingungen, schriftlich geltend machen.[308] Auf Verlangen des Vermieters hat er weiter nach §§ 556b

---

[296] AG Frankfurt/M. WuM 1981, 237; *Barthelmess* § 564c Rdnr. 34; MünchKomm/*Voelskow* 3. A. (1995) § 564c Rdnr. 14; Staudinger/*Sonnenschein* 13. A. (1997) § 564c Rdnr. 25; *Sternel* IV Rdnr. 293.
[297] *Sternel* IV Rdnr. 294.
[298] *Schmidt-Futterer/Blank*, Wohnraumschutzgesetze, 6. A. (1988), B 787.
[299] Vgl. nur AG Frankfurt/M. WuM 1981, 237; Staudinger/*Sonnenschein* 13. A. (1997) §§ 564c Rdnr. 26, 564b Rdnr. 184 ff. m. w. N.
[300] Staudinger/*Sonnenschein* 13. A. (1997) § 564c Rdnr. 28 ff.
[301] *Barthelmess* § 564c Rdnr. 46; Palandt/*Putzo* 60. A. (2001) § 564c Rdnr. 11; Staudinger/*Sonnenschein* 13. A. (1997) § 564c Rdnr. 35; a. A. LG München I, ZMR 1974, 49: Gestaltungsklage.
[302] Hannemann/Wiek/*Wiek*, Handbuch der Mietrechtsentscheide, Kap. 25/1.1.1.5.
[303] LG Berlin WuM 1986, 340; LG Bonn MDR 1976, 495; LG Kaiserslautern, ZMR 1975, 306; LG München I, ZMR 1974, 49; LG Regensburg WuM 1992, 194; AG Münster WuM 1988, 364; AG Wuppertal WuM 1994, 543; *Barthelmess* § 564c Rdnr. 47; Bub/Treier/*Grapentin* IV Rdnr. 265; MünchKomm/*Voelskow* 3. A. (1995) § 564c Rdnr. 22; Staudinger/*Sonnenschein* 13. A. (1997) § 564c Rdnr. 36.
[304] So aber LG Berlin GE 1996, 127; AG Ebersberg WuM 1988, 23; AG Frankfurt/M. WuM 1981, 237; AG Uelzen WuM 1989, 23; *Sternel* IV 296.
[305] Zweifelnd *Sternel* IV Rdnr. 296.
[306] Staudinger/*Sonnenschein* 13. A. (1997) § 564c Rdnr. 36.
[307] *Sternel* IV Rdnr. 296.
[308] Statt aller *Barthelmess* § 564c Rdnr. 36.

Abs. 1 Satz 2, 556a Abs. 5 Satz 2 BGB a. F. unverzüglich Auskunft über die Gründe seines Fortsetzungsbegehrens zu erteilen, andernfalls können ihn Kostennachteile nach § 93b Abs. 2 ZPO treffen.[309] In diesem Verlangen liegt zugleich ein Widerspruch gegen die Beendigung des Mietverhältnisses,[310] so dass eine gesonderte Widerspruchserklärung daneben nicht erforderlich ist, zumal § 556b Abs. 1 Satz 2 BGB a. F. lediglich „im übrigen" auf die „sinngemäße" Geltung von § 556a BGB a. F. verweist.[311] Anders als beim Fortsetzungsverlangen des Mieters nach § 564c Abs. 1 BGB a. F., muss der Mieter sein Begehren aber nicht – wie ausgeführt – gerichtlich geltend machen (er kann aber auf Fortsetzung des Mietverhältnisses klagen, wobei der Vermieter dann dagegen Räumung im Wege der Widerklage begehren sollte). Eine entsprechende **Einrede** etwa **im Räumungsprozess** genügt.[312]

Das Fortsetzungsrecht aus § 564c Abs. 1 BGB a. F. ist für den Mieter das günstigere Recht. Einem Fortsetzungsverlangen nach § 556b BGB a. F. kommt daher im Regelfall erst dann Bedeutung zu, wenn der Vermieter das Fortsetzungsverlangen des Mieters aus § 564c Abs. 1 BGB a. F. wegen berechtigter Interessen abwehren kann.[313] Dennoch ist dem Mieter, zumal für das Fortsetzungsverlangen nach § 556b BGB a. F. in § 556a Abs. 6 Satz 1 BGB a. F. ebenfalls eine **Zwei-Monats-Frist** bestimmt ist, bei deren Nichteinhaltung der Vermieter die Fortsetzung des Mietverhältnisses ohne weiteres ablehnen darf, zu empfehlen, bereits bei der Stellung des Fortsetzungsverlangens nach § 564c Abs. 1 BGB a. F. hilfsweise auch die Fortsetzung nach § 556b BGB a. F. zu verlangen.[314] Dies sollte aus Mietersicht aber erst kurz vor Ablauf der Zwei-Monats-Frist geschehen; andernfalls kann der Vermieter Zeit gewinnen, in dem er **Klage auf künftige Räumung** nach §§ 257, 259 ZPO erhebt.[315] Ist unklar, ob der Mieter eine Fortsetzung nach § 564c Abs. 1 BGB a. F. oder aufgrund der Sozialklausel des § 556b BGB a. F. anstrebt, ist im Zweifel von der für den Mieter günstigeren Alternative auszugehen.[316] 90

Gegenüber der Verweisung in § 556b Abs. 1 Satz 2 BGB a. F. auf § 556a BGB a. F. ist die Einschränkung des § 556b Abs. 2 BGB a. F. zu beachten: Hat der Mieter schon bei Abschluss des Mietvertrages die Umstände positiv gekannt, welche das Interesse des Vermieters an der fristgemäßen Rückgabe der Mietsache nach Ablauf der Mietzeit begründet haben, sind zugunsten des Mieters nur solche **Härtegründe** zu berücksichtigen, **die nachträglich eingetreten sind.** Aus Sicht des Vermieters ist daher eine entsprechende Fixierung derjenigen Umstände, die ihn zum Abschluss eines Zeitmietverhältnisses bewogen haben, im Mietvertrag zu Beweiszwecken sinnvoll.[317] 91

Nach § 564a Abs. 2 BGB a. F. soll der **Vermieter** den Mieter auf die Möglichkeit des Widerspruchs nach § 556a BGB a. F. sowie auf die Form und die Frist des Widerspruchs **rechtzeitig hinweisen.** Dies gilt über § 556b Abs. 1 Satz 2 BGB a. F. auch bei Zeitmietverträgen.[318] Hat der Vermieter diesen Hinweis nicht rechtzeitig erteilt, so kann der Mieter nach § 556a Abs. 6 Satz 2 BGB a. F. den Widerspruch noch im ersten Termin des Räumungsrechtsstreits erklären. Belehrt der Vermieter aber den Mieter entsprechend und verlangt dieser daraufhin die Vertragsfortsetzung unter Beachtung der Zwei-Monats-Frist, besteht aus Vermietersicht die Gefahr, dass dieses Begehren nicht lediglich nach § 556b BGB a. F. beurteilt wird, sondern möglicherweise über § 564c Abs. 1 BGB a. F. erneut den Bestandsschutz eröffnet.[319] 92

Die in der Regel befristete Fortsetzung des Mietverhältnisses aufgrund der Sozialklausel erfolgt entweder durch **Einigung der Parteien oder** durch **richterlichen Gestaltungsakt,** ggf. auch rückwirkend. Nach §§ 556b Abs. 1 Satz 2, 556a Abs. 1 Satz 3, 564a Abs. 1 Satz 2 93

---

[309] Staudinger/*Sonnenschein* 13. A. (1995) § 556b Rdnr. 26.
[310] Als „wesensgleiches Minus" bzw. zumindest im Wege der Umdeutung: *Horst* ZAP F. 4, S. 359, 367.
[311] *Wetekamp* DWW 1990, 102, 106.
[312] Palandt/*Weidenkaff* § 574a Rdnr. 6.
[313] Hannemann/Wiek/*Wiek*, Handbuch der Mietrechtsentscheide, Kap. 25/1.1.2.
[314] *Barthelmess* § 564c Rdnr. 17; *Sternel* IV Rdnr. 286.
[315] Vgl. hierzu *Nies* NZM 1998, 18.
[316] *Barthelmess* § 564c BGB Rdnr. 15; Bub/Treier/*Grapentin* IV Rdnr. 264; *Sternel* IV Rdnr. 286.
[317] *Sternel* IV Rdnr. 302.
[318] OLG Hamm NJW-RR 1991, 1485; vgl. weiter nur Staudinger/*Sonnenschein* 13. A. (1995) § 556b Rdnr. 25 m. w. N.
[319] *Barthelmess* § 564c BGB Rdnr. 15; *Sternel* IV Rdnr. 297a. E.

BGB a. F. hat dabei eine Interessenabwägung zwischen den Gründen des Mieters für sein Fortsetzungsbegehren nach § 556b BGB a. F. und den vom Vermieter unverzüglich dem Mieter mitzuteilenden Gründen, weshalb er dessen Begehren zurückweist, zu erfolgen, soweit die Gründe nicht nachträglich entstanden sind.[320] Beruft sich der Vermieter dabei auf Beendigungsgründe, die er dem Mieter vor oder bei Vertragsschluss so konkret (unter dem Gesichtspunkt der positiven Kenntnis) nicht mitgeteilt hatte, so entfällt für den Mieter die Beschränkung des § 556b Abs. 2 BGB a. F.[321] Reagiert der Vermieter nicht, riskiert er nicht nur den Erfolg des Fortsetzungsbegehrens des Mieters nach § 556b BGB a. F., sondern, selbst bei erfolgreichem Räumungsverfahren, die **Kostenfolge** des § 93b Abs. 1 ZPO.

94 c) **Wiederholte Anwendung der Sozialklausel nach § 556c BGB a. F.** Ändern sich die für eine befristete Fortsetzung des Mietverhältnisses aufgrund der Berufung des Mieters auf die Sozialklausel durch Einigung oder Urteil maßgeblichen Umstände entweder auf Mieter- oder Vermieterseite wesentlich oder treten erwartete Umstände nicht ein, kann der Mieter – ggf. mehrfach – schriftlich spätestens zwei Monate vor der erneuten Beendigung wiederum Fortsetzung des Mietverhältnisses i. d. R. um bestimmte Zeit, ausnahmsweise sogar unbefristet,[322] verlangen.[323]

95 Erfolgte die **Verlängerung durch Urteil** auf unbestimmte Zeit, kann der Mieter nach § 556c Abs. 2 Satz 1 BGB a. F., mangels Verweisung ohne Beachtung einer Form oder Frist, bei unveränderten Umständen oder nur unerheblichen Veränderungen einer erneuten Kündigung des Vermieters widersprechen.[324] Bei erheblichen veränderten Umständen – vom Vermieter zu beweisen[325] – kommt ein Kündigungswiderspruch nebst Fortsetzungsverlangen gemäß § 556c Abs. 2 Satz 2 BGB a. F. aber ausschließlich nach § 556a BGB a. F. in Betracht.[326] Wird das Mietverhältnis aufgrund **Einigung** der Vertragsparteien – und sei es im Rahmen eines Prozessvergleichs – auf unbestimmte Zeit fortgesetzt, fehlt es an einer gesetzlichen Regelung. Nach überwiegender Meinung gilt dann ebenfalls § 556a BGB a. F.[327]

5. Vereinbarungen über den Kündigungsausschluss

96 Die praktische Bedeutung des qualifizierten Zeitmietvertrages i. S. v. § 564c Abs. 2 BGB a. F. war gering.[328] Dies wird auch bei dem echten Zeitmietvertrag i. S. v. § 575 BGB so bleiben. Von ungleich größerer Bedeutung in der Praxis war dagegen der einfache Zeitmietvertrag nach § 564c Abs. 1 BGB, der nunmehr aber – wie dargelegt – gem. § 575 Abs. 4 BGB unwirksam ist. Vor diesem Hintergrund stellte sich als Folge der Mietrechtsreform die Frage, was gelten soll, wenn die Vertragsparteien, insbesondere auch der Mieter, dennoch eine langfristige Bindung wünschen, aber ein Befristungsgrund i. S. v. § 575 Abs. 1 BGB nicht vorliegt.

97 Dem Gesetzgeber war diese Problematik bewusst. So hat er mit dem möglichen Interesse des Mieters wie auch Vermieters den Wegfall der vertraglichen Höchstdauer beim Zeitmietvertrag begründet[329] und daneben auch außerhalb der nach § 575 BGB zulässigen befristeten Wohnraummietverträge wörtlich folgendes ausgeführt:

Der bisherige „einfache" Zeitmietvertrag des § 564c Abs. 1 BGB a. F. mit Verlängerungsoption und Geltung der „Sozialklausel" entfällt zukünftig im Zuge der Umgestaltung im Interesse der Rechtsvereinfachung und Rechtssicherheit. Durch Neuregelung herrscht anders als bisher zwischen Vermieter und Mieter von Beginn an Klarheit über die Dauer und den Ablauf der Mietzeit. Dies ist der eigentliche

---

[320] *Sternel* IV Rdnr. 300 f.; Staudinger/*Sonnenschein* 13. A. (1997) § 556b Rdnr. 21; zweifelnd Bub/Treier/ *Grapentin* IV Rdnr. 278.
[321] *Sternel* IV Rdnr. 304.
[322] OLG Stuttgart NJW 1969, 1070, 1071; LG Mannheim WuM 1975, 213.
[323] Staudinger/*Sonnenschein* 13. A. (1995) § 556c Rdnr. 18.
[324] Staudinger/*Sonnenschein* 13. A. (1995) § 556c Rdnr. 27 f.
[325] OLG Stuttgart NJW 1969, 1070, 1071; Staudinger/*Sonnenschein* 13. A. (1995) § 556c Rdnr. 30.
[326] Staudinger/*Sonnenschein* 13. A. (1995) § 556c Rdnr. 29.
[327] Palandt/*Weidenkaff* § 574c Rdnr. 7; Staudinger/*Sonnenschein* 13. A. (1995) § 556c Rdnr. 21 f.
[328] So schon *Hannemann* NZM 1999, 585, 602 f.; Bericht der Expertenkommission Wohnungspolitik, BT-Drucks. 13/159, Tz. 5417).
[329] Vgl. oben unter Rdnr. 31 ff.

Sinn und Zweck eines Zeitmietvertrages. Liegt bei Vertragsschluss kein Befristungsgrund auf Vermieterseite vor, so kann dem Interesse des Mieters an einer langfristigen Bindung des Mietverhältnisses vertraglich dadurch Rechnung getragen werden, dass die Parteien einen unbefristeten Mietvertrag schließen und für einen vertraglich festgelegten Zeitraum das ordentliche Kündigungsrecht beiderseits ausschließen. Damit wirkt sich auch für ihn der Wegfall des „einfachen" Zeitmietvertrages nicht nachteilig aus.[330]

Der Gesetzgeber hat folglich die Möglichkeit eines vertraglich vereinbarten Kündigungsausschlusses als völlig problemlos dargestellt. Dem hat sich ein Teil des Schrifttums angeschlossen.[331] Ganz so einfach, wie dies scheint, ist die Beantwortung der vorstehenden Frage aber nicht.[332] **98**

Die soeben zitierte Auffassung des Gesetzgebers geht, worauf Wiek[333] zutreffend hingewiesen hat, zurück auf den Bericht der Bund-Länder-Arbeitsgruppe „Mietrechtsvereinfachung", in dem es heißt: **99**

> Liegt der Schwerpunkt des Interesses der Parteien nicht darin, dass der Vermieter seine Mietsache rechtzeitig zurückerhält, sondern vielmehr darin, dass eine bestimmte Dauer des Mietverhältnisses gewährleistet ist, so kann die Vertragsgestaltung gewählt werden, dass beiderseitig das Kündigungsrecht einen bestimmten Zeitraum ausgeschlossen ist. Diese Möglichkeit ist schon im geltenden Recht eröffnet (vgl. MüKo/Voelskow, BGB, 3. Aufl., § 564 Rdnr. 7), doch war sie weniger wesentlich, da die gewünschte Rechtsfolge im befristeten Mietvertrag nach § 564c Abs. 1 BGB mitenthalten war.[334]

Richtig ist, dass es nach bisherigem Recht zulässig war, die ordentliche Kündigung über Wohnraum für einen bestimmten Zeitraum auszuschließen.[335] Auch entsprechende vorformulierte Kündigungsausschlüsse verstießen nicht gegen § 9 AGBG, jetzt § 307 BGB,[336] außer sie sollten für die gesamte Dauer eines unbefristeten Mietverhältnisses gelten.[337] Problematisch war auch, wenn nur zu Lasten des Mieters das Recht zur ordentlichen Kündigung einseitig für mehrere Jahre ausgeschlossen war.[338] Vorliegend hilft aber der Hinweis auf die bisherige Rechtslage vor dem 1. 9. 2001 nicht weiter. Zum damaligen Zeitpunkt waren lediglich Vereinbarungen verboten, die dem Vermieter eine kürzere Kündigungsfrist, als in § 565 Abs. 2 BGB a. F. statuiert, einräumten, nicht aber – und sei es durch Befristungen – Verlängerungen der Kündigungsfristen des § 565 Abs. 2 BGB a. F. auch zu Lasten des Mieters.[339] Anders die aktuelle Rechtslage seit dem 1. 9. 2001 angesichts der Regelungen in § 573 Abs. 4 und § 575 Abs. 4 BGB. Bereits bei individuellen Vereinbarungen kommt es allein auf diese gesetzlichen Regelungen und ihren Wortlaut an. Bei vorformulierten Klauseln sind darüber hinaus noch die §§ 305c Abs. 1 und 307 BGB zu beachten. Die Begründung des Gesetzgebers ist dagegen für die Gesetzesauslegung gegen den Wortlaut der jeweiligen Norm nicht bindend,[340] so dass allein hierauf die Zulässigkeit vereinbarter wechselseitiger befristeter Kündigungsausschlüsse nicht mit Erfolg gestützt werden kann.[341] Auch § 557a Abs. 3 S. 1 BGB (früher § 10 Abs. 2 Satz 6 MHG) scheidet zur Begründung der grundsätzlichen Rechtswirksamkeit von Kündigungsausschlüssen auf Zeit für beide Mietvertragsparteien aus,[342] da diese außerordentliche Kündigung mit gesetzlicher Frist i. S. v. § 573d BGB **99a**

---

[330] Gesetzesbegründung im Referentenentwurf, im Kabinettsentwurf unverändert übernommen NZM 2000, 415, 450.
[331] *Derckx* NZM 2001, 826 ff.; *Grundmann* NJW 2001, 2505; *Langenberg* NZM 2001, 212, 217; *Lützenkirchen*, Neue Mietrechtspraxis, Rdnr. 393 ff.
[332] Vgl. nur *Derleder* NZM 2001, 649 ff. oder schon früh *Gather* NZM 2001, 57, 58.
[333] WuM 2001, 442.
[334] Bericht zur Neugliederung und Vereinfachung des Mietrechts, 1997, S. 225.
[335] Vgl. nur *Sternel* IV Rdnr. 59.
[336] LG Berlin ZMR 1999, 26.
[337] LG Karlsruhe WuM 1979, 192.
[338] AG Lübeck ZMR 1985, 164; AG Nauen WuM 2001, 339.
[339] *Börstinghaus/Eisenschmid* § 557, S. 243; vgl. auch OLG Zweibrücken WuM 1990, 8; KG NZM 1998, 299.
[340] *Wiek* WuM 2001, 442, 443 unter Hinweis auf *Larenz/Canaris*, Methodenlehre der Rechtswissenschaft, 3. Aufl., S. 149 f.
[341] So aber *Lützenkirchen*, Neue Mietrechtspraxis, Rdnr. 398.
[342] *Grundmann* NJW 2001, 2505 Fn. 29; *Derckx* NZM 2001, 826, 827.

gerade einen zulässigen Ausschluss der ordentlichen Kündigung, etwa durch einen Zeitmietvertrag gemäß § 575 BGB, voraussetzt.[343]

Eindeutig ist allerdings, dass Kündigungsausschlussvereinbarungen – auch individualvertraglich – in keinem Fall das **Recht zur außerordentlichen Kündigung** mit umfassen dürfen (§ 569 Abs. 5 BGB);[344] formularvertraglich liegt hierin ein Verstoß gegen § 307 BGB.[345]

100 a) **Individualvereinbarungen.** Die gesetzlichen Verbote in den §§ 575 Abs. 4 und 573c Abs. 4 BGB betreffen selbstverständlich auch abweichende individuelle Absprachen allerdings nur zu Lasten des Mieters. Aus diesem Grunde ist, so auch – soweit ersichtlich – die einhellige Meinung, ein einseitiger Ausschluss der ordentlichen Kündigung des Vermieters zulässig.[346] Nach der hier vertretenen Meinung gilt dies auch für individuelle Vereinbarungen über den wechselseitigen Kündigungsausschluss, also auch zu Lasten des Mieters. Der BGH hat darüber hinaus sogar einen **individuell** vereinbarten Ausschluss der ordentlichen Kündigung **allein zu Lasten des Mieters** für einen Zeitraum von **5 Jahren** für wirksam erachtet.[347] Ein – beidseitiger – individualvertraglicher Kündigungsverzicht von mehr als 4 Jahren im Rahmen einer Staffelmietvereinbarung ist nicht insgesamt, sondern nur insoweit unwirksam, als der Zeitraum von 4 Jahren überschritten wird.[348]

101 aa) *Verstoß gegen § 575 Abs. 4 BGB.* Die Vereinbarung über den Ausschluss der ordentlichen Kündigung ist kein Verstoß gegen § 575 Abs. 4 BGB.[349] § 575 BGB soll eine automatische Beendigung des Wohnraummietverhältnisses allein durch Zeitablauf außerhalb der dort privilegierten Befristungsgründe, ohne dass der Mieter Kündigungsschutz genießt, verhindern. Bei der Vereinbarungen über einen wechselseitigen Kündigungsausschluss liegt dagegen ein unbefristetes Mietverhältnis vor. Es geht – anders als beim Zeitmietvertrag i. S. v. § 575 BGB, der das Rückerlangungsinteresse des Vermieters sichern soll – um die Sicherung einer festen Laufzeit.[350] Dem Mieter bleibt dabei der volle Wohnraumkündigungsschutz, vor allem nach den §§ 573ff. und 574ff. BGB, erhalten.[351] Da – etwa bei entsprechender Vereinbarung – auch ein Zeitmietvertrag gekündigt werden kann, verbietet es sich, eine Befristung mit einem Kündigungsausschluss gleichzusetzen.

102 bb) *Verstoß gegen § 573c Abs. 4 BGB.* Ebenso wenig verstößt ein befristeter Kündigungsausschluss gegen § 573c Abs. 4 BGB.[352] Vertragliche Vereinbarungen über die Verlängerung einer Kündigungsfrist sind schon begrifflich etwas anderes als der befristete vertragliche Ausschluss der Kündigung selbst. Es ist sicherlich zutreffend, dass beides im Ergebnis zu einer längerfristigen Bindung des Mieters an den Wohnraummietvertrag führt.[353] Dies allein genügt aber für einen Verstoß gegen § 573c Abs. 4 BGB nicht. Gesetzliche Verbote sind eng und restriktiv auszulegen mit der Folge, dass das Verbot von Kündigungsfristverlängerungen nicht erstreckt werden kann auf Kündigungsausschlüsse. Die Frage der Länge

---

[343] *Börstinghaus/Eisenschmid* § 557, S. 243; § 557a, S. 253; § 575, S. 559; *Rips/Eisenschmid*, S. 138; *Wiek* WuM 2001, 442, 443.
[344] Vgl. etwa BGH ZMR 1978, 207.
[345] *Fischer* WuM 2004, 123, 125; *Hinz* WuM 2004, 126, 128; *Wiek* WuM 2004, 509, 511.
[346] *Börstinghaus/Eisenschmid* § 557, S. 559; *Derleder* NZM 2001, 649, 653 f.; *Rips/Eisenschmid*, S. 139; *Wiek* WuM 2001, 442, 443.
[347] BGH NJW 2004, 1448 = NZM 2004, 216; zustimmend *Brock/Lattka* NZM 2004, 729 ff.; vgl. die kritischen Anmerkungen hierzu *Derleder* NZM 2004, 247 ff.; *Fischer* WuM 2004, 123 ff.; *Häublein* ZMR 2004, 252 ff.; *Hinz* WuM 2004, 126 ff.; *Kandelhard* WuM 2004, 129 ff.
[348] BGH NJW 2006, 2696 = NZM 2006, 653; eine entsprechende Formularklausel ist dagegen insgesamt unwirksam: BGH NJW 2006, 1059 = NZM 2006, 254.
[349] So aber *Börstinghaus/Eisenschmid* § 557, S. 558.
[350] *Börstinghaus* WuM 2003, 487; *Hinz* WuM 2004, 126; vgl. auch *Häublein* ZMR 2004, 1.
[351] So auch *Derckx* NZM 2001, 826, 827.
[352] *Börstinghaus/Eisenschmid* § 557, S. 558; *Feuerlein* WuM 2001, 371, 372; *Rips/Eisenschmid*, S. 138; *Wiek* WuM 2001, 442, 443; differenzierend *Derleder* NZM 2001, 649, 653 f., „wenn der Mieter ein Interesse an langfristiger Bindung bekundet und deswegen einen beiderseitigen Kündigungsausschluss im Vertrag verankert hat."; a. A. *Börstinghaus* WuM 2003, 487 ff. (S. 490 a. E.: „Zumindest würde eine formularvertragliche Vereinbarung eines Kündigungsausschlusses gegen § 307 BGB verstoßen."); *Lammel* WuM 2003, 123 ff.
[353] *Börstinghaus/Eisenschmid* § 557, S. 558; *Feuerlein* WuM 2001, 371, 372; *Rips/Eisenschmid*, S. 138; *Wiek* WuM 2001, 442, 443.

einer Kündigungsfrist setzt zunächst voraus, dass überhaupt zulässigerweise ordentlich gekündigt werden kann. Gerade dies soll aber vertraglich ausgeschlossen werden.[354]

b) Formularklauseln. Vorab bestellt sich bereits die Frage, ob ein konkret zeitlich unter Angabe eines bestimmten Datums vereinbarter wechselseitiger Ausschluss der ordentlichen Kündigung überhaupt eine vorformulierte Regelung i.S.v. § 305 Abs. 1 BGB darstellt. Insoweit kann zur Vermeidung unnötiger Wiederholungen auf die nachstehenden Ausführungen zu Frage vorformulierter Befristungen unter Ziff. 6a Bezug genommen werden, die hier entsprechend gelten. 103

Geht man von der Anwendung des AGB-Rechts aus, so könnte ein derartiger Kündigungsausschluss einmal gegen § 305c Abs. 1 BGB und zum anderen gegen § 307 BGB verstoßen und zwar immer zu Lasten des jeweiligen Verwenders des entsprechenden Wohnraummietvertragsformulars. 104

aa) Verstoß gegen § 305c Abs. 1 BGB. Vereinbaren die Parteien eines Wohnraummietvertrages eine Laufzeit auf unbestimmte Zeit und wird in dem vom Vermieter verwendeten Formular ohne weitere Hervorhebung (sei es im selben Abschnitt oder gar, noch schlimmer, an systematisch anderer Stelle) geregelt, dass die Parteien etwa bis zum Ablauf von zwei oder fünf und noch mehr Jahren wechselseitig die ordentliche Kündigung ausschließen, liegt mit Sicherheit eine überraschende Klausel i.S.v. § 305c Abs. 1 BGB vor, die nicht Vertragsinhalt wird. 105

Dieser Rechtsfolge lässt sich aber durch drucktechnische Hervorhebungen an systematischer Stelle im Zusammenhang mit der Vereinbarung über die Laufzeit des Wohnraummietvertrages begegnen.[355] 106

bb) Verstoß gegen § 307 BGB. Gewichtiger ist der mögliche Verstoß gegen § 307 BGB. Dies würde voraussetzen, dass der vorformulierte Ausschluss der ordentlichen Mieterkündigung in einem vom Vermieter verwendeten Wohnraummietvertragsformular zum Nachteil des Mieters vom gesetzlichen Leitbild abweicht. Hiervon geht die überwiegende Meinung jedenfalls der veröffentlichten Auffassungen aus und hält die zwingende kurze Kündigungsfrist des § 573c BGB für ein gesetzliches Leitbild eines Wohnraummietvertrages.[356] Dies überzeugt nicht.[357] 107

Zunächst ist festzuhalten, dass ein ausdrückliches gesetzliches Verbot des wechselseitigen Ausschlusses einer ordentlichen Kündigung in einem unbefristeten Wohnraummietvertrag nicht besteht. Die überwiegende Auffassung stützt sich daher auch ausschließlich auf § 573c BGB und die dortige zwingende kurze Kündigungsfrist von drei Monaten, die ausweislich der Gesetzesbegründung wie folgt erläutert wird: 108

Lässt sich der Vermieter nämlich nicht auf den Abschluss eines Aufhebungsvertrages ein, so kann der Mieter die Wohnung nicht kurzfristig aufgeben, obwohl er die Wohnung nicht mehr weiter nutzen kann, etwa weil er beispielsweise seinen Arbeitsplatz wechselt oder aus gesundheitlichen Gründen kurzfristig in ein Alten- oder Pflegeheim ziehen muss. Deshalb werden mit der vorliegenden Regelung die Fristen für die Mieterkündigung verkürzt. Damit auch dem Interesse des Vermieters einen ausreichenden Zeitraum für die Suche eines neuen Mieters genüge getan.[358]

Wenn man aber nun letztendlich allein auf den in der Gesetzesbegründung zum Ausdruck kommenden Willen des Gesetzgebers abstellt, dann muss dies auch vollständig geschehen, um so ein angebliches „Mobilitätsleitbild" nach der Mietrechtsreform zu begründen.[359] Dies bedeutet, dass dann, wenn der vorrangige Gesetzeswortlaut keine Lösung liefert, selbstverständlich auch auf den Willen des Gesetzgebers abgestellt werden kann, vor allem in dem Fall, in dem wie hier nur dieser Wille gerade zur Begründung eines angeblichen 109

---

[354] So auch *Derckx* NZM 2001, 826, 827.
[355] Vgl. statt vieler *Ulmer/Brandner/Hensen* § 305c Rdnr. 23 f.
[356] *Börstinghaus/Eisenschmid* § 557, S. 558; *Derleder* NZM 2001, 649, 652; *Feuerlein* WuM 2001, 371, 372; *Rips/Eisenschmid*, S. 138; *Wiek* WuM 2001, 442, 443.
[357] Ebenso *Derckx* NZM 2001, 826, 828; *Lützenkirchen*, Neue Mietrechtspraxis, Rdnr. 398.
[358] Kabinettsentwurf NZM 2000, 802, 816; Referentenentwurf NZM 2000, 415, 448 f.
[359] *Derleder* NZM 2001, 649, 653.

wohnraummietvertraglichen Leitbildes herangezogen wird. Der Gesetzgeber hat nun aber an verschiedenen Stellen selbst das Mobilitätsinteresse des Wohnraummieters hintangestellt zu Gunsten anderer Interessen, etwa dem Interesse des Mieters an der Sicherheit, während der Vertragslaufzeit nicht ordentlich gekündigt werden, selbst wenn auf Seiten des Vermieters aller erforderlichen Voraussetzungen hierfür vorliegen – nur muss dies der Mieter dann ausdrücklich vereinbaren. So etwa, wie z. T. bereits zitiert:

> Längere Vertragslaufzeiten können für beide Seiten Vorteile haben. Der Vorteil des Mieters besteht darin, dass er die Sicherheit hat, während der Vertragslaufzeit nicht ordentlich gekündigt zu werden. Falls er also in absehbarer Zeit keine räumlichen Veränderungen zu erwarten hat, wird gerade der Abschluss eines längeren Zeitmietvertrages in seinem Interesse liegen.[360]

> Liegt bei Vertragsschluss kein Befristungsgrund auf Vermieterseite vor, so kann dem Interesse des Mieters an einer langfristigen Bindung des Mietverhältnisses vertraglich dadurch Rechnung getragen werden, dass die Parteien einen unbefristeten Mietvertrag schließen und für einen vertraglich festgelegten Zeitraum das ordentliche Kündigungsrecht beiderseits ausschließen. Damit wirkt sich auch für ihn der Wegfall des „einfachen" Zeitmietvertrages nicht nachteilig aus.[361]

> Dem bei zunehmender gesellschaftlicher Mobilität bestehenden Bedürfnis von Mietern und Vermieter nach einem einfach zu handhabenden Zeitmietvertrag wird durch eine wesentliche Vereinfachung der gesetzlichen Regelung Rechnung getragen.[362]

> Wir gestalten Zeitmietverträge vernünftig, bei steigender Mobilität steigert das Bedürfnis von Mietern und Vermietern, Zeitmietverträge (Mietverträge, die eine bestimmte Dauer haben) abzuschließen.[363]

110 Wo findet sich nun das gesetzliche Leitbild einer maximalen Bindung eines Mieters an einen Wohnraummietvertrag für eine Zeit von drei Monaten? Vielmehr wird deutlich, dass offensichtlich allein die zwingende kurze Kündigungsfrist das Mobilitätsinteresse des Mieters in bestimmten Fallgestaltungen fördern soll, dies aber nicht ausnahmslos, sofern der Mieter etwa aufgrund anderer Interessenlage mit abweichenden (auch formular-)vertraglichen Vereinbarungen einverstanden ist. Dieser Schutzzweck des § 573 c BGB würde überdehnt, und dies findet in der vorzitierten Gesetzesbegründung auch keine Stütze, wollte man hieraus ein gesetzliches Leitbild dahingehend postulieren, dass der Schutzzweck dieser Norm auch formularvertragliche Vereinbarungen der Parteien über den Ausschluss der ordentlichen Kündigung verbieten will.[364]

110a Daher hat der **BGH** auch zu Recht **formularvertragliche** Kündigungsausschlussvereinbarungen, sofern sie **wechselseitig** sind und § 305c Abs. 1 BGB beachten, **bis zu maximal 4 Jahren** (vgl. als Orientierung § 557a Abs. 3 S. 1 BGB) für zulässig erachtet.[365] Somit sind auch vorformulierte Kündigungsausschlüsse von knapp 1 Jahr,[366] von 14 Monaten[367] oder „innerhalb der ersten 2 Jahre"[368] wirksam. Ein in einem Staffelmietvertrag formularmäßig vereinbarter beidseitiger Kündigungsverzicht von mehr als 4 Jahren ist insgesamt unwirksam; die zur Vorgängerbestimmung des § 10 Abs. 2 Satz 6 MHG ergangene Rechtsprechung lässt sich auf § 557a BGB nicht übertragen.[369] Dabei beginnt die 4-Jahresfrist nicht mit dem Tag des Mietbeginns, sondern des Vertragsschlusses, und endet genau 4 Jahre danach zum Monatsende.[370] Auch ein **einseitiger** formularmäßig erklärter Kündigungsverzicht des Mieters benachteiligt diesen nicht unangemessen, wenn er zusammen mit einer zulässigen Staffelmietvereinbarung vereinbart wird und nicht länger als 4 Jahre seit deren Abschluss gilt.[371] Außerhalb einer wirksamen Staffelmietvereinbarung oder eines wirksamen Zeit-

---

[360] Referentenentwurf NZM 2000, 415, 450 f.
[361] Referentenentwurf NZM 2000, 415, 450.
[362] Referentenentwurf NZM 2000, 415, 430.
[363] Presseerklärung des BMJ vom 14. 3. 2001 NZM-aktuell, 2001, Heft 7, S. VI.
[364] Ebenso *Derckx* NZM 2001, 826, 828.
[365] BGH NJW 2005, 1574 = NZM 2005, 419.
[366] BGH WuM 2004, 672.
[367] BGH NZM 2004, 734 m. Anm. *Wiek* WuM 2004, 509 ff.
[368] BGH NJW 2004, 3117 = NZM 2004, 733 m. Anm. *Wiek* WuM 2004, 509 ff.
[369] BGH NJW 2006, 1059 = NZM 2006, 254.
[370] BGH NJW-RR 2006, 1236 = NZM 2006, 579; so schon zu § 10 Abs. 2 Satz 6 MHG: BGH NZM 2005, 782.
[371] BGH NJW 2009, 353 = NZM 2009, 80; NJW 2006, 1056 = NZM 2006, 256

mietvertrages kann dagegen ein einseitiger formularvertraglicher Kündigungsverzicht des Mieters nicht wirksam vereinbart werden (Verstoß gegen § 307 Abs. 1 Satz 1 BGB) – auch nicht für weniger als 4 Jahre und selbst bei Vereinbarung des Rechts des Mieters zur Stellung eines Nachmieters.[372]

Im Übrigen bedarf ein für mehr als 1 Jahr geltender Kündigungsverzicht der **Schriftform** des § 550 Satz 1 BGB.[373] 110b

Fraglich ist schließlich noch, ob ein unwirksamer Zeitmietvertrag, etwa mangels Einhaltung der Voraussetzungen des § 575 BGB, in einen wirksamen befristeten Kündigungsausschluss **umgedeutet** werden kann. Die Vorgaben des § 140 BGB sind in diesem Fall aber nur dann erfüllt, wenn sich ermitteln lässt, dass sich die Mietvertragsparteien mit dem „verunglückten" Zeitmietvertrag gegenseitig an eine Art Mindestmietzeit binden wollten. War der Abschluss eines befristeten Mietverhältnisses allein vom Vermieter ausschließlich bezogen auf dessen Interessenlage gewollt, scheidet eine Umdeutung aus.[374] Dies gilt grundsätzlich auch für einen „fehlgeschlagenen" befristeten Formularmietvertrag,[375] wobei allein die Verwendung eines „alten" Formulars eines Zeitmietvertrages nach dem 1. 9. 2001 durch die Parteien in Unkenntnis der neuen Rechtslage zur Umdeutung nicht ausreicht.[376] Der Umstand, dass es sich um eine Klausel handelt, schließt trotz § 306 Abs. 2 BGB die Anwendung des § 140 BGB – ebenso wenig wie die Möglichkeit einer ergänzenden Vertragsauslegung nach den §§ 157, 133 BGB – nicht von vornherein aus.[377] Vielmehr muss sich auch die umgedeutete Absprache, die vorformuliert bleibt, an den §§ 305 ff. BGB, insbes. an § 307 BGB, messen lassen. 110c

6. Befristung und AGB-Recht

Wird ein rechtswirksamer befristeter Wohnraummietvertrag i. S. v. § 575 BGB abgeschlossen oder liegt ein einfacher Alt-Zeitmietvertrag gemäß § 564c Abs. 1 BGB a. F. nach Art. 229 § 3 Abs. 3 EGBGB vor, können sich aus dem AGB-Recht weitere Probleme ergeben. 111

a) Grenzen der Vereinbarung einer Befristung durch das AGB-Recht. Die üblichen Wohnraummietvertragsformulare geben keine vorformulierte bestimmte Vertragslaufzeit vor. Vielmehr können die Vertragspartner eine bestimmte Laufzeit einsetzen, sofern sie nicht alternativ hierzu einen Mietvertrag auf unbestimmte Zeit abschließen wollen. Fraglich ist daher, ob hierin überhaupt eine Allgemeine Geschäftsbedingung i. S. v. § 305 Abs. 1 BGB liegt. 112

Sind Regelungen in Formularverträgen ergänzungsbedürftig, ohne dass dadurch ihr sachlicher Gehalt beeinflusst werden würde, dann berührt das Ausfüllen dieser Vertragsbestimmungen, etwa im Verlauf der Vertragsverhandlungen, ihren AGB-Charakter nicht.[378] Anders bei individuell ausgehandelten Ergänzungen, die selbst den wesentlichen Inhalt der Klausel festlegen, wie z. B. die Länge der Vertragsdauer.[379] Enthält das Vertragsformular eine offene Stelle hinsichtlich der Vertragslaufzeit, die von den Vertragsparteien in freier Entscheidung als selbständige Ergänzung auszufüllen ist, ohne dass vom Verwender vorformulierte Entscheidungsvorschläge hinzugefügt wurden, so stellt dieser Formularteil in der Regel keine Allgemeine Geschäftsbedingung dar.[380] 113

Grundsätzlich bergen daher Befristungen in Wohnraummietvertragsformularen keine AGB-rechtlichen Risiken. Anders aber dann, wenn der Verwender konkrete Vorgaben für 114

---

[372] BGH NJW 2009, 912 = NZM 2009, 153; LG Duisburg NZM 2003, 354; noch offen gelassen: BGH NJW 2006, 1056 = NZM 2006, 256.
[373] BGH NJW 2007, 1742 = NZM 2007, 399.
[374] Schmidt-Futterer/*Blank* § 575 Rdnr. 29; *Derleder* NZM 2001, 649, 653; *Hinz* WuM 2004, 126, 129.
[375] AG Augsburg WuM 2004, 541; *Hinz* WuM 2009, 79, 82.
[376] LG Nürnberg-Fürth WuM 2009, 789.
[377] A. A. *Hinz* WuM 2004, 126, 129; differenzierend *Lützenkirchen* ZMR 2001, 769, 771, je nach dem, ob der Formularvertrag eine salvatorische Klausel enthält oder nicht.
[378] BGH NJW 1992, 746; NJW 1991, 1677 und 2768 f.; NJW 1988, 558 f.; NJW 1987, 1636 f.; NJW 1983, 1603; NJW 1982, 1035.
[379] BGH, WM 1998, 562, 564.
[380] BGH, WM 1998, 562, 564; NJW 1996, 1676 ff.

eine bestimmte Vertragsdauer vorgegeben hat. Liegt eine derartige vorformulierte Vereinbarung einer bestimmten Vertragslaufzeit bei Dauerschuldverhältnissen vor, trifft § 309 Nr. 9 a BGB eine Beschränkung mit der Begrenzung auf eine Laufzeit von maximal 2 Jahren. Diese Vorschrift erfasst nach ihrem Wortlaut aber ausschließlich Verträge, welche die regelmäßige Lieferung von Waren oder die regelmäßige Erbringung von Dienst- oder Werkleistungen zum Gegenstand haben, sofern es sich nicht um die Lieferung „als zusammengehörig verkaufter Sachen"[381] nach § 309 Nr. 9 BGB handelt. Dazu gehören Gebrauchsüberlassungsverträge, wie Miete, Pacht oder Leasing, nicht.[382] Eine Inhaltskontrolle findet in diesen Fällen nur nach § 307 BGB statt.[383]

115 Besteht danach für eine Laufzeit von mehr als 2 Jahren ein Bedürfnis, begegnen entsprechende Befristungen keinen Bedenken.[384] Dies ist bei der Wohnraummiete grundsätzlich der Fall. Allerdings sind feste Laufzeiten von mehr als 10 Jahren – auch im Hinblick auf die nach § 575 BGB zulässigen Befristungsgründe vor dem Hintergrund der Regelung in § 307 BGB risikobehaftet; nachdem bis zu 4 Jahre formularvertraglich wechselseitig auf die ordentliche Kündigung verzichtet werden kann und der Gesetzgeber sogar die beim früheren besonderen Zeitmietvertrag vorgesehene maximale Laufzeit von 5 Jahren jetzt bei § 575 BGB entfallen ließ, sollten Befristungen **bis zu 10 Jahren** wirksam sein.[385] Problematisch kann weiter ein Verstoß gegen das Transparenzgebot des § 307 Abs. 1 S. 2 BGB sein, etwa wenn die Laufzeit eines Wohnraummietvertrags aus den entsprechenden Klauseln nicht überschaubar ist.[386]

116 **b) Auswirkungen der Unklarheitenregelung des § 305 c Abs. 2 BGB.** Aus unklaren oder widersprüchlichen Angaben gerade in den üblichen Formularmietverträgen kann sich ein weiteres Risiko ergeben, das sich nach § 305 c Abs. 2 BGB allein zu Lasten des Verwenders auswirkt.[387]

117 Enthält ein vorformulierter Wohnraummietvertrag neben einer ausgefüllten Vereinbarung über eine bestimmte Vertragslaufzeit eine Klausel, in der – z.B. angelehnt an § 573 c BGB bzw. § 565 Abs. 2 BGB a. F. (vgl. Art. 229 § 3 Abs. 10 EGBGB) – Kündigungsfristen abhängig von der Überlassungszeit der Mietsache aufgeführt werden, bleibt offen, ob die Parteien einvernehmlich ein befristetes oder unbefristetes Mietverhältnis gewollt haben. Lässt die Vertragsgestaltung insoweit auch bei oberflächlicher Lektüre für jeden durchschnittlich gebildeten Vertragspartner des Verwenders eine eindeutige und unmissverständliche Auslegung des Inhalts zu, dass sich die Kündigungsfristen nur auf Kündigungen beziehen, die nach Ablauf der festen Mietvertragslaufzeit ausgesprochen werden, bleibt es bei der wirksamen Befristung und damit beim Ausschluss einer ordentlichen Kündigung.[388] Gleiches gilt, wenn das Kündigungsrecht ausdrücklich auf Mietverhältnisse beschränkt ist, die auf unbestimmte Zeit abgeschlossen sind.[389] Könnte sich die vorformulierte Kündigungsregelung dagegen auch auf die feste Vertragslaufzeit beziehen – oder ist dies zumindest unklar – kann der Zeitmietvertrag trotz vereinbarter Befristung ordentlich gekündigt werden.[390]

118 Angesichts dieser Unsicherheiten ist eine klare und unmissverständliche vertragliche Regelung anzuraten, aus der eindeutig hervorgeht, dass die Vorschriften über die Kündigung nicht für den Zeitraum der Befristung gelten.

---

[381] Z. B. ein Kaufvertrag über eine 24-bändige Buchreihe, OLG Stuttgart NJW-RR 1992, 887.
[382] BGH NJW 1985, 2328.
[383] Vgl. auch BVerfG NJW 1986, 243.
[384] MünchKomm/*Kieninger* § 309 Nr. 9 Rdnr. 11; *Ulmer/Brandner/Hensen* § 309 Nr. 9 Rdnr. 3.
[385] *Hinz* NZM 2003, 659, 662, der Probleme bei Laufzeiten in Formularverträgen von mehr als 5 Jahren sieht.
[386] Vgl. OLG Stuttgart NJW-RR 1992, 887, 888.
[387] LG Berlin GE 1997, 189; LG Gießen NJW-RR 1996, 1293; AG Bremen-Blumenthal WuM 1987, 395.
[388] AG Bad Hersfeld WuM 1996, 706; vgl. auch AG Hamburg-Blankenese WuM 1973, 7; LG Wiesbaden WuM 1999, 117, so schon wenn im Mietvertrag zwischen der vorformulierten Befristungsregelung und der Kündigungsfristenklausel keinerlei Bezug enthalten ist, unter ausdrücklicher Aufgabe von WuM 1994, 430; vgl. dazu auch OLG Frankfurt/M. WuM 1999, 117.
[389] AG Bremen-Blumenthal WuM 1987, 395.
[390] LG Frankfurt/M. WuM 1999, 114; LG Gießen WuM 1999, 115; NJW-RR 1996, 1293; LG Kassel WuM 1997, 679; LG Wiesbaden WuM 1994, 430; AG Alsfeld WuM 1999, 116; AG Bad Homburg WuM 1999, 114; AG Bremen-Blumenthal WuM 1987, 395.

7. Zeitmietvertrag und Mieterhöhung

Während der Laufzeit eines Zeitmietvertrages sind gegenüber einem Mietverhältnis auf unbestimmte Zeit in der Regel keine Besonderheiten zu beachten[391] – mit einer Ausnahme für Mieterhöhungen. 119

Die Parteien des Mietvertrags können die Möglichkeit einer Mieterhöhung vertraglich ausschließen. Ein derartiger Ausschluss kann auch stillschweigend vereinbart werden oder sich aus den Umständen ergeben (§ 557 Abs. 3 BGB).

Nach dem **bis zum 31. 8. 2001 geltenden Recht** stellte § 1 Satz 3 MHG als wichtigsten Fall für einen solchen, sich aus den Umständen ergebenden Ausschluss die Vereinbarung eines befristeten Mietverhältnisses mit einem festen Mietzins heraus. Dies resultierte aus der früheren Rechtslage, bei der sich ein Mieter gegen Änderungskündigungen des Vermieters, mangels gesetzlicher Anspruchsgrundlagen damals die einzige Möglichkeit zur Durchsetzung von Mieterhöhungen, am besten durch die Vereinbarung einer festen Vertragslaufzeit schützen konnte – ein Schutz, der auch nach Einführung des MHG erhalten bleiben sollte.[392] Bei § 1 Satz 3 MHG handelte es sich nach überwiegender Meinung um eine gesetzliche Vermutung, die widerlegt werden kann, so dass auch während eines Zeitmietvertrages Mieterhöhungen nach dem MHG möglich bleiben.[393] 120

Wann wird nun eine derartige **Ausschlussvereinbarung vermutet?** Nach ursprünglich einhelliger Meinung war ein „fester" Mietzins i. S. des § 1 Satz 3 MHG vereinbart, wenn der Zeitmietvertrag keinen Erhöhungsvorbehalt enthält.[394] Dann sollte die bloße (auch handschriftliche) Einfügung eines bestimmten Geldbetrages als Mietzins in einen Formularvertrag mit bestimmter Laufzeit hierfür nicht ausreichen, wenn sonstige, auf die Vereinbarung eines festen Mietzinses hindeutende Hinweise fehlen.[395] Man verlangte also außer der Befristung noch weitere Vereinbarungen. Diese Auffassung überzeugte nicht. Abgesehen davon, dass die soeben dargelegte Entstehungsgeschichte des § 1 Satz 3 MHG zu Unrecht nicht berücksichtigt wurde,[396] hätte § 1 Satz 3 MHG insoweit seinen Anwendungsbereich verloren, wenn über das Fehlen eines Erhöhungsvorbehalts hinaus weitere Umstände erforderlich wären, die „diese Vereinbarung hinreichend deutlich zum Ausdruck bringen." Dadurch wurde das Tatbestandsmerkmal „fester Mietzins" auch nicht überflüssig, da bei einem Zeitmietverhältnis mit Erhöhungsvorbehalt eben keine feste Miete vereinbart ist.[397] 121

In der **ab dem 1. 9. 2001 geltenden** Nachfolgevorschrift zu § 1 MHG im Rahmen der Mietrechtsreform, nämlich § 557 BGB, ist der letzte Halbsatz des § 1 Satz 3 MHG gestrichen worden, wonach insbesondere die Vereinbarung eines Mietverhältnisses auf bestimmte Zeit mit festen Mietzins ein Umstand ist, der den Ausschluss einer Mieterhöhung vermuten lässt. Nach den Ausführungen in der Gesetzesbegründung soll damit eine inhaltliche Änderung nicht verbunden sein. Unter Hinweis auf den Rechtsentscheid des OLG Stuttgart stellt der Gesetzgeber dort fest, dass es für die Frage, ob ein Erhöhungsausschluss vorliege, entscheidend auf die konkrete Ausgestaltung des Vertrages ankommen soll, mithin ausschließlich auf die jeweiligen Umstände des Einzelfalls.[398] Diese gesetzgeberische Intention legt die Vermutung nahe, dass bei einem Vertrag mit fester Laufzeit die Vereinbarung einer bestimmten Miete auch ohne ausdrücklichen Erhöhungsvorbehalt während dieser Zeit Miet- 122

---

[391] Vgl. etwa zur Parabolantennenproblematik AG Charlottenburg GE 1997, 1175; zu den Schönheitsreparaturen LG Essen ZMR 1991, 70.

[392] *Blank* WuM 1994, 421 f.

[393] *Barthelmess* § 1 MHG Rdnr. 34 a; *Sternel* III Rdnr. 535, 539; nach a. A. soll es sich um eine Auslegungsregel handeln: AK-BGB/*Derleder* § 1 MHG Rdnr. 3; *Soergel/Kummer*, 11. Aufl., § 1 MHG Rdnr. 6; Hannemann/Wiek/*Wiek*, Handbuch der Mietrechtsentscheide, HdM, Anm. zu OLG Stuttgart Nr. 28.

[394] Vgl. nur Hannemann/Wiek/*Wiek*, Handbuch der Mietrechtsentscheide, HdM, Anm. zu OLG Stuttgart Nr. 28 m. w. N.

[395] OLG Stuttgart NJW-RR 1994, 1291; *Barthelmess* § 1 MHG Rdnr. 35 a; a. A. *Blank* WuM 1994, 421 f.; Staudinger/*Weitemeyer* § 557 Rdnr. 55; *Sternel*, Mietrecht aktuell, Rdnr. 647.

[396] *Blank* WuM 1994, 421 f.; Hannemann/Wiek/*Wiek*, Handbuch der Mietrechtsentscheide, HdM, Anm. zu OLG Stuttgart Nr. 28.

[397] Hannemann/Wiek/*Wiek*, Handbuch der Mietrechtsentscheide, HdM, Anm. zu OLG Stuttgart Nr. 28.

[398] Kabinettsentwurf NZM 2000, 802, 814.

erhöhungen nicht ausschließt.³⁹⁹ Damit verkennt der Gesetzgeber allerdings die vorstehend dargestellte Funktion des ehemaligen § 1 Satz 3 MHG.⁴⁰⁰ Dennoch muss jetzt ein Zeitmietvertrag dahingehend überprüft werden, ob damit auch ein Ausschluss der Mieterhöhung gewollt gewesen ist. Erfolgt die Befristung ausschließlich im Interesse des Vermieters, wie bei den einzigen, noch zulässigen Zeitmietverträgen i. S. v. § 575 BGB, dürfte hiervon kaum auszugehen sein.⁴⁰¹ Anders dann, wenn, etwa auf Veranlassung des Mieters, ein wechselseitiger Kündigungsverzicht vereinbart wird (näher vorstehend unter Ziff. 5) oder eine unzulässige, weil z.B. gegen § 575 BGB verstoßende Befristung entsprechend umgedeutet werden kann.⁴⁰² Die neue Rechtslage bedeutet daher eine höhere Unsicherheit, da bislang ein Zeitmietvertrag grundsätzlich die Mieterhöhungsmöglichkeit ausschloss, sofern die Parteien nicht ausdrücklich einen Erhöhungsvorbehalt vereinbart haben.

123 Ein **sich aus den Umständen ergebender Ausschluss der Mieterhöhung** ist weiter anzunehmen z.B. bei Mietverträgen auf Lebenszeit des Mieters,⁴⁰³ bei Ausschluss des Kündigungsrechts des Vermieters für eine bestimmte Zeit,⁴⁰⁴ bei auflösend bedingten Mietverhältnissen⁴⁰⁵ oder bei Vereinbarung einer Option oder Verlängerungsklausel. Allgemein lässt sich sagen, dass umso mehr für einen derartigen Ausschluss spricht, je kurzfristiger der Vertrag abgeschlossen wird.⁴⁰⁶ Eine Mieterhöhung nach Ausübung der Option soll danach nur bei entsprechender ausdrücklicher Vereinbarung möglich sein.⁴⁰⁷ Bei einem befristeten Mietverhältnis mit Verlängerungsklausel soll der Ausschluss der Mieterhöhung nur für die ursprünglich vereinbarte Mietzeit gelten, im Zweifel aber nicht mehr für den Verlängerungszeitraum.⁴⁰⁸ Dabei macht es keinen Unterschied, ob eine Verlängerung auf bestimmte oder unbestimmte Zeit vorgesehen ist.⁴⁰⁹ Nach OLG Hamm⁴¹⁰ soll in einem solchen Fall schon vor Ablauf der Befristung ein Mieterhöhungsverlangen zulässig sein mit dem Ziel, dass die Erhöhungswirkung schon alsbald nach Ablauf der festen Mietzeit eintritt; die Fristen nach § 558b BGB laufen dann schon während der Dauer der Befristung. Der BGH hat allerdings für den ähnlichen Fall des Zugangs eines Mieterhöhungsverlangens während der Sperrfrist nach § 558 Abs. 1 BGB eine derartige Vorwirkung abgelehnt.⁴¹¹ Es erscheint daher fraglich, ob die Auffassung des OLG Hamm⁴¹² noch Bestand haben wird.

124 Eine einmal getroffene Vereinbarung eines Mieterhöhungsausschlusses kann auch **wieder aufgehoben** werden. Eine solche Aufhebung ergibt sich aber noch nicht schlüssig daraus, dass der Mieter eine Mieterhöhung akzeptiert hat.⁴¹³ Ob aus wiederholten Zustimmungen zu Mieterhöhungen ein entsprechender Vertragswille des Mieters zu folgern ist,⁴¹⁴ ist eine Auslegungsfrage.

125 Auch wenn auf der Grundlage der vorstehenden Ausführungen in Zweifel allein im Abschluss eines Zeitmietvertrages kein Ausschluss der Mieterhöhung mehr gesehen werden kann, empfiehlt es sich dennoch vorsorglich, einen **Mieterhöhungsvorbehalt** aufzunehmen, und sei es auch nur klarstellend.⁴¹⁵ Ein derartiger Erhöhungsvorbehalt kann in jedem Fall

---

³⁹⁹ *Lützenkirchen*, Neue Mietrechtspraxis, Rdnr. 173.
⁴⁰⁰ *Börstinghaus/Eisenschmid* § 557, S. 243.
⁴⁰¹ *Börstinghaus/Eisenschmid* § 557, S. 243.
⁴⁰² A. A. *Börstinghaus/Eisenschmid* § 557, S. 243 mit der Begründung, dass unwirksame Vereinbarungen eine Mieterhöhung auch nicht ausschließen können.
⁴⁰³ LG Lübeck WuM 1972, 58; LG Mannheim WuM 1987, 353; AG Trier WuM 1993, 196.
⁴⁰⁴ *Barthelmess* § 1 MHG Rdnr. 38; a. A. AG Dortmund WuM 1992, 624.
⁴⁰⁵ *Barthelmess* § 1 MHG Rdnr. 38.
⁴⁰⁶ *Staudinger/Weitemeyer* § 557 Rdnr. 56.
⁴⁰⁷ OLG Düsseldorf WuM 1995, 433, dessen Ausführungen – wie *Lützenkirchen* zutreffend festhält WuM 1998, 129 f. – auch auf die Wohnraummiete übertragen werden können.
⁴⁰⁸ OLG Hamm NJW 1982, 829; OLG Karlsruhe NJW-RR 1996, 329; OLG Zweibrücken WuM 1981, 273; OLG Frankfurt/M. WuM 1983, 73; LG Mannheim, ZMR 1996, 35.
⁴⁰⁹ *Bub/Treier/Schultz* III Rdnr. 303.
⁴¹⁰ OLG Hamm NJW 1982, 829 = WuM 1982, 294.
⁴¹¹ BGH NJW 1993, 2109 = WuM 1993, 388.
⁴¹² OLG Hamm NJW 1982, 829 = WuM 1982, 294.
⁴¹³ LG Lübeck WuM 1972, 58; *Sternel* III Rdnr. 546.
⁴¹⁴ LG Lübeck WuM 1972, 58.
⁴¹⁵ *Lützenkirchen*, Neue Mietrechtspraxis, Rdnr. 174.

individualvertraglich vereinbart werden,[416] aber auch durch **Formularklausel**[417] selbst an einer anderen Stelle als der Vereinbarung der Befristung.[418] Allerdings darf diese Formularklausel wegen § 305b BGB nicht einer individuellen Vereinbarung über die Befristung des Mietvertrages mit festem Mietzins widersprechen.[419] Der Erhöhungsvorbehalt muss weiter in jedem Fall nach zwei Richtungen eindeutig sein: einmal hinsichtlich der Erhöhungsmöglichkeit selbst und zum anderen in Bezug auf die Befristungsabrede; die Erhöhungsklausel muss sich auf den Zeitmietvertrag beziehen.[420] Andernfalls kann zu Lasten des Verwenders § 305c Abs. 2 BGB eingreifen. Daher **reichen** folgende Klauseln **nicht aus:**[421]

Der Vermieter kann während der vereinbarten Vertragszeit die gesetzlich zugelassenen Mieterhöhungen verlangen.[422] (Damit wird auch auf § 557 Abs. 3 BGB verwiesen.)

Für sonstige Mieterhöhungen gelten die gesetzlichen Vorschriften und Fristen.[423] (Auch hier ist § 557 Abs. 3 BGB mit eingeschlossen.)

Der Vermieter hat einen sofortigen Anspruch auf die preisrechtlich zulässige Miete.[424]

Offengelassen bei folgender Klausel:

Der Vermieter ist berechtigt, nach Maßgabe der gesetzlichen Bestimmungen die Zustimmung zur Erhöhung des Mietzinses jeweils nach Ablauf eines Jahres zum Zwecke der Anpassung an die geänderten wirtschaftlichen Verhältnisse auf dem Wohnungsmarkt zu verlangen. (Damit soll zusätzlich zu den Vorgaben des BGB Voraussetzung für eine Mieterhöhung sein, dass sich seit Beginn des Mietverhältnisses die ortsüblichen Mieten insgesamt erhöht haben.)[425]

126

Barthelmess[426] schlägt folgende **zulässige Klausel** vor:

Ist das Mietverhältnis auf bestimmte Zeit vereinbart, so ist der Vermieter gleichwohl berechtigt, die Miete nach den Bestimmungen des BGB während der Vertragslaufzeit zu erhöhen.

Daneben kann sich der Erhöhungsvorbehalt auch aus der unwirksamen Vereinbarung einer Staffelmiete[427] oder einer Mietanpassungsvereinbarung[428] ergeben, allerdings beschränkt auf den durch diese unwirksamen Absprachen vorgegebenen Rahmen, sofern das BGB weitergehende Mieterhöhungsmöglichkeiten erlauben würde.[429]

127

Eine weitere Folge der Vereinbarung eines Zeitmietvertrages mit festem Mietzins soll darin bestehen, dass die von der obergerichtlichen Rechtsprechung angenommene gleitende Nichtigkeit der Mietpreisüberhöhung nach § 5 WiStG[430] zu Lasten des Vermieters keine Anwendung finden soll.[431] Inwieweit dies angesichts der vorstehend dargestellten Änderungen von § 1 Satz 3 MHG zu § 557 Abs. 3 BGB noch gelten kann, erscheint fraglich.

128

---

[416] LG Köln WuM 1991, 352; AG Braunschweig WuM 1982, 299; AG Eutin DWW 1993, 46; AG Neumünster WuM 1991, 352; AG Nürnberg WuM 1993, 618; AG Tettnang WuM 1993, 406.
[417] LG Berlin GE 1984, 923; GE 1986, 501; LG Bonn WuM 1992, 254; LG Kiel WuM 1992, 623; *Barthelmess* § 1 MHG Rdnr. 34a; *Blank*, Der Ausschluss der Mieterhöhung nach § 1 MHG, in Partner im Gespräch, PiG 40, Der Mietzins als Gegenleistung, S. 143, 149 f.; *Gather* DWW 1992, 353, 357; Bub/Treier/*Schultz* III Rdnr. 307; *Sternel* III Rdnr. 535; Staudinger/*Weitemeyer* § 557 Rdnr. 61.
[418] Kein Verstoß gegen § 3 AGBG, jetzt § 305c Abs. 1 BGB: AG Bonn NJW-RR 1992, 455; a. A. AG Offenbach ZMR 1987, 472 m.abl. Anm. Schulz.
[419] LG Köln WuM 1991, 353 m. w. N.; AG Nürnberg WuM 1993, 618; *Horn* WuM 1992, 175; *Sternel*, Mietrecht aktuell, Rdnr. 649.
[420] *Blank*, PiG 40, S. 143, 151; Hannemann/Wiek/*Wiek*, Handbuch der Mietrechtsentscheide, HdM, Anm. zu OLG Stuttgart Nr. 28.
[421] Vgl. auch *Barthelmess* § 1 MHG Rdnr. 34c m. w. N.; a. A. *Gather* DWW 1992, 353, 357, mit der Begründung, kein Mieter dürfe bei einem langfristigen Mietvertrag damit rechnen, dass die Miete unverändert bleibe; angesichts eventueller Gesetzesänderungen sei die genaue Angabe der einschlägigen Vorschriften im übrigen untunlich.
[422] LG Köln WuM 1991, 353; a. A. LG Kiel WuM 1992, 623.
[423] LG und AG Bonn WuM 1992, 254; AG Friedberg WuM 1994, 216; AG Tettnang WuM 1993, 406.
[424] AG Neumünster WuM 1991, 353.
[425] AG Rastatt WuM 1997, 177.
[426] § 1 MHG Rdnr. 34a.
[427] LG Berlin WuM 1992, 198; LG Bonn WuM 1992, 199.
[428] Vgl. nur Staudinger/*Weitemeyer* § 557 Rdnr. 62 m. w. N.
[429] Staudinger/*Weitemeyer* § 557 Rdnr. 63.
[430] OLG Frankfurt/M. WuM 1985, 139; OLG Hamm NJW 1983, 1622; KG WuM 1995, 38.
[431] AG Dortmund WuM 1997, 440.

8. Weiternutzung durch den Mieter

129 Bei Untätigkeit des Vermieters eines rechtwirksamen Zeitmietvertrages i. S. v. § 575 BGB nach Ablauf der vereinbarten Mietzeit ist § 545 BGB zu beachten, der auch bei befristeten Mietverhältnissen gilt,[432] soweit er nicht wirksam vertraglich – auch durch Formularklausel[433] – abbedungen ist.[434] Widerspricht der Vermieter nach Ablauf der vereinbarten Mietzeit nicht innerhalb einer Frist von zwei Wochen[435] der ihm bekannten Fortsetzung des Gebrauchs der Wohnung durch den Mieter, so tritt eine **Fortsetzung des Mietverhältnisses auf unbestimmte Zeit** schon nach § 545 BGB ein. Hat der Mieter eines fortgeltenden einfachen Zeitmietvertrages (s. oben unter Ziff. 4) ein ordnungsgemäßes Fortsetzungsverlangen nach § 564 c Abs. 1 BGB a. F. gestellt, ist zu prüfen, ob im Nichtstun des Vermieters ausnahmsweise eine konkludente Zustimmung gesehen werden kann oder ob – bei Vorliegen sowohl des sog. Zeit- wie auch des sog. Umstandsmomentes[436] – ggf. Verwirkungsgesichtspunkte eingreifen.

130 Lässt der **Vermieter** eines Zeitmietvertrages nach § 575 BGB (ebenso wie bei dem fortgeltenden qualifizierten Zeitmietvertrag i. S. v. § 564c Abs. 2 BGB a. F.) den Termin der vertragsmäßigen Beendigung des Mietverhältnisses verstreichen, **ohne** dem Mieter gegenüber **reagiert** zu haben, gilt nach § 545 BGB das Mietverhältnis ebenfalls als auf unbestimmte Zeit verlängert, sofern nicht der Vermieter seinen entgegenstehenden Willen spätestens binnen einer Frist von zwei Wochen dem Mieter gegenüber erklärt.[437] Gibt der Vermieter auf ein entsprechendes Begehren des Mieters Auskunft i. S. v. § 575 Abs. 2 BGB oder holt der Vermieter eines nach wie vor geltenden qualifizierten Alt-Zeitmietvertrages innerhalb dieser Frist die Schlussmitteilung nach, so liegt darin zugleich ein Widerspruch gegen die Gebrauchsfortsetzung nach § 545 BGB, so dass der Mieter dann eine Verlängerung des Mietverhältnisses um einen entsprechenden Zeitraum verlangen kann.[438]

131 Haben die Parteien **§ 545 BGB wirksam vertraglich abbedungen,**[439] besteht eine gesetzliche Regelungslücke, wenn der Vermieter nicht reagiert und das Mietverhältnis über die vereinbarte Vertragszeit hinaus fortgesetzt wird.[440] Einem dann verzögert geltend gemachten Räumungsbegehren steht der Einwand der Verwirkung entgegen.[441] Hiergegen wird vorgebracht, dass das von der Rechtsprechung neben dem Zeitmoment geforderte Umstandsmoment, wonach der Verpflichtete darauf vertrauen darf, der Berechtigte werde ihn nicht mehr in Anspruch nehmen, fehle, wenn der Vermieter durch den Ausschluss von § 545 BGB dem Mieter gerade deutlich mache, dass das Mietverhältnis in jedem Fall nach Ablauf der Mietzeit enden soll.[442] Dies überzeugt nicht. Zwar wird es sicherlich auf die Umstände des Einzelfalls ankommen. Für das Vorliegen des Umstandsmoments ist aber nicht auf die Geltung von § 545 BGB abzustellen, sondern allein auf die unterbliebene Reaktion des Vermieters und einen etwa dadurch beim Mieter ausgelösten Vertrauenstatbestand.

132 Unabhängig davon ist weiter stets zu prüfen, ob die fehlende Reaktion ihren Grund darin hat, dass der Vermieter die in der Anfangsmitteilung genannte Verwendungsabsicht aufge-

---

[432] MünchKomm/*Voelskow* 3. A. (1995) § 564c Rdnr. 12.
[433] BGH NJW 1991, 1750 = WuM 1991, 381.
[434] OLG Hamm NJW 1983, 826 = WuM 1983, 48; OLG Schleswig NJW 1995, 2858 = WuM 1996, 85.
[435] Ggf. ausnahmsweise auch früher, sofern der Widerspruch in einem engen zeitlichen wie auch sachlichen Zusammenhang mit der Vertragsbeendigung und dem Fristbeginn steht: BGH NJW 1986, 1020; BayObLG NJW 1981, 2759 = WuM 1981, 253; OLG Hamburg NJW 1981, 2258 = WuM 1981, 205; OLG Schleswig NJW 1982, 448 = WuM 1982, 65; LG Ansbach NJW-RR 1996, 1479 f.; LG Bonn WuM 1992, 617; a. A. *Sternel* IV Rdnr. 84.
[436] Grundlegend BGH NJW 1984, 1684; vgl. auch BGH NJW-RR 1995, 109.
[437] Begründung RegE, BT-Drucks. 12/3254, S. 19.
[438] So zu § 564c Abs. 2 BGB a. F. *Blank* WuM 1993, 577.
[439] BGH NJW 1991, 1750 = WuM 1991, 381; OLG Hamm NJW 1983, 826 = WuM 1983, 48; OLG Schleswig NJW 1995, 2858 = WuM 1996, 85.
[440] *Blank* WuM 1993, 577.
[441] *Blank* WuM 1993, 577; *Eisenschmid*, Die mietrechtlichen Neuregelungen des Jahres 1993, Vortrag anläßlich der Bad Salzufler Mietrechtstage 1993, Deutsches Volksheimstättenwerk e. V., S. 7.
[442] *Horst* ZAP F. 4, S. 359, 364.

geben hat. Ein Wegfall dieser Verwendungsabsicht hat zur Folge, dass der Mieter nunmehr das Fortsetzungsverlangen nach § 575 Abs. 3 Satz 2 BGB stellen kann.[443]

9. Anspruch des Mieters auf vorzeitige Entlassung aus einem Zeitmietvertrag

133 Mit den bisherigen Ausführungen ist die in der Einführung aufgeworfene Problematik allerdings noch nicht geklärt, ob der Vermieter sicher sein kann, dass ihm der Mieter bis zum Ablauf des Zeitmietvertrages erhalten bleibt und ständige Mieterwechsel vermieden werden, bzw. ob sich der Mieter nicht doch vorfristig – abgesehen von Sonderkündigungsrechten (z.B. §§ 540 Abs. 1 Satz 2, 554 Abs. 3 Satz 2, 561, 564 BGB) oder fristlosen Kündigungsmöglichkeiten bei Vorliegen eines wichtigen Grundes (vgl. §§ 543, 569 BGB) – aus dem befristeten Mietvertrag lösen kann.

134 Abgesehen von den sogleich behandelten Fallkonstellationen soll dem Mieter jedenfalls dann die bei einem Zeitmietvertrag ansonsten ausgeschlossene Möglichkeit einer ordentlichen, fristgerechten Kündigung eröffnet sein, wenn der Vermieter – ggf. längerer Auseinandersetzungen überdrüssig – dem Mieter freistellt, „sich ungeachtet des befristeten Mietvertrages kurzfristig nach einer Ersatzwohnung umzusehen".[444]

135 a) **Ersatzmieterstellung.**[445] Abgesehen vom nicht sehr häufigen und daher hier nicht näher behandelten Fall der Vereinbarung einer sog. **echten oder unechten Ersatzmieterklausel**,[446] steht dem Mieter entgegen weit verbreiteter Meinung kein Anspruch zu, vorzeitig aus einem Zeitmietverhältnis auszuscheiden, wenn er nur einen oder drei akzeptable Nachmieter stellt.[447] Ein derartiger Anspruch besteht – abgeleitet letztlich aus § 242 BGB – ausnahmsweise nur dann, wenn das Interesse des Mieters dasjenige des Vermieters an der vereinbarten Fortsetzung des Vertrages nach entsprechender Interessenabwägung ganz erheblich überragt.[448] Hierfür ist zunächst Voraussetzung, dass dem Mieter **ein unverschuldeter und nicht vorhersehbarer Grund** zur Seite steht, z.B. berufliche Versetzung (§ 570 BGB wurde ersatzlos gestrichen),[449] Familienzuwachs[450] oder Krankheit.[451] Nicht ausreichend sind Gründe, die allein im Risikobereich des Mieters liegen, wie etwa die mangelnde Verwendbarkeit der Mietsache,[452] oder die bei Vertragsschluss absehbar waren.[453] Weiter muss die **restliche Vertragslaufzeit mehr als 3 Monate** betragen; ein Festhalten am Vertrag für diesen geringen Zeitraum ist in jedem Fall zumutbar.[454] Schließlich muss der Mieter dem Vermieter **einen geeigneten und zumutbaren Ersatzmieter** benennen, der bereit ist, in das bisherige Mietverhältnis einzutreten und es zu den bisherigen Bedingungen fortzuführen.[455] Bei der Prüfung des Vorliegens dieses unbestimmten Rechtsbegriffs auf den konkreten Einzelfall steht dem Tatrichter ein Beurteilungsspielraum zu, der z.B. nicht überschritten wird, wenn ein alleinerziehender Ersatzmieter mit Kind benannt wird, nachdem die von Kindern ausgehenden Lärmeinwirkungen in einem Mehrfamilienhaus grundsätzlich hinzunehmen sind.[456] Dem Vermieter steht insoweit eine angemessene Überlegungsfrist bis zu drei Monaten zu.[457]

---

[443] Begründung RegE, BT-Drucks. 9/2079, S. 15 zu § 564c BGB a. F.
[444] LG Koblenz NZM 1998, 859.
[445] Ausführlich hierzu jüngst *Kandelhard* NZM 2004, 846 ff.
[446] OLG Frankfurt/M. NJW-RR 1992, 143 = WuM 1991, 475; OLG Düsseldorf WuM 1995, 391; KG WuM 1992, 8; im einzelnen Staudinger/*Emmerich* § 537 Rdnr. 17 ff.; *Sternel* I Rdnr. 97 f.
[447] Vgl. hierzu *Thaler* NZM 1998, 994 f.
[448] OLG Karlsruhe NJW 1981, 1741 = WuM 1981, 173; OLG Hamm NJW 1983, 1564 = WuM 1983, 228; OLG Oldenburg WuM 1981, 125; entspr. für die Abkürzung einer langen gesetzlichen Kündigungsfrist LG Mannheim WuM 1987, 395.
[449] BayObLG WuM 1985, 140; LG Berlin GE 1989, 415.
[450] LG Bonn WuM 1992, 16; LG Berlin GE 1989, 1111; GE 1992, 1323; LG Hamburg NJW-RR 1988, 723; LG Köln WuM 1989, 283; AG Gießen WuM 1993, 609; AG Schöneberg WuM 1991, 267.
[451] Welche z.B. das Treppensteigen unmöglich macht LG Mannheim DWW 1997, 152, 154.
[452] OLG Hamburg NJW-RR 1987, 657; WuM 1987, 145.
[453] OLG Oldenburg WuM 1981, 125.
[454] OLG Oldenburg WuM 1982, 124; ebenso LG Gießen NJW-RR 1995, 395 für 7 Monate.
[455] Staudinger/*Emmerich* § 537 Rdnr. 24 ff.
[456] BGH NJW 2003, 1246.
[457] LG Berlin GE 1988, 409; LG Gießen WuM 1997, 264; LG Köln WuM 1989, 18; LG Saarbrücken WuM 1995, 313.

Unklar ist, was gilt, wenn der Mieter zwar keinen geeigneten Ersatzmieter gefunden hat, dem Vermieter aber eine Nachvermietung zu den bisherigen Bedingungen mit nur geringem Zeit- und Kostenaufwand möglich ist, etwa weil ihm Mietinteressenten bekannt sind, ohne dass er diesen andere, leerstehende Wohnungen aus seinem Bestand anbieten kann. Sternel hält in diesen Ausnahmefällen den Vermieter aus der jedem Dauerschuldverhältnis innewohnenden Vorgabe, den anderen Vertragspartner vor Schaden zu bewahren, zur vorzeitigen Entlassung des Mieters für verpflichtet.[458]

136 Hat sich der **Vermieter** mit der vorzeitigen Entlassung bei Stellung eines geeigneten Ersatzmieters **einverstanden** erklärt, kommt es nur noch auf das Stellen eines solventen und zumutbaren Ersatzmieters an.[459] Dabei obliegt die Umsetzung der Ersatzmieterstellung nach wie vor allein dem Mieter.[460] Weigert sich der Vermieter grundlos – ggf. auch ohne die ihm zustehende Überlegungsfrist in Anspruch zu nehmen – trotz Vorliegens dieser Voraussetzungen, den Mieter vorzeitig zu entlassen, kann der Mieter verlangen, so gestellt zu werden, wie wenn er zum Zeitpunkt des Eintritts eines zumutbaren Mietnachfolgers aus dem Mietverhältnis ausgeschieden wäre.[461] Dies gilt auch, wenn der Vermieter an den Ersatzmieter zusätzliche Anforderungen stellt, also vor allem sein Einverständnis mit der vorzeitigen Entlassung von einer Mieterhöhung abhängig macht.[462] Lehnt es der Vermieter von vornherein ab, irgendeinen Ersatzmieter zu akzeptieren, braucht sich der Mieter auch nicht weiter zu bemühen; es gilt dieselbe Rechtslage wie bei der grundlosen Ablehnung eines konkreten Ersatzmieters bzw. der grundlosen Weigerung, den Mieter zu entlassen.[463]

137 b) **Verweigerung der Untermieterlaubnis.** Als Alternative hierzu – und „Geheimtipp",[464] der bei Nichtanwendung sogar zur Anwaltshaftung führen kann[465] – wird das Sonderkündigungsrecht des Mieters wegen unberechtigter Verweigerung der Untermieterlaubnis durch den Vermieter angesehen.[466]

138 Grundsätzlich benötigt der Mieter, nicht zuletzt wegen der Personenbezogenheit eines Mietverhältnisses, eine Erlaubnis des Vermieters, wenn er die Mieträume untervermieten will (§§ 540 Abs. 1 Satz 1, 553 Abs. 1 BGB). Nach § 540 Abs. 1 Satz 2 BGB kann der Mieter das Mietverhältnis bei Verweigerung dieser Erlaubnis, sofern nicht in der Person des Dritten ein wichtiger Grund vorliegt, außerordentlich mit einer Frist von drei Monaten (vgl. § 575a Abs. 3 BGB) kündigen, unabhängig von der bisherigen Überlassungszeit und z.B. auch während des Laufs der regulären Kündigungsfrist.[467] Dieses Sonderkündigungsrecht gilt insbesondere auch bei Zeitmietverträgen, bei denen eine ordentliche Kündigung ausscheidet.[468] Es kann jedenfalls durch Formularklausel nicht wirksam abbedungen werden.[469] Diese außerordentliche befristete Kündigungsmöglichkeit wird nicht ausgeschlossen, wenn sich die Parteien nach Verweigerung der Untermieterlaubnis von Seiten des Vermieters dennoch um eine Ersatz- bzw. Nachmieterstellung bemühen.[470]

139 Die vorzeitige Loslösungsmöglichkeit des Mieters von einem Zeitmietvertrag besteht aber nur, wenn der Vermieter trotz Benennung eines konkreten Untermietinteressenten – Mittei-

---

[458] *Sternel* IV Rdnr. 353 a.E.
[459] OLG Düsseldorf NJW-RR 1992, 657; nach OLG Hamburg WuM 1997, 214, soll der Vermieter dennoch potentielle Ersatzmieter aus „verständlichen" Gründen, die nicht wie bei der vereinbarten Ersatzmieterklausel „triftig" sein müssen, ablehnen können.
[460] LG Wuppertal WuM 1997, 328.
[461] LG Oldenburg WuM 1997, 491; Staudinger/*Emmerich* § 537 Rdnr. 31 f.
[462] OLG Oldenburg, s. Fn. 228 und 229; LG Bielefeld WuM 1993, 118; LG Hamburg WuM 1988, 125; a.A. LG Köln WuM 1989, 374, wonach das ursprüngliche Mietverhältnis nur noch 3 Monate andauert für die Zeit danach; LG Saarbrücken WuM 1995, 313.
[463] OLG Hamm NJW 1983, 1564 = WuM 1983, 228; LG Berlin GE 1992, 1323; AG Gelsenkirchen WuM 1983, 231; vgl. auch OLG Zweibrücken, neg. RE WuM 1998, 147.
[464] *Schönleber* NZM 1998, 948.
[465] Vgl. LG Hamburg NZM 1998, 806.
[466] Zuletzt *Thaler* NZM 1998, 994, 995.
[467] LG Hamburg NZM 1998, 1003.
[468] Vgl. etwa LG Berlin MM 1996, 453.
[469] LG Ellwangen WuM 1982, 297; LG Hamburg WuM 1992, 689 m.w.N.; zur Gewerberaummiete vgl. BGH WuM 1995, 481.
[470] LG Bielefeld WuM 1998, 557.

lung zumindest des Namens, nicht aber der Vermögens- und Einkommensverhältnisse[471] – ohne Grund die Erlaubniserteilung verweigert. Die wirtschaftlichen Verhältnisse beim Untermieter stellen dabei ebenso wenig einen Grund dar, wie allein dessen Eigenschaft als Ausländer.[472] Dagegen ist der Vermieter nicht verpflichtet, gewissermaßen abstrakt eine von der Person des potentiellen Untermieters unabhängige, generelle Untermieterlaubnis zu erteilen.[473] Eine entsprechende allgemeine Anfrage des Mieters kann der Vermieter daher gerade deswegen negativ verbescheiden, ohne dass dadurch das Sonderkündigungsrecht des Mieters ausgelöst werden würde.[474] Etwas anderes gilt aber dann, wenn der Vermieter eine derartige globale Erlaubniserteilungsbitte des Mieters generell ablehnt, mithin deutlich macht, dass er grundsätzlich seine Zustimmung zu einer Untervermietung verweigert bzw. verweigern wird, unabhängig davon, welche Person(-en) der Mieter konkret als mögliche Untermieter benennt.[475] In diesem Fall wird dem Mieter auch ohne namentliche Benennung eines in Aussicht genommenen Untermieters[476] ebenso das Sonderkündigungsrecht eröffnet, wie dann, wenn der Vermieter innerhalb einer Frist von 10,[477] maximal 14 Tagen[478] überhaupt nicht antwortet. Eine ausbleibende Reaktion – selbst auf eine allgemeine Anfrage des Mieters – soll nach bisheriger Rechtsprechung als generelle Ablehnung gewertet werden können.[479] Nach einem Rechtsentscheid des OLG Koblenz[480] kann ein derartiges Schweigen nicht als generelle Verweigerung i. S. v. § 540 Abs. 1 Satz 2 BGB angesehen werden jedenfalls dann, wenn der Mieter nur allgemein um eine Erlaubnis zur Untervermietung bittet ohne Benennung eines bestimmten Untermietinteressenten. Zur Begründung hat das OLG ausgeführt, dass bloßes Schweigen allenfalls dann einer Willenserklärung gleichstehen kann, wenn der Schweigende verpflichtet ist, seinen gegenteiligen Willen zum Ausdruck zu bringen.[481] Ein derartiger Fall würde dann vorliegen, wenn der Mieter dem Vermieter einen konkreten Untermietinteressenten benennt. Hieran fehlt es. Daher kann vorliegend bloßes Schweigen grundsätzlich keine rechtsgeschäftliche Erklärung darstellen. Etwas anderes gilt auch nicht nach den Grundsätzen von Treu und Glauben. Gegenteiliger Auffassung ist das OLG Köln.[482] Eine Entscheidung des BGH tut daher Not und hätte eigentlich vom OLG Koblenz durch entsprechende Vorlage nach § 541 Abs. 1 Satz 3 ZPO, der noch bis zum 31. 12. 2001 gilt, herbeigeführt werden müssen.

Bittet der Mieter demgegenüber um Erlaubnis zur Untervermietung der gesamten Mietwohnung, soll er nicht verpflichtet sein, dem Vermieter bereits zu diesem Zeitpunkt einen konkreten Untermieter zu benennen.[483] Die Erteilung einer Untermieterlaubnis unter Bedingungen oder Auflagen gilt im übrigen als Verweigerung.[484]

Diese Möglichkeit einer vorfristigen Loslösung von einem Zeitmietvertrag ist aber für den Mieter nicht ohne Risiko, das von denjenigen, die diese Alternative propagieren, nur selten erwähnt wird: Erteilt der Vermieter die Untervermietungserlaubnis, trägt der Mieter das gesamte Risiko seines Untermieters. Für Schäden oder ein sonstiges Fehlverhalten des Untermieters muss der Mieter vor allem gegenüber dem Vermieter wie für eigenes Verschulden einstehen. Zahlungsschwäche oder gar Zahlungsunfähigkeit des Untermieters befreien den

---

[471] LG Hamburg WuM 1991, 585.
[472] LG Köln WuM 1978, 50.
[473] KG NJW-RR 1992, 1229 = WuM 1992, 350.
[474] LG Gießen WuM 1997, 368.
[475] Vgl. nur BGH NJW 1972, 1267; KG NJW-RR 1997, 333 = WuM 1996, 696, 698; LG Bremen WuM 1987, 152; LG Köln WuM 1994, 468; LG Nürnberg-Fürth WuM 1995, 587; LG Waldshut-Tiengen WuM 1998, 22; AG Dülmen WuM 1998, 346.
[476] LG Berlin NZM 1998, 372; LG Gießen NJWE-MietR 1997, 243; LG Hamburg NZM 1998, 1003.
[477] LG Nürnberg-Fürth WuM 1995, 587.
[478] AG Hamburg-Wandsbek WuM 1986, 314; AG Köln WuM 1998, 346.
[479] LG Berlin MM 1986, 453; LG Nürnberg-Fürth WuM 1995, 587; AG Hamburg-Wandsbek WuM 1986, 314; AG Köln WuM 1998, 346.
[480] NZM 2001, 581 = WuM 2001, 272 = ZMR 2001, 530.
[481] BGH NJW 1990, 1601; NJW 1951, 711.
[482] NZM 2001, 38; ebenso LG Berlin NZM 2001, 231.
[483] LG Köln WuM 1998, 154.
[484] AG Albstadt WuM 1998, 556.

Mieter nicht von der Erfüllung seiner weiterhin fortbestehenden (Zahlungs-)Verpflichtungen gegenüber dem Vermieter – im Gegenteil. Der Mieter muss ggf. sogar noch die Kosten einer Räumungsklage wie auch der Räumung selbst tragen. Dies sollte mehr als bislang beachtet werden.

142 c) **Fehlende Schriftform.** Als „Griff in die Trickkiste" wurde aus Mietersicht schließlich noch die Möglichkeit angesehen, sich wegen Nichteinhaltung der Schriftform des §§ 550, 126 BGB vorzeitig von einem Zeitmietvertrag unter Beachtung der gesetzlichen Kündigungsfrist nach § 575a Abs. 3 BGB frühestens für den Schluss des ersten Vertragsjahres gemäß § 550 Satz 2 BGB zu lösen. Nach der ursprünglichen Rechtsprechung des BGH war diese Möglichkeit dann gegeben, wenn die einzelnen Blätter eines Zeitmietvertrages bei Vertragsschluss nach dem Willen der Parteien nicht körperlich fest miteinander verbunden waren (etwa durch Heften oder Leimen).[485] Eine Zusammenfassung mittels Büroklammer bzw. Heftstreifen oder das Abheften in einen Ordner erlaubte daher die ordentliche Kündigung eines Zeitmietvertrages, erst recht das bloße Ineinanderlegen von Doppelblättern.[486] Hiervon ist der BGH abgerückt und hat es als ausreichend erachtet, wenn sich die Urkundeneinheit, also die Authentizität der in der Regel auf dem letzten Blatt befindlichen Unterschriften i.S. von § 126 Abs. 2 BGB, etwa aus der fortlaufenden Paginierung der Blätter, fortlaufender Nummerierung der einzelnen Bestimmungen, einheitlicher grafischer Gestaltung, inhaltlichem Zusammenhang des Textes oder vergleichbaren Merkmalen zweifelsfrei ergibt.[487] Er hat also – auch in Bezug auf dem Vertrag beigefügte Anlagen – eine „gedankliche Verbindung" genügen lassen.[488]

143 Damit ist die vorzeitige Loslösungsmöglichkeit des Mieters von einem Zeitmietvertrag wegen fehlender Schriftform zwar eingeschränkt, nicht aber ausgeschlossen: Sternel hat zurecht darauf hingewiesen, dass die Urkundeneinheit kaum dokumentiert sein dürfte, wenn der Zeitmietvertrag etwa die Seitenzahlfolge 1, 1a, 2, 3, 3a, 3b, 4 usw. aufweist, wenn andere grafische Gestaltungen (etwa ein wechselndes Schriftbild oder unterschiedliche Schriftarten) festzustellen sind oder ein fehlender inhaltlicher Zusammenhang z.B. bei Vorliegen eines gemischten Vertrages.[489] In derartigen Fällen kann der Mieter somit auch nach der Auflockerungs-Rechtsprechung des BGH den Zeitmietvertrag vorzeitig kündigen. Diese Möglichkeit kann auch bestehen, wenn dem Zeitmietvertrag Anlagen beigefügt sind, die zum Vertragsinhalt werden sollen, wie z.B. Pläne, Baubeschreibungen, Flächenberechnungen, Hausordnung oder eine Aufstellung der umlagefähigen Betriebskosten nach § 2 BetrKV, ohne zweifelsfreie gedankliche Bezugnahme.[490]

144 Bei nachträglichen Änderungen oder Ergänzungen, auch etwa bei nachträglich beigefügten Anlagen, ist zu beachten, dass dort auf den Ursprungsvertrag ausdrücklich Bezug genommen werden muss, zweifelsfrei zum Ausdruck kommen muss, dass es bei dessen Regelungen, bis auf die Änderungen oder Ergänzungen, verbleiben soll, und die neue Urkunde von beiden Parteien unterschrieben werden muss.[491] Andernfalls ist nicht nur die Änderung oder Ergänzung sondern ggf. sogar der zunächst formgültig geschlossene ursprüngliche Zeitmietvertrag formunwirksam und damit vorzeitig nach § 550 Satz 2 BGB kündbar.[492]

145 d) **Eigenmächtiger Auszug des Mieters.** Zieht der Mieter aus, obwohl die soeben dargestellten Voraussetzungen für seine vorzeitige Loslösung aus einem Zeitmietvertrag nicht gegeben sind, ist der Vermieter nach allgemeiner Auffassung nicht verpflichtet, sich einen Er-

---

[485] BGH NJW 1964, 395; vgl. auch NJW 1962, 1388; anders bei Änderungen oder Ergänzungen: BGH NJW 1992, 2283 = WuM 1992, 316; näher sogleich.
[486] OLG Brandenburg ZMR 1997, 410; OLG Karlsruhe, Urt. v. 16.8.1995 – 1 U 65/95; a.A. OLG Düsseldorf WiB 1996, 356 WuM 1994, 271; DB 1991, 720; MDR 1989, 641; OLG Stuttgart NJW-RR 1996, 10; LG Frankfurt/M. DWW 1992, 84; umfassend zur damaligen Formproblematik: *Schlemminger* NJW 1992, 2249ff.; *Haase* WuM 1995, 625ff.
[487] BGH NZM 1998, 25 = NJW 1998, 58 = WuM 1997, 667.
[488] Siehe hierzu ausführlich § 10.
[489] *Sternel* MDR 1998, 33, 34.
[490] Ausführlich § 10.
[491] BGH NJW 1992, 2283.
[492] BGH NJW 1987, 948; NJW 1968, 1230; *Franke* ZMR 1998, 529, 535.

satz- oder Nachmieter zu suchen.[493] Er kann vielmehr weiterhin bis zum Ablauf der Mietzeit vom Mieter die vereinbarte Miete verlangen, unter Abzug etwaiger, durch den Auszug des Mieters ersparter Aufwendungen (vor allem der verbrauchsabhängigen Betriebskosten) nach § 537 Abs. 1 Satz 2, 1. Alt. BGB sowie unter Anrechnung derjenigen Vorteile, die der Vermieter durch eine anderweitige Verwertung der Mietsache erlangt (§ 537 Abs. 1 Satz 2, 2. Alt. BGB). § 537 Abs. 1 Satz 2 BGB beinhaltet entgegen etwa §§ 324 Abs. 1 Satz 2, 615 Satz 2, 649 Satz 2 BGB keine Verpflichtung zur Anrechnung böswillig unterlassenen Erwerbs.[494] Bei § 537 Abs. 1 Satz 1 BGB handelt es sich weiter um einen Erfüllungsanspruch, so dass eine Schadensminderungspflicht des Vermieters oder die Anwendung des § 254 BGB von vornherein ausscheiden.[495] Denkbar wären allenfalls aus § 242 BGB abgeleitete Rechtsmissbrauchsgesichtspunkte.[496]

Etwas anderes gilt allerdings dann, wenn der Vermieter etwa wegen Zahlungsverzugs des ausgezogenen Mieters den Zeitmietvertrag fristlos nach § 543 Abs. 2 Satz 1 Nr. 3 BGB kündigt und die Fortentrichtung der Miete aus Schadensersatzgesichtspunkten verlangt. In diesem Fall ist der Vermieter verpflichtet, sich zumindest über § 254 BGB in zumutbarem Umfang um eine Weitervermietung zu bemühen. 146

Vermietet der Vermieter die Mietsache dennoch weiter und ist dadurch außerstande, dem ausgezogenen Mieter weiterhin den Gebrauch zu gewähren, wird der Mieter grundsätzlich von seiner Pflicht zur Fortentrichtung der vereinbarten Miete nach § 537 Abs. 2 BGB frei. Dies gilt ausnahmsweise dann nicht, wenn der Mieter endgültig ausgezogen ist und die Weiterzahlung der Miete ernsthaft und endgültig verweigert. In diesem Fall bleibt der ausgezogene Mieter entgegen § 537 Abs. 2 BGB aus Rechtsmissbrauchsgesichtspunkten zur Zahlung der Mietdifferenz verpflichtet, sofern der Vermieter trotz Weitervermietung zum dann ortsüblichen Marktpreis nur eine geringere Mieteinnahme erzielt.[497] Der Einwand rechtsmissbräuchlichen Verhaltens ist aber dann nicht gerechtfertigt, wenn der Mieter – etwa aufgrund zweifelhafter Rechtslage – aus nachvollziehbaren Gründen davon ausgegangen ist, der Mietvertrag sei beendet. In einem derartigen Fall hat der Vermieter wegen § 537 Abs. 2 BGB seine Absicht, im beiderseitigen Interesse anderweitig zu vermieten, mitzuteilen und erst die Reaktion des Mieters hierauf abzuwarten. Reagiert der Mieter nicht, kann er sich nicht nachträglich darauf berufen, er habe den Besitz an der Mietsache nicht endgültig aufgeben wollen, sondern die Wohnung nur vorübergehend nicht genutzt.[498] 147

II. Vereinbartes Rücktrittsrecht/Auflösende Bedingung (§ 572 BGB)

1. Allgemeines

Die Vorschrift des § 572 BGB regelt, dass sich der **Vermieter** nach Überlassung des Wohnraumes nicht auf die Vereinbarung eines Rücktrittsrechtes (Abs. 1) oder auf eine auflösende Bedingung berufen kann (Abs. 2), sie gilt nur für die Wohnraummiete, freilich aller Art (auch nach §§ 549 Abs. 2, Abs. 3 BGB). Zweck der Vorschrift ist es, eine Umgehung der Kündigungsschutzvorschriften des Wohnraummieters zu verhindern.[499] Eine Abbedingung zum Nachteil des Mieters ist demzufolge nicht möglich. 148

---

[493] BGH WM 1984, 171, 172; NJW 1981, 43; OLG Hamm NJW-RR 1995, 1438 = WuM 1995, 577; OLG Düsseldorf ZMR 1993, 114, 115; OLG Köln ZMR 1998, 91, 92; OLG München, ZMR 1995, 579, 582; Bub/Treier/*von Brunn* III Rdnr. 129; MünchKomm/*Voelskow* 3. A. (1995) § 552 Rdnr. 4.
[494] OLG München ZMR 1995, 579, 582.
[495] BGH NJW 1988, 2665, 2666; NJW 1982, 42; NJW 1972, 721, 722; Bub/Treier/*von Brunn* III Rdnr. 129; *Sternel* III Rdnr. 109; Staudinger/*Emmerich* § 537 Rdnr. 6; a. A. LG Braunschweig WuM 1998, 220; LG Hannover WuM 1995, 697, 698.
[496] Vgl. LG Gießen WuM 1997, 327.
[497] BGH NJW 1993, 1645 = WuM 1993, 396; vgl. auch OLG Frankfurt/M. WuM 1995, 483, 484; eine Weiterhaftung des eigenmächtig ausgezogenen Mieters trotz Weitervermietung sogar zu einer höheren Miete soll fortbestehen, wenn er vom Vermieter ausdrücklich nicht aus der Haftung entlassen wurde: OLG Düsseldorf WuM 1998, 483, 484 zur Gewerberaummiete.
[498] BGH NJW 1993, 1645 = WuM 1993, 396; Staudinger/*Emmerich* § 537 Rdnr. 36 f. m. w. N.
[499] Begründung des Regierungsentwurfs zu § 572 BGB, BT-Drucks. 14/4553.

2. Rücktrittsrecht

149 Die Vorschrift setzt voraus, dass ein Rücktrittsrecht vertraglich vereinbart ist oder dass sich eine Partei den Rücktritt vertraglich vorbehalten hat (§ 346 BGB), für das gesetzliche Rücktrittsrecht gilt § 572 Abs. 1 BGB nicht.[500]

150 **Bis zur Überlassung** des Wohnraums, das ist die Einräumung des Besitzes, z.B. durch Übergabe der Wohnungsschlüssel, ist ein vereinbartes Rücktrittsrecht wirksam und bei Vorliegen der materiellrechtlichen Voraussetzungen der mietvertraglichen Vereinbarung auch durchsetzbar. Bei Ausübung des Rücktritts (§ 349 BGB) wird der Vertrag rückwirkend aufgelöst. **Nach der Überlassung** des Wohnraums kann der **Vermieter** nicht mehr vom Vertrag zurücktreten, vielmehr tritt an die Stelle des Rücktritts die Kündigung, von der der Vermieter nur nach Maßgabe des Vorliegens eines gesetzlichen Kündigungstatbestandes Gebrauch machen kann. Bei Einhaltung der formellen und materiellen Voraussetzungen für die Wirksamkeit einer Kündigung kann ein erklärter Rücktritt in eine Kündigungserklärung umgedeutet werden.[501]

151 Ein **Rücktrittsrecht des Mieters** kann vereinbart werden, dieser kann dann vom Vertrag zurücktreten, wenn die vereinbarten Rücktrittsvoraussetzungen vorliegen, der Rücktritt wirkt dann nur für die Zukunft.

3. Auflösende Bedingung

152 Wird rechtsgeschäftlich bestimmt, dass das Ende des Wohnraummietverhältnisses vom Eintritt eines zukünftigen ungewissen Ereignisses abhängen soll (§ 158 Abs. 2 BGB), liegt ein auflösend bedingter Mietvertrag vor. Auf den Eintritt der Bedingung kann sich der Vermieter nicht berufen, während die Vereinbarung **zum Vorteil des Mieters** wirksam ist.

153 Abzugrenzen ist die auflösende Bedingung (Eintritt ungewiss) von der Befristung (Eintritt gewiss, z.B. Mietverhältnis auf Lebenszeit), was im Einzelfall schwierig sein kann. Es kommt auf die übereinstimmenden Vorstellungen der Parteien an, im Zweifelsfall ist nach Beweislastgrundsätzen zu entscheiden.

154 Praktische Beispiele auflösender Bedingungen sind die Verknüpfung der Vermietung bei einer Werkwohnung an das Ende eines Arbeitsverhältnisses; beim Untermietverhältnis an die Beendigung des Hauptmietvertrages;[502] bei einem Nutzungsverhältnis einer Wohnungsgenossenschaft an den Bestand der Mitgliedschaft; bei Studentenwohnheimen an die Beendigung des Studiums; oder bei mehreren Mietern an den Auszug nur eines Mieters.[503]

155 Wirkt sich die Bedingung sowohl zum Vorteil, wie auch zum Nachteil des Mieters aus, soll sich der Mieter auf § 572 Abs. 2 BGB berufen können.[504] Ungeklärt ist bislang die Frage, ob ein Mietverhältnis über Wohnraum vor Bedingungseintritt ordentlich gekündigt werden kann oder dieses gar bis zum Bedingungseintritt unkündbar wäre. Überwiegend wird die Meinung vertreten, dass derartige Verträge **von Seiten des Mieters stets ordentlich kündbar** sind.[505] Für den Vermieter dagegen besteht keine Kündigungsmöglichkeit vor Eintritt der Bedingung, eventuell ist auch an einen fehlgeschlagenen Zeitmietvertrag nach § 575 Abs. 1 S. 2 BGB zu denken.[506]

156 **Rechtsfolge** des Eintritts einer auflösenden Bedingung ist, dass sich der Mieter auf den Bedingungseintritt berufen und sich vom Mietverhältnis lösen kann, ansonsten, dass sich

---

[500] Schmidt-Futterer/*Blank* § 545 Rdnr. 4.
[501] Schmidt-Futterer/*Blank* § 545 Rdnr. 8.
[502] Dazu LG Osnabrück WuM 1994, 24.
[503] Dazu LG Göttingen WuM 1989, 184; insgesamt zu den Fallgruppen Schmidt-Futterer/*Blank* § 572 Rdnr. 10 m.w.N.
[504] Schmidt-Futterer/*Blank* § 572 Rdnr. 12.
[505] BGH GuT 2009, 108, 109 = NJW-RR 2009, 927, 928; Emmerich/Sonnenschein/*Haug*, Handkommentar Miete, 9. Aufl. 2007, § 572 Rdnr. 3; Palandt/*Weidenkaff* § 572 Rdnr. 5; differenzierend Schmidt-Futterer/*Blank* § 572 Rdnr. 13 unter Verweis auf die Problematik der Umdeutung in einen Kündigungsausschluss oder Kündigungsverzicht.
[506] Siehe hierzu Schmidt-Futterer/*Blank* § 575 Rdnr. 29, mit weiteren Nachweisen auch zu einem Kündigungsausschluss.

das Mietverhältnis nach Bedingungseintritt auf unbestimmte Zeit verlängert, also von beiden Vertragsteilen nur noch durch Kündigung beendet werden kann.

III. Mietaufhebungsvertrag

1. Checkliste: Abschluss eines Mietaufhebungsvertrages

- ☐ Schriftform des Mietaufhebungsvertrages
- ☐ Parteien im Vergleich zum ursprünglichen Mietvertrag noch identisch (sind mittlerweile Mitmieter ausgeschieden oder neue eingetragen, z. B. durch Scheidung, Tod etc.)
- ☐ Unterzeichnung durch alle Vertragsparteien
- ☐ Mindestinhalt des Mietaufhebungsvertrages:
  - Bezeichnung des Mietobjekts und des ursprünglichen Mietvertrages
  - Beendigungszeitraum
  - Wer hat welche Leistungen zu erbringen (Schönheitsreparaturen, Instandsetzungen)
  - Vom Mieter/Vermieter zu leistende Zahlungen
  - Vom Mieter zu entfernende Einrichtungen
  - Aufteilung der Nebenkosten zwischen Vor- und Nachmieter
  - Gegebenenfalls Nachmieterregelung

2. Allgemeines

a) **Zustandekommen des Vertrages.** Der Abschluss eines Mietaufhebungsvertrages kann für die Parteien insbesondere dann von Bedeutung sein, wenn zwischen den Parteien ein zeitlich langfristiger Mietvertrag besteht und eine Partei ein Interesse daran hat, das Mietvertragsverhältnis vorzeitig zu beenden. Dies können für den Mieter beispielsweise berufliche Gründe sein, die ihn dazu bringen, in eine andere Stadt zu ziehen. Für den Vermieter kann es manchmal von Vorteil sein, das Objekt anderweitig zu vermieten oder gar zu verkaufen, wenn die Mietsache geräumt ist.

Bevor es jedoch zum Abschluss eines Mietaufhebungsvertrages kommt, sollte geprüft werden, ob nicht doch eine Kündigungsmöglichkeit aus anderen Gründen besteht. So wird häufig beispielsweise die Vorschrift des § 557a Abs. 6 BGB übersehen. Dort besteht nämlich bei langfristig geschlossenen Mietverträgen, für die eine wirksame Staffelmiete vereinbart ist, die Möglichkeit des Mieters, bereits nach Ablauf von 4 Jahren zu kündigen. Die ordentliche Kündigung darf in diesem Fall nämlich maximal für höchstens 4 Jahre ausgeschlossen werden. Voraussetzung ist allerdings, dass eine Staffelmiete wirksam vereinbart war. Hierzu verweise ich auf § 32 Rdnr. 18, § 35 Rdnr. 14.

Das Zustandekommen eines Mietaufhebungsvertrages richtet sich, ebenso wie dessen Wirksamkeit, nach den allgemeinen Vorschriften des BGB. Maßgeblich sind daher die §§ 145 ff. BGB. Bestehen auf Vermieter- oder Mieterseite die Vertragsparteien aus mehreren Personen, so müssen alle Vertragspartner beteiligt sein. Vereinbaren beispielsweise nur zwei von drei Mietern mit dem Grundstückserwerb einen Mietaufhebungsvertrag, so ist der Aufhebungsvertrag unwirksam.[507] Dies gilt auch dann, wenn der Mitmieter bereits seit einiger Zeit ausgezogen war, weil diese Tatsache nicht genügt, um eine einvernehmliche Aufhebung des Mietverhältnisses annehmen zu können.[508] Gegenseitige Bevollmächtigung ist hierzu möglich. Wegen der Einzelheiten verweise ich hierzu auf § 12 Rdnr. 90 ff. (Stellvertretung). Die vorzeitige Aufhebung eines befristeten Mietvertrages setzt daher die Einigung der Vertragspartner über alle regelungsrelevanten Fragen voraus. Im Gegensatz zum Kündigungsschreiben (vgl. § 564a Abs. 1 I BGB) bedarf ein Mietaufhebungsvertrag keiner Schriftform. Es empfiehlt sich jedoch, schon aus Beweisgründen bzw. auch um späteren Streit zu vermei-

---

[507] LG München WuM 1990, 335 bis 336.
[508] BayObLG WuM 1983, 107.

den, die wesentlichen Regelungen über die Beendigung des Mietverhältnisses schriftlich festzuhalten. Bezüglich des Inhaltes siehe unten unter Ziffer 4.

161 **b) Zustandekommen des Vertrages durch konkludentes Handeln.** Auch durch konkludentes Handeln kann ein Mietaufhebungsvertrag zustande kommen. Allerdings setzt dies voraus, dass der Wille zur Vertragsbeendigung aus den Handlungen der Vertragsparteien eindeutig hervorgeht. Das bloße Schweigen eines Vertragspartners auf eine unwirksame Kündigung des anderen Vertragspartners ist beispielsweise für das Zustandekommen eines Aufhebungsvertrages nicht ausreichend.[509] Ebenso wenig lässt sich aus dem bloßen Auszug des Mieters auf einen Mietaufhebungsvertrag schließen. Grundsätzlich sind an eine Mietaufhebungsvereinbarung durch schlüssiges Verhalten wegen der weitreichenden Folgen hohe Anforderungen zu stellen.

162 Grundsätzlich kann bei Stellung von Nachmietern erst der Vollzug und nicht bereits schon der Abschluss des Mietvertrages mit dem Ersatzmieter als schlüssige Erklärung des Vermieters gewertet werden, dass dieser der Auflösung des bisherigen Mietverhältnisses zustimme.[510, 511] Vereinbart der Vermieter jedoch mit einem Dritten in Gegenwart des Mieters einen Mietvertrag über die an den auszugswilligen Mieter vermietete Wohnung, so liegt hierin ein schlüssiges Angebot auf einen Aufhebungsvertrag.[512]

163 Grundsätzlich kommt kein Mietaufhebungsvertrag dann zustande, wenn der Mieter vor dem durch eine vermieterseitige Kündigung bestimmten Ende des Mietverhältnisses aus der Wohnung auszieht und dies dem Vermieter durch die Zusendung der Wohnungsschlüssel mitteilt.[513]

164 **c) Formbedürftigkeit.** Streitig ist häufig auch die Frage, ob ein Mietaufhebungsvertrag **der Schriftform** bedarf. Im Falle des konkludenten Handelns wird ein schriftlicher Mietvertrag schließlich nicht vereinbart. Nach Auffassung des AGs Köln ist ein mündlich vereinbarter Mietaufhebungsvertrag über Wohnraum nichtig.[514] Nach anderer Auffassung[515] bedarf der Mietaufhebungsvertrag weder der für die Kündigung erforderlichen Schriftform noch der im Mietvertrag zu seiner Änderung vereinbarten Schriftform. Grundsätzlich dürfte jedoch eine Abweichung von der Schriftformklausel unschädlich sein, wenn sich die Parteien darüber einig und bewusst sind, dass sie eine Änderung der Schriftformklausel getroffen haben.[516]

165 Selbst wenn der Mietvertrag für eine Vertragsaufhebung die Schriftform vorsieht, ist ein mündlich geschlossener Vertrag wirksam, weil eine vereinbarte Schriftform auch mündlich aufgehoben werden kann.[517] Die können die Parteien nach den Grundsätzen der Rechtsprechung willentlich von der getroffenen Formvereinbarung abweichen und einen nur mündlich abgeschlossenen Aufhebungsvertrag als wirksam ansehen, beispielsweise, wenn die Parteien nachfolgend Korrespondenz über Ersatzansprüche auf Grundlage des als aufgehoben betrachteten Mietvertrages führen.[518]

166 Häufig geht dem Mietaufhebungsvertrag eine Kündigung durch den Vermieter voraus. Probleme stellen sich insbesondere dann, wenn die Kündigungserklärung des Vermieters unwirksam ist. Auch kann umgekehrt eine unwirksame Kündigungserklärung des Mieters vorliegen. In diesen Fällen ist zu unterscheiden:

167 Liegt eine unwirksame Kündigung des Vermieters vor, dann ist in der Regel ein Aufhebungsvertrag dann zustande gekommen, wenn der Vermieter die Räume mit Wissen und er-

---

[509] *Sternel* Mietrecht IV Rdnr. 343.
[510] LG Giessen NJW-RR 1997, 1441 f.
[511] LG Köln vom 3. 11. 1988 – WuM 1989, 18; andere Auffassung: LG Saarbrücken vom 15. 11. 1996 – NJW-RR 1997, 968 f., danach erlischt der alte Mietvertrag ohne weiteres mit dem Abschluss des Folgemietvertrages. Das Risiko eines erfolgreichen Verlaufs des Folgemietvertrages trägt der Vermieter.
[512] AG Nordhorn WuM 1997, 36 f.
[513] LG Düsseldorf v. 16. 5. 1995 – 24 S 661/94.
[514] AG Köln WuM 1993, 119.
[515] LG Aachen WuM 1993, 734.
[516] So auch AG Münster WuM 1994, 424.
[517] *Schmidt-Futterer* § 542 BGB Rdnr. 6; a. A. LG Mannheim ZMR 1968, 302.
[518] BGH NJW 1962, 1908; NJW 1965, 293.

kennbarer Billigung des Mieters ab dem Kündigungstermin anderweitig vermietet oder aber der Mieter wunschgemäß die Räumung durchführt bzw. wenn der nicht wirksam gekündigte Mietvertrag vom Vertragspartner ausdrücklich als beendigt anerkannt wird.[519]

Bei unwirksamer Kündigungserklärung des Mieters ist zu prüfen, ob der Vermieter die Beendigung des Mietverhältnisses will oder ob er lediglich seiner Schadensminderungspflicht genügt, indem er weitervermietet. Ein Angebot zum Abschluss eines Mietaufhebungsvertrages ist jedoch dann anzunehmen, wenn aus bestimmten Umständen der Schluss gezogen werden kann, dass der Vermieter gleichzeitig seine Ansprüche gegen den Mieter abschließend regeln will, wenn der Vermieter z. B. Rückzahlung der Kaution anbietet und somit zum Ausdruck bringt, dass gegenseitige Ansprüche erledigt sein sollen. Bei Zweifeln über das Zustandekommen eines Mietaufhebungsvertrages gelten die allgemeinen Regeln. Danach trifft die Darlegungs- und Beweislast für das Zustandekommen eines Aufhebungsvertrages demjenigen, der daraus die günstige Rechtsfolge ableiten will.[520] So trägt beispielsweise im Räumungsprozess der Vermieter die Beweislast für das Zustandekommen des Mietaufhebungsvertrages. Ein tatsächliches Verhalten kann grundsätzlich nur mit Zurückhaltung als schlüssige Erklärung eines Mietaufhebungsvertrages gewertet werden.[521]

Gibt der Vermieter dem Mieter bei einer Auseinandersetzung zu verstehen, es sei ihm recht, wenn der Mieter auszöge, ist ein stillschweigend geschlossener Mietaufhebungsvertrag anzunehmen, wenn der Mieter vorzeitig kündigt und der Vermieter darauf längere Zeit schweigt.

Zu unterscheiden ist auch bei unberechtigter Kündigung durch den Mieter und der erklärten Bereitschaft des Vermieters, das Mietverhältnis aufzuheben, ob es sich hierbei um ein Angebot zum Abschluss einer Mietaufhebungsvereinbarung handelt oder lediglich um eine Kulanzäußerung. Eventuell kann die nach dem Auszug erfolgte Weitervermietung lediglich eine Maßnahme zur Schadensminderung sein. Dies ist letztlich durch Auslegung der gesamten Umstände zu ermitteln.

d) **Auslegungsfragen.** Zur Frage, welche Vereinbarung letztlich getroffen wurde, geltend die allgemeinen Auslegungsregeln. Insbesondere sind die Gesamtumstände des Zustandekommens der Vereinbarung zu würdigen. Hierzu kann im Wesentlichen auf die oben unter b) dargelegte Rechtsprechung verwiesen werden.

3. Rechtsanspruch auf Abschluss eines Mietaufhebungsvertrages

Inwieweit ein Anspruch zum Abschluss einer Mietaufhebungsvereinbarung besteht, kann sich zum einen aus dem Mietvertrag selbst ergeben, wenn eine sogenannte Ersatzmietklausel vereinbart ist. Besteht eine solche nicht, kann sich unter Umständen auch der Anspruch zum Abschluss eines Mietaufhebungsvertrages aus Treu und Glauben ergeben.

a) **Vereinbarung einer Ersatzmieterklausel.** *aa) Unmittelbarer Übergang auf einen Nachmieter.* Eine Nachmietklausel kann beispielsweise dahingehend vereinbart werden, dass das Mietverhältnis unmittelbar auf einen Nachmieter übertragen werden kann. Eine solche Vertragsklausel könnte wie folgt lauten:

Formulierungsvorschlag:
Der Mieter kann das Mietverhältnis auf einen Nachmieter übertragen.

Diese für den Mieter günstige Regelung besagt, dass dieser ohne weiteres das Mietverhältnis auf eine andere Person übertragen kann. Der Vermieter kann insoweit nicht den Abschluss eines neuen Vertrages verlangen. Der bisher bestehende Vertrag läuft weiter, lediglich wird der Mieter ausgetauscht. Insoweit besteht auch kein Prüfungsrecht hinsichtlich der

---

[519] *Schmidt-Futterer* Anhang zu § 542 BGB Rdnr. 9; BGH ZMR 1963, 274.
[520] LG Mannheim WuM 1973, 22.
[521] BGH ZMR 1963, 274.

Person des Nachmieters. Lediglich nach Treu und Glauben bestehende begründete Bedenken des Vermieters gegen die Person des Nachmieters können berücksichtigt werden.

175 **bb) Stellung einer Mietnachfolge.** Ein befristeter Mietvertrag kann eine Nachfolgeklausel bzw. Ersatzmietklausel auch dahingehend enthalten, dass eine vorzeitige Aufhebung des Vertrages eintritt, wenn der Mieter einen zumutbaren Mietnachfolger stellt und mit diesem ein Mietvertrag abgeschlossen ist. Darin kann dann das bindende Angebot des Mieters zum Abschluss eines Aufhebungsvertrages gesehen werden, so dass es dem Vermieter in diesem Falle nicht mehr freisteht, den Abschluss eines derartigen Vertrages abzulehnen. Sobald der Mieter seinen Willen zum vorzeitigen Auszug bekannt gibt und dem Vermieter einen zumutbaren Ersatzmieter zuführt, mit dem ein Vertragsabschluss möglich ist, gilt der Aufhebungsvertrag als zustande gekommen. Eine solche Klausel kann beispielsweise lauten:

> **Formulierungsvorschlag:**
>
> Der Mieter kann einen geeigneten Nachmieter benennen, mit dem ein neuer Mietvertrag abgeschlossen wird.

176 Der Mieter kann mit dieser Klausel seine Entlassung aus dem Vertrag erreichen, indem er einen geeigneten Nachmieter benennt. Entscheidend ist hier die Benennung. Bedingung der Entlassung aus dem Mietvertrag ist somit nicht, dass tatsächlich zwischen Nachmieter und Vermieter ein Vertrag abgeschlossen wird, weil beispielsweise der Vermieter zu für ihn günstigen Konditionen (höhere Miete) abschließen will.[522]

177 **cc) Berechtigung des Vermieters, einen neuen Mietvertrag abzuschließen.** Eine Ersatzmietklausel kann sich aber auch dahingehend erstrecken, dass der Vermieter berechtigt sein soll, einen neuen Mietvertrag zu anderen Konditionen abzuschließen. Letztlich ist eine Ersatzmietklausel als Sinn und Zweck der Vereinbarung auszulegen. Selbst bei der Formulierung einer Klausel in dem Sinne:

> **Formulierungsvorschlag:**
>
> Der Mieter kann einen Ersatzmieter bestimmen, mit dem ein neuer Mietvertrag abzuschließen ist.

178 Dies bedeutet noch nicht, dass der Vermieter vollkommen frei ist, die Konditionen eines neuen Mietvertrages anders zu bestimmen. Aus Sinn und Zweck der Vereinbarung kann sich trotz einer solchen Formulierung ergeben, dass der neue Vertrag wenigstens für die restliche Laufzeit des bisherigen Vertrages zu den bisherigen Konditionen abgeschlossen werden soll. Ebenso kann die Miethöhe nicht wie bei einem Neuabschluss frei bestimmt werden, sondern ist wie bei einer Anpassung im Rahmen eines fortbestehenden Vertrages festzusetzen.[523]

179 **b) Nachmieterstellung bei fehlender vertraglicher Vereinbarung.** Ist eine Ersatzmietklausel nicht vereinbart, kann sich eine Verpflichtung des Vermieters zum Abschluss eines Aufhebungsvertrages aus dem Grundsatz von Treu und Glauben ergeben. Nicht zutreffend ist allerdings die weit verbreitete Meinung, dass eine solche Verpflichtung bereits dann besteht, wenn der Mieter 3 Nachmieter präsentiert.

180 Grundsätzlich ist zunächst einmal ein berechtigtes Interesse des Mieters an einer vorzeitigen Beendigung des Mietverhältnisses erforderlich. Eine Nachmieterstellung ist nicht möglich bei fehlendem berechtigtem Interesse des Mieters an der vorzeitigen Vertragsaufhebung. Umstände, die in den Risikobereich des Mieters fallen, sind in der Regel nicht geeignet, ein berechtigtes Interesse zu begründen.[524] Grundsätzlich ist eine Interessenabwägung vorzunehmen. Das berechtigte Interesse des Mieters an einer Vertragsaufhebung muss das des Vermieters am Bestand des Vertrages ganz erheblich überragen und dass er einen geeigneten

---

[522] OLG München ZMR 1995, 156; LG Hannover WuM 1995, 697.
[523] *Sternel* Mietrecht I Rdnr. 102 m. w. N.
[524] OLG Hamburg ZMR 1987, 173.

Nachmieter stellt.[525] Berechtigte Interessen des Mieters können beispielsweise sein: Schwere Erkrankung, berufsbedingter Umzug (allerdings nicht bei freiwilligem Wechsel des Arbeitsplatzes sondern bei Gründen zum Arbeitsplatzwechsel, die nicht vom Mieter veranlasst sind, beispielsweise betriebliche Umstrukturierung, Mieter kann aus gesundheitlichen Gründen seinen bisherigen Beruf nicht ausüben, dienstliche Versetzung etc.), Heirat und Geburt eines Kindes, wenn die bisherige Wohnung für das familiäre Zusammenleben zu klein ist.

Kein berechtigtes Interesse liegt beispielsweise vor bei Interesse an einer günstigeren Wohnung oder am Bezug eines eigenen Hauses.[526] Zweite Voraussetzung ist die Zumutbarkeit eines Nachmieters. Zu den Nachmieterproblemen wird auf § 39 Rdnr. 31 ff. verwiesen.

Ist ein berechtigtes Interesse des Mieters gegeben und ein zumutbarer Nachmieter gefunden, besteht insoweit eine Verpflichtung des Vermieters nach Treu und Glauben, den Mietvertrag aufzuheben.

4. Nachmieterproblem

Im Zusammenhang mit dem Abschluss eines Mietaufhebungsvertrages bzw. mit dem Wunsch einer der Parteien, das Mietverhältnis vorzeitig aufzulösen, steht auch die Problematik, inwieweit die Verpflichtung des Vermieters zum Abschluss eines Mietaufhebungsvertrages bestehen könnte, wenn der Mieter entsprechende Nachmieter stellt. Zu der Problematik der Nachmieterstellung wird insgesamt auf § 39 verwiesen.

5. Inhalt eines Mietaufhebungsvertrages

Die Abwicklung des Mietverhältnisses richtet sich grundsätzlich nach den im Mietvertrag geregelten Folgen, ergänzend nach den gesetzlichen Folgen, sofern im Aufhebungsvertrag nicht eindeutig Abweichendes vereinbart ist. Folgende Gestaltungsmöglichkeiten sind denkbar: Die Parteien wollen ein bestehendes Mietverhältnis nicht durch Kündigung, sondern durch Vereinbarung beenden; ein befristeter Mietvertrag soll bereits vor Ablauf der vereinbarten Vertragszeit enden; die Mieter wollen nach vorausgegangener Kündigung vor Ablauf der Kündigungsfrist ausziehen; einer von mehreren Mietern scheidet aus, das Mietverhältnis wird mit den restlichen Mietern fortgeführt.

Zu den wesentlichen Bestandteilen gehört zunächst die Einigung über die Beendigung des Mietverhältnisses. Auch ist der Beendigungszeitraum zu regeln, da sonst der Räumungs- und Herausgabeanspruch sofort fällig wird.

Grundsätzlich ist zunächst davon auszugehen, dass die Räumungsvereinbarung im Vordergrund stehen soll und die übrigen Bestimmungen des Mietvertrages unabhängig davon weiter gelten sollen. Dies ist insbesondere wichtig im Hinblick auf die mietvertraglich geregelten Pflichten zur Durchführung der Schönheitsreparaturen und für die Pflicht zur Rückgabe in vertragsgemäß renoviertem Zustand, sofern solche Pflichten mietvertraglich übernommen worden sind. Möchten die Parteien etwas anderes als im Mietvertrag vereinbaren, sollte dies ausdrücklich schriftlich festgehalten werden. Grundsätzlich gehen Vereinbarung des Mietaufhebungsvertrages den Vereinbarungen aus dem Mietverhältnis vor. Die vertraglichen Vereinbarungen gehen wiederum den gesetzlichen Vorschriften vor, sofern es sich bei diesen um dispositives Recht handelt. Die Regelungen im Mietaufhebungsvertrag unterliegen grundsätzlich der Vertragsfreiheit wobei gewisse Einschränkungen beispielsweise bei formularmäßigen Vereinbarungen im Hinblick auf Vertragsstrafen oder Schadenspauschalen zu machen sind. Im Einzelnen hat die Rechtsprechung folgende Regelungen bei Wohnraummietverhältnissen für zulässig erachtet:

Einigung über konkrete Schadens- und/oder Aufwendungsersatzansprüche, Vereinbarung eines Abgeltungsbetrages.[527] Unzulässig ist dagegen die formularmäßige Vereinbarung bereits im Mietvertrag, dass der Mieter im Falle der vorzeitigen Vertragsauflösung eine Kos-

---

[525] OLG Karlsruhe NJW 1981, 1741 = ZMR 1981, 269.
[526] OLG Karlsruhe aaO für den Bezug eines eigenen Hauses.
[527] BGH NJW 1978, 1053.

ten- oder Schadenspauschale zu bezahlen hat.[528] Die Vereinbarung einer Vertragsstrafe verstößt gegen § 555 BGB.[529]

Zulässig ist allerdings, eine solche Kosten- und Schadenspauschale später im Aufhebungsvertrag individuell zu vereinbaren.

188 Folgende Punkte sollten in einem Mietaufhebungsvertrag geregelt werden:
- Zu welchem Zeitpunkt das Mietverhältnis aufgehoben wird.
- Ob und welche Leistungen der Mieter nach dem Mietvertrag noch zu erbringen hat (z. B. Schönheitsreparaturen, Instandsetzungen).
- Ob und welche Zahlungen sonst vom Mieter zu leisten sind (Nebenkostenabrechnung).
- In welchem Zeitraum eine vom Mieter erbrachte Mietkaution abzurechnen ist.
- Ob und welche Zahlungen vom Vermieter an den Mieter zu leisten sind (z. B. Erstattung von Mietvorauszahlungen).
- Welche vom Mieter eingebrachten Einrichtungen wieder zu entfernen sind bzw. welche Ausstattungen und Einrichtungen vom Vermieter übernommen werden und welche Zahlungen hierfür zu leisten sind oder ob der Mieter berechtigt ist, Ausstattungen und Einrichtungen einem Nachfolger zu verkaufen.
- Wie die Nebenkosten zwischen Vor- und Nachmieter aufzuteilen sind.
- Regelungsbedürftig könnte auch sein, wer für die Neuvermietung Sorge zu tragen hat bzw. wer die Kosten hierfür in welchem Umfang zu übernehmen hat. Ein Regelungspunkt kann beispielsweise sein, ob für die Nachmietersuche ein Makler beauftragt werden soll oder nicht.

189 Ein Mietaufhebungsvertrag kann beispielsweise wie folgt aussehen:

Muster: Aufhebungsvertrag[530]

Aufhebungsvertrag
zwischen

......   – Vermieter –

und

......   – Mieter –

wird folgender Mietaufhebungsvertrag geschlossen:

1. Das zwischen den Parteien bestehende Mietverhältnis über die Wohnung ...... in ...... wird in beiderseitigem Einvernehmen zum ...... beendet.

   Der Mieter erklärt ausdrücklich, dass er auf die Einräumung einer über den ...... hinausgehenden Räumungsfrist verzichtet. § 545 BGB wird abbedungen.

2. Der Mieter verpflichtet sich, die Miträume mit Nebenräumen und sämtlichen – auch von ihm auf eigene Kosten selbst beschafften – Schlüsseln zum oben genannten Termin vollständig geräumt an den Vermieter herauszugeben.

3. Der Mieter verpflichtet sich, die Wohnung in fachmännisch renoviertem Zustand zurückzugeben.

4. Der Mieter verpflichtet sich, folgende von ihm in die Mietwohnung eingebrachten Einrichtungen zu entfernen und den früheren Zustand wieder herzustellen: ......
   Alternativ: Dem Mieter wird gestattet, folgende von ihm eingebrachten Einrichtungen in der Mietsache zu belassen: ...... Der Vermieter übernimmt dies käuflich zu einem Preis von DM ......

5. Der Vermieter verpflichtet sich, die vom Mieter geleistete Kaution in Höhe von DM ...... nebst Zinsen bis spätestens 6 Monate nach Beendigung des Mietverhältnisses an den Mieter zurückzuzahlen, soweit er nicht bis dahin fällige Gegenansprüche aus dem Mietverhältnis hat und damit aufrechnet.

---

[528] AG Wuppertal WuM 1981, 105; AG Bremen ZMR 1983, 22.
[529] *Schmidt-Futterer* Anhang zu § 542 Rdnr. 30.
[530] Weitere Beispiele Nies/Gies/*Hütte*, Beck'sches Formularbuch Mietrecht.

6. Änderungen und Ergänzungen dieses Vertrages bedürfen der Schriftform.

Datum: ......

......
– Mieter –

......
– Vermieter –

IV. Öffentlich-rechtliche Gründe

Im Bereich des Baurechts können Verwaltungsbehörden Miet- und Pachtverhältnisse durch **Verwaltungsakt** beenden. Der Verwaltungsakt wirkt unmittelbar auf die privatrechtlichen Beziehungen der Vertragsparteien ein. Im Verhältnis zwischen den Vertragsparteien und den Verwaltungsbehörden finden die privatrechtlichen Vorschriften bezüglich der Kündigungsvoraussetzungen und der Kündigungsfristen, auch im Bereich des Wohnraummietrechts, keine Anwendung. Die Verwaltungsbehörden haben ihr Vorgehen jedoch an dem Grundsatz der Verhältnismäßigkeit auszurichten.

In einem **Umlegungsgebiet** gibt § 61 Abs. 1 S. 1 BauGB der Verwaltungsbehörde die Ermächtigung, Miet- und Pachtverhältnisse in Bezug auf ein in einem Umlegungsgebiet gelegenen Grundstück durch den Umlegungsplan aufheben. Der Eingriff der Verwaltungsbehörde in das Miet- oder Pachtverhältnis kann Entschädigungsansprüche nach § 61 Abs. 2 BauGB auslösen.

Gemeinden können nach § 182 Abs. 1 BauGB in einem förmlich festgelegten **Sanierungsgebiet** Miet- und Pachtverhältnisse aufheben, wenn Ziele und Zwecke der Sanierung dies erfordern. Darüber hinaus ist eine Aufhebung im **städtebaulichen Entwicklungsbereich** oder bei Maßnahmen nach §§ 176 bis 179 BauGB möglich. Die Aufhebung erfolgt durch die Gemeinde auf Antrag des Eigentümers. Bei Vorliegen städtebaulicher Gebote bedarf es keines Antrags des Eigentümers. Die Gemeinde kann die Aufhebung ohne entsprechenden Antrag des Eigentümers veranlassen. Bei Wohn- und Geschäftsräumen beträgt die **Aufhebungsfrist** mindestens sechs Monate. Bei einem land- oder forstwirtschaftlich genutzten Grundstück kann die Aufhebung nur zum Schluss eines Pachtjahres erfolgen.

Begrenzter **Schutz** gewährt § 182 Abs. 2 BauGB den Mietern und Pächtern. Ist Wohnraum betroffen, so **darf** die Gemeinde das Mietverhältnis nur aufheben, wenn im Zeitpunkt der Beendigung des Mietverhältnisses angemessener Ersatzwohnraum für den Mieter und die zu seinem Hausstand gehörenden Personen zu zumutbaren Bedingungen zur Verfügung steht. Strebt der Mieter oder Pächter von Geschäftsraum eine anderweitige Unterbringung an, **soll** die Gemeinde das Miete- oder Pachtverhältnis nur aufheben, wenn im Zeitpunkt der Beendigung anderer geeigneter Geschäftsraum zu zumutbaren Bedingungen zur Verfügung steht.

Gemäß § 182 Abs. 3 BauGB kann in einem förmlich festgelegten Sanierungsgebiet der **Mieter** oder **Pächter** von Geschäftsraum seinerseits die Aufhebung des Miet- oder Pachtverhältnisses mit einer Frist von sechs Monaten beantragen, wenn seine Erwerbsgrundlage in Folge der Durchführung städtebaulicher Sanierungsmaßnahmen wesentlich beeinträchtigt ist und ihm auf Grund dessen die Fortsetzung des Miet- oder Pachtverhältnisses nicht zugemutet werden kann.

Die Aufhebung von Miet- oder Pachtverhältnissen von **unbebauten Grundstücken** kann nach § 183 BauGB erfolgen, wenn der Bebauungsplan eine andere Nutzung vorsieht und die alsbaldige Änderung der Nutzung beabsichtigt ist. Die Aufhebung durch die Gemeinde erfolgt auf Antrag des Eigentümers.

Entstehen durch die Aufhebung der Miet- und Pachtverhältnisse den Betroffenen Vermögensnachteile, richtet sich der **Entschädigungsanspruch** der Betroffenen nach § 185 BauGB. Für die im Rahmen einer Enteignung aufgehobenen Miet- und Pachtverhältnisse richtet sich der Entschädigungsanspruch nach §§ 93 f. BauGB. Besteht kein Anspruch auf eine Ausgleichs- oder Entschädigungsleistung, so besteht nach § 181 BauGB die Möglichkeit, unter Billigkeitsgesichtspunkten einen **Härteausgleich** in Geld zu gewähren.

§ 30 Vertragsverlängerung gemäß § 545 BGB

Übersicht

	Rdnr.
I. Einleitung	1/2
II. Tatbestandliche Voraussetzungen	3–17
1. Ablauf der Mietzeit	3–7
2. Gebrauchsfortsetzung durch den Mieter	8/9
3. Widerspruchserklärung	11–14
4. Widerspruchsfrist	15–17
III. Rechtsfolgen	18/19
IV. Abweichende Vereinbarung	20
V. Darlegungs- und Beweislast	21

Schrifttum: *Eckert,* Bedeutung der Mietrechtsreform für die gewerbliche Miete, NZM 2001, 409

I. Einleitung

1 Setzt der Mieter nach Beendigung eines Mietverhältnisses den Gebrauch der Mietsache fort, ohne dass eine Vertragspartei ihren entgegenstehenden Fortsetzungswillen innerhalb von zwei Wochen erklärt, verlängert sich das Mietverhältnis kraft gesetzlicher Anordnung des § 545 BGB auf unbestimmte Zeit. Auf den Willen der Parteien soll es bei der Vertragsverlängerung nicht ankommen. Der Zweck der Vorschrift besteht darin, Rechtsklarheit zwischen der Vertragsparteien über den Fortbestand des Mietverhältnisses innerhalb von zwei Wochen zu schaffen, ob der Vertrag fortbesteht oder nicht,[1] bei einer Fortsetzung bleiben die Vertragsbedingungen unverändert. Die Regelung gilt für **alle Arten von Mietverhältnissen**, Pachtverhältnisse, Leasingverträge und mietähnliche Verträge.[2]

2 Die Vorschrift wirkt sich regelmäßig zu Gunsten des Mieters aus, soll aber den Mieterschutz nicht erweitern, sondern einen vertragslosen Zustand verhindern. Rechtspolitisch ist § 545 BGB (vormals § 568 BGB) eine gravierende gesetzgeberische Fehlentscheidung, die sich in der Alltagspraxis als üble Falle erweisen kann, die unnötige Prozesse auslöst.[3] Das ohnehin mit Formvorschriften überlastete Mietrecht erfährt in § 545 BGB eine weitere Bereicherung, der juristische Laien nicht gewachsen sind und die in Fachkreisen durch unterschiedliche Rechtsanwendungen und Meinungen als Einfallstor für Haftungsfallen sorgen kann. Die kurze Widerspruchsfrist kann zu deutlichen Nachteilen für beide Vertragsteile sorgen.

II. Tatbestandliche Voraussetzungen

1. Ablauf der Mietzeit

3 Das Mietverhältnis muss zunächst beendet sein, das kann durch jede Kündigungsart geschehen, auch durch Kündigung des Mieters, aber auch durch Zeitablauf bei einer Befristung (die im Wohnraummietrecht aber nach § 575 BGB zulässig sein muss) oder durch Mietaufhebungsvereinbarung.[4]

> **Praxistipp:**
> Schon die Mietaufhebungsvereinbarung muss zwingend die Formulierung enthalten, dass die Anwendung des § 545 BGB ausgeschlossen wird.

---

[1] BGH NJW-RR 1988, 76 = WuM 1988, 59, 60.
[2] Schmidt-Futterer/*Blank* § 545 Rdnr. 3.
[3] Siehe hierzu auch *Eckert* S. 414.
[4] *Sternel* Rdnr. X 169; strittig, siehe hierzu differenzierend Schmidt-Futterer/*Blank* § 545 Rdnr. 8 ff.

Die teilweise vertretene Meinung, dass § 545 BGB bei einer **außerordentlichen fristlosen** 4
Kündigung keine Bedeutung habe, weil sich hieraus schon der unbedingte Beendigungswillen des Kündigenden ergebe, ist unangebracht; jede Kündigung setzt einen Beendigungswillen des Mietverhältnisses voraus,[5] zudem bietet die gesetzliche Regelung keine Veranlassung für eine Differenzierung zwischen einzelnen Beendigungsarten.

> **Praxistipp:**
> Auch in der außerordentlichen fristlosen Kündigung muss, um den sicheren Weg zu gehen, der Gebrauchsfortsetzung nach § 545 BGB widersprochen werden.

§ 545 BGB ist auch anwendbar, wenn eine vereinbarte oder gerichtlich angeordnete befristete Fortsetzung des Mietverhältnisses nach § 574a BGB (so genannte Sozialklausel) abläuft bzw. endet. 5

Keine Anwendbarkeit des § 545 BGB besteht dagegen bei gerichtlichen und außergerichtlichen Räumungsvergleichen, letztere mit sofortiger Beendigung des Mietverhältnisses unter Gewährung einer Räumungsfrist, da hier der Räumungsanspruch lediglich gestundet sein soll.[6] Hierbei ist freilich Vorsicht geboten und muss auf den obigen Praxistipp verwiesen werden, gerade bei einem Räumungsvergleich kann ohne Not zur Klarstellung vereinbart werden, dass die Anwendung des § 545 BGB ausgeschlossen wird. 6

§ 545 BGB ist schließlich eindeutig unanwendbar bei einem titulierten Räumungsanspruch, auch wenn eine Gebrauchsfortsetzung auf einer gerichtlichen Entscheidung über die Gewährung einer Räumungsfrist (§§ 721, 794a ZPO) oder von Vollstreckungsschutz (§ 765a ZPO) beruht.[7] 7

2. Gebrauchsfortsetzung durch den Mieter

Die Vertragsverlängerung tritt nur ein, wenn der Mieter den Gebrauch der Mietsache fortsetzt. Maßgeblich sind die objektiven Gegebenheiten, auf die Vorstellungen des Mieters über den Grund der Gebrauchsfortsetzung kommt es nicht an.[8] Erforderlich ist, dass der Mieter die Sache weiter entsprechend dem an sich beendeten Mietvertrag nutzt,[9] maßgeblich ist, dass der Mietgebrauch wie vor der Vertragsbeendigung ausgeübt wird, als wäre das Mietverhältnis nicht beendet. 8

Dementsprechend ist es unerheblich, ob der Mieter ortsabwesend ist, die Mietsache nicht gebrauchstauglich ist oder von einem Untermieter weiter gebraucht wird oder ob ein Nichtmieter wie Ehegatte oder Lebensgefährte bzw. ein Mitmieter die Mietsache alleine weiter nutzt. Für die GbR gilt insoweit keine Ausnahme.[10] 9

Die Gebrauchsfortsetzung ist mehr als die bloße Vorenthaltung nach § 546a BGB. Keine **Gebrauchsfortsetzung** liegt vor, wenn der Mieter ausgezogen ist, aber noch nicht geräumt hat,[11] ebenso in Fällen, in denen der Mieter noch Schönheitsreparaturen durchführt sowie bei Schlechterfüllung der Räumungspflicht. 10

3. Widerspruchserklärung

Eine Vertragsverlängerung tritt nicht ein, wenn eine der beiden Vertragsparteien dem anderen Teil seinen entgegenstehenden Willen erklärt. Der Widerspruch ist eine einseitige emp- 11

---

[5] H.M. BGH NJW 1980, 1577f.; Schmidt-Futterer/*Blank* § 545 BGB Rdnr. 6, mit weiteren Nachweisen, auch zu der Mindermeinung; Die Problematik ergibt sich daraus, ob in der Kündigung schon ein konkludent erklärter Widerspruch zu sehen ist, siehe hierzu *Sternel* Rdnr. X 175f., mit zahlreichen weiteren Nachweisen aus der Rechtsprechung.
[6] OLG München ZMR 2001, 347; Schmidt-Futterer/*Blank* § 545 Rdnr. 10f.
[7] Schmidt-Futterer/*Blank* § 545 Rdnr. 11.
[8] Schmidt-Futterer/*Blank* § 545 Rdnr. 15.
[9] BGH NJW-RR 1988, 76 = WuM 1988, 59; OLG Düsseldorf DWW 1990, 272, 273.
[10] Schmidt-Futterer/*Blank* § 545 Rdnr. 13f.
[11] Schmidt-Futterer/*Blank* § 545 Rdnr. 12; a. A. Bub/Treier/*Grapentin* IV Rdnr. 40.

fangsbedürftige Willenserklärung, für die Abgabe und Zugang der Erklärung gelten die allgemeinen Vorschriften der §§ 116 ff. BGB.

12 Der Widerspruch bedarf keiner besonderen **Form** und keiner **Begründung**, er muss zum Ausdruck bringen, dass der Erklärende mit einer Verlängerung des Mietverhältnisses auf unbestimmte Zeit nicht einverstanden ist, die Erklärung darf keine Bedingung oder Auflage enthalten.[12]

> **Praxistipp:**
> Ist ein Rechtsanwalt zur Widerspruchseinlegung beauftragt, muss eine Originalvollmacht vorgelegt werden, um einer Zurückweisung nach § 174 BGB zu begegnen. Ansonsten reicht möglicherweise die Zweiwochenfrist nicht, um die Willenserklärung mit Vollmacht nachzuholen – nur die Vollmacht nachzureichen heilt die Unwirksamkeit nicht!

13 Bei einer **Personenmehrheit auf Vermieterseite** genügt es, wenn einer der Vermieter der Vertragsfortsetzung widerspricht. Will der Mieter widersprechen, so muss seine Erklärung an alle Vermieter gerichtet sein. Bei einer **Mehrheit von Mietern** gilt entsprechendes für den Vermieter. Im Mietvertrag enthaltene Empfangsvollmachten sind, auch in Formularklauseln, für die Widerspruchserklärung wirksam.[13]

> **Formulierungsvorschlag:**
> Einer stillschweigenden Verlängerung des Mietverhältnisses nach § 545 BGB wird ausdrücklich widersprochen.

14 Die Widerspruchserklärung kann sich auch durch **schlüssiges Verhalten** ergeben, nämlich wenn der Wille des Erklärenden, die Fortsetzung des Vertrages abzulehnen, hinreichend deutlich zu Tage tritt.[14] Dies ist angenommen worden, wenn der Vermieter mit der fristlosen Kündigung eine Räumungsfrist gewährt hat,[15] aber auch, wenn nach erfolgter Kündigung später die Räumung verlangt oder mit der Kündigung zum Ausdruck gebracht wird, zu einer Verlängerung des Mietverhältnisses nur bei der vom Vermieter vorgeschlagenen Mieterhöhung bereit zu sein.[16] Besonders nahe liegt ein Fortsetzungswiderspruch durch schlüssiges Handeln, wenn in einer fristlosen Kündigung Gründe genannt sind, aus denen sich die Unzumutbarkeit der Vertragsfortsetzung ergibt und zum Ausdruck kommt, das Mietverhältnis nicht fortsetzen zu wollen,[17] allerdings soll nicht in jeder fristlosen Kündigung gleichzeitig ein Fortsetzungswiderspruch zu sehen sein.[18]

> **Praxistipp:**
> Der sichere Weg gebietet, es nicht darauf ankommen zu lassen, dass der Fortsetzungswiderspruch nur schlüssig erklärt wird.

---

[12] BayObLG NJW 1981, 2759 = WuM 1981, 253.
[13] LG Aschaffenburg WuM 1994, 691; Schmidt-Futterer/*Blank* § 545 BGB Rdnr. 20; *Sternel* Rdnr. X 170.
[14] BGH NJW-RR 1988, 76 = WuM 1988, 59, 60.
[15] OLG München ZMR 2001, 347.
[16] BGH NZM 2006, 699, 700 = GuT 2006, 241, 242; *Sternel* Rdnr. X 176 f.
[17] Siehe hierzu aktuell OLG Rostock NZM 2004, 423, 424; OLG Brandenburg ZMR 2008, 116, 117.
[18] Schmidt-Futterer/*Blank* § 545 Rdnr. 21, mit zahlreichen Nachweisen zur Instanzrechtsprechung.

4. Widerspruchsfrist

Die Widerspruchsfrist beträgt **zwei Wochen,** es gelten die §§ 187, 188 und 193 BGB. Für den Mieter **beginnt** die Frist mit der Fortsetzung des Gebrauchs nach rechtlicher Beendigung des Mietverhältnisses. Für den Vermieter beginnt die Frist mit der positiven Kenntniserlangung von der Gebrauchsfortsetzung, die nicht mit fahrlässiger Unkenntnis gleichzusetzen ist. Bei mehreren Vermietern müssen alle Vermieter von der Gebrauchsfortsetzung Kenntnis haben. Vertreterwissen muss sich der Vermieter zurechnen lassen (§ 166 Abs. 1 BGB analog), das gilt auch bei einer Mehrheit von Vermietern, wenn nur einer die Vermietergeschäfte führt.[19]

Der Fortsetzungswiderspruch kann **vor Fristbeginn** erklärt werden, also insbesondere schon in der (fristlosen) Kündigungserklärung. Erforderlich ist freilich insoweit ein zeitlicher Zusammenhang zwischen der Vertragsbeendigung und der Widerspruchserklärung,[20] der zwar bei der fristlosen Kündigung gewahrt ist, bei einer ordentlichen Kündigung in der Regel jedoch nicht gewahrt ist.[21]

> **Praxistipp:**
> Bei der ordentlichen Kündigung muss immer zusätzlich der Fortsetzung des Gebrauchs nach § 545 BGB widersprochen werden und zwar im zeitlichen Zusammenhang mit der Vertragsbeendigung.

Wird der Fortsetzungswiderspruch in oder konkludent durch Erhebung einer Räumungsklage erklärt, so kommt es darauf an, ob die Klagschrift dem Mieter innerhalb von zwei Wochen zugestellt wird. Nach h.M. sind die §§ 270 Abs. 3, 495 ZPO nicht anwendbar.[22]

III. Rechtsfolgen

Wird einer Fortsetzung des Mietverhältnisses nicht wirksam widersprochen, verlängert sich das Mietverhältnis zu den bisherigen Bedingungen auf unbestimmte Zeit, ohne dass ein neues Mietverhältnis entsteht. Eine vereinbarte Kaution bleibt erhalten.

Freilich werden die Mietbedingungen gegenstandslos, die an eine ursprünglich vereinbarte Befristung anknüpfen, also Verlängerungsklauseln, Sonderkündigungsrechte, die im Hinblick auf die Befristung vereinbart wurden sowie Optionsregelungen, bei einer Bürgschaft haftet der Bürge im Zweifel nicht für solche Mietverpflichtungen, die nach einer Vertragsfortsetzung nach § 545 BGB entstanden sind.[23] Es gelten dann die gesetzlichen Kündigungsfristen (§ 580a BGB).

IV. Abweichende Vereinbarung

§ 545 BGB ist abdingbar, was häufig durch Formularklauseln geschieht und dort wiederum Probleme bereitet. So wurde die Klausel:
Wird nach Ablauf der Mietzeit der Gebrauch der Mietsache vom Mieter fortgesetzt, so findet § 545 BGB keine Anwendung[24]
als unwirksam angesehen, da die Klausel gegen das Transparenzgebot nach §§ 305 Abs. 2 Nr. 2, 307 Abs. 1 S. 2 BGB verstößt.[24] Die bloße Benennung einer Norm, ohne Benennung

---

[19] Schmidt-Futterer/*Blank* § 545 Rdnr. 24 m.w.N.
[20] BGH ZMR 1986, 271; BayObLG NJW 1981, 2759.
[21] Siehe hierzu Schmidt-Futterer/*Blank* § 545 Rdnr. 25, mit zahlreichen Nachweisen der unterschiedlichsten Rechtsprechung, wann der zeitliche Zusammenhang noch gewahrt sein soll bzw. nicht gewahrt ist; ebenso bei *Sternel* Rdnr. X 180 f.
[22] OLG Stuttgart NJW-RR 1987, 788; Schmidt-Futterer/*Blank* § 545 Rdnr. 22, m.w.N.
[23] Schmidt-Futterer/*Blank* § 545 Rdnr. 27, mit weiteren Nachweisen.
[24] So OLG Schleswig NJW 1995, 2858; LG Berlin WuM 1996, 707; a.A. OLG Rostock NJW 2006, 3217 = NZM 2006, 584; LG Erfurt WuM 2008, 283.

ihres Regelungsgegenstandes und der Rechtsfolgen ist nur für Juristen verständlich. Freilich ist die Rechtsprechung insoweit durchaus widersprüchlich, als in anderen Entscheidungen auch schon die Benennung einer Norm, mit einem wesentlich umfangreicheren Inhalt als genügend angesehen wurde, so der Verweis auf den Betriebskostenkatalog nach § 2 BetrKV.[25]

Eine wirksame Klausel kann lauten:

> **Formulierungsvorschlag:**
> Setzt der Mieter den Gebrauch der Mietsache nach Ablauf der Mietzeit fort, so gilt das Mietverhältnis nicht als verlängert, § 545 BGB findet keine Anwendung.[26]

V. Darlegungs- und Beweislast

21   Die Partei, die sich auf die Fortsetzungswirkung des § 545 BGB beruft, muss die Voraussetzungen darlegen und beweisen, da die Verlängerung des Vertrages die Ausnahme gegenüber der Vertragsbeendigung durch Zeitablauf, Kündigung oder Aufhebungsvertrag ist.

Will der Mieter in einem Räumungsprozess geltend machen, dass Vertragsverlängerung eingetreten ist, muss er darlegen und beweisen, dass er den Mietgebrauch nach Ende der Mietzeit fortgesetzt hat. Der Vermieter muss in diesem Fall beweisen, dass er widersprochen hat. Für eine Verfristung des Widerspruchs ist der Mieter beweispflichtig.[27]

---

[25] Siehe hierzu Schmidt-Futterer/*Langenberg* § 556 Rdnr. 43 ff. m. w. N.
[26] BGH NJW 1991, 1750 = WuM 1991, 381, 382; OLG Hamm NJW 1983, 826.
[27] BGH WuM 1998, 549, 550.

11. Abschnitt. Abwicklung des beendeten Mietverhältnisses

§ 31 Wechselseitige Abwicklungsansprüche

Übersicht

	Rdnr.
I. Fälle des beendeten Mietverhältnisses	1–3
II. Ansprüche des Vermieters gegen den Mieter	4–29
1. Räumung und Herausgabe	4–19
a) Besitzrückgabe	4/5
b) Beteiligte	6
c) Übergabetermin/Übergabeprotokoll und sonstige Beweismittel	7–13
d) Rückgabe der Schlüssel	14/15
e) Umfang der Räumung	16–19
2. Folgen bei verspäteter Herausgabe	20–22
a) Nutzungsentschädigung	20
b) Keine Duldung der Ausdehnung des Nutzungsumfanges	21
c) Weiterer Schadensersatz	22
3. Durchführung von Schönheitsreparaturen	23
4. Schadensersatz wegen Beschädigung/Verschlechterung oder vertragsgemäßer Gebrauch	24–27
a) Dübellöcher	24
b) Abmahnung und Fristsetzung	25
c) Einzelne typische Schadensbereiche	26/27
5. Rückbauverpflichtungen	28/29
6. Vermieterpfandrecht	30
III. Ansprüche des Vermieters gegen einen Untermieter oder Dritte	31–35
1. Räumung und Herausgabe	31
2. Nutzungsentgelt	32–35
IV. Ansprüche des Mieters gegen den Vermieter	36–43
1. Wegnahme von Einrichtungen	35–38
2. Kautionsabrechnung	39
3. Nutzungsrecht bei verspäteter Herausgabe	40/41
4. Rückgabe sonstiger Mieterleistungen	42
5. Aufwendungsersatz	43–45
V. Ansprüche des Mieters gegen einen Untermieter	46
VI. Checklisten	47/48

Schrifttum: *Dötsch*, Ersatz- bzw. Selbstvornahme im Mietrecht – Zugleich: Erstattungsansprüche des auf der Grundlage unwirksamer Schönheitsreparaturklauseln renovierenden Mieters, NZM 2007, 275; *Dötsch*, Nochmals: Geschäftsführung ohne Auftrag bei nicht geschuldeten Schönheitsreparaturen, NZM 2008, 108; *Eckert*, Räumung, Rückgabe und Aussonderung im Mieterinsolvenzverfahren, NZM 2006, 610; *Emerich*, Neues Mietrecht und Schuldrechtsmodernisierung, NZM 2002, 362; *Gather*, Das Wegnahmerecht des Mieters und die Abwendung durch den Vermieter; DWW 2008, 122; *Hau*, Schuldrechtsmodernisierung 2001/2002 – Reformiertes Mietrecht und modernisiertes Schuldrecht, JuS 2003, 130; *Herrlein*, Versorgungssperre im Mietrecht: Possessorischer Besitzschutz als Legitimation offensichtlich rechtsmissbräuchlichen Mieterverhaltens, NZM 2006, 527; *Katzenstein/Hüftle*, „Zwangskauf" im Mietrecht? – Schadensersatz statt der Leistung bei Verletzung der Rückgabepflicht des Mieters, NZM 2004, 601; *Lehmann-Richter*, Das Rückgabeprotokoll im Mietrecht, ZMR 2006, 833; *Scheidacker*, Wasser abstellen erlaubt – Eine aktuelle Untersuchung zur Sperrung von Versorgungsleitungen und anderen Besitzstörungen in der Miete und im Wohnungseigentum, NZM 2005, 281; *Sternel*, Folgen unwirksamer Schönheitsreparaturklauseln und Handlungsmöglichkeiten für den Vermieter, NZM 2007, 545.

I. Fälle des beendeten Mietverhältnisses

Zunächst soll ein Überblick gegeben werden, in welchen Fällen und zu welchem Zeitpunkt das Mietverhältnis endet, da neben den allgemein bekannten Standardfällen auch 1 eine Reihe von Sonderfällen besteht, deren praktische Relevanz nicht unterschätzt werden sollte.

Checkliste: Ende des Mietverhältnisses

2

Beendigungsgrund	Beendigungszeitpunkt
Ablauf der vertraglich vereinbarten Mietzeit (qualifizierter Zeitmietvertrag)	→ Vertraglich vereinbartes Datum
Fristgerechte Kündigung	→ Ablauf des Monatsletzten, zu dem die Kündigung mit gesetzlicher Frist wirksam wird.
Fristlose Kündigung	→ Zugang der Kündigungserklärung, bei unberechtigter Annahmeverweigerung der Zeitpunkt zu dem die Aushändigung angeboten wird (OLG Düsseldorf WM 1995, 585)
Mietaufhebungsvereinbarung (gerichtlich oder außergerichtlich)	→ Zeitpunkt gemäß Vereinbarung
Richterliche Gestaltung nach § 5 Hausratsverordnung	→ Rechtskraft der richterlichen Entscheidung (§ 16 HVO)
Veräußerung des Objektes, § 566 BGB (zu den weiteren Gestaltungen, die analog behandelt werden, vgl. § 17)	→ Tag der Grundbucheintragung des Erwerbers

Checkliste: Keine Beendigung des Mietverhältnisses

3

- ☐ Tod des Vermieters; statt dessen Gesamtrechtsnachfolge durch die Erben des Vermieters
- ☐ Tod des Mieters; statt dessen Fortsetzung mit weiteren Mietern und/oder Eintrittsrechte Dritter (§ 563 BGB) oder durch die Erben (§ 564 BGB)
- ☐ Nicht qualifizierter Zeitmietvertrag § 575 Abs. 4 BGB
- ☐ Anordnung der Zwangsverwaltung (nur Entzug von Verwaltung und Benutzung durch den Schuldner und Übertragung der Befugnisse gemäß §§ 152 ZVG, 566 BGB analog auf den Zwangsverwalter. Fortbestehen des Mietverhältnisses zwischen Schuldner und Mieter; nach Ende der Zwangsverwaltung führt der Schuldner wieder mit allen Rechten und Pflichten das Mietverhältnis fort)
- ☐ Wohnungszuweisung nach dem Gewaltschutzgesetz (nur Nutzungszuweisung ohne Eingriff in den Bestand des Vertrages zwischen Vermieter und Mieter)

Praxistipp:

Stets Wiederaufleben/Verlängerung des Mietverhältnisses bei Nutzungsfortsetzung ohne entgegenstehende fristgebundene Erklärung (§ 545 BGB) prüfen, s. o. § 45.

II. Ansprüche des Vermieters gegen den Mieter

1. Räumung und Herausgabe

a) Besitzrückgabe. Der Mieter muss dem Vermieter wieder den unmittelbaren Besitz einräumen. Die bloße Besitzaufgabe ist nicht ausreichend, beispielsweise Zurücklassung der Schlüssel in der Mietsache und Räumung ohne Kenntnis des Vermieters.[1] Auch das bloße Einwerfen der Schlüssel in den Briefkasten des Vermieters, ohne dessen Kenntnis, ist nicht ausreichend.[2] Auch die Übergabe an den Prozessbevollmächtigten des Vermieters mit dem Treuhandauftrag vom Schlüssel nur zum Zweck der Besichtigung mit Nachmietern Gebrauch zu machen, ist keine Rückgabe;[3] ebenso wenig der Einwurf der Schlüssel in den Briefkasten des Hausmeisters[4] oder Zurücklassung in der Nachbarschaft.[5] Ausnahmsweise kann aber im Einzelfall die Rückgabe nur eines von mehreren Schlüssels ausreichen, sofern der Wille des Mieters zur endgültigen Besitzaufgabe hervortritt.[6]

4

Eine Schlüsselübergabe mit Einverständnis des Vermieters unmittelbar an den Nachmieter ist ausreichend.[7] Ausnahmsweise ausreichend ist die Besitzaufgabe des Mieters, wenn der Vermieter mit dem bisherigen Untermieter ein neues Mietverhältnis unmittelbar im Anschluss an das Ende des bisherigen Mietverhältnisses abgeschlossen hat und der bisherige Untermieter den unmittelbaren Besitz mit Einverständnis des Vermieters behält.[8] Andererseits ist die bloße Schlüsselrückgabe für sich allein noch keine Besitzaufgabe.[9]

5

Der Anspruch auf Räumung und Herausgabe entfällt, soweit der Vermieter nach dem Berliner oder Hamburger Modell in der Zwangsvollstreckung statt des umfänglichen Räumungsauftrages ein umfassendes Vermieterpfandrecht geltend macht und allein Besitzeinweisung verlangt.[10]

b) Beteiligte. Die Rückgabe ist keine höchstpersönliche Verpflichtung, so dass auch ein Dritter diese auf Seiten des Mieters durchführen kann.[11] Der Vermieter kann sich ebenfalls vertreten lassen. Er kann aber auch den Rückgabeanspruch abtreten.[12] Ab Eintragung ins Grundbuch steht er dem neuen Eigentümer zu,[13] der gemäß § 566 BGB in die Vermieterstellung eintritt.

6

Besonderheiten treten auf, sofern gegen den Mieter zum Zeitpunkt der Rückgabepflicht das Insolvenzverfahren läuft. Hier sind je nach Zeitpunkt der Räumungspflicht der Gemeinschuldner oder der Insolvenzverwalter zuständig;[14] Näheres siehe § 39.

c) Übergabetermin/Übergabeprotokoll und sonstige Beweismittel. Regelmäßig wird die Übergabe bei einem gemeinsamen Termin zur Besichtigung der Mietsache erfolgen. Anlässlich dieses gemeinsamen Termins wird neben der Schlüsselübergabe üblicherweise eine Ablesung der Zähler (Heizung, Wasser, Gas, Strom, usw.) erfolgen. Darüber hinaus ist vor allem der Vermieter daran interessiert, den Zustand der Mietsache zu überprüfen, um Verschlechterungen, die über die normale Abnutzung hinaus gehen, und Beschädigungen festzustellen. Letztlich wird typischerweise die Vollständigkeit der überlassenen Einrichtungsgegenstände, Entfernung von Einbauten sowie die Frage der Schönheitsreparaturen in Übergabeprotokollen angesprochen.

7

---

[1] OLG München ZMR 1985, 298.
[2] LG Köln DWW 1987, 236.
[3] OLG München ZMR 1996, 557.
[4] LG Berlin Grundeigentum 2003, 1431.
[5] AG Wedding Beschl. v. 3. 3. 2008 – 15 a C 231/07.
[6] OLG Köln BeckRS 2006 05624; OLG Saarbrücken BeckRS 2006 04380.
[7] LG Berlin MDR 198, 675.
[8] BGH WuM 1992, 71.
[9] LG Berlin Grundeigentum 2006, 1171.
[10] KG NZM 2005, 422.
[11] OLG Düsseldorf DWW 1987, 129.
[12] BGH NJW 1983, 112.
[13] BGH NJW 1978, 2148.
[14] *Eckert* NZM 2006, 610; LG Mannheim NZM 2007, 443; OLG Celle ZMR 2007, 956.

8 Ein Anspruch auf einen gemeinsamen Übergabetermin besteht für keine Seite; ebenso wenig ein Anspruch auf Mitwirkung an der Erstellung eines Abnahmeprotokolls.

9 Will der Vermieter Ansprüche wegen übermäßiger Abnutzung, Verletzung vertraglicher Pflichten oder Beschädigungen geltend machen, muss er diese beweisen. Es stellt sich dabei die Frage, welche **Beweismittel** ihm zur Verfügung stehen. Weit verbreitet ist das **Abnahmeprotokoll**, das von beiden Vertragsparteien unterzeichnet ist. Ein derartiges Protokoll hat aber Vor- und Nachteile (s. auch § 18).

10 Das Abnahmeprotokoll ist grundsätzlich **kein konstitutives Schuldanerkenntnis durch den Mieter**.[15] Es ist daher weder eigene Anspruchsgrundlage noch unterbricht es die kurze Verjährung. Kann mittels des Abnahmeprotokolls (ggf. unter Zuhilfenahme weiterer Beweismittel) ein Mangel nachgewiesen werden, ist der Mieter nur mit der Behauptung es habe gar kein Mangel vorgelegen ausgeschlossen. Dem Mieter bleibt es aber unbenommen, nachzuweisen, dass er den festgestellten Mangel nicht zu vertreten hat.

11 Für den Vermieter ist das Abnahmeprotokoll jedoch regelmäßig ein **negatives Schuldanerkenntnis**.[16] Alle nicht ausdrücklich aufgenommenen Mängel und Schäden können nachträglich nicht mehr geltend gemacht werden, gleichgültig ob ohne weiteres erkennbar (fehlende Türen, neue Wanddurchbrüche) oder nicht ohne weiteres feststellbar (beschädigte Stromleitung in der Wand).[17]

12 Das Protokoll muss aussagekräftig verfasst werden, damit es die zugedachte Beweisfunktion erfüllen kann. Zunächst ist der zu protokollierende Gegenstand möglichst genau zu bezeichnen. Es hat in erster Linie alle Tatsachen wertungsfrei zu enthalten. Einigen die Parteien sich bei dieser Gelegenheit auch über Wertungsfragen bis hin zur Beseitigungsverpflichtung oder Lastentragung, so ist auch diese Vereinbarung separat zu vermerken. Eine derartige ausdrückliche Vereinbarung kann dann durchaus schuldbegründenden Charakter haben, eine eigene Anspruchsgrundlage bilden und die kurze Verjährung verhindern. Sofern eine Vertragspartei eindeutig eine bestimmte Tatsache oder die Verantwortlichkeit hierfür abstreitet, sollte auch dies im Protokoll vermerkt werden. Es erspart ggf. die Nachfristsetzung.

13 **Weitere Beweismittel** für den Zustand der Mietsache bei Übergabe außer dem Abnahmeprotokoll können sein:
- Foto- oder gar **Videoaufnahmen** der Mietsache; wegen der auch für Laien immer leichteren Manipulationsmöglichkeiten mit Hilfe des Computers wird diese Beweismöglichkeit aber möglicherweise an praktischer Bedeutung zumindest für digital erstellte Aufnahmen verlieren.
- Bewusst von einer Vertragspartei **hinzugezogene Zeugen**; in der Praxis führt dies teilweise zu widerstreitenden Zeugenaussagen, je nachdem für welche Partei der Zeuge auftritt. Insbesondere bei Familienangehörigen ist der Beweiswert nicht stets ausreichend. Die Rechtsprechung erstreckt ihre Skepsis auf Vermieterseite auch auf beauftragte Verwalter oder beigezogene Handwerker, da letztere wegen des eigenen Auftragsinteresses dazu neigen sollen, das Vorliegen von reparaturbedürftigen Schäden zu bejahen.
- Der **Zufallszeuge**, der spontan beigezogen wird; dieser ist häufig wenig an der Sache interessiert und wird in einem späteren Prozess Monate nach dem Vorfall oft nur wenig zur Sachverhaltsaufklärung beitragen können.
- Der **verfahrensbevollmächtigte Rechtsanwalt** als fachkundiger Zeuge wird beispielsweise von *Blank* favorisiert. Abgesehen von der Frage, ob sich der Anwalt zur Durchführung derartiger Termine bereit erklärt, kann nicht ohne weiteres angenommen werden, dass er die notwendige Sachkompetenz besitzt. Wird er auch das Protokoll rechtlich zutreffend abfassen können, liegen die Streitpunkte doch üblicherweise im tatsächlichen Bereich, der eher Sachverständigen vorbehalten sein könnte.
- **Selbstständiges Beweisverfahren**; dieses klärt den Sachverhalt durch Gutachten im Regelfall abschließend. Angesichts der Verfahrenskosten ist hier aber vor allem die Wirtschaft-

---

[15] Schmidt-Futterer/*Langenberg* § 538 Rdnr. 388 ff.
[16] Schmidt-Futterer/*Langenberg* § 538 Rdnr. 391 f.
[17] *Lehmann-Richter* ZMR 2006, 833.

lichkeit des Verfahrens im Auge zu behalten. Selbst der erwiesene Mangel geht nicht stets zu Lasten des Mieters. Bis zum Abschluss der Begutachtung ist eine Nutzung der Mietsache oftmals ausgeschlossen.

d) **Rückgabe der Schlüssel.** Gemäß § 546 Abs. 1 hat der Mieter die Mietsache nach Ende 14 der Mietzeit zurückzugeben. So selbstverständlich diese Verpflichtung ist, so fraglich kann die Erfüllung im Einzelfall sein.

Ein Problem ergibt sich in Bezug auf die vollständige Rückgabe der Schlüssel. Der Mieter 15 ist verpflichtet, sämtliche Schlüssel zurückzugeben. Behält der Mieter Schlüssel zurück, so nahm der BGH[18] noch an, dass die Rückgabeverpflichtung nicht erfüllt sei. Das OLG Brandenburg[19] setzt gegen diese klare Abgrenzung eine wertende Betrachtung und kommt dadurch zum Ergebnis, dass die Rückgabepflicht auch erfüllt sein kann, wenn nicht alle im Besitz des Mieters befindlichen Schlüssel zurückgegeben werden. Umstritten ist, ob die Rückgabepflicht erfüllt ist, sofern Schlüssel während der Mietzeit verloren gegangen sind.[20] Zusätzlich vom Mieter gefertigte Schlüssel braucht dieser nur gegen Kostenerstattung zurückzugeben; ohne Kostenerstattung muss er jedoch die Vernichtung nachweisen.[21] Hat der Mieter selbst neue Schlösser eingebaut, ist die Übergabe der hierzu gehörenden Schlüssel ausreichend.[22]

e) **Umfang der Räumung.** Die Räumung muss vollständig erfolgen, da eine Teilräumung 16 gemäß § 266 BGB unzulässig ist. Eine Frage des Einzelfalls ist es, ab wann eine vollständige Räumung anzunehmen ist.

Hat der Mieter Tanks auf einer Fläche von 70 m² (ca. 10% der Mietfläche) zurückgelassen, 17 so liegt keine Räumung vor,[23] gleichfalls nicht bei Zurücklassung von acht LKW-Ladungen mit Kunststoffabfällen;[24] ebenso wenig, wenn ein Großteil der Möbel zurückgelassen wird,[25] aber auch die bloße Nichträumung des Kellers und Zurücklassung von Müll und Unrat in der Wohnung kann im Einzelfall ausreichen.[26] Das OLG Hamm[27] sah die Grenze bei der Notwendigkeit zur Beseitigung der zurückgelassenen Gegenstände einen Container zu benötigen. Wurden hingegen nur wenige Gegenstände und Gerümpel hinterlassen, so ist von einer Räumung auszugehen.[28] Einen Restbestand an Heizöl darf der Mieter aber zurücklassen und erhält hierfür auch eine Entschädigung;[29] umstritten ist allenfalls die Berechnung dieser Entschädigung (Tagespreis oder Einkaufspreis).

Der Vermieter steht in den Fällen der unvollständigen Räumung nicht nur vor der Frage, 18 ob eine Räumung im Rechtssinn erfolgt ist oder noch Räumungsklage erhoben werden muss. Er kann die zurückgelassenen Gegenstände auch nicht ohne weiteres anderweitig unterbringen oder gar entsorgen.[30] Es trifft den Vermieter eine Obhutspflicht, diese Gegenstände vor Verlust und Beschädigung zu bewahren.[31] Formularvertragliche Klauseln, die die Vernichtung zurückgelassener Gegenstände zulassen sind ebenso wenig wirksam[32] wie Klauseln, die die Einlagerung gestatten sollen.[33] Da diese Obhutspflicht sich auch bei geringwertigen Dingen auf einige Wochen erstrecken kann, ist dem Vermieter anzuraten, den

---

[18] BGH NJW 1983, 1049; h. M. Schmidt-Futterer/*Blank* § 546 Rdnr. 36.
[19] LG Brandenburg NZM 2000, 463; ebenso OLG Hamburg ZMR 1995, 18, 20.
[20] Für Rückgabe: OLG Düsseldorf DWW 1987, 129; Staudinger/*Sonnenschein* § 556 Rdnr. 13; *Fischer-Dieskau/Pergande/Schwender-Franke* § 556 Anm. 3, 4. Gegen eine Rückgabe: OLG München DWW 1987, 124; LG Düsseldorf WuM 1992, 191; Schmidt-Futterer/*Grather* § 546 Rdnr. 37.
[21] Bub/Treier/*Scheuer* V. A. Rdnr. 9; *Emmerich/Sonnenschein* § 556 Rdnr. 13.
[22] AG Köln WuM 1975, 191.
[23] BGH NJW 1988, 2665.
[24] OLG Köln DWW 1996, 189.
[25] LG Mannheim MDR 1965, 140; AG Ludwigshafen ZMR 1980, 888.
[26] AG Berlin-Neukölln DGVZ 1980, 42.
[27] OLG Hamm ZMR 1996, 372.
[28] BGHZ NJW 1988, 2665; BGH NJW 1983, 1049.
[29] AG Oberndorf WM 1990, 195; AG Weilheim WuM 1986, 221.
[30] BGH NJW-RR 2004, 493.
[31] BGH ZMR 1967, 268; BGH WM 1971, 943; Schmidt-Futterer/*Gather* § 546 Rdnr. 56.
[32] *Westphalen/Trinkner* AGB Rdnr. 67.
[33] *Fischer-Dieskau/Pergande/Schwender-Franke* § 566 Anm. 3.1.

ehemaligen Mieter unter Androhung der Entsorgung mit Fristsetzung zur Abholung aufzufordern. Lässt der Mieter nach Zugang einer derartigen Erklärung die Frist ungenutzt verstreichen, kann dies als Besitzaufgabe gedeutet werden, womit eine Entsorgung möglich würde.

19 Der Zustand der Mietsache ist grundsätzlich ohne Bedeutung für die Frage der Rückgabe.[34]

2. Folgen bei verspäteter Herausgabe

20 **a) Nutzungsentschädigung.** Der Mieter schuldet bei verspäteter Herausgabe keine Mietzahlung mehr, da kein Mietverhältnis mehr besteht. Er schuldet jedoch eine Nutzungsentschädigung, selbst wenn er zur Rückgabe bereit ist, hieran aber durch den unmittelbaren Besitz eines Untermieters tatsächlich gehindert ist.[35] Diese kann in Höhe der bisherigen vertraglichen Miete angesetzt werden, aber auch mit der höheren ortsüblichen Miete,[36] wie § 546a BGB nun auch ausdrücklich klar stellt. Dieser Anspruch entsteht auch automatisch und muss vom Vermieter nicht erst geltend gemacht werden.[37] Der Anspruch entfällt, wenn der Vermieter die Wohnung gewaltsam öffnet und dadurch unmittelbaren Besitz erhält.[38]

21 **b) Keine Duldung der Ausdehnung des Nutzungsumfangs.** Muss der Vermieter zwar die weitere Nutzung dulden und kann er diese allein im Wege der Zwangsvollstreckung beenden, so muss eine Ausdehnung der Nutzung nicht hingenommen werden. Der Vermieter braucht daher weder die Anbringung neuer Einrichtungen (Telefonanschluss)[39] zu dulden, noch die zusätzliche Gebrauchsüberlassung an Dritte oder die Haltung eines neu angeschafften Tieres. Der Empfang von Besuch bleibt hingegen zu dulden; woraus sich die Abgrenzungsprobleme im Einzelfall erschließen.

22 **c) Weiterer Schadensersatz.** Gemäß § 546a Abs. 2 BGB kann der Vermieter weiteren Schaden ersetzt verlangen. Anspruchsgrundlage ist jedoch nicht § 546a BGB selbst. In Betracht kommt Verzugsschaden oder Schadensersatz aus positiver Vertragsverletzung.

In beiden Fällen ist die Verpflichtung zum Schadensersatz an ein Verschulden des Mieters gebunden. Dies kann beispielsweise bei einem Rechtsirrtum über die Rückgabepflicht fehlen.[40]

Unter den Voraussetzungen der §§ 280, 281 BGB könnte gar die Möglichkeit eines „Zwangskaufs" als Schadensersatz statt der Leistung bei Verletzung der Rückgabepflicht bestehen.[41]

3. Durchführung von Schönheitsreparaturen

23 Hier ist auf die Ausführungen in § 19 dieses Buches zu verweisen.

4. Schadensersatz wegen Beschädigung/Verschlechterung oder vertragsgemäßer Gebrauch

24 **a) Dübellöcher.** Auch ohne vertragliche Regelung hat der Mieter grundsätzlich Schrauben, Haken und Nägel zu entfernen und Dübellöcher zu verschließen;[42] dies gilt nicht, sofern der Mieter notwendige Vorrichtungen zum **vertragsgemäßen Gebrauch** erst anbringen muss.[43] Diese Einschränkung, wie viele Dübellöcher zum vertragsgemäßen Gebrauch gehören, lässt zugunsten des Mieters ausreichend Spielraum. Setzt der Mieter die Bohrlöcher trotz objektiver Möglichkeit nicht in die Fugen, so ist er bei übermäßiger Zahl von Dübellöchern auch zum Ersatz der Kacheln verpflichtet; sofern keine Ersatzfliesen vorhanden

---

[34] BGHZ 104, 285.
[35] OLG Düsseldorf, MDR 2003, 82.
[36] BGH NJW 1999, 2808.
[37] BGH NJW 1999, 2808.
[38] LG Frankfurt (Oder), MM 2002, 335.
[39] AG Waldshut-Tingen WuM 1981, 212.
[40] AG Langen WuM 1980, 7.
[41] Kritisch *Katzenstein/Hüftle* NZM 2004, 601
[42] AG Gießen, WuM 2002, 212.
[43] LG Darmstadt NJW-RR 1988, 80; BGH, NJW 1993, 1061.

sind, kann sich daraus ein Anspruch des Vermieters auf Neuverfliesung ergeben.[44] Dabei ist aber ein Abzug „Neu für Alt" vorzunehmen.

b) Abmahnung und Fristsetzung. Der Vermieter kann Ansprüche wegen schuldhaft verursachter Schäden gegen den Mieter geltend machen; eine schuldhafte Verursachung durch Erfüllungsgehilfen des Mieters ist ausreichend. Sofern die Schadensersatzpflicht sich aus der Verletzung von Obhutspflichten oder vertraglichen Obliegenheiten ergibt ist auch keine Abmahnung oder Androhung von Ersatzansprüchen notwendig.[45] Bei erheblichen Kosten[46] der Schadensbeseitigung sei jedoch von einer Hauptpflicht auszugehen, so dass die Voraussetzungen des § 326 BGB erfüllt sein müssen. Es empfiehlt sich wegen der Unsicherheit über die Höhe der erheblichen Kosten (als Orientierung werden drei Monatsmieten oder 8% der letzten Jahreskaltmiete[47] genannt) daher, stets nach § 326 BGB zu verfahren und die Schadensbeseitigung zunächst unter Fristsetzung abzumahnen, um die Verzugsvoraussetzung zu schaffen, und anschließend nochmals unter Fristsetzung die Voraussetzung für den Schadensersatz wegen Nichterfüllung zu schaffen. 25

c) Einzelne typische Schadensbereiche
- Schäden am **Parkettboden**, beispielsweise durch übermäßiges Abtreten, das zu Vertiefungen führt, oder durch Pfennigabsätze[48] (aber nur im Wohnraummietverhältnis, nicht bei Geschäftsräumen)[49] sind zu beseitigen. Kleinere Kratzer sind jedoch als normale Abnutzung zu bewerten; ebenso Verblassen oder der Verlust des Glanzes. Für die üblichen Fristen zum Abschleifen und Neuversiegeln von Parkettböden schwanken die Ansichten zwischen 12 und 20 Jahren.[50] 26
- **Folgeschäden** nach Entfernung des verklebten **Teppichbodens** am Untergrund sind zu beseitigen; strittig ist dies, soweit der Vermieter mit dem Verkleben einverstanden war.[51]
- **Rotwein-** oder **Brandflecke** auf dem Fußboden sind nach überwiegender Auffassung zu entfernen. Auf Amtsgerichtsebene kann aber durchaus die Meinung angetroffen werden, dass jedem mal ein Glas umfallen oder eine Zigarette herunterfallen könne und es deshalb am Verschulden fehlen kann. Jedenfalls ist nur der Zeitwert des Bodenbelags zzgl. der Verlegekosten zu ersetzen.[52] Nach Überschreiten der üblichen Nutzungsdauer ergibt sich daher letztlich kein Ersatzanspruch mehr.[53] Für Teppichböden werden Nutzungsdauern mit regelmäßig 10 Jahren[54] angenommen; je nach Qualität kann die Nutzungsdauer aber zwischen 5 und 15 Jahren schwanken.[55]
- Bei **Badewannen** ist die Frage der Abstumpfung umstritten. Nach ca. zwölf Jahren soll eine Abstumpfung normal sein.[56] Liegt Ursache aber im jahrelangen nicht ordnungsgemäßen Reinigen der Wanne, kann auch die Erneuerung vom Mieter verlangt werden.[57] Emailabsplitterungen können auf unsachgemäßen Gebrauch hinweisen.[58] Langenberg geht bei Stahlbadewannen von einer Lebensdauer mit 23 Jahren aus.[59]
- gekürzte **Türen** brauchen grundsätzlich nur „angelängt" zu werden.[60] Wird die Tür zur Anbringung von Haken jedoch durchbohrt, ist Schadensersatz zu leisten.[61]

---

[44] LG Göttingen ZMR 1990, 145.
[45] BGH WuM 1988, 52.
[46] BGH WuM 1997, 217; AG Stuttgart WuM 1997, 328.
[47] *Lützenkirchen* NZM 1998, 558.
[48] LG Mannheim MDR 1974, 314.
[49] OLG Karlsruhe WuM 1997, 211.
[50] *Langenberg* Schönheitsreparaturen, Instandsetzung und Rückbau, 2. Aufl., 2. Teil Rdnr. 77.
[51] Gegen eine Verpflichtung: LG Mannheim ZMR 1976, 181.
[52] LG Hamburg WuM 1988, 107; LG Münster WuM 1989, 508.
[53] AG Kassel WuM 1996, 757.
[54] AG Köln WuM 2000, 435.
[55] *Langenberg* Schönheitsreparaturen, Instandsetzung und Rückbau, 2. Aufl., 2. Teil Rdnr. 77.
[56] AG Köln WuM 1984, 197.
[57] LG Düsseldorf DWW 1996, 281.
[58] AG Köln WuM 1986, 85; LG Köln WuM 1987, 258.
[59] *Langenberg* Schönheitsreparaturen, Instandsetzung und Rückbau, 2. Aufl., 2. Teil Rdnr. 80.
[60] LG Mannheim WuM 1977, 96.
[61] AG Kassel WuM 1996, 757.

- letztlich können **unterlassene Wartungsarbeiten,** zu denen der Mieter vertraglich wirksam verpflichtet wurde, Grundlage für Schadensersatzansprüche beispielsweise bei **Warmwassergeräten** sein.

27   Zur Abgrenzung zwischen Beschädigung und vertragsgemäßem Gebrauch kann auf die Entscheidung des BGH zum übermäßigen Gebrauch durch Rauchen abgestellt werden. Danach liegt kein vertragsgemäßer Gebrauch mehr vor, sofern zur Beseitigung mehr als die Schönheitsreparaturen im Sinne des § 28 ABs. 4 S. 3 II. BVO durchgeführt werden muss.[62] Bei diesem Maßstab dürfte die Annahme eines Schadens, der auch durch Tapezieren nicht beseitigt werden kann, schwerer fallen – eine restriktivere Rechtsprechung könnte die Folge sein.

5. Rückbauverpflichtungen

28   Bei baulichen Änderungen durch den Mieter ist zu unterscheiden:
Wurden die Änderungen ohne Zustimmung des Vermieters vorgenommen, so sind diese grundsätzlich zu beseitigen.[63] Dabei sollen die Kosten der notwendigen Maßnahmen für den Mieter unbeachtlich sein.[64]

29   Regelmäßig soll aber auch bei Zustimmung des Vermieters die Rückbauverpflichtung bestehen,[65] da der Nutzungsvorteil in erster Linie für den Mieter besteht und dem Vermieter aus der bloßen Zustimmung kein Nachteil entstehen dürfe. So wurde der Mieter verpflichtet, angebrachten Rauhputz zu entfernen,[66] verlegte Gasrohre zu entfernen[67] oder Holz- und Türverkleidungen zu entfernen.[68] Die Entscheidung des LG Berlin[69] hat die Entfernung von Wandfliesen in Küche und Bad aber auch darauf gestützt, dass diese nicht fachgerecht angebracht waren. Dies zeigt aber auch die Problematik, dass die Instanzgerichte durchaus zumindest über § 242 BGB die Rückbauverpflichtung in Frage stellen. Diese Frage wird sicher bei der Rückbauverpflichtung von Maßnahmen nach der neuen Regelung zur „Barrierefreiheit" an Gewicht gewinnen; wo liegt das Interesse des Vermieters am Rückbau der rollstuhlgerecht verbreiterten Badezimmertür auf das vorherige schmalere Maß?
Keine Rückbauverpflichtung besteht, sofern der Vormieter vertraglich die Baumaßnahme übernommen hatte, da dann der Vorteil dem Vermieter zugute komme. Ebenfalls keine Rückbauverpflichtung besteht für Maßnahmen, die die Mietsache erst in einen vertragsgerechten Zustand versetzt haben.[70]
Ebenfalls ausgeschlossen wird die Rückbauverpflichtung, sofern der Vermieter anschließend derart umbauen will, dass die Maßnahmen des Mieters dabei wieder beseitigt würden.[71]

6. Vermieterpfandrecht

30   Hier ist auf die Ausführungen in § 26 dieses Buches zu verweisen.

III. Ansprüche des Vermieters gegen einen Untermieter oder Dritte

1. Räumung und Herausgabe

31   § 546 Abs. 2 BGB gibt dem Vermieter ausdrücklich auch den Herausgabeanspruch gegen Dritte, denen der Mieter die Mietsache überlassen hat, also gegenüber dem Untermieter.

---

[62] BGH NZM 2008, 318.
[63] BGH NJW 1974, 1463.
[64] LG Düsseldorf NJW-RR 1987, 1043; Schmidt-Futterer/*Gather* § 546 Rdnr. 52.
[65] BGH NJW 1959, 2163; OLG Hamburg WuM 1990, 390; OLG Düsseldorf WuM 1990, 218; a. A. LG Hamburg WuM 1988, 305 für einen Badeinbau.
[66] AG Kerpen WuM 1990, 198.
[67] LG Frankfurt 1989, 562.
[68] LG Berlin GE 1989, 115.
[69] LG Berlin ZMR 1997, 243.
[70] OLG Düsseldorf ZMR 1990, 218; LG Köln WuM 1995, 654.
[71] BGHZ 96, 141.

Diese Möglichkeit gilt auch bei mehreren hintereinandergeschalteten Untermietverhältnissen.[72] Da der Dritte nicht zur Rückgabe verpflichtet ist, ist davon auszugehen, dass der Anspruch auf Herausgabe für den Vermieter erst mit Geltendmachung entsteht.[73]

Prozessual ist der Räumungsanspruch gegen alle Mitbesitzer der Mietsache geltend zu machen;[74] dies sind Ehegatten und Lebensgefährten. Auch volljährige Kinder werden hingegen als Besitzdiener anzusehen sein.[75] Zumindest, wenn die Volljährigkeit während des Mietverhältnisses eintritt, bleibt es bei der Besitzdienerschaft.[76]

2. Nutzungsentgelt

Gegenüber dem Dritten hat der Vermieter keinen Anspruch aus § 546a BGB. Es verbleibt allenfalls bei Ansprüchen aus ungerechtfertigter Bereicherung und dem Eigentümer-Besitzer-Verhältnis oder Verzug. 32

Eine Bereicherung findet jedoch nur statt, sofern eine Nutzung durch den Dritten erfolgt. Beschränkt der Dritte sich allein auf den bloßen Besitz (Innehaltung der Schlüssel), bleibt für Ansprüche aus dem Bereicherungsrecht kein Raum. Regelmäßig leitet der Untermieter sein Besitzrecht vom Mieter ab, was einen Bereicherungsanspruch damit ausschließt.[77] Die Bereicherung ergäbe sich aus dem objektiven Mietwert.[78] 33

Ansprüche aus dem Eigentümer-Besitzer-Verhältnis nach § 987 BGB bestehen ebenfalls nur hinsichtlich der Gebrauchsvorteile. Unter den Voraussetzungen der §§ 987, 991 BGB kann dann vom Dritten der tatsächlich gezogene Nutzen verlangt werden. 34

Ansprüche aus Verzug setzten voraus, dass der Dritte Kenntnis von seiner Herausgabepflicht hat. 35

IV. Ansprüche des Mieters gegen den Vermieter

1. Wegnahme von Einrichtungen

Nach § 539 Abs. 2 BGB ist der Mieter berechtigt, Einrichtungen, mit denen er die Mietsache versehen hat, wegzunehmen. Der Begriff „der Einrichtung" erfasst **bewegliche Sachen, die vorübergehend eingebracht werden.**[79] 36

Einrichtungen sind demnach: 37
- die Ölzentralheizung (BGHZ 53, 324);
- Öfen (LG München ZMR 1962, 198; LG Mannheim MDR 1969, 763);
- Teppichböden (AG Aachen WuM 1987, 123; KG ZMR 1972, 80);
- Bodenbeläge (OLG Frankfurt ZMR 1986, 358);
- zusätzliche Sicherheitsschlösser und Türspione (LG Karlsruhe WuM 1998, 22);
- vom Mieter selbst gepflanzte Bäume (OLG Köln ZMR 1994, 509).

Nicht zu Einrichtungen zählen:
- Zwischendecken und Wände;
- Heizöl im Tank des Einfamilienhauses (MüKo/Voelskow § 547a Rdnr. 3);
- Mobiliar (BGHZ 101, 37).

Umstritten sind:
- Kücheneinrichtungen (OLG Düsseldorf MDR 1972, 147; Schmidt-Futterer/*Langenberg* § 539 Rdnr. 12; a. A. OLG München WuM 1985, 90).

---

[72] OLG Hamm NJW-RR 783.
[73] LG Köln NJW-RR 1990, 1231.
[74] BGH, NZM 2004, 701.
[75] A. A. AG Berlin-Lichtenberg NZM 2006, 120.
[76] BGH, NZM 2008, 400.
[77] BGHZ 40, 272; LG Freiburg WuM 1989, 287.
[78] BGH ZMR 1973, 238; NJW 1974, 556.
[79] BGH NJW 1969, 40; Schmidt-Futterer/*Langenberg* § 539 Rdnr. 12 f.; *Gather* DWW 2008, 122.

38 Das Wegnahmerecht des Mieters korrespondiert mit dem **Anspruch auf Entfernung durch den Vermieter**. Zunächst besteht für den Mieter die Wegnahmepflicht des § 546 BGB. Erst wenn der Vermieter die Belassung der Einrichtung verlangt, ergibt sich die Frage des Wegnahmerechts. Der Vermieter kann die Sache dann allein bei Zahlung eines angemessenen Ausgleichs erlangen, § 552 BGB, sofern nicht der Mieter ein berechtigtes Interesse an der Wegnahme hat.

2. Kautionsabrechnung

39 Hier kann auf die Ausführungen in § 38 dieses Buches verwiesen werden. Sofern noch die Betriebskostenabrechnung erfolgen muss, kann die Kautionsabrechnung angemessen terminiert werden; ggf. ist eine Teilauszahlung unter Berücksichtigung voraussichtlicher Nachforderungen zu veranlassen.[80]

3. Nutzungsrecht bei verspäteter Herausgabe

40 Wird die Mietsache vom Mieter nach Beendigung des Mietverhältnisses dem Vermieter vorenthalten, räumt der Mieter also nicht, entsteht ein gesetzliches Abwicklungsverhältnis. Der Vermieter darf weder im Wege der Selbsthilfe räumen,[81] noch Wohnungs- oder Hausschlösser austauschen. Der Mieter hat weiterhin ein Recht auf Besitz, das der Vermieter akzeptieren muss. Der Mieter darf daher auch Nebenräume (Keller, Waschküche, etc.) weiterhin mitbenutzen. Der Vermieter darf die Versorgungseinrichtungen nicht unterbrechen (Heizung,[82] Gas, Wasser, Strom, Kabelfernsehen, Gemeinschaftsantenne, Fahrstuhl, etc.). Bei „Luxuseinrichtungen" war dies bereits bisher umstritten.[83] Mittlerweile wird die Versorgungssperre nach beendetem Mietverhältnis in der Literatur für möglich gehalten.[84]

41 Der Mieter hat aber regelmäßig keinen Anspruch mehr gegen den Vermieter auf Instandhaltung der Mietsache, selbst wenn er während des bestehenden Mietverhältnisses beispielsweise zur Beseitigung von Feuchtigkeitsschäden verurteilt wurde;[85] anders allenfalls, sofern Leben und Gesundheit gefährdet werden.[86]

4. Rückgabe sonstiger Mieterleistungen

42 Gemäß § 547 BGB sind Mietzinsvorauszahlung zu erstatten. Diese werden mit Beendigung des Mietverhältnisses fällig. Ebenfalls nach dieser Vorschrift richten sich Baukostenzuschüsse, wobei bei Wohnraum nach dem BaukZuSchG und dem WoBindG auch sogenannte verlorene Baukostenzuschüsse teilweise erstattet werden müssen. Auch Mieterdarlehen sind wie Mietzinsvorauszahlungen nach § 547 BGB zu behandeln.

5. Aufwendungsersatz

43 Während das bisherige Mietrecht die Unterscheidung zwischen Aufwendungen und Verwendungen machte, spricht die Neuregelung in §§ 536a und 539 BGB nun allein noch vom Aufwendungsersatz.

44 Während § 536a BGB den Aufwendungsersatzanspruch während des Mietverhältnis bei Mangelbeseitigung regelt, sieht § 539 BGB vor, dass der Mieter alle anderen Aufwendungen auf die Mietsache nach den Regeln über die Geschäftsführung ohne Auftrag erstattet verlangen kann. Erfasst werden hiermit die bisher mit den Begriffen „nützliche Verwendungen" und „Luxusverwendungen" sowie „aufgedrängte Verwendung" bezeichneten Fälle. Voraussetzung ist jedenfalls die Führung eines fremden Geschäftes mit Fremdgeschäftsfüh-

---

[80] AG Köln Mietrechtexpress 2005, 56; einschränkend LG Berlin Mietrechtexpress 2005, 44.
[81] BGH NJW-RR 2004, 493.
[82] AG Miesbach WuM 1988, 57.
[83] Versagend Bub/Treier/*Scheuer* V. A. Rdnr. 84; zusprechend AG St. Blasien WuM 1996, 286 für Schwimmbadbenutzung.
[84] *Scheidacker* NZM 2005, 281; *Herrlein* NZM 2006, 527.
[85] LG Berlin MDR 1992, 478.
[86] LG Mannheim MDR 1967, 130.

rungswillen durch den Mieter und die Geschäftsführung muss dem Interesse sowie dem wirklichen oder mutmaßlichem Willen des Vermieters entsprechen. Der Wille des Vermieters ist dann nicht entscheidend, wenn er die Maßnahme genehmigt hat (§ 684 BGB), wobei die Zustimmung zur Maßnahme noch keine Genehmigung darstellen muss.[87]

Nachdem die Rechtsprechung die wohl überwiegende Zahl der Schönheitsreparaturklauseln für unwirksam erklärt hat, stellt sich die Frage, ob dem Mieter, der trotz unwirksamer Klausel die Schönheitsreparaturen ausgeführt hat, ein Aufwendungsersatzanspruch zusteht.[88]

V. Ansprüche des Mieters gegen einen Untermieter

Diese Ansprüche sind mit den Ansprüchen eines Vermieters gegen seinen Mieter identisch.

VI. Checklisten zur Abwicklung

Checkliste: Abwicklung Mietverhältnis durch den Vermieter

- ☐ Mietverhältnis beendet?
- ☐ Übergabetermin vereinbart?
- ☐ Vermieterpfandrecht prüfen?
- ☐ Wahl des Beweismittels für den Zustand der Mietsache bei Übergabe (Übergabeprotokoll, Zeugen, Kamera, Fotoapparat, Sachverständiger)?
- ☐ Mietsache vollständig geräumt?
- ☐ Alle Schlüssel übergeben?
- ☐ Nutzungsentschädigung ermitteln, falls Übergabe nicht vollständig erfolgt ist?
- ☐ Räumungsklage erheben, falls Übergabe nicht vollständig erfolgt ist?
- ☐ Schönheitsreparaturen vertragsgemäß erledigt?
- ☐ Mängel der Mietsache aufgenommen?
- ☐ Einigung über Mängelbeseitigung erfolgt?
- ☐ Fristsetzung zur Mängelbeseitigung notwendig?
- ☐ Selbstständiges Beweisverfahren einleiten?
- ☐ Fristsetzung und Ankündigung der Ersatzvornahme?
- ☐ Kautionsabrechnung (ggf. Betriebskostenabrechnung berücksichtigen)?
- ☐ Abrechnung weiterer Mieterleistungen?
- ☐ Wegnahmerecht des Mieters abwenden?

Checkliste: Abwicklung Mietverhältnis durch den Mieter

- ☐ Mietverhältnis beendet?
- ☐ Übergabetermin vereinbart?
- ☐ Wahl des Beweismittels für den Zustand der Mietsache bei Übergabe (Übergabeprotokoll, Zeugen, Kamera, Fotoapparat, Sachverständiger)?
- ☐ Mietsache vollständig geräumt?
- ☐ Alle Schlüssel übergeben?
- ☐ Einrichtungen weggenommen?
- ☐ Entschädigungsanspruch für auf Wunsch des Vermieters zurückgelassene Einrichtungen?
- ☐ Mangel- oder Schadensbeseitigung notwendig?
- ☐ Kautionsabrechnung erfolgt (ggf. Betriebskostenabrechnung berücksichtigen)?
- ☐ Abrechnung von Aufwendungen?

---

[87] OLG Karlsruhe NJW 1972, 2224; AG Lüdenscheid WuM 1988, 303.
[88] LG Wuppertal ZMR 2007, 973; LG Karlsruhe NJW 2006, 1983; a. A.: LG AG Nürtingen WuM 2007, 316; LG Freiburg WuM 2005, 385; *Dötsch* NZM 2007, 275; *Dötsch* NZM 2008, 108; *Sternel* NZM 2007, 545.

§ 32 Verjährung und Verwirkung

Übersicht

	Rdnr.
I. Verjährung	1–96
1. Begriff	1–3
2. Miete	4/5
3. Rückforderung überzahlter Kostenmiete, § 8 WoBindG	6–9
4. Auskunftsanspruch, §§ 8 Abs. 4 WoBindG, 29 NMV	10/11
5. Mietpreisüberhöhung, § 5 WiStG	12/13
6. Betriebskostenabrechnung	14–27
a) Rückforderung überzahlter Betriebskosten	24/25
b) Rückforderung geleisteter Vorauszahlungen	26
c) Rückforderung bei Zahlung auf verspätete Abrechnung	27
7. Kaution	28–34
a) Anspruch auf Zahlung der Kaution	28
b) Rückzahlung der Kaution	29
c) Fälligkeit des Rückzahlungs-anspruchs	30
d) Aufrechnung	31–34
8. Sonstige Ansprüche	35–81
a) Ansprüche des Vermieters	36–67
b) Ansprüche des Mieters	68–79
c) Ansprüche Dritter gegen den Mieter	80
d) Ansprüche des Vermieters gegen Dritte	81
9. Das Eintreten Dritter in das Mietverhältnis	82–89
a) Vermieterwechsel	82–85
b) Beendigung des Zwischenmietverhältnisses	86–88
c) Inanspruchnahme des vollmachtlosen Vertreters	89
10. Vereinbarung über Fälligkeit der Ansprüche	90/91
11. Verjährungseinrede als unzulässige Rechtsausübung	92
12. Verhältnis altes zu neuem Verjährungsrecht	93
13. Fristenberechnung	94–96
II. Verwirkung	97–126
1. Begriff	97–101
2. Miete	102
3. Rückerstattung preisrechtswidriger Leistungen	103–107
4. Rückerstattung wegen Mietpreisüberhöhung	108
5. Rückgabeanspruch	109
6. Räumungstitel	110
7. Kündigungsbefugnis des Vermieters	111
8. Kündigungsbefugnis des Mieters	112/113
9. Mieterhöhung	114–116
a) Staffelmiete, § 557 a BGB	114
b) Wertsicherungsklausel, § 557 b BGB	115
c) Modernisierung, § 559 BGB	116
10. Nebenkosten, § 560 BGB	117–121
11. Einzelfälle	122–125
a) Unterlassungsansprüche, § 541 BGB	122
b) Gewährleistung, §§ 536, 536 a BGB	123
c) Erfüllung, § 535 BGB	124
d) Aufwendungsersatz, § 539 BGB	125
III. Übersicht: Verjährungsfristen	126

Schrifttum: *Eckert,* Die Verjährung de Aufwendungsersatzansprüche des Mieters, NZM 2008, 313; *ders.,* Bedeutung der Mietrechtsreform für die gewerbliche Miete, NZM 2001, 409; *Finger,* Die Verjährung nach § 558 BGB, ZMR 1988, 1; *Fritz,* Die Entwicklung des Gewerberaummietrechts in den Jahren 1998, 1999 und 2007, NJW 2000, 3686, NJW 2008, 1045; *Gather,* Mieterwechsel bei Beendigung eines Mietverhältnisses und Begründung eines neuen Mietverhältnisses, DWW 1997, 409; *Geldmacher,* Rückständige Betriebskostenvorauszahlungen und Erteilung der Betriebskostenabrechnung, NZM 2001, 921; *Gellwitzki,* Das Leistungsverweigerungsrecht des Wohn- und Gewerberaummieters bei Gebrauchsstörungen am Mietobjekt, WuM 1999, 10; *Goch,* Schönheitsreparaturen bei Beendigung der Mietzeit, WuM 2003, 368; *Gruber,* Mietrecht und Schuldrechtsreform, WuM 2002, 252; *Heinze,* Rückerstattungsanspruch bei formell unrichtigem Mieterhöhungsverlangen nach dem Wohnungsbindungsgesetz, NJW 1991, 1849; *Herrlein,* Die Entwicklung des Rechts der Wohnraummiete im 1. Halbjahr 2006, NJW 2006, 3393; *ders,* Die Entwicklung des Rechts der Wohnraummiete im 2. Halbjahr 2007, NJW 2008, 1279; *Horst,* Wegnahmerechte und Wegnahmepflichten des Mieters bei Beendigung des Mietverhältnisses, DWW 1996, 180; *Jäkel,* Verjährungsbeginn nach § 548 BGB, WuM 2002, 528; *Kandelhard,* Kurze Verjährung rückgabeveranlasster Vermieterersatzansprüche, NJW 2002, 3291; *Langenberg,* Zur Verjährung des Schadensersatzanspruchs wegen unterlassener Schönheitsreparaturen nach § 548 BGB n.F., WuM 2002, 71; *Lehmann-Richter,* Der Mängelbeseitigungsanspruch des Mieters und Gegenrechte des Vermieters, NJW 2008, 1196; *Lützenkirchen,* Die Entwicklung des Mietrechts in der obergerichtlichen Rechtsprechung der Jahre 1996, 1998, 1999, 2000, 2002, 2005, 2006, WuM 1997, 141, WuM 2000, 99, WuM 2001, 55, WuM 2003, 63, WuM 2006, 63, WuM 2007, 175; *Schmidt,* Zur Fälligkeit von Betriebskostennachzahlungen, WuM 1996, 319; *Sonnenschein,* Rückerstattung und Verjährung preisrechtswidriger Mietzahlung, NJW 1993, 2201; *Treier,* Aktuelle Rechtsprechung des Bundesgerichtshofes zum Mietrecht, DWW 1997, 279; *Ulrich,* Grundzüge des selbstständigen Beweisverfahrens im Zivilprozess, AnwBl. 2003, 78; *Wiek,* Verjährung des Rückerstattungsanspruch des Mieters wegen überhöhter Betriebskostenvorauszahlungen, GuT 2003, 3.

I. Verjährung

1. Begriff

Verjährung begründet für den Verpflichteten das Recht, nach einem bestimmten Zeitablauf das von einem anderen verlangte Tun oder Unterlassen (§ 194 BGB) zu verweigern. Es handelt sich um ein dauerndes Leistungsverweigerungsrecht, von dem der Schuldner Gebrauch machen kann. Im Prozess ist die Einrede zu erheben, da eine Prüfung von Amts wegen nicht erfolgt. 1

Das zur Befriedigung eines verjährten Anspruchs Geleistete kann nicht zurückgefordert werden, auch dann nicht, wenn die Leistung in Unkenntnis der Verjährung erfolgte oder ein vertragsmäßiges Anerkenntnis oder eine Sicherheitsleistung des Verpflichteten vorliegt, § 214 Abs. 2 S. 1 BGB. 2

Die Verjährung beruht auf den Gedanken des Schuldnerschutzes und des Rechtsfriedens. Der Schuldner soll davor bewahrt werden, noch längere Zeit nach der Abwicklung eines Geschäftes mit von ihm nicht mehr erwarteten Ansprüchen überzogen zu werden. Der Gläubiger soll veranlasst werden, rechtzeitig gegen den Schuldner vorzugehen.[1] 3

2. Miete

Der Anspruch des Vermieters auf Zahlung von **Miete** bzw. Nutzungsentschädigung gemäß §§ 546a, 571 BGB[2] und Zahlung von Nebenkosten verjährt gemäß § 195 BGB in 3 Jahren. 4

Der Lauf der Verjährungsfrist beginnt gemäß § 199 Abs. 1 BGB mit dem Schluss des Jahres, in welchem die Ansprüche auf Miete und Nutzungsentschädigung fällig werden und der Gläubiger von den den Anspruch begründenden Umständen und der Person des Schuldners Kenntnis erlangt oder ohne grobe Fahrlässigkeit erlangen müsste. 5

3. Rückforderung überzahlter Kostenmiete

Der **Rückforderungsanspruch** des Mieters im Bereich des sozialen Wohnungsbaus wegen anfänglich überhöhter **Kostenmiete** verjährt gemäß § 8 Abs. 2 S. 3 WoBindG nach Ablauf von 4 Jahren nach der jeweiligen Leistung, spätestens jedoch nach Ablauf eines Jahres seit Beendigung des Mietverhältnisses. Die Jahresfrist gilt auch, wenn das Mietverhältnis auf Grund Eigentumsübergangs auf einen Erwerber beendet worden ist.[3] 6

Der Preisverstoß i.S.v. § 8 Abs. 1 S. 1 WoBindG führt zur teilweisen Nichtigkeit und ist nach dem Wortlaut der Vorschrift auch auf eine einvernehmlich erfolgte Mieterhöhung anwendbar. 7

---

[1] Vgl. statt vieler: BGH NJW 1995, 252, 253 = WuM 1995, 149.
[2] BGH NJW 1977, 1335 = WuM 1978, 64 = DWW 1977, 162.
[3] AG Solingen WuM 1998, 227.

8 Davon ist die einseitige Erklärung des Vermieters gemäß § 10 WoBindG zu unterscheiden. Beruht die überhöhte Kostenmiete auf einer solchen Erklärung, war lange umstritten, ob für die Verjährung § 195 BGB a. F. oder § 8 Abs. 2 WoBindG maßgeblich ist. Teilweise wurde angenommen, die kurze Verjährungsfrist sei analog anzuwenden. Die Rechtsprechung hat sich der Ansicht angeschlossen, es gelte die 30-jährige Verjährung gemäß § 195 BGB aF.[4] Begründet wird dies im Wesentlichen damit, dass sich § 8 Abs. 2 WoBindG nach dem eindeutigen Wortlaut nur auf Vereinbarungen beziehe. § 10 WoBindG befasse sich hingegen mit den Wirksamkeitsvoraussetzungen einer einseitigen Mieterhöhung, der rechtsgestaltende Wirkung zukomme. Wenn in dieser Vorschrift kein Rückerstattungsanspruch gesondert geregelt sei, spreche die systematische Auslegung des Gesetzes dafür, dass § 8 Abs. 2 WoBindG eine Sonderregelung enthalte und mithin eine analoge Anwendung auf eine einseitige Mieterhöhungserklärung ausscheide. Auch Zweck- und Sinnzusammenhang der Vorschriften stünden einer analogen Anwendung entgegen.[5] Folgt man dieser Argumentation, müsste nach der Neufassung der Verjährungsvorschriften im BGB nunmehr die Frist 3 Jahre betragen.

9 Entsprechendes gilt, wenn die Kostenmiete beispielsweise wegen gesunkener Zinsen zu verringern ist. Da nur die jeweils zulässige Kostenmiete verlangt werden darf, sind Ermäßigungen der Belastungen an den Mieter weiter zu geben. Geschieht dies verspätet, ist die Überzahlung gemäß § 8 WoBindG i. V. m. § 812 BGB zu erstatten. Die Verjährung richtet sich dann ausschließlich nach BGB.

4. Auskunftsanspruch: §§ 8 Abs. 4 WoBindG, 29 NMV

10 Um festzustellen, ob ein Rückforderungsanspruch besteht, hat der Mieter gegenüber dem Vermieter **Auskunftsansprüche** aus §§ 8 Abs. 4 WoBindG, 29 NMV. Richtiger Ansicht nach verjährt der Anspruch nicht schon dann, wenn etwaige Erstattungsansprüche bezüglich des Zeitraums, für den die Auskunft verlangt wird, verjährt wären.[6] Denn nach Sinn und Zweck des § 8 Abs. 4 WoBindG ist dem Mieter in jedem Falle die Möglichkeit zu geben, die Richtigkeit der zu zahlenden Miete an Hand der entsprechenden Berechnungen zu überprüfen. Dies muss auch für einen Zeitraum gelten, für den möglicherweise eine Rückforderung infolge Verjährung ausgeschlossen ist, weil mehrere Mieterhöhungen aufeinander aufbauen können. Ob die verlangte Miete zutreffend ermittelt wurde, kann in der Regel nur überprüft werden, wenn auch Berechnungen aus bereits verjährten Zeiträumen zur Verfügung gestellt werden.[7] Dies gilt jedenfalls dann, wenn der Vermieter durch bewusstes Vorspielen unwahrer Tatsachen eine höhere Kostenmiete als preisrechtlich zulässig erhalten hat.[8]

11 Im Unterschied zu § 199 BGB beginnt die Verjährungsfrist mit der jeweiligen Leistung zu laufen, also jeden Monat, § 8 Abs. 2 S. 3 WoBindG.

5. Mietpreisüberhöhung: § 5 WiStG

12 Im Falle der **Mietpreisüberhöhung** i. S. v. § 5 WiStG ist die Mietzinsvereinbarung insoweit nichtig, als der Mietpreis die Wesentlichkeitsgrenze übersteigt.[9] Dies ist der Fall, wenn die vereinbarte Miete den ortsüblichen Mietzins um mehr als 20% übersteigt.

13 Die Rückforderungsansprüche des Mieters aus §§ 134, 812 Abs. 1 BGB verjährten (bis zum Schuldrechtsmodernisierungsgesetz) in 4 Jahren[10] seit der jeweiligen Leistung. Entsprechendes galt für den Anspruch aus § 823 Abs. 2 BGB i. V. m. § 5 WiStG. Nunmehr gilt auch hier die Verjährungsfrist von 3 Jahren.[11]

---

[4] BayObLG RE WuM 1985, 217; OLG Hamm RE WuM 1997, 543.
[5] OLG Hamm RE WuM 1997, 543, 544.
[6] Str., vgl. *Sternel* III Rdnr. 943 m. w. N.; a. A.: LG Hamburg WuM 1984, 156 u. 1985, 390.
[7] AG Wuppertal WuM 1988, 431 f.
[8] AG Wuppertal WuM 1982, 328.
[9] BGH RE NJW 1984, 722 = WuM 1984, 68; OLG Hamburg RE NJW-RR 1992, 1366 = WuM 1992, 527 (Wesentlichkeitsgrenze bei erhöhten laufenden Aufwendungen).
[10] OLG Hamburg RE NJW-RR 1989, 458 = WuM 1989, 126.
[11] Palandt/*Heinrichs* § 195 Rdnr. 5.

6. Betriebskostenabrechnung

Sowohl der Anspruch des Mieters auf Auszahlung eines Abrechnungsguthabens als auch 14
die Nachforderung des Vermieters auf Grund einer rechtzeitig erteilten und wirksamen Abrechnung verjähren binnen 3 Jahren, § 195 BGB.

Auch der Anspruch des Mieters auf Abrechnung der Betriebskostenvorauszahlungen wird 15
12 Monate nach Ende der Abrechnungsperiode fällig und unterliegt der dreijährigen Verjährungsfrist.[12]

Der Anspruch des Vermieters auf Zahlung einer Nachforderung aus einer **Betriebskosten-** 16
abrechnung entsteht mit dem Zugang der Abrechnung beim Mieter.[13] Diese Rechtslage besteht unter dem neuen § 199 BGB unverändert fort.[14] Die Auffassung, die Fälligkeit des Nachforderungsanspruchs trete erst ein, nachdem der Mieter Gelegenheit hatte, innerhalb angemessener Zeit die Ordnungsgemäßheit der Abrechnung nachzuprüfen,[15] ist abzulehnen. Dies ist weder praktikabel noch dogmatisch haltbar.[16] Der Lauf der 3-jährigen Verjährungsfrist des § 195 BGB beginnt mit dem Ende des Jahres, innerhalb dessen dem Mieter die Abrechnung über die Betriebs-/Heizkosten zugeht und der Gläubiger von den den Anspruch begründenden Umständen und der Person des Schuldners Kenntnis erlangt oder ohne grobe Fahrlässigkeit erlangen müsste, § 199 Abs. 1 BGB.

Rechtzeitig erteilt ist die Abrechnung nur, wenn sie bis zum Ablauf des zwölften Monats 17
nach dem Ende der Abrechnungsperiode zugeht, § 556 Abs. 3 S. 2 BGB. Die Norm wurde aus dem Bereich des sozialen Wohnungsbaus übernommen. Sie gilt nicht für Abrechnungszeiträume, welche vor dem 1. 9. 2001 beendet waren, Art. 229 § 3 Abs. 9 EGBGB.

Erfolgt die Abrechnung nicht innerhalb des genannten Zeitraums, ist der Vermieter mit 18
der Nachforderung grundsätzlich ausgeschlossen, § 556 Abs. 3 S. 3 BGB bzw. § 20 Abs. 3 S. 4 NMV. Dies gilt auch für die Heizkostenabrechnung.[17]

Eine analoge Anwendung im Gewerberaummietrecht kommt hingegen nicht in Betracht.[18] 19

> **Praxistipp:**
>
> Unbedingt darauf achten, dass der Zugang der Abrechnung beim Mieter beweisbar ist.

Bestreitet der Mieter den Zugang der Abrechnung und hat er in der Folgezeit weder die 20
Nachzahlung noch erhöhte Betriebskostenvorauszahlungen geleistet, ist die erneute Erteilung der Abrechnung durch den Vermieter nach Fristablauf nicht möglich.[19] Erfolgt die Korrektur einer unvollständigen Abrechnung nach Ablauf der Ausschlussfrist, so kann diese damit nicht umgangen werden.[20]

Eine Ausnahme macht das Gesetz nur, wenn der Vermieter die verspätete Geltendma- 21
chung nicht zu vertreten hat. Dies ist beispielsweise der Fall, wenn dem Vermieter die Abrechnung eines Versorgungsunternehmens nicht rechtzeitig vorlag.[21] Liegt sie vor, muss der Vermieter die Abrechnung unverzüglich, das heißt ohne schuldhaftes Zögern, erstellen, sonst ist er mit seiner Nachforderung gemäß § 556 Abs. 3 S. 3 BGB ausgeschlossen.[22] Eine

---

[12] LG Neubrandenburg WuM 2007, 390.
[13] BGH RE NJW 1991, 836 = WuM 1991, 150.
[14] *Wiek* GuT 2003, 3.
[15] AG Eschweiler WuM 1996, 99.
[16] *Schmidt* WuM 1996, 319, 320.
[17] *Sternel* aktuell Rdnr. A 193.
[18] OLG Düsseldorf NZM 2008, 167 m.w. N.; *Fritz* NJW 2008, 1045, 1048.
[19] AG Duisburg-Ruhrort WuM 2004, 203.
[20] AG Köln WuM 2001, 290.
[21] Palandt/*Weidenkaff* § 556 Rdnr. 12.
[22] AG Tübingen WuM 2004, 343.

weitere Ausnahme soll gelten, wenn der Vermieter nach einem einschlägigen Rechtsstreit die Betriebskostenabrechnung unverzüglich erstellt und dem Mieter zuleitet.[23]

> **Praxistipp:**
> Liegt die Abrechnung eines Energieunternehmens verspätet vor, sollte die Nebenkostenabrechnung dem Mieter spätestens innerhalb der nächsten 2 Wochen vorgelegt werden.

22 Die Ausschlusswirkung bezieht sich nicht auf den Abrechnungsanspruch des Mieters und die Auszahlung eines Guthabens.[24]

23 Die Frage, ob der Vermieter die Aufrechnung etwa mit dem Kautionsrückforderungsanspruch erklären kann, wenn er die Abrechnungsfrist des § 20 Abs. 3 S. 4 NMV nicht eingehalten hat, dürfte nach Sinn und Zweck der Ausschlussfrist zu verneinen sein. In der Literatur wird hierzu vertreten, dass § 390 S. 2 BGB a. F. (§ 215 BGB) weder direkt noch analog anwendbar ist, wenn eine Forderung infolge Ablaufs einer Ausschlussfrist erloschen ist.[25]

24 **a) Rückforderung überzahlter Betriebskosten.** Fordert der Mieter bei fortbestehendem Mietverhältnis **überzahlte Heizkosten** zurück, verjähren seine Ansprüche bisher gemäß §§ 196, 197 BGB a. F. nach Ablauf von 4 Jahren[26] seit der jeweiligen Leistung. Zur Begründung wurde das Bedürfnis nach Rechtsfrieden angeführt. Vom Mieter könne erwartet werden, dass er sich über die Geltendmachung von Rückzahlungsansprüchen aus bezahlten Heizkosten innerhalb eines Zeitraums von 4 Jahren Gedanken macht.

25 Folgerichtig wurde eine Rückzahlung **überzahlter** Beträge aus **Nebenkostenabrechnungen** der 4-jährigen Verjährungsfrist unterworfen.[27] Gleiches gilt für Rückforderungsansprüche des Mieters auf Grund zu Unrecht gezahlter Verwaltungskosten.[28] Auch hier gilt gemäß § 195 BGB nunmehr eine 3-Jahresfrist, unabhängig davon, auf welche Anspruchsgrundlage sich die Rückforderung stützt.

26 **b) Rückforderung geleisteter Vorauszahlungen.** Ebenso wurde entschieden, dass dann, wenn den periodisch geleisteten Vorauszahlungen von vornherein ein Rechtsgrund fehlte, der Anspruch des Mieters auf Rückzahlung von **Nebenkostenvorschüssen** der kurzen Verjährungsfrist des § 197 BGB a. F. unterliege. Hierzu bezieht sich das OLG Hamm[29] auf Rechtsprechung, die zum Thema rechtsgrundlos geleisteter wiederkehrender Leistungen ergangen ist und auf dem Grundsatz beruht, dass die bereicherungsrechtliche Verjährung der vertraglichen anzugleichen ist, wenn bei der Rückabwicklung eines fehlgeschlagenen Schuldverhältnisses ein Bereicherungsanspruch wirtschaftlich an die Stelle des vertraglichen Anspruches tritt.[30] Nach Sinn und Zweck des § 197 BGB a. F. soll verhindert werden, dass sich die Einzelforderungen mehr und mehr summieren und schließlich einen Betrag erreichen, dessen Aufbringung in einer Summe dem anderen Teil immer schwerer fällt. Zudem sei es gerade bei regelmäßig wiederkehrenden Leistungen oft schwierig, sichere Feststellungen für lange zurückliegende Zeiträume zu treffen. An dieser Argumentation dürfte sich im Hinblick auf die veränderte Verjährungsfrist von 3 Jahren gemäß § 195 BGB nichts ändern.

27 **c) Rückforderung bei Zahlung auf verspätete Abrechnung.** Der Mieter, der in Unkenntnis der Abrechnungsfrist des § 556 Abs. 3 S. 3 BGB auf eine verfristete Nebenkostenabrechnung geleistet hat, kann seine Zahlung gestützt auf den Bereicherungsanspruch des § 812

---

[23] AG Köln WuM 1995, 399; *Sternel* aktuell Rdnr. 824.
[24] *Sternel* aktuell Rdnr. A 191.
[25] Palandt/*Heinrichs* § 390 Rdnr. 3 unter Hinweis auf BAG NJW 1968, 813; vgl. dazu auch: AG Siegburg WuM 2001, 245; ferner: *Geldmacher* NZM 2001, 921, 923.
[26] OLG Hamburg RE NJW 1988, 1097 = WuM 1988, 83; OLG Koblenz Beschluss v. 15. 4. 2002 – 5 W 235/02 – GuT 2002, 84.
[27] AG Köln WuM 1997, 648 m. w. N.
[28] LG Siegen WuM 1989, 583; str., a. A.: LG Verden WuM 1989, 583 (30 Jahre für § 195 BGB a. F.).
[29] OLG Hamm WuM 1996, 330 mit ablehnender Anm. *Wiek*.
[30] BGH NJW 1986, 2564 f.; vgl. ferner: *Lützenkirchen* WuM 1997, 141.

Abs. 1 S. 1 Alt. 1 BGB zurückfordern. Der Anspruch verjährt nach drei Jahren, § 195 BGB. Verjährungsvorschriften sind auf die Ausschlussfrist des § 556 Abs. 3 S. 3 BGB nicht anzuwenden. § 214 Abs. 2 S. 1 BGB kann nicht analog angewendet werden.[31]

7. Kaution

a) **Anspruch auf Zahlung der Kaution.** Der Anspruch des Vermieters auf Zahlung der Mietsicherheit verjährt in 3 Jahren. Der grundsätzlich bestehende Wiederauffüllungsanspruch rechtfertigt keine andere Beurteilung.[32]

b) **Rückzahlung der Kaution.** Der Anspruch des Mieters auf **Rückzahlung der Kaution** und der Kautionszinsen verjährt ebenso gemäß § 195 BGB in 3 Jahren. Der Lauf der Verjährung beginnt mit der Fälligkeit des Rückforderungsanspruchs des Mieters.[33]

c) **Fälligkeit.** Der Rückzahlungsanspruch wird **fällig**, wenn feststeht, ob der Vermieter die Kaution in Anspruch nehmen muss. Die Frage, innerhalb welcher Frist über die Kaution abzurechnen ist, ist umstritten. Teilweise wird vertreten, dass die Frist für den Vermieter 3 Monate beträgt.[34] Nach anderer Auffassung ist die Abrechnung spätestens 6 Monate nach Beendigung des Mietverhältnisses vorzunehmen.[35] Der BGH will dem Vermieter je nach Umständen des Einzelfalles mehr als 6 Monate Zeit geben, um über die Kaution abzurechnen.[36] Jedenfalls gibt es keine feste Abrechnungsfrist.[37]

d) **Aufrechnung.** Macht der Mieter seinen Kautionsrückforderungsanspruch geltend, kommt es häufig zur **Aufrechnung** des Vermieters. Gemäß § 390 S. 2 BGB a. F. bzw. § 215 BGB schließt die Verjährung die Aufrechnung nicht aus, wenn die verjährte Forderung zu der Zeit, zu welcher sie gegen die andere Forderung aufgerechnet werden konnte, noch nicht verjährt war. Eine Ausnahme für Ansprüche des Vermieters lässt sich dem Gesetz nicht entnehmen. Die Aufrechnung des Vermieters greift nicht, wenn der Mieter schon vorher seinen fälligen Rückzahlungsanspruch gegen eine andere, unverjährte Forderung des Vermieters wirksam aufgerechnet hat.[38] Aus der Vereinbarung über die Gestellung einer Kaution ergibt sich kein stillschweigender Ausschluss der Aufrechnungsmöglichkeit.[39]

Sind die Forderungen des Vermieters verjährt, ist zu differenzieren: Bei der Barkaution ist die Aufrechnung unproblematisch.

Ist die Kaution in Form einer **Bankbürgschaft** erbracht worden, gilt: Bürge und Mieter oder Pächter sind nicht gehindert, sich auf die Verjährung der durch die Bürgschaft gesicherten Ansprüche zu berufen. Eine analoge Anwendung des § 215 BGB dürfte ausscheiden, jedenfalls wurde dies zu § 390 S. 2 BGB a. F. entschieden.[40] Ist die Gegenforderung des Vermieters verjährt und wird die Zahlung verweigert, so kann der Vermieter weder den Mieter auf Zustimmung zur Auszahlung der Bürgschaftssumme in Anspruch nehmen noch ist der Anspruch gegen den Bürgen selbst durchsetzbar. Der Vermieter ist verpflichtet, die Kautionsbürgschaftsurkunde herauszugeben.

Selbst ein Titel gegen den Bürgen ändert nichts daran, dass hinsichtlich der Hauptschuld Verjährung eintreten kann.[41] Der Bürge kann sich sogar noch nach seiner rechtskräftigen Verurteilung zur Zahlung an den Vermieter auf die Einrede der Verjährung der Hauptschuld berufen und Vollstreckungsabwehrklage erheben.[42]

---

[31] BGH NJW 2006, 903, 904.
[32] LG Duisburg NZM 2006, 774; *Herrlein* NJW 2008, 1279, 1283.
[33] Schmidt-Futterer/*Blank* § 551 Rdnr. 109; *Sternel* III Rdnr. 231; OLG Düsseldorf NZM 2005, 783.
[34] LG Köln WuM 1984, 109; LG Berlin GE 1997, 1473: mindestens 3 Monate.
[35] OLG Karlsruhe WuM 1987, 156; LG München I WuM 1996, 541; LG Berlin GE 1998, 1397; LG Berlin ZMR 1999, 762.
[36] BGH RE NJW 1987, 2372 = WuM 1987, 310.
[37] BGH NJW 2006, 1422; *Herrlein* NJW 2006, 3393, 3394.
[38] *Kraemer* NZM 2001, 737, 741 m. w. N.
[39] BGH RE WuM 1987, 310.
[40] BGH NJW 1998, 981 = WuM 1998, 224.
[41] Vgl. dazu: BGH NJW 1998, 2972; AG Starnberg NZM 2001, 2972.
[42] *Fritz* NJW 2000, 3686, 3690.

> **Praxistipp:**
> Prüfen, ob gegen den Bürgen und den Mieter zwei Prozesse geführt werden müssen.
> Vor Abschluss des Vertrages gilt für Vermieter: Barkaution verlangen, für den Mieter: Bankbürgschaft erbitten.

8. Sonstige Ansprüche

35 Der Anwendungsbereich des § 548 BGB erfasst Miet-, Pacht- (§ 581 Abs. 2 BGB) und Leihverhältnisse (§ 606 BGB) sowie den Kauf auf Probe (§ 454 BGB).[43]

36 a) **Ansprüche des Vermieters.** Nach § 548 Abs. 1 BGB verjähren die Ansprüche des Vermieters wegen **Veränderungen oder Verschlechterungen** der Mietsache in 6 Monaten. Der Begriff ist nach herrschender Auffassung weit auszulegen. Darunter fallen nicht nur vertragliche Ansprüche, sondern alle konkurrierenden Ansprüche aus demselben Lebenssachverhalt.[44]

37 *aa) Anwendbarkeit.* Keine Anwendung findet § 548 BGB:
- Nach dem Gesetzeswortlaut auf **Personenschäden**.
- Nur bei völliger **Vernichtung** der Mietsache greift die lange Verjährungsfrist, nach altem Recht also 30 Jahre.[45] Etwas anderes gilt, wenn das Mietobjekt nicht vollständig zerstört ist. Sind noch Teile der Mietsache vorhanden, beurteilt sich die Frage der Verjährung nach § 548 BGB. Das gilt auch im laufenden Mietverhältnis, insoweit ist eine analoge Anwendung geboten.[46]
- Wenn die Mieträume zurückgegeben werden, der Vermieter es aber nicht zu vertreten hat, dass er die Wohnung nicht auf das Vorhandensein von Mängeln untersuchen kann, beispielsweise weil er wegen der zurückgelassenen Gegenstände gehindert ist, eine ordnungsgemäße Überprüfung vorzunehmen.[47]
- Es genügt nicht, dass der Schaden auf die Verletzung mietvertraglicher Obhutspflichten zurückzuführen ist; der Schaden als solcher muss einen hinreichenden Bezug zum Mietobjekt haben. Voraussetzung für die Anwendbarkeit des § 548 Abs. 1 BGB ist also, dass es sich um Schäden handelt, die entweder an der Mietsache selbst oder an anderen Sachen des Vermieters entstanden sind.[48] Letzteres soll ausdrücklich auch gelten, wenn die Beschädigung an einer Sache eintritt, die sich auf einem ebenfalls dem Vermieter gehörenden Nachbargrundstück befindet.[49]
- Der Bereicherungsanspruch aus § 812 Abs. 1 S. 2 BGB auf Rückzahlung eines verlorenen Baukostenzuschusses fällt nicht unter § 548 BGB.[50]
- Die Ansprüche müssen auf einem Zustand beruhen, der vor der Rückgabe der Mietsache entstanden ist. Handelt es sich nicht um Ersatzansprüche des Vermieters wegen Veränderungen oder Verschlechterungen der vermieteten Sache **während** der Mietzeit, sind vielmehr Ansprüche betroffen, die aus der Schlechterfüllung des Räumungsanspruchs resultieren, greift § 548 Abs. 1 BGB nicht.[51]
- § 591 b Abs. 1 BGB findet auf Ansprüche wegen vorsätzlicher sittenwidriger Schädigung des Verpächters keine Anwendung. Zweck der kurzen Verjährungsfrist ist es, zu gewährleisten, dass die Parteien eines Gebrauchsüberlassungsvertrages sich nach der Beendigung des Vertragsverhältnisses rasch auseinandersetzen. Dieser Zweck gebietet es nicht, die Vorschriften auch auf die Ansprüche des Verpächters aus § 826 BGB anzuwenden. Denn

---

[43] Palandt/*Putzo* § 548 Rdnr. 5.
[44] BGH NJW 1993, 2797, 2798 = WuM 1993, 535.
[45] BGH NJW 1981, 2406, 2407 = WuM 1981, 956.
[46] BGH NJW 1986, 2103 = WuM 1986, 276.
[47] *Sternel* IV Rdnr. 634.
[48] BGH NJW 1994, 251 = WuM 1994, 20; vgl. dazu auch: BGH NJW 2000, 3203 = WuM 2000, 419.
[49] BGHZ 86, 71, 81.
[50] OLG Düsseldorf NZM 2001, 1093.
[51] OLG Schleswig WuM 1996, 220.

Haftungsgrund ist nicht die Beschädigung der Pachtsache, sondern die vorsätzliche sittenwidrige Schädigung des Verpächters.[52]

bb) Zurückerhalten der Mietsache. Gemäß § 548 Abs. 1 S. 2 BGB beginnt die Verjährungsfrist der Ansprüche des Vermieters mit dem Zeitpunkt, in dem er die Sache zurückerhält, und zwar unabhängig davon, ob das Mietverhältnis beendet ist oder nicht.[53] Um zu verhindern, dass die Ersatzansprüche des Vermieters vor Mietende verjähren, wenn er die Mietsache vorzeitig zurückerhält, kann der Vermieter einen sofort fälligen Anspruch auf Zahlung eines Vorschusses in Höhe der erforderlichen Renovierungskosten einklagen. Leistungs- und Feststellungsklage sind zulässig.[54] **Zurückerhalten** hat der Vermieter die Mietsache dann, wenn er nach Aufgabe des unmittelbaren Besitzes durch den Mieter selbst den unmittelbaren Besitz wieder eingeräumt bekommen hat. Das ist nicht schon der Fall, wenn der Mieter durch Auszug aus der Wohnung deren Besitz endgültig aufgegeben hat, sondern erst in dem Augenblick, in dem der Vermieter freien Zugang zu der Mietsache erhalten hat. Denn erst dann ist der Vermieter in der Lage, die Mietsache auf etwaige Mängel hin zu überprüfen. Der BGH[55] stellt darauf ab, dass sich der Vermieter ein umfassendes Bild von dem Zustand der Sache gemacht hat. Ein freier Zutritt noch während des Besitzes des Mieters genügt nicht.[56] Auf die Frage, zu welchem Zeitpunkt der Vermieter die Veränderung oder Verschlechterung der Mietsache erkennen konnte, kommt es nicht an.[57]

Gibt der Mieter die Mietsache **einseitig auf** und ist es dem Vermieter ohne weiteres möglich, das Mietobjekt auf Verschlechterungen hin zu prüfen, so verjähren Schadensersatzansprüche von dem Zeitpunkt an, in dem der Vermieter Kenntnis von der Besitzaufgabe erhält.[58]

Besteht die Mietsache aus mehreren Teilen, welche eine wirtschaftliche Einheit bilden, wird die Verjährungsfrist erst in Lauf gesetzt, nachdem der Vermieter die Möglichkeit erhalten hat, auch den zuletzt zurückgegebenen Teil der Mietsache zu überprüfen.[59]

Unmittelbaren Besitz erhält der Vermieter grundsätzlich durch Übergabe aller Schlüssel.[60] Im Einzelfall kann allerdings die Rückgabe nur eines von mehreren Wohnungsschlüsseln für die Rückgabe der Wohnung ausreichend sein und die Verjährungsfrist in Gang setzen.[61]

Es reicht nicht aus, wenn der Mieter die Schlüssel einem anderen Mieter des Hauses oder einem anderen nicht bevollmächtigten Dritten aushändigt. In einem solchen Fall ist die Rückgabe der Wohnung erst erfolgt, wenn der Vermieter oder sein Bevollmächtigter die Wohnungsschlüssel tatsächlich zurückerhalten hat.[62] Werden die Schlüssel dem Rechtsanwalt des Vermieters[63] oder dem Hausmeister übergeben, so wird der Lauf der Verjährung in Gang gesetzt, weil diese Personen in der Regel zur Entgegennahme befugt sind.[64]

Die für den Beginn der Verjährungsfrist des § 548 Abs. 1 BGB maßgebende Rückübertragung des Besitzes an den Vermieter kann darin bestehen, dass der Mieter die Schlüssel zur Wohnung in den Briefkasten des Vermieters einwirft, auch wenn diese Art der Besitzaufgabe nicht den vertraglichen Vereinbarungen entspricht; gleichwohl ist hierin eine Veränderung der Besitzverhältnisse zu sehen.[65]

Gibt der Vermieter dem Mieter die Schlüssel zurück, damit dieser noch Schönheitsreparaturen durchführen kann, hat dies keinen Einfluss auf den Lauf der Verjährungsfrist.[66]

---

[52] BGH NJW 2001, 2253, 2254 = NZM 2001, 668.
[53] BGH NJW 2006, 1588 = WuM 2006, 319; OLG Celle ZMR 1969, 283; OLG Köln WuM 1988, 22.
[54] BGH NJW 2006, 1588 = WuM 2006, 319; *Herrlein* NJW 2006, 3393, 3395.
[55] BGH WuM 2004, 21; BGH WuM 1994, 328; BGH NJW 1991, 2416 = WuM 1991, 550; BGH NJW 1986, 2103 = WuM 1986, 276.
[56] BGH NJW 1991, 2416, 2418; BGH NJW 2000, 3203, 3206.
[57] OLG Frankfurt/Main WuM 2001, 397.
[58] *Gather* DWW 1997, 409, 422 unter Hinweis auf OLG Düsseldorf MDR 1987, 937.
[59] *Sternel* IV Rdnr. 634.
[60] OLG Hamm ZMR 1986, 200; LG Berlin GE 1986, 1011.
[61] KG Berlin GE 1985, 249; LG Berlin GE 1987, 683.
[62] LG Berlin GE 1983, 437.
[63] LG Hannover WuM 1999, 601.
[64] Schmidt/Futterer/*Blank* § 548 Rdnr. 54 m.w.N.
[65] LG Mannheim DWW 1995, 86.
[66] LG Aachen WuM 1987, 154; LG Hildesheim WuM 1987, 390, 391; vgl. ferner: LG Berlin GE 1990, 825.

45 Wird aus einem Räumungstitel die Zwangsvollstreckung betrieben und die Mietsache geräumt, so erlangt der Vermieter die Herrschaft über die Sache zurück, so dass die Verjährungsfrist damit beginnt.[67]

46 Hat der Mieter die Übergabe vergeblich angeboten, läuft die Verjährungsfrist; dies gilt insbesondere, wenn der Vermieter die Rücknahme wegen des nicht ordnungsgemäßen Zustandes der Wohnung ablehnt und sich damit in **Annahmeverzug** setzt.[68]

47 *cc) Einzelfälle. (1) Renovierung.* Hauptanwendungsfall des § 548 Abs. 1 BGB ist die Problematik des Schadensersatzes wegen nicht bzw. schlecht durchgeführter Renovierungsarbeiten nach Mietende. Aufgrund der dogmatisch durchaus zweifelhaften Auffassung des BGH, dass es sich bei der Renovierungsverpflichtung um eine Hauptleistungspflicht handelt, war der Vermieter gehalten, hinsichtlich seines Anspruches auf Durchführung von Schönheitsreparaturen/Renovierungsarbeiten eine ordnungsgemäße Fristsetzung mit Ablehnungsandrohung i. S. v. § 326 BGB a. F. zuzustellen.

48 Zunächst lief die Verjährungsfrist für diesen Primäranspruch. Wandelte sich dieser nach der abgelaufenen Frist in den Schadensersatzanspruch um, so begann dessen Verjährung mit der Entstehung zu laufen.[69] Die für den Erfüllungsanspruch bereits verstrichene Verjährungsfrist wurde nicht angerechnet.[70] Verjährung konnte daher insgesamt spätestens nach etwa einem Jahr nach Rückgabe der Mietsache eintreten.

49 Nach der **Schuldrechtsreform** ist die Pflichtverletzung gemäß § 280 Abs. 1 BGB der maßgebliche Begriff. Danach ist eine Fristsetzung nicht mehr erforderlich. Allerdings greift § 280 Abs. 1 BGB nur für einfache Nebenpflichtverletzungen des Mieters.[71] Geht es hingegen um die Umwandlung eines Leistungs- in einen Schadensersatzanspruch, ist § 281 BGB die grundlegende Norm.[72] Deshalb bestimmen sich Schadensersatzansprüche wegen der nicht durchgeführten Schönheitsreparaturverpflichtung des Mieters nach §§ 280 Abs. 1, Abs. 3, 281 Abs. 1 BGB. Da die Abgrenzung, ob eine einfache Nebenpflichtverletzung vorliegt oder ob Schadensersatz statt der Leistung verlangt werden kann und zudem zu unterscheiden ist, welche Art der Verschlechterung der Mietsache vorliegt,[73] schwierig ist:

> **Praxistipp:**
> Vor einem klageweisen Vorgehen gegen den Mieter wegen Schäden, übermäßigen Abnutzungen, nicht oder schlecht durchgeführten Renovierungen etc. immer eine Nachfrist setzen.
> Keine Nachfrist erforderlich:
> § 283 Abs. 1 BGB i. V. m. § 280 Abs. 1 BGB > § 275 Abs. 1–3 BGB
> § 282 Abs. 1 BGB i. V. m. § 280 Abs. 1 BGB.

50 Zwar ist das von § 326 BGB a. F. bekannte Problem, ob Erfüllungsanspruch einerseits und Schadensersatzanspruch – der erst noch entstehen müsste – andererseits unterschiedlichen Fristbeginn haben, immer noch nicht aus der Welt. So wurde einerseits vertreten, dass die sechsmonatige Verjährungsfrist erst mit der Entstehung des Anspruchs beginne.[74] Andererseits hieß es: Da aber § 200 BGB auf die speziellen Verjährungsvorschriften verweise und damit auch auf § 548 BGB, sei einheitlich für den Beginn der Frist auf die Rückgabe der Mietsache abzustellen.[75] Der BGH hat sich für die 2. Auffassung entschieden.[76]

---

[67] LG Köln ZMR 1980, 318, 319.
[68] *Sternel* IV Rdnr. 633 m. w. N.
[69] KG Berlin RE NJW-RR 1997, 392 = WuM 1997, 32; OLG Düsseldorf WuM 1995, 581.
[70] BGH NJW 1989, 1854 = WuM 1989, 376; BGH NZM 2000, 547.
[71] *Kandelhard* NJW 2002, 3291, 3292.
[72] Palandt/*Heinrichs* § 281 Rdnr. 3.
[73] *Kandelhard* a. a. O.; *Goch* WuM 2003, 368, 369.
[74] OLG Koblenz WuM 2003, 445; LG Berlin GE 2004, 626, 627.
[75] LG Frankenthal WuM 2003, 444; *Jäkel* WuM 2002, 528, 529; *Kandelhard* NJW 2002, 3291, 3295; *Langenberg* WuM 2002, 71, 72.
[76] BGH NJW 2005, 739 = WuM 2005, 127.

51 Die Fristsetzung ist gemäß § 281 Abs. 2 BGB entbehrlich, wenn der Mieter die Ausführung der Schönheitsreparaturen ernsthaft und endgültig verweigert hat. Daran sind strenge Anforderungen zu stellen.[77] Der bloße Auszug des Mieters reicht ebenso wenig aus[78] wie die Erklärung über rechtliche Zweifel an der Schönheitsreparaturverpflichtung.[79]

Praxistipp:
Bestehen Zweifel, ob eine endgültige Erfüllungsverweigerung vorliegt: Nachfrist setzen!

52 Der Schadensersatzanspruch gemäß § 280 Abs. 1 BGB tritt neben den Erfüllungsanspruch. Erst, wenn der Vermieter tatsächlich Schadensersatz verlangt, ist gemäß § 281 Abs. 4 BGB der Anspruch auf die Leistung ausgeschlossen. Folglich kann der Mieter, selbst wenn die Nachfrist verstrichen ist, immer noch renovieren.[80] Da es sich bei Schadensersatz einerseits und Erfüllung andererseits um unterschiedliche Streitgegenstände handelt, sind die daraus resultierenden Ansprüche bei Klageerhebung zur Unterbrechung der Verjährung geltend zu machen.[81]

53 Haben die Vertragspartner die ursprünglich vereinbarte Pflicht des Mieters zur Renovierung der Mietsache später einverständlich dahingehend abgeändert, dass statt dessen der Mieter den für die Renovierung erforderlichen Geldbetrag zu zahlen hat, so unterliegt dieser Zahlungsanspruch der kurzen Verjährungsfrist des § 548 Abs. 1 BGB.[82]

54 *(2) Mietausfallschaden.* Ist der Mieter aufgefordert worden, die geschuldeten Renovierungen zu erbringen und kommt er diesem Begehren des Vermieters nicht nach, hat der Vermieter auf Grund der von ihm durchzuführenden Renovierungsleistungen regelmäßig einen **Mietausfallschaden.** Dieser ist ein auf die Entrichtung einer Leistung i. S. d. § 217 BGB gerichteter Anspruch. Demgemäß verjährt mit dem Hauptanspruch die von ihm abhängige Nebenleistung, selbst wenn für diese die Verjährung noch nicht vollendet ist. Bei dem Mietausfall handelt es sich um einen Verzugsschaden i. S. v. § 286 Abs. 1 BGB. Auch hierfür gilt die 6-monatige Verjährungsfrist.

55 Gleichwohl ist der Vermieter nicht gezwungen, zur Vermeidung der Verjährungseinrede des Mieters den Hauptanspruch (Renovierung) gerichtlich geltend zu machen, wenn dies – aus welchen Gründen auch immer – nicht opportun ist. Der BGH stellt hier darauf ab, dass lediglich die Entstehung des Schadensersatzanspruches von dem Hauptanspruch abhängig ist, nicht aber dessen Fortbestand. Es ist mithin zulässig, unter Beachtung der kurzen Verjährungsfrist lediglich den Mietausfallschaden geltend zu machen.[83] Es bestehe keine sachliche Rechtfertigung, die Verfolgbarkeit des rechtshängigen Anspruches auf die Nebenleistung von der weiteren Verfolgbarkeit des Hauptanspruchs abhängig zu machen. § 224 BGB a. F. (= § 217 BGB) solle einen Schuldner, der die Hauptleistung wegen Zeitablaufs verweigern kann, von diesem Zeitpunkt an vor der Ungewissheit bewahren, ob er wegen hiervon abhängiger Nebenansprüche vom Gläubiger demnächst noch in Anspruch genommen wird. Sind die Nebenansprüche bereits rechtshängig, bedarf es des weitergehenden Schutzes durch § 217 BGB nicht mehr.

56 Vereinbaren die Parteien – meist formularmäßig – eine Kostenbeteiligungsquote des Mieters für den Fall des Auszuges vor Ablauf der Renovierungsfristen, so handelt es sich um einen Erfüllungsanspruch,[84] für den die Frist des § 548 BGB gilt. Eine Klage auf Schadens-

---

[77] BGH NJW 1988, 1778.
[78] OLG Hamburg WuM, 1992, 70.
[79] LG München I WuM, 1993, 346.
[80] Vgl. dazu: *Gruber* WuM 2002, 252, 253.
[81] LG Baden-Baden WuM 2001, 603; OLG Hamburg WuM 1998, 17; BGH NJW 1988, 1778.
[82] OLG Düsseldorf NJW-RR 1991, 208 und ZMR 1994, 402, 410.
[83] BGH NJW 1995, 252 = DWW 1995, 52 = WuM 1995, 149; *Sternel* IV Rdnr. 435.
[84] BGH WuM 1988, 294.

§ 32 57

ersatz führt nicht zur Hemmung der Verjährung, weil es sich bei Erfüllungs- und Schadensersatzanspruch um unterschiedliche Streitgegenstände handelt.[85]

57   dd) *Weitere Einzelfälle.*
- Culpa in contrahendo (§ 311 Abs. 2 BGB)[86] und positive Vertragsverletzung.[87]
- Mängelbeseitigungs- und Reinigungsarbeiten.[88]
- Schadensersatzansprüche, die aus der Überschreitung des vertragsgemäßen Gebrauchs der Mietsache hergeleitet werden, wie z. B. Beschädigung mitvermieteter Teile[89] oder Zubehör.
- Ansprüche betreffend Schäden an Gegenständen, die im Alleinbesitz des Vermieters stehen.[90]
- Ansprüche des Vermieters auf Wiederherstellung des früheren Zustandes der Mietsache, auf Beseitigung von Einrichtungen und Umbauten.[91] Rekultivierungsmaßnahmen sind einer vertraglich geschuldeten Wiederherstellung des ursprünglichen Zustandes der Mietsache gleichzustellen.[92] Auf die Kenntnis des Vermieters vom Zurückbleiben der Einrichtungen des Mieters soll es nicht ankommen.[93]
- Ansprüche wegen unterlassener Wiederherstellung des ursprünglichen Zustandes nach Wegnahme einer Einrichtung.[94]
- Verletzung von Obhuts- und Fürsorgepflichten.[95]
- Verletzung der Anzeigepflicht des § 536 c BGB.[96]
- Geschäftsführung ohne Auftrag.[97]
- Ansprüche aus unerlaubter Handlung.[98] Dies gilt auch für Hilfspersonen des Mieters oder Personen, die in den Schutzbereich des Mietvertrages einbezogen sind, wenn ein Schaden des Vermieters aus unerlaubter Handlung gegenüber diesen Personen direkt geltend gemacht wird. Auch sie können sich auf die kurze Verjährungsfrist berufen.[99]
- Da es auf ein Verschulden des Mieters nicht ankommt, greift § 548 Abs. 1 BGB bei vorsätzlicher Beschädigung der Mietsache durch den Mieter. Dies gilt nicht bei einer sittenwidrigen Schädigung i. S. v. § 826 BGB.[100]
- Ansprüche aus ungerechtfertigter Bereicherung.[101]
- Ansprüche aus Eigentum, insbesondere Beseitigungs- und Unterlassungsanspruch gemäß § 1004 BGB.[102]
- Ansprüche aus § 22 WHG.[103]
- Für Ansprüche nach dem Haftpflichtgesetz[104] gilt § 548 BGB analog.
- Ansprüche des Verpächters auf Auskehr einer Milchaufgabevergütung.[105]

---

[85] LG Lüneburg ZMR 2001, 713.
[86] BGH WuM 2006, 320; Schmidt-Futterer/*Gather* § 548 Rdnr. 29.
[87] LG Kiel WuM 1996, 618.
[88] LG Berlin GE 1987, 683.
[89] LG Berlin ZMR 1988, 63, 64.
[90] BGH NJW 1986, 2103 = WuM 1986, 276.
[91] BGH WuM 1988, 272.
[92] OLG Nürnberg JurBüro 2002, 500.
[93] OLG Düsseldorf DWW 1993, 138.
[94] *Sternel* IV Rdnr. 629.
[95] BGH NJW 1964, 545.
[96] MünchKomm/*Voelskow* § 558 Rdnr. 11; *Sternel* IV Rdnr. 629.
[97] Schmidt-Futterer/*Gather* a. a. O.
[98] BGH NJW 1987, 187 = WuM 1987, 22.
[99] *Sternel* IV Rdnr. 631.
[100] BGH WuM 1993, 535 = ZMR 1993, 458; LG Koblenz WuM 2000, 304; *Wolf/Eckert* Rdnrn. 613, 615.
[101] *Finger* ZMR 1988, 1, 4.
[102] BGH NJW 1997, 1983 = WuM 1997, 372.
[103] BGH WuM 1987, 22.
[104] OLG Karlsruhe WuM 1994, 281, 282 unter Hinweis auf *Filthaut*, Haftpflichtgesetz, 2. Aufl. 1988, § 12 Rdnr. 243.
[105] BGH NJW-RR 2001, 194.

- Sogar Ansprüche des Vermieters im bestehenden Mietverhältnis sollen der kurzen Verjährung unterliegen, wenn er das teilzerstörte Mietobjekt vorübergehend zurückerhalten hat, um es wiederherzustellen.[106]

ee) Verhandlungen der Mietparteien. Abgestellt wurde bisher auf eine entsprechende Anwendung des § 852 Abs. 2 BGB.[107] § 203 BGB sieht nunmehr die Hemmung der Verjährung bei Verhandlungen ausdrücklich vor. Der Begriff der Verhandlungen ist weit auszulegen. Darunter ist jeder Meinungsaustausch über den Schadensfall zwischen dem Berechtigten und dem Verpflichteten zu verstehen, wenn nicht sofort erkennbar die Verhandlungen über die Ersatzpflicht oder jeder Ersatz abgelehnt werden.[108] Es wurde schon als ausreichend angesehen, wenn der Schuldner den Eindruck erweckte, dass er die Argumente des Gläubigers einer näheren Überprüfung unterziehe. Die Bitte nach einer Fristverlängerung kann ebenso als Verhandeln angesehen werden wie die Mitteilung, man werde mit der Partei die Angelegenheit besprechen.[109] Maßgeblich ist die auf beiden Seiten nach außen hervorgetretene Bereitschaft, zu einer gütlichen Verständigung zu gelangen.[110] Führen die Parteien einen Musterprozess, so muss ein Stillhalteabkommen bezüglich weiterer, nicht rechtshängiger Ansprüche ausdrücklich vereinbart werden, da diese sonst verjähren können.[111] Werden Verhandlungen geführt, dann aber abgebrochen, tritt das Ende der Hemmung ein, wenn spätestens nach zwei Wochen auf ein Angebot keine Antwort erfolgte.[112] Nach dem Ende der Hemmung tritt Verjährung gemäß § 203 S. 2 BGB frühestens nach drei Monaten ein. 58

Praxistipp:
Verhandlungen dokumentieren! Als Mieteranwalt auf Angebote des Vermieters nicht reagieren!

ff) Hemmung der Verjährung, §§ 203 ff. BGB. Die bis zum Eintritt der Hemmung abgelaufene Verjährungsfrist wird berechnet. Der während der Hemmung verstrichene Zeitraum wird gemäß § 209 BGB nicht in die Verjährungsfrist eingerechnet; ist der hemmende Tatbestand beendet, läuft die Verjährungsfrist weiter. Gemäß § 203 S. 2 BGB tritt die Verjährung frühestens drei Monate nach dem Ende der Hemmung ein. Folgerichtig hat der BGH[113] entschieden, dass die Verjährung eines von dem Vergleich erfassten Schadensersatzanspruches durch einen im Rahmen der gerichtlichen Güteverhandlung geschlossenen Widerrufsvergleich der Parteien gemäß § 203 S. 1 BGB bis zur Erklärung des Widerrufs gehemmt ist. 59

(1) durch selbstständiges Beweisverfahren. Gemäß § 204 Nr. 7 BGB wird die Verjährung durch die Zustellung des Antrags auf Durchführung eines selbstständigen Beweisverfahrens gehemmt. Abs. 2 des § 204 bestimmt das Ende der Hemmung sechs Monate nach der rechtskräftigen Entscheidung oder anderweitigen Beendigung des eingeleiteten Verfahrens. Eine dem § 212 BGB a. F. entsprechende Regelung, wonach die Unterbrechung bei Klagerücknahme als nicht erfolgt galt, gibt es nicht. Die entsprechende Anwendung des § 212 BGB a. F. war allgemein anerkannt. Deshalb tritt die in § 204 Abs. 2 S. 1 BGB geregelte Hemmung jetzt auch in Fällen der späteren Rücknahme ein.[114] 60

(2) Anträge auf Prozesskostenhilfe, einstweilige Verfügung und Arrest führen zur Hemmung der Verjährung gemäß § 204 Abs. 1 Nr. 9 u. 14 BGB. 61

---
[106] BGH WuM 1986, 276; a. A.: *Sternel* a. a. O.
[107] BGH NJW 1987, 2072 = WuM 1987, 154; BGH WuM 1985, 290; OLG Koblenz WuM 1999, 364; a. A.: LG Berlin WuM 1996, 139, OLG Düsseldorf NJW 1983, 1434.
[108] BGH NJW 1987, 2072, 2073 unter Hinweis auf BGH NJW 1985, 798 = WuM 1985, 290.
[109] *Goch* WuM 2003, 368, 371 unter Hinweis auf OLG Hamm ZMR 1986, 201.
[110] *Sternel* IV Rdnr. 641.
[111] BGH NJW 1998, 2274; *Fritz* NJW 2000, 3690 m. w. N.
[112] *Lützenkirchen* WuM 2003, 63, 79 unter Hinweis auf LG Hannover NZM 1998, 627, 628.
[113] BGH WuM 2005, 381.
[114] *Ulrich* AnwBl. 2003, 78, 87.

62 (3) *Feststellungs- und Leistungsklage.* Gemäß § 204 Abs. 1 Nr. 1 BGB wird die Verjährung unterbrochen, wenn der Berechtigte auf Befriedigung oder auf **Feststellung** des Anspruchs Klage erhebt. Entsprechendes gilt für einen prozessual zunächst nur hilfsweise geltend gemachten Schadensersatzanspruch.[115]

63 Eine Leistungsklage auf Ersatz eines Mietausfallschadens unterbricht die Verjährung für **künftige Mietausfälle** auch dann nicht, wenn es sich um einen einheitlichen Verzugsschaden handelt.[116] Mithin ist in diesen Fällen zusätzlich ein Feststellungsantrag notwendig. Klagt nur einer von mehreren Vermietern auf Zahlung an sich, soll dies die Verjährung nicht unterbrechen.[117]

64 (4) *Mahnbescheid.* Die Zustellung eines Mahnbescheides (§ 204 Nr. 7 BGB) hat verjährungshemmende Wirkung nur dann, wenn er die geltend gemachten Ansprüche unverwechselbar erkennen lässt. Die Wendung „Mietnebenkosten – auch Renovierungskosten –" (übliche Formulierung bei Vordrucken im automatisierten Mahnverfahren) reicht nicht aus, weil die geltend gemachten Ansprüche nicht hinreichend individualisiert werden.[118] Zur Begründung wird angeführt, dass der Mieter sich einen Überblick darüber verschaffen können soll, aus welchem Grunde ein Anspruch gegen ihn geltend gemacht wird, so dass er ggf. einzelne Anspruchspositionen anerkennen oder qualifiziert bestreiten kann. Nimmt der Vermieter keine genaue Aufschlüsselung vor, welche einzelnen Schadenspositionen geltend gemacht werden, was im Mahnbescheid nur schwer möglich ist, kann eine Unterbrechung der Verjährung nicht herbeigeführt werden.[119] Nunmehr hat der BGH geklärt, dass es zur Individualisierung eines Schadensersatzanspruches des Wohnraumvermieters wegen Beschädigung sowie unzureichender Reinigung der Mietsache nach Beendigung der Mietzeit genügen kann, wenn der Antragsteller zugleich auf ein vorprozessuales Anspruchsschreiben Bezug nimmt, welches dem Antragsgegner vermittelt, dass und wofür der Antragsteller Schadensersatz verlangt.[120] Eine im Mahnbescheid angegebene Rechnung muss vorher zugegangen sein.[121] Wegen der Individualisierungsprobleme, und weil Mieter sich erfahrungsgemäß ohnehin gegen Zahlungsforderungen wegen nicht oder schlecht durchgeführter Schönheitsreparaturen zur Wehr setzen:

> **Praxistipp:**
> Renovierungsforderungen nie per Mahnbescheid geltend machen.

65 Eine Differenzierung zwischen Ansprüchen auf Miete, auf Instandsetzungskosten und Nutzungsausfall soll ausreichend sein. Abgestellt wurde im Wesentlichen auf die notwendige Unterscheidung zwischen vertraglichem Anspruch einerseits und Schadensersatzanspruch andererseits.[122]

66 Eine Besonderheit ist im Zusammenhang mit dem unterschriebenen **Wohnungsübergabeprotokoll** zu beachten. Der Mieter gibt damit kein Schuldanerkenntnis ab, welches die Verjährung hemmt. Zwar würde ein deklaratorisches Anerkenntnis des Mieters den Lauf der Verjährungsfrist unterbrechen, dies führt jedoch nicht dazu, dass sich die Dauer der Verjährungsfrist ändert.[123]

---

[115] BGH NZM 2000, 547.
[116] BGH NJW 1998, 1303 = WuM 1998, 155 = DWW 1998, 42; vgl. ferner: AG Bad Segeberg WuM 1999, 601.
[117] OLG Düsseldorf ZMR 2000, 21; *Lützenkirchen* WuM 2001, 55, 66.
[118] LG Essen WuM 2000, 305; LG Bielefeld WuM 1997, 112; LG Köln WuM 1997, 632 und WuM 2000, 436; LG Wuppertal WuM 1997, 110 und 2002, 116; LG Gießen WuM 1995, 588; grundlegend: BGH NJW 1992, 1111; BGH NJW 1993, 862; zuletzt: BGH Urt. v. 17. 10. 2000 – XI ZR 312/99.
[119] AG St. Wendel WuM 1998, 254.
[120] BGH Urt. v. 23. 1. 08 – XIII ZR 46/07 – NJW 2008, 1220 = WuM 2008, 238.
[121] BGH Urt. v. 6. 11. 07 – X ZR 103/05 – GuT 2008, 47.
[122] LG Köln WuM 1999, 36, 37; KG Urt. v. 16. 9. 2002 – 8 U 62/01 – WuM 2002, 614.
[123] *Sternel* IV Rdnr. 640 m. w. N.

gg) Abtretung der Ansprüche. Macht der Vermieter aus **abgetretenem Recht** Schadensersatzansprüche des Eigentümers geltend, gilt § 548 BGB.[124] Sind Eigentümer und Vermieter wirtschaftlich eng miteinander verbunden, so dass die Personenverschiedenheit von Eigentümer und Vermieter aus Sicht des Mieters zufällig ist, greift gleichfalls die kurze Verjährungsfrist des § 548 BGB.[125] Selbst auf Ansprüche des Eigentümers gegen den Mieter wegen Veränderungen des Grundstückes aus § 1004 BGB ist § 548 BGB anwendbar, wenn der Eigentümer dem Vermieter die Nutzung des Grundstückes durch die Vermietung an den in Anspruch genommenen Mieter erlaubt hat. Der BGH erläutert, durch die Gestattung der Vermietung ermögliche der Eigentümer dem Vermieter die Überlassung der Sache an den Dritten. Sei das Gestattungsverhältnis zwischen dem Eigentümer und dem Vermieter auf das Mietverhältnis zwischen dem Vermieter und dem Mieter abgestimmt, müsse dem Mieter gegenüber Ansprüchen des Eigentümers die Berufung auf die Verjährung aus dem Mietvertrag erlaubt sein.[126] 67

b) Ansprüche des Mieters. *aa) Rechtliche Beendigung des Mietverhältnisses.* Gemäß § 548 Abs. 2 BGB beginnt die Verjährung der **Ansprüche des Mieters** auf Ersatz von Aufwendungen oder auf Gestattung der Wegnahme einer Einrichtung mit der Beendigung des Mietverhältnisses. Die Ansprüche entstehen schon mit Vornahme der Aufwendungen.[127] Während der Laufzeit des Mietvertrages setzt deshalb die regelmäßige Verjährung des § 195 BGB ein. Kommt es nach Mietende zu Überschneidungen, so kürzt § 548 Abs. 2 BGB die regelmäßige Verjährungsfrist ab.[128] 68

Vereinbaren die Parteien eine Fortsetzung des Mietverhältnisses bis zu einem bestimmten Termin, so ist dieser entscheidend. Gleiches gilt für eine Vertragsverlängerung i. S. v. § 545 BGB oder auf Grund der Sozialklausel nach den §§ 574 ff. BGB. Die Gewährung einer Räumungsfrist ist dagegen auf den Fristbeginn ohne Einfluss.[129] 69

Hinsichtlich der Ansprüche des Mieters unter dem Blickwinkel des § 548 Abs. 2 BGB wird also – anders als bei den Vermieteransprüchen nach § 548 Abs. 1 BGB – auf die **rechtliche Beendigung** des Mietverhältnisses abgestellt. Mithin geht es um den Ablauf der vereinbarten Mietzeit oder den Zeitpunkt der Wirksamkeit der Kündigung. Dies gilt auch im Falle der fristlosen Kündigung. § 548 Abs. 2 BGB trägt dem allgemeinen Rechtsgrundsatz Rechnung, dass niemand aus eigener Vertragsuntreue Vorteile ziehen können soll. Der Mieter, der nicht vertragstreu ist und mit Ablauf seines vertraglichen Nutzungsrechtes die Sache nicht an den Vermieter zurückgibt, soll durch dieses Verhalten nicht noch begünstigt werden.[130] Konsequenz dieser Rechtsprechung ist, dass der Mieter, der sich gegen eine Kündigung zur Wehr setzt, gehalten ist, seine Verwendungsersatz- und Wegnahmeansprüche in einer die Verjährung unterbrechenden Weise geltend zu machen, d. h. im Räumungsprozess ist Hilfswiderklage zu erheben.[131] 70

> **Praxistipp:**
> Bei unberechtigter Kündigung des Vermieters und Verwendungsersatzansprüchen des Mieters: Im Räumungsprozess Hilfswiderklage erheben.

bb) Anwendbarkeit. Die Verjährungsvorschrift des § 548 Abs. 2 BGB erfasst vertragliche Verwendungsersatzansprüche[132] und – ebenso wie beim Vermieter – konkurrierende Ansprüche aus Geschäftsführung ohne Auftrag, Delikts- oder Bereicherungsrecht.[133] 71

---

[124] BGH NJW 1970, 1736.
[125] BGH NJW 1992, 1820, 1821 = WuM 1992, 127.
[126] BGH NJW 1997, 1983 = WuM 1997, 372; *Treier* DWW 1997, 279, 291.
[127] BGH NJW 1988, 705.
[128] Str., vgl. *Eckert* NZM 2008, 313, 315.
[129] *Gather* DWW 1997, 409, 423.
[130] OLG Hamm WuM 1996, 474.
[131] Vgl. *Lützenkirchen* WuM 1997, 135, 141.
[132] BGH NJW 1986, 254 = WuM 1986, 17; OLG Hamm WuM 1996, 474.
[133] Schmidt-Futterer/*Gather* § 548 Rdnr. 58 m. w. N.

72 Neben den Aufwendungen i. S. v. § 536a Abs. 2 BGB werden sonstige Aufwendungen gemäß § 539 Abs. 1 BGB erfasst. Auch auf den Aufwendungsersatzanspruch des § 554 Abs. 4 BGB soll die kurze Verjährungsfrist angewendet werden.[134]

73 Der Anspruch des Mieters auf Mängelbeseitigung unterliegt als Erfüllungsanspruch hingegen der Regelverjährung des § 195 BGB.[135]

74 § 548 BGB ist nicht anzuwenden, wenn ein rechtlicher Zusammenhang zum Mietvertrag fehlt, etwa weil Vermieter und Mieter einen Werkvertrag über die Reparatur der Mietsache abschließen, oder: der Mieter macht Verwendungen auf die Mietsache in der Erwartung, er oder seine Ehefrau werde später erben, diese Erwartung wird aber enttäuscht.[136]

75 Das **Minderungsrecht** gemäß § 536 BGB unterliegt nicht der Verjährung, weil es keinen Anspruch darstellt.[137] Auch der Schadensersatzanspruch des Mieters gemäß § 536a Abs. 1 BGB (§ 538 BGB a. F.) wird von der kurzen Verjährung nicht erfasst.[138]

76 **Schadensersatzansprüche** des Mieters im Anschluss an eine unberechtigte fristlose Kündigung des Vermieters fallen gleichfalls nicht unter § 548 Abs. 2 BGB.[139]

77 § 548 BGB erfasst nur solche Ansprüche des Mieters, die bereits vor Vertragsende entstanden sind. Entstehen die Ansprüche erst nach Ende des Mietverhältnisses, ist die kurze Verjährungsfrist nicht einschlägig.[140] Vielmehr verjähren die Ansprüche in den allgemein für die jeweilige Anspruchsgrundlage maßgebenden Fristen.[141] Folglich ist ein Anspruch des Mieters auf Auskehrung einer Entschädigung, die der Vermieter auf Grund einer Versicherung auch im Hinblick auf vom Mieter eingebrachte Gegenstände erhalten hat, nicht der kurzen Verjährung unterworfen.

78 Ansprüche des Mieters auf Rückerstattung vorausbezahlter Mieten (§ 547 BGB) unterliegen den allgemeinen Verjährungsvorschriften der §§ 195, 199 BGB.[142] Deshalb gilt die kurze Verjährungsfrist nicht, wenn die Parteien eine vereinbarte Verwendung des Mieters und seinen daraus folgenden Ersatzanspruch als Mietzinsvorauszahlung behandelt haben.[143]

79 Ist die Berechtigung des Mieters, eine Einrichtung, mit der er die Sache versehen hat, wegzunehmen, verjährt, führt dies zu einem dauernden Besitzrecht eines Dritten. Entschädigung kann der Mieter dann von niemandem mehr verlangen.[144] Ist die Mietsache zurückgegeben, tritt an die Stelle des Wegnahmerechtes der Anspruch auf Gestattung der Wegnahme. Für diesen gilt wie für den vertraglichen oder gesetzlichen Entschädigungsanspruch die kurze Verjährungsfrist.[145] Der Lauf der Verjährungsfrist wird nicht dadurch gehemmt, dass der Vermieter gegen den Anspruch des Mieters auf Duldung der Wegnahme sein Vermieterpfandrecht geltend macht.[146] Einigen sich die Mietparteien auf eine finanzielle Abgeltung zur Vermeidung der Wegnahme im Sinne von § 539 Abs. 2 BGB, so verjährt der Anspruch des Mieters nach sechs Monaten.[147]

80 c) **Ansprüche Dritter gegen den Mieter.** Hier geht es vor allen Dringen um Ansprüche einer Wohnungseigentümergemeinschaft gegen einen Mieter, wenn dieser Eigentum der Gemeinschaft beschädigt oder zerstört hat. Gesetzliche Ansprüche Dritter sollen nicht der kurzen Verjährungsfrist des § 548 BGB unterliegen. Es gehe nicht um die Konkurrenz zwischen vertraglichen und deliktischen Ansprüchen.[148] Allerdings erstreckt sich die Vermietung von

---

[134] Schmidt-Futterer/*Gather* § 548 Rdnr. 56; a. A.: *Sternel* IV Rdnr. 636 mit der Begründung, es handele sich um einen gesetzlich normierten Schadensersatz.
[135] Str., vgl. *Lehmann-Richter* NJW 2008, 1196, 1199.
[136] *Wolf/Eckert* Rdnrn. 1266, 1267; BGH NJW 1989, 2745.
[137] OLG Düsseldorf DWW 1995, 84.
[138] LG Saarbrücken WuM 1995, 159, 160.
[139] BGH WuM 1994, 203.
[140] *Sternel* IV Rdnr. 636: für Verwendungen des Mieters nach Vertragsende.
[141] BGH NJW 1991, 3031, 3032 = WuM 1991, 486 m. zahlr. w. N.
[142] Palandt/*Weidenkaff* § 547 Rdnr. 10.
[143] *Wolf/Eckert* Rdnr. 1268 unter Hinweis auf BGH NJW 1970, 2289.
[144] *Horst* DWW 1996, 180, 187 unter Hinweis auf BGH WuM 1982, 50 f.
[145] LG Mannheim WuM 1986, 279.
[146] BGH WuM 1987, 262.
[147] *Lützenkirchen* WuM 2003, 63, 80 unter Hinweis auf OLG Bremen NZM 2002, 562.
[148] LG Stuttgart NJW Spezial 2008, 162, 163.

Teileigentum auf das mit diesem verbundene Mitgebrauchsrecht am Gemeinschaftseigentum. Zudem ist es aus Sicht des Mieters eher zufällig, ob er in einem Mietshaus oder einer Eigentumswohnung lebte und den Schaden im Gemeinschaftsbereich verursachte.

d) Ansprüche des Vermieters gegen Dritte. Ansprüche des Vermieters gegen Dritte – die in den Schutzbereich des Mietvertrages einbezogen sind (insbesondere Familienangehörige)[149] – unterliegen der kurzen Verjährungsfrist des § 548 BGB.[150]

9. Das Eintreten Dritter in das Mietverhältnis

a) Vermieterwechsel. Wechselt der Vermieter in Folge Veräußerung des Grundstücks gemäß § 566 BGB, so endet das Mietverhältnis mit dem ursprünglichen Vermieter mit dessen Ausscheiden aus dem Mietverhältnis. Maßgeblicher Zeitpunkt ist die Eintragung in das Grundbuch. Der Mieter bleibt unmittelbarer Besitzer der Wohnung, der mittelbare Besitz geht auf den neuen Eigentümer über. Für den Beginn der Verjährungsfrist des § 548 BGB wird auf den Eigentumsübergang und den damit zusammenhängenden Wechsel des mittelbaren Besitzes abgestellt.

Der Verwendungs- und Aufwendungsersatzanspruch des Mieters geht nicht auf den neuen Vermieter über. Deshalb beginnt die Verjährungsfrist zu laufen, wenn der Vermieterwechsel rechtswirksam erfolgt ist und der Mieter hiervon Kenntnis erlangt hat.[151] Dies gilt auch für den Anspruch des Untermieters gegen den Vermieter auf Ersatz von Verwendungen, die auf einer zwischen beiden getroffenen Vereinbarung beruhen.[152] Der Mieter muss sogar Kenntnis von der Eintragung des Erwerbers ins Grundbuch haben. Ansonsten könnten die Ansprüche verjähren, ohne dass der Mieter von den tatsächlichen Voraussetzungen des Verjährungsbeginns erfährt.[153]

Nach Eintritt des Grundstückserwerbers in das Mietverhältnis verjähren zuvor entstandene Aufwendungsersatzansprüche gegen den Veräußerer in der regelmäßigen Frist des § 195 BGB.[154]

Da der **Wegnahmeanspruch** des Mieters aus § 539 Abs. 2 BGB erst mit der Rückgabe des Mietobjektes fällig wird, besteht dieser Anspruch dem Erwerber gegenüber und unterliegt diesem gegenüber der Verjährung nach § 548 BGB.[155]

b) Beendigung eines Zwischenmietverhältnisses. Bei Beendigung eines Zwischenmietverhältnisses beginnt die Verjährungsfrist der Ersatzansprüche des Vermieters gegen den Zwischenvermieter mit dem Zeitpunkt zu laufen, in dem der Vermieter nach § 565 BGB in den Mietvertrag mit dem Endmieter eintritt. Maßgeblich ist die Übertragung des mittelbaren Besitzes.[156]

Scheidet ein Mieter, der die Mietsache **untervermietet** hatte, im Einvernehmen mit seinem Vermieter und seinem Untermieter aus beiden Mietverhältnissen zu Gunsten eines an seine Stelle tretenden Dritten aus, so ist dieser Zeitpunkt für den Beginn der Verjährungsfrist entscheidend.[157] Argument ist jeweils, dass ein Vermieter, der sich freiwillig der Möglichkeit begebe, nach Beendigung des Mietverhältnisses die unmittelbare Sachherrschaft zu erlangen, so behandeln lassen müsse, als hätte er die Sache zurückerhalten.[158]

Für Schadensersatzansprüche von Hilfspersonen und Schutzbefohlenen der Mietparteien gilt § 548 BGB.[159]

---

[149] BGH NJW 2006, 2399 = WuM 2006, 437.
[150] BGH NJW RR 1988, 1358; *Lützenkirchen* WuM 2007, 175.
[151] *Horst* DWW 1996, 180, 187; *Sternel* IV Rdnr. 638 m. w. N.
[152] *Sternel* IV Rdnr. 636 m. w. N.
[153] BGH Urt. v. 28. 5. 08 – VIII ZR 133/07; str., a. A. *Eckert* NZM 2008, 313, 315.
[154] *Eckert* NZM 2008, 313, 316.
[155] *Sternel* IV Rdnr. 638.
[156] LG Hamburg WuM 1997, 372.
[157] BGH NJW 1992, 687 = WuM 1992, 71 = LM H. 4, 1992 § 558 BGB Nr. 46 mit zustimmender Anm. *Emmerich*.
[158] BGH NJW 1968, 2241; OLG Karlsruhe WuM 1994, 281.
[159] *Finger* ZMR 1988, 1, 5 m. w. N.

89 c) **Inanspruchnahme des vollmachtlosen Vertreters.** Auch das Vorgehen des Vermieters gegen einen vollmachtlosen Vertreter unterfällt der kurzen Verjährungsfrist.[160]

10. Vereinbarung über Fälligkeit der Ansprüche

90 Die **Fälligkeit** der von § 548 BGB erfassten Ansprüche kann durch Vereinbarung hinausgeschoben werden.[161] Der Eintritt der Fälligkeit darf nicht allein von einer Handlung des Vermieters abhängen.[162] Eine Absprache, wonach die 6-monatige Verjährungsfrist erst nach ergebnislosen Verhandlungen der Mietparteien zu laufen beginnt, ist zulässig.[163]

91 § 202 Abs. 2 BGB bietet jetzt die Möglichkeit, die Verjährung durch Rechtsgeschäft zu verlängern. Nach Kandelhard ist eine Verdoppelung der Sechs-Monats-Frist des § 548 Abs. 1 BGB auf 1 Jahr auch in allgemeinen Geschäftsbedingungen ohne Verstoß gegen § 307 Abs. 1 BGB möglich.[164]

> **Praxistipp:**
> Verjährungsverlängerung auf ein Jahr einzelvertraglich bei Abschluss des Mietvertrages vereinbaren.

11. Verjährungseinrede als unzulässige Rechtsausübung

92 Wegen der Funktion der Verjährungseinrede, dem Rechtsfrieden zu dienen, sind an die Voraussetzungen eines Verstoßes gegen Treu und Glauben bei der Berufung auf Verjährungsfristen strenge Maßstäbe anzulegen. Es ist nur dann eine unzulässige Rechtsausübung anzunehmen, wenn der Schuldner den Gläubiger durch sein Verhalten von der Klage abgehalten oder ihn nach objektiven Maßstäben zu der Annahme veranlasst hat, er werde ohne Prozess vollständig zahlen. Aus den Umständen muss sich unmissverständlich die Leistungsbereitschaft des Schuldners ergeben.[165]

12. Verhältnis altes zu neuem Verjährungsrecht

93 Auf nach dem 01.Januar 2002 entstandene Ansprüche aus einem Schuldverhältnis, das vor diesem Stichtag unter der Geltung des alten Verjährungsrechts begründet wurde, finden die neuen Verjährungsvorschriften nach Art. 229 § 6 EGBGB zumindest analog Anwendung.[166]

13. Fristenberechnung

94 Die Verjährungsfrist berechnet sich gemäß §§ 186 ff. BGB. Für den Beginn gilt § 187 Abs. 1 BGB, das Fristende ist gemäß §§ 188 Abs. 2, 193 BGB zu bestimmen.

95 Für Hemmung der Verjährung gelten die allgemeinen Regeln der §§ 203 ff. BGB. Zu beachten ist, dass bei Schadensersatzansprüchen gegen den Mieter für jede einzelne Schadensposition eine eigene Verjährungsfrist läuft.

96 Der Neubeginn der Verjährung richtet sich nach § 212 BGB; die bis zum Neubeginn verstrichene Zeit bleibt außer Betracht.

---

[160] BGH WuM 2004, 21.
[161] BGH WuM 1991, 486, 487; *Finger* ZMR 1988, 1, 3.
[162] BGH NJW 1986, 1608, 1609.
[163] BGH NJW 1989, 1854.
[164] *Kandelhard* NJW 2002, 3291, 3295.
[165] BAG NJW 2008, 2877.
[166] BGH WuM 2008, 80.

II. Verwirkung

1. Begriff

Ein Recht ist verwirkt, wenn der Berechtigte es längere Zeit hindurch nicht geltend gemacht hat und der Verpflichtete sich nach dem gesamten Verhalten des Berechtigten darauf einrichten durfte und eingerichtet hat, dass dieser das Recht auch in Zukunft nicht geltend machen werde.[167] Es handelt sich um einen Fall der unzulässigen Rechtsausübung wegen widersprüchlichen Verhaltens. Zwischen Zeitablauf und Umstandsmoment besteht insofern eine Wechselwirkung, als der Zeitablauf umso kürzer sein kann, je gravierender die sonstigen Umstände sind, und dass umgekehrt an die Umstände desto geringere Anforderungen gestellt werden, je länger der abgelaufene Zeitraum ist.[168] 97

Als rechtsvernichtende Einwendung ist die Verwirkung im Prozess von Amts wegen zu berücksichtigen.[169] Von den beiden Tatbestandsmerkmalen Zeit- und Umstandsmoment ist der Schwerpunkt auf das letztere zu legen. 98

Bei dem **Zeitmoment** richtet sich die erforderliche Dauer des Zeitablaufs nach den Umständen des jeweiligen Falles. Während des Zeitraumes darf der Berechtigte nichts zur Durchsetzung seines Rechts getan haben. 99

Das **Umstandsmoment** umfasst zwei Voraussetzungen, einerseits ein Verhalten des Berechtigten, auf Grund dessen der Verpflichtete sich darauf eingerichtet hat, der Berechtigte werde sein Recht nicht mehr durchsetzen. Andererseits ist auf ein Verhalten des Verpflichteten abzustellen, nämlich dass dieser sich tatsächlich darauf eingerichtet hat, nicht mehr in Anspruch genommen zu werden. Hierzu gehört die entsprechende Darlegungslast des Mieters im Prozess.[170] Bloße Untätigkeit des Vermieters reicht grundsätzlich nicht aus, um Verwirkung zu bejahen. 100

Insbesondere im Wohnraummietrecht kommt dem Einwand der Verwirkung besondere Bedeutung zu, da das Mietverhältnis als personenbezogenes, partnerschaftliches Dauerschuldverhältnis von gegenseitiger Rücksichtnahme und Vertrauen geprägt ist.[171] 101

2. Miete

Der Vermieter ist verpflichtet, gegen eine Mietminderung, deren Berechtigung er anzweifelt, vorzugehen. Der **Anspruch auf Zahlung von Miete** hinsichtlich der geminderten Beträge kann verwirkt sein, wenn der Vermieter den Anspruch erstmals nach Vertragsbeendigung im Wege der Widerklage gegen den Kautionsrückzahlungsanspruch des Mieters geltend macht. Im Hinblick auf das Gebot der gegenseitigen Rücksichtnahme und des gegenseitigen Vertrauens ist es erforderlich, dass die Vertragsparteien die Höhe ihrer Forderungen von Zeit zu Zeit überprüfen und nicht durch längere Zeit des Abwartens unerwartete Verbindlichkeiten entstehen lassen. Dies wurde wie folgt begründet: Weil der Mieter im Hinblick auf § 536b BGB sein Minderungsrecht verliere, wenn er in Kenntnis von Mängeln nicht alsbald reagiere, sei es unausgewogen, dem Vermieter zu gestatten, erst nach längerer Zeit des Zuwartens seine Mietansprüche geltend zu machen.[172] Auch wenn diese Argumentation wohl nicht aufrechterhalten werden kann, dürfte das Ergebnis richtig sein. Denn nach Beendigung des Mietverhältnisses besteht für den Vermieter Anlass, sich alsbald Klarheit über seine Rechtsposition zu verschaffen und diese darzulegen und seine Rechte geltend zu machen. Der BGH hat bislang – soweit ersichtlich – nicht zu entscheiden brauchen, ob der Anspruch gemäß § 242 BGB oder in umgekehrter Analogie zu § 539 BGB a. F. erloschen ist.[173] Dabei wurde klargestellt, dass der bloße Widerspruch gegen die Mietminderung ausreichend ist, um der Bildung eines Vertauenstatbestandes auf Mieterseite entgegenzuwirken. 102

---

[167] Palandt/*Heinrichs* § 242 Rdnr. 87 m.w.N.
[168] BGH BGHZ 146, 217.
[169] BGH NJW 1966, 345.
[170] Vgl. *Sternel* III Rdnr. 140.
[171] *Sternel* III Rdnr. 141.
[172] LG Hamburg WuM 1994, 608.
[173] BGH WuM 2004, 198 mit Anm. *Wiek*.

3. Rückerstattung preisrechtswidriger Leistungen, § 8 WobindG

103 Der Anspruch des Mieters auf **Rückerstattung** preisrechtswidriger Leistungen im Bereich der **Kostenmiete** des sozialen Wohnungsbaus unterliegt grundsätzlich nicht der Verwirkung. Es fehlt ein schutzwürdiger Vertrauenstatbestand zu Gunsten des Vermieters. Ein solcher kann nicht entstehen, sofern der Vermieter keine Kenntnis von dem Erstattungsanspruch des Mieters hatte. Hatte er Kenntnis, ist sein Vertrauen angesichts des am Gemeinwohl orientierten sozialpolitischen Zwecks der Kostenbindung nicht schutzwürdig.[174]

104 Einem obiter dictum aus einem Rechtsentscheid des OLG Hamm lässt sich entnehmen, dass es möglicherweise treuwidrig ist, Rückforderungsansprüche aus § 8 Abs. 2 S. 2 WobindG geltend zu machen, wenn der Mieter von Anfang des Mietverhältnisses an seine Nichtberechtigung gekannt und sich möglicherweise sogar den Genuss der öffentlich geförderten Wohnung erschlichen hat.[175]

105 In diesem Zusammenhang wird vertreten, dass eine **Verwirkung des Auskunftsanspruchs** über die Zusammensetzung der Kostenmiete in Betracht kommt. Dies gelte jedenfalls dann, wenn auch der Rückzahlungsanspruch verwirkt sei.[176] Die Auffassung ist bedenklich wegen der aufeinander aufbauenden Mieterhöhungen und der deshalb notwendigen, vollständigen Berechnungen.[177]

106 Ausnahmsweise kommt Verwirkung in Betracht, wenn der Mieter Mietzahlungen auf Grund einer nicht den **Formvorschriften** des § 10 Abs. 1 WoBindG entsprechenden Mieterhöhungserklärung des Vermieters geleistet hat. Grundsätzlich besteht in diesen Fällen ein Anspruch aus ungerechtfertigter Bereicherung. Bei der Frage, ob dieser Anspruch des Mieters der Verwirkung unterliegen kann, geht es ausschließlich um folgende Konstellation: Der Vermieter hat eine Mieterhöhungserklärung i. S. d. § 10 Abs. 1 WoBindG abgegeben, was Wirksamkeits- und nicht nur Fälligkeitsvoraussetzung ist.[178] Die Mieterhöhungserklärung ist nur formell nicht ordnungsgemäß, materiell aber begründet. Der Mieter zahlt über einen langen Zeitraum die geforderte erhöhte Kostenmiete.

107 Das OLG Karlsruhe[179] weist darauf hin, dass nur aus besonderen Gründen im Einzelfall das Rückforderungsverlangen des Mieters unbillig erscheinen könne. Dies komme vor allem dann in Betracht, wenn die erhöhte Miete über besonders lange Zeit hinweg geleistet worden sei. Dann sei zu prüfen, ob eine Rückforderung wegen Verwirkung ausscheide, oder deshalb abzulehnen sei, weil sich die Berufung auf die Mängel der Erklärung als treuwidrig erweise. Zusätzlich wird argumentiert, die Folge der Nichtigkeit des Mieterhöhungsverlangens gem. § 125 BGB könne dem Mieter nicht zugute kommen, wenn er über den Zeitraum eines Jahres hinaus die erhöhte Kostenmiete geleistet habe. Damit schaffe der Mieter einen eigenständigen, rechtlich relevanten Tatbestand, der unter Berücksichtigung der Vertrauenshaftung gem. §§ 122, 179 Abs. 2, 307, 309 BGB (a. F.) zum Ausschluss eines Rückerstattungsanspruches bzw. zum Wegfall der Bereicherung beim Vermieter gem. § 818 Abs. 3 BGB führe.[180]

4. Rückerstattung wegen Mietpreisüberhöhung

108 Dem Anspruch des Mieters auf Zurückzahlung des wegen **Mietpreisüberhöhung** i. S. v. § 5 WiStG ungerechtfertigt erlangten Mietzinses kann der Vermieter regelmäßig nicht mit dem Einwand der Verwirkung begegnen, er ist nicht schutzwürdig.[181] Etwas anderes soll gelten, wenn der Mieter trotz Veröffentlichung dreier Mietspiegel mehr als 6 Jahre die vereinbarte

---

[174] *Sternel* III Rdnr. 955.
[175] OLG Hamm NJW-RR 1988, 1037.
[176] LG Köln WuM 2002, 53.
[177] Siehe oben Fn. 7.
[178] *Sternel* III Rdnr. 922 m. w. N.; *Heinze* NJW 1991, 1849, 1851.
[179] OLG Karlsruhe RE NJW-RR 1986, 887 = WuM 1986, 166 = ZMR 1986, 239.
[180] Vgl. *Heinze* a. a. O. zu § 818 Abs. 3 BGB; vgl. zuletzt: LG Essen WuM 2000, 254 m. w. N. und Anmerkung *Wiek*.
[181] AG Hamburg WuM 1998, 495.

Miete zahlte und der Vermieter diese bestandskräftig versteuerte. In diesem Fall hat der Mieter seine Rückforderungsansprüche verwirkt.[182]

5. Rückgabeanspruch

Lässt der Vermieter längere Zeit verstreichen, bevor er seinen Herausgabeanspruch geltend macht, führt dies nicht zur Verwirkung des **Rückgabeanspruches**. Ist das Mietverhältnis beendet, darf man vom Mieter erwarten, dass er das Mietobjekt freiwillig zurückgibt. Wartet der Vermieter längere Zeit, so darf ihm hieraus kein Nachteil erwachsen. Ansonsten würde neben der Problematik des § 545 BGB ein weiterer Tatbestand der Fortsetzung eines an sich beendeten Mietverhältnisses treten.[183]

6. Räumungstitel

Seit einem Rechtsentscheid des OLG Hamm besteht Einigkeit darüber, dass die Vollstreckbarkeit eines nach Kündigung wegen Zahlungsverzugs erlangten **Räumungstitels** der Verwirkung unterliegen kann.[184] Es kommt auf die umfassend zu würdigenden Umstände des Einzelfalles an. Hat der Vermieter mehrere Jahre aus dem Urteil nicht vollstreckt, ist für einen knapp 3 Jahre alten Räumungstitel Verwirkung eingetreten.[185]

7. Kündigungsbefugnis des Vermieters

Hier ist das Schwergewicht auf das Zeitmoment zu legen. Der Vermieter muss von seinem **Kündigungsrecht** innerhalb einer angemessenen Zeitspanne Gebrauch machen, damit es nicht verwirkt. Das hat nicht zur Folge, dass der Vermieter unverzüglich kündigen muss. Ihm ist eine angemessene Frist einzuräumen, innerhalb derer er überlegen kann, ob er von seinem Kündigungsrecht Gebrauch macht. Maßgeblich muss dabei die Schwere des Vorwurfes sein, der dem Mieter gemacht wird. Eine Frist von 2 Wochen in Analogie zu § 626 Abs. 2 BGB dürfte ebenso zu kurz sein, wie eine Frist von einem Monat.[186] Wartet der Vermieter 5½ Monate, ist die Zeitspanne zum Überlegen zu lang, das Kündigungsrecht verwirkt.[187]

8. Kündigungsbefugnis des Mieters

Eine Verwirkung der fristlosen Kündigung wegen **Gesundheitsgefahren** i. S. v. § 569 Abs. 1 BGB kann nicht zum Tragen kommen, weil nach der gesetzlichen Regelung ein Verzicht auf dieses Kündigungsrecht nicht möglich ist. Deshalb kommt Verwirkung erst recht nicht in Betracht.[188]

Hat der Vermieter nach Ablauf der ihm gesetzten **Mängelbeseitigungsfrist** vor Ausspruch der Kündigung Abhilfe geschaffen, stellt sich die Frage, ob dem entstandenen Kündigungsrecht des Mieters Verwirkung entgegengehalten werden kann. Nach Sternel ist hier unter Zumutbarkeitsgesichtspunkten zu fragen, wie schwer der Mangel wog, wie groß die Fristüberschreitung für die Beseitigung war, welcher Zeitraum zwischen dem Fristablauf für die Mängelbeseitigung und dem Ausspruch der Kündigung lag, und ob und wann der Mieter nach dem Fristablauf bereits Dispositionen für eine Vertragsänderung getroffen hat.[189] In der Rechtsprechung ist darauf abgestellt worden, dass das einmal entstandene Kündigungs-

---

[182] LG Frankfurt NZM 2000, 615 = WuM 1999, 707.
[183] *Wolf/Eckert* Rdnr. 1066; BGH WuM 1988, 125.
[184] OLG Hamm RE NJW 1982, 341 = ZMR 1982, 13 = WuM 1981, 257.
[185] AG Frankfurt NJW-RR 1988, 204; vgl. auch: LG Itzehoe WuM 1995, 662; AG Pinneberg WuM 1995, 662; LG Hamburg WuM 1989, 32 und WuM 1987, 233; für einen Zweijahreszeitraum: AG Hamburg-Altona WuM 2006, 697, 698.
[186] *Sternel* IV Rdnr. 78 m. w. N.
[187] LG Düsseldorf WuM 1990, 74.
[188] LG Paderborn WuM 1998, 21; *Sternel* aktuell Rdnr. 447 m. w. N.
[189] *Sternel* aktuell Rdnr. 444.

recht fortbestehe, wenn es kurze Zeit nach Ablauf der Mängelbeseitigungsfrist ausgeübt wurde.[190]

9. Mieterhöhung

114 a) **Staffelmiete.** Die automatisch eintretende Mieterhöhung auf Grund einer **Staffelmiete** gemäß § 557a BGB führt dazu, dass der Mieter ohne weiteres in Verzug gerät. Zahlt der Mieter nicht und der Vermieter fordert die Erhöhung längere Zeit nicht, so kann sein Anspruch verwirkt sein. Bloße Untätigkeit des Vermieters reicht nicht aus.[191] Macht der Vermieter von einer Einzugs- oder Abbuchungsermächtigung hinsichtlich des Erhöhungsbetrages keinen Gebrauch, tritt Verwirkung ein.[192]

115 b) **Wertsicherungsklausel.** Bei einer vereinbarten **Wertsicherungsklausel** gemäß § 557b BGB tritt Verwirkung der Vermieteransprüche ein, wenn zusätzlich zu dem Zeitablauf besondere Umstände vorgelegen haben, die darauf hindeuten, dass der Mieter darauf vertrauen durfte, keine Nachforderungen mehr zu erhalten.[193] Ein Zeitablauf von 7 Jahren allein genügt nicht, um Verwirkung anzunehmen.[194] Anders soll es sein, wenn der Vermieter Mieterhöhungen 4 Jahre unterlassen hat und bei Verhandlungen mit dem Mieter die eingetretenen Änderungen des Index nicht anführte. Dann kann der Vermieter eine nachträgliche Mietanpassung nicht mehr fordern.[195]

116 c) **Modernisierung, § 559 BGB.** Nach Durchführung der Modernisierungsmaßnahmen i. S. v. § 559 BGB ist die **Mieterhöhung** in angemessener Frist nach Durchführung der baulichen Maßnahmen geltend zu machen. Durch mehrjährige Nichtgeltendmachung kann Verwirkung eintreten. Dies soll jedenfalls gelten, wenn 4 Jahre lang keine Mieterhöhung erfolgt ist.[196] Ob das erforderliche Zeitmoment hier von so entscheidender Bedeutung sein kann, muss bezweifelt werden. Auch bei mehrjähriger Unterlassung der Geltendmachung des Erhöhungsrechts kann sich der Mieter nicht darauf eingerichtet haben, dass die Nutzung der Modernisierung „unentgeltlich" erfolgte. Deshalb dürfte Verwirkung nur in seltenen Fällen anzunehmen sein.[197]

10. Nebenkosten, § 560 BGB

117 Der praktisch häufigste Fall der Verwirkung war mit Nachforderungen des Vermieters aus einer **Betriebskostenabrechnung** verbunden. Dies dürfte sich künftig ändern. Die Abrechnung ist dem Mieter spätestens bis zum Ablauf des zwölften Monats nach Ende des Abrechnungszeitraums mitzuteilen, § 556 Abs. 3 S. 2 BGB. Eine Nachforderung ist gemäß § 556 Abs. 3 S. 3 BGB nicht mehr möglich, es sei denn der Vermieter hat die verspätete Geltendmachung nicht zu vertreten. Die Regelungen gelten für die **gewerbliche Vermietung** nicht.[198]

118 Die Instanzgerichte nehmen Verwirkung vielfach bereits an, wenn die Abrechnung nach Ablauf der Abrechnungsfrist erteilt wird.[199] Zu begründen ist diese Auffassung dogmatisch nicht. Denn das Fehlen einer Abrechnung des Vermieters über einen längeren Zeitraum hinweg ist grundsätzlich nur einer der Umstände, die bei der Würdigung des Einzelfalles zu beachten sind.[200] Es sind deshalb Tendenzen in der Rechtsprechung – insbesondere der

---

[190] OLG Düsseldorf MDR 1988, 866; *Sternel* IV Rdnr. 467.
[191] Vgl. dazu: OLG Köln ZMR 1986, 197: keine Verwirkung, wenn 2½ Jahre die Erhöhung nicht geltend gemacht wurde.
[192] LG Hamburg WuM 1997, 331, 332; Schmidt-Futterer/*Börstinghaus* § 557a Rdnr. 58.
[193] OLG Düsseldorf WuM 1999, 172 m. w. N.
[194] OLG Celle Urt. v. 9. 5. 2001 – 2 U 236/00 – GuT 2002, 41.
[195] *Lützenkirchen* WuM 2002, 179, 184.
[196] LG Hamburg WuM 1989, 308; AG Hamburg WuM 1985, 366: 1 Jahr; vgl. auch: LG Berlin MM 1993, 218.
[197] *Barthelmess* § 3 MHG Rdnr. 30a.
[198] Palandt/*Weidenkaff* § 556 Rdnr. 1.
[199] Vgl. die Nachweise bei *Lützenkirchen* WuM 2000, 99, 103 und *Sternel* III Rdnr. 375; ferner: *Barthelmess* § 4 MHG Rdnr. 14b.
[200] KG Berlin RE WuM 1981, 270.

Obergerichte – erkennbar, strengere Maßstäbe an das Umstandsmoment zu legen. Aufgrund der Geltungsdauer der kurzen Verjährungsfrist des § 197 BGB a. F. muss der Einwand der Verwirkung auf Ausnahmefälle beschränkt bleiben (Im Rahmen des § 195 BGB kann nach der hier vertretenen Auffassung nichts anderes gelten). Der reine Zeitablauf kann das Vertrauen des Mieters, der Vermieter werde seine Forderungen nicht geltend machen, nicht rechtfertigen.[201] Dennoch wird vertreten, dass Verwirkung greift, wenn ein Vermieter neun Jahre über Vorauszahlungen nicht abrechnet und sodann weitere drei Jahre verstreichen lässt, bevor er die Nachforderung gerichtlich geltend macht.[202] Demgegenüber stellt der BGH klar, dass allein das 20malige Unterlassen der Abrechnungen zu keiner Vertragsänderung führt.[203] Selbst bei einer vertraglich vereinbarten Abrechnungsfrist wurde Verwirkung in einem gewerblichen Mietverhältnis allein wegen Zeitablaufs zu Recht verneint.[204]

Etwas anderes mag gelten, wenn das Mietverhältnis beendet ist. Dann dürfte für den Vermieter Anlass bestehen, seine bis dahin erlangten Rechtspositionen geltend zu machen, sie sich zumindest einmal vorzubehalten. Geschieht dies nicht, wird der Mieter darauf vertrauen dürfen, dass keine Nachforderungen mehr gestellt werden.[205]

119

Praxistipp:
Im Prozess muss der Mieter ausführlich Tatsachen darlegen, aus denen sich ergibt, dass er darauf vertrauen konnte und auch tatsächlich vertraut hat, keine Nachforderungen mehr zu erhalten.

Hat ein Vermieter Betriebskostenpositionen, die ihm entstanden sind, zunächst nicht abgerechnet, bedeutet dies nicht, dass bei der Geltendmachung Verwirkung angenommen werden kann.[206]

120

Ist nach beendetem Mietverhältnis die Kaution vorbehaltlos ausgezahlt worden, so ist ein Saldo aus einer nachträglich erstellten Nebenkostenabrechnung verwirkt.[207]

121

Praxistipp:
Rechnet der Vermieter die Kaution ab, bevor eine Nebenkostenabrechnung erfolgen kann, sollte er immer einen Vorbehalt wegen der noch notwendigen Betriebskostenabrechnung erklären.

11. Einzelfälle

a) **Unterlassungsansprüche** des Vermieters gemäß § 541 BGB können verwirkt sein. Bei diesem Anspruch handelt es sich um einen Erfüllungsanspruch.[208] Macht der Vermieter seinen Unterlassungsanspruch nicht zeitnah geltend, muss er mit dem Verwirkungseinwand rechnen. Hat er z. B. jahrelang geduldet, dass der Mieter im Hausflur Gegenstände aufstellt, ist der Anspruch des Vermieters verwirkt.[209]

122

---

[201] *Wolf/Eckert* Rdnr. 532; *Lützenkirchen* a. a. O.
[202] *Lützenkirchen* WuM 2006, 63, 73 unter Hinweis auf OLG Düsseldorf Urt. v. 24. 6. 04 – 24 U 92/04 – GuT 2005, 11.
[203] BGH NJW 2008, 1302 = WuM 2008, 225.
[204] OLG Düsseldorf WuM 2000, 133, 134; OLG Koblenz Urt. v. 6. 12. 2001 – 5 U 793/01 – GUT 2002, 43, 44.
[205] So *Sternel* a. a. O. unter Hinweis auf AG Düsseldorf WuM 1985, 3/4; vgl. auch: AG Köln WuM 2000, 152: Verwirkung 4 Jahre nach Mietende.
[206] LG Waldshut-Tiengen WuM 2001, 245.
[207] LG Köln NZM 2001, 617; AG Köln WuM 2000, 152; AG Charlottenburg Urt. v. 21. 1. 2000 – 16 b C 368/99 – GE 2000, 474.
[208] *Sternel* II Rdnr. 646.
[209] AG Bergisch Gladbach WuM 1994, 197.

123 b) **Gewährleistung, §§ 536, 536a BGB.** Die **Gewährleistungsansprüche** der §§ 536, 536a BGB können gemäß § 242 BGB verwirken.[210] Ist eine Wohnung mängelfrei angemietet worden, findet § 536b BGB keine – auch keine analoge – Anwendung. Hat der Mieter später aufgetretene Mängel angezeigt, verwirken seine Gewährleistungsansprüche nicht bereits nach Ablauf von 2 Jahren.[211] Allein der Umstand, dass der Mieter einen längeren Zeitablauf verstreichen lässt, um seinen Erfüllungsanspruch geltend zu machen, lässt seinen Anspruch und das darauf beruhende Leistungsverweigerungsrecht nicht untergehen.[212] Anders mag es zu beurteilen sein, wenn der Vermieter den Eindruck gewinnen durfte, der Mieter habe sich mit der Gebrauchsbeeinträchtigung abgefunden.[213]

124 c) **Erfüllungsanspruch, § 535 BGB.** Der aus § 535 BGB resultierende **Erfüllungsanspruch** des Mieters unterliegt nicht der Verwirkung.[214] Der Erfüllungsanspruch besteht auch dann, wenn der Mieter mit Gewährleistungsansprüchen ausgeschlossen ist.[215] Eine unterschiedliche Behandlung der Ansprüche aus § 535 BGB einerseits und aus den §§ 536, 536a BGB andererseits führt nicht zu einem Wertungswiderspruch; sie ist durchaus sinnvoll und im Interesse des Mieterschutzes geboten.[216]

125 d) **Aufwendungsersatz, § 539 BGB.** Der Aufwendungsersatzanspruch des Mieters aus § 539 BGB entsteht mit der Vornahme der Aufwendung. In der Literatur wurde zur alten Rechtslage vertreten, dass im laufenden Mietverhältnis für den Anspruch eine 30-jährige Verjährungsfrist läuft. Ob diese Frist durch § 548 BGB bei Vertragsende abgekürzt wird[217] oder ob die Verjährungsfrist – auch bei einem sehr lang laufenden Mietverhältnis – erst mit dem Mietende[218] beginnt, mache praktisch keinen Unterschied. Gleichwohl könne der Verwendungsanspruch schon während der Mietzeit verwirken, wenn der Mieter über Gebühr lange Zeit verstreichen lässt, ehe er seinen Anspruch geltend macht.[219] Ob sich dies zukünftig aufrechterhalten lässt, ist angesichts der jetzt wesentlich kürzeren Verjährungsfrist in Frage zu stellen.

III. Übersicht: Verjährungsfristen

126

Vermieteransprüche	Norm	Laufzeit
Vernichtung der Mietsache	§ 199	Höchstfrist: 30 Jahre
Miete – auch gewerbsmäßig-Nutzungsentschädigung	§ 195	3 Jahre
Betriebskostenabrechnung	§ 195	3 Jahre Beginn: mit Ende des Kalenderjahres innerhalb dessen Abrechnung zugeht
	§ 556 Abs. 3 S. 2	**Ausschlussfrist:** 1 Jahr
	§ 20 III S. 4 NMV	**Ausschlussfrist:** 1 Jahr Abrechnung ist spätestens bis zum Ablauf des 12. Monats nach Ende des Abrechnungszeitraums mitzuteilen.

---

[210] Es soll an dieser Stelle nicht auf die Problematik der analogen Anwendung des § 539 BGB eingegangen werden. Häufig wird in Entscheidungen zu dieser Thematik sowohl § 539 BGB analog als auch die „echte" Verwirkung des § 242 BGB erwähnt. Vgl. hierzu: § 25 III.
[211] LG Essen WuM 1997, 552.
[212] *Gellwitzki* WuM 1999, 10, 18.
[213] *Sternel* II Rdnr. 663.
[214] LG Berlin WuM 1999, 35, 36.
[215] OLG Köln WuM 1995, 35, 36; *Sternel* II Rdnr. 46.
[216] OLG Köln a.a.O.
[217] *Wolf/Eckert* Rdnr. 1262.
[218] Schmidt-Futterer/*Langenberg* § 539 Rdnr. 68.
[219] *Sternel* II Rdnr. 607.

Vermieteransprüche	Norm	Laufzeit
Mietausfallschaden i. S. v. § 286	§ 548 Abs. 1	6 Monate
Veränderung, Verschlechterung, Beschädigung (§ 823)	§ 548 Abs. 1	6 Monate

Mieteransprüche	Norm	Laufzeit
Rückerstattung vorausbezahlter Mieten	§ 195	3 Jahre
Kaution incl. Zinsen	§ 195	3 Jahre
Mietpreisüberhöhung	§ 195	3 Jahre seit der jeweiligen Leistung
Aufwendungsersatz gem. §§ 536a, 539, 554 Abs. 4	§ 548 II	6 Monate
anfänglich überzahlte Kostenmiete	§ 8 II S. 3 WobindG	4 Jahre nach der jeweiligen Leistung, aber: 1 Jahr nach Beendigung des Mietverhältnisses
auf Grund Vermietererklärung i. S. v. § 10 WobindG überzahlte Kostenmiete	§ 195	3 Jahre
überzahlte Betriebskosten;	§ 195	3 Jahre seit der jew. Leistung
geleistete Vorauszahlungen	§ 195	3 Jahre
Rückforderung bei Zahlung auf gemäß § 556 Abs. 3 S. 3 verfristete Nebenkostenabrechnung	§ 195	3 Jahre
GoA, Delikts- oder Bereicherungsrecht	§ 548 II	6 Monate seit der rechtlichen Beendigung des Mietverhältnisses

12. Abschnitt. Sonderprobleme

§ 33 Besondere Mietobjekte

Übersicht

	Rdnr.
I. Die vermietete Eigentumswohnung	1–56
1. Konfliktsituation zwischen Wohnungseigentums- und Mietrecht	1–3
2. Mietvertragsabschluss trotz Vermietungsbeschränkungen	4–8
3. Betriebskostenumlage und -abrechnung	9–11b
4. Wohnungseigentumsrechtswidrige Einräumung von Gebrauchsrechten	12–20
a) Verhältnis Eigentümergemeinschaft – vermietender Eigentümer	15/15a
b) Verhältnis vermietender Eigentümer – Mieter	16–18
c) Verhältnis Eigentümergemeinschaft – Mieter	19–19c
d) Verhältnis Mieter – vermietender Eigentümer	20
5. Willensbildungen der Eigentümer über bauliche Veränderungen und die Duldung des Mieters	21–26
6. Problem der Versorgungssperre	27–30
7. Mängel im Gemeinschaftseigentum	31–33
8. Anpassungsklauseln an wohnungseigentumsrechtliche Bindungen	34–36
9. Der Umwandlungsfall	37–56
a) Aufteilungsprobleme („Umwandlungsfalle")	37–40
b) Vorkaufsrecht des Mieters	41–47
c) Besonderheiten bei der Kündigung des Erwerbers	48–56
II. Die Werkswohnung	57–133
1. Die Werkmietwohnung § 576 BGB	57–116
a) Mietvertrag	58–69
b) Mitbestimmungsrecht des Betriebsrats gemäß § 87 Abs. 1 Nr. 9 BetrVG	70–74
c) Beendigung des Mietverhältnisses über eine Werkmietwohnung	75–110
d) Anwendung der Sozialklausel bei der Kündigung von Werkmietwohnungen § 576a BGB	111–115
e) Mieterhöhung bei Werkmietverhältnis	116
2. Werkdienstverhältnis (§ 576 b BGB)	117–133
a) Dienstverhältnis	118/119
b) Rechtsgrund der Überlassung	120/121
c) Beendigung des Rechtsverhältnisses über Wohnraum	122–127
d) Rechtsbeziehungen über Wohnraum nach Beendigung des Dienstverhältnisses	128–131
e) Gerichtsstand	132/133
III. Die Genossenschaftswohnung	134–244
1. Vorbemerkungen	134–137
2. Grundlagen	138–146
a) Rechtsquellen	138
b) Mustersatzung	139/140
c) Musternutzungsverträge	141/142
d) Ordnungspolitik	143–146
3. Nutzungsverhältnis	147–163
a) Rechtsnatur	147
b) Mietrecht	148–151
c) Genossenschaftsrecht	152/153
d) Genossenschaftsrechtliche Wertungen im Nutzungsverhältnis	154–163
4. Rechte und Pflichten des Mitglieds	164–198
a) Nutzungsentgelt	164–178
b) Betriebskosten	179–181
c) Sonderzahlungen	182
d) Änderung des Nutzungsentgeltes	183–191
e) Minderung	192/193
f) Schönheitsreparaturen	194–198
5. Rechte und Pflichten der Genossenschaft	199–205
a) Bereitstellung der Wohnung	199/200
b) Einbeziehung der Ehegatten und Kinder	201–205

§ 33 Besondere Mietobjekte

	Rdnr.
6. Beendigung des Nutzungsverhältnisses	206–236
a) Kündigung des Nutzungsverhältnisses	207–222
b) Beendigung der Mitgliedschaft	223–236
7. Erbgang	237–244

Schrifttum: *Armbrüster/Müller,* Wohnungseigentumsrechtliche Gebrauchsbeschränkungen und Mieter, FS f. Seuß, 2007, 3 ff. = ZWE 2007, 227 ff.; *Armbrüster/Müller,* Direkte Ansprüche der Wohnungseigentümer gegen Mieter, insbesondere bei zweckwidrigem Gebrauch, ZMR 2007, 321 ff.; *Bärmann/Pick/Merle,* Wohnungseigentumsgesetz, 9. Aufl. 2003; *Beuthien,* GenG, Kommentar, 13. Auflage 2000; *ders.,* Wohnungsgenossenschaften zwischen Tradition und Zukunft, 1992; *Blank,* Vermietung von Wohnungs- und Teileigentum, PiG (Partner im Gespräch) 15 (1984), 33 ff.; *ders.,* Jahresabrechnung und Betriebskostenabrechnung, NZM 2004, 365 ff.; *ders.* Die Betriebskosten der vermieteten Eigentumswohnung, FS Bärmann und Weitnauer, 1990, 29; *ders.,* Gerechtigkeit und Praktikabilität der Betriebskostenabrechnung, DWW 1992, 65 ff.; *Briesemeister,* Zur Durchsetzung einer Versorgungssperre gegen den Mieter eines Wohnungseigentümers durch die Wohnungseigentümergemeinschaft, ZMR 2007, 661 ff.; *Bub,* Ansprüche der Wohnungseigentümer gegen Miteigentümer auf Beendigung von Mietverhältnissen, PiG (Partner im Gespräch) 26 (1987), 137 ff.; *Bultmann,* Gleichbehandlung der „Mieter" in genossenschaftlichen Wohnungsunternehmen, GE 2000, 314 ff.; *GdW (Hrsg.),* Mustersatzungen, Musternutzungsverträge, HVH Hammonia Verlag Hamburg; *Glenk,* Die eingetragene Genossenschaft, 1996; *Großfeld,* Genossenschaft und Eigentum, 1975; *Großfeld/Aldejohann,* Zum Gleichbehandlungsgrundsatz im Genossenschaftsrecht, BB 1987, 2377; *Hannig,* Mieterhöhung bei einer gemeinnützigen Wohnungsbaugenossenschaft, GWW, 1/1988, 36 ff.; *Hanke,* Die Kündigung einer unterbelegten Genossenschaftswohnung, DWW 9/1991, 461 ff.; *Herrlein,* Versorgungssperre im Mietrecht: Possessorischer Besitzschutz als Legitimation offensichtlich rechtsmissbräuchlichen Mieterverhaltens?, NZM 2006, 527 ff.; *Hufnagel,* Die Eigenbedarfskündigung von Genossenschaften und anderen ehemals gemeinnützigen Wohnungsunternehmen, ZdW Bay 1/92, 16 ff.; *Jäger/Greve,* Wohnungsbaugenossenschaften vor neuen Herausforderungen, ZfgG 1996, 5 ff.; *Jäger/Koppmann,* Marketing- und Finanzierungskonzepte für Wohnungsgenossenschaften, 1994; *Keßler,* Der genossenschaftliche Gleichbehandlungsgrundsatz, DWW 2001, 24 ff.; *Kümmel,* Abwehransprüche der Wohnungseigentümer gemäß § 1004 BGB gegen Mieter und sonstige Nutzer des Sonder- und Gemeinschaftseigentums, ZWE 2008, 273 ff.; *Langenberg,* Die Betriebskosten der vermieteten Eigentumswohnung, NZM 2004, 361 ff.; *ders.,* Richtige Betriebskostenabrechnung, Partner im Gespräch (PiG) 58 (1999), Aktuelle Erfordernisse im Mietrecht der neuen Länder, S. 79 ff.; *Lang/Weidmüller/Metz/Schaffland,* GenG, Kommentar, 33. Aufl., 1997; *Langenberg,* Zum Abflussprinzip nach den Grundsatzentscheidungen des BGH, WuM 2009, 19 ff.; *Lützenkirchen,* Das Kündigungsrecht der Wohnungsgenossenschaft nach § 564 b Abs. 1 BGB, WuM 1994, 5 ff.; *ders.,* Das Minderungsrecht des Mieters im Lichte des genossenschaftlichen Treuegedankens, WuM 1995, 423 ff.; *Müller,* Praktische Fragen des Wohnungseigentums, 4. Aufl. 2004; *Müller,* GenG, Kommentar, 2. Aufl., 1991; *Pohl,* Probleme der partiellen Steuerpflicht bei Vermietungsgenossenschaften, ZdW Bay 1/91, 8 ff.; *Riebandt-Korfmacher,* Wohnungsbaugenossenschaften, in: Mändle/Winter, Handwörterbuch des Genossenschaftswesens, 1980, S. 1802 ff.; *Riecke,* Risiken und Besonderheiten bei der gesetzlichen Förderungsauftrag – Die genossenschaftliche Wohnungsversorgung, GWW 3/1979, S. 124 ff.; *Riecke,* Risiken und Besonderheiten bei der Betriebskostenabrechnung für vermietetes Sondereigentum, WuM 2003, 309 ff.; *ders.,* Besonderheiten bei Betriebskostenabrechnungen für vermietetes Wohnungseigentum, ZMR 2001, 77 ff.; *ders.,* Nebenkostenabrechnung bei vermietetem Wohnungseigentum, WE 2002, 220 f.; *Rippert,* Die Rechtsstellung des Mitglieds in der Wohnungsbaugenossenschaft, Diss. Mainz, 1993; *Roth,* Mietrechtsreform: Beendigung des genossenschaftlichen Nutzungsverhältnisses wegen Aufgabe der Mitgliedschaft – ein Tabubruch?, NZM 2000, 743; *Scheidacker,* Der Zutritt zu Räumen zwecks Durchführung einer Versorgungssperre, NZM 2007, 591 ff.; *Schmid,* Mietnebenkostenumlegung bei vermieteten Eigentumswohnungen, Weimarer Immobilienrechtstage 2004, Dokumentation 83 ff.; *Schmidt,* Die Durchsetzung der WEG-Hausordnung gegenüber dem Mieter und dem Eigentümer durch den WEG-Verwalter, ZMR 2009, 325 ff.; *Scholz,* Versorgungssperre bei vermietetem Sondereigentum, NZM 2008, 387 ff.; *Schulz,* Genossenschaftsgrundsätze und Nutzungsverhältnis über Wohnraum, ZdW Bay 2/94, 81 ff.; *ders.,* Ausgliederung der Betriebskosten bei preisfreiem Wohnraum – genossenschaftliche Treuepflicht, ZdW Bay, 2/95, 63 ff.; *Schuschke,* Kann die Gemeinschaft einen Wohnungseigentümer zur Kündigung eines unliebsamen Mietverhältnisses zwingen?, NZM 1998, 176 ff.; *Seuß,* Jahresabrechnung, WE 1993, 69 ff.; *Wirth,* Probleme des Mietervorkaufsrechts nach § 570 b BGB, NZM 1998, 390 ff.

I. Die vermietete Eigentumswohnung

1. Konfliktsituation zwischen Wohnungseigentums- und Mietrecht

Während das **Mietrecht** ein (Dauer-)Schuldverhältnis regelt mit relativen Rechten und Pflichten ausschließlich zwischen den Mietvertragsparteien, stellt das **Wohnungseigentum** grundsätzlich ein unbeschränktes dingliches, also ein sog. absolutes Recht dar, das gegen- 1 über jedermann wirkt. Das Wohnungseigentumsrecht unterliegt im Kern dem sachenrechtlichen Typenzwang, während die Miete als Schuldverhältnis vom Grundsatz der Vertragsfreiheit als wesentlicher Ausprägung der Privatautonomie (wenn auch mit erheblichen Einschränkungen aus Gründen des sozialen Mieterschutzes) bestimmt wird.

2 (Rechts-)Probleme bei der Vermietung von Wohnungseigentum können daher einmal ausschließlich auf der **wohnungseigentumsrechtlichen Seite** auftreten (z.B. bei der Frage der Zulässigkeit der Vermietung von Sondereigentum) zum anderen auf der **mietrechtlichen Seite** (z.B. im Umwandlungsfall) und drittens schließlich an der **Schnittstelle** beider Rechtskreise. So etwa, wenn der vermietete Wohnungseigentümer seine wohnungseigentumsrechtlichen Bindungen nicht beachtet und z.B. seinem Mieter mehr Gebrauchsrechte einräumt, als ihm selbst gegenüber den anderen Wohnungseigentümern zustehen.

3 **Konfliktpotenzial** kann daher gleich in mehrfacher Hinsicht bestehen:
- Konflikte zwischen den Wohnungseigentümern einerseits und dem vermietenden Wohnungseigentümer andererseits
- Konflikte zwischen dem vermietenden Wohnungseigentümer und seinem Mieter
- Konflikte zwischen den Wohnungseigentümern und dem Mieter.

Entscheidend ist, dass beide Rechtskreise **streng voneinander zu trennen** sind. Jedes Konfliktpotenzial ist unter strikter Beachtung der Vorgaben des jeweils betroffenen Rechtskreises, wie nachstehend zu zeigen sein wird, zu lösen.

2. Mietvertragsabschluss trotz Vermietungsbeschränkungen

4 **§ 13 Abs. 1 WEG erlaubt** jedem Wohnungseigentümer ausdrücklich, die „im Sondereigentum stehenden Gebäudeteile" **zu vermieten**. Hierin liegt eine zulässige gesetzliche Inhaltsbestimmung des Eigentums i.S.v. Art. 14 Abs. 1 Satz 2 GG.[1] Dabei schließt diese Vermietungsbefugnis auch das Recht ein, dem Mieter ein **Mitgebrauchsrecht an gemeinschaftlichen Einrichtungen** zu übertragen.[2] Hiervon ist die **Vermietung des Gemeinschaftseigentums** selbst zu unterscheiden. Insoweit gilt der Grundsatz, das jedem Wohnungseigentümer das Recht zum Mitgebrauch gemeinschaftlicher Einrichtungen im gleichen Umfang zusteht.[3] Daher kann gemeinschaftliches Eigentum (z.B. gemeinschaftliche Einrichtungen oder auch Gemeinschaftsflächen) grundsätzlich nicht durch Beschluss einzelnen Wohnungseigentümern oder Dritten zur Alleinnutzung zugewiesen werden,[4] außer den Wohnungseigentümern erwachsen keinerlei Nachteile und eine Vereinbarung steht nicht entgegen.[5] Die ausschließliche Nutzung von Gemeinschaftseigentum kann aber in Form einer Vereinbarung bestimmten Wohnungseigentümern zugewiesen werden.[6]

5 Der vollständige **Ausschluss des Vermietungsrechts** durch Vereinbarung nach § 15 Abs. 1 WEG, also insbesondere in der Gemeinschaftsordnung, begegnet erheblichen Bedenken.[7] In keinem Fall ist dies durch eine Mehrheitsbeschlussfassung möglich. Zulässig ist dagegen die **Übertragung des Vermietungsrechts** des Wohnungseigentümers unter dessen Ausschluss auf Dritte.[8] Zulässig sind auch **Vermietungsbeschränkungen**, aber nicht durch Mehrheitsbeschluss sondern nur durch Vereinbarung.[9] So kann die Vermietung von Wohnungseigentum

---

[1] BayObLG WE 1988, 33.
[2] OLG Düsseldorf ZMR 1996, 96.
[3] BayObLG NJW 1972, 1286.
[4] BayObLG NJW 1974, 152; OLG Karlsruhe MDR 1983, 672; OLG Zweibrücken NJW-RR 1986, 1338; vgl. auch BayObLG WE 1988, 22.
[5] BGH NJW 2000, 3211; BayObLG NZM 2000, 41.
[6] AG Köln ZMR 1977, 84.
[7] Vgl. nur *Bärmann/Pick/Merle* § 13 Rdnr. 67.
[8] So z.B. Ferienwohnungen auf eine Verwalterin: BGH NJW 1986, 1173 oder auf einen Hotelbetreiber: BayObLG WE 1986, 73, sogar die ganze Wohnanlage: BayObLG WE 1992, 208 und 1992, 83, oder auf einen gewerblichen Zwischenvermieter: BayObLG DWE 1994, 40, auch unter Ausschluss der Eigennutzung: BayObLG WE 1992, 208.
[9] BayObLGZ 1975, 233, 237; a.A. OLG Frankfurt/M. Rpfleger 1979, 109; zulässig ist dagegen eine Verpflichtung des vermietenden Eigentümers durch Mehrheitsbeschluss, dem Verwalter Name und Beruf des Mieters mitzuteilen, um eine zulässigerweise vereinbarte Vermietungsbeschränkung durchzusetzen: BayObLG DWE 1994, 40; vgl. auch LG Mannheim ZMR 1979, 319.

rechtswirksam von der Zustimmung des Verwalters oder der anderen Wohnungseigentümer abhängig gemacht werden.[10] In entsprechender Anwendung der Grundsätze zur Zustimmung im Rahmen der Veräußerung von Wohnungseigentum nach § 12 Abs. 2 Satz 1 WEG kann die **Zustimmung** dabei nur aus wichtigem Grund verweigert werden.[11] Der Zustimmungspflichtige muss im jeweiligen konkreten Einzelfall nachweislich die Zustimmungsverweigerung damit begründen, dass die Vermietung zu einer voraussehbaren, unzumutbaren Störung der übrigen Wohnungseigentümer führen wird, etwa bei einer Vermietung zu einem zweckbestimmungswidrigen, störenden Gebrauch.[12]

Die Rechtsprechung hat festgehalten, dass die Zustimmung nicht generell sondern nur bei konkreter Gefahr von Störungen zu Recht verweigert werden kann, so etwa bei: 6
- Vermietung einer Wohnung als Bordell[13]
- Vermietung an Ausländer, Asylanten[14] oder Aus- und Übersiedler[15]
- Vermietung an eine Wohngemeinschaft[16]
- Vermietung an wechselnde Feriengäste[17]
- Vermietung von Tiefgaragen-Stellplätzen an ein benachbartes Hotel.[18]

Daher ist auch die Zustimmung nicht generell sondern nur für den Einzelfall zu erteilen.[19]

Schließt ein Wohnungseigentümer einen Wohnraummietvertrag unter **Verstoß gegen zu-** 7 **lässige Vermietungsbeschränkungen** ab, berührt dies die Wirksamkeit des Mietvertrages nicht.[20] Wirksame Vermietungsbeschränkungen wirken nur schuldrechtlich zwischen den Wohnungseigentümern[21] sowie relativ dinglich gem. § 10 Abs. 2 WEG gegenüber deren Sondernachfolgern, nicht jedoch absolut gegenüber jedermann, also insbesondere nicht gegenüber dem außerhalb der Gemeinschaft stehen dem Mieter. § 12 Abs. 3 WEG ist nicht anwendbar.

Die Konsequenz hieraus ist, dass der vermietende Eigentümer den übrigen Eigentümern 8 gegenüber zu Unterlassung der Vermietung verpflichtet ist. Diese Verpflichtung stellt aber kein berechtigtes Interesse zur Kündigung des Mietvertrages i. S. v. § 573 BGB dar,[22] sodass die Eigentümergemeinschaft Schadensersatz wegen positiver Vertragsverletzung beanspruchen kann. Gelingt es den Eigentümern, auch etwa im Wege einstweiligen Rechtsschutzes, den Einzug des Mieters zu verhindern, macht sich der vermietende Wohnungseigentümer diesem gegenüber schadensersatzpflichtig; seinem Mieter gegenüber bleibt er zur Gebrauchsüberlassung und -gewährung auf der Grundlage des rechtswirksam Wohnraummietvertrages verpflichtet.

3. Betriebskostenumlage und -abrechnung

Ausgangspunkt der hier anzustellenden Überlegungen sind die unterschiedlichen Anfor- 9 derungen an die Abrechnung nach WEG und im Mietrecht: Bei der Abrechnung nach § 28 WEG handelt es sich um eine Einnahmen- und Ausgabenrechnung, die sämtliche Zahlungseingänge und –ausgänge während des Abrechnungszeitraums dokumentiert, unabhängig davon, für welchen Zeitraum die Zahlungen erfolgt sind (**Zufluss- und Abflussprinzip**). Dagegen hat eine mietrechtliche Betriebskostenabrechnung nach bislang überwiegender Auffassung alle Kosten – nicht Ausgaben – zu erfassen, die während des Abrechnungszeitraums entstanden sind, unabhängig davon, wann der Vermieter gezahlt hat (**Leistungs- oder Zeit-**

---

[10] BGH NJW 1962, 1613; BayObLGZ 1982, 9 und 1975, 237.
[11] BayObLG WuM 1992, 278; WE 1988, 73; ZMR 1980, 125; OLG Frankfurt/M. DWE 1983, 61.
[12] BayObLG WuM 1992, 278.
[13] BayObLG WuM 1993, 557 und 1985, 163; DWE 1987, 27.
[14] BayObLG NJW 1992, 917: Vermietung in einem „guten Wohnhaus".
[15] KG NJW 1992, 304; OLG Hamm WE 1993, 225 und OLGZ 1992, 300; OLG Stuttgart WE 1993, 25.
[16] LG Mannheim DWE 1977, 125.
[17] BayObLG WE 1988, 32; BayObLGZ 1978, 305.
[18] BayObLG WuM 1992, 278.
[19] BayObLGZ 1982, 14.
[20] BayObLGZ 1983, 55.
[21] BayObLGZ 1983, 55.
[22] *Sternel* IV Rdnr. 163.

abgrenzungsprinzip).²³ Nach Auffassung des **BGH** legen die §§ 556 ff. BGB den Vermieter nicht auf eine Abrechnung der Betriebskosten nach dem Leistungsprinzip fest, sondern auch eine Abrechnung nach dem **Abflussprinzip** ist grundsätzlich zulässig, jedenfalls für Wasserkosten und solange es während des Abrechnungszeitraums nicht zu einem Mieterwechsel gekommen ist.²⁴ Ob einer derartige Betriebkostenabrechnung bei einem Mieterwechsel unwirksam oder lediglich über § 242 BGB zu korrigieren ist, hat der BGH allerdings offen gelassen. Angesichts der zwingenden Vorgaben der HeizKV ist die Heranziehung des Abflussprinzips aber für die Wärme- und Warmwasserkosten nicht zulässig und es bleibt nach wie vor offen, ob etwa die Zahlung einer Betriebskostenposition für 2007 im Jahr 2009 noch die Ausschlussfrist des § 556 Abs. 3 BGB beachtet.²⁵ Die Probleme der Betriebskostenumlage und –abrechnung bei der vermieteten Eigentumswohnung sind also durch den BGH noch lange nicht gelöst – im Gegenteil. Durch die durch die **WEG-Reform** seit dem 1. 7. 2007 erleichterte Möglichkeit der Eigentümer, gem. § 16 Abs. 3 WEG den Umlageschlüssel für Betriebskosten zu ändern, auch außerhalb des einseitigen Optionsrechts des Vermieters nach § 556a Abs. 2 BGB, haben sich die Probleme sogar noch verschärft.²⁶

9a Nach **herrschender Meinung** sind bei der Abrechnung der Betriebskosten einer vermieteten Eigentumswohnung durch den Vermieter keine Besonderheiten zu beachten. Die nach den wohnraummietvertraglichen Vereinbarungen zum Teil auf den Mieter umzulegenden Gesamtbetriebskosten entsprechen danach denjenigen, die bei der Eigentümergemeinschaft insgesamt anfallen. Auf der Grundlage der Abrechnung zwischen den Wohnungseigentümern ist dann die Abrechnung des vermietenden Eigentümers gegenüber seinem Mieter zu erstellen. Der vermietende Eigentümer hat die vom Verwalter erhaltene Ausgabenabrechnung in eine Leistungsabrechnung umzuwandeln.²⁷ Der Mieter hat somit auch konsequenterweise das Recht zur Einsichtnahme in die Abrechnungsunterlagen der Gemeinschaft.²⁸ Damit wird die vermietete Eigentumswohnung als Teil eines Mietshauses behandelt, auch wenn der vermietende Eigentümer auf die durch die Teilungserklärung und die Eigentümerbeschlüsse über die Jahresabrechnung vorgegebenen Betriebskosten keinen großen Einfluss hat und die Kosten auch nicht auf mehrere Mieter umlegen, sondern nur an einen Mieter weitergeben kann.²⁹

10 Die **abweichende Auffassung** unterscheidet demgegenüber zunächst zwischen den Betriebskosten des Sondereigentums (z. B. Grundsteuer, Etagenheizung, Reinigung und Wartung vermietereigener Einrichtungen und auch die verbrauchabhängigen Kosten für Wasser, Entwässerung, Heizung, Müll)³⁰ und des Gemeinschaftseigentums. Erstere soll der Eigentümer ohne Weiteres an den Mieter „durchreichen" können, sofern der Wohnraummietvertrag eine entsprechende Umlagevereinbarung enthält. Da keine Gesamtkosten zwischen mehreren Nutzern zu verteilen sind, soll es auch keiner Kostenaufteilung bedürfen. Gleiches soll auch für die Betriebskosten des Gemeinschaftseigentums gelten, soweit sie zulässigerweise auf den Wohnraummieter umgelegt werden können (§ 556 Abs. 1 BGB). Der sich aus der bestandskräftigen Einzelabrechnung für den vermietenden Eigentümer ergebende Anteil an den Lasten und Kosten i. S. v. § 16 Abs. 2 WEG sei identisch mit den Betriebskosten des

---

²³ *Blank* NZM 2004, 365, 366; *Riecke* ZMR 2001, 77; *ders.* WuM 2003, 309, 310 jew. m. w. N.
²⁴ BGH NJW 2008, 1801 = NZM 2008, 403; NJW 2008, 1300 = NZM 2008, 277; OLG Schleswig RE WuM 1991, 333; LG Wiesbaden NZM 2002, 944; a. A. *Riecke*, WE 2002, 220; *Blank*, DWW 1992, 65 f. im Fall des Mieterwechsels.
²⁵ Vgl. ausführlich *Langenberg* WuM 2009, 19 ff.
²⁶ Vgl. hierzu nur *Drasdo* ZMR 2008, 421 ff.
²⁷ *Riecke* ZMR 2001, 77; a. A. *Seuß* WE 1993, 69, 70 ff.; differenzierend: *Langenberg* NZM 2004, 361, 363 ff.: Grundsatz bleibt die Leistungsabrechnung; die Ausgabenabrechnung kann aber mietvertraglich vereinbart werden, sofern dies den Mieter nicht benachteiligt (also unter Berücksichtigung eines Korrekturkatalogs); ähnlich *v. Seldeneck* Betriebskosten im Mietrecht, Rdnr. 3249: Heranziehung der Ausgabenabrechnung über §§ 315, 316 BGB (Problem: jetzt noch wegen § 556 Abs. 4 BGB zulässig?), außer bei offenkundig unträgbaren Ergebnissen.
²⁸ BGH WuM 1982, 207; LG Düsseldorf DWW 1990, 207.
²⁹ *Blank* spricht zutreffend von einer „gebäudebezogenen Kostenerfassung" NZM 2004, 365, 367.
³⁰ BGH NZM 2003, 952 ff. = WuM 2003, 712 ff.; *Bub* ZWE 2001, 457; *Jenißen* ZWE 2001, 461; *Wenzel* ZWE 2001, 226, 236.

Vermieters,³¹ so dass es ebenfalls keiner Kostenverteilung sondern der bloßen Weitergabe der dem vermietenden Eigentümer in Rechnung gestellten Beträge an den Mieter bedarf.³² Diese abweichende Auffassung verlangt weiter eine Trennung zwischen den Betriebskosten für das Sondereigentum und das Gemeinschaftseigentum in der Abrechnung dem Mieter gegenüber, der seinerseits ein Recht zur Einsichtnahme in die Belege des Vermieters für die zuerst genannten Betriebskosten und in die Einzelabrechnung des Verwalters zur Prüfung der vom vermietenden Eigentümer an die Eigentümergemeinschaft zu zahlenden Beträge für die Betriebskosten des Gemeinschaftseigentums hat. Der Mieter soll geschützt werden über den Grundsatz der Wirtschaftlichkeit (vgl. §§ 556 Abs. 3 Satz 1, 560 Abs. 5 BGB), woraus sich die Verpflichtung des Vermieters ergeben soll, gegen die Willensbildungen der übrigen Eigentümer im Wege der Beschlussanfechtung vor dem Wohnungseigentumsgericht vorzugehen, sofern die entsprechenden Abrechnungen den Mieter etwa wegen Verstoßes gegen die Regelungen des WEG und der Teilungserklärung unangemessen benachteiligen.³³

Die abweichende Auffassung hat den Vorteil der größeren Praktikabilität und verdient bei einer entsprechenden zweifelsfreien wohnraummietvertraglichen Vereinbarung den Vorzug. So etwa, wenn im Mietvertrag ausdrücklich und nicht überraschend geregelt ist, dass der Mieter die umlagefähigen Betriebskostenpositionen für das Gemeinschaftseigentum entsprechend der Abrechnung der Eigentümergemeinschaft zu übernehmen hat, die (gerade auch im Hinblick auf den dort zu Grunde gelegten Umlageschlüssel) dem Mietvertrag als wesentlicher Bestandteil beizufügen ist.³⁴ In jedem Fall müsste eine Abrechnung nach dem Abflussprinzip im Mietvertrag ausdrücklich vereinbart werden, die von der dargestellten abweichenden Auffassung für uneingeschränkt rechtswirksam gehalten wird;³⁵ eine höchstrichterliche Entscheidung liegt allerdings hierzu noch nicht vor. Sind im Mietvertrag dagegen bestimmte Umlageschlüssel für einzelne Betriebskostenpositionen vereinbart, kann der Mieter aus dem maßgeblichen Gesichtspunkt des Empfängerhorizonts beanspruchen, dass er nur mit den auf der Grundlage dieses Verteilungsmaßstabs errechneten Kostenpositionen belastet wird. Der Mieter darf darauf vertrauen, dass z. B. die Kosten für Wasser/Abwasser oder Müll nach dem Maßstab umgelegt werden (z. B. nach Köpfen), wie er von ihm im Wohnraummietvertrag akzeptiert wurde und nicht nach einem Verteilungsschlüssel gemäß WEG, der ihm gegebenenfalls überhaupt nicht bekannt ist. Selbstverständlich dürfen auf diesem Wege keine nicht umlagefähigen Kosten (etwa für Instandhaltung, Instandsetzung, Verwaltung, Anschaffungen) auf den Mieter abgewälzt werden (§ 556 Abs. 4 BGB). Der Mieter kann weiter nicht zur Zahlung höherer Beträge an den vermietenden Eigentümer verpflichtet werden, als dieser an die Eigentümergemeinschaft zahlt.³⁶ Manipulationen der Eigentümer – etwa zu Lasten vermieteter Einheiten, durch zeitliches Hinausschieben von Abrechnungen u. a. – werden einmal über den **Grundsatz der Wirtschaftlichkeit** (§ 556 Abs. 3 Satz 1, Halbs. 2 BGB) unterbunden, dessen Einhaltung der Vermieter zu beweisen

---

³¹ Überzeugend hergeleitet von *Blank* NZM 2004, 365, 366, aus den §§ 40 ff. II. BerechnungsVO und der dort normierten Lastenberechnung für eigengenutzte Eigentumswohnungen im Unterschied zur Wirtschaftlichkeitsberechnung bei vermieteten Wohnungen.
³² *Blank* NZM 2004, 365, 370 ff. – „wohnungsbezogene Kostenerfassung"; *ders.* Mietrecht von A–Z, „Eigentumswohnung"; *ders.* WE 1991, 39; *ders.* FS für Bärmann und Weitnauer, 29 ff.; vgl. auch *Langenberg* PiG 58, 79, 113.
³³ Eingehend *Blank* NZM 2004, 365, 370 ff.
³⁴ Zulässig ist mithin auch die ausdrückliche Vereinbarung der Umlage nach Miteigentumsanteilen (OLG Braunschweig WuM 1999, 173; OLG Hamm WuM 1981, 62; *Lützenkirchen* ZWE 2003, 99, 115; *Münstermann-Schlichtmann* in FS f. Deckert, 271, 286; *Riecke* in FS f. Deckert, 353, 379). Dies gilt auch, wenn diese nicht entsprechend der Wohnflächenanteile gebildet worden sind (LG Düsseldorf, DWW 1988, 210); a. A. *Langenberg* NZM 2004, 361, 362: nur wenn die Miteigentumsanteile in etwa den verschiedenen Wohnflächen entspricht. Die bloße pauschale Verweisung auf die Jahresabrechnung der Eigentümergemeinschaft oder die Beschlüsse der Wohnungseigentümer genügt dagegen nicht (LG Hannover WuM 1985, 92; Schmidt-Futterer/*Langenberg* § 556 Rdnr. 53, 318; *Riecke* ZMR 2001, 77, 78). Zur Frage der Auswirkungen nachträglicher Änderungen des Umlageschlüssels durch die Wohnungseigentümer auf das Mietverhältnis vgl. Rdnr. 25 a. E.
³⁵ So auch *Schmid* Weimarer Immobilienrechtstage 2004, 83, 89.
³⁶ LG Berlin GE 1988, 1169.

hat.³⁷ Weiter ist zu beachten, dass im Fall des **Mieterwechsels** der neue Mieter nicht mit Kosten belastet werden darf, die nicht in seine Mietzeit fallen.³⁸

11a Zur Kontrolle steht dem Mieter das **Recht auf Einsicht** in die Verwaltungsunterlagen im Ort der Mietsache³⁹ zu, auch bei größeren Wohnanlagen.⁴⁰ Hierzu kann ihn der vermietende Eigentümer ermächtigen,⁴¹ wobei der Mieter dieses Recht seinerseits durch einen Dritten, z. B. einen Rechtsanwalt, ausüben darf.⁴²

11b Da die sich aus der Verwalterabrechnung ergebenden Beträge erst durch den (Mehrheits-) Beschluss der Wohnungseigentümer über die Gesamt- und Einzelabrechnung entstehen, kann erst dann die Einzelabrechnung Grundlage der Betriebskostenabrechnung gegenüber dem Mieter sein.⁴³ Die Anfechtung des Beschlusses über die Abrechnung hat jedoch auf die Fälligkeit keinen Einfluss.⁴⁴ Ändert sich danach der Abrechnungsbetrag, kann der Vermieter auch nach Ablauf der Ausschlussfrist des § 556 Abs. 3 BGB noch abrechnen, da er die Verzögerung nicht zu vertreten hat (ein etwaiges Verschulden des WEG-Verwalters – wohl aber des Sondereigentums- oder Mietverwalters – wird ihm nach überwiegender Auffassung nicht zugerechnet).⁴⁵ Allerdings sollte der vermietende Eigentümer zur Vermeidung der Anerkenntniswirkung nach vorbehaltlosem Ausgleich der ursprünglichen Betriebskostenabrechnung durch den Mieter⁴⁶ einen ausdrücklichen Nachforderungsvorbehalt für diesen Fall in die Betriebskostenabrechnung mit aufnehmen.⁴⁷

4. Wohnungseigentumsrechtswidrige Einräumung von Gebrauchsrechten

12 Der Umfang der Gebrauchsrechte des Mieters, die der vermietende Wohnungseigentümer diesem während der gesamten Mietzeit uneingeschränkt zu gewährleisten hat, wird ausschließlich vom Mietvertrag bestimmt. Der Umfang der Gebrauchsbefugnis des vermietenden Wohnungseigentümers gegenüber den anderen Eigentümern richtet sich dagegen ausschließlich nach etwaigen Vereinbarungen (auch in der Teilungserklärung oder Gemeinschaftsordnung) und rechtswirksamen Beschlüssen der Eigentümergemeinschaft. Stehen dem Mieter auf Grund des Mietvertrages weniger Rechte als dem vermietenden Wohnungseigentümer zu oder entsprechen sich beide Rechte inhaltlich, besteht kein Konfliktpotenzial. Anders dann, wenn sich der Wohnungseigentümer seinem Mieter gegenüber im Mietvertrag verpflichtet hat, diesem mehr Gebrauchsrechte zu gewähren, als ihm (dem vermietenden Wohnungseigentümer) als Mitglied der Eigentümergemeinschaft zustehen.
So z. B.:

13 • Vermietung im Widerspruch zur Zweckbestimmung nach dem WEG;⁴⁸

---

³⁷ *Kinne* GE 2003, 711.
³⁸ *Langenberg* NZM 2004, 361, 364.
³⁹ Ein Verweis auf die Räume der jeweiligen Hausverwaltung benachteiligt den Mieter dagegen unangemessen: AG Wiesbaden WuM 2000, 312; vgl. auch Schmidt-Futterer/*Langenberg* § 556 Rdnr. 489; es empfehlen sich korrespondierende Regelungen im Miet- und Verwaltervertrag, etwa die Verpflichtung des Verwalters, die Beleg am Ort der Wohnanlage zur Einsicht zur Verfügung zu stellen, so der Vorschlag von *Schmid* Weimarer Immobilienrechtstage 2004, 83, 91.
⁴⁰ BayObLG NZM 2000, 873; OLG Hamm NZM 1998, 724.
⁴¹ LG Frankfurt/M. WuM 1997, 52.
⁴² LG Hamburg WuM 1985, 400; AG Hamburg WuM 1991, 282; Schmidt-Futterer/*Langenberg* § 556 Rdnr. 483.
⁴³ OLG Düsseldorf NZM 2001, 48; *Lützenkirchen* ZWE 2003, 99, 112; a. A. *Jennißen* NZM 2002, 236; *Münstermann-Schlichtmann* in FS f. Deckert 271, 288; *Riecke* ZMR 2001, 77, 79.
⁴⁴ Schmidt-Futterer/*Langenberg* § 556 Rdnr. 380; *Jennißen* NZM 2002, 236; *Riecke* ZMR 2001, 77, 79; A. A. OLG Düsseldorf NZM 2001, 48; *Geldmacher* DWW 1997, 167.
⁴⁵ Vgl. nur *Drasdo* NZM 2004, 372, 373 f. m.w. N.; allerdings soll dies nur dann gelten, wenn sich der vermietende Eigentümer nachdrücklich um die Vorlage der WEG-Abrechnung bemüht (*Langenberg*, Betriebskostenrecht, 3. Aufl., G Rdnr. 85; *Sternel* ZMR 2001, 937, 940) und ggf. den Verwalter sogar auf Abrechnung verklagt (*Börstinghaus/Eisenschmid*, Arbeitskommentar Neues Mietrecht, § 556, S. 208).
⁴⁶ Vgl. nur OLG Hamburg WuM 1991, 598; AG Aachen WuM 1994, 436; AG Schöneberg GE 1997, 51; *Klas* WuM 1994, 595.
⁴⁷ *Blank* NZM 2004, 365, 372.
⁴⁸ BayObLG WuM 1994, 393, 1993, 557 und 1985, 163; DWE 1987, 27; OLG Frankfurt/M. WuM 1994, 713; OLGZ 1990, 419; Rpfleger 1981, 148; OLG Hamm NJW-RR 1993, 786 und Rpfleger 1992, 102;

- Vermietung von Gemeinschaftseigentum, insbes. Gemeinschaftsflächen oder gemeinschaftlichen Einrichtungen;[49]
- Verpflichtung im Mietvertrag, derartiges Gemeinschaftseigentum dem Mieter mit zu überlassen, obwohl dem vermietenden Eigentümer die entsprechende Rechtsmacht nicht zusteht;
- Mietvertragliche Gestattung eines im Verhältnis der Wohnungseigentümer untereinander ausgeschlossenen Gebrauchs der vermieteten Eigentumswohnung, etwa bei der Tierhaltung,[50] Musizieren,[51] Gebrauchsüberlassung an Dritte, Parabolantenne, Hausordnung, Schließzeiten der Haustür,[52] Ruhezeiten bei der Benutzung von Gemeinschaftseinrichtungen,[53] Modernisierung.[54]

Dem vermietenden Eigentümer ist daher zwingend zu **raten**, durch sorgfältige Mietvertragsgestaltung derartige Kollisionen zu vermeiden. Er hat genau darauf zu achten, dass die entsprechenden mietvertraglichen Regelungen zumindest deckungsgleich mit den ihm wohnungseigentumsrechtlich eingeräumten Befugnissen sind. Nach Abschluss des Wohnraummietvertrages getroffene Willensbildungen der Eigentümer, die den Umfang der dem vermietenden Wohnungseigentümer zustehenden Gebrauchsrechte einschränken, die dieser bereits mietvertraglich seinem Mieter eingeräumt hat, haben auf das Wohnraummietvertragsverhältnis nur insoweit Auswirkungen, als der vermietende Eigentümer auf rechtlich zulässige Art und Weise eine Änderung der dem Mieter im Mietvertrag eingeräumten Rechte erreichen kann. Die Eigentümergemeinschaft kann von ihm nichts rechtlich Unmögliches verlangen.

Die wohnungseigentumsrechtswidrige Einräumung von Gebrauchsrechten durch den vermietenden Eigentümer an dessen Mieter löst komplexe **Rechtsfolgen** aus:

a) **Verhältnis Eigentümergemeinschaft – vermietender Eigentümer.** Zunächst können die übrigen Eigentümer den vermietenden Eigentümer auf Unterlassung in Anspruch nehmen im Wohnungseigentumsverfahren nach den §§ 43 ff. WEG.[55] Die Wohnungseigentümer können dann aus der Entscheidung des Wohnungseigentumsgerichts gegen den Vermieter vollstrecken nach § 45 Abs. 3 WEG i.V.m. § 890 ZPO, nicht nach § 888 ZPO.[56] Theoretisch denkbar wäre auch die Verurteilung zu einem positiven Tun,[57] soweit vertretbar gem. § 887 ZPO zu vollstrecken (Antrag auf Ermächtigung zur Ersatzvornahme und auf Zahlung eines Kostenvorschusses). Dies setzt allerdings voraus, dass der Vollstreckungsschuldner, also der vermietende Eigentümer, noch unmittelbaren Besitz an dem Wohnungseigentum hat; im Falle der Gebrauchsüberlassung an Dritte ist die Vollstreckung nur nach §§ 45 Abs. 3 WEG, 888 ZPO möglich.[58] Allerdings setzt die Verhängung eines Zwangs- bzw. Ordnungsgeldes nach § 888 ZPO bzw. § 890 ZPO voraus, dass der Vermieter schuldhaft gehandelt hat.[59]

KG WuM 1992, 554; OLG Stuttgart WuM 1992, 555; AG Hildesheim WuM 1986, 25 – eine zweckwidrige Nutzung kann aber – unter typisierender Betrachtungsweise: BayObLG WuM 1996, 490 – dann zulässig sein, wenn sie nicht mehr stört als eine bestimmungsgemäße Nutzung: BayObLG NJW-RR 1991, 849 und WuM 1991, 302; KG WuM 1993, 752; OLG Zweibrücken ZMR 1997, 482; zu Frage, wann eine derartige Zweckbestimmung vorliegt und nicht lediglich ein unverbindlicher Gestaltungsvorschlag vgl. BayObLG WuM 1990, 454.

[49] BayObLGZ 1982, 407; OLG Düsseldorf Rpfleger 1975, 308.
[50] BGH WuM 1995, 447; BayObLG WuM 1994, 392; OLG Frankfurt/M. NJW-RR 1993, 981; KG, WuM 1998, 616 und WuM 1991, 440; OLG Karlsruhe ZMR 1988, 184; OLG Köln WuM 1996, 109; OLG Stuttgart WuM 1985, 93.
[51] BayObLG, WuM 1996, 488 und BayObLGZ 1985, 104; OLG Hamm NJW-RR 1986, 500 und NJW 1981, 465.
[52] BayObLG WE 1991, 202; KG WuM 1992, 110.
[53] KG WE 1992, 110; OLG Stuttgart WuM 1998, 430.
[54] Vgl. hierzu statt vieler *Müller* Rdnr. 395 ff. m. w. N.
[55] BayObLG NJW-RR 1991, 658; WE 1992, 22; WE 1987, 97; LG Bremen NJW-RR 1991, 1423.
[56] BayObLG DWE 1991, 76; OLG Hamm WE 1992, 135.
[57] Vgl. etwa BayObLG NZM 2001, 672.
[58] BayObLG NZM 2000, 303.
[59] Vgl. eingehender *Adomeit* NJW 1967, 1994; *v. Gamm* NJW 1955, 1346; *Göppinger* NJW 1967, 177; *Zieres* NJW 1972, 751.

Gleiches gilt im Übrigen für den Anspruch der anderen Wohnungseigentümer auf Schadensersatz,[60] auf den die Eigentümergemeinschaft beschränkt ist, da sie in aller Regel nicht verlangen kann, dass der störende Miteigentümer das Mietverhältnis kündigt und die Räumung betreibt (vgl. sogleich unter b).[61] An einem Verschulden des Vermieters dürfte es aber regelmäßig fehlen, wenn er vergeblich alles Zumutbare – einschließlich der Inanspruchnahme gerichtlicher Hilfe – getan hat, um den Mieter zur Aufgabe der zweckwidrigen Nutzung oder zur Räumung bzw. zur Vornahme oder Duldung der Handlung zu bewegen (bis hin zu ggf. nicht unerheblichem finanziellem Entgegenkommen).[62] Auf welche Art und Weise er dieses Ziel erreicht, bleibt aber allein ihm überlassen.[63]

15a Das Verfahren vor dem Wohnungseigentumsgericht ist daher lediglich eine stumpfe und wenig effektive Waffe.[64] Dies soll allerdings nicht bedeuten, dass man grundsätzlich überhaupt nicht gegen den vermietenden Eigentümer vorgehen sollte: Dies macht zum einen selbstverständlich dann Sinn, wenn dessen Mieter seine gesetzlichen oder mietvertraglichen Verpflichtungen verletzt (dann kann der vermietende Eigentümer gegen ihn vorgehen und damit die Eigentümergemeinschaft vollstrecken). Zum anderen kann das unmittelbare Vorgehen gegen den vermietenden Eigentümer auch dann zielführend sein, wenn man nicht sogleich mit Erfolg vollstrecken kann: der vermietende Eigentümer wird angehalten, selbst im Rahmen des Zumutbaren aktiv zu werden und künftig bei der Gestaltung seiner Mietverträge sorgfältiger auf Übereinstimmung mit den wohnungseigentumsrechtlichen Vorgabe zu sorgen, im Fall des Mieterwechsels kann gleich vollstreckt werden und bei unsicher Rechtslage werden alle Rechtsverhältnisse dieses „Dreiecks" einer gerichtlichen Klärung unterworfen, sofern – dies der dringende Rat – die Eigentümergemeinschaft zugleich dem Mieter den Streit verkündet.

16 **b) Verhältnis vermietender Eigentümer – Mieter.** Wird der vermietende Eigentümer im vorgenannten Sinne von der Eigentümergemeinschaft auf Unterlassung in Anspruch genommen, ist er dennoch nicht zur Kündigung des Mietverhältnisses berechtigt.[65] Dies vor allem auch deshalb, da die Kündigungsgründe aus seinem eigenen Risikobereich stammen.[66]

17 Weiter kann der vermietende Wohnungseigentümer auch nicht mit Erfolg Unterlassung des wohnungseigentumsrechtswidrigen Gebrauchs vom Mieter verlangen, zu dessen Gewährung er sich im Wohnraummietvertrag gerade verpflichtet hat. Die bindungswidrige Einräumung von Gebrauchsrechten durch einen Nichtberechtigten ist nämlich schuldrechtlich wirksam.

18 Der Mietvertrag ist auf eine subjektiv und nicht objektiv unmögliche Leistung gerichtet, da die Wohnungseigentümer die unzulässige Nutzung genehmigen könnten.

19 **c) Verhältnis Eigentümergemeinschaft – Mieter.** Aus Sicht der anderen Wohnungseigentümer kann es folglich effektiver sein, unmittelbar gegen den Mieter im Zivilprozess vorzugehen. Zwar besteht in dieser Rechtsbeziehung keine vertragliche Verbindung, wohl aber ein gesetzliches Schuldverhältnis mit der Folge, dass z.B. § 1004 BGB anwendbar ist. Das Schrifttum hat insoweit ursprünglich die Besonderheiten des WEG völlig außer Betracht gelassen und daher, wie in jedem anderen Nachbarrechtsfall auch, eine Beschränkung der Ansprüche aus § 1004 BGB durch die Ortsüblichkeit nach § 906 BGB angenommen.[67] Soweit ersichtlich hat erstmals Weitnauer festgehalten, dass die im Grundbuch eingetragenen Bestimmungen der Gemeinschaftsordnung/Teilungserklärung zum Inhalt des Eigentums werden mit der Folge, dass bereits der bloße Verstoß hiergegen ungeachtet § 906 BGB eine Eigentumsstörung darstellt, der die Eigentümer(-gemeinschaft) berechtigt, gegen den Mieter

---

[60] Vgl. AG Frankfurt/M. NZM 2003, 447, soweit nicht wie dort eine Mietminderung als Schaden im Raum steht, gestaltet sich der Nachweis und die Bezifferung des Schadens schwierig.
[61] BayObLG NJW-RR 1991, 658.
[62] BayObLG NZM 2000, 303; NJW-RR 1989, 462; vgl. hierzu eingehender *Schuschke* NZM 1998, 176.
[63] Vgl. etwa OLG Frankfurt/M. NZM 2004, 231.
[64] BGH NJW 1996, 714, 715 unter Hinweis auf *Bub* PiG 26, 137, 147.
[65] BGH NJW 1996, 714.
[66] BayObLG NJW-RR 1991, 658.
[67] *Wangemann* WuM 1987, 43, 46; vgl. auch *Blank* PiG 15, S. 33, 39f.

als Störer gemäß §§ 1004 BGB, 15 Abs. 3 WEG unmittelbar vorzugehen.[68] Sie sind nicht zur Duldung der Störung (§ 1004 Abs. 2 BGB) verpflichtet, zumal der Mietvertrag oder sonstige Erklärungen des vermietenden Eigentümers im Mietverhältnis ihnen gegenüber nicht gelten.[69] Der Mieter kann sich demgegenüber nur dann auf ein Recht zur Störung berufen, wenn er dieses von seinem Vermieter ableiten kann, wenn also auch dieser zur entsprechenden Störung berechtigt wäre.[70] Dem hat sich zunächst das OLG München[71] angeschlossen und danach zu Recht die Rechtsprechung im Übrigen.[72] Das Urteil des Zivilgerichts gegen den Mieter ist problemlos gemäß § 890 ZPO oder §§ 887f. ZPO zu vollstrecken, da der Mieter in der Lage ist, die zweckwidrige Nutzung einzustellen bzw. die erforderliche Handlung vorzunehmen oder zu dulden. Es ist dann Sache des Mieters, wegen der sich daraus ergebenden Einschränkungen seines Mietgebrauchs[73] die ihm zustehenden Rechte zu ergreifen,[74] so dass der „Schaden" letztlich bei demjenigen „hängen bleibt", der ihn auch ausgelöst hat – beim vermietenden Eigentümer.

Allerdings lässt die Rechtsprechung die Anwendung des § 1004 BGB gegen den Mieter immer dann zu, wenn dieser die wohnungseigentumsrechtlichen Gebrauchsgrenzen überschreitet. Dies lässt den vorstehenden Ausgangspunkt, wohl aus Praktikabilitätserwägungen, zu Unrecht außer Betracht, dass § 1004 BGB einen Verstoß gegen eine Gebrauchsbeschränkung voraussetzt, die zum Inhalt des (Sonder-)Eigentums geworden ist. Hierzu bedarf es grundsätzlich der Eintragung ins Grundbuch oder aufgrund einer gesetzlichen[75] oder vereinbarten Öffnungsklausel wirksam gefasster Beschlüsse.[76] Es bedarf also einer dinglich wirkenden gebrauchsbeschränkenden Regelung, zu der auch die Bezeichnung als Wohnungs- oder Teileigentum gehört, außer die wohnungseigentumsrechtliche Gebrauchsbeschränkungen missachtende Nutzung stört nicht wesentlich stärker als der zulässige Gebrauch. Für eine unmittelbare Vorgehensweise gegen den Mieter aus § 1004 BGB genügen daher Vereinbarungen oder Beschlüsse der Wohnungseigentümer, die nicht Inhalt des (Sonder-)Eigentums geworden sind, mithin ausschließlich das Verhältnis der Wohnungseigentümer untereinander regeln, nicht, außer der Gebrauch durch den Mieter würde eine nicht nach § 906 BGB hinzunehmende Eigentumsstörung darstellen.[77] **19a**

Ein erfolgreiches Vorgehen gegen den Mieter aus § 1004 BGB, der auch einen Anspruch auf bloße Duldung der Beseitigung des beeinträchtigenden Zustands umfasst,[78] setzt weiter zum einen voraus, dass dieser entweder **Handlungsstörer** ist, die Beeinträchtigung/Störung durch eigene Handlung adäquat mitverursacht oder ihre Beseitigung entgegen einer Handlungspflicht unterlässt (kein Zustandsstörer)[79] hat.[80] Anders als bei der Ausübung des zwar zulässigen Mietgebrauchs unter Verstoß gegen wohnungseigentumsrechtliche Bin- **19b**

---

[68] *Weitnauer* u. a. Wohnungseigentumsgesetz, Anh. § 13 Rdnr. 4.
[69] BGH NJW 1996, 714, 715; NJW-RR 1995, 715.
[70] § 1004 i.V. m. § 986 Abs. 1 Satz 2 BGB; BGH NJW 1958, 2061; LG Karlsruhe NJW 1961, 1166; ausführlich *Müller* ZMR 2001, 506, 509 f. m. w. N.
[71] OLG München NJW-RR 1991, 1492 m. zust. Anm. *Merle* WE 1993, 148.
[72] BGH NJW-RR 1995, 715; OLG Frankfurt/M. NJW-RR 1993, 981; KG NJW-RR 1989, 140; OLG Karlsruhe NJW-RR 1994, 146; OLG Oldenburg MDR 1990, 552; OLG Stuttgart NJW-RR 1993, 24; AG Hannover ZMR 2002, 873.
[73] Hierfür genügt zwar nicht das bloße Bestehen eines derartigen Rechts der Eigentümer, wohl aber der Umstand, dass hiervon Gebrauch gemacht wird: BGH NJW 1975, 44, 46.
[74] Minderung gem. § 536 BGB, Schadensersatz gem. § 536 a BGB: BGH NJW-RR 1995, 715; OLG Düsseldorf WuM 1999, 37, oder fristlose Kündigung gem. § 543 Abs. 2 Nr. 1 BGB und Inanspruchnahme des Vermieters auf Ersatz des Kündigungsfolgeschadens.
[75] Vgl. etwa §§ 12 Abs. 4, 16 Abs. 3 und 4, 21 Abs. 5 Nr. 1 und Abs. 7, 22 Abs. 2 WEG.
[76] *Armbrüster/Müller* ZWE 2007, 227, 230 f.; *Schmidt* ZMR 2009, 325, 327 v. a. bezogen auf die **Hausordnung**.
[77] Vgl. hierzu ausführlich mit überzeugenden Gründen *Armbrüster/Müller*, FS f. Seuß, 2007, 1 ff.; *dies.* ZWE 2007, 227, 229; *dies.* ZMR 2007, 321 ff.; s. a. instruktiv *Kümmel* ZWE 2008, 273, 274 ff.
[78] BGH NJW 2007, 432 = NZM 2007, 130 unter II 3; BayObLG NJW-RR 2002, 660.
[79] Vgl. auch BGH NJW-RR 2001, 1208.
[80] OLG München NZM 2003, 445; die hiergegen eingelegte Nichtzulassungsbeschwerde hat der BGH mit Beschluss vom 25. 9. 2003 – V ZR 27/03 – mangels Erreichens des notwendigen Beschwerdewertes von 20.000,00 EUR gem. § 26 Nr. 8 ZPO verworfen. Zu dem Fragenkomplex ausführlich *Hannemann* NZM 2004, 531.

dungen muss der Mieter entweder positives Tun oder pflichtwidriges Unterlassen an den Tag gelegt haben. Die Beeinträchtigung/Störung muss zumindest mittelbar auf seinen Willen zurückgehen[81] bzw. auf einen gefahrenträchtigen Zustand der Mietsache zurückzuführen sein. Zum anderen kann den Mieter auch als **Zustandstörer** dann eine Duldungspflicht (keine Pflicht zur Störungsbeseitigung) treffen, wenn durch ihn die Beeinträchtigung zwar nicht verursacht, aber durch seinen Willen der beinträchtigende Zustand aufrechterhalten wird.[82] Dies setzt zum einen voraus, dass der Mieter die Möglichkeit zur Störungsbeseitigung hat, und zum anderen, dass ihm die Beeinträchtigung zurechenbar ist, wofür allein das Eigentum oder der Besitz nicht genügt.[83] Vielmehr ist in wertender Betrachtung des Einzelfalls zu prüfen, ob die Beeinträchtigung wenigstens mittelbar auf den Willen des Eigentümers oder Besitzers der störenden Sache zurückgeht.[84] Dabei ist entscheidend, dass der Mieter sein Besitzrecht vom (vermietenden) Eigentümer ableitet und daher gegenüber Dritten (hier den übrigen Wohnungseigentümern, nicht des Verbandes, der diese Rechte aber durch Beschluss an sich ziehen kann),[85] die dingliche Ansprüche in Bezug auf die Wohnung geltend machen, keine weitergehenden Rechte haben kann.[86] Unter diesen beiden Voraussetzungen der „Quellenbeherrschung" und der „Zurechenbarkeit" kann also der Rechtsnachfolger eines Handlungsstörers als Zustandsstörer zur Duldung der Störungsbeseitigung verpflichtet sein.[87]

19c Damit ist festzuhalten, dass die Eigentümer(-gemeinschaft) in den Fällen der zweckwidrigen oder sonstigen „überschießenden" (mietrechtlich zulässigen) Nutzung durch den Mieter gleich von Anfang an unmittelbar gegen diesen vorgehen sollte. Dabei erscheint es erwägenswert, den vermietenden Eigentümer zur Geltendmachung der entsprechenden Ansprüche im Wege der Legitimationszession im eigenen Namen zu ermächtigen.[88] So wird der Streit zwischen denen ausgetragen, die er letztlich betrifft und die daher auch das (Prozess-) Risiko und den entsprechenden (Kosten-)Aufwand unmittelbar tragen sollten.

20 d) **Verhältnis Mieter – vermietender Eigentümer.** Wird der Mieter auf Unterlassung in Anspruch genommen, liegt ein Rechtsmangel vor, da der nach dem Wohnraummietvertrag vereinbarte Mietgebrauch wegen des Rechts der Eigentümer nicht ausgeübt werden kann. Hierfür genügt zwar nicht das bloße Bestehen eines derartigen Rechts, wohl aber der Umstand, dass hiervon Gebrauch gemacht wird.[89] Der Mieter kann daher
- die Miete mindern (§ 536 BGB)
- Schadensersatz wegen Nichterfüllung verlangen (§ 536a BGB)[90]
- das Mietverhältnis fristlos kündigen (§ 543 Abs. 2 Nr. 1 BGB) und den Vermieter auf Ersatz des Kündigungsfolgeschadens in Anspruch nehmen.

5. Willensbildungen der Eigentümer über bauliche Veränderungen und die Duldungspflicht des Mieters

21 Die zum 1. 7. 2007 in Kraft getretene WEG-Reform hat nicht nur die Möglichkeiten der Wohnungseigentümer zur Änderung des Betriebskostenumlageschlüssels erleichtert (§ 16 Abs. 3 WEG – vgl. vorstehend unter Rdnr. 9 a. E.), sondern auch Mehrheitsentscheidungen

---

[81] Vgl. BGH NZM 1999, 821 und NJW 2003, 2377.
[82] BGH NJW-RR 2003, 953, 955; NJW-RR 2001, 232.
[83] BGH NJW 2007, 432 = NZM 2007, 130; a. A. noch KG NJW-RR 2006, 1239 = NZM 2006, 636, das die Zustandsstörereigenschaft allein von der Duldungspflicht abgeleitet hat.
[84] BGH NJW 2007, 432 = NZM 2007, 130 m. w. N. unter II 2 (2).
[85] BGH NJW 2006, 2187, 2188 = NZM 2006, 465.
[86] BGH NJW 2007, 432 = NZM 2007, 130; a. A. OLG München NZM 2003, 445; vgl. für den entsprechenden Fall der Rechtsnachfolge im Eigentum BGH NJW-RR 2001, 232; KG NJW-RR 1991, 1421; vgl. auch BGH NJW 1998, 3273.
[87] BGH NJW 2007, 432 = NZM 2007, 130; OLG Düsseldorf ZMR 2008, 731.
[88] Staudinger/*Gursky* § 1004 Rdnr. 139 und 86 unter Hinweis auf BGH WM 1964, 426; OLG Zweibrücken NJW 1981, 129; Palandt/*Bassenge* § 1004 Rdnr. 2 – im Prozess müssen die Voraussetzungen der gewillkürten Prozessstandschaft vorliegen; vgl. auch OLG Düsseldorf ZMR 1996, 28.
[89] BGH NJW 1975, 44, 46.
[90] BGH NJW-RR 1995, 715; OLG Düsseldorf WuM 1999, 37.

bezogen auf bauliche Veränderungen erleichtert (§ 22 Abs. 2 WEG). Soweit sich derartige baulichen Veränderungen bei einer vermieteten Eigentumswohnung auf die „Mietsache" im Sinne der §§ 554 Abs. 1 u. 2, 559 Abs. 1 BGB auswirken, stellt sich daher die Frage, ob und in welchem Umfang der Mieter zur Duldung verpflichtet ist.

Handelt es sich um **Instandhaltungs- oder Instandsetzungsmaßnahmen,** genügt wohnungseigentumsrechtlich ein Mehrheitsbeschluss (§ 21 Abs. 3, 4 u. 5 Nr. 2 WEG) und mietrechtlich ist der Mieter gemäß § 554 Abs. 1 BGB nach rechtzeitiger Information (außer bei Notmaßnahmen) in der Regel zur Duldung verpflichtet, wobei ihm gemäß § 554 Abs. 4 BGB ein Aufwendungsersatzanspruch zusteht und ihm die Gewährleistungsansprüche erhalten bleiben.[91] Handelt es sich dagegen wohnungseigentumsrechtlich um eine **modernisierende Instandsetzung** (wozu gemäß § 22 Abs. 3 WEG ebenfalls ein Mehrheitsbeschluss genügt), wird also angesichts eines aktuellen oder absehbaren Instandsetzungsbedarfs nicht einfach der vormalige Zustand reproduziert, sondern darüber hinaus ein aktueller, zeitgemäßer Standard – sofern wirtschaftlich sinnvoll (Kosten-Nutzen-Analyse) – geschaffen, dann richtet sich nach allgemeiner Meinung die Duldungspflicht des Mieters nach § 554 Abs. 2 BGB.[92] Gleiches gilt für **Modernisierungsmaßnahmen** im Sinne des § 22 Abs. 2 WEG i. V. m. § 559 Abs. 1 BGB. Es bedarf also nicht nur einer Modernisierungsankündigung gemäß § 554 Abs. 3 BGB unter Beachtung der gesetzlichen Form- und Fristvorgaben, sondern auch einer umfassenden Interessenabwägung vor dem Hintergrund der in § 554 Abs. 2 BGB normierten Härtegründe.[93]

Bei **sonstigen baulichen Veränderungen,** die nicht unter die bisher behandelten Fallgruppen fallen und wohnungseigentumsrechtlich der Zustimmung jedes betroffenen Eigentümers bedürfen (§§ 22 Abs. 1, 14 Nr. 1 WEG), richtet sich die Duldungspflicht nach § 242 BGB mit der Folge, dass es einer umfassenden wechselseitigen Interessenabwägung nach den konkreten Umständen des Einzelfalls bedarf unter Berücksichtigung der Notwendigkeit und des sachlichen Grundes, des Umfangs, der Dringlichkeit und der dauernden Folgen der geplanten Maßnahme im Verhältnis zur Zumutbarkeit auf Mieterseite.[94] Gleiches gilt für Maßnahmen zur Barrierefreiheit im Sinne des § 554a BGB.[95] In beiden Fällen bedarf es keiner Ankündigung nach Maßgabe des § 554 Abs. 3 BGB, sondern die an eine Ankündigung zu stellenden Anforderungen richten sich nach den vorstehend aufgelisteten Kriterien im konkreten Einzelfall.[96]

Wohnungseigentumsrechtliche Abwehrmöglichkeiten stehen dem vermietenden Eigentümer kaum zur Seite. Bei Modernisierungen könnte er sich noch auf die unzulässige Veränderung der Eigenart der Wohnanlage im Sinne von § 22 Abs. 2 WEG berufen. Ansonsten spielen „mietrechtliche Nachteile" keine Rolle im Verhältnis des Abwägungsprozesses innerhalb der Willensbildung der Wohnungseigentümer, etwa vor dem Hintergrund der Regelung in § 22 Abs. 2 WEG, dass eine unbillige Beeinträchtigung des einzelnen Wohnungseigentümers vermieden werden muss (womit die Schwelle des § 14 Nr. 1 WEG nach allgemeiner Meinung heraufgesetzt wird). In jedem Fall ist aber bei der Willensbildung der Eigentümer dafür Sorge zu tragen, dass der vermietende Eigentümer die realistische Möglichkeit hat, die formellen und materiellen Voraussetzungen vor allem des § 554 Abs. 2 und 3 BGB gegenüber seinem Mieter einzuhalten.

Fraglich ist, ob ein **unmittelbares Vorgehen der Eigentümer gegen den nicht duldungswilligen Mieter** etwa aus §§ 1004, 906, 903 BGB, ggf. auch analog („nachbarschaftliches Gemeinschaftsverhältnis"), möglich wäre. Wie soeben behandelt (Rdnr. 19 ff.), wäre zwar unter der Voraussetzung der Zustandsstörereigenschaft des Mieters dessen Verpflichtung zur Duldung gegenüber den übrigen Eigentümern bzw. gegenüber dem Verband (sofern dieser die entsprechenden Ansprüche zulässigerweise auf sich übergeleitet hat) theoretisch denkbar. Allerdings dürfen auf diese Art und Weise die zwingenden Vorgaben des § 554 Abs. 2

---

[91] Vgl. im Einzelnen § 19 Rdnr. 77.
[92] Schmidt-Futterer/*Eisenschmid* § 554 Rdnr. 78.
[93] Im Einzelnen § 20 Rdnr. 91 ff.
[94] BGH NJW 2009, 1736 = NZM 2009, 394.
[95] Zu § 554a BGB näher § 20 Rdnr. 178 ff.
[96] BGH NJW 2009, 1736 = NZM 2009, 394.

BGB (vgl. § 554 Abs. 5 BGB) nicht „umgangen" werden. Im Übrigen dürfte sich eine Duldungspflicht des Mieters, die nach Abwägung aller Umstände und Interessen beider Mietvertragsparteien an § 242 BGB scheitert, auch nicht über die §§ 1004, 906, 903 BGB, auch nicht analog, im Verhältnis zu den übrigen Eigentümern begründen lassen.

26   Auch **mietvertragliche Vereinbarungen** lösen die Problematik nicht. Bindungsklauseln des Mieters an Willensbildungen der Wohnungseigentümer scheitern in der Regel an den §§ 305 Abs. 2, 305 b, 305 c Abs. 1, 307 BGB. Theoretisch denkbare Änderungsvorbehalte im Mietvertrag dürfen keinerlei Rückwirkung entfalten, bedürfen sachlicher Gründe und müssen konkret und eindeutig aufgezählt werden, um nicht an den §§ 307, 308 Nr. 4 BGB zu scheitern. Ein Anspruch des vermietenden Wohnungseigentümers gegen seinen Mieter auf Zustimmung zur Duldung lässt sich, wenn er sich nicht schon nach Maßgabe der vorstehenden Erwägungen über § 554 Abs. 1 bzw. Abs. 2 BGB und/oder § 242 BGB begründen lässt, auch nicht über § 313 BGB statuieren, zumal es sich grundsätzlich nicht um eine Änderung der „gemeinsamen Geschäftsgrundlage" handelt, sondern um Umstände, die allein der Sphäre des vermietenden Eigentümers zuzuordnen sind. Näher zu diesem Komplex sogleich unter Ziffer 8. Diese Problematik wird die Rechtsprechung sicherlich noch beschäftigen.

6. Problem der Versorgungssperre[97]

27   Nach überwiegender Auffassung von Rechtsprechung und Schrifttum im **Wohnungseigentumsrecht** kann die Eigentümergemeinschaft gegen einen mit mindestens 6 monatlichen Wohn- bzw. Hausgeldbeträgen säumigen Eigentümer per Mehrheitsbeschluss eine Versorgungssperre verhängen, sofern sie vorher ausdrücklich angedroht wurde,[98] wobei im Fall der vermieteten Einheit die Gemeinschaft die Versorgungssperre auch dem Mieter gegenüber ankündigen müsse.[99] In diesem Beschluss liegt zugleich der auf § 273 BGB gestützte Rechtsgrund für das Betretensrecht der Schuldnerwohnung (des Verwalters oder Dritter als Erfüllungsgehilfen); im Falle der Weigerung bedarf es aber eines Vollstreckungstitels,[100] auch gegenüber dem Mieter.[101]

28   Umstritten ist die Frage, inwieweit eine derartige Sperre bei einer vermieteten Einheit auch gegenüber dem Mieter zulässig ist. Einschlägige Rechtsprechung ist überwiegend im **Gewerberaummietrecht** zu finden: Danach soll die Sperre nur in „besonders gelagerten Fallkonstellationen ... ausnahmsweise" gerechtfertigt sein, wobei ein solcher Ausnahmefall noch nicht vorliege, wenn (nur) ein noch nicht rechtskräftiges Räumungsurteil erlassen sei, und wenn der Mieter die laufenden Betriebskostenvorauszahlungen weiterzahle.[102] Nach anderer Auffassung soll bereits die Beendigung des Mietverhältnisses genügen,[103] sogar schon die fristlose Kündigung wegen Zahlungsverzugs.[104] Diese Rechtsprechung stützt sich auf § 273 BGB und argumentiert, dem Mieter könnten nicht mehr Rechte zustehen als dem vermietenden Eigentümer.[105] Selbst bei **Wohnraummietverhältnissen** soll eine Sperre zulässig sein.[106] Die Gegenmeinung hält dagegen Versorgungssperren generell als verbotene Eigenmacht für unzulässig.[107]

29   Der **BGH** hat für das Gewerberaummietrecht dieser Gegenmeinung eine Absage erteilt, wobei noch ungeklärt ist, ob sich diese Erwägungen auch auf die besonders geschützte Wohnung eines Mieters – und sei es auch nur teilweise – übertragen lassen. Er ist der Auf-

---

[97] Instruktiv *Herrlein* NZM 2006, 527 ff.; *Scholz* NZM 2008, 387 ff. jew. m. w. N.
[98] BGH NJW 2005, 2622 = NZM 2006, 626; BayObLG NJW-RR 2004, 1328 = NZM 2004, 556; KG NJW-RR 2006, 446 = NZM 2006, 23; a. A. OLG Köln NJW-RR 2001, 301 = NZM 2000, 1026.
[99] *Scholz* NZM 2008, 387, 389.
[100] Zur Durchsetzung im Einzelnen *Briesemeister* ZMR 2007, 661 ff.
[101] *Scholz* NZM 2008, 387, 389; *Scheidacker* NZM 2007, 591 ff.
[102] OLG Celle NZM 2005, 741.
[103] BGH NJW 2009, 1947 = NZM 2009, 482; Vorinstanz KG NZM 2007, 923.
[104] KG NJW-RR 2004, 1665 = NZM 2004, 65.
[105] KG NJW-RR 2001, 1307 = NZM 2001, 761.
[106] KG NZM 2002, 221.
[107] OLG Köln NZM 2005, 67; OLG Saarbrücken GuT 2005, 218.

fassung, dass der Besitz als rein tatsächliche Sachherrschaft keinen Anspruch auf eine bestimmte Nutzung verschaffe, sondern allein Abwehransprüche gegen Eingriffe von außen, dies aber auch zugunsten eines unrechtmäßigen Besitzers, der nach Beendigung des Mietvertrages zur Räumung verpflichtet sei. Im Fall einer Versorgungssperre liege aber ein solcher Eingriff nicht vor; der Besitz verleihe kein Recht auf eine fortgesetzte Belieferung mit Versorgungsgütern, sonst müsste auch die Sperre eines Energieversorgers eine Besitzverletzung darstellen. Ein Anspruch des Mieters auf Fortsetzung von Versorgungsleistungen könne sich daher nur aus dem Mietvertrag ergeben oder nach Beendigung des Mietverhältnisses allenfalls nach § 242 BGB im Einzelfall aus sog. nachvertraglichen Pflichten. Diese Pflicht ende aber jedenfalls dann, wenn der Vermieter hierfür kein Entgelt erhalte und ihm durch die weitere Belieferung ein Schaden drohe.[108]

Selbst die Anhänger der Zulässigkeit einer Versorgungssperre auch gegenüber dem Mieter verneinen allerdings einen Anspruch auf **Zutritt zur Mietwohnung und Duldung** des Absperrens der dort befindlichen Versorgungsanlagen.[109] Dies überzeugt nicht, Anspruchsgrundlage hierfür ist vielmehr § 1004 BGB (vgl. soeben Rdnr. 19 ff.). Alle hierfür nach **BGH** erforderlichen Voraussetzungen sind in derartigen Fällen in der Regel erfüllt: Der Mieter hält im Falle der Weigerung, das Betreten der Wohnung zu dulden, die Störung willentlich aufrecht, obwohl der die Möglichkeit zur Beseitigung der im zuzurechnenden Störung hat.[110]

7. Mängel im Gemeinschaftseigentum

Der Anspruch des Mieters einer Eigentumswohnung gegenüber seinem Vermieter auf Mangelbeseitigung (§ 535 Abs. 1 Satz 2 BGB) wird dadurch, dass hierfür Eingriffe in das Gemeinschaftseigentum erforderlich sind, nicht berührt. Dies gilt selbst dann, wenn ein hierfür wohnungseigentumsrechtlich erforderlicher Beschluss der Eigentümergemeinschaft noch nicht vorliegt oder sich die Eigentümergemeinschaft sogar weigert, eine Willensbildung über eine entsprechende Instandsetzungs- oder Instandhaltungsmaßnahme vorzunehmen. Dies alles kann den Vermieter gegenüber seinem Mieter nicht entlasten. Dabei spielt es ebenfalls keine Rolle, ob der Vermieter selbst Eigentümer der Wohnung ist[111] oder ob er seinerseits die Wohnung vom Eigentümer gemietet hat.[112]

Zu erwägen wäre, ob dem Mieter im Falle der (unberechtigten) Weigerung der Eigentümergemeinschaft, an der Mangelbeseitigung mitzuwirken, gewissermaßen spiegelbildlich zu seiner direkten Inanspruchnahme durch die Gemeinschaft über § 1004 BGB (vgl. soeben Rdnr. 19) ein unmittelbarer Anspruch gegen die Gemeinschaft zusteht. Schuldrechtlich bestehen insoweit nur Ansprüche gegen den Vermieter. Denkbar wären aber Anspruchsgrundlagen aus dem Sachenrecht aufgrund der durch den Mangel ausgelösten Beeinträchtigungen: Mangels eigentumsähnlicher Stellung scheidet zwar § 1004 BGB aus; denkbar wäre aber ein **Anspruch aus § 862 BGB**, der jedenfalls bezogen auf die Mangelbeseitigung in der Regel schneller und zielführender sein kann, als zunächst ein Vorgehen gegen den Vermieter.

Dem Mieter stehen neben dem Anspruch auf Mangelbeseitigung uneingeschränkt Minderungsansprüche (§ 536 BGB), Zurückbehaltungsrechte (§§ 273, 320 BGB) und auch das Recht zur fristlosen Kündigung (§ 543 Abs. 2 Nr. 1 BGB) zu. Das Recht zur Selbstbeseitigung auf Kosten des Vermieters (§ 536a Abs. 2 Nr. 2 BGB) kann der Mieter allerdings nur dann durchsetzen, wenn die übrigen Eigentümer damit einverstanden sind.

8. Anpassungsklauseln an wohnungseigentumsrechtliche Bindungen

Die vorstehenden Ausführungen legen es nahe, im Wohnraummietvertrag durch entsprechende Regelungen zu versuchen, den Mieter an die Willensbildungen der Eigentümerge-

---

[108] BGH NJW 2009, 1947 = NZM 2009, 482.
[109] KG NJW-RR 2006, 658 = NZM 2006, 297; *Scheidacker* NZM 2007, 591 ff.
[110] BGH NJW 2007, 432 = NZM 2007, 130; a. A. noch KG NJW-RR 2006, 1239 = NZM 2006, 636, das die Zustandsstörereigenschaft allein von der Duldungspflicht abgeleitet hat.
[111] KG NJW-RR 1990, 1166.
[112] OLG Zweibrücken NJW-RR 1995, 270.

meinschaft zu binden. **Individualvertraglich** sind insoweit lediglich über §§ 134, 138 und 242 BGB Grenzen gesetzt, auch im Hinblick auf entsprechende Änderungsvorbehalte, wobei dann dem Mieter die jeweiligen Änderungsbeschlüsse der Eigentümergemeinschaft mitgeteilt werden müssen.[113] Meistens dürfte es sich aber um **formularvertragliche Regelungen** handeln:

35 Die Mietvertragsparteien können vereinbaren, den Mietgebrauch z.B. durch die **bereits bestehenden Wohnungseigentümerbeschlüsse** zu konkretisieren. Dabei ist aber zum einen § 305 Abs. 2 BGB zu beachten mit der Folge, dass diese Beschlüsse dem Mieter zur Kenntnis gebracht werden müssen. Zum anderen darf dadurch nicht der Eindruck entstehen, abweichende individuelle Vereinbarungen zwischen den Parteien des Wohnraummietverhältnisses seien nachrangig (§ 305b BGB). Der Überraschungseffekt nach § 305c Abs. 1 BGB muss vermieden werden[114] und es darf zu keiner Benachteiligung des Mieters führen, die eine Unwirksamkeit nach § 556 Abs. 4 BGB zur Folge hätte.[115] Diese mietrechtliche Rechtslage wird durch einen Beschluss der Eigentümer etwa über die Abrechnung grundsätzlich nicht berührt.[116]

36 Die vorformulierte Bindung des Mieters an **künftige Wohnungseigentümerbeschlüsse** bedarf eines Änderungsvorbehaltes, der wiederum die Vorgaben in § 308 Nr. 4 BGB beachten muss. Hierfür ist eine Prüfung im jeweiligen konkreten Einzelfall erforderlich. Allgemein lässt sich festhalten, dass die jeweilige Änderung unter Berücksichtigung der Interessen des Vermieters grundsätzlich dann für den Mieter zumutbar ist, wenn ihm nicht zusätzliche, im Mietvertrag ansonsten nicht vereinbarte Verpflichtungen (z.B. Reinigungs- und Räumpflichten) auferlegt bzw. bereits mietvertraglich eingeräumte Rechte (etwa die Gestattung der Tierhaltung) nachträglich entzogen werden. Daher entfaltet z.B. eine Änderung des Umlageschlüssels für die Betriebskosten durch die Wohnungseigentümer – selbst bei entsprechender Vereinbarung im Mietvertrag[117] – keine Wirkungen zu Lasten des Mieters.[118]

9. Der Umwandlungsfall

Wird eine Mietwohnung während eines bestehenden Mietverhältnisses in eine Eigentumswohnung umgewandelt, sind folgende Besonderheiten zu beachten:

37 a) **Aufteilungsprobleme („Umwandlungsfalle")**. Bei Umwandlung in Wohnungseigentum kann es dazu kommen, dass die Mietsache verschiedene neue Eigentümer und damit mehrere Vermieter erhält. So werden z.B. die **mitvermieteten Keller** häufig als Gemeinschaftseigentum ausgewiesen. Wenn die einzelnen Wohnungen dann veräußert sind, sieht sich der Mieter, der schon vor der Aufteilung angemietet hatte, zwei Berechtigten gegenüber: Für seine Wohnung zeichnet der Wohnungskäufer verantwortlich, und für seinen Keller die Gemeinschaft aller Wohnungseigentümer. Findige Mietrechtler haben daraus die Konsequenz gezogen, dass Mietzahlungsansprüche, Kündigungs- oder Mieterhöhungsrechte nur vom Wohnungskäufer und den übrigen Wohnungseigentümern ausgeübt werden könnten. Wenn der Wohnungskäufer allein klage, fehle es an der Aktivlegitimation. Der Mieter könnte sich dann zurücklehnen: Der Vermieter sitzt in der „Umwandlungsfalle".

38 Der BGH hat hierzu klargestellt: „Der Erwerber einer vermieteten Eigentumswohnung ist alleiniger Vermieter ...".[119] Der BGH gewinnt dieses Ergebnis dogmatisch aus einer einschränkenden Anwendung des § 566 Abs. 1 BGB. Er erschließt aus der Rechtsgeschichte,

---

[113] Die Frage, ob die im mietvertraglich individuell vereinbarte Bindung des Mieters an Beschlüsse der Eigentümer wirksam ist, ist streitig: unwirksam: *Schmid* DWW 1990, 352; einschränkend: *Geldmacher* DWW 1990, 208; wirksam: LG Düsseldorf DWW 1990, 51.
[114] *Sternel* I Rdnr. 329; a. A. *Abramenko* ZMR 1999, 678 f.
[115] Schmidt-Futterer/*Langenberg* § 556 Rdnr. 318; zum preisgebundenen Wohnraum vgl. AG Wuppertal WuM 1990, 560.
[116] AG Dortmund WuM 1981, 229.
[117] *Lamme*, Wohnraummietrecht, 2. Aufl., § 556 Rdnr. 15 f.
[118] *Blank* DWW 1992, 69; *Kinne* GE 1998, 843; differenzierend Schmidt-Futterer/*Langenberg* § 556a Rdnr. 18 bei Unbilligkeit aufgrund von sachlichen Veränderungen.
[119] NZM 1999, 553.

dass diese Vorschrift dazu dient, eine Schlechterstellung des Mieters beim Verkauf des Mietobjekts zu vermeiden. Er folgert daraus weiter, dass die Vorschrift nicht dazu dient, den Mietvertrag zu verändern oder zu „verkomplizieren". Das folge außerdem aus dem Grundsatz der Einheitlichkeit des Mietverhältnisses.

Die Rechtslage ist nicht anders, als wenn der Wohnungskäufer das Sondereigentum an Wohnung und Kellerraum erworben hätte. Der vermietende Wohnungskäufer kann also auch dann die Vermieterrechte allein geltend machen, wenn die Kellerräume sich im Eigentum aller Wohnungseigentümer befinden. Die Umwandlungsfalle ist passé.

Zu beachten ist, dass dies nicht gilt, wenn z. B. das Sondereigentum an der Mietwohnung und daneben Sondereigentum an einer **mitvermieteten Garage** oder ein Sondernutzungsrecht an einem **mitvermieteten Stellplatz** besteht. Im Verkaufsfall erhält der ursprüngliche Mieter dann ggf. 2 Vermieter mit gesamtschuldnerischer Bindung. Der vorzitierte Rechtsentscheid des BGH gilt für diese Fälle nicht.

b) Vorkaufsrecht des Mieters. Nach der zwingenden Vorschrift des § 577 BGB steht dem Mieter ein Vorkaufsrecht für den Fall zu, dass die Mietwohnung nach Abschluss des Mietvertrages in eine Eigentumswohnung umgewandelt wird. Entsprechendes gilt nach § 2 b WoBindG bei einer preisgebundenen Wohnung. Dies soll sogar – in analoger Anwendung der §§ 577, 577 a BGB – gelten, wenn ein Gesamtgrundstück real in (vermietete) Einzelgrundstücke aufgeteilt und diese dann veräußert werden.[120]

Aus § 577 Abs. 1 Satz 3 BGB ergibt sich nunmehr ausdrücklich, dass die Vorschriften über das **vertragliche Vorkaufsrecht** nach den §§ 504 ff. BGB anzuwenden sind, insbesondere die **Zweimonatsfrist** des § 510 Abs. 2 Satz 1 BGB für die Ausübung des Vorkaufsrechts ab Mitteilung des Vertrages mit dem Dritten an den Mieter. Dies entspricht bereits der vor dem Inkrafttreten der Mietrechtsreform bestehenden einhelligen Meinung. Das Recht steht dem Mieter nur für **den ersten Verkauf** nach der Umwandlung zu,[121] also nicht, wenn die Eigentumswohnung vor dem 1. 9. 1993, dem Inkrafttreten der Vorgängervorschrift des § 577 BGB (§ 570 b BGB a. F.) bereits einmal verkauft worden war und danach erneut verkauft wird.[122]

Das Vorkaufsrecht ist gem. § 512 BGB ausgeschlossen, wenn der Verkauf im Wege der **Zwangsvollstreckung** oder durch den **Insolvenzverwalter** erfolgt. Ebenso entfällt das Vorkaufsrecht des Mieters, wenn die Wohnräume an einen Familienangehörigen des Vermieters oder einen Angehörigen seines Haushalts veräußert werden (§ 577 Abs. 1 Satz 2 BGB). Dennoch handelt es sich dabei um den ersten Verkaufsfall, so dass beim Weiterverkauf (also der zweite Verkaufsfall) kein Vorkaufsrecht mehr besteht.[123] Im Falle des Todes des Mieters geht das Vorkaufsrecht auf die Eintrittsberechtigten nach § 563 Abs. 1 und 2 BGB über (§ 577 Abs. 4 BGB).

Der neu eingeführte § 577 Abs. 3 BGB statuiert für die Ausübung des Vorkaufsrechts **Schriftform**. Die bisherige, auf § 505 Abs. 1 BGB gestützte höchstrichterliche Rechtsprechung ist damit überholt.[124]

Dem Mieter steht das Vorkaufsrecht nur dann zu, wenn Gegenstand des Kaufvertrags die einzelne Wohnung ist, selbst wenn ein Teil der Wohnungen gemeinsam („en bloc") verkauft wird, auch ohne Teilkaufpreise zu bestimmen.[125] Wird dagegen **das Gebäude als solches verkauft**, hat der Mieter kein Vorkaufsrecht.[126] Anders dann, wenn zuvor die Aufhebung des Sondereigentum vereinbart wurde (§ 4 WEG), dann das Gebäude nach Schließung der Wohnungsgrundbücher gem. § 9 WEG veräußert wird und danach plangemäß eine erneute Aufteilung in Wohnungseigentum erfolgt. § 577 BGB ist dann wegen des **Umgehungstatbestandes** einer derartigen Vertragsgestaltung entsprechend anzuwenden.[127] Weiter erstreckt

---

[120] BGH NJW 2008, 2257 = NZM 2008, 569.
[121] BayObLG NZM 2001, 747.
[122] BGH NJW 2007, 2699 = NZM 2007, 640; NJW 2006, 1869 = NZM 2006, 505.
[123] BGH NJW 2007, 2699 = NZM 2007, 640.
[124] BGH NZM 2000, 858.
[125] BGH NJW 2007, 2699 = NZM 2007, 640.
[126] *Wirth* NZM 1998, 390, 392.
[127] Schmidt-Futterer/*Blank* § 577 Rdnr. 16 a. E. m. w. N.

sich das Vorkaufsrecht nur auf die vermietete Wohnung und deren Verkauf und nur bei einem einheitlichen Mietvertrag auch auf eine etwa mit gemietete **Garage**.[128]

46 Macht der Mieter von seinem Vorkaufsrecht Gebrauch, entsteht einmal der Kaufvertrag mit dem Ersterwerber und zum anderen der Kaufvertrag mit dem Mieter. Allerdings wird der Mieter durch Bestimmungen, die nicht zum Wesen eines Kaufvertrages gehören, sondern dort einen Fremdkörper darstellen, nicht gebunden.[129] **Beide Käufer haben einen Erfüllungsanspruch**, aber nur einer kann erfüllt werden. Maßgeblich ist daher, welcher Antrag etwa auf Eintragung einer Vormerkung zuerst beim Grundbuchamt eingegangen ist – § 883 Abs. 2 BGB.[130] Tritt der Mieter in Ausübung seines Vorkaufsrechts in den vom Vermieter geschlossenen Kaufvertrag über ein unter **Zwangsverwaltung** stehendes Objekt ein, richtet sich der Eigentumsverschaffungsanspruch des Mieters gegen den Vermieter und nicht gegen den Zwangsverwalter, dem gegenüber dem Mieter bis zur Eigentumsübertragung kein Zurückbehaltungsrecht gegenüber dessen Mietzahlungsanspruch aus §§ 535 BGB, 152 ZVG) zusteht.[131]

47 Vereitelt der Vermieter durch eine **sittenwidrige Preisgestaltung** das Vorkaufsrecht des Mieters, so bleibt zwar der Kaufvertrag, sofern er eine salvatorische Klausel enthält, grundsätzlich wirksam. Der Mieter hat dann aber einen Schadensersatzanspruch in Höhe der Differenz zwischen dem Verkehrswert der Wohnung und dem – ggf. anteiligen – Kaufpreis.[132]

48 **c) Besonderheiten bei der Kündigung des Erwerbers.** § 577a BGB fasst die bisherigen Regelungen in den §§ 564b Abs. 2 Nr. 2 Sätze 2 bis 4 und Abs. 3 Satz 4 BGB a. F. sowie das so genannte Gesetz über eine Sozialklausel in Gebieten mit gefährdeter Wohnungsversorgung vom 22. 4. 1993[133] zusammen. Dabei bleibt es bei der bisherigen Kombination einer bundeseinheitlichen Mindestkündigungssperrfrist von drei Jahren mit einer Verordnungsermächtigung der Landesregierungen und somit bei **abgestuften Kündigungssperrfristen** im Veräußerungsfall.[134] Ebenso bleibt es dabei, dass der Eintritt dieser Kündigungssperre voraussetzt, dass die **Umwandlung nach der Überlassung der Wohnung an den Mieter** erfolgt ist, unabhängig davon, ob die Wohnungen ggf. von Anfang an als Eigentumswohnungen geplant worden sind.[135] Dabei rückt auch ein Eintrittsberechtigter i. S. v. § 563 BGB, der zur Zeit der Begründung des Wohnungseigentums mit dem verstorbenen Mieter in der umgewandelten Wohnung gelebt hat, auch im Hinblick auf die Wartefrist in die Rechtsposition des verstorbenen Mieters ein.[136] Die unter der Geltung des Sozialklauselgesetzes noch bestehende zusätzliche Sozialklauselbestimmung nach Wegfall der Kündigungssperre ist entfallen.

Somit besteht folgendes – zu Lasten des Mieters unabdingbare – **System**:

49
- Bundeseinheitliche **Sperrfrist von drei Jahren** für Eigenbedarfs- und Verwertungskündigungen nach § 573 Abs. 2 Nr. 2 und 3 BGB (§ 577a Abs. 1 BGB). **Andere Kündigungsgründe** bleiben unberührt.[137]
- Verlängerung der Sperrfrist auf **bis zu zehn Jahren**, wenn die Landesregierungen eine Rechtsverordnung erlassen haben, in der Gebiete ausgewiesen sind, in denen die ausreichende Versorgung der Bevölkerung mit Mietwohnungen zu angemessenen Bedingungen in einer Gemeinde oder einem Teil einer Gemeinde gefährdet ist (§ 577a Abs. 2 BGB). Hierfür haben die Landesregierungen entsprechend der Mindestkündigungssperrfrist drei Jahre Zeit (Art. 229 § 3 Abs. 6 EGBGB).

---

[128] Schmidt-Futterer/*Blank* § 577 Rdnr. 4 a. E., 11.
[129] BGH NJW 1996, 654; OLG Düsseldorf MDR 1999, 800.
[130] Eingehender zum Auflassungsanspruch Schmidt-Futterer/*Blank* § 577 Rdnr. 59 ff.
[131] BGH NZM 2009, 151.
[132] BGH NJW-RR 2005, 1534 = NZM 2005, 779.
[133] BGBl. I S. 487 ff.
[134] Unter Veräußerung fällt dabei auch die Übertragung von Wohnungseigentum in Erfüllung eines Vermächtnisses: BayObLG NZM 2001, 747.
[135] *Blank*/*Börstinghaus* 2. Aufl., § 577 Rdnr. 7.
[136] BGH Urt. v. 9. 7. 2003 – VIII ZR 26/03 – NJW 2003, 3265.
[137] Herrlein/Kandelhard/*Herrlein* § 577a Rdnr. 5.

Folgende Länder haben von der Verordnungsermächtigung Gebrauch gemacht: 50
Baden-Württemberg (GVBl. 2001, 685) für die Zeit von 1. 1. 2002 bis 31. 12. 2006 auf 10 Jahre für Freiburg, Heidelberg, Konstanz, Mannheim, Tübingen;
Bayern (GVBl. 2001, 368) für die Zeit von 1. 10. 2001 bis 30. 9. 2011 auf 10 Jahre für 104 Gemeinden;
Berlin (GVBl. 2004, 294) für die Zeit von 1. 9. 2004 bis 31. 8. 2011 auf 7 Jahre für 7 Bezirke;
Hamburg (GVBl. 2004, 30) für die Zeit von 1. 2. 2004 bis 31. 1. 2014 auf 10 Jahre;
Hessen (GVBl. 2004, 262) für die Zeit von 1. 9. 2004 bis 30. 12. 2009 auf 10 Jahre für 11 Gemeinden (u.a. Darmstadt, Frankfurt/M, Wiesbaden);
Nordrhein-Westfalen (GVBl. 2004, 238) für die Zeit von 1. 9. 2004 bis 31. 8. 2014 auf 8 Jahre für 57 Gemeinden und 6 Jahre für weitere 48 Gemeinden.

Die **Verordnung in Baden-Württemberg** ist in I. Instanz mit Erfolg angegriffen worden: 51
das AG Mannheim hat die Verordnung für **verfassungswidrig** erklärt, da sie nicht nach der Wohnungssituation in einzelnen Stadtteilen differenziere und ohne sachliche Begründung unter Beachtung des Grundsatzes der Verhältnismäßigkeit gleich das gesetzlich zulässige Höchstmaß von 10 Jahren festsetze.[138] Danach würde lediglich die 3-jährige Sperrfrist des BGB gelten.

Für den **Beginn der Kündigungssperrfrist** ist der erste Veräußerungsfall im jeweiligen 52
Anwesen maßgeblich. Bei weiteren Veräußerungen wird die Kündigungssperrfrist nicht erneut im Lauf gesetzt.[139]

Noch nicht geklärt ist, ob der **Wegfall landesrechtlicher Verordnungen** nach Verkauf an 53
einen Erwerber die zum Zeitpunkt des Eigentumswechsels geltende Sperrfrist von 10 Jahren auf 3 Jahre (nachträglich) verkürzt. Die Sperrfrist beginnt nach allgemeiner Meinung mit der Eintragung des ersten Erwerbers im Grundbuch und kann rechtswirksam erst nach Fristablauf ausgesprochen werden.[140] Von besonderen Vertrauensschutzerwägungen abgesehen (z.B. Nicht-Ausübung des Vorkaufsrechts durch den Mieter im Vertrauen auf die 10-jährige Sperrfrist), kommt es daher darauf an, welche Sperrfrist zu diesem Zeitpunkt gilt.

Ansonsten bleibt die **obergerichtliche Rechtsprechung** unter der Geltung des bisherigen 54
Sozialklauselgesetzes weiterhin gültig:
- Kündigung vor dem 1. 5. 1993[141]
- Veräußerung vor dem 1. 8. 1990[142]
- Veräußerung vor dem 1. 5. 1993.[143]

Gesetzlich ungeregelt und damit von einer Kündigungssperre nicht erfasst bleiben nach 55
wie vor diejenigen Fälle, in denen die Mietwohnungen trotz Aufteilung nach §§ 3 oder 8 WEG **von einer BGB-Gesellschaft erworben** werden mit einer gesellschaftsrechtlichen Zuordnung der einzelnen Wohnungen zur ausschließlichen Nutzung an die Gesellschafter.[144]

§ 577a BGB ist seit dem 1. 9. 2001 anwendbar mit folgenden **Übergangsregelungen** gemäß Art. 229 § 3 Abs. 6 EGBGB: 56
- Befindet sich der vermietete Wohnraum am 1. 9. 2001 in einem Gebiet, für das in gem. § 564b Abs. 2 Nr. 2 auch i. V. m. Nr. 3 BGB a. F. oder dem Sozialklauselgesetz eine Kündigungssperrfrist von fünf oder zehn Jahren angeordnet wurde, ist diese Beschränkung noch bis zum 31. 8. 2004 anzuwenden.
- Ein am 1. 9. 2001 bereits verstrichener Teil der Sperrfrist ist auf die Fristen nach § 577a BGB anzurechnen.

---

[138] AG Mannheim WuM 2005, 467.
[139] BayObLG WuM 1982, 46.
[140] Schmidt-Futterer/*Blank* § 577a Rdnr. 16f.
[141] BayObLG NJW-RR 1995, 1034.
[142] OLG Hamburg NJW-RR 1997, 460; OLG Hamm NJW-RR 1998, 153; KG NJW-RR 1996, 1226.
[143] BGH NZM 2001, 188; OLG Stuttgart NJW-RR 1995, 908.
[144] BGH NJW 1994, 2542; BayObLG WuM 1974, 189; KG NJW-RR 1987, 847; OLG Karlsruhe NJW 1990, 3278.

- § 577 a BGB ist nicht anzuwenden auf eine Kündigung des Erwerbens nach § 573 Abs. 2 Nr. 3 BGB (Verwertungskündigung), wenn die Veräußerung vor dem 1. 9. 2001 erfolgt ist und sich die veräußerte Wohnung nicht in einem von einer Kündigungssperrfrist betroffenen Gebiet befindet.

II. Die Werkswohnung

1. Die Werkmietwohnung (§ 576 BGB)

57 Die Überlassung einer **Werkmietwohnung** an einen zur Dienstleistung Verpflichteten erfolgt auf Grund eines eigenständigen Mietvertrages. Die Vermietung erfolgt zwar mit Rücksicht auf das Bestehen eines Dienstverhältnisses, dieses ist Motiv für den Abschluss des Werkmietvertrages, Werkmietvertrag sowie Dienstvertrag sind jedoch getrennte, unabhängige Verträge.[145] Daher kann Vermieter sowohl der Dienstberechtigte/Arbeitgeber als auch ein Dritter sein, der dem Dienstberechtigten auf Grund eines Vertrages (Werkförderungsvertrages) verpflichtet ist, seine Wohnungen für Dienstverpflichtete zu Verfügung zu stellen (Wohnungsbelegungsrecht).[146]

Hiervon zu unterscheiden ist das Rechtsverhältnis über eine **Werkdienstwohnung**. Die Überlassung der Wohnung erfolgt hier im Rahmen eines Dienstverhältnisses, sie stellt einen Teil der dem Dienstberechtigten gegenüber dem Dienstverpflichteten obliegenden Gegenleistung dar (§ 576 b BGB), ein besonderer Mietvertrag wird nicht abgeschlossen.[147]

58 a) **Mietvertrag.** Bei der Werkmietwohnung sind zwei unterschiedliche Vertragstypen zu unterscheiden, nämlich Mietverträge über **gewöhnliche Werkmietwohnungen** und solche über so genannte **funktionsgebundene Werkmietwohnungen**. Der Unterschied ist der, dass der Mieter einer **funktionsgebundenen** Werkmietwohnung die Wohnung in engem Zusammenhang mit der dienstvertraglich geschuldeten Leistung überlassen erhält, da die Art seiner Tätigkeit im Rahmen des Dienstverhältnisses ein Wohnen in der Nähe des Arbeitsplatzes erfordert; es muss ein sachlicher und räumlicher Zusammenhang zwischen Dienstverhältnis und der Wohnraumüberlassung vorliegen.[148] Die Wohnung ist somit einem bestimmten Kreis von Mitarbeitern, die besondere vorbestimmte Funktionen im Betrieb ausüben, vorbehalten. Die Zweckbestimmung der Wohnung für diese Funktion besteht und bleibt bestehen auch nach dem Ausscheiden des Mieters aus dem Dienstverhältnis. Die Wohnung muss daher in unmittelbarer Nähe zur Stätte der Dienstleistung liegen.[149]

Beispiele:
Pförtner, Hausmeister, Klinikarzt, Pflegepersonal eines Krankenhauses, Angehörige der Betriebsfeuerwehr.

59 Demgegenüber liegt ein Rechtsverhältnis über eine **gewöhnliche Werkmietwohnung** dann vor, wenn der Dienstverpflichtete die Wohnung mit Rücksicht auf das Arbeitsverhältnis auf Grund besonderen Mietvertrages bewohnt, ohne dass er eine besondere Funktion im Betrieb ausüben müsste.[150]

Im Mietvertrag bedarf es des Hinweises, d. h. der Vereinbarung, dass die Wohnung als gewöhnliche Werkmietwohnung vermietet wird oder aber als funktionsgebundene Werk-

---

[145] Bub/Treier/*Grapentin* IV Rdnr. 125; Emmerich/Sonnenschein/*Haug* Miete § 576 b BGB Rdnr. 2 ff.; Staudinger/*Rolfs* (2006) § 576 Rdnr. 5.
[146] *Grapentin* a.a.O. Rdnr. 126; Emmerich/Sonnenschein/*Haug* Miete § 576 b BGB Rdnr. 3; Schmidt-Futterer/*Blank* Vor. § 565 BGB Rdnr. 7; Staudinger/*Rolfs* (2006) § 576 Rdnr. 12.
[147] BAG WuM 1990, 284; WuM 1993, 353; Staudinger/*Rolfs* (2006) § 576 b Rdnr. 4; Emmerich/Sonnenschein/*Haug* § 576 b Rdnr. 5.
[148] Emmerich/Sonnenschein/*Haug* Miete § 576 b BGB Rdnr. 17; Schmidt-Futterer/*Blank* § 576 BGB Rdnr. 14; Bub/Treier/*Grapentin* IV Rdnr. 130.
[149] LG Berlin GE 1989, 511; GE 1990, 313; AG Berlin-Schöneberg GE 1990, 1095.
[150] Emmerich/Sonnenschein/*Haug* § 576 b BGB Rdnr. 17; Palandt/*Weidenkaff* § 576 Rdnr. 4 BGB; Erman/*Jendrek* § 576 BGB Rdnr. 11.

mietwohnung, da hiervon gemäß § 576 BGB die Länge der Kündigungsfrist abhängt (vgl. Rdnr. 24, 25).

So könnte bei einer **einfachen** Werkmietwohnung in etwa formuliert werden wie folgt:

> **Formulierungsvorschlag:**
>
> Die Werkmietwohnung wird dem Mieter im Hinblick auf seine Tätigkeit als ...... im Betriebe der Firma C. H. Beck während der Dauer des Dienstverhältnisses überlassen.

Demgegenüber sollte bei einer **funktionsgebundenen** Werkmietwohnung ausdrücklich auf die Funktionsgebundenheit der Wohnung im Vertrag hingewiesen werden, etwa wie folgt:

> **Formulierungsvorschlag:**
>
> Die Werkmietwohnung wird als funktionsgebundene Wohnung für den jeweiligen Oberarzt der Klinik xy zur Verfügung gestellt. Sie wird ab 1. 1. 2000 dem derzeitigen Oberarzt Dr. M. überlassen.

Die Annahme eines Werkmietverhältnisses setzt zunächst voraus, dass ein Dienstverhältnis in Form einer **weisungsgebundenen und abhängigen Tätigkeit** vorliegt, wobei ausreichend ist, wenn das Dienstverhältnis gemeinsam mit Abschluss des Mietvertrages begründet wird.[151] Weiter ist erforderlich, dass der Dienstvertrag **Geschäftsgrundlage** für den Mietvertrag ist.

Ein Werkmietverhältnis im Sinne der §§ 565 ff. BGB liegt auch vor, wenn eine Wohnung auf Grund privatrechtlicher Grundlage Beamten, Angestellten oder Arbeitern des öffentlichen Dienstes vermietet worden ist;[152] ist die Dienstwohnung einem Angehörigen dieses Personenkreises ohne Abschluss eines Mietvertrages zugewiesen worden, gilt dies nicht, vielmehr findet öffentliches Recht Anwendung.[153]

Besteht das Mietverhältnis bereits und wird zeitlich danach das Dienstverhältnis abgeschlossen, ist die Begründung eines Werkmietverhältnisses nicht mehr möglich, da diese Vereinbarung die Rechte des Mieters im Hinblick auf Kündigungsfristen sowie Widerspruch verkürzen, somit gegen zwingendes Recht, nämlich die Vorschriften der §§ 573c Abs. 4, 574 Abs. 3 BGB verstoßen würde.[154] Das abgeschlossene Mietverhältnis unterliegt in diesem Fall vielmehr den allgemeinen Regeln des Mietrechts, ohne dass dem Vermieter ein Sonderkündigungsrecht zusteht.

Die Parteien können jedoch das bestehende Mietverhältnis einvernehmlich aufheben, sodann ein Werkmietverhältnis und gleichzeitig ein separates Dienstverhältnis begründen.[155] Vermieter auf Grund des Werkmietvertrages kann einmal der Arbeitgeber sein, zu dem der Mieter in einem Dienstverhältnis steht. Es bestehen dann zwei selbstständige Verträge, einmal der Dienstvertrag, zum anderen hiervon getrennt, der Mietvertrag.

---

[151] Schmidt-Futterer/*Blank* Vor § 576 BGB Rdnr. 3; Emmerich/Sonnenschein/*Haug* § 576 b BGB Rdnr. 2.; Erman/*Jendrek* § 576 Rdnr. 6; Staudinger/*Rolfs* (2006), § 576 BGB Rdnr. 6.

[152] Schmidt-Futterer/*Blank* Vor § 576 BGB Rdnr. 4; Bub/Treier/*Grapentin* Rdnr. IV 126; differenzierend Staudinger/*Rolfs* § 576 Rdnr. 7: bejahend bei Angestellten und Arbeitern des öffentlichen Dienstes, wenn privatrechtliches Arbeitsverhältnis, verneinend bei öffentlich-rechtlichem Dienstverhältnis der Beamten und Soldaten.

[153] Schmidt-Futterer/*Blank* Vor § 576 BGB Rdnr. 3.

[154] AG Hamburg WuM 1985, 152: für längere Zeit nach Begründung des Mietverhältnisses abgeschlossenen Hauswartvertrag; Schmidt-Futterer/*Blank* Vor § 576 BGB Rdnr. 4; Staudinger/*Rolfs* (2006) §§ 576 BGB Rdnr. 14; Emmerich/Sonnenschein/*Haug* § 576 b BGB Rdnr. 4; a. A. Fischer-Dieskau/Pergande/Schwender/Franke Bd. 6, § 565 Anm. 3; *Burkhard* WuM 1965, 89.

[155] S. Fn. 114.

66 **Vermieter** kann jedoch auch ein **Dritter** sein. Dies ist dann der Fall, wenn ein beliebiger Dritter von einem Arbeitgeber/Unternehmer ein Darlehen zur Errichtung oder Modernisierung des Hauses erhält und sich in einem Vertrag (Werkförderungsvertrag) dem Arbeitgeber/Unternehmer gegenüber verpflichtet, die Wohnungen nur an Arbeitnehmer des Arbeitgebers zu vermieten (**Belegungsrecht**) und nur zu einem in der Höhe beschränkten Mietzins (Mietpreisbindung).[156] In diesen Fällen ist Vermieter ein Dritter, Mieter ist der Arbeitnehmer, der gleichzeitig Dienstverpflichteter des Arbeitgebers (Darlehensgebers) ist.

67 Der Arbeitgeber/Darlehensgeber kann das ihm vom Vermieter eingeräumte Belegungsrecht auch durch die Eintragung einer beschränkt persönlichen Dienstbarkeit im Grundbuch absichern lassen, welche den Inhalt hat, dass die Wohnungen des Hauses nur einem besonderen Personenkreis überlassen werden dürfen.[157] Dies ist sinnvoll für den eventuellen Fall der Veräußerung des Grundstücks an einen Dritten; denn dieser tritt zwar kraft Gesetzes (§ 566 BGB) in den Mietvertrag ein, nicht jedoch in die durch den Darlehensvertrag zwischen Arbeitgeber (Darlehensgeber) und Vermieter (Darlehensnehmer) eingegangenen Verpflichtungen im Hinblick auf Belegungsrecht und Mietpreisbindung.[158] Das Belegungsrecht bleibt auch dann bis zum Ablauf der vereinbarten Zeit bestehen, wenn der Vermieter das Darlehen vorzeitig zurückzahlt.[159]

68 Im Rahmen des Werkförderungsvertrages zwischen Darlehensnehmer (Vermieter) und Darlehensgeber (Arbeitgeber) können auch Regelungen für die abzuschließenden Mietverhältnisse zwischen Mieter und Vermieter getroffen werden, etwa dass eine Mieterhöhung für einen bestimmten Zeitraum ausgeschlossen ist,[160] oder dass im Verhältnis zwischen Vermieter und Mieter nur die gesetzlich zulässige Kostenmiete vereinbart werden darf;[161] diese ist dann nach den Grundsätzen der **WoFG** zu erhöhen. Der Arbeitgeber wird weiterhin im Werkförderungsvertrag mit dem Vermieter oftmals vereinbaren, dass eine vermieterseitige Kündigung von seiner, des Arbeitgebers Zustimmung abhängig ist.

69 Der **Werkförderungsvertrag** ist ein **Vertrag zu Gunsten Dritter**.[162] Der Arbeitnehmer hat daher auf Grund des zwischen dem Vermieter und Arbeitnehmer bestehenden Werkförderungsvertrages einen eigenen unmittelbaren Anspruch gegen den Vermieter auf Abschluss eines Mietvertrages zu den Bedingungen, die im Werkförderungsvertrag vereinbart sind,[163] sowie auf Einhaltung der dort vereinbarten Bedingungen. Ist vereinbart, dass die Kündigung des Vermieters der Zustimmung des Arbeitgebers bedarf, kann der gekündigte Mieter sich hierauf berufen, wenn die Zustimmung nicht vorliegt.

70 **b) Mitbestimmungsrecht des Betriebsrates gem. § 87 Abs. 1 Nr. 9 BetrVG.** Besteht in dem Unternehmen, in welchem der Mieter der Werkmietwohnung Dienstverpflichteter ist, ein Betriebsrat, hat dieser gemäß § 87 Abs. 1 Nr. 9 BetrVG ein Mitbestimmungsrecht bei der Zuweisung der Wohnung, bei der allgemeinen Festlegung der Nutzungsbedingungen sowie bei der Kündigung (vgl. unten Rdnr. 50 ff.).

71 *aa) Mitbestimmungsrecht bei der Zuweisung der Wohnung.* Durch die Einräumung des Mitbestimmungsrechts des Betriebsrates bei der Zuweisung von Werkwohnungen wird der Betriebsrat ermächtigt, bei der Entscheidung über die Person des Begünstigten, der die Wohnung erhält, mitzubestimmen.[164] Unter Zuweisung im Sinne dieser Vorschrift ist nicht der Abschluss des Mietvertrages zu verstehen, so dass ein Mietvertrag, welcher unter Umgehung des Mitbestimmungsrechts bei der Vergabe der Wohnung zustande gekommen ist, wirksam ist. Der Betriebsrat muss auch nicht in jedem Einzelfall zustimmen, vielmehr reicht es aus,

---

[156] Bub/Treier/*Scheuer* III A Rdnr. 741 ff.; Bub/Treier/*Grapentin* IV Rdnr. 126; Emmerich/Sonnenschein/Haug §§ 576 b BGB Rdnr. 3; Staudinger/*Emmerich* (2006) § 576 Rdnr. 12.
[157] OLG Stuttgart MDR 1956, 679; a. A. OLG Düsseldorf NJW 1961, 176.
[158] BGHZ 48, 244; *Söllner* JZ 1968, 183; Bub/Treier/*Scheuer* III A Rdnr. 743.
[159] BGH NJW 1975, 381.
[160] BGH NJW 1970, 603; Bub/Treier/*Scheuer* III A Rdnr. 745.
[161] BGH WuM 1976/44.
[162] BGH NJW 1976, 2260; OLG Celle NJW 1976, 2264.
[163] Fn. 120; Bub/Treier/*Scheuer* III A Rdnr. 749.
[164] Schmidt-Futterer/*Blank* Vor § 576 BGB Rdnr. 13, 14.

wenn Arbeitgeber und Betriebsrat Anwärterlisten erstellen und die Wohnungen entsprechend der gemeinsam erstellten Liste vergeben werden.[165]

bb) Mitbestimmungsrecht bei allgemeiner Festlegung der Nutzungsbedingungen. Das dem Betriebsrat in § 87 Abs. 1 Nr. 9 BetrVG eingeräumte Mitbestimmungsrecht bei der allgemeinen Festlegung der Nutzungsbedingungen von Werkwohnungen besagt, dass der Betriebsrat die generelle Regelung der mit dem Mietvertrag zusammenhängenden Fragen mitbestimmen darf. Dies bedeutet: Mitwirkung bei dem Entwurf eines Mustermietvertrages nebst Hausordnung, generelle Festlegung der Richtlinien bei der Bestimmung des Mietzinses sowie der Betriebskosten sowie deren jeweilige Erhöhung.[166] Die Mieterhöhung bzw. Erhöhung der Betriebskosten im Einzelfall bedarf keiner Mitbestimmung.[167] Dem Mitbestimmungsrecht unterliegen alle Werkmietwohnungen; zum einen die, die im Eigentum des Arbeitgebers stehen, die er also selbst vermietet hat; zum anderen die, die im Eigentum eines Dritten stehen, von diesem vermietet werden, hinsichtlich deren der Arbeitgeber jedoch auf Grund vertraglicher Vereinbarungen mit dem Eigentümer/Vermieter ein Belegungsrecht hat.[168]

cc) Mitbestimmungsrecht bei der Kündigung von Wohnungen. Besteht das Dienstverhältnis zwischen Dienstberechtigtem und Dienstverpflichteten/Mieter noch, bedarf die vermieterseitige Kündigung des Mietverhältnisses, wenn sich im Betrieb des Dienstberechtigten ein Betriebsrat gebildet hat gemäß § 87 Abs. 1 Nr. 8 BetrVG der Zustimmung des Betriebsrats. Das Vorliegen der Zustimmung ist Wirksamkeitsvoraussetzung für die Kündigung, sie muss bereits bei Ausspruch der Kündigung vorliegen, in der Kündigung als erteilt vorgetragen werden und schriftlich nachgewiesen werden; anderenfalls kann der Mieter die Kündigung wegen Fehlens der Zustimmung gemäß §§ 182 Abs. 3, 111 S. 2, 121 BGB zurückweisen.[169] Die Zustimmung ist erforderlich bei der ordentlichen wie der außerordentlichen Kündigung.

Die gleichen Grundsätze gelten gemäß § 75 Abs. 2 Ziff. 3 BPersVG bei Arbeitnehmern des öffentlichen Dienstes hinsichtlich der **Mitbestimmung des Personalrates** bei der Kündigung von Wohnungen, die im Rahmen der Wohnungsbauförderung errichtet und auf Grund eines Belegungsvertrages vom Vermieter an einen Arbeitnehmer des öffentlichen Dienstes vermietet worden ist.[170]

c) Beendigung des Mietverhältnisses über eine Werkmietwohnung. *aa) Rechtslage bei nach dem 1. 9. 2001 auf bestimmte Zeit abgeschlossenen Werkmietverhältnissen.* Ohne Kündigung, vielmehr durch **Zeitablauf** enden gem. § 575 Abs. 1 Nr. 3 BGB nach dem 1. 9. 2001 (dem Inkrafttreten des Mietrechtsreformgesetzes)[171] abgeschlossene, befristete Mietverträge über Werkmietwohnungen,[172] ohne dass der Mieter das Mietverhältnis verlängern könnte, wenn nachstehende Voraussetzungen vorliegen:
- es muss sich um ein Mietverhältnis über eine **Werkmietwohnung** handeln
- der Vermieter muss den Mieter **bei Vertragsabschluss schriftlich** darauf hingewiesen haben, dass er die Wohnung nach Ablauf der vereinbarten Zeit an einen Arbeitnehmer vermieten will.

---

[165] Schmidt-Futterer/*Blank* a. a. O. Rdnr. 15.
[166] *Blank* a. a. O., Rdnr. 15.
[167] BVerwG WuM 1995, 596; *Blank* a. a. O. Rdnr. 15.
[168] *Blank* a. a. O. Rdnr. 7; *Sternel* Rdnr. IV 166; *Richardi* BetrVG § 87 Rdnr. 276, 273; *Fitting/Engels/Schmidt/Trebinger/Linsenmaier* BetrVG, § 87 Rdnr. 112; *Gnade/Kehrmann/Schneider/Blanke* BetrVG, § 87 Rdnr. 180; Staudinger/*Rolfs* (2003) § 542 Rdnr. 66; Barthelmess/Nies/Ploenes/*Nies* Handbuch des öffentlich geförderten Wohnungsbaus IV Rdnr. 61.
[169] Schmidt-Futterer/*Blank* Vor § 576 BGB Rdnr. 15; Bub/Treier/*Grapentin* IV Rdnr. 88; Staudinger/*Rolfs* § 576 b Rdnr. 20.
[170] BAGE 58, 156; Hess/Schlochauer/Glaubitz BetrVG § 87 Rdnr. 387; *Schirmer/Hess* BPersVG, § 74 Anm. 1 c; *Fitting/Engels/Schmidt/Trebinger/Linsenmaier* BetrVG § 87 Rdnr. 105, 112; Fischer-Dieskau/Pergande/Schwender/Franke § 565 b Anm. 10.2; Altvater/Bacher/Hörter/Sabottig/Schneider/Vohs BPersVG § 75 Rdnr. 33; Staudinger/*Rolfs* (2006) § 576 BGB Rdnr. 20; Bub/Treier/*Grapentin* IV Rdnr. 88.
[171] BGBl. I 2001, 1149.
[172] Hinsichtlich vor dem 1. 9. 2001 abgeschlossener Verträge vgl. Rdnr. 75 ff.

- der vereinbarte Beendigungsgrund **muss bei Ablauf der vereinbarten Zeit noch vorliegen.**

76 Es muss sich zunächst um ein Mietverhältnis über eine Werkmietwohnung handeln (vgl. insoweit oben Rdnr. 41). Allerdings kann die Vermietung auf bestimmte Zeit im Sinne des § 575 Abs. 1 Nr. 3 BGB zur Vermeidung von Leerständen auch zunächst an einen **Mieter, der nicht Werksangehöriger ist,** erfolgen, wenn die Wohnung jedenfalls nach Ablauf der Frist wieder an einen Werksangehörigen vermietet werden soll.[173]

77 Der Vermieter muss bei Abschluss des Mietvertrages weiter die Absicht haben, die Werkmietwohnung nach Ablauf der Befristung einem anderen Mieter, der in einem Dienstverhältnis mit ihm oder einem Dritten steht oder ein solches begründet, auf Grund Mietvertrages zu überlassen und diese **Verwendungsabsicht** dem Mieter vor oder bei Vertragsabschluss **schriftlich mitteilen.** Hierzu gehört die Schilderung eines konkreten Lebenssachverhalts, die eine Unterscheidung von anderen Sachverhalten ermöglicht und später überprüfbar ist; an die Vereinbarung sind daher hohe Anforderungen zu stellen.[174] Eine Wiederholung des Gesetzestexts reicht daher nicht aus.[175] Auch hier gilt, dass Vermieter und Dienstberechtigter (Arbeitgeber) nicht identisch sein müssen; allerdings muss bei Auseinanderfallen von Arbeitgeber und Vermieter ersterer ein Belegungsrecht an den zur Vermietung anstehenden Wohnungen haben (vgl. oben).

78 In Abänderung des bisherigen § 564c Abs. 2 BGB können die Parteien in Werkmietverträgen, die nach dem 1. 9. 2001 abgeschlossen wurden nunmehr **jede beliebige Zeitdauer** vereinbaren, die bisherige Befristung auf 5 Jahre ist weggefallen. Liegen bei Abschluss des Werkmietvertrages die Voraussetzungen des § 575 Abs. 1 S. 1 BGB nicht vor oder fehlt es an einer schriftlichen spezifizierten Mitteilung des Grundes für die Befristung, gilt der Vertrag gemäß § 575 Abs. 1 S. 2 BGB als auf unbestimmte Zeit abgeschlossen.

79 Der Mieter hat gemäß § 575 Abs. 2 BGB gegen den Vermieter einen **Auskunftsanspruch** binnen **eines Monats** mitzuteilen, ob der bei Beginn mitgeteilte Befristungsgrund noch besteht oder weggefallen ist. Diesen Anspruch kann er frühestens **4 Monate** vor Ablauf der vereinbarten Mietzeit geltend machen.[176] In der Literatur wird diskutiert, ob der Auskunftsanspruch nicht bereits früher geltend gemacht werden kann.[177] Hat der Mieter seinerseits kein Interesse mehr an der Wohnung, weil er bereits eine neue Wohnung gefunden hat, wird er den Auskunftsanspruch nicht geltend machen, sondern ausziehen. Ergibt die Auskunft des Vermieters, dass der Eintritt des Befristungsgrundes sich verzögert, kann der Mieter Verlängerung des Mietverhältnisses um einen entsprechenden Zeitraum verlangen. Das Gleiche gilt, wenn der Vermieter nicht binnen der Monatsfrist des § 575 Abs. 2 BGB Auskunft erteilt sondern erst später, der Mieter kann Verlängerung um den Zeitraum der verspäteten Auskunft verlangen § 575 Abs. 2 BGB. Lautet die Auskunft, dass der Befristungsgrund auf Dauer entfallen ist, hat der Mieter Anspruch auf Verlängerung des Mietverhältnisses auf unbestimmte Zeit.

80 Das Gesetz gibt keinen Hinweis hinsichtlich der Form der Geltendmachung des Auskunftsanspruchs. Wenngleich daher der Auskunftsanspruch auch mündlich geltend gemacht werden kann, ist die schriftliche Geltendmachung dringend zu empfehlen,[178] und zwar dergestalt, dass der Mieter den Zugang des Auskunftsverlangens beweisen kann;[179] denn einmal ist der Vermieter nur bei Geltendmachung des Auskunftsanspruchs zur Auskunftsertei-

---

[173] BT-Dr. 14/4553 Begründung Mietrechtsreformgesetz B zu § 575 BGB.
[174] Schmidt-Futterer/*Blank* § 575 Rdnr. 21 ff.; Staudinger/*Rolfs* (2006), § 575 Rdnr. 37; Emmerich/Sonnenschein/*Haug* Miete § 575 BGB Rdnr. 19; *Erman/Jendrek* § 575 BGB Rdnr. 7.
[175] Vgl. § 42 Rdnr. 52 ff.
[176] Die Verlängerung der Frist auf 4 Monate und die Verpflichtung des Vermieters, binnen eines Monats Auskunft zu erteilen, wurden erst durch Intervention der Sachverständigen im Rechtsausschuss des Bundestages am 24. 1. 2001 erreicht; vgl. *Nies* NZM 2001/176, 179; Bericht des Rechtsausschusses des Bundestages 76. Sitzung vom 14. 3. 2001 zu Art. 1 Nr. 3 § 575 (Zeitmietvertrag); Staudinger/*Rolfs* (2006) § 575 Rdnr. 55.
[177] Vgl. Nachweise bei Staudinger/*Rolfs* (2006) § 575 Rdnr. 52.
[178] *Nies* NZM 2001, 176, 179.
[179] Schmidt-Futterer/*Blank* § 575 Rdnr. 50: Beweislast bei Vermieter; Staudinger/*Rolfs* (2006) § 575 Rdnr. 54 ; Palandt/*Weidenkaff* § 575 Rdnr. 10.

lung verpflichtet, zum andern löst erst der Zugang des Auskunftsersuchens die Monatsfrist des § 575 Abs. 2 BGB zur Erteilung der Auskunft durch den Vermieter aus. Dem Mieter obliegt im Fall eines Rechtsstreits die **Beweislast** für die Geltendmachung des Auskunftsanspruchs und den Zugang des Ersuchens. Umgekehrt obliegt dem Vermieter gemäß § 575 Abs. 3 S. 3 BGB die Beweislast für den Eintritt des Befristungsgrundes und die Dauer einer eventuellen Verzögerung.

Formulierungsvorschlag: 81

Vereinbarung über befristete Vermietung einer Werkmietwohnung an Betriebsfremden

Es besteht Einigkeit zwischen den Vertragsschließenden, dass es sich bei der Wohnung über dem Eingangsbereich der Uniklinik ...... 1. OG rechts um eine Werkmietwohnung für den jeweiligen Oberarzt der Chirurgie handelt. Da der derzeitige Oberarzt in einem Eigenheim unweit der Klinik wohnt, die für diesen bestimmte Wohnung daher erst ab dessen Ausscheiden aus den Diensten der Uni-Klinik ab 1. 5. 2011 benötigt wird, vermietet die Uniklinik die Wohnung ab. 1. 5. 2009 bis 20. 4. 2011 an den Angestellten der Fluggesellschaft ...... Das Mietverhältnis endet ohne Kündigung zum 30. 4. 2011, da die Wohnung für den neu einzustellenden Oberarzt benötigt wird.

Muster: Auskunftsverlangen

Sehr geehrter Herr 82

Ich bitte binnen eines Monats um schriftliche Auskunft, ob Sie die von mir bewohnte Wohnung, wie in § 3 des Mietvertrags vereinbart ab 1. 10. 2009 für einen neuen Betriebsangehörigen benötigen oder ob der Befristungsgrund weggefallen ist.

...... 31. 5. 2009

Unterschrift

Erfolgt die Auskunft des Vermieters gemäß § 575 Abs. 2 S. 2 BGB später, hat der Mieter 83 einen Anspruch auf Verlängerung des Mietverhältnisses um den Zeitpunkt der Verspätung;[180] erfolgt keine Auskunft, auf unbestimmte Zeit.[181]

Bei Verzögerung des Eintritts des Befristungsgrundes (§ 575 Abs. 3 S. 1 BGB) oder Weg- 84 fall (§ 575 Abs. 2 S. 2 BGB) hat der Mieter einen vor Ablauf der Befristung geltend zu machenden Anspruch auf Fortsetzung des Mietverhältnisses, im ersten Fall um Verlängerung um die Zeit der Verzögerung, im zweiten Fall auf unbestimmte Zeit.[182]

Willigt der Vermieter nicht in die Vertragsfortsetzung ein, steht dem Mieter ein im Klage- 85 wege durchsetzbarer Anspruch auf Einwilligung in die Vertragsfortsetzung zu, der im Wege der Leistungsklage geltend zu machen ist, im Fall der vermieterseitigen Klage auf Räumung im Wege der Widerklage.[183]

Stellt der Mieter kein Auskunftsverlangen, räumt jedoch auch nicht zum Ablauf der ver- 86 einbarten Zeit, setzt sich das Mietverhältnis gemäß § 545 BGB auf unbestimmte Zeit fort, wenn keine der beiden Vertragsparteien ihren entgegenstehenden Willen innerhalb zwei Wochen erklärt hat, wobei die Frist für den Mieter mit der Fortsetzung des Gebrauchs, für den Vermieter mit dem Zeitpunkt beginnt, in dem er von der Fortsetzung Kenntnis erlangt hat. Ist § 545 BGB im Mietvertrag wirksam abgedungen und vergeht ab Ablauf der Befristung des Mietverhältnisses angemessene Zeit, wird Verwirkung des Herausgabeanspruchs des Vermieters angenommen.[184]

---

[180] Emmerich/Sonnenschein/*Haug* Miete, § 575 Rdnr. 30.
[181] *Schmidt-Futterer/Blank* § 575 Rdnr. 46, *Lammel* § 575 Rdnr. 58.
[182] Staudinger/*Rolfs* (2006) § 575 Rdnr. 76; Emmerich/Sonnenschein/*Haug* Miete § 575 Rdnr. 44; Schmidt-Futterer/*Blank* § 575 Rdnr. 45; *Erman/Jendrek* § 575 Rdnr. 11.
[183] Staudinger/*Rolfs* (2006) § 575 Rdnr. 77, 79 ff.; Schmidt-Futterer/*Blank* § 575 Rdnr. 60.
[184] OLG Hamm WuM 1981, 257; Schmidt-Futterer/*Blank* § 575, Rdnr. 34, 35.

87 Fällt bereits nach Abschluss des Mietvertrages die Verwendungsabsicht weg, ist der Vermieter verpflichtet dies dem Mieter mitzuteilen.[185] Unterlässt er die Mitteilung und hat sich der Mieter infolgedessen auf die veränderte Situation nicht einstellen können und räumt, können sich Schadenersatzansprüche gegen den Vermieter aus culpa in contrahendo, positiver Vertragsverletzung sowie unerlaubter Handlung gem. § 823 Abs. 1 und 2 BGB sowie § 826 BGB ergeben.[186] Desgleichen macht sich der Vermieter schadenersatzpflichtig, wenn er dem Mieter bereits bei Abschluss des Vertrages eine in Wirklichkeit nicht bestehende Verwendungsabsicht vorgespiegelt hat.[187] Der Umfang des zu ersetzenden Schadens entspricht dem wie bei der unberechtigten Kündigung.[188] Stellt sich die falsche Angabe der Verwendungsabsicht noch während der Laufzeit des Zeitmietvertrages heraus bzw. erfährt der Mieter vom Wegfall der Verwendungsabsicht während dieser Zeit, entfällt die Verkürzung der Rechte des Mieters gem. § 575 Abs. 2 BGB, er kann nach § 575 Abs. 3 BGB Fortsetzung des Mietverhältnisses auf unbestimmte Zeit verlangen.[189] Weiterhin kann er Schadenersatzansprüche geltend machen, etwa hinsichtlich nutzloser Kosten für die Suche nach einer Ersatzwohnung.

88 Wird das Haus bzw. die Wohnung während der gemäß § 575 BGB vereinbarten Laufzeit des Vertrages veräußert, tritt der Erwerber in das Mietverhältnis gem. § 566 BGB ein. Befristung des Mietverhältnisses und Ausschluss des Bestandsschutzes des Mieters bleiben bestehen, auch wenn die Mitteilung bei Vertragsabschluss nicht zu den Bestandteilen des Mietvertrages gehörte.[190] Ist der Grundstückserwerber gleichzeitig Inhaber des Betriebes, in welchem der Mieter tätig ist, kann der Befristungsgrund des § 575 Abs. 1 Nr. 3 BGB vom Erwerber geltend gemacht werden, wenn er die Wohnung zur Unterbringung eines neuen Arbeitnehmers verwenden will.[191] Erwirbt nicht der Betriebsinhaber sondern ein Dritter das Grundstück, hängt die Frage, ob die Verwendungsabsicht bestehen bleibt davon ab, ob der Grundstückserwerber die Verpflichtungen aus dem Werkförderungsvertrag mit dem Verkäufer übernommen hat.[192]

89 Für den Vermieter/Arbeitgeber empfiehlt es sich, das Arbeitsverhältnis zeitgleich mit dem Mietverhältnis zu befristen. Die Formulierung einer derartigen Vereinbarung könnte wie folgt lauten:

Formulierungsvorschlag:

Der Vermieter/Arbeitgeber vermietet dem Arbeitnehmer mit Rücksicht auf das bestehende Arbeitsverhältnis die Werkmiet- Wohnung in ...... Straße ......, ... Geschoss, links/rechts, bestehend aus ...... Zimmern, Küche, Bad ...... qm Wohnfläche zur Nutzung während des Bestehens des Arbeitsverhältnisses. Das Mietverhältnis wird für die Dauer des Arbeitsvertrages, 1. 1. 2006 bis 31. 12. 2009 abgeschlossen. Es endet mit dem 31. 12. 2009, dem Ende des Arbeitsvertrages.

Der Vermieter benötigt die Wohnung ab 1. 1. 2010 für einen anderen Arbeitnehmer.

---

[185] Emmerich/Sonnenschein/*Haug* Miete § 575 Rdnr. 48; Staudinger/*Rolfs* (2006) § 575 Rdnr. 81; a. A. Barthelmess § 564 c Rdnr. 66: Die Verwendungsabsicht müsse nicht während der gesamten Dauer des Mietverhältnisses ununterbrochen bestehen bleiben, es reiche aus, wenn sie bei Vertragsabschluss und bei der Schlussmitteilung vorliege.
[186] Emmerich/Sonnenschein/*Haug* Miete § 575 Rdnr. 48; *Staudinger/Rolfs* (2006) § 575 Rdnr. 81; Barthelmess § 564 c Rdnr. 156 ff.; MünchKomm/*Häublein* § 575 Rdnr. 15; *Sternel* Rdnr. VI, 329.
[187] Staudinger/*Rolfs* (2006) § 575 Rdnr. 81; § 573 Rdnr. 171 ff.; Schmidt-Futterer/*Blank* § 575 Rdnr. 20; § 573 Rdnr. 76, § 542 Rdnr. 91, 94 ff.
[188] Staudinger/*Rolfs* § 575 Rdnr. 81; § 573 Rdnr. 171 ff.
[189] Staudinger/*Rolfs* § 575 Rdnr. 81; vgl. auch Rdnr. 63 ff.; Rdnr. 69 ff.; Rdnr. 76 ff.
[190] Staudinger/*Rolfs* § 575 Rdnr. 61; MünchKomm/*Häublein* § 575 Rdnr. 15; Schmidt-Futterer/*Blank* § 575 Rdnr. 64; *Barthelmess* § 564 c Rdnr. 67; Bub/Treier/*Grapentin* Rdnr. VI, 273; Erman/*Jendrek* § 575 Rdnr. 10; a. M. *Sternel* Rdnr. VI, 316.
[191] Staudinger-*Rolfs* a. a. O., Rdnr. 61; *Blank* a. a. O., Rdnr. 64, 65.
[192] Staudinger/ *Rolfs* § 575 Rdnr. 61.

bb) Rechtslage bei vor dem 1. 9. 2001 auf bestimmte Zeit abgeschlossenen Werkmietverhältnissen. Gemäß Art. 229 § 3 Abs. 3 EGBGB[193] finden auf am 1. September 2001 bestehende Mietverhältnisse auf bestimmte Zeit § 564c BGB in Verbindung mit § 564b BGB sowie die §§ 556a bis c, 565a Abs. 1 und 570 BGB in der bis zu diesem Zeitpunkt geltenden Fassung Anwendung.

Die h.M.[194] geht zutreffend davon aus, dass ein Mietverhältnis auf bestimmte Zeit im Sinne des Art. 229 § 3 Abs. 3 EGBGB bereits „besteht" wenn der Mietvertrag vor dem 1. 9. 2001 bereits abgeschlossen war, ohne dass seine Laufzeit zu diesem Tage bereits begonnen hatte.[195]

Zu unterscheiden sind **Mietverhältnisse über Werkmietwohnungen**, die **nach dem 1. 9. 1993** unter den Voraussetzungen des § 564c Abs. 2 Nr. 2c BGB begründet worden sind und solchen, die **vor dem 1. 9. 1993** abgeschlossen worden sind.

(1) Werkmietverhältnis nach dem 1. 9. 1993 unter den Voraussetzungen des § 564c Abs. 2 Nr. 2c BGB begründet. Ist nach dem 1. 9. 1993 ein Mietverhältnis über eine Werkmietwohnung unter Einhaltung der Voraussetzungen des § 564c Abs. 2 Nr. 2 BGB begründet, das heißt:

- Mietverhältnis mit Dienstverpflichtetem über Wohnraum mit Rücksicht auf das Bestehen des Dienstverhältnisses, und
- höchstens befristet auf fünf Jahre, und
- war dem Mieter bei Vertragsabschluss schriftlich mitgeteilt worden, dass die Wohnung nach Ablauf der fünf Jahre für einen anderen Bediensteten benötigt werde,

so entfällt jeglicher Bestandsschutz des Mieters, sofern der Vermieter ihm drei Monate vor Ablauf der Befristung mitteilt, dass der Grund für die Befristung noch fortbestehe. In diesem Fall kann der Mieter kein Fortsetzungsverlangen gemäß § 564c Abs. 1 BGB stellen oder Fortsetzung gemäß § 556b BGB verlangen. Dem Mieter bleibt hier allenfalls die Möglichkeit nach § 765a ZPO Vollstreckungsschutzmaßnahmen zu ergreifen.

(2) Vor dem 1. 9. 1993 abgeschlossenes Werkmietverhältnis auf bestimmte Zeit ohne Verlängerungsklausel. Haben die Parteien vor dem 1. 9. 1993 ein Mietverhältnis über eine Werkmietwohnung auf bestimmte Zeit ohne Verlängerungsklausel abgeschlossen, kann der Mieter das Mietverhältnis durch ein Fortsetzungsverlangen im Sinne des § 564c Abs. 1 BGB über den Beendigungszeitpunkt hinaus auf unbestimmte Zeit verlängern. Das Gleiche gilt für nach dem 1. 9. 1993 abgeschlossene Mietverhältnisse über eine Werkmietwohnung auf bestimmte Zeit ohne Verlängerungsklausel, sofern die besonderen Voraussetzungen des § 564c Abs. 2 BGB nicht eingehalten worden sind. § 564c Abs. 1 BGB gewährt dem Mieter einen Anspruch auf Fortsetzung des Mietverhältnisses über den vereinbarten Beendigungszeitpunkt hinaus. Das Fortsetzungsverlangen bedarf keiner Begründung und keiner besonderen Interessen des Mieters.[196] Dem Mieter steht der materiell-rechtliche Anspruch auf Fortsetzung des auf bestimmte Zeit abgeschlossenen Mietverhältnisses zu, wenn der Vermieter nicht seinerseits ein berechtigtes Interesse im Sinne des § 564b Abs. 1 oder 2 BGB hat und dieses schriftlich in Form und mit Gründen einer Kündigung (§ 564c Abs. 1 Satz 2 i.V. mit § 564b Abs. 3 BGB) geltend macht.[197]

Das Fortsetzungsverlangen des Mieters stellt sich rechtlich dar als Angebot des Mieters zum Abschluss eines Verlängerungsvertrages auf unbestimmte Zeit,[198] welches schriftlich erfolgen und zwei Monate vor der Beendigung des Mietverhältnisses dem Vermieter zugehen muss. Es muss selbst dann form- und fristgerecht dem Vermieter zwei Monate vor Ablauf der vereinbarten Zeit zugehen, wenn der Vermieter bereits vorher eindeutig zu erkennen ge-

---

[193] BGBl. I, 1149.
[194] Bt-Drucks. 14/4553, S. 75; *Börsche* WuM 2001, 367, 369; *Gather* DWW 2001, 192 ff. (201); *Jansen* NJW 2001, 3153; Schmidt-Futterer/*Blank* Nach § 575 Rdnr. 1; Staudinger/*Rolfs* (2006) § 575 Rdnr. 89: aus Gründen der Rechtssicherheit; Emmerich/Sonnenschein/*Haug* Miete § 575 Rdnr. 3.
[195] So aber AG Nordhorn NZM 2002, 654; Palandt/*Weidenkaff* Art. 229 § 3 Rdnr. 1; *Stürner* NZM 2001, 825.
[196] Schmidt-Futterer/*Blank* Nach § 575 Rdnr. 13; *Heintzmann* in Soergel § 565c BGB Rdnr. 8.
[197] Schmidt-Futterer/*Blank* Nach § 575 Rdnr. 14, 28.
[198] Schmidt-Futterer/*Blank* § 575 Rdnr. 16; *Barthelmess* § 564c BGB Rdnr. 21.

geben hat, dass er eine Vertragsfortsetzung ablehnt,[199] denn ein Verlängerungsvertrag kann nur zustande kommen, wenn der Mieter ein Verlängerungsangebot abgegeben hat. Das Fortsetzungsverlangen bedarf keiner Begründung. Aus der Erklärung des Mieters muss sich allerdings ergeben, dass er die Fortsetzung des Mietverhältnisses auf unbestimmte Zeit wünscht. Der Terminus „Fortsetzungsverlangen" muss nicht erwähnt werden; vielmehr reicht aus, wenn der Mieter erklärt, dass er nicht räumen könne oder wolle und mit der Vertragsbeendigung nicht einverstanden sei.[200]

> **Formulierungsvorschlag:**
> Ich verlange Fortsetzung des Mietverhältnisses über den 31. 12. 2009 hinaus.
>
> **alternativ:**
> Ich bin mit der Vertragsbeendigung nicht einverstanden und will das Mietverhältnis auf unbestimmte Zeit fortsetzen.

95 Aus dem Text muss allerdings hervorgehen, dass der Mieter Vertragsfortsetzung auf unbestimmte Zeit verlangt, da anderenfalls in der Erklärung ein Angebot zum Abschluss eines allgemeinen Fortsetzungsvertrages gem. § 145 BGB oder lediglich ein Antrag auf Gewährung einer Räumungsfrist liegen könnte.[201] **Der Mieter hat die Darlegungs- und Beweislast dafür, dass ein wirksames Fortsetzungsverlangen vorliegt und dieses fristgerecht zwei Monate vor Ablauf der vereinbarten Zeit beim Vermieter eingegangen ist.**

96 Will der Vermieter das Vertragsverhältnis nicht fortsetzen, muss er schriftlich (§§ 564c Abs. 1 S. 1, 564b Abs. 3 BGB), beim Mieter spätestens bis zum Zeitpunkt der Beendigung des Mietverhältnisses eingehend[202] der Fortsetzung widersprechen (Beendigungserklärung). An die Begründung dieser Erklärung des Vermieters sind die gleichen Anforderungen zu stellen wie an eine Kündigungserklärung.

97 Als Beendigungsinteresse des Vermieters kommen nur Sachverhalte in Frage, die in § 564b Abs. 1 und 2 BGB geregelt sind.[203] Nach übereinstimmender Meinung in Literatur[204] und Rechtsprechung[205] stellt Betriebsbedarf ein berechtigtes Interesse an der Beendigung des Mietverhältnisses im Sinne des § 564b Abs. 1 BGB dar. Das berechtigte Interesse im Sinne des § 564b Abs. 1 BGB muss ebenso schwer wiegen wie in den in § 564b Abs. 2 Nr. 1–3 BGB ausdrücklich normierten Fällen.[206]

98 **Betriebsbedarf** setzt daher voraus, dass die Voraussetzungen des § 564b Abs. 1 BGB erfüllt sind. Dem Vermieter steht ein berechtigtes Interesse an der Beendigung des Mietverhältnisses hinsichtlich der Werkswohnung, mit welchem er dem Fortsetzungsverlangen des Mieters entgegentreten kann, zu, wenn er die Wohnung für einen anderen Arbeitnehmer bzw. Bewerber für eine Arbeitsstelle benötigt. Ist der Dienstvertrag zeitgleich mit dem Mietvertrag über die Werkmietwohnung befristet, hindert das berechtigte Interesse des Vermieters an der Beendigung des Mietverhältnisses unter dem Gesichtspunkt: „Betriebsbedarf" die Fortsetzung des Mietverhältnisses; das Mietverhältnis endet.

---

[199] LG Karlsruhe DWW 1990, 178, Schmidt-Futterer/*Blank* Nach § 575 Rdnr. 16.
[200] Schmidt-Futterer/*Blank* Nach § 575 BGB Rdnr. 17; *Barthelmess* § 564c BGB Rdnr. 14.
[201] Schmidt-Futterer/*Blank* Nach § 575 BGB Rdnr. 17; *Barthelmess* § 564c BGB Rdnr. 14; MünchKomm/ *Voelskow* § 564c BGB Rdnr. 10.
[202] Schmidt-Futterer/*Blank* Nach § 575 BGB Rdnr. 28 m.w.N. in Fn. 29.
[203] Schmidt-Futterer/*Blank* Nach § 575 Rdnr. 28.
[204] Schmidt-Futterer/*Blank* § 573 Rdnr. 183; *Barthelmess* § 564b Rdnr. 103 ff.; Bub/Treier/*Grapentin* VI Rdnr. 85, 88; Fischer-Dieskau/Pergande/Schwender/*Franke* § 564b Anm. 37 ff.; *ders.* § 565c Anm. 5.1; *Sternel* Rdnr. VI 164 ff.
[205] OLG Celle WuM 1985, 142; RE OLG Stuttgart WuM 1991, 380; LG Hannover NJW 1974, 1094; LG Osnabrück WuM 1977, 9; LG Regensburg WuM 1998, 160; LG Berlin GE 1999, 506; WuM 2000, 241.
[206] Begründung des Regierungsentwurfs zu § 1 des 2. WKSchG; BVerfG WuM 1991, 61; BayOLwLG WuM 1984, 16; OLG Frankfurt RE WuM 1991, 126; Bub/Treier/*Grapentin* Rdnr. VI, 85; *Barthelmess* § 564b BGB Rdnr. 53, 102; Schmidt-Futterer/*Blank* § 573 Rdnr. 188.

Muster: Beendigungserklärung (Erwiderung auf Fortsetzungsverlangen)

An
Mieter

Betrifft: Mietverhältnis über Ihre Wohnung ...... (genaue Lage)
Ihr Fortsetzungsverlangen vom ......

Sehr geehrter Herr/Frau ......!
Hiermit weise ich Ihr Fortsetzungsverlangen vom ...... zurück. Ich habe ein berechtigtes Interesse an der Beendigung des Mietverhältnisses. Das mit Ihnen auf bestimmte Zeit abgeschlossene Dienstverhältnis endet wie das Mietverhältnis über Ihre Wohnung zum gleichen Tag, dem ......
Ich habe als Ersatz für Sie einen neuen Arbeitnehmer eingestellt, für den ich Ihre Wohnung benötige. Ich bitte Sie daher Ihre Wohnung zeitgleich mit Beendigung Ihres Dienstverhältnisses an mich herauszugeben. Einer stillschweigenden Fortsetzung des Mietverhältnisses mit Ihnen gemäß § 568 BGB widerspreche ich bereits jetzt.

Hochachtungsvoll
Unterschrift (Vermieter)

99

cc) Kündigung eines Werkmietverhältnisses auf unbestimmte Zeit gemäß § 576 BGB wegen Betriebsbedarfs. Ein auf **unbestimmte** Zeit abgeschlossenes Mietverhältnis über eine Werkmietwohnung kann – abgesehen vom Fall der einvernehmlichen Aufhebung gemäß § 305 BGB – nur durch **Kündigung** beendet werden. 100

Die Vorschrift des § 576 BGB, die die Kündigungsfrist bei Werkmietwohnungen regelt, schafft keinen neuen Kündigungsgrund, sondern regelt nur, dass der Vermieter bei einem **beendeten** Dienstverhältnis, wenn die Voraussetzungen für eine Kündigung gemäß § 573 Abs. 2 BGB vorliegen, mit verkürzten Kündigungsfristen gegenüber den allgemeinen Kündigungsfristen des § 573c BGB kündigen kann.[207] 101

Der Vermieter hat in diesem Fall ein Wahlrecht, ob er von den verkürzten Kündigungsfristen des § 576 BGB Gebrauch macht oder mit der normalen Frist des § 573c BGB kündigt.[208] Ist demgegenüber das **Dienstverhältnis noch nicht beendet,** so kann der Vermieter – vorausgesetzt ein Kündigungsgrund liegt vor – nur mit der normalen Kündigungsfrist des § 573 Abs. 1 BGB kündigen.[209] 102

Der Vermieter muss **Betriebsbedarf** im Sinne der §§ 573 Abs. 1, 576 Abs. 1 Nr. 1 BGB haben, d.h. die Wohnung für einen anderen Arbeitnehmer bzw. Interessenten für eine Arbeitsstelle benötigen.[210] Das berechtigte Interesse des Vermieters im Sinne des § 573 Abs. 1 BGB muss ebenso schwer wiegen wie in den in § 573 Abs. 2 BGB normierten Fällen.[211] Die bedeutet, dass sich Betriebsangehörige um eine frei werdende Stelle beworben haben müssen und aus dem Kreis der Bewerber (Warteliste) zumindest einer bereit ist, in die gekündigte Wohnung einzuziehen.[212] 103

War die Werkmietwohnung dem Mieter/Arbeitnehmer weniger als 10 Jahre überlassen, beträgt die Kündigungsfrist für den Vermieter gemäß § 576 Abs. 1 Nr. 1 BGB drei Monate; bei 10-jähriger und längerer Überlassung 8 Monate, § 573 Abs. 1 S. 2 BGB. 104

Handelt es sich bei der zu kündigenden Wohnung jedoch um eine **funktionsgebundene Werkmietwohnung** (vgl. oben Rdnr. 41 ff.) und benötigt der Vermieter die Wohnung aus 105

---

[207] BT-Drucks. 14/4553 Erl. zu § 576 Nr. 3; Schmidt-Futterer/*Blank* § 576 Rdnr. 1; *Erman/Jendrek* § 576 Rdnr. 7; Staudinger/*Rolfs* (2006) § 576 Rdnr. 1, 19; unklar Emmerich/Sonnenschein/*Haug* § 576 Rdnr. 12.
[208] BT-Drucks. 14/4553 Erl. zu § 576 Nr. 3; Schmidt-Futterer/*Blank* § 576 Rdnr. 7 BGB.
[209] LG Kassel NJW 1971, 2031; Schmidt-Futterer/*Blank* § 576 Rdnr. 4; Staudinger/*Rolfs* (2006) § 576 Rdnr. 18.
[210] OLG Celle WuM 1985, 142; RE OLG Stuttgart WuM 1991, 380; LG Hannover NJW 1974, 1094; LG Osnabrück WuM 1977, 9; Schmidt-Futterer/*Blank* § 573 Rdnr. 18 ff.; § 576 Rdnr. 11 *Barthelmess* § 564b Rdnr. 104 ff.; Bub/Treier/*Grapentin* IV Rdnr. 85, 88.
[211] Schmidt-Futterer/*Blank* § 573 Rdnr. 187, 188; *Barthelmess* § 564b BGB Rdnr. 102.
[212] Schmidt-Futterer/*Blank* § 573 Rdnr. 187; *Barthelmess* § 564b BGB Rdnr. 107.

den gleichen Gründen für einen anderen zur Dienstleistung Verpflichteten in dieser Position, beträgt die Kündigungsfrist gemäß § 576 Abs. Nr. 2 BGB einen Monat.

106 Fallen Vermieter und Dienstberechtigter auseinander, hat jedoch der Mieter/Dienstverpflichtete die Wohnung vom Vermieter auf Grund des dem Dienstberechtigten zustehenden Belegungsrechts angemietet (vgl. oben Rdnr. 47) gelten die gleichen Grundsätze.

107 Hat sich im Betrieb des Dienstberechtigten/Arbeitgebers ein Betriebsrat oder Personalrat gebildet (vgl. oben Rdnr. 49 ff.), so bedarf die Kündigung jedenfalls der **Zustimmung des Betriebsrats/Personalrats gemäß § 87 Abs. 1 Nr. 8 BetrVG, bzw. § 75 Abs. 2 Nr. 2 BPersVertrG**, wenn sie in einem Zeitpunkt erfolgt, da das Arbeitsverhältnis noch besteht,[213] die Zustimmung ist Wirksamkeitsvoraussetzung für die Kündigung, sie muss bei Ausspruch der Kündigung vorliegen und in schriftlicher Form der Kündigung beigefügt werden, da anderenfalls die Gefahr der Zurückweisung gemäß §§ 182 Abs. 3, 111 S. 2 BGB besteht. Streitig ist, ob die Zustimmung auch Wirksamkeitsvoraussetzung für die Kündigung des Werkmietverhältnisses ist, wenn das Arbeitsverhältnis beendet ist; bejaht wird dies vom BAG,[214] verneint von OLG Frankfurt,[215] LG Ulm,[216] sowie *Blank*,[217] denn nach Beendigung des Arbeitsverhältnisses ist kein Bedürfnis und kein Raum mehr für die Mitbestimmung des Betriebsrats.

108 Kündigt der Dienstberechtigte/Vermieter das Werkmietverhältnis aus anderen Gründen, etwa wegen nicht unerheblicher schuldhafter Vertragsverletzungen, gem. § 573 Abs. 2 Nr. 1 BGB fristgerecht, gelten die allgemeinen Kündigungsfristen des § 573c BGB. Auch hier (wegen der Kündigungsgründe im Einzelnen vgl. oben §§ 41, 42, 43) bedarf der Vermieter, sofern das Dienstverhältnis noch besteht, der Zustimmung des Betriebsrats. Das Gleiche gilt für die fristlos außerordentliche Kündigung durch den Vermieter.[218] Der kündigende Mieter bedarf zur Kündigung keiner Zustimmung.

109 *dd) Kündigung eines vor dem 1. 9. 2001 abgeschlossenen Werkmietverhältnisses auf unbestimmte Zeit.* Ist bei einem **vor dem 1. 9. 1993 begründeten Mietverhältnis** über eine Werkmietwohnung das zugrunde liegende Dienstverhältnis beendet, hat der Dienstberechtigte/Vermieter **dringenden Betriebsbedarf** und geht die aus diesem Grund ausgesprochene Kündigung noch vor dem 1. September 2001 zu, beträgt die Kündigungsfrist gemäß Art. 229 § 3 Abs. 1 Nr. 1 EGBGB, § 565c S. 1 Nr. 1b BGB 2 Monate, wenn die Wohnung vor weniger als 10 Jahren überlassen worden war. Die Unterscheidung zwischen „einfachem Bedarf" und „dringendem Bedarf" lässt sich nur schwer treffen, die Grenzen sind fließend;[219] man wird für dringenden Bedarf die betriebsbedingte Notwendigkeit zur Unterbringung eines Betriebsmitglieds fordern müssen, somit eine Situation, in der eine neue Arbeitskraft nur angeworben werden kann, wenn ihr eine Wohnung zur Verfügung gestellt wird.[220]

110 War die **Überlassung vor mehr als 10 Jahren** erfolgt, beträgt die Kündigungsfrist gemäß § 565 Abs. 2 S. 2 BGB 12 Monate, da die Übergangsvorschrift des Art. 229 § 3 Nr. 1 EGBGB, § 565c S. 1 Nr. 1b BGB erwähnt, ohne nach der Dauer der Überlassung zu unterscheiden; dies gilt auch dann, wenn dringender Betriebsbedarf vorliegt.[221]

111 **d) Anwendung der Sozialklausel bei Kündigung von Werkmietwohnungen § 576a BGB.** § 576a BGB regelt, dass im Falle des Widerspruchs des Mieters gegen die Kündigung bei der im Rahmen der §§ 574 bis 574c BGB vorzunehmenden Interessenabwägung zusätzlich zu den Vermieterinteressen und Mieterinteressen auch die Interessen des Dienstberechtigten/Arbeitgebers zu berücksichtigen sind.[222]

---

[213] Schmidt-Futterer/*Blank* Vor § 576 BGB Rdnr. 14.
[214] NZA 1993, 272; so auch Staudinger/*Rolfs* (2006) § 576 Rdnr. 24 und *Schmitz-Justen* WuM 2000, 272.
[215] WuM 1992, 525.
[216] WuM 1979, 244.
[217] In *Schmidt-Futterer* Vor § 576 BGB Rdnr. 14.
[218] Schmidt-Futterer/*Blank* Vor § 576 BGB Rdnr. 14.
[219] *Franke* ZMR 1993, 454.
[220] Fischer-Dieskau/Pergande/Schwender/*Franke* § 565c BGB Anm. 5.2.
[221] Schmidt-Futterer/*Blank* (7. Aufl.) § 565c BGB Rdnr. 14.
[222] Schmidt-Futterer/*Blank* § 576a BGB Rdnr. 2; Emmerich/Sonnenschein/*Haug* Miete § 576a, Rdnr. 21; Staudinger/*Rolfs* § 576a Rdnr. 4, 5, 6.

Damit sind, wenn Vermieter und Mieter auseinanderfallen, bei der Interessenabwägung auch die Interessen eines Dritten, des Dienstberechtigten, mit zu berücksichtigen. Auf diese Weise werden bei der Frage, ob das Werkmietverhältnis endet oder verlängert wird, fremde Belange, nämlich betriebsbezogene, in die Interessenabwägung einbezogen.[223]

Eine Vertragsfortsetzung kommt gemäß §§ 574 bis 574c BGB nicht in Betracht, wenn:
- der Vermieter das Werkmietverhältnis hinsichtlich einer **funktionsgebundenen Wohnung wegen Betriebsbedarfs gemäß § 576 Abs. 1 Nr. 2 BGB gekündigt hat**
- der **Mieter seinerseits das Dienstverhältnis gelöst hat,** ohne dass Dienstberechtigte ihm gesetzlich begründeten Anlass zur Auflösung gegeben hat
- der Mieter/Dienstverpflichtete dem Dienstberechtigten **durch sein Verhalten gesetzlich begründeten Anlass zur Auflösung des Dienstverhältnisses gegeben hat.**

In diesen Fällen ist der Mieter nicht mehr schutzwürdig.[224] Aus der Formulierung und dem Zweck der Vorschrift „gelöst hat" wird geschlossen, dass nicht nur die Kündigung des Dienstverhältnisses hierunter fällt, sondern auch der Abschluss eines Aufhebungsvertrages (wenn auf Initiative des Mieters veranlasst)[225] oder die Anfechtung des Dienstverhältnisses durch den Mieter.[226]

Hat der Mieter durch sein Verhalten Anlass zur Auflösung des Arbeitsverhältnisses gegeben, ist es unerheblich, ob der Dienstberechtigte kündigt oder ob es zu einem Aufhebungsvertrag kommt.[227] Anders ist dies, wenn das Probearbeitsverhältnis wegen fehlender Eignung gekündigt wird oder, wenn das Dienstverhältnis wegen dringender betrieblicher Erfordernisse (betriebsbedingte Kündigung) aufgekündigt wird; dann liegt kein Fall vor, der zum Ausschluss des Widerspruchsrechts gemäss § 576a BGB führt.[228]

e) Mieterhöhung bei Werkmietverhältnis. Da das Vertragsverhältnis über eine Werkmietwohnung ein **echtes Mietverhältnis** darstellt, richtet sich das Recht der Mieterhöhung nach den allgemeinen Grundsätzen. Handelt es sich um ein Mietverhältnis über eine öffentlich geförderte Wohnung, so finden die Regeln der **§§ 10ff. WoBindG** Anwendung, liegt eine frei finanzierte Wohnung zugrunde, richtet sich die Mieterhöhung nach den Vorschriften **der §§ 557ff. BGB.**

Allerdings können sich Beschränkungen bei der Mieterhöhung ergeben durch:
- **Allgemeine Festlegungen oder Regelungen über die Änderung des Mietzinses durch den Betriebsrat gemäß § 87 Abs. Nr. 9 BetrVG bzw. den Personalrat.** Jedoch ist darauf hin zuweisen, dass die Mieterhöhung im Einzelfall nicht der Zustimmung des Betriebsrats unterliegt.[229]
- **Vertragliche Beschränkungen der Mieterhöhung auf Grund Vereinbarungen zwischen Vermieter/Dienstberechtigtem und Mieter/Dienstverpflichtetem oder Vereinbarungen zwischen Dienstberechtigtem und Vermieter, wenn diese auseinanderfallen.** In diesem Fall liegt ein Vertrag zugunsten Dritter (zugunsten des Mieters/Dienstverpflichteten) vor.

2. Werkdienstverhältnis (§ 576b BGB)

Während die Überlassung einer Werkmietwohnung an einen zur Dienstleistung Verpflichteten auf Grund eines eigenständigen Mietvertrages erfolgt (vgl. oben Rdnr. 41), erfolgt die Überlassung einer Werkdienstwohnung im Rahmen des **Dienstverhältnisses,** die Überlassung der Wohnung stellt einen Teil der dem Dienstberechtigten gegenüber dem Dienstverpflichteten obliegenden Gegenleistung dar; ein besonderer Mietvertrag wird nicht abgeschlossen (vgl. oben Rdnr. 42).

---

[223] Schmidt-Futterer/*Blank* § 576a BGB Rdnr. 2; *Haug* a.a.O Rdnr. 21; *Rolfs* a.a.O. Rdnr. 4, 5, 6.
[224] Schmidt-Futterer/*Blank* § 576a BGB Rdnr. 4, 5, 6; Staudinger/*Rolfs* (2006) § 576a Rdnr. 7ff.
[225] Bub/Treier/*Grapentin* IV Rdnr. 131; Schmidt-Futterer/*Blank* § 576a BGB Rdnr. 5.
[226] Staudinger/*Sonnenschein* § 576 BGB Rdnr. 9; Schmidt-Futterer/*Blank* § 576a Rdnr. 6.
[227] Schmidt-Futterer/*Blank* § 576a BGB Rdnr. 7.
[228] OLG Celle WuM 1985, 142; Schmidt-Futterer/*Blank* § 576a BGB Rdnr. 7; Staudinger/*Rolfs* (2006) § 576a Rdnr. 15.
[229] BVerwG WuM 1995, 596; Schmidt-Futterer/*Blank* Vor § 576 BGB Rdnr. 15.

118 a) **Dienstverhältnis.** Zur Annahme eines Werkdienstverhältnisses ist erforderlich, dass zwischen Dienstberechtigtem und Dienstverpflichtetem ein privatrechtliches Dienstverhältnis über unselbstständige weisungsgebundene Arbeitsleistungen besteht.

Beispiele:
Hausmeister eines Unternehmens, einer Wohnanlage, eines Krankenhauses; landwirtschaftlicher Arbeiter, Angestellter eines Unternehmens.

119 Es scheiden daher einmal Dienstwohnungen von Beamten oder von Personen aus, die auf Grund öffentlich-rechtlicher Vorschriften überlassen worden sind,[230] zum anderen Dienstwohnungen von Organen juristischer Personen, da letztere nicht weisungsgebunden sind und nicht auf Grund eines Dienstvertrages im Sinne der §§ 611 ff. BGB tätig sind sondern gemäß § 675 BGB.[231]

120 b) **Rechtsgrund der Überlassung.** Die Raumüberlassung erfolgt bei der Werkdienstwohnung auf Grund des Dienstvertrages; sie stellt einen Teil der Vergütung für die geleisteten Dienste dar.[232] Dies gilt selbst dann, wenn der Dienstvertrag die Wohnraumüberlassung nicht ausdrücklich als Gegenleistung für die zu leistenden Dienste bezeichnet, hierüber schweigt, wenn jedenfalls der Dienstverpflichtete nicht zur Zahlung eines Entgelds für die Wohnraumüberlassung verpflichtet wird. Es gilt dann das von den Parteien Gewollte.[233] Daraus folgt, dass das Recht und die Pflicht die Wohnung zu nutzen nicht durch Teilkündigung beendet werden kann, da es sich um einen unselbstständigen Bestandteil des Dienstvertrags handelt.[234]

121 Haben die Parteien über die Wohnraumnutzung keine oder keine vollständigen Vereinbarungen getroffen, muss der Dienstvertrag im Wege der ergänzenden Vertragsauslegung ausgefüllt werden,[235] wobei Mietrechtsvorschriften herangezogen werden können.[236] Die Mieterhöhungsvorschriften der §§ 558 ff. BGB sind jedoch nicht anwendbar, da die Mietpreisbildung sich bei Dienstwohnungen nicht nach dem Vergleichsmietenprinzip regelt.[237]

122 c) **Beendigung des „Rechtsverhältnisses" über den Wohnraum § 576 BGB.** § 576 b BGB regelt, dass auf die Beendigung des Rechtsverhältnisses hinsichtlich der Wohnung **teilweise Mietrecht** entsprechende Anwendung findet und zwar dann, wenn der zur Dienstleistung Verpflichtete den Wohnraum
- **überwiegend mit Einrichtungsgegenständen** ausgestattet hat
- **oder in dem Wohnraum mit seiner Familie oder mit Personen lebt, mit denen er einen auf Dauer angelegten gemeinsamen Haushalt führt.**

Liegt eine dieser Voraussetzungen vor, gilt **Mietrecht** im Hinblick auf die Beendigung des Rechtsverhältnisses hinsichtlich der überlassenen Wohnräume.[238]

123 **Bei einem auf unbestimmte Zeit abgeschlossenen Dienstverhältnis bedeutet dies,** dass sowohl der Dienstberechtigte als auch der Dienstverpflichtete das Rechtsverhältnis hinsichtlich der überlassenen Räume schriftlich unter Einhaltung der Kündigungsfristen des § 573 c BGB kündigen können; die Kündigung des Dienstberechtigten setzt das Vorliegen von Kündigungsgründen gemäß § 573 BGB voraus, die gemäß § 573 Abs. 3 BGB im Kündigungsschreiben angegeben werden müssen.[239]

124 Kündigt der Dienstberechtigte das Rechtsverhältnis hinsichtlich der Wohnung noch während des Bestehens des Dienstverhältnisses, etwa zum Ende des Dienstverhältnisses, gelten

---

[230] RGZ 105, 46, 48; AG Grevenbroich WuM 1990, 283 für Beamte, Richter und Soldaten.
[231] Schmidt-Futterer/*Blank* § 576 b BGB Rdnr. 5; Staudinger/*Rolfs* (2006) § 576 b Rdnr. 6.
[232] BAG WuM 1990, 391; 1993, 353; Bub/Treier/*Grapentin* IV Rdnr. 125; Schmidt-Futterer/*Blank* § 576 b Rdnr. 7; Staudinger/*Rolfs* (2006) § 576 b Rdnr. 4.
[233] Schmidt-Futterer/*Blank* § 576 b BGB Rdnr. 6; Staudinger/*Rolfs* § 576 b BGB Rdnr. 4.
[234] BAG WuM 1990, 284; 1993, 353; Schmidt-Futterer/*Blank* § 576 b BGB Rdnr. 10, 16; Staudinger/*Rolfs* § 576 b BGB Rdnr. 4; Bub/Treier/*Grapentin* IV Rdnr. 132.
[235] Schmidt-Futterer/*Blank* § 576 b BGB Rdnr. 9.
[236] Schmidt-Futterer/*Blank* § 576 b BGB Rdnr. 9; *Pergande* § 565 c BGB Anm. 2.
[237] BAG WuM 1993, 353; Schmidt-Futterer/*Blank* § 576 b BGB Rdnr. 9.
[238] Schmidt-Futterer/*Blank* § 576 b BGB Rdnr. 10, 16; Staudinger/*Rolfs* (2006), § 576 b Rdnr. 16.
[239] Schmidt-Futterer/*Blank* § 576 b BGB Rdnr. 16, 20.

die allgemeinen Kündigungsfristen des § 573 c BGB; ist demgegenüber im Zeitpunkt des Ausspruchs der Kündigung der Wohnung durch den Dienstberechtigten das Dienstverhältnis beendet und erfolgt die Kündigung wegen Betriebsbedarfs, gelten die verkürzten Kündigungsfristen des § 576 BGB.[240] Der Kündigung des Rechtsverhältnisses an der Wohnung kann der Dienstverpflichtete gemäß § 576 a BGB widersprechen, das Widerspruchsrecht kann jedoch gemäß § 576 a Abs. 2 BGB ausgeschlossen sein.

Besteht zwischen Dienstberechtigtem und Dienstverpflichteten ein Dienstverhältnis auf bestimmte Zeit, endet mit dem Dienstverhältnis auch das Recht zur Wohnraumnutzung.[241] Nach Fortfall des § 564 c Abs. 1 BGB a.F. kann der Dienstverpflichtete entgegen der bis 30. 8. 2001 geltenden Regelung das Rechtsverhältnis nicht durch ein Fortsetzungsverlangen fortsetzen; das Rechtsverhältnis kann sich jedoch gemäß § 545 BGB stillschweigend fortsetzen, falls keine der Parteien binnen 2 Wochen der Fortsetzung widerspricht. **125**

Die Kündigung des Rechtsverhältnisses an einer Dienstwohnung unterliegt nach h. M.[242] nicht dem Mitbestimmungsrecht des Betriebsrats. **126**

Lebt der Dienstberechtigte allein in einer ihm überlassenen möblierten Wohnung findet Mietrecht keine Anwendung, das Rechtsverhältnis an der Wohnung richtet sich nach Dienstvertragsrecht. Mit Ende des Dienstverhältnisses ist der Dienstberechtigte zur Räumung verpflichtet,[243] er kann gemäß § 985 BGB auf Räumung und Herausgabe in Anspruch genommen werden.[244]

Lebt der Dienstberechtigte mit Familie in der Dienstwohnung, bzw. hat er die Wohnung mit Möbeln ausgestaltet, bedarf es bei Ende des Dienstverhältnisses zur Beendigung des Rechtsverhältnisses hinsichtlich der Wohnung einer Kündigung nach den mietrechtlichen Vorschriften der §§ 573 ff., §§ 574 ff. oder der §§ 576 ff.,[245] es sei denn, es handelte sich um ein Mietverhältnis nach § 549 II 1 BGB[246] oder die Voraussetzungen des § 573 a BGB lägen vor.[247] **127**

d) Rechtsbeziehungen über Wohnraum nach Beendigung des Dienstverhältnisses. Ist das Dienstverhältnis beendet, das Rechtsverhältnis über die Dienstwohnung wirksam gekündigt, ohne dass der Dienstverpflichtete räumt, so schuldet er für die Dauer der Vorenthaltung der Wohnung Nutzungsentschädigung in Höhe des für die Überlassung der Dienstwohnung geschuldeten Entgelts,[248] deren Höhe sich, wenn der Anteil nicht feststellbar ist, aus entsprechender Anwendung des § 546 a BGB ergibt.[249] Der über die Wohnung Verfügungsberechtigte kann jedoch vom zur Räumung verpflichteten früheren Dienstverpflichteten ein Entgelt in Höhe der ortsüblichen Miete für Wohnraum vergleichbarer Art bis zur Räumung verlangen, da die Geschäftsgrundlage für die Raumüberlassung zu einem Vorzugspreis mit Ende des Rechtsverhältnisses hinsichtlich des Wohnraums weggefallen ist,[250] er kann darüber hinaus Ansprüche nach § 571 BGB geltend machen.[251] **128**

Ist demgegenüber nach Ende des Dienstverhältnisses das Rechtsverhältnis über den Wohnraum nicht beendet, etwa weil der Dienstberechtigte nicht oder nicht wirksam gekün- **129**

---

[240] Staudinger/*Rolfs* (2006) § 576 b BGB Rdnr. 22; Fischer-Dieskau/*Franke* § 565 e BGB Anm. 7; Schmidt-Futterer/*Blank* § 576 b BGB Rdnr. 17.
[241] Emmerich/Sonnenschein/*Haug* Miete § 576 b Rdnr. 32; Staudinger/*Rolfs* (2006), § 576 b Rdnr. 14; Fischer-Dieskau/*Franke* § 565 e BGB Anm. 4; Soergel/*Heintzmann* § 565 e BGB Rdnr. 7; a. A. RGRK/*Gelhaar* § 565 e Rdnr. 3, der Kündigung für erforderlich hält; einschränkend MünchKommBGB/*Artz*, der eine Beendigung in entsprechender Anwendung von § 575 I S. 1 Nr. 3 BGB nur bei Vorliegen der Voraussetzungen dieser Vorschrift annimmt.
[242] BAG WuM 1993, 353; Schmidt-Futterer/*Blank* § 576 b BGB Rdnr. 15; Staudinger/*Rolfs* (2003), § 576 b Rdnr. 22; a. A. *Derleder* §§ 565 b–576 b Rdnr. 8.
[243] Fischer-Dieskau/*Franke* § 565 e Anm. 5; Staudinger/*Rolfs* (2003), § 576 b Rdnr. 11; Soergel/*Heintzmann* § 565 e Rdnr. 3; *Wetekamp* § 565 e Rdnr. 1.
[244] Erman/*Jendrek* § 576 b Rdnr. 4; Buch, NZM 2000, 167 ff.
[245] Erman/*Jendrek*, § 576 b Rdnr. 6; Schmidt-Futterer/*Blank* § 576 b Rdnr. 16 ff.
[246] MünchKommBGB/*Artz*, § 576 b Rdnr. 5; Schmidt-Futterer/*Blank* § 576 b Rdnr. 16, 17.
[247] MünchKommBGB/*Artz* § 576 b Rdnr. 5.
[248] LG Hamburg WuM 1991, 550; Schmidt-Futterer/*Blank* § 576 b BGB Rdnr. 17.
[249] Bub/Treier/*Grapentin* IV Rdnr. 132; Erman/*Jendrek* § 576 b Rdnr. 4.
[250] Schmidt-Futterer/*Blank* § 576 b BGB Rdnr. 17; a. A. LG Hamburg WuM 1991, 550; Staudinger/*Rolfs* § 576 b Rdnr. 16.
[251] Schmidt-Futterer/*Blank* § 576 b Rdnr. 17.

digt hat oder weil ihm ein Kündigungsgrund nicht zusteht, werden hinsichtlich des Rechtscharakters des Rechtsverhältnisses über den Wohnraum die unterschiedlichsten Auffassungen vertreten:

130 Die überwiegende Meinung[252] geht von einem gesetzlichen Schuldverhältnis aus, wobei sich nach *Rolfs*[253] die Höhe des Nutzungsentgelts nach der Höhe der früheren (Teil-)Vergütung für die Überlassung der Räume richtet, die übrigen Rechte und Pflichten sich aus § 546 a BGB (Vorenthaltung der Mietsache) ergäben. Bis zu dieser Grenze könne der Dienstberechtigte das Entgelt nach den §§ 315, 316 BGB bestimmen. *Blank* sowie *Reick*[254] gehen demgegenüber von einem gesetzlichen Schuldverhältnis aus, dessen Inhalt sich aus § 242 BGB ergebe. Da der Dienstverpflichtete die Räume weiterhin nutze, müsse er ein Entgeld zahlen, dessen Höhe sich nach der für vergleichbaren Wohnraum richte. Der frühere Dienstberechtigte könne bei Ende des Dienstverhältnisses die Höhe nach §§ 315, 316 BGB bestimmen. Für spätere Mieterhöhungen gelten die gesetzlichen Bestimmungen über Mieterhöhungen §§ 558 ff. BGB.[255]

131 Allein die letzterwähnte Auffassung wird den unterschiedlichen Interessen der Beteiligten gerecht. Besteht das Dienstverhältnis noch, ist dieses Rechtsgrund für die Überlassung der Wohnung, wobei Sonderkonditionen für die Überlassung der Wohnung gelten. Ist das Dienstverhältnis beendet, besteht kein Grund mehr für eine Bevorzugung des früheren Dienstverpflichteten im Bezug auf die Höhe der Nutzungsentschädigung/Miete oder andere Konditionen gegenüber freien Mietern.[256] Der zur Dienstleistung Verpflichtete muss die Voraussetzungen der ihm günstigen Ausnahmetatbestände des § 576 b BGB dartun und beweisen.[257]

132 e) Gerichtsstand. aa) *Werkmietwohnung.* Nach h.M.[258] ist für Streitigkeiten aus einem Werkmietverhältnis das Amtsgericht gemäß §§ 23 GVG, 29 a ZPO ausschließlich zuständig. Die gilt auch in den Fällen, in denen die Kündigung des Mietverhältnisses gemäß § 87 Abs. 1 Nr. 9 BetrVG zustimmungsbedürftig ist.[259]

133 bb) *Werkdienstwohnung.* Während des Bestehens des Dienstverhältnisses ist für Streitkeiten über die Dienstwohnung das Arbeitsgericht zuständig,[260] nach Beendigung des Dienstverhältnisses, da nunmehr Mietrecht Anwendung findet, das Amtsgericht.[261]

III. Die Genossenschaftswohnung

1. Vorbemerkungen

134 Eine Wohnungsgenossenschaft ist ein Wohnungsunternehmen in der Rechtsform der eingetragenen Genossenschaft. Sie fördert als rechtlich selbständige Selbsthilfevereinigung ihre Mitglieder unter der Firmenbezeichnung „Bauverein", „Baugenossenschaft", „Wohnungsgenossenschaft" oder „Wohnungsbaugenossenschaft" durch Überlassung von preisgünstigem Wohnraum. In Literatur und Rechtsprechung hat sich die Bezeichnung Wohnungsgenossen-

---

[252] Staudinger/*Rolfs* § 576 b BGB Rdnr. 16; MünchKommBGB/*Artz* § 576 b Rdnr. 5; Bamberger/Roth/*Reick* § 576 b Rdnr. 13; Kandelhardt/Herrlein/*Knops* § 576 b Rdnr. 5; Schmidt-Futterer/*Blank* § 576 b Rdnr. 19 a. A. *Sternel* IV Rdnr. 269: kraft gesetzlicher Novation Mietverhältnis;
[253] In *Staudinger* (2006), § 576 b Rdnr. 16.
[254] Schmidt-Futterer/*Blank* § 576 b Rdnr. 19; Bamberger/Roth/*Reick* § 576 b Rdnr. 13.
[255] Schmidt-Futterer/*Blank* § 576 b Rdnr. 18.
[256] So im Ergebnis auch *Sternel* Mietrecht IV Rdnr. 269.
[257] Erman/*Jendrek* § 576 b Rdnr. 8.
[258] BAG WuM 1990, 391; LG Kiel 1966, 78; LG Essen ZMR 1966, 148; Staudinger/*Rolfs* (2003) § 576 BGB Rdnr. 39; Schmidt-Futterer/*Blank* Vor § 576 BGB Rdnr. 11.
[259] BAG WuM 1990, 391; Staudinger/*Rolfs* § 576 b BGB Rdnr. 39.
[260] BAG WuM 2000, 362; Staudinger/*Rolfs* § 576 b BGB Rdnr. 26; Schmidt-Futterer/*Blank* Vor § 576 BGB Rdnr. 12.
[261] LG Detmold WuM 1969, 28; LG Augsburg ZMR 1994, 333; AG Garmisch ZMR 1972, 117; Staudinger/*Rolfs* § 576 b BGB Rdnr. 26; Schmidt-Futterer/*Blank* Vor § 576 BGB Rdnr. 12; Erman/*Jendrek* § 576 b Rdnr. 9; Fischer-Dieskau/*Franke* § 565 e Anm. 8; offengelassen von BAG WuM 2000, 362; a. A. *Pergande* § 565 b BGB Anm. 8; *Koenig* WuM 1967, 160 welche immer von der Zuständigkeit des Arbeitsgerichts ausgehen.

schaft durchgesetzt.²⁶² In Deutschland gibt es heute fast 2000 Wohnungsgenossenschaften, die über zwei Millionen Wohnungen bewirtschaften und dafür allein im Jahr 2007 fast 3,5 Milliarden Euro investierten.²⁶³ Über 10% des gesamten Mietwohnungsbestandes in Deutschland wird von Genossenschaftsmitgliedern genutzt.²⁶⁴ Damit ist genossenschaftliches Wohnen für die Wohnraumversorgung in Deutschland die **dritte tragende Säule** neben dem Wohnen in Miet- und in Eigentumswohnungen.²⁶⁵

Wer eine Genossenschaftswohnung beziehen will, muss in der Regel zunächst Genosse werden durch Erwerb wenigstens eines Genossenschaftsanteils.²⁶⁶ Bei SGB II-Empfängern ist der Grundsicherungsleistungsträger verpflichtet, die Kosten dafür als Wohnungsbeschaffungskosten darlehensweise zur Verfügung zu stellen.²⁶⁷ Der Bewohner einer Genossenschaftswohnung ist nicht nur „Mieter", sondern zugleich Mitglied der vermietenden Genossenschaft. Durch diese **Doppelstellung** wird das Wohnen in Genossenschaftswohnungen strukturell geprägt. Deswegen wird das Rechtsverhältnis des „Mieters" zur Genossenschaft traditionell nicht „Mietverhältnis", sondern „**Nutzungsverhältnis**" genannt. Der Bewohner ist sowohl Nutzer der Wohnung als auch ihr – durch die Mitgliedschaft vermittelter – (Mit-) Eigentümer.

Genossenschaftswohnungen sind begehrt. Denn wohnen in Genossenschaften bietet den Bewohnern ein größeres Maß an **Wohnsicherheit** als gewöhnliche Mietwohnungen.²⁶⁸ Damit werben viele Genossenschaften zu Recht. Die besondere Wohnsicherheit, angesiedelt zwischen Miete und Eigentum, kennzeichnet das Wohnen in Genossenschaftswohnungen.

Trotzdem nehmen die nutzenden Mitglieder der Genossenschaften ihre Genossenschaftswohnungen häufig als Mietwohnungen wahr. So sehen viele in dem bei Abschluss des Vertrages zu zahlenden Mitgliedsbeitrag für die Genossenschaft lediglich eine kautionsähnliche Sonderzahlung.²⁶⁹

Aus der Doppelbeziehung „Nutzung/Mitgliedschaft" ergeben sich (**miet-**)**rechtliche Besonderheiten**. Es stellen sich insbesondere die Fragen, in welchem Umfang die wechselseitigen Pflichten zwischen der Genossenschaft und dem Mitglied aus dem Mitgliedschaftsverhältnis auf das Nutzungsverhältnis einwirken sowie ob und in welchem Umfang die genossenschaftsrechtlichen Schutzmechanismen den mietrechtlichen Individualschutz verdrängen oder überlagern können. Besonderheiten zeigen sich in der Höhe des Entgeltes, bei der Kündigung und im Erbgang.

2. Grundlagen

a) Rechtsquellen. Rechtsquellen des Wohnens in Genossenschaftswohnungen sind die mietrechtlichen Vorschriften des BGB, die einschlägigen Nebengesetze, das Genossenschaftsgesetz (GenG), die Satzungen der Genossenschaften sowie die Nutzungsverträge zwischen der Genossenschaft und dem Nutzer. Weder das BGB noch das GenG enthalten besondere Regelungen für Wohnungsgenossenschaften. Das Steuerrecht wirkt sich allenfalls indirekt aus.²⁷⁰ Auch die Mietrechtsreform 2001²⁷¹ hat keine ausdrücklichen Regelungen für Genossenschaften gebracht.²⁷²

b) Mustersatzung. Der GdW Bundesverband Deutscher Wohnungs- und Immobilienunternehmen e. V. gibt als Fach- und Interessenverband der Wohnungswirtschaft in Deutschland Mustersatzungen für Wohnungsgenossenschaften heraus, die er regelmäßig überarbei-

---

²⁶² Lang/Weidmüller/*Schulte* § 1 Rdnr. 59, 65.
²⁶³ Jahresstatistik 2007 des GdW Bundesverbandes Deutscher Wohnungs- und Immobilienunternehmen e. V., www.gdw.de/uploads/files/Koepp/GdW-Jahresstatistik2007kompakt.pdf.
²⁶⁴ Lang/Weidmüller/*Schulte* GenG § 1 Rdnr. 70.
²⁶⁵ Zu Einzelheiten vgl.: Bericht der Expertenkommission Wohnungsgenossenschaften „Wohnungsgenossenschaften Potentiale und Perspektiven" (2004) des Bundesministeriums für Verkehr, Bau- und Wohnungswesen.
²⁶⁶ Vgl. BGH NZI 2009, 374, 375.
²⁶⁷ SG Reutlingen NJW-RR 2007, 445.
²⁶⁸ Vgl. Jäger/Koppmann/*Jäger* § 33; *Roth* NZM 2000, 743.
²⁶⁹ Vgl. Jäger/Koppmann/*Jäger* § 36.
²⁷⁰ *Pohl* ZdW Bay 1/91, 8 ff.; vgl. Lang/Weidmüller/*Schulte* GenG § 1 Rdnr. 64.
²⁷¹ Vgl. Referentenentwurf NZM 2000, 415 ff.; Gesetzentwurf NZM 2000, 802 ff.
²⁷² Kritisch *Roth* NZM 2000, 743.

tet. Die derzeit aktuelle Mustersatzung 2007 ersetzt das Regelwerk aus 2005.[273] Anlass für die Überarbeitung war die Novelle des Genossenschaftsgesetzes 2006.[274]

140 Die Genossenschaften nutzen üblicherweise die vom GdW herausgegebenen Mustersatzungen als Grundlage für ihre eigene Satzung.[275] Da allerdings neue Mustersatzungen nur sehr langsam in der Praxis eingeführt oder umgesetzt werden, arbeiten die meisten Genossenschaften mit älteren Mustersatzungen.[276] Das sollte bei der konkreten Fallprüfung berücksichtigt werden.

141 c) **Musternutzungsverträge.** Neben den Mustersatzungen für Wohnungsgenossenschaften hat der GdW Bundesverband Deutscher Wohnungs- und Immobilienunternehmen e. V. auch Muster für Nutzungsverträge entwickelt.[277] Die bisher gesonderten Allgemeinen Vertragsbestimmungen (AVB) zu den Nutzungsverträgen wurden ab der Ausgabe April 2008 in die Musternutzungsverträge integriert. Auf Grund der starken verbandlichen Einbindung der Wohnungsgenossenschaften werden diese Musternutzungsverträge in der Praxis ebenfalls sehr oft eingesetzt.

142 Die Nutzungsverträge unterliegen der Prüfung durch die **AGB-Vorschriften** der §§ 305 ff. BGB.[278] Der AGB-Kontrolle entzogen sind die Rechtsbeziehungen der Genossenschaft mit ihren Mitgliedern nur dann, wenn sich sämtliche Rechte der nutzenden Mitglieder unmittelbar aus der Satzung ergeben.[279]

143 d) **Ordnungspolitik.** Im Rechtsstreit ist es zur Erläuterung und Argumentation oft sinnvoll und hilfreich, auf die ordnungspolitischen Zusammenhänge genossenschaftlicher Wertungen hinzuweisen:

144 Das Rechtsverhältnis zwischen den Nutzern und der Genossenschaft ist geprägt von mietrechtlichen und genossenschaftsrechtlichen Wertungen. Während im **Mietrecht** der vom Sozialgedanken geprägte Individualschutz des Mieters im Vordergrund steht, sichert das **Genossenschaftsrecht** zugleich die Funktionsfähigkeit der Mitgliedergruppe. Der Gesetzgeber hat sicheres Wohnen nicht nur durch mietrechtlichen Individualschutz, sondern hier auch durch vereinsrechtlichen Gruppenschutz hergestellt. Die besondere Schwierigkeit genossenschafts-mietrechtlicher Fragen besteht darin, dass die **Wertungen** des Genossenschaftsrechts und des Mietrechts zuweilen **gegenläufig** sind.

145 Wohnungsgenossenschaften haben bereits vor Einführung des mietrechtlichen Sozial- und Wohnungsschutzes ihren Mitgliedern sicheres Wohnen ermöglicht.[280] Sie sind entstanden in der zweiten Hälfte des 19. Jahrhunderts aus der sozialen Not vor allem der Arbeiterschicht.[281] Sie dienten den Mitgliedern zur Selbsthilfe, gerade in Zeiten, in denen soziale Sicherungssysteme noch weitgehend unbekannt waren. Fehlender Individualschutz wurde durch den Verbund der Nutzer ersetzt. Oft ergänzten Wohnungsgenossenschaften ihre Wohnungsbautätigkeit zugunsten der Mitglieder durch Spareinrichtungen.[282] Im Genossenschaftsgesetz hat das genossenschaftliche Modell mit den Grundsätzen der **Selbsthilfe, Selbstverwaltung** und **Selbstverantwortung** rechtlich Gestalt angenommen.[283] Aus der personalistischen Verbundenheit der Genossenschaftsmitglieder ergibt sich, dass die Bewohner

---

[273] GdW (Hrsg.), Mustersatzung für Wohnungsgenossenschaften 2005, GdW Arbeitshilfe 46, Hammonia Verlag GmbH, Hamburg.
[274] GdW (Hrsg.), Mustersatzung für Wohnungsgenossenschaften 2007, GdW Arbeitshilfe 55, Hammonia Verlag GmbH, Hamburg.
[275] Lang/Weidmüller/*Schulte* § 1 Rdnr. 60.
[276] Zur Rechtslage vor dem Wegfall des Wohnungsgemeinnützigkeitsgesetzes (WGG) 1990 vgl. die früheren §§ 7 WGG, 12 WGGDV; siehe auch Lang/Weidmüller/*Schulte* § 1 Rdnr. 62.
[277] GdW (Hrsg.), Nutzungsvertrag, Stand: April 2008, Hammonia Verlag GmbH, Hamburg; GdW (Hrsg.), Dauernutzungsvertrag, Stand: April 2008, Hammonia Verlag GmbH , Hamburg.
[278] *Bub/Treier* II 361.
[279] BGHZ 103, 219 ff.
[280] Zur Geschichte vgl. *Riebandt-Korfmacher* Wohnungsbaugenossenschaften, S. 1805 ff.
[281] Vgl. *Jäger/Greve* ZfgG 1996, 5 ff.; *Glenk* Rdnr. 1.
[282] Vgl. Lang/Weidmüller/*Schulte* GenG § 1 Rdnr. 67 zu den Besonderheiten der heutigen Wohnungsgenossenschaften mit Spareinrichtung.
[283] Vgl. *Möhlenkamp*, S. 119.

strukturell **besser abgesichert** sind, als „einfache" Mieter. Genossenschaftliches Wohnen ist daher typischerweise besonders sicheres Wohnen.[284]

Das Schutzbedürfnis des Mieters hängt nicht allein von der rechtlichen Gestaltung des Nutzungs- oder Mitgliedsverhältnisses ab. Berücksichtigt werden müssen zugleich die tatsächlichen **Mitwirkungsmöglichkeiten** des Mitglieds in „seiner" Genossenschaft. Je weniger das Mitglied selbst über seine Wohnbedingungen mitentscheiden kann, desto mehr bedarf es des mietrechtlichen Individualschutzes und umgekehrt Die Mitwirkungsmöglichkeiten der Mitglieder sind ihrerseits durch das (Binnen-)Recht der Genossenschaft vorgegeben. Daraus ergibt sich: je mehr die Genossenschaft ihre Mitglieder/Nutzer über Mitgliederversammlungen, Ausschüsse, regelmäßige Beiräte oder ad-hoc-Gremien in die wohnungswirtschaftlichen Entscheidungen einbezieht und je mehr der einzelne Nutzer die konkrete Möglichkeit hat, auf geschäftspolitische Entscheidungen Einfluss zu nehmen, desto weniger bedarf es des spezifisch mietrechtlichen Schutzes und umso eher kann es sachgerecht sein, die mietrechtlichen Besonderheiten durch genossenschaftsrechtliche Wertungen zu überlagern. Die Einflussmöglichkeiten des einzelnen Mitglieds/Nutzers nehmen naturgemäß ab, je mehr Mitglieder eine Genossenschaft hat, je größer sie also ist.

3. Nutzungsverhältnis

a) Rechtsnatur. Die Rechtsnatur des wohnungsgenossenschaftlichen Nutzungsvertrages ist umstritten.[285] Es kann entweder als schuldrechtliches Verhältnis angesehen werden oder die Satzung der Genossenschaft konkretisieren und damit körperschaftsrechtlichen Charakter haben.[286] In der Rechtsprechung ist sowohl der schuldrechtliche,[287] als auch der körperschaftsrechtliche[288] Charakter des Nutzungsverhältnisses anerkannt worden. Darüber hinaus ist von einem „Nutzungsvertrag besonderer Art" die Rede.[289]

b) Mietrecht. Die Nutzung der Genossenschaftswohnung ist in der Regel in einem (Dauer-) Nutzungsvertrag geregelt. Ein von der Satzung unabhängiger Nutzungsvertrag ist allein noch kein Anzeichen dafür, dass das Nutzungsverhältnis als Mietverhältnis anzusehen ist. Es kommt wesentlich auf die konkrete Ausgestaltung des Nutzungsverhältnisses an. Da Gegenstand der Beziehungen zwischen der Genossenschaft und dem Mitglied aber die Überlassung von Wohnraum ist, wird das Nutzungsverhältnis überwiegend mietrechtlich angeknüpft, da es sich „der Sache nach" um einen Mietvertrag handelt.[290] Das OLG Karlsruhe[291] hat formuliert:

„Den wesentlichen Inhalt [des Dauernutzungsvertrages] bildet die entgeltliche Überlassung von Wohnraum. [...] Die einzige grundlegende Abweichung von einem gewöhnlichen Wohnraummietvertrag liegt in der Bindung des Nutzungsrechts an die Mitgliedschaft bei der Genossenschaft. [...] Diese Abrede, die aus der körperschaftsrechtlichen Beziehung zwischen der Genossenschaft und ihren Mitgliedern entstanden ist, gibt dem Vertrag jedoch kein Gepräge, das ihn grundlegend von einem Mietverhältnis unterscheidet."

Allerdings sind bei der Anwendung des Mietrechts die Besonderheiten aus den verbandsrechtlichen Beziehungen der Parteien als Genossenschaft und Mitglied zu berücksichtigen, insbesondere die **körperschaftliche Bindung,** der in der Satzung gemeinsam festgelegte **Zweck,** sowie die sich daraus ergebenden beiderseitigen **Treuepflichten.**[292]

Insbesondere ist Mietrecht anzuwenden bei großen Genossenschaften, in denen die mitgliedschaftlichen Mitbestimmungsrechte und damit die Möglichkeiten des einzelnen

---

[284] *Roth* NZM 2000, 743.
[285] Vgl. *Beuthien* GenG § 1 Rdnr. 49 und Lang/Weidmüller/*Schulte* GenG § 1 Rdnr. 70 jeweils m. w. N.
[286] BGH NJW 1988, 1729; eingehend *Siegel* Anm. zu OLG Karlsruhe ZfgG 1986, 52 ff.; *Beuthien* Wohnungsgenossenschaften, S. 36.
[287] OLG Karlsruhe ZfgG 1986, 47 ff.; LG Offenburg GWW 1962, 392; BGH ZfgG 1960, 351.
[288] BayOLGZ 1953, 208 ff.; Hans.OLG Hamburg GWW 1958, 58; OLG Karlsruhe NJW 1984, 2584.
[289] Vgl. Lang/Weidmüller/*Schulte* § 1 Rdnr. 70.
[290] BGH NJW-RR 2004, 12.
[291] OLG Karlsruhe WuM 1985, 77; dem folgend OLG Stuttgart WuM 1991, 379.
[292] BGH NJW-RR 2004, 12; Lang/Weidmüller/*Schulte* GenG § 1 Rdnr. 68; MünchKommBGB/*Häublein* Vor § 535 Rdnr. 40.

Mitglieds sehr ausgedünnt sind, auf das Management der Genossenschaft einzuwirken.²⁹³ Unproblematisch ist Mietrecht auch dann anzuwenden, wenn die Parteien das Nutzungsverhältnis – entgegen dem genossenschaftlichen Gegenseitigkeits- oder Identitätsprinzip – abgeschlossen haben, ohne dass der Nutzer Mitglied der Genossenschaft ist („**Nichtmitgliedergeschäft**").²⁹⁴ In der Praxis ist das selten der Fall, da die Musternutzungsverträge das Recht zur Nutzung der Wohnung an die Mitgliedschaft in der Genossenschaft binden.²⁹⁵

151 Die (analoge) Anwendung des Mietrechts auf den Nutzungsvertrag betrifft aber nicht die genossenschaftsrechtlichen Beziehungen des Mitglieds zu seiner Genossenschaft. Hier gilt kein Mietrecht, sondern allein Genossenschaftsrecht als spezieller Teil des Gesellschaftsrechts. Insbesondere unterliegen die satzungsrechtlich festgelegten **Anteilszeichnungspflichten** der Mitglieder nicht der Begrenzung nach § 551 BGB.²⁹⁶ Hierbei handelt es sich allein um die Beteiligung des Mitglieds an der Genossenschaft mit Genossenschaftsanteilen, § 7 GenG.

152 **c) Genossenschaftsrecht.** Beruht die Nutzung der Genossenschaftswohnung allein auf der Genossenschaftssatzung, besteht ein körperschaftsrechtliches Verhältnis, auf das das Mietrecht nicht anwendbar ist.²⁹⁷ Stattdessen beherrscht das Genossenschaftsrecht das Nutzungsverhältnis, wenn die Rechtsbeziehungen der Vertragsparteien vollständig oder ganz überwiegend in der Satzung geregelt sind.²⁹⁸ Bereits die Mustersatzung 1995 enthielt jedoch kaum noch Vorschriften, die für das Nutzungsverhältnis von Bedeutung waren.²⁹⁹ Die Mustersatzung 2000 reduzierte die für das Nutzungsverhältnis relevanten Vorschriften der Satzung noch weiter. Die Mustersatzungen 2002 und 2007 bestätigten dies. Damit dürfte es in der Praxis kaum noch Genossenschaften geben, deren Nutzungsverhältnisse mit den Mitgliedern allein körperschaftsrechtlich ausgestaltet sind.

153 Ist kein eigenständiger Nutzungsvertrag geschlossen und regelt auch die Satzung die Nutzung nicht oder nur lückenhaft, nutzt das Mitglied die Wohnung also allein auf Grund der Mitgliedschaft und einer Einweisung durch die Genossenschaft, sind die mietrechtlichen Vorschriften jedenfalls analog anwendbar.³⁰⁰ Aber auch dann, wenn im Wesentlichen Genossenschaftsrecht das Nutzungsverhältnis prägt, sind die grundlegenden Wertungen des sozialen Mietrechts und damit dessen zwingende Vorschriften anwendbar, soweit sie nach ihrem Schutzzweck auf das mitgliedschaftlich geprägte Nutzungsverhältnis übertragbar sind.³⁰¹

154 **d) Genossenschaftsrechtliche Wertungen im Nutzungsverhältnis.** Da die überwiegende Zahl wohnungsgenossenschaftlicher Nutzungsverhältnisse mietrechtlich angeknüpft wird, ist im Rechtsstreit der Einfluss genossenschaftsrechtlicher Wertungen auf diese Nutzungsverhältnisse besonders wichtig. Die genossenschaftlichen Wesensmerkmale „Förderzweck", „Gleichbehandlung" und „Treuepflicht" sind auch dann im Nutzungsverhältnis zu beachten, wenn nach den oben ausgeführten Grundsätzen vorrangig das Mietrecht anwendbar ist.³⁰² Die genossenschaftsrechtliche Ergänzung des Mietrechts beruht darauf, dass der Nutzer zugleich „Mieter" und Mitglied der Genossenschaft ist. Soweit diese Doppelbindung besteht, durchwirken die genossenschaftlichen Grundsätze das Nutzungsverhältnis.³⁰³

155 *aa) Förderzweck.* Nach der Legaldefinition des § 1 GenG bezwecken Genossenschaften „die Förderung des Erwerbs oder der Wirtschaft ihrer Mitglieder oder deren soziale oder kul-

---

²⁹³ *Siegel* Anm. zu OLG Karlsruhe ZfgG 1986, 57; vgl. *Beuthien* GenG § 1 Rdnr. 51.
²⁹⁴ *Schulz* ZdW Bay 2/94, 88.
²⁹⁵ Vgl. § 1 Abs. 4 der Musternutzungsverträge.
²⁹⁶ Vgl. *Roth* NZM 2008, 356; a. A.: AG Saarbrücken, WuM 2007, 506; siehe dazu die kritische aber richtige Besprechung dieses Urteils in: WuM 2007, 693.
²⁹⁷ BGH NJW 1988, 1729 f.; MünchKommBGB/*Häublein* Vor § 535 Rdnr. 40.
²⁹⁸ *Beuthien* GenG § 1 Rdnr. 51.
²⁹⁹ Vgl. aber §§ 13 (2), 14, 15 der Mustersatzung 1995.
³⁰⁰ Vgl. *Beuthien* GenG § 1 Rdnr. 51; *Müller* GenG Anh. § 1 Rdnr. 84.
³⁰¹ *Beuthien* GenG § 1 Rdnr. 51.
³⁰² Enger *Beuthien* GenG § 1 Rdnr. 50 („Vielmehr wirkt die Mitgliedschaft lediglich in einzelnen Bereichen [...] in den Mietvertrag hinein").
³⁰³ *Großfeld/Aldejohann* BB 1987, 2377; *Schulz* ZdW Bay, 2/94, 84.

turelle Belange durch gemeinschaftlichen Geschäftsbetrieb". Der Förderzweck ist Ausdruck und Mittel der Interessenverknüpfung zwischen der Genossenschaft und ihren Mitgliedern.[304] In ihm kommt die Doppelstellung des Mitglieds als Mitglied und Nutzer besonders deutlich zum Ausdruck.

Es gilt der **weite Förderzweck**.[305] Die Genossenschaft genügt danach dem Förderzweck, wenn sie ihren Mitgliedern im Rahmen des satzungsmäßig festgelegten Unternehmensgegenstandes wohnungswirtschaftliche Leistungen anbietet, insbesondere ein gutes und sicheres Wohnen ermöglicht („Prinzip der naturalen Mitgliederförderung"). Nur sehr grobe Verstöße gegen diesen allgemein umschriebenen und wohl nicht näher greifbaren Förderzweck sind im konkreten Einzelfall rechtlich durchsetzbar. Der Förderzweck der Genossenschaft kann daher im Rechtsstreit um ein Nutzungsverhältnis nur flankierende Bedeutung haben. **156**

Der Förderzweck kann jedoch insofern von Bedeutung sein, als die Mitglieder ihre Förderung in der **Satzung** unterschiedlich ausgestalten. In der Satzung legen die Mitglieder den Förderrahmen fest.[306] Je konkreter der Förderrahmen gefasst ist und je eindeutiger sich aus der Satzung **individuelle Förderansprüche** des Mitglieds ergeben, desto eher vermag das Genossenschaftsrecht den mietrechtlichen Individualschutz zu unterstützen und – im Einzelfall – zu verdrängen. Es kommt allerdings nicht auf den Satzungstext an, sondern darauf, wie die Satzung in der Genossenschaft **gelebt** wird. **157**

Aus dem Förderzweck folgt weiter, dass die Genossenschaft Wohnungen grundsätzlich nur ihren **Mitgliedern** überlassen darf. Das **Nichtmitgliedergeschäft** – also die Vermietung an genossenschaftsfremde Personen – ist nur ausnahmsweise zulässig, z. B. als Ergänzungsgeschäft zur Auslastung ungenutzter Wohnungskapazitäten. Die Mitglieder können in der Satzung jedoch bestimmen, dass die Genossenschaft ihren Geschäftsbetrieb auf Personen ausdehnt, die nicht Mitglieder der Genossenschaft sind, § 8 Abs. 1 Nr. 5 GenG. Wegen der **steuerrechtlichen Folgen**, § 5 Abs. 1 Nr. 10 Satz 2 KStG („Vermietungsgenossenschaften"),[307] wird die Genossenschaft allerdings regelmäßig nicht mehr als 10% des Wohnungsgeschäfts mit Nichtmitgliedern abschließen. **158**

bb) Gleichbehandlungsgrundsatz. In der Praxis wichtiger ist der genossenschaftliche **Gleichbehandlungsgrundsatz**.[308] Der Gleichbehandlungsgrundsatz wird als **oberster, beherrschender Grundsatz** im Verhältnis der Genossenschaft zu den Mitgliedern bezeichnet.[309] Er beherrscht nicht nur die mitgliedschaftliche Stellung als solche, sondern ist von der Genossenschaft auch im Nutzungsverhältnis zu beachten.[310] **159**

Die rechtliche Gleichstellung der Mitglieder ist jedoch **nicht absolut**. Inhalt des Gleichbehandlungsgrundsatzes ist vielmehr, einzelne Mitglieder der Genossenschaft nicht ohne sachlichen Grund anders zu behandeln, als andere Mitglieder. Die Genossenschaft verletzt den Gleichheitsgrundsatz, wenn sie wesentlich gleiche Sachverhalte **willkürlich** ungleich oder wesentlich Ungleiches willkürlich gleich behandelt.[311] Dieser **relative** Gleichbehandlungsgrundsatz verlangt einen **einheitlichen Gleichbehandlungsmaßstab**. Unterschiede in der Art oder Lage der Wohnung, im Zustand der Einrichtung oder in der Zahl der Mitbewohner können unterschiedliche Rechte und Pflichten, vor allem ein unterschiedliches Nutzungsentgelt nach sich ziehen. Differenzierungen, die ihren Grund in der Person des nutzenden Mitglieds haben, sind grundsätzlich unzulässig. Es kann aber ein sachlicher Grund zur Ungleichbehandlung von Alt- und Neumietern vorliegen, wenn die Marktnachfrage für die Wohnungen der Genossenschaft rückläufig ist.[312] Die Abstände, in denen bei Abschluss von Neuverträgen Anpassungen des Nutzungsentgeltes an die Vergleichsmieten vorgenommen **160**

---

[304] *Großfeld* S. 22; *Beuthien* Wohnungsgenossenschaften, S. 1.
[305] *Großfeld* S. 22; *Schulz* ZdW Bay 2/94, S. 85; *Beuthien* Wohnungsgenossenschaften, S. 3.
[306] *Beuthien* Wohnungsgenossenschaften, S. 3.
[307] *Pohl* ZdW Bay 1/91, 8, 11; *Lang/Weidmüller/Schulte* GenG § 1 Rdnr. 64.
[308] Zum Rechtsschutz bei Ungleichbehandlung vgl. unten § 48 III. 4. a) cc).
[309] *Schulz* ZdW Bay 2/94, 86.
[310] Vgl. BGH NJW 1960, 2142; *Großfeld/Aldejohann* BB 1987, 2377.
[311] LG Kassel ZfgG 1975, 156.
[312] LG Berlin NZM 2000, 936; LG Hamburg GWW 1980, 546; *Hannig* GWW 1/1988, 36, 37.

werden, dürfen dann nicht zu gering sein.³¹³ Der Vorstand der Genossenschaft hat einen weiten **Ermessensspielraum**, welche tatsächlichen Umstände er als so gleich oder so ungleich ansehen will, dass sie eine gleiche oder ungleiche Behandlung rechtfertigen. Diesen Ermessensspielraum muss der Vorstand gem. § 27 Abs. 1 GenG eigenverantwortlich ausfüllen. Der Ermessensspielraum des Vorstandes findet seine Schranken im **Ermessensmissbrauch** oder im **Ermessensfehlgebrauch**.³¹⁴

161 Eingeschränkt ist das Ermessen des Vorstandes nicht nur in Bezug auf die Auswahl des Gleichbehandlungsmaßstabes. Auch dem Grade nach sind die Ungleichheiten zu gewichten. Wohl wichtigster Ausdruck des Gleichbehandlungsgrundsatzes ist die Pflicht des Vorstandes der Genossenschaft, ein auf nachvollziehbaren Grundsätzen beruhendes Preisgefüge für die Genossenschaftswohnungen festzusetzen.

162 *cc) Treuepflicht.* Eine weitere Besonderheit des Genossenschaftsrechts ist die **Treuepflicht** der Mitglieder zur Genossenschaft und umgekehrt. Der besondere genossenschaftliche Treuegedanke beruht auf dem genossenschaftlichen Förderzweck³¹⁵ und ist eng verbunden mit dem Gleichbehandlungsgrundsatz. Die Treuepflicht ist Ausdruck einer allgemeinen gesellschaftsrechtlichen Loyalitätspflicht und richtet sich vor allem an die Mitglieder. Das Mitglied hat solche Handlungen zu unterlassen, die die Genossenschaft in ihrer Aufgabe beeinträchtigen, ihre sich aus Gesetz und Satzung ergebenden Förderaufgaben wahrzunehmen.³¹⁶ Insofern besteht auch eine Nähe zur genossenschaftlichen **Duldungspflicht**.³¹⁷ Ob die spezifisch genossenschaftliche Duldungspflicht nur im Mitgliedsverhältnis oder auch in der Geschäftsbeziehung gilt, ist umstritten.³¹⁸ Es folgt aber bereits aus der Treuepflicht, dass das Mitglied im Rahmen des Zumutbaren die Interessen der Genossenschaft zu berücksichtigen und gegebenenfalls seine Interessen zurückzustellen hat. Dem Recht des Mitglieds auf Dauernutzung und auf ein möglichst günstiges Nutzungsentgelt steht die Pflicht zur Rücksichtnahme gegenüber. Ein Genossenschaftsmitglied darf nicht durch sein Verhalten Mehrkosten verursachen, die letztlich alle Genossen gemeinsam tragen müssten.³¹⁹

163 Der genossenschaftliche Treuegedanke kann die Mitglieder darüber hinaus zu einem Tun verpflichten, vor allem wenn es gilt, Schaden von der Genossenschaft mit zumutbaren Mitteln abzuwenden. Es gilt ein **höherer Maßstab** als der des § 242 BGB („Treu und Glauben").³²⁰ In Einzelfällen führt die Treuepflicht dazu, dass ein Mitglied **Rechte nicht wahrnehmen** darf, die ihm formal zustehen, etwa hinsichtlich der Erhebung von Einreden gegenüber einer Forderung der Genossenschaft.³²¹ Jedoch besteht auch in Genossenschaften keine allgemeine Pflicht, auf erworbene Rechte zu verzichten. Es bedarf vielmehr einer sehr sorgfältigen **Abwägung,** ob die Interessen der Genossenschaft an dem Rechtsverzicht dem Interesse des Mitglieds an der Ausübung seiner Rechtsposition vorgehen. Ob die Fälle der genossenschaftlichen Treuepflicht ebenso gut mit dem Grundsatz von Treu und Glauben, § 242 BGB, bewältigt werden können,³²² kann offen bleiben.

4. Rechte und Pflichten des Mitgliedes

Die Pflichten des Mitglieds ergeben sich in der Regel aus einem gesonderten (Dauer-)Nutzungsvertrag, den die Genossenschaft mit dem nutzenden Mitglied abschließt.

164 a) **Nutzungsentgelt.** Wie im Mietverhältnis die Zahlung des Mietzinses Hauptpflicht des Mieters ist, ist auch im Nutzungsverhältnis die Zahlung des Nutzungsentgeltes Hauptpflicht

---

³¹³ LG Berlin Urt. v. 27. 10. 1998 – 63 S 148/98, zit. in LG Berlin NZM 2000, 936, hat einen Zeitraum von neun Monaten für angemessen gehalten. Zwei Monate seien dagegen zu kurz.
³¹⁴ LG Kassel ZfgG 1975, 156.
³¹⁵ Vgl. *Lützenkirchen* WuM 1995, 423, 424.
³¹⁶ *Beuthien* Wohnungsgenossenschaften, S. 27.
³¹⁷ Vgl. dazu *Glenk* Rdnr. 220.
³¹⁸ *Schulz* ZdW Bay 2/94, 84, 87. Dafür wohl *Lützenkirchen* WuM 1995, 423, 424; unklar LG Duisburg GW 1978, 600.
³¹⁹ AG Essen-Stehle Urt. v. 22. 12. 1992 – 11 a C 336/92, zitiert bei *Schulz* ZdW Bay 2/94, 81, 84.
³²⁰ *Schulz* ZdW Bay 2/94, 81, 83 mit Hinweis auf LG Duisburg Urt. v. 29. 11. 1994 – 7 S 126/94.
³²¹ AG Starnberg ZfgG 1982, 139.
³²² So *Beuthien* Wohnungsgenossenschaften, S. 29.

des Nutzers. Der Nutzer ist verpflichtet, das im Nutzungsvertrag festgesetzte Nutzungsentgelt für die Genossenschaftswohnung zu entrichten, § 3 der Musternutzungsverträge. Über die Höhe des Entgelts in Nutzungsneuverträgen sowie über Entgelterhöhungen und -anpassungen beschließt, soweit die Satzung nicht etwas anderes festlegt, der Vorstand der Genossenschaft nach den Grundsätzen ordnungsgemäßer Bewirtschaftung und unter Beachtung zwingender preisrechtlicher Vorschriften.[323]

aa) Höhe des Nutzungsentgeltes. Der Genossenschaftsvorstand ist bei der Festsetzung des Nutzungsentgeltes im Rahmen der Grundsätze ordnungsgemäßer Bewirtschaftung frei. Beschränkt ist das Ermessen des Genossenschaftsvorstandes jedoch durch den Grundsatz der genossenschaftlichen Gleichbehandlung sowie durch den Förderzweck. Vergleichbarer Wohnraum ist von den Mitgliedern vergleichbar zu bezahlen. Das bedeutet nicht, dass die Höhe des Nutzungsentgeltes in ein mathematisch exaktes Verhältnis zum ohnehin schwer identifizierbaren Wohnwert gesetzt werden muss.[324] Entscheidend ist, dass der Vorstand die Grenzen seines **pflichtgemäßen Ermessens** einhält. Diese Grenzen sind der Ermessensmissbrauch und der Ermessensfehlgebrauch.[325] 165

bb) Entgeltmodelle. Aus der Bindung des Vorstandes an den Gleichbehandlungsgrundsatz und an den Förderzweck ergeben sich Beschränkungen für die Festsetzung des zulässigen Nutzungsentgeltes. Dem Entgeltmodell, das die Genossenschaft wählt, muss zum einen ein nachvollziehbarer Gleichbehandlungsmaßstab zugrunde liegen. Zum anderen sind die Entgelte so auszugestalten, dass die Mitglieder der Genossenschaft gefördert werden können. Der Vorstand der Genossenschaft ist schließlich zur ordnungsgemäßen Geschäftsführung verpflichtet. Er muss wirtschaftlichen Schaden von der Genossenschaft abwenden.[326] Die Entgelte müssen daher so hoch sein, dass der **Bestand** und die **Leistungsfähigkeit** der Genossenschaft **dauerhaft gesichert** bleiben. Unter diesem Gesichtspunkt kann es gerechtfertigt sein, nach einigen Monaten das Nutzungsentgelt für Neuverträge an die Vergleichsmiete anzupassen, auch wenn die Genossenschaft zuvor von anderen Mitgliedern für vergleichbaren Wohnraum ein anderes Nutzungsentgelt verlangt hat.[327] 166

Man mag mit *Beuthien*[328] vier grundlegende **Entgeltmodelle** identifizieren: Die objektbezogene Kostenmiete, also die Kosten pro Mietobjekt, die unternehmensbezogene Kostenmiete, also die gesamten Kosten der Genossenschaft für Vermietung und Neubau, die Vergleichsmiete im Sinne des § 558 BGB sowie Mischmodelle, etwa die unternehmensbezogenen Kostenmiete auf Vergleichsmietenbasis. Die Modelle verdeutlichen einige Gesichtspunkte, die Genossenschaften beachten müssen, wenn sie das Nutzungsentgelt festlegen. Letztlich ist bei jedem Entgeltmodell zu prüfen, ob das Entgelt für die Genossenschaftswohnungen die Mitglieder sowohl gleichbehandelt als auch fördert. 167

Die **objektbezogene Kostenmiete** ist außerhalb des öffentlich geförderten Wohnraums problematisch. Sie behandelt die Mitglieder ungleich, da diese für gleichwertigen Wohnraum unterschiedliche Nutzungsgebühren zu zahlen haben. Nicht die Mitglieder werden bei der objektbezogenen Kostenmiete gleich behandelt, sondern die Wohnobjekte, abhängig vom Zeitpunkt ihrer Errichtung. Das ist nur schwer mit dem genossenschaftlichen Gleichbehandlungsgrundsatz vereinbar.[329] Mit dem Förderzweck reibt sich die objektbezogene Kostenmiete insofern, als mit der Kostenmiete neuer Wohnraum nicht geschaffen werden kann. Noch nicht versorgte Mitglieder sind schlechter gestellt als bereits nutzende Mitglieder. 168

Bei der **wohnwert- oder unternehmensbezogenen Kostenmiete** sind die betriebswirtschaftlichen Gesamtkosten der Genossenschaft für den Neubau und den Erhalt aller Wohnungen 169

---

[323] Vgl. HansOLG GWW 1961, 67; LG Hamburg GWW 1963, 339.
[324] LG Kassel ZfgG 1975, 156.
[325] LG Kassel ZfgG 1975, 156.
[326] LG Berlin NZM 2000, 936; *Keßler* DWW 2001, 36.
[327] LG Berlin NZM 2000, 936: „kein Verstoß gegen den Gleichbehandlungsgrundsatz, wenn 9 Monate verstrichen sind."; vgl. *Bultmann* GE 2000, 314 ff.
[328] Vgl. *Beuthien* Wohnungsgenossenschaften, S. 5 f., dort auch ausführlich zum Folgenden.
[329] *Beuthien* Wohnungsgenossenschaften, S. 6.

Grundlage der Festsetzung der Nutzungsgebühr, die dann nach Wohnwerten gestaffelt wird. Die wohnwertbezogene Kostenmiete fördert die Mitglieder gleichmäßig, unabhängig davon, ob sie mit Wohnraum versorgt sind oder nicht. Nachteilig ist, dass die wohnwertbezogene Kostenmiete schwer zu handhaben ist. Die Wohnwertkriterien müssen für die gesamte Genossenschaft einheitlich festgelegt werden. Als Maßstab dafür könnten die Kriterien des § 558 Abs. 2 BGB herangezogen werden. Darüber hinaus ist es aber kaum willkürfrei möglich, das höchste und niedrigste Nutzungsentgelt für die Genossenschaftswohnungen festzusetzen.

170 Diesen Nachteil beheben das System der **wohnwertbezogenen Kostenmiete auf Vergleichsmietenbasis** und das System der **Vergleichsmiete**. Bei Nutzungsentgelten auf Vergleichsmietenbasis ist jedoch zu beachten, dass sie sich gerade nicht an den Kosten, sondern (auch) an den Verhältnissen des lokalen Wohnungsmarktes orientieren. Das kann mit Blick auf den Förderzweck bedenklich sein, da es in Phasen knappen Wohnraums vorkommen kann, dass der Vergleichsmietzins die Kosten des Unterhalts und Neubaus von Wohnungen weit übersteigt. Andererseits deckt in Zeiten eines großen Wohnungsangebotes das Nutzungsentgelt oft nicht die Kosten, so dass über einen längeren Zeitraum ein gewisser Ausgleich stattfindet, der das Vergleichsmietensystem rechtfertigen könnte.

171 Die Pflicht zur ordnungsgemäßen Bewirtschaftung kann den Vorstand darüber hinaus in Zeiten niedriger Vergleichsmieten veranlassen, für später abgeschlossene Nutzungsverhältnisse ein niedrigeres Entgelt zu vereinbaren als für frühere. Eine nachhaltige Veränderung der Marktlage ist in aller Regel ein hinreichendes Differenzierungskriterium für eine abweichende Gestaltung des Nutzungsentgelts.[330] Die Genossenschaft sollte jedoch darauf achten, den benachteiligten Mitgliedern vorübergehende Abweichungen des Nutzungsentgeltes auf Grund der Vergleichsmietenschwankung im Laufe der Zeit bei sich erneut verändernden Marktlagen auszugleichen.

172 Die Genossenschaft muss sich letztlich für ein nachvollziehbares Entgeltmodell entscheiden, das sowohl den **Gleichbehandlungsgrundsatz** als auch den **Förderzweck** berücksichtigt. In diesem weiten Rahmen ist die Genossenschaft durch das **Willkürverbot** begrenzt. Entscheidend ist also, dass die Genossenschaft überhaupt ein nachvollziehbares, auf Gleichbehandlung und Förderzweck ruhendes Entgeltmodell entwickelt. Die Wahl eines konkreten Entgeltmodells hindert die Genossenschaft nicht, das Entgeltmodell umzustellen etwa auf Grund veränderter Kosten- und Entgeltstrukturen. Zu beachten ist dann, dass auch bei der Anpassung des Nutzungsentgeltes der Gleichheitsgrundsatz gewahrt bleibt.

173 *cc) Rechtsfolgen bei Ungleichbehandlung.* Der einzelne Nutzer hat keinen eigenen Anspruch auf ein allgemein gleichbehandelndes Entgeltsystem.[331] Dieses kann das Genossenschaftsmitglied nur auf der Mitglieder- oder Generalversammlung über sein Stimmrecht versuchen zu erreichen.[332]

174 **Beschlüsse** der Generalversammlung, die das Gleichbehandlungsgebot verletzen, sind ausnahmsweise **nichtig**, etwa wenn der Beschluss gegen zwingende Vorschriften verstößt. In der Regel sind gleichheitswidrige Beschlüsse lediglich **anfechtbar**, § 51 GenG. Findet die Ungleichbehandlung im Nutzungsverhältnis statt, dann ist der der Ungleichbehandlung zugrunde liegende Rechtsakt ebenfalls nur ausnahmsweise nichtig,[333] nämlich dann, wenn er gegen zwingendes Recht, § 134 BGB, oder gegen die guten Sitten, § 138 BGB, verstößt oder nach sonstigen Regeln einen Nichtigkeitsgrund darstellt.

175 Ist der der Ungleichbehandlung zugrunde liegende Rechtsakt dagegen lediglich **unwirksam**, dann ist die Genossenschaft zwar grundsätzlich berechtigt, dem gleichheitswidrig bevorzugten Mitglied den gewährten Vorteil wieder zu entziehen.[334] Damit sind jedoch die Möglichkeiten der Genossenschaft nicht erschöpft. Es liegt in ihrem **Ermessen**, wie sie die Ungleichbehandlung der Mitglieder aufheben und die Gleichbehandlung wieder herstellen

---

[330] LG Berlin Urt. v. 27. 2. 2001 – 63 S 227/00 – n. v.; *Keßler* DWW 2001, 36.
[331] *Beuthien* Wohnungsgenossenschaften, S. 22.
[332] Vgl. *Beuthien* Wohnungsgenossenschaften, S. 18.
[333] Vgl. *Rippert*, S. 88.
[334] BGH NJW 1960, 2142, 2143.

will.³³⁵ Neben der Möglichkeit, den bevorzugten Mitgliedern den Vorteil zu entziehen, kann sie den benachteiligten Mitgliedern die gleichen Vorteile gewähren, wie den anderen Mitgliedern auch. Das ist vor allem dann der richtige Weg, wenn der Entzug des Vorteils unbillig oder wegen §§ 814, 813 Abs. 2 BGB ausgeschlossen ist.³³⁶ Denkbar ist schließlich eine Mischform zwischen Entzug und Vorteilsgewährung: die Genossenschaft könnte den nur einigen Mitgliedern gewährten Vorteil teilweise entziehen und auf alle Mitglieder gleichmäßig verteilen.³³⁷

Die benachteiligten Mitglieder haben grundsätzlich keinen Anspruch darauf, dass die Genossenschaft dem bevorzugten Mitglied den Vorteil wieder entzieht. Sie können aber verlangen, so gestellt zu werden, wie das bevorzugte Mitglied.³³⁸ Etwaige Nachteile sind dem Mitglied auszugleichen.³³⁹ Hat die Genossenschaft etwa das Nutzungsentgelt gleichheitswidrig nur für einige Mitglieder im laufenden Nutzungsverhältnis erhöht, können die dadurch benachteiligten Mitglieder verlangen, dass ihr Nutzungsentgelt wieder reduziert wird und das zu viel Bezahlte zurückverlangen.³⁴⁰ Ein Anspruch auf Anhebung des Nutzungsentgeltes der anderen Mitglieder scheidet dagegen aus. Oder verlangt die Genossenschaft bei Neuabschlüssen niedrigere Nutzungsentgelte als für vergleichbare ältere Nutzungsverhältnisse können deren Nutzer im Hinblick auf den Gleichbehandlungsgrundsatz die Herabsetzung ihres Nutzungsentgeltes verlangen, wenn die neuen Nutzungsentgelte willkürlich festgesetzt wurden und nicht durch geänderte Marktverhältnisse sachlich gerechtfertigt waren.³⁴¹ Der Anspruch auf Teilhabe an einer Bevorzugung hat Bestand bis die Genossenschaft die Ungleichbehandlung aufhebt, etwa durch den Entzug des Vorteils.³⁴² Das berührt den Anspruch auf Nachteilsausgleich für die Vergangenheit nicht.

Ist der Entzug des Vorteils einerseits nicht möglich und belastet andererseits die Gewährung weiterer Vorteile die Genossenschaft übermäßig, dann kann der nur einigen Mitgliedern gewährte Vorteil zwischen diesen und den benachteiligten Mitgliedern aufgeteilt werden.³⁴³ Wie die Aufteilung zu erfolgen hat, hängt von einer umfassenden **Abwägung** der Interessen der Genossenschaft einerseits und der Interessen der Mitglieder andererseits im konkreten Einzelfall ab.³⁴⁴ Fehlt es an einem erkennbar gleichbehandelnden Entgeltsystem gänzlich, dann ist das klagende Mitglied grundsätzlich so zu stellen wie das Mitglied, das ein niedrigeres Nutzungsentgelt in einer vergleichbaren Wohnung zahlt.

Das nutzende Mitglied hat darzulegen und zu beweisen, dass es durch das konkret vereinbarte Entgelt gegenüber anderen Mitgliedern **willkürlich ungleich** behandelt wird.³⁴⁵ Die Genossenschaft hat dem Mitglied Auskunft zu erteilen, welcher Gleichbehandlungsmaßstab dem Nutzungsentgelt des Mitglieds zugrunde liegt.³⁴⁶

b) **Betriebskosten.** Hinsichtlich der Betriebs- oder Nebenkosten und deren Umlage ist allgemeines **Mietrecht** anwendbar. Nach § 535 Abs. 1 S. 3 BGB trägt der Vermieter die auf der Mietsache ruhenden Lasten. Das Gesetz geht somit davon aus, dass der Vermieter die Betriebs- oder Nebenkosten übernimmt, sie also durch die vereinbarte Miete abgegolten sind. Die gesetzlich vorgesehene Miete ist die „Brutto-Warm-Miete".³⁴⁷

Die Vertragsparteien können jedoch gemäß § 556 Abse. 1 und 2 BGB im Nutzungsvertrag vereinbaren, dass das nutzende Mitglied die Betriebskosten als **Pauschale** oder als **Voraus-**

---

³³⁵ Vgl. *Müller* GenG § 18 Rdnr. 36; *Beuthien* GenG § 18 Rdnr. 53.
³³⁶ Vgl. *Großfeld/Aldejohann* BB 1987, 2377 ff.
³³⁷ Lang/Weidmüller/*Schulte* GenG § 1 Rdnr. 79.
³³⁸ BGH NJW 1991, 550; LG Berlin NZM 2000, 936; vgl. Lang/Weidmüller/*Schulte* GenG § 1 Rdnr. 79.
³³⁹ *Beuthien* GenG § 18 Rdnr. 53.
³⁴⁰ *Rippert* 92.
³⁴¹ Lang/Weidmüller/*Schulte* GenG § 1 Rdnr. 79 m. w. N.
³⁴² *Müller* GenG § 18 Rdnr. 36.
³⁴³ BGH NJW 1960, 2142; *Müller* GenG § 18 Rdnr. 36; *Beuthien* GenG § 18 Rdnr. 53; vgl. Lang/Weidmüller/*Schulte* GenG § 1 Rdnr. 79.
³⁴⁴ *Müller* GenG § 18 Rdnr. 36.
³⁴⁵ *Beuthien* Wohnungsgenossenschaften, S. 21.
³⁴⁶ Für preisgebundenen Wohnraum vgl. *Erbrath* WM 1995, 418; *Keßler* DWW 2001, 36: „Beweislast für eine Veränderung der Marktstruktur liegt bei der Genossenschaft."
³⁴⁷ Schmidt-Futterer/*Eisenschmid* § 535 Rdnr. 589.

zahlung zu tragen hat. Die Musternutzungsverträge enthalten entsprechende Klauseln, § 3 Musternutzungsverträge. Ein Erhöhungsvorbehalt bei vereinbarter Betriebskostenpauschale gem. § 560 Abs. 1 BGB ist zu empfehlen. Sind Betriebskostenvorauszahlungen vereinbart, gilt § 560 Abs. 4 BGB.

181 Betriebskostenerhöhungen auf Grund genossenschaftlicher Duldungspflicht jenseits der Voraussetzungen des § 560 BGB sind angesichts des § 560 Abs. 5 BGB auch bei Vorliegen besonderer Voraussetzungen nicht möglich.[348] Außerdem sind die Mitglieder nicht verpflichtet, die Nebenkosten objektbezogen oder insgesamt solidarisch zu tragen.

182 c) **Sonderzahlungen.** Nutzungsbezogene Sonderzahlungen, die nicht im Nutzungsvertrag vereinbart sind, darf die Genossenschaft nicht erheben. Die Zulässigkeit von Sonderumlagen auf Grund von Beschlüssen durch die Mitgliederversammlung richtet sich nach den Vorschriften des GenG. Sie sind nur sehr begrenzt erlaubt, etwa bei drohender Insolvenz der Genossenschaft, § 87a Abs. 2 GenG. Im Übrigen sind die Geldleistungspflichten der Mitglieder von Genossenschaften im laufenden Geschäftsbetrieb im GenG abschließend geregelt, so dass die Genossenschaft weitere Geldleistungen nur auf Grund einer besonderen Vereinbarung im Nutzungsvertrag fordern kann.

183 d) **Änderung des Nutzungsentgeltes.** Nach den mietrechtlichen Vorschriften können Änderungen des Nutzungsentgeltes einerseits durch **Vereinbarungen** zwischen den Vertragsparteien erfolgen, § 557 BGB. Hierbei sind die genossenschaftlichen Grundsätze zu beachten, insbesondere der **Gleichbehandlungsgrundsatz**.

184 Andererseits kann das Nutzungsentgelt auch ohne Vereinbarung angepasst werden. Dazu enthalten die genossenschaftlichen Musternutzungsverträge die Klausel, dass die Genossenschaft berechtigt ist, die gesetzlich zulässigen Erhöhungen der Nutzungsgebühr vorzunehmen, § 3 Abs. 3 Nutzungsverträge. Gesetzlich zulässig sind im preisfreien Wohnraum vor allem Erhöhungen gem. §§ 558–560 BGB. Die in den Normen enthaltenden Entgeltbegrenzungsregeln sind zwingend.

185 Aus dem Gleichheitsgrundsatz folgt, dass die Nutzungsentgelte für **sämtliche** nutzenden Mitglieder nach einem vergleichbaren Maßstab zu verändern sind.[349] Das gilt für Erhöhungen ebenso wie für Herabsetzungen des Nutzungsentgeltes. Auf ein mathematisch exaktes Verhältnis kommt es nicht an. Unterschiede des Nutzungsentgeltes, die durch Schwankungen der örtlichen Vergleichsmiete entstanden sind, können – und sollten – anlässlich einer allgemeinen Änderung des Nutzungsentgeltes moderat angepasst werden. Ein vermeintlich der genossenschaftlichen Treuepflicht widersprechendes Verhalten eines Mitglieds rechtfertigt keine exemplarische Erhöhung des Nutzungsentgeltes unter Verletzung des Gleichheitsgebotes.[350]

186 Für Genossenschaften ist die Frage von Bedeutung, ob sie von ihren Mitgliedern ausnahmsweise unter Abweichung von den Voraussetzungen der §§ 558–560 BGB die **Zustimmung zu Entgelterhöhungen** verlangen können.[351] Eine solche Möglichkeit käme dem Verzicht auf den Schutz der Mietpreisregeln gleich.

187 Eine Pflicht zum Verzicht einer Rechtsposition für Mitglieder einer Genossenschaft besteht grundsätzlich nicht. Jedoch kann die genossenschaftliche **Treuepflicht** den Mitgliedern ausnahmsweise gebieten, dass sie auf die Voraussetzungen der Schutznormen der §§ 558 ff. BGB verzichten.[352] Ein freiwilliger Verzicht auf den Schutz des Preisrechts ist wegen § 557 Abs. 1 BGB zulässig. Der Verzicht auf den Schutz des Mietpreisrechts durch das Mitglied ist Ausfluss der Vertragsfreiheit von Genossenschaft und Mitglied.

188 Die Voraussetzungen, unter denen ein Mitglied ausnahmsweise auf Grund seiner genossenschaftlichen Treuepflicht auf eine **Rechtsposition verzichten** muss, sind allerdings eng.

---

[348] Zu genossenschaftsrechtlichen Besonderheiten zum MHG a. F. vgl. *Schulz* ZdW Bay, 2/95, 63; *Beuthien*, Wohnungsgenossenschaften, 21 ff., gestützt auf zulässige freiwillige Vereinbarungen gem. § 10 Abs. 1 2. HS MHG a. F.
[349] Vgl. *Beuthien* Wohnungsgenossenschaften, S. 45.
[350] LG Offenburg WuM 1998, 289.
[351] *Beuthien* Wohnungsgenossenschaften, S. 49.
[352] Vgl. LG Dresden WuM 1998, 216; a. A.: Lang/Weidmüller/*Schulte* GenG § 1 Rdnr. 80.

Für die **Mieterhöhung nach § 558 BGB** kann eine Pflicht zum Rechtsverzicht allenfalls dann angenommen werden, wenn das Interesse der Genossenschaft an einer zügigen Anpassung des Nutzungsentgeltes an die ortsübliche Vergleichsmiete das Interesse des Mitglieds an einem weiterhin niedrigen Entgelt ganz eindeutig überwiegt.[353]

Praktische Bedeutung erlangte das Problem, als es galt, nach Wegfall des Wohnungsgemeinnützigkeitsgesetzes (WGG) zum 1. 1. 1990 die Nutzungsentgelte auf ein wohnungswirtschaftlich vernünftiges Maß anzuheben. In der Literatur wurde gerade in diesem Zusammenhang vertreten, dass Genossenschaften auch dann das Nutzungsentgelt erhöhen dürfen, wenn die Voraussetzungen des § 558 BGB nicht vorlägen.[354]

Der Verzicht auf die Kappungsgrenze sollte dem einzelnen Mitglied jedoch nur dann abverlangt werden können, wenn die **Nutzungsentgelte** in der Genossenschaft trotz etwa gleicher Wohnwerte **grob verzerrt** seien, die Genossenschaft die Kappungsgrenze des § 558 Abs. 3 BGB nur maßvoll überschreite und sich die überwältigende Mehrheit der übrigen Mitglieder mit der Erhöhung des Nutzungsentgeltes einverstanden erklärt habe.[355]

Mit Blick auf § 559 BGB scheidet eine Pflicht aus, Erhöhungen über die **Modernisierungskosten** hinaus zu übernehmen. Mit einer ähnlichen Begründung wie zu § 558 BGB wurde in der Literatur vertreten, dass zwar grundsätzlich keine Pflicht des nutzenden Mitglieds bestehe, auf den Schutz des § 559 BGB zu verzichten. Ausnahmsweise könne die Genossenschaft aber auf Grund der genossenschaftlichen Treuepflicht die Zustimmung des Mitglieds zur Erhöhung des Entgeltes verlangen.[356]

e) **Minderung.** Besonderheiten gelten für die Minderung des Nutzungsentgeltes gem. § 536 BGB. Da regelmäßig Mietrecht das Nutzungsverhältnis beherrscht, tritt zwar grundsätzlich auch die Minderung des Nutzungsentgeltes ein, wenn die gesetzlichen Voraussetzungen vorliegen. Es gelten insoweit die allgemeinen Voraussetzungen der Minderung. Die genossenschaftliche **Treuepflicht** kann jedoch dazu führen, dass sich das nutzende Mitglied im konkreten Einzelfall nicht auf die Minderung berufen kann.[357] Dem steht § 536 Abs. 4 BGB nicht entgegen, da sich die genossenschaftliche Treuepflicht aus § 18 GenG ergibt und nicht aus einer Vereinbarung zwischen Vermieter und Mieter.[358]

Darüber hinaus ist zu beachten, dass ein Mangel oder eine Gebrauchstauglichkeit „unerheblich" im Sinne des § 536 Abs. 1 Satz 3 BGB sein kann. Was „erheblich" ist, richtet sich nach dem Äquivalenzprinzip. Bei der konkreten Fallprüfung sind die **genossenschaftsrechtlichen Besonderheiten** zu berücksichtigen.[359] So wird man den Mitgliedern für einen gewissen Zeitraum eine Beeinträchtigung zumuten können, wenn sie über ihre Mitgliedschaft mittelbar von der Werterhöhung einer Maßnahme profitieren. Die Mitglieder dürfen sich dann redlicherweise nicht auf eine erhebliche Minderung berufen.[360] Das einzelne Mitglied darf aber im Vergleich zu anderen Mietern nicht unverhältnismäßig und nicht erheblich zu lange durch die Maßnahme beeinträchtigt sein.[361]

f) **Schönheitsreparaturen.** Der BGH erklärte 2007 folgende in den Allgemeinen Geschäftsbedingungen eines Wohnraummietvertrages enthaltene Regelung wegen Unklarheit (§ 305c Abs. 2 BGB) und daraus resultierender unangemessener Benachteiligung des Mieters (§ 307 Abs. 1 BGB) insgesamt für **unwirksam:**[362]

„Schönheitsreparaturen sind fachgerecht auszuführen. Der Mieter darf nur mit Zustimmung des Wohnungsunternehmens von der bisherigen Ausführungsart abweichen."

---

[353] Vgl. *Beuthien* Wohnungsgenossenschaften, S. 41 ff.; a. A.: Lang/Weidmüller/*Schulte* GenG § 1 Rdnr. 80.
[354] *Beuthien* Wohnungsgenossenschaften, S. 48.
[355] *Beuthien* Wohnungsgenossenschaften, S. 35.
[356] *Beuthien* Wohnungsgenossenschaften, S. 49
[357] *Lützenkirchen* WuM 1995, 423 ff.; a. A. LG Dresden ZMR 1998, 292 und Lang/Weidmüller/*Schulte* GenG § 1 Rdnr. 80.
[358] A. A. AG Köln WuM 1995, 312.
[359] *Lützenkirchen* WuM 1995, 423, 425.
[360] *Lützenkirchen* WuM 1995, 423, 425.
[361] *Lützenkirchen* WuM 1995, 423, 425.
[362] BGH NZM 2007, 398.

195 Es sei nicht eindeutig, was unter „**Ausführungsart**" zu verstehen sei: Grundausstattung, Ausgestaltung im Einzelnen oder beides. Damit sei nicht zu erkennen, ob jegliche Veränderung zustimmungspflichtig sein solle, was den Mieter unangemessen beschränke, sich in der Wohnung nach seinem Geschmack einzurichten. Folge sei die Unwirksamkeit der Abwälzung der Pflicht zur Vornahme von Schönheitsreparaturen auf den Mieter schlechthin.

Die genannte Klausel war bereits seit den 1960er Jahren auch in den Musternutzungsverträgen des GdW enthalten. Seit April 1997 wurde die abgeschwächte Formulierung benutzt:

„Der Mieter darf nur mit Zustimmung des Wohnungsunternehmens von der bisherige Ausführungsart <u>erheblich</u> abweichen."

196 Auch diese Klausel dürfte gemäß den Ausführungen des BGH unwirksam sein, da weiterhin unklar ist, was unter „Ausführungsart" zu verstehen ist. Erst die Musternutzungsverträge ab Stand November 2006 sind von der genannten Rechtsprechung nicht mehr betroffen. Aufgrund des circa 40 Jahre langen Gebrauchs der unwirksamen Klausel ist von einer **sehr weiten Verbreitung** auch in noch bestehenden Nutzungsverhältnissen auszugehen.

197 Im Rechtsstreit bleibt auf Seiten der Genossenschaft nur, sich auf die genossenschaftliche Bindung und den Gleichbehandlungsgrundsatz zu berufen. Es läge eine sachlich nicht gerechtfertigte Ungleichbehandlung vor, wenn einige Mitglieder Schönheitsreparaturen durchführen müssten, während andere davon frei wären aufgrund der zufällig unterschiedlichen Vertragsgestaltung.

198 Bereits 2004 sah der BGH[363] eine andere in den Musternutzungsverträgen des GdW enthaltene, **zweigeteilte Schönheitsreparaturklausel** als wirksam an. Nach einer Regelung mit einem starren Fristenplan folgte eine Klausel, wonach in besonderen Ausnahmefällen die Genossenschaft auf Antrag des Mitglieds die Fristen nach freiem Ermessen verlängern kann. Durch die Verlängerungsmöglichkeit sah der BGH dem Interesse des Mitglieds Genüge getan, sich bei fehlendem Bedarf der Renovierungsverpflichtung zu entziehen. Diese Rechtsprechung bestätigte der BGH 2005,[364] wobei er klarstellte, dass es sich bei dem Ermessen des Vermieters um gebundenes Ermessen handele, so dass der Mieter einen Anspruch auf die Fristverlängerung habe bei fehlendem Schönheitsreparaturbedarf. Von der Regelung sind circa sechs Millionen Nutzungsverträge betroffen, die auf Grundlage der Musternutzungsverträge des GdW abgeschlossen wurden.[365]

5. Rechte und Pflichten der Genossenschaft

199 **a) Bereitstellung der Wohnung.** Die Genossenschaft ist durch den Förderzweck gehalten, dem Mitglied eine Genossenschaftswohnung zur Verfügung zu stellen. Aus dem Förderzweck ergibt sich, dass die Genossenschaft einen Nutzungsvertrag abzuschließen hat, wenn das Mitglied die Zuteilungskriterien der Genossenschaft erfüllt, insbesondere die oft erforderliche Wartezeit eingehalten ist. Auch soziale Gesichtspunkte können bei der Auswahl des konkret förderberechtigten Mitglieds herangezogen werden.[366]

200 Allerdings lässt sich aus dem besonderen Förderauftrag kein allgemeiner Anspruch des einzelnen Mitglieds auf ein bestimmtes Fördergeschäft ableiten. Der Anspruch des Mitglieds auf Abschluss des konkreten Nutzungsvertrages entsteht erst, wenn das zuständige Genossenschaftsorgan (Vorstand) den besonderen **Zuteilungsbeschluss** fasst und dem Mitglied mitteilt. Allein die Erfüllung der statuarischen und/oder die allgemein in der Genossenschaft geübten Voraussetzungen begründen nur eine allgemeine Anwartschaft. Die Verfügungsbefugnis verbleibt bei der Wohnungsgenossenschaft.[367]

201 **b) Einbeziehung der Ehegatten und Kinder.** Grundsätzlich hat allein das Mitglied einen Anspruch auf Nutzung der Genossenschaftswohnung. Zwar kann sich gerade in Wohnungsgenossenschaften der allgemeine Förderanspruch auch auf die Familie des Mitglieds

---

[363] BGH NZM 2005, 58.
[364] BGH NZM 2005, 299.
[365] *Börstinghaus* NZM 2005, 761, 771.
[366] *Müller* GenG Anh. § 1 Rdnr. 82 a.
[367] Lang/Weidmüller/*Schulte* GenG § 1 Rdnr. 68.

erstrecken.[368] Im konkreten Nutzungsverhältnis ist aber zunächst allein das Mitglied Träger von Rechten und Pflichten. Jedoch haben der Ehegatte und die Kinder auch an der Genossenschaftswohnung ein Mitbenutzungsrecht.[369] Die Überlassung der Genossenschaftswohnung an sie gehört unabhängig von der Rechtsnatur des Nutzungsverhältnisses zum **vertragsgemäßen Gebrauch** der Genossenschaftswohnung. Daher können sie auch **aus eigenem Recht** Ansprüche aus dem Nutzungsverhältnis gegen die Genossenschaft geltend machen. Ansprüche aus dem Mitgliedsverhältnis sind dagegen allein dem nutzenden Genossenschaftsmitglied vorbehalten. Daher können sich Familienangehörige des nutzenden Mitglieds nicht auf den Gleichbehandlungsgrundsatz berufen.

Weitere Familienangehörige, etwa die Geschwister des Mitglieds, werden dagegen nicht ohne weiteres in den Kreis der Nutzungsberechtigten aufgenommen. Der Genossenschaft steht es frei, dem Mitglied ein entsprechendes Recht im Nutzungsvertrag einzuräumen.[370] Sie kann die Erlaubnis der Aufnahme Dritter in die Wohnung gem. § 541 Abs. 1 S. 1 BGB **verweigern.** Die Genossenschaft muss dann jedoch beachten, dass es nicht zu einer gleichheitswidrigen Ablehnung der Einbeziehung Dritter kommt.[371]

Auf das Nutzungsverhältnis war bisher die Hausratsverordnung anwendbar.[372] Mit der Neuregelung des gerichtlichen Verfahrens in Familiensachen zum 1. September 2009 wurde die Hausratsverordnung jedoch weitgehend aufgehoben. Die formell-rechtlichen Vorschriften wurden in das **FamFG** aufgenommen, das nun maßgeblich und auf das Nutzungsverhältnis anwendbar ist.

Die **Zuweisung** der Genossenschaftswohnung an einen geschiedenen Ehegatten, der nicht Mitglied der Genossenschaft ist, ist zunächst unbedenklich. Die Genossenschaft ist **Beteiligte** im Sinne des § 204 Abs. 1 FamFG und daher anzuhören. Das Gericht kann – und sollte – jedoch den Ehegatten verpflichten, den **Geschäftsanteil** des anderen Mitglieds zu **übernehmen,** § 76 GenG. Wenn nicht sachliche Gründe dem Erwerb des Anteils entgegenstehen, wird die Genossenschaft regelmäßig verpflichtet sein, dem Erwerb des Anteils durch den geschiedenen Ehegatten zuzustimmen. Stehen sachliche Gründe dem Anteilserwerb entgegen, ist das bereits im Verfahren nach dem FamFG zu berücksichtigen.

Ist der geschiedene Ehegatte nicht bereit, Mitglied in der Genossenschaft zu werden, dann kann die Genossenschaft das Nutzungsverhältnis jedenfalls dann zum nächst zulässigen Termin kündigen, wenn der oder die Zugewiesene die Mitgliedschaft willkürlich ablehnt und ein dringender Wohnungsbedarf anderer Genossenschaftsmitglieder besteht.[373] Das gilt auch dann, wenn das geschiedene Mitglied trotz Wohnungsbedarfs noch nicht versorgter Mitglieder nicht bereit ist, eine angemessen kleinere Wohnung der Genossenschaft zu nutzen.

6. Beendigung des Nutzungsverhältnisses

Wohnen in Genossenschaften ist besonders sicheres Wohnen. Die besondere Sicherheit zeigt sich vor allem in der beschränkten Kündigungsmöglichkeit der Genossenschaft. Grundsätzlich zu trennen ist zwischen der Kündigung des (Dauer-)Nutzungsvertrages und der Kündigung der Mitgliedschaft, die die Beendigung des Nutzungsverhältnisses zur Folge haben kann.

a) **Kündigung des Nutzungsverhältnisses.** Aus dem genossenschaftlichen Förderzweck folgt, dass Mitglieder einen Anspruch auf Zuteilung und Nutzung einer Genossenschaftswohnung haben. Diesen Anspruch kann die Genossenschaft nur unter besonderen Bedingungen entziehen. Die Überlassung einer Wohnung an ein Mitglied begründet ein dauerndes Nutzungsrecht (§ 15 Abs. 1 Mustersatzung), das während des Bestehens der Mitgliedschaft nur unter den im Nutzungsvertrag festgesetzten Bedingungen aufgehoben werden kann (§ 15 Abs. 2 Mustersatzung).

---

[368] OLG Karlsruhe NJW 1984, 2584.
[369] Vgl. OLG Stuttgart NJW 1963, 497.
[370] *Beuthien* GenG § 1 Rdnr. 54.
[371] Vgl. OLG Celle ZfgG 1965, 48 ff.
[372] BayObLG NJW 1955, 753; Lang/Weidmüller/*Schulte* GenG § 1 Rdnr. 78.
[373] Lang/Weidmüller/*Schulte* GenG § 1 Rdnr. 78.

208 aa) *Einfacher Nutzungsvertrag.* Das Muster für den **einfachen Nutzungsvertrag** enthält – abweichend vom Dauernutzungsvertrag – die Regelung, dass sich die **ordentliche Kündigung** durch die Genossenschaft nach den **gesetzlichen Bestimmungen** richtet, § 6 Abs. 4 des einfachen Musternutzungsvertrages. Die Kündigungsfristen sind einzuhalten.[374] Befristete Nutzungsverhältnisse für Genossenschaftsmitglieder kommen in der Praxis selten vor, da die genossenschaftlichen Nutzungsverhältnisse typischerweise auf lange Zeit angelegt und nach dem Musternutzungsvertrag auf unbestimmte Zeit abgeschlossen sind. Wenn ausnahmsweise dennoch eine Befristung aufgenommen worden ist, gilt für die Kündigung allgemeines Mietrecht.

209 Will die Genossenschaft einen Nutzungsvertrag ohne Dauerklausel ordentlich **kündigen**, muss das **berechtigte Interesse** der Genossenschaft ein ähnliches Gewicht haben wie die Konstellationen des § 573 Abs. 2 BGB.[375] Die Fortsetzung des Nutzungsverhältnisses darf der Genossenschaft unter Berücksichtigung aller Umstände nicht zumutbar sein.[376]

210 Als berechtigtes Interesse ist die **wirtschaftliche Verwertung** eines Grundstücks anerkannt.[377] Auch kann eine **erhebliche Unterbelegung** einer Genossenschaftswohnung bei gleichzeitiger Unterversorgung anderer Mitglieder die Kündigung rechtfertigen.[378] Die Genossenschaft muss dem Mitglied zuvor eine Wohnung mit angemessener Größe erfolglos angeboten haben. Entscheidend für die Kündigung ist nicht ein öffentliches Interesse an der allgemeinen Wohnraumversorgung, sondern das Eigeninteresse der Genossenschaft an der Wohnungsversorgung ihrer Mitglieder.[379] Zieht nur eine von mehreren Personen aus einer Wohnung aus, handelt es sich dagegen um eine nur geringfügige Minderbelegung, die regelmäßig außer Betracht bleibt. Die lediglich zeitweilige Nutzung einer Genossenschaftswohnung als **Zweitwohnung**[380] oder ihr **Leerstehen** kann ebenfalls eine Kündigung durch die Genossenschaft rechtfertigen.[381] Das gilt jedoch dann nicht, wenn die Genossenschaftswohnung von einem älteren Mitglied genutzt wird, das im Altenheim lebt. Das schutzwürdige Interesse an der Aufrechterhaltung der vertrauten Umgebung für alte Menschen überwiegt regelmäßig das Interesse der Genossenschaft an der Versorgung der wartenden Mitglieder.[382] Insbesondere ältere Mitglieder können sich darüber hinaus auf § 574 BGB berufen. Wurde der genossenschaftliche Nutzungsvertrag vor dem 3. 10. 1990 in den **neuen Bundesländern** abgeschlossen, ist Art. 232 § 2 Abs. 2 EGBGB zu beachten, der die Berufung des Vermieters auf ein berechtigtes Interesse ausschließt.

211 Die Kündigung des genossenschaftlichen Nutzungsverhältnisses kann auch dann gerechtfertigt sein, wenn das Mitglied das Zusammenleben in der Genossenschaft erheblich und für die übrigen Nutzer **unzumutbar stört**. Zwar ist es zweifelhaft, ob die Mitglieder der Genossenschaft untereinander schon allgemein zu einer spezifisch genossenschaftlichen Rücksichtnahme verpflichtet sind.[383] Trotzdem ist für das Kündigungsrecht in Wohnungsgenossenschaften auf die besondere Sozialstruktur in der jeweiligen Genossenschaft zu achten. Denn das genossenschaftlich vermittelte Miteigentum an der Wohnung ist nicht nur ein Recht, sondern auch eine Pflicht der Mitglieder. Ein bewusst auf Dauer angelegtes Nutzungsverhältnis erfordert von den Nutzern eine besondere **Rücksicht** der Mitbewohner. Ein zu kleinlicher Maßstab wäre unangebracht. Anders als bei einer Kündigung wegen Störung des Hausfriedens nach allgemeinem Mietrecht kommt es stärker auf das konkrete genossen-

---

[374] *Rippert,* S. 158.
[375] HansOLG ZfgG 1985, 64 ff.
[376] OLG Karlsruhe ZfgG 1985, 198 ff.
[377] LG Köln WuM 1976, 163; *Lützenkirchen* WuM 1994, 5, 9.
[378] OLG Stuttgart WuM 1991, 379; LG München WuM 1992, 16; *Hufnagel* ZdW 1/92, 16, 18; *Lützenkirchen* WuM 1994, 5, 8; *Beuthien,* Wohnungsgenossenschaften, S. 53; a. A. LG Köln WuM 1991, 589; für die Sonderrechtsnachfolge im Erbgang OLG Karlsruhe WuM 1984, 43 = NJW 1984, 2584; *Bub/Treier* Rdnr. IV 90.
[379] OLG Stuttgart WuM 1991, 379, 380; Lang/Weidmüller/*Schulte* GenG § 1 Rdnr. 74.
[380] AG Dresden ZMR 1994, 518; dafür, dass nur sporadische Nutzung sogar zum Ausschluss aus der Genossenschaft führen kann: LG Nürnberg-Fürth WuM 1993, 280.
[381] LG München WuM 1992, 16; a. A. LG Köln WuM 1991, 589; LG Wiesbaden Urt. v. 13. 6. 1988 – 1 S 107/87, zit. bei *Hufnagel* ZdW 1/92, 16, 17.
[382] AG Bielefeld WuM 1994, 22 f.; vgl. *Hanke* DWW 1991, 461.
[383] Dafür BGH BB 1975, 1450; dagegen *Beuthien* GenG § 18 Rdnr. 45.

schaftliche Wohnumfeld an. Die Kündigung auf Grund grober Störungen kann stets nur von der Genossenschaft, nicht von anderen Mitgliedern, ausgesprochen werden. Der Kündigung hat eine **Abmahnung** vorauszugehen, wenn das Ausmaß der Störung nicht ausnahmsweise eine Kündigung ohne Abmahnung rechtfertigt.

bb) Dauernutzungsvertrag. Anders als das Muster für einen einfachen Nutzungsvertrag enthält das Muster für den genossenschaftlichen **Dauernutzungsvertrag** die Klausel, dass die Genossenschaft von sich aus das Nutzungsverhältnis während des Fortbestehens der Mitgliedschaft grundsätzlich **nicht auflösen** wird, § 6 Abs. 4 Satz 1 des Musterdauernutzungsvertrages. In besonderen Ausnahmefällen soll eine Kündigung durch die Genossenschaft dennoch zulässig sein, wenn wichtige berechtigte Interessen der Genossenschaft eine Beendigung des Nutzungsverhältnisses notwendig machen, § 6 Abs. 4 Satz 2 des Musterdauernutzungsvertrages. 212

Der Hinweis, dass nur „wichtige" berechtigte Interessen die Beendigung „notwendig" machen, bedeutet, dass ein noch strengerer Maßstab anzulegen ist als der des § 573 Abs. 2 BGB.[384] Das nutzende Mitglied muss seine vertraglichen Pflichten nicht nur „schuldhaft nicht unerheblich" verletzt haben, sondern in **besonders grober Weise**. Auch an die zu erwartenden erheblichen wirtschaftlichen Nachteile im Sinne des § 573 Abs. 2 Nr. 3 BGB sind besonders hohe Maßstäbe anzulegen. Sonst würde die Dauernutzungsklausel leer laufen, da für die Kündigung eines Nutzungsverhältnisses während der Mitgliedschaft im Übrigen die allgemeinen mietrechtlichen Bestimmungen gelten.[385] 213

Eine Kündigung wegen **Unterbelegung** ist im Dauernutzungsverhältnis unzulässig, wenn sich die Genossenschaft nicht im Nutzungsvertrag ausdrücklich eine Unterbelegungskündigung vorbehält.[386] Erhöhte (Treue- und Duldungs-)Pflichten, die das Mitglied zu beachten hat, gleichen den besonderen Kündigungsschutz aus. 214

Beim **Verkauf einer Genossenschaftswohnung** tritt der Erwerber in die sich aus dem Nutzungsverhältnis ergebenen Rechten und Pflichten ein, § 566 BGB. Damit geht der besondere genossenschaftliche Kündigungsschutz zwar grundsätzlich auf den Erwerber über.[387] Das OLG Karlsruhe hat aber dennoch in einem Einzelfall einem privaten Eigentümer die Kündigung aus Eigenbedarf nach § 573 BGB zugestanden, obwohl die Wohnungsgenossenschaft – also die alte Eigentümerin – dieses Recht nicht gehabt hätte.[388] Da somit das Mitglied durch den Verkauf der Genossenschaftswohnung nicht nur seine besondere Doppelstellung als Mitglied und Nutzer verliert, sondern dadurch auch eine erhebliche Rechtseinbuße erleidet, sind ihm als Ausgleich eine gleichwertige Genossenschaftswohnung zu verschaffen und die Umzugskosten zu erstatten. Ist eine Ausgleichswohnung nicht verfügbar, ist ihm der Wohnkostenmehraufwand auszugleichen.[389] 215

Bei **ersatzlosem Abriss** eines Gebäudes kann die Genossenschaft ein berechtigtes Interesse (§ 573 Abs. 1 BGB) haben an der Kündigung eines Nutzungsvertrages über eine sich im Gebäude befindliche Genossenschaftswohnung. Das gilt jedenfalls dann, wenn der Erhaltungsaufwand zehnmal höher als die Einnahmen ist.[390] Eine Abrisskündigung ist **keine wirtschaftliche Verwertung** i. S. d. § 573 Abs. 2 Nr. 3 BGB.[391] 216

cc) Fristlose Kündigung. Die **fristlose Kündigung** eines genossenschaftlichen Nutzungsverhältnisses aus besonderem Grund ist sowohl in einfachen Nutzungsverhältnissen als auch in Dauernutzungsverhältnissen möglich. Es gelten §§ 543, 569 BGB. Bei Dauernutzungsverträgen wird man aber auch bei der fristlosen Kündigung besonders sorgfältig die besonderen Interessen der Genossenschaft und des Mitglieds im Lichte der Dauernutzungsklausel abwägen müssen.[392] 217

---

[384] LG Trier WuM 1993, 192.
[385] OLG Karlsruhe GWW 1985, 571.
[386] Vgl. LG Berlin MM 1992, 355.
[387] OLG Karlsruhe WuM 1985, 77; *Emmerich/Sonnenschein* Vor § 535, 536 Rdnr. 60.
[388] OLG Karlsruhe WuM 1984, 43; Lang/Weidmüller/*Schulte* GenG § 1 Rdnr. 75.
[389] Lang/Weidmüller/*Schulte* GenG § 1 Rdnr. 76 m. w. N.
[390] AG Halle-Saalkreis NZM 2002, 782; Lang/Weidmüller/*Schulte* GenG § 1 Rdnr. 77.
[391] BGH NZM 2004, 377.
[392] Vgl. LG Trier WuM 1993, 192.

218 Die Genossenschaft kann insbesondere fristlos kündigen, wenn das nutzende Mitglied die Genossenschaftswohnung trotz Abmahnung fortgesetzt **vertragswidrig gebraucht**, in **Zahlungsverzug** gerät oder seine Pflichten in besonderem Maße verletzt. Die gegenseitige Treuepflicht kann unter besonderen Umständen die Genossenschaft verpflichten, ein vertragswidriges Verhalten kurzzeitig hinzunehmen. Andererseits hat das Mitglied einer Wohnungsgenossenschaft die Pflicht, auf die besondere Sozialstruktur seines genossenschaftlichen Wohnumfeldes Rücksicht zu nehmen.

219 *dd) Wiedereinsetzung in die gekündigte Wohnung.* Kündigt die Genossenschaft ausschließlich den Nutzungsvertrag, dann ändert sich an der mitgliedschaftlichen Verbundenheit des Nutzers zur Genossenschaft zunächst nichts. Dadurch entsteht die merkwürdige Situation, dass einem Mitglied, dem gerade das Nutzungsverhältnis gekündigt wurde, nach der Kündigung und Räumung der Wohnung unmittelbar wieder ein mitgliedschaftlicher Anspruch auf Zuteilung einer Genossenschaftswohnung zusteht.

220 In den Fällen der berechtigten befristeten oder unbefristeten Kündigung des Nutzungsvertrages durch die Genossenschaft liegen in der Regel auch die Voraussetzungen für die Kündigung der Mitgliedschaft vor. So bestimmt § 11 Abs. 1 a) der Mustersatzung, dass die Genossenschaft ein **Mitglied ausschließen** kann, wenn es durch ein genossenschaftswidriges Verhalten schuldhaft oder unzumutbar das Ansehen oder die wirtschaftlichen Belange der Genossenschaft oder ihrer Mitglieder schädigt. Die Genossenschaft kann ferner die Mitgliedschaft kündigen, wenn das Mitglied trotz Abmahnung seinen Pflichten nicht nachkommt, § 11 Abs. b) Mustersatzung oder wenn über das Vermögen des Mitglieds ein Antrag auf Eröffnung des Insolvenzverfahrens gestellt wurde, § 11 Abs. 1 c) Mustersatzung.

221 Daraus folgt jedoch nicht, dass die Genossenschaft das Nutzungsverhältnis erst dann kündigen darf, wenn sie die Mitgliedschaft gekündigt hat.[393] Das ergibt sich insbesondere nicht aus § 1 Abs. 4 der Mustternutzungsverträge. Danach ist das Nutzungsrecht an die Mitgliedschaft gebunden. Das bedeutet jedoch nur, dass die Mitgliedschaft grundsätzlich Voraussetzung für den Abschluss des Nutzungsvertrages ist, also nur Mitglieder Anspruch auf Abschluss eines Nutzungsvertrages haben. Das gilt nicht auch umgekehrt. Das Vorhandensein eines Nutzungsvertrages ist keineswegs zugleich Voraussetzung für die Mitgliedschaft. Besteht also zwischen dem Mitglied und der Genossenschaft kein Nutzungsvertrag (mehr), entfällt nicht automatisch die Mitgliedschaft. Das zeigt auch der allgemein anerkannte Status des (noch) nicht mit einer Wohnung versorgten Genossenschaftsmitglieds.

222 Wird trotz Kündigung des Nutzungsverhältnisses die Mitgliedschaft nicht beendet, dann muss die Genossenschaft dem Mitglied eine neue Wohnung anbieten, sobald eine angemessene Wohnung frei wird und sofern die Gründe für die Kündigung des Nutzungsvertrages nicht mehr fortwirken. Die **Einrede der unzulässigen Rechtsausübung** kann das Mitglied der Kündigungs- und Räumungsklage beim Fortbestehen der Mitgliedschaft der Genossenschaft nicht entgegenhalten, da ein Anspruch des Mitglieds auf Zuweisung einer konkreten Wohnung – und damit auf Zuweisung der bisher genutzten Wohnung – regelmäßig nicht besteht.[394] Allenfalls dann, wenn alle wartenden Mitglieder versorgt sind, sämtliche anderen Wohnungen der Genossenschaft auf Dauer belegt sind und der Grund für die Kündigung eindeutig entfallen ist, kann die Genossenschaft verpflichtet sein, dem gekündigten Mitglied die bisherige Wohnung trotz Kündigung wieder einzuräumen. Das Mitglied hat diese Umstände – insbesondere den Wegfall des Kündigungsgrundes – darzulegen und zu beweisen.

223 **b) Beendigung der Mitgliedschaft.** Das Recht des Mitglieds, die Wohnung nutzen zu dürfen, ist nach § 1 Abs. 4 der Musternutzungsverträge an den Fortbestand der Mitgliedschaft gebunden. Der Verlust der Mitgliedschaft ist somit **auflösende Bedingung** des Nutzungsverhältnisses, § 158 Abs. 2 BGB.[395] Allerdings kann sich zumindest die Genossenschaft nach § 572 Abs. 2 BGB nicht auf eine auflösende Bedingung des Nutzungsverhältnisses berufen.

---

[393] So aber *Lützenkirchen* WuM 1994, 5, 8, mit Hinweis auf *Riebandt/Korfmacher* GWW 1975, 24, 25; MünchKommBGB/*Häublein* Vor § 535 Rdnr. 40.
[394] AG Bernkastel-Kues GWW 1976, 548.
[395] *Bub/Treier* IV 282; *Rippert* 154; a. A. offenbar AG Kamenz ZMR 1999, 261.

224 Die Musternutzungsverträge enthalten jedoch weiterhin übereinstimmend die Klausel, dass die Genossenschaft das Nutzungsverhältnis kündigen kann, wenn das Mitglied zu Lebzeiten aus der Genossenschaft ausscheidet, § 6 Abs. 3 Satz 2 Musternutzungsvertrag. Eine **Kündigung** des Nutzungsverhältnisses ist allerdings nur möglich, wenn die allgemeinen Kündigungsvoraussetzungen erfüllt sind.[396] Es ist ein **berechtigtes Interesse** der Genossenschaft erforderlich, § 573 Abs. 1 BGB.

225 Die Beendigung der Mitgliedschaft durch **Ausschluss** aus der Genossenschaft (§ 68 GenG)[397] reicht dazu allein noch nicht.[398] Ein berechtigtes Interesse besteht aber, wenn zusätzlich die Genossenschaft die Wohnung für die Versorgung eines anderen Mitglieds benötigt. Dann überwiegen die Interessen der Genossenschaft am bestimmungsgemäßen Einsatz ihres Wohnungsbestandes und das Interesse des noch nicht versorgten Mitglieds an der Erlangung einer preiswerten Genossenschaftswohnung den Belangen des Nichtmitglieds.[399] Die Situation ist mit der Eigenbedarfskündigung gem. § 573 Abs. 2 Nr. 2 BGB vergleichbar.[400]

226 Allerdings sind an die zusätzliche Voraussetzung des Wohnungsbedarfs anderer Genossenschaftsmitglieder **keine überhöhten Anforderungen** zu stellen. Das gilt zumindest dann, wenn bereits die Satzung der Genossenschaft eine Vermietung nur an Mitglieder vorsieht und dem ausgeschiedenen Nutzer das bei Überlassung der Wohnung bekannt war. Dann genügt es, wenn die Genossenschaft z. B. durch eine Warteliste das potentielle Interesse anderer Mitglieder an der Wohnung darlegt. Ein akuter, konkreter oder gar dringender Wohnbedarf ist nicht erforderlich.[401]

227 Uneinigkeit herrscht jedoch darüber, ob die Beendigung der Mitgliedschaft als berechtigtes Interesse für die Kündigung des Nutzungsverhältnisses, § 573 Abs. 1 BGB, alleine ausreicht, wenn das Mitglied seine Zugehörigkeit zur Genossenschaft **freiwillig kündigt** (§§ 65, 67 a GenG), etwa um sich seinen Genossenschaftsanteil auszahlen zu lassen. Einerseits wird auch hier zusätzlich gefordert, dass die Genossenschaft die Wohnung für die Versorgung eines anderen Mitglieds benötigen müsse. Das hat der BGH zwar 2003 ausdrücklich offengelassen,[402] setzt es in einer Entscheidung in 2009[403] für ein berechtigtes Interesse an der Kündigung des Nutzungsverhältnisses aber voraus und verweist als alleinige Begründung auf seine Entscheidung aus 2003.

228 Richtig dürfte allerdings sein, dass die alleinige Beendigung der Mitgliedschaft als berechtigtes Interesse für die Kündigung des Nutzungsverhältnisses ausreicht, da sich das Mitglied **widersprüchlich** verhält, wenn es seine Zugehörigkeit zur Genossenschaft freiwillig kündigt und trotzdem auf Fortführung des (Dauer-)Nutzungsverhältnisses mit seinen Vorteilen besteht.[404] Außerdem finanziert sich die Genossenschaft wesentlich aus den Einlagen ihrer Mitglieder, so dass sie zur Erhaltung ihres Wohnungsbestandes und letztlich ihrer selbst ein vitales Interesse daran hat, dass Mitglieder, die die Vorteile in Form von sicherem und günstigem Wohnen genießen, nichts aus dem Gesellschaftsvermögen abziehen. Es gefährdete den **Bestand der Genossenschaft** erheblich, wenn Mitglieder, einmal in den Genuss einer Genossenschaftswohnung gekommen, sich ihren Anteil an der Genossenschaft auszahlen lassen könnten. Das gilt vor allem aufgrund der zwangsläufigen Gefahr von Nachahmungen durch andere Mitglieder, die die Kündigung der Mitgliedschaft als ein jedenfalls auf den ersten Blick gefahrloses Mittel ansehen könnten, an Geld zu gelangen.[405] Ansonsten könnte ein In-

---

[396] Vgl. Begründung des Referentenentwurfes NZM 2000, 447.
[397] Zum Ausschluss auf Grund sporadischer Nutzung vgl. LG Nürnberg-Fürth WuM 1993, 280; LG München ZdW Bay 7/87, 388; AG München Urt. v. 16. 11. 1995 – 281 C 22.304/95, zit. bei *Roth* NZM 2000, 745, Fn. 10.
[398] So aber *Roth* NZM 2004, 129.
[399] BGH NJW-RR 2004, 12.
[400] OLG Stuttgart WuM 1991, 379; *Emmerich/Sonnenschein* § 564 b Rdnr. 102.
[401] LG Berlin GE 2003, 395; Schmidt-Futterer/*Blank* § 573 Rdnr. 209; MünchKommBGB/*Häublein* § 573 Rdnr. 42; a. A.: Lang/Weidmüller/*Schulte* GenG § 1 Rdnr. 72.
[402] BGH NJW-RR 2004, 12, 13.
[403] BGH NZI 2009, 374, 375.
[404] LG Cottbus NJOZ 2007, 2389; Lang/Weidmüller/*Schulte* GenG § 1 Rdnr. 71; MünchKommBGB/*Häublein* § 573 Rdnr. 42; *Beuthien* GenG § 1 Rdnr. 53.
[405] LG Cottbus NJOZ 2007, 2389; AG Senftenberg BeckRS 2007, 02886.

teressent einer Genossenschaftswohnung die Mitgliedschaft lediglich zur Erlangung einer regelmäßig preisgünstigen Wohnung eingehen, um nach Abschluss eines Dauernutzungsvertrages sofort aus der Genossenschaft auszutreten und damit auch der besonderen **Treuepflicht** gegenüber der Genossenschaft und den übrigen Mitgliedern zu entfliehen.[406] Das Modell des genossenschaftlichen Wohnens wäre todgeweiht.

229 Ob die Beendigung der Mitgliedschaft mit oder ohne der zusätzlichen Voraussetzung des Wohnungsbedarfs anderer Genossenschaftsmitglieder im Fall einer Kündigung der Mitgliedschaft durch einen **Gläubiger** des Mitglieds (§ 66 GenG) überhaupt ein berechtigtes Interesse für die Kündigung des Nutzungsverhältnisses, § 573 Abs. 1 BGB, darstellt, hat der BGH bislang offengelassen.[407] Zwingend sei die Annahme eines Kündigungsrechts der Genossenschaft in diesem Fall nicht. Erst recht gelte dies, wenn kein Einzelgläubiger, sondern ein **Insolvenzverwalter** die Mitgliedschaft gekündigt habe. Bei einem Fortsetzungsverlangen des verschuldeten Mitglieds seien die Umstände des Einzelfalles bei der Prüfung des berechtigten Interesses der Genossenschaft im Rahmen des § 574 Abs. 1 BGB zu berücksichtigen, etwa ob das Mitglied selbst den Insolvenzeröffnungsantrag gestellt habe mit dem Ziel der Restschuldbefreiung und ob es bereit sei, sich nach Beendigung des Insolvenzverfahrens nach Kräften darum zu bemühen, die Mitgliedschaft wiederzuerlangen.[408]

230 Andererseits wird vertreten, dass ein berechtigtes Interesse für die Kündigung des Nutzungsverhältnisses (§ 573 Abs. 1 BGB) bei Kündigung der Mitgliedschaft durch den Gläubiger (§ 66 GenG) vorliegt, wenn zusätzlich zur fehlenden Mitgliedschaft ein **dringender Wohnbedarf** anderer Mitglieder gerade an dieser Wohnung besteht und der Nutzer nicht bereit ist, eine neue Mitgliedschaft einzugehen.[409]

231 Das Recht des Insolvenzverwalters bei eröffnetem **Insolvenzverfahren** über das Vermögen des nutzenden Mitglieds, dessen Mitgliedschaft in der Wohnungsgenossenschaft zu kündigen mit dem Ziel, den zur Insolvenzmasse gehörenden Anspruch des Mitglieds auf Auszahlung des Auseinandersetzungsguthabens (§ 73 GenG) zu realisieren, ergibt sich aus § 80 Abs. 1 InsO, § 66 GenG analog. Das insolvenzrechtliche Kündigungsverbot für gemieteten Wohnraum (§ 109 Abs. 1 S. 2 InsO) ist dabei nicht analog anwendbar.[410]

232 Ein berechtigtes Interesse an der Kündung des Nutzungsvertrages des ausgeschiedenen Mitglieds, § 573 Abs. 1 BGB, entsteht für die Genossenschaft auch, wenn ihr infolge der Vermietung an ein Nichtmitglied **steuerliche Nachteile** drohen, § 5 Abs. 1 Nr. 10 KStG, § 3 Nr. 15 GewStG.[411] Der Ausschluss eines Mitglieds aus der Genossenschaft wegen **genossenschaftswidrigen Verhaltens**, etwa durch schikanöse Handlungen, erfordert regelmäßig vorher eine Abmahnung.[412]

233 Das noch nutzende, aber ehemalige Mitglied kann einer Kündigung des Nutzungsvertrages durch die Genossenschaft widersprechen, wenn es eine **besondere Härte** im Sinne des § 574 Abs. 1 BGB belegen kann und die dazu vorgetragenen Umstände nach Abschluss des Nutzungsvertrages eingetreten sind.[413] Mit dem Verlust der Mitgliedschaft endet auch der **Anspruch auf Neuzuteilung** einer Wohnung. Für den **Todesfall** gilt hinsichtlich der Mitgliedschaft § 77 GenG.

234 Sind sowohl das Nutzungsverhältnis als auch die Mitgliedschaft beendet, schuldet das ehemalige Mitglied der Genossenschaft häufig noch **Schadensersatz** aus dem Nutzungsverhältnis, weil die Wohnung nicht in vertragsgemäßem Zustand zurückgegeben wurde. Eine **Aufrechnung** (§ 387 BGB) gegen den Anspruch des Mitglieds auf Auszahlung des Auseinandersetzungsguthabens (§ 73 GenG) kommt mangels Fälligkeit für die Genossenschaft in der Regel nicht in Betracht. Aufgrund der kurzen **Verjährungsfrist** des § 548 BGB sollte die Genossenschaft nicht bis zum Eintritt der Aufrechnungslage warten.

---

[406] LG Cottbus NJOZ 2007, 2389.
[407] BGH NZI 2009, 374, 375; dafür: *Lützenkirchen* WuM 1994, 5, 7; *Hufnagel* ZdW 1/92, 16, 17.
[408] BGH NZI 2009, 374, 375.
[409] LG Hamburg WuM 1988, 430; Lang/Weidmüller/*Schulte* GenG § 1 Rdnr. 73.
[410] BGH NZI 2009, 374.
[411] Amtsgericht Senftenberg BeckRS 2007, 028 886; MünchKommBGB/*Häublein* § 573 Rdnr. 42.
[412] LG Berlin WuM 2006, 393; LG Köln WuM 2007, 22.
[413] OLG Stuttgart WuM 1991, 380; *Rippert*, S. 161.

235 Wurde das Nutzungsverhältnis von vornherein ohne Mitgliedschaft abgeschlossen (**Nichtmitgliedergeschäft**) oder erwirbt die Genossenschaft eine Wohnung und übernimmt dadurch einen bestehenden Mietvertrag, kann sie später nicht verlangen, dass der Mieter die Mitgliedschaft in der Genossenschaft erwirbt. Es besteht ein gewöhnlicher Mietvertrag, der sich nach den allgemeinen Vorschriften richtet. Eine Kündigung im Hinblick auf die fehlende Mitgliedschaft ist nicht möglich.[414] Ansonsten gilt § 573 BGB.

236 Es wird jedoch die Ansicht vertreten, dass die Genossenschaft ausnahmsweise den Beitritt zur Genossenschaft verlangen könne, wenn der Genossenschaft durch die Fortsetzung des Nichtmitgliedergeschäfts ein (steuerlicher) **Nachteil** entstünde und dem Mieter der Erwerb der Mitgliedschaft zugemutet werden könne.[415] Eine Sondersituation gilt für den Eintritt eines Nichtmitglieds in ein Nutzungsverhältnis im Erbgang.

7. Erbgang

237 Stirbt das nutzende Mitglied, dann geht die Mitgliedschaft gem. § 77 Abs. 1 GenG auf den Erben über. Die Mitgliedschaft des Erben endet zum Schluss des Geschäftsjahres, in dem der Erbfall eingetreten ist, § 77 Abs. 1 Satz 2 GenG.[416] Die Mustersatzung wiederholt fast wortgleich den Gesetzestext, § 9 Mustersatzung.

238 Hinsichtlich des Nutzungsverhältnisses gelten grundsätzlich die §§ 563 ff. BGB.[417] Nach dem Erbfall setzt sich der Nutzungsvertrag mit dem Ehegatten oder dem Partner einer eingetragenen Lebenspartnerschaft fort, sofern ein **gemeinsamer Haushalt** geführt wurde, § 563 Abs. 1 BGB. Kinder treten unter dieser Bedingung ein, wenn der Ehegatte nicht eintritt, § 563 Abs. 2 Satz 1 BGB. Andere Familienangehörige treten in das Nutzungsverhältnis ein, wenn der Ehegatte oder Partner einer eingetragenen Lebenspartnerschaft nicht eintreten, § 563 Abs. 2 Satz 3 BGB. Dasselbe gilt für nichteheliche Lebenspartner, nicht eingetragene gleichgeschlechtliche Lebenspartnerschaften und Gemeinschaften von auf Dauer zusammenlebenden alten Menschen als Alternative zum Alters- oder Pflegeheim, § 563 Abs. 2 Satz 4 BGB.[418] Hat der Erblasser keinen gemeinsamen Haushalt mit den genannten Personen geführt und wird das Nutzungsverhältnis auch nicht mit überlebenden Mietern nach § 563a BGB fortgesetzt, wird es mit dem **Erben** fortgeführt, § 564 Satz 1 BGB. In dem Fall können die Genossenschaft und der Erbe das Nutzungsverhältnis innerhalb eines Monats außerordentlich mit der gesetzlichen Frist kündigen, § 564 Satz 2 BGB.

239 Da das Nutzungsverhältnis seinen Bestandsgrund in der Mitgliedschaft des Erblassers hatte, ist der Eintretende grundsätzlich gehalten, die Mitgliedschaft in der Genossenschaft zu erwerben. Ist der Eintretende bereits Mitglied der Genossenschaft, ohne dass ihm eine Wohnung zugewiesen wurde, dann bereitet die Fortsetzung des Nutzungsverhältnisses keine Probleme.[419] Ein Anspruch des Eintretenden auf **Erwerb der Mitgliedschaft** besteht grundsätzlich nicht,[420] kann aber darauf gestützt werden, dass die Genossenschaft in vergleichbaren Situationen die in Nutzungsverhältnisse eintretenden Personen ebenfalls aufgenommen hat.[421] Ein Anspruch des Eintretenden auf Aufnahme in die Genossenschaft kann sich ferner aus einem Vertrag zugunsten des Eintretenden zwischen dem Erblasser und der Genossenschaft ergeben, § 328 BGB.

240 § 13 Abs. 4 der Musternutzungsverträge enthält die Klausel, dass die Genossenschaft das Nutzungsverhältnis **kündigen** kann, wenn es sich mit dem Ehegatten, Lebenspartner, Kind, Familienangehörigen, Erben des verstorbenen Mitglieds oder einer anderen Person fortsetzt, ohne dass diese die Mitgliedschaft bei der Genossenschaft erwerben. Das begründet jeden-

---

[414] Lang/Weidmüller/*Schulte* GenG § 1 Rdnr. 71.
[415] *Lützenkirchen* WuM 1994, 5, 6 unter Hinweis auf den Wegfall der Geschäftsgrundlage nach Verabschiedung des Steuerreformgesetzes 1990.
[416] Ausführlich *Rippert*, S. 163 ff.
[417] Lang/Weidmüller/*Schulte* GenG § 1 Rdnr. 72.
[418] Schmidt-Futterer/*Gather* § 563 Rdnr. 24.
[419] Vgl. *Siegel* ZfgG 1985, 70, Anm. zu HansOLG ZfgG 1985, 64 ff.
[420] *Siegel* ZfgG 1985, 70, Anm. zu HansOLG ZfgG 1985, 64 ff.
[421] BGH GWW 1964, 257; OLG Celle ZfgG 1965, 49; LG Göttingen GWW 1962, 21.

falls eine gewisse Erwartung der genannten Personen auf Zulassung zur Mitgliedschaft. Die Genossenschaft ist jedoch nicht gehindert, den Rechtsnachfolger abzulehnen, wenn berechtigte Interessen der Genossenschaft die Ablehnung rechtfertigen. Die Genossenschaft darf die Mitgliedschaft des Eintretenden nicht allein deswegen verweigern, weil Mitglieder der Genossenschaft noch nicht versorgt sind.

241 Erwirbt der nach § 563 BGB Eintretende die Mitgliedschaft trotz Aufforderung der Genossenschaft[422] nicht, hängt das **außerordentliche Kündigungsrecht** der Genossenschaft nach § 563 Abs. 4 BGB davon ab, ob die fehlende Mitgliedschaft unter den konkreten Umständen des Einzelfalles[423] für die Genossenschaft ein **wichtiger Kündigungsgrund in der Person** des Eintretenden ist.

242 Da es sich bei § 563 Abs. 4 BGB um die Möglichkeit einer außerordentlichen Kündigung mit gesetzlicher Frist handelt, muss die Genossenschaft zugleich ein **berechtigtes Interesse** an der Kündigung haben, §§ 573 d Abs. 1, 573 BGB.[424] Liegt kein wichtiger Grund für eine Kündigung vor, kann auch ein berechtigtes Interesse an der Kündigung gem. § 573 BGB die Kündigung nicht rechtfertigen.[425]

243 Ob die **fehlende Mitgliedschaft durch Nichterwerb** trotz Aufforderung durch die Genossenschaft allein ein wichtiger Kündigungsgrund ist, ist im Einzelfall wertungsmäßig anhand der gleichen Kriterien zu beurteilen, wie das Vorliegen eines berechtigten Kündigungsinteresses (§ 573 Abs. 1 BGB) bezüglich des Nutzungsvertrages bei Ausschluss aus der Genossenschaft (§ 68 GenG), freiwilliger Kündigung (§§ 65, 67a GenG) oder Kündigung durch einen Gläubiger (§ 66 GenG).[426] Ein wichtiger Kündigungsgrund besteht jedenfalls dann, wenn zusätzlich zur fehlenden Mitgliedschaft die Genossenschaft die Wohnung für die **Versorgung eines anderen Mitglieds** benötigt.[427]

244 Ist der das Nutzungsverhältnis Fortsetzende **bereits Mitglied** und nutzt schon eine andere Wohnung der Genossenschaft, dann ist die Kündigung des vormals mit dem Erblasser bestehenden Nutzungsverhältnisses zulässig.[428] Dass die Genossenschaftswohnung nach dem Erbgang **unterbelegt** ist, berechtigt zur Kündigung nur dann, wenn die Satzung oder der Nutzungsvertrag ausdrücklich darauf hinweisen.[429] Die Genossenschaft muss den in das Nutzungsverhältnis Eintretenden darüber aufklären, dass sie das Nutzungsverhältnis möglicherweise kündigen kann, wenn die Mitgliedschaft nicht erworben wird.[430] Ob darüber hinaus in der Person des Eintretenden ein wichtiger Kündigungsgrund vorliegt, richtet sich nach den Kriterien des allgemeinen Mietrechts.

---

[422] LG Köln WuM 1994, 23.
[423] HansOLG ZfgG 1985, 64; OLG Karlsruhe ZfgG 1985, 198; LG Köln WuM 1994, 23.
[424] HansOLG ZfgG 1985, 64
[425] OLG Karlsruhe ZfgG 1985, 198; LG Nürnberg-Fürth WuM 1985, 228, [„§ 564b BGB findet in Fällen des § 569a Abs. 5 BGB keine Anwendung"].
[426] Sie oben unter § 48 III. 6. b) (Beendigung der Mitgliedschaft).
[427] BGH NJW-RR 2004, 12.; Lang/Weidmüller/*Schulte* GenG § 1 Rdnr. 72; Siehe auch: LG Köln WuM 1994, 23; LG Mainz Urt. v. 26. 2. 1991 – 3 S 298/90 – AG Bremen – 2 b C 205/80, beide zit. bei *Hufnagel* ZdW 1/92, S. 16, 17.
[428] LG Nürnberg-Fürth WuM 1985, 228, wohl zustimmend LG Köln WuM 1994, 23.
[429] OLG Karlsruhe NJW 1984, 2584.
[430] *Lützenkirchen* WuM 1994, 5, 7.

§ 34 Zweckentfremdung

Übersicht

	Rdnr.
I. Die formellen Voraussetzungen	1–11
1. Inhalt des Art. 6 MVerbG	3–6
2. Begriff des Wohnraums	7–11
II. Die materiellen Tatbestände	12–23
1. Umwandlung in Geschäftsraum	13/14
2. Fremdenbeherbergung	15–17
3. Dauerndes Leerstehen lassen	18–21
4. Unbewohnbarmachen	22
5. Abbruch von Wohnraum	23
III. Erteilung und Versagung der Genehmigung	24–35
1. Überwiegende öffentliche Interessen	27
2. Überwiegende private Interessen	28–35
IV. Bedingungen, Befristungen und Auflagen	36–42
1. Befristung	37
2. Bedingungen	38
3. Auflagen, insbesondere Ausgleichszahlungen	39–42
V. Rechtsbehelfe	43–47
VI. Auswirkungen auf ein bestehendes Mietverhältnis	48–50
1. Wiederzuführung zum Wohnungsmarkt durch Verwaltungsakt	48
2. Aufhebung/Kündigung/Anfechtung des Mietvertrages	49/50

I. Die formellen Voraussetzungen

Das Gesetz zur Verbesserung des Mietrechts und zur Begrenzung des Mietanstiegs sowie zur Regelung von Ingenieur- und Architektenleistungen vom 4. 11. 1971 (MVerbG) enthält in Art. 6 das Verbot der Zweckentfremdung von Wohnraum. **1**

Eine bestehende Mangellage auf dem Wohnungsmarkt soll nicht dadurch vergrößert werden, dass bestehender Wohnraum diesem Zweck entzogen wird. **2**

1. Inhalt des Art. 6 MVerbG

Der Bundesgesetzgeber hat sich darauf beschränkt, in den §§ 1–3 des Art. 6 nur die tragenden Grundsätze aufzustellen: **3**
- Den Bundesländern bleibt überlassen, ob sie auf der Grundlage dieses Gesetzes eine Verordnung zum Schutz des Wohnraums gegen Zweckentfremdung erlassen.
- Eine solche VO darf nur erlassen werden für Gemeinden, in denen die Versorgung der Bevölkerung mit ausreichendem Wohnraum gefährdet ist.
- Die Länder haben zu regeln, unter welchen Voraussetzungen eine Genehmigung vom Verbot der Zweckentfremdung möglich ist.
- Als Zweckentfremdung definiert wird auch die dauernde Fremdenbeherbergung, insbesondere die gewerbliche Zimmervermietung und die Einrichtung von Schlafstellen.
- Eine Genehmigung ist nicht erforderlich (1) für die Umwandlung eines Wohnraumes in einen Nebenraum, insbesondere eines Baderaums, (2) die anderweitige Verwendung von Wohnraum, der nach dem 31. 5. 1990 unter wesentlichem Bauaufwand aus Räumen geschaffen wurde, die anderen als Wohnzwecken dienten.
- Die Genehmigung kann befristet, bedingt oder unter Auflagen erteilt werden.
- Ist die Wirksamkeit der Genehmigung erloschen, so ist der Raum wieder als Wohnraum zu behandeln.
- Der Verstoß gegen das Verbot der Zweckentfremdung kann als Ordnungswidrigkeit mit einer Geldbusse bis zu 50.000,– € geahndet werden.

- § 27 WoFG (Zweckentfremdung) und § 7 WohnBindG (Freistellung) und landesrechtliche Vorschriften über Belegungsbindungen bleiben unberührt.

4 Auf dieser Grundlage, die verfassungsrechtlich keinen Bedenken unterliegt,[1] hatten die meisten Bundesländer (nach der Wende auch neue Bundesländer) entsprechende Verordnungen erlassen, die zumeist zeitlich unbegrenzt sind und damit auch noch gelten, wenn die Wohnungsnot nicht mehr besteht. Das hat zur Frage geführt, ob das Verbot der Zweckentfremdung automatisch außer kraft tritt, wenn keine Wohnungsnot im Sinne des Gesetzes mehr vorliegt. Das BVerwG[2] hat diese Frage bejaht: „wenn ein Ende der Mangellage auf dem Wohnungsmarkt insgesamt deutlich in Erscheinung getreten und das Zweckentfremdungsverbot daher offensichtlich entbehrlich geworden ist". Es handelt sich bei dieser Frage um eine solche der Tatsachenwürdigung.

5 Für Berlin ist gerichtlich ein Ende der Wohnungsnot festgestellt.[3] In anderen Bundesländern wurde die gesetzliche Regelung inzwischen aufgehoben, so in Baden-Württemberg und in NRW mit Ablauf des 31. 12. 2006, in Niedersachsen zum 31. 12. 2003, in Hessen mit Ablauf des 31. 12. 2005. Das Land Bayern hat mit Wirkung zum 1. 7. 2008 seine Zuständigkeit auf die Gemeinden übertragen. Diese sind nun berechtigt, für ihr Gemeindegebiet oder für Teile davon ein Zweckentfremdungsverbot anzuordnen. Nach wie vor gilt das Verbot der Zweckentfremdung in Hamburg, in Thüringen und in Mecklenburg-Vorpommern.

Aufgrund der weiterhin entspannten Wohnungslage und der Prognose, dass der Wohnungsbedarf wegen schrumpfender Bevölkerungszahl erheblich abnehmen wird, ist davon auszugehen, dass alle Landes-VO in nächster Zeit aufgehoben werden. Soweit solche VO noch gelten, ist zu konstatieren, dass die betroffenen Länder es in 37 Jahren (seit 1971) nicht geschafft haben, die Bevölkerung mit ausreichendem Angebot an Wohnraum zu versorgen.

6 Die Landes-Verordnung muss die Gemeinden bestimmen, in denen eine Mangellage an Wohnraum besteht. Maßgebend ist die Nutzung zum Zeitpunkt, in dem die VO in Kraft trat.

2. Begriff des Wohnraums

7 Das Verbot der Zweckentfremdung betrifft ausschließlich Wohnraum. Die Definition dieses Rechtsbegriffs stellt die hauptsächliche Schwierigkeit bei der Rechtsanwendung dar. Was darunter zu verstehen ist, hat die Rechtsprechung an Hand verschiedener Kriterien wie folgt bestimmt. **Wohnraum** ist danach:

8 - Raum, der im Zeitpunkt des Inkrafttretens der Landes-VO oder später als Wohnraum genutzt wurde; Wohnraum, welcher vor Inkrafttreten der VO zum Büroraum oder für andere Zwecke bestimmt und auch genutzt wurde, fällt also nicht unter die VO. Er kann nur dadurch dem Verbot unterfallen, dass er wieder zum Wohnraum bestimmt und genutzt wird.

9 - Raum, der zur Nutzung als Wohnraum objektiv geeignet ist. Das ist nicht der Fall
  - bei Notunterkünften oder abbruchreifen Räumlichkeiten,[4]
  - wenn der Raum als Wohnraum nicht genutzt werden darf, da er bauordnungsrechtlich nicht genehmigt und auch nicht genehmigungsfähig ist. Ist der Raum nur formal baurechtswidrig, greift das Verbot jedoch ein,
  - wenn Wohnraum bauplanmäßig dauernd nicht zum Wohnen vorgesehen ist, wie z. B. bei Kleingartenanlagen,
  - wenn Wohnraum vom Markt als solcher nicht mehr angenommen wird.[5]

10 - Raum, der zur Nutzung als Wohnraum auch subjektiv bestimmt ist. Dies bestimmt ausschließlich der Verfügungsberechtigte. Bei Neubau von Wohnungen ergibt sich der Nutzungszweck aus der Baugenehmigung. Bei der Errichtung von Eigentumswohnungen

---

[1] BVerfG NJW 1975, 727.
[2] BVerwGE 59, 195 = NJW 1980, 1970; NVwZ 2003, 1125; WuM 2008, 602 ff., hier 605.
[3] VG Berlin NVwZ 2004, 371.
[4] BVerfG NJW 1975, 727.
[5] BVerwG NJW 1983, 2895.

durch einen Bauträger, der die Einheiten verkauft, wird die Bestimmung erst durch den Käufer getroffen. Dieser kann also – vor der Schlussabnahme – beim Bauamt einen Antrag auf Nutzungsänderung stellen, wenn er die Einheit nach Kauf beruflich oder gewerblich nutzen will. In diesem Fall ist nur eine Nutzungsänderung zu beantragen, daneben ist eine Zweckentfremdungsgenehmigung nicht erforderlich. Notwendig ist hier nur eine Unbedenklichkeitsbescheinigung des zuständigen Wohnungsamtes.

Bei gemischt genutzten Räumlichkeiten (z. B. Laden mit anschließender Wohnung) erfasst das Verbot den Wohnteil.[6]

- Ein Umbau von Wohnraum, der auch nach dem Umbau wieder zu Wohnzwecken zur Verfügung steht, stellt keine Zweckentfremdung dar. So darf eine Wohnung durch Einbau einer Nasszelle, für die ein Wohnraum genommen wird, umgebaut werden. Es dürfen Wohnungen zusammengefasst und geteilt werden. Es dürfen Wohnungen im Grundriss geändert werden.   11

II. Die materiellen Tatbestände

Als Zweckentfremdung ist jede Handlung und auch jede Unterlassung anzusehen, durch welche die Bestimmung für Wohnzwecke aufgehoben und der Wohnraum seiner eigentlichen Bestimmung entzogen wird. Art. 6 ist dabei weit auszulegen.[7] Das Verbot richtet sich an den Eigentümer, den Verfügungsberechtigten wie auch an den Mieter(!).[8]   12

1. Umwandlung in Geschäftsraum

Diese liegt vor, wenn die Räume ausschließlich für ein Gewerbe, eine selbstständige oder freiberufliche Tätigkeit genutzt werden. Werden die Räume aber weiterhin auch zu Wohnzwecken genutzt und nur daneben auch für geschäftliche Zwecke mitbenutzt, liegt keine Zweckentfremdung vor.[9]   13

Beispiel:
Der Handelsvertreter hat im Wohnzimmer einen Schreibtisch stehen, den er für seine berufliche Tätigkeit nutzt.

Streitig ist, ob eine Zweckentfremdung zu bejahen ist, wenn ein Raum in der Wohnung ausschließlich gewerblich oder beruflich genutzt wird. Das Steuerrecht verlangt für die steuerliche Anerkennung eines beruflich genutzten Arbeitsraumes, dass dieser Raum ausschließlich beruflich genutzt wird. Es würde zu einem unlösbaren Widerspruch führen, wenn diese steuerlich notwendige ausschließliche berufliche Nutzung als Zweckentfremdung anzusehen wäre.   14

Zweckentfremdung kann also nur vorliegen, wenn der Wohnungsinhaber in diesem beruflich oder geschäftlich genutzten Raum Personal beschäftigt, das nicht zur Familie gehört und nicht in der Wohnung lebt.

Wird ein Wohnraum zur gewerblichen Nutzung an einen Dritten untervermietet, liegt allerdings Zweckentfremdung vor.

2. Fremdenbeherbergung

Darunter zu verstehen ist die Überlassung von Wohnraum an Personen, die nur vorübergehend diesen Raum nutzen. Die Überlassung muss aber geschäftsmäßig sein, also auf dauernde Ausübung der Beherbergung ausgerichtet sein. Der Besuch von Verwandten ist also keine Zweckentfremdung. Eine solche soll auch nicht vorliegen, wenn nur vorübergehend z. B. aus Anlass einer Messe vermietet wird.   15

---

[6] A. A. OVG Berlin ZMR 1980, 80.
[7] BVerfG NJW 1975, 727.
[8] BayObLG WM 1983, 355.
[9] BayObLG WM 1978, 221.

16 Zum Wesen der Beherbergung gehören meist auch zusätzliche Leistungen wie Frühstück, Herrichtung und Reinigung des Raumes, Waschen der Wäsche. Doch sind das nur Anhaltspunkte für eine Fremdenbeherbergung. Maßgebend dürfte immer sein, dass eine gegenüber der Wohnungsvermietung ungewöhnliche Fluktuation der Nutzer vorliegt.

17 Unterfall ist die gewerbliche Zimmervermietung. Sie muss gewerblich sein, also auf Gewinnerzielung ausgerichtet sein. Zu denken ist hier an die Vermietung einzelner Räume an Feriengäste. Die Untervermietung an Studenten, die für 1 Semester oder länger bleiben, dürfte dagegen eine ganz normale Untervermietung sein und keine gewerbliche Zimmervermietung.

Schlafstellen sind solche Räume, die nur zum Schlafen überlassen werden, nicht jedoch zum dauernden Aufenthalt.

3. Dauerndes Leerstehen lassen

18 Nach den Verwaltungsvorschriften des Landes NRW zu § 6 WohnBindG (zum 1. 1. 2002 aufgehoben, jetzt § 27 Abs. 7 WoFG) liegt ein Leerstehen lassen beim geförderten Wohnraum vor, wenn eine Wohnung länger als 3 Monate nicht genutzt wird. Diese Bestimmung kann auf den freien Wohnungsbau und damit auf Art. 6 nicht schematisch übertragen werden. Diese Frist bildet nur eine Richtgröße für die Überprüfung. Je weiter dieser Zeitraum überschritten wird, umso zwingendere Gründe muss der Verfügungsberechtigte haben, um den Verdacht des Leerstehen lassens zu entkräften. Die Beweislast liegt also beim Verfügungsberechtigten.

19 Als solchen berechtigten Grund hat das KG den Fall angesehen, wenn der Vermieter nach der Errichtung neuer Wohnungen zunächst enorme Probleme hatte, diese zu Mieten zu vermieten, welche die Belastungen ausglichen.[10]

Von einem Verstoß kann auch nicht gesprochen werden, wenn Wohnraum zur Sanierung oder Renovierung leer steht, jedenfalls solange eine Wiedervermietung alsbald vorgesehen ist.

20 Wird ein Umbau zu gewerblichen Zwecken vorgenommen, so dürfte damit weniger ein Leerstehen lassen vorliegen, sondern bereits der Beginn einer gewerblichen Nutzung, zumindest aber ein Unbewohnbarmachen.

Kann der Wohnraum nicht mehr mit vertretbarem Aufwand instandgesetzt werden, liegt kein Wohnraum mehr vor.[11]

21 Nicht erfasst ist jedoch die vom Eigentümer, Verfügungsberechtigten oder Mieter selbst genutzte Wohnung. Diese darf so lange ungenutzt sein, wie dies gewünscht oder gewollt ist, solange sie jedenfalls zur ausschließlichen Nutzung durch den Berechtigten bestimmt ist.

Beispiel:
Der Eigentümer nutzt sein Ferienhaus nur sporadisch.

4. Unbewohnbarmachen

22 Darunter fällt das vorsätzliche wie leichtfertige Unbewohnbarmachen von Wohnraum, z. B. die **Entkernung** eines Wohnhauses. Es reicht aber schon, wenn ein wesentlicher Teil einer Wohnung entfernt wird, sodass die Wohnung nicht mehr als solche genutzt werden kann: Entfernung der Nasszelle, Entfernung aller Fenster. **Umbau für gewerbliche Zwecke** soll ebenfalls ein Unbewohnbarmachen begründen.[12]

5. Abbruch von Wohnraum

23 Auch die vollständige Vernichtung von Wohnraum ist unter das Verbot gestellt, und zwar unabhängig davon, was der Verfügungsberechtigte damit bezweckt.[13] Deshalb ist auch ein

---

[10] KG NZM 1999, 919.
[11] OLG Karlsruhe ZMR 1983, 383.
[12] BVerwG WM 1966, 143.
[13] BVerfG NJW 1975, 727.

Abbruch wegen des Vorhabens, auf dem Grundstück neuen Wohnraum zu errichten, eine Zweckentfremdung.

III. Erteilung und Versagung der Genehmigung

Die Zweckentfremdung kann genehmigt werden. Dabei soll aber grundsätzlich das Verbot der Zweckentfremdung Vorrang haben und somit die Genehmigung die Ausnahme bilden.

Die Genehmigung steht im pflichtgemäßen Ermessen der zuständigen Behörde. Nach den Landes-Verordnungen wird eine Genehmigung davon abhängig gemacht, dass ein überwiegendes öffentliches oder ein überwiegendes berechtigtes Interesse des Verfügungsberechtigten an der anderweitigen Nutzung vorliegt, die Genehmigung bedarf also einer eingehenden Abwägung.[14] Eine vom Wortlaut und Sinn gleichartige Regelung gibt es in § 7 WohnBindG für die Freistellung einer Sozialwohnung sowie auch in § 27 Abs. 7 WoFG (früher § 12 WohnBindG) für die Zweckentfremdung einer geförderten Wohnung.

In NRW ist die Genehmigung der Zweckentfremdung eine Selbstverwaltungsangelegenheit gewesen, so dass also die kreisfreien Städte und die Kreise selbst Regeln aufgestellt haben, unter welchen Kriterien sie eine Zweckentfremdungsgenehmigung erteilen wollen. Das soll am Beispiel der entsprechenden (überholten) Satzung der Stadt Köln näher erläutert werden:

1. Überwiegende öffentliche Interessen

Sie werden angenommen:
- im Rahmen von Straßenbaumaßnahmen oder im U-Bahn-Bau, wenn dabei Wohnraum teilweise oder ganz beseitigt werden soll;
- in einem festgelegten Sanierungs- und Stadterneuerungsgebiet, wenn im Einzelfall die Zweckentfremdung zur Erreichung der Sanierung erforderlich ist;
- wenn soziale Einrichtungen (z.B. Kindergärten, Schulen, Betreuungseinrichtungen und Ausbildungszentren) und andere notwendige lebenswichtigen Dienste zur Versorgung der Bevölkerung nicht bereitstehen und kein anderer Raum hierfür zur Verfügung steht und auch nicht geschaffen werden kann. Hierunter dürfte auch der Antrag fallen, Wohnraum in eine Arztpraxis umzuwandeln, weil in dem Viertel bisher keine oder keine ausreichende ärztliche Versorgung vorhanden ist.

2. Überwiegende private Interessen

Sie sind gegeben:
- wenn der Antragsteller nachweist, dass ein ablehnender Bescheid seine standortabhängige wirtschaftliche Existenz erheblich gefährden oder vernichten würde[15] Dabei ist unbeachtlich eine Verminderung der gegebenen Vermögens- und Einkommenssituation. Kein Grund ist, wenn die Zweckentfremdung der Existenzgründung oder der Beschaffung der hierfür notwendigen Geldmittel dienen soll. Weitere Voraussetzung ist, dass andere Räume in ausreichender Nähe nicht zur Verfügung stehen oder geschaffen werden können.

Beispiel:
Kölsch darf nur in Köln und in einigen Nachbargemeinden gebraut werden. Eine Kölschbrauerei expandiert, kann sich aber an ihrem Standort im Kölner Stadtgebiet nicht vergrößern, weil rundherum nur Wohnhäuser stehen. Hier könnte eine Abrissgenehmigung erteilt werden, wenn eine Verlagerung der ganzen Brauerei auf ein anderes Grundstück in Köln nicht möglich oder nicht zumutbar ist. Dieses Beispiel ist aber inzwischen Geschichte. In den letzten Jahren sind mehrere Kölsch-Brauereien in Köln abgerissen worden.
Typischer Fall des überwiegenden privaten Interesses ist die Zweckentfremdung zur Schaffung von Arztpraxen.[16]

---

[14] OVG Münster ZMR 1982, 77.
[15] VGH Kassel NZM 2003, 35.
[16] Siehe OVG Münster WuM 2008, 605.

30 • wenn der Wohnwert vermindert und fast schon unzumutbar geworden ist, außerdem ein erhebliches wirtschaftliches Interesse an der Zweckentfremdung nachgewiesen wird.

Beispiel:

31 Ein altes – nicht unter Denkmalschutz stehendes (!) – Wohnhaus verfügt über Kleinwohnungen mit gefangenen Zimmern, es sind keine Nasszellen vorhanden, die Toilette ist im Treppenhaus; die Wohnungen können wegen der Bausubstanz und des Zuschnitts des Hauses nicht zeitgemäßen Ansprüchen entsprechend saniert und modernisiert werden. Hier kann eine Abrissgenehmigung erteilt werden, wenn der Verfügungsberechtigte neuen Wohnraum auf diesem Grundstück schaffen will.

32 • wenn Wohnraum von unbedeutendem Umfang in einem Gebäude zweckentfremdet werden soll, welches in weit überwiegendem Teil anderen als Wohnzwecken dient.

Beispiel:

33 In einem nur gewerblich genutzten Haus befindet sich hinter dem Laden im Erdgeschoss eine Kleinwohnung, die früher vom Ladeninhaber bewohnt wurde. Da der Laden jetzt von einem Filialunternehmen betrieben werden soll und der Laden erweitert werden muss, soll der Wohnraum zu Ladenfläche umgebaut werden.

34 • wenn Ersatzwohnraum gestellt wird.

Beispiel:

Wohnung im EG wird zu Gewerbe umgebaut, dafür wird eine Wohnung durch Ausbau des bisher ungenutzten Dachgeschosses neu geschaffen.

35 In der Praxis handelt es sich um den hauptsächlichen Grund für eine Zweckentfremdungsgenehmigung. Für den Ersatzwohnraum müssen allerdings folgende Voraussetzungen erfüllt sein:

- der Ersatzwohnraum wird auf dem von der Zweckentfremdung betroffenen Grundstück geschaffen,
- der Ersatzwohnraum wird in zeitlichem und sachlichem Zusammenhang mit der Zweckentfremdung geschaffen,
- zweckentfremdeter Wohnraum und neu geschaffener Wohnraum stammen von demselben Verfügungsberechtigten,
- der angebotene neue Wohnraum beträgt sowohl nach Wohnfläche wie auch Wohnungsanzahl mindestens das Zweifache des zweckentfremdeten Wohnraums, soweit planungs- und baurechtliche Beschränkungen nicht entgegenstehen,
- der Ersatzwohnraum ist nicht luxuriöser Art = Baukosten und Wohnungsgröße dürfen den durchschnittlichen Aufwand für die Schaffung steuerbegünstigter Wohnungen im Sinne des § 82 II. WoBauG nicht um mehr als 20% überschreiten,
- der Ersatzwohnraum steht dem allgemeinen Wohnungsmarkt hinsichtlich der möglichen Bewohner so zur Verfügung wie vorher der zweckentfremdete Wohnraum.[17]

IV. Bedingungen, Befristungen und Auflagen

36 Die Zweckentfremdung kann mit Bedingungen, Befristungen und Auflagen verbunden werden. Davon wird regelmäßig Gebrauch gemacht, damit das Verbot der Zweckentfremdung auch erreicht wird. Die Genehmigung endet automatisch in dem Augenblick, in dem der durch Zweckentfremdung berechtigte Nutzer die Nutzung dieser Räume aufgibt.

Beispiel:

Einem Zahnarzt wird die Genehmigung erteilt, in einer Wohnung eine Zahnarztpraxis einzurichten und zu betreiben. Endet diese Nutzung z.B. durch Umzug des Zahnarztes in andere Praxisräume, so endet damit die Zweckentfremdungsgenehmigung. Der Vermieter bzw der neue Mieter müssen eine neue Zweckentfremdungsgenehmigung beantragen.[18]

Für den Fall des Abbruchs und anschließenden Neubaus von Wohnraum hatte z.B. die **Stadt Köln** Folgendes bestimmt:

---

[17] Grundlegend BVerwG NJW 1982, 2269.
[18] OVG Münster WuM 2008, 605.

1. Befristung

Es wird eine Befristung von 3 Monaten ausgesprochen. Innerhalb dieser Zeit muss der Abriss durchgeführt und mit dem Neubau begonnen werden.

2. Bedingungen

Als Bedingung wird die Stellung einer Sicherheit verlangt. Je qm zweckentfremdeten Wohnraumes hat der Verfügungsberechtigte 500,– € zu zahlen, in bar, durch Sparbuch oder durch selbstschuldnerische Bankbürgschaft.

3. Auflagen, insbesondere Ausgleichszahlungen

Als Auflage wird angeordnet, dass der Ersatzwohnraum innerhalb einer bestimmten Frist, in dem geforderten Umfang und nicht in luxuriöser Art geschaffen wird.[19] Werden diese Auflagen nicht erfüllt, so hat der Bauherr eine Ausgleichszahlung von 500,– € je qm zweckentfremdeter Wohnfläche zu entrichten.

Wird der neue Wohnraum nicht auf dem angegebenen Grundstück geschaffen, ist die Ausgleichszahlung erheblich höher, nämlich bis zu 25% der Neubaukosten.

Auch in den anderen Fällen einer Zweckentfremdung aus überwiegendem privaten Interesse werden Befristungen, Bedingungen und Auflagen erteilt. Bisher sind solche Auflagen von der Rechtsprechung gebilligt worden, das BVerwG hat allerdings die Auflage für unwirksam erklärt, dass der neugeschaffene Wohnraum nur zur Kostenmiete vermietet werden dürfe.[20]

Ausgleichszahlungen werden verlangt:
- 80% der Neubaukosten, wenn Grundstücke ohne Neuerstellung von Wohnraum abgeräumt werden, oder wenn weniger neuer Wohnraum errichtet wird.
- 65% der Neubaukosten, wenn eine Zweckentfremdung auf mehr als 10 Jahre ausgerichtet ist, 55% bei einem Zeitraum von 5 bis 10 Jahren und 25% bei einem Zeitraum bis 5 Jahren.
- Selbst wenn Ersatzwohnraum geschaffen wird, sind 25% der Neubaukosten zu zahlen, wenn der Ersatzwohnraum nicht auf dem betroffenen Grundstück errichtet wird und die Zweckentfremdung vor der Fertigstellung des Ersatzwohnraumes erfolgt.

Beispiel:
Der Verfügungsberechtigte will das Wohnhaus auf Grundstück A abreißen und dort einen Supermarkt bauen. Er hat daneben Grundstück B, diesbezüglich verpflichtet er sich, dort ein Wohnhaus zu errichten. Der Verfügungsberechtigte reißt nun erst das Wohnhaus A ab, baut den Supermarkt und errichtet gleichzeitig oder später Wohnhaus B. Richtig wäre: Erst ist Wohnhaus B fertig zu stellen und zu vermieten, dann darf mit dem Abriss des Wohnhauses A begonnen werden.

- 25% der Neubaukosten sind zu zahlen, wenn und soweit an Stelle nichtluxuriöser Mietwohnungen luxuriöse Eigentumswohnungen oder Eigenheime geschaffen werden.
- 20% der Neubaukosten sind zu zahlen, wenn luxuriöser Wohnraum geschaffen wird.
- 15% der Neubaukosten sind zu zahlen, wenn an Stelle von Mietwohnungen Eigentumswohnungen geschaffen werden.
- 100% der Neubaukosten sind zu zahlen, wenn entgegen der Zusage binnen der vorgegebenen Frist kein Ersatzwohnraum geschaffen wird.

V. Rechtsbehelfe

Die restriktive Handhabung der Genehmigung, verbunden mit den beschriebenen Bedingungen, Befristungen und Auflagen, hindert nachhaltig die gewünschte Zweckentfremdung.

---

[19] Siehe Runderlass des Ministers für Stadtentwicklung, Wohnen und Verkehr vom 30. 7. 1981 – IV C 4 – 6.03 – 755/81 NRW.
[20] BVerwG NJW 1998, 94; VGH Kassel NZM 2003, 35.

Gleichzeitig verhindern die Regelungen aber auch die Anpassung der Bausubstanz an veränderte Wohnverhältnisse und Wohnvorstellungen, Abriss und Neubau sind nur durch Schaffung zusätzlichen Wohnraums möglich; hier ist die Rechtslage allerdings durch die Rechtsprechung des BVerwG sanktioniert.

44 In den übrigen Fällen der Zweckentfremdung steht eine obergerichtliche Rechtsprechung noch aus. Das dürfte vor allem daran liegen, dass kaum ein Verfügungsberechtigter finanziell in der Lage ist, einen Zweckentfremdungsantrag durch alle Instanzen zu treiben. Ihm bleibt in der Regel nur die Wahl, entweder seine Vorstellungen aufzugeben oder sich den Bedingungen der jeweiligen Gemeinde zu fügen.

45 Möglich wäre allerdings, gegen den Zweckentfremdungsbescheid zunächst vorsorglich Widerspruch einzulegen und nach Beendigung der Maßnahme zu entscheiden, ob der Widerspruch weiterverfolgt werden soll. Sinnvoll wäre dies vor allem, wenn Ausgleichszahlungen in beträchtlicher Höhe verlangt werden.

46 Eine Zweckentfremdung kann auch nachträglich und rückwirkend genehmigt werden, ist aber dann aber immer mit Ausgleichszahlungen verbunden für die Zeit der bisher ungenehmigten Zweckentfremdung.

47 Die vorsätzliche Zweckentfremdung stellt darüber hinaus eine Ordnungswidrigkeit dar und kann mit einem Bußgeld bis zu 50.000,– € geahndet werden. Gegen einen solchen Bescheid sind die Rechtsbehelfe des OWiG gegeben.

VI. Auswirkungen auf ein bestehendes Mietverhältnis

1. Wiederzuführung zum Wohnungsmarkt durch Verwaltungsakt

48 Wird eine schon durchgeführte Zweckentfremdung nicht genehmigt, so kann die zuständige Gemeinde die Wiederzuführung zum allgemeinen Wohnungsmarkt verlangen. Der hierzu notwendige Verwaltungsakt hat seine Grundlage allerdings nicht in der Landes-VO zu Art. 6, sondern im Gesetz zur Erhaltung und Pflege von Wohnraum (WoG-NRW). Verwaltungszwang ist zulässig.

2. Aufhebung/Kündigung/Anfechtung des Mietvertrages

49 Neben einer einverständlichen Aufhebung des Mietvertrages kommt die Kündigung in Betracht. Zwar gilt nicht der Wohnraumkündigungsschutz gegenüber dem Mieter, wohl aber kann der Verfügungsberechtigte gehindert sein, den Mietvertrag zu beenden, weil er z.B. einen Zeitmietvertrag abgeschlossen hat, was bei gewerblichen Mietverträgen die Regel ist. Der Verfügungsberechtigte hat in diesen Fällen keine eigene Handhabe gegen den Mieter, sondern muss zum Ablauf der vereinbarten Vertragszeit kündigen oder den Mieter darauf hinweisen, dass eine Verlängerung des Mietvertrages nicht in Frage kommt. Teuer wird diese Rechtslage für den Vermieter auf jeden Fall, da er bis zur Beseitigung der Zweckentfremdung zumindest eine Ausgleichszahlung erbringen muss (siehe oben unter IV 3).

50 Möglich erscheint auch die Anfechtung wegen Irrtums über eine wesentliche Eigenschaft der vermieteten Sache, wenn der Vermieter nicht weiß, dass er eine nur zu Wohnzwecken bestimmte Wohnung gewerblich vermietet. Das kann z.B. passieren, wenn die Wohnung schon vorher vom Verkäufer gewerblich vermietet war und der Käufer deshalb annimmt, es handele sich um gewerblich nutzbare Fläche. Nachteil einer Anfechtung ist allerdings der Schadensersatzanspruch des Anfechtungsgegners gemäß § 122 BGB. Der Vermieter steht in einem solchen Fall vor dem Dilemma, dass er genau rechnen muss, ob nun die Ausgleichsforderung der Behörde oder die Schadensersatzforderung des Mieters höher sein wird. Ihm könnten hier möglicherweise auch eigene Schadensersatzansprüche gegen den Verkäufer zustehen.

§ 35 Wohnungsvermittlung und Maklerrecht

Übersicht

	Rdnr.
I. Anwendungsbereich	1/2
II. Wohnungsvermittler	3–12
1. Anspruch auf Entgelt	4
2. Mustertexte	5–7
a) Mietinteressenvertrag	5
b) Vermieter/Maklerauftrag	6
c) Unwirksame Formularklauseln	7
3. Ausschluß des Provisionsanspruchs	8–12
a) Nichtigkeit des Hauptvertrages	9
b) Sonstige Beendigung des Hauptvertrages	10
c) Vorschussverbot	11
d) Ohne Auftrag des Berechtigten	12
III. Verflechtung	13–17
1. Verwalter	14
2. Verwaltungsaufgaben	15
3. WEG-Verwalter	16
4. Wirtschaftliche Beteiligung	17
IV. Entgelt und Auslagen	18–23
1. Erfolgsunabhängige Provisionen	18
2. Provisionsteilung	19
3. Provisionshöhe	20
4. Monatsmiete	21
5. Aufwendungen/Auslagen	22
6. Weitere Dienste	23
V. Vertragsstrafe	24/25
1. Begrenzung	24
2. Rückzahlung	25

Schrifttum: *Baader/Gehle*, Gesetz zur Regelung der Wohnungsvermittlung, Kommentar, 1. Aufl. 1993; *Bethke*, Maklerrecht in der Praxis, 2. Aufl. 1998; *Mäschle*, Maklerrecht von A–Z, 2. Aufl. 2000; *Pause* in Rechtshandbuch Immobilien, Hrsg. v. Dr. Wolfgang Koelbe; *IVD-Sammlung* von Rspr. zum Makler- und Immobilienrecht, 47. Ergänzungslieferung, Stand 31. 1. 2008; *Wegener/Sailer,* Der Makler und sein Auftraggeber, 5. Aufl. 1997; *Schwerdtner/Hamm*, Maklerrecht, 5. Aufl., 2008.

I. Anwendungsbereich

Das Gesetz zur Regelung der Wohnungsvermittlung (WoVermG) vom 3. 11. 71, zuletzt geändert am 21. 7. 93 (BGBl. I S. 1257) enthält Regelungen zum Schutz des Wohnraumsuchenden. Das Gesetz enthält Sonderbestimmungen für Maklerverträge, die den Nachweis oder die Vermittlung von Wohnräumen zum Gegenstand haben. Das Gesetz enthält Vorschriften für den Wohnungsvermittler (§ 1 Abs. 1 WoVermG) und ordnungsrechtliche Vorschriften (z. B. § 7 WoVermG). 1

Es ist nur anwendbar für gewerblich tätige Wohnungsvermittler (§ 7 WoVermG), nicht für den Gelegenheits- oder Hobbymakler. Dabei ist die Gewerbsmäßigkeit im Sinne von § 7 WoVermG an § 34c Abs. 1 Nr. 1 GewO angelehnt.[1] Das WoVermG enthält im Verhältnis zu den Regelungen der §§ 652 ff. BGB Spezialnormen, ausschließlich auf Wohnraum beschränkt; es ist nicht anwendbar für die Vermietung von Gewerberäumen. Auf die Ausführungen in § 70 wird verwiesen. Das WoVermG ist anwendbar, wenn der gewünschte Vertrag auf die Begründung eines Mietverhältnisses über Wohnraum abzielt.[2] Die bloße Weitergabe 2

---

[1] *Baader/Gehle* § 7 Rdnr. 2.
[2] BGHZ 135, 269.

von Wohnungswünschen an andere Wohnungsvermittler oder Makler ist keine Wohnungsvermittlung.[3]

II. Wohnungsvermittler

3   Wer den Abschluss von Mietverträgen über Wohnräume vermittelt oder die Gelegenheit zum Abschluss von Mietverträgen über Wohnräume nachweist, wird im Sinne von § 1 Abs. 1 des WoVermG als „Wohnungsvermittler" bezeichnet. Der Begriff des Wohnungsvermittlers entspricht inhaltlich dem Begriff des Maklers in § 652 Abs. 1 BGB.[4] Der Begriff des Wohnungsvermittlers kann nicht losgelöst von den gesetzlichen Merkmalen des Maklerbegriffs gesehen werden. Das WoVermG bzw. der Wohnungsvermittler betrifft im Gegensatz zu § 652 BGB nur die Vermittlung bzw. den Nachweis von Wohnraummietverträgen, nicht jedoch von Geschäftsraummietverträgen.[5] In § 2 Abs. 2 Nr. 2 und 3 WoVermG ist klargestellt, dass Eigentümer, Verwalter und Vermieter im Sinne dieses Gesetzes gerade keine Wohnungsvermittler sind. Sie haben daher auch keinen Provisionsanspruch. Das WoVermG schützt nur den Wohnungssuchenden, nicht etwa einen Investor, der an einen Mieter ein Entgelt dafür geleistet hat, dass der Mieter die Wohnung räumt;[6] es schützt auch nicht den Vermieter, der einen Wohnungsvermittler eingeschaltet hat.

Das WoVermG ist auch im Rahmen der Tätigkeit, die so genannte „Location Services" ausüben anwendbar; diese Unternehmen organisieren Umzüge und vermitteln in diesem Zusammenhang auch Wohnungen.

1. Anspruch auf Entgelt

4   Der Wohnungsvermittler hat einen Anspruch auf Entgelt nur dann, wenn infolge seiner Vermittlung oder infolge seines Nachweises ein Mietvertrag im Sinne der §§ 535 ff. BGB zustande kommt (§ 2 Abs. 1 WoVermG). Grundvoraussetzung für den Provisionsanspruch gegenüber dem späteren Mieter ist also ein Maklervertrag zwischen Mietinteressent und Wohnungsvermittler. Selbstverständlich kann der Makler auch eine Provision vom Vermieter (= Berechtigter i. S. d. WoVermG) verlangen; eine Doppelmaklertätigkeit ist grundsätzlich erlaubt.[7]

Im Wesentlichen sind vier Voraussetzungen für das Entstehen des Provisionsanspruches erforderlich:
- Es muss zwischen dem Interessenten und dem Wohnungsvermittler ein Maklervertrag zustande gekommen sein.
- Der Makler muss eine entsprechende Tätigkeit entwickeln (Nachweis und/oder Vermittlung), die dann
- ursächlich (Kausalität) für den Erfolg (Hauptvertrag/Mietvertrag) ist.

Nur wenn alle vier Voraussetzungen im Sinne des § 652 BGB gegeben sind, hat der Wohnungsvermittler auch einen Anspruch auf Entgelt gem. § 2 WoVermG (Provision/Vermittlungsgebühr/Courtage). Diese Vorraussetzungen gelten auch im Verhältnis zwischen Vermieter und Makler, wenn der Wohnungsvermittler Provision vom Vermieter verlangen möchte.

---

[3] BGH NJW-RR 1995, 880.
[4] OLG Hamburg WRP 1995, 849.
[5] BGH WRP 1995, 809.
[6] OLG Dresden WuM 1997, 223.
[7] Vgl. § 6 Abs. 1 WoVermG.

2. Mustertexte

a) Mietinteressentenvertrag. 5

Muster: Mietinteressentenauftrag

Maklerauftrag: Der Mietinteressent beauftragt den Makler mit dem Nachweis von anmietbaren Wohnungen, von Wohnungsvermietern oder der Vermittlung eines Mietvertragsabschlusses über eine Wohnung.

Auftragsdauer: Dieser Maklervertrag ist jederzeit, ohne Einhaltung einer Frist, kündbar. Die Kündigung muss schriftlich erfolgen. Der Mietinteressent ist zur sofortigen Kündigung verpflichtet, wenn er seine Mietabsicht aufgibt oder sich für eine Wohnung entschlossen hat, deren Anmietung in keinem Zusammenhang mit der Tätigkeit des beauftragten Maklers steht.

Vertrauliche Behandlung der Maklerangebote/Schadensersatz: Die Angebote des Maklers sind nur für den Mietinteressenten bestimmt. Sie sind von diesem so vertraulich zu behandeln, dass eine Auswertung durch Dritte unmöglich ist. Verletzt der Mietinteressent diese Verpflichtung und kommt es zu einem Mietvertragsabschluss mit dem Dritten auf Grund dieser Vertragsverletzung, haftet der Mietinteressent für die entgangene Maklergebühr.

Vorkenntnis: Ist dem Mietinteressenten die Anmietungsmöglichkeit von Wohnungen oder die Adresse von Wohnungsvermietern – über die künftig vom Makler ein Nachweis geführt wird – bereits bekannt, so hat er dies dem Makler unverzüglich, spätestens jedoch innerhalb von acht Tagen mitzuteilen und auf Verlangen nachzuweisen.

Maklergebühr: Der Mietinteressent ist verpflichtet, am Tage des Zustandekommens eines rechtsverbindlichen Mietvertragsabschlusses ...... Monatsmieten einschließlich Mehrwertsteuer (entspricht ...... Monatsmieten zuzüglich Mehrwertsteuer) zu zahlen.

Vereinbarung über Auslagenersatz: ...... Dieser Auslagenersatz sollte entsprechend den Vorschriften des WoVermG handschriftlich ausgefüllt werden.

Leistungen aus einem vermittelten Mietvertrag: Der Mietinteressent wird alle sich aus einem abzuschließenden Mietvertrag ergebenden Leistungen (Miete, Kaution usw.) ohne Einschaltung des Maklers unmittelbar gegenüber dem Vermieter bzw. dessen Verwalter erbringen, es sei denn, der Makler wurde vermieterseits mit schriftlicher Vollmacht zur Entgegennahme solcher Leistungen ausdrücklich ermächtigt. ......

b) **Vermieter-/Makler-Auftrag.** Hierbei ist noch anzumerken, dass entsprechend den Maklerverträgen gem. §§ 652 ff. BGB auch diverse Arten von Maklerverträgen möglich sind, also ein einfacher Maklervertrag oder ein Alleinauftrag. Nachfolgend wird ein Beispiel für einen einfachen Maklerauftrag gegeben: 6

Muster: einfacher Maklerauftrag

Erklärung des Vermieters: Der Vermieter erklärt verbindlich,
- dass er zur Erteilung dieses Maklerauftrages von etwaigen sonstigen Miteigentümern und Verfügungsberechtigten bevollmächtigt ist;
- dass es sich bei der angebotenen Wohnung nicht um eine öffentlich geförderte Wohnung[8] oder sonstige nach dem 20. 7. 1948 bezugsfertig gewordene preisgebundene Wohnung handelt;
- dass keine öffentlich-rechtlichen oder privatrechtlichen Belegungsbeschränkungen vorliegen.

Maklerauftrag: Der Vermieter beauftragt den Makler zum Nachweis von Mietinteressenten oder zur Vermittlung eines Mietvertragsabschlusses über die oben genannte Wohnung.

Auftragsdauer: Der Auftrag läuft vom ...... bis zur Vermietung der Wohnung. Soweit der Vermieter Wohnungen selbst oder durch Dritte vermietet, hat er dies dem Makler unverzüglich mitzuteilen.

---

[8] AG Landau/Pfalz WuM 1995, 596.

> **Maklergebühr:** Die bei Zustandekommen eines rechtskräftigen Mietvertragsabschlusses zu bezahlende Maklergebühr beträgt ...... Monatsmieten einschließlich Mehrwertsteuer. Das entspricht ...... Monatsmieten zuzüglich Mehrwertsteuer. Hiervon trägt der Vermieter ......, der Mieter ...... Eine Maklergebühr ist auch zu bezahlen, wenn ein anderer als der angebotene Vertrag oder ein Vertrag über eine anderes, dem Auftraggeber gehörendes Objekt mit dem vom Makler beigebrachten Interessenten zustande kommt.
>
> **Auslagenersatz:** Der Vermieter verpflichtet sich, die dem Makler in Erfüllung des Auftrages nachweisbar entstandenen Auslagen zu erstatten, wenn eine der oben abgegebenen Erklärungen nicht den Tatsachen entspricht. Außerdem verpflichtet sich der Vermieter, dem Makler für die Ausführung des Auftrages entstehende Kosten zu ersetzen: ......

7 c) **Unwirksame Formularklauseln.** Das OLG Köln[9] hat beispielsweise folgende Formularklauseln wegen Verstoß gegen diverse Normen des WoVermG für unwirksam erklärt:

- Ist die Vertragsauflösung vom Auftraggeber zu vertreten, darf die Agentur einen Unkostenbeitrag für Telefon, Porto und sonstige Aufwendungen berechnen.
- Bei Rücktritt aus eigenem Anlass: Bearbeitungsgebühr DM 40,–.
- Bei Rücktritt aus eigenem Anlass: Je halbe Stunde DM 40,– plus Spesen plus Mehrwertsteuer.
- Zur Sicherstellung wird die zinslose Hinterlegung der Vermittlungsprovision vereinbart.
- Die Vermittlungsprovision bezieht sich auf die vereinbarte Kostenbeteiligung inkl. Nebenkosten zzgl. der gesetzlichen Mehrwertsteuer sowie auf die Vertragslaufzeit.
- Der Auftraggeber verpflichtet sich, erhaltene Angebote nicht an Dritte Personen weiterzugeben. Bei Zuwiderhandlung haftet er für die volle Vermittlungsprovision, darüber hinaus für alle Schäden, die der Agentur evtl. entstanden sind.

3. Ausschluss des Provisionsanspruches

8 Der Wohnungsvermittler hat dann keinen Provisionsanspruch, wenn nach Maßgabe von § 2 Abs. 2 WoVermG lediglich ein Mietvertrag über die selben Wohnräume verlängert,[10] fortgesetzt, erneuert oder eine Option ausgeübt wird. Auch steht dem Wohnungsvermittler ein Anspruch nicht zu, wenn er Eigentümer, Verwalter, Mieter oder Vermieter ist und gleichzeitig als Wohnungsvermittler auftritt. Ebenso in den Fällen des § 2 Abs. 2 Nr. 3 WoVermG, wenn der Wohnungsvermittler mit dem Eigentümer, Verwalter oder Vermieter in irgendeiner Form rechtlich oder wirtschaftlich verbunden ist. Wird ein Mietvertrag über preisgebundenen Wohnraum abgeschlossen (§ 2 Abs. 3 WoVermG), so steht dem Wohnungsvermittler ebenfalls keine Provision zu.

9 a) **Nichtigkeit des Hauptvertrages.** Der Wohnungsvermittler kann keine Provision verlangen, wenn der Mietvertrag (= Hauptvertrag) später von Anfang an für nichtig erklärt wird (z. B. auf Grund Anfechtung).

10 b) **Sonstige Beendigung des Hauptvertrages.** Der Wohnungsvermittlungsvertrag endet mit dem erfolgreichen Nachweis oder der Vermittlung einer Mietwohnung an den Mietinteressenten. Er kann beendet werden durch eine übereinstimmende Vertragsaufhebung. Sowohl Makler als auch Auftraggeber sind berechtigt, gem. § 626 BGB das Vertragsverhältnis fristgemäß zum nächstmöglichen Zeitpunkt zu kündigen. Eine Begründung für die Kündigung ist nicht erforderlich. Das Vertragsverhältnis zwischen den Parteien ist dann noch beendbar durch eine fristlose Kündigung, wenn eine Partei die vertraglichen Verpflichtungen in erheblichem Masse verletzt.

11 c) **Vorschussverbot.** Auch, ebenso wie dem Immobilienmakler, ist es dem Wohnungsvermittler verboten, Vorschüsse zu nehmen (§ 2 Abs. 4 WoVermG). Angeforderte oder bezahlte Vorschüsse müssen vom Makler zurückbezahlt werden, wie das OLG München zuletzt entschieden hat,[11] allerdings nicht speziell für die Wohnraumvermietung. Ein klarer Verstoß des Wohnungsvermittlers gegen § 2 Abs. 4 WoVermG führt eben zur Rückzahlungsverpflichtung.

---

[9] OLG Köln ZMR 1995, 27.
[10] AG Düsseldorf WuM 1998, 731.
[11] Urt. v. 11. 10. 2007 – 19 U 3870/07 – IVD-Rspr. A 103, Blatt 114.

d) Ohne Auftrag des Berechtigten. Strittig ist, welche Folgen es für die Provision hat, wenn der gewerbsmäßige Wohnungsvermittler nicht im Auftrage des Vermieters oder eines sonstigen Berechtigten tätig geworden ist (§ 6 Abs. 1 WoVermG). Danach darf der Wohnungsvermittler nur Wohnräume anbieten, wenn er dazu einen Auftrag hat.

Unter dem Begriff „Auftrag" ist jede ausdrücklich oder konkludent, schriftlich oder mündlich erklärte Zustimmung des Berechtigten zur Vermittlung der betreffenden Wohnung durch einen bestimmten Makler zu verstehen.[12] § 6 Abs. 1 will verhindern, so die Intention des Gesetzgebers, dass Wohnungsvermittler Wohnräume anbieten, von denen sie gerade nur zufällig erfahren haben oder sich die Möglichkeiten zur Vermittlung über Privatanzeigen, die Wohnungsvermieter aufgegeben haben, beschaffen. Nach Auffassung des Amtsgerichts Frankfurt/Main,[13] wenn der Wohnungsvermittler Wohnräume anbietet, ohne hierzu beauftragt zu sein entfällt dann das Wohnungsvermittlungsentgelt. Insbesondere wenn der Makler zufällig die Adresse der Wohnung aus einer Zeitungsanzeige des Vermieters erfahren hat und diese Adresse an einen Dritten weitergegeben hat. Der Wohnungsvermittler wird hier als „Trittbrettfahrer" bezeichnet.

Es ist dann keine Gewähr dafür gegeben, dass der Wohnungsvermittler auch tatsächlich dafür sorgen kann, dass schlussendlich ein Hauptvertrag (= Mietvertrag) zwischen dem Interessenten und dem Vermieter abgeschlossen wird. Es soll vermieden werden, dass dem Interessenten hierdurch ein unnötiger Zeit- und Kostenaufwand verursacht wird.[14] Liegt ein Verstoß gegen § 6 WoVermG vor, so ist das Landgericht Hannover[15] der Auffassung, dass dem Wohnungsvermittler gem. § 652 BGB kein Provisionsanspruch gegen den Interessenten zusteht, da der Verstoß des Wohnungsvermittlers gegen § 6 die Unwirksamkeit des Maklervertrages gem. § 134 BGB zur Folge hat.[16]

Anderer Auffassung ist das OLG Karlsruhe.[17] § 6 sei kein gesetzliches Verbot im Sinne von § 134 BGB, sondern nur eine Ordnungsvorschrift. Ein Verstoß gegen § 6 führt zu einer Geldbusse des Maklers nach § 8 WoVermG.

Meines Erachtens ist dem OLG Karlsruhe zu folgen. § 6 WoVermG will nur unnötigen Zeit- und Kostenaufwand des Interessenten vermeiden. Gelingt es aber trotzdem dem Wohnungsvermittler, obwohl er keinen Auftrag hat, einen Mietvertrag zustande zu bringen, so hat er ja dem Wunsch/Ziel des Interessenten genutzt und keinen unnötigen Zeit- oder Geldaufwand verursacht (außer einer Provisionsverpflichtung). Allerdings wird dann dem Wohnungsvermittler sicherlich eine Geldbuße auferlegt werden.

Dieser Intention des Gesetzgebers ist der BGH in seiner Entscheidung vom 25. 7. 2002[18] zivilrechtlich nicht gefolgt, jedoch der Auffassung des OLG Karlsruhe:

„...... § 6 Abs. 1 WoVermG normiert ein einseitig an den Wohnungsvermittler gerichtetes Verbot, Wohnungen ohne Auftrag des Vermieters oder eines sonst Berechtigten anzubieten ...... Die Bestimmung soll unterbinden, dass Wohnungsvermittler Wohnräume anbieten, von denen sie zufällig durch Dritte erfahren oder sie aus Anzeigen in Zeitungen entnommen haben, ohne dass sie von den Berechtigten einen entsprechenden Auftrag haben. Dadurch sollen den Wohnungssuchenden Zeit und Unkosten für vergebliche Besichtigungen erspart werden ...... Die vor beschriebene Zielrichtung mag zwar mittels der Nichtigkeitssanktion am besten erreicht werden ...... Dies genügt indes für die Annahme eines Verbotsgesetzes im Sinne von § 134 BGB nicht ......"

III. Verflechtung

Der Provisionsanspruch des Wohnungsvermittlers entfällt dann, wenn er im Sinne von § 2 Abs. 2 Nr. 2 WoVermG Eigentümer, Verwalter, Mieter oder Vermieter der zu vermietenden Wohnung ist. Dazu reicht die Stellung als Miteigentümer aus.[19]

---

[12] *Baader/Gehle* zu § 6 Rdnr. 6.
[13] AG Frankfurt RDM Rspr. D 534, Bl. 16.
[14] BT-Drucksache VI/1549, S. 13.
[15] LG Hannover RDM Rspr. D 534, Bl. 6.
[16] *Benöhr* NJW 1973, 1286, ähnlich *Windisch* WuM 1999, 265.
[17] OLG Karlsruhe NJW 1975, 1408.
[18] NJW 2002, 3015.
[19] *Baader/Gehle* § 2 Rdnr. 43.

1. Verwalter

14 Außerordentlich problematisch ist die Frage, wann ein Wohnungsvermittler als „Verwalter" anzusehen ist. Der Begriff des Verwalters ist nicht gleichzustellen mit dem Begriff des Verwalters aus dem WEG.[20] Keinen Provisionsanspruch hat der sog. „Sondereigentumsverwalter". Diesen Begriff kennt im Übrigen das WEG nicht. Allein die Tätigkeit der Verwaltung von Wohnungseigentum schließt nicht aus, dass der Verwalter hinsichtlich dieser Wohnungen als Nachweismakler und/oder Vermittlungsmakler für die Vermietung tätig werden kann.[21] Allerdings kann schon eine Hausmeistertätigkeit ausreichen, um den Provisionsanspruch entfallen zu lassen[22] Hat der Wohnungsvermittler also einen entsprechenden Vertrag mit dem Eigentümer geschlossen, z. B. einen Mietvertrag, einen Garantiemietvertrag, einen Treuhandvertrag oder einen Vermögensbetreuungsvertrag, so entfällt jeglicher Provisionsanspruch.[23]

2. Verwaltungsaufgaben

15 Auch die Übernahme einzelner Verwaltungsaufgaben des Wohnungsvermittlers kann den Anspruch auf Provision entfallen lassen. **Einzelfälle:**
Wenn der Wohnungsvermittler vom Vermieter (Eigentümer/Berechtigter) beauftragt wird, die Kaution entgegen zu nehmen und die Miete einzuziehen,[24] wenn er also im Lager des Vermieters steht.[25] Der Provisionsanspruch kann auch dann entfallen, wenn der Wohnungsvermittler (Makler) befugt ist und beauftragt wurde, vom Mieter Mängelrügen entgegenzunehmen oder Besichtigungen bezüglich der Mängel durchzuführen.[26] Auch die Unterzeichnung des Mietvertrages als Vertreter des Vermieters kann den Wohnungsvermittler zum Verwalter im Sinne des § 2 Abs. 2 Nr. 2 WoVermG werden lassen.[27] Dieser Auffassung folgt allerdings das OLG Frankfurt[28] nicht. Ähnliches gilt, wenn der Eigentümer oder der Miteigentümer bzw. Vermieter dem Wohnungsvermittler auch die Auswahl des Mieters überlässt.[29]
Das Landgericht Berlin[30] hat z. B. entschieden, dass die bloße Übersendung des Mietvertrages verbunden mit der Entgegennahme der Barkaution und der ersten Miete für das Merkmal „Verwalter" im Sinne des WoVermG nicht ausreicht.

3. WEG-Verwalter

16 Kein Verwalter im Sinne des WoVermG ist der Wohnungseigentumsverwalter, der lediglich das gemeinschaftliche Eigentum verwaltet,[31] deshalb kann er für die Vermittlung einer Wohnung an einen Mieter Entgelt verlangen.[32] Häufig betreiben Maklerbetriebe auch Hausverwaltungen. Wenn der Wohnungsvermittler, der auch gleichzeitig Verwalter des gemeinschaftlichen Eigentums ist, beispielsweise berechtigt ist, die Mietkaution und die erste Monatsmiete per Vollmacht entgegen zu nehmen, dann besteht keine rechtliche Verflechtung zwischen dem Wohnungsvermittler und dem Vermieter.[33]
Wer im Zusammenhang mit der beabsichtigten Gebäudesanierung durch eine Bauherrengemeinschaft und der Veräußerung der durch Umwandlung entstandenen Sondereigentums-

---

[20] LG Stade ZMR 1997, 261.
[21] LG Köln NJW-RR 1997, 369.
[22] LG Paderborn NZM 1999, 134.
[23] LG Stade ZMR 1997, 261.
[24] LG Kiel WuM 1985, 91.
[25] LG Kiel WuM 1999, 586.
[26] LG Berlin NJW 1991, 721.
[27] LG Aachen NJW-RR 1992, 341.
[28] OLG Frankfurt RDM Rspr. A 145, Bl. 42.
[29] LG Hagen WuM 1998, 294.
[30] LG Berlin NZM 1998, 274.
[31] LG Düsseldorf NJW-RR 1993, 401.
[32] OLG Hamburg DB 1976, 577 und OLG München, MDR 75, 931.
[33] LG Berlin NZM 1998, 274.

rechte Maklerdienste erbracht hat und in der Teilungserklärung dann zum Verwalter bestellt worden ist, kann einen Provisionsanspruch aus Wohnungsvermittler in der Wohnungseigentumsanlage gegenüber dem Wohnungsmieter nicht geltend machen.[34]

In einer grundlegenden Entscheidung hat der BGH[35] festgestellt, dass der (gewöhnliche) Verwalter gem. §§ 20 ff. WEG seinen Anspruch auf Entgelt für die Vermittlung, oder den Nachweis der Gelegenheit zum Abschluss von Mietverträgen über Wohnräume, nach § 2 Abs. 2 Satz 1 Nr. 2 WoVermG nicht verliert, da er kein Verwalter von Wohnräumen im Sinne dieser Bestimmung ist:

„…… Nach den unangegriffenen Feststellungen des Berufungsgerichts hatte die Klägerin die Stellung einer „WEG-Verwalterin". Sie verwaltete das gemeinschaftliche Eigentum. Darüber hinaus trat sie weder als Bevollmächtigte des Wohnungseigentümers auf noch erbrachte sie erhebliche Verwaltungsleistungen für die einzelnen Eigentumswohnungen. Die Verwaltung der im Sondereigentum stehenden Wohnungen, insbesondere deren Vermietung, lag vielmehr – entsprechend der gesetzlichen Aufgabenzuweisung (vgl. §§ 13 Abs. 1, 20 Abs. 1 WEG) – bei dem jeweiligen Wohnungseigentümer …… Die dem Verwalter nach § 20 Abs. 1 WEG zukommende Verwaltung des gemeinschaftlichen Eigentums erstreckt sich allein auf das Grundstück sowie auf die Teile, Anlagen und Einrichtungen des Gebäudes, die nicht im Sondereigentum oder im Eigentum eines Dritten stehen (§ 1 Abs. 5 WEG). Die im Sondereigentum stehenden Wohnungen wären allerdings ohne eine ordnungsgemäße Verwaltung der Gegenstände der gemeinschaftlichen Verwaltung nicht nutzbar. Dadurch wird der Verwalter des gemeinschaftlichen Eigentums aber noch nicht zum Verwalter der – seiner Zuständigkeit gerade entzogen (vgl. § 1 Abs. 2, 5 i. V. m. § 20 Abs. 1 WEG) – einzelnen Wohnungen. Er gewährleistet durch die Verwaltung des gemeinschaftlichen Eigentums lediglich die Rahmenbedingungen für die selbständige Verwaltung der Eigentumswohnung durch den Wohnungseigentümer …… Der (gewöhnliche) WEG-Verwalter ist nach Sinn und Zweck des § 2 Abs. 2 Satz 1 Nr. 2 WoVermittG nicht als Verwalter über Wohnräume anzusehen …… Der Verwalter nach §§ 20 ff. WEG steht nicht in einer solchen Nähe zum Wohnungseigentümer, dass der Provisionsausschluss nach der vorbeschriebenen gesetzgeberischen Zielrichtung gerechtfertigt wäre. Der gewöhnliche WEG-Verwalter kann nicht zum „Lager" des Wohnungseigentümers und Vermieters gezählt werden …… Zwischen dem gewöhnlichen wohnungsvermittelnden WEG-Verwalter und dem Wohnungseigentümer besteht auch keine derartige Verflechtung, wie sie nach der Rechtsprechung des Bundesgerichtshofs für den Makler einen „institutionalisierten Interessenkonflikt" begründet ……".

Allerdings kann schon eine Hausmeistertätigkeit ausreichen, um den Provisionsanspruch entfallen zu lassen. Hat der Wohnungsvermittler also einen entsprechenden Vertrag mit dem Eigentümer geschlossen, z. B. einen Mietvertrag, einen Garantiemietvertrag, einen Treuhandvertrag oder einen Vermögensbetreuungsvertrag, so entfällt jeglicher Provisionsanspruch.

4. Wirtschaftliche Beteiligung

Für eine wirtschaftliche Beteiligung im Sinne des § 2 Abs. 2 Nr. 3 WoVermG ist es ausreichend, wenn Eigentümer, Verwalter oder Vermieter am Vermögenserhalt und am Gedeihen der juristischen Person Interesse haben und faktisch in der Lage sind, deren Willensbildung irgendwie zu beeinflussen.[36] Der Wohnungsvermittler kann des Weiteren keine Provision verlangen, wenn nicht unerhebliche Zweifel an seiner Eigenschaft als neutraler Vermittler bestehen. Der Wohnungsvermittler hatte als Vertreter des Vermieters den Mietvertrag abgeschlossen und nicht nur die vollständige Anschrift des Wohnungsvermittlers angegeben, sondern auch eine Telefonnummer, unter der der Wohnungsvermittler zu erreichen sei. Hiermit hat der Wohnungsvermittler den Eindruck erweckt, dass auch nach Abschluss des Mietvertrages der Wohnungsvermittler die Interessen des Vermieters bei der Durchführung des Vertrages wahrnimmt. Ein Verstoß gegen § 2 Abs. 2 Nr. 2 WoVermG ist daher als gegeben angesehen worden.

---

[34] LG Bautzen WuM 1999, 472.
[35] NJW 2009, 1393 = NZM 2003, 358.
[36] OLG Celle RDM Rspr. D 534, Bl. 14.

IV. Entgelt und Auslagen

1. Erfolgsunabhängige Provisionen

18   Bei der Vermittlung von Wohnräumen dürfen erfolgsunabhängige Provisionen weder in allgemeinen Geschäftsbedingungen noch in Individualvereinbarungen verlangt werden. Bei der Wohnraumvermittlung ist das Erfolgsprinzip strikt vorgeschrieben. Abweichende Vereinbarungen sind gem. § 2 Abs. 5 WoVermG unwirksam.

2. Provisionsteilung

19   Die Abrede zwischen Vermieter und Wohnungsvermittler, sich die gezahlte Provision des Wohnungssuchenden zu teilen, widerspricht nicht § 2 Abs. 2 Nr. 2 WoVermG,[37] da kein verbotenes Umgehungsgeschäft vorliegt. Es ist dem Eigentümer unbenommen, einen Vermittler einzuschalten, der ihm nahe steht, mit dem er aber nicht „verflochten" ist. Auch der Mitgliedsbeitrag zu einem Vermittlungsverein ist als Umgehung im Sinne von § 2 WoVermG anzusehen und daher als verbotswidriges Handeln zu qualifizieren. Der Beitrag ist zurückzuzahlen.[38]

3. Provisionshöhe

20   Für die Höhe der Provision ist der Wohnungsvermittler berechtigt, im Sinne von § 3 WoVermG für die Vermittlung oder den Nachweis eines Mietvertrages über Wohnraum nur maximal zwei Monatsmieten zzgl. gesetzlicher Mehrwertsteuer zu verlangen. Vereinbart der Makler einen höheren Provisionssatz, so kann der Interessent die Differenz zwischen dem überhöhten und der üblichen Provision zurückverlangen (§ 5 WoVermG). Im Übrigen begeht der Makler eine Ordnungswidrigkeit (§ 8 WoVermG).

4. Monatsmiete

21   Die Höhe der Provision ist im Sinne von § 3 Abs. 1 WoVermG als Bruchteil oder Vielfaches der Monatsmiete anzugeben. Was unter „Monatsmiete" zu verstehen ist, ist in § 3 Abs. 2 Satz 3 WoVermG definiert. Die Definition lehnt sich an §§ 551 u. 556 BGB an. Es sind also die Nebenkostenvorauszahlungen „herauszurechnen". Wird entgegen § 6 HeizKO eine Bruttoinklusivmiete vereinbart, so ist diese als „Monatsmiete" im Sinne von § 3 WoVermG anzusehen.[39] Der Wohnungsvermittler darf dann noch zu den beiden Monatsmieten (maximal) die gesetzliche Mehrwertsteuer hinzuschlagen.

Das WoVermG hat als Bezugsgröße für die Berechnung der Wohnungsvermittlungsprovision allerdings nicht die Nettomiete festgeschrieben.

Es unterliegt der Vereinbarung der Parteien des Maklervertrages, ob die Kalt- oder die Warmmiete der Berechnung des Wohnungsvermittlungsentgeltes zugrunde zu legen ist, und dass im Zweifel die Ortsüblichkeit entscheidet.[40]

Auch bemisst sich die Höhe der Maklerprovision nicht an dem im nachgewiesenen Wohnungsmietvertrag vereinbarten Miete, sondern an dem unter Berücksichtigung einer Mietpreisüberhöhung zulässigerweise geschuldeten Miete.[41] Die Teilnichtigkeit des Mietvertrages gem. § 134 BGB, insbesondere weil die verlangte Miete gem. § 5 WiStG unangemessen hoch war, wirkt sich hier also auch auf die Höhe der Maklerprovision aus.

5. Aufwendungen/Auslagen

22   Nach § 3 Abs. 2 S. 1 WoVermG ist es grundsätzlich dem Wohnungsvermittler verboten, neben der Vermittlungsprovision noch Aufwendungsersatz (so genannte Einschreibegebüh-

---

[37] LG München I NJW-RR 97, 1283.
[38] AG Köln WuM 82, 332.
[39] *Baader/Gehle* § 3 Rdnr. 27.
[40] OLG Frankfurt NJW-RR 92, 1462.
[41] LG Frankfurt WuM 1996, 548.

ren, Schreibgebühren, Exposékosten etc.) zu vereinbaren oder entgegen zu nehmen. **Aber:** Diesen Aufwendungsersatz kann er allerdings dann verlangen, wenn nach Satz 2 des § 3 Abs. 2 WoVermG die Auslagen nachweislich den Betrag einer Monatsmiete übersteigen. Natürlich nur dann, wenn eine Erstattung der Auslagen mit dem Auftraggeber (Vermieter oder Mietinteressent) vereinbart ist. Es bleibt also bei der Grundregel des § 652 Abs. 2 BGB. Erst recht kann der Wohnungsvermittler Auslagenersatz verlangen, wenn ein Mietvertrag nicht zustande kommt. Die Beweislast für den Nachweis der Entstehung des Aufwandes und dessen konkreten Bezug zu dem Auftrag beim Makler, hat der Wohnungsvermittler zu führen. Anzumerken ist in diesem Zusammenhang noch, dass eine Erstattung von Auslagen im Sinne von § 652 Abs. 2 BGB im Rahmen der Wohnungsvermittlung ohne Vereinbarung nicht in Betracht kommt. Der Wohnungsvermittler muss also seinen Auftraggeber entsprechend informieren und eine Vereinbarung treffen.

Eine Möglichkeit zur Pauschalierung der Auslagen besteht allerdings nicht, es sind immer die konkret angefallenen und nachgewiesenen Auslagen gemeint. Der Wortlaut des § 3 Abs. 3 S. 3 WoVermG lässt keine andere Interpretation zu. Es wird ausdrücklich von den „nachweisbar entstandenen Auslagen" gesprochen.

6. Weitere Dienste

Auch sind dem Wohnungsvermittler gem. § 3 Abs. 3 WoVermG Vereinbarungen untersagt, mit denen der Interessent sich im Zusammenhang mit der Wohnungsvermittlung zu weiteren Diensten des Wohnungsvermittlers verpflichtet. Der Wohnungsvermittler darf z.B. die Wohnungseinrichtung nicht mit verkaufen. Solche Verträge sind unwirksam.[42]

Für gewerbliche Beratungstätigkeit bei der Wohnungssuche kann ein Honorar ebenfalls nicht gefordert werden. Eine entsprechende Dienstleistungsvereinbarung ist unwirksam, weil sie gegen ein gesetzliches Verbot im Sinne von § 134 BGB und §§ 2 und 3 WoVermG verstößt. Wenn man nicht zu dem Ergebnis der Nichtigkeit kommt, so kann der Wohnungssuchende im Wege der Einrede die Zahlung der Provision gem. § 242 BGB verweigern.[43] Ein hauptsächlich mit der Wohnraumvermittlung befasster Verein verstößt durch die Erhebung eines Aufnahme- und Mitgliedsbeitrages unabhängig von dem Erfolg der auf Wohnraumvermittlung gerichteten Tätigkeiten gegen § 2 WoVermG. Der Beitrag ist als erfolgsunabhängiges Honorar anzusehen.[44]

V. Vertragsstrafe

1. Begrenzung

Nach Maßgabe von § 4 WoVermG ist eine Vertragsstrafe betragsmäßig begrenzt und darf 10% der vereinbarten Provision nicht übersteigen, höchstens jedoch € 25,– betragen. Die Regelung ist so unbefriedigend, dass sie in der Praxis keine Anwendung gefunden hat.[45]

2. Rückzahlung

Des Weiteren kann der Interessent gem. § 5 WoVermG Leistungen vom Wohnungsvermittler zurückverlangen, wenn der Wohnungsvermittler ein nach dem WoVermG nicht zustehendes Entgelt erhalten hat. Hinzuweisen ist noch, dass § 817 Satz des BGB nicht anwendbar ist. Der Anspruch auf Rückforderung verjährt in vier Jahren vom Zeitpunkt der Zahlung an.

---

[42] *Pause* in Rechtshandbuch Immobilien § 212 Rdnr. 82.
[43] AG Ulm RDM Rspr. D 534, Bl. 7.
[44] LG Hamburg RDM Rspr. D 534, Bl. 5.
[45] *Wegener/Sailer* Rdnr. 166.

§ 36 Gewaltschutzgesetz

Übersicht

	Rdnr.
I. Grundlagen	1
II. Regelungsinhalte	2–23
1. Allgemeine Eingriffsvoraussetzungen	2–6
2. Spezielle Eingriffsvoraussetzungen bei § 2 GewSchG	7–9
3. Regelungsmöglichkeiten und Regelungszweck des § 2 GewSchG	10–14
a) Befristung der Wohnungsüberlassung	11–13
b) Unterlassungsanordnungen	14
c) Beachtung des Grundsatzes der Verhältnismäßigkeit	15
4. Ausschluss des Anspruchs auf Wohnungsüberlassung, § 2 Abs. 3 GewSchG	16–18
a) Auswirkung der Wiederholungsgefahr	16
b) Zeitablauf	17
c) Entgegenstehende Belange des Täters	18
5. Anspruch auf Nutzungsvergütung, § 2 Abs. 5 GewSchG	19
6. Einfluss auf bestehende Mietverträge	20/21
7. Weitere Auswirkungen der Verabschiedung des GewSchG	22/23
III. Zuständigkeit, Verfahren und Vollstreckung	24–28
1. Zuständigkeit	24
2. Verfahren	25
3. Geschäftswert	26
4. Vollstreckung	27
5. Titelverbrauch und Titelherausgabe	28
6. Strafbarkeit gemäß § 4 GewSchG	29

Schrifttum: *Brudermüller*, Zuweisung der Mietwohnung bei Ehegatten, Lebenspartnern, Lebensgefährten, WuM 2003, 250; *Finger*, Zum Entwurf eines Gesetzes zur Verbesserung des zivilgerichtlichen Schutzes bei Gewalttaten und Nachstellungen sowie zur Erleichterung der Überlassung der Ehewohnung bei der Trennung, WuM 2001, 313; *Grziwotz*, Schutz vor Gewalt in Lebensgemeinschaften und vor Nachstellungen, NJW 2002, 872; *Kay*, Wohnungsverweisung – Rückkehrverbot zum Schutz vor häuslicher Gewalt, NVwZ 2003, 521; *Löhnig*, Zivilrechtliche Probleme des neuen § 238 StBG, FamRZ 2007, 518 ff.; *Peschel-Gutzeit*, Gesetz zur Verbesserung des zivilrechtlichen Schutzes bei Gewalttaten, Nachstellungen sowie zur Erleichterung der Überlassung der Ehewohnung bei Trennung (Gewaltschutzgesetz), FPR 2001, 243; *Schumacher*, Die Wohnungsüberlassung nach dem geplanten Gewaltschutzgesetz unter mietrechtlichen Gesichtspunkten, NZM 2001, 572; *ders.*, Mehr Schutz bei Gewalt in der Familie, FamRZ 2002, 645; *dies.*, Das neue Gewaltschutzgesetz und seine Auswirkungen bei Mietverhältnissen WuM 2002, 420; *Schumacher/Janzen*, Gewaltschutz in der Familie, 2003.

I. Grundlagen

1 Zum 1. Januar 2002 ist das Gesetz zum zivilrechtlichen Schutz vor Gewalttaten und Nachstellungen (Gewaltschutzgesetz – GewSchG)[1] in Kraft getreten.[2] Es enthält neben den allgemeinen Regelungen des § 1 über Voraussetzungen für Schutzanordnungen in § 2 die Anspruchsgrundlage für die – ggf. zeitweise – Überlassung einer gemeinsam genutzten Wohnung, wenn die verletzte Person mit dem Täter einen auf Dauer angelegten gemeinsamen Haushalt führt. Ziel ist es, die vor Schaffung des Gesetzes wegen fehlender Kodifizierung der Anspruchsgrundlagen bestehenden Unklarheiten zu beheben, die es erschwerten, zivilrechtliche Abwehr- und Unterlassungsansprüche bei Gewalt oder Nachstellungen durchzusetzen.[3]

Gewissen Bezug zum Mietrecht haben die Regelungen zur Wohnungsüberlassung. Die Grundzüge des Gesetzes und die Regelungen zu allgemeinen Schutzanordnungen werden

---

[1] Vom 11. Dezember 2001, BGBl. I S. 3513.
[2] Zur Entstehungsgeschichte auch: *Finger* a.a.O.
[3] *Schumacher*, Erläuterungen zum Gewaltschutzgesetz, Das Deutsche Bundesrecht II C 26 S. 5.

hier dargestellt, da dies zum Verständnis der wohnungsbezogenen Regelungsmöglichkeiten nötig ist.

II. Regelungsinhalte

1. Allgemeine Eingriffsvoraussetzungen

Voraussetzung für einen Anspruch auf Wohnungsüberlassung aus § 2 GewSchG ist eine Tat im Sinne des § 1 Abs. 1 Satz 1 GewSchG. Dieser bestimmt: 2

> Hat eine Person vorsätzlich den Körper, die Gesundheit oder die Freiheit einer anderen Person widerrechtlich verletzt, hat das Gericht auf Antrag der verletzten Person die zur Abwendung weiterer Verletzungen erforderlichen Maßnahmen zu treffen.

Allgemeine Grundlage für eine gerichtliche Regelung ist, dass ein materiell-rechtlicher Anspruch aus §§ 823, 1004 BGB auf Unterlassung der Beeinträchtigung der angegebenen Rechtsgüter besteht. Insoweit hat das Gesetz die bisher aus der analogen Anwendung der §§ 823, 1004 BGB hergeleiteten Regelungsbefugnisse auf eine ausdrückliche gesetzliche Grundlage gestellt. Erfasst werden nur vorsätzlich begangene Taten.[4] Zur Erfüllung der Verletzung der geschützten Rechtsgüter kann und muss auf die allgemeinen Auslegungskriterien verwiesen werden.

Bzgl. des Rechtsguts der „Freiheit" ist besonders festzuhalten, dass ein Aussperren aus der Wohnung keine Freiheitsverletzung im Sinne des GewSchG ist, da darunter nur Vorgänge fallen, die dem Betroffenen die Möglichkeit nehmen, einen bestimmten Ort zu verlassen, nicht aber Handlungen, durch welche der Zutritt verhindert wird.[5] Für die Verwirklichung des Tatbestandes der Verletzung der Freiheit im Sinne des § 1 Abs. 1 S. 1 GewSchG ist die Entziehung der körperlichen Bewegungsfreiheit zu fordern, wofür schon kurzzeitige Entziehungen ausreichen können.[6] 3

Die zu treffenden Maßnahmen werden allgemein als „Schutzanordnungen" bezeichnet. Schutzanordnungen sind regelmäßig zu befristen, wobei die Frist verlängert werden kann (§ 1 Abs. 1 Satz 2 GewSchG).

Durch § 1 Abs. 2 GewSchG ist es auch möglich, bei der **widerrechtlichen Drohung** mit Verletzungen der vorgenannten Rechtsgüter und des Lebens sowie bei der Verletzung des Hausrechts und bei anderen dort näher genannten unzumutbaren Belästigungen, insbesondere Nachstellungen („stalking") geeignete Schutzanordnungen zu treffen. Umstritten ist, ob bloße Beschimpfungen, Nötigungen oder ein fahrlässig verursachter Autounfall eine Anordnung der Wohnungsüberlassung zur alleinigen Benutzung rechtfertigen,[7] wobei aber die Voraussetzungen des § 1 Abs. 2 Nr. 1 GewSchG nicht besonders geprüft wurden.[8] Wiederholte Drohungen gegenüber einer Frau und ihren Kindern mit einer Körperverletzung mit Aussagen wie ‚ich knall dir eine' oder ‚ich hau dir eine auf die Schnauze' reichen für die Anwendung des GewSchG jedenfalls aus.[9] Die Wahl der geeigneten Schutzanordnungen ist den Gerichten freigestellt, wobei der Grundsatz der Verhältnismäßigkeit zu beachten ist, da nur die „erforderlichen" Maßnahmen zu treffen sind.[10] 4

Ob der Täter die maßgebliche Tat in einem durch Alkoholisierung oder durch andere Rauschmittel verursachten unzurechnungsfähigen Zustand begangen hat, ist für ein Eingreifen des Gerichts unerheblich (§ 1 Abs. 3 GewSchG), wie es letztlich auch bisher bei einer Herleitung von Unterlassungsansprüchen aus §§ 823, 1004 BGB analog war.[11] Ist die Drohung im Zustand einer geistigen Grunderkrankung ausgesprochen worden, ohne dass der 5

---

[4] *Schumacher* FamRZ 2002, 645 ff., 646.
[5] OLG Köln FamRZ 2003, 1281 f. m. w. N.
[6] OLG Brandenburg FamRZ 2006, 947.
[7] Dies verneinend: OLG Rostock FamRZ 2007, 921 f = NJW-RR 2007, 661.
[8] So zu Recht die ablehnende Anmerkung *Nagel* FamRZ 2007, 922.
[9] OLG Schleswig NZM 2004, 240.
[10] OLG Stuttgart NZM 2004, 239 = NJW-RR 2004, 434 f.
[11] *Schumacher*, Erläuterungen zum Gewaltschutzgesetz, Das Deutsche Bundesrecht II C 26 S. 11.

Täter sich vorübergehend durch geistige Getränke oder durch andere Rauschmittel in einen unzurechnungsfähigen Zustand versetzt hat, sollen keine Maßnahmen nach dem Gewaltschutzgesetz in Betracht kommen.[12] Insofern kommt der Rückgriff auf den Unterlassungsanspruch aus §§ 823, 1004 BGB analog in Betracht, da dies einen Schutz vor Bedrohung auch ohne Vorsatz ermöglicht.[13] Für einstweilige Anordnungen nach den Regelungen des § 1 II Nrn. 1, 2, VI GewSchG ist es unerheblich, welche Ursachen für die Verschlechterung der Beziehungen der zusammen wohnenden Personen und deren Auseinandersetzungen bestehen, auch Verursachungsanteile der verletzten oder bedrohten Person in Form von eigenem Alkoholkonsum sind nicht von Bedeutung.[14]

6   Zur persönlichen Anwendbarkeit wird durch § 3 GewSchG eine Ausnahme für minderjährige Kinder im Verhältnis zu ihren Eltern und zu anderen sorgeberechtigten Personen (wie Vormund oder Pfleger) gemacht, während das GewSchG grundsätzliche für jede Person gilt. In Fällen, bei denen bei erwachsenen Personen gemäß Gewaltschutzgesetz zu verfahren wäre, ist für minderjährige Kinder, wenn sie durch sorgeberechtigte Personen verletzt werden, in diesem Verhältnis die Regelung durch das Familiengericht auf der Grundlage des insoweit vorrangigen § 1666 BGB zu treffen. Wenn das Kind von einem Dritten verletzt wird, ist das GewSchG Regelungsgrundlage, was zu einem zweispurigen Rechtsschutz führt, da § 1666 BGB auch im Verhältnis des Kindes zu Dritten gilt.[15] Werden Eltern oder andere Sorgeberechtigte von dem unter ihrer Sorge stehenden (minderjährigen) Kind verletzt, ist das GewSchG anwendbar.[16]

2. Spezielle Eingriffsvoraussetzungen bei § 2 GewSchG

7   Spezielle Voraussetzung für einen **Anspruch auf Wohnungsüberlassung** ist, dass die verletzte Person mit dem Täter einen **auf Dauer angelegten gemeinsamen Haushaltes** geführt hat, § 2 Abs. 1 GewSchG. Der Begriff des auf Dauer angelegten gemeinsamen Haushalts ist im GewSchG nicht definiert. Daher kann man sinnvoll nur auf die Definition in der Begründung der Mietrechtsreform zurückgreifen, die letztlich die Rechtsprechung in Form des Rechtsentscheids des BGH vom 13. 1. 1993[17] aufgreift. Dieser Begriff ist oben in § 14 dieses Werkes bereits näher erläutert worden.[18] Darauf wird im Wesentlichen verwiesen. Die hauptsächlichen Kriterien sind:
Die zu fordernde **Intensität der Beziehungen** setzt in Fällen, in denen keine Ehe oder eingetragene Partnerschaft besteht, voraus, dass **beide Teile einer Lebensgemeinschaft unverheiratet** sind, daneben **keine weiteren Lebensbeziehungen gleicher Art** bestehen, **innere Bindungen** bestehen, die ein **gegenseitiges Einstehen als Partner füreinander** begründen (also über eine reine Haushalts- und Wirtschaftsgemeinschaft hinausgehen)[19] und die **Gemeinschaft auf Dauer angelegt** war. Indizien für eine nichteheliche Lebensgemeinschaft waren in der Rechtsprechung **ständiges Zusammenwohnen** und ein **Auftreten nach außen wie ein Ehepaar**.[20] Im Regelungszusammenhang des GewSchG kann es auf eine Eheähnlichkeit nicht ankommen. Richtig wird man neben der Ehe, der eingetragenen Partnerschaft, der nichtehelichen Lebensgemeinschaft auch das „dauerhafte Zusammenleben alter Menschen als Alternative zum Alters- oder Pflegeheim, die ihr gegenseitiges Füreinandereinstehen zum Beispiel durch gegenseitige Vollmachten dokumentieren"[21] als ausreichend für die Anwendbarkeit des GewSchG ansehen müssen. Dies gilt auch bei Gewaltschutzsachen zwischen volljährigen Kindern und ihren Eltern, wobei keine überzogenen Anforderungen an den

---

[12] AG Wiesbaden FamRZ 2006, 1145.
[13] *Nagel* in Anm. zu AG Wiesbaden FamRZ 2006, 1145.
[14] OLG Schleswig NZM 2004, 240.
[15] *Schumacher*, Erläuterungen zum Gewaltschutzgesetz, Das Deutsche Bundesrecht II C 26 S. 14.
[16] So auch die Gesetzesbegründung BT-Drucks. 14/5429, S. 32; *Schumacher* FamRZ 2002, 645, 646.
[17] BGHZ 121, 116.
[18] § 14 Rdnr. 26 bis 28.
[19] BVerfG WuM 1993, 240.
[20] LG Berlin GE 1997, 1581.
[21] So in der Begründung zur Mietrechtsreform BR-Drucks. 439/00, S. 92 f.

Nachweis des Zusammenlebens zu stellen sind.²² Im Fall einer bestehenden Ehe ist für die Anwendbarkeit des GewSchG anders als für § 1361b BGB ein Getrenntleben oder beabsichtigtes Getrenntleben keine Vorraussetzung.

Bloße Wirtschaftsgemeinschaften, „reine" Wohngemeinschaften und Untermietverhältnisse fallen durch diese Definitionen aus der Anwendbarkeit des § 2 GewSchG heraus, dort sind nur allgemeine Schutzanordnungen gemäß § 1 GewSchG möglich. Hier scheint eine Regelungslücke zu bestehen, was von allen Autoren, auch der zuständigen Referatsleiterin im BMJ,²³ nicht angesprochen wird.²⁴

Sind die in § 1 Abs. 1 genannten Rechtsgüter bereits verletzt worden, besteht der Anspruch auf Wohnungsüberlassung ohne weitere Voraussetzungen, die Erforderlichkeit der Maßnahme wird dann unterstellt, ohne dass dies im Wortlaut noch näher dargelegt ist. Die Widerrechtlichkeit der Rechtsverletzung und auch die Wiederholungsgefahr werden vermutet. Dem Antragsgegner obliegt es, diese Vermutung zu widerlegen, woran hohe Anforderungen zu stellen sind.²⁵ Liegt eine Drohung im Sinne des § 1 Abs. 2 Satz 1 Nr. 1 vor, so ist weitere Eingriffsvoraussetzung, dass die Wohnungsüberlassung erforderlich ist, um eine unbillige Härte für das Opfer zu vermeiden (§ 2 Abs. 6 Satz 1, 2. Halbs. GewSchG). Es reicht dabei zur Annahme der unbilligen Härte aus, wenn ohne die Wohnungsüberlassung das Wohl von im Haushalt lebenden Kindern beeinträchtigt ist (§ 2 Abs. 6 Satz 2 GewSchG). 8

Im Falle des Hausfriedensbruchs und der Nachstellungen im Sinne des § 1 Abs. 2 Nr. 2 GewSchG kommt dagegen – da diese Fallalternative in § 2 nicht genannt ist – eine Wohnungsüberlassung nicht in Betracht.²⁶

Es ist nicht Voraussetzung des Anspruchs auf Wohnungsüberlassung, dass sich die Tat in der Wohnung ereignet hat,²⁷ auch nicht, dass die verletzte Person zum Zeitpunkt der Geltendmachung dieses Anspruchs mit dem Täter in der bisher gemeinsam genutzten Wohnung lebt, was im Umkehrschluss aus der Ausnahmeregelung des § 2 Abs. 3 Nr. 2 GewSchG hergeleitet wird.²⁸ 9

Wie bei der Anwendung des § 1361b BGB gehören zur Wohnung auch Nebenräume wie Keller, Garage, Sport- und Fitnessräume, sofern diese von den Parteien vor der Trennung genutzt wurden. Solche Räumlichkeiten verlieren ihren Charakter als gemeinsamer Haushalt nicht dadurch, dass ein Ehegatte wegen erheblicher ehelicher Spannungen auszieht.²⁹

3. Regelungsmöglichkeiten und Regelungszweck des § 2 GewSchG

Auch die Schutzanordnung der Wohnungsüberlassung hat als Regelungszweck allein den Schutz vor Gewalttaten, die Bestimmung des § 2 GewSchG dient nicht der Auseinandersetzung der häuslichen Gemeinschaft.³⁰ Die kodifizierte Schutzanordnung ist die Wohnungsüberlassung. 10

a) Befristung der Wohnungsüberlassung. Ist allein die verletzte Person die/der Berechtigte der Wohnung, so sieht das Gesetz keine Befristung vor. Dies ist daraus zu schließen, dass allein in den Fällen, in denen zumindest eine Mitberechtigung des Täters besteht, in § 2 Abs. 2 GewSchG eine Befristung geregelt ist. 11

Bei gemeinsamer Berechtigung ist eine zeitliche Grenze für die Befristung nicht vorgesehen (Satz 1). Dies soll dem Gericht eine den Umständen des Einzelfalls entsprechende Regelung ermöglichen.³¹ Im Falle eines gemeinsam mit dem Täter abgeschlossenen Mietvertrages 12

---

²² AG Hamburg-Barmbek Beschl. v. 12. 6. 2003 – 816 C 162/03 – FamRZ 2004, 473 f zur Zuständigkeit des Familiengerichts.
²³ Hierbei handelt es sich um die Autorin der meisten Stellungnahmen zum GewSchG, Reg.-Dir. Dr. Silvia *Schumacher*.
²⁴ Auch nicht durch *Grziwotz* NJW 2002, 872, 873.
²⁵ OLG Brandenburg FamRZ 2006, 947.
²⁶ *Schumacher* FamRZ 2002, 645, 647.
²⁷ *Schumacher* NZM 2001, 572, 574.
²⁸ *Schumacher*, Erläuterungen zum Gewaltschutzgesetz, Das Deutsche Bundesrecht II C 26 S. 13.
²⁹ Für § 1361b BGB: OLG Jena NJW-RR 2004, 435 ff.
³⁰ *Schumacher*, Erläuterungen zum Gewaltschutzgesetz, Das Deutsche Bundesrecht II C 26 S. 11.
³¹ *Schumacher*, Erläuterungen zum Gewaltschutzgesetz, Das Deutsche Bundesrecht II C 26 S. 12.

besteht nicht die Gefahr, dass der Täter alleine den Mietvertrag kündigt, um dem Opfer die Wohnung zu entziehen. Denn die Kündigung ist in solchen Fällen nur gemeinsam möglich. Eine gemeinsame Kündigung kann von beiden Seiten verlangt werden und ggf. gerichtlich geltend gemacht werden.[32] Ein solches Verlangen ist im normalen Prozesswege geltend zu machen, so dass es nicht zu Eilentscheidungen kommen kann.

13   Ist umgekehrt allein der Täter der Berechtigte der Wohnung (ggf. zusammen mit Dritten), so sieht § 2 Abs. 2 Satz 2 GewSchG eine Befristung der Wohnungsüberlassung auf höchstens sechs Monate vor. Dies Frist kann um höchstens weitere sechs Monate verlängert werden, wenn die verletzte Person in der zunächst bestimmten Frist anderen Wohnraum zu zumutbaren Bedingungen nicht beschaffen konnte (Satz 3). Ein Antrag auf eine derartige Fristverlängerung wird voraussetzen, dass die verletzte Person genau darlegt und ggf. beweist, welche Bemühungen sie unternommen hat und warum es die Gegebenheiten auf dem örtlichen Wohnungsmarkt nicht zuließen, eine Ersatzwohnung zu finden. Eine Fristverlängerung ist aber nicht zu gewähren, wenn überwiegende Belange des Täters oder des mit an der Wohnung berechtigten Dritten entgegenstehen. Für solch überwiegende Belange (genannt wird z. B. eine schwere Erkrankung des Täters)[33] trägt ausweislich der Gesetzesformulierung der Täter oder der Dritte die Darlegungs- und Beweislast.

14   **b) Unterlassungsanordnungen.** Besteht für die Wohnung ein Mietvertrag des Täters, so sieht das Gesetz nicht vor, dass etwa mit dem Gewaltopfer ein Mietvertrag mit dem Vermieter begründet werden könnte. Die Regelung des § 2 Abs. 4 GewSchG bestimmt wie § 1361b III 1 BGB nur, dass der Täter alles zu unterlassen hat, was geeignet ist, die Ausübung des der verletzten Person zugewiesenen Alleinnutzungsrechts an der Wohnung zu erschweren oder zu vereiteln. Gestützt auf diese Vorschrift kann das Gericht in geeigneten Fällen verhindern, dass etwa der Täter, der Allein- oder Mitberechtigter (ob als Eigentümer oder Mieter) der Wohnung ist, die Wohnung kündigt oder veräußert, um so die Wohnungsüberlassung zu vereiteln. Es kann daher eine Untersagung erfolgen, derartige Rechtshandlungen vorzunehmen. Erfolgen sie dennoch, verstoßen sie gegen ein in der gerichtlichen Anordnung bestehendes relatives Verfügungsverbot, sind daher gemäß §§ 135, 136 BGB zugunsten der geschützten Person relativ unwirksam. Wer einen Antragsteller im Verfahren laut GewSchG vertritt, wird in Fällen, in denen die verletzte Person nicht Mitmieter oder Miteigentümer ist, auf eine entsprechende Antragsergänzung und darauf bezogenen Sachvortrag achten müssen.

15   **c) Beachtung des Grundsatzes der Verhältnismäßigkeit.** Stets ist mit allen Anordnungen der Grundsatz der Verhältnismäßigkeit zu beachten. Dieser Grundsatz kann verletzt sein, wenn bei parallelen Anordnungen zu § 1361b BGB neben einem Betretensverbot bzgl. des Hausanwesens, in dem die Wohnung liegt, gestützt auf das GewSchG ein zusätzliches Verbot, sich der verletzten Person auf weniger als 100 m zu nähern und sich in weniger als 100 m Umkreis des Grundstücks aufzuhalten, ausgesprochen wird.[34]

4. Ausschluss des Anspruchs auf Wohnungszuweisung, § 2 Abs. 3 GewSchG

16   **a) Auswirkung der Wiederholungsgefahr.** Besteht keine Wiederholungsgefahr, so ist eine Wohnungszuweisung ausgeschlossen. Damit werden die allgemeinen Grundsätze des Rechts der Unterlassungsansprüche kodifiziert. Die Formulierung stellt klar, dass die Darlegungs- und ggf. Beweislast dafür, dass eine Wiederholungsgefahr nicht gegeben ist, beim Täter liegt.[35] Ist aber wegen der **Schwere der Tat** der verletzten Person ein weiteres Zusammenleben mit dem Täter nicht zuzumuten, kommt es auf einen Wegfall der Wiederholungsgefahr

---

[32] Siehe § 13 Rdnr. 125/126 dieses Werkes.
[33] *Schumacher,* Erläuterungen zum Gewaltschutzgesetz, Das Deutsche Bundesrecht II C 26 S. 12.
[34] OLG Stuttgart NZM 2004, 239 = NJW-RR 2004, 434 f. = FamRZ 2004, 876; zur sog. Bannmeile: *Johannsen/Henrich/Brudermüller* § 1361b BGB Rdnr. 58 und auch OLG Köln FamRZ 2003, 319.
[35] *Schumacher,* Erläuterungen zum Gewaltschutzgesetz, Das Deutsche Bundesrecht II C 26 S. 12 unten unter Verweis auf die Gesetzesbegründung BT-Drucks. 14/5429, S. 31.

nicht an (Nr. 1. 2. Halbs.). In Betracht zu ziehen sind dabei Fälle der schweren Körperverletzung oder Fälle von Vergewaltigung oder Totschlagsversuch.[36]

Eine entsprechende Regelung enthält § 1361b BGB nicht. Durch den Wechsel von der „schweren Härte" zur „unbilligen Härte", neu gefasst mit Wirkung vom 1. 1. 2002 durch Art. 2 des Gesetzes zum zivilrechtlichen Schutz vor Gewalt und Nachstellungen (GewSchG), wollte der Gesetzgeber in § 1361b BGB zwar die Effektivierung des Schutzes vor häuslicher Gewalt und die modifizierte Zielrichtung des Gesetzes verdeutlichen und die Schwelle für die Anwendung der Norm gegenüber der strengen Rechtsprechung deutlich herabsetzen. Es kann daher jede Gewaltform als Tatbestand in Betracht kommen. Hiernach liegt eine die Allein- oder Teilzuweisung einer Ehewohnung während der Dauer des Getrenntlebens rechtfertigende Härte dann vor, wenn der hinauszuweisende Ehegatte in grob rücksichtsloser Weise durch erhebliche Belästigungen das Wohnen für den anderen Ehegatten nahezu unerträglich macht.[37] Zumindest dann, wenn Gewaltanwendung oder Gewaltdrohung vorangegangen sind, sind die Voraussetzungen der unbilligen Härte zu bejahen, wobei in die Gesamtabwägung auch das Wohl gemeinsamer Kinder einzubeziehen ist.[38] Selbst ohne Nachweis von Gewaltanwendung kommt bei § 1361b Abs. 1 BGB eine Wohnungszuweisung zur Alleinnutzung in Betracht, wenn dies aus Gründen des Kindeswohls geboten ist.[39] Eine einmalige tätliche Entgleisung soll jedoch nur dann eine unbillige Härte im Sinne des § 1361b BGB bedeuten, wenn Anhaltspunkte vorliegen, dass sich Vergleichbares wiederholen kann.[40] Bei Vorliegen von Gewalt ist von einer unbilligen Härte im Rechtssinne auszugehen, die die Zuweisung der Ehewohnung an den anderen Ehegatten rechtfertigt, wobei jedenfalls das Angebot, eine auch strafbewehrte außergerichtliche Unterlassungserklärung abzugeben, die Wiederholungsgefahr nicht ausschließt.[41] Die im Detail unterschiedlichen Regelungen können es daher sinnvoll machen, neben einem Antrag gemäß § 1361b BGB auch einen Antrag gemäß GewSchG zu stellen, wenn die auslösende Tat einen besonderen Schweregrad hatte, wobei es von den Umständen des Einzelfalles abhängt, ob neben Maßnahmen aus § 1361b BGB auch die Voraussetzungen für Maßnahmen aus § 1 Abs. 1 S. 3 GewSchG in Betracht kommen.[42]

b) Zeitablauf. Vergeht eine Zeit von drei Monaten nach der Tat, ohne dass die verletzte Person vom Täter die Überlassung der Wohnung vom Täter schriftlich verlangt hat, ist der Anspruch auf Wohnungsüberlassung durch § 2 Abs. 3 Nr. 2 GewSchG ausgeschlossen. Der Gesetzeswortlaut enthält keine Regelung der Frage, ob es auf den Zugang des Verlangens oder auf dessen Herausgabe ankommt. Anhand allgemeiner Grundsätze wird man den Zugang verlangen müssen, da das Gesetz keine Regelung wie etwa § 355 Abs. 1 Satz 2, 2. Halbsatz BGB zu Verbrauchervergütungen enthält, dass die Absendung genügt. Für die Fristberechnung ist nur auf dieses schriftliche Verlangen abzustellen, nicht etwa auf die gerichtliche Geltendmachung. Erfolgt aber der Antrag bei Gericht nach dem erfolglosen schriftlichen Verlangen nicht zügig, kommt eine Verwirkung des Antragsrechts in Betracht. Wo die zeitliche Grenze zu ziehen ist, ist bisher nicht Gegenstand veröffentlichter gerichtlicher Entscheidungen gewesen. In Betracht kommt, etwa auf den doppelten Zeitraum der Drei-Monats Frist abzustellen, was auch der normalen Höchstfrist der Wohnungszuweisung in Fällen ohne Mitberechtigung der verletzten Person an der Wohnung entspricht.

c) Entgegenstehende Belange des Täters. Letztlich ist der Anspruch auf Wohnungsüberlassung in solchen Fällen ausgeschlossen, in denen besonders schwerwiegende Belange des Täters einer solchen Anordnung entgegenstehen (§ 2 Abs. 3 Nr. 3 GewSchG). Als solche Fälle

---

[36] *Schumacher*, Erläuterungen zum Gewaltschutzgesetz, Das Deutsche Bundesrecht II C 26 S. 12 unten unter Verweis auf die Gesetzesbegründung BT-Drucks. 14/5429, S. 31.
[37] Hierzu OLG Köln FamRZ 2001, 761.
[38] OLG Stuttgart FamRZ 2004, 876.
[39] OLG Celle FamRZ 2006, 1143.
[40] OLG Jena NJW-RR 2004, 435 ff. unter weitere Berufung auf KG FamRZ 1991, 1190, 1191; OLG München FamRZ 1999, 1270.
[41] OLG Stuttgart FamRZ 2007, 829 f.
[42] OLG Stuttgart FamRZ 2004, 876.

werden genannt eine Behinderung oder eine schwere Erkrankung, die dazu führen, dass der Täter auf die gemeinsam genutzte Wohnung angewiesen ist,[43] dies könnte bei einem aufwändigen behindertengerechten Umbau gemäß den Erfordernissen des Täters in Betracht kommen. Dabei sollen durch die im Gesetz verwandte Formulierung „soweit" flexible Lösungen ermöglicht sein.[44] Es wird aber darauf ankommen, ob der Einzelfall und die in ihm zu treffende Risikoabwägung solche Lösungen erlaubt.

5. Anspruch auf Nutzungsvergütung, § 2 Abs. 5 GewSchG

19   Wenn dies der Billigkeit entspricht, kann der Täter von der verletzen Person eine Vergütung für die Nutzung verlangen. Dies wird regelmäßig der Fall sein, wenn der Täter entweder auf Grund eines Mietvertrages oder durch dingliche Berechtigung eine Nutzungsbefugnis an der Wohnung hat.[45] Durch die Möglichkeit, eine Billigkeitsentscheidung zu treffen, hat das Gericht die Möglichkeit, nicht nur eine volle Nutzungsentschädigung anzuordnen, sondern kann z. B. anordnen, dass nur ein Teil der Miete oder des Nutzungswertes zu vergüten ist, weil die Wohnung noch Lagerfunktion für bestimmte Sachen des Täters hat, zu denen er – ggf. unter näher zu regelnden Voraussetzungen wie der Anwesenheit verlässlicher Dritter – noch Zugriff hat, z. B. zum Abholen von Kleidung, Austausch von Winterkleidung gegen Sommerkleidung. Dem Gericht sind hier für sinnvolle Gestaltungen weite Ermessensspielräume eingeräumt. Dies schließt ein, auf die Anordnung einer Zahlung einer Nutzungsvergütung zu verzichten, weil ansonsten der der Wohnung verwiesene Antragsgegner erhöhten Ehegattentrennungsunterhalt zahlen müsste.[46]

6. Einfluss auf bestehende Mietverträge

20   Hierzu enthält das GewSchG keine ausdrücklichen Bestimmungen. Aus dem Umstand, dass auch die geänderten Verfahrensvorschriften des § 64b FGG keine Anwendbarkeit des § 7 HausrVO, der im „normalen" Verfahren über die Ehewohnung die zwingende Beteiligung des Vermieters vorsieht, bestimmen, ist abzuleiten, dass der Vermieter in Verfahren gemäß dem GewSchG nicht zu beteiligen ist.

Kommt es zu Verfügungsverboten gemäß § 2 Abs. 4 GewSchG, sollte die Vertretung der Antragstellerseite dafür Sorge tragen, dass eine Anordnung, die die Kündigung der Wohnung untersagt, dem Vermieter nachweislich zugeht.

Der Regelungsinhalt des GewSchG besteht nicht darin, Rechtsverhältnisse zum Vermieter zu regeln. Daher bleiben die Parteistellungen eines Mietvertrages über die betroffene Wohnung unberührt. Auch der Alleinmieter, der die Wohnung der verletzten Person zur Alleinnutzung überlassen muss, ist weiter dem Vermieter zur Mietzahlung verpflichtet. Wegen des Rechts des Mieters, von der verletzten Person gemäß § 2 Abs. 5 GewSchG eine Nutzungsvergütung zu verlangen, muss der Täter keine zwei Wohnungen finanzieren. Der überlassungspflichtige Mieter muss auch Nebenpflichten aus dem Mietvertrag erfüllen, etwa Reinigungs- und Streupflichten, da er diese nicht höchstpersönlich erfüllen muss, sondern im Falle eines gerichtlichen Hausverbotes aus § 1 GewSchG dritte Personen mit der von ihm geschuldeten Leistung beauftragen kann.[47]

21   Das Recht des Vermieters, das Mietverhältnis zu kündigen, bleibt unberührt. So kann er wegen Eigenbedarfs, aber auch wegen Zahlungsverzuges kündigen.[48] Der zur Wohnungsüberlassung verpflichtete Täter kann damit die Vermieterkündigung durch Nichtzahlung der Miete provozieren. Ob dagegen die Anordnungsmöglichkeiten des § 2 Abs. 4 GewSchG ausreichende Abhilfe bieten können, erscheint zweifelhaft, da dort nur ein Unterlassen angeordnet werden kann, aber nicht eine Handlung wie die Mietzahlung. Ggf. kommt in solchen Fällen in Betracht, dass die nutzungsberechtigte Person für den Täter die Miete noch

---

[43] *Schumacher*, Erläuterungen zum Gewaltschutzgesetz, Das Deutsche Bundesrecht II C 26 S. 13.
[44] *Schumacher*, Erläuterungen zum Gewaltschutzgesetz, Das Deutsche Bundesrecht II C 26 S. 13.
[45] *Schumacher*, Erläuterungen zum Gewaltschutzgesetz, Das Deutsche Bundesrecht II C 26 S. 13.
[46] OLG Stuttgart FamRZ 2004, 876.
[47] *Schumacher* NZM 2001, 572, 576.
[48] *Schumacher* FamRZ 2002, 645, 653.

innerhalb der Schonfrist des § 569 Abs. 3 Nr. 2 BGB an den Vermieter zahlt, ggf. mit Hilfe öffentlicher Stellen (Sozialamt), was zur Unwirksamkeit der Vermieterkündigung führt.

7. Weitere Auswirkungen der Verabschiedung des GewSchG

Die Regelungen des GewSchG sollen die strafrechtlichen Erwägungen beeinflussen können, welche anderweitigen Abhilfemöglichkeiten gegenüber drohenden Gewalttätigkeiten bestehen, wenn sich Familienangehörige angesichts einer angenommenen aussichtslosen Lage entschließen, einen Familientyrannen zu töten.[49] 22

Im Zuge der Verabschiedung des GewSchG sind die Polizeigesetze der Länder teilweise durch spezialgesetzliche Eingriffsermächtigungen angepasst worden, um im Vorfeld zivilgerichtlicher Entscheidungen einen unmittelbaren Schutz verletzter Personen durch die Polizei zu gewährleisten. So enthält z. B. § 34a NWPolG die Möglichkeit der Wohnungsverweisung und des Rückkehrverbotes,[50] hierauf gestützte Maßnahmen haben die Billigung des OVG Münster[51] und des BVerfG erfahren.[52] Eine ähnliche Regelung enthält der eingefügte § 12a Abs. 2 HambSOG.[53] Die Bundesländer haben höchst unterschiedlich reagiert und benutzen teilweise die polizeirechtliche Generalklausel als Eingriffsermächtigung.[54] 23

Eine auf der Grundlage des § 34a NWPolG getroffene Wohnungsverweisung mit Rückkehrverbot unterliegt nicht der Disposition der verletzten Person, jedenfalls dann nicht, wenn nicht zweifelsfrei festgestellt werden kann, dass ein Wunsch der verletzten Person, der Täter möge zurückkehren, tatsächlich auf einer unbeeinflussten und freien Willensentscheidung beruht.[55]

Die Beschränkung oder der Wegfall von Unterhaltsverpflichtungen können im Sinne des § 1579 Ziff. 2 BGB auch darauf gestützt werden, dass Straftaten im Sinne des § 4 GewSchG erfolgten.[56]

III. Zuständigkeit, Verfahren und Vollstreckung

1. Zuständigkeit

Die **Zuständigkeit für Anträge aus dem GewSchG** ist dahin geklärt worden, dass in Fällen, in denen die verletzte Person und der Täter einen auf Dauer angelegten gemeinsamen Haushalt führen oder innerhalb von sechs Monaten vor Antragstellung einen solchen Haushalt geführt haben, das **Familiengericht** zuständig ist (§ 23a Nr. 7, § 23b Abs. 1 Nr. 8a GVG). Es war zunächst umstritten, ob diese Regelung über ihren Wortlaut hinaus auch bei einer über sechs Monate hinaus andauernden Trennung von Eheleuten anwendbar ist.[57] Nach Ablauf der Sechs-Monats Frist ist jedoch das allgemeine Zivilgericht (mit Zuständigkeit des Amtsgerichts oder des Landgerichts je nach Streitwert) zuständig, worin auch kein Redaktionsversehen des Gesetzgebers zu sehen ist.[58] 24

Die **Polizei** darf bei häuslicher Gewalt zum Schutz des Opfers nur kurzfristig einen Wohnungsverweis gegenüber dem Täter aussprechen, bis das Opfer Gelegenheit hat, Maßnahmen nach dem Gewaltschutzgesetz beim Amtsgericht zu beantragen.[59]

---

[49] BGH NJW 2003, 2465.
[50] Dazu im Einzelnen: *Kay* a. a. O.
[51] OVG Münster NJW 2002, 2195 f.
[52] BVerfG NJW 2002, 2225.
[53] *Hermann*, Die Umsetzung des „Gewaltschutzgesetzes" in das Landespolizeirecht, NJW 2002, 3062 ff.
[54] Überblick mit Stand 1. 11. 2002 *Naucke-Lömker* NJW 2002, 3525.
[55] VG Aachen NJW 2004, 1888.
[56] OLG Bamberg FamRZ 2007, 1465.
[57] Dafür AG Biedenkopf FamRZ 2003, 546 f.
[58] OLG Hamm FamRZ 2004, 38 f.; FamRZ 2006, 1767 f.; OLG Rostock FamRZ 2007, 742; OLG Nürnberg FÜR 2003, 378; zu den Problemen der Zuständigkeitsaufspaltung: *Löhnig* a. a. O. 521.
[59] VG Karlsruhe Beschl. v. 16. 8. 2007 – 6 K 2446/07 – becklink 239 602 = Beck RS 2007 26339.

2. Verfahren

25 Für dieses **Verfahren**, auf welches laut § 621a Abs. 1 Satz 1 ZPO die Bestimmungen des FGG anzuwenden sind, sind in § 64b FGG ergänzende Bestimmungen getroffen worden, die dem Gesetzestext zu entnehmen sind. Bedeutsam ist insoweit insbesondere, dass zwar Entscheidungen erst mit ihrer Rechtskraft wirksam werden (§ 64b Abs. 2 Satz 1 FGG), das Gericht jedoch die sofortige Wirksamkeit und die Zulässigkeit der Vollstreckung vor der Zustellung an den Antragsgegner anordnen kann (§ 64b Abs. 2 Satz 2 FGG). Darüber hinaus sind einstweilige Anordnungen möglich, mit denen vorläufige Regelungen durch das Familiengericht erlassen werden können, deren Vollziehung vor der Zustellung an den Antragsgegner angeordnet werden kann (§ 64b Abs. 3 FGG). Weitere Besonderheit ist, dass der Antragsteller verlangen kann, dass die Zustellung einer solchen einstweiligen Anordnung nicht vor der Vollziehung erfolgen darf. Dies führt dazu, dass der Antragsgegner faktisch erst im Moment der Vollziehung von der Existenz einer solchen einstweiligen Anordnung erfährt und daher Rechtsmittel stets erst im Nachhinein und nach erfolgter Vollziehung einlegen kann.

Zulässigkeitsvoraussetzung für ein einstweiliges Anordnungsverfahren ist, dass ein Hauptsacheverfahren im Sinne des § 1 GewSchG anhängig ist oder gleichzeitig mit dem einstw. AO-Antrag anhängig gemacht bzw. ein PKH-Antrag hierfür eingereicht wird. Daher kann nicht für ein AO-Verfahren die Erfolgsaussicht im Rahmen der PKH-Bewilligung bejaht und gleichzeitig für das Hauptsacheverfahren verneint werden, vielmehr ist dann PKH auch für das Hauptsacheverfahren zu bewilligen.[60]

Ist eine Unterlassungspflicht in einem (gerichtlichen) Vergleich bereits mit Vertragsstrafeversprechen geregelt, besteht kein **Rechtsschutzinteresse** für eine inhaltlich identische Unterlassungsanordnung nach dem Gewaltschutzgesetz.[61]

3. Geschäftswert

26 Zum **Geschäftswert** gilt, dass für das Hauptsacheverfahren gemäß GewSchG regelmäßig € 3.000,- anzusetzen sind (§§ 8 Abs. 1 Satz 1 BRAGO, 100a Abs. 2, 30 Abs. 2 KostO), wobei dann, wenn sowohl Anträge aus § 1 als auch aus § 2 GewSchG gestellt werden, dieser Regelstreitwert für jeden der Anträge festzusetzen ist.[62] Für einstweilige Anordnungen, soweit es um die Überlassung der Wohnung geht, ist gemäß §§ 64b Abs. 3 FGG, 24 Abs. 2 S. 2 RVG und 53 Abs. 2 S. 2 GKG gesondert ein Regelwert von € 2.000,- anzusetzen, während für die Schutzanordnung aus § 1 GewSchG im einstweiligen Anordnungs-Verfahren der Regelwert von € 500,- aus §§ 621g ZPO, 64b Abs. 2 FGG i. V. mit § 24 FGG anzusetzen ist.[63] Auch der Streitwert für ein einstweiliges Verfügungsverfahren wegen Verstoßes gegen § 1 GewaltschutzG beträgt € 500,-.[64] Der erste Antrag auf Erlass einer Gewaltschutzmaßnahme und der Antrag auf Verlängerung der Befristung sind unabhängige und jeweils gesonderte Vergütungen auslösende Tatbestände.[65]

4. Vollstreckung

27 Für die **Vollstreckung** ordnet § 64b FGG die Anwendbarkeit der Vorschriften der ZPO an, insbesondere der §§ 885, 890, 891 und 892a ZPO. Durch § 892a ZPO ist jetzt auch die Anwendung unmittelbaren Zwangs durch den Gerichtsvollzieher zulässig, um Anordnungen durchzusetzen, der hierzu die Vollzugshilfe der Polizei hinzuziehen kann. § 885 ZPO ermöglicht eine mehrfache Vollziehung während der Geltungsdauer einer einstweiligen Anord-

---

[60] OLG Thüringen FamRZ 2007, 1337f.
[61] LG Kassel FamRZ 2006, 215; FamRZ 2006, 1144 (mit im Detail anderer Gewichtung als OLG Stuttgart FamRZ 2007, 829f. für Angebot außergerichtlicher strafbewehrter Unterlassungserklärung).
[62] OLG Dresden FamRZ 2006, 803.
[63] OLG Dresden FamRZ 2006, 803; OLG Karlsruhe FamRZ 2004, 895f., das für ein Abweichen vom Regelwert nach oben keinen Anlass sah.
[64] OLG Saarbrücken BeckRS 2007 13855.
[65] OLG Frankfurt M. FamRZ 2007, 849f.

nung, die (erste) Räumung verbraucht den Titel also nicht.⁶⁶ Zu beachten ist schon bei der Antragstellung, dass die Zwangsvollstreckung wegen Telefonanrufen nach dem Gewaltschutzgesetz nur zulässig ist, wenn der Vollstreckungstitel diese konkret (durch ein Verbot, unter Verwendung von Fernkommunikationsmitteln Verbindung zu der Gläubigerin aufzunehmen, wie es nach § 1 Abs. 1 Satz 3 Nr. 4, Abs. 2 Satz 1 Nr. 2 lit. b Alt. 2 GewSchG als besondere Anordnung möglich ist) verbietet. Ein allgemeines Belästigungsverbot ist nicht ausreichend.⁶⁷

Auch bei einstweiligen Anordnungen ist für die Verhängung eines Ordnungsgeldes bei Zuwiderhandlungen gegen ein Unterlassungsgebot nach dem Gewaltschutzgesetz deshalb, weil das Ordnungsgeld wegen seines Strafcharakters stark in die Rechte des Schuldners eingreift, der Vollbeweis für die schuldhafte Zuwiderhandlung zu erbringen, eine Glaubhaftmachung reicht hier nicht.⁶⁸ Eine Untersagungsanordnung muss gemäß § 64c Abs. 4 FGG i. V. m. § 890 ZPO (mit der Möglichkeit der Anordnung von Ordnungshaft) vollstreckt werden, wobei vor einer Entscheidung die Gewährung rechtlichen Gehörs unerlässlich ist.⁶⁹

Im Zwangsvollstreckungsverfahren wegen Verstoßes gegen Anordnungen nach dem GewSchG kommt die **Beiordnung eines Rechtsanwalts** in Betracht und muss angesichts der tatsächlichen und rechtlichen Schwierigkeiten bei nahezu jedem Vollstreckungsvorgang als die Regel angesehen werden.⁷⁰

5. Titelverbrauch und Titelherausgabe

Wohnen im Falle der **Versöhnung** nach Anordnung einer Maßnahme nach dem Gewaltschutzgesetz die Parteien wieder zusammen, so muss der Antragsteller den Titel herausgeben und darf ihn nicht „auf Vorrat" für den Fall behalten, dass er noch einmal beabsichtigen sollte, gegen den Antragsgegner (aus neuen Gründen) zu vollstrecken.⁷¹ Der Antragsteller muss vielmehr bei „neuen" Gründen einen neuen Antrag stellen. Bei **Antragsrücknahme** nach einem strafbewehrten Verbot, das gemäß GewSchG ergangen ist, ist zwar das Verfahren beendet, es ist dennoch ein klarstellender Beschluss über die Folgen der Antragsrücknahme zu fassen und dann auch der Polizei mitzuteilen, da ansonsten für den Antragsgegner die Gefahr einer unberechtigten Strafverfolgung bestehen kann.⁷²

6. Strafbarkeit gemäß § 4 GewSchG

Die wirksame Zustellung einer im Beschlusswege ergangenen einstweiligen Verfügung ist Voraussetzung für die Strafbarkeit nach § 4 GewSchG, wobei die Zustellung gemäß § 936 i. V. mit § 922 II ZPO im Parteibetrieb zu erfolgen hat.⁷³ Eine gerichtliche Anordnung gemäß § 1 GewSchG bildet auch dann eine ausreichende rechtliche Grundlage für die Strafverfolgung nach § 4 GewSchG, wenn sie fehlerhaft, aber nicht nichtig ist. Das Strafgericht hat im Rahmen der Strafverfolgung gemäß § 4 GewSchG alle Voraussetzungen für die Anordnung ohne Bindung an das Vorverfahren selbst zu prüfen, wobei es dann, wenn der Anordnung fehlerhaft eine Fristbestimmung fehlt, selbst zu entscheiden hat, ob der Verstoß gegen die Anordnung innerhalb einer dem Grundsatz der Verhältnismäßigkeit entsprechenden Frist begangen wurde.⁷⁴

---

⁶⁶ *Schumacher* WuM 2002, 420, 424.
⁶⁷ OLG Karlsruhe NJW 2008, 450.
⁶⁸ KG FPR 2004 Heft 5 267.
⁶⁹ OLG Bremen FamRZ 2007, 1033.
⁷⁰ OLG Brandenburg FamRZ 2007, 57.
⁷¹ KG FamRZ 2006, 49 f.
⁷² AG Neustadt FamRZ 2004, 1392.
⁷³ BGH NJW 2007, 1605.
⁷⁴ OLG Celle NJW 2007, 1606 f.

§ 37 Versicherungsrechtliche Fragen

Übersicht

	Rdnr.
I. Versicherungen des Vermieters	1–12
1. Wohngebäudeversicherung	3–11
a) Rechtsgrundlagen	3
b) Versicherte Sachen, § 1 VGB	4–6
c) Versicherte Gefahren, § 4 VGB	7
d) Entschädigungsleistungen	8/9
e) Wiederherstellungsklausel	10
f) Grob fahrlässige oder vorsätzliche Herbeiführung des Versicherungsfalls	11
2. Gebäudehaftpflichtversicherung	12
II. Hausratversicherung des Mieters	13–22
1. Rechtsgrundlage	14
2. Versicherte Sachen	15–17
3. Versicherte Gefahren	18
4. Versicherte Kosten	19
5. Versicherungswert	20
6. Nicht versicherte Schäden	21
7. Klauseln	22
III. Schutzbereich der Versicherungsverträge	23–25

Schrifttum: *Beckmann/Matusche-Beckmann*, (Hrsg.), Versicherungsrechts-Handbuch, 2. Aufl. 2009; *Terbille* (Hrsg.), Münchener Anwaltshandbuch Versicherungsrecht, 2. Aufl. 2008.

I. Versicherungen der Vermieters

In aller Regel unterhalten sowohl der Vermieter als auch der Mieter **Versicherungen** für das Wohngebäude bzw. für die Mietwohnung, um bei unvorhergesehenen Schadenfällen finanziell abgesichert zu sein, wobei der Vermieter die Kosten der Sach- und Haftpflichtversicherungen nach Nr. 13 der Anlage 3 zu § 27 II. BV auf den Mieter **umlegen** kann, soweit das Gebot der Wirtschaftlichkeit beachtet ist [zur Umlagefähigkeit im Einzelnen siehe § 11 III. 6. und § 36 III].

1 Die **wichtigsten** Versicherungen für den Vermieter sind:
- Wohngebäudeversicherung,
- Gebäudehaftpflichtversicherung,
- Rechtsschutzversicherung (siehe hierzu im Einzelnen § 2).

2 Daneben gibt es eine Reihe von **Spezial- bzw. Zusatzversicherungen,** unter anderem:
- Glasversicherung,
- Versicherung für Schäden an elektrotechnischen oder elektronischen Anlagen,
- Reparaturversicherung,
- Vandalismusschadenversicherung,
- Gewässerschadenversicherung,
- Versicherung der Gemeinschaftsantenne,
- Schwamm- und Hausbockversicherung,
- Starkstromleitungversicherung.

> **Praxistipp für den Vermieter:**
> Der Vermieter sollte auf jeden Fall die Wohngebäude- und die Gebäudehaftpflichtversicherung abgeschlossen haben. Eine Gewässerschadenhaftpflichtversicherung empfiehlt sich, wenn das vermietete Gebäude mit einer Ölheizung ausgestattet ist. Die Rechtsschutzversicherung ist zwar ebenfalls empfehlenswert, aber teuer. Hier muss der Vermieter im Einzelfall abwägen, ob der nicht umlagefähige Prämienaufwand lohnt.

1. Wohngebäudeversicherung

a) Rechtsgrundlagen. §§ 74–99 VVG, Allgemeine Wohngebäude-Versicherungsbedingungen (VGB 88). Bei älteren Versicherungsverträgen ist es möglich, dass diesen noch die VGB 62 zugrunde liegen.

b) Versicherte Sachen, § 1 VGB. Versichert sind die in dem Versicherungsvertrag bezeichneten Gebäude und Zubehör, das der Instandhaltung des Gebäudes oder dessen Nutzung zu Wohnzwecken dient, soweit es sich in dem Gebäude befindet oder außen an dem Gebäude angebracht sind.

Weiteres Zubehör und sonstige Grundstücksbestandteile können nur durch besondere Vereinbarung – in der Regel gegen Prämienaufschlag – mitversichert werden, § 1 Abs. 3 VGB.

Versicherte Gebäudebestandteile sind:
- Heizungsanlagen,
- Anlagen der Warmwasserversorgung,
- Elektroinstallation,
- Einbaumöbel, wenn sie mit dem Gebäude fest verbunden sind und eine wesentliche Wertsteigerung für das Gebäude darstellen,
- sanitäre Einrichtungen,
- Schwimmbad und Sauna,
- mit dem Gebäude fest verbundene Bodenbeläge (Parkett, Fliesen und Teppichböden, soweit diese fest verlegt sind),
- Anstriche und Tapeten,
- Balkone,
- Antennen.

Grenzfälle:
- Ableitungsrohre der Wasserversorgung, die unterhalb des Kellerbodens zwischen den Fundamenten verlaufen, befinden sich „innerhalb des Gebäudes".[1]
- Eine Terrasse, die unmittelbar neben dem versicherten Gebäude angelegt ist, kann nicht als Gebäudebestandteil angesehen werden.[2]
- Schäden durch Wasser aus Regenfallrohren sind keine versicherte Wasserschäden, weil das Regenfallrohr nicht der Wasserversorgung dient.[3]

Nicht versichert sind in das Gebäude eingefügte Sachen, die ein Mieter auf seine Kosten beschafft oder übernommen hat und für die er die Gefahr trägt. Die Versicherung dieser Sachen kann aber vereinbart werden, § 1 Abs. 4 VGB.

c) Versicherte Gefahren, § 4 VGB. Folgende Gefahren sind durch die Wohngebäudeversicherung abgedeckt:
- Brand; Blitzschlag; Explosion (Definition § 5 VGB),
- Leitungswasserschäden (Definition § 6 VGB),
- Rohrbruch- und Frostschäden (Definition § 7 VGB),
- Sturm- und Hagelschäden (Definition § 8 VGB).

d) Entschädigungsleistungen. In der Regel ist der Versicherungswert der ortsübliche **Neubauwert**, § 13 VGB. Abweichend vom Neubauwert können auch der Neuwert, der Zeitwert oder der gemeine Wert vereinbart werden, § 14 VGB.

Praxistipp für den Vermieter:

Bei Abschluss einer Wohngebäudeversicherung sollte die Berechnung des Versicherungswertes vom Versicherer vorgenommen werden, der für unzutreffende Berechnungen einzustehen hätte.

---

[1] BGH NJW-RR 1998, 1034; OLG Nürnberg r+s 1998, 163; OLG Frankfurt ZfS 1998, 109.
[2] LG Köln r+s 1999, 425.
[3] OLG Frankfurt VersR 2000, 723.

9   Weitere Entschädigungsleistungen sind:
- Aufräum- und Abbruchkosten, § 2 Nr. 1 a VGB.
- Bewegungs- oder Schutzkosten, § 2 Nr. 1 b VGB. Dies sind Kosten, die dadurch entstehen, dass zum Zweck der Wiederherstellung oder Wiederbeschaffung von versicherten Sachen andere Sachen bewegt, verändert oder geschützt werden müssen.
- Schadenabwendungs- oder Schadenminderungskosten, § 2 Nr. 1 c VGB.
- Mietausfall, § 3 VGB.

Bei vermieteten Räumen wird auf den Versicherungsfall zurückzuführender Mietausfall oder Mietminderung für maximal 12 Monate (VGB 62: 6 Monate) ersetzt. Bewohnt der Versicherungsnehmer das Gebäude selbst, wird der ortsübliche Mietwert ersetzt, ebenfalls für maximal 12 Monate. Bei gewerblich genutzten Räumen ist der Mietausfall nur gegen besondere Vereinbarung versichert.
- Wenn versicherte Sachen infolge des versicherten Schadenereignisses **abhanden** kommen, wird auch hierfür Entschädigung geleistet, § 4 Nr. 1 VGB.

10   e) **Wiederherstellungsklausel.** Den Neuwert bekommt der Versicherungsnehmer nur dann ersetzt, wenn er innerhalb von 3 Jahren nach dem Eintritt des Versicherungsfalles die versicherte Sache wiederherstellt oder wiederbeschafft bzw. er die Wiederherstellung oder Wiederbeschaffung bis dahin sichergestellt hat, § 15 Nr. 4 VGB.

11   f) **Grob fahrlässige oder vorsätzliche Herbeiführung des Versicherungsfalles.** Wie § 103 VVG nunmehr bestimmt, ist der Versicherer von der Verpflichtung zur Leistung frei, wenn der Versicherungsnehmer den Versicherungsfall vorsätzlich und widerrechtlich herbeiführt. Bei grob fahrlässiger Herbeiführung ist das „Alles-oder-Nichts-Prinzip" des alten Versicherungsvertragsgesetzes in der Neufassung des VVG vom 23. November 2007 aufgegeben worden. Im Falle grober Fahrlässigkeit kommt es daher nur zu einem Recht des Versicherers auf Leistungskürzung. Die Problematik der Abgrenzung zwischen grober und nur normaler Fahrlässigkeit bleibt freilich bestehen. Insbesondere zu den versicherten Gefahren Leistungswasserschaden und Feuerschaden existiert zur Frage der **groben Fahrlässigkeit** umfangreiche Kasuistik. **Grobe Fahrlässigkeit** wurde **bejaht:**
- Unbewachter Betrieb einer Wasch- oder Geschirrspülmaschine,[4]
- unterlassenes Entleeren einer Wasserleitung während längerem Leerstand oder einer Frostperiode,[5]
- Rauchen im Bett,[6]
- sonstiger unachtsamer Umgang mit Zigaretten,[7]
- unachtsamer Umgang mit Kerzen.[8]

2. Gebäudehaftpflichtversicherung

12   In der Gebäudehaftpflichtversicherung wird die gesetzliche Haftung als Eigentümer oder Besitzer des im Versicherungsschein beschriebenen Hauses oder Grundstückes nach den Vorschriften der §§ 836 bis 838 BGB und bei schuldhafter Verkehrssicherungsverletzung versichert. Es handelt sich um einen einzelnen Versicherungszweig der Allgemeinen Haftpflichtversicherung. Von der Versicherungswirtschaft werden für den Eigentümer bzw. Vermieter entsprechende Verträge bereitgehalten.

Typischer Haftungsfall ist das Ablösen bzw. Herabfallen von Gebäudeteilen wie Steinen, Dachziegeln, Verkleidung etc. Die Gebäudehaftung umfasst aber auch den Fall, dass eine Person z.B. durch Einbrechen eines nicht genügend gesicherten Fußbodens zu Schaden kommt.[9]

---

[4] OLG Oldenburg VersR 1996, 1492; LG Düsseldorf r+s 1994, 109; AG Frankfurt ZfS 1994, 301; AG Bielefeld ZfS 1994, 300; LG Hamburg VersR 1986, 564.
[5] OLG Bremen VersR 2003, 1569; OLG Saarbrücken VersR 1989, 397; LG Köln VersR 1988, 1258.
[6] OLG Oldenburg NJW-RR 1991, 924; LG Osnabrück VersR 1994, 1184; LG Köln VersR 1980, 1018.
[7] OLG Hamm VersR 1979, 997; BGH VersR 1990, 893; LG Hamburg VersR 1980, 226.
[8] OLG Hamburg VersR 1994, 89; LG Koblenz r+s 1994, 185; AG St. Goar r+s 1998, 122.
[9] Palandt/*Sprau* § 836 Rdnr. 11.

II. Hausratversicherung des Mieters

Neben der Allgemeinen Haftpflichtversicherung, die jedermann abgeschlossen haben sollte, und der Rechtsschutzversicherung (siehe hierzu im Einzelnen § 2) ist die **wichtigste** Versicherung des Mieters die **Hausratversicherung**. 13

1. Rechtsgrundlage

Allgemeine Hausratversicherungsbedingungen (VHB), die in den Fassungen von 1942, 1966, 1974, 1984, 1992, und 2000 vorliegen. 14

2. Versicherte Sachen, § 1 VHB 92 und VHB 2000

Versichert ist der gesamte **Hausrat**. Hierzu gehören alle Sachen, die einem privaten Haushalt zur Einrichtung oder zum Gebrauch oder Verbrauch dienen, einschließlich **Bargeld** und **Wertsachen**, letztere allerdings nur in den Entschädigungsgrenzen des § 19 VHB 92 und des § 28 VHB 2000. 15

Nach § 1 Nr. 2 b VHB 92 und § 1 Nr. 4 b VHB 2000 sind auch in das Gebäude eingefügte Sachen versichert, die der Versicherungsnehmer **als Mieter** auf seine Kosten beschafft oder übernommen hat und für die er die Gefahr trägt, insbesondere sanitäre Anlagen und Leitungswasser führende Installationen mit deren Zu – und Ableitungsrohren. Danach spielt also keine Rolle, ob die eingebrachten oder übernommenen Sachen Gebäudebestandteil im Sinne der §§ 93 ff. BGB sind.

Ebenso sind Rundfunk – und Fernsehantennenanlagen sowie Markisen versichert, soweit diese Sachen nicht mehreren Wohnungen oder gewerblichen Zwecken dienen, § 1 Nr. 2 a VHB 92. In § 1 Nr. 4 a VHB 2000 werden diese Einschränkungen nicht mehr genannt.

Nicht versichert ist u. a. Hausrat von **Untermietern**, soweit er diesen nicht durch den Versicherungsnehmer überlassen worden ist, § 1 Nr. 4 d VHB 92 und § 1 Nr. 6 d VHB 2000. 16

Aus § 1 Nr. 4 a VHB 92 bzw. § 1 Nr. 6 a VHB 2000 folgt, dass **Anstriche** und **Tapeten** als Gebäudebestandteile **nicht** versichert sind, allerdings werden Reparaturarbeiten an derartigen Gegenständen bei **Leitungswasserschaden** ersetzt, § 2 Nr. 1 g VHB 92 und § 2 Nr. 1 i) VHB 2000. Der Versicherungsschutz ist jedoch möglicherweise durch die Klausel 7212 „In das Gebäude eingefügte Sachen" erweitert. Danach sind im Versicherungsvertrag besonders bezeichnete Sachen, z. B. Einbaumöbel, Bodenbeläge, Innenanstriche, und Tapeten, auch versichert, soweit sie Gebäudebestandteil sein könnten.

Bei **Teppichboden** handelt es sich um Hausrat, wenn er entweder auf bewohnbarem Untergrund liegt oder jederzeit entfernt werden kann, ohne dass das Gebäude unbewohnbar wird oder wenn der Teppichboden vom Mieter eingebracht wird.[10] Auch hier gilt, dass bei Leitungswasserschaden die notwendigen Kosten für Reparaturen an Bodenbelägen nach § 2 Nr. 1 g VHB 92 und § 2 Nr. 1 i) VHB 2000 versichert sind und möglicherweise erweiterter Versicherungsschutz besteht (siehe vorstehend zu Anstriche und Tapeten). 17

3. Versicherte Gefahren, § 3 VHB 92 und VHB 2000

Folgende Gefahren sind durch die Hausratversicherung abgedeckt: 18
- Brand (Definition § 4 Nr. 1 VHB 92 und VHB 2000),
- Blitzschlag (Definition § 4 Nr. 2 VHB 92 und VHB 2000),
- Explosion (Definition § 4 Nr. 3 VHB 92 und VHB 2000),
- Einbruchdiebstahl (Definition § 5 Nr. 1 VHB 92 und § 5 Nr. 1/2 VHB 2000),
- Raub (Definition § 5 Nr. 2 VHB 92 und § 5 Nr. 3 VHB 2000),
- Vandalismus nach einem Einbruch (§ 6 VHB 92 und VHB 2000),
- Leitungswasser (Definition § 7 Nr. 1 VHB 92 und VHB2000),
- Frostschäden (§ 7 Nr. 2 VHB 92 und § 7 Nr. 3 VHB 2000),
- Sturm (Definition § 8 Nr. 1 VHB 92 und VHB 2000),
- Hagel (§ 8 Nr. 4 in Verbindung mit Nr. 3 VHB 92 und VHB 2000).

---

[10] LG Oldenburg VersR 1988, 1285 m. w. N.

4. Versicherte Kosten, § 2 VHB 92 und VHB 2000

19   Neben der Sachversicherungsleistung sind auch Kosten im Zusammenhang mit dem Versicherungsfall zu ersetzen, und zwar insbesondere **Aufräumkosten, Schlossänderungskosten** und **Hotelkosten**.

5. Versicherungswert, § 18 VHB 92 und § 12 VHB 2000

20   Versicherungswert ist der **Wiederbeschaffungspreis** von Sachen gleicher Art und Güte im neuwertigen Zustand (Neuwert).

6. Nicht versicherte Schäden

21
- Vorsätzliche oder grob fahrlässige Herbeiführung des Versicherungsfalles durch den Versicherungsnehmer oder durch seinen Repräsentanten (§ 9 Nr. 1 a VHB 92 und § 31 Nr. 2 i. V. m. § 37 VHB 2000),
- durch Kriegsereignisse, innere Unruhen oder Erdbeben entstandene Schäden (§ 9 Nr. 1 b VHB 92 und § 3 Nr. 2 VHB 2000),
- durch Kernenergie entstandene Schäden (§ 9 Nr. 1 c VHB 92 und § 3 Nr. 2 VHB 2000),
- Bei Brand, Blitzschlag und Explosion kein Versicherungsschutz auf **Sengschäden**, die nicht durch einen Brand entstanden sind, sowie auf **Kurzschluss-** und **Überspannungsschäden**, die an elektrischen Einrichtungen mit oder ohne Feuererscheinung entstanden sind, außer wenn sie die Folge eines Brandes oder einer Explosion sind (§ 9 Nr. 2 VHB 92), ohne diese Einschränkungen § 4 Nr. 5 VHB 2000,
- bei Einbruchdiebstahl und Raub kein Versicherungsschutz auf Einbruchdiebstahl – oder Raubschäden durch vorsätzliche Handlungen von Hausangestellten oder Personen, die bei dem Versicherungsnehmer wohnen (§ 9 Nr. 3 a VHB 92),
- bei Leitungswasser kein Versicherungsschutz auf Schäden durch **Plantsch-** oder **Reinigungswasser** und durch **Grundwasser**, stehendes oder fließendes Gewässer, **Hochwasser** oder Witterungsniederschläge oder ein durch diese Ursachen hervorgerufenen Rückstau, Erdsenkung oder Erdrutsch, und Schwamm (§ 9 Nr. 4 VHB 92 und § 7 Nr. 4 VHB 2000),
- bei Sturm und Hagel kein Versicherungsschutz bei Schäden durch **Sturmflut, Lawinen** oder **Schneedruck**, eindringen von Regen, Hagel, Schnee oder Schmutz durch nicht ordnungsgemäß geschlossene Fenster, Außentüren oder andere Öffnungen (§ 9 Nr. 5 VHB 92 und § 8 Nr. 4 VHB 2000),

7. Klauseln

22   Durch Vereinbarung kann der Versicherungsschutz abweichen von den VHB 92 und VHB 2000 eingeschränkt oder erweitert werden.
Als wichtigste Klausel für den Mieter ist hier die Klausel 7212 „In das Gebäude eingefügte Sachen" zu nennen. Danach sind im Versicherungsvertrag besonders bezeichnete Sachen, z. B. Einbaumöbel, Bodenbeläge, Innenanstriche und Tapeten, auch versichert, soweit sie Gebäudebestandteil sein könnten.

III. Schutzbereich der Versicherungsverträge

23   In einem Schadenfall ist es denkbar, dass **doppelter Versicherungsschutz** bezüglich einer beschädigten Sache besteht. Dies gilt insbesondere im Hinblick auf Gebäudebestandteile, z. B. Tapeten, Anstriche und fest verlegte Teppichböden, die sowohl durch die Wohngebäudeversicherung des Vermieters als auch durch die Hausratversicherung des Mieters versichert sein können. Diese Fälle bringen in der Praxis keine besonderen Schwierigkeiten mit sich. Hier wird in der Regel derjenige Versicherungsnehmer seine Versicherung in Anspruch nehmen, der die beschädigten Gebäudebestandteile eingebracht und die Kosten hierfür getragen hat. Die Versicherungsgesellschaft nimmt sodann im Innenverhältnis die andere Versicherung wegen der Doppelversicherung in Anspruch.

Ähnlich verhält es sich, wenn z. B. durch einen Leitungswasserschaden die **Wohnung eines** 24
Dritten in Mitleidenschaft gezogen wird. Macht der Dritte deswegen Schadenersatzansprüche geltend und kommt eine Eintrittspflicht sowohl der Wohngebäudeversicherung des Vermieters als auch der Hausratsversicherung des Mieters in Betracht, einigen sich die beteiligten Versicherungsgesellschaften auf eine federführende Schadenbearbeitung und Regulierung, um im Anschluss den internen Ausgleich vorzunehmen.

Von besonderem Interesse sind die Fälle, in denen der Wohnungsmieter mietvertraglich 25
verpflichtet ist, die (anteiligen) Kosten der für das Wohngebäude abgeschlossenen Versicherungen des Wohnungseigentümers zu zahlen. Bei dieser in aller Regel vorliegenden Konstellation ergab sich die Frage, ob und inwieweit der Mieter dadurch, dass er letztlich die Kosten der Versicherungen des Eigentümers bzw. Vermieters trägt, mitversicherte Person oder nur Dritter im Sinne des § 86 Abs. 1 S. 1 VVG ist mit der Folge, dass nach dieser Vorschrift der Übergang eines gegen ihn gerichteten Schadenersatzanspruchs des Wohnungseigentümers auf den Versicherer nicht ausgeschlossen ist. In seinem grundlegenden Urteil vom 13. 12. 1995[11] hat der BGH hierzu entschieden, dass der Mieter trotz der Kostentragungspflicht „Dritter" ist, sich jedoch aus der Verpflichtung zur Zahlung der (anteiligen) Kosten der Versicherung im Wege der ergänzenden Vertragsauslegung eine **stillschweigende Beschränkung der Haftung des Mieters für die Verursachung eines Schadens auf Vorsatz und grobe Fahrlässigkeit** ergibt. Der BGH hat dies konkret für die Gebäudefeuerversicherung entschieden. Eine Beschränkung der Regressmöglichkeit ist für den Fall eines Glatteisunfalls ebenfalls bejaht worden.[12] Nach neueren Entscheidungen des BGH ist der Regressverzicht für leichte Fahrlässigkeit unabhängig davon, ob der Mieter im Einzelfall eine Haftpflichtversicherung abgeschlossen hat oder nicht und ob die Versicherungskosten als umlegbar vereinbart worden sind.[13]

---

[11] BGH NJW 1996, 715.
[12] AG Waiblingen WuM 1996, 771.
[13] BGH MDR 2001, 272 mit Anm. *van Bühren*; BGH NJW 2006, 3707, 3711, 3712.

13. Abschnitt. Verfahrensfragen

§ 38 Erkenntnisverfahren

Übersicht

	Rdnr.
I. Zuständigkeit	1/2
1. Örtliche Zuständigkeit	1
2. Sachliche Zuständigkeit	2
II. Parteien des Mietprozesses	3–10
1. Vertragspartner	3–8
2. Dritte	9
3. Bereits ausgezogene Vertragspartei	10
III. Klage auf zukünftige Räumung	11–14
IV. Stillschweigende Verlängerung des Mietverhältnisses gemäß § 545 BGB	15–17
V. Negative Zwischenfeststellungsklage	18/19
VI. Klage auf Duldung von Modernisierungsmaßnahmen	20–23
VII. Klage auf Räumung eines Grundstücks mit vom Mieter errichteten Aufbauten	24/25
VIII. Mieterhöhungsverlangen im Prozess	26–30
1. Fristen des § 558 b Abs. 2 BGB als Sachurteilsvoraussetzung	26
2. Formen des nachgeholten Mieterhöhungsbegehrens	27–29
3. Kündigungsmöglichkeit nach § 569 Abs. 3 Ziffer 3 BGB	30
IX. Der Urkundenprozess	31–35
X. Einstweilige Verfügung	36–38
1. Räumung	36
2. Besitzentzug und Entzug von Versorgungsleistungen	37/38

I. Zuständigkeit

1. Örtliche Zuständigkeit

1   Die **örtliche** Zuständigkeit ist in § 29 a ZPO geregelt. Für Streitigkeiten aus Miet- oder Pachtverhältnissen über Räume oder über das Bestehen solcher Verhältnisse ist das Gericht **ausschließlich** zuständig, in dessen Bezirk sich die Räume befinden. Erfasst werden von dieser Vorschrift auch Untermiet- und Unterpachtverhältnisse sowie Zwischenvermietungsverträge,[1] auch die gewerbliche Zwischenvermietung von Wohnraum. Eine Ausnahme gilt lediglich für Wohnraum i. S. d. § 549 Abs. 2. Die ausschließliche Zuständigkeit schließt eine Prorogation aus, § 40 Abs. 2 ZPO.

§ 29 a ZPO gilt auch für Mietverhältnisses über **Werkmietwohnungen**,[2] nicht jedoch für Mietverhältnissen über **Werkdienstwohnungen.** Für diese ist das Arbeitsgericht zuständig,[3] s. a. § 48 Rdnr. 81 f.[4]

Auch für Schadensersatzansprüche gerichtet auf **Schmerzensgeld** wegen Verletzung von Verkehrssicherungspflichten aus einem Mietverhältnis greift § 29 a ZPO (OLG Düsseldorf WM 2006, 46).

2. Sachliche Zuständigkeit

2   Bei der **sachlichen** Zuständigkeit ist zu unterscheiden: Für Streitigkeiten über Wohnraum ist gemäß § 23 Ziff. 2 a GVG das Amtsgericht ausschließlich zuständig.

---

[1] LG Köln WM 1991, 563; Zöller § 29 a Rdnr. 6.
[2] BAG MDR 1960, 656; BAG WM 1990, 391.
[3] BAG MDR 2000, 600.
[4] OLG Düsseldorf WM 2006, 46.

Ist ein **Mischmietverhältniss** Gegenstand einer gerichtlichen Auseinandersetzung, richtet sich die sachliche Zuständigkeit nach dem Schwerpunkt des Vertrages.[5]

Hat eine der Parteien ihren allgemeinen Gerichtsstand im Zeitpunkt der Rechtshängigkeit in der ersten Instanz im **Ausland,** so ist für die Berufung gemäß § 119 Abs. 1 Nr. 1 b GVG das Oberlandesgericht zuständig. Ist der ausländische oder inländische Gerichtsstand einer Partei erstinstanzlich unstreitig geblieben, erfolgt die Überprüfung des Gerichtsstandes der Partei im Rechtsmittelverfahren in der Regel nicht mehr.[6] Die Verlegung des Wohnsitzes nach Rechtshängigkeit in das Ausland begründet jedoch nicht die Zuständigkeit des Oberlandesgerichts nach § 119 Abs. 1 Nr. 1 b GVG. Vielmehr bleibt es bei der allgemeinen Zuständigkeit gemäß § 119 GVG.[7] Genießt der Beklagte als Mieter mit Wohnsitz im Ausland das Recht der **Exterritorialität,** richtet sich der Gerichtsstand gemäß § 15 Abs. 1 Satz 1 ZPO nach seinem letzten inländischen Wohnsitz.[8]

II. Parteien des Mietprozesses

1. Vertragspartner

Parteien des Mietprozesses sind grundsätzlich die **Vertragspartner** (vgl. § 12). Vor Einleitung eines Prozesses ist daher zunächst zu klären, wer aktuell Vertragspartei ist. Sollte es während der Dauer des Mietverhältnisses zu einem Wechsel der Vertragsparteien gekommen sein, so ist dieser im Prozess kurz darzustellen.

> **Formulierungsvorschlag für den Wechsel auf Vermieterseite durch Verkauf des Objekts:**
>
> Ursprünglich bestand das Mietverhältnis zwischen den im Mietvertrag genannten Vertragsparteien. Der Kläger ist durch Erwerb des Objekts seit dem ...... auf Vermieterseite in das Mietverhältnis mit dem Beklagten eingetreten.
> **Beweis**: Vorlage des Grundbuchauszugs.

> **Formulierungsvorschlag für einen Wechsel auf der Mieterseite:**
>
> Ursprünglich war neben der Beklagten auch deren geschiedener Ehemann Mieter des Objekts. Im Rahmen der Scheidung ist der Ehemann einvernehmlich aus dem Mietverhältnis ausgeschieden.
> **Beweis**: Vorlage der von allen ursprünglichen Vertragsparteien unterzeichneten Erklärung.

Der Mieter, der polizeilich der Wohnung verwiesen und von der Gemeinde anderweitig untergebracht wurde, verliert durch diese Maßnahmen nicht seine Mieterstellung.[9] Weder der **polizeiliche Platzverweis** noch die anderweitige Unterbringung des Mieters durch die Gemeinde haben Einfluss auf den Mietvertrag.

Bei **Zahlungsklagen** ist der Vermieter in seiner Entscheidung frei, ob er alle Mieter als Gesamtschuldner oder nur Einzelne gerichtlich in Anspruch nimmt. Nimmt der Vermieter nur einzelne Mieter auf Zahlung in Anspruch besteht die Gefahr, dass die übrigen Mieter in diesem Prozess als Zeugen zur Verfügung stehen. Daher sollte die Zahlungsklage gegen alle Mieter gerichtet werden.

Das Verfahren auf **Zustimmung zur Mieterhöhung** ist zwingend gegen alle Mieter zu richten. Zwischen den Mietern besteht eine notwendige Streitgenossenschaft, da die Zustimmung als Vertragsänderung nur einheitlich für alle Vertragspartner erfolgen kann.[10]

---

[5] OLG Karlsruhe MDR 1988, 414; OLG München ZMR 1995, 295; Zöller § 23 GVG Rdnr. 9.
[6] BGH NZM 2004, 654.
[7] BGH WM 2008, 457.
[8] BGH WM 2006, 268.
[9] AG Ludwigsburg WM 2004, 608.
[10] KG NJW-RR 1986, 439.

2. Dritte

9 Ist zwischen den Parteien die Räumungsverpflichtung des Mieters streitig, ist die Klage grundsätzlich gegen alle Mitmieter zu richten. Darüber hinaus kann es erforderlich sein, auch **Dritte** in den Räumungsrechtsstreit einzubeziehen. Denn ein lediglich gegen den Mieter erwirkter Räumungstitel erstreckt sich nicht auf ebenfalls im Objekt wohnende Dritte. Hat der im Objekt wohnende Dritte Mitgewahrsam an den Mieträumen, so ist die Räumungsklage ist auch gegen den im Objekt wohnenden Dritten zu richten. Dritte sind der Ehegatte des Mieters,[11] soweit dieser nicht bereits Vertragspartei ist, Lebenspartner,[12] Untermieter und andere im Objekt wohnende Personen. Der Räumungsanspruch stützt sich auf § 556 Abs. 3 BGB und – wenn der Vermieter zugleich Eigentümer ist – auf § 985 BGB.

Eine Ausnahme bilden lediglich **minderjährige Familienangehörige** des Mieters: Ein Räumungstitel gegen den Mieter erstreckt sich auch auf die im Haushalt des Mieters lebenden minderjährige Familienangehörige,[13] da diese als Besitzdiener von der Weisung des Mieters abhängig sind.

3. Bereits ausgezogene Vertragspartei

10 Wird nach Beendigung des Mietverhältnisses das Mietobjekt nicht von allen Mietern herausgegeben, so ist die Räumungsklage gegen alle, auch gegen bereits **ausgezogene Mitmieter**, zu richten.[14] Die Herausgabe des Mietobjekts an den Vermieter kann nur gemeinsam durch alle Mieter erfolgen. Darüber hinaus besteht die Gefahr, dass Mitmieter, die die Wohnung bereits verlassen hatten, in die Wohnung zurückkehren. Gegen diese Mitmieter wäre dann ein neuer Prozess zu führen, wenn gegen den anderen Mieter das Räumungsurteil bereits vorliegt bzw. dieses Verfahren zur Entscheidung reif ist, so dass nicht ohne weiteres die Klage erweitert werden kann. Die Räumungsklage ist daher auch gegen einen bereits ausgezogenen Mieter begründet.

III. Klage auf künftige Räumung

11 Gibt der Mieter eindeutig zu erkennen, dass er die Wohnung zu dem bereits feststehenden Beendigungszeitpunkt nicht herausgeben wird, kann der Vermieter Klage auf künftige Räumung gemäß § 259 ZPO erheben. Die Klageerhebung kann bereits vor Ablauf der Widerspruchsfrist erfolgen, wenn der Mieter eindeutig zum Ausdruck gebracht hat, seiner Räumungsverpflichtung nicht nachzukommen, beispielsweise durch Widerspruch gegen die Kündigung.[15] Im Klageantrag muss durch Angabe des Beendigungszeitpunkts klar zum Ausdruck kommen, ab wann der Mieter nicht mehr zum Besitz berechtigt ist;

> **Formulierungsvorschlag:**
>
> Der Beklagte wird verurteilt, die Wohnung ...... (volle Anschrift und Lage im Gebäude), bestehend aus vier Zimmern, Küche, Diele, Bad sowie dazugehörigem Kellerraum nach dem ...... zu räumen und an den Kläger herauszugeben.

Fällt das Ende der Vertragszeit auf einen Sonnabend, Sonntag oder Feiertag, so ist der Mieter wegen § 193 BGB berechtigt, die Herausgabe erst am nächsten Werktag zu bewerkstelligen. Im Räumungsantrag ist dann dementsprechend erst der nächste Werktag anzugeben.

---

[11] OLG Köln WM 1994, 285; OLG Oldenburg NJW-RR 1994, 715; BGH WM 2004, 555.
[12] LG Kiel WM 1991, 507.
[13] LG Berlin ZMR 1992, 395; BGH WM 2004, 555.
[14] BGHZ 131, 176; a. A. OLG Schleswig NJW 1982, 2672; LG Hagen WM 1991, 359.
[15] LG Berlin ZMR 1992, 346.

§ 38 Erkenntnisverfahren

12 Die **Besorgnis der nicht rechtzeitigen Räumung** ist Prozessvoraussetzung. In der Klagebegründung ist daher die Leistungsverweigerung des Mieters darzulegen und unter Beweis zu stellen. Hat der Mieter vor Ablauf der Widerspruchsfrist bzw. noch vor Erhebung der Räumungsklage den Räumungsanspruch anerkannt und lediglich darauf hingewiesen, eventuell eine Räumungsfrist zu benötigen, fehlt der Klage das **Rechtsschutzbedürfnis**. Wird nur eine kurze, angemessene Räumungsfirst begehrt, so besteht nicht die Besorgnis der nicht rechtzeitigen Leistung.[16] Anders, wenn der Räumungsanspruch zwar anerkannt wird, jedoch mit einer alsbaldigen Räumung nicht zu rechnen ist.[17] Gelingt dem Kläger der Nachweis der Besorgnis der Räumungsverweigerung nicht, so wird die Klage als unzulässig abgewiesen.

13 Das **Widerspruchsrecht** des Mieters wird durch die Klage auf künftige Räumung nicht eingeschränkt. Bereits bestehende Widerspruchsgründe hat der Mieter in das Verfahren einzubringen. Erst später entstehende Widerspruchsgründe kann der Mieter im Wege der Vollstreckungsgegenklage nach § 767 ZPO geltend machen.[18]

14 Der **Streitwert** der Räumungsklage richtet sich nach der Jahresgrundmiete, § 41 Abs. 1 Nr. 2 GKG, ohne Nebenkostenvorauszahlungen. Ist jedoch die Zahlung einer Nebenkostenpauschale vertraglich vereinbart, über die nicht abgerechnet wird, ist auch die Nebenkostenpauschale als Bestandteil des jährlichen Entgelts der Streitwertberechnung zugrunde zu legen. Ist eine **Staffelmiete** vereinbart, wird der Streitwert aus der höchsten vereinbarten Miete gebildet.[19]

IV. Stillschweigende Verlängerung des Mietverhältnisses gemäß § 545 BGB

15 Die Fortsetzungsfiktion des § 545 BGB kann mietvertraglich, auch in einem Formularmietvertrag,[20] abbedungen werden. Ist dies nicht geschehen, muss zur Verhinderung der Fortsetzung im Zusammenhang mit der Beendigung des Mietverhältnisses der Widerspruch erklärt werden. Im Fall einer fristlosen Kündigung kann der Widerspruch bereits in die Kündigungserklärung durch folgenden Satz

Formulierungsvorschlag:

Der stillschweigenden Verlängerung des Mietverhältnisses gemäß § 545 BGB wird hiermit ausdrücklich widersprochen.

aufgenommen werden.

16 Liegt zwischen dem Ausspruch der Kündigung und der Beendigung des Vertragsverhältnisses ein längerer Zeitraum, ist die Aufnahme des Widerspruchs in die Kündigungserklärung nicht ausreichend. Im Fall einer fristgemäßen Kündigung wäre der Widerspruch daher bei Beendigung des Mietverhältnisses rechtzeitig zu wiederholen.

Praxistipp:

Vorsorglich sollte die Frist des § 545 BGB im Fristenkalender notiert werden.

17 Der Widerspruch muss der Gegenseite innerhalb der Frist des § 545 BGB zugegangen sein. Zur Fristenwahrung ist es nicht ausreichend, dass die Räumungsklage rechtzeitig erhoben wird. Vielmehr müsste diese auch innerhalb der Frist des § 545 BGB zugestellt sein.

---

[16] LG Köln in *Lützenkirchen* KM § 20 Nr. 37.
[17] LG Köln in *Lützenkirchen* KM § 20 Nr. 38.
[18] *Zöller* § 259 Rdnr. 4.
[19] BGH NZM 2007, 935.
[20] S. § 10.

Die Parteien haben wenig Einfluss auf den Zustellungszeitpunkt, so dass der Gegenseite innerhalb der Frist des § 545 BGB zumindest von der Klageerhebung durch die Übersendung einer Kopie der Räumungsklage Mitteilung zu machen ist.[21] Der Vermieter muss die Räumungsklage nicht unmittelbar nach Beendigung des Mietverhältnisses erheben. Selbst nach neun Monaten ist sein Räumungsanspruch noch nicht verwirkt.[22]

V. Negative Zwischenfeststellungsklage

18   Die negative Zwischenfeststellungsklage ist entgegen dem Wortlaut des § 256 Abs. 2 ZPO auch zulässig, wenn ein Rechtsverhältnis bereits vor Prozessbeginn streitig war.[23] Für die Parteien kann die Feststellung des streitigen Rechtsverhältnisses von Bedeutung sein, wenn die Entscheidung über den Hauptantrag das Rechtsverhältnis der Parteien nicht vollständig regelt. Der Vermieter, der den Mieter auf Zahlung rückständiger Mieten in Anspruch nimmt, gegen den der Mieter sich mit Mietminderungsansprüchen zur Wehr setzt, erreicht mit dem Zahlungsantrag lediglich eine Entscheidung über die Zahlungsverpflichtung des Mieters für die Vergangenheit. Ist sein Interesse auch auf die Zukunft gerichtet, kann er neben dem auf Zahlung gerichteten Hauptantrag negative Zwischenfeststellungsklage erheben, mit dem Ziel feststellen zu lassen, dass der Beklagte nicht zur Minderung des monatlichen Mietzinses berechtigt ist.

Formulierungsvorschlag:

Es wird festgestellt, dass der Beklagte nicht berechtigt ist, den monatlichen Mietzins für die Wohnung im Haus – volle Anschrift – zu mindern.

19   In einem mit der rechtskräftigen Abweisung der Räumungsklage endenden Räumungsprozess kann für den Mieter das Bedürfnis bestehen, feststellen zu lassen, dass die Kündigung unwirksam ist. Da das klageabweisende Urteil keine rechtskräftige Feststellung dahingehend enthält,[24] dass die Kündigung unwirksam ist, kann der Mieter eine auf diese Feststellung gerichtete negative Zwischenfeststellungswiderklage erheben.

Formulierungsvorschlag:

Es wird festgestellt, dass die Kündigung des Klägers vom 25. 5. 2001 unwirksam ist.

VI. Klage auf Duldung von Modernisierungsmaßnahmen

Beabsichtigt der Vermieter die Durchführung von Modernisierungsmaßnahmen gegen den Willen des Mieters, so ist zu unterscheiden:

20   Sind die Modernisierungsmaßnahmen **außerhalb der Wohnung** des Mieters durchzuführen, kann der Vermieter die Modernisierungsmaßnahmen durchführen lassen und nach Durchführung der Modernisierungsmaßnahmen die Duldungspflicht des Mieters erst im Verfahren, gerichtet auf Zahlung des erhöhten Mietzins, feststellen lassen. Zwar ist es dem Vermieter nicht verwehrt, auch vor Durchführung der Modernisierungsmaßnahmen die Duldungspflicht des Mieters im gerichtlichen Verfahren feststellen lassen. Da die Duldungspflicht jedoch nicht zwangsläufig auch die Verpflichtung des Mieters zur Zahlung des erhöhten Mietzinses nach Durchführung der Modernisierungsmaßnahmen beinhaltet, ist es

---

[21] LG Köln in *Lützenkirchen* KM § 20 Nr. 38.
[22] *Zöller* § 259 Rdnr. 4.
[23] *Zöller* § 256 Rdnr. 29.
[24] BGH NJW 1966, 693.

für den Vermieter bei Modernisierungsmaßnahmen außerhalb der Wohnung prozessökonomisch sinnvoller, auf den ersten Prozess auf Duldung zu verzichten und statt dessen nach Durchführung der Modernisierungsmaßnahmen sofort auf Zahlung zu klagen.

Bei Modernisierungsmaßnahmen **innerhalb der Wohnung** des Mieters kann der erste Prozess nicht vermieden werden, wenn sich der Mieter weigert, dem Vermieter bzw. den von diesem beauftragten Handwerkern den Zutritt zur Wohnung zur Durchführung der beabsichtigten Modernisierungsmaßnahmen zu gewähren.

Der Vermieter muss daher bei Maßnahmen in der Wohnung des Mieters diesen zunächst auf **Duldung und Zutritt** verklagen. Die Zustimmung des Mieters zu den Modernisierungsmaßnahmen ist nicht erforderlich.[25]

Formulierungsvorschlag:

Der Beklagte wird verurteilt, folgende Maßnahmen zum Einbau von isolierverglasten Fenstern in der Wohnung – volle Anschrift – nach vorheriger Ankündigung zu dulden: Demontage der alten Fenster, Montage der neuen Fenster einschließlich der Fensterbänke, Außenversiegelung und Schließung der Lücken zum Mauerwerk hin und Beiputzarbeiten.

Der Beklagte wird verurteilt, dem Kläger und den von dem Kläger beauftragten Handwerkern werktags in der Zeit von 8.00 Uhr bis 18.00 Uhr Zugang zu der im Klageantrag zu 1) näher bezeichneten Wohnung zu gewähren.

Ein **Widerspruch** des Mieters gegen die außerhalb seiner Wohnung geplanten Modernisierungsmaßnahmen schließt die spätere Durchsetzung der Mieterhöhung nicht aus. Voraussetzung für die Mieterhöhung ist nicht das Einverständnis, sondern lediglich die Duldungspflicht des Mieters, die im gerichtlichen Verfahren zu überprüfen wäre. Etwas anderes gilt nur, wenn der Mieter seinerseits gerichtlich gegen die Vermieter vorgeht und er durch eine entsprechende gerichtliche Entscheidung die Durchführung der Maßnahmen blockiert.

VII. Klage auf Räumung eines Grundstücks mit vom Mieter errichteten Aufbauten

Ist ein unbebautes Grundstück vermietet und errichtet der Mieter hierauf Bauwerke, so erstreckt sich ein gegen den Mieter erwirkter Räumungstitel nicht auch auf die Berechtigung, diese Gebäude zu beseitigen.[26] Ist der Vermieter an den Gebäuden nicht interessiert, beispielsweise um einer eventuellen Entschädigungspflicht zu entgehen, so ist ein separater Antrag auf Beseitigung der Gebäude erforderlich.

Formulierungsvorschlag:

Der Beklagte wird verurteilt, das Grundstück – volle Anschrift, ggf mit Grundbuchbezeichnung – geräumt an den Kläger herauszugeben.

Der Beklagte wird verurteilt, die auf dem im Klageantrag zu 1) näher bezeichneten Grundstück errichteten Gebäude unter Wiederherstellung des ursprünglichen Zustands zu beseitigen.

Die von dem Mieter errichteten Gebäude werden trotz fester Verbindung nicht gemäß § 94 BGB wesentliche Bestandteile des Grundstücks,[27] so dass der Eigentümer des Grundstücks nicht Eigentümer der Aufbauten wird.

---

[25] BayObLG NJW-RR 1997, 266, 267; OLG Stuttgart ZMR 1991, 259.
[26] OLG Düsseldorf MDR 2000, 414.
[27] Palandt/*Heinrichs* § 95 Rdnr. 3.

VIII. Mieterhöhungsverlangen im Prozess

1. Fristen des § 558 b Abs. 2 BGB als Sachurteilsvoraussetzung

26   Bevor die Zustimmungsklage gemäß § 558 b Abs. 2 S. 2 BGB erhoben werden kann, muss die Überlegungsfrist gemäß § 558 b Abs. 2 S. 1 abgelaufen sein. Die **Einhaltung der Fristen** des § 558 b Abs. 2 BGB ist zwingende **Sachurteilsvoraussetzung**. Werden die Fristen nicht eingehalten, so ist zu unterscheiden: Wird die Zustimmungsklage vor Ablauf der Überlegungsfrist eingereicht, so ist sie bis zum Ablauf der Überlegungsfrist unzulässig. Wird die Klage erst nach Ablauf der Klagefrist erhoben, so ist sie als unzulässig abzuweisen. In diesem Fall wäre das Mieterhöhungsbegehren zu wiederholen, wodurch die Fristen erneut in Gang gesetzt würden. **Die Versäumung der Klagefrist kann nicht geheilt werden.** Insbesondere ist keine Wiedereinsetzung in den vorigen Stand möglich, da § 233 ZPO auf die Versäumung der Klagefrist nicht anwendbar ist.[28]

2. Formen des nachgeholten Mieterhöhungsbegehrens

27   Wird die Klage auf ein unwirksames Mieterhöhungsbegehren gestützt, kann gemäß § 558 b Abs. 3 BGB ein wirksames Mieterhöhungsbegehren nachgeholt bzw. dessen Mängel im Prozess behoben werden. Da in der gerichtlichen Praxis unterschiedliche Anforderungen an die Darstellung der Behebung von Formfehlern gestellt werden, sollte von einer Bezugnahme auf das unwirksame Mieterhöhungsbegehren unter Behebung des Formfehlers im Übrigen abgesehen und stattdessen das Mieterhöhungsbegehren vollständig in wirksamer Form wiederholt werden. Stützt sich die Begründung des im Prozess nachgeholten Mieterhöhungsbegehrens auf ein Gutachten, so ist das Gutachten dem Mieter zur Verfügung zu stellen. Der Mieter kann nur an Hand des Gutachtens die Berechtigung des Erhöhungsbegehrens überprüfen.[29]

28   Das nachgeholte Erhöhungsbegehren ist prozessual eine **Klageänderung** und setzt die Überlegungsfrist des § 558 b Abs. 3 S. 2 BGB nach Zustellung in Gang.[30] Daher sollte bei Zweifeln an der Wirksamkeit des Mieterhöhungsbegehrens äußerst vorsorglich dieses so früh als möglich nachgeholt werden. Ist abzusehen, dass zum Zeitpunkt der mündlichen Verhandlung die Überlegungsfrist noch nicht abgelaufen ist, ist rechtzeitig Vertagung zu beantragen.

29   In der **Berufungsinstanz** kann ein unwirksames Mieterhöhungsverlangen nur nachgeholt werden, wenn erstinstanzlich die Klage nicht wegen Unwirksamkeit des Mieterhöhungsverlangens abgewiesen wurde.[31] Da das neue Mieterhöhungsverlangen eine Klageänderung darstellt, ist diese in der Berufungsinstanz nur unter den Voraussetzungen des § 263 ZPO möglich.

3. Kündigungsmöglichkeit nach § 569 Abs. 3 Ziffer 3 BGB

30   Ist der Mieter im Mieterhöhungsprozess **rechtskräftig zur Zustimmung verurteilt** worden, so ist die Partei äußerst vorsorglich auf die Kündigungsmöglichkeit des Vermieters gemäß § 569 Abs. 3 Ziff. 3 BGB hinzuweisen. Der Mieter kann innerhalb von zwei Monaten den Mietrückstand auf Grund des Urteils im Mieterhöhungsprozess ausgleichen, ohne die fristlose Kündigung befürchten zu müssen, wenn der Rückstand bereits mehr als zwei Monatsmieten übersteigt. Der Prozessbevollmächtigte der Mieters muss seine Partei auf die Gefahren des § 569 Abs. 3 Ziff. 3BGB ausdrücklich hinweisen. Äußerst vorsorglich sollte er selbst die Höhe des Rückstands und die Frist berechnen.

---

[28] Zöller/*Greyer* § 233 Rdnr. 8.
[29] AG Lübeck WM 2003, 324.
[30] Palandt/*Weidenkaff* § 558 b, Rdnr. 21.
[31] LG Mannheim ZMR 1989, 381.

IX. Der Urkundenprozess

Der Urkundenprozess gibt dem Gläubiger die Möglichkeit, schneller als im ordentlichen Zivilverfahren einen vollstreckbaren Titel zu erhalten, wenn er sämtliche zur Begründung seines Anspruchs erforderlichen Tatsachen durch Urkunden beweisen kann. Die Zulässigkeit des Urkundenprozesses gerichtet auf die Zahlung rückständigen Mietzinses ist umstritten:

In Literatur und Rechtsprechung wird zum Teil die **Zulässigkeit** des Urkundenprozesses verneint, wenn der Mieter dem Zahlungsanspruch des Vermieters ein Mietminderungsrecht wegen eines Mangels der Mietsache entgegenhält.[32] Die Unzulässigkeit des Urkundenprozesses wird damit begründet, dass das Recht des Mieters den Mietzins zu mindern Kraft Gesetzes eintrete, wenn die Mietsache im Verlauf der Mietzeit mangelhaft wird, so dass die Höhe des tatsächlich geschuldeten Mietzinses sich nicht aus dem Mietvertrag ergebe.

Die überwiegende Auffassung hält jedoch die Geltendmachung von rückständigem Mietzins im Urkundenprozess für statthaft.[33] Für die Geltendmachung von rückständigem Mietzins – gestützt auf einen Gewerberaummietvertrag – bejaht der BGH die Statthaftigkeit des Urkundenprozesses.[34] Voraussetzung ist, dass entweder die vertragsgemäße Gebrauchsüberlassung der Mietsache an den Mieter unstreitig ist oder durch Urkunden bewiesen werden kann. Die Entscheidung wird damit begründet, dass dem Mieter für Gründe, die geeignet sind, den in den Urkunden verbrieften Anspruch einzuschränken oder zu beseitigen, die Darlegungs- und Beweislast obliegt. Kann der beklagte Mieter die tatsächlichen Voraussetzungen seines geltend gemachten Minderungsrechts nach Gebrauchsüberlassung nicht mit Urkunden beweisen, so ist er auf das Nachverfahren zu verweisen.[35] In Fortsetzung dieser Rechtsprechung bestätigt der BGH die Zulässigkeit des Urkundenprozesses auch für Wohnraum-Mietverhältnisse.[36] Die Klage im Urkundsprozess ist jedoch unstatthaft gemäß § 597 Abs. 2 ZPO, wenn der Vermieter als Kläger nicht durch Urkunden beweisen kann, dass er seine vertragliche Hauptpflicht, die ordnungsgemäße Gebrauchsüberlassung, erfüllt hat.[37]

Wird **rückständiger Mietzins** im Urkundenprozess geltend gemacht, so sind sämtliche anspruchsbegründenden Tatsachen durch Urkunden zu beweisen. Ergibt sich die Höhe des Mietzinses aus dem Mietvertrag, so reicht die Vorlage des Mietvertrages aus. Hat sich der Mietzins auf Grund von Mieterhöhungen zwischenzeitlich erhöht, so ist bei Mieterhöhungen nach § 558 BGB das schriftliche Mieterhöhungsbegehren und die schriftliche Annahmeerklärung des Mieters vorzulegen. Stimmte der Mieter dem Mieterhöhungsbegehren nicht ausdrücklich zu, sondern zahlte er lediglich den geforderten erhöhten Mietzins, so kann die wirksame Vereinbarung der Mieterhöhung durch Vorlage entsprechender Kontoauszüge unter Beweis gestellt werden. Die Höhe des Mietzinses auf Grund von Mieterhöhungen nach §§ 559 und 560 BGB lassen sich nicht durch Urkunden beweisen. Hier besteht lediglich die Möglichkeit, den Nachweis einer vereinbarten erhöhten Miete durch Zahlung des geforderten Mietzinses darzulegen.

Der Anspruch auf Zahlung der vertraglich vereinbarten **Kaution** kann ebenfalls im Urkundenprozess geltend gemacht werden. Hingegen ist die Rückzahlung der Kaution im Urkundenprozess nicht statthaft, da der Mieter den Wegfall des Sicherungsbedürfnisses nach Beendigung des Mietverhältnisses nicht durch Urkunden beweisen kann.[38] Nachforderungen aus einer Nebenkostenabrechnung können ebenfalls nicht im Urkundenprozess geltend gemacht werden, da sich aus der Abrechnung nicht deren Richtigkeit ergibt. So kann die

---

[32] LG München I WuM 1998, 558; LG Berlin NZM 1998, 909; *Sternel* V Rdnr. 37.
[33] OLG Oldenburg WuM 1999, 225; LG Düsseldorf NZM 1998, 112; LG Bonn NJW 1986, 286; *Bub/Treier* XIII Rdnr. 41.
[34] BGH NZM 1999, 401 = BGH NJW 1999, 1408.
[35] OLG Düsseldorf WM 2004, 416.
[36] BGH NZM 2005, 661; BGZ NZM 2007.
[37] OLG Düsseldorf WM 2004, 416.
[38] LG Mönchengladbach Mietrechtliche Entscheidung in Leitsätzen 1994.

Richtigkeit einer Verbrauchserfassung oder des Umlegemaßstabes nicht durch Urkunden bewiesen werden.

X. Einstweilige Verfügung

1. Räumung

36 Die **Räumung** von Wohnraum im Wege der einstweiligen Verfügung ist gemäß § 940a ZPO nur möglich, wenn der Besitz durch verbotene Eigenmacht erlangt wurde. Die Beschränkung des § 940a ZPO auf Wohnraum bedeutet nicht, dass die Räumung anderer Räume im Wege einer einstweiligen Verfügung unter vereinfachten Voraussetzungen möglich ist. Eine Räumung schafft vollendete Tatsachen und stellt somit immer eine Vorwegnahme der Hauptsache dar. Eine Räumung im Wege der einstweiligen Verfügung ist daher grundsätzlich nur möglich bei Besitzerlangung durch verbotene Eigenmacht.[39]

2. Besitzentzug und Entzug von Versorgungsleistungen

37 Entzieht der Vermieter dem Mieter den Besitz an den Mieträumen oder behindert der Vermieter die Versorgung des Mieters mit Wärme, Wasser, Gas oder Öl, so kann der Mieter im Wege der einstweiligen Verfügung die **Wiedereinsetzung in den Besitz** und die **Wiederherstellung der Versorgungsleistungen** fordern.[40] Dem Vermieter steht ein Zurückbehaltungsrecht an den Versorgungsleistungen wegen rückständiger Mieten oder Nebenkosten nicht zu, da ein Zurückbehaltungsrecht nach §§ 273, 320 BGB nur bei nachholbaren Leistungen möglich ist.

38 Ist die Mietsache doppelt vermietet, besteht kein Anspruch eines Mieters gegenüber dem Vermieter im Wege einer einstweiligen Verfügung den Besitzanspruch zu sichern.[41]

---

[39] Zöller/*Vollkommer* § 940 Rdnr. 8; OLG Düsseldorf Gewerbemiete und Teileigentum 2004, 175.
[40] OLG Köln ZMR 1994, 325; AG Leipzig MDR 1998, 1025.
[41] OLG Koblenz WM 2008, 48; KG NZM 2007, 518.

§ 39 Zwangsvollstreckung und Insolvenz

Übersicht

	Rdnr.
I. Zwangsvollstreckung zur Erwirkung von Handlungen oder Unterlassungen ..	1–6
Vorbemerkung	1
1. Erteilung einer Nebenkostenabrechnung	2
2. Wegschaffen eines Haustieres	3
3. Durchführung von Reinigungsarbeiten	4
4. Verpflichtung des Vermieters zur ausreichenden Beheizung	5
5. Beseitigung von Feuchtigkeitsschäden	6
II. Zwangsvollstreckung des Räumungs- und Herausgabeanspruchs	7–23
1. Räumungstitel	7
2. Durchführung	8–22
a) Persönlicher Umfang	8–10
b) Sachlicher Umfang	11–22
3. Räumungskostenvorschuss	23
III. Räumungsschutz	24–53
1. Räumungsschutz nach § 721 ZPO	24–38
a) Anwendbarkeit	24
b) Gewährung der Räumungsfrist im Urteil (§ 721 Abs. 1 ZPO)	25–32
c) Künftige Räumung (§ 721 Abs. 2 ZPO)	33
d) Verlängerung oder Verkürzung der Räumungsfrist	34–36
e) Rechtsmittel	37/38
2. Räumungsfrist nach § 794 a ZPO	39–41
a) Anwendbarkeit	39
b) Verfahren	40/41
3. Räumungsschutz nach § 765 a ZPO	42–49
a) Anwendungsbereich	42
b) Interessenabwägung	43–46
c) Verfahren	47/48
d) Kosten	49
4. Einstellung der Zwangsvollstreckung	50
5. Wiedereinweisung..	51–53
IV. Zwangsversteigerung und Zwangsverwaltung von Wohnraum	54–133
1. Einleitung	54–60
2. Zwangsversteigerung	61–92
a) Voraussetzungen	62/63
b) Wirkungen	64–76
c) Aufhebung und Einstellung des Verfahrens	77
d) Zuschlag	78–92
3. Zwangsverwaltung	93
a) Voraussetzungen	94
b) Wirkungen	95–125
c) Beendigung der Zwangsverwaltung	126–133
V. Insolvenz im Wohnraummietverhältnis	134–142
1. Einleitung	134
2. Insolvenzrechtliche Besonderheiten bei Wohnraummietverhältnissen	135–141
a) Rücktritt und auflösende Bedingung	135
b) Freigaberecht des Insolvenzverwalters	136–140
c) Mietsicherheiten	141
3. Insolvenzrechtliche Besonderheiten bei Wohnraummietverhältnissen in der Insolvenz des Vermieters	142

Schrifttum: *Braun* (Hrsg.) Insolvenzordnung (InsO), Kommentar, 3. Aufl. 2007; *Haarmayer/Förster/Wutzke/ Hinzen*, Zwangsverwaltung, 3. Aufl. 2004; *Hasselblatt/Sternel*, Beck'sche Formularbuch Zwangsvollstreckung, 2008; *Nerlich/Römermann* InsO, Kommentar, 2000 ff.; *Stöber*, Zwangsversteigerungsgesetz, 17. Aufl. 2002; *Uhlenbruck*, Das neue Insolvenzrecht, Text- und Dokumentationsband, 1994; *Wimmer* (Hrsg.) Frankfurter Kommentar zur Insolvenzordnung, 4. Aufl. 2008

I. Zwangsvollstreckung zur Erwirkung von Handlungen oder Unterlassungen

Vorbemerkung

1   Die Zwangsvollstreckungsmaßnahme des Gläubigers hat sich daran zu orientieren, ob eine **vertretbare oder unvertretbare Handlung** (§§ 887, 888 ZPO) vorliegt oder ob nach § 890 ZPO vorgegangen werden soll.

1. Erteilung einer Nebenkostenabrechnung

2   Nach h. M. liegt hier eine **unvertretbare Handlung** vor, da der Gläubiger nicht eine reine Zahlenaufreihung verlangt, sondern durch den Schuldner Unterlagen heranzuziehen und Ermessensentscheidungen zu treffen sind wie Verteilungsmaßstab, Rechnungsabgrenzung etc.[1] Dem zur Abrechnung verurteilten Vermieter soll es verwehrt sein, im Vollstreckungsverfahren geltend zu machen, dass die erforderlichen Unterlagen nicht zu seiner Verfügung stünden.[2]

Muster

Formulierungsvorschlag:

An das Amtsgericht

Antrag nach § 888 ZPO

In der Vollstreckungsangelegenheit ..../. ...... beantrage ich namens und mit Vollmacht des Vollstreckungsgläubigers:

Gegen den Vollstreckungsschuldner wird wegen Nichtvornahme der Erteilung der Nebenkostenabrechnung für den Zeitraum ...... bis ...... betreffend das Objekt (Straße, Ort, genaue Lage im Objekt) gemäß Urteil des AG ...... vom ......, Az. ...... ein Zwangsgeld festgesetzt, für den Fall der Nichtbeitreibbarkeit Zwangshaft.
......

2. Wegschaffung eines Haustieres

3   Hier wird von einer **vertretbaren Handlung** ausgegangen, nämlich Wegnahme des Tieres durch einen Tierfänger.[3]

An das Amtsgericht

Antrag nach § 887 ZPO

In der Vollstreckungsangelegenheit ..../. ...... beantrage ich namens und mit Vollmacht des Vollstreckungsgläubigers:

1. Der Vollstreckungsgläubiger wird ermächtigt, die nach dem Vergleich des AG ...... vom ......, Az. ...... dem Vollstreckungsschuldner obliegende Entfernung des Bullterriers ...... aus der Wohnung (Straße, Ort, genaue Lage im Objekt) durch einen vom Vollstreckungsgläubiger zu beauftragenden Tierfänger vormerken zu lassen.
2. Der Vollstreckungsschuldner wird verpflichtet, das Betreten und die Durchsuchung seiner Wohnung durch den Tierfänger zu dulden und insbesondere diesem Zugang zu verschaffen.
3. Dieser Beschluss gilt gleichzeitig als Durchsuchungsanordnung gemäß Art. 13 Abs. 2 GG.
4. Der Vollstreckungsschuldner wird verpflichtet, einen Kostenvorschuss von € 500,- für die Entfernung und vorläufige Unterbringung des Hundes zu bezahlen.

---

[1] BGH NJW 2006, 2706.
[2] LG Köln WM 1991, 703.
[3] LG Hamburg ZMR 1985, 302.

3. Durchführung von Reinigungsarbeiten im Wechsel mit anderen Mietern

Hier sollte der Gläubiger nach § 890 ZPO vorgehen, da die Vollstreckung nach §§ 887, 888 ZPO nicht zum gewünschten Erfolg führen dürfte.[4]

4. Verpflichtung des Vermieters zur ausreichenden Beheizung der Mieträumlichkeiten

Hier kommt ein Vorgehen nach § 887 ZPO oder § 888 ZPO in Betracht.[5]
Muster: siehe Rdnr. 2 und 3

5. Beseitigung von Feuchtigkeitsschäden

Nach Baumbach/Lauterbach/*Hartmann*[6] ist dies Sache des Vermieters, wie er einer diesbezüglichen Verpflichtung nachkommt, also eine **vertretbare Handlung**.
Der Vermieter muss jedoch Maßnahmen mit dauerhaften Erfolg ergreifen, also nicht nur eine malermäßige Instandsetzung vornehmen; anderenfalls kann der Mieter die Zwangsvollstreckung fortsetzen und über § 887 ZPO die Zahlung eines angemessenen Kostenvorschusses verlangen.[7]
Muster: siehe Rdnr. 3 (Ziffer 1 und 4)

II. Zwangsvollstreckung des Räumungs- und Herausgabeanspruchs

1. Räumungstitel

§ 704 ZPO setzt für jede Zwangsvollstreckungsmaßnahme einen mit Vollstreckungsklausel versehenen Titel voraus. Dieser ist dem Räumungsschuldner vor Beginn der Zwangsvollstreckung oder zumindest gleichzeitig mit ihr zuzustellen.
Der Titel muss auf Herausgabe und/oder Räumung des Mietobjekts lauten, nicht ausreichend ist zum Beispiel die Formulierung in einem Vergleich:
Die Parteien sind sich einig, dass das zwischen ihnen bestehende Mietverhältnis am ...... geendet hat.
Geeignet als Vollstreckungstitel sind
- Urteil gemäß § 704 ZPO
- gerichtlicher Vergleich im Sinne von § 794 Abs. 1 Nr. 1 ZPO
- Zuschlagsbeschluss gemäß § 93 ZVG

Nicht ausreichend sind Anwaltsvergleiche gemäß § 796a ZPO und notarielle Urkunden gemäß § 794 Abs. 1 Nr. 5 ZPO (siehe hierzu den gesetzlichen Wortlaut im Hinblick auf Nichtanwendbarkeit bei der Räumung von Wohnungen).

2. Durchführung

a) **Persönlicher Umfang.** *aa) Räumungsschuldner.* Sind zusammenlebende **Ehegatten** Mieter, muss ein Titel gegen beide vorliegen. Nach wohl h.M. kann der Vermieter aus einem Räumungstitel, den er gegenüber dem Mieter erwirkt hat, nicht gegen dessen Ehegatten oder Lebensgefährten vollstrecken.[8]
Entscheidend ist, ob die im Haushalt des Räumungsschuldners lebende Person eine eigene, weisungsfreie Sachherrschaft hat (im Gegensatz zum Besitzdiener). Auf diese besitzrechtliche Position kann sich ein Dritter aber dann nicht berufen, wenn er ohne Kenntnis oder gegen den Willen des Vermieters Mitbesitz an der Mietsache begründet hat.[9] Mehrere Mie-

---

[4] LG Berlin WM 1994, 552; a. A. *Baumbach/Lauterbach/Albers/Hartmann* § 887 ZPO Rdnr. 38.
[5] OLG Köln ZMR 1994, 325.
[6] § 887 ZPO Rdnr. 38.
[7] OLG Frankfurt DWW 1989, 360.
[8] OLG Hamburg MDR 1993, 274; OLG Köln WM 1994, 285, OLG Oldenburg NJW-RR 1994, 715.
[9] OLG Hamburg MDR 1993, 274, KG NJW-RR 1994, 713.

ter haben die Mietsache als Gesamtschuldner zurückzugeben. Jeder schuldet die Herausgabe der Mietsache als unteilbare Leistung.[10]

Die Rückgabepflicht ist nur erfüllt, wenn der Vermieter den unmittelbaren Besitz wieder erlangt hat.

Der BGH hat mit Rechtsentscheid[11] klargestellt, dass der vertragliche Räumungs- und Herausgabeanspruch aus § 546 Abs. 1 BGB des ursprünglich mit mehreren Mietern begründeten Mietverhältnisses auch gegen den Mitmieter begründet ist, der seinen Besitz an der Wohnung durch seinen Auszug unter Inkenntnissetzung des Vermieters erkennbar aufgegeben hat.

9   bb) *Weitere Bewohner.* Zur Räumungsvollstreckung ist bei einer Personenmehrheit von Mietern grundsätzlich ein Räumungstitel gegen alle Mieter erforderlich.[12] Streitig ist, ob dies ebenfalls für weitere Angehörige gilt, die nicht Vertragspartei sind.

Wegen dieser Rechtsunsicherheit ist für eine Räumungsklage grundsätzlich ein Rechtsschutzinteresse auch gegen die Personen gegeben, die nicht am Mietvertrag beteiligt sind, z. B. Ehegatten.[13]

> **Praxistipp:**
> Eine Räumungsklage sollte gegen alle im Mietobjekt lebenden, volljährigen Personen geführt werden.

10 cc) *Untermieter.* Zur Räumungsvollstreckung gegen einen Untermieter ist ein entsprechender Räumungstitel immer erforderlich.[14]

Der Vermieter kann gegen Mieter und Untermieter gleichzeitig Räumungsklage erheben, da sie als Gesamtschuldner auf Rückgabe des Mietobjekts haften. Ein Räumungstitel gegen den Mieter wirkt nicht gegen den Untermieter.[15]

11 b) **Sachlicher Umfang.** aa) *Vollständige Räumung.* Ist der Mieter zur Herausgabe der Wohnung verpflichtet, hat er dem Vermieter den unmittelbaren Besitz an der Mietsache einzuräumen. Die bloße Besitzaufgabe stellt keine Erfüllung des Herausgabeanspruchs dar. Ebenfalls genügt nicht das bloße Einwerfen der Schlüssel in den Briefkasten des Vermieters, wenn nicht weitere Umstände hinzutreten, welche den Besitzaufgabewillen dokumentieren.

12 Dies gilt selbstverständlich dann nicht, wenn der Vermieter die ihm angebotene Übernahme des Mietobjekts vereitelt. Hierdurch kann dann der Vermieter gemäß § 293 BGB in Gläubigerverzug geraten mit der Folge, dass dann die Besitzaufgabe durch den Räumungsschuldner ausreicht, § 303 BGB. Derartige Fälle liegen dann vor, wenn der Vermieter auf vorgeschlagene Übergabetermine nicht reagiert, zum vereinbarten Übergabetermin nicht erscheint oder die Übernahme des Mietobjekts unberechtigt verweigert.

13 Die Übertragung des unmittelbaren Besitzes hat an den Vermieter selbst oder dessen Bevollmächtigten zu erfolgen. Bevollmächtigter des Vermieters kann in diesem Falle auch der Nachmieter sein, an den der Räumungsschuldner auf Weisung des Vermieters den unmittelbaren Besitz an der Wohnung überträgt.

14 Zur Verschaffung des unmittelbaren Besitzes an Räumen gehört, dass der Mieter insbesondere die erhaltenen Haustür- und Wohnungsschlüssel zurückgibt. Hält der Mieter alle Schlüssel zurück, wird hierdurch der Rückgabeverpflichtung nicht genüge getan.[16] Erforderlich ist jedoch nicht, dass der Mieter sämtliche Schlüssel zurückgibt, es kommt vielmehr

---

[10] BGHZ 65, 226.
[11] BGHZ 131, 176.
[12] Bub/Treier/*Scheuer* V. A. Rdnr. 24.
[13] Hierzu ausführlich Schmidt-Futterer/*Gather* § 546 BGB Rdnr. 127.
[14] OLG Celle NJW-RR 1988, 913.
[15] Palandt/*Weidenkaff* § 556 BGB Rdnr. 24.
[16] BGHZ 86, 204, 210.

darauf an, ob der Vermieter ohne Beeinträchtigung über das Mietobjekt weiter verfügen kann.[17] Die unterbliebene Rückgabe einzelner Schlüssel berechtigt den Vermieter – nach entsprechender Mahnung – zum Schadensersatz, gerichtet auf Auswechslung der Schließzylinder.

Der Mieter hat das Mietobjekt vertragsgerecht zurückzugeben. Hierzu gehört, dass der Mieter alle beweglichen Sachen mitzunehmen hat, Einbauten sind zu entfernen, Umbauten zu beseitigen, der frühere Zustand ist wieder herzustellen. Hierbei handelt es sich um eine Nebenpflicht, sie bedarf also keiner vertraglichen Abrede, sondern ist Bestandteil der Rückgabeverpflichtung.[18] Teilweise wird dann eine Hauptpflicht angenommen, wenn für die Wiederherstellung erhebliche Kosten aufgewendet werden müssen; der Vermieter muss dann über § 323 BGB vorgehen.[19] 15

Lässt der Mieter seine Einrichtung ganz oder teilweise in den Mieträumlichkeiten zurück, so genügt er seiner Räumungspflicht nicht; bleiben jedoch in den Mieträumlichkeiten nur wenige Teile, ggf. als Gerümpel erkennbar, zurück, so stellt dies trotzdem eine Rückgabe der Mietsache dar.[20] In diesem Fall kann der Vermieter nur Schadensersatzansprüche gemäß § 280 Abs. 1 BGB für seinen Räumungsaufwand geltend machen. 16

Zur Entfernung eines eingebrachten Teppichbodens gehört auch, dass die Klebespuren beseitigt oder der am Unterboden durch das Verkleben entstandene Schaden beseitigt wird. Einrichtungen im Sinne von § 539 Abs. 2 BGB sind vollumfänglich zu entfernen. 17

Vielfach wird übersehen, dass die Entfernungspflicht des Mieters selbst dann nicht entfällt, wenn der Vermieter entsprechende Maßnahmen geduldet oder sogar genehmigt hat. Es ist allenfalls eine Frage des Einzelfalls, ob in bestimmten Erklärungen des Vermieters ein stillschweigender Verzicht auf Entfernung nach Beendigung des Mietverhältnisses gesehen werden kann. In solchen Fällen wird es oft entscheidend auf das Verhalten des Vermieters bei Rückgabe der Mietsache ankommen. Nimmt der Vermieter die Mietsache zunächst vorbehaltlos zurück, wird er später eine Wiederherstellung des ursprünglichen Zustandes nicht mehr verlangen können. 18

Anderes gilt nur dann, wenn die Mietvertragsparteien die Durchführung baulicher Maßnahmen durch den Mieter vereinbart haben. In derartigen Fällen wird der vertragsgemäße Zustand hergestellt, d.h. die Maßnahmen sollen dem Vermieter und damit auch dem Mietobjekt zugute kommen. Hier entfällt dann jegliche Entfernungsverpflichtung.[21] 19

Nach allgemeiner Ansicht ist der Mieter berechtigt, von ihm angeschafftes Heizöl zurückzulassen. Dieses Heizöl muss der Vermieter übernehmen, nach herrschender Meinung zu dem Preis, den der Mieter zum Liefertermin entrichtet hat. 20

> **Praxistipp:**
> Grundsätzlich ist es unerheblich, in welchem Zustand sich das Mietobjekt zum Zeitpunkt der Übergabe befindet. Der Vermieter kann wegen Nichtvorliegens des vertragsgemäßen Rückgabezustands die Rücknahme der Mietsache nicht ablehnen. Der Vermieter geht in solchen Fällen das Risiko ein, in Annahmeverzug zu geraten, §§ 293, 303 BGB. Nur dann, wenn diverse Einrichtungsgegenstände zurückgelassen wurden, die auf eine vertragswidrige Teilräumung hinweisen, fehlt es an einer Räumung.[22]

bb) Teilweise Räumung. Zu Teilleistungen ist der Räumungsschuldner nicht berechtigt, § 266 BGB. Zudem ist die Räumungspflicht eine unteilbare Leistung.[23] Eine derartige Teil- 21

---

[17] OLG Hamburg ZMR 1995, 18; OLG Düsseldorf DWW 1987, 129.
[18] BGH WM 1997, 217.
[19] BGH NJW 1977, 36.
[20] BGHZ 86, 204, 210.
[21] OLG Düsseldorf ZMR 1990, 218.
[22] Vgl. hierzu ausführlich BGHZ 104, 285 ff.
[23] Bub/Treier/*Scheuer* V. A. Rdnr. 20.

räumung liegt vor, wenn der Mieter einen erheblichen Teil der Möbel nicht mitnimmt, den Keller nicht ausräumt, Einbauküche oder Teppichboden in der Wohnung belässt.[24]

22 Das Zurücklassen von wenigem Gerümpel oder Abfall steht der Annahme einer Rückgabe nicht entgegen.[25] Nach den Umständen des Einzelfalls ist zu bewerten, ob beim Zurücklassen einzelner Sachen dem Vermieter die Mietsache vorenthalten wird oder ob der Mieter der Rückgabeverpflichtung genügt hat. Hier wird als wesentliches Kriterium angesehen der Kostenaufwand, der für die Entfernung der zurückgelassenen Sachen entsteht.

3. Räumungskostenvorschuss

23 Der mit der Räumungsvollstreckung beauftragte Gerichtsvollzieher fordert beim Räumungsgläubiger für die erforderliche Beauftragung einer Möbelspedition sowie eventuelle Einlagerungskosten im Regelfall einen Vorschuss an, welcher den 1,5 bis 2-fachen voraussichtlichen Kosten entspricht. Es handelt sich also im Regelfall je nach Umfang des zu räumenden Objekts um Größenordnungen von € 4.000,– bis € 10.000,–.

Gerade gegenüber dem Mieter, dessen Mietverhältnis durch fristlose Kündigung wegen Zahlungsverzuges beendet wurde, wird sich der geleistete Vorschuss wirtschaftlich nicht durchsetzen lassen. Der Räumungsgläubiger wird daher eine Möglichkeit suchen, möglichst kostengünstig wieder in den Besitz des Mietobjekts zu gelangen.

Hier hat der Bundesgerichtshof mittlerweile[26] die Anwendbarkeit des **Berliner Modells** bestätigt.

Danach beauftragt der Räumungsgläubiger gemäß § 885 ZPO den Gerichtsvollzieher nur mit der **Herausgabe** und macht an den in den Räumlichkeiten befinden Gegenständen sein **Vermieterpfandrecht** geltend.

> **Praxistipp:**
>
> Vor Erteilung eines Zwangsvollstreckungsauftrages an den Gerichtsvollzieher – oder auch während dieser Zwangsvollstreckungsmaßnahme – hat der Gläubigeranwalt zu prüfen, ob hohe Räumungskosten anfallen können oder bereits entsprechende Vorschüsse durch den Gerichtsvollzieher angefordert wurden.
>
> In diesem Fall ist der Vollstreckungsauftrag auf die **Herausgabe** zu beschränken. Gleichzeitig ist zwingend anzugeben, dass wegen der Zahlungsrückstände das Vermieterpfandrecht ausgeübt wird.
>
> Zur Beschleunigung der Zwangsvollstreckungsmaßnahme sind dem Gerichtsvollzieher unaufgefordert € 300,– bis € 400,– vorzulegen.

Zur ausführlichen Erläuterung wird verwiesen auf die Ausführungen unter § 73 I.2.b. Dort finden sich auch weitere Hinweise zum **Hamburger Modell** und **Frankfurter Modell**.

III. Räumungsschutz

1. Räumungsschutz nach § 721 ZPO

24 a) **Anwendbarkeit.** § 721 ZPO kommt nur bei Räumungsurteilen gemäß § 704 ZPO zur Anwendung, also wenn das Gericht auf Räumung von Wohnraum bekannt hat. Geschäftsraummietverhältnisse unterfallen diesem Schutz nicht, Mischmietverhältnisse nur dann, wenn der Wohnzweck überwiegt. Bei überwiegend gewerblicher Nutzung kommt jedoch eine (teilweise) Anwendung auf den Wohnraum in Betracht.[27]

---

[24] Vgl. Bub/Treier/*Scheuer* a.a.O. mit weiteren Beispielen.
[25] BGHZ 104, 285, 289.
[26] BGH NJW 2006, 848; NJW 2006, 3273.
[27] BGH NJW 1981, 342; Baumbach/Lauterbach/*Albers*/*Hartmann* § 721 ZPO Rdnr. 4.

b) Gewährung der Räumungsfrist im Urteil (§ 721 Abs. 1 ZPO). Die Entscheidung über 25 die Bewilligung einer Räumungsfrist gehört zum Zuständigkeitsbereich des Prozessgerichts, also nicht des Vollstreckungsgerichts. Die Räumungsfrist kann auf Antrag oder von Amts wegen gewährt werden.

Ein Antrag auf Gewährung einer Räumungsfrist ist vor dem Schluss der mündlichen Verhandlung zu stellen, auf die das Räumungsurteil ergeht. Wird dieser Antrag durch das Gericht übergangen, kann Urteilsergänzung gemäß § 321 ZPO (innerhalb von 2 Wochen!) verlangt werden; zulässig ist auch die sofortige Beschwerde.

> **Formulierungsvorschlag: Antrag auf Gewährung einer Räumungsfrist**
>
> An das Amtsgericht
>
> In Sachen ..../. ......
> beantrage ich namens und in Vollmacht der Beklagten
> 1. Die Klage wird abgewiesen.
> 2. Hilfsweise: Den Beklagten wird eine in das Ermessen des Gerichts gestellte Räumungsfrist bewilligt, mindestens jedoch bis zum ......

Das Gericht entscheidet durch Urteil über das Enddatum der Räumungsfrist. Hierbei hat 27 das Gericht pflichtgemäßes Ermessen auszuüben. Das Interesse des Schuldners an einer Räumungsfrist ist dem Erlangungsinteresse des Gläubigers gegenüber zu stellen. Die Kriterien sind ähnlich wie bei § 574 BGB. Sämtliche Umstände sind einzubeziehen, die gegen oder für Gewährung einer Räumungsfrist und deren Dauer sprechen. Hierzu gehören z. B. Kündigungsgrund, Bedarfssituation des Gläubigers, Dauer des Mietverhältnisses, Vorhandensein von Ersatzwohnraum, bevorstehender Einzug des Mieters in ein eigenes Objekt, Zahlungsfähigkeit und Zahlungswilligkeit, Krankheit des Schuldners, drohende Obdachlosigkeit des Schuldners.[28]

Obwohl eine Räumungsfrist von Amts wegen gewährt werden kann, ist dringend zu emp- 28 fehlen, vor Schluss der mündlichen Verhandlung für den Räumungsschuldner einen entsprechenden Antrag zu stellen. Dieser Antrag kann eine bestimmte Frist oder eine Mindestfrist beinhalten, hierfür maßgebliche Tatsachen sollten substantiiert vorgetragen werden, beides ist aber keine zwingende Voraussetzung.

Da das Gericht jedoch nur Umstände berücksichtigen darf, die vorgetragen sind, sind ent- 29 sprechende ggf. umfangreichere Darlegungen dringend zu empfehlen, vorhandene Beweisantritte wie Urkunden vorzulegen.

> **Praxistipp:**
> Wird der Antrag auf Bewilligung einer Räumungsfrist übergangen, so kann der Schuldner Urteilsergänzung nach § 321 ZPO verlangen, § 721 Abs. 1 Satz 3 ZPO (Frist beachten, 2 Wochen, § 321 Abs. 2 ZPO). Wahlweise ist sofortige Beschwerde zulässig, § 721 Abs. 6 ZPO.

Die Gewährung einer Räumungsfrist hindert den Gläubiger an der Vollstreckung, § 721 30 Abs. 1 ZPO. Die Höchstdauer der Räumungsfrist beträgt 1 Jahr, § 721 Abs. 5 ZPO. Für die sc unselbstständige – Räumungsfristentscheidung entstehen keine weiteren Kosten, die Kostenentscheidung richtet sich nach §§ 91 ff. ZPO, nicht nach § 788 ZPO.

Für den Schuldner besteht die Möglichkeit, über § 93 b ZPO vorgerichtlich die (zu be- 31 gründende) Gewährung einer zeitlich bestimmten Räumungsfrist zu verlangen und ein so-

---

[28] Vgl. hierzu Schmidt-Futterer/*Blank* Anhang 1 zu §§ 574 bis 574c BGB Rdnr. 11 ff.; *Baumbach/Lauterbach/Albers/Hartmann* § 721 ZPO Rdnr. 13 ff. jeweils m. w. N.

fortiges Anerkenntnis hinsichtlich des Räumungsspruchs abzugeben; die Kostenentscheidung wird dann zu Lasten des Gläubigers ausfallen, § 93 b Abs. 3 ZPO.

32　Die Gewährung einer Räumungsfrist führt nicht zur Fortsetzung des Mietverhältnisses. Für die Zeit der Räumungsfrist wird vielmehr ein Nutzungsverhältnis nach § 546 a BGB begründet. Der Mieter kann vor Ablauf der Räumungsfrist jederzeit ausziehen, mit der (ordnungsgemäßen) Rückgabe entfällt der Anspruch des Vermieters auf Nutzungsentschädigung, § 546 a Abs. 1 BGB.

> **Praxistipp:**
> Der Mieter, der vor Ablauf der Räumungsfrist auszieht, hat die nachvertragliche Pflicht, dies rechtzeitig (2 Wochen vorher) anzukündigen, damit eine Weitervermietung erfolgen kann. Ansonsten droht eine Haftung für den Mietausfall.

33　**c) Künftige Räumung (§ 721 Abs. 2 ZPO).** Bei einer Entscheidung über künftige Räumung, §§ 257, 259 ZPO, kann der Schuldner nachträglich einen Räumungsschutzantrag stellen. Dieser Antrag hat spätestens 2 Wochen vor dem Tag, an dem laut Urteil zu räumen ist, beim Amtsgerichts vorzuliegen. Die 2-Wochen-Frist ist eine Ausschlussfrist, es sei denn, die Räumungssache ist noch beim Berufungsgericht anhängig, § 721 Abs. 4 ZPO.

34　**d) Verlängerung oder Verkürzung der Räumungsfrist (§ 721 Abs. 3 ZPO).** Ausschließlich die nach § 721 Abs. 1 und Abs. 2 ZPO gewährte Räumungsfrist kann durch gerichtliche Entscheidung verkürzt oder verlängert werden. Für Räumungsvergleiche siehe die Ausführungen zu § 794 a ZPO.

35　Der Schuldner muss spätestens 2 Wochen vor Ablauf der Räumungsfrist beim Prozessgericht die Verlängerung beantragen. Dieser Antrag muss Darlegungen (und empfohlenermaßen Beweise) für die Notwendigkeit der Fristverlängerung enthalten. Hauptsächlicher Anwendungsfall ist die vorausgegangene Gewährung einer Räumungsfrist wegen fehlenden Ersatzwohnraums. Hier müssen die Bemühungen des Schuldners substantiiert vorgetragen werden, also Schaltung von Zeitungsanzeigen, Beauftragung von Maklern, Reaktion auf Wohnraumangebote, telefonische Bemühungen. Es empfiehlt sich ein chronologischer Aufschrieb mit allen zur Verfügung stehenden Beweismitteln.

> **Formulierungsvorschlag: Antrag auf Verlängerung der Räumungsfrist**
>
> An das Amtsgericht
>
> In Sachen ..../. ......
>
> hat das Gericht eine Räumungsfrist bis ...... bewilligt. Mittlerweile hat sich ergeben, dass ......
> *Beweis:* Schreiben vom ......
> 　　　　　Neuer Mietvertrag, Mietbeginn ......
> Ich beantrage daher, die Räumungsfrist bis ...... zu verlängern.

36　Der Gläubiger kann jederzeit die Verkürzung der Räumungsfrist beantragen. Dies setzt voraus, dass sich die maßgeblichen Umstände nach Entscheidung über die Räumungsfrist geändert haben. Auf Seiten des Gläubigers kann dies eine erhöhte Bedarfssituation, auf Seiten des Schuldners vertragswidriges Verhalten (Zahlungseinstellung oder Bekanntwerden des Erschleichens der vorausgegangenen Räumungsfristentscheidung) sein.

37　**e) Rechtsmittel.** Der Schuldner kann gegen ein erstinstanzliches Räumungsurteil entweder Berufung einlegen und damit gegen den Räumungsanspruch und gleichzeitig gegen die Versagung oder eine seiner Ansicht nach zu kurz bemessene Räumungsfrist vorgehen. Ferner kann die Versagung oder Bemessung der Räumungsfrist isoliert mit der sofortigen Beschwerde angegriffen werden (§ 721 Abs. 6 ZPO), nicht aber parallel zu einem Berufungsverfahren.

Der Gläubiger kann eventuell im Wege der Anschlussberufung eine Verkürzung der Räumungsfrist beantragen, ansonsten hat auch er die Möglichkeit, gemäß § 721 Abs. 6 ZPO sofortige Beschwerde einzulegen. **38**

2. Räumungsfrist, § 794a ZPO

a) Anwendbarkeit. § 794a ZPO gilt nur für gerichtliche Vergleiche nach § 794 Abs. 1 **39** Nr. 1 ZPO, nicht für andere Räumungstitel (siehe hierzu die Ausführungen zu Rdnr. 7).

b) Verfahren. Zuständig ist immer das Amtsgericht, in dessen Bezirk die Mietsache liegt, **40** unabhängig davon, vor welchem Gericht und in welcher Instanz der Räumungsvergleich abgeschlossen wurde.

Das Amtsgericht wird **nur auf Antrag** tätig, dieser ist vom Räumungsschuldner spätestens **41** 2 Wochen vor dem Tag, an dem zu räumen ist, beim Gericht eingehend zu stellen. Wurde die Räumungsfrist durch gerichtliche Entscheidung oder außergerichtliche Vereinbarung bereits verlängert, ist der dort festgelegte Räumungstermin maßgeblich. Nach herrschender Meinung ist der Antrag des Gläubigers auf Verkürzung einer **vereinbarten** Räumungsfrist unzulässig; § 794a Abs. 2 ZPO betrifft nur die Verkürzung einer durch das Gericht bewilligten Räumungsfrist.[29]

3. Räumungsschutz nach § 765a ZPO

a) Anwendungsbereich. Vollstreckungsschutz wird vor allem dann gewährt, wenn der **42** Schuldner die Antragsfristen nach §§ 721, 794a ZPO versäumt hat oder die Höchstfristen nach §§ 721 Abs. 5, 794a Abs. 3 ZPO vollständig ausgeschöpft sind oder über §§ 709, 719 ZPO nicht mehr vorgegangen werden kann.

Formulierungsvorschlag: Antrag auf einstweilige Einstellung der Zwangsräumung

An das Amtsgericht – Vollstreckungsgericht –

In Sachen ..../. ....

beantrage ich namens und in Vollmacht für die Räumungsschuldner:

Die Zwangsräumung des Räumungsgläubigers aus dem Urteil des Amtsgerichts .... vom ...., AZ ...... wird einstweilen eingestellt.

Begründung: (siehe Stichpunkte unter Rdnr. 22)

Praxistipp:

Bei drohender Räumungsvollstreckung und Fehlen jeglicher anderer Schuldnerschutzvorschriften immer Antrag gemäß § 765a ZPO als „ultima ratio" stellen, und zwar spätestens 2 Wochen vor dem festgesetzten Räumungstermin.

Kommt ein Räumungsschutzantrag nach §§ 721, 794a ZPO theoretisch noch in Betracht, zunächst diesen Antrag stellen und immer hilfsweise auf § 765a ZPO verweisen.

---

b) Interessenabwägung. § 765a ZPO ist eine Ausnahmevorschrift und deshalb eng auszulegen.[30] Eine Anwendung kommt nur dann in Betracht, wenn die Räumungsvollstreckung **43** zu untragbaren Ergebnissen führen wird. Voraussetzung ist also, dass ein Räumungsschutz nach §§ 721, 794a ZPO gänzlich ausscheidet. Die drohende Räumungsvollstreckung muss wegen ganz besonderer Umstände eine sittenwidrige, unangemessene Härte mit sich bringen.

---

[29] Vgl. Bub/Treier/*Belz* VII. A. Rdnr. 36.
[30] OLG Köln NJW-RR 1995, 239.

44 Als solche Härtegründe kommen in Betracht:
- erhebliche Gesundheits- oder Lebensgefahr unter Einbeziehung einer konkreten Suizidgefahr;[31]
- drohende Obdachlosigkeit bei rechtswidriger Verwaltungspraxis;
- Notwendigkeit eines Zwischenumzuges, obwohl eine Ersatzwohnung alsbald zur Verfügung steht;[32]
- Bevorstehende Niederkunft des Schuldners oder einer im Hausstand lebenden Familienangehörigen.

45 Mietschulden aus zurückliegender Zeit stehen dem Vollstreckungsschutz nicht entgegen. Es muss jedoch sichergestellt sein, dass der Gläubiger zumindest die künftige Nutzungsentschädigung erhält.[33]

46 Das Bundesverfassungsgericht[34] will bei der Prüfung der sittenwidrigen Härte die Grundrechte des Schuldners ausreichend berücksichtigen und kommt damit zu einer erweiterten Anwendung. Selbstverständlich muss auch das Erlangungsinteresse des Vermieters in die Abwägung einfließen.

47 c) **Verfahren.** Zuständig ist das Vollstreckungsgericht, hier der Rechtspfleger, also das Amtsgericht der belegenen Sache. Gegen den Beschluss ist die befristete Durchgriffserinnerung gegeben, § 11 RechtspflegerG. Das Vollstreckungsgericht kann vor endgültiger Entscheidung gemäß §§ 765 a Abs. 1 Satz 2, 732 Abs. 2 ZPO einstweilige Anordnungen treffen.

48 Der Gerichtsvollzieher selbst kann nach § 765 a Abs. 2 ZPO eine Zwangsräumung bis zur Entscheidung des Gerichts, maximal jedoch eine Woche aufschieben, wenn der Schuldner Tatsachen im Sinne von § 765 a Abs. 1 Satz 1 ZPO glaubhaft gemacht hat.

49 d) **Kosten.** Maßnahmen nach § 765 a ZPO sind solche der Zwangsvollstreckung im Sinne von § 788 ZPO. Entsprechende Kosten I. Instanz sind daher grundsätzlich dem Räumungsschuldner aufzuerlegen.

4. Einstellung der Zwangsvollstreckung

50 Die Zwangsvollstreckung aus Urteilen gemäß § 704 ZPO kann nach §§ 707, 719, 769 ZPO eingestellt werden. Dies setzt jedoch entsprechende Anträge des Schuldners beim Prozessgericht voraus.

5. Wiedereinweisung

51 Droht die Obdachlosigkeit des Räumungsschuldners, so hat dies auf den Räumungsanspruch des Gläubigers grundsätzlich keinen Einfluss.

52 Der Gerichtsvollzieher hat nach § 181 GVGA die Obdachlosenpolizei (Ortspolizei) von der bevorstehenden Zwangsräumung zu unterrichten. Diese kann entweder Ersatzwohnraum zur Verfügung stellen oder zu Lasten des Gläubigers die seitherigen Wohnräume beschlagnahmen und den Schuldner dort wieder einweisen. Ab dem Beschlagnahmezeitpunkt schuldet die Obdachlosenpolizei die Nutzungsentschädigung, in der Regel in Höhe des seitherigen Mietzinses. Außerdem haftet sie für ab diesem Zeitpunkt entstehende Schäden an der Wohnung.[35]

53 Nach den Grundsätzen des Folgenbeseitigungsanspruchs hat die Obdachlosenbehörde ferner **auf eigene Kosten** nach Ablauf der Einweisungsfrist die Räumung vorzunehmen.[36]

---

[31] Vgl. Schmidt-Futterer/*Blank* § 765 a ZPO Rdnr. 8 m. w. N.
[32] Vgl. *Baumbach/Lauterbach/Albers/Hartmann* § 765 a ZPO Rdnr. 26.
[33] LG Hildesheim NJW-RR 1995, 1164.
[34] NJW 1979, 260; ZMR 1997, 626, 627.
[35] BGH NJW 1996, 315.
[36] BGH NJW 1995, 2918.

IV. Zwangsversteigerung und Zwangsverwaltung von Wohnraum

1. Einleitung

Zwangsversteigerung und Zwangsverwaltung als besondere Vollstreckungsarten unterscheiden sich in ihren Voraussetzungen und Wirkungen für **Wohnraummietverhältnisse** und **Gewerberaummietverhältnisse** nicht. Es gelten dieselben gesetzlichen Regeln. Soweit sich in einzelnen Zusammenhängen unterschiedliche Interessenlagen ergeben können, ist im folgenden Teil des Beitrags darauf hingewiesen.

Die Zwangsversteigerung und die Zwangsverwaltung von Grundstücken, Gebäuden und Wohnungseigentum – geregelt im Gesetz über die Zwangsversteigerung und die Zwangsverwaltung[37] (ZVG) – dienen als Maßnahmen der Zwangsvollstreckung gegen den Eigentümer des Grundbesitzes der Befriedigung des titulierten Gläubigeranspruchs. Im einen Falle geschieht dies durch **Verwertung**, nämlich öffentliche Versteigerung des Grundstückseigentums, im anderen Fall bleibt dem Vollstreckungsschuldner das Eigentum zwar erhalten, dem Gläubiger stehen jedoch die nach Abzug der laufenden Lasten und Kosten verbleibenden **Erträge** des Grundstücks, insbesondere Miet- und Pachtzins, zu.

Die Anordnung von Zwangsversteigerung und Zwangsverwaltung geschieht infolge der Verweisung aus §§ 866, 869 ZPO im Abschnitt über die „Vollstreckung in das unbewegliche Vermögen" auf das ZVG nach den allgemeinen Vollstreckungsregeln. Zuständig ist der Rechtspfleger des Gerichts, in dessen Bezirk der Grundbesitz liegt. Er entscheidet durch Beschluss nach Prüfung der allgemeinen und besonderen Vollstreckungsvoraussetzungen.

Ohne Vollstreckungstitel findet die Zwangsversteigerung nur als Verwertungsversteigerung des Erben oder des Insolvenzverwalters[38] oder zur Aufhebung einer Miteigentümer-Gemeinschaft als Teilungsversteigerung statt.[39] In diesen Fällen bedarf über materiellrechtliche Erfordernisse (§ 1365 BGB) hinaus dann, wenn der Miteigentumsanteil an einem Grundstück das ganze Vermögen eines im gesetzlichen Güterstand lebenden Ehegatten darstellt, sein Antrag auf Anordnung der Teilungsversteigerung auch in formeller Hinsicht der Zustimmung des anderen Ehegatten.[40] Aus rechtlichen oder tatsächlichen Gründen gibt es aber in allen diesen Sonderfällen keine Zwangsverwaltung.[41]

Für die **Rechtswirkungen** von Zwangsversteigerung und Zwangsverwaltung gegenüber Mietern des Grundbesitzes sind zwei Zeitpunkte von entscheidender Bedeutung: zum einen derjenige der „**Beschlagnahme**" des Grundbesitzes, zum anderen – wenn es zur Versteigerung kommt – der Zeitpunkt der **Wirksamkeit** der Zuschlagserteilung. Das ZVG macht daher Mieter von beschlagnahmten Grundstücken zu Verfahrensbeteiligten, sofern und sobald ihnen der Grundbesitz überlassen ist.

Zur Sicherstellung der Verfahrensbeteiligung kann eine formelle **Anmeldung** des Mietrechts gemäß § 9 Nr. 2 ZVG beim Vollstreckungsgericht erfolgen:

Formulierungsvorschlag:

An das
Amtsgericht
– Vollstreckungsgericht –
......
Az. .... K ....../......

Durch Beschluss vom ...... ist die Zwangsversteigerung des Grundbesitzes ...... angeordnet worden. Die Wohnung ...... wird von mir seit ...... als Mieter bewohnt. Eine Kopie des schriftlichen Mietvertrages füge ich bei.

---

[37] RGBl. 1898 S. 713 i. d. F. vom 20. 5. 1898, mit zahlreichen Änderungen (im Einzelnen im Schönfelder Nr. 108).
[38] §§ 175 ff., 172 ff. ZVG.
[39] §§ 180 ff. ZVG.
[40] BGH, Beschluss. vom 14. Juni 2007 – V ZB 102/06.
[41] *Stöber* § 172 Rdnr. 7; § 175 Rdnr. 1; § 180 Rdnr. 2.10; *Schiffbauer* ZIP 1982, 526.

> Mein Mietrecht melde ich hiermit an und bitte, mir zukünftig alle gerichtlichen Mitteilungen und Zustellungen zukommen zu lassen. Die Teilnahme an Terminen behalte ich mir vor, ebenso wie Anträge gemäß § 59 ZVG.

60   Die Anmeldung stellt sicher, dass die Ausübung von Rechten – auch soweit sie nicht an die formelle Verfahrensbeteiligung geknüpft sind – jedenfalls rechtzeitig vorbereitet werden kann. In Betracht kommen beispielsweise die Ausübung des Ablösungsrechts gemäß § 268 BGB[42] oder der Antrag auf Änderung der Versteigerungsbedingungen gemäß § 59 ZVG.

2. Zwangsversteigerung

61   Die Zwangsversteigerung erfasst im hier interessierenden Zusammenhang gebuchte Grundstücke und ideelle Bruchteile, die in Allein- oder Miteigentum des als Eigentümer eingetragenen Schuldners oder eines Erben stehen,[43] also insbesondere auch Wohnungs- und Teileigentum. Bei Gesamthandseigentum findet die Immobiliarvollstreckung in den Anteil nicht statt, vielmehr muss die Auseinandersetzung der Gesamthand – nach Anteilspfändung – betrieben werden. Auch bestimmte grundstücksgleiche Rechte, wie Erbbaurechte oder landesrechtliches Stockwerkseigentum unterliegen gemäß § 870 ZPO der Zwangsversteigerung.
Die Anordnung der Zwangsversteigerung wird in Abt. II des Grundbuchs eingetragen.

62   a) **Voraussetzungen.** Mit Ausnahme der Eingangs geschilderten Sonderfälle der Verwertungs- und Auf-hebungsversteigerung wird auf Antrag eines Gläubigers des Schuldners/ Grundstückseigentümers der verfahrenseinleitende Anordnungsbeschluss erlassen, wenn die allgemeinen Voraussetzungen nach der ZPO vorliegen. Alle Zahlungstitel, vollstreckbaren Grundpfandrechte und sonstigen Schuldtitel gemäß § 794 ZPO benötigen danach die Vollstreckungsklausel und müssen zugestellt sein.[44] Das zu beschlagnahmende Grundstück ist im Antrag präzis mit der Grundbuchbeschreibung zu bezeichnen, ebenso ist gemäß § 17 ZVG der Nachweis zu führen, dass der Eigentümer auch der Schuldner ist, gegen lediglich durch Auflassungsvormerkung gesicherte Eigentums-Anwärter ist die Zwangsversteigerung nicht zulässig.

63   Der Eintragungsnachweis ist durch ein Zeugnis des Grundbuchamtes, gegebenenfalls durch eine beglaubigte Grundbuchabschrift zu führen. Im Ausnahmefall der Zwangsversteigerung gegen den noch nicht eingetragenen Erben des Eigentümers ist die Erbfolge durch Urkunden – beispielsweise einen Erbschein – glaubhaft zu machen.

64   b) **Wirkungen.** *aa) Konkurrenz mit Insolvenz.* Ist ein Grundbesitz als Teil des Schuldnervermögens Insolvenzmasse, so unterliegt er nach Eröffnung des Insolvenzverfahrens zunächst der Verwaltung des vom Insolvenzgericht bestellten Insolvenzverwalters, der Schuldner/Eigentümer verliert das Verfügungsrecht, welches vom Insolvenzverwalter ausgeübt wird.[45] Der Insolvenzvermerk wird gemäß § 32 InsO in das Grundbuch eingetragen.

65   Hat das Zwangsversteigerungsverfahren auf Antrag eines Gläubigers schon vorher begonnen, so bleibt die Beschlagnahme im Zwangsversteigerungsverfahren entgegen dem Grundsatz der Insolvenzordnung, dem Verbot der Einzelzwangsvollstreckung, wirksam.[46] Nach Insolvenzeröffnung können **dinglich gesicherte Gläubiger** die Zwangsversteigerung zur abgesonderten Befriedigung betreiben, Grundpfandgläubiger sind also privilegiert. Zwar kann der Insolvenzverwalter selbst auch – neben dem bereits vollstreckenden Gläubiger – die Zwangsversteigerung gemäß § 165 InsO beantragen und betreiben, der Erlös fließt jedoch nur dann in die Masse, wenn der ursprüngliche Betreiber des Zwangsversteigerungsverfahrens seinen Antrag zurücknimmt oder soweit seine Forderung bei Verwertung des Grundbesitzes voll befriedigt wird.

---

[42] Dazu: *Storz* ZIP 1980, 159.
[43] § 864 Abs. 1 und Abs. 2 ZPO, § 17 ZVG.
[44] Auch an den geschäftsführenden Gesellschafter einer GbR: BGH vom 7. 12. 2005 – V ZB 166/05.
[45] § 80 InsO, dazu im Einzelnen das folgende Kapitel (§ 57).
[46] Vgl. §§ 89, 50 Abs. 1 InsO.

bb) Beschlagnahme und ihr Umfang. Die Beschlagnahme umfasst zunächst gemäß § 20 **66** Abs. 1 ZVG den Grundbesitz selbst, dann aber auch alles, worauf sich der **Haftungsverband einer Hypothek** erstreckt,[47] also insbesondere Zubehör und wesentliche Grundstücksbestandteile. Dies gilt aber wegen §§ 95 und 540 Abs. 2 BGB **nicht** für eingebrachte Sachen oder Einbauten des Mieters.[48]

Versicherungsforderungen unterfallen der Beschlagnahme ebenfalls, im Zwangsversteige- **67** rungsverfahren jedoch nicht die Ansprüche auf wiederkehrende Leistungen sowie Miete oder Pacht, insoweit muss Zwangsverwaltung beantragt werden. Ist nur die Zwangsversteigerung angeordnet, bleibt der Schuldner/Eigentümer zur Einziehung der Miete und zur Verwaltung seines Grundstückes während des Verfahrens berechtigt und verpflichtet.

Im Zwangsversteigerungsverfahren ist die Beschlagnahme des Grundstückes der die **68** Zwangsversteigerung anordnende gerichtliche Beschluss. Wirksam wird die Beschlagnahme mit Zustellung des Beschlusses an den Schuldner/Eigentümer oder Eingang des Eintragungsersuchens des Vollstreckungsgerichts beim Grundbuchamt. Entscheidend ist der frühere Zeitpunkt. Die Beschlagnahme wirkt als Veräußerungsverbot, Verfügungen sind also gegenüber dem Antragsgläubiger unwirksam.[49]

cc) Fortbestand des Mietverhältnisses. Die Beschlagnahme hat zunächst auf den Fortbe- **69** stand des Mietverhältnisses keine Auswirkungen, Mietverträge bleiben unverändert bestehen.

Wird ein Mietverhältnis zwar **vor** der Versteigerung begründet, ist aber der Besitz bei Zuschlag dem Mieter noch nicht überlassen, so genießt der Mieter **nicht** den nachfolgend beschriebenen Schutz, es sei denn die Aufrechterhaltung des Mietverhältnisses wird gem. § 59 ZVG zur Bedingung für den Ersteher gemacht.

Wichtig ist allerdings, dass bei schon **vor der Versteigerung dem Mieter überlassenem**[50] Grundbesitz die Vorschriften des BGB modifiziert werden.

dd) Einwirkung auf das Mietverhältnis, Vorausverfügungen, Rechtsgeschäfte und Auf- **70** *rechnung.* Die Wirkungen der Modifikationen treten zwar erst mit Zuschlagserteilung ein, betreffen aber zeitlich früher, nämlich vor oder nach der Beschlagnahme liegende Handlungen:

(1) Vorausverfügungen. Vorausverfügungen über die Miete bleiben unverändert möglich **71** und bis zur Zuschlagserteilung wirksam. Der Vermieter kann also seine Mietforderungen an Dritte abtreten und verpfänden, auch bleibt die Mietpfändung durch Dritte – persönliche Gläubiger des Schuldners – möglich. Gemäß § 57b ZVG gilt jedoch § 566b Abs. 1 BGB insoweit, als solche Vorausverfügungen ihre Wirksamkeit mit dem Zeitpunkt des Zuschlags verlieren. Damit ist sichergestellt, dass der Ersteher die Miete ab dem Zeitpunkt des Zuschlages erhält. Vorher steht sie ihm nicht zu.

Die nach § 566b Abs. 1 BGB grundsätzlich mögliche zeitliche Verschiebung der Wirk- **72** samkeit der Vorausverfügung spielt in der Praxis des Zwangsversteigerungsverfahrens keine Rolle, da zwischen Beschlagnahme und Zuschlag immer mehrere Monate vergehen. Die Beschlagnahme ist deshalb von Bedeutung, weil mit ihr klargestellt ist, dass der Mieter nach dem Zuschlag nicht mehr befreiend an den bisher berechtigten Dritten bezahlen darf. Für die Frage, wem die Mietzahlungen zustehen ist egal, wann sie fällig sind. Entscheidend ist, für welche Zeiträume – vor oder nach dem Zuschlag – sie bezahlt werden. Auf die Kenntnis des Erstehers kommt es für die Unwirksamkeit anderweitiger Vorausverfügungen über die Miete ihm gegenüber nicht an, § 566b Abs. 2 BGB[51] ist in der Zwangsversteigerung nicht anwendbar.[52]

Diese vorstehenden Ausführungen gelten für Miete, die nach periodisch wiederkehrenden **73** Zeitabschnitten bemessen ist, nicht aber wenn die Miete für die gesamte Dauer der Mietzeit

---

[47] § 865 ZPO, § 20 Abs. 2 ZVG mit §§ 1120 bis 1129 BGB.
[48] Einzelheiten bei *Stöber* § 20 Rdnr. 3.2 c und d.
[49] § 23 Abs. 1 ZVG; §§ 135 Abs. 1, 136 BGB.
[50] Zur Überlassung: oben § 14.
[51] Bisher: § 573 S. 2 BGB.
[52] § 57 ZVG verweist nur auf § 566b Abs. 1 BGB, bisher § 573 S. 1 BGB.

festgelegt und noch vor dem Zuschlag vollständig bezahlt wird, § 566c BGB[53] ist unanwendbar. Eine solche Zahlung wirkt auch gegenüber dem Ersteher.[54]

74 *(2) Rechtsgeschäfte.* **Auch Rechtsgeschäfte über die Miete zwischen Mieter und Vermieter** oder einem sonst für letzteren Verfügungsberechtigten, beispielsweise Abtretungsgläubiger, sind und bleiben möglich. Soweit sie Mieten für Zeiträume nach dem Zuschlag betreffen, sind sie dem Ersteher gegenüber unwirksam, wenn der Mieter Kenntnis von der Beschlagnahme hatte und die Rechtsgeschäfte sich auf die Miete für den Monat beziehen, der auf die Kenntniserlangung des Mieters folgt. Erhält der Mieter Kenntnis nach dem 15. eines Monats tritt die Unwirksamkeit erst mit dem übernächsten Monat ein. Bei nach dem Zeitpunkt des Zuschlags vorgenommenen Rechtsgeschäften tritt bei Kenntnis des Mieters die Unwirksamkeitsfolge sofort ein. Wie der Mieter Kenntnis erlangt, durch Zustellung des Anordnungsbeschlusses oder anderweitig, ist ohne Belang.

75 *(3) Aufrechnung.* Dem Mieter bleibt die Möglichkeit der **Aufrechnung** auch dann erhalten, wenn die Miete zwar an den Ersteher zu zahlen ist, die Forderung, gegen die aufgerechnet wird, aber dem bisherigen Vermieter zusteht. Dies aber nur, soweit die Zahlung der Miete an den bisherigen Vermieter nach den vorstehend unter bb) geschilderten Grundsätzen wirksam und damit schuldbefreiend ist. Hat der Mieter die von ihm zur Aufrechnung gestellte Forderung aber erst erworben, nach dem er Kenntnis von der Beschlagnahme erhalten hat, oder ist seine Forderung erst nach diesem Zeitpunkt und später als die Miete fällig geworden, so bleibt die Aufrechnung ausgeschlossen.

76 In allen vorstehend beschriebenen Fällen ist es unerheblich, ob die Verfügungen und Rechtsgeschäfte vor oder nach der Beschlagnahme vorgenommen wurden. War aber das Mietobjekt dem Mieter bei Erteilung des Zuschlages zwar schon vermietet, aber noch nicht überlassen, so wirkt der Mietvertrag überhaupt nur dann für und gegen ihn, wenn dies Bestandteil der Versteigerungsbedingungen war, dies muss **beantragt** werden. Wird der Ersteher auf diese Weise gebunden, sind auch Rechtsgeschäfte und Vorausverfügungen wirksam.[55] Ist der Ersteher nicht gebunden, bleibt dem Mieter nur der Schadensersatzanspruch gegen den bisherigen Schuldner/Eigentümer.

77 c) **Aufhebung und Einstellung des Verfahrens.** Wird das Zwangsversteigerungsverfahren aufgehoben, ohne dass es zu einer Versteigerung des Grundbesitzes kommt, beispielsweise weil der Gläubiger den Antrag zurückgenommen hat, so endet auch die Beschlagnahme. Der bisherige Eigentümer/Schuldner wird wieder in vollem Umfang verfügungsberechtigt. Im Falle der Einstellung des Verfahrens ist zu prüfen, ob sie tatsächlich bezüglich sämtlicher antragstellenden Gläubiger erfolgt ist. Die Beschlagnahme wirkt weiter, wenn einzelne von mehreren Gläubigern das Zwangsversteigerungsverfahren weiterbetreiben. Ebenso bleibt die Beschlagnahmewirkung dann erhalten, wenn die Einstellung des Verfahrens nur vorübergehend erfolgt, das Verfahren dann aber fortgesetzt wird. Es ist dann kein neuer Anordnungsbeschluss notwendig.

78 d) **Zuschlag.** Ist der Mieter durch Anmeldung Beteiligter am Zwangsversteigerungsverfahren geworden, so hat er gemäß § 59 ZVG die Möglichkeit, auf die Versteigerungsbedingungen einzuwirken. Er kann so versuchen, im Falle eines Zuschlages gegebenenfalls weitergehende Bindungen eines Erstehers an den abgeschlossenen Mietvertrag zu erreichen. Von Interesse kann dies für ihn zur Verhinderung oder Verzögerung des Sonderkündigungsrechtes des Erstehers sein. Hierzu ist ein förmliches Verlangen notwendig, das bis zum Beginn der Bietstunde in der Versteigerung gestellt werden kann. Darzulegen ist, dass dem Mieter ein Recht zusteht, das durch die Versteigerung im Falle der Nichtberücksichtigung eine Beeinträchtigung erfahren kann. Dieses Verlangen ist unabhängig von den „gesetzlichen Versteigerungsbedingungen":[56]

---

[53] Früher: § 574 BGB.
[54] BGH ZMR 1998, 141 = NJW 1998, 595.
[55] § 567a BGB, bisher § 578 BGB.
[56] Dazu oben Rdnr. 61 ff.

Formulierungsvorschlag:

An das
Amtsgericht
– Vollstreckungsgericht –
....
Az. ...... K. ....../......
Im vorbezeichneten Verfahren ist Termin zur Zwangsversteigerung für ...... bestimmt.
ich **beantrage** gemäß § 59 ZVG, abweichende Versteigerungsbedingungen dahingehend festzusetzen, dass die Ausübung des Sonderkündigungsrechts eines Erstehers für ... Jahre ausgeschlossen sein soll.
Zur **Begründung** sei ausgeführt, dass ......

Umgekehrt ist es nicht möglich, **ohne** ausdrückliche Zustimmung des Mieters über eine Abänderung der Versteigerungsbedingungen gemäß § 59 ZVG den gesetzlichen Mieterschutz und den Aufschub des Sonderkündigungsrechts auszuschließen. 79

aa) Rechtsnachfolge des Erstehers. Kommt es im Zwangsversteigerungsverfahren zum Zuschlag, also der hoheitlichen Eigentumsübertragung, so tritt der Ersteher Kraft Gesetzes ab dem Zeitpunkt des Zuschlages – nicht erst mit seiner Eintragung ins Grundbuch – in die Rechte und Pflichten aus vor der Versteigerung abgeschlossenen Mietverträgen einschließlich etwaiger Untermietverhältnisse ein, sofern das Grundstück dem Mieter vor der Versteigerung überlassen war.[57] Dies gilt unabhängig davon, ob der Zuschlag durch Beschwerde angefochten wird. Nur wenn das Beschwerdegericht den Zuschlag aufhebt, muss der Mieter die Miete ab Kenntnis vom Aufhebungsbeschluss wieder an den früheren Vermieter leisten, die Zuschlagswirkungen entfallen dann mit Rückwirkung. Während der Dauer des Beschwerdeverfahrens ist der Mieter zwar in seinem Vertrauen auf die Wirksamkeit des Zuschlags geschützt, so dass er an den Ersteher die Miete grundsätzlich befreiend leisten kann,[58] ratsam mag jedoch Hinterlegung mit Rücknahmeverzicht sein[59] um Schuldbefreiung zu erreichen. 80

Wird der Zuschlag allerdings erst nach der Beendigung eines Mietverhältnisses und dem Auszug des Mieters erteilt, führt das nicht (mehr) zum Eintritt des neuen Eigentümers in Rechte und Pflichten des bisherigen Vermieters aus dem beendeten Mietverhältnis und aus einer Sicherungsabrede zur Mietkaution. Ebenso obliegt dem bisherigen Vermieter in diesem Fall die Abrechnung der Nebenkosten aus der im Zeitpunkt des Auszugs des Mieters laufenden Abrechnungsperiode.[60] 81

bb) Mietzahlungen, Vorausverfügungen und Mietsicherheiten. Ist der Mietvertrag für den Ersteher berechtigend und verpflichtend, so steht ihm auch die Miete ab dem Zuschlag zu. Eingeschränkt wird dieser Grundsatz bei bestimmten Rechtsgeschäften Vorausverfügungen und Aufrechnungsbefugnissen des Mieters, wie oben unter 2 d) ausgeführt. 82

Für vom Mieter bezahlte Mietkautionen gilt § 566a BGB[61] auch beim Eigentumswechsel in der Zwangsversteigerung, also durch Zuschlag. Der Ersteher muss Sicherheiten bei Beendigung des Mietverhältnisses also zurückgeben, und zwar auch, wenn sie ihm vom Voreigentümer nicht ausgehändigt oder überlassen wurden. Ist die Sicherheit zwar vertraglich vereinbart, bei Zuschlag aber noch nicht geleistet, so kann sie der Ersteher fordern.

cc) Baukostenzuschüsse des Mieters. Baukostenzuschüsse des Mieters sind heute für das Wohnraummietrecht nur noch von geringer Bedeutung. Für **verlorene Baukostenzuschüsse** haftet der Ersteher nur im Rahmen der gesetzlichen Rückerstattungspflichten, darüber hinaus nicht.[62] 83

---

[57] § 57 ZVG, § 566 BGB, bisher § 571 BGB.
[58] Analog § 836 Abs. 2 ZPO.
[59] Wegen Gläubigerungewissheit: §§ 372 Satz 2, 378 BGB.
[60] BGH NJW 2004, 851; BGH NJW 2007, 1818.
[61] *Stöber* § 57 Rdnr. 4.
[62] Siehe Artikel VI des Gesetzes zur Änderung des zweiten Wohnungsbaugesetzes und anderer Gesetze, §§ 1 ff., abgedruckt in *Schönfelder* als Fn. zu § 546 BGB, bisher § 556 BGB.

84 Abwohnbare Baukostenzuschüsse des Mieters oder Mieterdarlehen muss der Ersteher gegen sich gelten lassen, bei vorzeitiger Vertragsbeendigung also zurückerstatten. Dies in jedem Falle dann, wenn die Mieterleistung zur Herstellung oder Verbesserung – auch Instandsetzung – der Wohnräume gedient hat.[63] Die Leistung des Mieters muss aber auf einer Vereinbarung im Zusammenhang mit dem Mietvertrag beruhen. Leistungen Dritter muss der Ersteher nicht gegen sich gelten lassen, ebenso wenig bloße Zahlungen des Mieters auf Schönheitsreparaturen und Renovierungsleistungen oder Ausstattungsverbesserungen, die lediglich den besonderen Bedürfnissen des Mieters dienen, nicht aber dem Grundbesitz als solchem zugute kommen.

85 *dd) Sonderkündigungsrecht des Erstehers.* Der Zuschlagsbeschluss selbst ist der **Herausgabetitel**, auf dessen Grundlage vom Ersteher gegen den unmittelbaren Besitzer die Räumung betrieben werden kann, beispielsweise wenn der bisherige Eigentümer und seine Familienangehörigen das Grundstück selbst nutzen. Bestehende Mietverhältnisse aber, die der Ersteher beenden will, können – und müssen gegebenenfalls – von ihm zunächst gekündigt werden, Räumungsansprüche gegen Mieter und/oder deren Untermieter sind nach den allgemeinen Regeln durchzusetzen,[64] insoweit ist der Zuschlagsbeschluss **nicht** als Räumungstitel verwendbar.

Hat ein Ersteher Mieträume im Rahmen einer Vollstreckungs- oder Verwertungsversteigerung erworben, so gibt ihm § 57a ZVG ein Sonderkündigungsrecht. Die Vorschrift gilt nicht für den Erwerb durch Teilungsversteigerung, sie ist nur anwendbar, wenn der Wohnraum dem Mieter **vor der Versteigerung** bereits **überlassen** war.

86 Das gesetzliche Sonderkündigungsrecht des § 57a ZVG besteht neben den allgemeinen – vertraglichen oder gesetzlichen – Kündigungsrechten und ist von diesen im Grundsatz unabhängig. Das Sonderkündigungsrecht ist zum Ersten zulässigen Termin ab Wirksamkeit[65] – nicht Rechtskraft! – des Zuschlags und unter Einhaltung der gesetzlichen Frist des § 573c BGB[66] auszuüben, sonst verfällt es und der Ersteher kann anschließend nur noch nach den allgemeinen Regeln kündigen.

87 Für Wohnraummietverhältnisse galten auch bei Ausübung des Sonderkündigungsrechts schon bisher die Mieterschutzbestimmungen des BGB uneingeschränkt, dies war einhellige Auffassung der Rechtsprechung[67] und ist nunmehr gesetzlich geregelt.[68] Diesen Schutz genießt bei Zwischenmietverhältnissen selbstverständlich nicht der gewerbliche Hauptmieter sondern gemäß § 565 BGB dessen Untermieter. Der Ersteher kann also nur unter der Voraussetzung eines berechtigten Interesses, das im Kündigungsschreiben hinreichend darzulegen ist, kündigen.[69] Damit ist das Sonderkündigungsrecht des ZVG nur mehr eine zeitliche, aber keine materielle Erleichterung für die Vermieterkündigung.[70] Die zeitliche Erleichterung kann allerdings erheblich sein, weil auf vertraglich vereinbarte Fristen auch keine Rücksicht genommen zu werden braucht.[71]

88 Mit Ausübung zum „ersten zulässigen Termin" ist nicht unbedingt der Erste, rechnerisch mögliche Termin gemeint, was beispielsweise bei einer Zuschlagserteilung an einem dritten Werktag eines Monats zu offensichtlichen Schwierigkeiten führen würde, vielmehr soll das Kündigungsrecht bestehen, solange es auch bei Beobachtung der erforderlichen Sorgfalt früher nicht ausgeübt werden konnte. Der Ersteher muss die Möglichkeit haben, die Sach- und Rechtslage zu prüfen.[72]

---

[63] BGHZ 15, 296; NJW 1959, 380.
[64] Gegebenenfalls Räumungsklage, dazu oben § 38 Rdnr. 11 ff.
[65] §§ 89, 90 ZVG.
[66] Bisher § 565 BGB, siehe auch § 573 d BGB (neu).
[67] Statt vieler: OLG Hamm WuM 1994, 520 = ZMR 1994, 512.
[68] § 573 d i.V.m. §§ 573, 573a BGB und § 574 BGB, eingeschränkt bei Zeitmietverträgen: §§ 575, 575a BGB.
[69] Siehe § 28.
[70] Vgl. BGHZ 84, 90 = NJW 1982, 1696 und § 573d BGB i.V.m. §§ 573, 573a BGB.
[71] BGHZ 84, 90 und vorhergehende Fn.
[72] OLG Düsseldorf Rechtspfleger 1987, 513.

Ist an einer Wohnung **nach Überlassung** an den Mieter Wohnungseigentum begründet 89
worden, so ist wegen § 577a BGB[73] der Beginn der „gesetzlichen Kündigungsfrist" um die
Sperrzeit hinausgeschoben, auch der Zuschlag in der Zwangsversteigerung ist „Veräußerung" im Sinne dieser Mieterschutzvorschrift,[74] nicht aber schon die bloße Teilung gemäß
§ 8 oder § 3 WEG. Zu beachten hat der Ersteher schließlich auch die im Wohnungsbindungsgesetz enthaltenen Kündigungs- und Nutzungsbeschränkungen, wenn der zugeschlagene Grundbesitz mit öffentlichen Mitteln gefördert wird.

Im Übrigen sind bei Ausübung des Sonderkündigungsrechts auch die ansonsten für Vermieterkündigungen geltenden Form- und Inhaltsregeln[75] zu beachten. 90

Der Mieter kann insbesondere, wenn er sich am Zwangsversteigerungsverfahren formal 91
beteiligt hat, eine Berücksichtigung der für ihn geltenden Schutzvorschriften zu erreichen
versuchen, unter Umständen sogar einen Ausschluss, mindestens aber einen Aufschub des
Sonderkündigungsrechts, der im Übrigen durch vertragliche Vereinbarungen zwischen Mieter und Vermieter/Schuldner nicht möglich ist.[76]

Infolge der Aufhebung der §§ 57c und 57d ZVG durch das 2. Justizmodernisierungsgesetz[77] kommen die Leistungen von verlorenen oder abwohnbaren Baukostenzuschüssen 92
durch Mieter allerdings nicht mehr als Gründe für einen Kündigungsaufschub oder -ausschluss in Betracht. Der Bundesgerichtshof hat im Falle einer Bank, die eine zu Wohnzwecken vermietete Immobilie mit einem lang andauerndes Wohnrecht wegen eines dem Eigentümer gewährten Darlehens in der Zwangsversteigerung erworben hatte, deren berechtigtes
Interesse an der Kündigung des Mietverhältnisses unter der Voraussetzung bejaht, dass der
Mieter seine Rechtsposition durch ein von der Bank wegen Gläubigerbenachteiligung anfechtbares Rechtsgeschäft erlangt hat, bei Fortsetzung des Mietverhältnisses eine Verwertung des Grundstücks zu zumutbaren wirtschaftlichen Bedingungen nicht möglich wäre und
die Bank dadurch erhebliche Nachteile erleiden würde.[78]

3. Zwangsverwaltung

Das Zwangsverwaltungsverfahren sichert dem Gläubiger die Ansprüche auf **Nutzungen** 93
des Grundbesitzes. Ist dieser bereits vermietet, kommt statt dessen bei Vorliegen eines Zahlungstitels auch die Mietpfändung – gegebenenfalls in privilegierter Art für den dinglichen
Gläubiger – in Betracht. Mit der bloßen Pfändung kann allerdings eine wirtschaftliche Nutzung des Grundbesitzes nicht erreicht oder erzwungen werden. Dies ist nur im Rahmen der
Zwangsverwaltung möglich, wo es Aufgabe des vom Gericht bestellten Zwangsverwalters ist,
die Nutzungsmöglichkeiten sicherzustellen, also beispielsweise auch eine Vermietung von leer
stehenden Räumen vorzunehmen. Hierdurch wird der scheinbare Nachteil – dass nämlich
zunächst von den Erlösen die laufenden Lasten abgezogen werden – wohl ausgeglichen. Im
Übrigen ist durch die Anordnung der Zwangsverwaltung und die Einsetzung eines gerichtlich
bestellten Zwangsverwalters sichergestellt, dass der Wert des Grundstückes bis zur Zwangsversteigerung gesichert ist und notwendige Erhaltungsmaßnahmen ausgeführt werden. Die
Zwangsverwaltung ist also in erster Linie für den gleichzeitig die Versteigerung betreibenden
Gläubiger interessant, dies im Übrigen auch aus Gründen der Rangordnung – § 10 ZVG gilt
mit den Einschränkungen in § 155 Abs. 2 ZVG auch in der Zwangsverwaltung – bei der Befriedigung der Ansprüche.[79]

a) Voraussetzungen. Die Voraussetzungen für die Anordnung der Zwangsverwaltung sind 94
die Eingangs des Kapitels und unter II 1. für die Zwangsversteigerung bereits beschriebenen.
Ergänzend dazu ist die Zwangsverwaltung auch gegen den Schuldner möglich, der noch
nicht als Grundeigentümer eingetragen ist, das Grundstück aber als **Eigenbesitzer** nutzt.

---

[73] Bisher § 564b Abs. 2 Nr. 2 S. 2 und 3 BGB.
[74] BayObLG NJW-RR 1992, 1166.
[75] Oben Teil J § 40.
[76] Stöber, ZVG, § 57a Rdn. 8.1.
[77] Art. 11 Ziff. 5 des 2. JuMoG vom 22. 12. 2006, BGBl. I 2006, 3416.
[78] BGH Urteil vom 16. 1. 2008, VIII ZR 254/06.
[79] Dazu im Einzelnen unter Rdnr. 129 ff.

Praktisch bedeutsamer Fall ist derjenige Schuldner, der als Grundstückskäufer durch eine Auflassungsvormerkung gesichert und dem das Grundstück vom Verkäufer bereits übergeben ist. Als vollstreckender Gläubiger kommt in diesem Falle der Grundpfandgläubiger in Betracht, der die Kaufpreisfinanzierung am noch nicht umgeschriebenen Grundbesitz zu Lasten des Erwerbers abgesichert hat. Insoweit ist ein Zwangsverwaltungsantrag des persönlichen Gläubigers nicht möglich, der antragstellende dingliche Gläubiger benötigt neben dem dinglichen Vollstreckungstitel gegen den Erwerber/Schuldner auch einen Duldungstitel gegen den Eigentümer. Selbstverständlich ist gegen einen Mieter als Schuldner eine Zwangsverwaltung nicht möglich, da der Mieter sachenrechtlich nicht Eigenbesitzer, sondern Fremdbesitzer ist.

95 **b) Wirkungen.** *aa) Konkurrenz mit Mietpfändungen, anderen Zwangsvollstreckungsmaßnahmen und Insolvenz.* Einzelzwangsvollstreckungsmaßnahmen – beispielsweise **Mietpfändungen** – verlieren ihre Wirkung wegen des relativen Veräußerungsverbots. Die Beschlagnahmewirkung durch Anordnung der Zwangsverwaltung beziehungsweise Kenntniserlangung des Mieters davon haben immer Vorrang. Grundsätzlich gilt, dass die dingliche Pfändung derjenigen wegen persönlicher Ansprüche vorgeht,[80] das gilt auch, wenn der persönliche Gläubiger zunächst eine Zwangshypothek eintragen lässt.[81] beide verlieren in der Insolvenz allerdings wegen § 49 InsO ihre Wirkung,[82] die Zwangsverwaltungs-Beschlagnahme wiederum genießt ab dem laufenden, spätestens dem darauf folgenden, Monat auch davor Priorität.[83] Innerhalb derselben Rangstufe zeitlich aufeinander folgende Beschlagnahmen, also mehrere dingliche Pfändungen oder mehrere Zwangsverwaltungs-Verfahrensbeitritte werden nach dinglichen Rangordnungen, nicht zeitlicher Priorität bedient.[84] Dieser Vorrang gilt im Grundsatz, soweit der Umfang der Beschlagnahme, also der Haftungsverband reicht, auch gegenüber dem Insolvenzverwalter.[85]

96 *bb) Beschlagnahme und ihr Umfang.* Anders als bei der Zwangsversteigerung wirkt sich im Zwangsverwaltungsverfahren die Beschlagnahme unmittelbar und sofort auf das Mietverhältnis aus: Der gerichtlich bestellte Zwangsverwalter rückt anstelle des Eigentümers/Schuldners, der sein Benutzungs- und Verwaltungsrecht, verliert in die **Vertragsrechte** und **Pflichten** ein. Abgeschlossene Mietverträge wirken sofort für und gegen ihn, sofern der Grundbesitz dem Mieter bei Anordnung der Beschlagnahme bereits überlassen ist.

97 Der Mieter oder Nutzer hat die Miete oder Nutzungsentschädigung ab dem Zeitpunkt seiner Kenntnis von der Beschlagnahme oder ab der Zustellung des gerichtlichen Zahlungsverbotes nur noch an den Zwangsverwalter zu bezahlen, die Weiterzahlung an den Vermieter/Schuldner befreit dann nicht mehr von der Schuld.[86] Es besteht also ein erhebliches Risiko, doppelt in Anspruch genommen zu werden und gegenüber dem Eigentümer/Schuldner den Bereicherungs- oder Rückzahlungsanspruch nicht realisieren zu können.

98 Nicht übersehen sollte der Mieter insbesondere, dass seine Aufrechnungsmöglichkeiten, beispielsweise wegen Ersatzansprüchen für werterhöhende Verwendungen, gegen Vermieterforderungen stark eingeschränkt[87] sowie **Vorausverfügungen** über die Miete und **Vorauszahlungen** darauf gegenüber dem Zwangsverwalter nur noch im Monat der Beschlagnahme, bestenfalls noch dem darauf folgenden Monat wirksam sind. Das gilt selbst dann, wenn die etwaigen Ansprüche auf Mietzahlung vor der Bestellung des Grundpfandrechts abgetreten wurden, aufgrund dessen die Beschlagnahme im Zwangsverwaltungsverfahren erfolgt. Auch diese Ansprüche fallen in den Haftungsverband gem. § 1124 BGB.[88] Die Beschlagnahme hat selbst dann Vorrang, wenn die Abtretung zugunsten eines besser berechtigten – aber nicht

---

[80] § 1124 Abs. 2 BGB, vgl. Palandt/*Bassenge* § 1124 Rdnr. 5.
[81] BGH Urteil vom 13. 3. 2008 – IX ZR 119/06 – BeckRS 2008 06237.
[82] BGH NZM 2006, 714.
[83] OLG Celle WM 1955, 851; LG Braunschweig ZIP 1996, 193; *Stöber* § 148 Rdnr. 2.3.
[84] § 879 BGB für dingliche Pfändung; §§ 155, 10 ZVG für Zwangsverwaltung.
[85] *Stöber* § 152 Rdnr. 3.17.
[86] §§ 148, 146, 20 ZVG i. V. m. §§ 1123 ff. BGB.
[87] OLG Stuttgart, Urteil vom 17. 4. 2008 – 13 U 213/07 – BeckRS 2008, 7789.
[88] BGH NJW 2006, 993.

betreibenden – Grundpfandgläubigers erfolgte Wirksam gemäß § 1124 BGB ist allerdings eine gemäß dem Mietvertrag geleistete Mietvorauszahlung in einem Einmalbetrag, die nicht auf der Grundlage periodischer Zeitabschnitte (etwa Monate oder Jahre) bemessen ist, wenn sie vor der Beschlagnahme erfolgt. Unerheblich ist, ob die Einmalzahlung vor oder nach der Bestellung des Grundpfandrechts vereinbart und gezahlt wird.[89] Die Beschlagnahme hat also praktisch für den Mieter annähernd dieselben Folgen wie ein gewillkürter Eigentumswechsel und wie im Zwangsversteigerungsverfahren der Zuschlag. Insoweit kann auf die Ausführungen oben unter II 4 verwiesen werden. Der Verwalter hat allerdings kein Sonderkündigungsrecht.

99 Die Beschlagnahmewirkungen und damit die Befugnisse des Zwangsverwalters haben die volle Reichweite des Hypotheken-Haftungsverbandes, es verbleiben also keinerlei Vorbehaltsrechte des Eigentümers mehr. Für Wohnraummietverhältnisse heißt das, dass der Verwalter nicht nur die Miete, sondern auch die Nebenkostenvorauszahlungen einzuziehen und abzurechnen hat, gegebenenfalls auch für zurückliegende Abrechnungszeiträume.[90] Seine Verwaltungsbefugnis erstreckt sich auf sämtliche Bestandteile und Erzeugnisse des Grundstücks, auch auf Versicherungsforderungen.

100 Die Rechte des Zwangsverwalters erstrecken sich selbstverständlich nicht auf eingebrachte Sachen oder Einbauten des Mieters, insoweit gelten §§ 95 und 539 Abs. 2, 552 BGB[91] auch in der Zwangsverwaltung. Schließlich steht ihm auch kein Sonderkündigungsrecht gem. § 57 a ZVG zu.

101 *cc) Stellung und Befugnisse des Zwangsverwalters.* Der Zwangsverwalter entscheidet über die Verwaltung des Grundbesitzes und dessen Verwendung, Instandsetzung und Instandhaltung. Verwerten darf er der Beschlagnahme unterworfene Gegenstände, beispielsweise **Zubehör**, nicht, es sei denn dies ist für die ordnungsgemäße Verwaltung unerlässlich, wenn beispielsweise der Verkauf verderblicher Ware oder von „Früchten" des Grundstücks erforderlich wird. Einen **Gewerbebetrieb hat** er nicht zu führen, aber gegebenenfalls durch Vermietung zu nutzen.

102 Der Zwangsverwalter hat das Grundstück in – bei Vermietung mittelbaren – Besitz zu nehmen. Die Ausübung der Eigentümerbefugnisse im Umfang der Beschlagnahme bedeutet allerdings nicht, dass der Verwalter auch alle Verbindlichkeiten auszugleichen hätte. Für persönliche Steuern des Schuldners ist dies ohnehin nicht der Fall, aber auch sonstige Forderungsrückstände, die vor der Beschlagnahme entstanden sind, beispielsweise aus Energielieferungsverträgen, sind nicht aus den Mitteln der Zwangsverwaltung – seien es über Mieten erwirtschaftete oder vom Gläubiger als Vorschuss geleistete – zu bestreiten.[92] Sind Energie- uns sonstige Leistungen der **Daseinsvorsorge** von den Leistungserbringern wegen Zahlungsrückständen des Schuldners eingestellt, kann der Zwangsverwalter den Neuabschluss von Lieferverträgen mit ihm selbst verlangen und gegebenenfalls gerichtlich durchsetzen, soweit das Versorgungsunternehmen Monopolstellung einnimmt,[93] Vorauszahlungen zur Sicherstellung können aber verlangt werden.[94]

103 Soweit der Schuldner einen Hausverwalter – nicht WEG-Verwalter, dazu unten – bestellt hatte, tritt der Zwangsverwalter in bestehende Verträge, da bloß schuldrechtliche und nicht „auf dem Grundstück lastende" nicht notwendigerweise ein, gleiches gilt für vom Schuldner/Eigentümer etwa angestellte Hausmeister. Es entscheidet der Verwalter, ob die Fortsetzung der Beauftragung notwendig ist.

104 Ist der beschlagnahmte Grundbesitz **Wohnungseigentum**,[95] so erstrecken sich Beschlagnahme und damit Befugnisse des Zwangsverwalters auch auf die **Mitgliedsrechte** an der Wohnungseigentümergemeinschaft,[96] insbesondere die Ausübung des Stimmrechts. Er kann

---

[89] BGH NJW 2007, 2919.
[90] BGH NJW 2003, 2320.
[91] Bisher § 547 a BGB.
[92] *Haarmayer* § 155 ZVG Rdnr. 9.
[93] LG Oldenburg NJW-RR, 1992, 53.
[94] OLG Düsseldorf ZIP 1989, 1002.
[95] Einzelheiten dazu bei: *Wolicki* NZM 2000, 321.
[96] *Stöber* § 152 Rdnr. 16.1.

aber nicht etwa die Auszahlung des ideell auf die Schuldnerwohnung entfallenden Anteils an den Rücklagen verlangen, diese stehen den Wohnungseigentümern gesamthänderisch zu.

105 Auch **Prozesse** im Zusammenhang mit dem beschlagnahmten Grundstück und der „Zwangsverwaltungsmasse"[97] sind vom Zwangsverwalter zu führen oder, soweit schon anhängig und Nutzungen des Grundstücks betreffend, fortzusetzen. Endet das Zwangsverwaltungsverfahren – hierzu ergeht stets ein Aufhebungsbeschluss des Vollstreckungsgerichts – so endet seine **Prozessführungsbefugnis** mit Beendigung des Amtes in den Fällen der Antragsrücknahme.[98] Im Falle einer Beendigung der Zwangsverwaltung nach Zuschlag im Versteigerungsverfahren ist streitig, ob begonnene Rechtsstreite insbesondere wegen beschlagnahmter Mietforderungen vom Zwangsverwalter noch zu Ende geführt werden können,[99] nachdem § 12 Abs. 2 der am 1. Januar 2004 in Kraft getretenen neuen Zwangsverwalterverordnung[100] vorsieht, dass das Vollstreckungsgericht im Aufhebungsbeschluss oder gesondert Anordnungen über etwa fortdauernde Befugnisse des Zwangsverwalters auch bei Antragsrücknahme treffen kann.

106 Für **Mietsicherheiten/Kautionen** gilt folgendes: Hat der bisherige Vermieter vor Beschlagnahme vom Mieter eine Sicherheitsleistung erhalten, so haftet neben ihm auch der Zwangsverwalter für die Rückgabe, wenn das Mietverhältnis während des Zwangsverwaltungsverfahrens endet Das gilt unabhängig davon, ob der Vermieter dem Zwangsverwalter die Kaution ausgehändigt hat oder nicht. Gegebenenfalls ist der Zwangsverwalter von sich aus verpflichtet, die Kaution entsprechend § 551 Abs. 3 BGB anzulegen.[101] Der Zwangsverwalter kann die Herausgabe einer Kaution beim Eigentümer/Schuldner erzwingen, hierfür genügt als Vollstreckungstitel der Anordnungsbeschluss mit der Besitzverschaffungsermächtigung.[102] Hat der Schuldner, gegen den der Zwangsverwalter aufgrund des die Zwangsverwaltung anordnenden Beschlusses die Zwangsvollstreckung zur Erwirkung der Herausgabe der vom Mieter geleisteten Barkaution betreibt, allerdings eidesstattlich versichert, er habe als Vermieter der der Zwangsverwaltung unterliegenden Sache die Kaution mit rückständigen Mietzahlungen verrechnet, ist er im Verfahren der Herausgabevollstreckung regelmäßig nicht mehr zu weitergehenden Auskünften darüber verpflichtet, mit welchen Forderungen genau er die Kaution verrechnet hat.[103]

107 Obschon eigentlich nicht mit der Erhaltung und Benutzung des Grundstücks zusammenhängende Pflichten, insbesondere Zahlungspflichten des Eigentümers den Zwangsverwalter nicht treffen,[104] berücksichtigt § 566a BGB auch in der Zwangsverwaltung und im Zwangsversteigerungsverfahren vorrangig die Interessen des Mieters.[105] Der Mieter ist damit gegenüber den anderen Gläubigern des Vermieters begünstigt, dies soll wegen des einer Treuhand ähnlichen Verhältnisses zwischen Mieter und Vermieter im Hinblick auf die Gewährung der Kaution gerechtfertigt und vom Gesetzgeber gewollt sein.[106] Der Mieter darf gegenüber dem Zwangsverwalter daher wohl auch mit dem Rückforderungsanspruch gegen den Vermieter aufrechnen.[107]

108 Allerdings ist die Haftung des Verwalters gegenüber dem Mieter in zweierlei Hinsicht beschränkt: Er hat die Kaution zum einen nur zurückzuerstatten, wenn das Mietverhältnis nach der Beschlagnahme im Zwangsverwaltungsverfahren endet, bei einer früheren Beendigung greift § 152 Abs. 2 ZVG nicht. Zum anderen besteht keine Erstattungspflicht im Sinne einer „Nachhaftung", wenn die Beschlagnahme im Zwangsverwaltungsverfahren durch

---

[97] Bub/Treier/*Belz* VII A 3.5. Rdnr. 144.
[98] BGH NJW-RR 2003, 1419.
[99] BGHZ 71, 216; BGH NJW-RR 1993, 442 u. a.; *Stöber* § 161 Rdnr. 7; a. A. *Haarmayer* § 12 ZwVwV (siehe nachfolgende Fn.) Rdnr. 7 ff.
[100] ZwVwV v. 19. 12. 2003 BGBl. I S. 2804.
[101] BGH NJW 2009, 1673.
[102] BGH vom 14. 4. 2005 – V ZB 6/05, NZM 2006, 71.
[103] BGH Beschluss vom 21. 2. 2008 – I ZB 66/07 – BeckRS 2008, 6344.
[104] *Stöber* § 152 Rdnr. 9.14.
[105] BGH NJW 2003, 849; a. A. *Stöber* § 57 Rdnr. 4 und *Haarmayer* § 155 ZVG Rdnr. 10 ff.
[106] BGH NJW 2003, 849; OLG Hamburg NJW-RR 2002, 878.
[107] Problematisch wegen §§ 392, 1125 BGB.

Aufhebungsbeschluss des Vollstreckungsgerichts vor Rechtshängigkeit der Klage des Mieters auf Kautionsrückzahlung endet[108]

Hat der Zwangsverwalter die Sicherheit vom Eigentümer/Schuldner erhalten, so ist er bei Beendigung des Mietverhältnisses zur Rückgabe an den Mieter, bei Fortsetzung des Mietverhältnisses nach Zuschlag zur Aushändigung an den Ersteher verpflichtet. Rück- oder Weitergabpflicht bestehen auch, wenn der Zwangsverwalter die Kaution bei Neuabschuss eines Mietvertrages selbst und unmittelbar vom Mieter erhalten hat.[109] Während des laufenden Verfahrens ist eine Kaution, soweit der Sicherungsfall eintritt, vom Zwangsverwalter zu verwerten.

dd) Mietvertragsabschluss durch Zwangsverwalter. Über die ohnehin geltenden Formerfordernisse des BGB[110] hinaus ist dem Zwangsverwalter für von ihm abzuschließende Mietverträge durch § 6 Abs. 1 der Zwangsverwalterverordnung die **Schriftform** vorgeschrieben. Dies dient in erster Linie Beweiszwecken, da Mietverträge auch nach Beendigung des Zwangsverwaltungsverfahrens bestehen bleiben, also im Falle der Einstellung oder Aufhebung der bisherige Eigentümer, im Falle der Versteigerung der Ersteher gemäß § 566 BGB[111] in den laufenden Mietvertrag eintritt. Ansonsten gelten für Mietverträge mit dem Zwangsverwalter keine Besonderheiten, mit Ausnahme der nachfolgend beschriebenen:

(1) Festmietverträge. Wollte der Zwangsverwalter unter der Geltung des bisherigen Mietrechts **Mietverträge mit Laufzeiten über mehr als ein Jahr** schließen, so sollte er die Zustimmung des Vollstreckungsgerichts einholen. Wirksamkeitsvoraussetzung war dies jedoch nicht.[112] Der Bedarf für diese Regelung soll wegen der mit der Neuregelung in § 575 BGB nur noch begrenzt möglichen Vereinbarung befristeter Mietverhältnisse und des in § 57a ZVG „implizierten" Schuldnerschutzes entfallen sein.[113] Dieses Argument trifft allerdings nicht auf die Fälle der Beendigung des Zwangsverfaltungsverfahrens ohne Zuschlag im Versteigerungsverfahren zu, auch fällt der – erlaubte – befristete Verzicht auf das Recht zur ordentlichen Kündigung nicht unter § 575 BGB, ebenso wenig der Abschluss befristeter Gewerberaummietverträge mit ggf. langer Laufzeit.

Allerdings muss der Zwangsverwalter gemäß § 10 Abs. 1 Nr. 2 Zwangsverwalterverordnung die Zustimmung des Gerichts einholen, wenn er von der Vereinbarung der im folgenden unter *(2)* dargestellten Klauseln absehen will.

(2) Haftungsfreizeichnung. Der Zwangsverwalter muss sich gemäß § 6 Abs. 2 Zwangsverwalterverordnung von möglichen **Haftungsrisiken freizeichnen**, die sich durch verschiedene Verfahrensgestaltungen ergeben können. Dies betrifft zunächst den Fall, dass das Mietobjekt vor der Überlassung[114] durch den Zwangsverwalter an den Mieter versteigert wird, es sollen dann Schadensersatzansprüche des Mieters, dem dann ein Überlassungsanspruch gegen den Ersteher als Rechtsnachfolger nicht zusteht,[115] ausgeschlossen sein. Die Vertragsklausel hat also zu lauten:

> **Formulierungsvorschlag:**
>
> Der Mieter ist nicht berechtigt, Ansprüche aus dem Vertrag zu erheben, wenn das Grundstück vor der Überlassung an ihn im Wege der Zwangsversteigerung veräußert wird.

Der zweite Fall betrifft die Möglichkeit, dass das dem Mieter durch den Zwangsverwalter überlassene vermietete Grundstück versteigert wird, der in den Vertrag gemäß §§ 57 ZVG,

---
[108] BGH NZM 2006, 680; BGH NZM 2005, 312 = WuM 2005, 463.
[109] *Haarmayer* § 6 ZwVwV Rdnr. 31 ff.
[110] Dazu Teil C § 10.
[111] Bisher: § 571 BGB.
[112] BGH NJW 1992, 3041.
[113] So die amtliche Begründung zu § 6 ZwVwV (oben Fn. 55).
[114] Dazu Teil E § 18.
[115] § 566 BGB.

566 BGB[116] eintretende Ersteher die vertraglichen oder gesetzlichen Pflichten aber nicht erfüllt. Auch dafür soll der Zwangsverwalter entgegen § 566 Abs. 2 BGB[117] nicht haften:

> **Formulierungsvorschlag:**
>
> Die gesetzliche Haftung des Vermieters für den vom Ersteher zu ersetzenden Schaden wird für den Fall ausgeschlossen, dass das Grundstück nach der Überlassung an den Mieter im Wege der Zwangsversteigerung veräußert wird und der an die Stelle des Vermieters tretende Ersteher die sich aus dem Mietverhältnis ergebenden Pflichten nicht erfüllt.

115　Schließlich sind noch Ersatzansprüche des Mieters gegen den Zwangsverwalter für den Fall der Sonderkündigung des Mietverhältnisses durch den Ersteher gemäß § 57 a ZVG oder den Erwerber gemäß § 111 InsO auszuschließen, beispielsweise bei unberechtigter Kündigung.[118] Folgende zusätzliche Klausel ist also zu vereinbaren:

> **Formulierungsvorschlag:**
>
> Der Vermieter ist von Schadensersatzansprüchen freigestellt, die sich im Falle einer gemäß § 57 a Satz 1 ZVG oder § 111 InsO erklärten Kündigung möglicherweise ergeben.

116　*ee) Pflichten des Zwangsverwalters.* Der allgemeine Pflichtenkreis des Verwalters ergibt sich aus seiner Aufgabe, den beschlagnahmten Grundbesitz zu verwalten, zu erhalten und die möglichen Nutzungen zu ziehen. Für Altschulden des Eigentümers/Schuldners haftet er, wie oben ausgeführt, grundsätzlich nicht. Im Übrigen hat er die **Ausgaben der Verwaltung**[119] zu bestreiten. Dazu gehören die laufenden Kosten der Gebäudeerhaltung, gegebenenfalls Löhne von Bediensteten wie Hausmeistern, Hausverwalter und die Zahlung von Versicherungsprämien für gebäudebezogene **Versicherungen** (Haftpflicht, Elementarschaden, Feuer usw.), aber auch die Kosten für Energie- und Wasserversorgung.[120] Notfalls muss er Versicherungsverträge neu abschließen,[121] schon um auch sein eigenes persönliches Haftungsrisiko zu verringern. Wie sich aus der Formulierung „laufende" Kosten ergibt, sind Rückstände nicht auszugleichen. Hiervon geltend insgesamt zwei Ausnahmen.

117　*(1) Öffentliche Lasten.* Zum einen bezüglich der **laufenden öffentlichen Lasten.** Hierzu gehören gemäß §§ 156, 13 Abs. 1 ZVG auch die jeweils letzten, vor der Beschlagnahme fällig gewordenen Beträge öffentlich-rechtlicher Forderungen wie Grundsteuer oder Wasserzins, aber nur, soweit es sich um regelmäßig wiederkehrende eben „laufende" Lasten handelt, nicht beispielsweise **Erschließungsbeiträge.** Diese laufenden Lasten gleicht der Zwangsverwalter ohne weiteres Verfahren aus. Einmalige Forderungen, Rückstände wegen anderer, also nicht öffentlich-rechtlicher Lasten und bei wiederkehrenden Leistungen ältere als die letzte Fälligkeit sind im Zwangsverwaltungsverfahren anzumelden und werden nach einem **Teilungsplan** wie sonstige Gläubigerforderungen auch entsprechend ihrer Rangeinordnung aus den möglicherweise erzielten Überschüssen ausgeglichen.[122]

118　*(2) Wohngeld.* Eine weitere Ausnahme gilt im Ergebnis bei **Wohngeldrückständen,** sofern der beschlagnahmte Grundbesitz eine Eigentumswohnung ist. Grundsätzlich sind alle diejenigen Beträge vom Zwangsverwalter zu bezahlen, die laufend ab der Beschlagnahme ge-

---

[116] Bisher: § 571 BGB.
[117] Siehe vorhergehende Fn.
[118] Dazu § 28.
[119] § 155 ZVG.
[120] BGH NJW 2009, 1677.
[121] Vgl. jetzt § 9 Abs. 3 ZwVwV (oben Fn. 55).
[122] *Stöber* § 155 Rdnr. 4, 6 ff.; *Haarmayer* § 155 ZVG Rdnr. 2 ff., 15 ff.

schuldet werden, insbesondere also Wohngeld-Vorauszahlungen. Dies schließt ausnahmsweise auch denjenigen Anteil mit ein, der zur Rücklagenbildung der WEG geleistet wird. Insoweit kann sich der Verwalter nicht der allgemeinen Pflicht zur Beitragsleistung entziehen,[123] obwohl er grundsätzlich keine Zahlungen zur Kapitalbildung leisten darf.

Infolge der Änderung des § 10 ZVG durch die WEG-Novelle sind Hausgeldansprüche der Eigentümergemeinschaft nun in einer neuen Rangklasse 2 ausdrücklich genannt. Daraus wird teilweise die Schlussfolgerung gezogen, dass die laufenden Hausgeldzahlungen, insbesondere aber Sonderumlagen und Einmalzahlungen auf Jahresrechnungen an die WEG nur noch insoweit ohne weiteres Verfahren zu befriedigende laufende „Ausgaben der Verwaltung" gemäß § 155 ZVG seien, als sie laufenden öffentlichen Ausgaben gleichgestellt sein. Im Übrigen könnten Zahlungen nur noch im Rahmen von gerichtlichen Teilungsplänen (§ 156 Abs. 2 ZVG, dazu unten Rdnr. 47a) erfolgen. Jedenfalls aber dürften Hausgeldzahlungen nur noch aus erwirtschafteten Überschüssen des Verfahrens bestritten werden, nicht aber aus Mitteln, die als Verfahrensvorschuss eines Gläubigers gezahlt wurden.[124] Eine höchstrichterliche Klärung steht noch aus.

Werden Jahresabrechnungen von der Versammlung der Wohnungseigentümer gebilligt, entsteht auch hinsichtlich des zwangsverwalteten Grundbesitzes eine Zahlungspflicht in beschlossener Höhe. Selbstverständlich kann der Verwalter diese **Kosten**, soweit mietrechtlich **umlegbar**[125] auf den Mieter abwälzen. Er muss dann auch gegenüber dem Mieter abrechnen, soweit sich dann ein Guthaben für diesen wegen an den bisherigen Vermieter vor der Beschlagnahme geleisteten Vorauszahlungen ergibt, soll eine Erstattungspflicht des Zwangsverwalters bestehen.[126] 119

Umstritten ist aber die Zahlungspflicht des Verwalters, wenn die festgestellte **Jahresabrechnung** des WEG-Verwalters Rückstände wegen nicht geleisteter (Voraus-)Zahlungen des Eigentümers/Schuldners mit einschließt. 120

Grundsätzlich ist eine während der Zeit der Zwangsverwaltung entstehende Wohngeld-Zahlungspflicht unabhängig davon vom Zwangsverwalter zu erfüllen, ob die geforderten Beiträge vor oder nach dem Beschlagnahmezeitpunkt entstanden sind, sofern der die Fälligkeit herbeiführende Beschluss der Wohnungseigentümergemeinschaft gefasst wurde, während das Zwangsverwaltungsverfahren andauert.[127] Dies erfasst jedenfalls **Sonderumlagen,** die deshalb beschlossen wurden, weil einzelne Eigentümer oder der konkrete Schuldner/Eigentümer in der Vergangenheit Wohngeldzahlungen nicht geleistet haben, so entschieden für den Fall des Beschlusses über eine Sonderumlage nach Konkurseröffnung,[128] weil hier neben die alte und weiterbestehende Forderung der Wohnungseigentümergemeinschaft bezüglich der Vorschüsse gegen den Schuldner die neue, durch den Sonderumlage-Beschluss erstmals begründete weitere Forderung trat. 121

In jedem Falle sind auch Schuldsalden vom Zwangsverwalter auszugleichen, die aus Zahlungsrückständen des Eigentümers/Schuldners für dasjenige Abrechnungsjahr herrühren, in das die Beschlagnahme fällt. Geschuldet wird aber nicht die Nachzahlung der Vorschüsse, sondern der Saldo der genehmigten Jahresabrechnung.[129] 122

Für übernommene Schuldsalden aus davor liegenden Abrechnungsjahren gilt, dass der Zwangsverwalter für **Vorschussrückstände** nicht haftet, also auch nicht zur Nachzahlung der gesamten Rückstände verpflichtet ist. Vielmehr sind aus den Mitteln der Zwangsverwaltung als „Kosten der Verwaltung" allenfalls die sogenannten **„Spitzenbeträge"** zu bestreiten, also die Differenz zwischen der Abrechnungsgesamtforderung für ein zurückliegendes Jahr und den im betroffenen Abrechnungszeitraum geschuldeten Vorauszahlungen, unabhängig 123

---

[123] Stöber § 152 Rdnr. 16.3 m. w. N.
[124] AG Duisburg Urteil vom 29. 7. 2008 – 76 a C 24/08; LG Köln NZM 2008, 936; Schneider NZM 2008, 919 m. w. N.
[125] Dazu Teil I § 36 und §§ 556, 556 a, 560 BGB.
[126] OLG Hamburg Rpfleger 1990, 219; BGH ZinsO 2003, 656, 657; kritisch: Haarmayer § 6 ZwVwV Rdnr. 30.
[127] BGHZ 104, 197 = NJW 1988, 1910; allgemeine Ansicht.
[128] Nach BGHZ 108, 44 = NJW 1989, 3018 Masseschuld.
[129] Stöber § 152 Rdnr. 16.3.

davon, ob sie tatsächlich geleistet wurden.¹³⁰ Dies aber nur, soweit die Zahlung während der Zwangsverwaltung fällig geworden ist. Sonst bleibt es beim Grundsatz der Nichthaftung für Altschulden, die dann nur, soweit tituliert, im Verfahren angemeldet werden können und im Rahmen des Teilungsplanes, also meist im Rang nach den Forderungen der Grundpfandgläubiger, berücksichtigt werden.

124 Die Instanzrechtsprechung war ursprünglich der Auffassung gewesen, der gesamte aus früheren Wirtschaftsjahren in die aktuelle Abrechnung übernommene Saldo werde geschuldet.¹³¹ Einfacher liegen die Dinge bei **Abrechnungsguthaben:** Solche aus zurückliegenden Wirtschaftsjahren und vor der Beschlagnahme beschlossenen Jahresabrechnungen stehen dem Eigentümer/Schuldner zu, solche aus während der Zwangsverwaltung beschlossenen dem Zwangsverwalter, unabhängig davon, ob der Überschuss sich etwa aus noch vor der Beschlagnahme vom Eigentümer geleisteten Zahlungen ergibt.

125 Auch die Abrechnung von Betriebskostenvorauszahlungen gegenüber Mietern gehört zu den Verwalterpflichten. Soweit sich für Mieter ein Guthaben wegen an den bisherigen Vermieter vor der Beschlagnahme geleisteten Vorauszahlungen ergibt, soll eine Erstattungspflichten des Zwangsverwalters bestehen.¹³² Die Abrechnungspflicht soll sich nach Auffassung des BGH auch auf Zeiträume vor Beschlagnahmewirksamkeit erstrecken, und zwar nicht nur auf bereits begonnene, aber erst nach der Beschlagnahme endende, sondern auch auf vor Beginn der Verwaltung bereits beendete Abrechnungsperioden, für die der Schuldner/Eigentümer seiner Abrechnungspflicht nicht nachgekommen ist.¹³³ Etwaige Mieterguthaben aus solchen Abrechnungen muss der Verwalter dann auch aus den Verwaltungsmitteln, in letzter Konsequenz also ggf. aus einem vom Vollstreckungsgläubiger zu leistenden Vorschuss, erstatten.¹³⁴

126 **c) Beendigung der Zwangsverwaltung.** Das Zwangsverwaltungsverfahren kann aus mehreren Gründen enden. In Betracht kommen beispielsweise Rücknahme des Gläubigerantrags, Zuschlagserteilung im Zwangsversteigerungsverfahren oder die Befriedigung der Gläubigeransprüche. In jedem Falle ist ein – nach Meinung des BGH¹³⁵ stets konstitutiver – förmlicher **Aufhebungsbeschluss** des Vollstreckungsgerichts notwendig.¹³⁶ Unabhängig von den im Folgenden dargestellten Arten der Verfahrensbeendigung wird der Verwalter für von ihm begründete, aber noch nicht ausgeglichene oder abgerechnete Verbindlichkeiten – beispielsweise aus Versorgungsverträgen – gut daran tun, Rückstellungen zu bilden, um Haftungsrisiken auszuschließen, wen sich die Auffassungs durchsetzen sollte, dass § 154 ZVG in entsprechender Anwendung auch nicht förmlich am Verfahren Beteiligte begünstigt.¹³⁷

127 *aa) Verfahrensaufhebung ohne Zuschlag.* Nimmt der Gläubiger seinen Verfahrensantrag zurück, so endet die Beschlagnahme, entgegen der bislang herrschenden Auffassung nicht bereits mit dem Eingang einer Antrags-Rücknahmeerklärung des Gläubigers bei Gericht, sondern mit dem gerichtlichen Aufhebungsbeschluss.¹³⁸ In den anderen Fällen der Verfahrensbeendigung ohne Zuschlagserteilung endet die Beschlagnahme mit der Zustellung des Aufhebungsbeschlusses an Gläubiger und Schuldner. Auf den Eintritt der Rechtskraft kommt es nicht an.

128 Die Aufhebung der Zwangsverwaltung hat auf den Bestand laufender Mietverträge, unabhängig vom Zeitpunkt ihres Abschlusses, keinen Einfluss. Der Zwangsverwalter hat grundsätzlich mit Zustellung des Aufhebungsbeschlusses an ihn seine Tätigkeit zu beenden. Er hat dann auch keine Befugnisse mehr. Insbesondere darf er keine Mieten mehr einziehen und auch keine Ausgaben mehr tätigen, es sei denn, das Vollstreckungsgericht hat ihn dazu

---

130 BGH NJW 1994, 1866; Bub/Treier/*Belz* VII A 3.5 (Rdnr. 142); BayObLG NJW-RR 1999, 1458; *Stöber* § 152 Rdnr. 16.2 b) .
131 U. a. BayObLG ZIP 1991, 812; OLG Karlsruhe ZMR 1990, 189.
132 *Stöber* ZVG, § 152 Rdnr. 3.5.
133 BGH WuM 2003, 510.
134 BGH NJW 2006, 993.
135 BGH NJW 2008, 3067.
136 § 161 ZVG.
137 OLG Schleswig Urteil vom 21. 12. 2007 – 1 U 66/07 – BeckRS 2008 00947.
138 BGH NJW 2008, 3067.

ermächtigt.¹³⁹ Den beschlagnahmten Grundbesitz muss er an den Schuldner oder – falls während der Zwangsverwaltung ein gewillkürter Eigentumswechsel stattgefunden hat – an den Eigentümer herausgeben. Soweit der Zwangsverwalter einen Verfahrensüberschuss erwirtschaftet hat, sind hiervon die Gerichtskosten zu bestreiten und nach Bewilligung und Festsetzung durch das Gericht die Vergütung und Auslagen des Zwangsverwalters zu entnehmen. Der danach verbleibende Überschuss ist vom Zwangsverwalter an den Eigentümer/Schuldner herauszugeben. Mit Verfahrensaufhebung erlangt der Eigentümer/Schuldner wieder seine vollen Eigentümerbefugnisse und auch die damit verbundenen Pflichten. Hierzu gehört auch die Abrechnung von Mietnebenkosten und gegebenenfalls Erstattung nicht verbrauchter Vorauszahlungen.¹⁴⁰ Im Übrigen binden die Rechtshandlungen des Zwangsverwalters den wieder berechtigten Schuldner/Eigentümer, beispielsweise Vertragsänderungen bleiben auch ihm gegenüber wirksam.

bb) Aufhebung nach Rechtskraft des Zuschlages im Zwangsversteigerungsverfahren. 129
Obwohl die Wirksamkeit eines Zuschlagsbeschlusses im Zwangsversteigerungsverfahren bereits mit seiner Verkündung eintritt, endet nicht auch die Zwangsverwaltung bereits zu diesem Zeitpunkt. Vielmehr wird das Zwangsverwaltungsverfahren erst dann aufgehoben, wenn der Zuschlag auch rechtskräftig geworden ist.

Hieraus ergibt sich zunächst, dass der Zwangsverwalter seine Tätigkeit auch nach Zuschlagserteilung bis zur Verfahrensaufhebung fortsetzen muss. Selbstverständlich wird der Zwangsverwalter in dieser „Abwicklungsphase" keine weitreichenden Entscheidungen mehr treffen. Für seine Tätigkeiten nach dem Zuschlag bis zur Verfahrensaufhebung ist er dem Ersteher gegenüber verantwortlich. Er hat auch diesem gegenüber diejenigen Einnahmen und Ausgaben abzurechnen, die nach der Zuschlagswirksamkeit zu Gunsten und zu Lasten des Erstehers angefallen sind, also alle diejenigen Zahlungen, die Zeiträume nach der Zuschlagswirksamkeit betreffen. Einnahmen und Ausgaben, die für Zeiträume getätigt werden, die vor der Zuschlagswirksamkeit liegen, sind vom Zwangsverwalter gegenüber dem Gericht abzurechnen. Diese Zahlungen erhöhen oder schmälern die Teilungsmasse, aus der die Gläubiger nach dem Teilungsplan zu befriedigen sind. Soweit allerdings dem Ersteher die Abrechnung der Nebenkostenvorauszahlungen und die Rückzahlung des Überschusses obliegt, weil das Mietverhältnis über den Zeitpunkt der Zuschlagswirksamkeit und Aufhebung der Zwangsverwaltung hinaus fortbestand, ist der Zwangsverwalter bei der über den Zuschlag hinaus fortgesetzten Verwaltung verpflichtet, die vom Mieter für die Zeit vor dem Zuschlag vereinnahmten, aber nicht verbrauchten Nebenkostenvorauszahlungen an den Ersteher auszukehren,¹⁴¹ besser noch, die Abrechnung für die Zeit der Zwangsverwaltung selbst vorzunehmen.

Wie bereits oben ausgeführt, muss der Zwangsverwalter mit Ermächtigung des Vollstreckungsgerichts solche Rechtsstreite, die er noch während des Zwangsverwaltungsverfahrens begonnen hat und die Nutzungen und Lasten des Grundbesitzes während der Zeit der Beschlagnahme betreffen, fortführen und notfalls sogar neu beginnen.¹⁴²

Der Mieter kann die Miete während des noch laufenden Zwangsverwaltungsverfahrens mit befreiender Wirkung weiterhin an den Zwangsverwalter bezahlen, dieser hat ja gegenüber dem Ersteher abzurechnen. Im Übrigen gelten die Ausführungen, auch zur Möglichkeit der Hinterlegung, oben II 4 sinngemäß. Wie ausgeführt, hat der Zwangsverwalter auch ihm überlassene Mietsicherheiten an den Ersteher nach Aufhebung des Zwangsverwaltungsverfahrens weiterzugeben.

Ein offensichtlicher Konflikt besteht, falls der Ersteher nach Wirksamkeit des Zuschlages das ihm zustehende Sonderkündigungsrecht ausüben will, das Zwangsverwaltungsverfahren aber noch läuft. Insoweit ist allein der Ersteher berechtigt, die Kündigung auf Grund des ohnehin nur ihm zustehenden Rechts zu erklären.¹⁴³ Auch die im Zusammenhang mit der

---

¹³⁹ § 12 Abs. 2 Zwangsverwalterverordnung.
¹⁴⁰ *Stöber* § 161 Rdnr. 5.2 ff.
¹⁴¹ BGH Urt. vom 11. Oktober 2007 – IX ZR 156/06, dazu *Ganter* ZfIR 2008, 389.
¹⁴² Siehe oben unter Rdnr. 105.
¹⁴³ *Stöber* § 57a Rdnr. 2.8.

Sonderkündigung stehenden Rechte sind vom Ersteher auszuüben. Insbesondere hat er etwaige Räumungsprozesse selbst und nicht durch den Zwangsverwalter zu führen, es sei denn er hat diesem Vollmacht erteilt. Die „verlängerte" Verwaltung bezieht sich bis zu ihrem Ende auf den Schuldner, nicht auf den Ersteher.[144] Eine Ausnahme bilden nur die seltenen Fälle, in denen ein Beteiligter des Zwangsversteigerungsverfahrens eine gerichtliche Verwaltung gemäß § 94 ZVG durch Bestellung eines Verwalters bis zur Zahlung oder Hinterlegung des Bargebotes des Erstehers veranlasst. Mit dieser Verwaltung „für Rechnung des Erstehers" kann verhindert werden, dass dieser – obwohl seine endgültige Berechtigung noch nicht feststeht – wirksame und ggf. für Gläubiger oder andere Beteiligte nachteilige Verfügungen über den Grundbesitz trifft.

V. Insolvenz im Wohnraummietverhältnis[145]

1. Einleitung

134 Voraussetzungen und Wirkungen der Insolvenz einer Vertragspartei unterscheiden sich bei **Wohnraummietverhältnissen** und **Gewerberaummietverhältnissen** nur in wenigen Einzelheiten. Es gelten dieselben gesetzlichen Regeln, so dass alle grundlegenden und gemeinsamen Fragen im gewerbemietrechtlichen Teil des Werks behandelt werden.[146] An dieser Stelle beschränkt sich die Darstellung daher auf die Besonderheiten bei Wohnraummietverhältnissen.

2. Insolvenzrechtliche Besonderheiten bei Wohnraummietverhältnissen in der Insolvenz des Mieters

135 a) **Rücktritt und auflösende Bedingung.** Bei Wohnraum gilt § 572 BGB, das **Verbot** für den Vermieter, sich **vertraglich** ein **Rücktrittsrecht** für die Zeit nach Überlassung der Mieträume vorzubehalten oder den Mietvertrag zum Nachteil des Mieters unter eine **auflösende Bedingung** zu stellen. Wird das Insolvenzverfahren über das Vermögen des Mieters nach Mietvertragsabschluss, jedoch vor der Überlassung der Mieträume eröffnet, können sowohl Vermieter als auch Mieter aber von Gesetzes wegen gemäß § 109 Abs. 2 InsO vom Vertrag zurücktreten.

136 b) **Freigaberecht des Insolvenzverwalters.** Ist gemieteter Wohnraum bei Insolvenzeröffnung dem Mieter bereits überlassen, so steht dem Insolvenzverwalter des Vermögens des Mieter-Schuldners statt des Rechts zur vorzeitigen Kündigung des Mietverhältnisses nach § 109 Abs. 1 Satz 1 InsO ein „Freigaberecht" gem. § 109 Abs. 1 Satz 2 InsO zu. Es kann – wie das Kündigungsrecht – ohne Rücksicht auf die vereinbarte Vertragsdauer und unabhängig von der Überlassung ausgeübt werden.[147] Die Freigabeerklärung mit gesetzlicher Frist nach § 573c BGB gilt im Grundsatz also auch für befristete Mietverhältnisse oder solche, bei denen die Kündigungsrechte durch Vertrag zeitlich oder gegenständlich beschränkt sind. Ist vertraglich eine kürzere Frist vereinbart, so gilt diese.[148]

137 Folge der Freigabe ist, dass nach Abgabe der entsprechenden Erklärung und Ablauf einer der Kündigungsfrist entsprechenden Zeit das Mietverhältnis über die Wohnung zwar fortbesteht, die nach Ablauf der Frist geschuldeten Mieten aber nicht aus der Insolvenzmasse sondern vom Schuldner aufgebracht werden müssen. Dadurch entfällt für den Insolvenzverwalter neben der Möglichkeit, durch Beendigung des Mietverhältnisses etwa Mietsicherheiten zur Masse zu ziehen, ein wesentlicher weiterer Beweggrund für die Kündigungserklärung. Gleichzeitig ist der Konflikt zwischen Erhaltung der Insolvenzmasse und Herbeiführung einer Obdachlosigkeit des Schuldners gelöst.[149] Damit wird dem Reformziel der Insolvenzordnung Rechnung getragen, die Grundlagen für eine Sanierung des schuldne-

---

[144] *Stöber* § 161 Rdnr. 6.3.
[145] Überarbeitung des bis zur Vorauflage von RA *Frank Katzenberger*, betreuten Kapitels.
[146] S. u. § 72.
[147] *Eckert* ZIP 1996, 897, 901.
[148] *Tintelnot* ZIP 1995, 616, 621.
[149] Braun/*Kroth* InsO § 109 Rdnr. 2.

rischen Vermögens zu erhalten und andererseits den Schuldner nicht des persönlichen Lebensmittelpunktes zu berauben.

Der Mieter-Schuldner konnte unter dem früheren Rechtszustand eine vom Verwalter erklärte Kündigung selbst dann nicht verhindern, wenn er seinen Zahlungsverpflichtungen gegenüber dem Vermieter nachgekommen war, da mit der Eröffnung des Verfahrens seine Verfügungsbefugnis über zur Insolvenzmasse gehörendes Vermögen endet (§ 80 Abs. 1 InsO). Diese bedeutende Einschränkung des Mieterschutzes wurde für Wohnraummietverhältnisse nicht für tragbar gehalten, und § 109 Abs. 1 InsO im oben beschriebenen Sinn so novelliert, dass das allgemeine Sonderkündigungsrecht des Verwalters entfallen ist.[150] Damit unterliegt die Frage der Fortsetzung oder Aufgabe des Wohnraummietverhältnisses im Rahmen der vertraglichen Vereinbarungen der Disposition des Mieter-Schuldners selbst.

Allerdings kann der Insolvenzverwalter, um Einnahmen zu erzielen, vom Schuldner nicht benötigte oder ganz freigegebene, aber noch gemietete Räume untervermieten, hat sich dann aber selbstverständlich an die vertraglichen Pflichten zu halten.

Der Vermieter kann nur die Mieten, die nach Insolvenzeröffnung bis zur Beendigung des Mietverhältnisses oder bis zum Ablauf des der Kündigungsfrist entsprechenden Zeitraums nach der Freigabeerklärung fällig werden, aus der Masse fordern (§ 55 Abs. 2 InsO). Danach ist der Schuldner – während der Verfahrensdauer aus den ihm etwa verbleibenden pfandfreien Mitteln – persönlich zur Zahlung verpflichtet. Bei Nichterfüllung und nachfolgender Vermieterkündigung ist er und nicht der Verwalter ggf. Räumungsschuldner. Im Insolvenzverfahren kann der Vermieter einen als Insolvenzforderung qualifizierten Schadensersatzanspruch (§ 109 Abs. 1 Satz 3 InsO) geltend machen.

c) **Mietsicherheiten.** Hat der Vermieter entgegen § 551 Abs. 3 BGB eine Mietkaution nicht von seinem **Vermögen getrennt** angelegt, sind die Rückforderungsansprüche des Mieters nur einfache **Insolvenzforderung**.[151] Allerdings stehen dem Mieter bei Wohnraummietverhältnissen **deliktische Ansprüche** gegen den Vermieter (§ 823 Abs. 2 BGB, § 266 StGB) wegen Verletzung der Vermögensbetreuungspflicht im Sinne des § 266 Abs. 1 StGB zu.[152] Auch die **gesetzlichen Vertreter** einer **juristischen Person** als Vermieter haften persönlich, wenn sie in zurechenbarer Weise gesetzwidrig über die Kaution verfügt haben.[153] In der Insolvenz des Vermieters, der natürliche Person ist, sind deliktische Schadensersatzansprüche zwar teilweise von den insolvenzrechtlichen Vollstreckungsverboten nach §§ 114 Abs 3 Satz 3 i. V. m. 89 Abs. 2 Satz 2 InsO ausgenommen und damit privilegiert, von größerer Bedeutung ist jedoch, dass sie bei entsprechender Kennzeichnung in der Forderungsanmeldung und Feststellung zur Tabelle gem. § 302 Nr. 1 InsO von der Restschuldbefreiung ausgenommen sind. Damit kann die Beitreibung nach Wegfall der Vollstreckungssperre bei Beendigung des Insolvenzverfahrens, längstens der Wohlverhaltensperiode, fortgesetzt werden.

3. Insolvenzrechtliche Besonderheiten bei Wohnraummietverhältnissen in der Insolvenz des Vermieters

Besonderheiten gegenüber den allgemeinen insolvenzrechtlichen Regelungen ergeben sich, wenn der Insolvenzverwalter vermietete Wohnräume freihändig oder im Wege der Zwangsversteigerung veräußert (§§ 165 InsO, §§ 172 ff. ZVG) und der Erwerber das **Sonderkündigungsrecht** unter Einhaltung der gesetzlichen Frist ausübt. Es gelten dann ergänzend die allgemeinen Mieterschutzbestimmungen, u. a. die §§ 573 und 573a BGB,[154] aber auch die §§ 574 ff. BGB.[155] Damit stellt sich § 111 InsO lediglich als Frist- nicht aber als materielle Erleichterung einer Erwerberkündigung dar. Bisher vom aufgehobenen § 57c ZVG erfasste Finanzierungsleistungen des Mieters können von diesem nun nicht mehr zur Verlängerung des Mietverhältnisses eingesetzt werden, es bleibt ihm nur die Abrechnung und Geltendmachung.

---
[150] Dazu im Einzelnen *Eckert* NZM 2001, 260 sowie Braun/*Kroth* InsO § 109 Rdnr. 16 ff.
[151] BGH Urteil vom 20. 12. 2007 – IX ZR 132/06.
[152] BGH Beschluss vom 2. 4. 2008 – 5 StR 354/07.
[153] Vgl. Schmidt-Futterer/*Blank* § 551 BGB Rdnr. 111.
[154] BR-Drucks. 1/92, S. 147/148.
[155] Braun/*Kroth* InsO § 111 Rdnr. 10.

§ 40 Außergerichtliche Konfliktlösung

Übersicht

	Rdnr.
I. Ausgangslage	1–5
II. Außergerichtliche Konfliktlösung	6–11
1. Aktuelle Entwicklung	6–9
2. Begriff und Arten der außergerichtlichen Konfliktlösung	10/11
III. Verhandeln	12/13
IV. Schlichtung	14–23
1. Obligatorische Schlichtung	14–17
2. Freiwillige Schlichtung	18–23
a) Allgemeines	18
b) Verfahren vor Schiedsleuten	19/20
c) Mietschlichtungsstellen	21–23
V. Mediation	24–43
1. Allgemeines	24–33
a) Begriffsbestimmung und Abgrenzung	24/25
b) Prinzipien der Mediation	26–30
c) Verfahrensablauf	31
d) Pflichten des Mediators – Aufgaben des Anwalts in der Mediation – Honorar	32/33
2. Mediation im Mietrecht	34–43
VI. Resümee	44

Schrifttum: *Glenewinkel,* Mietstreitigkeiten im System der Konfliktbearbeitung, WuM 2002, 649; *Haft/ Schlieffen,* Handbuch Mediation, 2. Aufl. 2009; *Harmuth,* Mediation in der Wohnungswirtschaft, Grundeigentum 2003, 866; *Heller/Schulz,* Mediation im Wohnungseigentum, WuM 2002, 659; *Hess,* Mediation und weitere Verfahren konsensualer Streitbeilegung – Regelungsbedarf im Verfahrens- und Berufsrecht?, Gutachten für den 67. Deutschen Juristentag, 2008; *Kleinrahm,* in: Hensler/Koch, Mediation in der anwaltlichen Praxis, 2000; *Kloster-Harz,* Mediation im Mietrecht, in: Harz/Kääb/Riecke/Schmid, Miete und Mietprozess, 5. Aufl. 2006; *Kraus,* Um des lieben Friedens willen – Mediation in der Berliner Wohnungswirtschaft, GuT 2007, 279; *Plett/Boysen,* Mietschlichtung in der Praxis, 1998; *Prütting,* Außergerichtliche Streitschlichtung, 2003; *Risse,* Wirtschaftsmediation, 2003; *Schwarz,* Praxis und Zukunft der außergerichtlichen Regelung von Mietkonflikten, 1996.

I. Ausgangslage

1   Die **Zahlen** verdeutlichen, welch hoher Anteil der Bevölkerung auf die Wohnraummiete angewiesen ist. So wurden im Jahr 2006 von den insgesamt 36.984.000 Haushalten in Deutschland 57,4% vom Hauptmieter genutzt, 1,7% vom Untermieter und 40,9% vom Eigentümer.[1]

Dazu kommt die große Bedeutung, die die Mietwohnungen für die Mieter haben, die nicht zuletzt das **Bundesverfassungsgericht** dazu veranlasst hat, dem Besitzrecht des Mieters eigentumsrechtliche Qualität im Sinn des Art. 14 Abs. 1 Satz 1 GG zuzusprechen. Die Wohnung sei für jedermann Mittelpunkt der privaten Existenz. Der Einzelne sei auf ihren Gebrauch zur Befriedigung elementarer Lebensbedürfnisse sowie zur Freiheitssicherung und Entfaltung seiner Persönlichkeit angewiesen. Der Großteil der Bevölkerung könne zur Deckung des Wohnbedarfs jedoch nicht auf Eigentum zurückgreifen, sondern sei gezwungen, Wohnraum zu mieten. Das Besitzrecht des Mieters erfülle unter diesen Umständen Funktionen, wie sie typischerweise dem Sacheigentum zukämen.[2]

---

[1] Statistisches Bundesamt, Tabelle Haushalte nach Haushaltsstruktur und Art der Nutzung der Wohneinheit – Deutschland 2006, www.destatis.de.
[2] Vgl. BVerfGE 89, 1 ff. = NJW 1993, 2035 ff.

Das **hohe Konfliktpotential** im Mietrecht ist deshalb weder nach Quantität noch nach 2
Qualität verwunderlich. Es spiegelt sich in der unvermindert hohen Zahl der mietrechtlichen Verfahren wider. So erledigten die Amtsgerichte
- im Jahr 1998 306.151 Verfahren aus dem Wohnraummietrecht, das waren 18,6% der Gesamtzahl von 1.643.794 erledigten Verfahren;
- im Jahr 2000 belief sich die Zahl auf 300.115 (20,3% von insgesamt 1.478.992 Verfahren),
- im Jahr 2002 sank die Zahl auf 288.758 Verfahren (20,4% von insgesamt 1.415.395 Verfahren),
- um im Jahr 2005 wieder auf 299.133 Verfahren zu steigen (20,6% von insgesamt 1.449.260 Verfahren).[3]

Die Zahlen zeigen eine erstaunliche Konstanz. Der Anteil der Verfahren im Wohnraummietrecht liegt seit Jahren stets über 20% aller von den Amtsgerichten erledigten Verfahren in Zivilsachen. Die absoluten Zahlen schwanken mit der Entwicklung der Gesamtzahl der Verfahren. Dazu kamen im Jahr 2005 vor den Amtsgerichten noch 41.936 Verfahren in sonstigen Mietsachen, d. h. vor allem Verfahren bezüglich der Miete von Gewerberäumen und von beweglichen Gegenständen, sowie vor den Landgerichten 65.636 erstinstanzliche Verfahren in Miet-/Kredit-/Leasingsachen, die ebenfalls überwiegend dem gewerblichen Bereich zuzuordnen sind.[4]

Die Relevanz des Mietrechts für einen so großen Teil der Bevölkerung und die Erfahrun- 3
gen aus einer Vielzahl von Prozessen zeigen, dass in diesem **klassischen Bereich eines Dauerschuldverhältnisses außergerichtliche Konfliktlösungsmethoden** verstärkt Anwendung finden können. Denn mit gerichtlichen Auseinandersetzungen wird in den seltensten Fällen bei „Störungen" im Mietverhältnis eine Lösung erreicht, die auf Dauer den Frieden wiederherstellt, da bei Urteilen einer der Beteiligten als Gewinner, der andere als Verlierer die Arena verlässt und die persönlichen Beziehungen häufig auf der Strecke bleiben.[5] Zwar werden in der Praxis viele Vergleiche geschlossen, doch häufig nur, weil man ein nachteiliges Urteil befürchtet und nicht um „Frieden zu schließen". Dagegen zeigen die Erfahrungen aus der Praxis, dass durch die Mediation in einem wesentlich größeren Anteil der Fälle auf Dauer tragfähige Lösungen erarbeitet werden können.[6] Zunehmend erlangt die Mediation auch Bedeutung für die Unternehmen in der Wohnungswirtschaft. Große Vermietungsgesellschaften haben ein vitales Interesse daran, Konflikte zwischen Mietern in ihrem Wohnungsbestand in einem dauerhaften Ausgleich zu lösen; das gilt insbesondere in städtischen Ballungsräumen, wo auf engem Raum nicht unerhebliche Konfliktpotentiale aufeinanderstoßen können.[7] Hausverwalter und Verwaltungsgesellschaften profilieren sich, indem sie die Konfliktlösung durch Mediation in ihr Angebot aufnehmen.

Auf diese Entwicklungen müssen die Anwältinnen und Anwälte, die im Mietrecht tätig 4
sind, reagieren. Zum einen gilt es, beim Einzelmandat über die notwendigen Informationen zu den Möglichkeiten der Mediation zu verfügen. Viele Mandanten sind nur unzureichend über die außergerichtlichen Konfliktlösungsmöglichkeiten informiert. Sie sind deshalb auf den Rat ihres Anwalts oder ihrer Anwältin angewiesen. Auch wenn in vielen Fällen ein angetragenes Mandat – nicht zuletzt aus wirtschaftlichen Erwägungen – weiter in gewohnter kontradiktorischer Weise übernommen wird, sollte jeder Anwalt über alle außergerichtlichen Lösungsmöglichkeiten informiert sein, um im Interesse des Mandanten bereits im Erstgespräch erläutern und erörtern zu können, welche Methoden zur Verfügung stehen und welche Strategie in welcher Verfahrensart die optimale und wirkungsvollste Lösung

---

[3] Statistisches Bundesamt, Fachserie 10/Reihe 2.1, Rechtspflege Zivilgerichte, 2005, S. 20, zu beziehen über www.destatis.de.
[4] Statistisches Bundesamt, a. a. O., S. 20 und 46.
[5] So auch *Kleinrahm* S. 443 f.; s. a. *Kloster-Harz* Rdnr. 18.
[6] *Kraus* GuT 2007, 279, 281. Der Berliner Mieterverein berichtet, dass in neun von zehn Mediationen in Nachbarschaftskonflikten eine Abschlussvereinbarung erreicht werde und langfristig fünf davon halten; die Gesamtzahl der Mediationen belief sich auf 127 im Jahr 2007 – MieterMagazin April 2008, zu beziehen über www.berliner-mieterverein.de.
[7] *Kraus* GuT 2007, 279, 280, zur Mediation in der Berliner Wohnungswirtschaft.

verspricht.[8] Zum andern kann es bei der Beratung und Begleitung institutioneller Anbieter auf dem Wohnungsmarkt sinnvoll sein, auf die Mediation als einen Baustein in einem attraktiven Angebot sei es als Vermieter, sei es als Verwalter hinzuweisen.

5   Im Folgenden soll deshalb ein **Überblick** über die verschiedenen Möglichkeiten der außergerichtlichen Konfliktlösung gegeben werden. Es würde den Rahmen des Beitrags sprengen, jedes einzelne Verfahren erschöpfend darzustellen und im Detail auf seine „Mietrechtstauglichkeit" zu untersuchen. Es wird deshalb jeweils an geeigneter Stelle auf weiterführende Literatur verwiesen.

II. Außergerichtliche Konfliktlösung

1. Aktuelle Entwicklung

6   Die außergerichtliche Streitbeilegung ist kein Novum in der deutschen Rechtslandschaft. Bereits seit langer Zeit gibt es Schiedsmannsordnungen, öffentliche Rechtsauskunfts- und Vergleichsstellen, Güte-, Schieds- und Schlichtungsstellen.[9] Nach langjährigen Diskussionen über die Etablierung von außergerichtlichen Konfliktlösungsinstrumenten sind erneut gesetzgeberische Maßnahmen erfolgt. In der aktuellen Debatte spielen die obligatorische Streitschlichtung sowie vor allem die Mediation eine wichtige Rolle.

§ 15a Abs. 1 EGZPO ermächtigt seit 1. Januar 2000 die Landesgesetzgeber, vor Erhebung der Klage in bestimmten Fallgruppen – vermögensrechtlicher Bagatellsachen, von Nachbarschaftsstreitigkeiten und Ehrverletzungsangelegenheiten – eine **obligatorische Streitschlichtung** vorzuschreiben. Durch das Allgemeine Gleichbehandlungsgesetz sind in § 15a Abs. 1 EGZPO als weitere Fallgruppe die Streitigkeiten über Ansprüche nach Abschnitt 3 des allgemeinen Gleichbehandlungsgesetzes aufgenommen worden. Acht Länder haben von der Ermächtigung Gebrauch gemacht. Die bisherigen Ergebnisse werden durchaus zwiespältig bewertet; fraglich scheint insbesondere Sinn und Zweck der obligatorischen Streitschlichtung bei vermögensrechtlichen Streitigkeiten.[10]

7   Bei der Mediation als dem „jüngsten" Verfahren außergerichtlicher Konfliktlösung sind neue Entwicklungen auf europäischer wie auf nationaler Ebene zu verzeichnen: Die EU-Kommission hatte bereits im Frühjahr 2002 mit dem „Grünbuch über alternative Verfahren zur Streitbeilegung im Zivil- und Handelsrecht"[11] eine umfassende rechtspolitische Diskussion eingeleitet, die im April 2004 zum Vorschlag einer **Richtlinie über bestimmte Aspekte der Mediation in Zivil- und Handelssachen** führte. Die Richtlinie 2008/52/EG des Europäischen Parlaments und des Rates vom 21. Mai 2008 über bestimmte Aspekte der Mediation in Zivil- und Handelssachen[12] ist mittlerweile **am 13. 6. 2008 in Kraft getreten.** Sie sieht eine Verpflichtung der Mitgliedsstaaten vor, die Titulierung von im Mediationsverfahren erzielten Abschlussvereinbarungen sicherzustellen (Art. 6 der Richtlinie), die Vertraulichkeit der Mediation zu gewährleisten (Art. 7) und die Verjährung während des Mediationsverfahrens zu hemmen (Art. 8). Zudem sollen die Mitgliedsstaaten die Qualität der Mediation sicherstellen (Art. 4) und die breite Öffentlichkeit darüber informieren, wie mit Mediatoren Kontakt aufgenommen werden kann (Art. 9). Die Richtlinie ist bis zum 21. 5. 2011 umzusetzen (Art. 12 Abs. 1). Im Laufe des Gesetzgebungsverfahrens auf europäischer Ebene ist der Anwendungsbereich – entgegen dem ursprünglichen Vorschlag der Kommission – auf

---

[8] *Falke* AnwBl 1/2004, S. 16 ff.
[9] *Prütting* S. 246 ff.; Haft/Schlieffen/*Rüssel* S. 859 f.
[10] *Hess*, a. a. O., S. F 32 f. Die 78. Justizministerkonferenz am 29. Juni 2007 hat den Bericht der Arbeitsgruppe zur Evaluierung des § 15a EGZPO zur Kenntnis genommen. Sie hat festgestellt, dass die in § 15a EGZPO geregelte obligatorische außergerichtliche Streitbeilegung ein wichtiges Element zur Förderung der konsensualen Streitbeilegung sein kann und sich dafür ausgesprochen, die weiteren Ansätze zur Förderung der konsensualen Streitkultur weiterzuverfolgen.
[11] „Grünbuch über alternative Verfahren zur Streitbeilegung im Zivil- und Handelsrecht", KOM (2002) 196 endgültig.
[12] ABl. L 136 vom 24. 5. 2008, S. 3 ff.

grenzüberschreitende Streitigkeiten beschränkt worden (Art. 2).[13] Den Mitgliedsstaaten steht es aber frei, die Bestimmungen der Richtlinie auch auf interne Mediationsverfahren anzuwenden.[14] Die Kommission hat in ihrer Pressemitteilung zur Annahme der Richtlinie nochmals auf den 2004 erarbeiteten **Europäische Verhaltenskodex für Mediatoren** hingewiesen, der Vorbildwirkung für die in Art. 4 Abs. 1 der Richtlinie vorgesehenen Verhaltenskodizes haben dürfte.

Der am 1. Januar 2002 in Kraft getretene **§ 278 Abs. 5 ZPO** stellt den Ausgangspunkt sowohl der gerichtsnahen Mediation durch Anwaltsmediatoren oder sonstige Dritte dar, an sich die Parteien nach einem richterlichen Vorschlag gemäß § 278 Abs. 5 Satz 2 ZPO wenden, wie für die international einmalige Entwicklung der gerichtsinternen Mediation durch dem Spruchkörper nicht angehörende Richtermediatoren.[15] Wichtig für den Anwaltsmediator ist vor allem die Entscheidung des Gesetzgebers im **Rechtsdienstleistungsgesetz**, die Mediation, sofern sie durch rechtliche Regelungsvorschläge in die Gespräche der Beteiligten eingreift, den Anwaltsmediatoren vorzubehalten. In bewusster Abweichung vom Regierungsentwurf, der noch die Mediation und jede vergleichbare Form der gesprächsleitenden Streitbeilegung einschließlich der Protokollierung einer Abschlussvereinbarung vom Begriff der Rechtsdienstleistung ausnehmen wollte, hat der Bundestag in § 2 Abs. 3 Nr. 4 RDG nur im übrigen die Mediation und jede vergleichbare Form der alternativen Streitbeilegung erlaubnisfrei gestellt.[16] Rechtspolitisch kann die Diskussion des gesetzgeberischen Handlungsbedarfs bei der Mediation und vergleichbaren Formen der alternativen Streitbeilegung auf dem **67. Deutschen Juristentag** in Erfurt im September 2008 nicht außer Acht bleiben. 8

Dabei schafft der Beschluss der **1. Kammer des Ersten Senats des Bundesverfassungsgerichts vom 14. 2. 2007 – 1 BvR 1351/01**[17] – zum Gütestellen- und Schlichtungsgesetz Nordrhein-Westfalen Klarheit über den verfassungsrechtlichen Rahmen. Der allgemeine Justizgewährleistungsanspruch aus Art. 2 Abs. 1 GG i. V. m. dem Rechtsstaatsprinzip nötige den Gesetzgeber nicht, nur kontradiktorische Verfahren vorzusehen. Er könne auch Anreize für eine einverständliche Streitbewältigung schaffen, solange ergänzend der Weg zu einer Streitentscheidung durch die staatlichen Gerichte eröffnet bleibe. Eine außergerichtliche Streitschlichtung könne nicht nur die Zivilisten entlasten, sondern auch für die Betroffen kostengünstiger und schneller sein als eine gerichtliche Auseinandersetzung. Führe sie zu Lösungen, die in der Rechtsordnung so nicht vorgesehen sind, von den Betroffenen aber – wir ihr Konsens zeige – als gerecht empfunden werden, dann deute auch dies auf eine befriedigende Lösung des Konflikts hin. Das Bundesverfassungsgericht formuliert im Anschluss daran folgenden Kernsatz: 9

„Eine zunächst streitige Problemlage durch eine einverständliche Lösung zu bewältigen, ist auch in einem Rechtsstaat grundsätzlich vorzugswürdig gegenüber einer richterlichen Streitentscheidung."

2. Begriff und Arten der außergerichtlichen Konfliktlösung

Außergerichtliche Konfliktlösung stellt den Oberbegriff für alle Verfahren dar, die die Beilegung eines Konflikts ohne Inanspruchnahme gerichtlicher Hilfe anstreben. Entsprechend dem englische Akronym „ADR" für „alternative dispute resolution" (wörtlich: alternative Streitbeilegung), das sich international durchzusetzen scheint,[18] sind drei Hauptbereiche zu unterscheiden: 10
• Negotiation (Verhandeln)

---

[13] Dabei verlangt die Kommission in ihrer Anmerkung zum Gemeinsamen Standpunkt des Rates, dass der Begriff der grenzüberschreitenden Streitigkeit so weit wie möglich definiert wird (Mitteilung 2008/NaN EG vom 7. 3. 2008).
[14] Begründungserwägung 8 zur Richtlinie.
[15] *Hess*, a. a. O., stellt die international üblichen Formen der (gerichtsnahen) Mediation im Abschnitt D (S. F 70 ff.) seines Gutachtens treffend dar, ohne allerdings die sich danach aufdrängende Frage nach Sinn und Berechtigung der gerichtsinternen Mediation als deutscher Sonderentwicklung zu stellen.
[16] *Henssler/Deckenbrock*, Der Betrieb 2008, 41, 43.
[17] ZKM 2007, 128 ff.
[18] *Grünbuch* a. a. O. S. 6.

- Arbitration (Schlichten)
- Mediation (Vermitteln)

11 Unter das Stichwort „**Verhandeln**" gehören alle bilateralen und multilateralen Gesprächsrunden wie der runde Tisch und ähnliche Formen der Beratung, Verhandlung und Erörterung ohne festes Verfahren und ohne Beiziehung neutraler Personen[19] (s. u. Rdnr. 12 f.).

Schlichtung lässt sich zusammenfassen als ein Verfahren, in dem ein neutraler Dritter mit Autorität den Streitparteien dadurch zu einer gütlichen Einigung zu verhelfen sucht, indem er auf Grund seiner eigenen Einschätzung des Sachverhalts und der Rechtslage den Parteien einen Lösungsvorschlag nahe bringt[20] (s. u. Rdnr. 14 ff.).

Mediation ist ein außergerichtliches Konfliktlösungsverfahren, in dem die Parteien einvernehmlich, gemeinsam und eigenverantwortlich mit Hilfe eines neutralen Dritten, des Mediators, die beste Lösung für ihren Konflikt erarbeiten[21] (s. u. Rdnr. 24 ff.).

III. Verhandeln

12 Kommen Mieter oder Vermieter zum **Anwalt,** werden viele Probleme und Konflikte traditionsgemäß durch Information, Rechtsrat, Verhandlung und Vergleich gelöst, bevor sie bei einem Gericht anhängig gemacht werden. Häufig hat zu diesem Zeitpunkt der Versuch einer direkten Konfliktlösung (durch persönliche Kontaktaufnahme und Kommunikation der Parteien miteinander) bereits ergebnislos stattgefunden. Es gibt aber eine ganze Reihe von Fällen, in denen ein vorheriges persönliches Gespräch nicht stattgefunden hat oder sogar grundsätzlich nicht stattfindet. Besonders größere Vermietungsgesellschaften gehen – vor allem um Kosten einzusparen – dazu über, dass die Verfahren standardisiert und formalisiert abgearbeitet und teilweise nur noch in schriftlicher Form dem Hausanwalt zur weiteren Veranlassung übersandt werden.[22] Allerdings werden dabei mittlerweile auch Verfahren entwickelt, die vor einer rechtlichen und gerichtlichen Auseinandersetzung zeit- und ortsnahe Schlichtungsansätze fruchtbar machen.[23] Diese erste direkte Stufe der Konfliktlösung sollte in der Tat nicht übersprungen werden, da ein direktes, persönliches Gespräch in vielen Fällen bereits zu einer Konfliktbereinigung führt.

13 Im Mietrecht spielt die **Beratung durch Verbände** seit jeher eine besonders wichtige Rolle. Es kann meiner Ansicht nach dahingestellt bleiben, ob man die Beratung unter „Verhandeln" einsortiert oder darin eine eigenen Säule der außergerichtlichen Konfliktregelung sehen will.[24] Fakt ist, dass die Beratungsangebote der Mietervereine so wie die der Haus- und Grundbesitzervereine von den jeweiligen Mitgliedern zahlreich wahrgenommen werden. Der Deutsche Mieterbund wirbt sogar mit der Aussage, dass 97% bis 98% aller Streitigkeiten, die an die Mietervereine herangetragen werden, außergerichtlich beigelegt werden.[25] Informationen und Beratung durch die Verbände erfüllen demnach in vielen Fällen, vor allem auch in den sog. Bagatellsachen, die beabsichtigte Filterfunktion. Ist dies positiv zu bewerten, darf jedoch nicht übersehen werden, dass Verbandsinteressen anderen Formen der außergerichtlichen Konfliktlösung entgegenstehen können, wenn sie nicht verbandsgebunden, sondern unabhängig davon angeboten werden.

IV. Schlichtung

1. Obligatorische Schlichtung

14 Am 1. Januar 2000 ist die Vorschrift des § 15 a EGZPO in Kraft getreten, durch die die Landesgesetzgeber ermächtigt werden, durch Landesrecht zu bestimmen, dass in bestimm-

---

[19] Vgl. *Prütting* AnwBl 2000, 273, 274.
[20] *Rüssel* a. a. O., S. 877 f.
[21] Z. B. *Rüssel* a. a. O. S. 881; *Risse* S. 5 m. w. N.
[22] *Kleinrahm* S. 443, 448.
[23] *Kraus,* GuT 2007, 279.
[24] *Glenewinkel* WuM 2002, 649, 651.
[25] S. www.mieterbund.de presse aktuell.

ten Fällen die Erhebung der Klage zu den Zivilgerichten erst dann zulässig sein soll, wenn vorher versucht wurde, den Rechtsstreit vor einer „Gütestelle" einvernehmlich zu regeln, und diese Bemühungen gescheitert sind. Im Einzelnen handelt es sich dabei um
- vermögensrechtliche Streitigkeiten bis 750,– € (vgl. § 15a Abs. 1 Nr. 1 EGZPO),
- nachbarrechtliche Streitigkeiten, insbesondere §§ 906, 910 und 911 BGB (§ 15a Abs. 1 Nr. 2 EGZPO) und
- Streitigkeiten über Ansprüche wegen Verletzung der persönlichen Ehre, die nicht in Presse oder Rundfunk begangen worden sind (§ 15a Abs. 1 Nr. 3 EGZPO).

Durch das Allgemeine Gleichbehandlungsgesetz ist § 15a Abs. 1 EGZPO um eine weitere Ziff. 4 ergänzt worden, die auch bei Streitigkeiten über Ansprüche nach Abschnitt 3 des Allgemeinen Gleichbehandlungsgesetzes ein obligatorische Güteverfahren kraft Landesrechts zulässt. Dabei handelt es sich um die Ansprüche des Benachteiligten auf Beseitigung der Beeinträchtigung bei einem Verstoß gegen das Benachteiligungsverbot, bei Besorgnis weiterer Beeinträchtigungen auf Unterlassung und bei zu vertretender Pflichtverletzung auf Schadensersatz, auch wegen eines Schadens, der nicht Vermögensschaden ist (§ 21 AGG). Ist durch Landesrecht ein obligatorisches Güteverfahren vorgeschrieben, so muss der Einigungsversuch der Klageerhebung vorausgehen. Er kann nicht nach der Klageerhebung nachgeholt werden. Eine ohne den Einigungsversuch erhobene Klage ist als unzulässig abzuweisen.[26]

Die Länder haben von dieser Öffnungsklausel Gebrauch gemacht und folgende Schlichtungsgesetze erlassen:

Schlichtungsgesetze der Länder

Land	Gesetz	Internet
Baden-Württemberg	Gesetz zur obligatorischen außergerichtlichen Streitschlichtung vom 28. 6. 2000 (GBl. S. 470), zuletzt geändert durch Gesetz vom 11. 10. 2007 (GBl. S. 469)	www.justiz.baden-wuerttemberg.de
Bayern	Bayerisches Schlichtungsgesetz vom 25. 4. 2000 (GVBl. S. 268), zuletzt geändert durch Gesetz vom 24. 5. 2007 (GVBl. S. 343)	www.justiz.bayern.de
Brandenburg	Gesetz zur Einführung der obligatorischen außergerichtlichen Streitschlichtung im Land Brandenburg vom 5. 10. 2000 (GVBl. I S. 134), zuletzt geändert durch Gesetz vom 18. 12. 2006 (GVBl. I S. 186)	www.mdje.brandenburg.de
Hessen	Hessisches Gesetz zur Ausführung des § 15a EGZPO vom 6. 2. 2001 (GVBl. I S. 98), zuletzt geändert durch Gesetz vom 1. 12. 2005 (GVBl. I S. 782)	www.hessen.de
Nordrhein-Westfalen	Gesetz über die Anerkennung von Gütestellen im Sinne des § 794 Abs. 1 Nr. 1 der Zivilprozessordnung und die obligatorische außergerichtliche Streitschlichtung in Nordrhein-Westfalen vom 9. 5. 2000 (GV. NRW. S. 476), zuletzt geändert durch Gesetz vom 20. 11. 2007 (GV. NRW S. 583)	www.streitschlichtung.nrw.de
Saarland	Gesetz Nr. 1464 zur Ausführung des § 15a EGZPO vom 21. 2. 2001 (ABl. S. 532), zuletzt geändert durch Gesetz vom 16. 5. 2007 (ABl. S. 1226)	www.saarland.de/justiz.htm

---

[26] BGH VersR 2005, 708 f.; anders noch OLG Saarbrücken, Urt. v. 26. 11. 2003 – 1 U 146/03 – 36 – das obligatorische Schlichtungsverfahren könne noch während des laufenden Prozesses nachgeholt werden.

Land	Gesetz	Internet
Sachsen-Anhalt	Gesetz zur Änderung des Schiedsstellengesetzes und anderer Vorschriften vom 17. 5. 2001 (GVBl. LSA S. 174), zuletzt geändert durch Gesetz vom 14. 2. 2008 (GVBl. LSA S. 58)	www.mj.sachsen-anhalt.de
Schleswig-Holstein	Landesschlichtungsgesetz vom 11. 12. 2001 (GVOBl SH S. 361), geändert durch Gesetz vom 9. 12. 2005 (GVOBl SH S. 538)	www.landesregierung.schleswig-holstein.de

Die jeweiligen Schlichtungsgesetze regeln detailliert den sachlichen und örtlichen Umfang der Schlichtung, die Anforderungen an die Schlichtungsstellen, die Einrichtung der Gütestellen, die Durchführung des Verfahrens, die Vergütung für das Güteverfahren und deren Vollstreckung. Insoweit sei auf das jeweilige Schlichtungsgesetz des Landes und die erläuternde Literatur verwiesen.[27]

16   **Bewertung:** Schlichtung ist ein schnelles und in der Regel kostengünstiges Verfahren. Es bietet sich vor allem bei sogenannten Sachkonflikten an, die die Parteien z. B. anlässlich eines Mangels oder einer mangelhaften Leistung haben.[28] Es läge daher nahe, dass die Schlichtung im Mietrecht weit verbreitet ist. Das ist aber nicht der Fall. Die generelle Feststellung, dass die neuen Schlichtungsgesetze bisher vor allem bei vermögensrechtlichen Streitigkeiten nicht den erstrebten Erfolg gehabt haben, gilt auch im Mietrecht.

17   Die angeführten Ursachen sind vielfältig. Ein entscheidender Gesichtspunkt ist **generell** sicherlich die Tatsache, dass jeder Rechtsanwalt gehalten ist, das für seinen Mandanten sicherste und kostengünstigste Verfahren zur Durchsetzung seiner Ansprüche zu wählen. Da § 15a Abs. 2 EGZPO in seinem Katalog als zivilprozessuale Klage- und Verfahrensarten, die vom Schlichtungserfordernis ausgenommen sind, auch das streitige Verfahren im Anschluss an das Mahnverfahren nennt, und das Mahnverfahren in den meisten Fällen die kostengünstigste Variante darstellt, werden bei vermögensrechtlichen Streitigkeiten in der Regel Mahnbescheide beantragt und so die an sich obligatorische Schlichtung „umschifft". **Speziell** im Mietrecht kommt hinzu, dass die Streitwerte nicht selten über der Grenze von 750,- € liegen, beispielhaft sei hier nur ein Räumungsverfahren genannt. In den sog. Bagatellfällen versucht man in der Praxis, schon aus wirtschaftlichen Gesichtspunkten den Zeitaufwand so gering wie möglich zu halten und – soweit möglich – eine Einigung zu erzielen, ohne ein Schlichtungsverfahren durchführen zu müssen. Einzelne Länder haben auf diese Erfahrungen reagiert und das obligatorische Güteverfahren in vermögensrechtlichen Bagatellstreitigkeiten wieder abgeschafft;[29] im Gegenzug wurde aber teilweise auch die obligatorische Schlichtung für Ansprüche betreffend den Schutz vor Benachteiligungen im Zivilrechtsverkehr nach dem Allgemeinen Gleichbehandlungsgesetz neu eingeführt.[30]

2. Freiwillige Schlichtung

18   **a) Allgemeines.** Freiwillige, einvernehmliche Schlichtung kann sowohl von Einzelpersonen, Verbänden oder öffentlichen Institutionen durchgeführt werden. Hervorzuheben sind vor allem die Verfahren vor den Schiedsämtern – die allerdings in einem Teil der Länder auch der obligatorischen Schlichtung dienen – sowie die Mietschlichtungsstellen, wie sie in einigen Städten noch bestehen.

---

[27] *Rüssel* in: Haft/Schlieffen S. 858, 882 ff. m. w. N.; *Albers* in: Baumbach/Lauterbach, Anhang nach § 15a EGZPO m. w. N.

[28] *Rüssel* a. a. O. S. 878.

[29] So etwa Nordrhein-Westfalen durch das Gesetz zur Änderung des Gesetzes zur Ausführung von § 15a des Gesetzes betreffend die Einführung der Zivilprozessordnung (Ausführungsgesetz zu § 15a EGZPO – AG § 15a EGZPO) vom 20. November 2007 (GV. NRW S. 583) – s. dazu die ausführliche Begründung in LT-Drucks. 14/4975, S. 5 ff.; ebenso Brandenburg, Hessen, Saarland. S. auch *Hess,* a. a. O., S. F 32 f.

[30] So geschehen in Bayern und Nordrhein-Westfalen.

b) Verfahren vor Schiedsleuten. Außer in Baden-Württemberg, Bayern, Bremen und Hamburg gibt es in allen anderen Ländern sogenannte Schiedsmänner und Schiedsfrauen. Sie werden nach Schiedsmannsordnungen berufen und arbeiten ehrenamtlich. Das Schiedsmannswesen hat eine lange Tradition, wurde es doch bereits im Jahre 1827 zunächst für die Provinz Preußen eingeführt. Traditionsgemäß ist es die Aufgabe der Schiedsleute, zivil- und strafrechtliche Streitigkeiten zu schlichten. Heute sind in der Bundesrepublik mehr als 10.000 Schiedsmänner und -frauen tätig. In Sachsen heißen die Schiedspersonen seit 1. 1. 2000 Friedensrichterinnen und -richter. Die Schiedsämter und Schiedspersonen sind im Jahr 2006 in etwas über 11.300 Verfahren in bürgerlich-rechtlichen Streitigkeiten in Anspruch genommen worden.[31] Durch den ehrenamtlichen Einsatz ist das Verfahren sehr kostengünstig. Die Verfahrensgebühr beträgt in den Schiedsamtsländern durchschnittlich unter 11,- €; bei Abschluss eines Vergleichs erhöht sich die Gebühr um ca. 10,- €; Schreibauslagen sind zusätzlich zu entrichten.[32]

Das Verfahren ist in den jeweiligen Schiedsamtsgesetzen der einzelnen Länder geregelt.[33] Zu beachten ist, dass in Brandenburg, Nordrhein-Westfalen, Sachsen-Anhalt und Schleswig-Holstein die nach dem Schiedsamtsgesetz eingerichteten Schiedsämter zugleich als Gütestellen im Sinne des § 794 Abs. 1 Nr. 1 ZPO fungieren und vor ihnen das obligatorische Schlichtungsverfahren durchgeführt werden kann.[34]

Bewertung: Es mag zwar das Mietrecht durch das Mietrechtsreformgesetz an manchen Stellen verständlicher geworden sein, gleichwohl handelt es sich nach wie vor um eine komplizierte Rechtsmaterie mit einem erheblichen Umfang an Rechtsprechung. Aus anwaltlicher Sicht stellt ein mit Nicht-Juristen besetztes Gremium wohl nur in seltenen Fällen eine zu empfehlende Alternative zur Beilegung einer mietrechtlichen Streitigkeit dar, da Kenntnisse und Erfahrungen im Mietrecht bei den Schiedsleuten nicht vorausgesetzt werden können.

c) Mietschlichtungsstellen. Es gibt in Deutschland diverse sog. Mietschlichtungsstellen[35] (z. B. derzeit noch in Düsseldorf, Kiel, Wuppertal), die in der Regel paritätisch mit Vertretern der Mietervereine und der Haus- und Grundbesitzerverbände besetzt sind. Einige Mietschlichtungsstellen wie z. B. in Frankfurt und Berlin wurden wieder geschlossen. **Theoretisch** können diese Stellen, da sie mit mietrechtlich versierten Personen besetzt sind, viele mietrechtliche Konflikte, wie etwa über Mängel, Miethöhe, Nebenkostenabrechnung, durch die sachverständige Beurteilung schnell und zügig lösen; das Verfahren ist darüber hinaus kostengünstig.[36] Positiver Nebeneffekt wäre die Aufrechterhaltung der Beziehungen der Parteien, ohne dass diese in den Mittelpunkt des Verfahrens rücken würden.[37]

In der Praxis wird das Angebot aber nur in sehr begrenztem Umfang wahrgenommen. So wurde für die Mietschlichtungsstelle Düsseldorf für den Zeitraum von 1984 bis 1993 von insgesamt 95 beantragten Schlichtungsverfahren berichtet, von denen nur 55 tatsächlich durchgeführt wurden; demgegenüber seien bei der Mietschlichtungsstelle Wuppertal immerhin insgesamt 100 Verfahren abgeschlossen worden.[38] Die Inanspruchnahme dieser Stellen hat in den letzten Jahren wider Erwarten noch mehr abgenommen, man könnte beinahe von einem Stillstand sprechen. Weder der Deutsche Mieterbund noch die Verbände von Haus und Grund sehen deshalb zur Zeit eine Notwendigkeit zur Errichtung weiterer Mietschlichtungsstellen.[39] Mag dies auch offiziell mit geringer Nachfrage und allgemeiner Unbeliebtheit der Schlichtung begründet werden, so stellt sich doch die Frage, ob das weitgehen-

---

[31] So die Zahlen nach einer Antwort des Justizministeriums Rheinland-Pfalz auf eine schriftliche Anfrage im rheinland-pfälzischen Landtag, LT-Drucks. 14/1655, S. 3 und 4.
[32] www.schiedsamt.de.; Prütting/*Schmidt* S. 95 ff.
[33] S. z. B. das Gesetz über das Schiedsamt in den Gemeinden des Landes Nordrhein-Westfalen (Schiedsamtsgesetz – SchAG NRW) vom 16. 12. 1992 (GV. NW. 1993 S. 32).
[34] Vgl. z. B. §§ 1, 10 und 12 SchAG NRW.
[35] S. dazu *Schwarz* S. 4 ff.; *Plett/Boysen* Mietschlichtung in der Praxis, 1998.
[36] Vgl. z. B. Geschäfts- und Gebührenordnung der Mietschlichtungsstelle Düsseldorf nachgewiesen bei www.streitschlichtung.nrw.de.
[37] *Rüssel* S. 878.
[38] *Boysen* NZM 2001, 1009 f.
[39] SZ-Artikel vom 15. 3. 2002 „Wer wird denn gleich vor Gericht gehen?".

de Scheitern der freiwilligen Mietschlichtung nicht auch Interessen auf Verbandsebene entspricht.[40] Ein wichtiges rechtliches Hindernis stellen die kurzen Verjährungsfristen im Mietrecht gemäß § 548 Abs. 2 BGB dar. Denn eine Hemmung durch Einschaltung der Schlichtungsstelle (§ 204 Abs. 1 Nr. 4 BGB) setzt voraus, dass sie von der Landesjustizverwaltung als Gütestelle anerkannt ist. Dies trifft bei Mietschlichtungsstellen in der Regel nicht zu.

23 **Bewertung:** Faktoren wie Personalknappheit, hoher Arbeitsanfall und eventuell zusätzlich entstehende Kosten, die in der Regel nicht von den Mitgliedern getragen werden, dürften weiter dazu beitragen, die Verbände gegen Mietschlichtungsstellen einzunehmen. Ein direktes Verhandeln von „Kollege zu Kollege" ist in der Regel wesentlich weniger zeitaufwendig als die Durchführung eines an bestimmte Formalien gebundenen Verfahrens zusammen mit den Parteien. Das gilt aber nur, wenn sich kein Gerichtsverfahren anschließt.

V. Mediation

1. Allgemeines

24 **a) Begriffsbestimmung und Abgrenzung.** Mediation ist ein außergerichtliches Konfliktlösungsverfahren, in dem die Parteien einvernehmlich, gemeinsam und eigenverantwortlich mit Hilfe eines neutralen Dritten, des Mediators, die beste Lösung für ihren Konflikt erarbeiten.[41] Die Richtlinie 2008/52/EG vom 21. Mai 2008 über bestimmte Aspekte der Mediation in Zivil- und Handelssachen[42] bezeichnet als Mediation ein strukturiertes Verfahren, in dem zwei oder mehr Streitparteien mit Hilfe eines Mediators auf freiwilliger Basis selbst versuchen, eine Vereinbarung über die Beilegung ihrer Streitigkeiten zu erzielen (Art. 3 Buchst. a) der Richtlinie). Der Begriff Mediation geht auf das englische Verbum „to mediate" (vermitteln, aushandeln) zurück, das seinerseits seine Wurzel im lateinischen „mediare" (in der Mitte sein) hat.[43]

25 Charakteristisch für jede Mediation ist, dass der neutrale oder allparteiliche Dritte (Mediator) keine Entscheidungsmacht hat. Seine Aufgabe ist es, die Konfliktparteien dabei zu unterstützen, ihre eigene gemeinsame Lösung zu erarbeiten. Dazu ist es erforderlich, dass der Mediator zum einen den Verfahrensablauf klar strukturiert (er ist der „Herr des Verfahrens"); zum anderen ist es seine Aufgabe, Kommunikationshindernisse auszuräumen, bestehende eskalationsfördernde Kommunikationsmuster zu ändern und einen (neuen) Dialogfluss in Gang zu setzen.[44] Zusammengefasst ist seine Aufgabe allein die Unterstützung der Verhandlung, die Lösung ihres Problems müssen die Parteien selbst erarbeiten. Welche Befugnisse ein Mediator konkret hat, war und ist nach wie vor umstritten.[45] Ziel der Mediation ist es, eine Lösung zu finden, die beide Seiten zu Gewinnern macht (Win-win-Prinzip), indem die Interessen beider Seiten so weit wie möglich berücksichtigt werden. Dies kann nur gelingen, wenn die Parteien nicht nur willens, sondern auch in der Lage sind, für sich selbst einzutreten und Verantwortung für sich selbst zu übernehmen.

Im Folgenden soll ein Überblick über die Prinzipien, den Verfahrensablauf, das Honorar und die Einsatzmöglichkeiten der Mediation im Mietrecht gegeben werden.

26 **b) Prinzipien der Mediation.**

Freiwilligkeit: Beide Konfliktparteien müssen ohne äußeren Zwang bereit sein, eine Mediation durchzuführen. Freiwilligkeit bedeutet auch, dass jede Partei das Verfahren jederzeit beenden kann, egal aus welchen Gründen, ohne Rechtfertigungszwang und ohne dass dies mit einem Nachteil für sie verbunden wäre.

---

[40] Abschlussbericht zum Forschungsprojekt „Außergerichtliche Streitbeilegung in Bayern", Universität Nürnberg-Erlangen, Prof. Dr. Reinhard Greger, Mai 2004, S. 82 f.
[41] *Risse* S. 5; *Rüssel* S. 881 m. w. N.
[42] ABl. L 136 vom 24. 5. 2008, S. 3 ff.
[43] *Risse* S. 5.
[44] Haft/Schlieffen/*Kessen/Troja* S. 394.
[45] Dazu *Wolf/Weber/Kramer* NJW 2003, 1488 ff., die anschaulich die Verhandlungsmediation von der „therapeutischen Mediation" abgrenzen; *Kracht* in: Haft/Schlieffen S. 384 ff.

Verschwiegenheit: Der Mediator ist gehalten, durch eine Vereinbarung die Parteien dazu 27 zu verpflichten, dass die im Verlauf des Mediationsverfahrens gewonnenen Informationen in einem etwa nachfolgenden Gerichtsverfahren nicht verwendet werden. Der Anwaltsmediator selbst kann sich vor Gericht auf sein Zeugnisverweigerungsrecht berufen.

Allparteilichkeit: Die Allparteilichkeit (Neutralität) bedeutet, dass der Mediator beide 28 Parteien im Blick haben muss und es ihm verwehrt ist, einseitig Partei zu ergreifen. Seine Aufgabe ist es, eine für beide Seiten faire und interessengerechte Konfliktlösung herbeizuführen. Er soll die für beide Seiten akzeptable und begehbare Kommunikationsbrücke sein.[46]

Informiertheit (Offenheit): Dies bedeutet, dass die Parteien über alle entscheidungserheblichen 29 Tatsachen und die Rechtslage umfassend informiert sein müssen. Daraus folgt die Verpflichtung zur Offenlegung aller Fakten und Daten, über die die jeweilige Partei verfügt. Nur bei gleichem Infomationsstand ist eine faire Verhandlung möglich. Mediation findet nicht im „rechtsfreien Raum" statt. Die durch die gesetzlichen Regelungen eingeschränkte Disponibilität bildet den Rahmen des zulässig Verhandelbaren.

Eigenverantwortlichkeit: Jede Partei muss willens und in der Lage sein, für die eigenen Interessen, 30 Bedürfnisse und Wünsche selbst einzutreten und für die erarbeiteten Lösungen die Verantwortung zu übernehmen.

c) Verfahrensablauf. In der Regel durchläuft ein Mediationsverfahren fünf Phasen. Es be- 31 ginnt mit dem sog. contracting (Kontaktaufnahme) und endet im Falle des Erfolges mit der Unterzeichnung einer Abschlussvereinbarung. Herzstück jeder Mediation ist die Phase der Konfliktbearbeitung. In der Regel kommen die Parteien fokussiert auf Positionen in die Mediation. Jeder hat seine „Lösung" schon gefunden. Nicht selten stehen sich diese Positionen diametral gegenüber. Zur Erweiterung der Sichtweise wird mit den Medianten genau besprochen, welche Bedürfnisse, Interessen und Wünsche hinter diesen Positionen stehen. Dies eröffnet den Raum für neue Lösungsmöglichkeiten gemäß dem win-win Prinzip, da die Lösung von der Bedürfnisebene aus betrachtet nicht notwendigerweise auf Kosten des Anderen gehen muss. Gemeinsam entwickeln die Parteien im Anschluss daran in einer Art brainstorming eine Vielzahl von Lösungsmöglichkeiten. Nach gemeinsamer Bewertung derselben bleiben am Ende realisierbare Ideen übrig, die die Interessen beider möglichst weitgehend berücksichtigen.[47]

d) Pflichten des Mediators – Aufgaben des Anwalts in der Mediation – Honorar. 32
Der **Europäische Verhaltenskodex für Mediatoren**,[48] der Vorbildwirkung für die in Art. 4 Abs. 1 der Richtlinie über bestimmte Aspekte der Mediation in Zivil- und Handelssachen vorgesehenen Verhaltenskodizes haben wird, fasst die Anforderungen an
– die Ausbildung und kontinuierliche Fortbildung der Mediatoren,
– ihre Unabhängigkeit und Neutralität sowie an ihre Unparteilichkeit,
– die Gestaltung und Leitung des Verfahrens,
– die vorherige Vereinbarung der Vergütung und
– an die Wahrung der Vertraulichkeit durch die Mediatoren
zusammen. Obwohl der Verhaltenskodex nicht rechtsverbindlich ist, dürfte er als Leitbild für das Verfahren und die Berufspflichten Bedeutung erlangen.[49] Besonders hinzuweisen ist auf die dauernde Pflicht zur Offenlegung aller Umstände, die Interessenkonflikte oder sonstige Zweifel an der Unabhängigkeit und Neutralität der Mediatoren begründen können. Bei der Verfahrensleitung soll der Mediator die jeweiligen Umstände des Falles, einschließlich einer möglichen ungleichen Kräfteverteilung und des Rechtsstaatsprinzips, ebenso berücksichtigen wie eventuelle Wünsche der Parteien und die Notwendigkeit einer raschen Streitbeilegung.

---

[46] *Glenewinkel* WuM 2002, 649, 652.
[47] Zu weiteren Einzelheiten z. B. *Kessen/Troja* in: Haft/Schlieffen S. 395 ff., die von sechs Phasen der Mediation ausgehen.
[48] Veröffentlicht im Internetauftritt des Europäischen Justiziellen Netzes.
[49] *Hess,* a. a. O., S. F 97 f.

33 Bei der Mediation werden nicht nur juristische Kenntnisse, sondern vor allem kommunikative, psychologische, ggf. auch therapeutische Konfliktlösungstechniken eingesetzt. Dementsprechend wird die Mediation – national wie international – nicht nur von Rechtsanwälten, sondern etwa auch von Psychologen oder Familientherapeuten angeboten. Soweit allerdings der Mediator oder die Mediatorin durch rechtliche Regelungsvorschläge in die Gespräche der Beteiligten eingreift, behält § 2 Abs. 3 Nr. 4 RDG dies als **Rechtsdienstleistung** den **Anwaltmediatoren** vor.[50] Das wird bei Auskünften zur Rechtslage, vor allem aber beim Entwurf einer Abschlussvereinbarung zu beachten sein. Anwaltsmediatoren ihrerseits sind berufsrechtlich gehindert, für eine der Parteien der Mediation im weiteren als Rechtsanwalt aufzutreten (§ 45 Abs. 1 Nr. 3 BRAO).[51]

Der Vertrag über die Durchführung einer Mediation wird wie der Anwaltsvertrag als Dienstvertrag qualifiziert, so dass gemäß § 612 Abs. 2 BGB die übliche **Vergütung** als vereinbart gilt.[52] Dennoch soll der als Mediator tätige Rechtsanwalt gemäß § 34 RVG auf eine Gebührenvereinbarung hinwirken. Das entspricht im übrigen auch der Empfehlung im Europäischen Verhaltenskodex für Mediatoren. Es ist in der Praxis gängig, für die Mediation ein Vergütung nach Stunden zu vereinbaren. Es werden allerdings der Höhe nach sehr unterschiedliche Stundensätze vereinbart. Der übliche Rahmen liegt zwischen 100,- € und 350,- €, durchschnittlich bei rund 200,- €[53] zuzüglich gesetzlicher Umsatzsteuer pro Stunde.

2. Mediation im Mietrecht

34 Versteht man Mediation als eine Chance der Konfliktlösung, bei der die Parteien eigenverantwortlich und selbstbestimmt ihre Lösung zu finden suchen, ist Mediation für jedes verhandelbare Konfliktthema, also auch für Mietkonflikte geeignet. Das dagegen angeführte Argument einer typischerweise unterschiedlichen Verhandlungsmacht der Parteien, d.h. eines in der Regel zugunsten des Vermieters bestehenden Machtungleichgewichts,[54] überzeugt nicht. Denn die zahlreichen zum Schutz des Mieters bestehenden gesetzlichen Vorschriften und ihr Bekanntheitsgrad in den wichtigsten Teilen gleichen das sog. Verhandlungsmachtgefälle aus.[55]

Bei der Mediation im Mietrecht geht es jedoch nicht nur um Konflikte zwischen Vermietern und Mietern, sondern in zunehmendem Maß um die Konflikte zwischen Mietern, die als klassische Nachbarschaftsstreitigkeiten häufig besonders emotional ausgetragen werden und erhebliche Spannungen gerade in Wohnanlagen auslösen können. Deshalb gehen größere Vermietungsgesellschaften dazu über, die Mediation als Verfahren im wohnungswirtschaftlichen Alltagsgeschäft einzusetzen.

35 **Konflikte zwischen Mietern:** Bereits die Tatsache, dass man sich in den seltensten Fällen aussuchen kann, wer in der Wohnung nebenan bzw. oberhalb oder unterhalb wohnt, bringt ein latentes Konfliktpotential mit sich. Nach einer Umfrage des Deutschen Mieterbundes von 2004 betrachten bis zu 40% der Mietparteien ihre Nachbarn kritisch bis ablehnend.[56] Die sog. Nachbarstreitigkeiten werden bekanntermaßen mit besonderer Hartnäckigkeit und Verbissenheit vor Gericht ausgetragen. Prozesse führen in der Regel zu einer weiteren Verschärfung des Konflikts. Eine dauerhafte Befriedung der Parteien wird nur sehr selten erreicht. Man streitet über Koch- und Essensgerüche, Grillen auf dem Balkon, Hundegebell, Hämmern und Bohren, Klavierspiel, nicht gemachten Treppendienst, den im Hausflur abgestellten Kinderwagen, etc. pp., um nur einige Beispiele zu nennen. Das Konfliktpotential ist durchaus ähnlich dem bei Wohnungseigentümergemeinschaften bekannten. Unzufriedenheit

---

[50] S. o. bei Rdnr. 6.
[51] Vgl. OLG Karlsruhe NJW 2001, 3197, 3199; AG Lübeck NJW 2007, 3789 f.
[52] Das AG Lübeck NJW 2007, 3789 f., hält in diesem Zusammenhang 150,- € je Stunde als übliche Vergütung für eine Anwaltsmediation.
[53] *Kloster-Harz* Rdnr. 21.
[54] So *Breidenbach* Mediation 1995, S. 295.
[55] *Kleinrahm* S. 243 ff.
[56] Zitiert nach *Kraus* GuT 2007, 279, 280.

im Haus belastet alle und führt letztlich zu einer Beeinträchtigung der Lebensqualität, an die man täglich erinnert wird. Aus Sicht der Vermietungsgesellschaften bzw. Wohnungsverwalter ist der Hausfrieden ein hohes Gut, das erhalten oder wiederhergestellt werden sollte. Denn Konflikte zwischen Mietern binden auch bei ihnen Ressourcen. Zudem können Leerstände und rechtliche Auseinandersetzungen als Folge solcher Streitigkeiten zusätzliche Kosten verursachen.[57] Zuletzt darf auch nicht übersehen werden, dass eine Häufung ungeklärter Nachbarstreitigkeiten das soziale Miteinander in einer Wohnanlage gefährden und umkippen lassen können.[58]

Mediation bietet den Parteien eine Chance, den Konflikt in seiner ganzen Komplexität zu behandeln. Die Parteien haben die Möglichkeit, über die rechtliche Relevanz hinaus ihre verletzten Gefühle, ihre Interessen und Wünsche dem anderen zu Gehör zu bringen und gemeinsam eine Lösung zu finden, die beiden Interessen gerecht wird.[59]

In der **Wohnungswirtschaft** hat *Kraus* am Beispiel der Berliner landeseigenen Wohnungsgesellschaft HOWOGE ein Konzept zur Vermittlung in Nachbarschaftskonflikten unter Mietern im eigenen Wohnungsbestand dargestellt,[60] das sich aus fünf konsekutiven Stufen zusammensetzt: 36

– Einsatz eigener Hausmeister, die aufgrund ihrer langjährigen Erfahrung viele Probleme zuerst wahrnehmen und gelegentlich zeitnah zwischen den Streitparteien vermitteln können.
– Kundenbetreuer, die das Gespräch mit den Beteiligten suchen und über technische Maßnahmen, Kulanzleistungen oder rechtliche Schritte entscheiden.
– Mediation durch einen Mediator, wenn die Streitparteien zu einem Vermittlungsgespräch bereit sind.
– Kann eine Beilegung auf diesem Weg nicht erreicht werden, wird die Einleitung des (kommunalen) Schiedsamtsverfahrens empfohlen.
– Zuletzt steht – selbstverständlich der Rechtsweg offen, wobei auch hier eine gerichtsnahe Mediation und damit die Option einer einvernehmlichen Streitbeilegung angeboten wird.

Konflikte zwischen Vermietern und Mietern: Auch im Verhältnis Vermieter – Mieter kann Mediation Erfolg versprechend eingesetzt werden. Differenziert man die möglicherweise auftretenden Konflikte zwischen Vermieter und Mieter nach dem Zeitpunkt ihres Auftretens, d.h. **vor, während oder nach einem Mietverhältnis,** liegt es auf der Hand, dass sich die Mediation zur Lösung eines Konfliktes **besonders während eines Mietverhältnisses** anbietet. In dieser Phase sind die Parteien grundsätzlich an der Aufrechterhaltung der Beziehungen interessiert. Während eines laufenden Mietverhältnisses bietet sich die Mediation insbesondere dann an, wenn Mieter und Vermieter unter einem Dach leben, unabhängig vom Gegenstand des Streits, da es auch hier gilt, den Frieden im Haus wiederherzustellen und ein weiteres gedeihliches Zusammenleben zu ermöglichen. 37

Befindet sich die Sache im Bereich der vertraglichen Anbahnung, also **vor Abschluss eines Mietverhältnisses,** kann die allgemeine Situation von Angebot und Nachfrage zu einem Ungleichgewicht der Verhandlungspositionen führen. Gibt es für ein Mietobjekt zahlreiche Interessenten, befindet sich der Vermieter in einer Situation, in der er eine Verhandlung gar nicht nötig hat. Lässt er sich gleichwohl darauf ein, hat er eine sehr starke „Verhandlungsmacht". Gleiches gilt umgekehrt im Falle eines Überangebots von Wohnraum, die zu einem Ungleichgewicht der Verhandlungsmacht zugunsten des Mieters führt. In diesen beiden Konstellationen dürfte eine Mediation schwierig sein. 38

Nach der Beendigung eines Mietvertrages liegt den Parteien zwar in der Regel nicht mehr an der Aufrechterhaltung ihrer persönlichen Beziehungen, sondern es geht meist nur um die möglichst reibungslose Abwicklung des Vertrages. Gleichwohl gibt es viele Fälle, in denen 39

---

[57] *Kraus* GuT 2007, 279.
[58] S. den Maßnahmenkatalog „Intakte Stadtquartiere" der Obersten Baubehörde im Bayerischen Staatsministerium des Innern, Stand: 1. 5. 2001, S. 70, wo zur Verbesserung des Zusammenlebens im Wohnquartier auf die Beratung und Mediation durch Sozialarbeiter der Wohnungsunternehmen bei privaten Konflikten oder Problemen der Mieter und auf realisierte Beispiele in der Wohnungswirtschaft verwiesen wird.
[59] S. a. *Harmuth* Grundeigentum 2003, 866 ff.
[60] *Kraus* GuT 2007, 279 f.

erst die Einbeziehung der tatsächlichen Verhältnisse während der Vertragslaufzeit des Mietvertrages ohne gegenseitige Aufrechnung einzelner Posten zu einem für beide Seiten fairen Ergebnis führen. Gerade bei Beendigung von lange währenden Mietverträgen auf Grund einer ordentlichen Kündigung bietet die Mediation bei Streit über die Wirksamkeit derselben den Rahmen für eine faire Lösung für beide Seiten, sei es, dass man sich auf einen bestimmten Zeitrahmen bis zum Auszug einigt, sei es, dass der Vertrag mit anderen Bedingungen fortgesetzt wird.[61] Ist die Lösung das Ende der Vertragsbeziehungen, können zugleich auch andere mit der Abwicklung im Zusammenhang stehende Rechte und Pflichten geklärt werden, z. B. die zu erledigenden Schönheitsreparaturen oder die modi der Rückzahlung der Kaution.

40 Beispielhaft aus der Vielzahl der möglichen Streitpunkte zwischen Vermieter und Mieter **während** eines laufenden Mietverhältnisses sei ein Konflikt anlässlich der Erhöhung des Mietzinses näher betrachtet:

Der Konflikt entsteht dadurch, dass der Vermieter einen Mietzins bezahlt haben will, den der Mieter nicht leisten möchte. Versucht man diesen Konflikt mit juristischem Instrumentarium zu lösen, erhalten abstrakte Begriffe wie Vergleichsmiete, Wohnlage, Abzug einer Instandhaltungspauschale, Mietspiegel etc. die entscheidende Bedeutung. Die Frage, warum der Mieter die Erhöhung ablehnt, spielt nicht die geringste Rolle. Kommt es zu eine Verfahren vor Gericht, ist nicht selten ein Sachverständigengutachten über die Höhe der Vergleichsmiete erforderlich.

Der einfachere und direktere Weg wäre es, herauszufinden, ob es dem Mieter darum geht, dass er den verlangten Mietzins generell für nicht adäquat hält, oder ob sich der Mieter wehrt, weil sein finanzielles Limit überschritten werden würde, oder ob es dem Mieter darum geht, dass er zunächst Mängel beseitigt wissen will, bevor er der Mieterhöhung zustimmt. Mediation ermöglicht den Parteien eine Neuordnung ihrer Beziehungen. Wünsche, Interessen und Bedürfnisse beider werden artikuliert und respektiert und der Entscheidungsfindung zu Grunde gelegt. Diese können sehr unterschiedlich und auch überraschend sein. So kann sich im Laufe der Verhandlungen z. B. herausstellen, dass der Mieter schon lange den Wunsch hat, dass der Vermieter eine Schaukel, einen Kabelanschluss, einen neuen Herd etc. anschafft, wovon dieser bis dato keine Kenntnis hatte.

Daraus kann gefolgert werden, dass sich die Mediation während des laufenden Mietverhältnisses generell eignet, wenn eine Partei eine Vertragsänderung erstrebt. Mediation bietet Raum für einvernehmliche Vertragsanpassungen und/oder Neuverhandlungen.[62]

41 Mediation kann des Weiteren **präventiv** zur Vermeidung von eventuell entstehenden Konflikten eingesetzt werden. Beispielhaft genannt seien umfangreiche Modernisierungsmaßnahmen. Werden die Mieter z. B. in die Planungs- und Entscheidungsprozesse des Vermieters frühzeitig eingebunden und auch ihre Interessen und Wünsche berücksichtigt, ist die Akzeptanz der anschließend realisierten Maßnahmen wesentlich höher; viele Streitigkeiten werden so von vornherein vermieden.

42 **Konflikte zwischen Mietern und institutionellen Vermietern bzw. Verwaltern:** Bei räumlicher Entfernung und/oder einer entpersonalisierten Beziehung, wie sie in der Regel zwischen Mietern und den großen Vermietern bzw. Verwaltern bestehen, geht es nicht um die Aufrechterhaltung der persönlichen Beziehungen, sondern um die Aufrechterhaltung einer gut funktionierenden geschäftlichen Beziehung. Die Wiederherstellung einer problemlos existierenden Koexistenz ist ein für beide Seiten nicht zu vernachlässigender Vorteil.

Nicht außer Acht lassen sollte man ferner den Aspekt des Ansehens und des Rufs in der **Öffentlichkeit.** Nicht nur dem kleinen, sondern gerade auch dem großen Vermieter und den Verwalter ist das Image in der Öffentlichkeit wichtig. Prozesse können dem guten Ruf leicht Schaden zufügen, selbst wenn man sie im Einzelfall gewonnen haben sollte. Jeder öffentlich gemachte Konflikt birgt die Gefahr in sich, eine Eigendynamik zu entwickeln, die zu Eskalationen und (Folge)Prozessen führen können, an die am Anfang niemand dachte.

Mediation hingegen findet in einem vertraulichen Rahmen statt. In der Regel verpflichten sich die Parteien zu Beginn des Verfahrens, dass alles, was sie während eines Mediationsverfahrens besprechen und verhandeln, vertraulich behandelt wird und nicht in einem später

---

[61] S. a. *Kleinrahm* S. 243 ff.
[62] *Kloster-Harz* a. a. O. S. 1150 f.

möglicherweise folgenden Gerichtsverfahren verwendet werden darf. Dies fördert zum einen die Bereitschaft der Parteien, sich zu öffnen und die Dinge auszusprechen, die ihnen wirklich wichtig sind. Zum anderen bietet die Mediation damit Schutz vor einem möglichen Imageverlust in der Öffentlichkeit. Scheitert die Mediation, liegt es allerdings an den Parteien selbst, inwieweit sie sich an ihre Absprache gebunden fühlen, erzwingbar ist sie nicht. Zu Recht nehmen daher gerade Verwaltungsgesellschaften die Mediation zunehmend in ihr Dienstleistungsangebot mit auf.

Bewertung: Mediation ermöglicht den Parteien eine umfassende Bearbeitung ihres Konfliktes. Die Frage, wann eine umfassende Bearbeitung eines Konfliktes erforderlich ist, lässt sich nicht an der Höhe des Streitwertes festmachen, sondern muss im Einzelfall ermittelt werden. Grundsätzlich gilt, dass Mediation für die Fälle geeignet ist, in denen beide Seiten ein Interesse daran haben, eine Lösung auf eine Art und Weise zu finden, die ihnen die Aufrechterhaltung ihrer persönlichen oder geschäftlichen Beziehungen ermöglicht. Aspekte wie Zeit, Nerven, Personal- und Kostenaufwand werden in vielen Fällen darüber hinaus für die Mediation als dem schnelleren und kostengünstigere Verfahren gegenüber einem gerichtlichen Verfahren sprechen.

VI. Resümee

Es ist festzustellen, dass sich die außergerichtliche Streitbeilegung insgesamt und speziell im Mietrecht und der Wohnungswirtschaft weiterentwickelt. Eine Änderung der sog. Streitkultur kann zwar nicht von heute auf Morgen erfolgen. Dennoch erweist sich die Mediation auch im Mietrecht und der Wohnungswirtschaft als das außergerichtliche Konfliktlösungsmodell, das das Dienstleistungsangebot des Anwalts am effektivsten erweitern kann. Dabei werden sich die Rahmenbedingungen für die Mediation mit der Umsetzung der Richtlinie 2008/52/EG des Europäischen Parlaments und des Rates vom 21. 5. 2008 über bestimmte Aspekte der Mediation in Zivil- und Handelssachen, die bis zum 21. 5. 2011 zu erfolgen hat, grundlegend ändern. Denn in den zentralen Fragen der Titulierung von Abschlussvereinbarungen, der Sicherung der Vertraulichkeit und der Hemmung von Verjährungsfristen während einer laufenden Mediation werden sich Konsequenzen im nationalen Recht für interne, nicht grenzüberschreitende Streitigkeiten nicht vermeiden lassen. Vielmehr ist hier grundsätzlich mit einem Gleichlauf mit den Regelungen für grenzüberschreitende Verfahren zu rechnen.

Teil B. Gewerberaummiete

1. Abschnitt. Das gewerberaummietrechtliche Mandat

§ 41 Mandatsannahme, -bearbeitung und -abwicklung anhand von Checklisten

Übersicht

	Rdnr.
I. Allgemeines	1
II. Checklisten:	2–16
1. Mandatsannahme	2
Checkliste mietrechtliches Mandat	2
2. Vertragsschluss	3/4
a) Checkliste Mietvertragsabschluss und -inhalt	3
b) Checkliste Form	4
3. Rechte und Pflichten während der Vertragslaufzeit	5–7
a) Checkliste Mietgebrauch	5
b) Checkliste Mietminderung	6
c) Checkliste Mietminderungsberechnung	7
4. Mietpreisrecht	8–10
a) Checkliste Mietstruktur	8
b) Checkliste Betriebskostenumlagevereinbarung	9
c) Checkliste Betriebskostenabrechnung	10
5. Vertragsbeendigung	11–14
a) Checkliste ordentliche Vermieterkündigung	11
b) Checkliste außerordentliche befristete Vermieter-/Mieterkündigung	12
c) Checkliste außerordentliche fristlose Vermieter-/Mieterkündigung	13
d) Kündigungsfristentabellen	14–16
6. Prozessuales	17
Checkliste Räumungsklage	17
7. Mandatsabschluss	18

I. Allgemeines

Wie bereits bei § 1 für das wohnraummietrechtliche Mandat sollen auch hier für die Gewerberaummiete bewusst ausführlich und nicht lediglich schematisch ausgearbeiteten **Checklisten** auf systematische Art und Weise einen schnellen Zugriff auf die Darstellung sämtlicher jeweils relevanteren Problempunkte im gewerberaummietrechtlichen Teil dieses Handbuchs ermöglichen. Gleichzeitig dienen die allein an der **täglichen Mietrechtspraxis** ausgerichteten Checklisten dem Anfänger dazu, wirklich alle wichtigen Vorgaben und (Rechts-) Folgen der einzelnen gewerberaummietrechtlichen Problemstellungen zu beachten, aber auch dem Mietrechtsprofi als vorsorgliche Kontrolle, keinen Punkt übersehen zu haben. Selbstverständlich ersetzen diese Checklisten nicht die eigenständige und individuelle Prüfung des konkreten Einzelfalls. 1

II. Checklisten

1. Mandatsannahme

2

Checkliste: Mietrechtliches Mandat
(Allgemeines bei Annahme des Mandats)

☐ Vermieter
— alle mit Anschrift;
— Vertretungsverhältnisse insbes. bei Personenzusammenschlüssen und juristischen Personen klären (Vollmachten).

☐ Mieter
— alle mit Anschrift, auch soweit ausgezogen, aber noch Vertragspartei;
— ggf. Vertretungsverhältnisse insbes. bei Personenzusammenschlüssen und juristischen Personen klären (Vollmachten).

☐ Gewerberäume
— genaue Anschrift, Lage im Haus, Größe, Anzahl der Gewerberäume, Funktionsräume, Nebenräume, Kfz-Stellplatz, Garage, sonstige (Mit-)Nutzungsrechte, mitvermietete Gegenstände, Gemeinschaftseinrichtungen u. a.;
— Übergabeprotokolle;
— Mängel (vorhanden, angezeigt, behoben?).

☐ Mietvertrag
— schriftlich, ggf. mit allen Änderungen und Ergänzungen?
— Nebenabreden (ggf. Nachweismöglichkeit? – Schriftformerfordernis).

☐ Miete
— (kalt/warm/<teil->inklusiv) für Gewerberäume und – getrennt?
— für Nebenräume, Stellplätze und (Mit-)Nutzungsrechte inkl. aller Veränderungen (Nachweise?), insbes. Daten von nachträglichen Mieterhöhungen.

☐ Rechtsschutz
— Versicherung (Gesellschaft, Vertragsnr.) für streitgegenständliches Risiko?

☐ Honorar
— gesetzlich (Streitwert);
— Vereinbarung.

☐ Vollmacht
— von allen Mandanten (Vermieter oder Mieter), soweit Mandatserteilung durch Bevollmächtigte: Nachweis Vollmachtskette vorhanden?

2. Vertragsschluss

3

a) Checkliste: Mietvertragsabschluss und –inhalt
(Vgl. hierzu insbesondere §§ 46, 47 und 48)

Da aus Mietersicht die Rechtslage dann am günstigsten ist, wenn überhaupt kein schriftlicher Mietvertrag abgeschlossen wird, sondern die gesetzlichen Regelungen, insbesondere die des BGB, gelten, orientiert sich diese Checkliste zwangsläufig ausschließlich an den Vermieterinteressen. Dabei kommt hinzu, dass die gewerberaummietrechtlichen Regelungen im BGB anders als häufig im Wohnraummietrecht dispositiv ausgestaltet sind; von dieser Möglichkeit sollte dann aber auch Gebrauch gemacht werden.

☐ Soweit möglich, lediglich einen Vermieter als Vertragspartner aufnehmen (etwa wegen praktischer Handhabung: Kündigungs- und Willenserklärungen; Zeugenstellung; §§ 578 Abs. 2 Satz 1 und Abs. 1, 566 BGB); beachte aber: die Rechtsverhältnisse unter mehreren Eigentümern ggf. durch interne Vereinbarungen und/oder wechselseitige schriftliche Vollmachten regeln.

- ☐ Alle Mieter mit Vornamen, Name, ggf. Geburtsnamen, Geburtsdatum und vormaliger Adresse aufführen (z. B. zur besseren Ermittlung über die Meldebehörden, soweit etwa bei stillschweigendem vorzeitigem Auszug erforderlich); auf genaue Bezeichnung auch bei juristischen Personen achten.
- ☐ Mehrere Mieter: Vollmachtsklausel aufnehmen.
- ☐ Etwaige Vertretungsverhältnisse auf Vermieter- wie auch Mieterseite ausdrücklich offen legen, sonst ggf. auch Formproblem.
- ☐ Mietobjekt so genau wie möglich beschreiben, einschließlich mitvermieteter Flächen und – auch gemeinsam zu nutzender – Einrichtungen. Soll die Möglichkeit bestehen, lediglich zur Mitbenutzung überlassene Teile der Mietsache jederzeit wieder dem Gebrauch des Mieters zu entziehen, kann dies rechtssicher nur durch eine individuelle Vereinbarung geschehen.
  Achtung: Bei Größenangaben im Vertrag u. a. Risiko der Bewertung als Zusicherung; auch bei bloßer Beschaffenheitsangabe problematisch, wenn Abweichung mehr als 10%. Unbedingt Art und Weise der Flächenberechnung vereinbaren. Zum Teil erhebliche Unterschiede nach DIN 277, DIN 283, GIF, BGF oder NGF, WoFlV. Weiter Regelungen für den Fall der Flächenabweichung (nach „oben" oder „unten") vorsehen, ggf. auch eine folgenlose Differenz bis zur einem bestimmten Prozentsatz einer etwaigen Abweichung.
- ☐ Einrichtungsgegenstände, soweit mitvermietet, mit aufführen oder, soweit in der Mietsache vorhanden, aber keine Gebrauchsgewährpflicht übernommen werden soll, eine entsprechende ausdrückliche Regelung aufnehmen. Letzteres gilt insbesondere, wenn diese Einrichtungsgegenstände z. B. vom Vormieter eingebracht worden waren.
- ☐ Regelung über die Zulässigkeit baulicher Veränderungen durch den Mieter und insbesondere den Zustand des Mietobjekts bei Rückgabe treffen; falls gewünscht, Wegnahmerecht aus § 539 Abs. 2 BGB ausschließen.
- ☐ Den Zustand der Mietsache bei Beginn des Mietverhältnisses im Rahmen eines gesondert von Mieterseite zu unterschreibenden Übergabeprotokolls festhalten (= Beweiserleichterung, aber ggf. auch Anerkenntniswirkung).
- ☐ Die übergebenen Schlüssel verzeichnen und Erhalt gesondert bestätigen lassen. Haftungsfolgen für den Mieter bei Schlüsselverlust regeln, außer der Mieter beweist, dass Missbrauch ausgeschlossen ist.
- ☐ Erklärung über die Mieter-/Nutzeranzahl sowie ggf. Regelungen für den Fall der Personenmehrheit auf Mieterseite aufnehmen.
- ☐ Im Zusammenhang mit der Vereinbarung über den Mietbeginn Abnahmepflicht des Mieters zum vereinbarten Zeitpunkt aufnehmen, um nicht nur Gläubiger- sondern auch Schuldnerverzug zu begründen.
- ☐ Die Laufzeit des Mietvertrages regeln; dabei beachten, dass etwa vorgesehene Alternativen einander ausschließen und – insbesondere bei Verwendung von Formularen – Fehlinterpretationen ausgeschlossen sind, also zutreffende Alternative kennzeichnen, nichtzutreffende streichen:
  – unbefristet
  – unbefristet mit beiderseitigem Kündigungsausschluss für eine bestimmte Zeitdauer
  – befristet
  – befristet mit Verlängerungsklausel und/oder Option (unbedingt auf zeitliche Abstimmung zwischen diesen beiden Alternativen achten).
- ☐ § 545 BGB ausschließen durch eine inhaltlich vollständige Wiedergabe des Gesetzeswortlauts.
- ☐ Regelung bezüglich der Miethöhe: Feste Miete, umsatzabhängige Miete oder Kombination aus beidem (beachte die Sonderregelung für Apotheken in §§ 8 f. Apothekengesetz).
- ☐ Die Miete getrennt nach Grundmiete, etwaigen Zuschlägen, Garagen- oder Stellplatzmiete, pauschale Kosten etwa für die Gemeinschaftsantenne und/oder Verwaltungskosten sowie Vorauszahlungen auf die Betriebskosten gesondert beziffern. Eine Aufschlüsselung der Vorauszahlungen auf die einzelnen, umlagefähigen Betriebskostenpositionen ist entbehrlich.
- ☐ Ggf. andere Leistungen des Mieters mit Entgeltcharakter aufführen.

- Eindeutige ausdrückliche Betriebskostenumlagevereinbarung treffen; § 556 BGB gilt nicht im Gewerberaummietrecht (vgl. § 578 BGB). Keine Beschränkung auf die BetrKV. Darüber hinaus gehende Kostenpositionen müssen aber ausdrücklich und zweifelsfrei geregelt werden. Widerspruch zur Hausordnung unbedingt vermeiden: etwa bloße Kostenüberbürdung für Reinigung hier im Rahmen der Betriebskostenumlagevereinbarung und entsprechende Vornahmepflicht in der Hausordnung zu Lasten des Mieters.
- Regelungen mit aufnehmen für den Fall, dass zunächst nicht alle umlagefähigen und im Vertrag auf den Mieter überbürdeten Betriebskostenpositionen tatsächlich anfallen, sich der Vermieter aber entsprechende Umlagemöglichkeiten in Zukunft offen halten will.
- Regelungen vorsehen, falls der Vermieter – jedenfalls zunächst – bestimmte Arbeiten, deren Kosten auf den Mieter umgelegt werden können, in Eigenleistung erbringt unter Umlage der Kosten für gleichwertige Unternehmerleistungen (ohne Umsatzsteuer), einschließlich des Vorbehalts, diese Arbeiten jederzeit wieder fremd vergeben zu können.
- Umlageschlüssel, notfalls unterschiedlich für die einzelnen Betriebskostenpositionen, ausdrücklich vereinbaren, ggf. mit Änderungsvorbehalt nach billigem Ermessen bei Vorliegen sachlicher Gründe. Andernfalls kann Vermieter Abrechnungsschlüssel gem. § 315 BGB nach billigem Ermessen festsetzen (Ausnahme: Heizkosten, insoweit gilt der zwingende § 7 HeizkV – beachte aber auch § 10 HeizkV).
- Zwischenablesung der Verbrauchserfassungsgeräte mit entsprechender Kostenregelung (in der Regel zu Lasten des ausziehenden Vormieters) vorsehen; einen Anspruch auf Zwischenabrechnung klarstellend ausschließen.
- Abrechnungsverpflichtung des Vermieters mit aufnehmen, aber allenfalls mit reiner Fälligkeitsregelung ohne Ausschlusswirkung (§ 556 Abs. 3 BGB gilt nicht); andernfalls könnte von der Vereinbarung einer Betriebskostenpauschale ausgegangen werden; soweit die Betriebskosten pauschal umgelegt werden, unbedingt einen ausdrücklichen Erhöhungsvorbehalt vereinbaren. Regelungen des § 560 BGB ggf. vereinbaren.
- Möglichkeit der Mietanpassung ist mangels gesetzlicher Erhöhungstatbestände zwingend zu regeln, da ohne entsprechende Vereinbarung nur eine Änderungskündigung in Betracht käme (die wiederum bei im Gewerberaummietrecht üblicher Befristung ausgeschlossen ist). Vereinbarung einer Staffelmiete oder einer Indexregelung oder auch – eindeutig zeitlich abzugrenzende – Kombinationen möglich. Bei Indexregelungen PrKG beachten und aus Mietersicht die schwebende Wirksamkeit des § 8 PrKG ausschließen. Anwendung der §§ 559 ff. BGB vereinbaren.
- Zahlungsmodalitäten (Fälligkeit, Vorauszahlung, Verzug) zur Klarstellung regeln – vgl. §§ 579 Abs. 2, 556 b Abs. 1 BGB – unter genauer Angabe des Empfängerkontos.
- Zurückbehaltungs- und Aufrechnungsbeschränkungen aufnehmen. Minderungsrecht ausschließen.

  Achtung: Der formularmäßige Ausschluss des Minderungsrechts ist nur wirksam, wenn nach dem Wortlaut nicht zugleich die Möglichkeit ausgeschlossen wird, wegen Mängeln überzahlte Miete nach § 812 BGB zurückzuverlangen. Ggf. diese Möglichkeit ausdrücklich vom Minderungsverbot ausnehmen.
- Regelung über eine Mietsicherheit vorsehen (Barkaution für den Vermieter etwas günstiger als eine Bürgschaft; vgl. etwa § 215 BGB). Bei Bürgschaften auf Abreden über die Verjährungseinreden des Bürgen achten. Keine unmittelbare Geltung der Beschränkungen des § 551 BGB.
- Umlage von Verwaltungskosten regeln, aber vorsorglich näher umschreiben ist, welche Kosten erfasst sind und die Höhe der Kosten vertraglich begrenzen (auch wegen § 305 c BGB; Kostentransparenz).
- Instandsetzungspflicht des Mieters regeln; beachte: keine Abwälzung der Instandsetzungspflicht bezüglich Dach und Fach; bezüglich Gemeinschaftseinrichtungen ist nur Umlage der Kosten auf die Mieter möglich (unter Kostenbegrenzung auf etwa max. 10% der Jahresnettomiete). Bei Formularverträgen darf Abweichung vom Grundsatz des § 535 Abs. 1 Satz 2 BGB aber nicht zu einem Verstoß gegen § 307 BGB führen, insbesondere darf Klausel sich nur auf Reparaturverpflichtung des Mieters bezüglich solcher Schäden beziehen, die auf dem Mietgebrauch beruhen oder aus dem Risikobereich des Mieters stammen. Die

Klausel darf nicht zu einer Haftung des Mieters für anfängliche Mängel oder von Dritten verursachte Schäden führen.

Ggf. kann auch lediglich Instandhaltungspflicht des Mieters vereinbart werden (Ausführung notwendiger Wartungsarbeiten, aber keine Reparaturen).

Alternativ kann auch lediglich die Kostentragungspflicht auf den Mieter abgewälzt werden, während der Vermieter zur Ausführung verpflichtet bleibt.

☐ Ggf. Kleinreparaturklausel aufnehmen; im gleichen Rahmen zulässig wie die Abwälzung der Instandsetzungspflicht.

☐ Schönheitsreparaturen regeln, da diese nicht zwingend von der Instandhaltung oder Instandsetzung erfasst sind, welche auf Mängelbeseitigung abzielt, während Schönheitsreparaturen der Beseitigung der Folgen vertragsgemäßer Abnutzung dienen. Es gelten aufgrund der vergleichbaren Interessenlage die zum Wohnraummietrecht geltenden Grundsätze: Freizeichnung des Vermieters, getrennt von der Abwälzungsregelung auf den Mieter zu beurteilen; laufende Schönheitsreparaturverpflichtung nach Fristenklausel – aber ohne starren Fristenplan („im Allgemeinen") – aufgrund deren Wirksamkeit auch bei unrenoviert überlassener Mietsache; Endrenovierungsregelung nur ohne zusätzliche Pflichtenüberbürdung auf den Mieter zulässig; Abgeltungsklausel bei vorzeitigem Auszug des Mieters vor Ablauf des „weichen" Renovierungsturnus – ohne starre Frist und ohne eine Kostenübernahmeverpflichtung zu 100% (Problem: Transparenz); keine Anfangsrenovierungsregelung, sofern nicht individuell vereinbart; vorsorglich Schönheitsreparaturumfang mit aufnehmen (bei ausdrücklicher Regelung gegenüber dem üblichen Umfang im Wohnraummietrecht erweiterbar, etwa auf den Boden) und das Erfordernis der fachgerechten Ausführung; Farbwahlklauseln, auch für Holzteile, nur für die Rückgabepflicht bei Mietende, nicht während der Mietzeit zulässig, aber keine Beschränkung auf nur eine Farbe. Ggf. Alternativregelung für den Fall der Unwirksamkeit der Schönheitsreparaturklausel aufnehmen (z. B. Zuschlag zur Miete als gesondert ausgewiesener Entgeltbestandteil). Lediglich für die genaue Bestimmung der zulässigen Fristen kann nicht auf die Rspr. zum Wohnraummietrecht (5, 8, 10 Jahre je nach Raum) zurückgegriffen werden, da insoweit keine vergleichbare Situation besteht; maßgeblich ist die im konkreten Vertragsverhältnis vorgesehene Nutzung.

☐ Dem Mieter keine Wartungs- bzw. Verkehrssicherungspflichten oder sonstige Hand- und Spanndienste auferlegen (Überwachungsaufwand und verbleibende Sekundärpflichten), sondern die entsprechenden Kosten umlegen.

☐ Soweit erforderlich nähere Regelungen über die Benutzung der Mieträume (insbesondere Betriebspflicht, ggf. Sortimentsklausel) und die Untervermietung aufnehmen sowie über etwaige Ausbesserungen bzw. bauliche Veränderungen.

☐ Gegebenenfalls Regelung zum Konkurrenzschutz aufnehmen; sog. vertragsimmanenten Konkurrenzschutz beachten.

☐ Gegebenenfalls Regelung betreffend Werbegemeinschaft aufnehmen.

☐ Gegebenenfalls das Betreten und Besichtigen der Mieträume regeln.

☐ Zur Klarstellung eine an § 536c BGB orientierte Mängelanzeigeverpflichtung des Mieters sowie Haftungsregelungen fixieren.

☐ Eine ausführliche Hausordnung (Reinigungs- und Räumpflichten besser extern vergeben unter Kostenumlage im Rahmen der Betriebskosten; andernfalls unbedingt Vorsorge für den Fall der Verhinderung des Mieters, etwa wegen Alters, Krankheit u. a., treffen) sowie eine Vermieterermächtigung zur Ersatzvornahme (letztere rechtssicher nur individuell vereinbar) in den Vertragstext aufnehmen (zur Vermeidung von Formproblemen gemäß §§ 578 Abs. 2 Satz 1 und Abs. 1, 550 BGB; bloße Bezugnahme im unterschriebenen Vertragstext ohne gesonderte Unterschrift auf der als Anlage vorgesehenen Hausordnung scheitert nicht unbedingt an § 307 BGB). Widerspruch zwischen Pflichtenüberbürdung und „bloßer" Kostenüberwälzung im Rahmen der Betriebskostenumlagevereinbarung vermeiden.

☐ Regelungen über die Beendigung und Abwicklung des Mietverhältnisses, auch bei vorzeitiger Beendigung des Mietvertrags, vorsehen.

☐ Regeln, dass sämtliche Abwicklungsverpflichtungen einschließlich der Rückgabe der Schlüssel am letzten Tag der Mietzeit, zu den üblichen Geschäftszeiten, zu erledigen sind.

- ☐ Schriftform auch für Änderungen und Ergänzungen jedenfalls zu Beweiszwecken statuieren. Schriftformnachholungsklausel vereinbaren.
- ☐ Auf vollständige Unterschriftsleistung aller Mieter, vorsorglich unter Angabe der Vertretungsverhältnisse achten.
- ☐ Trotz gelockerter Rechtsprechung vorsorglich – sofern Anlagen mit mehr als bloßem erläuternden Charakter beigefügt werden – sämtliche Blätter des Vertrages und die in Bezug genommene Anlagen fest körperlich verbinden oder von allen Vertragsparteien unterschreiben lassen. Alternativen: Paraphe beider Vertragsparteien auf allen Seiten des Vertrages wie auch der Anlagen; zweifelsfreie Bezugnahme auf Anlagen beachten.
- ☐ Dem Mieter ausreichende Möglichkeiten zur Kenntnisnahme des gesamten Vertragstextes geben; bei Ausländern vorsorglich zusätzlich Beweismittel beschaffen, dass der gesamte Vertragstext auch verstanden wurde.
- ☐ Jede Partei hat das von der anderen Vertragsseite unterschriebene Exemplar im Original zu erhalten (vgl. § 126 Abs. 2 Satz 2 BGB).
- ☐ Schlüssel erst nach Erhalt eines von allen Mietern unterzeichneten Vertragsexemplars, Entrichtung der ersten Monatsmiete und der vereinbarten Mietkaution an die Mieter aushändigen.
- ☐ Bei Vertragsbeendigung gesondertes, von allen Mietern unterzeichnetes Abnahmeprotokoll erstellen (= Beweiserleichterung; aber Achtung: Anerkenntniswirkung!).

b) Checkliste: Form (vgl. hierzu § 47)

- ☐ Grundsätzlich keinen nur mündlichen Vertrag schließen; dieser ist zwar wirksam, es drohen aber Beweisschwierigkeiten und die Folgen der §§ 578 Abs. 2 Satz 1 und Abs. 1, 550 BGB.
- ☐ Die grundsätzlich ausreichende privatschriftliche Form des § 126 Abs. 2 BGB ist nur bei Unterzeichnung der „einheitlichen Urkunde" gewahrt. Sofern Auslagerungen einzelner Bestimmungen unvermeidlich sind, darauf achten, dass die wesentlichen Vertragsbestandteile dennoch in der Vertragsurkunde enthalten sind und nur solche Abreden ausgelagert werden, die unwesentliche Nebenaspekte betreffen oder lediglich die Vertragsbestimmungen erläutern und nicht modifizieren. Unbedingt darauf achten, dass sich die Einheit der Urkunde bei Vertragsunterzeichnung aus fortlaufender Paginierung der Blätter, fortlaufender Nummerierung der einzelnen Bestimmungen, einheitlicher graphischer Gestaltung, inhaltlichem Zusammenhang des Textes oder vergleichbaren Merkmalen zweifelsfrei ergibt. Ist die Auslagerung wesentlicher Bestimmungen unerlässlich, muss sich in der unterzeichneten Urkunde eine Verweisung auf alle zweifelsfrei bezeichneten Anlagen finden.
- ☐ Auf zweifelsfrei dokumentierte Vertretungsverhältnisse bei Personenzusammenschlüssen achten
- ☐ Auf schriftliche Annahme von etwa nach den §§ 147, 151 BGB als neues Angebot zu wertenden „Annahmeerklärungen" achten.
- ☐ Notarielle Beurkundung gem. § 128 BGB kann erforderlich sein, insbesondere wenn zusammen mit dem Mietvertrag ein der Form des § 311 b Abs. 1 Satz 1 BGB bedürftiger Vertrag geschlossen wird und beide Verträge eine rechtliche Einheit bilden, nach dem Parteiwillen also miteinander stehen und fallen sollen (z. B. Vor- oder Ankaufsrechte des Mieters) oder wenn Nutzungsrechte des Mieters dinglich abgesichert werden soll, insbesondere um Kündigungsrecht gem. § 57 a ZVG oder § 111 InsO auszuschließen.
- ☐ Im Falle der Zwangsvollstreckungsunterwerfung im Sinne des § 794 Nr. 5 ZPO muss nur die Unterwerfungserklärung beurkundet werden; in dieser ist aber auf einen bestimmten schriftlichen Mietvertrag zu verweisen, damit eine Vollstreckung überhaupt möglich ist (Vollstreckungsfähigkeit).
- ☐ Schriftformnachholungsklauseln vereinbaren.

§ 41 Mandatsbearbeitung anhand von Checklisten

☐ Bei nachträglichen Verlängerungs-, Ergänzungs- und Änderungsvereinbarungen genügt es, dass die von beiden Parteien unterzeichnete Nachtragsurkunde auf den genau bestimmten Ursprungsvertrag ausdrücklich Bezug nimmt und zum Ausdruck bringt, dass es im übrigen bei der formgültigen ursprünglichen Vereinbarung verbleiben soll.

3. Rechte und Pflichten während der Vertragslaufzeit

a) Checkliste: Mietgebrauch (vgl. hierzu §§ 54 und 55)

☐ Vermieter
- Gebrauchsgewährung: Umfang gem. Vertragsinhalt, insbes. Überlassungspflicht:
  - unmittelbarer Besitz (Zugang/Zufahrt)
  - sämtliche Schlüssel
  - ungestört
  - mangelfrei (sonst ggf. Gewährleistungsansprüche des Mieters/ZbR Miete)
- Erhaltungspflicht (Störungsabwehr; begrenzt abdingbar: insoweit zweifelsfreie Überbürdung auf Mieter zulässig)
- Instandhaltung/-setzung und Modernisierung (begrenzt abdingbar: nur zweifelsfreie Überbürdung auf Mieter zulässig)
- Ver-/Entsorgung (Sicherstellung und Schaffung baulicher Voraussetzungen)
- Verkehrssicherung (abdingbar: eindeutige Überbürdung auf Mieter zulässig, aber sekundäre Überwachungspflicht bleibt beim Vermieter)
- Beleuchtung und Reinigung (letztere abdingbar: zweifelsfreie Überbürdung auf Mieter zulässig).

☐ Mieter
- Gebrauchsrechte gem. Vertrag
  - Umfang (Mitnutzungsrechte)
  - bauliche Veränderungen: grds. nur mit Zustimmung Vermieter, dann aber unbedingt Rückbaupflicht des Mieters bei Vertragsende vorsehen
  - Einbringung Mieter-„Anlagen" (Maschinen etc.): grds. erlaubt, differenziert bei Außenanlagen wie (Parabol-)Antennen
  - Meinungsäußerung
- Pflichten
  - Obhuts- und Sorgfaltspflichten
  - Hinweis- und Anzeigepflichten
  - keine Störung Hausfrieden
  - Duldungspflichten (Besichtigung bzw. Betreten; Instandhaltung; Modernisierung)
  - keine Abnahmepflicht
  - Betriebspflicht nur, sofern vertraglich vereinbart

☐ Mieterhaftung
- vertragswidrige Nutzung (Unterlassungsanspruch nach Abmahnung – vgl. § 541 BGB; Sonderregelung gegenüber § 1004 BGB)
- Kündigungsrecht Vermieter (vgl. § 543 Abs. 2 Nr. 2 BGB)
- Schadensersatzanspruch Vermieter (vgl. § 536c Abs. 2 Satz 1 BGB).

☐ Auf eindeutige Regelung des Vertrags- und Nutzungszwecks achten: relevant für Umfang der Gebrauchsrechte des Mieters und den Inhalt der Gebrauchsgewährpflicht des Vermieters, aber auch den Umfang des vertragsimmanenten Konkurrenzschutzes u. a.

☐ Hausordnung
- Verbindlichkeit
  - Vereinbarung

- Wirksamkeit (AGB)
- einseitige Auferlegung (nur) ohne Erweiterung der Mieterpflichten
• Inhalt
  - Konkretisierung Gebrauchs-Grenzen
  - evtl. Schutzwirkung für Dritte oder sogar echter Vertrag zu Gunsten Dritter
  - Änderungen: wenn Vorbehalt vereinbart, sonst nur ohne Pflichtenerweiterung zu Lasten des Mieters.

b) Checkliste: Mietminderung (vgl. hierzu § 57)

☐ Sach- oder Rechtsmangel oder Fehlen einer zugesicherten Eigenschaft
  • Für den Vermieter ungünstige, weil weit auszulegende, zahlreiche Fallgestaltungen erfassende Abweichung der aktuellen Ist-Beschaffenheit von der vereinbarten oder gewöhnlichen Soll-Beschaffenheit, unabhängig von der Erkennbarkeit, z. B.:
    - Zustandsmängel der Mietsache selbst
    - Leistungsmängel auf Vermieterseite
    - Einwirkungen Dritter, vor allem Mitbewohner und Nachbarn
    - Umweltfehler, etwa Baulärm
    - Öffentlich-rechtliche Beschränkungen.
  • obligatorische bzw. dingliche private Rechte Dritter, die den Besitz oder den Mietgebrauch ganz oder teilweise entziehen bzw. beeinträchtigen, z. B.:
    - Doppelvermietung
    - Unerlaubte Untervermietung
    - Beendigung des Hauptmietverhältnisses.
  • zum Vertragsinhalt gewordene Angaben des Vermieters, für die er eine besondere Einstandspflicht übernimmt, bezogen auf alle tatsächlichen oder rechtlichen Verhältnisse von gewisser Dauer, die nach der Verkehrsauffassung wertbildend oder werterhöhend sind, z. B.:
    - Flächen- bzw. Größenangaben, wenn eine Quadratmetermiete vereinbart ist, sonst bei Abweichungen von mehr als 10% auch bei ca.-Zusatz
    - Freiheit von Immissionen
    - Bestimmter Verwendungszweck
    - Bebauungsmöglichkeiten
    - Vornahme von bestimmten Reparaturen.

☐ Automatischer Eintritt der Minderung kraft Gesetzes, ohne dass sich der Mieter auf sein Minderungsrecht berufen oder die Mietminderung – gar schriftlich – ankündigen muss. Der Gewerberaummieter kann aber rechtswirksam verpflichtet werden, sein Minderungsrecht aktiv (etwa unter Inanspruchnahme gerichtlicher Hilfe) geltend zu machen. Ein „Verschieben" der Verwirklichung des Minderungsrechts um ein oder zwei Monate ist erst recht unschädlich.

☐ Kenntnis einer Partei oder ein Verschulden des Vermieters sind ebensowenig erforderlich wie überhaupt die Möglichkeit des Vermieters, den Mangel zu beseitigen; selbst wenn der Vermieter, etwa als Eigentümer, den Mangel aus sachlichen oder rechtlichen Gründen hinnehmen muss (vor allem bei Umweltmängeln), hindert dies die Mietminderung nicht.

☐ Die Minderung erstreckt sich immer auf die Gesamtmiete, also auch auf die monatlichen Zahlungen auf die Betriebskosten (unabhängig, ob als Vorauszahlung oder Pauschale) und auf etwaige Nachzahlungsbeträge aus Betriebskostenabrechnungen. Die Entscheidung des Mieters, sein Minderungsrecht etwa auf die Grundmiete zu beschränken, ist bindend. Zu erwägen ist, den somit erst nach Vorliegen der Betriebskostenabrechnung endgültig bezifferbaren Minderungsbetrag bei der Grundmiete abzuziehen und so dem Mieter ungeschmälert „gutzubringen", um die Betriebskostenabrechnung dann unverändert erstellen zu können.

- ☐ Beweislastverteilung
  - Der Mieter hat substantiiert die Voraussetzungen der von ihm geltend gemachten Gewährleistungsansprüche (nicht aber das Ausmaß der Gebrauchsbeeinträchtigung) darzulegen und zu beweisen.
  - Steht danach fest, dass der Mangel zum Risikobereich des Vermieters gehört, hat sich dieser zu entlasten.
  - Diese Beweislastverteilung nach den beiderseitigen Verantwortungsbereichen führt bei allen, dem Mietobjekt unmittelbar anhaftenden Mängeln und Beanstandungen (sowie bei den Ansprüchen aus § 536a BGB) dazu, dass bei einem über die normale vertragsgemäße Abnutzung hinausgehenden Schaden zunächst den Vermieter die Beweislast dafür trifft, dass die einzig denkbare Herkunft der Schadensursache aus dem unmittelbaren Einfluss-, Herrschafts- und Obhutsbereich des Mieters stammt. Gelingt ihm dieser Beweis, hat der Mieter zu beweisen, dass die Verschlechterung der Mietsache nicht von ihm verursacht und verschuldet wurde.
- ☐ Ausschluss der Minderung bei
  - unerheblichen Fehlern (§ 536 Abs. 1 Satz 3 BGB), die (nur) eine Minderungsquote von unter 3% rechtfertigen würden.
  - gesetzlichen Gewährleistungs- bzw. Haftungsausschlüssen:
    - Kenntnis des Mieters bei Vertragsschluss (§ 536b Satz 1 BGB)
    - Grobfahrlässige Unkenntnis des Mieters bei Vertragsschluss (§ 536b Satz 2 BGB), sofern der Vermieter den Fehler nicht arglistig verschwiegen hat (§ 536b Satz 2 BGB)
    - Vorbehaltlose Annahme der Mietsache in Mangelkenntnis (§ 536b Satz 3 BGB)
    - Verletzung der Anzeigepflicht des § 536c Abs. 1 und 2 BGB bei während der Mietzeit aufgetretenen Mängeln
    - Verwirkung bei vorbehaltloser Gebrauchsfortsetzung, insbes. Fortzahlung der Miete in voller Höhe, trotz Mangelkenntnis während der Mietzeit und Mangelanzeige, welcher der Vermieter aber nicht abhilft, sofern der Vermieter durch sein Verhalten nicht die Erwartung alsbaldiger Mangelbeseitigung weckt (Zeit- und Umstandsmoment erforderlich; bloße Fortzahlung etwa über mehr als 6 Monate genügt nicht; Zeitmoment eher 2 als 1 Jahr).
    - Vom Mieter zu vertretender Mangel
    - Ausschluss nach Treu und Glauben.
  - vertraglichen Gewährleistungs- bzw. Haftungsausschlüssen, sofern § 536d BGB bzw. bei vorformulierten Regelungen § 307 BGB beachtet wird (zulässig insbesondere bei sog. Umweltmängeln; im Übrigen ist in den AGB ausdrücklich auf die Möglichkeit der Rückforderung überzahlten Mietzinses gem. § 812 BGB hinzuweisen).
  - bei Vertragsänderungen – Differenzierung erforderlich:
    - Rechtsverlust durch unterlassenem Vorbehalt bei Vertragsverlängerungen (sofern nicht stillschweigend, etwa nach § 545 BGB) trotz Mangelkenntnis oder grob fahrlässiger Unkenntnis des Mieters
    - Aufleben von bislang nach § 536b BGB ausgeschlossenen Rechten durch Vorbehalt des Mieters bei Vertragsverlängerungen (sofern nicht stillschweigend, etwa nach § 545 BGB)
    - Aufleben von bislang nach § 536b BGB ausgeschlossenen Rechten bei Mieterhöhungen beschränkt auf den Umfang der Erhöhung, sofern der Mieter jetzt einen entsprechenden Vorbehalt erklärt.
  - Beweislast: Der Vermieter für die Kenntnis bzw. grob fahrlässige Unkenntnis des Mieters vom Mangel oder die Mangelbeseitigung bzw. -eindämmung bei rechtzeitiger Anzeige sowie die Voraussetzungen des Rechtsverlustes nach § 536c Abs. 2 BGB; der Mieter für den rechtzeitig erklärten Vorbehalt bzw. die unverzügliche Anzeige (oder das Vorliegen der Voraussetzungen für den Wegfall der Anzeigepflicht) sowie für ein arglistiges Verschweigen des Mangels oder die Zusicherung seiner Beseitigung durch den Mieter.
- ☐ Zur konkreten Berechnung von Minderungsquoten siehe sogleich die Checkliste Mietminderungsberechnung.

7   c) **Checkliste: Mietminderungsberechnung** (vgl. hierzu § 57)

- ☐ Nach § 536 Abs. 1 Satz 2 BGB schuldet der Mieter während der Zeit, während der die Tauglichkeit der Mietsache gemindert ist, nur eine „angemessen" herabgesetzte Miete gegenüber dem vereinbarten (nicht etwa dem ortsüblichen) Betrag. Anders war die Rechtslage bei § 537 Abs. 1 BGB a. F., wonach durch den Verweis auf die kaufrechtlichen Vorschriften der §§ 472, 473 BGB die Miete in dem Verhältnis herabzusetzen war, wie der tatsächliche Zustand der Mietsache objektiv vom Soll-Zustand abwich. Damit kann jetzt auch auf andere Kriterien als ausschließlich auf die aufgehobene oder geminderte Tauglichkeit der Mietsache abgestellt werden, sei es mit der Folge einer Erhöhung des Minderungsbetrages (z. B. bei einem besonders groben Verschulden des Vermieters) oder sei es auch im Sinne einer Reduzierung der zulässigen Minderung (etwa dann, wenn der Mieter z. B. wegen Urlaubs die Wohnung überhaupt nicht nutzt und sich daher der Ausfall der Warmwasserversorgung auf ihn auch nicht auswirkt).
- ☐ Die Mietminderung wird allerdings nach wie vor im Regelfall in Prozentsätzen ausgedrückt, die unter Heranziehung vergleichbarer Entscheidungen geschätzt zu werden pflegen.
- ☐ Dies birgt schon im Vorfeld etwaiger gerichtlicher Auseinandersetzungen auch für die Mietvertragsparteien oder deren Berater nicht unerhebliche Unsicherheiten. Mit der nachstehenden Checkliste soll daher eine von Einzelfallgesichtspunkten gelöste, schnelle und praktikable Möglichkeit zur Ermittlung der Mietminderung erreicht werden. Zu beachten ist, dass die Höhe der Minderungsquote im Streitfall allein vom Gericht festzustellen ist und nicht etwa Aufgabe eines ggf. eingeschalteten Sachverständigen ist, der demgegenüber (nur) den Umfang der Gebrauchsbeeinträchtigung zu ermitteln und zu bewerten hat – so zutreffend *Isenmann* DWW 1995, 361). Tipp: Zurückbehaltungsrechte (= 2-faches der zulässigen Minderungsquote; orientiert an der Neufassung des § 641 Abs. 3 BGB) mit einbeziehen; Entscheidung, welcher Teil des Einbehalts endgültig gemindert wird und welcher Teil ausgekehrt wird, erst nach Mangelbeseitigung treffen.
- ☐ Ausgangspunkt ist die sog. Nutzwertanalyse auf der Grundlage von in zwei Gruppen zu unterteilenden Nutzwertkriterien. Danach weisen einzelne Teile eines Mietobjektes unterschiedliche Wertigkeiten im Hinblick auf Funktion und Geltung auf. Der Funktionswert bemisst sich nach dem Nutzen oder der Gebrauchsfunktion des Raumes der Mietsache, der Geltungswert beruht auf der Wertschätzung von Gestaltungsmerkmalen wie z. B. Aussehen, Form und Farbe (*Kamphausen* WuM 1982, 3 ff.). Die so ermittelten Nutzwertkriterien sind dann zu gewichten und in Relation zum Grad der Beeinträchtigung zu setzen (vgl. auch *Isenmann* DWW 1995, 361).

Vorzugehen ist wie folgt:

- ☐ 1. Zunächst ist der prozentuale Nutzungswert jedes von der Beeinträchtigung betroffenen Raumes der Mietsache zu ermitteln (vgl. LG Hamburg WuM 1983, 290; *Isenmann* DWW 1995, 361, 362 f.).
- ☐ 2. Sodann ist der Grad der Beeinträchtigung i. S. v. § 536 Abs. 1 Satz 3 BGB unter Heranziehung folgender Tabelle zu ermitteln (nach *Kamphausen* WuM 1982, 3, 7):

0%	keine bzw. unerhebliche Beeinträchtigung
10%	fast keine
20%	noch leichte, geringe
30%	mäßige
40%	deutliche, schon etwas stärkere
50%	starke
60%	sehr starke
70%	schwere
80%	sehr schwere
90%	massive
100%	völlige Aufhebung der Gebrauchstauglichkeit

- ☐ Diese Werte sind schließlich in folgende Tabelle zu übernehmen:

§ 41 Mandatsbearbeitung anhand von Checklisten

Raum	Nutzungswert (s. o. Nr. 1)	Mietanteil	Grad der Beeinträchtigung (s. o. Nr. 2)	Dauer in Tagen	Minderung
		%	EUR	%	/30	EUR
		%	EUR	%	/30	EUR
		%	EUR	%	/30	EUR
		%	EUR	%	/30	EUR
		%	EUR	%	/30	EUR
		%	EUR	%	/30	EUR
		%	EUR	%	/30	EUR
		%	EUR	%	/30	EUR
		%	EUR	%	/30	EUR
		%	EUR	%	/30	EUR

4. Mietpreisrecht

a) Checkliste: Mietstruktur (vgl. hierzu § 60)

☐ Netto-Grundmiete (feste oder umsatzabhängige Miete oder Kombination)

zuzüglich jeweils einzeln oder insgesamt pauschaliert oder als Vorauszahlung mit Abrechnungspflicht:
- Zuschläge für Gegenstände, Einrichtungen, Garage, (Mit-)Nutzungsrechte (Gemeinschaftsantenne ö. ä.)
- Heiz-/Warmwasserkosten
- übrige Betriebskosten.

☐ Netto-Warmmiete einschließlich Heiz-/Warmwasserkosten

zuzüglich Zuschläge für (Mit-)Nutzungsrechte und Einrichtungen sowie sonstige Betriebskosten jeweils einzeln bzw. insgesamt pauschaliert oder als Vorauszahlung mit Abrechnungspflicht; Achtung: ggf. Verstoß gegen HeizkV.

☐ Teil-Inklusivmiete

als Gesamtbetrag zusammengesetzt aus
- – Netto-Grundmiete
  – Zuschläge für (Mit-)Nutzungsrechte und Einrichtungen
  – einzelne oder mehrere Positionen der Heiz- und übrigen Betriebskosten

und daneben
- – pauschaliert oder als Vorauszahlung mit Abrechnungspflicht: andere Positionen der Heiz-/Warmwasserkosten und übrigen Betriebskosten

☐ **Brutto**-Warmmiete/Inklusivmiete; Achtung: ggf. Verstoß gegen HeizkV

als Gesamtbetrag zusammengesetzt aus
– Grundmiete für alle Räume
– Zuschläge für (Mit-)Nutzungsrechte und Einrichtungen
– Heiz-/Warmwasserkosten
– alle übrigen Betriebskosten.

9   b) Checkliste: Betriebskostenumlagevereinbarung (vgl. hierzu § 62)

- ☐ Mietstruktur
  - Regelungsbedarf
  - Nettomiete
  - Verwaltungskostenpauschale
  - Mieter-Eigenleistung
  - Vermieter-Eigenleistung
  - Direktlieferung
  - Änderungsvorbehalt
  - Gleitklausel.
- ☐ Umfang
  - Schranken
  - Bestimmtheitsgrundsatz
  - Teileigentum
  - Bewirtschaftungsmethode bzw. Wirtschaftlichkeit
  - Ungewöhnliche hohe Kosten, hoher Standard
  - Umstrittene Kostenarten
  - Sonstige Betriebskosten (qualifizierte Umlagevereinbarung)
  - Öffnungsklausel, Mehrbelastungsregelung
  - Modernisierungs- und änderungsbedingte Mehrkosten
  - Derzeit noch unzulässige Kostenarten.
- ☐ Kostenerfassung örtlich
  - Wirtschaftseinheit aus mehreren Gebäuden
  - Kosten für mehrere Wirtschaftseinheiten
  - Teileigentum
  - Änderungsvorbehalt.
- ☐ Kostenerfassung zeitlich
  - Abflussprinzip (unklar u. a. bei Mieterwechsel und im Anwendungsbereich der HeizkostenVO)
  - Änderungsvorbehalt
  - Abrechnungsperiode
  - Aperiodische Kosten
  - Änderungsvorbehalt betr. bevorstehende Periode.
- ☐ Umlagemaßstab
  - Grundsatz: bei fehlender vertraglicher Regelung Festsetzung nach billigem Ermessen (§ 315 BGB – Ausnahme: Heizkosten)
  - HeizkostenVO
  - Zwischenablesung
  - Flächenberechnung
  - Leerstehende Räume
  - Vorwegabzug
  - Teileigentum
  - Änderungsvorbehalt.
- ☐ Vorauszahlung
  - Rechtsgrundlage (Mietvertrag)
  - Klarheit
  - Angemessenheit
  - Grundsatz der Wirtschaftlichkeit
  - Erhöhung
  - Umfang der Erhöhung
  - Herabsetzung
  - Auszug des Mieters.

- ☐ Abrechnung (s. gesonderte Checkliste)
  - Form
  - Mindestinhalt
  - Tilgungsvereinbarung bei unbenannten Zahlungen
  - Abrechnungsfrist (1 Jahr – ohne Ausschlusswirkung)
  - Anerkenntnisfiktion
  - Fälligkeit
  - Kontrollrechte
  - Besonderheiten bei Teileigentum
  - Abrechnungsverzug
  - Berichtigung.
- ☐ Alternativ: Pauschale
  - Rechtsgrundlage (Mietvertrag)
  - Erhöhungsvorbehalt

c) Checkliste: Betriebskostenabrechnung (vgl. hierzu § 62)

- ☐ Mietvertragliche Vereinbarung einer Nettomiete und daneben gesondert ausgewiesene Betriebskosten mit Abrechnungsverpflichtung des Vermieters (§ 535 BGB).
- ☐ Von allen Vermietern gemäß Mietvertrag
  - ggf. eingetretene Rechtsnachfolge beachten; die Abrechnungspflicht trifft ausnahmsweise nicht den Eigentümer, der zum Zeitpunkt der Fälligkeit der Abrechnung, sondern zum Ende des Abrechnungszeitraums im Grundbuch eingetragen ist, sofern keine abweichende Vereinbarung zwischen altem und neuem Eigentümer getroffen ist;
  - beim rechtsgeschäftlichen Erwerb muss der im eigenen Namen abrechnende Erwerber – soweit nicht ermächtigt vom bisherigen Vermieter – bereits im Grundbuch als Eigentümer eingetragen sein – §§ 578 Abs. 2 Satz 1 und Abs. 1, 566 BGB (bei GbR schadet Gesellschafterwechsel nicht);
  - beim Erwerb im Wege der Zwangsversteigerung genügt der Zuschlag – § 90 ZVG;
  - Rechtsnachfolge belegen, z. B. Erbschein.
- ☐ Bei Stellvertretung: zweifelsfreie Offenlegung erforderlich – Original-Vollmacht beifügen, sofern Bevollmächtigung nicht bekannt (§ 174 BGB).
- ☐ An alle Mieter laut Mietvertrag
  - vorsorglich auch bei mietvertraglicher Vollmachtsklausel, die – auch konkludent – widerrufen worden sein könnte;
  - Zugang auch an diejenigen Mieter bewirken, die das Mietobjekt nicht mehr nutzen, aber nicht aus dem Mietverhältnis entlassen worden sind (z. B. bloßer Auszug, ggf. auch vor Jahren).
- ☐ Innerhalb einer Frist von einem Jahr (im Gegensatz zu § 556 Abs. 3 Satz 3 bei der Wohnraummiete **keine** Ausschlussfrist, aber Verwirkung denkbar)
- ☐ Schriftliche Abrechnung und geordnete Zusammenstellung der Kosten:
  - Ausweisung der Gesamtkosten und deren Zusammensetzung;
  - Anwendung des gesetzlichen (§ 315 BGB) oder vereinbarten und ggf. erläuterten Umlageschlüssels;
  - Berechnung des auf den Mieter entfallenden Anteils;
  - Abzug der tatsächlich für den Abrechnungszeitraum geleisteten individuellen Vorauszahlungen („Soll-Vorschüsse" nur ausnahmsweise: Keine Vorauszahlungen im Abrechnungszeitraum und deren gerichtliche Geltendmachung vor Abrechnungsreife).
- ☐ Richtige Bezeichnung der Wirtschaftseinheit und/oder des Kostenbezirks (bei Leistungen für mehrere Wirtschaftseinheiten).

- ☐ Weiterberechnung ausschließlich der im Mietvertrag ausdrücklich und zweifelsfrei als auf den Mieter umlegbar vereinbarten Betriebskostenpositionen
  - bloßer Verweis auf § 2 BetrKV soll genügen, dann aber weitere umlagefähige Kostenpositionen ausdrücklich vereinbaren;
  - ohnehin: „sonstige Betriebskosten" i. S. v. Nr. 17 des § 2 BetrKV nur umlegbar, wenn im Mietvertrag ausdrücklich als konkrete Kostenposition(-en) aufgeführt und vereinbart;
  - Vertragsänderungen aus Anlass von Mieterhöhungen;
  - schlüssige Vereinbarungen aufgrund früherer Abrechnungen und bspw. darauf geleisteter (Nach-)Zahlungen des Mieters (hohe Anforderungen: konkludenter Änderungswille muss für die andere Vertragspartei jeweils erkennbar sein);
  - ggf. Verwirkung nicht ausgeschöpfter Umlagemöglichkeiten (Zeit- und Umstandsmoment erforderlich);
  - keine Erweiterung auf nicht im Mietvertrag aufgeführte, wohl aber auf durch schlüssige Vereinbarung zu berücksichtigende Kostenpositionen
  - Zweifel und Mehrdeutigkeiten gehen allein zu Lasten des Vermieters (Abweichung von der gesetzlichen Vorgabe des § 535 Abs. 1 Satz 3 BGB; §§ 305 c, 307, insbes. Abs. 1 Satz 2 BGB);
- ☐ Beachtung der vertraglich vereinbarten Abrechnungsperiode, ggf. unter Berücksichtigung von Mieterwechseln (Zwischenablesung; richtige Aufteilung) und zeitlich korrekte Abgrenzung der Kosten nach dem
  - Zeitabgrenzungs- oder Leistungsprinzip (unstr.): Kosten, die für den Abrechnungszeitraum entstanden sind oder (kein „Hin- und Herspringen");
  - Abflussprinzip (str.): Kosten, die im Abrechnungszeitraum entstanden sind; grundsätzlich zulässig: unklar u. a. bei Mieterwechsel und Anwendung der HeizkostenVO (vgl. etwa § 7 Abs. 2: „Kosten der verbrauchten Brennstoffe …").
- ☐ Ablesung zeitnah, richtig und aufgrund zugelassener (vgl. § 5 Abs. 1 HeizkostenVO) und geeichter Messtechnik (Kaltwasserzähler alle 6 Jahre, Wärme- und Warmwasserzähler alle 5 Jahre: § 2 Abs. 1 EichG i. V. m. § 12 Anhang B Nr. 6.1 und 6.2 Eichordnung).
- ☐ Berücksichtigung zutreffender Kostenansätze:
  - Ansatz nur der tatsächlich entstandenen Kosten, so dass Preisnachlässe, Rabatte, Skonti (str.) und sonstige aufwandsmindernde Einnahmen (z. B. Automatenaufstellung, Werbetafeln) abzuziehen sind; keine Umlagefähigkeit fiktiver Kosten, z. B. Bedienungskosten vollautomatischer Einrichtungen; anders Eigenleistungen (vgl. § 1 Satz 2 BetrKV);
  - Umlage nur laufender Kosten; mehrjähriger, auch unregelmäßiger Kostenanfall soll nicht schaden (unstr. z. B. bei Austausch von Spielsand oder Feuerlöschflüssigkeit; str. z. B. bei Erneuerung von Bäumen und Gehölzen sowie Öltankprüfung bzw. -reinigung nach § 19 i Abs. 2 WHG bzw. entspr. Landesgesetzen);
  - keine Doppelansätze, z. B. Hausmeister- und Reinigungskosten;
  - keine Überschreitung üblicher Durchschnittssätze ohne sachbezogenen Grund (vgl. zugleich das zu beachtende Gebot der Wirtschaftlichkeit);
  - Kein Kostenansatz von
    – Anschaffungs-, Herstellungs- oder Modernisierungskosten (z. B. Baustrom, Bauwasser, Endreinigung)
    – Kapitalkosten
    – Abschreibung (str. bei geringwertigen Geräten und Großgerätereparatur)
    – Instandhaltungskosten, außer ausdrücklich im zulässigen Rahmen vereinbart;
  - Umlage von Wartungs- oder periodisch anfallenden Überprüfungskosten bei ausdrücklicher Regelung zulässig;
  - Umlage von Verwaltungskosten grundsätzlich möglich, wenn
    – im Vertrag näher umschrieben ist, welche Kosten erfasst sind und
    – die Höhe der Kosten vertraglich begrenzt wird (auch wegen § 305 c BGB);

- Keine Umlagefähigkeit von „Luxuskosten", sondern nur derjenigen für – nach der Verkehrssitte
  – vertragsgemäßen Standard;
- Beachtung des Gebotes der Wirtschaftlichkeit:
  – kein unangemessenes Preis-Leistungs-Verhältnis (unsachgemäße Vergabe; Nichtausnutzung des Wettbewerbs)
  – Berücksichtigung von Zahlungskürzungen bei Schlechtleistung
  – Beachtung etwaiger Verjährungseinreden
  – kein Ansatz eines ungünstigen Tarifs, z. B. Einkauf zu geringer oder übergroßer Mengen, keine Mülltrennung
  – keine Weitergabe überhöhter Kosten, etwa Mahngebühren, unterkühltes (oder überhitztes) Treppenhaus wegen abgeschalteter Heizkörper
  – keine Umlage höherer Kosten etwa wegen
    o verzögerter Instandhaltung (tropfender Wasserhahn, defekter Dämmerungsschalter, Risikozuschlag bei Leitungswasserversicherung)
    o fehlender Energiesparmaßnahmen (z. B. Rohrisolierung, Außentemperatursteuerung, Thermostate gem. HeizungsanlagenVO, Heizkessel gem. KleinfeuerungsanlagenVO)
    o vernachlässigter Reinigung und Pflege (str.).

☐ Umlagemaßstab
- Verteilerschlüssel gemäß wirksamer vertraglicher Vereinbarung;
- ohne wirksame Regelung im Mietvertrag: Heranziehung von § 315 BGB
  – Unbilligkeit bei erheblichen Kosten- oder Verbrauchsunterschieden
  – ggf. Vorwegabzug (Prüfung bei jeder Kostenart), bei unterschiedlichen Nutzungen;
- Gegebenenfalls Heranziehung der richtigen Nutzfläche; Angabe der Gesamtnutzfläche;
- Berücksichtigung der zutreffenden Personenzahl nach tatsächlicher Belegung (Angabe der Gesamtkopfzahl);
- Beachtung von § 7 Abs. 1 HeizkV (beachte aber auch § 10 HeizKV);
- Berücksichtigung leerstehender Einheiten.

☐ Die Betriebskostenabrechnung muss nachvollziehbar und transparent sein:
- Ausweisung der Gesamtkosten;
- Gesondertes Aufführen der einzelnen Kostenarten;
- Aufschlüsselung der sachlich unterschiedlichen Kostengruppen;
- Ausweisung und ggf. Erläuterung aperiodischer Kosten;
- Ausweisung und ggf. Erläuterung der zugrundegelegten Wirtschaftseinheit und des Kostenbezirks;
- Offenlegung von Kürzungen, z. B. wegen
  – Verwendung für eine andere Wirtschaftseinheit
  – eines nicht umlegbaren Anteils
  – eines Luxusanteils
  – auf nicht ordnungsgemäßer Verwaltung beruhender Mehrkosten
  – ausgabenmindernder Einnahmen;
- Nachvollziehbarkeit des Verbrauchs, insbes. von Brennstoffen (Anfangs- und Endbestand, alle Zukäufe mit Datum, Menge und Preis);
- Übersichtliche, klare und nachvollziehbare Aufstellung und Gliederung i. S. v. § 259 BGB;
- Ausreichende Erläuterungen (Belege dienen ausschließlich dem Nachweis; die Abrechnung muss aus sich heraus verständlich sein), insbes. bei unüblichen und umfangreichen Kostensteigerungen, neuen Kostenpositionen, Abweichungen von der WEG-Abrechnung bei Teileigentum, „sonstige Betriebskosten", Verteilerschlüssel bei unterschiedlichen Maßstäben und Vorwegabzug;
- Ggf. Rechengang nachvollziehbar darstellen; Rechnungs- und Zahlungsdaten müssen mitgeteilt werden;
- Grundsätzlich Abzug nur der tatsächlich geleisteten Vorauszahlungen (§ 259 BGB).

- ☐ Beziffert der Vermieter z. B. lediglich pauschal einen Abzug nicht umlagefähiger Hausmeisterkosten, kann sich der Mieter auf ein pauschales Bestreiten beschränken. Der Vermieter muss dann die Kosten nachvollziehbar aufschlüsseln bzw. die Grundlagen etwa geschätzter Beträge darlegen.
- ☐ Fälligkeit des Abrechnungssaldos erst nach Gewährung vollständiger Einsicht in die Originalbelege (Prüffrist = i. d. R. 1 Monat) beim Vermieter (ansonsten Zurückbehaltungsrecht des Mieters), sofern dessen Sitz sich am Ort des Mietobjektes befindet (ohne Einsichtnahme ist das Bestreiten des Mieters mit Nichtwissen unbeachtlich – Substantiierungspflicht). Kein Anspruch des Mieters auf Übermittlung von Belegkopien, auch nicht gegen Kostenerstattung, nur Einsichtsrecht in die Originalbelege.
- ☐ Bei mangelhafter Abrechnung oder Abrechnungsverzug Zurückbehaltungs- und/oder Gewährleistungsansprüche (§ 536b BGB !) an den laufenden Vorauszahlungen, nicht an der Grundmiete, beachten. Ist das Mietverhältnis bereits beendet, Rückforderungsanspruch des Mieter auf alle noch nicht verjährten Vorauszahlungen, über die der Vermieter nicht (richtig) abgerechnet hat.
- ☐ Ausschluss von Nachforderungen bei vorbehaltlosem Ausgleich des Saldos durch den Mieter aus der vorbehaltlosen Abrechnung (deklaratorisches Schuldanerkenntnis) – str.;
- ☐ Anpassung der Vorauszahlungen auf eine angemessene Höhe, jedenfalls wenn vereinbart.

5. Vertragsbeendigung

a) Checkliste: ordentliche Vermieterkündigung (vgl. hierzu § 65 III.2)

- ☐ Vorliegen eines Gewerberaummietverhältnisses bzw. eines Mischmietverhältnisses mit überwiegendem Gewerbeanteil.
- ☐ Kein Ausschluss des Kündigungsrechts
  - kein ausdrücklicher oder stillschweigend vereinbarter Kündigungsausschluss, insbesondere keine wirksame Befristung (vgl. §§ 578 Abs. 2 Satz 1 und Abs. 1, 550 Satz 1 BGB);
- ☐ Von allen Vermietern gemäß Mietvertrag
  - ggf. eingetretene Rechtsnachfolge beachten;
  - beim rechtsgeschäftlichen Erwerb muss der im eigenen Namen handelnde Erwerber bereits im Grundbuch als Eigentümer eingetragen sein – §§ 578 Abs. 2 Satz 1 und Abs. 1, 566 BGB; eine denkbare Ermächtigung des bisherigen Vermieters erfordert dessen berechtigtes Kündigungsinteresse, woran es aufgrund der Veräußerung im Regelfall fehlen dürfte;
  - beim Erwerb im Wege der Zwangsversteigerung genügt der Zuschlag – § 90 ZVG.
- ☐ Bei Stellvertretung deren zweifelsfreie Offenlegung beachten und Original-Vollmacht beifügen – § 174 BGB.
- ☐ An alle Mieter laut Mietvertrag
  - vorsorglich auch bei mietvertraglicher Vollmachtsklausel, die – auch konkludent – jederzeit widerrufen worden sein könnte;
  - beachten, dass Zugang auch an diejenigen Mieter zu bewirken ist, die das Mietobjekt nicht mehr bewohnen, aber nicht aus dem Mietverhältnis entlassen worden sind (z. B. bloßer Auszug, ggf. auch vor Jahren).
- ☐ Schriftform grundsätzlich nicht erforderlich (§ 568 BGB gilt nicht; meist aber entsprechende Formvorgabe im Mietvertrag), wenn nicht vertraglich vereinbart; aus Beweisgründen jedoch empfehlenswert.
- ☐ Kündigungserklärung mit (ggf. dem Vertrag zu entnehmender) Bezeichnung des zu kündigenden Gewerberaummietverhältnisses und Angabe des Überlassungszeitpunktes wegen Fristberechnung insbesondere in Fällen der §§ 578 Abs. 2 Satz 1 und Abs. 1, 550 Satz 2 BGB.

§ 41 Mandatsbearbeitung anhand von Checklisten

- ☐ Vorsorglich detaillierter Hinweis auf Vertragspflichten bei Rückgabe (Schlüssel, vollständige Räumung, Entfernung von „Einrichtungen", Rückbaupflichten, Ersatz des Schadens durch vertragswidrigen Gebrauch, ggf. Schönheitsreparaturen).
- ☐ Hilfsweise Hinweis auf § 546 a BGB (ortsübliche Miete/Nutzungsentschädigung) bei verspäteter Rückgabe.

b) Checkliste: außerordentliche befristete Vermieter-/Mieterkündigung (Sonderkündigungsrechte, vgl. hierzu § 65 III.2)

- ☐ Vorliegen eines Gewerberaummietverhältnisses bzw. eines Mischmietverhältnisses mit überwiegendem Gewerbeanteil.
- ☐ Vorliegen eines Sonderkündigungsrechts
  - Mietverhältnis nach Ablauf 30 Jahre (§ 544 BGB);
  - Tod des Mieters (§ 580 BGB);
  - Modernisierungsankündigung (§§ 578 Abs. 2 Satz 1, Abs. 2, 554 Abs. 3 Satz 2 BGB);
  - Verweigerung der Untermieterlaubnis (§ 540 Abs. 1 Satz 2 BGB);
  - Erlöschen eines Nießbrauchs (§ 1056 Abs. 2 BGB);
  - Erlöschen eines Erbbaurechts (§ 30 Abs. 2 ErbbauRG);
  - Nacherbfall (§ 2135 BGB);
  - Ersteher des Grundbesitzes nach Zuschlag im Zwangsversteigerungsverfahren (§ 57 a ZVG) oder Erwerber von Grundbesitz nach rechtsgeschäftlichem Erwerb vom Insolvenzverwalter in der Vermieterinsolvenz (§ 111 InsO);
  - Ersteher eines Dauernutzungsrechts nach Zuschlag im Zwangsversteigerungsverfahren (§§ 1 Abs. 6, 37 Abs. 3 Satz 2 WEG, 57 a ZVG);
  - Kündigungsrecht des Insolvenzverwalters in der Mieterinsolvenz (§ 109 Abs. 1 Satz 1 InsO).
- ☐ Kein Ausschluss/keine Beschränkung des Kündigungsrechts:
  - insbesondere kein ausdrücklicher oder stillschweigend erklärter Verzicht auf Sonderkündigungsrechte;
  - keine Überschreitung der Erklärungsfrist (§§ 580, 1056 Abs. 3, 2135 i. V. m. 1056 Abs. 3 BGB, § 57 a ZVG, § 37 Abs. 3 Satz 2 WEG i. V. m. § 57 a ZVG, § 30 Abs. 3 ErbbauRG).
- ☐ Von allen Vermietern/Mietern gemäß Mietvertrag
  - ggf. eingetretene Rechtsnachfolge beachten;
  - beim rechtsgeschäftlichen Erwerb muss der im eigenen Namen handelnde Erwerber bereits im Grundbuch als Eigentümer eingetragen sein – §§ 578 Abs. 2 Satz 1 und Abs. 1, 566 BGB; eine denkbare Ermächtigung durch den bisherigen Vermieter erfordert dessen berechtigtes Kündigungsinteresse, woran es aufgrund der Veräußerung im Regelfall fehlen dürfte;
  - beim Erwerb im Wege der Zwangsversteigerung genügt der Zuschlag – § 90 ZVG;
  - der Insolvenzverwalter muss gem. § 27 InsO bestellt sein (zu §§ 109 Abs. 1, 111 InsO).
- ☐ Bei Stellvertretung deren zweifelsfreie Offenlegung beachten und Original-Vollmacht beifügen – § 174 BGB.
- ☐ An alle Mieter/Vermieter laut Mietvertrag
  - vorsorglich auch bei mietvertraglicher Vollmachtsklausel, die – auch konkludent – jederzeit widerrufen worden sein könnte
  - beachten, dass Zugang auch an diejenigen Mieter zu bewirken ist, die das Mietobjekt nicht mehr bewohnen, aber nicht aus dem Mietverhältnis entlassen worden sind (z. B. bloßer Auszug, ggf. auch vor Jahren).

- ☐ Schriftform grundsätzlich nicht erforderlich (§ 568 BGB gilt nicht; meist aber entsprechende Formvorgabe im Mietvertrag), wenn nicht vertraglich vereinbart; aus Beweisgründen jedoch empfehlenswert.
- ☐ Kündigungserklärung mit (ggf. dem Vertrag zu entnehmender) Bezeichnung des zu kündigenden Gewerberaummietverhältnisses unter Beachtung der Frist des § 580a Abs. 4 BGB.
- ☐ Substantiierter Hinweis auf Vertragspflichten bei Rückgabe (Schlüssel, vollständige Räumung, Entfernung von „Einrichtungen", Rückbaupflichten, Ersatz des Schadens durch vertragswidrigen Gebrauch, ggf. Schönheitsreparaturen) bei Vermieterkündigung.
- ☐ Hilfsweise Hinweis auf § 546a BGB (ortsübliche Miete/Nutzungsentschädigung) bei verspäteter Rückgabe im Fall der Vermieterkündigung.

13   c) Checkliste: außerordentliche fristlose Kündigung (vgl. hierzu § 65 II)

- ☐ Vorliegen eines Gewerberaummietverhältnisses bzw. eines Mischmietverhältnisses mit überwiegendem Gewerbeanteil.
- ☐ Vorliegen eines wichtigen Grundes (keine Begründungserfordernis, s. sogleich) und deswegen Unzumutbarkeit der Fortsetzung des Mietverhältnisses bis zum vertraglichen/sonstigen Beendigungszeitpunkt oder bis zum Ablauf der ordentlichen Kündigungsfrist (Grundfall des § 543 Abs. 1 BGB), insbesondere
  - für Mieter bei Nichtgewährung oder Entziehung des Gebrauchs durch Vermieter (§ 543 Abs. 2 Nr. 1 BGB)
  - für Vermieter bei Vernachlässigung der Mietersorgfalt und dadurch verursachter erheblicher Gefährdung der Mietsache (§ 543 Abs. 2 Nr. 2 BGB)
  - für Vermieter bei unbefugter Gebrauchsüberlassung an Dritte durch Mieter (§ 543 Abs. 2 Nr. 2 BGB)
  - für Vermieter bei Zahlungsverzug des Mieters über zwei aufeinanderfolgende Termine mit mehr als einer Monatsmiete oder mit Betrag in Höhe zweier Mieten über zwei Fälligkeitstermine hinaus (§ 543 Abs. 1 Nr. 3 BGB)
  - für Mieter bei anfänglicher oder nachträglicher Gesundheitsgefährdung durch Beschaffenheit der Miеträume, sofern diese zum Aufenthalt von Menschen bestimmt sind (§§ 578 Abs. 2 Satz 2, Abs. 1, 569 Abs. 1 BGB)
  - Störung des Hausfriedens durch jeweils andere Mietpartei (§§ 578 Abs. 2 Satz 1, Abs. 1, 569 Abs. 2 BGB)
  - sonstige (insbesondere Vertrags-)Pflichtverletzungen der jeweils anderen Partei (§ 543 Abs. 1 BGB; vgl. auch § 314 BGB); Problem: Nicht zu lange zuwarten, sonst ggf. Verwirkung.
- ☐ Kein Ausschluss/Wegfall/keine Beschränkung des Kündigungsrechts
  - Keine Schonfrist wie im Wohnraummietrecht, aber Aufrechnungsmöglichkeiten, Minderungs- oder Zurückbehaltungsrechte.
  - Gesetzte Abhilfefrist nicht abgelaufen (§ 543 Abs. 3 Satz 1 BGB).
  - Fehlende vorherige Abmahnung bei Pflichtverletzung – nur entbehrlich, wenn absehbar erfolglos oder aus besonderen Gründen sofortige Kündigung gerechtfertigt oder bei Zahlungsverzug des Mieters (§ 543 Abs. 3 Satz 2 Nrn. 1–3 BGB).
  - Verwirkung des Kündigungsrechts bei Pflichtverletzungen durch Zeitablauf bis zum Zugang der Kündigungserklärung.
- ☐ Von allen Vermietern/Mietern gemäß Mietvertrag
  - ggf. eingetretene Rechtsnachfolge beachten;
  - beim rechtsgeschäftlichen Erwerb muss der im eigenen Namen handelnde Erwerber bereits im Grundbuch als Eigentümer eingetragen sein – §§ 578 Abs. 2 Satz 1 und Abs. 1, 566 BGB; eine denkbare Ermächtigung durch den bisherigen Vermieter erfordert bei diesem das Vorliegen des wichtigen Grundes, woran es aufgrund der Veräußerung fehlen kann;
  - beim Erwerb im Wege der Zwangsversteigerung genügt der Zuschlag – § 90 ZVG.

- ☐ Bei Stellvertretung deren zweifelsfreie Offenlegung beachten und Original-Vollmacht beifügen – § 174 BGB.
- ☐ An alle Vermieter/Mieter laut Mietvertrag
  - vorsorglich auch bei mietvertraglicher Vollmachtsklausel, die – auch konkludent – jederzeit widerrufen worden sein könnte;
  - beachten, dass Zugang auch an diejenigen Mieter zu bewirken ist, die das Mietobjekt nicht mehr bewohnen, aber nicht aus dem Mietverhältnis entlassen worden sind (z. B. bloßer Auszug, ggf. auch vor Jahren).
- ☐ Schriftform grundsätzlich nicht erforderlich (§ 568 BGB gilt nicht; meist aber entsprechende Formvorgabe im Mietvertrag), wenn nicht vertraglich vereinbart; aus Beweisgründen jedoch empfehlenswert.
- ☐ Kündigungserklärung mit (ggf. dem Vertrag zu entnehmender) Bezeichnung des zu kündigenden Gewerberaummietverhältnisses.
- ☐ Keine Begründung erforderlich, da § 578 Abs. 2 BGB nicht auf § 569 Abs. 4 BGB verweist.
- ☐ Weiter vorsorglich Widerspruch gegen stillschweigende Verlängerung gem. § 545 BGB.
- ☐ Vorsorglich substantiierter Hinweis auf Vertragspflichten bei Rückgabe (Schlüssel, vollständige Räumung, Entfernung von „Einrichtungen", Rückbaupflichten, Ersatz von Schäden durch vertragswidrigen Gebrauch, ggf. Schönheitsreparaturen).
- ☐ Ggf. Hinweis auf § 546 a BGB (ortsübliche Miete/Nutzungsentschädigung) bei verspäteter Rückgabe.

d) Kündigungsfristentabellen im Gewerberaummietrecht

aa) Gesetzlicher Regelfall der ordentlichen Kündigung des Vermieters oder Mieters (§§ 542 Abs. 1, 580a Abs. 2 BGB)

Zugang der Kündigung bis zum 3. Werktag des Kalendervierteljahres[1]	Vertragsbeendigung zum
1. Quartal	30. 6.
2. Quartal	30. 9.
3. Quartal	31. 12.
4. Quartal	31. 3.

bb) Außerordentliche befristete Kündigung/Sonderkündigungsrechte

(1) für den Vermieter

Tatbestand	Zugang der Kündigung spätestens	Vertragsbeendigung zum	Rechtsgrundlage	Besonderheiten
Mietvertrag über mehr als 30 Jahre nach Ablauf dieses Zeitraumes	zum 3. Werktag[1] des Kalendervierteljahres	Ablauf des nächsten Kalendervierteljahres	§ 544 BGB	

Tatbestand	Zugang der Kündigung spätestens	Vertragsbeendigung zum	Rechtsgrundlage	Besonderheiten
Tod des Mieters	zum 3. Werktag[1] eines Kalendervierteljahres	Ablauf des nächsten Kalendervierteljahres	§ 580 BGB	Die Kündigungserklärung ist binnen Monatsfrist ab Kenntnis abzugeben.
Erlöschen des Nießbrauchs – Kündigung durch den Eigentümer bei Begründung eines Mietverhältnisses durch den Nießbraucher	zum 3. Werktag[1] eines Kalendervierteljahres	Ablauf des nächsten Kalendervierteljahres	§ 1056 Abs. 2 BGB	Der Mieter kann eine angemessene Frist zur Erklärung über den Gebrauch des Kündigungsrechtes setzen; die Kündigung kann dann nur bis zum Ablauf dieser Frist erfolgen (§ 1056 Abs. 3 BGB).
Nacherbfall – Kündigung durch den Nacherben bei Begründung eines Mietverhältnisses durch den Vorerben	zum 3. Werktag[1] eines Kalendervierteljahres	Ablauf des nächsten Kalendervierteljahres	§ 2135 BGB	Der Mieter kann eine angemessene Frist zur Erklärung über den Gebrauch des Kündigungsrechtes setzen; die Kündigung kann dann nur bis zum Ablauf dieser Frist erfolgen (§§ 2135, 1056 Abs. 3 BGB).
Erlöschen des Erbbaurechts durch Zeitablauf – Kündigung durch den Eigentümer	zum 3. Werktag[1] eines Kalendervierteljahres	Ablauf des nächsten Kalendervierteljahres	§ 30 Abs. 2 ErbbauRG	Die Kündigung kann nur für einen der beiden ersten Termine erfolgen, für den sie zulässig ist. Im übrigen kann der Mieter eine angemessene Frist zur Erklärung über den Gebrauch des Kündigungsrechtes setzen; die Kündigung kann dann nur bis zum Ablauf dieser Frist erfolgen (§ 30 Abs. 3 ErbbauVO).
Zuschlag in der Zwangsversteigerung[2] – Kündigung des Erstehers	zum 3. Werktag[1] eines Kalendervierteljahres	Ablauf des nächsten Kalendervierteljahres	§ 57a ZVG	Die Kündigung kann nur für den ersten Termin erfolgen, für den sie zulässig ist.

Tatbestand	Zugang der Kündigung spätestens	Vertrags-beendigung zum	Rechtsgrundlage	Besonderheiten
Zuschlag für ein Dauerwohnrecht in der Zwangsversteigerung – Kündigung durch den Ersteher	zum 3. Werktag[1] eines Kalendervierteljahres	Ablauf des nächsten Kalendervierteljahres	§§ 37 Abs. 3 Satz 2 WEG, 57a ZVG	Die Kündigung kann nur für den ersten Termin erfolgen, für den sie zulässig ist.

(2) für den Mieter

Tatbestand	Zugang der Kündigung spätestens	Vertrags-beendigung zum	Rechtsgrundlage	Besonderheiten
Modernisierungsankündigung des Vermieters	bis zum Ablauf des Monats, der auf den Zugang der Mitteilung folgt	Ablauf des nächsten Monats	§§ 578 Abs. 2 Satz 1, Abs. 2, 554 Abs. 3 Satz 2 BGB	Der Vermieter hat die geplante Modernisierungsmaßnahme bis zum Ablauf der Mietzeit zu unterlassen.
Grundlose Verweigerung der Untervermietungserlaubnis[6]	zum 3. Werktag[1] eines Kalendervierteljahres[7]	Ablauf des nächsten Kalendervierteljahres	§ 540 Abs. 1 Satz 2 BGB	
Mietvertrag über mehr als 30 Jahre nach Ablauf dieses Zeitraumes	zum 3. Werktag[1] eines Kalendervierteljahres	Ablauf des nächsten Kalendervierteljahres	§ 544 BGB	
Tod des Mieters – Kündigung durch den/die Erben	zum 3. Werktag[3] eines Kalendervierteljahres	Ablauf des nächsten Kalendervierteljahres	§ 580 BGB	Die Kündigungserklärung ist binnen Monatsfrist ab Kenntnis abzugeben.
Eröffnung des Insolvenzverfahrens über das Vermögen des Mieters[3] – nach Überlassung der Mietsache[4]	zum 3. Werktag[1] eines Monats	Ablauf des übernächsten Monats	§ 109 Abs. 1 Satz 1 InsO[5]	

[1] § 193 BGB gilt (vgl. nur Staudinger/*Rolfs* § 580a Rdnr. 9 und § 573c Rdnr. 9f.); fällt der 3., *nicht* der 1. oder 2. Werktag auf einen Sonnabend, wird er wie ein Sonn- oder Feiertag behandelt, so dass der Zugang am nächsten Werktag genügt (LG Kiel WuM 1994, 542; LG Wuppertal WuM 1993, 450; offengelassen BGH, Urt. v. 27. 4. 2005 – VIII ZR 206/04); fällt der 1. oder 2. Werktag auf einen Samstag zählt er mit (BGH Urt. v. 27. 4. 2005 – VIII ZR 206/04; a. A. LG Berlin GE 1989, 509).

[2] Gleiches gilt, wenn der Insolvenzverwalter das vom Gemeinschuldner vermietete Objekt freiwillig veräußert (§ 111 InsO).

[3] Beim Insolvenzverfahren über das Vermögen des Vermieters nach Überlassung des Mietobjektes an den Mieter, steht weder diesem noch dem Insolvenzverwalter ein Sonderkündigungsrecht zu. Auch vor Überlassung der Mietsache hat der Insolvenzverwalter des Vermieter kein Erfüllungswahlrecht (arg. ex §§ 108, 38 InsO).

[4] Vor Überlassung des Mietobjektes können beide Parteien vom Vertrag zurücktreten, ggf. mit Schadensersatzfolgen (§ 109 Abs. 2 InsO).

[5] Dem Vermieter steht in diesem Fall ein Schadensersatzanspruch zu (§ 109 Abs. 1 Satz 3 InsO), der allerdings nur Insolvenz- nicht Masseforderung ist.

⁶ Der Verweigerung steht es gleich, wenn der Vermieter die Erlaubnis von Bedingungen abhängig macht, die der Mietvertrag nicht vorsieht (BGH NJW 1972, 1267), oder wenn der Vermieter eine angemessene Frist – etwa 2 Wochen – für die Erklärung der Erlaubnis fruchtlos verstreichen läßt (LG Nürnberg-Fürth WuM 1995, 587; AG Hamburg-Wandsbek WuM 1986, 314; AG Köln WuM 1998, 346). Abweichende Regelung im Gewerberaummietvertrag zulässig.

⁷ Die Kündigung braucht nicht etwa zum ersten Termin erfolgen, für den sie zulässig wäre. Dem Mieter wird vielmehr eine angemessene Überlegungsfrist zugebilligt (BGH NJW 1972, 1267). Allerdings sind Verwirkungsgesichtspunkte zu beachten.

6. Prozessuales

17

Checkliste: Räumungsklage in Gewerberaummietsachen

- ☐ Ausschließliche örtliche Zuständigkeit des Gerichts, in dessen Bezirk sich die Mietsache befindet (§ 29a ZPO). Streitwertabhängige sachliche Zuständigkeit. Ist der Mieter Kaufmann, so ist bei sachlicher Zuständigkeit des Landgerichts die Klage bei der Kammer für Handelssachen anhängig zu machen, sofern eine solche am jeweiligen Landgericht existiert, §§ 94, 95 Abs. Nr. 1, 96 Abs. 1 GVG.
- ☐ Kläger = alle natürlichen oder juristischen Personen, die gekündigt haben = alle Vermieter.
- ☐ Beklagte sind alle Nutzer der Mietsache, unabhängig von ihrer Stellung als Vertragspartei auf Mieterseite.
- ☐ Klagantrag auf Räumung und Herausgabe mit genauer Beschreibung der Mietsache(n) wegen Vollstreckungsfähigkeit und Bezeichnung der Schlüssel.
- ☐ Begründung des Räumungsanspruchs durch schlüssiges und substantiiertes Vorbringen zu den Voraussetzungen des § 546 BGB (und zu § 985 BGB, wenn Kläger zugleich Eigentümer):
  - Bestehen eines Gewerberaummietverhältnisses (Vorlage des Mietervertrages in Ablichtung);
  - Grund der Vertragsbeendigung, im Fall der Kündigung unter Vorlage des Kündigungsschreibens (Zugangsnachweis) und beweisbewehrtem Vortrag zu den Kündigungsgründen;
  - Einhaltung der Kündigungsfrist, wenn noch nicht abgelaufen, Voraussetzungen des § 259 ZPO darlegen;
  - Ausschluss oder Beachtung von § 545 BGB.
- ☐ Streitwert: 1 Jahresmiete nach § 41 Abs. 2 GKG (str., ob Brutto- oder Nettomiete).
- ☐ Gerichtskostenvorschuss.

7. Mandatsabschluss

18

Checkliste: Mandatsabschluss

- ☐ Abrechnung gegenüber Mandant bzw. Rechtsschutzversicherung.
- ☐ Abwicklung etwaiger Kostenerstattungsansprüche der Gegenpartei bzw. gegenüber der Gegenpartei unter Herausgabe bzw. Herausverlangen der entwerteten Originaltitel.
- ☐ Bei Obsiegen und zunächst fruchtloser Zwangsvollstreckung Herausnahme der Originaltitel aus der im Übrigen beendeten Akte zur künftigen Vollstreckung in Absprache mit dem Mandanten u.a. über Zeitpunkt, Art der Vollstreckungsmaßnahme und Höhe der zu vollstreckenden (Teil-)Forderung sowie Sicherstellung der künftigen Übermittlung aller für eine erfolgreiche Vollstreckung maßgeblichen Informationen über den Schuldner.

- ☐ Abschlussschreiben an Mandant ggf. nebst Angebot nachwirkender Mandatsbetreuung (z. B. Aktualisierungen etwa der vom Mandanten verwendeten Formulare bei Änderungen in Rechtsprechung und/oder Gesetzgebung).
- ☐ Soweit nicht bereits bei Mandatsannahme oder während der -bearbeitung erfolgt, Speichern der Daten des Mandanten für die weitere Betreuung in dem jeweiligen Rechtsgebiet (z. B. Mandantenrundschreiben).
- ☐ Aktenablage (Aufbewahrungsfrist ggf. jetzt auch nicht nur steuer- sondern auch zivilrechtlich wegen entsprechender maximaler Verjährung bis zu 30 Jahren – str., vgl. § 199 Abs. 3 BGB).

§ 42 Streitwerte und Kosten

Übersicht

	Rdnr.
I. Einleitung	1
II. Streitwerte im vorvertraglichen Verhältnis, im Vertragsverhältnis, bei Beendigung des Vertragsverhältnisses, nach Beendigung des Vertragsverhältnisses, Prozessuales, in der Zwangsvollstreckung, in der Zwangsversteigerung	2
III. Besondere Streitwerte im Gewerberaummietrecht	3–8
1. Klage, mit der ein Geschäftsraummieter gegen seinen Vermieter Unterlassungsanspruch auf Konkurrenzverbot geltend macht	3–7
2. Klage auf Erfüllung von Mängelbeseitigungsmaßnahmen im Geschäftsraummietverhältnis	8
IV. Kosten	9

I. Einleitung

1 Wertvorschriften, die für die Bemessung der Streitwerte im Gewerbemietrecht von Bedeutung sind, befinden sich im GKG, in der ZPO, sowie im RVG. Speziell auf Mietverhältnisse zugeschnitten sind die Regelungen in § 41 GKG sowie § 8 ZPO.

Insoweit kann auf die Ausführungen im Wohnraum-Mietrecht verwiesen werden.[1] Auch im Gewerbemietrecht bleibt es, wie im Wohnraum-Mietrecht ausgeführt, bei der Differenzierung zwischen **Zuständigkeitswert** (= Wert, der für die Abgrenzung der sachlichen Zuständigkeit maßgeblich ist), **Gebührenstreitwert** (= Wert für die Gerichts- und Anwaltsgebühren) und **Rechtsmittelwert** bzw. **Beschwerdewert** (= Wert der Beschwer, wirtschaftliches Interesse des Beschwerdeführers am Erfolg seines Rechtsmittels). § 41 GKG gilt nur für die Wertfestsetzung der Gebühren, während § 8 ZPO für die Bestimmung der sachlichen Zuständigkeit herangezogen wird.

II. Streitwert im vorvertraglichen Verhältnis, vertraglichen Verhältnis, Beendigung des Vertragsverhältnisses, nach Beendigung des Vertragsverhältnisses, Prozessuales, in der Zwangsvollstreckung, in der der Zwangsversteigerung

2 Was die einzelnen Streitwerte betreffend Streitigkeiten im Gewerbemietrecht betrifft, so sind in vollem Umfang die Ausführungen zu den Streitwerten im Wohnraummietrecht heran zu ziehen.[2] Insoweit gibt es keine Abweichung im Gewerbemietrecht. Die Ausführungen zu den Streitwerten bei Streitigkeiten im vorvertraglichen Verhältnis, Vertragsverhältnis, bei Beendigung des Vertragsverhältnisses, nach Beendigung des Vertragsverhältnisses, Prozessuales, in der Zwangsvollstreckung und in der Zwangsversteigerung zur Wohnraummiete sind alle auch bei den Streitigkeiten im Gewerbemietrecht zutreffend.

III. Besondere Streitwerte im Gewerberaummietrecht

1. Klage, mit der ein Geschäftsraummieter gegen seinen Vermieter Unterlassungsanspruch auf Konkurrenzverbot geltend macht

3 Im Gegensatz zum Wohnraummietrecht spielt im Gewerbemietrecht die **Problematik des Konkurrenzverbotes** eine nicht unerhebliche Rolle. Der Anspruch des Gewerbemieters ist in diesen Fällen auf Beseitigung der Konkurrenzsituation durch den Vermieter gerichtet. Zu

---

[1] Vgl. § 3 Rdnr. 1–7.
[2] Vgl. § 3 Rdnr. 8–114.

denken wäre an eine entsprechende Anwendung des § 41 Abs. 5 S. 1 2, HS GEK, wonach beim Anspruch des Mieters auf Instandsetzung der Mietsache durch den Vermieter der Jahresbetrag einer angemessenen Mietminderung maßgeblich sein soll.[3]

Obwohl eine vertragswidrige Konkurrenzsituation gleichzeitig natürlich einen Sachmangel der Mietsache im Sinne des § 536 Abs. 1 BGB darstellt, wird eine nur an einen Mangel bzw. an einem bedingten Minderwert der Gewerbemietsache orientierte Wertbemessung dem wirtschaftlichen Interesse des Mieters an der Beseitigung dieser Mangelsituation nicht gerecht. 4

Insoweit ist in Ermangelung einer besonderen kostenrechtlichen Vorschrift der Streitwert nach § 48 Abs. 1 GKG und § 3 ZPO nach dem Interesse des Klägers an der begehrten Verurteilung des Beklagten zu bemessen.[4] Zu bewerten ist **das Interesse des Klägers, sein Geschäft, ohne die angeblich unzulässige Konkurrenz zu betreiben,** und den ihm dadurch drohenden Schaden von sich abwehren zu können. Dieser Schaden entspricht nach allgemeiner Auffassung dem Reingewinn, der dem Kläger infolge der vertragswidrigen Konkurrenzsituation entgeht. Die Wertbemessung nach dem voraussichtlich entgangenen Gewinn ist bei ordentlich kündbaren Mietverhältnissen in der Regel auf den zukünftigen Schaden beschränkt, der dem Mieter bis zu dem auf die Klageerhebung folgenden nächstmöglichen Kündigungstermin entstehen kann, weil der Vermieter in diesen Fällen die Möglichkeit besitzt, durch die Ausübung des ordentlichen Kündigungsrechts die ihm drohenden Schadensersatzansprüche zu begrenzen.[5] Liegt demgegenüber ein befristetes Mietverhältnis vor, geht das Interesse des Mieters grundsätzlich auf die Abwendung des durch die Konkurrenzsituation bis zum Ablauf der restlichen Vertragslaufzeit drohenden Schadens.[6] Um die Parteien in solchen Fällen keinem unübersehbaren Kostenrisiko auszusetzen, begrenzt der BGH den Streitwert auf einen auf 3 ½ Jahre hochgerechneten Schadensbetrag.[7] 5

Dies ergibt sich aus der Heranziehung des Rechtsgedankens des § 9 S. 1 ZPO.[8]

Im Übrigen orientiert sich die Höhe des dem Kläger möglicherweise drohenden Schadens grundsätzlich an den in der Klageschrift dargelegten Erwartungen des Klägers, wenn sich für einen Schaden in dieser Größenordnung hinreichende und objektive Anhaltspunkte ergeben. 6

Meistens ist in diesen Fällen der Unterlassungsanspruch, verbunden mit einem **Auskunftsanspruch,** über die vom Konkurrenten erzielten Umsätze, der durch die Konkurrenzklausel verbotenen Tätigkeit. Auch dieser Auskunftsanspruch ist nach dem wirtschaftlichen Interesse des Anspruchstellers nach § 3 ZPO zu schätzen. Es beträgt in der Regel einen Bruchteil des Wertes des Leistungsanspruches, dessen Durchsetzung die Auskunft vorbereiten soll.[9] 7

2. Klage auf Erfüllung von Mängelbeseitigungsmaßnahmen im Geschäftsraummietverhältnis

Gemäß § 41 Abs. 5 S. 1 GKG ist der Anspruch des Mieters auf Instandsetzung der Mietsache durch den Vermieter der Jahresbetrag einer angemessenen Mietminderung massgeblich.[10] 8

Dies gilt auch bei einem Mietmangel, der darin begründet ist, dass ein Mitmieter Störungen verursacht.[11]

---

[3] OLG Düsseldorf NZM 1998, 307; OLG Karlsruhe NJW-RR 1990, 1234; Schmidt-Futterer/*Eisenschmid* § 536 Rdnr. 172.
[4] BGH NJW 2006, 3060.
[5] BGH NJW 2006, 3060; OLG Düsseldorf NZM 2006, 158, 159.
[6] BGH NJW 2006, 3060.
[7] BGH NJW 2006, 3060.
[8] BGH NJW 2006, 3060.
[9] BGH FamRZ 1993, 1189.
[10] BGH NZM 2006, 138, 139.
[11] BGH NZM 2006, 138.

IV. Kosten

9 Auch im Gewerberaum-Mietverhältnis greifen grundsätzlich die allgemeinen Kostentragungsregelungen der §§ 91 ff. ZPO.
Bezüglich der Entscheidung über die Kostentragungspflicht und Erstattungsfähigkeit von Kosten/notwendige Kosten und die Anrechenbarkeit von Gebühren, kann auf die Ausführungen im Wohnraumteil des Werkes verwiesen werden.[12]

---

[12] Vgl. § 3 Rdnr. 115 bis 133.

§ 43 Besondere anwaltliche Haftungsrisiken im Gewerberaummietrecht

Übersicht

	Rdnr.
I. Allgemeines	2/3
II. Form	4–9
III. Allgemeine Geschäftsbedingungen	10/11
IV. Flächenberechnung	12/13
V. Vertrags- bzw. Nutzungswerk	14
VI. Umsatzsteuer	15/16
VII. Mieterhöhung	17–20
VIII. Nebenkosten	21–24
IX. Mietsicherheiten	25–27
X. Schönheitsreparaturen und Kleinreparaturen	28/29
XI. Wartungspflichten	30
XII. Betriebspflicht	31
XIII. Konkurrenzschutz	32
XIV. Versorgungssperre	33
XV. Kündigung	34/35

Wie bereits im wohnraummietrechtlichen Teil, dort § 5, sollen nachstehend kurz zusammengefasst besonders haftungsträchtige Problempunkte aufgeführt werden, um insbesondere dem mietrechtlichen Anfänger einen kurzen und knappen Überblick zu geben. Eine ausführlichere Darstellung erfolgt im jeweiligen Sachzusammenhang in den Kapiteln, auf die nachstehend dann zur Vermeidung unnötiger Wiederholungen Bezug genommen wird. 1

I. Allgemeines

Schon im wohnraummietrechtlichen Teil ist darauf hingewiesen worden, dass es für den Vermieter immer vorzugswürdig ist, auf einen möglichst detaillierten schriftlichen Mietvertrag in Abweichung von der gesetzlichen Rechtslage hinzuwirken. Dies deshalb, da es für den Mieter kaum eine günstigere Rechtsposition gibt, als diejenige bei Geltung des BGB mangels abweichender vertraglicher Absprachen. Dies gilt im Gewerberaummietrecht erst recht, nachdem – anders als bei der Wohnraummiete – die für die Gewerberaummiete geltenden Regelungen im BGB nicht zwingend, sondern dispositiv ausgestaltet sind. Von dieser Möglichkeit muss dann aber auch – selbstverständlich in den, vor allem durch das AGB-Recht der §§ 305 bis 310 BGB, von Gesetzes wegen gezogenen Grenzen – Gebrauch gemacht werden. 2

Bei der Lösung gewerberaummietrechtlicher Fälle ist im Übrigen die Norm des **§ 578 BGB** von zentraler Bedeutung. Es ist allgemein bekannt, dass die im allgemeinen Teil des Mietrechts des BGB der §§ 535 bis 548 enthaltenen Regelungen selbstverständlich auch für Gewerberaummietverhältnisse gelten, ebenso wie die wenigen Paragraphen im dritten mietrechtlichen Teil (§§ 578 bis 580a BGB). Da § 578 BGB aber auf den größeren zweiten Unterabschnitt des Mietrechts des BGB, der an sich ausschließlich für die Wohnraummiete gilt, verweist, müssen auch im Gewerberaummietrecht die dort in Bezug genommenen Vorschriften beachtet werden. Von der Gesetzessystematik wäre es sicherlich vorzugswürdig gewesen, diejenigen Normen, die innerhalb des Abschnitts Sonderregelungen für die Wohnraummiete, die über § 578 BGB auch für die Gewerberaummiete gelten sollen, gleich in den allgemeinen Unterabschnitt der mietrechtlichen Regelungen des BGB zu platzieren. So wird allerdings der inhaltliche Zusammenhang besser gewahrt. 3

II. Form

4   Der Schwerpunkt der gewerberaummietrechtlichen Entscheidungen des XII. Senats des BGH liegt bereits seit Jahren bei der so genannten Schriftformproblematik im Zusammenhang mit § 550 BGB. Diese Vorschrift und deren Auslegung ist daher für die gewerberaummietrechtliche Praxis von entscheidender Bedeutung. Oft werden (meist von Vermieterseite) recht erhebliche Vermögensdispositionen getroffen und in eine Miete investiert im Vertrauen auf eine langfristige mietvertragliche Bindung. Scheitert diese und kann eine Vertragspartei sich problemlos (allenfalls unter Beachtung mietvertraglich vereinbarter oder gesetzlicher Kündigungsfristen) von einem formunwirksam abgeschlossenen Zeitmietvertrag lösen, steht oft ein erheblicher finanzieller Schaden im Raum.

5   Während im Zivilrecht grundsätzlich die Nichteinhaltung von Formvorgaben zur Nichtigkeit führt (vgl. § 125 BGB), führt die Nichteinhaltung des Schriftformerfordernisses des § 550 BGB im Mietrecht „lediglich" zur Kündbarkeit des formunwirksam abgeschlossenen Mietvertrages, soweit dieser auf einen Zeitraum von mehr als einem Jahr befristet ist. Hintergrund dieser Regelung ist der Schutz des Erwerbers, der nach deutschem Recht im Falle des Eigentumserwerbs an einer vermieteten Immobilie die Mietverhältnisse nach § 566 BGB übernimmt. Der Erwerber soll sich dann durch entsprechende schriftliche Absprachen vorher verlässigen können, welche Pflichten und auch Rechte auf ihn zukommen und sich von lediglich mündlichen, für ihn möglicherweise erst nach dem Eigentumswechsel bekannt werdenden überraschenden Absprachen (soweit nicht nur von unwesentlicher Bedeutung) durch eine Loslösung vom Mietvertrag befreien können. In der Mietrechtspraxis ist allerdings die Berufung des Erwerbers einer Mietsache auf einen derartigen Formmangel die Ausnahme. Im Regelfall beruft sich der Mieter auf die Formunwirksamkeit des Vertrages, um sich auf diese Art und Weise von einem, für ihn – aus welchen Gründen auch immer – ungünstigen oder ungünstig gewordenen Mietvertrag lösen zu können (vgl. hierzu im Einzelnen § 47).

6   Daher ist auf die Einhaltung der gesetzlichen Schriftform im Sinne des § 126 BGB strikten Wert zu legen unter besonderer Berücksichtigung folgender Punkte:
   – schriftliche Abfassung aller wesentlichen Vertragsabsprachen, auch bei Änderung oder Ergänzungen während der Mietzeit;[1]
7   – gedankliche Verbindung der einzelnen, nicht unterschriebenen oder paraphierten Seiten eines Mietvertrages durch fortlaufende Seitennummerierung, fortlaufende Paragraphennummerierung oder den Sinnzusammenhang des Textes;[2]
   – bei Anlagen mit wesentlichem Vertragsinhalt auf zweifelsfreie Bezugnahme achten;[3]
   – nicht bei juristischen Personen, aber bei Personenzusammenschlüssen auf eine ordnungsgemäße Angabe der Vertretungsverhältnisse achten (Angabe der Parteien im Rubrum des Mietvertrages; Unterschriften);[4]
   – bei verspäteter Annahme (§ 147 BGB) bzw. Annahme eines Mietvertragsangebots unter Änderungen (§ 151 BGB) auf eine schriftliche Annahme der als neues Angebot zu wertenden Willenserklärung des Vertragspartners achten.[5]

8   Dabei ist zu berücksichtigen, dass nach jedenfalls bislang ständiger BGH-Rechtsprechung die Berufung einer Vertragspartei auf einen Formmangel so gut wie nie als treuwidrig beurteilt wurde, auch wenn der Vertrag über Jahre oder Jahrzehnte hinweg problemlos durchgeführt wurde.[6]

9   Bei Formproblemen hilft die übliche salvatorische Klausel am Ende eines Mietvertrages nicht, wohl aber eine auch vorformulierte Regelung, wonach sich die Parteien verpflichten, bei Formproblemen alles zu tun, diese zu beheben. Die Rechtsfolgen derartiger Schriftformnachholungs- oder -heilungsklauseln ist noch nicht höchstrichterlich geklärt: Nach einer

---

[1] Näher § 47 Rdnr. 34 ff.
[2] Eingehender § 47 Rdnr. 24 ff.
[3] Siehe § 47 Rdnr. 26 ff.
[4] Vgl. § 47 Rdnr. 18 ff.
[5] § 47 Rdnr. 34 ff.
[6] Im Einzelnen § 47 Rdnr. 61 ff.

Auffassung kann der Berufung einer Partei auf einen Formmangel trotz dieser Klausel der Einwand des Rechtsmissbrauchs über § 242 BGB entgegenhalten werden,[7] nach anderer Auffassung führt die Klausel „lediglich" zu Schadensersatzansprüchen.[8]

III. Allgemeine Geschäftsbedingungen

Da es sich bei den AGB-Regelungen in den §§ 305 bis 310 BGB nicht um reine Verbraucherschutznormen handelt, gelten sie ebenfalls im Gewerberaummietrecht, wenn auch nur eingeschränkt (vgl. § 310 Abs. 1 BGB). Allerdings müssen die Parteien von ihrer, vom Gesetzgeber eingeräumten Kompetenz, anders als im Wohnraummietrecht von den mietrechtlichen Normen des BGB abzuweichen, auch Gebrauch machen. 10

Gerade die jüngere Rechtsprechung des BGH hat gezeigt, dass dort bei der AGB-rechtlichen Klauselbeurteilung sowohl im Wohnraum- als auch im Gewerberaummietrecht die gleichen Maßstäbe angelegt werden, sofern sich aus der unterschiedlichen Art der Nutzung keine zwingende unterschiedliche rechtliche Beurteilung ergibt. Dies ist insbesondere deutlich geworden bei der Prüfung von Schönheitsreparaturklauseln und der Frage der Rechtsfolge der Mietminderung. Bei anderen Bereichen, etwa der Frage der Umlagefähigkeit von Nebenkosten im weitesten Sinn oder bei den Problemen rund um Mietsicherheiten, bleibt es bei einer unterschiedlichen rechtlichen Beurteilung je nachdem, ob es sich um einen Wohnraum- oder Gewerberaummietvertrag handelt. Dennoch hat ein Kautelarjurist bei der Gestaltung eines Gewerberaummietvertrages auch die nur im Wohnraummietrecht ergangenen Entscheidungen zu berücksichtigen, gerade wenn es noch keine einschlägigen gewerberaummietrechtlichen Urteile gibt. Siehe hierzu ausführlich § 48 und im Wohnraummietrecht § 10. 11

IV. Flächenberechnung

Schon im Wohnraummietrecht macht es Sinn, die Art und Weise der Flächenberechnung bei entsprechenden Angaben im Mietvertrag ausdrücklich zu vereinbaren, um einen gegebenenfalls (vor allem für die Vermieterseite) ungünstigen Rückgriff auf die Wohnflächenverordnung zu vermeiden.[9] Dies gilt erst recht im Gewerberaummietrecht, bei dem eine große Bandbreite von Flächenberechnungsmethoden zur Verfügung steht. Dies beginnt bei der DIN 277 bzw. 283, geht über Anleihen bei der Wohnflächenverordnung, die Netto- oder die Bruttogeschossflächenberechnung bis hin zur Flächenberechnung nach den sog. gif-Richtlinien. Zum Teil sind damit ganz erhebliche Abweichungen mit entsprechenden wirtschaftlichen Konsequenzen im Hinblick auf Miethöhe, Nebenkosten u. a. verbunden. Es lohnt sich daher, diesem Gesichtspunkt große Aufmerksamkeit zu widmen. In aller Regel wird sich aus Vermietersicht der Rückgriff auf die Flächenberechnung nach den gif-Richtlinien als am günstigsten herausstellen.[10] 12

In diesem Zusammenhang sollte auch geregelt werden, bis zu welchem Umfang Flächenabweichungen (auch im Hinblick zum Beispiel auf die Frage der Mieterhöhung oder die Nebenkosten) von den Parteien toleriert werden und welche Rechtsfolgen an über diese vereinbarten Grenzen hinausgehende Flächenabweichungen geknüpft werden und zwar sowohl „nach oben als auch nach unten". 13

V. Vertrags- bzw. Nutzungszweck

Auch bei der möglichst exakten Beschreibung des zu vereinbarenden Nutzungszwecks in einem Gewerberaummietvertrag ist Sorgfalt geboten. Den entsprechenden Zweckvereinbarungen kommt nicht unerhebliche Bedeutung zu: Zum einen wird dadurch der Umfang der 14

---

[7] BGH NJW 2005, 2225 = NZM 2005, 502; ZMR 1964, 79; OLG Düsseldorf NJW 2004, 1396 = NZM 2004, 143; KG NJW-RR 2007, 805 (Rechtskrafthinweis NJW-RR 2007, 1368) = NZM 2007, 402.
[8] OLG Rostock NJW 2009, 445 = NZM 2008, 646.
[9] Näher § 10 Rdnr. 130 ff.
[10] Vgl. im Einzelnen § 51.

Gebrauchsgewährpflicht des Vermieters festgelegt, zum anderen aber auch der Umfang der Gebrauchsrechte des Mieters. Was kann der Mieter vom Vermieter an Anforderungen an die Mietsache stellen, bei deren Nichterfüllung Gewährleistungsansprüche ausgelöst werden? Welche Nutzungsmöglichkeiten des Mieters muss der Vermieter dulden und welche kann er verbieten? Die Zweckangaben spielen aber auch noch zum Beispiel beim so genannten vertragsimmanenten Konkurrenzschutz eine Rolle, nämlich bei der Bestimmung des hiervon erfassten Hauptsortiments.

VI. Umsatzsteuer

15   Die Vermietung von Gebäuden und Gebäudeteilen ist grundsätzlich von der Umsatzsteuer befreit (§ 4 Nr. 12a UStG). Der Vermieter von Gewerberäumen kann dennoch Umsatzsteuer auf Miete und Betriebskosten erheben, wenn der Mietvertrag eine entsprechende Abrede enthält und der Vermieter auf die Befreiung von der Umsatzsteuer verzichtet (d.h. „zur Umsatzsteuer optiert") hat. Letzteres ist gemäß § 9 Abs. 1 und 2 UStG aber nur dann möglich, wenn der Mieter die Räume ausschließlich zu solchen unternehmerischen Zwecken nutzt, die seinen Vorsteuerabzug nicht ausschließen. Eine solche steuerfreie Nutzung liegt etwa bei Arztpraxen vor (§ 4 Nr. 14 UStG) mit erheblichen Konsequenzen für den vermieter. Zu den Einzelheiten siehe § 60 Rdnr. 28 ff. und § 48 Rdnr. 72 ff.

16   Hier an dieser Stelle soll lediglich angemerkt werden, dass mangels jeweils gesondert ausgestellter Rechnung über die monatlich geschuldeten Beträge (anders als etwa bei einer Nebenkostenabrechnung) der Mietvertrag selbst als „Dauerrechnung" gelten kann. Dies setzt aber die Angabe der Umsatzsteueridentitätsnummer des Vermieters (nicht seiner Steuernummer – Missbrauchsgefahr) sowie ggf. bei mehreren Mietobjekten eine Objektnummer im Mietvertrag voraus.

VII. Mieterhöhung

17   Landläufig wird davon ausgegangen, dass die stark vom zwingenden Gesetzesrecht geprägte Stellung des Wohnraumvermieters ungünstiger ist, als diejenige des Gewerberaumvermieters. Dies gilt aber nicht bei Fragen der Mieterhöhung.

18   Während der Wohnraumvermieter in den §§ 558 ff. und 559 ff. sowie 560 BGB von Gesetzes wegen Ansprüche auf Mieterhöhung zum Ausgleich des Ausschlusses einer Kündigung zum Zwecke der Mieterhöhung eingeräumt bekam, stehen dem Gewerberaumvermieter derartige gesetzliche Ansprüche nicht zu Gebote. Dies auch ist konsequent, da der Gewerberaumvermieter die Möglichkeit der Änderungskündigung hat, also der Beendigung des Mietverhältnisses mit gleichzeitigem Angebot eines neuen Mietvertrages mit einer höheren Miete. Diese ordentliche Kündigung ist allerdings im Regelfall dadurch ausgeschlossen, dass der Gewerberaummietvertrag befristet abgeschlossen wird mit der Konsequenz, dass ohne vertragliche Vereinbarung dem Vermieter während der Vertragslaufzeit keine Möglichkeit zu Gebote steht, die Miete und die Nebenkosten anzupassen. Dies kann sogar auch noch problematisch sein, wenn sich die ursprüngliche Laufzeit über eine Klausel oder ein Optionsrecht verlängert.

19   Daher sind Mieterhöhungsvereinbarungen zwingend erforderlich. Dies kann geschehen in Gestalt einer Staffelmiete oder auch einer Indexregelung nach Maßgabe des Preisklauselgesetzes. Auch insoweit steht im Übrigen der Gewerberaumvermieter schlechter als der Wohnraumvermieter: Während Letzterer gemäß § 557b BGB die Wirksamkeit einer entsprechenden Indexregelung sich nicht auf eine Mindestlaufzeit des Mietvertrages einlassen muss, ist der Gewerberaumvermieter jedenfalls bei einer automatischen Indexklausel (anders beim Leistungsvorbehalt oder der Spannungsklausel, die eine „gleichartige" Bezugsgröße erfordert, also zum Beispiel die Entwicklung der Gewerberaummieten in der Region) verpflichtet, eine Regelung zu treffen, die ihn mindestens 10 Jahre an den Gewerberaummietvertrag bindet. Für den Vermieter erfreulich ist die jetzt mit dem Preisklauselgesetz neu

eingeführte, unserer Rechtsordnung eigentlich fremde „schwebende Wirksamkeit" einer gegen diese Vorgaben verstoßenden Indexregelung, die erst in dem Moment als Rechtsgrundlage für Mieterhöhungsbegehren wegfällt, in dem ein Gericht rechtskräftig die Klausel für unwirksam erklärt (§ 8 PrKG). Aus Mietersicht ist diese dispositive Norm daher zwingend abzubedingen. Siehe ausführlich zu diesem Fragenkreis § 61.

Schließlich ist auch noch zu beachten, dass der Gewerberaumvermieter im Falle von Modernisierungsmaßnahmen ebenfalls keine Möglichkeit hat, die damit verbundenen Kosten und sei es auch nur teilweise auf den Mieter abzuwälzen. Daher ist es weiter sinnvoll, zumindest die Geltung der §§ 559 ff. BGB ausdrücklich zu vereinbaren. Hierzu eingehender § 59. 20

VIII. Nebenkosten

Zwar ist der Ausgangspunkt in § 535 Satz 3 BGB sowohl im Wohn- als auch im Gewerberaummietrecht identisch mit der Folge, dass die Abwälzung zusätzlicher Kosten neben der Miete einer ausdrücklichen Vereinbarung bedarf. Anders als im Wohnraummietrecht gilt aber die Regelung des § 556 BGB mit dem Verweis auf die Betriebskostenverordnung im Gewerberaummietrecht nicht (vgl. § 578 BGB). 21

Dies hat für den Gewerberaumvermieter den Vorteil, dass er nicht auf den Katalog der Kostenpositionen des § 2 Betriebskostenverordnung beschränkt ist, die bekanntlich nur geringfügig über eine gesonderte, ausdrücklich zu vereinbarende Umlagevereinbarung im Rahmen der Nr. 17 „Sonstige Kosten" erweitert werden kann. Dennoch bedarf es zweifelsfreier und ausdrücklicher Vereinbarungen im Mietvertrag, um dem Mieter darüber hinausgehende Kostenpositionen mit Erfolg auferlegen zu können. 22

Dabei ist weiter zu beachten, dass anders als im Wohnraummietrecht der Gewerberaumvermieter nicht nur „bloße" Betriebskosten auf den Mieter abwälzen kann, sondern auch darüber hinausgehende Kostentragungsverpflichtungen. So zum Beispiel die Kosten der Instandsetzung und Instandhaltung, soweit es sich um Maßnahmen handelt, die durch den Mietgebrauch ausgelöst worden sind (also keine Kostenüberbürdung etwa „auf Dach und Fach"). Sogar Instandhaltungs- und Instandsetzungskosten bezogen auf Gemeinschaftsflächen oder Gemeinschaftseinrichtungen sind umlegbar, allerdings nur anteilig und unter Berücksichtigung einer Kostenbegrenzung pro Kalenderjahr (etwa auf maximal 10 Prozent der Jahresgrundmiete). Darüber hinaus sind auch Verwaltungskosten gesondert auf den Mieter abwälzbar, wobei allerdings Streit besteht, ob die bloße Verwendung dieses Begriffs genügt, oder ob nicht – dies als sicherster Weg – die Verwaltungskosten näher erläutert werden sollten und insbesondere deren Höhe transparent und gegebenenfalls ebenfalls mit Kostenobergrenze vereinbart werden muss. 23

Angesichts der wirtschaftlichen Bedeutung der insoweit zusätzlich zur Miete abwälzbaren Kostenpositionen sollte hierauf ein gesondertes Augenmerk gelegt werden. Zu den Einzelheiten siehe § 48 Rdnr. 103 ff. und § 62. 24

IX. Mietsicherheiten

Auch im Gewerberaummietrecht gibt es keinen gesetzlichen Anspruch des Vermieters gegenüber dem Mieter auf Leistung einer Mietsicherheit. Dies bedarf vielmehr einer vertraglichen Vereinbarung. 25

Bei der Barkaution gelten die Beschränkungen des § 551 BGB nicht mit der Folge, dass der Vermieter zum Beispiel die Übergabe der Schlüssel von der Zahlung der vollständigen Mietkaution abhängig machen kann und er auch die Möglichkeit erhält, bei Verzug des Mieters mit der Leistung der Mietsicherheit das Mietverhältnis fristlos zu kündigen, von Besonderheiten über § 242 BGB im jeweiligen konkreten Einzelfall abgesehen. 26

Nach überwiegender Meinung ist aber die Barkaution auch ohne ausdrückliche Vereinbarung vom Vermieter insolvenzsicher anzulegen. Unstreitig ist, inwieweit die Vereinbarung

27 Im Gewerberaummietrecht soll, auch formularvertraglich, die Vereinbarung einer Bürgschaft auf erstes Anfordern zulässig sein. Auch hier gibt es der Höhe nach keine vorgegebenen Beschränkungen, außer die Höhe stünde in keinem Verhältnis zum Sicherungsbedürfnis des Vermieters.

Während § 215 BGB den Rückgriff auf die Barkaution auch mit verjährten Forderungen unter den dort normierten Voraussetzungen erlaubt, kann sich der Bürge (§ 215 BGB gilt insoweit mangels Aufrechnung nicht) sehr wohl auf die Verjährung der Hauptschuld berufen, aber auch auf die Verjährung der Bürgschaftsverpflichtung (auch hier gilt die Regelfrist von 3 Jahren). Daher ist aus Vermietersicht zwingend darauf zu achten, dass in der Bürgschaftsvereinbarung eine gesonderte Abrede über die Verjährung getroffen wird, etwa der Ausschluss der Berufung des Bürgen auf die Verjährungseinrede bis zum Ablauf von einem Jahr nach Rückgabe der Mietsache. Näher zu den Einzelheiten § 63.

X. Schönheitsreparaturen und Kleinreparaturen

28 Im Rahmen der Frage der Überbürdung von Schönheitsreparaturverpflichtungen können – bis auf die Frage der angemessenen Länge einer „nicht starren" Frist, die von dem konkreten Nutzungszweck abhängt – die Vorgaben aus der wohnraummietrechtlichen Rechtsprechung übernommen werden. Die Überbürdung einer Anfangsrenovierung ist danach unwirksam, ebenso die Vereinbarung starrer Fristen ohne Rücksicht auf einen objektiven Renovierungsbedarf. Dies gilt dann selbstverständlich auch, selbst wenn dies noch nicht im Gewerberaummietrecht entschieden ist, für starre Fristen im Rahmen sogenannter Abgeltungsklauseln (mit der Folge der Problematik der Transparenz bei der Formulierung von Abgeltungsregelungen mit „weicher" Frist). Endrenovierungsregelungen sind auch im Gewerberaummietrecht unwirksam, wenn sie dem Mieter ohne Rücksicht auf den objektiven Renovierungsbedarf oder zum Beispiel den Zeitpunkt der zuletzt durchgeführten Schönheitsreparaturen in jedem Fall eine entsprechende Verpflichtung auferlegen, allein deshalb, da das Mietverhältnis endet. Im Übrigen stellt sich auch im Gewerberaummietrecht die Frage, inwieweit durch Formularklausel Schönheitsreparaturverpflichtungen überhaupt noch abwälzbar sind, bei unrenoviert überlassenen Mietobjekten oder vor dem Hintergrund, dass es sich bei dieser Verpflichtung um eine Hauptleistungspflicht handelt, so dass entsprechenden vorformulierten Regelungen § 307 Abs. 1 BGB entgegenstehen könnte.[11]

29 Bei den üblichen Kleinreparaturregelungen ist es, anders als im Wohnraummietrecht, zulässig, dem Mieter nicht nur die Kostentragungsverpflichtung sondern auch eine Selbstvornahmeverpflichtung aufzuerlegen, und dies ohne die engen betragsmäßigen Grenzen der Kleinreparaturklauseln im Wohnraummietrecht.[12]

XI. Wartungspflichten

30 Auch Wartungspflichten können in größerem Umfang auf den Gewerberaummieter überbürdet werden. Allerdings stellt sich wie schon im Wohnraummietrecht die Frage, ob es für den Vermieter nicht sinnvoller ist, von der Abwälzung von Hand- und Spanndiensten zu Lasten des Mieters Abstand zu nehmen, die entsprechenden Maßnahmen und Arbeiten selbst in Auftrag zu geben und auf den Mieter lediglich die damit verbundenen Kosten abzuwälzen. Gerade im Falle von Leistungsstörungen erleichtert dies die Abwicklung erheblich.[13]

---

[11] Im Einzelnen § 48 149ff.
[12] Vgl. § 48 146 und § 58 Rdnr. 27.
[13] Siehe § 48 148 und § 58 Rdnr. 28.

XII. Betriebspflicht

Hier ist zu beachten, dass entsprechende Regelungen sinnvoll sind, um im Fall von Verstößen hiergegen einen wichtigen Grund für eine vorzeitige Loslösungsmöglichkeit des Vermieters vom Mietvertrag zu schaffen. Die Durchsetzung der Erfüllung der Betriebspflichten scheitert in aller Regel an praktischen Erwägungen. Ausführlich hierzu § 52 Rdnr. 10. 31

XIII. Konkurrenzschutz

Insoweit sind alle denkbaren vertraglichen Absprachen möglich, von der umfassenden Einräumung von Konkurrenzschutz bis hin zu dessen vollständigem Ausschluss. Zu beachten ist aber, dass bei einer fehlenden Konkurrenzschutzregelung im Mietvertrag nicht etwa keine Konkurrenzschutzverpflichtung des Vermieters besteht. Vielmehr ist dann ein – ausdrücklich ausschließbarer – so genannter vertragsimmanenter Konkurrenzschutz zu beachten, der sich allerdings nur auf das Hauptsortiment des Mieters beschränkt. Im Einzelnen § 55. 32

XIV. Versorgungssperre

Die vielfältigen Streitpunkte in diesem Zusammenhang hat der BGH jüngst jedenfalls für das Gewerberaummietrecht geklärt: Danach stellt eine Versorgungssperre bei Zahlungsverzug des Mieters bezogen auf die entsprechenden Versorgungsleistungen keine Besitzstörung dar und der Mieter hat auch dann keinen Erfüllungsanspruch mehr, wenn der Vermieter den Gewerberaummietvertrag rechtswirksam wegen Zahlungsverzugs gekündigt hat.[14] Inwieweit diese Erwägungen auf das Wohnraummietrecht oder andere Nutzungsverhältnisse übertragen werden können, ist noch unklar. 33

XV. Kündigung

Im Rahmen der Vertragsbeendigung durch Kündigung ist zunächst darauf hinzuweisen, dass die gesetzliche Schriftform des § 568 BGB im Gewerberaummietrecht nicht gilt. Allerdings sind meist Schriftformerfordernisse vertraglich vereinbart, die dann selbstverständlich beachtet werden müssen. Zu den Einzelheiten vgl. § 65. 34

Weiter stellt gerade im Gewerberaummietrecht der Zeitraum ein Problem dar, innerhalb dessen nach Kenntnis zum Beispiel eines wichtigen Grundes für eine fristlose Kündigung diese vor dem Hintergrund des § 314 BGB auch ausgesprochen werden muss. Die Rechtsprechung geht insoweit zwar nicht schematisch (wie etwa im Arbeitsrecht, vgl. § 626 BGB) von der Notwendigkeit der Beachtung einer 2-Wochen-Frist aus.[15] Ein zu langes Zuwarten kann aber zur Verwirkung des Kündigungsrechts führen. Im Übrigen gelten die Anmerkungen im Wohnraummietrecht zu § 545 BGB auch hier entsprechend.[16] 35

---

[14] BGH NJW 2009, 1947.
[15] Vgl. BGH NJW-RR 2007, 886 = NZM 2007, 400; NJW 1985, 1894 betr. Franchisevertrag; NJW 1982, 2432 betr. Eigenhändlervertrag; OLG Frankfurt/M. NJW-RR 1992, 143; OLG Bremen ZMR 2007, 688; vgl. für die Wohnraummiete BGH NJW-RR 2009, 735 = NZM 2009, 314.
[16] Vgl. näher § 30 und § 66.

2. Abschnitt. Vertragsanbahnung

§ 44 Vertragsanbahnung beim Gewerberaummietverhältnis

Übersicht

	Rdnr.
I. Rechtliche Einordnung der Gewerberaummiete	1–48
1. Zweck der Vermietung	2–5
2. Die zentralen gesetzlichen Vorschriften	5–13
3. Öffentlich-rechtliche und andere Nutzungsbeschränkungen	14–19
4. Abgrenzung zwischen einzelnen Vertragstypen	20–48
a) Mischmietvertrag	21–36
b) Andere Mischverträge mit mietrechtlichem Einschlag	37–48
c) Abgrenzung zur Leihe	48
II. Die den (Haupt-)Mietvertrag vorbereitenden Verträge über Gewerberaum	49–108
1. Vorhand/Anmietrecht	49–54
2. Mietvorvertrag	55–73
a) Abgrenzung zu anderen Vertragstypen	56
b) Bestimmtheitserfordernis	57–60
c) Die offen bleibenden Vertragspunkte/Rücktrittsrecht	61–66
d) Schriftform	67
e) Zustandekommen und Durchsetzung des Hauptvertrags	68–73
3. Vormietrecht	74–92
a) Abgrenzung zu anderen Vertragstypen	74
b) Praktische Bedeutung des Vormietrechts	75–80
c) Schriftform	81
d) Anwendbarkeit der Regelungen zum Vorkauf	82
e) Rechtsbeziehungen zwischen Vermieter und Drittem	91–92
4. Begründungsoption	93–108
a) Abgrenzungsfragen	94–95
b) Praktische Bedeutung	96–97
c) Notwendiger Vertragsinhalt	98–100
d) Schriftform für Optionsvereinbarung	101–102
e) Schriftform für Optionsausübung	103–104
f) Rechtsfolgen der Optionsausübung	105
g) Rücktritt vom Optionsvertrag	106–108

Schrifttum: *Eisenschmid/Rips/Wall,* Betriebskostenkommentar, 2. Aufl. 2006; *Flatow,* Die energetischen Anforderungen an das Wohnen heute und morgen – Eine umfassende Darstellung der zivilrechtlichen Folgen, NZM 2008, 785; *ders.,* Auswirkungen der EnEV 2007/2009 auf Miet-, Kauf- und Werkverträge, NJW 2008, 2886; *Horst,* Wohnungs- und nachbarrechtliche Folgefragen des Energiepasses, NZM 2008, 145; *Fritz,* Gewerberaummietrecht, 4. Aufl. 2004; *Gerber/Eckert,* Gewerbliches Miet- und Pachtrecht, 6. Aufl. 2006; *Hannemann/Wiek,* Handbuch des Mietrechts, 2. Aufl. 2006; *Lammel,* Heizkostenverordnung, 2. Aufl. 2004.

I. Rechtliche Einordnung der Gewerberaummiete

1   **Checkliste für die Planung und rechtliche Einordnung einer gewerblichen Gebrauchsüberlassung:**

☐ Handelt es sich beim Mieter um einen Verbraucher oder einen Unternehmer?[1]
  • Welcher Vertragszweck bildet den Schwerpunkt der Gebrauchsüberlassung?[2]
  • Handelt es sich beim Mieter um einen Freiberufler?[3]

---

[1] Vgl. dazu Rdnr. 4.
[2] Vgl. dazu Rdnr. 2 ff.

Wenn es sich um einen Unternehmer handelt:
- ☐ Handelt es sich um einen Mietvertrag oder um einen Pachtvertrag?[4]
- ☐ Handelt es sich um einen Mischmietvertrag (mit Aspekten der Wohnraumnutzung und solchen gewerblicher Nutzung)?[5]
  - Welcher Gebrauchs- oder Vertragszweck überwiegt?[6]
  - Welche umsatzsteuerrechtlichen Konsequenzen ergeben sich aus der Mischnutzung?[7]
- ☐ Handelt es sich um einen Mischvertrag anderer Art (mit Aspekten des Mietrechts und anderer schuldrechtlicher Verträge)?[8]
  - Welchem Rechtsgebiet entspricht die nach dem Vertrag wesentliche Leistung?[9]
  - Liegt der Schwerpunkt auf der Gebrauchsüberlassung?[10]
  - Finden die Bestimmungen für spezielle Vertragsgestaltungen (Leasingvertrag, Franchising, Mietkauf usw.) Anwendung?[11]
  - Handelt es sich um eine entgeltliche (Gebrauchs-) Überlassung?[12]

Vor Vertragsschluss:
- ☐ Besteht Abschlussreife für einen Hauptmietvertrag/Pachtvertrag?
- ☐ Wenn noch Regelungspunkte offen sind:
  - Kann ein Mietvorvertrag geschlossen werden?[13]
  - Kann ein Vormietrecht vereinbart werden?[14]
  - Kommt eine Begründungsoption in Betracht?[15]

1. Zweck der Vermietung

Der Begriff der **Gewerberaummiete** bestimmt sich nach dem vertraglichen Zweck der Vermietung. Mietrechtlich zu unterscheiden sind die **Wohnraummiete, die Gewerberaummiete (Geschäftsraummiete) und Mischmietverhältnisse**.[16] Die Gewerberaummiete ist rechtlich eng mit der **Pacht**[17] (§§ 581 ff. BGB) verwandt, denn nach § 581 Abs. 2 BGB sind die mietrechtlichen Vorschriften auf den Pachtvertrag entsprechend anzuwenden, soweit die (weitgehend abdingbaren) Bestimmungen aus §§ 582 bis 584b BGB nicht anderes regeln.

Für die Einordnung des Vertrags ist der nach den übereinstimmenden Vorstellungen der Vertragsparteien verfolgte Vertragszweck maßgeblich, also nicht der tatsächliche – ggf. vertragswidrige – Mietgebrauch und auch nicht das etwaige Bestehen öffentlich rechtlicher Hindernisse für die Verfolgung des einvernehmlich gewollten Vertragszwecks.[18]

Im Bereich von Gewerberaummiete und Pacht charakterisiert sich der Vertragszweck dadurch, dass der Mieter sich in bzw. mit der Mietsache (bzw. dem Pachtgegenstand) gewerblich, d.h. unternehmerisch betätigt. **Unternehmer** ist nach § 14 BGB eine natürliche oder

---

[3] Vgl. dazu Rdnr. 4.
[4] Vgl. dazu § 76 und Rdnr. 20 ff.
[5] Vgl. dazu Rdnr. 21 ff.
[6] Vgl. dazu Rdnr. 23.
[7] Vgl. dazu Rdnr. 43 ff.
[8] Vgl. dazu Rdnr. 37 ff.
[9] Vgl. dazu Rdnr. 38.
[10] Vgl. dazu Rdnr. 38 f.
[11] Vgl. dazu Rdnr. 44 ff.
[12] Vgl. dazu Rdnr. 48.
[13] Vgl. dazu Rdnr. 55 ff.
[14] Vgl. dazu Rdnr. 74 ff.
[15] Vgl. dazu Rdnr. 93 ff.
[16] Vgl. dazu Rdnr. 21 ff.
[17] Zur Abgrenzung vgl. näher § 76; praktische Beispiele zur Ausgestaltung von Pachtverhältnissen finden sich auch in § 69 Rdnr. 101 ff.
[18] Vgl. OLG Düsseldorf ZMR 2002, 589; Schmidt-Futterer/*Blank* vor §§ 535, 536 Rdnr. 54 mit Fallbeispielen zur Gewerberaummiete.

juristische Person oder eine rechtsfähige Personengesellschaft, die bei Abschluss eines Rechtsgeschäfts in Ausübung ihrer gewerblichen oder selbstständigen beruflichen Tätigkeit handelt. Die durch § 13 BGB geregelte Unterscheidung des „Unternehmers" vom „Verbraucher", der Rechtsgeschäfte nicht in Ausübung eines Gewerbes oder einer selbstständigen beruflichen Tätigkeit abschließt, macht die früher erforderliche Abgrenzung entbehrlich, ob es sich um Kaufleute im Sinne von §§ 2, 3 Abs. 2, 5, 6 HGB handelt. Auch die Angehörigen freier Berufe (z.B. Ärzte, Rechtsanwälte, Steuerberater und Handwerker) fallen unter den Begriff des Unternehmers.[19] Maßgebend für den Unternehmerbegriff ist die **Entgeltlichkeit** der angebotenen Leistungen, nicht dagegen die Absicht der Gewinnerzielung.[20] Daher fallen auch die gesetzlichen Vermögensverwalter (z.B. im Insolvenz- oder Zwangsverwaltungsverfahren) unter den Unternehmerbegriff.

2. Die zentralen gesetzlichen Vorschriften

5   Die Gewerberaummiete ist gesetzlich nicht im Zusammenhang geregelt. Die wesentliche Verweisungsvorschrift findet sich in § 578 BGB. Die Vorschrift des § 578 Abs. 1 BGB regelt die Geltung einiger mietrechtlicher Vorschriften, wenn ein **Grundstück** vermietet wird. Die zentrale Verweisungsvorschrift für die Gewerberaummiete findet sich § 578 Abs. 2 BGB zu Mietverhältnissen über **Räume, die keine Wohnräume sind.** Danach gelten neben den Bestimmungen, die auch bei der Grundstücksmiete Anwendung finden, die §§ 552 Abs. 1, 554 Abs. 1 bis 4, 569 Abs. 2 BGB entsprechend. Außerdem findet § 569 Abs. 1 BGB entsprechende Anwendung, wenn Räume vermietet werden, die zum Aufenthalt von Menschen bestimmt sind.

6   In den Bestimmungen, die in § 578 BGB ausdrücklich benannt sind, erschöpft sich der Katalog der anwendbaren Vorschriften jedoch nicht, denn die Vorschrift regelt lediglich die entsprechende Geltung einiger Bestimmungen, die an sich nur die Wohnraummiete betreffen (§§ 549 ff. BGB). Die mietrechtlichen Vorschriften, die ohnehin für alle Mietverträge gelten (§§ 535 ff. BGB), finden auch auf die Gewerberaummiete Anwendung. Dies gilt über § 581 Abs. 2 BGB auch für die Pacht.

7   Vielfältige weitere Gesetze überlagern das Recht der Gewerberaummiete und Pacht aufgrund der unternehmerischen Betätigung des Mieters/Pächters. Daher kann bei der Vertragsgestaltung und -prüfung nicht allein auf die mietrechtlichen Gegebenheiten abgestellt werden.

8   In nahezu allen Bereichen gewerblicher Betätigung sind Vorschriften aus der **Gewerbeordnung**, aus speziellen Rechtsvorschriften für einzelne Gewerbezweige (z.B. dem **Apothekenbetriebsordnung**, der **WarenhausVO** oder dem **Gaststättengesetz**)[21] sowie aus **berufs- und standesrechtlichen Vorschriften** (z.B. für Rechtsanwälte, Notare, Ärzte, Steuerberater, Apotheker usw.) zu beachten, die z.T. auch die Fragen der beruflichen Zulassung und der örtlichen Niederlassung tangieren können.

9   Hinzu kommen bundes-, landes- und gemeinderechtliche **Gesetze, Satzungen und Verordnungen**, die mittelbaren oder unmittelbaren Einfluss auf die Gewerbeausübung des Mieters/Pächters und damit auf die Grundlagen der mietvertraglichen Grundlagen haben können. Dazu gehören insbesondere **nachbarrechtliche und immissionsschutzrechtliche Bestimmungen**.

10   Auf den gewerblichen Mietgebrauch und die Ausgestaltung der mietvertraglichen Vereinbarungen können auch die öffentlich-rechtlichen Bestimmungen zur **Regulierung des Wettbewerbs** (vgl. die Vorschriften zum UWG und GWB) maßgeblichen Einfluss haben. **Kartellrechtliche Bestimmungen** können dabei für die Vertragsparteien unmittelbare vertragsrechtliche Bindungswirkung entfalten.[22]

11   (Ordnungs-) **Behördliche Genehmigungen (Konzessionen) und Auflagen** sind namentlich im Zusammenhang mit der **baulichen Ausgestaltung** der Miträume und ihrer Nutzung zu

---

[19] Vgl. Palandt/*Heinrichs* § 14 Rdnr. 2; zu Freiberuflern als Gewerberaummietern vgl. § 69 Rdnr. 94 ff., 155 ff.
[20] Vgl. Soergel/*Pfeiffer* § 14 Rdnr. 13; *Faber* ZEuP 1998, 854; Palandt/*Heinrichs* § 14 Rdnr. 2.
[21] Zu zu den Konzessionsvoraussetzungen beim Betrieb von Gaststätten vgl. etwa § 69 Rdnr. 120 ff.
[22] Zu kartellrechtlichen Beschränkungen der Vertragsparteien vgl. § 69 Rdnr. 33 f.

beachten. Die vielfältig denkbaren Bestimmungen entziehen sich im hier vorgegebenen mietrechtlichen Rahmen einer eingehenden und generalisierenden Behandlung.

Als öffentlich-rechtliche Neuregelung soll die **Energieeinsparverordnung** 2007 (EnEV) 11a Erwähnung finden. Sie wendet sich an Bauherren und Gebäudeeigentümer und legt Rechte und Pflichten für neu zu errichtende Gebäude sowie für Bestandsgebäude fest. § 16 Abs. 1 EnEV sieht vor, dass dem Gebäudeeigentümer bei der Neuerrichtung von Gebäuden und bei umfangreicheren Änderungs- oder Erweiterungsmaßnahmen ein **Energieausweis** auszustellen ist. Besondere mietvertragliche **Vereinbarungen über die Vorlage eines Energieausweises** sind grundsätzlich weder im Stadium der dem Hauptmietvertrag vorgelagerten Vereinbarungen[23] noch im Rahmen des eigentlichen Mietvertrags veranlasst. Der Eigentümer ist gemäß § 16 Abs. 2 EnEV als Vermieter nur öffentlich-rechtlich, d.h. nicht zivilrechtlich, verpflichtet, einem potenziellen Mieter den Energieausweis zugänglich machen. Er ist dagegen selbst öffentlich-rechtlich nicht gehalten, den Energieausweis auch seinen Bestandsmietern vorzulegen. Aus der Vorlage allein ergibt sich regelmäßig keine Beschaffenheitsvereinbarung über die Mietsache, d.h. über die im Energieausweis enthaltenen Werte.[24] Nur dann, wenn der vertragliche Erklärungs- und Bindungswille feststellbar ist, für die Einhaltung dieser Werte im Rahmen der mietvertraglichen Gewährleistung einstehen zu wollen, kann eine verbindliche Beschaffenheitszusicherung in Betracht kommen.[25]

Eine ganz wesentliche **zivilrechtliche Weichenstellung** ergibt sich aus dem **persönlichen** 12 **Anwendungsbereich der Vorschriften über Allgemeine Geschäftsbedingungen** (§§ 305 ff. BGB).[26] Nach § 310 Abs. 1 BGB finden die §§ 305 Abs. 2 und 3, 308, 309 BGB unter anderem dann keine Anwendung, wenn AGB gegenüber einem Unternehmer[27] verwendet werden. Auch wenn es für die Definition als Unternehmer nicht mehr auf die Kaufmannseigenschaft ankommt, kann nach wie vor die Frage virulent werden, ob auch derjenige Vertragspartner bereits Unternehmer im Sinne von § 310 Abs. 1 BGB ist, der mit dem Vertragsschluss erst die Voraussetzung für die gewerbliche Betätigung schafft und die zum Gewerbe gehörenden Geschäfte erst mit oder nach Abschluss des Mietvertrags aufnimmt. Diese Frage wird entsprechend den Grundsätzen zu beantworten sein, die nach altem Recht zur Erlangung der Kaufmannseigenschaft entwickelt worden sind. Danach kann auf den Rechtsgedanken aus § 344 HGB zurückgegriffen werden, wonach Geschäfte im Zweifel dem Gewerbe zuzuordnen sind, dem sie dienen.[28] Da auch vorbereitende Geschäfte grundsätzlich gewerbebezogen sind,[29] wird der Rechtsauffassung zu folgen sein, wonach schon der Abschluss des Gewerberaummietvertrags, der eine gewerbliche Tätigkeit erst ermöglichen soll, zur Ausübung des Gewerbes gehört.[30] Wenn AGB gegenüber einem Unternehmer verwendet werden, folgt die wichtigste **Kontrollfunktion** aus § 310 Abs. 1 S. 2 BGB. Nach dieser Vorschrift findet § 307 Abs. 1 und 2 BGB auch dann Anwendung, wenn dies unter Berücksichtigung der Handelsgewohnheiten und -gebräuche zur Unwirksamkeit der in §§ 308, 309 BGB genannten Vertragsbestimmungen führt. Die Klauselverbote aus §§ 308, 309 BGB gelten also nicht unmittelbar; die Inhaltskontrolle erfolgt allein über § 307 BGB.

Weitere **zivilrechtliche Vorgaben** für die gewerbliche Betätigung des Mieters und damit 13 für seinen Entschluss, in anzumietenden Räumlichkeiten einem Gewerbe nachzugehen, können sich aus **lizenz- und patentrechtlichen Schranken** und aus **markenrechtlichen** Bestimmungen (vgl. etwa das Gesetz zum Schutz von Marken und sonstigen Kennzeichen = MarkenG) ergeben.

---

[23] Vgl. dazu Rdnr. 49 ff.
[24] *Flatow* NZM 2008, 785; *ders.* NJW 2008, 2886; *Horst* NZM 2008, 145.
[25] *Flatow* NZM 2008, 785.
[26] Vgl. dazu eingehend § 48 BGB; ferner *Leukaitis/Löwisch* ZIP 2009/441.
[27] Vgl. dazu Rdnr. 4.
[28] Vgl. BGH NJW 1986, 842.
[29] Vgl. im Einzelnen *Baumbach/Hopt* § 343 HGB Rdnr. 3.
[30] Vgl. OLG Oldenburg NJW-RR 1989, 1081; *Sonnenschein* NJW 1980, 1493 m.w.N.; Bub/Treier/*Bub* II. Rdnr. 386.

3. Öffentlich-rechtliche und andere Nutzungsbeschränkungen

14 Die vorstehend aufgezeigten Überlagerungen der mietrechtlichen Regelungszusammenhänge durch übergreifende Normen können bei Gewerberaummietverhältnissen für die Vertragsgestaltung und -abwicklung entscheidende Bedeutung erlangen. Öffentlich-rechtliche Gebrauchshindernisse können den Mietgebrauch beeinträchtigen oder gänzlich hindern. Solche Gebrauchshindernisse stellen den Bestand und die wirtschaftlich tragfähige Abwicklung eines Mietverhältnisses von vornherein in Frage und sollten vor Vertragsschluss jedenfalls geklärt sein.

15 Im laufenden Mietverhältnis stellen öffentlich-rechtliche Gebrauchshindernisse und -beschränkungen, die dem vertragsgemäßen Gebrauch entgegenstehen, grundsätzlich einen Fehler – einen **Sachmangel** – der Mietsache dar, wenn sie mit der Beschaffenheit der Mietsache zusammenhängen und nicht in persönlichen oder betrieblichen Umständen des Mieters ihre Ursache haben.[31] Defizite, die allein in der beruflichen Qualifikation oder der persönlichen Zuverlässigkeit des Mieters begründet sind und etwa zur Versagung einer Gaststättenkonzession[32] führen, stellen also keinen Sachmangel dar.

16 Fehlt eine erforderliche behördliche Genehmigung zur vertraglich vorgesehenen Nutzung des Mietobjekts, so liegt ein die Gebrauchsfähigkeit der Mietsache beeinträchtigender Umstand im Sinne von § 542 BGB gleichwohl nicht vor, wenn die Behörde die tatsächliche Nutzung unbeanstandet lässt.[33] Öffentlich-rechtliche Beschränkungen müssen sich also faktisch und nicht nur rechtlich auf das Mietverhältnis auswirken. Zur Kündigung ohne vorheriges Abhilfeverlangen gegenüber dem Vermieter berechtigt eine öffentlich-rechtlich unzulässige Nutzung aber dann, wenn dem Mieter durch eine Ordnungsverfügung mit Zwangsmittelandrohung die bisherige Nutzung untersagt wird.[34] Es soll ferner einen die fristlose Kündigung rechtfertigenden Fehler der Mietsache darstellen, wenn das Ordnungsamt dem Mieter eine erforderliche Erlaubnis deshalb noch nicht erteilt hat, weil der Vermieter die hierfür aus bauordnungsrechtlicher Sicht erforderlichen Voraussetzungen nicht geschaffen hat.[35] Das Risiko von Nutzungsbeschränkungen, welche die Mietsache als solche betreffen, trägt der Vermieter grundsätzlich auch dann, wenn eine Klausel bestimmt, dass der Mieter auf seine Kosten sämtliche Genehmigungen für seinen Betrieb einzuholen hat.[36]

17 Eine modifizierte Betrachtung ist nach der Rechtsprechung geboten, wenn es aufgrund von Interventionen Dritter (Nachbarn) zum behördlichen Einschreiten und deshalb zu Verzögerungen bei der Fertigstellung eines Bauvorhabens und infolge dessen auch bei der Gebrauchsüberlassung kommt. Der BGH[37] ist davon ausgegangen, dass die Ursache für einen Sachmangel i.d.R. in dem bei Errichtung oder Benutzung der Sache aufgetretenen Verstoß gegen maßgebliche gesetzliche Vorschriften liegt, der das behördliche Verfahren ausgelöst hat, und nicht in der Tatsache des behördlichen Verfahrens als solchem. Deshalb soll im Allgemeinen nur ein **rechtswirksames behördliches Verbot**, etwa ein als Baugrundstück vermietetes Grundstück zu bebauen, den Begriff des Fehlers nach § 537 BGB erfüllen, sofern die behördliche Gebrauchsbeschränkung auf der Lage oder Beschaffenheit des Grundstücks beruht.[38]

18 Ausnahmsweise hat der BGH einen möglichen Sachmangel auch darin gesehen, dass eine **auf Jahre hinaus bestehende Unsicherheit** über die Wirksamkeit einer behördlichen (Abbruchs-)Verfügung die begründete Besorgnis der mangelnden Nutzbarkeit des Grundstücks zu dem vertragsgemäßen Gebrauch bewirkt.[39] Eine durch ein bloßes Widerspruchsverfahren

---

[31] Vgl. BGH ZMR 1994, 253; BGH NJW 1988, 2664; BGH MDR 1985, 340; OLG Celle OLGR 1999, 283; OLG München OLGR 1995, 205; Bub/Treier/*Kraemer* III.B. Rdnr. 1345 ff.; *Wolf/Eckert/Ball* Rdnr. 246 ff.
[32] Vgl. § 69 Rdnr. 120 ff.
[33] Vgl. KG KGR 2007, 571; OLG Düsseldorf DWW 2006, 240; OLG Köln OLGR 1998, 93; OLG Nürnberg NZM 1999, 419.
[34] Vgl. OLG Köln OLGR 1998, 93.
[35] Vgl. OLG Düsseldorf MDR 1988, 867.
[36] Vgl. OLG München OLGR 1995, 205.
[37] Vgl. BGH MDR 1992, 1148; 1971, 294.
[38] Vgl. BGH MDR 1992, 1148; 1971, 294.
[39] Vgl. BGH MDR 1971, 294.

begründete Ungewissheit soll dagegen nicht mit einer endgültigen Gebrauchsbeschränkung gleichgesetzt und deshalb auch nicht als Sachmangel beurteilt werden.[40] Danach soll nicht ausreichen, dass ein Nachbarwiderspruch nur zu einer Verzögerung bei der Fertigstellung eines Gewerbeobjekts führt, ohne dass die Tauglichkeit der nach Rücknahme des Widerspruchs fertiggestellten Räume für den Betrieb eines Verbrauchermarkts dauerhaft beeinträchtigt wurde. Bemerkenswert und kritikwürdig an dieser Rechtsprechung ist der Umstand, dass der BGH einen temporären Sachmangel für rechtlich irrelevant hält, obwohl dies geradezu den Regelfall von Gebrauchsfehlern darstellt. Außerdem hat der BGH[41] offen gelassen, ob die Drittintervention eines Nachbarn nach zwischenzeitlicher Rücknahme seines Widerspruchs begründet war, d. h. ob das Bauvorhaben aus dem Vermieter zurechenbaren Gründen objektiv baurechtswidrig errichtet wurde oder ob es auf diese Umstände nicht ankommt.

Ebenfalls klärungsbedürftig sind **Nutzungsbeschränkungen im Rahmen von Teileigentum**. Hier kommt es maßgeblich auf die Teilungserklärung an, die nach den für Grundbucheintragungen geltenden Grundsätzen auszulegen ist.[42] Nach ihr bestimmt sich der bindende Inhalt der Gebrauchsregelung. Auf die Vorstellungen des teilenden Eigentümers kommt es nicht an, sondern vielmehr auf den Wortlaut und Sinn der Eintragung, wie er sich objektiv für einen unbefangenen Betrachter darstellt, denn das Grundbuch soll bestimmte und eindeutige Rechtsverhältnisse schaffen und erhalten.[43] Aus der im Grundbuch eingetragenen Zweckbestimmung für Teileigentum kann sich die Unzulässigkeit des Betriebs einer Arztpraxis oder anderer gewerblicher Betätigungen ergeben. Das OLG Stuttgart[44] und das OLG Düsseldorf[45] halten den Betrieb einer Arztpraxis in einer als „Büro" bezeichneten Teileigentumseinheit für nicht zulässig. Das OLG Köln[46] hat bei Vorliegen einer Teilungserklärung, die nur eine Benutzung zu Wohnzwecken vorsieht und eine abweichende Nutzung von der Zustimmung der anderen Eigentümer abhängig macht, eine Verweigerung der Zustimmung nur dann für möglich gehalten, wenn die beabsichtigte Nutzung die anderen Eigentümer mehr beeinträchtigt als bei der Nutzung zu Wohnzwecken. Bei der Nutzung als Patentanwaltsbüro mit geringem Publikumsverkehr hat das OLG Köln[47] eine solche Mehrbelastung verneint. Wenn einem Eigentümer ein Sondernutzungsrecht eingeräumt wurde, beinhaltet dies nicht zugleich die Gestaltung baulicher Veränderungen.[48] Solche Maßnahmen erfordern besondere Vereinbarungen bzw. Beschlussfassungen.

4. Abgrenzung zwischen einzelnen Vertragstypen

Miet- und Pachtverträge zeichnen sich dadurch aus, dass zugunsten des Mieters oder Pächters Gebrauchs- und Nutzungsrechte begründet werden, die sich bei unterschiedlichen Vertragstypen wiederfinden.

a) **Mischmietvertrag.** Ein Mischmietvertrag regelt die Gebrauchsüberlassung von Räumen, die keinem einheitlichen Gebrauchszweck dienen, sondern vertragsgemäß **teilweise zu Wohnzwecken und teilweise zu gewerblichen Zwecken** genutzt werden. Der Mischmietvertrag ist insgesamt als Mietvertrag ausgestaltet, weshalb er zu unterscheiden ist von anderen Mischverträgen, bei denen eine Kombination zwischen Mietvertrag und anderen schuldrechtlichen Vertragstypen vorliegt.[49] Unter den Mischmietvertrag fallen in erster Linie die Vermietung/Verpachtung einer Gaststätte mit zugehöriger Wirtewohnung,[50] nicht selten aber auch die Überlassung anderer Räume zu Wohnzwecken und zugleich zur Ausübung meist kleingewerblicher Betätigung (z. B. Änderungsschneiderei, Kosmetikstudio, kleinere

---

[40] Vgl. BGH MDR 1992, 1148.
[41] Vgl. BGH MDR 1992, 1148.
[42] Vgl. OLG Hamburg MDR 1997, 816.
[43] Vgl. OLG Frankfurt DWE 1998, 44.
[44] Vgl. NJW 1987, 385.
[45] Vgl. ZMR 1999, 24.
[46] Vgl. OLGR 2002, 263.
[47] Vgl. OLGR 2002, 263.
[48] Vgl. OLG Köln OLGR 2002, 161.
[49] Vgl. dazu Rdnr. 38 ff.
[50] Vgl. dazu näher § 69 Rdnr. 145 ff.

therapeutische Behandlungen unterschiedlicher Art). Dazu gehören aber auch diejenigen Verträge, mit denen einem Freiberufler gestattet wird, sich in angemieteten Wohnräumen auch gewerblich zu betätigen (sog. Wohnzimmeranwalt/-architekt). Während sich die Überlassung von Gaststättenräumen nebst Wirtewohnung durch die räumliche und funktionale Unterscheidbarkeit von Wohn- und Gaststättenräumen auszeichnet, fehlt es bei den letztgenannten Beispielen oft an einer entsprechenden Abgrenzungsmöglichkeit.

22 *aa) Einheitliches Vertragsverhältnis.* Ein Mischmietverhältnis ist begrifflich nur dann gegeben, wenn verschiedene Nutzungsarten in einem einheitlichen – nicht notwendig in einer Urkunde niedergelegten – Vertragsverhältnis verabredet werden.[51] Ein Mischvertrag steht deshalb in Frage, wenn sukzessive Abreden zur Begründung rechtlich selbstständiger Verträge über abgrenzbare Gegenstände der Gebrauchsüberlassung zu Wohn- und Gewerbezwecken getroffen wurden (z. B. durch gesonderte, zeitlich gestaffelte Anmietung separater Wohn- und Geschäftsräume im selben Haus). Die Einheitlichkeit des Vertragsverhältnisses erfordert generell die Festlegung, welchen rechtlichen Vorgaben es zu folgen hat, d. h. ob Geschäftsraum- oder Wohnraummietrecht gilt.[52]

23 *bb) Übergewichtstheorie.* Nach der herrschenden Übergewichtstheorie kommt es für die Frage, ob ein Vertrag als Wohnraummietverhältnis oder als gewerbliches Vertragsverhältnis einzuordnen ist, maßgeblich darauf an, welcher Gebrauchs- und Vertragszweck überwiegt.[53] Eine getrennte rechtliche Behandlung der unterschiedlichen Funktions- und Nutzungsbereiche (Wohnen einerseits und Gewerbeausübung andererseits) kommt grundsätzlich nicht in Betracht. Nur dann, wenn lediglich formal ein einheitlicher Vertrag vorliegt, bei dem die Zusammenfassung nur aus technischen Gründen oder ohne besondere Absicht (zufällig) erfolgte, und wenn das Mietobjekt wirtschaftlich teilbar ist, können die jeweils einschlägigen Rechtsvorschriften gesonderte Geltung für die betreffenden Vertragsteile finden.[54] Teilweise wird darauf abgestellt, ob die verschiedenen Teile des Mietobjekts wirtschaftlich trennbar sind und dadurch die Möglichkeit einer Teilkündigung besteht.[55] Dann soll eine getrennte Beurteilung des Mischraummietverhältnisses stattfinden, die ggf. auch eine Teilkündigung zulässt. Die Trennbarkeit vermieteter Sachen ist aber ein fragwürdiges Abgrenzungskriterium, weil die Parteien beim Mischvertrag einen einheitlichen Vertrag geschlossen haben, dessen Zusammenhang nicht dadurch beseitigt werden kann, dass einzelne funktionale und räumliche Aspekte nachträglich zum Gegenstand selbstständiger rechtlicher Regelungszusammenhänge gemacht werden.[56] Die Rechtsprechung geht denn auch davon aus, dass eine Trennbarkeit jedenfalls dann nicht vorliegt, wenn die unterschiedlichen Mieträume (z. B. Wohnung und Garage) sich auf demselben Grundstück befinden.[57] Da aber auch die Grundstücksidentität eher Zufälligkeiten unterliegt, wird diesseits befürwortet, einzelne Bestandteile eines einheitlichen Vertrags nicht von den übrigen Vereinbarungen loszulösen und rechtlich unterschiedlich zu behandeln. Mit Ausnahme der praktisch seltenen Fälle, in denen unterschiedliche Gebrauchsüberlassungen nur zufällig in einen einheitlichen Vertrag gekleidet sind, wird es im Regelfall weder möglich noch sachdienlich sein, das Vertragswerk aufzuspalten. Aus der Einheitlichkeit des Vertrags folgt dann weiter, dass **Teilkündigungen** in Bezug auf bestimmte Nutzungsbereiche nicht zulässig sind.[58]

24 Die Vertreter der Übergewichtstheorie gehen daher überwiegend davon aus, dass bei Mischraummietverhältnissen die rechtliche Einheit des Vertrages zu wahren ist und nur dann gewahrt bleiben kann, wenn auf den gesamten Vertrag entweder die Vorschriften über

---

[51] Vgl. RE BayObLG WuM 1991, 78; LG Mannheim WuM 1980, 134; Bub/Treier/*Reinstorf* I. Rdnr. 101.
[52] Vgl. *Münch*, juris PK-BGB, § 535 Rdnr. 49.
[53] Vgl. BGH NJW 2008, 3361; BGH MDR 1986, 842; BGH NJW 1977, 1394; MDR 1979, 395; OLG Hamburg GuT 2006, 147; OLG Hamm ZMR 1986, 11; OLG München ZMR 1995, 295; OLG Schleswig NJW 1983, 49 f. m. w. N.
[54] Vgl. OLG Düsseldorf ZMR 2006, 685; LG Mannheim MDR 1968, 328; ZMR 1974, 48.
[55] Vgl. LG Duisburg NJW-RR 1986, 1211; Palandt/*Weidenkaff* Einf. 102 vor § 535; Soergel/*Kummer* Rdnr. 300 f. vor § 535.
[56] So auch OLG Schleswig NJW 1983, 49; Bub/Treier/*Reinstorf* I. Rdnr. 108.
[57] Vgl. BayObLG NJW-RR 1991, 651 m. w. N.
[58] Vgl. OLG Karlsruhe NJW 1983, 1499; Bub/Treier/*Reinstorf* I. Rdnr. 108 m. w. N.

die Wohnraummiete oder die für Geschäftsräume geltenden Bestimmungen angewendet werden. Dabei ist das Schwergewicht des Vertrages entscheidend, d. h. es ist der nach den wechselseitigen Interessen **hauptsächliche Vertragszweck** maßgeblich.[59] Nach heute überwiegender Auffassung ist zumindest bei einer Kollision der jeweils einschlägigen Vorschriften (zur Wohnraummiete einerseits und zur Gewerberaummiete andererseits) das Recht desjenigen Vertragstypus heranzuziehen, der den rechtlichen oder wirtschaftlichen Schwerpunkt bildet.[60] Die Einheitlichkeit des Vertragsverhältnisses führt zu der Konsequenz, dass die Vertragsparteien grundsätzlich gehindert sind, sich für einzelne Vertragsaspekte die ihnen jeweils günstigsten Vorschriften und Rechtsgrundsätze heraus zu suchen.

Bei einem Mischvertrag, der sich nach der Übergewichtstheorie als gewerblicher Vertrag darstellt, sind die für die Wohnraummiete geltenden Miethöhebestimmungen nach §§ 557 ff. BGB nicht maßgeblich, und zwar auch nicht teilweise, soweit es etwa die Mieter- bzw. Pächterwohnung bzw. die hierauf entfallende Nutzfläche anbetrifft.[61] Die Vertragsparteien unterliegen weder in Bezug auf die anfängliche Miet-/Pachthöhe noch in bezug auf die Vereinbarungen zur Erhöhung oder Anpassung des Entgelts während der Vertragszeit den einschlägigen Vorschriften zur Wohnraummiete. Von daher besteht grundsätzlich keine Notwendigkeit für vertragliche Regelungen, die zwischen den unterschiedlichen Nutzungsflächen differenzieren. Auch die Kriterien, nach denen sich die eventuelle Sittenwidrigkeit der Miet-/Pachthöhe bestimmt, sind nach den für gewerbliche Objekte geltenden Grundsätzen zu bestimmen.[62] Für den Wohnbereich wird in diesem Rahmen allenfalls eine (Teil-)Wertveranschlagung nach der ortsüblichen Miete in Betracht kommen, wenn für die Wertveranschlagung (durch einen Sachverständigen) vergleichbare Gesamtobjekte (z. B. Gaststätten mit Wirtewohnung) nicht oder in nicht aussagekräftiger Anzahl vorhanden sind.

Die Geltung eines einheitlich zu bestimmenden Rechts hindert allerdings nicht schlechthin die **entsprechende Anwendung von Gesetzen** und sonstigen Regeln, die sich aus dem im Einzelfall nicht unmittelbar einschlägigen Rechtsbereich ergeben. So erscheint es auch im Rahmen eines nach Geschäftsraummietrecht zu behandelnden Vertrags als angängig, bestimmte Nutzungsaspekte, welche z. B. den Gebrauch zu Wohnzwecken – etwa im Zusammenhang mit Fragen vertragswidrigen Gebrauchs oder der Aufnahme von Familienangehörigen – betreffen, unter entsprechender Berücksichtigung derjenigen Kriterien zu beurteilen, welche im Wohnraummietrecht gelten.

cc) Bestimmung des für die rechtliche Einordnung maßgeblichen Nutzungszwecks. Welche Gesichtspunkte für die Feststellung der überwiegenden und den Vertrag prägenden Nutzungsart maßgeblich sind, wird im Schrifttum und in der Rechtsprechung unterschiedlich behandelt. Zum Teil wird ausschließlich auf objektive Kriterien abgestellt, d. h. auf die Mietzins- und Flächenanteile, die auf Wohnraum und Geschäftsraum entfallen.[63] Überwiegend wird der sich aus dem Vertragszweck ergebende Parteiwillen als ausschlaggebend angesehen. Miet- und Flächenanteile sind danach nur Gesichtspunkte, die für die Ermittlung des Parteiwillens von Bedeutung sein können.[64] Maßgebend für den zu ermittelnden Parteiwillen ist der wahre Vertragszweck. Ein diesem Willen entgegenstehender, im Vertrag vorgetäuschter Zweck, ist unbeachtlich.[65]

Die **Gestaltungswirkung des wahren Parteiwillens** bewirkt auch, dass die Vertragsparteien in der Wahl des zugrunde zu legenden Rechts nicht frei sind. Als unbedenklich wird teilwei-

---

[59] Vgl. SchlHOLG NJW 1983, 49 m. w. N.
[60] Vgl. BGH NJW 2008, 3361; BGHZ 2, 333; BGH NJW 1979, 1288; SchlHOLG NJW 1983, 49 m. w. N.
[61] Vgl. BGH MDR 1986, 842; BGH NJW 1977, 1394; MDR 1979, 395; OLG Hamm ZMR 1986, 11; OLG München ZMR 1995, 295; OLG Schleswig NJW 1983, 49 f. m. w. N.
[62] Vgl. zu Gaststättenpacht § 69 Rdnr. 139 f
[63] Vgl. *Weimar* NJW 1965, 622; *ders.* Betrieb 1972, 80 und MDR 1972, 242; *Haase* JR 1979, 242; das Brandenb. OLG hält die jeweiligen Mietflächenanteile für „berücksichtigungsfähig", vgl. Urt. v. 19. 10. 2005 – 3 U 158/04 – juris.
[64] Vgl. BGH WM 1986, 274 = ZMR 1986, 278; BGH NJW-RR 1986, 877; OLG Stuttgart ZMR 1986, 52; LG Mannheim ZMR 1914, 48; RGRK/*Gelhaar* Rdnr. 22 vor § 535; MünchKommBGB/*Schilling* vor § 535 Rdnr. 5 ff.; *Schmidt-Futterer* NJW 1966, 583.
[65] Vgl. BGH NJW 2008, 3361; BGH MDR 1986, 842; *Mack-Oberth* juris PR-MietR 22/2008 Anm. 6.

se die Vereinbarung von Wohnraummietrecht angesehen, weil es – soweit auch eine Wohnraumnutzung erfolgt – den am weitesten reichenden Rechtsschutz für den Mieter/Pächter garantiere.[66] Diese Meinung dürfte jedoch außer Betracht lassen, dass die wohnraummietrechtlichen Bestimmungen auf ein zugleich gewerblich genutztes Objekt überhaupt nicht passen. Dies zeigt sich etwa an der Erhebung und Bestimmung der ortsüblichen Vergleichsmiete i. S. v. § 558 BGB, der gewerbliche Kriterien grundsätzlich fremd sind. Die bestehenden gesetzlichen Schranken, zum Nachteil von Wohnraummietern abweichende Vereinbarungen zu treffen (vgl. §§ 551 Abs. 4, 553 Abs. 3, 554 Abs. 5, 554a Abs. 3 BGB usw.), stehen grundsätzlich nicht dergestalt zur Disposition, dass ein in Wahrheit gewolltes Wohnraummietverhältnis formal als gewerblicher Mietvertrag ausgewiesen werden könnte.

29 Wenn die Aspekte der Wohnraumnutzung und der gewerblichen Nutzung in etwa gleichwertig sind, wird überwiegend von anzuwendendem Wohnraummietrecht ausgegangen.[67] Demgegenüber wird z. T. befürwortet, dass den Vertragsparteien zumindest in solchen Zweifelsfällen die Rechtswahl offen stehe.[68] Der BGH[69] hat offen gelassen, ob im Zweifelsfall, bei dem verschiedene Gebrauchsarten gleichwertig vertreten sind, ein Wahlrecht der Vertragsparteien gegeben ist oder vom Vorrang des Wohnraummietrechts auszugehen ist. Eine praxistaugliche Abgrenzung wird nach diesseitiger Auffassung am ehesten dadurch gewährleistet, dass den beruflichen bzw. gewerblichen Aspekten der Gebrauchsüberlassung besonderes Gewicht beigemessen wird. Wenn der Mieter durch die gewerbliche Nutzung seinen Lebensunterhalt bestreitet, wird dieser Aspekt im Zweifel das gesamte Vertragsverhältnis prägen, denn ohne die gewerbliche Betätigung fehlt im Zweifel die wirtschaftliche Grundlage für die Wohnraumanmietung.[70] Bei der Anmietung/-pachtung von Gaststätten nebst dazu gehörender Wirtewohnung wird daher typischerweise von einem Gewerberaummietvertrag auszugehen sein. Auch bei der Vermietung von mit einem Laden verbundenen Räumlichkeiten liegt der Schwerpunkt des Mietverhältnisses im gewerblichen Bereich, wenn die Räume etwa zum Betrieb einer Änderungsschneiderei vermietet und auch genutzt werden und das Gewerbe dem Lebensunterhalt dienen soll. Dies gilt selbst dann, wenn der größere Teil der Mietfläche zu Wohnzwecken genutzt wird.[71]

30 Zur **Ermittlung des Parteiwillens und des überwiegenden Nutzungszwecks** können weitere vertraglich relevante Umstände herangezogen werden. Die von den Vertragsparteien gewählte Vertragsbezeichnung (z. B. „Pachtvertrag über eine Gaststätte") kann ebenso wie die Bezeichnung der vermieteten Räumlichkeiten (z. B. „Pächterwohnung, Kanzleiräume usw.") ein gewichtiges Indiz für die gewerbliche Vertragsausrichtung sein.[72] Objektive Kriterien sind nicht schlechthin zu vernachlässigen, etwa wenn die Fläche der nur zu Wohnzwecken dienenden Räume weit überwiegt oder der Mieter sich nur untergeordnet (nebenberuflich) gewerblich betätigt.[73]

Praxistipp:

31 Nach der herrschenden Übergewichtstheorie kommt es für die Frage, ob ein Vertrag als Wohnraummietverhältnis oder als gewerbliches Mietverhältnis einzuordnen ist, maßgeblich darauf an, welcher Gebrauchs- und Vertragszweck nach dem wahren Willen der Vertragsparteien überwiegt.

Zur näheren Einordnung eines Mischmietvertrags kann folgender **Fragenkatalog** abgearbeitet werden:

- Wie ist der Vertrag bezeichnet?

---

[66] Vgl. BVerfG WuM 1985, 335.
[67] Zum Meinungsstand vgl. auch § 6 Rdnr. 29.
[68] Vgl. Bub/Treier/*Reinstorf* I. Rdnr. 107 m. w. N.
[69] Vgl. ZMR 1986, 278.
[70] Vgl. BGH MDR 1986, 842; Bub/Treier/*Reinstorf* I. Rdnr. 106.
[71] Vgl. OLG Stuttgart Urt. v. 31. 3. 20085 – U 199/07 – BeckRS 2008 10981; vgl. aber OLG Brandenburg Urt. v. 19. 10. 2005 – 3 U 158/04 – juris, das Mietflächenanteile berücksichtigen will.
[72] Vgl. OLG Düsseldorf ZMR 2006, 685; *Voelskow* NJW 1983, 911.
[73] Vgl. OLG Köln DRsp-ROM Nr. 1998/3949; OLG Schleswig MDR 1982, 1020; *Voelskow* NJW 1983, 911.

- Wie sind die Räumlichkeiten bezeichnet?
- Überwiegt die Fläche der Gewerberäume bzw. der Wohnräume deutlich?
- Wo liegt der wirtschaftliche Schwerpunkt der Gebrauchsüberlassung?
- Bildet die gewerbliche Betätigung in den Mieträumen die wesentliche Grundlage für das Bestreiten des Lebensunterhalts einschließlich des auf die Wohnräume entfallenden Mietanteils?
- Bilden sämtliche Räumlichkeiten einen einheitlichen Betrieb (vgl. § 585 Abs. 1 BGB)?

dd) Vertragswidriger Gebrauch. Wenn der Mieter eine dem Recht zur Gewerberaummiete unterliegende Wohnung ohne Erlaubnis des Vermieters anderen Personen zu Wohnzwecken überlässt, beinhaltet dies grundsätzlich einen vertragswidrigen Gebrauch im Sinne von § 543 Abs. 2 Nr. 2 BGB, denn eigenmächtige Änderungen des vertraglich festgelegten (gewerblichen) Verwendungszwecks braucht der Verpächter nicht hinzunehmen.[74] Der bloße **Mitgebrauch der Miet- oder Pachtsache durch Dritte** beinhaltet dann keine Vertragswidrigkeit, wenn er sich im Rahmen des Vertragszwecks bewegt. Innerhalb vertraglicher Zweckbestimmung liegt eine gewerbliche Nutzung, wenn die Miet oder Pachträume von Geschäftspartnern und Personal bzw. von Kunden und Lieferanten mitbenutzt werden.[75] Auch die Aufnahme von Ehegatten, Lebenspartnern und gemeinsamen Kindern ist dem Mieter oder Pächter nach allgemeinen Grundsätzen (zur Wohnraummiete) grundsätzlich möglich, denn dies gehört – außer im Falle der Überbelegung – grundsätzlich zum vertragsgemäßen Gebrauch.[76]

Wenn der Vermieter einen vertragswidrigen Gebrauch dauerhaft duldet, kann dies zu einer konkludenten Vertragsänderung führen.[77] Wenn der Mieter/Pächter die Wohnräume eines gewerblichen Objekts vertragsfremden Personen überlässt bzw. an solche weiter vermietet oder wenn der Mieter die gewerbliche Nutzung ganz aufgibt, steht der Fortbestand des einheitlich gewerblichen Mietverhältnisses in Frage mit der Folge, dass der Vermieter sich im Ergebnis mit einem Mietvertrag konfrontiert sehen kann, der von dem die gewerblichen Aspekt gänzlich losgelöst ist und nunmehr den Bestimmungen zur Wohnraummiete unterliegt.

ee) Besonderheiten bei der Umsatzsteuer. Die Vermietung und Verpachtung von Grundstücken ist gemäß § 4 Nr. 12 a UStG (mit den Ausnahmen aus § 4 Nr. 12 Satz 2 UStG) grundsätzlich umsatzsteuerfrei. Die Umsatzsteuer ist, wenn sich aus den vertraglichen Abreden nichts anderes ergibt, bei sämtlichen Vertragstypen grundsätzlich im vertraglich ausgewiesenen (Miet-)Preis enthalten.[78] Auf die Befreiung von der Umsatzsteuerpflicht (§ 4 Nr. 12 a UStG) kann der Vermieter unter bestimmten Voraussetzungen verzichten und gemäß § 9 Abs. 1 UStG zur Umsatzsteuer optieren.[79] Im Rahmen der Übergangsregelungen aus § 27 UStG ist die Möglichkeit zur Umsatzsteueroption stark eingeschränkt. Bei neu errichteten Objekten (Beginn der Errichtung nach dem 10. 11. 1993, vgl. § 27 Abs. 2 UStG) darf der Mieter bzw. sein Untermieter gemäß § 9 Abs. 2 UStG auf dem Grundstück ausschließlich umsatzsteuerpflichtige Umsätze tätigen.[80] Tut er dies nicht, hat der Vermieter eine ihm nachteilige Berichtigung des Vorsteuerabzugs nach § 15 a UStG zu befürchten. Die Finanzbehörden dulden umsatzsteuerfreie Umsätze nur bis zu einer Bagatellgrenze von 5 %.[81]

Wenn der Vermieter eines gemischt genutzten Objekts auf die Befreiung von der Umsatzsteuer verzichtet, so bezieht sich die Option von vornherein nur auf die unternehmerisch genutzten Gebäudeteile.[82] Daher ist im Fall der gemischten Nutzung eines Gebäudes eine Aufteilung der Leistung vorzunehmen. Die Vermietungsleistung bezieht sich nur insoweit auf das

---

[74] Vgl. Palandt/*Weidenkaff* § 540 Rdnr. 4 ff. und zu § 541 Rdnr. 6.
[75] Vgl. Bub/Treier/*Kraemer* III. A. Rdnr. 1010 m. w. N.
[76] Vgl. RE BayObLG WuM 1983, 309; Bub/Treier/*Kraemer* III. A. Rdnr. 1013 m. w. N.
[77] Vgl. Bub/Treier/*Heile* II. Rdnr. 805.
[78] Vgl. BGHZ 103, 287; 77, 82; 58, 295.
[79] Vgl. *Schmidt* NZM 1999, 292; *Herrlein* ZMR 1996, 306; *ders.* NZM 2005, 648.
[80] Vgl. *Herrlein* NZM 2005, 648.
[81] Vgl. Bub/Treier/*Jatzek* III. A. Rdnr. 184 und 179 f. m. w. N.; *Gerber/Eckert* Rdnr. 61; *Schmidt* NZM 1999, 292; *Herrlein* NZM 2005, 648.
[82] Vgl. BFH BFH/NV 1996 S. 648; BFH BStBl. 1996 II S. 459; BFHE 149, 78; BFHE 154, 252; *Herrlein* NZM 2005, 648.

Unternehmen des Mieters/Pächters, als dieser die empfangene Leistung für sein Unternehmen nutzt. Diese Beurteilung leitet sich aus dem Merkmal des § 9 UStG „für dessen Unternehmen" ab. In gleicher Weise zu differenzieren ist daher auch in Bezug auf die vom Verpächter im Wege des Vorsteuerabzugs geltend gemachten USt.-Anteile aus denjenigen Kosten, die für die Errichtung bzw. Instandhaltung und Instandsetzung des Objekts anfallen.

36 Die Differenzierung zwischen den unternehmerischen und wohnungsbezogenen Anteilen kann Schwierigkeiten bereiten. Nach der Rechtsprechung des BFH[83] ist dann, wenn ein Gebäude teilweise zur Ausführung steuerpflichtiger Vermietungsumsätze (Gewerbeflächen/Büro) und teilweise zur Ausführung steuerfreier Vermietungsumsätze (Wohnungen) verwendet wird, gemäß § 15 Abs. 4 UStG 1993 der Teil der Vorsteuerbeträge nicht abziehbar, der den zum Ausschluss vom Vorsteuerabzug führenden Wohnungsvermietungsumsätzen wirtschaftlich zuzurechnen ist. Die Vorsteueraufteilungsvorschrift des § 15 Abs. 4 UStG ist auch bei unterschiedlicher Verwendung einzelner Gebäudeteile anwendbar. Nach § 15 Abs. 4 S. 1 UStG 1993 ist, wenn der Unternehmer einen für sein Unternehmen gelieferten Gegenstand nur zum Teil zur Ausführung von Umsätzen verwendet, die den Vorsteuerabzug ausschließen, derjenige Teil der jeweiligen Vorsteuerbeträge nicht abziehbar, der den zum Ausschluss vom Vorsteuerabzug führenden Umsätzen wirtschaftlich zuzurechnen ist. Der Unternehmer kann die nicht abziehbaren Teilbeträge im Wege einer sachgerechten Schätzung ermitteln. Es ist Sache des Unternehmers, welche Schätzmethode er wählt.[84]

37 **b) Andere Mischverträge mit mietrechtlichem Einschlag.** Mischverträge außerhalb des vorstehend behandelten Mischmietvertrags enthalten eine Kombination von mietvertraglichen Komponenten und anderen schuldrechtlichen Vertragstypen. Daneben wird auch dann von gemischten bzw. verbundenen Verträgen gesprochen, wenn unterschiedliche schuldrechtliche Vertragstypen mitunter zu ganz speziellen Vertragskonstellationen verschmelzen.[85]

38 *aa) Rechtliche Einordnung (am Beispiel eines Vertrags über die Nutzung eines Sportstudios).* Gemischte Verträge, die auch als Typenverschmelzungsverträge bezeichnet werden, beurteilen sich grundsätzlich nach dem Recht, das dem Vertrag zu erbringenden wesentlichen Leistung entspricht.[86] Mietvertragliche Regelungen sind danach maßgeblich, wenn die Leistungen, die dem Vertrag das eigentliche Gepräge geben, in einer entgeltlichen Gebrauchsüberlassung bestehen.

39 Ob ein **Vertrag über die Nutzung eines Fitnessstudios** maßgeblich nach solchen Gebrauchsaspekten charakterisiert werden muss, ist umstritten. Das OLG Hamm[87] hat die Anwendbarkeit des Mietrechts bezweifelt und in dem von ihm entschiedenen Fall dienstrechtliche Bestimmungen für vorrangig gehalten, wenn der Nutzer hinsichtlich der richtigen Benutzung der Geräte beraten wird und das Training überwacht werden muss. Solche Dienstleistungen seien für den Vertrag bestimmend. Sie träten gegenüber der Gewährung des Gebrauchs der Sportgeräte nicht als unbedeutend zurück; weil deren falsche Handhabung gefahrenträchtig sei. Die Einschlägigkeit mietrechtlicher Grundsätze hat dagegen das LG Stuttgart[88] in Anlehnung an zwei Oberlandesgerichtsentscheidungen bejaht.[89] Der BGH hat zu dieser Frage bislang nicht abschließend Stellung bezogen. Er hat allerdings in einer Entscheidung, bei der es auf die Feinabgrenzung zwischen Dienstvertrags- und Mietrecht überhaupt nicht mehr ankam,[90] nachdrücklich darauf hingewiesen, dass die Anwendung mietvertraglicher Bestimmungen Gegenstand kritisch gesehen wird. Danach habe ein sol-

---

[83] Vgl. BStBl. 1998 II S. 525 = DStR 2000 S. 1033.
[84] Vgl. BFH BStBl. 1998 II S. 525 = DStR 2000 S. 1033.
[85] Vgl. Palandt/*Weidenkaff* vor § 535 Rdnr. 29 ff.; zur rechtlichen Einordnung der Überlassung von Messeflächen *Neuhaus* BuT 2009, 83.
[86] Vgl. nur Palandt/*Weidenkaff* vor § 535 Rdnr. 36 m. w. N.
[87] Vgl. NJW-RR 1992, 242.
[88] Vgl. LG Stuttgart Urt. v. 13. 2. 2007 – 5 S 199/06 – juris, nebst Anm. *Borzutzki-Pasing* juris PR-MietR 10/2007 Anm. 1.
[89] Vgl. OLG Brandenburg NJW-RR 2004, 273; OLG Karlsruhe NJW-RR 1989, 243.
[90] Vgl. BGH NJW 1997, 193 m. w. N.

cher Vertrag gewichtige dienstvertragliche Elemente, weil die Benutzung der Geräte einer Einweisung bedürfe und mit erheblichen gesundheitlichen Risiken für die Kunden verbunden sei. Deshalb habe die Einweisung der Nutzer in die Handhabung und Bedienung der Geräte und die Beaufsichtigung des Trainings durch Fachkräfte des Fitnessstudios erhebliche Bedeutung. Dem Kunden müsse deshalb ein Recht zur fristlosen Kündigung aus wichtigem Grund nach § 626 BGB zustehen.

Auch diesseits wird vertreten, dass ein Vertrag über die Nutzung eines Sportstudios typischerweise dienstvertraglich geprägt ist, wenn er nicht außergewöhnliche Besonderheiten etwa der vom OLG Karlsruhe[91] behandelten Art aufweist. Nach der Verkehrsanschauung dürfte der Benutzer eines Sportstudios regelmäßig eine fachliche Einweisung und Überwachung als wesentliche Leistung erwarten. Solche Einrichtungen sind sehr vielfältig und nach ihren Gebrauchsanforderungen so anspruchsvoll gestaltet, dass ein nicht angeleiteter Nutzer in der Tat Gefahr läuft, sich erhebliche gesundheitliche Schäden zuzufügen. Außerdem gibt es mannigfache Berührungspunkte zu medizinisch-therapeutischen Trainingsmethoden (etwa im Bereich der Rückenschulung), die spezielle Unterweisungen und Kontrollen geradezu zwingend voraussetzen. Wenn es aber maßgeblich darauf ankommt, dass der Nutzer geschult und angeleitet wird, wirkt sich dies auf das persönliche Verhältnis des Nutzers zu den Mitarbeitern des Sportstudios als wesentlich prägend für das gesamte Vertragsverhältnis aus. Der Nutzer wird im Zweifel erheblichen Wert darauf legen, kontinuierlich von solchem Personal betreut zu werden, das ihn und seine Bedürfnisse kennt. Die Anwendung von Mietrecht und insbesondere von § 566 BGB bei einem Inhaberwechsel führt dazu, dass der Nutzer sich gegebenenfalls auf rasch wechselndes Personal einlassen muss, ohne die Chance einer dienstvertragsrechtlichen Aufkündigung nach § 626 BGB zu haben.

Praxistipp:

Die rechtliche Einordnung eines Mischvertrags bestimmt sich nach dem Recht, das der nach dem Vertrag zu erbringenden wesentlichen Leistung entspricht. Es ist darauf abzustellen, welche Leistung dem Vertrag nach dem wahren Parteiwillen das ihm eigentümliche Gepräge verleiht. Die Bestimmungen zum Mietrecht und zur Pacht finden nur dann auf den gesamten Vertrag Anwendung, wenn der Schwerpunkt des vertraglichen Austauschverhältnisses auf der Gebrauchsüberlassung liegt.

bb) Mietkauf. Der Mietkauf besteht aus einem Mietvertrag, der mit der Option für den Mieters verbunden ist, die Mietsache käuflich zu erwerben. Der Erwerb kann zu einem vorher festgelegten Kaufpreis und/oder unter Anrechnung der geleisteten Miete oder eines Teils davon erfolgen. Die miet- und kaufvertraglichen Bestandteile unterfallen jeweils dem entsprechenden Rechtsvorschriften, also dem Miet- bzw. Kaufrecht. Die bis zur Ausübung des Kaufrechts gezahlte Miete wird je nach vertraglicher Vereinbarung ganz oder teilweise auf den Kaufpreis angerechnet.[92]

Wenn dem Mieter von Beginn an ein Erwerbsrecht eingeräumt worden ist, kann es sich um einen Darlehensvertrag nach §§ 491 ff. BGB handeln, der bei einem Verbrauchergeschäft den Schutzvorschriften der §§ 492 bis 498 BGB unterliegt.[93] Der persönliche Anwendungsbereich für die nach neuem Recht geltenden Verbraucherschutzbestimmungen erschließt sich über den **Begriff des Verbrauchers i. S. v. § 13 BGB.** Verbraucher sind aber nur die Personen, die ein Rechtsgeschäft zu einem Zwecke abschließen, der weder ihrer gewerblichen noch ihrer selbständigen beruflichen Tätigkeit zuzurechnen ist. Erfordern die Geschäfte einen planmäßigen Geschäftsbetrieb, wie etwa die Unterhaltung eines Büros, eines (Laden-)Lokals oder sonst einer betrieblichen Organisation, liegt gewerbliche Betätigung vor.[94] Im gewerblichen Bereich hat der Mietkauf gegenüber dem Leasingvertrag nur wenig praktische Bedeutung.

---

[91] Vgl. NJW-RR 1989, 243.
[92] Vgl. BGH WM 1985, 634; WM 1990, 1307; Erman/*Jendrek* Vor § 535 Rdnr. 32; Palandt/*Weidenkaff* Einf. § 535 Rdnr. 30; zur Abgrenzung von Finanzierungsleasing *Findeisen/Sobel* DB 2009, 801.
[93] Vgl. BGH NJW 2000, 3133; NZM 2002, 40.
[94] Vgl. BGH NJW 2002, 368; 1967, 2353; BGHZ 104, 205; 119, 252.

44 *cc) Leasingvertrag.* Auch der praktisch häufigere **Leasingvertrag** umschreibt einen Mischvertrag. Der Leasingvertrag wird zumeist als atypischer Mietvertrag bezeichnet,[95] der beim sog. Finanzierungsleasing mit einer Dominanz von Aspekten der Geschäftsbesorgung (§§ 662 ff. BGB) und des Darlehens (§§ 488 ff. BGB) ausgestattet ist,[96] aber auch einen starken kaufrechtlichen Einschlag aufweisen kann. Mit dem Leasingvertrag überlässt der Leasinggeber dem Leasingnehmer eine Sache oder Sachgesamtheit gegen ein in Raten zu zahlendes Entgelt zum Gebrauch, wobei die Gefahr oder Haftung für Instandhaltung, Sachmängel, Untergang oder Beschädigung der Sache i.d.R. den Leasingnehmer trifft.[97] Soweit der Leasinggeber Inhaber von (Gewährleistungs-) Ansprüchen gegen Dritte ist, überträgt er diese dann auf den Leasingnehmer. Beim Finanzierungsleasing als dem Hauptvertragstyp des Leasing verlagert der Leasinggeber seine Investitionsrisiken mittels der Leasingraten auf den Leasingnehmer. Der Leasinggeber übernimmt demgegenüber das Kreditrisiko und ggf. zusätzliche Dienstleistungen im Rahmen der Vertragsabwicklung (z.B. durch Wartungs- und Serviceleistungen). Der Leasingvertrag sollte wegen seiner vielfältigen Ausgestaltung und wegen der Einbeziehung ganz unterschiedlicher rechtlicher Komponenten (mit Kauf- und Verlängerungsoptionen) eher als Vertrag eigener Art behandelt werden.[98]

45 *dd) Franchising.* Einen Vertragstyp, der zumeist nur untergeordneten mietrechtlichen, aber durchaus pachtrechtlichen Einschlag haben kann, stellt der Franchisevertrag dar.[99] Der Begriff Franchising oder Konzessionsverkauf bezeichnet eine Geschäftsmethode, die häufig bei Vertriebssystemen im Einzelhandel Anwendung findet. Dabei stellt der Franchisegeber einem Franchisenehmer die regionale oder örtliche Nutzung eines bestimmten Geschäftskonzeptes – ggf. inklusive Konzessionen und Lizenzen – gegen Entgelt zur Verfügung. Der lizenzrechtliche Bezug begründet durch die Nutzung eines Rechts die Nähe zum Pachtrecht.[100] Mietvertragliche Komponenten (Überlassung von Mietsachen) gehören nicht zwingend zum Franchise-Konzept, obwohl etwa die Vermietung eines Geschäftslokals, in dem der konzessionierte Handel stattfinden soll, durchaus Bestandteil eines Franchisevertrags sein kann. Auch das Franchising hat zwischenzeitlich eine so vielfältige und eigenständige Ausgestaltung erfahren, dass von einem Vertragstyp sui generis auszugehen ist.

46 *ee) Anmietung beweglicher Sachen.* Bei der Anmietung beweglicher Sachen (z.B. von Maschinen und Fahrzeugen) können sich je nach Vertragszweck ganz unterschiedliche Rechtskombinationen ergeben. Die Entscheidung der Frage, ob z.B. die entgeltliche Überlassung eines Krans bei gleichzeitiger Gestellung von Bedienungspersonal als Mietvertrag verbunden mit einem Dienst- oder Werkvertrag oder in vollem Umfang als Mietvertrag, Dienstvertrag oder Werkvertrag anzusehen ist, hängt von der Ausgestaltung der Vertragsbeziehungen und vor allem davon ab, welche der Leistungen dem Vertrag das Gepräge geben.[101] Wird nicht lediglich das Arbeitsgerät nebst Bedienungspersonal mit der Möglichkeit überlassen, dieses für sich zu nutzen, sondern ein bestimmtes Werk oder ein bestimmter Arbeitserfolg geschuldet, so liegt ein **Werkvertrag** vor, insbesondere wenn der Vermieter auch das Bedienungspersonal für die angemietete Sache stellt. **Dienstvertragliche Aspekte** können dagegen in den Vordergrund treten, wenn ein angemieteter Kran vom dazu gehörigen Personal für eine bestimmte Zeit nach näherer Weisung des Mieters (oder seines Architekten) eingesetzt werden soll. Die Annahme eines mit einem Mietvertrag verbundenen Dienstverschaffungsvertrages erfordert die Feststellung, dass die Durchführung der Arbeiten ausschließlich dem Mieter obliegt und das vom Vermieter gestellte Bedienungspersonal den Weisungen des Mieters unterworfen ist.[102]

---

[95] Vgl. BGH NJW 1990, 1113.
[96] Vgl. *Knebel* WM 1993, 1026 zur Abgrenzung vom Mietkauf *Findeisen/Sobel* DB 2009, 801.
[97] Vgl. Palandt/*Weidenkaff* vor § 535 Rdnr. 53.
[98] Vgl. schon *Canaris* NJW 1982, 305.
[99] Vgl. im ersten Überblick *Giesler* ZIP 2003, 1025; *ders.* NJW 2007, 3099; *Emmerich* JuS 1995, 761; *Haager* NJW 2002, 1463; *Braun* NZA Sonderh 1999, 3.
[100] Zur Pacht vgl. näher § 76.
[101] Vgl. BGH WM 1996, 1785; BGH VersR 1968, 779; BGH ZIP 1985, 485; *Hilgendorf* VersR 1972, 127.
[102] Vgl. BGH WM 1996, 1785; BGH VersR 1970, 934; BGH VersR 1978, 522.

ff) Weitere Vertragstypen. Diverse Vertragstypen haben eine so spezielle Ausgestaltung erfahren, dass die Feststellung eines dominierenden Rechtsbereichs praktisch oft nicht mehr möglich ist. Typenverschmelzungsverträge mit vielfältigen Elementen aus ganz unterschiedlichen Rechtsbereichen finden sich etwa beim (Hotel-)**Beherbergungsvertrag** mit miet-, kauf-, dienst- und werkvertraglichen Eigenschaften[103] und beim **Pflegeheimvertrag**.[104] Mietrechtliche Elemente haben auch der Vertrag über einen **Telekommunikationsanschluss**[105] und der **Filmverleih**.[106]

47

c) **Abgrenzung zur Leihe.** Für die Abgrenzung zwischen Leihe und Miete kommt es maßgeblich auf die Entgeltlichkeit der Gebrauchsüberlassung an.[107] Die **Unentgeltlichkeit** ist bei der Leihe gesetzliches Tatbestandsmerkmal i. S. v. § 598 BGB. Wie beim Mietvertrag muss der Gebrauchsüberlassende (Verleiher) nicht Eigentümer sein.[108] Gegenstand von Leih- und Mietverträgen können nur „Sachen" im Sinne von § 90 BGB sein. Auch die unentgeltliche Überlassung von Räumen ist Leihe.[109] Die Verpachtung bezieht sich dagegen auf einen „Gegenstand" im Sinne von § 581 BGB. Dazu können Sachen und Rechte sowie der Inbegriff von beidem gehören, insbesondere auch gewerbliche Unternehmungen in ihrer Gesamtheit. Entleiher und Mieter dürfen mit der überlassenen Sache den vertragsgemäßen Gebrauch ausüben (§§ 535 Abs. 1 Satz 1, 603 BGB); der Pachtvertrag berechtigt auch zum Genuss der Früchte im Sinne von §§ 99, 581 Abs. 1 Satz 1 BGB. Das Merkmal der Unentgeltlichkeit bei der leihweisen Überlassung bietet eine Erklärung dafür, dass es rechtspraktisch kaum Überschneidungen mit der Gewerberaummiete gibt.

48

II. Die den (Haupt-)Mietvertrag vorbereitenden Verträge über Gewerberaum[110]

1. Vorhand/Anmietrecht

Das Anmietrecht (Vorhand) schafft für den gewerblich tätigen Mietinteressenten eine nur wenig gesicherte Rechtsposition. Es steht dem sog. **Rahmenvertrag**[111] nahe, der verbindliche vertragliche Absprachen im Rahmen einer angestrebten dauerhaften Geschäftsbeziehung erst anbahnen und vorbereiten soll.

49

Das Anmietrecht hat daher für die Gewerberaummiete/Pacht auch nur weniger praktische Bedeutung. Das Anmietrecht unterscheidet sich von der **Begründungsoption**[112] dadurch, dass hierunter lediglich die Pflicht des Vermieters zu verstehen ist, dem Berechtigten die Mietsache zu noch zu vereinbarenden Vertragsbedingungen anzubieten.[113] Der Berechtigte kann also aufgrund des Anmietrechts nicht die Vertragskonstitution erzwingen. Teilweise wird dennoch – begrifflich unscharf – von einer Abschlussoption gesprochen,[114] auch wenn keine Optionsausübung durch einseitige Willenserklärung gemeint ist, sondern eine bloße Vorhandabrede, die lediglich die Verhandlungen über den Abschluss eines Mietvertrags eröffnet.[115]

50

---

[103] Insoweit die Anwendbarkeit von Mietrecht bejahend: OLG Düsseldorf WuM 2002, 267.
[104] Zu den hierin enthaltenen Elementen des Mietvertrags, des Dienstvertrags und des Kaufvertrags vgl. BGH NJW 2002, 507; 2001, 2971; 1989, 1673; 1981, 341.
[105] Vgl. Palandt/*Weidenkaff* vor § 535 Rdnr. 31.
[106] Dieser Vertrag ist als entgeltliche Überlassung keine Leihe im Rechtssinne (zur Leihe vgl. Rdnr. 48), vgl. dazu Palandt/*Weidenkaff* vor § 535 Rdnr. 34.
[107] Vgl. Palandt/*Weidenkaff* § 598 Rdnr. 1; s. a jüngst OLG Stuttgart v. 20. 8. 2009 – 6 W 44/09 – BeckRS 2009 23539 bei Tragung nur der Betriebskosten.
[108] Vgl. *Joachim* GuT 2004, 207 m. w. N.
[109] Vgl. BGH NJW 1985, 1553; zu Leihe bei unbeweglichen Sachen vgl. auch BGH NJW 1985, 1553.
[110] Vgl. *Joachim* GuT 2004, 207 m. w. N.
[111] Vgl. Palandt/*Heinrichs* vor § 145 Rdnr. 19, 23.
[112] Vgl. dazu Rdnr. 93 ff.
[113] So zutreffend Bub/Treier/*Reinstorf* II. Rdnr. 183 ff., 211; Palandt/*Weidenkaff* vor § 535 Rdnr. 7; vgl. auch § 7 Rdnr. 4.
[114] Vgl. Blank/*Börstinghaus* § 542 Rdnr. 137.
[115] Vgl. dazu auch MünchKommBGB/*Schilling* § 535 Rdnr. 28.

51 Das Anmietrecht ist auch vom **Vorvertrag**[116] zu unterscheiden, der dem Berechtigten eine besser gesicherte Rechtsposition verschafft. Nur dann, wenn der Vermieter lediglich verpflichtet ist, dem Mietinteressenten das Mietobjekt zur Miete anzubieten, ohne bei seinem Angebot an bestimmte Mietbedingungen gebunden zu sein, ist eine Vorhand in dem hier behandelten Sinne gegeben. Ein ggf. mehrfach bedingter Vorvertrag kann dagegen vorliegen, wenn vom verbindlich erklärten Willen des Vermieters auszugehen ist, unter einer oder mehreren **aufschiebenden Bedingungen** an den Interessenten zu vermieten.[117]

52 Was unter dem Begriff des „Anbietens" zu verstehen ist, entzieht sich eher einer allgemeinen Festlegung. Die Anbietpflicht dürfte im Zweifel nicht zu mehr verpflichten, als in **Vorverhandlungen** über einen Vertragsschluss einzutreten. Allgemein wird das Anmietrecht nicht so verstanden, dass der Vermieter dem Berechtigten einen konkreten Antrag zum Abschluss eines kompletten Mietvertrags zu unterbreiten hätte (§ 145 BGB), auf den der Berechtigte mit einer Annahmeerklärung i. S. v. § 147 BGB reagieren und so den Vertragsschluss herbeiführen könnte.[118]

53 Das Stadium der bloßen Vertragsanbahnung begründet zwar bereits ein **vertragsähnliches Vertrauensverhältnis** im Rahmen von § 311 Abs. 2 Nr. 1 BGB.[119] Wenn der Vermieter die Mietsache unter Verstoß gegen das Anmietrecht einem Dritten überlässt, kann er dem Anmietberechtigten ggf. zum Schadensersatz verpflichtet sein.[120] Der Berechtigte dürfte jedoch regelmäßig in Darlegungsnot geraten, wenn es gilt, das unterlassene Anbieten als kausal für einen bestimmten Schaden darzustellen. Es kann im Zweifel nicht festgestellt werden, dass und zu welchen Konditionen es zu einem Vertragsschluss gekommen wäre und dass der Berechtigte das Mietobjekt etwa gewinnträchtig genutzt hätte. Im Rahmen von Gewerberaummiete und Pacht bietet das Anmietrecht daher kein verlässliches Instrument, um verbindlich und zu absehbaren Konditionen auf einen Vertragsschluss hinzuwirken. Insbesondere wird aufgrund eines bloßen Anmietrechts nicht vom Kontrahierungszwang des Vermieters auszugehen sein.

> **Praxistipp:**
>
> 54 Für die Entscheidung, ob ein gewerblicher Mietvertrag abschließend vereinbart oder ein ihm vorgeschalteter Vertrag abgeschlossen werden soll, kommt es wesentlich darauf an, welchen Grad an Vertrags- und Kalkulationssicherheit die jeweilige Partei anstrebt und ob bereits von der Abschlussreife in Bezug auf den Hauptvertrag auszugehen ist.
>
> Für die in diesem Kapitel behandelten Vertragstypen ist von folgender Rangfolge auszugehen.
>
> 1. Das Anmietrecht eröffnet lediglich das Stadium der Vertragsanbahnung und hat nur geringe vertragliche Bindungswirkung.
> 2. Der Mietvorvertrag verpflichtet bereits zum Abschluss eines Hauptvertrags, lässt aber Regelungspunkte offen, deren abschließende Festlegung im Streitfall der richterlichen Festsetzung unterliegt.
> 3. Mit dem Vormietrecht kann der Mieter einen Vertragsschluss herbeiführen, jedoch zu Bedingungen, die seiner Disposition weitgehend entzogen sind.
> 4. Die Begründungsoption schafft weitgehende Klarheit über den Vertragsinhalt und überlässt dem Berechtigten unter festgelegten Bedingungen die Entscheidung, ob es zu einem Vertragsschluss kommt.

---

[116] Vgl. dazu Rdnr. 55 ff.
[117] Vgl. OLG Hamburg ZMR 2001, 889; Bub/Treier/*Reinstorf* II. Rdnr. 184; Palandt/*Heinrichs* vor § 145 Rdnr. 24, 19.
[118] Vgl. schon RG HRR 33, Nr. 913; OLG Hamburg NJW-RR 1992, 20; Palandt/*Heinrichs* vor § 145 Rdnr. 24.
[119] Vgl. Palandt/*Heinrichs* vor § 145 Rdnr. 18; zu den vorvertraglichen Rechten und Pflichten und zur c.i.c. vgl. im Einzelnen § 45.
[120] Zur Haftung im Rahmen der Vertragsanbahnung vgl. auch § 45; vgl. hierzu ferner Palandt/*Grüneberg* § 311 Rdnr. 1 ff.

2. Mietvorvertrag

Beim **Vorvertrag** handelt es sich um einen Vertrag mit erhöhter Verbindlichkeit, denn durch ihn wird die rechtliche **Verpflichtung zum späteren Abschluss eines Hauptvertrages** begründet. Diese Pflicht trifft in der Regel beide Vertragsparteien, kann aber auch nur zu Lasten einer Partei vereinbart werden.[121] Diese Abschlusspflicht bringt es mit sich, dass der Vorvertrag trotz der mit ihm verbundenen Nachteile – insbesondere gegenüber einem endgültigen Mietvertrag und der Begründungsoption[122] – ein erhöhtes Maß an Kalkulationssicherheit bewirkt; das ist ein für die Gewerberaummiete zentrales Planungs- und Entscheidungskriterium. 55

a) **Abgrenzung zu anderen Vertragstypen.** Abzugrenzen ist der Vorvertrag vom **Optionsrecht** (Begründungsoption), bei dem der Optionsberechtigte einen Mietvertrag durch einseitige Erklärung einen Mietvertrag zustande bringen kann.[123] Auch das **Vormietrecht** ermöglicht es dem Berechtigten, durch Erklärung gegenüber dem Verpflichteten ein Mietverhältnis zu begründen, und zwar mit dem Inhalt eines anderen Vertrags, den der Vermieter mit einem Dritten geschlossen hat.[124] Der Vorvertrag setzt dagegen den künftigen Abschluss eines Hauptvertrags durch wechselseitige Willenserklärungen voraus. Um einen Vorvertrag soll es sich auch dann handeln, wenn Käufer und Verkäufer eines Mietobjektes vereinbaren, dass jede Partei ab einem bestimmten Zeitpunkt zu einem vorbestimmten Preis eine Anmietung desselben durch den Verkäufer verlangen kann.[125] Von einem sog. **Überbrückungsvertrag** ist gesprochen worden, wenn die Parteien eines Mietverhältnisses nach dessen Aufkündigung vereinbaren, dass zu späterer Zeit über die weiterhin überlassene Sache ein neuer Mietvertrag ausgehandelt und ggf. vereinbart werden solle. Dann soll bis zu dem späteren Zeitpunkt zwischen den Parteien kein Vorvertrag gelten und auch kein vertragsloser Zustand bestehen, sondern ein mangels anderweitiger Vereinbarung mit den gesetzlichen Fristen kündbarer Überbrückungsvertrag, der das Mietverhältnis vorläufig fortsetzt.[126] Ein Vorvertrag kann auch mit dem Inhalt abgeschlossen werden, dass er nach Abschluss eines befristeten Mietverhältnisses zum Abschluss eines neuen Mietvertrags zu den alten Bedingungen verpflichtet.[127] 56

b) **Bestimmtheitserfordernis.** Der Vorvertrag muss nach der Rechtsprechung des Bundesgerichtshofs ein solches Maß an Bestimmtheit oder Bestimmbarkeit und Vollständigkeit enthalten, dass der Inhalt des Hauptvertrages im Streitfall vom Gericht festgestellt werden kann, notfalls durch richterliche Vertragsergänzung.[128] Die Annahme eines Vorvertrags stellt gegenüber dem Willen der Vertragsparteien, einen Hauptvertrag zu vereinbaren, grundsätzlich die Ausnahme dar.[129] Die Annahme eines Vorvertrages ist also nur dann gerechtfertigt, wenn besondere Umstände darauf schließen lassen, dass sich die Parteien ausnahmsweise schon binden wollten, bevor sie alle Vertragspunkte abschließend geregelt haben, und sie deswegen vom Abschluss des eigentlichen Hauptvertrages abgesehen haben.[130] Hierin liegt die wesentliche Schwäche dieses Vertragstyps, denn er bindet die Parteien im Sinne eines Kontrahierungszwangs, belässt sie aber gleichzeitig im Unklaren über bestimmte Vertragselemente. Dass diese Unklarheiten in aller Regel und selbst in Anbetracht des Bestimmt- 57

---

[121] Vgl. BGH NJW 1990, 1233; 1986, 2820; zum Zustandekommen des Hauptvertrags vgl. näher Rdnr. 68 ff.
[122] Vgl. Rdnr. 93 ff.
[123] Vgl. OLG Köln NJW-RR 1998, 809; Palandt/*Heinrichs* vor § 145 Rdnr. 19, 23; zur Begründungsoption vgl. ferner Rdnr. 93 ff.
[124] Vgl. dazu Rdnr. 55 ff.
[125] Vgl. OLG Köln ZMR 1998, 283.
[126] Vgl. LG Freiburg WuM 1991, 81.
[127] Vgl. BGHZ 108, 380; OLG Rostock NZM 2008, 646.
[128] Vgl. BGH NJW-RR 1993, 139; BGH NJW 1990, 1234; BGH NJW-RR 1988, 970; vgl. ferner KG NZM 2007, 248; OLG München OLGR 1995, 195; OLG München OLGR 2000, 167; OLG Bremen NJW-RR 1995, 1453; OLG Karlsruhe NJW-RR 1996, 997; weitere Beispiele zum Bestimmtheitserfordernis s. bei § 7 Rdnr. 23.
[129] Vgl. BGH NJWE-MietR 1996, 54; BGH NJW 1962, 1812; BGH WuM 1969, 919.
[130] Vgl. OLG München OLGR 1995, 195; *Wolf/Eckert/Ball* Rdnr. 71 m.w.N.

heitsgebots für die Parteien wichtige Vertragspunkte zum Gegenstand haben, liegt auf der Hand, denn ansonsten hätten sie im Zweifel einen Hauptvertrag abgeschlossen.

58 Zum **wesentlichen Inhalt** eines gewerblichen Mietvertrages gehört die Einigung über das Mietobjekt, die Mietdauer und den Mietzins.[131] Für den Inhalt eines Vorvertrages reicht dem gemäß die Einigung über diese Punkte grundsätzlich aus, während die Ausgestaltung näherer Vertragsbedingungen den weiteren Verhandlungen, die zum Abschluss des Hauptvertrages führen sollen, vorbehalten bleiben kann. Die Einigung über den genau bezifferten Betrag des Mietzinses ist dann entbehrlich, wenn der Mietpreis nach den getroffenen Abreden – ggf. im Wege der ergänzenden Vertragsauslegung – hinreichend bestimmbar ist.[132]

59 Ein Vorvertrag ist grundsätzlich nicht hinreichend bestimmt und damit **unwirksam**, wenn er keine Preisabrede enthält oder diese mangels Eintritts einer aufschiebenden Bedingung entfällt. Nur ausnahmsweise kann ein Vorvertrag auch ohne abschließende Preisabrede wirksam sein, wenn sich die Parteien über die Art und Weise der Preiskalkulation einig und die Elemente der Preiskalkulation bestimmbar sind.[133]

60 Bei der Prüfung, ob ein Vorvertrag vorliegt, ist zunächst festzustellen, zu welchen Übereinkünften die Parteien bereits gelangt sind. Nach ständiger Rechtsprechung geht ein überstimmender Wille der Parteien dem Wortlaut des Vertrages und jeder anderweitigen Interpretation vor.[134] Besteht kein übereinstimmender Erklärungsinhalt, so kommt es in einem weiteren Schritt der Auslegung gemäß §§ 133, 157 BGB darauf an, wie der Empfänger der Willenserklärung diese bei objektiver Würdigung aller Umstände und mit Rücksicht auf Treu und Glauben zu verstehen hatte.[135]

61 c) **Die offen bleibenden Vertragspunkte/Rücktrittsrecht.** Der Abschluss eines Mietvorvertrags kommt im Bereich der Gewerberaummiete in Betracht, wenn das „Ob" des Vertragsschlusses bereits im Kern feststeht, jedoch der **Eintritt bestimmter Bedingungen** abgewartet werden muss oder soll, deren vertragliche Umsetzung noch nicht möglich ist. Hindernisse für die abschließende Ausgestaltung des Hauptmietvertrags können sich in tatsächlicher und rechtlicher Hinsicht ergeben. Unklarheiten und Vorbehalte, die vor Abschluss des Hauptvertrags ausgeräumt werden sollen, werden insbesondere im Zusammenhang mit der Erteilung von **Konzessionen**,[136] der **beruflichen Qualifikation des Mieters** (Handwerkszulassung, Zulassung als Arzt oder Rechtsanwalt usw.), mit der Vertragslaufzeit oder den **Kalkulationsgrundlagen** für die Bestimmung der endgültigen Miete[137] in Rede stehen können. Ein endgültiger Vertragsschluss kann auch dann in Frage stehen, wenn ein **noch zu errichtendes Mietobjekt** überlassen werden soll und noch nicht alle baulichen Modalitäten feststehen. Auch das Erfordernis **öffentlich-rechtlicher Genehmigungen** oder die **Erfüllung behördlicher Auflagen** können einem abschließenden Vertragsschluss entgegen stehen.

62 Wenn Regelungsinhalte offen bleiben müssen, von denen auch die Frage abhängt, ob es überhaupt zu einem Hauptmietvertrag kommen soll, muss sich die Vertragspartei, die auf diese Umstände entscheidenden Wert legt, ein **vertragliches Rücktrittsrecht** ausbedingen, um nicht gleichwohl zum Abschluss des Hauptvertrags verpflichtet zu sein. Damit kann Härten begegnet werden, die in Bezug auf die Hauptvertragsvorbehalte auftreten können, insbesondere wenn sich für eine oder beide Vertragsparteien nach Abschluss des Vorvertrags nicht absehbare nachteilige Entwicklungen (in zeitlicher Hinsicht oder in Bezug auf einzelne Vertragsaspekte) ergeben. Der gewerbliche Mieter, dessen unternehmerische Betätigung erst vom Eintritt bestimmter Bedingungen abhängt, wird daher geradezu zwingend auf ein vertragliches Rücktrittsrecht hinzuwirken haben. Ist der Vorvertrag auf Begründung eines Dauerschuldverhältnisses gerichtet, kann der betroffenen Partei bei Erschütterung der Vertrauensgrundlage ein – verschuldensunabhängiges – Rücktrittsrecht gemäß BGB § 242 zu-

---

[131] Vgl. BGH NJW 2002, 3016; BGH NJW-RR 1993, 139; Hans. OLG Bremen NJW-RR 1995, 1453.
[132] Vgl. BGH NJW-RR 1993, 139; Hans. OLG Bremen NJW-RR 1995, 1453.
[133] Vgl. BGH NJW-RR 1993, 139; Hans. OLG Bremen NJW-RR 1995, 1453.
[134] Vgl. Hans. OLG Bremen NJW-RR 1995, 1453.
[135] Vgl. BGH NJW 1984, 721; 1981, 2745 m. w. N.
[136] Vgl. BGH NJW-RR 1993, 319.
[137] Vgl. BGH NJW-RR 1993, 319.

stehen.[138] Auf ein solches Rücktrittsrecht soll sich der künftige Mieter dann stützen können, wenn ihm mit dem Angebot auf Abschluss des Mietvertrags ein von dem Vorvertrag wesentlich abweichender und zudem unverbindlich bleibender Beginn des Mietverhältnisses angeboten wird und er darüber hinaus ein berechtigtes Interesse an der fristgerechten Überlassung der anzumietenden Räume hat dartun können.[139] Der Mietinteressent, zu dessen Gunsten in einem Vorvertrag ein Rücktrittsrecht vorbehalten worden ist, muss sich auf Verlangen des Vermieters innerhalb einer angemessenen Frist entscheiden, ob er den Rücktritt ausübt, um nicht hinsichtlich des Hauptvertragsabschlusses in Verzug zu geraten.[140]

Praxistipp:
Der Mieter von Gewerberaum hat regelmäßig auf ein vertragliches Rücktrittsrecht vom Mietvorvertrag hinzuwirken, wenn der Abschluss des Hauptvertrags vom Eintritt von Bedingungen abhängt, die für den Vertragszweck, d. h. insbesondere für die beabsichtigte gewerbliche Betätigung, wesentlich sind. Ein Vorvertrag ohne ein solches Rücktrittsrecht sollte nur dann abgeschlossen werden, wenn die noch offen bleibenden Regelungsinhalte der Sache überschaubar und kalkulierbar sind.

63

Um Auseinandersetzungen über die (Geschäfts-)Grundlagen des Vorvertrags vorzubeugen und um eine etwaige richterliche Vertragsauslegung zu kanalisieren, sollte bei allen Verträgen, welche die Rechtsbeziehungen nicht abschließend regeln und gestalten, eine positive Beschreibung der Vertragszwecke und -ziele niedergelegt werden. Andernfalls laufen die Parteien Gefahr, dass das Gericht im Streitfall in Abweichung von den ursprünglichen Vorstellungen der Vertragsparteien zu einer Auslegung des Vorvertrags und zu einer aus Sicht der Vertragsparteien sachwidrigen Festlegung des abzuschließenden Hauptvertrags gelangt. Bei der Beschreibung der Umstände, die dem endgültigen Abschluss eines Mietvertrags bei Niederlegung des Vorvertrags entgegen stehen, sollte eine möglichst konkrete Schilderung der Vertragssituation erfolgen, um spätere Auslegungsschwierigkeiten zu vermeiden.

64

Diesseits wird allerdings davon ausgegangen, dass Konstellationen, in denen der Abschluss eines Hauptvertrags schlechthin unmöglich ist, die eines Vorvertrags gleichsam unumgänglich ist, praktisch kaum denkbar sein dürften.[141] Regelmäßig wird der im Vorvertrag offen bleibende Inhalt des Hauptvertrags auch in – konstituierende oder auflösende – Vertragsbedingungen gekleidet werden können. Noch unbekannte Kalkulations- und Gestaltungskriterien können zum Gegenstand von – in der Zukunft – bestimmbaren Vertragsmodalitäten oder von einseitigen vertraglichen Bestimmungsrechten nach §§ 315 f. BGB gemacht werden. Die Grenzen für die Verbindlichkeit noch nicht bestimmbarer Vertragskriterien könnten durch die Vereinbarung von (Preis-)Spannen, durch Höchst- oder Mindestansätze (auch in zeitlicher Hinsicht) oder durch Rücktrittsbefugnisse gezogen werden. Soweit solche Ausgestaltungen sich anbieten, sollte ihnen wegen der damit erzielbaren höheren Rechts- und Vertragssicherheit eines Hauptvertrags der Vorzug gegeben werden.

65

Praxistipp:
Gegenüber dem Abschluss eines Hauptmietvertrags ist der Vorvertrag grundsätzlich die zweite Wahl. Wenn noch Regelungspunkte offen bleiben müssen, kann das Zustandekommen des Hauptvertrags im Bereich der Gewerberaummiete zumeist durch die Festlegung von Vertragsbedingungen, Bestimmungsrechten und durch ein vertragliches Rücktrittsrecht angemessen gesteuert werden.

66

---

[138] Vgl. OLG Koblenz NJW-RR 1998, 808; *Lützenkirchen* WM 2000, 55.
[139] Zur Anmietung von Praxisräumen für einen Zahnarzt vgl. OLG Koblenz NJW-RR 1998, 808.
[140] Vgl. BGH WPM 1961, 1052; OLG Düsseldorf DB 1989, 1463.
[141] Anderer Auff.: Bub/Treier/*Reinstorf* II. Rdnr. 141.

67 **d) Schriftform.** Der Vorvertrag bedarf nach der Rechtsprechung des BGH und nach h. M. nicht der Schriftform.[142] Das wird vornehmlich damit begründet, dass durch § 550 BGB in erster Linie der Erwerber geschützt werden soll und vorvertragliche Rechte und Pflichten nicht nach § 566 BGB auf einen Erwerber übergehen. Wenn sich der Vermieter aber vertraglich verpflichtet, seinerseits etwaige Erwerber vertraglich zur Erfüllung des Vorvertrags zu verpflichten, spricht einiges dafür, zumindest dann vom Schriftformerfordernis auszugehen, wenn der abzuschließende Mietvertrag auf eine längere Mietdauer als ein Jahr angelegt ist und auch der Vorvertrag länger als ein Jahr wirken soll. Außerdem legen die wechselseitigen Interessen der Vertragsparteien an einer gesicherten Vertrags- und Beweissituation die Annahme eines Schriftformerfordernisses eher nahe. Die Nichtbeachtung der Schriftform dürfte aber jedenfalls nur zur Folge haben, dass ein Vorvertrag mit längerer „Vorlaufzeit" als einem Jahr entsprechend § 550 BGB aufgekündigt werden kann. Wenn der Hauptvertrag die Schriftform wahrt, dürften Schriftformmängel des Vorvertrags jedenfalls geheilt sei, denn das vorvertragliche Stadium ist dann überholt. Unabhängig vom Vertragsinhalt sollte die Schriftform bei Verträgen, die auf die Begründung eines Dauerschuldverhältnisses angelegt sind, aus Gründen der Vertrags- und Beweissicherheit immer zwingend beachtet werden.

68 **e) Zustandekommen und Durchsetzung des Hauptvertrags.** Der Miethauptvertrag erfordert einen gesonderten Vertragsschluss, mit dem die nach dem Vorvertrag noch offenen Vertragspunkte einer abschließenden Regelung im Sinne eines vollständigen Mietvertrags festzulegen sind. Es bedarf mithin eines auf Abschluss eines ganz bestimmten Vertrags gerichteten **Antrags** im Sinne von § 145 BGB und seiner **Annahme** (§§ 147 ff. BGB). Erst ein solches Vertragsangebot eröffnet dem Berechtigten die **Klage auf Zustimmung zum Vertrag**.[143] Der Vertrag kann vorsehen, dass beide Vertragsparteien oder nur eine Partei den Antrag stellen können. Für die Annahme kann eine ausdrückliche vertragliche Frist vereinbart werden. Für die verspätete Annahme gilt § 150 Abs. 1 BGB. Es sind auch Regelungen möglich, wonach der Vorvertrag insgesamt hinfällig wird, wenn nicht eine Partei innerhalb einer bestimmten Frist nach Eintritt eines bestimmten (für den Hauptvertragsabschluss wesentlichen) Ereignisses ein Vertragsangebot übermittelt. Eine Pflicht zur Übermittlung eines Angebots für den Hauptvertrag wird regelmäßig für diejenige Vertragspartei in Betracht kommen, welche die wesentlichen Voraussetzungen für den Hauptvertrag zu schaffen hat oder als erste Kenntnis über die für den Hauptvertrag wesentlichen Umstände erlangt. Die Pflicht zur Abgabe des Angebots kann an das Vorliegen aller noch offenen Vertragsmodalitäten geknüpft werden oder nur an den Eintritt derjenigen Umstände, die für die Festlegung bestimmter wesentlicher Vertragsmodalitäten erforderlich sind. Zur Vermeidung eines Einigungsmangels im Sinne von §§ 154 f. BGB muss aber der hauptvertragliche Erklärungs- und Bindungswille trotz offen gebliebener Punkte hinreichend erkennbar werden.[144] Im Vorfeld des Vertragsschlusses bestehen wechselseitige **Mitwirkungspflichten**, den Hauptvertrag zur Abschlussreife zu bringen. Die Parteien müssen daher zu Verhandlungen über die noch offenen Regelungspunkte bereit sein.[145]

69 Der vorvertragliche Anspruch auf Abschluss des Hauptvertrags kann auch ohne besondere vorvertragliche Bestimmungen zur Vertragskonstitution gerichtlich durchgesetzt werden. Dies hat regelmäßig durch eine Klage auf Abgabe derjenigen Willenserklärungen zu geschehen, durch die der Hauptvertrag zustande kommt.[146] Soweit der klagende Vertragsteil zur Ausformulierung des abschließenden Vertragsinhalts in der Lage ist, dürfte es am **Rechtsschutzbedürfnis** für eine Klage auf die bloße Abgabe eines inhaltlich nicht bestimmten Vertragsangebots fehlen.[147] Ggf. kommt eine **vorgeschaltete Auskunftsklage** auf Mitteilung derjenigen Tatsachen in Betracht, die für den Abschluss und den Inhalt des Hauptvertrags

---

[142] Vgl. BGH NZM 2007, 445 m. w. N. aus der älteren Rspr.; zur Wahrung der Schriftform bei einer Heilungsklausel vgl. OLG Rostock NZM 2008, 646; zum Meinungsstand vgl. auch *Derleder/Pellegrino* NZM 1998, 550; *Michalski* ZMR 1999, 141; Figura/Oprée/Stellmann/*Stellmann* Kap. 3 Rdnr. 18 f.
[143] Vgl. BGH ZMR 2002, 895; BGH NJW-RR 1994, 317.
[144] Vgl. Palandt/*Heinrichs* § 154 Rdnr. 2 m. w. N.
[145] Vgl. AG Winsen/a. d. L. ZMR 2004, 123.
[146] Vgl. BGH NJW-RR 1994, 317; Bub/Treier/*Reinstorf* II. Rdnr. 155 ff. m. w. N.
[147] So wohl auch Bub/Treier/*Reinstorf* II. Rdnr. 155 ff.

maßgeblich sind. Grundsätzlich muss sich die klagende Partei im Rahmen dessen halten, dem die andere Partei nach dem auszulegenden Vorvertrag im Rahmen des Hauptvertragsabschlusses zuzustimmen hat.

Wenn der bei Abschluss des Vorvertrags noch bestehende Regelungsbedarf nicht durch eine bloße rechnerische Umsetzung der zu klärenden Vorbehaltspunkte behoben werden kann, ist der **endgültige Inhalt des Hauptvertrags** im Streitfall vom Richter anderweitig zu bestimmen. Dies birgt nicht unerhebliche Prozessrisiken in sich. Das OLG Köln[148] hat eine Klage auf Abschluss eines Mietvertrags insgesamt abgewiesen, weil der Vorvertrag eine Laufzeit von 5 Jahren vorsah und der Kläger einen Vertrag mit einer Dauer von 6 Jahren verlangt und auch nicht hilfsweise eine Verurteilung zum Abschluss des Vertrags mit kürzerer Laufzeit beantragt hatte.

Wird die in einem Vorvertrag übernommene Verpflichtung zum Abschluss eines Mietvertrags vom Mieter nicht erfüllt, kann der Vermieter mangels Vertrags **keinen unmittelbaren Anspruch auf Zahlung des (entgangenen) Mietzinses** geltend machen. Der Vermieter muss auf Abschluss des Mietvertrags klagen und kann dies mit einer Klage auf Leistungen nach dem Hauptvertrag verbinden.[149] Besteht am Abschluss des Hauptvertrags kein Interesse mehr, kann der Vermieter von der anderen Partei stattdessen **Schadensersatz wegen Nichterfüllung** beanspruchen (§§ 280, 281 BGB).[150] Verhindert der durch einen Vorvertrag gebundene Vermieter zurechenbar den Abschluss des Hauptvertrags, so kann er seinerseits dem Mieter schadensersatzpflichtig hinsichtlich der in sicherer Erwartung des künftigen Mietverhältnisses getätigten Aufwendungen sein.[151] Nach herrschender Auffassung kann ein durch einen Vorvertrag begünstigter Mieter selbst im Falle der Doppelvermietung einen Besitzüberlassungsanspruch gegenüber dem Vermieter nicht durch einstweilige Verfügung sichern lassen. Der Vermieter kann selbst entscheiden, welchen Vertrag er erfüllt.[152]

Dem auf das Fehlen eines Mietvertrages gestützten **Räumungsverlangen** des Eigentümers der Mietsache kann der Einwand der unzulässigen Rechtsausübung entgegen stehen, wenn der Eigentümer aufgrund eines mit dem Besitzer der Sache abgeschlossenen Vorvertrages zum Abschluss eines zur Besitzüberlassung verpflichtenden Hauptmietvertrages verpflichtet ist.[153]

Formulierungsvorschlag:

§ 1 Grundlagen des Vorvertrags

(1) Die Vertragsparteien verpflichten sich nach Maßgabe dieses Vorvertrags zum Abschluss eines Mietvertrags. Der Vermieter ist Eigentümer des Hausgrundstücks ......
Der Vermieter beabsichtigt, das Objekt zu einem Wohn- und Geschäftshaus umzubauen. Der Mieter will in dem noch herzustellenden Objekt gewerbliche Mieträume für den Betrieb eines Versicherungsbüros anmieten. Diesem Vorvertrag ist ein Architektenplan beigeheftet, der die dafür vorgesehenen Mieträume als rot schraffierte Teilfläche ausweist.

(2) Diesem Vorvertrag ist ferner ein teilweise ausgefülltes Mietvertragsformular als Bestandteil des Vorvertrags beigeheftet, das die bereits feststehenden mietvertraglichen Regelungen wiedergibt.

§ 2 Regelungsvorbehalte für den Abschluss des Hauptvertrags

Dem Abschluss des Hauptvertrags steht zur Zeit entgegen, dass der Mieter die Mieträume spätestens ab dem ...... benötigt. Zur Zeit steht aber noch nicht fest, ob der vom Vermieter geplante Umbau bis dahin abgeschlossen werden kann. Eine Garantie für einen bestimmten Fertigstellungszeitpunkt wird vom Vermieter nicht übernommen.

---

[148] Vgl. MDR 1992, 613.
[149] Vgl. OLG Koblenz NJW-RR 1998, 808.
[150] Zu einem Ersatzanspruch aus positiver Vertragsverletzung vgl. OLG Koblenz NJW-RR 1998, 808.
[151] Vgl. OLG Hamm MDR 1988, 585; LG Hamburg WuM 1989, 492.
[152] Vgl. KG ZMR 2007, 614; OLG Koblenz ZMR 2008, 50; OLG Hamm NJW-RR 2004, 521; OLG Frankfurt MDR 1997, 137; a. A. OLG Düsseldorf NJW-RR 1991, 137 f.
[153] Vgl. OLG Köln OLGR 1992, 330.

Mit der Baubehörde wird außerdem über die Erteilung von Auflagen verhandelt, deren Erfüllung zu einer Reduzierung der in Aussicht genommenen Mietfläche führen kann. Eine Garantie für eine bestimmte Mietfläche wird vom Vermieter ebenfalls nicht übernommen.

§ 3 Abschluss des Mietvertrags/Rücktritt vom Vorvertrag

(1) Der Vermieter hat dem Mieter den Abschluss des Hauptvertrags unverzüglich anzutragen, wenn die in § 2 aufgeführten Regelungsvorbehalte einer abschließenden vertraglichen Festlegung zugeführt werden können.

(2) Das Vertragsangebot hat schriftlich unter Angabe derjenigen vertraglichen Regelungen und aller ihnen zugrunde liegenden Bemessungsgrundlagen zu erfolgen, die zur Zeit noch keiner abschließenden Regelung zugeführt werden können.

(3) Dem Mieter steht zur Prüfung und Annahme des Hauptvertrags eine Frist von ... Wochen ab Zugang des Vertragsangebots zu.

(4) Der Mieter kann unter Ausschluss jeglichen wechselseitigen Aufwendungs- und Schadensersatzes von diesem Vorvertrag zurücktreten und den Abschluss des Hauptvertrags ablehnen, wenn der Vermieter seinen Antrag zum Abschluss des Hauptvertrags erst nach Ablauf des ...... abgibt oder wenn die realisierbare Nutzfläche der Mieträume weniger als ...... qm betragen sollte. Die Rücktrittserklärung ist innerhalb folgender Frist abzugeben: .....

3. Vormietrecht

74 a) **Abgrenzung zu anderen Vertragstypen.** Das Vormietrecht ermöglicht es dem Berechtigten, durch Erklärung gegenüber dem Verpflichteten (Vermieter) ein Mietverhältnis zu begründen, und zwar mit dem Inhalt eines anderen Mietvertrags, den der Vermieter mit einem Dritten geschlossen hat.[154] Im Unterschied zur Begründungsoption,[155] mit welcher der Optionsbegünstigte einen Mietvertrag durch die Optionsausübung konstituieren kann, verschafft das Vormietrecht dem Vermieter mehr Freiheit bei der Ausgestaltung und Aushandlung der Vertragsmodalitäten. Es unterliegt seiner Entscheidung, ob und zu welchen Bedingungen er einen Mietvertrag abschließen will. Das Wesen eines Vormietrechts besteht darin, dass der Vormietberechtigte die Möglichkeit erhält, im Falle einer anderweitigen Vermietung, zu welcher der Vermieter grundsätzlich nicht verpflichtet ist, einen Mietvertrag zu den Bedingungen des bereits zustande gekommenen Vertrags abschließen zu können.[156] Wenn fest steht, dass vermietet werden soll, kann der Berechtigte zu seinen Gunsten den Vertragsschluss erzwingen. Bei Verabredung eines bloßen Anmietrechts[157] bleibt dagegen offen, ob und mit welchem Inhalt es überhaupt zu einem Mietvertrag kommt.

75 b) **Praktische Bedeutung des Vormietrechts.** Ein Vormietrecht kann im Rahmen eines laufenden Mietverhältnisses für den Fall der Vertragsbeendigung verabredet werden. Dabei wird es sich regelmäßig um befristete Mietverhältnisse handeln, bei denen noch offen ist, ob eine weitere Anmietung durch den (Alt-)Mieter überhaupt in Betracht kommt. Zeichnet sich ein weitergehender Nutzungswille konkret ab, bietet sich eher die Vereinbarung einer Verlängerungsklausel oder -option an, denn bei einem Vormietrecht muss der Altmieter, der zugleich Vormietberechtigter sein soll, mit völlig neuen Vertragsbedingungen rechnen. Bei grundsätzlich zur Vertragsfortsetzung bereiten Parteien erscheint es auch als entbehrlich, dass der Vermieter sich zunächst um eine Neuvermietung bemüht. Wenn die Parteien sich jedoch nicht auf den Inhalt einer Vertragsverlängerung einigen können und der Vermieter die Chancen einer lukrativen Neuvermietung mit anderen Interessenten ausloten will, bietet sich die Vereinbarung eines Vormietrechts an. In der Praxis finden sich nicht selten rudimentäre und nach ihrem Regelungsinhalt unklare Vormietklauseln („Mieter hat Vormietrecht"),

---

[154] Zur rechtlichen Einordnung vgl. BGH NZM 2002, 910; BGHZ 55, 71; vgl. auch Bub/Treier/*Reinstorf* II Rdnr. 163 m. w. N.; zur Abgrenzung der einen Mietvertrag vorbereiteten Verträge vgl. auch Rdnr. 56, 94 f.
[155] Vgl. Rdnr. 93 ff.
[156] Vgl. LG Mannheim MDR 1977, 317.
[157] Vgl. Rdnr. 49 f.

die meist auf einer laienhaften Gleichsetzung von Vormiete und Verlängerungsoption beruhen.[158]

Wird das Vormietrecht im Rahmen eines vorgeschalteten Mietvertrags verabredet, kann es im Falle einer berechtigten Aufkündigung dieses Mietverhältnisses durch den Vermieter zum Streit darüber kommen, ob der Mieter im Falle der Weitervermietung von einem zu seinen Gunsten verabredeten Vormietrecht noch Gebrauch machen darf. Der Wegfall des Vormietrechts sollte für den Fall berechtigter Kündigung klarstellend in den Vertrag aufgenommen werden. Mit dem OLG Hamm[159] ist aber grundsätzlich davon auszugehen, dass ein Vormietrecht ohnehin nur für den Fall einer regulären Beendigung bzw. einer ordentlichen Kündigung des Ursprungsvertrags eingeräumt ist und bei einer aus wichtigem Grund erfolgten Kündigung nicht mehr ausgeübt werden kann. Vertragliche Klarstellungen sind im Zweifel gleichwohl veranlasst, um Rechtssicherheit über die Vertragsbeendigung zu erlangen. Außerdem kann einem widersprüchlichen Verhalten des Mieter, der eine – ggf. unwirksame – Kündigungserklärung abgegeben hat und sich später gleichwohl auf ein Vormietrecht beruft, vorgebeugt werden: 76

Formulierungsvorschlag:

(......) Die Ausübung des Vormietrechts ist ausgeschlossen, wenn der Vermieter das zuvor bestehende Mietverhältnis berechtigterweise aus wichtigem Grund aufgekündigt hat. Dies gilt gleichermaßen für eine außerordentliche befristete Kündigung wie auch für eine außerordentliche fristlose Kündigung. 77

Auch jede vom Mieter ausgesprochene Kündigungserklärung hindert, auch wenn sie nicht berechtigt war, die spätere Ausübung des Vormietrechts. Zwischen den Parteien herrscht Einigkeit darüber, dass jede vom Mieter erklärte Kündigung stets als Verzicht auf das Vormietrecht zu behandeln ist.

Die Vereinbarung eines Vormietrechts wird in der Praxis am ehesten dann in Betracht kommen, wenn zwischen den Parteien des Vormietvertrags zuvor noch kein Mietverhältnis bestand. Die Ausübung des Vormietrechts führt dann für die Vertragsparteien zur erstmaligen Begründung eines Mietvertrags in Bezug auf den Mietgegenstand. Praktische Bedeutung gewinnt das Vormietrecht in diesem Rahmen besonders dann, wenn die Mietsache bereits vermietet ist, jedoch nicht feststeht, ob es zu einer Verlängerung des Altmietverhältnisses kommt. Das kann namentlich der Fall sein, wenn zugunsten des Altmieters eine Option auf Verlängerung des Mietverhältnisses besteht, deren Ausübung noch ungewiss ist. Wie bei allen Vereinbarungen, mit denen ein Mietverhältnis angebahnt werden soll, empfiehlt es sich, die der Einräumung des Vormietrechts zugrunde liegenden Erwägungen – als Beschreibung der Vertragsgrundlagen – niederzulegen und dadurch den Umfang des eingeräumten Rechts näher zu konkretisieren. Bei vertragsvorbereitenden Vereinbarungen ist die Ausformulierung der wechselseitig verfolgten Vertragsziele und -zwecke generell ratsam, weil dies dem Gericht beim Streit über das Zustandekommen und den Inhalt des Mietvertrags Auslegungshilfen vermittelt und die Geschäftsgrundlagen konkretisiert, vor deren Hintergrund sich die Stichhaltigkeit etwaiger Einreden und Einwendungen besser überprüfen lässt. Außerdem können (Neben-)Pflichten oder Haftungsausschlüsse konkretisiert werden. 78

Es wird in der Praxis eher selten vorkommen, dass ein Vormietrecht nicht nur für den nächstfolgenden Mietvertragsabschluss, sondern – bei zunächst ausbleibender Ausübung des Rechts – auch für **einen oder mehrere Nachfolgeverträge** vereinbart wird. Das Vormietrecht kann aber durchaus zeitlich unbegrenzt verabredet werden.[160] Entsprechende Abreden kommen dann in Betracht, wenn der Vormietberechtigte eine ganz bestimmte Nutzung der 79

---

[158] Vgl. auch BGH ZMR 2002, 895, worin zwischen Vormietrecht und Vorvertrag nicht klar unterschieden wird.
[159] Vgl. Urteil vom 11. 1. 1979 – 4 U 250/78 – juris.
[160] Vgl. OLG Hamm ZMR 1992, 148.

Mieträume gewährleistet oder ausgeschlossen sehen will und vom Vormietrecht so lange keinen Gebrauch macht, als andere Mieter sich zu einem ihm genehmen Mietgebrauch bereit finden. Bei dergestalt langfristigen Planungen kann auch die Vereinbarung einer Pflicht des Vermieters in Betracht kommen, das Mietobjekt nur unter Wahrung des Vormietrechts zu veräußern und einen Erwerber zur Erfüllung des Vormietrechts zu verpflichten.[161]

Praxistipp:

80 Die Vereinbarung eines Vormietrechts hat für die Vertragsparteien bei der Gewerberaummiete folgende Vor- und Nachteile:

Vorteile für den Vermieter:
Der Vermieter ist bei der Aushandlung des Vertragsinhalts frei und kann sich auf dem gesamten Mietmarkt nach geeigneten Mietinteressenten umsehen.
Der Vermieter kann einem bereits vorhandenen, aber noch unentschlossenen Mietinteressenten, an dem ihm gelegen ist, einen Anreiz zum Vertragsschluss bieten.
Nachteile für den Vermieter:
Das Bestehen des Vormietrechts kann andere Mietinteressenten von einem Vertragsschluss abhalten, insbesondere dann, wenn Interesse an einer schnellen Erlangung der Mietsache besteht. Der Mietmarkt bietet u. U. keine günstigen Vertragskonditionen, während der Vormietberechtigte bereits ein konkretes Mietinteresse gezeigt hat. Ein verbindlicher Mietvertrag (ggf. unter einer auflösenden Bedingung) kann gegenüber dem Vormietrecht vorteilhaftere Konditionen bieten.
Vorteile für den Berechtigten/Mieter:
Der Berechtigte kann sich den Zugriff auf die Mietsache verbindlich sichern.
Der Berechtigte kann grundsätzlich frei entscheiden, ob er das Vormietrecht ausüben will.
Nachteile für den Berechtigten:
Der Berechtigte kann den Inhalt des Mietvertrags nicht mitgestalten. Zu welchen Vertragsbedingungen das Vormietrecht ausgeübt werden kann, lässt sich nicht zuverlässig kalkulieren.

81 **c) Schriftform.** Ob die Vereinbarung eines Vormietrechts bei der Anbahnung von befristeten Mietverhältnissen mit einer Vertragsdauer von mehr als einem Jahr (§§ 550, 578 BGB) schriftlich niederzulegen ist, wird unterschiedlich beurteilt.[162] Der Auffassung, dass ein Vormietrecht nicht der Schriftform bedürfe, wird teilweise eine nicht einschlägige Entscheidung des BGH[163] entgegen gehalten. Die Verneinung des Schriftformerfordernisses erscheint nach diesseitiger Auffassung gleichwohl dann als fraglich, wenn der Vermieter sich mit Vereinbarung des Vormietrechts verpflichtet, eine eventuelle **Veräußerung der Mietsache** nur unter Wahrung des Vormietrechts vorzunehmen.[164] Der allgemein angeführte Schutzzweck des § 550 BGB ist dann unmittelbar tangiert, soweit darauf abgestellt wird, dass der Erwerber einer Mietsache Gelegenheit erhalten soll, sich vollständig über solche Rechte zu unterrichten, die auf ihn übergehen sollen.[165] Das Informationsinteresse des Erwerbers besteht unabhängig von der Frage, ob mit dem Erwerb nach dem Grundsatz „Kauf bricht nicht Miete" gemäß § 566 BGB ein unmittelbarer Eintritt in die vom Veräußerer/Vermieter eingegangenen Vertragsverhältnisse erfolgt, was in Bezug auf das Vormietrecht allerdings grds. zu verneinen ist. Der Erwerber hat aber ein nahe liegendes Interesse daran nachzuvollziehen,

---

[161] Zur Fortwirkung eines Vorpachtrechts gegenüber dem Erwerber eines Pachtgrundstücks vgl. BGHZ 55, 71.
[162] Zum Meinungsstreit über Schriftformerfordernisse vgl. zunächst den Überblick und die Nachweise bei Bub/Treier/*Reinstorf* II Rdnr. 165 m.w.N. sowie Rdnr. 166 zur Beurkundungspflicht nach 311b BGB beim Zusammentreffen von Vormiet- und Vorkaufsrecht; zum Mietvorvertrag vgl. auch Rdnr. 67.
[163] Vgl. BGHZ 55, 71 = NJW 1971, 422.
[164] Zur Bindung des Erwerbers einer Pachtsache an ein mit dem Veräußerer verabredetes Vormietrecht vgl. BGHZ 55, 71.
[165] Vgl. zuletzt BGH Urt. V. 7. 5. 2008 – XII ZR 69/06 – zitiert nach Juris; vgl. ferner BGH NJW 2003, 1248; BGHZ 136, 357 = NJW 1998, 58; BGH NJW-RR 1987, 1127; Palandt/*Weidenkaff* § 550 Rdnr. 1.

ob etwa von einem – ggf. kurze Zeit – vor dem Erwerb ausgeübten Vormietrecht rechtswirksam Gebrauch gemacht wurde. Das kann er nur bei konkreter Kenntnis der zum Vormietrecht getroffenen Vereinbarungen nachvollziehen. Die Schriftform bezweckt außerdem nicht nur den Schutz des Erwerbers, sondern soll auch Unklarheiten und Beweisschwierigkeiten auf Seiten der Vertragsparteien vorbeugen.[166] Jedenfalls dann, wenn ein Vormietrecht auf die Begründung eines Mietvertrags mit einer Dauer von mehr als einem Jahr abzielt, erscheint es eher als konsequent, vom Schriftformerfordernis auszugehen.[167] Die Interessenlage wird insoweit kaum anders zu beurteilen sein als bei der schriftformbedürftigen Verlängerungsoption, denn jede die Vertragslaufzeit beeinflussende Abrede ist ein wesentlicher Bestandteil von Abreden mit mietvertragsrechtlicher Relevanz.[168] Die Nichtbeachtung der Schriftform wird jedoch allenfalls dazu führen können, dass der Vormietvertrag entsprechend § 550 BGB aufkündbar ist. Wenn der im Zuge eines Vormietrechts abgeschlossene Hauptvertrag die Schriftform wahrt, dürften etwaige Schriftformmängel jedenfalls geheilt sein. Das dem Hauptvertrag vorgelagerte Stadium ist dann überholt.

d) Anwendbarkeit der Regelungen zum Vorkauf. Die Bestimmungen über den Vorkauf (§§ 463–473 BGB) sind auf die Vormiete (und die Vorpacht) grundsätzlich entsprechend anwendbar.[169] Mangels ausdrücklicher vertraglicher Regelungen ergeben sich daraus für das Vormietrecht folgende gesetzliche Vorgaben: 82

aa) Ausübung des Vormietrechts. § 464 BGB regelt die Ausübung des Rechts durch Erklärung gegenüber dem Verpflichteten, und zwar grundsätzlich durch **formfreie Erklärung**,[170] denn nach § 464 Abs. 1 S. 2 BGB bedarf die Erklärung, mit der das Recht ausgeübt wird, nicht der für den Hauptvertrag bestimmten Form. Schon aus Gründen der Beweissicherung sollte jedoch stets auf die **Vereinbarung der Schriftform** (vgl. § 127 BGB) geachtet werden. Eine von der Rechtsausübung zu unterscheidende Frage ist die Wahrung der Schriftform des hierdurch zustande gekommenen gewerblichen Miet- oder Pachtvertrags. Dies lässt sich anhand der Bestimmungen zum Vorkaufsrecht nicht beantworten,[171] sondern beurteilt sich nach § 550 BGB. Um der vorzeitigen Aufkündigung eines längerfristigen Mietverhältnisses zu entgehen, wird daher Wert auf die schriftliche Niederlegung eines Mietvertrags mit dem Vormietberechtigten zu legen sein.[172] Das kann in unterschiedlicher Weise geschehen, etwa indem die einseitige Ausübung des Rechts durch den Berechtigten (Mieter) durch einen der Schriftform unterliegenden Vertragsschluss ersetzt wird oder – einfacher – indem der Vermieter dem Berechtigten den mit einem Dritten abgeschlossenen schriftlichen Mietvertrag zwecks Ausübung des Vormietrechts durch Unterzeichnung dieses Vertrags übermittelt: 83

Formulierungsvorschlag:

(.....) Zur Ausübung des Vormietrechts hat der Verpflichtete (Vermieter) dem Berechtigten dem von ihm und dem anderen Mietinteressenten unterzeichneten Mietvertrag in einer der Schriftform genügenden Form zu übermitteln. Die Übermittlung hat unverzüglich nach Vertragsschluss zu geschehen. Der Mietvertrag hat alle vertraglichen Vereinbarungen zu enthalten, die mit dem anderen Mietinteressenten getroffen wurden.

(.....) Der Berechtigte kann das Vormietrecht nur dadurch ausüben, dass er diesen Mietvertrag seinerseits unterzeichnet und innerhalb einer Frist von ...... Wochen/Tagen an den Vermieter zurücksendet. 84

---

[166] Vgl. Palandt/*Weidenhaff* § 550 Rdnr. 1; *Francke* ZMR 1998, 529.
[167] Einschränkend: *Blank/Börstinghaus* § 550 Rdnr. 9; a.A. Lindner/Figura/Oprée/Stellmann/*Stellmann* Kap. 3 Rdnr. 56 f.; zum Schutzzweck des Schriftformerfordernisses vgl. auch MüKo/*Schilling* § 550 Rdnr. 2.
[168] Zur Verlängerungsoption vgl. BGH NJW-RR 1987, 1227; Schmidt-Futterer/*Lammel* § 566 Rdnr. 9.
[169] Vgl. BGH NZM 2002, 910; BGH MDR 1958, 234 in Fortführung von RGZ 123, 265; 126, 123.
[170] Vgl. BGH NJW 1971, 422.
[171] Vgl. BGH NJW 1971, 422.
[172] Vgl. dazu die Formulierungsvorschläge in Rdnr. 90 und 92.

> (.....) Die Rücksendung des mit Änderungen des Berechtigten versehenen Mietvertrags oder die Abgabe von Erklärungen, dass von dem Vormietrecht unter zusätzlichen Bedingungen oder nur nach Maßgabe bestimmter Änderungen des mitgeteilten Mietvertrags Gebrauch gemacht werde, beinhaltet keine wirksame Ausübung des Vormietrechts und wahrt die bezeichnete Ausübungsfrist nicht.

85 Die Ausübung eines Vormietrechts ist nur in den Grenzen des § 242 BGB möglich.[173] Gravierende Verstöße gegen Billigkeitsgrundsätze sind dann angenommen worden, wenn ein Berechtigter es zugleich mit der Ausübung des Vorkaufs-/Vormietrechts ablehnt, die mit der Erklärung verbundenen Pflichten zu tragen[174] oder wenn der Berechtigte nach seinen Verhältnissen die aus der Ausübung des Rechts folgenden Verpflichtungen schlechterdings nicht erfüllen kann.[175]

86 *bb) Verbot von Umgehungsgeschäften.* Nach § 465 BGB sind Klauseln, die das Vormietrecht umgehen oder vereiteln sollen, im Verhältnis zum Vormietberechtigten unwirksam.[176] Soweit dem Vermieter Rechtsgeschäfte gestattet sein sollen, die mit dem Vormietrecht kollidieren, ist dies im Rahmen der Vertragsgestaltung als vertragliche Beschränkung des Rechts unbedingt ausdrücklich zu regeln.[177] Für die Annahme unwirksamer Vereitelungsgeschäfte verlangt die Rechtsprechung das **Vorliegen verwerflicher Motive**.[178]

87 *cc) Übertragbarkeit, Vererblichkeit.* Aus der analogen Anwendung von § 473 BGB folgt der grundsätzliche Ausschluss der Übertragbarkeit und Vererbarkeit des Vormietrechts. Ein auf bestimmte Zeit beschränktes Recht ist jedoch gemäß § 473 S. 2 BGB „im Zweifel" vererblich. Der Vermieter wird im Bereich der Gewerberaummiete/Pacht jedoch zumeist kein Interesse daran haben, den Kreis der Berechtigten auf potenzielle Rechtsnachfolger zu erweitern. Daher sind vertragliche Klarstellungen veranlasst, die auf den Ausschluss einer Rechtsnachfolge oder -übertragung abzielen.

88 *dd) Mitteilungspflichten/Ausübungsfrist.* Nach § 469 Abs. 1 BGB hat der Vermieter dem Berechtigten den Inhalt des mit einem Dritten abgeschlossenen Vertrags unverzüglich mitzuteilen. Diese Mitteilungspflicht versteht sich zur Vermeidung eines Schwebezustands, in dem unklar bleibt, ob das Vormietrecht ausgeübt wird, von selbst. Der Vormietberechtigte hat in Bezug auf alle Vertragsmodalitäten, die das Vormietrecht tangieren, einen gerichtlich durchsetzbaren Auskunftsanspruch.[179]

89 § 469 Abs. 2 S. 1 BGB regelt eine zweimonatige Ausübungsfrist, die mit dem Empfang der Mitteilung beginnt, dass ein Mietvertrag mit einem Dritten geschlossen wurde. Diese gesetzliche Vorgabe kann und sollte im Zweifel vertraglich ausgestaltet (verkürzt) werden,[180] denn alle Beteiligten (Vermieter, Vormietberechtigter und Dritter) werden regelmäßig ein nahe liegendes Interesse daran haben, alsbald Klarheit über die Vertragskonstitution zu erhalten.

Muster: Vereinbarung über ein Vormietrecht

90 **§ 1 Grundlagen des Vormietrechts**

(1) Der Vermieter ist Eigentümer eines gewerblichen Mietobjekts in ...... In der ...... Etage befinden sich Mieträume, die zur Zeit vom Mieter ...... als Büroräume angemietet sind. Das zugrunde liegende Mietverhältnis ist bis zum ...... befristet. Der Mietvertrag ent-

---

[173] Vgl. BGH WM 1962, 722 ff.; OLG Stuttgart BB 1960, 887.
[174] Vgl. BGH LM Nr. 3 und 6 zu § 505 BGB.
[175] Vgl. BGH WM 1962, 722.
[176] Vgl. Palandt/*Weidenkaff* § 465 Rdnr. 3 ff. m. w. N.
[177] Z.B. die Befugnis zur anderweitigen Bestellung eines Nießbrauchs oder anderer dinglicher oder schuldrechtlicher Befugnisse an den Mieträumen, vgl. BGHZ 34, 200.
[178] Vgl. BGH NJW 1964, 540; Palandt/*Weidenkaff* § 465 Rdnr. 3 ff. m. w. N.
[179] Vgl. BGH NZM 2002, 910 m. w. N.
[180] Vgl. Palandt/*Weidenkaff* § 469 Rdnr. 4.

hält eine Verlängerungsklausel, aufgrund derer sich die Mietzeit um ...... Jahre verlängert, falls nicht eine Vertragspartei spätestens 6 Monate vor Ablauf der Mietzeit einer Vertragsverlängerung widerspricht. Der Vermieter beabsichtigt nicht, einer Vertragsverlängerung zu widersprechen. Die Parteien dieses Vormietvertrags sind sich darüber einig, dass gegenüber dem Vormietberechtigten auch keine Pflicht des Vermieters besteht, auf die Beendigung des laufenden Mietverhältnisses hinzuwirken.

(2) Der Vormietberechtigte ist von Beruf Steuerberater. Er beabsichtigt, in den Mieträumen eine Steuerberaterkanzlei zu führen. Der derzeitige Mieter erwägt, von einer Vertragsfortsetzung Abstand zu nehmen. Für den Fall, dass eine Verlängerung des laufenden Mietvertrags nicht zustande kommt, vereinbaren die Parteien das in diesem Vertrag niedergelegte Vormietrecht.

§ 2 Inhalt und Ausübung des Vormietrechts, Erlöschen des Vormietrechts

(1) Der Vermieter räumt dem Vormietberechtigten ein nicht übertragbares und nicht vererbbares Vormietrecht mit der Maßgabe ein, dass der Vormietberechtigte durch eine gegenüber dem Vermieter abzugebende Erklärung die Begründung eines neuen Mietverhältnisses bewirken kann. Dieses Mietverhältnis kommt mit demselben Vertragsinhalt zustande, wie er zuvor vom Vermieter mit einem Dritten mietvertraglich vereinbart wurde. Bei der Aushandlung des Mietvertrags ist der Vermieter nicht an die Modalitäten des zur Zeit bestehenden Mietverhältnisses gebunden. Das Vormietrecht gilt nur für die Begründung des ersten im Anschluss an diese Vormietvereinbarung zustande kommenden Mietvertrags.

(2) Wenn der bisherige Mieter von seiner Verlängerungsoption Gebrauch macht, hat der Vermieter dies dem Vormietberechtigten ebenfalls unverzüglich mitzuteilen. Mit dem Zugang dieser Mitteilung erlischt das Vormietrecht, ohne dass es hierzu weiterer Willenserklärungen auch nur einer Vertragspartei bedarf.

(3) Wenn der bisherige Mieter von seiner Verlängerungsoption keinen Gebrauch macht, hat der Vermieter dem Vormietberechtigten unverzüglich den Abschluss des mit einem Dritten verabredeten Mietvertrags nebst dem genauen Vertragsinhalt mitzuteilen.

(4) Nach Zugang der Mitteilung des Vermieters, dass und mit welchem Inhalt ein Mietvertrag mit einem Dritten vereinbart wurde, kann der Vormietberechtigte innerhalb einer Frist von ...... Wochen/Tagen gegenüber dem Vermieter schriftlich erklären, dass er von dem Vormietrecht Gebrauch mache. Mit dem Zugang dieser Erklärung kommt der Mietvertrag zwischen dem Vermieter und dem Vormietberechtigten zustande. Gibt der Vormietberechtigte eine solche Erklärung nicht oder nicht fristgerecht ab, erlischt das Vormietrecht mit Ablauf der bezeichneten Frist, ohne dass es hierzu weiterer Willenserklärungen auch nur einer Vertragspartei bedarf. Die Abgabe einer Erklärung, dass von dem Vormietrecht unter zusätzlichen Bedingungen oder nur nach Maßgabe bestimmter Änderungen des mitgeteilten Mietvertrags Gebrauch gemacht werde, wahrt die bezeichnete Erklärungsfrist nicht.

(5) Der durch Ausübung des Vormietrechts zustande gekommene Mietvertrag ist auf Verlangen auch nur einer Partei schriftlich niederzulegen und von beiden Vertragsparteien zu unterzeichnen.

e) Rechtsbeziehungen zwischen Vermieter und Drittem. Da das Vormietrecht an die vertraglichen Vereinbarungen zwischen dem Vermieter und einem Dritten anknüpft, sieht sich der Vermieter mit zwei Vertragspartnern konfrontiert, deren Rechtsverfolgung auf dasselbe rechtliche und wirtschaftliche Ziel ausgerichtet ist, dem Abschluss eines Mietvertrags. Aus Vermietersicht ist es daher zur Vermeidung einer in hohem Maße schadensträchtigen Doppelvermietung[181] unumgänglich, sich beim Vertragsschluss mit dem Dritten wegen des bestehenden Vormietrechts abzusichern.[182] Dazu gehört zunächst die Pflicht, auf das bestehende Vormietrecht hinzuweisen. Zur Vermeidung vertraglicher Kollisionen ist es ferner unumgänglich, die mögliche Ausübung des Vormietrechts im Verhältnis zum Dritten vertraglich zu berücksichtigen, und zwar am besten durch **Vereinbarung einer vertragsbegründenden oder auflösenden Bedingung**. Bei Eingehung eines unbedingten Drittmietvertrags drohen Schadensersatzansprüche wegen Nichterfüllung.

---

[181] Zu den Rechtsfolgen einer Doppelvermietung vgl. etwa BGH NZM 2006, 538.
[182] Zu den möglichen Schwierigkeiten vgl. *Fritz* Rdnr. 32.

Formulierungsvorschlag:

92 **§ ...... Vormietrecht zugunsten eines Dritten**

(1) Dem Mieter ist bekannt, dass der Vermieter mit ...... einen Vormietvertrag abgeschlossen hat. Der Vormietvertrag ist diesem Mietvertrag in Kopie beigeheftet.

(2) Dieser Mietvertrag wird durch die frist- und vertragsgerechte Ausübung des Vormietrechts durch den Berechtigten gegenstandslos, ohne dass es hierzu weiterer Vereinbarungen und Erklärungen der Vertragsparteien bedarf. Der Vermieter ist jedoch verpflichtet, den Mieter unverzüglich über alle für die Ausübung des Vormietrechts maßgeblichen Umstände zu unterrichten.

(3) Der Vermieter übernimmt gegenüber dem Mieter keinerlei Gewähr für die Durchführbarkeit des Mietvertrags, soweit dieser unter dem Vorbehalt des Vormietrechts steht. Die Ausübung des Vormietrechts berechtigt den Mieter unter keinem rechtlichen Gesichtspunkt zum Aufwendungs- und Schadensersatz. Alle rechtlichen und wirtschaftlichen Risiken, die sich für den Mieter aus der Ausübung des Vormietrechts ergeben können, gehen zu Lasten des Mieters.

4. Option zur Begründung eines Gewerberaummietvertrags

93 Die Begründungsoption (auch **Abschlussoption** genannt) steht dem Abschluss eines Hauptmietvertrags am Nächsten, denn mit ihr werden die Modalitäten des Mietvertrags und seines Zustandekommens mit weitreichender Bindungswirkung festgelegt. Die Begründungsoption berechtigt die begünstigte Vertragspartei, durch Ausübung des Optionsrechts einen inhaltlich feststehenden oder zumindest nach vereinbarten Bedingungen inhaltlich festzulegenden Mietvertrag in Kraft zu setzen.[183] Die Optionsvereinbarung regelt eine **aufschiebende Bedingung** für das Zustandekommen des Mietvertrags.[184]

94 a) **Abgrenzungsfragen.**[185] Anders als beim Mietvorvertrag[186] muss der Inhalt des durch Option zu begründenden Mietvertrags grundsätzlich bereits feststehen.[187] Es ist allerdings möglich, dass die Vertragsparteien sich für den Fall der Optionsausübung wechselseitige Gestaltungs- und Bestimmungsrechte (vgl. §§ 315 f. BGB) vorbehalten. Teilweise wird – begrifflich unscharf – von einer Abschlussoption gesprochen,[188] wenn keine Vertragskonstitution durch einseitige Willenserklärung gemeint ist, sondern eine bloße Vorhandabrede, die aber nur das Stadium der Vertragsverhandlungen eröffnet.[189]

95 Die Begründungsoption ist nicht zwingend als alleiniges Mieterrecht anzusehen, denn es ist ohne weiteres denkbar, dass auch dem Vermieter das Recht eingeräumt wird, ein Mietverhältnis durch Optionsausübung zu konstituieren. Praktisch häufiger anzufinden ist allerdings die zugunsten eines Mieters vereinbarte Option. Soweit das OLG Köln[190] Abreden zwischen dem Verkäufer und dem Käufer eines Objekts, wonach jede Vertragspartei die Anmietung dieses Objekts seitens des Verkäufers verlangen kann, als Vorvertrag und nicht als Option beurteilt hat, so findet dieses Beispiel seine Besonderheit darin, dass das Verlangen des Käufers auf den Kontrahierungszwang des Vertragsgegners hinaus lief und nicht auf die Ausübung eines eigenen (Options-)Rechts. Die Optionsausübung hat dagegen unmittelbar rechtsgestaltende Wirkung.

96 b) **Praktische Bedeutung.** Die Vereinbarung einer Begründungsoption wird am ehesten dann in Betracht kommen, wenn die Begründung eines Mietverhältnisses zwischen den Vertragsparteien feststeht und einer Partei lediglich vorbehalten bleiben soll, durch die Ausübung der Option festzulegen, wann der Mietvertrag in Kraft gesetzt werden soll. Sie kann

---

[183] Vgl. KG KGR 2004, 284; Staudinger/*Emmerich* vor § 535 Rdnr. 100.
[184] Vgl. KG KGR 2004, 284; Staudinger/*Emmerich* vor § 535 Rdnr. 100.
[185] Zur Abgrenzung der unterschiedlichen vertragsvorbereitenden Vereinbarungen vgl. bereits Rdnr. 56, 74.
[186] Vgl. Rdnr. 55 ff.; vgl. ferner OLG Hamburg ZMR 2001, 889.
[187] Vgl. dazu eingehender Rdnr. 98 ff.
[188] Vgl. *Blank/Börstinghaus* § 542 Rdnr. 137.
[189] Vgl. Palandt/*Weidenkaff* vor § 535 Rdnr. 6 f.
[190] Vgl. ZMR 1998, 283.

sich ferner anbieten, wenn der Optionsberechtigte sich noch im Unklaren über den Eintritt bestimmter Voraussetzungen ist, von denen seine Entscheidung abhängt, ob es zu einem Mietvertrag kommen soll (z. B. Berufsexamen, behördliche Genehmigungen usw.). Der gewerbliche Vermieter kann an dem Vertragsschluss mit einem bestimmten Mieter interessiert sein, etwa weil der Mieter solvent ist oder gut in das vorhandene Mietumfeld passt, jedoch aus bestimmten Gründen noch nicht zum Abschluss eines Hauptmietvertrags bereit oder in der Lage ist.

Praxistipp:

Die Vereinbarung einer Begründungsoption hat für die Vertragsparteien folgende Vor- und Nachteile:

Vorteile für den Vermieter:
Der Vermieter kann einem noch unentschlossenen Mietinteressenten, mit dem er einen Vertrag abschließen möchte, Anreize bieten, einen Mietvertrag abzuschließen.
Nachteile für den Vermieter:
Der Vermieter ist durch das Optionsrecht an der freien Verwertung der Mietsache gehindert.
Der Vermieter ist an die mit der Optionsvereinbarung niedergelegten vertraglichen Konditionen gebunden und kann nicht ungehindert mit anderen Interessenten kontrahieren.
Vorteile für den Berechtigten/Mieter:
Der Berechtigte kann sich unter überschaubaren Bedingungen, die er selbst mitgestalten kann, den Zugriff auf ein Mietobjekt sichern.
Der Mieter kann i. d. R. frei entscheiden, ob er von der Option Gebrauch machen will.
Außer im Falle eines vereinbarten Optionsentgelts hat der Mieter durch die Nichtausübung der Option grundsätzlich mit keinen rechtlichen und wirtschaftlichen Nachteilen zu rechnen.
Fazit: Die Begründungsoption bietet in erster Linie für den Mietinteressenten eine vorteilhafte Möglichkeit der Vertragsgestaltung.

c) **Notwendiger Vertragsinhalt.** Grundsätzlich ist ein **vollständiger Mietvertragsentwurf** anzufertigen, der mit Optionsausübung in Kraft gesetzt wird. Insoweit gelten also grundsätzlich alle für die Vertragskonstitution und den Vertragsinhalt maßgeblichen Grundsätze. Da die Option unmittelbar auf das Zustandekommen eines Mietvertrags abzielt, muss zur Vermeidung eines **offenen Dissenses (§ 154 BGB)** grundsätzlich über sämtliche nach dem Willen der Parteien maßgeblichen Punkte Einigkeit erzielt werden. Dazu gehören im Zweifel alle wechselseitigen **Hauptleistungspflichten** aus dem Mietvertrag.[191] Nur dann, wenn sich die Parteien trotz noch offener Punkte erkennbar abschließend binden wollten und sich die Vertragslücken ausfüllen lassen, kann ein Einigungsmangel unbeachtlich sein.[192] Ein Einigungsmangel liegt auch dann nicht vor, soweit bestimmte Regelungspunkte dem Bestimmungsrecht einer Vertragspartei unterliegen (§§ 315 f. BGB).

Der **Mietbeginn** wird bei dem Entwurf des Mietvertrags i. d. R. offen bleiben, da nicht feststeht, ob bzw. wann die Option ausgeübt wird. Der Mietbeginn kann aber schon bestimmt sein, wenn eine Option nur für einen konkreten Vertragsbeginn vereinbart wird. Dann wird die Optionsausübung – bis längstens zum vertraglichen Mietbeginn – zu befristen sein.

Eine Begründungsoption wird regelmäßig nur unter Verabredung einer **Optionsfrist** in Betracht kommen. Andernfalls wäre der Vermieter in der wirtschaftlichen Verwertung der Mietsache blockiert. Namentlich für den Fall, dass die Option infolge Fristablaufs erlischt, kann sich der Vermieter ein Entgelt ausbedingen.[193]

---

[191] Vgl. dazu Palandt/*Weidenkaff* vor § 535 Rdnr. 81 ff.
[192] Vgl. BGHZ 41, 275; BGH NJW 1997, 2671.
[193] Vgl. Bub/Treier/*Reinstorf* II Rdnr. 210 und Anm. 9.

101 **d) Schriftform für Optionsvereinbarung.** Ob die Vereinbarung einer Begründungsoption für einen Mietvertrag von mehr als einem Jahr Mietdauer der **Schriftform** bedarf, ist streitig.[194] Es erscheint nach diesseitiger Auffassung zumindest dann als problematisch, die Schriftformbedürftigkeit zu verneinen, wenn der Vermieter sich mit der Optionsvereinbarung verpflichtet, die Rechte und Pflichten aus der Option auf einen etwaigen Rechtsnachfolger/Erwerber zu übertragen oder wenn das Optionsrecht von vorneherein auf die Begründung eines Mietverhältnisses von mehr als einem Jahr Vertragsdauer abzielt. Zwar dürfte nicht schlechthin der Auffassung zu folgen sein, dass die Bindung eines Erwerbers aus §§ 566, 578 BGB auch bei allen Optionsklauseln besteht,[195] denn § 566 BGB setzt ausdrücklich das Bestehen eines Mietverhältnisses voraus. Ein solches wird aber allein durch die Vereinbarung einer Begründungsoption noch nicht konstituiert.

102 Die Nähe der Option zum Regelungsbereich des § 566 BGB und die Einschlägigkeit des Schutzzwecks der Schriftform im Sinne von § 550 BGB zeigt sich aber daran, dass der Erwerber mit einem Mietverhältnis konfrontiert werden kann, das vor dem Eigentumserwerb durch Optionsausübung gegenüber dem Voreigentümer zustande kam.[196] Ein Optionsrecht kann ggf. noch kurz vor Eintragung des Erwerbers im Grundbuch ausgeübt werden und bindet den Erwerber auch dann, wenn das Mietverhältnis erst nach dem Eigentumsübergang beginnen soll.[197] Ein Erwerber kann jedoch ohne Wahrung der Schriftform nicht überblicken, ob und zu welchen Bedingungen ein Optionsrecht bestand und ob es rechtswirksam ausgeübt wurde. Der das Schriftformerfordernis aus § 550 BGB tragende Schutzzweck betrifft außerdem nicht nur die Belange eines potentiellen Erwerbers, sondern – praktisch oft noch bedeutsamer – auch die Beweisinteressen der Vertragsparteien. Anders als beim Vormietrecht und beim Vorvertrag sollte die Nichtbeachtung der Schriftform nach diesseitiger Auffassung nicht nur zur Aufkündbarkeit des dem Hauptvertrag vorgelagerten Vertrags, sondern auch des durch Optionsausübung in Kraft gesetzten Mietverhältnisses führen. Dies gilt jedenfalls dann, wenn schon vor Optionsausübung abschließende Vereinbarungen zu einer Mietdauer von mehr als einem Jahr vereinbart waren und es anlässlich der Optionsausübung nicht nochmals zu einer die Schriftformmängel heilenden Vertragsbestätigung kommt.[198]

103 **e) Schriftform für Optionsausübung.** Bei der Vertragsgestaltung sollte für die Optionsausübung schon aus Beweisgründen die Schriftform vorgesehen werden. Das OLG Düsseldorf[199] hat angenommen, dass beim Fehlen ausdrücklicher Form- und Fristbestimmungen für die Optionsausübung diejenigen Erfordernisse gelten, die die Parteien ansonsten für die Beendigung und Fortsetzung des Mietverhältnisses aufgestellt haben. Ansonsten wird ein Schriftformerfordernis für die Optionsausübung überwiegend verneint.[200]

104 Diesseits wird befürwortet, auch die Ausübung der Begründungsoption aus den vorstehenden Gründen der Anmerkungen zur Schriftform bei der Optionsvereinbarung jedenfalls dann als formbedürftig zu behandeln, wenn das durch Optionsausübung zu begründende Mietverhältnis länger als ein Jahr dauern soll. Andernfalls bestünde eine systemwidrige Formlücke. Die formfreie Ausübung liefe zumal dann, wenn auch die Vereinbarung des Optionsrechts nicht als formbedürftig angesehen wird, auf eine weit reichende Umgehung des § 550 BGB hinaus.[201]

105 **f) Rechtsfolgen der Optionsausübung.** Die Ausübung der Option erfolgt durch eine empfangsbedürftige, rechtsgestaltende Willenserklärung, mit der die begünstigte Vertragspartei (zumeist der Mieter) einen bereits feststehenden oder zumindest nach vereinbarten Bedin-

---

[194] Zum Meinungsstand vgl. Bub/Treier/*Reinstorf* II. Rdnr. 210 m. w. N.; Erman/*Jendrek* vor § 535 Rdnr. 67; MünchKomm/*Schilling* § 535 Rdnr. 32; vgl. hierzu auch die Ausführungen zum Vorvertrag in Rdnr. 67 und zum Vormietrecht in Rdnr. 81.
[195] Vgl. aber MünchKomm/*Voelskow* in der Voraufl. zu §§ 535, 536 Rdnr. 33.
[196] Vgl. Erman/*Jendrek* vor § 535 Rdnr. 67.
[197] Vgl. BGH NJW 1964, 1851.
[198] So im Ergebnis auch Schmidt-Futterer/*Blank* vor § 535 Rdnr. 112.
[199] Vgl. ZMR 1992, 52 für den Fall einer Verlängerungsoption.
[200] Vgl. hierzu die Darstellung und die Nachweise bei *Michalski* ZMR 1999, 141.
[201] Vgl. hierzu auch Staudinger/*Emmerich* § 550 Rdnr. 9.

gungen inhaltlich festzulegenden Mietvertrag in Kraft setzt.[202] Falls dem Berechtigten nicht ausdrücklich vertragliche Bestimmungsrechte zugebilligt worden sind, ist eine Optionsausübung, mit der eine **Abänderung oder Ergänzung** des der Optionsvereinbarung zugrunde liegenden Mietvertragsentwurfs bewirkt werden soll, nicht wirksam möglich, denn dies ist von der Optionsvereinbarung im Zweifel nicht umfasst. Die Ausübungserklärung kann aber als neues Vertragsangebot i. S. v. §§ 145 ff. BGB auszulegen sein. Ein Mietvertrag kommt dann nach allgemeinem Vertragsrecht zustande, wenn der Vermieter den modifizierten Antrag annimmt. Hierdurch kann das Optionsrecht insgesamt gegenstandslos werden.

g) **Rücktritt vom Optionsvertrag.** Ein Recht zum Rücktritt vom Optionsvertrag kann ohne ausdrückliche vertragliche Bestimmungen entstehen, wenn Umstände eintreten, deren Vorliegen nach mietrechtlichen oder allgemeinen Grundsätzen (§ 242 BGB) ein Recht zur außerordentlichen Kündigung begründen würde.[203]

Die **Vereinbarung eines vertraglichen Rücktrittsrechts** wird bei der Optionsvereinbarung häufig in Betracht zu ziehen sein, denn bei der Begründung eines Optionsrechts sind die Voraussetzungen für das Zustandekommen des Mietvertrags typischerweise noch nicht insgesamt und abschließend geklärt. Für den Eintritt oder Nichteintritt bestimmter Bedingungen kann es sich daher anbieten, dass die Parteien sich die Loslösung von der Optionsbindung durch eine – ggf. befristet mögliche – Rücktrittserklärung (§§ 346 ff. BGB) vorbehalten. An die Ausübung eines vertraglichen Rücktrittsrechts kann die Festlegung eines **Optionsentgelts** geknüpft werden, das etwa als Aufwendungsersatz oder pauschaler Abfindungsbetrag zugunsten der nicht zurücktretenden Vertragspartei wirken soll, z. B. wenn im Vertrauen auf den Vertragsschluss besonderer Vorbereitungs-, Verwaltungs- oder Herstellungsaufwand entfaltet wurde. Ein Optionsentgelt kann aber auch für die bloße Optionseinräumung oder für den Fall der Optionsausübung vereinbart werden.

Formulierungsvorschlag:

§ 1 Grundlagen der Optionsvereinbarung

(1) Die Vertragsparteien haben einen schriftlichen Mietvertragsentwurf niedergelegt, der dieser Vereinbarung als Bestandteil des Optionsvertrags beigeheftet ist.

(2) Der Optionsberechtigte kann den Mietvertrag dadurch in Kraft setzen, dass er die ihm eingeräumte Option gegenüber dem Vermieter ausübt.

(3) Das Optionsrecht ist weder übertragbar noch vererblich.

§ 2 Ausübung der Option

(1) Der Optionsberechtigte kann die Option gegenüber dem Vermieter nur durch eine schriftliche Erklärung ausüben, die bis zum …… beim Vermieter einzugehen hat.

(2) Mit Ablauf der in Ziff. (1) bezeichneten Frist erlischt das Optionsrecht, ohne dass es hierzu einer Kündigung, einer Rücktrittserklärung oder einer sonstigen Willenserklärung der Vertragsparteien bedarf. Eine Optionsausübung, die auf Änderungen des schriftlichen Mietvertragsentwurfs abzielt, beinhaltet keine wirksame Ausübung der Option und wahrt die nach Ziff. (1) zu beachtende Frist nicht.

(3) Der Optionsberechtigte kann (ggf.: bis zum ……) von diesem Vertrag unter Ausschluss wechselseitiger Ersatzansprüche – insbesondere von Ansprüchen auf Leistung von Schadens- und Aufwendungsersatz – zurücktreten, wenn ……

Beispiel:
dem Optionsberechtigten die zur Führung des beabsichtigten Gewerbes erforderliche Konzession nicht bis zum …… erteilt oder bestandskräftig versagt wird.

---

[202] Vgl. KGR 2004, 284; Staudinger/*Emmerich* vor § 535 Rdnr. 100.
[203] Vgl. Schmidt-Futterer/*Blank* vor §§ 535, 536 Rdnr. 73.

§ 45 Vorvertragliche Rechte und Pflichten

Übersicht

	Rdnr.
I. Allgemeines	1–6
II. Anmietrecht	7–13
1. Allgemeines	7–9
2. Praktische Bedeutung	10/11
3. Vertragsgestaltung und Muster	12/13
III. Vormietrecht	14–38
1. Allgemeines	14–25
a) Begriffsbestimmung und Abgrenzung	14–20
b) Praktische Bedeutung	21–25
2. Begründung des Vormietrechts	26/27
3. Ausübung des Vormietrechts	28–37
a) Eintritt des Vormietfalles	28/29
b) Ausübung des Vormietrechts	30–34
c) Rechtsfolgen – Leistungsstörungen	35–37
4. Vertragsgestaltung	38
IV. Mietvorvertrag	39–81
1. Allgemeines	39–48
a) Begriffsbestimmung	39–40
b) Praktische Bedeutung	41–48
2. Zustandekommen des Mietvorvertrags	49–56
a) Abschluss des Mietvorvertrags	49–51
b) Inhalt des Mietvorvertrages	52–56
3. Rechte und Pflichten aus dem Mietvorvertrag	57–79
a) Haupt- und Nebenpflichten	57–64
b) Erfüllung – Leistungsstörungen beim Vorvertrag	65–69
c) Gerichtliche Geltendmachung	70–79
4. Vertragsgestaltung und Muster	80/81
V. Option	82–97
1. Allgemeines	82–90
a) Begriffsbestimmung und Abgrenzung	82–88
b) Praktische Bedeutung	89/90
2. Begründung des Optionsrechts	91–93
3. Ausübung des Optionsrechts	94–96
4. Vertragsgestaltung	97
VI. Culpa in Contrahendo	98–120
1. Allgemeines/Haftungsgrundlagen	98–105
2. Abbruch von Vertragsverhandlungen	106–110
3. Verletzung von Aufklärungspflichten	111–120

Schrifttum: *Bub/Treier,* Handbuch der Geschäfts- und Wohnraummiete, 3. Aufl. 1999; *Lindner-Figura/Oprée/Stellmann,* Geschäftsraummiete, 2006; *Harz/Kääb/Riecke/Schmid,* Handbuch des Fachanwalts Miet- und Wohnungseigentumsrecht, 2006; *Henrich,* Vorvertrag, Optionsrecht, Vorrechtsvertrag, 1965; *Kinne/Schach,* Mietvertrags- und Mietprozessrecht, 4. Aufl. 2005; *Nies/Gies,* Beck'sches Formularbuch Mietrecht, 2. Aufl. 2007; *Schmidt-Futterer,* Mietrecht, 9. Aufl. 2007; *Sternel,* Mietrecht aktuell, 3. Aufl. 1998; *Wolf/Eckert/Ball,* Handbuch des gewerblichen Miet-, Pacht- und Leasingrechts, 9. Aufl. 2004.

Vorbemerkung:

Die Ausführungen in § 45 konzentrieren sich auf vorvertragliche Bindungen bei der Gewerberaummiete und die Haftung aus c.i.c. bei Verhandlungen in diesem Bereich. Sie ergänzen die allgemeinen Ausführungen zum Wohnraummietrecht in § 7. Um den Lesefluss zu verbessern und einen schnellen Zugriff zu erleichtern, sind die allgemeinen Ausführungen soweit notwendig auch hier aufgenommen. Vertiefende Hinweise zu einzelnen Streitfragen in der Literatur finden sich bei den entsprechenden Passagen in § 7.

I. Allgemeines

Mehr noch als im Wohnraummietrecht besteht bei der Gewerberaummiete die Notwendigkeit, Vorverhandlungen in bestimmten Konstellationen rechtlich zu strukturieren. Faktisch spielen hier Investitionen, die im Blick auf eine beabsichtigte Anmietung oder Vermietung getätigt werden, eine große Rolle, denn sie erzeugen einen Bedarf nach Absicherung. Rechtlich führt die größere Disponibilität der gesetzlichen Vorschriften und der demnach größere Umfang der im Vertrag zu treffenden Regelungen dazu, dass die Interessen einer oder beider Parteien für den Abschluss einer vorvertraglichen Vereinbarung sprechen können, um bereits erreichte Einigungen zu fixieren. Die Parteien haben dann die Möglichkeit, eine für sie geeignete Vorform zu wählen, die einerseits ihre Position auf den zukünftig geplanten Abschluss des Hauptvertrages sichert, andererseits noch nicht die Wirkungen aus dem Hauptvertrag entfaltet. Inhalt einer derartigen Vereinbarung ist im Allgemeinen, dass der Verpflichtete dem Berechtigten ein Vorzugsrecht einräumt, welches ihm gegenüber potenziellen anderen Interessenten eine Vorzugsstellung verschafft.[1]

Die Rechtsformen, mit denen die Begründung eines Mietverhältnisses vorbereitet und gesichert werden kann, sind durchwegs Entwicklungen der Kautelarpraxis, auch wenn im Falle des Vormietrechts die gesetzlichen Bestimmungen über den Vorkauf entsprechend herangezogen werden.

- Mit **Anmietrecht** wird eine Vereinbarung bezeichnet, die den Vermieter verpflichtet, wenn er sich zur Vermietung oder Weitervermietung entschlossen hat, die Mietsache zunächst einem bestimmten Mietinteressenten anzubieten, bevor er sie an einen anderen vermietet.
- Inhalt eines **Vormietrechts** ist in der Regel, dass der Berechtigte die Befugnis erhält, durch einseitige, an den Verpflichteten gerichtete Erklärung mit diesem einen Mietvertrag zu den Bedingungen begründen zu können, die dieser in einem Mietvertrag mit einem Dritten festlegt.
- Unter einem **Mietvorvertrag** ist eine schuldrechtliche Vereinbarung zu verstehen, in der sich die Parteien verpflichten, zu einem späteren Zeitpunkt einen Hauptmietvertrag zu schließen, ohne unmittelbar Leistungspflichten zu begründen.
- Nach h.M. gestattet ein **Optionsrecht** dem Berechtigten, durch eine einseitige empfangsbedürftige Willenserklärung entweder ein Mietverhältnis zustandezubringen oder ein bestehendes Mietverhältnis über die zunächst vorgesehene Laufzeit hinaus auf bestimmte oder unbestimmte Zeit zu verlängern.

Neben diesen Hauptformen spielen in der Praxis des Gewerberaummietrechts bei der Vorbereitung des Abschlusses des Mietvertrages noch Rahmenverträge und zunehmend auch das aus dem angelsächsischen Bereich entlehnte Instrument des Letter of Intent eine Rolle. Diese beiden Formen werden in § 46 Rdnr. 8 ff., 16 ff. behandelt.

In der **anwaltlichen Praxis** geht es um drei große Problembereiche, nämlich zum einen um die Beratung von Mandanten, die eine vorvertragliche Bindung wollen, zum anderen um den Ausschluss von Kollisionen vorvertraglicher Rechte mit neuen vertraglichen Rechten und Pflichten (etwa beim Kauf eines bebauten und vermieteten Grundstücks oder generell bei Bestehen eines Vormietrechts) und zuletzt um die Vermeidung einer ungewollten Haftung im Falle des Abbruchs von Vertragsverhandlungen.

Bei der **Beratung von Mandanten, die eine vorvertragliche Bindung wollen**, sollte man sich immer vergegenwärtigen, dass der direkte Abschluss eines Hauptvertrages, sei es unter auflösender oder aufschiebender Bedingung, den Vorteil hat, dass für den Fall des Eintritts bzw. Wegfalls der Bedingung die Rechte und Pflichten aus dem Hauptvertrag ohne weitere Handlungen in Kraft treten. Ist eine solche, unmittelbar verpflichtende Vertragsgestaltung von den Mandanten nicht erwünscht, so ist im nächsten Schritt die Interessenlage und die Situation sorgfältig zu eruieren. Nur auf diese Weise kann geklärt werden, welches der zur Verfügung stehenden Rechtsinstitute das geeignetste ist, da der Hauptunterschied letztlich in der Bindungswirkung und den daraus resultierenden Rechten und Pflichten besteht. Bei der

---

[1] Soergel/*Kummer* Vorb. § 535 Rdnr. 21.

Vertragsgestaltung gilt es, die gewünschten Rechte und Pflichten genau zu beschreiben, um auf diese Weise später eventuell mögliche Differenzen bereits im Vorfeld auszuschließen. Liegen (schriftliche) Vereinbarungen vor, so muss bei deren Prüfung stets berücksichtigt werden, dass die von den Parteien gewählte **Bezeichnung** ihrer Vereinbarung allenfalls als Indiz für den angestrebten Zweck angesehen werden kann. Nach der ständigen Rechtsprechung des BGH ist aber letztlich entscheidend, welchen Geschäftszweck die Parteien in Wahrheit verfolgt haben. Für den **Inhalt** eines Vertrages ist gemäß §§ 133, 157 BGB der **übereinstimmende Wille** der Beteiligten maßgebend, selbst wenn ihre Erklärungen dem Wortlaut nach eine andere Bedeutung haben sollten.[2] Zum Zwecke der Beweissicherung empfiehlt sich bei **allen** Vereinbarungen im Bereich der Anbahnung eines Mietverhältnisses die Wahrung der **Schriftform**, sowohl was die Vereinbarung selbst betrifft als auch hinsichtlich der Ausübung des jeweils begründeten Rechts. Beauftragen die Mandanten den Rechtsanwalt hingegen mit der Geltendmachung von Rechten aus bereits getroffenen Vereinbarungen, so ist das Fehlen der Schriftform kein Hinderungsgrund, da alle genannten Vorformen auch mündlich vereinbart werden können.

5 Ganz besonderes Augenmerk muss auf die ausführliche Beratung des Mandanten gelegt werden, wenn dessen Pläne als Vermieter oder als Käufer eines Grundstücks durch bestehende vorvertragliche Bindungen gefährdet werden können. Hier drohen **erhebliche Haftungsrisiken**. Gefährliche Konstellationen sind etwa

- der **Kauf eines bebauten und vermieteten Grundstücks:** Der Anwalt, der auf Seiten des Käufers tätig wird, muss sorgfältig prüfen, ob vorvertragliche Bindungen bestehen, die die Pläne seines Mandanten gefährden können. Wenn der Verkäufer solche Vereinbarungen geschlossen hat, reicht es nicht, wenn der Anwalt zwar vom Kauf abrät, aber nicht über die mögliche vertragliche Sicherung des Käufers bei unklarer Verlängerungsoption – hier durch Vereinbarung eines Rücktrittsrechts – berät.[3]
- generell das **Vormietrecht,** wo es zur Konkurrenz zwischen neuem Mieter und Berechtigtem kommen kann. Hier muss der Anwalt den von ihm vertretenen Vermieter eindringlich und ausdrücklich darauf aufmerksam machen, dass er, wenn er mit einem neuem Mieter kontrahiert, das Vormietrecht offenbaren und zweckmäßigerweise einen Haftungsausschluss für den Fall der Ausübung des Vormietrechts vereinbaren muss.[4]

6 Der in Vorverhandlungen über die Gewerberaummiete eingeschaltete Anwalt muss stets beachten, dass die Judikatur zur **Haftung aus c.i.c. wegen Abbruchs von Vertragsverhandlungen** sehr fallgruppen- bzw. einzelfallorientiert verfährt und daher erhebliche Unsicherheiten bestehen, wann und unter welchen Voraussetzungen eine Haftung aus c.i.c. wegen Abbruchs von Vertragsverhandlungen greift. In der anwaltlichen Begleitung und Beratung von Vertragsverhandlungen sollte auf diese Gefahr reagiert werden, indem alle vorzeitigen schriftlichen oder mündlichen Äußerungen vermieden werden, die den Mietvertragsabschluss als sicher hinstellen, solange es noch zu keiner Unterzeichnung gekommen ist. Ist eine vorvertragliche Bindung im Einzelfall sinnvoll oder von den Parteien gewollt, sollte zum Mittel des (schriftlichen) Mietvorvertrages gegriffen werden.

II. Anmietrecht

1. Allgemeines

7 Unter **Anmietrecht** ist eine Vereinbarung zu verstehen, die den Vermieter verpflichtet, wenn er sich zur Vermietung oder Weitervermietung entschließt, die Mietsache zunächst einem bestimmten Mietinteressenten **anzubieten,** bevor er sie an einen anderen vermietet.[5]

---

[2] St. Rspr. des BGH im Anschluss an BGH NJW 1994, 1528 – vgl. BGHZ 71, 243, 247; BGH ZMR 1993, 55, 56; OLG Köln ZMR 1998, 283: der übereinstimmende Wille beider Parteien geht dem Wortlaut des Vertrages und jeder anderweitigen Interpretation vor.
[3] Vgl. BGH Urt. v. 7. 2. 2008 – IX ZR 149/04.
[4] Vgl. OLG Düsseldorf MDR 1984, 756.
[5] S. MünchKommBGB/*Voelskow* §§ 535, 536 Rdnr. 28; Staudinger/*Emmerich* Vorb. zu § 535 Rdnr. 98; Palandt/*Weidenkaff* Einf. v. § 535 Rdnr. 10; Schmidt-Futterer/*Blank* Vorb. § 535 Rdnr. 116; abzulehnen ist die

Die Vereinbarung eines Anmietrechts ist formlos möglich.[6] Aus Beweissicherungsgründen sollte sie dennoch stets schriftlich erfolgen.

Zum Zeitpunkt der Begründung des Anmietrechts ist es völlig offen, ob es überhaupt zu einem Mietvertragsabschluss zwischen dem Vermieter und dem Anmietberechtigten kommen wird. Es fehlt an einem konkreten Bindungswillen auf beiden Seiten. Auch stehen die Vertragskonditionen des etwaigen späteren Vertrages noch keineswegs fest; diese sollen erst mit Eintritt in die Hauptvertrags-Verhandlungen bestimmt werden.[7] Der beabsichtigte Mietvertrag kommt nicht durch einseitige Erklärung zustande,[8] sondern durch Angebot und Annahme nach erfolgreichen Hauptvertrags-Verhandlungen.

Unterlässt es der Vermieter, nachdem er sich zur Vermietung der Mietsache entschlossen hat, dies dem Anmietberechtigten mitzuteilen und in Vertragsverhandlungen mit ihm zu treten, und vermietet er die Sache stattdessen an einen Dritten, so macht er sich schadensersatzpflichtig. Der Schadensersatz ist auf das negative Interesse beschränkt, d. h. auf das, was der Interessent im Vertrauen auf das Zustandekommen von Vertragsverhandlungen aufgewendet hat.[9] Treten Umstände ein, die bei Vorliegen eines Hauptvertrages zur fristlosen Kündigung berechtigen würden, so kann der Vermieter vom Vertrag zurücktreten.[10]

2. Praktische Bedeutung

Die praktische Bedeutung des Anmietrechts ist aufgrund seiner rechtlichen Ausgestaltung nicht allzu groß. Dennoch gibt es bei der Gewerberaummiete Anwendungsfälle, etwa bei Großprojekten mit allen Unwägbarkeiten wie dem Umbau eines Bahnhofs; hier kann das Anmietrecht dem bisherigen Mieter und Ladeninhaber die Position des ersten Verhandlungspartners geben, ohne den Vermieter und Projektträger über Gebühr zu belasten.

So ist als Anmietrecht ausgelegt worden die Formulierung:

„Die D. wird sich im Rahmen der geplanten Umbaumaßnahmen des Empfangsgebäudes darum bemühen, dass dem Pächter nach Fertigstellung vorrangig ein vergleichbares Pachtobjekt angeboten wird."[11]

Aspekte aus Sicht des Mietinteressenten:

Mit einem Anmietrecht erhält der Mietinteressent die Position des ersten Verhandlungspartners. Es hat für ihn den Vorteil, dass es ihn zu nichts verpflichtet. Er kann das ihm unterbreitete Angebot jederzeit ablehnen. Andererseits sichert das Anmietrecht den Mietinteressenten nur in sehr geringem Umfang. Er hat keine Möglichkeit, den Abschluss des Mietvertrages zu erzwingen.

Aspekte aus Sicht des Vermieters:

Das Anmietrecht belässt dem Vermieter weitgehende Freiheiten. Da der „Anmietfall" überhaupt nur eintreten kann, wenn er sich zur Vermietung bzw. Weitervermietung entschlossen hat, bleibt es letztlich in seiner Disposition, ob er überhaupt (noch) vermieten will. Des Weiteren bestimmt der Vermieter den Zeitpunkt, zu dem er ein Angebot machen, bzw. wann er in Vertragsverhandlungen eintreten möchte. Der Vermieter kann mittels seines Angebots die Konditionen des Vertrages grundsätzlich im Hinblick auf die Höhe der zu entrichtenden Miete, die Laufzeit des Vertrages als auch sonstiger Modalitäten bestimmen. Geht man davon aus, dass der Vermieter in der Gestaltung seines Vertragsangebots – und zwar bezüglich aller Mietkonditionen – völlig frei ist, sind für ihn keine Nachteile zu erkennen. Denn dann müsste ein Vermieter, der sich entschlossen hat, an einen anderen Mietinteressenten zu vermieten, dem Anmietberechtigten lediglich ein derart ungünstiges Angebot

---

abweichende Begrifflichkeit bei Lindner-Figura/Opreé/Stellmann/*Stellmann* Kap. 3 Rdnr. 72, wo das Anmietrecht der Begründungsoption gleichgesetzt wird.

[6] S. Palandt/*Weidenkaff* Vorb. § 535 Rdnr. 10; Schmidt-Futterer/*Blank* Vorb. § 535 Rdnr. 116.

[7] S. Bub/Treier/*Reinstorf* II Rdnr. 184; *Herold* WuM 1982, 119, 120; Palandt/*Weidenkaff* Einf. v. § 535 Rdnr. 10; KG Berlin Urt. v. 14. 1. 2002 – 8 U 8027/00.

[8] S. MünchKommBGB/*Voelskow* §§ 535, 536 Rdnr. 28.

[9] S. *Derleder/Pellegrino* NZM 1998, 550, 555; Bub/Treier/*Reinstorf* II Rdnr. 184.

[10] S. Schmidt-Futterer/*Blank* Vorb. § 535 Rdnr. 116.

[11] Vgl. den Sachverhalt bei KG Berlin Urt. v. 14. 1. 2002 – 8 U 8027/00.

unterbreiten, dass dieser vernünftigerweise ablehnen muss.[12] Diese Freiheit sollte, um eine Begrenzung auf Mietbedingungen nach billigem Ermessen (§§ 315 bis 319 BGB), wie sie in der Literatur vertreten wird,[13] in der Vereinbarung des Anmietrechts festgeschrieben werden.

Zusammenfassung:

12 Die Vereinbarung eines Anmietrechts verschafft dem Mietinteressenten nur die Position als erster Verhandlungspartner. Sie kann mit ihrer geringen rechtlichen Bindungswirkung für beide Seiten etwa bei Großprojekten mit allen Unwägbarkeiten sinnvoll sein; hier kann das Anmietrecht dem bisherigen Mieter und Ladeninhaber die Position des ersten Verhandlungspartners geben, ohne den Vermieter und Projektträger über Gebühr zu belasten. Der Vermieter kann sich so die Möglichkeit eines Vertragsabschlusses mit diesem z. B. bekannten, solventen oder passenden Mieter offenhalten.

3. Vertragsgestaltung und Muster

13 Zu Beweissicherungszwecken empfiehlt sich eine schriftliche Vereinbarung.
Folgende Punkte sollten bei Abfassung der Vereinbarung beachtet und konkret ausformuliert werden:
- Klare Bezeichnung als Anmietrecht – Darstellung der beiderseitigen Interessenlage (Umbau – Wunsch nach vergleichbarer Miet- oder Pachtfläche).
- Ab wann ist von einem Entschluss zur Vermietung seitens des Vermieters auszugehen?
- Wie hat der Verpflichtete den Berechtigten über seine Vermietungsabsicht in Kenntnis zu setzen?
Form der Information des Anmietberechtigten (Schriftform)?
- Zu welchen Konditionen hat der Verpflichtete anzubieten?
(Freiheit des Vermieters oder Anwendung der §§ 315 bis 319 BGB)?
- Wie lange soll das Anmietrecht gelten?
- Soll es sich auf einen oder mehrere Gewerberäume beziehen?
- Soll das Anmietrecht nur für die erstmalige Neu- bzw. Weitervermietung gelten oder auch für folgende Vermietungen?

III. Vormietrecht

1. Allgemeines

14 a) **Begriffsbestimmung und Abgrenzung.** Unter **Vormietrecht** ist eine Vereinbarung zu verstehen, durch die der Berechtigte die Befugnis erhält, durch einseitige, an den Verpflichteten gerichtete Erklärung mit diesem einen Mietvertrag zu den Bedingungen begründen zu können, die dieser in einem Mietvertrag mit einem Dritten festlegt. Mit Ausübung des Rechts tritt der Vormietberechtigte nicht an die Stelle des Dritten, vielmehr führt seine Erklärung zu einem weiteren – wenn auch inhaltsgleichen – Mietvertrag mit dem Verpflichteten.[14] Das Vormietrecht führt somit zu einer Situation, in der der Begünstigte und der neue Mieter konkurrieren. Für den Vermieter kann die Konkurrenzsituation Schadensersatzpflichten auslösen, wenn er den Dritten, mit dem er den neuen Vertrag schließt, nicht über die Existenz des Vormietrechts unterrichtet und wenn der Begünstigte vom Eintrittsrecht in den neuen Vertrag Gebrauch macht. Der Konkurrent, dem das Mietobjekt nicht zur Nutzung überlassen wird, kann dann Schadensersatz statt der Leistung verlangen.[15]

---

[12] S. Palandt/*Weidenkaff* Einf. v. § 535 Rdnr. 10; *Herold* WuM 1982, 119, 120.
[13] S. Schmidt-Futterer/*Blank* Vorb. § 535 Rdnr. 116.
[14] Vgl. BGHZ 55, 71, 76; BGH NJW 1983, 682; BGH NJW 1987, 890; BGH NJW 2002, 3016, 3019 f.; Schmidt-Futterer/*Blank* Vorb. § 535 Rdnr. 111.
[15] Vgl. OLG Düsseldorf MDR 1984, 756; Staudinger/*Emmerich* Vorb. zu § 535 Rdnr. 95; s. u. Rdnr. 36.

Das Vormietrecht kann vereinbart werden, wenn die Parteien ansonsten noch in keinerlei 15
vertraglichen Beziehungen stehen. Es setzt nicht die gegenwärtige Vermietung der Räume voraus,[16] sondern knüpft an den künftigen Abschluss eines Mietvertrages durch den Vermieter
an. Es kann aber auch mit oder nach Abschluss eines Haupt-Mietvertrages für den Zeitraum
nach seiner Beendigung oder für ggf. weitere anzumietende Räume eingeräumt werden. So
kann ein Vormietrecht zugunsten der Leasinggesellschaft und Verpächterin des Gaststätteninventars im Falle einer fristlosen Kündigung des Gaststättenpächters vereinbart werden.[17]

Das Vormietrecht ist nicht übertragbar und geht nicht auf den Erben des Berechtigten 16
über, sofern nicht ein anderes bestimmt ist (§ 473 Satz 1 BGB analog).[18] Das Vormietrecht
ist nicht vormerkbar im Sinne des § 883 Abs. 1 BGB, da eine Vermietung einer Sache nicht
mit einer Verfügung über sie gleichzusetzen ist.[19] Nach überwiegender Ansicht im Schrifttum tritt ein Grundstückserwerber gemäß **§ 566 Abs. 1 BGB** grundsätzlich in den Vertrag
über die Begründung eines Vormietrechts ein.[20]

Höchstrichterlich entschieden ist dies aber nur für den Fall, dass das dem Mieter einge- 17
räumte Vormietrecht bis zur Beendigung des Mietverhältnisses auszuüben ist.[21] Handelt es
sich aber um ein Vormietrecht, das außerhalb eines Mietvertrages begründet wurde oder das
sich auf andere Räume als diejenigen, die Gegenstand des Mietvertrages sind, bezieht, so
wird in der Literatur vertreten, dass in diesem Fall der Grundstückserwerber **nicht** an das
Vormietrecht gebunden sei.[22]

Im Gegensatz zum **Anmietrecht**, welches dem Berechtigten lediglich die Position des ers- 18
ten Verhandlungspartners einräumt, macht die Ausübung des Vormietrechts ihn unmittelbar
zum Vertragspartner. Gemeinsam ist diesen beiden Rechtsinstituten, dass der Berechtigte
keinen Einfluss darauf nehmen kann, ob der Verpflichtete überhaupt (erneut) vermietet.

Im Gegensatz zum **Vorvertrag**, hat der Berechtigte keine Möglichkeit, den Abschluss des 19
Hauptvertrages zu erzwingen. Der Verpflichtete ist in seiner Entscheidung, den Vormietfall
durch Abschluss eines „Erstvertrags" auszulösen, völlig frei.

Das Vormietrecht hat mit der **Option** gemeinsam, dass beide Rechtsinstitute ein Gestal- 20
tungsrecht begründen. Während bei der Option der Inhalt des Hauptmietvertrages bereits
im Optionsvertrag fixiert ist, wird beim Vormietrecht der Inhalt des Erstvertrags „übernommen".[23]

b) Praktische Bedeutung. Das Vormietrecht verschafft dem Berechtigten ein wertvolles 21
Vorzugsrecht. Es muss deshalb auf Seiten des Vermieters jeweils sorgfältig geprüft und überlegt werden, ob er diese Bindung eingehen will und sie auch für ihn interessengerecht ist.
Das Vormietrecht kann sich für ihn als Vermarktungshindernis auswirken, weil die Ungewissheit, ob es ausgeübt wird, Mietinteressenten von Investitionen abhalten kann, die sich
im Falle der Ausübung als wertlos erweisen können.

Aspekte aus Sicht des Mietinteressenten: 22

Im sog. Vormietfall **kann** der Berechtigte sein Vormietrecht ausüben, ohne aber dazu verpflichtet zu sein. Wenn der Vormietberechtigte sein Recht ausübt, wird er unmittelbar zum
Vertragspartner. Bezüglich des Vertragsinhalts schützt die Rechtsprechung den Vormietberechtigten jedenfalls vor sittenwidrigen Regelungen und solchen, die völlig außerhalb der
für gegenseitige Verträge typischen Abhängigkeit von Leistung und Gegenleistung stehen
(sog. Fremdkörpergedanke). Derartige Bestimmungen im Erstvertrag sind für den eintretenden Berechtigten nicht verbindlich.[24]

---

[16] So aber irrig: KG Urt. v. 28. 10. 2002 – 8 U 213/01.
[17] Vgl. BGH WM 1980, 1365 f.
[18] Soergel/*Kummer* Vorb. zu § 535 Rdnr. 22; MünchKommBGB/*Voelskow* §§ 535, 536 Rdnr. 27 (zu §§ 504 ff. BGB a. F.).
[19] S. Soergel/*Kummer* Vorb. zu § 535 Rdnr. 29.
[20] Vgl. Palandt/*Weidenkaff* § 566 Rdnr. 18.
[21] Vgl. BGHZ 55, 71, 73 ff.
[22] So Bub/Treier/*Reinstorf* II Rdnr. 180; *Michalski* ZMR 1999, 1, 4; Lindner-Figura/Oprée/Stellmann/*Stellmann* Kap. 3 Rdnr. 68.
[23] S. *Michalski* ZMR 1999, 1, 5.
[24] Vgl. BGH NJW 1988, 703, 704.

23 Andererseits hat der Mietinteressenten keine Möglichkeit, den Abschluss des Mietvertrages zu erzwingen. Er kann keinen Einfluß darauf nehmen, ob der Vermieter überhaupt (erneut) vermietet. Er hat auch keine Möglichkeit, auf die Konditionen des Erstvertrages Einfluss zu nehmen. Im Gegensatz zum Vorkaufsrecht ist eine dingliche Sicherung des Vormietrechts nicht möglich, so dass der Mietinteressent bei Ausübung des Vormietrechts einen Vorrang bei der Erfüllung des Mietvertrages nicht durchsetzen kann, sondern ggf. auf Schadensersatzansprüche wegen Nichterfüllung verwiesen ist.

24 **Aspekte aus Sicht des Vermieters:** Das Vormietrecht belässt dem Vermieter die freie Entscheidung, ob er überhaupt (erneut) vermieten will. Des Weiteren ist er in der Gestaltung des Erstvertrages grundsätzlich frei, ebenso in der Wahl des Dritten. Durch die Suche nach weiteren Interessenten hat er die Möglichkeit, sich einen für ihn günstigen Vertragsinhalt auszubedingen; auf die Interessen des Vormietberechtigten braucht er regelmäßig keine Rücksicht zu nehmen.

25 Andererseits verpflichtet er sich einseitig, indem er seinem Vertragspartner eine Befugnis zum unmittelbaren Vertragsabschluss einräumt. Die Einräumung eines Vormietrechts birgt generell ein erhebliches Haftungsrisiko in sich, dem der Vermieter unbedingt durch entsprechende Vereinbarungen beggnen sollte. Im Falle der sog. Doppelvermietung kann er sich schadensersatzpflichtig machen. Will er dies vermeiden, muss er nicht nur einen Drittinteressenten über das Vorliegen einer Vormietregelung aufklären, sondern darüber hinaus Schadensersatzansprüche ausschließen oder sich durch eine auflösende Bedingung oder einen Rücktrittsvorbehalt vom Erstvertrag lösen können.[25] Im gewerblichen Bereich kann ein Vormietrecht sich als Vermarktungshindernis zu Lasten des Vermieters auswirken, weil die Ungewissheit, ob das Vormietrecht ausgeübt wird, Mietinteressenten von Investitionen abhalten kann, die sich im Falle der Ausübung als wertlos erweisen können.[26] Zudem besteht die Gefahr, dass Sonderkonditionen, die der Vermieter nur dem Dritten als Mieter gewähren möchte, als mietvertragstypisch auch vom Vormietberechtigten in Anspruch genommen werden können, wenn er das Vormietrecht ausübt (s.u. bei Rdnr. 33).

2. Begründung des Vormietrechts

26 Das Vormietrecht wird durch vertragliche Einigung der Parteien des Inhalts begründet, dass der Vormietberechtigte die Befugnis erhält, durch einseitige Erklärung an den Verpflichteten mit diesem einen Mietvertrag zu den Bedingungen zu schließen, die dieser in einem Mietvertrag mit einem Dritten bestimmt hat. Dieser Vertrag ist kein Mietvertrag, sondern ein Vertrag eigener Art.

27 Die überwiegende Meinung geht davon aus, dass diese Einigung, wenn sie in einer isolierten Vereinbarung geschieht, **formfrei** möglich ist.[27] Wird das Vormietrecht nicht isoliert vereinbart, sondern als Teil eines Mietvertrages, der seinerseits § 550 BGB unterliegt, muss natürlich das Schriftformerfordernis für die gesamte Vereinbarung beachtet werden.[28] Darüberhinaus wird teilweise die Erforderlichkeit der Schriftform angenommen, wenn das Vormietrecht in einem Mietvertrag vereinbart ist und der Berechtigte auf Grund des Vormietrechts die Möglichkeit hat, eine Verlängerung der ursprünglichen Vertragslaufzeit herbeizuführen.[29] Aus Beweissicherungsgründen empfiehlt sich in jedem Fall eine schriftliche Vereinbarung. **Eine Pflicht zur notariellen Beurkundung** besteht nach h. M. dann, wenn mit einem schriftlichen Mietvertrag über ein Grundstück neben der Vereinbarung eines Vormietrechts auch ein Vorkaufsrecht eingeräumt wird (§ 311 b BGB).[30]

---

[25] Vgl. OLG Düsseldorf MDR 1984, 756.
[26] S. Lindner-Figura/Oprée/Stellmann/*Stellmann* Kap. 3 Rdnr. 61.
[27] S. *Michalski* ZMR 1999, 2 f. m. w. N.; Bub/Treier/*Reinstorf* II Rdnr. 165; Schmidt-Futterer/*Blank* Vorb. § 535 Rdnr. 111; Palandt/*Weidenkaff* Einf. v. § 535 Rdnr. 5; a. A. Nies/Gies/*Borzutzki-Pasing* Anm. 3 zu Form. A. V. 1.
[28] S. Lindner-Figura/Oprée/Stellmann/*Stellmann* Kap. 3 Rdnr. 57.
[29] Blank/Börstinghaus/*Blank* § 550 Rdnr. 9 m. w. N.
[30] Vgl. BGH DWW 1994, 283; Palandt/*Weidenkaff* § 550 Rdnr. 8.

3. Ausübung des Vormietrechts

a) Eintritt des Vormietfalles. Der sog. Vormietfall tritt dann ein, wenn der Verpflichtete 28 mit dem Dritten einen **wirksamen Mietvertrag** (sog. Erstvertrag) geschlossen hat (§ 463 BGB analog). Dies bedeutet zum einen, dass andere Vertragsabschlüsse mit einem Dritten, wie z. B. Einräumung eines Nießbrauchs, den Vormietfall nicht auslösen.[31]

Zum anderen reicht die Aufnahme von Vertragsverhandlungen mit dem Dritten für den 29 Eintritt des Vormietfalls nicht aus, vielmehr muss es zum wirksamen Vertragsabschluss kommen.[32] Darüber hinaus müssen etwaige im Erstvertrag enthaltene aufschiebende Bedingungen eingetreten sein, ansonsten kann das Vormietrecht nicht ausgeübt werden.[33] Was den Mietgegenstand anbelangt, so tritt der Vormietfall auch dann ein, wenn der Verpflichtete dem Dritten weniger oder auch mehr Räume vermietet, als dem Vormietrecht unterliegen. Vermietet der Verpflichtete dem Dritten im Erstvertrag weitere Räume, auf die sich das Vormietrecht nicht bezieht, ist § 467 BGB entsprechend anzuwenden. Dies bedeutet, dass der Vormietberechtigte einen Teil des Gesamtzinses zu entrichten hat, der anteilig auf die Mietfläche entfällt, die Gegenstand des Vormietrechts ist.[34] Verlangt der Verpflichtete in analoger Anwendung des § 467 S. 2 BGB die Erstreckung des Vormietrechts auf alle Flächen, die nicht ohne Nachteil für ihn getrennt werden können, so kann der Berechtigte vom Abschluss des Vertrages absehen.[35]

Ist der Vormietfall eingetreten, muss der Vermieter den Berechtigten über den Abschluss und den Inhalt des Mietvertrages unverzüglich informieren (§ 469 Abs. 1 Satz 1 BGB analog). Um Streitigkeiten über die Erfüllung dieser Pflicht zu vermeiden, sollte die Mitteilung grundsätzlich durch Übersendung einer Kopie des Mietvertrages erfolgen.[36]

b) Ausübung des Vormietrechts. Das Vormietrecht wird in entsprechender Anwendung 30 des § 464 Abs. 1 S. 1 BGB durch Erklärung gegenüber dem Verpflichteten ausgeübt. Diese Erklärung ist eine einseitige bedingungsfeindliche Gestaltungserklärung.[37] Sie ist nach h. M. formlos gültig;[38] dafür spricht die entsprechende Anwendung von § 464 Abs. 1 Satz 2 BGB. Um wirksam zu werden, muss die Erklärung dem Verpflichteten zugehen (§ 464 Abs. 1 S. 1 BGB analog, § 130 Abs. 1 BGB). Mit Zugang kommt es zum Vertragsschluss. Um den Beweis zu erleichtern, empfiehlt sich in jedem Fall eine schriftliche Ausübung des Vormietrechts und eine Zustellung mindestens mit Einwurfeinschreiben.

Steht das Vormietrecht mehreren gemeinschaftlich zu, kann es in entsprechender Anwen- 31 dung des § 472 S. 1 BGB nur von allen ausgeübt werden.[39] § 472 S. 2 BGB ist nicht entsprechend anwendbar. Die **Frist zur Ausübung** des Vormietrechts beginnt in entsprechender Anwendung des § 469 Abs. 1 S. 1 BGB mit der dem Verpflichteten obliegenden unverzüglichen, auch formlos wirksamen Mitteilung des vollständigen Inhalts des mit dem Dritten abgeschlossenen Mietvertrages.[40] Die Frist wird ebenfalls in Lauf gesetzt, falls der Dritte dem Berechtigten eine Mitteilung macht, da diese die dem Verpflichteten obliegende Mitteilung ersetzt (§ 469 Abs. 1 S. 2 BGB analog). Sollten die Parteien keine anderen vertraglichen Absprachen getroffen haben, so endet die Frist zur Ausübung des Vormietrechts grundsätzlich in entsprechender Anwendung des § 469 Abs. 2 BGB zwei Monate nach ordnungsgemäßer Mitteilung vom Inhalt des Mietvertrags an den Vormietberechtigten.[41] Die Ausübungsfrist kann grundsätzlich vertraglich verlängert oder – jedenfalls im individuell ausgehandelten Gewerberaummietvertrag – auch verkürzt werden (§ 469 Abs. 2 Satz 2 BGB

---

[31] MünchKommBGB/*Voelskow* §§ 535, 536 Rdnr. 27; Staudinger/*Emmerich* Vorb. zu § 535 Rdnr. 97; Bub/Treier/*Reinstorf* II Rdnr. 167; Timme/Hülk NJW 2007, 3313, 3314.
[32] Bub/Treier/*Reinstorf* II Rdnr. 168 m. w. N.
[33] Vgl. RGZ 123, 268.
[34] BGH ZMR 1958, 153; Bub/Treier/*Reinstorf* II Rdnr. 170.
[35] So Soergel/*Kummer* Vorb. § 535 Rdnr. 22 (zu § 508 S. 2 BGB a. F.).
[36] S. Schmidt-Futterer/*Blank* Vorb. § 535 Rdnr. 111.
[37] Vgl. BGHZ 102, 237, 240; BGH NJW 1988, 703, 704.
[38] S. Palandt/*Putzo* § 464 Rdnr. 2; Schmidt-Futterer/*Blank* Vorb. § 535 Rdnr. 111.
[39] S. Bub/Treier/*Reinstorf* II Rdnr. 172.
[40] BGH ZMR 1958, 153.
[41] Vgl. BGHZ 55, 71, 76; WuM 1974, 345.

analog).⁴² Wird der Erstvertrag nach seiner Mitteilung abgeändert, läuft die Ausschlussfrist nicht. Sie beginnt in diesem Fall erst ab Mitteilung der Änderung.⁴³

32 Unwirksam ist die Ausübung des Vormietrechts, wenn der Vormietberechtigte insolvent ist, da in diesem Fall die **Erklärung gegen den Grundsatz von Treu und Glauben** verstößt.⁴⁴ Ferner hindert die Unzumutbarkeit weiterer mietvertraglicher Beziehungen – der Brand des Geschäftshauses war in den Mieträumen ausgebrochen und gegen den Mieter war Haftbefehl erlassen und später auch Anklage erhoben worden – den Mieter auch, ein in seinem alten Vertrag vereinbartes Vormietrecht wirksam auszuüben.⁴⁵

33 Voraussetzung ist grundsätzlich, dass sich der Berechtigte **ohne Vorbehalte** zur Übernahme der Pflichten und der vereinbarten Leistungen aus dem Erstvertrag bereit erklärt. Lehnt er einzelne Vertragsbedingungen ab oder begehrt deren Änderung, verweigert er die Übernahme der Pflichten ganz oder zum Teil, liegt keine wirksame Ausübung des Vormietrechts vor.⁴⁶ Enthält der Erstvertrag Vereinbarungen, die lediglich den Zweck verfolgen, das Vormietrecht zu umgehen, so findet § 138 Abs. 1 BGB Anwendung, mit der Folge, dass diese Vereinbarungen wegen Verstoßes gegen die guten Sitten nichtig sind.⁴⁷ Der Berechtigte kann solche Klauseln, die allein zum Zwecke der Vereitelung seiner Rechte in den Erstvertrag aufgenommen wurden, ablehnen.⁴⁸ Gleichfalls ablehnen kann er die Leistungen oder Verpflichtungen, die als **„Fremdkörper"** innerhalb des Erstvertrages zu werten wären. Nach der Rechtsprechung des Bundesgerichtshofs sind darunter solche Bestimmungen zu verstehen, die völlig außerhalb der für gegenseitige Verträge typischen Abhängigkeit von Leistung und Gegenleistung stehen. Um dies feststellen zu können, muss unter Berücksichtigung aller Umstände geprüft werden, warum und zu wessen Vorteil eine bestimmte Klausel für die Durchführung des Erstvertrages vereinbart worden ist. Kommt man zu dem Ergebnis, dass die getroffene Vereinbarung weder dem Erstmieter noch dem Vormietverpflichteten einen persönlichen oder wirtschaftlichen Vorteil bringt, liegt ein „Fremdkörper" vor.⁴⁹ **Mietvertragstypisch** und damit vom Vormieter zu übernehmen ist die Vertragsabrede zwischen Vermieter und Mieter, dass der Mieter den Makler zu bezahlen hat.⁵⁰ Mietvertragstypisch und keinen Fremdkörper stellen bei der Vermietung von Gaststätten die Verpflichtungen zur Neueinrichtung der Gaststätte und zum Getränkebezug dar; tritt eine Brauerei durch Ausübung eines Vormietrechts in den Mietvertrag mit einer anderen Brauerei ein, muss sie beide Pflichten übernehmen.⁵¹ Als mietvertragstypisch wird man aber auch Vergünstigungen ansehen können, die ein Vermieter einem bestimmten Dritten als Mieter einräumt; das gilt etwa, wenn einer Einzelhandelskette als Großkunde des Vermieters im Mietvertrag Vergünstigungen wie mietfreie Zeiten oder Ausbaukostenzuschüsse gewährt werden.⁵² Hier muss bedacht werden, dass auch der Vormietberechtigte in den Genuss dieser Vergünstigungen kommt, wenn er das Vormietrecht ausübt!

34 Der Grundsatz der Vertragsfreiheit ermöglicht den Parteien eine Vereinbarung darüber, dass die Ausübung des Vormietrechts statt durch einseitige Erklärung des Berechtigten durch Abschluss eines Vertrages erfolgen soll. Auf diese Weise ist es den Parteien möglich, einen vom Erstvertrag abweichenden Inhalt oder eine Abänderung einzelner Klauseln zu vereinbaren, was dazu führen kann, dass der Verpflichtete dem Berechtigten letztlich bessere Konditionen gewährt, als er sie mit dem Dritten vereinbart hat.⁵³

---

⁴² S. Lindner-Figura/Oprée/Stellmann/*Stellmann* Kap. 3 Rdnr. 54.
⁴³ S. Staudinger/*Emmerich* Vorb. zu § 535 Rdnr. 96.
⁴⁴ S. Palandt/*Putzo* § 464 Rdnr. 3.
⁴⁵ Vgl. OLG Hamm WuM 1981, 259 f.
⁴⁶ Vgl. BGH NJW 1988, 703 (Verweigerung der Übernahme einer im Erstvertrag, einem Gaststättenpachtvertrag, vereinbarten Getränkebezugsverpflichtung); OLG Frankfurt NJW-RR 1988, 178.
⁴⁷ Vgl. BGH WuM 1970, 321, 322; 1315, 1318; BGH NJW 1988, 703, 704.
⁴⁸ Vgl. BGHZ 77, 359.
⁴⁹ Vgl. BGH NJW 1988, 703, 704.
⁵⁰ S. Lindner-Figura/Oprée/Stellmann/*Stellmann* Kap. 3 Rdnr. 64 unter Verweis auf BGH NJW 1996, 654, 655 zum Vorkaufsrecht.
⁵¹ Vgl. OLG Frankfurt NJW-RR 1988, 178.
⁵² S. Lindner-Figura/Oprée/Stellmann/*Stellmann* Kap. 3 Rdnr. 63.
⁵³ Vgl. BGH ZMR 1971, 373, 374.

c) Rechtsfolgen – Leistungsstörungen. Die Ausübung des Vormietrechts durch einseitige Erklärung hat zur Folge, dass zwischen dem Berechtigten und dem Verpflichteten ein neuer Mietvertrag mit dem Inhalt des Erstvertrages zustandekommt; der durch Ausübung des Vormietrechts zustandegekommene Mietvertrag hat jedoch keinen Einfluss auf die Rechtsbeständigkeit des zwischen dem Verpflichteten und dem Dritten geschlossenen Vertrages.

Will der Verpflichtete Schadensersatzansprüche wegen Doppelvermietung vermeiden, genügt es nicht, wenn er auf das Bestehen eines Vormietrechts hinweist und erklärt, dass der Vormietberechtigte sein Recht wohl nicht ausüben werde, vielmehr muss er Schadensersatzansprüche ausschließen oder sich durch eine auflösende Bedingung oder durch Vereinbarung eines Rücktrittsrechts (§ 572 Abs. 1 BGB) vom Erstvertrag lösen können.[54] Ein (umfassender) Haftungsausschluss befreit den Verpflichteten jedenfalls dann von Ersatzansprüchen, wenn bei Ausübung des Vormietrechts ein mit dem Dritten ausgehandelter, inhaltsgleicher Mietvertrag entsprechend § 464 Abs. 2 BGB zustande kommt. Hat dagegen der Verpflichtete dem Vormietberechtigten vertraglich günstigere Bedingungen eingeräumt, kann er sich nicht ohne weiteres gegenüber dem Dritten auf den vereinbarten Haftungsausschluss berufen.[55] Schadensersatzansprüche sind natürlich auch zu vermeiden, wenn es zum Verzicht auf das Vormietrecht kommt; dazu ist jedoch – wie beim Vorkaufsrecht – der Abschluss eines Erlassvertrages notwendig.[56]

Zur prozessualen Durchsetzung des Vormietrechts kann der Berechtigte vom Vermieter Auskunft über den Inhalt des Mietvertrages mit dem Dritten verlangen. § 469 Abs. 1 BGB, der dem Vorkaufsberechtigten gegenüber dem Verpflichteten ein Auskunftsrecht einräumt, ist insoweit auf Vormiet- und Vorpachtverträge analog anzuwenden.[57] Hat der Vermieter mit dem Mieter ein Vormietrecht auf zusätzliche Gewerberäume vereinbart, so kann die Vereitelung des Vormietrechts den Mieter zu einer Kündigung wegen schuldhafter Vertragsverletzung berechtigen. Die Nichteinräumung des Vormietrechts allein genügt aber nicht; die Vertragsverletzung muss vielmehr derart sein, dass die Fortsetzung des Mietverhältnisses dem Mieter und Vormietberechtigten nicht mehr zumutbar ist.[58]

Überlässt der Verpflichtete nach wirksamer Ausübung des Vormietrechts dem Dritten die Mieträume, kann der Berechtigte gemäß § 543 Abs. 2 Nr. 1 BGB kündigen oder unter den Voraussetzungen der § 536 Abs. 3, § 536a BGB Schadensersatz verlangen. Er kann aber auch auf Erfüllung klagen, da es durchaus denkbar ist, dass sich die Parteien des Mietvertrages auf eine freiwillige Vertragsaufhebung einigen und danach kein Fall der Unmöglichkeit vorliegen würde.[59] Die Aufhebung des ursprünglichen Mietvertrages zwischen Vermieter und Drittem läßt den durch Ausübung des Vormietrechts zustandegekommenen Vertrag zwischen Vermieter und Vormietberechtigtem unberührt.[60] Ein Recht per se zur Einräumung des Besitzes an dem gemieteten Grundstück oder den gemieteten Räumen hat der Berechtigte nicht, solange der Dritte auf Grund des fortwirkenden Vertrages rechtmäßiger Besitzer der Mietsache geworden ist. Anders verhält es sich aber, wenn der Dritte in Kenntnis des Bestehens eines Vormietrechts die Mietsache in Besitz nimmt, um auf diese Weise das Recht des Vormietberechtigten zu vereiteln. In diesem Fall ist die Berufung des Dritten auf seine Rechte aus dem Mietvertrag gegenüber dem Vormietberechtigten rechtsmissbräuchlich.[61]

4. Vertragsgestaltung

Bereits aus Gründen der Beweissicherung ist der schriftliche Abschluss der Vormietvereinbarung selbst sowie eine Vereinbarung, dass das Vormietrecht schriftlich auszuüben ist, dringend zu empfehlen.

---

[54] Vgl. OLG Düsseldorf MDR 1984, 756; Schmidt-Futterer/*Blank* Vorb. § 535 Rdnr. 111.
[55] Vgl. BGH ZMR 1971, 373, 374.
[56] Vgl. BGH NJW 2002, 3016, 3019.
[57] Vgl. BGH NJW 2002, 3016, 3018.
[58] Vgl. BGH ZMR 1974, 375, 377; KG Urt. v. 28. 10. 2002 – 8 U 213/01.
[59] S. Schmidt-Futterer/*Blank* Vorb. § 535 Rdnr. 111.
[60] S. Schmidt-Futterer/*Blank* Vorb. § 535 Rdnr. 111.
[61] *Wolf/Eckert/Ball* A II. Rdnr. 90.

Folgende Punkte sollten bei der Abfassung des Vertrages beachtet und ggf. konkret ausformuliert werden:
- Sind die Parteien an einer Befristung des Vormietrechts interessiert?
- Wie ist die Mitteilungspflicht des Vermieters im Vormietfall zu erfüllen (Übersendung einer Kopie des Mietvertrages)?
- In welcher Form ist das Vormietrecht auszuüben (Schriftform)?
- Soll die Frist zur Ausübung des Vormietrechts über die gesetzlich vorgesehene Frist von zwei Monaten hinaus verlängert oder beim (individuell ausgehandelten) Gewerberaummietvertrag verkürzt werden?
- Soll mit der Ausübung des Vormietrechts für beide Vertragspartner ein vertraglicher Anspruch auf schriftliche Niederlegung des neu zustandegekommenen Mietvertrages entstehen?
Das kann insbesondere dann sinnvoll sein, wenn der Erstvertrag mit dem Dritten nicht schriftlich abgeschlossen wird; eine entsprechende Klausel sichert auch in diesem Fall das Recht auf eine schriftliche Fixierung des Vertrages.
- Soll das Vormietrecht übertragbar sein?
- Soll das Vormietrecht vererblich sein?
- Soll der Grundstückseigentümer verpflichtet werden, einen Grundstückserwerber an das Vormietrecht zu binden und dies auch seinen Rechtsnachfolgern aufzuerlegen?
- Soll das Vormietrecht nur für den ersten Vormietfall oder auch für alle künftigen Vormietfälle Geltung haben?

IV. Mietvorvertrag

1. Allgemeines

39 a) **Begriffsbestimmung.** Unter einem Mietvorvertrag ist eine schuldrechtliche Vereinbarung zu verstehen, in der sich die Parteien verpflichten, zu einem späteren Zeitpunkt einen Hauptmietvertrag zu schließen. In der Regel verpflichten sich beide Vertragspartner im Vorvertrag zum Abschluss des Hauptvertrages, es ist aber auch möglich, dass nur eine Partei eine Verpflichtung zum Hauptvertragsabschluss übernimmt.[62]

40 Der Mietvorvertrag ist ein echter schuldrechtlicher Vertrag, auf den die allgemeinen Vorschriften des Vertragsrechts anwendbar sind. Er begründet einen Abschlusszwang auf vertraglicher Grundlage[63] mit der Folge, dass aus dem Vorvertrag auf Abschluss des Hauptvertrages geklagt werden kann.

41 b) **Praktische Bedeutung.** Der Mietvorvertrag kann geboten sein, um klarzustellen, ab welchem Zeitpunkt der Vorverhandlungen beide Parteien eine Verpflichtung zum Abschluss des Mietvertrages eingehen wollen. Bei längeren Verhandlungen kann eine Verfahrensabsprache, dass zunächst ein schriftlicher(!) Vorvertrag und auf dessen Grundlage der Mietvertrag ausgehandelt werden, Ansprüchen aus c. i. c. wegen des Abbruchs von Vertragsverhandlungen entgegenwirken. Denn solange der zunächst vorgesehene Vorvertrag nicht zustande gekommen ist, wird regelmäßig auch der für den Anspruch aus c. i. c. notwendige Vertrauenstatbestand zu verneinen sein. Der Vorvertrag bezweckt in der Regel eine **vorzeitige Bindung** der Parteien, wenn dem Abschluss des Hauptvertrages noch rechtliche oder tatsächliche Hindernisse entgegen stehen.[64]

42 Ein Vorvertrag kommt deshalb vor allem in folgenden Fallkonstellationen in Betracht:
- das Gebäude existiert nur auf dem Reißbrett
- die notwendigen behördlichen Genehmigungen fehlen
- das Gebäude steht noch im Rohbau

---

[62] Vgl. BGH NJW 1990, 1233; BGH NJW 1962, 1812, 1813; BGH NJW 1986, 2820; Schmidt-Futterer/*Blank* Vorb. § 535 BGB Rdnr. 106.
[63] S. MünchKommBGB/*Kramer* Vorb § 145 Rdnr. 49; MünchKommBGB/*Voelskow* §§ 535, 536 Rdnr. 22 m.w.N.
[64] S. Palandt/*Heinrichs* Einf. v. § 145 Rdnr. 19; *Wolf/Eckert/Ball* A II. Rdnr. 71.

- der Laden oder das Geschäftsgebäude soll erst umfangreich modernisiert werden
- das zu vermietende Objekt ist noch anderweitig vermietet.

Aus Streitigkeiten nach zunächst erfolgversprechenden, schließlich aber gescheiterten Verhandlungen entsteht das in der Praxis häufige Problem, wann von einem Mietvorvertrag ausgegangen werden kann, insbesondere, wenn keine schriftliche Vereinbarung vorliegt. Die **Rechtsprechung** ist hier **sehr zurückhaltend**, aus den Erklärungen und dem Verhalten der Parteien bei den Mietvertragsverhandlungen auf **konkludenten Abschluss eines Mietvorvertrages** zu schließen. 43

In Rechtsprechung und Literatur herrscht Einigkeit, dass der Vorvertrag im Vergleich zum sofort wirksamen Hauptvertrag die **Ausnahme** darstellt. Die Annahme eines Mietvorvertrages setzt deshalb **besondere Umstände** voraus, die darauf schließen lassen, dass sich die Parteien ausnahmsweise – ohne abschließende Regelung aller Vertragspunkte – bereits jetzt binden wollen.[65] Zwar können die rechtlichen oder tatsächlichen Hindernisse, die dem Abschluss des eigentlich angestrebten Hauptvertrages entgegenstehen, im Regelfall als Indizien für den beabsichtigten Abschluss eines Vorvertrages angesehen werden; entscheidend ist aber, dass der Bindungswille der Parteien gerade auf den Vorvertrag gerichtet ist. Daraus folgt, dass ein Hauptvertrag, über dessen Konditionen noch keine vollständige Einigung erzielt worden ist, nicht wegen der bereits unstreitigen Regelungen in einen Vorvertrag umgedeutet werden kann. Denn in diesem Fall war der maßgebliche Bindungswille auf den Abschluss des Hauptvertrages und nicht auf den eines vorläufigen Vertrages gerichtet. Gleiches gilt, wenn es dem beabsichtigten Hauptvertrag, soll er über längere Zeit als ein Jahr geschlossen werden, an der Schriftform i. S. des § 550 BGB fehlt. Auch hier steht einer Umdeutung in einen – formlos wirksamen – Mietvorvertrag in der Regel der fehlende Bindungswille hinsichtlich eines Vorvertrages entgegen.[66] 44

Aspekte aus Sicht des Mietinteressenten: 45
Der Mietinteressent sichert sich den Abschluss des zukünftigen Mietvertrages weitgehend. Er hat die Möglichkeit, auf Abschluss des Hauptvertrages zu klagen und so den erstrebten Mietvertrag zu erzwingen. Die Entscheidung, dass der Vermieter vermieten will, fällt bereits mit Abschluss des Vorvertrages. Diese Absicherung ist vor allem dann sinnvoll, wenn der Mietinteressent bereits vor Abschluss des Mietvertrages Investitionen – etwa für die Geschäftseinrichtung – tätigen will, die andernfalls verloren sind. Der Mietinteressent kann auf die zukünftigen Mietbedingungen Einfluss nehmen, da bereits bei Abschluss des Vorvertrages die essentialia des zukünftigen Mietvertrages verhandelt und festgelegt werden müssen.

Andererseits kann sich der Mietinteressent nicht ohne weiteres von seiner eingegangenen Verpflichtung lösen 46

Aspekte aus Sicht des Vermieters: 47
Der Vermieter sichert sich die zukünftige Vermietung eines Objekts mit dem Vertragspartner seiner Wahl weitgehend. Er kann den Abschluss des Mietvertrages gerichtlich erzwingen. Auch hier dient die Sicherung dem Schutz sonst verlorener Investitionen, etwa in auf den Mieter zugeschnittene Umbaumaßnahmen im Mietobjekt.

Andererseits bindet sich auch der Vermieter weitgehend bezüglich der Person seines Vertragspartners. Er kann auf Abschluss des Hauptvertrages verklagt werden. Ein Mietvorvertrag, der nur Mietobjekt, Mietdauer und Miete regelt, kann den Vermieter bei den Verhandlungen über den endgültigen Mietvertrag in eine ungünstige Verhandlungsposition bringen, weil die gesetzlichen Regelungen der §§ 535 ff. BGB durchwegs mieterfreundlich sind und aus Sicht des Vermieters oft abbedungen werden sollen. So hat der Vermieter nach dem Gesetz keinen Anspruch auf Mietsicherheit oder auf Erstattung der Nebenkosten und der Kosten der Instandhaltung und Instandsetzung.[67] Der Vermieter sollte daher darauf achten, 48

---

[65] Vgl. RGZ 86, 30; BGH NJW 1954, 71 ff.; BGH MDR 1980, 749; BGH NJW-RR 1992, 977; s. Staudinger/*Emmerich* Vorb. zu § 535 Rdnr. 91 m. w. N.; Soergel/*Kummer* Vorb. § 535 Rdnr. 41.
[66] Vgl. BGH WuM 1969, 919; Staudinger/*Emmerich* Vorb. zu § 535 Rdnr. 91; s. Schmidt-Futterer/*Blank* Vorb. § 535 Rdnr. 105; *Michalski* ZMR 1999, 141, 142 m. w. N.
[67] S. Lindner-Figura/Oprée/Stellmann/*Stellmann* Kap. 3 Rdnr. 24.

diese Punkte bereits im Vorvertrag zu regeln, oder aber statt im Vorvertrag sich erst im endgültigen Mietvertrag binden.

2. Zustandekommen des Mietvorvertrages

49 **a) Abschluss des Mietvorvertrages.** Ein wirksamer Mietvorvertrag liegt dann vor, wenn sich die Vertragspartner darüber einig sind, dass das Mietobjekt dem Mietinteressenten zu einem späteren Zeitpunkt überlassen wird und Klarheit über die wesentlichen Konditionen des Mietvertrages besteht.[68] Nach herrschender Meinung kann ein Mietvorvertrag **formfrei** geschlossen werden.[69] Dies hat jüngst der BGH bestätigt.[70]

50 Die analoge Anwendung des § 550 BGB ist bei Mietvorverträgen schon deshalb nicht angezeigt, weil der Vorschrift überwiegend eine Beweisfunktion zukommt und weniger eine Warnfunktion. Gerade einem in die Mietverhältnisse eintretenden Grundstückserwerber soll es möglich sein, sich zuverlässig und vollständig über den Umfang und den Inhalt der auf ihn nach § 566 BGB übergehenden Pflichten zu informieren. Hält man sich vor Augen, dass gemäß § 566 BGB nur die Rechte aus einem Mietvertrag über gehen, nicht jedoch diejenigen aus einem Mietvorvertrag, so geht der Normzweck ins Leere.[71]

51 Auch ein konkludenter Abschluss eines Vorvertrages ist möglich, vor Gericht aber im Streitfall kaum zu beweisen. Deshalb ist dringend anzuraten, wenn ein Mietvorvertrag geschlossen werden soll, die Vereinbarung schriftlich niederzulegen und als Mietvorvertrag zu bezeichnen, weil so ein deutliches Indiz für die Auslegung geschaffen wird.[72] Formbedürftig ist jedenfalls die Abrede, durch die ein Vorvertrag zum Hauptvertrag gemacht werden soll, d. h. durch mündliche Abrede kann auch ein schriftlicher Vorvertrag, der eine Mietdauer von länger als einem Jahr vorsieht, nicht in einen Hauptvertrag verwandelt werden,[73] ohne die Rechtsfolge des § 550 BGB auszulösen.

52 **b) Inhalt des Mietvorvertrages.** An den notwendigen Inhalt eines Vorvertrages können nicht die gleichen Anforderungen gestellt werden wie an eine endgültige Vereinbarung, d. h. den Inhalt des beabsichtigten Hauptvertrages muss der Vorvertrag nicht detailliert und in vollem Umfang wiedergeben. Dies folgt bereits aus dem Wesen des Vorvertrages als vorbereitendem Vertrag.[74]

53 Notwendig ist, dass die Parteien sich über die **wesentlichen Mietbedingungen** geeinigt haben. Dazu zählt die Einigung über:
- das Mietobjekt,
- die Mietzeit,
- die Mietdauer und
- die ggf. von den Parteien noch für wesentlich gehaltenen Punkte.[75]

54 Diese Essentialia müssen mindestens **bestimmbar** sein. Bestimmbar bedeutet, dass der Inhalt des nachfolgenden Hauptvertrages im Streitfall entweder durch Auslegung oder unter entsprechender Anwendung des § 287 ZPO im Wege ergänzender Vertragsauslegung (richterlich) festgestellt werden kann.[76] Für bestimmbar gehalten hat der BGH Vereinbarungen über sämtliche Kinos in einem möglichen Komplex mit Multiplexkinos, Läden, gastronomischen Einrichtungen, Büros und Tiefgarage[77] oder über ein noch zu errichtendes Senioren-

---

[68] Vgl. BGH ZMR 1994, 107.
[69] S. Staudinger/*Emmerich* Vorb. zu § 535 Rdnr. 93; *Derleder/Pellegrino* NZM 1998, 550, 552; *Michalski* ZMR 1999, 141, 143; Bub/Treier/*Reinstorf* II Rdnr. 144; Lindner-Figura/Oprée/Stellmann/*Stellmann* Kap. 3 Rdnr. 19; *Timme/Hülk* NJW 2007, 3313, 3314.
[70] Vgl. BGH NJW 2007, 1817; krit. Eckert ZfIR 2007, 666 ff.
[71] So schon das RG, Staudinger/*Emmerich* § 566 Rdnr. 52; a. A. *Derleder/Pellegrino* NZM 1998, 550, 553 m. w. N.; Nies/Gies/*Borzutzki-Pasing* Anm. 1 zu Form. A. V. 2.
[72] S. Lindner-Figura/Oprée/Stellmann/*Stellmann* Kap. 3 Rdnr. 10.
[73] S. Staudinger/*Emmerich* Vorb. zu § 535 Rdnr. 91; Bub/Treier/*Reinstorf* II Rndr. 144.
[74] S. *Wolf/Eckert/Ball* A II. Rdnr. 77; Bub/Treier/*Reinstorf* II Rdnr. 143.
[75] Vgl. BGH NJW-RR 1993, 139 (für Gewerberaum); OLG Karlsruhe NJW-RR 1996, 997, 998; OLG Saarbrücken NJW-RR 1978, 341.
[76] Vgl. BGH ZMR 1993, 55, 56; BGH NJW 1990, 1234; s. *Michalski* ZMR 1999, 142, 144.
[77] Vgl. BGH NJW 2002, 3016, 3018.

heim mit 180 Betten, wobei das gesamte Gebäude vermietet werden sollte.[78] Alle übrigen Einzelheiten können durchaus zu einem späteren Zeitpunkt noch verhandelt werden. Es bleibt den Parteien unbenommen, im Falle längerer Verhandlungsdauer das jeweils erzielte Ergebnis in den Vorvertrag zu integrieren und so den Inhalt des Vorvertrages zu erweitern.[79]

Für **bestimmbar** wird in der **Rechtsprechung** Folgendes angesehen: 55
- Wenn lediglich eine Abrede über die Vertragsdauer fehlt, so soll der Vertrag als auf unbestimmte Zeit geschlossen gelten.[80] Das kann aber so nur im Wohnraummietrecht gelten; bei der Gewerberaummiete, wo der Vermieter einen unbefristeten Vertrag jederzeit kündigen kann, wird sich der Mieter regelmäßig nur verpflichten, wenn er seinen Laden, seine Praxis oder seine Firma in den Mieträumen für eine klar bestimmte Zeit aufrecht erhalten kann.[81]
- Wenn eine Bestimmung des Mietzinses fehlt, so ist es möglich, diese Lücke durch die ortsübliche bzw. angemessene Miete zu füllen.[82] Bei der Gewerberaummiete reicht die Vereinbarung einer Umsatzmiete mit Mindestmiete und Indexierung im Vorvertrag aus, ohne dass bereits konkrete Sätze genannt sein müßten.[83]
- Wenn der Vermieter dem Mietinteressenten erklärt, er werde mit ihm einen Vertrag abschließen, sobald die Vormieterin gekündigt habe, nur würde sich der Mietzins dann geringfügig erhöhen; dem Vermieter sei damit ein gemäß § 315 BGB überprüfbares Ermessen zur angemessenen Mietzinserhöhung eingeräumt worden.[84]

Für **zu unbestimmt** wird in der Rechtsprechung Folgendes angesehen: 56
- Wenn eine Vereinbarung lediglich die Bezeichnung des Mietgegenstandes und die Erklärung, dass der Abschluss eines Mietvertrages hierüber beabsichtigt sei, enthält.[85]
- Wenn sich der Eigentümer und der Mietinteressent lediglich darauf einigen, dass der Interessent in dem demnächst bezugsfertig werdenden Gebäude einige Räume mietweise erhalten soll.[86]
- Wenn der Vermieter erklärt, er werde sich darum „bemühen", nach Fertigstellung der geplanten Umbaumaßnahmen vorrangig ein vergleichbares Objekt anzubieten; hier kommt vielmehr nur ein Anmietrecht (s. o. Rdnr. 10) in Betracht.[87]

Wenn über Mietobjekt, Mietdauer und Miete eine Einigung erzielt worden ist, ist beim gewerblichen Mietvorvertrag – selbst wenn die Ausgestaltung der näheren Vertragsbedingungen weiteren Verhandlungen vorbehalten worden ist – allerdings sorgfältig zu prüfen, ob nur eine Verpflichtung begründet worden ist, einen Mietvertrag abzuschließen, oder die Vertragsparteien schon unmittelbar die sich aus einem Mietvertrag ergebenden Rechte und Pflichten begründen wollten.[88] Letzteres wird besonders dann anzunehmen sein, wenn umgehend der Besitz eingeräumt wird und die vereinbarten Mietzahlungen erbracht werden; dann steht auch die Bezeichnung als Mietvorvertrag und die Klausel „Weitere Einzelheiten werden in einem ausführlichen Mietvertrag, wie besprochen, niedergelegt." der Annahme eines Mietvertrages nicht entgegen.[89]

---

[78] Vgl. BGH NJW 2007, 1817; sehr zw. dagegen KG NJW-RR 2007, 519: die Angabe 400 bis 500 qm Bürofläche in einem noch zu errichtenden Gebäude sei zu unbestimmt, so dass ein Mietvorvertrag nicht habe zustande kommen können.
[79] Vgl. BGH ZMR 1993, 55, 57.
[80] Vgl. BGH WuM 1964, 1216.
[81] S. Lindner-Figura/Oprée/Stellmann/*Stellmann* Kap. 3 Rdnr. 17.
[82] Vgl. BGH NJW 2002, 3016, 3018; BGH WuM 1992, 312, 313; Bub/Treier/*Reinstorf* II Rdnr. 143 m. w. N.; ebenso Soergel/*Kummer* Vorb. § 535 Rdnr. 43; a. A. Derleder/*Pellegrino* NZM 1998, 550, 552.
[83] Vgl. BGH NJW 2002, 3016, 3018; a. A. Lindner-Figura/Oprée/Stellmann/*Stellmann* Kap. 3 Rdnr. 15; Nics/Gies/Borzutzki-*Pasing* Anm. 3 zu Form. A. V. 2.
[84] Vgl. LG Berlin GrundE 1992, 387.
[85] Vgl. BGH WuM 1977, 400, 401 (Pacht).
[86] S. *Held* WuM 1982, 119.
[87] Vgl. KG Berlin Urt. v. 14. 1. 2002 – 8 U 8027/00 (zur Gewerberaumpacht).
[88] S. Harz/Kääb/Riecke/Schmid/*Harz* 2. Kap. Rdnr. 78.
[89] Vgl. OLG Karlsruhe Urt. v. 12. 11. 2002 – 17 U 177/00; Harz/Kääb/Riecke/Schmid/*Harz* 2. Kap. Rdnr. 81; Lindner-Figura/Oprée/Stellmann/*Stellmann* Kap. 3 Rdnr. 12.

3. Rechte und Pflichten aus dem Mietvorvertrag

57 **a) Haupt- und Nebenpflichten.** Mit dem Abschluss des Vorvertrages entsteht zwischen den Parteien ein echtes Vertragsverhältnis.

58 Hauptpflicht ist für beide Teile alsbald nach Fortfall der noch bestehenden Hindernisse der Abschluss des Hauptvertrages. Beide Parteien sind zur Mitwirkung am Zustandekommen des schriftlichen und damit § 550 BGB genügenden Hauptvertrages verpflichtet.[90] Dies bedeutet, dass grundsätzlich beide Parteien zur Abgabe eines Angebotes auf Abschluss des Hauptvertrages verpflichtet und gehalten sind, ein Angebot der Gegenseite entweder anzunehmen oder an dem weiteren **Aushandeln der Vertragsbedingungen ernsthaft mitzuwirken**.[91] Die Verpflichtung aus einem Vorvertrag erlischt also nicht schon dadurch, dass ein einmaliges Vertragsangebot zum Abschluss des Hauptvertrages vom anderen Vertragspartner abgelehnt wird. Dem ablehnenden Vertragspartner bleibt es unbenommen, ein Gegenangebot zu machen. Dieses Gegenangebot darf nicht unbeachtet bleiben; die Ablehnung von Verhandlungen unter Verweisung auf das eigene Angebot kann gegen Treu und Glauben verstoßen.[92]

59 Grundsätzlich kann das vorgelegte Vertragsangebot inhaltlich in gewissem Umfang vom Vorvertrag abweichen, ohne „vertragswidrig" zu sein. Zulässig ist z.B. eine geringfügige Anhebung des monatlichen Mietzinses, wenn der Vorvertrag nur eine überschlägige Berechnung desselben enthielt. Als zulässig wird auch eine Neugestaltung des Rechts zur Untervermietung angesehen, wenn dies im berechtigten Interesse des Vermieters liegt und der Klarstellung dient. Nicht zulässig ist eine erstrebte Änderung in der Person des Vermieters. Der Mieter muss sich nicht auf einen anderen Vertragspartner, z.B. eine vom Eigentümer beherrschte KG, als Vermieter einlassen.[93] Der Mieter ist auch nicht verpflichtet, ein sogenanntes „aliud" anzunehmen; auch darüber muss er nicht verhandeln.[94] So reicht es nicht aus, wenn der Vermieter statt des im Mietvorvertrag vereinbarten Vertrages über sämtliche Kinos (mit Konkurrenzschutz) in einem noch zu errichtenden Komplex mit Multiplexkinos, Läden, Gastronomie und Büros dem Berechtigten den Abschluss eines Generalmietvertrages für das gesamte Objekt anbietet.[95]

60 Des Weiteren sind die Parteien eines Mietvorvertrages gehalten, die entgegenstehenden Hindernisse nach Möglichkeit zu beseitigen.[96] In der Zeit zwischen dem Abschluss des Vorvertrages und dem beabsichtigten Abschluss des Hauptvertrages können Veränderungen der tatsächlichen oder rechtlichen Verhältnisse eintreten. Diese sind zu berücksichtigen und zwar dergestalt, dass die Bestimmungen des nunmehr abzuschließenden Hauptvertrages so festzulegen sind, wie die Parteien sie bei Kenntnis dieser Veränderungen festgelegt haben würden.[97] Besonders tiefgreifende Veränderungen können nach den Regeln über den Wegfall der Geschäftsgrundlage dazu führen, dass der Abschluss des Hauptvertrages überhaupt nicht mehr in Betracht kommt.[98]

61 Der Anspruch auf Abschluss des Hauptvertrages unterliegt der regelmäßigen Verjährung (§§ 195, 199 BGB). Im Einzelfall empfiehlt sich sicherlich eine (formlose) Vereinbarung über eine Verlängerung der Verjährungsfrist (§ 202 Abs. 2 BGB). Da ein Mietvorvertrag nicht mit einem Mietvertrag gleichzusetzen ist, geht die Verpflichtung nicht auf den Erwerber der Mietsache über.[99]

62 Daneben bestehen vertragliche **Nebenpflichten**; insbesondere müssen die Parteien alles unterlassen, was dem Abschluss des Hauptvertrages im Wege stehen könnte.[100] Werden

---

[90] Vgl. BGH NJW 2007, 1817, 1818.
[91] Vgl. BGH WuM 1981, 695, 697; BGH ZMR 1994, 106.
[92] Vgl. BGH WuM 1958, 491.
[93] Vgl. BGH WM 1981, 695, 698.
[94] Vgl. BGH NJW 2002, 3016, 3019.
[95] Vgl. BGH NJW 2002, 3016, 3018 f.
[96] S. Bub/Treier/*Reinstorf* II Rdnr. 148.
[97] Vgl. BGH NJW 1986, 2822, 2832.
[98] Vgl. BGH NJW 1962, 1812.
[99] S. Palandt/*Weidenkaff* Einf. v. § 535 Rdnr. 4; Blank/Börstinghaus/*Blank* § 566 Rdnr. 7.
[100] Vgl. BGH NJW 2007, 1817, 1818; Schmidt-Futterer/*Blank* Vorb. § 535 Rdnr. 106.

diese Verpflichtungen verletzt, so kann der jeweils andere Vertragsteil Schadensersatz verlangen.

Hat der Mieter aufgrund des Vorvertrages bereits den Besitz der Mietsache erlangt, steht 63 ihm ein Besitzrecht zu, solange er Erfüllung des Vorvertrages verlangen kann. Dem Herausgabeanspruch des Eigentümers gemäß § 985 BGB steht dann der Einwand unzulässiger Rechtsausübung gemäß § 242 BGB entgegen, wenn er aufgrund des Vorvertrages verpflichtet ist, mit dem Besitzer einen Mietvertrag zu schließen, denn er fordert damit etwas, was er kraft der Verpflichtung zum Abschluss des Mietvertrages und der hieraus folgenden Pflicht zur Gebrauchsüberlassung sofort zurückgeben müsste.[101] Das Besitzrecht des Mieters entfällt hingegen, wenn der Vermieter ein Kündigungsrecht entsprechend den mietrechtlichen Regeln erwirbt, etwa nach § 543 Abs. 2 Nr. 3 BGB bei Zahlungsverzug des Mieters.[102]

Nimmt aber eine Partei des Vorvertrages das Mietobjekt vor Abschluss des Hauptvertrages eigenmächtig in Besitz, so begeht sie **verbotene Eigenmacht**.[103] 64

b) Erfüllung – Leistungsstörungen beim Vorvertrag. In erster Linie verpflichtet der Vor- 65 vertrag zum Abschluss des Hauptvertrages. Erfüllung tritt mit Abschluss eines formgültigen Hauptvertrages ein. Scheitern aber die Verhandlungen über den Abschluss des Hauptvertrages endgültig, können die Parteien den Vorvertrag einvernehmlich aufheben und die Pflicht zum Abschluss des Hauptvertrages hinfällig machen. Da der Vorvertrag ein vollwertiger schuldrechtlicher Vertrag ist, unterliegt er zur Gänze dem Leistungsstörungsrecht in den §§ 275 ff. BGB.

Grundtatbestand und grundsätzlich einzige Anspruchsgrundlage ist § 280 BGB. Voraus- 66 setzung für einen Schadensersatzanspruch nach § 280 Abs. 1 BGB ist, dass der Schuldner eine Pflicht aus dem Schuldverhältnis verletzt hat und diese Pflichtverletzung zu vertreten hat. Auch die bloße Nichterfüllung ist eine Pflichtverletzung.[104] Unmöglichkeit ist ein Schuldbefreiungsgrund (§ 275 Abs. 1 BGB) und berechtigt gemäß § 283 Satz 1 BGB den Gläubiger Schadensersatz statt der Leistung zu verlangen. Der Bundesgerichtshof hat zum früheren Recht entschieden, dass keine Unmöglichkeit vorliegt, wenn der Vermieter die auf Grund des Vorvertrages zu vermietenden Räume bereits an einen Dritten vermietet und überlassen hat, weil der Abschluss des Hauptvertrages dennoch möglich bleibt und der Vertrag auch rückwirkend geschlossen werden kann.[105] An dieser Beurteilung hat sich nichts geändert.

Verzug ist ein qualifizierter Fall der Nichterfüllung, der vom Eintritt zusätzlicher, in § 286 67 BGB niedergelegter Voraussetzungen abhängig ist. Liegen diese vor, kann der Gläubiger Schadensersatz gemäß § 280 Abs. 2 BGB verlangen. Ein Schadensersatzanspruch statt der Leistung (bisher: Schadensersatz wegen Nichterfüllung) steht dem Gläubiger nur zu, wenn zusätzlich zu den Voraussetzungen des § 280 Abs. 1 BGB auch die der §§ 281, 282 oder 283 BGB erfüllt sind.[106] Eine ernsthafte und endgültige Erfüllungsverweigerung begründet nach § 281 Abs. 2 BGB ohne Fristsetzung einen Schadensersatzanspruch statt der Leistung. Der Bundesgerichtshof hat bisher bei Vorliegen eines Vorvertrages und einer behaupteten Weigerung zum Abschluss des Hauptvertrages strenge Anforderungen an die Annahme einer Erfüllungsverweigerung gestellt. Die Weigerung zum (Haupt-)Vertragsabschluss musste außer Zweifel stehen; d.h. es wurde gefordert, dass der Schuldner sich über das auf die vertragliche Leistung gerichtete Erfüllungsverlangen des Gläubigers im Klaren ist und ohne Rücksicht auf die möglichen Folgen seine Weigerung gewissermaßen als letztes Wort klar zum Ausdruck bringt.[107] Daran hat sich durch die Kodifizierung nichts geändert.

Besonders hinzuweisen ist auf § 325 BGB. Danach wird das Recht, bei einem gegenseiti- 68 gen Vertrag Schadensersatz zu verlangen, durch einen Rücktritt nicht ausgeschlossen (ge-

---

[101] Vgl. OLG Köln WuM 1992, 361, 362; KG Urt. v. 5. 5. 2003 – 8 U 108/02.
[102] Vgl. OLG Köln NJW-RR 1992, 1162 = WuM 1992, 361.
[103] Vgl. BGH WuM 1971, 44.
[104] S. *Canaris* JZ 2001, 512; Palandt/*Heinrichs* § 280 Rdnr. 13.
[105] Vgl. BGH NJW-RR 1993, 139, 141 = ZMR 1993, 55, 57; *Henrich*, Vorvertrag, Optionsvertrag, Vorrechtsvertrag, 1965, S. 204.
[106] § 280 Abs. 3 BGB; vgl. Palandt/*Heinrichs* § 280 Rdnr. 13.
[107] Vgl. BGH ZMR 1993, 55.

mäß § 323 BGB), d.h. der Gläubiger kann nunmehr Rücktritt und Schadensersatz miteinander kombinieren. Er kann sich vom Vertrag lösen, ohne anderer Ansprüche verlustig zu gehen. § 323 BGB gewährt dem Gläubiger auch dann ein Recht zum Rücktritt, wenn der Schuldner seine Pflichtverletzung nicht zu vertreten hat. Darüber hinaus berechtigen grundsätzlich alle Tatsachen, bei deren Vorliegen eine der Parteien des abzuschließenden Mietvertrages zur Kündigung aus wichtigem Grund berechtigt wäre, in der Regel auch zum Rücktritt vom Vorvertrag.[108] Kommt es infolge einer arglistigen Täuschung zum Abschluss eines Vorvertrages, ist der Getäuschte zur Anfechtung berechtigt. So kann z.B. der Vermieter den mit dem potenziellen Mieter geschlossenen Mietvorvertrag wirksam anfechten, wenn dieser die Frage nach seiner Bonität wahrheitswidrig beantwortet hat.[109]

69 Hat eine Partei bereits aufgrund des Vorvertrages Leistungen erbracht, zum Beispiel eine Mietvorauszahlung, und den Hauptvertrag wegen arglistiger Täuschung angefochten, so muss auch der Vorvertrag angefochten werden, um Bereicherungsansprüche auszulösen. Die Anfechtung nur des Hauptvertrages genügt nicht.[110] Kann nur der Hauptvertrag, aber nicht der Vorvertrag angefochten werden, ergibt sich aus dem Vorvertrag weiterhin die Verpflichtung zum erneuten Hauptvertragsabschluss, allerdings möglicherweise mit modifiziertem Inhalt.

70 **c) Gerichtliche Geltendmachung.** Jede Partei kann aus dem Mietvorvertrag auf Erfüllung, d.h. auf Abschluss des Mietvertrages klagen. Der aus dem Vorvertrag resultierende Erfüllungsanspruch ist auf Abschluss eines Hauptvertrages mit dem Inhalt gerichtet, den der Vorvertrag für den künftig abzuschließenden Hauptvertrag vorsieht. Die richtige Klageart ist die **Leistungsklage**.

71 Die Leistungsklage ist grundsätzlich auch bei einem Streit über das (wirksame) Zustandekommen eines Vorvertrages die richtige Klageart. Nach ständiger Rechtsprechung des Bundesgerichtshofs ist für eine Feststellungsklage im Allgemeinen kein Raum, wenn eine Leistungsklage möglich ist, die das Rechtsschutzinteresse des Klägers ebenso wahren kann.[111] Die Besonderheiten eines Falles können jedoch dazu führen, dass letztlich nur eine **Feststellungsklage** dem Rechtsschutzbedürfnis des Klägers entspricht und zur Erledigung der aufgetretenen Streitpunkte führen kann; das gilt insbesondere, wenn es nicht um Details des Mietvertrages geht, sondern die Frage der Vermietung überhaupt streitig ist.[112]

72 Die Leistungsklage ist auf Abgabe der den Hauptvertrag zustandebringenden Willenserklärung, also regelmäßig auf **Annahme** des mit der Klage im vollständigen Wortlaut unterbreiteten Vertragsangebots zu richten.[113] Denn jedenfalls dann, wenn der in Aussicht genommene Hauptvertrag im Vorvertrag inhaltlich bereits vollständig ausformuliert worden ist, besteht kein Rechtschutzbedürfnis für eine Klage auf Abgabe eines Angebots durch die Gegenseite. Regelt ein Vorvertrag nicht den vollständigen Inhalt des in Aussicht genommenen Hauptvertrages, sondern verweist er insoweit lediglich auf Bestimmungen in Verträgen, die der Verpflichtete mit anderen geschlossen hat, so muss der Berechtigte mit seinem Klageantrag kein eigenes Angebot unterbreiten und dessen Annahme verlangen, sondern kann auf Abgabe eines ausformulierten Vertragsangebots durch den Verpflichteten klagen.[114]

73 Grundsätzlich muss der Klageantrag den **gesamten Inhalt** des zukünftigen Hauptvertrages wiedergeben.[115] Es kann im Einzelfall ausreichend sein, wenn der Klageantrag die Mietvertragsparteien, das Mietobjekt, den Mietzins und die Vertragsdauer enthält.[116] Entscheidend ist, dass der Klageantrag das Bestimmtheitserfordernis des § 253 Abs. 2 Nr. 2 ZPO erfüllt, so dass aus einem stattgebenden Urteil nach § 894 ZPO vollstreckt werden kann. Bestimmt

---

[108] S. MünchKommBGB/*Voelskow* §§ 535, 536 BGB Rdnr. 25; Bub/Treier/*Reinstorf* II Rdnr. 154.
[109] Vgl. AG Wolfsburg NZM 2001, 987.
[110] Vgl. BGH WuM 1973, 238.
[111] Vgl. BGH NJW 2002, 3016, 3017; BGH NJW-RR 1994, 1272, 1273 m.w.N.
[112] Vgl. BGH NJW 2002, 3016, 3017.
[113] Vgl. BGH NJW 2002, 3016, 3017; BGHZ 97, 147; NJW-RR 1994, 317, 318.
[114] Vgl. BGH NJW 1984, 479, 480; s. aber auch BGH NJW 1986, 2822; BGH Das Grundeigentum 2001, 416 (zum Kaufvertrag).
[115] Vgl. BGH NJW-RR 1994, 1272, 1273.
[116] S. *Kinne/Schach* Teil II, Rdnr. 178.

genug ist er, wenn er alles enthält, was nach der Vorstellung des Klägers Inhalt der Verpflichtung des Beklagten zum Abschluss des gewünschten Vertrages bilden soll.[117] Andernfalls liefe der Kläger Gefahr, eine Klagabweisung zu erhalten, da von der Rechtsprechung ein Rechtsschutzbedürfnis für eine stückweise Herbeiführung des Gesamtvertrages im Wege von Teilleistungsklagen grundsätzlich nicht anerkannt wird.[118] Veränderungen der tatsächlichen Verhältnisse seit Abschluss des Vorvertrages sind im Klageantrag entsprechend zu berücksichtigen.[119]

Die für das Zustandekommen eines Vorvertrages maßgeblichen Tatsachen muss die Partei darlegen und beweisen, die aus dem Vertrag Rechte für sich herleiten will. Der Darlegungspflichtige muss vortragen, dass zwischen den Parteien ein Vorvertrag gewollt war. Des Weiteren ist er verpflichtet, die Umstände darzulegen, aus denen sich der rechtskräftige Bindungswille der Parteien herleiten lässt.[120]

Das Gericht kann nur zur Abgabe einer solchen Willenserklärung verurteilen, die sich mit dem Inhalt des Vorvertrages deckt, nicht hingegen zu einer anderen Erklärung. Das gilt etwa, wenn mit der Klage die Verurteilung zum Abschluss eines Mietvertrages mit einer längeren als im Vorvertrag vereinbarten Laufzeit gefordert wird. Das Gericht ist dann wegen der in den §§ 308 Abs. 1 Satz 1, 523, 536 ZPO normierten Bindung an die Parteianträge daran gehindert, den Beklagten zum Abschluss eines Hauptvertrages mit kürzerer (korrekter) Laufzeit zu verurteilen.[121] Soweit Unsicherheiten über den Umfang der vertraglichen Bindung bestehen, sollte der Kläger daher immer entsprechende **Hilfsanträge** stellen, um das Risiko einer Klagabweisung im vollen Umfang zu vermeiden.

Mit Rechtskraft eines stattgebenden Urteils gilt die Annahmeerklärung als abgegeben (§ 894 ZPO) und der Vertrag als geschlossen.[122]

Mit der Klage auf Abschluss des Mietvertrages kann **zugleich** eine Klage auf Erfüllung der aus dem Mietvertrag geschuldeten Leistung (z. B. Mietzins) erhoben werden.[123] Die auf die Erfüllung der Leistungen aus dem erstrebten Hauptvertrag gerichteten Klageanträge stehen dann unter der innerprozessualen Rechtsbedingung, dass dem Antrag auf Abschluss des Hauptvertrages stattgegeben wird.

Die **sachliche und örtliche Gerichtszuständigkeit** für Ansprüche aus einem Mietvorvertrag bestimmt sich nach §§ 23 Nr. 2a GVG, 29a ZPO.[124]

Im Wege der **einstweiligen Verfügung** kann aufgrund eines Mietvorvertrages weder eine Besitzeinräumung noch die Abgabe einer Willenserklärung zum Abschluss des Mietvertrages durchgesetzt werden. Ein Mietvorvertrag gewährt nur einen Anspruch auf Abschluss des Mietvertrages und noch keinen Anspruch auf Besitzeinräumung. Die Abgabe einer Willenserklärung zum Abschluss eines schuldrechtlichen Vertrages kann im Verfahren des einstweiligen Rechtsschutzes grundsätzlich nicht verlangt werden, da dies die Hauptsache vorwegnehmen und somit dem vorläufigen Charakter des Eilrechtsschutzes widersprechen würde.[125] Die Unstatthaftigkeit einer einstweiligen Verfügung auf Abschluss eines Mietvertrages ist auch dann zu bejahen, wenn der Vermieter mit zwei verschiedenen Parteien jeweils einen Mietvorvertrag abgeschlossen hat. Zum einen würde ansonsten die Entscheidungsfreiheit des Vermieters, mit wem er zur Überlassung des Mietobjekts einen endgültigen Vertrag abschließt, deutlich eingeschränkt; zum anderen bestünde das Problem konkurrierender Überlassungsverbote in gleicher Weise wie im Fall der sogenannten Doppelvermietung.[126]

---

[117] Vgl. BGH NJW 2002, 3016, 3018; BGH ZMR 1994, 106; BGH WM 1961, 1053, 1055.
[118] Vgl. BGH ZMR 1994, 106.
[119] Vgl. BGHZ 98, 130 und BGH NJW 1962, 1812.
[120] Vgl. BGH NJW 1980, 1577, 1578.
[121] S. OLG Köln DWW 1992, 210.
[122] Vgl. BGH NJW 1984, 479, 480.
[123] Vgl. BGHZ 98, 130, 134; BGH NJW 1986, 2820, 2821; OLG Köln ZMR 1998, 283, 284; OLG Koblenz NZM 1998, 405.
[124] S. AG Schöneberg ZMR 2000, 132.
[125] Vgl. AG Schöneberg ZMR 1999, 643, 644, 645; Schach, Das Grundeigentum 1994, 132.
[126] Vgl. OLG Hamm NZM 2004, 192, 193.

4. Vertragsgestaltung und Muster

80   Zu Zwecken der Beweissicherung empfiehlt sich eine schriftliche Niederlegung des Vorvertrages. Je genauer die Parteien die Kriterien zur endgültigen Festlegung der Vertragsbedingungen des künftigen Mietvertrages bereits festlegen, desto besser. Insbesondere der Vermieter sollte auf Regelungen zur Mietsicherheit und der Pflicht zur Erstattung von Nebenkosten und Kosten der Instandhaltung und Instandsetzung achten, um seine Position in den Mietvertragsverhandlungen nicht ohne Not zu verschlechtern. Geregelt werden sollte zudem, ob und – falls ja – in welcher Höhe der Mieter für die vorvertragliche Bindung des Vermieters eine Reservierungsgebühr oder ein Bindungsentgelt zu zahlen hat.

Folgende Punkte sollten bei der Vereinbarung beachtet und konkret ausformuliert werden:

Checkliste:

☐ Auf welchen Mietgegenstand bezieht sich die Vereinbarung?
  Genaue Bezeichnung des Mietobjekts und mitvermieteter Räume und Gegenstände – wie im Mietvertrag.
☐ Wer sind die Vertragspartner?
  Genaue Bezeichnung der Parteien des zukünftigen Mietvertrages.
☐ Welcher Mietzins soll gelten?
  Absoluter Betrag pro Quadratmeter mit oder ohne Anpassungsfaktoren.
☐ Welche Laufzeit soll der zukünftige Vertrag haben?
☐ Welche Regelungen sollen bezüglich einer Untervermietung gelten?
☐ Wie hoch soll die Kaution sein?
☐ Welche Nebenkostenregelung soll gelten?
☐ Was wird zur Instandhaltung und Instandsetzung der Mietsache vereinbart?
☐ Soll der Vorvertrag befristet werden?
☐ Was soll gelten, wenn das „Hindernis" nicht bis zu einem bestimmten Zeitpunkt beseitigt ist?
☐ Hat der Mieter für die Bindung des Vermieters im Vorvertrag eine „Reservierungsgebühr" zu zahlen?

Ein Vorvertrag könnte folgendermaßen lauten:

Muster: Vorvertrag

81   Herr/Frau ...... (zukünftiger Vermieter), wohnhaft in ......
und
Herr/Frau ...... (zukünftiger Mieter), wohnhaft in ......
verpflichten sich, einen schriftlichen Mietvertrag über
die im Anwesen in ......, in der ...... straße,
im ...... Geschoss belegenen Geschäftsräume,
bestehend aus ...... abzuschließen. Die Nutzfläche beträgt ...... m².
Die Miete wird voraussichtlich brutto/kalt monatlich € ...... betragen.
(Indexierung der Miete)
Mietdauer (ggf. Verlängerungsoption des Mieters)
Die Mietsache wird voraussichtlich am ...... zum Bezug bereitstehen.
Regelungen zu Kosten der Instandhaltung und Instandsetzung, ggf. dem Rückbau von Einbauten oder Umbauten, der Leistung einer Kaution sowie den Nebenkostenvorauszahlungen
Der zukünftige Mieter ist berechtigt, von dem Vorvertrag zurückzutreten, wenn sich der Bereitstellungstermin um mehr als ...... Monate hinausschiebt oder die endgültige Miete sich ge-

genüber der in Aussicht genommenen um mehr als ...... Prozent erhöht. Der Rücktritt ist spätestens zwei Wochen nach Mitteilung des verzögerten Bereitstellungstermins oder der erhöhten Miete schriftlich zu erklären.
......
(Datum/Unterschriften)

V. Option

1. Allgemeines

a) **Begriffsbestimmung und Abgrenzung.** Ein (Miet-)Optionsrecht gestattet dem Berechtigten, durch einseitige empfangsbedürftige Willenserklärung entweder ein Mietverhältnis zustande zu bringen oder ein bestehendes Mietverhältnis über die zunächst vorgesehene Laufzeit hinaus auf bestimmte oder unbestimmte Zeit zu verlängern. Im ersten Fall spricht man von einer sog. **Begründungsoption,** im zweiten Fall von einer sog. **Verlängerungsoption.**[127] Gemeinsam ist beiden Optionsformen, dass sie nur denjenigen binden, der sie gewährt. Gewähren kann eine Option sowohl der (zukünftige) Vermieter als auch der Mietinteressent. Die Ausübung des Rechts liegt allein im Belieben des Optionsberechtigten.[128] Das Optionsrecht ist rechtlich als ein Gestaltungsrecht zu qualifizieren.[129]

Im Folgenden wird nur die **Begründungsoption** behandelt. Näheres zur Verlängerungsoption findet sich in § 66 „Vertragsbeendigung ohne Kündigung".

Mit Vereinbarung einer Begründungsoption entsteht im Gegensatz zu einem **Vorvertrag** kein schuldrechtlicher, ggf. auch einklagbarer Anspruch auf Abschluss des Mietvertrages, vielmehr wird die Begründung des Mietvertrages mit Ausübung des Rechts **unmittelbar** herbeigeführt.[130] Die Begründungsoption unterscheidet sich vom Vorvertrag des Weiteren dadurch, dass ein im Einzelnen ausgehandelter Hauptvertrag schon vorliegt und es im freien Belieben des Berechtigten steht, ob es überhaupt zur Durchführung dieses Hauptvertrages kommen soll.[131]

Von der **Vormiete** unterscheidet sich die Option dadurch, dass der Inhalt des Mietvertrages bereits feststeht, während bei einem Vormietrecht der Vermieter durch Verhandlungen mit einem Dritten den Vertragsinhalt noch gestalten kann. Hängt bei der Vormiete der Inhalt des Vertrages von einem sog. Drittgeschäft ab, so ist bei der Option der Zeitpunkt seiner Verwirklichung noch ungewiss.

Das **Anmietrecht** gewährt dem Berechtigten nur die Position des ersten Verhandlungspartners, das Optionsrecht macht ihn mit dessen Ausübung unmittelbar zum Vertragspartner.

Streiten die Parteien darüber, ob dem Vermieter oder dem Mieter eine „Mietoption" eingeräumt worden ist, so ist zu berücksichtigen, dass dieser Begriff auf eine Befugnis des Mieters hinweist; denn etwas zu mieten ist seine Sache.[132] Vereinbaren Käufer und Verkäufer eines Mietobjekts, dass **jede** Partei ab einem bestimmten Zeitpunkt zu einem vorbestimmten Preis eine Anmietung desselben durch den Verkäufer verlangen kann, so handelt es sich rechtlich um einen Vorvertrag, nicht um ein Optionsrecht.[133] Das OLG Köln sah es als erwiesen an, dass diese rechtliche Qualifizierung der Vereinbarung dem übereinstimmenden Willen beider Parteien entsprach und damit nach der höchstrichterlichen Rechtsprechung[134] Vorrang vor ihrem Wortlaut und jeder anderweitigen Interpretation habe.

---

[127] S. Soergel/*Kummer* Vorb. §§ 535 Rdnr. 31.
[128] S. MünchKommBGB/*Voelskow* §§ 535, 536 Rdnr. 30.
[129] Vgl. BGH NJW 1968, 551, 552.
[130] S. Soergel/*Kummer* Vorb. § 535 Rdnr. 32.
[131] Vgl. KG Urt. v. 22. 1. 2004 – 8 U 193/03.
[132] Vgl. BGH WM 1989, 1033.
[133] Vgl. OLG Köln ZMR 1998, 283.
[134] Vgl. zuletzt BGH NJW 1994, 1528.

88 Teils wird auch die Abgabe eines unbefristeten oder auf längere Zeit befristeten **Angebots zum Abschluss eines Mietvertrages** als Einräumung eines Optionsrechts bezeichnet.[135] Dem ist schon deshalb nicht zu folgen, weil Angebot und Begründungsoption unterschiedlichen Formvorschriften unterliegen. Anders als bei der Begründungsoption ist für das Angebot wie die Annahmeerklärung das Schriftformerfordernis des § 550 Satz 1 BGB zu beachten, wenn eine Mietdauer über ein Jahr wirksam vereinbart werden soll.

89 b) **Praktische Bedeutung.** In der Praxis der Geschäftsraummiete spielt die Begründungsoption eine wesentlich geringere Rolle als die Verlängerungsoption, die in Verträgen über Gewerberäume regelmäßig vereinbart wird. Gleichwohl kann die Vereinbarung einer Begründungsoption für beide Parteien sinnvoll sein:
- zu Gunsten des künftigen Vermieters, wenn das zu vermietende Gebäude erst in der Planung oder noch im Bau ist.
- zu Gunsten des künftigen Mieters, wenn er den Zeitpunkt des Mietvertragsabschlusses bestimmen will.
- zu Gunsten eines Mieters, der das Recht erhalten möchte, durch Ausübung der Option weitere, benachbarte Räume (etwa Kanzleiräume) zur Erweiterung hinzu zu mieten.

90 Letztlich kommt also die Vereinbarung eines Optionsrechts dann in Betracht, wenn sich die Parteien über den gesamten Inhalt des künftigen Mietvertrages ohne Weiteres einig sind, sich aber eine der Vertragsparteien die Entscheidung, ob es zum Vertragsschluss kommen soll, oder die Entscheidung, wann es zum Vertragsschluss kommen soll, vorbehalten möchte.

2. Begründung des Optionsrechts

91 Ein Optionsrecht wird durch eine Vereinbarung begründet, in der ein Vertragspartner dem anderen das Gestaltungsrecht einräumt, durch einseitige Erklärung einen inhaltlich feststehenden (oder zumindest nach vereinbarten Bedingungen inhaltlich festzulegenden) Mietvertrag, zustande zu bringen.[136] Diese Vereinbarung kann nicht nur unentgeltlich, sondern auch gegen ein sog. Bindungsentgelt getroffen werden.

92 Ob die Vereinbarung einer Begründungsoption formfrei möglich ist, ist umstritten.[137] Aus Zwecken der Beweissicherung empfiehlt sich generell eine schriftliche Abfassung der Vereinbarung.

93 Die Einräumung einer Begründungsoption hat grundsätzlich keine Wirkungen auf den potenziellen Erwerber. Solange die Option nicht ausgeübt und ein Mietverhältnis damit nicht begründet oder in Kraft gesetzt wird, ist ein Grundstückserwerber daran **nicht** gemäß § 566 Abs. 1 BGB gebunden.[138] Etwas anderes soll aber dann gelten, wenn der Optionsberechtigte sein Recht vor Eintragung des Erwerbers im Grundbuch ausübt, das Mietverhältnis aber erst nach Erwerbsübergang beginnen soll.[139] In diesem Fall ist der Erwerber an den Vertrag gebunden.

3. Ausübung des Optionsrechts

94 Der Mietvertrag kommt erstmalig dann zustande, wenn die begünstigte Partei von ihrem Recht Gebrauch macht. Die Ausübung einer Begründungsoption erfolgt durch Erklärung gegenüber dem Verpflichteten.

95 Bei Fehlen einer Vereinbarung über die Form der Erklärung kann sie mündlich erfolgen, da sie nicht formgebunden ist.[140] Den Parteien bleibt es aber unbenommen, für die Erklä-

---

[135] S. Schmidt-Futterer/*Blank* Vorb. § 535 Rdnr. 112.
[136] S. Staudinger/*Emmerich* Vorb. zu § 535 Rdnr. 100.
[137] S. Bub/Treier/*Reinstorf* II Rdnr. 210; Soergel/*Kummer* Vorb. § 535 Rdnr. 36; a. A. MünchKommBGB/*Voelskow* § 536 Rdnr. 33.
[138] S. Soergel/*Kummer* Vorb. § 535 Rdnr. 38 (zu § 571 BGB a. F.).
[139] Vgl. BGH NJW 1964, 1851 zu § 571 BGB a. F.
[140] So *Michalski* ZMR 1999, 141, 142; MünchKommBGB/*Voelskow* §§ 535, 536 Rdnr. 33; teilweise a. A. OLG Frankfurt Urt. v. 20. 5. 1998 – 23 U 121/97: formbedürftig, soweit auch der Mietvertrag, aus sich das Optionsrecht ergibt, formbedürftig war; Nies/Gies/*Borzutzki-Pasing* Anm. 4 zu Form. A. V. 3. befürwortet Schriftform jedenfalls, wenn das zu begründende Mietverhältnis länger als ein Jahr dauern soll.

rung die Schriftform zu vereinbaren. Zu beachten ist, dass auch bei einer Abrede, nach der die Option nur durch Einschreiben ausgeübt werden kann, nur die Schriftform rechtsbegründende Bedeutung hat; der Übermittlungsform durch Einschreiben kommt lediglich eine Beweisfunktion zu.[141]

Auch bezüglich einer Ausübungsfrist sind zeitliche Absprachen möglich. Ist für die Ausübung der Option keine Frist bestimmt, so ist in analoger Anwendung des § 544 BGB davon auszugehen, dass der Berechtigte nach Ablauf von dreißig Jahren mit der Ausübung des Optionsrechts ausgeschlossen wird. Sollten vor der Ausübung des Optionsrechts Umstände eintreten, bei deren Vorliegen die Parteien zur fristlosen Kündigung berechtigt wären, so besteht ein Rücktrittsrecht.[142]

4. Vertragsgestaltung

Bei der Vertragsgestaltung sollten folgende Fragen geklärt werden:

Checkliste:

- ☐ Wer ist berechtigt und wer verpflichtet aus der Option?
- ☐ Ist der Inhalt des Mietvertrages hinsichtlich des Mietobjekts, der Höhe des Mietzinses und der Mietdauer so bestimmt, dass er keiner Ergänzung bedarf?
  Soll der Mietvertrag mit allen notwendigen Vereinbarungen bereits der Optionsvereinbarung beigeheftet werden?
- ☐ Soll der Verpflichtete seinerseits verpflichtet werden, die Pflichten aus der Option seinen Rechtsnachfolgern aufzuerlegen?
  Der Optionsberechtigte sollte zur Wahrung seines Rechtes darauf achten, dass er den Eigentümer und etwaigen künftigen Vermieter verpflichtet, seinen Rechtsnachfolgern im Eigentum die Rechte und Pflichten aus der Optionsabrede aufzuerlegen und diese zugleich zu verpflichten, in gleicher Weise künftige Rechtsnachfolger zu binden.
- ☐ Soll eine Frist zur Ausübung des Optionsrechts bestimmt werden?
- ☐ Soll ein Bindungsentgelt für diesen Zeitraum vereinbart werden?
- ☐ Soll für die Erklärung über die Ausübung des Optionsrechts eine bestimmte Form vereinbart werden? (Schriftform)?

VI. Culpa in contrahendo

1. Allgemeines/Haftungsgrundlagen

Im Mietrecht gibt es grundsätzlich keine Besonderheiten im Hinblick auf eine Haftung aus Verschulden bei Vertragsverhandlungen (culpa in contrahendo = c.i.c.).

Auch durch die Aufnahme von Vertragsverhandlungen über den Abschluss eines Mietvertrages entsteht ein **gesetzliches Schuldverhältnis**, welches dadurch gekennzeichnet ist, dass für beide Verhandlungspartner zwar keine primären Leistungspflichten, aber Pflichten zur gegenseitigen Rücksicht, Fürsorge und Loyalität entstehen. Der Grund der Haftung liegt in der Gewährung von in Anspruch genommenem und dann enttäuschtem Vertrauen.

Da die Haftung unabhängig davon eintritt, ob es überhaupt zu einem Vertragsschluss kommt, sind sowohl die Fälle erfasst, in denen ein schuldhaftes Verhalten eines Verhandlungspartners dazu führt, dass es nicht zum Mietvertragsabschluss kommt, wie die Fälle, in denen ein Mietvertrag zwar abgeschlossen wird, dieser aber für eine Partei auf Grund schuldhaften Verhaltens der anderen Seite bei den Vertragsverhandlungen nachteilig ist. Daneben haben beide Seiten selbstverständlich die ihnen obliegenden Verkehrssicherungspflichten gegenüber ihrem Verhandlungspartner zu beachten.[143]

---

[141] Entschieden für eine Verlängerungsoption: OLG Hamm ZMR 1995, 248.
[142] Schmidt-Futterer/*Blank* Vorb. § 535 Rdnr. 97.
[143] S. dazu Näheres bei Lindner-Figura/Oprée/Stellmann/*Stellmann* Kap. 4 Rdnr. 8 bis 10.

101 Voraussetzung ist aber stets ein Verhalten, das auf Abschluss eines Vertrages oder Anbahnung geschäftlicher Kontakte abzielte. Daran hat sich durch das Schuldrechtsmodernisierungsgesetz letztlich nichts geändert. Neu ist, dass das bisher ungeschriebene, aber seit langem gewohnheitsrechtlich anerkannte Rechtsinstitut der c.i.c kodifiziert worden ist. Die normative Grundlage für eine Haftung aus c.i.c. findet sich nunmehr in § 311 Abs. 2 und 3 BGB. Einigkeit besteht im Schrifttum aber darüber, dass mit § 311 Abs. 2 und 3 BGB im Kern keine Änderung der bisherigen Rechtslage verbunden ist. Deshalb könne unbedenklich auf die bisher in Literatur und Rechtsprechung entwickelten Grundsätze – einschließlich der verschiedenen Fallgruppen der c.i.c. – zurückgegriffen werden.[144] Das gilt vor allem auch im Hinblick auf die Konkretisierung des in § 241 Abs. 2 BGB nur allgemein formulierten Pflichtenrahmens. § 311 Abs. 2 BGB regelt in seinen drei Tatbeständen (Nrn. 1 bis 3) nur, wodurch und wann ein Schuldverhältnis mit Pflichten nach § 241 Abs. 2 BGB entsteht. Die die Haftung begründende Norm ist § 280 Abs. 1 BGB, der sogenannte Grundtatbestand des Leistungsstörungsrechts. Anspruchsgrundlage für eine Haftung aus c.i.c. ist folglich § 280 Abs. 1 i.V.m. § 311 Abs. 2 (oder 3) BGB.

102 Gleichwohl das Schuldrechtsmodernisierungsgesetz die Zurechnungsnorm in § 276 BGB sachlich und redaktionell verbessert hat, bleibt es im Grundsatz dabei, dass der Schuldner Vorsatz und Fahrlässigkeit zu vertreten hat. Das Verschulden kann in der Verletzung einer Pflicht zur Aufklärung, Beratung, Schutz, Obhut oder Fürsorge bestehen. Ersatzpflichtig ist grundsätzlich der künftige Vertragspartner. § 278 BGB findet nach allg. M. auf die Haftung für c.i.c. Anwendung.[145] Vor allem Eigentümer, die sich zur Vermietung und Verwaltung ihrer Immobilien umfassend sog. Vermietungs- und Verwaltungsgesellschaften bedienen, sollten sich dessen gewärtig sein, dass sich der Geschäftsherr das Verhalten der Personen zurechnen lassen muss, deren er sich bei Vertragsanbahnung bedient, und zwar grundsätzlich ohne Rücksicht darauf, ob diese Vertretungsmacht hatten oder nicht.[146] Machen diese Personen, deren sich der Geschäftsherr zur Erfüllung seiner vorvertraglichen Pflichten bedient, Angaben, die für die andere Partei für den Vertragsabschluss von Bedeutung sein können, so müssen diese Angaben richtig sein, andernfalls liegt eine Verletzung von Sorgfalts- und Aufklärungspflichten vor.[147] Der Personenkreis, für den ein Verhandlungspartner einzustehen hat, ist der gleiche wie bei § 123 Abs. 2 BGB.[148] Nicht zurechnen lassen muss sich hingegen ein Geschäftspartner das Verhalten von Personen, die ohne sein Wissen und gegen seinen Willen handeln.[149] Parteien des Schuldverhältnisses sind grundsätzlich die Parteien des in Aussicht genommenen Vertrages. Eine Verpflichtung aus c.i.c. erfordert Geschäftsfähigkeit.

103 Der **Umfang des Schadensersatzanspruches** aus Verschulden bei Vertragsverhandlungen wird durch § 249 BGB bestimmt. Regelmäßig ist das negative Interesse (Vertrauensinteresse) zu ersetzen.

104 Danach ist der Geschädigte grundsätzlich so zu stellen, wie er ohne das schuldhafte Verhalten des anderen Teils stehen würde.[150] Im Gegensatz zu den gesetzlich geregelten Ansprüchen auf Ersatz des negativen Interesses (§§ 122, 179 BGB) ist der Anspruch aus c.i.c. der Höhe nach nicht auf das Erfüllungsinteresse beschränkt.[151] Trifft den Geschädigten ein Mitverschulden, so gilt dem Grundsatz nach § 254 BGB. Allerdings kann sich bei einem Schadensersatzanspruch aus c.i.c. wegen Erteilung einer unrichtigen Auskunft der Schädiger in der Regel nicht mit dem Einwand entlasten, der Geschädigte habe sich auf die Richtigkeit seiner Angaben nicht verlassen dürfen. Dies widerspräche dem Grundsatz von Treu und Glauben (§ 242 BGB), der in § 254 BGB lediglich eine besondere Ausprägung erhalten hat.[152] Nach ständiger Rechtsprechung des BGH ist, wer vertragliche oder vorvertragliche

---

[144] MünchKommBGB/*Emmerich* § 311 Rdnr. 54 m.w.N.
[145] Palandt/*Heinrichs* § 278 Rdnr. 2.
[146] Vgl. BGH NJW 1974, 1505; Palandt/*Heinrichs* § 311 Rdnr. 22.
[147] Vgl. BGH ZMR 1998, 79.
[148] Vgl. BGH NJW 1990, 1661.
[149] Vgl. BGH NJW 1958, 57; WPM 1969, 524.
[150] Vgl. BGH NJW 1981, 1673.
[151] Vgl. BGHZ 69, 53, 56; BGH ZMR 1997, 565, 566 = NJW 1997, 2813.
[152] Vgl. BGH ZMR 1998, 79, 82 m.w.N.

Aufklärungspflichten verletzt, darlegungs- und beweispflichtig dafür, dass der Schaden auch bei pflichtgemäßem Verhalten eingetreten wäre, der Geschädigte also den Hinweis unbeachtet gelassen und auch bei wahrheitsgemäßen Tatsachenangaben den Vertrag so wie geschehen geschlossen hätte.[153]

Schadensersatzansprüche aus c. i. c. verjähren grundsätzlich gemäß §§ 195, 199 BGB.

Im Verhältnis zu anderen Vorschriften ist festzuhalten, dass weder ein Anfechtungsrecht nach § 119 BGB oder nach § 123 BGB noch ein deliktischer Anspruch eine Haftung aus c. i. c. entfallen lassen. Die Ansprüche bestehen ggf. nebeneinander.[154] Das Verhältnis der nunmehr im allgemeinen Teil des Schuldrechts geregelten c. i. c. zu den besonderen Gewährleistungsregeln des Mietrechts (§§ 536 ff. BGB) ist bisher nicht abschließend geklärt. Bis zur Kodifizierung der c. i. c. war es jedenfalls h. M., dass die Gewährleistungsanspüche des Mietrechts als abschließende Sonderregelung einer Haftung aus c. i. c. vorgingen. Gemäß der höchstrichterlichen Rspr. galt das – außer im Fall der arglistigen Täuschung – allerdings erst ab Übergabe der Mietsache.[155] Es stellt sich die Frage, ob es nicht sinnvoll wäre, nun eine generelle Anwendbarkeit der Haftung aus c. i. c. (§ 280 Abs. 1 i. V. m. § 311 Abs. 2 oder 3 BGB) im Mietrecht neben den besonderen Gewährleistungsregeln anzuerkennen.[156]

2. Abbruch von Vertragsverhandlungen

Bis zum endgültigen Vertragsschluss sind die Parteien in ihren Entschließungen grundsätzlich frei, d. h. jede Partei ist berechtigt, auch „in letzter Minute" von einem Vertragsschluss Abstand zu nehmen. Dies gilt selbst dann, wenn der andere Vertragsteil in Erwartung des Vertrages während der laufenden Verhandlungen bereits Aufwendungen gemacht hat und dies bekannt ist.[157] Diese Aufwendungen erfolgen grundsätzlich auf eigene Gefahr.[158]

Der für einen Anspruch aus c. i. c. notwendige **Vertrauenstatbestand** kann daher **nur im Ausnahmefall** angenommen werden. Das gilt insbesondere vor der Unterzeichnung des Mietvertrages, wenn der zu schließende Mietvertrag der gesetzlichen Schriftform bedarf.[159] Erweckt jedoch eine Vertragspartei durch ihr Verhalten bei der anderen Partei das berechtigte Vertrauen, dass der Vertrag mit Sicherheit zustande kommen werde, wird sie ersatzpflichtig, wenn die Verhandlungen ohne triftigen Grund abgebrochen werden bzw. der Vertragsschluss abgelehnt wird.[160] Dies gilt selbst dann, wenn diese Vertragspartei ohne Verschulden gehandelt hat.[161] Entscheidend ist, dass ein Verhandlungspartner bei der Gegenseite in zurechenbarer Weise Vertrauen auf das Zustandekommen des Vertrages erweckt hat.[162] Im Abbruch ist dann ein Verstoß gegen die vorvertragliche Treuepflicht zu sehen. Wann anzunehmen ist, dass ein Partner bei dem anderen das berechtigte Vertrauen erweckt, es werde mit Sicherheit zum Vertragsschluss kommen, kann nur unter Berücksichtigung aller Umstände des Einzelfalls beurteilt werden.[163] Die Umstände, aus denen auf den notwendigen Vertrauenstatbestand geschlossen werden kann, muss substantiiert vortragen und im Bestreitensfall beweisen, wer Schadensersatzansprüche aus c. i. c. bzw. § 311 Abs. 2 i. V. m. § 280 Abs. 1 BGB wegen grundlosen Abbruchs von Vertragsverhandlungen geltend macht.[164]

Bei schuldhaftem Abbruch der Vertragsverhandlungen kann **nur Geldersatz** verlangt werden, nicht dagegen der Abschluss des Mietvertrages als Naturalrestitution. Der Anspruch

---
[153] Vgl. BGH ZMR 1998, 79, 80 m. w. N.; s. a. LG Essen WuM 2001, 274 f.
[154] S. Palandt/*Heinrichs* § 311 Rdnr. 24.
[155] Vgl. BGH ZMR 1997, 565, 566; Schmidt-Futterer/*Blank* § 536 Rdnr. 553.
[156] S. *Emmerich* NZM 2002, 362, 363; krit. zu der Privilegierung des Vermieters auch Schmidt-Futterer/*Blank* § 536 Rdnr. 554.
[157] Vgl. BGH NJW-RR 1989, 627; OLG Celle ZMR 2000, 169; OLG Düsseldorf ZMR 2000, 23.
[158] Vgl. BGH WuM 1996, 324; OLG Düsseldorf Urt. v. 8. 7. 1999 – 10 U 67/98 – ZMR 2000, 23 f.
[159] S. Lindner-Figura/Oprée/Stellmann/*Stellmann* Kap. 4 Rdnr. 32.
[160] Vgl. BGH NJW 1996, 1884, 1885.
[161] Vgl. BGH NJW 1975, 1774; Palandt/*Heinrichs* § 311 Rdnr. 36.
[162] Vgl. BGH BB 1989, 729.
[163] Vgl. BGH NJW 1996, 1884.
[164] Vgl. OLG Düsseldorf BauR 2006, 153; zur ergänzenden Beweislastverteilung nach Organisations- und Gefahrenbereichen s. BGH NJW 1987, 639, 640.

des Geschädigten geht regelmäßig auf Ersatz der Aufwendungen, die gerade im Hinblick auf den dann gescheiterten Vertragsschluss gemacht wurden. Dazu können etwa Fahrt- und Renovierungskosten, Umzugs- und Maklerkosten oder das Honorar für einen Anwalt, der beim Vertragsschluss beraten hat, gehören. Zu ersetzen sind auch Umbau- und Rückbaukosten, wenn der (künftige) Mieter erhebliche Baumaßnahmen veranlasst hat und die Mietfläche ohne triftigen Grund nicht wie vorgesehen übernehmen will.[165] Der Anspruch umfasst aber nicht die Kosten, die nach Abbruch der Vertragsverhandlungen bei der anschließenden Suche nach einem anderen Mietobjekt anfallen, wie z.B. Fahrtkosten oder Verdienstausfall.[166]

109 Ansprüche aus c.i.c. wurden von der **Rechtsprechung** in folgenden Fällen, in denen es zum Abbruch der Vertragsverhandlungen kam, bejaht:
- der Mieter stellte den beabsichtigten Vertragsschluss als sicher hin, beantragte behördliche Genehmigungen und veranlasste den Vermieter zu (erheblichen) baulichen Veränderungen[167]
- eine Einigung über den Inhalt des Mietvertrages wurde erzielt und der Vertragsabschluss als bloße Förmlichkeit hingestellt[168]
- der Mietinteressent erklärte sich mit den vom Makler oder Verwalter mitgeteilten Mietbedingungen einverstanden, später wurde vom Vermieter der Abschluss eines inhaltlich erheblich abweichenden, für den Mieter nachteiligen Vertrages verlangt.[169]

110 Ansprüche aus c.i.c. wurden von der **Rechtsprechung** bei Verhandlungen über Gewerberaummiete verneint, wenn der Vertrag insgesamt der Zustimmung von dritter Seite (hier der Stadt bei einem von der Hafenbetreibergesellschaft zu schließenden Mietvertrag) bedarf, auch wenn der Vertrag zwischen den Parteien bereits endverhandelt war. Zwar möge das Vertrauen in den Vertragsschluss mit zunehmender Konkretisierung des Vertragsinhaltes wachsen. Doch sei ein allein auf dem Stand der (bilateralen) Vertragsverhandlungen beruhendes Vertrauen nicht schützenswert, besonders wenn eine Abstimmung mit dem Dritten, der zustimmen müsse, im Vorfeld unterblieben sei.[170]

Insgesamt ist festzuhalten, dass die Judikatur sehr fallgruppen- bzw. einzelfallorientiert verfährt und daher erhebliche Unsicherheiten bestehen, wann und unter welchen Voraussetzungen eine Haftung aus c.i.c. wegen Abbruchs von Vertragsverhandlungen greift. **In der anwaltlichen Begleitung und Beratung** von Vertragsverhandlungen sollte auf diese Gefahr reagiert werden, indem alle vorzeitigen schriftlichen oder mündlichen Äußerungen vermieden werden, die den Mietvertragsabschluss als sicher hinstellen, solange es noch zu keiner Unterzeichnung gekommen ist. Ist eine vorvertragliche Bindung im Einzelfall sinnvoll oder von den Parteien gewollt, sollte zum Mittel des (schriftlichen) Mietvorvertrages gegriffen werden.

3. Verletzung von Aufklärungspflichten

111 Da es sich beim Mietvertrag um eine auf Dauer angelegte Beziehung handelt, sind im Regelfall beide Parteien daran interessiert, vor Abschluss des Mietvertrages all die Informationen zu erhalten, die für ein „störungsfreies Dauerschuldverhältnis" notwendig sind. Jede Partei muss grundsätzlich selbst dafür sorgen, umfassende Informationen zu erhalten und ggf. zu klärungsbedürftigen Punkten in den Verhandlungen Fragen stellen. Unaufmerksamkeiten, Vergesslichkeit und Fehleinschätzungen eines Vertragspartners können nicht dem Gegner angelastet werden. Das gilt insbesondere bei der Gewerberaummiete, wenn im Geschäftsleben erfahrene, branchenkundige Partner in Verhandlungen miteinander stehen.[171] Auch hier gilt allerdings, dass sich der Umfang der Aufklärungspflicht nicht zuletzt nach der

---

[165] Vgl. OLG München WuM 2003, 443 f.
[166] Vgl. LG Mannheim ZMR 1971, 133.
[167] Vgl. BGH NJW-RR 1989, 627; BGH WuM 1974, 508; OLG München WuM 2003, 443 f.
[168] Vgl. BGH NJW 1969, 1625.
[169] Vgl. LG München II ZMR 1966, 328.
[170] Vgl. OLG Düsseldorf BauR 2006, 153.
[171] S. Schmidt-Futterer/*Blank* § 536 Rdnr. 552.

Person des Mieters, insbesondere nach dessen für den Vermieter erkennbarer Geschäftserfahrenheit oder Unerfahrenheit richtet.[172] Aufklärungspflicht bedeutet nicht, dass die Verhandlungspartner gehalten wären, einander das Vertragsrisiko abzunehmen und auch die Interessen der anderen Partei mit wahrzunehmen. Zu beachten ist aber, dass sich die Aufklärungspflicht erweitert, wenn eine der Verhandlungsparteien nach bestimmten – für sie relevanten – Tatsachen, Verhältnissen oder sonstigen Umständen fragt. Auf solche Erkundigungen muss die andere Partei vollständig und richtig antworten oder aber die Auskunft verweigern.[173]

Von einer **Pflicht zur Aufklärung** kann folglich nur dann ausgegangen werden, soweit es sich um diejenigen Umstände handelt, die für den Entschluss des anderen Verhandlungspartners erkennbar von (besonderer) Bedeutung sind.[174] Dabei begrenzen Vertragsgegenstand und Vertragszweck den Rahmen der möglichen Informationen; Informationen, die nicht für die Durchführung des Vertrages erforderlich sind, brauchen weder gegeben noch dürfen sie erfragt werden.

Ist es auf Grund einer Verletzung von Aufklärungspflichten (durch Verschweigen bei zu offenbarenden Umständen oder unrichtigen Angaben) zu einem Mietvertrag gekommen, so ist eine Schadensersatzpflicht gemäß § 280 Abs. 1 i. V. m. § 282 BGB die Folge. Anders als bei den Fallgestaltungen des schuldhaften Abbruchs von Verhandlungen kann bei schuldhafter Verletzung von Aufklärungspflichten Schadensersatz (auch) durch Naturalrestitution, d. h. **Rückgängigmachung des Vertrages**, verlangt werden (§ 249 Abs. 1 BGB). Als Voraussetzung verlangt der BGH in seiner neueren Rechtsprechung das Vorliegen eines Vermögensschadens. Ob ein Vermögensschaden vorliegt, beurteilt sich grundsätzlich nach der sog. Differenzhypothese, also nach einem Vergleich der in Folge des haftungsbegründenden Ereignisses eingetretenen Vermögenslage mit derjenigen, die sich ohne jenes Ereignis ergeben hätte.[175] Der Anspruch aus c.i.c. kann u. U. auch dem Erfüllungsanspruch des Vertragspartners einredeweise entgegengehalten werden; wird mit einem Anspruch aus c.i.c. wirksam aufgerechnet, so führt dies zum Erlöschen der Klagforderung des Gegners.[176] Des Weiteren kann der Geschädigte Ersatz seiner Aufwendungen verlangen, die etwa dadurch entstanden sind, dass er auf die Richtigkeit der ihm gegenüber gemachten Angaben vertraut hat. Nach ständiger höchstrichterlicher Rechtsprechung umfasst der Vertrauensschaden auch nutzlose Aufwendungen.[177]

Dazu können Maklerkosten[178] oder Umzugskosten[179] zu rechnen sein; in Betracht kommen unter anderem auch Reisekosten, Architektenhonorare oder bereits getätigte Ausstattungsausgaben. In Betracht kommt ferner eine fristlose Kündigung unter Heranziehung des § 554a BGB.[180] Nach ständiger Rechtsprechung des BGH ist derjenige, der vorvertragliche Aufklärungspflichten verletzt hat, beweispflichtig dafür, dass der Schaden auch bei pflichtgemäßem Verhalten entstanden wäre; es besteht die Vermutung, dass sich der Geschädigte „aufklärungsrichtig" verhalten hätte.[181]

Aufklärungspflichten des Vermieters: Der Vermieter ist verpflichtet, auf all die Umstände hinzuweisen, die dem Zweck der Gebrauchsgewährung entgegenstehen können und nicht unmittelbar erkennbar sind. Darüber hinaus müssen alle seine Angaben, die für den Entschluss des anderen Teils zum Mietvertragsabschluss von Bedeutung sein können, objektiv richtig sein.[182] Dem Vermieter obliegt grundsätzlich eine Aufklärungspflicht gegenüber dem

---

[172] Vgl. BGH NJW 2000, 1714, 1718.
[173] S. Lindner-Figura/Oprée/Stellmann/*Stellmann* Kap. 4 Rdnr. 26 m. w. Nachw.
[174] Vgl. BGH NZM 2000, 1005 ff. (Einkaufszentrum).
[175] Vgl. BGH ZMR 1998, 79, 81 – dies wird in der Literatur abgelehnt: Palandt/*Heinrichs* § 311 Rdnr. 24 m. w. N.
[176] Vgl. LG Karlsruhe, WuM 1998, 479.
[177] Vgl. BGHZ 99, 182, 201; BGH ZMR 1997, 565, 566.
[178] Vgl. LG Mannheim NZM 1999, 406, 407.
[179] Vgl. OLG Hamm WuM 1981, 102.
[180] Vgl. BGH NZM 2000, 1005 ff.
[181] Palandt/*Heinrichs* § 280 Rdnr. 39 m. w. N.
[182] Entschieden für angeblich kostenneutralen Kauf einer ETW, vgl. BGH ZMR 1998, 79; AG Spandau WuM 2000, 678; LG Essen WuM 2001, 274 f.

Mieter hinsichtlich derjenigen Umstände und Rechtsverhältnisse mit Bezug auf die Mietsache, die – für den Vermieter erkennbar – von besonderer Bedeutung für den Entschluss des Mieters zur Eingehung des Mietvertrages sind. Dazu können bei der Anmietung von Ladenflächen in einem neuen Einkaufszentrum Angaben zur bereits erfolgten Vollvermietung des Einkaufszentrums gehören, wenn sie den Entschluss zur Eingehung des Mietvertrages beeinflusst haben.[183] Machen er oder seine Hilfspersonen **fahrlässig** unrichtige Angaben, die Eigenschaften des Mietobjekts betreffen, kommen nur Ansprüche gemäß §§ 536 ff. BGB in Betracht, da diese als spezialgesetzliche Regelungen Vorrang haben.[184] Liegt aber ein **vorsätzliches** Verhalten vor, greift die Haftung aus c. i. c. neben den Gewährleistungsvorschriften.[185] Dies kann insbesondere der Fall sein, wenn der Vermieter dem Mieter bei Vertragsschluss die Angemessenheit der Nebenkosten ausdrücklich zugesichert oder die Vorauszahlungen bewusst zu niedrig bemessen hat, um den Mieter über den Umfang der tatsächlichen Mietbelastung zu täuschen und ihn auf diese Weise zur Begründung eines Mietverhältnisses zu veranlassen.[186]

116 Beispiele aus der **Rechtsprechung:**
- Der Vermieter ist verpflichtet, auf eine geplante wirtschaftliche Verwertung durch Verkauf hinzuweisen.[187]
- Der Vermieter ist verpflichtet, auf geplante Umbaumaßnahmen sowohl im Haus als auch außerhalb des Hauses – bei größerem Umfang und längerer Dauer – hinzuweisen.
- Der Vermieter ist verpflichtet, auf unerkennbare Störfaktoren im Haus selbst hinzuweisen.[188]
- Der Vermieter ist verpflichtet, den Mieter auf die Höhe der zu erwartenden Nebenkosten hinzuweisen, wenn besondere Umstände vorliegen.[189] Hier liegt jedoch keine Verletzung von Aufklärungspflichten vor, wenn die Abweichungen sich im üblichen Rahmen halten oder aber durch externe Ursachen wie die allgemeine Steigerung der Energiekosten verursacht werden.[190]
- Der Vermieter ist verpflichtet, über eine Anordnung der Zwangsversteigerung oder Zwangsverwaltung aufzuklären.[191]
- Der Vermieter ist verpflichtet, über eine bevorstehende langfristige Straßensperrung bei der Vermietung an ein auf Publikumsverkehr ausgerichtetes Dienstleistungsunternehmen aufzuklären.[192]

Fraglich ist, ob der Vermieter bei längerfristigen Mietverträgen über Gewerberäume darauf hinweisen muss, dass er nicht Eigentümer der Mietsache ist, sondern etwa nur Mieter oder Erbbauberechtigter. Bei Wohnraummietverträgen wird dies von der Rechtsprechung bejaht.[193] Bei der Gewerberaummiete ist es jedoch durchaus nicht unüblich, dass der Vermieter nicht Eigentümer ist, sondern sein Besitzrecht aus Miete oder anderen Rechtsgründen erworben hat. Deshalb sollte der Mietinteressent hier grundsätzlich nachfragen, um eine Aufklärungspflicht des Vermieters unzweifelhaft zu begründen.[194]

117 **Aufklärungspflichten des Mieters:** Die Aufklärungspflichten des Mieters berühren notwendigerweise seine persönlichen Lebensverhältnisse. Sie werden begrenzt durch sein Per-

---

[183] Vgl. BGH NJW 2000, 1714, 1718.
[184] Vgl. BGH NJW 1980, 777; BGH NJW 2000, 1718.
[185] Vgl. BGHZ 136, 102 = NJW 1997, 2813 = ZMR 1997, 565; LG Mannheim NZM 1999, 406, 407; OLG Düsseldorf WuM 2000, 591.
[186] Vgl. BGH Urt. v. 11. 2. 2004 – VIII ZR 195/03; LG Berlin, Das Grundeigentum 2004, 107; *Derckz* NZM 2004, 321 ff.
[187] Vgl. LG Trier WuM 1990, 349; *Franke* ZMR 2000, 733; OLG Hamm WuM 1981, 102.
[188] Vgl. OLG Hamm NJW-RR 1997, 1168.
[189] Vgl. LG Karlsruhe WuM 1998, 479 Gewerberaum: die Nebenkosten hatten die vereinbarte Nebenkostenpauschale um das Siebenfache überschritten.
[190] Vgl. LG Berlin Grundeigentum 2004, 107.
[191] Vgl. OLG Hamburg BB 1988, 1842; OLG Hamm NJW-RR 1988, 784.
[192] Vgl. AG Berlin-Hohen-Schönhausen NJWE-MietR 1997, 57; LG Berlin, Das Grundeigentum 1996, 1303.
[193] Vgl. BGH DWW 1968, 301.
[194] S. Lindner-Figura/Oprée/Stellmann/*Stellmann* Kap. 4 Rdnr. 17 m. w. Nachweisen zum Streitstand.

sönlichkeitsrecht. Ohne entsprechende Fragen ist der Mieter grundsätzlich nicht verpflichtet, den Vermieter über seine Einkommens- und Vermögensverhältnisse aufzuklären.[195] Etwas anderes soll aber dann gelten, wenn der Mietinteressent von vorneherein zahlungsunfähig ist. In diesem Fall muss er über seine Vermögensverhältnisse Auskunft geben.[196] Verpflichtet ist der Mieter weiter, solche Verhältnisse zu offenbaren, die die Erfüllung der Hauptpflicht, die Mietzahlung, beeinträchtigen können. Der Umfang dieser Offenbarungspflicht ist gemäß § 321 BGB analog zu bestimmen, d. h. es sind solche **Vermögensverschlechterungen** – auch ungefragt – zu offenbaren, die nach Inkrafttreten eines Vertrages zur Leistungsverweigerung des Vorleistungspflichtigen führen würden.

Dazu gehören folgende Umstände: 118
- Abgabe der eidesstattlichen Versicherung kurz vor den Mietvertragsverhandlungen
- Einleitung des Insolvenzverfahrens
- Hingabe ungedeckter Schecks
- Wechselproteste
- Erdulden zahlreicher Zwangsvollstreckungsmaßnahmen

Entscheidend ist der Stand der Vermögensverhältnisse im Zeitpunkt der Mietvertragsverhandlungen; vergangene, aber überwundene Vermögensverschlechterungen sind nicht offenbarungspflichtig.

Persönliche Verhältnisse müssen grundsätzlich nicht ungefragt offen gelegt werden;[197] 119 auch ist das Fragerecht des Vermieters zum Schutz des Rechts auf informationelle Selbstbestimmung des einzelnen Mieters beschränkt. Diese aus Art. 1 und 2 GG abgeleiteten Grenzen dürften auch bei der Gewerberaummiete zu beachten sein.[198] Auch auf Fragen seitens des Vermieters müssen persönliche Verhältnisse, wie Familienstand, Geburtsdatum, Gesundheitszustand,[199] Staatsangehörigkeit, Aufenthaltsberechtigung,[200] Vorstrafen[201] anhängige Ermittlungsverfahren, sofern sie nicht mietvertragsbezogene Umstände betreffen,[202] **nicht** offenbart werden, wenn sie keinen Bezug zur Durchführung des Vertrages haben. In den entsprechenden Entscheidungen haben die Gerichte bei falschen Auskünften oder unterlassener Aufklärung keinen Verstoß gegen die vorvertragliche Informationspflicht des zukünftigen Mieters angenommen.

Aufklärungspflichten werden im Übrigen in folgenden Fällen **verneint**: 120
- keine gesonderte Aufklärung über das (mittelbare) Schriftformerfordernis des § 550 BGB (unter Geschäftsleuten).[203]
- keine generelle Aufklärungspflicht des Vermieters, ungefragt jeden Mangel zu offenbaren.[204]

---

[195] Vgl. LG Ravensburg WuM 1984, 297.
[196] Vgl. AG Stuttgart-Bad Cannstadt WuM 1986, 331; AG Frankfurt NJW-RR 1988, 784.
[197] Vgl. BVerfG NJW 1991, 2411.
[198] Insoweit wird Lindner-Figura/Oprée/Stellmann/*Stellmann* Kap. 4 Rdnr. 27 nicht zu folgen sein.
[199] Bei Entmündigung wegen Geistesschwäche s. BVerfG NJW 1991, 2411.
[200] Vgl. AG Wiesbaden WuM 1992, 597.
[201] Vgl. AG Rendsburg WuM 1990, 507.
[202] Vgl. AG Hamburg WuM 1992, 598.
[203] Vgl. *Franke* ZMR 2000, 737.
[204] Vgl. MünchKommBGB/*Voelskow* § 540 Rdnr. 3.

3. Abschnitt. Vertragsabschluss

§ 46 Vertragsabschluss und Mängel beim Vertragsabschluss

Übersicht

	Rdnr.
I. Einführung	1
II. Vertragsangebote	2–3
III. Verhandlungsphase vs. Vertragsabschluss	4–7
IV. Letter of Intend (LoI)	8–15
1. Regelungsbereich	9–11
2. Rechtsfolgen	12–15
V. Rahmenvertrag	16–19
VI. Kaufmännisches Bestätigungsschreiben	20–30
1. Persönlicher Geltungsbreich	21/22
2. Sachliche und inhaltliche Parameter, Rechtsfolgen	23–30
VII. Relevanz der Energieeinsparverordnung	31
VIII. Allgemeines Gleichstellungsgesetz AGG	32

I. Einführung

1   Für den Bereich des gewerblichen Mietrechts ergeben sich vielfach auf Grund anders gelagerter und gewerbespezifischer Interessenschwerpunkte im Vergleich zum Wohnraummietrecht zusätzlichen Parameter der Vertragsanbahnung und des Vertragsabschlusses. So findet man häufig im gewerblichen sowie geschäftsraum bezogenen Mietbereich die Situation vor, dass das Mietobjekt selbst noch in der Planungsphase begriffen ist, die Vermietungsaktivitäten hingegen sich schon im vollem Umfange entfalten. Vielfach wird die Errichtung eines Objekts auch gerade davon abhängig gemacht, dass für eine bestimmte m²-Fläche bereits Mieter generiert wurden.

Dieser speziellen Interessenlage dienen zum einen vorvertragliche Gestaltungsformen, die in § 45 bereits dargestellt sind, sowie die nachfolgenden Regelungs- und Handlungsoptionen.

II. Vertragsangebot

2   Gewerbe- und Geschäftsraum wird regelmäßig über **Zeitungsinserate** sowie die Versendung von **Exposés** angepriesen, wobei letztere häufig von Maklern oder Vertriebsabteilungen von Immobiliengesellschaften eingesetzt werden, nachdem zuvor – häufig auch im Wege einer telefonischen Akquisition – Interessenten nachgefragt wurden. Diese Form der Bewerbung eines Mietobjekts stellt noch kein Angebot auf Abschluss eines Vertrages dar, sondern lediglich die Aufforderung zur Abgabe eines Vertragsangebots seitens des Empfängers, die sogenannte **invitatio ad offerendum**. Dieser Aufforderung zur Abgabe eines Vertragsangebots fehlt auf Seiten des Inserenten bzw. Versenders eines Exposes der endgültige **vertragliche Bindungswille**, was sich insbesondere damit erklärt, dass das angesprochene Publikum zumeist größer ist, als tatsächlich Mietfläche zur Verfügung steht, mithin auf Vermieterseite zunächst noch das Interesse begründet ist, zunächst nur Mietinteressenten zu sondieren.

3   Anders liegt der Fall allerdings bereits dann, wenn von potenzieller Vermieterseite dem Interessenten ein schon unterschriebener Mietvertrag übersandt wird. Hiernach fänden sodann die selben Vertragsabschlussparameter Anwendung, wie für das Wohnraummietrecht bereits dargestellt[1] (§ 8 Rdnr. 22).

---

[1] Vgl. § 8 Rdnr. 25.

III. Verhandlungsphase vs. Vertragsabschluss

Während das Wohnraummietrecht im Rahmen des Vertragsabschlusses mehrheitlich durch die Verwendung von Vertragsformularen bzw. vorformulierten Vertragswerken bestimmt ist, ist Bereich der Geschäfts- und Gewerberaummiete – insbesondere im Bereich von Großobjekten oder neu zu errichtenden Objekten – wesentlich stärker durch Vertragsverhandlungen und das Aushandeln der einzelnen Mietvertragsregelungen geprägt. Die Verhandlungsphase dauert in der Regel länger als bei Wohnraummietverträgen. Ein Mietvertrag kommt regelmäßig dann zu Stande, wenn sich die Parteien über die wesentlichen Vertragsbestandteile, die sogenannten **essentialia negotii,** verständigt haben. 4

Der zumeist doch recht umfangreiche Regelungsgehalt eines Mietvertrages, soweit er schriftlich ausformuliert werden soll, führt in der Interessenlage der Parteien dazu, dass ein **verbindlicher** Vertragsabschluss nicht schon mit Verständigung über das Mietobjekt sowie den dafür zu entrichtenden Mietzins erfolgen soll, sondern erst, wenn auch Einigkeit über sämtliche Nebenpunkte getroffen wurde. Um diesbezüglichen Unwägbarkeiten vorzubeugen, empfiehlt es sich in diesen Fällen mit Beginn der Vertragsverhandlungen festzulegen, dass ein verbindlicher Mietvertrag erst dann bestehen soll, wenn dieser von den beteiligten Parteien unterzeichnet ist. 5

Erfolgt dies hingegen nicht, so kann bei bereits erzielter Verständigung der beteiligten Partein über die zu vermietende Fläche sowie den zu entrichtenden Mietzins von einem verbindlichen Vertragsschluss ausgegangen werden, wobei jedoch regelmäßig anhand des konkreten Falles zu prüfen ist, inwieweit für die beteiligten Parteien ein **Bindungswille** im Übrigen tatsächlich vorhanden war. Umstände des Einzelfalles sind unter anderem die Zahlung und vorbehaltlose Annahme einer oder mehrerer Monatsmieten und/oder der Kaution, die Aushändigung der Schlüssel zum Objekt und eine beginnende Einrichtung durch den Mieter.[2] 6

Ist im Übrigen die Schriftform des Mietvertrages verabredet oder als Voraussetzung formuliert worden, so ist im Zweifel davon auszugehen, dass der Vertrag auch erst mit Wahrung der **Schriftform** als verbindlich anzusehen ist.[3] 7

IV. Letter of Intent

Die zunehmende Verwendung von Anglizismen macht auch vor dem deutschen Recht keinen Halt, hat mit dem **Letter of Intent** (LoI) verstärkt Einzug in den deutschen Rechtskreis gehalten und nimmt an Bedeutung auch weiterhin zu. 8

1. Regelungsbereich

Ein Letter of Intent ist als **Absichtserklärung** ein dem Deutschen Rechtskreis nicht originär bekanntes Rechtsinstitut. Es soll den beteiligten Partein als ein Mittel dienen, sich anbahnende Vertragsverhandlungen ordentlich zu strukturieren und zudem, Zwischenergebnisse durch Aktualisierung festzuhalten.[4] 9

Der Letter of Intent ist ein reines Element der **Vertragsanbahnung.** Gegenstand des Letter of Intent können unter anderem folgende Regelungsgehalte sein: 10
- **Vertraulichkeitserklärung, Geheimhaltungsvereinbarung**
- **Exklusivität** des potenziellen Mieters bzw. Verpflichtung des Vermieters, das Objekt nicht anderweitig anzubieten
- **Umschreibung** der zu vermietenden Fläche
- **Wesentlicher Inhalt** des noch abzuschließenden Mietvertrages
- Planerische **Umgestaltungsmöglichkeiten**

---

[2] Vgl. OLG Hamburg WuM 2003, 84; OLG Düsseldorf ZMR 2002, 46; OLG Karlsruhe WuM 1991, 81.
[3] Vgl. LG Mannheim WuM 1998, 659.
[4] Palandt/*Heinrichs* Einf. v. § 145 Rdnr. 18; *Lindner-Figura* NZM 2000, 1193.

- Festschreibung von **Verhandlungszwischenergebnissen**
- Festschreibung eines **zeitlichen Verhandlungsrahmens**.

11 Darüber hinaus können aber auch bereits einzelne **Verpflichtungsmomente** Inhalt eines Letter of Intent sein, namentlich neben der eingangs genannten Geheimhaltungsverpflichtung, Auskunftsrechte und Kostentragungsregelungen über Vorplanungs- und Beratungsleistungen.[5]

2. Rechtsfolgen

12 Je umfangreicher allerdings ein Letter of Intent inhaltlich ausgestaltet wird, desto größer wird auch die Gefahr, das formulierungstechnisch die Gratwanderung der Absichtserklärung einen Verbindlichkeitscharakter erreicht, die eine der beteiligten Parteien nunmehr darauf vertrauen lässt, dass der Mietvertrag auch abgeschlossen wird. Ohne es „beabsichtigt" zu haben befindet sich die andere Partei auf den Weg in eine Haftung aus Verschulden bei Vertragsverhandlungen, der **culpa in contrahendo**, gemäß § 311 Abs. 2 und 3 BGB mit der weiteren Folge eines auf den **Vertrauensschaden** gerichteten Schadensersatzanspruchs.[6]

13 Darüber hinaus können rein **faktische Handlungsmuster** der ursprünglich nur als Absichtserklärung gekennzeichneten Verhandlungssituation dazu führen, dass ein vorläufiges Mietverhältnis begründet wird, in dem nach Vereinbarung eines Letter of Intent der Mieter bereits beginnt, das Objekt – wenn auch nur vorläufig – zu nutzen.[7]

14 Dies erfordert für den Letter of Intent zum Beispiel in Form einer **Präambel** die Festschreibung,
- dass der Letter of Intent ausdrücklich keine Verpflichtung zum Abschluss des Mietvertrages begründet und
- die Parteien bis zum endgültigen schriftlichen Abschluss des Mietvertrages jederzeit und ohne Angabe von Gründen berechtigt sind, von weiteren Verhandlungen Abstand zu nehmen.

15 Es ist mithin unbedingt darauf zu achten, dass der Abschluss eines endgültigen Mietvertrages immer vorbehalten wird, um Haftungsrisiken für den Fall, dass es nicht zu einem Vertragsschluss kommen sollte, auszuschließen.

V. Rahmenvertrag

16 Ein weiteres Instrument der Geschäfts- und Gewerberaummiete vor Abschluss eines auf ein konkretes Objekt bezogenen Mietvertrages ist der Rahmenvertrag.

Gegenstand des **Rahmenvertrages** ist kein konkret in Aussicht genommenes Mietverhältnis, sondern vielmehr die Umschreibung einer zukünftigen Mietsituation, die auf den Abschluss mehrer gleicher oder vergleichbarer Mietverhältnisse gerichtet ist, ohne dass das oder die Mietobjekte nach Art, Lage und Größe bestimmt sind, sondern mehr den Charakter einer Gattungsschuld aufweisen. Hintergrund derartiger Rahmenverträge ist vielfach Planungs- und Entwicklungsmöglichkeiten sowohl auf Investoren – respektive Vermieterseite – als auch von Mieterseite für langfristig ausgerichtete Konzepte und Geschäftsideen zu erreichen.

17 Ein Rahmenvertrag geht – und dies bereits seinem Wortlaut nach – von seiner **Bindungswirkung** her über den Letter of Intent hinaus. Vielfach besteht jedoch eine Interessenlage für die beteiligten Parteien auf Grund der auf die Zukunft ausgerichteten konkreten Mietverhältnisse einerseits und der bei Abschluss des Rahmenvertrages zunächst bestehenden Planungskonzeptionen insbesondere von potenzieller Mieterseite her andererseits, die von diesem Vertrag ausgehende Verbindlichkeitswirkungen so gering wie möglich zu halten. Dies führt häufig – je nach zwischenzeitlicher eingetretener Interessenlage – zu Auslegungsproblemen, inwieweit tatsächlich und wenn ja, in welchen Umfange vertragliche Pflichten begründet wurden.

---

[5] Palandt/*Heinrichs* Einf. v. § 145 Rdnr. 18; *Lindner-Figura* NZM 2000, 1193.
[6] Vgl. § 7 Rdnr. 98 ff.
[7] Vgl. OLG Hamburg WuM 2003, 84; OLG Karlsruhe WuM 1991, 81.

Die Rechtsprechung sieht trotz der „Vorläufigkeit" eines Rahmenvertrages einen deutlichen Verbindlichkeitscharakter und – da gesetzliche Regelungen für eine derartige Vertragsart fehlen – eine dem Tatrichter vorbehaltene **Vertragsauslegung,** die natürlich für die beteiligten Parteien Unwägbarkeiten birgt.[8] Notwendig ist deshalb, einem Rahmenvertrag auch eine Regelungsdichte zu geben, um nicht gewollten Vertragsauslegungen soweit wie möglich entgegen zu steuern. 18

Vor diesem Hinregrund empfiehlt sich, bei Abschluss von Rahmenverträgen insbesondere auch Rücktrittklauseln, die an bestimmt Entwicklungen geknüpft sind, aufzunehmen bzw. auflösende Bedingungen zu formulieren, um ferner den Unwägbarkeiten zukünftige Geschäftsentwicklungen Rechnung zu tragen. 19

VI. Kaufmännisches Bestätigungsschreiben

Obwohl dem Schweigen grundsätzlich kein rechtsverbindlicher Charakter im Hinblick auf die Annahme eines Vertragsangebots zugeschrieben wird, besteht dennoch im Bereich des kaufmännischen Geschäftsverkehrs nach anerkanntem Handelsbrauch eine Ausnahme dahingehend, als ein Vertrag durch Schweigen auf ein **kaufmännisches Bestätigungsschreiben** zu Stande kommen kann. 20

Dies gilt auch für die Geschäfts- und Gewerberaummiete, hat hingegen in der mietvertraglichen Praxis Ausnahmecharakter.

1. Persönlicher Geltungsbereich

Relevanz hat das kaufmännische Bestätigungsschreiben nicht nur für **Kaufleute** im Sinne des HGB, sondern auch für den **Nichtkaufmann,** sofern er im vergleichbarer Art und Weise am Geschäftsverkehr teilnimmt. Hierunter fallen namentlich Freiberufler wie Rechtsanwälte, Wirtschaftsprüfer, Steuerberater und Architekten, ferner Insolvenzverwalter und Grundstücksmakler.[9] 21

Im Gegensatz zu dem Empfänger eines kaufmännischen Bestätigungsschreibens muss der Absender nicht notwendigerweise auch Kaufmann oder Mitglied einer vergleichbaren Berufsgruppe sein.[10] 22

2. Sachliche und inhaltliche Parameter, Rechtsfolgen

Die schriftliche Bestätigung hat unmittelbar im Anschluss an die **Vertragsverhandlungen** zu erfolgen.[11] 23

Weiter Voraussetzung für die Anwendbarkeit der Grundsätze des kaufmännischen Bestätigungsschreibens ist, dass das konkrete Geschäft des Abschlusses eines Mietvertrages zu den **typischen Geschäften** des Erklärungsempfängers zählt, was für die Anmietung von Geschäfts- und Gewerberaum regelmäßig angenommen werden kann. 24

Inhaltliche Voraussetzung, die für ein kaufmännisches Bestätigungsschreiben bestehen, ist, dass mit diesem auf zuvor geführte mündliche Vertragsverhandlungen Bezug genommen wird, die zu einem so hinreichend bestimmten **Verhandlungsergebnis** geführt haben, dass der Bestätigende davon ausgehen durfte, dass die Verhandlungen zu einer Einigung geführt haben.[12] 25

Wurde mit dem Bestätigungsschreiben inhaltlich der erfolgte Abschluss von den zuvor geführten Verhandlungen erkennbar und hinreichend konkretisiert festgehalten, so ist der Empfänger dieses Schreibens gehalten, um einen Vertragsschluss zu vermeiden, rechtzeitig, dass heißt ohne schuldhaftes Zögern, **Widerspruch** – zur Dokumentation und Beweisbarkeit empfiehlt es sich gleichsam in Schriftform – gegenüber dem Absender zu erheben. Ein Schweigen des Empfängers des kaufmännischen Bestätigungsschreibens führt zum verbind- 26

---

[8] BGH WM 2007, 303; BGH NJW- RR 1986, 1110; BGH NJW- RR 1987, 305.
[9] Baumbach/*Hopt* § 346 Rdnr. 18; *Bub/Treier* II Rdnr 345.
[10] Baumbach/*Hopt* § 346 Rdnr. 19; *Bub/Treier* II Rdnr 345.
[11] Baumbach/*Hopt* § 346 Rdnr. 21; *Bub/Treier* II Rdnr 345.
[12] Baumbach/*Hopt* § 346 Rdnr. 20; *Bub/Treier* II Rdnr 345.

lichen Vertragsschluss, wie auch ein verspäteter Widerspruch, von dem dann auszugehen ist, wenn er erst mehr als eine Woche nach Empfang des Bestätigungsschreibens erfolgt.[13]

27　Indem das **Schweigen** auf ein kaufmännisches Bestätigungsschreiben zum Vertragsabschluss führt, sind die Erfordernisse, um einer derartigen Bestätigung über Vertragsverhandlungen sowie einem Vertragsabschluss den Charakter eines kaufmännischen Bestätigungsschreibens zu geben, nicht unerheblich.

28　Das Bestätigungsschreiben muss zum einen
- auf einen vorangegangenen – zumindest aus Sicht Absenders – erfolgten Vertragsabschluss Bezug nehmen und diesen hinreichend **inhaltlich konkretisieren**;[14]
- wird seitens des Absenders eine **Gegenbestätigung** erbeten, stellt dies für sich genommen noch der rechtlichen Wirkung eines kaufmännischen Bestätigungsschreibens nicht entgegen, sondern fordert eine Einzelfallbetrachtung;[15]
- kreuzen sich gar inhaltlich **widersprechende Schreiben**, ist ebenso wenig von einem verbindlichen Vertragsschluss auszugehen wie für den Fall,
- dass das Bestätigungsschreiben bewusst **inhaltlich falsche Angaben** enthält und/oder die zuvor geführten Vertragsverhandlungen noch gar nicht soweit gediehen waren, dass der Empfänger die Verhandlungen nach Treu und Glauben als abgeschlossen ansehen konnte (so genanntes **überraschendes Bestätigungsschreiben**).[16]

29　Gleiches gilt für den Fall, wenn zwischen den Partein zuvor verabredet war, den Mietvertrag schriftlich abzuschließen.[17]

30　Zu einem verbindlichen **Vertragsschluss** führt das kaufmännische Bestätigungsschreiben hingegen dann, wenn es – ohne dass dem widersprochen wird – zwar zusätzliche, zuvor nicht verhandelte Ergänzungen enthält, die jedoch als üblich für derartige Vertragsabschlüsse bzw. für Mietverträge gelten.[18] Insbesondere ist hier zu nennen, dass für die Konkretisierung zu übernehmender Betriebskosten der zuvor inhaltlich nicht verhandelte § 2 BetrKV miteinbezogen wird.

VII. Relevanz der Energieeinsparverordnung

31　Im Anschluss an die Ausführungen zur Relevanz der **Energieeinsparverordnung** EnEV im Wohnungsmietrecht[19] gilt die EnEV gleichsam für die Geschäftsraummiete. Eine Ausnahme besteht allerdings insoweit, als die für die der Geschäftsraummiete typisch anzusehende Vermarktung eines Gebäudes vor dessen Errichtung respektive Fertigstellung dann eine öffentlich-rechtliche Verpflichtung zur Zugänglichmachung des Energieausweises nicht besteht, da dieser mangels Fertigstellung des Objekts bei Abschluss des Mietvertrages naturgemäß nicht vorliegen kann.[20]

VIII. Allgemeines Gleichbehandlungsgesetz AGG

32　Ergänzend zum **Allgemeinen Gleichbehandlungsgesetz** (AGG) ist für die Geschäftsraummiete festzuhalten, dass die Kleinanbieterklausel des § 19 Abs. 5 Satz 3 AGG nicht einschlägig ist, da sich diese ausschließlich auf Wohnraum bezieht. Dem Vermieter von Geschäftsraum bzw. Gewerberaum ist im Hinblick auf die Merkmale des § 19 Abs. 1 Ziffer 1 AGG „ohne Ansehen der Person" bzw. nachrangige Bedeutung „des Ansehens der Person" gleichfalls nahe zu legen, durch **Fragebögen** und Auskunftseinholungen die Bedeutung der Person des Mieters – regelmäßig erfolgt dies bereits im Hinblick auf seine wirtschaftliche Leistungsfähigkeit – weiter in den Vordergrund zu stellen.

---

[13] Baumbach/*Hopt* § 346 Rdnr. 25; *Bub/Treier* II Rdnr. 345.
[14] BGH NJW 1990, 386; *Bub/Treier* II Rdnr. 345.
[15] BGH WM 2007, 303.
[16] Baumbach/*Hopt* § 346, Rdnr. 21, 22, 26, 27; *Bub/Treier* II Rdnr. 345.
[17] BGH NJW 1970, 2104; *Bub/Treier* II Rdnr. 345.
[18] BGH WM 1986, 186; Baumbach/*Hopt* § 346 Rdnr. 27.
[19] Vgl. § 8 Rdnr. 52 ff.
[20] *Flatow* NJW 2008, 2886.

§ 47 Formfragen

Übersicht

	Rdnr.
I. Einleitung	1–3
II. Gesetzliche Schriftform	4–40
1. Anwendungsbereich	4–9
2. Voraussetzungen	10–33
a) Vertragsurkunden	11–14
b) Unterschrift durch den Aussteller	15–20
c) Unterschrift auf derselben Urkunde	21–33
3. Besonderheiten bei Änderungen oder Ergänzungen	34–37
4. Folgen des Formmangels	38–40
III. Gewillkürte Schriftform	41–46
1. Voraussetzungen	41–43
2. Umfang	44/45
3. Folgen von Formverstößen	46
IV. Textform und elektronische Form	47–60
1. Textform	49–54
2. Elektronische Form	55
3. Probleme des Zugangs und des Widerrufs bzw. der Anfechtung	56–60
V. Ausschluss und Einschränkungen der Berufung auf Formmängel	61–63
VI. Heilungsmöglichkeiten	64–66
VII. Beweislast	67–70

Schrifttum: *Beisbart,* Stellvertretung bei Abschluss von Mietverträgen und Schriftform, NZM 2004, 293 f.; *Boettcher/Menzel,* Übergabeabhängige Laufzeiten in Mietverträgen: Nicht nur ein Schriftformproblem?, NZM 2006, 286 ff.; *Durst/Weber,* Inhaltszwang durch Formzwang?, ZMR 2005, 760 ff.; *Dusil,* Anmerkung zum Urteil des BGH vom 7. 3. 2007 zum Schriftformerfordernis des § 566 a. F. BGB im Vorvertrag, ZMR 2007, 520 f.; *Eckert,* Die Bedeutung der Mietrechtsreform für die gewerbliche Miete, NZM 2001, 409 ff.; *Fritz,* Schriftform bei Erbengemeinschaften und BGB-Gesellschaften an Mietvertragspartei, NZM 2003, 676 ff.; *Haase,* Das mietvertragliche Formerfordernis und das Prinzip der Einheitlichkeit der Urkunde: Die ratio legis des § 566 BGB als Regulativ des Zusammenwirkens der §§ 566, 126 BGB, WuM 1995, 625 ff.; *Heile,* Form des Langzeitmietvertrags, NZM 2002, 505 ff.; *Hildebrandt,* Schriftformmängel bei langfristigen Gewerberaummietverträgen, Risiken und Chancen, ZMR 2007, 588 ff.; *John,* Grundsätzliches zum Wirksamwerden empfangsbedürftiger Willenserklärung, AcP 184 (1984), 385 ff.; *Jud,* Formfragen bei Abschluss befristeter Mietverträge, NZM 2006, 913 ff.; *Lehmann-Richter,* Vertreterzusatz und Schriftform des Mietvertrags, ZMR 2007, 940 ff.; *Lindner-Figura,* Im aktuellen Überblick: Schriftform von Geschäftsraummietverträgen, NZM 2007, 705 ff.; *Leo,* Locker bleiben?! – Kritische Anmerkungen zur Schriftform-Rechtsprechung des BGH, NZM 2005, 688 ff.; *Leo,* Sind Schriftformheilungsklauseln in Gewerberaummietverträgen wirksam?, NZM 2006, 815 f.; *Leonhard,* Schriftformrisiken bei formlosen Änderungsvereinbarungen, NZM 2008, 353 ff.; *Lindner-Figura/Hartl,* Verspätete Annahme eines (Geschäftsraum-)Mietvertrags und die daraus resultierenden Risiken, NZM 2003, 750 ff.; *Löwe,* Kritische Bemerkungen zum Referentenentwurf Mietrechtsreformgesetz, NZM 2000, 577 ff.; *Miedbrodt/Mayer,* E-Commerce – Digitale Signaturen in der Praxis, MDR 2001, 432 ff.; *Ormanschick/Riecke,* Schriftformerfordernis für Langzeitmietverträge – Eine neue Beratungs- und Vertragsfalle auf Grund des Mietrechtsreformgesetzes, MDR 2002, 247 ff.; *Reinicke,* Die Bedeutung der Schriftformklausel unter Kaufleuten, DB 1976, 2289 ff.; *Schede/Rösch,* Schriftform bei Vermietung vom „Reißbrett" – Übergabeabhängige Laufzeit, NZM 2005, 447 ff.; *Schlemminger,* Das Schriftformerfordernis im Abschluss langfristiger Mietverträge, NJW 1992, 2249 ff.; *Schmid,* Einzelprobleme der Schriftform des § 550 BGB – eine Übersicht, GuT 2007, 193 f.; *Schraufl,* Schriftform bei GbR als Partei eines Langzeitmietvertrags, NZM 2005, 443 ff.; *Schultz,* Die Annahmeerklärung als „casus belli" der gesetzlichen Schriftform gewerblicher Mietverträge, NZM 2007, 509 ff.; *Stiegele,* Verspätete Annahme eines Mietvertragsangebots – Wider die Annahme einer Schriftformverletzung, NZM 2004, 606 ff.; *Timme/Hülk,* Schriftformmangel trotz Schriftformheilungsklausel?, NZM 2008, 764 ff.; *Wichert,* Anmerkung zum Urteil des OLG Rostock vom 10. 7. 2008 zur Frage der Treuwidrigkeit der Kündigung eines Mietverhältnisses unter Berufung auf den Schriftformmangel, ZMR 2008, 961 f.; *ders.,* Entschärfung des § 550 BGB durch Vertragsgestaltung: Anspruch auf Nachholung der Schriftform, ZMR 2006, 257 ff.; *ders.,* Gewerberaummietrecht: Verspätete Annahme des Vertragsangebots als Schriftformmangel?, ZMR 2005, 593 ff.; *Wiek,* Anmerkung zum Urteil des BGH vom 20. 4. 2005 zum Schriftformerfordernis einer Mietzinsreduzierung bei Langzeitgewerberaummietverträgen, GuT 2005, 149 f.; *ders.,* Anmerkung zum Urteil des OLG Köln vom 23. 11. 2004 zu Fragen des Schriftformerfordernisses bei

Vermietung von Gewerberäumen durch eine GbR, GuT 2005, 52 f.; *ders.*, Anmerkung zum Urteil des OLG Köln vom 29. 11. 2005 zum Schriftformerfordernis bezüglich der Verlängerungsoption für einen Langzeitgewerberaummietvertrag, GuT 2006, 123 f.; *ders.*, Anmerkung zum Urteil des OLG Naumburg vom 1. 3. 2005 zum Schriftformerfordernis eines Schuldbeitritts bei langfristigen Gewerberaummietverträgen, GuT 2005, 210 f.; *ders.*, Das Rätsel Schriftform bei der GbR, GuT 2003, 207 f.; *ders.*, Die Unterzeichnung eines langfristigen Mietvertrages für eine GbR, GuT 2005, 3 f.; *ders.*, Vermietung vom Reißbrett: Formgerechte Befristung „ab Übergabe", GuT 2006, 3 f.

I. Einleitung

1   Ein Mietvertrag oder seine späteren Ergänzungen bzw. Änderungen bedürfen grundsätzlich keiner Form. Vielmehr genügt für deren Wirksamkeit die **mündliche oder schlüssige**[1] **Einigung** zwischen Vermieter und Mieter, wenn auch zu Beweiszwecken eine schriftlich niedergelegte Vereinbarung vorzuziehen ist. Für den Vertragsabschluss reicht es dabei aus, wenn sich die Einigung der Parteien auf die Überlassung eines bestimmten Mietgegenstandes gegen Entgelt bezieht. Mangels entgegenstehender Anhaltspunkte kommt dann ein Mietverhältnis auf unbestimmte Zeit zu einer angemessenen oder ortsüblichen Miete (zum Begriff vgl. § 558 Abs. 2 BGB) zustande.[2] Ein Mietvertrag ist weiter auch dann rechtswirksam abgeschlossen, wenn mit seiner Durchführung zu einem Zeitpunkt begonnen wird, zu dem die zu treffenden mietvertraglichen Vereinbarungen noch lückenhaft sind, da sich von der bewussten Durchführung auf den Willen der Vertragsparteien zur sofortigen Bindung und zur Geltung des Vertrages schließen lässt.[3]
    Ausnahmen hiervon gelten dann, wenn entweder das Gesetz die Wahrung der Schriftform vorschreibt (**gesetzliche Schriftform**)[4] oder die Parteien deren Einhaltung vereinbart haben (**gewillkürte Schriftform**).[5]

2   **Strengere Formerfordernisse** (etwa notarielle Beurkundung, vgl. § 128 BGB) sind allerdings bei entsprechender gesetzlicher Regelung oder Parteivereinbarung zu beachten, andernfalls kann dies unter Anwendung von § 139 BGB zur Nichtigkeitsfolge führen. In der Praxis bedeutsam sind dabei neben dem Mietkauf[6] vor allem die Einräumung eines Vorkaufs- oder Ankaufsrechtes, wobei sich dann die Beurkundung gemäß § 311 b Abs. 1 BGB im Zweifel auch auf die mietrechtlichen Vereinbarungen, mithin auf das gesamte Vertragswerk, zu erstrecken hat.[7] Anders ggf. dann, wenn der Mietvertrag eine salvatorische Erhaltungsklausel enthält und der Mieter nicht beweisen kann, dass er den Mietvertrag ohne das Vorkaufs- oder Ankaufsrecht nicht geschlossen hätte.[8]

3   Auch neben dem eigentlichen Vertragsschluss sind bei einer Vielzahl von Willenserklärungen im Rahmen eines Mietverhältnisses Formerfordernisse zu beachten, wobei die hierfür maßgeblichen Anforderungen seit der Einführung der sog. **Textform** in § 126 b BGB gelockert worden sind.[9]

II. Gesetzliche Schriftform

1. Anwendungsbereich

4   Soll ein Mietvertrag für längere Zeit als ein Jahr abgeschlossen werden und wird dabei nicht die schriftliche Form beachtet, so statuiert § 550 S. 1 BGB die Fiktion, dass der Miet-

---

[1] LG Berlin ZMR 2001, 32; vgl. näher hierzu nur *Sternel* I Rdnr. 213 ff.
[2] BGH NJW-RR 1992, 517.
[3] BGH NJW 1981, 2756; NJW 1983, 1728; LG Landau WuM 1997, 428.
[4] Eingehender sogleich unter § 47 II Rdnr. 4 ff.
[5] Ausführlich im Folgenden unter § 47 III Rdnr. 41 ff.
[6] Vgl. näher Bub/Treier/*Reinstorf* I Rdnr. 57 ff.
[7] Vgl. BGH NJW-RR 2006, 1292; NJW-RR 2003, 1136; DWW 1994, 283; NJW-RR 1989, 198; NJW 1987, 1069; OLG Düsseldorf NZM 2001, 622; OLG Koblenz NJW-RR 1996, 744; OLG München NJW-RR 1987, 1042; OLG Stuttgart OLG-Report 2007, 881.
[8] BGH GE 2008, 195; vgl. auch BGH NJW 1996, 773.
[9] Siehe näher unter § 47 IV Rdnr. 47 ff.

vertrag **als auf unbestimmte Zeit** geschlossen gilt.[10] Im Zweifel, insbesondere bei trotz Auslegung verbleibenden Widersprüchlichkeiten über die Befristung eines Mietvertrages, ist dabei von einem unbefristeten Mietverhältnis auszugehen.[11] § 550 BGB ist aber nicht nur bei einem für mehr als 1 Jahr fest abgeschlossenen Zeitmietvertrag zu beachten, sondern auch bei einem Mietvertrag auf unbestimmte Zeit, bei dem die ordentliche Kündigung für mehr als 1 Jahr ausgeschlossen wird.[12] In Abweichung von der ansonsten bei Formverstößen üblichen Rechtsfolge der Nichtigkeit des Rechtsgeschäfts gemäß § 125 BGB führt die Nichtbeachtung der schriftlichen Form nach § 550 S. 2 BGB aber lediglich zur Kündbarkeit des Mietvertrages und zwar frühestens zum Ablauf eines Jahres nach dem vertraglich vereinbarten Zeitpunkt der Überlassung der Mietsache, also unabhängig vom Zeitpunkt des Vertragsschlusses.[13] Dieser Zeitpunkt ist ausschließlich beim nicht vollzogenen Mietverhältnis maßgeblich.[14]

Gleiches gilt auch dann, wenn dem Mieter auf Grund einer **Verlängerungsklausel** oder **Option** die Möglichkeit eingeräumt wird, den Vertrag über ein Jahr hinaus zu verlängern.[15] Die Optionsausübung per Telefax genügt mithin dem Schriftformerfordernis nicht.[16] Einigen sich die Vertragsparteien nach einer wirksamen fristlosen Kündigung eines der Schriftform entsprechenden, auf längere Zeit als ein Jahr abgeschlossenen Mietvertrages auf eine **Fortsetzung** des Mietverhältnisses wiederum für mehr als ein Jahr, unterfällt dieser neu abgeschlossene Mietvertrag ebenfalls § 550 BGB.[17] Für **Mietvorverträge** gilt dagegen § 550 BGB nicht, auch wenn im Hauptmietvertrag eine Laufzeit von mehr als einem Jahr vorgesehen sein sollte; daher verpflichtet auch ein nicht dem Formerfordernis des § 550 BGB entsprechender Vorvertrag die Vertragsparteien dennoch zur Mitwirkung am Zustandekommen eines formwirksamen Hauptvertrages.[18]

§ 550 BGB gilt auf Grund seiner Stellung im Unterkapitel über Mietverhältnisse über Wohnraum für jede Art von Wohnraummietvertrag, als auch für Untermietverträge. Über die Verweisungsnorm des § 578 Abs. 1 BGB gilt diese Vorschrift im Übrigen auch für alle anderen Arten von Mietverhältnissen, also sowohl für die Vermietung von Grundstücken und Räumen als auch über die Verweisung in § 578 Abs. 2 BGB für Gewerberaummietverhältnisse bzw. über § 581 Abs. 2 BGB für Pachtverträge.[19]

Während der § 566 BGB a. F. noch die Schriftform für Mietverträge mit einer Laufzeit von mehr als einem Jahr zwingend vorschrieb, stellt es § 550 BGB den Vertragsparteien frei, in welcher Form sie ihren Mietvertrag abschließen. Ausweislich der Begründung hat dies der Gesetzgeber auch ausdrücklich beabsichtigt und wollte lediglich an den rechtlich erheblichen Tatbestand (Mietverhältnis länger als ein Jahr ohne Beachtung der Schriftform) die bisherige besondere Rechtsfolge (Geltung für unbestimmte Zeit und damit Kündbarkeit) knüpfen. Hieraus wurde abgeleitet, dass damit für den Mietvertragsabschluss nicht mehr die strengere gesetzliche Schriftform des § 126 BGB sondern lediglich noch die gelockerte gewillkürte Schriftform des § 127 BGB gelte[20] (also z. B. ein Schriftwechsel, die telegrafische Übermittlung oder die Übersendung per Telefax).[21] Auf den ersten Blick könnte hierfür zwar der zunächst maßgebliche Gesetzeswortlaut sprechen. Genauer betrachtet lässt es der Wortlaut aber offen, ob mit „schriftlicher Form" in § 550 S. 1 BGB die gesetzliche oder die gewillkürte Schriftform gemeint ist. Daher bedarf es entweder der historischen und/oder der

---

[10] Vgl. ergänzend nur BGH NJW 1981, 2246, dort auch zu Sinn, Zweck und Funktion der inhaltlich identischen Vorgängervorschrift des § 566 BGB.
[11] OLG Köln NZM 1999, 1142 noch zu § 566 BGB.
[12] BGH NJW-RR 2008, 1329 = NZM 2008, 687.
[13] Siehe näher unter § 47 II 4 Rdnr. 38 ff.
[14] BGH NJW 1987, 948.
[15] BGH NJW-RR 1987, 1227.
[16] OLG Köln NZM 2006, 464.
[17] BGH NJW 1998, 2664 im Anschluss an BGH NJW 1974, 1081 noch zu § 566 BGB.
[18] BGH NJW 2007, 1817 = NZM 2007, 445; NJW 1980, 1577; NJW 1970, 1596 noch zu § 566 BGB.
[19] BGH NJW 1981, 2246; OLG Rostock NZM 2001, 27.
[20] *Eckert* NZM 2001, 409, 410; *Ormanschick/Riecke* MDR 2002, 247; vgl. auch *Löwe* NZM 2000, 577, 580.
[21] Im Einzelnen unter § 47 III Rdnr. 41 ff.

teleologischen Auslegung. Beide führen zu dem Ergebnis, dass weiterhin die gesetzliche Schriftform des § 126 BGB oder zumindest die Form des § 126a BGB gemeint ist.[22] Der Gesetzgeber hat insoweit in der Begründung zum Mietrechtsreformgesetz ausdrücklich festgehalten, dass sich durch die lediglich sprachliche Neufassung an der bisherigen Rechtslage nichts ändern soll. § 550 BGB soll ebenso wie schon § 566 BGB a. F. nicht eine der Mietvertragsparteien sondern ausschließlich den Erwerber des vermieteten Grundstücks schützen. Dieser tritt gem. § 566 BGB in sämtliche Mietverträge ein und wird kraft Gesetzes Rechtsnachfolger auf Vermieterseite. Er soll daher sicher sein können, dass ihn lediglich die schriftlich niedergelegten Rechte und Pflichten, über die er sich zuvor informieren kann, treffen und er nicht an ihm unbekannte, nicht der gesetzlichen Schriftform entsprechende Absprachen längerfristig gebunden ist.[23]

8   **Abweichende Vereinbarungen** sind schon wegen dieses Gesetzeszwecks unwirksam.[24] § 550 BGB ist seiner Natur nach nicht abdingbar.[25] Abreden über eine Nachholung der Schriftform sind dagegen zulässig.[26]

9   Im hier allein interessierenden Wohnraummietrecht spielt diese Formproblematik eine Rolle bei Zeitmietverträgen, die die Voraussetzungen des § 575 BGB erfüllen (sonst läge jedenfalls für den Mieter ohnehin – auch ungeachtet des § 550 BGB – ein unbefristetes und damit kündbares Mietverhältnis vor), und bei den nach altem Recht vor dem 1.9.2001 abgeschlossenen befristeten Wohnraummietverträgen i. S. v. § 564c BGB a. F., die auch nach der Mietrechtsreform unverändert fortgelten (Art. 229 § 3 Abs. 3 EGBGB).[27] In diesen Fällen gilt somit die meist im Gewerberaummietrecht ergangene Rechtsprechung zu § 550 BGB auch für das Wohnraummietrecht; daher werden ausnahmsweise in diesem Kapitel auch gewerberaummietrechtliche Entscheidungen herangezogen.

2. Voraussetzungen

10 § 550 BGB selbst trifft keine Regelung, was unter „schriftlicher Form" zu verstehen ist. Maßgeblich ist insoweit allein § 126 BGB. Diese Vorschrift regelt einmal, dass die Urkunde vom Aussteller entweder eigenhändig durch Namensunterschrift oder mittels notariell beglaubigten Handzeichens unterzeichnet werden muss (§ 126 Abs. 1 BGB) und zum anderen, dass bei einem Vertrag die Unterzeichnung der Parteien in diesem Sinne auf derselben Urkunde zu erfolgen hat (§ 126 Abs. 2 S. 1 BGB). Folglich müssen sämtliche Vereinbarungen, die nach dem Willen der Parteien Vertragsbestandteil werden sollen, in einer Urkunde niedergelegt und von den Vertragspartnern eigenhändig und handschriftlich unterzeichnet werden (vgl. im Übrigen §§ 126 Abs. 4, 127a BGB). § 127 BGB gilt für § 550 BGB nicht.[28]

11 a) **Vertragsurkunde.** § 126 BGB erfordert zunächst, dass der – auch nachträglich vereinbarte – Vertragsinhalt **in einer Urkunde** niedergelegt wird. Es genügt also anders als bei der gewillkürten Schriftform des § 127 BGB nicht, dass sich die Einigung der Vertragsparteien aus einem Briefwechsel ergibt,[29] wohl aber, wenn die Vertragsbestimmungen (etwa im Rahmen eines Nachtrags) in einem unterzeichneten Schreiben der einen Vertragspartei niedergelegt sind, das die andere ihrerseits unterschrieben hat.[30] Existieren allerdings mehrere identische Vertragsurkunden, reicht es aus, wenn eines der Exemplare der gesetzlichen Schriftform entspricht.[31] Die Schriftform ist daher gewahrt, wenn ein Mietvertrag von bei-

---

[22] Ausführlich hierzu *Heile* NZM 2002, 505 ff.; so auch die h. M., etwa *Börstinghaus/Eisenschmid* § 550 S. 158 f.; Schmidt-Futterer/*Lammel* § 550 Rdnr. 8; *Lützenkirchen,* Neue Mietrechtspraxis, Rdnr. 366; *Rips/Eisenschmid* S. 157.
[23] Zum Regelungs- und Schutzzweck dieser Vorschrift vgl. BGH NJW 2008, 2178 = NZM 2008, 482; NJW 2007, 1742 = NZM 2007, 399; im Einzelnen Schmidt-Futterer/*Lammel* § 550 Rdnr. 1 ff.
[24] Blank/Börstinghaus/*Blank* § 550 Rdnr. 2.
[25] LG Berlin WuM 1991, 498.
[26] Siehe näher im Folgenden unter § 47 VI Rdnr. 64 ff.
[27] Ausführlich zu befristeten Wohnraummietverträgen § 29 I.
[28] BGH NJW-RR 1986, 944.
[29] BGH NJW 2004, 2962; NJW 2001, 221 = NZM 2001, 42.
[30] BGH NJW 2004, 2962 = NZM 2004, 738.
[31] BGH NJW 1999, 2591 = NZM 1999, 761; a. A. KG GE 1995, 812.

den anwesenden Parteien unterzeichnet wird, die Vertragsurkunde aber nur im Besitz der einen Vertragspartei verbleibt, während die andere kein eigenes Exemplar erhält.[32] Ebenso genügt es, wenn ein Vertrag zweifelsfrei auf Schriftstücke Bezug nimmt, aus denen sich sämtliche wesentlichen vertraglichen Vereinbarungen ergeben.[33] Im Übrigen gilt § 126 Abs. 2 Satz 2 BGB.

Es gilt der **Grundsatz der Klarheit und Vollständigkeit.** Dies bedeutet, dass einmal die Bedingungen des Mietvertrages selbst (und nicht etwa eines hiervon rechtlich unabhängigen Rechtsgeschäfts) so formuliert werden müssen, dass Vertragsparteien, Vertragsgegenstand, Vertragsdauer und Gegenleistung (also die Miete) zumindest aus allen zweifelsfrei aufeinander Bezug nehmenden Urkunden[34] bestimmbar sind;[35] andernfalls scheidet eine Auslegung aus. So muss z. B. der Mietgegenstand entweder durch Angabe der postalischen Adresse oder eine Grundbuchbezeichnung, ggf. auch durch Beschreibung bestimmbar sein; lediglich die Funktionsbezeichnung genügt nicht („notwendige Flächen" für Anlieferung, Parkplätze und Zufahrten),[36] außer diese Unzulänglichkeiten werden durch eine Nachtragsvereinbarung geheilt.[37] Weiter genügt die zweifelsfreie Bestimmbarkeit des namentlich noch nicht bekannten Vermieters.[38] Der schriftlichen Offenlegung, dass der Vermieter nicht Eigentümer ist, bedarf es dagegen nicht.[39] Z. B. bedarf die nachträgliche Änderung der Zahlungsfälligkeit (Umstellung von quartalsweiser auf monatliche Mietzahlung)[40] ebenso der Schriftform wie die nachträgliche Herabsetzung der Miete, außer der Vermieter hat trotz der Laufzeit des Mietvertrages von mehr als 1 Jahr das Recht, diese Nachtragsvereinbarung jederzeit einseitig zu widerrufen.[41] Die Regelung in einem Mietvertrag, dass das Mietverhältnis über noch zu errichtende Gewerberäume mit der zeitlich noch nicht feststehenden Übergabe an den Mieter beginnt (und dann nach x Jahren am darauf folgenden 30.06. endet) wahrt die Form des § 550 BGB.[42] Ein Schreibversehen bei der Datumsangabe führt nicht zu einem Schriftformmangel, wenn beide Parteien tatsächlich zeitnah unterschrieben haben.[43]

Ansonsten kann zur Auslegung auch auf außerhalb der Urkunde liegende Umstände zurückgegriffen werden.[44] Zum anderen müssen in die Urkunde grundsätzlich **alle Mietvertragsbedingungen** aufgenommen werden.[45] Ansonsten ist der Vertrag nach § 550 BGB kündbar.[46] Allerdings gilt insoweit die – nur unter strengen Voraussetzungen widerlegbare[47] – **Vermutung der Richtigkeit und Vollständigkeit** einer Vertragsurkunde,[48] erstreckt auf sämtliche vom Formzwang erfasste Abreden.[49] Die Vermutung bezieht sich aber lediglich auf die getroffene Vereinbarung als solche nicht etwa auf das Datum[50] oder die bei Vertragsschluss ansonsten gegebenen Hinweise und Informationen.[51] Die Schriftform des § 550

---

[32] KG Urt. v. 21. 12. 2006 – 8 U 56/06.
[33] BGH NJW 2008, 2181 = NZM 2008, 484; GuT 2008, 38.
[34] BGH NJW 2008, 2181 = NZM 2008, 484; GuT 2008, 38.
[35] BGH NJW-RR 1990, 270; KG NZM 2008, 576 = Volltext GE 2008, 124 bzw. ZMR 2008, 615.
[36] OLG Rostock NJW 2009, 445 = NZM 2008, 646.
[37] BGH NJW 2007, 3273 = NZM 2007, 443.
[38] BGH NJW 2006, 140 = NZM 2006, 104.
[39] BGH GuT 2008, 38.
[40] BGH NJW 2008, 365 = NZM 2008, 84.
[41] BGH NJW 2005, 1861 = NZM 2005, 456.
[42] BGH NJW 2007, 3273 = NZM 2007, 443; NJW 2006, 139 = NZM 2006, 54.
[43] OLG Rostock OLGR 2005, 697.
[44] BGH NJW 2006, 139; NJW 1999, 3257.
[45] BGH NZM 2008, 84.
[46] Sofern nicht ohnehin – etwa bei einer im Mietvertrag dokumentierten wesentlich geringeren Miete als mündlich daneben vereinbart – eine Gesamtnichtigkeit aus §§ 134, 138 Abs. 1 i. V. m. 139 BGB in Betracht kommt: BGH NJW 2003, 2742; vgl. auch BGH NJW-RR 2001, 380 und NJW 1997, 2599.
[47] Die Vermutung ist z. B. dann entkräftet, wenn die Parteien unstreitig eine Nebenabrede getroffen haben: BGH NJW 1989, 898.
[48] BGH NJW 1991, 1750; NJW 1980, 1680; ZIP 1999, 1887; KG NZM 2008, 129.
[49] BGH NJW-RR 1998, 1470.
[50] BGH NJW-RR 1990, 737.
[51] BGH DNotZ 1986, 78.

BGB ist daher nicht eingehalten, wenn in einem schriftlichen Formularmietvertrag widersprüchliche Bestimmungen zur Vertragslaufzeit enthalten sind, nämlich sowohl Angaben über eine bestimmte Laufzeit als auch Angaben über Fristen zur ordentlichen Kündigung.[52]

14   Von diesen Grundsätzen kann nur in folgenden Ausnahmefällen abgewichen werden:
- Die nicht der schriftlichen Form entsprechenden Abreden dienen lediglich der **Erläuterung und Konkretisierung** der schriftlichen Vereinbarungen, so z.B. Hausordnung oder Betriebskostenaufstellung[53] oder ein Plan über den Mietgegenstand, sofern dieser im Vertrag selbst zweifelsfrei beschrieben wird.[54]
- Die nicht der schriftlichen Form entsprechenden (Zusatz-)Abreden sind lediglich von **nebensächlicher bzw. untergeordneter** Bedeutung,[55] wobei es dabei auf objektive Kriterien und nicht etwa den Willen der Parteien („... als wesentlicher Bestandteil dieses Mietvertrages beigefügte Anlage ...") ankommt.[56] Dazu sollen etwa gehören: Übergabeprotokoll mit der Festlegung kleinerer Restarbeiten des Vermieters, Nachtrag über die Anmietung eines zusätzlichen Stellplatzes, Bürgschaftsvertrag oder Modalitäten der Kautionsverpflichtung.[57] Auch eine konkludente Änderung der mietvertraglichen Betriebskostenumlagevereinbarung verstößt dann nicht gegen § 550 BGB, wenn die dadurch ausgelösten zusätzlichen Kosten im Verhältnis zur geschuldeten Gesamtmiete nur geringfügig sind (ca. 2 bis 4%).[58] Dagegen muss eine vom Gesetz wesentlich abweichende Renovierungsvereinbarung[59] oder die Verpflichtung des Mieters Ausbauleistungen, die wesentlicher Vertragsbestandteil sein sollen,[60] die gesetzliche Schriftform beachten.
- Z.B. lediglich mündlich getroffene (zusätzliche) Absprachen, an die – entsprechend des vorstehend skizzierten Gesetzeszwecks – **der Grundstückserwerber nicht gebunden ist**.[61] Soweit sie auch für den Rechtsnachfolger auf Vermieterseite gelten sollen, bedürfen sie dagegen der schriftlichen Form.[62]

15   **b) Unterschrift durch den Aussteller.** Die gesetzliche Schriftform schreibt weiter vor, dass die Vertragsurkunde vom Aussteller unterschrieben werden muss.[63] § 126 BGB spricht dabei von „Namensunterschrift", sodass zumindest mit den Familiennamen unterzeichnet werden muss und eine Funktionsbezeichnung wie „Der Hauseigentümer" nicht genügt.[64] Es bedarf also einer eigenhändigen Unterschrift, so dass die gedruckte Namenswiedergabe oder eine solche mittels einer Schreibmaschine oder eines Schreib- bzw. Unterschriftenautomaten nicht genügt.[65]

16   Die **Unter**schrift muss – bereits begrifflich – **unter dem gesamten Vertragstext** einschl. der Nebenabreden stehen und diesen räumlich abschließen.[66] Stehen wesentliche Vereinbarungen unter oder neben der Unterschrift, ist die gesetzliche Schriftform nicht gewahrt,[67] sofern nicht darunter nochmals eine Unterschrift erfolgt.

17   Was nun unter einer Unterschrift weiter zu verstehen ist, ergibt sich einmal aus dem Sprachgebrauch und zum anderen aus dem Zweck der Formvorschrift:[68]

---

[52] OLG Rostock NZM 2001, 426.
[53] BGH NJW 1999, 2591 = NZM 1999, 761.
[54] BGH NZM 2001, 43; NJW 1999, 2591 = NZM 1999, 761; andernfalls muss auch der Plan der schriftlichen Form entsprechen: OLG Jena NZM 1999, 906, bestätigt durch: BGH NZM 2002, 823.
[55] BGH NZM 2001, 43; NJW 1999, 3257.
[56] BGH NZM 2003, 281; NJW 1999, 2591 = NZM 1999, 761.
[57] KG NZM 2008, 576 = Volltext GE 2008, 124 bzw. ZMR 2008, 615.
[58] OLG Naumburg ZMR 2008, 371.
[59] BGH GuT 2004, 120.
[60] OLG Düsseldorf NZM 2007, 643.
[61] Staudinger/*Emmerich* § 550 Rdnr. 31; vgl. auch BGH NZM 2000, 381; NJW-RR 1992, 654.
[62] *Bub/Treier/Heile* II Rdnr. 765.
[63] Die Alternative des notariell beurkundeten Handzeichens spielt in der Praxis keine Rolle.
[64] Blank/Börstinghaus/*Blank* § 550 Rdnr. 50.
[65] Blank/Börstinghaus/*Blank* § 550 Rdnr. 53.
[66] BGH NJW 1991, 487; NJW-RR 1990, 518.
[67] OLG Hamm MDR 1993, 56.
[68] BGH NJW 1985, 1227; NJW 1975, 1704.

- Der **Unterzeichner** muss, jedenfalls bei Kenntnis seines Namens und wohlwollender Betrachtung,[69] **erkennbar** sein.[70]
- **Leserlichkeit** ist nicht erforderlich,[71] aber aus dem Schriftbild müssen **Andeutungen von Buchstaben** erkannt werden können,[72] die sich als Wiedergabe eines Namens darstellen.[73] Geometrische Figuren oder bloße Striche genügen nicht.[74]
- Es bedarf eines **individuellen Schriftzuges** mit charakteristischen Merkmalen für seine Einmaligkeit, so dass auch die Nachahmung durch Dritte zumindest erschwert wird.[75]
- **Handzeichen** oder **Paraphe**[76] und **Faksimile-Stempel**[77] erfüllen die Voraussetzung einer formgültigen Unterschrift nicht.[78]

Zu Einhaltung der Schriftform ist es weiter erforderlich, dass **alle Vertragsparteien** auf Vermieter- wie auch auf Mieterseite unterschreiben.[79] Unterschreibt nur einer von **mehreren Mietern oder Vermietern** den Mietvertrag ohne eindeutigen Vertretungszusatz, ist die Schriftform nicht gewahrt.[80] Weicht also das Vertragsrubrum von Unterschriften ab, kann ein Verstoß gegen § 550 BGB in Betracht kommen. Anders im Fall der **Stellvertretung**, unabhängig davon, ob zulässig oder nicht (wenn also aus der Vertragsurkunde hervorgeht, dass eine andere Person als die Vertragspartei unterschrieben hat); die Frage der Vertretungsmacht betrifft nämlich allein die Wirksamkeit des Vertragsschlusses mit dem Vertretenen, nicht aber die Frage der Schriftform.[81] Bei einer Außen-GbR genügt also die Unterschrift aller Gesellschafter oder auch nur des vertretungsberechtigten Gesellschafters, sofern sich etwa aus einem Zusatz zur Unterschrift ergibt, dass dieser nicht nur in eigenem Namen, sondern zugleich für die übrigen Gesellschafter handelt.[82] Gleiches gilt für Mietverträge mit Gemeinschaften, etwa der selbst nicht rechtsfähigen Erbengemeinschaft oder eine Wohnungseigentümergemeinschaft.[83] Dagegen wird die Schriftform gewahrt, wenn ein Vertreter (gleichgültig ob das vertretungsberechtigte Organ oder ein Dritter) den Mietvertrag für eine **juristische Person** auch ohne Vertretungszusatz bzw. Hinweis auf seine Funktion oder Alleinvertretungsberechtigung unterzeichnet.[84]

Eines derartigen Vertreterzusatzes bedarf es ausnahmsweise dann nicht, wenn die Vollmacht des Unterzeichners aus objektiven, außerhalb der Urkunde liegenden Umständen hervorgeht,[85] etwa aus dem Gesetz, einem öffentlichen Register oder aus sonstigen Umständen, wie etwa die Übergabe der Mietsache.[86]

Erfüllt die Unterschrift diese Voraussetzungen nicht, mangelt es dem Mietvertrag an der erforderlichen schriftlichen Form mit der Folge der Kündbarkeit nach § 550 BGB. Entschei-

---

[69] BGH NJW 1988, 713; KG NJW 1988, 2807.
[70] BGH NJW-RR 2008, 218; NJW-RR 1992, 1150; NJW 1992, 243; NJW 1989, 588; NJW 1987, 1333; NJW 1985, 1227 und 2651; NJW 1975, 1704.
[71] BGH NJW 1982, 1467; NJW 1959, 734; KG NZM 2007, 731.
[72] BGH NJW 2005, 3775; NJW 1987, 1333.
[73] KG NZM 2007, 731.
[74] OLG Oldenburg NStZ 1988, 145; LG Berlin MM 1992, 65; AG Dortmund NZM 2000, 32.
[75] OLG Düsseldorf NJW-RR 1992, 946; OLG Frankfurt/M., NJW 1993, 3079; KG NZM 2007, 731; vgl. OLG Nürnberg NStZ-RR 2007, 151.
[76] BGH NJW 1982, 1467; OLG Düsseldorf NJW-RR 1992, 946; OLG Hamm NJW 1989, 3289; OLG Köln Rpfleger 1991, 198; zur Abgrenzung zwischen Paraphe und Unterschrift vgl. BGH NJW 1994, 55.
[77] BGH NJW 1989, 838; VG Wiesbaden NJW 1994, 537.
[78] Vgl. BGH NJW-RR 2007, 351; OLG Frankfurt/M. NJW 1988, 2807; zur Problematik der Abkürzung von Doppelnamen vgl. BAG NJW 1988, 2822; LAG Köln NZA 1987, 716; OLG Frankfurt/M. NJW 1989, 3030.
[79] BGH NJW 2002, 3389 = NZM 2002, 950: Erbengemeinschaft.
[80] BGH NJW 2004, 1103 = NZM 2004, 97; NJW 2003, 3053 = NZM 2003, 801: BGB-Gesellschaft.
[81] BGH NJW 2008, 2178 = NZM 2008, 482; OLG Hamm ZMR 2006, 205 – beides bei vertretenen natürlichen Personen.
[82] BGH NJW 2005, 2225; NJW 2003, 3053; krit. hierzu *Beisbart* NZM 2004, 293 f.
[83] BGH NJW 2002, 3389; krit. hierzu *Fritz* NZM 2003, 676 ff. und *Wiek* GuT 2003, 207 f. jew. m. w. N.
[84] BGH NJW 2007, 3346 = NZM 2007, 837 (GmbH); NJW 2005, 2225 = NZM 2005, 502 (GmbH); KG NZM 2007, 803 (AG).
[85] OLG Rostock NZM 2001, 46.
[86] OLG Hamm NZM 1998, 720, das in der Übergabe die Genehmigung des evtl. vollmachtlosen Vertreterhandelns sieht.

dend ist dabei allein die Beurteilung durch das Gericht und nicht etwa die Auffassung der Parteien, die gegebenenfalls sogar übereinstimmend meinen, die Unterschrift sei wirksam.[87]

21 c) **Unterschrift auf derselben Urkunde.** Schließlich muss die Unterzeichnung der Parteien nach § 126 Abs. 2 BGB auf derselben Urkunde erfolgen. Dabei genügt es bei Erstellung **mehrerer Vertragsausfertigungen,** dass jede Partei die für die andere Seite bestimmte Urkunde unterzeichnet (§ 126 Abs. 2 S. 2 BGB), sofern die formgerechte Annahmeerklärung der antragenden Partei zugeht.[88] An der Erfüllung dieser Voraussetzung, nämlich der Unterschrift der Parteien auf derselben Urkunde, und damit an der Einhaltung der Schriftform fehlt es somit, wenn eine Vertragspartei der anderen den Entwurf eines Mietvertrages mit einem entsprechenden Begleitschreiben übermittelt und die andere Vertragspartei dieses Angebot in einem gesonderten Schreiben **unter Änderungen** annimmt (vgl. § 150 Abs. 2 BGB).[89] Demgegenüber schadet es nicht, wenn alle Vertragsbestimmungen in einem Schreiben einer Partei niedergelegt sind, das diese unterschreibt und darunter die andere Partei mit oder ohne einen das uneingeschränkte Einverständnis erklärenden Zusatz unterzeichnet; entgegen der Auffassung des RG bedarf es nicht nochmals einer Unterzeichnung der ersten Partei unterhalb der Gegenzeichnung der anderen Partei.[90]

22 In der Rechtsprechung wird weiter der Fall problematisiert, dass eine Vertragspartei das ihr von der anderen Vertragspartei unterzeichnete Vertragsexemplar erst verspätet gegenzeichnet bzw. zurückübermittelt und damit **verspätet annimmt** (vgl. § 147 Abs. 2 BGB)[91] – von Ausnahmefällen oder einer konkret gesetzten Frist abgesehen soll eine Annahme innerhalb von 2–3 Wochen angemessen sein,[92] 5 Wochen aber nicht mehr.[93] Dies kann dann gem. § 150 Abs. 1 BGB eine neues Angebot darstellen, das der andere Vertragspartner – etwa durch Vollzug des Mietvertrags – konkludent annimmt. Damit soll die Form des § 550 BGB nicht gewahrt und der zwar rechtswirksam zustande gekommene Mietvertrag vorzeitig ordentlich gekündigt werden können,[94] jedenfalls dann, wenn der Anbieter die verspätete Annahme unverzüglich rügt.[95] Richtigerweise ist aber zwischen Wirksamkeit von Willenserklärungen und deren Form zu unterscheiden. Für letztere kommt es allein auf die Einhaltung der Vorgaben des § 550 BGB an, unabhängig davon, ob etwa die Rücksendung des gegengezeichneten Mietvertrags verspätet erfolgt (und die so gem. §§ 146 ff. BGB unwirksame Willenserklärung doch noch über § 150 Abs. 1 BGB „geheilt" wird), was den Schutzzweck des § 550 BGB nicht tangiert.[96] Der BGH hat festgehalten, dass ein mangels rechtzeitiger Annahme zunächst nicht formgerecht abgeschlossener Mietvertrag durch eine formgerechte Nachtragsvereinbarung, die auf die ursprüngliche Urkunde Bezug nimmt, geheilt werden kann.[97] Dagegen liegt in einer außerhalb der Mietvertragsurkunde der anderen Partei gesetzten Annahmefrist kein Verstoß gegen § 550 BGB.[98] Auch ein Schreibversehen bei der Datumsangabe führt nicht zu einem Schriftformmangel, wenn beide Parteien tatsächlich zeitnah unterschrieben haben.[99]

23 Bei einer Vereinbarung, die aus mehreren Teilen bzw. Seiten besteht, gilt das aus § 126 Abs. 2 BGB folgende **Prinzip der Einheitlichkeit der Vertragsurkunde.** Die Vertragsbedingungen müssen grundsätzlich in einer einzigen Urkunde niedergelegt werden. Damit soll si-

---

[87] BGH NJW 1973, 1255.
[88] BGH NJW 1962, 1388; NJW 1964, 395; NJW-RR 1986, 1300.
[89] BGH NJW 2001, 221 = NZM 2001, 42.
[90] BGH NJW 2004, 2962, unter ausdrücklicher Aufgabe von RGZ 105, 60, 62.
[91] 2 bis 5 Tage jeweils für die Überlegens-, Bearbeitungs- und Rückübermittlungszeit werden als ausreichend erachtet: KG WuM 2001, 111; WuM 1999, 323; Obergrenze sind 2–3 Wochen: KG NZM 2007, 731; LG Stendal NZM 2005, 15; 5 Wochen sind in keinem Fall mehr angemessen: KG NZM 2007, 517.
[92] KG NZM 2008, 576; NZM 2007, 731 in Abgrenzung zu KG WuM 2001, 111.
[93] KG NZM 2007, 517.
[94] *Lindner-Figura/Hartl* NZM 2003, 750 ff.
[95] Andernfalls soll aus dem Rechtsgedanken des § 149 BGB heraus keine der beiden Parteien wegen Schriftformmangels vorzeitig kündigen können: OLG Naumburg ZMR 2008, 371.
[96] So zu Recht *Stiegele* NZM 2004, 606 ff.; zustimmend OLG Hamm ZMR 2006, 205.
[97] BGH NJW 2009, 2195 = NZM 2009, 515.
[98] KG NZM 2007, 86.
[99] OLG Rostock OLGR 2005, 697.

chergestellt werden, dass die Unterschriften am Ende der Vertragsurkunde die erforderliche Authentizität auch für alle anderen Abreden dokumentieren, die nicht selbst nochmals unterschrieben sind. Besteht der Mietvertrag entweder aus **mehreren Urkunden** oder aus **mehreren Blättern,** muss die Einheit der Vertragsurkunde erkennbar sein. Dies kann entweder durch eine körperliche Verbindung der in Bezug genommenen anderen Schriftstücke oder Blätter mit der unterzeichneten Urkunde dem unterschriebenen Blatt geschehen oder aber sonst in geeigneter Weise. Entscheidend ist dabei nicht die größere oder geringere Festigkeit der Verbindung zur Dokumentation der Zusammengehörigkeit der Urkunden oder Blätter, sondern allein, dass die Verbindung den Willen beider Parteien ersehen lässt, dass die Schriftstücke eine gewollt dauerhafte Einheit bilden sollen.[100]

Hierzu bedarf es nach der sog. **Auflockerungsrechtsprechung** dann keiner festen körperlichen Verbindung der einzelnen Urkundenteile, wenn sich die so gewollte Urkundeneinheit auch aus einer gewissermaßen „**gedanklichen Verbindung**" zweifelsfrei ergibt, z.B. aus der fortlaufenden Paginierung der Blätter, der fortlaufenden Nummerierung der einzelnen Bestimmungen, einheitlichem grafischer Gestaltung, inhaltlichem Zusammenhang des Textes oder vergleichbaren Merkmalen.[101] Der dieser grundlegenden BGH-Entscheidung[102] zugrunde liegende Mietvertrag setzte sich aus einem jeweils aus mehreren Blättern bestehenden Original und einer Durchschrift als Durchschreibetrennsatz zusammen, wobei sich die Unterschriften der Parteien lediglich auf dem letzten Blatt befanden, die vertragswesentlichen Vereinbarungen – wie Mietobjekt, Mietdauer und Mietzins – aber hiervon getrennt auf nicht unterzeichneten anderen Blättern enthalten waren. Für die Einhaltung der Schriftform nach §§ 550 (damals noch § 566 a. F.), 126 BGB könne – so der BGH – auch unter Berücksichtigung des § 566 BGB (= § 571 BGB a. F.) nicht ausschlaggebend sein, dass die Möglichkeit, einzelne Blätter auszutauschen oder sonstige Manipulationen vorzunehmen, größer sein mag als bei einer festen Verbindung des Schriftstücks, bei der dies ebenfalls nicht ausgeschlossen werden kann. Der sicherste Weg liege vielmehr im Austausch der vollständigen Vertragsurkunden unter den Vertragsparteien. Allerdings hatte sich in dem vom BGH entschiedenen Fall der Streit gerade daran entzündet, dass Änderungen vom vorgedruckten Text auf **beiden** Vertragsexemplaren angeblich ohne Wissen und Wollen der Vermieterseite vorgenommen worden waren. Nachdem sich die Parteien in den von der Rechtsprechung entschiedenen Fällen in der Regel nicht über Manipulationen des Vertragstextes vor den Unterschriften sondern um die Möglichkeit einer vorzeitigen Loslösung von einem belastend gewordenen Mietvertrag gestritten hatten, war es nur folgerichtig, festzustellen, dass die Authentizität i.S. von § 126 Abs. 2 BGB auch bei einer Unterschrift nicht auf jeder, sondern lediglich auf der letzten Seite eines „Loseblattvertrages" gewahrt ist.

Damit ist die **alte Rechtsprechung des BGH** aus dem Jahre 1963,[103] die er bereits 1992[104] für Nachträge und Ergänzungen gelockert hatte, überholt, nach der die gesetzliche Schriftform nur gewahrt war, wenn sämtliche Teile einer Urkunde mit Willen beider Parteien als erkennbar dauernd gewollt derart **körperlich fest miteinander verbunden** werden, dass ihre Loslösung entweder nur mit Gewalt (z.B. Heften der Urkunden) oder teilweiser Substanzzerstörung (z.B. Zusammenkleben der Urkunden) möglich ist.[105] Dort war aber nicht etwa die Zusammengehörigkeit der Bestandteile eines sämtliche Vertragsabreden enthaltenden Schriftstücks fraglich, sondern die Gesamtheit der mietvertraglichen Vereinbarungen ergab sich erst aus dem Zusammenspiel von Regelungen, die teils in einer Haupturkunde und teils in einer darin in Bezug genommenen, mit ihr aber körperlich nicht verbundenen weiteren Urkunde enthalten waren. Die dort aufgestellten strengen Anforderungen (feste körperliche Verbindung) galten also ohnehin nur für die Zusammengehörigkeit des Ursprungsvertrages

---

[100] Vgl. hierzu statt vieler Blank/Börstinghaus/*Blank* § 550 Rdnr. 36 ff. m. w. N., insbes. 37.
[101] BGH NZM 2005, 61; NZM 2003, 281; NJW 1998, 58 = NZM 1998, 25; ebenso schon BGH ZIP 1997, 1169, allerdings zu § 34 GWB.
[102] BGH NJW 1998, 58 = NZM 1998, 25.
[103] NJW 1964, 395; vgl. auch NJW 1962, 1388.
[104] BGH NJW 1992, 2283.
[105] So ebenfalls noch OLG Karlsruhe vom 16. 8. 1995 – 1 U 65/95; OLG Brandenburg ZMR 1997, 410; umfassend zur Formproblematik: *Schlemminger* NJW 1992, 2249 ff.; *Haase* WuM 1995, 625 ff.

mit darin in Bezug genommenen weiteren Urkunden, nicht aber für den Ursprungsvertrag selbst.[106] Nunmehr genügt zur Wahrung des Grundsatzes der Urkundeneinheit und damit der gesetzlichen Schriftform nach §§ 550, 126 BGB die Zusammenfassung mittels Büroklammer bzw. Heftstreifens oder das Abheften in einem Ordner.[107] Ebenso ist es ausreichend, wenn mehrere, „lose" in einem Ordner oder Hefter bzw. Heftstreifen zusammengefasste Urkunden wechselseitig eindeutig aufeinander Bezug nehmen[108] oder wenn die einzelnen Seiten eines Mietvertrages bei einheitlichem Druckbild auf Grund einer durchgehenden Nummerierung, einander folgenden Paragraphen wie auch durch den Sinnzusammenhang des fortlaufenden Textes eine Einheit bilden, wie etwa bei lose ineinandergelegten Doppelblättern.[109]

26 Aus dem genannten Prinzip der Urkundeneinheit folgt weiter das grundsätzliche **Verbot der Bezugnahme:**[110] Anlagen, die zum Vertragsinhalt werden sollen, müssen der unterzeichneten Urkunde beigefügt und mit dieser im vorstehend wiedergegebenen Sinn verbunden werden.[111] Hieran haben weitere höchstrichterliche Entscheidungen zur Frage der Einhaltung der Schriftform bei Mietverträgen mit Anlagen angeknüpft. Die vorzitierte Auflockerungsrechtsprechung wurde dabei auf das Verhältnis zwischen Vertragsurkunde und Anlagen erstreckt,[112] wobei der BGH ausdrücklich festgehalten hat, dass er **keine Mindestanforderungen** für die gedankliche Verbindung von Anlagen, in die essentialia des Mietvertrages ausgelagert werden und auf die im Mietvertrag Bezug genommen wird, aufstellen wollte und will – entscheidend für die Wahrung der gesetzlichen Schriftform ist allein, dass die Bezeichnung der Anlage im Mietvertrag so genau erfolgt, dass eine zweifelsfreie Zuordnung möglich ist.[113]

27 Schon allein die höchstrichterliche Rechtsprechung zur Formproblematik der §§ 550, 126 BGB wurde in der Zwischenzeit immer ausgefeilter und damit unübersichtlicher, so dass nachstehend in Form einer **Zusammenfassung** die sich hieraus für die Praxis (und vor allem die Beratung auch bei Abschluss des Mietvertrages) ergebenden Konsequenzen festgehalten werden:

28 *aa) Einheit der Urkunde.* Ein Mietvertrag wahrt auch ohne körperliche Verbindung der Einzelnen, von den Parteien nicht unterschriebenen Blätter die gesetzliche Schriftform, wenn sich die Einheit der Urkunde – selbst bei nur einem von mehreren Vertragsexemplaren, die die Parteien hergestellt haben[114] – zum Zeitpunkt der Vertragsunterzeichnung aus fortlaufender Paginierung der Blätter, fortlaufender Nummerierung der einzelnen Bestimmungen, einheitlicher graphischer Gestaltung, inhaltlichem Zusammenhang des Textes oder vergleichbaren Merkmalen zweifelsfrei ergibt.[115]

29 *bb) Entbehrlichkeit der körperlichen Verbindung.* Somit erfordert die gesetzliche Schriftform keine körperliche Verbindung der Vertragsurkunde mit ihr beigefügten Anlagen, auf die in der Vertragsurkunde verwiesen wird, wenn die Einheit des Mietvertrages mit den Anlagen aus anderen Gründen außer Zweifel steht. Dies ist z.B. der Fall bei wechselseitiger Verweisung unter zweifelsfreier Bezeichnung der Anlagen und den Unterschriften der Vertragsparteien auf jedem Blatt der Anlage[116] oder auch durch Verweisung im Hauptvertrag auf die Anlage (ohne Rückverweisung) und Paraphierung der einzelnen Seiten der im Übrigen nicht unterschriebenen Anlage (sofern der Hauptvertrag, der diese Anlage zum Vertragsbestandteil macht, unterzeichnet ist).[117] Ebenso genügt es, wenn neben der Bezeich-

---

[106] BGH NJW 1998, 58 = NZM 1998, 25 unter II 3 a.
[107] Vgl. OLG Düsseldorf WiB 1996, 356; DB 1991, 720.
[108] OLG Düsseldorf WiB 1996, 356; WuM 1994, 271 = ZMR 1994, 213; MDR 1989, 641.
[109] BGH NJW 1998, 58; OLG Stuttgart NJW-RR 1996, 10, 11; LG Frankfurt/M. DWW 1992, 84.
[110] Ausnahmen siehe unter § 47 II 3 Rdnr. 34 ff.
[111] BGH NZM 99, 761; NJW 1964, 395; NJW 1968, 1229; NJW 1975, 1653.
[112] BGH NJW 1999, 1104.
[113] BGH NJW 2008, 2181 = NZM 2008, 484; NJW 2008, 365 = NZM 2008, 84; NJW 2003, 1248.
[114] BGH NJW 1999, 2591 = NZM 1999, 761.
[115] BGH NJW 2003, 2158 = NZM 2003, 476; NJW 1998, 58 = NZM 1998, 25.
[116] BGH NZM 2003, 281; NJW 1999, 1104 = NZM 1999, 310.
[117] BGH NZM 2005, 584; NJW 2000, 354 = NZM 2000, 36 unter 3 a, aa, 1.

nung der Anlage (hier: „Vermieterbaubeschreibung") und deren entsprechendem zweifelsfreien Inhalt sämtliche Blätter der Anlage im Anschluss an die einzelnen Blätter des Hauptvertrages fortlaufend paginiert sind und jedes einzelne Blatt der Anlage – in gleicher Weise wie die Seiten des Hauptvertrages – von den Vertragsparteien unterschrieben bzw. paraphiert ist.[118] Wird im Mietvertrag auf andere Verträge unter Angabe der vertragschließenden Parteien und des Vertragsdatums Bezug genommen (hier: Untermietvertragskette) und erlaubt diese Bezugnahme die zweifelsfreie Zuordnung der Anlagen, ist die gesetzliche Schriftform gewahrt auch ohne Paraphierung der einzelnen Seiten der Anlage und auch ohne Rückverweisung von der Anlage auf den Hauptvertrag.[119]

cc) Wesentliche Vertragsbestandteile. Allerdings muss die Zusammengehörigkeit verschiedener Schriftstücke nur dann zur Wahrung der Urkundeneinheit zweifelsfrei kenntlich gemacht werden, wenn die Parteien die wesentlichen Vertragsbedingungen – insbesondere Mietgegenstand, Miete sowie Dauer und Parteien des Mietverhältnisses – oder weitere Bestimmungen, die ebenfalls wesentlicher Inhalt des Mietvertrages sein sollen, nicht in diesen selbst aufnehmen, sondern teilweise in andere Schriftstücke auslagern, so dass sich der Gesamtinhalt der mietvertraglichen Vereinbarung erst aus dem Zusammenspiel dieser „verstreuten" Bestimmungen ergibt.[120]

Der Schriftform bedürfen dagegen nicht auch solche Abreden, die für den Inhalt des Vertrages, auf den sich die Parteien geeinigt haben, nur von nebensächlicher Bedeutung sind oder für Bestimmungen, die nicht über das hinausgehen, was bereits im Vertragstext selbst seinen Niederschlag gefunden hat, bzw. die dessen Inhalt nicht modifizieren, sondern lediglich erläutern oder veranschaulichen sollen.[121] Hierunter fallen somit alle Anlagen, denen kein rechtsgeschäftlicher Erklärungswert zukommt, wie z. B. Zeichnungen oder Pläne als bloßer Orientierungsbehelf.[122] Dies ist etwa dann der Fall, wenn das Mietobjekt bereits im Mietvertrag durch die konkrete Angabe der Örtlichkeit (hier: 1. OG und hinterer Hofbereich) und durch die Cirka-Angabe der Quadratmeter hinreichend konkret bezeichnet ist, so dass die zusätzlich noch (ohne „gedankliche" Verbindung) beigefügten Pläne keine eigene rechtsgeschäftliche Bedeutung haben.[123] Maßgebend ist dabei die Sicht eines an den vertraglichen Absprachen nicht beteiligten Dritten, insbesondere – nach dem Schutzzweck des § 550 BGB – des allein auf den schriftlichen Mietvertrag angewiesenen Grundstückserwerbers i. S. von § 566 BGB.[124] Dies gilt selbst dann, wenn die Vertragsparteien den in Bezug genommenen Unterlagen zu Unrecht eine eigenständige rechtsgeschäftliche Bedeutung dadurch beigemessen haben, dass sie diese Unterlagen als wesentliche Bestandteile des Vertrages bezeichnet haben.[125]

dd) Gesetzliche und gewillkürte Schriftform. Etwas anderes könnte aber dann gelten, wenn die Mietvertragsparteien mit der Bezeichnung der Anlagen als „wesentliche Vertragsbestandteile" z. B. eine besondere Art ihrer Beifügung oder der Bezugnahme auf sie als gewillkürte Form i. S. von § 127 BGB vereinbaren und die Wirksamkeit des Vertrages von deren Einhaltung abhängig machen wollen.[126] Dagegen kann zwar in der Regel die auch in Mietverträgen übliche **salvatorische Klausel** sprechen, die aber – sogar dann, wenn sie individuell vereinbart sein sollte – nicht dazu führt, dass die Berufung auf den Formmangel ausnahmsweise gegen Treu und Glauben verstößt bzw. die Parteien zur Nachholung der Schriftform verpflichtet.[127] Eine salvatorische Klausel soll entgegen § 139 BGB die Unwirksamkeit des gesamten Vertrages wegen der Unwirksamkeit einzelner Bestimmungen verhin-

---

[118] BGH NZM 2002, 20; NZM 2000, 907.
[119] BGH NJW 2003, 1248.
[120] BGH NJW 1999, 2591 = NZM 1999, 761.
[121] BGH NJW 2007, 3202; NZM 2001, 43; NJW 1999, 2591 = NZM 1999, 761.
[122] BGH NZM 2001, 43; NJW 2000, 354 = NZM 2000, 36 unter 3 a, aa (2), bb, cc.
[123] BGH NZM 2002, 823.
[124] BGH NJW 1999, 2591 = NZM 1999, 761.
[125] BGH NJW 1999, 3257 = NZM 1999, 962.
[126] BGH NJW 1999, 2591 = NZM 1999, 761; NJW 1999, 3257 = NZM 1999, 962.
[127] BGH NJW 2007, 3202 = NZM 2007, 730; NZM 2002, 823; OLG Jena NZM 1999, 906.

dern (so auch § 306 Abs. 1 BGB). Eine Verletzung der Vorgaben des § 550 BGB führt aber gerade nicht zur Unwirksamkeit, sondern zur Kündbarkeit.[128]

32 Treffen **gesetzliche und gewillkürte Schriftform** zusammen, kommt der Mietvertrag mit der Unterzeichnung der Vertragsurkunde in der Regel selbst dann zustande, wenn diese die Form des § 550 BGB nicht wahrt. Sofern keine gegenteiligen Anhaltspunkte ersichtlich sind, ergibt sich aus dem nachträglichen Verhalten der Vertragsparteien, dass sie unter der als konstitutiv vereinbarten Schriftform nur diejenige verstanden haben, die sie anschließend durch Vertragsunterzeichnung und die später unterschriebenen Zusatzverträge auch verwirklicht haben. Somit bleibt die Anwendung der §§ 125 S. 2, 154 Abs. 2 BGB regelmäßig auf Fälle nur mündlicher Einigung beschränkt, während nach Vertragsunterzeichnung allein § 550 BGB gilt.[129]

33 *ee) Zweifelsfälle.* Formbedürftig i. S. von § 550 BGB ist weiter nur, was nicht von Gesetzes wegen ohnehin gelten würde. So schadet es z. B. angesichts der Regelung in § 311c BGB (die auch auf Miet- und Pachtverträge entsprechend anzuwenden ist;[130] vgl. auch § 585b BGB) nicht, wenn der schriftliche Mietvertrag auf ein Inventarverzeichnis als Anlage verweist, dessen nachträgliche Erstellung beabsichtigt war, aber dann unterblieben ist. In einem derartigen Fall ist ohne Anhaltspunkte für eine abweichende Vereinbarung zwischen den Parteien im Zweifel das im Zeitpunkt des Vertragsschlusses vorhandene Zubehör des Miet- bzw. Pachtobjektes mitvermietet bzw. -verpachtet.[131]

3. Besonderheiten bei Änderungen oder Ergänzungen

34 Grundsätzlich gelten die vorstehenden Darlegungen auch für nachträgliche Ergänzungen oder Änderungen des Vertrages, z. B. bei Eintritt eines weiteren Mieters,[132] bei Einräumung einer Mietoption[133] oder bei einer auf Grund dessen erfolgten Absprache über den Verlängerungszeitraum.[134] Die Rechtsprechung hatte gerade bei Verlängerungs-, Ergänzungs- und Abänderungsvereinbarungen immer wieder Ausnahmen von der damals noch geforderten körperlich festen Verbindung sämtlicher Teile eines Mietvertrages[135] zugelassen.[136] Danach genügen derartige Abreden dem Schriftformerfordernis, wenn die Nachtragsurkunde auf den ursprünglichen Vertrag ausdrücklich Bezug nimmt und zum Ausdruck bringt, dass es im Übrigen bei der formgültigen ursprünglichen Vereinbarung verbleiben soll, vorausgesetzt, dass die neue Urkunde ebenfalls von beiden Parteien unterzeichnet ist.[137] Werden diese Vorgaben beachtet, genügt ein vom Mieter gegengezeichnetes Angebotsschreiben des Vermieters zur Verlängerung des Mietvertrags den Voraussetzungen des § 550 BGB.[138] Dabei ersetzt die notarielle Beurkundung der Änderungsvereinbarung zum Mietvertrag nach § 126 Abs. 4 BGB die Schriftform.[139] Ein Wechsel auf Vermieter- oder Mieterseite zwischen dem Ursprungsvertrag und der Änderungsvereinbarung ändert an dieser Rechtsprechung nichts, steht also der Anwendung der sog. Auflockerungsrechtsprechung des BGH[140] nicht entgegen.[141] Allerdings bedarf eine Vereinbarung über die **Auswechslung eines Mieters** der Schriftform i. S. v. § 550 BGB, wenn die Laufzeit des ursprünglichen Vertrages erhalten blei-

---

[128] BGH NJW 2007, 3202 = NZM 2007, 730; NZM 2002, 823.
[129] BGH NZM 2005, 705; NZM 2000, 548; NJW 2000, 354, 356 = NZM 2000, 36.
[130] BGH NJW 2007, 216; NJW 1975, 2103 noch zu § 314 BGB a. F.
[131] BGH NJW 2000, 354 = NZM 2000, 36 unter 2 b, bb – zu § 314 BGB a. F.
[132] BGH NJW-RR 2007, 668; NJW 1975, 1653.
[133] BGH NJW 1987, 1069.
[134] BGH NJW-RR 1987, 1227.
[135] Im Einzelnen § 47 II 2 Rdnr. 10 ff.
[136] Vgl. den instruktiven Überblick über die Entwicklung der BGH-Rechtsprechung in BGH NJW 1992, 2283 unter II 1; OLG Düsseldorf WuM 1995, 486 = ZMR 1994, 505.
[137] BGH NZM 2004, 738; NZM 1999, 559, 561; NJW 1992, 2283; NJW-RR 1992, 654; NJW-RR 1990, 518; NJW-RR 1988, 201; NJW 1974, 1081; OLG Düsseldorf WuM 1995, 486 = ZMR 1994, 505; DWW 1991, 51; OLG Dresden NZM 2004, 826.
[138] BGH NJW-RR 2000, 1108 = NZM 2000, 712.
[139] BGH NJW-RR 2000, 744 = NZM 2000, 381.
[140] BGH NJW 1992, 2283; vgl. auch BGH NJW-RR 1992, 654.
[141] BGH NJW-RR 2000, 744 = NZM 2000, 381; NJW 1998, 62.

ben soll.[142] Dabei genügt die schriftliche Vereinbarung zwischen dem Vermieter und dem Altmieter, dass der Neumieter in den Vertrag eintritt und dieser der Vertragsübernahme formlos zustimmt.[143] Erfolgt ein **Vermieterwechsel** in einem notariellen Vertrag zwischen altem und neuem Vermieter (häufig werden Immobilien in der Entwicklungs- und Errichtungsphase veräußert, ohne dass jeder Erwerber im Grundbuch eingetragen ist und so die gesetzliche Folge des § 566 BGB auslöst; vgl. auch § 567a und § 567b BGB) bedarf die Zustimmung des Mieters gem. § 182 BGB nach dem Sinn und Zweck des § 550 BGB (Schutz des künftigen Grundstückserwerbers) nicht der gesetzlichen Schriftform.[144] Die Vertragsübernahme ist aber in jedem Fall zwischen 2 der beteiligten mindestens 3 Parteien formbedürftig.[145] Auch ein **Schuldbeitritt** zu einem für längere Zeit als ein Jahr abgeschlossenen Mietvertrag unterliegt dem Schriftformerfordernis des § 550 BGB.[146]

Erweitern die Mietvertragsparteien, ggf. auch erst nach Unterzeichnung des ursprünglichen, für längere Zeit als ein Jahr geschlossenen Vertrages, lediglich mündlich den Vertragsgegenstand, führt dies folglich zur Kündbarkeit nach § 550 BGB.[147] Gleiches gilt für sonstige **wesentliche Änderungen oder Ergänzungen**, wie etwa

- Veränderung der Miete,[148] insbes. auch stillschweigende Abreden über die Erhöhung der Miete, wobei sich allerdings der hierdurch allein begünstigte Vermieter wegen § 242 BGB nicht mit Erfolg auf den Formmangel berufen und daher das Mietverhältnis auch nicht ordentlich kündigen kann.[149] Ob dies auch umgekehrt für den Mieter gilt, wenn die Miete – etwa durch ein Angebot in einem Vermieterschreiben nach Verhandlungen, das der Mieter konkludent angenommen hat – herabgesetzt wird, hat der BGH offen gelassen und festgehalten, dass eine nachträgliche Herabsetzung der Miete auch dann, wenn nicht das erste Mietjahr, sondern eine spätere Zeit betroffen ist, der Schriftform des § 550 BGB bedarf, wenn dadurch eine Bindung von mehr als einem Jahr herbeigeführt werden soll; hieran fehlt es, wenn der Vermieter die Herabsetzung jederzeit zumindest mit Wirkung für die Zukunft widerrufen darf.[150] Dagegen bedarf die nachträgliche Änderung der Zahlungsfälligkeit (Umstellung von quartalsweiser auf monatliche Mietzahlung) der Schriftform.[151]
- Erweiterung bzw. Verkleinerung[152] oder Austausch[153] des Mietgegenstandes
- Einigung auf Sonderausstattungen[154]
- Änderung der Zweckbestimmung von Nebenflächen (von Parkraum zu Außenbewirtschaftung)[155]
- Mieterwechsel, soweit er nicht auf gesetzlichen Vorschriften beruht (§§ 563 ff. BGB)[156]
- Kündigungsbeschränkung mit der Folge einer Vertragslaufzeit von mehr als einem Jahr.[157]

Unwesentliche Änderungen müssen dagegen diese Vorgaben nicht beachten, z.B.

- Erteilung von Erlaubnissen zur Untervermietung, Tierhaltung oder gewerblichen Teilnutzung der Wohnung[158]
- Vereinbarungen über Mietminderungen für bestimmte Zeit[159]

---

[142] BGH NZM 2002, 291.
[143] BGH NJW-RR 2005, 958 = NZM 2005, 584.
[144] BGH NJW 2003, 2158 = NZM 2003, 476.
[145] BGH NJW 1998, 62; NJW 1979, 369.
[146] OLG Naumburg GuT 2005, 209.
[147] OLG Karlsruhe Urt. v. 16. 3. 1999 – 6 U 138/98; Blank/Börstinghaus/*Blank* § 550 Rdnr. 68.
[148] BGH NJW 1999, 3257 = NZM 1999, 962; LG Berlin NJWE-MietR 1996, 195.
[149] OLG Karlsruhe NZM 2003, 513.
[150] BGH NJW 2005, 1861 = NZM 2005, 456.
[151] BGH NJW 2008, 365 = NZM 2008, 84.
[152] BGH NZM 1999, 763.
[153] BGH NJW 1992, 2283; NJW-RR 1992, 654.
[154] BGH NZM 1998, 766.
[155] OLG Frankfurt/M. Urt. v. 21. 11. 2008 – 2 U 94/08, IMR 2009, 566.
[156] BGH NJW-RR 2005, 958 = NZM 2005, 584; NZM 2002, 291; NJW 1998, 62 = NZM 1998, 29; NJW 1975, 1653.
[157] BGH LM § 566 BGB Nr. 5.
[158] LG Frankfurt/M. DWW 1992, 84; LG Kiel WuM 1994, 610; einschränkend Staudinger/*Emmerich* § 550 Rdnr. 26.
[159] Blank/Börstinghaus/*Blank* § 550 Rdnr. 43.

- Konkludente Betriebskostenumlagevereinbarungen, sofern die so zusätzlich vom Mieter geschuldeten Beträge im Verhältnis zu den Gesamtkosten gering sind (2–4%).[160]

37 Aufhebungsverträge, sofern nicht lediglich einzelne Verpflichtungen entfallen sollen, sind formlos möglich.[161]

Der BGH hat im Übrigen festgehalten, dass ein mangels rechtzeitiger Annahme zunächst nicht formgerecht abgeschlossener Mietvertrag durch eine formgerechte Nachtragsvereinbarung, die auf die ursprüngliche Urkunde Bezug nimmt, geheilt werden kann.[162]

4. Folgen des Formmangels

38 Wird die Form des § 126 BGB nicht beachtet, so bleibt der **Vertrag** dennoch **wirksam**, gilt aber als auf unbestimmte Zeit abgeschlossen und ist daher mit den Fristen des § 573c BGB frühestens zum Schluss des ersten Vertragsjahres **kündbar** (§ 550 S. 2 BGB). Diese **Fristen beginnen** grundsätzlich ausweislich der Klarstellung in § 550 S. 2 BGB mit der Überlassung der Mietsache zu laufen und nur bei einem noch nicht durch Übergabe vollzogenen Mietvertrag ausnahmsweise bereits mit Vertragsabschluss.[163] Dabei gelten für eine auf § 550 BGB gestützte Kündigung etwa im Mietvertrag **vereinbarte Kündigungsfristen** jedenfalls dann nicht, wenn sie länger sind als die gesetzlichen Kündigungsfristen, auch um die mündliche Vereinbarung mehrjähriger Kündigungsfristen zu Lasten eines späteren Grundstückserwerbers zu verhindern.[164] Der BGH hat in dieser Entscheidung aber ausdrücklich offen gelassen, ob bei einem Formmangel nach § 550 BGB an die Stelle vertraglicher stets die gesetzlichen Kündigungsfristen treten.

39 Bei **Formverstößen von Nachtragsvereinbarungen** erstrecken sich diese Rechtsfolgen grundsätzlich auf den gesamten, somit auch auf den formgültigen, ursprünglichen Vertrag, wobei dann die Mindestlaufzeit von einem Jahr mit Abschluss des Änderungsvertrages beginnt.[165] Die dargestellten neueren Entwicklungen der Rechtsprechung versuchen jedoch, diese Folgen auf die Änderungs-, Ergänzungs- oder Verlängerungsvereinbarungen zu beschränken,[166] wozu auch § 139 BGB verhelfen kann.

40 Enthält eine formunwirksame Verlängerungsvereinbarung zugleich eine Mieterabsetzung und kündigt der Mieter, gestützt auf § 550 BGB, vorzeitig, so kann der Vermieter gemäß § 812 Abs. 1 S. 2 Alt. 2 BGB die Differenz zwischen der ursprünglichen und der ermäßigten Miete vom Mieter nachfordern.[167]

III. Gewillkürte Schriftform

1. Voraussetzungen

41 Die Parteien können zulässigerweise für die abzuschließende vertragliche Regelung Schriftform, elektronische Form oder Textform vereinbaren (§ 127 Abs. 1 BGB).[168] Durch Auslegung ist dabei zu ermitteln, ob eine derartige Abrede **konstitutive oder** lediglich **deklaratorische Bedeutung**, z. B. zu Beweiszwecken, haben soll. Wollten die Parteien der gesetzlichen Schriftform des § 550 BGB genügen und sind (etwa durch jahrelange Invollzugsetzung des Mietvertrages) ersichtlich davon ausgegangen, diese Form mit Unterzeichnung des Vertrages zu wahren, so ergibt eine derartige Auslegung im Zweifel, dass die Vertragspartner nicht auch noch die Einhaltung der gesetzlichen Form als Wirksamkeitsvoraussetzung ver-

---

[160] OLG Naumburg ZMR 2008, 371.
[161] Schmidt-Futterer/*Lammel* Mietrecht § 550 BGB Rdnr. 39; Blank/Börstinghaus/*Blank* § 550 Rdnr. 44; Bub/Treier/*Heile* II Rdnr. 774.
[162] BGH NJW 2009, 2195 = NZM 2009, 515.
[163] BGH NJW 1987, 948.
[164] BGH NZM 2000, 545.
[165] BGH NJW 1987, 948.
[166] Vgl. BGH NJW 1968, 1229; NJW 1975, 1653.
[167] BGH NJW-RR 1986, 944.
[168] Damit wird § 127 S. 1 BGB a. F. auf die neu eingeführten §§ 126 a und b BGB erweitert – im Einzelnen unter § 47 IV Rdnr. 47 ff.

einbart haben.¹⁶⁹ Haben die Parteien die Schriftform eines ohnehin nach § 550 BGB formbedürftigen Vertrages als konstitutiv vereinbart, treffen also gesetzliche und gewillkürte Form zusammen, so kommt der Vertrag dennoch in der Regel mit der Unterzeichnung der Vertragsurkunde sogar dann zustande, wenn diese die Form des § 550 BGB nicht wahrt. Sofern keine gegenteiligen Anhaltspunkte ersichtlich sind, ist dem nachträglichen Verhalten der Vertragsparteien zu entnehmen, dass sie unter der als konstitutiv vereinbarten Schriftform nur diejenige Form verstanden haben, die sie anschließend durch die Vertragsunterzeichnung verwirklicht haben.¹⁷⁰ Die Anwendung der §§ 125 S. 2, 154 Abs. 2 BGB bleibt folglich regelmäßig auf die Fälle nur mündlicher Einigung beschränkt,¹⁷¹ während nach Vertragsunterzeichnung allein § 550 BGB gilt.¹⁷²

Individualvertragliche Regelungen, nach denen Änderungen bzw. Ergänzungen des Vertrages der Schriftform bedürfen (sog. **einfache Schriftformabrede**), sind ebenfalls wirksam, können aber jederzeit wieder aufgehoben werden. Dabei sind auch formlose Abreden gültig, wenn die Parteien deutlich den Willen zum Ausdruck bringen, das mündlich Vereinbarte tatsächlich gewollt zu haben.¹⁷³ Dies gilt selbst dann, wenn die Parteien an die Beachtung der Form nicht gedacht haben,¹⁷⁴ oder sich überhaupt nicht bewusst waren, dass sie von dem früheren Vertrag in einzelnen Punkten abweichen.¹⁷⁵ Eine Ausnahme ist allerdings dann anzunehmen, wenn die Parteien ausdrücklich auf die Geltung jeglicher mündlicher Absprachen verzichtet haben.¹⁷⁶ Bei einer derartigen, rechtwirksamen sog. **qualifizierten Schriftformabrede**, wonach Vertragsänderungen auch im Hinblick auf dieses Formerfordernis der Schriftform bedürfen, ist streitig, ob eine Änderung immer einer schriftlichen Vereinbarung bedarf¹⁷⁷ oder ob nicht doch die Parteiautonomie überwiegt, so dass diese Bindung auch formlos wieder aufgehoben werden kann,¹⁷⁸ was aber in jedem Fall einer entsprechenden ausdrücklichen Einigung der Vertragspartner bedarf.¹⁷⁹ Eine derartige Schriftformvereinbarung gilt im Übrigen auch für einen **Aufhebungsvertrag**.¹⁸⁰

Bei **Formularklauseln**¹⁸¹ ist zu differenzieren:
- Sog. Bestätigungsklauseln, dass außerhalb des schriftlichen Vertrages keine Änderungen, Ergänzungen oder sonstige Absprachen getroffen worden sind, entsprechen der ohnehin geltenden, vorstehend behandelten Vermutung der Vollständigkeit und Richtigkeit der Vertragsurkunde.¹⁸² Jede Partei kann insoweit aber den Gegenbeweis führen.¹⁸³
- Klauseln, wonach Änderungen oder Ergänzungen schriftlich getroffen werden müssen, erwecken den Eindruck, dass mündliche – gar individuelle – Abreden generell unwirksam seien und halten daher den Vertragspartner des Verwenders ggf. von der Durchsetzung seiner Rechte ab. Derartige Klauseln verstoßen deshalb gegen §§ 305 b und 307 BGB.¹⁸⁴
- Gleiches gilt für vorformulierte Regelungen, wonach nachträgliche Änderungen oder Ergänzungen nur wirksam sind, wenn sie schriftlich getroffen werden.¹⁸⁵

---

¹⁶⁹ BGH NJW 2000, 354 = NZM 2000, 36 unter 2 a.
¹⁷⁰ BGH NJW 2000, 354 = NZM 2000, 36 unter 2 a.
¹⁷¹ BGH NJW 1966, 590; vgl. auch Rdnr. 46.
¹⁷² Im Einzelnen Rdnr. 4 ff.
¹⁷³ BGH NJOZ 2002, 833; NJW 1962, 1908; beachte auch BGH NJW 1976, 1395, wonach sogar der gesamte Vertrag formlos wieder aufgehoben werden kann.
¹⁷⁴ BGH NJW 1965, 293; WM 1974, 105; KG NZM 2005, 457.
¹⁷⁵ BGH WM 1981, 121 m. w. N.
¹⁷⁶ OLG Frankfurt/M. MDR 1975, 488.
¹⁷⁷ BGH NJW 1976, 1395.
¹⁷⁸ BGH NJW 2006, 138; *Reinicke* DB 1976, 2289, 2290.
¹⁷⁹ BGH NJW-RR 1991, 1289.
¹⁸⁰ BGH NJW 1976, 1395.
¹⁸¹ Vgl. BGH NJW 1968, 32; OLG München NJW-RR 1989, 1499 unter Ziff. 8.
¹⁸² BGH NJW 2002, 3164; NJW 2000, 207; NJW 1985, 2329; OLG Düsseldorf DWW 1990, 363.
¹⁸³ *Sternel*, Mietrecht aktuell, Rdnr. 50.
¹⁸⁴ BGH NJW 1991, 1750; OLG Frankfurt/M. NJW-RR 1992, 396.
¹⁸⁵ OLG Frankfurt/M. NJW-RR 1992, 396; OLG München NJW-RR 1989, 1499 unter Ziff. 8.

2. Umfang

44 Insoweit gelten grundsätzlich dieselben Anforderungen wie bei der gesetzlichen Schriftform.[186] Allerdings gilt hier das Prinzip der Einheitlichkeit der Vertragsurkunde nicht, kann aber von den Parteien zur Verbesserung der Beweissituation nachträglich verlangt werden (§ 127 Abs. 2 S. 2 BGB).[187] Daher genügt auch die **telekommunikative Übermittlung**[188] oder ein bloßer **Briefwechsel** der Parteien (§ 127 Abs. 2 S. 1 BGB).

45 Soweit die Vertragsparteien in einem mehrseitigen Mietvertrag die Wahrung der Schriftform vereinbart haben und dessen Vorgaben erfüllt sind, soll selbst dann, wenn die gesetzliche Schriftform nicht gewahrt ist,[189] aus § 127 Abs. 2 S. 2 BGB ein Anspruch auf Nachholung der Schriftform nach §§ 550, 126 BGB bestehen bzw. eine Berufung auf den Formmangel ausnahmsweise gegen Treu und Glauben verstoßen.[190] Dies soll auch bei Vereinbarung einer üblichen **salvatorischen Klausel** gelten.

3. Folgen von Formverstößen

46 Ist die rechtsbegründende gewillkürte Schriftform nicht gewahrt, so sind der Vertrag oder die nachträgliche Vereinbarung **nichtig** (§§ 125 S. 2, 154 Abs. 2 BGB). Ansonsten gilt § 550 BGB.[191]

Allerdings kann in diesen Fällen ein Anspruch auf Einhaltung bzw. Nachholung der Form bestehen.[192]

IV. Textform und elektronische Form

47 Die Mietrechtsreform hat bereits das früher, am 1. 8. 2001 in Kraft getretene „**Gesetz zur Anpassung von Formvorschriften des Privatrechts und anderer Vorschriften an den modernen Rechtsverkehr**" = Formvorschriften-Anpassungsgesetz[193] berücksichtigt, das folglich auch Auswirkungen auf das Mietrecht hat.

48 Dieses Gesetz führt zum einen als Option zur Schriftform eine speziell auf die elektronischen Medien ausgerichtete Form, die sog. **elektronische Form**, in das BGB ein. Damit soll kraft Gesetzes eine Handlungsalternative bereitgestellt werden, wenn sich die Geschäftspartner auf den elektronischen Vertragsabschluss in einer bestimmten Form einigen wollen. Zum anderen sieht das Gesetz eine gegenüber der Schriftform erleichterte Form, die sog. **Textform**, vor, die in geeigneten Fällen die eigenhändige Unterschrift entbehrlich macht und deshalb sowohl für ein herkömmliches Papierdokument als auch für ein elektronisches Dokument geeignet ist.

1. Textform

49 Die neu eingeführte Textform wird in § 126b BGB geregelt. Sie ist durch das Mietrechtsreformgesetz im Mietrecht dann an die Stelle der ursprünglich vorgesehenen Schriftform getreten, wenn es auf eine besondere Warnfunktion oder besondere Sicherheitsstandards nicht ankommt, so z. B.
- Modernisierungsankündigung gem. § 554 Abs. 3 BGB
- Änderung des Abrechnungsmaßstabs bei den Betriebskosten gemäß § 556a Abs. 2 BGB
- Ankündigung der Absicht, aufzurechnen oder ein Zurückbehaltungsrecht geltend zu machen gem. § 556b Abs. 2 BGB

---

[186] Siehe § 47 II 2 Rdnr. 10 ff.
[187] Vgl. nur Staudinger/ *Hertel* § 127 Rdnr. 54.
[188] Durch das Formvorschriften-Anpassungsgesetz wurde damit die ursprünglich allein auf die telegraphische Übermittlung beschränkte Möglichkeit erweitert, etwa auf Telefax, Fernschreiben oder Teletext – im Einzelnen § 47 IV.
[189] Vgl. im Einzelnen § 47 II 2 Rdnr. 10 ff.
[190] OLG Stuttgart NJW-RR 1996, 10, 11.
[191] BGH NJW 1966, 590 zu § 566 S. 2 BGB a. F.; im Übrigen siehe unter § 47 II 4 Rdnr. 38 ff.
[192] Siehe dazu näher § 47 VI Rdnr. 64 ff.
[193] BGBl. I 2001, S. 1542 ff.; vgl. auch BT-Dr. 14/4987 = NZM 2000, 1217; 14/5561; 14/6044; BR-Drucks. 497/01.

- Geltendmachen von Indexmieterhöhungen gem. § 557b Abs. 3 BGB
- Mieterhöhungsbegehren auf die ortsübliche Vergleichsmiete gemäß § 558a Abs. 1 BGB
- Mieterhöhungserklärung bei Modernisierung gem. § 559b Abs. 1 BGB
- Anpassung einer Betriebskostenpauschale gem. § 560 Abs. 1 BGB.

Kündigung und Kündigungswiderspruch müssen aber nach wie vor schriftlich erfolgen. Für den **Mietvertragsabschluss** gilt diese Formerleichterung selbstverständlich ebenfalls nicht (vgl. § 550 BGB). 50

Die Textform ersetzt im Mietrecht vor allem die ursprünglich in § 8 MHG (vgl. auch § 10 Abs. 1 S. 5 WoBindG) enthaltenen Formerleichterungen für mittels einer Datenverarbeitungsanlage erstellte Erklärungen.[194] Während in diesen Vorschriften nur eine besondere Form der Erstellung („mittels automatischer Einrichtung") privilegiert wurde, erfasst § 126b BGB auch die modernen Übermittlungsmethoden, sofern – als Kennzeichen der Textform – drei **Voraussetzungen** gegeben sind: 51
- die Verwendung lesbarer Schriftzeichen,
- die Angabe des Erklärenden und
- die Erkennbarkeit des Abschlusses der Erklärung.

Gerade die zuletzt genannte Voraussetzung erscheint sprachlich missglückt: „durch Nachbildung einer Namensunterschrift oder anders" soll der Abschluss der Erklärung erkennbar gemacht werden. Fraglich ist, was mit „oder anders" gemeint ist: einfach das Wort „Ende" oder z.B. nur ein horizontaler Strich? Der Wortlaut des § 126b BGB spricht nicht dagegen. Die Gesetzesbegründung beschränkt sich darauf, festzuhalten, dass „für die Textform wegen der entbehrlichen Unterschrift in anderer Weise das Erklärungsende und damit die Ernstlichkeit des Textes deutlich gemacht werden" müsse, wobei „dem Erklärenden die dafür geeignete Kenntlichmachung überlassen" werde. Beispielhaft erwähnt der Gesetzgeber „die Namensnennung, einen Zusatz wie: [Diese Erklärung ist nicht unterschrieben.], ein Faksimile, eine eingescannte Unterschrift" oder eine ähnliche Kennzeichnung des Abschlusses. Der Absender müsse zum Ausdruck bringen, „dass die Erklärung abgeschlossen ist. Hierdurch wird das Stadium von Vorverhandlungen und eines bloßen Entwurfs von dem der rechtlichen Bindung abgegrenzt." Folglich soll nicht nur das Ende des Textes, also gewissermaßen die Kennzeichnung seines räumlichen Abschlusses, dokumentiert werden, sondern auch die Ernsthaftigkeit und der Rechtsbindungswille der Erklärung (ähnlich wie die Doppelfunktion der Unterschrift) mit der Folge, dass **allein die Kennzeichnung des räumlichen Textendes nicht genügt.**[195] 52

Anders als z.B. bei § 8 MHG bzw. § 10 Abs. 1 S. 5 WoBindG ist es aber nicht erforderlich, dass der Erklärung mit **Hilfe automatischer Einrichtungen** gefertigt wurde. Daher ist auch ein Hinweis darauf, dass die Erklärung, mit Hilfe automatischer Einrichtungen gefertigt wurde und deshalb ohne Unterschrift rechtswirksam ist, nicht notwendig. 53

Werden diese drei Voraussetzungen erfüllt, dann entsprechen der Textform einmal alle bisher von § 8 MHG privilegierten Schriftstücke (z.B. erstellt per EDV, etwa mittels Serienbrieffunktion, oder per Vervielfältigungsmaschinen), die mit Ausnahme der eigenhändigen Unterschrift das Schriftformerfordernis erfüllen, aber z.B. auch 54
- Telefax
- Telex
- Teletext
- E-Mail
- SMS
- Übergabe von Disketten u.ä..

2. Elektronische Form

Die Möglichkeit, die schriftliche Form durch die elektronische Form zu ergänzen, eröffnet der neu eingeführte § 126 Abs. 3 BGB, wenn sich nicht aus dem Gesetz etwas anderes er- 55

---

[194] Schmidt-Futterer/*Börstinghaus* Vor § 558 BGB Rdnr. 61.
[195] A.A. *Lützenkirchen*, Neue Mietsrechtspraxis, Rdnr. 52, der eine bloße Grußformel genügen lassen will.

gibt. Hierzu regelt § 126a Abs. 1 BGB für **einseitige Erklärungen,** dass der Aussteller zu Einhaltung der elektronische Form seinen Namen hinzufügen und das elektronische Dokument mit einer qualifizierten elektronischen Signatur nach dem **Gesetz über Rahmenbedingungen für elektronische Signaturen (Signaturgesetz)** vom 16. 5. 2001, das in geänderter Fassung am 22. 5. 2001 in Kraft getreten ist,[196] versehen muss.[197] Für den **Vertrag** postuliert § 126a Abs. 2 BGB, dass die Parteien ein gleich lautendes Dokument in der in Abs. 1 bezeichneten Weise elektronisch signieren müssen.

3. Probleme des Zugangs und des Widerrufs bzw. der Anfechtung

56 Der Gesetzgeber hat bewusst auf besondere Regelungen über Zugang, Widerruf und Anfechtung elektronischer bzw. elektronisch übermittelter Willenserklärungen verzichtet mit der Begründung, die allgemeinen Vorschriften des Rechts der Willenserklärungen im BGB, ergänzt durch Lehre und Rechtsprechung, böten bereits eine hinreichende Grundlage für angemessene Lösungen. Im Allgemeinen Teil der Begründung des Gesetzgebers finden sich folgende, vorliegend auf die Wohnraummiete übertragene, Überlegungen:

57 Eine auf elektronischem Wege abgegebene und online übermittelte Willenserklärung stellt in aller Regel eine Erklärung unter Abwesenden i. S. v. § 130 BGB dar. Eine solche Erklärung wird wirksam, wenn sie dergestalt in den Machtbereich des Empfängers gelangt ist, dass bei Annahme gewöhnlicher Umstände der Empfänger die Möglichkeit ihrer Kenntnisnahme hat.[198] Im vorliegenden Fall gelangt eine derartige Erklärung nur dann tatsächlich in seinen Machtbereich oder in seine Verfügungsgewalt, wenn dem Empfänger eine Speicherung auf einem Datenträger o. ä. möglich ist.[199] Erst in diesem Moment ist der **Zugang** bewirkt. Dies ist vor allem dann der Fall, wenn die Erklärung eine Vorrichtung erreicht, die typischerweise für den Empfang von Willenserklärungen vorgesehen ist. Bei der Nutzung von E-Mail durch eine Privatperson dürfte ein elektronischer Briefkasten nur dann eine solche Empfangsvorrichtung darstellen, wenn der Inhaber im Geschäfts- und Rechtsverkehr mit seiner E-Mail-Adresse auftritt, d. h., wenn er den elektronischen Briefkasten für den Empfang rechtsgeschäftlicher Erklärungen widmet. Dies wird beim privaten Wohnraummieter eher selten der Fall sein. Wie sich der Empfänger diese Informationen aus seinem elektronischen Briefkasten beschafft, ist demgegenüber unerheblich. Diese Grundsätze gelten auch, wenn z. B. eine Willenserklärung auf einem Datenträger, etwa einer Diskette, gespeichert und auf dem herkömmlichen Postwege versandt worden ist; auch dann kommt § 130 BGB zur Anwendung. Nur bei einer unmittelbaren Kommunikation von Person zu Person finden die Regelungen über Willenserklärungen unter Anwesenden Anwendung. Die **Beweislast** für den Zugang verbleibt nach wie vor beim Absender.[200]

58 Eine Willenserklärung ist dann abgegeben, wenn der Erklärende alles getan hat, was seinerseits erforderlich war, um die Wirksamkeit der Erklärung herbeizuführen. Dies ist dann der Fall, wenn er „die Erklärung nicht nur abgefasst hat, sondern sie auch an den Empfangsberechtigten abgesandt hat; es genügt aber auch, wenn er die Erklärung in anderer Weise derart in der Rechtsverkehr gebracht hat, dass er mit ihrem Zugehen beim Empfangsberechtigten rechnen konnte."[201] Bei elektronischen Dokumenten, die telekommunikativ übermittelt werden, etwa als E-Mail, ist die **Erklärung** in diesem Sinne **abgegeben,** wenn der Erklärende den letzten, von ihm auszuführenden Schritt vollzogen hat, um die Erklärung auf den elektronischen Weg zu bringen. Das wird gewöhnlich dadurch geschehen, dass der Erklärende den Befehl „Senden" in dem von ihm verwendeten E-Mail-Programm auslöst. Will der Erklärende die bereits fertig gestellte, z. B. im PC gespeicherte und möglicherweise schon elektronisch signierte Erklärung jedoch nicht weiterleiten und geht sie dem Er-

---

[196] Art. 5 – BGBl. I 2001, 876 ff.; gleichzeitig ist das Signaturgesetz vom 22. 7. 1997, BGBl. I 1997, 1870, 1872, geändert durch Art. 5 des Gesetzes vom 19. 12. 1998, BGBl. I 1998, 3836, außer Kraft getreten.
[197] Hierzu ausführlich *Miedbrodt/Mayer* MDR 2001, 432 ff.
[198] BGH NJW 2004, 1320; NJW 1977, 194.
[199] Vgl. *John* AcP 184 (1984), 385, 403 ff.; Staudinger/*Hertel* § 126a.
[200] Vgl. nur BGH NJW 1987, 2235.
[201] RGZ 170, 382.

klärungsempfänger aber trotzdem zu, weil ohne Willen des Erklärenden ein anderer den vorgenannten Senden-Befehl aktiviert hat, so gilt die Erklärung als nicht abgegeben. In diesem Falle hat der Erklärende aber dem Empfänger in analoger Anwendung von § 122 BGB den Vertrauensschaden zu ersetzen, wenn dieser auf die Wirksamkeit der ihm zugegangenen, aber nicht abgegebenen Erklärung vertraut (str.).[202] Dem Erklärenden ist es zuzumuten, dies durch geeignete (technische) Vorkehrungen zu verhindern.

Auf Grund der hohen Übertragungsgeschwindigkeit können auf elektronischem Wege übermittelte Willenserklärungen vor oder gleichzeitig mit Zugang i.S.v. § 130 Abs. 1 S. 2 BGB praktisch kaum noch **widerrufen** werden. Insoweit ist aber auf Grund des Widerrufsrechts in § 3 Fernabsatzgesetz,[203] jetzt in § 312 d BGB geregelt, ein besonderes Widerrufsrecht entbehrlich.[204]

Vertippt sich etwa der Erklärende bei seiner Erklärung, so liegt – vergleichbar dem Verschreiben – ein Erklärungsirrtum vor. Elektronisch abgegebene und übermittelte Willenserklärungen können daher ohne weiteres gem. § 119 Abs. 1 BGB wegen eines Inhalts – oder Erklärungsirrtums **angefochten** werden. Diese Vorschriften sind auch auf sog. Computererklärungen anwendbar, die mit Hilfe eines Computerprogramms automatisiert erzeugt und elektronisch übermittelt werden. Auch dabei handelt es sich um Willenserklärungen, da der Einsatz des Computerprogramms auf eine willentliche Entscheidung einer natürlichen Person zurückgeht. Der Anlagenbetreiber muss sich daher die Ergebnisse des Programms als eigene Willenserklärung zurechnen lassen.[205]

Der Gesetzgeber hat es folglich bewusst der Rechtsprechung überlassen, künftig diese Probleme zu klären.

V. Ausschluss und Einschränkungen der Berufung auf Formmängel

Grundsätzlich dürfen die aus der Verletzung gesetzlicher Formvorschriften resultierenden Rechtsfolgen im Interesse der Rechtssicherheit nicht aus Billigkeitserwägungen heraus, etwa gestützt auf Treu und Glauben gem. § 242 BGB, außer Acht gelassen werden.[206] Die Berufung auf einen Verstoß gegen § 550 BGB stellt daher im Regelfall kein arglistiges oder treuwidriges Verhalten dar.[207] Jede Partei darf sich grundsätzlich jederzeit auf einen Formmangel berufen. Dies gilt auch dann, wenn der Mietvertrag zuvor jahrelang anstandslos durchgeführt worden ist.[208] Nur **ausnahmsweise** unter strengen Anforderungen kann in ganz besonders gelagerten Fällen eine Ausnahme gemacht werden, wenn nach den gesamten Umständen des Einzelfalls die Nichtigkeit oder – nach § 550 BGB – die Kündbarkeit des formunwirksamen Vertrages mit Treu und Glauben unvereinbar wäre.[209] Dies kann etwa dann der Fall sein, wenn allein die Partei, die sich auf den Formmangel beruft, durch die formunwirksame Absprache begünstigt wird,[210] bzw. über einen längeren Zeitraum aus einem nichtigen Vertrag besondere Vorteile gezogen hat,[211] was daher bei der Rechtsfolge des § 550 BGB, der „bloßen" Kündigung, von vornherein nicht gelten kann.[212]

Allerdings genügt es nicht, wenn die gesetzliche Rechtsfolge des Formverstoßes einen Vertragsteil hart trifft.[213] Vielmehr muss die Formnichtigkeit zu einem „schlechterdings untragbaren Ergebnis" führen, etwa zur Existenzgefährdung des Vertragspartners, oder eine schwere Treuepflichtverletzung darstellen.[214] Daher reicht es nicht aus, wenn der Grund-

---

[202] BGH NJW 1976, 191; MünchKomm/*Einsele* § 130 Rdnr. 14 m. Nachweisen zum Streitstand.
[203] BGBl. I 2000 S. 897.
[204] Staudinger/*Hertel* § 126 a Rdnr. 60.
[205] Staudinger/*Singer* Vor. §§ 116–144 Rdnr. 57.
[206] BGH NZM 2007, 730; NJW 1996, 1467 und 2503; vgl. auch BGH NJW 1989, 166.
[207] BGH ZMR 1963, 82.
[208] BGH NZM 2007, 730; NJW 2004, 1103 = NZM 2004, 97.
[209] BGH NJW-RR 1990, 518.
[210] OLG Karlsruhe NZM 2003, 513; OLG Koblenz NZM 2002, 293.
[211] BGH NJW-RR 2003, 1635; NJW 1993, 1126.
[212] BGH NJW 2004, 1103 = NZM 2004, 97.
[213] BGH NJW 1977, 2072; OLG Düsseldorf NZM 2005, 147.
[214] BGH NJW 2006, 140 = NZM 2006, 104.

stückserwerber sich auf einen Formmangel i. S. v. § 550 BGB des mit seinem Vorgänger geschlossenen Mietvertrages stützt und diesem kündigt, auch wenn für den ursprünglichen Vermieter eine Berufung auf diesen Formmangel wegen § 242 BGB nicht möglich gewesen war.[215] Es ist daher erforderlich, dass diejenige Vertragspartei, die trotz des Formmangels am Mietvertrag fest halten will, in schutzwürdiger Weise auf die Formgültigkeit vertraut hat. Hieran fehlt es, wenn diese Partei oder gar beide Parteien den Formmangel bei Vertragsschluss kannten,[216] wobei nach h. M. die grobfahrlässige Unkenntnis der Kenntnis gleichsteht.[217] Bei lediglich fahrlässiger Verursachung des Formmangels bleibt dieser nur ausnahmsweise nach § 242 BGB unberücksichtigt, wenn der Partei, die sich auf ihn beruft, die Verletzung einer durch ein enges Vertrauensverhältnis[218] begründeten Betreuungspflicht beim Vertragsschluss zur Last fällt oder ihr die treuwidrige Ausnutzung des Formmangels vorgeworfen werden kann.[219] Allein die objektive Verursachung des Formmangels genügt für § 242 BGB nicht.[220] Stets treuwidrig ist es dagegen, sich auf einen Formmangel zu berufen, solange der Vertragspartner die Nachholung der Form verlangen kann.[221]

Haben sich die Vertragsparteien schriftlich verpflichtet, eine Nachtragsvereinbarung dem Hauptmietvertrag als Anlage beizuheften, ist die Berufung auf die Formnichtigkeit des Ursprungsvertrags treuwidrig.[222] Gleiches soll gelten, wenn sich die Vertragsparteien beim mündlichen Abschluss eines langjährigen Mietvertrages zu dessen Beurkundung[223] bzw. dazu verpflichtet haben, alles zu tun, um dem Schriftformerfordernis Genüge zu tun.[224] Nach anderer Auffassung soll auch eine derartige Schriftformheilungsklausel allein nicht zur Treuwidrigkeit der Berufung auf den Formmangel führen, sondern zu Schadensersatzansprüchen wegen Vertragspflichtverletzung aus den §§ 280 ff. BGB führen.[225]

63   Kommt es überhaupt nicht zum Vertragsschluss, ist nur in extremen Fällen nach den Grundsätzen von c. i. c. (vgl. jetzt § 311 Abs. 2 und 3 BGB) ein Anspruch auf Ersatz des negativen Interesses gegeben, wenn der Abschluss des formbedürftige Mietvertrages als sicher hingestellt wird und sich der ursprünglich zum Vertragsschluss entschlossene Partner hiervon ohne triftigen Grund lossagt und darin ein schwerer Verstoß gegen die Verpflichtung zu redlichem Verhalten bei Vertragsverhandlungen liegt.[226]

VI. Heilungsmöglichkeiten

64   Die Parteien können die Schriftform jederzeit nachholen, sofern eine entsprechende Abrede keine konstitutive Bedeutung besaß (ansonsten ist von einer Neuvornahme i. S. von § 141 BGB auszugehen). So kann auch ein der gesetzlichen Schriftform genügender Nachtrag insgesamt einen formwirksamen Vertrag entstehen lassen, auch wenn die ursprüngliche Vereinbarung nicht den geforderten Förmlichkeiten entsprach.[227]

65   Ein **Anspruch auf Nachholung der Form** wird aber nur bei einer entsprechenden, auch formlos wirksamen Vereinbarung zwischen den Parteien bejaht. Liegt eine derartige Absprache vor, könnte die Berufung auf den Formmangel im Übrigen auch treuwidrig

---

[215] BGH NJW 1962, 1388.
[216] BGH NJW 1969, 1167.
[217] Vgl. nur Palandt/*Ellenberger* § 125 Rdnr. 25.
[218] Allein ein Vertragsschluss zwischen nahen Angehörigen genügt nicht: BGH NJW 1975, 43.
[219] BGH NJW 1996, 2503; NJW 1975, 1653; NJW 1972, 1189; NJW 1969, 1169; NJW 1965, 812.
[220] BGH NJW 1977, 2072.
[221] BGH ZMR 1964, 79; OLG Düsseldorf NZM 2005, 147; OLG München NJW-RR 1996, 1223; vgl. auch § 47 VI Rdnr. 64 ff.
[222] BGH NJW 2005, 2225 = NZM 2005, 502.
[223] OLG Düsseldorf NJW 2004, 1396 = NZM 2004, 143.
[224] KG NJW-RR 2007, 805 (Rechtskrafthinweis NJW-RR 2007, 1368) = NZM 2007, 402.
[225] OLG Rostock NJW 2009, 445 = NZM 2008, 646.
[226] BGH NJW 2006, 1963; NJW 1996, 1884; NJW 1992, 1037; WM 1979, 458; NJW 1975, 43; WM 1974, 508.
[227] BGH NJW-RR 1988, 201.

sein.²²⁸ Die Nachholung der Schriftform erhält die Befristung des Vertrages, die vereinbarte Vertragslaufzeit beginnt aber nicht neu zu laufen. Der Mietvertrag wird vielmehr ex tunc mit der ursprünglichen Laufzeit in Kraft gesetzt. Nach anderer Auffassung soll auch eine derartige Schriftformheilungsklausel allein nicht zur Treuwidrigkeit der Berufung auf den Formmangel führen, sondern zu Schadensersatzansprüchen wegen Vertragspflichtverletzung aus den §§ 280 ff. BGB führen.²²⁹

Nehmen die Parteien in eine nachträglich errichtete Urkunde allerdings nicht alle zuvor mündlich getroffenen Abreden auf, so ist davon auszugehen, dass diese Absprachen nach ihrem Willen nicht mehr gelten sollen; anderenfalls kann immer noch ein Verstoß gegen § 550 BGB vorliegen.²³⁰ **66**

VII. Beweislast

Vor der Übergabe an den Mieter muss der Mietinteressent darlegen und beweisen, dass es bereits entgegen § 154 Abs. 2 BGB zu einem **mündlichen Vertragsabschluss** gekommen ist. Nach Überlassung des Mietobjektes wird dies vermutet.²³¹ **67**

Bei Streit über die konstitutive oder deklaratorische **Bedeutung einer Schriftformabrede** spricht auf der Grundlage der Regelung in § 154 Abs. 2 BGB („im Zweifel") eine Vermutung für die konstitutive Bedeutung.²³² Daher trägt derjenige die Beweislast, der aus einer deklaratorischen Schriftformabrede Rechte für sich ableitet.²³³ **68**

Wer aus der **Befristung eines Mietvertrages** Rechte für sich ableitet, muss die Aushändigung der Vertragsurkunde als Voraussetzung für das Zustandekommen des Vertrages beweisen.²³⁴ Wer daher von dem Kündigungsrecht nach § 550 BGB Gebrauch machen will, ist für das Vorliegen der Voraussetzungen dieser Vorschrift beweispflichtig.²³⁵ **69**

Da eine Vertragsurkunde immer die Vermutung der Vollständigkeit und Richtigkeit für sich hat, trägt derjenige die Beweislast, der Abweichendes behauptet.²³⁶ Derjenige, der aus angeblichen mündlichen zusätzlichen Vereinbarungen Rechte für sich herleitet, ist deshalb für diese Zusatzabreden beweispflichtig.²³⁷ Dies bedarf der substantiierten Darlegung, wann, wo, zwischen wem und unter welchen Umständen die mündliche Zusatzvereinbarung getroffen worden sein soll und weshalb die Beurkundung unterblieben ist.²³⁸ Gerade bei Vereinbarung einer Schriftformklausel muss klar erkennbar sein, dass die formfreie Absprache dennoch gelten soll, wobei dem tatsächlichen Verhalten der Parteien entsprechend der streitigen mündlichen Abrede eine erhebliche Indizwirkung zukommt.²³⁹ **70**

Haben die Parteien dagegen unstreitig eine mündliche Abrede getroffen und bestreitet eine Partei deren Gültigkeit mit der Begründung, es sei Schriftform vereinbart, trägt sie die Beweislast.²⁴⁰

---

²²⁸ BGH NJW 2005, 2225 = NZM 2005, 502; ZMR 1964, 79; OLG Düsseldorf NJW 2004, 1396 = NZM 2004, 143; KG NJW-RR 2007, 805 (Rechtskrafthinweis NJW-RR 2007, 1368) = NZM 2007, 402; vgl. vorstehend § 47 V Rdnr. 61 ff.
²²⁹ OLG Rostock NJW 2009, 445 = NZM 2008, 646.
²³⁰ Staudinger/*Emmerich* § 550 Rdnr. 15; vgl. etwa BGH NZM 2002, 291.
²³¹ Blank/Börstinghaus/*Blank* § 566 Rdnr. 85.
²³² OLG Celle ZMR 1996, 26; a. A. Staudinger/*Emmerich* § 550 Rdnr. 45: im Zweifel bloß deklaratorische Bedeutung.
²³³ Bub/Treier/*Heile* II Rdnr. 743, 785 unter Hinweis auf BGH WPM 1966, 979.
²³⁴ OLG Dresden ZMR 1999, 104.
²³⁵ Blank/Börstinghaus/*Blank* § 550 Rdnr. 88.
²³⁶ BGH MDR 1970, 756.
²³⁷ Blank/Börstinghaus/*Blank* § 566 Rdnr. 90.
²³⁸ Bub/Treier/*Heile* II Rdnr. 767.
²³⁹ Blank/Börstinghaus/*Blank* § 566 Rdnr. 90.
²⁴⁰ Staudinger/*Emmerich* § 550 Rdnr. 47; vgl. auch OLG Rostock NZM 2002, 955; KG Urt. v. 21. 12. 2006 – 8 U 56/06 BeckRS 2007, 01198.

§ 48 Formularmietverträge und AGB-Recht

Übersicht

	Rdnr.
I. Einleitung	1–11
II. Vertragsparteien	12–41
1. Einzelhandelskaufmann	13
2. oHG, KG	14–16
3. Nichtrechtsfähiger Verein	17–20
4. Personenmehrheit	21–23
5. Gesellschaft des bürgerlichen Rechts	24–26
6. Partnerschaftsgesellschaft	27/28
7. GmbH, AG Genossenschaft	29
8. (Mit-)Haftung des Abschlussvertreters	30–34
9. Zustimmung zum Vermieterwechsel	35/36
10. Gewerbliche Zwischenvermietung	37
11. Eintrittsklausel bei einer vermietenden BGB-Gesellschaft	38
12. Ersatzmieterklauseln	39–41
III. Mietobjekt	42–48
1. Zuweisung anderer Räume	43/44
2. Änderung der Baupläne	45
3. Nutzung des Mietobjekts für Werbezwecke	46–48
IV. Abnahmepflicht	49/50
V. Betriebspflicht	51–54
VI. Mietzeit	55–70
1. Langfristig formularmäßige Bindung, ggf. auch über sog. Verlängerungsklauseln	55
2. Optionsrechte	56/57
3. Mietbeginn	58–62
4. Haftung des Vermieters für die nicht rechtzeitige Übergabe des Mietobjekts	63–69
5. Befristung und vorformulierte Kündigungsregelungen	70
VII. Miete	71–92
1. Höhe	71
2. Umsatzsteuer	72–76
3. Vorauszahlungsklauseln	77–79
4. Rechtzeitigkeitsklauseln	80/81
5. Abbuchungs- und Lastschriftverfahren	82–84
6. Tilgungs-/Verrechnungsbestimmungen	85/86
7. Aufrechnungsrechte	87–90
8. Zurückbehaltungsrechte	91
9. Befreiung von der Mietzahlungspflicht	92
VIII. Änderung der Miete	93–102
1. Mieterhöhungsvereinbarung im Einzelfall	95/96
a) Voraussetzungen	95
b) Formerfordernisse	96
2. Staffelmietvereinbarung	97
3. Mietanpassungsklauseln/Indexmiete	98–102
a) Allgemeines	98/99
b) Entwicklung der Rechtsgrundlagen	100–102
IX. Nebenkosten	103–114
1. Umlagevereinbarung	104
2. Hinweis auf die BetrKV	105–109
3. Mehrbelastungsklauseln/Umlage neuer Betriebskosten	110
4. Änderungsvorbehalte	111–113
5. Abrechnung	114
X. Mahnkosten/Pauschalierte Verzugszinsen/Vorfälligkeitsentschädigung/Vertragsstrafe	115–123
1. Mahnkosten	115–117
2. Pauschalierte Verzugszinsen	118

§ 48 Formularmietverträge und AGB-Recht

	Rdnr.
3. Vorfälligkeitsentschädigung	119/120
4. Vertragsstrafe	121–123
XI. Mietsicherheiten	124–133
1. Barkaution	124–129
2. Mietbürgschaft	130/131
3. Sonstige Sicherheiten	132/133
XII. Gebrauchsüberlassungspflicht des Vermieters	134–136
XIII. Nutzungszweck	137–139
XIV. Zustandsbeschreibungen	140/141
XV. Bestätigungs- und Besichtigungsklauseln	142/143
XVI. Instandhaltung und Instandsetzung	144–148
XVII. Schönheitsreparaturen	149–160
XVIII. Bauliche Veränderungen durch den Mieter	161/162
XIX. Obhuts-, Anzeige- und Duldungspflichten	163–165
XX. Versicherungspflicht	166/167
XXI. Verkehrssicherungspflichten	168–170
XXII. Haftungserweiterungen zu Lasten des Mieters	171–175
1. Gefährdungshaftung	172/173
2. Schadensverursachung durch Dritte	174/175
XXIII. Gebrauchsüberlassung an Dritte	176–183
1. Anspruch auf Vermieterzustimmung	177–182
2. Untermietzuschlag	183
XXIV. Konkurrenzschutz	184–188
XXV. Gewährleistung	189–204
1. Minderung	190–193
2. Schadensersatz	194–200
3. Aufwendungsersatz	201
4. Fristlose Kündigung	202/203
5. Besonderheiten bei der Rechtsmängelhaftung	204
XXVI. Beendigung des Mietverhältnisses	205–221
1. Formalien	206–209
a) Schriftform	206
b) Zugang	207
c) Nachträglicher Wegfall der Kündigungsfolgen	208/209
2. Fristgerechte, ordentliche Kündigung	210–212
a) Kündigungsfristen	210/211
b) Kündigungsausschluss	212
3. Fristlose Kündigung	213–218
4. Sonderkündigungsrechte	219
5. Sonstige Beendigungsgründe	220/221
XXVII. Abwicklung des beendeten Mietverhältnisses	222–233
1. Rückgabe der Mietsache	222–225
2. Zurückgelassene Sachen des Mieters	226/227
3. Verspätete Rückgabe des Mietobjektes	228
4. Mieteransprüche	229/230
5. Verjährung nach § 548 BGB	231/232
6. Betriebsübergang	233
XXVIII. Rechtsgeschäftliche Regelungen	234–248
1. Vollmachtsklauseln	234–236
2. Schriftformklauseln	237–239
3. Vollständigkeitsklauseln	240
4. Salvatorische Klauseln	241/242
5. Kostentragungsklauseln	243–245
6. Rechtswahlklauseln	246
7. Schiedsklauseln und Schiedsgutachterklauseln	247/248
a) Schiedsklauseln	247
b) Schiedsgutachterklauseln	248
XXIX. Schlussbestimmungen	249/250
1. Erfüllungsort	249
2. Gerichtsstandsvereinbarungen	250

Schrifttum: *Ahlt,* Übertragbarkeit der Rechtsprechung des VIII. Zivilsenats des Bundesgerichtshofs auf Gewerberaummietverträge – Minderungsausschluss, Betriebskosten, Flächenabweichungen, Schönheitsreparaturen, GuT 2005, 47 ff.; *Antoni,* Schriftformklausel und Gewerbemietvertrag, GuT 2006, 295 ff.; *Armbrüster,* Regress des Gebäudeversicherers gegen Mieter, NJW 2006, 3683 ff.; *Disput,* „Change of Control"-Klauseln im gewerblichen Mietvertrag, NZM 2008, 305 ff.; *Fallak,* Beschränkung von Gewährleistungsrechten, GuT 2007, 75 ff.; *Gerber,* Überraschende Regelungen im neuen Preisklauselgesetz, NZM 2008, 152 ff.; *Hoff,* Die Folgen des Urteils des BGH vom 6. 4. 2005 – XII ZR 158/01 – für die formularvertragliche Übertragbarkeit von Instandhaltungs- und Instandsetzungskosten auf den Gewerbemieter, ZMR 2006, 415 ff.; *Jenisch,* Möglichkeiten und Grenzen der Auslegung beim Zusammentreffen von Vertragsverlängerungs- und Optionsklausel in AGB, ZMR 2007, 77 ff.; *Joachim,* Formularmäßige Risikoverteilung bei der Gewerbeflächenvermietung im Einkaufszentrum, NZM 2006, 368 ff.; *ders.,* Risikoverteilung bei der Vermietung von Gewerbeflächen in Einkaufszentren = EKZ bzw. Shoppingcentern = S C, GuT 2005, 99 ff. (Teil 1) und 135 ff. (Teil 2); *ders.,* Vom „Kreuz" mit der AGB-Gestaltung im Shopping-Centermietvertrag, NZM 2008, 316 ff.; *Kinne,* Fristenklauseln für Schönheitsreparaturen – wirksam oder unwirksam?, ZMR 2005, 920 ff.; *Leo,* Sind Schriftformheilungsklauseln in Gewerberaummietverträgen wirksam?, NZM 2006, 815 f.; *Leo/Ghassemi-Tabar,* Rechtsfolgen unwirksamer Schönheitsreparaturklauseln in der Gewerberaummiete, NZM 2008, 105 ff.; *Ludley,* Die formularvertragliche Umlage von Verwalterkosten im Gewerberaummietvertrag, NZM 2006, 851 ff.; *Lützenkirchen,* Anmerkung zum Urteil des OLG Köln vom 18. 12. 2007 zur Unwirksamkeit der formularmäßigen Umlage der Hausverwaltungskosten, ZMR 2008, 452 f.; *Ruff,* Indexklauseln im Gewerberaummietrecht, GuT 2006, 211 ff.; *Schmidt,* Umlegbarkeit der Kosten der Hausverwaltung in der Gewerberaummiete, NZM 2008, 563 ff.; *Schultz,* Stolperstein Wertsicherung, NZM 2008, 425 ff.; *Streyl,* Vorzeitige Vertragsbeendigung bei der Miete von Wohn- und Geschäftsräumen – Mögliche Auswege aus einem Kündigungsrechtsausschluss, NZM 2005, 361 ff.

I. Einleitung

1   Im Folgenden werden in erster Linie unter Heranziehung der Rechtsprechung die inhaltlichen Gestaltungsmöglichkeiten eines Gewerberaummietvertrages vor allem unter Beachtung der Inhaltskontrolle nach den §§ 307 bis 309 BGB behandelt – orientiert am üblichen Aufbau eines Gewerberaummietvertrages. Anders als im Wohnraummietrecht mit seiner Vielzahl zwingender Vorschriften werden im Gewerberaummietrecht die entscheidenden Weichen für die wechselseitigen Rechte und Pflichten bereits bei Vertragsabschluss gestellt.

2   Hinsichtlich der spezifisch AGB-rechtlichen Fragestellungen, den mietrechtlichen Problemen der §§ 305–310 BGB und der maßgeblichen Prüfungsreihenfolge wird zunächst zur Vermeidung unnötiger Wiederholungen auf die Ausführungen zur Wohnraummiete in § 10 Rdnr. 6–77 Bezug genommen.[1] Ergänzend ist hier vorab festzuhalten, dass es sich bei dem AGB-Recht des BGB nicht nur um Schutzregelungen zugunsten von Verbrauchern handelt (vgl. § 310 Abs. 3 BGB mit seinen Sonderregelungen für diesen Adressatenkreis). Vielmehr genießen alle Vertragspartner diesen Schutz, sofern ihnen gegenüber AGB verwendet werden, also auch Unternehmer i. S. d. § 14 BGB, Freiberufler, Handwerker, Landwirte u. a. Allerdings finden nicht alle AGB-Regelungen des BGB auf Unternehmer, juristische Personen des öffentlichen Rechts oder öffentlich-rechtliche Sondervermögen Anwendung (§ 310 Abs. 1 Satz 1 BGB). Dies betrifft zunächst die Erleichterung der Einbeziehung von AGB mangels Anwendbarkeit von § 305 Abs. 2 und 3 BGB, vor allem aber den Ausschluss der ausdrücklich gesetzlich geregelten Klauselverbote der §§ 308 und 309 BGB. § 310 Abs. 1 Satz 2 BGB erklärt aber die Generalklausel des § 307 Abs. 1 und 2 BGB ausdrücklich für anwendbar und zwar auch insoweit, als dies – unter angemessener Berücksichtigung der im Handelsverkehr geltenden Gewohnheiten und Gebräuche – zur Unwirksamkeit von in den §§ 308 und 309 BGB genannten Vertragsbestimmungen führt. Die dortigen gesetzlichen Wertungen sind mithin über § 307 BGB auch gegenüber Unternehmern zu beachten. Dies setzt der Privilegierung der Verwendung von AGB gegenüber Unternehmern Grenzen. Auch die für das Wohn- und Gewerberaummietrecht zuständigen beiden Senate des BGH beantworten mietrechtliche Fragestellungen in beiden Gebieten gleich (Stichwort: Schönheitsreparaturklauseln), soweit nicht die unterschiedliche Nutzung bzw. der besondere Schutz der Wohnung – dokumentiert in den entsprechenden zwingenden gesetzlichen Vorschriften des

---

[1] Vgl. ausführlich und instruktiv Lindner-Figura/Oprée/Stellmann/*Lindner-Figura* Kap. 7 Rdnr. 3–139 m. w. N.

BGB – eine unterschiedliche juristische Behandlung erfordern.[2] So hat – ein hier vorab erwähntes Beispiel – der BGH auch im Gewerberaummietrecht eine Individualabrede dann angenommen, wenn der Vermieter seine Klausel ernsthaft zur Disposition stellt und dem Mieter einen Einfluss auf die inhaltliche Ausgestaltung der Vertragsbedingungen tatsächlich einräumt. Diese Voraussetzung ist erfüllt, wenn der Mieter einen abändernden Zusatz zu der vom Vermieter vorgeschlagenen Klausel durchsetzt (konkret: zum Leistungsumfang bei beschädigten Teppichböden).[3]

Die Frage, ob es sich bei der fraglichen Klausel um eine Allgemeine Geschäftsbedingung handelt, ist ebenso wie bei Wohnraummietverträgen anhand der Merkmale des § 305 Abs. 1 BGB zu beantworten.

Für die Frage der wirksamen Einbeziehung sind jedoch § 305 Abs. 2 und 3 BGB unanwendbar, soweit es sich beim Verwender um einen Unternehmer, eine juristische Person des öffentlichen Rechts oder ein öffentlichrechtliches Sondervermögen handelt, § 310 Abs. 1 Satz 1 BGB. Der Begriff des Unternehmers ist in § 14 BGB definiert; er umfasst zunächst sämtliche Kaufleute im Sinne des HGB und darüber hinaus auch Freiberufler, Handwerker und Landwirte. Nicht erfasst sind jedoch die so genannten Existenzgründer, vgl. § 507 BGB; allerdings ist in der Praxis ein Existenzgründer als Verwender und Vermieter kaum vorstellbar. Um Bestandteil des Vertrages zu werden, bedarf es daher lediglich einer rechtsgeschäftlichen Vereinbarung über die Einbeziehung der AGB im Sinne der §§ 145 ff. BGB.[4] Soweit es sich also nicht um überraschende Klauseln gem. § 305c Abs. 1 BGB (vgl. „werden nicht Vertragsbestandteil") handelt, genügen also zwei mit Bezug aufeinander abgegebene, inhaltlich korrespondierende Willenserklärungen. Sind die AGB bereits in der Vertragsurkunde enthalten, so bedarf es keines besonderen Hinweises hierauf.[5] Befinden sich die AGB jedoch außerhalb der Vertragsurkunde und nimmt der Verwender auf die Bedingungen Bezug, so ist auch für den Geschäftsverkehr anerkannt, dass der Vertragspartner die Möglichkeit haben muss, sich in zumutbarer Weise Kenntnis vom Inhalt der AGB zu verschaffen. Gegebenenfalls ist er gehalten, den Verwender um Vorlage oder Übergabe der AGB zu bitten oder sich (etwa bei Verweis auf die BetrKV) aus allgemeinen Quellen über den Inhalt der Bedingungen zu informieren. Jedoch ist die Überlassung der AGB bei Vertragsschluss nach st. Rspr. keine Voraussetzung für die wirksame Einbeziehung.[6] So ist eine vertragliche Einbeziehung bestimmter Geschäftsbedingungen (z. B. durch die Formulierung „Für den Mietvertrag gelten die allgemeinen Mietbedingungen des Vermieters.") auch dann wirksam, wenn der Inhalt der AGB dem Vertragspartner unbekannt ist, solange er nur der Einbeziehung zustimmt. Zur Einbeziehung genügt auch das bloße Angebot des Verwenders an den Vertragspartner, diesem die AGB auf Wunsch zu überlassen.[7]

Im Anwendungsbereich des § 550 BGB ist zu beachten, dass das Schriftformerfordernis sowohl für den Hinweis auf die AGB des Vermieters als auch für solche AGB gilt, die nicht in der Vertragsurkunde enthalten sind.

Im Geschäftsverkehr müssen AGB ebenfalls grundsätzlich für den durchschnittlichen Unternehmer verständlich sein. AGB, die kaum lesbar oder äußerlich verwirrend gestaltet sind, werden nicht Vertragsbestandteil.[8] In Abgrenzung zu diesem Erfordernis, ist die Unklarheitenregel des § 305c Abs. 2 BGB einschlägig, wenn eine Bedingung zwar an sich lesbar und verständlich, aber inhaltlich mehrdeutig ist. Die Verwendung bestimmter Rechtsbegriffe, die entweder gesetzlich definiert oder allgemein gebräuchlich sind (z. B. Aufrechnung oder Minderung) ist vor diesem Hintergrund auch ohne nähere Erläuterung der Begriffe ebenso

---

[2] Vgl. nur *Ahlt* GuT 2005, 47 ff. m. w. N.
[3] BGH NJW-RR 2009, 947 = NZM 2009, 397.
[4] BGH NJW 1992, 1232; NJW-RR 1991, 357; NJW 1988, 1210; NJW 1987, 2431; NJW 1985, 1838; NJW 1978, 2243.
[5] BGH NJW 1995, 190; NJW 1988, 2465; BayObLG WuM 1984, 104; OLG Frankfurt NJW 1986, 2712.
[6] BGH NJW-RR 1989, 1104; NJW 1988, 1210; OLG Düsseldorf ZMR 1989, 61; OLG Hamm NJW-RR 1988, 944; OLG München NJW 1995, 733.
[7] OLG Düsseldorf VersR 1996, 1394.
[8] BGH NJW 1983, 2772; WPM 1986, 769 (selbst mittels Lupe kaum zu entziffernde AGB); WPM 1978, 978 (ungewöhnlich klein gedruckte und nicht gegliederte AGB); vgl. auch OLG Hamm NJW-RR 1988, 944.

unproblematisch wie die eindeutige Verweisung auf bestimmte Vorschriften. Der Verweis auf eine bestimmte Norm ohne die Wiedergabe des wesentlichen Regelungsgehaltes kann jedoch zur Unverständlichkeit einer Klausel führen, wenn sich Sinn und Zweck der Regelung ohne Rechtskenntnisse nicht erfassen lässt.

7   Auch überraschende Klauseln werden nicht Vertragsbestandteil, § 305c Abs. 1 BGB. Insoweit gilt grundsätzlich nichts anderes als bei Verträgen zwischen Nicht-Unternehmern. Freilich ist bei Unternehmern im Gegensatz zu Verbrauchern ein höheres Maß an Geschäftserfahrung zu erwarten, so dass letztlich die Anforderungen für die Annahme einer überraschenden Klausel höher sind.[9] So wird etwa die formularmäßige Vereinbarung einer Zwangsmitgliedschaft in einer Werbegemeinschaft nebst Beitragsverpflichtung in einem Gewerberaummietvertrag über Räume in einem Einkaufszentrum nicht als überraschend angesehen, da gemeinsame Werbung bei Einkaufszentren mittlerweile zum üblichen Vermarktungskonzept gehört und dies also auch dem unternehmerisch tätigen Vertragspartner bekannt sein muss (vgl. hierzu näher unten III. 3.).

8   Für den Grundsatz vom Vorrang der Individualabrede gem. § 305b BGB sowie die Unklarheitenregel des § 305c Abs. 2 BGB gilt nichts anderes als für den nicht unternehmerischen Verkehr. So sind etwa auch im Gewerberaummietrecht sog. einfache Schriftformklauseln wegen Verstoßes gegen § 305b BGB unwirksam (näher dazu unten XXVIII 2.).

9   Im Rahmen der auch im unternehmerischen Bereich stattfindenden Inhaltskontrolle sind die §§ 308, 309 BGB zwar gem. § 310 Abs. 1 BGB nicht unmittelbar anwendbar; jedoch fließen ihre Wertungen unter Beachtung der Gewohnheiten und Bräuche des Handelsverkehrs in die Prüfung des § 307 BGB ein, so dass sie auch im Geschäftsverkehr durchaus von Bedeutung sind. Zentraler Begriff des § 307 BGB ist der der „unangemessenen Benachteiligung". Hier ist ein Vergleich anzustellen zwischen der Rechtslage, die bestehen würden, wenn die gesetzlichen Vorschriften gelten würden und der Rechtslage, die sich aus dem Inhalt der AGB ergibt. Für die Frage ob überhaupt eine Benachteiligung vorliegt, ist zunächst zu bedenken, dass eine Vielzahl von Vorschriften des Wohnraummietrechts für das Gewerberaummietrecht nur eingeschränkt oder gar nicht gelten. Damit existieren von vornherein schon weniger gesetzliche Leitbilder, von denen eine Abweichung möglich ist. Gleichwohl werden einige Leitbilder des Wohnraummietrechts auf das Gewerberaummietrecht übertragen. So soll auch der Vermieter von Gewerberäumen grundsätzlich verpflichtet sein, eine Barkaution von seinem Vermögen getrennt und nach Maßgabe des § 551 Abs. 3 S. 1 BGB anzulegen (vgl. dazu näher unten XI.).

10 Allein die Benachteiligung des Vertragspartners führt jedoch noch nicht zur Unwirksamkeit der Klausel. Auch eine erhebliche Benachteiligung des Mieters kann zulässig sein, soweit sie nicht unangemessen ist. Unangemessen ist eine Klausel nur, wenn der Verwender in missbräuchlicher Weise seine eigenen Interessen auf Kosten des Vertragspartners durchzusetzen sucht ohne jedoch dessen Interessen hinreichend zu berücksichtigen und auf einen angemessenen Interessenausgleich hinzuwirken.[10] Ob dies der Fall ist, ist anhand einer umfassenden Würdigung zu ermitteln, wobei die Interessen der Vertragsparteien, die Verkehrsanschauungen der beteiligten Verkehrskreise sowie die Wertungen, welche sich aus der gesamten Rechtsordnung ergeben, einfließen müssen.[11] Im Unterschied zu Fällen ohne Unternehmerbeteiligung ist ein anderer Maßstab für die Unangemessenheit einer Benachteiligung anzulegen. Hierbei sind insbesondere die Besonderheiten des Geschäftsverkehrs zu beachten. So ist etwa eine Formularklausel in Wohnraummietverträgen, nach der der Mieter die Kosten sämtlicher Kleinreparaturen innerhalb der gemieteten Räume zu tragen hat, unwirksam, da die Kostentragungspflicht des Mieters nicht betragsmäßig begrenzt ist (vgl. näher § 10 Rdnr. 306). Eine gleichlautende Klausel in einem Gewerberaummietvertrag ist jedoch wirksam (vgl. unten XVI.).

---

[9] BGHZ 102, 152 NJW 1988, 558; BGHZ 109, 197 = NJW 1990, 576; OLG Frankfurt/Main DB 1981, 1459; OLG Karlsruhe NJW-RR 1986, 1112.
[10] BGH NJW 2005, 1774; NJW 2000, 1110; NJW 1997, 2598; NJW 1996, 1346; NJW 1993, 326; NJW 1984, 1531.
[11] Vgl. nur BGH NJW 2000, 1110; NJW 1999, 635.

Im Übrigen wird zur Vermeidung unnötiger Wiederholungen auf § 11 wie folgt verwiesen: 11
- Geltung der §§ 305–310 BGB: s. § 10 Rdnr. 8 ff.
- Begriff der Allgemeinen Geschäftsbedingung: s. § 10 Rdnr. 14 ff.
- Stellen von Vertragsbedingungen: s. § 10 Rdnr. 21 ff.
- Einbeziehungsvereinbarung: s. § 10 Rdnr. 33 ff.
- Überraschende Klauseln: s. § 10 Rdnr. 39 ff.
- Vorrang der Individualabrede: s. § 10 Rdnr. 47 ff.
- Unklarheitenregelung und ergänzende Vertragsauslegung: s. § 10 Rdnr. 51 ff.
- Inhaltskontrolle: s. § 10 Rdnr. 56 ff.
- Rechtsfolgen unwirksamer Klauseln: s. § 10 Rdnr. 94 ff.

II. Vertragsparteien

Mietvertragsparteien können natürliche und juristische Personen sein, aber auch die offene Handelsgesellschaft (§ 105 HGB), die Kommanditgesellschaft (§ 161 HGB), der nichtrechtsfähige Verein (§ 54 BGB), die Gesellschaft des Bürgerlichen Rechts (§ 705 BGB) – hierunter fällt auch die GmbH in Gründungsstadium[12] und die Partnerschaftsgesellschaft (§ 7 Abs. 2 PartGG). 12

1. Einzelhandelskaufmann

Schließt ein Einzelhandelskaufmann im Rahmen seines Handelsgewerbes einen Mietvertrag ab, so hat er den Vertrag unter dem Namen seiner Firma abzuschließen. Zwar wäre der Vertragsabschluß auch dann wirksam, wenn er mit seinem Familiennamen unterzeichnet. In einem derartigen Fall ist allerdings zweifelhaft, ob das Mietverhältnis zum Betrieb eines Handelsgeschäfts gehört (§ 344 Abs. 1 HGB) und auf einen eventuellen Erwerber zu übertragen ist. 13

2. oHG, KG

Die offene Handelsgesellschaft und die Kommanditgesellschaft können unter ihrer Firma (vgl. § 17 HGB) Verträge abschließen (§§ 124, 161 HGB) unmittelbar Ansprüche erwerben und Verbindlichkeiten begründen. Die Gesellschaft kann klagen und verklagt werden; in ihr Vermögen kann vollstreckt werden. Beim Tod eines persönlich haftenden Gesellschafters tritt dessen Erbe in die Gesellschaft ein, sofern der Gesellschaftsvertrag dies vorsieht (§ 139 HGB) und der Erbe hierzu bereit ist. 14

Für sämtliche Verbindlichkeiten aus dem Gewerberaummietverhältnis haften die persönlich haftenden Gesellschafter dem Vertragspartner gegenüber unmittelbar und zwar gesamtschuldnerisch neben der Gesellschaft und auch untereinander als Gesamtschuldner. Allerdings wirkt ein Vollstreckungstitel gegen die Gesellschaft nicht gegen die Gesellschafter (§ 129 Abs. 4 HGB). Hinzukommende persönlich haftende Gesellschafter haften danach nach § 130 HGB auch für vor ihrem Eintritt begründete Verbindlichkeiten, etwa Mietzinsrückstände. Ausscheidende Gesellschafter haften für die vor ihrem Austritt begründeten Verbindlichkeiten weiter (§ 128 HGB). 15

Gibt die oHG bzw. die KG ihr Handelsgewerbe auf, so beeinträchtigt dies das Mietverhältnis nicht.[13] Zwar verliert die Gesellschaft dann ihre Eigenschaft als Handelsgesellschaft, besteht aber als BGB-Gesellschaft nach § 705 BGB fort. Der Vertrag ist daher von sämtlich persönlich haftenden Gesellschaftern der oHG bzw. dem oder den Komplementären in der KG zu unterzeichnen. 16

3. Nichtrechtsfähiger Verein

Es ist anerkannt, dass der nicht rechtsfähige Verein (etwa Gewerkschaften oder politische Parteien) einen Mietvertrag abschließen kann, vertreten durch sein satzungsmäßig bestimm- 17

---

[12] BGH WM 1984, 1507.
[13] BGH NJW-RR 1989, 589; WM 1975, 99.

tes Organ – in aller Regel der Vorstand. Vertragspartei werden jedoch die Mitglieder in ihrer Gesamtheit. Forderungen können sie nur gemeinschaftlich geltend machen; das einzelne Mitglied ist nicht befugt, eine Forderung des Vereins in eigenem Namen zu verfolgen.[14]

18 Für Verbindlichkeiten aus dem Mietverhältnis haften die Mitglieder als Gesamtschuldner (§ 427, § 714 BGB), wobei es zulässig ist, die Haftung der einzelnen Mitglieder in der Satzung auf ihren Anteil am Vereinsvermögen zu beschränken.[15]

19 Nach § 54 Abs. 2 BGB haftet allerdings zum Schutz des Gläubigers derjenige, der ein Rechtsgeschäft im Namen eines nicht rechtsfähigen Vereins (Ausnahme ist eine politische Partei nach § 37 des Parteiengesetzes) auch noch persönlich. Diese Haftung kann im Vertrag abbedungen werden, sogar stillschweigend.[16]

20 Wird ein nicht rechtsfähiger Verein rechtsfähig, haftet der vor Erlangung der Rechtsfähigkeit Handelnde dem anderen gegenüber nur dafür, dass der Verein nach Erlangung der Rechtsfähigkeit die Rechte und Pflichten aus dem Mietvertrag übernimmt. Erfolgt eine derartige Übernahme, ist der Handelnde von seiner persönlichen Haftung auch im Hinblick auf diejenigen Forderungen befreit, die vor Rechtsfähigkeit des Vereins entstanden sind.[17]

4. Personenmehrheit

21 Mehrere Personen als Vermieter, z.B. Miteigentümer eines Grundstücks, sind entweder einer Bruchteilsgemeinschaft nach § 741 BGB oder eine Gesamthandsgemeinschaft (z.B. Erbengemeinschaft nach § 2032 BGB). Die Verwaltung steht allen Teilhabern gemeinschaftlich zu. Stellvertretung durch einen von ihnen ist zulässig, muss aber zweifelsfrei offen gelegt sein, schon um die Schriftformproblematik des § 550 BGB zu vermeiden.[18] Anders als bei der BGB-Gesellschaft, hierzu näher sogleich, ist die Erbengemeinschaft aber weder rechts- noch parteifähig, so dass Vertragspartner allein die einzelnen Miterben sein können.[19]

Der Vertragsabschluss sowie alle sonstigen rechtserheblichen Erklärungen sind nur wirksam, wenn sie von allen Vermietern abgegeben werden (Ausnahme sind sog. Vollmachtsklauseln – hierzu näher im Folgenden unter XXVIII 1).

22 Da die Mietforderung rechtlich unteilbar ist, ist der Einzelne nicht berechtigt, einen seiner Beteiligung entsprechenden Teil der Miete einzuziehen[20] und zwar selbst dann, wenn sich die Miteigentümergemeinschaft auf Vermieterseite aufgelöst hat.[21] Mangels Gegenseitigkeit der Ansprüche kann ein Mieter folglich gegen den Mietzahlungsanspruch mehrerer Mieter nicht mit einer Forderung aufrechnen, die ihm nur gegen einen Vermieter zusteht. Gleiches gilt im umgekehrten Fall.

Für alle Verbindlichkeiten aus dem Mietverhältnis (Haupt- wie auch Nebenpflichten und Schadensersatz) haften alle Vermieter als Gesamtschuldner (§ 427 BGB).

23 Bei Personenmehrheiten auf Mieterseite ist es erforderlich, dass alle Mieter den Vertrag gemeinschaftlich abschließen. Rechtsverbindliche Erklärungen sind von mehreren Mietern gemeinsam abzugeben bzw. an alle zu richten (zum Ausnahmefall der Vollmachtsklausel vergleiche auch hier nachstehend unter XXVIII 1).

Infolgedessen sind alle Klauseln wirksam, die eine entsprechende gesamtschuldnerische Haftung festlegen, sofern dadurch nicht der gesetzlich vorgesehene Haftungsrahmen erweitert, insbesondere keine verschuldensunabhängige Haftung begründet wird.

5. Gesellschaft des bürgerlichen Rechts

24 Bereits im Jahr 2001 hat der BGH entschieden, dass die BGB-Gesellschaft rechts- und parteifähig ist und dadurch einen jahrzehntelangen Streit beendet. Hieraus ergibt sich, dass

---

[14] BGH NJW 1965, 1757.
[15] So schon RGZ 143, 212, 216.
[16] BGH NJW-RR 2003, 1265; NJW 1957, 1186.
[17] OLG Celle NJW 1976, 806.
[18] BGH NJW 2002, 3389 = NZM 2002, 950; vgl. auch BGH NJW 2008, 2178 = NZM 2008, 482; NZM 2004, 97; NZM 2003, 801.
[19] BGH NJW 2002, 3389 = NZM 2002, 950.
[20] BGH NJW 1969, 829; OLG Brandenburg WuM 2006, 272.
[21] BGH WM 1983, 604.

bei einem Mietvertrag mit einer BGB-Gesellschaft nach § 705 BGB die Vertragspartner nicht mehr ohne weiteres die einzelnen Gesellschafter sind, die aus dem Mietverhältnis berechtigt und verpflichtet werden, sondern die GbR als solche.[22] Dabei bedarf es schon zur Vermeidung von Schriftformproblemen nach § 550 BGB eines eindeutigen Vertretungszusatzes.[23] Zulässig ist es, im Gesellschaftsvertrag die Vollmacht des oder der vertretungsberechtigten Gesellschafter darauf zu begrenzen, dass nur Verpflichtungen mit einer auf das Gesellschaftsvermögen beschränkten Haftung eingegangen werden dürfen. Diese Einschränkungen sind allerdings nur dann wirksam, wenn sie dem Vertragspartner bekannt sind oder er sie hätte erkennen können. Berechtigt oder verpflichtet können daher sowohl die BGB-Gesellschaft als auch die Gesellschafter mit ihrem Privatvermögen sein. Ein Urteil betreffend die Gesellschaft schafft keine Rechtskraft zur Frage, ob und inwieweit die Gesellschafter mit ihrem Privatvermögen einzustehen haben.[24]

Bei Auflösung der Gesellschaft steht das Mietverhältnis zwischen den am Vertragsschluss Beteiligten fort, ohne dass der andere Teil zur Kündigung aus wichtigem Grund berechtigt ist.[25] Das Mietverhältnis wird ebenfalls nicht durch die Umwandlung der Gesellschaft etwa in eine oHG oder KG berührt.[26] Der Gesellschafter haftet nach § 736 Abs. 2 BGB weiterhin für zuvor begründete Verbindlichkeiten.

Der Wechsel eines Gesellschafters oder der Eintritt eines weiteren Gesellschafters kann einer erlaubnispflichtigen Untervermietung gleichkommen. Vorformulierte Regelungen, wonach die Aufnahme eines Partners oder der Wechsel des Inhabers bzw. die Änderung der Gesellschaftsform als erlaubnispflichtige Gebrauchsüberlassung an Dritte i. S. v. § 540 BGB gelten soll, sind daher grundsätzlich nach § 307 Abs. 1 BGB wirksam. Ebenso ist es zulässig, und zur Rechtsklarheit auch empfehlenswert, im Vertrag eine Klausel aufzunehmen, wonach Änderungen im Gesellschafterbestand das Mietverhältnis nicht berühren (insbesondere bei Familiengesellschaften und einem Gesellschafterwechsel innerhalb der Familie[27]).

6. Partnerschaftsgesellschaft

Seit dem 1. Juli 1995 können sich Angehörige freier Berufe (z. B. Ärzte, Rechtsanwälte, Steuerberater, Übersetzer, Ingenieure, Architekten u. a. – vgl. § 1 Abs. 2 Partnerschaftsgesellschaftsgesetz – PartGG) zu einer Partnerschaft zusammenschließen. Diese Gesellschaftsform steht zwischen der offenen Handelsgesellschaft und der BGB-Gesellschaft. In erster Linie findet auf Grund der Verweisungen im PartGG im Ergebnis oHG-Recht Anwendung.[28] Wie aber die einschlägigen Kommentierungen zu §§ 6, 7 und 9 zeigen, ist darüber hinaus in bestimmten Bereichen, gerade wenn nicht auf das oHG-Recht verwiesen wird auf die Regelung des BGB zurückzugreifen.[29] Einzelne Regelungen des HGB zur oHG sind daher entsprechend anzuwenden, insbesondere §§ 124 und 125 Abs. 1, 2 und 4 HGB. Die Partnerschaft kann folglich wie eine oHG Mietverträge abschließen. Die einzelnen Partner haften neben der Gesellschaft für deren Verbindlichkeiten gesamtschuldnerisch, neu eintretende Partner gem. § 8 PartGG i. V. m. § 130 HGB auch für früher begründete Verbindlichkeiten.[30]

Der Tod eines Partners (oder seine Insolvenz) bewirken sein Ausscheiden aus der Partnerschaft (§ 9 Abs. 1 PartGG). Zum Ausscheiden eines Partners und zur Auflösung der Partnerschaft verweisen § 9 Abs. 1 und § 10 Abs. 2 PartGG auf die §§ 131 bis 144 HGB sowie §§ 159, 160 HGB.

---

[22] BGH NJW 2002, 1207; NZM 2001, 299
[23] BGH NJW 2004, 1103; NJW 2003, 3053.
[24] BGH NJW-RR 1990, 701.
[25] OLG Düsseldorf MDR 1989, 641.
[26] BGH NJW 1967, 821.
[27] BGH WPM 1975, 99.
[28] *K. Schmidt* NJW 1995, 1 ff., 2 f.
[29] Meilicke/*Lenz* Partnerschaftsgesellschaftsgesetz § 8 Rdnr. 130.
[30] Meilicke/*Graf von Westphalen* Partnerschaftsgesellschaftsgesetz § 8 Rdnr. 22 ff.

7. GmbH, AG, Genossenschaft

29 Die Vertretungsverhältnisse dieser juristischen Personen sind gesetzlich geregelt (vgl. §§ 35 GmbHG, 78 AktG, § 24 GenG). Kommt es nicht zur Eintragung der im Mietvertrag eingetragenen GmbH i. Gr., entsteht mithin die GmbH gem. § 11 GmbHG nicht, wird die sog. Vorgesellschaft berechtigt und verpflichtet, also die „hinter" der GmbH i. Gr. stehende Gesellschaft bürgerlichen Rechts.[31]

8. (Mit-)Haftung des Abschlussvertreters

30 Grundsätzlich wird der Abschlussvertreter, z. B. der Geschäftsführer einer GmbH, nicht Vertragspartner, soweit es sich aus den Umständen des Vertragsschlusses ergibt, dass es sich um einen unternehmensbezogenen Mietvertrag handelt.[32] Formularklauseln sehen dies jedoch häufig vor. Eine solche Mithaftung in einem vorformulierten Text ist jedoch unwirksam und zwar bereits nach § 305c BGB, im Übrigen auch nach § 309 Nr. 11 BGB bzw. bei Verwendung gegenüber einem Kaufmann oder einem Unternehmer i. S. d. § 310 Abs. 1 BGB aufgrund Verstoßes gegen § 307 Abs. 1 BGB.

31 Eine Eigenhaftung des Vertreters setzt vielmehr eine entsprechende ausdrückliche, vom übrigen Vertragstext getrennte und gesondert unterschriebene Vertragsklausel voraus. Diese Verpflichtung braucht hingegen nicht auf einem gesonderten Blatt, also getrennt vom übrigen Vertragsformular, niedergelegt zu sein und bedarf auch keiner gesonderten drucktechnischen Hervorhebung, wohl aber einer inhaltlich eindeutigen Formulierung, die den Vertreter auf den ersten Blick erkennen lässt, dass er eine persönliche Haftung übernimmt.[33]

32 Der Mithaftende hat aufgrund dieser Stellung aber keine Möglichkeit, auf das Vertragsverhältnis in irgendeiner Form einzuwirken, insbesondere Gestaltungserklärungen abzugeben. Da er nicht Vertragspartei ist, sind Erklärungen der Partei, die er bei Vertragsschluss vertreten hat, ohne sein Mitwirkung wirksam. Erklärungen der Gegenseite werden wirksam, ohne dass sie dem mithaftenden Abschlussvertreter zugehen. Dies gilt auch für die Kündigung des Vertragsverhältnisses. Der Mithaftende kann folglich nicht einwenden, diese wirke nach § 425 Abs. 2 BGB nicht zu seinen Lasten.[34]

33 Hiervon zu unterscheiden sind diejenigen Fälle, in denen der Vertreter (z. B. als Geschäftsführer einer GmbH) als Mietmieter verpflichtet werden soll. Hier greift § 309 Nr. 11a BGB nicht ein, weil sich diese Regelung nicht auf das Handeln des Vertretenen im fremden **und** im eigenen Namen erstreckt.[35]

Formularklauseln, die beinhalten, dass der Vertreter den Vertrag zugleich im fremden wie auch im eigenen Namen abschließt, dürften aber im nichtkaufmännischen wie auch im kaufmännischen Geschäftsverkehr in der Regel an §§ 305c bzw. § 307 Abs. 1 BGB scheitern.

34 Die Bezeichnung des Vertreters ausdrücklich als „Mietmieter" oder „weiterer Mitmieter" in einem Formularvertrag ist unbedenklich, wenn der Vertrag vom Vertreter auch im eigenen Namen unterzeichnet wird.[36] Auch der Gründungsgesellschafter einer GmbH haftet, wenn er einen Geschäftsraummietvertrag als „Mithaftender" unterzeichnet.[37]

9. Zustimmung zum Vermieterwechsel

35 Ob der Mieter schon vorweg dem Eintritt eines Dritten in den Mietvertrag anstelle des Vermieters durch eine Formularklausel zustimmen kann, ist umstritten. Aufgrund der gesetzlichen Regelung in § 565 BGB für Fälle der gewerblichen Zwischenvermietung (hierzu näher sogleich) ist eine derartige Eintrittsklausel in der Praxis nach wie vor für die sog. Pro-

---

[31] OLG Düsseldorf GE 2006, 54.
[32] OLG Düsseldorf OLGReport Hamm 2007, 540.
[33] BGH NJW 2002, 3464; NJW 1988, 2465.
[34] OLG Köln ZIP 1995, 46.
[35] BGH NJW 1988, 1908.
[36] BGH NJW 1988, 1908.
[37] OLG Brandenburg NZM 2003, 154.

jektentwicklungsfälle von Bedeutung, in denen der Grundstückseigentümer oder Bauträger Mietverträge vor der Fertigstellung eines Gebäudes abschließt und die Miträume vor deren Überlassung an den Mieter veräußert, so dass es nicht zu einem gesetzlichen Vermieterwechsel nach § 566 BGB kommt. Da aber § 578 Abs. 2 i.V.m. § 567a BGB einen Vermieterwechsel durch Vereinbarung zwischen Veräußerer und Erwerber ermöglicht, benachteiligt auch eine formularmäßige Befugnis des Vermieters, die Vermieterstellung auf den Grundstückserwerber zu übertragen, den Mieter nicht unangemessen. Entscheidend ist aber, dass eine derartige Eintrittsregelung dem eintretenden Vermieter keine weitergehenden Rechte als dem bisherigen Vermieter einräumen bzw. die Rechte des Mieters nicht verkürzen darf; andernfalls ergibt sich die Unwirksamkeitsfolge aus § 307 Abs. 2 Nr. 2 BGB, soweit nicht ohnehin § 565 Abs. 3 BGB einschlägig ist.

§ 309 Nr. 10 BGB findet nur auf Kauf-, Dienst- und Werkverträge, nicht aber- auch nicht analog – auf Mietverträge Anwendung. Die Vermeidung der Folge des § 305c BGB sollte aber eine derartige Klausel über einen Vermieterwechsel vorsorglich besonders drucktechnisch hervorgehoben werden. 36

Der formularvertragliche Ausschluss des gesetzlichen Vermieterwechsels verstößt dagegen gegen § 307 BGB, auch wenn in einem derartigen Fall Schadensersatzansprüche gegen den veräußernden Vermieter bestünden.

10. Gewerbliche Zwischenvermietung

Angesichts der zwingenden Regelung des § 565 BGB besteht insoweit im Grundsatz kein Regelungsbedürfnis mehr, zumal § 565 Abs. 3 BGB die Unabdingbarkeit zugunsten des Endmieters bestimmt. 37

Zu beachten ist aber, dass eine vorformulierte Regelung, die schon von Anfang an einen Dritten als Vertragspartner einsetzt, gegen § 305b BGB verstößt weil sie im Widerspruch zur individualvertraglichen Festlegung der Person des Vermieters steht.[38]

11. Eintrittsklausel bei einer vermietenden BGB-Gesellschaft

Für den Fall des Ein- bzw. Austritts eines Gesellschafters einer vermietenden GbR ist eine Eintrittsklausel unbedenklich, sofern sie lediglich eine analoge Anwendung des § 578 i.V.m. § 566 BGB vorsieht, die ohnehin kraft Gesetzes gilt.[39] 38

12. Ersatzmieterklauseln

So genannte Mietnachfolgeklauseln, die dem Mieter das Recht einräumen, einen Ersatzmieter zu stellen, der an seiner Stelle in den Mietvertrag eintritt, begegnen grundsätzlich keinen Bedenken. Die Parteien können dabei regeln, unter welchen Voraussetzungen der Mieter von der Nachfolgeklausel Gebrauch machen darf (z.B. sog. Invaliditätsklauseln etwa bei der Gaststättenmiete;[40] beim Arztpraxismietvertrag[41]) oder bestimmte Anforderungen an die fachliche Eignung des Nachfolgers bzw. an seine Bonität stellen.[42] 39

Problematisch sind aber Klauseln, die dem ausscheidenden Mieter eine Haftung für Verpflichtungen seines Nachfolgers auferlegen. Hier ist eine genaue Prüfung anhand des Maßstabs des § 307 BGB vorzunehmen. So stellt es eine unangemessene Benachteiligung des weichenden Mieters dar, ihm für die Folgezeit etwa im Wege einer formularmäßigen Schuldmitübernahme eine Haftung aufzuerlegen, die über den Umfang dessen hinausgeht, der sich für ihn bei einer Fortsetzung des Vertrages selbst ergeben hätte.[43] Dies wäre z.B. dann der Fall, wenn der bisherige Mieter auf die Laufzeit des Vertrages keinen Einfluss nehmen kann oder mit dem Nachfolger getroffene Vereinbarungen gegen sich gelten lassen muss. 40

---

[38] BGH NJW 1991, 1420, 1421; NJW-RR 1990, 613, 614.
[39] BGH NZM 1998, 260; a.A. noch OLG Düsseldorf MDR 1993, 143.
[40] BGH WuM 1984, 54.
[41] OLG Düsseldorf NJW-RR 1996, 9.
[42] Vgl. hierzu OLG Frankfurt/Main NJW-RR 1992, 143.
[43] OLG Düsseldorf NJW-RR 1994, 1015, 1016.

41 Ein Anspruch auf eine vorzeitige Entlassung aus den Vertragspflichten ohne Ersatzmieterklausel bei Benennung eines Ersatzmieters ist zwar nicht von vornherein ausgeschlossen und hängt von den Umständen des Einzelfalls ab.[44] Die in soweit erforderliche Interessenabwägung wird sich in der Praxis in aller Regel zu Lasten des Mieters auswirken, da dessen Wunsch auf vorzeitige Vertragsaufhebung meist mit wirtschaftlichen Erwägungen begründet wird, die einzig und allein in seiner Risikosphäre liegen (z.B. Umsatzrückgänge).[45] Vor diesem Hintergrund sind Formularklauseln, die einen Anspruch des Mieters auf vorzeitige Entlassung aus dem Vertragsverhältnis bei Stellung eines Ersatzmieters von vornherein völlig ausschließen bei einem kurzen, befristeten Geschäftsraummietvertrag rechtlich wirksam, bei einem langfristigen Mietverhältnis können sie aber unter Umständen zu einer unangemessenen Benachteiligung nach § 307 Abs. 1 BGB führen, sofern kein Raum für Milderungen aufgrund billigen Ermessens nach den §§ 315, 316 BGB verbleibt.[46]

III. Mietobjekt

42 Grundsätzlich sollte das Mietobjekt (und auch der vertraglich zugelassene Nutzungszweck – hierzu näher im Folgenden unter XII 1) im Mietvertrag zur Vermeidung von Missverständnissen so genau als möglich auch im Hinblick auf etwa zur Nutzung mit überlassene Gemeinschaftsräume, -flächen und -einrichtungen beschrieben werden.

1. Zuweisung anderer Räume

43 Ein vorformulierter Änderungsvorbehalt zugunsten des Vermieters, dem Mieter anderer als die gemieteten Räume zuzuweisen (etwa wenn das ursprünglich gemietete Objekt nicht rechtzeitig und nicht ordnungsgemäß zur Verfügung gestellt werden kann), verstößt jedenfalls im Hinblick auf die so genannten Hauptflächen des Mietobjektes gegen § 308 Nr. 4 BGB und im Rahmen des Anwendungsbereichs des § 310 BGB auch als unangemessene Benachteiligung des Mieters gegen § 307 Abs. 2 Nr. 1 BGB.[47] Es ist generell davon auszugehen, dass es dem Mieter nicht zugemutet werden kann, sich auf andere als auf die von ihm vertraglich angemieteten Räume verweisen zu lassen.[48]

44 Soweit sich ein derartiger formularvertraglicher Änderungsvorbehalt ausschließlich auf sog. Nebenräume (z.B. Keller, Abstellflächen, Bodenräume) erstreckt, begegnet er keinen Bedenken, wenn die Zuweisung anderer Nebenräume für den Mieter unter Berücksichtigung seiner Interessen zumutbar ist. Maßstab sind die bereits genannten §§ 308 Nr. 4, 307 BGB. Dabei genügt es nicht, lediglich den Gesetzestext wiederzugeben etwa dergestalt, dass der Vermieter einseitig Änderungen vornehmen darf, soweit diese für den Mieter zumutbar sind. Hier fehlt es bereits an einem eigenständigen Regelungsgehalt.[49] Daher sind auch Klauseln unwirksam, die allein auf die Gebrauchstauglichkeit der zugewiesenen Räume abstellen.[50] Erforderlich ist es vielmehr, dass die Zumutbarkeitskriterien zumindest beispielhaft genannt werden. Es bestehen aber keine Bedenken, formularvertraglich zu regeln, dass die Änderungsmöglichkeiten des Vermieters auf gleich- oder höherwertige Nebenräume begrenzt sind und der Vermieter verpflichtet wird, die mit der Zuweisung verbundenen Aufwendungen des Mieters (z.B. Umzugskosten) zu erstatten. Enthält die Klausel demgegenüber keinerlei Einschränkung auf für den Mieter zumutbaren Sachverhalte, ist sie schon unter dem Gesichtspunkt des Verbotes der geltungserhaltenden Reduktion insgesamt unwirksam.

---

[44] Vgl. OLG Hamburg ZMR 1987, 93; OLG München NJW-RR 1995, 393.
[45] BGH NJW 2000, 1714; OLG Naumburg WuM 2002, 537.
[46] BGH ZMR 1993, 57, 61; vgl. OLG Celle NJW-RR 2008, 168.
[47] Vgl. OLG Celle ZMR 1996, 209.
[48] OLG Köln NJW-RR 1990, 1232.
[49] BGH NJW 1983, 1322.
[50] OLG Bamberg AGBE IV § 10 Nr. 4.

2. Änderung der Baupläne

Auch insoweit sind formularmäßige Klauseln unwirksam, die generell eine Änderungsmöglichkeit des Vermieters vorsehen, bei Änderungen bzw. Abweichungen von den bei Abschluss des Mietvertrags zugrunde gelegten Bauplänen (§§ 308 Nr. 4, 307 BGB). Es bleibt dabei, dass dem Mieter nicht zugemutet werden kann, im Ergebnis ein anderes Objekt als das ursprünglich vertraglich angemietete zu beziehen.

Unbedenklich und rechtswirksam sind demgegenüber Vorbehalte, die sich von vornherein auf baurechtlich oder bautechnisch notwendige Änderungen beschränken und sich auf die Gebrauchstauglichkeit des Mietobjektes zum vertraglich vorgesehenen Zweck nicht wesentlich auswirken.[51]

Die **Beweislast** hierfür, also auch für Zumutbarkeit der Änderungen, trägt der Verwender, in aller Regel also der Vermieter.

3. Nutzung des Mietobjekts für Werbezwecke

Auch ohne gesonderte Vereinbarung ist der Gewerberaummieter berechtigt, an der Außenwand der Mieträume bzw. ggf. im Treppenhaus ein Schild mit dem Hinweis auf seinen Betrieb bzw. seine Praxis anzubringen.[52] Eine darüber hinausgehende Nutzung der Außenwand des Gebäudes für eigene Werbezwecke bzw. für die Anbringung von Reklameeinrichtungen oder Warenautomaten hängt von der Lage des Objektes und der örtlichen Verkehrssituation ab. Grundsätzlich ist davon auszugehen, dass der Mieter eines im Erdgeschoß gelegenen Ladenlokals die Außenwand seines Geschäftes bis zur unteren Fensterkante des darüber liegenden Stockwerks für eigene Werbe- bzw. Reklamezwecke im Rahmen des Ortsüblichen nutzen darf.[53] Die Einbeziehung der höher gelegenen Wandteile und das Anbringen von Warenautomaten dürfte dagegen im Zweifel nicht von seinem Mietgebrauch umfasst sein, sondern eine erlaubnispflichtige Sondernutzung darstellen, die einer ausdrücklichen vertraglichen Absprache bedarf.

Formularklauseln, die eine Benutzung der Außenwand durch den Mieter zu Werbezwecken generell ausschließen oder von der Erlaubnis des Vermieters abhängig machen, stellen keine unangemessene Benachteiligung i. S. v. § 307 Abs. 1 BGB dar und begegnen daher keinen rechtlichen Bedenken.

Individuelle Vereinbarungen, wonach sich der Mieter etwa eines Ladengeschäftes in Einkaufspassagen verpflichtet, sich einer örtlichen Werbegemeinschaft anzuschließen bzw. sogar unabhängig von seinem Beitritt hierzu monatliche Werbebeiträge zu entrichten, sind unbedenklich. Eine entsprechende formularvertragliche Verpflichtung ist nicht überraschend i. S. v. § 305 c BGB, da gemeinsame Werbung bei Einkaufszentren mittlerweile zum üblichen Vermarktungskonzept gehört.[54] Soweit jedoch formularmäßig eine Zwangsmitgliedschaft in einer Werbegemeinschaft vorgesehen ist, kann dies eine den Geboten von Treu und Glauben zuwiderlaufende Benachteiligung des Mieters bedeuten.[55] Hierfür soll jedoch eine Beitrittsverpflichtung zu einem monatlichen Beitrag in Höhe von 10% der Nettomiete noch nicht genügen.[56] Anders jedoch, wenn nach dem Inhalt der Klausel die Werbgemeinschaft auch als GbR gegründet werden kann, was umfangreiche Haftungsrisiken für den Mieter zur Folge hat.[57] Gegen eine formularmäßige Verpflichtung des Mieters, sich an den Kosten der Werbegemeinschaft unabhängig von seinem Beitritt zu beteiligen, bestehen jedoch keine Bedenken, solange sämtliche Mieter von der durch die Beiträge finanzierten Werbung profitieren.[58]

---

[51] OLG Celle ZMR 1996, 209, 210.
[52] OLG Düsseldorf NJW 1988, 2545.
[53] BGH BB 1957, 382.
[54] BGH NJW 2006, 3057 = NZM 2006, 775.
[55] Vgl. OLG Hamburg ZMR 2004, 509; vgl. auch LG Erfurt NZM 1999, 763.
[56] LG Berlin NZM 2001, 338.
[57] BGH NJW 2006, 3057 = NZM 2006, 775.
[58] Str.; vgl. OLG Hamburg ZMR 2004, 509; a. A. OLG Düsseldorf ZMR 1993, 469.

IV. Abnahmepflicht

49   Kraft Gesetzes ist der Mieter nicht verpflichtet, das Mietobjekt zum vertraglich vorgesehenen Beginn tatsächlich zu übernehmen.[59] Allerdings ist es eine der originären Vermieterpflichten, dem Mieter mit dem vereinbarten Beginn des Mietverhältnisses die Mietsache in einem zum uneingeschränkten vertragsgemäßen Gebrauch geeigneten Zustand zu überlassen (§ 535 Abs. 1 BGB). Allerdings ist es nicht zu beanstanden, die Übergabe der Räume formularmäßig von der vollständigen Zahlung der ersten Monatsmiete abhängig zu machen.[60] Die nicht fristgerechte Abnahme des Mietobjektes führt daher ausschließlich zum Gläubigerverzug nach den §§ 293 ff. BGB.

50   Zulässig ist es, auch formularvertraglich eine Abnahmepflicht des Mieters zu statuieren und damit den für den Vermieter günstigeren Schuldnerverzug des Mieters § 286 BGB zu begründen. Dies hat den Vorteil, dass der Vermieter nicht nur seine Aufwendungen, sondern sämtliche finanziellen Nachteile der Verzögerung bei der Übergabe – Verschulden auf Mieterseite vorausgesetzt – vom Mieter ersetzt verlangen kann und im übrigen problemloser die Möglichkeit hat, sich unter Einhaltung der Voraussetzungen des § 323 BGB (insbes. Fristsetzung) wieder vom Mietvertrag zu lösen.

V. Betriebspflicht

51   Nach der Gesetzeslage trifft den Mieter auch keine Gebrauchs- oder Betriebspflicht.[61] Es genügt, wenn er seinen Obhutsverpflichtungen in Bezug auf das Mietobjekt nachkommt (z.B. Heizen, Lüften, Reinigen) und die vertraglich vereinbarte Miete bezahlt.

52   Gerade im Bereich der Geschäftsraummiete besteht allerdings auf Vermieterseite häufig ein **berechtigtes Interesse daran, dass der Mieter das Mietobjekt auch tatsächlich zum vertraglich vorgesehenen Zweck nutzt.** Ein Leerstand von Geschäftsräumen mindert deren Mietwert (z.B. bei Gaststätten) und hat im Übrigen auch Auswirkungen auf die Vermietung anderer Objekte in unmittelbarer Umgebung (etwa in Einkaufspassagen). Dem Vermieter kann daher nur geraten werden, eine Betriebspflicht des Mieters zu statuieren und zwar entweder durch individuelle Vereinbarung oder auch durch Formularklausel. Eine konkludente Vereinbarung ist aufgrund der an sie gestellten strengen Anforderungen hingegen nicht empfehlenswert.[62]

53   Derartige formularvertragliche Betriebspflichten hat der BGH gebilligt und einen Verstoß gegen § 307 Abs. 1 BGB für den Regelfall verneint.[63] Dabei ist bei einer vorformulierten Bezugnahme auf die gesetzlichen Ladenschlusszeiten von einer statischen Verweisung auszugehen.[64] Auch muss der Mieter nicht ständig alle Ladenzugänge geöffnet halten.[65] Da die Rentabilität des Betriebes allein in der Risikosphäre des Mieters liegt, stellt es im Übrigen keine unangemessene Benachteiligung dar, dem Mieter dadurch zur Fortführung auch eines verlustbringenden Geschäftsbetriebes zu verpflichten, auch bei damit verbundenen unter Umständen erheblichen finanziellen Belastungen.[66] So ist eine formularvertragliche Gebrauchs- und Betriebspflicht des Mieters auch dann wirksam, wenn das Sortiment des Mieters vertraglich beschränkt und die Konkurrenzschutzpflicht des Vermieters ausgeschlossen ist.[67] Im

---

[59] Bub/Treier/*Kraemer* III 923, 924.
[60] OLG Düsseldorf NZM 2002, 563.
[61] BGH NJW 1979, 2351; Staudinger/*Emmerich* §§ 535, 536 Rdnr. 91.
[62] Lindner-Figura/Oprée/Stellmann/*Eggersberger* Kap. 23 Rdnr. 23.
[63] BGH ZMR 1993, 57, 59; vgl. auch KG ZMR 2005, 47; OLG Hamburg ZMR 2003, 254; OLG Düsseldorf NJW-RR 1999, 305; WuM 1997, 266.
[64] BGH ZMR 2007, 187; zur Frage der Transparenz derartiger Klauseln BGH NJW 2007, 2176 = NZM 2007, 516.
[65] OLG Dresden NZM 2008, 131.
[66] OLG Celle NJW-RR 2008, 168 = NZM 2007, 838.
[67] BGH WuM 1992, 316; offengelassen WM 1992, 1582, 1583 – umstritten; ablehnend OLG Schleswig NZM 2000, 1008; zustimmend: KG ZMR 2005, 47; OLG Hamburg ZMR 2003, 254; OLG Rostock NZM 2004, 460.

Einzelfall kann die Berufung des Vermieters auf eine derartige Betriebspflicht allerdings gegen § 242 BGB verstoßen, wenn die fehlenden Rentabilität darauf beruht, dass der Vermieter in unmittelbarer Nachbarschaft andere Räume an einen Konkurrenzbetrieb vermietet hat, womit der Mieter nicht rechnen musste, so dass er diesen Umstand nicht von vornherein kalkulieren konnte. Anders, wenn sich dadurch lediglich ein von vornherein erkennbares Risiko verwirklicht hat. Auch bei Zahlungsunfähigkeit des Mieters eines Ladengeschäftes in einem Einkaufszentrum soll dessen Betriebspflicht entfallen,[68] nicht aber bei gesundheitlichen Beeinträchtigungen.[69]

Mangels anderweitiger Vereinbarung besteht die Betriebspflicht bis zur Beendigung des Mietverhältnisses; wird jedoch der Gebrauch über den Beendigungszeitpunkt hinaus fortgesetzt, so begründet die Vereinbarung einer Betriebspflicht „während der Mietzeit" keine Betriebspflicht bis zum Räumungszeitpunkt.[70] Jedoch kann formularmäßig die Betriebspflicht für den Zeitraum bis zur Räumung festgelegt werden, ohne dass ein Verstoß gegen § 307 Abs. 1 BGB vorliegt.

VI. Mietzeit

1. Langfristig formularmäßige Bindung, ggf. auch über sog. Verlängerungsklauseln

Sofern ausnahmsweise vorformulierte (und nicht individuell ausgehandelte) langfristige Bindungen vereinbart sind, liegt ein Verstoß gegen § 307 BGB nicht vor.[71] Dies gilt auch bei einer Anschlussdauer durch sog. Verlängerungsklauseln, nachdem § 309 Nr. 9 BGB auf Mietverhältnisse keine Anwendung findet.[72] Ist die Verlängerungszeit jedoch länger als die zuvor vereinbarte feste Vertragsdauer, kommt eine Unwirksamkeit gem. § 307 BGB in Betracht, da es sich um eine überraschende Klausel handeln könnte.[73] Auch das Transparenzgebot in § 307 Abs. 1 Satz 2 BGB oder die Unklarheitenregel des § 305c Abs. 2 BGB müssen beachtet werden.[74]

Eine lange Anschlusszeit über eine Verlängerungsklausel in einem ursprünglich nur auf Kurzdauer abgeschlossenen Mietvertrag kann ohne besondere Hinweise und (drucktechnische) Hervorhebungen gegen § 305c BGB verstoßen.
Läuft das Mietverhältnis in Folge einer Verlängerungsklausel mehr als 30 Jahre, ist § 544 BGB zu beachten.[75]

2. Optionsrechte

Während eine Verlängerungsklausel ein Tätigwerden erfordert, um das Vertragsverhältnis zu beenden, muss derjenige, zu dessen Gunsten ein Optionsrecht vereinbart ist, tätig werden, um den Vertrag zu verlängern.

Derartige Optionsrechte begegnen auch formularvertraglich keine Bedenken.[76] Allerdings darf das Recht des Begünstigten, durch eine derartige einseitige Erklärung die Vertragsverlängerung herbeizuführen, nicht ausgehöhlt werden. Eine formularvertragliche Bestimmung, die z. B. den Mieter (als Verwender) berechtigt, auch nach Ausübung seiner Optionsrechte jederzeit kurzfristig das Mietverhältnis zu kündigen, während der Vermieter am Vertrag festgehalten wird, verstößt gegen § 307 Abs. 1 BGB.[77] Entsprechendes gilt im umgekehrten Fall für eine Klausel, die dem Mieter kein Recht zur Vertragsverlängerung einräumt, son-

---

[68] OLG Karlsruhe MDR 2007, 577.
[69] OLG Düsseldorf ZMR 2004, 508, wonach sich der Mieter dann der Hilfe eines Dritten bedienen müsse.
[70] OLG Düsseldorf ZMR 2001, 181.
[71] BGH WuM 1986, 56; vgl. auch BGH NJW 1993, 1130 sowie NZM 2001, 854.
[72] BGH a. a. O.; WPM 1997, 588; LG Berlin NZM 1998, 374; LG Gießen NJW-RR 1990, 566, 567, a. A. LG Frankfurt/Main NJW-RR 1989, 176.
[73] Bub/Treier/*Bub* II Rdnr. 419; Linder-Figura/*Zöll* Kap. 9 Rdnr. 18.
[74] OLG Düsseldorf OLGReport Hamm 2007, 505.
[75] Vgl. *Elshorst* NZM 1999, 449; Staudinger/*Emmerich* § 544 Rdnr. 5.
[76] Lindner-Figura/Oprée/Stellmann/*Zöll* Kap. 9 Rdnr. 25.
[77] BGH NJW 2001, 3480; OLG Hamburg NJW-RR 1992, 74 (75); OLG Jena NJW-RR 2006, 809.

dern ihm im Ergebnis lediglich die Möglichkeit gewährt, den Vermieter um ein Angebot zur Fortsetzung des Mietvertrages zu geänderten Bedingungen bitten zu dürfen.[78]

> **Praxistipp:**
> 57 Es empfiehlt sich, im Rahmen der Optionsregelung zugleich festzulegen, zu welchen Bedingungen das Mietverhältnis fortgesetzt werden kann (dies im Übrigen auch bei Vereinbarung einer Verlängerungsklausel). So sollte eine Mietanpassungsmöglichkeit etwa über eine Preisklausel oder einen Leistungsvorbehalt vereinbart werden (hierzu näher im Folgenden unter VII), wobei die maßgeblichen Gesichtspunkte für die Bemessung des Mietzinses schon in der Optionsabrede enthalten sein müssen. Andernfalls bedarf es konkreter Anhaltspunkte für einen entsprechenden Willen beider Parteien, um im Wege sog. ergänzender Vertragsauslegung als dann geschuldeten Mietzins die angemessene oder ortsübliche Miete zugrunde zulegen.[79]

3. Mietbeginn

58 In aller Regel wird der Beginn der Mietzeit individuell vereinbart. Hierzu gehört dann auch die Übergabe sämtlicher Schlüssel.[80] Hierfür ist es nicht erforderlich, ein genaues Datum einzusetzen; es genügt auch die zweifelsfreie Bestimmbarkeit etwa dahingehend, dass das Mietverhältnis „spätestens Ende Sommer" eines Jahres beginnen soll.[81] Derartige individuelle Regelungen unterliegen keiner Inhaltskontrolle (vgl. § 307 Abs. 3 BGB).

59 Wird eine solche individuelle Vereinbarung über den Mietbeginn durch eine Formularklausel „ausgehöhlt", wonach der konkrete vereinbarte Zeitpunkt als „annähernd" oder „unverbindlich" bezeichnet wird (etwa in Hinblick auf die noch nicht erfolgte Fertigstellung der Mieträume) verstößt eine derartige formularvertragliche Einschränkung gegen den Vorrang der Individualabrede nach § 305b BGB und darüber hinaus auch gegen § 308 Nr. 1 BGB sowie § 307 Abs. 2 Nr. 1 BGB. Dies gilt auch, soweit formularvertraglich dem Vermieter über einen fest vereinbarten Termin hinaus eine Frist eingeräumt wird und dies auch im kaufmännischen Bereich.[82] Für Klauseln, wonach ungeachtet des bestimmt oder bestimmbar vereinbarten Termins das Mietverhältnis z.B. erst „mit der Fertigstellung" oder „der Räumung durch den Vormieter" beginnen soll, gilt nichts anderes.[83] Sie sind für sich genommen, also ohne Einschränkung eines individuell vereinbarten Termins selbstverständlich unbedenklich, auch unter dem Gesichtspunkt des § 550 BGB.[84]

60 Angesichts dieser Problematik wird oft im Mietvertrag überhaupt kein Termin für die Übergabe des Mietobjekts vorgesehen. In einem derartigen Fall müssen Klauseln, die den Beginn der Mietzeit regeln, den Anforderungen des § 308 Nr. 1 bzw. § 307 BGB genügen. Die vereinbarte Leistungsfrist muss hinreichend bestimmt sein und ihre Dauer darf nicht allein im Einfluss- oder Kenntnisbereich des Vermieters liegen. Der Mieter muss vielmehr den Beginn des Mietverhältnisses zumindest berechnen können.[85] Der Mietbeginn muss folglich soweit konkretisiert sein, dass für den Mieter Klarheit besteht, wann er die Leistung verlangen und den Vermieter in Verzug setzen kann.[86] Daher ist eine Klausel unwirksam, wenn sie der Beginn der Mietzeit auf den mit der Fertigstellung des Objektes bzw. auf dessen Räumung durch den Vormieter folgenden Monatsersten hinausschiebt.[87]

61 Zulässig soll der Vorbehalt einer angemessenen Frist zur Übergabe der Mieträume von bis zu 6 Wochen bzw. das formularmäßig vorbehaltene Recht des Vermieters sein, das Vertragsangebot des Mieters auch noch nach längerer Zeit (6 Wochen) annehmen zu können, jeden-

---

[78] OLG Hamburg ZMR 1990, 273.
[79] Vgl. BGH NJW-RR 1992, 517.
[80] OLG Naumburg ZMR 2000, 290; LG Berlin NJW-RR 1988, 203.
[81] OLG Düsseldorf DWW 1993, 197, 198.
[82] Vgl. BGH NJW 2007, 1198; NJW 1984, 48 und 2468.
[83] OLG Rostock NZM 2001, 426; LG Mannheim WuM 1999, 686 (zum Pachtvertrag).
[84] BGH NJW 2007, 3273 = NZM 2007, 443; NJW 2006, 139 = NZM 2006, 54.
[85] Vgl. BGH NJW 1985, 855, 856.
[86] BGH NJW 1989, 1603.
[87] BGH NZM 1998, 156, 157.

falls dann, wenn über ein Mietvertrag in einem noch nicht fertig gestellten Mietobjekt verhandelt wird.[88] Dies gelte sowohl im nichtkaufmännischen Bereich bei Anwendung von § 308 Nr. 1 BGB als auch im kaufmännischen bzw. unternehmensbezogenen Geschäftsverkehr nach § 310 BGB über § 307 Abs. 2 Nr. 1 BGB. Als sicherer Weg verbleibt den Mietvertragsparteien allein die Möglichkeit einer Individualvereinbarung, wenn eine hinreichend konkrete Festlegung des Mietbeginns nicht möglich ist. Zu beachten ist, dass eine unangemessen lange Frist nicht im Weg der Auslegung gekürzt und damit auf einen zulässigen Inhalt zurückgeführt werden kann.[89]

Formularklauseln, die dem Vermieter eine (Nach-)Frist zur Übergabe des Mietobjektes einräumen, müssen der Inhaltskontrolle entweder nach § 308 Nr. 2 BGB oder bei Verwendung gegenüber einem Kaufmann/Unternehmer nach § 307 Abs. 2 Nr. 1 BGB genügen, was voraussetzt, dass die Nachfrist deutlich kürzer ist, als die eigentliche Frist.[90] Im Bereich der Geschäftsraummiete dürfen insoweit zwei Wochen wohl kaum überschritten werden. 62

4. Haftung des Vermieters für die nicht rechtzeitige Übergabe des Mietobjekts

Formularvertragliche Regelungen, wonach der Vermieter für die nicht rechtzeitige Fertigstellung der Geschäftsräume nur bei grober Fahrlässigkeit oder Vorsatz haftet, verstoßen gegen § 309 Nr. 8 b BGB.[91] Auch die Einschränkung, dass Schadensersatz wegen Nichterfüllung bei Verzug des Vermieters nur bei Vorsatz oder grober Fahrlässigkeit gewährt wird, ist unwirksam. 63

Der Verwender kann sich hier vor allem nicht auf § 309 Nr. 7 BGB stützen, da durch die erwähnte Formulierung der Schadensersatz wegen Nichterfüllung in den Fällen leichter Fahrlässigkeit völlig ausgeschlossen wird, was durch § 309 Nr. 8 b BGB gerade verhindert werden soll.[92] Es soll aber zulässig sein, die Haftung auch für leichte Fahrlässigkeit auszuschließen, wenn und soweit Kardinalpflichten von der Haftungseinschränkung nicht umfasst[93] und natürlich die Vorgaben des § 309 Nr. 7 a BGB beachtet werden. 64

Derartige Klauseln über eine Begrenzung der Vermieterhaftung müssen also zum einen § 309 Nr. 8 b BGB Rechnung tragen und zum anderen die Möglichkeit des Schadensersatzes angemessen sichern, in dem dieser z. B. lediglich der Höhe nach oder für bestimmte Schadensarten eingeschränkt wird. Umstritten ist, ob es insoweit genügt, die Haftung des Vermieters bei nicht rechtzeitiger Bezugsfertigkeit des Objektes oder der nicht rechtzeitigen Räumung durch den Vormieter auch für leichte Fahrlässigkeit auszuschließen, sofern dem Mieter die Kündigungsmöglichkeit verbleibt oder Regressansprüche gegen Bauhandwerker oder Vormieter an ihn abgetreten werden. 65

Zulässig ist es, formularvertraglich zu vereinbaren, dass Bezugsfertigkeit dann gegeben ist, wenn – mit Ausnahme kleiner Restarbeiten – die Mietsache im wesentlichen fertig gestellt und funktionsfähig ist, so dass dem Mieter zugemutet werden kann, das Objekt auch zu nutzen.[94] 66

Auch im kaufmännischen Geschäftsverkehr ist anerkannt, dass der Verwender nicht den Anspruch auf Rücktritt vom Vertrag und auch Schadensersatz ausschließen darf. 67

Ebenfalls sind Freizeichnungsklauseln für einfache Fahrlässigkeit gegenüber Kaufleuten bzw. Unternehmern i. S. d. § 310 Abs. 1 BGB wegen Verstoßes gegen § 307 Abs. 2 Nr. 2 BGB unwirksam, wenn sie sich auf die Verletzung von wesentlichen Vertragspflichten erstrecken, wie z. B. die Verpflichtung des Vermieters zur Gebrauchsgewährung.[95] Folglich ist eine Haftung für die Erfüllung der Verpflichtung des Vermieters, dem Mieter den Gebrauch der Mietsache zu ermöglichen, nicht wirksam formularmäßig abdingbar.[96] 68

---

[88] KG NZM 2007, 86.
[89] BGH NJW 1984, 48, 49.
[90] BGH NJW 1985, 320, 323.
[91] OLG Düsseldorf DWW 1993, 197, 198.
[92] BGH NJW-RR 1989, 625, 626.
[93] BGH NZM 2002, 116; NJW-RR 1996, 783, 788; NJW 1984, 1350.
[94] OLG München NJW-RR 1995, 1100, 1101.
[95] BGH NJW-RR 1993, 560, 561; NJW 1993, 335; OLG Düsseldorf DWW 1993, 197, 198.
[96] OLG Düsseldorf DWW 1993, 197, 198.

69 Durch Klauseln kann ferner die Haftung des Vermieters für grobe Fahrlässigkeit (§ 309 Nr. 7 BGB), seine Schadensersatzverpflichtung im Falle des Teilverzugs bzw. der Teilunmöglichkeit (§ 309 Nr. 8 BGB) sowie die Rechte des Mieters, sich im Falle des Verzuges seines Vertragspartners oder von diesem zu vertretender (Teil-)Unmöglichkeit der Leistung durch Rücktritt oder Kündigung vom Vertrag zu lösen (§ 309 Nr. 8a BGB) nicht wirksam ausgeschlossen werden. Das Rücktritts- bzw. Kündigungsrecht des Mieters kann ebenfalls weder ausgeschlossen noch eingeschränkt (auch nicht befristet) werden.[97] Dies gilt auch für den Abschluss von Geschäftsraummietverträgen mit Kaufleuten oder mit Unternehmern i. S. v. § 310 BGB.

5. Befristung und vorformulierte Kündigungsregelungen

70 Enthält ein vorformulierter Mietvertrag neben einer ausgefüllten Vereinbarung über eine bestimmte Vertragslaufzeit eine Klausel, in der Kündigungsfristen geregelt werden, kann der Zeitmietvertrag trotz vereinbarter Befristung schon wegen § 305c Abs. 2 BGB, dann ordentlich gekündigt werden, wenn sich die vorformulierte Kündigungsregelung auch auf die feste Vertragslaufzeit beziehen könnte bzw. dies zumindest unklar ist.[98]

VII. Miete

1. Höhe

71 Es ist nicht notwendig – aber selbstverständlich empfehlenswert- im Mietvertrag die Höhe der Miete genau festzulegen. Vielmehr genügt es, dass sich die Parteien auf einen bestimmbaren Mietzins einigen.[99] Selbst bei Fehlen jeglicher Vereinbarung über die Miete kann ein Mietvertrag zustande kommen, sofern Einvernehmen zwischen den Parteien über die Entgeltlichkeit der Gebrauchsüberlassung besteht.[100] In diesem Fall gilt die ortsübliche Miete als vereinbart. Diese wird analog §§ 612 Abs. 2, 632 Abs. 2 BGB bzw. bei Handelsgeschäften analog § 354 Abs. 1 HGB oder mittels ergänzender Vertragsauslegung bestimmt.[101]

2. Umsatzsteuer

72 Haben sich die Parteien auf eine bestimmte Miete geeinigt, ist der Vermieter nur bei einer entsprechenden zweifelsfreien Vereinbarung berechtigt, die darauf entfallende Umsatzsteuer zusätzlich zu verlangen. Eine Klausel, die den nicht zum Vorsteuerabzug berechtigten Mieter verpflichtet, zusätzlich zu dem individuell vereinbarten Netto-Mietzins Mehrwertsteuer zu zahlen, ist bereits wegen des Vorrangs der Individualabrede gem. § 305b BGB unwirksam.[102] Die Regel über den Vorrang der Individualabrede greift aber ebenso wenig wie § 305c BGB ein, wenn eine entsprechende Klausel gegenüber einem zum Vorsteuerabzug berechtigten Mieter verwendet wird; hier ist allein entscheidend, ob – was gegebenenfalls durch Auslegung zu ermitteln ist – der Mietzins netto oder brutto vereinbart wurde. Im Zweifel ist in der vereinbarten Miete eine etwa geschuldete Umsatzsteuer bereits enthalten.[103]

73 Da § 309 Nr. 1 BGB, der kurzfristige Preiserhöhungen verbietet, auf Mietverträge keine Anwendung findet, ist es unbedenklich, in einem Gewerberaummietvertrag formularmäßig zu vereinbaren, dass der vorsteuerabzugsberechtigte Mieter die „jeweilige gesetzliche Mehrwertsteuer" zu zahlen hat. Gegenüber nicht zum Vorsteuerabzug berechtigten Gewer-

---

[97] BGH NJW-RR 1989, 625.
[98] LG Frankfurt/Main WuM 1999, 114; LG Gießen NJW-RR 1996, 1293; LG Kassel WuM 1997, 679; LG Wiesbaden WuM 1994, 430; AG Alsfeld WuM 1999, 116; AG Bad Homburg WuM 1999, 114; AG Bremen-Blumenthal WuM 1987, 395.
[99] BGH NJW 2002, 3016.
[100] BGH NJW-RR 1992, 517; OLG Frankfurt/Main Urt. v. 10. 3. 2006 – 2 W 72/05 – BeckRS 2006, 12 476.
[101] BGH NJW 2003, 1317.
[102] BGH WM 1973, 677.
[103] OLG Naumburg ZMR 2002, 291.

beraummietern (so z. B. Ärzten nach § 4 Nr. 14 UStG) stellt ein derartiger formularmäßiger Erhöhungsvorbehalt dagegen eine unangemessene Benachteiligung i. S. v. § 307 BGB dar, da eine solche Klausel zu einer Mehrbelastung für den Mieter ohne eine entsprechende Änderung der vom Vermieter zu erbringenden Gegenleistung führen würde.

Zulässig ist, wenn sich der Vermieter bei Gewerberaummietverträgen mit vorsteuerabzugsberechtigten Mietern formularvertraglich das Recht vorbehält, im Falle der Ausübung seines Optionsrechtes, seine Mieteinnahmen der Umsatzsteuer zu unterwerfen, die Miete also um die Mehrwertsteuer zu erhöhen. Diese zusätzliche Belastung stellt für den Mieter aufgrund seiner Vorsteuerabzugsberechtigung nur ein Durchlaufposten ohne wirtschaftliche Auswirkung dar, so dass kein Verstoß gegen § 307 Abs. 1 BGB gegeben ist.[104] Anders beim nicht vorsteuerabzugsberechtigten Mieter, der durch eine solche formularvertragliche Regelung unangemessen benachteiligt werden würde mit der Unwirksamkeitsfolge des § 307 Abs. 1 BGB.[105] 74

Aufgrund der Neufassung des § 9 Abs. 2 UStG kann der zur Zahlung von Mehrwertsteuer verpflichtete Mieter formularvertraglich zusätzlich verpflichtet werden, die Mieträume ausschließlich bzw. im wesentlichen für Umsätze zu verwenden, die den Vorsteuerabzug nicht ausschließen (R 148 a UStR 2008). 75

Die in § 9 Abs. 2 S. 2 UStG weiter vorgesehenen Nachweispflicht des Vermieters erlaubt es, den Mieter auch formularvertraglich zu verpflichten, dem Vermieter Auskunft über seine im Mietobjekt erzielten Umsätze zu erteilen, die den Vorsteuerabzug ausschließen, und auch dem für den Vermieter zuständigen Finanzamt weitere Auskünfte über seine Umsätze, die der Vermieter zur Erfüllung seiner Nachweispflicht benötigt, zu geben. 76

3. Vorauszahlungsklauseln

Die formularvertragliche Abweichung von der gesetzlichen Regelung des § 551 BGB a. F., die nicht zum gesetzlichen Leitbild der Miete gehört, war uneingeschränkt zulässig.[106] Da dem Mieter seine Leistungsverweigerungsrechte verblieben, war eine derartige Formularklausel sachlich gerechtfertigt und führte auch nicht zu einer unangemessenen Benachteiligung des Mieters.[107] Die Ausübung von Zurückbehaltungsrechten oder Aufrechnungsmöglichkeiten wurde nur zeitlich verschoben und stellt daher keine unangemessene Benachteiligung i. S. v. § 307 BGB dar.[108] Seit der ab dem 1. 9. 2001 geltenden Mietrechtsreform hat sich mit § 556 b Abs. 1 BGB dieses gesetzliche Leitbild jedenfalls für die Wohnraummiete (vgl. § 578 BGB) ohnehin entsprechend der bisherigen Vorauszahlungsklauseln geändert. 77

Gegen eine Kombination einer Vorauszahlungsklausel mit einer Aufrechnungsbeschränkungsklausel (zu Aufrechnungsklauseln näher sogleich unter 7) bestehen anders als im Wohnraummietrecht[109] im Gewerberaummietrecht keine Bedenken. Hier gilt § 536 Abs. 3 BGB nicht mit der Folge, dass von § 536 Abs. 1 und Abs. 2 abweichende Vereinbarungen nicht vornherein unwirksam sind. Das Minderungsrecht des Mieters gehört auch nicht zu den Grundprinzipien des Mietrechts,[110] so dass – nachdem § 309 Nr. 8 b BGB auf Mietverträge nicht anwendbar ist[111] – im Gewerberaummietrecht das Minderungsrecht des Mieters formularvertraglich auch eingeschränkt werden kann. Insbesondere kann der Mieter auf den Klageweg verwiesen werden (siehe hierzu näher sogleich unter XXV 1).[112] 78

Unbedenklich ist die Kombination einer Mietvorauszahlungsklausel einerseits und der formularvertraglichen Verpflichtung des Mieters andererseits, Minderungs- Aufrechnungs- 79

---

[104] BGH NJW-RR 2002, 9.
[105] BGH NZM 2004, 785; AG Ebersberg NJW-RR 1993, 841.
[106] BGH NZM 1998, 628; NJW 1995, 254, 255; BayObLG NJW-RR 1993, 1097, 1098; OLG Hamm NJW-RR 1993, 710; OLG München WuM 1992, 232.
[107] Vgl. BGH NJW 1987, 1931; BGH NJW 1985, 855.
[108] BGH NJW 1995, 254, 255.
[109] BGH NJW 1995, 254; OLG München WuM 1992, 232.
[110] BGH NJW-RR 1993, 519; NJW 1984, 2404; OLG München ZMR 1987, 16; KG GE 2002, 257.
[111] BGH NJW 1985, 1547; OLG Frankfurt/Main WuM 1987, 143; OLG Hamburg MDR 1981, 934.
[112] Vgl. OLG Hamburg NJW-RR 1998, 586, 587; OLG Köln WuM 1998, 23; OLG Koblenz Urt. v. 8. 12. 2005 – 2 U 163/05 – BeckRS 2006 00520.

und Zurückbehaltungsrechte vorher anzuzeigen. Diese zeitliche Verschiebung der Durchsetzung der genannten Mieteransprüche stellt keine unangemessene Benachteiligung des Mieters dar.[113]

4. Rechtzeitigkeitsklauseln

80 Klauseln, nach denen für die Rechtzeitigkeit der Zahlung der Miete der Zeitpunkt des Eingangs beim Vermieter maßgeblich sein soll, begegnen nach überwiegender Auffassung keinen Bedenken.[114] Nimmt der Mieter am Lastschriftverfahren teil (hierzu näher sogleich) wird die Mietzahlungspflicht allerdings von der Schickschuld zur Holschuld mit der Folge, dass der Vermieter für die Rechtzeitigkeit der Einziehung verantwortlich ist und sich folglich nicht mehr auf einen Verstoß gegen eine derartige Rechtzeitigkeitsklausel mit Erfolg berufen kann.

81 Eine formularvertragliche Regelung, wonach die Mietzahlung kostenfrei zu erfolgen hat, wiederholt lediglich die gesetzliche Regelung des § 270 Abs. 1 BGB und führt selbstverständlich nicht dazu, dass der Mieter etwa die Kontoführungsgebühren des Vermieters zu tragen hätte.

5. Abbuchungs- und Lastschriftverfahren

82 Die bargeldlose Zahlung der Miete, einschließlich der Nebenkosten stellt auch im Bereich der Geschäftsraummiete die Regel dar. Dabei ist zwischen dem Abbuchungsverfahren einerseits und dem Lastschriftverfahren andererseits zu unterscheiden: Im sog. Abbuchungsverfahren erteilt der Schuldner seiner Bank die generelle Weisung, Lastschriften eines namentlich bezeichneten Gläubigers zu Lasten seines Girokontos einzulösen. Die Bank ist folglich aufgrund der ihr erteilten Weisung des Zahlungspflichtigen gehalten, die von Seiten des Zahlungsempfängers vorgelegte Lastschrift einzulösen; ein Widerspruch des Zahlungspflichtigen ist dabei ohne Bedeutung und berechtigt die Bank weder zu einer Rückbelastung noch wird sie zu einer Stornierung der Buchung verpflichtet. Dagegen räumt der Zahlungspflichtige beim sog. Einzugsermächtigungsverfahren (Lastschriftverfahren) dem Zahlungsempfänger die Befugnis ein, die zu leistenden Zahlungen selbst mittels Lastschrift bei seiner, des Zahlungspflichtigen Bank von dessen Girokonto abzubuchen; eine unmittelbare Weisung des Schuldners an seine Bank fehlt. Daher ist die Bank bis zur Genehmigung des Schuldners/ihres Kunden gehalten, grundsätzlich dessen Widerspruch gegen die Lastschrift (binnen 6 Wochen[115]) zu beachten und ohne Prüfung der materiellen Rechtslage eine Rückbuchung sowie eine Stornierung der Belastungsbuchung zu veranlassen.

83 Im Hinblick darauf sind Klauseln, welche den Mieter zur Teilnahme am Lastschriftverfahren verpflichten, nach denen der Mieter also eine Einzugsermächtigung im Hinblick auf Miete und Nebenkosten zu erteilen hat, zulässig.[116] Wegen der Rückrufmöglichkeit wird der Mieter nicht unangemessen benachteiligt, so dass aber ein formularmäßiger Verzicht auf diese Rückrufmöglichkeit im Lastschriftverfahren unwirksam ist.[117] Problematisch ist allerdings, wenn größere, der Höhe nach nicht festgelegte Beträge zu ebenfalls nicht von vornherein feststehenden Zeitpunkten eingezogen werden können sollen, z. B. bei Nachzahlungen aus Betriebskostenabrechnungen. Die Einzugsermächtigung sollte sich daher vorsorglich ausdrücklich hierauf beziehen und ebenso auf Nebenkostenvorauszahlungen.[118] Dadurch wird dem Überraschungseffekt des § 305c BGB vorgebeugt. Ggf. sollte für die Abbuchung größerer Beträge eine Ankündigungsfrist vorgesehen werden. Erstreckt sich das Lastschriftverfahren auch auf Nebenkosten, so ist sicherzustellen, dass dem Mieter zwischen

---

[113] So sogar für die Wohnraummiete BGH NJW 1995, 254, 255; OLG Hamm NJW-RR 1993, 710, 711; LG Berlin NZM 2002, 381.
[114] BGH NZM 1998, 628, 629; OLG München ZMR 1996, 376; OLG Koblenz NJW 1993, 583; Lindner-Figura/Oprée/Stellmann/*Oprée* Kap. 15 Rdnr. 214.
[115] A. A. BGH NJW 2000, 2667.
[116] BGH NJW 1996, 988; LG Köln WuM 1990, 380.
[117] BGH NJW 1984, 2816; OLG Brandenburg ZMR 2004, 745.
[118] AG Mainz WuM 1997, 548.

Zugang der Abrechnung und Abbuchung ein angemessener Zeitraum zur Prüfung der Abrechnung verbleibt.[119]

Unwirksam ist hingegen die formularvertragliche Verpflichtung zur Erteilung eines Abbuchungsauftrags bzw. zur Teilnahme am Abbuchungsverfahren wegen der fehlenden Rückrufsmöglichkeit durch Widerspruch. Hierin liegt ein Verstoß gegen § 307 BGB, auch im kaufmännischen/unternehmensbezogenen Geschäftsverkehr.[120] Außerhalb des Anwendungsbereichs des § 310 BGB dürfte im übrigen auch noch ein Verstoß gegen § 309 Nr. 2 BGB vorliegen, da dem Vermieter durch das Abbuchungsverfahren die Möglichkeit eingeräumt wird, seine Mietforderung unabhängig von etwaigen Leistungsverweigerungsrechten des Mieters zu realisieren.

6. Tilgungs-/Verrechnungsbestimmungen

Grundsätzlich kann der Schuldner nach § 366 BGB bei Zahlung eines Teilbetrages bestimmen, welche Schuld getilgt werden soll. Andernfalls erfolgt die Tilgung nach Maßgabe des § 366 Abs. 2 BGB. Werden neben der Hauptforderung Zinsen und Kosten geschuldet, legt § 367 BGB die Tilgungsreihenfolge fest und schließt dabei ein Bestimmungsrecht des Mieters aus. Trifft der Mieter hiervon abweichend eine Bestimmung, kann der Vermieter die Leistung zurückweisen, ohne in Gläubigerverzug zu geraten (§ 366 Abs. 2 BGB). Andernfalls akzeptiert er die von der gesetzlichen Regelung abweichende Tilgungsbestimmung des Mieters.

Sowohl § 366 BGB als auch § 367 BGB sind dispositiv. Für den Bereich der Geschäftsraummiete können sie auch formularvertraglich rechtswirksam abbedungen werden.[121] Es ist daher zulässig, eine von diesen gesetzlichen Regelungen abweichende Tilgungsreihenfolge etwa dahingehend festzulegen, dass Zahlungen zuerst auf Nebenkosten und erst dann auf Mietzinsforderungen angerechnet werden. Auch im kaufmännischen Geschäftsverkehr ist es aber unwirksam, dem Vermieter formularvertraglich das Recht einzuräumen, die Tilgungswirkung von Fall zu Fall frei zu bestimmen.[122] Der Mieter muss vielmehr immer erkennen können, welche offen stehende Forderung durch seine Zahlung getilgt wird.

7. Aufrechnungsrechte

Formularvertragliche Aufrechnungsverbote unterliegen der Inhaltskontrolle entweder nach § 309 Nr. 3 BGB oder § 307 BGB. Ein vollständiger Aufrechnungsausschluss wäre formularvertraglich sowohl im nichtkaufmännischen als auch im kaufmännischen Geschäftsverkehr gem. § 307 BGB unwirksam.[123] Im Rahmen des Benachteiligungsverbotes des § 307 Abs. 1 BGB haben die Wertungen des § 309 Nr. 3 BGB mit einzufließen mit der Folge, dass der Ausschluss der Aufrechnung mit unbestrittenen bzw. rechtskräftig festgestellten (und entscheidungsreifen[124]) Forderungen auch im Geschäftsverkehr zwischen Kaufleuten eine unangemessene Benachteiligung darstellt.[125] Gleiches gilt, wenn zwar rechtskräftig festgestellte Gegenforderungen ausgenommen werden, ansonsten aber die Gegenansprüche, „zu denen die Vermieterin im Einzelfall jeweils ihre Zustimmung erklärt".[126] Generell die

---

[119] BGH NJW 2003, 1237.
[120] OLG Brandenburg NJW-RR 2002, 1640; LG Köln WuM 1990, 380; AG Freiburg WuM 1987, 50; vgl. auch OLG Koblenz NJW-RR 1994, 689.
[121] BGH NJW 1984, 2404, 2405; vgl. auch OLG Celle WuM 1990, 103, 109; LG Berlin NZM 2002, 66 zur Rechtslage bei der Wohnraummiete.
[122] BGH NJW 1984, 2404, 2405.
[123] BGH NJW 2007, 3421; NJW-RR 1993, 519, 520; OLG Celle WuM 1989, 234; OLG Düsseldorf ZMR 1989, 61, 62; OLG Hamburg WuM 1986, 82, 83; auch für sog. „Altverträge", die vor Inkrafttreten des AGBG zum 1. 4. 1977 abgeschlossen wurden: BGH NJW 1984, 2404, 2406.
[124] OLG Celle WuM 1990, 103, 109.
[125] BGH NJW 2007, 3421; NJW-RR 2003, 873 = NZM 2003, 437; NJW-RR 1993, 519; NJW 1985, 319, 320; NJW 1984, 2404, 2405; OLG Celle WuM 1989, 234; KG NJW 2002, 948; OLG Frankfurt/M. Urt. v. 9. 6. 2005 – 12 U 4/05 – rkr. auch wenn die Gegenforderung „dem Grund und der Höhe nach unbestritten sein muss".
[126] BGH NJW 2007, 3421 = NZM 2007, 684.

Möglichkeit der Aufrechnung ausschließende Klauseln können auch nicht auf einen zulässigen „Kerngehalt" reduziert werden, etwa in der Weise, dass die Möglichkeit der Aufrechnung mit unbestrittenen oder rechtskräftig festgestellten Forderungen nach wie vor gegeben sein soll.[127]

88 Da die Zulässigkeit der Aufrechnung mit unbestrittenen Forderungen sinngemäß auch rechtskräftig festgestellte Forderungen umfasst[128] und umgekehrt[129] schadet es nicht, wenn eine Klausel nach ihrem Wortlaut nur die Aufrechnung entweder mit unbestrittenen oder mit rechtskräftig festgestellten Forderungen zulässt (bedenklich bei Verbandsklagen nach §§ 1, 3 UKlaG aufgrund des dort maßgeblichen Prinzips der kundenfeindlichsten Auslegung[130]). Gegen § 309 Nr. 3 BGB verstoßen dagegen Formularklauseln, die eine Aufrechnung über unbestrittene Forderungen hinaus nur mit vom Vermieter anerkannten Ansprüchen des Mieters zulassen, bestimmte Forderungen von der Aufrechnungsmöglichkeit ausschließen oder die Aufrechnung nur gegen Teile des Mietzinsanspruchs erlauben. Es ist daher nicht wirksam möglich, formularvertraglich z. B. die Aufrechnung gegen Betriebs- und Heizkostenforderungen vollständig auszuschließen oder lediglich auf konnexe Gegenforderungen zu beschränken, also auf Forderungen, die mit dem Mietverhältnis in einem rechtlichen und sachlichen Zusammenhang stehen.[131]

89 Beschränkungen der Aufrechnungsmöglichkeiten fallen im Übrigen bei Geschäftsraummietverträgen nicht unter § 309 Nr. 3 BGB, sondern sind allein am Maßstab des § 307 Abs. 1 BGB zu messen. Das Erfordernis der Ankündigung von Aufrechnungen innerhalb von einer bestimmten Frist, jedenfalls von etwa einem Monat[132] ist daher zulässig. Dies gilt aber nur bis zum Zeitpunkt der Rückgabe des Mietobjektes, also auch noch in der Phase der Vertragsbeendigung.[133]

90 Im Übrigen gilt ein wirksam vereinbartes Aufrechnungsverbot über den Zeitpunkt der Vertragsbeendigung hinaus zumindest bis zur Rückgabe des Mietobjektes.[134] Im Ergebnis kommt es auch noch nach Rückgabe der Mietsache zum Tragen, da das entsprechende rechtlich geschützte Interesse des Vermieters erst mit vollständiger Erfüllung seiner Ansprüche entfällt.[135]

8. Zurückbehaltungsrechte

91 Zurückbehaltungsrechte, die auf dem Mietverhältnis beruhen, dürfen nach § 309 Nr. 2 BGB formularmäßig weder ausgeschlossen noch eingeschränkt werden. Es ist daher unwirksam, die Ausübung des Zurückbehaltungsrechts von einer vorherigen Ankündigung durch den Mieter oder gar einem Anerkenntnis des Vermieters abhängig zu machen.[136] Zurückbehaltungsrechte wegen nicht konnexer Gegenforderungen können dagegen formularmäßig ausgeschlossen werden.

Im kaufmännischen Geschäftsverkehr kann demgegenüber das Zurückbehaltungsrecht gem. § 273 BGB ebenso wie das Leistungsverweigerungsrecht nach § 320 BGB formularvertraglich abbedungen werden. Klauseln, welche das Zurückbehaltungsrecht einschränken, können sich zugleich auf das Leistungsverweigerungsrecht gem. 320 BGB erstrecken, auch sofern dieses in der formularvertraglichen Regelung nicht ausdrücklich erwähnt

---

[127] BGH NJW 2007, 3421 = NZM 2007, 684; NJW 1994, 657; NJW 1985, 319; vgl. auch NJW-RR 2006, 1350.
[128] BGH NJW 1989, 3215, 3216.
[129] BGH NJW-RR 1993, 519, 520.
[130] OLG Celle WuM 1990, 103, 111.
[131] OLG Celle WuM 1990, 103, 111.
[132] BGH NJW-RR 1988, 329; OLG Düsseldorf NZM 2002, 953; OLG Rostock NZM 1999, 1006; OLG Celle NJW-RR 1998, 585, 586; OLG Hamm MDR 1997, 927; OLG Köln WuM 1998, 23.
[133] BGH NZM 2000, 336; NJW-RR 1988, 329; OLG Rostock NZM 1999, 1006; OLG Düsseldorf ZMR 2005, 450.
[134] OLG Düsseldorf Urt. v. 8. 6. 2006 – 10 U 159/05 – BeckRS 2006, 07 262; WuM 1997, 428; WuM 1995, 392; OLG Frankfurt/Main WuM 1987, 142, 143; OLG Karlsruhe ZMR 1987, 261, 262; a. A. OLG Celle OLGZ 1966, 6, 7.
[135] OLG Karlsruhe ZMR 1987, 261, 262; vgl. für individuelle Vereinbarungen BGH NZM 2000, 336.
[136] OLG Celle NZM 1998, 265; WuM 1990, 103, 111; OLG Hamburg NZM 1998, 264.

wird.¹³⁷ Wirksam ist eine Beschränkung des Zurückbehaltungsrechts auf unbestrittene oder rechtskräftig festgestellte Gegenforderungen¹³⁸ oder auch das Abhängigmachen von einer vorherigen Anzeige.¹³⁹ Selbst bei einem zulässigerweise eingeschränkten Zurückbehaltungsrecht bleibt dem Mieter gleichwohl unbenommen, wegen des Vorhandenseins von Mängeln des Mietobjekts den vereinbarten Mietzins zu mindern.¹⁴⁰ Ein vollständiger Ausschluss des Zurückbehaltungsrechtes führt aber auch gegenüber Kaufleuten bzw. anderen Unternehmern i. S. d. § 310 BGB zu einer unangemessenen und damit nicht mehr hinnehmbaren Benachteiligung des Vertragspartners nach § 307 Abs. 1 BGB.¹⁴¹

9. Befreiung von der Mietzahlungspflicht

92 Für den Fall der persönlichen Verhinderung des Mieters regelt § 537 BGB als lex specialis zu § 326 BGB die Voraussetzungen, unter denen der Mieter von der Pflicht zur Zahlung der Miete befreit ist. Ein formularmäßiger Ausschluss des § 537 Abs. 2 BGB (Entfall der Mietzahlungspflicht bei Überlassung der Mietsache an einen Dritten durch den Vermieter) ist auch im Gewerberaummietrecht wegen Verstoßes gegen § 307 Abs. 2 Nr. 1 BGB unzulässig.¹⁴²

VIII. Änderung der Miete

93 Im Gegensatz zum Wohnraummietrecht fehlt es bei der Gewerberaummiete an gesetzlichen Mieterhöhungsmöglichkeiten. Die Änderung der Miethöhe bedarf daher immer und ausschließlich einer vertragliche Vereinbarung, nach der Anlass und Höhe der Mieterhöhung hinreichend bestimmt oder bestimmbar angegeben sein müssen (§ 309 Nr. 1 BGB gilt nicht). Im Hinblick darauf ist es problematisch, bei einer Klausel, wonach z.B. die vermietende Kommune die Miete nach dem jeweils von ihr selbst beschlossenen „Tarifen" anpassen kann, wirksam ist¹⁴³ oder wonach der Vermieter „nach billigem Ermessen" die Miete erhöhen kann.¹⁴⁴ Der Mieter wird unangemessen benachteiligt, wenn es dem Vermieter gestattet ist, den Mietzins ohne Begrenzung der Höhe nach anzuheben.¹⁴⁵

94 Weiter ist zu beachten, dass in der Vereinbarung einer bestimmten, bezifferten Miete in aller Regel eine Individualabsprache liegt. Findet sich dort keinerlei Hinweis auf dessen Veränderlichkeit („zur Zeit" oder „Anfangs") könnte eine formularvertragliche Wertsicherungsklausel gegen § 305 b BGB verstoßen. Ebenso, wenn formularvertraglich geregelt ist, dass zusätzlich eine anteilige Miete für außerhalb des Mietobjekts liegende Gemeinschaftsflächen zu zahlen ist.¹⁴⁶

Folgende, auch nach Vertragsabschluss zulässige Vereinbarungen, im Mietvertrag selbst oder gesondert sind zulässig:

1. Mieterhöhungsvereinbarung im Einzelfall

95 a) **Voraussetzungen.** Zwei übereinstimmende Willenserklärungen reichen aus, wobei Höhe und Wirkungszeitpunkt konkretisiert und verbindlich gewollt sein müssen. Der bloße Wunsch nach Mietänderung genügt nicht.

---

¹³⁷ BGH NJW-RR 2003, 873 = NZM 2003, 437; OLG Düsseldorf ZMR 2004, 576; a. A. OLG Düsseldorf NJW-RR 1998, 587.
¹³⁸ BGH NJW 2007, 3421; NJW-RR 1993, 519, 520; NJW 1992, 575, 577; KG NJW-RR 2002, 948; OLG Frankfurt/Main NJW-RR 1988, 1458; OLG Düsseldorf ZMR 1989, 300, 301.
¹³⁹ OLG Koblenz Urt. v. 8. 12. 2005 – 2 U 163/05 – BeckRS 2006, 00 520; OLG Hamburg NJW-RR 1998, 586, 587, vgl. auch OLG Celle NJW-RR 1998, 585, 586.
¹⁴⁰ OLG Düsseldorf NZM 1999, 1006.
¹⁴¹ BGH NJW 1992, 575, 577.
¹⁴² BGH NZM 2008, 206.
¹⁴³ So aber OLG Köln NJW-RR 1990, 401.
¹⁴⁴ OLG München NJWE-MietR 1996, 9.
¹⁴⁵ BGH NJW 1990, 115; NJW 1982, 331; NJW 1980, 2518.
¹⁴⁶ OLG Celle ZMR 1996, 209.

96 b) **Formerfordernisse.** Die gesetzliche Schriftform entsprechend §§ 550, 126 BGB (mit wechselseitigem Anspruch auf Nachholung) ist zu beachten;[147] ebenso eine etwaige vertragliche Schriftformklausel, die aber im Einzelfall – auch konkludent – abbedungen werden kann (z. B. durch vorbehaltlose Zahlung des verlangten Betrages durch den Mieter).

2. Staffelmietvereinbarung

97 Die Mietstufen werden für die Vertragslaufzeit von vornherein zu bestimmten bzw. bestimmbaren Zeitpunkten um bestimmte bzw. zumindest bestimmbare Beträge festgelegt (entweder erhöhend oder senkend – vgl. auch § 557a Abs. 1 BGB der jedoch nur auf Wohnraummietverhältnisse anwendbar ist.[148] Auch die nachträgliche Vereinbarung einer Staffelmiete ist möglich.

3. Mietanpassungsklauseln/Indexmiete

98 a) **Allgemeines.** Mit derartigen Klauseln wird vorgesehen, dass die Veränderung einer zwischen den Parteien vereinbarten Bezugsgröße zu einer Erhöhung der Miete führen soll – bei **Wertsicherungs-** bzw. **Gleit-** oder Preis- und **Spannungsklauseln** automatisch, bei **Leistungsvorbehalten** und **Kostenelementeklauseln** auf entsprechende Anforderung hin.

99 Wertsicherungs- bzw. Preis- oder Gleitklauseln und Spannungsklauseln unterscheiden sich darin, dass für letztere nur Bezugsgrößen in Betracht kommen, die der Vermieterleistung gleichartig oder zumindest mit ihr vergleichbar sind (z. B. Anpassung an den Mietzins vergleichbarer Objekte, an die Untermieteinnahmen des Mieters). Wertsicherungsklauseln und Leistungsvorbehalte differieren durch die starre Bindung ersterer an die Bezugsgröße sowie die Automatik der Leistungsänderung, die durch die Wertsicherungsklausel bewirkt wird. Leistungsvorbehalte werden regelmäßig mit Schiedsgutachterklauseln versehen, wonach ein Gutachter die künftige Miethöhe festlegen soll, sofern sich die Parteien nicht einigen können. Derartige Klauseln müssen § 307 Abs. 1 BGB genügen.[149] Zur Inhaltskontrolle von Schiedsgutachterklauseln vgl. näher unten XXVIII 7. b).

100 b) **Entwicklung der Rechtsgrundlagen.** Mit der Einführung des EURO zum 1. 1. 1999 wurde § 3 WährG durch Art. 9 § 1 des EURO-Einführungsgesetzes vom 9. 6. 1998 (BGBl. I, Seite 1242) wie auch weitere entsprechende währungsrechtliche Vorschriften aufgehoben. Zugleich endete die Zuständigkeit der Deutschen Bundesbank für die Genehmigung von Wertsicherungsklauseln. Eine Nachfolgeregelung fand sich in § 2 des Preisangaben- und Preisklauselgesetzes (PaPkG) vom 9. 6. 1998 und der dazu erlassenen Preisklauselverordnung (PrKV) vom 23. 9. 1998 (BGBl. I, Seite 3043). Am 14. 9. 2007 wurde erneut eine Gesetzesänderung durch das Zweite Mittelstandsentlastungsgesetzes durchgeführt. Anstelle des bisherigen § 2 PaPkG sowie der PrkV ist das neue Preisklauselgesetz (PrKG) getreten.[150] Für Klauseln die nach dem 13. 9. 2007 vereinbart worden sind, gilt nunmehr § 2 Abs. 1 Nr. 1 PrKG i. V. § 3 PrKG. Danach ist ein behördliches Genehmigungsverfahren nicht mehr vorgesehen und es gibt auch keine Genehmigungsfiktion mehr (vgl. noch § 4 PrKV). Die genannten Klauseln für langfristige Verträge (Bindung des Vermieters mindestens 10 Jahre), soweit nicht ohnehin nach wie vor genehmigungsfrei, sind jetzt von vornherein zulässig (Legalausnahme des § 2 Abs. 1 Nr. 1 i.V.m. § 3 PrKG). Allerdings wurde in § 8 PrKG eine dem deutschen Recht soweit ersichtlich bislang unbekannte schwebende Wirksamkeit bis zur rechtskräftigen Feststellung der Unwirksamkeit der Indexregelung statuiert. Der Mieterseite kann daher nur geraten werden, diese dispositive Regelung im Mietvertrag auszuschließen. Die Vorschriften über die Indexmiete nach § 557b BGB, die nur auf Wohnraummietverhältnisse anwendbar sind, bleiben – wie schon bisher (§ 4 Abs. 2 PrKV) – unberührt. Im Einzelnen hierzu in § 61 Rdnr. 7 ff.

101 In diesem Zusammenhang ist bereits bei der Vertragsgestaltung Wert darauf zu legen, ob die Änderung der Miete erst nach einem Änderungsverlangen der jeweils begünstigten Partei

---

[147] KG GE 2002, 1265.
[148] BGH NJW-RR 2005, 236; Lindner-Figura/Oprée/Stellmann/*Bartholomäi* Kap. 10 Rdnr. 106.
[149] BGH NJW 2005, 1125; NJW 1992, 575.
[150] Instruktiv hierzu *Gerber* NZM 2008, 152 ff.; *Schultz* NZM 2008, 425 ff.

wirksam werden soll oder ob sie sich automatisch in der Regel ab Erreichen einer bestimmten Indexveränderung vollziehen soll. Möglich ist auch, eine automatische Änderung vorzusehen, gleichzeitig aber die Fälligkeit an ein entsprechendes Änderungsverlangen zu knüpfen. Diese, oft vernachlässigten Fragen können im Hinblick auf einen Zahlungsverzug und die Verjährung von Nachzahlungsansprüchen – Fälligkeit ist grundsätzlich Voraussetzung für den Verjährungsbeginn gem. § 199 BGB – von großer Bedeutung sein. Aus Sicht des Mieters ist zu raten, ein schriftliches Änderungsverlangen jedenfalls als Fälligkeitsvoraussetzung zu vereinbaren. Generell ist zu empfehlen, auf eine Änderung des Indexes in Prozent abzustellen, der dann das Basisjahr, von Rundungsdifferenzen abgesehen, ohne Bedeutung ist. In einem derartigen Fall sind Umbasierungen nicht erforderlich.

Schließlich können auch **Umsatz- und Gewinnbeteiligungsmöglichkeiten** des Vermieters vereinbart werden.[151]

IX. Nebenkosten

Nach § 535 Abs. 1 Satz 3 BGB trägt allein der Vermieter sämtliche auf der Mietsache ruhenden Lasten. Weiter gilt § 556 BGB mangels Bezugnahme in § 578 BGB im Gewerberaummietrecht nicht. Sofern der Gewerberaummieter – wie üblich – neben der Grundmiete auch die Nebenkosten tragen soll, bedarf dies folglich einer ausdrücklichen Vereinbarung, in der konkret und zweifelsfrei geregelt werden muss, welche Nebenkosten auf den Mieter abgewälzt werden sollen.

1. Umlagevereinbarung

Formularvertragliche Regelungen, nach denen der Mieter lediglich pauschal „alle Nebenkosten" zu tragen hat, sind wegen unangemessener Benachteiligung nach § 307 Abs. 1 BGB unwirksam.[152] Zulässig dürfte daher auch nicht sein, den Mieter zu verpflichten „alle anfallenden Nebenkosten – soweit gesetzlich zulässig – zu tragen".[153]

2. Hinweis auf die BetrKV

Die BetrKV gilt primär für Wohnraummietverhältnisse. Allgemein anerkannt ist aber, dass die Definitionen und Regelungen der BetrKV auch bei Geschäftsraummietverhältnissen im Rahmen der Vertragsauslegung heranzuziehen sind.[154]

In jedem Fall ist anzuraten, zumindest formularmäßig auf diese Vorschrift zu verweisen, was keinen rechtlichen Bedenken begegnet.[155] Hier genügt die bloße Bezugnahme; der Text ist dem Vertrag nicht beizufügen.[156] Allerdings reicht die bloße Bezugnahme nicht aus, um auch die „sonstigen Betriebskosten" im Sinne des § 2 Nr. 17 BetrKV auf den Mieter abzuwälzen. Um dem Bestimmtheitsgebot zu genügen müssen diese Kosten in Formularverträgen konkret bezeichnet werden.[157] Würde es also allein bei der bloßen Bezugnahme verbleiben, würde zu Lasten des Vermieters nicht beachtet, dass bei Geschäftsraummietverträgen nicht nur die in der BetrKV genannten, sondern auch etwaige weitere Nebenkosten formularmä-

---

[151] Vgl. näher Lindner-Figura/Oprée/Stellmann/*Bartholomäi* Kap. 10 Rdnr. 56; Bub/Treier/*v. Brunn* III Rdnr. 21; Schmidt-Futterer/*Eisenschmid* § 535 Rdnr. 204.
[152] BGH NJW-RR 2006, 84; OLG Düsseldorf Urt. v. 5. 10. 2007 – 24 U 204/06 – BeckRS 2007 15429; ZMR 2003, 109; NZM 2002, 526; NJW-RR 1991, 1354; OLG Jena NZM 2002, 70.
[153] So aber OLG München ZMR 1997, 233, 234.
[154] Schmidt-Futterer/*Langenberg* § 556 Rdnr. 68 ff., 73; *Sternel* III Rdnr. 296; Lindner-Figura/Oprée/Stellmann/*Beyerle* Kap. 11 Rdnr. 5.
[155] BGH NZM 2004, 417; OLG Celle NZM 1999, 501; OLG Düsseldorf ZMR 2003, 109; ZMR 2000, 603; OLG Frankfurt/Main NZM 2000, 757; so sogar für die Wohnraummiete OLG Hamm, WuM 1997, 542, 543; vgl. aber auch OLG Rostock NZM 2006, 584.
[156] OLG Celle NZM 1999, 501; OLG Düsseldorf ZMR 2001, 882; OLG Frankfurt/Main NZM 2000, 557.
[157] BGH NZM 2004, 417; OLG Oldenburg WuM 1995, 430; a. A. offenbar OLG Celle NZM 1999, 501.

ßig auf den Mieter abgewälzt werden können, wenn die Umlagevereinbarung ausreichend bestimmt ist, z. B.:
- Kosten der Verwaltung und Kontoführung.[158]
- Kosten der Überwachung und Sicherheit, z. B. für Alarmanlagen, Fernseh- und Videoüberwachung, automatische Schließsysteme, Notrufsysteme, Notstromaggregate, Türschließanlagen, Codekartensysteme, Türsprechanlagen, Wach- und Schließgesellschaft, Nachtwächter.[159]
- Kosten der Brandbekämpfung,[160] z. B. der Feuerlöscher, Sprinkleranlagen, Brand- und Rauchmeldeanlage,[161] Rauchabzugsanlagen, Blitzschutzanlagen, Wasserhydranten und Druckerhöhungsanlagen bzw. gar eine Hausfeuerwehr.[162]
- Kosten von besonderer Müllentsorgung, z. B. Müllschlucker, Müllabsauganlagen, Müllkompressoren, Sperrmüllabfuhr.[163]
- Kosten von besonderen Heizungs- und Lüftungsanlagen, z. B. Etagenheizungen, Lüftungs- und Klimaanlagen, Lüftungsverbundprüfungen, Solar- und Windkraftanlagen, Wärmerückgewinnungsanlagen, Filterung und Reinigung von Abgasen, Abgasgebläsen, Abgaskatalysatoren.[164]
- Kosten von Wasser- und Abwasseranlagen, z. B. der Reinigung von Abwasserrohren, Entwässerungs- und Ablaufrinnen, Gullys, Rückstausicherungen, der hygienischen Untersuchungen von Wasser und Abwasser, von Durchflussbegrenzern, von hauseigenen Kläranlagen und Hebeanlagen, der Reinigung des Abwassers, der Nutzung von sog. Grauwasser, der Dachrinnenreinigung und Dachrinnenheizung.[165]
- Kosten von besonderen Telekommunikationseinrichtungen, z. B. Gemeinschaftsparabolantennen oder hausinternen Datenkommunikationseinrichtungen.[166]
- Kosten von besonderen Transportanlagen, z. B. Rolltreppen oder Rollsteigen.[167]
- Kosten von Gemeinschaftseinrichtungen, z. B. Schwimmbad, Sauna oder Kinderspielplatz.[168]
- Kosten von weiterem Hauspersonal, z. B. eines gemeinsamen Empfangs, einer zentralen Telefonanlage oder eines Portiers bzw. Nachtportiers, Bewachungskosten[169] aber auch eines sog. Centermanager.

107 Für die Abwälzung vorstehender Kosten bedarf es einer ausdrücklichen Regelung auch über eine Formularklausel im Vertrag. Der in der Klausel gewählte Begriff muss dabei hinreichend bestimmt sein, da die Klausel sonst an § 307 Abs. 1 BGB scheitert.[170] So führt etwa die Verwendung mehrdeutiger Begriffe zur Unzulässigkeit, etwa durch pauschale Abwälzung der Kosten für das „Center-Management" oder der „Raumkosten".[171] Auch Bezeichnungen, hinter denen sich verschiedenen Kostenpositionen verbergen können zur Unzulässigkeit der Klausel führen.[172] Unbestimmt und damit unzulässig ist es außerdem, dem Mieter „alle weiteren Kosten in Ansehung des Mietobjekts" aufzuerlegen.[173]

---

[158] OLG Frankfurt/Main WuM 1985, 91; KG GE 1995, 536; OLG Nürnberg WuM 1995, 308; KG GE 2004, 234.
[159] So sogar für Wohnraummietverträge LG Köln WuM 1997, 230.
[160] KG MietRB 2004, 101.
[161] Vgl. *Schumacher* NZM 2005, 641, 642 f.
[162] LG Köln WuM 1997, 230 zur Zulässigkeit bei Wohnraummietverträgen.
[163] Vgl. LG Berlin NZM 2002, 65: Allerdings nur, wenn die Kosten der Sperrmüllabfuhr laufend entstehen.
[164] Vgl. Lindner-Figura/Oprée/Stellmann/*Beyerle* Kap. 11 Rdnr. 96 ff.
[165] Vgl. Lindner-Figura/Oprée/Stellmann/*Beyerle* Kap. 11 Rdnr. 94.
[166] Vgl. Lindner-Figura/Oprée/Stellmann /*Beyerle* Kap. 11 Rdnr. 112 f.
[167] KG Urt. v. 18. 3. 2003 – 8 U 25/03 – BeckRS 2003, 30328475 = MietRB 2004, 70; LG Augsburg ZMR 2007, 697.
[168] Vgl. Lindner-Figura/Oprée/Stellmann/*Beyerle* Kap. 11 Rdnr. 115.
[169] Zustimmend: OLG Frankfurt/Main NZM 2006, 660; OLG Celle ZMR 1999, 238, 239; ablehnend: LG Hamburg ZMR 1997, 358, 359; OLG Düsseldorf MDR 1991, 964.
[170] Vgl. hierzu BGH NZM 2005, 863.
[171] KG KG-Report 2004, 21; NZM 2002, 954.
[172] OLG Hamburg ZMR 2003, 180 („Strom allgemein").
[173] OLG München ZMR 2003, 22; OLG Düsseldorf NZM 2002, 700.

Hinsichtlich der Verwaltungskosten, an denen der Mieter grundsätzlich beteiligt werden kann,[174] ist umstritten, ob der Begriff „Verwaltungskosten" hinreichend transparent und bestimmt ist. Richtigerweise ist eine eindeutige Regelung erforderlich, die bestimmt, welche Positionen unter den Begriff „Verwaltungskosten" fallen und welche Kosten auf den Mieter umgelegt werden.[175] Auch bei Abwälzung der Kosten des „Center-Managements" muss aus der Formularklausel unzweideutig hervorgehen, welche Leistungen von diesem Begriff erfasst werden.[176]

Unzulässig ist die Kostenabwälzung für eine Rechtsschutzversicherung des Vermieters.[177]

Will der Vermieter auf die Nebenkosten **Umsatzsteuer** vom Mieter erheben, bedarf dies einer entsprechenden ausdrücklichen Regelung. Sofern vom Mieter Umsatzsteuer bereits auf die Miete zu entrichten ist, ergibt sich dies im Wege ergänzender Vertragsauslegung.[178]

3. Mehrbelastungsklauseln/Umlage neuer Betriebskosten

Klauseln, die den Mieter verpflichten, neu eingeführte oder erhöhte Betriebskosten zu tragen, sind auch über den Katalog in § 2 BetrKV hinaus bei Geschäftsraummietverträgen wirksam, soweit sie sich auf unvermeidbare Kosten beziehen, der Vermieter also ein Leistungsbestimmungsrecht hat, das er nach §§ 315, 316 BGB nach pflichtgemäßem Ermessen und damit uneingeschränkt gerichtlich überprüfbar ausüben muss. Um eine unangemessene Benachteiligung nach § 307 BGB, in jedem Fall aber um den Überraschungseffekt nach § 305c BGB zu vermeiden, sollte ungeachtet dessen so konkret wie möglich geregelt werden, welche Betriebskostenpositionen hiervon betroffen sind und ab wann bzw. unter welchen Voraussetzungen die erhöhten Beträge vom Mieter geschuldet werden.

4. Änderungsvorbehalte

Hat sich der Mieter verpflichtet, auf die Nebenkosten Vorauszahlungen zu leisten, kann sich der Vermieter formularvertraglich das Recht vorbehalten, diese nach billigem Ermessen für die Zukunft zu ändern, wenn absehbar ist, dass durch die Zahlungen in der bisherigen Höhe die tatsächlichen Betriebskosten nicht abgedeckt werden.

Erfolgt die Umlage dagegen im Wege einer Pauschale also ohne Abrechnungsverpflichtung des Vermieters, liegt allein bei diesem das sog. Kalkulationsrisiko. Es bedarf daher einer eindeutigen vertraglichen Regelung, unter welchen Voraussetzungen und in welchem Umfang die Pauschale erhöht werden kann. Erfolgt dies ebenfalls pauschal, etwa „soweit zur Deckung von Mehrlastungen erforderlich", verstößt eine derartige Klausel gegen § 307 Abs. 1 BGB, wenn für den Mieter nicht erkennbar ist, welche Kostenarten in Betracht kommen.

Der Vermieter kann sich ferner formularmäßig das Recht vorbehalten, den Verteilungsschlüssel für die Betriebskosten (mit Ausnahme der zwingenden Regelungen nach Heizkostenverordnung, also für die Kosten von Wärme und Warmwasser) mit Wirkung für die Zukunft zu ändern, soweit dies sachlich gerechtfertigt ist und billigem Ermessen entspricht. Eine Klausel, die dem Vermieter das Recht gibt, einen Verteilungsschlüssel nach einem geeigneten, auch unterschiedlichem Maßstab zu bestimmen, wenn ein solcher im Vertrag nicht eingesetzt ist, verstößt daher gegen § 307 BGB.[179] Gleiches gilt für die Klausel: „Der Vermieter kann während der Mietzeit zu Anfang eines neuen Berechnungszeitraums, soweit zulässig, den Verteilerschlüssel angemessen neu bilden".[180]

---

[174] OLG Hamburg ZMR 2003, 180; vgl. auch OLG Köln Urt. v. 4. 7. 2006 – 22 U 40/06, www.justiz.nrw.de.
[175] So OLG Düsseldorf ZMR 2008, 45; OLG Köln NZM 2006, 701; OLG Rostock GuT 2008, 200 – nicht rkr. Revision beim BGH anhängig unter XII ZR 69/08; vgl. außerdem OLG Köln NZM 2008, 806 – nicht rkr., Revision beim BGH anhängig unter XII ZR 109/08; a. A.: OLG Köln NJW-RR 2008, 752; OLG Hamburg NZM 2002, 388, wonach der Begriff „Verwaltungskosten" hinreichend transparent ist.
[176] OLG Hamm ZMR 2005, 617; KG KG-Report 2004, 21; NZM 2002, 954; OLG Rostock NZM 2005, 507.
[177] OLG Düsseldorf ZMR 1995, 203, 204.
[178] OLG Düsseldorf ZMR 1996, 82; OLG Schleswig NZM 2001, 1127.
[179] BGH NJW 1993, 1061; OLG Hamm NJW 1984, 984.
[180] BGH NJW 1993, 1061.

5. Abrechnung

114 Bei Gewerberaummietverträgen sind Formularklauseln wirksam und verstoßen nicht gegen § 308 Nr. 5 BGB, nach denen die Abrechnung als anerkannt gilt, wenn der Mieter nicht innerhalb einer bestimmten Frist (etwa 4 Wochen ab Zugang[181]) widerspricht, sofern er hierauf mit der Übersendung der Abrechnung ausdrücklich hingewiesen und ihm eine ausreichende Prüfungs- und Erwiderungsfrist zugebilligt wird.

X. Mahnkosten/Pauschalierte Verzugszinsen/Vorfälligkeitsentschädigung/ Vertragsstrafe

1. Mahnkosten

115 Grundsätzlich begegnet es keinen Bedenken, dem Mieter bereits bei Abschluss des Vertrages formularmäßig die Übernahme pauschalierter Mahnkosten für den Fall des Zahlungsverzuges aufzuerlegen. Derartige Regelungen sind an § 309 Nr. 5 BGB bzw. im Anwendungsbereich des § 310 BGB an § 307 Abs. 2 Nr. 1 BGB zu messen.

116 Danach ist Wirksamkeitsvoraussetzung, dass die Höhe der Mahnkosten, die in der Klausel konkret zu beziffern sind, den nach dem gewöhnlichen Lauf der Dinge zu erwartenden tatsächlichen Aufwand nicht übersteigen (§ 309 Nr. 5a BGB) und dem Mieter nicht der Nachweis abgeschnitten wird, dass im konkreten Fall im Zusammenhang mit etwaigen Mahnungen kein oder nur ein geringerer Aufwand als die geforderte Pauschale entstanden ist (§ 309 Nr. 5b BGB). Nach der Schuldrechtsreform ist eine Prüfung, ob die Klausel den Gegenbeweis „abschneidet" nicht mehr erforderlich.[182] Nach altem Recht muss die Möglichkeit des Gegenbeweises nicht zwingend in der Formularklausel ausdrücklich für zulässig erklärt werden, obwohl es sich zur Vermeidung der kundenfeindlichsten Auslegung in jedem Fall empfiehlt. Seit der Schuldrechtsreform ist ein unzweideutiger Hinweis dahingehend erforderlich, dass dem Mieter ein Nachweis offen steht, es sei kein oder ein geringerer Schaden in Höhe des Pauschalbetrages entstanden.[183] § 309 Nr. 5b BGB betrifft vielmehr Klauseln, die den Nachweis eines geringeren oder fehlenden Schadens ausdrücklich verbieten bzw. zumindest den Eindruck einer endgültigen, den Gegenbeweis ausschließenden Festlegung der Schadenspauschale erwecken. Unzulässig sind daher Klauseln, in denen ein „Mindestschaden" geltend gemacht wird.[184] Gleiches gilt für Formulierungen, dass pauschalierte Mahnkosten „in Höhe von ... EURO zu zahlen" sind[185] bzw. „sind an Mahnkosten wenigstens ... EURO zu zahlen"[186] oder „Die Kosten betragen ... EURO".[187] Die Klausel „Mahnkosten werden mit ... EURO berechnet" schließt die Möglichkeit des Gegenbeweises nicht aus und ist daher zulässig.[188] Diese Einschränkungen nach § 309 Nr. 5 BGB gelten gleichermaßen auch bei Geschäftsraummietverträgen im kaufmännischen Verkehr, mithin nach § 307 Abs. 2 Nr. 1 BGB.[189]

117 Zu beachten ist, dass formularvertragliche Mahnkostenpauschalen grundsätzlich die Kosten der ersten verzugsbegründenden Mahnung nicht mit einschließen dürfen, andernfalls liegt ein Verstoß gegen § 309 Nr. 4 BGB[190] bzw. im kaufmännischen Verkehr gegen § 307 Abs. 2 Nr. 1 BGB vor. Anders dann, wenn es sich um Ansprüche mit kalendermäßig bestimmten Leistungszeiten i.S.v. § 286 Abs. 2 Nr. 1 BGB handelt, der Schuldner also auch

---

[181] LG Frankfurt/Main WuM 1990, 271, 274.
[182] Palandt/*Grüneberg* § 309 Rdnr. 30.
[183] Palandt/*Grüneberg* § 309 Rdnr. 30; BGH NJW 2006, 1056.
[184] BGH NJW 1982, 2316, 2317; NJW 1985, 320, 321; NJW 1995, 321.
[185] OLG Celle WuM 1990, 103, 109.
[186] BGH NJW 1988, 1373, 1374.
[187] BGH NJW 1985, 633, 634.
[188] BGH NJW 1985, 320, 324.
[189] BGH NJW 1984, 2941, 2942; NJW 1991, 919; BGH NJW 1998, 592; OLG Düsseldorf Urt. v. 10. 12. 2007 – 24 U 110/07 – BeckRS 2008 04416.
[190] BGH NJW 1985, 320, 324.

ohne Mahnung in Verzug gerät. In derartigen Fällen ist es gerechtfertigt, auch die Kosten der ersten Zahlungsaufforderung mit einzubeziehen. Derzeit dürften im Übrigen der Höhe nach pauschale Mahnkosten bis zu € 5,00 pro Mahnung keinen Bedenken begegnen.

2. Pauschalierte Verzugszinsen

Eine Formularklausel, die dem Mieter pauschalierte Verzugszinsen auferlegt, muss sich ebenfalls einer Inhaltskontrolle nach § 309 Nr. 5 BGB bzw. § 307 BGB unterziehen. Eine Regelung, dass Geldschulden ab Fälligkeit zu verzinsen sind, also vor Verzugseintritt, unterliegt zwar als Preisnebenabrede nicht der Inhaltskontrolle nach § 309 Nr. 4 und 5 BGB,[191] ist aber in AGB gegenüber Nichtkaufleuten wegen Verstoßes gegen § 307 Abs. 2 Nr. 1 BGB unwirksam, da sie den Vermieter von der Obliegenheit einer Mahnung jedenfalls in Bezug auf die Pflicht zur Zahlung von Abrechnungsfehlbeträgen oder einer Barkaution freistellt und damit von den wesentlichen Grundgedanken der § 286 BGB abweicht.[192] In Geschäftsraummietverträgen mit Kaufleuten ist die Vereinbarung von Fälligkeitszinsen hingegen nicht zu beanstanden.[193] Ohne Nachweis gilt für die Zinshöhe § 288 BGB.[194]

3. Vorfälligkeitsentschädigung

Formularvertragliche Regelungen, nach denen bei einem bestimmten Mietrückstand der gesamte Mietzins bis zum Ende der vereinbarten Vertragsdauer fällig wird, verstoßen gegen § 307 Abs. 2 Nr. 1 BGB,[195] sofern sie sich **nicht** ausdrücklich auf **verschuldete** Zahlungsrückstände des Mieters beziehen.[196] Eine Klausel mit einem Kaufmann als Mieter, wonach bei einem Rückstand von mehr als zwei Monatsraten der gesamte Mietzins fällig wird, wurde für rechtswirksam erachtet.[197]

Von vornherein unwirksam sind aber Klauseln, die dem Vermieter darüber hinaus auch noch einen Anspruch auf Herausgabe der Mietsache bis zur Erfüllung seiner Ansprüche einräumen.

4. Vertragsstrafe

Da § 555 BGB im Gewerberaummietrecht nicht gilt,[198] ist es im Grundsatz nicht zu beanstanden, Vertragsstraferegelungen zu treffen, z.B. für den Fall der Nichterfüllung einer Betriebspflicht durch den Mieter oder der nicht fristgerechten Überlassung der Miträume an den Mieter.[199]

Bei Gewerberaummietverträgen mit Nichtkaufleuten ist allerdings § 309 Nr. 6 BGB zu beachten, wonach Vertragsstrafeversprechen für den Fall des Zahlungsverzugs oder der berechtigten bzw. unberechtigten Kündigung des Mietvertrags durch den Vertragspartner des Verwenders unwirksam sind.[200]

Im kaufmännischen Verkehr unterliegen Vertragsstrafeklauseln der Prüfung nach § 307 BGB, dürfen also den Vertragspartner des Verwenders nicht unangemessen benachteiligen.[201] Dies wäre z.B. dann der Fall, wenn eine einvernehmliche Vertragsauflösung mit umfasst wäre[202] oder wenn die Höhe der Strafe in keinem angemessenen Verhältnis zur Schwere des mit ihr geahndeten Verstoßes stehen würde,[203] da eine Herabsetzung nach § 343 BGB

---

[191] BGHZ 95, 362, 369.
[192] BGH NJW 1998, 991, 992.
[193] BGH NJW-RR 1991, 995, 997.
[194] Zur Höhe des jeweiligen Basiszinssatzes vgl. www.basinszinssatz.de.
[195] BGH NJW 1985, 1705; BGH NJW 1985, 2329; BGH NJW 1997, 135.
[196] BGH NJW 1985, 1705, 1706; Lindner-Figura/Oprée/Stellmann/*Wolf* Kap. 13 Rdnr. 246.
[197] OLG Hamburg MDR 1983, 579.
[198] Palandt/*Weidenkaff* § 555 Rdnr. 1.
[199] OLG Celle NJW-RR 1993, 1228.
[200] Vgl. BGH NJW 1994, 1532; OLG Hamburg NJW-RR 1988, 654.
[201] Palandt/*Grüneberg* § 309 Rdnr. 38.
[202] BGH NJW 1985, 57.
[203] BGH DB 1990, 1323; OLG Celle NJW-RR 1988, 946; OLG Rostock Urt. v. 17. 3. 2003 – 3 U 107/02 – BeckRS 2004 00239.

wegen des Verbots der geltungserhaltenden Reduktion bei unwirksamen formularmäßigen Vertragsstrafeversprechen ausscheidet.[204] Ein Verstoß gegen § 307 BGB liegt schließlich auch dann vor, wenn die Vertragsstrafe bei einem Zahlungs**rückstand** – also auch ohne Verschulden des Mieters – anfallen soll,[205] da das Verschuldenserfordernis nur bei gewichtigen Gründen rechtswirksam abbedungen werden kann.[206] Unzulässig soll auch ein Vertragsstrafeversprechen in AGB sein, wonach der Vertragspartner eine Strafe in Höhe einer Monatspacht zu zahlen hat, wenn er die fristlose Kündigung des Vertrages verschuldet hat.[207]

Vertragsstrafeklauseln im Verzugsfall sollen allerdings dann zulässig sein, wenn der sich hieraus ergebende Zinsvorteil des Vermieters in einem angemessenen Verhältnis zur Vertragsverletzung steht.[208]

XI. Mietsicherheiten

1. Barkaution

124   Wie auch im Wohnraummietrecht kann der Mieter rechtswirksam formularvertraglich verpflichtet werden, für die Erfüllung seiner Verbindlichkeiten aus dem Mietverhältnis eine Sicherheit in Form einer Barkaution zu erbringen.[209] Die Einschränkungen des § 551 BGB gelten nicht, allerdings hat sich die Höhe der Sicherheit an dem berechtigten Sicherungsinteresse des Vermieters zu orientieren. Andernfalls liegt ein Verstoß gegen § 307 BGB vor. Das OLG Brandenburg hat bei einer Kaution in Höhe von sieben Nettomieten keinen Verstoß gegen § 307 BGB angenommen.[210]

125   Jedenfalls im kaufmännischen Verkehr kann die rechtzeitige Zahlung des Kautionsbetrages zur Bedingung für das Zustandekommen des Mietvertrages erhoben werden (außerhalb des kaufmännischen Bereichs könnte ein Verstoß gegen § 305c BGB vorliegen). Klauseln, nach denen die Barkaution vor Überlassung der Mietsache geleistet werden muss, begegnen keinen Bedenken.[211]

126   Nach überwiegender – aber bestrittener – Auffassung besteht auch beim Fehlen einer entsprechenden ausdrücklichen Vereinbarung die Verpflichtung des Vermieters, die Kaution von seinem übrigen Vermögen getrennt anzulegen.[212]

127   Nach der Rechtsprechung wird auch ohne ausdrückliche Vereinbarung eine Verzinsungspflicht der Barkaution bejaht.[213] Wie im Wohnraummietrecht reicht die Verzinsung für Spareinlagen mit 3-monatiger Kündigungsfrist aus.[214] Formularvertraglich können abweichende Vereinbarungen bis hin zum ausdrücklichen Ausschluss der Verzinsung getroffen werden (letzteres umstritten, so aber die überwiegende Meinung im Schrifttum).[215] Umstritten ist, ob der Vermieter bei **Verzug** des Mieters mit der Kautionszahlung Verzugszinsen beanspruchen kann.[216] Nach hier vertretener Meinung kann der Vermieter nur verlangen, so

---

[204] BGHZ 85, 314.
[205] BGH NJW 1986, 424; NJW 1985, 1705, 2329.
[206] BGH NJW-RR 1991, 135; NJW 1979, 105.
[207] OLG Düsseldorf MDR 1996, 465.
[208] OLG Hamburg MDR 1983, 579.
[209] Lindner-Figura/Oprée/Stellmann/*Moeser* Kap. 12 Rdnr. 60 ff.
[210] OLG Brandenburg NJW-RR 2007, 670 = NZM 2007, 402.
[211] OLG Celle NJW-RR 1998, 586; OLG Düsseldorf NJW-RR 1995, 1100, wonach die Nichtzahlung der Kaution sogar die fristlose Kündigung durch den Vermieter rechtfertigen soll; OLG Koblenz Urt. v. 8. 12. 2008 – 2 U 163/05 – BeckRS 2006 00520; KG Urt. v. 21. 1. 2008 – 12 W 90/07 – BeckRS 2008 06308.
[212] KG NZM 1999, 376; OLG Frankfurt/Main NJW-RR 1991, 1416; OLG Düsseldorf Urt. v. 25. 10. 2007 – 10 U 24/07 – BeckRS 2007 19692; a. A. LG Bonn NJW-RR 1997, 1099; LG Stuttgart ZMR 1997, 472.
[213] BGH NJW 1994, 3287; OLG Düsseldorf NJW-RR 1993, 709, 710; OLG Koblenz NJW-RR 1993, 1486, 1487; KG Urt. v. 20. 9. 2007 – 8 U 190/06 – BeckRS 2007 17911.
[214] BGH ZIP 1994, 1698.
[215] Lindner-Figura/Oprée/Stellmann/*Moeser* Kap. 12 Rdnr. 73 a. E.; Bub/Treier/*Bub* II Rdnr. 443; Bub/Treier/*v. Martius* III Rdnr. 806; vgl. auch LG Frankfurt/Main DWW 1987, 74; a. A. Sternel III Rdnr. 232.
[216] Bejahend: Bub/Treier/*v. Martius* III Rdnr. 761; verneinend: Lindner-Figura/Oprée/Stellmann/*Moeser* Kap. 12 Rdnr. 75.

gestellt zu werden, wie wenn der Mieter die Kaution rechtzeitig geleistet hätte, hat also Anspruch auf die entgangenen Anlagezinsen, welche die Sicherheit erhöhen.[217]

Eine formularvertragliche Frist zur Abrechnung über die Barkaution von bis zu 6 Monaten nach Beendigung des Mietverhältnisses begegnet keinen Bedenken.

Umstritten ist, ob die Haftung des Vermieters gem. §§ 578, 566a BGB im Falle der Veräußerung des Mietobjekts formularmäßig ausgeschlossen werden kann.[218] Dies dürfte nur dann mit § 307 Abs. 2 Nr. 1 BGB vereinbar sein, wenn die Kaution insolvenzfest angelegt, vollständig auf den Erwerber übergegangen und durch entsprechende Bestimmungen dem einseitigen Zugriff des Erwerbers von vornherein entzogen ist.

2. Mietbürgschaft

Die Verpflichtung des Mieters in einem Formularvertrag zur Gestellung einer Bürgschaft begegnet keinen Bedenken. Da die Bürgschaft in aller Regel an die Stelle der üblichen Barkaution tritt, kann die Verpflichtung so ausgestaltet werden, dass in der Bürgschaft ein Verzicht auf die Einrede der Anfechtbarkeit[219] oder auf das Recht der Hinterlegung vorgeschrieben werden kann. Ebenso ist es zulässig, den Bürgen zur Zahlung auf erstes Anfordern zu verpflichten.[220] Dies gilt auch, wenn der Vertrag außerdem die Formularklausel enthält, dass sich der Vermieter schon während der Mietzeit aus der Kaution befriedigen und anschließend die Wiederauffüllung der Kaution verlangen darf.[221] Der Mieter wird dadurch zwar auf die Rückforderung nach erbrachter Leistung verwiesen; dies entspricht aber der Rechtslage bei der Barkaution.[222] In einem derartigen Fall ist dann aber eine Beschränkung auf Bürgschaften von Kreditinstituten – Banken, Sparkassen oder Versicherungen – notwendig, denen solche Garantiegeschäfte vorbehalten sind.[223] Diese Art der Bürgschaft kann formularmäßig aber auch, allerdings nur in sehr eingeschränktem Umfang, im Wesentlichen allein von Unternehmen, zu deren Geschäftsbetrieb solche Erklärungen typischerweise gehören, vereinbart werden.[224] Zulässig wäre auch die **Kombination von Barkaution und Bürgschaft.**

Bei der Gestellung einer Bürgschaft ist aber im Zusammenhang mit der Verjährung von Vermieterforderungen eine **Haftungsfalle** zu beachten: Der Vermieter ist berechtigt, auch mit verjährten Forderungen gegenüber dem – im Übrigen der dreijährigen Verjährung unterliegenden (§ 197 BGB gilt nicht) – Rückzahlungsanspruch des Mieters auf die Barkaution aufzurechnen, sofern sich aufrechenbare Ansprüche vor Eintritt der Verjährung gegenüberstanden (vgl. § 215 BGB). Dies gilt aber nicht, falls als Mietsicherheit keine Barkaution, sondern eine Bürgschaft vereinbart wurde. Unabhängig von der Dauer des Bestehens der Bürgschaftsverpflichtung kann sich der Bürge auf sämtliche Einwendungen des Hauptschuldners (= Mieter) berufen, also auch auf die Verjährungseinrede, selbst wenn der Mieter hierauf verzichtet haben sollte (§ 768 BGB). Dies gilt sogar, wenn die Verjährung der Hauptschuld erst während des Prozesses mit dem Bürgen eingetreten ist. So die BGH-Rechtsprechung zur selbstschuldnerischen Bürgschaft.[225]

3. Sonstige Sicherheiten

Eine formularvertragliche **Vorausabtretung** des pfändbaren Teils von Lohn oder Gehalt des Mieters soll zulässig sein, sofern dies nicht zu einer übermäßigen Sicherung des Vermie-

---

[217] OLG Rostock OLGR 2001, 440; LG Nürnberg-Fürth NJW-RR 1992, 335; LG Frankenthal ZMR 2001, 893.
[218] Vgl. hierzu MüKo/*Häublein* § 566a Rdnr. 17 f.
[219] BGH NJW 1986, 43, 45.
[220] BGH WPM 1994, 106.
[221] OLG Karlsruhe NZM 2004, 742.
[222] BGH NJW 1985, 1694.
[223] BGH NJW-RR 1990, 1265.
[224] BGH NJW 2001, 1857, 1858.
[225] BGH NZM 1998, 224; BGH NZM 2005, 535.

ters führt.[226] Zu beachten ist, dass eine derartige Vorausabtretung nicht das gesamte pfändbare Arbeitseinkommen ohne zeitliche und betragsmäßige Begrenzung erfassen darf. Ebenso muss die Klausel konkret regeln, unter welchen Voraussetzungen der Vermieter von der Abtretung Gebrauch zu machen berechtigt ist, z. B. bei Zahlungsverzug.[227] Weiterhin ist der Vermieter verpflichtet, aufgrund der weitreichenden Folgen die Offenlegung der Abtretung so rechtzeitig dem Mieter anzukündigen, dass dieser noch reagieren und zahlen kann.[228] Bei der Geschäftsraummiete ist im Übrigen die formularmäßige Abtretung der Forderungen des Mieters gegen seinen Untermieter zulässig, zumal dem Vermieter an den vom Untermieter eingebrachten Sachen kein Pfandrecht zusteht.

133 Die formularmäßige Begründung eines von den gesetzlichen Regelungen der §§ 562 ff., 1257, 1204 ff. BGB abweichenden vertraglichen **Vermieterpfandrechtes** begegnet in Geschäftsraummietverträgen keinen Bedenken, soweit die Regelungen in § 562 BGB abbedungen werden: Das Pfandrecht kann sich daher auch auf andere Forderungen als solche aus dem Mietverhältnis erstrecken und der Zeitraum des § 562 Abs. 2 BGB kann auch zu Lasten des Mieters erweitert werden. Ebenso können in dieses formularvertragliche Vermieterpfandrecht auch Sachen des Mieters einbezogen werden, die dieser lediglich vorübergehend in die Miträume eingestellt hat. Zwingend ist allerdings die Regelung des § 562 Abs. 1 S. 2 BGB, so dass das vorformulierte Vermieterpfandrecht nicht auch auf unpfändbare Gegenstände erweitert werden kann. Ansonsten liegt ein Verstoß gegen § 307 Abs. 2 Nr. 2 BGB vor. Zwingend und damit nicht abdingbar sind ferner die Regelungen in § 562a BGB, die Ausschlussfrist des § 562b Abs. 2 BGB sowie die Befugnis des Mieters, die Geltendmachung des Pfandrechts durch Sicherheitsleistung abzuwenden (§ 562c S. 1 BGB). Eine Verwertungsbefugnis des Vermieters ohne vorherige Androhung nach § 1234 BGB kann formularvertraglich ebenfalls nicht vereinbart werden, verstößt folglich gegen § 307 Abs. 2 Nr. 1 BGB. Der Zugang der Androhung kann formularvertraglich im Hinblick auf § 308 Nr. 6 BGB nicht fingiert werden, was über § 307 Abs. 1 BGB auch für den kaufmännischen/ unternehmensbezogenen Geschäftsverkehr gilt.

XII. Gebrauchsüberlassungspflicht des Vermieters

134 Ausgangspunkt ist die Regelung des § 535 Abs. 1 S. 2 BGB, wonach der Vermieter die Mietsache dem Mieter in einem für den vertragsgemäßen Gebrauch geeigneten Zustand zu überlassen und während der gesamten Mietzeit zu erhalten hat.

135 Formularvertragliche Regelungen, die den Vermieter von dieser Verpflichtung freistellen und das Herstellungsrisiko auf den Mieter überbürden, verstoßen gegen § 307 Abs. 1 Nr. 1 BGB und sind daher unwirksam. Dies betrifft insbesondere Klauseln, die eine Gewähr des Vermieters dafür ausschließen, dass die vermieteten Geschäftsräume den allgemeinen technischen Anforderungen sowie den behördlichen Vorschriften entsprechen bzw. den Mieter verpflichten, Auflagen zu erfüllen, die eine vertragsgerechte Nutzung erst ermöglichen.[229]

136 Die von der Rechtsprechung insoweit entwickelte Abgrenzung lässt sich etwa am Beispiel einer Gaststätte wie folgt darstellen: Der Vermieter bleibt verpflichtet, die Räume nach ihrer Beschaffenheit und Lage in einem für eine Konzession geeigneten Zustand zu überlassen. Er kann diese Verpflichtung nicht formularvertraglich auf den Mieter abwälzen. Demgegenüber sind Klauseln wirksam, die dem Mieter das Risiko der Konzessionserteilung hinsichtlich der Voraussetzungen zuweisen, die er in seiner eigenen Person zu erfüllen hat.

---

[226] BGH WM 1976, 151; OLG Köln WPM 1987, 1548; LG Hagen NJW-RR 1988, 1232; a. A. OLG Hamm BB 1983, 1304; LG Lübeck WuM 1986, 14 – letztere wegen des Überraschungseffektes nach § 305c Abs. 1 BGB, der aber durch eine besondere drucktechnische Hervorhebung, die folglich ausdrücklich empfohlen werden muss, vermieden werden kann.
[227] BGH NJW 1989, 2383.
[228] BGH WM 1992, 1359, 1361.
[229] BGH NJW-RR 1993, 519, 520; NJW 1988, 2664, 2665; OLG Celle NZM 2000, 621; OLG Düsseldorf ZMR 1992, 446; DWW 1991, 236, 237; a. A. OLG Frankfurt/Main NJW-RR 1987, 656, 657; LG Berlin NZM 2002, 787.

XIII. Nutzungszweck

Die Gebrauchsgewährpflicht des Vermieters nach § 535 Abs. 1 S. 1 BGB zum Zeitpunkt der Überlassung der Mietsache wie auch während der gesamten Mietzeit bemisst sich immer nach dem Vertragszweck, kann folglich auch formularmäßig auf diesem beschränkt werden. Gleichzeitig begrenzt der vereinbarte Vertragszweck auch die zulässigen Nutzungsmöglichkeiten des Mieters und bildet die Grenze zwischen vertragsgemäßen Gebrauch und vertragswidriger Nutzung in vielfältiger Hinsicht. Der im Mietvertrag vereinbarte Nutzungszweck bildet weiter den Ausgangspunkt (Stichwort: Abweichung der Ist- von der Soll-Beschaffenheit) für die Gewährleistungsrechte des Mieters (hierzu näher im folgenden unter XXV). Aus diesem Grunde ist letztendlich von beiden Mietvertragsparteien besonderer Wert darauf zu legen, dass im Vertrag der Nutzungszweck so konkret und genau wie möglich beschrieben wird.[230]

137

Zulässig ist es, in einem Geschäftsraummietvertrag formularmäßig vorzusehen, dass nachträgliche Änderungen des vereinbarten Nutzungszweckes von der Zustimmung des Vermieters und ggf. auch von der Zahlung eines Mietzuschlages abhängig sind.[231] Wird in diesen Formularklauseln allerdings dem Vermieter das jederzeitige uneingeschränkte Recht zum Widerruf der erteilten Erlaubnis eingeräumt, liegt hierin eine unangemessene Benachteiligung des Mieters (der im Vertrauen auf die Erlaubnis ggf. langfristige Verpflichtungen eingegangen ist) und folglich ein Verstoß gegen § 307 Abs. 1 BGB. Zulässig ist dagegen die Klausel, die dem Vermieter ein entsprechendes Widerrufsrecht beschränkt auf einen wichtigen Grund vorbehält.

138

Unwirksam ist eine Formularklausel, die die Haftung des Vermieters auch dann ausschließt, wenn die erforderliche öffentlich-rechtliche Genehmigung für den vereinbarten Nutzungszweck aus Gründen versagt wird, die ausschließlich auf der Beschaffenheit oder Lage des Mietobjektes beruhen (hier: Änderung der genehmigten Nutzung).[232]

139

XIV. Zustandsbeschreibungen

Grundsätzlich ist es – auch formularvertraglich – unbedenklich, wenn der geschuldete bautechnische Zustand im Rahmen der Gebrauchsgewährpflicht als Hauptleistung des Vermieters beschrieben wird, um die Vertragsgemäßheit der Mietsache festzulegen. Allerdings ist eine generelle Freizeichnung des Vermieters davor, dass die Miträume – je nach Nutzungszweck (vgl. die vorstehenden Darlegungen) – den bautechnischen Anforderungen genügen, nicht wirksam möglich.[233] Zulässig sind aber Festlegungen, welche die Anforderungen nach Maßgabe der im Zeitpunkt der Errichtung des Gebäudes allgemein anerkannten Regeln der Bautechnik erfüllen, soweit hierdurch nicht der gewöhnliche Gebrauch zum vertraglich vereinbarten Zweck ausgeschlossen oder mehr als unerheblich eingeschränkt wird.[234] Eine Ausnahme stellt allerdings ein gesundheitsgefährdender Zustand der zum Aufenthalt von Menschen bestimmten Mietsache dar; in einem derartigen Fall ist auf den Stand von Wissenschaft und Technik zum aktuellen Zeitpunkt abzustellen.[235]

140

Zu beachten ist, dass es zur originären Hauptleistungspflicht des Vermieters gehört, dafür Sorge zu tragen, dass die Mietsache den bautechnischen Anforderungen entspricht, die sich aus dem vereinbarten Nutzungszweck der Miträume ergibt. Diese Verpflichtung kann er formularvertraglich nicht mit Erfolg auf den Mieter abwälzen. Werden Räume z.B. zur Aus-

141

---

[230] Lindner-Figura/Oprée/Stellmann/*Hübner/Grieshach/Schreiber* Kap.14 Rdnr. 22.
[231] BayObLG WuM 1986, 205, 206; LG Berlin ZMR 1994, 468.
[232] BGH ZMR 2008, 274.
[233] LG Hamburg ZMR 1991, 1790; Lindner-Figura/Oprée/Stellmann/*Hübner/Grieshach/Schreiber* Kap.14 Rdnr. 12.
[234] LG Düsseldorf DWW 1991, 284.
[235] Vgl. BVerfG NZM 1999, 302; BGH NZM 2006, 504; BayObLG WuM 1999, 568; LG Traunstein NJW-RR 1994, 1423.

stellung oder zur Lagerung von schweren Gegenständen angemietet, muss die entsprechende Tragfähigkeit der Decken gegeben sein, die immer der Vermieter zu gewährleisten hat.[236]

XV. Bestätigungs- und Besichtigungsklauseln

142 Nach der gesetzlichen Ausgangslage trägt der Vermieter die Beweislast dafür, dass sich das Mietobjekt zum Zeitpunkt der Übergabe in einem vertragsgerechten, mangelfreien Zustand befand. Entsprechend des Rechtsgedanken aus § 363 BGB wird der Mieter allerdings nach vorbehaltloser Übernahme der Mietsache für das Vorliegen eines Mangels beweispflichtig.

143 Mietverträge enthalten nun häufig sog. Bestätigungs- und Besichtigungsklauseln, in denen der Mieter erklärt, er habe die Miträume eingehend besichtigt und diese in einem vertragsgerechten Zustand übernommen, sofern auf entsprechenden Leerzeilen im Vertragsformular keine Ausnahmen eingefügt sind. Die darin liegende Tatsachenfiktion soll die Beweislast zugunsten des Vermieters auf den Mieter verschieben. Dies verstößt gegen § 309 Nr. 12 b BGB und im kaufmännischen, von § 310 BGB erfassten unternehmensbezogenen Geschäftsverkehr auch gegen § 307 Abs. 1 BGB aufgrund der darin liegenden unangemessenen Benachteiligung des Mieters.[237]

XVI. Instandhaltung und Instandsetzung

144 Die Verpflichtung zur Instandhaltung und auch Instandsetzung der Mietsache obliegt kraft Gesetzes nach § 535 Abs. 1 S. 2 BGB dem Vermieter. Vor allem im Bereich der Geschäftsraummiete werden allerdings häufiger Reparatur-, Instandsetzungs- und Instandhaltungspflichten mittels Formularklausel auf den Mieter abgewälzt, was im Grundsatz nach § 307 Abs. 2 Nr. 1 BGB nicht zu beanstanden ist.[238]

Unwirksam ist aber eine vollständige Überbürdung der Erhaltungspflichten und damit gewissermaßen der gesamten Sachgefahr auf den Mieter.[239] Klauseln, die dem Mieter vollständig die Erhaltungslast für Dach und für tragende Gebäudeteile auferlegen („dachfeste Instandhaltung des Hauses" bzw. „Unterhaltung des Gebäudes an Dach und Fach"), sind unwirksam. Dies nach einer Meinung wegen des Überraschungseffektes nach § 305 c Abs. 1 BGB,[240] nach anderer Auffassung wegen unangemessener Benachteiligung des Mieters und damit Verstoßes gegen § 307 Abs. 2 Nr. 1 BGB.[241] Folgt man der zuerst genannten Meinung, könnte der Überraschungseffekt durch besondere Erläuterungen und Hinweise („drucktechnische Hervorhebungen") beseitigt werden, so dass dem Geschäftsraummieter die Erhaltungslast des Gesamtobjektes vollständig überbürdet werden kann.[242]

145 Eine zulässige Individualvereinbarung liegt in diesem Zusammenhang dann vor, wenn der Mieter zum Ausgleich für die Übernahme derart weitreichender Verpflichtungen eine besonders günstige Miete ausgehandelt hat. In diesem Fall liegt kein Verstoß gegen § 307 BGB vor, sofern dieser Zusammenhang zwischen Erhaltungslast einerseits und günstiger Miete andererseits klar erkennbar ist.

146 Im Übrigen kann der Geschäftsraummieter auch ohne betragsmäßige Begrenzung oder sonstige Einschränkungen formularvertraglich verpflichtet werden, die über Schönheitsreparaturen (näher sogleich) hinausgehenden Pflichten zur Instandhaltung und Instandsetzung im Inneren des Mietobjektes (also in den Mieträumen) durchzuführen, soweit diese auf

---

[236] OLG Frankfurt/Main NZM 1998, 150, 151; vgl. auch BGH NJW 2004, 3174; NZM 1998, 710.
[237] So die überwiegende Meinung; OLG Düsseldorf ZMR 2005, 705; a. A. offenbar OLG Düsseldorf DWW 1992, 241.
[238] BGH NJW 1987, 2072, 2073 = NJW-RR 1987, 1037; NJW-RR 1987, 906; OLG Düsseldorf DWW 1992, 241; WuM 1989, 508; OLG Hamm NJW-RR 1993, 1229, 1230; OLG München NJW-RR 1986, 443.
[239] OLG Dresden NJW-RR 1997, 395, 396; OLG Köln NJW-RR 1994, 9; BGH NJW-RR 2006, 84.
[240] BGH NJW 1977, 195.
[241] OLG Dresden NJW-RR 1997, 395; OLG Naumburg NJW-RR 2000, 823; vgl. BGH NJW-RR 2006, 84.
[242] OLG Saarbrücken NJW-RR 1997, 248.

den Mietgebrauch zurückzuführen sind²⁴³ oder dem Risikobereich des Mieters zuzuordnen sind.²⁴⁴

Klauseln, die dem Mieter darüber hinaus entsprechende Reparatur-, Instandhaltungs- oder Instandsetzungspflichten außerhalb seines eigentlichen Mietgebrauchs oder seines Risikobereichs auferlegen, sind nur dann wirksam, wenn sie eine Kostenbegrenzung etwa auf maximal 10% der Jahresmiete enthalten.²⁴⁵ Derartige Klauseln sind aber ungeachtet dessen restriktiv auszulegen: Sie verpflichten den Mieter weder zur Behebung von anfänglichen Mängeln,²⁴⁶ noch zum Ersatz von irreparabel gewordenen Bestandteilen der Mietsache, von Anlagen, Einrichtungen oder Inventar,²⁴⁷ noch zum Ersatz von auf höherer Gewalt oder Handlungen Dritter beruhenden Schäden.²⁴⁸ 147

Die **Wartung** mitvermieteter Einrichtungen und Anlagen kann formularvertraglich ohne Kostenobergrenze auf den Mieter übertragen werden.²⁴⁹ Diese Verpflichtung umfasst aber nicht die Beseitigung etwaiger, trotz ordnungsgemäßer Wartung, auftretender Mängel, für die vielmehr der Vermieter weiterhin verantwortlich bleibt.²⁵⁰ Die Verpflichtung des Mieters über eine Formularklausel zum Abschluss eines Wartungsvertrages mit einem Fachunternehmen ist – sofern hierauf zur Vermeidung des Überraschungseffektes nach § 305c BGB besonders hingewiesen wird – unbedenklich, nicht aber die Bindung an ein bestimmtes Wartungsunternehmen; letzteres wäre auch gegenüber dem Geschäftsraummieter eine unangemessene Benachteiligung i.S.v. § 307 BGB. 148

XVII. Schönheitsreparaturen

Schönheitsreparaturen, also Maler- und Tapezierarbeiten zur Herstellung der äußerlichen Ansehnlichkeit der Dekoration, nicht jedoch die Beseitigung darüber hinausgehender Schäden,²⁵¹ gehören ebenfalls zum Pflichtenkreis des Vermieters nach § 535 BGB. Damit sollen allein die Spuren vertragsgemäßen Mietgebrauchs beseitigt werden, wozu der Mieter kraft Gesetzes nicht verpflichtet ist (§ 538 BGB). Diese Verpflichtung kann formularvertraglich – wie heute sowohl bei Wohnraum- als auch bei Gewerberaummietverträgen üblich – auf den Mieter abgewälzt werden.²⁵² Gerechtfertigt wird dies damit, dass es sich um einen Teil der Haupt-Gegenleistungsverpflichtung des Mieters für die Gebrauchsüberlassung handelt (neben der Mietzahlung) und kalkulatorisch bei der Festlegung des Mietzinses berücksichtigt wird, der andernfalls bei einem Verbleib dieser Verpflichtung auf Vermieterseite höher wäre,²⁵³ auch wenn dieses Mietpreisargument nie empirisch überprüft wurde. 149

Der Umfang der vorzunehmenden Schönheitsreparaturen richtet sich zunächst nach den mietvertraglichen Vereinbarungen. Fehlen hier konkrete Festlegungen, beschränken sich die Arbeiten auf den für preisgebundenen Wohnraum nach § 28 Abs. 4 S. 3 II. BVO geregelten Umfang.²⁵⁴ Dieser Umfang kann formularvertraglich erweitert werden und sollte den Erfordernissen der Mietsache angepasst werden. Ohne entsprechende Vereinbarung, die vorformuliert zulässig wäre, fällt die Erneuerung des Teppichbodens oder Bodenbelages²⁵⁵ 150

---

²⁴³ BGH NJW-RR 1987, 906; NJW 1987, 2072, 2073; OLG Düsseldorf WuM 1989, 508; OLG Hamm NJW-RR 1993, 1229, 1230; OLG Köln NJW-RR 1994, 524; BGH NJW-RR 2006, 84.
²⁴⁴ OLG Düsseldorf DWW 1992, 241.
²⁴⁵ BGH NZM 2005, 863; KG NJW-RR 2003, 586.
²⁴⁶ BGH WuM 1992, 355; a. A. OLG Düsseldorf DWW 1992, 241.
²⁴⁷ OLG Hamm NJW-RR 1993, 1229, 1230.
²⁴⁸ BGH NJW-RR 1991, 1750; NJW-RR 1987, 906.
²⁴⁹ Lindner-Figura/Oprée/Stellmann/*Beyerle* Kap. 11 Rdnr. 30.
²⁵⁰ OLG Karlsruhe BB 1979, 1372, 1373.
²⁵¹ BGH NJW 1988, 2790; OLG Celle NZM 1998, 158, 159.
²⁵² BGH NJW 1990, 2376; OLG Düsseldorf WuM 1989, 508; OLG München NJW-RR 1986, 443.
²⁵³ Lindner-Figura/Oprée/Stellmann/*Wolf* Kap. 13 Rdnr. 192; *Kraemer* NZM 2003, 417, 419.
²⁵⁴ BGH NJW 1985, 480, 481; OLG Karlsruhe NJW-RR 1992, 969.
²⁵⁵ OLG Celle NZM 1998, 158, 159; OLG Stuttgart NJW-RR 1995, 1101; OLG Brandenburg Urt. v. 13. 12. 2006 – 3 U 200/05 – BeckRS 2007 01917; vgl. auch OLG Düsseldorf GE 2008, 731; a. A. OLG Düsseldorf NJW-RR 1989, 663.

ebenso wenig darunter, wie das Abschleifen und Neuversiegeln des Parketts.[256] Allerdings soll auch ohne ausdrückliche Vereinbarung eine Teppichgrundreinigung zu den Schönheitsreparaturen gehören (und nicht zu einer etwa mietvertraglich vereinbarten Reinigungspflicht, die nur die oberflächliche Entfernung des angesammelten Schmutzes umfasst).[257]

151 Für die grundsätzliche Abwälzung der Schönheitsreparaturverpflichtung auf den Mieter reicht es aus, wenn in einer vorformulierten Klausel pauschal ohne Regelung von Einzelheiten festgelegt wird, dass die entsprechenden Arbeiten vom Mieter übernommen werden.[258] Daher sind auch Klauseln, nach denen Schönheitsreparaturen „Sache des Mieters" oder „vom Mieter zu tragen" sind, wirksam. Zu beachten ist aber, dass derartige Regelungen lediglich als Freizeichnung des Vermieters von seiner Renovierungslast ausgelegt werden könnten und nicht als wirksame Pflichtenüberbürdung auf den Mieter. Es ist daher nicht nur zweckmäßig, sondern ausdrücklich zu empfehlen, die Schönheitsreparaturverpflichtung des Mieters klar zu regeln und insbesondere die Renovierungsmaßnahmen genau festzulegen. Eine Klausel, wonach der Mieter lediglich zur schonenden Behandlung der Mietsache verpflichtet ist, führt daher nicht zu einer wirksamen Überbürdung der Schönheitsreparaturverpflichtung.[259] Gem. § 307 Abs. 1 BGB unwirksam ist eine Klausel, die dem Mieter Renovierungspflichten für solche Schäden auferlegt, die nicht vom Mieter verursacht wurden (z. B. Wasserschäden nach Rohrbruch). Auch die formularmäßige Verpflichtung des Mieters zur Vornahme zufällig erforderlicher Schönheitsreparaturen hält § 307 Abs. 1 BGB nicht Stand. Gleiches gilt für die Pflicht zur Vornahme von Schönheitsreparaturen an Gemeinschaftseinrichtungen, da das Maß der Abnutzung nicht vom Mieter beeinflusst werden kann. Solche Klauseln können jedoch im Einzelfall zulässig sein, sofern der Umfang der Renovierung und die damit verbundenen Kosten bereits im Vertrag auf einen Betrag begrenzt werden, der in seiner Höhe in einem angemessenen Verhältnis zum Mietzins steht.

152 Im Übrigen ist es zulässig, dem Mieter formularvertraglich einen **Fristenplan** aufzuerlegen, der sich grundsätzlich am Grad der Abnutzung der Mietsache je nach konkretem Vertragszweck orientieren sollte. So hat der BGH z. B. bei einem Gaststättenpachtvertrag eine jährliche Renovierungspflicht nicht beanstandet.[260] Allerdings benachteiligen – wie im Wohnraummietrecht – starre Fristenregelungen ohne Rücksicht auf den Erhaltungszustand der Mietsache auch den Gewerberaummieter unangemessen und sind daher unwirksam.[261] Die Fälligkeit der Schönheitsreparaturverpflichtung kann mithin wirksam nicht durch einen derartigen Fristenplan, sondern grundsätzlich nur durch die Berücksichtigung eines objektiven Renovierungs**bedarfs** vereinbart werden. Denn dem Mieter können nicht mehr Pflichten auferlegt werden als der Vermieter ohne die Abwälzung gem. § 535 Abs. 1 Satz 2 BGB schulden würde. Im Gegensatz zum Wohnraummieter kann der Gewerberaummieter allerdings auch bei anfangs nicht renovierten Räumen zur Durchführung von Schönheitsreparaturen „soweit erforderlich" mit der Folge verpflichtet werden, dass die Abnutzung durch den Vormieter zu seinen Lasten geht,[262] wenn er nicht ohnehin zur Anfangsrenovierung verpflichtet wird.[263]

153 Enthält eine Klausel starre oder unangemessen kurze Fristen, so führt dies nicht nur zur Unwirksamkeit der Fristenregelung; vielmehr ist die formularmäßige Abwälzung der Pflicht zur Vornahme von Schönheitsreparaturen auf den Mieter insgesamt unwirksam.[264]

154 Neben der Vereinbarung von zu kurzen Fristen, kann auch die Verpflichtung zur **Anfangsrenovierung** zusätzlich zur Überbürdung laufender Schönheitsreparaturen auf den Mieter eine unangemessene Benachteiligung und damit ein Verstoß gegen § 307 BGB dar-

---

[256] OLG Karlsruhe NJW-RR 1997, 139.
[257] BGH NJW 2009, 510 = NZM 2009, 126.
[258] Vgl. z. B. BGH NJW 1990, 2376; OLG Nünberg ZMR 1991, 217.
[259] OLG Düsseldorf NJW-RR 1992, 1096; Lindner-Figura/Oprée/Stellmann/*Wolf* Kap. 13 Rdnr. 184.
[260] BGH NJW 1983, 446.
[261] BGH NJW 2008, 3772 = NZM 2008, 890; ebenso die Vorinstanz OLG Düsseldorf NZM 2006, 462; OLG München NZM 2007, 215.
[262] OLG Hamburg ZMR 1984, 342, 344; KG GE 1981, 1067.
[263] KG GE 1986, 1167.
[264] BGH ZMR 2005, 34.

stellen. Gleiches gilt für Klauseln, welche die Renovierungspflicht zeitlich geringfügig verschieben, also dem Mieter z.B. die Verpflichtung zur Renovierung etwa zwei Wochen nach Vertragsbeginn aufzuerlegen. In einem derartigen Fall erfasst die Unwirksamkeitsfolge bei sprachlicher und inhaltlicher Trennbarkeit der Klausel lediglich die Verpflichtung zur Vornahme der Anfangsrenovierung, so dass die hiervon unabhängige Verpflichtung zur Durchführung laufender Schönheitsreparaturen rechtswirksam bleibt.

Weiter ist es zulässig, den Mieter – selbst wenn er die Räume unrenoviert übernommen hat – zur **Endrenovierung** zu verpflichten, d.h. bei Beendigung des Mietverhältnisses schuldet er die Rückgabe in renoviertem Zustand.[265] Derartige Klauseln sind aber wegen Verstoßes gegen § 307 Abs. 1 BGB dann unwirksam, wenn die Endrenovierung unabhängig vom Zeitpunkt der letzten Schönheitsreparatur bzw. unabhängig vom Zustand der Mietsache bzw. einem objektiven Renovierungsbedarf in jedem Fall vorgenommen werden muss.[266] Allerdings soll eine Klausel bei zu kurzen Zeitabständen zur letzten Renovierung dahingehend auszulegen sein, dass der Mieter nur eine diesem Zeitpunkt entsprechende anteilige Quote der Kosten zu tragen hat.[267] 155

Abgeltungsklauseln, die formularvertraglich als Alternative zur Endrenovierungsverpflichtung bei Beendigung des Mietverhältnisses vor Ablauf des laufenden Renovierungsturnus gemäß Fristenplan vorsehen, dass der Mieter einen am Grad der Abnutzung bzw. am Zeitraum seit Durchführung der letzten Schönheitsreparatur orientierten Geldbetrag zu zahlen, sind grundsätzlich wirksam.[268] Allerdings dürfte auch hier nach der BGH-Entscheidung vom 8.10.2008[269] die Bezugnahme auf starre Fristen zur Unwirksamkeit führen, wie dies in der Wohnraummiete bereits entschieden ist,[270] mit dem weiteren Problemkreis, dass eine „weiche Fristenregelung" vor allem dem Transparenzgebot entsprechen muss.[271] 156

Umstritten ist, ob der Mieter formularvertraglich verpflichtet werden kann, Schönheitsreparaturen bzw. die Endrenovierung durch einen **Fachbetrieb** ausführen zu lassen, nachdem die Interessen des Vermieters ausreichend gewahrt scheinen, wenn die Arbeiten fachgerecht ausgeführt werden. Unwirksam ist auf jeden Fall eine Klausel, die dem die Mieter die Beauftragung eines bestimmten Handwerkers vorschreibt.[272] 157

Kommt der Mieter seiner Schönheitsreparaturverpflichtung – fällig am letzten Tag der Mietzeit – nicht nach, muss der Vermieter den Mieter zunächst in Verzug setzen und kann ihn erst nach entsprechender angemessener Fristsetzung mit Erfolg auf Schadensersatz in Anspruch nehmen (§§ 280, 281 BGB). Die Notwendigkeit von Mahnung bzw. Fristsetzung kann formularvertraglich – auch im kaufmännischen Verkehr[273] nicht ausgeschlossen werden.[274] Kraft Gesetzes ist die Fristsetzung aber dann entbehrlich, wenn der Mieter die Ausführung geschuldeter Schönheitsreparaturen ernsthaft und endgültig verweigert; die Fristsetzung würde dann lediglich eine bloße Förmelei darstellen. Ob eine derartige ernsthafte Erfüllungsverweigerung bereits im bloßen Auszug des Mieters gesehen werden kann, ist zweifelhaft. Ein großer Teil der Rspr. bejaht dies mit dem Argument, dass der Mieter mit seinem Verhalten zum Ausdruck bringt, dass er seinen vertraglichen Verpflichtungen nicht mehr nachkommen will.[275] Allerdings sind an die Entbehrlichkeit der Fristsetzung strenge Anforderungen zu stellen: So genügt der bloße Auszug nicht, wenn der Vermieter selbst vor Auszug die Geltendmachung etwaiger Renovierungsansprüche nach Besichtigung der ge- 158

---

[265] BGH NJW 1983, 446; OLG München DWW 1986, 16.
[266] BGH NJW 2005, 2006 = NZM 2005, 504; OLG Celle NZM 2003, 599; OLG Hamburg GuT 2004, 82; OLG Hamm NZM 2002, 988; anders ggf. bei angemessenem Mietnachlass, der ggf. schon zu einer zulässigen Individualvereinbarung führen kann: KG NZM 2004, 424.
[267] BGH NJW 1983, 446.
[268] OLG Karlsruhe NJW-RR 1988, 331; OLG Stuttgart ZMR 1983, 14; vgl. auch BGH NJW 1983, 446.
[269] BGH NJW 2008, 3772 = NZM 2008, 890.
[270] BGH NZM 2007, 355; NJW 2006, 3778 = NZM 2006, 924; NJW 2006, 1728 = NZM 2006, 459; vgl. auch NJW 2004, 3042 = NZM 2004, 615.
[271] BGH NJW 2008, 1438 = NZM 2008, 363; NJW 2007, 3632 = NZM 2007, 879.
[272] BGH NJW 1983, 446, 447.
[273] BGH NJW 1986, 842, 843; OLG Karlsruhe NJW-RR 1989, 331, 332; OLG Köln NJW 1991, 301.
[274] BGH NJW 1988, 2780.
[275] BGH NJW 1998, 1303; NJW 1991, 2416.

räumten Mietsache angekündigt hat[276] oder er dem Mieter vor Auszug nicht konkret mitgeteilt hat, welche Schönheitsreparaturen durchzuführen sind.[277] Jedenfalls ist der Mieter mit Auszug und Rückgabe der Schlüssel nicht mehr berechtigt die Räumlichkeiten zu betreten und kann damit auch keine Schönheitsreparaturen mehr durchführen.[278]

159 Wirksam ist es dagegen, das Erfordernis der Mahnung bzw. der Fristsetzung individualvertraglich abzubedingen,[279] wegen § 309 Nr. 4 BGB aber nicht durch Formularklausel.[280] Eine Klausel, die den Vermieter von der Notwendigkeit der Fristsetzung entbindet, wenn der Aufenthalt des Mieters unbekannt ist und dieser von Vermieterseite auf trotz zumutbarer Nachforschungen nicht ermittelt werden kann, dürfte keinen Bedenken begegnen.

160 Umstritten ist, ob neben dem Schadensersatzanspruch nach § 281 BGB formularvertraglich ein sog. **Selbstvornahmerecht** des Vermieters und ein daraus resultierender Aufwendungsersatzanspruch statuiert werden kann. Nach einer Auffassung begegnet eine derartige Regelung keinen Bedenken, da das Selbstvornahmerecht weder die Ansprüche auf Ersatz von Schäden nach § 281 BGB, noch den (Nach-)Erfüllungsanspruch ausschließen.[281] Nach anderer Auffassung handelt es sich auch insoweit um eine Ausformung des Schadensersatzanspruchs nach § 281 BGB mit der Folge eines Verstoßes gegen § 309 Nr. 4 BGB.[282]
Die Höhe des Schadensersatzes wegen Nichtdurchführung von Schönheitsreparaturen kann formularvertraglich pauschaliert werden (hierzu näher vorstehend unter X).

XVIII. Bauliche Veränderungen durch den Mieter

161 Grundsätzlich sind dem Mieter bauliche Veränderungen nicht gestattet. Er ist vielmehr gehalten, das Mietobjekt in dem Zustand zu belassen, in dem er es vom Vermieter übergeben bekommen hat, von geringfügigen Eingriffen, die jederzeit wieder rückgängig gemacht werden können, abgesehen (z. B. das Aufstellen von Raumteilern, das Einschlagen von Nägeln, das Bohren von Dübellöchern, u. a.). Ohne Erlaubnis des Vermieters ist der Mieter daher nicht berechtigt, z. B. die Außenfassade des Gebäudes zu verändern, in den Räumen neue Wände zu installieren oder zu entfernen, Mauerdurchbrüche zu schaffen u. a. Anpassungsmaßnahmen an den üblichen Mietstandard, z. B. die Verlegung von Anschlüssen von Kommunikationsmittel, die Anbringung von Briefkästen u. a., sind dagegen gestattet (zur Berechtigung des Mieters, die Außenfassade für Werbezwecke zu nutzen, vgl. vorstehend unter III 3). Nach alledem verstößt ein vollständiger formularmäßiger Ausschluss jeglicher Änderungsmaßnahmen gegen § 307 Abs. 1 BGB. Die Vereinbarung eines generellen Erlaubnisvorbehaltes begegnet dagegen keinen Bedenken.

162 Während den Mieter bei Durchführung baulicher Veränderungen ohnehin erhöhte Sorgfaltspflichten treffen und er insoweit auch den Entlastungsbeweis für fehlendes Verschulden führen muss, wenn feststeht, dass die von ihm vorgenommenen Veränderungen ursächlich für einen etwa entstandenen Schaden sind, sind darüber hinausgehende formularvertragliche Haftungsverschärfungen besonders kritisch zu beurteilen. Die Überbürdung einer verschuldensunabhängigen Haftung für sämtliche Schäden, die durch die erlaubnispflichtigen Veränderungen verursacht werden, zumal wenn diese vom Vermieter gestattet wurden, verstößt gegen § 307 Abs. 2 Nr. 1 BGB.[283]

---

[276] KG ZMR 2008, 956.
[277] KG NZM 2007, 356, zwar für die Wohnraummiete, Gründe gegen eine Übertragbarkeit auf die Gewerberaummiete sind aber nicht erkennbar.
[278] BGH NJW 1998, 1303; OLG Karlsruhe NJW-RR 1989, 331; a. A. OLG Hamburg WuM 1992, 70; LG Berlin ZMR 1999, 398; LG Berlin GE 2002, 1199.
[279] BGH NJW 1985, 267, 268.
[280] Schmidt-Futterer/*Langenberg* § 538 Rdnr. 11; Linder-Figura/*Pietz/Leo* Kap. 16 Rdnr. 161.
[281] OLG Hamm WuM 1983, 76; wohl auch OLG Celle WuM 1982, 317.
[282] OLG Hamburg NJW 1973, 2211; LG München I WuM 1984, 370.
[283] BGH NJW 1992, 3158 und 1761, 1762; NJW 1991, 1886; vgl. OLG Brandenburg NZM 2004, 905.

XIX. Obhuts-, Anzeige- und Duldungspflichten

Die dem Mieter kraft Gesetzes ab Überlassung bis zur tatsächlichen Rückgabe in ordnungsgemäßem Zustand der Mietsache obliegenden Obhutspflichten können rechtswirksam formularvertraglich konkretisiert werden: so z. B. im Hinblick auf die Pflicht, die Mieträume ordnungsgemäß zu Säubern und zu Lüften, das Objekt so zu beheizen, das Frostschäden vermieden werden, die Einlagerung von Gerümpel zu untersagen, sofern dadurch an der Mietsache Schäden entstehen können u. a. auch die Erweiterung der Anzeigepflicht des § 536c BGB auf konkret zu benennende zusätzliche Prüfpflichten begegnet keinen Bedenken. 163

Die Duldungspflichten des Mieters nach den §§ 554, 578 Abs. 2 BGB können im Bereich der Geschäftsraummiete formularvertraglich erweitert werden, insbesondere auf Modernisierungsmaßnahmen. Die Regelung des § 554 Abs. 5 BGB gilt im Gewerberaummietrecht über § 578 Abs. 2 S. 1 BGB gerade nicht. Allerdings ist die Vereinbarung einer „jederzeitigen Duldung" eine unangemessene, gegen § 307 BGB verstoßende Benachteiligung und damit unwirksam. Auch im kaufmännischen Geschäftsverkehr müssen derartige Klauseln daher vorsehen, dass die beabsichtigten Maßnahmen nicht zur Unzeit erfolgen dürfen und vom Vermieter rechtzeitig unter Berücksichtigung der Belange des Mieters angekündigt werden müssen. 164

Zum Zwecke der Durchführung dieser Erhaltungs- und Verbesserungsmaßnahmen hat der Vermieter das Recht, die Mieträume zu betreten.[284] Ansonsten steht ihm ein derartiges Zutritts- und Besichtigungsrecht dann zu, wenn hierfür ein begründeter Anlass besteht (z. B. Mängelrügen, das Erfordernis der Ablesung von Verbrauchserfassungsgeräten, die Besichtigung mit Kauf- oder Mietinteressenten). Besichtigungsrechte können auch formularvertraglich begründet werden, verstoßen aber gegen § 307 BGB, sofern derartige Klauseln eine generelle Befugnis des Vermieters vorsehen, etwa mit einem bei ihm verbliebenen Schlüssel das Mietobjekt jederzeit betreten zu dürfen,[285] der Mieter verpflichtet wird, auch außerhalb der üblichen Öffnungszeiten oder gar in den Betriebsferien eine jederzeitige Besichtigung zu ermöglichen oder dem Mieter unter unzulässiger Erweiterung des § 562b BGB das Betreten der Mieträume allein zur Ausübung seines Vermieterpfandrechtes zu ermöglichen.[286] 165

XX. Versicherungspflicht

Grundsätzlich ist es zulässig, den Gewerberaummieter formularvertraglich zu verpflichten, Versicherungen für das Mietobjekt auf eigene Kosten abzuschließen, an denen der Vermieter ein berechtigtes Interesse hat. Um einen Verstoß gegen das Transparenzgebot des § 307 Abs. 1 BGB zu vermeiden, sind daher die zu versichernden Risiken konkret zu bezeichnen, so dass z. B. eine Klausel, sich „gegen übliche Wagnisse" zu versichern, unwirksam ist.[287] Dagegen begegnet es keinen Bedenken, den Mieter formularvertraglich zu verpflichten, eine Glasversicherung für Schaufensterscheiben und in ähnlicher Weise gefährdetes Glas, etwa Schaukästen, abzuschließen, eine Schlüsselverlustversicherung, eine Brandversicherung[288] oder eine Betriebsunterbrechungsversicherung.[289] Verstößt der Mieter gegen die ihm so wirksam auferlegte Versicherungspflicht, führt dies zu seiner Haftung auch für solche Schäden, die der Versicherer zwar ersetzt hätte, die allerdings vom Mieter nicht verursacht und auch nicht zu vertreten sind.[290] 166

Übernimmt der Mieter im Rahmen der mietvertraglichen Betriebskostenumlagevereinbarung die (anteiligen) Kosten einer Sachversicherung stellt sich die Frage der Einschränkung 167

---

[284] LG Berlin GE 1997, 245.
[285] LG München ZMR 1988, 143.
[286] Vgl. für die Wohnraummiete OLG München NJW-RR 1989, 1499, 1501.
[287] A. A. BGH WM 1977, 291.
[288] BGH WPM 1964, 127.
[289] BGH NJW 1992, 980, 981; NJW-RR 1991, 527, 528.
[290] OLG Düsseldorf WuM 1994, 674.

der **Regressmöglichkeiten des Versicherers gegenüber dem Mieter**. Während der BGH ursprünglich in einer derartigen Vereinbarung zugleich eine stillschweigende Beschränkung der Haftung des Mieters für die Verursachung auf Vorsatz und grobe Fahrlässigkeit gesehen hat,[291] ist er seit 2001 von dieser haftungsrechtlichen Lösung abgerückt hin zu einem versicherungsrechtlichen Lösungsansatz. So soll jetzt eine ergänzende Auslegung des Versicherungsvertrages eines Vermieters einen konkludenten Regressverzicht des Versicherers in den Fällen eines vom Mieter fahrlässig verursachten, vom Versicherungsumfang erfassten Schadens ergeben.[292] Dies soll sogar unabhängig davon der Fall sein, ob die Kosten der Sachversicherung auf den Mieter abgewälzt sind[293] und ob der Mieter eine Haftpflichtversicherung abgeschlossen hat.[294] Allerdings können diese Erwägungen nicht etwa auf die Hausratsversicherung des Vermieters übertragen werden.[295]

XXI. Verkehrssicherungspflichten

168 Zur Gebrauchsgewährpflicht des Vermieters (vgl. § 535 BGB) gehört auch die Pflicht zur Verkehrssicherung, bezogen auf das Mietobjekt sowie die mitüberlassenen Gemeinschaftseinrichtungen, -flächen und -anlagen.

169 Grundsätzlich können derartige Verkehrssicherungspflichten formularvertraglich auf den Mieter übertragen werden, müssen aber dessen Pflichtenkreis klar umschreiben um die Ausschaltung von Gefahren zuverlässig sicherzustellen[296] und damit er sein Haftungsrisiko einschätzen kann.[297] Daher kommt § 305c BGB besondere Bedeutung zu, so dass an versteckter Stelle enthaltene Pflichtenüberbürdungen (z.B. in einer einseitig aufgestellten Hausordnung) nicht rechtswirksam in den Vertrag einbezogen werden. Weiter kann in derartigen pauschalen Abwälzungen eine unangemessene Benachteiligung des Mieters nach § 307 Abs. 1 BGB bzw. eine unzulässige Haftungsfreizeichnung des Vermieters nach § 309 Nr. 7 BGB liegen.[298] Empfehlenswert ist daher in jeden Fall eine eindeutige und klare individuelle Regelung.

170 Zu beachten ist, dass auch bei einer wirksamen formularvertraglichen Abwälzung von Verkehrssicherungspflichten auf den Mieter beim Vermieter sekundäre, zumindest stichprobenartige Kontroll- und Überwachungsverpflichtungen verbleiben. Insbesondere ist bei der Übertragung von Verkehrssicherungspflichten die persönliche und fachliche Eignung des Verantwortlichen mit zu berücksichtigen. Bei mehreren Mietern desselben Anwesens muss der Vermieter im Übrigen für eine sachgerechte und transparente Verteilung der Pflichten sorgen, um einer etwaigen Mithaftung aus dem Gesichtspunkt des Organisationsverschuldens mit Erfolg zu entgehen.

XXII. Haftungserweiterungen zu Lasten des Mieters

171 Gesetzlicher Ausgangspunkt ist § 538 BGB. Danach kann der Vermieter den Mieter für Veränderungen und Verschlechterungen der Mietsache im Rahmen des vertragsgemäßen Gebrauchs nicht verantwortlich machen. Diese Vorschrift ist allerdings dispositiv, so dass die Haftung des Mieters vertraglich sowohl beschränkt als auch erweitert werden kann. Be-

---

[291] So für die Gebäudefeuerversicherung BGH NJW 1996, 715, 716, sogar für die Wohnraummiete; NJW 1992, 980, 981; NJW-RR 1991, 527, 528; OLG Düsseldorf NJWE-MietR 1997 152, 153 für die Geschäftsraummiete; für die Kfz- Miete vgl. OLG Hamm ZMR 1998, 275.
[292] BGH NJW 2006, 3714 = NZM 2006, 951; NJW 2006, 3712 = NZM 2006, 949 (auch zur Frage der Zurechnung des Verhaltens Dritter); NZM 2005, 100; NJW 2001, 1353 = NZM 2001, 108, 109; vgl. auch NJW 2006, 3711 = NZM 2006, 946 für ein unentgeltliches Nutzungsverhältnis.
[293] BGH NJW 2006, 3711 = NZM 2006, 946 ; VersR 2002, 433; NJW 2001, 1353 = NZM 2001, 108.
[294] BGH NZM 2007, 340; NJW 2006, 3707, 3709 ff. = NZM 2006, 945 ff. auch zur Frage der Folgen einer Doppelversicherung; krit. zu Recht *Armbrüster* NJW 2006, 3683 ff.
[295] BGH NJW 2006, 3714 = NZM 2006, 951.
[296] BGH NJW 1996, 2646.
[297] BGH NJW 2008, 1440; NJW 1996, 2646.
[298] Vgl. OLG Dresden NJWE-MietR 1996, 241, 242.

reits in der Abwälzung von Schönheitsreparaturen, Instandhaltungs- und Instandsetzungs- sowie Renovierungspflichten auf den Mieter (vgl. vorstehend unter XVI und XVII) liegt eine derartige Haftungserweiterung.

1. Gefährdungshaftung

Im Grundsatz stellen formularvertragliche Regelungen, die im Ergebnis eine verschuldensunabhängige Gefährdungshaftung des Mieters begründen, eine letztendlich durch höherrangige Interessen des Vermieters nicht gerechtfertigte erhebliche Abweichung vom gesetzlichen Leitbild dar und verstoßen damit gegen § 307 Abs. 2 Nr. 1 BGB.

Nur ausnahmsweise kann dem Mieter eine verschuldensunabhängige Haftung dann überbürdet werden, soweit die damit verbundenen Risiken entsprechend allgemeiner Übung in der Praxis so gut wie lückenlos versichert zu werden pflegen. In diesem Fall darf der Vermieter davon ausgehen, dass sein Vertragspartner von dieser üblichen und verbreiteten Möglichkeit des Versicherungsschutzes Gebrauch machen wird.[299] Eine Klausel, die eine verschuldensunabhängige Zufallshaftung für vom Vermieter nicht zu vertretende, aber üblicherweise versicherbare Schäden vorsieht, ist demgegenüber unwirksam.[300] Die bloße Möglichkeit, für das abgewälzte Risiko Versicherungsschutz zu erhalten, reicht nicht aus; vielmehr muss üblicherweise insoweit vom Mieter Versicherungsschutz in Anspruch genommen werden.

2. Schadensverursachung durch Dritte

Dehnen formularvertragliche Regelungen eine Haftung des Mieters für die Schadenverursachung durch Dritte über die gesetzlich geregelten Fälle (§§ 278, 831, 89, 31, 540 Abs. 2 BGB) hinaus aus, sind sie wegen Verstoßes gegen § 307 BGB unwirksam.[301] Dies gilt auch für Klauseln, die dem Mieter pauschal eine verschuldensunabhängige Ersatzpflicht für durch nicht rechtzeitige Mängelanzeige verursachte Schäden auferlegen.[302] Auch die Begründung einer Haftung des Mieters mittels Formularklausel, wenn der Schadensverursacher nicht festgestellt werden kann (z.B. im Fall der Kanal- oder Leitungsverstopfung, bei Ungezieferbefall, beim Erfordernis der Entrümpelung von Gemeinschaftseinrichtungen und -flächen) dürfte ebenfalls unwirksam sein.[303]

Klauseln, nach denen die Beweislast zu Ungunsten des Mieters geändert wird, verstoßen einmal gegen § 309 Nr. 12 BGB und im kaufmännischen/ unternehmensbezogenen Geschäftsverkehr i.S.v. § 310 Abs. 1 BGB liegt ein Verstoß mit Unwirksamkeitsfolge gegen § 307 Abs. 2 Nr. 1 BGB vor.[304] Danach ist es auch im kaufmännischen Verkehr grundsätzlich unangemessen und unzumutbar, dem Vertragspartner in AGB den Beweis für Umstände aufzuerlegen, die allein im Verantwortungsbereich des Verwenders liegen.[305] Zu beachten ist in diesem Zusammenhang aber, dass oft die Beweislastverteilung selbst umstritten ist, so z.B. bei § 538 BGB: Nach einer Meinung muss der Vermieter den vertragswidrigen Gebrauch beweisen,[306] nach anderer, richtiger Auffassung trägt der Vermieter bei Schäden im Rahmen des Mietgebrauchs die Beweislast für die Mangelfreiheit bei Übergabe der Sache und der Mieter dann dafür, dass die eingetretenen Veränderungen oder Verschlechterungen nur auf vertragsgemäßen Gebrauch zurückzuführen sind.[307] Steht nicht fest, dass der Schaden durch Mietgebrauch entstanden ist, muss allein der Vermieter beweisen, das die Schadensursache im Herrschafts- bzw. Obhutsbereich des Mieters liegt.[308]

---

[299] BGH NJW 1992, 1761, 1762.
[300] BGH a. a. O.
[301] BGH WuM 1991, 381, 383; OLG Celle WuM 1990, 103, 112; OLG Hamburg WuM 1991, 385, 386.
[302] OLG Frankfurt/Main, WuM 1992, 56, 63.
[303] Vgl. zur Wohnraummiete: OLG Hamm NJW 1982, 2005, 2007; WuM 1986, 113, OLG Frankfurt/Main NJW-RR 1992, 396.
[304] OLG Nürnberg NJW-RR 1993, 862, 864.
[305] BGHZ 101, 172, 184; BGH NJW 2006, 47.
[306] OLG Saarbrücken NJW-RR 1988, 652; BGH NJW 1994, 2019.
[307] BGH NJW 1994, 1880; BGH NJW 2005, 17.
[308] BGH NJW 1994, 2019; BGH NJW 2006, 1061.

XXIII. Gebrauchsüberlassung an Dritte

176   Gesetzlicher Ausgangspunkt ist § 540 Abs. 1 BGB, wonach der Mieter ohne Erlaubnis des Vermieters nicht berechtigt ist, den Gebrauch der Mietsache einem Dritten zu überlassen, insbesondere ein Untermietverhältnis zu begründen. Verweigert der Vermieter allerdings die Erlaubnis ohne sachbezogenen Grund, steht dem Mieter nach § 540 Abs. 1 S. 2 BGB ein Sonderkündigungsrecht zu.

1. Anspruch auf Vermieterzustimmung

177   Formularvertragliche Regelungen, wonach die Gebrauchsüberlassung an Dritte, insbesondere die Untervermietung, von der Zustimmung des Vermieters abhängt, sind wirksam, soweit sie ausschließlich die gesetzliche Rechtslage wiedergeben.[309]

178   Danach hat der Geschäftsraummieter, sofern nicht Abweichendes vereinbart ist, grundsätzlich keinen Anspruch auf Erlaubniserteilung. Nur in Ausnahmefällen kann der Vermieter verpflichtet sein, einer Mitbenutzung der Mietsache durch einen Dritten zuzustimmen (z. B. bei Aufnahme eines weiteren Gesellschafters in eine Personengesellschaft oder eines zusätzlichen Partners in eine freiberufliche Praxis). Klauseln, nach denen auch im Fall der Aufnahme eines Partners in die Gesellschaft, der Wechsel des Firmeninhabers oder der Änderung der Gesellschaftsform, die Regeln der Untervermietung gelten sollen, sind daher grundsätzlich rechtswirksam. Soweit für die Vermieterzustimmung Schriftform gefordert wird, dürfte eine entsprechende Formularklausel auch in Geschäftsraummietverträgen an § 307 Abs. 2 Nr. 1 BGB scheitern.[310]

179   Wird die Erlaubnis zur Untervermietung etwa aus wichtigem Grund versagt, ist eine Klausel zulässig, wonach dem Mieter in diesem Fall das Sonderkündigungsrecht nicht zusteht.[311] Kann der Vermieter nach der entsprechenden formularvertraglichen Regelung aber die Zustimmung nach Belieben verweigern oder eine erteilte Zustimmung widerrufen, verstößt der Ausschluss des Sonderkündigungsrechts gegen § 307 Abs. 1 BGB.[312] Danach gehört es zum Grundgedanken des gesetzlichen Leitbildes, dem Mieter als Gegengewicht für die freie Entscheidung des Vermieters, Gebrauchsüberlassung an Dritte zuzustimmen oder nicht, das Sonderkündigungsrecht zuzubilligen.

180   Davon zu unterscheiden sind formularvertragliche Regelungen, wonach die Untervermietung bzw. Gebrauchsüberlassung an Dritte von vornherein grundsätzlich untersagt wird.[313] Damit ist zugleich auch das Sonderkündigungsrecht des § 540 Abs. 1 S. 2 BGB ausgeschlossen. Bei unbefristeten oder mit mittelfristiger Dauer abgeschlossenen Geschäftsraummietverträgen dürfte dies unproblematisch sein. Je länger der Mieter aber an einen befristeten Geschäftsraummietvertrag gebunden wird, ohne auf unvorhersehbare (wirtschaftliche) Entwicklungen oder Veränderungen reagieren zu können, desto eher ist eine unangemessene Benachteiligung i. S. v. § 307 BGB anzunehmen.[314]

181   Eine formularvertragliche Regelung, die dem Vermieter eine uneingeschränkte Widerrufsmöglichkeit einer einmal erteilten Erlaubnis zur Gebrauchsüberlassung an Dritte einräumt, verstößt gegen § 307 Abs. 1 BGB und ist unwirksam.[315] Keinen Bedenken begegnet dagegen, wenn sich der Vermieter formularvertraglich den Widerruf der Erlaubnis aus wichtigem Grund vorbehält.[316]

182   Wie bereits vorstehend unter XXII dargelegt, sind Formularklauseln, die für den Fall einer erlaubten Untervermietung eine verschuldensunabhängige Haftung des Mieters in Ab-

---

[309] Vgl. etwa OLG Düsseldorf NZM 2005, 421.
[310] BGH NJW 1995, 2034, 2035.
[311] OLG Köln NJW-RR 1997, 204.
[312] BGH NJW 1995, 2034, 2035; anders noch die Berufungsentscheidung: OLG Düsseldorf WuM 1994, 467.
[313] Der BGH hat die Frage der Wirksamkeit eines derartigen vollständigen Ausschlusses offengelassen: NJW 1995, 2034, 2035.
[314] Vgl. LG Bonn NJW-RR 2002, 1234.
[315] BGH NJW 1995, 2034, 2035; WuM 1987, 256.
[316] BGH NJW 1984, 1031.

weichung von § 540 Abs. 2 BGB begründen, sind wegen Verstoßes gegen § 307 BGB unwirksam.

2. Untermietzuschlag

Eine Klausel, die im Bereich der Geschäftsraummiete für den Fall der Untervermietung 183 einen Mietzuschlag zum Mietzins vorsieht, ist wirksam, wenn sie nicht unangemessen hoch ist.[317] Die folgt schon daraus, dass auch der Vermieter von Wohnraum berechtigt seine Erlaubnis zur Untervermietung von der Zahlung einer höheren Miete abhängig zu machen (§ 553 Abs. 2 BGB).

XXIV. Konkurrenzschutz

Selbst ohne ausdrückliche Vereinbarung besteht bei der Vermietung von Geschäftsräumen 184 ein sog. vertragsimmanenter Konkurrenzschutz, wonach der Vermieter im selben Haus bzw. auf seinem angrenzenden Grundstück keinen Konkurrenzbetrieb eines anderen Mieters zulassen oder selbst eröffnen darf.[318] Ein Verstoß hiergegen kann den Mieter auch ohne den Nachweis konkreter Umsatzeinbußen zur Minderung berechtigen.[319]

Ohne Verstoß gegen § 307 BGB kann der Vermieter formularvertraglich seine Konkurrenzschutzpflicht aber vollständig ausschließen, da der Konkurrenzschutz nicht zu den wesentlichen Grundgedanken der gesetzlichen Regelung gehört.[320] 185

Weiter kann der Konkurrenzschutz grundsätzlich formularvertraglich konkretisiert bzw. 186 in räumlicher und/oder sachlicher Hinsicht erweitert werden. So ist eine Klausel, die es verbietet, anderen Mietern Konkurrenz zu machen oder die das allgemeine Konkurrenzverbot auf überschneidende Nebenartikel ausdehnt, wirksam.[321] Im Übrigen beziehen sich pauschale Konkurrenzschutzklauseln in der Regel nicht auf eine bei Anmietung bereits bestehende Konkurrenzsituation.[322] Ob sie sich nur auf das hauptsächliche Warenangebot oder auch auf Nebenartikel erstrecken, richtet sich nach den Umständen des Einzelfalls.[323]

Wirksam sind auch Konkurrenzschutzvereinbarungen, die auf ein (zeitlich begrenztes) 187 Wettbewerbsverbot des Vermieters oder des Mieters hinauslaufen auch für eine gewisse Zeit nach Vertragsbeendigung, zumindest für die nähere Umgebung Mietobjektes.[324] Allerdings darf damit keine unangemessene Benachteiligung des Vertragspartners des Verwenders verbunden sein, so dass hierfür ein berechtigtes Interesse bestehen muss, etwa auf Seiten des Vermieters deshalb, weil andernfalls eine Neuvermietung der nur für einen bestimmten Geschäftszweig geeigneten Räume erheblich erschwert werden würde.[325]

Unwirksam kann dagegen ein Verbot sein, dass dem Mieter im weiteren Umkreis (3 km 188 von der Innenstadt) den Betrieb einer Filiale verbietet, zumal, wenn der Vermieter keinen Konkurrenzschutz gewährt. Ist die Regelung zudem unter „Sonstiges" getroffen, kann es aufgrund des damit verbundenen Überraschungseffekts bereits an einer wirksamen Einbeziehung der Klausel in den Mietvertrag fehlen (§ 305 c Abs. 1 BGB).[326]

---

[317] Bub/Treier/*Kraemer* III Rdnr. 1037; *Schmitz* NZM 2003, 268, 270.
[318] BGH NJW-RR 1989, 1422, 1423; NJW 1979, 1404, 1405; OLG Düsseldorf NZM 2001, 1033; ZMR 1997, 583; ZMR 1992, 445; OLG Hamburg NJW-RR 1987, 403; OLG Hamm NJW-RR 1997, 459; ZMR 1997, 581, 582; KG ZMR 2008, 616; GE 2007, 1551; GE 2005, 1426.
[319] KG Urt. v. 16. 4. 2007 – 8 U 199/06 – BeckRS 2007 08484; NZM 2007, 566.
[320] OLG Düsseldorf NJW-RR 1992, 1290; OLG Hamburg NJW-RR 1987, 403, 404; ZMR 2003, 254; OLG Hamm ZMR 1997, 581, 583; KG ZMR 2005, 47; OLG Rostock NZM 2004, 460; zu den Ausnahmen bei den sog. „Schilderpräger-Fällen" bei einer längeren Vertragsbindung als 5 Jahren vor dem Hintergrund des § 20 GWB vg. nur BGH NJW 2003, 2684 = NZM 2003, 597; OLG Dresden WuM 2000, 113; OLG Köln OLGReport Hamm 2007, 688; OLG Saarbrücken NJW-RR 2007, 1414.
[321] OLG Celle ZMR 1992, 448, 449.
[322] Vgl. OLG Köln NJW-RR 2005, 1680.
[323] BGH ZMR 1985, 374, 375; OLG Celle ZMR 1992, 448, 450; OLG Düsseldorf NZM 2002, 739.
[324] OLG Celle ZMR 1990, 414, 415: für die Dauer von 3 Jahren nach Vertragsbeendigung im Umkreis von 5 Kilometern; OLG Dresden Urt. v. 3. 1. 2006 – 5 U 1451/05 – BeckRS 2006, 02 006.
[325] BGH NJW 1979, 1605.
[326] OLG Dresden ZflR 2006, 307, Rev. beim BGH anhängig XII ZR 8/06.

XXV. Gewährleistung

189 Wie bereits mehrfach dargelegt, ist der Vermieter nicht nur verpflichtet, dem Mieter das Mietobjekt im vertraglich geschuldeten Zustand zu überlassen, sondern während der gesamten Mietzeit in diesem vertragsgerechten Zustand zu erhalten. Damit korrespondiert ein entsprechender Erfüllungsanspruch des Mieters, zu dessen Gunsten daneben auch noch die Gewährleistungsvorschriften der §§ 536 ff. BGB wegen Sach- und Rechtsmängeln der Mietsache bestehen, insbesondere Mietminderung nach § 536 BGB und Schadensersatz nach § 536 a BGB. Vorformulierte Regelungen, welche die Gewährleistung betreffen, sind grundsätzlich, auch im nichtkaufmännischen Verkehr, an § 307 BGB zu messen, da § 309 Nr. 8 b BGB auf Mietverträge keine Anwendung finden soll.[327]

1. Minderung

190 Das Recht zur Mietzinsminderung wegen Sachmängeln kann formularvertraglich wesentlich eingeschränkt, nicht jedoch vollständig ausgeschlossen werden.[328] So kann das Minderungsrecht des Gewerberaummieters formularvertraglich z.B. davon anhängig gemacht werden, dass

- der Minderungsanspruch oder der zugrunde liegende Mangel rechtskräftig festgestellt sind[329] oder unbestritten[330] oder
- eine dem Vermieter gesetzte angemessene Mängelbeseitigungsfrist ungenutzt verstrichen ist oder
- die Minderung mit einer bestimmten Frist – ggf. auch schriftlich – angekündigt und begründet worden ist[331] – derartige Erklärungen oder Begründungen zur Geltendmachung der Minderung dürfen aber nicht per Einschreiben verlangt werden (§ 309 Nr. 13 BGB) oder
- sich der Minderungsausschluss auf nachträglich festgestellte Flächenabweichungen beschränkt, jedenfalls soweit auch „Mehrflächen" dem Vermieter kein Recht zur Mietänderung geben[332] oder
- für solche Fälle der Störung der Versorgung mit Wärme, Gas, Strom oder Wasser oder Störung technischer Einrichtungen ausgeschlossen werden, die nicht auf einem Verschulden des Vermieters beruhen;[333] ebenso bei Störungen wegen Verkehrsumleitung, Straßensperren oder Bauarbeiten in der Nachbarschaft.[334]

191 Eine unangemessene Benachteiligung des Mieters wird aber nur dann verneint, wenn er nur vorläufig zur vollen Zahlung der Miete verpflichtet bleibt und die Möglichkeit einer Rückzahlung des zuviel Geleisteten nach § 812 BGB zu verlangen oder Schadensersatz nach § 536 a BGB geltend zu machen, nicht ausgeschlossen wird.[335] Unwirksam sind folglich gem. § 307 Abs. 2 Nr. 1 BGB Klauseln, welche die Möglichkeit der Rückforderung des zuviel Geleisteten ausschließen. Gleiches gilt für Klauseln, die das Recht zur Minderung auf Fälle des vorsätzlichen oder grob fahrlässigen Verzugs des Vermieters mit der Mängelbeseitigung beschränken.[336] Während die frühere Rechtsprechung einen ausdrücklichen Aus-

---
[327] BGH NJW 1985, 1547; noch offengelassen: BGH NJW 1984, 2404.
[328] BGH NJW-RR 1993, 519, 520; NJW 1984, 2404, 2405; NJW 1977, 195; OLG Düsseldorf ZMR 2003, 21; OLG Hamburg ZMR 2004, 432; OLG Karlsruhe MDR 2006, 745; GuT 2002, 179KG NJW-RR 2002, 948; OLG München ZMR 1987, 16, 17.
[329] BGH WM 1993, 914, 915; OLG Düsseldorf Urt. v. 8. 6. 2006 – 10 U 159/05 – BeckRS 2006, 07 262.
[330] OLG Frankfurt/Main, Urt. v. 9. 6. 2005 – 12 U 4/05 – rkr. auch wenn die Gegenforderung „dem Grund und der Höhe nach unbestritten sein muss"; vgl. auch KG NJW-RR 2002, 948.
[331] OLG Hamburg NZM 1998, 264, 265; OLG Koblenz Urt. v. 8. 12. 2005 – 2 U 163/05 – BeckRS 2006, 00 520.
[332] KG GE 2005, 1190.
[333] BGH WuM 1976, 152.
[334] OLG Hamburg ZMR 2004, 432; a. A. LG Hamburg WuM 2004 = NZM 2004, 948.
[335] BGH WPM 1993, 914, 915; NJW 1984, 2404, 2405; OLG Düsseldorf MDR 2005, 1045; NJW 1995, 850; DWW 1990, 85; LG Hamburg NZM 2004, 948; vgl. auch OLG Hamm NZM 1998, 438.
[336] OLG Naumburg NJW-RR 2000, 823.

schluss beanstandete, tendieren die aktuelleren Entscheidungen dazu, einen derartigen Ausschluss auch ohne explizite Reglung durch Auslegung anzunehmen.[337] Es empfiehlt sich daher, ausdrücklich das Recht des Mieters aufzunehmen, etwa zuviel gezahlte Miete wieder zurückverlangen zu können.

Unwirksam dürfte im Übrigen auch ein Minderungsausschluss meist zusammen mit einem Ausschluss von Aufrechnung und/oder Zurückbehaltungsrechten sein, soweit dem Mieter nicht rechtskräftig festgestellte oder unstreitige Gegenforderungen erhalten bleiben.[338] 192

Eine formularmäßige Einschränkung des Minderungsrechts erstreckt sich nicht auf die Haftung für zugesicherte Eigenschaften (§ 536 Abs. 2 BGB) und ist ferner nichtig, wenn der Vermieter den Mangel arglistig verschwiegen hat (§ 536d BGB). Im Übrigen lässt jegliche Einschränkung der Gewährleistungsrechte den Erfüllungsanspruch des Mieters unberührt. 193

2. Schadensersatz

Die verschuldensunabhängige Haftung des Vermieters für anfängliche, also bei Vertragsschluss bereits vorhandene Mängel nach § 536a Abs. 1 1. Alt. BGB kann durch Formularvertrag ausgeschlossen werden.[339] 194

Der Anspruch des Vermieters nach § 536a Abs. 1 2. Alt. BGB auf Schadensersatz wegen nach Vertragsabschluss entstandener und vom Vermieter verschuldeter Mängel kann durch Formularklausel für die Fälle des Vorsatzes und der groben Fahrlässigkeit (des Vermieters bzw. seiner Erfüllungsgehilfen) weder ausgeschlossen noch erschwert werden. So § 309 Nr. 7 BGB bzw. für den kaufmännischen/unternehmensbezogenen Sektor § 307 BGB.[340] Daher ist eine Haftungsbeschränkung des Vermieters auf Schäden, die durch eine von ihm zu vertretende „grobe Vernachlässigung" der Mietsache entstanden sind, unwirksam, da auch andere Fälle grob fahrlässiger Schadensverursachung denkbar sind.[341] 195

Ein genereller Ausschluss der Sachmängelhaftung des Vermieters für Fälle leichter Fahrlässigkeit durch AGB verstößt zumindest bei Wohnraummietverhältnissen gegen § 307 Abs. 2 Nr. 1 BGB, da auch die Haftung für Schäden ausgeschlossen wird, gegen die sich der Mieter nicht versichern kann.[342] Ob dies auch für Gewerberaummietverhältnisse gilt, ist umstritten. Teilweise wird unter Hinweis auf die Möglichkeit einer „All-Risk-Versicherung" im Gewerberaummietrecht der formularvertragliche Ausschluss der Vermieterhaftung für einfache Fahrlässigkeit (oft im Zusammenhang mit Haftungsregelungen über Feuchtigkeits- und Wasserschäden an eingebrachten Sachen des Mieters) für wirksam gehalten.[343] Dies gilt allerdings wegen Verstoßes gegen § 307 Abs. 2 Nr. 1 BGB auch im kaufmännischen Bereich nicht, soweit die Haftungsfreizeichnung für leichte Fahrlässigkeit Vorfälle erfassen soll, welche Gefahren für wesentliche Rechtsgüter wie Leben und Gesundheit auslösen. 196

Wirksam sind folgende Klauseln:
- Haftungsausschlüsse für entfernt liegende Schäden.[344]
- Die Freizeichnung von nicht vorhersehbaren Schäden.[345]
- Die Freizeichnung von versicherbaren Schäden.[346]
- Die Haftungsbegrenzung bei versicherbaren Risiken auf die Versicherungssumme, sofern die Deckungssumme das vertragstypische Schadensrisiko abdeckt, eine adäquate versicherungsmäßige Schadensvorsorge für alle vorhersehbaren Schäden gewährleistet ist und der

---

[337] BGH NJW 2008, 2497 = NZM 2008, 609; ZMR 2008, 693.
[338] BGH NJW-RR 2003, 873 = NZM 2003, 437; NJW-RR 1993, 519; KG NJW 2002, 948; OLG Frankfurt/M.Urt. v. 9. 6. 2005 – 12 U 4/05 – rkr. auch wenn die Gegenforderung „dem Grund und der Höhe nach unbestritten sein muss".
[339] BGH NJW-RR 1993, 519, 520; NJW-RR 1991, 74; BGH NZM 2002, 784.
[340] *Joachim* NZM 2003, 387.
[341] OLG Hamm NJW-RR 1996, 969.
[342] Vgl. für die Wohnraummiete BGH NJW 2002, 673; OLG Hamburg NJW-RR 2001, 1230.
[343] OLG Düsseldorf NJW-RR 1999, 735; OLG Hamburg ZMR 1990, 11; ZMR 1985, 236; OLG Koblenz NZM 2000, 622; OLG Stuttgart WuM 1984,187.
[344] BGH NJW 1985, 1175.
[345] Offengelassen: BGHZ 89, 363, 369; vgl. BGH NJW 1985, 3016, 3018.
[346] OLG Koblenz NJW-RR 1997, 331.

Verwender unbeschränkt haftet, wenn sich der Versicherer mit Erfolg auf seine Leistungsfreiheit (z. B. Serienschaden, Selbstbehalt) berufen kann.[347]
- Summenmäßige Haftungsbegrenzungen, soweit damit der vertragstypische, vorhersehbare Schaden abgedeckt wird.[348]

197 Ein derartiger zulässiger formularvertraglicher Ausschluss erstreckt sich auch auf außervertragliche konkurrierende Ansprüche. Entsprechende Klauseln müssen aber in jedem Fall klar und zweifelsfrei erkennen lassen, inwieweit sie eingreifen, und müssen auch zwischen verschuldeten und unverschuldeten Mängeln differenzieren; andernfalls sind sie insgesamt unwirksam.

198 Zu beachten ist noch, dass sowohl für die erste als auch für die zweite Alternative des § 536a Abs. 1 BGB ein Gewährleistungsausschluss (neben zugesicherten Eigenschaften und arglistigem Verschweigen des Mangels) unwirksam ist, wenn für die Erreichung des Vertragszwecks wichtige Pflichten tangiert sind und der Mieter auf die Mangelfreiheit des Objektes nach dem vereinbarten Vertragsinhalt besonders vertrauen durfte.[349]

199 Der Schadensersatzanspruch des Mieters nach § 536a Abs. 1 BGB kann im kaufmännischen Bereich nicht wirksam ausgeschlossen werden, soweit es sich auf die Verletzung von wesentlichen Pflichten erstreckt. Im Übrigen steht für den Fall des Vorsatzes oder der groben Fahrlässigkeit auf Vermieterseite § 309 Nr. 7 BGB und leichter Fahrlässigkeit im nicht kaufmännischen Bereich § 309 Nr. 8 a bb) BGB entgegen.

200 Ein Haftungsausschluss kann auch wegen Verstoßes gegen § 307 Abs. 2 Nr. 1 und 2 BGB unwirksam sein, wie etwa eine Formularklausel, die die Haftung des Vermieters auch dann vollständig ausschließt, wenn die erforderliche öffentlich-rechtliche Genehmigung für den vereinbarten Nutzungszweck aus Gründen versagt wird, die ausschließlich auf der Beschaffenheit oder Lage des Mietobjektes beruhen (hier: Änderung der genehmigten Nutzung).[350]

3. Aufwendungsersatz

201 Der Ausschluss des Anspruchs auf Aufwendungsersatz nach § 536a Abs. 2 BGB ist formularvertraglich nicht wirksam möglich.

4. Fristlose Kündigung

202 Bereits aus § 543 Abs. 4 BGB folgt, dass das **Recht des Mieters** nach § 543 Abs. 2 Nr. 1 BGB, das Mietverhältnis wegen Nichtgewährung des Gebrauchs nach ergebnisloser Fristsetzung fristlos zu kündigen, eingeschränkt oder auch ausgeschlossen werden kann. Dies gilt allerdings **nicht** für die nicht rechtzeitige Gebrauchsgewährung bei Verzug des Vermieters im nichtkaufmännischen Bereich gem. § 309 Nr. 8a BGB und im kaufmännischen/unternehmensbezogenen Bereich gem. § 307 Abs. 1 BGB, da der Ausschluss des Kündigungsrechts den Mieter unangemessen benachteiligt, wenn der Vermieter dauerhaft nicht in der Lage ist, den Gebrauch der Mietsache zu gewähren.[351]

203 Auch formularvertraglich kann im übrigen die Kündigungsmöglichkeit des Mieters durch ein Recht auf Nachbesserung ersetzt werden, sofern dem Mieter das Kündigungsrecht dann erhalten bleibt, wenn die Nachbesserung fehlschlägt, verweigert oder unzumutbar verzögert wird. Auch dann ist das fristlose Loslösungsrecht nicht wirksam abdingbar, wenn der Vermieter den vertragsgemäßen Verbrauch etwa bei nicht behebbaren Mängeln oder bei einem Untergang der Mietsache auf Dauer nicht gewähren kann.

5. Besonderheiten bei der Rechtsmängelhaftung

204 Ein formularmäßiger Ausschluss der Vermieterhaftung nach § 536 BGB sowohl für anfängliche als auch für nachträgliche Rechtsmängel verstößt gegen § 307 Abs. 2 Nr. 2 BGB,

---

[347] BGH NJW-RR 2005, 1496, 1505; NJW 1993, 335; OLG Düsseldorf WuM 1994, 674; OLG Köln NZM 2001, 812.
[348] BGH NJW 1993, 335.
[349] BGH NJW 1985, 3016, 3018; DB 1977, 118.
[350] BGH ZMR 2008, 274.
[351] Lindner-Figura/Oprée/Stellmann/*Oprée* Kap. 15 Rdnr. 198.

weil – anders als bei der Sachmängelhaftung – ausschließlich Kardinalpflichten betroffen sind. Auch jegliche Einschränkung oder Begrenzung der Haftung auf Vorsatz oder grobe Fahrlässigkeit würde eine unangemessene Benachteiligung des Mieters darstellen und damit gegen § 307 Abs. 2 Nr. 2 BGB verstoßen. Dies vor allem auch deshalb, weil andernfalls der Erfüllungsanspruchs des Mieters zunichte gemacht und damit die Erreichung des Vertragszweck ausgeschlossen werden würde.

XXVI. Beendigung des Mietverhältnisses

Ausgangspunkt ist § 542 BGB, wonach befristete Mietverträge mit Zeitablauf enden, ohne dass es einer Kündigung bedarf, wohingegen unbefristete Mietverhältnisse gekündigt werden müssen, um zu enden, Maßgeblich ist dabei in aller Regel die Kündigungsfrist nach § 580a Abs. 2 BGB. In Geschäftsraummietverträgen werden hiervon meist abweichende formularvertragliche Regelungen getroffen.

1. Formalien

a) **Schriftform.** § 568 Abs. 1 BGB betrifft lediglich Wohnraummietverträge, da § 578 BGB nicht auf ihn verweist, mit der Folge, dass die Kündigung eines Geschäftsraummietvertrages keinen entsprechenden Formvorschriften unterliegt. Zulässig ist es, formularvertraglich entsprechende Formvorgaben zu vereinbaren, insbesondere die Schriftform der Kündigung bei Gewerberaummietverhältnissen (vgl. § 309 Nr. 13 BGB).[352] Darüber hinausgehende Formerfordernisse („Einschreiben" bzw. "Einschreiben/Rückschein") verstoßen zwar im nichtkaufmännischen Bereich gegen § 309 Nr. 13 BGB, begegnen aber zwischen Kaufleuten keinen Bedenken. Anders jedoch, wenn sie sich an einer unvermuteten Stelle finden.[353]

b) **Zugang.** Formularklauseln, welche den Zugang der Kündigungserklärung als das entscheidende Wirksamkeitserfordernis nach § 130 BGB fingieren, verstoßen im nichtkaufmännischen Bereich gegen § 308 Nr. 6 BGB[354] und auch gegenüber einem Kaufmann bzw. Unternehmer i. S. v. § 310 BGB wegen unangemessener Benachteiligung gegen § 307 BGB.[355]

c) **Nachträglicher Wegfall der Kündigungsfolgen.** Die stillschweigende Verlängerung nach § 545 BGB kann formularvertraglich ausgeschlossen werden.[356] Hierfür soll lediglich die Nennung des Paragraphen genügen, ohne dessen wesentlichen Inhalt oder die dort geregelten Rechtsfolgen wiederzugeben.[357] Der sicherste Weg ist – bis zur Entscheidung des BGH – doch die Widergabe von Regelungsgehalt und Rechtsfolge des § 545 BGB.

Die nachträgliche Unwirksamkeit der Kündigung gem. § 543 Abs. 2 S. 3 BGB kann mittelbar durch die wirksame formularmäßige Vereinbarung eines Aufrechnungsverbots ausgeschlossen werden. Gleiches gilt, wenn die AGB die Aufrechnung von einer vorherigen Anzeige abhängig machen und die wirksam vereinbarte Anzeigefrist den Mieter an einer unverzüglichen Aufrechnungserklärung gem. § 543 Abs. 2 S. 3 BGB hindert.

2. Fristgerechte, ordentliche Kündigung

a) **Kündigungsfristen.** Die gesetzlichen Kündigungsfristen des § 580a BGB können verlängert werden.[358] Allenfalls eine langfristige Kündigungsfrist von mehr als einem Jahr ohne rechtfertigenden Zweck könnte gegen § 307 BGB verstoßen. Eine **Verkürzung** der Kündigungsfristen ist auch formularmäßig wirksam, aber nicht ein vollständiger Ausschluss, der

---

[352] BGH NJW-RR 1989, 625, 626.
[353] OLG Naumburg NZM 2000, 90.
[354] BayObLG WPM 1980, 222.
[355] OLG Hamburg WPM 1986, 383, 385.
[356] BGH NJW 1991, 1750 m. w. N.; OLG Hamm NJW 1983, 826.
[357] OLG Rostock NJW 2006, 3217 = NZM 2006, 584 rkr.; a. A. allerdings für die Wohnraummiete: keine wirksame Einbeziehung i. S. v. § 2 AGBG, jetzt § 305 Abs. 2 BGB: OLG Schleswig NJW 1995, 2858, 2859; LG München I WuM 1997, 612; für die Gewerberaummiete LG Berlin, WuM 1996, 707.
[358] OLG Zweibrücken WuM 1990, 8; LG Berlin ZMR 1986, 54.

unzulässigerweise eine jederzeitige fristlose Kündigung ohne (wichtigen) Grund zulassen würde.[359]

211 Krasse Abweichungen zwischen der Länge der Kündigungsfristen für den Vermieter einerseits und den Mieter andererseits können gegen § 307 BGB verstoßen (Kündigungsfrist des Mieters von 6 Monaten zum Schluss des Kalenderjahres bei einem für die Dauer von 30 Jahren vereinbarten Mietverhältnis;[360] Bindung des Vermieters an einen Vertrag von 30 Jahren, Kündigungsfrist des Mieters von 6 Monaten;[361] gleiches gilt umgekehrt auch bei einer langfristigen Bindung des Mieters und kurzfristigen Loslösungsmöglichkeiten des Vermieters).

212 b) **Kündigungsausschluss.** Das Recht zur ordentlichen Kündigung kann nicht auf Dauer wirksam formularvertraglich ausgeschlossen werden; andernfalls würde der Vertragspartner des Verwenders unangemessen i. S. v. § 307 BGB benachteiligt werden.[362] Einschränkungen des Rechts zur ordentlichen Kündigung sind dagegen grundsätzlich möglich, sofern damit keine unangemessene Benachteiligung des anderen Vertragsteils verbunden ist.[363]

3. Fristlose Kündigung

213 Das Recht zur fristlosen Kündigung kann weder ausgeschlossen noch wesentlich eingeschränkt werden.[364] Es ist aber zulässig auch durch Formularklausel die Gründe, die eine fristlose Kündigung rechtfertigen sollen, abweichend von den gesetzlichen Vorgaben zu regeln, soweit die §§ 543 BGB konkretisiert, nicht aber von deren wesentlichen Grundgedanken abgewichen wird.[365]

214 Unwirksam sind daher Formularklauseln, die dem Vermieter das Recht zur fristlosen Kündigung auch bei einem unerheblichen oder vom Mieter unverschuldeten Zahlungsrückstand einräumen („trotz schriftlicher Mahnung mit der Zahlung einer Mietzinsrate ganz oder teilweise länger als einen Monat in Rückstand"[366]). Dies gilt auch für den kaufmännischen Geschäftsverkehr.[367] Nach § 307 BGB sind weiter Klauseln unwirksam, die dem Vermieter generell das Recht zur fristlosen Kündigung bei einer wesentlichen Verschlechterung oder erheblichen Gefährdung der Vermögenslage des Mieters einräumen.[368] Dies deshalb, weil nicht klargestellt ist, dass dadurch zugleich die Ansprüche des Vermieters und damit seine Interessen gefährdet werden.[369] Eine formularvertragliche Regelung, wonach der Vermieter bei Antrag auf Eröffnung des Insolvenzverfahrens in das Vermögen des Mieters zur fristlosen Loslösung berechtigt sein soll, scheitert nunmehr an § 119 InsO.[370] Eine Klausel, die dem Vermieter ein Recht zur fristlosen Kündigung für den Fall der Nichteröffnung des Insolvenzverfahrens mangels Masse einräumt, soll hingegen zulässig sein.

215 Gegen § 307 BGB verstoßen weiter Klauseln, wenn dadurch dem Vermieter das Recht zur fristlosen Kündigung eingeräumt wird, sofern
- der Mieter eine Pfändung eingebrachter Sachen nicht unverzüglich anzeigt,
- der Mieter unrichtige Auskünfte über die Eigentumsverhältnisse an eingebrachten Sachen erteilt,
- über den Mieter ungünstige Auskünfte vorliegen,

---

[359] Lindner-Figura/Oprée/Stellmann/*Oprée* Kap. 15 Rdnr. 91.
[360] OLG Hamm ZMR 1988, 386.
[361] OLG Hamburg NJW-RR 1992, 74, 75; OLG Jena NJW-RR 2006, 809.
[362] OLG Celle MDR 1990, 154; LG Karlsruhe WuM 1979, 192.
[363] Vgl. BGH NZM 2001, 854; OLG Schleswig WuM 2000, 629 = ZMR 2000, 614; OLG Celle MDR 1990, 154 und zur Wohnraummiete BGH NZM 2005, 419; ZMR 2004, 251 und 802.
[364] BGH NJW-RR 1987, 903, 905; ZMR 1978, 207.
[365] BGH NJW 1987, 2506; NJW-RR 1987, 903; WuM 1987, 317.
[366] BGH NZM 1998, 718; NJW 1987, 2506, 2507; OLG Düsseldorf NZM 2002, 953; WuM 1996, 411; OLG Hamm ZMR 1992, 152; OLG Karlsruhe NJW-RR 2003, 945.
[367] BGH NJW 1986, 424, 426.
[368] BGH NZM 2001, 292; NJW 1991, 102, 104 (zum Leasingvertrag); AG Hamburg WuM 1988, 362 (Einräumung eines Kündigungsrechts bei Abgabe der eidesstattlichen Versicherung durch den Mieter).
[369] BGH WPM 1984, 1217, 1219.
[370] OLG Hamm NZM 2002, 343; OLG Düsseldorf ZMR 2006, 856.

- lediglich eine unerhebliche Verletzung des Mietvertrags vorliegt,[371]
- der Mieter das Objekt in vertragswidriger Weise nutzt und dies nicht zuvor vom Vermieter abgemahnt wurde.

Zulässig sind dagegen Klauseln, die dem Vermieter das Recht zur fristlosen Kündigung einräumen, wenn

- sich der Mieter mit der Zahlung einer Monatsmiete länger als einen Monat in Verzug befindet.[372]
- mehrfacher Verzug mit nicht unerheblichen Teilen des Mietzinses trotz Abmahnung vorliegt.
  - Verzug mit der Kautionszahlung gegeben ist, nicht aber die Nichtzahlung der Kaution, da andernfalls auch die unverschuldete Nichtzahlung erfasst wäre.[373]

Die formularvertragliche Einräumung der fristlose Kündigungsmöglichkeit bei wesentlichen Verschlechterungen oder erheblicher Gefährdung der Vermögenslage des Mieters ist nur dann wirksam, wenn dadurch zugleich die Ansprüche und Interessen des Vermieters gefährdet werden.[374]

Eine Verschärfung der Kündigungsvoraussetzungen zugunsten des Mieters ist zulässig, sofern dadurch im Ergebnis nicht das Recht zur fristlosen Kündigung ausgeschlossen oder wesentlich eingeschränkt wird.[375]

Zu beachten ist, dass dann, wenn eine Klausel ein bestimmtes Verfahren für die fristlose Kündigung vorschreibt, diese Vorgaben auch dann eingehalten werden müssen, wenn die Klausel wegen Verstoßes gegen § 307 BGB unwirksam ist – letztendlich abgeleitet aus § 242 BGB.[376]

4. Sonderkündigungsrechte

Das Sonderkündigungsrecht nach § 580 BGB bei Tod des Mieters kann nur durch Individualvereinbarung ausgeschlossen oder eingeschränkt werden, allerdings müssen dabei Vermieter und Mieter gleich behandelt werden.[377]

5. Sonstige Beendigungsgründe

Bis zur Überlassung der Mietsache ist es zulässig, formularvertraglich Rücktrittsrechte aus sachlich gerechtfertigten, in der Klausel selbst bereits im Einzelnen konkretisierten Gründen vorzubehalten, sofern Gründe, die dem Klauselverwender bereits vor Vertragsschluss bekannt waren oder die er hätte ohne weiteres erkennen können, ausgenommen werden.[378] § 308 Nr. 3 BGB bzw. im kaufmännischen Verkehr §§ 310 Abs. 1, 307 BGB) gelten zwar nicht für Dauerschuldverhältnisse und damit auch langfristige Mietverträge, aber erst ab Überlassung des Mietobjektes. Formularvertragliche Rücktrittsrechte für die Zeit nach Überlassung des Mietobjektes sind zwar zulässig, dürfen aber nicht auf eine unzulässige Ausübung der Kündigungsvorschriften hinauslaufen, da andernfalls ein Verstoß gegen § 307 Abs. 2 Nr. 1 BGB vorliegt.

Auflösende Bedingungen i.S.v. § 158 Abs. 2 BGB sollten vorsorglich zur Vermeidung des Überraschungseffektes nach § 305c BGB und auch des Verstoßes gegen § 307 Abs. 1 BGB individuell konkret vereinbart werden.

---

[371] OLG Düsseldorf NZM 2002, 953.
[372] BGH NJW-RR 1987, 903, 905; BGH NZM 1998, 718; OLG Düsseldorf ZMR 2006, 927 a.A. OLG Düsseldorf WuM 1996, 411.
[373] Vgl. KG GE 2003, 525.
[374] OLG München ZMR 1997, 458, 460.
[375] BGH NJW-RR 1987, 903, 905.
[376] BGH NJW 1987, 2506, 2507.
[377] LG Berlin WuM 1990, 82; a.A. MünchKomm/*Arzt* § 580 Rdnr. 3; Palandt/*Weidenkaff* § 580 Rdnr. 2 f.
[378] BGH NJW 1987, 831, 833.

XXVII. Abwicklung des beendeten Mietverhältnisses

1. Rückgabe der Mietsache

222 Da die Vorschriften über die Selbsthilfe nach den §§ 229 ff. BGB zwingendes Recht beinhalten, dürfte eine Klausel, die dem Vermieter das Recht einräumt, für den Fall der nicht rechtzeitigen Rückgabe des Mietobjektes im Wege der Selbsthilfe ohne Mitwirkung des Mieters die Mietsache wieder in Besitz nehmen zu dürfen, nicht wirksam sein.[379] Ohne Verstoß gegen § 307 Abs. 2 Nr. 1 BGB kann dem Mieter daher auch der Verzicht auf den Einwand der verbotenen Eigenmacht nicht abgeschnitten werden.

223 Aus der Rückgabeverpflichtung nach § 546 Abs. 1 BGB folgt, dass der Mieter grundsätzlich den vormaligen Zustand wie bei Vertragsbeginn wiederherzustellen hat unter Entfernung von Einrichtungen, mit denen er die Mieträume versehen hat, unter Beseitigung baulicher Änderungen und – dies aber nur bei entsprechender vertraglicher Verpflichtung – unter Endrenovierung der Räume (zu den Schönheitsreparaturen vgl. vorstehend unter XVII).

224 Werbeeinrichtungen bzw. Praxis- und Firmenschilder darf der Mieter in aller Regel für eine Übergangszeit von 3 bis 6 Monaten noch am ursprünglichen Mietobjekt unter Hinweis auf die Verlegung seines Betriebes bzw. seiner Praxis anbringen.[380]

225 Zur Erfüllung der Beweispflicht des Vermieters, dass sich das Mietobjekt bei Rückgabe in einem gegenüber dem Vertragsbeginn verschlechterten Zustand befand, kann nur ein gesondert unterschriebenes Rücknahmeprotokoll empfohlen werden. Formularklauseln, die im Falle des Fernbleibens des Mieters dessen Einverständnis mit den im Protokoll getroffenen Feststellungen fingieren, verstoßen gegen § 308 Nr. 5 BGB und im kaufmännischen Geschäftsverkehr gegen § 307 Abs. 1 BGB.[381] Erforderlich ist es danach, dem Mieter eine angemessene Frist einzuräumen, die bereits in der Klausel so konkret bezeichnet sein muss, dass für den Mieter Fristbeginn und -ende klar ersichtlich sind und die Klausel muss die Verpflichtung des Vermieters enthalten bei Fristbeginn gegenüber seinem Vertragspartner ausdrücklich auf die mit einem Schweigen verbundenen Folgen hinzuweisen.

2. Zurückgelassene Sachen des Mieters

226 Den Vermieter trifft kraft Gesetzes die Verpflichtung, vom Mieter im Mietobjekt zurückgelassene Sachen (sofern sie nicht nachweislich völlig wertlos sind) im Rahmen der verkehrsüblichen Sorgfalt gegen Verlust und Beschädigung zu bewahren.[382] Es ist daher wirksam, formularvertraglich dem Vermieter das Recht einzuräumen, diese bei Rückgabe des Mietobjektes zurückgelassenen Sachen auf Kosten des Mieters einzulagern, wenn dieser seiner Abholverpflichtung trotz Aufforderung nicht nachkommt (allerdings darf sich der Vermieter nicht derartiger Sachen entledigen[383]). Umstritten ist, ob nicht zumindest im kaufmännischen Geschäftsverkehr die vollständige Freizeichnung des Vermieters von derartigen Obhutspflichten formularmäßig zulässig ist mit der Begründung, es sei einem Kaufmann grundsätzlich zuzumuten, im Rahmen der für ihn gebotenen Sorgfalt sich darüber zu vergewissern, dass keine Sachen im Mietobjekt zurückgelassen sind. Zulässig dürfte aber unter dem Gesichtspunkt der §§ 307, 309 BGB eine Klausel sein, wonach sich der Vermieter jedenfalls dann von seinen Obhutspflichten freizeichnen kann, wenn er den Mieter zuvor zur Abholung der Sachen aufgefordert und ihn auf die Folgen des Fristablaufs hingewiesen hat.

227 Unwirksam ist eine Klausel wegen Verstoßes gegen § 307 Abs. 1 BGB, nach der der Vermieter im Fall der nicht rechtzeitigen Erfüllung der Räumungsverpflichtung (also ggf. sogar bereits vor Rückgabe der Mietsache) die Sachen des Mieters auf dessen Kosten entfernen lassen kann.[384]

---

[379] Vgl. BGH NJW 1977, 1818.
[380] OLG Düsseldorf NJW 1988, 2545.
[381] BGH NJW 1988, 55, 57.
[382] BGH WM 1971, 943.
[383] OLG Hamburg NJW-RR 1989, 881, 883.
[384] Vgl. OLG Frankfurt/Main NJW-RR 1998, 368.

3. Verspätete Rückgabe des Mietobjektes

Formularklauseln, die es dem Vermieter ermöglichen, einen Zuschlag im Fall der Vorenthaltung des Mietobjektes auf die Nutzungsentschädigung nach § 546a Abs. 1 BGB zur bisherigen Miete vorzunehmen, sind nur dann zulässig, wenn die ortsübliche Miete als Obergrenze vereinbart ist. Die Zubilligung eines darüber hinausgehenden Anspruches würde gegen § 308 Nr. 7a und § 309 Nr. 5 BGB (etwa dann, wenn dem Mieter der Gegenbeweis abgeschnitten wird) verstoßen und auch im kaufmännischen/unternehmensbezogenen Geschäftsverkehr gegen § 307 Abs. 2 Nr. 1 BGB. Ebenso unwirksam ist eine Klausel, nach deren Inhalt die Miete bis zur Herstellung des vertragsgemäßen Zustands der Mietsache zu bezahlen ist.[385]

4. Mieteransprüche

Der Ausschluss des Wegnahmerechtes des Mieters in Bezug auf Einrichtungen nach § 552 BGB ohne Entschädigung verstößt im nichtkaufmännischen Geschäftsverkehr gegen § 309 Nr. 6 BGB (außer der Mieter hat sich verpflichtet, das Mietobjekt mit bestimmten Einrichtungen zu versehen, was bereits bei der Mietzinsbemessung berücksichtigt wurde[386]). Im kaufmännischen Geschäftsverkehr ist dies dagegen zulässig.

Der Anspruch des Mieters auf Verwendungsersatzes nach § 539 BGB kann formularvertraglich abbedungen werden. Dies gilt für nicht notwendige (sog. nützliche) Verwendungen deshalb, da sie in aller Regel vom Mieter in seinem eigenen Interesse vorgenommen wurden. Bei notwendigen Verwendungen ist ein derartiger Ausschluss in dem Maße zulässig, in dem der Mieter vertraglich zur Übernahme von Instandhaltungs- und Renovierungsarbeiten verpflichtet ist[387] (vgl. hierzu näher vorstehend unter XVI). Ein Ausschluss jeglichen Verwendungsersatzanspruches mittels Formularklausel auch für den Fall, dass die Vertragsbeendigung vom Mieter nicht zu vertreten ist, verstößt aber gegen §§ 309 Nr. 6 bzw. 310 Abs. 1, 307 BGB.

Klauseln, wonach der Anspruch des Mieters auf Rückerstattung vorausbezahlter Miete bzw. eines anrechenbaren Baukostenzuschusses nach § 547 BGB für den Fall einer vom Vermieter zu vertretenden vorzeitigen Vertragsbeendigung ausgeschlossen werden unterliegen den Bestimmungen über die Vertragsstrafe (vgl. vorstehend unter X 4). Sie verstoßen einmal gegen § 309 Nr. 6 BGB und im kaufmännischen Geschäftsverkehr gegen § 307 BGB.[388]

5. Verjährung nach § 548 BGB

Eine vertragliche Verlängerung der Verjährungsfrist scheitert nicht mehr an § 225 BGB a.F. Wegen der generellen Verkürzung der Verjährungsfristen durch die Schuldrechtsreform ist es nunmehr zulässig, die Verjährung vertraglich zu erschweren. Dies jedoch nicht über eine Verjährungsfrist von 30 Jahren, ab dem gesetzlichen Verjährungsbeginn hinaus (§ 202 BGB). Gem. § 548 Abs. 1 S. 2 BGB beginnt die Verjährung der Ersatzansprüche und des Wegnahmerechts mit Rückgabe der Mietsache. Ab diesem Zeitpunkt hat der Vermieter sechs Monate Zeit, den Zustand der Mietsache zu kontrollieren und ggf. Ersatzansprüche geltend zu machen. Dies gilt auch dann, wenn die Ansprüche erst später entstehen.[389] Dies kann auch nicht dadurch umgangen werden, dass der Beginn der Verjährung abweichend geregelt wird.[390] Eine formularvertragliche Bestimmung, welche die Fälligkeit des Anspruchs hinausschiebt[391] dürfte daher jetzt nicht mehr gegen § 307 BGB verstoßen, auch wenn sie sich auf Ansprüche erstreckt, von deren Bestehen der Gläubiger aus von ihm nicht

---

[385] OLG Düsseldorf NZM 2002, 742.
[386] BGH ZMR 1996, 122, 123.
[387] BGH ZMR 1996, 122, 123.
[388] BGH NJW 1985, 57, 58; anders dann, wenn es sich um einen „verlorenen Zuschuss" handelt: OLG München ZMR 1995, 539, 540; OLG Düsseldorf Urt. v. 22. 3. 2002 – 5 U 85/01 – NJOZ 2002, 1736.
[389] Vgl. BGH NJW 2005, 739; OLG Düsseldorf GE 2008, 265.
[390] BGH NJW 1984, 289, 290; OLG Düsseldorf NJW-RR 1991, 208.
[391] So noch zu § 225 BGB a.F.: BGH NJW 1984, 289, 290.

zu vertretenen Umständen keine Kenntnis hat, so dass er sich durch weitere Ermittlungen Klarheit verschaffen muss, wenn der Eintritt der Fälligkeit nicht in das freie Ermessen des Klauselverwenders gestellt wird und wenn sich der Gläubiger verpflichtet, den Schuldner vom Beginn der Verjährung zu unterrichten.[392] Unwirksam ist jedoch eine Klausel, die die Fälligkeit ohne zeitliche Begrenzung hinausschiebt (z.B. bis der Vermieter Gelegenheit zur Untersuchung des Mietobjekts hatte).[393] Wirksam ist eine solche Klausel aber dann, wenn nach ihrem Inhalt die Fälligkeit spätestens nach sechs Monaten eintreten soll.[394]

232   Eine weitere Verkürzung der ohnehin schon knappen sechsmonatigen Verjährungsfrist verstößt gegen § 307 Abs. 2 Nr. 1 BGB und zwar auch im kaufmännischen Geschäftsverkehr.[395]

6. Betriebsübergang

233   Derjenige, dem im Rahmen eines Gewerberaummiet- oder Pachtvertrages Räume überlassen werden, schließt häufig Arbeitsverträge zur Ausübung seines Gewerbes ab. Werden die Räume an einen neuen Vertragspartner weitervermietet bzw. -verpachtet, so kann dies einen Betriebsübergang gem. § 613a BGB darstellen. Eine formularmäßige Vereinbarung, wonach der frühere Mieter bzw. Pächter verpflichtet wird, bei Vertragsende auf eigene Kosten alle betrieblichen Arbeitsverhältnisse zu beenden steht im Widerspruch zu dem zwingenden § 613a Abs. 1 und 4 BGB und ist somit gem. § 307 Abs. 2 Nr. 1 BGB unwirksam; auch eine Formularklausel, die den Vertragspartner verpflichtet, bei einem etwaigen Betriebsübergang den Nachmieter bzw. -pächter von allen Ansprüchen freizustellen, ist wegen Verstoßes gegen § 307 Abs. 1 BGB unwirksam.[396] Eine solche Freistellung kann nur individuell vereinbart werden.

XXVIII. Rechtsgeschäftliche Regelungen

1. Vollmachtsklauseln

234   Wie bereits in der Wohnraummiete ist angesichts der neuen BGH-Rechtsprechung[397] von der grundsätzlichen Wirksamkeit formularvertraglicher Vollmachtsempfangsklauseln auszugehen.[398] Den Interessen des Vertretenen wird dadurch hinreichend Rechnung getragen, dass er die Vollmacht jederzeit widerrufen kann, wobei auf diese Widerrufsmöglichkeit in der Vollmachtsklausel nicht ausdrücklich hingewiesen werden müssen soll.[399] Dabei ist weiter zu beachten, dass möglicherweise im bloßen Auszug des Mieters und der Angabe der neuen Anschrift an den Vermieter schlüssig der Widerruf einer derartigen Vollmacht liegen kann. Aufgrund der wechselseitigen Vertretung i.S.v. § 164 Abs. 3 BGB, liegt im Übrigen hierin keine Zugangsfiktion, die an § 308 Nr. 6 BGB scheitern könnte.[400]

235   Vollmachtsklauseln zur Abgabe von Erklärungen mit Wirkung für die anderen Vertretenen können formularvertraglich bei der Geschäftsraummiete zwischen Vollkaufleuten nur dann wirksam sein, wenn dadurch nicht die Hauptleistungspflichten des Vertragsverhältnisses geändert werden können.[401] Andernfalls scheitert eine derartige Regelung auch im kaufmännischen Verkehr an § 307 BGB.

236   Formularvertragliche Rechtsfolgenerstreckungen i.S.d. §§ 422ff. BGB des Inhaltes, dass z.B. die Abgabe von Erklärungen gegenüber einem Vertragspartner Wirkungen gegenüber

---

[392] BGH NJW 1986, 1608, 1609, ebenfalls zu § 225 BGB a.F.
[393] Vgl. BGH NJW 1994, 1788; OLG Karlsruhe NJW-RR 1992, 244.
[394] OLG Stuttgart NJW-RR 2002, 1254.
[395] Vgl. zu § 477 BGB im Kaufrecht: BGH NJW 1992, 1236.
[396] BGH NJW 2006, 1792.
[397] BGH NZM 1998, 22; ebenso BayObLG WuM 1997, 424.
[398] Vgl. auch OLG Schleswig NJW 1983, 1862.
[399] BGH NZM 1998, 22; OLG Düsseldorf ZMR 2008, 44; a.A. OLG Hamburg WuM 1986, 383, 385.
[400] BGH NZM 1998, 22; BayObLG WuM 1997, 424, 426; vgl. auch BGH NJW 1989, 2383; OLG Dresden Urt. v. 5.12.2007 – 8 U 1412/07 – NJOZ 2008, 1618.
[401] BGHZ 103, 72, 79.

sämtlichen Vertragspartnern vorsieht, verstoßen nur dann nicht gegen § 307 Abs. 1 BGB, wenn sie von vornherein inhaltlich bestimmt und auf die Fälle begrenzt sind, die für die Vertragspartner des Verwenders entweder günstig oder für sie nicht mit wesentlichen Nachteilen verbunden sind. Eine derartige Klausel gilt daher nicht für Kündigungen oder andere Erklärungen, die eine grundlegende Änderung des Mietverhältnisses bewirken.[402]

2. Schriftformklauseln

237 Die üblichen Regelungen in Mietverträgen, wonach abweichende oder ergänzende Vereinbarungen zwingend der Schriftform bedürfen, sind schon wegen Verstoßes gegen § 305 b BGB unwirksam. Nachträgliche mündliche Individualvereinbarungen haben daher, sofern bewiesen, auch vor Schriftformklauseln in Formularverträgen über langfristige Geschäftsraummietverhältnisse Vorrang.[403] Sie verstoßen weiter gegen das aus § 307 BGB abgeleitete Transparenzgebot, da beim Mieter der Eindruck erweckt wird, er könne sich nicht mit Erfolg auf mündliche Absprachen berufen.[404]

238 Dies gilt grundsätzlich auch für sog. qualifizierte Schriftformklauseln, wonach eine Vereinbarung über die Aufhebung der Schriftform ihrerseits schriftlich zu erfolgen hat.[405] Zwar können derartige Klauseln regelmäßig nur durch eine schriftliche Vereinbarung geändert werden; eine Aufhebung in einem konkreten Einzelfall und nicht insgesamt kann aber zulässigerweise auch mündlich erfolgen.[406]

239 Daher entfalten wegen des Vorrangs der Individualabrede gem. § 305 b BGB keine Wirkung: Schriftformklauseln, nach denen Nebenabreden etc. bei Vertragsschluss nur wirksam werden sollen, wenn sie schriftlich vereinbart werden[407] sog. Bestätigungsklauseln, wonach Nebenabreden zur ihrer Wirksamkeit der schriftlichen Bestätigung bedürfen[408] oder auch Schriftformklauseln, die sich auf nachträgliche Änderungen und Ergänzungen, insbesondere die Aufhebung der Schriftformklauseln selbst, beziehen.[409]

3. Vollständigkeitsklauseln

240 Demgegenüber sind vorformulierte Regelungen, in denen der Mieter bestätigt, dass andere als im Vertrag enthaltene Abreden nicht getroffen worden sind, zulässig und entsprechen der ohnehin bestehenden widerlegbaren Vermutung der Vollständigkeit eines schriftlichen Vertrages.[410] Dem Mieter darf allerdings nicht der Beweis abgeschnitten werden, dass doch andere Abreden getroffen worden sind.[411]

4. Salvatorische Klauseln

241 Soweit salvatorische Klauseln die Regelung in § 306 BGB lediglich wiederholen, begegnen sie keinen Bedenken.[412] Gleiches gilt für sog. Erhaltungsklauseln,[413] nach denen ein Mietvertrag ohne die nichtige Klausel wirksam sein soll. Hiergegen – wie auch gegen das Verbot der geltungserhaltenden Reduktion – verstoßen aber alle darüber hinausgehenden Klauseln, wonach sich die Parteien bei Unwirksamkeit einer Klausel verpflichten, eine erneute Rege-

---

[402] Lindner-Figura/Oprée/Stellmann/*Lindner-Figura* Kap. 7 Rdnr. 160.
[403] BGH NJW 2009, 433 = NZM 2008, 931; NJW 2006, 1398 = NZM 2006, 59.
[404] BGH NJW 1985, 320, 322; OLG Düsseldorf DWW 1990, 363; OLG Frankfurt/Main WuM 1992, 56, 64; KG NZM 2005, 908; OLG Nürnberg DWW 1992, 143, 150.
[405] Vgl. OLG Düsseldorf ZMR 2007, 35.
[406] BGH GuT 2004, 117; NJW 1976, 1395.
[407] BGH NJW 1985, 321; KG NZM 2005, 908.
[408] BGH NJW 1983, 1853; OLG Frankfurt/Main WuM 1992, 63; vgl. BGH NJW 2007, 3712.
[409] BGH NJW 1991, 2559; OLG Frankfurt/Main WuM 1992, 64; OLG Nürnberg DWW 1992, 143.
[410] BGH NJW 2008, 2106; NJW 2002, 3164; NJW 2000, 207, 208, OLG Düsseldorf DWW 1990, 363, 364 unter Hinweis auf BGH NJW 1985, 2329; OLG Karlsruhe NJW-RR 1988, 1194; OLG Nürnberg DWW 1992, 143, 150.
[411] BGH NJW 1987, 1634; NJW 1985, 623.
[412] BGH NJW 1991, 1750; NJW 1989, 222 und 583; NJW 1984, 2161; OLG Celle WuM 1990, 103, 107; vgl. auch BGH NJW 2002, 507.
[413] BGH NJW 2005, 2225 = NZM 2005, 502.

lung zu treffen, die z. B. der unwirksamen wirtschaftlich am nächsten kommt, sog. Ersetzungsklauseln.[414] Beide Klauseln sind aber inhaltlich trennbar, so dass die Erhaltungsklausel auch bei einer unwirksamen Ersetzungsklausel Bestand hat.[415]

§ 306 Abs. 2 BGB kann folglich nur durch eine individuelle Vereinbarung abbedungen werden.[416]

242 Anpassungsklauseln, also Klauseln, die es dem Verwender gestatten, unwirksam AGB durch neu formulierte und wirksame Klauseln zu ersetzen, dürften regelmäßig dem Transparenzgebot widersprechen. Sie könnten jedoch dann wirksam sein, wenn sie Voraussetzung und Inhalt der Änderungsbefugnis klar und unzweideutig festlegen.[417] Sog. **salvatorische Zusätze** („soweit gesetzlich zulässig") entfalten überhaupt keinerlei Wirkung.[418]

5. Kostentragungsklauseln

243 Klauseln, die den Mieter verpflichten, die mit dem Vertragsschluss verbundenen Kosten und Abgaben zu tragen, sind gem. § 307 BGB unwirksam, da der Mieter aus der Formulierung nicht entnehmen kann, um welche konkreten Kosten und Abgaben es sich handelt.

244 Auch eine formularmäßige Abwälzung der Kosten für den vom Vermieter eingeschalteten Makler ist unwirksam, und zwar entweder schon wegen eines Verstoßes gegen § 305c Abs. 1 BGB, ansonsten gem. § 307 BGB.

245 Außerdem sind Klauseln gem. § 307 Abs. 2 Nr. 1 BGB unwirksam, die dem Vertragspartner die Kosten einer außergerichtlichen oder gerichtlichen Rechtsverfolgung aufbürden.[419] Dies gilt etwa für im Rahmen einer gerichtlichen Geltendmachung entstandene zusätzliche Bearbeitungskosten, für die Kosten der ersten, verzugsbegründenden Mahnung[420] sowie für die Kosten eines beauftragten Inkassounternehmens. Letztere sind gem. § 254 Abs. 2 Satz 1 BGB lediglich in begrenztem Umfang zu ersatzfähig.[421]

6. Rechtswahlklauseln

246 In einem Gewerberaummietvertrag kann grundsätzlich das auf den Vertrag anzuwendende Recht frei gewählt werden. Die Zulässigkeit der Rechtswahlklausel bestimmt sich gem. Art. 27 Abs. 4, 31 Abs. 1 EGBGB nach dem für den Vertrag gewählten Recht; bei der Wahl deutschen Rechts für den Mietvertrag gilt dieses also auch für die Zulässigkeit der Rechtswahl. Da im BGB keine besonderen Vorschriften über Rechtswahlvereinbarungen enthalten sind, sind solche Vereinbarungen regelmäßig unproblematisch. Gem. Art. 27 Abs. 1 EGBGB kann deutsches Recht sowohl für in Deutschland als auch für im Ausland belegene Räume vereinbart werden. Die VO EG 593/2008 (Rom-II-VO) verdrängt mit ihrem Inkrafttreten am 17. 12. 2009 gem. Art. 3 Nr. 1 EGBGB die Vorschriften des EGBGB über vertragliche Schuldverhältnisse. Die Art. 3 Abs. 5, 10 Abs. 1 Rom-II-VO enthalten den Art. 27 Abs. 4, 31 Abs. 1 EGBGB entsprechende Regelungen. Eine dem Art. 27 Abs. 1 EGBGB entsprechende Regelung findet sich in Art. 3 Abs. 1 Rom-II-VO. Die Rom-II-VO gilt nach ihrem Art. 2 universell, also nicht nur innerhalb der EU.

7. Schiedsklauseln und Schiedsgutachterklauseln

247 a) **Schiedsklauseln.** Gem. 1029 Abs. 2 ZPO können Schiedsklauseln auch durch AGB in einen Vertrag eingeführt werden. Sie unterliegen jedoch der Inhaltskontrolle nach § 307 BGB. Schiedsklauseln schließen den Zugang zu staatlichen Gerichten aus und beschränken

---

[414] BGH NJW-RR 1996, 786; OLG Celle WM 1994, 893; KG NJW 1998, 829; LG Köln NJW-RR 1987, 885.
[415] BGH NJW 2005, 2225 = NZM 2005, 502.
[416] OLG München NJW-RR 1988, 786.
[417] BGH NJW 1999, 1865.
[418] BGH NJW 1993, 1061; NJW 1991, 2631 unter II. 5.
[419] BGH NJW 1985, 320; KG WM 1985, 714.
[420] BGH NJW 1985, 320; OLG Frankfurt ZIP 1983, 1213; OLG Köln WM 1986, 803.
[421] Vgl. hierzu OLG Dresden AIZ 2003, 178; NJW-RR 1996, 1471; OLG Köln VersR 2003, 459; OLG Nürnberg NJW 1988, 388; OLG München MDR 1997, 1069.

so den Rechtsschutz. Sie sind daher nur zulässig, wenn auf Seiten des Verwenders anerkennenswerte Gründe vorliegen. Während dies im Verkehr mit Verbrauchern regelmäßig nicht der Fall sein wird, kann im Rechtsverkehr zwischen Unternehmern das Vermieterinteresse an schneller und einfacher Streitbeilegung die Durchführung eines Schiedsverfahrens rechtfertigen. Daher ist eine Schiedsklausel an sich im Anwendungsbereich des § 310 Abs. 1 BGB weder überraschend im Sinne des § 305c BGB noch bedeutet sie von vornherein eine unangemessene Benachteiligung des Mieters.[422] Formularmäßige Schiedsklauseln müssen den wesentlichen Grundgedanken der §§ 1025ff. ZPO entsprechen, insbesondere müssen Unparteilichkeit des Schiedsrichters sowie ein faires Verfahren gewährleistet sein. Unwirksam ist eine Schiedsklausel daher, wenn nach ihrem Inhalt allein der Vermieter oder ein diesem nahestehender Dritter den Schiedsrichter bestimmen soll, so dass dem Mieter ein Schiedsrichter aufgedrängt wird.[423] Unwirksam ist die Klausel ferner, wenn sie dem Verwender ein Wahlrecht zwischen Schiedsgericht und staatlichem Gericht einräumt. Auch die Besorgnis der Benennung rechtsunkundiger Personen als Mitglieder des Schiedsgerichts führt zur Unwirksamkeit.[424] Auch Klauseln, die das Recht zur Ablehnung eines Schiedsrichters gem. §§ 1036f. BGB oder das rechtliche Gehör beschränken sind unwirksam.

b) **Schiedsgutachterklauseln.** Bei Schiedsgutachterklauseln handelt es sich um materiellrechtliche Regelungen, für die die §§ 317ff. BGB Anwendung finden. Der Schiedsgutachter soll Feststellungen über bestimmte Tatsachen treffen, die für das Rechtsverhältnis der Vertragsparteien wesentlich sind. Auch solche Klauseln schließen die Inanspruchnahme staatlichen Rechtsschutzes aus und erfordern zur ihrer Wirksamkeit ein besonderes schutzwürdiges Interesse des Verwenders.[425] Der dem Schiedsgutachter übertragenen Leistungsbestimmung muss die gleiche Richtigkeitsgewähr zukommen wie derjenigen eines gerichtlichen bestellten Sachverständigen. Dies erfordert in Einzelnen:

- Deutlicher Hinweis auf die Klausel;
- Sicherstellung der persönlichen Neutralität und fachlichen Kompetenz des Gutachters (entweder durch Auswahl einer aus Mietersicht vertrauenswürdigen Stelle oder durch Einräumung eines Ablehnungsrechts);
- der Vertragspartner muss einen Anspruch auf rechtliches Gehör haben;
- dem Vertragspartner muss ein unbeschränktes Anfechtungsrecht gem. § 319 BGB zustehen und
- die wirtschaftlichen Folgen eines etwaigen Fehlgutachtens dürfen den Vertragspartner nicht unverhältnismäßig belasten.

XXIX. Schlussbestimmungen

1. Erfüllungsort

Im nichtkaufmännischen Geschäftsverkehr sind formularvertragliche Regelungen über den Erfüllungsort unbeachtlich (§ 29 Abs. 2 ZPO). Sie verstoßen weiter materiellrechtlich gegen § 269 BGB.[426]

2. Gerichtsstandsvereinbarungen

Insoweit muss § 38 ZPO als zwingende gesetzliche Vorschrift beachtet werden. Damit nicht im Einklang stehende Gerichtsstandsklauseln verstoßen gegen § 307 BGB. Dies gilt im kaufmännischen Geschäftsverkehr allerdings nur dann, wenn Vermieter und Mieter einen gemeinsamen Gerichtsstand haben und davon durch eine Gerichtsstandsklausel ohne sach-

---

[422] BGH NJW 2005, 1125; NJW 1992, 575; BGHR AGBG § 9 Schiedsklausel 1.
[423] BGH NJW 1981, 2351 (nahestehender Schiedsgutachter); vgl. auch BGH NJW 1987, 2818 (Unwirksamkeit der formularmäßigen Auswahl im Sinne des § 317 BGB).
[424] BGH NJW 1992, 575.
[425] BGH NJW 1987, 2818; OLG Köln ZIP 1986, 579.
[426] Vgl. OLG Koblenz NJW-RR 1989, 1459, 1460; vgl. auch OLG Köln Urt. v. 26.10.2007 – 6 U 32/07 – BeckRS 2008, 04431.

lich gerechtfertigten Grund abgewichen wird.[427] Schließlich ist § 40 Abs. 2 ZPO zu beachten; insoweit ist vor allem der ausschließliche Gerichtsstand des § 29a Abs. 1 ZPO von Bedeutung.

---

[427] Vgl. OLG Köln ZIP 1989, 1068.

4. Abschnitt. Parteien des Gewerberaummietverhältnisses

§ 49 Mietvertragsparteien und Parteiwechsel

Übersicht

	Rdnr.
I. Grundsätzliches	1–5
II. Mietvertragsparteien	6–60
1. Natürliche Personen	6–10
a) eine natürliche Person	6/7
b) Parteien kraft Amtes	8
c) Einzelkaufmann	9/10
2. Personenmehrheiten/Gesellschaften	11–37
a) Ehegatten	11–14
b) BGB-Gesellschaften/Sozietäten	15–23
c) oHG und KG	24–26
d) Nicht rechtsfähiger Verein	27–30
e) Europäische Wirtschaftliche Interessenvereinigung	31
f) Partnergesellschaft ohne eigene Rechtspersönlichkeit	32–35
g) Partnergesellschaft	36/37
3. Bruchteilsgemeinschaft (§ 741 BGB)	38–40
4. Juristische Personen	41–49
5. Besondere Parteikonstellationen	50–60
a) Nießbrauch	50
b) Unternehmensbezogene gewerbliche Mietverträge	51–53
c) Gewerbliche Weitervermietung	54/55
d) Gründungsgesellschaften	56–59
e) EU-Gesellschaften	60
III. Parteiwechsel	61–102
1. Wechsel des Mieters	61–82
a) Tod des Mieters	61–64
b) Umwandlung	65–78
c) Gesellschafterwechsel	79–82
2. Wechsel des Vermieters	83–102
a) Veräußerung der Mietsache	83–99
b) Vermieterwechsel durch Rechtsgeschäft	100
c) Tod des Vermieters	101
d) Umwandlung nach dem Umwandlungsgesetz	102

Schrifttum: Grooterhorst/Burballa, Zur Anwendbarkeit von § 566 BGB bei Vermietung vom Nichteigentümer, NZM 2006, 246; Lindner-Figura/Oprée/Stellmann, Geschäftsraummiete, 2. Aufl. 2008; Lindner-Figura, Im aktuellen Überblick: Schriftform von Geschäftsraummietverträgen, NZM 2007, 705; Palandt, Bürgerliches Gesetzbuch, Kommentar, 68. Aufl. 2009; Schmidt-Futterer, Mietrecht, Kommentar, 9. Aufl. 2007.

I. Grundsätzliches

Die genaue Parteibezeichnung und das Vertretungsverhältnis sind beim Gewerberaum- 1 mietverhältnis von großer Bedeutung, Mieter und Vermieter müssen wissen, an wen sie die wechselseitigen Leistungen zu erbringen haben und an wen sie sich wenden, wenn Leistungsstörungen eintreten und Willenserklärungen abzugeben sind.[1]

Wer Partei des Mietvertrages ist, gehört zu den wesentlichen vertraglichen Vereinba- 2 rungen, die sich aus einer von beiden Parteien unterzeichneten Urkunde, auch und insbesondere bei einem Parteiwechsel, ergeben muss, da ansonsten die bei gewerblichen Mietverhältnissen einzuhaltende Schriftform (§§ 578 Abs. 1, 550 BGB), für einen Mietvertrag von längerer Zeit als einem Jahr, nicht gewahrt ist und damit eine lang- oder längerfristige Bindung der

---

[1] Lindner-Figura/Oprée/Stellmann/Tischler Kap. 2 Rdnr. 2.

Parteien zur Disposition steht, die sich durch eine vorzeitige Kündigungsmöglichkeit für beide Vertragsteile eröffnet.²

> **Praxistipp:**
>
> Bei Vertragsabschluss, Nachtragsabschlüssen, Rechtsform- und Gesellschafter-, Geschäftsführer-, Vorstandswechsel, sollte bei registerpflichtigen Parteien ein Registerauszug vorgelegt werden. Bei Parteien ohne Registerpflicht sollten Urkunden oder Auszüge von Urkunden vorgelegt werden, aus denen sich die Parteibezeichnung, die Mitglieder der Gemeinschaft/Gesellschaft, die Veränderung und/oder die Vertreterstellung ergibt.
>
> Eine Unterrichtungs-/Informations- und Auskunftsklausel im Mietvertrag, für den Fall von Veränderungen oder einer Umwandlung ist empfehlenswert.

3   Die Parteibezeichnung ist auch für Fragen der Haftung von Relevanz, dies insbesondere für die persönliche Haftung von Unternehmensvertretern oder die Haftung eines Vertreters wegen nicht ausreichender Bevollmächtigung.

4   Wer Partei des Mietvertrages ist, bestimmt sich nach dem schuldrechtlichen Vertrag. Die sachenrechtliche Beziehung zum Mietgegenstand ist insoweit zunächst unerheblich, sie erlangt aber spätestens dann Bedeutung, wenn die Anmietung nicht vom Eigentümer, allen Eigentümern oder vertraglich nicht Berechtigten erfolgt, weil sich in diesem Fall der Geschäftsraummieter einem Herausgabeanspruch insbesondere des Eigentümers oder Miteigentümers gemäß § 985 BGB ausgesetzt sehen kann.

5   Zudem tritt im Veräußerungsfall eines Mietgrundstücks nach §§ 578 Abs. 1, 566 BGB nur dann der Erwerber in das Mietverhältnis ein, wenn Veräußerer, Vermieter und Grundstückseigentümer identisch sind. Ist dies nicht der Fall, ist der Mieter einem Herausgabeanspruch nach §§ 985, 546 Abs. 2 BGB ausgesetzt. Der Mieterschutz des § 565 BGB bei der gewerblichen Weitervermietung (gewerbliche Zwischenmiete) gilt nur für Wohnraummieter.³

> **Praxistipp:**
>
> Um unliebsame Überraschungen zu vermeiden, sollte der Mieter vor Vertragsschluss durch Grundbucheinsicht prüfen, wer Eigentümer ist. Der tatsächlich Verfügungsberechtigte sollte in den Mietvertrag einbezogen werden.

II. Mietvertragsparteien

1. Natürliche Personen

6   a) **Eine natürliche Person.** Das ist ein Mensch, der mit Vollendung der Geburt Rechtsfähigkeit erlangt, ohne Rücksicht auf Staatsangehörigkeit, Geschlecht oder Herkunft.⁴

> **Praxistipp:**
>
> Im Mietvertrag sollten die Personen möglichst genau angegeben sein, um Verwechslungen vorzubeugen, mit Geburtsdatum und Anschrift. Es schadet nicht, sich einen Ausweis vorlegen zu lassen.

7   Eine wirksame Verpflichtung in einem Mietvertrag setzt die Geschäftsfähigkeit voraus, ansonsten muss sie vom gesetzlichen Vertreter abgeschlossen oder genehmigt werden.⁵

---

² Siehe hierzu beispielhaft BGH NZM NZM 2004, 97; NZM 2005, 502; NZM 2007, 127, 128; NZM 2007, 730; NZM 2008, 482 = NJW 2008, 2178; NZM 2008, 484 = NJW 2008, 2181; zuletzt NZM 2009, 519; *Fritz* Rdnr. 47 ff.; *Lindner-Figura* NZM 2007, 705.
³ Schmidt-Futterer/*Blank* § 565 Rdnr. 6; *Fritz* Rdnr. 351.
⁴ Palandt/*Ellenberger* § 1 Rdnr. 1.
⁵ Siehe hierzu Schmidt-Futterer/*Blank* vor § 535 Rdnr. 162 ff.; sowie die Ausführungen zum Wohnraummietrecht.

Beim Geschäftsraummietverhältnis sind keine Besonderheiten gegenüber der Wohnraummiete ersichtlich, dies gilt auch für den Fall, dass für eine Vertragspartei Betreuung (§ 1896 BGB) angeordnet ist. Ein Miet- oder Pachtvertrag über Geschäftsräume bedarf im Fall der Betreuung der Genehmigung des Vormundschaftsgerichtes, wenn der Vertrag für längere Zeit als vier Jahre geschlossen wird (§ 1907 Abs. 3 BGB).

b) Parteien kraft Amtes. Es handelt sich hierbei nicht um Vertreter, sondern um Vertragspartner. Parteien kraft Amtes sind der Testamentsvollstrecker (§§ 2197 ff. BGB), der Nachlass- und Nachlassinsolvenzverwalter (§§ 1975 ff. BGB), der Insolvenzverwalter (§§ 56 ff. InsO), und der Zwangsverwalter (§§ 150 ff. ZVG), mit gewissen Einschränkungen auch der Nießbrauchsverwalter (§ 1052 BGB) und der Insolvenztreuhänder (§ 292 InsO).[6]

c) Einzelkaufmann. Der Einzelkaufmann muss einen Namen angeben unter dem er sein Geschäft betreibt, jedenfalls wenn er Kaufmann im Sinne des HGB ist (§ 17 HGB). Unter der Firma kann ein Mietvertrag abgeschlossen werden.[7] Vertragspartner wird der Firmeninhaber, der deshalb zweckmäßigerweise auch namentlich angegeben werden sollte, dieser haftet grundsätzlich persönlich für die Erfüllung mietvertraglicher Pflichten.

Gründet der Einzelkaufmann später eine BGB-Gesellschaft mit einem eintretenden Gesellschafter, wird diese nur mit Zustimmung des Vermieters Vertragspartei.[8] Strittig ist die Haftung einer das Geschäft eines Einzelkaufmanns übernehmenden Gesellschaft für die nach Übernahme entstehenden Mietzinsschulden, wenn sie nicht Vertragspartei geworden ist, dies bejaht *Börstinghaus*[9] mit der Begründung, dass dies sachgerecht wäre, weil die übernehmende Gesellschaft in den Genuss der Mietsache gekommen ist.

2. Personenmehrheiten/Gesellschaften

a) Ehegatten. Keine Probleme entstehen, wenn das Mietvertragsrubrum und die Unterschriften unter dem Mietvertrag von den Personen her identisch sind.

> **Praxistipp:**
> Der beratende Rechtsanwalt sollte bei Vertragsentwurf und Abschluss des Mietvertrages auf die Identität achten, sonst setzt er sich einem Haftungsrisiko aus. Dies gilt auch für die Nachträge zum Mietvertrag.
> Vertretungen sollten ausdrücklich als solche bezeichnet sein (Schriftformproblematik (!), eine Vollmachtsurkunde sollte vorgelegt werden, sie muss dem Mietvertrag nicht beigefügt sein.

Weichen freilich Rubrum und die Unterschriften voneinander ab, stellt sich die Frage, ob der nicht aufgeführte oder nicht unterschreibende Ehegatte Vertragspartei geworden ist, unter Umständen, ob überhaupt ein Vertrag zustande gekommen ist, falls der Vermieter nur an beide Eheleute vermieten wollte.[10] Weder auf Vermieter- noch auf Mieterseite stellt der Abschluss eines gewerblichen Mietvertrages ein Geschäft zur Deckung des Lebensbedarfs im Sinne des § 1357 BGB dar,[11] so dass sich grundsätzlich eine wechselseitige Vertretung des anderen Ehegatten alleine auf Grund der Eheverbindung nicht ergibt.

Sind die Ehegatten **Vermieter** und im Rubrum des Mietvertrages aufgeführt, hat jedoch nur einer unterzeichnet, so werden nur dann beide Vermieter, wenn der unterzeichnende Ehegatte als Vertreter des anderen anzusehen ist, eine Vermutung hierfür besteht nicht.[12]

---

[6] Zu Einzelfragen siehe *Blank/Börstinghaus* § 535 Rdnr. 190 ff.
[7] Bub/Treier/*Straßberger* II Rdnr. 286.
[8] BGH NJW 2001, 2251 = NZM 2001, 621.
[9] *Blank/Börstinghaus* § 535 Rdnr. 192.535; a. A. Bub/Treier/*Heile* II. Rdnr. 840.
[10] *Blank/Börstinghaus* § 535 Rdnr. 210.
[11] Palandt/*Brudermüller* § 1357 Rdnr. 14; Schmidt-Futterer/*Blank* Vor § 535 Rdnr. 255.
[12] BGH NJW 1994, 1649, 1650; das Schriftformerfordernis erfordert, dass der rechtsgeschäftliche Vertretungswille in der Urkunde, wenn auch nur unvollkommen, Ausdruck gefunden hat.

Wenn in einem solchen Fall beide Ehegatten Grundstückeigentümer sind, soll sich das Vertretungsverhältnis konkludent aus den Umständen ergeben.[13] Sind die Ehegatten **Mieter** soll das Rubrum im Zweifel Vorrang haben.[14]

14 Eine Vertretung des nicht unterschreibenden Ehegatten ist freilich dann anzunehmen, wenn die Ehegatten im Rahmen einer gewerblichen Betätigung als eine Außen-GbR auftreten, dann sind beide Vertragspartei geworden (siehe hierzu auch die Ausführungen zur BGB-Gesellschaft und zum unternehmensbezogenen gewerblichen Mietvertrag).

15 b) **BGB-Gesellschaften/Sozietäten.** Es handelt sich um eine Unterart der Gesamthandsgemeinschaft in der mehrere Personen sich zur Erreichung eines gemeinsamen Zwecks zusammengeschlossen haben (§ 705 BGB). Die BGB-Gesellschaft findet sich häufig als Partei gewerblicher Mietverhältnisse, so z. B. als geschlossener Immobilienfonds, Bauherrengemeinschaften, Ehegattengrundstücksgemeinschaften auf Vermieterseite oder als Zusammenschlüsse von Freiberuflern (Ärzte, Architekten, Rechtsanwälte und Steuerberater) auf Mieterseite.

16 Es gilt grundsätzlich Gesamtvertretung (§§ 709, 1421, 2038 Abs. 1 BGB), d. h. alle Mitglieder müssen beim Vertragsschluss mitwirken, da sonst die Schriftform des Mietvertrages nicht gewahrt ist (§§ 578 Abs. 1, 550 BGB). Eine Vertretung durch einen Gesellschafter oder Dritte erfordert die Unterzeichnung mit einem hinreichend deutlichen Vertretungszusatz, sonst ist ebenfalls der Schriftform des Mietvertrags nicht genüge getan.[15]

> **Praxistipp:**
>
> Es empfiehlt sich im Mietvertrag die Benennung eines Vertreters, der die Gesellschaft vertritt und der Bezeichnung der Vollmachtsurkunde, des Gesellschaftsvertrages oder Erklärungen der anderen Gesellschafter.
>
> Im Mietvertrag sollten die entsprechenden Erklärungs- und Empfangsvollmachten für Willenserklärungen durch den Vertreter vereinbart werden. Da die Wirksamkeit in AGB für wichtige Erklärungen nicht unstreitig ist, möglichst in Form einer Individualvereinbarung.[16]

17 Einseitige Rechtsgeschäfte müssen entweder vom Alleinvertretungsberechtigten, Bevollmächtigten oder sämtlichen Gesamtvertretungsberechtigten vorgenommen werden. Handeln nicht alle Gesellschafter, so besteht die Gefahr der Zurückweisung der Willenserklärung durch den Erklärungsempfänger nach § 174 BGB, da keine Registerpublizität der Gesellschaft bürgerlichen Rechts besteht.

18 Tritt die BGB-Gesellschaft als solche und unter ihrem Namen nach außen in Erscheinung (Außen-GbR), ist sie rechts- und parteifähig, soweit sie durch Teilnahme am Rechtsverkehr Rechte und Pflichten begründet.[17] Sie kann also selbst klagen und verklagt werden, sie ist Trägerin von Rechten und Pflichten aus dem Mietvertrag als Gesellschaft.

> **Praxistipp:**
>
> Im Mietvertrag sollte klargestellt sein, dass die BGB-Gesellschaft Vertragspartei ist und nicht die einzelnen Mitglieder der Gesellschaft.

---

[13] OLG Düsseldorf ZMR 2000, 210, mit zahlreichen weiteren Nachweisen, sehr streitig, siehe Anmerkungen zu dem Urteil, S. 211; LG Heidelberg WuM 1997, 547.
[14] Bub/Treier/*Straßberger* II. Rdnr. 265; *Fritz* Rdnr. 57; Lindner-Figura/Oprée/Stellmann/*Tischler* Kap. 2 Rdnr. 47, mit weiteren Nachweisen.
[15] BGH NJW 2003, 3053, 3054; NZM 2004, 97, 98; OLG Düsseldorf GuT 2006, 9 = GE 2006, 627.
[16] Siehe hierzu Lindner-Figura/Oprée/Stellmann/*Lindner-Figura* Kap. 7 Rdnr. 159 ff.
[17] BGH NJW 2001, 1056 ff. = NZM 2001, 299 ff.

19 Dies hat auch zur Folge, dass ein Wechsel im Mitgliederbestand keinen Einfluss auf den Fortbestand des mit der Gesellschaft bestehenden Mietverhältnisses hat.

20 Die Gesellschafter haften freilich gleichwohl persönlich mit ihrem Privatvermögen für die Verbindlichkeiten der Gesellschaft; für ausscheidende Gesellschafter besteht eine Nachhaftung von 5 Jahren (§§ 736 Abs. 2 BGB, 160 HGB). Ein **Haftungsausschluss oder eine Haftungsbegrenzung** der Gesellschafter ist nur durch Individualvereinbarung möglich; ein formularvertraglicher Haftungsausschluss ist analog § 128 HGB gemäß § 307 Abs. 2 Ziff. 1 BGB unwirksam.[18]

21 Die Übertragung eines Geschäftsanteils einer GbR ist ein Veräußerungsfall i.S. der §§ 578, 566 BGB.[19]

22 Der Zusammenschluss von Freiberuflern in einer Sozietät, die keine Partnergesellschaft bildet, stellt in aller Regel, wenn sie einen Mietvertrag abschließt, eine Außen-GbR dar, da sie nach außen am Rechtsverkehr teilnimmt.[20]

23 Beim Tod eines Gesellschafters einer GbR oder eines Mitgliedes der Sozietät findet § 580 BGB keine Anwendung, § 563a BGB ist nur auf die Wohnraummiete anzuwenden, der Mietvertrag wird daher fortgesetzt.[21]

Praxistipp:

Es empfiehlt sich die Aufnahme einer Kündigungsklausel im Mietvertrag, wonach beim Tod eines Gesellschafters ein außerordentliches Kündigungsrecht für den Mieter entsteht, kleinere Sozietäten könnten sonst in Bedrängnis kommen.

24 **c) oHG und KG.** Hierbei handelt es sich um handelsrechtliche Personenzusammenschlüsse nach dem Handelsgesetzbuch. Die oHG kann unter ihrer Firma Rechte erwerben und Verbindlichkeiten eingehen, Eigentum und andere dingliche Rechte an Grundstücken erwerben, vor Gericht klagen und verklagt werden (§ 124 Abs. 1 HGB). Sie kann also Mieter und Vermieter sein, ohne dass sie eine juristische Person wäre. Jeder Gesellschafter vertritt die oHG nach außen, dies gilt für den Vertragsabschluss, die Abgabe von Erklärungen oder deren Entgegennahme, es sei denn ein Gesellschafter ist von der Vertretung ausgeschlossen oder es ist im Gesellschaftsvertrag Gesamtvertretung vereinbart (§ 125 HGB).

Praxistipp:

Vor Vertragsschluss ist das Handelsregister einzusehen, § 15 HGB schützt den guten Glauben an die Richtigkeit der Registereintragung.

25 Die Gesellschafter haften persönlich als Gesamtschuldner (§ 128 HGB), eine Vollstreckung in das Privatvermögen der Gesellschafter ist jedoch nicht möglich, wenn nur die Gesellschaft als Partei verklagt wurde (§ 129 Abs. 4 HGB).

Praxistipp:

Da der Mieter schuldbefreiend an jeden Gesellschafter der vermietenden oHG bezahlen kann, empfiehlt sich im Mietvertrag die Benennung eines Kontos der oHG auf das mit schuldbefreiender Wirkung bezahlt werden muss.

---

[18] BGH ZMR 2000, 14 f. = WuM 1999, 703 f. = NJW 1999, 3483 f.; NZM 2005, 218.
[19] BGH WuM 1998, 341 f.; siehe hierzu auch *Blank/Börstinghaus* § 535 Rdnr. 156.
[20] Palandt/*Sprau* § 705 Rdnr. 49; *Fritz* Rdnr. 402.
[21] Palandt/*Weidenkaff* § 580 Rdnr. 6; OLG Naumburg NZM 2002, 166; str. a. A. *Blank/Börstinghaus* § 580 Rdnr. 8 f.

26 Bei der KG besteht die Besonderheit, dass die Kommanditisten nur mit ihrer eingetragenen Einlage haften und die gesetzliche Vertretung durch die persönlich haftenden Gesellschafter erfolgt. Eine vermietende oder mietende oHG muss zur Wahrung der Schriftform eines langfristigen Mietvertrages klar identifizierbar sein.[22]

27 **d) Nicht rechtsfähiger Verein.** Es handelt sich nicht um eine juristische Person, im Gegensatz zum rechtsfähigen Verein. Vertragspartei sind die Mitglieder in ihrer Gesamtheit. Die Vertretung erfolgt durch den nach der Satzung hierzu berufenen Vereinsvorstand.

> **Praxistipp:**
> Vor Vertragsabschluss ist die Vorlage der aktuellen Vereinssatzung zwingend.

28 Die Mitglieder haften aus dem Mietverhältnis als Gesamtschuldner, wobei sich die Haftung beim nicht rechtsfähigen Idealverein ohne Ausrichtung auf wirtschaftliche Zwecke auf das Vereinsvermögen beschränkt.[23]

29 Bei wirtschaftlicher Zweckausrichtung besteht die uneingeschränkte persönliche Haftung der Mitglieder,[24] die nur durch Individualvereinbarung begrenzt oder ausgeschlossen werden kann. Neben der Haftung des Vereins und seiner Mitglieder besteht auch noch eine persönliche Haftung des nach außen Handelnden nach § 54 S. 2 BGB für alle nicht rechtsfähigen Vereine, die ebenfalls bei Vertragsabschluss beschränkt oder ausgeschlossen werden kann, unter Umstände auch stillschweigend.[25]

30 Im **Prozess** ist der nichtrechtsfähige Verein passiv parteifähig (§ 50 Abs. 2 ZPO), eine aktive Parteifähigkeit wird dem nicht rechtsfähigen Verein nach h. M. zwischenzeitlich ebenfalls zugestanden.[26]

31 **e) Europäische Wirtschaftliche Interessenvereinigung (EWIV).** Es handelt sich um eine eigenständige Rechts- und Gesellschaftsform, basierend auf Art 235 EG-Vertrag und der hierzu ergangenen EG-Verordnung, die durch EWIV-Ausführungsgesetz in nationales Recht umgesetzt wurde. Eine EWIV, die in Deutschland ihren Sitz hat, hat keine Rechtspersönlichkeit, § 1 EWIV-Ausführungsgesetz verweist auf das oHG-Recht (siehe oben c). Hauptanwendungsfälle sind Zusammenschlüsse von Forschungskooperationen, Arbeitsgemeinschaften für Großprojekte, Vertriebs- und Werbegesellschaften. Die **Vertretung** erfolgt durch ihren Geschäftsführer, die Mitglieder haften unbeschränkt und gesamtschuldnerisch.

32 **f) Partnergesellschaft ohne eigene Rechtspersönlichkeit.** Hierunter fallen die Erbengemeinschaft und die Gütergemeinschaft.

33 Die Erbengemeinschaft ist eine Gesamthandsgemeinschaft ohne eigene Rechtspersönlichkeit (§§ 1922, 2032 ff. BGB), anders als die Außen-GbR. Gleiches gilt für die seltene Gütergemeinschaft (§§ 1415, 1416 BGB). Dies bedeutet, dass grundsätzlich alle Mitglieder der Erbengemeinschaft im Mietvertrag aufgeführt werden müssen und mitwirken müssen, da Gesamtvertretung kraft Gesetzes gilt (§§ 709, 1421, 2038 Abs. 1 BGB). Sind nicht alle Mitglieder der Gemeinschaft im Rubrum aufgeführt oder haben nicht alle Mitglieder unterschrieben, ist die Schriftform für eine längerfristige Bindung der Vertragsparteien nach §§ 578 Abs. 1, 550 BGB nicht gewahrt, mit der Folge der ordentlichen Kündigungsmöglichkeit des Mietverhältnisses.[27]

34 Eine **Stellvertretung** ist möglich, wobei auch hier wiederum die allgemeine Erwägung beachtet sein muss, wonach die Vertreterstellung hinreichend deutlich gekennzeichnet werden

---

[22] OLG Hamm NZM 1998, 720.
[23] BGH NJW-RR 2003, 1265; Bub/Treier/*Straßberger* II Rdnr. 323.
[24] BGH NJW 2001, 748, 750.
[25] BGH NJW 1957, 1186.
[26] BGH NJW 2008, 69, 74; KG MDR 2003, 1197; Palandt/*Ellenberger* § 54 Rdnr. 10; Lindner-Figura/Oprée/Stellmann/*Tischler* Kap. 2 Rdnr. 66.
[27] BGH NJW 2002, 3389, 3391.

muss, zweckmäßigerweise mit dem Zusatz verbunden, worauf die Vertretungsmacht gestützt wird.

Hinsichtlich der Pflichten aus einem Mietvertrag besteht ein Gesamtschuldverhältnis (§ 427 BGB), jedes Mitglied haftet persönlich. Bei den Rechten aus einem Mietverhältnis besteht Gesamthandsgläubigerschaft (§§ 432, 2039 BGB), es ist also an alle Gläubiger zu zahlen (empfehlenswerte Ausnahme: Empfangsvollmacht).[28] 35

g) **Partnergesellschaft.** Es handelt sich um den Zusammenschluss Angehöriger freier Berufe zu einer Partnerschaft (§ 1 Abs. 2 PartGG), also Ärzte, Architekten, Rechtsanwälte oder Steuerberater. Die Partnergesellschaft wird von den Partnern organschaftlich vertreten und zwar im Zweifel von jedem Partner in Einzelvertretungsmacht. Der Ausschluss oder die Anordnung einer Gesamtvertretung sowie die Änderung der Vertretungsmacht bedarf der registerrechtlichen Anmeldung und Eintragung. 36

Praxistipp:
Bei Vertragsschluss einen aktuellen Registerauszug vorlegen lassen.

Die Partnergesellschaft ist partei- und prozessfähig mit Eintragung in das Partnerschaftsregister. Die Partner haften gesamtschuldnerisch und mit ihrem Privatvermögen. Die Haftungsbeschränkungen in § 8 PartGG haben auf ein Mietverhältnis keine Auswirkungen, da sich diese Beschränkungen nur auf Schäden wegen fehlerhafter Berufsausübung beziehen. 37

3. Bruchteilsgemeinschaft (§ 741 BGB)

Es gelten hier im Wesentlichen die gleichen Grundsätze wie bei den Gesamthandsgemeinschaften (oben 2. f). Die Bruchteilsgemeinschaft ist nicht parteifähig, sie unterscheidet sich von der BGB-Gesellschaft dadurch, dass außer der Tatsache, dass das Eigentum an der Sache mehreren Personen nach Bruchteilen zusteht, kein gemeinsamer Zweck verfolgt wird. 38

Die Vermietung kann gemeinsam erfolgen, so dass die Miete allen gemeinsam zusteht (§ 754 S. 2 BGB). Jeder Teilhaber kann eine Verwaltung verlangen, die dem Interesse aller Teilhaber entspricht (§ 745 Abs. 2 BGB), wozu auch die Durchsetzung einer wirtschaftlich angemessenen Mieterhöhung gehört, die Verweigerung eines Teilhabers, hieran mitzuwirken, kann Schadensersatzansprüche zur Folge haben.[29] Rechte, wie Herausgabe oder Zahlung, können nur an alle, also die Gemeinschaft verlangt werden (§ 432 BGB). 39

Gefahren drohen, wenn die gemeinschaftliche Sache nur von einem Teilhaber angemietet wird, ohne dass die anderen Teilhaber der Vermietung zugestimmt haben, der Mieter setzt sich einem Herausgabeanspruch der nicht zustimmenden Teilhaber nach §§ 985, 1011 BGB aus.

Praxistipp:
Bei Anmietung von nur einem Miteigentümer sollte sich der Mieter die ausdrückliche Bevollmächtigung bzw. Ermächtigung der anderen Bruchteilseigentümer vorlegen lassen.

Bruchteilsgemeinschaft ist auch eine vermietende Wohnungseigentümergemeinschaft, die bei der Vermietung gemeinschaftlichen Eigentums eine besondere Form des gemeinschaftlichen Gebrauchs nach § 15 Abs. 2 WEG ausübt und insoweit rechtsfähig ist. 40

---

[28] Schmidt-Futterer/*Blank* Vor § 535 Rdnr. 188, mit weiteren Einzelheiten und Nachweisen.
[29] OLG Düsseldorf ZMR 1999, 21.

4. Juristische Personen

41 Eine gesetzliche Definition der Rechtsform der juristischen Person findet sich nirgends. Sie ist die Zusammenfassung von Personen oder Sachen zu einer rechtlich geregelten Organisation, der die Rechtsordnung Rechtsfähigkeit verliehen und dadurch als Träger eigener Rechte und Pflichten verselbstständigt hat.[30] Man unterscheidet zwischen juristischen Personen des Privatrechts und des öffentlichen Rechts, erstere entstehen durch einen privaten Gründungsakt, letztere durch einen staatlichen Hoheitsakt.

42 **Juristische Personen des Privatrechts** sind der eingetragene Verein (§§ 21 ff. BGB), die Stiftung nach dem BGB (§ 80 BGB) und die durch Spezialgesetze geregelten juristischen Personen z. B. die Aktiengesellschaft, die Kommanditgesellschaft auf Aktien, die GmbH, die Genossenschaft und der Versicherungsverein auf Gegenseitigkeit. **Juristische Personen des öffentlichen Rechts** sind Körperschaften, Anstalten und Stiftungen, als Träger hoheitlicher Pflichten und Rechte.[31] Im Bereich des gewerblichen Mietrechts werden freilich juristische Personen nicht hoheitlich bzw. im Rahmen öffentlicher Gewalt tätig, sondern als zivilrechtliche handelnde Parteien. Infolge ihrer Rechtsfähigkeit ist die juristische Person auch parteifähig (§ 50 ZPO).

43 Kennzeichnend für die juristische Person ist, dass grundsätzlich keine persönliche Haftung ihrer Mitglieder besteht, nur ihr Vermögen haftet für die eingegangenen Verbindlichkeiten (siehe § 13 Abs. 2 GMBHG; § 1 Abs. 1 S. 2 AktG; § 2 GenG).[32] Vertragspartner ist stets die juristische Person, so dass ein Mitgliederwechsel keinen Einfluss auf den Bestand des Mietverhältnisses hat.

44 Für die juristische Person handeln ihre hierzu berufenen gesetzlichen Vertreter oder Organe (§ 26 Abs. 2 BGB; § 35 GmbHG; § 78 AktG), aber auch deren Bevollmächtigte, so häufig Prokuristen oder Handlungsbevollmächtigte (§§ 48 ff. HGB).

> **Praxistipp:**
> Es ist wichtig, sich einen Registerauszug aus dem Handels- oder Vereinsregister vorlegen zu lassen, schon wegen der korrekten Parteibezeichnung aber auch wegen des Vertretungsnachweises.

45 Zur Wahrung des Schriftformerfordernisses bei einer GmbH ist es nicht erforderlich, dass die Unterschrift mit einem die Vertretung kennzeichnenden Zusatz versehen wird, ob der Vertreter bevollmächtigt war oder als vollmachtloser Vertreter gehandelt hat, ist eine Frage des Zustandekommens des Vertrages und nicht der Wahrung der Form.[33]

46 Im Rubrum des Mietvertrages sollte die juristische Person mit genauer Namens- und Firmenbezeichnung, also dem GmbH-Zusatz (§ 4 Abs. 2 GmbHG) aufgeführt sein, damit klargestellt ist, wer Vertragspartei werden soll. Ansonsten besteht für den Vertreter die Gefahr der gesamtschuldnerischen Mithaftung neben dem wirklichen Unternehmensträger aus dem Gesichtspunkt der Rechtsscheinhaftung des § 164 Abs. 2 BGB.[34]

> **Praxistipp:**
> Im Mietvertrag ist immer die genaue Firmen und Vertreterbezeichnung bzw. Organstellung des Handelnden anzugeben (z. B. X-GmbH im Rubrum, als Geschäftsführer der X-GmbH bei der Unterschrift).

---

[30] Palandt/*Ellenberger* Vor § 21 Rdnr. 1.
[31] Aufzählung der juristischen Personen des öffentlichen Rechts bei Bub/Treier/*Straßberger* II. Rdnr. 309.
[32] Zu den Ausnahmen einer Durchgriffshaftung mit Fallgruppen siehe Palandt/*Ellenberger* Vor § 21 Rdnr. 12.
[33] BGH NJW 2007, 3346 = NZM 2007, 837.
[34] BGH NJW 1991, 2627; NJW 2007, 1529, 1530.

Bei einer Vorgesellschaft als GbR, wenn sie erkennbar für die künftige juristische Person handelt, haften die Gesellschafter persönlich. Hier ist freilich besonders sorgsam darauf zu achten ob die Gründer im eigenen Namen oder im Namen der künftigen Rechtspersönlichkeit abschließen. Dies muss aus der Vertragsurkunde hervorgehen. Handeln die Gründer im eigenen Namen, so geht der Mietvertrag mit notarieller Beurkundung des Gesellschaftsvertrages nicht auf die juristische Person über, vielmehr bedarf es dann eines Übertragungsvertrages mit dem Vermieter.

Handeln die Gründer im Namen der künftigen Rechtspersönlichkeit, gehen mit notarieller Beurkundung des Gesellschaftsvertrages die Rechte und Pflichten aus dem Mietverhältnis auf die juristische Person über, die Haftung der Gründer und Handelnden erlischt.[35]

Denkbar ist auch ein Handeln in eigenem Namen und für die künftige juristische Person, dann bleibt die persönliche Haftung der Gründer auch für den nach der Gründung anfallenden Mietzins bestehen.[36]

Praxistipp:

Es empfiehlt sich eine ausdrückliche Haftungsklausel im Mietvertrag, um späteren Streit auszuschließen. Je nach Interessenlage sollten die Gründer aus der Haftung nach der notariellen Beurkundung des Gesellschaftsvertrages entlassen werden oder eine persönliche Haftung fortgelten.

Wird die Haftung nicht ausgeschlossen, kommt ein Haftungsausschluss durch konkludentes Handeln[37] oder über das Institut des unternehmensbezogenen gewerblichen Mietvertrages in Betracht.

5. Besondere Parteikonstellationen

a) **Nießbrauch (§§ 1030 ff. BGB; Erbbaurechtsverordnung; Nacherbfolge § 2135 BGB).** An Stelle des Eigentümers kann der Nießbraucher, Erbbauberechtigte oder Vorerbe gewerbliche Räume vermieten. Wird die Sache über die Dauer dieses Rechtes hinaus vermietet, tritt der Grundstückseigentümer bzw. Nacherbe Kraft Gesetzes in das Mietverhältnis ein und kann dieses mit einem Sonderkündigungsrecht (§§ 1056 Abs. 3 BGB; 30 Abs. 2 ErbbRVO; 2135 BGB) mit gesetzlicher Frist kündigen, nicht notwendig zum ersten Termin. Die Kündigungsfrist ergibt sich aus § 580a Abs. 4 BGB, bei einem Mietverhältnis über Geschäftsräume ist bis zum 3. Werktag des Kalendervierteljahres zum Ablauf des nächsten Kalendervierteljahres eine Kündigung möglich. Kein Sonderkündigungsrecht besteht für den Erben des Nießbrauchers oder Erbbauberechtigten, das Mietverhältnis geht nach § 1922 BGB auf den Erben über.[38]

b) **Unternehmensbezogene gewerbliche Mietverträge.** Ein unternehmensbezogener gewerblicher Mietvertrag liegt vor, wenn die anmietende Person erkennbar für ein bestimmtes Unternehmen und zweifelsfrei nicht im eigenen Namen auftritt.[39]

Die Kriterien hierfür sind, dass die vertragsschließenden Parteien übereinstimmende Vorstellungen über die Person des Vertragspartners haben, so dass es hierauf ankommt und nicht auf den Vertragstext.[40] Im Zweifel kommt dann der Vertrag mit dem Unternehmen und nicht mit dem Handelnden zustande, also mit der juristischen Person, bei einer Inhaberfirma mit dem Inhaber. Die Unternehmensbezogenheit des Geschäfts muss freilich zweifelsfrei feststehen.[41]

---

[35] BGH NJW 1981, 1373 f.; OLG München ZMR 1997, 458 ff.
[36] BGH NJW 1983, 2822; OLG Düsseldorf MDR 1987, 848.
[37] Bub/Treier/*Straßberger* II. Rdnr. 318 a. E.
[38] BGH WuM 1990, 29 f.
[39] OLG Düsseldorf GuT 2007, 201 f.; zum unternehmensbezogenen Geschäft siehe Palandt/*Heinrichs* § 164 BGB Rdnr. 2, m. w. N.
[40] BGH NJW-RR 1996, 1458; OLG Köln NZM 1999, 1097, 1098.
[41] OLG Düsseldorf GuT 2003, 7.

53 Inwieweit sich im Einzelfall das Institut des unternehmensbezogenen gewerblichen Mietvertrages mit dem Erfordernis einer hinreichend klaren Bezeichnung des Vertragspartners oder des Vertretungsverhältnisses zur Wahrung der Schriftform eines längerfristigen Mietvertrages in Einklang bringen lassen, erscheint durchaus noch ungelöst und birgt Risiken in sich, die es zu vermeiden gilt. In der täglichen Rechtspraxis wird freilich der Rechtsberater im Zweifel auf das Argument eines unternehmensbezogenen gewerblichen Mietvertrages bei Bedarf durchaus zurückgreifen.

54 **c) Gewerbliche Weitervermietung (früher Zwischenvermietung).** Das Hauptmietverhältnis zwischen Eigentümer und gewerblichem Zwischenvermieter ist dem Gewerberaummietrecht zuzuordnen, da der Vertragstyp von der Zweckbestimmung geprägt wird, gleiches gilt für Verträge zwischen dem Vermieter und dem nicht gewerblichen Untervermieter sowie der Vermietung an einen Verein zur Überlassung an Dritte.[42]

55 Der Untermieter, der nicht von einem gewerblichen Zwischenmieter Wohnraum angemietet hat, insbesondere der Untermieter der Gewerberaummieter ist, genießt keinen Kündigungsschutz, er sieht sich also einem Herausgabeanspruch des Hauptvermieters aus § 546 Abs. 2 BGB oder des Eigentümers nach § 985 BGB ausgesetzt, wenn das Zwischenmietverhältnis endet, die §§ 566, 578 BGB sind nicht entsprechend anwendbar.[43]

56 **d) Gründungsgesellschaften.** Bei einer Vor-GmbH liegt eine Organisation eigener Art vor, zumindest bis zur Eintragung der GmbH ins Handelsregister haften die Gründer persönlich, dann geht die Haftung auf die GmbH über, zumindest gilt dies dann, wenn bei Abschluss des Mietvertrags im Rubrum als Vertragspartei die GmbH i. Gr. aufgeführt ist.

> **Praxistipp:**
> Die Gründungsgesellschaft muss im Mietvertrag als solche eindeutig bezeichnet sein.

57 Bei Personengesellschaften haften die Gründer, auch ein späterer Kommanditist, der den Mietvertrag mit unterschreibt, persönlich, letzterer auch über den Zeitpunkt der Eintragung ins Handelsregister hinaus, es sei denn, der Vermieter hätte positive Kenntnis von der späteren Haftungsbegrenzung.[44]

> **Praxistipp:**
> Die Haftungsbegrenzung des späteren Kommanditisten muss im Mietvertrag mitgeteilt werden, um den Vermieter in positive Kenntnis hiervon zu setzen und eine Haftung über den Zeitpunkt der Eintragung hinaus zu verhindern.

58 Bei Vorgründungsgesellschaften, mit denen ein Mietvertrag abgeschlossen wird, liegt eine GbR vor, betreibt sie bereits ein Handelsgewerbe ist sie Außen-GbR. Die Gründer haften hier auch nach Eintrag in das Handelsregister persönlich, neben der Gesellschaft, für im Gründungsstadium eingegangene Verbindlichkeiten.

> **Praxistipp:**
> Der Wille, wer der eigentliche zukünftige Vertragspartner sein soll, muss im Vertrag deutlich zum Ausdruck kommen, da sonst Haftungsrisiken entstehen. Genauso sollte der Vermieter Klarheit

---

[42] *Fritz* Rdnr. 492, mit weiteren Nachweisen.
[43] BGH NJW 1989, 2053; bei Wohnraumanmietung von einem weitervermietenden Verein durchaus streitig, für Kündigungsschutz BGH NZM 2005, 759; Schmidt-Futterer/*Blank* § 565 Rdnr. 14.
[44] Lindner-Figura/Oprée/Stellmann/*Tischler* Kap. 2 Rdnr. 224 f.

schaffen, wen er im Falle einer späteren Haftungsbegrenzung in eine persönliche Haftung einbezogen haben will, hierfür kann auch eine schriftliche Bürgschaft in Betracht kommen.

Eine sichere Enthaftung des Vorgründungsgesellschafters lässt sich nur durch eine Vereinbarung der Vertragsparteien bewirken.[45] Es auf eine konkludente Enthaftung, z.B. durch Einfordern der Miete von der GmbH, ankommen zu lassen, birgt hohe Risiken und ist vom jeweiligen Einzelfall abhängig.[46] 59

e) EU-Gesellschaften. Durch die Niederlassungsfreiheit nach Art. 43, 48 EGV sind Gesellschaften aus anderen EU-Ländern berechtigt, ihre vertraglichen Rechte in jedem Mitgliedsstaat geltend zu machen und sind damit rechtsfähig. Es ist hier für jeden Einzelfall zu prüfen, um was für eine Gesellschaft es sich handelt und wer vertretungsbefugt ist. 60

III. Parteiwechsel

1. Wechsel des Mieters

a) Tod des Mieters. Beim Tod des Mieters kann sowohl der Erbe des Mieters als auch der Vermieter nach § 580 BGB kündigen. Anders ist es beim Pachtvertrag, nach § 584 Abs. 2 BGB kann der Verpächter nicht nach § 580 BGB kündigen. Das Sonderkündigungsrecht nach § 580 BGB ist innerhalb eines Monats nach Kenntnis vom Tod des Mieters auszuüben. Für die Kündigungsfrist gilt § 580a Abs. 2 BGB, bei einem Mietverhältnis über Geschäftsräume ist die Kündigung spätestens am 3. Werktag eines Kalendervierteljahres zum Ablauf des nächsten Kalendervierteljahres zulässig. 61

§ 580 BGB ist abdingbar, kann also ausgeschlossen oder abgeändert werden, ob dies durch Formularvertrag möglich ist, ist streitig,[47] so dass eine individualvertragliche Regelung dem sicheren Weg entspricht. 62

Wird nicht gekündigt, treten der oder die Erben durch Gesamtrechtsnachfolge (§ 1922 BGB) in das Mietverhältnis mit allen Rechten und Pflichten ein, es findet kraft Gesetzes auf Mieterseite ein Parteiwechsel statt. Der Vertragsübergang steht unter dem Vorbehalt der Ausschlagung der Erbschaft (§§ 1942 ff. BGB), eine Haftungsbeschränkung ist nach §§ 1975 ff. BGB auf den Nachlass möglich.[48] 63

Bei einem Handelsgewerbe muss sich der Erbe des Kaufmannes innerhalb von 3 Monaten entscheiden, ob er das Geschäft einstellt oder fortsetzt (§ 27 Abs. 2 HGB). Im Falle der Fortsetzung haftet der Erbe nach §§ 27 Abs. 1, 25 Abs. 1 HGB für alle Geschäftsverbindlichkeiten. Eine Haftungsbeschränkung ist entsprechend § 25 Abs. 2 HGB durch kundgemachte Erklärung möglich, wenn sie ins Handelsregister eingetragen und dem Vermieter angezeigt wird. 64

b) Umwandlung. aa) Umwandlungstatbestände nach dem Umwandlungsgesetz. Bei der Verschmelzung (§§ 2 ff. UmwG), Spaltung (§§ 123 ff. UmwG) und Vermögensübertragung (§§ 174 ff. UmwG) erfolgt eine Gesamtrechtsnachfolge, so dass der neue Rechtsträger Vertragspartei wird, ohne dass es der Zustimmung des Vermieters bedarf. 65

Auch bei einem Formwechsel (§ 202 Abs. 1 Nr. 1 UmwG) bleibt der Vertragspartner in neuer Form erhalten, die Identität des Rechtsträgers bleibt bestehen, es handelt sich nicht um eine Identitätsänderung. Demnach bedarf es auch hier keiner Vertraganpassung und insbesondere keiner Zustimmung des Vermieters.[49] 66

---

[45] BGH NJW 1983, 2822 f.
[46] Lindner-Figura/Oprée/Stellmann/*Tischler* Kap. 2 Rdnr. 229, mit zahlreichen weiteren Nachweisen.
[47] Bejahend Lindner-Figura/Oprée/Stellmann *Tischler* Kap. 2 Rdnr. 242, m.w.N. zum Meinungsstand; a. A. Schmidt-Futterer/*Gather* § 580 Rdnr. 7.
[48] KG NJW 2006, 2561, 2562.
[49] Bub/Treier/*Heile* II. Rdnr. 837; Lindner-Figura/Oprée/Stellmann/*Tischler* Kap. 2 Rdnr. 190; Palandt/*Weidenkaff* § 535 Rdnr. 12.

67 Beispielsfälle einer Umwandlung sind, wenn ein juristische Person in eine andere juristische Person umgewandelt wird, wenn eine Personengesellschaft in eine juristische Person umgewandelt wird aber auch die Umwandlung eines Einzelkaufmanns in eine juristische Person.[50] Keine Umwandlung liegt vor, bei nicht übertragbaren Rechtspositionen wie die Mitgliedschaft in einem Verein oder die Beteiligung an einer GbR.

68 Dem Vermieter stehen Schutzrechte durch das Verlangen nach Stellung einer Sicherheit zu, wenn er glaubhaft macht, dass die Erfüllung seiner Forderung durch die Umwandlung konkret gefährdet wird.[51]

69 Zudem besteht bei einer Personengesellschaft eine Nachhaftung des persönlich haftenden Gesellschafters mit einer Ausschlussfrist von 5 Jahren (§ 128 HGB). Eine fünfjährige Altschuldenhaftung gilt auch für alle beteiligten Rechtsträger nach einer Spaltung (§ 133 UmwG). Für Mitglieder von Vertretungs- und Aufsichtsorganen des umgewandelten Rechtsträgers gilt ebenfalls eine fünfjährige Haftung auf Schadensersatz, das Verfahren ist formal kompliziert, zudem können sich diese exkulpieren (§§ 25, 26, 205, 206 UmwG).

70 Bei einer vom Mieter gestellten Bürgschaft endet die Bürgenhaftung im Umwandlungsfall nicht, die wirtschaftliche Schlechterstellung des Bürgen soll mit den Mitteln der Nachhaftungsbegrenzung des Umwandlungsrechtes zu lösen sein.[52]

71 Fraglich ist, ob die Rechtsfolgen des Umwandlungsgesetzes mietvertraglichen Regelungen zugänglich sind und abbedungen werden können.[53] Die gesetzlichen Rechte gewähren dem Vermieter im Umwandlungsfall nur relativ geringen Schutz vor Vermögensverlusten, vor allem sind die Haftungsvorschriften nur schwer handhabbar.

72 Denkbar sind individualvertragliche Regelungen bei Vertragsschluss, die eine außerordentliche Kündigung des Mietvertrages im Umwandlungsfall für den Vermieter vorsehen; die Nachhaftungsbegrenzungsfrist nach § 160 Abs. 1 HGB verlängern; die Geltendmachungsfrist für die Nachhaftungsbegrenzung bis zur Grenze des § 202 Abs. 2 BGB (30 Jahre) verlängern und die formularvertragliche Verlängerung der sechsmonatigen Ausschlussfrist für die Geltendmachung der Sicherheit nach § 22 UmwG bzw. weitere Mietsicherheiten vorsehen.[54]

73 Möglich ist auch, dass sich der Vermieter im Umwandlungsfall dadurch mehr Sicherheiten verschafft, dass ein persönlicher kumulativer Schuldbeitritt eines oder mehrerer Gesellschafter vereinbart wird. Bei finanziell nicht leistungsfähigen nahen Familienangehörigen könnte ein solcher freilich sittenwidrig sein, wenn diese überfordert sind.[55]

Ob die Umwandlung von der Zustimmung des Vermieters abhängig gemacht werden kann, dürfte unter Verweis auf § 1 Abs. 3 UmwG äußerst zweifelhaft sein.[56]

74 *bb) Umwandlungen außerhalb des Umwandlungsgesetzes.* Ergeben sich die Rechtsfolgen von Umwandlungen nicht aus dem Umwandlungsgesetz, so liegt grundsätzlich ein Fall rechtsgeschäftlicher Einzelrechtsnachfolge vor, die der Zustimmung des Vermieters zum Parteiwechsel bedarf, soll der Rechtsnachfolger in das Mietverhältnis eintreten. Voraussetzung für eine Einzelrechtsnachfolge ist grundsätzlich ein dreiseitiger Vertrag, bei dem der alte Mieter, der Vermieter und der neue Mieter mitwirken.

75 Dies gilt, wenn ein Gesellschafter oder eine Gesellschaft neu in den Betrieb eines Einzelkaufmanns eintritt und gleichzeitig auch in das Mietverhältnis eintreten will.[57] Gleiches gilt auch dann, wenn die Firma eines Einzelkaufmannes auf einen Erwerber übertragen wird (Firmenfortführung). Die Vorschriften des Handelsrechts sehen zwar eine Haftung des Er-

---

[50] OLG Karlsruhe DB 2008, 2241.
[51] Lindner-Figura/Oprée/Stellmann/*Tischler* Kap. 2 Rdnr. 197, m.w.N.
[52] Lindner-Figura/Oprée/Stellmann/*Tischler* Kap. 2 Rdnr. 201, 193.
[53] Ohne weiteres bejahend Bub/Treier/*Straßberger* II. Rdnr. 316; kritisch Lindner-Figura/Oprée/Stellmann/ *Tischler* Kap. 2 Rdnr. 202 ff. unter Verweis auf § 1 Abs. 3 UmwG.
[54] Lindner-Figura/Oprée/Stellmann/*Tischler* Kap. 2 Rdnr. 204 ff., im Einzelfall wegen § 1 Abs. 3 UmwG problematisch.
[55] BGH NJW 2002, 744; GuT 2005, 6, 8.
[56] Lindner-Figura/Oprée/Stellmann/*Tischler* Kap. 2 Rdnr. 206; bejahend OLG Oldenburg OLG-Report 2000, 65.
[57] BGH NJW 2001, 2251, 2252 = NZM 2001, 621.

werbers auch für frühere Verbindlichkeiten vor (§§ 25, 28 HGB), dies bewirkt jedoch keinen automatischen Eintritt in das Mietverhältnis, sondern einen kumulativen Schuldbeitritt.[58]

Denkbar ist die Zustimmung zum Parteiwechsel auch durch konkludentes Handeln des Vermieters oder Regelung im ursprünglichen Mietvertrag, wobei sich dann freilich wiederum die Schriftformproblematik für den Eintritt des Nachmieters stellt. Bei einem unternehmensbezogenen gewerblichen Mietvertrag (siehe oben II. 5. b), soll die Zustimmung des Vermieters zum Wechsel der Vertragsparteien bereits konkludent im Mietvertrag beinhaltet sein, da nicht das persönliche Vertrauen in den Inhaber des Geschäftes Vertragsgrundlage ist, sondern vielmehr die Art und das Ansehen des Unternehmens.[59]

> **Praxistipp:**
> Bei der Vertragsgestaltung können und sollten Fragen der Einzelrechtsnachfolge in den Vertrag einfließen. Aus Vermietersicht sollte die Zustimmung davon abhängig gemacht werden, dass der Erwerber seine Haftung nicht nach § 25 Abs. 2 HGB beschränkt.

Bei einem langfristigen Mietvertrag ist für den Parteiwechsel in einem Nachtrag die Schriftform gewahrt, wenn sich Vermieter und Altmieter formwirksam über den Eintritt des Neumieters einigen und dieser der Vertragsübernahme formlos zustimmt.[60]

> **Praxistipp:**
> Es empfiehlt sich, den aktuellen Status in Bezug auf die Mietzahlungen, Betriebskostenabrechnungen, Kaution, Zustand der Mietsache, Einbauten usw. zum Zeitpunkt des Vertragsübergangs schriftlich festzuhalten.

Kommt es zu keiner Zustimmung des Vermieters mit dem Mieterwechsel, kann eine eventuelle Nachmieterklausel im Mietvertrag Bedeutung erlangen, ansonsten sind die Rechtsfragen im Zusammenhang mit der Gebrauchsüberlassung an Dritte und der Untermiete von Belang.

c) **Gesellschafterwechsel.** Kein Umwandlungsfall liegt vor, wenn ein Gesellschafterwechsel in der Weise stattfindet, dass nicht die gesamte Rechtsperson wechselt, sondern lediglich eine Veränderung des Gesellschafterbestandes der Vertragspartei stattfindet.

aa) *Außen-GbR, oHG/KG.* Für die rechtsfähige BGB-Gesellschaft, oHG und KG gilt, dass bei einem Gesellschafterwechsel keinerlei Einfluss auf den Bestand des Mietverhältnisses besteht, der Vermieter muss insbesondere dem Gesellschafterwechsel nicht zustimmen, es liegt keine unbefugte Gebrauchsüberlassung an Dritte vor.

Für die Gesellschafter einer Personengesellschaft besteht grundsätzlich eine Nachhaftung von fünf Jahren, wobei abweichende Vereinbarungen möglich sind.

bb) *Partnergesellschaften/Sozietäten.* Auch hier ist der Partnerwechsel oder das Ausscheiden eines Partners nicht von der Zustimmung des Vermieters abhängig. Für die Nachhaftung gilt ebenfalls die 5-jährige Frist (§§ 10 Abs. 2 PartGG, 130 HGB), der neue eintretende Partner haftet nach §§ 8 Abs. 1 PartGG, 130 HGB) auf für Verbindlichkeiten vor seinem Eintritt.

cc) *Juristische Personen.* Der Wechsel an der Beteiligung einer juristischen Person hat keinen Einfluss auf das Mietverhältnis.

---

[58] Siehe hierzu Bub-Treier/*Heile* II. Rdnr. 840.
[59] Lindner-Figura/Oprée/Stellmann/*Tischler* Kap. 2 Rdnr. 268, mit weiteren Nachweisen.
[60] BGH NZM 2003, 476, 478; BGH NZM 2005, 584, 585.

2. Wechsel des Vermieters

83 a) **Veräußerung der Mietsache (§§ 566, 578 BGB).** *aa) Grundsätzliches.* Wird die an den Mieter bereits überlassene Mietsache, die von dem oder den Grunstückseigentümern angemietet wurde, veräußert, so tritt der Erwerber in alle Rechte und Pflichten aus dem Mietvertrag ein. Voraussetzung ist die Identität von Grundstückseigentümer, Vermieter und Veräußerer. Liegt keine Identität von Grundstückseigentümer und Vermieter vor, findet § 566 BGB keine Anwendung, der Erwerber tritt dann nicht in ein Mietverhältnis mit dem Mieter ein und der Mieter ist der Gefahr eines Herausgabeanspruchs des neuen Eigentümers nach § 985 BGB ausgesetzt.

84 In folgenden Fällen liegt keine Identität von Grundstückseigentümer und Vermieter vor:
- Der Vermieter hat zu einem Zeitpunkt vermietet, als für ihn im Grundbuch nur eine Auflassungsvormerkung bestellt war.[61] Diese Problematik ist häufig im Bereich der Projektentwicklung vorzufinden.[62]
- Wenn die Grundstückseigentümer im Einverständnis mit dem Mieter die Vermieterstellung auf eine von ihnen beherrschte GmbH & Co. KG übertragen und diese im Rahmen einer späteren Auseinandersetzung das Grundstück einem Gesellschafter zuschlagen, liegt kein Erwerb vom Eigentümer vor.[63]
- Ebenfalls keine Identität ist dann gegeben, wenn von mehreren Miteigentümern nur einer ohne Zustimmung der anderen den Mietvertrag abgeschlossen hat und die Mietsache von allen veräußert wird.

85 Dagegen tritt eine Rechtsnachfolge und ein Vermieterwechsel in folgenden Fällen ein:
- wenn ein vom Eigentümer autorisierter Verwalter den Mietvertrag im eigenen Namen abgeschlossen hat ohne als Vertreter aufzutreten.[64]
- Wenn in einer GbR eine Übertragung von Geschäftsanteilen auf einen anderen Gesellschafter stattfindet und die ursprünglichen Gesellschafter mit einer gesamthänderischen Bindung im Grundbuch eingetragen waren.[65]
- Schließlich, wenn mit Zustimmung der anderen Miteigentümer nur ein Miteigentümer vermietet hat und sodann die Mietsache von allen Eigentümern veräußert wird, wobei die Zustimmung der anderen Miteigentümer auch durch konkludentes Verhalten erklärt werden kann.[66]

86 Veräußerungsfälle, mit der Folge der Anwendung von § 566 BGB, sind neben dem Kauf auch der Grundstückstausch, die Schenkung, ein Vermächtnis, die Einbringung in eine Gesellschaft, die Beendigung des Nießbrauchs (§ 1056 BGB) oder der Heimfall des Erbbaurechts (§ 30 ErbbauVO) und der Eintritt der Nacherbfolge (§§ 2135, 2056 BGB), der Erwerb in der Zwangsversteigerung (§§ 57ff. ZVG) und die Veräußerung des Insolvenzverwalters (§ 111 InsO). In den letzten beiden Fällen sind die Rechte der Mieter durch ein Sonderkündigungsrecht des Erwerbers eingeschränkt (§ 57 a ZVG).

87 Keine rechtsgeschäftliche Veräußerung, sondern ein Rechtsübergang kraft öffentlichen Rechts ist die Enteignung und die vorläufige Besitzeinweisung.

88 **Maßgeblicher Zeitpunkt** für den Vermieterwechsel ist die Eintragung des neuen Eigentümers im Grundbuch (§ 873 BGB) bzw. bei der Zwangsversteigerung der Zuschlagsbeschluss. Möglich ist die Vereinbarung des Verkäufers eines Grundstücks mit der Käufer, dass eine Vertragsübernahme schon vor der Eintragung im Grundbuch erfolgt, jedoch bedarf dies zur Wirksamkeit der Zustimmung des Mieters.

89 Der Veräußerer kann den Erwerber im Kaufvertrag ermächtigen, schon vor seiner Eintragung ins Grundbuch, im eigenen Namen zu kündigen.[67] Keine Ermächtigung zur Kündi-

---

[61] BGH NJW 2003, 2158, 2159.
[62] Zur Problematik siehe Lindner-Figura/Oprée/Stellmann/*Tischler* Kap. 2 Rdnr. 104, m.w.N.; hierzu auch Grooterhorst/Burballa NZM 2006, 246; OLG Köln ZMR 2001, 967; OLG Rostock NZM 2006, 262.
[63] OLG Brandenburg ZMR 2003, 830
[64] OLG Celle ZMR 2000, 284, 285; LG Berlin NJW-RR 1994, 781; Bub/Treier/*Heile* II Rdnr. 861; a.A. Linder-Figura/Oprée/Stellmann/*Tischler* Kap. 2 Rdnr. 108.
[65] BGH NJW 1998, 1220 = NZM 1998, 260; *Blank/Börstinghaus* § 535 Rdnr. 156.
[66] BGH WuM 1985, 63; OLG Karlsruhe NJW 1981, 1278.
[67] BGH NJW 1998, 896, 897; OLG Düsseldorf ZMR 2000, 170, 171.

gung liegt freilich in einer Vertragsübernahme des Erwerbers vor Eintragung ins Grundbuch, der der Mieter nicht zugestimmt hat.[68]

bb) Auswirkungen der Veräußerung. Von Gesetzes wegen wird ein neues Mietverhältnis begründet, das allerdings den gleichen Inhalt wie das bisherige Mietverhältnis hat.[69] Gleichwohl kann dies Auswirkungen auf typische Vertragsregelungen haben: 90

Sicherungsrechte gehen nach §§ 566a S. 1, 578 BGB auf den Erwerber über, also Kautionen, Abtretungen, Bürgschaften, Rechte aus Verpfändungen. Bei Anlage einer Kaution auf einem Sonderkonto tritt ein gesetzlicher Kontoinhaberwechsel ein.[70] Soweit die Kaution noch nicht geleistet ist, geht der Zahlungsanspruch gegen den Mieter nur in dem Umfang auf den Erwerber über, als der Verkäufer keine Ansprüche mehr gegen den Mieter hat.[71] Mieter und Erwerber haben einen Anspruch gegen den ursprünglichen Vermieter auf Herausgabe der Sicherheiten an den Erwerber. 91

Bei **Mietvorauszahlungen** handelt es sich um vorzeitige Mieterleistungen zur vollständigen oder teilweisen Erbringung der Miete für eine bestimmte Zeit, über die der Vermieter frei verfügen kann. Sie gelten dem Erwerber gegenüber nur für den laufenden Kalendermonat bzw. dem nächsten Kalendermonat, wenn der Eigentumsübergang nach dem 15. Tag des Monats eintritt (§ 566b BGB). Weitergehende Vorausverfügungen muss der Erwerber nicht gegen sich gelten lassen, es sei denn, er hätte hiervon positive Kenntnis. Der Mieter läuft also Gefahr, nochmals bezahlen zu müssen und ist auf Schadensersatzansprüche gegen den Veräußerer verwiesen. 92

Praxistipp:
Der Mieter sollte den Erwerber über die Vorausverfügungen informieren und diesen in positive Kenntnis von Mietvorauszahlungen setzen, um einer doppelten Inanspruchnahme zu entgehen.

Für **Rechtsgeschäfte zwischen Mieter und dem Vermieter** (Veräußerer) gilt § 566c BGB, hierzu gehören die Erfüllung, die Stundung der Miete, der Mieterlass und der Aufrechnungsvertrag. Ist das Rechtsgeschäft vor Eigentumsübergang vorgenommen, so kommt es auf die positive Kenntnis des Mieters vom Eigentumsübergang an, ob es für den laufenden Kalendermonat und den Folgemonat oder eine unbegrenzte Zeit gegenüber dem Erwerber wirksam ist. Wurde das Rechtsgeschäft nach dem Eigentumsübergang vorgenommen, so ist es bei positiver Kenntnis des Mieters vom Eigentumsübergang unwirksam. 93

Sonderfälle sind der „abwohnbare" **Baukostenzuschuss** oder ein **Mieterdarlehen**, das für den Bau verwendet wurde und dessen Rückzahlungsraten mit der Miete zu verrechnen sind. Hier gelten die §§ 566b u. 566c BGB nicht, der Erwerber muss weiter verrechnen bzw. anrechnen lassen, die vereinbarten Abreden sind auch gegenüber dem Erwerber wirksam.[72] Ein weiterer Sonderfall ist die Einmalmietzahlung, hier erlischt die Zahlungspflicht mit der Einmalzahlung, der Erwerber hat keine Mietzinsansprüche erworben.[73] 94

Bei **Betriebskostenabrechnungen** hat der Veräußerer vor Eigentumsübergang abgeschlossene Abrechnungszeiträume abzurechnen.[74] Bei einer laufenden Abrechnungsperiode ist zum Zeitpunkt des Eigentumsübergangs keine Teilabrechnung geschuldet, deshalb muss der Erwerber den gesamten Abrechnungszeitraum abrechnen und auch Vorauszahlungen berücksichtigen, die an den Voreigentümer gegangen sind.[75] 95

---

[68] OLG Celle NZM 2000, 93 f.
[69] BGH NJW 2000, 2346; NJW 2005, 1187.
[70] OLG Düsseldorf NJW-RR 1997, 1170; Schmidt-Futterer/*Gather* § 566a Rdnr. 15.
[71] OLG Hamburg NJWE-MietR 1997, 1170; differenzierter hierzu Lindner-Figura/Opree/Stellmann/*Tischler* Kap. 2 Rdnr. 135, m. w. N.
[72] BGHZ 37, 346 ff. (zum Baukostenzuschuss – anders bei einem verlorenen Zuschuss); BGHZ 53, 35 ff. (zum Mieterdarlehen).
[73] BGH NJW 1998, 595, 596 = NZM 1998, 105, 106.
[74] BGH NZM 2004, 188, 189; NZM 2005, 17; NZM 2007, 441, 442.
[75] BGH NZM 2001, 158, 160.

> **Praxistipp:**
> Im Kaufvertrag sollten Veräußerer und Erwerber Regelungen zum Innenverhältnis bzw. Innenausgleich treffen.

96 Endet das Mietverhältnis vor dem Grundstückserwerb, maßgeblich ist die Eintragung des Erwerbers ins Grundbuch, findet § 566 BGB keine Anwendung, die Abrechnung der im Zeitpunkt des Auszugs laufenden Abrechnungsperiode hat der bisherige Vermieter zu erteilen.[76]

97 **Schadensersatzansprüche** die vor Veräußerung entstanden sind, stehen dem Veräußerer zu, sie verjähren nach § 548 Abs. 1 BGB in 6 Monaten nach der Übergabe der Mietsache an den Erwerber.[77] Bei Auswirkungen des schädigenden Ereignisses auf den Veräußerer, z. B. durch unterlassene Renovierungspflichten, sollen Veräußerer und Erwerber Gesamtgläubiger sein,[78] was nicht unbedingt im Hinblick auf die Rechtsnachfolge überzeugt, hier erscheint ein Forderungsübergang kraft Gesetzes naheliegender.[79]

98 Bei **Aufwendungsersatz oder Verwendungsersatzansprüchen** kommt es auf die Entstehung des Anspruchs an, § 566 BGB findet keine Anwendung.[80] Der Mieter läuft demnach Gefahr, dass sein Anspruch der kurzen Verjährung des § 548 Abs. 2 BGB unterliegt, wenn er sich nicht rechtzeitig an den Veräußerer wendet, da Aufwendungsersatzansprüche regelmäßig sofort mit der Aufwendung entstehen. In seltenen Ausnahmefällen wird eine spätere Fälligkeit durch Vereinbarung vorliegen.

99 Die vertragliche und die vertragsimmanente **Konkurrenzschutzverpflichtung** des Vermieters geht nach § 566 BGB auf den Erwerber über.[81] Dies soll sich nicht auf ein Nachbargrundstück des Veräußerers beziehen, der Veräußerer wird von der Konkurrenzschutzverpflichtung frei, da der Erwerber eine Verpflichtung nur für das von ihm erworbene Grundstück übernimmt (§ 275 Abs. 1 BGB).

100 b) **Vermieterwechsel durch Rechtsgeschäft.** Dies erfordert einen dreiseitigen Vertrag, ohne ausdrückliche Zustimmung des Mieters ist ein Austausch des Vermieters nicht möglich. Eine konkludente Zustimmung des Mieters kann darin gesehen werden, dass dieser die Miete an den Dritten bezahlt.[82] Die §§ 578, 566 BGB sind nicht analog anzuwenden, der Vermieterwechsel durch Rechtsgeschäft erlangt bei der gewerblichen Weitervermietung praktische Bedeutung.

101 c) **Tod des Vermieters.** Anders als beim Tod des Mieters besteht kein Sonderkündigungsrecht des Erben oder des Mieters. Ein solches entsteht nur beim Tod der vermietenden Vorerben (§§ 2056, 1056 BGB).

102 d) **Umwandlung nach dem Umwandlungsgesetz.** Da der Rechtsübergang durch Gesamtrechtsnachfolge erfolgt, entsteht kein neues Mietverhältnis nach § 566 BGB, das alte Mietverhältnis wird mit dem neuen Rechtsträger fortgesetzt.

---

[76] BGH NZM 2007, 441, 442.
[77] *Fritz* Rdnr. 360, 447 m. w. N.
[78] *Fritz* Rdnr. 361.
[79] So im Ergebnis auch *Blank/Börstinghaus* § 566 Rdnr. 73, mit weiteren Einzelfällen ab § 566 Rdnr. 71; siehe auch BGH NZM 2004, 901, 902.
[80] BGH NJW 1988, 705; BFH NJW 1987, 2701; Bub/Treier/*Scheuer* V. Rdnr. 390.
[81] OLG Celle NJW-RR 1990, 974, 975.
[82] KG ZMR 2003, 835.

§ 50 Gebrauchsüberlassung an Dritte

Übersicht

	Rdnr.
I. Nach dem Vertragszweck gestattete Untervermietung	1
II. Sonderformen der Gebrauchsüberlassung/personelle und Rechtsformänderungen auf Seiten des Mieters	2–11
1. Aufnahme eines Dritten in den Betrieb des Mieters	3
2. Änderung der Rechtspersönlichkeit des Mieters	4
3. Gesellschafterwechsel	5–6
4. Veräußerung des Einzelhandelsunternehmens	7
5. Gebrauchsüberlassung an eine personenidentische juristische Person	8
6. Briefkastenfirmen, Treuhandschaften	9–11
III. Erlaubnis des Vermieters	12–15
1. Auskunftspflicht des Mieters bei Untervermietungswunsch	12/13
2. Inhalt	14
3. Wichtiger Grund in der Person des Dritten	15
IV. Gewerbliche Zwischenvermietung	16–27
1. Interessenlage	17/18
2. Voraussetzungen	19–21
3. Rechtsfolgen	22–25
4. Wechsel des Zwischenvermieters	26
5. Gewährleistung	27
V. Vertragsgestaltung	28–34

Schrifttum: *Disput,* „Change of Control"-Klauseln im gewerblichen Mietvertrag, NZM 2008, 305 ff., 307 f.; *Mielke/Nguyen-Viet,* Änderung der Kontrollverhältnisse bei dem Vertragspartner: Zulässigkeit von Change of Control-Klauseln im deutschen Recht; DB 2004, 2515 ff.; *K. Schmidt,* Gesellschaftsrecht, 4. Aufl. 2002; *Seyfarth,* Vermieterpflichten bei Untervermietungsanfragen, NZM 2002, 200 ff.

I. Nach dem Vertragszweck gestattete Untervermietung

Die Gebrauchsüberlassung an Dritte bedarf der Zustimmung des Vermieters nicht, wenn 1 sie dem Mieter vertraglich gestattet ist. Das ist nicht nur dann der Fall, wenn dem Mieter die Gebrauchsüberlassung **ausdrücklich** gestattet wurde, sondern auch dann, wenn bei dem vertraglich vereinbarten **Vertragszweck** die Gebrauchsüberlassung an Dritte zum üblichen Gebrauch zählt und deshalb als nach dem Vertragszweck vertraglich vorausgesetzt anzusehen ist.[1]

Werden die Räume dem Mieter beispielsweise zum Betrieb eines **Hotels** oder eines **Business-Centers** überlassen, so bedarf die Gebrauchsüberlassung innerhalb dieses Vertragszwecks nicht der Zustimmung des Vermieters.[2] Die Grenzen der dem Mieter nach dem Vertragszweck gestatteten Gebrauchsüberlassung an Dritte lassen sich nur nach § 242 BGB unter besonderer Berücksichtigung der Verkehrssitte bestimmen. So zählt beispielsweise bei der Vermietung zum Betrieb eines **Hotels** nur die tageweise Überlassung einzelner Zimmer an Dritte zum vertragsmäßigen Gebrauch, nicht aber die Unterverpachtung des gesamten **Sauna- und Fitneß-Bereichs** an einen Dritten zu dessen selbständigem Betrieb.

Nicht hierunter fällt die Vermietung zum Betrieb einer **Lagerhalle,** da der Mieter diese nicht (teilweise) Dritten überlässt, sondern die Dritten ihre Sachen bei dem Mieter in Verwahrung geben, der die alleinige Sachherrschaft an der Lagerhalle behält.[3]

---

[1] MünchKommBGB/*Bieber* § 540 Rdnr. 4.
[2] Lindner-Figura/Oprée/Stellmann/*Stellmann* Kap. 18 Rdnr. 18.
[3] BGH WPM 1966, 479 ff., 481; OLG Hamm WPM 1973, 525; MünchKommBGB/*Bieber* § 540 Rdnr. 4; Bub/Treier/*Kraemer* III 1010; *Wolf/Eckert/Ball* Rdnr. 1204.

Gemietete **Maschinen** können auch für Dritte eingesetzt werden, dürfen aber nur vom Mieter oder seinem Personal bedient werden.[4]

II. Sonderformen der Gebrauchsüberlassung/personelle und Rechtsformänderungen auf Seiten des Mieters

2 Da § 540 BGB die Gebrauchsüberlassung gerade an Dritte, also eine vom Mieter verschiedene Person, von der Erlaubnis des Vermieters abhängig macht, stellt sich bei gewerblichen Mietverhältnissen die Frage, bei welchen personellen oder Rechtsformänderungen auf Seiten des Mieters sowie bei welchen besonderen Nutzungsarten eine derartige Gebrauchsüberlassung an einen Dritten vorliegt.

1. Aufnahme eines Dritten in den Betrieb des Mieters

3 Nimmt der Mieter einen Partner auf und betreibt sein Unternehmen, das die Mietsache nutzt, nunmehr in der Rechtsform einer Gesellschaft bürgerlichen Rechts oder einer offenen Handelsgesellschaft, so liegt eine erlaubnispflichtige Gebrauchsüberlassung an einen Dritten vor, weil dadurch ein neues, zumindest teilrechtsfähiges Rechtssubjekt entsteht, das die Mietsache gebraucht.[5] Dasselbe gilt bei einer **Einbringung** des Geschäfts in eine schon bestehende oHG oder KG.[6]

2. Änderung der Rechtspersönlichkeit des Mieters

4 Eine **Änderung der Rechtsform** des Mieters stellt keine erlaubnispflichtige Gebrauchsüberlassung dar.[7] Für die unter das Umwandlungsgesetz fallenden Fälle ergibt sich dies aus dem Gesetz, da bei diesen entweder die Identität des Rechtsträgers unberührt bleibt und der Rechtsträger lediglich das „Rechtskleid" wechselt, § 202 Abs. 1 Nr. 1 UmwG, oder eine Gesamtrechtsnachfolge gesetzlich angeordnet ist, § 20 Abs. 1 Nr. 1 UmwG.[8]

Ebenso liegt eine Gesamtrechtsnachfolge und damit keine Gebrauchsüberlassung an Dritte vor, wenn aus einer **zweigliedrigen Gesellschaft** der einzige Mitgesellschafter **ausscheidet**, da in diesen Fällen alle Rechte und Pflichten auf den verbleibenden Gesellschafter übergehen.[9]

3. Wechsel von Gesellschaftern oder Geschäftsführern

5 Nach herrschender Meinung[10] liegt bei einem bloßen Wechsel von Gesellschaftern oder Geschäftsführern keine Gebrauchsüberlassung an einen Dritten vor, und zwar weder bei juristischen Personen, noch bei Personenhandelsgesellschaften. Dies ist seit Zuerkennung der Teilrechtsfähigkeit auch für die (Außen-)Gesellschaft bürgerlichen Rechts[11] unbestreitbar, obwohl gerade bei dieser für den Vermieter das persönliche Vertrauen in die beim Vertragsabschluß handelnden Personen ausschlaggebend sein dürfte und nicht in ein von den handelnden Personen unabhängiges, wenn auch teilrechtsfähiges Gebilde.

---

[4] MünchKommBGB/*Bieber* § 540 Rdnr. 4.
[5] BGH NJW 2001, 2251; NJW 1967, 821; Palandt/*Weidenkaff* § 540 Rdnr. 6; Lindner-Figura/Oprée/Stellmann/*Stellmann* Kap. 18 Rdnr. 9; Emmerich/Sonnenschein/*Emmerich* § 540 Rdnr. 27; *Wolff/Eckert/Ball* Rdnr. 1203; Schmidt-Futterer/*Blank* § 540 Rdnr. 22.
[6] Emmerich/Sonnenschein/*Emmerich* § 540 Rdnr. 27.
[7] BGH NJW 2001, 1056; NJW 1967, 821 ff.; Staudinger/*Emmerich* § 540 Rdnr. 51.
[8] So auch MünchKommBGB/*Bieber* § 540 Rdnr. 11; Emmerich/Sonnenschein/*Emmerich* § 540 Rdnr. 28; Lindner-Figura/Oprée/Stellmann/*Stellmann* Kap. 18 Rdnr. 7; Palandt/*Weidenkaff* § 540 Rdnr. 6; 21.
[9] K. *Schmidt* Gesellschaftsrecht § 44 II. 2.; MünchKommBGB/*Bieber* § 540 Rdnr. 11.
[10] Vgl. etwa Staudinger/*Emmerich* § 540 Rdnr. 51; MünchKommBGB/*Bieber* § 540 Rdnr. 11; Emmerich/Sonnenschein/*Emmerich* § 540 Rdnr. 28; Bub/Treier/*Kraemer* III. 1009; Schmidt-Futterer/*Blank* § 540 Rdnr. 22; Lindner-Figura/Oprée/Stellmann/*Stellmann* Kap. 18 Rdnr. 6.
[11] BGH NJW 2001, 1056 ff.

Umstritten ist, ob die Parteien durch eine sog. „Change-of-Control-Klausel" (mit der sich der Vermieter für den Fall eines Geschäftsführerwechsels, eines Gesellschafterwechsels oder einer Veräußerung eines bestimmten Prozentsatzes der Gesellschaftsanteile ein Kündigungsrecht oder ein Zustimmungserfordernis ausbedingt) etwas hiervon Abweichendes wirksam vereinbaren können. Für Formularverträge wird dies überwiegend unter Hinweis auf § 307 BGB verneint.[12] Der BGH hat eine derartige Klausel jedenfalls dann für unwirksam erklärt, wenn sie unabhängig davon gelten soll, ob und inwiefern die Interessen des Verwenders durch den Wechsel der Gesellschafter oder des Geschäftsführers berührt werden.[13]

Praxistipp:
Individualvertraglich dürfte eine solche Vereinbarung jedoch wirksam sein. Sie sollte jedoch nur dann vereinbart werden, wenn Gesellschafter und Geschäftsführer identisch sind (andernfalls liegt die Annahme eines Vertrages zu Lasten Dritter nahe,[14] jedenfalls wenn die Klausel ein Zustimmungserfordernis für die Anteilsübertragung selbst vorsieht)[15] und der Vermieter ein besonderes Interesse[16] daran, hat, daß gerade eine bestimmte Person die Geschäfte führt. Dies kommt insbesondere in der Gastronomie häufig vor, bei der es in besonderem Maße auf die Fähigkeiten, den Einsatz und die Beziehungen der den Gastronomiebetrieb tatsächlich führenden Person ankommt.

Zur möglichen **Formulierung** einer solchen – individuell auszuhandelnden – Vereinbarung siehe Rdnr. 11.

4. Veräußerung des Einzelhandelsunternehmens

Veräußert der Mieter sein Einzelhandelsunternehmen und führt der Käufer dieses unter derselben Firma fort, liegt eine Gebrauchsüberlassung an einen Dritten vor.[17] Dasselbe gilt, wenn der Mieter sein Unternehmen in eine bestehende offene Handels- oder Kommanditgesellschaft einbringt, da dann eine andere Rechtspersönlichkeit die Mietsache gebraucht.[18]

5. Gebrauchsüberlassung an eine personenidentische juristische Person

Überlässt der Mieter den Gebrauch einer juristischen Person, deren Inhaber oder gesetzlicher Vertreter er ist, soll dies vom vertragsmäßigen Gebrauch gedeckt sein,[19] jedenfalls aber dem Mieter nach Treu und Glauben (§ 242 BGB) ein Anspruch auf Erteilung der Einwilligung gegen den Vermieter zustehen.[20] Dies erscheint in dieser Allgemeinheit fragwürdig, da unzweifelhaft eine Gebrauchsüberlassung an eine dritte Rechtspersönlichkeit vorliegt. Weiter sind Person und Rechtsform des Mieters für den Vermieter von ausschlaggebender Bedeutung für seine Vermietungsentscheidung und der Mieter, der eine solche Übertragung beabsichtigt, kann das Recht hierzu vertraglich vereinbaren (was in der Praxis auch weitgehend gebräuchlich ist).

---

[12] Lindner-Figura/Oprée/Stellmann/*Stellmann* Kap. 18 Rdnr. 8; *Disput* NZM 2008, 305 ff., 307 f.; *Mielke/Nguyen-Viet* DB 2004, 2515 ff., 2517 f.; a. A. Emmerich/Sonnenschein/*Emmerich* § 540 Rdnr. 28.
[13] BGH NJW 1985, 623 ff., 625.
[14] So auch *Mielke/Nguyen-Viet* DB 2004, 2515 ff., 2517.
[15] *Disput* NZM 2008, 305 ff., 307.
[16] Wie hier *Mielke/Nguyen-Viet* DB 2004, 2515 ff., 2517 f.; *Disput* NZM 2008, 305 ff., 308; ähnlich Staudinger/*Emmerich* § 540 Rdnr. 51.
[17] Palandt/*Weidenkaff* § 540 Rdnr. 6.
[18] BGH NJW 2001, 2251; Palandt/*Weidenkaff* a. a. O. (F. 17).
[19] BGH NJW 1955, 1066; Palandt/*Weidenkaff* § 540 Rdnr. 6.
[20] Bub/Treier/*Kraemer* III. Rdnr. 1009; Lindner-Figura/Oprée/Stellmann/*Stellmann* Kap. 18 Rdnr. 6.

6. Briefkastenfirmen, Treuhandschaften

9 **a) Briefkastenfirmen.** Es ist in der Praxis gelegentlich zu beobachten, dass Mieter sich einen Deckungsbeitrag zu ihrer Mietbelastung dadurch verschaffen, dass sie das Mietobjekt für (zahlreiche) andere Firmen als bloße „Briefkastenadresse" hergeben und Post für diese entgegennehmen. Da diese Dritten keine tatsächliche Sachherrschaft über die Mietsache erhalten, handelt es sich jedenfalls nicht um einen Fall der Gebrauchsüberlassung im Sinne von § 540 BGB. Fraglich kann allenfalls noch sein, ob diese Nutzung vom vertragsmäßigen Gebrauch gedeckt ist.

> **Praxistipp:**
>
> Der Vermieter, der nicht damit einverstanden ist, daß der Mieter dieserart Ertrag aus der Mietsache generiert, und er die Folgen für das äußere Ansehen seiner Immobilie vermeiden will, sollte er dem Mieter diese Form des „Gebrauchs" der Mietsache vertraglich ausdrücklich untersagen.

10 **b) Treuhandschaften.** Verschiedentlich wird die Position des Geschäftsführers einer Gesellschaft von einem Dritten treuhänderisch für den Gesellschafter, der nicht nach außen hin in Erscheinung treten möchte, ausgeübt. In der Praxis übt solch ein Treuhänder (zumeist ein Steuerberater oder Rechtsanwalt) dieses Amt häufig gleich für eine Vielzahl von Gesellschaften/Treugebern aus.

Da der Treuhänder der von ihm geführten Gesellschaft (Mit-)Besitz an der Mietsache vermittelt, liegt jedenfalls im Rechtssinne eine Gebrauchsüberlassung an jene Gesellschaft vor. Daß diese die Mietsache praktisch nicht selbst im Sinne eines eigenen Geschäftsbetriebes nutzt, ist jedenfalls dann unschädlich, wenn der Vermieter durch eine geeignete vertragliche Vereinbarung zum Ausdruck gebracht hat, mit dieser Art von Nutzung nicht einverstanden zu sein.[21]

> **Praxistipp:**
>
> **11** Der Vermieter, der nicht damit einverstanden ist, daß seine Immobilie zur „Tarnadresse" unerkannt bleibender Hintermänner von Gesellschaften verkommt, sollte dem Mieter diese Form des „Gebrauchs" der Mietsache vertraglich ausdrücklich zu untersagen.
>
> Der Mieter, zu dessen Tätigkeit (z. B. Steuerberater, Rechtsanwalt) es gehört, solche Treuhandschaften entgeltlich auszuüben, sollte bei der Formulierung des vertragsmäßigen Gebrauchs darauf achten, daß ihm diese ausdrücklich gestattet sind.
>
> Eine – individuell auszuhandelnde! – Vereinbarung, mit der auch solche Treuhandschaften ausgeschlossen werden sollen, könnte beispielsweise formuliert werden wie folgt, da der Vermieter dadurch seinen Willen zum Ausdruck bringt, im Interesse des Mietobjekts vor Aufnahme des Mietgebrauchs durch Dritte seine Rechte wahren zu wollen:[22]

> **Formulierungsvorschlag:**
>
> Die Parteien sind sich darüber einig, daß auch die Aufnahme eines Partners durch den Mieter, der Wechsel des Inhabers des Geschäftsbetriebes des Mieters, die Änderung seiner Rechtsform sowie, bei Personengesellschaften und Partnerschaften jede Änderung in der Person des/der Gesellschafter und/oder Geschäftsführer einen Fall der Gebrauchsüberlassung im Sinne von § 540 Abs. 1 BGB darstellen.[23]

---

[21] OLG München Urt. v. 13. 4. 2005 – 15 U 3819/04 – n. v.
[22] Ebd.
[23] Eine ähnlich formulierte, individuell ausgehandelte Vereinbarung lag der nicht veröffentlichten Entscheidung des OLG München Urt. v. 13. 4. 2005 – 15 U 3819/04 – zugrunde.

III. Erlaubnis des Vermieters

1. Auskunftspflicht des Mieters bei Untervermietungswunsch

Es wurde in § 12 Rdnr. 27 auf die herrschende Rechtsauffassung hingewiesen, nach der die Bonität des Untermieters nicht zu den Umständen zählt, über die der Vermieter vom Mieter Auskunft verlangen kann, bevor er darüber entscheidet, ob er der Untervermietung zustimmen will oder nicht. Diese Rechtsauffassung wird den Bedürfnissen des Wirtschaftslebens jedoch nicht gerecht.

Jedenfalls dann, wenn eine **Betriebspflicht** im Mietvertrag vereinbart ist, hat der Vermieter ein Interesse daran, daß der Betreiber nicht allzu oft wechselt, es zu keinem Leerstand im Mietobjekt kommt und die Vermietbarkeit der Immobilie insgesamt dadurch nicht beeinträchtigt wird.[24] Der BGH hat daher in einer zu begrüßenden Entscheidung für ein in einem **Einkaufszentrum** gelegenes Ladenlokals entschieden, daß der Vermieter ein „elementares Interesse"[25] an der wirtschaftlichen Situation des voraussichtlichen Untermieters habe. Der Mieter müssen dem Vermieter deshalb auf ein entsprechendes Verlangen hin Auskunft erteilen über:
- die wirtschaftlichen Verhältnisse des vorgesehenen Untermieters;[26]
- die wesentlichen Bedingungen des geplanten Untermietvertrages, nämlich insbesondere dessen Laufzeit sowie die Höhe der Untermiete.[27]

Ob die Rechtsprechung diese Grundsätze auf andere gewerbliche Mietverhältnisse als solche in Einkaufszentren, bei denen eine Betriebspflicht vereinbart ist, oder gar auf Wohnraummietverhältnisse übertragen wird, bleibt abzuwarten.

Es darf nicht verkannt werden, daß diese Rechtsprechung den Mieter vor erhebliche Schwierigkeiten stellt, da er mit dem Untermieter bereits die Vertragsbedingungen aushandeln muß, obwohl noch gar nicht feststeht, ob der Vermieter der Untervermietung zustimmen wird oder nicht, sich die Vertragsverhandlungen also als vergeblich erweisen könnten. Dies ist dazu geeignet, den prospektiven Untermieter zu verärgern und dem Ruf des Mieters zu schaden.

Praxistipps:

Der **Mieter** sollte deshalb, bevor er Verhandlungen mit Untermietinteressenten aufnimmt, den Vermieter allgemein danach fragen, ob er grundsätzlich dazu bereit wäre, einer Untervermietung zuzustimmen, sofern in der Person des Untermieters kein wichtiger Grund vorliegt. Verneint der Vermieter dies, ist der Mieter ohne weiteres zur außerordentlichen Kündigung gemäß § 540 Abs. 1 S. 2 BGB berechtigt.[28]

Weiter ist es enorm wichtig, den Untermietinteressenten bei Aufnahme der Verhandlungen deutlich darauf hinzuweisen, daß die Untervermietung der Zustimmung des Vermieters bedarf und offen ist, ob dieser seine Zustimmung erteilen wird.

Aus Sicht des **Vermieters** ist es überragend wichtig, daß er, wenn er nicht gegebenenfalls in die **„Kündigungsfalle"** tappen will, die allgemein gestellte Frage nach seiner Zustimmung zu einer Untervermietung **nie** generell verneint, sondern den Mieter stets dazu auffordert, ihm den Untermieter zu benennen und ihm die für seine Entschließung maßgeblichen Umstände mitzuteilen sowie daß er seine Entscheidung von einer Überprüfung dieser Informationen abhängig machen werde.[29]

---

[24] OLG Hamm NJWE-Miet-R 1996, 107 = DWW 1996, 162; Schmidt-Futterer/*Blank* § 540 Rdnr. 59.
[25] BGH NZM 2007, 127 ff., 128.
[26] A. A. noch MünchKommBGB/*Bieber* § 540 Rdnr. 20.
[27] BGH NZM 2007, 127 ff., 128; OLG Dresden NZM 2004, 461 ff., 462; OLG Hamm NJWE-Miet-R 1996, 107 = DWW 1996, 162; a. A. Schmidt-Futterer/*Blank* § 553 Rdnr. 14.
[28] BGH NZM 2007, 127 ff., 128.
[29] Insoweit vorbildlich der Vermieter in dem BGH NZM 2007, 127 ff. zugrunde liegenden Sachverhalt.

2. Inhalt der Erlaubnis

14 Auch wenn es sich eigentlich um eine rechtliche Selbstverständlichkeit handelt ist zu betonen, daß die Zustimmung des Vermieters zur Untervermietung sich immer nur auf den mit dem Mieter vereinbarten Vertragszweck bezieht (vgl. schon § 12 Rdnr. 19, 32 und 51).[30] Dem Untermieter ist deshalb bei (auch allgemein) erteilter Erlaubnis des Vermieters weder eine Nutzung der Mietsache für einen **anderen Zweck**,[31] noch eine **Sortimentsänderung** gestattet.[32]

3. Wichtiger Grund in der Person des Dritten

15 Eine vom Untermieter geplante **Nutzungsänderung** stellt einen wichtigen Grund zur Versagung der Erlaubnis gemäß § 540 Abs. 1 S. 2 BGB dar.[33] Dies gilt erst recht, wenn der geänderte Gebrauch gegen den einem anderen Mieter gewährten **Konkurrenzschutz** verstoßen würde.[34] Einen wichtigen Grund zur Versagung der Erlaubnis stellt es auch dar, wenn Untermieter ein bisheriger Hauptmieter des Vermieters werden soll, es also zu einem Leerstand in den bisher von dem Untermieter als Hauptmieter genutzten Räumen kommen würde.[35] Dies erscheint jedenfalls dann zweifelhaft, wenn der künftige Untermieter sein Mietverhältnis mit dem Vermieter ohnehin hätte ordentlich beenden können.

IV. Gewerbliche Zwischenvermietung

16 In der älteren Rechtsprechung und Literatur fand eine breite Diskussion zum Bestandsschutz des Untermieters in vor allem bei Bauherrenmodellen vorkommenden, gewerblichen Zwischenmietverhältnissen statt. Dieser lag folgende Ausgangssituation zugrunde:

1. Interessenlage

17 Der Verkäufer einer Eigentumswohnung verpflichtete sich in früheren Jahren häufig gegenüber dem Käufer, für die Erzielung bestimmter, den Kauf rechtfertigender Mieteinnahmen für eine bestimmte Zeitdauer einzustehen. Bei Übernahme einer bloßen Mietgarantie würde sich der Bauträger bezüglich der Vermietung der Wohnung in die Hände des insoweit unerfahrenen Wohnungskäufers begeben. Die Verpflichtungen aus der Garantie wären im übrigen zu bilanzieren. Aus diesem Grund wurde zumeist gleichzeitig zusammen mit dem Kaufvertrag ein Mietvertrag abgeschlossen, mit dem der Bauträger die Wohnung für einen bestimmten Zeitraum zum Zwecke der gewerblichen Weitervermietung selbst wieder anmietet. Dadurch, dass der Bauträger nunmehr für die Untervermietung selbst Sorge tragen konnte, konnte er sein Mietausfallrisiko im Rahmen des Möglichen beschränken.

18 Mit Beendigung des zumeist nur für eine bestimmte Zeit eingegangenen gewerblichen Zwischenmietverhältnisses steht dem Wohnungskäufer ein direkter Herausgabeanspruch gegen den Endmieter aus § 546 Abs. 2 BGB zu. Es ist nicht ausgeschlossen, dass die Konstellation gelegentlich dazu instrumentalisiert wurde, eine Beendigung des Mietverhältnisses mit dem Endmieter (dem im Verhältnis zu seinem Vermieter, dem veräußernden Bauträger als gewerblichem Zwischenvermieter der Kündigungsschutz der §§ 573, 574 BGB zusteht) mit dem Ziel zu erzwingen, die Wohnung ertragreicher neu zu vermieten. Angesichts der eigentlich unbestreitbaren Gesetzeslage sah sich die Rechtsprechung dazu gezwungen, einer

---

[30] BGH NJW 2000, 3203; NJW 1984, 1032; Staudinger/*Emmerich* § 540 Rdnr. 10, 14; Lindner-Figura/Oprée/Stellmann/*Stellmann* Kap. 18 Rdnr. 29; Bub/Treier/*Kraemer* III. 1016; *Wolf/Eckert/Ball* Rdnr. 1211.
[31] BGH NJW 2000, 3203; OLG Düsseldorf DWW 2007, 117; Palandt/*Weidenkaff* § 540 Rdnr. 7.
[32] OLG Hamburg ZMR 2003, 180; Palandt/*Weidenkaff* § 540 Rdnr. 7.
[33] BGH NJW 1984, 1031 ff., 1032; Staudinger/*Emmerich* § 540 Rdnr. 14; Emmerich/*Sonnenschein* § 540 Rdnr. 13.
[34] OLG Nürnberg NZM 2007, 567; LG Oldenburg NJW-RR 1989, 81; MünchKommBGB/*Bieber* § 540 Rdnr. 20; Lindner-Figura/Oprée/Stellmann/*Stellmann* Kap. 18 Rdnr. 50; Schmidt-Futterer/*Blank* § 540 Rdnr. 76; Palandt/*Weidenkaff* § 540 Rdnr. 12.
[35] OLG Düsseldorf DWW 2005, 106 ff.

Aushöhlung des Mieterschutzes über § 242 BGB entgegenzutreten, wonach der Einwand des Rechtsmissbrauch gegen ein auf § 546 Abs. 2 BGB gestütztes Herausgabeverlangen des Vermieters begründet war, wenn dem Endmieter im Falle einer Kündigung des Untermietverhältnisses durch den Zwischenvermieter der Kündigungsschutz der §§ 573, 574 BGB zugestanden hätte.[36] Das Bundesverfassungsgericht sah darin jedoch eine gegen Art. 3 Abs. 1 GG verstoßende Schlechterstellung gegenüber einem normalen Wohnungsmieter.[37] Der Gesetzgeber hat den Vorgaben des Bundesverfassungsgerichts durch den mit Wirkung zum 1. 9. 1993 in das BGB eingeführten § 549a BGB a. F. = § 565 BGB n. F. Rechnung getragen.

2. Voraussetzungen

§ 565 BGB ist nach seinem Abs. 1 Satz 1 nur auf **gewerbliche** Zwischenmietverhältnisse anwendbar. Dies setzt voraus, dass der Zwischenvermieter die Weitervermietung **geschäftsmäßig**, wenn auch nicht notwendig mit Gewinnerzielungsabsicht betreibt.[38] Das wesentliche Abgrenzungsmerkmal besteht darin, dass diese Vertragsgestaltung gerade **im Interesse des Hauptvermieters** liegen muss und deshalb das Durchgreifen des Kündigungsschutzes des Endmieters ihm gegenüber gerechtfertigt erscheint.[39]

Es liegt deshalb kein gewerbliches Zwischenmietverhältnis in diesem Sinne vor, wenn der Zwischenvermieter **keine eigenen, wirtschaftlichen Interessen,** sondern ausschließlich die Zwecke seiner Untermieter verfolgt, wie dies bei karitativen Vereinigungen der Fall ist.[40]

Die Frage, ob § 565 BGB auf diese Fälle analog anwendbar ist, ist heftig umstritten. Die bisher herrschende Meinung hat eine (analoge) Anwendung von § 565 BGB auf karitativ tätige, gemeinnützige Vereine abgelehnt.[41] Eine andere Meinung will § 565 BGB im Hinblick auf den allgemeinen Gleichheitsgrundsatz des Art. 3 Abs. 1 GG zumindest dann analog anwenden, wenn auf Seiten des Vermieters dieselbe Interessenlage vorliegt und der Untermieter in gleicher Weise schutzbedürftig ist.[42] Da dies eigentlich immer der Fall ist, erscheint es konsequenter, die Analogiefähigkeit von § 565 BGB grundsätzlich zu bejahen.[43] Dies kann in dieser Allgemeinheit jedoch wiederum nicht richtig sein, da es dem Vermieter nicht zuzumuten wäre, wenn damit im Ergebnis ein Betrieb mit betreuungs- oder gar pflegebedürftigen Personen auf ihn übergehen würde. Eine weitere Meinung will deshalb Fälle besonders engen Beziehung zwischen dem gewerblichen Zwischenvermieter und seinen Untermietern ausnehmen.[44]

Da all dies mit dem Ausnahmecharakter von § 565 BGB nicht in Einklang steht und keine Rechtssicherheit zu schaffen vermag, sind diese Meinungen abzulehnen und mit der bisher herrschenden Meinung eine (analoge) Anwendung von § 565 BGB abzulehnen, wenn der gewerbliche Zwischenvermieter keine eigenen wirtschaftlichen Interessen verfolgt und deshalb nicht geschäftsmäßig handelt. In der **Praxis** wird man sich freilich an die Entscheidung des BGH zu halten haben, die den Parteien allerdings im Hinblick auf die erforderliche Interessenabwägung keine klare Orientierung ermöglicht.

Nicht anwendbar ist § 565 BGB weiter, wenn der normale Wohnungsmieter z. B. im eigenen Interesse untervermietet.

§ 565 BGB ist weiter nur anwendbar, wenn es sich um die gewerbliche Zwischenvermieter gerade von **Wohnraum** handelt. Sind Räume zur gewerblichen Nutzung vermietet, die jedoch vom Mieter vertragswidrig zu Wohnzwecken untervermietet werden, ist § 565 BGB

---

[36] BGHZ 84, 90 = NJW 1982, 1696; BGHZ 114, 96 = NJW 1991, 1815.
[37] BVerfG NJW 1991, 2272.
[38] MünchKommBGB/*Häublein* § 565 Rdnr. 7; Emmerich/Sonnenschein/*Emmerich* § 565 Rdnr. 3; a. A. Schmidt-Futterer/*Blank* § 565, Rdnr. 8.
[39] BGHZ 133, 142 = NJW 1996, 2862.
[40] BGH NJW 1996, 2862.; BayObLG NJW-RR 1996, 71; NJW-RR 1996, 73; Emmerich/Sonnenschein/*Emmerich* Miete, a. a. O.
[41] BGH NJW 1996, 2862; BayObLG NJW-RR 1996, 71; BayObLG NJW-RR 1996, 73; Lindner-Figura/Oprée/Stellmann/*Tischler* Kap. 2 Rdnr. 42; Palandt/*Weidenkaff* § 565 Rdnr. 2.
[42] BGH NJW 2003, 3054f.; Schmidt-Futterer/*Blank* § 565 Rdnr. 2.
[43] Staudinger/*Emmerich* § 565 Rdnr. 6.
[44] Staudinger/*Emmerich* § 565 Rdnr. 6; Emmerich/Sonnenschein/*Emmerich* § 565 Rdnr. 4.

nicht anwendbar, da andernfalls dem Vermieter ein anderer Nutzungszweck aufgezwungen würde.[45]

Anders als bei § 566 (vgl. hierzu § 14) ist es im Falle des gewerblichen Zwischenmietverhältnisses jedoch nicht erforderlich, dass die Wohnung dem Mieter bereit **überlassen** war, es reicht aus, dass das Endmietverhältnis bereits wirksam abgeschlossen worden ist.[46]

3. Rechtsfolgen

22 Sind diese Voraussetzungen erfüllt, tritt der Vermieter mit Beendigung des gewerblichen Zwischenmietverhältnisses ähnlich wie im Falle der Veräußerung des Mietobjektes gem. § 566 BGB in das zwischen dem gewerblichen Zwischenvermieter und dem Endmieter bestehende Mietverhältnis zu unveränderten Bedingungen ein. Richtigerweise dürfte damit das vormalige Untermietverhältnis zwischen gewerblichem Zwischenvermieter und Endmieter zu einem Hauptmietverhältnis erstarken,[47] also kein neuer Mietvertrag mit identischem Inhalt wie der frühere Untermietvertrag entstehen.[48] Praktische Bedeutung hat diese dogmatische Unterscheidung nicht.

23 Endet das Untermietverhältnis zeitgleich mit dem gewerblichen Zwischenmietverhältnis, tritt der Vermieter in das Abwicklungsverhältnis zwischen dem gewerblichen Zwischenvermieter und dem Untermieter ein.[49]

In Einzelfällen können besonders nachteilige Klauseln in dem Endmietvertrag gemäß § 242 BGB nicht für den Vermieter verbindlich sein, wenn der gewerbliche Zwischenvermieter und der Untermieter (oder zwei hintereinander geschaltete, sich nahestehende gewerbliche Zwischenvermieter) kollusiv zum Nachteil des Vermieters ungewöhnlich nachteilige Klauseln vereinbart haben.[50]

Praxistipp:

24 Da der Inhalt des Untermietvertrages zwischen dem gewerblichen Zwischenvermieter und dem Endmieter für den Vermieter verbindlich bleibt, ist es aus dessen Sicht bei Abschluss eines Mietvertrages mit einem gewerblichen Zwischenvermieter im Zusammenhang mit dem Kauf einer Eigentumswohnung von erheblicher Bedeutung, den gewerblichen Zwischenvermieter vertraglich dazu zu verpflichten, in den Untermietverträgen mit den Endmietern keine über den Zeitpunkt der Beendigung des gewerblichen Zwischenmietverhältnisses hinausreichenden Verpflichtungen zu begründen. Eine solche Regelung in dem Hauptmietvertrag könnte beispielsweise formuliert werden wie folgt:

Formulierungsvorschlag:

Der Mieter verpflichtet sich, in den Mietverträgen mit den Endmietern – unbeschadet der Regelungen des § 565 BGB – keine Verpflichtungen einzugehen sowie auf keine Ansprüche und Rechte zu verzichten, die über die Laufzeit dieses Mietverhältnisses hinauswirken. Dies gilt namentlich für einen Verzicht auf das Recht zur ordentlichen Kündigung, insbesondere wegen Eigenbedarfs, sowie für die Vereinbarung einer festen Laufzeit, die die Laufzeit des vorliegenden Mietvertrages übersteigt.

---

[45] BVerfG NJW 1993, 2601, 2602.
[46] Soergel/*Heintzmann* § 549 a Rdnr. 8; Bub/Treier/*Kraemer* III Rdnr. 1033 d; *Sternel* Mietrecht Aktuell Rdnr. A 9.
[47] Bub/Treier/*Kraemer* III Rdnr. 1033 e.
[48] So aber Emmerich/Sonnenschein/*Emmerich* Miete § 565 Rdnr. 8.
[49] AG Tübingen MietRB 2006, 286.
[50] LG Landau (Pfalz) Urt. v. 13. 5. 2005 – 4 O 424/04 – n. v.

Der Vermieter kann vom Mieter gem. §§ 565 Abs. 2, 565a BGB die **Herausgabe** der vom Untermieter geleisteten Kaution verlangen. Der Mieter ist jedoch dazu berechtigt, diese Kaution wegen eigener Ansprüche gegen den Untermieter zu verwerten.[51]

Bezüglich der weiteren Rechtsfolgen gelten gem. § 565 Abs. 2 BGB die §§ 566a bis 566e BGB[52] entsprechend. Von besonderer Bedeutung ist dabei insbesondere, dass der Untermieter die von ihm erbrachte Sicherheitsleistung gemäß § 566a Abs. 2 BGB auf jeden Fall, also entweder (vorrangig) von dem Hauptvermieter (oder dem neuen Zwischenvermieter), oder dem ersten Zwischenvermieter zurückverlangen kann.[53]

4. Wechsel des Zwischenvermieters

Um trotz der Regelung von § 565 Abs. 1 S. 1 BGB den Vermieter nicht in jedem Fall einer Beendigung des Zwischenmietverhältnisses zum Eintritt in das Mietverhältnis mit dem Endmieter zu zwingen, sondern ihm eine Fortsetzung der Nutzung der Wohnung zur gewerblichen Zwischenvermietung zu ermöglichen, sieht § 565 Abs. 1 S. 2 BGB vor, dass im Falle des erneuten Abschlusses eines Mietvertrages zum Zwecke der gewerblichen Weitervermietung (also einem Wechsel der Person des gewerblichen Zwischenvermieters) dieser in das Mietverhältnis mit dem Endmieter eintritt. Nach richtiger, am Gesetzeszweck orientierter Auffassung gilt diese Regelung nicht nur dann, wenn der alte und neue Hauptmietvertrag zeitlich unmittelbar aufeinander folgen, sondern auch dann, wenn der Abschluss eines neuen Hauptmietvertrages erst später gelingt, der Vermieter also für einen Zwischenzeitraum in die Position des Vermieters des Mietvertrages mit dem Endmieter eintritt.[54]

5. Gewährleistung

Dass das gewerbliche Zwischenmietverhältnis ein gewerbliches Mietverhältnis ist, sein Gegenstand aber eine Wohnung ist, kann zu einer gewährleistungsrechtlichen Schieflage führen. Insbesondere die Frage, welche Gebrauchsbeeinträchtigung erheblich im Sinne von § 536 Abs. 1 S. 1 BGB ist, kann für ein Mietverhältnis, das auf eine bloße Weitervermietung gerichtet ist, anders zu beantworten sein als bei einem Wohnraummietverhältnis. Da es unbillig wäre, das unternehmerische Risiko insoweit vom Vermieter auf den gewerblichen Zwischenvermieter zu verlagern, nimmt der BGH an, dass Umstände, die die Wohnungstauglichkeit beeinträchtigen, in der Regel auch als Mängel des Zwischenmietverhältnisses anzusehen sind.[55] Bei der Frage der Erheblichkeit im Sinne von § 536 Abs. 1 S. 1 BGB stellt der BGH allerdings nicht auf die einzelne Wohnung, sondern auf die Gesamtheit der vom Vermieter an den Zwischenvermieter vermieteten Wohnungen ab.[56]

Aus dieser Rechtsprechung wird in der Literatur gefolgert, dass dem gewerblichen Zwischenmieter gegenüber dem Vermieter das eigentlich nur für Wohnraummietverhältnisse zustehende außerordentliche Kündigungsrecht wegen gesundheitsgefährdender Beschaffenheit der Wohnung gemäß § 569 Abs. 1 BGB zustehe.[57]

V. Vertragsgestaltung

Genereller Ausschluss der Untervermietung

Ein genereller Ausschluß der Untervermietung soll bei gewerblichen Mietverhältnissen auch formularvertraglich wirksam vereinbart werden können.[58] Im Hinblick darauf, daß

---

[51] AG Mannheim MietRB 2009, 9.
[52] Vgl. hierzu § 14 Rdnr. 24 ff.
[53] Staudinger/*Emmerich* § 565 Rdnr. 14.
[54] Buh/Treier/*Kraemer* III Rdnr. 1033 f.; Palandt/*Weidenkaff* § 565 Rdnr. 7; *Sternel* Mietrecht Aktuell Rdnr. A 14.
[55] BGH NZM 2004, 776 ff., vgl. auch Schmidt-Futterer/*Eisenschmid* § 536 BGB Rdnr. 331.
[56] BGH NZM 2004, 776 ff., 777.
[57] BGH NJW 2004, 848; Lindner-Figura/Oprée/Stellmann/*Tischler* Kap. 2 Rdnr. 39 a. E.
[58] MünchKommBGB/*Bieber* § 540 Rdnr. 26; Palandt/*Weidenkaff* § 540 Rdnr. 2; *Seyfarth* NZM 2002, 200 ff., 202; a. A. Schmidt-Futterer/*Blank* § 540 Rdnr. 62 (Ausschluss nur bei unbestimmter Laufzeit wirksam); LG Bonn NJW-RR 2002, 1234.

damit auch das außerordentliche Kündigungsrecht des § 540 Abs. 1 S. 2 BGB ausgeschlossen würde,[59] ist diese Auffassung abzulehnen.[60]

In der **Praxis** kann ein Interesse an einer derart weitegehenden Regelung allenfalls in Ausnahmefällen bestehen, z.B. wenn der Vermieter wegen Besonderheiten des Geschäfts oder der Person des Mieters ein besonderes Interesse daran hat, dass das Geschäft nur und gerade vom Mieter persönlich geführt wird (vgl. hierzu auch Rdnr. 6).

29 Ausschluss des außerordentlichen Kündigungsrechts

Eines der „Hintertürchen" (die Rechtsprechung spricht im Zusammenhang mit dem Schriftformerfordernis des § 550 BGB insoweit von **„goldener Pforte"**), mit denen Mieter sich in der Praxis von langfristig bindenden, wirtschaftlich unliebsam gewordenen Mietverhältnissen zu lösen versuchen, ist das außerordentliche Kündigungsrecht des § 540 Abs. 1 S. 2 BGB.

> **Praxistipp:**
>
> Es ist für den Vermieter deshalb wichtig, das außerordentliche Kündigungsrecht vertraglich auszuschließen, wenn er das Risiko einer etwaigen vorzeitigen Beendigung eines langfristigen Mietvertrages ausschließen bzw. einschränken möchte.

§ 540 Abs. 1 S. 2 BGB ist grundsätzlich abdingbar.[61] Im Schrifttum wird überwiegend die Auffassung vertreten, dass das außerordentliche Kündigungsrecht nur individualvertraglich, nicht aber formularvertraglich wirksam ausgeschlossen werden könne.[62] Diese Auffassung ist indes abzulehnen. Der BGH hat den Verstoß eines Ausschlusses dieses Kündigungsrechts gegen § 307 BGB damit begründet, dass *„die Nichterteilung der Zustimmung* (zur Untervermietung) *sanktionslos in das Belieben des Vermieters gestellt"*[63] war. Daraus ergibt sich, daß § 540 Abs. 1 S. 2 BGB auch formularvertraglich wirksam abbedungen werden kann, wenn weder die Untervermietung generell ausgeschlossen, noch die Zustimmung zur Untervermietung in das freie Belieben des Vermieters gestellt ist.[64]

> **Praxistipp:**
>
> Es empfiehlt sich für den Vermieter deshalb, das außerordentliche Kündigungsrecht des § 540 Abs. 1 S. 2 BGB vertraglich auszuschließen und weiter zu vereinbaren, dass er seine Zustimmung zur Untervermietung nur versagen darf, wenn in der Person des Untermieters ein wichtiger Grund vorliegt.

> **Formulierungsvorschlag:**
>
> 1. Der Vermieter darf seine Zustimmung jedoch nur bei Vorliegen eines wichtigen Grundes verweigern. Ein wichtiger Grund kann insbesondere in der Person des Untermieters, dem von ihm ausgeübten Geschäftsbetrieb sowie einem Verstoß gegen den einem anderen Mieter gewährten Konkurrenzschutz liegen.
> 2. Verweigert der Vermieter seine Zustimmung zu einer Untervermietung, kann der Mieter entgegen § 540 Abs. 1 Satz 2 BGB nicht kündigen. Verweigert der Vermieter seine Zustimmung zu Unrecht, so ist der Mieter darauf beschränkt, einen etwaigen Anspruch auf Erteilung der Zustimmung sowie einen etwaigen Schadenersatzanspruch insoweit durchzusetzen.

---

[59] *Seyfarth* NZM 2002, 200 ff., 201.
[60] BGH NJW 1995, 2034 ff., 2035.
[61] Emmerich/Sonnenschein/*Emmerich* § 540 Rdnr. 12.
[62] Emmerich/Sonnenschein/*Emmerich* § 540 Rdnr. 12; Schmidt-Futterer/*Blank* § 540 Rdnr. 66; Staudinger/*Emmerich* § 540 Rdnr. 20; wohl auch Palandt/*Weidenkaff* § 540 Rdnr. 2.
[63] BGH NJW 1995, 2034 ff., 2035.
[64] So wohl auch MünchKommBGB/*Bieber* § 540 Rdnr. 26; Bub/Treier/*Grapentin* III 221; OLG Düsseldorf WuM 1994, 467.

Auflösende Bedingung

30

Bei gewerblichen Mietverhältnissen kann wirksam vereinbart werden, dass das Untermietverhältnis mit **Beendigung des Hauptmietverhältnisses** automatisch endet, da § 572 Abs. 2 BGB nur für Wohnraummietverhältnisse gilt.[65]

Widerruflichkeit der Erlaubnis des Vermieters

33

Der Vermieter kann sich den **Widerruf** der einmal erteilten Erlaubnis nicht allgemein, also unabhängig vom Vorliegen eines wichtigen Grundes, vorbehalten.[66]

Untermietzuschlag

32

Bei gewerblichen Mietverhältnissen kann der Vermieter seine Erlaubnis nicht von einem Untermietzuschlag abhängig machen, da § 553 BGB nur für Wohnraummietverhältnisse gilt (und im übrigen nur für die Untervermietung nur eines Teils der Wohnung). Deshalb wird in der Praxis vielfach versucht, in gewerblichen Mietverhältnissen einen Untermietzuschlag zu vereinbaren. Dies ist grundsätzlich auch formularvertraglich möglich.[67] Die Höhe des Untermietzuschlages darf jedoch nicht unangemessen hoch sein. Da hierzu keine gesicherte Rechtsprechung existiert, ist die Vereinbarung für den Vermieter mit einem hohen Unsicherheitsrisiko behaftet. In der Literatur wird die Auffassung vertreten, dass ein Zuschlag von 20% gerade noch angemessen erscheint.[68]

Mehrerlösabführung

33

Von Vermietern wird es zumeist als ihr ureigenstes Geschäft angesehen, Gewinn aus der Vermietung der Mietsache zu erwirtschaften. In der Praxis wird deshalb häufig vereinbart, dass der Mieter keine die mit dem Vermieter vereinbarte Miete übersteigende Untermiete vereinbaren darf und/oder einen doch erzielten Mehrerlös an den Vermieter abzuführen hat. In der Literatur wird teilweise die Auffassung vertreten, dass dies auch formularvertraglich wirksam vereinbart werden könne.[69] Diese Auffassung erscheint jedoch sehr zweifelhaft, da die Entgeltlichkeit zu den wesentlichen Grundgedanken der gesetzlichen Regelung zählt.

> **Praxistipp:**
> Wenn überhaupt sollte in der Praxis deshalb allenfalls eine quotale Aufteilung des etwaigen Mehrerlöses zwischen Vermieter und Mieter vereinbart werden.

Abtretung der Untermiete

34

Die **Abtretung** des Anspruchs des Mieters auf die **Untermiete** an den Vermieter soll gegen § 307 Abs. 1 BGB verstoßen.[70] Dies dürfte jedoch dann nicht gelten, wenn der Vermieter sich dazu verpflichtet, die Abtretung nur und erst dann offenzulegen, wenn sich der Mieter mit der Erfüllung seiner Verpflichtungen in Verzug befindet. Im Übrigen wird die Unwirksamkeit der Abtretung der Untermiete zumeist damit begründet, dass sie zu unbestimmt wären.[71] Erforderlich sei es, dass sich für alle drei Parteien zweifelsfrei bestimmen lasse, wem die Forderung im Zeitpunkt ihrer Entstehung zustehe.[72]

---

[65] Schmidt-Futterer/*Blank* § 540 Rdnr. 7.
[66] BGH NJW 1995, 2034; BGH NJW 1987, 1692 ff., 1693.
[67] Lindner-Figura/Oprée/Stellmann/*Stellmann* Kap. 18 Rdnr. 81; *Wolf/Eckert/Ball* Rdnr. 1217; Bub/Treier/Kraemer III 1037.
[68] Lindner-Figura/Oprée/Stellmann/*Stellmann* Kap. 18 Rdnr. 82.
[69] Lindner-Figura/Oprée/Stellmann/*Stellmann* Kap. 18 Rdnr. 82.
[70] OLG Celle WuM 1990, 103 ff., 105; Schmidt-Futterer/*Blank* § 540 Rdnr. 63; Bub/Treier/*Bub* II Rdnr. 445; *Sternel* I Rdnr. 330.
[71] Lindner-Figura/Oprée/Stellmann/*Stellmann* Kap. 18 Rdnr. 86; Palandt/*Weidenkaff* § 540 Rdnr. 2.
[72] OLG Hamburg NJW-RR 1999, 1316 ff., 1317; Lindner-Figura/Oprée/Stellmann/*Stellmann* Kap. 18 Rdnr. 86; *Weidenkaff* § 540 Rdnr. 2.

5. Abschnitt. Mietobjekt

§ 51 Mietsache

Übersicht

	Rdnr.
I. Bestimmung des Vertragsgegenstandes	1–4
II. Nachträgliche Veränderungen des Mietobjekts	5–15
1. Vertraglicher Vorbehalt	5–7
2. Bauliche Veränderung	8–15
a) Bauliche Veränderungen durch den Mieter	8–12
b) Bauliche Veränderungen durch den Vermieter	13–15

I. Bestimmung des Vertragsgegenstandes

1   Nach nunmehr ständiger Rechtsprechung des Bundesgerichtshofs insbesondere zu § 550 BGB ist über den Vertragsgegenstand eine ausdrückliche Einigung zu erzielen, also über die **Essentialia** des Mietverhältnisses. Neben den Regelungen über den Mietzins gehört hierzu insbesondere die genaue Beschreibung des Vertragsgegenstandes.[1]

2   Bei bereits vorhandenen Räumlichkeiten ist es ausreichend, wenn sich die genaue Lage und der Umfang des Mietobjekts aufgrund der Beschreibung im Mietvertrag an Ort und Stelle feststellen lassen. Wird in einem solchen Fall zusätzlich auf einen Lageplan Bezug genommen, welcher nicht beigefügt ist, dann ist dies unschädlich; in einem solchen Fall soll der Lageplan nämlich nur eine Orientierungshilfe darstellen und keinen eigenen Erklärungswert haben.[2]

3   Ganz anders ist dies zu beurteilen bei der Vermietung noch nicht fertiggestellter Räume (sogenannte Vermietung „vom Reißbrett weg"). In einem solchen Fall ist es zwingend erforderlich, dass zur Bestimmung des Vertragsgegenstandes, also der angeblich erzielten Einigung, die späteren Miträumlichkeiten und Außenflächen eindeutig individualisiert werden können; ferner ist dies für die Einhaltung der Schriftform nach § 550 BGB unabdingbar.[3]

4   Zubehör im Sinne von §§ 97, 98 BGB gilt im Regelfall als mitvermietet, so dass für den Fall, dass nicht jeder einzelne Inventargegenstand Inhalt der Einigung wurde, über § 154 Abs. 1 Satz 1 BGB der Mietvertrag als geschlossen anzusehen ist, selbst dem Schriftformerfordernis wäre damit ausreichend Genüge getan.[4]

Gemeinschaftsflächen wie Zu- und Abgänge, Flure usw. gehören auch ohne ausdrückliche Vereinbarung zum Mietobjekt und können vom Gewerberaummieter mitbenutzt werden.

II. Nachträgliche Veränderungen des Mietobjekts

1. Vertraglicher Vorbehalt

5   Gerade bei der Vermietung „vom Reißbrett weg" wird der Vermieter versuchen, Änderungsvorbehalte bei den zu errichtenden Miträumlichkeiten gegenüber Bauplan und Baubeschreibung zu vereinbaren. Bei geringfügigen Abweichungen wird dies im Hinblick auf § 308 Nr. 4 BGB in Verbindung mit § 307 BGB auch formularmäßig zulässig sein, soweit die Änderungen auf baurechtliche oder technisch zwingend erforderliche Änderungen beschränkt bleiben und eine spürbare Beeinträchtigung der Gebrauchstauglichkeit gemäß dem Nutzungszweck nicht entsteht.

---

[1] BGH NJW 1999, 3257, 3258; 2000, 1105, 1106; 2006, 139, 140.
[2] BGH NJW-RR 2002, 1377.
[3] BGH NJW 2006, 139, 140.
[4] BGH NJW 2000, 354, 357.

Der Bundesgerichtshof hält nunmehr auch eine vertragliche Regelung für ausreichend, 6
wonach das Mietverhältnis mit der Übergabe der Mietsache beginnen soll und dies anhand
eines Übergabeprotokolls festgestellt werden könne.[5]

Praxistipp:

Vor diesem Hintergrund empfiehlt sich nicht, eine Mietvertragsklausel dahingehend aufzunehmen, 7
dass sich der Gewerberaumvermieter vorbehält, andere Nebenräume oder sogar andere Hauptmietflächen bei nicht rechtzeitiger Bezugsfertigkeit zuzuweisen. Derartig weitgehende Vorbehalte
sind gemäß § 308 Nr. 4 BGB in Verbindung mit § 307 BGB unwirksam.

2. Bauliche Veränderungen

a) Bauliche Veränderungen durch den Mieter. Bauliche Veränderungen der Mietsache 8
sind dem Gewerberaummieter ohne Zustimmung des Vermieters grundsätzlich verwehrt.
Dies bedeutet im Gegenzug, dass bei Vertragsende alle derartigen Veränderungen zu beseitigen sind und das Mietobjekt in den ursprünglichen Zustand zurückzuversetzen ist; selbstverständlich ausgenommen sind hier Aufwendungen im Sinne von § 536a Abs. 2 Nummer 2
BGB. Auch wenn der Vermieter mit diesen baulichen Veränderungen einverstanden war, ändert dies an der Beseitigungspflicht nichts.[6]

Eine Ausnahme hiervon kann nur bestehen, wenn durch die bauliche Veränderung im 9
Hinblick auf die künftige Vermietung eine objektive Wertverbesserung erzielt wurde, die Beseitigung einen höheren Kostenaufwand verursachen und dadurch das Mietobjekt in einen
erheblich schlechteren Zustand rückversetzt würde.

Praxistipp:

Aus Sicht des Gewerberaummieters empfehlen sich daher vertragliche Regelungen, wonach der 10
Vermieter rechtzeitig vor Ablauf des Mietverhältnisses auf Anforderung des Mieters zu erklären
hat, ob er bestimmte bauliche Veränderungen zu einem noch zu ermittelnden Zeitwert übernehmen wird.

Verursacht der Rückbau getätigter baulicher Veränderungen einen erheblichen Kosten- 11
aufwand, so kann hieraus eine Hauptleistungspflicht des Mieters entstehen. Bevor also
Schadensersatzansprüche des Vermieters entstehen, bedarf es einer Fristsetzung gemäß
§ 281 Abs. 1 Satz 1 BGB.[7]

Der Gewerberaummieter muss zwar angebrachte Namensschilder entfernen, für eine 12
Übergangszeit hat er jedoch das Recht, einen Hinweis auf den neuen Sitz seines Gewerbebetriebs anzubringen.[8]

b) Bauliche Veränderungen durch den Vermieter. Der Vermieter hat die uneingeschränkte 13
Pflicht zur Erhaltung der Gebrauchsfähigkeit der Mietsache; der Mieter seinerseits hat die
Duldungspflicht aus § 554 Abs. 1 BGB. Zumutbarkeitserwägungen beziehen sich also nicht
auf die Maßnahme als solche, sondern die Art und Weise ihrer Ausführung (bestmögliche
Vermeidung der Störung der gewerblichen Tätigkeit).

Häufig wird übersehen, dass gemäß § 578 Abs. 2 Satz 1 BGB der Gewerberaummieter 14
auch Modernisierungsmaßnahmen gemäß § 554 Abs. 2 BGB zu dulden hat. Der Mieter
kann somit einer beabsichtigten Modernisierungsmaßnahme insbesondere wegen des Um-

---

[5] BGH NJW 2006, 139.
[6] GH NJW 1986, 2309; 2006, 215, 216.
[7] BGH NJW 1989, 1854.
[8] OLG Düsseldorf NJW 1988, 2547.

fangs der vorzunehmenden Arbeiten und der baulichen Folgen widersprechen, also Störung seines Geschäftsbetriebes.

15 § 578 Abs. 2 Satz 1 BGB verweist ausdrücklich nicht auf § 554 Abs. 5 BGB. Hat also der Gewerberaumvermieter bei Abschluss des Mietvertrages bereits konkrete Modernisierungspläne, so können diese wirksam in die vertragliche Regelung einbezogen werden. Zu denken wäre hier insbesondere daran, das Sonderkündigungsrecht gemäß § 554 Abs. 3 Ziffer 2 BGB abzubedingen.

§ 52 Überlassung, Betrieb und Veräußerung der Mietsache

Übersicht

	Rdnr.
I. Überlassung und Betrieb der Mietsache	1–15
1. Mietobjekt	1–9
a) Bezeichnung	1–3
b) Nebenräume	4–7
c) Gemeinschaftseinrichtungen	8
d) Garagen/Stellplätze	9
2. Betriebspflicht	10
3. Besitzschutzansprüche	11–14
a) Besitz	13
b) Umfang des Besitzes	14
4. Rechtsfolgen	15
II. Veräußerung der Mietsache	16–36
1. Einführung	16/17
2. Anwendungsbereich	18/19
3. Folgen	20–24
a) Gesetzlicher Übergang auf den Erwerber	20
b) Beendigung des vertraglichen Mietverhältnisses	21
c) Haftung des Veräußerers	22–24
4. Konsequenzen für die anwaltliche Vertretung	25–37
a) Abschluss eines Mietvertrages	25
b) Veräußerer als Mandant	26–29
c) Erwerber als Mandant	30–32
d) Mieter als Mandant	33–35
e) Vertragliche Regelung der Dreierbeziehung	36/37

Schrifttum: *Leo,* Die bürgengleiche Schadenshaftung des Vermieters im Veräußerungsfalle – Eine vergessene Haftungsfalle im Gewerberaummietrecht, NZM 2006, 244; *Bub/Bernhard,* Übergang einer Konkurrenzschutzklausel auf den Erwerber bei Aufteilung eines Gewerbemietobjekts, FD-MietR 2007, 245, 482.

I. Überlassung und Betrieb der Mietsache

1. Mietobjekt

a) **Bezeichnung.** Es ist sinnvoll, in dem von Gesetz und Rechtsprechung geforderten, schriftlichen Mietvertrag über das Gewerbemietobjekt die Mietsache so genau wie möglich zu bezeichnen und entsprechende Pläne und Anlagen beizufügen, damit zwischen den Parteien klar ist, was angemietet ist und was nicht. 1

Der **Nutzungszweck** sollte genau definiert werden, also z. B. als „Arztpraxis" oder „Nutzung als Büroräume" oder zur „Nutzung als Ladengeschäft für Damenoberbekleidung". Bei vermietetem Teileigentum muss vor allem geprüft werden, ob der angestrebte Nutzungszweck nach der Teilungserklärung (Gemeinschaftsordnung) zulässig ist. Findet sich im Aufteilungsplan die Zweckbestimmung „Büro", so dürfen die Räumlichkeiten nicht als Kinderarztpraxis genutzt werden,[1] sie dürfen nicht als Gaststätte genutzt werden[2] und auch nicht als Tanzstudio.[3] Auch die Nutzung als Lagerraum kommt nicht in Betracht.[4] 2

Auch können öffentlich-rechtliche Vorschriften die angestrebte Nutzung – beispielsweise als Apotheke – verhindern. Hier wären apothekenrechtliche Vorschriften zu beachten. So verbietet § 8 Apothekengesetz bei der Vermietung von Räumen an eine Apotheke die Vereinbarung einer umsatz- oder gewinnabhängigen Miete. Ausnahmen sind allerdings wie- 3

---
[1] OLG Düsseldorf NJW-RR 1996, 267.
[2] OLG Hamburg ZMR 1998, 714.
[3] BayOLG ZMR 1994, 234.
[4] OLG Köln NZM 1999, 865.

derum möglich. Ein Verstoß kann zur Nichtigkeit bzw. Rückabwicklung des gesamten Mietvertrages führen.[5]

4   b) **Nebenräume.** Weiter sind die Nebenräume im Mietvertrag genau zu benennen und möglichst mit Ziffern in den Anlagen einzutragen, so dass in der späteren Zwangsvollstreckung – falls eine solche erforderlich sein sollte – der zuständige Gerichtsvollzieher die mitvermieteten Nebenräume identifizieren kann. Daher sind auch Stellplätze oder Tiefgaragenstellplätze genau mit einer Nummer zu bezeichnen, ebenso Lagerräume, Kellerräume oder Dachbodenflächen, die mitgemietet sind und sich außerhalb der angemieteten Gewerberäume befinden.

5   Wesentliche Bedeutung – gerade bei Gewerberaummietverträgen – haben auch die Personalaufenthaltsräume, Sozialräume, Umkleideräume und Toilettenanlagen. Auch die **Zu- und Abgänge,** die Be- und Entlademöglichkeiten sowie die Benutzung oder Anbringung von Warenaufzügen sind mietvertraglich abzusichern. Der Mieter darf sicherlich die Hauszufahrt zum Be- und Entladen nutzen, aber nicht zum Parken (LG Lübeck, NJW-RR 1990, 1353).

6   Die Nutzung der **Außenfassade** für Leuchtreklamen, Markisen und Schildern oder die Aufstellung oder Anbringung von Warenautomaten muss im Mietvertrag ausdrücklich geregelt werden, um Streitigkeiten zu vermeiden. So hat beispielsweise eine Anwaltspraxis einen Anspruch gegen den Vermieter, einen gewissen Zeitraum ein Hinweisschild zu dulden, dass die Anwaltspraxis in eine neue Praxis umgezogen ist oder Anwälte ausgeschieden sind.[6]

7   Die an der Außenfassade angebrachte Leuchtreklame darf Mitmieter oder im Hause wohnende Wohnungseigentümer bzw. Bewohner nicht stören, da ansonsten die Wohnraumnutzer Beseitigungsansprüche gegen den Gewerberaummieter als unmittelbaren Störer haben und gegen den Vermieter als mittelbaren Störer. Andererseits darf der Vermieter mit eigener Werbung das Geschäft des Mieters nicht beeinträchtigen.[7]

8   c) **Gemeinschaftseinrichtungen.** Bei vorhandenen Gemeinschaftseinrichtungen (z.B. Empfangsbereich in einem großen Bürogebäude; Eventflächen in einem Einkaufszentrum; Freiflächen vor und hinter dem Gebäude) geht man ohne spezielle Nennung im Mietvertrag gleichwohl davon aus, daß der Mieter und seine Mitarbeiter zur jeweiligen Mitbenutzung nicht berechtigt sind.

> **Praxistipp:**
>
> In diesem Zusammenhang ist darauf hinzuweisen, dass im Mietvertrag möglichst klar geregelt sein sollte, welche gemeinschaftlichen Flächen der Mieter und seine Mitarbeiter mitbenutzen dürfen oder nicht und mit welchem Kostenanteil (über die Nebenkostenabrechnung) er daran beteiligt ist. Nicht zu vergessen ist, dass unbedingt in dem Mietvertrag geregelt gehört, wer für die Instandhaltung und Instandsetzung der gemeinschaftlichen Flächen und für die entsprechende Pflege zuständig ist. Wer trägt dafür die Kosten? Und mit welchem Anteil?

9   d) **Garagen/Stellplätze.** In Gewerberaummietsachen empfiehlt es sich, getrennt zum Gewerberaummietvertrag an sich noch separate Verträge über die Nutzung von Garagen und Stellplätzen sowohl für die eigenen Mitarbeiter und Firmenangehörigen als auch für Kunden und Besucher zu regeln. Für einen solchen Stellplatz- oder Garagenvertrag gelten die Überlegungen zu den Gewerbemietverträgen ebenfalls.

2. Betriebspflicht

10   Grundsätzlich ist der Mieter nicht verpflichtet, den von ihm angemieteten Gewerberaum oder die Gewerberäume, über die er die alleinige Herrschaft erhalten hat, auch zu gebrauchen oder zu betreiben. Ebenso wenig, wie der Mieter eine Abnahmepflicht hat, hat er eine

---

[5] Vgl. *Fritz* Gewerberaummietrecht Rdnr. 548.
[6] OLG Düsseldorf NJW 1988, 2545.
[7] OLG Düsseldorf NJW-RR 1993, 709.

Gebrauchpflicht. Es ist grundsätzlich Sache des Mieters, ob er in den Räumlichkeiten, die er angemietet hat, seinen Gewerbebetrieb so ausüben kann wie er will oder nicht. Miete muss er trotzdem bezahlen. Hinsichtlich der Vereinbarung von einer Betriebspflicht nehme ich Bezug auf § 55 „Betriebspflicht".

3. Besitzschutzansprüche

Soweit und solange der Mieter den unmittelbaren Besitz an den von ihm angemieteten Räumlichkeiten und den Gemeinschaftsflächen innehält, steht ihm gegenüber jedermann, also auch gegenüber dem Vermieter, anderen Mitmietern und Dritten, die Besitzschutzrechte aus den §§ 859 ff. BGB zu. 11

Hat der Mieter an der Mietsache jedoch keinen Besitz erlangt und auch keinen Mitbesitz, so kann er bei einer Beeinträchtigung seines vertragsgemäßen Mietgebrauchs nur gegenüber dem Vermieter seine vertraglichen Erfüllungs- und Gewährleistungsansprüche geltend machen. 12

a) **Besitz.** Die Besitzeinräumung bedeutet, dass der Mieter rein tatsächlich in die Lage versetzt wird, die Sache vertragsgemäß zu gebrauchen. 13

b) **Umfang des Besitzes.** Räumlich hängt der Besitz davon ab, in welchem Umfang dem Mieter der Gebrauch nach Maßgabe des vereinbarten Mietvertrages überlassen ist. Es ist dem Mieter grundsätzlich unmittelbarer Alleinbesitz einzuräumen. Dies geschieht in aller Regel dadurch, dass dem Mieter die entsprechenden Schlüssel übergeben werden. Ohne Wissen oder gegen den Willen des Mieters darf der Vermieter keinen Schlüssel zurückbehalten oder anfertigen lassen. Er kann ihn allerdings – wenn der Mieter einverstanden ist – für Notfälle, in einem verschlossenen Umschlag versiegelt, zurückbehalten. Dies ist jedoch äußerst problematisch, zumindest bei Räumlichkeiten, die von Mietern angemietet werden, die einer Schweigepflicht unterliegen (z. B. Rechtsanwälte, Ärzte, Journalisten, etc.). 14

4. Rechtsfolgen

Die Abwesenheit des Mieters für längere Zeit bedeutet grundsätzlich keinen Verstoß gegen die Pflichten aus dem Mietvertrag, es sei denn, es ist eine Betriebspflicht zwischen den Parteien vereinbart. Der Mieter hat grundsätzlich ein Gebrauchsrecht, jedoch keine Gebrauchspflicht. Insoweit ist auf § 55 zu verweisen. 15

II. Veräußerung der Mietsache

1. Einführung

Die Regelungen der §§ 566 ff. BGB gelten zunächst allein für Wohnraummietverhältnisse. In § 578 BGB werden die Regelungen dann auf Grundstücksmiete und die Miete von Räumen, die keine Wohnräume sind, erstreckt. 16

Im Gewerbemietrecht sind die wirtschaftlichen Folgen aufgrund typischerweise langfristiger Vertragsbindungen für alle Beteiligten bedeutsamer. Im Folgenden wird allein auf die Besonderheiten im Gewerbemietrecht eingegangen. Die Ausführungen in § 14 werden zugrunde gelegt, soweit sie im Gewerbemietrecht unverändert gelten. 17

2. Anwendungsbereich

Neben der Gewerberaummiete, und der Miete eingetragener Schiffe sind weitere Nutzungsverhältnisse qua Verweisung erfasst. Weitere Nutzungsverhältnisse wurden durch die Rechtsprechung einbezogen. 18

19   **Checkliste: Anwendbarkeit der §§ 566 ff. BGB**

- Die Regelungen der §§ 566 ff. BGB sind weiter **anwendbar** für folgende Nutzungsverhältnisse:

Ausbeutung von Bodenschätzen (beispielsweise Kies, Kohle, Erdölbohrungen)	BGH NJW 1985, 1025 BayObLGZ 1910, 280
Eigenjagdbezirke	§ 14 BJagdG
Fischereirechte	BGB-RGRK § 571 Rdnr. 6
Gebäudeteile wie Außenwände und Dächer	OLG München NJW 1972, 1995 *Emmerich/Sonnenschein* § 571 Rdnr. 4;
Gewerbliche Zwischenvermietung	§ 565 BGB
Eingetragene Luftfahrzeuge	§ 98 LuftFzG, § 578 a BGB

- Die Regelungen der §§ 566 ff. BGB sind **nicht anwendbar** für folgende Nutzungsverhältnisse:

Altenheimverträge mit überwiegend dienstvertraglichen Elementen	BGH NJW 1982, 221 (vgl. nun auch HeimG)
Bloße Gestattungsverträge wie typischer Automatenaufstellungsvertrag	BGH NJW 1967, 1414
Ausschankplatz in Markthalle	BGH MDR 1968, 233
Bewegliche Bürocontainer	OLG Düsseldorf WM 1992, 11
Dingliche Nutzungsrechte	Schmidt-Futterer/*Gather* § 566 Rdn. 16
Leihe	BGH NJW 1964, 765
Unentgeltliche Gebrauchsüberlassung	OLG Düsseldorf ZMR 1989, 1
Schiffskajüten	OLG Kiel OLGE 12, 69
Untermiete (vgl. aber gewerbliche Zwischenvermietung!)	BGH NJW 1989, 2053
Unentgeltliches Wohnrecht	Soergel/*Heintzmann* § 571 Rdnr. 3

- **Umstritten** ist die Anwendung bei Verträgen der Post zur Anbringung von Kabelverzweigern (Kabelanschlussverträge):

   Für eine Anwendung
   KG ArchPF 1967, 319; OLG Hamburg ArchPF 1965, 272; OLG Köln NJW-RR 1997, 74

   Gegen eine Anwendung
   LG Frankfurt 19 NJW 85, 1228; OLG Düsseldorf MDR 1976, 142; OLG Brandenburg v. 15. 9. 2000 – 7 U 105/00; Überwiegende Meinung

3. Folgen

20   **a) Gesetzlicher Übergang auf den Erwerber.** Sind die Voraussetzungen gegeben, kommt es zwischen dem Erwerber und dem Mieter zu einem neuen gesetzlich begründeten Mietverhältnis, für das die gleichen Bedingungen gelten, die für den Veräußerer als Vermieter zum Zeitpunkt der Veräußerung vertraglich galten.

Der Erwerber hat die gleichen Rechte und Pflichten wie der vertragliche Vermieter.

b) Beendigung des vertraglichen Mietverhältnisses. Sobald der Erwerber in die Rechte 21
und Pflichten des Mietverhältnisses eintritt, gilt das Vertragsverhältnis mit dem Vermieter
als beendet. Für den Vermieter ist das beendete Mietverhältnis abzuwickeln, genauso als sei
es durch einen anderen Grund (z. B. Kündigung) beendet worden!
Der Veräußerer muss die mit ihm beendeten Mietverhältnisse wie bei jedem anderen Beendigungsgrund abwickeln.

c) Haftung des Veräußerers. Die Bürgenhaftung des Veräußerers aus § 566 Abs. 2 BGB ist 22
im Gewerbemietrecht von deutlich höherer Bedeutung als im Wohnraummietrecht.

aa) Zeitrahmen. Unterrichtet der Veräußerer den Mieter vom Eigentumswechsel, wird er 23
von der Bürgenhaftung frei, sofern der Mieter nicht zum ersten möglichen Termin kündigt.
Im Wohnraummietverhältnis mit der gesetzlichen Kündigungsfrist des Mieters von drei
Monaten ist dieser Haftungszeitraum überschaubar. Das Gewerbemietrecht ist jedoch von
langfristigen Verträgen geprägt. Der nächstmögliche Kündigungstermin kann noch Jahre
oder gar Jahrzehnte nach der Veräußerung liegen.

bb) Haftungsrisiken. Die Haftungsrisiken lassen sich für den Veräußerer praktisch nicht 24
kalkulieren.[8] Man denke nur an folgende Fallgestaltungen: Zwangsversteigerung gegen den
Erwerber mit Kündigung gemäß § 57a ZVG durch den Ersteigerer, Insolvenz des Erwerbers
mit Kündigung gemäß § 111 InsO. Auch die sorgfältige Auswahl des Erwerbers schützt den
Veräußerer nicht, da dieser auch bei Kettenveräußerer für völlig unbekannte später eintretende Vermieter haftet.[9]
Ein weiteres bedeutsames Haftungsrisiko, insbesondere bei der Veräußerung von Teilflächen ergibt sich aus den Fragen des Konkurrenzschutzes. Es ist durchaus üblich, dass der
Bauträger der einzelnen Einheiten vor Bauerrichtung bereits vermietet, die Einheiten erst
später an Erwerber veräußert werden, die dann in die Mietverträge eintreten. Inwiefern die
Erwerber nun noch an vertragliche Konkurrenzschutzklauseln in anderen Verträgen des
ehemaligen Bauträgers im Objekt gebunden sind, ist ebenso problematisch, wie die Haftung
des veräußernden Bauträgers für spätere Verletzungen des Konkurrenzschutzes durch mögliche Nacherwerber.

4. Konsequenzen für die anwaltliche Vertretung

a) Abschluss eines Mietvertrages. Bei anwaltlicher Betreuung des Mietvertragsabschlusses 25
ist auf **Vermieterseite** darauf zu achten, dass die Haftung des Vermieters aus § 566 Abs. 2
BGB abbedungen, zumindest der Höhe nach begrenzt wird. Ob dies formularvertraglich
möglich ist, erscheint fraglich.[10] Eine Regelung über den Konkurrenzschutz nach Veräußerung wird selten möglich sein. Welcher Mieter sollte auf Konkurrenzschutz im Fall der Veräußerung verzichten.

b) Veräußerer als Mandant. Wird der Veräußerer anwaltlich betreut, ist sowohl das 26
Rechtsverhältnis zum Mieter als auch das Rechtsverhältnis zum Erwerber zu regeln.

aa) Gesichtspunkte gegenüber dem Mieter. Der veräußernde Vermieter muss die Informa- 27
tion über den Eigentumsübergang an den Mieter weiterleiten. Nur so kann er sich der Bürgenhaftung gemäß § 566 Abs. 2 überhaupt entziehen.
Um Klarheit über die gegenseitigen Verpflichtungen zu schaffen, ist eine **vertragliche Auf-** 28
hebung des Mietverhältnisses dringend zu empfehlen. Auch zu diesem Zeitpunkt ist ggf. auf
den Ausschluss der Haftung gemäß § 566 Abs. 2 zu achten.

bb) Gesichtspunkte gegenüber dem Erwerber. Da die Regelungen nur das Verhältnis von 29
Vermieter und Mieter bzw. Erwerber und Mieter betreffen, müssen die Konsequenzen des
Eigentumsübergangs zwischen Vermieter und Erwerber vertraglich geregelt werden. In diesem Verhältnis steht die Übernahme des Konkurrenzschutzgebotes im Vordergrund.

---

[8] *Leo* NZM 2006, 244.
[9] Bub/Treier/*Heile* II Rdnr. 895.
[10] MünchKomm/*Häublein* § 566 Rdnr. 46; Staudinger/*Emmerich* § 566 Rdnr. 60; Bub/Treier/*Heile* II
Rdnr. 896; a. A. *Leo* NZM 2006, 244.

30 **c) Erwerber als Mandant.** Wird der Erwerber anwaltlich betreut, ist sowohl das Rechtsverhältnis zum Mieter als auch das Rechtsverhältnis zum Vermieter zu regeln.

31 *aa) Gesichtspunkte gegenüber dem Mieter.* Der Erwerber hat den Mieter über den Eigentumsübergang zu **informieren**, um die Wirksamkeit von Verfügungen des Mieters an den Vermieter gemäß §§ 566 b bis 566 d auszuschließen.

32 *bb) Gesichtspunkte gegenüber dem Vermieter.* In diesem Verhältnis sind **vertragliche Mitteilungspflichten zu Lasten des Vermieters** angezeigt, die die möglichen Vereinbarungen zwischen Vermieter und Mieter offen legen (§§ 566 b ff.). Zwar hilft dem Erwerber die Regelung über die Schriftform bei langfristigen Verträgen die Grundlagen festzustellen, doch sind Betriebskostenabrechnungen, Mietminderungen oder Schadensersatzforderungen in diesem Zusammenhang nicht ohne weiteres erkennbar. Da der Vermieter sein vertragliches Mietverhältnis abwickelt, muss sich der Erwerber Kenntnis von dieser Abwicklung verschaffen. Nur dann kann er Kenntnis von seinen Rechten und Pflichten erhalten. Der Erwerber muss nunmehr unabhängig von der Frage, ob er die Sicherheitsleistung erhalten hat, diese möglicherweise zurückgewähren.

33 **d) Mieter als Mandant.** Wird der Mieter anwaltlich betreut, ist sowohl das Rechtsverhältnis zum Vermieter als auch das Rechtsverhältnis zum Erwerber zu regeln.

34 *aa) Gesichtspunkte gegenüber dem Vermieter.* Der Mieter sieht sich gegenüber seinem Vermieter dem **Abwicklungsverlangen** gegenübergestellt. Rechte und Pflichten sind daher genauso durchzusetzen wie bei sonstiger Vertragsbeendigung. Auf die Ausführungen in § 67 dieses Buches kann verwiesen werden. In jedem Fall sollte sich der Mieter die Beendigung dieses Mietverhältnisses sowie die erfolgte Abwicklung (Verzicht auf weitere gegenseitige Ansprüche abgesehen von der Haftung des Vermieters für die Sicherheitsleistung nach § 566 a) ausdrücklich bestätigen lassen. Für den Mieter kann es von existentieller Bedeutung sein, dass die Bürgenhaftung des Veräußerers erhalten bleibt.

35 *bb) Gesichtspunkte gegenüber dem Erwerber.* Der Mieter hat auf die künftige Gestaltung des Konkurrenzschutzes zu achten. Handelt es sich um eine Teilfläche in einem Gewerbekomplex kann er sich andernfalls allein durch die Veräußerung der einzelnen Teilflächen einer Konkurrenzvermietung durch den ehemaligen Vermieter oder eines der anderen Teilerwerber ausgesetzt sehen.

36 **e) Vertragliche Regelung der Dreierbeziehung.** Aus rechtlicher Sicht **empfiehlt sich** die Regelung der gesamten Dreierbeziehung zwischen Vermieter, Mieter und Erwerber. Die wirtschaftliche Durchführbarkeit einer derartigen Vorgehensweise wird von der Größe des Objektes (Anzahl der Mietverhältnisse) sowie Vielfalt und Komplexität der einzelnen Verträge abhängen.

37

Checkliste: Vorgehensweise

	Vertretung Vermieter	Vertretung Mieter	Vertretung Erwerber
Abschluss Mietvertrag	Ausschluss der Haftung nach § 566 a für die Rückgewähr der Mietsicherheit sowie Ausschluss der Bürgenhaftung	Keine Regelung über die Rückgewähr der Mietsicherheit oder Ausschluss der Bürgenhaftung	–
Vertretung Vermieter	–	vollständige Abwicklung des Mietverhältnisses, Ausschluss der Bürgenhaftung und Ausschluss der Rückgewähransprüche für die Mietsicherheit	Regelung über den Konkurrenzschutz zugunsten des Mieters

	Vertretung Vermieter	Vertretung Mieter	Vertretung Erwerber
Vertretung Mieter	Bestätigung über erfolgte Vertragsabwicklung zum Zeitpunkt des Eigentumsübergangs. Keine Regelung zur Bürgenhaftung	–	Verbindliche Klärung der Vermieterstellung und zusätzliche Regelung über den Konkurrenzschutz
Vertretung Erwerber	Vereinbarung von Mitteilungspflichten in Bezug auf Vorausverfügungen gemäß §§ 566 b ff.	Information des Mieters über den Eigentumsübergang wegen §§ 566 b ff.; Informationsbeschaffung über die Vertragsabwicklung. Abschluss eines neuen Mietvertrages.	–

„Königsweg" vertragliche Regelung der Dreierbeziehung

6. Abschnitt. Mietzeit

§ 53 Vertragslaufzeit und Änderung der Vertragsdauer

Übersicht

	Rdnr.
I. Vertragslaufzeit	1–10
1. Feste Laufzeit	1–4
2. Verlängerung um bestimmte Zeiträume	5/6
3. Verlängerung auf unbestimmte Zeit	7
4. Kündigungs-/Widerspruchsklausel	8–10
II. Option	11–16
1. Vertragliche Gestaltung, Ausübung	11–14
2. Formerfordernis	15
3. Rechtsfolgen	16/17

I. Vertragslaufzeit

1. Feste Laufzeit

1   Zu den Essentialia eines Gewerberaummietvertrages gehört die Bestimmung der Vertragslaufzeit. Im Regelfall wird dies kalendarisch festgelegt, d. h. unter Benennung des ersten und des letzten Tages des Mietverhältnisses oder unter Angabe des Beginns des Mietverhältnisses und einer nach Monaten/Jahren bestimmten Laufzeit. Wie § 544 BGB zu entnehmen ist, können hier auch lange Laufzeiten bis zu 30 Jahren vereinbart werden, ohne dass sich alleine wegen der langen Bindungszeit eine Vertragspartei vom Mietverhältnis lösen könnte.

2   Ausschließlich dann, wenn die Vertragslaufzeit über 30 Jahre hinaus vereinbart wurde (was auch im Wege eines vertraglichen Kündigungsausschlusses oder mehreren Optionen zu Gunsten des Mieters möglich wäre), besteht eine Lösungsmöglichkeit für beide Mietvertragsparteien nach dem Ablauf von 30 Jahren, nämlich im Wege der außerordentlichen Kündigung mit der gesetzlichen Frist gemäß § 545 Satz 1 BGB.

3   Auch im Wege des **Formularvertrages** kann eine Vertragslaufzeit von bis zu 30 Jahren wirksam vereinbart werden. Gemäß § 307 Abs. 1 Satz 1 BGB könnte eine derartige Klausel jedoch unwirksam sein, wenn der Verwender durch die lange Laufzeit ohne Berücksichtigung schützenswerter Belange des Vertragspartners nur seine eigenen Interessen verfolgt.

4   Gerade bei der Gewerberaummiete hat jedoch der Mieter wegen des regelmäßig notwendigen Investitionsaufwand für eine betriebsgerechte Einrichtung und Ausstattung der Mieträume ein berechtigtes wirtschaftliches Interesse an einer langfristigen Vertragslaufzeit.[1] Es wird also für den Gewerberaummieter im Regelfall sehr schwierig werden, sich auf die Unwirksamkeit einer Klausel, welche eine sehr lange Laufzeit ausweist, zu berufen. Gerade der Gewerberaummieter will sich durch die Befristung des Mietvertrages langfristig absichern und die getätigten Investitionen in dieser Zeit nutzen.

2. Verlängerung um bestimmte Zeiträume

5   Häufig findet sich die vertragliche Regelung, wonach ein Mietverhältnis zunächst für einen bestimmten Zeitraum fest abgeschlossen wird, mangels Kündigung oder Widerspruch einer Vertragspartei soll es sich dann um einen weiteren bestimmten Zeitraum verlängern. Für den Fall der Verlängerung wird das Mietverhältnis fortgesetzt, d. h. es entsteht kein neues Mietverhältnis.[2]

---

[1] BGH NJW 1982, 2770, 2771.
[2] BGH NZM 2002, 604.

Häufig sind auch Vertragskonstellationen, dass sich ein zunächst befristetes Mietverhältnis mangels Kündigung/Widerspruch immer wiederkehrend um bestimmte Zeiträume verlängert, üblicherweise ein oder zwei Jahre. Im Ergebnis entsteht hier aus dem zunächst befristeten Mietverhältnis ein unbefristetes, welches jedoch nur durch eine einseitige Willenserklärung zu bestimmten Terminen beendet werden kann.

3. Verlängerung auf unbestimmte Zeit

Ebenso häufig wie die Verlängerung um bestimmte Zeiträume werden in der Praxis Mietverhältnisse zunächst auf feste Zeiträume wie fünf oder zehn Jahre abgeschlossen, danach soll sich das Mietverhältnis dann auf unbestimmte Zeit verlängern, wenn keine der Vertragsparteien kündigt. Zunächst bedeutet dies, dass bei einer Kündigung zum Ende der Erstbefristung mangels vertraglicher Regelung die Kündigungsfrist von § 580a Abs. 2 BGB einzuhalten ist (dritter Werktag eines Kalendervierteljahres zum Ablauf des nächsten Kalendervierteljahres). Wird allerdings eine derartige Kündigung dann nicht rechtzeitig ausgesprochen, so ist diese nicht unwirksam, sondern im Wege der Umdeutung als eine zum nächstmöglichen Termin nach Ablauf der Befristungszeit auszulegen.

4. Kündigungs-/Widerspruchsklausel

In Gewerberaummietverträgen finden sich häufig Regelungen, wonach sich das zunächst befristete Mietverhältnis verlängern soll, wenn keine der Mietvertragsparteien widerspricht oder kündigt.

Kündigung und Widerspruch sind einseitige empfangsbedürftige Willenserklärungen im Sinne von § 180 BGB. Während jedoch die Kündigung unter Berücksichtigung der Kündigungsfrist nach § 580a Abs. 2 BGB zu erfolgen hat, gibt es für den Widerspruch keine Frist. Der Widerspruch kann also so lange noch erklärt werden, wie das Mietverhältnis noch fortbesteht, also bis zum letzten Tag der Befristung.[3]

Ist laut vertraglicher Regelung nur ein Widerspruch einer Vertragspartei Voraussetzung für die Nichtverlängerung, so genügt jede Erklärung einer Vertragspartei, die den Willen zeigt, die Verlängerung nicht herbeiführen zu wollen. Insbesondere kann hier auch der Kündigungsbegriff verwendet werden. Ist jedoch umgekehrt die Nichtverlängerung laut vertraglicher Regelung an eine Kündigung geknüpft, so bedarf es einer Willenserklärung, welche sich als Kündigungserklärung auslegen lässt und der Einhaltung der Kündigungsfrist nach § 580a Abs. 2 BGB.

II. Option

1. Vertragliche Regelung

Option ist eine Vertragsgestaltung, wonach eine der Vertragsparteien (in der Regel der Gewerberaummieter) das Recht hat, ein befristetes Mietverhältnis vor Ablauf der Vertragszeit durch einseitige empfangsbedürftige Willenserklärung um einen bestimmten Zeitraum zu verlängern. Grundsätzlich ist dies auch in Formularverträgen möglich. Ein Verstoß gegen § 307 Abs. 1 Satz 1 BGB liegt jedoch dann vor, wenn der Verwender nach Belieben ohne Rücksicht auf die Belange des Vertragspartners eine Verlängerung herbeiführen kann.[4]

Wie bei einer Kündigung ist auch die Option von allen Optionsberechtigten gegenüber allen Vertragspartnern auszuüben.

Es gibt keine gesetzliche Regelung, wann das Optionsrecht ausgeübt werden kann. Fehlt es an einer vertraglichen Regelung, kann die Option noch allerspätestens am letzten Tag der ursprünglichen Laufzeit ausgeübt werden.[5] Auch wenn nach dem Wortlaut des Mietvertrages die Option „nach Ablauf" ausgeübt werden muss, muss dies noch während der Befris-

---

[3] BGH NJW 1975, 40.
[4] OLG Hamburg NJW-RR 1990, 1448; NJW-RR 1992, 74.
[5] BGH NJW 1982, 2770.

tungszeit erfolgen.⁶ Eine Auslegung der vertraglichen Regelung kann jedoch auch ergeben, dass die Option an eine Frist analog § 580a Abs. 2 BGB geknüpft ist.⁷

14   Trifft eine Optionsregelung mit der weiteren Regelung zusammen, dass sich der Mietvertrag mangels Kündigung/Widerspruch verlängert oder hatte sich der Mietvertrag mangels Fortsetzungswiderspruch nach § 545 BGB verlängert, so kann der Optionsberechtigte noch während der Verlängerungszeit die Option ausüben. Das Optionsrecht erlischt jedoch spätestens mit Ablauf der um die fiktive Optionszeit verlängerten Vertragslaufzeit.⁸ Der Hintergrund liegt darin, dass die Kalkulation des Mieters wegen seines Investitionsaufwandes in dieser Situation wirtschaftlich bereits aufgegangen ist.

2. Schriftform

15   Für die Ausübung der Option besteht keine gesetzliche Formvorschrift. Üblicherweise findet sich aber in allen Mietverträgen eine Regelung dahingehend, dass die Option schriftlich auszuüben ist. Soll sich allerdings das ursprünglich befristete Mietverhältnis um mehr als ein Jahr verlängern, so ist wegen § 550 BGB die Schriftform einzuhalten.⁹

3. Rechtsfolge

16   Nach Ausübung der Option besteht das Mietverhältnis grundsätzlich mit demselben Inhalt wie bisher fort. Denkbar ist jedoch auch, dass die Vertragsparteien für den Fall der Ausübung der Option geänderte Vertragsbedingungen vereinbaren, insbesondere also einen veränderten Mietzins.

17   Wurde vereinbart, dass für den Fall der Ausübung der Option einzelne Mietvertragsbedingungen, insbesondere also der Mietzins, neu auszuhandeln sind, so wird bei einer Nichteinigung zunächst der Vermieter über §§ 316, 315 BGB eine Entscheidung nach billigem Ermessen treffen dürfen. Dem Mieter bleibt es dann unbenommen, über § 315 Abs. 3 BGB eine Ersetzung der Bestimmung des Vermieters durch eine gerichtliche Entscheidung zu veranlassen.

⁶ BGH aaO.
⁷ BGH NJW 1985, 2581.
⁸ BGH NJW 1982, 2770.
⁹ BGH NJW-RR 1987, 1227.

7. Abschnitt. Mietgebrauch

§ 54 Allgemeine Gebrauchsrechte und -pflichten, Hausordnung und Zutrittsrechte

Übersicht

	Rdnr.
I. Überblick	1–7
II. Mietzweck	8–33
1. Vereinbarungen zum Mietzweck	8–16
2. Nutzungsänderung	17–28
a) Ermessen des Vermieters	19–22
b) Einfluss des Öffentlichen Baurechts	23–25
c) Rechtliche Möglichkeiten des Mieters bei Verweigerung des Vermieters	26/27
d) Rechtliche Möglichkeiten des Vermieters	28
3. Vorgetäuschter Zweck	29
4. Rechtliche Unmöglichkeit der vertragsgemäßen Nutzung	30–33
III. Haftungsbegrenzungen zu Gunsten des Vermieters	34–47
1. Individualvertragliche Vereinbarung	37
2. Formularvertragliche Vereinbarung	38–47
IV. Haftungserweiterungen zu Lasten des Mieters (Sphärenhaftung und Versicherbarkeit)	48–50
V. Haftung für Erfüllungsgehilfen	51–53
VI. Ausgewählte Regelungsbereiche zum vertragsgemäßen Gebrauch im Einzelnen	54–86
1. Abstellplatz und Zugang	54
2. Briefkasten und Firmenschilder	55–59
3. Werbe-/Reklameeinrichtungen/Wandflächen	60–65
4. Aufzüge	66/67
5. Statik/bauliche Voraussetzungen	68/69
6. Rauchverbot	70–73
7. Erweiterung des Geschäfts/Sortiment	74/75
8. Genehmigungen/öffentlich-rechtliche Zulässigkeit des Mietgebrauches	76–83
9. Ungeziefer	84/85
10. Rohrleitung	86
VII. Mieterpflicht zur Duldung von Erhaltungsmaßnahmen, §§ 554 Abs. 1, 578 Abs. 2 BGB	87–104
1. Einleitung	87
2. Zu duldende Maßnahmen	88–91
3. Informationspflicht des Vermieters	92
4. Umfang der Duldungspflicht	93–97
5. Mitwirkungspflicht des Mieters	98–101
6. Kompensation, Mietminderung, Kündigungsrecht	102/103
7. Prozessuale Durchsetzung	104
VIII. Obhutspflicht	105–113
1. Überblick	105/106
2. Schließanlage	107–109
3. Hygiene und schlechte Wetterbedingungen	110–113
IX. Verkehrssicherungspflicht	114–154
1. Begrifflichkeit und Umfang	114/115
2. Verkehrssicherungspflicht des Eigentümers	116–118
3. Eigene Verkehrssicherungspflicht des Mieters	119–122
4. Einzelfälle	123
5. Übertragung auf den Mieter	124
6. Übertragung auf einen Dritten	125–129
7. Erfüllungsanspruch des Vermieters gegen den Mieter	130/131
8. Folgen bei Verletzung der Verkehrssicherungspflichten	132–138
9. Kontaminierungen	139–142
10. Brandschutz	143–154

	Rdnr.
X. Besichtigungsrecht	155–162
1. Vertraglich vereinbart	156
2. Als gesetzliche Nebenpflicht	157–160
3. Unwirksame formularvertragliche Vereinbarungen	161
4. Prozessuale Durchsetzung	162
XI. Hausordnung	163–170
XII. Beweislast	171–175
1. Vereinbarungen bezüglich der Beweislast	171
2. Beweislast gem. § 538 BGB und dessen Erleichterung	172/173
3. Beweislast beim Schadensersatzanspruch gem. § 280 BGB (Sphärentheorie)	174/175

Schrifttum: *Bausch*, Mieters Anspruch auf ordnungsgemäße Briefzustellung im liberalisierten Postmarkt, NZM 2006, 917; *Dötsch*, Wasserschaden durch einen Mieter bei einem anderen Mieter NZM 2004, 177; *Hitpaß*, Schnee und Eis: Verkehrssicherungspflichten – Worauf müssen Vermieter und Mieter achten? ZMR 2008, 935; *Lützenkirchen*, Besichtigungsrechte des Vermieters von Wohn- oder Gewerberaum, NJW 2007, 2152; *Paschke*, Rauchverbote im Mietverhältnis, NZM 2008, 265; *Schlüter*, Besichtigungsrecht des Vermieters – Voraussetzungen und Durchsetzung, NZM 2006, 681; *Stapel*, Rauchende Mieter – ja und? NZM 2000, 595; *Stapenhorst*, Grenzen der Sacherhaltungspflicht des Geschäftsraummieters, NZM 2007, 17; *Thaler/Tachezey*, Objektive Untauglichkeit – immer Sache des Vermieters? NZM 2001, 184.

I. Überblick

1 Gem. § 535 BGB muss der Vermieter dem Mieter den Gebrauch der vermieteten Sache während der Mietzeit gewähren. Das Gesetz schweigt dazu, mit welchen Inhalten dieses Gebrauchsrecht ausgestattet ist. §§ 538, 541 BGB ist aber zu entnehmen, dass dem Mieter lediglich der vertragsgemäße Gebrauch erlaubt ist.

2 Die Pflicht zur Gewährung und Erhaltung des vertragsgemäßen Gebrauchs beschreibt **die Kardinalpflicht** des Vermieters. Was der Vermieter zur Erfüllung tun muss, bestimmt sich in erster Linie nach dem Mietvertrag und hier vor allem nach dem **Mietzweck**. Der Mieter hat von der gesetzlichen Risikoverteilung her das **Risiko** einer Veränderung oder Verschlechterung der Mietsache solange nicht zu vertreten, wie sich seine Nutzung im **Rahmen** des vereinbarten vertragsgemäßen Gebrauchs bewegt. Daneben kommt es aber auch auf die **Umstände, die Art und Lage des Mietobjektes** sowie auf die **beiderseitige Interessenlage** an. Lässt sich dem Mietvertrag keine eindeutige Regelung entnehmen, ist dieser gem. §§ 133, 157 BGB mit Rücksicht auf Treu und Glauben auszulegen. Zur Bestimmung des Umfangs des vertragsgemäßen Gebrauchs kann auch die Verkehrsanschauung maßgebend sein, die wiederum durch den Wandel der Anschauungen und des technischen Fortschritts bestimmt wird.[1] Der Vermieter kann nach Treu und Glauben verpflichtet sein, dem Mieter eine aus betrieblichen oder sonstigen Gründen notwendig werdende Änderung des vertragsgemäßen Gebrauchs zu gestatten.

Die Bestimmungen des Mietvertrags zum Mietgebrauch sind an §§ 134, 138 BGB und als AGB an den §§ 305 ff. BGB zu messen.

3 Der Mieter hat grundsätzlich ein Recht auf ungestörten Mietgebrauch. Art 13 und 14 GG gelten über die Drittwirkung von Grundrechten auch im privaten Mietrecht. Art. 13 GG schützt auf diesem Weg auch den Gewerberaummieter. Der Vermieter hat **Eingriffe** zu **unterlassen,** die das Gebrauchsrecht des Mieters ungerechtfertigt einschränken. Hierzu gehören beispielsweise das eigenmächtige Betreten der Miträume durch den Vermieter, Zugangsbehinderungen zu den Miträumen durch Baumaßnahmen, die den gefahrlosen und bequemen Zutritt des Publikums zum Geschäft des Mieters einschränken,[2] die Duldung des Vermieters, dass Dritte den Mietgebrauch des Mieters stören, wozu auch die Nichtbeachtung des vertragsimmanenten Konkurrenzschutzes (siehe § 55) gehört, sowie die Vorenthaltung von Versorgungsleistungen für die Miträume.

---

[1] BGH NJW 2004, 3174.
[2] BGH NJW 1981, 2405.

Die Pflicht des Vermieters, dem Mieter den Gebrauch der Mietsache zu gewähren, beschränkt sich nicht auf das bloße Dulden der Nutzung durch den Mieter. Der Vermieter muss ggf. **aktiv tätig** werden, um dem Mieter den vertragsgemäßen Gebrauch der Mietsache zu ermöglichen, §§ 535, 536 BGB. Dazu kann es bspw. gehören, **Zugangshindernisse** zu beseitigen oder den **Anschluss** an die öffentliche Wasser- und Stromversorgung zu gewähren.³ 4

Im **Gewerberaummietrecht** ist es insbesondere im Bereich von Gastronomie/Entertainment und des Handels **schwer abzusehen,** wie sich das Mietverhältnis während seiner in der Regel langen Laufzeit **entwickelt.** Es kommt darauf an, welche Anforderungen der Mieter im Laufe der Zeit an die Immobilie stellen wird und wie sehr er die Immobilie durch seinen vertragsgemäßen Mietgebrauch abnutzen wird. Die Renditechancen sind im Bereich der Gewerberaumvermietung höher als bei der Wohnraumvermietung – genauso aber die Risiken. 5

Der Vermieter wird in der Regel versuchen, diese **Risiken** durch formular- und individualvertragliche Regelungen zu seinen Gunsten zu **minimieren.** § 538 BGB ist in den Grenzen der §§ 305 ff. BGB grundsätzlich **dispositiv.** Gelingt es dem Vermieter, mit dem Mieter eine Individualabrede zu treffen, ist diese ausschließlich am Maßstab der §§ 134, 138, 242 BGB zu messen.⁴ 6

Der Vermieter wird auf drei Ebenen ansetzen, um seine Rechtspositionen zu verbessern: 1) Möglichst eindeutige und enge **Mietzweckvereinbarung,** 2) Vereinbarung von **Haftungsbegrenzungen und -ausschlüssen** und 3) **Übertragen** von **Pflichten** auf den Mieter. Letzteres gilt vor allem für die Verlagerung der Zuständigkeit für Instandhaltung und Instandsetzung.⁵ Indem er den Mieter dann bei Beeinträchtigungen des Mietgebrauchs darauf verweisen kann, selbst Abhilfe zu schaffen, entlastet sich der Vermieter. Genauso entlastet sich der Vermieter auch, indem er die **Verkehrssicherungspflicht,** die Verpflichtung zur Entfernung von Kontaminationen u.ä. auf den Mieter überträgt sowie die **Obhutspflichten** und die **Mitwirkungspflichten** des Mieters ausdehnt. 7

II. Mietzweck

1. Vereinbarungen zum Mietzweck

Die Vereinbarung zum Mietzweck wird in den Mietvertragsverhandlungen oft stiefmütterlich behandelt und schnell übergangen, ihr kommt aber **herausragende Bedeutung** für den **vertragsgemäßen Gebrauch** und den **Konkurrenzschutz** zu. Eine fahrlässige Handhabung der Abrede zum Mietzweck kann gerade für den Vermieter sehr teuer werden. Mit der Aufnahme des Mietzwecks in den Mietvertrag definieren die Parteien den Inhalt, den **Umfang** und die **Art** und **Weise** der dem Mieter erlaubten **Nutzung.** Mit dem Vertragszweck **determinieren** die Parteien den vertragsgemäßen Gebrauch. Über den Vertragszweck wird **zwischen Wohnraum- und Gewerberaummietvertrag abgegrenzt.** Die Mietsache muss für diesen vereinbarten Gebrauch **rechtlich und tatsächlich geeignet** sein und bleiben.⁶ 8

Je nachdem kann eine besonders sorgfältige, detaillierte oder auch eine eher oberflächliche Beschreibung sowohl im Interesse des Vermieters als auch des Mieters liegen. In der Regel muss es aber das Bestreben des Vermieters sein, den **Mietzweck möglichst klar einzugrenzen;** nur dann steht seine Hauptleistungspflicht gem. § 535 Abs. 1 S. 1 und 2 BGB fest. Nur so weiß er in welchem Zustand er die Sache vorhalten und erhalten muss und ob er mit der Vermietung den vertragsimmanenten Konkurrenzschutz eines anderen Mieters verletzt. Nur so kann er sich teure und nicht eingeplante **Erhaltungsarbeiten ersparen,** die notwendig werden, weil der Mieter einen vertraglich erlaubten, aber vom Vermieter nicht erwarteten Zweck verfolgt. 9

Einerseits wird man sagen können, dass der Mieter umso mehr darf, je pauschaler der Zweck gefasst wird. Dies gilt insbesondere für die selbst bei gewerblichen Vermietern 10

---
³ BGH NJW-RR 1993, 1159.
⁴ BGH NZM 2006, 582 und 626; NJW 1984, 2404.
⁵ Vgl. § 58.
⁶ BGH WM 1977, 1328; OLG Düsseldorf ZMR 2001, 706.

nicht selten anzutreffenden Formulierungen „für gewerbliche Zwecke" sowie „als Büroräume ".

11 Ist **„für gewerbliche Zwecke"** vereinbart, kann der Mieter die Räume zu jedem gewerblichen Zweck nutzen, der mit der Rechtsordnung in Einklang steht. Dies kann bspw. sowohl der Betrieb einer **christlichen Buchhandlung** oder auch der Betrieb einer **Striptease-Bar** sein. Ob die Umwandlung einer christlichen Buchhandlung in die genannte Bar mietvertraglich zulässig ist, d. h. noch durch den vertragsgemäßen Gebrauch gedeckt ist, muss dann ggf. unter Berücksichtigung einer Vielzahl von Punkten in einer umfangreichen Beweisaufnahme geklärt werden.[7] Der Inhalt der Vereinbarung muss dann durch **Auslegung**, §§ 133, 157, 242 BGB, ermittelt werden. Ist die Beeinträchtigung der Vermietbarkeit der anderen Räume des Hauses von Bedeutung für die Auslegung, bedarf es in der Regel zusätzlich eines Sachverständigengutachtens.

12 Einen **Vorteil** soll die **weite Formulierung** des Vertragzwecks für den Vermieter haben: Darf der Mieter sein Gewerbe aus **öffentlich-rechtlichen** Gründen in den Räumen nicht ausüben, soll den Vermieter hierfür keine Haftung treffen.[8] Es erscheint allerdings zweifelhaft, ob der Vermieter im Einzelfall wirklich so leicht aus seiner Verpflichtung zur Gewährung des vertragsgemäßen Gebrauchs heraus kommen kann. Die Verpflichtung des Vermieters zur Gewährung des vertragsgemäßen Zustandes ist die Hauptleistungspflicht des Vermieters. Gerade bei einem unspezifizierten Mietzweck ist dem Vermieter hier einiges an **Leistung zuzumuten.**

13 Üblicherweise wird dem Vermieter, alleine schon aufgrund seiner Verpflichtung zum **vertragsimmanenten Konkurrenzschutz,**[9] daran gelegen sein, den **Vertragszweck möglichst eingegrenzt** zu formulieren.

14 Allerdings sind die **Anforderungen**, die an die **Gebrauchstauglichkeit** gestellt werden können, **umso größer, je detaillierter** die beabsichtigte Nutzung im Vertrag beschrieben ist. Wenn in der Regel auch die Vorteile für den Vermieter überwiegen werden, den Mietzweck möglichst genau zu definieren, ist das die Kehrseite der Medaille: Je genauer der Mietzweck definiert ist, um so mehr muss der Vermieter tun, um genau diesen Mietzweck zu ermöglichen.

15 Der Mietzweck sollte **nicht in die Präambel** aufgenommen werden. Es wird vertreten, dass der Präambel generell die **Rechtsverbindlichkeit** und sogar die **Rechtserheblichkeit** fehlen würden. Die Präambel soll lediglich die Zielrichtung des Vertrags erläutern und bei der Auslegung behilflich sein. Es soll unmöglich sein, in die Präambel eine Zusicherung oder eine Zustandsbeschreibung aufzunehmen.[10]

16 Ob dies in der Form Allgemeingültigkeit hat, darf bezweifelt werden. Obwohl in diesem Zusammenhang oft zitiert, hat der XII. Senat des BGH sich so nicht geäußert. Der Präambel, über die der BGH zu entscheiden hatte, war keine Zusicherung zu entnehmen.[11] Eine allgemeinverbindliche Aussage zu der Verbindlichkeit der Präambel hat der XII. Senat nicht getroffen. Gerade anwaltlich nicht beratene Parteien, die einen bestehenden Formularmietvertrag weitgehend unbesehen übernehmen, werden dazu tendieren in die Präambel die Dinge aufzunehmen, die ihnen **besonders wichtig** sind. Die Parteien haben dann sehr wohl einen **hohen Rechtsbindungswillen** bezüglich des Inhalts der Präambel.

Praxistipp:
Der sicherste Weg wird es aber sein, die wesentlichen Dinge nicht in die Präambel aufzunehmen, sondern als eigenen Punkt mit entsprechender Überschrift im Vertrag zu regeln.

---

[7] BGH NJW 1984, 1031 stellt anschaulich dar, was dann alles zu beachten ist und was nicht.
[8] Schmidt-Futter/*Eisenschmid* § 535 Rdnr. 203.
[9] Vgl. § 55.
[10] OLG Rostock NZM 2003, 282; Schmidt-Futterer/*Eisenschmid* § 535 Rdnr. 207.
[11] BGH NZM 2004, 618.

2. Nutzungsänderung

Jede Betriebsänderung greift in den bestehenden Vertrag ein.[12] Eine **Änderung** des zunächst vereinbarten und tatsächlichen Nutzungszwecks ist deshalb nachträglich grundsätzlich nur durch übereinstimmende **Nutzungsänderungsvereinbarung** möglich.[13]

Grundsätzlich gilt erstmal „pacta sunt servanda" – einen ausdrücklich vereinbarten oder stillschweigend zugrunde gelegten Vertragszweck darf der Mieter nicht einseitig ändern. Der Mieter soll gezwungen sein, zunächst die Einigung mit dem Vermieter zu suchen.[14] Allerdings ist die **Zweckänderung bzw. Zweckerweiterung** nicht per se unzulässig und der Vermieter kann ihr **nicht widersprechen**, wenn ihm die Duldung der Änderung unter Berücksichtigung der Umstände des Einzelfalls nach einer Interessensabwägung **zumutbar** ist.

Praxistipp:
Will der Mieter eine Nutzungsänderung, muss der Vermieter genau schauen, wie sich dies auf seine Immobilie auswirkt. Rechtlich relevant sind vor allem die folgenden Bereiche: **Konkurrenzschutzansprüche**[15] und **Belästigungen** anderer Mieter, welche **Baumaßnahmen** sind durch die Änderung notwendig, werden **Nachbarn** durch die Änderung gestört, ist die Änderung **öffentlich-rechtlich zulässig**. Hier ist insbesondere zu klären, in wessen **Verantwortungsbereich** die Einholung der **Genehmigung** zur Nutzungsänderung liegen soll, wer die **Kosten** dafür trägt und wessen **Risiko** die Versagung der Genehmigung sein soll.

a) **Ermessen des Vermieters.** Die Zustimmung des Vermieters liegt grundsätzlich in seinem **Ermessen**. Der Vermieter muss aber berücksichtigen, inwiefern es wirklich eine Nutzungsänderung oder lediglich eine **Nutzungsintensivierung d.h. Geschäftserweiterung, -ergänzung, bzw. -ausdehnung** ist. Die Frage, ob der Mieter sein Kerngeschäft lediglich intensiviert oder ob er es ändert, ist eine Frage der Qualität der Veränderung. Die Aufnahme einer weiteren, eigenständigen Tätigkeit ist der Änderung gleichgestellt.[16] Die **Geschäftsintensivierung** ist **grundsätzlich zulässig**. Der Mieter muss sich dem Markt anpassen können. Die **Abgrenzung** zwischen Geschäftsintensivierung und Nutzungsänderung erfolgt anhand des **Mietzwecks**.[17]

Praxistipp:
Es kommt auch darauf an, ob der Vermieter einen wichtigen, zumindest einen sachlichen Grund für die Verweigerung seiner Zustimmung benennen kann. Teilweise sehen die Formularbücher eine Formulierung wie die folgende vor „Der Vermieter kann die Zustimmung zur Nutzungsänderung nur verweigern, wenn er einen wichtigen Grund hat." Damit schränkt der Vermieter sich von vornherein unnötig ein. Insbesondere beim Konkurrenzschutz kann eine solche Formulierung als nachteilig herausstellen. Wenn die Parteien hierzu etwas mietvertraglich vorgeben wollen, sollte der Vermieter es auf den „sachlichen Grund" beschränken; willkürlich darf er eh nicht handeln.

Die Rechtsprechung hat die folgenden Veränderungen für **zumutbar** erachtet:
- Maßschneiderei zu Industriefertigung[18]

---

[12] KG Berlin NZM 1999, 462.
[13] OLG Düsseldorf GE 2003, 321; OLG Frankfurt a. M. MDR 2000, 825.
[14] Blank/Börstinghaus/*Blank* § 535 Rdnr. 419.
[15] Vgl. § 55.
[16] OLG Hamm NZM 1999, 1051.
[17] OLG Hamm NZM 1999, 1051.
[18] BGH NJW 1961, 307.

- Milchbar – Erweiterung um alkoholische Getränke[19]
- Änderung des Charakters einer Gastwirtschaft[20]
- Verkauf von Fan-Artikeln beim Frisör um neue Klientel anzulocken[21]
- Autovermietung und Damen-Boutique zu Sex-Shop[22]
- Imbiss zu Kiosk[23]
- Grillstube zu Pizzeria[24]

Unzumutbar war:
- Unterbringung von Asylbewerbern in Gewerbeimmobilie mit Büronutzung[25]
- Laden zur Kindertagesstätte[26]
- Laden zu Sex-Kino[27]
- Laden zu Gaststätte[28]
- Laden zu Teestube mit Spielsalon[29]
- Laden zu Eisdiele[30]
- Laden zu Imbiss[31]
- Laden zu Pizza-Lieferdienst[32]

21 Eine einseitige Nutzungsänderung muss der Vermieter auch dann gegen sich gelten lassen, wenn er sie **kannte und längere Zeit unwidersprochen hingenommen hat.**[33] Entweder wird man ein bestimmtes Verhalten des Vermieters dann als konkludente Zustimmung zur Vertragsänderung auslegen müssen oder bei gewerblichen Vermietern die Zustimmung nach Anzeige durch den Mieter analog des kaufmännischen Bestätigungsschreibens als entbehrlich einstufen müssen oder der Vermieter hat sein Recht auf Untersagung der neuen Nutzung verwirkt.

22 Eine von dem vereinbarten Zweck **völlig abweichende Nutzung** muss der Vermieter in der Regel **nicht hinnehmen** – außer, aus dem Vertrag, aus den Vertragsverhandlungen oder aus der langjährigen Nutzung[34] ergibt sich etwas anderes.

23 b) **Einfluss des Öffentlichen Baurechts.** Die Begrifflichkeit der Nutzungsänderung kommt ursprünglich aus dem Baurecht. Mieter und Vermieter dürfen es nicht aus dem Auge verlieren, dass eine Änderung der öffentlich-rechtlich genehmigten Nutzungsart ggf. einer **Baugenehmigung** bedarf. Es ist zwischen **genehmigungsbedürftiger** und **nicht genehmigungsbedürftiger** Nutzungsänderung sowie genehmigungsbedürftiger Nutzungsänderung mit und ohne genehmigungspflichtige baurechtliche Veränderungen zu differenzieren. Eine Genehmigungspflicht besteht dann, wenn für die **neue Nutzung andere bauordnungsrechtliche oder bauplanungsrechtliche Normen anwendbar** sind.[35] Nicht jede Veränderung ist von Belang. Eine bloße Nutzungsintensivierung muss keine baurechtlich relevante Nutzungsänderung darstellen.[36] Es muss sich die rechtliche Qualität der Nutzung ändern. Hiervon ist auszugehen, wenn die Änderung die in § 1 Abs. 5, 6 BauGB aufgelisteten Belange berührt. Das ist dann der Fall, wenn soziale, wirtschaftliche und umweltschützende Belange, Klimaschutz, städtebauliche Gestalt u. ä. erfasst werden.

---

[19] BGH NJW 1957, 1833.
[20] BGH BB 1954, 246.
[21] OLG Düsseldorf MDR 1996, 467.
[22] BGH NJW 1984, 1031.
[23] KG GE 1987, 571.
[24] OLG Düsseldorf 24 U 179/05.
[25] OLG Düsseldorf ZMR 1991, 176.
[26] OLG Düsseldorf NZM 2003, 979.
[27] LG Passau NJW 1983, 1685.
[28] BayObLG WuM 1985, 238.
[29] BayObLG WuM 1985, 235.
[30] OLG Schleswig MDR 2000, 53.
[31] BayObLG ZMR 2000, 53.
[32] BayObLG NZM 1998, 335.
[33] OLG Karlsruhe ZMR 1987, 419; OLG Düsseldorf DWW 1992, 82; OLG Hamburg NJW-RR 1997, 458.
[34] Schmidt-Futter/*Eisenschmid* § 535 BGB, Rdnr. 201.
[35] BVerwG NVwZ-RR 2000, 758.
[36] BVerwG NZM 1999, 417.

Eine Nutzungsänderung ist ein Vorhaben im Sinne des § 29 BauGB. Die bauplanungsrechtliche Zulässigkeit bestimmt sich somit gem. §§ 30–37 BauGB. Zunächst ist immer in den jeweiligen Flächennutzungsplan und Bebauungsplan zu schauen. Im Bebauungsplan können die in § 14 Abs. 2 BauNVO bezeichneten Baugebiete festgesetzt werden. Durch die Festsetzung werden die Vorschriften der §§ 2 bis 14 BauNVO Bestandteil des Bebauungsplans. Der Bebauungsplan kann Ausnahmen vorsehen, § 1 Abs. 5 BauNVO. Eine weitere Ausnahme kann die Behörde gem. § 31 Abs. 2 BauGB erlauben, wenn Gründe des Allgemeinwohls die Befreiung erfordern oder die Abweichung städtebaulich vertretbar ist oder die Durchführung des Bebauungsplans zu einer offenbar nicht beabsichtigten Härte führen würde und wenn die Abweichung auch unter Würdigung nachbarlicher Interessen mit den öffentlichen Belangen vereinbar ist.

Eine Änderung ist öffentlich-rechtlich nach der jeweiligen Bauordnung in der Regel genehmigungsfrei, wenn für die neue Nutzung keine weitergehenden Voraussetzungen gelten, als für die bisherige Nutzung.

Praxistipp:
Der Vermieter geht ein großes Risiko ein, wenn er die Mietsache entgegen dem behördlich genehmigten Zweck vermietet, bspw. wenn er Ladenräume zum Betrieb einer Arztpraxis vermietet, aber keine Nutzungsänderungsgenehmigung beantragt, weil er sich für die Zukunft die Möglichkeit der Vermietung als Laden der höheren Miete wegen bewahren will. Die Miträume sind dann von Anfang an mangelhaft, § 536 BGB.[37] Der Mieter ist zur fristlosen Kündigung berechtigt, wenn ihm durch Ordnungsverfügung mit Zwangsmittelandrohung die vertragsgemäße Nutzung des Mietobjekts untersagt wird und für ihn zumindest Ungewissheit über deren Zulässigkeit besteht. Außerdem kann er Schadensersatzansprüche geltend machen.

c) Rechtliche Möglichkeiten des Mieters bei Verweigerung des Vermieters. Verweigert der Vermieter dem Mieter die Nutzungsänderung, muss der Mieter den Vermieter zunächst zur Vertragserfüllung auffordern, §§ 535, 536 BGB. Der Mieter kann ferner sein Zurückbehaltungsrecht gem. § 320 geltend machen und die Miete regelmäßig teilweise zurückbehalten. Erfolgt die Verweigerung der Nutzungsänderung zu Unrecht, stellt dies einen Mangel der Mietsache dar. Die Mieter mindert sich von Gesetzes wegen, § 536 BGB. Ist dem Mieter deshalb eine wirtschaftliche Nutzbarkeit unmöglich und hat der Vermieter keinen sachlichen Grund, kommt eine Mietminderung „auf Null" durchaus in Betracht. Außerdem eröffnet sich dem Mieter ggf. ein Schadensersatzanspruch gem. § 536a BGB und als ultima ratio die Möglichkeit der fristlosen Kündigung nach fruchtloser Abmahnung gem. § 543.

Weigert sich der Vermieter, an der Herbeiführung einer Genehmigung zur Nutzungsänderung mitzuwirken, stellt dies allerdings nur dann einen Grund für die fristlose Kündigung des Mieters gemäß § 543 Abs. 1 BGB dar, wenn eine Erfüllung der behördlichen Auflagen für den Mieter unmöglich ist bzw. mit erheblichem Aufwand verbunden wäre.[38]

d) Rechtliche Möglichkeiten des Vermieters. Ändert der Mieter seine Nutzung ohne Zustimmung des Vermieters und ist es tatsächlich eine Nutzungsänderung und nicht nur eine Nutzungsintensivierung und besteht keine Duldungspflicht des Vermieters, liegt ein vertragswidriger Gebrauch vor. Der Vermieter kann den Mieter nach vorheriger Abmahnung auf Unterlassung in Anspruch nehmen, § 541 BGB. Zusätzlich steht dem Vermieter die fristlose Kündigung zu, wenn der Mieter durch die praktizierte vertragswidrige Nutzungsänderung die Rechte des Vermieters erheblich verletzt hat, § 543 Abs. 2 S. 1 Nr. 2 BGB. Unter den Voraussetzungen von §§ 280 Abs. 1, 282, 241 Abs. 2 BGB hat der Mieter einen Schadensersatzanspruch.

---

[37] Siehe hierzu auch im Folgenden Rechtliche Unmöglichkeit der vertraglichen Nutzung.
[38] BGH ZMR 2008, 274.

3. Vorgetäuschter Zweck

29 Geben die Parteien einen vorgetäuschten Zweck an, liegt ein Scheingeschäft vor, § 117 BGB; das vereinbarte Mietverhältnis ist nichtig, das verdeckte Rechtsgeschäft gilt, allerdings fehlt ihm ggf. die für befristete Gewerberaummietverhältnisse notwendige Form mit der Folge des Wegfalls der Befristung, § 550 BGB.

4. Rechtliche Unmöglichkeit der vertraglichen Nutzung

30 Kann der Mieter die Mietsache aus **rechtlichen Gründen** nicht wie im Mietzweck vereinbart nutzen, bspw. wird dem Gastwirt die Nutzung aus feuerpolizeilichen Gründen untersagt/die Gaststättenerlaubnis nicht erteilt, liegt ein **Mangel** der Mietsache vor.

31 Ist vertraglich nichts anderes vereinbart, **haftet** der **Vermieter** dafür, dass die Räume zum Mietzweck geeignet sind und der Mieter in ihnen den vereinbarten Vertragszweck verwirklichen kann. Dies gilt insbesondere für die Vereinbarkeit der Mieträume mit öffentlich-rechtlichen Vorschriften (LandesBauO, BauGB, Hochhausrichtlinie etc.).

32 Die fehlende Genehmigung der Nutzungsänderung, der fehlende Stellplatznachweis, baurechtliche Hindernisse oder die fehlende Konzessionsfähigkeit können **anfängliche, unbehebbare Sachmängel** sein, die zu einer anfänglichen Unmöglichkeit, § 311a BGB, führen. Ab Übergabe verdrängen die §§ 536ff. BGB die Vorschriften des allgemeinen Leistungsstörungsrechts. Es ist zunächst die Aufgabe des Vermieters, die **fehlende Genehmigung** etc. **zu beschaffen**. Gelingt ihm dies nicht, ist es allerdings nicht zwingend, dass der Mieter dann einen Schadensersatzanspruch gegenüber dem Vermieter hat. Individualvertraglich kann das Risiko auf den Mieter übertragen werden. Außerdem ist die Garantiehaftung des § 536a Abs. 1 1. HS BGB in der Regel im Mietvertrag wirksam abbedungen.

Grundsätzlich ist es **Vermieterpflicht**, die für die vertragsgemäße Nutzung der Mietsache erforderlichen Bau- und Nutzungsgenehmigungen zu besorgen.[39]

33 Solange wie die Behörden die Situation **dulden**, liegt **kein Mangel** vor. Waren die Parteien bei Mietvertragsabschluss in Verhandlungen mit der Behörde und wird die Genehmigung danach versagt, liegt kein anfänglicher Mangel vor. Der Vermieter haftet also nicht aus der Garantiehaftung, sondern nur bei Verschulden. Das gleiche muss bei einer generell **ungeklärten, unübersichtlichen Rechtslage** gelten. Kommt es aufgrund einer Ermessensentscheidung der Behörde zu einer Nutzungsuntersagung während des laufenden Mietverhältnisses, kann dies kein anfänglicher Mangel sein, selbst wenn sich die Möglichkeit der Nutzungsuntersagung bei Mietvertragsabschluss abzeichnete. Dies ist nicht vergleichbar mit einem Baumangel, der bei Übergabe vorhanden war und – ohne Gegenmaßnahmen – technisch zwingend irgendwann zu einem Schaden führen musste. Dann stellt sich allenfalls noch die Frage nach der Haftung des Vermieters wegen **vorvertraglicher Anzeigepflichtverletzung**, §§ 280 Abs. 2, 311 Abs. 2 Nr. 1, 241 Abs. 2 BGB. Der Vermieter hat die Pflicht, den Mieter hinsichtlich derjenigen Umstände und Rechtsverhältnisse mit Bezug auf die Mietsache **aufzuklären**, die für den Vermieter **erkennbar von besonderer** Bedeutung für den Entschluss des Mieters zur Eingehung des Vertrags sind.[40] Dies kann allerdings nur für Dinge gelten, die der Vermieter selbst weiß oder wissen müsste. Hat der Mieter selbst die nötige Sachkenntnis und konnte er das Risiko erkennen und abschätzen, ist bereits gem. **§ 536b BGB** die Haftung des Vermieters ausgeschlossen.

III. Haftungsbegrenzungen zugunsten des Vermieters

34 Der Vermieter will seine **wirtschaftliche Belastung**, die daraus resultiert, dass er während des ganzen, u.U. recht langen Mietverhältnisses einen bestimmten Zustand bzw. bestimmte Eigenschaften der Mietsache gewährleisten muss, **reduzieren**. Da nicht er, sondern der Mie-

---

[39] Siehe auch Ausgewählte Regelungsbereiche zum vertragsgemäßen Gebrauch im Einzelnen – Genehmigungen.
[40] BGH NJW 2000, 1741.

ter die Nutzung der eigentlichen Mietsache in der Hand hat, ist dieses Interesse des Vermieters auch durchaus legitim. Die Parteien können formularvertraglich vereinbaren, dass ein Teil des Risikos, dass der Mieter aus tatsächlichen oder rechtlichen Gründen die Mietsache nicht wie vertraglich vereinbart nutzen kann, nicht der Vermieter sondern der Mieter trägt. Der Vermieter wird sich hierzu **Haftungsbegrenzungen und Haftungsausschlüssen** bedienen.

Es ist zwischen **verschiedenen Haftungsfreizeichnungsklauseln** zu differenzieren. Üblich sind Vereinbarungen über **Mängel der Mietsache** (Gewährleistungsrecht), über **Überlassungsmöglichkeiten** (Untergang, Zerstörung etc.) und **Haftungsbegrenzungen** für Schäden an eingebrachten Sachen des Mieters. 35

Vereinbart der Vermieter mit dem gastronomischen Mieter, dass die Kücheneinrichtung **nicht mitvermietet** ist, nimmt er damit sämtliche Mängel an den Küchengeräten aus seinem Gewährleistungsrisiko raus. Der Mieter wird die Funktionstüchtigkeit der Geräte wünschen und diese wenn nötig reparieren oder austauschen. Hinterlässt der Mieter bei Auszug allerdings ein durch Verschleiß kaputt gegangenes Gerät, hat der Vermieter keinen Anspruch auf Reparatur. 36

Als Haftungsbegrenzung wird außerdem in der Regel vereinbart, dass der Vermieter für **leicht fahrlässig verursachte** Schäden nicht haftet.[41]

1. Individualvertragliche Vereinbarung

Gelingt es dem Vermieter, die Haftungsbegrenzungen und die Haftungsausschlüsse individualvertraglich zu vereinbaren, bspw. durch individuelles, nachweisbares **Verhandeln** oder in einem **Nachtrag**, so sind die Klauseln nur anhand der gesetzlichen Verbote der §§ 134, 138 BGB und anhand von Treu und Glauben, § 242 BGB, zu messen und keiner weiteren Inhaltskontrolle zu unterziehen.[42] 37

2. Formularvertragliche Vereinbarung

Formularvertragliche Haftungsbeschränkungen unterliegen naturgemäß einer **starken Inhaltskontrolle**. Dennoch sind hier im Gewerberaummietrecht weitergehende Ausschlüsse möglich als im Wohnraummietrecht. Aufgrund der unterschiedlichen Nutzungsintensität besteht hierfür auch ein Bedürfnis. 38

Ein **völliger Ausschluss** aller Ansprüche des Mieters wegen Einschränkungen beim vertragsgemäßen Gebrauch ist **unwirksam**.[43] Die verschuldensunabhängige Garantiehaftung für anfängliche Sachmängel kann formularvertraglich ausgeschlossen werden.[44] 39

Ansprüche wegen **Verletzung des Körpers, des Lebens und der Gesundheit** können niemals ausgeschlossen werden, gleich auf welcher Form der Fahrlässigkeit sie beruhen, §§ 309 Nr. 7a, 307 BGB. § 309 Nr. 7a BGB ist Auslegungsmaßstab für § 307 BGB. Die Freizeichnungsklauseln müssen deshalb immer mit einem „es sei denn ..." Satz enden. 40

Für den Ausschluss der Vermieterhaftung für einfache Fahrlässigkeit bei der verschuldensabhängigen Haftung ist zwischen anfänglichen und nachträglichen Mängeln zu differenzieren: Der Haftungsmaßstab für **bereits vorhandene Mängel** kann formularvertraglich auf **Vorsatz und grobe Fahrlässigkeit** reduziert werden.[45] 41

Die Haftung für vertragswesentliche Pflichten, also eine Pflicht, die die vertragsgemäße Durchführung erst ermöglicht – die **Kardinalpflichten** – kann der Vermieter auch im Gewerberaummietrecht nur **eingeschränkt reduzieren**. Dies gilt insbesondere, wenn dadurch im konkreten Fall der **Vertragszweck gefährdet** wird. Der Mieter darf auf die Erfüllung der Kardinalpflichten durch den Vermieter vertrauen.[46] 42

Daraus wird geschlossen, dass die **Haftung für nachträgliche Mängel**, die zu Sach- oder Vermögensschäden des Mieters führen, auch im Gewerberaummietrecht nicht begrenzt 43

---

[41] BGH NZM 2002, 655.
[42] BGH NJW 1984, 2404; NZM 2002, 655.
[43] BGH NJW 1977, 195; OLG Dresden NJW-RR 1997, 395.
[44] BGH NJW-RR 1993, 519; NJW 2002, 3232.
[45] BGH NZM 2002, 784.
[46] BGH NZM 2002, 116.

werden darf, da dies eine Aushöhlung der Kardinalpflicht des Vermieters zur Instandhaltung wäre.[47] Die diesbezügliche Entscheidung des BGH erging zum Wohnraummietrecht. Im Gewerberaummietrecht sollte danach **differenziert** werden, ob es **üblich** und dem Mieter **zumutbar** ist, sich gegen das eingetretene Risiko zu **versichern** und ob sich der Haftungsausschluss in der **Miete** niedergeschlagen hat.[48] Gerade der letzte Punkt ist von Bedeutung. Wurde die Miete aufgrund eines Haftungsausschlusses entsprechend **niedriger** kalkuliert und ist die Klausel unwirksam, ist das Gleichgewicht von Leistung und Gegenleistung nachhaltig gestört und dies kann der Vermieter einseitig bis zum Ende der Mietzeit auch **nicht mehr ändern**. Es wäre unangemessen, dies einfach mit dem typischen Verwenderrisiko abzutun. Auch hier **korrespondiert** die Wirksamkeit der Ausschlussklauseln wieder mit dem **Vertragszweck**. Je weiter der ist, je mehr der Vermieter aufgrund des Vertragszwecks schuldet, umso **weniger** kann er sich **freizeichnen**.

44 Grundsätzlich **zulässig** in AGB ist der Ausschluss der Vermieterhaftung für Beeinträchtigungen von außen, bspw. durch **Straßenbauarbeiten**.[49] In diesem Fall kann der Mieter den fiktiven Minderungsschaden im Wege der Drittschadensliquidation vom Dritten ersetzt verlangen.[50]

45 Es ist in AGB unzulässig, auf den Pächter auch dann das Risiko der behördlichen Genehmigung abzuwälzen, wenn die Versagung auf vom Pächter zu vertretenden Mängeln des Pachtobjekts beruht.[51] Da es im vom BGH entschiedenen Fall um eine auflösende Bedingung ging, musste der BGH nicht erörtern, ob die Abwälzung anders zu bewerten wäre, wenn dem Mieter statt der Vertragsauflösung Teile der Kostenlast auferlegt oder wenn die Abwälzung andererseits durch eine günstige Miete oder durch die besonderen Ertragsaussichten, die unmittelbar mit dem Mietobjekt/Standort zusammenhängen, kompensiert würden. Etwas anderes muss gelten, wenn die Parteien individualvertraglich eine abweichende Regelung in voller Kenntnis des Risikos getroffen haben, der Mieter sich also des Schutzes der §§ 305 ff. BGB willentlich beraubt hat.

46 Der Vermieter soll den Mieter durch AGB auch nicht dazu zwingen können, dass der Mieter die Kosten einer Baumaßnahme tragen soll, die notwendig ist, um eine Genehmigung zu erhalten bzw. die Versagung einer Genehmigung zu verhindern.[52] Etwas anderes muss aber dann gelten, wenn die Auflage die Folge einer vom Mieter vorgenommenen Veränderung ist bzw. wenn die Auflage kausal auf einer nicht zwingend notwendigen Eigenart des Betriebs des Mieters beruht.

47 Der Vermieter kann das Risiko der Nutzung einer Wohnung als Gewerberaum trotz Zweckentfremdungsverbots-Verordnung auf den Mieter abwälzen.[53] Das kann in der Form erfolgen, dass eine Mietminderung ausgeschlossen ist, selbst wenn die beabsichtigte Nutzung aus tatsächlichen oder rechtlichen Gründen nicht möglich ist[54] oder auch so, dass der Mieter sich um die Nutzbarmachung kümmern muss. Beide Vereinbarungen sind aber nur soweit zulässig, wie damit nicht das typische Vermieterrisiko auf den Mieter verlagert wird, § 307 BGB.

IV. Haftungserweiterungen zu Lasten des Mieters (Sphärenhaftung und Versicherbarkeit)

48 Grundsätzlich haftet der Mieter nur für von ihm bzw. einem ihm zuzurechnenden Dritten schuldhaft herbeigeführte Schäden. Der Vermieter hat ein Interesse daran, den Mieter generell für Schäden an den Miträumen haftbar zu machen. Dies gilt im Gewerberaummiet-

---

[47] Blank/Börstinghaus/*Blank* § 536a Rdnr. 37.
[48] Lindner-Figura u.a./*Wolf* Kap. 13, Rdnr. 41.
[49] Schmidt-Futterer/*Langenberg* § 538 Rdnr. 9.
[50] Blank/Börstinghaus/*Blank* § 536a Rdnr. 39.
[51] BGH NJW-RR 1993, 519.
[52] OLG Düsseldorf ZMR 1992, 446.
[53] LG Berlin NZM 1999, 711.
[54] LG Berlin NZM 1999, 711.

recht ganz besonders, da hier aufgrund der in der Regel intensiveren Nutzung eine höhere Schadenswahrscheinlichkeit besteht und der Schaden oft größer ausfallen wird. Die oft vereinbarte **Zufallshaftung** des Mieters, dass der Mieter einen unverschuldet, also zufällig, eingetretenen Schaden ersetzen muss, den sonst der Vermieter im Rahmen seiner Pflicht zur Gebrauchsgewährung ersetzen müsste, ist als **Formularklausel unwirksam,** § 307 BGB.[55]

Hiervon muss allerdings eine **Ausnahme** gemacht werden, wenn es sich um **Risiken** handelt, die **ausschließlich** vom Mieter und nicht vom Vermieter **beherrschbar** sind (**Sphärenhaftung**) und dessen Risikoabwälzung angemessen ist bzw. der Mieter diese bspw. im Rahmen einer All-Risk-Versicherung versichern kann und es geschäftsüblich ist, dies auch zu tun.[56]

> **Praxistipp:**
> Der Vermieter sollte den **Mieter darauf verpflichten,** eine Risikovorsorge durch den Abschluss diverser **Versicherungen** zu betreiben.

In Betracht kommen neben der **All-Risk-Versicherung,** die die Risiken abdeckt, die der Vermieter nicht übernimmt, eine **Betriebsausfallversicherung,** eine **Gebäudeversicherung** (wenn er das ganze Gebäude mietet), eine **extended-coverage-Versicherung** (so der Vermieter dies nicht übernimmt und als Betriebskosten vereinbart hat), eine **EDV-Versicherung** (Spannungsschäden, EDV-Ausfall etc.) sowie eine **Betriebshaftpflichtversicherung,** die wiederum mit Haftungsbeschränkungen des Vermieters korreliert. Selbst wenn der jeweils korrespondierende Haftungsausschluss unwirksam sein sollte, bleibt ein Mitverschulden des Mieters, wenn dieser sich nicht versichert hat. Die Pflicht zur Versicherung kann **formularvertraglich wirksam** vereinbart werden.[57] Dies ist keine unangemessene Benachteiligung des Mieters, da der vorsichtige Mieter dies ohnehin unabhängig von einer Pflicht des Vermieters tun wird.

V. Haftung für Erfüllungsgehilfen

Erfüllungsgehilfen sind alle Personen, die mit Wissen des Mieters die Mietsache benutzen oder auf seine Veranlassung mit der Mietsache in Berührung kommen,[58] also Geschäftspartner, Kunden, Klienten, Gäste, Arbeitnehmer/Personal, Untermieter, herbeigerufene Handwerker und Lieferanten. Für die Schäden, die die Erfüllungsgehilfen im Rahmen des Mietgebrauchs verursacht haben, hat der Mieter gem. § 278 BGB einzustehen.

Der Dritte, dem der Mieter den Gebrauch der Mietsache überlassen hat, gleich ob mit oder ohne Billigung des Vermieters, wird kraft Gesetzes wie ein Erfüllungsgehilfe behandelt, § 540 Abs. 2 BGB. Aus diesem Kreis fallen lediglich ungebetene Gäste heraus. Für Schäden, die diese verursachen, kann **formularvertraglich keine Haftung** des Mieters begründet werden.[59] Das Gleiche gilt, angelehnt an das Deliktsrecht, bei Schäden, die von Erfüllungsgehilfen bei Gelegenheit ihrer Tätigkeit verursacht werden.[60]

Bei **grob fahrlässigen oder vorsätzlichen** Schädigungen durch einen Dritten an der Gebäudesubstanz soll der Mieter in Abweichung von § 278 BGB nur dann haften, wenn der Dritte sein **Repräsentant** war.[61]

---

[55] BGH NJW 1992, 1761.
[56] BGH NJW 1992, 1761; Schmidt-Futterer/*Langenberg* § 538 Rdnr. 18.
[57] Dafür: Lindner-Figura u. a./*Wolf* Kap. 13 Rdnr. 46; vorsichtiger *Fritz* Gewerberaummietrecht Rdnr. 191.
[58] Schmidt-Futterer/*Langenberg* § 538 Rdnr. 22; Blank/Börstinghaus/*Blank* § 538 Rdnr. 13.
[59] BGH NJW 1991, 1750.
[60] BGH NJW 1991, 1750.
[61] BGH NZM 2006, 949.

VI. Ausgewählte Regelungsbereiche zum vertragsgemäßen Gebrauch im Einzelnen

1. Abstellplatz und Zugang

54 Hat der Vermieter einen Stellplatz vermietet, ist er gehalten, dafür **Sorge** zu tragen, dass dieser nicht durch einen Dritten **blockiert** wird, andernfalls ist dies ein zur Minderung berechtigender Mangel. Nach den individualvertraglichen Bestimmungen des Mietvertrags kann es aber Sache des Mieters sein, für den freien Stellplatz Sorge zu tragen, so dass hier § 537 Abs. 1 S. 1 BGB zu Lasten des Mieters gilt. Das gleiche Regel-Ausnahmeverhältnis gilt für die Aufrechterhaltung des **Zugangs** zum Mietobjekt, wenn dieser durch einen Dritten versperrt wird.[62] Eine geringfügige **Unterschreitung** der öffentlich-rechtlich vorgeschriebenen **Mindestbreite** des Stellplatzes ist hingegen unbeachtlich, § 536 Abs. 1 S. 2 BGB, wenn der Mieter den Stellplatz dennoch nutzen kann.[63]

2. Briefkasten und Firmenschilder

55 Der Vermieter muss eine **ordnungsgemäße** Postzustellung an seinen Gewerberaummieter **ermöglichen**. Dies gilt auch im Zusammenhang mit der Liberalisierung der Briefzustellung. Der Vermieter muss gewährleisten, dass alle privaten Briefzusteller, nicht nur die Deutsche Post dem Mieter die Briefe ohne Verzögerung zustellen können. Die Briefkästen müssen **für alle Zusteller zugänglich** sein. Dies verpflichtet den Vermieter u. U. eine **neue Briefkastenaußenanlage** zu errichten, selbst wenn das Gebäude unter Denkmalschutz steht.[64] Der Briefkasten muss funktionstüchtig sein und die entsprechend dem vermieteten Gewerbe zu erwartende Menge an Briefpost aufnehmen können. Der vom Vermieter anzubringende und zu unterhaltende Briefkasten muss dazu geeignet sein, DIN A 4 Umschläge ohne Knick aufzunehmen. Die Briefkastennorm DIN 32617, inzwischen abgelöst durch die Europäische Norm EN 13724, ist seit vielen Jahren in Kraft und spiegelt insoweit den seit Jahren geltenden Standard für Briefkästen wider, auch wenn die Normen den Vermieter rechtlich nicht unmittelbar verpflichten. Der Briefkasten muss so beschaffen sein, dass kein unbefugter Dritter – auch nicht der Vermieter – Zugriff nehmen kann.

56 Für **Klingel- und Briefkastenschilder** kann **formularvertraglich** eine **einheitliche** Form festgelegt werden.[65]

> **Formulierungsvorschlag einheitliche Beschilderung**
>
> Bei Vorhandensein oder bei Einrichtung von Sammelschildanlagen, Wegweisern u. ä. ist der Mieter verpflichtet, diese zu benutzen und die Kosten ihrer Installation, Er- und Unterhaltung zu tragen. Namens- und Firmenschilder, einschließlich der Klingel- und Briefkastenschilder werden einheitlich gestaltet und angebracht. Das Bestimmungsrecht liegt beim Vermieter, der Wünsche der Mieter berücksichtigt, soweit eine einheitliche Gestaltung dies zulässt. Die Kosten der Namens- und Firmenschilder und deren Anbringung trägt der Mieter. Bei Beendigung des Mietverhältnisses hat der Mieter den ursprünglichen Zustand wiederherzustellen, insbesondere sein Firmenschild, Wegweiser etc. nach Ablauf einer angemessenen Übergangsfrist zur Information der Kunden und Geschäftspartner über einen Umzug zu entfernen.

57 Gewerbetreibende und Freiberufler haben das bereits in der Rechtsprechung des Reichsgerichts[66] als selbstverständlich anerkannte **Recht**, an der Außenfassade des Hauses Na-

---
[62] BGH NJW 1963, 341.
[63] AG Sömmerda GE 1999, 1133.
[64] *Bausch* NZM 2006, 917.
[65] *Fritz* Gewerberaummietrecht Rdnr. 180.
[66] RGZ 161, 338.

mens- oder Firmenschilder anzubringen. Die Größe des Schildes kann von den örtlichen Gegebenheiten und der Üblichkeit abhängig gemacht werden. Der Platz muss zumindest für einen Hinweis auf die Bürozeiten und Telefonnummer/website ausreichen. Wird ein Betrieb verlegt, sind sowohl der neue Mieter als auch der Vermieter verpflichtet, auf **angemessene Zeit** (6 Monate) ein Schild zu dulden, das auf die **neuen Räume** des umgezogenen Mieters hinweist.[67] Dies ist wegen der Personenbezogenheit der Leistung insbesondere bei Freiberuflern wichtig.

Bei der **teilgewerblichen Nutzung einer Wohnung** muss danach differenziert werden, welche Nutzung überwiegt und ob der Gewerbetreibende ein berechtigtes Interesse hat, Laufkundschaft anzuziehen. Umfasst die Erlaubnis des Vermieters Kundenverkehr, hat der Mieter in der Regel einen Anspruch darauf, ein Schild anzubringen.

Fehlt es an einer spezifischen vertraglichen Regelung, muss eine **Interessenabwägung** den Fall entscheiden. Der Vermieter hat ein berechtigtes Interesse daran, zu bestimmen, wie seine Hausfassade aussieht.

3. Werbe-/Reklameeinrichtungen/Wandflächen

Es ist oft umstritten, ob eine allgemeine Verkehrssitte besteht, dass die **Außenwände** vermieteter Geschäftsräume ohne weiteres als zu **Werbezwecken mitvermietet** gelten und wenn ja, welche Außenwände. Es soll sich generell nach der Lage des Objektes und der örtlichen Verkehrssitte richten. Letztere soll aber **regional unterschiedlich** sein.[68] Es wird vertreten, dass der Ladenmieter im Erdgeschoss ohne ausdrückliche Vereinbarung die vor seiner Mietfläche befindliche Außenwand zu Werbezwecken benutzen darf.[69]

Darüber hinausgehend hat der Bundesgerichtshof 1952 entschieden, dass der Mieter berechtigt sein soll, die Außenwände eines großstädtischen Geschäftshauses von der Unterkante der Fenster seiner **Räume bis zur Unterkante der darüber befindlichen Fenster** für Reklamezwecke zu nutzen, sofern kein abweichender örtlicher Gebrauch besteht.[70] In die gleiche Zeit fiel ein Urteil des OLG Hamm, das eine Verkehrsübung dahingehend sah, dass das Anbringens von Warenautomaten an der Außenfront von Geschäftsräumen dem Mieter zu gestatten ist.[71] Ob die Gerichte heute noch so entscheiden würden, darf bezweifelt werden. Die Annahme einer allgemeinen Verkehrssitte erscheint weitgehend und zu wenig individuell je nach örtlichen Gegebenheiten. Demzufolge hat das OLG Saarbrücken im Jahr 2005 entschieden, dass ebenso wie bei Wohnräumen auch bei Geschäftsräumen die Benutzung der **höher gelegenen Wandteile** durch den Mieter des betreffenden Stockwerks **regelmäßig nicht vom Mietgebrauch** umfasst ist.[72]

Auf der Ebene der WEG hat das ehemalige Bayerische Oberste Landesgericht entschieden, dass die an der Außenwand eines im gemeinschaftlichen Eigentum stehenden Gebäudes angebrachte, vorspringende **Leuchtreklame eine bauliche Veränderung** darstellt, die grundsätzlich der Zustimmung aller Wohnungseigentümer bedarf. Soweit es sich dabei jedoch um eine **ortsübliche und angemessene Werbung** für ein in zulässiger Weise in der Wohnanlage betriebenes Gewerbe handelt, soll diese **Zustimmung nicht erforderlich** sein.[73] Dies hat das OLG Köln dahingehend eingeschränkt, dass von der Reklametafel keine **Beschränkung** der Aussicht ausgehen darf.[74] Das OLG Oldenburg hat einen Beseitigungsanspruch der Mitmieter/ Wohnungseigentümer gegen den Mieter als unmittelbaren und den Vermieter als mittelbaren Störer gesehen, wenn die an der Außenfassade angebrachte Leuchtreklame **stört**.[75]

Es ist zulässig, die Anbringung von Reklame an der Außenfassade sowie von Schildern und Warenautomaten **formularmäßig zu verbieten** oder von der **Einwilligung** des Vermieters

---

[67] OLG Düsseldorf NJW 1988, 2545.
[68] *Fritz* Gewerberaummietrecht Rdnr. 69.
[69] Bub/Treier II 351; *Wolf/Eckert/Ball* Rdnr. 192.
[70] BGH BB 1957, 382.
[71] OLG Hamm NJW 1958, 1239.
[72] OLG Saarbrücken MDR 2005, 1283.
[73] BayObLG NZM 2000, 1236; OLG Köln NZM 2007, 92.
[74] OLG Köln NZM 2007, 92.
[75] BGH MDR 1990, 552.

abhängig zu machen, mit Ausnahme von üblichen Firmen- oder Praxisschildern.[76] Gerade der Mieter, dem es darauf ankommt, sollte vertraglich regeln, wie weit er die Außenfassade des Hauses zur Anbringung von Leuchtreklame, Markisen, Schildern und zur Aufstellung oder Anbringung von Warenautomaten nutzen darf. Es gibt für den Vermieter keinen Grund, seine Außenfassade **unentgeltlich** herzugeben. Gleichzeitig sollte die regelmäßige **Wartung und Instandsetzung** und ggf. Modernisierung und hilfsweise die Entfernung der Reklame geregelt werden. Ansonsten sind spätere Streitigkeiten vorprogrammiert, weil sich andere Mieter durch die ggf. unansehnlich und nicht mehr moderne Werbung gestört fühlen.

> **Praxistipp:**
> Bei der Gewährung eines Rechts sollte immer auch dessen Beendigung bzw. dessen Entzug geregelt werden. Als Mittelweg bietet es sich für den Vermieter an, die **Erlaubnis** in der Vereinbarung mit dem Mieter **zeitlich zu befristen.** Dann kann der Vermieter in den späteren Verhandlungen über eine Fortsetzung der Nutzung verlangen, dass die Werbung an die Entwicklung der Immobilie angepasst wird.

Muster: Fassadennutzung

64 • **Werbung und sonstige Nutzung der Wand- und Dachflächen**
1. Fassaden- und Dachflächen des Gebäudes, insbesondere auch die der Mietsache, sowie die Wandflächen im Objekt, die außerhalb der Mietsache sind, und die Außenanlagen sind nicht mitvermietet. Diese Flächen dürfen für Reklamezwecke oder zum Anbringen von Aufschriften, Schildern, Automaten, Rollläden/Jalousien, Schaukästen etc. nur mit schriftlicher Zustimmung des Vermieters benutzt werden. Der Vermieter kann hierfür eine zusätzliche Miete verlangen. Änderungen genehmigter Anlagen sind mit dem Vermieter abzustimmen.
2. Anlässlich von Erhaltungs- oder Modernisierungsmaßnahmen sowie bei baulichen Veränderungen hat der Vermieter das Recht, vom Mieter die vorübergehende oder endgültige Beseitigung der unter Ziffer 1 aufgeführten Gegenstände zu fordern. Bei Beendigung des Mietverhältnisses kann der Vermieter die endgültige Beseitigung auf Kosten des Mieters verlangen. Kommt der Mieter auch nach schriftlicher Aufforderung mit angemessener Fristsetzung seiner Beseitigungspflicht nicht nach, ist der Vermieter zur Ersatzvornahme auf Kosten des Mieters berechtigt.
3. Erteilt der Vermieter die Genehmigung nach Ziffer 1, ist er von allen eventuellen Ansprüchen Dritter, von Verpflichtungen, Kosten und Aufwendungen, auch für die Zukunft, durch den Mieter freizustellen. Der Mieter hat dafür zu sorgen, dass die erwähnten Gegenstände so angebracht werden, dass jeder Personen- und Sachschaden ausgeschlossen ist. Der Mieter übernimmt die Verkehrssicherungspflicht für diese Gegenstände.
4. Es ist Aufgabe des Mieters, die eventuell erforderlichen behördlichen Genehmigungen vor der Ausführung der Arbeiten auf seine Kosten einzuholen. Der Entzug der Genehmigung hat auf den Bestand des Mietverhältnisses keinen Einfluss, es sei denn, der Vermieter hat diesen zu vertreten.

65 Steht das betreffende Haus unter **Denkmalschutz**, ist die **Anbringung** von Schildern, Markisen, Warenautomaten und Leuchtreklame **genehmigungspflichtig**. Das Gleiche gilt bei einem **Ensembleschutz**, d.h., dass ein in der Nachbarschaft befindliches Haus unter Denkmalschutz steht. Auch dann sind Änderungen am Nicht-Denkmal in der Regel, je nach Landsgesetz, genehmigungsbedürftig. Die Behörde muss eine Interessenabwägung im Einzelfall vornehmen. Das Erscheinungsbild des Denkmals darf nicht beeinträchtigt werden.

---

[76] *Fritz* Gewerberaummietrecht Rdnr. 180.

Praxistipp:
Hierbei sollte der Antragsteller aber genau in die **Denkmalschutzbeschreibung** schauen, ob wirklich das ganze Gebäude, insbesondere die Fassade unter Denkmalschutz steht oder nur ein innen liegender Teil bspw. eine besondere Treppe, Wandtäfelung etc.

4. Aufzüge

Der Mieter ist grundsätzlich berechtigt, einen vorhandenen Aufzug zu nutzen, einer ausdrücklichen Vereinbarung, dass der Fahrstuhl mitvermietet ist, bedarf es nicht. Der Mieter darf den Aufzug bis zur vorgeschriebenen Maximalbeladung auch für **Transporte** nutzen. Der Aufzug stellt in Immobilien mit einer Vielzahl von Stockwerken eine absolute Notwendigkeit dar. Die **Pflicht, einen Aufzugs vorzuhalten**, ist seit den 70er Jahren in den **Landesbauordnungen** verankert, bspw. Art. 37 Abs. 4 BayBO. Der Aufzug muss vom Vermieter **rund um die Uhr** (24/7/365) in Betrieb gehalten werden.[77] Es ist einem Vermieter zuzumuten, für die Instandsetzung bzw. Neuherstellung eines Fahrstuhls den **Gewinn** aus den Mieteinnahmen **eines Jahres** aufzuwenden, insbesondere, wenn dies gleichzeitig zu einer Wertsteigerung der Immobilie führt.[78] Ausnahmsweise soll eine Stilllegung in Betracht kommen, wenn der Aufzug lediglich dem Luxuskomfort der Mieter dient und deshalb wichtige Belange der Mieter nicht entgegenstehen.[79] 66

Die Klausel „Für etwaige, durch die Benutzung des Fahrstuhls entstehende **Schäden** haftet der Vermieter nur, soweit ihn vorsätzliches oder grob fahrlässiges **Verschulden** trifft", ist sowohl als Verstoß gegen § 309 Ziffer 7a BGB unwirksam, da die Verletzung von Leben, Körper, Gesundheit mit umfasst ist, als auch gem. § 307 BGB, da diese Klausel eine unangemessene Benachteiligung des Mieters darstellt. 67

5. Statik/bauliche Voraussetzungen

Der Vermieter hat die Räumlichkeiten so herzurichten, dass sie die für den in Aussicht genommenen Gewerbebetrieb erforderlichen Eigenschaften besitzen. Dies beinhaltet sehr oft die Sorge um die ausreichende **Tragfähigkeit der Decken**.[80] Soweit es sich bei den aufzustellenden Gegenständen um **verkehrsübliche Einrichtungen** handelt, bspw. die Röntgengeräte beim Radiologen, soll es dem Vermieter grundsätzlich **nicht** erlaubt sein, dieses **Risiko** auf den Mieter **abzuwälzen**.[81] Eine Beschreibung der Tragfähigkeit der Decken im Mietvertrag führt zur Definition des Leistungsumfangs auf Seiten des Vermieters. 68

Die Verpflichtung, dass die Mieträume bauseitig für die vorgesehene Nutzung geeignet sein müssen, gilt genauso für die **Zugänge und Zufahrten**[82] zum Objekt. Richtet der Vermieter die Räumlichkeiten **auf Wunsch des Mieters** ein, kann dadurch die **Haftung ausgeschlossen** sein. Insbesondere soll der Vermieter verpflichtet sein, alle Arbeiten, die nach baupolizeilichen Vorschriften oder allgemeiner Verkehrsanschauung während der Mietzeit erforderlich sind, ausführen.[83] 69

6. Rauchverbot

Immer wieder in den letzten Jahren diskutiert: Das Rauchen in den Mieträumen – wann kann der Vermieter es **verbieten** und wann steht dem Vermieter ein **Schadensersatzanspruch** zu. Das **Schadensersatz-Hintertürchen**, das der BGH sich 2006[84] für die Behandlung des 70

---

[77] OLG Frankfurt a. M NZM 2004, 909; LG Berlin ZMR 1986, 89.
[78] OLG Hamburg NJW 1976, 1320.
[79] Schmidt-Futterer/*Eisenschmid* § 535 Rdnr. 282.
[80] BGH WM 1964, 184.
[81] *Fritz* Gewerberaummietrecht Rdnr. 72.
[82] OLG Düsseldorf ZMR 2003, 107.
[83] Schmidt-Futterer/*Eisenschmid* § 535 Rdnr. 309.
[84] BGH NZM 2006, 692.

Raucherexzesses offen gelassen hatte, hat er 2008 geschlossen.[85] Rauchen in einer Mietwohnung geht dann über den vertragsgemäßen Gebrauch hinaus und begründet eine Schadensersatzpflicht des Mieters, wenn dadurch Verschlechterungen der Wohnung verursacht werden, die sich **nicht mehr durch Schönheitsreparaturen** i. S. des § 28 IV 3 II der II. BerechnungsVO beseitigen lassen, sondern darüber hinausgehende Instandsetzungsarbeiten erfordern. Das gilt unabhängig davon, ob ein Renovierungsbedarf bereits vorzeitig entsteht. Faktisch wird ein derartiger ersatzfähiger Schaden wohl nie vorliegen. Es verbleibt eine **Verkürzung der Renovierungsabstände** bei wirksam übertragenen Schönheitsreparaturen. Das lässt sich genauso auf das Gewerberaummietverhältnis **übertragen**.

71 Erhebliche **Unterschiede zwischen Wohn- und Gewerberaummietrecht** können sich allerdings bei der Frage der **formularmäßigen Untersagung** des Rauchens in den gemieteten Räumlichkeiten auftun. Ist nichts geregelt, gehört das Rauchen in den gemieteten Gewerberäumen, da keine öffentlich-rechtlichen Vorschriften dem entgegenstehen, grundsätzlich zum **sozialadäquaten Mietgebrauch**. Die Parteien können etwas anderes vereinbaren, dies hat der BGH sogar für Mietwohnungen, die diesbezüglich sicher unter einem stärkeren Schutz aus Art. 13 GG stehen, in seinem ersten „Raucher-Urteil" ausdrücklich festgehalten.

72 Ein generelles und ausnahmsloses formularvertragliches Rauchverbot wird im Wohnraummietrecht gegen § 307 BGB verstoßen, weil ein solches Verbot wesentliche Rechte des Mieters aus Art. 2 GG derart einschränkt, dass der Vertragszweck gefährdet ist.

73 Dies soll auch für das Gewerberaummietrecht gelten, da so ggf. ein bestimmter Kunden- oder Mitarbeiterkreis von vornherein ausgeschlossen wird, was den Mieter unangemessen belasten würde.[86] Was ist allerdings, wenn dem handfeste Gründe des Vermieters entgegenstehen, bspw. eine installierte **Rauchmeldeanlage**, die an einen **Sprinkler** gekoppelt ist und die sich beide aktivieren, sobald jemand eine Zigarette anzündet? Ein irrtümlich aktivierter Sprinkler kann insbesondere an sensibler technischer Einrichtung **erhebliche Schäden** anrichten. Hier wird der Vertragszweck durch eine irrtümlich ausgelöste Sprinkleranlage deutlich stärker beeinträchtigt als dadurch, dass ein Mieter, seine Mitarbeiter oder Kunden nicht rauchen dürfen, sondern dafür auf die Straße gehen müssen. Das Gleiche mag schon für eine Rauchmeldeanlage ohne Sprinkler gelten, wenn ansonsten eine Vielzahl von Personen, durch den Rauchalarm aufgeschreckt, die Mietsache oder das ganze Gebäude verlassen müssen. Im Ergebnis ist der Gewerberaum nicht die Bastion der Raucher, die die Wohnung ist.

Individualvertraglich können die Parteien immer ein Rauchverbot vereinbaren.[87] Die von den Ländern erlassenen **Nichtrauchergesetze** berechtigen keinen Gastwirt u. ä. zur Kündigung des Mietverhältnisses oder dazu, eine Vertragsanpassung gem. § 313 BGB zu verlangen.[88]

7. Erweiterung des Geschäfts/Sortiments

74 Ob eine von dem Mieter von Geschäftsräumen beabsichtigte **Geschäftserweiterung** dem Zweck des Mietvertrages widerspricht und daher **vertragswidrig** ist, muss unter Würdigung aller Umstände des Einzelfalles nach den Grundsätzen von Treu und Glauben entschieden werden.[89]

75 Ein vertragswidriger Gebrauch kann nur dann bejaht werden, wenn der Vermieter nach den Grundsätzen von Treu und Glauben nicht **verpflichtet** ist, einer Änderung oder Erweiterung des vereinbarten Mietgebrauchs **zuzustimmen**, und zwar unabhängig davon, ob ein ausdrücklicher **Erlaubnisvorbehalt** des Vermieters vereinbart ist oder nicht.[90] Der Mieter hat ein grundsätzlich zu berücksichtigendes **wirtschaftliches Interesse** an der Ausweitung seines

---

[85] BGH NZM 2008, 318.
[86] *Paschke* NZM 2008, 265; Schmid-Futterer/*Eisenschmid* § 535 Rdnr. 463.
[87] *Stapel* NZM 2000, 595.
[88] *Paschke* NZM 2008, 265.
[89] BGH BB 1954, 246.
[90] OLG Düsseldorf NJWE-MietR 1996, 126, Fan- und Sportartikelverkauf im Herrenfriseursalon zur Gewinnung jüngerer Kundschaft; BGH NJW 1961, 307.

Sortiments, insbesondere wenn dies existenznotwendig ist. Eine Abänderung/Erweiterung des vereinbarten Mietgebrauchs kann der Vermieter nur dann verweigern und verhindern, wenn seine legitimen Interessen dadurch beeinträchtigt werden. Dies ist vor allem dann der Fall, wenn **Konkurrenzschutzansprüche** anderer Mieter entgegenstehen oder der **Wert der Immobilie** reduziert wird.

8. Genehmigungen/öffentlich-rechtliche Zulässigkeit des Mietgebrauchs

Die öffentlich-rechtliche Zulässigkeit des jeweiligen Betriebes der Mietsache fällt grundsätzlich ohne anderweitige Vereinbarung in den Verantwortungsbereich des Vermieters, soweit diese von der Beschaffenheit der Mietsache abhängt. Der Vermieter muss die erforderlichen Bau- und Nutzungsgenehmigungen beschaffen, da er seine Verpflichtung zur Gebrauchsgewährung ohne diese Genehmigungen gar nicht erfüllen könnte.[91] 76

Es entspricht der allgemeinen Auffassung in der Rechtsprechung und Literatur, dass öffentlich-rechtliche Gebrauchshindernisse und Beschränkungen Fehler der Mietsache im Sinne des § 536 BGB sind, wenn sie mit der Art, Lage und Beschaffenheit der Mietsache zusammenhängen.[92] Gewerblich genutzte Räume befinden sich nur dann in einem zum vertragsgemäßen Gebrauch geeigneten Zustand, wenn der Aufnahme des vertraglich vorgesehenen Gewerbebetriebs keine öffentlich-rechtlichen Hindernisse entgegenstehen.[93] Notfalls muss der Vermieter die von der Behörde verlangten baulichen Maßnahmen durchführen. Beschränkungen, die ihren Grund in der Person des Mieters oder seiner betrieblichen Betätigung haben, sind von dem Mieter zu vertreten. 77

Nach dem Gesetz ist es grundsätzlich Sache des Vermieters, die für die Nutzung der Mietsache zu dem vereinbarten Gebrauch notwendigen Genehmigungen zu beschaffen. Anders verhält es sich bei der Gaststättenerlaubnis, die eine persönliche Genehmigung ist, deren Erteilung in erster Linie von der Person des Mieters und deren Zuverlässigkeit abhängt, vgl. § 4 Abs. 1 S. 1 GaststättenG. 78

Durch einen Formularvertrag soll nichts anderes bestimmt werden können; insbesondere soll es nicht zulässig sein, durch Formularvertrag das Risiko der Versagung der erforderlichen behördlichen Genehmigungen voll auf den Mieter abzuwälzen.[94] Ausnahmen sind allerdings anerkannt worden für Risiken aus der Person oder dem Betrieb des Mieters.[95] Wird ein Haftungsausschluss vereinbart, der nach seinem Wortlaut nicht zwischen Genehmigungen, die alleine das Objekt betreffen und solchen, die von der Person des Mieters abhängen, differenziert, ist die Klausel nach der hier vertretenen Auffassung insgesamt unwirksam (Verbot der geltungserhaltenden Reduktion).[96] Fritz möchte die Klausel mit der Einschränkung aufrecht erhalten, dass den Mieter dennoch die Verantwortung für die persönlichen Genehmigungen trifft, da der Mieter stets die persönlichen Voraussetzungen schaffen muss, die ihn zur Nutzung des Mietobjekts berechtigen. Deshalb sei die einschränkende Auslegung zweckentsprechend und würde den Mieter auch nicht unangemessen benachteiligen.[97] 79

Praxistipp:
Der Vermieter sollte in seinem Mietvertrag zwischen dem genehmigten Bestand, Genehmigungen die sich auf die Person/den individuellen Betrieb des Mieters beziehen und Genehmigungen, die notwendig werden, weil der Mieter seine Nutzung ändern will, differenzieren. Der Vermieter muss

---

[91] Emmerich/Sonnenschein/*Emmerich* § 536 Rdnr. 11.
[92] BGH NJW 1980, 777; OLG Düsseldorf ZMR 1993, 275; OLG Düsseldorf NZM 2003, 556; Schmidt-Futterer/*Eisenschmid*, § 536 Rdnr. 59.
[93] BGH NJW-RR 1987, 906; Emmerich/Sonnenschein/*Emmerich* § 536 Rdnr. 11.
[94] BGH NJW 1988, 2664; OLG Düsseldorf ZMR 1992, 446; LG Berlin NJW-RR 2002, 1450; Staudinger/*Emmerich* § 536 Rdnr. 21.
[95] Staudinger/*Emmerich* § 536 Rdnr. 22.
[96] BGH ZMR 1988, 376, anders: OLG Frankfurt WuM 1987, 143 und *Fritz* Gewerberaummietrecht Rdnr. 177.
[97] *Fritz* Gewerberaummietrecht Rdnr. 177.

klarstellen, dass er für die Eignung des Gebäudes hinsichtlich Lage und Substanz zum Betrieb des vom Mieter geplanten Gewerbes einsteht. Alles andere kann er dem Mieter übertragen. Es ist nur legitim, dass der Mieter für alle Genehmigungen verantwortlich sein soll, die erforderlich werden, weil er den Umfang und die Art seiner Nutzung ändern will. Dies muss dann allerdings einhergehen mit einem restriktiv formulierten Mietzweck, ansonsten würde der Vermieter etwas begrenzen, was er eigentlich gewähren muss. Es empfiehlt sich für den Vermieter, dass er bei einem Mieterumbau individualvertraglich klarstellt, dass der Mieter für durch den Umbau erforderliche Genehmigungen verantwortlich ist und gleichzeitig erklärt, dass der Vermieter für den vor Umbau bestehenden Zustand haftet.

80 Öffentlich-rechtliche Gebrauchshindernisse sind dann ein Mangel der Mietsache, wenn die Beschränkungen ihre konkrete Ursache gerade in der Beschaffenheit der Mietsache und/oder deren Beziehung zur Umwelt haben und nicht in den persönlichen oder betrieblichen Umständen des Mieters.[98] Es liegt bspw. ein Mangel der Mietsache vor, wenn die **Gaststättenkonzession** wegen des Zustandes der Räume (Höhe, Schallschutz) oder fehlendem Brandschutz verweigert wird.[99]

81 **Kein Mangel** der Mietsache und damit auch keine Gebrauchsbeeinträchtigung liegt vor, wenn die Behörde trotz Verstoßes gegen ihre Bestimmungen und Richtlinien den von den Parteien vereinbarten Gebrauch der Mietsache **duldet**.[100] Die Androhung einer Maßnahme kann jedoch dann einen Mangel begründen, wenn sie zu einer Ungewissheit über die Möglichkeit des künftigen Gebrauchs führt und hierdurch gegenwärtige Interessen des Mieters beeinträchtigt sind.[101]

82 Die Nutzungsuntersagung mit Zwangsmittelandrohung soll den Mieter zu einer fristlosen Kündigung ohne vorherige Abmahnung des Vermieters, § 543 Abs. 1, 3 BGB, berechtigen.[102] Der Mieter soll sich nicht auf einen Rechtsstreit mit der Behörde einlassen müssen. Hiervon muss allerdings dann eine Ausnahme gemacht werden, wenn der Vermieter die Risiken und die Kosten des verwaltungsgerichtlichen Verfahrens übernimmt und gleichzeitig unverzüglich mit der Beseitigung etwaiger Mängel beginnt. Von einem gewerblichen Mieter kann erwartet werden, dass er eine behördliche Verfügung kritisch auf ihre Rechtmäßigkeit hinterfragt, die tatsächlichen Umstände würdigt und sich rechtlich beraten lässt. „Blinder" Gehorsam ist fehl am Platz. Es sollte also eine Einzelfallentscheidung bleiben, ob dem Mieter ein fristloses Kündigungsrecht und insbesondere ohne Abmahnung zusteht oder nicht. Der Mieter ist gut beraten, den Vermieter zumindest zu informieren bzw. dem Vermieter eine Frist zur Abhilfe zu setzen. Der Vermieter kann aber durch eine entsprechende Klausel Vorsorge tragen, dass der Mieter zunächst das ihm Zumutbare tun muss, um eine öffentlich-rechtliche Gebrauchsbeschränkung abzuwehren.

Formulierungsvorschlag:

83 Beide Parteien werden im Rahmen des für sie jeweils Zumutbaren ihre rechtlichen und tatsächlichen Gestaltungsmöglichkeiten ausnutzen, um Einschränkungen der zum Betrieb des Gewerbebetriebs bestehenden bzw. erforderlichen öffentlich-rechtlichen Genehmigungen zu verhindern.

9. Ungeziefer

84 Die immer wieder anzutreffende Vereinbarung, dass es Pflicht des Mieters ist, die Mietsache von Ungeziefer freizuhalten, verstößt gegen § 307 BGB. Der Mieter, der die Mietsache

---

[98] BGH ZMR 1994, 253; KG Berlin MDR 2003, 622; Schmidt-Futterer/*Eisenschmid* § 536 Rdnr. 59.
[99] BGH NJW-RR 1987, 906; KG Berlin MDR 2003, 622; OLG Düsseldorf NJW-RR 1988, 1424 und ZMR 1993, 275 und ZMR 1994, 253.
[100] OLG Düsseldorf NZM 2003, 556; OLG Köln OLGR 1998, 93; OLG Nürnberg NZM 1999, 419.
[101] BGH NJW 1971, 555; OLG Düsseldorf NZM 2003, 556.
[102] BGH NJW-RR 1987, 906; OLG Düsseldorf DWW 1993, 99; Schmidt-Futterer/*Blank* § 543 Rdnr. 19.

nicht ausschließlich alleine in Besitz hat, wäre so verpflichtet eine Verseuchung zu beseitigen, die der Vermieter oder ein anderer Mieter verursacht hat. Das ist unangemessen.

Zulässig ist eine Klausel, nach der der Mieter zur Beseitigung verpflichtet ist und für Schäden haftet, wenn der Vermieter dem Mieter nachweist, dass die Verseuchung aus der Sphäre des Mieters stammt (Sphärentheorie s. o.). Dem Mieter bleibt es dann unbenommen, zu beweisen, dass die Ursache eine andere ist.

10. Rohrleitungen

Die Pflicht des Mieters, sämtliche Zu- und Abflussleitungen vor Verstopfungen, Einfrieren u. ä. Beschädigungen zu bewahren, ist unwirksam. Der Mieter kann i. d. R nur die Leitungen in seiner Mieteinheit schützen und nicht die im gesamten Gebäude. Zum Schutz der Leitungen in seinen Miträumen ist er ohnehin verpflichtet. Zahlt der Mieter die Leitungswasserversicherung über seine Betriebskosten, muss der Vermieter erst den Gebäudeversicherer und nicht den Mieter auf Schadensausgleich in Anspruch nehmen (versicherungsrechtliche Lösung).[103]

VII. Mieterpflicht zur Duldung von Erhaltungsmaßnahmen, §§ 554 Abs. 1, 578 Abs. 2 BGB

1. Einleitung

Die Pflicht des Mieters zur Duldung von Instandsetzungs- und Instandhaltungsmaßnahmen gem. § 554 Abs. 1 BGB gilt über den Verweis in § 578 Abs. 2 BGB auch für den Gewerberaummieter. Dies rechtfertigt sich daraus, dass die Erhaltungsmaßnahmen nur dazu dienen, den status quo zu sichern, also die Mietsache in dem Zustand zu erhalten, den sie vertragsgemäß haben soll. Die Beschaffenheit der Mietsache wird nicht verbessert wie bei Modernisierungsmaßnahmen. Gesetzlich vorgeschriebene Maßnahmen sollen von § 554 BGB nicht erfasst werden; diese soll der Mieter gem. § 242 BGB dulden müssen.[104] Es mag dahinstehen, ob die Differenzierung praktikabel ist. Im Ergebnis steht die Duldungspflicht des Mieters.

2. Zu duldende Maßnahmen

Instandsetzungs- und Instandhaltungsmaßnahmen umfassen Arbeiten zur Vermeidung und Behebung baulicher Mängel, die durch Verschleiß, Alterung, Witterungseinflüsse, Einwirkungen Dritter etc. eingetreten sind oder eintreten könnten. Gem. § 554 Abs. 1 BGB hat der Gewerberaummieter auch sowohl vorbeugende Instandhaltungsmaßnahmen als auch modernisierende Instandsetzungsmaßnahmen zu dulden.

Der Austausch einer defekten Lüftungsanlage fällt genauso darunter, wie das Tapezieren und Anstreichen der Wände und Decken, das Erneuern bzw. Abschleifen der Fußböden, das Streichen der Fenster und Türen von innen und außen – so die Vornahme von Schönheitsreparaturen nicht dem Mieter auferlegt ist.

Ist die Lüftungsanlage lediglich aufgrund der gesteigerten Mieteransprüche nicht ausreichend dimensioniert, ist dies keine Erhaltungs- sondern eine Modernisierungsmaßnahme. Kommt beides zusammen, spricht man von einer modernisierenden Instandsetzungsmaßnahme. Liegt allerdings der Schwerpunkt der Maßnahme im Bereich der Modernisierung/ des Ersatzes durch eine höherwertige Einrichtung, bspw., wenn die neue Lüftungsanlage mit einer Klimatisierungsautomatik verbunden wird, ist nicht Abs. 1 sondern § 554 Abs. 2 BGB einschlägig.[105]

Der Vermieter kann sich gegenüber dem Mieter auf § 554 Abs. 1 BGB berufen, selbst wenn die Maßnahme die Räumlichkeiten des Mieters gar nicht direkt tangiert, sondern das

---

[103] BGH NZM 2005, 100.
[104] Staudinger/*Emmerich* § 535 Rdnr. 2; Blank/Börstinghaus/*Blank* § 535 Rdnr. 1.
[105] LG Berlin GE 2007, 652 – Fenstererneuerung.

sonstige Gebäude oder die Außenanlage betroffen sind.[106] Dies gilt allerdings nicht für bauliche Veränderungen am Nachbargebäude, selbst wenn der Vermieter/Eigentümer identisch ist.[107]

3. Informationspflicht des Vermieters

92 Der Vermieter muss die Erhaltungsmaßnahmen in angemessener Zeit vorher ankündigen. Die Form- und Fristvorschriften für Modernisierungsmaßnahmen, § 554 Abs. 3 BGB, gelten nicht, auch nicht analog, da gerade Reparaturmaßnahmen oft deutlich schlechter planbar sind und plötzlich notwendig werden, so dass die Ausgangslage schon eine ganz andere ist.

4. Umfang der Duldungspflicht

93 Duldung bedeutet das passive Verhalten des Mieters in Kenntnis der Vermietermaßnahmen, ohne diese zu behindern.[108] Darüber hinaus muss der Mieter dem Vermieter und seinen Beauftragten, also Handwerker, Architekt etc. den **Zutritt** zu den Mieträumen gestatten. Dies gilt nicht nur für die eigentliche Bauphase, sondern auch schon in der Vorbereitungs- und Planungsphase. Die Grenze wird auch hier da zu ziehen sein, wo der Vermieter die Instandhaltungsmaßnahme zur **Schikanierung** seines Mieters nutzt, §§ 242, 226 BGB. Der Mieter muss nur das dulden, was „erforderlich" ist.

94 Der Mieter hat ferner die **Lästigkeiten**, die mit einer solchen Erhaltungsmaßnahme verbunden sind, wie **Lärm, Schmutz und Staub**, Immissionen i. S. d. § 906 BGB, Sperrung von Gas, Strom oder Wasser, Einschränkung durch das Baugerüst etc. zu tolerieren. Unter Umständen kann der Mieter auch zur vorübergehenden Räumung der Gewerberäume verpflichtet sein.

95 Die Duldungspflicht des Mieters aus § 554 Abs. 1 BGB bezieht sich nur auf die Durchführung der Maßnahme als solche. Ist die Instandhaltungsmaßnahme mit einer **dauerhaften Veränderung der Mietsache** verbunden, bspw. einer Reduktion der Mietfläche oder einer eingeschränkten Nutzbarkeit der Mietsache, ist die Frage der Duldung durch den Mieter keine des § 554 BGB, sondern des Gewährleistungsrechts und von § 242 BGB.

96 Auch der **Untermieter** ist zur Duldung der Modernisierung verpflichtet. Der Vermieter kann – mangels eines eigenen Anspruchs gegenüber dem Untermieter – vom Mieter verlangen, dass dieser den Untermieter zur Duldung gem. § 554 Abs. 1 veranlasst.

97 Gleichzeitig ist der **Vermieter verpflichtet,** auf die Interessen des Mieters im Rahmen des für den Vermieter Vertretbaren **Rücksicht zu nehmen,** § 241 Abs. 2 BGB. Dies kann bspw. bedeuten, dass der Vermieter in Gewerberaumeinheiten versuchen muss, die besonders störungsintensiven Arbeiten auf das **Wochenende** zu verlegen, selbst wenn dies mit Mehrkosten verbunden ist. Für die Beantwortung der Frage, ob der Mieter die Wochenendarbeit verlangen kann, müssen den Mehrkosten die begründeten Mietminderungen gegenüber gestellt werden.

5. Mitwirkungspflicht des Mieters

98 Streitig ist, ob und in welchem Umfang der Mieter eine Mitwirkungspflicht hat und inwiefern eine solche durch Formularklausel begründet werden kann. Grundsätzlich beschränkt sich die Pflicht des Mieters auf passives Stillhalten.[109] Darüber hinaus sollen den Mieter nach h. M. aber bereits ohne vertragliche Absprache geringe Mitwirkungspflichten aus § 242 BGB treffen:[110] Der Mieter muss also seine Aktenordner selbst in Kartons einräumen und so sichern, dass der Vermieter den notwendigen Transport durchführen kann.[111] Der Mieter kann für die eigenen Angestellten (Ersatz der Lohnansprüche für die

---

[106] MünchKomm/*Bieber* § 554 Rdnr. 10.
[107] Blank/Börstinghaus/*Blank* § 535 Rdnr. 4.
[108] KG Berlin NJW-RR 1988, 1420.
[109] LG Berlin NJW-RR 1996, 1163; Schmidt-Futterer/*Eisenschmid* § 554 Rdnr. 39.
[110] Blank/Börstinghaus/*Blank* § 554 Rdnr. 40 m. w. N.
[111] Schmidt-Futterer/*Eisenschmid* § 554 Rdnr. 39.

„nutzlose Einpackzeit") bzw. für das Umzugsunternehmen, das dies übernimmt, auch keine Kostenerstattung verlangen. Dies gilt allerdings nicht für die Kosten einer eventuellen Einlagerung; diese muss – ohne abweichende vertragliche Abrede – der Vermieter tragen. Nach weitergehender Auffassung soll der Mieter sogar zum Herrichten der Räume für eine reibungslose Durchführung der Maßnahme verpflichtet sein.[112]

Allerdings wird auch das genaue Gegenteil vertreten, nämlich, dass der Mieter zu gar nichts verpflichtet ist.[113] Nach der letztgenannten Auffassung soll es sogar unwirksam sein, wenn die Parteien formularvertraglich eine Mitwirkungspflicht des Mieters vereinbaren.[114]

Dem kann nicht gefolgt werden. Diese letzte genannte Auffassung klammert sich zu stark an den gesetzlichen Wortlaut „Duldung". Dies wird der Interessenlage gerade im Gewerberaummietrecht, wo von einer erhöhten Abnutzung durch den Mieter und damit kontinuierlichen Reparatur- und Instandhaltungsmaßnahmen ausgegangen werden muss, nicht gerecht. Es ist im Interesse des Mieters, dass der Vermieter seiner Erhaltungspflicht nachkommt. Die Nachteile durch geringe Mitwirkungspflichten des Mieters sind überschaubar. Die meisten Mieter werden dies ohnehin von sich aus tun. Wenn der Vermieter die gesamten Schönheitsreparaturen sowie weitgehende Instandhaltungs- und Instandsetzungspflichten auf den Mieter übertragen kann, ist es nicht nachvollziehbar, wieso die Übertragung von Pflichten, die den Mieter in viel geringerem Maße belasten, eine unangemessene Benachteiligung sein sollen. Dafür spricht auch die gesetzliche Gestaltung, dass § 554 Abs. 5 BGB von § 278 Abs. 2 BGB gerade nicht in Bezug genommen wird.

Muster: Duldungsklausel

1. Der Vermieter darf Ausbesserungen, Verbesserungen und bauliche Veränderungen, die zur Erhaltung oder Unterhaltung oder zur Abwendung drohender Gefahren oder zur Beseitigung von Schäden notwendig oder zweckmäßig sind, auch ohne Zustimmung des Mieters vornehmen. Vorstehendes gilt für Veränderung des Gebäudes oder der Mietsache, wenn diese notwendig oder zweckmäßig ist, um das Gebäude oder die Mietsache auf dem jeweils gültigen technischen Standard zu halten oder auf diesen zu bringen.
2. Der Mieter hat die in Betracht kommenden Räume zugänglich zu halten, er darf die Ausführung der Arbeiten nicht behindern oder verzögern. Insofern dies notwendig und zumutbar ist, hat der Mieter Möbel zu verrücken und ggf. auch die Räume vorübergehend zu räumen.
3. Der Vermieter verpflichtet, sich bei Maßnahmen die Interessen des Mieters angemessen zu berücksichtigen. Der Vermieter wird auf den Betrieb des Mieters Rücksicht nehmen und die Arbeiten innerhalb angemessener Frist ankündigen und ausführen.
4. Wegen Maßnahmen gemäß Absatz 1 stehen dem Mieter Mietminderungs- oder Schadensersatzansprüche nur insofern und insoweit zu, als sie mit einer länger als zwei Wochen anhaltenden erheblichen Beeinträchtigung des Betriebes des Mieters verbunden sind. Eine erhebliche Beeinträchtigung liegt zumindest dann vor, wenn der Gebrauch der Mieträume ganz oder überwiegend unmöglich wird. Schadensersatzansprüche stehen dem Mieter nur bei Vorsatz oder grober Fahrlässigkeit des Vermieters oder seiner Erfüllungsgehilfen zu. Die Haftung des Vermieters für Schäden aus der Verletzung des Lebens, des Körpers oder der Gesundheit, die auf einer fahrlässigen Pflichtverletzung des Vermieters oder einer vorsätzlichen oder fahrlässigen Pflichtverletzung eines gesetzlichen Vertreters oder Erfüllungsgehilfen des Vermieters beruhen, bleibt unberührt.

6. Kompensation, Mietminderung, Kündigungsrecht

Aufwendungen, die der Mieter infolge einer Erhaltungsmaßnahme machen musste, hat der Vermieter zu ersetzen, § 554 Abs. 4 BGB. Zu ersetzen sind Reinigungs- und Einlagerungskosten, der Mehraufwand für das Anmieten externer Büro- oder Besprechungsräume.

---

[112] *Schläger* ZMR 1985, 193; *ders.* ZMR 1986, 348.
[113] Emmerich/Sonnenschein/*Emmerich* § 554 Rdnr. 6 und 17; Lindner-Figura u. a./*Wolf* Kap. 13 Rdnr. 162.
[114] Lindner-Figura u. a./*Wolf* Kap. 13 Rdnr. 162.

Die Kosten einer Anschlussrenovierung sind nicht zu tragen, wenn dem Mieter nach dem Mietvertrag ohnehin die Schönheitsreparaturen obliegen und diese fällig gewesen wären. Waren sie noch nicht notwendig, müssen die Parteien sich über eine anteilige Kostenübernahme einigen.

> **Praxistipp:**
> Der Vermieter-Rechtsanwalt sollte seinem Mandanten die genaue, ggf. auch fotografische Aufnahme der Mieträume vor der Maßnahme empfehlen. Ansonsten ist der nachträgliche Nachweis eines Abzugs für ohnehin fällige Mieterrenovierungen quasi unmöglich.

103 Die Gewährleistungsrechte des Mieters gem. §§ 536 ff. BGB werden durch die Duldungspflicht nicht berührt. Der Mieter kann mindern und Schadensersatz geltend machen. Für den Schadensersatz braucht es eine Pflichtverletzung des Vermieters. Alleine, dass der Vermieter die Erhaltungsmaßnahme veranlasst hat, genügt nicht. Es liegt nämlich gerade nicht im Belieben des Vermieters, eine Maßnahme nach § 554 Abs. 1 BGB durchzuführen oder nicht. Das ist der große Unterschied zur Modernisierung. Der Vermieter muss eine vertragsgemäße Nutzungsmöglichkeit gewährleisten, dazu muss er Reparaturen vornehmen. Die Anwendbarkeit des Aufwendungsanspruchs gem. § 554 Abs. 4 BGB auf Maßnahmen nach Abs. 1 würde keinen Sinn ergeben, wenn der Vermieter quasi verschuldensunabhängig ohnehin nach § 536a Abs. 1 2. Alt. BGB haften würde.[115] Der Mieter hat einen Anspruch gegen den Vermieter gem. § 536a Abs. 1 2 Alt. BGB wenn die Bauausführung mangelhaft ist und bspw. die erhebliche Staubentwicklung die EDV des Mieters beschädigt

7. Prozessuale Durchsetzung

104 Selbst wenn dem Vermieter erhebliche wirtschaftliche Nachteile drohen, bspw. durch die Verzögerung der Baumaßnahme oder den Verlust von fristgebundenen Fördermitteln, kann er seinen Anspruch auf Duldung einer Instandsetzungsmaßnahme, §§ 554 Abs. 1, 578 Abs. 2 BGB, nach der überwiegenden Auffassung **nicht mittels einer einstweiligen Verfügung** durchsetzen.[116] Diese wirtschaftlichen Nachteile reichen für eine Leistungsverfügung nicht aus. Eine einstweilige Verfügung kommt nur in Betracht, wenn die Maßnahme zur Abwendung eines Schadens an der Mietsache selbst, bspw. wegen eines Sturmschadens, Wasserrohrbruchs etc. notwendig ist und die Rechtsgüter der Gesundheit anderer Mieter und das Eigentum des Vermieters gegenüber den Interessen des Mieters an der Unverletzlichkeit seiner Wohnung **überwiegen**. Im Hauptsacheverfahren muss der Vermieter lediglich zu Art und Umfang der Maßnahme vortragen und die Erforderlichkeit unter Beweis stellen. Eine Abwägung wie bei Modernisierungsmaßnahmen, § 554 Abs. 2 BGB, findet nicht statt.

VII. Obhutspflichten

1. Überblick

105 Unter Obhutspflichten wird die Pflicht des Mieters gegenüber dem Vermieter zum **sorgsamen Umgang** mit der Mietsache subsumiert. Auch wenn diese nicht ausdrücklich im BGB stehen, so geht das Gesetz doch immanent davon aus, dass den Mieter diese vertraglichen **Nebenpflichten** treffen sollen. Die Befugnis zum vertragsgemäßen Gebrauch und die Obhutspflicht bestehen nebeneinander und bilden die Grenzen der jeweiligen Rechte und Pflichten („**Wohnen und Schonen**").[117] Der Mieter darf grundsätzlich beliebig **schwere Bü-**

---

[115] Blank/Börstinghaus/*Blank* § 554 Rdnr. 61; Schmidt-Futterer/*Eisenschmid* § 554 Rdnr. 342; MünchKomm/*Bieber* § 554 Rdnr. 8.
[116] H.M.: Schmidt-Futterer/*Eisenschmid* § 554 Rdnr. 357; Staudinger/*Emmerich* § 554 Rdnr. 61; a.A. MüKo/*Schilling* § 554 Rdnr. 44.
[117] Blank/Börstinghaus/*Blank* § 535 Rdnr. 548.

romöbel aufstellen, auch wenn dadurch Druckspuren im Bodenbelag verursacht werden. **Rauchen** innerhalb der gemieteten Räume ist grundsätzlich vertragsgemäß.[118]

Der Mieter muss dafür sorgen, dass die Belange des Eigentümers und der übrigen Mieter im Hinblick auf die **Sicherheit** des Hauses gewahrt werden; deshalb ist er beispielsweise verpflichtet, auf einen sorgsamen Verschluss der Hauseingangstüre zu achten. 106

2. Schließanlage

Die Obhutspflichten des Mieters im Zusammenhang mit der **Schließanlage** sollten im Mietvertrag ausdrücklich festgelegt werden: 107

Muster: Schließanlage

§ ...... Schlüssel, Codekarten, Versicherung

1. Bei Beendigung des Mietverhältnisses ist der Mieter verpflichtet, alle Schlüssel einschließlich etwaiger vom Mieter angefertigter Nachschlüssel und alle Codekarten dem Vermieter auszuhändigen.
2. Bei Nichtrückgabe trotz Mahnung und/oder Nachfristsetzung ist der Vermieter berechtigt, die Räume zu öffnen und die entsprechenden Schlösser/die Schließanlage auf Kosten des Mieters auszutauschen. Alle in diesem Zusammenhang anfallenden Kosten trägt der Mieter, dies gilt insbesondere für notwendige zusätzlich anzufertigende Schlüssel und Codekarten.
3. Der Verlust von Schlüsseln und Codekarten ist dem Vermieter bzw. seinem Beauftragten unverzüglich anzuzeigen.
4. Bei Verlust von Schlüsseln und Codekarten ist der Vermieter berechtigt, auf Kosten des Mieters Austauschschlösser nebst der erforderlichen Anzahl von Schlüsseln und Codekarten anfertigen zu lassen, wenn dies insbesondere zur Sicherheit der anderen Mieter erforderlich ist. Der Mieter wird eine Schlüsselverlustversicherung abschließen und während der gesamten Mietzeit aufrechterhalten. Er wird dies dem Vermieter unaufgefordert nachweisen.

Gerade wenn der Vermieter an **sicherheitsbewusste Mieter** vermietet wie Banken, Versicherungen, Anwaltskanzleien und die Immobilie deshalb über eine Schließanlage, ein Codekartensystem oder eine Alarmanlage verfügt, kann es sich anbieten, im Mietvertrag auch die Frage zu klären, wem der Mieter eine Codekarte aushändigen darf und wie **Missbrauch** zu behandeln ist, bspw. wenn ein Fehlalarm ausgelöst wird etc. Wenn der Vermieter die Haftung des Mieters hier gerade auch für Dritte unabhängig von einem Verschulden erweitern will, sollte er dies in einer **Individualvereinbarung** tun. 108

Formulierungsvorschlag:

Für die Folgen eines etwaigen Missbrauchs von Schlüsseln und Codekarten durch Angestellte und Mitarbeiter des Mieters bzw. Dritte, denen der Mieter Codekarten oder Schlüssel überlassen hat, haftet der Mieter. 109

3. Hygiene, schlechte Wetterbedingungen

Gemietete Räume hat der Mieter so zu reinigen und zu lüften, dass **hygienische Mindeststandards** gewahrt werden. Die Ausbreitung von Ungeziefer, Geruchsbelästigungen u. ä. sind zu verhindern. Der Mieter darf die Räume nicht derart vernachlässigen, dass eine Beschädigung der Bausubstanz zu befürchten ist, dies gilt insbesondere auch für die Lagerung von Materialien, Maschinen etc. im Keller. 110

---

[118] Siehe Rdnr. 70 ff.

111　Der Mieter hat die Fenster und Türen bei **Unwetter** und **Frost** zu schließen, mit Elektrizität und Gas sorgfältig umzugehen, die sanitären Anlagen schonend zu benutzen und bei **Abwesenheit** für die Betreuung der Gewerberäume zu sorgen.

112　Zwar hat in erster Linie der Vermieter die Pflicht, das **Einfrieren von Wasserleitungen** zu verhindern; deshalb soll der Mieter nicht haften, wenn in einem nicht beheizbaren Raum aufgrund starken Frostes eine Wasserleitung bricht.[119] Dennoch ist der Mieter auch in einem solchen Fall zu zumutbaren eigenen Vorkehrungen verpflichtet, wenn hierdurch ein Schaden abgewendet oder vermindert werden kann. Bei beheizbaren Räumen muss der Mieter die Geschäftsräume auch am Wochenende und nachts so ausreichend erwärmen, dass keine Frostschäden auftreten können. Bei einem **leerstehenden** Mietobjekt ist der Mieter grundsätzlich verpflichtet, die Wasserleitungsanlagen abzusperren, zu entleeren und entleert zu halten.

113　Die Obhutspflicht für seine Miträume kann der Mieter nicht einseitig auf den Vermieter zurückübertragen, wenn es sich insoweit um eine dem Mieter obliegende Vertragspflicht handelt.[120]

XIII. Verkehrssicherungspflichten

1. Begrifflichkeit und Umfang

114　Die Verkehrssicherungspflicht ist eine **deliktsrechtliche Verhaltenspflicht** zur Sicherung von Gefahrenquellen und zur Rücksichtnahme auf die Gefährdung anderer (**Zustandsverantwortlichkeit**). Verkehrssicherungspflichten sind großteils gesetzlich nicht geregelt, sondern von der Rechtsprechung entwickelt worden. Verkehrssicherungspflichten im Bereich des Mietrechts entstehen insbesondere durch die **Herrschaft über eine Gefahrenquelle**, nämlich dadurch, dass eine Sache im gefährlichen Zustand dem Verkehr ausgesetzt wird, sowie durch das Hervorrufen eines berechtigten Vertrauens in die Abwehr einer Gefahr, aber auch durch ein vorangegangenes gefährdendes Tun-Ingerenz. Eine gesetzliche Ausformung hat die Verkehrssicherungspflicht im Bereich der **Streupflicht** und des **Brandschutzes** erfahren.

115　Bei den Verkehrssicherungspflichten haben viele den Eindruck, sie könnten quasi **nie genug tun** und die Sorge, dass ihnen im Schadensfall vor Gericht vorgeworfen wird, dass sie nicht genug getan haben. Als Leitlinie hat der BGH hierzu entschieden, dass **nicht für alle denkbaren Möglichkeiten** des Schadenseintritts **Vorsorge** getroffen werden muss, da dies lebensfremd und nicht realisierbar ist. Es müssen aber solche Vorkehrungen getroffen werden, die nach den Sicherheitserwartungen des jeweiligen Verkehrs geeignet und zumutbar sind, Gefahren von Dritten abzuwenden.[121] Der Verantwortliche muss dass **tun, was ein vernünftig vorsichtiger Mensch für ausreichend halten darf, um andere vor Schaden zu bewahren**.[122] Verbleibende Zweifel gehen zu Lasten des Aufsichtspflichtigen.[123] Die Verkehrssicherungspflicht darf nicht zu einer Gefährdungs- oder Zufallshaftung des Aufsichtpflichtigen führen. Die Verkehrssicherungspflicht kann nicht an die Stelle des **allgemeinen Lebensrisikos** des Mieters treten. Es darf Schäden geben, die ein Mieter, ein Besucher etc. unverschuldet erleiden, ohne dass sie jemanden in Regress nehmen können. Je nach der Nutzung der Mietsache können sich die Anforderungen an die Verkehrssicherungspflicht im Laufe des Mietverhältnisses verändern.[124]

Der Verkehrssicherungspflichtige muss auch Vorkehrungen für unbefugtes und nicht ganz fern liegendes missbräuchliches Verhalten treffen.[125] Bei Kindern muss aber **nicht** mit dem Aufsichtsversagen der Erziehungsberechtigten gerechnet werden.[126]

---

[119] OLG Frankfurt NJW-RR 1991, 974.
[120] BGH NJW 1983, 1049.
[121] BGH NJW 1985, 1076.
[122] BGH NJW 1990, 1236.
[123] BGH MDR 1997, 738.
[124] *Sonnenschein* NJW 1997, 1270.
[125] BGH VersR 1964, 825; OLG Nürnberg NJW-RR 2002, 448.
[126] BGH NJW 2006, 2326.

Praxistipp:
Bei Rechtsstreitigkeiten wegen der Verletzung einer Verkehrssicherungspflicht kommt es oft entscheidend darauf an, wie gut die Überwachung der Gefahrenquelle dokumentiert wurde. Der Anwalt tut gut daran, seinen Vermieter-Mandanten darauf hinzuweisen, hier sorgfältig vorzugehen. Größere Vermietungsunternehmen bedienen sich oft einer extra EDV, um die Überwachung auch Jahre danach beweisen zu können. Die handgeschriebene Liste tut es auch, ist sogar authentischer, sie darf nur nicht verloren gehen.

2. Verkehrssicherungspflicht des Eigentümers

Die Verkehrssicherungspflicht trifft zunächst einmal den Gebäudeeigentümer und damit in der Regel den Vermieter. Er ist es, der denn **Verkehr auf dem Grundstück eröffnet** und somit die Gefahrenquelle beherrscht. Der Vermieter hat die Pflicht, den Mieter und in den Schutzbereich des Mietvertrags einbezogene Dritte sowie sonstige Dritte, die sich berechtigt im Einzugsbereich der Gefahr bewegen, vor Beschädigungen durch den Zustand der Mieträume zu schützen.[127] Der Grundstückserwerber erwirbt diese Pflicht erst mit der Grundbucheintragung, nicht schon mit Übergang von Besitz, Nutzen und Lasten.[128] Selbst wenn im Kaufvertrag etwas anderes geregelt ist, kann sich der **Alt-Eigentümer** Dritten dadurch genauso wenig vollständig enthaften, als wenn er die Pflicht auf einen Werkunternehmer übertragen hätte, er bleibt zumindest zur **Überwachung** verpflichtet. Davon unabhängig kann der Erwerber aber eine eigene Verkehrssicherungspflicht haben, wenn er auf dem Grundstück bereits seinen Betrieb aufgenommen hat (bspw. Produktionsstätte, Gaststätte, Sportanlage).

Die Vermietung als solche lässt die Verkehrssicherungspflicht unberührt.[129] Eine **Ausnahme** gilt hinsichtlich der **Innenräume**, an denen der Mieter die alleinige Sachherrschaft innehat. Hier ist der Mieter gegenüber den Personen, denen er den Verkehr eröffnet, also Kunden, Mitarbeitern, Gästen oder Lieferanten, allein verkehrssicherungspflichtig.[130] Im Übrigen, also für die **Gemeinschaftsflächen, insbesondere Zugänge, Treppen** etc., verbleibt die Verkehrssicherungspflicht beim **Vermieter,** es sei denn die Parteien haben etwas anderes vereinbart.

Der Vermieter muss den Zustand der Mietsache **regelmäßig überprüfen** und Hinweisen nachgehen. Kann er die Risikobehaftung eines Mangels selbst nicht einschätzen, hat er sich Fachpersonals zu bedienen.

3. Eigene Verkehrssicherungspflicht des Mieters

Durch den Betrieb seines Gewerbes entstehen **beim Mieter eigene, gewerbespezifische Verkehrssicherungspflichten.** Wer etwa in der Mietsache eine Diskothek betreibt, hat **gegenüber seinen Gästen eine Vielzahl** von verschiedenen Verkehrssicherungspflichten, die vom Vermieter vollkommen unabhängig sind und die mit den typischen Gefahren, um die sich der Vermieter kümmern muss, nichts zu tun haben, selbst wenn als Vertragszweck ‚Betrieb einer Diskothek' vereinbart ist. Dies gilt bspw. für die Beleuchtungspflicht, dass die Gäste bei Stromausfall aufgrund einer Notstromversorgung sicher den Weg nach draußen finden, oder dafür, dass der Betreiber der Diskothek die Gästeanzahl im Rahmen der behördlichen Vorgaben hält, so dass es im Brandfall nicht zu einer Katastrophe kommt. Diese Pflichten berühren das Verhältnis Vermieter-Mieter insofern, als dass dem Mieter die Möglichkeit gegeben werden muss, die Mietsache so herzurichten, dass er diesen Verkehrssicherungspflichten genügen kann.

---

[127] KG Berlin WuM 2006, 390.
[128] OLG Köln ZMR 1998, 344.
[129] BGH NJW 1985, 1076.
[130] Blank/Börstinghaus/*Blank* § 535 Rdnr. 339; *Wolf/Eckert/Ball* Rdnr. 797.

120 Je größer das **Risiko der drittschädigenden Wirkung einer technischen Anlage,** die der Mieter betreibt, desto höher sind die Überwachungsanforderungen.[131] Eine **nur eingeschränkte Kontrollmöglichkeit** begründet keine Entlastung des Mieters, sondern vielmehr eine **Erhöhung** seiner Sicherungspflichten. Für **verdeckte Risiken** gilt eine **besondere Sicherungspflicht.**[132] Je größer das Risiko einer nicht kalkulierbaren und plötzlich auftretenden Drittwirkung ist, umso höher sind die Überwachungsanforderungen. **Wie die Abwendung** von Fremdschäden bewerkstelligt wird, ist dem Mieter überlassen. Er darf eine technische Nachrüstung nicht der **Kosten** wegen scheuen.

121 Der Mieter eines Supermarkts hat **aufgrund seines Betriebs** die Pflicht, seine Kunden vor Schaden zu bewahren.[133] Der Kunde wird sich zunächst an den Mieter halten, insbesondere, weil er hier auch **vertragliche Ansprüche** aus pVV und cic hat, §§ 280 Abs. 1, 535, 241 Abs. 2 BGB bzw. §§ 280 Abs. 1, 311 Abs. 2, 241 Abs. 2 BGB. Die Rechtsprechung stellt gerade in Kaufhäusern, Supermärkten u. ä. hohe Anforderungen an die richtige Auswahl und Unterhaltung von Fußböden.[134] Wie oft der Mieter wischen oder kehren muss, um Unfälle zu verhindern, ist eine Frage des Einzelfalls.[135]

122 Die Verkehrssicherungspflicht kann auch vom Vermieter **auf den Mieter übergehen,** wenn der Mieter eine Leistung übernimmt, bspw. freiwillig eine Treppenreinigung übernimmt und dann einen trockenen Putzlappen als Fußmattenprovisorium auslegt.[136] Der Vermieter haftet ferner nicht für Schäden, die einer seiner Mieter dadurch erleidet, dass ein anderer Mieter seiner Verkehrssicherungspflicht nicht nachgekommen ist.[137]

Der **Vermieter** darf darauf **vertrauen,** dass der Mieter seinen Verkehrssicherungspflichten nachkommt;[138] es sei denn, er hat konkreten Anlass zu zweifeln.[139]

4. Einzelfälle[140]

123 • Der **Zugang** zum Objekt muss zu jeder Jahreszeit gefahrlos möglich sein. Dies gilt auch für vom Vermieter nicht vorgesehene,[141] aber geduldete **Schleichwege.**[142]
• Der Aufsichtspflichtige hat es nicht zu verantworten, wenn **morgens um 7 Uhr** ein Fußgänger auf nassem Laub auf dem Gehsteig ausrutscht.[143]
• **Vorbeugende Streu-/Sicherungspflicht** bei örtlich konkret absehbarer Glätte.[144]
• Dachlawine, Schneefanggitter, Hinweisschilder – Einzelfallabwägung, was notwendig ist.[145]
• Pflicht zum Verhindern übermäßiger Glätte durch **falsche Reinigungsmittel.**[146]
• Schadensersatzanspruch wg. vermeid- bzw. reduzierbarem **Schimmelpilzbefall.**[147]
• Erhöhte Überwachungspflicht bei **Kinderspielplätzen.**[148]
• In der Umgebung von **Kinderspielplätzen** ist der Rasen kurz zu halten, damit herumliegende **Glasscherben** leicht gesehen werden können.[149]

---

[131] OLG Hamm NJWE-VHR 1996, 20.
[132] OLG Hamm ZMR 1996, 206.
[133] LG Amberg NJW-RR 1992, 1120.
[134] BGH NJW 1994, 2617.
[135] OLG Köln NJW-RR 1995, 861.
[136] OLG Koblenz NJW-RR 1992, 797.
[137] *Neuhaus* Geschäftsraummiete Rdnr. 456.
[138] OLG Köln NZM 2005, 180.
[139] OLG Frankfurt a. M. WuM 2003, 319.
[140] Nicht abschließend.
[141] OLG Brandenburg GE 1996, 733.
[142] OLG Düsseldorf ZMR 1994, 365; a. A. OLG Celle GE 2006, 971.
[143] LG Frankfurt a. M. WuM 1994, 482.
[144] OLG Brandenburg NJW-RR 2007, 974.
[145] BGH NJW 1955, 300; OLG Dresden WuM 1997, 377; LG Karlsruhe NZM 1998, 154.
[146] BGH NJW 1994, 954.
[147] KG Berlin WuM 2006, 390.
[148] Schmidt-Futterer/*Eisenschmid* § 535 Rdnr. 130.
[149] OLG Hamm DWW 1990, 203.

- Der Vermieter ist **nicht** verpflichtet, ohne besonderen Anlass eine regelmäßige **Generalinspektion der Elektroleitungen** vorzunehmen.[150]
- Pflicht des Vermieters, für eine ausreichend lange **Beleuchtung des Hausflurs** zu sorgen.[151]

5. Übertragung auf den Mieter

Bei der Vermietung von Geschäftsräumen kann die Verkehrssicherungspflicht **insgesamt** auf den Mieter übertragen werden, wenn diesem die Sachherrschaft über das gesamte Gebäude zusteht. Die Übertragung setzt generell immer eine **ausdrückliche, eindeutige Vereinbarung** voraus.[152] Dann verengt sich die Verkehrssicherungspflicht auf eine Kontroll- und Überwachungspflicht, deren Umfang sich nach den Umständen des Einzelfalls richtet.[153] In Geschäftshäusern mit mehreren Mietern ist die vollständige Übertragung der Verkehrssicherungspflicht auf die **Gesamtheit** der Mieter **nicht** möglich.[154] Der Vermieter kann aber auf einzelne Mieter die Verkehrssicherungspflichten für einzelne Gebäudeabschnitte übertragen, also bspw. auf die zum jeweiligen Stockwerk gehörende Treppe, auf die zum Mietabschnitt gehörende Außentreppe, auf die Fläche vor dem jeweiligen Geschäft etc.

Eine formularvertragliche Vereinbarung, wonach nur der Mieter der Erdgeschoßeinheit zur **Schnee- und Eisbeseitigung** verpflichtet ist, ist grundsätzlich wirksam und keine unangemessene Benachteiligung. Sie kann allerdings als überraschende Klausel gegen § 305 c Abs. 1 BGB unwirksam sein, wenn der Mieter damit nicht rechnen musste.

Im Übrigen gelten die Ausführungen für die Übertragung auf Dritte auch für die Übertragung auf den Mieter.

6. Übertragung auf einen Dritten

Nach ständiger Rechtsprechung des BGH können **Verkehrssicherungspflichten auf Dritte delegiert** werden.[155] Dies muss **klar und eindeutig** erfolgen. Der Dritte muss seinen Willen zum Ausdruck bringen, dass er gerade die Verkehrssicherungspflicht übernehmen will. Dies ist notwendig, da **der Dritte dadurch selbst deliktisch verantwortlich** wird.

Die Verkehrssicherungspflicht des ursprünglich Verantwortlichen **verengt** sich auf **Auswahl- und Überwachungspflichten**. Deren Umfang richtet sich nach den Umständen des Einzelfalls, wobei wiederum eine erhöhte Gefährlichkeit der Anlage zu einer gesteigerten Sorgfaltspflicht des Delegierenden führt.[156] Der Beaufsichtigung eines Fachunternehmens sind durch das Erfordernis einer **vertrauensvollen Zusammenarbeit**, sowie durch die **Selbstständigkeit** und **Weisungsunabhängigkeit** des Beauftragten **Grenzen** gesetzt. Eine Kontrolle auf Schritt und Tritt kann nicht verlangt werden.[157] Die Überwachungspflichten steigern sich allerdings, wenn der Vermieter erkennt, dass der beauftragte Werkunternehmer **unzuverlässig** ist. Im umgekehrten Fall, wenn es über mehrere Jahre hinweg keinen Anlass zur Rüge gab, soll die Pflicht zur Überwachung des Dritten sinken.[158]

Für die Frage, ob der Vermieter noch der zuerst Verantwortliche ist oder schon der Dritte, ist entscheidend, ob der Übernehmende **faktisch** in die Verkehrssicherung für den Gefahrenbereich eingetreten ist und im Hinblick hierauf Schutzvorkehrungen durch den primär Verkehrssicherungspflichtigen **unterblieben** sind, weil sich dieser auf das Tätigwerden des Beauftragten **verlassen** hat.[159]

Die deliktische Haftung des **Übernehmers** ist nicht abgeleiteter Natur. Vielmehr erfährt sie mit der Übernahme durch den Beauftragten in seine Zuständigkeit eine **rechtliche Verselb-**

---

[150] BGH NZM 2008, 927.
[151] LG Berlin GE 1990, 867.
[152] BGH NJW-RR 1988, 471.
[153] BGH ZMR 1996, 477.
[154] Blank/Börstinghaus/*Blank* § 535 Rdnr. 339.
[155] BGH NJW 1996, 2646; NJW 1989, 1094; NJW-RR 1988, 471.
[156] BGH r + s 2007, 34; BGH VersR 1983, 152; VersR 1985, 666, VersR 1989, 526.
[157] BGH r + s 2007, 34; r+s 1987, 130.
[158] BayObLG NZM 2005, 24.
[159] BGH NZM 2008, 242.

ständigung. Er ist es fortan, dem **unmittelbar die Gefahrenabwehr** obliegt und der dafür zu sorgen hat, dass niemand zu Schaden kommt. Inhalt und Schutzbereich bestimmen sich allein danach, was **objektiv erforderlich** ist, um mit der Gefahrenstelle in Berührung kommende Personen vor Schaden zu bewahren.

129 In einer neueren Entscheidung hat der BGH entschieden, dass es für die wirksame Übertragung der Verkehrssicherungspflicht **nicht erforderlich** ist, dass die nach öffentlich-rechtlichen Vorschriften erforderliche Übertragung gegenüber der zuständigen Behörde erfolgt ist; und dass die deliktische Einstandspflicht des Beauftragten auch dann besteht, wenn der Vertrag des Übernehmers mit dem Primärverkehrssicherungspflichtigen nicht rechtswirksam zu Stande gekommen ist.[160]

7. Erfüllungsanspruch des Vermieters gegen den Mieter

130 Soweit die Verkehrspflichten wirksam auf den Mieter übertragen wurden, hat der Vermieter einen **Erfüllungsanspruch** gegenüber dem Mieter. Diesen kann der Vermieter klageweise geltend machen. Je nachdem, ob ein Dritter die Handlung vornehmen kann, erfolgt die Vollstreckung nach § 887 oder § 888 ZPO. Die Einhaltung von Verkehrssicherungspflichten ist so wesentlich, dass der Vermieter in der Regel nach erfolgloser Abmahnung ein **Recht zur außerordentlichen Kündigung** haben wird, wenn der Mieter seinen Pflichten wiederholt nicht nachgekommen ist.

131 Wird der Vermieter von einem Dritten in Anspruch genommen, der einen Schaden erlitten hat, weil der Mieter seiner auf ihn übertragenen Verkehrssicherungspflicht nicht nachgekommen ist, kann der Vermieter diesen gegenüber dem Mieter gem. § 280 Abs. 1 BGB liquidieren. Ist der Vermieter seiner Pflicht zur Überwachung des Mieters nicht nachgekommen, ist dies als Abzugsposition im Rahmen des Mitverschuldens, § 254 BGB, zu berücksichtigen.

Wird der Vermieter vom Dritten verklagt, sollte er vom Mieter **Freistellung** verlangen bzw. ihm den Streit verkünden, §§ 72, 74, 68 ZPO.

8. Folgen bei Verletzung der Verkehrssicherungspflichten

132 Der Geschädigte kann, je nachdem, ob er Mieter, Vermieter, Begünstigter eines Vertrags mit Schutzwirkung für Dritte oder Dritter ist, Ansprüche **aus Vertrag**, §§ 535, 280, ggf. § 278 BGB, und/oder **aus Delikt**, § 823 Abs. 1 i. V. m. der unterlassenen Verkehrssicherungspflicht, § 823 Abs. 2 i. V. m. einem **Schutzgesetz** bspw. der BauO, den landesrechtlichen Straßenreinigungsgesetz, einer örtlichen Satzung, der Verkaufsstättenverordnung, sonstigen Brandschutznormen etc. sowie §§ 831, 836–838 BGB, haben.

133 Die deliktische Haftung steht selbständig neben der vertraglichen. Auf die deliktische Haftung ist § 536b BGB nicht anwendbar, für die vertragliche gilt die Erleichterung des § 831 BGB nicht.[161]

134 Anspruchsgegner können der jeweilige Vertragspartner oder auch der Dritte sein, der die Verkehrssicherungspflicht übernommen hat. Dritte können sowohl den Vermieter als auch den Mieter oder den Dritten in Anspruch nehmen, die die Verkehrssicherungspflicht übernommen haben. Der Vermieter kann sich aber **entlasten,** wenn die Übertragung nach einer **gewissenhaften Auswahl** erfolgte und er seiner **Überwachungspflicht** nachgekommen ist.

135 Hat der Beauftragte, der die Verkehrspflicht übernommen hat, diese schuldhaft verletzt, bspw. den Fußwegs nicht gestreut und ist ein Passant deshalb gestürzt[162] und sind die geltend gemachten Verletzungen darauf zurückzuführen, ist ein **Schadensersatzanspruch gegenüber dem Beauftragten** zu bejahen. Der Mieter, der stürzt, hat ferner einen **vertraglichen Schadensersatzanspruch** auf Grund der **Schutzwirkung** des Vertrags zwischen dem Vermieter und dem Beauftragten, da der Mieter bestimmungsgemäß mit der Hauptleistung in Be-

---

[160] BGH NJW 2008, 1440.
[161] Schmidt-Futterer/*Eisenschmid* § 535 Rdnr. 126.
[162] Vgl. OLG Brandenburg NZM 2007, 583 („vorbeugendes" Tätigwerden bei ungünstiger Wetterprognose).

rührung kommt und der Vermieter ein schutzwürdiges Interesse an der Einbeziehung des Dritten in den Schutzbereich des Vertrags hat.[163]

Ist jemand in der Nähe einer Gefahrenquelle zu Fall gekommen, spricht der Grundsatz des **Beweises des ersten Anscheines** dafür, dass die Gefahrenquelle ursächlich für den Schaden war.[164] 136

War das Schadensrisiko für den Dritten offensichtlich, bspw. die ins Auge fallenden Schäden am Fußbodenbelag, muss sich der Dritte ein **Mitverschulden** zurechnen lassen, auch wenn der Vermieter seine Verkehrssicherungspflicht verletzt hat.[165] Das Mitverschulden kann bis auf 100% anwachsen.[166] 137

Praxistipp:
Diese Verletzung einer Verkehrssicherungspflicht wird oft vorschnell angenommen. Der in Anspruch genommene sollte immer genau schauen, ob nach den besonderen Umständen des Streitfalls wirklich der Schutzzweck der angeblich verletzten Verkehrssicherungspflicht dahin geht, dass der Anspruchsteller vor den konkreten Schäden geschützt werden sollte.

Auch Mitmieter können Ansprüche gegen den seine Pflichten verletzenden Mieter haben,[167] diese sind in der Regel aber nicht vertraglicher, sondern nur deliktischer Natur.[168] 138

9. Kontaminierungen

Besteht das Risiko, dass durch den ordnungsgemäßen Mietgebrauch das Grundstück oder die Immobilie kontaminiert wird, ist es schon fast grob fahrlässig, wenn der Vermieter nicht **individualvertraglich** eine **Klausel** in den Vertrag aufnimmt, dass der Mieter auch zur **Beseitigung** der durch den **mietzweckgemäßen Gebrauch** der Mietsache entstandenen Kontaminierungen verpflichtet ist. 139

Wenn der Vermieter dies vergisst, kann ihm helfen, dass aufgrund von **öffentlich-rechtlichen Pflichten** des Mieters als Zustands- oder auch als Handlungsstörer die Kontamination als übermäßiger Gebrauch interpretiert werden kann. Dem Vermieter einer Tankstelle im vom BGH entschiedenen Fall konnte dies nicht helfen, da die einschlägigen Gefahrenabwehrvorschriften zum **Zeitpunkt der Veränderung** der Mietsache noch nicht galten.[169] 140

In einer neuen Entscheidung des OLG Hamm konnte der Verpächter vom Pächter nicht gemäß § 1004 Abs. 1 S. 1 die Wiederherstellung des ursprünglichen Zustands des Pachtgrundstücks verlangen, obwohl die Voraussetzungen der Anspruchsgrundlage gegeben waren. Der Anspruch scheitert daran, dass die Wiederherstellung einen Aufwand erforderte, der unter Beachtung des Inhalts des Schuldverhältnisses und der Gebote von Treu und Glauben in einem groben Missverhältnis zu dem Leistungsinteresse des Verpächters stand. Einem Grundstückswert von € 10.000,– standen Wiederherstellungskosten von ca. € 720.000,– gegenüber. Dem Pächter stand deshalb ein Leistungsverweigerungsrecht gemäß § 275 Abs. 2 BGB zu.[170] 141

Werden Mieter oder Vermieter nach den Vorschriften des BBodSchG zur Kostentragung herangezogen, § 24 Abs. 1 BBodSchG hat der Verpflichtete ggf. einen Ausgleichsanspruch gegenüber dem anderen, § 24 Abs. 2 BBodSchG. Dieser Ausgleichsanspruch setzt weder eine 142

---

[163] BGH NJW 1996, 2927; NJW 2008, 1440.
[164] BGH VersR 1962, 449; DWW 1994, 46; OLG Schleswig NJW-RR 1992, 796; OLG Köln NJWE-MietR 1996, 150; OLG Dresden WuM 1996, 553.
[165] OLG Köln NJWE-MietR 1996, 178.
[166] OLG Hamm VersR 1997, 200; OLG Frankfurt a. M. GuT 2002, 90.
[167] OLG Hamm NJWE-VHR 1996, 20; OLG München VersR 1987, 621.
[168] OLG Köln NJW-RR 1995, 1480.
[169] BGH NJW 2002, 3234 ff.; ebenso OLG Düsseldorf NJW-RR 1993, 712; OLG Brandenburg ZMR 1999, 166.
[170] OLG Hamm 5 U 104/08, BeckRS 2009 02372.

Schädigung durch den Mieter voraus, noch reicht eine solche aus. Die Vorschrift knüpft ausschließlich an öffentlich-rechtliche Tatbestandsmerkmale an. Sie regelt einen Ausgleichsanspruch, der zwischen „Verpflichteten" besteht. Wer nach den öffentlich-rechtlichen Vorschriften des BBodSchG als Verpflichteter in Betracht kommt – also Störer nach § 4 III BBodSchG ist – kann Gläubiger oder Schuldner nach § 24 II BBodSchG sein. Weil er als Störer in Anspruch genommen wird oder werden kann, soll er von anderen Störern einen Ausgleich verlangen können, denen ein größerer Anteil an der Bodenverschlechterung zukommt. Dieser Ausgleichsanspruch verjährt nicht in den 6 Monaten gem. § 548 BGB sondern in 3 bzw. 30 Jahren gem. § 24 Abs. 2 BBodSchG. Das BBodSchG überlagert insofern das Mietrecht.

10. Brandschutz

143   Eine konkrete Ausformung der Verkehrssicherungspflicht ist der Brandschutz. Der Vermieter hat die Pflicht, dafür Sorge zu tragen, dass sein Gebäude den baupolizeilichen Vorschriften und Anordnungen genügt. Diese haben sich im Bereich Brandschutz kontinuierlich erweitert und verschärft. Gleichzeitig ist das Risikobewusstsein gestiegen und es wird von Seiten der Behörden auch verstärkt darauf geachtet.

144   Bestehen in einem Gebäude Brandschutzmängel bzw. nicht bestandsschutzgesicherte Abweichungen zu den aktuellen Brandschutzvorschriften, ist es für den Vermieter und den Mieter **wichtig, einzuschätzen, wie schwer die Mängel wiegen**. Dies beeinflusst die Fragen, **wie schnell** der Vermieter reagieren, ob und wie er den Mieter **informieren** muss und welche **Rechte** der Mieter hat. Entscheidend ist, ob diese Mängel dazu führen, dass die Benutzung der Immobilie mit einer erheblichen Gefährdung der Gesundheit verbunden ist.

145   Den Mieter mag das ggf. nicht nur interessieren, weil er um seine Gesundheit fürchtet, sondern auch, weil dies für ihn gerade in wirtschaftlich schwierigen Zeiten ein **willkommener Grund** sein kann, mittels seines **außerordentlichen Kündigungsrechts**, §§ 569 Abs. 1, 578 Abs. 2 S. 1 BGB, aus einem langfristigen Mietverhältnis herauszukommen.

146   Das Problem tritt vor allem bei Bestandsimmobilien auf. Hier ist dann danach zu differenzieren, ob der Mangel tatsächlich eine **erhebliche Gefahr** darstellt oder die Einrichtungen nur nicht mehr dem heutigen Stand der Brandschutztechnik genügen. Hierbei kann auf die öffentlich-rechtlichen Vorgaben aus den bauordnungsrechtlichen Vorschriften der Bundesländer und der Muster-Hochhaus-Richtlinie 2008 zurückgegriffen werden. Denn falls eine erhebliche Gefahr für Leben und Gesundheit vorliegt, könnte auch eine **behördliche Duldungsanordnung** im Rahmen der jeweiligen Landesbauordnung, bspw. Art. 54 Abs. 4 BayBO, gegen den Mieter erlassen werden.

147   Die **allgemeine** Vermutung einer Gefahr oder die **entfernte** Möglichkeit des Eintretens eines Schadens reichen für eine erhebliche Gefahr nicht aus. Bei rechtmäßig bestehenden und bestandsgeschützten Immobilien liegt eine **erhebliche Gefahr grundsätzlich nur dann vor**, wenn **beide** notwendigen Rettungswege entweder **nicht vorhanden** sind oder **ganz erhebliche** Mängel aufweisen, die eine ordnungsgemäße Rettung als **aussichtslos** erscheinen lassen. Ist wenigstens ein ordnungsmäßiger Rettungsweg vorhanden, kann regelmäßig eine erhebliche Gefahr nicht angenommen werden.

148   Eine erhebliche Gefahr kann auch bei **Öffnungen in Brandwänden** angenommen werden, die eine schnelle Brandausweitung als gesichert erscheinen lassen. Stellt der Vermieter Probleme mit dem zweiten Rettungsweg fest, kann er durch Maßnahmen, die dazu führen, dass ein Brand frühzeitig erkannt wird (**Brand- und Rauchmelder**) oder die im Brandfall die Fluchtwege freihalten (**Sprinkleranlagen**), **Abhilfe** schaffen, die ausreicht, um eine erhebliche Gefahr zu verneinen.

149   Aus der Fürsorgepflicht des Vermieters folgt, dass er Gefahren für das Eigentum der berechtigten Benutzer verhindern oder abwenden muss. Grundsätzlich muss der Vermieter den Mieter über alle ihm bekannten Umstände aufklären, die eine Gefahr für die Rechtsgüter des Mieters bergen, damit dieser ggf. selbst ausreichend Vorsorge zur Schadensabwehr treffen kann.[171]

---

[171] BGH NJW-RR 1990, 1422.

Praxistipp:
Die Anforderungen an die erhebliche Gefahr sind höher als der Mieter, der aus dem Mietverhältnis heraus will, gemein hin meint. Entscheidend ist, dass **nicht jede Gefährdung genügt**, sondern dass diese **erheblich** sein muss.

Eine Gesundheitsgefährdung muss **konkret drohen** und diese Gesundheitsgefährdung muss **erheblich** sein, d.h. es muss die Gefahr einer deutlichen und nachhaltigen Gesundheitsschädigung bestehen und die drohende Schädigung muss nahe liegen.[172] Im Zweifel wird es eines Sachverständigengutachtens bedürfen, um zu ermitteln, wie groß die Schadenswahrscheinlichkeit ist. Das KG Berlin hat in einer Entscheidung im Jahr 2002 eine erhebliche Gefahr bejaht, weil die gesamte Brandmelde- und Entrauchungsanlage nicht funktionsfähig war, die Entrauchungsöffnungen im Dach dauerhaft verschlossen, eine Brandwand mit einem Durchgang versehen und die Einrichtungen zur Brand- und Rauchmeldung funktionslos waren.[173] Eine erhebliche Gesundheitsgefährdung ist auf jeden Fall zu verneinen, wenn der Umstand, von dem die Gefahr ausgeht, **ohne weiteres behebbar** und der Vermieter zur **sofortigen Abhilfe bereit** ist. 150

Kommt es zum Schadensfall, ist für die Frage des Schadensersatzes ein Vergleich mit der „was wäre wenn"-Situation anzustellen. Nur dann beruht der Schaden kausal auf der Verletzung der Brandschutzvorschriften, wenn feststeht, dass der dem Mieter entstandene Schaden bei Einhaltung der Vorschriften geringer gewesen wäre.[174] Eine Haftung des Vermieters ist ausgeschlossen, wenn bei einem Brand ungeklärt bleibt, ob sein Ausgangspunkt in den Lagerräumen des Vermieters oder den daran anschließenden Räumen des Mieters lag. Dies gilt auch dann, wenn eine zwischen den Hallen befindliche Wand nicht den Brandschutzvorschriften entsprochen haben sollte.[175] 151

Der Vermieter sollte bedenken, dass seine Haftung u.U. recht weit geht. Hat ein Vermieter Räumlichkeiten für einen bestimmten Vertragszweck vermietet, die für diesen Zweck ungeeignet waren, und entsteht dadurch, dass der Mieter diesen Zweck ausübt, ein Brand, so **haftet der Vermieter** bspw. auch für die **Körperverletzung**, die ein Angehöriger der Feuerwehr bei der Brandbekämpfung erleidet.[176] 152

Die Androhung einer **Nutzungsuntersagung** wegen Brandschutzmängeln durch die Behörde stellt einen **Mangel** der Mietsache dar, der zu einer Mietminderung von 30% berechtigt, § 287 ZPO.[177] 153

Die Einhaltung des Brandschutzes innerhalb der Mieteinheit ist auf den Mieter übertragbar und ist darin enthalten, wenn dem Mieter die Wartung und Reparatur der Be- und Entlüftung aufgegeben ist.[178] Die Instandhaltung des Restgebäudes außerhalb der Miträume trifft den Vermieter aufgrund seiner Pflicht zum Erhalt des vertragsgemäßen Gebrauchs. Fraglich ist, was mit Flächen ist, die im wesentlichen dem Mieter zur Verfügung stehen, die aber nicht ausdrücklich mitvermietet sind, dessen Nutzung durch den Mieter aber stillschweigend oder ausdrücklich geduldet wird, wie bspw. **Kellerräume** und **Fluchtwege**. Ist dem Mieter mietvertraglich die Nutzung ausdrücklich gestattet, bspw. als Gemeinschaftsfläche, die von mehreren Mietern genutzt, aber keinem in Rechnung gestellt wird, ist die Übertragung der Instandhaltung im Zweifel so auszulegen, dass diesbezüglich die Instandhaltung Vermieter und Mietern gemeinschaftlich obliegt. Fraglich wird dann allerdings die prozentuale Aufteilung der Kosten sein. Dies muss im Zweifel nach der anteiligen prozentualen Nutzung der betroffenen Fläche gehen. Es wäre in diesen Fällen unbillig, den Vermieter die 154

---

[172] KG Berlin NJOZ 2003, 3577; *Bub/Treier* IV Rdnr. 155.
[173] KG Berlin NJOZ 2003, 3577.
[174] OLG Köln OLGR Köln 1995, 100.
[175] OLG Köln OLGR Köln 1995, 100.
[176] BGH NJW 1996, 2646.
[177] OLG Düsseldorf NZM 2003, 556.
[178] OLG Düsseldorf NZM 2003, 556.

Unterhaltungspflicht und die Kostenlast hier alleine tragen zu lassen. Auch bei einer geduldeten Nutzung muss von einer konkludenten Ergänzung des Mietvertrags ausgegangen werden, so dass für diese Flächen dann auch die Übertragung der Instandhaltungspflicht greift. Dies allerdings unter Aufgabe einer eventuellen Befristung, § 550 BGB.

X. Besichtigungsrecht

155   Das BGB enthält keine Regelungen, wann dem Vermieter ein Besichtigungsrecht zusteht, es wird aber allgemein aus §§ 535, 241 Abs. 2 BGB als Nebenpflicht des Mieters abgeleitet.[179] Mit dem Besichtigungsrecht des Vermieters korrespondiert eine Duldungspflicht des Mieters.

1. Vertraglich vereinbart

156   Üblicherweise wird der Vermieter sein Recht zum Betreten der Mieträume zum Zwecke der allgemeinen Prüfung des Zustands bzw. aus anderen berechtigten Anlässen, wie beispielsweise zur Durchführung von Reparaturen, der Installation/dem Ablesen von Heizungs- und Wasserzählern, bei Verkaufsabsicht, nach Kündigung etc., im Vertrag regeln.[180] Empfehlenswert ist auch die Verpflichtung des Mieters, dafür Sorge zu tragen, dass bei längerer Abwesenheit der Zugang zu den Mieträumen zu gewährleisten ist, beispielsweise durch Benennung einer Kontaktperson, die einen Schlüssel hat. Üblich ist auch die ausdrückliche Regelung, dass der Vermieter bei Gefahr im Verzug jederzeit die Mieträume betreten darf.

2. Als gesetzliche Nebenpflicht

157   Der Mieter hat das **Hausrecht** an den Mieträumen. Dieses begründet **Abwehrrechte** aus Besitz, §§ 858 ff. BGB, und ist notwehrfähig, § 227 BGB.[181] Der Mieter hat ein Recht auf ungestörten Mietbesitz gerade auch gegenüber dem Vermieter.[182] Dieses leitet sich auch für den Gewerberaummieter aus Art. 13 Abs. 1, 14 Abs. 1 GG ab. Man kann sich an der zum Wohnraummietrecht ergangenen Rechtsprechung orientieren. Allerdings muss man dabei berücksichtigen, dass das Recht des Wohnungsmieters hier stärker ist als das Recht des Gewerberaummieters.

158   Ist nichts geregelt, ist anerkannt, dass der Vermieter ein Besichtigungsrecht hat, wenn es dafür einen konkreten Anlass gibt und die Abwägung der widerstreitenden Interessen zu Gunsten des Vermieters ausgeht.[183] Ein besonderer Anlass ist anzunehmen, wenn der Vermieter **Erhaltungs- oder Modernisierungsmaßnahmen** plant, die Räumlichkeiten **verkaufen** will, wenn der Mieter **gekündigt** hat oder wenn der begründete Verdacht besteht, dass der Mieter die Wohnung **beschädigt**.

159   Der Vermieter muss den **Besichtigungszweck** angeben und die **Besichtigung rechtzeitig ankündigen.** Je größer das Risiko für die Mietsache, bspw. bei Gefährdung durch den Mieter, umso kürzer die Ankündigungsfrist. Bei Gefahr im Verzug kann das Ankündigungsrecht entfallen. Die strengen Regelungen gegen eine einseitige Terminsbestimmung auf einen Tag des Wochenendes[184] sind nicht auf das Gewerberaummietrecht übertragbar; zumindest dann nicht, wenn das Geschäft am betroffenen Tag geöffnet ist.

160   Der Vermieter muss seine **Informationsansprüche bündeln,** er kann nicht alle paar Tage kommen, weil ihm etwas Neues eingefallen ist. Das Besichtigungsrecht soll nicht der Schikane Tür und Tor öffnen. Der Besichtigungstermin dauert **zeitlich** so lange, wie es zur Zweckerfüllung notwendig ist. **Fotos** darf der Vermieter machen, soweit dies notwendig ist.

---

[179] AG Hamburg NZM 2007, 211; Blank/Börstinghaus/*Blank* § 535 Rdnr. 297.
[180] Nies/Gies/*Borzutzki-Pasing*, Beck'sches Formularbuch Mietrecht A. VI.I § 12.
[181] Palandt/*Heinrichs* § 227 Rdnr. 3.
[182] BVerfG NZM 2004, 186.
[183] BVerfG NJW 1993, 2035; BVerfG NZM 2004, 186.
[184] BVerfG NZM 2004, 186.

Der Vermieter darf die **notwendigen Dritten** mitnehmen, bspw. Handwerker, Architekten, Kauf- und Mietinteressenten. Ist dies nicht ausdrücklich vereinbart, sprechen auch im Gewerberaummietrecht gute Gründe dafür, ein **periodisches Besichtigungsrecht** (2× p. a. oder alle 2 Jahre) des Vermieters abzulehnen. Die Literatur ist gespalten, eine h. M. nicht auszumachen.[185]

3. Unwirksame formularvertragliche Vereinbarungen

Eine Vereinbarung, nach der der Vermieter die Räume **jederzeit** unter Verwendung eines ihm verbliebenen Schlüssels besichtigen darf, unabhängig von der Zustimmung und der Anwesenheit des Mieters, ist **unwirksam**, §§ 307, 138 BGB.

4. Prozessuale Durchsetzung

Verweigert der Mieter den Zutritt, muss der Vermieter sein Besichtigungsrecht einklagen. Der Vermieter, der sich gegen den Willen des Mieters Zutritt verschafft, ohne dass dies als **Notstand,** § 904 BGB, oder **Nothilfe,** § 32 StGB, gerechtfertigt wäre, begeht einen **Hausfriedensbruch,** § 123 StGB, und unter Umständen weitere Delikte (Nötigung, § 240 StGB etc.). Der Erlass einer einstweiligen Verfügung ist nur im Ausnahmefall zulässig, da es in der Regel am Verfügungsgrund, der Eilbedürftigkeit fehlen wird.[186]

XI. Hausordnung

Sinn einer Hausordnung ist es, **Regeln zum reibungslosen Zusammenwirken** der Mietparteien und Hausbewohner, zum Schutz des Gebäudes sowie zur Aufrechterhaltung der allgemeinen Sicherheit und Ordnung im Haus aufzustellen.[187] Mieter und Vermieter können gegenseitig voneinander und die Mieter auch untereinander die Einhaltung der Hausordnung verlangen.[188] Die Hausordnung ist ein echter **Vertrag zu Gunsten Dritter**, § 328 BGB.[189] Ein Mieter kann daneben Ansprüche aus §§ 1004, 862 BGB geltend machen.

Die Hausordnung ist dazu da, die **formale Ordnung** im Haus aufrecht zu erhalten, während die materielle Pflichtenaufteilung zwischen Mieter und Vermieter im Mietvertrag geregelt wird. Es geht bei der Hausordnung im Wesentlichen um **ausführende Regelungen,** also beispielsweise um die Gebrauchs- und Nutzungsregelungen gemeinschaftlicher Anlagen sowie um die Konkretisierung des **Gebots der gegenseitigen Rücksichtnahme**. Die einzelvertraglichen Regelungen gehen der Hausordnung vor (**Spezialitätsverhältnis**).

Üblicherweise enthält der Mietvertrag eine Klausel wie die folgende: „Der Vermieter ist berechtigt, eine Hausordnung zu erlassen, deren Inhalt er nach billigem Ermessen, § 315 BGB, bestimmen darf. Der Vermieter ist berechtigt, eine bei Mietbeginn vorhandene Hausordnung nach billigem Ermessen aus gegebenem Anlass, insbesondere aufgrund der Änderung bestehender Rechtsnormen, öffentlich-rechtlicher Vorgaben etc. zu ändern. Der Vermieter wird dies dem Mieter entsprechend mitteilen."

Oft ist die Hausordnung nicht Teil der Mietvertragsurkunde. In diesen Fällen, wie im Fall der **nachträglichen** Erstellung der Hausordnung, darf sie lediglich Ordnungsbestimmungen enthalten. Zusätzlichen Pflichten zu Lasten des Mieters dürfen nicht begründet werden;[190] außer die Hausordnung ist als **Teil des Mietvertrags** in das Mietvertragsformular auf-

---

[185] Dafür: LG Stuttgart ZMR 1985, 273; Bub/Treier/*Kraemer* III Rdnr. 1127, Sternel II Rdnr. 259, *Schlüter* NZM 2006, 681, Palandt/*Weidenkaff* § 535 Rdnr. 82; *Herrlein* ZMR 2007, 247. Dagegen: Blank/Börstinghaus/*Blank* § 535 Rdnr. 299; Emmerich/Sonnenschein/*Emmerich* § 535 Rdnr. 56; AG Bonn NZM 2006, 698; MünchKomm/*Häublein* § 535 Rdnr. 135.
[186] LG Duisburg NZM 2006, 897; vgl. auch Durchsetzbarkeit Duldungsanspruch §§ 554 Abs. 1, 578 Abs. 2 BGB.
[187] Schmidt-Futterer/*Eisenschmid* § 535 Rdnr. 329.
[188] OLG München NJW-RR 1992, 1097.
[189] BGH NJW 2004, 775; OLG München NJW-RR 1992, 1097; *Dötsch* NZM 2004, 177.
[190] LG Frankfurt a. M. NJW-RR 1988, 782; Schmidt-Futterer/*Eisenschmid* § 535 Rdnr. 332; *Fritz* Gewerberaummietrecht Rdnr. 163.

genommen worden.[191] Das Konkretisieren von bestehenden Pflichten soll aber auch nachträglich erlaubt sein.[192] Die Grenze wird man auch im Gewerberaummietrecht im Zweifel entlang §§ 308 Nr. 4, 310 Abs. 1 S. 2, 307 Abs. 1 BGB ziehen können. Enthält die Hausordnung nur unwesentliche Bestimmungen zum Mietgebrauch, soll für ihre wirksame Einbeziehung in den Mietvertrag kein **Formzwang** erforderlich sein, auch wenn es sich um einen befristeten Mietvertrag handelt.[193] Dann ist der Schutzzweck des § 550 BGB, Schutz des Erwerbers vor lang dauernden ungünstigen Mietverträgen, nicht tangiert. Gehen die Bestimmungen über den typischen Rahmen einer Hausordnung hinaus, wird bspw. der Pflichtenkreis oder der Haftungsumfang des Mieters erweitert, ist dies als **überraschende Klauseln** gem. § 305 c BGB unwirksam.

167 Will der Vermieter eine getrennte Hausordnung, die auch materielle vertragliche Pflichten des Mieters enthält, wirksam in den Mietvertrag einbeziehen, muss er die Hausordnung als Anlage beifügen und bei einem befristeten Mietvertrag die Formvorgaben gem. § 550 BGB beachten; ansonsten sind die Regelungen unwirksam und der Vermieter hat den Mietvertrag auch noch entfristet.

168 Die Hausordnung ist als **allgemeine Geschäftsbedingung** an den §§ 305 ff. BGB zu messen.[194] Die Aushang- bzw. Übergabepflicht des § 305 Abs. 2 gilt nicht zugunsten des Gewerberaummieters, § 310 Abs. 1 BGB.

169 Eine Klausel, wonach „die **bestehende Hausordnung** Gegenstand des Mietvertrages ist", verstößt im Gewerberaummietrecht mit der oben genannten Beschränkung auf **Ordnungsvorschriften** nicht gegen § 307 BGB, da es dem Gewerberaummieter berechtigterweise zuzumuten ist, den gesamten Mietvertrag zu lesen und nach der Hausordnung zu fragen.

170 Ist eine in der Hausordnung statuierte Pflicht wirksamer Bestandteil des Mietverhältnisses geworden, ist der Verstoß hiergegen eine **Vertragsverletzung**. Der Vermieter kann Erfüllung verlangen, diese klageweise geltend machen und bei schwerwiegenden, fortgesetzten Verstößen nach entsprechender Abmahnung das Mietverhältnis auch **fristlos kündigen**, §§ 543 Abs. 2, 3 BGB.

XII. Beweislast

1. Vereinbarungen bezüglich der Beweislast

171 Eine generelle Beweislastumkehr zu Lasten des Mieters durch Formularvertrag ist eine unangemessene Benachteiligung des Mieters, § 307 BGB, da dies einer Zufallshaftung zu nahe kommt.[195] Das Abwälzen der Erhaltungslast vom Vermieter auf den Mieter führt nicht zu einer Änderung der Beweislast.[196]

2. Beweislast gem. § 538 BGB und dessen Erleichterung

172 § 538 BGB enthält im Gegensatz zu § 548 BGB a. F. eine für den Vermieter deutlich schlechtere Beweislastregelung. Der Vermieter muss beweisen, dass ein **Schaden** vorliegt und dass dieser **während des Mietverhältnisses** entstanden ist. Hierbei hilft ihm ein Übergabeprotokoll.[197] Darüber hinaus muss der Vermieter beweisen, dass die Schadensursache im Verantwortungs- und Pflichtenkreis des Mieters liegt und nicht durch ihn selbst, einen anderen Mieter oder einen dem Mieter nicht zuzurechnenden Dritten hervorgerufen wurde.[198] Wenn der Vermieter diese hohe Hürde überwunden hat, kann der Mieter sich durch den Nachweis entlasten, dass der Schaden die **Folge vertragsgemäßen Gebrauchs** ist. Weist der

---

[191] OLG Frankfurt a. M. NJW-RR 1989, 397.
[192] Schmidt-Futterer/*Eisenschmid* § 535 Rdnr. 333.
[193] BGH NZM 1997, 761.
[194] MünchKomm/*Häublein* § 535 Rdnr. 173.
[195] Emmerich/Sonnenschein/*Emmerich* § 538 Rdnr. 11.
[196] Schmidt-Futterer/*Langenberg* § 538 Rdnr. 6.
[197] Vgl. Ausführungen in § 58.
[198] BGH NZM 2005, 100.

Mieter nach, dass die Ursache nicht in seinem Gefahrenbereich gesetzt wurde bzw. dass er sie aus anderen Gründen nicht zu vertreten hat, kann er sich ebenfalls entlasten.

Von dieser Reihenfolge ist abzuweichen, wenn die Schadensursache ausschließlich im Obhutsbereich des Mieters liegen kann.[199] Dann muss der Mieter sich gleich exkulpieren. Für diese Abweichung und Erleichterung gegenüber § 538 BGB ist aber nur dann Raum, wenn eine Ursache außerhalb des Mietgebrauchs mit an Sicherheit grenzender Wahrscheinlichkeit fest steht. Ist die Ursache ungeklärt, so haftet der Mieter nicht. Kommt für einen technischen Defekt sowohl Verschleiß/Baumangel/Kurzschluss/technischer Mangel als auch unsachgemäßer Gebrauch/Wartung/pflichtwidriges Unterlassen durch den Mieter in Betracht, muss der Vermieter den üblichen Verschleiß zunächst ausschließen.[200] Kann er das nicht, scheidet eine Haftung des Mieters aus.

3. Beweislast beim Schadensersatzanspruch gem. § 280 BGB (Sphärentheorie)

Zwar liegt die Beweislast für das Vorliegen einer Pflichtverletzung grundsätzlich beim Gläubiger des Schadensersatzanspruchs. Der XII. Senat des BGH[201] schließt allerdings aus dem Umstand, dass § 280 Abs. 1 Satz 2 BGB eine Beweislastumkehr für das Vertretenmüssen der Pflichtverletzung vorsieht, auf eine Erweiterung dieser **Beweislastumkehr für die Pflichtverletzung selbst**. Entscheidend ist, in wessen **Obhuts- und Gefahrenbereich** die Schadensursache liegt. Steht fest, dass als Schadensursache nur eine solche aus dem Obhuts- und Gefahrenbereich des Schuldners in Betracht kommt, bspw. aufgrund des Schadensbildes, muss dieser sich nicht nur hinsichtlich der subjektiven Seite, sondern auch hinsichtlich der objektiven Pflichtwidrigkeit entlasten.[202]

Lässt es sich dagegen nicht ausschließen, dass der Schadenseintritt vom Schuldner in keiner Weise veranlasst oder beeinflusst worden ist, so bleibt es bei der Beweislast des Gläubigers.[203] Da in Fällen dieser Art der Schuldner häufig nicht in der Lage ist, die näheren Umstände der Schadensentstehung darzulegen und zu beweisen, würde die Beweislastumkehr zu einer unzulässigen Zufallshaftung führen.[204]

---

[199] Emmerich/Sonnenschein/*Emmerich* § 538 Rdnr. 10; Schmidt-Futterer/*Langenberg* § 538 Rdnr. 5; BGH NJW 1976, 1315; BGH NJW-RR 1991, 575; OLG Hamm ZMR 1988, 300.
[200] LG Berlin ZMR 1992, 302; OLG Düsseldorf WuM 2002, 489; OLG Hamm WuM 1996, 470.
[201] BGH Urt. v. 22. 10. 2008, XII ZR 148/06.
[202] So schon BGH ZMR 2005, 520; bestätigt in BGH Urt. v. 22. 10. 2008, XII ZR 148/06.
[203] BGH NJW 1978, 2197.
[204] BGH NJW-RR 1990, 446.

§ 55 Konkurrenzschutz und Betriebspflicht

Überblick

	Rdnr.
I. Konkurrenzschutz	1–209
1. Überblick	1–7
2. Vertragsimmanenter Konkurrenzschutz	8–86
a) Definition	8–11
b) Zeitliche Reichweite: Prioritätsgrundsatz	12–19
c) Mietzweck	20–22
d) Schutzwürdigkeit des Mieters	23–25
e) Sachlicher Anwendungsbereich	26–49
f) Örtliche Reichweite	50–73
g) Personelle Reichweite	74–80
h) Vorvertragliche Pflichten und Versäumnisse	81/82
i) Grenze des vertragsimmanenten Konkurrenzschutzes – Interessensabwägung	83–86
3. Vertraglich vereinbarter Konkurrenzschutz	87–93
a) Umfang und Gestaltungsmöglichkeiten	87–91
b) Rückgriff auf vertragsimmanenten Konkurrenzschutz?	92/93
4. Vertraglicher Ausschluss des Konkurrenzschutzes	94–101
a) Möglichkeit und Formulierung	94
b) Konkurrenzschutz, Betriebspflicht und Sortimentsbindung – mit § 307 BGB unvereinbare Summierung?	95–99
c) Platzierung der formularvertraglichen Ausschlussklausel	100/101
5. Vertragliches Wettbewerbsverbot zugunsten wichtiger Mieter	102–106
6. Nachvertragliches Wettbewerbsverbot	107
7. Veräußerung – Nachwirkung der Konkurrenzschutzklausel	108
8. Kartellrechtliche Beschränkungen des vertraglichen Konkurrenzschutzes – Schilderpräger und Einkaufszentrum	109–113
9. Ausgewählte Einzelfälle aus typischerweise problematischen Bereichen	114–120
a) Medizinischer Bereich	115
b) Einzelhandel	117/118
c) Gastronomie	119/120
10. Ansprüche des Mieters bei Konkurrenzschutzverletzung durch den Vermieter	121–143
a) Erfüllung	123
b) Minderung	124–132
c) Treuwidrigkeit der Minderung	133–140
d) Schadensersatzanspruch	141/142
e) Fristlose Kündigung	143
11. Prozessuale Möglichkeiten des Mieters	144–209
a) Klage oder einstweilige Verfügung	146–148
b) Einstweilige Verfügung gegen den Vermieter	149–188
c) Gegenargumente des Vermieters und was der Mieter einwenden kann	189–198
d) Klage gegen den Vermieter	199–209
II. Betriebspflicht	210–252
1. Einleitung	210–214
2. Definition	215/216
3. Vereinbarung	217–227
a) Ausdrücklich oder konkludent	217–221
b) Formularvertragliche Betriebspflicht	222–227
4. Streitpunkt Öffnungszeiten	228–239
5. Anpassen der Betriebspflicht wegen Störung der Geschäftsgrundlage	240–243
6. Ansprüche des Vermieters bei Verstoß gegen die Betriebspflicht	244/245
7. Prozessuales/Einstweilige Verfügung	246–252

Schrifttum: *Bittner,* Der Konkurrenzschutz im gewerblichen Mietrecht, MDR 2008, 1201; *Drasdo,* Betriebspflichten und Öffnungszeiten in der Gewerberaummiete, NJW Spezial 2009, 193; *Fritz,* Vermietung von Sondereigentum zu gewerblichen Zwecken, NZM 2000, 633; *Gies,* Klageanträge in Mietsachen, NZM 2003, 545; *Hamann,* Die Betriebspflicht des Mieters bei Geschäftsraummietverhältnissen, ZMR 2001, 581; *Hinz,* Einstweiliger Rechtsschutz im Mietprozess, NZM 2005, 841; *Jendrek/Ricker,* Konkurrenzschutz im Mietrecht

– Antragsfassung und Vollstreckung, NZM 2000, 229; *Jendrek,* Mietvertraglicher Konkurrenzschutz, NZM 2000, 1116; *ders.,* Die Betriebspflicht im Gewerberaummietvertrag, NZM 2000, 526; *Joachim,* Wirklichkeit und Recht des Shopping-Centers bzw. Einkaufszentrums, NZM 2000, 785; *ders.,* Konkurrenzschutz für Schilderpräger – ein Schildbürger-Streich? – Ausschreibungspflichten marktbeherrschender Vermieter als „GAU" freier Märkte NZM 2004, 57; *ders.,* Vom „Kreuz" mit der AGB-Gestaltung im Shopping-Centermietvertrag – Das Beispiel von Öffnungszeiten-Vorgaben, NZM 2008, 316; *Leo/Ghassemi-Tabar,* Konkurrenzschutz in der Gewerberaummiete, NZM 2009, 337; *Lindner-Figura/Hartl,* Vermietung von Standorten für Mobilfunkstationen, NZM 2001, 401; *Lindner-Figura,* Besonderheiten bei der Vereinbarung einer Umsatzmiete, NZM 1999, 492; *Michalski,* Pflicht des Pächters von Gewerberäumen zur Nutzung der Pachtsache, ZMR 1996, 527; *Neuhaus,* Konkurrenzschutz im Gewerberaummietrecht, ZAP Fach 4, 629; *Stobbe/Tachezy,* Mietvertragsgestaltung im Einkaufszentrum, Betriebspflicht nebst Sortimentsbindung und Konkurrenzschutzausschluss, NZM 2002, 557.

I. Konkurrenzschutz

1. Überblick

§ 535 Abs. 1 S. 2 BGB verpflichtet den Vermieter dazu, dem Mieter die Mietsache in einem für den vertragsgemäßen Gebrauch geeigneten Zustand zu überlassen und diesen Zustand während der Mietzeit zu erhalten. 1

Aus dieser Pflicht zu Gewährung des vertragsgemäßen Gebrauchs hat schon das Reichsgericht den vertragsimmanenten Konkurrenzschutz gegenüber dem Vermieter selbst und Dritten abgeleitet.[1] Dies hat der BGH fortgesetzt[2] und der vertragsimmanente Konkurrenzschutz ist in Rechtsprechung und Literatur allgemein anerkannt.[3] 2

Es ist zwischen dem vertragsimmanenten und dem ausdrücklich vereinbarten Konkurrenzschutz zu unterscheiden. Die Determinanten nach denen sich der vertragsimmanente Konkurrenzschutz bestimmt, sind der **Mietzweck**, die Abhängigkeit von **Laufkundschaft**, die Konkurrenz im **Hauptsortiment**, die **Gleichartigkeit** der Betriebe in der Verkehrsanschauung, die **räumliche Nähe** zueinander und letztlich die **Interessensabwägung** zwischen den Mieter- und Vermieterinteressen. Dies gilt auch für Untermietverhältnisse.[4] 3

Für den Vermieter bietet es sich in der Regel an, den Konkurrenzschutz auszuschließen, ansonsten sollte er ihn sich durch eine höhere Miete bezahlen lassen. Für beide Parteien kann die falsche Konkurrenzschutzklausel existenzbedrohend sein. 4

Der vertragsimmanente Konkurrenzschutz ist **immer** mit der **Einschränkung** behaftet, dass der Vermieter **nicht** gehalten ist, dem Mieter **jegliche** Konkurrenz fernzuhalten, sondern nur die, die im Einzelfall eine Einschränkung des vertragsgemäßen Gebrauchs darstellen würde.[5] Tendenziell ist im Zweifel wettbewerbsfreundlich zu entscheiden.[6] Es steht den Parteien frei, durch eindeutige Regelungen vertraglich den Problemen vorzubeugen. Deshalb verbietet sich in der Regel eine extensive Auslegung des Konkurrenzschutzes.[7] Dies ist bei der Interessensabwägung zu berücksichtigen. Vertraglich kann der Vermieter umfassend verpflichtet werden. 5

Oft wird der Vermieter bei Abschluss des Mietvertrags gar nicht daran denken, dass er Konkurrenzschutz gewähren muss, wenn er diesen nicht ausschließt. 6

---

[1] RGZ 119, 353; 131, 274.
[2] BGH ZMR 1955, 200; ZMR 1968, 248; NJW 1978, 585.
[3] KG Berlin NZM 2007, 566; OLG Düsseldorf NZM 2006, 158; OLG Frankfurt a. M. NZM 2004, 706; OLG Rostock NZM 2006, 295; OLG Nürnberg NZM 2007, 567; *Fritz* Rdnr. 76; *Wolf/Eckert/Ball* Rdnr. 641; Bub/Treier/*Kraemer* III Rdnr. 1240; *Blank/Börstinghaus* § 535 Rdnr. 278; Schmidt-Futterer/*Eisenschmid* § 535 Rdnr. 182.
[4] Palandt/*Weidenkaff* § 535 Rdnr. 27.
[5] BGH NJW 1978, 585; NJW 1979, 1404; OLG Nürnberg NZM 2007, 567; KG Berlin 12 U 95/05; 8 U 353/01, 17. 1. 2002; Schmidt-Futterer/*Eisenschmid* § 535 Rdnr. 544.
[6] OLG Hamm ZMR 1997, 581.
[7] OLG Rostock NZM 2006, 295; OLG Koblenz NJW-RR 1995, 1352; OLG Hamm NJW-RR 1991, 975.

> **Praxistipp:**
> Sollte der Konkurrenzschutz während der Mietvertragsverhandlungen zum Thema werden, sollte der **Vermieter** sich diesen **bezahlen lassen**. Dies ist nur gerechtfertigt, da der Vermieter für die gesamte Mietzeit in seiner Verfügung über weitere Mieteinheiten im Objekt eingeschränkt wird und sich dies als teure Entscheidung herausstellen kann.

7   Umgekehrt wird der Mieteranwalt erleben, dass ihm viele **Mieter** auch im Einzelhandel sagen, dass sie mit einem benachbarten Konkurrenten leben könnten. Das Szenario, dass der ärgste Konkurrent oder der große Filialist unmittelbar nebenan auf deutlich größerer Fläche einzieht, macht den Mietern in der Regel aber klar, dass Konkurrenzschutz für sie **existenziell** sein kann.

2. Vertragsimmanenter Konkurrenzschutz

8   a) **Definition.** Der vertragsimmanente Konkurrenzschutz beschreibt die mietvertragliche Verpflichtung des Vermieters gewerblicher Räume es zu **unterlassen,** in demselben oder in einem unmittelbar angrenzenden Objekt Räume zu einem **vergleichbaren Gebrauch** wie dem des Mieters zu vermieten bzw. selbst zu betreiben, auch wenn dies nicht ausdrücklich im Mietvertrag geregelt ist.[8] Auch soll es dem Vermieter untersagt sein, das Gebäude an einen Konkurrenten seines Mieters zu veräußern.[9] Der vertragsimmanente Konkurrenzschutz folgt aus der Verpflichtung des Vermieters aus § 535 Abs. 1 S. 2 BGB, die Mietsache in einem zum vertragsgemäßen Gebrauch geeigneten Zustand zu überlassen und sie während der Mietzeit in diesem Zustand zu erhalten. Beide Mietparteien sind (negativ) verpflichtet, alles zu unterlassen, was den von den Vertragsparteien mit dem Vertrag verfolgten Zweck gefährden oder beeinträchtigen könnte.[10] Positiv gesehen sind die Mietparteien verpflichtet, im Rahmen des Zumutbaren alles zu tun, um den bezweckten Erfolg zu ermöglichen und zu sichern. Verstößt der Vermieter gegen den vertragsimmanenten Konkurrenzschutz, ist das eine Verletzung der vorgenannten Gebrauchsgewährungspflicht und damit eine Kardinalpflichtverletzung.

9   Der Umfang des vertragsimmanenten Konkurrenzschutzes ist abhängig vom Objekt, dem vertraglich vorgesehenen/betriebenen Gewerbe, der Art und Weise wie das Gewerbe betrieben wird und der sonstigen vertraglichen und örtlichen Bedingungen in Einzelfall.

10 Generell gilt, dass es **ohne Laufkundschaft keinen vertragsimmanenten Konkurrenzschutz** geben kann. Ohne Laufkundschaft hat das Mietobjekt als solches, seine Lage und Ausstattung für die Konkurrenzsituation des Mieters keine Bedeutung – wie beispielsweise beim callcenter oder bei einer Lagerhalle. Der Mieter muss **an Ort und Stelle um seinen Umsatz gegen die örtliche Konkurrenz kämpfen,** nur dann besteht die Notwendigkeit Konkurrenzschutz in einen Vertrag hineinzuinterpretieren.

11 Teilweise wird anstatt vom „vertragsimmanenten" auch vom „gesetzlichen" Konkurrenzschutz gesprochen.[11] Gemeint ist das gleiche. Im Folgenden wird der Begriff „vertragsimmanent" verwandt.

12 b) **Zeitliche Reichweite: Prioritätsgrundsatz.** Wer soll die besseren Rechte haben: Der Mieter, der zuerst da war oder der Mieter, der zuerst die Geschäftsidee hatte/der das nun durch Konkurrenz bedrohte Geschäft zuerst betrieb. Fallen beide Konstellationen in einem Mieter zusammen, kann der Vermieter vom Nachahmer leicht Unterlassung verlangen. Aber was ist, wenn die Tatbestände auseinander fallen?

13 Es gilt der **Prioritätsgrundsatz: Wer zuerst mietet, geht vor!** Dem zuerst den Vertrag unterzeichnenden Mieter ist gegenüber dem neu hinzukommenden Mieter Wettbewerbsschutz

---
[8] OLG Karlsruhe NJW-RR 1990, 1234 m. w. N.; siehe FN 3.
[9] OLG Koblenz NJW 1960, 1253; *Wolf/Eckert/Ball* Rdnr. 652.
[10] OLG Karlsruhe NJW-RR 1990, 1234; *Leo/Ghassemi-Tabar* NZM 2009, 337.
[11] Blank/Börstinghaus/*Blank* § 535 Rdnr. 278.

zu gewähren.[12] Gegenüber einem bereits vorhandenen Mieter kann der neu hinzukommende keinen vertragsimmanenten Konkurrenzschutz geltend machen.[13]

Das gilt auch bei einer **Änderung** oder Erweiterung des Sortiments/der Dienstleistungen. Der, der zuerst das bestimmte Sortiment im Einklang mit seinem vertraglich vereinbarten Mietzweck vertrieben hat, hat das bessere Recht.[14] Dann kann der neu hinzugekomme Mieter keinen Konkurrenzschutz vom Vermieter verlangen.[15] Er musste mit der Erweiterung rechnen und genießt keinen Vertrauensschutz.

Umgekehrt kann der Erstmieter, der sein Sortiment erweitert dann aber vom Vermieter auch nicht die Beseitigung des Zweitmieters verlangen. Der Erstmieter hat sein Sortiment bewusst in Kenntnis der Konkurrenzsituation erweitert. Hierfür müssen dann die gleichen Grundsätze wie für den Zweitmieter gelten, der die Erweiterung dulden muss.

Konkurrenzschutz, selbst ausdrücklich vereinbarter, wirkt – wenn sich aus der Vereinbarung nicht eindeutig etwas anderes ergibt – **immer nur für die Zukunft**, nie für die Vergangenheit.[16]

> **Praxistipp:**
> Will der neu hinzukommende Mieter einer Tätigkeitserweiterung des vorhandenen Mieters vorbeugen, muss er dies ausdrücklich vertraglich vereinbaren.

Der neu hinzugekommene Mieter kann sich aber dann auf einen Verstoß gegen die Gebrauchsgewährpflicht berufen, wenn der Vermieter eine vertragswidrige Tätigkeitserweiterung des Erstmieters duldet.[17]

Es kommt nicht darauf an, wer zuerst einzieht, sondern darauf, wer zuerst mietet. Dies kann bei einem kompletten Neubezug eines größeren Gebäudes relevant werden. Der vertragsimmanente Konkurrenzschutz ist eine vertragliche Pflicht des Vermieters, sie kommt aus dem Vertrag, nicht aus der tatsächlichen Handlung des Einzugs. Selbst wenn der zuerst Mietende später einzieht, bleibt er bevorrechtigt.

Denkbar ist auch ein **zeitlich befristeter Konkurrenzschutz**. Nach einem Urteil des KG Berlin soll, nachdem der vertraglich vereinbarte Konkurrenzschutz ausgelaufen ist, der vertragsimmanente **wieder aufleben**.[18] Das wird man kaum verallgemeinern können. Der Mieter, der eine Befristung seines Konkurrenzschutzanspruchs akzeptiert, erwartet in der Regel nicht, dass er danach noch vertragsimmanente Rechte hat. Hier muss die Klausel dann genau analysiert und ausgelegt werden. Genauso wahrscheinlich ist es, dass der Konkurrenzschutz nur eine „Starthilfe" sein sollte und die Parteien mit dem Fristende jeden Konkurrenzschutz ausschließen wollten.

c) **Mietzweck.** Der Vereinbarung zum Mietzweck[19] kommt **herausragende Bedeutung** für den Konkurrenzschutz zu. Mit der Aufnahme des Mietzwecks in den Mietvertrag definieren die Parteien den Inhalt und den Umfang der dem Mieter erlaubten Tätigkeit. Der Mietzweck ist die Wurzel, aus der der Konkurrenzschutz erwächst. Der Mietzweck muss nicht ausdrücklich vereinbart werden. Eine **konkludente** Vereinbarung dergestalt, dass der Vermieter die Betriebsabsichten des Mieters kennt und in Kenntnis den Mietvertrag abschließt bzw. den Absichten nicht widerspricht, soll ausreichen.[20]

---

[12] OLG Köln NZM 2005, 866.
[13] OLG Hamm ZMR 1997, 581; KG MietRB 2005, 66.
[14] OLG Köln NZM 2005, 866.
[15] OLG Köln NZM 2005, 866.
[16] OLG Köln NZM 2005, 866.
[17] OLG Köln NZM 2005, 866.
[18] KG Berlin 8 U 212/04.
[19] Vgl. auch § 54 Abschnitt I.
[20] *Blank/Börstinghaus* § 535 Rdnr. 209; Bub/Treier/*Kraemer* III B Rdnr. 1241; *Kulik* NZM 1999, 546.

Aus der Vereinbarung eines Mietzwecks folgt die Pflicht des Mieters, seinen Geschäftsbetrieb nicht in vertragswidriger Weise zu erweitern.[21]

21 Oft stellt sich dann die Frage, was ein Mieter, der das Objekt „für gewerbliche Zwecke" oder einen ähnlich allgemein formulierten Zweck mietet, berechtigterweise erwarten kann? Auf jeden Fall nicht, dass er seinen Geschäftsbetrieb nach Lust und Laune ändern kann. Der Mieter kann trotz der weiten Klausel vom Vermieter keinen Konkurrenzschutz für jede andere gewerbliche Tätigkeit erwarten als die, die er bei Anmietung beabsichtigt hatte, die im Zweifel konkludent vereinbart wurde. Der Mieter wusste bei Mietvertragsabschluss, dass das nicht dem Willen und dem Interesse des Vermieters entsprechen kann. Zumindest dann nicht, wenn er eine normale, marktübliche Miete bezahlt. Ein solch absoluter Konkurrenzschutz müsste sich nachhaltig mieterhöhend auswirken.

22 Der Mieter muss sich entgegenhalten lassen, dass auch er es versäumt hat, eine klare Konkurrenzschutzregelung herbeizuführen.

23 **d) Schutzwürdigkeit des Mieters.** Die Rechtsprechung und die Literatur zum vertragsimmanenten Konkurrenzschutz orientieren sich vorrangig an dem Leitbild zweier benachbarter Gewerbetreibenden mit dem identischen Portfolio, die um die gleiche Laufkundschaft werben.

24 Die Rechtsprechung sieht den Mieter in dem Vertragsverhältnis mit dem Vermieter bezüglich des Konkurrenzschutzes in der Regel als den **Schwächeren** an. Der Mieter ist auf die Räume angewiesen, um seinem Gewerbe nachzugehen. Mit dieser Tätigkeit verdient er u.a. die Miete. Der Vermieter hat eine Leistungstreuepflicht[22] dem Mieter gegenüber. Der Vermieter hat das ihm Mögliche zu tun, um den Leistungserfolg des Mieters (also die erfolgreiche Nutzung des Mietobjekts) nicht zu gefährden bzw. zu beeinträchtigen.[23] Der Vermieter hat es in der Hand nicht an einen anderen Mieter zu vermieten, der aus einer benachbarten Fläche heraus versucht, mit den gleichen Produkten die gleichen Kunden anzusprechen. Der Mieter, der im Mietvertrag keinen ausdrücklichen Wettbewerbsschutz durchsetzen konnte, ist hier schutzwürdig. Der Mieter kann sich hier **nicht selbst schützen.** Selbst eine noch so durchdachte Sortimentspolitik, Serviceorientierung und Kundenbindung wird ihm nur einen Teil der möglichen Kunden erhalten. Ohne vertragsimmanenten Konkurrenzschutz könnte ihm die Existenzgrundlage genommen werden.

25 Bei starken Mietern bspw. großen **Filialisten,** ohne die ein Einkaufszentrum nicht leben kann, gerät dieses Bild ins Wanken. Hier wird unter Umständen der Vermieter, der stark investiert hat und der ohne die einschlägigen Ketten als Ankermieter keinen Erfolg haben wird, der Schwächere sein.

26 **e) Sachlicher Anwendungsbereich.** *aa) Laufkundschaft.* Vertragsimmanenter Konkurrenzschutz setzt begriffsnotwendig den „**Kampf**" der Konkurrenten **um die Laufkundschaft** bzw. um den Umsatz an Ort und Stelle voraus.

27 Stellt sich hier bei genauerem Hinsehen heraus, dass der Mieter aus dem Mietobjekt heraus gar nicht versucht, mit Kunden in Kontakt zu treten, er also gar keine Laufkundschaft hat, bspw. weil das gar nicht seinem Geschäftsmodell entspricht (reiner **Internetversandhandel**) oder er die Räumlichkeiten nur als **Lager**[24] nutzt, ist auch kein Konkurrenzschutz vertragsimmanent. Eine Verpflichtung des Vermieters zum Konkurrenzschutz kann aus dem Vertrag nur dann erwachsen, wenn am Ort der gewerblichen Tätigkeit des Mieters überhaupt Wettbewerb um Kunden und Umsatz stattfindet/stattfinden kann.[25]

28 *bb) Haupt- und Nebenartikel.* Der Grundsatz ist zunächst einmal recht einfach: Vertragsimmanenten Konkurrenzschutz gibt es nur bezüglich der Hauptartikel. **Beide Mieter müssen grundsätzlich mit ihren jeweiligen Hauptartikeln miteinander konkurrieren**, das Hauptsortiment muss vergleichbar sein, nur dann kann sich die Frage stellen, ob einer der Mieter ge-

---

[21] BGH NJW 1985, 2527.
[22] Palandt/*Weidenkaff* § 535 Rdnr. 27.
[23] Palandt/*Heinrichs* § 242 Rdnr. 27 ff.; OLG Karlsruhe NJW-RR 1990, 1234.
[24] OLG Karlsruhe NJW-RR 1987, 848 – zwei Speditionen nur Lager, kein Büro und keine Kunden.
[25] OLG Koblenz NJW-RR 1995, 1352; OLG Karlsruhe NJW-RR 1987, 848.

genüber dem Vermieter einen Anspruch auf Maßnahmen gegenüber dem anderen Mieter hat.[26] Eine völlige Überschneidung der Artikel ist nicht erforderlich.[27]

Im **Nebensortiment** findet kein vertragsimmanenter Konkurrenzschutz statt. Ein Überschneiden der Artikel zweier Geschäfte im Bereich des Sortiments, dass bei einem der beiden dem Nebensortiment zuzuordnen ist, ist unschädlich und vermag für keinen der beiden Mieter Rechte gegenüber dem Vermieter auszulösen.[28]

Diese Rechtsprechung, die für Einzelhandelsgeschäfte entwickelt wurde, lässt sich auf **Freiberufler** u. a. entsprechend übertragen.[29]

Wechselt der Konkurrent sein Neben- und Hauptsortiment aus, hat der benachteiligte Mieter einen Anspruch gegenüber dem Vermieter, dass dieser dies unterbindet.[30]

Der Grundsatz „kein Konkurrenzschutz für Nebenartikel" erfährt allerdings Ausnahmen: Ist einer der Mieter ein **Supermarkt,** der einem Fachmarkt Konkurrenz macht, ist die Differenzierung zwischen Haupt- und Nebenartikel nicht hilfreich. Selbst wenn es für den Supermarkt oder den Baumarkt ein unbedeutendes Nebensortiment ist, kann dies so umfangreich sein, dass es dem Angebot des bestehenden Fachmarktes hinsichtlich Vielfalt/Auswahlmöglichkeiten und Qualität entspricht und dessen Existenz gefährdet.

Geht es um Supermärkte bzw. Baumärkte gegen Fachmärkte verliert die Differenzierung zwischen Haupt- und Nebenartikeln ihre Bedeutung.[31] Ansonsten müsste das gesamte Sortiment des Supermarkts als Hauptsortiment verstanden werden, so dass es neben dem Supermarkt keinen Fachmarkt geben könnte. Der Supermarkt oder das Kaufhaus, die alles anbieten und keine Differenzierung zwischen Haupt- und Nebensortiment erkennen lassen, genießen insgesamt keinen vertragsimmanenten Konkurrenzschutz.[32] Einen Unterschied macht der BGH, wenn der betroffene Sortimentsteil in seiner Vielfalt, Auswahlmöglichkeiten, Geschlossenheit und Übersichtlichkeit **dem Angebot eines Fachmarktes entspricht,** so dass der Zweck und das Gepräge des Supermarkts von dieser Warengruppe zumindest mitbestimmt wird.[33]

Bei Supermärkten, Drogerien und Baumärkten geht die Bedeutung des einzelnen Artikels bzw. der Artikelgruppe zugunsten der **für diesen Geschäftstyp charakteristischen Warenpalette** zurück. Hauptartikel ist dann die für den Geschäftstyp eigentümliche Mischung der angebotenen Waren. Wenn Wettbewerber sich auf dasselbe Verkaufskonzept verlegen, kann dies den vertragsimmanenten Konkurrenzschutz des Mieters durchaus berühren.[34] Das Gleiche gilt, wenn der Wettbewerber den Stil und das Ambiente eines Geschäfts kopiert.

Die Ausdehnung des Konkurrenzschutzes auf bloße Nebenartikel bedarf grundsätzlich einer **eindeutigen Vereinbarung,** da nur so der **besonderen Bedeutung des Wettbewerbs** für die Privatrechtsordnung Rechnung getragen werden kann.[35]

Etwas anderes kann ausnahmsweise dann gelten, wenn das Geschäft des einen Mieters durch den Wettbewerb im Bereich der Nebenartikel einen so starken Umsatzeinbruch erfährt, dass die Mieträume nur noch eingeschränkt nutzbar sind.[36]

cc) Abgrenzung der Haupt- von den Nebenartikeln. Die Abgrenzung der Hauptartikel von den Nebenartikeln erfolgt nicht allein nach dem jeweiligen **Umsatz,** sondern vor allem danach, **ob die Ware dem „Geschäft ihr Gepräge gibt"**[37] **und ob dieselben Bedürfnisse und dieselbe Verbrauchergruppe angesprochen** werden.[38] Entscheidend ist, ob nach der Ver-

---

[26] BGH NJW-RR 1986, 9; OLG Hamm NJW-RR 1998, 1019.
[27] *Jendrek* NZM 2000, 1116.
[28] BGH NJW 1974, 2317; OLG Frankfurt am Main DB 1970, 46; OLG Hamm NJW-RR 1997, 459; OLG Celle 2 U 92/00; *Stobbe/Tachezy* NZM 2002, 557; *Wolf/Eckert/Ball* Rdnr. 643.
[29] BGH NJW 1978, 585; OLG Köln NZM 2005, 866.
[30] KG Berlin ZMR 2008, 616.
[31] BGH ZMR 1968, 248, OLG Hamm NZM 1998, 511.
[32] OLG Hamm NZM 1998, 511; Schmidt-Futterer/*Eisenschmid* § 535 Rdnr. 547.
[33] BGH NJW-RR 1986, 9; Erman/*Jendrek* § 535 Rdnr. 40.
[34] Becksches Fomularbuch Mietrecht/*Borsutzki-Pasing* A. VI. 3 § 3.
[35] BGH NJW 1982, 376; BGH NJW-RR 1986, 9. OLG Brandenburg Info M 2008, 19.
[36] BGH ZMR 1957, 191; OLG Köln ZMR 1998, 347; Bub/Treier/*Kraemer* III B Rdnr. 1241.
[37] BGH NJW-RR 1986, 9; Schmidt-Futterer/*Eisenschmid* § 535 Rdnr. 548.
[38] BGH NJW-RR 1988, 717.

kehrsauffassung der potentiellen Kunden der Eindruck eines **gleichartigen Warenangebots** in beiden Geschäften entsteht.[39] Hierbei kommt es auf die Angebotstiefe, die Vielfalt, die Präsentation und die Bewerbung der Waren an. Dabei sind insbesondere die Vielfalt, die Auswahl, die Geschlossenheit und die Übersichtlichkeit der angebotenen Ware zu berücksichtigen.[40] Danach dürfte ein Nanu Nana/1 € Geschäft neben einem Villeroy & Boch/Rosenthal Geschäft kein Problem sein, selbst wenn beide vorrangig Geschirr verkaufen. Der Umsatz des einzelnen Produkts oder des Teilsortiments im Verhältnis zum Gesamtumsatz spielt als Indiz aber eine ganz wesentliche Rolle.[41] Eine Grenze soll bei 5% zu ziehen sein.[42] Diese Indizwirkung funktioniert beim Supermarkt nicht.

36 Auch der **Spezialist** und der **Generalist** bieten genauso wenig das gleiche Sortiment an wie **zwei Spezialisten**: Ein Fachanwalt für Strafrecht und ein Fachanwalt für Mietrecht stehen in der Regel genauso wenig im Wettbewerb miteinander, wie ein Internist und ein Augenarzt. Das gleiche gilt für die Großkanzlei und den Einzelanwalt, die beide im gleichen Mietobjekt residieren. Bei der Großkanzlei und der mittelständischen Kanzlei mit spezialisierten Fachanwälten muss genau auf die jeweilige Qualifikation und den (behaupteten) Mandantenstamm geschaut werden.

37 Darüber hinaus wird die Auslegung, was Haupt- und was Nebenartikel ist, nicht immer einheitlich vorgenommen. Als Hauptartikel von **Gaststätten** sind die angebotenen **Speisen** und **Getränke** anzusehen.[43] Hierbei ist auf sämtliche Speisen[44] abzustellen, es sei denn, eines der Lokale bietet ganz spezielle Speisen an, die einen anderen Verbraucherkreis[45] ansprechen. Für das OLG Bremen war es bei dem Betrieb eines Imbisses unerheblich, dass dieser nur **typisch deutsche** Speisen (Brat- oder Currywurst etc.) und der andere Betrieb **türkische** Pizza, Blätterteigtaschen etc. anbot. Entscheidend war, dass beide warme Speisen zum sofortigen Verzehr an Ort und Stelle oder zum Mitnehmen verkauften. Folglich stellte das OLG Bremen eine Wettbewerbssituation im Hauptsortiment und einen entsprechenden Konkurrenzschutzanspruch fest.[46] Für das OLG Düsseldorf waren **Irish Pub** und **Tapas Taverne** etwas so unterschiedliches, dass das Gericht eine Vergleichbarkeit der beiden Gastronomiebetriebe ablehnte.[47] Wobei hier allerdings der konkreten Vertragsklausel und der Umgebung eine wesentliche Bedeutung zukamen. Dennoch wäre auch eine andere Entscheidung denkbar gewesen.

38 Wie schwierig die Entscheidung im Einzelfall ist, wird auch an einem Fall des OLG Frankfurt a. M. deutlich, die zwischen den Interessen einer **Apotheke** und einer **Drogerie** mit Medikamentenabteilung abzuwägen hatten und zum Ergebnis kamen, dass bei der Apotheke die **verschreibungspflichtigen** Medikamente den Ausschlag geben und deshalb eine Konkurrenzsituation ablehnten.[48]

39 Gerade wenn der Antrag des sich bedroht fühlenden Mieters auf Erlass einer **einstweiligen Verfügung** zu einem frühen Stadium, bspw. während der Eröffnungsphase des Zweitmieters, ergeht, kann fraglich sein, auf welche Konkurrenzsituation abzustellen ist: Auf die **tatsächlich ausgeübte**, den mit dem neuen Mieter vereinbarten Vertragszweck oder auf den, den der Mieter in seiner **Werbung** als Geschäftsziel angegeben hat? Hier entscheidet die Rechtsprechung wohl von Fall zu Fall danach, was individuell passt. Das OLG Brandenburg hat in dem Fall einer Physiotherapeutin, in deren Mietobjekt ein Arzt mit Masseurausbildung hinzukommen sollte, auf die Werbung abgestellt, da die Erstmieterin schnell reagieren musste. Zum Zeitpunkt der Antragstellung war noch gar nicht klar, ob es in der tatsächlichen Handhabung jemals zu einer echten Konkurrenz kommen

---

[39] OLG Celle 22. 6. 2000 – 2 U 92/00.
[40] Bub/Treier/*Kraemer* III. B Rdnr. 1245.
[41] Schmidt-Futterer/*Eisenschmid* § 535 Rdnr. 547.
[42] *Fritz* Rdnr. 76.
[43] OLG Karlsruhe ZMR 1990, 214.
[44] OLG Hamm NJW-RR 1997, 459.
[45] BGH NJW-RR 1988, 717.
[46] OLG Bremen 2 U 99/05, 5. 1. 06.
[47] OLG Düsseldorf ZMR 2000, 171.
[48] OLG Frankfurt a. M. NJW 1982, 707.

würde.⁴⁹ Das Landgericht hatte noch auf den tatsächlichen Betrieb des Arztes abgestellt, so wie sich dieser nach der Beweisaufnahme darstellte.

dd) Sortimentsänderung/Sortimentserweiterung. Die Kehrseite des vertragsimmanenten Konkurrenzschutzes ist es, dass der Mieter sein Sortiment üblicherweise nicht ändern darf, wenn er dadurch zu einem anderen Mieter, der ebenfalls vertragsimmanenten Konkurrenzschutz genießt, in Wettbewerb treten würde.⁵⁰ 40

Die Verpflichtung des Mieters, sein Sortiment nicht zu verändern, gilt aber nicht uneingeschränkt. Die **Erweiterung** des Hauptsortiments soll in der Regel zulässig sein.⁵¹ Die Erweiterung um einen neuen Geschäftszweig ist dann zulässig, wenn der Mieter hieran ein legitimes Interesse hat und berechtigterweise entgegenstehende Interessen des Vermieters nicht ersichtlich sind.⁵² 41

Eine **üblicherweise** zu erwartende Erweiterung des Geschäftsbetriebs wird in der Regel zulässig, d. h. mit dem Mietzweck vereinbar sein.⁵³ Auch die Veränderung des Geschäfts durch Aufnahme neuer Geschäftszweige kann zulässig sein, selbst wenn sich dadurch der Charakter des Geschäfts verändert. Allerdings führt die vertragswidrige Geschäftsänderung nicht zu einer Veränderung oder gar Erweiterung des Konkurrenzschutzanspruchs.⁵⁴ 42

In Anlehnung an das Beispiel in § 54 wird die Umwandlung eines christlichen Buchladens in ein Striptease-Lokal nicht mit dem ursprünglich vorgesehenen, vertragsgemäßen Gebrauch in Einklang zu bringen sein. Was ist aber mit der Umwandlung in einen esoterischen Buchladen – wenn es einen solchen auf dem Nachbargrundstück, das dem gleichen Vermieter gehört, bereits gibt? Da wäre die genaue Formulierung des Mietzwecks „Betrieb eines christlichen Buchladens" oder eine entsprechende Ausschlussklausel „Der Mieter verpflichtet sich, das Geschäft nicht für andere Zwecke als zum Betrieb eines christlichen Buchladen zu nutzen, insbesondere es nicht um das Sortiment der esoterischen Literatur zu erweitern", sinnvoll gewesen. 43

Wenn der benachteiligte Betreiber des esoterischen Buchladens vertragsimmanenten Kündigungsschutz genießt, wird er diesen vom Vermieter einfordern. Der Vermieter steht dann vor der für ihn ohne Vertragsverletzung und daraus resultierender Schadensersatzpflicht schweren und aller Voraussicht nach kostspieligen Aufgabe, den auf das Sortiment des Nachbarn wechselnden Mieter in die Schranken zu weisen. 44

Von einem gewerblichen Mieter kann verlangt werden, dass er sich vor Anmietung die Konkurrenzsituation vor Ort genau ansieht und dass er evaluiert, wer aktuell Konkurrent ist und wer dies durch eine nicht fern liegende Sortimentsänderung werden kann. 45

Der Mieter sollte vor einer Sortimentsänderung bzw. -erweiterung immer erst prüfen, ob dies der **Zustimmung** seines Vermieters bedarf. Grundsätzlich ist der Vermieter – in den Grenzen des **Willkürverbots** – nicht verpflichtet, einer Sortimentsveränderung zuzustimmen.⁵⁵ Vielfach finden sich in den Mietverträgen entsprechende Klauseln, die dann allerdings auch auf ihre Wirksamkeit anhand von § 307 BGB geprüft werden müssen. Enthält der Mietvertrag keine Regelung, so ist die Sortimentsveränderung so lange zulässig, wie dies vom **Mietzweck** gedeckt ist. 46

Formulierungsvorschlag Sortimentsveränderung

Sortimentsänderungen, -erweiterungen oder das Anbieten neuer Waren oder Dienstleistungen, die von der als Anlage xy beigefügten Aufstellung abweichen, sind von der vorherigen, schriftlichen Einwilligung des Vermieters abhängig. Der Vermieter kann die Einwilligung verweigern, wenn an-

---

⁴⁹ OLG Brandenburg Info M 2008, 19.
⁵⁰ BGH NJW 1985, 2527; OLG Düsseldorf ZMR 1996, 258; Schmidt-Futterer/*Eisenschmid* § 535 Rdnr. 544.
⁵¹ Schmidt-Futterer/*Eisenschmid* § 535 Rdnr. 545.
⁵² OLG Düsseldorf MDR 1996, 467.
⁵³ Emmerich/Sonnenschein/*Emmerich* § 535 Rdnr. 20.
⁵⁴ Bub/Treier/*Kraemer* III B Rdnr. 1241; Schmidt-Futterer/*Eisenschmid* § 535 Rdnr. 509.
⁵⁵ OLG Hamburg ZMR 2003, 180.

> dere Mieter die Waren etc. bereits anbieten oder dazu aufgrund von vertraglichen Vereinbarungen berechtigt sind. Bei einer Sortimentsänderung etc. ohne bzw. entgegen der verweigerten Zustimmung des Vermieters, kann der Vermieter vom Mieter das sofortige Unterlassen und die Wiederherstellung des vorherigen Zustandes verlangen. Der Mieter stellt den Vermieter von Ansprüchen Dritter frei, die aus seiner Sortimentsänderung ohne die Zustimmung bzw. entgegen der verweigerten Zustimmung des Vermieters resultieren.

47 Wenn die Sortimentsänderung oder -erweiterung mietvertragswidrig war oder der Erlaubnis des Vermieters bedurft hätte, kann der Mieter für diesen Teil seines Sortiments keinen Wettbewerbsschutz verlangen. Die Duldung des Vermieters ist gegebenenfalls auszulegen, ob dies die Zustimmung enthielt oder lediglich der vorübergehende Verzicht auf Maßnahmen war.

48 Ein Mieter kann **erwarten,** dass der Vermieter von dem Mieter, der das Konzept des anderen kopiert bzw. nachträglich das gleiche Sortiment anbietet, **Unterlassung** verlangt. Dies allerdings nur dann, wenn es sich dabei nicht um eine bei Anmietung erwartbare und nahe liegende Sortimentserweiterung/-änderung handelt.[56] Dann ist der Mieter, der sich nicht bezüglich des Konkurrenzschutzes des potentiellen Konkurrenten informiert und nicht selbst auf eine eindeutige, ihn schützende Klausel dringt,[57] sehenden Auges in die Konkurrenzfalle gelaufen und kann sich gegenüber dem Vermieter nicht berechtigterweise auf Konkurrenzschutz berufen.[58]

> **Formulierungsvorschlag Ergänzung der Kündigungsklauseln:**
>
> Es kann sich für beide Vertragsparteien empfehlen, ergänzend zu den in § 543 Abs. 2 BGB aufgeführten wichtigen Gründen weitere Kündigungsgründe als für eine außerordentliche Kündigung ausreichend enumerativ im Mietvertrag aufzulisten. Für den Konkurrenzschutz können diese Gründe wie folgt ergänzt werden:
>
> Der Vermieter kann das Mietverhältnis insbesondere auch dann fristlos kündigen, wenn der Mieter:
>
> - nach ergebnisloser Abmahnung eine dem Mietzweck nicht entsprechende Sortimentsänderung bzw. -erweiterung ohne die Zustimmung bzw. entgegen der verweigerten Zustimmung des Vermieters fortsetzt
> - nach ergebnisloser Abmahnung weiterhin ein Sortiment führt, dass über das in Anlage xy festgelegte Sortiment hinausgeht und der Vermieter deswegen mit Ansprüchen anderer Mieter rechnen darf.
>
> Der Mieter kann das Mietverhältnis insbesondere auch dann fristlos kündigen, wenn der Vermieter:
>
> - nach ergebnisloser Abmahnung seiner Konkurrenzschutzpflicht nicht nachkommt, es sei denn, der Konkurrenzschutz ist (bezüglich des streitgegenständlichen Waren/Dienstleistungsangebots) vertraglich ausgeschlossen.

49 *ee) Einfluss der Miete und der vertraglichen Bindungsdauer.* Je höher die Miete und je länger die (noch laufende) vertragliche Bindungsdauer, umso größer sind die Anforderungen an den Vermieter, den Mieter vor Konkurrenz zu schützen.[59]

50 *f) Örtliche Reichweite. aa) Vertragsimmanent.* Die Pflicht des Vermieters zum Konkurrenzschutz besteht zunächst für das Objekt in dem sich die Mieträume befinden.[60] Ferner

---

[56] KG Berlin 8 U 51/04; OLG Köln MDR 2006, 86; OLG Köln OLGR 2005, 309.
[57] OLG Karlsruhe NJW 1972, 2224.
[58] Lindner-Figura u. a./*Hübner/Griesbach/Fuerst* Kap. 14 Rdnr. 117.
[59] BGH ZMR 1957, 403; ZMR 1960, 139.
[60] BGH NJW 1979, 1404; KG Berlin NZM 2008, 248.

gilt er für alle Gebäude auf dem gleichen Grundstück.[61] Aber die örtliche Reichweite des vertragsimmanenten Konkurrenzschutzes kann darüber hinausgehen und sich auch auf unmittelbar benachbarte Grundstücke erstrecken.[62] Der Umfang der Ausdehnung hängt sehr stark von den individuellen örtlichen Gegebenheiten ab. Hier werden extensive[63] und eher zurückhaltende[64] Auffassungen vertreten.

Generell ist Voraussetzung, dass der Vermieter auch Eigentümer des anderen Objekts ist, in dem der Konkurrent einziehen will.[65] In den ergangenen Urteilen war der Eigentümer des Nachbargrundstücks auch Vermieter desselben. Richtigerweise ist darauf abzustellen, ob die konkurrierenden Mieter den identischen Vermieter haben bzw. ggf. hilfsweise, ob die identischen natürlichen Personen Einfluss auf die juristisch verschiedenen Vermieter nehmen können. Dies ist ein für die Rechtsprechung leicht zu ermittelndes und gut handhabbares Kriterium. Sind die Vermieter schon nicht identisch, kann es keine Konkurrenzschutzansprüche geben.

Voraussetzung dafür, dass die örtliche Reichweite des vertragsimmanenten Konkurrenzschutzes über das Gebäude in dem der Erstmieter ist, hinausgeht, ist die **unmittelbare Nachbarschaft** des anderen Gebäudes.[66] Die ausnahmsweise Ausdehnung des vertragsimmanenten Konkurrenzschutzes auf ein Nachbargrundstück soll zu rechtfertigen sein, wenn die direkt nebeneinander stehenden Gebäude den Eindruck eines **räumlichen Zusammenhangs** vermitteln und sich darauf die **Erwartung des Mieters** stützt, dass er in diesem Gebäudeensemble vor Wettbewerb geschützt ist.[67] Fraglich ist, **wie nah** die Gebäude denn stehen müssen, dass diese unmittelbare Nachbarschaft anzunehmen und die Erwartung des Mieters berechtigt ist.

Nach dem **BGH** ist das jedenfalls nicht der Fall, wenn die Grundstücke 350 m voneinander entfernt sind.[68] Je nach Einzelfall genügt auch schon ein Abstand von mehr als 30 m.[69] Liegen die Grundstücke nicht an der gleichen Straße, dürfen sie sich sogar noch viel näher sein, ohne das eine Pflicht zum vertragsimmanenten Konkurrenzschutz entsteht.[70] Das OLG Hamm lehnt eine räumliche Ausweitung dann ab, wenn die Grundstücke durch ein **Fremdgrundstück** getrennt werden.[71] Das Eigentum Dritter will das OLG Hamm gleichzeitig aber nur als eine von mehreren Möglichkeiten verstanden wissen, wieso keine unmittelbare Nachbarschaft besteht. Soweit sich die neue Konkurrenz als Konkretisierung oder Erweiterung einer bei Vertragsabschluss vorhandenen oder angelegten Situation darstellt, genießt der Mieter keinerlei Schutz.[72]

Diesen Einschränkungen ist zuzustimmen. Es ist zwischen einem unmittelbar angrenzenden Gebäude versus einem nur in der Nähe liegenden Gebäude zu differenzieren. Der vertragsimmanente Konkurrenzschutz erstreckt sich nicht auf ein nur in der Nähe liegendes anderes Grundstück desselben Vermieters, das nicht unmittelbar an das Mietgrundstück angrenzt.

Eine extensive Ausdehnung des Konkurrenzschutzes ist nicht geboten. Es ist **nicht die Aufgabe des mietrechtlichen Konkurrenzschutzes, marktregulierend einzugreifen.**[73] Jeder Gewerbetreibende trägt das Risiko seines geschäftlichen Erfolges selbst und muss sich im

---

[61] BGH ZMR 1968, 248.
[62] BGH NJW 1978, 585; NJW 1979, 1404.
[63] Lindner-Figura u. a./*Hübner/Griesbach/Fuerst* Kap. 14 Rdnr. 119.
[64] Blank/Börstinghaus/*Blank* § 535 Rdnr. 279.
[65] BGH ZMR 1954, 78; NJW 1979, 1404; OLG Frankfurt NJW-RR 1988, 396; OLG Celle OLG-Report 2000, 150; KG Berlin MDR 1999, 1375; kritisch: Lindner-Figura u. a./*Hübner/Griesbach/Fuerst* Kap. 14 Rdnr. 119.
[66] RGZ 119, 353; 131, 274; BGH WM 1968, 699; NJW 1979, 1404; OLG Frankfurt, NJW- RR 1988, 396; OLG Celle OLG-Report 2000, 150; OLG Rostock NZM 2006, 295.
[67] OLG Rostock NZM 2006, 295.
[68] BGH NJW 1979, 1404.
[69] OLG Rostock NZM 2005, 295.
[70] BGH WM 1968, 699; MDR 1998, 657.
[71] OLG Hamm NJW-RR 1991, 975.
[72] *Neuhaus* Rdnr. 710; KG Berlin 8 U 51/04 – MietRB 2005, 66.
[73] OLG Rostock NZM 2006, 295.

Wettbewerb aufgrund seines Leistungs- oder Warenangebots, seiner Fähigkeiten oder seiner Preise behaupten. Er kann in aller Regel nicht erwarten, dass ihn ein Dritter in dieser Hinsicht unterstützt. Insofern ist die aus der Verpflichtung des Vermieters zur Gewährung des ungestörten Mietgebrauchs abgeleitete Konkurrenzschutzpflicht schon die Ausnahme. Sie begründet nur die Erwartung des Mieters, dass er jedenfalls in dem Gebäude, in dem er geschäftlich tätig ist, nicht mit Konkurrenz zu rechnen braucht. In diesem Rahmen ist dem Vermieter zuzumuten, bei der Vermietung auf das Interesse vorhandener Mieter, nicht dem Wettbewerb im selben Haus ausgesetzt zu sein, Rücksicht zu nehmen. Demgemäß kann der Mieter nur darauf vertrauen, dass sich in **unmittelbarer** Nachbarschaft seines Ladenlokals kein Konkurrent niederlässt.

56 Ausnahmeregelungen sind generell eng auszulegen. Keinesfalls ist es geboten, einen Vermieter, dem in einer Stadt mehrere gewerblich genutzte Mietgrundstücke gehören, mit verstärkten Konkurrenzschutzpflichten zu belasten. Dies würde seine Handlungsfähigkeit erheblich beeinträchtigen.

57 Auch im Fall der **Blockbebauung**, also dass ein Gebäudekomplex an mehrere Straßen angrenzt, der Mieter aber Räume im „xy Komplex" mietet, ist vernünftigerweise auf die Entfernung zwischen den Geschäften abzustellen. Hier ist der Vermieter zwar identisch und das Gebäude ist ein und dasselbe, aber es gibt keinen nachvollziehbaren Grund, wieso ein Mieter hier besser stehen sollte, als wenn es keine Blockbebauung wäre und es zwei Vermieter geben würde. Im Rahmen der allgemeinen Einschränkung des Konkurrenzschutzes, dass der Vermieter dem Mieter nicht jeden fühlbaren oder unliebsamen Wettbewerb fernhalten muss, sollten die Mieteransprüche hier je nach Einzelfall auf ein **angemessenes Maß beschränkt** werden.

58 Im Fall eines späteren Erwerbs des Nachbargrundstücks schuldet der Vermieter keinen Konkurrenzschutz hinsichtlich des neu erworbenen Grundstücks.[74] Dies gilt sicherlich für Mietverträge, die in beiden Gebäuden vor dem Erwerb abgeschlossen wurden. Für danach neu abgeschlossene Mietverträge müssen die oben aufgezeigten Grundsätze ohne Einschränkung gelten.

59 Erklärt sich der Mieter mit der Vermietung der Nachbarfläche an einen Konkurrenten einverstanden, ist dies ein ausdrücklicher Verzicht auf den vertragsimmanenten Konkurrenzschutz.[75]

60 *bb) Veräußerung von benachbartem Teileigentum.* Das OLG Koblenz hat im Jahr 2006 einen weiteren Problemkreis eröffnet.[76] Der Vermieter veräußert benachbarte **Teileigentumseinheiten,** von denen ein Mieter durch eine **vertraglich** vereinbarte Konkurrenzschutzklausel geschützt ist, an unterschiedliche Dritte. Dadurch fallen die Vermieter personell auseinander. Der eine Vermieter überlässt das Teileigentum nun einem Konkurrenten des Mieters, der bereits vor der Veräußerung gemietet hatte. Entsprechend der oben dargestellten Grundsätze wären es jetzt zwei verschiedene Vermieter, so dass es grundsätzlich keine Konkurrenzschutzansprüche des Erstmieters gäbe. Der Käufer tritt vorliegend aber in den Mietvertrag des Erstmieters mit allen Rechten und Pflichten ein und somit **auch in die Pflicht zum Konkurrenzschutz, § 566 Abs. 1 BGB.**

61 Der Erwerber der Nachbarfläche hat keine Pflichten gegenüber dem Erstmieter.[77] Der Umstand, dass der Vermieter des Erstmieters keinen Einfluss auf die sonstige Vermietung in dem Anwesen nehmen kann, soll an der Pflicht zum Konkurrenzschutz nichts ändern. Die Frage der **Unmöglichkeit** der mangelfreien Leistung hat das Gericht nicht diskutiert. Im Gegenteil, das OLG hat ausgeführt, dass der Vermieter, selbst wenn er keine Möglichkeit hat, die Vermietung an ein Konkurrenzunternehmen zu verhindern, er **zur Gewährleistung** für den dadurch entstandenen Mangel seiner eigenen vermieteten Räume **verpflichtet** ist.[78]

---

[74] Schmidt-Futterer/*Eisenschmid* § 535 Rdnr. 519.
[75] KG Berlin Urt. vom 17. 1. 2005 – 8 U 212/04.
[76] OLG Koblenz NZM 2008, 405.
[77] *Jendrek* NZM 2000, 1116.
[78] OLG Koblenz NZM 2008, 405.

Der Vermieter, der bereits bei Vermietung absehen kann, dass er an den einzelnen Ladengeschäften Teileigentum begründen und diese getrennt veräußern wird, sollte, wenn er denn wirklich Konkurrenzschutz begründen muss, diesen für den Fall der Veräußerung entfallen lassen. Ansonsten müsste der Veräußerer-Vermieter **Dienstbarkeiten** auf allen Teileigentumseinheiten eintragen, dass die Erwerber verpflichtet werden, den vorhandenen Mietern keine Konkurrenz zu machen (**Verdinglichung des Konkurrenzschutzes**). Ob er damit noch Käufer für die Einheiten findet, ist fraglich. 62

Nach der hier vertretenen Auffassung geht diese Haftung des Erwerber-Vermieters zu weit. Der Vermieter soll keine Möglichkeit haben, sich eines lästigen Konkurrenzschutzes durch Veräußerung an eine juristisch andere, aber von ihm kontrollierte Person zu entledigen. Der Vermieter, der aber keine Möglichkeit hat, auf eine Konkurrenzsituation irgendwie Einfluss zu nehmen, sollte an dieser Pflicht nicht festgehalten werden, § 275 Abs. 1 BGB. Man wird wohl unmöglich eine Pflicht des potentiellen Käufers gegenüber seinem potenziellen Mieter konstruieren wollen, bereits beim Kaufvertrag vom Veräußerer zu verlangen, dass dieser die Konkurrenzschutzansprüche seines Noch-Mieters durch Dienstbarkeiten schützt. Eine andere Pflichtverletzung des Erwerber-Vermieters ist aber nicht denkbar. Der Verkäufer selbst verletzt mit der Veräußerung ohne Dienstbarkeit eine Pflicht aus dem Mietvertrag. Ihm kann das aber gleich sein, da sich die Ansprüche des Mieters dann erstmal gegen den neuen Vermieter/den Erwerber richten. Nur wenn der Erwerber ausfällt, haftet der Veräußerer weiterhin, § 566 Abs. 2 BGB. Eine nachteilige Klausel im Mietvertrag wird ohne Zusicherung kein Mangel der Kaufsache sein. 63

Im Ergebnis ist es wiederum **grob fahrlässig für den Vermieter-Veräußerer den Konkurrenzschutz nicht auszuschließen**. Ansonsten wird der **Konkurrenzschutz** zu einem **echten Verkaufshindernis**. 64

Für den Erwerber zeigt sich wieder einmal, dass der Konkurrenzschutz ein wesentlicher Punkt in jeder Mietvertrags due diligence ist. Der Wert einer Immobilie kann mit dem zu übernehmenden Mietvertrag stehen oder fallen. Die übernommene Konkurrenzschutzpflicht kann für den Erwerber das Risiko der erheblichen **Mietminderung** bieten. Einen **Schadensersatzanspruch** wird der Mieter gegenüber dem Erwerber-Vermieter in der Regel nicht geltend machen können. § 536a Abs. 1 S. 1 1. Alt. BGB wird in der Regel mangels anfänglichem Mangel und § 536a Abs. 1 S. 1 2. Alt. BGB wird in der Regel mangels Verschulden nicht einschlägig sein. 65

cc) Innenstadt, Einkaufszentrum. Nur weil sich ein Geschäft oder Büro in der Innenstadt oder einem Einkaufszentrum befindet, bedeutet dass nicht, das der Mieter automatisch auf vertragsimmanenten Konkurrenzschutz verzichten muss. Auch in der Innenstadt und im Einkaufszentrum gehört der vertragsimmanente Konkurrenzschutz zum vertragsgemäßen Gebrauch.[79] 66

Für die Innenstadt ist das weitgehend unbestritten. Für das Einkaufszentrum wird auch vertreten, dass die Mieter **generell keinen Anspruch** auf Konkurrenzschutz haben.[80] Die Attraktivität des Einkaufszentrums steigt mit der Anzahl der Konkurrenten. Der vertragsgemäße Gebrauch soll nach dieser Auffassung nur dann beeinträchtigt werden, wenn das **wirtschaftliche Überleben** eines Mieters durch den Wettbewerb gefährdet wird. Nur dann soll der Mieter Anspruch auf vertragsimmanenten Konkurrenzschutz haben. 67

Diese Auffassung berücksichtigt das Regel-Ausnahme-Verhältnis nicht ausreichend. Die Regel ist der vertragsimmanente Konkurrenzschutz. Die Ausnahme ist der Wegfall des vertragsimmanenten Konkurrenzschutzes, nicht umgekehrt. Ob die Ausnahme gegeben ist, ist individuell am Einzelfall zu beurteilen. Es ist individuell abzuwägen, ob das Interesse des Vermieters an einer möglichst käuferorientierten Vermarktung der Gewerbeeinheiten überwiegt oder ob dem Interesse des Mieters am Schutz vor Wettbewerb der Vorrang zu geben ist. 68

Insbesondere beim Einkaufszentrum gilt der Grundsatz „**Konkurrenz belebt das Geschäft**".[81] Bei Anmietung in einem Einkaufszentrum muss jeder Mieter vernünftigerweise 69

---

[79] KG Berlin GE 2005, 1426; NZM 2008, 248; *Bittner* MDR 2008, 1201.
[80] OLG Dresden MDR 1998, 211; Blank/Börstinghaus/*Blank* § 535 Rdnr. 280.
[81] BGH NJW 1979, 1404; *Wolf/Eckert/Ball* Rdnr. 644.

mit Konkurrenz rechnen. Das führt dazu, dass der vertragsimmanente Konkurrenzschutzanspruch des Mieters hier zumindest erheblich reduziert ist, selbst wenn er der Erste ist.[82] Das bedeutet aber nicht automatisch den Wegfall eines jeden Konkurrenzschutzes.

70   Dies entspricht auch der Erwartung des Geschäftsverkehrs. Der Betreiber einer Drogerie rechnet damit, dass das von ihm angebotene Körperpflegeprodukt auch beim benachbarten Supermarkt/Discounter, Friseur oder in der Parfümerie angeboten wird. Wobei der Betreiber der Drogerie dabei aber nicht rechnen muss, ist dass direkt nebenan eine andere Drogerie aufmacht bzw. dass es im Einkaufszentrum mehrere Drogerien gibt.

71   Wenn der professionelle Vermieter im Einkaufszentrum tatsächlich den Konkurrenzschutz ungeregelt lässt, dann muss er sich auch daran festhalten lassen und bedarf keiner Unterstützung durch die Rechtsprechung.

> **Praxistipp:**
> Eine eindeutige Entscheidung des BGH zum vertragsimmanenten Konkurrenzschutz im Einkaufszentrum fehlt. Bis dahin sollten die Parteien diesen Punkt sorgfältig, ausdrücklich regeln.

72   In der Innenstadt gelten obige Grundsätze in abgeschwächter Form. Auch in der Innenstadt gerade von Großstädten, muss der Mieter mit mehr Konkurrenz rechnen. Ob er in seinem Objekt mit Konkurrenz rechnen muss, ist eine Einzelfrage und wird in einer innerstädtischen Passage, die sich einem Einkaufszentrum annähert, anders zu beantworten sein, als am Rande der Innenstadt.

73   *dd) Vertraglich vereinbart.* Wird der Konkurrenzschutz im Vertrag ausdrücklich erwähnt, kommt es vor, dass die Parteien hier ein Gebäude ausdrücklich benennen. Ist dies das Gebäude in dem sich die Mietsache befindet, ist dies eine Einschränkung gegenüber dem vertragsimmanenten Konkurrenzschutz.[83] Der Vermieter ist dann frei, im auch ihm gehörenden Nachbargebäude einen Konkurrenzbetrieb zuzulassen oder selbst zu eröffnen. Hätte der Mieter keine ausdrückliche Konkurrenzschutzklausel vereinbart, stünde er sich besser.

> **Praxistipp:**
> Dem Mieteranwalt ist also zu raten, entweder die nächste Umgebung immer mit in die Konkurrenzschutzklausel aufzunehmen oder gar nichts zu regeln. Die Vermieterklausel „Dem Mieter wird vom Vermieter kein Konkurrenzschutz gewährt." ist allumfassend und bedarf keiner örtlichen Differenzierung.

74   **g) Personelle Reichweite. aa)** *Auf Mieterseite – insbesondere Freiberufler.* Sowohl der gewerbliche als auch der freiberufliche Mieter haben einen Anspruch auf Konkurrenzschutz gegenüber ihrem Vermieter. Ob und wie weit dies auch für Freiberufler gelten soll, war in der Rechtsprechung früher einmal umstritten.[84]

75   Inzwischen ist es vom BGH und der obergerichtlichen Rechtsprechung aber langjährig anerkannt, dass dies für Freiberufler genauso wie für Gewerbetreibende gilt.[85] Diesen Kampf um Kunden kann es bei Gewerbetreibenden (2 benachbarte Blumenläden) genauso wie bei Apotheken und bei Freiberuflern (2 nebeneinander liegende Allgemeinmediziner) geben. Ein Durchgangsarzt kann genauso von seiner Laufkundschaft abhängig sein, wie

---

[82] BGH NJW 1979, 1404; *Stobbe/Tachezey* NZM 2002, 557, Blank/Börsthinghaus/*Blank* § 535 Rdnr. 278.
[83] KG Berlin NZM 2008, 248.
[84] Darstellung der Entwicklung in BGH NJW 1978, 585.
[85] BGH NJW 1978, 585; OLG Karlsruhe NJW 1972, 2224; OLG Hamburg NJW-RR 1987, 403 m. w. N. für rechtsberatende Berufe; OLG Hamm ZMR 1991, 295; OLG Köln NZM 2005, 866; OLG Düsseldorf NZM 2007, 357.

eine Imbissbude. Der Vermieter hat also auch bei der Vermietung an einen Arzt, Rechtsanwalt oder Architekten die damit verbundenen Konkurrenzschutzpflichten zu bedenken. Voraussetzung ist jeweils die Überschneidung in Haupttätigkeitsbereichen.[86]

Ohne Laufkundschaft kann es aber keinen vertragsimmanenten Konkurrenzschutz geben. Es ist deshalb zu differenzieren: Bei **Freiberuflern** kommt es gegenüber Gewerbetreibenden mehr auf „weiche" Faktoren an – der **Ruf**, die **Bekanntheit**, das **fachliche Können** und die Fähigkeit, das **Vertrauen** von Patienten und Mandanten zu gewinnen.[87]

Der Anspruch des Mieters auf Konkurrenzschutz sinkt, je stärker sein Umsatz von seinen persönlichen Fähigkeiten und weniger von der Lage seiner Praxis abhängt.

Je breiter das Tätigkeitsfeld eines Freiberuflers ist, umso mehr Bedeutung hat der Konkurrenzschutz für ihn.[88] Bei einer allgemein beratenden Kanzlei muss der Vermieter einen höheren vertragsimmanenten Konkurrenzschutz gewähren als bei einer hoch spezialisierten Boutique deren Klienten aus ganz Deutschland kommen. Die Bedeutung des Konkurrenzschutzes sinkt mit dem Grad der Spezialisierung.[89]

> **Praxistipp:**
> Wird durch die Lage der Räume gar kein Wettbewerb geführt, kann auch kein vertragsimmanenter Konkurrenzschutz zum Tragen kommen. Hier kann sich für den in Anspruch genommen Vermieter ein Blick auf die Website des Mieters lohnen: Wirbt der Anwalt dort mit seinen **deutschlandweiten** oder auch **internationalen Mandatsbeziehungen,** kann er sich gegen einen hinzuziehenden Verkehrsrechtler, der in der Regel stärker lokal orientiert ist, nicht wehren.

Das gleiche gilt, wenn der Mieter mit Wettbewerb verstärkt rechen muss, wie bspw. bei Kanzleien rund um das jeweilige Gericht. Auch hier gilt der Grundsatz „Konkurrenz belebt das Geschäft".[90] Dort ist es üblich und nicht zu beanstanden, wenn mehrere Rechtsanwälte – auch der gleichen Fachrichtung – im gleichen Gebäude praktizieren. Der vertragsimmanente Konkurrenzschutz des Mieters ist hier entsprechend reduziert, selbst wenn er der Erste ist. Will er diesen absoluten Konkurrenzschutz, zumindest bezogen auf sein Gebäude, ist es ihm zuzumuten, dies vertraglich zu vereinbaren und dafür einen höheren Preis zu bezahlen.

bb) Untermieter. Der Untermieter hat grundsätzlich nur einen Konkurrenzschutzanspruch gegenüber seinem Vermieter, also dem Hauptmieter. Der Untermieter hat keinen Konkurrenzschutzanspruch gegen den Hauptvermieter.[91]

h) Vorvertragliche Pflichten und Versäumnisse. Eine vorvertragliche Informationspflicht des Vermieters **besteht nicht.**[92] Der Vermieter muss weder auf mögliche Konkurrenzsituationen noch auf bestehende Konkurrenzschutzvereinbarungen mit anderen Mietern von sich aus hinweisen. Es ist dem Gewerberaummieter zuzumuten, dass er die Aussichten des von ihm angestrebten Geschäfts **selbst einschätzen** kann. Dazu gehört es auch, einzuschätzen, ob ein Mietvertrag für ihn günstig ist oder nicht. Der Vermieter muss nicht auf einen Umstand hinweisen, von dem er berechtigterweise annehmen darf, dass der Mieter, wenn dieser Umstand für ihn relevant ist, **danach fragen wird.**[93] Der Mieter kennt sein Konzept. Der Vermieter kann insbesondere bezüglich des Konkurrenzschutzes in der Regel nur schwer abschätzen, was für den Mieter von Bedeutung ist. Ob der Mieter einen Wettbewerber als

---

[86] *Kulik* NZM 1999, 546.
[87] BGH NJW 1978, 585; OLG Hamburg NJW-RR 1987, 403.
[88] *Leo/Ghassemi-Tabar* NZM 2009, 337.
[89] BGH NJW 1978, 585.
[90] BGH NJW 1979, 1404; *Stobbe/Tachezey* NZM 2002, 557, Blank/Börstinghaus/*Blank* § 535 Rdnr. 210; *Neuhaus* Rdnr. 1018.
[91] *Leo/Ghassemi-Tabar* NZM 2009, 337.
[92] *Bittner* MDR 2008, 1201.
[93] BGH NJW 1982, 376.

vorteilhaft einschätzt, weil er hofft, diesem Kundschaft wegzunehmen, oder ob der Mieter berechtigte Angst vor dem anderen hat, kann der Vermieter nicht wissen.

82 Grundsätzlich soll der Mieter, der bei Vertragsabschluss die Absicht des Vermieters erkennen konnte, auch an vergleichbare Berufsgruppen (Ärzte, Rechtsanwälte, Architekten/Bauingenieure) zu vermieten, sich nicht auf einen dahingehenden vertragsimmanenten Konkurrenzschutz berufen können. Der Vermieter sollte sich die Beweisaufnahme, ob der Mieter es erkennen konnte, aber sparen.

> **Praxistipp Vermieter:**
> Will der Vermieter sich die Option offen lassen, dass er in dem gleichen Haus auch noch an weitere Ärzte vermietet bzw. dass sich das Haus zu einem Ärztehaus entwickelt, so sollte er entweder den Konkurrenzschutz ausschließen oder diese Möglichkeit eindeutig in den Vertrag aufnehmen.

> **Formulierungsvorschlag:**
> Der Vermieter beabsichtigt, das Haus zu einem so genannten Ärztehaus zu entwickeln. Der Mieter kann bei Vermietung an Ärzte oder andere Gesundheitsdienstleister selbst bei der gleichen oder ähnlichen Fachrichtung(en), daraus keine Rechte, insbesondere keine Konkurrenzschutzansprüche, herleiten.

> **Praxistipp Mieter:**
> Der Mieteranwalt sollte seinen Mandanten auf die „Nachfrageobliegenheit" gerade auch bezogen auf Konkurrenzschutzansprüche anderer Mieter ausdrücklich hinweisen.

83 **i) Grenze des vertragsimmanenten Konkurrenzschutzes – Interessensabwägung.** Allerdings ist auch der vertragsimmanente Konkurrenzschutz nicht uferlos: **Der Vermieter ist nicht gehalten, dem Mieter jeden fühlbaren und unliebsamen Wettbewerb fernzuhalten.**[94] Diese Formulierung findet sich in schöner Regelmäßigkeit in so ziemlich jedem Urteil eines OLG oder des BGH zum vertragsimmanenten Konkurrenzschutz. Es ist immer individuell nach Treu und Glauben unter Berücksichtigung der Belange der Parteien **abzuwägen**, wie sehr im Einzelfall die Fernhaltung von Konkurrenz geboten ist, um dem Mieter den vertragsgemäßen Gebrauch der Mietsache auch weiterhin zu gewährleisten. Das Interesse des Mieters am Konkurrenzschutz ist mit dem Recht des Vermieters an der **beliebigen Verfügbarkeit** über sein **Eigentum** abzuwägen.[95]

84 Dies ist grundsätzlich und regelmäßig eine Einschränkung gegenüber einem vertraglich ausdrücklich vereinbarten Konkurrenzschutz.

Wie weit diese Einschränkung geht bzw. zu wie viel der Vermieter verpflichtet ist, lässt sich nur individuell im jeweiligen Einzelfall anhand einer Würdigung der gesamten Umstände, insbesondere der Interessen beider Vertragspartner nach Treu und Glauben mit Rücksicht auf die Verkehrssitte bestimmen.[96] In der Regel ist ein Blick in die Vergangenheit zu werfen: Was durfte der Mieter bei Vertragsschluss erwarten, wie war die Wettbewerbssituation, als der Mieter anmietete. Wer in Kenntnis bzw. fahrlässiger Unkenntnis einer Wettbewerbssituation Räume anmietet, wird in der Regel keinen Konkurrenzschutz beanspruchen können.

---

[94] BGH NJW 1978, 585; NJW 1979, 1404; OLG Nürnberg NZM 2007, 567; KG Berlin 12 U 95/05; 17. 1. 2002 – 8 U 353/01.
[95] Blank/Börstinghaus/*Blank* § 535 Rdnr. 278.
[96] BGH ZMR 1960, 139; OLG Dresden MDR 1998, 211; *Kulik* NZM 1999, 546.

Tendenziell ist im Zweifel **wettbewerbsfreundlich** zu entscheiden.[97] Es steht den Parteien frei, durch eindeutige Regelungen vertraglich den Problemen vorzubeugen. Deshalb verbietet sich in der Regel eine extensive Auslegung des Konkurrenzschutzes.[98]

> **Praxistipp:**
> Auch wenn die Gerichte alle eine ähnliche Klausel verwenden, gehen sie bei dieser Schranke, die sie dem vertragsimmanenten Konkurrenzschutz angedeihen lassen, recht unterschiedlich vor. Bei genauerem Hinsehen ist dies nämlich ein **Einfallstor** in der Größe eines Scheunentores für die **individuelle Gewichtung** des jeweiligen Richters. Auf dieses Prozessrisiko muss der Anwalt seinen Mandanten hinweisen.

Erklärt sich der Mieter mit der Vermietung an einen Konkurrenten einverstanden, ist dies ein ausdrücklicher Verzicht auf den vertragsimmanenten Konkurrenzschutz.[99]

3. Vertraglich Vereinbarter Konkurrenzschutz

a) **Umfang und Gestaltungsmöglichkeiten.** Der Konkurrenzschutz kann durch vertragliche Vereinbarung individualvertraglich oder durch **AGB** konkretisiert, erweitert oder auch abbedungen werden.[100]

Der vertragsimmanente Konkurrenzschutz ist immer automatisch mit der Einschränkung behaftet, dass der Vermieter nicht gehalten ist, dem Mieter jegliche Konkurrenz fernzuhalten, sondern nur die, die im Einzelfall eine Einschränkung des vertragsgemäßen Gebrauchs darstellen würde.[101]

Demgegenüber kann die vertragliche Vereinbarung **personell** (bspw. Vermietung durch verbundene Unternehmen des Vermieters), **räumlich** (bspw. die ganze Stadt), **zeitlich** (bspw. nachvertraglicher Konkurrenzschutz) und **sachlich** (bspw. auch für Nebenartikel) weit über den vertragsimmanenten Konkurrenzschutz hinausgehen. Es gibt aber keinen Automatismus, dass die ausdrückliche Vereinbarung dem Mieter eine größere Sicherheit bietet als der vertragsimmanente Konkurrenzschutz. Das KG Berlin betont zwar regelmäßig, dass der vertragsimmanente Konkurrenzschutz gegenüber dem vertraglich vereinbarten Konkurrenzschutz ein weniger sei;[102] dies kann, muss aber nicht sein. Zahlreiche Beispiele aus der Rechtsprechung zeigen, dass es hier sehr auf das Geschick desjenigen ankommt, der die Klausel formuliert.

Die Erweiterung auf Nebenartikel und Nachbargrundstücke soll auch formularvertraglich zulässig sein, selbst wenn der **Mieter Verwender** der AGB ist.[103] Ist dies nicht ausdrücklich geregelt, muss der Vertrag **ausgelegt** werden.[104] Der Umstand, dass der Konkurrenzschutz geregelt wurde, ist kein Indiz dafür, dass der Mieter auch in seinem Nebensortiment geschützt werden sollte.[105] Hier gilt es, sich auf die **allgemeinen Grundsätze der Auslegung** zurückzubesinnen: Bei AGB gehen Unklarheiten zu Lasten des Verwenders. Bei individuell ausgehandelten Klauseln ist zunächst der wirkliche Wille der Parteien zu ermitteln, um die Interessen der Parteien angemessen berücksichtigen zu können. Danach ist die Regelung objektiv so auszulegen, wie Treu und Glauben mit Rücksicht auf die Verkehrssitte es erfordern.

---

[97] OLG Hamm ZMR 1997, 581.
[98] OLG Rostock NZM 2006, 295; OLG Koblenz NJW-RR 1995, 1352; OLG Hamm NJW-RR 1991, 975.
[99] KG Urt. vom 17. 1. 2005 – 8 U 212/04.
[100] KG Berlin NZM 2008, 248.
[101] S. o.
[102] KG Berlin ZMR 2008, 616; KGR Berlin 2005, 573.
[103] *Jendrek* NZM 2000, 1116.
[104] BGH NJW 1974, 2317; OLG Schleswig MDR 2001, 81.
[105] A. A. OLG Schleswig MDR 2001, 81.

> **Praxistipp:**
> Vereinbaren die Parteien ausdrücklich, dass der Vermieter Konkurrenzschutz gewährt, sollte der sachliche, örtliche und ggf. zeitliche und personelle Geltungsbereich **eindeutig** festgelegt werden. Ansonsten drohen im Streitfall **unliebsame Überraschungen**. Ggf. sollte der Mieter auch an eine Rechtsfolgenvereinbarung für den Fall des Verstoßes durch den Vermieter denken.

> **Formulierungsvorschlag Eingeschränkter Konkurrenzschutz:**
> 1. Der Vermieter gewährt dem Mieter Konkurrenzschutz. Der Konkurrenzschutz betrifft ausschließlich den Verkauf von ...... als Hauptartikel.[106]
> 2. Der Mieter genießt keinen Konkurrenzschutz hinsichtlich der Waren und Leistungen anderer Anbieter, die den in Ziffer 1 bezeichneten Hauptartikel als Nebenartikel führen. Konkurrenzschutz besteht danach insbesondere nicht, soweit im Gebäude z. B. ...... vorhanden ist/sind.

90 Die Klausel benennt positiv den geschützten Bereich und grenzt dies negativ durch Nennung der Wettbewerber, deren Angebot nicht tangiert werden darf, ab. Wenn nötig, kann dies zeitlich und personell ergänzt werden.

> **Formulierungsvorschlag Umfassende Konkurrenzschutzpflicht:**
> Der Vermieter verpflichtet sich, innerhalb des in § xy (Mietgegenstand) bezeichneten Grundstücks sowie im Umkreis von xy Metern kein weiteres Geschäft/Praxis etc. mit dem in Anlage xy festgelegten Sortiment des Mieters (Haupt- und Nebenartikel) zu betreiben, betreiben zu lassen, Räume zum Betrieb eines solchen zu vermieten, zu bauen oder sich am Bau zu beteiligen.

> **Praxistipp:**
> Aufgrund der Problematik des **§ 550 BGB** sollte der Mietvertrag zwar so wenige Anlagen wie möglich aufweisen. Es ist also grundsätzlich vorzuziehen, das Sortiment direkt in den Mietvertrag mit aufzunehmen. Bei einem Einzelhandelsgeschäft kann dies aber recht ausführlich sein. Dann bietet es sich für den Vermieter an, den Mieter aufzufordern, eine Aufstellung seines beabsichtigen Sortiments – unterteilt in Haupt- und Nebensortiment – zu erstellen und dies dem Mietvertrag – nach Plausibilitätsprüfung durch den Vermieter – als Anlage beizufügen. Der Vermieter selbst wird sich mit der Aufstellung schwer tun. Andererseits sollte er aufpassen, dass der Mieter dies nicht als Gelegenheit zur umfassenden Konkurrenzschutz-Vorsorge missversteht. Als Hauptartikel sollte nur das bezeichnet werden, was dem Geschäft wirklich sein Gepräge gibt.

91 Auch wenn der Konkurrenzschutz ausdrücklich vereinbart wird, ist diese Regelung nur **zukunftsorientiert**. Der Mieter kann auch bei einer ausdrücklichen Konkurrenzschutzklausel keinen Schutz vor bereits bei Anmietung **bestehender** Konkurrenz erwarten.[107]

92 **b) Rückgriff auf vertragsimmanenten Konkurrenzschutz?** Ergibt die Auslegung der Vertragsklausel, dass der vertraglich vereinbarte Konkurrenzschutz ein engerer ist als der vertragsimmanente, kann der Mieter **nicht** auf den vertragsimmanenten zurückgreifen. Die Par-

---

[106] Beck'sches Fomularbuch Mietrecht/*Borsutzki-Pasing* A. VI. 3 § 3, insbesondere mit weiteren konkretisierenden Beispielen.
[107] OLG Köln NZM 2005, 866; LG Köln WuM 1990, 379.

teien **wollten** dann offensichtlich eine Einschränkung, hieran muss sich der Mieter **festhalten** lassen.[108]

Eine Ausnahme hat das KG Berlin für den Fall der **zeitlichen Befristung** des vereinbarten Konkurrenzschutzes gemacht.[109] Dafür, dass die Parteien nach dem Auslaufen der Befristung zum vertragsimmanenten Konkurrenzschutz zurückkehren wollten, spricht das Regel-Ausnahme-Verhältnis. Der Vermieter müsste beweisen, dass die Parteien nach der Befristung die Ausnahme, nämlich den Wegfall eines jeden Konkurrenzschutzes, haben wollten. 93

4. Vertraglicher Ausschluss des Konkurrenzschutzes

a) **Möglichkeit und Formulierung.** Die Parteien können den oben dargestellten vertragsimmanenten Konkurrenzschutz individualvertraglich und **auch durch AGB** abbedingen.[110] Daran sollten Vermieter vor allem in Einkaufszentren bzw. größeren Mietkomplexen ein großes Interesse haben. Generell ist das für den Vermieter die **einfachste und sicherste Lösung**. 94

Praxistipp:

Alleine schon um unerwarteten Entwicklungen vorzubeugen, sollte der Vermieter **immer** versuchen, einen möglichst umfassenden Ausschluss des Konkurrenzschutzes in den Mietvertrag aufzunehmen.

Formulierungsvorschläge Ausschluss des Konkurrenzschutzes:[111]

Der Vermieter gewährt innerhalb des in § xy (Mietgegenstand) bezeichneten Grundstücks sowie hinsichtlich etwaiger im Eigentum des Vermieters befindlicher oder noch zu erwerbender Nachbargrundstücke sowie generell im Umkreis von 300 m um das in § xy (Mietgegenstand) bezeichnete Grundstück herum keinen Konkurrenzschutz.

Oder einfacher.

Jeglicher Konkurrenzschutz zugunsten des Mieters wird ausgeschlossen.

b) **Konkurrenzschutz, Betriebspflicht und Sortimentsbindung – mit § 307 BGB unvereinbare Summierung?** Das OLG Schleswig-Holstein hat im Jahr 2000 die großen Betreiber von Einkaufszentren aufgeschreckt, als es entschied, dass bei einer durch Formularvertrag auferlegten **Betriebspflicht** eine **unangemessene Benachteiligung** nach § 307 BGB anzunehmen ist, wenn dem Mieter gleichzeitig eine **Sortimentsbindung** auferlegt und ihm **Konkurrenzschutz versagt** wird.[112] Dadurch wird dem Mieter, die Möglichkeit des Ausweichens in eine andere Geschäftsausrichtung genommen und ihm die kostensparende Geschäftsaufgabe versagt. Diese weitgehende Beschneidung der Dispositionsfreiheit des Mieters einerseits und die Versagung von jeglichem Wettbewerbsschutz soll nach dem OLG Schleswig-Holstein mit dem Verbot der Aushöhlung der wesentlichen Vertragspflichten und -rechte nicht vereinbar sein. 95

Dem OLG Schleswig-Holstein sind die Literatur[113] und mittlerweile mehrere OLGe[114] entgegengetreten. Umstritten ist, ob das Zusammenspiel der Klauseln zur Betriebspflicht, 96

---

[108] OLG Düsseldorf NZM 1998, 307; ZMR 2000, 171.
[109] KG Berlin GuT 2005, 54.
[110] KG Berlin NZM 2008, 248.
[111] Für ein Einkaufszentrum vgl. Beckisches Formularbuch Mietrecht/*Borsutzki-Pasing* A. VI. 3 § 3.
[112] OLG Schleswig-Holstein NZM 2000, 1008.
[113] *Stobbe/Tachezy* NZM 2002, 557; *Borzutzki-Pasing* jurisPR-MietR 20/2008 Anm. 1; *Wolf/Eckert/Ball* Rdnr. 610; *Fritz* Rdnr. 157; *Drasdo* NJW 2009, 193; zustimmend: Schmidt-Futter/*Eisenschmid* § 535 Rdnr. 227; zuletzt eher zustimmend *Leo/Ghassemi-Tabar* NZM 2009, 337 offen gelassen: MünchKomm/*Häublein* § 535 Rdnr. 167.
[114] OLG Sachsen-Anhalt = OLG Naumburg NZM 2008, 772; KG Berlin NZM 2005, 620; zum Zusammentreffen von Betriebspflicht und dem Ausschluss von Konkurrenzschutz OLG Hamburg ZMR 2003, 254; OLG Rostock NZM 2004, 460.

zur Sortimentsbindung und zum Ausschluss von Konkurrenzschutz einen **Summierungseffekt** bewirkt, der die Annahme einer unangemessenen Benachteiligung i. S. v. § 307 BGB rechtfertigt. Der Summierungseffekt ist ein Wertungskriterium, das die Frage nach einem den Vertragspartner des Verwenders unangemessen benachteiligenden Verstärkungseffekt der einen, für sich unter Umständen noch hinnehmbaren Bestimmung auf eine andere – isoliert (noch) wirksame Bestimmung – aufwirft. Diese Frage ist auf der Grundlage des **typischen** Falls des Zusammentreffens dieser Regelungen zu beantworten.

97 Die Ansicht des OLG Schleswig lässt unberücksichtigt, dass die formularmäßige Auferlegung einer Betriebspflicht[115] und einer Sortimentsbindung[116] ebenso unbedenklich ist, wie der formularmäßige Ausschluss von Konkurrenzschutz. Darüber hinaus steht dem zur Unwirksamkeit der Betriebspflicht führenden Summierungseffekt entgegen, dass in kollidierendes, die Betriebspflicht übermäßig verstärkendes Zusammentreffen dieser Klauseln nicht die Regel, sondern eine **atypische Ausnahme** ist. Im Rahmen von AGB ist bei der Prüfung eines Summierungseffektes nicht vom atypischen Ausnahmefall auszugehen, sondern von dem typischen, nach der Interessenlage der beteiligten Verkehrskreise zu erwartenden Regelfall. Kommt die Unwirksamkeit einer Klausel nur in untypischen Konstellationen in Betracht, so hindert dies ihre Wirksamkeit nicht.[117]

98 Das OLG Schleswig hatte einen Vermieter vor Augen, der vorsätzlich in einem Einkaufscenter eine unmittelbare Konkurrenz zu dem Gewerbebetrieb eines Mieters dieses Centers **aktiv fördert** und gleichzeitig auf der Betriebspflicht und der Sortimentsbindung des unter dieser Konkurrenz leidenden Mieters besteht. Dies ist eine besondere Situation, die viel **besser** über § 242 BGB gelöst werden sollte, als dadurch, dass für jede Situation, in denen für den Ausschluss des Konkurrenzschutzes, Betriebspflicht und Sortimentsbindung durchaus nachvollziehbare Gründe sprechen, dies aufgrund unangemessener Benachteiligung als unwirksam verworfen wird.

Mit dem Ausschluss von Konkurrenzschutz will sich der Vermieter eines Einkaufscenters nicht etwa Tür und Tor für die aktive Förderung unmittelbarer Konkurrenz im Hauptartikelsegment des Mieters offen halten. Vielmehr geht es darum, sich gegen den **häufigen Mietereinwand**, das Geschäft leide in Sortimentsteilbereichen unter vertragswidrigem Wettbewerb, abzusichern.

99 Dem folgend, wollen Stimmen in der Literatur eventuell unbillige Ergebnisse über Treu und Glauben berichtigen. Die Berufung des Vermieters auf eine Betriebspflicht des Mieters soll als Verstoß gegen **Treu und Glauben** zu interpretieren sein, wenn der Vermieter an einen Konkurrenten vermietet und dadurch das Geschäft des Mieters unrentabel wird.[118] Letztere Ansicht verlangt vom Mieter aber deutlich mehr, vor allem auf der Beweisebene. Diese Auffassung scheint die berechtigten Interessen beider Parteien angemessen in Einklang zu bringen.

100 c) **Platzierung der formularvertraglichen Ausschlussklausel.** Bei der Frage, wo eine Klausel in einem umfangreichen Vertragswerk zu platzieren ist, muss das **Verbot überraschender Klauseln** gem. §§ 305c, 310 Abs. 1 BGB bedacht werden. Ob eine Klausel überraschend ist, richtet sich nach für den Verwender erkennbaren subjektiven Umständen in der Sphäre des Vertragspartners und beurteilt sich nach den Erkenntnismöglichkeiten des typischerweise zu erwartenden Durchschnittskunden.[119] Die Klausel ist dann überraschend, wenn ihr ein **Überrumpelungs- oder Übertölpelungseffekt** innewohnt.[120] Dies kann dadurch vermieden werden, dass der Vermieter den Mieter ausdrücklich und nachweislich auf die Klausel hinweist.[121] Auch eine den Klauselinhalt bezeichnende, drucktechnisch deutlich herausgestellte **Überschrift** hilft.[122] Bei einem Vertragswerk, das aus einer Vielzahl von Seiten besteht, so

---

[115] BGH NJW-RR 1992, 1032.
[116] OLG Rostock NZM 2004, 460; OLG Hamburg ZMR 2003, 254.
[117] Palandt/*Heinrichs* § 307, Rdnr. 9
[118] Bub/Treier/*Bub* II 472; *Fritz* Rdnr. 157.
[119] BGH NJW 1995, 2638.
[120] BGH NJW 1990, 577.
[121] BGH NJW-RR 2002, 485; BGH NJW 1984, 171, 173.
[122] BGH NJW 1981, 118.

wie Gewerberaummietverträge das üblicherweise an sich haben, kommt den Überschriften und einem ggf. **voran gestellten Inhaltsverzeichnis** eine erhebliche Bedeutung als Orientierungshilfe zu.

Vor der Regelung wesentlicher Vertragsinhalte unter der Überschrift **Sonstiges** ist generell zu warnen. Die Überschrift Sonstiges lässt bereits nach dem Wortverständnis die Regelung sonstiger und damit **unbedeutender** Nebenabreden erwarten. Weil die Frage des Wettbewerbsverbots in der Regel aber von wesentlicher Bedeutung für den Mietvertrag ist, muss für eine räumliche Platzierung der Klausel bei den **Hauptabreden und nicht bei den Nebenabreden**,[123] gesorgt werden. Dies gilt insbesondere, wenn die Regelung systematisch an einen früheren Ort in einem langen Vertrag gehört; der Vertragspartner sie also an der früheren Stelle erwarten durfte und aus dem Umstand, dass die Klausel dort nicht war, damit rechnen durfte, dass es die Klausel auch nicht gibt. 101

Praxistipp:
Der Ausschluss des vertragsimmanenten Konkurrenzschutzes ist nicht der vom Mieter zu erwartende Normalfall und sollte **nicht unter ferner liefen,** bspw. in „§ 22 Sonstiges" im Vertrag geregelt werden. Es empfiehlt sich einen **eigenen § und eine eigene Überschrift „Ausschluss des Konkurrenzschutzes"** zu wählen. Ansonsten kann die Regelung alleine deshalb als überraschende Klausel unwirksam sein.[124]

5. Vertragliches Wettbewerbsverbot zugunsten wichtiger Mieter

Der Vermieter hat neben dem Ausschluss des vertragsimmanenten Kündigungsschutzes auch noch die Möglichkeit, einen besonders wichtigen Mieter mit einem **Wettbewerbsverbot** vor Konkurrenz **zu schützen.** Der Vermieter verpflichtet dann seine sonstigen Mieter, diesem einen VIP-Mieter vollumfänglich oder in einem bestimmten Sortiment keine Konkurrenz zu machen. Dies kann bspw. im Einkaufszentrum zugunsten einer Buchhandlung die Verpflichtung der anderen Mieter sein, auch im Nebensortiment keine Bücher zu führen. 102

Eine Klausel, nach der der neue Mieter keine Konkurrenz machen soll, ist **im Zweifel als auf das Hauptsortiment der alten Mieter begrenzt** auszulegen. Im Nebensortiment darf der neue Mieter den Alten/dem VIP-Mieter Konkurrenz machen. Heißt es allerdings, dass der neue Mieter keinerlei Waren der bestehenden Mieter führen darf, ist dies als umfassendes Verbot auch bezüglich der Nebenartikel zu verstehen.[125] 103

Eine solche Regelung kommt auch in Betracht um **Problempotentiale zu entschärfen.** Hat der Vermieter zuvor bei einem Vertrag nicht aufgepasst und den vertragsimmanenten Konkurrenzschutz nicht ausgeschlossen oder – noch ungeschickter – eine Formulierung gewählt, die den Konkurrenzschutz noch erweitert hat, kann er bei einer Neuvermietung den hinzukommenden Mieter zwingen, auf das Sortiment des anderen zu verzichten, um zukünftig keinen Ansprüchen des ersten Mieters ausgesetzt zu sein. 104

Die **grundsätzliche Zulässigkeit** vertraglicher Wettbewerbsverbote, die die wirtschaftlichen Entfaltungsmöglichkeiten des Mieters in räumlicher, gegenständlicher und zeitlicher Sicht einschränken, ist allgemein anerkannt.[126] Eine solche Regelung kann **auch in AGB** erfolgen. 105

Jedoch ist ein Wettbewerbsverbot mit Rücksicht auf die Wertentscheidung der Verfassung in Art. 12 GG[127] nur dann zu beachten, wenn diesem ein **schutzwürdiges Interesse des Vermieters** zugrunde liegt, welches den Interessen des benachteiligten Mieters an einer ungehinderten Berufsausübung überwiegt. Das Wettbewerbsverbot darf insbesondere in örtli- 106

---
[123] BGH NJW 1984, 171, 173.
[124] OLG Dresden NJW 2006, 181.
[125] OLG Celle ZMR 1992, 448.
[126] BGH NJW 1997, 3089; OLG Celle NJW-RR 1990, 974; *Wolf/Eckert/Ball* Rdnr. 1629.
[127] BGH NJW 1997, 3089; OLG Karlsruhe OLGR Karlsruhe, 2005, 145, 147.

cher, zeitlicher und gegenständlicher Hinsicht nicht zu einer **unangemessenen Beschränkung** der wirtschaftlichen Bewegungsfreiheit des Verpflichteten führen.[128]

6. Nachvertragliches Wettbewerbsverbot

107   Vor allem bei **Apotheken** scheinen die Vermieter oft auf die Idee zu kommen, ihre Mieter mit einem nachvertraglichen Wettbewerbsverbot über mehrere Jahre nach Beendigung des Mietverhältnisses für den Einzugsbereich (und weit darüber hinaus) der Apotheke zu belegen. Diese werden dann reihenweise, insbesondere, wenn es reine Mietverträge sind und nicht ein gesamter Apothekenbetrieb durch einen Apotheker-Vermieter verpachtet wird, von der Rechtsprechung als sittenwidrig verworfen.[129]

7. Veräußerung – Nachwirkung der Konkurrenzschutzklausel

108   Anhand des folgenden Falls hatte die Rechtsprechung die Nachwirkung einer Wettbewerbsklausel zu erörtern: Der Vermieter hat mehrere Teileinheiten einer WEG. Die eine vermietete Teileinheit veräußert er. Danach vermietet er eine andere an einen Konkurrenten. In einem solchen Fall, **wenn tatsächliche Umstände die Vermutung unterstützen,** dass die Veräußerung wegen der Umgehung der Konkurrenzschutzklausel erfolgte, wirkt die mit dem Vermieter vereinbarte Konkurrenzschutzklausel, die nun auf den neuen Eigentümer übergegangen ist, zu Gunsten des Erstmieters nach. Keine 16 Jahre,[130] aber zumindest eine gewisse Zeit. Dies wird umso mehr gelten, wenn der alte und der neue Vermieter zwei juristische Personen sind, auf die die gleiche natürliche Person Einfluss nehmen kann. Eine solche Umgehung ist **treuwidrig.**

8. Kartellrechtliche Beschränkungen des vertraglichen Konkurrenzschutzes – Schilderpräger und Einkaufszentrum

109   Der vertragliche Konkurrenzschutz kann u. U. durch **§ 20 Abs. 1 GWB** beschränkt sein. Nach dem „**Schilderprägeurteil**" des Kartellsenats des BGH muss ein marktbeherrschender Vermieter in begrenzter Zahl zur Verfügung stehende Gewerbeflächen, der nicht gegen das Verbot der unbilligen Behinderung, § 20 Abs. 1 GWB verstoßen will, die Auswahl unter den in Frage kommenden Interessenten unter angemessenen und fairen Bedingungen vornehmen. Vor allem darf der **Marktzutritt** für aktuelle und potentielle Wettbewerber des Mieters nicht für einen längeren Zeitraum als für **fünf Jahre** blockiert werden. Neben den üblichen Schilderprägern in der unmittelbaren Nähe von KFZ – Zulassungsstellen, bei denen der Markzutritt kausal von der räumlichen Nähe zu den Zulassungsstellen abhängt, kann dies auch in einem örtlich marktbeherrschenden Einkaufszentrum relevant werden. Der Vermieter ist nach dem BGH verpflichtet, den jeweils aktuellen Bedarf über eine **Ausschreibung** zu ermitteln. Dies muss bei der Erstvermietung und danach in angemessenen Abständen, der BGH hat hier 5 Jahre angenommen, geschehen.

110   Ursprünglich richtete sich diese Rechtsprechung nur gegen die **öffentliche Hand.**[131] Diese wurden verpflichtet, ihre durch die Hoheitsverwaltung bewirkte marktbeherrschende Stellung nicht dadurch auszunutzen, dass sie leistungsbereite private Anbieter verdrängt bzw. nicht an den Markt heranlässt/behindert, um durch eine unzulässige Verquickung öffentlich-rechtlicher Aufgaben mit erwerbswirtschaftlicher Tätigkeit den größtmöglichen wirtschaftlichen Vorteil zu erzielen. Dies geschieht, in dem die Verwaltungsbehörde für Räumlichkeiten innerhalb der Zulassungsstelle eine deutlich höhere Miete nimmt, als sie für Standorte außerhalb der Zulassungsstelle anfallen würde.

111   In der Entscheidung vom April 2003 hat der Kartellsenat diese Grundsätze auf vergleichbar **marktbeherrschende private Vermieter** einer Schilderprägestelle in einem Einkaufs-

---

[128] BGH NJW 1979, 1605.
[129] 10 und mehr Jahre: OLG Dresden NJW 2006, 181; LG Konstanz Info M 2004 Nr. 5,12; 5 Jahre: OLG Stuttgart Urteil vom 24. 1. 1986 – Az. 2 U 243/85; LG Hof ApoR 2006, 64.
[130] LG Konstanz Info M 2004, Nr. 5, 12.
[131] BGH NJW 1998, 3778; NJW 2000, 809; NJW 2003, 752.

zentrum ausgedehnt.¹³² Der klagende Schilderpräger wollte den Vermieter aufgrund einer ausdrücklichen Konkurrenzschutzklausel zwingen, nicht an weitere Schilderpräger zu vermieten. Der BGH hat die Verpflichtung der Beklagten als Vermieterin, der Klägerin als einzigem Unternehmen die Herstellung und den Verkauf von amtlichen Kfz-Schildern in den Räumen des Centers zu erlauben bekräftigt. Durch Auslegung des Mietvertrags gelangte der BGH zur Bejahung des Konkurrenzschutzes und somit zur grundsätzlichen Geltendmachung des begehrten Unterlassungsanspruchs.

Allerdings hat der BGH auch die Verpflichtung des privaten marktbeherrschenden Vermieters gesehen, die von ihnen zu vermietenden Räumlichkeiten grundsätzlich und regelmäßig in einem zeitlichen Abstand von ca. **fünf Jahren** erneut **auszuschreiben**, damit alle Interessenten eine faire Chance zum Abschluss eines Mietverhältnisses bekommen.

Wenn alle Vermieter von Einkaufscentern, die eine überragende Marktstellung einnehmen, ihre Räume etwa alle fünf Jahre ausschreiben müssten, wären langfristige Mietverträge von zehn und mehr Jahren nicht mehr möglich.

9. Ausgewählte Einzelfälle aus typischerweise problematischen Bereichen

Die Auflistung einiger ausgewählter Einzelfälle soll es dem Rechtsanwender erleichtern, einen Fall zu finden, der seinem vielleicht vergleichbar ist. Der Rechtsanwender muss aber immer genau schauen, ob die Entscheidung bzw. die vertretene Rechtsauffassung sich auf den vertragsimmanenten Konkurrenzschutz bezieht, oder ob eine konkrete Klausel streitig war.

a) **Medizinischer Bereich.** Für die folgenden Fälle wurde in der Rechtsprechung ein Anspruch auf **Konkurrenzschutz zugesprochen** bzw. wird er in der Literatur angenommen:
- Internist vs. Internist¹³³
- Praktischer Arzt vs. Praktischer Arzt¹³⁴
- Als Hausarzt tätiger Facharzt für Innere Medizin vs. Praktischer Arzt mit Schwerpunkt chinesischer Medizin¹³⁵
- Facharzt für Chirurgie und Orthopädie vs. Arztpraxis für Mund-, Kiefer- und Gesichtschirurgie bzw. vs. Neurochirurg¹³⁶
- Orthopäde vs. Sportmediziner¹³⁷
- Physiotherapeut vs. Fitness-Studio mit krankengymnastischer Abteilung¹³⁸
- Physiotherapeut vs. Arzt mit Masseurausbildung¹³⁹
- Zahnarzt vs. Zahnarzt¹⁴⁰
- Ärzte gleicher Fachrichtung innerhalb eines Ärztehauses¹⁴¹

In den folgenden Fällen wird ein Konkurrenzschutzverstoß **abgelehnt**:
- Facharzt für Frauenheilkunde vs. Facharzt für Innere Medizin¹⁴²
- Radiologe vs. Internist mit eigenem Röntgengerät¹⁴³

Aus dem von ärztlichen Mandanten gern zitierten Standesrecht lässt sich kein Konkurrenzschutz ableiten.¹⁴⁴

b) **Einzelhandel.** Für die folgenden Fälle wurde in der Rechtsprechung ein Anspruch auf **Konkurrenzschutz zugesprochen** bzw. wird er in der Literatur angenommen:

---

¹³² BGH NJW 2003, 2684.
¹³³ BGH NJW 1978, 585.
¹³⁴ *Blank/Börstinghaus* § 536 Rdnr. 211.
¹³⁵ KG Berlin NZM 2007, 566.
¹³⁶ OLG Hamm NJW-RR 1991, 1483.
¹³⁷ OLG Düsseldorf ZMR 2000, 451.
¹³⁸ Lindner-Figura u. a./*Hübner u. a.* Kap. 14 Rdnr. 144.
¹³⁹ Umfassende vertragliche Konkurrenzschutzklausel deshalb auch Schutz vor Nebenleistung, OLG Brandenburg Info M 2008, 19.
¹⁴⁰ Trotz großem Geschäftshaus OLG Hamburg NJW-RR 1987, 403; a. A. OLG Karlsruhe NJW 1972, 2224.
¹⁴¹ OLG Hamm ZMR 1991, 295.
¹⁴² Bub/Treier/*Kraemer* III Rdnr. 1247.
¹⁴³ OLG Düsseldorf NZM 2007, 267 – Klausel ungeschickt formuliert; BGH WuM 1990, 395.
¹⁴⁴ BGH NJW 1978, 585; NJW 1976, 2301.

- Edeka vs. Schlecker[145]
- Bäckerei vs. Backshop im Supermarkt[146]
- Drogerie vs. Supermarkt mit entsprechender Fachabteilung[147]
- Papierwarenfachgeschäft vs. Supermarkt[148]
- Sanitär/Fliesenfachgeschäft vs. Baumarkt[149]
- SB Warenhaus innerhalb eines EKZ vermietet Fläche an Schuhgeschäft (Untermietverhältnis, shop in shop) und eröffnet dann eigene Schuhabteilung[150]
- Auch in EKZ besteht grundsätzlich ein Konkurrenzschutzanspruch[151]
- Einzelhandelsgeschäfts vs. Supermarkt im EKZ

118 In den folgenden Fällen wird ein Konkurrenzschutzverstoß **abgelehnt**:
- Frisör vs. Parfümerie[152]
- Metzgerei mit heißer Theke vs. Imbiss[153]
- Bäckerei mir Kaffee-Verkauf vs. Spezialgeschäft für Kaffee[154]
- Apotheke vs. Selbstbedienungsdrogerie[155]
- Baumarkt mit Teppichbodenabteilung vs. Orientteppichfachgeschäft[156]
- Groß- und Einzelhandel mit Fliesen vs. Baumarkt, bei dem Fliesenangebot nicht Qualität eines Fachgeschäfts hat[157]

119 c) **Gastronomie.** Für die folgenden Fälle wurde in der Rechtsprechung ein Anspruch auf **Konkurrenzschutz zugesprochen** bzw. wird er in der Literatur angenommen:
- Imbiss vs. Pizzeria[158]
- Gaststätte vs. Pizzaservice[159]
- Ungarische/Jugoslawische Küche vs. Griechische Küche[160]
- Verschiedene Lokale in einem EKZ[161]
- Café und Konditorei vs. Eiscafé[162]
- Restaurant vs. Café/Imbiss[163]

120 In den folgenden Fällen wird ein Konkurrenzschutzverstoß **abgelehnt**:
- Irish Pub vs. Tapas Taverne[164]
- Deutscher vs. Türkischer Imbiss[165]

10. Ansprüche des Mieters bei Konkurrenzschutzverletzung durch den Vermieter

121 Vermietet der Vermieter entgegen der Pflicht zum Konkurrenzschutz an einen Konkurrenten seines Mieters, so stellt dies eine **Verletzung** der **Gebrauchsgewährungspflicht**, § 535 Abs. 1 BGB, dar.

122 Für den Mieter gibt es verschiedene Reaktionsmöglichkeiten. Die Schlagworte sind: Erfüllungsanspruch, Zurückbehaltungsrecht, Mietminderung, Schadensersatz und fristlose Kündigung.

---

[145] OLG Schleswig MDR 2001, 81.
[146] OLG Hamm NJWE-MietR 1997, 180.
[147] BGH MDR 1968, 657.
[148] OLG Celle WuM 1992, 538.
[149] BGH NJW-RR 1986, 9.
[150] KG Berlin GE 2005, 1426.
[151] BGH NJW 1979, 1404.
[152] Bub/Treier/*Kraemer* III Rdnr. 1246.
[153] OLG Hamm NJW-RR 1988, 911.
[154] Bub/Treier/*Kraemer* III Rdnr. 1246.
[155] BGH NJW 1987, 3132.
[156] OLG Nürnberg NZM 2007, 567.
[157] BGH NJW-RR 1986, 9.
[158] OLG Hamm NJW-RR 1997, 459.
[159] LG Traunstein NZM 2008, 76.
[160] OLG Karlsruhe NJW-RR 1990, 1234.
[161] BGH NJW-RR 1988, 717; WM 1988, 876.
[162] BGH NJW 1979, 1404.
[163] BGH NJW-RR 1988, 876.
[164] OLG Düsseldorf ZMR 2000, 171.
[165] OLG Bremen 2 U 99/05, 5. 1. 2006.

a) Erfüllung und Zurückbehaltungsrecht. Zunächst hat der Mieter einen **Erfüllungsan-** 123 **spruch** darauf, dass der Vermieter die Konkurrenz verhindert oder beseitigt. Im Zweifel muss der Vermieter dem anderen Mieter **kündigen**.[166] Dies kann er mit dem **Zurückhalten** von Miete untermauern, § 320 BGB.

b) Minderung. Ob die Konkurrenzsituation einen **Mangel der Mietsache** darstellt, ist **um-** 124 **stritten**. Die Verletzung des vertragsimmanenten Konkurrenzschutzes stellt nach h. M. einen Sachmangel dar.[167] Ob der Verstoß gegen eine ausdrückliche Vertragsklausel einen Sachmangel darstellt, ist umstritten.[168] Diese Staffelung verwundert: Die Verletzung der vertragsimmanenten Pflicht soll eher ein Mangel sein, als wenn die Sollbeschaffenheit ausdrücklich vereinbart wurde. Die Konkurrenzfreiheit kann allerdings nicht zur vertraglich vereinbarten Eigenschaft qualifiziert werden, § 536 Abs. 2 BGB.

Ein Mangel ist nach ständiger Rechtsprechung eine für den Mieter **nachteilige Abwei-** 125 **chung** des **Ist-Zustands vom vertraglich vereinbarten Soll-Zustand** der Mietsache. Darauf sollten sich die dogmatischen Überlegungen konzentrieren.[169] Haben die Parteien immanent oder ausdrücklich Konkurrenzschutz vereinbart und verstößt der Vermieter dagegen, weicht der Ist-Zustand der Mietsache vom Soll-Zustand der Mietsache ab. Dies mag den einen Mieter stärker als den anderen treffen und auch nur vorübergehend sein. Dies vermag die Wertung aber nicht zu ändern.

Die Auffassung, die einen Mangel verneint, verweigert dem Mieter die Mietminderung 126 gem. § 536 BGB. Stattdessen soll der Mieter gezwungen sein, sich auf das u. U. dünne Eis des § 280 BGB zu begeben.[170] Vor allem der Schadensnachweis kann für den Mieter schwer sein.

Die ablehnende Auffassung begründet dies mit der **fehlenden Unmittelbarkeit**.[171] Auf- 127 grund des erheblichen Eingriffs in den Geschäftsbereich des Erstmieters wird man dieses Merkmal aber mit der Rechtsprechung und der h. M. bejahen müssen.[172]

Das nachteilige Abweichen wird in der Regel gegeben sein. Die Konkurrenzsituation 128 wirkt sich auf den **Wert des Objekts** sowohl für den Mieter als auch für den Vermieter aus. Der Preis, der bei Weiter-/Untervermietung bzw. beim Verkauf des Gebäudes erzielt werden könnte, wird mit Konkurrenzproblematik ein anderer sein als ohne. Mit anfänglicher/ vereinbarter Konkurrenzsituation hätte auch der benachteiligte Mieter **zu einem anderen Preis angemietet**.[173]

Der Mangel muss sich auf den **konkreten Gebrauch** auswirken. Die bloße Gefahr eines 129 Mangels ist noch keine Gebrauchsbeeinträchtigung.[174] Die Minderung kann demnach erst dann eintreten, wenn die Konkurrenzsituation **tatsächlich gegeben** ist und nicht schon dann, wenn die Konkurrenz unmittelbar bevorsteht.

Die geminderte Miete gilt als vereinbart. Welche Herabsetzung proportional zur Taug- 130 lichkeitsminderung angemessen ist, erfolgt durch Schätzung eines proportionalen Abschlags, § 287 ZPO. Ausgangspunkt ist auch hier die **Bruttomiete**.[175]

---

[166] Schmidt-Futterer/*Eisenschmid* § 536 Rdnr. 182; *Kulik* NZM 1999, 546; LG Mannheim WuM 1972, 123.
[167] OLG Düsseldorf NZM 1998, 307; NZM 2006, 158; OLG Karlsruhe NJW-RR 1990, 1234; Schmidt-Futterer/*Eisenschmid* § 536 Rdnr. 182. Dagegen: *Leo/Ghassemi-Tabor* NZM 2009, 337; *Wolf/Eckert/Ball* Rdnr. 664.
[168] Dafür: KG Berlin NZM 2007, 566; IMR 2007, 217; OLG Frankfurt a. M. NZM 2004, 706; OLG Düsseldorf NZM 2006, 158; NZM 2001, 1033; NJW-RR 1998, 514; OLG Karlsruhe NJW-RR 1990, 1234; Bub/Treier/*Kraemer* III B Rdnr. 1250; Neuhaus Rdnr. 1037; Schmidt-Futterer/*Eisenschmid* § 536 Rdnr. 182; Emmerich/*Sonnenschein* § 536 Rdnr. 11; *Blank/Börstinghaus* § 536 Rdnr. 35; *Bittner* MDR 2008, 1231; *Kulik* NZM 1999, 546; *Gather* GE 2000, 1450. Dagegen: *Leo/Ghassemi-Tabor* NZM 2009, 337; *Wolf/Eckert/Ball* Rdnr. 664; Lindner-Figura u. a./*Hübner/Griesbach/Schreiber* Kap. 14 Rdnr. 21.
[169] KG Berlin NJOZ 2007, 3410.
[170] *Leo/Ghassemi-Tabor* NZM 2009, 337.
[171] *Leo/Ghassemi-Tabor* NZM 2009, 337.
[172] Schmidt-Futterer/*Eisenschmid* § 536 Rdnr. 183.
[173] KG Berlin NJOZ 2007, 3410, OLG Düsseldorf ZMR 2000, 451; NZM 1998, 307; *Kulik* NZM 1999, 546.
[174] *Lützenkirchen/Dickersbach* Rdnr. 988.
[175] BGH NZM 2005, 455.

131　Der Anwendungsbereich der Minderung ist allerdings nur dann gegeben, wenn der diesbezügliche Wert des Mangels nicht schon in die Schadensersatzberechnung eingeflossen ist.

132　Für die Höhe der Mietminderung ist ausschlaggebend, in welchem Umfang der Wert der Mietsache durch die Konkurrenz reduziert ist.[176] Die Rechtsprechung geht, nach freier Überzeugung gem. § 287 Abs. 2 ZPO geschätzt, vielfach von einer Minderung von **20 bis 25%** aus.[177]

> **Praxistipp:**
> Die Minderung empfiehlt sich mit der herrschenden Meinung immer dann, wenn ein konkreter Schaden (Gewinneinbußen) noch nicht eingetreten oder der Schaden selbst oder die Kausalität nur schwer nachweisbar ist.

133　**c) Treuwidrigkeit der Minderung.** Handelt ein Mieter, der sich auf die Verletzung der Konkurrenzschutzpflicht des Vermieters (berechtigterweise) beruft und deshalb eine Mietminderung geltend macht, treuwidrig, wenn er gar nicht durch die Konkurrenz bedroht wird, sondern sogar davon **profitiert**, weil er, seitdem die Konkurrenz da ist, **höhere Umsätze** erwirtschaftet als zuvor? Diese Frage wird in einer Entscheidung des KG Berlin[178] aufgeworfen, musste vom Gericht aber nicht entschieden werden.

134　Bei der Gegenmeinung, die einen Mangel ablehnt, erübrigt sich diese Erörterung. Die Mietminderung ist, nach entsprechender Anzeige, § 536c Abs. 2, S. 2 Nr. 1 BGB, die gesetzliche Folge, § 536 BGB, wenn ein Mangel der Mietsache vorliegt. Ob der Mangel zu einem Schaden geführt hat, ist für die Mietminderung belanglos. Wenn der Schaden belanglos ist, muss auch der **Vorteil belanglos** sein.

135　Der Verletzung der Anzeigeobliegenheit, § 536c BGB, kommt bei Konkurrenzschutzproblematiken weniger Bedeutung zu, da der Vermieter in der Regel **Kenntnis** von der Konkurrenzsituation/von seiner eigenen Pflichtverletzung hat.

136　Anders kann es sein, wenn es nicht um eine Neuvermietung, sondern um einen **Sortimentswechsel** des Nachbarn geht, der die Wettbewerbssituation erst entstehen lässt. Hier kann § 536c BGB Bedeutung erlangen.

137　Es spricht viel dafür, eine Minderung anzunehmen, selbst wenn sich die Konkurrenzsituation vorübergehend vorteilhaft für den Erstmieter auswirkt. Das **vertragliche Austauschverhältnis** ist durch die hinzugetretene Konkurrenz gestört. Der Mietpreis wurde auf der Basis ohne Konkurrenz und einschließlich Konkurrenzschutz berechnet. Die Rechtsprechung nimmt allgemein an, dass die **Miete** für ein Objekt ohne Konkurrenz im eigenen Haus **höher** sein wird, als die für Räumlichkeiten, bei denen eine solche Konkurrenzsituation besteht.[179] Ferner verschlechtert dies den Wert des Betriebs des Erstmieters bspw. bei einer **Betriebsveräußerung**.[180] Hier wird ein Erwerber bei einer bestehenden direkten Konkurrenzsituation in der Regel einen (Sicherheits-) Abschlag vom Kaufpreis vornehmen.

138　Der Mieter hätte sogar dann einen Mietminderungsanspruch, wenn die Mietsache **leer stehen** würde. Das Berufen auf die Mangelhaftigkeit und auch das Verlangen einer angemessenen Minderung wird in der Regel, von eklatanten Ausnahmefällen einmal abgesehen, **nicht treuwidrig** sein.

139　Bei einer solchen Tatsachenlage würde ein Schadensersatzanspruch bereits am fehlenden Schaden scheitern. Der Mieter ist allerdings gut beraten, eine Vereinbarung mit dem Vermieter zu schließen, die die Vertragsverletzung und die Schadensersatzpflicht des Vermieters klarstellt oder Klage auf Feststellung der grundsätzlich gegebenen Schadensersatzpflicht zu erheben.

---

[176] OLG Düsseldorf NZM 1998, 307; Schmidt-Futterer/*Eisenschmid* § 536 Rdnr. 183.
[177] 20%: OLG Düsseldorf NZM 2001, 1033; NZM 2006, 158; 25%: KG Berlin NJOZ 2007, 3410; OLG Koblenz NZM 2008, 405. 30%.
[178] KG Berlin NZM 2007, 566.
[179] OLG Düsseldorf NZM 1998, 307.
[180] OLG Düsseldorf NZM 1998, 307; *Blank/Börstinghaus* § 536 Rdnr. 35.

Praxistipp:
Der Vermieter kann die Unsicherheit des Erstmieters über den weiteren Fortgang ausnutzen und zur Schadensbegrenzung versuchen, mit dem Mieter einen festen Minderungsbetrag zu vereinbaren. Eine solche individualvertragliche Vereinbarung ist wirksam.

Darüber hinaus kann sich auch der Mieter, der durch sein Verhalten Anlass zu einer fristlosen Kündigung gegeben hat, auf die Konkurrenzschutzverpflichtung berufen. Auch dies ist nicht treuwidrig.[181] Es gibt **keinen** allgemeinen Rechtssatz, dass nur derjenige Rechte geltend machen kann, der sich selbst **rechtstreu** verhält.[182] 140

d) **Schadensersatzanspruch.** Der Erstmieter kann gem. § 536a BGB einen Schadensersatzanspruch wegen Nichterfüllung gegen den seine Pflichten verletzenden Vermieter haben. Dies umfasst grundsätzlich selbstverständlich auch den **entgangenen Gewinn**, § 252 BGB. Zu den Problemen bei der prozessualen Geltendmachung, insbesondere beim Nachweis der Kausalität s. u. 141

Auch einen eventuellen **Kündigungsfolgeschaden** (höhere Miete, entgangener Gewinn, Umzugskosten, Kosten für die Information der Kunden etc.) kann der Mieter gegenüber dem Vermieter geltend machen. 142

e) **Fristlose Kündigung.** Die vertragswidrige Ermöglichung bzw. Duldung einer Konkurrenzsituation ist ein Grund für die fristlose Kündigung des Mieters gem. § 543 Abs. 2 Nr. 1 BGB wegen des Vorenthaltens des vertragsgemäßen Gebrauchs bzw. gem. § 543 Abs. 1 S. 1, Abs. 3 BGB, weil dem Mieter die Fortsetzung des Mietverhältnisses unzumutbar ist.[183] 143

11. Prozessuale Möglichkeiten des Mieters

In wirtschaftlich schwierigen Zeiten steigt die Zahl der Konkurrenzschutzklagen.[184] Deshalb wird auf die Erörterung der prozessualen Möglichkeiten vorliegend ein besonderes Augenmerk gelegt. 144

Der Mieter der davon Kenntnis erlangt, dass sein Vermieter an einen unmittelbaren Konkurrenten vermieten will, hat verschiedene Möglichkeiten sich zu wehren. Hier werden primär die Möglichkeiten des Mieters gegen seinen Vermieter erörtert. Ein Vorgehen mit den Mitteln des Wettbewerbsrechts gegen den konkurrierenden Mitmieter wird in der Regel nicht Erfolg versprechend sein, da der Mitmieter nicht gegen § 3 UWG verstoßen haben wird. Ein Verstoß gegen §§ 3, 4 Nr. 10 UWG ist nur dann denkbar, wenn Vermieter und Konkurrent kollusiv zusammengewirkt haben.[185] 145

a) **Klage oder einstweilige Verfügung.** Der Mieter wird vor der Frage stehen, ob er eine einstweilige Verfügung beantragen oder gleich Klage in der Hauptsache einlegen soll. In der Regel ist es ein **Wettrennen gegen die Zeit**. Es muss das Ziel des Mieters sein, eine gerichtliche Entscheidung zu haben, bevor der Vermieter den Mietvertrag mit dem neuen Mieter abgeschlossen hat. Vor allem der Zeit-Faktor spricht für die einstweilige Verfügung. Außerdem ist bei der einstweiligen Verfügung die Liquidität des Mieters erstmal weniger belastet, da hierfür kein Gerichtskostenvorschuss notwendig ist. Der Vermieter kann sich im Verfahren der einstweiligen Verfügung nicht mit der Widerklage wehren, da diese unzulässig ist. 146

Der **Streitgegenstand** des einstweiligen Verfügungsverfahrens ist im Verhältnis zur Hauptsacheklage ein anderer, nämlich nur der **prozessuale Sicherungsanspruch.** Dies gilt auch bei der Befriedigungsverfügung, da auch hier die Befriedigung nur als vorübergehende gesehen wird. Beide Verfahren können deshalb **nebeneinander betrieben** werden. Ein Verfahren im 147

---
[181] KG Berlin NJOZ 2007, 3410.
[182] Palandt/*Heinrichs* § 242 Rdnr. 46.
[183] Schmidt-Futterer/*Eisenschmid* § 536 Rdnr. 184.
[184] *Jendrek* NZM 2000, 1116
[185] *Fritz* Rdnr. 76 d; *Jendrek* NZM 2000, 1116; *Kulik* NZM 1999, 546.

vorläufigen Rechtsschutz ist allerdings unzulässig, wenn die Hauptsache rechtskräftig entschieden ist, dann fehlt das Rechtsschutzbedürfnis.

148 Dagegen kann sprechen, dass der Mieter im einstweiligen Verfügungsverfahren nicht vom Unterlassungsantrag zum Schadensersatz wechseln kann. Lässt sich im einstweiligen Verfügungsverfahren bzw. auf der Basis der einstweiligen Verfügung keine endgültige Lösung finden, wäre es preiswerter gewesen, gleich die Hauptsacheklage zu erheben.

149 **b) Einstweilige Verfügung gegen den Vermieter.** *aa) Allgemeines.* Wenn der Mieter früh genug von der Absicht des Vermieters erfährt an einen Konkurrenten zu vermieten, drängt sich zunächst die einstweilige Verfügung, §§ 935 ff., 940 ZPO auf. Bei der Unterlassungsverfügung kann es sich – je nach Antrag – um eine Sicherungs- oder eine Regelungsverfügung[186] handeln. Die Abgrenzung kann schwierig sein, ist aber letztlich ohne Bedeutung.

150 Häufig wird es sich allerdings um eine **Leistungsverfügung** handeln. Ob die Leistungsverfügung eine Untergruppe der Regelungsverfügung, analog § 940 ZPO, oder eine eigene durch Rechtsfortbildung anerkannte Form der einstweiligen Verfügung ist, kann dahinstehen. Die Leistungsverfügung ist **im mietrechtlichen Konkurrenzschutz anerkannt.**[187]

151 In **besonders** dringenden Fällen kann der Mieter die Entscheidung **ohne vorherige mündliche Verhandlung,** § 937 Abs. 2 ZPO, und nur durch den **Vorsitzenden,** § 944 ZPO, beantragen. Letzteres ist dann zulässig, wenn die Entscheidung durch das Kollegialgericht eine weitere nachteilige Verzögerung mit sich bringen würde.

152 Das Verfahren der einstweiligen Verfügung weist ferner die Besonderheit auf, dass die **Rechtshängigkeit schon mit Anhängigkeit** eintritt.

153 *bb) Antragstellung.* Das Interesse des Mieters ist ein anderes, je nachdem in welchem Stadium sich die Angelegenheit befindet. Es sind drei Stadien zu unterscheiden: 1) Hat der Vermieter mit dem Konkurrenten noch keinen Mietvertrag geschlossen, will der Mieter **Unterlassung des Mietvertragsabschlusses.** 2) Ist der Mietvertrag geschlossen, aber wurden die Räumlichkeiten noch nicht übergeben, geht es ihm um **Unterlassung der Besitzeinräumung bzw. der Übergabe.** 3) Ist auch dies schon erfolgt, beantragt der Mieter, dem Vermieter aufzugeben, **auf den Konkurrenten einzuwirken, dass dieser die Aufnahme des Geschäftsbetriebs unterlässt oder wieder einstellt.**

Formulierungsvorschlag:[188]

...... beantragen wir, das Gericht möge im Wege der einstweiligen Verfügung - wegen besonderer Dringlichkeit ohne mündliche Verhandlung und durch den Vorsitzenden allein durch Beschluss – anordnen, dass:

1. dem Antragsgegner verboten wird, Räumlichkeiten im Gebäude ...... (ggf. Name des Gebäudes, Straße, Hausnummer) in ...... (Stadt) an die ...... zum Betrieb einer ...... **zu vermieten,** hilfsweise/und dem Antragsgegner verboten wird, der ...... den Besitz an den vorgenannten Räumlichkeiten zu verschaffen bzw. äußerst hilfsweise **aufzugeben,** die **Aufnahme des Betriebs** einer ...... bzw. deren **Fortführung** in den Räumlichkeiten **zu verhindern.**

2. Für den Fall der Zuwiderhandlung gegen das Vermietungs- bzw. Überlassungsverbot wird ein Ordnungsgeld bis zu € 250.000,– und für den Fall, dass dieses nicht beigetrieben werden kann, ersatzweise Ordnungshaft oder aber Ordnungshaft bis zu 6 Monaten angedroht.

Praxistipp:

Bei der Formulierung des Antrags ist Vorsicht geboten. Die Handlung die unterlassen werden soll, ist nach Art und Umfang so genau und zweifelsfrei wie möglich zu beschreiben. Andernfalls droht

---

[186] Musielak/*Huber* § 940 Rdnr. 11; OLG Hamm NJW-RR 1990, 1236; KG Berlin ZMR 2008, 616.
[187] Zöller/*Vollkommer* § 940 Rdnr. 8, „Mietrecht".
[188] Weitere Formulierungsvorschläge einschl. Begründung im Münchener Prozessformularbuch Mietrecht/ *Deppen* D. IV. 2.6–2.8.

die Streitverlagerung ins Vollstreckungsverfahren. Teilweise wird die Verwendung des Wortes „überlassen" vorgeschlagen und auf den Abschluss des Mietvertrags bezogen. Befindet man sich noch im Stadium vor Mietvertragsschluss, sollte sich aus dem Antrag deutlich ergeben, dass bereits der Abschluss des Mietvertrags zu unterlassen ist. Überlassen wird man in der Regel aber nur als „Besitz verschaffen" auslegen (vgl. §§ 535, 577 BGB). Der Vermieter dürfte dann trotz der einstweiligen Verfügung den Mietvertrag abschließen.

Das Gleiche gilt für die Formulierung „Der Antragsgegner hat es zu unterlassen, die gewerbliche Tätigkeit des XY zu dulden. Dies ist missverständlich. Der Antragsteller verlangt ja gerade kein Unterlassen des Vermieters, sondern ein aktives Tun.

Es liegt nahe, die Unterlassung des Mietvertragsabschlusses und der Besitzeinräumung zusammen geltend zu machen. Generell sollte immer die nächste Stufe hilfsweise geltend gemacht werden. Die Hilfsanträge tragen dem Umstand Rechnung, dass nicht abzusehen ist, ob sich wegen der dargestellten Zeitabläufe bis zum Erlass der einstweiligen Verfügung der Hauptantrag nicht schon erledigt hat. Außerdem ist für den Fall des Widerspruchs gem. § 924 ZPO Vorsorge zu treffen.

Alternativ kommen für die 3te Stufe auch die folgenden Formulierungsmöglichkeiten[189] in Betracht: Dem Antragsgegner wird aufgegeben, den Konkurrenten in Anspruch zu nehmen, den Betrieb zu unterlassen. Oder: Dem Antragsgegner wird aufgegeben, die Fortführung der Konkurrenz/des Konkurrenzunternehmen ...... im Hause ...... zu verhindern.

In Zweifelsfällen kann es sich für den Mieter anbieten, seinen Antrag inhaltlich und zeitlich zu beschränken, um so die Chancen einer schnellen einstweiligen Verfügung zu erhöhen.

Formulierungsbeispiel:
...... dem Antragsgegner wird aufgegeben, durch zumutbare Maßnahmen auf den ...... einzuwirken, dass dieser in seinem im Haus ...... in ...... angemieteten Gastronomiebetrieb keine Pizza- und Nudelgerichte sowie Salate (bis zum 31. 12. ......) anbietet und verkauft.

cc) Androhung Zwangsmittel: Im Unterlassungsantrag darf die Androhung des Ordnungsmittels nicht vergessen werden, um die 1-Monats-Vollziehungsfrist gem. §§ 929 Abs. 2, 936 ZPO zu wahren. Auch im Hinblick auf § 890 Abs. 2 ZPO sollte die Androhung im Antrag enthalten sein. Dies wird auch mal vom Gericht vergessen, was dann aufgrund des Fristversäumnisses zur Aufhebung in der Rechtsmittelinstanz führt.[190] Für den Verhinderungsantrag findet eine Androhung der Zwangsmittel nicht statt, § 888 ZPO.

dd) Antragsumstellung. Vom einen auf den anderen Unterlassungsantrag umzustellen, ist generell unproblematisch möglich.

Ist dem neuen Mieter der Mietbesitz bereits übergeben, so hilft dem Erstmieter ein Unterlassen des Vermieters nicht mehr. Die Konkurrenzsituation kann der Vermieter jetzt nur noch durch positives Tun, nämlich durch Einwirken auf den neuen Mieter beseitigen. In der ersten Instanz kann der Verfügungsantrag auch von der Unterlassung hin zum aktiven Tun/Erfüllung umgestellt werden.

In der zweiten Instanz lassen manche Oberlandesgerichte dies mangels funktioneller Zuständigkeit mit der Begründung nicht zu, dass dem OLG die **Eingangszuständigkeit** für einen erstmals in der zweiten Instanz gestellten Antrag fehlen würde, §§ 937, 943, 942 ZPO. Dies ist im Ergebnis richtig. Der Erfüllungsantrag der Stufe 3 steht gegenüber dem Unterlassungsantrag nicht im Verhältnis zu einem Mehr oder Weniger, es ist einfach ein **anderer Antrag (aliud)**. Dies zeigt sich deutlich in der Vollstreckung (s. u.). Deshalb geht die h.M. zu

---
[189] *Greiser*/Anwaltformulare Geschäftsraummiete § 12 Rdnr. 60 f.
[190] OLG Saarbrücken BeckRS 2005 00482.

Recht davon aus, dass eine Antragsänderung hin zum aktiven Tun in der zweiten Instanz unzulässig ist.[191]

159 ee) *Vorsorge bei Untervermietung.* Ist der Konkurrent eine großes Unternehmen, bspw. eine Handelskette, sollte an mögliche Untermietkonstruktionen gedacht werden: Die Immobilien-GmbH mietet an, Betreiber ist aber eine Handels-GmbH. Der oben vorgeschlagene Antrag ist dann um die folgende Formulierung zu ergänzen: „oder an diese selbst zur Weitervermietung zum Betrieb einer ..." ... „den mittelbaren oder unmittelbaren Besitz ..."

160 Selbst wenn der Antrag allgemein formuliert wurde „an eine Parfümerie/Supermarkt" anstatt „an die XY AG" ist der Mieter vor der Konstruktion über die Untervermietung nicht gefeit. Der Vermieter vermietet an den Untervermieter mit dem Mietzweck „gewerbliche Weitervermietung" und der Untervermieter vermietet dann zum Betrieb des Konkurrenzunternehmens. Der Mieter kann gegenüber dem Untervermieter keine vertraglichen Ansprüche geltend machen. Der Streit mit dem Vermieter würde sich dann darauf erstrecken, inwiefern der Vermieter verpflichtet gewesen wäre, eine den Mieter schützende Wettbewerbsklausel in den Vertrag mit dem Untervermieter aufzunehmen.

Dem kann der Mieter mit der richtigen Antragstellung vorbeugen.

161 *ff) Kündigungsverlangen.* Weiß der Mieter, dass der Konkurrent einen unbefristeten Mietvertrag hat, kann er auch direkt beantragen, dem **Vermieter aufzugeben,** das andere Mietverhältnis unverzüglich zum nächst möglichen Zeitpunkt **zu kündigen.** Grundsätzlich hat der Mieter zwar nur einen Erfüllungsanspruch auf eine konkurrenzfreie Mietsituation; es bleibt dem Vermieter überlassen, wie er dies gewährleistet. Der Mieter darf nur die erforderlichen Maßnahmen fordern. Ist das Hauptsortiment aber identisch und ist eine Änderung des Warensortiments nicht denkbar, muss es dem Mieter möglich sein, auch gleich die Kündigung als sichersten Weg zu verlangen. Dies ist die logische Konsequenz daraus, dass der Vermieter schon gar nicht hätte vermieten dürfen.

162 *gg) Konkurrenz während der Mietzeit.* Verändert ein Mieter sein Hauptsortiment während der Laufzeit des Mietvertrags, so dass eine vertragswidrige Konkurrenzsituation entsteht, kann der beeinträchtigte Mieter genauso vom Vermieter im Wege der **Leistungsverfügung** ein **Einwirken** auf den Konkurrenten verlangen, dass dieser die konkurrierende Tätigkeit aufgibt.

163 *hh) Verfügungsanspruch.* Der Mieter wird die begehrte Verfügung bekommen, wenn er den Verfügungsgrund und den Verfügungsanspruch glaubhaft machen kann. Einen Verfügungsanspruch hat der Mieter dann, wenn er seinen Anspruch auf **Wettbewerbsschutz** in **materieller Hinsicht nachweisen** kann.

164 *ii) Verfügungsgrund – Vorwegnahme der Hauptsache.* Der Vermieter wird regelmäßig einwenden, dass die Begehr des Mieters die Erledigung der Hauptsache vorwegnehmen würde.

165 Die Vorwegnahme der Hauptsache ist nicht nur bei der Verfügung, die auf ein aktives Tun des Vermieters gerichtet ist, zu diskutieren. Auch die **Unterlassungsverfügung** wird oft **faktisch** zu einer Vorwegnahme der Hauptsache führen. Ist dem Vermieter der Vertragsabschluss untersagt, wird der neue Mieter oft **abspringen** und sich eine andere Lokalität suchen

166 Die Vorwegnahme der Hauptsache ist kein „Totschlagargument" des Vermieters. Eine vorübergehende Befriedigung des Mieters auch im Eilverfahren ist zulässig.[192] Der Mieter muss dann für den Verfügungsgrund **darlegen und glaubhaft machen,** dass er auf die sofortige Erfüllung so dringend angewiesen ist, dass ihm die Erwirkung eines Titels im ordentlichen Verfahren **unzumutbar/nicht möglich ist.** Die Verfügung muss zur **Abwendung wesentlicher Nachteile unumgänglich** sein.[193] Das ist immer dann der Fall, wenn die **persönliche und/oder wirtschaftliche Existenz** des Mieters in Gefahr ist und er **dringend** auf die sofortige Erfüllung seines Leistungsanspruchs angewiesen ist.[194] Ein Zuwarten und die Verweisung

---

[191] *Baumbach//Lauterbach/Albers/Hartmann* § 943 Rdnr. 1.
[192] *Baumbach/Lauterbach/Albers/Hartmann* vor § 916 Rdnr. 6.
[193] OLG Hamm NJW-RR 1990, 1236.
[194] OLG Frankfurt a. M. NJW 2007, 851.

auf spätere Schadensersatzansprüche müssen für den Mieter unzumutbar sein.[195] Dies ist insbesondere dann anzunehmen, wenn durch die Dauer der Erwirkung eines Titels im Hauptsacheverfahren **irreversible Fakten** geschaffen werden und der Verweis auf das ordentliche Verfahren praktisch einer **Rechtsverweigerung** gleichkäme.[196]

An die Glaubhaftmachung des drohenden endgültigen Rechtsverlusts sind strenge Anforderungen zu stellen. Die **hohen Anforderungen** sind begründet, da die erfolgreiche Unterlassungsverfügung **irreparable Verhältnisse für den Vermieter** schaffen kann.[197]

Die Interessen beider Parteien sind sorgfältig **abzuwägen**.[198] Für Vermieter streitet sein Recht auf **Privatautonomie**, ungehindert Verträge schließen zu dürfen, sowie sein Recht an der **beliebigen Verfügbarkeit** über sein Eigentum. Wenn der Verfügungsanspruch gegeben ist, darf das wirtschaftliche Interesse des Vermieters, der **Einnahmeausfall** aus der ihm ggf. zu untersagenden Neuvermietung, **nicht berücksichtigt** werden.

Für eine **schnelle Unterlassungsverfügung** zu Gunsten des Verfügungsklägers sprechen die erheblichen Schwierigkeiten, die dieser später haben wird, eine **Beseitigungsverfügung** oder ein Beseitigungsurteil in der Hauptsache gegenüber dem Vermieter durchzusetzen. Kann der Mieter die Vermietung nicht verhindern, ist das Kind oft bereits in den Brunnen gefallen. Bereits der Abschluss des Mietvertrags mit dem Konkurrenten schafft oft schon **vollendete Verhältnisse**.[199] Ist der Mietvertrag mit dem Konkurrenten bereits abgeschlossen, haben sich rein faktisch die Aussichten für den Mieter deutlich verschlechtert. Damit wird eine vergleichsweise Einigung für den Vermieter schwer. Dem Vermieter wird in der Regel die rechtliche Handhabe gegen den neuen Mieter, der sich mit großer Wahrscheinlichkeit mietvertragskonform verhält, fehlen. Der Auszug des Konkurrenten hängt dann von dessen **Entgegenkommen** und der **Tiefe des Geldbeutels** des Vermieters ab.

Für den Verfügungsgrund wird es auch regelmäßig sprechen, wenn die Restlaufzeit des Mietvertrags mit dem Erstmieter so kurz ist, dass ein Hauptsacheverfahren erst nach Auslaufen der Befristung entschieden sein würde.

Hat der Mieter einen Verfügungsanspruch, verletzt der Vermieter also seine Pflicht zum Konkurrenzschutz, hat der Mieter in der Regel auch einen Verfügungsgrund.

Um das Problem der Vorwegnahme der Hauptsache zu entschärfen, kann der Mieter auch ein **milderes Mittel** nehmen: Er kann beantragen, die **Wirkungen** der einstweiligen Verfügung – die Unterbindung des Wettbewerbs durch den anderen Mieter - auf die **Dauer** des Hauptsacheverfahrens zu **beschränken**. Gerade wenn der Verfügungsanspruch streitig ist, ist dies ggf. Erfolg versprechender. Das Gericht tut sich leichter, eine begrenzte Verfügung auszusprechen und möglicherweise verlieren der Konkurrent und auch der Vermieter während der Dauer des Verfahrens die Lust an der Vermietung.

> **Praxistipp: Haftungsfalle – Verwirkung des Verfügungsgrundes**
> Lässt sich der Mieter zu viel Zeit mit der Erhebung seiner einstweiligen Verfügung obwohl er über die konkurrierende Vermietung informiert ist, droht die Verwirkung des Verfügungsgrundes bzw. der Entfall der Eilbedürftigkeit.[200] Ob dies **1 Monat**,[201] **3 Monate**[202] oder **4 Monate**[203] nach Kenntnis passiert, ist eine Frage des Einzelfalls. Allerdings sollte das Gericht die Verwirkung auch nicht zu schnell annehmen. Ein besonnener Mieter **darf** durchaus mit seiner einstweiligen Verfügung **zuwarten,** wenn er sich außergerichtlich bemüht und Grund hat, anzunehmen, dass der Vermieter doch nicht an einen Konkurrenten vermieten wird. Den Mieter zu einer schnellen Leistungsverfügung zu drängen, dient nicht dem Rechtsfrieden.[204]

---

[195] OLG Düsseldorf NJW-RR 1996, 123.
[196] OLG Saarbrücken NJW-RR 2007, 1406.
[197] OLG Hamm NJW-RR 1990, 1236.
[198] *Baumbach/Lauterbach/Albers/Hartmann* § 940 Rdnr. 2.
[199] OLG Hamm NJW-RR 1990, 1236; *Jendrek/Ricker* NZM 2000, 229.
[200] OLG Hamm NJW-RR 2007, 109.
[201] OLG Rostock NZM 2006, 295.
[202] OLG Hamm NJW-RR 1990, 1237.
[203] OLG Bremen MDR 2004, 51.
[204] *Baumbach/Lauterbach/Albers/Hartmann* § 940 Rdnr. 6.

173 Der Übergang vom Eil- ins Hauptsacheverfahren ist stets zulässig und wie eine Klageänderung zu behandeln.[205]

174 *jj) Substantiierter Vortrag.* Der Vortrag des Mieters ist nur dann hinreichend substantiiert, wenn er **genau darlegt, woraus** sich die Konkurrenzsituation ergibt. Insbesondere muss der Mieter die Überschneidungen im Sortiment bzw. im Angebot an Tätigkeiten und seine Anspruchsgrundlage **benennen und glaubhaft machen.**[206]

175 Die tatsächliche Schadenshöhe ist nur bei einer Klage des Mieters auf Schadensersatz wirklich relevant. Bei der einstweiligen Verfügung gilt eine Reduzierung des Beweismaßes, § 920 Abs. 2 ZPO. Der (drohende) **Schaden** muss **nur** glaubhaft gemacht werden. Die Glaubhaftmachung, § 294 ZPO, bedeutet, dass für die richterliche Überzeugung von einer Tatsache nur eine **überwiegende Wahrscheinlichkeit** erforderlich ist. Der Antragsteller muss seinen Schaden lediglich glaubhaft behaupten und muss ihn nicht mit den Mitteln des Vollbeweises belegen. Dem Antragsteller steht es zwar offen, den Vollbeweis durch mitgebrachte Urkunden, präsente Zeugen oder Sachverständige in der mündlichen Verhandlung zu erbringen, er muss es aber nicht.

176 *kk) Ermessen des Gerichts.* § 938 ZPO eröffnet dem Gericht ein weitgehendes Ermessen, was die Entscheidung angeht. Das Gericht kann die Wirkungen der einstweiligen Verfügung zeitlich begrenzen oder inhaltlich ein Weniger aussprechen, bspw. dem Vermieter **nur den Abschluss eines befristeten Mietvertrags verbieten.** So kann das Gericht gewährleisten, dass die Wirkung der Entscheidung im Eilverfahren hinter der des Hauptverfahrens **zurückbleibt.** Eine angemessene und endgültige Lösung kann dann im Hauptsacheverfahren gefunden werden.

177 *ll) Gerichtliche Zuständigkeit.* Für den Erlass der einstweiligen Verfügung ist das Gericht der Hauptsache zuständig, § 937 Abs. 1 ZPO. Ausschließlich örtlich zuständig ist gem. § 29a Abs. 1 ZPO das **Gericht der belegenen Sache.** § 29a ZPO gilt nicht für unbebaute Grundstücke. Für die sachliche Zuständigkeit kommt es gem. §§ 23 Nr. 1, 71 Abs. 1 GVG auf den Streitwert an, in der Regel wird also das **Landgericht** zuständig sein.

178 *mm) Zuständigkeits- und Gebührenstreitwert.* Der Zuständigkeits- und der Gebührenstreitwert sind vom Gericht nach § 3 ZPO, § 53 Abs. 1 Nr. 1 GKG in freiem Ermessen festzusetzen. Der Streitwert ist nach dem **Erfüllungsinteresse** des Mieters unter Berücksichtigung einer **möglichen ordentlichen Kündigung** des Mietvertrags durch den Vermieter sowie der **Mietminderung** und des **Schadensersatzes** auf Grund der Konkurrenz festzusetzen.

179 In vermögensrechtlichen Streitigkeiten richtet sich der Streitwert mangels einer besonderen kostenrechtlichen Bestimmung gemäß § 53 Abs. 1 Nr. 1 GKG nach dem Interesse, dass die klagende Partei verfolgt, § 3 ZPO. Der Wert des Erfüllungsinteresses orientiert sich zum einen an dem **Minderwert der Mietsache,**[207] zum andern an dem **Schaden,** den der Kläger durch die Konkurrenz des anderen Mieters nach seinem Vortrag erleiden muss. Der **kumulierte Wert** aus der Minderung, § 536 Abs. 1 BGB, und dem Schadensersatz, § 536a Abs. 1 BGB, ist die nach dem BGB vorgesehene Kompensation für das verletzte Erfüllungsinteresse.

180 Für den Schadensersatzanspruch kommt es entscheidend darauf an, ob das Mietverhältnis ordentlich kündbar ist oder nicht.[208] Bei einem **befristen Mietvertrag** wird das Schadensersatzinteresse **deutlich höher** ausfallen. § 8 ZPO für den Zuständigkeits- und Beschwerdestreitwert und § 41 Abs. 1 GKG für den Gebührenstreitwert finden keine Anwendung, da es nicht um den Bestand oder die Dauer des Mietverhältnisses geht.[209]

181 § 9 ZPO ist hier zumindest analog anwendbar.[210] Danach ist bei einem befristeten Mietvertrag mit einer Restlaufzeit größer 3,5 Jahre der Wert des 3,5-fachen Jahresbetrags, der sich aus der Addition des Schadensersatzanspruchs und der Mietminderung ergibt, anzusetzen.

---

[205] OLG Hamm NJW 1978, 58.
[206] OLG Hamm NJW-RR 1991, 1483.
[207] BGH NJW 2000, 3142; OLG Düsseldorf MDR 2001, 354.
[208] OLG Düsseldorf NZM 2006, 158.
[209] BGH NZM 2005, 519; NZM 2005, 944; Musielack/*Heinrich* § 3 Rdnr. 31.
[210] OLG Düsseldorf NZM 2006, 158.

Unter der Annahme einer Minderungsquote von 20% ergeben sich die folgenden Berechnungsalternativen: **182**
Befristeter Mietvertrag: Minderungsinteresse 20% der Miete plus Schadensersatzinteresse monatliche Gewinneinbuße * 12 * 3,5 = Streitwert
Unbefristeter Mietvertrag: Minderungsinteresse 20% der Miete plus Schadensersatzinteresse monatliche Gewinneinbuße * 6 = Streitwert[211]

Ohne die Begrenzung in § 9 ZPO wäre bei einem befristeten Mietvertrag die gesamte restliche Mietdauer zugrunde zulegen. Bei einem durch den Vermieter ordentlich kündbaren Mietvertrag ist das Leistungsinteresse des Mieters sehr viel geringer. Denn er muss von vornherein damit rechnen, dass der Vermieter unverzüglich von seinem ordentlichen Kündigungsrecht Gebrauch machen wird, um sein Schadensersatzrisiko zu minimieren. Auf diesem Rechtsgedanken beruht auch die höchstrichterliche Rechtsprechung, nach der der Ersatz eines Kündigungsschadens entsprechend dem begrenzten Erfüllungsinteresse auf die Zeit bis zum Ablauf der ordentlichen Kündigung der Höhe nach beschränkt ist.[212] In diesem Fall sind für den Streitwert nur die **Mietminderung** und der **Schadensersatz** für die **Dauer** der **Kündigungsfrist** anzusetzen. **183**

Im Allgemeinen wird im Verfahren des vorläufigen Rechtsschutzes der Streitwert mit $\frac{1}{3}$ bis $\frac{1}{2}$ **des Hauptsachestreitwerts angesetzt.** **184**

Im Fall der Leistungsverfügung bzw. wenn davon auszugehen ist, dass mit der einstweiligen Verfügung ein Ziel erreicht werden kann, dass der Hauptsacheentscheidung sehr nahe kommt, kann eine **höhere Quote bis zu 100%** festgesetzt werden und ist dann auch angemessen. Bei einer Untersagungsverfügung, die es dem Vermieter untersagen soll, einen Mietvertrag mit dem Konkurrenten zu schließen, wird dies sogar regelmäßig der Fall sein. Die Untersagungsklage kommt zu spät. Entweder der Vermieter unterläuft den Antrag, so dass der Mieter den Antrag umstellen kann/muss, oder der Vermieter wird Folge leisten, so dass die Hauptsacheklage entbehrlich ist. Hier besteht **kein Grund, den Streitwert unter 100%** anzusetzen. **185**

> **Praxistipp:**
>
> Es empfiehlt sich **Ausführungen zum Streitwert** zu machen und dies mit laufenden Betriebswirtschaftlichen Auswertungen **(BWA)** oder der letzten verfügbaren Gewinn und Verlustrechnung **(GuV)** bzw. der Einnahmen-Überschussrechnung oder hilfsweise auch einer anderweitigen Stellungnahme des Steuerberaters zu belegen.

nn) Schutzschrift gegen eine einstweiligen Verfügung. Erwartet der Vermieter eine einstweilige Verfügung, so kann er sich mittels einer prophylaktisch bei Gericht eingereichten Schutzschrift wehren. Dies ist insbesondere deshalb anzuraten, da die Entscheidung über die einstweilige Verfügung ohne Anhörung des Vermieters getroffen werden kann. Mit der Schutzschrift **erhöht** der Vermieter seine **Chancen** auf eine **mündliche Verhandlung**. **186**

Die Entscheidung, mit der die einstweilige Verfügung angeordnet wird, ist **sofort vollstreckbar**. Erfolgte eine mündliche Verhandlung, so wird durch Urteil, ansonsten durch Beschluss entschieden. Dementsprechend bestimmt sich auch das Rechtsmittel, dass der Unterlegene wählen kann: Berufung oder Widerspruch/Beschwerde. **187**

Nimmt der Mieter den Antrag auf Erlass einer einstweiligen Verfügung zurück oder weist das Gericht den Antrag zurück, kann der Vermieter die **Kosten** der Schutzschrift ersetzt verlangen. Ob die Schutzschrift für die zurückweisende Entscheidung kausal war, ist dabei irrelevant.[213] **188**

---

[211] § 580a Abs. 2 BGB, die Karenztage sind in der Berechnung nicht berücksichtigt.
[212] BGH NJW 1982, 870 (Leasingvertrag); BGH NJW 1993, 1386 [Handelsvertretervertrag]; BGH NJW-RR 1995, 715, [Mietvertrag].
[213] Musielack/*Wolst* § 91 Rdnr. 64.

189 **b) Gegenargumente des Vermieters und was der Mieter einwenden kann.** *aa) Unmöglichkeit.* Der Vermieter wird gegen den Erfüllungsanspruch des Mieters mit großer Wahrscheinlichkeit einwenden, dass er **rechtlich nicht in der Lage sei, die Konkurrenz des Wettbewerbers zu unterbinden,** da dieser einen wirksamen und langfristig befristeten Mietvertrag habe. Mit anderen Worten, der Vermieter wendet Unmöglichkeit, § 275 BGB, ein. Bevor der Vermieter damit Erfolg haben kann, bevor ein Gericht also objektive Unmöglichkeit annehmen wird, muss der Vermieter allerdings einige **Anstrengungen** unternommen haben.

190 Selbst wenn sich der neue Mieter gegenüber dem Vermieter vertragsgerecht verhält, berührt dies den Unterlassungsanspruch gegen den Vermieter noch nicht.[214] Natürlich darf niemand zu einer Leistung verurteilt werden, die ihm unmöglich ist. Eine Leistung ist aber **nicht schon deswegen unmöglich,** weil der Vermieter auf den Leistungsgegenstand **keinen rechtlichen Anspruch** hat.[215] Insbesondere kann nicht ausgeschlossen werden, dass der Vermieter durch **finanzielle Zugeständnisse** gegenüber dem Konkurrenten dem Unterlassungsanspruch des Mieters Geltung verschaffen kann. Generell kommen die **einvernehmliche Vertragsaufhebung** gegen Zahlung einer Abfindung an den Konkurrenten oder durch Beschaffung von **Ersatzmietraum** oder die Zahlung einer Abfindung durch den Vermieter dafür, dass der neue Mieter auf den umstrittenen **Teil des Sortiments verzichtet,** in Betracht.

191 Solange der Vermieter keine **nachhaltigen Versuche** unternommen hat, die Konkurrenzsituation aufzulösen, steht noch nicht einmal die subjektive Unmöglichkeit fest. Objektiv ist es nie unmöglich, da der Konkurrent jederzeit ausziehen könnte. Solange der Vermieter eine Lösung nicht hinreichend versucht hat, ist der Unmöglichkeitseinwand unbeachtlich.[216]

> **Praxistipp:**
> Der benachteiligte Mieter kann mit Nichtwissen bestreiten, dass der Wettbewerber sich vertragskonform verhält. Auf diese Weise wird er ggf. den Vermieter oder den auf Seiten des Vermieters nach Streitverkündung/durch Nebenintervention beigetretenen Konkurrenten zur **Vorlage** des **Mietvertrags** bewegen. Dann sollte der Mieter den dort genannten Mietzweck genau hinterfragen, um zu sehen, ob die Betätigung des Kontrahenten wirklich rechtmäßig ist.

192 Hat der Vermieter **alles versucht** und bleibt der neue Mieter unwillig, seine Konkurrenztätigkeit aufzugeben, liegt **rechtliche subjektive Unmöglichkeit,** § 275 Abs. 1 BGB, vor. Grundsätzlich wäre es nur eine vorübergehende Unmöglichkeit, so lange, wie der Vertrag mit dem Konkurrenten läuft. Allerdings steht die **vorübergehende** Unmöglichkeit der **dauerhaften** Unmöglichkeit gleich, wenn sie die Erreichung des Geschäftszwecks in Frage stellt und wenn dem Mieter ein Festhalten am Vertrag bis zum Wegfall des Leistungshindernisses nicht zugemutet werden kann.[217]

193 *bb) Schmerzgrenze, § 275 Abs. 2 BGB.* Was ist aber, wenn der Konkurrent einigungsbereit ist, aber sehr viel fordert? Die Frage, welche Abfindung dem Vermieter noch zuzumuten ist, beantwortet § 275 Abs. 2 BGB. § 275 Abs. 3 BGB geht zwar Abs. 2 vor, ist in der vorliegenden Konstellation aber nicht einschlägig. Die Pflicht zur konkurrenzfreien Überlassung mag den Vermieter zwar „persönlich" treffen, ist aber keine persönlich zu erbringende Leistung gem. § 275 Abs. 3 BGB. Letzteres sind nur Leistungen aufgrund eines Arbeits-, Dienst- oder Werkvertrags.

194 Das materielle Leistungsinteresse des Mieters, bestehend aus den **Gewinneinbußen,** dem **Minderungsinteresse** und dem **reduzierten Verkaufswert** des Geschäfts/der Praxis sowie auch die **immateriellen Interessen** des Mieters,[218] wie bspw. das Interesse sein angestammtes

---

[214] OLG Bremen Urt. v. 5. 1. 2006 – 2 U 99/05.
[215] BGH NJW 1974, 2317; NJW 1974, 1552.
[216] BGH NJW 1974, 2317; OLG Düsseldorf NZM 2001, 1033.
[217] BGHZ 47, 50; Palandt/*Heinrichs* § 275 Rdnr. 11.
[218] MünchKomm/*Ernst* § 275 Rdnr. 80; Palandt/*Heinrichs* § 275 Rdnr. 28.

Geschäft unbeeinträchtigt weiterführen zu können, das Interesse das Geschäft so wie es ist/war, einem Erben weitergeben zu können, ist mit dem Aufwand des Vermieters abzuwägen. Dabei ist zu berücksichtigen, inwiefern den Vermieter oder auch den Mieter bspw. durch mehrdeutiges/missverständliches oder sogar rechtsmissbräuchliches Verhalten[219] ein **Verschulden** trifft.

Der Vermieter wird die Vertragspflichtverletzung in der Regel zu vertreten haben. Dies ist gem. § 275 Abs. 2 S. 2 BGB erschwerend zu berücksichtigen.

§ 275 Abs. 2 BGB ist eine eng auszulegende, nur selten anzuwendende Sondernorm.[220] An das grobe Missverhältnis sind strenge Anforderungen zu stellen. Die **Opfergrenze** ist überaus **hoch** anzusetzen.[221] Der **Schaden**, den der Vermieter aus der ihm dann entgehenden Vermietung an den Konkurrenten erleidet, ist **nicht** einzurechnen.[222] Die Schadensersatz- und Minderungsansprüche des Mieters dienen nur der Orientierung, sie sind keine Grenze für die Aufwandspflicht des Vermieters.

§ 275 Abs. 2 BGB wird hier nicht durch § 313 BGB verdrängt. Der Konkurrenzschutz ist nicht nur Geschäftsgrundlage, sondern ausdrücklich Vertragsinhalt geworden. Für eine Vertragsanpassung gem. § 313 BGB ist kein Raum.

cc) Schadensersatzanspruch bleibt unberührt. Die Schuldbefreiung betrifft immer nur die Primärleistungspflicht, nie die **Sekundäransprüche**, § 275 Abs. 4 BGB. Die Pflicht des Vermieters zum Schadensersatz gem. § 536a BGB bleibt von der Unmöglichkeit der Pflicht zur konkurrenzfreien Überlassung **unberührt**.

> **Praxistipp: Schadensminimierung**
>
> Der Vermieter sollte auch die beiden Mietverträge des Erst- und Zweitmieters genau analysieren – wie lange läuft er noch bzw. ist er ordentlich kündbar bzw. wurde beim Mietvertrag und bei den Nachträgen die gesetzliche Schriftform beachtet oder eröffnet sich für den Vermieter über § 550 BGB eine Möglichkeit, sich vom Vertrag zu lösen?

c) Klage gegen den Vermieter. Bei der Unterlassungs- bzw. Schadensersatzklage wegen Konkurrenzschutzverletzung sind weniger prozessuale Besonderheiten als bei der einstweiligen Verfügung zu beachten.

aa) Schaden des Mieters? Wenn auch die Konkurrenzsituation auf den ersten Blick ersichtlich ist, so ist der Nachweis des Schadens für den Mieter **oft unerwartet schwierig**. Hat er plötzliche **Umsatzeinbrüche**, die mit der Konkurrenzsituation einsetzen, ist es leicht. Was aber ist, wenn der Mieter Maßnahmen ergriffen hat, um der Konkurrenzsituation zu begegnen, bspw. mehr Werbung, Kundenbindungsprogramme, Rabatt-Aktionen oder Erweiterung des eigenen Sortiments, und diese Maßnahmen waren erfolgreich? Der Umsatz ist nicht eingebrochen, aber die Kosten haben sich erhöht, der Gewinn ist reduziert. Dann wird der Vermieter einwenden, dass die Maßnahmen ohnehin erforderlich gewesen wären, um den Umsatz zu halten.

Die Nachweisproblematik geht **uneingeschränkt zu Lasten des Mieters**. Der Mieter wird sich in der Regel schwer tun, **Kunden als Zeugen** zu benennen, die sonst bei ihm eingekauft hätten und die jetzt zur Konkurrenz gegangen sind. Wie soll der Arzt vernünftig dartun, welcher seiner Patienten Laufkundschaft war und wie viele er an die Konkurrenz verloren hat?[223]

Außerdem wird der Vermieter einwenden, dass offensichtlich die Konkurrenzsituation dazu geführt habe, dass nun insgesamt mehr Kunden, die die Produkte beider Anbieter

---

[219] Der Mieter verliert alle Schadensersatz- und Minderungsansprüche, wenn er den Vermieter ins Messer laufen lässt, OLG Düsseldorf ZMR 2000, 451.
[220] *Lorenz/Riehm* Schuldrecht Rdnr. 310.
[221] BGH NJW 2005, 3284; LG Karlsruhe NJW-RR 1995, 389.
[222] MünchKomm/*Ernst* § 275 Rdnr. 85.
[223] BGH NJW 1978, 585.

nachfragen, kommen würden, die Konkurrenzsituation wäre zu einer win-win-Situation für beide Konkurrenten geworden.

203 Kann der Mieter keinen konkreten Schaden nachweisen, wird ihm nur ein Feststellungsantrag für eventuelle Schäden in der Zukunft bleiben, wenn sich das Geschäft einmal schlechter entwickelt und dies kausal auf die Wettbewerbssituation zurückzuführen ist.
Wenn der Mieter keine Anhaltspunkte benennen kann, darf der Richter auch nicht nach § 287 ZPO schätzen.[224]

204 *bb) Darlegungs- und Beweislast des Mieters.* Es wird vertreten, dass der Mieter zur Darlegung und zum Beweis seines Schadens umfangreich **Geschäftsunterlagen** und **Kalkulationen** vorlegen müsste. Der Mieter müsste die betroffenen Warengruppe, den prozentualen und absoluten Umfang des Rückgangs, Umsatz- und Gewinndaten aus möglichst mehreren Vergleichsjahren und die damit zusammenhängenden Daten und Fakten offen legen. Der pauschale Vortrag „Gewinnrückgang € xy" mit angebotenem Sachverständigengutachten sei unsubstantiiert.[225]

205 Dies kann allerdings nicht uneingeschränkt gelten. Es kann nicht Sinn und Zweck des Schadensersatzprozesses sein, dass der Kläger sich wirtschaftlich-informationell ausziehen muss, um seinen Schaden ersetzt zu bekommen und er dabei das Risiko eingehen muss, seinem Konkurrenten seine Geschäftsgeheimnisse, gerade was Kosten, Konditionen und Verkaufszahlen angeht, auf dem Silbertablett zu präsentieren.

206 Natürlich muss hier zwischen **Betriebs- und Geschäftsgeheimnissen** einerseits und Lästigkeiten andererseits differenziert werden. Der Kläger möchte seinem Konkurrenten bestimmte Dinge vielleicht nicht offenbaren. Wenn diese allerdings nicht die Qualität eines Geschäftsgeheimnisses haben, schützen den Kläger auch seine Grundrechte nicht vor der Offenlegung. Als Betriebs- und Geschäftsgeheimnisse werden alle auf ein Unternehmen bezogene Tatsachen, Umstände und Vorgänge verstanden, die nicht offenkundig, sondern nur einem begrenzten Personenkreis zugänglich sind und an deren Nichtverbreitung der Rechtsträger ein **berechtigtes Interesse** hat.[226] Betriebsgeheimnisse umfassen im Wesentlichen technisches Wissen; Geschäftsgeheimnisse betreffen vornehmlich kaufmännisches Wissen. Geschäftsgeheimnisse sind auf jeden Fall die Umsätze, Ertragslagen, Geschäftsbücher, Kundenlisten, Bezugsquellen, Konditionen, Marktstrategien, Unterlagen zur Kreditwürdigkeit, Kalkulationsunterlagen und sonstige Unterlagen, durch welche die wirtschaftlichen Verhältnisse eines Betriebs maßgeblich bestimmt werden können.[227]

207 Aus Art. 12 Abs. 1 und Art. 14 Abs. 1 GG erwächst ein Anspruch auf **Schutz der Betriebs- und Geschäftsgeheimnisse.**[228] Die Grundrechte gelten mittelbar auch zwischen Privaten. Das Gericht muss diese bei seiner Abwägung, was zur Beweisführung notwendig ist, berücksichtigen. Das Gericht muss zwischen Geheimnisschutz und effektivem Rechtsschutz abwägen.[229]

208 Der Geheimnisschutz wird zwar durch die Verfassung nicht schrankenlos gewährt, da es sich um einen Geheimhaltungsanspruch mit Offenbarungsvorbehalt handelt. Die Offenbarung von Geschäftsgeheimnissen zur Erlangung effektiven Rechtsschutzes ist auf jeden Fall dann verfassungswidrig, wenn die betreffenden Angaben nicht **entscheidungserheblich** sind bzw. die notwendigen Wertungen auch **auf andere Weise** erreicht werden können. Das Gericht muss vor einer Offenbarung der Geheimnisse alle Möglichkeiten alternativer Sachaufklärung ausschöpfen.

209 Dies muss insbesondere gelten, wenn die Offenlegung im Prozess mehr den Interessen des Wettbewerbes dient, denn einer gerechten Urteilsfindung. In einem solchen Fall kann die ebenfalls durch Art. 12 GG geschützte Wettbewerbsfreiheit verletzt sein.
Aufgrund des erheblichen Beweisumfangs, wird dazu geraten, primär den Minderungsanspruch geltend zu machen, bei dem dies nicht notwendig ist.

---

[224] BGH NJW 1987, 909.
[225] *Neuhaus* Rdnr. 1051; *Joachim* BB 1986, Beilage 6 S. 12.
[226] BVerfG NVwZ 2006, 1041; Immenga/Mestmäcker/*Schmidt* § 56 Rdnr. 12.
[227] BVerfG NVwZ 2006, 1041.
[228] BVerfG NVwZ 2006, 1041.
[229] BVerfG NVwZ 2006, 1041.

II. Betriebspflicht

1. Einleitung

Nach dem BGB trifft den Mieter keine Pflicht, seine Mietsache zu nutzen, er hat ein **Gebrauchsrecht**, aber **keine Gebrauchspflicht**.[230] Gesetzlich geregelt ist lediglich, dass der Mieter nicht von seiner Hauptleistungspflicht zur Mietzahlung frei wird, wenn er aus weit verstandenen persönlichen Gründen am Gebrauch gehindert ist, § 537 Abs. 1 BGB.

Dies wird der Interessenslage eines Vermieters bspw. eines Einkaufszentrums nicht gerecht.[231] Kommt es dem Vermieter darauf an, dass sein Objekt für potentielle Konsumenten ein **attraktives Erscheinungsbild** abgibt, muss er dafür Sorge tragen, dass seine Mieter den Kundenwünschen nach Geschäften mit attraktivem Sortiment und langen Öffnungszeiten nachkommen. Tut er dies nicht, sinkt ggf. der Wert seiner Immobilien und die Vermietung anderer Geschäfte bzw. die Nachvermietung des gegenständlichen Geschäfts wird ggf. erheblich erschwert.

Gerade seine(n) **Ankermieter** im Einkaufszentrum wird der Vermieter mit einer Betriebspflicht binden. Im Gegenzug wird er ihm bei den sonstigen Konditionen entgegenkommen.

Die Betriebspflicht kommt bei größeren Einzelhandelsimmobilien, Einkaufszentren und bei ebensolchen Gastronomieimmobilien in Betracht. Aber auch der Vermieter eines Ärztehauses oder einer großen Büroimmobilie kann ein Interesse daran haben, dass bestimmte Ärzte, Anwaltskanzleien, Banken, Institutionen nicht nur mieten, sondern auch betreiben. Geht ein solcher Mieter raus und steht die Immobilie teilweise leer, ist das schlecht fürs **Image** und die **Vermietbarkeit** und damit für die erzielbare Miete.

In der Praxis relevant sind vor allem die Fragen, ob eine Betriebspflicht konkludent vereinbart wurde, wo die Grenzen der AGB-Vereinbarung sind, wie die Zeiten, zu denen das Geschäft zwingend geöffnet sein muss, bestimmt sein müssen, ob der Mieter einen Anspruch auf Vertragsanpassung nach den Vorschriften der WGG hat und was passiert, wenn der Mieter seiner Pflicht nicht nachkommt.

2. Definition

Unter Betriebspflicht[232] versteht man bei der Gewerberaummiete die Verpflichtung des Mieters, die angemieteten Räume während festgelegter oder zumindest bestimmbarer **Öffnungszeiten** bzw. im Objekt üblichen Kernöffnungszeiten zu dem im Mietvertrag festgelegten Gebrauchszweck für das Publikum offen zu halten, persönlich bzw. mit Hilfe von Mitarbeitern **zu betreiben** und ein angemessenes **Waren- und/oder Dienstleistungsangebot** bereitzuhalten.

Eine Betriebspflicht ist in unterschiedlicher Qualität denkbar: Auf der ersten Stufe steht die Pflicht des Mieters, den Laden überhaupt zu betreiben. Diese Pflicht ist in weiteren Stufen erheblich steigerbar bis zur Vorgabe konkreter Sortimentsinhalte, Marken, Öffnungszeiten etc.

3. Vereinbarung

a) Ausdrücklich oder konkludent. Umstritten ist, ob und unter welchen Voraussetzungen von der konkludenten Vereinbarung einer Betriebspflicht ausgegangen werden kann.[233] Bei der Betriebspacht einer voll eingerichteten **Gaststätte** oder eines ebensolchen **Fitnessstudios** soll dies der Fall sein.[234]

Das LG Hannover hat eine konkludente, fast schon vertragsimmanente Gebrauchspflicht des Ankermieters aus der Eigenschaft des „**Schlüsselmieters**" extrahiert.[235] *Eisenschmid* geht

---
[230] BGH NJW 1979, 2351.
[231] *Joachim* NZM 2000, 785.
[232] OLG Dresden NZM 2008, 131.
[233] Lindner-Figura/Oprée/Stellmann/*Wolf* Kap. 13 Rdnr. 132.
[234] RGZ 136, 433; OLG Düsseldorf ZMR 1994, 402.
[235] LG Hannover ZMR 1993, 280; anders LG Lübeck NJW-RR 1993, 78 (keine Betriebspflicht ohne ausdrückliche Vereinbarung).

relativierend davon aus, dass sich aus der Eigenart des Mietobjekts besondere Obhutspflichten ergeben können, die zu einer Gebrauchspflicht erstarken können.[236]

219 Grundsätzlich wird man aber davon ausgehen müssen, dass es der ausdrücklichen vertraglichen Absprache bedarf,[237] wobei der Begriff Betriebspflicht nicht notwendig ist, dies kann sich aus den Umständen ergeben[238] und dass die Anforderungen an das Vorliegen einer **konkludenten** Vereinbarung – wie immer im Geschäftsleben, besonders wenn erhebliche Investitionen und Risiken dahinter stehen – **hoch** anzusetzen sind.[239] Es bedarf tatsächlicher Handlungen der Erklärenden, die mittelbar einen Schluss auf einen die Begründung einer Betriebspflicht gerichteten **Rechtsbindungswillen** zulassen.[240]

220 Hat der Vermieter es versäumt, eine Betriebspflicht ausdrücklich zu vereinbaren, tut er gut daran, sich nicht auf konkludente Erklärungen oder Obhutspflichten zu verlassen, sondern sich nach Alternativen umzusehen und mit dem nicht mehr betreibenden Mieter eine Vertragsaufhebung zu verhandeln.

221 Ob die Vereinbarung einer **Umsatzmiete** konkludent die Betriebspflichtabrede enthält, ist eine Frage der Klausel und des Einzelfalls.[241] Per se ist dies nicht anzunehmen.[242]

222 b) **Formularvertragliche Betriebspflicht.** Eine Betriebspflicht und auch eine Sortimentsbindung[243] können **formularvertraglich** wirksam vereinbart werden.[244] So der Vermieter die Betriebspflicht **nicht** unter „Sonstiges" **versteckt,** ist eine Betriebspflicht gerade in den vorgenannten Immobilien üblich und nicht überraschend.

223 Die Möglichkeit der formularvertraglichen Vereinbarung gilt aber nicht grenzenlos. Bei aller Üblichkeit darf nicht vergessen werden, dass hier von einem Grundgedanken der gesetzlichen Regelung abgewichen wird: § 535 BGB gibt dem Mieter das Gebrauchsrecht und nicht die Gebrauchspflicht. Deshalb muss eine Formularvertragsklausel immer eng ausgelegt werden.

224 Eine formularvertraglich vereinbarte Betriebspflicht soll regelmäßig gem. § 307 BGB unwirksam sein, wenn keine **Ausnahmen** für vorübergehende Betriebseinstellung wegen Betriebsferien, branchenübliche Ruhetage, Inventur oder zur Durchführung erforderlicher Schönheitsreparaturen oder vertraglich vereinbarter Instandhaltungspflichten vorgesehen sind. Die Wirksamkeit der jeweiligen Klausel ist aber immer an dem konkreten Betrieb zu messen, vgl. Öffnungszeiten.

225 Die formularmäßige Auferlegung einer Betriebspflicht ist nicht bereits dadurch unangemessen im Sinne des § 307 BGB, dass das Mietobjekt vom Mieter nicht **rentabel** betrieben werden kann. Selbst erhebliche Verluste sind dem Mieter grundsätzlich zuzumuten. Mangels anderweitiger Vereinbarungen muss der Mieter in der Regel auch ein vollkommen unrentables Geschäft betreiben und dabei „Geld verbrennen."[245]

226 Das **wirtschaftliche Risiko** der Rentabilität des in den Miträumen betriebenen Geschäfts fällt von wenigen Ausnahmen abgesehen, grundsätzlich in die **Risikosphäre** des **Mieters.** Der Vermieter trägt das Risiko der Vermietbarkeit der Mietsache – und daran trägt er u. U. schwer genug.[246] Das Risiko in den angemieteten Räumen Gewinne zu erzielen, trägt der Mieter.[247] Hiervon weicht die Rechtsprechung[248] nur dann ab, wenn die Parteien ausdrück-

---

[236] Schmidt-Futterer/*Eisenschmid* § 535 Rdnr. 218.
[237] BGH NJW 1979, 2351.
[238] *Jendrek* NZM 2000, 526.
[239] *Lindner-Figura* NZM 1999, 492.
[240] Palandt/*Heinrichs* § 116 Rdnr. 6.
[241] *Wolf/Eckert/Ball* Rdnr. 650.
[242] BGH NJW 1979, 2351: Schmidt-Futterer/*Eisenschmid* § 535 Rdnr. 221; MünchKomm/*Häublein* § 535 Rdnr. 167.
[243] OLG Schleswig NZM 2000, 1008; OLG Hamburg Urt. v. 3. 4. 2002 – 4 U 236/01 – BeckRS 2002 30250729; OLG Rostock NZM 2004, 460.
[244] BGH NJW-RR 1992, 1032; KG Berlin MDR 2004, 84; OLG Schleswig NZM 2000, 1008; OLG Düsseldorf NJW-RR 1999, 305; *Jendrek* NZM 2000, 526; *Michalski* ZMR 1996, 527; *Gather* GE 2001, 540.
[245] OLG Düsseldorf GE 2004, 296.
[246] BGH NJW 2000, 1714; NJW-RR 2000, 1535.
[247] OLG München ZMR 1995, 295; BGH NJW 1987, 2390.
[248] BGH NJW-RR 2000, 1535.

lich etwas anderes vereinbart haben, der Vermieter mit einer kombinierten **Mindest-/Umsatzmiete** direkt vom Erfolg des Mieters profitiert oder der Vermieter **Aufgaben** und damit **Risiken** übernimmt, die weit über seine eigentliche Vermieterstellung hinausgehen.

Letzteres ist dann anzunehmen, wenn das einzelne Geschäft des Mieters sich seinem äußeren Erscheinungsbild als natürlicher Teil einer Anlage darstellt und darstellen muss.[249] Wenn der Vermieter den Mieter in seinen unternehmerischen Entscheidungen über das übliche Maß hinaus einschränkt, soll er auch das korrelierende Risiko mittragen und dies nicht alleine dem Mieter überlassen. Der Vermieter ist demnach dann an den geschäftlichen Risiken des Mieters zu beteiligen, wenn er durch die Begründung eines Gesamtkonzeptes, in das die einzelnen Mieter finanziell und mit Betriebspflichten vertraglich eingebunden werden, eine **Gesamtverkaufsstrategie** entwickelt, mit welcher er über die übliche Verwaltung und Koordinierung eines Einkaufszentrums hinaus ein **eigenes unternehmerisches Risiko** für alle Einzelgeschäfte übernimmt.

> **Praxistipp:**
> Dem Vermieter ist zu empfehlen, die Regelungen zur Betriebspflicht, zur Sortimentsbindung und zum Konkurrenzschutz **individualvertraglich** zu vereinbaren bzw. individualvertraglich bestätigen zu lassen.[250]

4. Streitpunkt Öffnungszeiten

Ein ausgewogener, stets aktueller Branchenmix und einheitliche, **am Kundenwunsch ausgerichtete Ladenöffnungszeiten** sind ein „dynamisches Doppel" und zugleich wichtige „Stellschrauben" für ein am Markt erfolgreiches Einkaufszentrum.[251]

In der Regel verpflichtet der Vermieter seine Mieter, ihren Betrieb innerhalb bestimmter Zeiten geöffnet zu halten. Hier gibt es verschiedene Gestaltungsmöglichkeiten. Denkbar sind sowohl **genau festgelegte** Zeiten, als auch die **Bezugnahme** auf die jeweiligen landes- oder ortsrechtlichen Bestimmungen in Form von **statischen** oder **dynamischen** Verweisungen. Letztlich wird so die Akzeptanz des Centers nicht primär zu Gunsten des Vermieters erhöht. Vor allem **auch die Mieter profitieren** von einheitlichen Öffnungszeiten, weil Besucher und Kunden durch einheitlich zur Verfügung stehende Angebote – bezogen auf das ganze im Center angebotene Warensortiment – angezogen werden.

Ob die Öffnungszeitenregelung im Formularvertrag der Generalklausel des § 307 BGB genügt, muss in jedem Einzelfall gesondert beantwortet werden. Hier kommt dem Gebot der **Transparenz** und der **Eindeutigkeit** der Klausel besondere Bedeutung zu. Es sind die Interessen beider Parteien unter Berücksichtigung der Anschauungen der beteiligten Verkehrskreise umfassend zu würdigen.

Die Regelungen müssen aus sich heraus verständlich und klar sein, § 307 Abs. 1 S. 2 BGB. Daher müssen auch die **wirtschaftlichen Auswirkungen** der jeweiligen vertraglichen Regelungen einem durchschnittlich vorgebildeten Vertragspartner hinreichend erkennbar sein.[252]

Die **einfache Bezugnahme auf die gesetzlichen Öffnungszeiten** soll nach wie vor zulässig sein.[253] Ob dies auch dann noch gilt, wenn die nunmehr landesrechtlich geregelten Ladenöffnungszeiten **vollständig entfallen** sollten, ist noch offen. Zumindest bei dynamischen Klauseln in Altverträgen ist dies stark zu bezweifeln. Ein Mieter, der mit gewissen betriebsfreien Zeiten rechnen durfte und der zu einem 24-Stunden-Betrieb organisatorisch und ökonomisch nicht in der Lage ist, musste in der Regel nicht damit rechnen, dass er hierzu einmal herangezogen wird.

---

[249] BGH NJW-RR 2000, 1535.
[250] Zum Streitpunkt, ob sich Betriebspflicht, Sortimentsbindung und Konkurrenzschutz zusammen vertragen, siehe oben unter der Überschrift „Konkurrenzschutz, Betriebspflicht und Sortimentsbindung".
[251] *Joachim* NZM 2008, 316.
[252] BGH NJW 2006, 996.
[253] BGH BeckRS 2007, 01 185 = ZMR 2007, 187.

233 Solange wie es ein Bundesladenschlussgesetz gab, sollte die vertragliche Anknüpfung an die „Ladenöffnungszeiten" verständlich genug sein.[254] Die Festlegung, was unter Ladenöffnungszeiten zu verstehen ist, kann durch **Auslegung** getroffen werden. Möglich sollen die im Einkaufszentrum üblichen sein. Denkbar sollen auch die in der näheren Umgebung oder die für die Branche üblichen sein. In der Regel werden die nach dem Bundesladenschlussgesetz zulässigen Öffnungszeiten gemeint sein.[255]

234 Die Auslegung als „gesetzliche Ladenschlusszeiten" ist aufgrund der gesetzgeberischen Tätigkeit aber schwerer geworden. Mit der **Föderalismusreform** ist der Ladenschluss Ländersache geworden. Was ist denn ortsüblich, wenn der Verwender der AGB in einem anderen Bundesland sitzt, als die Mietsache beheimatet ist und gleichlautende Klauseln im ganzen Bundesgebiet nutzt? Ganz abgesehen davon, dass es sich dann um eine dynamische und nicht nur um eine statische Verweisung auf die bei Abschluss des Vertrags geltenden gesetzlichen Öffnungszeiten handeln muss und der **BGH** bei nicht eindeutig dynamisch formulierten Klauseln **zur statischen Verweisungen tendiert**. Unter Beachtung von § 305c Abs. 2 BGB sollen nicht eindeutig dynamische Klauseln im Zweifel dahin auszulegen sein, dass die Regelung die im Zeitpunkt des Vertragsschlusses geltende Gesetzeslage in Bezug nimmt.[256] Anders das OLG Celle,[257] das die Klausel zu den „gesetzlichen Ladenöffnungszeiten geöffnet zu halten und zu betreiben", **dynamisch interpretierte** und mit dem **fehlenden Vertrauensschutz des Mieters** begründete, da das dahingehende und anzuerkennende Vermieterinteresse bei Vertragsabschluss erkennbar war, das Mietlokal möglichst lange geöffnet zu halten.

235 Ob damit im Ergebnis der simple Verweis auf „die Ladenöffnungszeiten" auch weiterhin genügt, damit dem Vertragspartner seine Rechte und Pflichten, insbesondere seine wirtschaftlichen Nachteile und Belastungen möglichst erkennbar sind, darf bezweifelt werden. Die ein oder andere alte Betriebspflichtklausel mit Öffnungszeiten-Vorgabe aus der Zeit in der die Öffnung bundesweit einheitlich bis max. 20 Uhr vorgegeben war, dürfte manchem Vermieter eines weniger erfolgreichen Einkaufszentrums Sorge bereiten.

> **Praxistipp:**
> Der Vermieter möchte die Öffnungszeiten oft nach seinem billigen Ermessen festlegen können, §§ 315 BGB,, oder dies soll die Werbegemeinschaft erledigen, § 317 BGB. Angesichts des Transparenzgebotes, § 307 BGB bei der Klauselerstellung berücksichtigt werden, wie das Bestimmungsrecht des Vermieters konkretisiert werden kann. Die Leistungsbestimmung selbst muss ebenfalls billigen Ermessen unterliegen. Die häufig genutzten Formulierungen wie „Ladenöffnungszeiten" oder „gesetzliche Ladenöffnungszeiten" könnten sich ohne Erläuterungen als intransparent herausstellen. Es muss mindestens klar gestellt werden, an welche Vorgaben man sich binden will und **was bei** zu erwartenden **Änderungen passiert**. Der Vermieter, der sicher gehen will, wird eine hinreichend bestimmte Generalklausel verwenden, die eine Überforderung des Mieters durch die geänderten Öffnungszeiten ausschließt.

236 Der **BGH** hatte einen Fall zu entscheiden, indem unterschiedliche Klauseln bei den „großen" und den „kleinen" Mietern den falschen Eindruckt erweckten, dass die Mieter Einfluss auf die Öffnungszeiten nehmen konnten. In Wirklichkeit hatte sich der Vermieter so abgesichert, dass er dies nach billigem Ermessen bestimmen konnte. Kann der Vermieter von Gewerbeflächen in einem Einkaufszentrum auf der Grundlage eines mietvertraglichen Vorbehalts gegenüber der überwiegenden Mehrzahl der Ladenmieter einseitig eine Ausweitung der Betriebspflicht bestimmen, vorliegend die Öffnung an Samstagen, ist eine in nur wenigen Mietverträgen ohne solchen Vorbehalt befindliche Klausel, wonach es für den Umfang der Betriebspflicht darauf ankommt, wie lange „die überwiegende Mehrzahl aller Mie-

---

[254] OLG Düsseldorf NJW-RR 1997, 648.
[255] Schmidt-Futterer/*Eisenschmid* § 535 Rdnr. 222.
[256] BGH ZMR 2007, 187 – „gesetzlichen Bestimmungen" statt „jeweils gültigen ...".
[257] OLG Celle NJW-RR 1996, 585.

ter ihre Geschäfte offenhält", **intransparent** i. S. von § 307 Abs. 1 S. 2 BGB. Die Klausel erweckt den – unzutreffenden – Eindruck, die konkreten Öffnungszeiten bestimmten sich nach dem Mehrheitsverhalten der Mieter statt tatsächlich nach der einseitigen Festlegung des Vermieters.[258]

> **Praxistipp:**
> Eine sorgfältige Mietvertragsgestaltung vermeidet ungenaue Formulierungen wie solche des BGH-Ausgangsfalls: Was ist eine „überwiegende Anzahl" – 51%, 66% oder 75% der Mieter? Will der Vermieter auf die Mehrheit der Mieter abstellen, empfiehlt sich, das Prinzip der doppelten Mehrheit. Die Mehrheit muss bezogen auf die Zahl der „Köpfe" und auf die Fläche nach Quadratmetern Mietfläche erreicht werden.

Nur in wenigen Ausnahmefällen ist denkbar, dass ein Verlangen, vereinbarte Betriebspflichten bzw. Öffnungszeiten einzuhalten, **treuwidrig** ist. Beispielsweise kann dies in Betracht kommen, wenn andere Mieter nicht mehr vorhanden sind, das Center durch Schließungen an Kundenakzeptanz bereits unwiederbringlich verloren hat oder das Gebäude geschlossen oder gar abgerissen werden soll. 237

Ob die **Untersagung zeitweiser Schließungen** z. B. aus Anlass von Mittagspausen, Ruhetagen, Betriebsferien, Inventuren etc. durch Formularklausel zulässig ist oder nicht, musste der BGH bisher nicht entscheiden. Es wird vertreten,[259] dass eine Formularklausel regelmäßig gem. § 307 BGB unwirksam sein muss, wenn der Mieter durch sie gehindert wird, eine vorübergehende Betriebseinstellung wegen Betriebsferien, branchenüblichen Ruhetagen, Inventur oder zur Durchführung erforderlicher Schönheitsreparaturen[260] oder vertraglich vereinbarter Instandhaltungspflichten vorzunehmen.[261] Ausnahmen sollen dann denkbar sein, wenn die vertraglichen Vereinbarungen erkennen lassen, dass die Pflicht zur dauerhaften Öffnung des Betriebes Niederschlag in der Miete gefunden hat.[262] Der Umstand allein, dass der Mieter einen Laden in einem Einkaufszentrum gemietet hat, soll eine vorübergehende Betriebseinstellung aus vorgenannten Gründen nicht ausschließen.[263] 238

Dies lässt sich grundsätzlich hören, allerdings müssen die individuellen Umstände des jeweiligen Geschäfts berücksichtigt werden. Das OLG Sachsen-Anhalt[264] hatte über die formularmäßig für einen **Lebensmittel-Discounter** in einem Einkaufszentrum geregelte Offenhaltungspflicht zu entscheiden. Danach waren zeitweilige Schließungen wegen „Mittagspause, Ruhetagen, Betriebsferien" untersagt. Das OLG hat einen Verstoß gegen § 307 Abs. 1 Satz 1 BGB abgelehnt, da – auch mit Rücksicht auf die Interessen der betroffenen Verkehrskreise – die Einlegung einer Mittagspause sämtlicher Mitarbeiter eines Lebensmittel-Discounters in einem Einkaufscenter ebenso wenig branchentypisch und der Verkehrssitte entsprechend ist, wie die Schließung aufgrund von Betriebsferien oder eines Ruhetages. 239

5. Anpassen der Betriebspflicht wegen Störung der Geschäftsgrundlage

Die Betriebspflicht stellt u. U. eine gleich **mehrfache wirtschaftliche Belastung** für den Mieter dar.[265] Die Mietzahlungspflicht besteht ohnehin. Aber aufgrund der Betriebspflicht darf der Mieter seinen Laden nicht schließen oder reduzieren, so dass er bspw. weiter Personal vorhalten muss. Er darf gerade in Einkaufszentren, Outlets u. ä. oft sein Sortiment nicht verändern. Im Ergebnis muss der Mieter seinen Laden betreiben und in wirtschaftlich 240

---

[258] BGH NJW 2007, 2176.
[259] Schmidt-Futterer/*Eisenschmid* § 535 Rdnr. 222.
[260] OLG Düsseldorf NZM 1999, 124.
[261] *Hamann* ZMR 2001, 581.
[262] Schmidt-Futterer/*Eisenschmid* § 535 Rdnr. 222; *Hamann* ZMR 2001, 581.
[263] Schmidt-Futterer/*Eisenschmid* § 535 Rdnr. 222; a. A. *Hamann* ZMR 2001, 581.
[264] OLG Sachsen-Anhalt NZM 2008, 772.
[265] BGH ZMR 1993, 57.

schlechten Zeiten die **Verluste so lange ertragen, bis er insolvent ist.** Da liegt der Gedanke nach Vertragsanpassung nahe.

241 Es kommt auf die vertragliche Regelung an, wie das **Verwendungs-** und **Gewinnerzielungsrisiko** zwischen den Parteien verteilt ist, ob der Mieter sich auf einen Wegfall der Geschäftsgrundlage berufen kann, die die Anpassung des Vertrags, vorliegend das Entfallen oder die Modifikation der Betriebspflicht, zur Folge hätte. Allerdings wird selbst infolge einer massiven Mieterflucht in der Regel die Geschäftsgrundlage für die Betriebspflicht nicht entfallen.[266]

242 An der vorgenannten im Gewerberaummietrecht **typischen Risikoverteilung** ändert sich dadurch nichts, dass das vermietete Geschäft in einem **Einkaufszentrum** liegt und nicht nur der Mieter, sondern auch der Vermieter erwartet hat, die notwendige geschäftsbelebende Funktion des Einkaufszentrums werde verwirklicht werden können.[267] Allein der Umstand, dass auch der Vermieter von einem wirtschaftlichen Erfolg des Projekts ausgegangen ist, verlagert das Verwendungs- und Gewinnerzielungsrisiko für das einzelne gemietete Geschäft nicht auf den Vermieter.

Ist es bei der üblichen Risikoverteilung geblieben, ist für einen Wegfall der Geschäftsgrundlage kein Raum. Die Betriebspflicht hat Bestand.[268]

243 Es darf nicht vergessen werden, dass die Sortimentsbindung zwar in Verlustphasen die negative Wirkung der Betriebspflicht verstärkt – gleichzeitig ist die Sortimentsbindung gerade in Einkaufszentren und Outlet Centern in der sonstigen Zeit aber eine wesentliche Stütze des wirtschaftlichen Erfolgs für ein Geschäft. Der Vermieter in Einkaufszentren wird seinen Mietern in der Regel zwar keinen **Konkurrenzschutz** gewähren, die **Sortimentsbindung hat aber letztlich oft den gleichen Effekt.**

6. Ansprüche des Vermieters bei Verstoß gegen Betriebspflicht

244 Der Vermieter hat zunächst einen **Erfüllungsanspruch,** den er mit der einstweiligen Verfügung (s.u.) geltend machen kann. Neben den Erfüllungsanspruch treten **Schadensersatzansprüche** des Vermieters gem. § 280 BGB wegen der Begleitschäden.

245 Kommt der Mieter der Betriebspflicht nicht nach, lässt dies den Anspruch des Vermieters auf Mietzahlung unberührt, § 537 BGB. Ist eine **Umsatzmiete** vereinbart, schuldet der Mieter dass, was bei ordnungsgemäßer Erfüllung der Betriebspflicht hätte gezahlt werden müssen.

Im Übrigen kann der Vermieter nach Abmahnung **fristlos kündigen,** §§ 543 Abs. 1, 3 BGB,[269] und einen Schadensersatzanspruch statt der Leistung, §§ 280, 281 BGB, geltend machen.

7. Prozessuales/Einstweilige Verfügung

246 Der Vermieter kann den Mieter gerichtlich auf Betrieb des Ladens in Anspruch nehmen. Ob eine einstweilige Verfügung zur Durchsetzung der Betriebspflicht zulässig ist, ist umstritten, nach richtiger Auffassung aber anzunehmen – solange der Mieter nicht insolvent ist. Gegen die Zulässigkeit wird angeführt, dass die Umsetzung der Betriebspflicht nicht nur vom Mieter, sondern auch von dessen Mitarbeitern und Lieferanten abhängig sei, so dass die einstweilige Verfügung **nicht vollstreckbar** wäre, § 888 ZPO. Da dies aber in der Regel **nur** im Falle der **Insolvenz** des Mieters ein Problem ist,[270] steht dies der Zulässigkeit nicht im Wege.[271]

247 Der **Verfügungsanspruch** ergibt sich aus der Vereinbarung der Betriebspflicht im Mietvertrag. Der **Verfügungsgrund** muss vom Vermieter umfangreicher dargelegt werden. Der Vermieter muss darlegen, dass ihm ein Zuwarten auf die Entscheidung im Hauptverfahren aufgrund der zu erwartenden **Folgereaktionen** der anderen Mieter unzumutbar ist.

---

[266] OLG Sachsen-Anhalt 9 U 18/08, 15. 7. 2008.
[267] BGH NZM 2000, 492; NZM 2000, 1005.
[268] BGH NJW 2000, 1714; OLG Düsseldorf DWW 2006, 103; OLG Rostock NZM 2004, 460.
[269] OLG Celle NJW-RR 1996, 585; OLG Düsseldorf NJWE-MietR 1997, 177.
[270] OLG Thüringen OLG-NL 2005, 256; LG Köln NZM 2005, 621.
[271] OLG Celle NJW-RR 1996, 585; OLG Düsseldorf NJWE-MietR 1997, 155 (L); Lindner-Figura/Oprée/Stellmann/Wolf Kap. 13, Rdnr. 148; KG Berlin NZM 2005, 621.

248 Der Vermieter muss den Mieter zunächst **abmahnen** und zur Fortsetzung seines Geschäfts auffordern. Macht der Mieter keine offensichtlichen Anstalten, der Aufforderung nachzukommen, darf der Vermieter sich mit der einstweiligen Verfügung nicht zu viel Zeit lassen, da er sonst zeigt, dass ihm die Sache selbst nicht eilig ist. Als Faustregel kann man hier von **4 Wochen** ausgehen – wenn keine sonstigen Sachgründe für ein längeres Zuwarten ersichtlich sind.

249 Wird ihm die einstweilige Verfügung versagt, kann der Vermieter **Beschwerde** einlegen.

Hat der Vermieter die einstweilige Verfügung bekommen, muss er diese innerhalb eines Monats dem Mieter durch den Gerichtsvollzieher zustellen lassen, §§ 936, 922, 928, 929 Abs. 2, 192 ZPO. Wird dem Vermieter die einstweilige Verfügung auf der Geschäftsstelle ausgehändigt, § 173 ZPO, was oft vorkommt, setzt das die Frist bereits in Lauf.[272]

250 Bei der Pflicht zum Betrieb des Geschäfts handelt es sich um eine **nicht vertretbare Handlung** gem. § 888 ZPO. Das Zwangsmittel muss hier in der einstweiligen Verfügung nicht angedroht werden, § 888 Abs. 2 ZPO. Kommt der Mieter der Betriebspflicht auch nach Zustellung der einstweiligen Verfügung nicht nach, muss der Vermieter die Vollstreckung der einstweiligen Verfügung beim gleichen Gericht wie die einstweilige Verfügung selbst beantragen, § 888 ZPO (**Antrag** auf **Festsetzung** von **Zwangsmitteln**). Der Antrag muss möglichst genau darlegen, was der Mieter tun soll.[273] Das Gericht hört den Mieter an und entscheidet durch Zwangsgeld- oder Zwangshaftbeschluss, §§ 888, 891 ZPO. Die Anhörung kann in einer mündlichen Verhandlung oder durch Gelegenheit zur schriftlichen Äußerung erfolgen. Die Entscheidung hängt nicht davon ab, dass der Schuldner sich geäußert hat.[274] Ob der Antrag ebenfalls innerhalb eines Monats nach der Zustellung der einstweiligen Verfügung an den Mieter erfolgen muss oder ob die rechtzeitige Zustellung ausreicht, ist umstritten.[275] Das Gesetz bestimmt nicht, was unter Vollziehung einer einstweiligen Verfügung zu verstehen ist. Die jeweils vorzunehmenden Vollstreckungsakte richten sich nach dem Inhalt der einstweiligen Verfügung.[276] Für die Erforderlichkeit der Antragstellung spricht, dass in der einstweiligen Verfügung das Zwangsmittel noch nicht angedroht wurde, sich der Wille des Vermieters, die Betriebspflicht durchzusetzen, also erst aus dem Zwangsmittelantrag ergibt. Auf jeden Fall genügt es, den Antrag auf Festsetzung der Zwangsmittel innerhalb der Frist zu stellen, über den Antrag muss nicht innerhalb der Frist entschieden werden und die Vollziehung muss nicht innerhalb des Monats beendet sein. Die Vollziehung darf danach weiter und zu Ende geführt werden.[277]

251 Der sicherste Weg ist es, davon auszugehen, dass die Vollziehung die Zustellung und den Vollstreckungsantrag innerhalb der Monatsfrist braucht.

252 Der stattgebende Beschluss ist Vollstreckungstitel nach § 794 Abs. 1 Nr. 3 ZPO. Er bedarf der Vollstreckungsklausel, § 724 ZPO. Das Zwangsgeld steht der Staatskasse zu. Folglich muss in einem PfÜB angegeben werden, dass die Zahlung an die Gerichtskasse unter Angabe des Aktenzeichens des Zwangsgeldbeschlusses zu erfolgen hat.

Praxistipp:

Oft wird die Angelegenheit im einstweiligen Verfügungsverfahren endgültig geklärt. Ob die Betriebspflicht wirksam vereinbart wurde, ist vor allem eine Rechtsfrage. Diese wird im einstweiligen Verfügungsverfahren nicht anders behandelt als im Hauptsacheverfahren. Außerdem entscheiden in beiden Verfahren die gleichen Gerichte und somit im Zweifel die gleichen Kammern. Die Einleitung des Hauptsacheverfahrens macht daher für die unterlegene Partei nur dann Sinn, wenn der Streit um Tatsachen und nicht um Rechtsfragen ging und die Tatsachen beim Vollbeweis anders zu beurteilen wären.

---

[272] Musielack/*Huber* § 929 Rdnr. 4.
[273] OLG Hamm NJW-RR 1997, 959.
[274] Musielack/*Lackmann* § 888 Rdnr. 15.
[275] Nicht erforderlich: OLG München MDR 2003, 53; erforderlich: *Musielack* ZPO § 936 Rdnr. 5 m.w.N.
[276] OLG Hamm NJW-RR 1993, 959.
[277] MüKo ZPO/*Drescher* § 929 Rdnr. 9.

8. Abschnitt. Haftung und Gewährleistung

§ 56 Haftung

Übersicht

	Rdnr.
I. Mieterhaftung	1–91
1. Haftung aus Verschulden bei Vertragsverhandlungen	2–15
a) Haftung wegen grundlosen Abbruchs der Vertragsverhandlungen	3–6
b) Haftung wegen Verletzung von Aufklärungspflichten	7–9
c) Haftung wegen unrichtiger Angaben	10–14
d) Rechtsfolgen der schuldhaften Verletzung vorvertraglicher Pflichten	15
2. Haftung während des Mietgebrauchs	16–62
a) Verletzung von Hauptleistungspflichten	17–20
b) Verletzung von Nebenpflichten	21–52
c) Vertragswidriger Gebrauch	53–62
3. Haftung bei bzw. nach Beendigung des Mietverhältnisses	63–87
a) Schäden an der Mietsache	63–69
b) Schönheitsreparaturen	70–76
c) Verspätete Wohnungs- und Schlüsselrückgabe	77–82
d) Verjährung	83–87
4. Haftung des Mieters für Dritte	88–91
II. Vermieterhaftung	92–147
1. Gebrauchsüberlassung	92–99
a) Besitzeinräumung	92
b) Zeitpunkt der Überlassung	93/94
c) Schlüsselübergabe	95
d) Vertragsgemäßer Zustand der Mietsache bei Übergabe	96–99
2. Gebrauchsgewährung	100–118
a) Inhalt und Grenzen der Gebrauchsgewährungspflicht	100–102
b) wesentlicher Inhalt	103–105
c) Versorgungsleistungen	106–113
d) Abwehr von Immissionen	114
e) Fürsorge- und Treuepflichten	115/116
f) Konkurrenzschutz	117/118
3. Leistungsstörungen	119–140
a) Garantiehaftung des Vermieters	120–122
b) Haftung für Erfüllungsgehilfen	123
c) Schutzwirkung zu Gunsten Dritter	124/125
d) Unmöglichkeit	126–132
e) Verzug	133–135
f) pVV/c.i.c.	136–140
4. Haftungsausschlüsse	141

I. Mieterhaftung

1   Der Mieter ist neben den gesetzlichen und den von der Rechtsprechung entwickelten Haftungstatbeständen weiteren Pflichten und Haftungen ausgesetzt, die sich aus zusätzlichen bzw. von der gesetzlichen Regelung abweichenden **vertraglichen Vereinbarungen** ergeben können. Eine optimale Mandatsbetreuung sowohl aus Vermieter- als auch aus Mietersicht setzt voraus, dass der Anwalt bereits bei Annahme des Mandates den Sachverhalt genau analysiert und rechtlich zutreffend einordnet, um mit Erfolg eine Haftung des Mieters herzuleiten oder aber eine Inanspruchnahme durch den Vermieter abwehren zu können. Hierbei sind entsprechend der Chronologie eines Mietvertragsverhältnisses folgende Haftungsmöglichkeiten zu unterscheiden:

1. Haftung aus Verschulden bei Vertragsverhandlungen

Auch schon im Vorfeld eines Vertragsschlusses bestehen zwischen den Parteien Pflichten, deren schuldhafte Verletzung zu einem Schadenersatzanspruch führen kann. Die c.i.c.-Haftung ist mit der Schuldrechtsreform gesetzlich normiert worden durch § 311 Abs. 2 BGB iVm. § 241 Abs. 2 BGB. Anspruchsgrundlage für den Schadenersatz wegen Verletzung vorvertraglicher Pflichten ist § 280 Abs. 1 BGB. Eine Haftung des Mieters aus Verschulden bei Vertragsverhandlungen kann in folgenden Fallgruppen in Betracht kommen:

a) **Haftung wegen grundlosen Abbruchs der Vertragsverhandlungen.** Grundsätzlich hat jeder Verhandlungspartner das Recht, von einem Vertragsabschluss Abstand zu nehmen, ohne sich hierdurch gegenüber dem anderen schadenersatzpflichtig zu machen.[1] In der Regel zeigen die Parteien ihren Bindungswillen erst durch den Abschluss des Vertrages. Schließlich wissen die Parteien bei der Verhandlung längerfristiger Mietverträge, dass diese nach §§ 550, 578 Abs. 2 S. 1 BGB der gesetzlichen Schriftform bedürfen.

Deshalb sind Ansprüche des Vermieters nur ausnahmsweise denkbar, wenn:
- der Vertragsschluss nach dem Verhandlungsstand als sicher anzusehen war, d.h. der Vermieter auf Grund des Verhaltens des Mieters darauf **vertrauen** konnte und durfte, es werde mit Sicherheit zum Abschluss des Mietvertrages kommen,
- der Vermieter im Hinblick hierauf **Aufwendungen** zur Durchführung des Vertrages vor dessen Abschluss gemacht hat
- und der Mieter den Vertragschluss **ohne triftigen Grund** ablehnt.[2]

Nach der Entscheidung des BGH vom 29.3.1996[3] für den Bereich der beurkundungspflichtigen Rechtsgeschäfte (§ 311b BGB) soll eine Schadenersatzpflicht sogar nur dann in Betracht kommen, wenn das Verhalten des in Anspruch Genommenen sich als **besonders schwerwiegender Treuverstoß** darstellt. Dies sei in der Regel nur eine **vorsätzliche Treupflichtverletzung**, z.B. das Vorspiegeln tatsächlich nicht vorhandener Abschlussbereitschaft. Diese Wertung lässt sich ohne weiteres auf die typischen Fäll der Geschäftsraummiete übertragen:

Bedarf der Mietvertrag nach §§ 550, 578 Abs. 2 S. 1 BGB der gesetzlichen Schriftform oder haben die Verhandlungspartner durch ihr Verhalten dokumentiert, dass sie unbedingt nur einen schriftlichen Vertrag abschließen wollen, müssen sie grundsätzlich davon ausgehen, dass es **vor Unterzeichnung** des Mietvertrages **kein Vertrauen** in den Mietvertragsabschluss geben kann.[4] Daraus folgt für die absolute Mehrzahl der Fälle der Geschäftsraummiete: Verhandeln die Vertragsparteien über einen Mietvertrag, der länger als ein Jahr laufen soll (§§ 550, 578 Abs. 2 S. 1 BGB) oder wollen sie den Mietvertrag schriftlich abschließen, kommt eine Haftung wegen Abbruchs der Vertragsverhandlungen grundsätzlich nur bei vorsätzlich pflichtwidrigem Verhalten in Betracht.[5]

> **Praxistipp:**
> Unter Berücksichtigung der BGH-Rechtsprechung ist eine Haftung des Mieterinteressenten wegen grundlosen Abbruchs der Vertragsverhandlungen nur ausnahmsweise anzunehmen.

b) **Haftung wegen Verletzung von Aufklärungspflichten.** Seitens des Mieters können schon während der Vertragsverhandlungen **Aufklärungs- bzw. Offenbarungspflichten** bestehen, wenn ihm Umstände bekannt sind, die den Vertragszweck gefährden und wesentlichen Einfluss auf die Entscheidung des Vermieters haben können. Solche Umstände sind vom Mieter ungefragt zu offenbaren, wenn der Vermieter nach Treu und Glauben Aufklä-

---
[1] BGH NJW-RR 1989, 627; BGH NJW 1996, 1884, 1885.
[2] BGH NJW 1996, 1884; Schmidt-Futterer/*Blank* § 535 Rdnr. 19 ff.
[3] BGH NJW 1996, 1884.
[4] Lindner-Figura/Oprée/Stellmann/*Stellmann* Kap. 4 Rdnr. 32.
[5] Bub/Treier/*Heile* II. Rdnr. 797.

rung erwarten darf. Entscheidend für die Bejahung solcher Pflichten ist das objektive Interesse des Vermieters an der Kenntnis der Umstände. Je weniger die Umstände die berechtigten Hauptinteressen des Vermieters, insbesondere das Interesse an sicheren Mietzinseinnahmen, beeinflussen, desto eher ist eine Aufklärungspflicht zu verneinen.[6]

8   Ist eine vorvertragliche Aufklärungspflicht zu bejahen, und wird die Pflicht vom Mieter schuldhaft verletzt, führt dies gemäß §§ 311 Abs. 2, 241 Abs. 2, 280 Abs. 1 BGB zur Haftung und zum Schadenersatz wegen Verschuldens bei Vertragsschluss.[7]

> **Praxistipp:**
>
> 9   Der Mieter ist zur ungefragten Offenbarung von bestimmten Umständen in der Regel nur verpflichtet, wenn objektive und berechtigte Hauptinteressen des Vermieters an der Kenntnis der Umstände berührt sind.

10 c) **Haftung wegen unrichtiger Angaben.** In aller Regel wird vom Mieter verlangt, dass er zu bestimmten Fragen **Selbstauskünfte** erteilt. Häufig geschieht dies in Form von Fragebögen. Soweit der Vermieter den Mietinteressenten zu bestimmten Umständen ausdrücklich befragt, gibt er hiermit zu erkennen, dass es ihm auf die Antworten für den Vertragsabschluss ankommt. Damit der Vermieter sich gegebenenfalls hierauf berufen kann, empfiehlt es sich allerdings, die nachgefragten Umstände als Vereinbarung im schriftlichen Mietvertrag aufzunehmen.[8]

11 Die Fragen muss der Mieter jedenfalls dann wahrheitsgemäß beantworten, wenn:
- die nachgefragten Umstände bei **objektiver Würdigung** der Umstände für den Abschluss des Vertrages **wesentlich** sind
- und die Umstände vom Vermieter erfragt werden **durften**.[9]

Beispielsweise muss der Vermieter auf entsprechende Frage wahrheitsgemäß Auskunft geben über bisher in den fraglichen Räumen erzielten Umsätze oder Erträge früherer Mieter.[10]

12 **Unzulässige Fragen** braucht der Mieter jedoch nicht zu beantworten. Die insoweit maßgebliche Schranke liegt im Recht des Befragten auf „informationelle Selbstbestimmung" (Art. 2 Abs. 1, Art. 1 Abs. 1 GG). Dieser Themenkreis spielt bei der Geschäftsraummiete keine nennenswerte Rolle.[11]

13 Die **unwahrheitsgemäße Beantwortung** unzulässiger Fragen haben keine nachteiligen Rechtsfolgen für den Mieter. Selbst wenn zulässige Fragen falsch beantwortet werden, führt dies nicht zwangsläufig zu Konsequenzen, wenn sich nach Beginn des Mietverhältnisses keine relevante Verletzung der Interessen des Vermieters in Bezug auf die gestellte Frage zeigt.[12]

> **Praxistipp:**
>
> 14 Nur wenn zulässige Fragen vom Mieter schuldhaft falsch beantwortet werden und sich hierdurch eine relevante Verletzung der Interessen des Vermieters ergibt, kann eine c. i. c.-Haftung in Betracht kommen.

15 d) **Rechtsfolgen der schuldhaften Verletzung vorvertraglicher Pflichten.** Neben der Anfechtbarkeit des Mietvertrages gemäß §§ 119, 123 BGB bis zum Vertragsbeginn und der

---

[6] BVerfG WuM 1991, 463, 464; *Sternel* I Rdnr. 256, 260 ff.
[7] LG Karlsruhe WuM 1998, 479.
[8] LG Stuttgart NJW-RR 1992, 1360.
[9] AG Rendsburg WuM 1990, 507, 508; AG Hamburg WuM 1992, 598; AG Bonn WuM 1992, 597; AG Miesbach WuM 1987, 379; LG Itzehoe WuM 2008, 281; OLG Koblenz WuM 2008, 471.
[10] Lindner-Figura/Oprée/*Stellmann* Kap. 4 Rdnr. 26.
[11] Lindner-Figura/Oprée/*Stellmann* Kap. 4 Rdnr. 27.
[12] Vgl. LG Ravensburg WuM 1984, 299.

Kündbarkeit gemäß § 543 Abs. 1 BGB nach Vertragsbeginn können sich **Schadenersatzansprüche des Vermieters** gemäß §§ 311 Abs. 2, 241 Abs. 2, 280 Abs. 1 BGB ergeben, wenn und soweit durch die Pflichtverletzung ein Schaden entstanden ist, der nicht durch andere Anspruchsgrundlagen abgedeckt ist.[13]

2. Haftung während des Mietgebrauchs

Bei der Haftung des Mieters während des Mietgebrauchs ist grundsätzlich zu **unterscheiden**, ob **Hauptleistungspflichten** oder **Nebenpflichten** betroffen sind, weil hiervon die anzuwendenden Rechtsvorschriften und die Rechtsfolgen abhängen:

a) **Verletzung von Hauptleistungspflichten.** Zu den **Hauptleistungspflichten** gehören die Entrichtung des vereinbarten Mietzinses, die Übernahme der Betriebskosten falls vereinbart, und nach herrschender Meinung auch die Übernahme und Durchführung von Schönheitsreparaturen.

aa) Pflicht zur Zahlung des Mietzinses und der Betriebskosten. Zu den Hauptleistungspflichten des Mieters während des Mietgebrauchs gehört in erster Linie die Pflicht zur Entrichtung des vereinbarten Mietzinses an den Vermieter gemäß § 535 Abs. 2 BGB, auch wenn der Mieter aus persönlichen Gründen an der Ausübung seines Gebrauchsrechts verhindert sein sollte, § 537 BGB. Insoweit ergeben sich aus haftungsrechtlichen Gesichtspunkten keine Besonderheiten.

Gleiches gilt für Betriebskosten, falls eine wirksame mietvertragliche Vereinbarung gemäß § 556 Abs. 1 BGB besteht, dass diese entgegen § 535 Abs. 1 BGB vom Mieter zu tragen sind.

bb) Pflicht zur Vornahme von Schönheitsreparaturen. Als weitere **Hauptleistungspflicht**[14] des Mieters wird die Vornahme von Schönheitsreparaturen angesehen, wenn die nach gesetzlicher Regelung dem Vermieter obliegende Erhaltungspflicht durch wirksame vertragliche Vereinbarung auf den Mieter übertragen worden ist. Daraus folgt, dass dem Vermieter (nur) ein **einklagbarer Erfüllungsanspruch während des laufenden Mietverhältnisses** zusteht, sollte der Mieter seine Pflicht nicht oder nur unzureichend erfüllen. Befindet sich der Mieter in Verzug, kann der Vermieter Vorschuss vom Mieter in Höhe der notwendigen Kosten verlangen und erforderlichenfalls einklagen.[15] Es besteht jedoch **kein Schadenersatzanspruch des Vermieters wegen unterlassener Schönheitsreparaturen während des laufenden Mietverhältnisses**, denn die Erhaltung der Mietsache soll nur dem Mieter zugute kommen.[16] Der Erfüllungsanspruch lässt sich erst bei Beendigung des Mietvertrages zum **Schadenersatzanspruch statt der Leistung** gemäß § 280 Abs. 3 BGB umwandeln, und zwar unter den Voraussetzungen der §§ 280 Abs. 1, 281 BGB (Fristsetzung zur Leistung oder Nacherfüllung). Eine Ablehnungsandrohung ist nicht mehr erforderlich.

b) **Verletzung von Nebenpflichten.** Mit Beginn des Mietverhältnisses und Übernahme der Mieträume setzen eine Reihe von **Nebenpflichten des Mieters** ein, deren schuldhafte Verletzung zur Schadenersatzpflicht führen können. Hierzu zählen:

aa) Obhutspflicht. Die **Obhutspflicht** beinhaltet, dass der Mieter die Mietsache vor Schäden bewahrt.[17]

Beispiele:
- Vermeidung von **Feuchtigkeitsschäden**[18] und **Frostschäden**[19] durch hinreichendes Heizen und Belüften der Mieträume,
- Vorkehrungen zur Vermeidung von Schäden treffen bei **längerer Abwesenheit**,[20]

---

[13] BGH WuM 1996, 324; *Sternel* I 268.
[14] BGH NZM 1998, 710.
[15] BGHZ 111, 301; OLG Düsseldorf NZM 2000, 464; Palandt/*Weidenkaff* § 535 Rdnr. 54.
[16] BGH NJW-RR 1990, 1231.
[17] Schmidt-Futterer/*Eisenschmid* § 535 Rdnr. 213 ff.
[18] LG Berlin WuM 1985, 22; LG Dortmund WuM 2008, 333.
[19] OLG Karlsruhe WuM 1996, 226; LG Görlitz WuM 1994, 669.
[20] OLG Hamm WuM 1996, 470.

- Vermeidung von **Wasserschäden**
- keine **gefährlichen Gas-, Wasser- oder Elektroinstallationen**,
- kein Einbringen oder Lagern **gefährlicher Gegenstände** bzw. **Stoffe**.

24 Tritt ein Mangel während des Gebrauchs auf, muss der Mieter die Mietsache mit der gebotenen Sorgfalt nutzen, um den Schaden des Vermieters gering zu halten. Danach kann sich die Obhutspflicht im einen Fall auf die Alarmierung von Notdiensten beschränken oder im anderen Fall die Beauftragung einer dringend erforderlichen Reparatur umfassen.[21]

25 *bb) Anzeigepflicht, § 536c BGB.* Aus der allgemeinen Obhutspflicht resultiert die Pflicht des Mieters, während seines Besitzes sich zeigende **Mängel** der gemieteten Wohnung **unverzüglich dem Vermieter anzuzeigen**. Gleiches gilt, wenn eine Vorkehrung zum Schutze der Mietsache gegen eine nicht vorhergesehene Gefahr erforderlich wird oder wenn sich eine Dritter ein Recht an der Sache anmaßt.

26 Sollte der Mieter längere Zeit abwesend sein, muss er für **geeignete Kontroll- und Sicherungsmaßnahmen** sorgen.

27 Unterlässt der Mieter die Anzeige schuldhaft, so ist er zum Ersatz des daraus entstehenden Schadens verpflichtet, § 536c Abs. 2 S. 1 BGB.

> **Praxistipp:**
>
> 28 Der Mieter sollte vorsorglich jeden auftretenden Mangel dem Vermieter anzeigen, aus Beweisgründen möglichst schriftlich, und nicht etwa bis zur Beendigung des Mietverhältnisses zuwarten.

29 *cc) Verkehrssicherungspflichten.* Die Verkehrssicherungspflichten **obliegen grundsätzlich dem Vermieter bzw. Hauseigentümer, § 535 Abs. 1 S. 2 BGB**. Er ist dafür verantwortlich, dass von dem Hausgrundstück keine Gefahren ausgehen, durch die Mieter oder Dritte zu Schaden kommen könnten. Geeignete und nach den Umständen zumutbare Sicherungs- und Überwachungsmaßnahmen sind durchzuführen.[22] Der Vermieter darf allerdings darauf vertrauen, dass Mieter und Dritte auch ihrerseits bestehende Obhuts- und Sicherungspflichten erfüllen, so dass sich Art und Umfang der Verkehrssicherungspflicht im Einzelfall reduzieren können.[23]

30 Soweit der Mieter selbst Gefahrenlagen schafft ist er unmittelbar verkehrssicherungspflichtig und haftet im Schadenfalle. Wer etwa in gemieteten Räumen eine Diskothek betreibt, eröffnet eine eigene Gefahrenquelle, die mit den typischen Gefahren der Mietsache nichts zu tun hat und das vertragsrechtliche Verhältnis zwischen Vermieter und Mieter nicht berührt.[24]

31 Verkehrssicherungspflichten können jedoch vom Vermieter **auf den Mieter übertragen** werden, nach h. M. auch formularmäßig.[25] In diesen Fällen trifft den Vermieter gegenüber Dritten, deren Schutz die Verkehrssicherungspflicht dient, nur noch eine Pflicht zur Überwachung und Beaufsichtigung des Mieters hinsichtlich dessen Erfüllung der Verkehrssicherungspflicht.[26]

32 Voraussetzung ist, dass der Mietvertrag im Einzelnen aufführt, welche konkreten Pflichten auf den Mieter übertragen werden sollen. Unklarheiten gehen zu Lasten des Vermieters.

33 **Regelmäßig werden folgende Sicherungspflichten auf den Mieter übertragen:**
- Straßenreinigung,
- Sauberhaltung des Treppenhauses, des Hauseingangs und der Zuwege auf dem Grundstück,
- Schnee- und Eisbeseitigung.

---

[21] Lindner-Figura/Oprée/Stellmann/*Stellmann* Kap.13 Rdnr. 76.
[22] BGH NJW 1994, 3348.
[23] BGH a. a. O.; OLG Karlsruhe WuM 1996, 226.
[24] Lindner-Figura/Oprée/Stellmann/*Wolf* Kap. 13 Rdnr. 121.
[25] *Sternel* II Rdnr. 85 f.; OLG Frankfurt/Main NJW-RR 1989, 397.
[26] *Fritz* Gewerberaummietrecht Rdnr. 249.

In der Praxis von großer Bedeutung ist die Übertragung des **Winterdienstes**. Kommt der 34
Mieter hier seinen Verkehrssicherungspflichten nicht ordnungsgemäß nach, haftet er gegenüber dem Geschädigten auf Schadenersatz nach Deliktsrecht.[27] Sollte die Gebäudehaftpflichtversicherung des Vermieters für den Schaden eintreten und werden die Kosten der Versicherung auf den Mieter umgelegt, besteht für den Versicherer nur bei Vorsatz oder grober Fahrlässigkeit Regressmöglichkeit gegen den Mieter.

Ist der **Umfang des Winterdienstes** vertraglich nicht geregelt, ist darauf abzustellen, was 35
allgemein üblich ist, wobei die einschlägigen **Satzungen der Städte und Gemeinden** herangezogen werden können.[28]

> **Praxistipp:**
> Muss der Mieter auf Grund wirksamer Pflichtenübertragung Winterdienst durchführen, sollte er 36
> sich auf jeden Fall über die Regelungen in der einschlägigen Ortssatzung kundig machen.

Ist der Mieter abwesend, muss er für **ordnungsgemäße Vertretung** sorgen. Handelt es sich 37
nur um eine vorübergehende Abwesenheit, genügt es, wenn der Mieter sich bei der Auswahl
der Vertretungsperson kein Verschulden zukommen lässt. Eine darüber hinausgehende
Überwachungs- und Kontrollpflicht ist unzumutbar.[29]

dd) Duldungs- und Mitwirkungspflichten. (1) Duldungs- und Mitwirkungspflicht im 39
Hinblick auf Vorbereitung und Durchführung von Instandsetzungsmaßnahmen, §§ 554
Abs. 1, 578 Abs. 2 BGB. Zur Erfüllung der Gewährleistungspflicht des Vermieters muss der
Mieter die Erhaltungsmaßnahmen sowie die hierfür erforderlichen Planungsarbeiten dulden. Die **Duldungspflicht** ist **uneingeschränkt** und kann bis hin zur vorübergehenden Räumung der Mietsache gehen.

Streitig ist, ob sich die Duldungspflicht aus §§ 554 Abs. 1, 578 Abs. 2 BGB nur auf ein 40
„passives Stillhalten" beschränkt, oder aber der Mieter auch verpflichtet ist, aktiv mitzuwirken, z. B. indem er Möbel wegräumen und demontieren muss, um den Arbeitsbereich
freizumachen. Das LG Berlin hat in seinem Beschluss vom 30. 11. 1995[30] eine solch weitgehende Mitwirkungspflicht zu Recht verneint.

Verweigert sich der Mieter, kann der Vermieter auf Duldung klagen und erforderlichenfalls 41
den Erlass einer einstweiligen Verfügung beantragen. Bei gerichtlich festgestellter Duldungspflicht können den Mieter bei weiterer Verweigerung Schadensersatzansprüche nach § 280
Abs. 1 BGB wegen vergeblicher Aufwendungen zur Durchführung der Instandsetzungsmaßnahmen sowie wegen möglicher Verschlechterung der Mietsache auf Grund der vom Mieter
verschuldeten Verzögerung treffen. Das erforderliche Verschulden wird bei Verweigerung
vor gerichtlicher Feststellung nur schwerlich zu bejahen sein, weil der Mieter grundsätzlich
das Recht hat, die vom Vermieter behauptete Duldungspflicht gerichtlich überprüfen zu lassen. Etwas anders könnte nur gelten, wenn bei klarer Sachlage für einen verständigen Mieter die Duldungspflicht evident ist.

(2) Duldungs- und Mitwirkungspflicht im Hinblick auf Vorbereitung und Durchführung 42
von Modernisierungsmaßnahmen, §§ 554 Abs. 2, 578 Abs. 2 BGB. Der Mieter unterliegt
nach §§ 554 Abs. 2 S. 1, 578 Abs. 2 BGB einer Pflicht zur Duldung von Modernisierungsmaßnahmen des Vermieters, sofern
- es sich tatsächlich um **Maßnahmen zur Verbesserung** der gemieteten Räume oder sonsti- 43
  gen Gebäudeteile handelt und nicht lediglich um Instandhaltung oder Reparatur; das
  Vorliegen einer Verbesserung hat der Vermieter erforderlichenfalls darzulegen und zu beweisen,[31]

---

[27] OLG Frankfurt a. M. NZM 2004, 144; OLG Brandenburg NZM 2007, 583.
[28] LG Köln WuM 1995, 107: keine Streupflicht zwischen 20.00 Uhr bis 7.00 Uhr.
[29] LG Köln WuM 1995, 316.
[30] LG Berlin NJW-RR 1996, 1163 m. w. N.
[31] LG Berlin NZM 1999, 705; LG Berlin ZM 1999, 1036.

- der Vermieter die **Formalien** des § 554 Abs. 3 BGB beachtet,
- und die Maßnahmen unter Berücksichtigung der berechtigten Interessen des Vermieters und anderer Mieter **keine Härte für den Mieter** bedeuten würde.

44 Mithin besteht keine allgemeine Duldungspflicht des Mieters.[32] Der Umkehrschluss aus § 554 Abs. 5 BGB (der nur für Wohnraum gilt, da § 578 Abs. 2 BGB nur auf § 554 Absätze 1 bis 4 verweist), ergibt, dass bei der Geschäftsraummiete Vereinbarungen möglich sind, die von der gesetzlichen Regelung abweichen, soweit sie nicht sittenwidrig sind oder gegen Treu und Glauben verstoßen.[33]

Ist eine Duldungspflicht zu bejahen und kommt der Mieter seiner Pflicht nicht nach, können wegen vergeblicher Aufwendungen zur Vorbereitung der Modernisierungsmaßnahmen **Schadenersatzansprüche des Vermieters** nach § 280 Abs. 1 BGB in Betracht kommen, allerdings nur unter engen Voraussetzungen. Grundsätzlich unternimmt der Vermieter die vorbereitenden Aufwendungen auf eigenes Risiko, auch wenn er die Formalien des § 554 Abs. 3 BGB einhält, denn er muss damit rechnen, dass der Mieter seine Duldungspflicht bestreitet. Selbst wenn der Mieter auf ein Ankündigungsschreiben des Vermieters innerhalb einer gesetzten Frist nicht reagiert, darf der Vermieter nicht ohne weiteres davon ausgehen, der Mieter werde mit den angekündigten Maßnahmen einverstanden sein. Vielmehr ist der Vermieter gehalten, die Duldungspflicht gerichtlich feststellen zu lassen, sollte diese streitig sein bzw. eine Einverständniserklärung des Mieters fehlen. Dementsprechend ist auch eine Ersatzpflicht bezüglich Schäden, die möglicherweise durch Verzögerung entstehen, in der Regel zu verneinen. Nur für den Fall, dass der Mieter **trotz klarer Rechtslage mutwillig die Duldung verweigert,** könnte ein Verschulden und damit eine Ersatzpflicht im Einzelfall angenommen werden. Erst bei gerichtlicher Feststellung der Duldungspflicht kann bei weiterer Verweigerungshaltung ein Verschulden des Mieters angenommen werden. Hat der Vermieter jedoch eine Erklärungsfrist gesetzt und das Kommen von Handwerkern zu einem bestimmten Termin angekündigt, empfiehlt es sich für den Mieter, dem Vermieter rechtzeitig vorher Nachricht zu geben, falls er die Maßnahmen nicht dulden möchte. Anderenfalls ist bezüglich Kosten, die für einen konkreten Handwerkertermin anfallen, zumindest wegen Mitverschuldens eine Schadenersatzpflicht des Mieters denkbar.[34]

45 *(3) Duldung der Besichtigung der Mietsache.* Zum Wesen des Mietvertrages gehört die Überlassung des **unbeschränkten Besitzes** der Mietsache.[35] Verlangt der Vermieter Zutritt zum Mietobjekt, hat der Mieter dies grundsätzlich nur bei Vorliegen eines besonderen Anlasses zu dulden.[36]

46 Ein Besichtigungsrecht des Vermieters kann ausnahmsweise vorliegen:
- Besichtigung der Mietsache mit **Nachmietinteressenten,** wenn die Beendigung des Mietverhältnisses mit hinreichender Sicherheit feststeht,[37]
- Besichtigung mit **Kaufinteressenten** bei bevorstehendem Verkauf,[38]
- Besichtigungsrecht des Vermieters bei konkreten Anhaltspunkten für einen **drohenden Schaden.**[39]

47 Eine vertragliche Erweiterung des Besichtigungsrechtes ist nur in engen Grenzen zuzulassen. Eine **Formularvereinbarung,** die dem Vermieter jederzeit Zutritt zum Mietobjekt gewährt, scheitert auch im Gewerberaummietrecht regelmäßig an § 307 BGB.[40] Eine Vereinbarung, dass alle 2 Jahre Besichtigung zur allgemeinen Zustandsfeststellung durchgeführt werden darf, ist als zulässig angesehen worden.[41]

---

[32] AG Bonn NZM 2006, 698.
[33] *Fritz* Gewerberaummietrecht Rdnr. 243.
[34] LG Köln WuM 1994, 465, 466.
[35] LG München WuM 1994, 370.
[36] AG Bonn NZM 2006, 698.
[37] AG Ibbenbüren WuM 1991, 360.
[38] AG Lüdenscheid WuM 1990, 489.
[39] Schmidt-Futterer/*Eisenschmid* § 535 Rdnr. 156.
[40] Schmidt-Futterer/*Eisenschmid* § 535 Rdnr. 164.
[41] AG Lübeck WuM 1993, 344; *Sonnenschein* NJW 1998, 2180, 2181; Palandt/*Weidenkaff* § 535 Rdnr. 82.

Der Mieter kann zum Schadenersatz verpflichtet sein, wenn er dem Vermieter das Besichtigungsrecht rechtswidrig nicht gewährt.[42]

ee) Verschulden. Nur die **schuldhafte** Verletzung von Nebenpflichten des Mieters führt zur Schadensersatzpflicht, § 280 Abs. 1 S. 2 BGB.

Verschuldensmaßstab ist § 276 BGB. Abzustellen ist also auf einen objektiven Sorgfaltsmaßstab, der an einen durchschnittlichen Mieter angelegt werden darf. Für Verschulden **Dritter** haftet der Mieter gemäß § 278 BGB.[43]

Eine **Haftungsmilderung** bzw. einen **Haftungsverzicht** zugunsten des Mieters sieht der BGH nach einer grundlegenden Urteilsentscheidung vom 13. 12. 1995[44] in der mietvertraglichen Verpflichtung des Mieters, die (anteiligen) Kosten der Gebäudefeuerversicherung des Eigentümers zu zahlen. Darin liege die stillschweigende Beschränkung der Haftung des Mieters für die Verursachung von Brandschäden auf Vorsatz und grobe Fahrlässigkeit. Der Mieter soll hier nicht weitergehender haftbar gemacht werden können, als hätte er die Feuerversicherung selbst abgeschlossen. Der BGH-Entscheidung ist allerdings nur dann zuzustimmen, wenn man von einem konkludent vereinbarten **Regress**verzicht ausgeht, so dass der Mieter vor hohen Regressforderungen des Sachversicherers geschützt werden kann. Eine Haftungsmilderung bzw. einen Haftungsverzicht will ein Vermieter indes mit Sicherheit nicht mit seinem Mieter vereinbaren, auch nicht konkludent. Im Gegenteil wird es ihm im Hinblick auf Brandschutz gerade darauf ankommen, dass der Mieter ganz besonders vorsichtig mit der Mietsache umgeht.[45]

Eine Beschränkung der Regressmöglichkeit ist für den Fall eines Glatteisunfalls entsprechend bejaht worden.[46]

c) Vertragswidriger Gebrauch. Hat der Mieter die gemieteten Räume beschädigt oder verschlechtert, und ist Veränderung oder Verschlechterung nicht durch vertragsgemäßen Gebrauch herbeigeführt worden, ist er dem Vermieter gegenüber zu **Schadensersatz nach § 280 BGB** verpflichtet, sofern die Beeinträchtigungen nicht ohnehin im Rahmen einer bestehenden Pflicht zur Vornahme von Schönheitsreparaturen zu beseitigen sind.[47] Auch hier kann der Ersatzanspruch des Vermieters **sofort** und nicht etwa erst bei Beendigung des Mietverhältnisses geltend gemacht werden.[48]

aa) Einzelfälle. Zu der Frage, ob vertragsgemäßer Gebrauch vorgelegen hat, oder aber eine die Grenzen des vertragsgemäßen Gebrauchs überschreitende Handlung, muss nach den **konkreten Umständen des Einzelfalles** entschieden werden.

Die jüngere Rechtsprechung zu den Grenzen des vertragsgemäßen Gebrauchs lässt sich im Gewerberaummietrecht in **drei Kategorien** untergliedern:

- Art der Nutzung
  Gewerberäume, die dem Mieter zur Weitervermietung für ein „Technologiezentrum" überlassen wurden, dürfen im Rahmen des vertragsgemäßen Gebrauchs nicht zum Betrieb eines „Call-Centers" genutzt werden.[49]
  Es ist als im Rahmen des vertragsgemäßen Gebrauchs gerechtfertigt anzusehen, wenn der Mieter ohne Zustimmung des Vermieters bauliche Maßnahmen an dem Mietobjekt, das er zum Betrieb einer Gaststätte gemietet hatte, vornimmt, um durch die Baumaßnahme das Mietobjekt erst in einen Zustand zu versetzen, in dem es gemäß der vertraglichen Vereinbarung genutzt werden kann.[50]
  Nicht mehr dem vertragsgemäßen Gebrauch zuzuordnen ist die Nutzung von Gewerberaum zum Betrieb einer Diskothek, nachdem zwischen den Parteien des Vertrages der Betrieb einer Gaststätte vereinbart worden war.[51]

---

[42] AG Wedding GE 1997, 749.
[43] LG Berlin ZMR 1982, 86.
[44] BGH NJW 1996, 715.
[45] *Prölss* r + s 1997, 221 ff.
[46] AG Waiblingen WuM 1996, 771.
[47] BGH NJW-RR 2005, 715.
[48] AG Köln a. a. O.; s. o. § 20.
[49] OLG Düsseldorf NZM 2003, 945 f.
[50] OLG Frankfurt am Main NZM 1999, 125.
[51] OLG München NJWE-MietR 1996, 270.

Der Verkauf von Sportartikeln in einem Ladenlokal, der zum Betrieb eines Friseursalons vermietet wurde, stellt grundsätzlich einen vertragswidrigen Gebrauch dar, denn unter Anwendung der Grundsätze von Treu und Glauben gemäß § 242 BGB soll die Verpflichtung des Vermieters entstehen können, einer Änderung oder Erweiterung des vertragsgemäßen Gebrauchs zuzustimmen.[52]
Einen nicht mehr vertragsgemäßen Gebrauch stellen auch die Fälle dar, in denen Geschäftsräume tatsächlich zu Wohnzwecken genutzt werden.[53]

57 • **Intensität der Nutzung**
Generell wird der Vermieter von Gewerberaum von einer stärkeren Beanspruchung des vermieteten Objekts im Rahmen des vertragsgemäßen Gebrauchs auszugehen haben als der Vermieter von Wohnraum.
Der Verpächter eines Tankstellengeländes wird auf Grund von Bodenverunreinigungen durch den Betrieb der Tankstelle dem Pächter nicht vertragswidrigen Gebrauch des Pachtgrundstücks vorwerfen können.[54]
Hinsichtlich der Frage, in welchem Umfang die Abnutzung eines Bodenbelages sich noch im Rahmen des vertragsgemäßen Gebrauchs hält, verbieten sich gerade für den Bereich der Gewerberaummiete Verallgemeinerungen: Es werden an den Zustand des Bodens in Räumlichkeiten, die zum Betrieb einer Tanzschule vermietet worden sind, gänzlich andere Maßstäbe anzulegen sein, als an die Abnutzung des Bodens in gemieteten Räumen einer kleinen Anwaltskanzlei. Während bei Geschäftsräumen mit Publikumsverkehr Schäden durch Pfennigabsätze in gewissem Umfang vom Vermieter hinzunehmen sein werden,[55] soll der Vermieter von Büroräumen die Beschädigung eines Teppichbodens, die auf wiederholte Verschmutzungen durch einen Hund des Mieters zurückzuführen sind, nicht mehr als vertragsgemäß akzeptieren müssen.[56]
Brandschäden gehören regelmäßig dann nicht mehr zu dem vertragsgemäßen Gebrauch des Mieters, wenn sie durch unsachgemäßen Umgang mit feuergefährlichen Stoffen und Einrichtungen im Verantwortungs- und Zurechnungsbereich des Vermieters verursacht worden sind.[57]

58 • **Unterlassen der Nutzung**
Grundsätzlich hat der Mieter zwar das Recht, nicht aber die Pflicht zur Nutzung der Mietsache.[58] Dennoch kann unter bestimmten Voraussetzungen die seitens des Mieters unterbliebene Nutzung des Mietobjekts als Überschreitung des vertragsgemäßen Gerbrauchs angesehen werden. Ist der Mieter durch vertragliche Vereinbarung verpflichtet, den Betrieb eines Gewerbes in den Mieträumlichkeiten aufrechtzuerhalten, liegt in der Nichterfüllung dieser Verpflichtung ein nicht vertragsgemäßer Gebrauch.[59]

59 *bb) Abzug „neu für alt"/Vorteilsausgleichung.* Ist der Mieter wegen Veränderung oder Verschlechterung schadensersatzpflichtig, muss der Vermieter jedoch ggf. einen **Abzug „neu für alt"** gegen sich gelten lassen. Die Größenordnung hängt von dem Alter und (nicht in der Verantwortung des Mieters liegendem) Zustand sowie von der **allgemeinen Lebenserwartungsdauer** des betreffenden Gegenstandes zum Zeitpunkt der Beschädigung ab. Je mehr die Lebenserwartungsdauer erreicht gewesen ist, desto höher ist der vorzunehmende Abzug. Die Ersatzpflicht des Mieters kann sich hierdurch sogar auf Null reduzieren.

60 Im Allgemeinen wird von folgenden Lebenserwartungen ausgegangen:
- **Teppichboden:** 10 Jahre,[60]
- **Parkett:** ca. alle 15 Jahre Schleifen und Versiegeln,[61]
- **PVC-Bodenbelag:** 20 Jahre,[62]
- **Wandfliesen:** länger als 30 Jahre, jedoch muss zu Lasten des Vermieters berücksichtigt werden, dass Fliesen dem jeweiligen Geschmack und der Mode unterliegen.[63]

---

[52] OLG Düsseldorf NJWE-MietR 1996, 126 f.
[53] OLG Koblenz NJW-RR 1996, 1343; OLG Düsseldorf ZMR 1987, 423.
[54] OLG Düsseldorf NJW-RR 1993, 712 f.
[55] OLG Karlsruhe WuM 1997, 211.
[56] OLG Bamberg NZM 2002, 917 f.
[57] BGHZ 66, 349; OLH Hamm NJW-RR 1992, 906.
[58] BGH NJW 1979, 2351.
[59] OLG Köln NZM 2002, 345.
[60] LG Kiel WuM 1998, 215; LG Dortmund NJWE-MietR 1997, 100; AG Böblingen WuM 1998, 33.
[61] LG Wiesbaden WuM 1991, 540; AG Köln WuM 1984, 197.
[62] AG Kassel WuM 1996, 757.
[63] LG Köln WuM 1997, 41.

cc) Kleinreparaturklausel. Die Rechtsprechung erachtet es für zulässig, wenn dem Mieter 61
durch formularmäßige Vereinbarung die Pflicht auferlegt wird, die Kosten für kleinere Reparaturen zu tragen, auch wenn **kein Verschulden** des Mieters, sondern nur vertragsgemäßer Gebrauch vorliegt.[64]

Die Kleinreparaturklausel spielt jedoch im Gewerberaummietrecht höchstens eine untergeordnete Rolle. Häufig kommen sog. Instandhaltungs- und Instandsetzungsklauseln zur 62
Geltung, bei denen der Mieter mindestens zur Kostentragung, aber auch zur Gesamtübernahme verpflichtet wird. Formularmäßig dürfte diese Überwälzung unwirksam sein. Individualvertraglich geregelt ist Art und Umfang zu prüfen, wobei die Gesamtüberwälzung sämtlicher Gesamterhaltungs- und/oder Instandsetzungsmaßnahmen unwirksam sein wird.

3. Haftung bei bzw. nach Beendigung des Mietverhältnisses

a) Schäden an der Mietsache. Auch wenn der Mieter bereits während des laufenden 63
Mietverhältnisses vom Vermieter wegen Beschädigungen an der Mietsache in Anspruch genommen werden kann, wird die Frage der Schadenersatzpflicht häufig erst **bei Beendigung des Mietverhältnisses** relevant, nämlich wenn dem Vermieter die vorhandenen Schäden bei Besichtigung des Mietobjekts erstmals gewahr werden.

aa) Abgrenzung von vertragsgemäßem Gebrauch und Schönheitsreparaturen. Der Mieter 64
haftet für alle von ihm verursachten und verschuldeten Schäden an den Mieträumen auf **Schadenersatz**, soweit keine Abnutzung durch vertragsgemäßen Gebrauch vorliegt oder die Mängel ohnehin in den Bereich etwaig vorzunehmender Schönheitsreparaturen fallen.

Anders als bei den Schönheitsreparaturen kann der Mieter bei Schäden sofort wegen 65
Schadenersatz in Anspruch genommen werden. Es bedarf keiner vorherigen Aufforderung zur Schadenbeseitigung mit Fristsetzung. Es gilt **allgemeines Schadensrecht** gemäß den §§ 249 ff. BGB iVm. § 280 Abs. 1 BGB. Zur Bezifferung des Schadens genügt ein Kostenvoranschlag.

> **Praxistipp:**
>
> Der Vermieter und der Mieter sollten bei der Besichtigung und Übernahme des Mietobjekts unbedingt darauf achten, dass etwaig vorhandene Beschädigungen gesondert im Übergabeprotokoll aufgeführt werden, um bei der späteren Geltendmachung der Ansprüche von den Schönheitsreparaturen unterscheiden zu können. 66

bb) Abgrenzung von Wiederherstellungspflicht des Mieters. Ergibt sich aus § 546 BGB 67
oder aus besonderer Vereinbarung eine Verpflichtung des Mieters zur **Wiederherstellung des ursprünglichen Zustandes** der Mietsache und wird diese Verpflichtung nicht oder nicht ordnungsgemäß erfüllt (Beispiel: Der Mieter ist verpflichtet, einen von ihm eingebrachten Teppichboden zu entfernen und beschädigt hierbei den zur Mietsache gehörenden Fußbodenbelag), ist zu beachten, dass dem Vermieter zunächst nur ein **Herstellungsanspruch** zusteht, da eine Hauptleistungspflicht vorliegt.[65] Erst nach Fristsetzung gemäß § 281 BGB kann der Herstellungsanspruch wirksam in einen Schadenersatzanspruch statt der Leistung umgewandelt werden.[66]

cc) Rechtsnachfolge während des Mietverhältnisses. Bei **Rechtsnachfolge** auf Vermieter- 68
seite durch Veräußerung ist für den Erwerber Vorsicht geboten: Ist der Schaden an der Mietsache bereits während der Mietzeit mit dem Voreigentümer entstanden, gehen insoweit die Ersatzansprüche **nicht** gemäß §§ 566, 578 Abs. 2 BGB auf den Erwerber über.[67]

---

[64] BGH NJW 1992, 1759; vgl. auch unten § 58.
[65] Palandt/*Weidenkaff* § 546 Rdnr. 7.
[66] KG NZM 1999, 612; Palandt/*Weidenkaff* § 546 Rdnr. 7.
[67] LG Kiel WuM 1998, 215; KG NZM 1999, 612; Palandt/*Weidenkaff* § 566 Rdnr. 17.

> **Praxistipp:**
> 69 Der Erwerber sollte sich vorsorglich die Ansprüche des Voreigentümers wegen etwaiger Schäden stets abtreten lassen.

70 **b) Schönheitsreparaturen.** Soweit der Mieter zum Vertragsende die Durchführung von Schönheitsreparaturen schuldet,[68] handelt es sich um eine **Hauptleistungspflicht**.[69]

71 Bei nicht oder nicht ordnungsgemäß durchgeführten Schönheitsreparaturen wandelt sich der Erfüllungsanspruch des Vermieters nur unter den **Voraussetzungen der §§ 280, 281 BGB** in einen Anspruch auf Schadenersatz statt Leistung um.

72 Die Voraussetzungen sind:
- der Mieter schuldet die Durchführung von Schönheitsreparaturen,
- dem Mieter muss eine angemessene Frist zur Durchführung der Renovierungsarbeiten gesetzt werden,

73 Die vor der Schuldrechtsreform wegen § 326 Abs. 1 BGB aF wichtig gewesene Nachfristsetzung mit **Ablehnungsandrohung** ist nicht mehr erforderlich.[70]

74 Die vorzunehmenden Arbeiten sollten möglichst im Einzelnen bezeichnet werden, insbesondere wenn der Mieter bereits Renovierungsarbeiten durchgeführt hat, diese aber mangelhaft sind. Hier sollten die Mängel möglichst genau genannt werden.[71]

> **Formulierungsvorschlag:**
> 75 Sehr geehrte (r) ......
> ......
> Bekanntlich sind gemäß der Regelung zu § ...... des zwischen uns vereinbarten Mietvertrages die Schönheitsreparaturen von Ihnen durchzuführen. Anlässlich der Besichtigung der Mietsache am ...... habe ich feststellen müssen, dass Sie Ihrer Verpflichtung nicht nachgekommen sind. Ich darf wegen der nicht durchgeführten Arbeiten im Einzelnen auf das erstellte Besichtigungsprotokoll Bezug nehmen. Vorsorglich führe ich nochmals auf, welche Arbeiten von Ihnen durchzuführen sind:
> ......
> Zur Durchführung der erforderlichen Arbeiten setze ich eine angemessene Frist bis zum ...... Sollten Sie die Renovierungsarbeiten nicht innerhalb der gesetzten Frist ausgeführt haben, werde ich die Kosten für einen Maler als Schadenersatz gegen Sie geltend machen.
> ......

76 Nur ganz **ausnahmsweise** kann die Fristsetzung **entbehrlich** sein, zum Beispiel wenn der Mieter die Erfüllung ernsthaft und endgültig verweigert oder die neue Anschrift vom Mieter nicht angegeben wird und trotz Erkundigungen (Nachbarn, Post, Einwohnermeldeamt etc.) nicht ermittelt werden kann. Im Zweifelsfall sollte den Erfordernissen des § 281 Abs. 2 BGB entsprochen werden.

77 **c) Verspätete Wohnungs- und Schlüsselrückgabe.** § 546 BGB normiert die – selbstverständliche – Pflicht des Mieters, bei Beendigung des Mietverhältnisses die Mietsache an den Vermieter zurückzugeben, so dass diesem unmittelbarer Besitz eingeräumt wird.

78 Bei Mieträumen gehört hierzu auch die **Herausgabe aller Schlüssel**.[72]

79 Bei **nicht rechtzeitiger Rückgabe** kann der Vermieter nach § 546a Abs. 1 BGB für die Dauer der Vorenthaltung als **Entschädigung** den vereinbarten Mietzins oder den Mietzins

---

[68] Siehe hierzu im Einzelnen § 19.
[69] BGH NZM 1998, 710.
[70] Palandt/*Weidenkaff* § 535 Rdnr. 50.
[71] LG Köln NZM 1999, 456.
[72] OLG Düsseldorf MDR 1997, 342.

verlangen, der für vergleichbare Räume ortsüblich ist. Der Vermieter kann eine höhere ortsübliche Vergleichsmiete ohne besondere rechtsgestaltende Willenserklärung und ohne vorherige Ankündigung verlangen.[73]

Ausdrücklich geregelt ist, dass die Geltendmachung eines **weiteren Schadens,** der durch die Vorenthaltung der Mietsache entsteht, nicht ausgeschlossen ist, § 546a Abs. 2 BGB.

Beispiele:
- Aufwendungen des Vermieters, die ihm dadurch entstanden sind, dass er von dem Erwerber der Mietsache auf deren Herausgabe verklagt worden ist, weil er dazu nicht rechtzeitig in der Lage war,[74]
- Schadenersatzleistung des Vermieters an den Nachmieter, weil er diesem wegen des nicht rechtzeitig räumenden Mieters den Gebrauch des Mietobjekts nicht einräumen kann,[75]
- Mietausfallschaden, weil der Vermieter die Mietsache infolge der nicht rechtzeitigen Räumung nicht an einen Nachmieter weitervermieten kann.[76]

Wegen dieser möglichen Schäden ist der Mieter unter den Voraussetzungen der §§ 286 Abs. 1, 280 BGB uneingeschränkt haftbar zu machen.

d) **Verjährung.** Gemäß § 548 Abs. 1 BGB **verjähren** die Ersatzansprüche des Vermieters wegen Veränderung oder Verschlechterung der Mietsache **in kurzer Frist von 6 Monaten.** Die Verjährungsfrist beginnt mit dem Zeitpunkt, in dem der Vermieter die Mietsache zurückerhält, zu laufen. Eine lediglich vorübergehende Möglichkeit des Vermieters, die Mieträume während des Besitzes des Mieters zu besichtigen, genügt nicht.[77]

Die Verjährungsfrist beginnt auch dann mit dem Zeitpunkt der Rückgabe des Mietobjekts, wenn eine vom Mieter zu vertretende Veränderung oder Verschlechterung erst später erkennbar wurde.[78]

Besteht zunächst nur ein Erfüllungsanspruch (z.B. Durchführung von Schönheitsreparaturen), der erst später in eine Schadenersatzforderung übergeht (Ablauf der nach § 280 Abs. 1 BGB gesetzten Frist), beginnt die Verjährungsfrist für diesen Anspruch wegen § 198 BGB erst mit **Entstehung** dieses Anspruchs.[79]

Auf die kurze Verjährungsfrist ist seitens des Vermieters ganz besonders zu achten, zumal Veränderungen und Verschlechterungen an der Mietsache oft erst bei der Übergabe bekannt werden. Ist **Verjährung bereits eingetreten,** bleibt dem Vermieter noch die Möglichkeit der **Aufrechnung mit der verjährten Schadenersatzforderung** gegen den Kautionsrückzahlungsanspruch, soweit er noch über die entsprechende Mietsicherheit verfügt und vor Ablauf der Verjährung die Aufrechnungslage bestand.

Praxistipp:
Der Vermieter sollte am Tag der Übergabe der Mietsache sofort die 6-monatige Verjährungsfrist im Kalender notieren. Der vom Vermieter beauftragte Anwalt sollte den Rückgabetag genau erfragen und entsprechende Frist stets notieren.

4. Haftung des Mieters für Dritte

Der Mieter hat für das Verschulden aller Personen, die mit seinem Einverständnis mit der Mietsache in Berührung kommen, gemäß § 278 BGB wie eigenes Verschulden einzustehen.[80]
Zu diesen Personen gehören insbesondere:
- Arbeitnehmer,

---

[73] LG Hamburg WuM 2005, 771.
[74] OLG Düsseldorf WuM 1998, 219.
[75] Vgl. OLG Düsseldorf NZM 1999, 24.
[76] BGH NJW 1998, 1303f.; AG Lemgo NZM 1999, 961.
[77] BGH WuM 2004, 21.
[78] BGH NZM 2005, 176; OLG Frankfurt/Main WuM 2001, 397.
[79] Palandt/*Weidenkaff* § 548 Rdnr. 11.
[80] BGH WuM 2007, 24.

- Lieferanten,
- Kunden,
- beauftragte Handwerker,[81]
- und gebetene Gäste des Mieters.

90 Überlässt der Mieter die Mietsache einem Dritten, hat er ein dem Dritten zur Last fallendes Verschulden zu vertreten, § 540 Abs. 2 BGB. Auf ein eigenes Verschulden des Mieters kommt es nicht an. Hat der Mieter den Gebrauch ohne Zustimmung des Vermieters überlassen, haftet er auch für Schäden, die der Dritte unverschuldet verursacht hat. Insoweit liegt bereits eigenes Verschulden des Mieters vor, weil dieser vertragswidrig den Gebrauch überlassen hat.[82]

91 Eine vorsätzliche oder grob fahrlässige Herbeiführung eines Gebäudeschadens durch einen Dritten ist dem Mieter nur zuzurechnen, wenn der Dritte sein Repräsentant war; § 278 BGB ist nicht anwendbar.[83]

II. Vermieterhaftung

1. Gebrauchsüberlassung

92 **a) Besitzeinräumung.** Gemäß § 535 Abs. 1 S. 1 BGB trifft den Vermieter die Pflicht, „dem Mieter den Gebrauch der [...] Mietsache [...] zu gewähren." Dies ist eine Hauptleistungspflicht des Vermieters.[84] Den Vermieter trifft einerseits die Überlassungs- und andererseits die Erhaltungspflicht am Mietgegenstand.[85] Ersterer kommt er durch **Besitzeinräumung** am Mietgegenstand nach, welcher sich nach dem Mietvertrag bestimmt. Grundsätzlich ist der Vermieter verpflichtet, dem Mieter den unmittelbaren Besitz gemäß § 854 BGB einzuräumen. Nur ausnahmsweise reicht die Einräumung des mittelbaren Besitzes. Dies ist dann der Fall, wenn ein **Besitzmittlungsverhältnis** zwischen Mieter und einem Dritten – etwa einem Untermieter – besteht. Die Überlassungspflicht besteht bezüglich der vermieteten Räume, wobei kein Leistungsvorbehalt seitens des Vermieters möglich ist.[86] Die Pflicht erfasst auch sogenannte Nebenräume.[87] Dabei stellt die Überlassung nicht nur die Gestattung, sondern die Ermöglichung des vertragsgemäßen Gebrauches dar.[88]

93 **b) Zeitpunkt der Überlassung.** Als Übergabezeitpunkt kommt grundsätzlich der vertraglich Vereinbarte in Betracht. Dabei muss der Zeitpunkt der Überlassung nicht unbedingt den Beginn des Mietverhältnisses darstellen,[89] da dieses zwingend erst zu der Zeit beginnt, ab der eine Mietzahlung vereinbart wurde.[90]

Insbesondere dann, wenn der Mieter **eigene Ausbauleistungen** erbringt, wird in Geschäftsraummietverträgen häufig eine Überlassung der Mietsache für die Durchführung dieser Arbeiten vor dem mietvertraglich bestimmten Mietbeginn vereinbart. Erfolgt die Überlassung unentgeltlich, so handelt es sich um ein Überlassungsverhältnis eigener Art.[91] Den Mieter trifft in dieser Zeit eine **Obhutspflicht** bezüglich der Mietsache, er muss Schlussmaßnahmen des Vermieters dulden.[92] Ist die Überlassung jedoch entgeltlich, wird im Zweifel der Beginn des Mietverhältnisses mit allen Rechten und Pflichten vorverlegt.[93] Allerdings ergibt sich der Zeitpunkt der Übergabe in den meisten Fällen aus dem Mietvertrag. Stellt der Vermieter das Mietobjekt zum vertraglich vereinbarten Beginn des Mietverhältnisses – wenn

---

[81] AG Köln WuM 1998, 314, 315.
[82] Palandt/*Putzo* § 540 Rdnr. 15; Schmidt-Futterer/*Gather* § 546 Rdnr. 95.
[83] BGH NZM 2006, 949.
[84] Schmidt-Futterer/*Eisenschmid* § 535 Rdnr. 1.
[85] Bub/Treier/*Kraemer* III B Rdnr. 1169.
[86] Verstoß gg. § 308 Nr. 4 BGB.
[87] Z. B. Garten NJW-RR 94/334.
[88] *Emmerich/Sonnenschein* § 535 Rdnr. 7.
[89] Schmidt-Futterer/*Eisenschmid* § 535 Rdnr. 3.
[90] Schmidt-Futterer/*Blank* Vor § 535 Rdnr. 3; Eisele WuM 1997, 533, 534.
[91] Schmidt-Futterer/*Eisenschmid* § 535 Rdnr. 4 m. w. N.
[92] Schmidt-Futterer/*Eisenschmid* § 535 Rdnr. 5 m. w. N.
[93] Lindner-Figura/Oprée/Stellmann/*Hübner/Griesbach/Schreiber* Kap. 14 Rdnr. 54.

dies datumsmäßig bestimmt ist – nicht zur Verfügung, kommt er ohne Mahnung in Verzug (§ 286 Abs. 2 Nr. 1 BGB) und macht sich damit für den Verspätungsschaden schadensersatzpflichtig (§§ 280 Abs. 1, Abs. 2, 286 BGB). Der Mieter kann gemäß § 323 Abs. 1 BGB zurücktreten.

An dieser Stelle muss auf einige Fallkonstellationen eingegangen werden: Die Mietparteien treffen oftmals die Vereinbarung, dass die Mietsache – Neubau oder Vollsanierung – „**ab Bezugsfertigkeit**" überlassen werden soll.[94] Hier muss ein Einzug dem Mieter zumutbar sein. Eine entsprechende AGB-Klausel ist wegen Verstoß gegen § 308 Nr. 1 BGB unwirksam. Wird als Überlassungszeitpunkt der „**Auszug des Vormieters**" vereinbart, so ist dies der Zeitpunkt, in dem der Vermieter den unmittelbaren Besitz zurückerlangt und diesen an den Mieter weitergibt.[95] Beide Fallkonstellationen stellen aufschiebende Bedingungen dar, die der Vermieter fördern muss.[96]

c) **Schlüsselübergabe.** Der Vermieter hat dem Mieter sämtliche Schlüssel[97] der vermieteten Räume, des Hauses und die, die zur Benutzung der Gemeinschaftseinrichtungen notwendig sind, zu übergeben.[98] Er darf keine zurückhalten bzw. Zweitschlüssel ohne Wissen des Mieters besitzen.[99] Mit der Schlüsselübergabe erfolgt regelmäßig die Übergabe des unmittelbaren Besitzes im Sinne von § 854 BGB.[100] Zwar besteht zwischen den Parteien ein Besitzmittlungsverhältnis in der Form, dass der Mieter dem Vermieter den Besitz mittelt, jedoch regelt sich das Rechtsverhältnis nach dem Mietvertrag, der den Zutritt des Vermieters im Zweifel ausschließt.[101] Der Erhalt einer gewissen Anzahl von Schlüsseln kann vom Mieter nicht formularmäßig in allgemeinen Geschäftsbedingungen bestätigt werden (§ 309 Nr. 12 b BGB), sondern nur außerhalb dieser als Quittung.[102] Der Mieter ist auch ohne Erlaubnis des Vermieters berechtigt, sich die für ihn erforderliche Zahl von Schlüsseln (einer pro Beschäftigter) anfertigen zu lassen.[103]

Eine formularvertragliche Regelung, die einen Mieter verpflichtet, sämtliche Schlüssel auf eigene Kosten herstellen zu lassen, verstößt gegen die Pflicht des Vermieters, dem Mieter den Besitz zu verschaffen und ist wegen Verstoßes gegen § 307 Abs. 2 BGB unwirksam.[104] Eine vergleichbare Individualvereinbarung verstößt in der Regel gegen die Grundsätze von Treu und Glauben gemäß § 242 BGB.[105] Nicht zu beanstanden sind dagegen in der Geschäftsraummiete durchaus übliche Vereinbarungen, wonach der Mieter den Zugang zu der Mietsache anstelle der vermieterseitig vorhandenen Schließanlage mit einer eigenen Schließanlage versehen darf, denn in diesen Fällen ist der Vermieter auch ohne Austausch der Schließanlage bereit, dem Mieter den unmittelbaren Besitz an der Mietsache zu verschaffen.[106]

> **Praxistipp:**
>
> Nach herrschender Meinung hat der Mieter auch Schlüssel zurückzugeben, die er selbst angeschafft hat. Eine andere Ansicht vertritt die Auffassung, dass eine Herausgabepflicht nur bei Kostenerstattung besteht, ansonsten der Mieter zur Vernichtung verpflichtet ist (Bub/Treier/Scheuer, V A Rdnr. 9).
>
> Es empfiehlt sich daher, im Mietvertrag die Herausgabe sämtlicher, auch vom Mieter selbst angeschaffter Schlüssel, ohne Kostenerstattung zu vereinbaren.

---

[94] *Sternel* II Rdnr. 5.
[95] *Sternel* II Rdnr. 6.
[96] *Sternel* II Rdnr. 6.
[97] LG Berlin NJW-RR 1988, 203.
[98] Bub/Treier/*Kraemer* III B Rdnr. 1182; Kinne/Schach/Bieber/*Schach* Teil I § 535 Rdnr. 24 m. w. N.
[99] *Sternel* II Rdnr. 9 m. w. N.
[100] BGHZ 65, 137, 139.
[101] Kinne/Schach/Bieber/*Schach* Teil I § 535 Rdnr. 24 m. w. N.
[102] *Sternel* II Rdnr. 9.
[103] *Sternel* II Rdnr. 9.
[104] Lindner-Figura/Oprée/Stellmann/*Hübner/Griesbach/Schreiber* Kap. 14 Rdnr. 52.
[105] Schmidt-Futterer/*Eisenschmid* § 535 Rdnr. 16.
[106] Lindner-Figura/Oprée/Stellmann/*Hübner/Griesbach/Schreiber* Kap. 14 Rdnr. 52.

96 **d) Vertragsgemäßer Zustand der Mietsache bei Übergabe.** In § 535 BGB sind Inhalt und Hauptpflichten des Mietvertrages normiert. § 535 Abs. 1 BGB spiegelt das gesetzliche Leitbild wider, wonach der Vermieter die Mietsache dem Mieter in einem zum vertragsgemäßen Zustand geeigneten Gebrauch zu überlassen hat und diesen Zustand zu erhalten hat.

97 Der Vermieter hat dem Mieter die Mietsache zum vereinbarten Beginn des Mietverhältnisses in der Weise zu überlassen, dass der Mieter ohne weiteres den vertragsgemäßen Gebrauch ausüben kann.[107] Der Gebrauchsüberlassungspflicht des Vermieters gemäß § 535 Abs. 1 S. 2 BGB korrespondiert keine Abnahmepflicht des Mieters (im Gegensatz zum Kauf- und Werkvertragsrecht). Jedoch kann eine Abnahmepflicht vereinbart werden.[108] Fehlt eine solche Vereinbarung, kann der Mieter zwar in Annahmeverzug geraten, nicht jedoch in Schuldnerverzug.[109] Empfehlenswert bei der Besitzübergabe ist eine Übergabeverhandlung durch Begehung der Miträume und Erstellung eines Übergabeprotokolls. Die Unterzeichnung des Übergabeprotokolls ist allerdings kein Einwendungsausschluss, sondern lediglich ein Beweisproblem.[110] Ohne Besichtigung kann der Mieter vom „verkehrsüblichen Zustand" der Miträume ausgehen.[111]

Die Mietsache ist in einem Zustand zu übergeben, der dem Mieter den **vertragsgemäßen Gebrauch** der Mietsache ermöglicht. Was Inhalt des **vertragsgemäßen Gebrauches** ist, richtet sich primär nach den vertraglichen Vereinbarungen der Parteien, insbesondere dem vereinbarten **Mietzweck**.[112] Es geht nicht um wirtschaftliche Ziele des Mieters, sondern um die vertraglichen Vereinbarungen über die Nutzung der Mietsache.[113] Der Vermieter erfüllt seine Überlassungspflicht nur dann, wenn die Mietsache für den vereinbarten **Mietzweck tatsächlich und rechtlich geeignet** ist. Insbesondere muss der vereinbarte Mietzweck in der Mietsache öffentlich-rechtlich zulässig verfolgt werden können, beispielsweise müssen Geschäftsräume die baulichen Vorraussetzungen für den vereinbarten Mietzweck erfüllen.[114] Problematisch sind auch häufig die vom Mieter einzuholenden „persönlichen Erlaubnisse" wie z.B. die Gaststättenerlaubnis. Der Vermieter trägt nicht das Risiko solcher Umstände, die allein in den persönlichen Verhältnissen des Mieters ihre Ursache haben. Aber immer dann, wenn öffentlich-rechtliche Hindernisse unmittelbar mit der örtlichen Lage der Mietsache zusammenhängen, ist das Beheben dieses Hindernisses im Zweifel Vermietersache.[115]

Vertragsgemäßheit setzt auch Bezugsfertigkeit voraus.

98 *aa) Herrichtungspflicht des Vermieters.* Nach § 535 Abs. 1 S. 2 BGB muss der Vermieter die Mietsache nicht bloß in vertragsgemäßem Zustand übergeben, vielmehr hat er diese während der Dauer des Mietverhältnisses in vertragsgemäßem Zustand zu erhalten. Die sich daraus ergebende Mängelbeseitigungspflicht des Vermieters ist von einem auf seiner Seite bestehenden Verschulden unabhängig. Diese Einstandspflicht trifft ihn dann nicht, wenn seitens des Mieters ein Verschulden vorliegt.

99 *bb) Überbürdung auf den Mieter.* Er kann diese jedoch auf den Mieter durch Andienung im noch nicht fertigen Zustand abwälzen. Allerdings muss die Herrichtung mit zumutbarem Aufwand möglich sein. Hat sich der Mieter die Herrichtungspflicht überbürden lassen, hat in diesem Fall der Vermieter einen Erfüllungsanspruch.

---

[107] Bub/Treier/*Kraemer* III A Rdnr. 918 m.w.N.
[108] Bub/Treier/*Kraemer* III A Rdnr. 923.
[109] Bub/Treier/*Kraemer* III A Rdnr. 924.
[110] Bub/Treier/*Kraemer* III A Rdnr. 918.
[111] *Sternel* II Rdnr. 14; s.a. BGH NZM 2004, 736.
[112] Lindner-Figura/Oprée/Stellmann/*Hübner/Griesbach/Schreiber* Kap. 14 Rdnr. 80.
[113] Lindner-Figura/Oprée/Stellmann/*Hübner/Griesbach/Schreiber* Kap. 14 Rdnr. 2.
[114] Bub/Treier/*Kraemer* III A Rdnr. 1176, 1345.
[115] Lindner-Figura/Oprée/Stellmann/*Hübner/Griesbach/Schreiber* Kap. 14 Rdnr. 13.

Praxistipp:

Zu Übergabe der Mietsache sollte ein detailliertes Übergabeprotokoll erstellt und vom Mieter unterzeichnet werden. Das Protokoll soll auch vorhandene Mängel enthalten. Hat der Mieter dieses Protokoll unterzeichnet so ist er wegen der darin aufgeführten Mängel mit Minderungsansprüchen grundsätzlich ausgeschlossen.

cc) Neuere Praxis. Der in letzter Zeit immer häufiger bei Geschäftsraummietverhältnissen anzutreffende Fall ist jedoch der, dass die Räume in der Regel nicht in einem zum vertragsgemäßen Gebrauch geeigneten Zustand überlassen werden, sondern mehr oder weniger als so genannter „veredelter Rohbau". In diesem Fall müssen im Vertrag detaillierte Regelungen über den mieterspezifischen Ausbau getroffen werden. Dies hat dann entsprechende Auswirkungen auf Instandhaltungs- und Rückbauverpflichtungen, die bei einer Vertragsgestaltung zu beachten sind. 99a

dd) Vertragliche Gestaltung. Soweit vertraglich nichts anderes geregelt ist, hat der Vermieter die Mietsache für den vertraglich vereinbarten Zweck zu überlassen, ohne dass der Mieter eigene Baumaßnahmen tätigen muss, § 535 Abs. 1 S. 2 BGB.[116] Wird von dieser gesetzlichen Regelung abgewichen, bedarf dies einer eindeutigen und klaren Regelung. Nicht ausreichend ist in diesem Zusammenhang eine Vertragsklausel, die hinsichtlich der Ausstattung des Mietobjektes auf eine beigefügte Baubeschreibung verweist. Derartiges wird in der Regel nur als Erläuterung dessen verstanden wie die Ausstattung erfolgt, beispielsweise Teppich oder Parkett, Holztüren oder Glastüren usw. Es wird daher nicht ausreichend sein eine solche Klausel in einem Formularmietvertrag zu verwenden, da hiermit nicht wirksam von der gesetzlichen Grundregelung des § 535 BGB abgewichen werden kann (§ 305 c Abs. 2 BGB). 99b

ee) Beteiligte und Umfang. Werden nach dem Mietvertrag keine voll ausgebauten, vertragstauglichen Räume überlassen muss vertraglich geregelt werden, durch wen der weitere Ausbau der Räume erfolgt. Dies deshalb, da sich hierdurch unterschiedliche Rechtsfolgen in Bezug auf Instandhaltung- und Rückbaupflichten ergeben, die wiederum ebenso abweichend vereinbart werden müssen. 99c

Eine einfache Lösung stellt die Vereinbarung dar, dass der Mieter die Ausstattung und Einbauten selbst einbringt, die der Vermieter nicht zur Verfügung stellt und deshalb vom Mieter, weil erforderlich, selbst und auf eigene Kosten eingebaut werden. Probleme tauchen hier jedoch insbesondere bei Neubauten auf, wenn es um Gewährleistungsansprüche des Mieters geht, weil ihm weder Pläne oder sonstige konkrete Vorgaben über „Schnittstellen" gemacht werden.

Auf Grund dieser vorgenannten Problematik, insbesondere der Abgrenzung von Leistungen des Mieters und Gewährleistungsansprüchen sowie häufig einer Kostensteigerung durch mehrere Auftraggeber, kann sich der Vermieter den Ausbau der Räume auf Grund der Wünsche des Mieters auch selbst vorbehalten. Dies unabhängig von einer Kostentragungspflicht. Hier bieten sich zwei unterschiedliche Modelle mit unterschiedlichen Rechtsfolgen an:
- Die Ausbaumaßnahmen werden als Sonderwünsche des Mieters durch den Vermieter durchgeführt, so dass dies Teil der vermieterseitigen Leistung wird.
- Es kann vereinbart werden, dass die Mietersonderwünsche zwar Mieterleistungen sind, dieser sich jedoch verpflichtet, den Vermieter mit der Ausführung der Arbeiten zu beauftragen. In einem solchen Fall kommt zwischen Mieter und Vermieter neben dem Mietvertrag ein Werkvertrag zustande, bei dem der Mieter Auftraggeber und der Vermieter Auftragnehmer ist.

ff) Im Gegensatz zur Überlassungspflicht kann die Erhaltungspflicht zumindest teilweise auch in Formularverträgen wirksam auf den Mieter übertragen, d.h. die gesetzliche Regelung abbedungen werden.[117] In gewerblichen Mietverträgen stellt dies den Regelfall dar. In- 99d

---

[116] Palandt/*Weidenkaff* § 535 Rdnr. 14, 34.
[117] Palandt/*Weidenkaff* § 535 Rdnr. 37.

dividualvertraglich ist die Überwälzung der Erhaltungspflicht auf den Mieter bis zur Grenze der Sittenwidrigkeit gemäß § 138 BGB zulässig.[118]

2. Gebrauchsgewährung

100 a) **Inhalt und Grenzen der Gebrauchsgewährungspflicht.** Die Hauptpflicht des Vermieters gemäß § 535 Abs. 1 S. 1 BGB wird durch § 535 Abs. 1 S. 2 BGB ergänzt und konkretisiert („zum vertragsmäßigen Gebrauch geeigneten Zustand"). Dies ist die Sicherung des Rahmens, innerhalb dessen der Mieter seinen Mietgebrauch ausübt.[119] Mit der Gebrauchsgewährungspflicht des Vermieters korrespondiert das Gebrauchs**recht** des Mieters, keine Gebrauchs**pflicht**. Inhaltlich richtet sich die Vermieterpflicht im Einzelnen nach Art und Umfang des Gebrauchs, der dem Mieter nach dem Mietvertrag gestattet ist.[120]

101 *aa) Räumlich.* Räumlich erfasst die Gebrauchsgewährungspflicht das Mietobjekt und die Teile des Grundstücks, die mitbenutzt werden dürfen. Der Umfang des Mietobjektes ergibt sich aus dem Vertrag, dessen Auslegung nach § 157 BGB, der Hausordnung und nach Treu und Glauben. Insbesondere dürfen die mitgemieteten Gebäudeteile mitbenutzt werden (z. B. Zugangsweg, Außenwand für Schild). Dabei ist zwischen „vom Mietgebrauch erfassten" Sachen und der „Gestattung der Benutzung" zu unterscheiden.[121]

102 *bb) Zeitlich.* Vor Vertragsbeginn ist der Vermieter nur dann zur Gebrauchsgewährung verpflichtet, wenn er dem Mieter das Mietobjekt vorher überlassen hat (siehe oben II 1 b). Mit Beendigung des Mietverhältnisses entfällt die grundsätzliche Gebrauchsgewährungspflicht des § 535 Abs. 1 S. 2 BGB. Es besteht danach nur eine eingeschränkte Gebrauchsgewährungspflicht[122] in Form einer Verkehrssicherungspflicht[123] bis zur Rückgabe der Mietsache. Der Vermieter hat die Grundvoraussetzungen für eine Benutzung der Mietsache zu schaffen.[124]

103 b) **Wesentlicher Inhalt.** *aa) Zugang zum Mietobjekt.* Die Zugangswege zum Mietobjekt müssen mitbenutzt werden dürfen. Der ungehinderte Zugang ist Voraussetzung für die vertragsgemäße Nutzung. Eine Zugangsbehinderung stellt einen Mangel dar, auch wenn sie nicht durch vom Vermieter beeinflussbare Bauarbeiten ausgeht.[125] Umstritten ist allerdings, ob ein Zugangshindernis (z. B. durch Straßenarbeiten der Gemeinde oder sonstige Baustellen) ein Kündigungsrecht des Mieters auslöst.[126] Der Mieter kann die Zugangsbehinderung gemäß § 1004 BGB analog abwehren.[127]

104 *bb) Nutzung.* Die Nutzungsmöglichkeiten der Mietsache ergeben sich aus dem Mietvertrag bzw. sind durch dessen Auslegung nach § 157 BGB zu ermitteln.[128]

Regelmäßig sind die Räume entweder zu Wohnzwecken oder zur gewerblichen Nutzung überlassen. Sind beide Nutzungszwecke vereinbart, liegt ein Mischmietverhältnis vor. Bei diesem muss geprüft werden, welcher Nutzungstyp das Übergewicht bildet. Je nachdem, welcher Nutzungszweck überwiegt, sind entweder die Vorschriften des Wohnraummietrechtes oder die der Gewerberaummiete anzuwenden. Dies ist insbesondere entscheidend bei Abweichungen vom Vertragszweck respektive bei Leistungsstörungen.

---

[118] Lindner-Figura/Oprée/Stellmann/*Hübner*/*Griesbach*/*Schreiber* Kap. 14 Rdnr. 187.
[119] *Sternel* II Rdnr. 27.
[120] Schmidt-Futterer/*Eisenschmid* § 535 Rdnr. 15.
[121] AG Lörrach WuM 1998, 662; Schmidt-Futterer/*Eisenschmid* § 535 Rdnr. 25: Grundstücks- u. Gebäudeteile (Treppenhaus), Rdnr. 28: Keller/Dachboden wenn vertragl. vereinbart, Garage u. Abstellplatz unterscheid.: Alleinige Vermietung (siehe normale Verm.), Vermietung mit Wohnraum WohnraummietR anwendb, da Schwerpunkt § 535 Rdnr. 31; § 535 Rdnr. 37 f.: Garten bei EFH grds. mitvermietet, bei MFH nur bei ausdrückl. Vereinb. bzw. konklud. Vertragserweiterung durch jahrelange Nutzung, Rdnr. 38: Einrichtungen u. Zubehör, § 311c im Zweifel mitvermietet.
[122] Wenn z. B. Mieter die Wohnung nicht räumt.
[123] LG Aachen MDR 1992, 578.
[124] *Sternel* II Rdnr. 29.
[125] OLG Köln NJW 1972, 1814; Schmidt-Futterer/*Eisenschmid* § 536 Rdnr. 187.
[126] Lützenkirchen/*Eisenhardt* Anwaltshandbuch Mietrecht, Rdnr. 456 m. w. N.
[127] BGH NZM 1998, 411.
[128] Bub/Treier II Rdnr. 351.

cc) Gemeinschaftsflächen. Besonders erwähnenswert ist die Nutzungsmöglichkeit der Gemeinschaftsflächen.[129] Das bloße Vorhandensein von Gemeinschaftseinrichtungen gibt dem Mieter einen Benutzungsanspruch und dem Vermieter eine Unterhaltungspflicht,[130] vorbehaltlich klarer abweichender vertraglicher Vereinbarungen. 105

c) Versorgungsleistungen. Gemäß § 535 Abs. 1 S. 2 BGB hat der Vermieter die Mietsache zu „überlassen" und zu „erhalten". Daraus ergibt sich nicht nur eine Instandhaltungspflicht des Vermieters an der Mietsache,[131] sie umfasst auch die Versorgung des Mietobjektes mit Wärme, Energie, Wasser und die Entsorgungsleistungen. Der Vermieter hat diese grundsätzlich selbst zu veranlassen oder die erforderlichen Einrichtungen zur Verfügung zu stellen. 106

aa) Heizung. Die Versorgung mit Wärme ist Nebenpflicht des Vermieters.[132] Sie gehört zum vom Vermieter geschuldeten „vertragsgemäßen Gebrauch" im Sinne von § 535 Abs. 1 S. 2 BGB. Der Mieter hat diesbezüglich einen Erfüllungsanspruch.[133] Die Heizdauer ist individuell zu bestimmen, mindestens dauert sie jedoch vom 15. 9. bis 15. 5. und die Mindesttemperatur beträgt 20–22 °C von 7.00 bis 23.00 Uhr.[134] Abweichende Regelungen in Formularverträgen sind nicht möglich.[135] Die Heizpflicht kann auch formularmäßig vereinbart werden, allerdings ist dabei die mögliche Gesundheitsgefährdung des Mieters als Grenze anzusehen.[136] 107

bb) Wasser und Entsorgung. Es gehört zum Pflichtenkreis des Vermieters, die erforderlichen Zu- und Ableitungen zur Verfügung zu stellen, für die Instandhaltung und Instandsetzung Sorge zu tragen sowie Anlagen zur Abfallbeseitigung bereitzustellen.[137] 108

cc) Energie. Der Vermieter ist verpflichtet, in Mieträumen ausreichend Leitungen zur Verfügung zu stellen, für die er ebenfalls zur Instandhaltung und Instandsetzung verpflichtet ist.[138] Der Versorgungsvertrag kommt allerdings in der Regel zwischen Versorgungsunternehmen und Mieter zustande.[139] 109

dd) Einrichtung, Einbauten. Mitvermietet sind die Bestandteile und festen Einrichtungen des Mietobjektes.[140] Bei ausgestatteten Mieträumen sind auch die Einrichtungsgegenstände im Zweifel (gemäß § 311 c BGB) mitvermietet.[141] Sie gehören somit zum vertragsgemäßen Gebrauch der Mietsache. Eine Entfernung dieser Gegenstände seitens des Mieters ist ohne Einwilligung des Vermieters grundsätzlich nicht zulässig.[142] Anders zu beurteilen ist dies im Hinblick auf die Ausführungen unter Rdnr. 99 a ff. 110

ee) Zeitliche Begrenzung. Die Versorgungspflicht des Vermieters besteht in dieser Form bis zur Beendigung des Mietverhältnisses. Danach wäre eine Unterbrechung der Versorgung bzw. Erschwerung eine Besitzstörung im Sinne von § 862 BGB.[143] Das Recht zum Besitz schließt die ungestörte Ausübung ein. 112

ff) Zurückbehalt und Anspruchssicherung. Der Vermieter hat kein Zurückbehaltungsrecht an Versorgungsleistungen bezüglich seiner Ansprüche, obwohl die Voraussetzungen 113

---

[129] Wie z. B. Wäsche- oder Fahrradkeller, Garten, Grünanlage, Spielplatz.
[130] *Sternel* II Rdnr. 37.
[131] Bub/Treier/*Kraemer* III B Rdnr. 1169.
[132] MünchKommBGB/*Häublein* § 535 Rdnr. 76.
[133] Wenn der Vermieter diesem nicht nachkommt, einen Minderungsanspruch (§ 536 Abs. 1), Schadenersatzanspruch (§ 536 a Abs. 1) bzw. Kündigungsrecht (§ 543 Abs. 2 S. 1 Nr. 1).
[134] MünchKommBGB/*Häublein* § 535 Rdnr. 77 f.; *Emmerich* §§ 535, 536 Rdnr. 23.
[135] LG Göttingen ZMR 1988, 179; LG Hamburg WuM 1988, S. 153.
[136] *Sternel* Rdnr. 67.
[137] *Sternel* II Rdnr. 71; *Kossmann* § 30 Rdnr. 5.
[138] *Sternel* II Rdnr. 75.
[139] AG Rastatt NZM 2000, 181.
[140] Z. B. Türen, Fenster, Heizkörper, Sanitärinstallationen usw.
[141] Schmidt-Futterer/*Eisenschmid* § 535 Rdnr. 40.
[142] LG Berlin GE 1997, 243 = NJW-RR 1997, 1097; ausnahmsweise ist Entfernung möglich zur Wiederherstellung des gebrauchsfähigen Zustandes, LG Konstanz WuM 1989, 67.
[143] *Sternel* II Rdnr. 80.

der §§ 273, 320 BGB bei Zahlungsverzug des Mieters gegeben sind.[144] Ein solcher Zurückbehalt **kann** zur Unbewohnbarkeit führen und damit den Tatbestand der verbotenen Eigenmacht erfüllen (§ 858 BGB).[145]

Der Mieter kann seinen Anspruch auf Vorhalt der Versorgungsleistungen im Rahmen des einstweiligen Rechtsschutzes durchsetzen.

114 **d) Abwehr von Immissionen.** Die Pflicht des Vermieters zur Gebrauchsgewähr nach § 535 Abs. 1 S. 2 BGB schließt die Pflicht zur Unterlassung und zur Abwehr von Störungen des Mietgebrauchs ein. Dies sind Störungen, die vom Mietobjekt selbst, von Mitmietern, von Dritten und der Umwelt ausgehen können. Der Abhilfeanspruch des Mieters besteht nur insoweit, als der Vermieter die Unterlassung (von Dritten) nach §§ 862, 906, 1004 BGB verlangen kann. Soweit eine Abhilfe nicht möglich ist, greifen die verschuldensunabhängigen Gewährleistungsregelungen. Allerdings ist diese Sicherungspflicht individualvertraglich abdingbar. In Formularklauseln kann im Zweifel nur eine Freizeichnung des Vermieters vereinbart werden, dagegen keine Pflichtüberbürdung zu Lasten des Mieters (da der Vermieter sonst auf den Mieter Rückgriff nehmen könnte).[146]

115 **e) Fürsorge- und Treuepflichten.** Im Mietrecht gilt der allgemeine **Gleichbehandlungsgrundsatz**,[147] der dann einschlägig ist, wenn der Vermieter Kollektivregelungen (z.B. Hausordnung) trifft. Der Vermieter hat über § 242 BGB das **Willkürverbot** aus Art. 3 GG zu beachten (z.B. bei der Hundehaltung, Abstellen von Fahrzeugen im Hof etc.).

116 Das Mietverhältnis ist ein personenbezogenes Dauerschuldverhältnis. Den Vermieter treffen daher Aufklärungspflichten bezüglich weitergehender Maßnahmen, auch wenn keine Gefahr für Leib und Leben besteht. Über die Gewährpflicht hinaus trifft den Vermieter die Pflicht, durch Vorsorge Beeinträchtigungen des Mietgebrauchs zu vermeiden. Er hat alle Einwirkungen auf die Mietsache zu vermeiden, die schädigend sein könnten.[148]

117 **f) Konkurrenzschutz.** Dem Vermieter von Geschäfts- und Gewerberäumen obliegt eine Konkurrenzschutzpflicht gegenüber seinem Mieter in Bezug auf den Kernbereich der gewerblichen Nutzung.

Die gemeinhin als **vertragsimmanenter Konkurrenzschutz** bezeichnete Verpflichtung des Vermieters ist im Wesentlichen eine Verpflichtung zum Unterlassen, nämlich zum Unterlassen der Vermietung in demselben Objekt oder in einem unmittelbar benachbarten Objekt zu einem identischen Gebrauch. Begründet wird diese Verpflichtung mit der Behauptung, der Vermieter gewerblich zu nutzender Räume schulde seinem Mieter, der ja in den Räumen einer Tätigkeit nachgehe, mit der auch die Miete erwirtschaftet werden solle, das Unterlassen der Vermietung an Konkurrenten aufgrund einer sog. Leistungstreuepflicht.[149] Jedoch kann die Verpflichtung zur Gewährung von Konkurrenzschutz ausgeschlossen werden. Nach herrschender und zutreffender Auffassung können derartige Ausschlussklauseln auch formularmäßig vereinbart werden.[150] Sie sind in der Praxis der gewerblichen Vermietung weder überraschend noch betreffen sie wesentliche Vertragsverpflichtungen des Vermieters von Gewerberaum.[151]

118 Problematisch ist der Konkurrenzschutz bei einem Mischmietverhältnis, in dem die Nutzung zu Wohn- und anderen Zwecken zugelassen ist und der Schwerpunkt bei der Gewerberaummiete liegt.. Fraglich ist, ob z.B. ein Junganwalt, der in seiner Wohnung eine „Wohnzimmerkanzlei" betreibt, von seinem Vermieter Konkurrenzschutz verlangen kann.

---

[144] OLG Hamburg WuM 1978, 169 bzgl. Heizung; LG Kassel WuM 1979, 51 bzgl. Wasser; LG Heilbronn WuM 1965, 46 bzgl. Strom; Bub/Treier/*v. Martius* III A Rdnr. 1152; a. A. ebenda: Abstellen von Strom ... ist keine verbotene Eigenmacht, denn M hat trotz mietvertragl. zustehenden Mitbenutzungsrecht kein Mitbesitzrecht an den Versorgungsleitungen.
[145] Schmidt-Futterer/*Eisenschmid* § 535 Rdnr. 101.
[146] Zum Ganzen: *Sternel* II Rdnr. 103.
[147] LG Offenburg WuM 1998, 289; Schmidt-Futterer/*Eisenschmid* § 535 Rdnr. 81.
[148] Schmidt-Futterer/*Eisenschmid* § 535 Rdnr. 91 f.
[149] Lindner-Figura/Oprée/Stellmann/*Hübner/Griesbach/Schreiber* Kap. 14 Rdnr. 111.
[150] *Emmerich/Sonnenschein* § 535 Rdnr. 11.
[151] Lindner-Figura/Oprée/Stellmann/*Hübner/Griesbach/Schreiber* Kap. 14 Rdnr. 167.

Grundsätzlich genießen auch die Vertreter der freien Berufe Konkurrenzschutz.[152] Bei gemischten Mietverhältnissen wird grundsätzlich von einem Gewerbemietverhältnis ausgegangen, solange die Nutzung der Räumlichkeiten frei bestimmbar ist.[153] Allerdings kann dies nicht verallgemeinert werden; liegt das Schwergewicht der Berufsausübung außerhalb der Mieträume, so ist ein gewerbliches Mietverhältnis und damit Konkurrenzschutz zu verneinen.[154] Anders ist dann zu entscheiden, wenn die quasi-gewerbliche Nutzung nicht vertraglich vereinbart wurde.

3. Leistungsstörungen

An dieser Stelle ist auf das Verhältnis der mietrechtlichen Gewährleistung zu dem allgemeinen Leistungsstörungsrecht einzugehen. Nach neuerer Rechtsprechung des BGH sind die mietrechtlichen Gewährleistungsregeln wegen eines Sachmangels grundsätzlich erst anwendbar, wenn die Mietsache übergeben worden ist,[155] da bereits der Wortlaut des § 536 Abs. 1 BGB eine Übergabe voraussetzt.

a) **Garantiehaftung des Vermieters.** § 536a fasst die Schadensersatz- und Aufwendungsersatzansprüche des Mieters wegen eines Mangels der Mietsache zusammen.

Nach § 536 Abs. 2 Nr. 2 BGB besteht ein Aufwendungsersatzanspruch bei notwendiger umgehender Beseitigung eines Mangels zur Erhaltung oder Wiederherstellung des Bestandes der Mietsache, d. h. es geht um Notmaßnahmen, die keinen Aufschub dulden und die ohne vorherige Mahnung einen Aufwendungsersatzanspruch auslösen.

Gemäß § 536a Abs. 1 1. Alt. BGB trifft den Vermieter eine Garantiehaftung für anfängliche Mängel, d. h. Mängel, die bei Vertragsschluss vorhanden sind. Verschulden, Erkennbarkeit bzw. Vermeidbarkeit sind dabei irrelevant.[156] Die Garantiehaftung ist Folge des allgemeinen Grundsatzes, dass jeder Schuldner für sein anfängliches Leistungsvermögen ohne Rücksicht auf Verschulden einstehen muss.[157] Die Haftung geht aber mit Erstreckung auch auf objektiv unbehebbare Mängel der Mietsache über den Grundsatz hinaus. Dabei genügt es, dass zum Zeitpunkt des Vertragsschlusses die Ursache für späteren Schaden vorhanden war,[158] der Mangel braucht noch nicht zu Tage getreten zu sein. Die Garantiehaftung greift auch, wenn die Mietsache bei Vertragsschluss noch nicht fertiggestellt war und der Mangel bei der Übergabe vorhanden war.[159] Fallen Vertragsschluss und Beginn des Mietverhältnisses durch Übergabe der Mietsache auseinander, ist der Zeitpunkt des Vertragsschlusses maßgeblich.[160] Dabei ist die Garantiehaftung ausdehnend auszulegen. Grund ist ein an Risikobereichen orientierter Mieterschutz. Der Mieter hat keine Einwirkungs- und Erkenntnismöglichkeit hinsichtlich des Zustandes des Mietobjektes vor Vertragsschluss.[161] Allerdings ist die Garantiehaftung formularmäßig abdingbar. Ein solcher vertraglicher Ausschluss ist nicht nach § 307 BGB unwirksam,[162] soweit es nicht um Haftung für zugesicherte Eigenschaften im Sinn von §§ 536 Abs. 2, 536a Abs. 1 BGB geht. Die Verschuldenshaftung bleibt vom Ausschluss unberührt.[163] Des Weiteren ist der in einem Formularmietvertrag vereinbarte Ausschluss von Schadensersatzansprüchen des Mieters wegen Sachschäden, die durch Mängel der Mietsache verursacht wurden, für die der Vermieter infolge leichter Fahrlässigkeit verantwortlich ist, wegen Verstoßes gegen § 307 BGB unwirk-

---

[152] BGHZ 70, 79, da zwar kein Gewerbe, doch wirtschaftliche Konkurrenz; Bub/Treier/*Kraemer* III B Rdnr. 1247.
[153] BGH WM 1986, 274.
[154] LG Berlin MM 1995, 63.
[155] BGHZ 136, S. 102 = NJW 1997, 2813.
[156] OLG Karlsruhe ZMR 1991, 378.
[157] *Sternel* II Rdnr. 181.
[158] Z. B. verborgene Mängel an Installationen: LG Köln WuM 1990, 386.
[159] OLG München ZMR 1996, 322 m.w.N.
[160] Schmidt-Futterer/*Eisenschmid* § 536a Rdnr. 12.
[161] *Sternel* II Rdnr. 564 m.w.N.
[162] Bub/Treier/*Kraemer* III B Rdnr. 1380; BGH NJW-RR 1991, 74, 1993, 519, OLG Stuttgart RE WuM 1984, 187; BayObLG WuM 1985, 49.
[163] OLG Düsseldorf ZMR 1988, 222, 223; NJW-RR 1996, 521.

sam.[164] Die Unwirksamkeit ergibt sich daraus, dass durch einen derartigen Haftungsausschluss die Hauptpflicht des Vermieters eingeschränkt wird, die Mietsache in einem vertragsgemäßen Zustand zu erhalten. Im Gegensatz zum Mieter kann der Vermieter nämlich für Schäden, die durch eine leicht fahrlässige Verletzung seiner Instandhaltungspflicht entstanden sind, eine Haftpflichtversicherung abschließen. Ein derartiger Haftungsausschluss ist jedoch nur dann unwirksam, wenn sich der Vermieter gegen Schäden absichern will, die durch Mängel der Mietsache verursacht worden sind. Wenn es um Sach- und Vermögensschäden des Mieters geht, die ansonsten vom Vermieter leicht fahrlässig verursacht worden sind, ist eine Haftungsbeschränkung wirksam und weiterhin sinnvoll.

123 b) **Haftung für Erfüllungsgehilfen.** Erfüllungsgehilfe ist jede Person, die vom Vermieter für Verrichtungen bei, in oder an der Mietsache bestellt wird.[165] Der Vermieter haftet für alle Personen, die er zur Erfüllung einer dem Mieter gegenüber bestehenden Pflicht einsetzt. Dabei haftet er für alle schuldhaften Verhaltensweisen des Erfüllungsgehilfen, die zur Erfüllungshandlung in einem adäquat-kausalen Verhältnis stehen. Erfüllungsgehilfen sind z. B. der Hausverwalter, Hauswart, Arbeitnehmer des Vermieters,[166] beauftragte Handwerker, Lieferanten und deren Angestellte, Sachverständige, Kauf- und Mietinteressenten des Vermieters. Allerdings besteht nur Haftung für Verhaltensweisen „in Ausübung der Verrichtung", nicht „bei Gelegenheit" der Verrichtung.

124 c) **Schutzwirkung zugunsten Dritter.** *aa) Miteinbeziehung Dritter in den Vertrag.* Im Schutzbereich des Mietvertrages steht nicht nur der Mieter selbst, sondern jeder, der nach dem Inhalt des Mietvertrages bestimmungsgemäß am Gebrauch der Mietsache teilhaben oder ihn an Stelle des Mieters ausüben soll. Dies sind auch Angestellte, also Personen, denen der Vermieter Schutz und Fürsorge zu gewähren hat.[167] Dies ist in der Regel dann der Fall, wenn zwischen Mieter und Drittem ein Rechtsverhältnis mit personenrechtlichem Einschlag besteht, wie z. B. familienrechtliche oder arbeitsrechtliche Beziehungen. Nicht in den Schutzbereich einbezogen ist der Untermieter, dieser muss sich an seinen Vermieter – den Hauptmieter – halten.[168] Bei dieser Miteinbeziehung handelt es sich um einen **Vertrag mit Schutzwirkung zugunsten Dritter, § 328 BGB.**[169] Dabei wird die Anspruchsgrundlage zum Schaden gezogen.[170] Die Zubilligung des Schutzes beruht auf dem Gedanken, dass es gegen Treu und Glauben verstoßen würde, ihm, der vertragslos aber bestimmungsgemäß mit der Mietsache in Berührung und durch sie oder in ihr zu Schaden kommt, einen vertraglichen Anspruch zu versagen, der dem Mieter ohne weiteres zusteht.[171]

125 *bb) Schutz- und Fürsorgepflichten.* Den Vermieter trifft eine Fürsorgepflicht gegenüber dem Mieter. Er hat eine **Prüfungs- und Überwachungspflicht** hinsichtlich der Mietsache, um Schäden – auch für das Eigentum des Mieters – zu unterbinden oder abzuwenden.[172] Er hat notfalls einen Fachmann hinzuzuziehen. Ihn trifft die Pflicht, vorbeugende Maßnahmen zur Abwendung einer akuten Gefahr zu treffen, die erforderlich und ihm zumutbar sind.[173] Dabei ist es irrelevant, ob die Gefahr von der Mietsache, dem Vermieter oder Dritten ausgeht. Dies umfasst auch eine **Kontrollpflicht** bezüglich der technischen Geräte in der Mietwohnung, soweit diese nicht ausschließlich in der Obhut des Mieters stehen. Den Vermieter trifft auch eine **Verkehrssicherungspflicht** bezüglich der Gemeinschaftseinrichtungen.[174]

126 d) **Unmöglichkeit.** Die Unmöglichkeitsvorschriften der §§ 275, 280, 311a, 326 BGB sind jedenfalls dann ausgeschlossen, wenn die §§ 536 ff. BGB eingreifen. Liegt ein Fall der Un-

---

[164] BGH RE v. 24. 10. 2001 – VIII ARZ 1/01 – NZM 2002, 116.
[165] OLG Karlsruhe NJW-RR 1988, 528.
[166] BGH MDR 1964, 750.
[167] Schmidt-Futterer/*Eisenschmid* § 536a Rdnr. 77.
[168] BGHZ 70, 328.
[169] BGHZ 61, 227.
[170] Im Gegensatz zur Drittschadensliquidation, bei der der Schaden zur Anspruchsgrundlage gezogen wird.
[171] *Sternel* II Rdnr. 492.
[172] BGH ZMR 1990, 452 m. w. N.
[173] OLG Hamburg ZMR 1988, 420, 421.
[174] Zu alledem: Schmidt-Futterer/*Eisenschmid* § 535 Rdnr. 91 ff.

möglichkeit vor, wird auch im Mietrecht zwischen der objektiv und subjektiv anfänglichen und der nachträglichen Unmöglichkeit unterschieden.

aa) Anfängliche Unmöglichkeit. Hier ist zwischen objektiver und subjektiver Unmöglichkeit (Unvermögen) zu differenzieren.

Objektive Unmöglichkeit liegt dann vor, wenn die Mietsache vor Vertragsschluss bereits **nicht oder nicht mehr existiert,** so dass die Vermieterleistung von niemandem mehr erbracht werden kann. Dieser Umstand ändert jedoch nichts an der Wirksamkeit des Mietvertrages, § 311a Abs. 1 BGB. Im Falle der anfänglichen objektiven Unmöglichkeit gelten vor der Überlassung der Mietsache die §§ 275, 311a BGB,[175] d.h. der Vermieter haftet auf das positive Interesse, wenn er die Unmöglichkeit kannte oder seine Unkenntnis zu vertreten hat, § 311a Abs. 2 S. 2 BGB. Das Vertretenmüssen wird kraft Gesetzes widerleglich vermutet („gilt nicht"), so dass der Vermieter die Beweislast hat, dass gerade kein Vertretenmüssen vorliegt.

Subjektive Unmöglichkeit ist das **Unvermögen des Vermieters,** d.h. ein anderer als der Vermieter kann den Vertrag noch erfüllen. Ein solches anfängliches Unvermögen liegt beispielsweise bei einem tatsächlichen Leistungshindernis vor, wenn der Vormieter trotz Beendigung des Mietvertrages das Mietobjekt nicht rechtzeitig herausgibt.[176] Auch hier gelten vor der Überlassung der Mietsache die §§ 275, 311a BGB. Der Vermieter haftet im Falle des anfänglichen Unvermögens wie bei der anfänglichen objektiven Unmöglichkeit nach § 311a Abs. 2 S. 1 BGB auf Schadensersatz statt der Leistung bzw. Aufwendungsersatz. Subjektive Unmöglichkeit liegt auch vor bei einem **Rechtsmangel** im Sinne von § 536 Abs. 3 BGB – die Sache gehört beispielsweise nicht dem Vermieter allein.[177] § 536 Abs. 3 BGB verdrängt als besonderer Fall des Unvermögens die allgemeinen Vorschriften auch schon vor Überlassung der Mietsache.[178] Der Mieter hat in diesem Fall einen Erfüllungsanspruch auf Beseitigung des Mangels und Überlassung der Mietsache. Andernfalls kann der Mieter unabhängig von einem Verschulden des Vermieters Mietzinsbefreiung und Schadensersatz gem. § 536 Abs. 3 BGB in Verbindung mit entsprechender Anwendung der §§ 536ff. BGB geltend machen.

bb) Nachträgliche Unmöglichkeit. Es wird zwischen dem Zeitraum vor Gebrauchsüberlassung und dem nach Gebrauchsüberlassung unterschieden:

Vor Gebrauchsüberlassung gilt nicht § 536 Abs. 1 S. 1 BGB, da der Anwendungsbereich der §§ 536, 536a BGB nach dem ausdrücklichen Gesetzeswortlaut („zurzeit der Überlassung an den Mieter") noch nicht eröffnet ist.[179] Stattdessen greift das allgemeine Leistungsstörungsrecht, hier § 326 BGB bzw. §§ 280 Abs. 1, Abs. 2, 283 BGB. Etwas anderes gilt nur dann, wenn dem Vermieter die Überlassung auf Grund eines Rechtsmangels unmöglich ist. In diesem Fall verdrängt § 536 Abs. 3 BGB iVm. § 536a Abs. 1 BGB die allgemeinen Vorschriften auch schon vor Überlassung der Mietsache.

Nach Gebrauchsüberlassung gilt grundsätzlich § 536 Abs. 1 BGB, wenn ein Mangel vorliegt. Leidet die Mietsache jedoch an einem unbehebbaren Schaden, z.B. im Falle von Untergang oder Zerstörung, liegt nicht mehr ein bloßer Mangel vor. Es handelt sich dann vielmehr um Unmöglichkeit, so dass das allgemeine Leistungsstörungsrecht gilt, §§ 275ff., 323ff. BGB.[180] Hier gelten dann auch die allgemeinen Grundsätze über die unterschiedliche Verschuldenshaftung. D.h. ist die **Unmöglichkeit weder vom Mieter noch vom Vermieter zu vertreten,** wird der Vermieter von der Leistungspflicht gem. § 275 Abs. 1 BGB frei. Er verliert jedoch auch seinen Anspruch auf die Gegenleistung gem. § 326 Abs. 1 S. 1 1. Halbsatz BGB. Ist die **Unmöglichkeit vom Vermieter zu vertreten,** sind die §§ 275, 280, 326 BGB heranzuziehen. Zur Wiederherstellung der Mietsache ist der Vermieter auch hier nicht verpflichtet.[181] Der Erfüllungsanspruch des Mieters wandelt sich in einen Schadensersatzanspruch gem.

---

[175] Palandt/*Weidenkaff* § 536 Rdnr. 8.
[176] Schmidt-Futterer/*Eisenschmid* § 536 Rdnr. 521.
[177] BGH NJW-RR 1995, 715.
[178] Palandt/*Weidenkaff* § 536 Rdnr. 11.
[179] Palandt/*Weidenkaff* § 536 Rdnr. 10.
[180] BGH WuM 1990, 546.
[181] Schmidt-Futterer/*Eisenschmid* § 536 Rdnr. 498.

§§ 280, 281, 283 BGB um. Nach Überlassung der Mietsache hat der Mieter statt eines Rücktrittsrechts gem. § 323 BGB ein Recht zur fristlosen Kündigung gem. § 543 BGB. Hat der **Mieter die Unmöglichkeit zu vertreten,** wird der Vermieter gem. § 275 BGB von seiner Leistungspflicht befreit und behält gleichzeitig seinen Anspruch auf die Gegenleistung gem. § 326 Abs. 2 S. 1 BGB. Ist die **Unmöglichkeit von beiden zu vertreten,** ist § 254 BGB anwendbar.[182] Beim nachträglichen Unvermögen[183] haftet der Vermieter auf Schadensersatz gem. §§ 536 Abs. 3, 536a Abs. 1 u. 2 BGB wenn er dieses zu vertreten hat. Durch die Verweisung in § 536 Abs. 3 BGB auf § 536 Abs. 1 u. 2 BGB werden die allgemeinen Vorschriften verdrängt.[184]

132

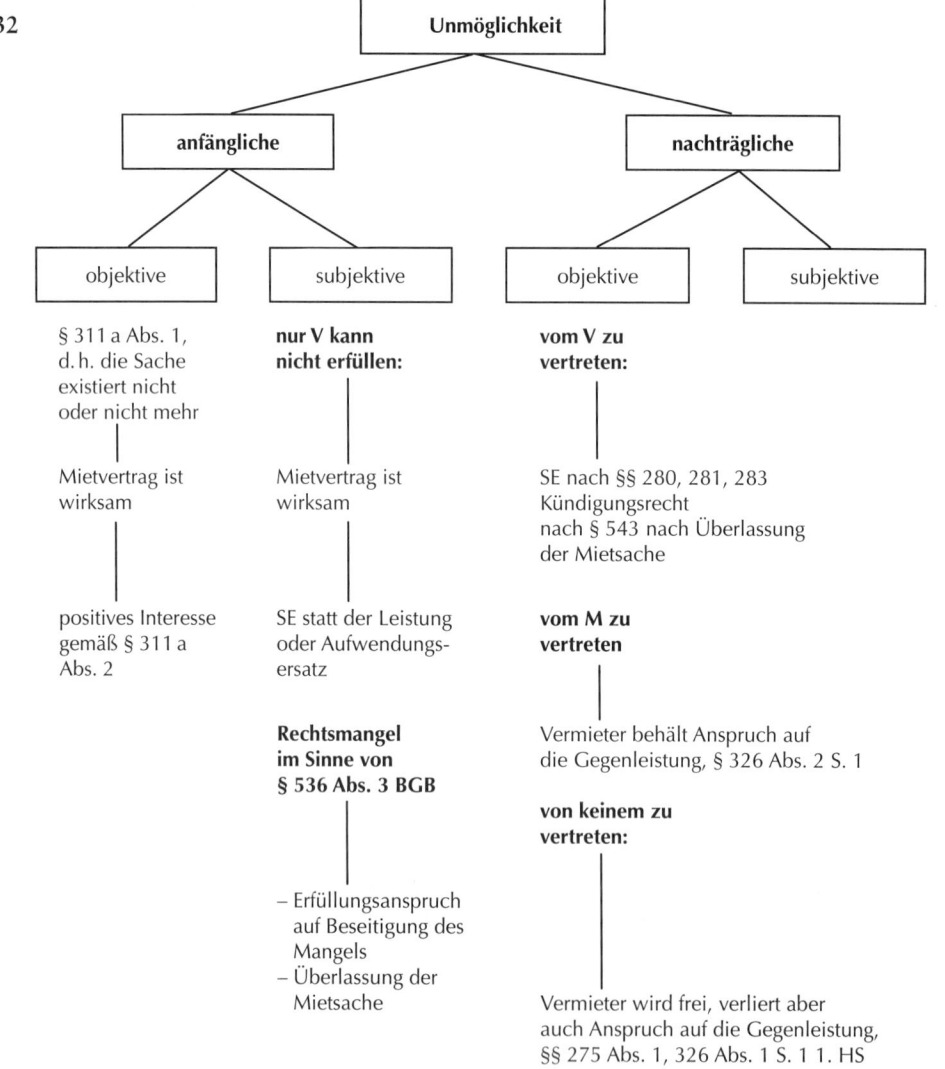

---

[182] BGH WuM 1981, 259.
[183] Z. B. Doppelvermietung seitens des Vermieters, BGH NJW-RR 1995, 701.
[184] Palandt/*Weidenkaff* § 536 Rdnr. 30.

e) **Verzug.** Es ist vorrangig zu prüfen, ob tatsächlich Verzug vorliegt oder Unmöglichkeit **133** gegeben ist. Dies deswegen, da die Rechtsfolgen völlig unterschiedlich sind. Die Abgrenzung geschieht danach, ob Nachholbarkeit vorliegt (dann Verzug) oder nicht.[185] Das Gewerberaummietverhältnis ist ein Dauerschuldverhältnis. Die Überlassung an den Mieter ist ein absolutes Fixgeschäft, so dass diese nach Zeitablauf nicht nachholbar ist, so dass Unmöglichkeit gegeben ist.

aa) Vor Überlassung. Ausnahmsweise kann vor Überlassung der Mietsache ein Verzögerungsschaden gegeben sein, wenn seitens des Mieters ernsthafte Zweifel an der Leistungsbereitschaft und Leistungsfähigkeit des Vermieters gegeben sind.[186] Dann hat der Mieter ein dringendes Interesse, die Unsicherheit zu beseitigen. Er kann dem Vermieter vor Übergabe eine Frist zur Erklärung setzen und androhen, vom Vertrag zurückzutreten. Gleiches gilt, wenn der Vermieter sich weigert, die Mietsache zu übergeben. Allerdings muss dann der Vermieter gemäß § 286 Abs. 4 BGB den Verzug zu vertreten haben. Dies ist dann der Fall, wenn er ausdrücklich oder konkludent eine Garantie für den Übergabetermin übernommen hat.[187] **134**

bb) Nach Überlassung. Für den Fall des Verzuges nach Überlassung der Mietsache ist § 536 a Abs. 1, 3. Fall BGB zu beachten. §§ 281, 283, 323 BGB werden insoweit verdrängt.[188] Der Mieter kann daher auch ohne Fristsetzung, die bei den §§ 281, 323 BGB nötig gewesen wäre, Schadensersatz statt der Leistung vom Vermieter verlangen. **135**

f) **pVV/cic.** Sowohl bei pVV, § 280 BGB, als auch bei cic, §§ 280 Abs. 1, 241 Abs. 2, 311 Abs. 2, Abs. 3 BGB ist danach zu unterscheiden, ob eine „Verletzung" vor oder nach Überlassung der Mietsache eingetreten ist. **136**

aa) Vor Überlassung. Verletzt der Vermieter seine vertraglichen Verpflichtungen schuldhaft, so liegt hierin eine pVV.[189] **137**

Eine **Haftung aus pVV** ergibt sich beispielsweise dann, wenn der Vermieter den Mietvertrag ohne berechtigten Grund kündigt,[190] oder wenn er sich weigert, dem Mieter die Mietsache ganz oder teilweise im vertragsgemäßen Zustand zu überlassen.[191]

Da bis zur Übergabe der Mietsache die Gewährleistungsvorschriften der §§ 536 f. BGB nicht anwendbar sind, gelten die allgemeinen Regeln des Schuldrechts und damit auch die cic. Eine **cic-Haftung** liegt vor bei Verstößen gegen die vorvertragliche Aufklärungspflicht, z. B. über behördliche Auflagen.[192] Eine cic-Haftung liegt jedenfalls dann vor, wenn der Vermieter arglistig handelt.[193] So z. B. dann, wenn der Vermieter dem Mieter gewisse Umstände verschweigt, von denen er weiß, dass der Mieter bei Kenntnis dieser Umstände den Vertrag nicht oder nicht so geschlossen hätte.[194] **138**

bb) Nach Überlassung. Nach Überlassung der Mietsache findet die pVV in der Regel keine Anwendung, da die meisten Fälle der Schlechterfüllung bereits von §§ 536 f. BGB erfasst werden.[195] Nach h. M. sind auch Mangelfolgeschäden von § 536 a Abs. 1 Alt. 1 BGB erfasst, so dass die pVV auch insoweit verdrängt ist. Eine Haftung aus pVV liegt folglich nur vor, wenn die Mietsache zwar mängelfrei ist, der Vermieter jedoch vertragliche Nebenpflichten verletzt.[196] **139**

---

[185] Schmidt-Futterer/*Eisenschmid* § 536 Rdnr. 530.
[186] OLG Hamm WuM 1996, 466.
[187] Zu alledem: Schmidt-Futterer/*Eisenschmid* § 536 Rdnr. 535 f.
[188] OLG Hamm WuM 1984, 94; Palandt/*Weidenkaff* § 536 a Rdnr. 3.
[189] Schmidt-Futterer/*Eisenschmid* § 536 Rdnr. 545.
[190] AG Düsseldorf WuM 1993, 36.
[191] Schmidt-Futterer/*Eisenschmid* § 536 Rdnr. 556.
[192] Schmidt-Futterer/*Eisenschmid* § 536 Rdnr. 555.
[193] *Tröster* NZM 1998, 697, 702; BGH NJW 1997, 2813.
[194] Schmidt-Futterer/*Eisenschmid* § 536 Rdnr. 553.
[195] *Sternel* II Rdnr. 629.
[196] Zu alledem: Schmidt-Futterer/*Eisenschmid* § 536 Rdnr. 547 m. w. N.; weitere Beispiele in *Sternel* II Rdnr. 629 bis 640.

Eine cic-Haftung ist nach Übergabe der Mietsache wegen der sich aus § 536 b BGB ergebenden Beschränkung ausgeschlossen,[197] da man ansonsten den Gewährleistungsausschluss unterlaufen würde. Dies gilt jedoch nicht bei Arglist des Vermieters.[198]

4. Haftungsausschlüsse

141 Hierzu wird vollumfänglich auf § 57 III verwiesen.

---

[197] Schmidt-Futterer/*Eisenschmid* § 536 Rdnr. 553.
[198] BGHZ 136, 102 = NJW 1997, 2813.

§ 57 Gewährleistung

Übersicht

	Rdnr.
I. Sachmängelhaftung	1–19
1. Mangel	1–3
a) Begriff	1
b) Erheblichkeit	2
c) Abgrenzung zugesicherter Eigenschaften	3
2. Folgen	4–19
a) Minderung	4/5
b) Schadensersatz	6/7
c) Aufwendungsersatz	8–12
d) Kündigung	13–19
II. Rechtsmängel	20–35
1. Rechte Dritter	22–26
a) Doppelvermietung	23
b) Unerlaubte Untervermietung durch Mieter	24
c) Wohnungseigentümergemeinschaft	25/26
2. Folgen	27–35
a) Anfänglicher Rechtsmangel	28–31
b) Nachträglicher Rechtsmangel	32–35
III. Gewährleistungsausschlüsse	36–49
1. Gesetzliche Ausschlüsse	36–43
a) Kenntnis des Mieters § 536 b BGB	36–38
b) Ausschluss § 536 b (c. i. c., pVV, § 823 BGB)	39
c) Anwendungsfälle	40
d) Nachträgliche Vertragsänderung	41
e) Anzeigepflicht des Mieters § 536 c BGB	42
f) Treu und Glauben § 242 BGB	43
2. Vertragliche Ausschlüsse und Beschränkungen	44–51
a) Minderung	45
b) Schadensersatz	48
c) Ersatzvornahme/Aufwendungsersatz	49
d) Kündigung	50/51
3. Wegfall der Geschäftsgrundlage	52–54
a) Voraussetzung	52
b) Folgen	53/54

I. Sachmängelhaftung

1. Mangel

a) Begriff. Ein im Sinne der Gewährleistung relevanter Sachmangel ist für den Mieter 1 nachteilige Abweichung des tatsächlichen Zustandes der Mietsache vom vertraglich vorausgesetzten; sie muss die Tauglichkeit zu dem von den Vertragsparteien konkret vorausgesetzten Gebrauch ganz aufheben oder mindern.[1]

Von wesentlicher Bedeutung sind in der Gewerberaummiete die vertraglich getroffenen **Vereinbarungen** über die **Instandhaltung, Instandsetzung, Reparatur** und Wartung der Mietsache und ihrer technischen Einrichtungen. In dem Umfang, indem diese dem Mieter obliegen, kann er sich nämlich nicht auf Gewährleitungsrechte berufen, wenn ein Mangel infolge einer Verletzung dieser Pflichten entsteht.[2] Unerheblich ist dabei, ob der Sachmangel bereits bei Überlassung der Sache bestand oder erst später eintrat.

b) Erheblichkeit. Aus § 536 Abs. 1 S. 3 BGB ergibt sich, dass der Sachmangel zu einer er- 2 heblichen Gebrauchsbeeinträchtigung geführt haben muss. Bei Schadensersatz- oder Erfül-

---

[1] Palandt/*Weidenkaff* § 536 Rdnr. 16.
[2] Lindner-Figura/Oprée/Stellmann/*Hübner/Griesbach/Schreiber* Kap. 14 Rdnr. 223.

lungsanspruch kommt es auf die Erheblichkeit nicht an. Unerheblichkeit ist nur bei zugesicherten Eigenschaften von Bedeutung.[3]

Hinsichtlich der Frage, unter welchen Voraussetzungen eine für den Mieter nachteilige **Abweichung von der im Mietvertrag bezifferten Fläche** ein zur Mietminderung berechtigender erheblicher Mangel ist, vollzog sich ein Rechtsprechungswandel. Früher wurde ein beachtlicher Mangel nur dann angenommen, wenn die Flächenabweichung erheblich und die Gebrauchstauglichkeit der Mietsache gerade durch die geringere Wohnfläche beeinträchtigt war.[4] Der BGH hat dies nunmehr mit seinen beiden Entscheidungen vom 24. 3. 2004[5] klargestellt. Danach ist bei einer Abweichung der vermieteten Fläche von mehr als 10% unter der im Mietvertrag angegebenen Fläche grundsätzlich ein Mangel i.S. des § 536 I 1 BGB gegeben. Einer zusätzlichen Darlegung, dass hierdurch die Tauglichkeit des Objektes zum vertragsgemäßen Gebrauch gemindert ist, bedarf es nicht. Dies gilt auch bei der Angabe einer „ca.-Fläche" im Mietvertrag, da auch eine nur geringfügige Maßtoleranz nicht anzuerkennen ist.

3   c) **Abgrenzung zugesicherter Eigenschaften.** Gemäß § 536 Abs. 2 BGB besteht auch eine Sachmängelhaftung für zugesicherte Eigenschaften. Eigenschaft ist jeder wertbildende Faktor, also alle rechtlichen und tatsächlichen Umstände, die der Mietsache unmittelbar und nicht nur vorübergehend anhaften und daher auf ihre Wertschätzung Einfluss nehmen. Eine Zusicherung ist gegeben, wenn der Vermieter ausdrücklich (möglich auch stillschweigend) erklärt, dafür einstehen zu wollen. Dabei muss nach allgemeiner Meinung die Zusicherung in vertragsgemäß bindender Form erklärt werden.[6] Dies ist beispielsweise nicht der Fall bei der bloßen Beschreibung der Sache und der Angabe der qm-Zahl.[7]

Auch sind weder die Zusage eines überdachten Zugangs zum Ladengeschäft noch das Vorhandensein einer zugesagten Anzahl von Parkplätzen in einem Einkaufszentrum zusicherungsfähige Eigenschaften.[8] Die Rechtsprechung verneint ebenfalls Ansprüche aus der Zusicherung bestimmter Umsatzzahlen, denn die Gewinnerzielung falle in den Risikobereich des Mieters.[9]

2. Folgen

4   a) **Minderung.** Gemäß § 536 Abs. 1 S. 2 BGB kann der Mieter den Mietzins mindern, ohne dass dies auf seinen Erfüllungsanspruch von Einfluss ist. Dieser „Anspruch"[10] ist von einem Verschulden des Vermieters unabhängig. Die Höhe der Minderung wird nach folgender Formel berechnet:

$$\frac{\text{Ist-Beschaffenheit}}{\text{Soll-Beschaffenheit}} = \frac{\text{geminderter Mietzins}}{\text{vereinbarter Mietzins}}$$

$$\text{geminderter Mietzins} = \frac{\text{Ist-Beschaffenheit} \times \text{vereinbarter Mietzins}}{\text{Soll-Beschaffenheit}}$$

Bei der **Geschäftsraummiete** geht man als Berechnungsgrundlage grundsätzlich von der **Bruttomiete**, d.h. der Gesamtmiete einschließlich der Vorauszahlungen auf Betriebs- und Heizungskosten, aus.[11] Auch die verbrauchsabhängigen Nebenkosten wie Strom, Gas und Wasser werden bei der Geschäftsraummiete von der Minderung umfasst, denn der Mieter wendet diese nur deshalb auf, um in seinen Geschäftsräumen Umsatz und Gewinn erzielen

---

[3] Palandt/*Weidenkaff* § 536 Rdnr. 17, Beispiele Rdnr. 24 ff.
[4] OLG Dresden WuM 1998, 144.
[5] NZM 2004, 453 und 456; BGH WM 2005 Heft 38, 1816.
[6] *Sternel* II Rdnr. 526.
[7] OLG Dresden NZM 1998, 184 m. w. N.
[8] Lindner-Figura/Oprée/Stellmann/*Hübner/Griesbach/Schreiber* Kap. 14 Rdnr. 276.
[9] Lindner-Figura/Oprée/Stellmann/*Hübner/Griesbach/Schreiber* Kap. 14 Rdnr. 278.
[10] Minderung ist kein Anspruch, sondern eine rechtsvernichtende Einwendung.
[11] Lindner-Figura/Oprée/Stellmann/*Hübner/Griesbach/Schreiber* Kap. 14 Rdnr. 296.

zu können. Ist ihm das infolge eines Mangels der Mietsache nur eingeschränkt möglich, so stellen sich auch die Aufwendungen für die gebrauchsabhängigen Nebenkosten zu einem entsprechenden Anteil wie die Miete selbst als nutzlos dar.[12]

Praxistipp:
Bei Mietzinsminderungsansprüchen ist sowohl seitens des Vermieters wie auch des Mieters die Verwirkung zu beachten. Dies insbesondere deshalb, weil die Rechtsprechung der unterschiedlichen Amts- und Landgerichtsbezirke hinsichtlich des Zeitmomentes nach wie vor differieren.
Dem Mieter ist daher zu empfehlen, nach Kenntnis des Mangels zumindest sofort einen Vorbehalt geltend zu machen. Dem Vermieter muss empfohlen werden, seine Ansprüche auf vollständige Mietzinszahlung unverzüglich gerichtlich geltend zu machen, wenn kurzfristig eine außergerichtliche Einigung mit dem Mieter nicht möglich ist.[13]

b) **Schadensersatz.** § 536a BGB fasst die Schadensersatz- und Aufwendungsersatzansprüche des Mieters wegen eines Mangels der Mietsache zusammen.

Gemäß § 536a Abs. 1 BGB haftet der Vermieter bei Mängeln auf Schadenersatz. War der Mangel bereits bei Vertragsabschluss vorhanden, so besteht eine verschuldensunabhängige Garantiehaftung des Vermieters.[14] Grundsätzlich ist § 536a Abs. 1 BGB erst ab Überlassung der Mietsache[15] anwendbar. Zu beachten ist jedoch, dass § 536a Abs. 1 BGB auch dann Anwendung findet, wenn der Vermieter mit der Mängelbeseitigung in Verzug gerät.[16] Dabei ist § 536a Abs. 1 BGB neben §§ 536 und 543 Abs. 2 S. 1 Nr. 1 BGB anwendbar. Der Anspruch des § 536a Abs. 1 BGB ist als Schadensersatzanspruch nach §§ 249 ff. BGB ausgestaltet, d. h., der Mieter ist so zu stellen, wie er bei ordnungsgemäßer Erfüllung des Vertrages durch den Vermieter stehen würde. Der Schaden wird nach der Differenzhypothese ermittelt. Dabei werden nach der h. M. neben Mangelschäden auch Mangelfolgeschäden[17] erfasst,[18] da eine stärkere Gefährdung der Rechtsgüter des Mieters durch ein Einbringen in die Mietsache besteht und ein größerer Schutz damit gerechtfertigt ist.

c) **Aufwendungsersatz.** § 536a Abs. 2 BGB regelt das Selbsthilferecht des Mieters.

Nach § 536a **Abs. 2 Nr. 1** kann der Mieter im Falle des Verzuges des Vermieters den Mangel selbst beseitigen und Ersatz der erforderlichen Aufwendungen verlangen. Ein solcher Anspruch besteht unter folgenden Voraussetzungen: Grundsätzlich muss der Mieter dem Vermieter den Mangel gemäß § 536c Abs. 1 BGB anzeigen.

Sinn dieser Vorschrift ist der Schutz des Vermieters vor Kosten, die vermeidbar gewesen wären, wenn der Mieter ihm rechtzeitig Gelegenheit zur Mängelbeseitigung gegeben hätte.[19] Die Anzeigepflicht ist allerdings dann entbehrlich, wenn der Vermieter bereits auf andere Weise Kenntnis erlangt hat.[20]

Der Vermieter muss sich in **Schuldnerverzug** befinden. Allein durch den Verzug verliert der Vermieter sein Mängelbeseitigungsrecht jedoch nicht. Er kann die Mängelbeseitigung auch dann noch nachholen, wenn die vom Mieter gesetzte Frist bereits abgelaufen ist. Der Verzug wird aber nicht schon dadurch beendet, dass der Vermieter die Mängelbeseitigung ankündigt.[21] Beendet wird der Verzug nur dann, wenn der Mangel durch den Vermieter tatsächlich beseitigt wird oder wenn der Vermieter dem Mieter zumindest ein Angebot auf Mängelbeseitigung macht, das dieser aber ablehnt. Verzug setzt grundsätzlich eine **Mah-**

---
[12] BGH NJW 2005, 1713 ff.
[13] LG Köln WM 2001, 79.
[14] § 536a Abs. 1 1. Fall BGB.
[15] Vgl. Verweisung auf § 536 BGB (zurzeit der Überlassung).
[16] § 536a Abs. 1 3. Fall BGB.
[17] Wie z. B. an der Wohnungseinrichtung.
[18] OLG München NJW-RR 1990, 1099.
[19] *Emmerich* NZM 1998, 51.
[20] Palandt/*Weidenkaff* § 536c Rdnr. 8.
[21] LG Berlin ZMR 2003, 189.

nung gemäß § 286 Abs. 1 BGB[22] sowie **Verschulden** gemäß § 286 Abs. 4 BGB voraus. Beim vorliegenden **Mangel** ist es irrelevant, ob es sich um einen anfänglich unverschuldeten oder einen nachträglich verschuldeten handelt. Der Aufwendungsersatzanspruch besteht neben dem Minderungsrecht nach § 536 Abs. 1 BGB und neben den Schadenersatzansprüchen aus § 536a Abs. 1 BGB. Allerdings kann die Miete nach vollständiger Behebung des Mangels nicht mehr gemindert werden, da kein Minderungsgrund nach § 536 Abs. 1 S. 2 BGB mehr besteht. Räumlich erstreckt sich das Selbsthilferecht des Mieters auf die gesamte Mietsache einschließlich des Zubehörs.[23] Vom Umfang her kann der Mieter nur Ersatz der erforderlichen – d. h. der geeigneten und notwendigen – Aufwendungen verlangen.

11 Nach **§ 536a Abs. 2 Nr. 2** kann der Mieter Ersatz der zur Erhaltung oder Wiederherstellung der Mietsache notwendigen Aufwendungen verlangen. In Abgrenzung zu Nr. 1 muss es sich hier um notwendige Aufwendungen handeln, eine Mahnung des Vermieters ist entbehrlich.

13 d) **Kündigung.** Als weitere Folge der Sachmängelhaftung steht dem Mieter das Recht zur außerordentlichen Kündigung zu. Für dieses gibt es eine zentrale Vorschrift, den **§ 543 BGB**.

14 **Absatz 1** regelt das Kündigungsrecht im Grundsatz.
Absatz 2 zählt die wichtigsten Gründe für eine fristlose Kündigung auf.
Nummer 1 normiert die Kündigung wegen Nichtgewährung des vertragsmäßigen Gebrauches,
Nummer 2 regelt die Kündigung bei vertragswidrigem Gebrauch,
Nummer 3 die Kündigung wegen Zahlungsverzuges.
Absatz 3 legt als weitere Voraussetzung für die fristlose Kündigung eine Abmahnung oder Fristsetzung zur Abhilfe fest und regelt in Nummern 1 bis 3 Ausnahmen von diesem Grundsatz.
Absatz 4 Satz 1 verweist für das Kündigungsrecht nach Abs. 2 Nr. 1 auf die §§ 536b, 536d. In Satz 2 wird die Beweislast zu Lasten des Vermieters geregelt.

15 Das Kündigungsrecht wegen erheblicher tatsächlicher Gesundheitsgefährdung wird von **§ 543 Abs. 1 i. V. m. § 569 Abs. 1 BGB** geregelt. Dabei muss eine Gesundheitsgefährdung vorliegen, eine Schädigung muss jedoch noch nicht eingetreten sein. Die Gefährdung muss auf einer dauernden Eigenschaft der Mietsache beruhen. Ein Verschulden des Vermieters ist nicht erforderlich.

16 **Beispiele**
In den nachfolgend genannten Beispielsfällen ist von einer Gesundheitsbeeinträchtigung, die zur außerordentlichen und fristlosen Kündigung berechtigt, auszugehen:
- unerträglicher Lärm (AG Berlin-Mitte MM 1999, AG Köln WuM 1998, 21; 1979, 75 und 1978, 68)
- überhitzte Räume (OLG Düsseldorf ZMR 1998, 622)
- durchfeuchtete Räume (LG Berlin GE 1998, 1465; 1999, 45, LG Kassel WuM 1982, 188)
- nicht beheizbare, ungenügend beheizte Räume (LG Mannheim ZMR 1977, 154)
- dreimonatiger Ausfall der Heizung im Winter wegen Umbauarbeiten (LG Traunstein WuM 1986, 93)

Bei Schädlingen:
- Mäuse (AG Berlin-Tiergarten MM 97, 243)
- Kakerlaken (LG Freiburg WuM 1986, 246)
- Taubenzecken (LG Berlin GE 1997, 689)
- Kellerasseln (OLG Düsseldorf ZMR 1987, 263; LG Saarbrücken WuM 1991, 91)
- Silberfische (AG Kiel WuM 1980, 235; Umstr, a. A. AG Lahnstein WuM 1988, 55)

Schadstoffe:
- Schimmel (LG Düsseldorf WuM 1989, 13)
- Formaldehyd, erhöhte Konzentration (LG München I WuM 1991, 585)

17 Gemäß **§ 543 Abs. 2 S. 1 Nr. 1 BGB** kann der Mieter das Mietverhältnis außerordentlich kündigen, wenn der Vermieter ihm den vertragsgemäßen Gebrauch der Mietsache vorent-

---

[22] Diese ist entbehrlich, wenn der Vermieter die Mängelbeseitigung von vorne herein ablehnt (Bub/Treier/*Kraemer* III B Rdnr. 1395 m. w. N.) oder wenn Mahnung infolge Eilbedürftigkeit nicht möglich ist (LG Hagen WuM 1984, 215; AG Hamburg WM 1994, 609).
[23] BGH NJW 1986, 3206.

hält. Diese Gebrauchsstörung kann sowohl ein Sach- als auch ein Rechtsmangel sein, ebenfalls eine – auch teilweise – Erfüllungsverweigerung.[24] Die Vorenthaltung/Störung muss jedoch erheblich sein, um unlauterem Missbrauch vorzubeugen.[25] Der Mieter kann in der Regel[26] erst dann kündigen, wenn die angemessene Frist im Sinne von § 543 Abs. 3 BGB erfolglos verstrichen ist. Das Kündigungsrecht ist dann ausgeschlossen, wenn der Mieter gemäß § 543 Abs. 4 S. 1 i.V.m. § 536b BGB Kenntnis vom nicht vertragsgemäßen Zustand der Mietsache hatte.

Bei der Verletzung von Vertragspflichten seitens des Vermieters steht dem Mieter das außerordentliche Kündigungsrecht der **§§ 543 Abs. 1 i.V.m. 569 Abs. 2 BGB** zur Seite. Diese Vertragsverletzung muss allerdings vom Vermieter schuldhaft[27] herbeigeführt worden sein. Die Fortsetzung des Mietverhältnisses muss dem Mieter unzumutbar sein. 18

Die Kündigungstatbestände im Überblick
§ 543 BGB außerordentliche fristlose Kündigung aus wichtigem Grund
Abs. 1 Kündigungsrecht im Grundsatz
S. 1 Kündigungsrecht an sich
S. 2 Voraussetzungen
Abs. 2 S. 1 wichtigste Kündigungsgründe
Nr. 1 Entzug des vertragsgemäßen Gebrauchs
Nr. 2 Gefährdung der Mietsache durch – Vernachlässigung der Sorgfaltspflicht oder – unbefugte Überlassung an Dritte = Kündigungsrecht des Vermieters)
Nr. 3 a Verzug mit Miete oder erheblichem Teil der Miete für zwei aufeinander folgende Termine
Die Kündigungstatbestände im Überblick
Nr. 3 b Verzug mit Mietbetrag, der Miete von zwei Monaten erreicht, über Zeitraum, der sich über mehr als zwei Termine erstreckt
S. 2 Ausschluss des Kündigungsrechts bei Befriedigung, Aufrechnung
Abs. 3 weiteres Erfordernis der Abmahnung oder Fristsetzung zur Abhilfe, Ausnahmen
Abs. 4 S. 1 entsprechende Anwendung der §§ 536b, 536d auf Abs. 2 Nr. 1
Abs. 4 S. 2 Beweislastregelung
Abs. 1 außerordentliche fristlose Kündigung wegen Gesundheitsgefährdung
Abs. 2 außerordentliche fristlose Kündigung wegen Störung des Hausfriedens

19

---

[24] Schmidt-Futterer/*Eisenschmid* § 543 Rdnr. 7.
[25] *Franke* ZMR 1999, S. 83, 84.
[26] Beachte § 543 Abs. 3 S. 2 BGB.
[27] §§ 276, 278 BGB.

Abs. 3 Nr. 1 nimmt auf § 543 Abs. 2 S. 1 Nr. 3 a Bezug und definiert den „nicht unerheblichen Teil der Miete"	
Abs. 3 Nr. 2 stellt weitere Unwirksamkeitsgründe der Kündigung ein	
Abs. 3 Nr. 3 Sperrfrist für Vermieterkündigung nach rechtskräftiger Verurteilung des Mieters zur Zahlung einer erhöhten Miete	
Abs. 4 Pflicht zur Angabe des Kündigungsgrundes im Kündigungsschreiben	
Abs. 5 Unabdingbarkeitsregelung	

II. Rechtsmängel

20   Ein Rechtsmangel ist gegeben, wenn dem Mieter der vertragsgemäße Gebrauch durch das Recht eines Dritten ganz oder zum Teil entzogen wird, § 536 Abs. 3 BGB. Dies gilt auch dann, wenn erst nach Abschluss des Mietvertrages und Übergabe der Mietsache der Rechtsmangel entstanden ist. Danach sind die § 536 Abs. 1 u. 2 BGB auf Rechtsmängel entsprechend anwendbar.

21   In § 536 Abs. 3 BGB wird die Haftung für Rechtsmängel geregelt. Damit sind die Rechtsfolgen von Sach- und Rechtsmängeln in einer Vorschrift zusammengefasst.

1. Rechte Dritter

22   Dritter ist jeder, der nicht zur Mieter- oder Vermieterpartei gehört. Z. B. ist der Vermieter im Verhältnis zum Untermieter des Mieters Dritter.[28] Die Rechtsmängelhaftung greift nur bei Rechten Dritter, die sich auf den Besitz oder den Mietgebrauch beziehen, nicht dagegen bei öffentlich rechtlichen Beschränkungen und nicht bei Rechten, die sich ausschließlich gegen den Vermieter richten, z. B. bei einem vom Vermieter mit einem Dritten vereinbarten Konkurrenzverbot.[29]

23   a) **Doppelvermietung.** Im Falle einer Doppelvermietung – der Vermieter schließt mit zwei verschiedenen Mietern einen Mietvertrag über ein und dasselbe Mietobjekt – verliert der eine Mieter ab Überlassung des Mietobjektes an den anderen seinen Erfüllungsanspruch gegenüber dem Vermieter. Zu den Folgen sei auf Rdnr. 27 ff. verwiesen.

24   b) **Unerlaubte Untervermietung durch Mieter.** Ebenfalls stellt die unerlaubte Untervermietung durch den Mieter einen Rechtsmangel dar. Der Untermieter kann im Falle des Herausgabeverlangens des Eigentümers an den Hauptmieter (= Untervermieter) gem. § 536 Abs. 3 i. V. m. §§ 536 ff. BGB vorgehen.

25   c) **Wohnungseigentümergemeinschaft.** Ein Unterfall – und damit ein Rechtsmangel – der unerlaubten oder ungenehmigten Untervermietung durch den Wohnungseigentümer liegt dann vor, wenn eine Untervermietung gegen eine Teilungserklärung bzw. eine Gemeinschaftsordnung (beispielsweise erforderliche, aber fehlende Zustimmung der Eigentümergemeinschaft zur Untervermietung)[30] verstößt und die übrigen Teileigentümer dagegen vorgehen.

> **Praxistipp:**
>
> 26   Die Wohnungseigentümergemeinschaft kann den Vermieter, der Räume entgegen der Zweckbestimmung vermietet („Laden" an den Betreiber einer Arztpraxis oder einer Gaststätte), vor dem Wohnungseigentumsgericht auf Unterlassung in Anspruch nehmen. Die Vollstreckung erfolgt hier gemäß § 890 ZPO durch die Festsetzung eines Ordnungsgeldes. Dieses setzt jedoch schuldhaftes Verhalten voraus, woran es regelmäßig fehlt, wenn der Vermieter vergeblich alles zumutbare getan hat die zweckwidrige Nutzung zu unterbinden.

---

[28] BGHZ 63, 132.
[29] BGH LM § 537 Nr. 3.
[30] BGH NJW 1962, 1613, BGH NJW 1996, 714.

Gleichwohl ist der Vermieter in diesem Fall aber nicht zur Kündigung dieses Mietverhältnisses berechtigt (BGH WuM 1996, 105).

Die Eigentümer können aber auch den Mieter gemäß § 1004 BGB auf Unterlassung der zweckwidrigen Nutzung in Anspruch nehmen (BGH, NJW-RR 1995, 715; OLG München WuM 1992, 326; OLG Karlsruhe, NJW-RR 1994, 146). In diesem Fall ist das Zivilgericht zuständig, die Vollstreckung erfolgt ebenfalls nach § 890 ZPO. Diese Vollstreckung ist jedoch unproblematisch da der Mieter die zweckwidrige Nutzung ohne weiteres einstellen kann.

Ist der Mieter dann zur Aufgabe seines Betriebes gezwungen, stehen ihm gegen den Vermieter Schadensersatzansprüche zu, weil ein Rechtsmangel vorliegt, nämlich die Beeinträchtigung des nach dem Vertrag vereinbarten Mietgebrauchs. Für diese Beeinträchtigung genügt, dass die Rechtsinhaber, also die übrigen Wohnungseigentümer, von ihrem Recht Gebrauch machen wollen (BGHZ 1993, 132).

Es entfällt die Pflicht zur Zahlung des Mietzinses, es entstehen Schadensersatzansprüche (BGH, NJW-RR 1995, 715).

Alternativ kann der Mieter aber auch gemäß § 543 BGB fristlos kündigen und den Vermieter auf Ersatz des Kündigungsfolgeschadens in Anspruch nehmen.

2. Folgen

Für Rechtsmängel gelten die Folgen der Sachmängelhaftung (§§ 536, 536a BGB) entsprechend. Die allgemeinen Unmöglichkeitsvorschriften der §§ 275, 280, 311a, 326 BGB werden – wie oben ausgeführt – im Wege der vorrangigen Gewährleistung verdrängt. 27

a) **Anfänglicher Rechtsmangel.** Ein anfänglicher Rechtsmangel liegt dann vor, wenn das Recht eines Dritten bereits vor Vertragsschluss und vor Überlassung der Mietsache auf diese zum Nachteil des Mieters einwirkt. Sowohl die Doppelvermietung, als auch die unerlaubte Untervermietung können einen anfänglichen Rechtsmangel darstellen. 28

aa) Mietzinszahlung. Gemäß **§ 536 Abs. 3 i. V. m. § 536 Abs. 1 u. 2 BGB** kann der Mieter vollständige oder teilweise Befreiung von seiner Mietzinszahlungspflicht verlangen, wenn der Dritte sein Recht an der Mietsache durchsetzen kann, wie z. B. im Wege des Herausgabeverlangens nach §§ 546 Abs. 2, 985 BGB.[31] 29

bb) Kündigung. Unter den Voraussetzungen des **§ 536 Abs. 3 i. V. m. § 543 Abs. 2 S. 1 Nr. 1 BGB** steht dem Mieter ein Kündigungsrecht zu. 30

cc) Schadensersatz. Durch den Rechtsgrundverweis in **§ 536 Abs. 3 BGB** auf **§ 536a Abs. 1 BGB** kann der Mieter auch Schadensersatzansprüche geltend machen. 31

b) **Nachträglicher Rechtsmangel.** Der Vermieter hat ebenfalls für einen erst nach Abschluss des Mietvertrages und nach Überlassung der Mietsache entstandenen Rechtsmangel einzustehen.[32] 32

aa) Verschulden. Durch den Verweis auf § 536a Abs. 1 2. Alt. BGB ist sichergestellt, dass im Falle des nachträglichen Rechtsmangels ein Verschulden des Vermieters gegeben sein muss.[33] 33

bb) Erfüllungsanspruch. Der Mieter hat einen Erfüllungsanspruch gemäß § 535 Abs. 1 BGB auf die Beseitigung der Rechte Dritter bzw. er kann das Leistungsverweigerungsrecht gem. § 320 BGB ausüben. Eine Erfüllungsklage scheidet aus, wenn das Unvermögen des Vermieters bereits feststeht.[34] 34

cc) Gewährleistungsansprüche (Minderung, Kündigung, Schadensersatz). Die obigen Ausführungen hinsichtlich der Gewährleistungsansprüche gelten ebenfalls für nachträgliche Rechtsmängel mit der Intention, dass beim Schadensersatzanspruch nach § 536a Abs. 1 2. Alt. BGB Verschulden erforderlich ist. 35

---

[31] Bub/Treier/*Kraemer* III B Rdnr. 1425.
[32] MünchKomm/*Häublein* § 536a Rdnr. 9.
[33] OLG München ZMR 1996, 605.
[34] OLG Düsseldorf NJW-RR 1991, 137.

III. Gewährleistungsausschlüsse

1. Gesetzliche Ausschlüsse

36 a) **Kenntnis des Mieters.** Kennt der Mieter bei Vertragsschluss den Mangel, so liegt gemäß § 536 b S. 1 BGB ein gesetzlicher Gewährleistungsausschluss vor.

37 Ein Gewährleistungsausschluss besteht sowohl für den Sach- als auch den Rechtsmangel bei Kenntnis des Mieters vom Mangel oder grob fahrlässiger Unkenntnis, sofern der Vermieter den Mangel nicht arglistig verschwiegen hat. Sach- und Rechtsmangel werden hinsichtlich der grob fahrlässigen Unkenntnis gleich behandelt.

38 Nachträgliche Kenntnis des Mieters schadet nicht, vergleiche § 536 b S. 1 BGB. Dies auch dann nicht, wenn der Mieter zwar erst nach Vertragsschluss Kenntnis vom ursprünglichen oder erst später aufgetretenen Mangel erlangt, seinen Mietzins aber dennoch über einen längeren Zeitraum vorbehaltlos und ungekürzt weiterzahlt.[35] Der Mieter kann jedoch erst Minderung verlangen, nachdem er dem Vermieter die Mängel gem. § 536 c Abs. 2 S. 2 BGB angezeigt hat und diesem somit die Möglichkeit gegeben hat, Abhilfe zu schaffen. Wenn diese Abhilfe nicht erfolgt und der Mangel somit nicht beseitigt wird, ist der Mieter zur Minderung berechtigt. Dieses Recht bleibt ihm für die Zukunft auch dann erhalten, wenn er bisher vorbehaltlos seine Miete gezahlt hat. Der Mieter kann sein Minderungsrecht aber verlieren, wenn der Tatbestand der Verwirkung, § 242 BGB, angenommen wird. Wie bisher auch ist aber dann keine Verwirkung anzunehmen, wenn der Mieter in der erkennbaren oder mitgeteilten Erwartung zahlt, dass der Mangel demnächst beseitigt werde.[36] Dies gilt jedoch dann nicht, wenn der Vermieter die Fehlerlosigkeit zugesichert hat oder den Fehler arglistig verschwiegen hat, § 536 b S. 2 BGB. Nach § 536 b S. 3 BGB liegt ein weiterer Haftungsausschluss vor, wenn der Mieter die Mietsache trotz positiver Kenntnis des Mangels vorbehaltlos annimmt.

> **Praxistipp:**
> Zu beachten ist jedoch, dass neben dem Gewährleistungsanspruch dennoch der Erfüllungsanspruch des Mieters bestehen bleibt (BGH, NJW 1982, 874).

39 b) **Ausschluss § 536 b BGB (cic, pVV, § 823 BGB).** Der Vermieter haftet aus cic gem. §§ 311 Abs. 2, 241 Abs. 2, 280 Abs. 1 BGB, wenn er seine Aufklärungspflicht verletzt hat. Vor Übergabe der Mietsache ist eine cic-Haftung nur bei Vorsatz möglich, nach Übergabe immer, sofern nicht die vorrangigen und insoweit abschließenden Gewährleistungsregeln der §§ 536, 536 a BGB greifen. Der Haftungsausschluss des § 536 b BGB bezieht sich nicht auf Ansprüche aus positiver Vertragsverletzung wegen Begleitschäden und wegen Nebenpflichtverletzungen gem. § 280 BGB. Auch die verschuldensabhängigen deliktischen Ansprüche aus § 823 BGB bleiben von dem Ausschluss des § 536 b BGB unberührt.

40 c) **Anwendungsfälle.** Als praktische Anwendungsfälle sind hier positive Kenntnis, grobe Fahrlässigkeit und vorbehaltlose Annahme zu nennen.
Für einen Gewährleistungsausschluss ist **positive Kenntnis des Mieters** vom Mangel des Vertrages erforderlich. Nicht ausreichend ist die Kenntnis des äußeren Erscheinungsbildes eines Mangels, wenn der Mieter nicht auch das Wissen um Ursache und konkrete Auswirkungen des Mangels auf die Gebrauchstauglichkeit der Mietsache hat.
Für die **grobe Fahrlässigkeit** ergibt sich die Definition aus § 277 BGB, wobei der Mieter grob fahrlässig handelt, wenn er die erforderliche Sorgfalt bei Vertragsschluss in einem ungewöhnlichen Maß verletzt und dasjenige unbeachtet lässt, was im gegebenen Fall jedem hätte einleuchten müssen.

---

[35] BGH NZM 2003, 679; AG Pinneberg ZMR 2002, 603; AG Rudolfstadt NZM 2002, 163; a. A.: *Gerber* NZM 2003, 825; OLG Naumburg NJW 2002, 1132.
[36] Palandt/*Weidenkaff* § 536 b Rdnr. 8.

Die **vorbehaltlose Annahme** schließt die Gewährleistung aus, wenn der Mieter zum Zeitpunkt der Annahme den Mangel kannte, ohne sich Rechte hieraus vorzubehalten. Der Annahme steht die Einräumung des tatsächlichen Besitzes an der Mietsache gleich.

d) **Nachträgliche Vertragsänderung.** Eine spätere Vertragsänderung wird in Bezug auf § 536 b BGB einem neuen Vertragsschluss gleichgestellt. Jedoch gilt dies nicht für eine stillschweigende Vertragsverlängerung auf Grund Verlängerungsklausel oder nach § 545 BGB.[37]

e) **Anzeigepflicht des Mieters § 536 c BGB.** Nach § 536 c Abs. 2 BGB liegt ein gesetzlicher Gewährleistungsausschluss vor bei Unterlassen der Mängelanzeige seitens des Mieters, wenn daraufhin der Vermieter wegen dieser Unterlassung keine Abhilfe (Wiederherstellung des vertragsgemäßen Zustandes gemäß § 535 Abs. 1 S. 2 BGB) leisten konnte, bzw. diese nicht rechtzeitig vorgenommen werden konnte. Der Mieter muss die Wohnungsmängel stets unverzüglich anzeigen. Gegen diese Pflicht verstößt er, wenn er einen Mangel nicht anzeigt, obwohl er ihn kennt oder grob fahrlässig nicht zur Kenntnis nimmt.[38] Dem Mieter bleiben aber die Ansprüche aus § 536 a Abs. 2 BGB sowie die deliktischen Ansprüche erhalten.[39] Jedoch wird auch hier § 254 BGB angewandt, um somit einen interessengerechten Ausgleich zu erhalten.

f) **Treu und Glauben § 242 BGB.** Die Gewährleistung ist auch dann ausgeschlossen, wenn der Mieter mit der Geltendmachung der Gewährleistungsrechte gegen Treu und Glauben verstoßen würde.[40] Beispielsweise ist dies der Fall, wenn der Mieter den Vermieter an der Behebung der Schäden durch Zutrittsverweigerung hindert. Weiterhin stehen dem Mieter die Gewährleistungsrechte nicht zu, wenn er den Mangel selbst verschuldet hat.

2. Vertragliche Ausschlüsse

Die Gewährleistungsvorschriften des BGB sind – anders als im Wohnraummietrecht – nicht zwingend. Die Parteien eines Gewerbemietvertrages können also die Gewährleistungsansprüche und -voraussetzungen abweichend von der gesetzlichen Regelung vertraglich festlegen. Jedenfalls bei einem Formularmietvertrag setzen jedoch die für AGB geltenden Regelungen der §§ 305 bis 310 BGB Grenzen. Insbesondere darf ein Vermieter in einem Formularmietvertrag keine Regelung treffen, durch die die Sachgefahr nahezu vollständig dem Mieter aufgebürdet wird.[41] Verschweigt der Vermieter arglistig den Mangel, so ist der vertragliche Gewährleistungsausschluss nach § 536 d BGB unwirksam. Arglist liegt dann vor, wenn der Vermieter den Fehler mindestens für möglich hält und gleichzeitig weiß, oder damit rechnet und billigend in Kauf nimmt, dass der Mieter den Fehler nicht kennt und bei Offenbarung den Vertrag nicht oder nicht so geschlossen hätte.[42]

a) **Minderung.** Für den Bereich der Mietminderung **gilt** bei Geschäftsraummietverträgen § 536 Abs. 4 BGB nicht. Das Minderungsrecht kann daher auch formularmäßig eingeschränkt werden. Der vollständige Ausschluss eines Mietminderungsrechtes verstößt jedoch auch bei der Verwendung entsprechender Formularklauseln gegenüber Unternehmen gegen § 307 BGB.[43] Eine solche Regelung ist im Zweifel dahin auszulegen, dass sie die Minderung vollständig ausschließt und dem Mieter nicht die Möglichkeit der Rückforderung der Miete nach § 812 BGB belässt, denn diese Klausel benachteiligt den Mieter unangemessen und ist deswegen unwirksam.[44]

b) **Schadensersatz.** Auch die Schadensersatzpflicht des Vermieters gemäß § 536 a Abs. 1 BGB kann einzelvertraglich abbedungen werden. Beim formularmäßigen Ausschluss ist zwischen anfänglicher Garantiehaftung und nachträglicher verschuldensabhängiger Haftung zu

---

[37] Bub/Treier/*Kraemer* III B Rdnr. 1415.
[38] LG Hamburg WM 2001, 24.
[39] Schmidt-Futterer/*Eisenschmid* § 536 c Rdnr. 34.
[40] *Sternel* II Rdnr. 678.
[41] Lindner-Figura/Oprée/Stellmann/*Hübner/Griesbach/Schreiber* Kap. 14 Rdnr. 361.
[42] Schmidt-Futterer/*Eisenschmid* § 536 d Rdnr. 4.
[43] Lützenkirchen/*Eisenhardt* Anwaltshandbuch Mietrecht, Rdnr. 351.
[44] BGH NJW 2008, 2497; BGH NZM 2008, 609.

unterscheiden. Erstere ist nach h. M. formularvertraglich abdingbar,[45] soweit es sich nicht um eine Haftung für zugesicherte Eigenschaften handelt. Eine Verschuldenshaftung bleibt davon unberührt. Eine verschuldensabhängige Haftung nach § 536a Abs. 1 BGB kann für Vorsatz und grobe Fahrlässigkeit nicht abbedungen werden. Bei leichter Fahrlässigkeit ist zu differenzieren: Ein in einem Formularmietvertrag vereinbarter Ausschluss von Schadensersatzansprüchen des Mieters wegen **Sachschäden, die durch Mängel der Mietsache verursacht** wurden, für die der Vermieter infolge leichter Fahrlässigkeit verantwortlich ist, ist gem. § 307 BGB unwirksam. Ein derartiger Haftungsausschluss würde die Kardinalpflicht des Vermieters einschränken, die Mietsache in einem vertragsgemäßen Zustand zu erhalten.[46] Möglich ist ein formularmäßiger Haftungsausschluss aber im Hinblick auf Sach- und Vermögensschäden des Mieters, die **ansonsten** vom Vermieter leicht fahrlässig verursacht wurden.

Wesentliche Frage bei dem Ausschluss des § 536a BGB ist, in welchem Umfang der Mieter für die Erhaltung der Mietsache verantwortlich ist. Denn soweit den Mieter hier die Verantwortung trifft, kann er den Vermieter bei Schäden aufgrund einer Verletzung der Erhaltungspflicht auch nicht in Anspruch nehmen. Vielmehr kann er umgekehrt sogar dem Vermieter ersatzpflichtig sein.

47 Die Verpflichtung zur Vornahme von **Schönheitsreperaturen** kann auch durch Formularvertrag auf den Mieter übertragen werden. Generell unwirksam sind Klauseln zu den Schönheitsreperaturen dann, wenn hiermit dem Mieter auch solche Arbeiten auferlegt werden sollen, die ihre Ursache nicht im Mietgebrauch des Mieters finden.[47] Klauseln, die den Mieter zur **Schlussrenovierung** auch dann verpflichten wollen, wenn er **gleichzeitig die laufenden Schönheitsreperaturen** übernommen hat, sind nunmehr nach höchstrichterlicher Entscheidung wegen unangemessener Benachteiligung des Mieters regelmäßig im Gewerberaummietrecht **unwirksam**.[48] Gegen eine Klausel die den Mieter verpflichtet, die Schönheitsreperaturen durch einen **Meisterbetrieb** ausführen zu lassen bestehen keine Bedenken, solange dem Mieter nicht ein bestimmter Betrieb in der Klausel vorgeschrieben wird.[49] In Gewerberaummietverträgen bedarf es keiner Festschreibung von bestimmten Fristen. Anders als im Wohnraummietrecht können jedoch auch Fristen für die Renovierung vereinbart werden, die **kürzere Renovierungsintervalle** als die in Fußnote 1 zu § 7 Mustermietvertrag 1976 festgeschriebenen vorsehen. Diese sieht vor: Küchen, Bäder, Duschen: Alle drei Jahre; Wohn- und Schlafräume, Flure, Dielen und Toiletten: alle Fünf Jahre; andere Nebenräume: alle sieben Jahre. Dies wird allerdings nur dort uneingeschränkt gelten können, wo die **Art der gewerblichen Nutzung** der Mietsache kürzere Intervalle auch **sachlich rechtfertigt**.[50]

48 Bei Gewerberaumverträgen ist es zulässig, durch Formularverträge über die Schönheitsreperaturen hinaus **Instandhaltungs- und Instandsetzungsarbeiten** ohne Betragsbegrenzung dem Mieter zu überbürgen, soweit diese durch den Mietgebrauch verursacht sind und im Risikobereich des Mieters liegen, sofern das Mietobjekt bei Mietvertragsbeginn in einwandfreiem Zustand war.[51]

49 c) **Ersatzvornahme/Aufwendungsersatz**. Individualvertraglich sind die Parteien in der Gestaltung frei. Eine **formularmäßige Abbedingung** von Ansprüchen des Mieters § 536a Abs. 2 BGB verstößt hingegen gegen § 307 Abs. 2 Nr. 1 BGB. Es ist auch kein berechtigtes Interesse des Vermieters ersichtlich, die durch seinen eigenen Verzug ausgelöste Rechtsfolge zu vermeiden.[52]

50 d) **Kündigung**. Das Kündigungsrecht wegen Gebrauchsbeeinträchtigung kann durch Individualvereinbarung ausgeschlossen werden. In Formularverträgen gilt dies nur einge-

---

[45] BGH NJW-RR 1991, 74.
[46] BGH NZM 2002, 116.
[47] Lindner-Figura/Oprée/Stellmann/*Hübner/Griesbach/Schreiber* Kap. 13 Rdnr. 196.
[48] BGH NJW 2005, 2006 ff.; OLG Düsseldorf NZM 6/2007, 215.
[49] Lindner-Figura/Oprée/Stellmann/*Hübner/Griesbach/Schreiber* Kap. 13 Rdnr. 204.
[50] Lindner-Figura/Oprée/Stellmann/*Hübner/Griesbach/Schreiber* Kap. 13 Rdnr. 206.
[51] Nies/Geis/*Nies* Beck'sches Formularbuch Mietrecht, S. 319.
[52] Lindner-Figura/Oprée/Stellmann/*Hübner/Griesbach/Schreiber* Kap. 14 Rdnr. 333.

schränkt. Der Mieter muss jedenfalls dann zur Kündigung berechtigt sein, wenn der Vermieter den Gebrauch längere Zeit nicht gewähren kann.[53]

Das Recht zur außerordentlichen Kündigung wegen Gesundheitsgefährdung kann wegen des öffentlichen Interesses an der Gesundheit auch individualvertraglich nicht ausgeschlossen werden.[54]

3. Wegfall der Geschäftsgrundlage, § 313 BGB

a) **Voraussetzungen.** Geschäftsgrundlage sind die bei Abschluss des Vertrages zu Tage getretenen, dem Geschäftsgegner erkennbar gewordenen und von ihm nicht beanstandeten Vorstellungen der einen Partei oder die gemeinsamen Vorstellungen beider Parteien von dem Vorhandensein oder dem künftigen Eintritt bestimmter Umstände, sofern der Geschäftswille der Parteien auf diesen Vorstellungen aufbaut.[55]

b) **Folgen.** Bei Wegfall der Geschäftsgrundlage ist der Vertrag anzupassen, oder nach §§ 346 ff. BGB rückabzuwickeln, § 313 BGB. Die Grundsätze des Wegfalls der Geschäftsgrundlage sind im Anwendungsbereich der Gewährleistungsvorschriften unanwendbar,[56] da ansonsten die strengen Voraussetzungen der §§ 536 ff. BGB umgangen werden könnten. Dies gilt auch dann, wenn die Gewährleistungsvoraussetzungen im Einzelnen nicht vorliegen, wenn die Gewährleistungsansprüche verjährt sind, oder diese vertraglich abbedungen sind.[57]

Übersicht: Gewährleistungsansprüche		
Vertrags- verhandlungen	Vertrags- abschluss	Überlassung der Mietsache
§ 311a Abs. 1 u. 2, wenn Mietsache nicht existiert c. i. c.	§§ 275, 311a, 280 ff., 323 ff.	bei Sachmängeln: §§ 536, 536a, 543 BGB §§ 280, 283, 326 sofern kein Sachmangel vorliegt; beachte: § 543 statt Rücktritt pVV wird grundsätzlich von § 536a verdrängt c. i. c. bei Arglist c. i. c. bei Arglist

---

[53] Palandt/*Weidenkaff* § 543 Rdnr. 3.
[54] Lindner-Figura/Oprée/Stellmann/*Hübner/Griesbach/Schreiber* Kap. 14 Rdnr. 342.
[55] BGH NJW 1997, 323.
[56] NJW-RR 1992, 267.
[57] Palandt/*Grüneberg* § 313 Rdnr. 12.

9. Abschnitt. Instandhaltung, Instandsetzung und bauliche Veränderungen

§ 58 Instandhaltung, Instandsetzung, Schönheitsreparaturen, Kleinreparaturen und Wartung

Übersicht

	Rdnr.
I. Instandhaltung und Instandsetzung	1–9
1. Grundsatz	1
2. Begriff	2
a) Instandhaltung	3
b) Instandsetzung	4
3. Übertragung auf den Mieter	5
a) Übertragung durch Individualvereinbarung	6
b) Übertragung durch Formularvereinbarung	7
4. Folgen unwirksamer Formularklauseln	8
5. Formulierungsvorschlag	9
II. Schönheitsreparaturen	10–26
1. Begriff	10–11
a) Gesetzliche Regelung	10
b) Inhalt und Qualität	11/12
2. Übertragung der Schönheitsreparaturen auf den Mieter	13–26
a) Erfordernis einer Vereinbarung	14/15
b) Individualvereinbarungen	16/17
c) Formularvereinbarungen	18–23
d) Folgen unwirksamer Formularklauseln	24–26
III. Kleinreparaturen, Wartung	27
1. Kleinreparaturen	27
2. Wartung	28

Schrifttum: *Ahlt,* Übertragbarkeit der Rechtsprechung des VIII. Zivilsenats des Bundesgerichtshofs auf Gewerberaummietverträge – Minderungsausschluss, Betriebskosten, Flächenabweichungen, Schönheitsreparaturen, GuT 2005, 47; *Borzutzki-Pasing,* Klauselkontrolle in der Gewerberaummiete, NZM 2004, 161; *Artz,* Quotenabgeltungsklauseln, NZM 2007, 265; *Blank,* Welche gesetzlichen Neuregelungen für den Bereich der Schönheitsreparaturen sind sinnvoll?, NZM 2000, 1169; *ders.,* Das Gebot der Rücksichtnahme nach § 241 Abs. 2 BGB im Mietrecht, WuM 2004, 243; *Börstinghaus,* Rechtsfolgen unwirksamer Schönheitsreparaturklauseln, WuM 2005, 675; *Bub/von der Osten,* Abgeltungsklauseln und „starre" Fristen, NZM 2007, 76; *Bub,* Gewerberaummietvertrag und AGB-Gesetz, NZM 1998, 789; *Both,* Die Abwälzung der Schönheitsreparaturen in der höchstrichterlichen Zerreißprobe, WuM 2007, 3; *Dötsch,* Ersatz- bzw. Selbstvornahme im Mietrecht, NZM 2007, 275; *Draber,* Renovierungsquiz, WuM 1988, 5; *Eckert,* Anmerkung zur Entscheidung des LG Berlin vom 2. 12. 1997–64 S 352/97 –, ZMR 1998, 428; *Eisenschmid,* Welche gesetzlichen Neuregelungen sind für den Bereich der Schönheitsreparaturen sinnvoll?, NZM 2000, 1164; *ders.,* Mietrechtsverhältnisse nach der „Jahrhundertflut" im Mietrecht, NZM 2002, 889; *Emmerich,* Schönheitsreparaturen bei Beendigung des Mietverhältnisses, NZM 2000, 1155; *ders.,* Anm. zu BGH, RE v. 6. 7. 1988, JuS 1989, 62; *ders.,* Verjährung des Schadensersatzanspruches wegen unterlassener Schönheitsreparaturen, NZM 2005, 248; *ders.,* Starre Schönheitsreparaturfristen und die Folgen, NZM 2006, 761; *Fischer,* Verbot kumulierter Renovierungs- und Rückgabeklauseln in Wohnraummietverträgen, WuM 2004, 56; *ders.,* Zulässigkeit von Abgeltungsklauseln bei Schönheitsreparaturen, WuM 2005, 284; *Fritz,* Gewerberaummietrecht, 4. Aufl. 2005; *Fritz,* Gewerberaummietrecht, 4. Aufl. 2005; *Joachim,* Haftungsfreizeichnung im modernen Mietrecht, NZM 2003, 387; *Goch,* Schönheitsreparaturen bei Beendigung der Mietzeit, WuM 2003, 368; *Häublein,* Vereinbarung von Fristenplänen in Schönheitsreparaturklauseln bei Formularmietverträgen über Wohnraum, ZMR 2000, 139; *Harsch,* Schönheits- und Kleinreparaturen im Mietverhältnis (1998); *ders.,* Erfasst die unwirksame Renovierungsgrundverpflichtung des Wohnraummieters auch die Kostenbeteiligung?, WuM 2004, 706; *Heinrichs,* Das neue AGB-Recht und seine Bedeutung für das Mietverhältnis, NZM 2003, 6; *ders.,* Gesamtunwirksamkeit oder Teillaufrechterhaltung von Formularklauseln in Mietverträgen (Schönheitsreparatur- und Kautionsklauseln) NZM 2005, 201; *Herrlein,* Schönheitsreparaturpflicht des Mieters im laufenden Mietverhältnis, NZM 2003, 941; *Hinz,* Mietrechtsreform im Rechtsausschuss, NZM 2001, 264; *ders.,* Pauschale Abwälzungen von Betriebskosten und Schönheitsreparaturen im Lichte des neuen Mietrechts, ZMR 2003, 77; *Horst,* Auswirkungen der Schadensersatzrechtsreform auf das Mietrecht, NZM 2003, 537; *ders.*, Vertrauensschutz als Grenze der Inhaltskontrolle Miet-AGB – Das Lehrstück von den „Quotenklauseln", NZM 2007, 185; *Jäkel*, Verjährungsbeginn nach § 548 BGB, WuM 2002, 528; *Kandelhard*, Die Verlängerung der Verjährung zum Ende des Mietverhältnisses, NZM 2002, 929; *Klimke*, Ermessen des Vermieters zur Verlängerung „starrer" Schönheitsreparaturfristen, NZM 2005, 134; *Kraemer*, Berchtesgaden 2003: Schönheitsreparaturen, Erfüllung und Schadensersatz, NZM 2003, 417; *Kinne*, Detailprobleme der Pflicht zur Gebrauchsgewährung, GE 2000, 1394; *Kraemer*, Zur Gewährleistung im Mietrecht, WuM 2000, 515; *Lange*, Geschäftsführung ohne Auftrag bei nicht geschuldeten Schönheitsreparaturen?, NZM 2007, 785; *Langenberg*, Mietrechtsreform im Rechtsausschuss, NZM 2001, 212; *ders.*, Abgrenzung der Schönheitsreparaturen von sonstigen Reparaturen zur Wiederherstellung der ordnungsgemäßen Dekoration des Mietobjektes, NZM 2000, 1125; *ders.*, Schönheitsreparaturen nach der Schuldrechtsreform, NZM 2002, 972; *ders.*, Zur Verjährung des Schadensersatzanspruchs wegen unterlassener Schönheitsreparaturen nach § 548 BGB n. F., WuM 2002, 71; *ders.*, Schönheitsreparaturen, Instandsetzung und Rückbau, 3. Aufl. 2008; *ders.*, Schönheitsreparaturen, Instandsetzung und Rückbau 3. Aufl. 2008; *Lehmann-Richter*, Zu den Ersatzansprüchen des Mieters bei Renovierung aufgrund unwirksamer Schönheitsreparatur- oder Abgeltungsklausel, WuM 2005, 747; *ders.*, Teppichreinigung und Schönheitsreparaturen, NZM 2009, 349; *Leo, Ghassemi-Tabar*, NZM 2008, 105; *Löwe*, Kritische Bemerkungen zum Referentenentwurf Mietrechtsreformgesetz, NZM 2000, 577; *Lützenkirchen*, Schönheitsreparaturen mittlerer Art und Güte, WuM 1989, 111; *ders.*, Unterlassene Schönheitsreparaturen durch den Mieter – Anwendbarkeit der Vorschriften über die Geschäftsführung ohne Auftrag, MDR 2001, 9; *ders.*, Die Entwicklung des Mietrechts in der obergerichtlichen Rechtsprechung des Jahres 2002, WuM 2003, 63; *ders.*, Die Entwicklung des Mietrechts in der obergerichtlichen Rechtsprechung des Jahres 2003, WuM 2004, 58; *ders.*, Renovierungspflicht bei der Wohnraummiete – Herstellung der Tapezierfähigkeit, NZM 1998, 942; *ders.*, Die obergerichtliche Rechtsprechung zum Mietrecht im Jahre 2006, WuM 2007, 167; *Neuhaus*, Malerarbeiten im Mietverhältnis – Anstriche als Streitpunkt, NZM 2000, 220; *Ricker*, Verjährungsprobleme bei Herstellungs- und Schadensersatzansprüchen des Vermieters wegen Veränderungen oder Verschlechterungen der Mietsache, NZM 2000, 216; *Rathjen*, Zum Modernisierungsanspruch des Mieters bei Wohn- und Geschäftsraummiete, ZMR 1999, 458; *Schach*, Umsatzsteuer künftig nur bei Durchführung von Schönheitsreparaturen, GE 2002, 781; *Schildt*, Die Abwälzung der Schönheitsreparaturen auf den Mieter und das Synallagma im Mietvertragsrecht, WuM 1994, 237; *Schopp*, Schönheitsreparaturklauseln in Formularmietverträgen, ZMR 1981, 258; *Schumacher*, Die Aufwertung des Transparenzgebots und die Konsequenzen für das Mietrecht, NZM 2003, 13; *Sonnenschein*, Inhaltskontrolle von Formularverträgen nach dem AGB-Gesetz, NJW 1980, 1713; *Stapel*, Rauchende Mieter – ja und?, NZM 2000, 595; *Sternel*, Schönheitsreparaturen nach Hochwasserschäden, WuM 2002, 585; *ders.*, Folgen unwirksamer Schönheitsreparaturklauseln und Handlungsmöglichkeiten für den Vermieter, NZM 2007, 545; *Schläger*, Wohnraummietrecht und Umweltschutz, ZMR 1990, 161; *Schmidt*, „Neues Gesicht" für gewerbliche Mietverträge – Definitionen, Standards, Bezugnahmen, Transparenz, NZM 2003, 505; *Schuschke*, Die „kindgerechte" Mietwohnung und das „kindgerechte" Ferienappartement, NZM 2006, 733; *Stapenhorst*, Grenzen der Sacherhaltungspflicht des Geschäftsraummieters, NZM 2007, 17; *Timme*, Schönheitsreparaturen gemäß Fristenplan bei Wohnungsumbau, NZM 2005, 132; *Wiek*, Selbsthilfeaufwendungen des Vermieters bei unterlassenen Schönheitsreparaturen, WuM 2000, 11; *ders.*, Anmerkungen zur Entscheidung des BGH v. 28. 4. 2004 – VIII ZR 230/03 – WuM 2004, 334; *Wolf/Eckert/Ball*, Handbuch des gewerblichen Miet-, Pacht- und Leasingrechts, 9. Aufl. 2004; *Wüstefeld*, Fiktive Berechnung von Schönheitsreparaturkosten mit oder ohne Umsatzsteuer?, WuM 2003, 15.

I. Instandhaltung und Instandsetzung

1. Grundsatz

Nach § 535 Abs. 1 Satz 2 BGB hat der Vermieter dem Mieter die Mietsache in einem zum vertragsgemäßen Gebrauch geeigneten Zustand zu überlassen und sie während der Mietzeit in diesem Zustand zu erhalten. Die **Erhaltungspflicht** ist Hauptleistungspflicht des Vermieters und steht im Synallagma mit dem Anspruch aus § 535 Abs. 2 BGB. Diese Erhaltungspflicht umfasst die Beseitigung von Schäden durch Reparatur, die Kosten der Wiederbeschaffung verbrauchter Teile der Mietsache (**Instandsetzung**) sowie die **Instandhaltung**, die auf die Vermeidung drohender Schäden und den Erhalt des vertragsgemäßen Zustandes abzielt.[1] In der Gewerberaummietpraxis existiert hierbei, anders als in der Wohnraummiete, eine Tendenz zur Verwendung von Klauseln, mit denen die Instandhaltungs- und Instandsetzungspflichten teilweise bzw. vollumfänglich auf den Mieter umgelegt werden. Die Erhaltungspflicht des Vermieters ist zwar durch Individualvereinbarung und Formularklausel grundsätzlich auf den Mieter übertragbar.[2] Soweit dies aber durch AGB geschieht, kommt

1

---
[1] MünchKommBGB/*Häublein* § 535 Rdnr. 101; *Langenberg* 2 C Rdnr. 34.
[2] BGH NZM 2005, 863.

dies nur in sehr engen Grenzen in Betracht, da es sich bei den Instandhaltungs- und Instandsetzungspflichten um Kardinalpflichten des Vermieters handelt. Diesbezüglich ist immer eine ausdrückliche Vereinbarung der Parteien im Mietvertrag erforderlich.[3] In der Rechtsprechung und der Literatur ist in der Vergangenheit oftmals ein relativ großzügiger Maßstab für die Überbürdung der Erhaltungslast auf den Mieter angenommen worden,[4] was seine Berechtigung darin finden soll, dass hier je nach dem Vertragszweck sehr unterschiedliche Risiken und Abnutzungen eintreten können.[5]

Allerdings lässt sich diesbezüglich analog zur Übertragung der Schönheitsreparaturen durch Formularklausel auf den Mieter neuerdings eine restriktivere Haltung des BGH als zuvor entnehmen.[6] Nach der Auffassung des XII. Senats stellt die formularmäßige Auferlegung der Instandhaltung und Instandsetzung gemeinschaftlich genutzter Flächen und Anlagen in einem Einkaufszentrum auf den Mieter ohne Beschränkung der Höhe nach einen Verstoß gegen § 307 BGB dar.[7] Eine derartige Regelung beinhalte eine unzulässige Abweichung vom gesetzlichen Leitbild des § 535 Abs. 1 S. 2 BGB. Auch bei der Frage der Zulässigkeit von Klauseln zur Abwälzung der Erhaltungspflicht ist daher zu berücksichtigen, dass sowohl § 535 Abs. 1 S. 2 BGB als auch § 307 Abs. 2 BGB nicht im sozialen Mietrecht verhaftet sind[8] und nicht speziell dem Schutz des Wohnraummieters dienen, sondern vielmehr Wohn- und Geschäftsraumvermieter nach dem Gesetz gleich behandelt werden.[9] Im Zweifel findet die Abwälzung dort ihre Angemessenheitsgrenzen, wo die Pflichtenabwälzung zugunsten des Vermieters zum Übergang der Sachgefahr auf den Mieter führt und diesen mit einem nicht mehr absehbaren Kostenrisiko belastet.[10]

2. Begriff

2   Eine exakte Abgrenzung der Begriffe Instandhaltung und Instandsetzung ist kaum möglich. Vielmehr ist die Abgrenzung in Literatur und Rechtsprechung uneinheitlich und fließend.[11] Neben dem Oberbegriff der Erhaltung in § 535 Abs. 1 S. 2 BGB werden auch die Begriffe der „Ausbesserung", „Erneuerung" sowie „Wiederbeschaffung" verwendet.[12] Der Begriff der Erhaltungslast wird oftmals synonym zu „Instandhaltung und Instandsetzung" gebraucht.[13] Von Bedeutung ist eine genaue Definition dieser Begrifflichkeiten bei deren vertraglichen Verwendung, da anderenfalls die einzelnen Pflichten nicht hinreichend bestimmt werden können. Auch können die Parteien abweichende Vereinbarungen hinsichtlich der Begriffsbestimmung treffen.

3   a) Instandhaltung. Unter den Kosten der Instandhaltung werden in Anlehnung an § 28 Abs. 1 der II. BerechnungsVO die Kosten verstanden, die zur Erhaltung des bestimmungsgemäßen Gebrauchs aufgewendet werden müssen, um die durch Abnutzung, Alterung und Witterungseinwirkung entstehenden baulichen und sonstigen Mängel ordnungsgemäß zu beseitigen.[14] Der Aufwand der Instandhaltung fällt, je nach Art der Anlage oder Einrichtung, sei es durch häufigen Zugriff, durch die Art des verwendeten Materials oder durch eine exponierte Lage in gewissen Abständen, wenn auch mit größerem zeitlichen Spielraum, an.[15] In erster Linie umfasst die Instandhaltung solche Maßnahmen, die vorbeugend ergriffen werden, um den je nach den vorgenannten Umständen zu erwartenden Eintritt von Schäden zu vermei-

---
[3] OLG Düsseldorf NZM 2000, 464.
[4] BGH WuM 1987, 154; *Wolf/Eckhard/Ball* Rdnr. 370; *Fritz* Rdnr. 183.
[5] *Langenberg* 2 C Rdnr. 23.
[6] BGH NZM 2005, 863; jetzt auch BGH NZM 2008, 890.
[7] BGH NZM 2005, 863; ablehnend dagegen *Stapenhorst* NZM 2007, 17.
[8] MünchKommBGB/*Häublein* § 535 Rdnr. 111.
[9] BGH NZM 2005, 504.
[10] Nies/Gies/*Borzutzki-Pasing* A. VI. 1 Anm. 39.
[11] *Langenberg* 2 C Rdnr. 25; MünchKommBGB/*Häublein* § 535 Rdnr. 101.
[12] *Stapenhorst* NZM 2007, 17.
[13] *Fritz* Rdnr. 229 a.
[14] BGH NZM 2005, 863.
[15] Schmidt/Futterer/*Langenberg* § 538 Rdnr. 25.

den.[16] Hierzu zählen auch Wartungsarbeiten.[17] Ausnahmsweise fällt unter den Begriff der Instandhaltung auch die Reparatur von Schäden, wenn sie durch Abnutzung, Alterung oder Witterungseinwirkung entstanden sind. Hat der Mieter nur die Instandhaltungspflicht übernommen, trifft ihn nicht zugleich die weitergehende Instandsetzungspflicht.[18] Eine Klausel, wonach der Mieter „das Mietobjekt mit der erforderlichen Sorgfalt zu behandeln und in gutem und gebrauchsfähigen Zustand zu erhalten hat", ist dahingehend auszulegen, dass den Mieter nur die laufende Instandhaltung der Mietsache trifft.[19]

b) **Instandsetzung.** Unter Instandsetzung werden in der Regel die Maßnahmen zur Reparatur und Wiederbeschaffung der Mietsache bezeichnet.[20] Die Instandsetzung umfasst aber nicht die Ersatzbeschaffung von Anlagen, Einrichtungen oder Bestandteilen der Mietsache, die nicht mehr reparabel sind oder die Ersatzbeschaffung einer völlig zerstörten Sache.[21] Die häufig in Gewerberaummietverträgen verwendete Formulierung „**Reparaturen an Dach und Fach**" stößt häufig auf Auslegungsschwierigkeiten, da nicht eindeutig ist, welche Bestandteile der Mietsache von dieser Formulierung betroffen sein sollen. Hierunter sollen jedenfalls alle Arbeiten fallen, die der Erhaltung des Substanzwertes des Gebäudes dienen.[22] Dazu zählt insbesondere die Erhaltung der Dachsubstanz und der tragenden Gebäudeteile wie Außenmauern, tragenden Wänden und des Fundaments.[23] Auch die im Mauerwerk verlaufenden Leitungssysteme von Elektrizität und Wasser sowie die Beheizbarkeit des Mietobjektes zählen hierzu.[24] In Gewerbemietverträgen wird auch die Formulierung „**Instandhaltung nach DIN 31051**" als Begriffsdefinition verwendet. Die „DIN 31.051 Instandhaltung" bezieht sich auf technische Anlagen und umfasst unter dem Oberbegriff Instandhaltung die Unterbegriffe Wartung, Inspektion und Instandsetzung. Sie definiert hierbei die Instandsetzung als Maßnahme zur Wiederherstellung des Sollzustandes von technischen Mitteln eines Systems.[25] Der Verweis auf die DIN 31.051 ist als Definition für die Instandsetzung von Räumen regelmäßig ungeeignet, da nicht klar ist, welche Maßnahmen hiervon betroffen sind. Im Übrigen ist sie für technische Anlagen konzipiert und nicht für Räume. Auch die Musterformulierung,[26]

„Unter Instandhaltung verstehen die Parteien dabei Inspektion, Wartung und Instandsetzung gemäß DIN 31.051 Instandhaltung, Begriffe und Maßnahmen, Stand Januar 1995, diesem Vertrag als Anlage (…) beigefügt."

schafft hier nicht die erforderliche Bestimmtheit. Hat der Mieter die Instandsetzungspflicht übernommen, ist er nicht zur Anschaffung neuer Geräte wie beispielsweise eines Heizkessels verpflichtet.[27]

3. Übertragung auf den Mieter

Die Übertragung der Erhaltungslast auf den Mieter wird bei der Geschäftsraummiete allgemein als zulässig angesehen. Während die Parteien diesbezüglich individualvertraglich einen weiten Gestaltungsspielraum besitzen, der seine Grenzen nur in den allgemeinen Normen findet,[28] ist die formularmäßige Abwälzung der Pflichten des § 535 Abs. 1 S. 2 BGB insbesondere im Hinblick auf die Entscheidung des XII. Senats vom 6. 4. 2005[29] nur unter

---

[16] *Langenberg* 2 C Rdnr. 24.
[17] *Fritz* Rdnr. 229.
[18] OLG Düsseldorf NZM 2000, 464; Staudinger/*Emmerich* § 535 Rdnr. 129.
[19] OLG Düsseldorf NZM 2000, 464.
[20] BGH NZM 2005, 863; Staudinger/*Emmerich* § 535 Rdnr. 127.
[21] OLG Hamm NJW-RR 1993, 1229; *Bub* NZM 1998, 793.
[22] *Fritz* Rdnr. 229 b.
[23] *Langenberg* 2 C Rdnr. 38.
[24] OLG Naumburg NZM 2000, 1183.
[25] *Fritz* Rdnr. 229.
[26] *Schmidt* NZM 2003, 505.
[27] OLG Naumburg NZM 2000, 1183.
[28] MünchKommBGB/*Häublein* § 535 Rdnr. 108.
[29] BGH NZM 2005, 863.

sehr engen Voraussetzungen möglich. Auch hier scheint der BGH zu einer restriktiveren Rechtsprechung zu tendieren, ähnlich wie dies bereits bei der Übertragung der Schönheitsreparaturen auf den Gewerberaummieter der Fall ist.[30] Da infolgedessen zu erwarten ist, dass die formularvertragliche Überwälzung der Erhaltungslast künftig noch kritischer bewertet wird als bisher, sollte die kautelarjuristische Mietvertragspraxis vermehrt auf Individualvereinbarungen setzen.[31] Der darin liegende zusätzliche Aufwand für die Rechtsberatung rentiert sich umso mehr, da der Gestaltungsspielraum in Formularverträgen immer kleiner wird.

6   a) **Übertragung durch Individualvereinbarung.** Der Mieter kann grundsätzlich durch Individualvereinbarung weit gehend zu Reparaturen und Instandsetzungsarbeiten verpflichtet werden, auch wenn das im Ergebnis zu einer verschuldensunabhängigen Haftung führt.[32] Hier kann in der Regel davon ausgegangen werden, dass beide Vertragsparteien bei den Vertragsverhandlungen in der Lage waren, ihre Interessen ausreichend zu wahren.[33] Die Klausel,

„Sämtliche Reparaturen, Instandsetzungen, Instandhaltungen und Erneuerungen in den gemieteten Räumen gehen zu lasten des Mieters"

ist wirksam.[34] Die Instandhaltungs- und Instandsetzungspflicht des Mieters ist aber nach Auffassung des BGH auf die Fälle beschränkt, in denen sich der Zustand der Mietsache durch Gebrauch verändert oder verschlechtert und deshalb Anlass zu Reparaturen, Instandhaltungsmaßnahmen oder Erneuerungen besteht. Danach kommt im Falle der Zerstörung des Mietobjektes durch Brand eine Instandsetzungspflicht des Mieters nicht in Betracht, wenn die Ursache des Brandes nicht auf einem Mietgebrauch beruht.[35]

Auch die Klausel,

„Alle Instandsetzungen und anfallenden Reparaturen in den Mieträumen und am Dach des Mietobjektes sowie am Anschlussgleis, soweit es von der Mieterin genutzt wird, gehen ausschließlich zu Lasten der Mieterin"

ist wirksam, sofern die Reparaturverpflichtung bei der Bemessung der Miete berücksichtigt worden ist.[36] Selbst im Rahmen einer Individualvereinbarung kann die Erhaltungspflicht an „Dach und Fach" nur dann wirksam auf den Mieter übertragen werden, wenn dem Mieter als Ausgleich eine Mietreduzierung in angemessenen Umfang gewährt wird.[37] Sieht die Vereinbarung dagegen keine Kompensation in der Mietkalkulation vor, dürfte § 138 BGB einschlägig sein.[38] Nach anderer Auffassung soll die Erhaltungspflicht an „Dach und Fach" auch kompensationslos auf den Mieter übertragbar sein.[39] Nach einer Entscheidung des OLG Brandenburg obliegt dem Vermieter die Instandsetzungspflicht selbst dann, wenn der Mieter individualvertraglich die Instandhaltung von „Dach und Fach" übernommen hat und die betreffenden Gebäudeteile infolge von Alterung oder umwelteinflussbedingtem Verschleiß nicht mehr reparabel oder reparaturwürdig sind.[40]

7   b) **Übertragung durch Formularvereinbarung.** Die generelle und undifferenzierte Abwälzung der gesamten Instandhaltungs- und Instandsetzungspflicht auf den Mieter durch Formularklausel ist regelmäßig unwirksam. Soll die Erhaltungslast in Abweichung zu § 535 Abs. 1 S. 2 BGB auf den Mieter übertragen werden, muss die Klausel zunächst einmal auf

---

[30] BGH NZM 2005, 504.
[31] *Joachim* NZM 2003, 387.
[32] BGH NJW 2002, 2383.
[33] BGH NJW 2002, 2383.
[34] BGH NJW-RR 1987, 906.
[35] BGH NJW-RR 1987, 906; *Stapenhorst* NZM 2007, 17.
[36] BGH NJW 2002, 2383.
[37] *Langenberg* 2 C Rdnr. 39.
[38] Palandt/*Heinrichs* § 138 Rdnr. 92.
[39] *Stapenhorst* NZM 2007, 17 unter Verweis auf die Entscheidung des BGH NJW 2002, 2383.
[40] OLG Brandenburg ZMR 2003, 909; Nies/Gies/*Borzutzki-Pasing* A. VI. 1 Anm. 39.

die Beseitigung von solchen Schäden begrenzt werden, die dem Mietgebrauch oder der Risikosphäre des Mieters zuzuordnen sind.[41] Fehlt es an einer derartigen inhaltlichen Beschränkung der Klausel und wird dem Mieter die Haftung von nicht beherrschbaren Risiken zugewiesen, so kann einer Unwirksamkeit der Klausel entgegenstehen, dass die Kosten der Höhe nach auf etwa 10% der Jahresmiete begrenzt werden.[42] Eine derartige Begrenzung der Höhe nach macht die Risiken für den Mieter kalkulierbar, was bei einer Interessenabwägung im Rahmen von § 307 BGB zu berücksichtigen ist.[43]

Weiterhin darf die Klausel nicht zu einer Haftung des Mieters für anfängliche Mängel und auch nicht zu einer Haftung für von Dritten verursachte Mängel oder Schäden führen.[44] Die Übertragung der Erhaltungslast ist aber zulässig, soweit die betreffenden Teile des Mietobjektes örtlich und funktional dem unmittelbaren Mietgebrauch unterfallen und der Abnutzung, dem Verschleiß oder einer durch den Mietgebrauch beschleunigten Alterung unterliegen.[45] Eine Begrenzung der Übertragung der Instandhaltungs- und Instandsetzungslast ist auch im Hinblick auf das Transparenzgebot in § 307 Abs. 1 S. 2 BGB geboten. Die Klausel,

„Der Mieter ist zur Instandhaltung nach DIN 31.051 (Instandhaltung, Begriffe und Maßnahmen, Stand Januar 1995) verpflichtet"

verstößt gegen das Transparenzgebot und ist unwirksam.[46] Die Klausel enthält keine inhaltliche Beschränkung auf Mängel, die dem Mietgebrauch und der Risikosphäre des Mieters zuzuordnen sind. Zudem ist nicht erkennbar, welche konkreten Maßnahmen von der Instandhaltung betroffen sein sollen, da auf die DIN 31.051 verwiesen wird, die dem Mieter regelmäßig unbekannt sein wird. Etwas anderes kann nur gelten, wenn die DIN im Mietvertrag aufgeführt wird oder dem Mietvertrag als Anlage beigefügt ist.[47] Die Klausel,

„Sämtliche Nebenkosten des Einkaufszentrums, insbesondere die Kosten des Betriebs, der Instandhaltung und der Gemeinschaftsanlagen einschließlich der Verkehrsflächen, werden von allen Mietern anteilig nach laut Mietvertrag in Anspruch genommener Bruttomietflächen im Verhältnis zur gewerblichen Bruttomietfläche insgesamt getragen"

ist unwirksam.[48] Hier werden dem Mieter Kosten übertragen, die nicht durch seinen Mietgebrauch veranlasst sind und nicht in seinen Risikobereich fallen. Nach Auffassung des BGH ist diese Übertragung der Erhaltungslast allenfalls dann wirksam, wenn eine Kostenbegrenzung auf einen festen Prozentsatz der Jahresmiete vorgenommen wird. Auch die Klausel,

„Der Vermieter ist zu Instandhaltungs- oder Instandsetzungsmaßnahmen am Mietobjekt nicht verpflichtet. Soweit der Mieter Instandhaltungs- oder Instandsetzungsmaßnahmen an Dach und Fach durchführt, ist er berechtigt, die Hälfte der nachgewiesenen Kosten mit jeweils maximal 50% der Mietzinsansprüche des Vermieters zu verrechnen"

ist unwirksam.[49] Der Vermieter zeichnet sich mit dieser Klausel nicht nur von seiner Kardinalpflicht der Gebrauchsgewährung für den Fall des Eintritts der Gebrauchsuntauglichkeit frei, sondern überbürdet dem Mieter auch die gesamte Instandsetzungspflicht auf. Auch die Kostenbegrenzung verhindert die Unwirksamkeit der Klausel nach § 307 BGB nicht, da sie ein unüberschaubares Kostenrisiko zu Lasten des Mieters enthält. Eine Klausel, mit der der Mieter verpflichtet wird, Reparaturen an „Dach und Fach" durchzuführen, kann grundsätzlich nicht im Rahmen einer Formularklausel vereinbart werden, da dies eine überraschende Klausel darstellt, die den Mieter unangemessen benachteiligt.[50] Nach anderer Auffassung

---

[41] BGH NJW-RR 1987, 906; BGH NZM 2005, 863; Staudinger/*Emmerich* § 535 Rdnr. 128.
[42] MünchKommBGB/*Häublein* § 535 Rdnr. 112.
[43] MünchKommBGB/*Häublein* § 535 Rdnr. 112.
[44] BGH NZM 2005, 863.
[45] Nies/Gies/*Borzutzki-Pasing* A. VI. 1 Anm. 39.
[46] *Langenberg* 2 C Rdnr. 31.
[47] *Schmidt* NZM 2003, 505.
[48] BGH NZM 2005, 863; a. A. dagegen *Stapenhorst* NZM 2007, 17.
[49] OLG Dresden NJW-RR 1997, 395.
[50] *Fritz* Rdnr. 229 b.

soll der Überraschungseffekt entfallen, wenn die Klausel im Mietvertrag erläutert wird.[51] Die Klausel,

„Die Kosten für die Erhaltung und Instandsetzung des Inventars trägt der Mieter. Der Mieter verpflichtet sich, alle während des Mietverhältnisses anfallenden Reparaturen in den angemieteten Räumlichkeiten auf seine Kosten durchzuführen"

ist entgegen einer älteren Entscheidung des BGH[52] unwirksam. Dem Mieter werden auch hier Kosten für Reparaturen auferlegt, die nicht auf seinem Mietgebrauch beruhen bzw. nicht in seiner Risikosphäre liegen. Nach den in der Entscheidung vom 6. 4. 2005[53] aufgestellten Grundsätzen dürfte die Klausel in diesem Umfang nicht mehr aufrecht zu erhalten sein.[54]

4. Folgen unwirksamer Formularklauseln

8   Die Rechtsfolgen einer unwirksamen formularvertraglichen Instandhaltungs- und Instandsetzungsklausel ergeben sich aus § 306 Abs. 2 BGB. Danach richtet sich der Inhalt des Vertrages nach den gesetzlichen Vorschriften, soweit die Bestimmungen nicht Vertragsbestandteil geworden sind oder unwirksam sind. Dies hat zur Folge, dass der Vermieter gemäß § 535 Abs. 1 S. 2 BGB die Instandhaltung bzw. Instandsetzung des Mietobjektes schuldet. Die Rechtsfolgen und Probleme sind im Übrigen ähnlich wie bei der unwirksamen Abwälzung der Schönheitsreparaturen, so dass zur Vermeidung von Wiederholungen auf diese Ausführungen verwiesen wird.

5. Formulierungsvorschlag[55]

Übertragung der Instandhaltung und Instandsetzung durch Formularklausel

9   1. Der Vermieter hat die Mieträume hinsichtlich der grundlegenden konstruktiven Bauteile (Arbeiten an Dach und Fach) instand zu halten und zu reparieren. Dem Vermieter obliegt außerdem die Erhaltung und Instandsetzung:
• Der zentralen Heizungs- und Warmwasseranlage
• Der Fenster und Türen, soweit es deren Substanzerhaltung und Funktionalität angeht und der Vertrag hierzu keine abweichende Regelung enthält.
• Der Anschlüsse, derer es für die Grundversorgung mit Wasser, Gas und elektrischer Energie und für die Entwässerung in dem bei Mietbeginn vorhandenen Standard bedarf.
2. Im Übrigen obliegt die fachgerechte Durchführung sämtlicher Erhaltungs- und Instandsetzungsmaßnahmen dem Mieter. Der Mieter hat regelmäßig alle Schönheitsreparaturen einschließlich des Außen- und Innenanstrichs von Türen und Fenstern und des Heizkörperanstrichs durchzuführen. Er hat die ihm zur Nutzung überlassenen Inventarteile und alle in den Mieträumen befindlichen technischen Anlagen einschließlich der Endinstallationen für Gas, Strom, Wasser, Abwasser und Beleuchtung auf seine Kosten zu pflegen, zu warten und instand zu halten. Die Abnutzung der Mieträume ist auf das bei vertragsgemäßem Mietgebrauch unbedingt erforderliche Ausmaß zu beschränken.

II. Schönheitsreparaturen

1. Begriff

10   a) **Gesetzliche Regelung.** Nach allgemeiner Auffassung ist der Begriff der Schönheitsreparaturen im Gewerberaummietverhältnis nahezu identisch mit dem Begriff im Wohnraummietverhältnis.[56] Auch im Gewerberaum ist die Definition in § 28 Abs. 4 Satz 4 II. BV maß-

---

[51] *Bub* NZM 1998, 793.
[52] BGH WuM 1987, 154.
[53] BGH NZM 2005, 863.
[54] *Langenberg* 2 C Rdnr. 48.
[55] Nies/Gies/*Borzutzki-Pasing* A. VI. 1.
[56] Schmidt/Futterer/*Langenberg* § 538 Rdnr. 77; *Fritz* Rdnr. 220.

geblich, wonach Schönheitsreparaturen nur **das Tapezieren, Anstreichen oder Kalken der Wände und Decken, das Streichen der Fußböden und der Heizkörper einschließlich der Heizrohre, der Innentüren sowie der Fenster und Außentüren von innen** umfassen. Im Kern geht es um die malermäßige Beseitigung der üblichen Dekorationsmängel im Rahmen der Abnutzung der Räume durch den vertragsgemäßen Gebrauch des Mieters. Lediglich beim **Umfang** der Schönheitsreparaturen bestehen unterschiedliche Auffassungen darüber, ob die Erneuerung von Bodenbelägen, insbesondere von Teppichböden, noch zu den Schönheitsreparaturen gezählt werden kann. Nach einer Entscheidung des OLG Düsseldorf soll der Mieter im Rahmen der Übernahme der Schönheitsreparaturen verpflichtet sein, den Teppichboden zu erneuern.[57] Insoweit gehöre die Erneuerung des durch Abnutzung unbrauchbar gewordenen Teppichbodens zu den Schönheitsreparaturen. Mit der überwiegenden Auffassung in Rechtsprechung und Schrifttum ist diese Ausweitung des Schönheitsreparaturbegriffes abzulehnen.[58] Bei der Erneuerung des Bodenbelags handelt es sich nicht um die malermäßige Bearbeitung von Dekorationsmängeln. Vielmehr zählen derartige Arbeiten regelmäßig zu den Instandsetzungsmaßnahmen. Anders als in der Wohnraummiete können die Vertragsparteien von Gewerberaum die Erneuerung von verschlissenen Bodenbelägen aber explizit durch Formularklausel auf den Mieter übertragen, soweit der Mieter nicht für solche Schäden haften muss, die von Dritten verursacht worden sind. Insoweit beruht die Abnutzung von Bodenbelägen im Inneren des Mietobjektes regelmäßig auf dem üblichen Gebrauch der Mietsache.

Im Rahmen der Schönheitsreparaturen schuldet der Gewerbemieter auch nicht das Abschleifen und Versiegeln des Parkettbodens. Anders als bei der Wohnraummiete können diese Instandhaltungsarbeiten aber durch Individualvereinbarung bzw. Formularklausel auf den Mieter übertragen werden.[59]

Soweit die Parteien in einem Gewerberaummietvertrag die Übertragung der Schönheitsreparaturen auf den Mieter vereinbaren, soll unter den Begriff der Schönheitsreparaturen auch die gründliche Reinigung des Teppichbodens gehören.[60] Nach Auffassung des XII. Senats soll auch ohne ausdrückliche Vereinbarung an die Stelle des in § 28 Abs. 4 S. 3 der II. BerechnungsVO genannten nicht mehr zeitgemäßen Streichens der Fußböden bei vom Vermieter verlegten Teppichboden dessen Reinigung treten.[61]

b) **Inhalt und Qualität.** Der Gewerberaummieter hat die Schönheitsreparaturen stets in mittlerer Art und Güte (§ 243 BGB) auszuführen,[62] wobei er ein **fachhandwerkliches Niveau** schuldet. Das gilt auch dann, wenn die Vertragsparteien die Qualität der Arbeiten nicht weiter spezifiziert haben. Der Vermieter muss sich insbesondere nicht mit einer „Hobby-Qualität" mittlerer Art und Güte abfinden.[63] Soweit die Schönheitsreparaturen „fachgerecht" oder „fachmännisch" durchzuführen sind, ist es dem Mieter nicht untersagt, die Arbeiten in fachmännischer Eigenleistung zu erbringen.[64] Eine derartige Klausel gibt nur die Qualitätserwartung der Parteien wieder.[65] Im Wesentlichen kann hier auf die Ausführungen zur Wohnraummiete verwiesen werden, die auch für den Gewerberaum gelten. Durch Individualvereinbarung können die Parteien bestimmte Qualitätskriterien vereinbaren, die neben der zu verwendenden Materialien auch die Art der Ausführung, etwa durch ein Fachunternehmen, regeln können. Die formularmäßige Fachhandwerkerklausel, wonach der Mieter die Schönheitsreparaturen auf eigene Kosten durch Fachhandwerker ausführen zu lassen hat, verstößt nach überwiegender Auffassung gegen § 307 Abs. 2 BGB.[66] Begründet wird die

---

[57] OLG Düsseldorf WuM 1989, 508.
[58] OLG Stuttgart NJW-RR 1995, 1101; LG Kiel WuM 1998, 215; *Fritz* Rdnr. 224.
[59] *Langenberg* 1 A Rdnr. 14.
[60] BGH NZM 2009, 126.
[61] BGH NZM 2009, 126; kritisch *Lehmann-Richter* NZM 2009, 349.
[62] BGH WuM 1988, 294.
[63] LG Berlin GE 2000, 677.
[64] BGH NJW 1988, 2790.
[65] *Wolf/Eckhard/Ball* Rdnr. 378.
[66] OLG Stuttgart NJW-RR 1993, 1422; LG Köln WuM 1991, 87; *Fritz* Rdnr. 181; *Wolf/Eckhard/Ball* Rdnr. 378; Staudinger/*Emmerich* § 535 Rdnr. 111; offen gelassen BGH NJW 1988, 2790.

Unangemessenheit dieser Klausel damit, dass die Klausel über das hinausgehe, was der Vermieter seinerseits nach § 535 Abs. 1 S. 2 BGB schulden würde. Der Vermieter wäre ohne formularmäßige Abwälzung auch nur zur Ausführung mittlerer Art und Güte verpflichtet (§ 243 BGB). Der Vermieter könne nicht etwas verlangen, was er selbst nicht einmal nach dem Gesetz schulde.[67] Nach anderer Auffassung soll es dagegen generell zulässig sein, wenn der Vermieter für die Durchführung der Schönheitsreparaturen einen Fachhandwerkerbetrieb vorgibt.[68] Anders als bei der Wohnraummiete seien die Parteien im Gewerberaum in der Vertragsgestaltung weitgehend frei.[69] Auch der BGH hatte eine Fachhandwerkerklausel in einem Pachtvertrag ohne Begründung für zulässig erachtet, wonach sich „der Pächter verpflichtet, das Objekt ... durch einen autorisierten Meisterbetrieb vollständig renovieren zu lassen."[70]

12 Nach der Entscheidung des XII. Senats des BGH vom 6. 4. 2005 dürfte diese Auffassung nicht mehr aufrecht zu erhalten sein.[71] Insoweit gilt im Bereich der Schönheitsreparaturen sowohl für den Wohn- als auch den Gewerberaum gleichermaßen der Kontrollmaßstab des § 307 BGB. Da die Fachhandwerkerklausel deutlich vom gesetzlichen Leitbild des § 535 Abs. 1 S. 2 BGB abweicht, benachteiligt sie auch den Gewerberaummieter unangemessen. Ebenso unwirksam ist eine Formularklausel, die dem Mieter die Beauftragung eines ganz bestimmten Handwerkers auferlegt.[72] Diese Klausel nimmt dem Mieter die Möglichkeit, andere Angebote einzuholen und hiervon den günstigsten Anbieter auszuwählen.[73] Sind in einer einheitlichen Klausel sowohl die Übertrag der Schönheitsreparaturen als auch deren Durchführung durch Fachhandwerker geregelt, soll nur der Fachhandwerkerteil unwirksam sein. Die Abwälzung der Renovierungspflicht soll wirksam bleiben.[74]

Hinsichtlich der inhaltlichen Anforderungen an Materialauswahl und Farbgestaltung kann im Wesentlichen auf die Ausführungen zur Wohnraummiete verwiesen werden. Die Art und Weise der Durchführung der Schönheitsreparaturen ist grundsätzlich dem Mieter überlassen, solange er die Grenzen des guten Geschmacks einhält.[75] Unterschiede können sich allerdings bei der Qualität der Materialauswahl ergeben, wenn es sich um repräsentative und hochpreisige Gewerbeobjekte handelt wie beispielsweise bei exklusiven Modeboutiquen in teuren Ladenzeilen. Hier müssen die ausgewählten Materialien jedenfalls eine Qualität erreichen, die der bisherigen gehobenen Ausstattung und Dekoration entsprechen. Der Dekorationswahl des Mieters sind auch Grenzen gesetzt, wenn die Außenwirkung des Objektes von Bedeutung ist. In diesem Fall darf der Mieter nicht in einer Weise dekorieren, dass das gesamte Erscheinungsbild leidet oder der Mietwert des Objektes gefährdet wird.[76]

2. Übertragung der Schönheitsreparaturen auf den Mieter

13 a) **Erfordernis einer Vereinbarung.** Nach dem gesetzlichen Leitbild des § 535 Abs. 1 S. 2 BGB obliegt die Durchführung der Schönheitsreparaturen qua Gesetz dem Vermieter. Es steht den Vertragsparteien aber frei, diese Renovierungspflicht durch Individual- oder Formularvereinbarung auf dem Mieter abzuwälzen. Voraussetzung hierfür ist eine ausdrückliche und hinreichend genaue Vereinbarung der Parteien. Eine stillschweigende Abwälzung der Schönheitsreparaturen auf den Mieter kommt auch im Gewerberaum grundsätzlich nicht in Betracht.[77] Nur in absoluten Ausnahmefällen kann von einer konkludenten Vertragsänderung ausgegangen werden, etwa wenn der Mieter über einen Zeitraum von

---

[67] OLG Stuttgart NJW-RR 1993, 1422.
[68] *Langenberg* 1 A Rdnr. 35; OLG Stuttgart NJW 1982, 1294.
[69] *Langenberg* 1 A Rdnr. 35.
[70] BGH NJW 1983, 446.
[71] BGH NZM 2005, 504.
[72] LG Köln WuM 1991, 87; *Fritz* Rdnr. 181.
[73] Schmidt/Futterer/*Langenberg* § 538 Rdnr. 129.
[74] OLG Stuttgart NJW-RR 1993, 1422; *Langenberg* 1 A Rdnr. 32; *Wolf/Eckhard/Ball* Rdnr. 378.
[75] *Fritz* Rdnr. 227.
[76] *Langenberg* 1 E Rdnr. 363.
[77] Staudinger/*Emmerich* § 535 Rn. 105; *Wolf/Eckhard/Ball* Rdnr. 372; a. A. OLG Celle WuM 1980, 185.

42 Jahren die Räumlichkeiten renoviert.[78] An diesem Grundsatz ändert auch die vom BGH getroffene Feststellung nichts, wonach die Abwälzung der Schönheitsreparaturen auf den Mieter Verkehrssitte geworden sei und die Vertragsparteien es infolgedessen als selbstverständlich ansähen, dass der Mieter die Schönheitsreparaturen zu tragen hat.[79] Diese Verkehrssitte betrifft daher nur die Tatsache der regelmäßigen Übertragung der Schönheitsreparaturen auf den Mieter durch Vereinbarung. Auch wenn die Verkehrssitte nicht eine ausdrückliche Vereinbarung zu ersetzen vermag, sind Schönheitsreparaturklauseln im Lichte dieser Verkehrssitte auszulegen.[80]

Anders als bei der Wohnraummiete beschränken sich viele Mietverträge über Gewerberaum nicht darauf, dem Mieter lediglich die Schönheitsreparaturen aufzuerlegen. Vielmehr stellt die Übertragung der Schönheitsreparaturen oft nur einen Teil einer weitergehenden und umfänglichen Abwälzung von Instandhaltungs- bzw. Instandsetzungsmaßnahmen auf den Mieter dar.[81] Soweit dem Mieter die laufende Instandhaltung der Räume übertragen wird, umfasst diese Verpflichtung regelmäßig auch die Durchführung der Schönheitsreparaturen, ohne das es hierfür noch einer gesonderten Regelung bedarf.[82] Werden dem Mieter dagegen nur die Schönheitsreparaturen auferlegt, schuldet er nur die malermäßige Bearbeitung von Dekorationsschäden. Darüber hinausgehende Maßnahmen müssen die Vertragsparteien ausdrücklich vereinbaren.

b) Individualvereinbarungen. Die Parteien sind im Gewerberaum weitgehend frei, die Pflicht zur Durchführung der Schönheitsreparaturen durch eine Individualvereinbarung auf den Mieter zu übertragen. Dies gilt zunächst für die Durchführung der laufenden Schönheitsreparaturen während des Mietverhältnisses, sowie für Vereinbarungen über Anfangs- oder Endrenovierungen. Individualvertraglich bestehen insoweit keine Schranken. Auch Klauselkombinationen über Anfangs-, laufende sowie Endrenovierung können die Vertragsparteien wirksam aushandeln. Nur in Ausnahmefällen wird sich der Vermieter nicht auf eine wirksame Renovierungsvereinbarung berufen können. Dies kann etwa der Fall sein bei einer nur kurzen Mietdauer, einem einwandfreien Dekorationszustand des Mietobjektes bei Mietende oder bei einem extrem kurzen Abstand zurr letzten Renovierung. Bei diesen Konstellationen kann die Renovierungsforderung des Vermieters rechtsmissbräuchlich sein und gegen den Grundsatz von Treu und Glauben gemäß § 242 BGB verstoßen.[83]

Ausnahmsweise sind auch der Vereinbarung von Individualabreden Grenzen gesetzt und zwar dann, wenn sie mit Formularklauseln kombiniert werden. Der Mieter wird dann unangemessen benachteiligt, wenn ihm durch die Kombination verschiedener Klauseln mehrere Renovierungspflichten auferlegt werden, so etwa, wenn er neben den laufenden Schönheitsreparaturen zusätzlich die Anfangs- oder Endrenovierung ausführen soll (Summierungseffekt). So ist im Gewerberaum bisher nicht über die Wirksamkeit von Kombinationen zwischen einer Formularklausel für die laufende Dekoration und einer Individualklausel über die Endrenovierung entschieden worden. Der Summierungseffekt bezieht sich nach der Rechtsprechung des BGH grundsätzlich nur auf die Formularklausel.[84] Die Unwirksamkeit der Formularklausel hat aber nicht zwangsläufig auch die Unwirksamkeit der Individualvereinbarung zur Folge. Soweit aber beide Klauseln wegen ihres sachlichen Zusammenhangs ein einheitliches Rechtsgeschäft im Sinne von § 139 BGB darstellen, kann sich die Nichtigkeit der Formularklausel als Teil des Rechtsgeschäfts auch auf die Individualvereinbarung erstrecken, so dass beide Regelungen nichtig sind.[85] Im Hinblick auf die Entscheidung des BGH vom 5. 4. 2006 NZM 2006, 623 ist daher zumindest Vorsicht bei der Kombination von Individualvereinbarungen mit Formularklauseln geboten, da neben der Formularklausel auch die Individualvereinbarung aufgrund der vorbeschriebenen Summierungseffektes unwirksam sein können.

---

[78] OLG Frankfurt/Main MDR 1981, 498.
[79] BGH NZM 2004, 734.
[80] BGH NZM 2004, 734; a. A. Staudinger/*Emmerich* § 535 Rdnr. 105.
[81] Hierzu unter § 58 Rdnr. 17.
[82] *Langenberg* 1 C Rdnr. 137.
[83] Schmidt/Futterer/*Langenberg* § 538 Rdnr. 148.
[84] BGH NZM 2006, 623.
[85] BGH NZM 2006, 623; *Langenberg* 1 B Rdnr. 74.

Die Entscheidung des OLG Celle,[86] wonach die Kombination einer Formularklausel über die laufenden Schönheitsreparaturen mit einer Individualabrede bezüglich der Übernahme einer Anfangsrenovierung ohne weiteres wirksam ist, dürfte im Hinblick auf die Entscheidung des XII. Senats vom[87] überholt sein. Danach ist die Formularklausel wegen des Summierungseffektes gemäß § 307 Abs. 1 BGB unwirksam und die Wirksamkeit der individualvertraglichen Regelung jedenfalls im Hinblick auf § 139 BGB fraglich.[88]

17 c) **Formularvereinbarungen.** *aa) Grundsätze.* Regelmäßig werden die Schönheitsreparaturen im Gewerberaum durch Formularklauseln auf den Mieter abgewälzt. Diesbezüglich haben sich zwei unterschiedliche Klauselalternativen herausgebildet. Zum einen werden analog zum Wohnraum ausschließlich die Schönheitsreparaturen übertragen, ohne eine Instandhaltungs- und Instandsetzungsverpflichtung des Mieters zu konstituieren. Daneben werden die Schönheitsreparaturen als Teil einer umfassenden Erhaltungslast auf den Mieter übertragen. Ist der Mieter beispielsweise verpflichtet, die laufende Instandhaltung der Mieträume zu gewährleisten, hat er auch die malermäßige Dekoration durchzuführen.[89] Gleiches gilt, wenn dem Mieter die Instandsetzung des Mietobjektes auferlegt worden ist.[90]

Bisher stellte die Rechtsprechung und die überwiegende Auffassung in der Literatur an die AGB-rechtliche Kontrolle der formularvertraglichen Überwälzung der Schönheitsreparaturen auf den Gewerbemieter weitaus weniger strenge Anforderungen als in der Wohnraummiete. Der Leitgedanke war hier die Annahme, dass der Gewerbemieter als Unternehmer regelmäßig weniger schutzwürdig sei, als der Wohnraummieter.[91] Als Begründung wurde neben der stärkeren wirtschaftlichen Leistungsfähigkeit[92] des Gewerbemieters die „Entgeltthese" herangezogen, wonach die Übernahme der Schönheitsreparaturen ein nicht in Geld zu erbringendes Entgelt darstelle.[93] Soweit die Übertragung der Schönheitsreparaturen durch eine geringere Miete kompensiert und der Mieter so die Möglichkeit erhalte, die Kosten der Renovierung durch die „ersparte" Geldmiete zu bestreiten, werde der Mieter ebenso wenig unangemessen benachteiligt wie durch die eigentliche Mietzahlungspflicht.[94] Im Ergebnis sei die restriktive Rechtsprechung des VIII. Senats zu den Schönheitsreparaturen nicht auf das Gewerberaummietrecht übertragbar, da sie zu völlig unangemessenen Ergebnissen führe.[95]

18 Der XII. Senat hat in einer viel beachteten Entscheidung vom 6. 4. 2005 aber genau das getan und sich der Rechtsprechung des VIII. Senats angeschlossen, soweit es die Frage betrifft, ob die Kombination einer formularmäßigen Endrenovierungsklausel mit einer solchen über turnusmäßig vorzunehmende Schönheitsreparaturen wirksam ist. Weniger das Ergebnis als vielmehr die ausführliche Begründung führt dazu, dass die bisherige Praxis der allzu großzügigen Klauselkontrolle im Gewerberaum der Vergangenheit angehören dürfte. Denn der XII. Senat vertritt die Auffassung, zumindest im Zusammenhang mit den Schönheitsreparaturen sei der Gewerberaummieter in ähnlicher Weise schutzwürdig wie der Wohnraummieter. Nach der gesetzlichen Regelung des § 535 Abs. 1 S. 2 BGB schulde der Vermieter von Geschäftsräumen die Durchführung der Schönheitsreparaturen ebenso wie der Wohnungsvermieter. Das Gesetz behandele die Vermieter in beiden Fällen gleich. Eine in Formularverträgen enthaltene Verpflichtung des Mieters, wonach neben der Durchführung der Schönheitsreparaturen die Mietsache bei Beendigung des Mietverhältnisses renoviert zurückzugeben ist, entferne sich noch weiter vom gesetzlichen Leitbild. Die von Teilen der Literatur als Rechtfertigung herangeführte Entgeltthese, wonach die Schönheitsreparatur Teil

---

[86] OLG Celle ZMR 1999, 470.
[87] BGH NZM 2005, 504.
[88] *Langenberg* 1 C Rdnr. 161; a.A. Schmidt/Futterer/*Langenberg* § 538 Rdnr. 131; MünchKommBGB/*Häublein* § 535 Rdnr. 123.
[89] *Langenberg* 1 C Rdnr. 137.
[90] Hierzu unter § 58 Rdnr. 7.
[91] OLG Celle NZM 2003, 599.
[92] *Langenberg* 1 C Rdnr. 157.
[93] *Wolf/Eckhard/Ball* Rdnr. 373, 377; *Fritz* Rdnr. 181.
[94] *Wolf/Eckhard/Ball* Rdnr. 377.
[95] *Fritz* Rdnr. 181.

der Gegenleistung zur Gebrauchsgewährung sei und die Überwälzung demgemäß in die Kalkulation der Miete eingehe, verwirft der BGH mit deutlichen Worten, weil dem Mieter – abweichend vom gesetzlichen Leitbild – ein Übermaß an Renovierungspflichten auferlegt werde, wenn er die Endrenovierung unabhängig vom Zeitpunkt der letzten Schönheitsreparaturen und dem Zustand der Mietsache durchführen müsse.

Dieses Urteil hat für die Geschäftsraummiete grundlegende Bedeutung und geht weit über die der Entscheidung zugrunde liegenden Klauselkombination hinaus. Aufgrund der gleichen Schutzbedürftigkeit zwischen Wohn- und Geschäftsraummieter setzt der Senat folgerichtig bei der Klauselkontrolle einen identischen Prüfungsmaßstab gemäß § 307 BGB an. Das Urteil zeigt, dass die bisherige Annahme, im Bereich der Gewerberaummiete sei eine Pflichtenabwälzung unbeschränkt möglich, „auf tönernen Füßen steht".[96] Dies zeigen auch die ersten Entscheidungen des OLG Düsseldorf[97] und OLG München[98] im Anschluss an das Urteil des XII. Senats. Danach sind Schönheitsreparaturklauseln mit starren Renovierungsfristen, die den Mieter unabhängig vom Zustand der Mietsache zur Durchführung von Schönheitsreparaturen verpflichten, gemäß § 307 BGB unwirksam.[99] Dabei wird die Rechtsprechung des VIII. Senats ausdrücklich auf das Gewerberaummietverhältnis übertragen. Es sei im Hinblick auf die Entscheidung des XII. Senats kein überzeugender Grund ersichtlich, „für den Bereich der Geschäftsraummiete der Rechtsprechung des VIII. Senats nicht zu folgen".[100] Im Ergebnis geht die Rechtsprechung dahin, an die Wirksamkeit der Geschäfts- und Wohnraummiete ähnliche Anforderungen zu stellen.[101]

bb) Klauseln zur Anfangsrenovierung. Ob dem Mieter durch Formularklausel die Verpflichtung wirksam übertragen werden kann, bei Mietbeginn die Gewerberäume zu renovieren, ist umstritten. Teilweise wird eine derartige Vereinbarung zur Anfangsrenovierung pauschal als zulässig angesehen.[102] Eine derartige Abwälzung benachteilige den Mieter nicht unangemessen.[103] Die finanzielle Belastung sei in der Regel nicht sehr groß.[104] Nach dieser Auffassung sind etwa Klauseln, wonach der Mieter die erstmaligen Renovierungsarbeiten innerhalb von drei Monaten nach Vertragsbeginn durchzuführen hat, wirksam. Ebenso eine Klausel, nach der der Mieter die Räumlichkeiten in tapezierfähigen Zustand übernimmt und sie innerhalb von zwei Wochen nach Einzug zu tapezieren hat, wirksam. Einer unangemessenen Benachteiligung soll auch die Möglichkeit entgegenstehen, dass sich der Mieter das Mietobjekt nach eigenen Wünschen gestalten kann bzw. er während der anschließenden Mietzeit seine Investitionen nutzen kann.[105]

Nach anderer Auffassung sind Anfangsrenovierungsklauseln unwirksam, soweit der Vermieter dem Mieter keine angemessene Entschädigung für seine Arbeiten leistet.[106] In der Tat ist nicht erkennbar, warum die Gründe, die bei der Wohnraummiete regelmäßig zur Unwirksamkeit von Anfangsrenovierungsklauseln führen, bei der Gewerberaummiete nicht gelten sollen. Dies steht im Widerspruch zur Entscheidung des XII. Senats, wonach das Gewerbemietverhältnis demselben gesetzlichen Kontrollmaßstab unterliegt wie das Wohnraummietverhältnis. Auch der Gewerbemieter wird benachteiligt, wenn er ohne Kompensation die Dekorationsschäden des Vormieters beseitigen oder erstmals überhaupt eine Dekoration herstellen soll. Dies widerspricht der Entgeltthese, weil der Mieter bei einer anfänglichen Renovierung nicht die Möglichkeit hat, die Renovierungskosten durch die ersparte Miete abzuwohnen. Eine Anfangsrenovierungsklausel widerspricht auch im Gewer-

---

[96] Nies/Gies/*Borzutzki-Pasing* A. VI. 1 Anm. 40.
[97] OLG Düsseldorf NZM 2006, 462; NZM 2007, 215.
[98] OLG München NZM 2007, 215.
[99] Jetzt auch BGH NZM 2008, 890.
[100] OLG Düsseldorf NZM 2006, 462; kritisch hierzu Nies/Gies/*Borzutzki-Pasing* A. VI. 1 Anm. 40.
[101] BGH NZM 2008, 890; MünchKommBGB/*Häublein* § 535 Rdn. 117.
[102] Schmidt/Futterer/*Langenberg* § 538 Rdnr. 123; *Langenberg* 1 C Rdnr. 145; *Wolf/Eckhard/Ball* Rdnr. 375; *Fritz* Rdnr. 182; *Heinrichs* NZM 2005, 201, 210.
[103] *Wolf/Eckhard/Ball* Rdnr. 375.
[104] *Heinrichs* NZM 2005, 201, 210.
[105] *Langenberg* 1 C Rdnr. 145.
[106] MünchKommBGB/*Häublein* § 535 Rdnr. 117; Staudinger/*Emmerich* § 535 Rdnr. 105.

beraum dem gesetzlichen Leitbild des § 535 Abs. 1 S. 1 BGB, so dass sie regelmäßig unwirksam ist.

20 *cc) Klauseln zu den laufenden Renovierungen.* Soweit im Gewerberaum die laufenden Schönheitsreparaturen auf den Mieter abgewälzt werden, ist zu unterscheiden zwischen allgemeinen Klauseln wie z.B. „Der Mieter trägt die Kosten der Schönheitsreparaturen", „Schönheitsreparaturen gehen zu Lasten des Mieters" und solchen Klauseln, die die Renovierung nach einem bestimmten Fristenplan vorsehen. Allgemeine Klauseln, die keinen turnusmäßigen Renovierungsplan vorsehen, sind nach der Verkehrsanschauung dahin auszulegen, dass die Fristen des § 7 Mustermietvertrag 1976 heranzuziehen sind.[107] Sie enthalten nach überwiegender Auffassung eine wirksame Abwälzung der Schönheitsreparaturen auf den Mieter.[108]

20a Bei Klauseln mit einem Fristenplan ist zu differenzieren, ob es sich um weiche oder starre Fristen handelt. Während Formulierungen wie „Im Allgemeinen", „In der Regel" sowie „Üblicherweise" einen weichen Renovierungsturnus belegen und wirksam sind, bestehen Bedenken gegenüber Klauseln, die eine Renovierung nach starren Fristen vorsehen, unabhängig davon, wann die letzten Schönheitsreparaturen erfolgt sind und ob ein Bedarf hierfür besteht. Überwiegend werden von der Literatur starre Fristenpläne im Gewerberaummietverhältnis für zulässig erachtet.[109] Auch der BGH hatte in einer älteren Entscheidung die in einer Formularklausel enthaltene starre Frist von einem Jahr für die turnusmäßige Renovierung einer Gaststätte durch den Mieter für wirksam erachtet.[110] Demgegenüber haben das OLG Düsseldorf und das OLG München unter besonderer Berücksichtigung der Entscheidung des XII. Senats einen starren Fristenplan bezüglich einer Änderungsschneiderei,[111] der eine Renovierung alle drei bzw. fünf Jahre vorsah, einen starren Fristenplan hinsichtlich einer Schilder- und Gravurwerkstatt,[112] der eine Dekorationsverpflichtung alle vier bzw. sieben Jahre enthielt sowie einen starren Fristenplan hinsichtlich eines Ladengeschäfts,[113] der eine Renovierung alle fünf Jahre vorsah, für unwirksam gemäß § 307 BGB erklärt. Unisono wird die „Starre-Fristen-Rechtsprechung" des VIII. Senats auf den Gewerberaum übertragen. Ebenso wie im Wohnraum sei die Renovierung eines nicht renovierungsbedürftigen Gewerberaums sinnlos.[114] Diese Entscheidungen sind auf Kritik gestoßen, da der Mietgebrauch im Gewerberaum regelmäßig intensiver als bei der Wohnraummiete sei und hierdurch stärkere Abnutzungen bewirke, mit der Folge, dass starre Fristenpläne ausnahmsweise zulässig seien.[115] Einschränkend sollen starre Fristenplänen jedenfalls zulässig sein, sofern die Zeitabstände nicht unangemessen kurz sind.[116] Entscheidend sei die jeweils vertraglich vorgesehene Art der Nutzung.[117] Ein starrer Fristenplan soll jedenfalls dann wirksam sein, wenn er sich an der Erfahrung mit dem Renovierungsbedarf bei vertragsgemäßem Gebrauch der Mietsache orientiert.[118]

21 Der XII. Senat hat mit seinem Urteil vom 8.10.2008 entschieden, dass starre Fristenpläne auch im Gewerberaum eine unangemessene Benachteiligung des Mieters darstellen und damit unwirksam sind.[119] Damit sind entgegen der überwiegenden Auffassung in der Litera-

---

[107] KG NZM 2005, 181.
[108] OLG Nürnberg ZMR 1991, 217; KG NZM 2005, 181, *Langenberg* 1 C Rdnr. 139.
[109] Palandt/*Weidenkaff* § 535 Rn. 47; *Fritz* Rdnr. 181; *Heinrichs* NZM 2005, 201, 210; *Wolf/Eckhard/Ball* Rdnr. 374; Nies/Gies/*Borzutzki-Pasing* A. VI. 1 Anm. 40.
[110] BGH NJW 1983, 446.
[111] OLG Düsseldorf NZM 2006, 462; Der XII. Senat hat in seinem Urteil vom 8.10.2008 nunmehr klargestellt, dass die Übertragung der Schönheitsreparaturen auf den Mieter in einem Formularmietvertrag über Gewerberäume unwirksam ist, wenn der Mieter unabhängig von dem Erhaltungszustand der Räume zur Renovierung nach Ablauf starrer Fristen verpflichtet werden soll, BGH NZM 2008, 890.
[112] OLG Düsseldorf NZM 2007, 215.
[113] OLG München NZM 2007, 215.
[114] OLG München NZM 2007, 215.
[115] Nies/Gies/*Borzutzki-Pasing* A. VI. 1 Anm. 40.
[116] *Wolf/Eckhard/Ball* Rdnr. 374.
[117] *Heinrichs* NZM 2005, 201, 210.
[118] Palandt/*Weidenkaff* § 535 Rdnr. 47.
[119] BGH NZM 2008, 890.

tur starre Fristenpläne regelmäßig unwirksam[120] und zwar aus den gleichen Gründen wie in der Wohnraummiete. Insoweit ist tatsächlich kein Grund ersichtlich, warum der Vermieter von Gewerberaum, anders als der Vermieter von Wohnraum, berechtigt sein soll, dem Mieter Pflichten aufzuerlegen, die er nach § 535 Abs. 1 S. 2 BGB selbst nicht schuldet, nämlich allein wegen Zeitablaufs und nicht aufgrund eines Bedarfes die Mieträume zu renovieren.[121]

dd) Klauseln zur Endrenovierung. Aus den gleichen Gründen sind auch Endrenovierungsklauseln, die den Mieter unabhängig vom Bedarf bzw. vom Zeitpunkt der letztmaligen Durchführung der Arbeiten zur Renovierung verpflichten, wie z.B. „Bei Beendigung des Mietverhältnisses ist das Mietobjekt in renoviertem Zustand zurückzugeben" unwirksam.[122] Dagegen soll eine derartige Klausel ausnahmsweise zulässig sein, wenn der Mieter die Räume renoviert übernommen hat.[123] Schließlich soll eine Endrenovierungsklausel auch dann nicht zu beanstanden sein, wenn der Mieter bei Beginn des Mietverhältnisses ein unrenoviertes Mietobjekt übernommen hat.[124] Insoweit könne sich der Mieter auf die Kosten der Endrenovierung langfristig einstellen. Das vertragliche Äquivalent werde gestört, wenn dem Vermieter zur Abgeltung der Gebrauchsgewährung nur die Mietzahlungen verblieben.[125] Dieses Argument hat der BGH ausdrücklich nicht gelten lassen mit dem Hinweis, der Vermieter trage das Risiko der Gesamtunwirksamkeit und könne sich daher nicht darauf berufen, dass das vertragliche Gleichgewicht gestört werde, wenn er dem Mieter ein Übermaß an Renovierungspflichten auferlege.[126]

Im Ergebnis kann eine Endrenovierungsverpflichtung nur im Rahmen einer **Individualvereinbarung** auf den Mieter übertragen werden.

22

ee) Klauselkombinationen. Im Gewerberaum werden dem Mieter regelmäßig neben singulären Renovierungspflichten auch durch die Kombination verschiedener Klauseln mehrere Renovierungspflichten auferlegt (**Summierungseffekt**). Dies ist der Fall, wenn er neben den laufenden Schönheitsreparaturen entweder eine Anfangs- oder Endrenovierung oder sogar beide Arbeiten zusätzlich schuldet.[127] Analog zur Wohnraummiete stellt eine derartige Summierung von Renovierungspflichten auch im Gewerbemietverhältnis einen Verstoß gegen § 307 Abs. 1 BGB dar, mit der Folge, dass nicht nur die Klausel über die Anfangs- und/oder Endrenovierung unwirksam ist, sondern auch die Regelung über die laufende Renovierung.[128] Dagegen wird für den Gewerberaum vertreten, dass die Klauseln nicht insgesamt unwirksam sind, sondern durch Auslegung oder Treu und Glauben anzupassen sind, weil dies im Einzelfall zu angemesseneren Ergebnissen führe.[129] Dieser Auffassung ist nicht zu folgen. Die Regelung des § 307 BGB schließt in ihrem Anwendungsbereich als „leges speciales" den Rückgriff auf § 242 BGB aus.[130]

23

Im Ergebnis sind daher Klauseln, die neben den laufenden Schönheitsreparaturen auch eine Anfangs und/oder Endrenovierung des Mieters vorsehen, gemäß § 307 BGB unwirksam.[131] Hinsichtlich der Kombination einer laufenden Renovierungsverpflichtung mit einer Verpflichtung zur Endrenovierung hat der BGH diesbezüglich bereits entschieden.[132]

a) **Folgen unwirksamer formularvertraglicher Renovierungsklauseln.** Die Rechtsfolgen einer unwirksamen formularvertraglichen Renovierungsklausel ergeben sich aus § 306 Abs. 2 BGB. Danach richtet sich der Inhalt des Vertrages nach den gesetzlichen Vorschriften,

24

---

[120] *Langenberg* 1 C Rdnr. 148; MünchKommBGB/*Häublein* § 535 Rdnr. 120.
[121] *Langenberg* 1 E Rdnr. 339.
[122] BGH NZM 2005, 504.
[123] *Heinrichs* NZM 2005, 201, 210.
[124] OLG Düsseldorf NZM 1999, 970; OLG Celle NZM 2003, 599; *Wolf/Eckhard/Ball* Rdnr. 376.
[125] *Wolf/Eckhard/Ball* Rdnr. 377.
[126] BGH NZM 2005, 504, 505.
[127] BGH NZM 2005, 504; KG GE 1986, 1167; OLG Celle ZMR 1999, 470.
[128] BGH NZM 2006, 623; NZM 2003, 594; *Langenberg* 1 C Rdnr. 159.
[129] OLG Celle ZMR 2003, 914; *Fritz* Rdnr. 182 a.
[130] BGH NZM 2005, 504.
[131] *Langenberg* 1 C Rdnr. 159 ff.
[132] BGH NZM 2005, 504.

soweit die Bestimmungen nicht Vertragsbestandteil geworden sind oder unwirksam sind. Dies hat zur Folge, dass der Vermieter gemäß § 535 Abs. 1 S. 2 BGB zur Ausführung der Schönheitsreparaturen verpflichtet ist. Im Bereich der Wohnraummiete hat der BGH ausdrücklich so entschieden und gleichzeitig eine ergänzende Vertragsauslegung abgelehnt, weil § 306 Abs. 2 BGB für den Fall der Unwirksamkeit einer Schönheitsreparaturklausel auf § 535 Abs. 1 S. 2 BGB verweise.[133] Dagegen wird für die Gewerberaummiete der grundsätzliche Wegfall der Renovierungsverpflichtung durch den Mieter in Frage gestellt.[134] Anders als bei der Wohnraummiete existierten im Gewerberaum gewichtige Gründe, es nicht generell beim ersatzlosen Wegfall der Renovierungspflicht des Mieters zu belassen.[135] Vielmehr unterscheide sich die Sachlage bei der Vermietung von Gewerberaum deutlich von der bei Wohnraum. In Abweichung zu § 306 Abs. 2 BGB soll die Unwirksamkeit einer formularvertraglichen Klausel zur Abwälzung der Schönheitsreparaturen daher eine Vertragslücke indizieren, die durch ergänzende Vertragsauslegung zu schließen sei.[136] Nach einer anderen Auffassung kann die ersatzlose Streichung der Abwälzung der Schönheitsreparaturen existentielle Auswirkungen auf den Vermieter haben, so dass eine Störung der Vertragsparität zwischen Vermieter und Mieter vorliege. Dies könne die Anpassung des Mietvertrages nach den Grundsätzen der Störung der Geschäftsgrundlage gemäß § 313 BGB erforderlich machen, etwa durch die Streichung der starren Renovierungsfristen.[137] Diese Vorgehensweise hätte allerdings zur Konsequenz, dass die eigentliche Pflicht zur Durchführung der Schönheitsreparaturen beim Mieter verbliebe und lediglich die Fälligkeitsregel des starren Fristenplans zugunsten des Mieters aufgehoben würde. Dies läuft im Ergebnis auf eine geltungserhaltende Reduktion hinaus.

25 Den Gegnern der kompromisslosen Lösung des BGH über § 306 Abs. 2 BGH ist zwar zuzugestehen, dass eine unwirksame Formularklausel in Ausnahmefällen durch die Anwendung allgemeiner Rechtsgrundsätze korrigiert werden kann. Bei Regelungen über starre Fristenpläne liegen diese engen Voraussetzungen aber nicht vor. Die Rechtsfolge des § 306 Abs. 2 BGB bleibt nämlich nur dann ausnahmsweise zu Gunsten einer ergänzenden Vertragsauslegung unberücksichtigt, wenn auf dispositives Recht nicht zurückgegriffen werden kann und der ersatzlose Wegfall der Klausel nicht zu einem angemessenen Interessenausgleich führt.[138] Beide Voraussetzungen liegen nicht vor. Anstelle der unwirksamen Fristenklausel tritt der Inhalt des § 535 Abs. 1 S. 2 BGB. Dies führt in der Regel auch nicht zu unangemessenen Ergebnissen. In der finanziellen Mehrbelastung des Vermieters durch die Renovierung realisiert sich ausschließlich das Risiko, dass er als Verwender einer unwirksamen Formularklausel trägt. Will er dieses Risiko ausschließen, muss er es entweder bei der gesetzlichen Regelung belassen oder eine Individualvereinbarung treffen. Im Übrigen werden sich auch die Renovierungskosten des Vermieters in aller Regel in Grenzen halten, so dass existentielle Folgen die absolute Ausnahme bleiben dürften. Eine Korrektur über eine ergänzende Vertragsauslegung ist daher ausgeschlossen.[139]

25a Schließlich kann die Rechtsfolge des § 306 Abs. 2 BGB nicht über das Institut der Störung der Geschäftsgrundlage korrigiert werden. Es ist zwar anerkannt, dass eine Anpassung wegen Fehlens der Geschäftsgrundlage möglich ist, wenn die Parteien bei Abschluss des Vertrages übereinstimmend eine unwirksame vertragliche Regelung als wirksam angesehen haben.[140] Soweit sich aber in der Störung des Vertrages ein Risiko verwirklicht, dass nach der vertraglichen oder gesetzlichen Risikoverteilung eine der Parteien zu tragen hat, ist § 313

---

[133] BGH NZM 2006, 691.
[134] *Langenberg* 1 E Rdnr. 340 ff.; Palandt/*Weidenkaff* § 535 Rdnr. 47a; *Leo/Ghassemi-Tabar* NZM 2008, 105; *Horst* NZM 2007, 185; *Ahlt* GuT 2005, 47.
[135] *Langenberg* 1 E Rdnr. 340.
[136] *Ahlt* GuT 2005, 47; Palandt/*Weidenkaff* § 535 Rdnr. 47a.
[137] *Langenberg* 1 E Rdnr. 344; *Horst* NZM 2007, 185; einschränkend auf langfristige Altverträge *Leo/Ghassemi-Tabar* NZM 2008, 105.
[138] BGH NJW 1992, 1164; NJW 2000, 1110; *Heinrichs* NZM 2005, 201; *Emmerich* NZM 2006, 761.
[139] MünchKommBGB/*Häublein* § 535 Rdnr. 125; *Langenberg* 1 E Rdnr. 343; *Heinrichs* NZM 2005, 201; *Emmerich* NZM 2006, 761; *Horst* NZM 2007, 185.
[140] BGH NJW-RR 1991, 1340; *Heinrichs* NZM 2005, 201.

BGB nicht anwendbar. So liegt der Fall hier. Nach § 307 BGB wird das Risiko der Verwendung einer unwirksamen Schönheitsreparaturklausel ausschließlich dem Verwender zugewiesen. Würde man diesen Grundsatz zugunsten des § 313 BGB aufweichen, hätte dies nicht nur eine unzulässige geltungserhaltende Reduktion zur Folge, sondern es würde auch der Verwendung unwirksamer Klauseln jedwedes Risiko genommen.[141] Eine absolute Ausnahme hiervon kann nur dann angenommen werden, wenn sich aus dem ersatzlosen Wegfall der unwirksamen Klausel für den Vermieter tatsächlich eine **existenzvernichtende Notlage** ergibt.[142] Bloße wirtschaftliche Nachteile sind dagegen rechtlich irrelevant.

Im Ergebnis bleibt es auch bei der Gewerberaummiete bei der gesetzlichen Regelung des 26 § 535 Abs. 1 S. 2 BGB. Die Kompensation über eine ergänzende Vertragsauslegung oder die Störung der Geschäftsgrundlage scheidet aus. Diese Auffassung wird offensichtlich auch vom XII. Senat vertreten, der insoweit ausführt: „Dass die vertragliche Äquivalenz einschneidend gestört werden kann, wenn dem Vermieter zur Abgeltung der Gebrauchsgewährung nur die Mietzahlung verbleibt, hat sich der Vermieter selbst zuzuschreiben. Wenn er dem Mieter ein Übermaß an Renovierungspflichten auferlegt, trägt er das Risiko der Gesamtunwirksamkeit und kann sich nicht darauf berufen, dass dadurch das vertragliche Gleichgewicht gestört wird". Anhand dieser Ausführungen wird deutlich, dass der BGH auch im Gewerberaum an § 306 Abs. 2 BGB festhält und für eine Korrektur durch eine ergänzende Vertragsauslegung keinen Spielraum sieht.

Schließlich haben die Parteien die Möglichkeit, die Pflicht zur Renovierung durch den 26a Mieter nachträglich durch eine wirksame Klausel zu vereinbaren, wenn die ursprüngliche Schönheitsreparaturklausel unwirksam ist. Vor Abschluss einer Vertragsänderung ist der Vermieter allerdings verpflichtet, den Mieter über die bestehende Rechtslage, wonach die Überwälzung der vertraglichen Pflichten unwirksam ist und den Vermieter kraft gesetzlicher Regelung die Instandhaltungspflicht trifft, aufzuklären.[143] Soweit die unwirksame Klausel durch eine neue Formularklausel ersetzt werden soll, verstößt diese gegen das Transparenzgebot bzw. § 305 c Abs. 1 BGB, wenn der Vermieter die Aufklärung seines Mieters unterlässt. Eine Individualvereinbarung soll der Mieter anfechten können, wenn der Vermieter ihn bei Abschluss der Vereinbarung über die Unwirksamkeit der ursprünglichen Schönheitsreparaturklausel getäuscht hat. Alternativ kann eine Pflichtverletzung gemäß § 241 Abs. 2 BGB vorliegen.[144]

III. Kleinreparaturen, Wartung

1. Kleinreparaturen

Dem Mieter können auch im Rahmen eines Gewerberaummietverhältnisses die Behebung 27 von kleineren Schäden durch Kleinreparaturklauseln auferlegt werden. Anders als in der Wohnraummiete kommt den Kleinreparaturen im Gewerbemietverhältnis eine untergeordnete Bedeutung zu, da dem Mieter bereits bei der Abwälzung der Erhaltungslast weitgehende Reparaturpflichten auferlegt werden, die mit denen einer Kleinreparaturklausel weitgehend deckungsgleich sind.

Der Mieter kann im Rahmen einer Kleinreparaturklausel nur zur Behebung von solchen Schäden herangezogen werden, die innerhalb des Mietobjektes auftreten und zwar an Bestandteilen, die dem häufigen Zugriff des Mieters ausgesetzt sind. In diesem Fall sollen die Kosten der Reparatur nicht der Höhe nach beschränkt sein.[145] Anders als bei der Wohnraummiete ist eine Vornahmeklausel, wonach der Mieter selbst zur Reparatur verpflicht ist, im Hinblick auf § 536 Abs. 4 BGB zulässig. Sieht die Kleinreparaturklausel auch die Behebung von solchen Schäden vor, die nicht auf einem Mietgebrauch zurückzuführen sind,

---

[141] *Leo/Ghassemi-Tabar* NZM 2008, 105; *Emmerich* NZM 2006, 761.
[142] *Heinrichs* NZM 2005, 201; *Langenberg* 1 E Rdnr. 344.
[143] *MünchKommBGB/Häublein* § 535 Rdnr. 125; *Langenberg* 1 D Rdnr. 241; *Leo/Ghassemi-Tabar* NZM 2008, 105.
[144] *Artz* NZM 2007, 265, 272.
[145] *Fritz* Rdnr. 184.

stellt dies eine unangemessene Benachteiligung des Mieters dar, so dass die Klausel gemäß § 307 BGB unwirksam ist.[146] Ausnahmsweise ist die Klausel zulässig, wenn die Belastung des Mieters mit den Reparaturkosten auf 10% der Jahresmiete beschränkt wird.[147] Der Mieter ist aber nicht verpflichtet, sich an den Kosten größerer Reparaturen bis zur Höhe der jeweiligen jährlichen Höchstbelastung zu beteiligen.[148]

2. Wartung

28 Die Wartung von mitvermieteten Anlagen und Einrichtungen kann dem Mieter ebenfalls durch Formularklausel übertragen werden.[149] Sie entspricht heute der Üblichkeit. Im Rahmen der Wartungsklauseln hat der Mieter die Betriebsbereitschaft der Anlagen und Einrichtungen aufrechtzuerhalten, nicht aber Reparaturen durchzuführen. Hierzu zählt auch der Abschluss von Wartungsverträgen. Die Verpflichtung zum Abschluss eines Fachunternehmens ist zulässig, nicht aber die Bindung an ein bestimmtes im Mietvertrag aufgeführtes Wartungsunternehmen.[150] Beruhen Schäden auf einer unzureichenden Wartung des Mieters, hat er die Kosten für die erforderliche Reparatur zu tragen.

---

[146] *Langenberg* 2. C. Rdnr. 52.
[147] BGH NZM 2005, 863; *Bub* NZM 1998, 789; *Wodicka* NZM 1999, 1081.
[148] BGH WuM 1989, 324; *Langenberg* 2. C. Rdnr. 53.
[149] *Fritz* Rdnr. 184; *Wolf/Eckhard/Ball* Rdnr. 621.
[150] *Wolf/Eckhard/Ball* Rdnr. 621.

§ 59 Modernisierung, Aus-, Um- und Anbauten

Übersicht

	Rdnr.
I. Norm, Zweck/Anwendungsbereich	1–3
II. Beratungscheckliste für Modernisierungsvorhaben	4
III. Anspruch des Vermieters auf Modernisierung/Duldungspflicht des Mieters	5
IV. Mieterrechte aufgrund einer Modernisierung	6
V. Unwirksamkeit abweichender Regelungen	7/8
VI. Besonderheit	9–11
VII. Mietmodernisierung	12
VIII. Anspruch auf Durchführung und daraus resultierende Ansprüche und Rechtsfolgen	13
IX. Aus-, Um- und Ausbauten	14
X. Abweichende Vereinbarung	15

I. Norm, Zweck/Anwendungsbereich

Aufgrund der Gesetzessystematik der Mietrechtsregelungen ist der Paragraph, der die Duldung von Modernisierungsmassnahmen regelt, nämlich § 554 Abs. 2 Abs. 5 BGB lediglich in dem auf Wohnraummietverhältnisse anwendbaren Teil der Mietrechtsvorschriften enthalten. Über § 578 Abs. 2 BGB sind aber die Vorschriften über die Duldung von Modernisierungsmassnahmen gemäß § 554 Abs. 2 bis 4 BGB des Mietverhältnisses über Räume, die keine Wohnräume sind, entsprechend anzuwenden. 1

Grundsätzlich ist als **Raum** ein mit Wänden, Fußboden und Decke abgeschlossener Gebäudeteil zu verstehen, der nicht notwendigerweise nach allen Seiten vollständig abgeschlossen sein muss. So ist auch eine offene Halle, die nach zwei Seiten offen ist, ein Raum. Logischerweise muss dieser Raum auch eine bestimmte Größe haben, damit er als Raum im Sinne des § 578 Abs. 2 BGB gilt. In der Regel wird insoweit für erforderlich gehalten, dass der Raum eine Größe aufweist, **so dass sich ein Mensch in dem Raum aufhalten kann**.[1] Notwendig ist, dass der Gebrauch an dem Raum dem Mieter eingeräumt ist (nicht unter § 578 Abs. 2 BGB fallen somit Verträge, aufgrund derer der Vertragspartner befugt ist, in einem Raum Dienstleistungen zu erbringen oder Waren anzubieten, weil gerade nicht der Gebrauch des Raumes von Bedeutung ist, sondern das Verkaufs- oder Dienstleistungsrecht. Eigentlich somit wichtigster Anwendungsfall des § 578 Abs. 2 BGB ist damit die **Geschäftsraummiete**, da die Geschäftsraummiete ein klassischer Unterfall, der unter § 578 Abs. 2 BGB genannten Mietverhältnisse über Räume, die keine Wohnräume sind, ist. Klassische Anwendungsfälle sind die Anmietung von Ladengeschäften, Dienstleistungspraxen (Arzt, Rechtsanwalt, Versicherungsmakler usw.), aber auch die Vermietung von Lager- und Fabrikationsräumen, Garagen usw. 2

Es spielt aber keine Rolle, ob die Räume zu Gewerbezwecken benutzt werden dürfen oder ob ein öffentlich-rechtliches Zweckentfremdungsverbot besteht. 3

Es sind also die Vorschriften in § 554 Abs. 2 bis Abs. 4 BGB, die die Duldung von Modernisierungsmassnahmen regeln, entsprechend im Gewerberecht anzuwenden.

II. Beratungscheckliste für Modernisierungsvorhaben

Die im Wohnraumteil des Werkes enthaltene Beratungscheckliste für Modernisierungsvorhaben ist ohne jegliche Änderung auch im Gewerberecht anzuwenden.[2] 4

---

[1] Schmidt-Futterer/*Blank* § 578 Rdnr. 7.
[2] Vgl. § 20 Rdnr. 7.

III. Anspruch des Vermieters auf Modernisierung/Duldungspflicht des Mieters

5   Was die einzelnen materiellen und formellen Voraussetzungen und die ergangene Rechtssprechung betrifft, so kann auf die gesamten Ausführungen nebst Zitaten aus dem Wohnraummietrecht verwiesen werden. Die dortigen Ausführungen zu den materiellen und formellen Voraussetzungen für den Anspruch des Mieters auf Modernisierung bzw. die Duldungspflicht des Mieters sind in vollem Umfang auch zur Geschäftsraummiete heran zu ziehen.

IV. Mieterrechte aufgrund einer Modernisierung

6   Auch der Gewerbe- oder Geschäftsraummieter hat die gleichen Rechte, wie der Wohnraummieter bei Durchführung einer Modernisierung.
    Insoweit greifen die Regelungen des § 554 Abs. 2 bis 4 BGB. Zur Vermeidung von Wiederholungen wird auf die dortigen Ausführungen im Wohnraummietrecht unter § 20 IV verwiesen.[3]

V. Unwirksamkeit abweichender Regelungen

7   Im Gegensatz zum Wohnraummietrecht können aber im Geschäftsraummietrecht die Regelungen des § 554 II bis IV abbedungen werden. Insoweit können also Geschäftsmieter, die in § 554 II bis IV geregelten Sachverhalte vertraglich ganz anders vereinbaren oder deren Anwendung ausschließen, denn gemäß § 578 Abs. 2 BGB gilt § 554 Abs. 5 BGB, der einen Ausschluss abweichender Regelungen außerhalb des Wohnraummietrechts nicht vorschreibt.

8   Der Geschäftsraummieter und der Vermieter sind also bezüglich der Duldung von Modernisierungsmassnahmen bzw. den entsprechenden Ansprüchen, die der Mieter im Falle von Durchführung von Modernisierungsmassnahmen geltend machen kann, frei und können im Wege der Vertragsfreiheit hier ganz andere Sachverhalte vertraglich vereinbaren.

VI. Besonderheit

9   Im Gegensatz zu den Regelungen, die §§ 554 Abs. 2 bis 5 BGB für den Wohnraummieter beinhalten, spielt im Geschäftsraummietrecht der Härtefall, dass die zu erwartende Mieterhöhung eine Härte sein könnte, keine Rolle. In den meisten Geschäftsraummietverhältnissen ist zwischen Vermieter und Mieter geregelt, dass eine Mietanpassung nicht möglich ist. Insoweit ist der Mieter von Geschäftsräumen meistens vor Mieterhöhungen geschützt, so dass der Vermieter gar nicht die Möglichkeit der vertraglichen Mietzinsanpassung während des Mietverhältnisses hat. Nur wenn im eigenen Geschäftsraummietvertrag zwischen Mieter und Vermieter vereinbart wurde, dass eine vertragliche Mietanpassung möglich ist, kann die Mieterhöhung auch einen Härtefall für den Geschäftsraummieter darstellen. Problematisch ist in diesem Fall, ob der Mieter dann ein Kündigungsrecht hat. § 561 BGB, welcher das Sonderkündigungsrecht des Wohnraummieters der Modernisierungsmieterhöhung regelt, gilt aufgrund von § 578 II BGB im Geschäftsraummietrecht nicht.

10 Insoweit muss, da der Gesetzgeber bewusst § 561 BGB nicht für anwendbar erklärt hat, davon ausgegangen werden, dass dem Geschäftsraummieter, wenn im Geschäftsraummietvertrag die Möglichkeit einer Mietanpassung geregelt ist, kein Kündigungsrecht zusteht, wenn dies bei Abschluss des Vertrages für diesen Fall nicht explizit so vereinbart wurde.

11 Davon zu unterscheiden ist aber das **Sonderkündigungsrecht gemäß § 554 Abs. 3 S. 2 BGB**, das auch dem Geschäftsraummieter zusteht.

---

[3] Vgl. § 20 Rdnr. 145–161.

VII. Mietermodernisierung

Auch im Geschäftsraummietrecht gibt es keine Regelungen, die die Rechte und Pflichten 12
im Falle einer Mietermodernisierung festlegen. § 554 Absatz 2 bis 5 BGB beschäftigt sich lediglich mit Rechten und Pflichten von Mieter und Vermieter bei Modernisierung durch den Vermieter.

Eine Vorschrift, die Rechte und Pflichten regelt, wenn der Geschäftsraummieter modernisiert, gibt es nicht.

VIII. Anspruch auf Durchführung und daraus resultierende Ansprüche und Rechtsfolgen

Hier gelten die Ausführungen, die im Wohnraumteil gemacht wurden auch für den Ge- 13
schäftsraummieter. Insoweit kann auf die dortigen Ausführungen nebst Zitaten verwiesen werden.[4]

IX. Aus-, Um- und Anbauten

Gerade im Geschäftsraummietrecht und insbesondere bei Ladengeschäften kommen über 14
die Modernisierung von bereits vorhandenen Geschäftsräumen hinaus auch die Mieter beeinträchtigende bauliche Massnahmen in Betracht, die den bisherigen Geschäftsraum erweitern, ergänzen oder umgestalten oder den Geschäftsraum an den bisher vorhandenen Geschäftsraum anschließen. Man unterscheidet auch im Geschäftsraummietrecht zwischen Aus,- Um- und Anbau.

Auch hier kann zur Vermeidung von Wiederholungen auf die Ausführungen Im Wohnraumteil verwiesen werden verwiesen werden.

X. Abweichende Vereinbarung

Im Geschäftsraummietrecht erlaubt es die Vertragsfreiheit, dass Mieter und Vermieter be- 15
züglich Aus-, Umbau- und Anbau Vereinbarungen treffen.

Im Gegensatz zum Wohnraummietrecht greifen hier die Nachteilsverbote des § 554 Absatz 5 BGB nicht, da § 578 II BGB die Anwendung des § 555 Absatz 5 BGB nicht anordnet. Insoweit können also auch hinsichtlich Aus-, Um- und Anbau Vereinbarungen getroffen werden, die gegen die Regelungen des § 554 Abs. 2 bis 4 BGB verstoßen oder die dortigen Rechte ausschließen. Im übrigen gelten auch hier die Ausführungen im Wohnraummietteil.[5]

---

[4] Vgl. § 20 Rdnr. 164–185.
[5] Vgl. § 20 Rdnr. 213–216.

10. Abschnitt. Mietpreisrecht

§ 60 Miete, Mietwucher und Umsatzsteuer

Übersicht

	Rdnr.
I. Mietwucher	1–27
1. Einleitung	1
2. Auffälliges Missverhältnis zwischen Leistung und Gegenleistung	2–24
a) Die Bewertung der Leistung	3–10
b) Auffälliges Missverhältnis zwischen Leistung und Gegenleistung	11/12
c) § 138 Abs. 1 BGB Sittenwidriges Geschäft	13–17
d) § 138 Abs. 2 BGB	18–24
3. Rechtsfolgen	25–27
II. Miete und Umsatzsteuer	28–57
1. Die Umsatzsteuerbefreiung der Miete	28–30
2. Ausnahmen von der Umsatzsteuerbefreiung	31–57
a) Allgemeines	31
b) Vom Vermieter zu erfüllende Voraussetzungen	32/33
c) Voraussetzungen auf Seiten des Mieters	34–43
d) Die Vereinbarung zwischen den Vertragsparteien	44–51
e) Die Geltendmachung der Umsatzsteueroption	52/53
f) Betriebskostenabrechnung	54
g) Ansprüche des Vermieters bei Zahlungsverzug des Mieters	55–57

Schrifttum: *Gottschalk,* Immobilienwertermittlung; *Herrlein,* Umsatzsteuer im Mietvertrag und Mietprozess, NZM 2005, 648 ff.; *Schwirley,* Mietwertermittlung, ein Praxishandbuch zur Ermittlung von Mieten für Wohn- und Gewerberaum; *Usinger,* Abschied von der Marktmiete? Wider den Einsatz der EOP-Methode zur Bestimmung des Wertverhältnisses von Leistung und Gegenleistung bei der Pacht von Gaststätten und sonstigen Gewerbemieträumen, NZM 1998, 641; *Weitemeyer,* Im aktuellen Überblick: Miete und Umsatzsteuer, NZM 2006, 881 ff.

I. Mietwucher

1. Einleitung

1 Obwohl grundsätzlich die Miete im Geschäftsraummietrecht frei vereinbar ist, unterliegen die Vereinbarungen über die Miete den allgemeinen Verbotstatbeständen. Mietwucher ist gemäß § 291 StGB gesetzlich verboten i. S. des § 134 BGB. Nach seiner Formulierung entspricht der Tatbestand des § 291 StGB dem in § 138 Abs. 2 BGB beschriebenen Wuchertatbestand. Mietwucher kann nicht nur bei der Vermietung von Räumen zum Wohnen gemäß § 291 Abs. 1 Nr. 1 StGB vorliegen, sondern auch bei der Vermietung von Geschäftsraum als sonstige Leistung i. S. des § 291 Abs. 1 Nr. 3 StGB.[1] Ist mit der Mietvereinbarung zugleich der Wuchertatbestand des § 291 StGB verwirklicht, ist die gesamte Vereinbarung, das heißt der gesamte Mietvertrag, unwirksam.[2]

Die Vereinbarung einer unberechtigten Miete kann zugleich auch ein sittenwidriges Rechtsgeschäft nach § 138 Abs. 1 BGB bedeuten. Zugleich kommt privatrechtlich auch der Wuchertatbestand des § 138 Abs. 2 BGB in Betracht.

---

[1] Bub/Treier/*Bub* Rdnr. 359 Anm. 697.
[2] BGH NZM 2005, 944.

2. Auffälliges Missverhältnis zwischen Leistung und Gegenleistung

Eine zur Nichtigkeit des gesamten Rechtsgeschäftes führende Mietvereinbarung setzt, unabhängig davon, welche Vorschrift zur Anwendung kommt, stets voraus, dass die Leistung, also die vom Mieter zu erbringende Mietzahlung, in einem auffälligen Missverhältnis zur Gegenleistung, also zur Überlassung der Mietsache, steht.

a) Die Bewertung der Leistung. Um ein Missverhältnis zwischen Leistung und Gegenleistung zu ermitteln, muss zunächst der Wert der jeweils von den Parteien zu erfüllenden Verbindlichkeit ermittelt werden. Nach herrschender Meinung sollte für die Bewertung einer Leistung deren objektiver Wert maßgeblich sein, der sich nach dem Preis bestimmt, den eine solche Leistung üblicherweise auf dem Markt hat.[3]

Bei der Bewertung einer Immobilie, auch bei der Mietpreisbewertung, sind grundsätzlich marktwirtschaftliche Grundsätze anzulegen. Die Miete, die für eine Immobilie bezahlt wird, wird bestimmt durch das Geschehen am Markt, also durch Angebot und Nachfrage, gestützt auf die ökonomischen und planungsrechtlichen Vorstellungen des Anbieters. Um den Mietmarktwert einer Immobilie zu ermitteln, sind verschiedene Methoden entwickelt worden:

aa) Die EOP-Methode (Ertragskraft orientierte Pachtwertmethode). Diese zur Beurteilung der Sittenwidrigkeit von Gaststättenpachtverträgen ermittelte Methode basiert auf folgender Berechnung. Zunächst wird in einem ersten Schritt für das zu bewertende Pachtobjekt Basisumsatz und Basispachtzins in Prozenten festgelegt. Dies geschieht in der Weise, dass Vergleichswerte aus den gängigen Betriebsvergleichen entnommen werden. In einem zweiten Schritt wird das Pachtobjekt daraufhin untersucht, ob Abweichungen vom Normalfall vorliegen. Diese Abweichungen werden in Prozenten bzw. durch Zu- und Abschläge bewertet.[4]

Die EOP-Methode ist allerdings grundsätzlich für die Feststellung der Marktmiete ungeeignet, da die Überlassung von Räumen im Rahmen eines Mietvertrages keine Verpflichtungen des Vermieters zur Erzielung bestimmter Umsätze durch den Mieter begründen kann. Der Vermieter schuldet den vertragsgemäßen Gebrauch. Anders ist es beim Pachtvertrag. Allerdings wird auch hier die EOP-Methode zur Bemessung des Pachtwertes für ungeeignet angesehen.[5] Grundsätzlich sei die EOP-Methode ein durchaus zulässiges und zutreffendes Berechnungsverfahren, um dem Pächter aufzuzeigen, ob er den Betrieb rentabel führen könnte. Der tatsächlich am Markt zu erzielende Preis der Immobilie ergebe sich aber ausschließlich aus den marktwirtschaftlichen Geboten des Angebots und der Nachfrage.[6] Auch führe die EOP-Methode zu einer unzulässigen Verlagerung der Risikoverteilung zulasten des Verpächters. Dieser müsse bei der Vereinbarung des Pachtzinses kalkulieren, ob die Pachtsache rentabel bewirtschaftet werden kann. Dies sei aber Sache des Pächters und nicht des Verpächters.[7]

bb) Vergleichsmietverfahren. Da die EOP-Methode insbesondere wegen der nach § 535 BGB normierten Pflichten der Vertragsparteien grundsätzlich ausscheidet, besteht die einzige Möglichkeit, den Marktmietwert zu ermitteln, dadurch, dass Vergleichsmieten ermittelt werden.[8]

Dieses Verfahren, Vergleichsmieten zu ermitteln, basiert allerdings, anders als die im Wohnraummietrecht zu ermittelnden Vergleichsmieten, § 558 BGB, nicht auf dem Durchschnitt der in den letzten 4 Jahren vereinbarten oder erhöhten Mieten für vergleichbaren Wohnraum, sondern auf dem am Markt für vergleichbare Objekte konkret und aktuell zu erzielenden Mietertrag.

---

[3] BGH NJW 1994, 1344, 1377; *Bub* ZMR 1995, 510; *Usinger* NZM 1998, 641.
[4] Zur Anwendbarkeit der EOP-Methode: OLG Stuttgart NJW-RR 1993, 654; OLG Karlsruhe NJWE-MietR 1997, 151.
[5] BGH NZM 1999, 664; BGH NZM 2001, 810.
[6] BGH NZM 1999, 664, 667.
[7] BGH a. a. O.
[8] BGH a. a. O.; Schmidt-Futterer/*Blank* § 138 BGB Rdnr. 100.

9   Es sind daher zunächst vergleichbare Objekte zu ermitteln. Diese Vergleichsobjekte sind anhand bestimmter, objektiver Kriterien darzustellen. Kriterien, also Vergleichsgrundlagen, können sein
- Lagemerkmale (1-A-Lage, 1-B-Lage)
- Beschaffenheit und Zustand der baulichen Anlage
- Gebäudeart
- Baujahr
- Baureihe
- Größe
  - Ausstattung

Diese marktübliche Vergleichsmiete lässt sich grundsätzlich nur durch Einholung eines Sachverständigengutachtens ermitteln.

10   Um die Marktmiete darzustellen, die für vergleichbare Objekte bei einem Neuabschluss üblicherweise gefordert und gezahlt werden, stehen dem Sachverständigen verschiedene Bewertungsmethoden zur Verfügung, die je nach Nutzungsform der Mietsache unterschiedlich gewichtet werden können. So ist sicherlich die Standortqualität, also eine gute Geschäftslage in der Innenstadt, für ein Einzelhandelsgeschäft von wesentlich größerer Bedeutung, als für den Mieter einer Werkstatt oder für den Mieter von Räumen, in denen ein produzierendes Unternehmen untergebracht wird. Hier mag für die Lage die Verkehrsanbindung von wesentlich größerer Bedeutung sein. Diese vergleichbaren Faktoren zu finden und zu bewerten ist Sache des Sachverständigen.[9]

11   **b) Auffälliges Missverhältnis zwischen Leistung und Gegenleistung.** Nicht jedes Missverhältnis führt zu einer Bejahung der tatbestandsmäßigen Voraussetzungen des Mietwuchers. Vielmehr muss ein besonders auffälliges, grobes Missverhältnis bestehen.[10] Grundsätzlich wird dieses „qualifizierte" Missverhältnis dann bejaht, wenn der Wert der Leistung etwa doppelt so hoch ist wie der Wert der Gegenleistung.[11]

12   Allerdings kann ein auffälliges, grobes Missverhältnis auch schon dann bestehen, wenn die vereinbarte Miete und die Marktmiete weniger als 100% voneinander abweichen. So ist das Kriterium des auffälligen Missverhältnisses auch dann gegeben, wenn der Wert der Leistung **knapp** doppelt so hoch ist wie der Wert der Gegenleistung.[12] Das auffällige Missverhältnis ist daher auch bejaht worden bei einer Überschreitung der Marktmiete um 92%,[13] dagegen nicht bei einer Verteuerung um 83%.[14] Auch besteht kein auffälliges Missverhältnis, wenn die übliche Marktmiete um 40% überschritten wird und der Mieter erhebliche Umbaumaßnahmen vornehmen muss, allerdings ohne gegenüber dem Vermieter dazu verpflichtet zu sein.[15]

13   **c) § 138 Abs. 1 BGB Sittenwidriges Geschäft.** Alleine der Umstand, dass Leistung und Gegenleistung in einem groben, auffälligen Missverhältnis zueinander stehen, rechtfertigt noch nicht die Annahme, dass das Geschäft gegen die guten Sitten verstößt. Hinzukommen muss vielmehr neben der Kenntnis bzw. fahrlässigen Unkenntnis der die Sittenwidrigkeit begründenden Umstände ein weiteres subjektives Element aufseiten des Vermieters. Erforderlich ist, dass dieser aus verwerflicher Gesinnung gehandelt hat.[16]

14   *aa) Kenntnis bzw. fahrlässige Unkenntnis.* Um die Voraussetzungen eines sittenwidrigen Rechtsgeschäfts anzunehmen, ist in jedem Fall zu prüfen, ob der Vermieter sich über das grobe Missverhältnis über Leistung und Gegenleistung im Klaren war oder ihm die Unkenntnis vorzuwerfen ist. Grundsätzlich kann man einem Vermieter unterstellen, dass er die Marktverhältnisse kennt. Dies gilt ohne weiteres dann, wenn der Vermieter im Rahmen ei-

---

[9] Vgl. *Schwirley*, S. 267 ff.
[10] Schmidt-Futterer/*Blank* § 138 BGB Rdnr. 103.
[11] BGH NZM 1999, 664, 666; BGH NZM 2004, 907; Schmidt-Futterer/*Blank* § 138 BGB Rdnr. 103.
[12] BGH NZM 2004, 907, 908.
[13] BGH a. a. O.
[14] OLG Düsseldorf NZM 1999, 461.
[15] LG Berlin GE 1999, 1649.
[16] OLG Düsseldorf NZM 1999, 461, 462.

nes Geschäftsbetriebes Räume vermietet. Aber auch einem privaten Vermieter wird man derartige Marktkenntnisse unterstellen, wenn er erfahren und ortskundig ist.[17]

Allerdings kann bei einem privaten Vermieter durchaus in Betracht kommen, dass dieser irrig von fehlerhaften Vorstellungen hinsichtlich der Marktmiete ausgegangen ist.[18]

bb) Verwerfliche Gesinnung. Kannte der Vermieter die tatsächlichen Marktverhältnisse, wusste er also, dass zwischen Leistung und Gegenleistung ein grobes Missverhältnis besteht, ist ihm in der Regel eine verwerfliche Gesinnung zu unterstellen. Anders kann es allerdings sein, wenn der Mieter geschäftserfahren und rechtskundig ist.[19] 15

cc) Darlegungs- und Beweislast. Grundsätzlich obliegt dem Mieter die Darlegungs- und Beweislast für alle anspruchsbegründenden Voraussetzungen. Hierzu gehört in erster Linie substantiiertes Vorbringen, welches die Behauptung stützt, zwischen Leistung und Gegenleistung läge ein auffälliges Missverhältnis. Bei weitem reicht es nicht aus, lediglich diese Behauptung aufzustellen und für die Richtigkeit Sachverständigenbeweis anzubieten. Dies würde auf einen unzulässigen Ausforschungsbeweis hinauslaufen. Es sind vielmehr eingehende und ausführliche Ausführungen zu der vergleichbaren Marktmiete zu machen, etwa durch Benennung konkreter Vergleichsobjekte, oder durch Wiedergabe von Vermietungsangeboten, die aus Zeitschriften, Zeitungen oder von Maklern stammen. Bei der Frage der Verwerflichkeit und der Kenntnis wird ebenfalls der Mieter grundsätzlich die Darlegungs- und Beweislast haben. Allerdings gibt es für ihn Erleichterung, etwa wenn es sich bei dem Vermieter um jemand handelt, der gewerbsmäßig mit der Vermietung von Räumen befasst ist. Gleiches mag bei einem privaten Vermieter gelten, der am Ort der Mietsache wohnt, das Mietobjekt möglicherweise schon mehrfach vermietet hat, und nunmehr an einen auswärtigen Mieter vermietet. Auch hier spricht ein gewisser Anschein dafür, dass dem Vermieter die Rechtswidrigkeit seines Tuns bewusst war. 16

Umgekehrt kann aber die volle Darlegungs- und Beweislast bezüglich der Kenntnis und der Verwerflichkeit beim Mieter liegen, wenn es sich um einen geschäftserfahrenen und rechtskundigen Mieter handelt. 17

d) § 138 Abs. 2 BGB. § 138 BGB entspricht von seinem Wortlaut her den Bestimmungen des § 291 StGB. 18

aa) Auffälliges Missverhältnis. Auch insofern ist Tatbestandsmerkmal das auffällige Missverhältnis zwischen Leistung und Gegenleistung. Insofern wird auf das vorher Gesagte verwiesen.

bb) Sonstige Tatbestandsvoraussetzungen. Damit § 138 Abs. 2 BGB tatbestandsmäßig verwirklicht ist, muss darüber hinaus der Vermieter die Zwangslage, die Unerfahrenheit, den Mangel an Urteilsvermögen oder die erhebliche Willensschwäche des Mieters ausgebeutet haben. Diese Tatbestandsmerkmale sind wie folgt zu beschreiben: 19

(1) Zwangslage. Diese ist gegeben, wenn der Mieter sich in einer schweren Notlage bei der Beschaffung der Räume befindet, insbesondere weil ihm keine anderen Räume zur Verfügung stehen. Die Zwangslage kann wirtschaftlicher oder auch gesundheitlicher Natur sein. Eine Existenzbedrohung ist nicht notwendig.[20] 20

(2) Unerfahrenheit. Unerfahrenheit ist eine auf Mangel an Geschäftskenntnis und Lebenserfahrung beruhende Benachteiligung des Mieters.[21] Die Unkenntnis über die Bedeutung des abzuschließenden Geschäftes allein, oder das Fehlen der Kenntnis von Spezialisten, reicht hingegen nicht aus. Dies gilt auch für die Unkenntnis der Marktverhältnisse oder der Miethöhen.[22] 21

---

[17] Schmidt-Futterer/*Blank* § 138 BGB Rdnr. 104.
[18] Schmidt-Futterer/*Blank* a. a. O.
[19] Schmidt-Futterer/*Blank* a. a. O.
[20] Bub/Treier/*Bub* Rdnr. 699.
[21] BGH NJW 1983, 2781.
[22] BGH NJW 1996, 1845, 1847.

22 (3) *Mangel an Urteilsvermögen.* Diese Tatbestandsvoraussetzung ist erfüllt bei fehlender Intelligenz oder geistiger Schwäche, die den Mieter daran hindert, die wirtschaftlichen Folgen seines Tuns zu übersehen.[23]

23 (4) *Erhebliche Willensschwäche.* Diese liegt vor, wenn der Mieter durch Krankheit oder Sucht nicht in der Lage ist, seinen eigenen Willen durchzusetzen, also jegliche Widerstandskraft vermissen lässt.[24]

24 cc) *Darlegungs- und Beweislast.* Auch insofern trägt der Mieter im Wesentlichen die gesamte Darlegungs- und Beweislast, wobei sich aus den Umständen des Einzelfalls durchaus Erleichterungen ergeben können, zum Beispiel dann, wenn bereits der äußere Anschein für das Vorhandensein eines bestimmten Tatbestandsmerkmals spricht.

3. Rechtsfolgen

25 Ist die Mietvereinbarung aus den vorbezeichneten Gründen nichtig, betrifft dies den gesamten Vertrag. Denn in den Fällen des Wuchers oder der sittenwidrigen wucherähnlichen Mietpreisüberhöhung findet in der Geschäftsraummiete eine Aufrechterhaltung des Vertrages mit einer zulässigen Miete in der Regel nicht statt.[25]

26 Die Unwirksamkeit des Vertrages beginnt mit dem Zustandekommen der Wuchermiete, also entweder bei Vertragsabschluss oder später bei einer entsprechenden Mietvereinbarung. Der Vertrag ist rückabzuwickeln, der Vermieter muss dem Mieter die Wuchermiete zurückzahlen, er kann aber von dem Mieter eine angemessene Nutzungsentschädigung verlangen. Die Nutzungsentschädigung sollte der Höhe nach der Marktmiete entsprechen. Zugleich hat der Vermieter einen Herausgabeanspruch.

27 Darüber hinaus steht dem Mieter ein Schadensersatz zu. Als Anspruchsgrundlage kommt in Betracht § 826 BGB. Darüber hinaus kann sich auch ein Anspruch aus §§ 311, 241 Abs. 2 BGB ergeben. Zu ersetzen ist das negative Interesse, nicht das Erfüllungsinteresse.[26]

II. Miete und Umsatzsteuer

1. Die Umsatzsteuerbefreiung der Miete

28 Grundsätzlich unterliegen alle Umsätze, die ein Unternehmer im Inland im Rahmen seines Unternehmens bezüglich Lieferung und sonstiger Leistungen ausführt, der Umsatzsteuer. Allerdings hat der Gesetzgeber **bestimmte Umsätze von der Umsatzsteuer frei gestellt,** so ausdrücklich **Umsätze aus Vermietung und Verpachtung von Grundstücken, § 4 Nr. 12 a UStG.** Lediglich bei Grundstücken, die kurzfristig zur Vermietung oder Beherbergung von Fremden vorgesehen sind, also insbesondere Hotelvermietungen, die Vermietung von Plätzen für das Abstellen von Fahrzeugen sowie die Vermietung von Campingplätzen unterliegen der Umsatzsteuerpflicht, § 4 Nr. 12 UStG.

29 Generell gilt damit, dass die Vermietung und Verpachtung von Grundstücken einschließlich der darauf errichteten Bauten oder Teilen davon automatisch kraft Gesetzes von der Umsatzsteuer befreit sind. Hierbei spielt es keine Rolle, ob Gewerberaum oder Wohnraum vermietet wird.

30 Die Steuerbefreiung dieser Vermietungsumsätze verfolgt das Ziel, vor allem die Wohnungsmieten niedrig zu halten.[27] Die Steuerbefreiung umfasst alle Umsätze, die aus der Vermietung oder Verpachtung herrühren, also auch Nutzungsentschädigungen und Nebenleistungen, wie zum Beispiel die Belieferung mit Wasser, die Flur- und Treppenreinigung sowie ganz allgemein Umsätze aus Nebenkostenvorauszahlungen. Auch die Vermietung eines Stellplatzes, der im Zusammenhang mit dem Abschluss des Mietvertrages angemietet wurde, ist steuerfrei.

---

[23] Bub/Treier/*Bub* Rdnr. 700.
[24] Bub/Treier/*Bub* Rdnr. 701.
[25] BGH NZM 2005, 944, 946.
[26] BGH NJW 96, 1204; Palandt/*Heinrichs* § 138 BGB Rdnr. 22.
[27] *Weitemeyer* NZM 2006, 881, 885.

2. Ausnahmen von der Umsatzsteuerbefreiung

a) Allgemeines. Da die Umsätze aus Vermietung und Verpachtung **grundsätzlich umsatzsteuerfrei** sind, kann der Vermieter auch grundsätzlich nicht die von ihm im Zusammenhang mit dem Bau oder umsatzsteuerpflichtigen Erwerb des Grundstückes anfallenden **Vorsteuern** erstattet bekommen. Das Gleiche gilt für vom Vermieter gezahlte Vorsteuer im Zusammenhang mit der Unterhaltung der Immobilie. Will er dies allerdings, dann muss der Vermieter nach § 9 Abs. 2 UStG auf die Umsatzsteuerfreiheit verzichten. Dies wird als Ausübung der **Umsatzsteueroption** bezeichnet. Es hat zur Folge, dass die Umsätze aus der Vermietung gemäß § 9 Abs. 1 UStG als steuerpflichtig behandelt werden.[28] Voraussetzung ist des Weiteren, dass der Vermieter mit dem Mieter eine entsprechende **Vereinbarung** abschließt, aus der sich ergibt, dass neben der Miete und den Nebenkostenvorauszahlungen auch die jeweils geltende Umsatzsteuer mit bezahlt wird. 31

b) Vom Vermieter zu erfüllende Voraussetzungen. Nach § 9 Abs. 2 UStG ist Voraussetzung dafür, dass der Umsatz aus der Vermietung als steuerpflichtig behandelt wird, dass der Vermieter die Vermietung oder Verpachtung als Unternehmer i.S. von § 1 UStG vornimmt. **Unternehmer** ist, wer eine gewerbliche oder berufliche Tätigkeit selbstständig ausübt. Das Unternehmen umfasst die gesamte gewerbliche oder berufliche Tätigkeit des Unternehmers. Gewerblich oder beruflich ist jede nachhaltige Tätigkeit zur Erzielung von Einnahmen, auch wenn die Absicht, Gewinn zu erzielen, fehlt. Nach § 2 Abs. 3 UStG sind **juristische Personen des öffentlichen Rechts** im Rahmen ihrer Betriebe gewerblicher Art gewerblich oder beruflich tätig. 32

Der Begriff des Unternehmens ist im spezifisch umsatzsteuerrechtlichen Sinne zu verstehen und nicht mit dem allgemeinen Sprachgebrauch gleich zu setzen. Für die Umsatzsteuer haben auch Freiberufler wie Rechtsanwälte, Ärzte und Künstler ebenso wie Landwirte ein Unternehmen. Eine natürliche Person kann hinsichtlich verschiedener Tätigkeiten teils selbstständig, teils nichtselbstständig, sein, etwa wenn ein Beamter eine Wohnung vermietet.[29] 33

c) Voraussetzungen auf Seiten des Mieters. Um auf die Steuerbefreiung verzichten zu können, ist es nach § 9 Abs. 2 UStG unabdingbare Voraussetzung, dass an einen anderen Unternehmer für dessen Unternehmen vermietet wird. Hieraus folgt, dass ein Verzicht auf die Umsatzsteuerbefreiung niemals in Betracht kommen kann, wenn Wohnraum vermietet wird, da es sich bei der Vermietung nicht um Überlassung an einen „Unternehmer für dessen Unternehmen" i.S. des § 9 Abs. 1 UStG handelt.[30] Anders kann es bei der Vermietung an einen gewerblichen Zwischenvermieter sein. Dieser Sonderfall wird noch besprochen. 34

aa) Die Vorsteuerabzugsberechtigung des Mieters. § 9 Abs. 2 UStG knüpft den Verzicht auf Steuerbefreiungen daran, dass der Mieter oder Pächter die Miet- oder Pachtsache ausschließlich für Umsätze verwendet oder zu verwenden beabsichtigt, die den Vorsteuerabzug nicht ausschließen. 35

Grundsätzlich kommt daher eine Option des Vermieters nicht in Betracht, wenn der Mieter Umsätze erzielt, die von der Umsatzsteuer befreit und für die auch nicht ein Verzicht auf die Umsatzsteuerbefreiung in Anspruch genommen werden kann. Zu diesen steuerfreien Umsätzen, die den Vorsteuerabzug ausschließen, fallen die Umsätze der Banken (§ 4 Nr. 8 UStG), Versicherungen (§ 4 Nr. 10 UStG), Ärzte, Zahnärzte, Heilpraktiker, Krankengymnasten, Hebammen und andere Heilberufe (§ 4 Nr. 14 UStG), die gesetzlichen Träger der Sozialversicherung (§ 4 Nr. 15 UStG), Krankenhäuser, Alten- und Pflegeheime (§ 4 Nr. 16 UStG), Bildungseinrichtungen (§ 4 Nr. 20, 22 UStG) und privaten Schulen (§ 4 Nr. 21 UStG).[31] 36

bb) Ausnahmen von § 9 Abs. 2 UStG. Der Grundsatz, dass die Umsatzsteueroption nur dann zulässig ist, wenn der Mieter selber Umsätze erzielt, für die grundsätzlich auch eine 37

---
[28] *Herrlein* NZM 2005, 648, 649.
[29] *Weitemeyer* NZM 2006, 881, 884.
[30] *Herrlein* NZM 2005, 648, 649.
[31] Wegen weiterer Einzelheiten: *Weitemeyer* NZM 2006, 881, 884.

Vorsteuerabzugsberechtigung besteht, wird bei der Vermietung von so genanntem **Altbestand** durchbrochen. Nach § 27 Abs. 2 UStG gelten folgende Stichtagsregeln:

38 • **Wohnraum:** § 9 Abs. 2 UStG ist nicht anzuwenden, wenn das auf dem Grundstück errichtete Gebäude Wohnzwecken dient oder zum dienen bestimmt ist, das Gebäude vor dem 1. April 1985 fertig gestellt und mit der Errichtung des Gebäudes vor dem 1. Juni 1984 begonnen wurde. Dieser Fall ist anzuwenden, wenn der Vermieter den Wohnraum an einen **gewerblichen Zwischenvermieter** vermietet, der dann seinerseits die Wohnung an einen Endmieter vermietet. Zwar erzielt der gewerbliche Zwischenvermieter, wegen der fehlenden Unternehmereigenschaft des Endmieters ausschließlich von der Umsatzsteuer befreite Miete, jedoch spielt dies für die Optionsmöglichkeit des Vermieters keine Rolle, wenn das Gebäude vor dem 1. April 1985 fertig gestellt worden ist.

39 • **Geschäftsraum:** Bei einer Vermietung von Geschäftsraum ist § 9 Abs. 2 UStG nicht anzuwenden, wenn mit der Errichtung des Gebäudes vor dem 11. November 1993 begonnen und das Gebäude vor dem 1. Januar 1998 fertig gestellt worden ist. Liegen diese Voraussetzungen vor, kann der Vermieter zur Vorsteuer optieren, selbst wenn die Umsätze des Mieters, etwa bei der Vermietung an einen Arzt, grundsätzlich und ohne Möglichkeit des Verzichtes umsatzsteuerbefreit sind.

40 • **Sonstige Räume:** Bei den sonstigen Räumen, also Räumen die nicht unter die beiden vorher diskutierten Kategorien fallen, etwa einer Garage, ist § 9 Abs. 2 UStG nicht anzuwenden, wenn mit der Errichtung des Gebäudes vor dem 1. Juni 1984 begonnen wurde und wenn das Gebäude vor dem 1. Januar 1986 fertig gestellt worden ist (§ 27 Abs. 2 Nr. 2 UStG).

41 *cc) Vermietung und Verpachtung an Kleinunternehmer (§ 19 UStG).* Nach § 19 Abs. 1 UStG sind die Umsätze von so genannten Kleinunternehmern von der Umsatzsteuer befreit. Die Voraussetzungen liegen dann vor, wenn der Umsatz zuzüglich der darauf entfallenden Steuer im vorangegangenen Kalenderjahr 17.500,- € nicht übersteigt und im laufenden Kalenderjahr 50.000,- € voraussichtlich nicht übersteigen wird.

42 Will der Vermieter bei der Vermietung an einen Kleinunternehmer gleichwohl zur Vorsteuer optieren, muss der Mieter oder Pächter von der Möglichkeit nach § 19 Abs. 2 UStG gegenüber dem Finanzamt erklären, dass er auf die Anwendung des § 19 Abs. 1 UStG (Umsatzsteuerbefreiung) verzichtet. Der Vermieter muss sich in jedem Fall zur eigenen Absicherung über die Abgabe der Verzichtserklärung des Mieters vergewissern.

43 *dd) Bagatellgrenze.* Grundsätzlich muss der gesamte Umsatz des Mieters, von den Ausnahmefällen des § 27 UStG abgesehen, einer Vorsteuerbefreiung i.S. von § 9 Abs. 2 UStG zugänglich sein. Die Optionsmöglichkeit entfällt daher grundsätzlich, wenn der Mieter oder Pächter sowohl Umsätze erzielt, die den Vorsteuerabzug nicht ausschließen, als auch Umsätze, die grundsätzlich unabdingbar von der Umsatzsteuer befreit sind. Die Finanzbehörden sind allerdings angewiesen,[32] entgegen dem Gesetzeswortlaut nicht auf ausschließlich steuerpflichtige Umsätze des Mieters zu bestehen, sondern steuerfreie Umsätze bis zu einer Bagatellgrenze von 5% zu tolerieren.[33]

44 **d) Die Vereinbarung zwischen den Vertragsparteien.** Neben den erörterten steuerrechtlichen Voraussetzungen sind die vertraglichen Vereinbarungen zwischen den Parteien zu beachten. Grundsätzlich ist der Mieter nur verpflichtet, zu den vereinbarten Mieterleistungen (Miete und Nebenkostenvorauszahlungen) die Umsatzsteuer zu zahlen, wenn dies ausdrücklich vereinbart ist.

45 *aa) Voraussetzungen einer wirksamen Vereinbarung.* Für das Zustandekommen einer derartigen Vereinbarung sind die allgemeinen Grundsätze, die für das Zustandekommen von Verträgen oder Vertragsänderungen maßgebend sind, zu beachten. Es ist allgemein anerkannt, dass eine entsprechende vertragliche Vereinbarung auch formularvertraglich zulässig ist, zumindest dann, wenn der Mieter zum Vorsteuerabzug berechtigt ist.[34] Dies dürfte

---

[32] BMF Schreiben v. 30. 12. 1994, BStBl 1994 I, 943, 944 f.
[33] *Herrlein* NZM 2005, 648, 650.
[34] BGH NZM 2001, 952.

aber auch gelten, wenn die Ausnahmefälle des § 27 Abs. 2 Nr. 1–3 UStG anzuwenden sind, solange die Voraussetzungen des § 9 Abs. 1 UStG erfüllt sind.

Beinhaltet der Mietvertrag keine Regelung über eine zu zahlende Umsatzsteuer, kann diese vom Vermieter auch nicht verlangt werden, es sei denn, es kommt zu einer einverständlichen Vertragsänderung.

Gleichwohl kann der Vermieter in diesen Fällen auch zur Umsatzsteuer optieren. Die vom Mieter gezahlte Miete wird dann als Bruttomiete behandelt, so dass der sich hierin enthaltene rechnerische Umsatzsteueranteil an das Finanzamt abzuführen ist bzw. mit Vorsteuer verrechnet werden kann.

bb) Rechtsfolgen bei unwirksamer Option des Vermieters zur Steuerpflicht. Wie bereits dargelegt, kann die Vereinbarung zwischen den Parteien, dass die Mieterleistungen jeweils zuzüglich gültiger Umsatzsteuer zu erbringen sind, sowohl individualvertraglich wie auch formularvertraglich vereinbart werden. Die Wirksamkeit einer formularvertraglichen Vereinbarung ist allerdings nicht gegeben, wenn der Vermieter überhaupt nicht oder nicht wirksam zur Umsatzsteuerpflicht optiert. Zahlt der Mieter in diesen Fällen gleichwohl, erfolgt die Zahlung ohne Rechtsgrund und kann von dem Mieter nach § 812 Abs. 1 1. Alt. BGB zurückgefordert werden.

Differenzierter ist der Fall zu betrachten, wenn die Parteien individualvertraglich vereinbart haben, dass zu der jeweiligen Nettomiete die „jeweils gültige Mehrwertsteuer" zu zahlen ist, jedoch gar keine Mehrwertsteuer anfällt, weil die Option des Vermieters zur Steuerpflicht unwirksam ist. In diesem Fall muss die individuell getroffene Vereinbarung ausgelegt werden. Dies kann ebenfalls zu einem Rückforderungsanspruch des Mieters führen, wenn die Regelung über die Umsatzsteuerpflicht auf einem Kalkulationsirrtum des Vermieters beruht. Gegebenenfalls kann aber auch unter Berücksichtigung der Grundsätze der ergänzenden Vertragsauslegung und des Wegfalls der Geschäftsgrundlage ein Rückforderungsanspruch ausgeschlossen sein.[35]

cc) Sonstige Vereinbarungen. Wie bereits dargelegt, kann der Vermieter zur Umsatzsteuer optieren, selbst wenn zivilrechtlich die Zahlung der Umsatzsteuer durch den Mieter nicht vereinbart wurde. Das Optionsrecht regelt sich allein nach den steuerrechtlichen Voraussetzungen. Da oftmals bei Abschluss der Vereinbarungen nicht fest steht, ob die Inanspruchnahme der Umsatzsteueroption vorteilhaft ist oder nicht, können die Parteien sich im Vertrag diese Möglichkeit offen lassen. Wirksam kann daher vereinbart werden, dass entweder der Vermieter sich vorbehält, jederzeit zur Umsatzsteuer zu optieren mit der Maßgabe, dass zu der Miete und den Nebenleistungen sodann Umsatzsteuer zu entrichten ist, umgekehrt kann aber auch der Mieter sich vorbehalten, vom Vermieter zu verlangen, die Umsatzsteueroption in Anspruch zu nehmen.

dd) Schadensersatzpflicht des Mieters. Da der Verzicht auf die Umsatzsteuerbefreiung davon abhängig ist, dass der Mieter tatsächlich, mit Ausnahme der Bagatellgrenze, Umsätze erzielt, für die der Vorsteuerabzug nicht ausgeschlossen ist, dies aber für den Vermieter oft nicht zu kontrollieren ist, entstehen für den Vermieter große Risiken, wenn sich herausstellt, dass die Voraussetzungen auf Mieterseite nicht vorliegen oder nicht vorgelegen haben. Die Finanzbehörden werden dann vom Vermieter die im entsprechenden Zeitraum durch Vorsteuererstattung erhaltenen Beträge zurückfordern. Der Vermieter wird die an die Finanzbehörden zu zahlenden Beträge nicht vom Mieter zurückfordern können, wenn nicht mit dem Mieter wirksam vereinbart wurde, ausschließlich vorsteuerabzugsfähige Umsätze zu tätigen. Nur wenn eine solche Vereinbarung besteht, kann der Vermieter später den Mieter auf Schadensersatz in Anspruch nehmen, wenn sich herausstellt, dass dieser sich an diese Verpflichtung nicht gehalten hat. Eine Formulierung könnte wie folgt lauten:

---

[35] BGH NZM 2004, 785.

Formulierungsvorschlag:
Dem Mieter ist bekannt, dass der Vermieter zur Umsatzsteuer optiert hat. Der Mieter verpflichtet sich, ausschließlich unternehmensbezogene Tätigkeiten auszuführen, die der Umsatzsteuer unterliegen bzw. zum Vorsteuerabzug berechtigen. Der Mieter versichert, in den Mietflächen keine Tätigkeiten auszuführen oder Leistungen für Dritte zu erbringen, die den Ausschluss des Vorsteuerabzuges des Vermieters zur Folge haben.

Der Mieter hat dem Vermieter alle Schäden zu ersetzen, die dem Vermieter dadurch entstehen, dass er entgegen der vorstehenden vertraglichen Zusicherung in einem so großen Umfange umsatzsteuerfreie Umsätze tätigt, dass dies zur Aberkennung der Umsatzsteueroption zugunsten des Vermieters führt.[36]

52   **e) Die Geltendmachung der Umsatzsteueroption.** Die Option zur Umsatzsteuer selbst bedarf keiner besonderen Form, sie kann dadurch ausdrücklich geltend gemacht werden, indem gegenüber dem Finanzamt die steuerpflichtigen Umsätze als steuerpflichtig angegeben werden. Außerdem muss gegenüber dem Mieter grundsätzlich eine Rechnung gemäß § 14 Abs. 4 S. 1 Nr. 1 UStG erteilt werden. Diese Rechnung bedarf insbesondere
- des vollständigen Namens und der vollständigen Anschrift des leistenden Unternehmers und des Leistungsempfängers
- die dem leistenden Unternehmer vom Finanzamt erteilten Steuernummer oder die ihm vom Bundeszentralamt für Steuern erteilte Umsatzsteuer-Identifikationsnummer
- des Ausstellungsdatums
- einer Rechnungsnummer
- der Art der Leistung
- des Zeitpunkts der Leistung
- des nach Steuersätzen aufgeschlüsselten Entgelts
- der Angabe des Steuersatzes.

53   Es ist daher fraglich, ob bei Mietverträgen die Vertragsurkunde als „Dauerrechnung" zu betrachten ist, sofern der Mietvertrag die Angaben enthält, die nach § 14 UStG gefordert werden. Es wird vertreten, dass grundsätzlich ein Mietvertrag, in dem Nettomiete und Umsatzsteuer gesondert ausgewiesen sind, als „Dauerrechnung" zur Vorlage bei den Finanzbehörden ausreichend ist.[37] Vertreten wird aber auch, dass, trotz eines gesonderten Ausweises der Umsatzsteuer, gleichwohl wegen des zu konkretisierenden Leistungsgegenstandes und Leistungszeitraumes eine einzelne Abrechnung erforderlich ist, die bezüglich der Einzelheiten auf den Mietvertrag verweisen kann. Hierfür kann der Zahlungsbeleg für die einzelnen Leistungsabschnitte genügen.[38]

54   **f) Betriebskostenabrechnung.** Hat der Vermieter für die Vermietung und Verpachtung auf die Steuerbefreiung verzichtet, unterliegt nicht nur die Miete als Hauptleistung dem Umsatzsteuersatz, sondern auch die Nebenkosten. Diese teilen umsatzsteuerrechtlich als Nebenleistungen das Schicksal der Hauptleistung (Miete). Zum steuerpflichtigen Entgelt im Falle der Option zählen daher auch die gesamten Betriebskosten, unabhängig davon, ob die einzelnen Betriebskostenarten mit Vorsteuern belastet sind, ein ermäßigter Umsatzsteuersatz gilt oder überhaupt keine Umsatzsteuer anfällt, wie beispielsweise bei öffentlichen Lasten. Hierbei handelt es sich nicht um durchlaufende Posten, sondern um ein umsatzsteuerpflichtiges Entgelt i. S. des § 10 Abs. 1 S. 2 UStG. Das heißt, der Vermieter muss, sofern er gegenüber vorsteuerabzugsberechtigten Mietern abrechnet, zu den tatsächlich entstandenen Betriebskosten, unabhängig davon, ob darin Umsatzsteuer enthalten ist oder nicht, die Mehrwertsteuer gesondert berechnen und ausweisen.

---

[36] Formulierung teilweise entnommen aus: Nies/Gies/*Borsutzki-Pasing*, Beck'sches Formularbuch Mietrecht, Form. A. 7.4 S. 253, 254.
[37] OLG Düsseldorf Urt. v. 24. 5. 2005, AZ. 24 U 194/04, NZM 2006, 261.
[38] *Weitemeyer* NZM 2006, 881, 892.

g) Ansprüche des Vermieters bei Zahlungsverzug des Mieters. Ist der Mieter, wie dies die 55
Regel sein wird, verpflichtet, die Miete und die Nebenkostenvorauszahlungen monatlich im
Voraus bis spätestens zum 3. Werktage eines Monats an den Vermieter zu zahlen, so betrifft
dies auch die Umsatzsteuer, wenn dies zwischen den Parteien so vereinbart ist. Zahlt der
Mieter also nicht fristgerecht, so ist er verpflichtet, dem Vermieter die Verzugszinsen nach
§ 288 Abs. 2 BGB zu erstatten. Diese Verzugszinsen kann der Vermieter unabhängig davon
verlangen, ob er die Umsatzsteuer nach dem Prinzip der Ist-Versteuerung oder dem Prinzip
der Soll-Versteuerung zahlt.

Will allerdings der Vermieter einen weiteren Schaden i. S. von § 288 Abs. 4 BGB geltend 56
machen, dann ist wegen des Umsatzsteueranteils zu differenzieren: Versteuert der Vermieter
nach dem Soll-Prinzip, kann er den den Zinssatz des § 288 Abs. 2 BGB übersteigenden Zins
nach § 16 Abs. 1 UStG erst am 11. des auf die Fälligkeit folgenden Monats verlangen.

Wird die Umsatzsteuer nach dem Ist-Prinzip gezahlt, kann der Vermieter überhaupt kei- 57
nen Zins verlangen, der § 288 Abs. 2 BGB übersteigt. Der Vermieter hat keinen Schaden,
denn er muss die Umsatzsteuer erst am 10. des Monats abführen, der auf die Zahlung durch
den Mieter oder Beitreibung durch die Zwangsvollstreckung folgt.[39]

---

[39] Vgl. hierzu: *Herrlein* NZM 2005, 648, 651.

§ 61 Vereinbarte Mieterhöhungen – Staffelmiete und Indexmiete

Übersicht

	Rdnr.
I. Einleitung	1–3
II. Preisgleitklausel/Indexmiete	4–30
1. Allgemeines	4–6
2. Die gesetzliche Neuregelung – PrKG	7–14
a) Europarechtswidrigkeit des PrKG?	7/8
b) Neuregelung Preisklauselgesetz (PrKG) – Unterschiede zum Preisangaben- und Preisklauselgesetz (PrKAG) iVm Preisklauselverordnung (PrKV)	9–14
3. Muster einer automatischen Preisgleitklausel mit Schwellenwert	15–20
4. Schriftformerfordernis und Preisgleitklausel	21/22
5. Geltungserhaltende Reduktion einer verbotenen Preisgleitklausel	23–26
6. Bereicherungsanspruch des Mieters	27
7. Wegfall alter Indizes/Berechnungshilfen auf destatis.de	28/29
8. Verwirkung des Nachzahlungsanspruchs	30
III. Leistungsvorbehaltsklausel	31–41
1. Allgemeines	31–34
2. Klauselmöglichkeiten	35/36
3. Maßstab für die Veränderung	37–39
4. Keine Einigung der Parteien	40
5. Muster einer einseitigen Leistungsvorbehaltsklausel mit Erhöhungsmaßstab Indexentwicklung	41
IV. Staffelmiete	42–48
1. Allgemeines	42
2. Staffelhöhe	46/47
3. Muster einer Staffelmietklausel	48
V. Umsatz- und Gewinnklauseln	49–51
1. Erläuterungen	49/50
2. Muster Umsatzklausel	51
VI. Spannungsklausel	52/53
VII. Kostenelementeklausel	54
VIII. Salvatorische Klausel zur Wertsicherung	55
IX. Änderung der Betriebskostenvorauszahlungsbeträge	56
X. Änderung der Mehrwertsteuer	57
XI. Stillschweigende Mieterhöhung	58
XII. Mietanpassung aufgrund § 313 BGB	59–64
1. Kein kalkulierbarer Rettungsanker für den Vermieter	59
2. Kein Rettungsanker für den Mieter	60–63
3. Miethöhe nach Anpassung, § 313 Abs. 1 BGB	64
XIII. Grenzen der Mieterhöhung	65–68

I. Einleitung

1 Die Möglichkeit der Mieterhöhung unter Bezugnahme auf die ortsübliche Vergleichsmiete hat der Gesetzgeber für das Gewerberaummietrecht nicht vorgesehen, §§ 558 ff., 578 BGB. Der Gewerberaumvermieter ist grundsätzlich freier, muss aber auch mehr vorsorgen. Sieht man die Mieterhöhungsmöglichkeit des § 558 BGB als Kompensation für die Beschränkung des vermieterseitigen Kündigungsrechts, besteht beim Gewerberaumvermieter für eine vergleichbare Regelung auch kein Bedürfnis, da er, um sich von einem nicht ausreichend rentablen Mietverhältnis zu lösen, keinen Kündigungsgrund braucht. Der Vermieter kann, um die Rentabilität zu verbessern, eine Änderungskündigung aussprechen. Dies ist keine unzulässige Rechtsausübung.[1] Da die meisten Gewerberaummietverträge befristet sein dürften bzw. das Recht zur ordentlichen Kündigung ausgeschlossen ist, ist dies allerdings mehr eine theoretische Möglichkeit, die eher nach Auslaufen der Befristung relevant wird. Deshalb ist es aus Vermietersicht wirtschaftlich grob fahrlässig, einen Gewerberaummietvertrag ohne jegliche Renditesicherung abzuschließen.

Die Gewerberaummieten entwickeln sich in Deutschland je nach Lage der Immobilie sehr unterschiedlich. Bei der jeweiligen örtlichen IHK oder auch sonstigen berufsständischen Kammer oder auch über den VDM können in der Regel Mietspiegel bezogen werden. Bei der Frage, welche Klausel zur Wert-/Renditesicherung oder auch zur planmäßigen Renditesteigerung gewählt wird und welche Klausel am Markt durchsetzbar ist, kommt es entscheidend auf die Lage und die jeweilige Zielsetzung des Vermieters/Mieters an. Die in der Regel mit dem Argument des Inflationsausgleichs durchsetzbare Indexmiete/Preisgleitklausel muss für den Vermieter einer 1a-Lage in München oder Frankfurt nicht unbedingt das Mittel sein, wenn er eine – in der praktischen Anwendung einfachere – Staffelmiete oder eine Kombination aus Staffelmiete und Leistungsvorbehalt mit Neufestsetzung entsprechend der Marktmiete durchsetzen kann.

AGB-Wertsicherungsklauseln können aufgrund ihrer allgemeinen Verbreitung nicht überraschen iSd § 305c BGB. Unklare, nicht eindeutig auslegbare Klauseln können aber als intransparent unwirksam sein, § 307 Abs. 1 S. 2 BGB.

Der Wohnraumvermieter sollte nicht vergessen, dass eine Garage, wenn sie isoliert vermietet wurde, nicht unter die Regeln der Wohnraummiete fällt. Dies gilt auch für die Wertsicherung.[2]

Die folgenden Klauselmöglichkeiten kommen in Betracht:
- Indexmiete/Preisgleitklausel/Lebenshaltungskostenindexklausel
- Leistungsvorbehaltsklausel
- Staffelmietklausel
- Umsatz- bzw. Ertragsklausel
- Kombinationen aus den vorgenannten
- Spannungsklausel
- Kostenelementeklausel.

II. Preisgleitklausel/Indexmiete

1. Allgemeines

Es ist überaus beliebt, in Mietverträgen die Wertsicherung der Miete an die Veränderung des vom statistischen Bundesamt ermittelten Verbraucherpreisindexes für Deutschland zu koppeln. § 557a BGB erlaubt dies im Wohnraummietrecht, ist aber auf das Gewerberaummietrecht nicht anwendbar. Grundsätzlich sind diese Klauseln, die „den Betrag von Geldschulden unmittelbar und selbsttätig durch den Preis von anderen Gütern oder Leistungen bestimmen, die mit den vereinbarten Gütern oder Leistungen nicht vergleichbar sind", im Gewerberaummietrecht gem. § 1 Abs. 1 PrKG verboten. Das führt zum kuriosen Ergebnis, dass entgegen den Prinzipien des sozialen Wohnraummietrechts das Wohnraummietrecht flexibler geregelt ist als das Gewerberaummietrecht.

Eine Mietindexierung ist im Gewerberaummietrecht nur dann zulässig, wenn
- der Vertrag für mindestens zehn Jahre, gerechnet vom Vertragsabschluss bis zur Fälligkeit der letzten Zahlung, befristet ist oder der Vermieter für die gleiche Zeit auf das Recht zur ordentlichen Kündigung verzichtet hat bzw. der Mieter das Recht hat, die Vertragsdauer einseitig auf mindestens zehn Jahre zu verlängern und
- die Miete durch die Änderung eines von dem Statistischen Bundesamt oder einem Statistischen Landesamt ermittelten Preisindexes für die Gesamtlebenshaltung oder eines vom

---
[1] *Neuhaus*, Handbuch der Geschäftsraummiete, 3. Auflage 2008, Rdnr. 475.
[2] Schmidt-Futterer/*Börstinghaus* § 557a Rdnr. 9.

Statistischen Amt der Europäischen Gemeinschaft ermittelten Verbraucherpreisindexes bestimmt wird und
- die Preisgleitklausel hinreichend bestimmt ist und
- keine Vertragspartei unangemessen benachteiligt wird, insbesondere indem
  - einseitig ein Indexanstieg eine Erhöhung, nicht aber umgekehrt ein Indexrückgang eine entsprechende Ermäßigung der Miete bewirkt, oder
  - nur eine Vertragspartei das Recht hat, eine Anpassung zu verlangen, oder
  - die Miete sich gegenüber der Entwicklung der Bezugsgröße überproportional ändern kann.

6 Dies gilt genauso, wenn die Miete von der künftigen Entwicklung der Preise abhängig gemacht wird, die der Mieter mit den von ihm erzeugten Waren erzielt, bzw. wenn die Miete bei land- oder forstwirtschaftliche Nutzung von der künftigen Entwicklung der Grundstückspreise abhängig gemacht wird, § 3 Abs. 3 PrKG.

2. Die gesetzliche Neuregelung – PrKG

7 a) **Europarechtswidrigkeit des PrKG?** Von allen europäischen Ländern sieht nur Deutschland die Notwendigkeit, die Inflation mit einem Verbot von automatisch wirkenden Preisklauseln zur Wertsicherung von Geldschulden zu bekämpfen.[3] Mit Einführung des Euro zum 1. Januar 1999 wurde § 3 WährG durch Art. 9 § 1 EuroEG aufgehoben. Aus stabilitäts-, preis- und verbraucherpolitischen Gründen wurde eine Nachfolgeregelung in § 2 des Preisangaben- und Preisklauselgesetzes (PrAKG) und der dazu erlassenen Preisklauselverordnung (PrKV) insbesondere auf Druck der Bundesländer eingeführt. Die europarechtliche Rechtmäßigkeit der PrAKG und PrKV waren umstritten. Die Bundesrepublik hat mit der Euro-Einführung die währungspolitische Kompetenz abgegeben. Wenn § 3 WährG eine ausschließlich währungspolitische Regelung war, hätte es deshalb für die gleichlautenden Nachfolgeregelungen an der Gesetzgebungskompetenz gefehlt.[4] Dem wurde entgegengehalten, dass § 3 WährG nicht nur dem Schutz der Währung diente, sondern zumindest als Rechtsreflex auch eine verbraucherschützende Wirkung entfaltet habe.[5] Die Bundesregierung hat sich, nachdem ein europäisches Indexierungsverbot von den übrigen Euro-Staaten mit 14 Nein-Stimmen und einer Enthaltung abgelehnt wurde,[6] damit beholfen, dass sie als neues Schutzgut die nationale Wirtschaft und ihrer Stabilität entdeckte. Diese Aufgabe war den Mitgliedstaaten geblieben.[7]

8 Im Zuge des Zweiten Mittelstandsentlastungsgesetz, BGBl Teil I S. 2246 ff. vom 7. September 2007 wurde das PrAKG und die PrKV durch das neue PrKG ersetzt bzw. aufgehoben. Diese Änderung ist zum 14. September 2007 in Kraft getreten.

Die Kritik der Europarechtswidrigkeit lässt sich genauso auf das neue PrKG übertragen, da die Formulierung des § 1 Abs. 1 PrKG exakt der des § 2 Abs. 1 S. 1 PrAKG entspricht.

9 b) **Neuregelung Preisklauselgesetz (PrKG) – Unterschiede zum Preisangaben- und Preisklauselgesetz (PrKAG) iVm Preisklauselverordnung (PrKV).** Das generelle Genehmigungsbedürfnis und die Differenzierung zwischen als genehmigt geltenden (Genehmigungsfiktion) und genehmigungsbedürftigen Klauseln sind weggefallen. Die bisher in der PrKV geregelten Ausnahmen vom Indexierungsverbot wurden weitgehend wörtlich in das PrKG übernommen. Klauseln, die den alten Voraussetzungen für die Genehmigungsfiktion nicht genügten, sind auch heute gem. § 1 PrKG unwirksam. Preisklauseln sind danach im Grundsatz nicht erlaubt, wenn sie eine automatische Anpassung vorsehen. Nur die Klauseln, deren Genehmigung bisher fingiert wurde, sind heute vom Verbot ausgenommen.

Der Unterschied ist der, dass eine Genehmigung auch von anderen, im Gesetz nicht aufgelisteter Klauseln, nicht mehr möglich ist, die Generalklausel zur Genehmigungsmöglichkeit in § 3 Abs. 5 PrKV ist, zusammen mit dem gesamten Genehmigungsverfahren, weggefallen.

---

[3] So eine interne Untersuchung des BMJ v. 30. 7. 1997 – Az. 3420–12–4.
[4] *Schultz*, FS Blank, S. 399; MünchKomm/*Grundmann* §§ 244, 245 Rdnr. 75.
[5] BNotK-Intern-Ausgabe 2/1998.
[6] BT-Drucks. 13–10334, S. 41.
[7] BT-Drucks. 13–10334, S. 40 f.; *Schmidt-Räntsch* NJW 1998, 3166.

Neu ist auch, dass die **Unwirksamkeit der Wertsicherungsklausel** bei einem Verstoß **nur** 10
und erst ab deren rechtskräftiger Feststellung eintritt (§ 8 PrKG), es sei denn, die Beteiligten
haben etwas anderes vereinbart.
Das ist ein erheblicher Unterschied zur bisherigen Regelung. Bisher war eine Klausel, die
die Parteien irrtümlich für nicht genehmigungsbedürftig gehalten haben bzw. von der sie
annahmen, dass ihre Genehmigung fingiert würde, von Anfang an nichtig gem. § 2 Abs. 1
PrAKG iVm § 134 BGB. Der Mieter hatte, wenn es nicht zu einer Vertragsergänzung kam[8]
(s. u.) und nicht die Ausnahmen gem. §§ 814, 817 S. 2 BGB einschlägig waren, einen Anspruch auf Erstattung der indexierungsbedingt zuviel geleisteten Miete. Dieser Bereicherungsanspruch kann jetzt frühestens entstehen, nachdem ein Gericht die Unwirksamkeit der Indexklausel festgestellt hat.

Das Risiko, dass damit der Vermieter unter Ausnutzung einer starken Verhandlungsposi- 11
tion die Grenzen zulässiger Preisklauseln absichtlich überschreitet, hat der Bundesrat im
Gesetzgebungsverfahren ausdrücklich kritisiert.[9] Der Gesetzgeber hat sich letztlich zugunsten der Rechtssicherheit und, um Rückabwicklungsprobleme sowie eine übermäßige Belastung der Gerichte zu verhindern, für die ex nunc-Nichtigkeit entschieden.[10]

Praxistipp:
Will der Mieter die Rechtsfolge der ex tunc-Unwirksamkeit, muss er dies bspw. mit der folgenden 12
Klausel vereinbaren: „Wird die Unwirksamkeit der Preisgleitklausel nach dem PrKG gerichtlich
festgestellt, so ist die Klausel als von Anfang an unwirksam anzusehen." Der Mieter sollte allerdings bedenken, dass die gesamte Wertsicherungsklausel dadurch ggf. zur Individualabrede wird.
Im Gerichtsverfahren kann es dann zum etwas kuriosen Ergebnis kommen, dass der Klage des
Vermieters auf Mietzahlung zwar in voller Höhe stattgegeben wird, dass andererseits aber auch
die Widerklage des Mieters auf Feststellung der Unwirksamkeit der Preisgleitklausel erfolgreich ist.

In der Literatur wird nun vertreten, dass bei AGB-Anpassungsklauseln die Klausel trotz 13
der Regelung des § 8 PrKG aufgrund einer unangemessenen Benachteiligung des Vertragspartners der Inhaltskontrolle gem. § 307 Abs. 1 BGB nicht Stand hält und deshalb ex tunc
unwirksam wäre.[11] Dies wird damit begründet, dass § 8 PrKG nur für Verstöße „gegen dieses Gesetz", also das PrKG gelten soll. Deshalb sollen pauschal alle, das Limit des PrKG
überschreitenden Preisgleitklauseln in Formularverträgen unwirksam sein. Hierbei wird
nicht genügend berücksichtigt, dass sich die unangemessene Benachteiligung nunmehr gem.
§ 307 Abs. 2 Ziffer 1 aus dem PrKG, namentlich § 2 Abs. 3 PrKG ergibt. Es bleibt ein Verstoß gegen dieses Gesetz. Ohne die Regelung gem. § 2 Abs. 3 PrKG wäre die Latte für eine
unangemessene Benachteiligung höher zu legen. Diese Rechtsunsicherheit sollte gerade vermieden werden. § 8 PrKG ist vielmehr lex specialis zu den allgemeinen Regelungen der
§§ 139, 306 BGB.

Nach der **Übergangsvorschrift** gilt das Genehmigungserfordernis noch, soweit die Ge- 14
nehmigung bis zur Verkündung des neuen Gesetzes beantragt wurde (§ 9 PreisklauselG). Ist
für eine Wertsicherungsklausel bis dahin kein Genehmigungsantrag gestellt, gilt das neue
Preisklauselgesetz, auch wenn die Klausel noch während der Geltung der alten Vorschriften
vereinbart wurde.
Für Klauseln, die sowohl nach altem wie nach neuem Recht unwirksam waren, bleibt es
bei der ex tunc-Nichtigkeit. Diese sind jetzt nicht durch die Neuregelung des Gesetzes
schwebend unwirksam bis zur gerichtlichen Feststellung geworden. Ein nichtiges Rechtsgeschäft bleibt nichtig, auch wenn sich die gesetzliche Grundlage ändert.[12] Im Übrigen wäre
hier die Übergangsvorschrift § 9 Abs. 2 PrKG entsprechend anzuwenden.

---

[8] BGH NJW 1975, 44 ff. und BGH NJW 1986, 932 ff.
[9] BR-Drucks. 68/07.
[10] BT-Drucks. 16/4764, S. 16.
[11] *Gerber* NZM 2008, 152.
[12] BGHZ 11, 59 f.; Erman/*Palm* § 134 Rdnr. 15.

3. Muster einer automatischen Preisgleitklausel mit Schwellenwert

15 Ändert sich der vom Statistischen Bundesamt (www.destatis.de) festgestellte Verbraucherpreisindex für Deutschland gegenüber dem Stand bei Vertragsbeginn oder gegenüber der letzten Mietanpassung um mehr als 5 Prozent (Prozent, nicht Punkte) so ändert sich die Nettokaltmiete/Grundmiete entsprechend. Einer Mietänderungserklärung des jeweils anderen Vertragspartners bedarf es nicht. Die Miete verändert sich vom Beginn des nächsten, auf die erstmalige Erreichung der prozentualen Veränderung folgenden Monats. Werden wegen einer Umstellung des Indexes auf eine neue Basis bereits veröffentlichte Indexzahlen nachträglich geändert, so gilt der Mietzins, der sich aufgrund der alten Indexreihe ergibt, bis zum Kalendermonat nach der ersten amtlichen Veröffentlichung der neuen Indexreihe. Ab diesem Zeitpunkt richtet sich der Mietzins nach der neuen Indexreihe.

16 Die letzten beiden Sätze sind zwingend notwendig, werden aber sehr oft vergessen. Etwa alle 5 Jahre wird die Berechnung des Verbraucherpreisindizes vom Statistischen Bundesamt auf ein neues **Preisbasisjahr** umgestellt. Preisbasisjahre sind normalerweise die auf 0 und 5 endenden Jahre. Das aktuelle Basisjahr ist das Jahr 2005. Die Indizes werden jeweils ab Januar des neuen Basisjahrs neu berechnet und **ersetzen die bis zu diesem Zeitpunkt veröffentlichen Zahlen für den Zeitraum ab Januar.** So sind zuletzt die Indizes auf der Basis 2000 über den Januar 2005 bis Ende Februar 2008 fortgeschrieben worden. Ende Februar 2008 wurden die neuen Werte ab Januar 2005 rückwirkend veröffentlicht. **Die rückwirkend festgesetzten neuen Werte stimmen mit den zurückgezogenen nicht überein** – wenn die Unterschiede auch nicht groß sind. Alle von Januar 2005 bis Februar 2008 berechneten Indizes sind ungültig.[13] Eine Umrechnung ist nicht möglich. Der Vermieter, der in der Zwischenzeit vom 1.1.2005 bis einschließlich Februar 2008 aufgrund der Indexveränderungen eine höhere Miete verlangt hat, müsste nunmehr eigentlich aufgrund der geänderten Indexwerte eine umständliche Korrektur vornehmen. Das wird mit der vorgeschlagenen Klausel vermieden. Es müssen keine Nachberechnungen vorgenommen werden. Die Miete ändert sich erst dann wieder, wenn der Schwellenwert nach dem umgestellten Index erreicht ist.

17 Es muss eine Bezugsgröße angegeben werden, die sich entsprechend dem Index verändert. Dies kann die Bruttomiete, die Nettokaltmiete oder auch eine Teil-Inklusivmiete sein. Am **praktikabelsten** ist sicherlich die **Nettokaltmiete**. Die Bezeichnung Nettokaltmiete und Grundmiete im Muster sind alternativ, es sollte die Bezeichnung verwandt werden, die im Mietvertrag auch ansonsten, insbesondere im Paragraph „Mietzins" benutzt wird.

18 Die Veränderung des Preisindexes wird vom Statistischen Bundesamt in Punkten zum Ausgangswert (Jahr 2005 = 100) angegeben. In der Indexvereinbarung kann die Miete an einer Veränderung der **Indexpunktzahl** oder an die Veränderung der Indexpunktzahl **umgerechnet in Prozent** angeknüpft werden. Wird die Punktevariante gewählt, muss das Basisjahr zwingend angegeben werden. Der Vermieter muss in seinem Formularmietvertrag dann darauf achten, dass er das aktuelle Basisjahr verwendet. Wird ein älteres Basisjahr gewählt, kann das leicht als überraschende, § 305c BGB, bzw. intransparente, § 307 Abs. 1 S. 2 BGB, Klausel unwirksam sein.

Die Indexveränderung in Prozent kann nach der Formel

$$\left(\frac{\text{neuer Indexstand}}{\text{alter Indexstand}} \times 100\right) - 100$$

aus dem Stand des Indexes in Punkten berechnet werden.

Praxistipp:

19 Es empfiehlt sich, an die **Veränderung in Prozent** anzuknüpfen. Es gilt automatisch der zum Zeitpunkt des Mietvertragsabschlusses gültige Index als vereinbart. Damit machen sich die Parteien unabhängig vom Basisjahr, die Berechnung wird erheblich vereinfacht. Es kann immer direkt mit

---

[13] *Rasch* DNotZ 2003, 730.

den Indexständen des aktuellen Basisjahres gerechnet werden, selbst wenn im Vertrag ein früheres Basisjahr genannt ist.

Grundsätzlich ist die Kopplung an den vom Statistischen Bundesamt oder dem jeweiligen Statistischen Landesamt ermittelten Preisindex für die Gesamtlebenshaltung oder an einen vom Statistischen Amt der Europäischen Gemeinschaft ermittelten Verbraucherpreisindex möglich. Sinn macht derzeit nur die Bindung an den Verbraucherpreisindex für Deutschland (VPI) des Statistischen Bundesamtes. Dies ist die Empfehlung sowohl des Statistischen Bundesamtes als auch der einschlägigen miet- und notarrechtlichen Literatur. Der VPI erfasst am besten die allgemeine Preisentwicklung, wird regelmäßig aktualisiert und auf destatis.de finden sich zahlreiche Hilfsmittel, die die Berechnung der Mietänderung erleichtern (s. u.).

Der „Harmonisierte Verbraucherpreisindex (HVPI)" dient lediglich dazu, Preisveränderungen innerhalb der europäischen Union zu vergleichen und zu einer Gesamt-Inflationsrate zusammen zu fassen. Dieser Index steht erst am Anfang seiner Entwicklung und bietet sich deshalb nicht zur Verwendung in Wertsicherungsklauseln an.

4. Schriftformerfordernis und Preisgleitklausel

Gem. § 3 Abs. 1 d) und e) PrKG muss der Vermieter für mindestens 10 Jahre auf das Recht zur ordentlichen Kündigung verzichten oder der Mieter das Recht haben, die Vertragsdauer auf mindestens 10 Jahre zu verlängern. Der Vertrag muss in der gesetzlichen Schriftform gem. §§ 550, 578 Abs. 1, 2 BGB geschlossen werden. Der Schriftform unterliegen nicht nur die ausdrücklich auf mehr als ein Jahr befristeten Verträge, sondern auch die Verträge, in denen die Parteien für mehr als ein Jahr auf die ordentliche Kündigung verzichten, wenn die Kündigungsfrist so lang bemessen ist, dass der Mietvertrag erstmals für einen Zeitpunkt nach Ablauf eines Mietjahres gekündigt werden kann oder wenn eine Partei die Option hat, das Mietverhältnis über ein Jahr hinaus zu verlängern.[14]

Wird die Schriftform nicht gewahrt, so gilt der Vertrag als auf unbestimmte Zeit geschlossen. Die Befristung ist weg, die Parteien können den Vertrag mit der gesetzlichen Kündigungsfrist kündigen. Die fehlende Schriftform eines Vertragsteils infiziert die Preisgleitklausel, selbst wenn diese dem Schriftformerfordernis genügt.[15] Die Unwirksamkeit der Preisklausel könnte gerichtlich festgestellt werden, § 8 PrKG. Wäre eine Schriftformkündigung aber treuwidrig, muss sich das auch auf die Wirksamkeit der Preisgleitklausel auswirken, da die Parteien an den Vertrag so lange gebunden sind, wie wenn die Schriftform gewahrt worden wäre. Dies kann aber nur gelten, wenn beiden Parteien die Schriftformkündigung verwehrt ist. Ist nur dem Mieter die Schriftformkündigung verwehrt, weil ihn der formmangelhafte Nachtrag ausschließlich begünstigte,[16] ist der Vermieter nicht gebunden. Dann kann auch die Preisgleitklausel nicht wirksam sein. Die Schriftformkündigung ist eventuell dann treuwidrig, wenn sich beide Parteien in einer salvatorischen Schriftformerhaltungsklausel dazu verpflichtet haben, aus einer Nichtbeachtung des Formerfordernisses keine Rechte abzuleiten und die Form zu heilen.

5. Geltungserhaltende Reduktion einer verbotenen Preisgleitklausel

Nach BGH NJW 1975, 44 und BGH NJW 1986, 932 sollen die Parteien zunächst verpflichtet sein, die unwirksame Regelung im Wege der ergänzenden Vertragsauslegung, §§ 133, 157 BGB, durch eine wirksame zu ersetzen. So soll aus einer wegen Unterschreitung der 10 Jahre nichtigen Preisgleitklausel ein von Anfang an geltender,[17] wirksamer Leistungsvorbehalt werden.[18] Es wird eine unwirksame durch eine wirtschaftlich vergleichbare Regelung mit Billigkeitsspielraum ersetzt.

---

[14] Erman/*Jendrek* § 550 Rdnr. 4.
[15] OLG Rostock NZM 2005, 506.
[16] BGH NJW 1975, 1653.
[17] BGH NJW 1986, 932.
[18] BGH NJW 1975, 44; Lindner-Figura/*Bartholomäi* Kap. 10 Rdnr. 137.

Die durch den Wegfall der Wertsicherungsklausel entstandene vertragliche Lücke darf aber nur dann durch ergänzende Vertragsauslegung gefüllt werden, wenn dispositives Gesetzesrecht nicht zur Verfügung steht und die ersatzlose Streichung der nichtigen Klausel keine angemessene, den typischen Interessen der Vertragsparteien Rechnung tragende Lösung bietet. Am dispositiven Gesetzesrecht fehlt es. Ob der Vertrag, um das Gleichgewicht von Leistung und Gegenleistung zu wahren, deshalb einer Ergänzung bedarf, kann zumindest bei kurzen Laufzeiten fraglich sein.

24 Es ist zu berücksichtigen, dass die Klausel, wenn es sich um AGB handelt, nicht nur nach §§ 134 BGB, 1 PrKG nichtig ist, sondern auch gem. § 307 Abs. 2 Nr. 1 BGB. Die Rechtsfolge des § 306 Abs. 1 BGB – Erhalt des Vertrags – weicht erheblich von § 139 BGB – gesamte Nichtigkeit, wenn der Beweis der gewollten Teilnichtigkeit nicht gelingt – ab. § 306 Abs. 1 BGB ist lex specialis zu § 139 BGB.[19] Die Rechtsfolge der Gesamtnichtigkeit passt nicht, wenn die Klausel oktruiert wurde und der Vertragspartner nur die Möglichkeit hat, sich zu unterwerfen oder den Vertrag zu verlieren. Deshalb löste der BGH in NJW 1975, 44 das Dilemma durch die ergänzende Vertragsauslegung. Dies ist allerdings Rechtsprechung aus der Zeit vor Geltung des AGB Gesetzes (1976) und von vor der einschlägigen EG-Richtlinie (1993).

25 Wenn die Klausel einseitig festgelegt wurde, ist es das Risiko des Verwenders, wirksame Geschäftsbedingungen zu formulieren. Es ist kein Grund ersichtlich, wieso die Wertsicherungsklauseln anders behandelt werden sollten als andere AGB. Es ist kein Grund ersichtlich, wieso dem Verwender hier quasi das Risiko einer unwirksamen Klausel genommen werden soll, und das auch noch ex tunc! Bei einer AGB-Wertsicherungsklausel muss es deshalb bei der Unwirksamkeit der Klausel ohne geltungserhaltende Reduktion über die ergänzende Vertragsauslegung bleiben.

Wurde die Wertsicherungsklausel individualvertraglich ausgehandelt, bestand ein offensichtlicher beidseitiger Wille zur Wertsicherung, dem über die ergänzende Vertragsauslegung hin zu einer wirksamen Klausel zur Geltung verholfen wird.

Praxistipp:

26 Um Problemen wegen eventuell unwirksamer Preisgleitklauseln von Beginn an vorzubeugen, empfiehlt sich die folgende **Salvatorische Klausel für die Wertsicherungsklausel** – vorzugsweise als Individualabrede:

„Die Parteien gehen übereinstimmend davon aus, dass die Wertsicherungsklausel wirksam iSd § 3 PrKG ist. Sollte sich das Gegenteil herausstellen, so ist die Klausel als Leistungsvorbehalt umzudeuten. Änderungsmaßstab unter Berücksichtigung von Billigkeitserwägungen bleibt die vorbezeichnete Indexveränderung."

6. Bereicherungsanspruch des Mieters

27 Bereicherungsansprüche des Mieters, die vor dem 14. 9. 2007, dem Datum des Inkrafttretens des PrKG entstanden sind, aber vom Mieter nicht geltend gemacht wurden, bleiben dem Mieter erhalten. Der Mieter geht dieser Ansprüche nicht aufgrund der Neuregelung der ex nunc-Unwirksamkeit in § 8 PrKG verlustig. Grundsätzlich bleibt ein gem. § 134 BGB nichtiges Rechtsgeschäft auch nach der Aufhebung des Verbotsgesetzes nichtig.[20] Vorliegend wurde zwar das Verbotsgesetz nicht aufgehoben, es wurde lediglich die Rechtsfolge von der ex tunc-Nichtigkeit ab Vertragsschluss zur ex nunc-Nichtigkeit ab Rechtskraft des Feststellungsurteils geändert. Dies ist ein „Weniger" als der Wegfall der gesamten Verbotsnorm. Wenn schon das ersatzlose Streichen des Verbots an der Unwirksamkeit der vertraglichen Vereinbarung nichts ändert, dann kann dies erst recht nicht bei einem „Weniger", nämlich der Änderung der Rechtsfolge, sein. Der Gesetzgeber hat in der Übergangsvorschrift des § 9 PrKG diesen Fall nicht geregelt. Es bleibt somit bei der dargestellten Lösung anhand der all-

---

[19] Erman/*Roloff* § 306 Rdnr. 1.
[20] BGH 11, 59 f.; Erman/*Palm* § 134 Rdnr. 15.

gemeinen Normen und Grundsätze des BGB. Eine Preisgleitklausel, die vor dem 14. 9. 2007 vereinbart wurde und die entgegen der PrKV weder genehmigungsfrei noch fingiert genehmigt ist, ist ohne gerichtliche Feststellung gem. § 8 PrKG unwirksam. **Dem Mieter bleiben seine Ansprüche aus ungerechtfertigter Bereicherung erhalten.**

7. Wegfall alter Indizes/Berechnungshilfen auf destatis.de

Mit der Veröffentlichung des Basisjahrs 2000 in 2003 hat das Statistische Bundesamt die bis dahin ermittelten Verbraucherpreisindizes für 3 verschiedene Haushaltstypen eingestellt. Dies lag daran, dass sich die Ergebnisse im längerfristigen Vergleich kaum unterschieden.

Wurde in einem Alt-Mietvertrag ein ehemals zulässiger Index vereinbart, so wird die Klausel nicht dadurch unwirksam, dass das Statistische Bundesamt diesen Index nicht mehr ermittelt. Im Rahmen der **ergänzenden Vertragsauslegung** ist dieser Alt-Index auf den Verbraucherpreisindex umzurechnen.[21] Die Parteien wollten eine Indexvereinbarung schließen, hätten sie von dem Wegfall des vereinbarten Indexes gewusst, hätten sie gleich den Verbraucherpreisindex vereinbart.

Die nicht fortgeführten Indexreihen sind seit Januar 2000 nicht mehr gültig. Die bis zum 31. 12. 2002 zunächst noch veröffentlichten Alt-Indizes sind rückwirkend unwirksam geworden. Der Stichtag für die vorzunehmende Umrechnung ist der 1. 1. 2000.

Praxistipp:
Für die Umrechnung bietet das Statistische Bundesamt im Internet unter http://www.destatis. de/jetspeed/portal/cms/Sites/destatis/Internet/DE/Content/Statistiken/Preise/Verbraucherpreise/Wertsicherungsklauseln/Internetprogramm,templateId=renderPrint.psml ein seit April 2008 erfreulich erweitertes **interaktives Programm** an, das die Umrechnung einschließlich der selbständigen Berechnung von Schwellenwerten ermöglicht. Sie gehen auf **www.destatis.de,** wählen links im Menü „Themen" das Untermenü „Preise". Hier klicken Sie auf den blau hinterlegten link „Wertsicherungsklauseln". Auf der sich dann öffnenden Seite wählen Sie den wiederum blau hinterlegten link „Preisindizes in Verträgen". Auf der sich daraufhin öffnenden website wählen Sie im Bereich Serviceangebote zu Wertsicherungsklauseln die „Rechenhilfe zur Anpassung von Verträgen". Es öffnet sich das Rechenprogramm, in dem die jeweiligen Vertragsdaten und der Zeitraum eingegeben werden kann. Am Ende erfährt der Anwender, ob eine Vertragsanpassung möglich ist und wann ein gegebenenfalls vereinbarter Schwellenwert erstmals erreicht wurde.

Für eine Gebühr von € 30,– führt das statistische Bundesamt die Berechnung auch individuell durch. Das hierfür notwendige Formblatt finden Sie unter http://www.destatis.de/jetspeed/portal/ cms/Sites/destatis/Internet/DE/Content/Statistiken/Preise/Verbraucherpreise/Wertsicherungsklauseln/FormblattWsk,property=file.pdf bzw. ebenfalls im Bereich Serviceangebote zu Wertsicherungsklauseln (s.o.).

Die jeweils aktuellen Verbraucherpreis- und Einzelhandelspreisindizes kann man vom Bundesamt auch per Faxabruf unter +49(0)611/75 38 88 beziehen.

Der jeweilige **monatsgenaue Verbraucherpreisindex seit 1991** findet sich auf **www.destatis.de** links im Menü „Themen", Untermenü „Preise". Auf der sich dann öffnenden Seite findet sich als letzter Absatz der Rubrik „Tabellen". Hier wählen Sie **„Verbraucherpreisindex insgesamt und nach 12 Abteilungen".** Dann erhalten Sie die Jahreswerte. Zu den Monatswerten gelangt man durch Anklicken des blau hinterlegten Links **„Monatswerte".**[22]

Wenn die website nicht ausreicht, erhält man weitere Auskünfte zur Berechnung, insbesondere zur Umrechnung eines alten Indexes über ein Online-Kontaktformular bzw. unter +49(0)611 75–47 77 oder –37 77.

Klarstellend ist den Parteien zu empfehlen, Nachtragsvereinbarungen unter Beachtung des § 550 BGB zu schließen.[23]

---

[21] AG Mönchengladbach NZM 2005, 742; OLG Sachsen-Anhalt Urt. vom 15. 11. 2005 – 9 U 67/05; *Lützenkirchen* NZM 2001, 835.
[22] Stand der Websiten und Links: Mai 2008.
[23] *Lützenkirchen* NZM 2001, 835.

8. Verwirkung des Nachzahlungsanspruchs

30 Selbst wenn der Vermieter es über einen längeren Zeitraum versäumt, die ggf. auch wiederholt automatisch eingetretene Mieterhöhung geltend zu machen, so folgt daraus idR nicht die Verwirkung des Nachzahlungsanspruchs des Vermieters. Zum Zeitmoment muss das Umstandsmoment dazukommen – hieran wird es idR fehlen. Der Mieter müsste aus einem Verhalten des Vermieters das berechtigte Vertrauen ableiten dürfen, dass der Vermieter auf die Nachforderung verzichtet.[24]

Sollte doch Verwirkung anzunehmen sein, so wirkt diese nur in die Vergangenheit, die zukünftige Geltendmachung ist nicht ausgeschlossen.[25]

III. Leistungsvorbehaltsklausel

1. Allgemeines

31 Der Inhalt der Klausel ergibt sich aus dem Wortsinn: Die Parteien haben sich die Änderung der (Gegen)Leistung vorbehalten, ohne die Höhe festzulegen. § 1 Abs. 2 Ziff. 1 PrKG definiert Leistungsvorbehaltsklauseln als Klauseln, „die hinsichtlich des Ausmaßes der Änderung des geschuldeten Betrages einen Ermessensspielraum lassen, der es ermöglicht, die neue Höhe der Geldschuld nach Billigkeitsgrundsätzen zu bestimmen."

Der Leistungsvorbehalt unterliegt nicht den Einschränkungen des PrKG, er war bisher genehmigungsfrei. Bei dieser freien Gestaltungsmöglichkeit ist es geblieben, § 1 Abs. 2 PrKG.

> **Praxistipp:**
>
> Eine Leistungsvorbehaltsklausel bietet sich somit insbesondere bei einem Mietvertrag mit einer **geringeren Laufzeit als 10 Jahre** an und wenn der Vermieter ein **einseitiges Erhöhungsrecht** haben will. Die Beschränkungen gem. § 2 Abs. 3 Nr. 2 und § 3 Abs. 3 PrKG gelten für den Leistungsvorbehalt nicht.

32 Die Parteien können als Erhöhungsmaßstab eines Leistungsvorbehalts jeden beliebigen Wertmesser wählen, bspw. die Veränderung der Gehälter im öffentlichen Dienst oder die ortsübliche Vergleichsmiete für Wohnraum gem. § 558 BGB.

Häufig wird auch beim Leistungsvorbehalt der Lebenshaltungskostenindex in Bezug genommen. Selbst wenn die in Frage stehende Klausel auf den Verbraucherpreisindex Bezug nimmt, sind Preisgleitklausel und Leistungsvorbehaltsklausel eindeutig voneinander zu trennen: Beim Leistungsvorbehalt ist die Indexänderung zunächst nur **Anlass**, und nicht zwingend auch das Maß für die Mieterhöhung. Die neue Miethöhe muss **erst noch ausgehandelt** bzw. durch einen **Gutachter** festgesetzt werden. Diesen **Ermessens- bzw. Verhandlungsspielraum** gibt es bei der Preisgleitklausel nicht. Aufgrund dessen, dass die Vertragsparteien beim Leistungsvorbehalt noch mal verhandelnd tätig werden, hat der Gesetzgeber diesen aus dem Anwendungsbereich des PrKG ausgenommen.

33 Der Leistungsvorbehalt bietet gegenüber der Preisgleitklausel Vorteile für den Vermieter, aber auch für den Mieter: **Steigt der Index, aber die örtliche Marktmiete fällt, wäre eine Mieterhöhung aufgrund Leistungsvorbehalt unbillig.**[26] Ist beidseitige Neufestsetzung vereinbart, muss die Miete trotz Indexsteigerung sogar gesenkt werden.[27] Bei der Preisgleitklausel könnte der Vermieter erhöhen.

Der Vermieter sollte bei der Formulierung immer darauf achten, dass auf die vertragliche geschuldete Miete Bezug genommen wird. Wird auf die tatsächlich geschuldete Miete abgestellt, kann sich dies bei berechtigten Minderungen für den Vermieter nachteilig auswirken.

---

[24] OLG Celle ZMR 1990, 412; OLG Düsseldorf ZMR 1995, 155.
[25] OLG Düsseldorf ZMR 1995, 155, Lindner-Figura/*Bartholomäi* Kap. 10 Rdnr. 141.
[26] Wolf/Eckert/*Ball* Rdnr. 427.
[27] OLG Frankfurt am Main NZM 1999, 118.

Praxistipp:

Für den Vermieter ist es ratsam, dass der Umfang der Mieterhöhung bei Erreichung der Anpassungsschwelle „in das billige Ermessen des Vermieters gestellt wird, § 315 BGB". Die Gerichte sind idR zurückhaltender bei der Ermessensüberprüfung.[28] Umgekehrt sollte der Mieter darauf dringen, dass die Anpassung der Miete „verhandelt wird". 34

2. Klauselmöglichkeiten

Der Leistungsvorbehalt eröffnet den Parteien eine Vielzahl von Klauselkombinationen und Spielarten: Möglich ist es, als Auslöser die Indexveränderung zu wählen und als Erhöhungsmaßstab die Marktmiete. 35

Dem Mieter am leichtesten zu vermitteln wird idR die Variante sein, die die Indexveränderung als Auslöser und Erhöhungsmaßstab – mit Billigkeitserwägungen – wählt.

In Toplagen in Regionen mit stetig steigenden Preisen wird es für den Vermieter oft die wirtschaftlich beste Lösung sein, zunächst die Indexveränderung als Auslöser und Maßstab zu wählen (bei 10 jähriger Mietzeit bspw. die Jahre 2–4) und für einen zukünftigen Zeitpunkt nach einigen Jahren Mietzeit (Jahr 5) die Anpassung auf den bei Neuvermietung erzielbaren Mietzins zu vereinbaren. In den Folgejahren (6–10) ist die Indexveränderung dann wieder Auslöser und Maßstab der Erhöhung. 36

Genauso kann die Preisgleitklausel erst eine feste Staffelung und dann nach x Mietjahren die Indexveränderung als Auslöser und Maßstab vorsehen.

Wird die Indexveränderung als Auslöser und als Maßstab der Mieterhöhung gewählt, darf die Einbeziehung von Billigkeitserwägungen bei der Festlegung nicht vergessen werden.

3. Maßstab für die Veränderung

Es ist zwar typisch für den Leistungsvorbehalt, den Umfang der Änderung nicht vorzugeben. Die Parteien sollten den Veränderungsmaßstab aber regeln, ansonsten ist die streitige Auseinandersetzung vorprogrammiert. Üblich ist es, die Miete in der gleichen Bewegungsrichtung wie die Bezugsgröße zu verändern. Es kann allerdings auch eine Neufestsetzung vereinbart werden. Dann kann sich die Miete trotz Erhöhung des Lebenshaltungskostenindexes auch nach unten entwickeln, weil das örtliche Mietniveau gefallen ist.[29] Wird die Neufestsetzung vereinbart, sollte bedacht werden, dass die „angemessene" und die „Marktmiete" durchaus unterschiedlich sein können. Es empfiehlt sich, den Maßstab für die Neufestsetzung klar zu definieren. Allerdings ohne zu weit zu gehen – die gewisse Ungewissheit bei der neuen Miethöhe ist der Preis für die unbeschränkte Ausnahme vom Verbot. 37

Neben der Indexänderung können diese Umstände als Maßstab für die Mietänderung dienen bzw. als vom Gutachter zu berücksichtigen definiert werden: Die am Ort des Objekts für gewerbliche Räume im Allgemeinen bzw. für die Branche des Mieters im Besonderen gezahlte Nettokaltmiete, die Nettokaltmiete für vergleichbare Mietobjekte am selben Ort oder in vergleichbaren Orten oder auch die Änderung der Hypothekenzinsen, wenn der Vermieter fremdfinanziert. 38

Der Vermieter darf es nicht übertreiben: Die Vereinbarung eines einseitigen Rechts gekoppelt an einen Index zur Nur-Erhöhung mit der Marktmiete als Mindestumfang ist unzulässig.

Fehlt es an einer klaren Festlegung, können die oft verwandten Begrifflichkeiten „Anpassung" und „Neufestsetzung" eine bedingte Orientierung geben. Bei der „Anpassung" sind die Äquivalenzvorstellungen maßgebend, die die Parteien bei Vertragsabschluss hatten.[30] In dem Umfang wie der Mietzins damals über/unter dem damaligen Marktzins lag, muss sich 39

---

[28] Lützenkirchen/*Leo* Kap. A Rdnr. 331.
[29] OLG Frankfurt NZM 1999, 118.
[30] BGH NJW 1974, 1235.

auch der neue, angepasste Mietzins bewegen.[31] Je nach vertraglicher Gestaltung kann sich allerdings herausstellen, dass eine Grenze in Höhe der Marktmiete gewollt war.[32]

Von der Verwendung des Begriffs „ortsübliche Miete" in diesem Zusammenhang ist abzuraten. Dann ist nämlich nicht klar, ob darunter die aktuelle Miete für eine Neuvermietung oder wie in § 558d BGB eine nach statistischen Grundsätzen ermittelte Durchschnittsmiete der letzen Jahre gemeint ist. Nehmen die Parteien auf einen nicht existenten bundesweiten Index für gewerbliche Mieten Bezug, so gilt im Zweifel für die Neufestsetzung die örtliche Marktmiete für vergleichbare Objekte als vereinbart.

4. Keine Einigung der Parteien

40 Beim Leistungsvorbehalt handeln die Parteien die neue Miete anhand des Maßstabs (Indexänderung oder Marktmiete) aus. Es sollte festgelegt werden, nach wie viel Wochen die Verhandlungen gescheitert sind und was dann passieren soll. Zur Wahl steht die vermieterseitige Festlegung gem. § 315 BGB mit der dann immanenten Möglichkeit der gerichtlichen Überprüfung, § 315 Abs. 3 S. 2 BGB oder die Festlegung durch einen von der für den Ort des Objekts zuständigen IHK zu benennenden Gutacher, der auf dem Gebiet des Mietwesens tätig ist. Im letzteren Fall sollten die Parteien die eingeschränkte gerichtliche Überprüfbarkeit nur bei offenbarer Unbilligkeit, § 319 Abs. 1 S. 1 BGB bedenken. Die Toleranzgrenze für ein offenbar unbilliges Ergebnis ist bei 20–25% Abweichung zu ziehen.[33]

Fehlt eine Regelung, kann der Vermieter im Zweifel die Bestimmung gem. § 315 BGB vornehmen.

5. Muster einer einseitigen Leistungsvorbehaltsklausel mit Erhöhungsmaßstab

Indexentwicklung

41 Hat sich am 31. 12. eines Jahres der vom statistischen Bundesamt festgestellte „Verbraucherpreisindex für Deutschland" gegenüber dem Stand im Monat des Beginns des Mietverhältnisses oder gegenüber der letzten Mietanpassung aufgrund dieser Klausel erhöht, so kann der Vermieter zum 1. 1. des Folgejahres, erstmals zum ...... eine Erhöhung der vertraglich vereinbarten Nettokaltmiete/Grundmiete verlangen. Die Anpassung orientiert sich, unter Einbeziehung von Billigkeitserwägungen, an der Indexveränderung. Die neue Miete ist ab dem 1. 1. des Jahres zu bezahlen, auch wenn das Erhöhungsverlangen später erfolgt. Kommt eine Einigung nicht innerhalb von 8 Wochen ab dem erstmaligen Begehren des Vermieters zustande, so bestimmt der Vermieter, unter Berücksichtigung des genannten Maßstabs, die neue Miete nach billigem Ermessen gem. 315 BGB. Auf Wunsch des Mieters kann die neue Nettokaltmiete/Grundmiete stattdessen von einem Gutachter festgelegt werden. Der Gutachter wird auf Antrag des Mieters von der für den Ort der Geschäftsräume zuständigen IHK benannt. Der Mieter trägt die Kosten des Gutachters. Der Sachverständige muss auf dem Gebiet des Mietwesens tätig sein. Die Entscheidung des Sachverständigen bindet die Parteien; das Recht gem. § 319 Abs. 1 BGB bleibt unberührt.

Ergänzendes Muster für die Vereinbarung einer Neufestsetzung

Die Parteien sind sich darüber einig, dass die Nettokaltmiete zum 1. 1. 20xy auf den Betrag erhöht wird, den der Vermieter dann bei einer Neuvermietung erzielen könnte. Maßstab ist die bei einer Neuvermietung zu erzielende Marktmiete vergleichbarer Objekte in vergleichbaren Lagen (plus Gutachterklausel s. o.).

Die Bezeichnung Nettokaltmiete und Grundmiete sind alternativ, es sollte die Bezeichnung verwandt werden, die im Mietvertrag auch ansonsten benutzt wird.

---

[31] Lützenkirchen *Leo* Kap. A Rdnr. 331.
[32] *Schultz*, FS Blank, S. 415, BGH NJW 1974, 1557.
[33] BGH NJW 1991, 2761.

IV. Staffelmiete

1. Allgemeines

Bei der Staffelmiete werden die späteren Veränderungen der Miete, in der Regel Mieterhöhungen, im Vertrag der Höhe und dem Zeitpunkt nach im Voraus bestimmt. Die Miete erhöht sich **automatisch** zu den vorgegebenen Zeitpunkten. Der Vermieter muss dies nicht gesondert mitteilen. Die Legaldefinition des § 557a BGB gilt nur für die Wohnraummiete, § 578 Abs. 1, 2 BGB. Alle aus dem Wohnraummietrecht bekannten Beschränkungen der Staffelmiete: Kündigungsrecht trotz befristeten Mietvertrags nach 4 Jahren, die Verpflichtung die Erhöhung oder die neue Miete betragsmäßig auszuweisen und die Begrenzung auf eine Erhöhung p. a. gelten im Gewerberaummietrecht nicht. Die Staffeln können in Prozent der Grundmiete angegeben werden. Ergänzend können die **Staffeln durch eine Indexierung wertgesichert** werden.

> **Praxistipp:**
>
> Der Mieter hat einen Anspruch darauf, dass der Vermieter die **Umsatzsteuer** separat ausweist und darüber eine Rechnung erstellt.[34] Als Rechnung iSv § 14 Abs. 1 UStG gilt der Mietvertrag, wenn er die notwendigen Angaben enthält. Das geht bei einer %-Klausel nicht. Dann muss der Vermieter jeweils für jede Staffel eine Dauerrechnung ausstellen. Wer das vermeiden will, vereinbart die Staffeln in €-Beträgen.
>
> Werden bei der Vermietung an einen Berufsträger der Heilberufe, wo die Steueroption wegen § 9 Abs. 2 UStG idR nicht möglich sein wird, die Staffeln in % der Grundmiete gewählt, muss eindeutig geregelt werden, ob sich die Erhöhung immer aus der Grundmiete berechnen soll oder jeweils aus der bereits durch einen Erhöhungsschritt veränderten Grundmiete.

Die Vereinbarung einer Staffelmiete wird nicht durch das PrKG reglementiert. Staffelklauseln sind vom Anwendungsbereich des PrKG und damit **vom Verbot ausgenommen**.

Die Staffelmiete wird häufig gewählt, wenn dem Mieter zu Beginn des Mietverhältnisses als Incentive oder zur Unterstützung der Existenzgründung ein Mietnachlass gewährt wird (**degressiver Mietnachlass** oder auch „umgekehrte Staffelmiete").

Die großen Vorteile der Staffelmiete sind die **einfache Handhabung** und die **gute Kalkulierbarkeit** für beide Parteien, sowie dass es hier über die Miethöhe wenig Streitpotential gibt. Für den Vermieter ist es ein weiterer Vorteil, dass der Mieter gem. § 286 Abs. 2 Nr. 1 BGB **ohne Mahnung in Verzug** kommt – anders als bei der Preisgleitklausel.

Auch bei der Vereinbarung der Staffelmietklausel und deren nachträglicher Änderung ist bei einem auf mehr als ein Jahr befristeten Mietverhältnis die gesetzliche Schriftform, § 550 BGB zu wahren. Daran sollten die Parteien insbesondere bei Nachträgen denken, ansonsten haben sie u. U. zwar wirksam die Miete verändert, aber dafür die befristete Laufzeit verloren.

> **Praxistipp:**
>
> Vermieter einer Vielzahl von Immobilien, die sich eines professionellen EDV-Programms zur Verwaltung bedienen, präferieren auch deshalb die Staffelmiete gegenüber eine Indexierung, weil sie die Staffeln, wenn sie das neue Mietverhältnis in der EDV anlegen, gleich mit eintragen können. Diese werden dann automatisch bei der Überwachung des Mieteinzugs berücksichtigt, bei gewährter Abbuchungsermächtigung wird ferner automatisch die erhöhte Miete eingezogen. Mit der Indexierung geht das (noch) nicht. Beim Leistungsvorbehalt ist es sowieso gänzlich ausgeschlossen.

---

[34] OLG München NJWE-MietR 1996, 270.

2. Staffelhöhe

46 Problematisch ist es, die richtige Höhe der Staffel zu finden. Eine Preisgleitklausel lässt sich leichter durchsetzen. Die Staffel wird demgegenüber – aus Vermietersicht – oft zu gering festgesetzt: Die nicht unübliche Staffel von 1,5% p. a.[35] reicht bei einer aktuellen Inflation von 3,3%[36] und auch im statistischen Durchschnitt der letzten 50 Jahre (2,8%)[37] nicht aus, um den inflationsbedingten Wertverlust auszugleichen. Der Vermieter, der das vermeiden möchte, sollte sich bei der Kalkulation der Staffeln deshalb an der Entwicklung des Verbraucherpreisindexes der letzten Jahre orientieren. Dies kann er dann in den Vertragsverhandlungen auch offen legen und so die Staffelhöhe leichter begründen.

47 Die alleinige Staffelmietklausel ohne Kombination mit einem Leistungsvorbehalt (Neufestsetzung) eignet sich vor allem für Verträge bis 10 Jahren Laufzeit. Danach wird die Festsetzung der Staffelhöhe endgültig zur (wilden) Spekulation.

Der Vorteil der Staffelmiete für den Mieter liegt darin, dass er die Mietentwicklung für die Laufzeit des Vertrags sicher kalkulieren kann. Zu den Grenzen der Miethöhe und dem Risiko einer absinkenden Marktmiete/Wegfall der Geschäftsgrundlage s. u.

3. Muster einer Staffelmietklausel

48 Die in § ...... vereinbarte Nettokaltmiete erhöht sich, ohne dass es einer gesonderten Mieterhöhungserklärung bedarf, wie folgt:

Vom 1. 1. 2010 bis zum 31. 1. 2010 auf monatlich € ......
Vom 1. 1. 2011 bis zum 31. 1. 2011 auf monatlich € ......
Vom 1. 1. 2012 bis zum 31. 1. 2012 auf monatlich € ......

Der Nettokaltmiete sind jeweils unverändert die jeweiligen Betriebskostenvorauszahlungen und die jeweilige gesetzliche Mehrwertsteuer hinzuzusetzen.

alternativ:

Die in § ...... vereinbarte Nettokaltmiete erhöht sich, ohne dass es einer gesonderten Mieterhöhungserklärung bedarf, mit Wirkung ab dem

...... (Datum) um € auf €
...... (Datum) um € auf €
...... (Datum) um € auf €.

Der Nettokaltmiete sind jeweils unverändert die jeweiligen Betriebskostenvorauszahlungen und die jeweilige gesetzliche Mehrwertsteuer hinzuzusetzen.

alternativ:

Die in § ...... vereinbarte Nettokaltmiete erhöht sich, ohne dass es einer gesonderten Mieterhöhungserklärung bedarf, jährlich zum 1. 1. eines jeden Jahres um 3%. Die Erhöhung ist jeweils auf den zuvor geltenden Nettokaltmietzins bezogen.

Der Nettokaltmiete sind jeweils unverändert die jeweiligen Betriebskostenvorauszahlungen und die jeweilige gesetzliche Mehrwertsteuer hinzuzusetzen.

V. Umsatz- und Gewinnklauseln

1. Erläuterungen

49 Bei der Umsatz- oder Gewinnklausel werden die Höhe und die Veränderung der Miete an den Umsatz oder den Gewinn des Mieters bzw. an deren Entwicklung geknüpft. Der Ver-

---

[35] Lindner-Figura/*Bartholomäi* Kap. 10 Rdnr. 108.
[36] Monatswert Juni 2008, www.destatis.de.
[37] Deutsches Institut für Altersvorsorge, http://www.dia-vorsorge.de/df_030109.htm.

mieter **partizipiert am wirtschaftlichen Risiko** des Mieters. Der Mieter hat dadurch den Vorteil, dass er in wirtschaftlich schweren Zeiten automatisch geringere Kosten hat. Es ist für den Vermieter ratsam, eine **Mindestmiete** zu vereinbaren und diese zu staffeln oder zu indexieren und so die Rendite abzusichern. Die Kombination aus wertgesicherter Mindestmiete mit einer Umsatzmiete ist formularmäßig zulässig, solange sie aufgrund der Branchenüblichkeit bspw. im Einzelhandel oder bei der Hotelpacht nicht überraschend ist.[38] Der anwaltliche Berater sollte nicht übersehen, dass in § 8 S. 2 Apothekengesetz die Umsatzmiete verboten, die Umsatzpacht hingegen ggf. erlaubt ist, § 8 S. 3 Apothekengesetz.[39] Ferner sollte der **Umsatzbegriff** im Vertrag **genau definiert** werden.[40] Üblich ist es, die gesamten Bruttoeinnahmen aus allen Warenverkäufen und Dienstleistungen, sowie alle sonstigen Einnahmen, die der Mieter auf eigene oder fremde Rechnung erzielt, als Grundlage zu verwenden. Es kann auch eine für das Geschäft prägnante bzw. typische Warengruppe oder Dienstleistung herausgegriffen werden (Umsatzkernbereich). Haben die Parteien keine Regelung getroffen, so wird der Begriff im Zweifel entsprechend **§ 277 Abs. 1 HGB** auszulegen sein.[41]

Betreibt der Mieter das Geschäft aus in seiner Person liegenden Gründen nicht, ist der Vermieter nicht auf die Mindestmiete beschränkt, § 537 Abs. 1 BGB. Es ist die Miete zu bezahlen, die bei Betrieb des Geschäfts mit dem dann zu erwartenden Umsatz zu bezahlen wäre. Wenn dies für das Geschäft relevant ist, bspw. bei einer Eisdiele, sollte vertraglich geregelt werden, ob bzw. wie sich Betriebsferien auf die Umsatzmiete auswirken. Es kann aber auch eine Betriebspflicht[42] vereinbart werden.

Um Streit zu vermeiden, sollte der **Auskunftsanspruch des Vermieters** über die Höhe der Umsätze ausdrücklich zeitlich und umfänglich festgelegt werden. Wird dies vergessen, ergibt sich der Auskunftsanspruch als Nebenpflicht. Hinsichtlich des Umfangs und der Form der Auskunft hilft dem Vermieter § 259 BGB.[43]

2. Muster Umsatzklausel

> Es wird eine Nettokaltmiete als Umsatzmiete vereinbart. Der Mieter zahlt an den Vermieter eine Umsatzmiete von ...... % des Nettoumsatzes zuzüglich der jeweils geltenden gesetzlichen Umsatzsteuer, mindestens jedoch ...... €. Bestandteil des Nettoumsatzes sind sämtliche Einnahmen aus Warenverkäufen (einschließlich Internet- und Versandgeschäft) und aus Dienstleistungen sowie sonstige Einnahmen, einschließlich aus etwaiger Untervermietung, die der Mieter oder Dritte (in seinem Auftrag) aus den in dem Mietobjekt betriebenen Geschäften ziehen, exklusive der vom Mieter vereinnahmten Mehrwertsteuer. Sämtliche Raten- oder Kreditverkäufe und ähnliche Geschäfte werden ungeachtet des jeweiligen Zahlungseingangs wie Barverkäufe berücksichtigt.
>
> Der Mieter erstellt monatlich nachträglich, sorgfältig eine prüffähige, kaufmännische Liste der für die Umsatzmiete maßgeblichen Umsätze. Der Mieter hat dem insoweit zur Verschwiegenheit verpflichteten Vermieter Auskunft über alles zu erteilen, was für die Bestimmung der Umsatzmiete erheblich sein kann. Der Mieter teilt dem Vermieter bis zum 15. März des Folgejahres die für die Umsatzmiete maßgeblichen Jahresumsätze des vorangegangenen Kalenderjahres bzw. der Mietzeit im vorangegangenen Kalenderjahr mit Prüfvermerk eines Wirtschaftsprüfers, Steuerberaters oder Rechtsanwalts versehen, mit. Der Vermieter ist berechtigt, die Richtigkeit der ihm erteilten Auskünfte anhand der Buchhaltungs- und Geschäftsunterlagen des Mieters nach rechtzeitiger Ankündigung selbst oder durch eine beauftragte, entsprechend S. 2 zur Verschwiegenheit verpflichtete Person zu prüfen.
>
> Die Verschwiegenheitspflicht des Vermieters und seiner Bevollmächtigten gilt nicht für allgemein zugängliche, offenkundige oder dem Vermieter bereits vorher bekannte Informationen und soweit diese Informationen für die Rechtsverfolgung von Ansprüchen aus diesem Vertrag erforderlich sind.

---

[38] Lindner-Figura/*Bartholomäi* Kap. 10 Rdnr. 58.
[39] BGH NZM 2004, 190.
[40] *Fritz* Rdnr. 95.
[41] Schmidt-Futterer/*Eisenschmid* § 535 Rdnr. 206.
[42] Vgl. hierzu Nies/Gies/*Borzutzki-Pasing* A. VI. 3 § 5.
[43] Zum Umfang: OLG Düsseldorf NJW-RR 1990, 1098.

Anhand der Umsatzdaten ist der die Mindestmiete übersteigende monatliche Umsatzzuschlag zu ermitteln. Der Umsatzzuschlag ist mit der nächsten Monatsmiete fällig.
Die Umsatzmiete bemisst sich am kalenderjährlichen Jahresumsatz bzw. wenn das Mietverhältnis unterjährig begonnen hat oder endet, entsprechend dem Umsatz in der Mietzeit. Die monatlichen Mietzahlungen stellen Vorauszahlungen auf die Miete dar. Die endgültige Abrechnung der Umsatzmiete erfolgt innerhalb von 4 Wochen nach Vorlage der Jahresumsätze. Sich hieraus ergebende Nachzahlungen bzw. Erstattungen sind bis zum 30. 4. des auf das Abrechnungsjahr folgenden Kalenderjahres auszugleichen.
Bei unterjähriger Beendigung des Mietverhältnisses erfolgt die Abrechnung innerhalb von 8 Wochen nach Beendigung des Mietverhältnisses. Ausgleichszahlungen sind innerhalb von 4 Wochen nach dem Zugang der Abrechnung vorzunehmen.
Mit dem Ablauf der 4 Wochen ist der Schuldner in Verzug gem. § 286 Abs. 2 Nr. 2 BGB.

Zur **Absicherung des Mieters** kann vereinbart werden:

Unabhängig von Mehrumsätzen ist die Umsatzmiete maximal aus einem fiktiven Nettoumsatz iHv € ...... zu berechnen.

Dann kann zur **Absicherung des Vermieters** vereinbart werden:

Kommt der Mieter der Pflicht zur Mitteilung der Jahresumsätze nicht fristgerecht nach, so gilt der Maximalumsatz als vereinbart.

Anstelle der umständlichen individuellen Ermittlung kann die Umsatzdatenermittlung auch an die Umsatzsteuer(vor)anmeldung für das Finanzamt gekoppelt werden (**alternativer Maßstab**).

VI. Spannungsklausel

52 Bei der ebenfalls nicht unter das Verbot des PrKG fallenden Spannungsklausel (vgl. § 1 Abs. 2 Nr. 2 PrKG) werden im wesentlichen gleichartige oder zumindest vergleichbare Güter oder Leistungen zueinander ins Verhältnis gesetzt.

Muster einer Spannungsklausel

Die Nettokaltmiete verändert sich, ohne dass es einer gesonderten Mietänderungserklärung bedarf, zum 1. 1. eines jeden Jahres um den Prozentsatz, um den sich die Nettokaltmiete/Grundmiete der im II. Obergeschoß (genaue Bezeichnung) des Gebäudes ...... (Anschrift) gelegenen Wohnung verändert.

53 Von einer weitergehenden Erörterung der Spannungsklauseln wird aufgrund ihrer geringen praktischen Bedeutung, die sich auch darin widerspiegelt, dass von ihr allgemein abgeraten wird,[44] abgesehen.

VII. Kostenelementeklausel

54 Nach der Definition des § 1 Abs. 2 Nr. 3 PrKG sind Kostenelementeklauseln solche, bei denen die Miete von der Entwicklung der Preise für Güter oder Leistungen abhängig gemacht wird, soweit diese die Selbstkosten des Vermieters bei der Erbringung der Gegenleistung unmittelbar beeinflussen. Auch diese sind vom Verbot des § 1 PrKG nicht umfasst. Die prozentuale Veränderung eines Kostenelements, bspw. der Instandhaltungskosten für das Dach, führt nicht dazu, dass sich die Nettokaltmiete an sich erhöht. **Die Nettokaltmiete ver-**

---

[44] Lindner-Figura/*Bartholomäi* Kap. 10 Rdnr. 151.

ändert sich lediglich insoweit, wie sich die Veränderung des Kostenelementes in der Miete niederschlägt. Es ist für den Vermieter ein Nullsummenspiel. Eine formularmäßige Kostenelementeklausel, die es dem Vermieter ermöglicht, über die Abwälzung konkreter Kostensteigerungen hinaus die Miete insgesamt anzuheben und so einen Gewinn zu erzielen, ist unangemessen iSd § 307 BGB.[45] Dies ist für den Gewerberaumvermieter überaus umständlich und gar nicht lukrativ. Anwendung finden solche Klauseln bei der Vermietung von EDV- bzw. Telefonanlagen.[46]

VIII. Salvatorische Klausel zur Wertsicherung

Der vorsichtige Vermieter kann die von ihm gewählte Klausel mit einer ausdrücklich für die Wertsicherung bestimmten salvatorischen Klausel, die neben die allgemeine salvatorische Klausel tritt, ergänzen. Die Parteien unterstreichen damit die Bedeutung die die Wertsicherung für sie hat und beugen dem Risiko vor, dass ihre allgemeine salvatorsiche Klausel an § 307 BGB scheitert. 55

Muster Salvatorische Klausel zur Wertsicherung

Die Parteien sind sich einig, dass sie im Falle der Unwirksamkeit der Wertsicherungsklausel eine andere Wertsicherung vereinbaren, die wirtschaftlich und sinngemäß den vorgenannten Regelungen entspricht, jedoch in Form und Inhalt der gesetzlichen Regelung genügt.

IX. Änderung der Betriebskostenvorauszahlungsbeträge

Die Regelung des § 560 BGB, einschließlich der Möglichkeit der Erhöhung der Betriebskostenvorauszahlung, § 560 Abs. 4 BGB, gilt nur im Wohnraummietrecht, § 578 Abs. 1, 2 BGB. Wenn die Parteien die Möglichkeit zur Anpassung einer vereinbarten Betriebskostenpauschale oder Betriebskostenvorauszahlung haben wollen, müssen sie dies vertraglich vereinbaren. 56

Muster einer Anpassungsklausel

Der Vermieter ist berechtigt, die Vorauszahlungen nach erfolgter Abrechnung an die tatsächlichen Verhältnisse anzupassen. Der Mieter kann eine Reduzierung der Vorschüsse verlangen, sofern diese die tatsächlichen Kosten übersteigen. Die Erklärungen können in Textform erfolgen. Der Vermieter kann, unter Offenlegung seiner Berechnungen, die Vorauszahlungen ferner auch ohne Abrechnung anpassen, wenn konkrete Kostensteigerungen erwarten lassen, dass die Vorschüsse zur Deckung der Kosten nicht ausreichen werden. Die angepassten Vorschüsse sind zum 1. des auf die Änderungserklärung folgenden Monats fällig, wenn die Erklärung dem Mieter spätestens am 15. des Monats zugegangen ist, ansonsten zum 1. des Folgemonats.

X. Änderung der Mehrwertsteuer

Um bei der Mehrwertsteuer keine Unklarheiten aufkommen zu lassen, sollte die unten stehende Klausel ergänzend zu der Formulierung bei der Miethöhe „in der gesetzlichen Höhe" aufgenommen werden. 57

---

[45] BGH NJW 1990, 115.
[46] *Fritz* Gewerberaummietrecht Rdnr. 118.

Muster einer Mehrwertsteueränderungsklausel:

Die Mehrwertsteuer ändert sich jeweils mit Inkrafttreten einer entsprechenden gesetzlichen Regelung. Einer Erhöhungserklärung des Vermieters bedarf es nicht.

XI. Stillschweigende Mieterhöhung

58   Eine konkludente Mieterhöhung ist möglich, wenn der Vermieter sie unberechtigt fordert und der Mieter über einen längeren Zeitraum hinweg zahlt, ohne sich ansonsten irgendwie, vor allem nicht einschränkend, zu äußern.[47] Dies wird allerdings nur in den Fällen wirksam sein, in denen keine doppelte/qualifizierte Schriftformklausel im Vertrag steht. Der Vermieter sollte außerdem bedenken, dass er sich die höhere Miete mit dem Verlust einer eventuellen vereinbarten Befristung wegen Nichtbeachtung der gesetzlichen Schriftform, §§ 550, 126 BGB, erkauft.

XII. Mietanpassung aufgrund § 313 BGB

1. Kein kalkulierbarer Rettungsanker für den Vermieter

59   Hat der Vermieter es versäumt, in einem befristeten Mietvertrag eine Mietanpassung zur Renditesicherung vertraglich zu vereinbaren, wird ihm das Institut des Wegfalls der Geschäftsgrundlage idR nicht weiterhelfen. Entscheidend ist die vertragliche Risikoverteilung.[48] So wie der Mieter das Risiko des auch erheblich absinkenden Mietniveaus zu tragen hat, so trägt der Vermieter das Risiko des Kaufkraftschwundes, wenn keine Preissicherung vereinbart ist.[49] Eine Ausnahme ist nur dann zu machen, wenn das Äquivalenzverhältnis der beiderseitig geschuldeten Leistung so extrem gestört ist, dass der vereinbarte Mietzins nicht einmal annähernd den Gegenwert zur Leistung darstellt, also eine mit Recht und Gesetz schlechthin nicht mehr zu vereinbarendes Ergebnis vorliegt[50] und dadurch bspw. die Wirtschaftlichkeit des langfristig vermieteten Grundstücks gefährdet wäre[51] und dies faktisch ein Eingriff in das Eigentum ist.[52] Das ist zumindest dann der Fall, wenn die vereinbarte Miete nur noch 15% der über die üblichen Anpassungsvorschriften erzielbaren Miete ausmacht.[53]

2. Kein Rettungsanker für den Mieter

60   Der Mieter trägt grds. alleine das Risiko, dass die vereinbarte und indexierte oder gestaffelte Miete steigt, während das örtliche Mietniveau – auch erheblich – absinkt.[54] Verwirklicht sich ein Risiko, das nach der vertraglichen oder gesetzlichen Risikoverteilung nur von einer der Vertragsparteien zu tragen ist, kann sich diese Partei nicht auf einen Wegfall der Geschäftsgrundlage berufen, § 313 Abs. 1 BGB.[55] Dieses negative Tatbestandsmerkmal dient dem Schutz der Verträge, pacta sunt servanda.

61   Dazu gehört bei der gewerblichen Miete vor allem die Chance, mit dem Mietobjekt Gewinne erzielen zu können. Erfüllt sich die Gewinnerwartung des Mieters nicht, so verwirklicht sich damit ein typisches Risiko des gewerblichen Mieters, das dieser nicht nachträglich auf den Vermieter verlagern kann.[56] Allein der Umstand, dass auch der Vermieter von einem

---

[47] OLG Karlsruhe NZM 2003, 513 (18 Monate).
[48] BGH NZM 2005, 63; NZM 2002, 659.
[49] BGH WM 1995, 1131.
[50] BGH NZM 2005, 144.
[51] BGH WM 1976, 429.
[52] BGH NZM 2005, 144.
[53] BGH NZM 2005, 144.
[54] Berliner Rechtsanwaltskanzlei BGH NZM 2002, 659; Ostdeutsches Einkaufszentrum BGH NZM 2005, 63.
[55] *Derleder* NZM 2005, 521.
[56] BGH NZM 2006, 54.

wirtschaftlichen Erfolg des Projekts ausgeht, verlagert das Verwendungs- und Gewinnerzielungsrisiko für das einzelne gemietete Geschäft in dem Einkaufszentrum nicht von dem Mieter auf den Vermieter. Dieser trägt seinerseits ohnehin das gesamte Vermietungsrisiko und damit die Gefahr, bei einem Scheitern des Projekts seine Investitionen zu verlieren.[57]

Der Äquivalenzgedanke von der Gleichwertigkeit von Leistung und Gegenleistung gehört zur objektiven Geschäftsgrundlage eines jeden Vertrags. In extremen Ausnahmefällen, in denen eine unvorhergesehene Entwicklung das Gleichgewicht nach Vertragsschluss so schwer beeinträchtigt, dass dies existenzielle Folgen für die betroffene Vertragspartei hat, soll trotz einseitiger Risikozuweisung ein Berufen auf den Wegfall der Geschäftsgrundlage möglich sein.[58] Das wirtschaftliche Scheitern muss für den Mieter dabei mehr sein, als das übliche vom Mieter zu tragende Verwendungs-/Geschäftsrisiko. Die Umstände müssen solche sein, die der Mieter nicht zu vertreten hat und nicht vorhersehen konnte. Grundsätzlich darf keine der Parteien bei Abschluss eines langfristigen Mietvertrags davon ausgehen, dass es während der Laufzeit nicht zu Nachteilen beim Wertegleichgewicht zu ihren Lasten kommen wird.[59]

Die Äquivalenzstörung alleine genügt nicht. Die Unzumutbarkeit des Festhaltens am Vertrag muss auch **kausal** auf die Äquivalenzstörung zurückzuführen sein.[60]

Die **Opfergrenze** muss überschritten sein. Diese ist im Einzelfall von den Erwartungen der Parteien und vom Ausmaß der wirtschaftlichen Nachteile abhängig. 100% genügen auf keinen Fall. Das Ausmaß der wirtschaftlichen Nachteile wird stark von der **Restlaufzeit des Vertrags** geprägt. Die Argumentation mit der Restlaufzeit ist in beide Richtungen möglich: Je länger die Restlaufzeit, um so größer die Verluste. Andererseits ist bei einer kurzen Restlaufzeit, anders als bei einer langen, davon auszugehen, dass sich am Ungleichgewicht nichts mehr ändern wird. Bei einer langen Restlaufzeit könnte das Pendel noch mal in die andere Richtung ausschlagen.

Wenn der BGH in seiner Entscheidung bezüglich einer Berliner Rechtsanwaltskanzlei ausführt, dass die Ertragsentwicklung der Kanzlei keine Folge der Äquivalenzstörung sei, ist das auf den ersten Blick richtig. Unberücksichtigt bleibt aber, dass die überhöhte Miete zwar nicht zur Existenzgefährdung führte, aber dennoch erhebliche Ressourcen band, die nicht in Personal, Ausstattung oder Werbung investiert werden konnten, also Möglichkeiten, die Wettbewerber mit günstigeren Mieten hatten.

3. Miethöhe nach Anpassung, § 313 Abs. 1 BGB

Sollte es doch einmal zur Mietanpassung nach den Grundsätzen des Wegfalls der Geschäftsgrundlage kommen, bedeutet dies nicht Herauf-/Herabsetzung auf den Marktpreis.[61] Das Risiko und die Lasten sind zwischen den Parteien angemessen, im Zweifel hälftig zu tragen. Hierbei kann man sich an der Opfergrenze orientieren.

XIII. Grenzen der Mieterhöhung

§ 5 WiStGB und § 291 StGB gelten nur im Wohnraummietrecht. Für die Begrenzung kommt im Gewerberaummietrecht allein § 138 BGB in Betracht.[62] Der Wuchertatbestand des § 138 Abs. 2 BGB wird aufgrund der subjektiven Tatbestandmerkmale gerade im gewerblichen Rechtsverkehr selten gegeben sein. Es verbleibt das Korrektiv des wucherähnlichen Rechtsgeschäfts gem. § 138 Abs. 1 BGB. Das setzt objektiv ein auffälliges Missverhältnis zwischen Leistung und Gegenleistung und subjektiv eine verwerfliche Gesinnung bzw. die Erkennbarkeit des Missverhältnisses voraus – und das bereits zum Zeitpunkt des Vertragsschlusses.

---

[57] BGH NZM 2006, 54; BGH NZM 2000, 1005.
[58] BGH NZM 2002, 659.
[59] BGH NJW 1983, 1309.
[60] BGH NZM 2002, 659.
[61] BGH NZM 2005, 144; *Kluth/Freigang* NZM 2006, 41.
[62] Zur Sittenwidrigkeit bei gewerblichen Mietverträgen: *Michalski* ZMR 1996, 1 ff.

66 Bei der Preisgleitklausel kommt das nicht in Betracht. Die Steigerung entspricht der allgemeinen Preisentwicklung, da ist kein Ansatz für Sittenwidrigkeit. Auch bei der Staffelmiete ist dieser Weg für den Mieter schwierig. Der Mieter hat mit der Vereinbarung der Staffelmiete zum Ausdruck gebracht, dass er mit einer steigenden Miete auch dann einverstanden ist, wenn die Marktmiete sinkt. Das Auseinanderfallen der vereinbarten Miete und des Mietniveaus ist dann dem Risikobereich des Mieters zuzuordnen und verstößt nicht gegen die guten Sitten.[63] Das Ergebnis kann allerdings ein anderes sein, wenn die einzelne Staffel so hoch ist, dass die Steigerung alleine schon gegen die guten Sitten verstößt oder eine kausale Existenzgefährdung des Mieters eintritt.

67 Die Prüfung erfolgt in drei Stufen:[64] (1) Wie hoch ist die Marktmiete, die für das Objekt angemessen ist? Ein Gutachter wird diesen Nutzungswert des Objekts anhand des Mietzinses, der die für vergleichbare Objekte gezahlt werden, ermitteln. Gibt es keine vergleichbaren Objekte, steigt die Schätzungsbreite. (2) Gibt es ein auffälliges Missverhältnis zwischen dem bezahlten Preis und der Marktmiete? Dieses ist idR anzunehmen, wenn der Wert der Leistung knapp doppelt so hoch ist, wie der Wert der Gegenleistung.[65] (3) Weitere Umstände, die der Miethöheabrede einen sittenwidrigen Charakter verleihen, insbesondere die verwerfliche Gesinnung des Vermieters. Hierfür gilt im gewerblichen Rechtsverkehr nicht die ansonsten von der Rechtsprechung bemühte tatsächliche Vermutung.[66] Vielmehr kommt es darauf an, ob das Missverhältnis für den Vermieter erkennbar war.[67] Hier sind an einen die örtlichen Verhältnisse kennenden, professionellen Vermieter höhere Anforderungen zu stellen, als an den privaten Vermieter.

68 Sittenwidrigkeit kann sich bspw. dadurch ergeben, dass der Vermieter eine schwirige Lage des Mieters in anstößiger Weise zu seinem Vorteil ausnutzt.[68] Sittenwidrig ist es ferner, eine sehr hohe Miete mit einer Vertragsgestaltung zu kombinieren, die den Mieter förmlich knebelt (Knebelungsverträge).

Liegt ein Verstoß gegen die guten Sitten vor, bleibt es anders als bei der Wohnraummiete (hier aus sozialen Gesichtspunkten) nicht bei der Teilwirksamkeit des Vertrags zum höchstzulässigen Mietzins, sondern der Sittenverstoß führt idR zur Gesamtnichtigkeit des Vertrags.[69]

---

[63] BGH NZM 2005, 63; NJW 2002, 2384; *Fritz* Rdnr. 102.
[64] BGH NJW 1999, 3187; NZM 2001, 810.
[65] BGH NZM 2004, 907; NZM 2001, 810.
[66] Erman/*Palm* § 138 Rdnr. 139, Rdnr. 199 a. E., BGH NZM 2001, 810; NZM 2004, 907.
[67] BGH NZM 2004, 907.
[68] BGH NJW 1990, 567.
[69] BGH NZM 2005, 944.

§ 62 Betriebs- und Nebenkosten, ihre Abrechnung und Anpassung

Übersicht

	Rdnr.
I. Vereinbarungen über Nebenkosten im Gewerbemietrecht	1–36
1. Der Katalog des § 556 Abs. 1 BGB	1/2
2. Weitere in der BetrKV nicht geregelte Betriebskosten	3–9
3. Schriftformerfordernis	10
4. Verteilerschlüssel und Flächenberechnung	11–13
5. Fehler bei der Flächenberechnung	14–16
6. Umsatzsteuer	17–21
7. Gebot der Wirtschaftlichkeit	22–26
8. Vorauszahlungen	27–29
9. Pauschalen	30
10. Heizkosten	31–36
II. Abrechnung über die Betriebskosten für Gewerberäume	37–55
1. Allgemeine Grundsätze	37
2. Abrechnungsfrist	38
3. Abrechnungsreife	39–42
4. Form der Abrechnung	43
5. Inhalt der Abrechnung	44–47
6. Korrektur der Abrechnung	48–50
7. Kontrollrechte des Mieters	51–55
III. Anpassung von Betriebskosten	56–59

Schrifttum: *Eisenschmid/Rips/Wall*, Betriebskostenkommentar, 2. Aufl., 2006; *Herrlein*, Umsatzsteuer in Mietvertrag und Mietprozess, NZM 2005, 648; *Langenberg*, Betriebskostenrecht der Wohn- und Gewerberaummiete, 4. Aufl., 2006; *Leo*, Obergerichtliche Rechtsprechung zum gewerblichen Mietrecht 2006, NZM 2007, 201; *Lindner-Figura*, In aktuellem Überblick: Schriftform von Geschäftsraummietverträgen, NZM 2007, 705; *Ludley*, Formularvertragliche Umlage von Verwaltungskosten im Gewerbemietvertrag, NZM 2006, 851.

I. Vereinbarungen über Nebenkosten im Gewerbemietrecht

1. Der Katalog des § 556 Abs. 1 BGB

Ebenso wie im Wohnungsmietrecht sind die Heiz- und Betriebskosten nur dann auf den Mieter umlegbar, wenn sie konkret im Vertrag als umlegbar vereinbart sind. Seit dem 1. 4. 2004 gilt die Betriebskostenverordnung, die an Stelle der Anlage 3 zu § 27 der 2. BVO getreten ist. In zahlreichen Altverträgen findet sich aber noch eine Bezugnahme auf die 2. BVO, so dass insoweit die frühere Rechtslage maßgeblich bleibt. Ausreichend ist eine Bezugnahme auf die Betriebkostenverordnung, hier insbesondere auf § 2 BetrKV, der eine Auflistung der umlegbaren Betriebskostenpositionen enthält. Bereits früher reichte eine generelle Bezugnahme auf die Anlage 3 zu § 27 der 2. BVO aus, um eine Umlagefähigkeit der dort im Einzelnen aufgelisteten Betriebskostenpositionen sicher zu stellen.[1] In einem gewerblichen Mietvertrag genügt es, wenn dem Mieter die Verpflichtung auferlegt wird, „die Betriebskosten" zu tragen;[2] der Begriff wird von einem durchschnittlichen Gewerbemieter im Sinne von § 2 BetrKV oder Anlage 3 zu § 27 der 2. BVO verstanden. In Gewerbemietverträgen wird die Klausel „der Mieter trägt die Betriebskosten" selbst dann als unbedenklich bewertet, wenn sie sich als Teil einer Allgemeinen Geschäftsbedingung darstellt.[3] Da das gesetzliche Leitbild des § 535 BGB von einer Inklusivmiete ausgeht,[4] ist den Mietvertragspar- 1

---

[1] Emmerich/Sonnenschein/*Weitemeyer* § 556, Rdnr. 30.
[2] KG NZM 2008, 128.
[3] Bub/Treier/*Bub* II Rdnr. 407.
[4] *Borzutzki-Pasing* Formularbuch Nies/Gies A. VI.1.

teien allerdings zu raten, die Betriebskostenpositionen des § 2 BetrKV konkret aufzulisten, um eine Umlagefähigkeit dieser Positionen und der Heizkosten zu gewährleisten.

2 Die Kosten einer Terrorversicherung, die der Vermieter während eines bestehenden Mietverhältnisses für ein gewerbliches Objekt abschließt, weil die Versicherung gegen Terrorgefahren nicht mehr von der Feuerversicherung erfasst wird, können, auch wenn es sich um kein besonders gefährdetes Objekt handelt, auf den Mieter umgelegt werden, sofern im Mietvertrag die Kosten von Sachversicherungen als umlagefähige Betriebskosten bezeichnet sind.[5] Diese Rechtsansicht basiert auf der Entscheidung des Bundesgerichtshofs vom 27. 9. 2006,[6] derzufolge die Kosten einer Sach- und Haftpflichtversicherung anteilig auf die Mieter umgelegt werden können, wenn in dem Mietvertrag derartige Kosten als umlagefähig bezeichnet worden sind und dem Vermieter das Recht eingeräumt ist, auch neu entstehende Betriebskosten auf die Mieter umzulegen.

2. Weitere in der BetrKV nicht geregelte Betriebskosten

3 Bei der Geschäftsraummiete gilt die nach § 556 Abs. 1 BGB normierte Beschränkung der Betriebskostenpositionen nicht.[7] Die Vereinbarung einer Umlagefähigkeit weiterer Nebenkostenpositionen ist möglich. In freier Vereinbarung können die Parteien festlegen, welche Kosten auf den Mieter umgelegt werden sollen. Grenze bilden die allgemeinen Vorschriften des § 134 und § 138 BGB, also des gesetzlichen Verbots und des Wuchers. Der Sache nach wird die Vorschrift des § 2 Ziffer 17 BetrKV ausgefüllt, im übrigen aber auch eine Verpflichtung des Mieters festgelegt zur Tragung von Instandhaltungs- und Verwaltungskosten. Die Vereinbarung muss klar und deutlich sein; nicht ausreichend ist in diesem Zusammenhang die allgemein gehaltene Formulierung „der Mieter trägt alle Betriebskosten", da von dieser Formulierung die außerhalb des § 2 Ziffer 1 bis 16 BetrKV stehenden besonderen Positionen wie etwa Instandhaltungsverpflichtungen oder Verwaltungskosten nicht erfasst werden. Auch schlagwortartige Bezeichnungen sind nicht geeignet, klare und inhaltlich überschaubare Regelungen zwecks Überwälzung bestimmter Positionen auf den Mieter zu schaffen, solange sich in den beteiligten Wirtschaftskreisen ein eindeutiger Inhalt dieser Bezeichnungen nicht feststellen lässt.[8] Zu beachten ist, dass auch im Gewerbemietrecht eine Inhaltkontrolle nach § 307 Abs. 2 BGB vorgenommen werden kann,[9] ferner die Unklarheitenregelung des § 305 c Abs. 2 BGB gilt.[10]

4 Besondere Betriebskostenarten haben sich vornehmlich bei der Vermietung von Großobjekten eingebürgert. Verschiedene Zusatzdienste und Ergänzungsleistungen halten die Mietvertragsparteien angesichts der Eigenart der Mietobjekte für sachdienlich. Diese Regelungen beziehen sich etwa auf die zusätzliche Versorgung mit Energie, technische Serviceleistungen, Verwaltungs- und Hausdienste, Bewachung des Mietobjektes und Center-Management.[11] In besonderen Bürokomplexen oder Ärztezentren werden spezielle Pools bereitgehalten, aus denen die Mieter zentrale Leistungen abrufen können. Als sonstige Betriebskosten können angesehen werden:
- Kosten der Gebäudeüberwachung,
- Wartung von Blitzschutzanlagen,
- Wartung von Brandmeldeanlagen,
- Dachrinnenbeheizung,
- Dachrinnenreinigung,
- „Elektro-Check",
- Wartung von Feuerschutzgeräten,
- Fassadenreinigung,

---

[5] OLG Stuttgart NZM 2007, 247.
[6] BGH NJW 2006, 3558.
[7] Schmidt-Futterer/*Langenberg* § 556 Rdnr. 68.
[8] OLG Rostock NZM 2005, 507; Schmidt-Futterer/*Langenberg* § 556 Rdnr. 68.
[9] Palandt/*Grüneberg* § 307 Rdnr. 39.
[10] OLG Rostock NZM 2005, 507; Betriebskostenkommentar/*Rips* Rdnr. 1609.
[11] *Borzutzki-Pasing* Formularbuch Mietrecht Nies/Gies A. VI.1.

- Dichtigkeitsprüfung von Gasleitungen,
- Kosten von Gemeinschaftseinrichtungen wie Saunen und Schwimmbädern,
- Klimaanlage,
- Wartung von Lüftungsanlagen, Pumpen, Rauchabzugsanlagen und Rückstausicherungen,
- Pförtnerkosten,
- Wartung von Schließanlagen,
- Sicherheits- und Notstrombeleuchtung,
- Sprinkleranlagen,
- Videoüberwachung,
- Bewachungskosten.[12]

Diese Auflistung erhebt keinen Anspruch auf Vollständigkeit. 5

Grundsätzlich wird eine Vereinbarung des Vermieters mit dem Gewerbemieter, durch die der Vermieter von Gewerberäumen seinen Mieter mit den Kosten einer vom Vermieter beauftragten Hausverwaltung belastet, als zulässig angesehen.[13] Allerdings muss auf die konkrete Wortwahl geachtet werden; Zu unbestimmte Begriffe lassen eine wirksame Überwälzung der sonstigen Betriebskosten auf den Gewerbemieter grundsätzlich nicht zu. Sieht der Mietvertrag nur allgemein „Verwaltungskosten" vor, die der Gewerbemieter tragen soll, fehlt es an einer klaren und eindeutigen Vereinbarung, für welche Kosten und Leistungen diese Position bestimmt sein soll.[14]

Welche Einzeltätigkeiten unter die Verwaltungskosten fallen, lässt sich wie folgt darstellen: 6
- Vertragsabschlüsse (sowohl Mietverträge als auch Verträge mit Dienstleistern oder Versorgungsunternehmen),
- Inkasso (von Mieten, Wohngeldern, Betriebskosten),
- Korrespondenz mit Mietern, Eigentümern, Vertragspartnern und sonstigen Anspruchsgegnern,
- Erstellung von Abrechnungen und Wirtschaftsplänen,
- Beauftragung von Handwerkern mit Reparaturarbeiten,
- Bezahlung von Rechnungen, Bearbeitung von Gewährleistungsansprüchen und sonstigen Reklamationen,
- Abwicklung von Mietverhältnissen,
- Beauftragung von Rechtsanwälten zur gerichtlichen Durchsetzung von Ansprüchen gegen Vertragspartner.[15]

Einen Ausnahmefall hatte das OLG Köln[16] zu entscheiden, in dem es um die Überbürdung nicht bezifferter Hausverwaltungskosten ging. Die Betriebkosten im übrigen und die Hausverwaltungskosten waren etwa gleich hoch und bewegten sich im fünfstelligen Zahlenbereich. Hier hat das OLG § 305c BGB angewendet und eine Überraschungsklausel angenommen, weil jedenfalls in ihrer konkreten Auswirkung von den Erwartungen des Vertragspartners des Verwenders deutlich abgewichen worden ist und mit dieser Abweichung vernünftigerweise nicht zu rechnen war. 7

Begrenzungen bei der Betriebskostenumlage ergeben sich auch im Hinblick auf gemeinschaftlich genutzte Flächen in Großobjekten. In der Abwälzung von der Höhe nach unbegrenzten Kosten für Gemeinschaftsflächen ist eine unangemessene Benachteiligung des Gewerbemieters zu sehen.[17] Der Mieter wird mit Kosten belastet, die seinem Risikobereich nicht zuzuordnen sind. Außerdem findet er die Flächen in der Regel in gebrauchtem Zustand vor. Er wird mit Kosten belastet, die etwa der Behebung anfänglicher Mängel dienen, so dass seine Belastung unüberschaubar wird. Hinzu kommt, dass er etwa Kosten zu tragen hat, die durch Schäden Dritter entstanden sind, für die der Gewerbemieter nicht einzustehen 8

---

[12] Ludley NZM 2006, 851, 853; vgl. auch die Beispiele bei *Rips*, Betriebskostenkommentar, Rdnr. 1610; zu Bewachungskosten OLG Frankfurt a. M. NZM 2006, 660.
[13] OLG Köln NZM 2006, 701.
[14] Schmidt-Futterer/*Langenberg* § 556 Rdnr. 69.
[15] Vgl. *Ludley* NZM 2006, 851, 852.
[16] OLG Köln NZM 2006, 701.
[17] *Borzutzki-Pasing* Formularbuch Mietrecht Nies/Gies A. VI.1.

hat. Diese Benachteiligungen beeinträchtigen den Mieter unangemessen. Eine Kostenregelung dieser Art ist nur dann angemessen, wenn sie auf einen bestimmten Prozentsatz der Jahresmiete beschränkt wird.[18]

9   Die Gestaltungsfreiheit der Vertragsparteien eines Gewerbemietvertrages findet ihre Grenze in den Vorschriften der Heizkostenverordnung (HeizKV). Der Anwendungsbereich dieser Verordnung bezieht sich nicht allein auf Wohnraummietverhältnisse. Die Heizkostenverordnung in der Fassung vom 20. 1. 1989 (BGBl. I S. 116) gilt für die Verteilung der Kosten des Betriebs zentraler Heizungsanlagen und zentraler Warmwasserversorgungsanlagen oder der eigenständig gewerblichen Lieferung von Wärme und Warmwasser durch den Gebäudeeigentümer auf die Nutzer. Nutzer in diesem Sinne sind sowohl die Wohnraummieter wie auch die Gewerbemieter.[19]

3. Schriftformerfordernis

10   Gemäß § 550 BGB muss der Mietvertrag in schriftlicher Form geschlossen werden, wenn er für längere Zeit als ein Jahr gelten soll. Wird diese Form nicht eingehalten, so gilt der Vertrag als auf unbestimmte Zeit geschlossen. Diese Vorschrift gilt auch für Gewerbemietverhältnisse.[20] Zur Wahrung der Schriftform im Sinne des § 550 BGB ist grundsätzlich erforderlich, dass sich die wesentlichen Vertragsbedingungen – insbesondere Mietgegenstand, Miete und Dauer sowie die Parteien des Mietverhältnisses – aus der Vertragsurkunde ergeben.[21] Für Abänderungen gelten dieselben Grundsätze wie für den Ursprungsvertrag.[22] Sie bedürfen ebenfalls der Schriftform, es sei denn, es handele sich um unwesentliche Änderungen.[23] Regeln die Parteien die Fälligkeit der Miete abweichend von den gesetzlichen Bestimmungen, gehört diese Vereinbarung zu den wesentlichen Vertragsbedingungen und bedarf der Schriftform.[24] Nach dem gesetzlichen Leitbild des § 556 b Abs. 1 BGB ist die Miete zu Beginn, spätestens bis zum dritten Werktag der einzelnen Zeitabschnitte zu entrichten, nach denen sie bemessen ist. Unter Miete im Sinne dieser Vorschrift ist die Gesamtmiete zu verstehen, also die Nettomiete einschließlich der Betriebskosten- und Heizkostenvorauszahlungen oder Betriebskostenpauschalen.[25] Ändern daher die Parteien die Zahlungsabschnitte, sei es auch bezogen auf die Betriebskostenvorauszahlungen oder Betriebskostenpauschalen, so unterliegt diese Vertragsänderung der Schriftform, wenn der Vertrag für die Dauer von mehr als einem Jahr eingegangen worden ist. Wird diese wesentliche Vertragsänderung formlos vorgenommen, tritt die Rechtsfolge des § 550 Satz 1 BGB ein, d. h. der Vertrag gilt als für unbestimmte Zeit geschlossen und kann nach Maßgabe der näheren Bedingungen des § 550 Satz 2 BGB gekündigt werden.

4. Verteilerschlüssel und Flächenberechnung

11   Für Geschäftsraummiete gelten die Vorschriften der §§ 556, 556 a BGB nicht.[26] Der Vermieter kann den Umlagemaßstab nach billigem Ermessen gemäß § 315 BGB bestimmen, wenn die Parteien keine besondere Vereinbarung getroffen haben.[27]

12   Betriebskosten, die von einem erfassten Verbrauch oder einer erfassten Verursachung durch den Mieter abhängen, können für den Fall fehlender besonderer Vereinbarungen nach dem unterschiedlichen Verbrauch und der unterschiedlichen Verursachung abgerechnet werden. Somit stellt sich allenfalls noch die Frage, ob im Falle mehrerer Gewerbemieter

---

[18] BGH NZM 2005, 863, 864; Betriebskostenkommentar/*Eisenschmid* Rdnr. 3932.
[19] Betriebskostenkommentar/*Rips* Rdnr. 1605.
[20] Palandt/*Weidenkaff* § 550, Rdnr. 2/3; Schmidt-Futterer/*Lammel* § 550 Rdnr. 6.
[21] Emmerich/Sonnenschein/*Emmerich* § 550 Rdnr. 15; Palandt/*Weidenkaff* § 550 Rdnr. 10.
[22] Emmerich/Sonnenschein/*Emmerich* § 550 Rdnr. 19; Schmidt-Futterer/*Lammel* § 550 Rdnr. 41.
[23] BGH NJW 2008, 365; Emmerich/Sonnenschein/*Emmerich* § 550 Rdnr. 21; Palandt/*Weidenkaff* § 550 Rdnr. 16; *Lindner-Figura* NZM 2007, 705, 707; a. A. Schmidt-Futterer/*Lammel* § 550 Rdnr. 41, nach dessen Auffassung es bei einem Mietvertrag keine unwesentliche Nebenabreden existieren.
[24] BGH NJW 2008, 365.
[25] Schmidt-Futterer/*Langenberg* § 556 b Rdnr. 3.
[26] Emmerich/Sonnenschein/*Weitemeyer* § 556 Rdnr. 2 und § 556 a Rdnr. 2.
[27] *Fritz*, Gewerberaummietrecht, Rdnr. 136; Emmerich/Sonnenschein/*Weitemeyer* § 556 a Rdnr. 2.

nach einem Flächenmaßstab Rechnung zu legen ist. Insoweit ist zu berücksichtigen, dass es weder eine gesetzliche Vorschrift noch eine allgemein übliche Definition der Begriffe Bürofläche, Gewerbefläche oder Grundfläche gibt.[28] Demgemäß sollten die Parteien bei Vertragsschluss eine Verständigung darüber herbeiführen, welche Berechnungsmethode hinsichtlich der vermieteten Gewerbefläche zwischen ihnen gelten soll. Ein Verweis auf die DIN 277 ist nicht aussagekräftig, weil diese DIN nur der „Berechnung der Kubatur und Flächen von Bauwerken" dient und damit vorrangig der Kostenermittlung und -analyse von Hochbauten.[29] Hinzu kommt, dass die DIN 277–1 eine Mehrzahl verschiedener Flächen beinhaltet, Brutto-Grundfläche (BGF), Konstruktions-Grundfläche (KGF), Netto-Grundfläche (NGF), Nutzfläche (NF), Funktionsfläche (FF), Verkehrsfläche (VF), ferner Brutto-Rauminhalt (BRI) und Netto-Rauminhalt (NRI) und deren Berechnung. Auf dieser Basis nimmt die DIN 277–2 eine genaue Bestimmung und Untergliederung dieser Flächen vor, die in der Anlage 1 nach Nutzungsarten weiter aufgeschlüsselt werden. Eine Bewertung der Nutzung wird allerdings nicht vorgenommen. Demgemäß ist bei einem Verweis im Gewerbemietvertrag auf die DIN 277 immer klar zu legen, welche Art von Fläche gemeint ist.

Der Sache nach besteht ein Bedürfnis dafür, für anrechenbare Flächen von Gewerberaum einen Maßstab zu haben, der den wirtschaftlichen Nutzwert berücksichtigt. Diesem Anliegen dienen die „Richtlinie zur Berechnung der Mietfläche für Büroräume" (MB-B) und „Richtlinie zur Berechnung der Mietfläche für Handelsraum" (MF-B), zum 1. 11. 2004 zusammengefasst zur „Richtlinie zur Berechnung der Mietfläche für gewerblichen Raum" (MF-G), herausgegeben von der Gesellschaft für immobilien – wirtschaftliche Forschung e.V. (gif e.V.).[30] Die Richtlinien haben zum Ziel, eine Bewertung der Mietflächen unter wirtschaftlichen Kriterien zu ermöglichen. Die Richtlinie zeigt eindeutige und klare Berechnungswege, so dass für die Parteien des Gewerbemietvertrages eine detaillierte Bezugnahme auf die Richtlinie für die Bemessung der vermieteten Gewerbefläche vorzugswürdig ist. Die Einbeziehung in den Gewerbemietvertrag erfolgt nach allgemeinen Regeln. Wird auf diese Weise die vermietete Gewerbefläche der Größe nach festgeschrieben, kann daran die Betriebskostenabrechnung auf der Basis des Flächenmaßstabs erfolgen.

5. Fehler bei der Mietflächenberechnung

Auch bei der Miete von Geschäftsräumen stellt eine Mietfläche, die um mehr als 10 Prozent unter der im Mietvertrag vereinbarten Fläche liegt, einen nicht unerheblichen Mangel dar.[31] An diesen Mangel mag im Einzelfall eine Minderung der Bruttomiete oder aber sogar eine fristlose Kündigung des Mietvertrages geknüpft werden. Auch wenn die tatsächliche Größe der Miträume von der vertraglich vereinbarten Fläche abweicht, kann sich der Mieter gegenüber einer Betriebskostenabrechnung hierauf nicht berufen, wenn die Parteien im Mietvertrag ausdrücklich vereinbart haben, dass die dort angegebene Fläche maßgeblich sein soll. In einem Mietvertrag ausdrücklich als maßgebend vereinbart haben die Parteien die Größe der Miträume insbesondere dann, wenn sie die Größe der Fläche mit einer „ca. – Angabe" vereinbaren und daneben bestimmen, dass Änderungen der Fläche von +/– 5 Prozent ohne Auswirkungen auf die Miethöhe bleiben.[32] Wird diese Toleranzschwelle nicht überschritten, ist die im Vertrag angegebene und nicht die real vorhandene Fläche für die Berechnung der Betriebskosten maßgeblich.[33] Entsprechend hat das Landgericht Mosbach entschieden;[34] bei einer Gewerbefläche von „ca. 150 m²" müsse von vornherein mit einer Abweichung von 10 m² gerechnet werden. Zur Überschreitung der Toleranzgrenze könne nicht die gesamte, sondern lediglich die ihrerseits um 10 m² reduzierte Minderfläche zur Mietfläche in Bezug gesetzt werden. Insoweit bestehen aber Bedenken, weil es nicht sachge-

---

[28] Neuhaus § 4 Rdnr. 120; Schmidt-Futterer/Langenberg Nach § 556 a Rdnr. 27.
[29] Schmidt-Futterer/Langenberg Nach § 556 a Rdnr. 18.
[30] Wilhelmstr. 12, 65185 Wiesbaden; dazu Schmidt-Futterer/Langenberg Nach § 556 a Rdnr. 20.
[31] BGH NZM 2005, 500.
[32] KG NZM 2006, 296.
[33] Vgl. Leo NZM 2007, 201, 202.
[34] LG Mosbach NZM 2004, 260.

recht erscheint, wenn es auf Grund der im Gewährleistungsrecht entwickelten Grenze von 10 Prozent dazu käme, dass ein Teil der Mieter Kosten zu tragen hätte, die von anderen verursacht wurden und deren Mietobjekt zuzuordnen sind.[35] Ist während eines laufenden Mietverhältnisses eine Neuvermessung des Mietobjekts vorgenommen worden und ergibt sich eine größere Fläche als vereinbart, ist der Vermieter befugt, bei einer geringeren Fläche verpflichtet, die zutreffende Fläche seinen Abrechnungen zu Grunde zu legen.

15 Bei einer Vereinbarung einer bestimmten Gewerbefläche kann der Vermieter an die Vereinbarung dieser Größe gebunden sein. Diese Bindung gilt allerdings nur im Innenverhältnis zu seinem Mieter. Ist die tatsächliche Fläche größer als verbindlich vereinbart, muss der Vermieter im Innenverhältnis die Kosten zwischen der vereinbarten und der tatsächlichen Größe übernehmen und kann sie nicht auf die übrigen Mitmieter verteilen.

16 Der Sache nach steht einem Gewerbemieter im Falle einer Berechnung der Betriebskosten auf der Basis einer zu großen Gewerbefläche grundsätzlich ein Rückzahlungsanspruch zu, der auf der Basis des § 812 Abs. 1 BGB unter dem Gesichtspunkt einer Leistungskondiktion geltend gemacht werden kann. Der Anspruch verjährt nach drei Jahren.[36] Ist die vermietete Fläche größer als im Vertrag vorgesehen, ist der Vermieter für die Vergangenheit an den Vertrag gebunden, da bei ihm eine unbeachtlicher Kalkulationsirrtum vorliegt; für die Zukunft kann er allerdings die zutreffende Fläche seiner Betriebskostenabrechnung grundsätzlich zu Grunde legen.

6. Umsatzsteuer

17 Vereinbaren die Parteien eines Geschäftsraummietvertrages, dass der Mieter zusätzlich zur Grundmiete Mehrwertsteuer zu bezahlen hat, so ergibt sich im Wege ergänzender Vertragsauslegung unter besonderer Berücksichtigung des Rechtsgedankens, wonach Nebenleistungen steuerlich das Schicksal der Hauptleistung teilen, eine Verpflichtung des Mieters, zusätzlich zu den Betriebskosten Mehrwertsteuer zu zahlen.[37] Grundsätzlich gilt für Geschäftsraummiete, dass die auf die Grundmiete und die Betriebskosten anfallende Umsatzsteuer nur durch besondere Vereinbarung auf den Mieter abgewälzt werden kann.[38] In diesem Fall umfasst die gesetzliche Umsatzsteuerpflicht die gesamten Betriebskosten unabhängig davon, ob die einzelnen Betriebskostenpositionen mit Vorsteuern belastet sind oder nicht, wie z. B. bei öffentlichen Lasten. Eine derartige Regelung ist auch formularmäßig möglich.[39] Enthält der Gewerberaummietvertrag keine Regelung über die Zahlung der Umsatzsteuer, verbleibt es bei dem Grundsatz, dass die Umsatzsteuer in der Miete enthalten ist.[40]

18 Vermieter von Gewerbeobjekten sind im Sinne der Umsatzsteuer Unternehmer; Einnahmen aus der Vermietung von Grundstücken und Grundstücksteilen sind allerdings von der Umsatzsteuer befreit. Der Vermieter von Gewerbeobjekten kann aber nach § 9 UStG auf die Steuerbefreiung verzichten, d. h. zur Mehrwertsteuer „optieren". Macht er von dieser Möglichkeit Gebrauch, muss er im Wege einer vertraglichen Vereinbarung mit dem Gewerbemieter auf die Miete und die Betriebskosten die gesetzliche Mehrwertsteuer aufschlagen. Der Verzicht auf die Steuerbefreiung ist nur zulässig, wenn die Vermietung an einen Unternehmer erfolgt, der seinerseits steuerpflichtige Umsätze tätigt und ferner das Grundstück oder das Gebäude im Unternehmen des Mieters ausschließlich für Umsätze verwendet wird oder verwendet werden soll, die den Vorsteuerabzug nicht ausschließen.[41]

19 Bei Gebäuden, mit deren Errichtung vor dem 11. November 1993 begonnen worden ist oder die vor dem 1. Januar 1998 fertig gestellt worden sind, hat der Vermieter ein freies Wahlrecht, weil nach § 27 Abs. 2 Nr. 3 UStG die Beschränkung des § 9 Abs. 2 UStG nicht gilt; der Vermieter kann demgemäß ohne weiteres zur Umsatzsteuer optieren.[42]

---

[35] Schmidt-Futterer/*Langenberg* § 556 a Rdnr. 28.
[36] Schmidt-Futterer/*Langenberg* § 556 a Rdnr. 29.
[37] Bub/Treier/*Bub* II 611; *Fritz* Rdnr. 99 b.
[38] Emmerich/Sonnenschein/*Weitemeyer* § 556 Rdnr. 27.
[39] Schmidt-Futterer/*Langenberg* § 535 Rdnr. 595.
[40] *Neuhaus* Rdnr. 331.
[41] Schmidt-Futterer/*Langenberg* § 535 Rdnr. 594.
[42] *Herrlein* NZM 2005, 648, 649.

Bei Gebäuden, mit deren Errichtung nach dem 10. November 1993 begonnen worden ist   20
oder die nach dem 31. Dezember 1997 fertig gestellt worden sind, kann der Vermieter gemäß § 9 Abs. 2 UStG nur dann auf die Umsatzsteuerbefreiung verzichten, wenn der Mieter das Grundstück ausschließlich für Umsätze verwendet oder zu verwenden beabsichtigt, die den Vorsteuerabzug nicht ausschließen.

Ergänzend ist darauf zu verweisen, dass die Finanzbehörden angewiesen sind durch   21
Schreiben des Bundesministeriums der Finanzen vom 30. 12. 1994,[43] entgegen dem Gesetzeswortlaut nicht auf ausschließlich steuerpflichtige Umsätze des Mieters zu bestehen, sondern steuerfreie Umsätze bis zu einer Bagatellgrenze von 5 Prozent zu tolerieren. Angesichts der Bedeutung und der möglicherweise drohenden Nachteile für den Fall einer Option zur Mehrwertsteuer für den Vermieter empfiehlt sich eine steuerrechtliche Beratung zwecks Prüfung des Einzelfalles. Diese Beratung erscheint um so dringlicher, als sich das Steuerrecht als überaus kompliziert darstellt und darüber hinaus starken Wandlungen unterliegt. In diesem Zusammenhang sei auf § 15a UStG verwiesen, der eine nachträgliche Berichtigung des Vorsteuerabzugs bis zu zehn Jahren rückwirkend vorsieht.[44]

7. Gebot der Wirtschaftlichkeit

Der Vermieter muss den Grundsatz der Wirtschaftlichkeit beachten, wenn er Betriebskos-   22
ten auf den Mieter abwälzt. Der Grundsatz der Wirtschaftlichkeit findet seinen gesetzlichen Niederschlag in §§ 556 Abs. 3 und 560 Abs. 5 BGB, die allerdings in § 578 BGB nicht in Bezug gesetzt worden sind. Dennoch findet der Grundsatz der Wirtschaftlichkeit auch über das Wohnungsmietrecht hinausgehend bei der Vermietung von Gewerberäumen Anwendung.[45] Treu und Glauben und eine Rücksichtnahme auf die berechtigten Belange des Vertragspartners gebieten, dass nur die Übernahme und Abrechnung von Betriebskosten vereinbart werden können, die für eine ordnungsgemäße und sparsame Bewirtschaftung des Mietobjekts erforderlich sind.[46]

Der Vermieter ist nicht verpflichtet, stets den billigsten Anbieter zu nehmen; ihm steht ein   23
Ermessensspielraum zu, wobei er auch weitere Gesichtspunkte in die Kalkulation einfließen lassen kann, etwa die Zuverlässigkeit einer Energieversorgers. Insbesondere ist nicht immer eine Ausschreibung notwendig, um die Marktlage zu untersuchen.[47] Langjährige Geschäftsbeziehungen zu einem Vertragspartner können ebenfalls für eine Auftragsvergabe von Bedeutung sein. Generelle Regeln lassen sich nicht aufstellen; vielmehr ist bei Prüfung der einzelnen Betriebskostenpositionen auf eine angemessene Kosten-Nutzen-Relation abzustellen.

Die Verletzung des Gebotes der Wirtschaftlichkeit führt zu einem Schadensersatzanspruch   24
nach §§ 280 Abs. 1, 241 Abs. 2 BGB wegen Verletzung einer mietvertraglichen Nebenpflicht.[48]

Der Schadensersatzanspruch setzt nach §§ 280, 276 BGB Verschulden voraus mindestens in Form von Fahrlässigkeit. Der Vermieter hat die im Verkehr erforderliche Sorgfalt nicht angewendet, wenn er weitaus überhöhte Beträge an Versorgungsunternehmen gezahlt oder Überkapazitäten etwa bei der Müllversorgung bereitgehalten hat.[49] Weitere Beispiele sind denkbar etwa bei überzogenen Reinigungsarbeiten oder unterbliebenem Prämienvergleich beim Abschluss von Sach- und Haftpflichtversicherungen. Eine außergewöhnliche Höhe der Betriebskosten gegenüber den vergleichbaren ortsüblichen Kosten oder gegenüber den Ansätzen in der vorhergehenden Abrechnung muss der Vermieter erläutern.[50] Dem Mieter obliegt eine Plausibilitätskontrolle, die er auf Mietspiegel, Betriebskosten- oder Heizkostenspiegel stützen kann. Vorzuziehen ist allerdings eine Prüfung an Hand früherer Abrech-

---

[43] BStBl. 1994 I, 943, 944 f.
[44] Vgl. *Neuhaus* Rdnr. 329.
[45] Palandt/*Weidenkaff* § 535 Rdnr. 88; *Fritz* Rdnr. 137 d; *Langenberg* G 6.
[46] Emmerich/Sonnenschein/*Weitemeyer* § 556 Rdnr. 52; *Langenberg* G 11.
[47] Emmerich/Sonnenschein/*Weitemeyer* § 556 Rdnr. 52.
[48] *Langenberg* G 15.
[49] *Langenberg* G 13.
[50] Emmerich/Sonnenschein/*Weitemeyer* § 556 Rdnr. 55.

nungen, weil damit ein Bezug zu dem konkreten Objekt hergestellt werden kann, während sonstige Mietspiegel- Heiz- und Betriebskostenspiegel relativ allgemeine Aussagen zum Gegenstand haben. Im Rechtsstreit wird regelmäßig bei streitigem Sachvortrag zur Angemessenheit der Höhe der Betriebskosten ein Sachverständigengutachten einzuholen sein, um die Frage zu klären, welche Einsparungen hätten erreicht werden können.

25 Arbeitet eine Heizanlage unwirtschaftlich, arbeitet sie ansonsten aber einwandfrei, liegt nicht etwa ein Fehler vor, der zur Minderung der Miete berechtigen könnte. Der Fehlerbegriff des § 536 BGB darf nicht auf die Folgen des Gebrauchs einer technischen Anlage ausgedehnt werden. Denn dem Vermieter steht die Entschießungsfreiheit zu, mit welcher Anlage er das Mietobjekt betreiben will. Wäre in diesen Fällen ein Fehler anzunehmen, stünde dem Mieter ein Beseitigungsanspruch zu, was aber der Dispositionsbefugnis des Vermieters widerspricht. Anders wäre der Fall zu entscheiden, lieferte die Anlage nicht ausreichend Wärme, um das Objekt zu beheizen.[51]

26 Der Schadensersatzanspruch richtet sich auf eine Freistellung von unnötigen Betriebskosten. Die Betriebskostenabrechnung ist um die unwirtschaftlichen Kosten zu bereinigen; dies gilt für überflüssige Betriebskostenpositionen wie für die Kosten, die bei einer sorgfältigen und wirtschaftlichen Vorgehensweise nicht angefallen wären.[52]

8. Vorauszahlungen

27 Sollen Betriebskosten im Gewerbemietrecht im Wege eines Abrechnungsverfahrens erhoben werden, kann der Vermieter Vorauszahlungen nur dann fordern, wenn dies vertraglich vereinbart ist.[53] Sind Vorauszahlungen nicht vereinbart, kann sie der Vermieter naturgemäß nicht mit Erfolg einfordern; allerdings ist davon die Frage zu unterscheiden, ob der Gewerbevermieter Betriebskosten nach Ablauf des Abrechnungszeitraums nach einer Abrechnung fordern kann.

28 Rechnet der Vermieter entgegen den Bestimmungen des Mietvertrage die Betriebskosten über mehrere Jahre nicht ab, kann er gegenüber einem Rückforderungsanspruch des Mieters nicht einwenden, dass durch die Zahlung des Vorauszahlung im selben Zeitraum eine konkludente Vertragsänderung eingetreten sei und die Vorauszahlungen nunmehr als Pauschalbetrag anzusehen seien. Für eine Vertragänderung ist rechtsgeschäftlicher Wille und eine entsprechende Erklärung erforderlich. Sind diese Voraussetzungen nicht gegeben, kann eine Vertragsänderung nicht angenommen werden.

29 Aus dem Sinn und Zweck der Vorauszahlungen ergibt sich, dass sie der Höhe nach kostenorientiert sein müssen. Sie sollen in angemessener Höhe vereinbart werden. Orientierungshilfen ergeben sich aus den vergangenen Abrechnungsperioden.

9. Pauschalen

30 Die Umlage von Betriebskosten im Gewerbemietrecht kann auch in der Weise erfolgen, dass ein fester Betrag als Pauschale gelten soll, über den nicht im Einzelnen abgerechnet werden muss. Bei Vereinbarung einer Pauschale trägt grundsätzlich der Vermieter das Risiko der Kalkulation und ist regelmäßig mit Nachforderungen ausgeschlossen. Daneben gilt grundsätzlich die Heizkostenverordnung, als zwingendes Recht nicht abdingbar. Soweit die Heizkosten betroffen sind, sind Nebenkostenpauschalen oder Inklusivmieten bzw. Teilinklusivmieten unzulässig.[54]

10. Heizkosten

31 Die Gestaltungsfreiheit der Parteien eines Gewerbemietvertrages findet ihre Grenze in den **Vorschriften der Heizkostenverordnung.** Die Verordnung über die verbrauchsabhängige Abrechnung der Heiz- und Warmwasserkosten in der Fassung ab Januar 2009 gilt nicht nur

---

[51] Emmerich/Sonnenschein/*Weitemeyer* § 556 Rdnr. 54; *Langenberg* G 16.
[52] *Langenberg* G 15.
[53] OLG Naumburg NZM 2007, 630.
[54] OLG Hamm NJW-RR 1987, 8; *Fritz* Rdnr. 129; Betriebskostenkommentar/*Rips* Rdnr. 1605.

für Wohnraummietverhältnisse sondern auch für Gewerbemietverhältnisse und bezieht sich auf die Verteilung der Kosten
- des Betriebs zentraler Heizungsanlagen und zentraler Warmwasserversorgungsanlagen,
- der eigenständig gewerblichen Lieferung von Wärme und Warmwasser, auch aus Anlagen nach Nr. 1 (Wärmelieferung, Warmwasserlieferung) durch den Gebäudeeigentümer auf die Nutzer der mit Wärme oder Warmwasser versorgten Räume.

Nutzer im Sinne der Heizkostenverordnung sind sowohl der Wohnraummieter wie auch der Geschäftsraummieter.[55] Gemäß § 2 HeizKV gilt der **Vorrang der Heizkostenverordnung** gegenüber allen rechtsgeschäftlichen Vereinbarungen. Vereinbarungen in Geschäftsraummietverträgen, die abweichend von den Vorgaben der Verordnung anders über die Kosten der Wärme und des Warmwassers als nach Verbrauch abrechnen wollen, sind unwirksam.[56] Die Vermieter von Gewerberaum sind demgemäß verpflichtet, die Räume gemäß § 5 HeizKV mit Instrumenten zur Verbrauchserfassung auszustatten und gemäß § 6 HeizKV eine verbrauchsabhängige Kostenverteilung vorzunehmen. Ferner besteht eine Verpflichtung zur Verteilung der Kosten nach dem ermittelten Verbrauch, §§ 7 ff. HeizKV. 32

Der Vorrang der Heizkostenverordnung gilt allerdings dann nicht, wenn lediglich ein Nutzer auf Mieterseite beteiligt ist; nach § 1 Abs. 1 HeizKV müssen die Kosten für Heizung und Warmwasser auf **mehrere Nutzer** aufzuteilen sein. Die Vorschriften der Heizkostenverordnung sind dann nicht anwendbar, wenn sich die Nutzer als Mieter selbst mit Wärme und Heizenergie versorgen oder wenn ein Gewerbeobjekt lediglich an einen Nutzer vermietet ist.[57] 33

Sind die zwingenden Vorschriften der Heizkostenverordnung anwendbar, führt ein **Verstoß** gegen diese Vorgaben zu einem **Kürzungsrecht** nach § 12 HeizKV, d. h. bei der nicht verbrauchabhängigen Abrechnung kann der Nutzer den auf ihn entfallenden Anteil um 15 Prozent kürzen.[58] Kürzungsfähig ist der volle Anteil, nicht lediglich nur der verbrauchsabhängige Teil.[59] Daneben besteht ein Anspruch auf Einhaltung der Vorgaben der Heizkostenverordnung; Anspruchsgrundlage bildet der Mietvertrag über Gewerberaum in Verbindung mit den zwingenden Vorschriften der Heizkostenverordnung. Eine Durchsetzung dieses Anspruchs erfolgt nach allgemeinen Regeln. Das Kürzugsrecht tritt nicht automatisch ein, es muss vielmehr ausdrücklich geltend gemacht werden.[60] 34

Ist entgegen den zwingenden Vorgaben der Heizkostenverordnung eine Bruttowarmmiete vereinbart, muss der Vertrag den Vorschriften der Heizkostenverordnung angepasst werden. Dies kann in der Weise geschehen, dass eine **Bruttowarmmiete** als eine Bruttokaltmiete (Teilinklusivmiete) behandelt wird, verbunden mit einer Pflicht zur gesonderten verbrauchsabhängigen Abrechnung der Kosten einer Versorgung mit Wärme und Warmwasser. Der Anteil der Kosten für Wärme und Warmwasser ist aus der Gesamtmiete herauszurechnen und als Vorauszahlung auf die abzurechnenden Heiz- und Warmwasserkosten zu behandeln.[61] Haben die Parteien eines Gewerberaummietverhältnisses eine **Pauschale** vereinbart, so kann diese als Vorauszahlung behandelt werden.[62] 35

Bezüglich der Heizkosten wird auf § 24 Rdnr. 304 ff. verwiesen, der Verbrauchserfassung auf § 24 Rdnr. 314 ff., der Kostenumlage auf § 24 Rdnr. 323 ff., der Heizkostenabrechnung auf § 24 Rdnr. 331 ff. und der Zwischenablesung bei einem Mieterwechsel auf § 24 Rdnr. 343. 36

---

[55] Betriebskostenkommentar/*Rips* Rdnr. 1605; Lindner-Figura/Oprée/Stellmann/*Beyerle* § 11 Rdnr. 217.
[56] Betriebskostenkommentar/*Rips* Rdnr. 1606; *Fritz*, Gewerberaummietrecht, Rdnr. 128.
[57] Lindner-Figura/Oprée/Stellmann/*Beyerle* § 11 Rdnr. 218.
[58] Betriebskostenkommentar/*Rips* Rdnr. 1607; *Fritz*, Gewerberaummietrecht, Rdnr. 129.
[59] Lindner-Figura/Oprée/Stellmann/*Beyerle* § 11, Rdnr. 249; Schmidt-Futterer/*Lammel* § 12 HeizKV Rdnr. 15.
[60] Lindner-Figura/Oprée/Stellmann/*Beyerle* § 11 Rdnr. 248.
[61] BGH NZM 2006, 652, 653.
[62] Lindner-Figura/Oprée/Stellmann/*Beyerle* § 11 Rdnr. 227.

II. Abrechnung über die Betriebskosten für Gewerberäume

1. Allgemeine Grundsätze

37 Auch für die Abrechnung von Betriebskosten für Gewerberäume gelten die Grundsätze aus der Entscheidung des Bundesgerichtshof vom 23. 11. 1981.[63] Die Nebenkostenabrechnung muss den Vorgaben des § 259 BGB entsprechen und nachprüfbar sein; der Mieter muss sie namentlich nachvollziehen können. Aus diesem Grunde muss die Abrechnung klar, übersichtlich und verständlich sein. Auch bei großen Mietobjekten müssen dazu die Gesamtkosten, der Verteilungsschlüssel, die Berechnung des Anteils der einzelnen Mieter und die Vorauszahlungen angegeben werden. Der Mieter muss ferner die Möglichkeit haben, die Abrechnung nachzuprüfen. Hinzu tritt die Forderung, dass die Betriebskostenabrechnung vertragsgemäß ist.

2. Abrechnungsfrist

38 Als Abrechnungsfrist wird die Frist bezeichnet, innerhalb derer der Vermieter nach Ablauf des Abrechnungszeitraums dem Mieter eine Abrechnung vorzulegen hat. Für Gewerberaum gilt nicht die Frist des § 556 Abs. 3 BGB. Nach allgemeiner Meinung sind die in einem gewerblichen Mietvertrag vereinbarten Vorauszahlungen für Betriebskosten ein Jahr nach Ablauf des Abrechnungszeitraums abzurechnen.[64] Begründet wird dies mit einer Anlehnung an § 20 Abs. 3 Satz 4 NMVO.[65] Auch könnte argumentiert werden, der Rechtsgedanke des § 556 Abs. 2 Satz 2 BGB sei auf den Bereich des Gewerbemietrechts übertragbar.[66] Da die Parteien des Gewerbemietverhältnisses gehalten sind, alsbald für Klarheit über die gegenseitigen Ansprüche zu sorgen, erscheint eine Abrechnung spätestens nach 12 Monaten nach Ablauf des Abrechnungszeitraums als noch angemessen.

3. Abrechnungsreife

39 Mit dem Ablauf der Abrechnungsfrist tritt Abrechnungsreife ein. Der Anspruch des Mieters auf Erteilung einer Betriebskostenabrechnung wird fällig. Der Mieter kann auf Erstellung einer Abrechnung nunmehr gegen seinen Vermieter gerichtlich vorgehen. Er kann im Wege einer Stufenklage nach § 254 ZPO den Vermieter zunächst auf Rechnungslegung in Anspruch nehmen und damit eine Klage auf Auszahlung des sich aus der Abrechnung ergebenden Guthabens verbinden. Außerdem kann der Mieter seiner Rechtsposition durch die Geltendmachung eines Zurückbehaltungsrechts im Hinblick auf fällige Betriebskostenvorauszahlungen im laufenden Mietverhältnis Nachdruck verleihen.[67]

40 Die in einem gewerblichen Mietvertrag vereinbarten Vorauszahlungen für Betriebskosten sind ein Jahr nach Ablauf des Abrechnungszeitraums abzurechnen; nach Ablauf dieser Frist kann der Vermieter rückständige Vorschüsse nicht mehr verlangen, sondern nur noch Zahlung des Saldos der Abrechnung.[68]

41 Da die Jahresfrist im Gewerbemietrecht keine Ausschlussfrist darstellt, verliert der Vermieter nicht seinen Anspruch auf Ausgleich einer schließlich erstellten Abrechnung, wenn er die Abrechnungsfrist erheblich überschreitet.[69] Da für den Beginn der Verjährung der Zeitpunkt maßgebend ist, zu dem die Abrechnung dem Mieter zugeht, kann bei erheblicher Überschreitung der Abrechnungsfrist allenfalls die Einrede der Verwirkung gemäß § 242

---

[63] BGH NJW 1982, 573; vgl. auch BGH NZM 2003, 196.
[64] HansOLG Hamburg MDR 1989, 162; Schmidt-Futterer/*Langenberg* § 556 Rdnr. 447; *Fritz* Rdnr. 137a.
[65] *Langenberg* G 29.
[66] Schmidt-Futterer/*Langenberg* § 556 Rdnr. 450.
[67] Palandt/*Weidenkaff* § 556 Rdnr. 11; Schmidt-Futterer/*Langenberg* § 556 Rdnr. 455; Bub/Treier/*v. Brunn* III 46.
[68] HansOLG Hamburg MDR 1989, 162.
[69] OLG Düsseldorf NZM 2008, 167; Schmidt-Futterer/*Langenberg* § 556 Rdnr. 458; *Fritz* Rdnr. 137a; a. A. AG Wiesbaden NZM 2006, 140.

BGB erhoben werden. Insoweit sind die konkreten Umstände des Einzelfalles im Hinblick auf das Zeitmoment wie auch das Umstandsmoment zu prüfen.[70]

Nach dem Ende des Abrechnungszeitraums können Vorauszahlungen im Rechtsstreit nicht mehr mit Erfolg geltend gemacht werden. Der Vermieter, der seinen Gewerbemieter im Wege eines Rechtsstreits auf Zahlung der Betriebskostenvorauszahlungen in Anspruch genommen hat, muss während des Rechtsstreits nach Ablauf des Abrechnungszeitraums die Klage umstellen und auf Zahlung eines Saldos aus der Abrechnung klagen. Der Sache nach handelt es sich um einen Fall zulässiger Klageänderung.[71] 42

4. Form der Abrechnung

Im Gewerbemietrecht bestehen besondere Formvorschriften für die Betriebskostenabrechnung nicht.[72] Aus praktischen Erwägungen heraus ist jedoch die Abrechnung schriftlich zu erstellen, um die Gesamtkosten, die einzelnen Betriebskostenpositionen und die Vorauszahlungen des Mieters einschließlich das errechnete Ergebnis darzustellen. Da bei bestimmten Betriebskostenschwankungen auch eine nähere Erläuterung erforderlich sein kann, ferner der Verteilerschlüssel in bestimmten Fällen erklärt werden muss, ist Schriftlichkeit der Betriebskostenabrechnung naheliegend. Eine eigenhändige Unterschrift ist nicht notwendig, anders für den Fall einer entgegenstehenden vertraglichen Vereinbarung. 43

5. Inhalt der Abrechnung

Nach überwiegender Meinung stellt die Betriebskostenabrechnung keine Willenserklärung dar sondern eine Wissenserklärung, einen Rechenvorgang im Sinne des § 259 BGB.[73] In der Abrechnung sind die Gesamtkosten, bezogen auf jede einzelne Betriebskostenart, aufzuführen. Namentlich ist erforderlich, die gesamten Kosten jeder einzelnen Betriebskostenposition aufzuführen und nicht lediglich die bereinigten Angaben, die sich auf Anteile beziehen, die nicht auf Mieter umgelegt werden können. Eine Betriebskostenabrechnung ist nur nachvollziehbar, wenn diese gesamten Kosten angegeben sind und die nicht umlegbaren Teile davon rechnerisch abgezogen werden und diese rechnerischen Schritte sichtbar gemacht sind. Das Einsichtsrecht des Mieters in die Belege kann hier dem Vermieter nicht weiterhelfen, sollte er diese Schritte unterlassen haben darzustellen, denn das Einsichtsrecht dient allein der Kontrolle und nicht dazu, die Abrechnung plausibel zu machen. Entsprechendes gilt für gemischte Kosten, d.h. Kosten, die der Vermieter aus Rechtsgründen nicht umlegen kann. Sind in einem Gewerbemietvertrag bestimmte Kostenanteile etwa eines Vollwartungsvertrages für einen Aufzug oder Verwaltungskosten als Teil der Hausmeistervergütung nicht umlagefähig, müssen gleichwohl die Gesamtkosten für diese Positionen angegeben werden. 44

Sodann sind die Einzelpositionen der Betriebskostenarten aufzulisten mit ihrem jeweiligen Gesamtkostenbetrag. Bei verbrauchabhängigen Kosten ist naturgemäß der festgestellte Verbrauch in die Abrechnung aufzunehmen. Besondere Schwankungen etwa im Verhältnis zum Vorjahr sollten erläutert werden. Sind einzelne Positionen der Betriebskosten gegenüber dem Vorjahr jeweils über 10 Prozent gestiegen, obliegt es dem Vermieter, hierfür nachvollziehbare Gründe anzugeben. Legt der Vermieter die Gründe der Preissteigerung und deren Unvermeidlichkeit nicht im Einzelnen dar, kann er wegen eines Verstoßes gegen den Grundsatz der Wirtschaftlichkeit diese Betriebskosten nur in Höhe der im Vorjahr angefallenen Beträge auf den Mieter umlegen.[74] 45

Sodann sollte der Umlageschlüssel mitgeteilt werden, sollte er sich nicht aus dem Gewerbemietvertrag ergeben oder ansonsten zwischen den Parteien klar gestellt sein. Bei jeder Kostenart muss der Verteilerschlüssel angegeben werden, zumal dann, wenn ein Gewerbekomplex unterschiedlich genutzt wird, z.B. als Supermarkt, mit Arztpraxen, Läden und 46

---

[70] Palandt/Heinrichs § 242 Rdnr. 93 mit weiteren Nachweisen.
[71] HansOLG Hamburg MDR 1989, 162; Fritz Rdnr. 137 b.
[72] Bub/Treier/v. Brunn III A 47.
[73] BGH NJW 1982, 573.
[74] KG NZM 2006, 294.

Werkstätten. Da der Vermieter ohnehin die Kosten ermitteln muss, entstehen ihm durch dieses Erfordernis keine erheblichen Nachteile.

47   Nachdem die Kosten zu Lasten der Gewerbemieter ermittelt worden sind, sind die im Abrechnungszeitraum geleisteten Vorauszahlungen auf die Betriebskosten in der Abrechnung zu berücksichtigen. Ob Mehrwertsteuer in Ansatz gebracht werden kann, hängt von den vertraglichen Vereinbarungen ab und namentlich, ob der Vermieter eines Gewerberaums an einen Unternehmer zur Mehrwertsteuer optiert hat.

6. Korrektur der Abrechnung

48   Vor Anerkennung des Saldos durch den Mieter ist eine Abänderung der Betriebskostenabrechnung seitens des Vermieters ohne Einschränkungen möglich. Dies ist insbesondere von Bedeutung bei begründeten Beanstandungen des Mieters. Ob und gegebenenfalls in welcher Weise sich die Korrekturen auf Abrechnungen zu anderen Mietern auswirken, ist für die konkreten Vertragsparteien ohne Belang.

49   Falls kein ausdrückliches Anerkenntnis des Saldos, etwa durch entsprechend Erklärung des Mieters oder der Vereinbarung einer Ratenzahlung, vorliegt, wird in dem Ausgleich des Saldos regelmäßig ein deklaratorisches Anerkenntnis gesehen.[75] Daraus ist die Schlussfolgerung abzuleiten, dass jede Partei im Grundsatz mit solchen nachträglichen Einwänden ausgeschlossen ist, die bereits vor Anerkenntnis nach einer Prüfung der Abrechnung hätten geltend gemacht werden können.[76] Dieser Grundsatz gilt aber nicht schrankenlos. Fehler sind betroffen, bei denen sich der Vermieter im generellen Rahmen der ihm durch den Mietvertrag eingeräumten Rechte hält. Dabei handelt es sich um Rechenfehler, übersehene Kosten, ferner etwa nicht ausreichend abgezogene Instandhaltungs- oder Verwaltungskosten. Soweit unzulässige Kostenpositionen eingestellt worden sind, etwa die Vergütung des Verwalters von Wohnungseigentum, oder Kosten, die dem Bereich des § 2 BetrKV unter keinem Gesichtspunkt zugeordnet werden können, wirkt sich das deklaratorische Anerkenntnis nicht aus.[77] Hier greifen die allgemeinen Regeln der §§ 812 ff. BGB ein.

50   Eine Korrektur der Abrechnung wird im Gewerbemietrecht dem Vermieter zugebilligt, wenn die angesetzten Kosten nicht einmal annähernd den tatsächlichen Kosten entsprechen.[78] Der Sache nach muss es sich aber um Extremfälle handeln, in denen die Korrektur der Abrechnung unter dem Gesichtspunkt eines Wegfalls der Geschäftsgrundlage vorgenommen werden kann.

7. Kontrollrechte des Mieters

51   Dem Gewerbemieter steht das Recht zu, die Abrechnungsunterlagen einzusehen. Begründet wird dieses Recht mit dem Rechtsgedanken aus § 259 BGB.[79] Hat der Vermieter dem Mieter bereits Fotokopien der Abrechnungsunterlagen zur Verfügung gestellt, braucht sich der Mieter mit diesen Kopien nicht zufrieden zu geben, hat er zu Zweifeln Veranlassung, dass die Kopien korrekt oder vollständig erstellt worden sind.[80] Grundsätzlich gilt der Satz, dass der Vermieter dem Mieter im Original sämtlich Rechnungen und sonstigen Belege vorzulegen hat.[81]

52   Bei gescannten Belegen ist zu differenzieren: Hat der Vermieter die Daten allein deshalb gecannt, um mit den gespeicherten Daten leichter arbeiten zu können, kann dem Mieter die Einsicht in die Originale der Rechnungsunterlagen nicht verwehrt werden, da nicht ausge-

---

[75] Emmerich/Sonnenschein/*Weitemeyer* § 556 Rdnr. 85; Palandt/*Weidenkaff* § 556 Rdnr. 13; Schmidt-Futterer/*Langenberg* § 556 Rdnr. 403; *Fritz* Rdnr. 139.
[76] Schmidt-Futterer/*Langenberg* § 556 Rdnr. 414.
[77] Schmidt-Futterer/*Langenberg* § 556 Rdnr. 415.
[78] Schmidt-Futterer/*Langenberg* § 556 Rdnr. 417.
[79] Bub/Treier/*v. Brunn* III A 50; Emmerich/Sonnenschein/*Weitemeyer* § 556 Rdnr. 67; Palandt/*Weidenkaff* § 556 Rdnr. 13; Schmidt-Futterer/*Langenberg* § 556 Rdnr. 479.
[80] Schmidt-Futterer/*Langenberg* § 556 Rdnr. 480.
[81] Emmerich/Sonnenschein/*Weitemeyer* § 556 Rdnr. 67; Bub/Treier/*v. Brunn* III A 50; Schmidt-Futterer/*Langenberg* § 556 Rdnr. 481.

schlossen werden kann, dass durch den Speichervorgang Veränderungen an den Daten vorgenommen worden sein können. Anders ist der Fall dann zu beurteilen, wenn die Datensicherheit so groß ist, dass die Ausdrucke sogar seitens des Finanzamtes anerkannt werden.[82]

Die Belege sind vorbehaltlich einer vertraglichen Sonderregelung im Mietvertrag am Sitz des Vermieters vorzulegen. Begründet wird dies systematisch mit der Vorschrift des § 269 BGB.[83] Befindet sich der Sitz des Vermieters nicht am Ort des Mietobjekts, kann der Mieter verlangen, dass ihm die Belege am Ort des Mietobjekts vorgelegt werden.[84] Andernfalls würde das Rechts des Mieters auf Einsichtnahme in die Belege bedeutungslos. Da regelmäßig der Vermieter, der seinen Sitz nicht am Ort des Mietobjekts hat, eine Person seines Vertrauens vor Ort beschäftigt wie z. B. einen Hauswart, kann das Einsichtsrecht in dessen Büro ausgeübt werden. Eine starre Grenze besteht nicht, die einen Fahr- und Zeitaufwand für den Mieter als unverhältnismäßig erscheinen lässt. Bewährt hat sich die Einsichtnahme in Begleitung sachkundiger Dritter, namentlich eines Rechtsanwalts, um bereits bei der Einsichtnahme sachdienliche Fragen etwa im Hinblick auf die Vorlage weiterer Belege stellen zu können. 53

Um die Belange des Vermieters durch eine längere Anwesenheit von Gewerbemietern in den Büros der Hausverwaltung – möglicherweise in Begleitung sachkundiger Dritter – nicht nachhaltig zu beeinträchtigen, kann der Mieter in Anlehnung an § 29 Abs. 2 NMVO gegen Übernahme angemessener Kosten eine Übersendung von Fotokopien verlangen. Grundsätzlich besteht zwar für den Vermieter nur die Verpflichtung, die Belege im Original in seinen Geschäftsräumen bereit zu halten. Unter Berücksichtigung des Grundsatzes von Treu und Glauben schuldet der Vermieter die Überlassung von Kopien, wenn die Einsichtnahme in die Belege für den Mieter mit besonderen Schwierigkeiten verbunden ist und sich der Mieter bereiterklärt, die damit verbundenen Unkosten zu übernehmen.[85] Der Verwaltungsaufwand für die Erstellung der Kopien ist ähnlich groß wie die Bereitstellung der Originale in geordneter Form. Der Vermieter kann seinen Sonderaufwand mit 0,25 bis 0,50 € pro Kopie berechnen. Zu berücksichtigen ist in diesem Rahmen, dass der Vermieter an Stelle der Belegeinsicht bei der Anfertigung von Kopien Personal einzuschalten hat. 54

Ein Bestreiten des Kostenansatzes durch den Mieter ist im Rechtsstreit nur dann zu berücksichtigen, wenn der Mieter zuvor die Belegunterlagen eingesehen hat. Von dieser Möglichkeit muss der Mieter Gebrauch machen, soll sein Bestreiten nicht als unsubstantiiert und damit rechtlich als unerheblich angesehen werden.[86] 55

III. Anpassung von Betriebskosten

Eine Erhöhung der Vorauszahlungen auf die Betriebs- und Heizkosten kann verlangt werden, wenn dies bei dem Vertragsschluss ausdrücklich in entsprechender Form vorbehalten worden und eine tatsächliche Steigerung der Kosten eingetreten ist.[87] Durch eine entsprechende Klausel im Mietvertrag kann der Vermieter eine Anpassung der Vorauszahlungen vornehmen, um die Nachteile einer Vorfinanzierung der Betriebskosten zu minimieren.[88] Eine Vereinbarung über die Erhöhung der Vorauszahlungen „nach dem Kostenanfall des Vorjahres" ist zulässig.[89] Der Vermieter kann auf diese Weise seine Mehrbelastung an seinen Gewerbemieter weitergeben. 56

Durch § 560 Abs. 4 BGB ist bei der Wohnraummiete geklärt, dass Vermieter und Mieter nach einer Betriebskostenabrechnung eine Anpassung der Vorauszahlungen entsprechend 57

---

[82] LG Hamburg WuM 2004, 97; Schmidt-Futterer/*Langenberg* § 556 Rdnr. 481.
[83] *Sternel* Aktuell Rdnr. 811; Emmerich/Sonnenschein/*Weitemeyer* § 556 Rdnr. 69; Schmidt-Futterer/*Langenberg* § 556 Rdnr. 487; Palandt/*Weidenkaff* § 556 Rdnr. 13.
[84] Schmidt-Futterer/*Langenberg* § 556 Rdnr. 488.
[85] *Fritz* Rdnr. 139 a.
[86] OLG Düsseldorf ZMR 2003, 570; *Fritz* Rdnr. 139 a.
[87] *Fritz* Rdnr. 134.
[88] *Borzutzki-Pasing*, Formularbuch Mietrecht Nies/Gies A. VI. 1, Ziffer 18 mit weiteren Nachweisen.
[89] OLG Dresden NZM 2002, 437; *Fritz* Rdnr. 134.

dem Abrechnungsergebnis verlangen können. Die vorgenannte Vorschrift gilt für Gewerberaum nicht, § 578 BGB. In den Fällen, in denen zwar Vorauszahlungen vereinbart worden sind, nicht aber deren Höhe festgelegt worden ist, wird auch ohne eine ausdrückliche Ermächtigung ein Bestimmungsrecht des Vermieters nach §§ 315, 316 BGB anzunehmen sein, was zu einer entsprechenden Anpassung führen kann.[90] Allerdings kann auch dahingehend argumentiert werden, für den Fall vereinbarter Vorauszahlungen ergebe sich aus deren Natur, d.h. aus dem Sinn und Zweck einer Vorauszahlung, dass ein möglichst aktueller Deckungsgrad der Betriebskosten erreicht und damit eine Anpassung dem Vermieter möglich sei. Einer Abrede von Vorauszahlungen wohne eine Anpassungsmöglichkeit von vornherein inne.[91]

58 Als weitere Möglichkeit zu Gunsten des Vermieters im Falle einer Steigerung der Belastung durch Betriebskosten verbleibt die Änderungskündigung.[92] Eine Änderungskündigung liegt dann vor, wenn das Mietverhältnis gekündigt und dessen Fortsetzung von der Einwilligung in die Änderung der Mietbedingungen, z.B. Bereitschaft zur Zahlung einer höheren Betriebskostenvorauszahlung, Erhöhung einer Betriebskostenpauschale, abhängig gemacht wird.[93] Im Gewerbemietrecht ist eine derartige Kündigung verbunden mit dem Angebot auf Fortsetzung des Mietvertrages zu geänderten Bedingungen, zulässig, ohne dass dies als unzulässige Rechtsausübung aufgefasst werden kann.[94]

59 Die Parteien eines Gewerbemietvertrages können bereits im Vertrag selbst eine Gutachter – und Schiedsklausel vereinbaren, um den Veränderungen im Leistungsverhältnis Rechnung zu tragen. Eine derartige Klausel ist besonders sinnvoll, wenn eine einvernehmliche Neufestsetzung der Höhe der Vorauszahlungen oder der Pauschalen nicht erreichbar ist. Empfehlenswert ist eine gemeinsame Beauftragung eines Schiedsgutachters, der rechtsgestaltend den gewünschten Vertragsinhalt verbindlich festlegt.[95] Falls besondere Vereinbarungen nicht getroffen sind, gilt § 317 Abs. 1 BGB; ist die Bestimmung der Leistung einem Dritten übertragen, so ist im Zweifel anzunehmen, dass sie nach billigem Ermessen zu treffen ist. Nach § 319 Abs. 1 BGB ist die Bestimmung der Leistung durch den Dritten nicht verbindlich, wenn sie offenbar unbillig ist. Eine derartige Unbilligkeit liegt vor, wenn nicht alle Erkenntnisquellen benutzt oder nicht alle einschlägigen Erwägungen angestellt worden sind, ferner wenn die Leistungsbestimmung auf grobem Irrtum beruht.[96] Wird die Leistungsbestimmung verzögert oder weigert sich der dritte, die Bestimmung vorzunehmen, kann die Leistungsbestimmung durch Urteil ersetzt werden, § 319 Abs. 1 Satz 2 BGB.

---

[90] *Borzutzki-Pasing*, Formularbuch Mietrecht Nies/Gies A. VI.1, Ziffer 18.
[91] *Sternel* III, 327; Bub/Treier/*Schultz* III A 638.
[92] *Fritz* Rdnr. 134; Bub/Treier/*Schultz* III A 202 und 637.
[93] Schmidt-Futterer/*Blank* § 542 Rdnr. 16; *Neuhaus* Rdnr. 412.
[94] *Neuhaus* Rdnr. 412.
[95] Vgl. *Neuhaus* Rdnr. 441.
[96] BGH NJW 1977, 801; Palandt/*Grüneberg* § 319 Rdnr. 4; Bub/Treier/*Schultz* III A 231.

§ 63 Mietsicherheiten

Übersicht

	Rdnr.
I. Kaution	1–27
1. Unterschiede zur Kaution im Wohnraummietrecht	1
2. Checkliste	3
3. Muster einer Kautionsvereinbarung	4
4. Verpflichtung zur Kautionszahlung	5
5. Arten der Sicherheitsleistung	6–13
a) Barkaution – Abgeltungssteuer	6/7
b) Bürgschaft	8–11
c) Sonstige Sicherheiten	12
d) Dingliche Sicherheit	13
6. Höhe der Mietkaution	14
7. Fälligkeit und Einzelfragen	15–27
a) Beginn des Mietverhältnisses	15
b) Beendigung des Mietverhältnisses	16–18
c) Vermieterwechsel	19/20
d) Ergänzungspflicht	21
e) Insolvenz	22–24
f) Zwangsverwalter	25
g) Verwertung	26/27
II. Vermieterpfandrecht	28–32
1. Umfang	29
2. Untergang des Pfandrechts	30
3. Verwertung	31
4. Absonderung	32
III. Anhang Sicherheiten für Mieter	33

Schrifttum: Zunächst wird auf das Schrifttum bei § 26 Mietsicherheiten verwiesen. Ergänzend dazu *Fritz*, Gewerberaummietrecht, 4. Aufl. 2005; *ders.*, Die Entwicklung des Gewerberaummietrechts im Jahre 2008, NJW 2009, 959 ff.; *Gather*, Vereinbarungen von Miete, Nebenkosten und Mietsicherheiten bei Gewerberaum, DWW 1997, 256 ff.; *Horst*, Gewerbemietverträge in der Klauselkontrolle, DWW 2008, 42 ff.; *Leo/Schmitz*, Die Bürgschaft – Ein bedingt taugliches Sicherungsmittel in der Gewerberaummiete, NZM 2007, 387 ff.; *Leo/Ghassemi/Tabar*, Obergerichtliche Rechtsprechung zum gewerblichen Mietrecht, NZM 2008, 192, 263 ff.; *Lindner-Figura*, Im aktuellen Überblick: Schriftform von Geschäftsraummietverträgen NZM 2007, 705 ff.; *Schulz*, Geweberaummiete, 3. Aufl. 2007, *Stapenhorst/Voß*, Mieterdienstbarkeit als dingliche Absicherung gewerblicher Mietverträge, NZM 2003, 873 ff.

I. Kaution

1. Unterschiede zur Kaution im Wohnraummietrecht

Die Kaution im Gewerbemietrecht hat in der Praxis eine größere Bedeutung als das Vermieterpfandrecht. Im Gegensatz zum Wohnraummietrecht ist jedoch die Kaution für die gewerbliche Vermietung im BGB nicht geregelt. Es bietet sich jedoch eine analoge Anwendung der Bestimmungen des § 551 BGB auf die Vermietung zu gewerblichen Zwecken an.[1] **1**

Damit haben die Vertragsparteien eine größere Gestaltungsfreiheit vor allem bezüglich der Höhe, wobei jedoch die Bestimmungen der §§ 307 ff. BGB und § 138 BGB als Maßstab und Grenze zu beachten sind. Das heißt, es ist im Einzelfall darauf zu achten, dass das Sicherungsinteresse des Vermieters noch in Relation zur geforderten Absicherung steht. Dabei dürften gegenüber Nichtkaufleuten engere Anforderungen gelten, als zwischen Kaufleuten.[2] **2**

---

[1] *Wolf/Eckert/Ball* Rdnr. 696.
[2] *Neuhaus* Rdnr. 691.

2. Checkliste

3

- ☐ Ausdrückliche Vereinbarung der Kaution
- ☐ Höhe der Kaution
- ☐ Fälligkeitskeitszeitpunkt
- ☐ Verzinsung
- ☐ Bestimmte Anlageformen
- ☐ Möglichkeiten der fristlosen Kündigung
- ☐ Art der Bürgschaft
- ☐ Hinterlegung von Geld oder Wertpapieren
- ☐ Abtretung oder Verpfändung von Forderungen
- ☐ Grundschuld bzw. Hypothekenbestellung
- ☐ Verpfändung oder Sicherheitsabtretung von Sachen
- ☐ Vermieterpfandrecht,[3]

3. Muster einer Kautionsvereinbarung

4   Zur Sicherung aller Ansprüche des Vermieters gegen den Mieter aus diesem Geschäftsraummietverhältnis zahlt der Mieter dem Vermieter bis zum ......, spätestens bis zwei Wochen vor Übergabe des Mietobjektes, eine Barkaution in Höhe von € ......, die unverzinslich ist. Der Vermieter verpflichtet sich, die Kaution bis spätestens zwei Wochen nach Übergabe der Mietsache getrennt von seinem Vermögen zu einem banküblichen Zinssatz bei einem europäischen Kreditinstitut anzulegen und als Kaution zu kennzeichnen.[4]

Wird die Kaution bis zur Übergabe nicht geleistet, besteht kein Anspruch des Mieters auf Übergabe der Räume. Trotzdem sind die Miet- und Nebenkosten ab dem vereinbarten Zeitpunkt zu zahlen. Werden die Räume dem Mieter gleichwohl übergeben, so ist der Vermieter, wenn die Kaution nicht geleistet wird, zur fristlosen Kündigung berechtigt. Der Vermieter ist verpflichtet, innerhalb von sechs Monaten nach Beendigung des Mietverhältnisses über die Kaution abzurechnen.

Im Falle von Änderungen des Mietzinses oder der monatlichen Nebenkostenvorauszahlungen hat der Vermieter das Recht, die Höhe der Sicherheitsleistung unter Berücksichtigung der zwischenzeitlich eingetretenen Erhöhung gemäß § 315 BGB anzupassen.[5]

4. Verpflichtung zur Kautionszahlung

5   Wie bereits oben erwähnt gibt es im Gegensatz zum Wohnraummietrecht keine gesetzliche Verpflichtung zur Bereitstellung einer Kaution. Der Vermieter kann jedoch das Zustandekommen des Mietvertrages von der Bedingung abhängig machen, dass der Mieter eine Kaution vor der Übergabe der Mieträume zahlt oder ein Zurückbehaltungsrecht an den Mieträumen bis zur Zahlung vereinbart.[6]

5. Arten der Sicherheitsleistungen[7]

6   **a) Barkaution – Abgeltungssteuer.** Bei Bereitstellung einer Barkaution ist der Mieter verpflichtet, an den Vermieter einen bestimmten Geldbetrag zu überlassen. Der Mieter ist dabei nicht berechtigt, statt dessen eine Bürgschaft oder eine Bankbürgschaft beizubringen.

---

[3] *Neuhaus* Rdnr. 743 ff.
[4] Bei Wechsel der Vertragsparteien, Lindner-Figura/*Tischler* Kap. 2 Rdnr. 134 ff.
[5] *Schultz* S. 151 ff.; *Neuhaus* Rdnr. 739; Lindner-Figura/*Moeser* Kap. 12 Rdnr. 49 ff.
[6] *Fritz* Rdnr. 164, *Nies/Gies* A. VI 1 ff., Schriftformerfordernis, *Nies/Gies* A. VI. 2, Lindner-Figura/*Moeser* Kap. 12 Rdnr. 26 ff.
[7] *Wolf/Eckert/Ball* Rdnr. 698; *Nies/Gies* A. VI 1. 30 ff.; *Nies/Gies* B. II. 8.5; 8.

Im Gegensatz zur Wohnraummiete kann die Kaution eine Summe von drei Monatsmieten übersteigen.[8] Nachdem ein Höchstbetrag bei der Kaution im Gegensatz zur Wohnraummiete nicht gesetzlich festgelegt wurde, ist im Einzelfall auf das gewerbliche Objekt abzustellen, d. h. auch Barkaution bis zur 7–8-fachen Monatsmiete zzgl. Nebenkosten dürften nicht den Bestimmungen der §§ 307 ff. bzw. § 138 BGB widersprechen.

Sofern der Vermieter den Kautionsbetrag mit einer Verzinsung zu dem für Spareinlagen mit gesetzlicher Kündigungsfrist mit üblichen Zinssatz anlegt, steht dieser Zins dem Mieter zu. Legt der Vermieter den Kautionsbetrag zinsgünstiger an, ist nach meiner Meinung der erhöhte Zins ebenfalls dem Mieter zugänglich zu machen.

Die Zinsen unterliegen der Abgeltungssteuer. Bei Anlage mehreren Kautionen auf einem Konto gilt der Vermieter nach § 34 AO als Vermögensverwalter nach § 180 AO und muss eine Erklärung zur einheitlichen und gesonderten Feststellung der Einkünfte aus Kapitalvermögen dem Mieter abgeben.[9] In diesem Zusammenhang wird besonders auf die Darstellung bei § 26 „Mietsicherheiten" I 5 f verwiesen.

b) Bürgschaft. Neben der Stellung von Barkautionen ist als Sicherheitsleistung unter Geschäftsleuten durchaus die Stellung von Bürgschaften üblich, insbesondere um dem Mieter eine höhere Liquidität zu gewährleisten. Als Bürgen kommen in Frage die Hausbank, aber auch die Gesellschafter als persönliche Haftende. Der Bereitstellung von Bürgschaft stehen eine Reihe von Risiken gegenüber, z. B. Unklarheiten bezüglich des Umfanges der durch die Bürgschaft gesicherten Forderungen, eine formularmäßige Globalbürgschaft, Nichtzahlung durch den Bürgen und dergleichen. Wird jedoch eine Bankbürgschaft als Sicherheit vereinbart, so dürfte hier eine Bonitätsprüfung vorliegen, die für den Mieter von Vorteil sein kann.[10]

Ergänzend muss auf die Ausführungen beim Wohnraummietrecht verwiesen werden, insbesondere dass eine Bürgschaftserklärung grundsätzlich schriftlich abgegeben werden muss, da sie sonst nicht wirksam ist. Eine Ausnahme der Formerfordernis besteht nach § 350 HGB, wenn die Bürgschaftsübernahme das Handelsgeschäft eines Kaufmannes darstellt. Dabei muss in der Bürgschaftserklärung vor allem die Person des Gläubigers, der Umfang der Verbindlichkeit, die Hauptschuld und der Wille für die Verbindlichkeit einzustehen, enthalten sein. Sehr beliebt im Handelsbereich ist vor allem die Sonderform der Bürgschaft auf erstes Anfordern.[11]

Nach Ende des Mietverhältnisses muss der Vermieter entsprechend den Abrechnungsgrundsätzen (siehe unten) erklären, ob und in welcher Form er den Bürgen in Anspruch nehmen will, ansonsten ist die Bürgschaftsurkunde auszuhändigen.[12]

Dem Bürgen stehen gegen die Hauptforderung gemäß § 768 BGB die Einwendungen und Einreden zu, die auch der Mieter geltend machen kann.[13]

Sollte in der Person des Vermieters ein Wechsel eintreffen, dann betrifft die Bürgschaft auch Forderungen des neuen Vermieters.[14]

Gibt der Mieter die Mietsache vor Vertragsende zurück, ohne sich weiter um das Mietverhältnis zu kümmern, dann besteht für den Bürgen keine Möglichkeit auf das Mietverhältnis einzuwirken, um seine Haftung zu begrenzen.[15]

Der Bürge darf ein etwa auf unbestimmte Zeit abgeschlossenes Mietverhältnis nicht beenden. Der Vermieter kann vielmehr das Objekt stehen lassen und den Bürgen in Anspruch nehmen. Der Vermieter ist auch nicht verpflichtet zur Reduzierung des Bürgenrisikos das Mietverhältnis fristlos zu kündigen und die Mietsache anderweitig zu vermieten.[16] Dem

---

[8] *Schultz* S. 153; *Lindner-Figura/Moeser* Kap. 12 Rdnr. 29 ff; Zum Zinsanspruch bei Nichtleistung, *Foerster* ZMR 2009, 245 ff
[9] *Wolf/Eckert/Ball* Rdnr. 710; BStBl. I 2002, S. 1338, 1346 ff, BStBl. I 2007, S. 369 ff.
[10] *Neuhaus* Rdnr. 706 ff.; *Lindner-Figura/Moeser* Kap. 12 Rdnr. 100 ff.
[11] *Neuhaus* Rdnr. 710 ff., 716; *Wolf/Eckert/Ball* Rdnr. 715 ff.; *Lindner-Figura/Moeser* Kap. 12 Rdnr. 100 ff.
[12] *Neuhaus* Rdnr. 719, Zur Kautionsvereinbarung und Aufrechnung, OLG Düsseldorf ZMR 2008, 47.
[13] *Wolf/Eckert/Ball* Rdnr. 718.
[14] *Wolf/Eckert/Ball* Rdnr. 721.
[15] *Wolf/Eckert/Ball* Rdnr. 722, BGH in NJW 1982, 875.
[16] *Wolf/Eckert/Ball* Rdnr. 722.

Bürgen steht jedoch nach § 768 Abs. 1 Satz 2 BGB die Verjährungseinrede zu. Unter Bezugnahme auf Wolf/Eckert/Ball a. a. O. Rdnr. 724 kann ein Bürge nach Ablauf einer gewissen Zeit oder bei Eintreten besonderer Umstände mit Wirkung für die Zukunft das Geschäftsraummietverhältnis kündigen. Dazu gehören insbesondere wichtige Gründe wie Veränderungen in Haftungsfällen. Dem Bürgen dürfte auch die Möglichkeit zugebilligt werden, das Mietverhältnis zu solchen Terminen zu kündigen, in denen der Vermieter das Mietverhältnis beendigen könnte.[17]

12 c) **Sonstige Sicherheiten.** Neben der Bürgschaft auf erste Anforderung, der selbstschuldnerischen Bürgschaft und der Mietausfallbürgschaft[18] kann der Mieter als Sicherungsmittel ein Sparbuch,[19] eine Verpfändung des Wertpapierdepots,[20] eine Patronalserklärung,[21] eine Garantieerklärung[22] oder einen Schuldbeitritt[23] zur Verfügung stellen.

13 d) **Dingliche Sicherheit.** Zur Sicherheit der Zahlung des Mietzines und etwaiger Nebenkosten kann der Mieter sich der sofortigen Zwangsvollstreckung in sein gesamtes Vermögen ebenso unterwerfen wie beispielsweise durch Bereitstellung von dinglichen Sicherheiten in Form einer Grundschuld.[24] Daneben besteht als weitere Sicherheit und zwar ohne ausdrückliche Vereinbarung das Vermieterpfandrecht (siehe unten). Neben den Sicherheiten für den Vermieter bestehen jedoch auch Sicherheiten für den Mieter unter anderem durch die Vereinbarung einer Mietdienstbarkeit.[25]

6. Höhe der Kaution

14 Der Vermieter ist verpflichtet, die Kaution getrennt von seinem Vermögen anzulegen, sofern nicht vertraglich etwas anderes vereinbart wurde.[26] Nach der Rechtsprechung des BGH ist beim Fehlen ausdrücklicher vertraglicher Verzinsungsregelungen im Wege ergänzender Vertragsauslegung von der Pflicht der Verzinsung des Kautionsbetrages auszugehen. Die Anlage der Kaution kann entweder durch die Einrichtung eines Treuhandkontos auf den Namen des Vermieters als Treuhänder oder auf eines auf den Namen des Mieters laufendes Sparkontos mit Verwendung des Guthabens oder des Sparbuches an den Vermieter angelegt werden. Anfallende Zinsen erhöhen die Sicherheit und der Mieter ist berechtigt, diese angefallenen Zinsen sich im Bedarfsfall vom Vermieter auszahlen zu lassen.[27]

7. Fälligkeit und Einzelfragen

15 a) **Beginn des Mietverhältnisses.** Der Zeitpunkt der Kautionszahlung ist grundsätzlich frei gestaltbar. Vereinbart wird beispielsweise deshalb die Zahlung der Kaution vor Überlassung der Räume oder mit Bezug. Zahlt der Mieter jedoch in dem vereinbarten Zeitraum die Kaution nicht, dann kann dies ein Grund für eine fristlose Kündigung darstellen.[28]

16 b) **Beendigung des Mietverhältnisses.** In dem Augenblick, wenn der Mieter seinen Verbindlichkeiten nachgekommen ist, ist in der Regel der Sicherungszweck erreicht. Dem Vermieter muss jedoch eine angemessene Frist eingeräumt werden, innerhalb der er sich entscheidet, ob und in welcher Weise er auf die Sicherheitsabdeckung seiner Ansprüche zu-

---

[17] *Wolf/Eckert/Ball* Rdnr. 724.
[18] Dazu Lindner-Figura/*Moeser* Kap. 12 Rdnr. 111.
[19] Dazu Lindner-Figura/*Moeser* Kap. 12 Rdnr. 77 ff.
[20] Dazu Lindner-Figura/*Moeser* Kap. 12 Rdnr. 125.
[21] Dazu Lindner-Figura/*Moeser* Kap. 12 Rdnr. 126 ff.
[22] Dazu Lindner-Figura/*Moeser* Kap. 12 Rdnr. 132 ff.
[23] Dazu Lindner-Figura/*Moeser* Kap. 12 Rdnr. 143 ff.
[24] *Schultz* S. 154 f., *Neuhaus* Rdnr. 687.
[25] *Schultz* S. 155.
[26] *Neuhaus* Rdnr. 694, *Nies/Gies* A VI. 1. 32.
[27] Zur Nachschußpflicht, *Nies/Gies* A VI. 32.
[28] *Neuhaus* Rdnr. 692, Lindner-Figura/*Moeser* Kap. Rdnr. 41 ff. Zur Fälligkeit der Kaution vor Übergabe der Mietsache, KG 21. 1. 2008 – ZMR 2008, 617 (ebenso Zurückbehaltungsrecht); zum Kündigungsrecht wegen Vorenthaltens der Kaution, BGH NZM 2008, 400; zur fristlosen Kündigung bei vertragsuntreuem Vermieter, BGH NZM 2008, 401.

rückgreift. Dabei ist zu beachten, dass gegebenenfalls der Vermieter zur Begutachtung und etwaiger Selbstbeschaffung von Unterlagen und dergleichen erhebliche Zeit benötigt. Ein „Abwohnen" der Sicherheit durch den Mieter ist unzulässig.[29]

Der Vermieter kann auf die Kaution zu seiner Befriedigung durch Aufrechnung gegenüber dem Rückforderungsanspruch des Mieters Zugriff nehmen.[30]

Mit Rückgabe der Mietsache vor Vertragsende verjährt ein etwaiger Anspruch des Vermieters auf Schadensersatz nach sechs Monaten. Ist der Anspruch des Vermieters vor Fälligkeit des Kautionsrückzahlungsanspruches verjährt, so entsteht keine Verrechnunggrundlage und der Vermieter kann mit seinem Schadensersatzanspruch gegenüber dem Rückzahlungsanspruch des Mieters nicht aufrechnen.[31] 17

Sofern der Vermieter innerhalb einer angemessenen Frist eine Rechnungslegung nicht durchführt, hat der Mieter die Möglichkeit Klage auf Abrechnung zu erheben. Ein Zeitraum von sechs Monaten nach Rückgabe der Mietsache dürfte angemessen sein. Eventuell besteht jedoch die Gefahr, dass sich die Klage des Mieters wegen berechtigter Ansprüche des Vermieters von vornherein als unbegründet erweist.[32] 18

Wie bereits angedeutet, ist die Kaution nach Ende des Mietverhältnisses zurückzuzahlen, wenn feststeht, dass der Vermieter keine Ansprüche mehr hat, erst dann tritt eine Fälligkeit des Rückzahlungsanspruches ein. Eine zeitlich gesetzliche Vorgabe existiert nicht; es kommt jeweils auf den Einzelfall an.[33]

Dem Vermieter steht nach meiner Meinung das Recht zu, die Kaution teilweise auszuzahlen, wenn abschätzbar ist, dass etwaige Nachzahlungen deutlich unter der Kautionssumme liegen. Zahlt der Vermieter einen derartigen Teilbetrag ohne Vorbehalt zurück, dann ist darin ein Verzicht auf mögliche Schadensersatzansprüche zu sehen.[34]

c) **Vermieterwechsel.** Immer wieder kommt es vor, dass während des Bestehens eines Vertragsverhältnisses ein neuer Vermieter auftritt. Dies kann durch die Vereinbarung zwischen dem alten und dem neuen Vermieter geschehen, wobei eventuell die Zustimmung des Mieters notwendig ist.[35] 19

Auch bei der Geschäftsraummiete gilt, dass der Erwerber einer Mietsache nicht nur in die Rechte eintritt die im Bezug auf eine geleistete Mietsicherheit begründet worden sind, sondern auch in die Pflichten.[36]

Strittig ist in diesem Zusammenhang, ob die Bestimmung des § 566 a BGB nur für Veräußerungen gilt, die nach dem Inkrafttreten der Mietrechtsnovelle am 1. 9. 2001 erfolgt sind. Unter Bezugnahme auf Nies/Gies dürfte § 566 a Satz 2 BGB generell nur mit der Einschränkung gelten, dass eine Inanspruchnahme des Veräußerers als treuwidrig ausscheidet, wenn der Mieter einen Vertrauenstatbestand dahingehend geschaffen hat, dass nur noch der Erwerber zur Zurückgewähr verpflichtet sein soll. Dabei ist jedoch darauf hinzuweisen, dass formularmäßig auch eine Befreiung des Altvermieters aus der Rückerstattungspflicht möglich ist, wenn eine Kautionsübertragung auf den neuen Vermieter stattgefunden hat. 20

d) **Ergänzungspflicht.** Wenn sich während des Mietverhältnisses aufzeigt, dass die zur Verfügung stehende Kaution (z. B. Barkaution, Bürgschaft) im Hinblick auf künftige Umstände nicht ausreicht, bin ich der Meinung, dass der Vermieter berechtigt ist, vom Mieter eine Ergänzung der Kaution innerhalb einer bestimmten Frist zu verlangen. Ein Zeitraum von vier Wochen dürfte angemessen sein. Sollte diesem Wunsch nicht entsprochen werden, bin ich der Meinung, dass dann dem Vermieter die Möglichkeit einer ordentlichen Kündigung zusteht, auch wenn beispielsweise das vertragliche Ende des Mietverhältnisses noch nicht erreicht ist. 21

---

[29] *Wolf/Eckert/Ball* Rdnr. 1144 ff.; AG Dortmund NZM 2002, 949.
[30] *Nies/Gies* A VI. 1. 33, vgl. dazu auch *Wolf/Eckert/Ball* Rdnr. 1147.
[31] *Wolf/Eckert/Ball* Rdnr. 1149.
[32] *Wolf/Eckert/Ball* Rdnr. 1152; OLG Düsseldorf ZMR 2008, 206.
[33] *Neuhaus* Rdnr. 699.
[34] *Neuhaus* Rdnr. 701.
[35] *Wolf/Eckert/Ball* Rdnr. 1278.
[36] *Fritz* Rdnr. 354, 356; *Nies/Gies* A VI. 1. 38.

22 e) **Insolvenz.** Nach § 108 Abs. 1 InsO bestehen Dauerschuldverhältnisse mit Wirkung für die Insolvenzmasse fort, die der Schuldner als Vermieter oder Verpächter eingegangen ist. Der Insolvenzverwalter hat also bei einer Vermieterinsolvenz kein Rücktrittsrecht vor Überlassung der Mietsache und kein Sonderkündigungsrecht danach.[37]

Will sich also ein Mieter vor Vermögensverlust im Falle der Insolvenz des Vermieters schützen, sollte er deshalb ausdrücklich eine Vereinbarung über die Anlage der Kaution auf einem offenen Treuhandkonto vereinbaren.[38]

23 Bei Insolvenz des Mieters gelten ab dem Zeitpunkt der Stellung des Insolvenzantrages (§ 13 Abs. 1 InsO) die Sondervorschriften der Insolvenzordnung. Dabei lässt die Stellung des Insolvenzantrages laufende Mietverhältnisse grundsätzlich unberührt;[39] auch die Unsicherheitseinrede des § 321 Abs. 1 BGB wird grundsätzlich durch einen solchen Antrag nicht ausgeschlossen.

24 Nach Verfahrenseröffnung muss der Insolvenzverwalter den Vertrag mit allen Rechten und Pflichten erfüllen (§ 108 Abs. 1 InsO). Dazu gehört auch die Erfüllung einer vertraglich vereinbarten Betriebspflicht (§ 55 InsO). Auch die laufenden Mieten und Nebenkostenvorauszahlungen sind zu begleichen; strittig ist dagegen, ob Nebenkostennachzahlungen, die aufgrund von Abrechnungen entstehen, die nach Insolvenzeröffnung erstellt werden, sich aber auf Abrechnungszeiträume beziehen, die vor Verfahrenseröffnung abgeschlossen waren, Masseschulden sind oder nicht.[40]

25 f) **Zwangsverwalter.** Etwaige Sicherheiten hat der Vermieter an den Zwangsverwalter weiterzugeben. Dieser ist zur Annahme berechtigt und verpflichtet. Der Zwangsverwalter ist zur Rückzahlung der Kaution auch dann verpflichtet, wenn der Vermieter die Kaution nicht von seinem Vermögen getrennt angelegt und nicht an den Insolvenzverwalter abgeführt hat.[41]

Der Vermieter kann vom Insolvenzverwalter Auskunft über das BGB §§ 1210, 1257 verlangen, dabei erstreckt sich das Pfandrecht auch auf Zinsen und Vertragsstrafen.

26 g) **Verwertung.**[42] Der Vermieter ist nur dann zur Verwertung befugt, wenn er ausnahmsweise die eingebrachten Sachen des Mieters in seinem Besitz hat. Für einen solchen Fall hat er den Ausfall gegenüber dem Insolvenzverwalter nachzuweisen (§ 190 Abs. 1 InsO).

27 Der Vermieter kann nach § 815 ZPO vorzugsweise Befriedigung geltend machen. Das heißt, er braucht sich um die Verwertung der Sachen nicht selbst zu kümmern und trägt insoweit auch kein Kostenrisiko, ist jedoch nach § 562d BGB bezüglich etwaiger Mietrückstände auf das Jahr vor der Pfändung beschränkt.

II. Vermieterpfandrecht

28 Da das Vermieterpfandrecht im Geschäftsraummietbereich weniger Bedeutung hat, beschränkt sich der Verfasser unter Bezugnahme auf die Darstellung des Vermieterpfandrechts im Wohnraummietrecht auf eine kurze Darstellung.[43]

1. Umfang

29 Das Pfandrecht wird durch das Einbringen, nämlich das bewußte Hineinschaffen in die Räume begründet. Erfasst werden grundsätzlich alle beweglichen Güter, die im Eigentum des Mieters stehen, also auch Geld.[44] Das Vermieterpfandrecht umfasst also auch das Anla-

---

[37] *Fritz* Rdnr. 620 ff; zur Insolvenz des Vermieters Lindner-Figura/*Hörndler* Kap. 20 Rdnr. 79 ff.
[38] *Fritz* Rdnr. 143.
[39] Lindner-Figura/*Hörndler* Kap. 20 Rdnr. 6 ff.
[40] Lindner-Figura/*Hörndler* Kap. 20 Rdnr. 50 ff.
[41] *Wolf/Eckert/Ball* Rdnr. 1444 ff.; *Nies/Gies* A III. 18; Lindner-Figura/*Hörndler* Kap. 19 Rdnr. 49 ff.
[42] Zur Inanspruchnahme von Sicherheiten Lindner-Figura/*Hörndler* Kap. 12 Rdnr. 46 ff.
[43] *Neuhaus* Rdnr. 720; *Nies/Gies* E VI. F VI. 2; Lindner-Figura/*Moeser* Kap. 12 Rdnr. 169 ff.
[44] *Neuhaus* Rdnr. 726.

ge- und Umlaufvermögen, Geld, indossable Wertpapiere und Inhaberpapiere.[45] Ein Eigentümerwechsel berührt das Pfandrecht nicht, solange die Sachen in den Miethäumen bleiben. Gutgläubiger Erwerb des Vermieterpfandrechts an den dem Mieter nicht gehörenden Sachen, ist ausgeschlossen. Bei Einbringung von Sachen, die der Mieter unter Eigentumsvorbehalt erworben hat, erfasst das Vermieterpfandrecht die Anwartschaft, oder das aufschiebendbedingte Eigentum des Mieters. Mit der vollständigen Erfüllung der Kaufpreisforderung durch den Mieter wandelt sich das Pfandrecht am Anwartschaftsrecht in das Pfandrecht an der Sache um, ohne dass der Mieter zwischenzeitlich unbelastetes Eigentum erlangen kann.[46] Von besonderer Bedeutung ist der Vorrang des Vermieterpfandrechts bei Warenlagern mit wechselndem Bestand, die der Mieter einem Kreditgeber zur Sicherung übereignet hat. Auch hier wird der Warenbestand mitumfasst, jedoch trägt der Vermieter die Beweislast für die tatsächlichen Voraussetzungen für das Entstehen seines Pfandrechts.[47]

2. Untergang des Pfandrechts

Das Vermieterpfandrecht erlischt gemäß § 562a Satz 1 BGB, wenn die Sachen nicht mehr eingebracht sind, d.h. vom Mietgrundstück oder aus den Mieträumen entfernt werden. Es bleibt jedoch erhalten, wenn dies ohne Wissen des Vermieters oder falls er Kenntnis davon hat, gegen seinen Widerspruch geschieht. Der Vermieter hat eine einmonatige Klagefrist nach § 562b Absatz 2 Satz 2 BGB, macht er davon keinen Gebrauch erlischt das Pfandrecht. Nach Entfernung steht dem Vermieter der Erlass einer einstweiligen Verfügung zu.[48]

Trotz Widerspruch des Vermieters geht jedoch das Pfandrecht unter, wenn die ihm unterliegende Sache entsprechend der Lebensverhältnisse des Mieters oder im Rahmen des regelmäßigen Geschäftsbetrieb vom Mietgrundstück entfernt wird (§ 560 Satz 2 BGB). Tritt der Vermieter einen Anspruch aus dem Mietvertrag an Dritte ab, geht nach § 401 BGB das Vermieterpfandrecht auf den Abtretungsempfänger über.

3. Verwertung

Der Vermieter ist berechtigt zur Verwertung seines Pfandrechts sich in den Besitz der eingebrachten Sachen zu setzen. Verweigert jedoch der Mieter die Herausgabe, so ist der Vermieter nicht zur Selbsthilfe berechtigt, sondern muss seinen Herausgabeanspruch gerichtlich geltend machen (§ 1231 BGB).[49] Der Vermieter ist nicht berechtigt, die seinem Pfandrecht unterliegende Sache selbst zu nutzen oder sie weiterzuvermieten.[50] Nur ausnahmsweise ist er zur Verwertung befugt.

4. Absonderung

Das Pfandrecht des Vermieters gewährt in der Insolvenz des Mieters ein Absonderungsrecht;[51] es entsteht nicht durch das Einbringen von Gegenständen durch den Insolvenzverwalter.[52] Der Vermieter braucht sich um die Verwertung der Sachen nicht zu kümmern und trägt insoweit auch kein Kostenrisiko, ist jedoch gemäß § 562d BGB bezüglich etwaiger Mietrückstände auf das Jahr vor der Pfändung beschränkt; darunter fallen auch Nebenkosten, Schadensersatzansprüche, etc. Nach §§ 1210, 1257 BGB fallen darunter auch Vertragsstrafen und Zinsen.

Von Bedeutung ist, dass der Mieter nach der herrschenden Meinung ohne eine entsprechende Vereinbarung nicht verpflichtet ist, den Vermieter von der Pfändung eingebrachter Sachen zu unterrichten.[53]

---

[45] *Wolf/Eckert/Ball* Rdnr. 669 ff.
[46] *Wolf/Eckert/Ball* Rdnr. 673; *Lindner-Figura/Moeser* Kap. 12 Rdnr. 172 ff.
[47] *Wolf/Eckert/Ball* Rdnr. 674 ff.
[48] *Wolf/Eckert/Ball* Rdnr. 680 ff.; *Nies/Gies* F. VI. 2; *Lindner-Figura/Moeser* Kap. 12 Rdnr. 179 ff.
[49] *Wolf/Eckert/Ball* Rdnr. 691 ff.; Lindner-Figura/Moeser Kap. 12, Rdnr. 183.
[50] *Wolf/Eckert/Ball* Rdnr. 694; *Nies/Gies* E VI. 5.-7.
[51] *Nies/Gies* E VI. 4.
[52] *Nies/Gies* E VI. 4.
[53] *Wolf/Eckert/Ball* Rdnr. 695.

Zusammenfassend ist bezüglich des Vermieterpfandrechtes darauf hinzuweisen, dass dieses, praktisch wenig Relevanz hat und deshalb in der Vertragsgestaltung eine untergeordnete Rolle spielt.[54]

III. Anhang: Sicherheiten für Mieter

33 Häufig ist der Vermieter der Gewerbeflächen auch Eigentümer des Grundstücks; im Falle des Verkaufs der Immobilie geht der Mietvertrag problemlos auf den neuen Eigentümer (Erwerber) über. Nach *Schultz*[55] ist jedoch die sogenannte **Mieterdienstbarkeit** weit verbreitet und zwar in der Weise, dass die Dienstbarkeit auch Bestand hat, wenn der Erwerber in einer Zwangsversteigerung von seinem Sonderkündigungsrecht nach § 57a ZVG Gebrauch macht.[56] Wenn ein Erwerber in diesem Zusammenhang das Mietverhältnis kündigt, wird anstelle der Miete ein „Ausübungsentgelt" für die Inanspruchnahme der Dienstbarkeit gezahlt.

Bei einer **Insolvenz des Vermieters** hat der Erwerber ebenfalls ein Sonderkündigungsrecht, falls der Insolvenzverwalter das Objekt verkauft (§ 111 InsO); etwaige anderslautende Vereinbarungen sind wirkungslos (§ 119 InsO). Dingliche Sicherungen im Grundbuch gehen vor.[57] In der Praxis kommen jedoch derartige Sicherheiten nicht häufig vor.

---

[54] *Neuhaus* Rdnr. 732.
[55] *Schultz* 155; *Stapenhorst/Voß* NZM 2003, 873 ff.
[56] BayOLG NJW-RR 1990, 208; zur persönlichen Dienstbarkeit Lindner-Figura/*Oprée* Kap. 21 Rdnr. 29 ff., 55 ff.
[57] Wie Nr. 56 sowie Lindner-Figura/*Oprée*, Kap. 21 Rdnr. 67 ff.

11. Abschnitt. Beendigung des Gewerberaummietverhältnisses

§ 64 Vorzeitiger Auszug des Mieters

Übersicht

	Rdnr.
I. Zahlungspflicht	1/2
1. Allgemeines	1
2. Gebrauchsrisiko des Mieters	2
II. Vorzeitige Vertragsentlassung bei Stellung eines Nachmieters	3–10
1. Vertraglich und aus Treu und Glauben	3
2. Notwendigkeit einer Vereinbarung	4/5
3. „Echte" und „unechte" Nachmieterklauseln	6
4. Klauseln mit beschränkter Wirkung	7
5. Nachmietervereinbarungen aus Sicht des Vermieters	8
6. Klauselvorschläge für Nachmietervereinbarungen	9/10

Schrifttum: *Derleder*, Mietreue und Miettreue im Gewerberaummietrecht, NZM 2005, 521; weitere Nachw. vgl. oben zu § 27.

I. Zahlungspflicht

1. Allgemeines

Den Mieter von Gewerberaum trifft – wie den Wohnraummieter – das volle Gebrauchs- und Verwendungsrisiko der gemieteten Räume gemäß § 537 BGB. Es gilt das oben in § 27 zur Wohnraummiete ausgeführte mit folgender Maßgabe. 1

2. Gebrauchsrisiko des Mieters

Die grundsätzliche Zuweisung des Gebrauchsrisikos an den Gewerbemieter ist verschärft. Soziale Gesichtspunkte, die bei der Wohnraummiete dem Mieter eine vorzeitige Vertragsbeendigung durch Stellung eines Nachmieters ermöglichen, spielen im Gewerbemietrecht keine Rolle. Das OLG Naumburg[1] meinte gar, einem Gewerbemieter die Entlassung aus dem Mietvertrag nach Treu und Glauben unter Hinweis auf eine Möglichkeit zur Untervermietung zu verweigern, die das OLG als vorrangig angesehen hat. Der Gesetzgeber hat auch lediglich dem Wohnraummieter die Erleichterung der Kündigung mittels § 573c BGB verschaffen wollen – freilich nicht ahnend, dass der BGH[2] den Anwendungsbereich dieser Vorschrift so stark einschränken würde, dass sie praktisch in ihr Gegenteil verkehrt wird. Auf den Gewerbemieter ist diese Vorschrift von vornherein nicht – auch nicht analog – anwendbar. Den Gewerbemieter trifft daher die nicht durch eine Kündigung nach § 573c BGB verminderbare Pflicht zur Zahlung des Mietzinses bei persönlicher Gebrauchshinderung. Er muß sich an dem geschlossenen Vertrag festhalten lassen, solange der Vermieter die Mietsache zur Verfügung stellt, auch wenn er selbst durch Krankheit, Tod, Entzug der Fahrerlaubnis, Verbot einer Berufsausübung oder andere in seiner Person begründete private oder hoheitliche Nutzungshindernisse an der Ausübung seines Gebrauchsrechts gehindert ist.[3] 2

---

[1] OLG Naumburg WuM 2002, 537.
[2] Vgl. z. B. BGH NJW 2005, 1574; NJW 2004, 1448.
[3] Vgl. MünchKommBGB/*Bieber* § 537 BGB Rdnr. 4.

II. Vorzeitige Vertragsentlassung bei Stellung eines Nachmieters

1. Vertraglich und aus Treu und Glauben

3   Im Rahmen des Gewerbemietrechts kommt daher der idealerweise bereits im Mietvertrag vereinbarten Nachmieterstellungsbefugnis besondere Bedeutung zu. Außer aus vertraglicher Vereinbarung kann sich eine solche ausnahmsweise auch aus Treu und Glauben ergeben,[4] wobei allerdings die im Wohnraummietrecht vorwiegend herangezogenen sozialen Begründungen aus der privaten oder beruflichen Sphäre des Mieters nicht zum Tragen kommen.

2. Notwendigkeit einer Vereinbarung

4   Fehlt eine vertragliche **Nachmieterklausel**, so wird der Mieter im Falle der Notwendigkeit einer vorzeitigen Beendigung nur mit dem Wohlwollen des Vermieters – das zu diesem Zeitpunkt fraglich sein dürfte – eine Entlassung aus dem Mietverhältnis erreichen können. Der vertraglichen Nachmieterstellung kommt im Gewerbemietrecht insofern größere Bedeutung zu, als Gewerbemietverhältnisse weitaus häufiger befristet sind als Wohnraummietverhältnisse und die Notwendigkeit einer Vereinbarung hierüber für die Parteien daher in stärkerem Maß vorhersehbar erscheint. Für den Gewerbemieter kann sich insbesondere im Hinblick auf eine Veräußerung oder Übertragung seines Geschäfts oder die Veräußerung von Inventar oder Einbauten die Notwendigkeit ergeben, einem Nachfolger den Betrieb in den Gewerberäumen ermöglichen zu können. In diesen Fällen ist die vorherige Vereinbarung einer Nachmieterklausel unerlässlich.

> **Praxistipp:**
>
> 5   Bei Vertragsverhandlungen über befristete Mietverhältnisse oder wenn der Mieter Um- oder Einbauverpflichtungen übernimmt, ggfls. an Nachmieterstellungsbefugnis denken.

3. „Echte" und „unechte" Klauseln

6   Die Ausgestaltung der vertraglichen Ersatzmieterklausel kann so ausfallen, dass der Mieter selbst einen Nachmieter bestimmen darf, mit Bindung des Vermieters an diese Bestimmung (sog. „echte" Nachmieterklausel) oder aber lediglich, aus dem Mietvertrag entlassen zu werden, sofern ein geeigneter Nachmieter gefunden wird (sog. „unechte" Nachmieterklausel). Die Terminologie ist nicht einheitlich und auch wenig hilfreich, da nicht die begriffliche Abgrenzung entscheidet, sondern die tatsächliche Einigung der Mietparteien auf einen Nachmieter. Denn gerade der von einer „echten" Nachmieterklausel betroffene Vermieter wird **mangelnde Eignung** des vom Mieter vorgeschlagenen Nachmieters geltend machen, um einen nicht genehmen Nachmieter oder die damit verbundene Entlassung des Mieters aus dem Mietvertrag zu verhindern. Entscheidend ist daher die vertragliche Vereinbarung einer für beide Parteien akzeptablen Nachmieterklausel, die für beide Seiten Klarheit schafft und dem Mieter ggfls. das Recht gibt, aus dem Vertrag auszuscheiden. Die Vereinbarung einer sogenannten „unechten" Nachmieterklausel, die den Vermieter nicht verpflichtet, mit diesem einen Vertrag einzugehen, erscheint vor allem in den Fällen ungeeignet, in denen es dem Mieter darum geht, ein Geschäft oder Inventar zu übertragen. Kommt es hingegen lediglich auf vorzeitige Beendigung an, erscheint auch eine solche Klausel tauglich. Denn bei Nachweis eines geeigneten Nachmieters wird Mieter frei, auch wenn der Vermieter mit diesem keinen Vertrag eingeht.

---

[4] Vgl. OLG Düsseldorf MDR 1994, 1008.

4. Klausel mit beschränkter Wirkung

Es ist allerdings klar zu sagen, dass eine Nachmieterklausel nur dann Wirkung entfalten kann, wenn tatsächlich ein Nachmieter gefunden wird. In den Fällen, in denen eine vorzeitige Vertragsbeendigung durch wirtschaftliche Ungeeignetheit des Mietobjekts oder ähnliche Gründe motiviert ist, dürfte zumeist auch das Finden eines Nachmieters scheitern. Nachmieterklauseln – ob „echt" oder „unecht" – sind daher **keine echte Ausstiegschance.** Ihr Funktionieren setzt mindestens wirtschaftliches Funktionieren des Mietobjekts voraus; andernfalls dürfte sich kein Nachmieter finden lassen.

5. Nachmietervereinbarungen aus Sicht des Vermieters

Für den Vermieter stellt die Vereinbarung einer Nachmieterklausel eine Möglichkeit dar, dass der unwillig gewordene Mieter dem Vermieter einen neuen Mieter zuführt, den er jedoch nur bei gleicher Eignung, d. h. vor allem bei gleicher Solvenz akzeptieren muss. Da die Solvenz des Altmieters nicht ein für allemal und unveränderlich feststeht, ist auf den Zeitpunkt der Übertragung abzustellen. Daher verschlechtert sich für den Vermieter die grundsätzliche Situation nicht.

6. Klauselvorschläge für Nachmietervereinbarungen

Formatierungsvorschlag: „echte" Ersatzmieterklausel

Der Mieter ist berechtigt, das Mietverhältnis auf einen geeigneten Ersatzmieter zu übertragen, der bereit ist, einen neuen Mietvertrag zu gleichen Konditionen abzuschließen und dem Vermieter gleiche wirtschaftliche Sicherheit bietet. Dem Vermieter wird eine Prüfungs- und Überlegungsfrist bis zum Ablauf des zweiten Monats nach Zugang des Ersatzmieterverlangens zugestanden. Er ist bei positivem Ausgang der Prüfung verpflichtet, den Mietvertrag mit dem Ersatzmieter einzugehen.

Formatierungsvorschlag: „unechte" Ersatzmieterklausel

Der Mieter ist berechtigt, das Mietverhältnis spätestens am dritten Werktag eines Kalendermonats zum Ablauf des übernächsten Kalendermonats vorzeitig zu beenden, sofern ein geeigneter Ersatzmieter gefunden wird, der bereit ist, einen neuen Mietvertrag zu gleichen Konditionen abzuschließen und dem Vermieter gleiche wirtschaftliche Sicherheit bietet.

§ 65 Vertragsbeendigung durch Kündigung

Übersicht

	Rdnr.
I. Allgemeine Grundlagen	1–7
1. Vorbemerkung	1
2. Kündigungsfristen	2–5
a) Gesetzliche Kündigungsfrist	2
b) Kündigungsgrund bei ordentlicher Kündigung	3/4
c) Vertraglich vereinbarte Kündigungsfristen	5
3. Form der Kündigung	6/7
II. Außerordentliche fristlose Kündigung	8–110
1. Außerordentliche fristlose Kündigung des Mieters	8–65
a) Einleitung	8–11
b) Besonderheiten gegenüber dem Wohnraummietrecht	12–16
c) Fehlende Gebrauchsgewährung, § 543 Abs. 1 i. V. m. Abs. 2 Ziff. 1 BGB	17–28
d) Gesundheitsgefährdung	29–37
e) Störung des Hausfriedens	38–44
f) Unzumutbarkeit der Vertragsfortsetzung, § 543 Abs. 2 BGB	45–53
g) Kündigung wegen Verweigerung der Genehmigung zur Untervermietung, § 540 Abs. 1 Satz 1 BGB	54–57
h) Kündigungsrecht bei Tod des Mieters, § 580 BGB	58–65
2. Außerordnetliche fristlose Kündigung des Vermieters	66–110
a) Vorüberlegungen	66–76
b) Vertragsparteien	77–84
c) Hilfsweise ordentliche Kündigung	85/86
d) Erstmalige Kündigung in der Klage	87
e) Mieterverhalten nach Abmahnung oder Kündigung	88/89
f) Die Kündigungstatbestände	90–106
g) Ansprüche des Vermieters bei vorzeitiger Vertragsbeendigung	107–110
III. Befristete Kündigung des Mieters	111–116
1. Ordentliche befristete Kündigung des Mieters	111–116
a) Allgemeines, Anwendungsbereich	111
b) Form	112/113
c) Kündigungsfrist	114/115
d) Abdingbarkeit	116
2. Außerordentliche befristete Kündigung des Mieters	117–134
a) Allgemeines	117–119
b) Sonderkündigungsrecht des Mieters wegen Versagung der Untermieterlaubis, § 540 Abs. 1 Satz 2 BGB	120–124
c) Sonderkündigungsrecht des Mieters bei Mietvertrag mit mehr als 30-jähriger Dauer, § 544 BGB	125–127
d) Sonderkündigungsrecht des Mieters wegen Modernisierungsmaßnahmen, §§ 554, 578 Abs. 2 BGB	128/129
e) Sonderkündigungsrecht bei Tod des Mieters, § 580 BGB	130–134

I. Allgemeine Grundlagen

1. Vorbemerkung

1   Da bei der Vertragsbeendigung durch Kündigung eines Gewerbemietraumverhältnisses im wesentlichen dasselbe gilt, wie für die Kündigung eines Wohnraummietverhältnisses, wird zur Vermeidung von Wiederholungen auf die Ausführungen unter „Allgemeines" in § 28 verwiesen. Im nachhinein werden demzufolge nur im Einzelnen vorhandene **wesentliche Abweichungen** dargestellt.

2. Kündigungsfristen:

a) Gesetzliche Kündigungsfrist. Die gesetzliche Kündigungsfrist ist in § 580a BGB geregelt.

Da es sich bei gewerblichen Mietverhältnissen überwiegend um Geschäftsraummiete handelt, wird davon Abstand genommen, die Sonderregelungen für anderweitige gewerbliche Mietverhältnisse, die in § 580a Abs. 1 BGB dargelegt sind, wiederzugeben.

Für Geschäftsraummietverhältnisse gilt die Regelung des § 580a Abs. 2 BGB. Danach ist die ordentliche Kündigung zulässig „spätestens am 3. Werktag eines Kalendervierteljahres zum Ablauf des nächsten Kalendervierteljahres."

Beendigungszeitpunkt des Mietverhältnisses ist demnach jeweils das Ende eines Kalendervierteljahres, wobei die Kündigungsfrist 6 Monate abzüglich 3 Tage beträgt.

Diese gesetzliche Kündigungsfrist betrifft gleichermaßen die Vermieterkündigung und die Mieterkündigung.

Es gibt demnach – anders als im Wohnraummietverhältnis – keine Verlängerung der Kündigungsfrist für den Vermieter bei längerer Laufzeit des Mietverhältnisses.

b) Kündigungsgrund bei ordentlicher Kündigung. Bei ordentlicher Kündigung eines unbefristeten Mietverhältnisses braucht wechselseitig weder ein Kündigungsgrund angegeben zu werden, noch muss objektiv ein Kündigungsgrund vorhanden sein.

Anders als bei der Vermieterkündigung bei einem Wohnraummietverhältnis bedarf es nicht des Vorhandenseins eines berechtigten Grundes für eine wirksame Vermieterkündigung.

> **Praxistipp:**
> Sowohl Vermieter als auch Mieter müssen sich bei Vertragsabschluss darüber im Klaren sein, dass sie bei Abschluss eines unbefristeten gewerblichen Mietverhältnisses sowohl die Chance einer kurzfristigen Beendigung eingehen als auch das entsprechende Risiko.
> Wenn das Interesse an einer längerfristigen Bindung besteht, sollte unbedingt ein entsprechend befristetes Mietverhältnis abgeschlossen werden oder ein zeitlich befristeter Kündigungsausschluss vereinbart werden.

c) Vertraglich vereinbarte Kündigungsfristen. Die Vereinbarung einer längeren als der gesetzlichen Kündigungsfrist ist rechtlich zulässig und zwar auch in Form einer Formularvereinbarung (AGB). Dies gilt auch für die Vereinbarung „asymmetrischer" Kündigungsfristen, also einer unterschiedlichen zeitlichen Bindung des Vermieters und des Mieters an den Mietvertrag.[1]

Eine Verkürzung der gesetzlichen Kündigungsfrist ist durch Individualvereinbarung zulässig, eine formularvertragliche Verkürzung demgegenüber zu Lasten des Mieters nicht.[2]

3. Form der Kündigung

Während die Kündigung eines Wohnraummietverhältnisses gemäß § 568a BGB zur Wirksamkeit der Schriftform bedarf, existiert eine derartige Vorschrift für das gewerbliche Mietverhältnis nicht.

Nach der gesetzlichen Regelung kann demnach ein gewerbliches Mietverhältnis zum Beispiel auch mündlich oder fernmündlich aufgekündigt werden.

Dies kann in der Praxis zu „bösen Überraschungen" führen, wenn beispielsweise der Vermieter dem Mieter am 30. 9. mitteilt, er habe noch am selben Tage das Ladenlokal zu räumen, da er, der Vermieter dem Mieter gegenüber in einem Gespräch am 3. 4. – in Gegenwart eines Zeugen – mündlich eine Kündigung zum 30. 9. erklärt habe.

---
[1] BGH NJW 2001, 3480 ff.
[2] BGH NJW 2001, 3482.

> **Praxistipp:**
> Bei einem gewerblichen Mietverhältnis auf unbestimmte Zeit, das also mit gesetzlicher Kündigungsfrist aufgekündigt werden kann, sollte unbedingt mietvertraglich vereinbart werden, dass die Kündigung des Mietverhältnisses zur Wirksamkeit der Schriftform bedarf.
> Üblich bei dem Abschluss von gewerblichen Mietverträgen ist die allgemeine Schriftformklausel, wonach Änderungen und Ergänzungen des Vertrages der Schriftform bedürfen und mündliche Nebenabreden ausgeschlossen sind. Abgesehen von der Frage, ob diese allgemeine Schriftformelklausel rechtlich wirksam ist – Vorrang einer mündlichen Individualabrede – bestehen meines Erachtens Zweifel daran, dass diese allgemeine Schriftformklausel auch eine Kündigung des Mietvertragsverhältnisses sachlich erfasst. Empfehlenswert ist eine konkrete auf die Kündigung abgestellte Schriftformklausel und zwar als „doppelte Schriftformklausel".[3]
> Die Klausel könnte etwa wie folgt lauten:
> „Die Kündigung des Mietverhältnisses bedarf zu ihrer Wirksamkeit der Schriftform; mündliche Vereinbarungen über die Aufhebung der Schriftform sind nichtig."

II. Außerordentliche fristlose Kündigung

1. Außerordentliche fristlose Kündigung des Mieters

8 a) **Einleitung.** Anders als im Wohnraummietrecht hat für den Geschäftsraummieter die Möglichkeit der fristlosen Kündigung eine weitaus größere Bedeutung. Dabei ist noch nicht einmal so sehr entscheidend, dass gemäß § 580a BGB die Kündigungsfrist für den Geschäftsraummieter doppelt so lang ist wie für den Wohnraummieter und er darüber hinaus nur zu bestimmten Zeitpunkten, nämlich dem Ende eines Quartals, kündigen kann. Vielmehr ist bei der Geschäftsraummiete der befristete Mietvertrag weitaus verbreiteter als dies bei der Wohnraummiete der Fall ist. Sehr häufig findet man Mietverträge mit einer Dauer von fünf Jahren, auch zehn Jahre Bindung sind keine Seltenheit.

9 Nicht selten ist es der Mieter selbst, der eine derart lange Vertragsdauer eingebracht hat bzw. einbringen will. Sein Interesse ist es häufig, Investitionen, die er in die Mietsache eingebracht hat, langfristig zu sichern. Auch ist die Verlagerung eines Geschäftssitzes nicht immer vorteilhaft und regelmäßig mit hohen Kosten verbunden.

10 Nur am Rande sei erwähnt, dass es in einer solchen Situation für den Mieter durchaus angebracht ist, zu prüfen, ob der Mietvertrag die für eine wirksame Befristung **notwendige Schriftform** gemäß §§ 550, 578 BGB einhält. Ist dies nicht der Fall, kann der Mieter mit der gewöhnlichen gesetzlichen Frist den Mietvertrag kündigen.

> **Praxistipp:**
> Will der Mieter den Mietvertrag beenden, sollte neben möglichen Kündigungsgründen auch geprüft werden, ob die Schriftform eingehalten ist.

11 Bei der Geschäftsraummiete handelt es sich um Mietverhältnisse über Räume gemäß § 578 Abs. 2 BGB. Aus dieser Vorschrift ergibt sich, welche Vorschriften aus dem Wohnraummietrecht entsprechend auf die Geschäftsraummiete anzuwenden sind. Weil § 578 Abs. 2 BGB auch auf § 578 Abs. 1 verweist, sind alle diejenigen Kündigungsrechte, die auch dem Wohnraummieter zur Verfügung stehen, auch im Geschäftsraummietrecht anwendbar. Also stehen auch dem Geschäftsraummieter die Kündigungsrechte wegen der fehlenden Gebrauchsgewährung, wegen Gesundheitsgefährdung, wegen Störung des Hausfriedens und wegen Unzumutbarkeit der Vertragsfortsetzung zur Verfügung. Darüber hinaus kann er

---

[3] BAG NJW 2003, 3725 ff.

ebenfalls wie der Wohnraummieter wegen der Verweigerung der Genehmigung der Untermiete kündigen. Schließlich ist noch das Kündigungsrecht bei Tod des Mieters gemäß § 580 BGB zu erwähnen, dieser Fall ist im Wohnraummietrecht spezieller und anders geregelt.

b) Besonderheiten gegenüber dem Wohnraummietrecht. *aa) Keine Schriftform.* Die **12** Schriftform der Kündigung des Wohnraummieters ist in § 568 BGB angeordnet. Auf diese Vorschrift verweist § 578 BGB nicht, so dass die Kündigung des Mietvertrages bei der Geschäftsraummiete nicht der Schriftform bedarf.[4] Sogar eine konkludente Kündigung des Mietvertrages ist möglich.[5]

Allerdings ist zu beachten, dass gewöhnlich ein Geschäftsraummietvertrag **vereinbart** ist, **13** dass die **Kündigung schriftlich** zu erfolgen hat. Die dort weiter genannten Formvorschriften sind dann einzuhalten. Aus anwaltlicher Sicht kann dieses Problem allerdings dahinstehen, da der Anwalt immer zu einer schriftlichen Kündigung raten soll, die dann auch beweisbar zugestellt werden kann.[6]

> **Praxistipp**:
> Immer schriftlich kündigen, dabei gegebenenfalls vertraglich vereinbarte Formvorschriften einhalten.

bb) Keine Pflicht zur Begründung. § 578 BGB verweist auf § 569 Abs. 1 und 2 BGB, **14** nicht jedoch auf § 569 Abs. 4 BGB. Daraus ergibt sich, dass eine außerordentliche Kündigung im Geschäftsraummietrecht zwar begründet sein muss, der zur Kündigung berechtigende Grund aber nicht bei der Kündigung oder im Kündigungsschreiben angegeben sein muss.[7] Das bedeutet aber nur, dass der Kündigungsgrund bei der Kündigung oder im Schreiben nicht angegeben sein muss, gleichwohl muss natürlich ein **Kündigungsgrund vorliegen**, der zur Kündigung berechtigt, und zwar im Zeitpunkt des Ausspruchs der Kündigung. Nachträglich entstandene Kündigungsgründe können die Kündigung nicht rechtfertigen, eröffnen aber gegebenenfalls die Möglichkeit einer neuer Kündigung.

cc) Abdingbarkeit. § 569 Abs. 5 BGB, der bestimmt, dass von den Vorschriften des § 569, **15** 543 BGB nicht zum Nachteil des Mieters abgewichen werden darf, gilt im Recht der Geschäftsraummiete nicht, weil § 578 BGB auf diese Vorschrift nicht verweist. Daher stellt sich die Frage, ob und gegebenenfalls inwieweit die Vorschriften über die Kündigungsrechte des Mieters abdingbar sind. Dabei ist zunächst § 314 Abs. 1 BGB zu beachten, der für Dauerschuldverhältnisse bestimmt, dass jeder Vertragsteil aus wichtigem Grund ohne Einhaltung einer Kündigungsfrist kündigen kann. Diese Vorschrift ist mit der Schuldrechtsreform zum 1. 1. 2002 in das BGB einfügt worden und kodifizierte nur den schon bis dahin bestehenden Rechtsgrundsatz, dass bei **Dauerschuldverhältnissen das Recht zur außerordentlichen Kündigung aus wichtigem Grund nicht ausgeschlossen werden kann.** Daher wird auch nunmehr allgemein angenommen, dass § 314 Abs. 1 BGB zwingendes Recht ist, obwohl dies im Wortlaut nicht zum Ausdruck kommt.[8] Das bedeutet, dass auch durch eine individualvertragliche Vereinbarung das außerordentliche Kündigungsrecht nicht ausgeschlossen werden kann; erst recht nicht in AGB.[9]

Zwar enthalten die §§ 543, 569 BGB für die Miete speziellere Vorschriften gegenüber **16** § 314 BGB,[10] gleichwohl gilt der Grundsatz, dass das Kündigungsrecht aus wichtigem Grund grundsätzlich nicht abgedungen werden kann, auch im Mietrecht. Ob und inwieweit dennoch ein völliger Ausschluss für bestimmte Kündigungsgründe oder eine Erschwerung möglich ist, wird bei den einzelnen Kündigungsgründen dargestellt.

---

[4] MünchKommBGB/*Häublein* § 568 Rdnr. 3.
[5] OLG Frankfurt a. M. NZM 2005, 619.
[6] Vgl. § 41 Rdnr. 4 ff.
[7] Schmidt-Futterer/*Blank* § 569 BGB Rdnr. 70 a. e.
[8] Palandt/*Grüneberg* § 314 Rdnr. 3; MünchKommBGB/*Gaier* § 314 Rdnr. 4.
[9] MünchKommBGB/*Gaier* § 314 Rdnr. 4
[10] MünchKommBGB/*Gaier* § 314 Rdnr. 9; Palandt/*Grüneberg* § 314 Rdnr. 6.

17 c) **Fehlende Gebrauchsgewährung, § 543 Abs. 1 i.V.m. Abs. 2 Ziffer 1 BGB.** *aa) Einleitung.* Die Vorschriften des § 543 BGB gelten für alle Mietverhältnisse, eines besonderen Verweises in § 578 BGB bedurfte es deshalb nicht. Grundsätzlich kann daher auch auf die entsprechenden Ausführungen betreffend die Wohnraummiete verwiesen werden.[11] Dies betrifft insbesondere den Beginn des Kündigungsrechtes, die Teilkündigung, die Kündigungserklärung sowie die Darlegungs- und Beweislast.

18 *bb) Abdingbarkeit.* Grundsätzlich ist § 543 Abs. 2 Ziffer 1 bei der Geschäftsraummiete dispositiver Natur. Durch eine **Individualvereinbarung** kann das Kündigungsrecht wegen Nichtgewährung des Gebrauchs in den Grenzen der §§ 138, 226, 242 BGB ausgeschlossen werden.[12] **Formularmäßige Ausschlüsse** sind jedoch nur in engeren Grenzen möglich.[13] Das Kündigungsrecht wegen nicht rechtzeitiger Überlassung kann jedenfalls nur dann formularmäßig ausgeschlossen werden, wenn die Verzögerung der Übergabe nicht vom Vermieter zu vertreten ist. Ansonsten verstößt die Klausel gegen § 309 Nr. 8 a BGB, gegebenenfalls auch gegen § 307 Abs. 2 BGB.[14] Ist im Mietvertrag eine Klausel enthalten, muss sorgfältig geprüft werden, ob der Ausschluss zulässig ist oder nicht. Immerhin ist die Pflicht zur Gebrauchsgewährung die wesentliche Pflicht des Vermieters im Mietverhältnis. Kommt er dieser Pflicht nicht nach, ist schwerlich einzusehen, warum der Mieter dann gezwungen sein soll, am Mietvertrag festzuhalten. Gegebenenfalls ist auch darauf zu achten, ob für diesen Fall im Vertragswerk Kompensationen vorgesehen sind. Dabei darf nicht übersehen werden, dass der gewerbliche Mieter in der Regel zur Ausübung seines Gewerbes oder Geschäftes auf das Mietobjekt angewiesen ist. Kann er das eigentlich gemietete Objekt nicht nutzen, muss ihm die Möglichkeit gegeben werden, auf ein anderes Mietobjekt auszuweichen.

19 *cc) Voraussetzungen.* Die Voraussetzungen sind grundsätzlich die selben wie bei der Wohnraummiete,[15] es ist also notwendig, dass der Gebrauch der Mietsache nicht gewährt oder entzogen wird, dies abgemahnt oder eine Frist zur Abhilfe gesetzt wird und der Vermieter untätig geblieben ist.

20 *(1) Erhebliche Gebrauchsstörung.* Es muss also zunächst eine **erhebliche Gebrauchsstörung** vorliegen, Verschulden des Vermieters ist dabei nicht erforderlich. Es kann eine komplette Nichtgewährung oder ein kompletter Entzug des Gebrauchs sein, ebenso wie eine teilweise Nichtgewährung oder der teilweise Entzug. Liegen die Voraussetzungen des § 543 Abs. 2 Ziffer 1 BGB vor, muss danach nicht mehr geprüft werden, ob die Fortsetzung des Vertragsverhältnisses noch zumutbar ist, denn die Zumutbarkeit der Vertragsfortsetzung als Voraussetzung des § 543 Abs. 1 BGB muss in den Fällen des § 543 Abs. 2 Ziffer 1 BGB nicht zusätzlich vorliegen.[16] Nur eine erhebliche Gebrauchsstörung löst das Kündigungsrecht aus, wobei allerdings die Unerheblichkeit eines Mangels der Ausnahmefall ist.[17]

21 Neben der **Nichtgewährung des Gebrauchs** oder der **völligen Entziehung des Gebrauches** können auch **Mängel** zur Kündigung berechtigen, wenn die übrigen Voraussetzungen vorliegen.[18] Beispielhaft seien aus jüngerer Zeit drei Fälle genannt, bei denen jeweils eine Berechtigung des Geschäftsraummieters zur außerordentlichen Kündigung bejaht wurde:

22 Liegt bei der Miete von Geschäftsräumen die **Mietfläche** um 10% unter der im Mietvertrag vereinbarten Fläche, ist dies ein nicht unerheblicher Mangel, der zur Kündigung berechtigt.[19]

Die Zusage, das angemietete Ladenlokal werde in ein größeres Einkaufszentrum eingebettet, wertet der Bundesgerichtshof als **Zusicherung einer Eigenschaft** der Mietsache, deren Nichteinhaltung ebenfalls zur außerordentlichen Kündigung des Mietvertrages berechtigt.[20]

---

[11] Vgl. § 41 Rdnr. 15 ff.
[12] MünchKommBGB/*Bieber* § 543 Rdnr. 47.
[13] Schmidt-Futterer/*Blank* § 569 BGB Rdnr. 87.
[14] Schmidt-Futterer/*Blank* § 543 BGB Rdnr. 8.
[15] Vgl. § 41 Rdnr. 20 ff.
[16] BGH NZM 2009, 431; BGH NZM 2006, 929.
[17] Dazu näher § 41 Rdnr. 20–34.
[18] Einzelfälle bei Schmidt-Futterer/*Blank* § 569 BGB Rdnr. 28.
[19] BGH NZM 2005, 500.
[20] OLG Frankfurt a. M. NZM 2005, 619.

Häufig sind gewerbliche Objekte erst nach Vorlage entsprechender Genehmigungen nutzbar. Wird durch eine mit einer Zwangsmittelandrohung verbundenen **Ordnungsverfügung** die vertragsgemäße Nutzung untersagt, reichen schon Zweifel über deren Zulässigkeit aus, um den Mieter zur Kündigung zu berechtigen.[21]   23

(2) Frist oder Abmahnung. Die Kündigung ist erst zulässig, wenn der Mieter gemäß § 543 Abs. 3 entweder den Vermieter **abgemahnt** oder ihm eine **Frist zur Abhilfe** gesetzt hat und der Vermieter trotz Abmahnung oder Fristsetzung untätig geblieben ist.[22]   24

Weil von der Einhaltung dieser Vorschrift die Wirksamkeit der Kündigung abhängt, ist auch diesbezüglich zu empfehlen, Abmahnungen oder Fristsetzungen schriftlich an den Vermieter zu richten und sicher zu stellen, dass der Zugang bewiesen werden kann.

> **Praxistipp**:
> Abmahnungen oder Fristsetzungen immer schriftlich an den Vermieter richten und den Zugang sicher stellen.

dd) Ausschluss und Verwirkung. Neben der bereits oben dargestellten Abdingbarkeit kann das Kündigungsrecht nach § 543 Abs. 2 Nr. 1 BGB auch ausgeschlossen sein, wenn die Gebrauchsbeeinträchtigung vom **Mieter selbst hervorgerufen** wird.[23] Der Mieter darf nicht selbst den vertragswidrigen Zustand schaffen, um sich dann vom Vertrag lösen zu können. Der Mieter kann auch nicht kündigen, wenn er bei Abschluss des Vertrages die Gebrauchsbeeinträchtigung kannte und er sich ein Kündigungsrecht nicht vorbehalten hat.   25

Wie auch bei der Wohnraummiete[24] ist dem Mieter zu empfehlen, **zeitnah** nach dem Auftreten der Beeinträchtigung tätig zu werden. Ansonsten droht **Verwirkung**. Das bedeutet, dass er zunächst den Mangel anzeigen muss, danach die fehlende Beseitigung abmahnen oder eine Frist setzen muss und schließlich auch zeitnah die Kündigung auszusprechen hat, wenn der Mangel nicht beseitigt wird. Innerhalb welcher Frist gekündigt werden muss, kann nur im Einzelfall entschieden werden.[25]   26

Jedenfalls ist auch bei der Geschäftsraummiete das Kündigungsrecht **nicht verwirkt,** wenn der Mieter trotz des Mangels und trotz der Tatsache, dass der Vermieter den Mangel nicht beseitigt, die **Miete weiter vorbehaltlos** zahlt. Zwar hat man früher in Anwendung von § 539 BGB a. F. analog angenommen, dass nicht mehr gemindert werden könne, wenn trotz Kenntnis eines Mangels die Miete vorbehaltlos gezahlt wird. Dies wirkte sich auch auf das Kündigungsrecht nach § 542 BGB a. F. aus. Für die Annahme einer planwidrigen Regelungslücke, die Voraussetzung für eine Analogie wäre, ist jedoch seit der Mietrechtsreform zum 1. 9. 2001 kein Raum mehr, dies gilt auch in der Geschäftsraummiete.[26] **Durch vorbehaltlose Zahlung der Miete verwirkt das Kündigungsrecht daher nicht.**   27

Checkliste   28

☐ Kündigungsrecht wirksam abbedungen?
☐ Allgemeine Kündigungsvoraussetzungen
☐ erhebliche Gebrauchsstörung
☐ Frist zur Abhilfe/Abmahnung
☐ Ausschluss/Verwirkung

---

[21] BGH ZMR 2008, 274.
[22] Zu den Einzelheiten § 41 Rdnr. 35 ff.
[23] BGH WuM 2005, 54.
[24] Vgl. § 41 Rdnr. 62.
[25] Vgl. § 41 Rdnr. 63.
[26] BGH NZM 2006, 929.

29 d) *Gesundheitsgefährdung. aa) Einleitung.* § 578 BGB bestimmt, dass bei Mietverhältnissen über Räume, die keine Wohnräume sind, § 569 Abs. 1 BGB, also die Kündigung wegen Gesundheitsgefährdung, entsprechend gilt, wenn die Räume **zum Aufenthalt von Menschen bestimmt** sind. Dies ist eine weitere Voraussetzung des Kündigungsrechts, bezüglich derer auf die betreffenden Ausführungen zur Wohnraummiete verwiesen werden kann.[27] Die Kündigung wegen Gesundheitsgefährdung ist daher auch hier ein Unterfall der Kündigung wegen Nichtgewähren des Gebrauchs. **Fristsetzung oder Abmahnung** ist deswegen auch hier erforderlich.

30 *bb) Abdingbarkeit.* Anders als die Kündigung wegen Nichtgewährung des Gebrauchs nach § 543 Abs. 2 Nr. 1 BGB wird die Kündigungsmöglichkeit wegen Gesundheitsgefährdung nach § 569 Abs. 1 BGB allgemein als **nicht abdingbar** angesehen.[28] Begründet wird dies damit, dass Zweck des § 569 BGB auch das öffentliche Interesse an der Volksgesundheit ist.[29] Daher ist sowohl der Ausschluss des Kündigungsrechts wie auch der Abschluss einschränkender Vereinbarungen nichtig.[30]

31 *cc) Voraussetzungen.* (1) Notwendig ist daher zunächst, dass es sich um zum Aufenthalt von Menschen bestimmte Räume handelt. Das sind z. B. Läden, Büros, Fabrikhallen, Werkstätten, Krankenzimmer, Gaststätten, Fest- und Veranstaltungssäle, Warteräume und ähnliches.[31] Dabei kommt es lediglich auf die vertragliche Vereinbarung an, nicht auf die tatsächliche Nutzung (zum Aufenthalt von Menschen **bestimmt**).[32] Diese Voraussetzung sieht die Rechtsprechung offensichtlich auch dann als gegeben an, wenn an einen **gewerblichen Zwischenvermieter** vermietet wird. Denn es komme nicht darauf an, ob der Zweck der Anmietung die Weitervermietung der Sache sei, sondern darauf, ob die Räume, die vermietet werden, zum Aufenthalt von Menschen bestimmt sind. Diese Voraussetzung richte sich nach dem Zweck der Räume.[33]

32 Dieser Ansicht steht nicht entgegen, dass der Zwischenmieter in einem solchen Fall auch das Kündigungsrecht des § 543 Abs. 2 Nr. 1 BGB wegen Nichtgewährung des Gebrauchs habe.[34] Nach Auffassung des Verfassers ist der Rechtsprechung zu folgen, denn es kommt darauf an, ob eine Gesundheitsgefährdung von Menschen besteht, nicht notwendigerweise nur des Mieters. Auch andere Menschen, die sich bestimmungsgemäß in diesen Räumen aufhalten sollen, also der Untermieter oder Besucher etc. gehören zum **geschützten Personenkreis**.[35] Bei der gewerblichen Zwischenmiete sollen regelmäßig die Räume von Menschen genutzt werden, sie sind also zum Aufenthalt von Menschen bestimmt, auch wenn der Zweck des Mietvertrages zwischen Vermieter und gewerblichem Zwischenmieter ein anderer ist.

33 (2) Weitere Voraussetzung ist eine **erhebliche Gesundheitsgefährdung**. Die Gesundheitsgefährdung muss mit der Benutzung des Objektes entstehen, die Mitbenutzung also kausal für die Gesundheitsgefährdung sein. Dazu muss nicht immer ein Mangel der Mietsache im hygienischen Sinn vorliegen, auch andere Mängel wie die Beeinträchtigung der Standsicherheit des Gebäudes können eine Gefährdung begründen. Aus dem Merkmal der Erheblichkeit ergibt sich, dass eine **nachhaltige Gefährdung** vorliegen muss.[36]

34 (3) *Abmahnung und Fristsetzung.* Wie in den übrigen Fällen auch, ist die Kündigung auch bei der Gesundheitsgefährdung nur zulässig, wenn vorher abgemahnt oder eine Frist zur Abhilfe gesetzt wurde.

---

[27] § 41 Rdnr. 74 ff.
[28] BGH NJW 1992, 2628; Staudinger/*Emmerich* § 569 Rdnr. 19; Palandt/*Weidenkaff* § 569 Rdnr. 5.
[29] Palandt/*Weidenkaff* § 569 Rdnr. 5.
[30] BGHZ 29, 289; Staudinger/*Emmerich* § 569 Rdnr. 19.
[31] Schmidt-Futterer/*Blank* § 569 BGB Rdnr. 6; Staudinger/*Emmerich* § 569 Rdnr. 6.
[32] Staudinger/*Emmerich* § 569 BGB Rdnr. 5.
[33] BGH WM 2004, 206. Das Urteil betrifft zwar noch eine Kündigung nach altem Recht, der BGH verwertete aber bereits Literatur zu § 569 BGB n. F.
[34] Schmidt-Futterer/*Blank* § 569 Rdnr. 8.
[35] Schmidt-Futterer/*Blank* § 569 Rdnr. 8
[36] Zu den Einzelheiten vgl. § 41 Rdnr. 78 bis 84; Beispiele für einzelne Gesundheitsgefährdungen bei Staudinger/*Emmerich* § 569 Rdnr. 12.

dd) Ausschluss und Verwirkung. Das Kündigungsrecht wegen Gesundheitsgefährdung ist 35 zwar nicht abdingbar, kann aber ausgeschlossen sein. Dies wird in der Regel dann vorliegen, wenn der Mieter den Umstand, der zur Kündigung führen soll, selbst herbeigeführt hat.[37]

Das Kündigungsrecht wegen Gesundheitsgefährdung kann nicht verwirken, denn solange 36 die Gesundheitsgefährdung noch besteht, ist der Kündigungsgrund gegeben. Auf den Eintritt des Umstandes, auf den die Gefährdung zurückzuführen ist, kommt es nicht an.[38]

Checkliste 37

- ☐ Allgemeine Kündigungsvoraussetzungen
- ☐ Voraussetzungen
  Zum Aufenthalt von Menschen bestimmte Räume
  Erhebliche Gesundheitsgefährdung
- ☐ Frist zur Abhilfe/Abmahnung
- ☐ Ausschluss/Verwirkung

e) Störung des Hausfriedens. aa) Einleitung. Auch bei der Geschäftsraummiete kann der 38 Hausfrieden gestört sein, jedenfalls ist gemäß § 578 Abs. 2 BGB auf Mietverhältnisse über Räume, die keine Wohnräume sind § 569 Abs. 2 BGB entsprechend anzuwenden. Zwar wird der Kündigungsgrund wegen Störung des Hausfriedens in der Regel von Vermieterseite geltend gemacht, steht aber gleichermaßen dem Mieter zu.

bb) Abdingbarkeit. Auch das Kündigungsrecht wegen Störung des Hausfriedens ist nicht 39 abdingbar, der Zweck dieses Kündigungsrechtes spricht dagegen.[39] Die Störung des Hausfriedens ist ein Unterfall des wichtigen Grundes. Deshalb muss auch hier der Grundsatz gelten, dass das Recht zur außerordentlichen Kündigung im Dauerschuldverhältnis nicht ausgeschlossen werden kann.

cc) Voraussetzungen. (1) Störung des Hausfriedens. Störung des Hausfriedens, der im 40 BGB nicht näher definiert ist, liegt vor, wenn die zur Wahrung des Hausfriedens notwendigen Verhaltenspflichten zur gegenseitigen Rücksichtnahme verletzt und dies zur Beeinträchtigung des Mieters führt. Die Störung muss nachhaltig sein. Das Verschulden ist nicht erforderlich, spielt aber bei der Frage der Zumutbarkeit durchaus eine gewichtige Rolle, weil § 569 Abs. 2 BGB ausdrücklich anordnet, dass insbesondere ein Verschulden der Vertragsparteien in die notwendige Abwägung mit einzubeziehen ist. Eine Abwägung der Interessen des Mieters und des Vermieters ist in jedem Fall notwendig um festzustellen, ob ein Kündigungsrecht tatsächlich besteht.[40]

(2) Abmahnung oder Fristsetzung. Eine Abmahnung oder eine Fristsetzung ist auch hier 41 erforderlich, lediglich unter den Voraussetzungen des § 543 Abs. 3 Satz 2 BGB könnte darauf verzichtet werden. Bei einer Störung des Hausfriedens wird sich regelmäßig empfehlen, dies abzumahnen, weil dadurch dem Vertragspartner sein vertragswidriges Verhalten vor Augen geführt werden kann.

(3) Darlegungsprobleme. Die Darlegungsprobleme, die der Wohnraummieter hat,[41] dürf- 42 ten bei der Geschäftsraummiete gemildert sein. Denn üblicherweise werden Geschäftsräume auch von anderen Personen als dem Mieter frequentiert, beispielsweise Mitarbeiter oder Kunden. Diese könnten dann gegebenenfalls Zeugen für Hausfriedensstörungen werden. Notwendig ist aber dennoch, Störung des Hausfriedens, insbesondere Lärm, so fest zu hal-

---

[37] Näher dazu § 41 Rdnr. 58 bis 88.
[38] Näher dazu § 41 Rdnr. 89.
[39] BGH NJW 1992, 2628; Staudinger/*Emmerich* § 569 Rdnr. 68; Palandt/*Weidenkaff* § 569 Rdnr. 5.
[40] Dazu näher § 41 Rdnr. 93 bis 99.
[41] Dazu § 41 Rdnr. 102 ff.

ten, dass dies auch entsprechend dargelegt werden kann. Auch für den Geschäftsraummieter wird ein Lärmprotokoll bei entsprechenden Störungen unerlässlich sein.

43 *dd) Ausschluss und Verwirkung.* Abbedungen werden kann das Kündigungsrecht nicht, wie oben ausgeführt. Es kann auch nicht aufgrund sonstiger Umstände ausgeschlossen sein, so dass nur eine Verwirkung in Betracht kommt. Hierfür gelten die allgemeinen Grundsätze, so dass der Mieter das Kündigungsrecht dann auch zeitnah ausüben muss.[42]

44 **Checkliste**

☐ Allgemeine Kündigungsvoraussetzungen
☐ Nachhaltige Störung des Hausfriedens
☐ Frist zur Abhilfe/Abmahnung
☐ Ausschluss/Verwirkung

45 *f) Unzumutbarkeit der Vertragsfortsetzung, § 543 Abs. 1 BGB. aa) Einleitung.* Dieses Kündigungsrecht ist mit der Mietrechtsreform 2001 entstanden und beschreibt ein allgemeines Recht beider Vertragsparteien zur fristlosen Kündigung.[43] Dieses Kündigungsrecht wurde vor der Mietrechtsreform 2001 aus allgemeinen Rechtsgrundsätzen hergeleitet und ist durch § 543 Abs. 1 BGB kodifiziert worden.

Die Legaldefinition des wichtigen Grundes findet sich in Satz 1 der Vorschrift und orientiert sich an § 626 BGB:[44] Ein wichtiger Grund liegt danach vor, wenn dem Kündigenden unter Berücksichtigung aller Umstände des Einzelfalles, insbesondere eines Verschuldens der Vertragsparteien und unter Abwägung der beiderseitigen Interessen die Fortsetzung des Mietverhältnisses bis zum Ablauf der Kündigungsfrist oder bis zur sonstigen Beendigung des Mietverhältnisses nicht zugemutet werden kann.

46 *bb) Abdingbarkeit.* Da es sich bei diesem Kündigungsrecht um die Frage der Unzumutbarkeit der Vertragsfortsetzung aus wichtigem Grund handelt, kann dieses Kündigungsrecht auch bei der Geschäftsraummiete grundsätzlich nicht vertraglich ausgeschlossen werden.[45] Dies ergibt sich im Übrigen auch aus einem Vergleich mit § 314 Abs. 1 BGB, der ähnlich formuliert ist und bezüglich dessen ebenfalls Unabdingbarkeit angenommen wird.[46]

47 *cc) Kündigungsfrist.* Etwas unglücklich formuliert gestattet § 543 Abs. 1 Satz 1 BGB jeder Vertragspartei, das Mietverhältnis aus wichtigem Grund außerordentlich **fristlos** zu kündigen. Dies würde bedeuten, dass nur eine fristlose Kündigung möglich ist, wenn man die Vorschrift ihrem Wortlaut nach eng auslegt. Damit man aber dem Sinn und der Bedeutung der Vorschrift nicht gerecht, man muss deshalb die Vorschrift dahingehend auslegen, dass außer der fristlosen Kündigung auch die außerordentliche Kündigung insgesamt zulässig ist, also auch mit einer kürzeren als der gesetzlichen Frist bzw. bei befristeten Mietverträgen ggf. auch mit einer gesetzlichen oder längeren Frist. Insbesondere bei einer Kündigung mit einer längeren als der gesetzlichen Frist wird man aber zu beachten haben, dass aus dem Umstand, dass mit einer längeren als der gesetzlichen Kündigungsfrist gekündigt ist, geschlossen werden kann, die Unzumutbarkeit liege nicht vor. Dies muss ähnlich wie bei der Verwirkung gesehen werden, weil ein außerordentliches Kündigungsrecht zeitnah ausgesprochen werden muss.[47]

---

[42] Dazu § 41 Rdnr. 62 und 63.
[43] Begründung Regierungsentwurf zu § 543 Entw.
[44] Begründung Regierungsentwurf zu § 543 Entw.
[45] Begründung Regierungsentwurf zu § 543 Entw; Palandt/*Weidenkaff* § 543 Rdnr. 1.
[46] Vgl. oben Rdnr. 8.
[47] Vgl. dazu § 41 Rdnr. 62.

dd) Voraussetzungen. (1) Wichtiger Grund. Der wichtige Grund ist nicht legaldefiniert, aber an § 626 BGB angelehnt.[48] Die Definition des wichtigen Grundes kann deshalb ähnlich wie dort vorgenommen werden.[49] § 543 Abs. 1 BGB ist ein Aufwandtatbestand für die Fälle, die in den übrigen Kündigungsrechten aus §§ 543 und 569 BGB nicht geregelt sind, denen aber ein ähnliches Gewicht beizumessen ist. Das bedeutet aber nicht, dass dieses Kündigungsrecht für die Fälle herhalten kann, bei denen etwa ein Tatbestandsmerkmal der übrigen Kündigungsrechte nicht erfüllt ist.[50] Im Regelfall liegt ein wichtiger Grund, der den Mieter zur Kündigung berechtigt, nur dann vor, wenn er aus der Risikosphäre des Vermieters stammt.[51]

(2) Verschulden? Das Verschulden ist nicht Voraussetzung für eine Anwendung von § 543 Abs. 1 BGB. Es kann allenfalls ein **Umstand des Einzelfalles** sein, weil das Verschulden im Tatbestand des § 543 Abs. 1 BGB besonderes als Abwägungskriterium hervorgehoben wird. Immerhin ergibt sich aus der Erwähnung des Verschuldens im Tatbestand des § 543 Abs. 1 BGB, dass diesem als einzigem erwähnten Abwägungskriterium eine herausragende Bedeutung innerhalb der Abwägung zukommen soll.[52] Man wird daher annehmen können, dass bei nicht schuldhaftem Verhalten die Anforderungen an die Unzumutbarkeit höher sein müssen als bei schuldhaftem Verhalten.[53]

(3) Abmahnung oder Fristsetzung. Gemäß § 543 Abs. 3 BGB ist eine Abmahnung oder eine Fristsetzung zur Abhilfe (nur) dann erforderlich, wenn der wichtige Grund in der Verletzung einer Pflicht aus dem Mietvertrag besteht. Nun ist schwer vorstellbar, dass sich die Unzumutbarkeit der Vertragsfortsetzung im Falle des § 543 Abs. 1 BGB ohne eine Verletzung mietvertraglicher Pflichten ergeben sollte, so dass grundsätzlich der Vermieter abzumahnen oder ihm eine Frist zur Abhilfe zu setzen ist. Sollte dies ausnahmsweise nicht der Fall sein, wäre gleichwohl zur Sicherheit eine Abmahnung oder eine Fristsetzung zu empfehlen.

Praxistipp:
Der Anwalt sollte dem Mandanten immer dazu raten, abzumahnen oder eine Frist zur Abhilfe zu setzen.

(4) Einzelfälle. Sie teilen sich gewöhnlich in zwei verschiedene Gruppen auf, nämlich der Zerrüttung des Mietvertrages oder der wichtige Grund stammt aus der Interessenssphäre des anderen Teils.[54]
Über die bereits bei den entsprechenden Ausführungen bei der Wohnraummiete genannten Beispiele[55] ist für den Bereich der Geschäftsraummiete herauszuheben, dass jedenfalls Gewinnerwartungen des Mieters regelmäßig kein wichtiger Grund sind, um einen Mietvertrag zu kündigen.[56]
Ebenso wenig ist die Insolvenz des Vermieters für den Mieter ein Kündigungsgrund. Solange die mietvertraglichen Verpflichtungen seitens des Vermieters erfüllt werden, ist für eine Kündigung kein Raum. Sollte es in Folge der Insolvenz dazu kommen, dass mietvertragliche Pflichten nicht mehr erfüllt werden, stehen dafür die anderen Kündigungsgründe zur Verfügung.[57]

---

[48] Begründung Regierungsentwurf zu § 543 Entw.
[49] Zu den Einzelheiten vgl. § 41 Rdnr. 113.
[50] Schmidt-Futterer/*Blank* § 543 Rdnr. 155
[51] Schmidt-Futterer/*Blank* § 543 Rdnr. 156.
[52] Schmidt-Futterer/*Blank* § 543 Rdnr. 155.
[53] Palandt/*Weidenkaff* § 543 Rdnr. 5.
[54] Vgl. dazu § 41 Rdnr. 118 ff.
[55] Dazu Fußnote wie vor.
[56] Hannemann/Wieg/Emmert/*Zahn*, Handbuch des Mietrechts, § 44 Rdnr. 42 ff.
[57] Hannemann/Wieg/Emmert/*Zahn*, Handbuch des Mietrechts, § 44 Rdnr. 46.

53	Checkliste

- ☐ Allgemeine Kündigungsvoraussetzungen
- ☐ Voraussetzungen
  Wichtiger Grund
  Verschulden nur als Abwägungskriterum
- ☐ Frist zur Abhilfe/Abmahnung
- ☐ Ausschluss/Verwirkung

54 **g) Kündigung wegen Verweigerung der Genehmigung zur Untervermietung.** *aa) Einleitung.* Nach der gesetzlichen Regelung hat der Mieter gegen den Vermieter grundsätzlich keinen Anspruch darauf, dass dieser ihm gestattet, das Objekt unterzuvermieten. Daher sieht das Gesetz in § 540 Abs. 1 Satz 2 BGB vor, dass der Mieter den Mietvertrag kündigen kann, wenn der Vermieter ihm, dem Mieter, die Untermiete nicht gestattet.

55 *bb) Abdingbarkeit.* § 540 Abs. 1 BGB ist nur bei der Wohnraummiete zwingend, bei anderen Mietverhältnissen jedoch allgemein abdingbar, selbst jede Untervermietung kann ausgeschlossen werden.[58] Ist die Untermiete nicht ausgeschlossen, kann das Sonderkündigungsrecht nicht separat ausgeschlossen werden, jedenfalls nicht durch AGB.[59] Im Übrigen ist ein formularmäßiger Ausschluss bei Mietverträgen auf unbestimmte Zeit wirksam, bei befristeten Mietverhältnissen verstößt der Ausschluss dagegen gegen § 307 BGB.[60]

56 *cc) Voraussetzungen.* Die Voraussetzungen bei der Geschäftsraummiete sind nicht anders als diejenigen bei der Wohnraummiete. Liegt keine generelle Zustimmung zur Untermiete vor, muss der Mieter eine konkrete Anfrage mit Angabe des Namens des Mieters an den Vermieter richten. Da in der Regel die Vermietung der Geschäftsräume zu einem bestimmten Zweck erfolgt, wird der Vermieter auch Anspruch darauf haben, zu erfahren, welche Tätigkeit der Untermieter im Objekt ausüben will. Weitere Voraussetzung ist, dass der Vermieter innerhalb einer ihm gesetzten Frist nicht antwortet oder die Anfrage des Mieters ausdrücklich ablehnt. Schließlich darf in der Person des Untermieters kein wichtiger Grund vorliegen, der den Vermieter dazu berechtigt, die Erlaubnis zur Untervermietung zu verweigern.[61]

57	Checkliste

- ☐ Kündigungsrecht wirksam abbedungen?
- ☐ Allgemeine Kündigungsvoraussetzungen
- ☐ Voraussetzungen
  Wirksame Anfrage zur Untervermietung
  Verweigerung der Untervermietung
  Kein wichtiger Grund zur Verweigerung
- ☐ Ausschluss/Verwirkung

58 **h) Kündigungsrecht bei Tod des Mieters.** *aa) Einleitung.* Bei der Wohnraummiete gibt es verschiedene Vorschriften in §§ 563 ff. BGB, die im einzelnen regeln, wer beim Tod des Mie-

---

[58] BGH NJW 1990, 3016.
[59] BGHZ 130, 50.
[60] Schmidt-Futterer/*Blank* § 540 BGB, Rdnr. 62.
[61] Vgl. dazu § 41 Rdnr. 125 ff., zur Beweislast Rdnr. 128.

ters in den Mietvertrag eintritt. Diese Regeln gibt es bei der Geschäftsraummiete nicht, so dass die gewöhnlichen erbrechtlichen Vorschriften gelten, die erbrechtlichen Rechtsnachfolger des Mieters also in den Mietvertrag eintreten. Gem. § 580 BGB können die Vertragsparteien das Mietverhältnis bei Tod des Mieters mit gesetzlicher Frist kündigen. Grund für das Kündigungsrecht ist die Vorstellung, dass der Vermieter in der Regel die Mietsache nur einer bestimmten Person überlassen will und andererseits der als Erbe eintretende Mieter die Mietsache möglicherweise nicht benötigt.[62] Das Kündigungsrecht besteht für beide Parteien.

bb) Abdingbarkeit. Das Kündigungsrecht kann durch eine Individualvereinbarung ganz ausgeschlossen oder inhaltlich geändert werden, nicht jedoch durch AGB.[63]

cc) Voraussetzungen. (1) *Tod des Mieters.* Daraus ergibt sich zunächst, dass Kündigungsrecht nur besteht beim Tod des Mieters, nicht beim Tod des Vermieters. Es kommt nicht darauf an, ob der Erbe die Firma fortführt, auch bei Fortführung des Geschäftes des Erblassers als Mieter besteht das Kündigungsrecht.

(2) *Natürliche Person.* Das Kündigungsrecht besteht nur dann, wenn es sich bei dem Mieter um eine natürliche Person handelt, es steht nicht einer Kapitalgesellschaft zu, bei der der Geschäftsführer stirbt und ebenso nicht, wenn der Gesellschafter einer Personenhandelsgesellschaft verstirbt.[64] Streitig ist dies jedoch bei Tod eines Gesellschafters, wenn dies zur Auflösung der Gesellschaft führt und des einzelnen Komplementärs einer KG. Nach herrschender Ansicht soll dies dem Tod des Mieters gleichstehen.[65]

(3) *Mehrere Mieter.* Stirbt einer von mehreren Mietern, besteht grundsätzlich kein Kündigungsrecht nach § 580 BGB.[66]

dd) Kündigungserklärung. Die außerordentliche Kündigung beim Tod des Mieters ist für den Erben (wie für den Vermieter) lediglich innerhalb eines Monats, nachdem er vom Tod des Mieters Kenntnis erlangt hat, möglich.

Wird eine Erbengemeinschaft durch den Tod des Mieters Mieter, muss die Kündigung von allen erklärt werden. Tritt der Erbe in eine Mietergemeinschaft ein, besteht nach den obigen Ausführungen kein Sonderkündigungsrecht nach § 580a BGB, ein Kündigungsrecht aus anderen Vorschriften bleibt selbstverständlich unberührt.

Die Frist beginnt, wenn der Erbe Kenntnis vom Tod des Mieters und Kenntnis von seiner Erbenstellung hat.[67]

Checkliste

☐ Kündigungsrecht wirksam abbedungen?
☐ Allgemeine Kündigungsvoraussetzungen
☐ Tod des Mieters
☐ Frist: 1 Monat

2. Außerordentliche fristlose Kündigung des Vermieters

a) Vorüberlegungen. Vor Ausspruch der Kündigung durch den Vermieter sollte der Mandant sowohl über das hohe Kostenrisiko, wie auch über Handlungsalternativen aufgeklärt werden, soweit gravierende Vertragsverstöße des Mieters vorliegen, die den Vermieter zur Kündigung berechtigen können.

---

[62] Palandt/*Weidenkaff* § 580 Rdnr. 1.
[63] Palandt/*Weidenkaff* § 580 Rdnr. 3.
[64] Palandt/*Weidenkaff* § 580 Rdnr. 6.
[65] *Fritz* Gewerberaummietrecht Rdnr. 402.
[66] Dazu genauer OLG Sachsen-Anhalt NZM 2002, 166; auch: *Fritz* Gewerberaummietrecht Rdnr. 402.
[67] OLG Düsseldorf ZMR 94, 114.

67 *aa) Abmahnung.* Gegebenenfalls muss zuvor noch eine Abmahnung bzw. eine Fristsetzung vor Ausspruch der Kündigung erfolgen. Eine Abmahnung liegt vor, wenn der Vermieter den Mieter dazu auffordert, ein vertragswidriges Verhalten in Zukunft zu unterlassen. Eine Abmahnung ist erst dann erforderlich, wenn der Kündigungsgrund in der Verletzung einer mietvertraglichen Pflicht liegt. Wann eine Abmahnung entbehrlich ist, wird in § 543 Abs. 3 S. 2 BGB geregelt:

Checkliste

☐ Die Abmahnung verspricht offensichtlich keinen Erfolg.
☐ Die sofortige Kündigung ist aus besonderen Gründen unter Abwägung der beiderseitigen Interessen gerechtfertigt.
☐ Der Mieter ist mit der Mietsache im Sinne von § 543 Abs. 2 Nr. 3 BGB in Verzug.

68 Zwar ist die Abmahnung nicht zwingende Wirksamkeitsvoraussetzung für eine fristlose Kündigung; – gleichwohl fallen die Kündigungsgründe stärker ins Gewicht, wenn der Mieter trotz Abmahnung sein vertragswidriges Verhalten fortsetzt. Mündliche Abmahnungen sind ausreichend, jedoch mit dem Problem behaftet, im Prozess klar bewiesen zu werden; daher ist stets zu schriftlichen Abmahnungen zu raten, die beweisfest zugestellt worden sind.

69 Obwohl bei einer fristlosen Kündigung gemäß § 543 Abs. 2 S. 1 Nr. 3 BGB eine Abmahnung nicht erforderlich ist, waren in der Vergangenheit bereits Ausnahmen anerkannt worden, beispielsweise bei einem langfristigen Grundstückspachtvertrag für 30 Jahre mit Vorkaufsrecht eines Tennisvereins. Das OLG Hamm[68] hielt nach den Grundsätzen von Treu und Glauben es für erforderlich, eine Abmahnung auszusprechen, weil sich nach jahrelanger regelmäßiger Zahlung dem Vermieter der Schluss hätte aufdrängen müssen, dass die Nichtzahlung auf ein Versehen zurückzuführen sei. Dasselbe müsse gelten, wenn der Vermieter mehr als ein Jahr lang von seinem Recht zur fristlosen Kündigung keinen Gebrauch mache und damit eine angemessene Überlegungsfrist erheblich überschreite.

70 Inhaltlich muss die Abmahnung den vertragswidrigen Gebrauch der Mietsache genau bezeichnen und es muss im einzelnen angegeben werden, wann in welcher Weise welcher Vertragsverstoß begangen worden ist. Regelmäßig empfiehlt es sich, in der Abmahnung anzugeben, dass bei einer Fortsetzung der Vertragsverstöße eine Kündigung von Seiten des Vermieters in Betracht gezogen wird. Nach der Entscheidung des BGH vom 20. 2. 2008[69] hat der Mieter keinen Unterlassungsanspruch gegenüber einer Abmahnung. Daher ist mit dem Ausspruch einer Abmahnung ein geringeres Kostenrisiko verbunden als mit der Zustellung einer Kündigung. Der Ausspruch einer Kündigung des Mietverhältnisses birgt die Gefahr in sich, dass der Mieter negative Feststellungsklage erhebt, was ein **Kostenrisiko** für den Vermieter mit sich bringt, soweit die Kündigung doch nicht durchsetzbar sein sollte.

71 Soweit sich der Mandant dazu entschließt, zunächst eine Abmahnung auszusprechen, ist es hilfreich, wenn der Mieter damit beeindruckt wird, dass er die Kündigung durch den Gerichtsvollzieher oder durch Boten zugestellt bekommt. Regelmäßig sollten in der Abmahnung Hinweise auf die Kostentragungspflicht enthalten sein. Dies kann folgendermaßen formuliert werden:

---

[68] OLG Hamm ZMR 1994, 560.
[69] BGH ZMR 08, 446.

§ 65 Vertragsbeendigung durch Kündigung

Formulierungsvorschlag:
Sie sind bereits jetzt verpflichtet, aufgrund Ihrer Vertragsverstöße die Kosten unserer Einschaltung zu tragen. Diese Kosten werden gemäß anliegender Kostennote bekanntgegeben und Sie sind aufgefordert, bis spätestens ...... die Kosten auf einem der Konten des Unterzeichners zum Ausgleich zu bringen. Soweit gerichtliche Hilfe in Anspruch genommen werden muss, werden sich die Kosten unserer Einschaltung erheblich erhöhen. In Ihrem eigenen Interesse sollten Sie daher eine außergerichtliche Einigung anstreben.

Abmahnung und Kündigung sind innerhalb angemessener Zeit seit Kenntnis von dem Kündigungsgrund auszusprechen, um dem Einwand der Verwirkung der Kündigungsgründe zu entgehen. Zwar sieht das Gesetz keine allgemeine Ausschlussfrist für die Abmahnung oder die fristlose Kündigung vor; – gleichwohl orientiert sich ein Teil der Rechtsprechung an § 626 BGB und fordert, dass die Kündigungserklärung innerhalb weniger Wochen nach Kenntnis vom Vorliegen des Vertragsverstoßes ausgesprochen werden muss.[70] 72

Der Gegenstandswert einer Abmahnung dürfte sich nach überwiegender Ansicht in der Rechtsprechung auf ein Drittel[71] des Kündigungsstreitwertes bemessen, während der Streitwert einer Kündigung sich auf die Jahresnettomiete bezieht. 73

bb) „Ausfrieren/Austrocknen" des Mieters. Im Rahmen der Kündigung eines Mietverhältnisses über Geschäftsraum kommt auch in Betracht, das Abstellen von Versorgungsleistungen bei erheblichem Zahlungsverzug einzuleiten. Die bislang überwiegende Auffassung[72] sieht in der Unterbrechung der Wasserversorgung durch den Vermieter nach Beendigung des Mietverhältnisses keine Besitzstörung i.S.v. §§ 858 Abs. 1, 862 BGB. Die zeitlich unbegrenzte Fortsetzung von Lieferungen mit Wasser und Energie zeigt kein Element des Besitzes des Mieters. Nach Auffassung des Kammergerichts muss unterschieden werden zwischen dem Besitz des Mieters an der Mietsache und dem Gebrauch der Mietsache, den der Vermieter dem Mieter aufgrund des Mietvertrages schuldet. Im Rahmen der Gebrauchsgewährung sei der Vermieter auch zur Erbringung der vereinbarten Nebenleistungen für Heizung und Wasser verpflichtet, wofür der Mieter die vereinbarten Nebenkostenvorschüsse zu zahlen habe. Nach Beendigung des Mietverhältnisses entfalle die Verpflichtung des Vermieters zur Erbringung der im Mietvertrag vereinbarten Nebenleistungen, der Vermieter könne diese grundsätzlich einstellen. Dadurch werde zwar der Mieter in den Gebrauch der Mietsache, zu der er nach Beendigung des Mietverhältnisses nicht mehr berechtigt sei, beeinträchtigt; – sein Besitz an der Mietsache werde damit aber nicht gestört. Besitz an der Mietsache i.S.v. § 858 BGB sei die tatsächliche Sachherrschaft. Die Einstellung von Nebenleistungen sei eine bloße Gebrauchsminderung ohne Eingriff in die Sachherrschaft. 74

Daher bestehen gute Gründe, eine Einstellung der Versorgungsleistungen alternativ oder begleitend zu einer Kündigung des Mietverhältnisses dem Vermieter anzuraten. Nachdem in diesem Zusammenhang regelmäßig damit zu rechnen ist, dass der Mieter von Gewerberaum in diesem Falle eine **einstweilige Verfügung**[73] einleiten wird, wird durch den Anwalt des Vermieters eine **Schutzschrift** bei den zuständigen Gerichten eingereicht werden müssen, um dem Erlass einer einstweiligen Verfügung ohne mündliche Verhandlung begegnen zu können. 75

Von anderen Gerichten wird gefordert, dass dem Mieter von Gewerberaum klar vor Augen gehalten wird, dass eine Einstellung der Versorgungsleistungen erfolgt, bevor diese Maßnahme umgesetzt wird. Letztlich wird diese Maßnahme der Einstellung von Versorgungsleistungen nur dann zum Zuge kommen, wenn klar davon ausgegangen werden kann, dass weitere Zahlungen von Seiten des Gewerberaummieters nicht mehr erfolgen und eine 76

---

[70] Einzelheiten: § 41 Rdnr. 143.
[71] LG Bremen WuM 1999, 599.
[72] Kammergericht ZMR 2008, 47; *Herrlein* NZM 2006, 527 ff.; NZM 2005, 65; a.a.O. OLG Rostock GuT 2007, 372.
[73] Einzelheiten: *Hinz* NZM 2005, 841, 846 ff.

Rückantwort des Gewerberaummieters trotz Ankündigung der Einstellung von Versorgungsleistungen nicht erfolgt.

77 b) **Vertragsparteien.** Vor Ausspruch der Kündigung muss geprüft werden, welche Vertragsparteien die Kündigung auszusprechen haben und wem gegenüber die Kündigung auszusprechen und zuzustellen ist. Dies kann bisweilen Schwierigkeiten bereiten, zumal dann, wenn der Mietvertrag über Gewerberaum älteren Datums ist und sich bei den Parteien des Vertrages Änderungen ergeben haben können.

78 *aa) Mehrheit von Vermietern.* Soweit auf Vermieterseite eine Personenmehrheit vorhanden ist, muss die Kündigung von allen Vermietern ausgesprochen werden. Soweit die Kündigung von einem Vertreter, also von einem der Vermieter oder von deren Anwalt, ausgesprochen wird, muss eine Vollmacht im Original der Kündigung beigefügt werden, § 174 BGB.

79 Bei Annahme des Mandates sollte der Anwalt der Vermieterseite konkret danach befragen, ob in Abweichung des schriftlichen Mietvertrages **Änderungen bei den Vertragsparteien** eingetreten sind und den Schriftverkehr nach Abschluss des Vertrages daraufhin genau untersuchen. Die Haftungsfalle, für den falschen Vermieter oder gegenüber den falschen Mietern zu kündigen, ist nicht zu unterschätzen.

80 Regelmäßig empfiehlt es sich, eine Kopie der dem Original der Kündigung beigefügten Kündigung in der Handakte zu belassen, damit später dem Einwand begegnet werden kann, die Vollmacht sei der Kündigung nicht beigefügt gewesen. Die bearbeitende Sekretärin sollte regelmäßig bei einseitigen Willenserklärungen, die der Rechtsanwalt für seine Mandantschaft ausspricht, Kopien der in den Rechtsverkehr gegebenen Vollmachten in die Akte nehmen.

81 Wird die Kündigung ohne Beifügung einer Originalvollmacht ausgesprochen, so kann der Kündigungsempfänger gemäß § 174 Satz 1 BGB die Kündigung unverzüglich zurückweisen, soweit der Kündigungsempfänger nicht anderweitig über die Bevollmächtigung des Rechtsanwaltes unterrichtet worden war, § 174 Satz 2 BGB.[74]

82 *bb) Mehrheit von Mietern und Besitzern.* Die Kündigung ist gegenüber dem Mieter und bei einer Mietermehrheit gegenüber sämtlichen Mietern auszusprechen bzw. gegenüber dem gesetzlichen Vertreter des Mieters.

Die Eigenschaft als Mieter oder Vermieter ergibt sich aus dem Mietvertrag und eventuellen schriftlichen oder mündlichen Nachtragsvereinbarungen bzw. bei einer Veräußerung des Grundstücks aus dem Grundbuch.

Eine Kündigung, die nicht gegenüber allen Mietern erklärt wird, ist grundsätzlich unwirksam.

83 Soweit die Kündigung an eine im **Handelsregister** eingetragene Mieterin ausgesprochen wird, empfiehlt es sich, eine Handelsregisterauskunft einzuholen, weil es möglicherweise Änderungen gegeben hat. Überdies ist der Mandant zu befragen, ob und gegebenenfalls in welchem Umfang weitere Personen durch mündliche oder schriftliche Absprachen in den Mietvertrag eingetreten sind.

84 Soweit eine – erlaubte oder unerlaubte – Untervermietung vorliegt, sollten auch hierüber frühzeitig Informationen eingeholt werden, damit der Untermieter über die Kündigung informiert und ebenfalls zu pünktlicher Räumung aufgefordert werden kann. Weigert sich der Untermieter, dem Räumungstermin Folge zu leisten, so ist dieser als Mitbesitzer ebenfalls auf Räumung zu verklagen.

85 c) **Hilfsweise ordentliche Kündigung.** Weiter ist zu prüfen, ob bei einem Zeitmietvertrag möglicherweise Schriftformverstöße, § 550 BGB, vorliegen, die dazu führen, das Mietverhältnis mit der gesetzlichen Frist von sechs Monaten zum Ende des nächsten Kalendervierteljahres zu kündigen.[75]

86 Liegen diese Voraussetzungen vor, so kann hilfsweise eine weitere fristgemäße Kündigung zu dem betreffenden Zeitpunkt vorgenommen werden Der Mietvertrag ist also daraufhin zu

---

[74] *Palandt* § 174 BGB Rdnr. 6.
[75] Einzelheiten: § 28.

untersuchen, wann dieser vertragsgemäß endet und ob Verstöße gegen die Schriftform vorliegen, die eine Kündigung vor Ablauf der Festmietzeit ermöglichen. Soweit sich bei Gericht herausstellen sollte, dass die Vertragsverstöße für die Durchsetzung einer fristlosen Kündigung nicht ausreichen, greift dann zumindest die ordentliche Kündigung.

d) Erstmalige Kündigung in der Klage. Manche Vermieter drängen darauf, sofort Klage 87 auf Räumung zu erheben und die Kündigung mit der Klagschrift zuzustellen. Hierbei wäre dann die legitimierende Originalvollmacht der Klagschrift beizufügen. Dieser Weg kann eingeschlagen werden, soweit es als sicher gelten kann, dass der Mieter sich gegen die Kündigung wehren wird und nicht ein sofortiges Anerkenntnis von Mieterseite erfolgt; bestehen jedoch Unsicherheiten, ist der Vermieter darauf hinzuweisen, dass bei einem sofortigen Anerkenntnis des Mieters eine Kostentragungspflicht des Vermieters gemäß §§ 93, 93b ZPO entstehen kann.

e) Mieterverhalten nach Abmahnung oder Kündigung. Soweit der vertragswidrig handelnde 88 Mieter nach Ausspruch der Kündigung oder der Abmahnung weitere Vertragsverstöße begeht, sind diese für die Durchsetzung einer Räumungsklage von besonderer Bedeutung und sollten entsprechend konkret vorgetragen werden können. Dabei empfiehlt es sich, der Vermieterseite bereits beim ersten Beratungsgespräch ein entsprechendes Muster mitzugeben, welches es diesem ermöglicht, Informationen selbst oder über andere Bewohner des Anwesens zu sammeln, damit die Vertragsverstöße aussagekräftig dokumentiert werden:

Checkliste

- ☐ Art der Vertragsverstöße (beispielsweise Zahlungsverzug, Lärm, Beleidigungen (wemgegenüber?), Handgreiflichkeiten, unerlaubte Veränderungen der Mietsache ......)
- ☐ Wer hat die Vertragsverstöße begangen?
- ☐ Wann haben die Vertragsverstöße stattgefunden? Datum, Uhrzeit, von ...... bis ......
- ☐ Wer kann die Vertragsverstöße bezeugen?
- ☐ Sind die Zeugen bereit, auch vor Gericht auszusagen?
- ☐ Liegen schriftliche Protokolle über die Verstöße vor?

Dem Mandanten ist klar vor Augen zu halten, dass allgemeine Ausführungen und Ver- 89 tragsverstöße nicht ausreichend sind. Die Vertragsverstöße müssen „beweisfest" sein und erforderlichenfalls mit den zur Verfügung stehenden Beweismitteln vor Gericht dargelegt werden können.

f) Die Kündigungstatbestände. Die fristlose Kündigung des Geschäftsraummietverhält- 90 nisses beendet dieses mit sofortiger Wirkung. Dies hat zur Folge, dass der Vermieter nach dem Zugang der Kündigung die Rückgabe des Mietobjektes verlangen kann und den Anspruch auf Mietzahlung verliert. Der Anspruch auf Mietzahlung wandelt sich um in einen Anspruch auf Nutzungsentschädigung.

Soweit die fristlose Kündigung unwirksam sein sollte, kommt in Betracht, diese in eine 91 ordentliche Kündigung umzudeuten, wenn die Kündigungserklärung den Willen, den Mietvertrag unbedingt beenden zu wollen, eindeutig erkennen lässt.

aa) Generalklausel § 543 Abs. 1 BGB. Nach § 543 Abs. 1 BGB kann jede Vertragspartei das 92 Mietverhältnis aus wichtigem Grund außerordentlich fristlos kündigen. Ein wichtiger Grund liegt dann vor, wenn dem Kündigenden unter Berücksichtigung aller Umstände des Einzelfalles, insbesondere eines Verschuldens der Vertragsparteien, und unter Abwägung der beiderseitigen Interessen die Fortsetzung des Mietverhältnisses bis zum Ablauf der Kündigungsfrist oder bis zur sonstigen Beendigung des Mietverhältnisses nicht zugemutet werden kann.[76]

---

[76] BGH NJW 1981, 1264; BGH NJW 1978, 947.

93 Damit liegt ein Auffangtatbestand vor, der auf alle diejenigen Fälle angewendet werden kann, die nicht nach §§ 542, Abs. 2, 569 Abs. 1 und 2, § 578 BGB lösbar sind. Nach der Gesetzesbegründung hat die Norm insbesondere Bedeutung, wenn Störungen des Mietverhältnisses nicht schuldhaft erfolgen. Die Vorschrift orientiere sich an § 626 BGB (fristlose Kündigung aus wichtigem Grund bei Dienstverträgen).

94 Darüber hinaus ist die Norm der Vorschrift von § 554 a BGB a. F. angelehnt. Diese bis zum 1. 9. 2001 geltende Vorschrift griff als Auffangtatbestand ein, wenn eine der Parteien ihre Vertragspflichten so stark verletzt hatte, dass der anderen Partei ein Festhalten am Vertrag nicht mehr zuzumuten war. Nach der Entscheidung des BGH vom 4. 12. 1985, VIII ZR 33/85 war dies nach Gesamtabwägung **aller Umstände** zu entscheiden. Mithin hat sich derjenige, der seine Kündigung auf § 554a BGB a. F. stützte und nunmehr seine Kündigung auf § 543 Abs. 1 BGB stützt, in hohem Maß dem richterlichen Ermessen ausgesetzt mit dem Risiko, eine unzulässige fristlose Kündigung auszusprechen.

95 Daher empfiehlt es sich regelmäßig, die Kündigung nicht nur auf § 543 Abs. 1 BGB zu stützen, sondern – soweit entsprechende Sachverhalte vorliegen und bewiesen werden können – auch auf die in § 543 Abs. 2 BGB aufgeführten Tatbestände, also insbesondere:
- der Mieter die Rechte des Vermieters dadurch in erheblichem Maße verletzt, dass er die Mietsache durch Vernachlässigung der ihm obliegenden Sorgfalt erheblich gefährdet oder sie unbefugt einem Dritten überlässt oder
- der Mieter
  a) für zwei aufeinanderfolgende Termine mit der Entrichtung der Miete oder eines nicht unerheblichen Teils der Miete in Verzug ist oder
  b) in einem Zeitraum, der sich über mehr als zwei Termine erstreckt, mit der Entrichtung der Miete in Höhe eines Betrages in Verzug ist, der die Miete für zwei Monate erreicht.

96 *bb) Vertragswidriger Gebrauch, § 543 Abs. 2 Nr. 2 BGB.* Nach dieser Vorschrift kann der Vermieter außerordentlich kündigen, wenn der Mieter die Rechte des Vermieters dadurch in erheblichem Maße verletzt, dass er die Mietsache durch Vernachlässigung der ihm obliegenden Sorgfalt erheblich gefährdet oder sie unbefugt einem Dritten überlässt.

Nach der Begründung des Regierungsentwurfes zum Mietrechtsreformgesetz soll mit dieser Vorschrift – sprachlich gekürzt – die Regelung von § 553 BGB a. F., Kündigung bei vertragswidrigem Gebrauch, übernommen werden.

97 Bei einer Kündigung nach dieser Vorschrift ist zunächst der zwischen den Parteien abgeschlossene Mietvertrag zu überprüfen bezüglich des Mietzweckes und weiterer vertragswesentlicher Umstände, die im Mietvertrag festgehalten sein können. Ist also ein Ladengeschäft vermietet worden, so ist dem Mieter nicht gestattet, dort eine Gaststätte zu betreiben und umgekehrt. Soweit die zwischen den Parteien getroffene Regelung lückenhaft sein sollte, sind die Regelungen von §§ 133, 157 BGB heranzuziehen, um durch ergänzende Vertragsauslegung den Willen der Parteien zu ermitteln. Wesentliche Fallgruppen des vertragswidrigen Gebrauchs sind folgende:
a) eigenmächtige Änderungen des Mietzweckes,
b) Eingriff in die Bausubstanz,
c) Beschädigungen der Mietsache,
d) vermeidbare Störungen,
e) Verstoß gegen eine vereinbarte Betriebspflicht.

98 Der vertragswidrige Gebrauch muss die Rechte des Vermieters in einem erheblichen Maße verletzen, weshalb eine Interessensabwägung vorzunehmen ist. Bei einer unbefugten Gebrauchsüberlassung ist in der Regel von einer erheblichen Verletzung der Vermieterrechte auszugehen.

Die Verletzung der Rechte des Vermieters muss vom Mieter oder einem Erfüllungsgehilfen (§ 278 BGB) ausgehen. Bei einer Mehrheit von Mietern genügt es, wenn einer von ihnen die Vertragswidrigkeit begeht.[77]

99 Eine erhebliche Gefährdung der Mietsache infolge von Vernachlässigung der Sorgfalt liegt dann vor, wenn Obhuts- und Anzeigepflichten i. S. v. § 536 c BGB verletzt werden oder

---

[77] OLG Düsseldorf NJW-RR 1987, 1370.

durch die Nichterfüllung einer Instandhaltungs- und Instandsetzungsverpflichtung, die vom Mieter übernommen worden ist, eine Gefährdung der Mietsache eintritt. Auch das Wohnen in gewerblich vermieteten Räumen begründet eine erhebliche Gefährdung der Mietsache.[78]

Gemäß § 536c BGB ist der Mieter verpflichtet, dem Vermieter Anzeige zu machen, wenn das Mietobjekt mangelhaft wird; darüber hinaus ist es die Mietsache vom Mieter pfleglich zu behandeln und Schäden müssen abgewendet werden. Soweit diese Pflichten nicht erfüllt werden und das Objekt erheblich gefährdet wird, kann der Vermieter sein Recht zur fristlosen Kündigung geltend machen. Allerdings reichen bloße Befürchtungen von Schäden oder unerhebliche Schäden hierfür nicht aus.

cc) Zahlungsrückstand, § 543 Abs. 2 Nr. 3 BGB. Soweit Zahlungsrückstand i.S.v. § 543 Abs. 2 Nr. 3 BGB vorliegt, ist darauf hinzuweisen, dass der Mietrückstand die Mietzahlung mit Einfluss der laufenden Nebenkosten betrifft, jedoch nur im Ausnahmefall rückständige Kaution.[79]

Nach dieser Vorschrift ist der Vermieter in drei Fällen zur fristlosen Kündigung berechtigt:

Checkliste

☐ wenn sich der Mieter mit zwei aufeinanderfolgenden Mietzahlungen in Verzug befindet;

☐ wenn er sich mit einem nicht unerheblichen Teil aus zwei aufeinanderfolgenden Mietzahlungen in Verzug befindet;

☐ wenn er in einem Zeitraum, der über mehr als zwei Zahlungstermine sich erstreckt, mit einem Betrag in Verzug gerät, der die Höhe von zwei Monatsmieten erreicht.

Die auf den ersten Blick einfache Kündigungsmöglichkeit gestaltet sich im Hinblick auf das Recht des Mieters zur Vornahme von Mietminderungen, Zurückbehaltungsrechten und Aufrechnungen im Einzelfall gegebenenfalls schwierig.

Der Mieter muss mit fälligen, laufend geschuldeten Mieten im Rückstand sein und der Zahlungsrückstand muss im Zeitpunkt der Zustellung der Kündigungserklärung bestehen. Zur Miete gehören die regelmäßigen Leistungen, die der Mieter als Entgelt für die Überlassung des Gebrauchs der Mietsache zu erbringen hat, also die Grundmiete sowie die Betriebskostenvorauszahlung nebst einer Betriebskostenpauschale. Nicht unter den Begriff der Miete fallen die nicht regelmäßig wiederkehrenden vertraglichen Zahlungsverpflichtungen, also rückständige Betriebskostenvorauszahlungen, Finanzierungsbeiträge, Kosten vorangegangener Prozesse, die der Mieter verloren hat, und Ansprüche auf Schadenersatz oder Verzugszinsen.

Die Fälligkeit der Miete ist regelmäßig im Mietvertrag festgehalten und kalendermäßig bestimmt. Der Mieter gerät automatisch in Verzug.

Der Mieter gerät nicht in Verzug, wenn gegenüber dem Vermieter die Einrede des nicht erfüllten Vertrages gemäß § 320 BGB zusteht; ist die Mietsache also mangelhaft und hat der Mieter gegenüber dem Vermieter einen Anspruch auf Herstellung des vertragsgemäßen Zustandes, wird es für den Vermieter schwierig, seine Ansprüche rasch und ohne eine umfang- und kostenreiche Beweisaufnahme durchzusetzen. Gegebenenfalls steht dem Mieter das Recht zu, in Analogie zum Werkvertragsrecht, das Drei- bis Fünffache der ausstehenden Leistung als angemessenes Zurückbehaltungsrecht geltend zu machen. Soweit die Mieterseite Mietminderungsansprüche geltend macht, ist der Mieter daraufhin zu untersuchen, ob dieses Recht zur Mietminderung wirksam ausgeschlossen worden ist.

---

[78] OLG Düsseldorf NJW-RR 1987, 1370.
[79] BGH NZM 2007, 400.

Als ausreichend war es angesehen worden, wenn der Mieter erklärt, dass er zwar mit einem Monat im Zahlungsrückstand ist, künftig jedoch nicht mehr zahlen könne.[80]
Wenn Zahlungen regelmäßig kalendermäßig bestimmt sind, § 556 b BGB, § 579 BGB, bedarf es regelmäßig keiner Mahnung i. S. v. § 286 BGB.

105   dd) *Einzelfälle.* Eine fristlose Kündigung ist anerkannt worden in folgenden Fällen:

Checkliste

- ☐ fortdauernde unpünktliche Zahlung,[81]
- ☐ Nichtzahlung der Kaution bei gewerblichen Mietverhältnissen,[82]
- ☐ Täuschungsversuche eines Vertragspartners,[83]
- ☐ wissenswidriges Bestreiten des Zugangs einer Kündigung,[84]
- ☐ wiederholte Angabe unrichtiger Umsätze bei Vereinbarung einer Umsatzmiete,[85]
- ☐ Erklärung des Mieters, die Miete nicht mehr zahlen zu können, auch wenn kein Zahlungsrückstand besteht,[86]
- ☐ grundlose Strafanzeigen gegen den Vermieter[87]

106   Weitere Einzelfälle hierzu:
Der Mieter gerät automatisch und ohne Abmahnung in Verzug, wenn er nach dem im Mietvertrag festgelegten Zahlungstermin nicht gezahlt hat. Soweit dem Mieter ein Zurückbehaltungsrecht zusteht, wird damit der Verzug und mithin auch eine Kündigung ausgeschlossen.
Geht ein Mieter irrtümlich davon aus, er könne auf Anraten seines Anwaltes nur eine geminderte Miete zahlen, haftet er für die fehlerhafte Auskunft seines Anwaltes als Erfüllungsgehilfe.
Eine Berechtigung zur Kündigung durch den Vermieter besteht bereits dann, wenn sich der Mieter mit Nebenforderungen wie beispielsweise Betriebskostenvorauszahlungen oder Pauschalen oder Untermietzuschlägen in Verzug befinden, da diese Mitbestandteil der Miete sind.
Demgegenüber reicht es für eine fristlose Kündigung nicht aus, wenn der Mieter mit Betriebskostennachzahlungen, Sonderleistungen wie Kautionen und Mietvorauszahlungen, Verzugszinsen oder Schadenersatzforderungen, in Rückstand ist. Soweit der Mieter den Vermieter vor Zugang der Kündigung befriedigt, ist die Kündigung unwirksam.
Des Weiteren wird die Kündigung unwirksam, wenn sich der Mieter von seiner Schuld durch Aufrechnung befreien konnte und unverzüglich nach der Kündigung die Aufrechnung erklärt.

107   g) **Ansprüche des Vermieters bei vorzeitiger Vertragsbeendigung.** Hat der Vermieter fristlos gekündigt, so kann er einen Schadenersatzanspruch wegen vorzeitiger Vertragsbeendigung geltend machen. Dieser Ersatzanspruch umfasst grundsätzlich alle Schäden, die ihm infolge der Kündigung wegen Zahlungsverzugs des Mieters entstehen, insbesondere entgangene Mieten für die vereinbarte Festmietdauer oder bis zum Zeitpunkt, zu dem der Mieter erstmals ordentlich kündigen konnte.

---

[80] OLG Düsseldorf NJW-RR 1991, 1353.
[81] BGH NJW-RR 1988, 77, 97, 203.
[82] BGH NJW-RR 2007, 884; OLG Celle NJW-RR 2003, 155.
[83] LG Düsseldorf NZM 2002, 604.
[84] LG Köln ZMR 1996, 666.
[85] OLG Düsseldorf NZM 2001, 1033.
[86] BGH NJW 2005, 2522.
[87] OLG Brandenburg GuT 2007, 202.

Im Rahmen von § 254 BGB ist der Vermieter jedoch verpflichtet, den Schaden möglichst gering zu halten, insbesondere für eine anderweitige Vermietung zur einem angemessenen und erforderlichenfalls auch zu einem geringeren Mietpreis. Soweit der Vermieter Schadenersatzansprüche im Rechtsstreit geltend macht, muss er im einzelnen darlegen, was er zur Weitervermietung unternommen hat. Das Erfordernis der Weitervermietung zu einer geringeren Miete muss aber sehr einschränkend betrachtet werden, da der Vermieter nicht gezwungen werden kann, sich im Interesse seines vertragsuntreuen Mieters schlechter zu stellen. Es müssen daher nur geringfügig niedrigere Mieten akzeptiert werden.

Muster einer Kündigung wegen Sorgfaltspflichtverletzung und weiterer Vertragsverstöße des Mieters

Übergabe durch Boten

Herrn
Michael Maier
......
......

Heilbronn, den 12. 9. 2008
Kündigung

Sehr geehrter Herr Maier,

wir vertreten Ihre Vermieter, die Eheleute Werner und Agathe Lieblich, Eigenheimstraße 8, 74076 Heilbronn. Originalvollmacht anbei.

Sie haben die Gaststätte „Adler" zum Betrieb einer Gaststätte mit Metzgereibetrieb gemietet. Seit dem ... werden von Ihnen auf einer Fläche von etwa 10 m² im Hof in hohem Umfang Fleisch- und Knochenabfälle abgelagert. Der Gestank, welcher hiervon ausgeht, ist für die weiteren Mieter im Anwesen nicht hinnehmbar. Insbesondere wird auch Ungeziefer wie Ratten und Schmeißfliegen angezogen und die übrigen Mieter haben sich bei mir massiv beschwert.

Diesbezüglich waren Sie von mir bereits mehrfach mit Schreiben vom ...... und ...... sowie ...... dazu aufgefordert worden, die unhaltbaren Zustände abzustellen. Gleichwohl haben Sie nicht reagiert und mir im Beisein von Zeugen den „Götz-Gruß" am ...... erwiesen, obwohl in meinen Abmahnungen die Kündigung angedroht worden war.,

Überdies befinden Sie sich mit einem Teil der Miete über € 1.500,00 im Zahlungsrückstand. Namens unserer Mandantschaft wird daher die

fristlose Kündigung gemäß § 543 BGB

mit sofortiger Wirkung ausgesprochen. Sie sind aufgefordert, die Mietsache binnen zwei Wochen zum 30. 9. 2008 zu räumen und vertragsgerecht herauszugeben. Hilfsweise und vorsorglich wird auch eine

fristgerechte Kündigung zum 31. 3. 2009

ausgesprochen, nachdem die Befristung des Mietverhältnisses ausgelaufen ist und von der Verlängerungsoption kein Gebraucht gemacht worden ist.

Aufgrund Ihres Zahlungsrückstandes wird vom Vermieterpfandrecht im gesetzlichen Umfang Gebrauch gemacht. Sie werden darauf hingewiesen, dass ein Verstoß gegen das Vermieterpfandrecht Strafbarkeit nach § 289 StGB auslöst.

Der Fortsetzung des Mietverhältnisses wird gemäß § 545 BGB widersprochen.

Soweit eine fristgerechte Räumung nicht erfolgt, wird ohne weitere Vorankündigung Klage auf Räumung und Zahlung beim Landgericht Heilbronn gegen Sie erhoben werden. Dies ist mit erheblichen Mehrkosten verbunden, weshalb Sie in Ihrem eigenen Interesse eine freiwillige Räumung vorziehen sollten.

Mit höflichem Gruß

Rechtsanwalt

Muster einer Räumungsklage

110 Landgericht
......
Klage
der Eheleute ......,
– Kläger –
Proz.bev.: ......
gegen
Eheleute Hans und Johanna Müller, ...
– Beklagte –
wegen Räumung von Geschäftsraum und Zahlung;
Streitwert: € 18.564,–;
(Räumung: 12 x € 190,– = € 14.280,–; Zahlung: € 4.284,-);
Gerichtskosten: € 795,– per Verrechnungsscheck anbei

Namens der Kläger erheben wir Klage mit dem

Antrag:
1. Die Beklagten werden verurteilt, die Gaststätte „Akropolis" im Erdgeschoss des Anwesens Hauptstraße 49, 74076 Heilbronn, bestehend aus einem Gastraum, einer Wirtschaftsküche, Flur, Damen- und Herrentoiletten, Umkleideraum, einer Terrasse, Kellerräumen, drei Tiefgaragenstellplätzen Nr. 10, Nr. 11 und Nr. 12, zu räumen und an die Kläger herauszugeben.
2. Die Beklagten werden als Gesamtschuldner verurteilt, an die Kläger € 4.284,– nebst 5% Jahreszinsen über dem Basiszinssatz seit 4. 12. 2008 zu zahlen.
3. Die Beklagten tragen die Kosten des Rechtsstreits.
4. Das Urteil ist vorläufig vollstreckbar. Angeordnete Sicherheitsleistungen können von den Klägern durch Bankbürgschaft erbracht werden.

Des Weiteren stellen wir
Anträge nach §§ 307 Abs. 2, 331 Abs. 3 ZPO,
also gegebenenfalls den Erlass eines Anerkenntnis oder Versäumnisurteils.

Begründung:
Die Beklagten befinden sich mit drei Monatsmieten im Zahlungsrückstand und lassen keine weiteren Zahlungen mehr erwarten, nachdem umfangreiche außergerichtliche Versuche der Klägerseite, eine Klärung der Situation herbeizuführen, als endgültig gescheitert gelten müssen.
Im Einzelnen:
Zum 15. 2. 2008 haben die Parteien ein Geschäftsraummietverhältnis über die im Klagantrag Ziff. 1 näher bezeichneten Gaststättenräume in Heilbronn abgeschlossen. Die Miete setzt sich zusammen aus:

Grundmiete	€ 1.000,–
Betriebskostenvorauszahlung	€ 200,–
19% Umsatzsteuer aus € 1.200,–	€ 228,–
Gesamtmiete:	€ 1.428,–

Beweis: Mietvertrag vom ...... in Kopie, Anlage K 1
Nachdem die Beklagtenseite gleich zu Beginn des Mietverhältnisses offensichtlich Zahlungsschwierigkeiten hatte und die Kaution erst auf mehrfache Mahnungen hin zahlen konnte, wurden schleppende Zahlungen der Beklagten festgestellt und es war jeweils mündliche und schriftliche Abmahnung erteilt worden.
Beweis: Vorlage der Abmahnungen vom 10. 5. 2008, 8. 6. 2008, 7. 7. 2008 und 11. 8. 2008
            In Kopie, Anlagenkonvolut K 2
Nachdem die Beklagten daraufhin mit zwei Monatsmieten in Rückstand gerieten, waren diese fristlos gekündigt worden. Die Kündigung war im Beisein eines Zeugen der Beklagtenseite übergeben worden.

Beweis: Fristlose Kündigung in Kopie, Anlage K 3;
Zeugnis Herr Friedrich Müller, der im Bestreitensfalle in die Sitzung gestellt wird.
Die Rückstände errechnen sich folgendermaßen:
Miete 09/08 bis 11/08, 3 × € 1.428,00 = € 4.284,00
Namens der Kläger und unter Vorlage auf uns lautender Originalvollmacht, die der beglaubigten Abschrift dieser Klage beigefügt ist, sprechen wir nochmals die

fristlose Kündigung des Mietverhältnisses

aus und stützen diese auf §§ 543 BGB. Der Fortsetzung des Mietverhältnisses wird gemäß § 545 BGB widersprochen.
Vom Vermieterpfandrecht wird namens der Kläger in gesetzlichem Umfang Gebrauch gemacht. Die Beklagtenseite wird darauf hingewiesen, dass ein Verstoß gegen das Vermieterpfandrecht Strafbarkeit nach § 289 StGB auslöst.
Es wird angeregt, schriftliches Vorverfahren anzuordnen.

Rechtsanwalt

III. Befristete Kündigung des Mieters

1. Ordentliche befristete Kündigung des Mieters

a) **Allgemeines, Anwendungsbereich.** Nach § 542 Abs. 1 BGB kann bei unbestimmter Dauer des Mietverhältnisses jede Partei nach den gesetzlichen Vorschriften kündigen. Diese Vorschrift im allgemeinen Teil des Mietrechts gilt für alle Mietverhältnisse und verweist auf § 580a Abs. 2 BGB, der die Fristen der ordentlichen Kündigung im Gewerberaummietverhältnis regelt. **111**

b) **Form.** Zunächst gelten die allgemeinen Vorschriften zur Wirksamkeit einer einseitigen empfangsbedürftigen Willenserklärung (§§ 116–144 BGB). Weiter gelten die allgemeinen Regeln, insbesondere hinsichtlich der Person des Kündigungsberechtigten, des Kündigungsempfängers und der Erklärung durch Bevollmächtigte. **112**

Aus der Erklärung muss der Wille zur (einseitigen) Vertragsbeendigung zweifelsfrei hervorgehen. Die Kündigung ist bedingungsfeindlich.

Die Kündigung von Geschäftsräumen bedarf grundsätzlich nicht der Schriftform, wie sich aus § 578 Abs. 2 BGB ergibt, der § 568 BGB nicht aufführt. Aus Gründen der Klarheit und der Beweisbarkeit empfiehlt sich jedoch stets eine schriftliche Kündigung mit Zugangsnachweis.

Die Angabe von Datum, Kündigungsfrist und -termin ist ebenfalls keine Wirksamkeitsvoraussetzung, empfiehlt sich aber aus Gründen der Klarheit und Beweisbarkeit. Bei fehlender oder falscher Angabe wirkt die Kündigung grundsätzlich zum nächsten zulässigen Termin.

Die Angabe einer Begründung ist bei der ordentlichen Kündigung nicht erforderlich; werden Gründe angegeben, ist dies unschädlich. Etwas anderes kann gelten, wenn nach den Regelungen des betreffenden Mietvertrages das Vorliegen bestimmter Gründe Voraussetzung für die ordentliche Kündigung ist; dann dürfte im Einzelfall insoweit von einer Wirksamkeitsvoraussetzung auszugehen sein.[88] **113**

c) **Kündigungsfrist.** Die Kündigungsfrist für Gewerberaummietverhältnisse beträgt gem. § 580a Abs. 2 BGB einheitlich 6 Monate. Diese Frist gilt unabhängig von der (bisherigen) Dauer des Mietverhältnisses, verlängert sich also für keine Seite. **114**

Kündigungstag ist der 3. Werktag eines Quartals; hinsichtlich der Karenztage kann grundsätzlich auf die Ausführungen zur Wohnraummiete verwiesen werden, wobei festzuhalten ist, dass die Streitfrage der Bewertung des Samstags als Werktag vom BGH nur für

---

[88] Bub/Treier/*Grapentin* Rdnr. IV 9; Palandt/*Weidenkaff* § 542 Rdnr. 14.

den Bereich der Wohnraummiete verbindlich entschieden wurde.[89] Im Zuge der Angleichung der Rechtsprechung des XII. Zivilsenats ist jedoch auch hier eine einheitliche Handhabung zu erwarten und wünschenswert.
Kündigungstermin ist der Ablauf des folgenden Quartals.
Hieraus ergeben sich also 4 Kündigungstage und -termine im Jahr:

115

Kündigungstag	Kündigungstermin
spätester Zugang beim Empfänger	Ende des Mietverhältnisses
3. Werktag Januar	30. Juni
3. Werktag April	30. September
3. Werktag Juli	31. Dezember
3. Werktag Oktober	31.März

116 d) **Abdingbarkeit.** Die Parteien können von der Frist des § 580a Abs. 2 BGB abweichende Vereinbarungen treffen.

2. Außerordentliche befristete Kündigung des Mieters

117 a) **Allgemeines.** Im Gegensatz zur Wohnraummiete kommt den Sonderkündigungsrechten des Mieters in der Geschäftsraummiete eine erhebliche wirtschaftliche Bedeutung zu, weil diese Mietverhältnisse fast ausschließlich auf bestimmte Dauer abgeschlossen sind. Bei Vorliegen der Voraussetzungen besteht somit nach § 580a Abs. 4 BGB die Möglichkeit, ein unter Umständen lästig gewordenes Mietverhältnis vorzeitig mit der gesetzlichen Kündigungsfrist des § 580a Abs. 2 BGB (rund 6 Monate zum Quartalsende) zu beenden. Beim Sonderkündigungsrecht wegen Modernisierung gilt die kurze Frist des § 554 Abs. 3 Satz 2 BGB.

118 Für den Geschäftsraummieter kommen folgende vier Sonderkündigungsrechte in Betracht:
- Sonderkündigungsrecht bei Versagung der Erlaubnis zur Untervermietung, § 540 Abs. 1 Satz 2 BGB,
- Sonderkündigungsrecht bei Mietvertrag mit mehr als 30- jähriger Dauer, § 544 BGB
- Sonderkündigrecht wegen Modernisierungsmassnahmen, §§ 554 Abs. 3 Satz 2, 578 Abs. 2 BGB
- Sonderkündigungsrecht bei Tod des Mieters, § 580 BGB.

119 Hierbei gelten jeweils die allgemeinen Vorschriften für Kündigungen. Schriftform ist gem. § 568 BGB, auf den § 578 Abs. 2 BGB nicht verweist, zur Wirksamkeit nicht erforderlich, jedoch aus Beweisgründen dringend angeraten. Das gleiche gilt für die Angabe von Kündigungsgründen, die als solche ebenfalls keine Wirksamkeitsvoraussetzung ist.

120 b) **Sonderkündigungsrecht des Mieters wegen Versagung der Untermieterlaubis, § 540 Abs. 1 Satz 2 BGB.** *aa) Anwendungsbereich.* Die Vorschrift betrifft jegliche Art der Gebrauchsüberlassung an Dritte. Der in der Praxis wichtigste Fall ist die Untervermietung. Insoweit wird auf die Ausführungen in § 28 Rdnr. 582 ff. verwiesen.

121 *bb) Erlaubnisverweigerung/Angaben des Mieters.* Die Erlaubnisverweigerung durch den Vermieter steht in engem Zusammenhang mit der Anfrage des Mieters. Hier ist zunächst fraglich und umstritten, welche Angaben der Mieter zu seinem Untervermietungswunsch und der Person des Dritten von sich aus und ggf. auf Nachfrage des Vermieters machen muss. Der Mieter muss zunächst den Untermieter namentlich benennen. Auf Nachfrage des Vermieters muss er weitere personenbezogene Daten und Informationen mitteilen, die für den Vermieter von Relevanz sind, um beurteilen zu können, ob in der Person des Untermieters ein wichtiger Grund besteht, der der Untervermietung entgegensteht.

122 Insoweit müssen in Geschäftsraummietverhältnissen sowohl personenbezogene als auch vertragsbezogene Daten mitgeteilt werden.[90] Hierzu gehören Name, Anschrift, Geburtsda-

---
[89] BGH NZM 2005, 532 f. = WuM 2005, 465 f.
[90] KG NZM 2008, 287; Schmidt-Futterer/*Blank* § 540 Rdnr. 67.

§ 65 Vertragsbeendigung durch Kündigung

tum und Beruf des Untermieters, beabsichtigte Nutzungsart der Räume (wegen Konkurrenz für Vermieter oder andere Mieter oder vereinbarten Konkurrenzschutzes), Laufzeit des Untermietvertrages, Höhe des Untermietzinses, Übernahme von Betriebspflichten sowie Angaben zur Solvenz des Untermieters.[91] Fehlen diese Angaben und erfolgen sie auch auf Nachfrage nicht, kann der Vermieter die Erlaubnis verweigern, ohne dass hierdurch ein Kündigungsrecht entsteht.

cc) Entfallen des Kündigungsrechts: wichtiger Grund zur Erlaubnisverweigerung. Liegt in der Person des Dritten ein wichtiger Grund vor, der den Vermieter berechtigt, seine Zustimmung zu verweigern, steht dem Mieter das Sonderkündigungsrecht nicht zu. Es gelten die Ausführungen in § 28 Rdnr. 602 ff.

dd) Vertragliche Regelungen zur Untervermietung und Abdingbarkeit des Kündigungsrechts. Das Sonderkündigungsrecht des § 540 BGB kann durch Individualvereinbarung ausgeschlossen werden; eine entsprechende Klausel in einem Formularvertrag könnte gegen § 307 BGB verstoßen.[92]
Die Untervermietung als solche kann in Geschäftsraummietverträgen auch formularvertraglich ausgeschlossen werden,[93] nach einschränkender Ansicht ist dies nur bei Mietverhältnissen von unbefristeter Dauer möglich.[94]
Ein Muster einer Mieterkündigung nach § 540 Abs. 1 Satz 2 BGB mit Erläuterungen findet sich bei Nies/Gies unter D. XII.2.

c) **Sonderkündigungsrecht des Mieters bei Mietvertrag mit mehr als 30-jähriger Dauer, § 544 BGB.** Die Vorschrift gilt aufgrund ihrer systematischen Stellung in Gewerberaummietverhältnissen unmittelbar. Im Vergleich zur Wohnraummiete gelten hierbei folgende Besonderheiten, ansonsten wird auf die Erläuterungen in § 28 Rdnr. 605 ff.

aa) Schriftform und Begründung: es gelten die Ausführungen Rdnr. 119.

bb) Kündigungsausschluss: Die Bindung der Vertragsdauer an die Lebenszeit des Mieters oder Vermieters muss ausdrücklich getroffen werden und gilt nur für natürliche Personen.[95] Vertragliche Regelungen, die an den Bestand eines Betriebes oder Gewerbes anknüpfen, sind solchen Lebenszeitverträgen nicht gleichzustellen.[96]
Ein Muster einer Mieterkündigung nach § 544 BGB mit Erläuterungen findet sich bei Nies/Gies unter D. XII.3.

d) **Sonderkündigungsrecht des Mieters wegen Modernisierungsmassnahmen, §§ 554, 578 Abs. 2 BGB.** Über die Verweisung in § 578 Abs. 2 BGB gelten die Vorschriften über die Duldungspflicht des Mieters auch im Bereich der Geschäftsraummiete.
Das Sonderkündigungsrecht des Mieters ist ausserordentlich, befristet und unabhägig von der gesetzlichen Frist des § 580a Abs. 4 BGB.[97] Ausgehend von der Mitteilung des Vermieters besteht die Überlegungsfrist bis zum Ablauf des dem Zugang der Mitteilung folgenden Monats. Binnen dieser Frist muss die Kündigung erklärt sein, die dann das Mietverhältnis zum Ablauf des Folgemonats beendet. In diesem Fall gilt also ausnahmsweise nicht die gesetzliche Frist des § 580a Abs. 2 BGB sondern die speziell in § 554 Abs. 3 BGB bestimmte Dreimonatsfrist.

Abweichende Vereinbarungen sind in Gewerberaummietverträgen möglich, da § 578 Abs. 2 BGB die Unabdingbarkeitsvorschrift des § 554 Abs. 5 BGB nicht für entsprechend anwendbar erklärt.
Ein Muster einer Mieterkündigung nach § 554 Abs. 3 Satz 2 BGB mit Erläuterungen findet sich bei Nies/Gies unter D. XII.1.

---

[91] BGH NZM 2007, 127.
[92] Schmidt-Futterer/*Blank* § 540 Rdnr. 66.
[93] Palandt/*Weidenkaff* § 540 Rdnr. 2.
[94] Schmidt-Futterer/*Blank* § 540 Rdnr. 62.
[95] Palandt/*Weidenkaff* § 544 Rdnr. 3.
[96] Schmidt-Futterer/*Lammel* § 544 Rdnr. 18.
[97] Palandt/*Weidenkaff* § 554 Rdnr. 29.

130 **e) Sonderkündigungsrecht bei Tod des Mieters, § 580 BGB.** Stirbt der Mieter, hat sowohl sein Erbe als auch der Vermieter ein Sonderkündigungsrecht. Dieses Kündigungsrecht ist als Einziges explizit im Gewerberaummietrecht geregelt. Im Vergleich zu den Regelungen der Wohnraummiete in §§ 563, 564 BGB, die dem allgemeinen Erbrecht vorgehen, ist die Regelung hier einfach: der Gewerbemietvertrag geht gem. § 1922 BGB, also kraft Gesetzes, auf den Erben über.

131 Dem Erben (und dem Vermieter) steht sodann eine einmonatige Überlegungs- und Ausübungsfrist zu. Diese beginnt mit der Kenntnis vom Tod des Mieters sowie (beim Erben) Kenntnis von seiner Erbenstellung.[98]

132 Die Kündigung ist mit der gesetzlichen Frist des § 580a Abs. 2 iVm. Abs. 4 BGB zulässig, wirkt also mit einer Frist von rund sechs Monaten zum Quartalsende.

133 Aus dem Wortlaut ergibt sich, dass das Kündigungsrecht nur beim Tod einer natürlichen Person entsteht. Eine entsprechende Anwendung auf juristische Personen oder Handelsgesellschaften kommt nicht in Betracht.[99]

134 Das Sonderkündigungsrecht des § 580 BGB ist grundsätzlich durch Individualvereinbarung abdingbar,[100] ob dies auch formularmäßig möglich ist, ist streitig.[101]

Ein Muster einer Mieterkündigung nach § 580 BGB mit Erläuterungen findet sich bei Nies/Gies unter D. XII. 4.

---

[98] OLG Düsseldorf ZMR 1994, 114; Palandt/*Weidenkaff* § 580 Rdnr. 8; missverständlich: Schmidt-Futterer/*Gather* § 580 Rdnr. 5.
[99] MünchKomm/*Artz* § 580 Rdnr. 2.
[100] Schmidt-Futterer/*Gather* § 580 Rdnr. 7
[101] Emmerich/Sonnenschein/*Rolfs* § 580 Rdnr. 4.

§ 66 Vertragsbeendigung ohne Kündigung

Übersicht

	Rdnr.
I. Grundsätzliches	1
II. Aufhebungsvertrag	2–9
III. Erlöschen einer juristischen Person	10
IV. Unmöglichkeit	11

I. Grundsätzliches

Für das Gewerberaummietrecht ergeben sich in dem Thema **Vertragsbeendigung ohne** 1 **Kündigung** nur wenige Abweichungen gegenüber dem Wohnraummietrecht, so dass grundsätzlich auf die Abhandlungen in § 29 verwiesen werden kann. Die Vereinbarung eines Rücktrittsrechts und einer auflösenden Bedingung ist grundsätzlich möglich, § 572 BGB gilt nur bei der Wohnraummiete. Da für die *Befristung* im Wohnraummietrecht besondere Vorschriften bestehen, ist die Befristung des Gewerberaummietverhältnisses in § 53 **Vertragsdauer und deren Änderung,** beschrieben und erläutert. Die nachfolgenden Ausführungen stellen demnach eine bewusst kurz gehaltene ergänzende Abhandlung dar.

II. Aufhebungsvertrag

Als Ausdruck der Vertragsfreiheit ist es den Vertragsparteien jederzeit möglich, einen Ge- 2 werberaummietvertrag einvernehmlich aufzuheben und einen Aufhebungsvertrag abzuschließen. Bedeutung hat ein Aufhebungsvertrag vor allem bei Zeitmietverträgen oder zur Abkürzung von Kündigungsfristen.

Der Vertragsabschluss richtet sich nach den allgemeinen Vorschriften, nämlich Angebot 3 und Annahme (§§ 145 ff. BGB). Die Erklärungen müssen eindeutig sein, können aber auch stillschweigend abgegeben werden, ein Formzwang für den Aufhebungsvertrag besteht nicht, selbst wenn der Mietvertrag eine Schriftformklausel enthält.[1]

An den Abschluss eines durch konkludentes Verhalten zustande gekommenen Mietaufhe- 4 bungsvertrag sind strenge Anforderungen zu stellen, bei mehreren Personen als Vertragspartei muss das schlüssige Verhalten bei allen Personen festgestellt werden, falls kein Vertretungsfall vorliegt.[2]

Eine unwirksame Kündigung kann nicht in ein Angebot auf Vertragsaufhebung umgedeu- 5 tet werden, da eine Kündigung nicht den Willen zu einem Vertragsabschluss zum Ausdruck bringt, insoweit kommt auch mit dem Auszug des Mieters und widerspruchsloser Rücknahme der Schlüssel als Reaktion auf die unwirksame Kündigung kein Aufhebungsvertrag zustande.[3] Anderes soll gelten, wenn der Vermieter eine vorzeitige Kündigung ausdrücklich annimmt, darin liegt ein Angebot auf Aufhebung des Vertrages, das der Mieter durch Auszug stillschweigend seinerseits annimmt.[4]

Auch unter Kaufleuten gilt Schweigen grundsätzlich als Ablehnung, so wenn die Gegen- 6 seite auf das Angebot auf Abschluss eines Aufhebungsvertrages nicht reagiert; die Grundsätze des kaufmännischen Bestätigungsschreibens gelten jedoch dann, wenn eine mündliche Vertragsaufhebung schriftlich bestätigt wird.[5] Da in der Annahme von schlüssig zustande

---

[1] OLG Düsseldorf NZM 2001, 591; Schmidt-Futterer/*Lammel* § 550 Rdnr. 76; *Sternel* Rdnr. X 144; alle mit weiteren Nachweisen.
[2] BayObLG WuM 1983, 107, 108.
[3] BGH WuM 1981, 57, 58 = NJW 1981, 43, 44; Bub/Treier/*Grapentin* IV 286, mit weiteren Beispielen.
[4] OLG Düsseldorf WuM 2003, 621, 622.
[5] Palandt/*Ellenberger* § 147 Rdnr. 11.

gekommenen Mietaufhebungsverträgen Zurückhaltung geboten ist, wird auf die Kasuistik in der einschlägigen Literatur verwiesen.[6]

7   Eine Verpflichtung des Vermieters zum Abschluss einer Mietaufhebungsvereinbarung besteht, wenn eine Ersatzmieterklausel vereinbart ist.

8   Bei einer Mehrheit von Personen müssen alle Vertragsparteien an der Aufhebungsvereinbarung mitwirken, das gilt auch wenn nur einer mehrerer Mieter oder Vermieter aus dem Vertrag ausscheiden soll.

9   Mit Abschluss der Aufhebungsvereinbarung wird nicht gleichzeitig ein Verzicht auf Schadensersatz vereinbart, wenn sich aus der Vereinbarung und aus den Umständen nichts anderes ergibt.[7] Andererseits führt die Vereinbarung einer Ausgleichsklausel hinsichtlich aller Ansprüche aus dem Mietverhältnis zum Ausschluss von Schadensersatzansprüchen und der Rückforderung der Kaution.[8]

Praxistipp:
Der Aufhebungsvertrag muss nicht nur eine Einigung über die Beendigung des Mietverhältnisses und den Zeitpunkt enthalten, sondern sollte auch alle von den Parteien noch zu erbringenden Leistungen (Zahlungen, Rückbau, Abrechnung und Rückgabe von Mietsicherheiten) sowie bei Zahlungen Aufrechnungs- und Zurückbehaltungsverbote, enthalten, nur so ist vollständige Rechtssicherheit zu erlangen.

Hinsichtlich der Checkliste und eines Formulierungsvorschlags wird auf die Ausführungen zum Wohnraummietrecht in 29 III. verwiesen.

III. Erlöschen einer juristischen Person

10 Die Beendigung einer juristischen Person im Wege der Auflösung steht dem Tod einer natürlichen Person nicht gleich, § 580 BGB ist auf juristische Personen nicht anzuwenden.[9]
Das Mietverhältnis mit einer juristischen Person endet daher mit deren Erlöschen bzw. deren Auflösung. Dies gilt insbesondere für die GmbH und auch beim Tod des Gesellschafter/Geschäftsführers einer Einmann GmbH.

IV. Unmöglichkeit

11 Werden Miträume ohne Verschulden einer Partei völlig zerstört (Brand, Überschwemmung etc.), so ergibt sich keine Erhaltungspflicht des Vermieters, vielmehr treten die Rechtsfolgen der §§ 275, 326 BGB ein, wonach die wechselseitigen Leistungspflichten wegfallen und damit das Schuldverhältnis erlischt, ohne dass es einer Kündigung bedarf.[10] Da es sich bei der Unmöglichkeit um einen Unterfall der Gewährleistungsvorschriften handelt, soll die Thematik an dieser Stelle nicht vertieft werden, andere Rechtsfolgen ergeben sich jedenfalls dann, wenn eine Mietpartei die Unmöglichkeit zu vertreten hat.

---

[6] Einzelfälle bei Bub/Treier/*Grapentin* a. a. O.; *Sternel* Rdnr. X 149 ff.
[7] BGH NJW 1982, 2432; KG NZM 1999, 462, 463; Bub/Treier/*Grapentin* IV 287.
[8] OLG Düsseldorf WuM 1997, 38 = ZMR 1997, 178.
[9] Emmerich-Sonnenschein/*Rolfs* § 580 Rdnr. 4.
[10] LG Karlsruhe NZM 2005, 221; Bub/Treier/*Kraemer* III. Rdnr. 1192; jeweils mit weiteren Nachweisen, strittig.

12. Abschnitt. Abwicklung des beendeten Mietverhältnisses

§ 67 Wechselseitige Abwicklungsansprüche

Übersicht

	Rdnr.
I. Einleitung	1–3
II. Mieterinvestitionen	4–12
1. Bereicherungsanspruch	4/5
2. Anspruchsgegner	6–8
3. Sicherungsmöglichkeiten des Mieters	9–12
III. Umzugshinweise	13

Schrifttum: *Hoffmann*, Die Rückgabe der gewerblich genutzten Mietsache, MietRB 2008, 25; *Leo/Ghassemi-Tabar*, Rechtsfolgen unwirksamer Schönheitsreparaturklauseln in der Gewerberaummiete – „Niemand weiß nichts Genaues"!, NZM 2008, 105.

I. Einleitung

Zu den wechselseitigen Abwicklungsansprüchen sind bereits in § 31 Ausführungen erfolgt. Hier sollen daher allein die spezifischen Besonderheiten des Gewerbemietrechts Berücksichtigung finden. Besonderheiten ergeben sich in zwei Teilbereichen. **1**

Gewerbemietverträge werden typischerweise von vornherein über einen längeren Zeitraum geschlossen, da beide Vertragsparteien ihre Investitionen kalkulieren müssen. Insbesondere der Gewerbemieter trifft Investitionsentscheidungen beispielsweise durch Umbauten und Einbauten in das Mietobjekt. Endet das Mietverhältnis nicht zum geplanten Zeitpunkt, ist das gesetzliche Wegnahmerecht und die Rückbauverpflichtung nicht stets der wirtschaftlich richtige Ansatzpunkt. **2**

Ist das Mietverhältnis beendet, muss dies nicht damit gleichzusetzen sein, dass der Mieter seine Geschäftstätigkeit aufgibt. Dieser hat häufig nur einen anderen Standort gewählt. Damit stellt sich für den Mieter die Frage, wie seine Kunden/Patienten/Mandanten ihn künftig finden. **3**

II. Mieterinvestitionen

1. Bereicherungsanspruch

Hat der Mieter verkehrswerterhöhende Investitionen in das Objekt erbracht und endet das Mietverhältnis vor dem ursprünglich vereinbarten Zeitpunkt, beispielsweise durch außerordentliche Kündigung des vertraglichen Vermieters oder durch Kündigung des Erstehers in der Zwangsversteigerung, so steht dem Mieter hierfür ein Bereicherungsanspruch zu.[1] **4**

Die Anspruchshöhe richtet sich nicht nach der Investitionssumme, sondern nach der Erhöhung des Verkehrswertes der Mietsache, ggf. abgezinst auf die restliche vertragliche Mietzeit.[2] **5**

2. Anspruchsgegner

Für die Frage des Anspruchsgegners ist bei Wechsel des Vermieters zwischen vertraglichem Übergang und Übergang in der Zwangsversteigerung zu unterscheiden. **6**

---
[1] BGH NJWE-MietR 1996, 33.
[2] *Fritz* NJW 2007, 887.

7   Bei Vermieterwechsel durch Rechtsgeschäft ist der neue Vermieter Schuldner, selbst wenn er im Hinblick auf die Mieterinvestition schon an den Veräußerer einen höheren Preis bezahlt hatte.[3]

8   Erfolgte der Vermieterwechsel durch Zuschlag in der Zwangsversteigerung soll jedoch weiterhin der ehemalige Vermieter Schuldner des Bereicherungsanspruches bleiben.[4]

3. Sicherungsmöglichkeiten des Mieters

9   Richtet sich im Fall der Zwangsversteigerung der Bereicherungsanspruch tatsächlich gegen den ehemaligen vertraglichen Vermieter, wird dieser regelmäßig nicht werthaltig sein, da er praktisch an der sich in der Zwangsversteigerung dokumentierten Zahlungsunfähigkeit scheitert. Es stellt sich daher die Frage, inwieweit sich der Mieter gegen den Ausfall des Bereicherungsanspruchs sichern kann.

10 Eine Sicherung durch Grundschuld oder Grunddienstbarkeit an rangbereiter Stelle wird regelmäßig durch vorrangige Finanzierungsgrundschulden nicht werthaltig sein. Ein Rangrücktritt der vorrangigen Finanzierungsgläubiger wird nur in Ausnahmefällen denkbar sein.

11 Bei Sicherung des Anspruchs durch Bürgschaft sind auf Mieterseite insbesondere die Risiken der Einreden (§§ 768–771 BGB) und des Befreiungsrechts des Bürgen (§ 775 BGB) zu beachten.

12 Die Möglichkeiten des Mieters sich gegen dieses Risiko abzusichern sind damit wirtschaftlich bisher nicht befriedigend gelöst.

III. Umzugshinweise

13 Praktisch unbestritten hat der ehemalige Mieter das Recht einen angemessenen Zeitraum (wohl ca. sechs Monate) ein Schild mit dem Hinweis auf die neuen Räume anzubringen.[5]

---

[3] BGH NZM 2006, 15.
[4] OLG Düsseldorf NZM 2007, 643 (Revisionen BGH XII ZR 71/07–74/07).
[5] Schmidt-Futterer/*Eisenschmid* § 535 Rdnr. 291 f.

§ 68 Verjährung und Verwirkung

Übersicht

	Rdnr.
I. Verjährung	1
II. Verwirkung	2–10
1. Kündigungsbefugnis des Vermieters	2–5
2. Betriebskostenabrechnung	6
3. Minderung des Mietzinses	7/8
a) Minderungsrecht des Mieters	7
b) Nachforderungen des Vermieters	8
4. Nachforderung bei Wertsicherungsklauseln	9/10

I. Verjährung

Im Gewerberaummietrecht gibt es keine wesentlichen Abweichungen vom Wohnraummietrecht. Zu Vereinfachungszwecken wird hinsichtlich der Verjährung, insbesondere nach § 195 BGB und § 548 BGB, auf die ausführliche Darstellung unter § 32 verwiesen.   **1**

II. Verwirkung

1. Kündigungsbefugnis des Vermieters

Will der Vermieter das Mietverhältnis durch außerordentliche fristlose Kündigung beenden, so ist § 543 Abs. 1 S. 2 BGB zu beachten. Ein wichtiger Grund für die außerordentliche fristlose Kündigung liegt dann vor, wenn dem Vermieter unter Berücksichtigung aller Umstände des Einzelfalls, insbesondere unter Berücksichtigung des Verschuldens der Mietvertragsparteien unter der Abwägung der beiderseitigen Interessen die Fortsetzung des Mietverhältnisses bis zum Ablauf der Kündigungsfrist oder bis zur sonstigen Beendigung des Mietverhältnisses nicht zugemutet werden kann (so auch § 314 Abs. 1 BGB).   **2**

Vor diesem dogmatischen Hintergrund ist immer noch streitig, ob § 314 Abs. 3 BGB im Rahmen des § 543 Abs. 2 S. 1 Nr. 3 BGB Anwendung findet oder aber die letztgenannte Regelung eine lex specialis darstellt. Eine Klarstellung durch den Bundesgerichtshof wäre durchaus wünschenswert gewesen. Der Bundesgerichtshof[1] hat diese Frage jedoch dahinstehen lassen unter Darstellung des aktuellen Meinungsstandes.   **3**

Der Gewerberaumvermieter ist also gut beraten, wenn er einen Zahlungsrückstand des Mieters im Sinne von § 543 Abs. 2 Ziffer 3 BGB nicht über einen längeren Zeitraum kommentarlos hinnimmt, sondern in angemessener Zeit hierauf reagiert.

Ebenfalls ist seit längerem umstritten, innerhalb welches Zeitraums der Gewerberaumvermieter im Hinblick auf § 314 Abs. 3 BGB eine außerordentliche fristlose Kündigung bei Vorliegen eines Kündigungssachverhaltes aussprechen muss, welcher nicht im Zahlungsverzug nach § 543 Abs. 2 Ziffer 3 BGB liegt. Für den Fall der Nichtzahlung der Kaution hat der Bundesgerichtshof[2] darauf hingewiesen, dass die vom Gewerberaumvermieter in Anspruch genommene viermonatige Überlegungszeit noch als angemessen zu würdigen ist.   **4**

Dem Gewerberaumvermieter ist bei Nichtzahlung der Kaution durch den Mieter zu empfehlen, dies qualifiziert abzumahnen. Soweit dann die geschuldete Kaution weiterhin nicht bezahlt wird, kann eventuell mit einer „letzten Abmahnung" reagiert werden, soweit die außerordentliche fristlose Kündigung (noch) zurückgestellt werden soll. Hierdurch könnte   **5**

---
[1] BGH Urt. v. 12. 3. 2009 – VIII ZR 115/08.
[2] BGH NJW-RR 2007, 886.

dann nach den Umständen des Einzelfalls eine gegebenenfalls über 4 Monate hinaus noch verlängerte Reaktionsmöglichkeit geschaffen werden. Will der Gewerberaumvermieter jedoch sicher gehen, wäre die in der vorgenannten Entscheidung als angemessen erachtete Frist von vier Monaten einzuhalten.

2. Betriebskostenabrechnung

6   Die Ausschlussfrist gemäß § 556 Abs. 3 S. 3 BGB gilt im Gewerberaummietrecht nicht.
Dessen ungeachtet ist über Betriebskostenvorauszahlungen innerhalb eines Jahres nach Ablauf der Abrechnungsperiode Rechnung zu legen.[3] Dieses Jahresfrist ist jedoch keine Ausschlussfrist. Vor diesem Hintergrund rechnen Gewerberaumvermieter oft erst Jahre später über Betriebskosten ab und stellen dann die Nachforderungen in Rechnung. Allein dies genügt für die Annahme der Verwirkung nicht. Das Umstandsmoment ergibt sich nicht bereits daraus, dass seit Ablauf der Abrechnungsperiode ein längerer Zeitraum vergangen ist, es müssen vielmehr weitere Umstände hinzutreten. Diese weiteren Umstände liegen gegebenenfalls darin, dass ein Vermieter aufgrund einer eigentlich später fälligen Betriebskostenabrechnung ein Guthaben an den Mieter auszahlt, so dass dieser nicht mehr damit rechnen muss, aufgrund eines Saldos für noch weiter zurückzuliegende Abrechnungsperioden eine Nachzahlung erbringen zu müssen.[4]

3. Minderung des Mietzinses

7   **a) Minderungsrecht des Mieters.** Die Minderungsbefugnis entsteht mit dem Auftreten der Minderung der Gebrauchstauglichkeit und tritt kraft Gesetzes sofort sein.[5] Da die Minderung eintritt, ohne dass sich der Mieter darauf berufen muss, entsteht für den Mieter, der den Mietzins vorbehaltlos weiterbezahlt, ein Rückforderungsanspruch aus überzahlter Miete gemäß § 812 BGB. Dieser unterliegt nur der Verjährung nach § 195 BGB. Eine Verwirkung wird grundsätzlich nicht angenommen.

8   **b) Nachforderungen des Vermieters.** Eine Frage des Einzelfalles ist es, welche Rechtsfolge eintritt, wenn der Vermieter eine (vermutlich unberechtigte) Mietzinsminderung über einen längeren Zeitraum ohne Reaktion hinnimmt. Nach der Ansicht des Bundesgerichtshofs[6] muss in derartigen Fällen eine Einzelfallbetrachtung vorgenommen werden. Es bedarf eines konkreten Sachverhaltes, aus welchem sich das Umstandsmoment ergibt. Allein die Nichtreaktion des Vermieters soll hierzu nicht ausreichen. Nach anderer Auffassung[7] soll hier der Verwirkungsgedanke greifen. In Anbetracht der nach § 195 BGB verkürzten Verjährungsfrist wird der Ansicht des Bundesgerichtshofs zu folgen sein.

4. Nachforderung bei Wertsicherungsklauseln

9   Eine Verwirkung von Nachzahlungsansprüchen des Vermieters dürfte nur bei Ausnahmetatbeständen vorliegen. Lassen beide Vertragsparteien – über längere Zeit und gegebenenfalls wiederholt – die automatische Erhöhung der Miete unbeachtet, erfolgt hieraus noch keine Verwirkung der Nachzahlungsansprüche des Vermieters.[8] Erforderlich ist vielmehr, dass über den reinen Zeitablauf hinaus weitere Umstände hinzutreten, aus denen der Mieter ein Vertrauen dahingehend gewinnen kann, dass keine Nachforderungen mehr geltend gemacht werden.

10   Das OLG Düsseldorf[9] hat in einem Sonderfall Verwirkung angenommen. Hier hatte der Vermieter mehrfach unmittelbar nach Erreichen des neuen Indexes eine Mieterhöhung geltend gemacht und im konkreten Fall dann länger als ein Jahr zugewartet.

---

[3] OLG Hamburg NJW-RR 1989, 82.
[4] OLG München NJW-RR 1990, 20.
[5] BGH NJW 1987, 432.
[6] BGH NJW 2006, 219.
[7] OLG Düsseldorf NJW-RR 2003, 1060; LG Hamburg ZMR 1999, 328; OLG Naumburg WuM 2004, 91.
[8] OLG Rostock ZMR 2006, 773.
[9] OLG Düsseldorf ZMR 1995, 155.

13. Abschnitt. Sonderprobleme

§ 69 Besondere Mietobjekte – Großobjekte, Gaststätten und Arztpraxen

Übersicht

	Rdnr.
I. Vermietung in Großobjekten	1–100
1. Mietobjekt in einem Einkaufszentrum	2–79
a) Vertragliche Besonderheiten	2–4
b) Festlegung des Vertragszwecks und des vertragsgemäßen Gebrauchs	5–8
c) Betriebspflicht	9–19
d) Konkurrenzschutz	20–42
e) Konkurrenzverbot	43–47
f) Verteilung der Geschäfts- und Ertragsrisiken	48–55
g) (Zwangs-)Mitgliedschaft in einer Werbegemeinschaft	56–58
h) Besonderheiten bei den Betriebskosten	59–69
i) Umsatzmiete	70–79
2. Mietobjekt in einem Bürohaus (Großobjekt)	80–100
a) Vertragsgegenstand	81–83
b) Gewährleistung des vertragsgemäßen Mietgebrauchs	84–93
c) Konkurrenzschutz für Freiberufler	94–97
d) Mischnutzung	98–100
II. Andere Gewerbeobjekte	101–179
1. Pachtvertrag über eine Gaststätte (Hotel)	101–144
a) Abgrenzung zwischen Miete und Pacht	101/102
b) Vertragspartner/Unterverpachtung	103–105
c) Vertragszweck	106–110
d) Vertragliche Regelungen zum Inventar	111–116
e) Gewährleistung des vertragsgemäßen Gebrauchs	117–119
f) Konzession	120–124
g) Bezugsbindungen und Bezugsverpflichtungen	125–138
h) Sittenwidrige Überhöhung des Pachtzinses	139/140
i) Andere Formen der Vertragsgestaltung bei Gaststätten und Hotels	141–144
2. Pachtvertrag über eine Gaststätte (Hotel) als Mischvertrag	145–154
a) Bestimmung des Vertragstyps	146/147
b) Vertragliche Festlegung des Vertragszwecks	148–150
c) Vertragswidrige Nutzung der Pächterwohnung	151
d) Unanwendbarkeit der Vorschriften zur Wohnraummiete	152
e) Besonderheiten bei der Umsatzsteuer	153/154
3. Mietvertrag über eine Arztpraxis	155–179
a) Vertragszweck	155–159
b) Ausstattung der Arztpraxis	160–167
c) Übernahme von Einrichtungen durch den Mieter (Praxiskauf)	168–171
d) Konkurrenzschutz	172–175
e) Nachmieter/Ersatzmieter	176–179

Schrifttum: *Eisenschmid/Rips/Wall*, Betriebskostenkommentar, 2. Aufl. 2006; *Gerber/Eckert*, Gewerbliches Miet- und Pachtrecht, 6. Aufl. 2006; *Lammel*, Heizkostenverordnung, 2. Aufl. 2004; *Paulusch*, Höchstrichterliche Rechtsprechung zum Brauerei- und Gaststättenrecht, 9. Aufl. 1999; *Wahl*, Der Bierlieferungsvertrag.

I. Vermietung in Großobjekten

Bei der Vermietung von gewerblich genutzten Flächen sind seit einigen Jahren Konzentrationsprozesse im Gange. Ladengeschäfte unterschiedlicher Größe und Ausrichtung, Restaurants und Dienstleistungsbetriebe werden zunehmend zu größeren gewerblichen Einheiten zusammengefasst. Marktprägend sind bei dieser Entwicklung die Einkaufszentren.[1] Sie sind oft außerhalb der Ortszentren („auf der grünen Wiese") angesiedelt und haben sowohl in ländlichen als auch städtischen Gebieten zu weitreichenden strukturellen Veränderungen geführt. Großobjekte finden sich aber auch im innerstädtischen Bereich z.B. in Gestalt von Ladenpassagen und sog. Malls. Konzentrationsprozesse haben auch in anderen Bereichen der Gewerberaummiete stattgefunden, und zwar mit besonders starker Ausprägung bei Büroobjekten, die in großen Städten z.T. ganze Hochhauskomplexe ausmachen. Ähnliche Entwicklungen gibt es im Freizeitbereich mit Sport-, Unterhaltungs- und Restaurantbetrieben, aber auch bei Freiberuflern wie Ärzten[2] und Rechtsanwälten.

1. Mietobjekt in einem Einkaufszentrum

a) Vertragliche Besonderheiten. Die räumlichen und organisatorischen Gegebenheiten bei Großobjekten haben zu marktspezifischen Vertragsgestaltungen geführt. Als Vermieter tritt in der Regel keine natürliche Person, sondern eine Betreibergesellschaft in Erscheinung. Die Anmietung von Gewerberäumen in einem Einkaufszentrum beschränkt sich oft nicht auf den Abschluss eines einheitlichen Mietvertrags, sondern erfolgt im Rahmen eines Vertragskonvoluts mit z.T. unterschiedlichen Vertragspartnern. Gegenstand gesonderter Verträge können namentlich die (Pflicht-)Mitgliedschaft in einer Werbegemeinschaft[3] oder Dienstleistungen (z.B. die Bewachung oder Säuberung der Anlage) sein. Das Zusammenspiel mehrerer Verträge und Vertragspartner kann dem Mieter die Übersicht über die vertraglichen Rechte und Pflichten, die zu erwartenden laufenden Belastungen und den richtigen Adressaten für etwaige Ansprüche ganz erheblich erschweren.

> **Praxistipp:**
> Die Anmietung eines Objekts in einem Einkaufszentrum erfordert die dezidierte Prüfung folgender Fragen:
> Wem gegenüber verpflichtet der Mandant sich vertraglich?
> Welche Gesamtverbindlichkeiten geht der Mandant ein?
> Gegen wen richten sich die vertraglichen Ansprüche des Mandanten?
> Sind die Zuständigkeiten der Vertragspartner transparent geregelt?
> Sind die Vertragspartner leistungsfähig?

Die zumeist umfangreichen Mietvertragswerke sind typischer Weise als AGB[4] ausgestaltet und für den Mietinteressenten zumeist keiner individuellen Aushandlung zugänglich. In einer stärkeren Verhandlungsposition befinden sich die sog. Ankermieter,[5] bei denen es sich zumeist um Großanbieter aus der Lebensmittel-, Elektronik- oder Baumarktbranche handelt. Die Ankermieter fungieren als Publikumsmagneten für Einkaufszentren und vergleichbare Großobjekte.

b) Festlegung des Vertragszwecks und des vertragsgemäßen Gebrauchs. Bei Einkaufszentren können die vertraglichen Nutzflächen ganz unterschiedlichen Teilbereichen komplexer Baulichkeiten zugeordnet sein. Außerdem können in unterschiedlicher Ausgestaltung vertragliche Rechte zur Mitbenutzung von Gemeinschaftsflächen[6] (etwa für Verkaufs- und Werbestände, für die Lagerhaltung oder die Müllentsorgung) in Betracht kommen. Wenn die dem jeweiligen Mieter für seinen Mietgebrauch zugewiesene Fläche nicht eindeutig und augenfällig von anderen Nutzflächen abgegrenzt ist, empfiehlt sich die Kennzeichnung der

---

[1] Vgl. Rdnr. 2 ff.; zu städtebaulichen und gesellschaftlichen Aspekten vgl. *Dziallas* NZBau 2009, 368; *Seidler* NZBau 2009, 438; OVG Lüneburg NVwZ-RR 2009, 555; OVG Saarland IBR 2009, 2473 m. Anm. *Zabel*.
[2] Vgl. Rdnr. 155 ff.
[3] Vgl. Rdnr. 56 ff.
[4] Zur Verwendung von AGB im Rahmen der Gewerberaummiete vgl. § 48; vgl. auch Nies/Gies/*Borzutzki-Pasing* Form. A. V. 1 Anm. 1; *Borzutzki-Pasing* NZM 2004, 161.
[5] Zur Vertragsbeteiligung von Ankermietern vgl. *Sasserath* ZMR 2008, 459.
[6] Vgl. Rdnr. 67 ff.

Mietfläche anhand eines Lageplans, der mit dem Mietvertrag fest verbunden sein sollte, um die Einheitlichkeit der schriftlichen Vertragsurkunde und damit die Schriftform i. S. v. § 550 S. 1 BGB zu wahren.[7] Die Berechtigung zur Mitbenutzung von Flächen oder Einrichtungen, die auch anderen Mietern offen stehen, ist dem Gebrauchsumfang nach positiv zu beschreiben. Aus Unklarheiten über den Gegenstand des Mietvertrags und den Umfang des Mietgebrauchs können sich für den Vermieter wirtschaftliche Nachteile ergeben. Klarstellungen hinsichtlich der vertragsgemäßen Gebrauchsbefugnisse sind aber auch für den Mieter wichtig. Insbesondere der Umfang eines vertragsgemäßen (Mit-)Gebrauchs bei zentralen Einrichtungen bedarf im Zweifel der ausdrücklichen vertraglichen Festlegung. Zwar können ausdrückliche Vereinbarungen dann entbehrlich sein, wenn das Mitbenutzungsrecht ohne weiteres aus den funktionalen oder organisatorischen Gegebenheiten hervor geht und die Parteien deshalb besondere Regelungen für entbehrlich halten.[8] In einer komplexen wirtschaftlichen und organisatorischen Einheit wie einem Einkaufszentrum wird sich ein Gebrauchsrecht in bezug auf bestimmte Gemeinschaftsanlagen und -flächen jedoch eher selten konkludent ergeben. Grundsätzlich besteht daher ein Gebrauchsrecht des Mieters betreffend Nebenräume und nicht der Mietsache originär zugeordnete Anlagen und Einrichtungen nur dann, wenn ein solches Recht auch vereinbart wurde.[9]

Formulierungsvorschlag:

Folgende Räume und Nutzflächen sind Gegenstand des mietvertraglichen Gebrauchsrechts: 6

Bezeichnung	Anzahl und Lage (Gebäude/Geschoss)
Verkaufsraum	……
Büro	……
Personalraum	……
Toiletten/Waschraum	……
Lagerraum	……
Kühlraum	……
Nebenräume (z. B. Keller/Dachboden):	……
weitere Räume:	……

Die Lage der Miträume ergibt sich aus dem Lageplan, der diesem Mietvertrag beigeheftet ist, und zwar aus den rot schraffierten Teilflächen.

Der Mieter ist außerdem berechtigt, den Passagenbereich vor dem Ladenlokal für die Aufstellung von Werbeträgern zu nutzen, und zwar in folgender Weise:
……

Der Vermieter, der sich bei bestehendem Mitgebrauchsrecht zusätzlich zum vereinbarten 7 Mietzins in Allgemeinen Geschäftsbedingungen noch ein Entgelt (z. B. für einen Passagenanteil) ausbedingt, handelt nach dem OLG Celle[10] widersprüchlich. Solche Klauseln sind gemäß § 307 BGB unwirksam. Außerdem kann schon bei der Festlegung des Vertragszwecks die Frage nach dem vom Mieter zu beachtenden oder vom Vermieter zu gewährenden Konkurrenzschutz[11] virulent werden. Wenn der Ladenmieter seine betriebliche Ausrichtung in Abweichung vom vertraglich zugrunde gelegten Geschäftsbereich abändert und andere Waren vertreibt, indiziert dies die Gefahr von Kollisionen mit den Geschäftsinteressen anderer Mieter im selben Objekt, denen der Vermieter möglicherweise ausdrücklichen oder imma-

---

[7] Zur Wahrung der Schriftform bei der Gewerberaummiete vgl. § 47; vgl. hierzu ferner Nies/Gies/*Borzutzki-Pasing* Form. A. VI. 1. Anm. 2; zum Verstoß gegen das Schriftformerfordernis bei geändertem Vertragszweck vgl. OLG Rostock Urt. v. 2. 7. 2009 – 3 U 146/08 – juris.
[8] Vgl. BGH NJW 1982, 441.
[9] Vgl. Bub/Treier/*Bub* II Rdnr. 351 m. w. N.
[10] OLG Celle ZMR 1996, 209.
[11] Vgl. Rdnr. 20 ff.

nenten Konkurrenzschutz zu gewähren hat. Wenn der Vertragszweck nur ganz allgemein umschrieben ist,[12] wird es in der Regel an einem vertraglichen Konkurrenzschutz zugunsten des Mieters fehlen, weil das Konkurrenzverhältnis nicht definiert ist. Der Vermieter wird den Mieter dann auch im Zweifel nicht aus Konkurrenzschutzgründen (zugunsten anderer Mieter) davon abhalten können, seine gewerbliche Betätigung im Rahmen des vereinbarten Mietzwecks zu ändern.[13] Die dem Mietzweck entsprechende Nutzung der Mietsache sollte daher mit Rücksicht auf die zum Konkurrenzschutz und zum Schadensersatz bei Konkurrenzschutzverletzungen entwickelten Grundsätze möglichst konkret und unmissverständlich festgelegt werden.[14]

> **Formulierungsvorschlag:**
>
> § ...... **Mietzweck, Änderung und Vereitelung des Mietzwecks**
>
> 8 (1) Die Vermietung erfolgt zum Betrieb eines Ladenlokals für den Verkauf von ......
>
> (2) Änderungen und Erweiterungen des in Ziff. (1) bezeichneten Warenvertriebs sowie eine sonst von Ziff. (1) abweichende Nutzung der Mieträume sind dem Mieter nur nach vorheriger Erlaubnis durch den Vermieter gestattet. Zwischen den Parteien besteht Einigkeit darüber, dass der Vermieter anderen Mietern im Einkaufszentrum vertraglichen Konkurrenzschutz zu gewähren hat und auch in Zukunft gewähren darf. Eine Änderung oder Erweiterung des Nutzungszwecks durch den Mieter kann daher nur in den Grenzen der zugunsten Dritter eingegangenen Konkurrenzschutzpflichten und der berechtigten Interessen des Vermieters im Rahmen seiner freien unternehmerischen Betätigung verlangt werden. Der Vermieter ist in den Grenzen des dem Mieter mit diesem Vertrag ausdrücklich zugesagten Konkurrenzschutzes keinen Beschränkungen in dem anderen Mietern zuzusichernden Konkurrenzschutz unterworfen.

9 c) **Betriebspflicht.** Die Betreiber von Einkaufszentren und anderen Großobjekten legen Wert darauf, dass alle Mieter ihren Gewerbebetrieb zu den Öffnungszeiten des Zentrums geöffnet haben. Der Vermieter kann zur Wahrung der Attraktivität des Gesamtobjekts ein dringendes Interesse daran haben, dass Leerstand vermieden wird und ein aktiver Geschäftsbetrieb stattfindet.[15] Wenn die einzelnen Ladeninhaber und sonstigen Gewerbetreibenden die Öffnungszeiten nach eigenem Belieben festlegen könnten oder ihren Betrieb etwa zu Krankheits- und Urlaubszeiten bzw. nach Belieben schließen würden, wäre eine Vollauslastung des Centers praktisch nie zu erreichen und es würde ständig ein erheblicher Anteil der Betriebe geschlossen sein. Es liegt auf der Hand, dass hierdurch das gesamte Erscheinungsbild eines Centers nachhaltig beeinträchtigt werden kann. Das Interesse an einem lückenlosen Geschäftsbetrieb kollidiert allerdings mit dem allgemeinen mietrechtlichen Grundsatz, dass der Mieter nur ein Gebrauchsrecht, nicht jedoch eine Gebrauchspflicht hat.[16] Die Begründung einer Gebrauchspflicht als Betriebspflicht erfordert daher entsprechende vertragliche Vereinbarungen.[17]

10 aa) *Vereinbarung der Betriebspflicht.* Nach einhelliger Meinung in Rechtsprechung und Schrifttum kann bei der Geschäftsraummiete eine Gebrauchs- und Betriebspflicht des Mieters auch **formularmäßig** wirksam vereinbart werden.[18] Die dem Mieter eines Ladenlokals

---

[12] Zum „inhaltsleeren Mietzweck" vgl. Lindner-Figura/Oprée/Stellmann/*Hübner/Griesbach/Schreiber* Kap. 14 Rdnr. 117; vgl. auch OLG Rostock Urt. v. 2. 7. 2009 – 3 U 146/08 - juris.
[13] Enger sehen dies Lindner-Figura/Oprée/Stellmann/*Hübner/Griesbach/Schreiber* Kap. 14 Rdnr. 117.
[14] Zu den Hinweispflichten des Vermieters bei mehreren Mietern zugesagtem Konkurrenzschutz vgl. BGH NJW 1982, 376; vgl. auch OLG Dresden IBR 2005, 403.
[15] Vgl. hierzu eingehend *Drasdo* NJW-Spezial 2009, 193; vgl. auch Schmidt-Futterer/Eisenschmidt §§ 535, 536 Rdnr. 182 ff.
[16] Vgl. Palandt/*Weidenkaff* § 535 Rdnr. 84.
[17] Vgl. OLG Naumburg ZMR 2000, 290; OLG Düsseldorf NZM 2001, 131; *Jendrek* NZM 2000, 526; zur Betriebspflicht von sog. Ankermietern vgl. *Sasserath* ZMR 2008, 459.
[18] Vgl. BGH NJW-RR 1992, 1032; BGH NJW-RR 1990, 1076; NJW 1983, 159; OLG Hamburg GuT 2003, 57; OLG Düsseldorf NJW-RR 1997, 648; *Gather* DWW 2007, 94; Lindner-Figura/Oprée/Stellmann/*Wolf* Kap. 13 Rdnr. 131 ff.; *Fritz* Rdnr. 157 und 234; *Peters/Welkerling* ZMR 1999, 369, 648; *Jendrek* NZM 2000, 526; *Peters/Welkerling* ZMR 1999, 369.

formularmäßig auferlegte Betriebspflicht benachteiligt ihn auch dann nicht unangemessen, wenn der Vermieter zugleich den Konkurrenzschutz ausschließt.[19] Auch die ausdrücklich vereinbarte Betriebspflicht bedarf hinsichtlich ihrer Reichweite grundsätzlich einer Auslegung und Inhaltskontrolle, und zwar selbst dann, wenn die Betriebspflicht dezidiert ausgestaltet ist.[20] So ist dem Mieter etwa für den Fall der Beendigung des Mietverhältnisses hinreichend Zeit einzuräumen, um die für die Räumung, den Rückbau und für Reparaturen erforderlichen Vorkehrungen treffen zu können. Für grundlegende Modernisierungen oder Umbauten durch den Mieter dürfte Entsprechendes gelten.[21] Auch im Falle von Betriebsstörungen, die auf höherer Gewalt beruhen, wird kein Vertragsverstoß anzunehmen sein.

Formulierungsvorschlag:

§ ...... **Betriebspflicht**

(1) Der Mieter ist zum Betrieb des Ladenlokals verpflichtet. Hierzu gehört nach Maßgabe des vertraglichen Mietzwecks insbesondere die Pflicht, das Ladengeschäft während der gesetzlich zulässigen Öffnungszeiten geöffnet zu halten und durch ausreichende personelle Ausstattung, durch die ständige Bereitstellung eines zeitgemäßen, laufend ergänzten Warenangebots, durch eine dem aktuellen Kundengeschmack und den Jahreszeiten angepasste Schaufenster- und Verkaufsraumgestaltung einen Verkaufsbetrieb zu unterhalten, der geeignet ist, die Attraktivität des gesamten Einkaufszentrums zu fördern. 11

(2) Die nach Ziff. (1) zu beachtende Betriebspflicht gilt für die gesamte Mietzeit und nur mit Ausnahme derjenigen Zeiträume, in denen das Ladenlokal zwecks Durchführung der vertragsgemäß durchzuführenden Schönheitsreparaturen, vertraglich zulässiger baulicher Maßnahmen oder zur Vorbereitung fristgerechter und ordnungsgemäßer Räumung geschlossen werden muss. Die Vorkehrungen, die eine zeitweise Schließung erforderlich machen, sind so zu beschleunigen, dass sich die Schließung auf den unbedingt erforderlichen Zeitraum reduziert.

(3) Der Mieter hat dafür Sorge zu tragen, dass der Betrieb des Ladenlokals in Urlaubs-, Krankheits- und Kündigungsfällen uneingeschränkt gewährleistet bleibt. Die zeitweise Schließung zur Durchführung von Betriebsferien beinhaltet einen Verstoß gegen die vertragliche Betriebspflicht.

bb) Immanente Betriebspflicht. Bei der Bejahung einer **immanenten Betriebspflicht**, d. h. 12 einer Gebrauchspflicht ohne besondere vertragliche Vereinbarungen, ist die Rechtsprechung dagegen sehr zurückhaltend.[22] Selbst die Vereinbarung einer Umsatzmiete,[23] bei der sich der Mietzins – zumindest teilweise – nach den vom Mieter getätigten Umsätzen bemisst, soll für sich noch keine Betriebspflicht begründen können.[24] Zur Begründung einer Betriebspflicht werden selbst dann ausdrückliche Vereinbarungen gefordert, wenn das Interesse des Vermieters an der Aufrechterhaltung des Betriebs auf der Hand liegt.[25] Dem lässt sich entgegen halten, dass damit die Möglichkeit einer konkludent vereinbarten Betriebspflicht vernachlässigt wird und dass der Vertragszweck namentlich bei der Vermietung in Einkaufszentren eine immanente Betriebspflicht als geradezu verkehrsüblich indizieren kann.[26] Die konkludente Vereinbarung einer Betriebspflicht kann sich unter anderem aus den vertraglichen Bestimmungen zum Vertragszweck ergeben.[27]

---

[19] Vgl. OLG Rostock NZM 2004, 460.
[20] Zur Intransparenz von Betriebspflichtklauseln vgl. BGH GuT 2008, 339.
[21] Zur entsprechenden Auslegung von Betriebspflichtklauseln vgl. OLG Düsseldorf OLGR 1999, 89.
[22] Beispiele finden sich bei: *Gather* DWW 2007, 94; Lindner-Figura/Oprée/Stellmann/*Wolf* Kap. 13 Rdnr. 132 ff.; vgl. auch OLG Brandenburg Urt. v. 8. 7. 2009 – 3 U 15/09 – juris; *Fritz* NJW 2009; 959.
[23] Vgl. Rdnr. 70 ff.
[24] Vgl. BGH NJW 1979, 531; BGH ZIP 1983, 449; LG Lübeck NJW-RR 1993, 78; *Fritz* Rdnr 97; vgl. ferner die Nachweise bei *Gerber/Eckert* Rdnr. 189 ff.; *Michalski* ZMR 1996, 527.
[25] Vgl. *Michalski* ZMR 1996, 527.
[26] So früher auch *Wolf/Eckert/Ball*, 8. Aufl., Rdnr. 650, jetzt aber ablehnend, vgl. 9. Aufl., Rdnr. 607; *Schmid/Fittkau* 11 Rdnr. 34; a. A. Lindner-Figura/Oprée/Stellmann/*Wolf* Kap. 13 Rdnr. 132 ff.
[27] Vgl. OLG Köln NZM 2002, 345.

13 *cc) Risiken bei zu strengen Reglementierungen.* Bei der vertraglichen Ausgestaltung der vom Mieter zu beachtenden Betriebspflichten können zu **strenge Reglementierungen** für den Vermieter **risikoträchtig** sein. Wenn der Vermieter die wirtschaftliche Bewegungsfreiheit des Mieters zu stark einschränkt, können sich Bedenken aus § 307 BGB ergeben.[28] Außerdem kann dadurch eine die Geschäftsgrundlage prägende Einbeziehung des Vermieters in die betrieblichen Belange des Mieters erfolgen mit der Folge, dass sich der Vermieter u. U. die Ertragsrisiken des Mieters zu eigen macht.[29]

14 Soweit dagegen Wirksamkeitsbedenken auch aus der Versagung von Konkurrenzschutz unter gleichzeitiger Festlegung einer Betriebspflicht mit strenger Sortimentsbindung hergeleitet worden sind, hat sich dies nicht durchgesetzt.[30] Bei Verfolgung eines besonderen Geschäftskonzepts, etwa einer Spezialisierung auf exklusive Sport- und Modegeschäfte, sind ohnehin strikter festgeschriebene Mieterpflichten zur Ausgestaltung des verfolgten Gesamtzuschnitts der Anlage denkbar.

15 *dd) Verstoß gegen Betriebspflicht.* Ein Verstoß des Mieters gegen bestehende Betriebspflichten kann den Vermieter wegen vertragswidrigen Gebrauchs gemäß § 543 Abs. 2 Nr. 2 BGB zur **fristlosen Kündigung** berechtigen.[31] Ein Verstoß gegen die vertragliche Betriebspflicht liegt nicht nur dann vor, wenn der Mieter den Geschäftsbetrieb ganz einstellt. Ein Verstoß kann auch darin begründet liegen, dass der Mieter bestimmte Vorgaben, die der Vertrag zur näheren Ausgestaltung der Geschäftstätigkeit regelt, nicht beachtet. Das kann etwa der Fall sein, wenn der Mieter die vertraglichen **Öffnungszeiten** nicht einhält. Die außerordentliche fristlose Kündigung erfordert gemäß § 543 Abs. 3 BGB grundsätzlich eine **Abmahnung**.[32]

Formulierungsvorschlag:

16 Sehr geehrte(r) ......,

aufgrund des Mietvertrags vom ...... sind Sie verpflichtet, das von Ihnen angemietete Ladenlokal zu den vertraglich festgelegten Zeiten geöffnet zu halten. Dieser Pflicht sind Sie seit dem ...... nicht mehr nachgekommen. Das Geschäft ist seit diesem Tag geschlossen.

Sie verstoßen damit gegen wesentliche Pflichten aus dem Mietvertrag. Ich bestehe jedoch uneingeschränkt auf der Erfüllung des Vertrags und fordere Sie zur Vermeidung einer alsbaldigen gerichtlichen Inanspruchnahme auf, den Betrieb des Ladenlokals entsprechend den vertraglichen Vereinbarungen sofort wieder aufzunehmen.

Ich behalte mir die Geltendmachung von Schadenersatzansprüchen vor und weise ferner darauf hin, dass ein Verstoß gegen die Betriebspflicht ein Recht zur außerordentlichen fristlosen Kündigung des Mietverhältnisses begründen kann.

17 *ee) Prozessuale Durchsetzung der Betriebspflicht.* Der Vermieter kann den Mieter entsprechend § 541 BGB auf **Erfüllung der Betriebspflicht** gerichtlich in Anspruch nehmen.[33] Ein auf Erfüllung gerichteter Titel ist i. d. R. nur mit erheblichem Zeitaufwand zu erlangen. Nach h. M. kann die Beachtung der Betriebspflicht des Mieters aber auch durch **einstweilige Verfügung** durchgesetzt werden.[34] Die Erwirkung einer einstweiligen Verfügung wegen Ver-

---

[28] Zur Anwendbarkeit von § 9 AGBG a. F. vgl. SchlH OLG OLGR 1999, 385; zur wirksam vereinbarten Betriebspflicht unter Auferlegung einer Sortimentsbindung sowie unter Ausschluss von Konkurrenzschutz vgl. OLG Naumburg NZM 2008, 772 mit Anm. *Borzutzki-Pasing* jurisPR-MietR 20/2008 Anm. 1; vgl. ferner *Eupen* MietRB 2008, 358.
[29] Vgl. hierzu näher Rdnr. 55; vgl. auch OLG Koblenz NJW-RR 1989, 400; *Fritz* NJW 1996, 2068.
[30] Vgl. OLG Schleswig NZM 2000, 1008; dagegen großzügiger: KG ZMR 2005, 47; OLG Hamburg ZMR 2003, 254; OLG Rostock NZM 2004, 460; OLG Naumburg NZM 2008, 772.
[31] Das OLG Düsseldorf (ZMR 1997, 296) hat § 554 a BGB a. F. (vgl. § 543 Abs. 1 BGB n. F.) für einschlägig gehalten.
[32] Ein Formularvorschlag zur Abmahnung wegen Verstoßes gegen die Betriebspflicht findet sich bei Nies/Gies/*Borzutzki-Pasing* Form. B.IX. 1.
[33] Vgl. *Drasdo* NJW-Spezial 2009, 193; *Gather* DWW 2007, 94; *Fritz* Rdnr. 234 b, 600.
[34] Vgl. OLG Frankfurt Urt. v. 10. 12. 2008 – 2 U 250/08 – juris; – mit Anm. *Ingendoh* juris PR-MietR 7/2009 Anm. 5; OLG Düsseldorf NJW 1997, 648; OLG Frankfurt NJW-RR 1992, 171; OLG Köln NJW-RR

stoßes gegen die Betriebspflicht setzt zumindest bei einer klaren Vertragssituation keine besondere In-Verzug-Setzung des Mieters durch Setzung einer Erfüllungsfrist voraus.

ff) Vollstreckung. Wenn der Vermieter einen titulierten Anspruch durchsetzen will, stellt 18 sich die Frage, wie aus dem Titel zu **vollstrecken** ist. Das ist wegen der oft schwierigen Abgrenzung zwischen Unterlassung (des vertragswidrigen Gebrauchs) im Sinne von § 890 ZPO und der Vornahme einer Handlung (Beachtung der Gebrauchspflicht) umstritten. Dabei ist zusätzlich abzugrenzen, ob die Vollstreckung auf eine vertretbare Handlung im Sinne von §§ 887 ZPO gerichtet ist oder auf eine unvertretbare Handlung gemäß § 888 ZPO.[35] Die Rechtsprechung[36] geht teilweise davon aus, dass die Vollstreckung nach § 888 ZPO stattzufinden hat. Dem ist beizutreten, denn der Anspruch des Vermieters zielt in erster Linie auf den **Betrieb des Ladengeschäfts als einer unvertretbaren Handlung** im Sinne von § 888 Abs. 1 ZPO ab, deren Vornahme ausschließlich vom Willen des Mieters abhängt. Das Willenskriterium des § 888 Abs. 1 ZPO wird restriktiv dahin ausgelegt, dass eine Vollstreckung nicht in Betracht komme, wenn der Schuldner die erforderliche Mitwirkung Dritter (z. B. von Lieferanten oder Arbeitnehmern) trotz zumutbarer Anstrengungen nicht erreichen könne.[37] Demgegenüber hält das OLG Düsseldorf[38] § 890 ZPO für anwendbar, weil nur so auch die nachträgliche Sanktionierung eines Betriebspflichtverstoßes für die letzte Mietzeit vor Mietende sanktionierbar sei. Bei dem Zwangsgeld nach § 888 ZPO handele es sich um ein reines Beugemittel, mit dem der Vermieter nach dem durch Vertragsbeendigung bedingten Wegfall der durchzusetzenden Pflicht ausgeschlossen sei. Ob nach bereits erfolgtem Pflichtwegfall eine Vollstreckung überhaupt noch möglich bleibt, ist allerdings auch im Rahmen des § 890 ZPO umstritten.[39] Der Weg über § 888 ZPO begründet für den Vermieter überdies keine Nachteile, da ihm nach Mietende regelmäßig noch Schadensersatzansprüche zustehen. Deren Durchsetzung wird den Vermieter nach Mietende eher interessieren als die Vollstreckung von Ordnungsmitteln.

gg) Vertragsstrafe. An Verstöße gegen die Betriebspflicht kann eine Vertragsstrafe geknüpft werden. Gegenüber Unternehmern sind Vertragsstrafenklauseln generell zulässig, da 19 insoweit das Klauselverbot aus § 309 Nr. 6 BGB wegen der Regelung des § 310 Abs. 1 S. 1 BGB nicht unmittelbar Geltung findet. Über § 310 Abs. 1 Satz 2 BGB verbleibt es aber bei der Klauselkontrolle, mit der unangemessen benachteiligende Regelungen i. S. v. § 307 BGB als unwirksam auszusondern sind. Da Verstöße gegen die Betriebspflicht meist im Zusammenhang mit der – drohenden – Illiquidität des Mieters stehen, bieten Vertragsstrafenklauseln eher wenig Gewähr für eine durchsetzbare Abhilfe. Schadensersatzansprüche sind dem Vermieter wegen eines Vertragsverstoßes ohnehin eröffnet. Leitbild für die Bestimmung, ob eine Vertragsstrafenklausel sich als unwirksam erweist, ist nach der hier vertretenen Auffassung das mietvertragliche Äquivalenzverhältnis. Je weniger das vertragliche Gleichgewicht von Leistung und Gegenleistung gestört wird, desto eher erweisen sich Vertragsstrafenregelungen als problematisch. Nach der Rechtsprechung können bei einer einvernehmlichen Vertragsaufhebung und -änderung und an nicht schuldhafte Vertragswidrigkeiten grundsätzlich keine Straffolgen geknüpft werden.[40] Unverhältnismäßig hohe Sanktionen sind ebenfalls unwirksam.[41] Leitschnur für die Bestimmung, ob von der Unverhältnismäßigkeit einer Vertragsstrafe auszugehen ist, kann die Orientierung an denjenigen Nachteilen sein,

---

1992, 633; OLG Celle NJW-RR 1996, 585; *Fritz* Rdnr. 234 b, 600; *Hinz*, Einstweiliger Rechtsschutz im Mietprozess, www.mietgerichtstag.de; nur im Ausnahmefall einstweiligen Rechtsschutz bejahend: KG ZMR 2005, 47.
[35] Vgl. *Drasdo* NJW-Spezial 2009, 193; *Wolf/Eckert/Ball* Rdnr. 616 weist mit Recht auf die generelle Unpraktikabilität einer Handlungsvollstreckung hin.
[36] Vgl. OLG Hamm NJW 1973, 1135; OLG Celle NJW-RR 1996, 585; OLG Frankfurt/M. ZMR 2009, 446, jeweils m. w. N.; vgl. auch *Peters/Welkerling* ZMR 1999, 369; das OLG Frankfurt hat mit Urt. v. 10. 12. 2008 – 2 U 250/08 – juris, eine Vollstreckung nach § 888 ZPO zumindest nicht ausgeschlossen.
[37] Vgl. *Hinz*, Einstweiliger Rechtsschutz im Mietprozess, www.mietgerichtstag.de.
[38] Vgl. NJW-RR 1997, 648.
[39] Vgl. nur *Thomas/Putzo* § 890 Rdnr. 10 m. w. N.
[40] Vgl. BGH NJW 1985, 57; 1985, 1705; 1985, 2329.
[41] Vgl. OLG Celle NJW-RR 1988, 946.

die für den geschützten Vertragsteil aufgrund eines Vertragsverstoßes entstehen können (vgl. §§ 280 ff. BGB). Zusätzlich wird eine gewisse Druckmittelfunktion Berücksichtigung finden können.[42]

20 **d) Konkurrenzschutz.** Großobjekte – insbesondere Einkaufszentren – zeichnen sich dadurch aus, dass sich eine Vielzahl von gewerblichen Betrieben auf relativ kleinem Raum konzentriert. Dies indiziert die Gefahr, dass sich Betriebe mit gleicher Ausrichtung Konkurrenz machen. In innerstädtischen Gebieten mit einer ähnlichen Konzentration von Betrieben ist die sich hieraus ergebende Konkurrenzsituation vom jeweiligen Gewerbetreibenden ohne Weiteres hinzunehmen, denn es gibt dort grundsätzlich keine Instanz, die Wettbewerber von ihm fern hält. Der jeweilige Vermieter hat bei unterschiedlichen Mietobjekten i. d. R. keinerlei Handhabe, auf die geschäftlichen Aktivitäten Dritter einzuwirken. In Großobjekten, die unter der Regie eines einheitlichen Vermieters stehen, liegt das anders. Der Vermieter ist zwar – in den Grenzen des sog. immanenten Konkurrenzschutzes[43] – grundsätzlich in der Entscheidung darüber frei, ob einem gewerblichen Mieter vertraglichen Konkurrenzschutz einräumen will oder nicht. Der Vermieter wird es jedoch schwer haben, geeignete Mietinteressenten zu finden, wenn etwaige Interessenten befürchten müssen, auf engstem Raum mit einer verschärften Konkurrenzsituation konfrontiert zu werden. Auch der Vermieter hat ein nahe liegendes Interesse daran, einen attraktiven Branchenmix zu erlangen, bei dem sich die Mieter nicht in einen ruinösen Wettbewerb verstricken. Konkurrenzschutz- und Konkurrenzverbotsklauseln können dabei unterschiedliche Schutzzwecke und -bereiche abdecken. Sie können sich auf ein einziges Mietobjekt beziehen oder auf mehrere benachbarte Objekte; immerhin denkbar ist auch ein vom (Groß-)Vermieter für ein ganzes Stadtgebiet gewährter Wettbewerbsschutz, soweit es sich denn um dem Vermieter gehörende Objekte handelt.

21 *aa) Vereinbarung von Konkurrenzschutz.* Ausdrückliche vertragliche Konkurrenzschutzklauseln sind bei Einkaufszentren und anderen Großobjekten weit verbreitet. Schon bei der Festlegung des **Vertragszwecks** kann sich die Frage nach zu gewährendem Konkurrenzschutz stellen,[44] denn der vertragliche Gebrauchszweck beinhaltet die wesentliche Weichenstellung für das dem jeweiligen Mieter eröffnete gewerbliche Betätigungsfeld. Art und Umfang des jeweiligen Mietgebrauchs definieren auch das konkurrenzrechtliche Spannungsfeld, in dem sich die Vertragsparteien bewegen. In diesem Rahmen kommt es wesentlich darauf an, die jeweiligen Gebrauchsbefugnisse möglichst konkret festzulegen und voneinander abzugrenzen, um dem Streit über die Reichweite von Konkurrenzschutzklauseln vorzubeugen. Der Vermieter hat den Mieter bei Vertragsschluss darauf hinzuweisen, ob und in welchem Umfang er anderen Mietern Konkurrenzschutz zugesagt hat.[45]

> **Praxistipp:**
> 22 Bei der Anmietung eines Gewerbeobjekts in einem Einkaufszentrum ist die Beantwortung folgender Fragen zur Klärung der wirtschaftlichen Erfolgsträchtigkeit und der mietvertraglichen Gebrauchsbefugnisse unabdingbar:
> Ist anderen Mietern Konkurrenzschutz zugesagt worden, ggf. für welche konkrete gewerbliche Betätigung?
> Ist der Vermieter bereit, dem Mieter Konkurrenzschutz zu gewähren, ggf. für welche konkrete gewerbliche Betätigung?
> Drohen Kollisionen mit der gewerblichen Betätigung anderer Mieter, ggf. auf welchem geschäftlichen Sektor und mit welchen wettbewerbsmäßigen Auswirkungen?

23 Die Konkurrenzschutzpflicht ist möglichst konkret und aus Vermietersicht eng zu fassen. Je weiter und allgemeiner der Schutzbereich definiert ist, desto umfangreicher können sich

---

[42] Vgl. BGHZ 105, 24; zu Vertragsstrafenregelungen vgl. auch *Leo/Ghassemi-Tabar* NZM 2009, 263.
[43] Vgl. dazu im Einzelnen Rdnr. 26 ff.
[44] Vgl. hierzu bereits Rdnr. 7; zur neueren Rspr. vgl. *Leo/Ghassemi-Tabar* NZM 2009, 337.
[45] Vgl. BGH NJW 1982, 376.

die Haftungsrisiken auf Vermieterseite gestalten. Allgemein gehaltene Vereinbarungen etwa des Inhalts, dass dem Mieter Konkurrenzschutz gewährt werde, sind auslegungsbedürftig.[46] Die Auslegung kann ergeben, dass sich der Konkurrenzschutz nur auf Hauptartikel und nicht auch auf Nebenartikel erstreckt oder dass sowohl Haupt- als auch Nebenartikel Konkurrenzschutz genießen sollen.[47] Die Vertragsparteien können einen völligen Konkurrenzschutz vereinbaren, der sich auch auf Nebenartikel anderer Geschäfte erstreckt. Vertraglich zugesagter Konkurrenzschutz gilt regelmäßig nur für künftig abzuschließende Mietverträge in den Objekten, die vom Schutz erfasst sind.[48] Die bei Anmietung bestehende Konkurrenzsituation muss der Mieter also grundsätzlich hinnehmen. Anders als beim immanenten Konkurrenzschutz[49] kommt es für die Auslegung, wie weit ein **ausdrücklich vereinbarter Konkurrenzschutz** reicht, nicht maßgeblich darauf an, ob sich das Warenangebot in Haupt- oder Nebenartikeln überschneidet. Ob eine Konkurrenzklausel auch Nebenartikel erfasst, muss zunächst einzelfallbezogen ermittelt werden.[50] Ergibt die Auslegung einer Konkurrenzschutzklausel, dass Nebenartikel nicht geschützt sind, genießt der Mieter Konkurrenzschutz nur in Bezug auf die von ihm als Hauptartikel vertriebenen Waren oder Leistungen, während er den Wettbewerb in Bezug auf bloße Nebenartikel grundsätzlich zu dulden hat.[51]

Für die Bestimmung, was **geschützter Hauptartikel** ist, kommt es darauf an, welches Angebot den Stil des Geschäfts bestimmt und ihm das eigentliche Gepräge gibt.[52] Eine Klausel, der zufolge ein Mieter bereits vorhandenen Mietern keine Konkurrenz machen darf, ist i. d. R. dahingehend auszulegen, dass von dieser Klausel nur die jeweiligen Hauptartikel erfasst werden, während eine Klausel, nach welcher der Mieter keine Waren führen darf, die bereits in einem anderen Geschäftslokal des Hauses geführt werden, in einem umfassenden Sinn zu verstehen sein und sich auch auf Nebenartikel erstrecken soll.[53] 24

Formulierungsvorschlag:

§ ...... Konkurrenzschutz zugunsten des Mieters

(1) Der Vermieter gewährt dem Mieter Konkurrenzschutz. Der Konkurrenzschutz betrifft ausschließlich den Verkauf von ...... als Hauptartikel.

(2) Der Mieter genießt keinen Konkurrenzschutz hinsichtlich der Waren und Leistungen anderer Anbieter, die den in Ziff. (1) bezeichneten Hauptartikel als Nebenartikel führen. Konkurrenzschutz besteht danach insbesondere nicht, soweit im Einkaufszentrum z. B. ...... vorhanden ist/sind. 25

bb) Vertragsimmanenter Konkurrenzschutz. Auch dann, wenn dem Mieter Konkurrenzschutz nicht ausdrücklich zugesichert wurde, kann sich innerhalb desselben Gebäudes oder Grundstücks bzw. bei Vermietungen auf unmittelbar benachbarten Grundstücken, die demselben Vermieter gehören, aus vertraglicher Nebenpflicht ein sog. immanenter Konkurrenzschutz ergeben.[54] Teilweise wird von einem gesetzlichen Konkurrenzschutz gesprochen,[55] obwohl die Mietgesetze sich hierzu nicht ausdrücklich verhalten. Keinen Konkurrenzschutz kann in der Regel derjenige Mieter beanspruchen, der Geschäftsräume in Kenntnis einer 26

---

[46] Vgl. BGH NJW-RR 86, 9; OLG Brandenburg Urt. v. 10. 6. 2009 – 3 U 169/08 – juris; vgl. auch *Gather* DWW 2007, 94.
[47] Vgl. BGH NZM 2008, 770.
[48] Vgl. OLG Köln MDR 2006, 86.
[49] Vgl. Rdnr. 26 ff.
[50] Vgl. BGH NJW 1974, 2317; BGH WPM 1968, 699.
[51] Vgl. BGH WuM 1979, 144; BGH WuM 1975, 163; BGH ZMR 1985, 374.
[52] Vgl. BGH ZMR 1957, 192; BGH ZMR 1968, 248; BGH ZMR 1985, 374.
[53] Vgl. OLG Celle ZMR 1992, 448; zu den Grenzen wirksamer Formularklauseln bei Versagung von Konkurrenzschutz unter gleichzeitiger Festlegung einer Betriebspflicht mit strenger Sortimentsbindung vgl. OLG Schleswig NZM 2000, 1008.
[54] Vgl. BGH ZMR 1955, 200; 1961, 226; 1968, 248; BGH WuM 1979, 144; OLG Brandenburg Urt. v. 10. 6. 2009 – 3 U 169/08 – juris; KG ZMR 2008, 616; OLG Rostock MDR 2005, 1222; OLG Köln ZMR 1998, 247; *Gather* DWW 2007, 94; Lindner-Figura/Oprée/Stellmann/Hübner/Griesbach/Schreiber Kap. 14 Rdnr. 114 ff.; *Bittner* MDR 2008, 1201.
[55] Vgl. Blank/Börstinghaus § 535 Rdnr. 208.

dadurch entstehenden und von den Vertragsparteien vorausgesetzten Wettbewerbssituation anmietet.[56] Die Reichweite des Konkurrenzschutzes richtet sich wesentlich danach, welchen Besitzstand der Mieter nach den bei Vertragsschluss ersichtlichen Umständen erwarten konnte bzw. erhalten sollte. Maßgebend sind insoweit **Prioritätsgesichtspunkte**, so dass Konkurrenzschutz regelmäßig nur der zuerst vorhandene Betreiber im Verhältnis zu einem hinzukommenden Mieter beanspruchen kann.[57]

27 cc) *Grenzen des immanenten Konkurrenzschutzes.* Der vertragsimmanente Konkurrenzschutz ist gegenüber dem vertraglich zugesicherten Konkurrenzschutz insoweit eingegrenzt, als der Vermieter nicht gehalten ist, vom Mieter jeden unliebsamen Wettbewerb fern zu halten. Vielmehr ist abzuwägen, inwieweit nach Treu und Glauben und unter Berücksichtigung der Belange der Parteien der Schutz vor Konkurrenz geboten ist, um dem Mieter auch weiterhin den vertragsgemäßen Gebrauch der Mietsache zu gewährleisten.[58] Wenn die Mietparteien vertragliche Vereinbarungen zum Konkurrenzschutz treffen und diese Vereinbarungen etwa durch Zeitablauf hinfällig werden, soll dem Mieter nach Auffassung des KG[59] der immanente Schutz erhalten bleiben, weil durch die Vereinbarung vertraglichen Konkurrenzschutzes und dessen späterer Aufhebung der Mieter nicht schlechter gestellt werden soll, als wenn eine Vereinbarung von vornherein nicht getroffen wurde. Dem wird in dieser Allgemeinheit schwerlich beizutreten zu sein. Wenn der Mieter eine zu seinen Gunsten abgeschlossene Konkurrenzschutzvereinbarung zur Disposition stellt, indem er etwa von vornherein nur einen befristeten Schutz verabredet oder eine Aufhebungsvereinbarung abschließt, begibt er sich wissentlich und willentlich einer Rechtsposition. Dieser Umstand schafft gegenüber dem vertraglich ungeregelten Zustand, innerhalb dessen der immanente Schutz zu prüfen ist, eine qualitativ andere Vertragssituation, innerhalb derer der Mieter in den Grenzen von Treu und Glauben keinen Konkurrenzschutz mehr genießen dürfte.

28 Bei **Einkaufszentren** wird ein immanenter Konkurrenzschutz nach dem Grundsatz „Konkurrenz belebt das Geschäft" teilweise nur eingeschränkt angenommen oder sogar ausgeschlossen.[60] Die Rechtspraxis zeigt aber, dass gerade bei einer Mehrzahl von Mietern die Problematik des Konkurrenzschutzes praktisch bedeutsam wird und dass die Konkurrenzschutzproblematik sich in solchen Fällen zuspitzen kann. Ob bei Einkaufszentren immanenter Konkurrenzschutz besteht oder nur vermindert zu gewähren ist, dürfte sich danach richten, welchen Stil und welches Gepräge ein Ladengeschäft verkörpert. Weithin anerkannt ist, dass es für den Umfang des immanenten Konkurrenzschutzes wesentlich auf die **Abgrenzung zwischen Haupt- und Nebenartikeln** ankommt.[61] Danach gilt der Grundsatz, dass der vertragsimmanente Schutz sich nur auf die Abwehr von Konkurrenten für den vom Mieter vertriebenen Hauptartikel bezieht und nicht auf die Nebenartikel, bei denen der Mieter den Wettbewerb hinzunehmen hat.[62] Als dem Konkurrenzschutz unterliegende Hauptartikel können grundsätzlich nur solche Warengruppen angesehen werden, die hinsichtlich Vielfalt, Auswahlmöglichkeit, Geschlossenheit und Übersichtlichkeit dem Angebot eines Fachgeschäfts entsprechen.[63] Das Bedürfnis nach Konkurrenzschutz steigt daher mit der Spezialisierung in der Geschäftsausrichtung.

29 dd) *Fallgruppen zur Abgrenzung zwischen Haupt- und Nebenartikeln.* Die Ermittlung von Kriterien zur Festlegung immanenten Konkurrenzschutzes bereitet im Einzelnen Schwierigkeiten, denn in einem Einkaufszentrum sind Überschneidungen in der jeweils vertriebenen Produktpalette vielfältig indiziert. Die Produktlinien und Verkaufsstrategien sind einem ständigen Wandel unterzogen. Kleinere Geschäfte nutzen die Anziehungskraft der

---

[56] Vgl. OLG Köln MDR 2006, 86.
[57] Vgl. OLG Köln OLGR 2005, 390; *Bittner* MDR 2008, 1201.
[58] Vgl. BGH NJW 1979, 1404; KG ZMR 2008, 616; KG KGR 2003, 154; *Leo/Ghassemi-Tabar* NZM 2009, 337.
[59] Vgl. KG KGR 2005, 573.
[60] Vgl. BGH WuM 1979, 144; OLG Köln NJW-RR 1998, 1017; OLG Dresden MDR 1998, 211; OLG Hamm OLGR 1997, 15; *Wolf/Eckert/Ball* Rdnr. 642; vgl. auch *Jendrek*, NZM 2000, 1116; *Gather*, DWW 1998, 302.
[61] Vgl. *Gather* DWW 2007, 94; *Lindner-Figura/Oprée/Stellmann/Hübner/Griesbach/Schreiber* Kap. 14 Rdnr. 130 ff.; Beispiele aus der Rechtsprechung finden sich bei *Fritz* Rdnr. 76 e.
[62] Vgl. BGH NZM 2008, 770; BGH ZMR 1985, 374; BGH WuM 1979, 144; BGH ZMR 1955, 200.
[63] Vgl. BGH MDR 1986, 46; Erman/*Jendrek* § 535 Rdnr. 40.

Großanbieter, sind aber auch Verdrängungs- und Marktbeherrschungstendenzen ausgesetzt. Der Vermieter schwankt zwischen der Rücksichtnahme auf Großmieter und der Befürchtung des Leerstands, wenn kleinere Betriebe nicht ausreichend zum Zuge kommen.

Eine klare Abgrenzung zwischen Spezial- und Fachgeschäften und solchen Geschäften, deren Produktpalette breiter gefächert ist, ist oft nicht möglich.[64] Selbst wenn eine solche Abgrenzung gelingt, folgt daraus nicht zwingend, dass lediglich das Spezialgeschäft mit einem klar definierten Warenangebot Konkurrenzschutz genießt. Der Betreiber eines **Drogeriemarkts** hat z. B. regelmäßig damit zu rechnen, dass Artikel für die Haar- und Körperpflege sowie kosmetische Artikel verkehrsüblich auch zum Warensortiment von Supermärkten, Discountgeschäften, Friseursalons, Parfümerien und Kosmetiksalons gehören. Die Unterscheidung zwischen Haupt- und Nebenartikeln ist bei Supermärkten oder SB-Warenhäusern nur schwer möglich, da die Komplexität des Sortiments gerade den Charakter solcher Betriebe ausmacht. Die Frage, ob der Mieter eines Drogeriemarkts in einem Einkaufszentrum **Überschneidungen im Warensortiment** zu dulden hat, ist vor diesem Hintergrund von der Frage zu unterscheiden, ob er auch den Betrieb mehrerer Drogeriemärkte zu dulden hat. Das dürfte – abgesehen von eher seltenen Ausnahmefällen in besonders großen Zentren, bei denen sich die Konkurrenz durch die Vielfalt der Anbieter und die Größe der Verkaufsfläche neutralisiert – zu verneinen sein. „Hauptartikel" ist für den Drogeriemarkt danach die für diesen Geschäftstyp eigentümliche Mischung angebotener Waren, die von anderen Geschäften entweder als Haupt- oder als bloße Nebenartikel geführt werden. Wenn Wettbewerber sich auf dasselbe Verkaufskonzept verlegen (z. B. eine Parfümerie verlegt sich in breiterem Umfang auch auf den Vertrieb von Hygiene-, Gesundheits- und Fotoartikeln), kann dies nach der hier vertretenen Auffassung den immanenten Konkurrenzschutz zugunsten eines Drogeriemarkts durchaus tangieren.[65] Entsprechende Konstellationen sind bei Bau- und Gartenmärkten wie überhaupt bei solchen Ladengeschäften denkbar, die zwar keinen speziellen Hauptartikel vertreiben, aber nach der Verkehrsanschauung über eine charakteristische Warenpalette verfügen und mit dieser Geschäftsausrichtung ihrerseits als Fachgeschäft gelten können.[66]

Ein immanenter Konkurrenzschutz für den **Vertrieb von Bekleidungsartikeln** wird bei Einkaufszentren angesichts einer Vielzahl von Anbietern mit Bekleidungssortimenten im Allgemeinen auszuscheiden haben. Beim **exklusiven Vertrieb bestimmter Hersteller oder Produktlinien** durch Fach- und Spezialgeschäfte kann es aber nach der hier vertretenen Auffassung anders liegen. Wenn der Schwerpunkt des Geschäfts darin besteht, die Produktpalette nur eines oder weniger Designer oder nur ganz spezielle Segmente aus einer größeren Produktpalette (z. B. Hüte, Regenschirme, Damenstrümpfe, Designerhemden, Krawatten) anzubieten, kann sich die Konkurrenz durch einen Wettbewerber mit derselben Produktkonzentration auch im Rahmen immanenten Konkurrenzschutzes als erheblich auswirken. Die Berücksichtigung von Umständen, die den Stil und das eigentliche Gepräge eines Geschäfts bestimmen, ist im Rahmen der Auslegung von Konkurrenzschutzklauseln ohnehin anerkannt.[67]

Praxistipp:
Bei der Festlegung vertraglichen Konkurrenzschutzes ist auf eine möglichst genaue Konkretisierung der geschützten gewerblichen Betätigung des Mieters hinzuwirken. Dies gilt sowohl für den Vertrieb von Waren als auch für Dienstleistungsbetriebe.

Formulierungsvorschläge:
Der Konkurrenzschutz betrifft ausschließlich den Verkauf von
- Back- und Konditoreiwaren im Rahmen eines Einzelhandelfachgeschäfts mit Thekenverkauf und Stehcafé.

---

[64] Zur Abgrenzung unterschiedlicher Imbissbetriebe vgl. OLG Bremen OLGR 2006, 371; zum Konkurrenzschutz zwischen Tankstellen und Rastanlagen vgl. OLG Frankfurt NZM 2004, 706; zur Konkurrenz zwischen einer Metzgerei und einem Lebensmittel-Discounter vgl. LG Düsseldorf GuT 2009, 102.
[65] So wohl auch *Blank/Börstinghaus* § 535 Rdnr. 209.
[66] Vgl. OLG Hamm NZM 1998, 511; OLG Köln NZM 1998, 512; *Blank/Börstinghaus* § 535 Rdnr. 209.
[67] Vgl. BGH LM BGB § 536 Nr. 3 Bl. 2; BGH WPM 1968, 699.

- Fleisch- und Wurstwaren im Rahmen eines Metzgereifachgeschäfts.
- Schnittblumen, Topfpflanzen und Trauerschmuck im Rahmen eines Blumenfachgeschäfts.

Bei Spezialgeschäften ohne bestimmten Hauptartikel, aber mit einer spezifischen Sortimentsgestaltung, kann eine Beschreibung des Schutzbereichs etwa wie folgt geschehen:
Der Konkurrenzschutz betrifft ausschließlich den Betrieb
- eines Bau- und Heimwerkermarkts als Selbstbedienungsgeschäft.
- eines Radio-, TV- und Elektrofachgeschäfts mit angeschlossener Reparaturwerkstatt.

33 ee) *Kartellrechtliche Beschränkungen des Konkurrenzschutzes.* Der vertragliche Konkurrenzschutz kann in **kartellrechtlichen Beschränkungen** seine Grenzen finden. Insbesondere kommen Verstöße gegen § 20 Abs. 1 GWB in Betracht. Grundlegende Ausführungen hierzu hat der BGH in den sog. Schilderpräger-Entscheidungen gemacht.[68] Er hat klargestellt, dass Normadressat des aus § 20 Abs. 1 GWB folgenden Verbots, andere Unternehmen i. S. v. § 20 Abs. 1 GWB unbillig zu behindern, nicht allein die öffentliche Verwaltung ist, die den Bedarf an der Herstellung und dem Verkauf von amtlichen Kfz-Schildern hervorgerufen hat. Vielmehr richtet sich das Verbot generell an alle Unternehmen, welche die alleinige Verfügungsgewalt über die Überlassung von Gewerbeflächen auf dem jeweils relevanten Markt besitzen. Diese Rechtsprechung birgt, wenn sie konsequent umgesetzt wird, in wirtschaftlicher und rechtspolitischer Hinsicht einiges an Konfliktpotenzial. Danach liegt ein Verstoß gegen das Verbot unbilliger Behinderung vor, wenn bei der Vermietung von geeigneten, nur in begrenzter Zahl bereitstehenden Räumen die Auswahl unter den in Frage kommenden Interessenten nicht unter angemessenen und fairen Bedingungen vorgenommen wird. Der marktbeherrschende Vermieter ist nicht nur verpflichtet, den aktuellen Bedarf auf dem Wege der Ausschreibung zu ermitteln, er darf, wenn er entsprechende Gewerbeflächen vermietet, den Marktzutritt für aktuelle und potentielle Wettbewerber des Mieters nicht für einen längeren Zeitraum als fünf Jahre blockieren, sondern muss die Räumlichkeiten in entsprechenden Abständen neu ausschreiben.

34 Die Rechtsprechung des BGH birgt für marktbeherrschende Vermieter in Einkaufszentren und andere Monopolisten auf dem gewerblichen Mietmarkt einige Probleme und Risiken in sich. Das **Diskriminierungsverbot** soll ausschließen, dass marktstarke Unternehmen ihre vom Wettbewerb nicht hinreichend kontrollierten Handlungsspielräume zum Nachteil Dritter ausnutzen und dadurch das Marktgeschehen stören. Es soll die Unternehmen aber nicht vor den Folgen geschäftlicher Fehlentscheidungen schützen.[69] Nach welchen Kriterien sich jedoch eine Ausschreibung im Mietmarkt letztlich richten soll, erscheint als fraglich. Das Verhältnis zwischen Diskriminierungsverbot und einem ausdrücklich zugesagtem Konkurrenzschutz muss als offen gelten. Die vom BGH vorgenommene Eingrenzung der Bindungszeit – also auch der Mietzeit – auf nur 5 Jahre bewirkt für die Geschäftsraummiete ganz ungewöhnliche und untypische Beschränkungen. Ein marktbeherrschendes Unternehmen auch nicht aus Gründen ein Vertrags- bzw. Mietverhältnis mit einem anderen Unternehmen beenden, aus denen es den Abschluss des Vertrages nicht hätte ablehnen dürfen, ohne damit gegen das **Diskriminierungsverbot** zu verstoßen.[70]

35 ff) *Bestandsschutz.* Vom Konkurrenzschutz zu unterscheiden ist der Bestandsschutz, d. h. die Gewährleistung eines bestimmten (etwa bei Vertragsbeginn vorgegebenen) Mieterbestands.[71] Ein Mieter kann ein nahe liegendes Interesse daran haben, sich in einem attraktiven Umfeld mit einem für ihn günstigen Branchenmix gewerblich zu betätigen. Für die gewerblichen Interessen kann es sogar wesentlich sein, dass ganz bestimmte Nachbarbetriebe vorhanden sind, die den Kundenstamm für die eigenen geschäftlichen Aktivitäten liefern.

---

[68] Vgl. BGH NJW 2003, 2684 = NZM 2003, 597 m. w. N.; im Anschluss daran vgl. OLG Köln OLGR 2007, 688; zur Vermietung von Messeflächen vgl. OLG Naumburg Urt. v. 3. 5. 2007 – 2 U 25/07 – juris; zur Mangelhaftigkeit bei veränderter Struktur vgl. BGH WuM 2009, 261.
[69] Vgl. BGH NJW 1993, 1653.
[70] Vgl. BGH NJW 2003, 3345.
[71] Zur Zusicherung einer bestimmten Mieterstruktur vgl. BGH NZM 2006, 54; 2004, 618; vgl auch OLG Düsseldorf GRUR-RR 2009, 270.

So ist ein Apothekenbetreiber durch benachbarte Arztpraxen unmittelbar begünstigt. Auch modeorientierte Anbieter im gehobenen Preissektor werden oft von der Nähe in etwa gleich gelagerter Betriebe profitieren und eine Insellage meiden. Ein vertraglicher Anspruch auf die Gewährleistung eines ganz bestimmten Mieterbestands wird jedoch im Regelfall nur bei ausdrücklichen Vereinbarungen in Betracht zu ziehen sein.[72] Hierauf wird sich ein Vermieter, der auf die Geschicke der Mieterschaft nur bedingt Einfluss nehmen kann, nur selten einlassen.

Allerdings kann eine bestimmte Mieterstruktur nach diesseitiger Auffassung durchaus die **Geschäftsgrundlage** für ein Mietverhältnis bilden, etwa bei Ärztezentren oder Boutique-Passagen im gehobenen Preissegment.[73] Wenn der Vermieter die vorgegebene Mieterstruktur grundlegend verändert und dadurch der einschlägige Kundenstrom abreißt, kann dies den Mieter gemäß **§ 313 Abs. 3 S. 2 BGB** zur **Kündigung** berechtigen. Eine Störung der Geschäftsgrundlage kann ferner in Betracht kommen, wenn in einem Großobjekt der **Ankermieter** (Großanbieter aus der Lebensmittel-, Elektronik- oder Baumarktbranche) ersatzlos wegfällt und dadurch der Kundenstrom nachhaltig reduziert wird.

Formulierungsvorschlag:

§ ...... **Ausschluss von Bestandsschutz**

(1) Soweit dem Mieter nach § ...... Konkurrenzschutz nicht gewährt wird, genießt der Mieter keinen Bestandsschutz dahingehend, dass der Vermieter verpflichtet wäre, die bei Vertragsbeginn bestehende oder sich später herausbildende Branchenmischung auch für die weitere Vertragsdauer zu garantieren und insbesondere von Neuvermietungen an solche Betriebe abzusehen, bei denen es vom Mieter hinzunehmende Sortimentsüberschneidungen gibt.

(2) Der Mieter genießt auch keinen Bestandsschutz dahingehend, dass der Vermieter verpflichtet wäre, die bei Vertragsbeginn bestehende oder sich später herausbildende räumliche Anordnung und Verteilung der Geschäfte auch für die weitere Vertragsdauer zu gewährleisten. Der Mieter hat danach insbesondere keinen Anspruch darauf, dass die ihm benachbarte Geschäfte eine bestimmte Ausrichtung aufzuweisen haben.

gg) Verstoß des Vermieters gegen Konkurrenzschutzpflichten. Der Mieter kann den Vermieter auf Erfüllung des vertraglichen Konkurrenzschutzes in Anspruch nehmen.[74] Wenn der Vermieter Räume an einen Konkurrenten vermieten will, kann der geschützte Mieter dem Vermieter im Wege der **einstweiligen Verfügung** den Abschluss eines entsprechenden Mietvertrags untersagen lassen (§§ 935, 938 Abs. 2 ZPO).[75] Die **Vollstreckung erfolgt nach § 890 ZPO**.[76] Nach Abschluss eines Mietvertrags mit einem Konkurrenten kann der Mieter verlangen, dass der Vermieter auf den Konkurrenten einwirkt, damit dieser den störenden Wettbewerb unterbindet.[77] Dieser Anspruch ist nach § 888 ZPO zu vollstrecken.[78] Es ist Sache des Vermieters, wie er die Wiederherstellung des Konkurrenzschutzes bewerkstelligt. Falls der konkurrierende Mieter die Konkurrenzsituation entgegen dem mit ihm vereinbarten Vertragszweck geschaffen hat (durch eigenmächtige Aufnahme des Vertriebs eines geschützten Hauptartikels) kann der Vermieter den Konkurrenten auf Unterlassung in Anspruch nehmen.

---

[72] Die Rspr. ist in der Annahme von Zusicherungen sehr restriktiv, vgl. BGH NZM 2006, 54 m. w. N.; OLG Düsseldorf OLGR 2009, 375.
[73] Zum Betrieb eines Nachbargeschäfts als Geschäftsgrundlage des Mietvertrags vgl. OLG München NJW-RR 1999, 1532.
[74] Vgl. OLG Düsseldorf NZM 2007, 357 m. w. N.; *Fritz* Rdnr. 76 ff., 660 b; *Gather* DWW 2007, 94, Lindner-Figura/Oprée/Stellmann/*Hübner/Griesbach/Schreiber* Kap. 14 Rdnr. 171 ff.
[75] Vgl. dazu KG ZMR 2008, 616; OLG Hamm ZMR 1991, 295; *Fritz* Rdnr. 76 ff., 660 b; *Hinz*, Einstweiliger Rechtsschutz im Mietprozess, www.mietgerichtstag.de.
[76] Vgl. *Hinz*, Einstweiliger Rechtsschutz im Mietprozess, www.mietgerichtstag.de.
[77] Vgl. KG ZMR 2008, 616.
[78] Vgl. *Hinz*, Einstweiliger Rechtsschutz im Mietprozess, www.mietgerichtstag.de.

39 Eine Verletzung des Konkurrenzschutzes zugunsten eines Mieters rechtfertigt in der Regel die Annahme eines zur Minderung berechtigenden **Sachmangels** des Mietobjekts (§ 536 BGB), und zwar ohne dass es der Feststellung bedürfen soll, ob und in welchem Umfang es gerade im Hinblick durch die Konkurrenzschutzverletzung zu Umsatzeinbußen innerhalb des Gewerbebetriebs des Mieters gekommen ist.[79] Bei der Festlegung der Minderungshöhe ist aber Vorsicht geboten. Für den Umfang einer Mietminderung wird es nach hiesiger Auffassung durchaus auf den Umfang etwaiger Geschäftseinbußen ankommen müssen, denn andere Bemessungsgrundlagen stehen schwerlich zur Verfügung.

40 Außerdem kommt bei einer Schutzverletzung ein außerordentliches Recht des beeinträchtigten Mieters zur **fristlosen Kündigung gemäß § 543 Abs. 1 und Abs. 2 Nr. 1 BGB** in Betracht, denn eine Vorenthaltung des vertragsgemäßen Mietgebrauchs kann auch in einer erheblichen Gebrauchsbeeinträchtigung begründet liegen.[80] Die Kündigung setzt aber gemäß § 543 Abs. 3 BGB grundsätzlich eine Abmahnung der vertragswidrigen Partei oder die Setzung einer Abhilfefrist voraus, falls dies nicht gemäß § 543 Abs. 3 Nr. 1 bis 3 BGB ausnahmsweise entbehrlich ist. Bei einer Schutzverletzung kommen ferner Ansprüche auf **Schadensersatz** in Betracht.[81]

41 *hh) Verstoß des Mieters gegen Konkurrenzschutzbestimmungen.* Die Frage, ob ein Mieter eine Konkurrenzschutzverletzung zum Nachteil eines anderen Mieters zu verantworten hat, hängt davon ab, ob der vertragliche Nutzungszweck hinreichend bestimmt ist. Je allgemeiner der Mietvertrag gehalten ist und den Vertragszweck etwa nur mit „Betrieb eines Ladenlokals" umschreibt, desto weiter gehen auch die Befugnisse des Mieters, seine gewerbliche Betätigung im Rahmen dieses sehr weit gefassten Vertragszwecks zu ändern. Wenn der Vertragszweck genau festgelegt ist und der Mieter schon mit Vertragsschluss darauf hingewiesen worden ist, ob und inwieweit anderen Mietern Konkurrenzschutz zu gewähren ist, muss der Mieter sich an diesen Rahmen halten. Andere Mieter sind im Rahmen des ihnen eingeräumten Gebrauchszwecks und Konkurrenzschutzes berechtigt, gegen Konkurrenzschutzverletzungen vorzugehen.[82]

42 Der Vermieter kann den Mieter, der entgegen dem mit ihm vereinbarten Vertragszweck gegen die geschützten Wettbewerbsinteressen anderer Mieter verstößt, gemäß § 541 BGB auf **Unterlassung** des vertragswidrigen Mietgebrauchs in Anspruch nehmen.[83] Entsprechend den Grundsätzen, die für eine Konkurrenzschutzverletzung seitens des Vermieters gelten, kann der Vermieter dem Mieter im Wege **der einstweiligen Verfügung** den vertragswidrigen Mietgebrauch untersagen lassen.[84] Der vertragswidrige Mietgebrauch kann zur Verwirkung einer vereinbarten **Vertragsstrafe** und zur **Schadensersatzpflicht** des Mieters führen. Nach entsprechender Abmahnung kann der Vermieter auch zur außerordentlichen fristlosen Kündigung (§ 543 Abs. 3 BGB) berechtigt sein.

43 e) *Konkurrenzverbot.* Das Konkurrenzverbot beinhaltet ein Wettbewerbsverbot und hat wie der Konkurrenzschutz die vertragliche Gewährung von **Wettbewerbsschutz** zum Gegenstand. Beim Konkurrenzschutz verpflichtet sich der Vermieter gegenüber dem Mieter, innerhalb eines Mietobjekts (Einkaufszentrum) oder auf benachbarten Grundstücken nicht an Konkurrenzunternehmen zu vermieten. Der Mieter ist in diesem Rahmen nur insoweit Pflichtenadressat, als er seine Gewerbetätigkeit nicht entgegen dem Vertragszweck so ändern darf, dass er hierdurch die vom Vermieter gegenüber anderen Mietern zu beachtenden Konkurrenzschutzpflichten tangiert. Der Verpächter oder Vermieter eines Ladenlokals hat aber grundsätzlich ein eigenes schützenswertes Interesse daran, die konkurrierende Geschäftstätigkeit eines ausscheidenden Mieters oder Pächters vor Ort bis zur Einführung und

---

[79] Vgl. OLG Düsseldorf NJW-RR 1998, 514; OLG Karlsruhe NJW-RR 1990, 1234; zur Minderung einer Nutzungsentschädigung vgl. Brandenb. OLG GesR 2007, 540.
[80] Vgl. Palandt/*Weidenkaff* § 543 Rdnr. 18 f.; zur Ausübung eines Sonderkündigungsrechts vgl. Brandenb. OLG GesR 2007, 540.
[81] Vgl. BGH ZMR 55, 200; 1985, 374; OLG Düsseldorf ZMR 2000, 451; *Glaser* NJW 1953, 330.
[82] Vgl. dazu die vorstehenden Rdnr. 38 ff.
[83] BGH NJW-RR 2007, 1243; OLG Düsseldorf OLGR 2008, 543.
[84] Vgl. OLG Düsseldorf OLGR 2008, 543.

Konsolidierung eines Nachfolgers am Markt zu verhindern. Er hat ein Interesse am Erhalt des am Markt bekannten und eingeführten Standorts. Dieser sich im Laufe der Zeit einstellende Faktor ist Teil des mit einem Gewerbebetrieb verbundenen Goodwill.[85] Wettbewerbsklauseln sind grundsätzlich nur dann wirksam, wenn ein schützenswertes Bedürfnis dafür besteht, den einen Teil davor zu schützen, dass der andere die Erfolge seiner Arbeit illoyal verwertet oder sich in andere Weise die Freiheit der Berufsausübung missbräuchlich zunutze macht.[86] Das in einem Mietvertrag über Gewerberäume enthaltene Konkurrenzverbot kann gemäß § 138 BGB und mit Rücksicht auf die nach Art. 12 GG (Berufsfreiheit) zu beachtende Wertentscheidung der Verfassung sittenwidrig i. S. v. § 138 BGB sein, wenn der Mieter mit der Übernahme des Geschäftes an den bisherigen Betreiber und Eigentümer eine Ablöse für den Goodwill bezahlt hat. In diesem Fall scheidet soll auch eine geltungserhaltende Reduktion nach § 139 BGB ausscheiden.[87]

Problematisch kann sich eine **Veräußerung des Mietobjekts** auswirken, wenn es um die 44 Frage geht, ob ein Erwerber gemäß §§ 566, 578 Abs. 1 und 2 S. 1 BGB auch in die sich aus einem Konkurrenzverbot ergebenden Pflichten eintritt. Wenn es sich beim Erwerber z. B. selbst um einen Konkurrenten des Mieters handelt, kann sich hieraus geradezu ein Dilemma ergeben. Nach hiesiger Auffassung besteht indessen keine Veranlassung, von dem Grundsatz abzuweichen, dass der Erwerber in alle Rechte und Pflichten aus dem bestehenden Mietverhältnis eintritt, und zwar auch im Rahmen des sog. Abwicklungsverhältnisses etwa nach einer Kündigung des Mietvertrags.[88] Es ist dann Sache des Veräußerers und des Erwerbers, sich vor Vertragsschluss darüber klar zu werden, ob es in der Person des Erwerbers zur Kollision mit vertraglichen Wettbewerbsabreden kommen kann. Es wird aber vertreten, dass beim Erwerb eines zuvor vermieteten Grundstücks nach Beendigung des Mietverhältnisses und nach dem Auszug des Mieters kein Eintritt des Dritten in die nachvertraglichen Pflichten des Vermieters stattfindet, wenn diese ein Konkurrenzverbot zum Gegenstand haben.[89] Dabei soll es nicht darauf ankommen, ob das Mietverhältnis schon längere oder erst kurze Zeit vor dem Rechtserwerb des Dritten beendet wurde und ob der Dritte von dem früheren Mietvertrag wusste oder wissen konnte. Ein vertragliches Konkurrenzverbot erstreckt sich nicht auf die Ehepartner der Vertragsparteien.[90]

Ein Interesse des Vermieters an der Vereinbarung eines Konkurrenzverbots liegt aber 45 nicht nur im Fall des ausscheidenden Mieters vor. Bei der Vermietung in größeren Objekten, in denen besonderer Wert auf die Zusammensetzung der Mieterschaft und auf die Attraktivität des Gesamtobjekts gelegt wird, kann der Vermieter veranlasst sein zu verhindern, dass ein Mieter in konkurrenzbegründender Weise und in Nähe zum Mietobjekt ein weiteres Geschäft eröffnet. Gerade bei Groß- und Spezialanbietern kann eine solche Ausweitung der Geschäftstätigkeit dazu führen, dass der Kundenstrom aufgespalten und in erheblichem Umfang vom Mietobjekt abgelenkt wird. Der Mieter kann seinerseits daran interessiert sein, dass der Vermieter ihm – auch über den Konkurrenzschutz im Mietobjekt hinaus – keine Konkurrenz im örtlichen oder regionalen Bereich macht.[91] Zu den Rechtsfolgen, wenn der Mieter die Miträume ungenutzt leer stehen lässt und den Betrieb – ggf. unter Mitnahme des von ihm übernommenen Kundenstammes – andernorts konkurrierend fortführt, hat das OLG Celle[92] Stellung bezogen.

Wettbewerbsbeschränkungen sind auch für die **Zeit nach Beendigung des Mietverhältnis-** 46 **ses** möglich.[93] Sie werden typischer Weise zu Lasten des Mieters vereinbart. Der Vermieter

---

[85] Vgl. OLG Karlsruhe OLGR 2005, 146; OLG Stuttgart WRP 1978, 476 f.; OLGR Celle 2000, 225.
[86] Vgl. OLG Koblenz BB 1989, 1010, zugleich zur Wirksamkeit eines unbegrenzten Konkurrenzverbots bei Übernahme einer Steuerberatungspraxis von einem betagten Steuerberater; vgl. ferner *Jendrek* NZM 2000, 1116 m. w. N.
[87] Vgl. OLG Karlsruhe OLGR 2005, 146.
[88] Vgl. OLG Hamm NJW-RR 1992, 1164; OLG Düsseldorf NZM 2002, 739; OLG Koblenz NZM 2008, 405.
[89] Vgl. OLG Hamm BlGBW 1982, 235.
[90] Vgl. BGH NJW 1987, 909.
[91] Zur Vereinbarung eines Konkurrenzverbots zwischen Teileigentümern vgl. BGH NJW-RR 1986, 1335.
[92] Vgl. OLG Celle ZMR 1973, 109; vgl. hierzu auch *Gerber/Eckert* Rdnr. 191 m. w. N.
[93] Vgl. Schmidt-Futterer/*Eisenschmid* § 535 Rdnr. 531 m. w. N.; *Bub* NZM 1998, 789 m. w. N.

kann ein schutzwürdiges Interesse daran haben, dass der frühere Mieter keinen Konkurrenzbetrieb in der Nähe eröffnet. Von einem derartigen Betrieb können erhebliche Beeinträchtigungen für die Weitervermietung des Mietgegenstandes und für den neuen Mieter ausgehen. Konkurrenzverbote sind mit Rücksicht auf die Verfassung, insbesondere Art. 12 Abs. 1 GG, dann zulässig, wenn sie örtlich, zeitlich und gegenständlich das notwendige Maß unter Berücksichtigung des schützenswerten Interesses des Vermieters nicht überschreiten.[94] Vor diesem Hintergrund ist eine vertragliche Abrede grundsätzlich nicht zu beanstanden, welche dem ausscheidenden Mieter zumutet, für einen absehbaren Zeitraum auf die Eröffnung eines gleichgelagerten Betriebs in einem näher festzulegenden Umkreis des Mietobjekts zu verzichten. Die nachvertragliche Konkurrenzschutzabrede wird auch nicht schon mit der tatsächlichen Weitervermietung durch den Altvermieter gegenstandslos. Schützenswert ist nämlich auch das Interesse des Vermieters, einen Konkurrenzbetrieb des ausscheidenden Mieters vor Ort bis zur Einführung und Konsolidierung des Nachmieters am Markt zu verhindern.[95] Eine Konkurrenzschutzregelung ist auch nicht von der Vereinbarung einer Entschädigung abhängig, weil der von dem Mieter während der Mietzeit erwirtschaftete „Goodwill", soweit er an das Mietobjekt anknüpft, als Teil der Rückgabeverpflichtung aus § 556 Abs. 1 BGB dem Vermieter zusteht. Unter Berücksichtigung der Art des jeweils betriebenen Gewerbes, der örtlichen Verhältnisse (Ortsgröße, Konkurrenzsituation) sowie der vereinbarten Vertragsdauer ist zu beurteilen, ob die vereinbarte Dauer eines nachvertraglichen Konkurrenzverbots noch verhältnismäßig ist.[96] Abzustellen ist dabei auf die schutzwürdigen Belange des ausscheidenden Mieters und die Beeinträchtigung seiner gewerblichen Betätigungsfreiheit. Es kommt maßgeblich darauf an, in welchem Umkreis sich das Konkurrenzverbot auswirken soll. Nur in kleineren Orten wird danach ein komplettes Konkurrenzverbot für den gesamten Ort in Betracht kommen. Ansonsten wäre das Schutzgebiet etwa nach Kilometern im Umkreis des Mietobjekts festzulegen.

Formulierungsvorschlag:

§ ...... **Konkurrenzverbot**

47 (1) Vermieter und Mieter sind verpflichtet, für die gesamte Dauer dieses Mietvertrags keinen weiteren ...... [z. B. Back-Shop, Friseursalon, Baumarkt] in ...... [alternativ: im Umkreis von ...... km um das Einkaufszentrum des Vermieters] zu betreiben oder sich an einem solchen Betrieb direkt oder mittelbar (z. B. als stiller Gesellschafter) zu beteiligen.

(2) Der Mieter darf auch nach Beendigung des Mietverhältnisses für die Dauer von ...... Jahren keinen ...... [z. B. Back-Shop, Friseursalon, Baumarkt] in ...... [alternativ: im Umkreis von ...... km um das Einkaufszentrum des Vermieters] betreiben.

48 **f) Verteilung der Geschäfts- und Ertragsrisiken.** Die Anmietung von Gewerbeobjekten in einem Einkaufszentrum oder anderen Großobjekten ist für einen Mieter, der auf einen regen Kundenstrom angewiesen ist, regelmäßig nur dann lukrativ, wenn das Gesamtobjekt floriert. Leerstand und mangelnde Kundenakzeptanz schlagen im Zweifel auf den Geschäftserfolg des einzelnen Mieters durch. Vermieter und Mieter befinden sich von daher in einer Art Schicksalsgemeinschaft, denn auch das Geschäftskonzept eines Vermieters setzt zwingend voraus, dass seine Mieter nicht abwandern oder insolvent werden und dass ein möglichst großes Kundeninteresse erhalten bleibt. Im Gründungsstadium wird das geschäftliche Konzept eines Einkaufszentrums gegenüber Mietinteressenten üblicher Weise rege beworben. Wenn dann keine Vollauslastung gelingt oder sich der Mieterbestand alsbald ausdünnt und das Kundeninteresse hinter den wechselseitigen Erwartungen zurück bleibt, stellt sich für

---

[94] Vgl. BGH NJW 1997, 3089; BGH ZMR 1990, 414; BGH NJW 1997, 3089; zur Nichtigkeit eines nachvertraglichen Wettbewerbsverbots zum Nachteil eines Apothekers vgl. LG Hof Urt. v. 30. 6. 2005 – 12 O 132/05 – juris.
[95] Vgl. OLG Celle NZM 2000, 550.
[96] Vgl. OLG Celle NZM 2000, 550.

den Mieter eines in aller Regel langfristig begründeten Mietverhältnisses die Frage, ob er diesen Zustand hinzunehmen hat oder ob er hieraus rechtliche Konsequenzen ziehen kann.

aa) Geschäftsgrundlage. Im Zentrum der rechtlichen Argumentation steht die Frage, ob 49 der Vermieter für die **Auslastung eines Einkaufszentrums** einzustehen und ob er eine Vollvermietung zu gewährleisten hat. Meist fehlt es an ausdrücklichen vertraglichen Vereinbarungen, mit denen der Vermieter dem Mieter einen bestimmten Vermietungsstand oder sogar einen bestimmten Geschäftserfolg zusichert. Ausdrücklich vereinbart werden kann dies aber gleichwohl. Auch ohne besondere Vereinbarungen kann ein Vermieter vom geschäftlichen Erfolg des Mieters abhängig sein. So macht sich der Vermieter etwa im Rahmen einer Umsatzmiete[97] – zumindest mittelbar – die Geschäftsrisiken des Mieters zu eigen. Auch durch sonstige Abreden kann sich ein Vermieter am unternehmerischen Risiko des Mieters beteiligen oder sogar Garantieerklärungen in Bezug auf die Funktionsfähigkeit eines Einkaufszentrums oder hinsichtlich eines bestimmten Geschäftserfolgs abgeben.[98] Fehlt es an solchen Abreden, werden in erster Linie die Grundsätze zur **Störung** oder zum **Wegfall der Geschäftsgrundlage** herangezogen (§ 313 BGB). Geschäftsgrundlage sind nach der Rechtsprechung des BGH die beim Vertragsschluss zutage getretenen, dem Geschäftsgegner erkennbaren und von ihm nicht beanstandeten Vorstellungen des einen Vertragsteils oder die gemeinsamen Vorstellungen beider Teile vom Vorhandensein oder künftigen Eintritt gewisser Umstände, sofern der Geschäftswille auf diesen Vorstellungen aufbaut.[99]

bb) Geschäftsgrundlage bei der Gewerberaummiete. Beim gewerblichen Mietvertrag be- 50 steht die Geschäftsgrundlage im Allgemeinen in der übereinstimmenden Annahme der Vertragsparteien, dass der verabredete Mietzins gegenüber dem Nutzwert der Mietsache gleichwertig sei. Die zumal bei langfristigen Mietverhältnissen auftretenden Schwankungen zwischen Mietpreis und gewerblichem Nutzwert tangieren die Geschäftsgrundlage grundsätzlich nicht. Der Vermieter trägt vielmehr das Risiko der Vermietbarkeit, während den Mieter das Ertragsrisiko trifft. Ohne besonderen Grund geht ein Vermieter in der Praxis selten das Risiko ein, den Bestand oder Inhalt des Mietvertrages vom wirtschaftlichen Erfolg des Mieters abhängig zu machen. Die enttäuschte Erwartung des Mieters, Gewinn zu erzielen, berührt daher die Geschäftsgrundlage nach der Rechtsprechung grundsätzlich auch dann nicht, wenn die Gewinnerwartungen des Mieters bei Vertragsabschluss vom Vermieter geteilt wurden.[100] Der Mieter hat das Ertragsrisiko grundsätzlich auch dann zu tragen, wenn solche Erwartungen enttäuscht werden, die er an die Mietsache und ihr wirtschaftliches Umfeld geknüpft hat. Dies gilt insbesondere bei fehlender Akzeptanz durch das Käuferpublikum.[101]

cc) Unrichtige Angaben zu den tatsächlichen Ertragsmodalitäten. Wenn der Vermieter 51 dem Mieter falsche Angaben zu den wesentlichen tatsächlichen Ertragsmodalitäten macht und ihn dadurch zum Vertragsabschluss bewegt, kann gemäß § 543 Abs. 1 BGB eine außerordentliche fristlose Kündigung gerechtfertigt sein. Außerdem kommen Schadensersatzansprüche des Mieters aus §§ 280 Abs. 1, 281 Abs. 1 und 2 BGB in Betracht. Hinsichtlich des zugrunde liegenden Vertrags kann auch die Anfechtung wegen arglistiger Täuschung oder wegen Irrtums (§§ 119, 123 BGB) eröffnet sein.[102] Das OLG Düsseldorf[103] hat allerdings – nach diesseitiger Auffassung zu Unrecht – angenommen, dass die dem Mieter eines Fitness-Studios mitgeteilte Anzahl der Kunden als solche keine verkehrswesentliche Eigenschaft der Mietsache darstelle. Der vorhandene Kundenstamm umschreibt im Zweifel ein ganz zentrales tatsächliches Merkmal, das zusicherungsfähig ist und für den Vertragsschluss von we-

---

[97] Vgl. Rdnr. 70 ff.
[98] Vgl. BGH NJW 2000, 1714; BGH NJW-RR 2000, 1535; BGH NZM 2000, 1008; *Ostermann* GuT 2003, 39 m. w. N.
[99] Vgl. BGHZ 25, 390; BGHZ 128, 230 = MDR 1995, 1025; BGH NJW 1997, 320.
[100] Vgl. BGH NZM 2004, 618; BGH NJW 2000, 1714; BGH NJW 1981, 2405; BGH NJW 1978, 2390, 2391; BGH NJW 1977, 2262; OLG Düsseldorf OLGR 2009, 375; OLG Rostock OLGR 1999, 46; OLG Frankfurt OLGR 1995, 1; vgl. auch die Nachweise bei *Fritz* NJW 2009, 959.
[101] Vgl. BGH NJW 1970, 1313, 1314; BGH WPM 1978, 1008, 1009; OLG Rostock OLGR 1999, 46.
[102] Zu den Rechtsfolgen unrichtiger Angaben vgl. OLG Düsseldorf GuT 2007, 13.
[103] Vgl. WuM 2003, 138.

sentlicher Bedeutung sein kann. Die Rechtsprechung hat dann, wenn der Anwendungsbereich der mietrechtlichen Gewährleistungsvorschriften nicht betroffen ist und auch die Grundsätze über den Wegfall der Geschäftsgrundlage aus Rechtsgründen nicht zum Zuge kommen, Ansprüche wegen **Verschuldens bei Vertragsschluss** angenommen.[104] Insoweit sind nach neuem Recht die §§ 311 Abs. 2, 280 ff. BGB maßgeblich. Dies setzt voraus, dass der Vermieter dem Mieter unter Verletzung einer vorvertraglichen Aufklärungspflicht schuldhaft unzutreffende Informationen in Bezug auf das Mietobjekt erteilt oder wichtige Umstände verschwiegen hat.

52 *dd) Grenzen des Mangelbegriffs und der Zusicherungsfähigkeit.* Nach der restriktiven Rechtsprechung scheiden allerdings solche Umstände, die sich um die allgemeine Anziehungskraft eines Einkaufszentrums ranken, als Fehler im Sinne von § 537 Abs. 1 BGB aus.[105] Selbst konkrete bauliche Umstände, die für die Attraktivität eines Einkaufszentrums in Innenstadtlage von erheblicher Bedeutung sind (z. B. ein überdachter Zuweg zu einem Bahnhof, Vorhandensein von Parkplätzen), sollen nicht zu einer unmittelbaren Einwirkung auf die Gebrauchstauglichkeit eines angemieteten Geschäftslokals führen.[106] Solche Umstände und der Umstand der Vollbelegung (Vollvermietung) sollen auch nicht den Anwendungsbereich vertraglicher Zusicherung tangieren, weil keine Eigenschaft des einzelnen Ladenlokals betroffen sei.[107] Wenngleich die Vollvermietung eines Einkaufszentrums für den Mieter eines einzelnen Ladenlokals regelmäßig von erheblicher Bedeutung sei, stelle dies keinen Umstand dar, der dem Mietobjekt auf Dauer als „Eigenschaft" anhafte. Auch insoweit fehle es an dem notwendigen Bezug zu der Beschaffenheit des Mietobjekts. Zwar könne die örtliche Lage eines gemieteten Ladenlokals als Beschaffenheitsmerkmal, d. h. als tatsächliche Beziehung der Mietsache zu ihrer Umgebung, eine zusicherungsfähige Eigenschaft beinhalten. Dies könne etwa in dem Sinne geschehen, dass die Lage in einer Fußgängerzone im Innenstadtbereich, in einem bestehenden Neubaugebiet oder auch in einem Einkaufszentrum in der Innenstadt oder einem außerörtlichen Gewerbegebiet als Eigenschaft zugesichert wird. Ob und in welchem Umfang potentielle Kunden solche Gegenden aufsuchen und durch die Attraktivität eines ganz oder voll belegten Einkaufszentrums angezogen werden und damit letztlich zu einem wirtschaftlichen Erfolg des Gewerbes in dem gemieteten Ladenlokal beitragen, beurteile sich hingegen aufgrund von Umständen, die außerhalb des Mietobjekts lägen.[108] Auch eine Präambel zu einem gewerblichen Mietvertrag, die das Umfeld und die benachbarten Mieter umschreibt, soll danach keine vertragliche Zusicherung beinhalten.[109]

Praxistipp:

53 Für den Mieter in einem Einkaufszentrum ist es von wesentlicher Bedeutung, in welchem wirtschaftlichen Umfeld sein Gewerbebetrieb angesiedelt ist. Die langfristige vertragliche Bindung an einen nicht lukrativen Standort begründet daher weit reichende Risiken.

Nach der Rechtsprechung des BGH stellt es grundsätzlich keinen Mangel der Mietsache dar, wenn ein Einkaufszentrum nicht während der Laufzeit des Mietvertrages voll vermietet ist. Die Vollvermietung eines Einkaufszentrums ist auch keine zusicherungsfähige Eigenschaft.

Wenn gleichwohl konkrete Rechtsfolgen an die Gewährleistung eines bestimmten Vermietungsstands geknüpft werden sollen, bedarf es im Zweifel ausdrücklicher vertraglicher Vereinbarungen, die auch die hieran geknüpften Ansprüche dezidiert regeln.

---

[104] Vgl. BGH NZM 2004, 618.
[105] Vgl. die Nachweise bei *Kluth* NZM 2006, 41; LG Wiesbaden GuT 2009, 100.
[106] Vgl. BGH NZM 2000, 492; BGH NJW 1981, 2405.
[107] Vgl. BGH NZM 2000, 492; BGH NJW 1981, 2405; BGH NZM 2004, 618; OLG Düsseldorf OLGR 2009, 375; vgl. ferner die Nachweise bei *Kluth* NZM 2006, 41; a. A. OLG München Urt. v. 17. 6. 2008 – 5 U 5669/07 – juris.
[108] Vgl. BGH NZM 2000, 492; BGH NJW 1981, 2405; BGH NZM 2004, 618.
[109] Vgl. OLG Rostock NZM 2003, 282.

ee) Kritische Stellungnahme. Die restriktive Rechtsprechung des BGH ist nach diesseitiger 54
Auffassung problematisch, denn sie schränkt den Fehlerbegriff und den Begriff der Zusicherung stark ein und schafft beträchtliche Abgrenzungsprobleme. So können bestimmte äußere Einflüsse oder Umstände – z. B. die Behinderung des beschwerdefreien Zugangs zu einem Ladenlokal – auch nach der Rechtsprechung des BGH ohne weiteres einen Fehler des Mietobjekts begründen.[110] An die vom BGH geforderte Unmittelbarkeit der Beeinträchtigung[111] dürfen nach diesseitiger Auffassung keine zu strengen Anforderungen gestellt werden, denn es erscheint als wenig praktikabel und lebensnah, eine Behinderung im Zugang zu einem Gewerbebetrieb etwa bei Straßenarbeiten vor dem Betrieb als Fehler zu behandeln und das Fehlen eines Zugangs vom Bahnhof aus (als einer wesentlichen Verkehrsader)[112] als Mangel auszuschließen. Auch die Grenzen für die Annahme einer Zusicherung dürften sehr eng gezogen sein. Eine Eigenschaft, die zugesichert werden kann, ist ein der Sache auf gewisse Dauer anhaftendes Merkmal, das für deren Wert, für den vertragsgemäßen Gebrauch oder aus sonstigen Gründen für den Vertragspartner erheblich ist.[113] Das geschäftliche Umfeld kann für den Mietgebrauch von ganz entscheidender Bedeutung sein. Das Kriterium der Vollvermietung ist in einem Einkaufscenter eine ganz wesentliche Bedingung für den geschäftlichen Erfolg des Mieters, denn bei dauerhaftem Leerstand verödet das Objekt und die Kundenakzeptanz bricht weg. So ist in anderem Zusammenhang durchaus anerkannt, dass die Ertragsfähigkeit eines Unternehmens bei dessen Veräußerung nach der kaufrechtlichen Rechtsprechung ohne weiteres Gegenstand einer Zusicherung sein kann.[114] Die Ertragsfähigkeit eines zu vermietenden Gewerbeobjekts unterscheidet sich davon nicht oder nur unwesentlich.[115]

ff) Risikoübernahme durch den Vermieter. Eine Einstandspflicht des Vermieters für solche 55
Gegebenheiten, die – auch – das Ertragsrisiko des Mieters erfassen, ist gelegentlich angenommen worden, **wenn der Vermieter den Mieter so stark reglementiert** und in den Gesamtbetrieb eines Einkaufszentrums einbezieht, dass von einer faktischen Risikoübernahme durch den Vermieter auszugehen sein soll. Das setzt aber eine Einflussnahme des Vermieters auf die unternehmerischen Entscheidungen des Mieters voraus, mit der er sich das geschäftliche Schicksal des Mieters gleichsam zu eigen macht. Die bei der Vermietung in Einkaufszentren vielfach üblichen Regelungen betreffend die Einbindung des Mieters in das Zentrum – wie beispielsweise bestimmte Ausrichtungen des Sortiments, Betriebspflicht während der gesetzlichen Ladenöffnungszeiten, Pflichtmitgliedschaft in einer Werbegemeinschaft und Verpflichtung zur Zahlung von Nebenkosten für die Gesamtanlage – führen aber grundsätzlich noch nicht zu einer solchen Verlagerung des unternehmerischen Mieterrisikos auf den Vermieter.[116] Im Lichte der jüngeren Rechtsprechung des BGH sind frühere Entscheidungen kritisch zu würdigen. Bei Anmietung eines Ladengeschäfts in einem Einkaufszentrum ist vom Wegfall der Geschäftsgrundlage ausgegangen worden, soweit nach dem Vertrag eine Betriebspflicht bestand und sich nach der Eröffnung herausstellte, dass die Weiterführung des Geschäftes Verluste einbrachte.[117] Das OLG Koblenz[118] hat als Geschäftsgrundlage eines Ladenmietvertrages die Vollvermietung eines neu errichteten Einkaufszentrums und einen dadurch angezogenen breiten Kundenzustrom angenommen, wenn der Alleinvermieter des Zentrums die Mieter vertraglich in den Gesamtbetrieb eingebunden und durch diverse Reglementierungen auf eine bestimmte Geschäftsart festgelegt habe. Für die Annahme eines Wegfalls der Geschäftsgrundlage werden besondere Vereinbarungen im Sinne einer **Risiko- oder Garantieübernahme** oder einer besonders strengen Einbindung in den gesamten

---

[110] So ausdrücklich auch BGH NZM 2000, 492; BGH NJW 1981, 2405.
[111] Vgl. BGH BGH NZM 2000, 492; BGH NJW 1981, 2405; BGH NJW 1981, 2405; Bub/Treier/*Kraemer* III. B. Rdnr. 1342.
[112] Vgl. BGH NZM 2000, 492.
[113] Vgl. nur BGHZ 87, 302.
[114] Vgl. BGH NJW 1995, 1547; BGH LM § 459 BGB Nr. 4; BGH WM 1970, 132.
[115] Eine erweiterte Risikoverteilung vertritt wohl auch *Ostermann* GuT 2003, 39.
[116] Vgl. BGH NJW-RR 2000, 1535; OLG Sachsen-Anhalt NZM 2008, 772.
[117] Vgl. OLG Celle NJW 1978, 2510.
[118] Vgl. NJW-RR 1989, 400.

Betrieb des Einkaufszentrums zu verlangen sein.[119] Unter besonderen Voraussetzungen kann aber schon der Betrieb eines Nachbargeschäfts als ein für die Anmietung wesentlicher Umstand die Geschäftsgrundlage für einen Mietvertrag sein.[120] Im Einzelnen herrscht eine schwer überschaubare Kasuistik. Dass auf Seiten des Vermieters der erkennbare Vertragswille vorliegt, auf jeden Fall die Gewähr für das Vorhandensein einer bestimmten Vermietungssituation einstehen zu wollen, wird im Zweifel nicht anzunehmen sein.[121]

56 g) (Zwangs-)Mitgliedschaft in einer Werbegemeinschaft. Die vertragliche Einbindung eines Mieters in gemeinschaftliche Werbemaßnahmen ist weithin verbreitet.[122] Gemeinsame Werbeaktivitäten sind durchaus wirtschaftlich sinnvoll, denn sie können ungleich größere Werbewirkung entfalten als die Werbemaßnahmen eines einzelnen Mieters. Die Wahrnehmung von Werbemaßnahmen kann ganz unterschiedlich organisiert sein. Sie kann dem Center-Management[123] unterstellt sein oder im Rahmen von vertraglichen Beziehungen der Mieter (etwa im Rahmen eines Werbevereins) oder des Vermieters mit einem Dritten (Werbe-/Verlagsanstalt) ausgestaltet sein. Eine mietvertragliche Betriebskostenumlage ist aber grundsätzlich nur dann eröffnet, wenn die Kosten für die Werbegemeinschaft die Geschäftsführung des Vermieters oder von ihm beauftragter Dritter betreffen. Die durch Formularvertrag geregelte Pflicht des Mieters (in Einkaufszentren und anderen Großobjekten), einer Werbegemeinschaft beizutreten, wird allerdings teilweise als unwirksam behandelt, weil dies gewichtige Interessen des Mieters tangiere.[124] In gewerblichen Mietverträgen über Mietobjekte in Einkaufszentren werden Abreden über die Umlage von Kosten für die gemeinsame Werbung allerdings meist nicht als solche beanstandet.[125] Die Rechtsprechung fordert aber grundsätzlich, dass die umzulegenden Kosten hinreichend bestimmt sein müssen. Dies kann bei der Werbegemeinschaft durch die Vereinbarung eines festen (monatlichen) Zahlungsbetrags oder eines prozentualen Anteils von der Grundmiete geschehen,[126] wobei auch die Modalitäten von Beitragserhöhungen (ggf. auch deren Höchstgrenze) festgelegt sein sollen.

57 Eine unangemessene Benachteiligung des Vertragspartners im Sinne von 307 Abs. 1 S. 1 BGB ist jedoch z.T. in der **Beitrittspflicht** zu einer Werbegemeinschaft gesehen worden.[127] Dem Argument, zur Durchführung und Finanzierung der für ein Einkaufszentrum angemessenen Werbung bedürfe es überhaupt keiner solchen Beitrittspflicht,[128] wird man kritisch begegnen müssen. Soweit das OLG Hamburg angenommen hat, eine auf freiwilliger Grundlage gebotene Werbegemeinschaft könne ihren Zweck auch ohne den Beitritt aller Mieter erfüllen, wenn nur die Umlage der zweckentsprechenden Kosten auf alle Mieter durch vertragliche Regelungen sichergestellt sei, umgeht es wohl letztlich die Problematik der Beitrittspflicht. Die wirtschaftlichen Folgen bleiben für den lediglich kostenpflichtigen Mieter gleich belastend, ohne dass er als Außenstehender die Möglichkeit hätte, auf die Werbegemeinschaft Einfluss zu nehmen. Der BGH[129] hat allerdings die formularmäßige Verpflichtung des Mieters, einer **Werbegemeinschaft in der Form einer GbR** beizutreten, als

---

[119] Vgl. BGH NJW-RR 2000, 1535; OLG Sachsen-Anhalt NZM 2008, 772; OLG Naumburg NZM 1998, 373.
[120] Vgl. OLG München MDR 1999, 1434; restriktiv: OLG Düsseldorf OLGR 2009, 375.
[121] Zu einem entsprechenden Bindungswillen vgl. BGH NJW 2000, 1714; zur ausdrücklichen vertraglichen Risikoverteilung zwischen Vermieter und Mieter vgl. ferner *Fritz* NJW 1996, 2068 m.w.N.; allein das Vorhandensein eines sog. Center-Managements indiziert nicht das Vorliegen eines alles beherrschenden „Gesamtmanagements", vgl. OLG Sachsen-Anhalt NZM 2008, 772.
[122] Vgl. hierzu die Darstellung und die Nachweise bei *Joachim* GuT 2007, 3; vgl. ferner *Lindner-Figura* NZM 1999, 738.
[123] Vgl. hierzu Rdnr. 61 ff.
[124] Vgl. OLG Hamburg OLGR 2004, 496 m.w.N.
[125] Vgl. BGH NZM 2006, 775; OLG Hamm GE 1999, 314; LG Berlin NZM 2001, 338; einschränkend: OLG Düsseldorf MDR 1993, 1078; LG Erfurt NZM 1999, 763.
[126] Vgl. OLG Düsseldorf ZMR 1993, 469.
[127] Vgl. BGH NZM 2006, 775 mit Anm. *Ingendoh* jurisPR-MietR 24/2006 Anm. 4.
[128] Vgl. OLG Hamburg OLGR 2004, 496 mit seiner dem BGH NZM 2006, 775, vorgeschalteten Entscheidung.
[129] Vgl. NZM 2006, 775; vgl. dazu auch *Joachim* GuT 2007, 3; *Fritz* Rdnr. 127c; Lindner-Figura/Oprée/Stellmann/*Eggersberger* Kap. 23 Rdnr. 78.

unangemessen benachteiligend eingeschätzt, weil dies für den Mieter zu gravierenden Haftungsrisiken führe. Außerdem hat der BGH[130] gefordert, dass die Höhe der vom Mieter zu leistenden Beiträge zumindest im Sinne einer Höchstgrenze bestimmbar sein müsse. Diese Rechtsprechung schafft nicht unbeträchtliche Abgrenzungsprobleme, denn die verlässliche Bestimmung einer Höchstgrenze dürfte bei einem Dauerschuldverhältnis schwierig sein. Wie sich eine Werbegemeinschaft künftig in rechtlich unverfänglicher Weise konstituieren kann, muss als offen gelten. Vor diesem Hintergrund versteht sich der nachfolgende Formulierungsvorschlag lediglich als Anregung für denkbare Gestaltungsmöglichkeiten.

Formulierungsvorschlag:

§ ...... Werbegemeinschaft

(1) Der Mieter hat sich ab Beginn des Mietverhältnisses an den gemeinschaftlichen Werbemaßnahmen des Einkaufszentrums zu beteiligen.

(2) Die gemeinschaftliche Werbung wird vom Werbebeirat des Einkaufszentrums wahrgenommen und organisiert. Der Werbebeirat der Mieter besteht aus dem Vermieter oder einem von ihm bestellten Vertreter und von insgesamt ...... Mietervertretern. Die Mietervertreter werden von allen Mietern mit jeweils gleicher Stimmberechtigung [*sog. Ankermietern kann ggf. eine gesteigerte Einflussnahme zugebilligt werden*] in einer jährlich anzuberaumenden Mieterversammlung gewählt.

(3) Im Werbebeirat haben der Vermieter und die Mietervertreter gleiches Stimmrecht. Bei Stimmengleichheit entscheidet die Stimme des Vermieters.

(4) Die Kosten der gemeinschaftlichen Werbung werden im Verhältnis der anteiligen Mietflächen umgelegt, die sich aus dem beigehefteten Lageplan ergeben. Die Kostenumlage erfolgt jedoch nur bis zu einem Jahreshöchstbetrag, der 6 % der jeweils geltenden vertraglichen Nettojahresmiete nicht übersteigen darf. Auf die Werbungskosten hat der Mieter jeweils zum ...... eine monatliche Abschlagszahlung von ...... % der jeweils geltenden Monatsnettomiete auf das Konto des Beirats ...... zu entrichten.

(5) Über die Jahresgesamtkosten für die gemeinschaftliche Werbung hat der Werbebeirat jeweils zum ...... Rechnung zu legen.

h) Besonderheiten bei den Betriebskosten.[131] Die in § 2 BetrKV oder in Anlage 3 zu § 27 II. BV aufgeführten Betriebskosten umschreiben auch für Großobjekte durchaus den praktisch bedeutsamsten Teil der Nebenkosten. Seit dem 1. 4. 2004 gilt anstelle der Berechnungsverordnung nunmehr die Betriebskostenverordnung (BetrKV). In vielen Altverträgen findet sich aber noch die Bezugnahme auf den Kostenkatalog der II. BV, weshalb die Bestimmung auch künftig noch Relevanz behalten wird.

Besondere Betriebskostenarten haben sich insbesondere bei der Vermietung in Großobjekten etabliert. Es geht dabei um die Umlage von Kosten für besondere Verwaltungs- und Organisationskomplexe sowie für spezielle Zusatzdienste und -leistungen. Der Katalog der auf den Mieter umlegbaren Nebenkosten wird für Wohnraummietverhältnisse durch § 556 Abs. 1 BGB festgelegt, indem er auf die in der Betriebskostenverordnung vorgesehenen Kostenarten beschränkt wird. Diese Beschränkung gilt im Rahmen der Gewerberaummiete nicht. Es unterliegt daher im Rahmen der Vertragsfreiheit (in den Grenzen von §§ 138, 307 BGB) den mietvertraglichen Vereinbarungen, welche Betriebskostenarten umgelegt werden sollen.[132] Nach h. M. können jedoch auch im Bereich der Gewerberaummiete Betriebskos-

---

[130] Vgl. NZM 2006, 775.
[131] Zu den Neben- bzw. Betriebskosten im Rahmen der Gewerberaummiete vgl. im Einzelnen die Darstellung in § 62. Hier werden im Wesentlichen diejenigen Besonderheiten dargestellt, die sich speziell bei Einkaufszentren oder vergleichbaren Großobjekten ergeben; vgl. ferner *Fritz* NJW 2009, 959; *Leo/Ghassemi-Tabar* NZM 2009, 263; *Leonhard/Lindner-Figura* DStR 2009, 1037.
[132] Vgl. *Schmidt-Futterer/Langenberg* § 556 Rdnr. 34; *Langenberg* Betriebskostenrecht B 3; *Herrlein/Kandelhard-Both* § 556 Rdnr. 8.

ten nur dann umgelegt werden, wenn und soweit dies vertraglich mit hinreichender Bestimmtheit vereinbart ist, denn das Gesetz geht mit § 535 BGB von einer **Inklusivmiete** aus.[133] Daher muss der Mietvertrag regelmäßig konkrete Aussagen darüber enthalten, welche Nebenkosten umlagefähig sein sollen. Es genügt nicht, nur allgemein eine Betriebskostenumlage zu verabreden.[134] Der formularmäßige Hinweis auf die in der BetrKV (früher: II. BerechnungsVO) aufgeführten Kosten reicht für die Konkretisierung der vertraglichen Vereinbarung nach h. M. aus.[135] Unklare Regelungen zur Betriebskostenumlage sind gemäß § 305 c Abs. 2 BGB zu Lasten des Vermieters auszulegen.[136] Eine konkludente Begründung oder Änderung einer Umlagevereinbarung kommt nur ausnahmsweise und ggf. dann in Betracht, wenn der Mieter abgerechnete Kosten über längere Zeit hinweg vorbehaltlos begleicht.[137] Die Regelung in einem gewerblichen Mietvertrag, wonach sämtliche anfallenden Nebenkosten/Betriebskosten anteilig zu Lasten des Mieters gehen sollen, stellt wegen fehlender inhaltlicher Bestimmtheit keine wirksame Betriebskostenvereinbarung dar.[138] Das OLG Düsseldorf[139] hat eine Klausel, wonach neben bestimmten Betriebskostenarten noch „alle hier nicht gesondert aufgeführten Kosten in Ansehung des Mietobjekts" umgelegt werden sollten, mit Recht für unklar und unwirksam gehalten. Besonderheiten bei der Betriebskostenumlage haben sich namentlich bei der Versorgung mit Energie, bei technischen Serviceleistungen, Verwaltungs- und Hausdiensten, bei der Abfallbeseitigung, der Bewachung sowie dem sog. Center-Managements herausgebildet.

61   aa) *Kosten des Center-Managements.* Das Center-Management sorgt u. a. für den einheitlichen Auftritt des Centers, für gemeinsame Marketingmaßnahmen und regelt oft auch die Geschäftsführung der Werbegemeinschaft.[140] Im Einzelnen herrscht insoweit aber noch keine begriffliche Klarheit.[141] Die Rechtsprechung ist daher bei der Prüfung, ob eine wirksame Kostenumlage vereinbart ist, eher restriktiv. Das Kammergericht[142] hat formularmäßige Betriebskostenregelungen für solche Kosten, die das „Center-Management" oder „Raumkosten" zum Gegenstand haben, für intransparent gehalten. Dem OLG Rostock[143] zufolge kann die Umlage von Kosten des sog. Center-Managements hinreichend bestimmt sein bei Vermietung von Flächen in einem Einkaufszentrum auch formularvertraglich vereinbart werden.

62   Ein Vermieter von Flächen in einem Einkaufs- und/oder Dienstleistungszentrum wird im Zweifel gehalten sein, in den Mietvertrag eine so konkrete Beschreibung der umzulegenden Kosten aufzunehmen, dass dies einer Inhaltskontrolle nach § 307 BGB standhält. Die vertragliche Regelung muss hinreichend transparent (§ 307 Abs. 1 Satz 2 BGB) und eindeutig sein (§ 305 c Abs. 2 BGB). So lange es keine eindeutige Definition gibt, welche Tätigkeiten und Kosten vom Begriff des Center-Managements umfasst sind, bedarf es nach diesseitiger Auffassung einer ausdrücklichen vertraglichen Festlegung sowohl der relevanten Tätigkeiten als auch der umzulegenden Kosten.[144]

---

[133] Vgl. Bub/Treier/*v. Brunn* III Rdnr. 32 f. und 123 m. w. N.; Palandt/*Weidenkaff* § 535 Rdnr. 73, 90 f.
[134] Vgl. OLG Hamm OLGR 2005, 391; OLG Düsseldorf ZMR 1984, 20; OLG Düsseldorf NJW-RR 1991, 1354; OLG Frankfurt WuM 1985, 91; Bub/Treier/*v. Brunn* III Rdnr. 34 m. w. N.; *Schmidt* MDR 1999, 1293 mit einigen Beispielen für unzureichende Betriebskostenklauseln; zur Zulässigkeit der Änderung von Nebenkostenumlagen vgl. *Mohr* ZfR 2009, 230.
[135] Vgl. BGH WuM 2004, 290 = NZM 2004, 417; BGH WM 1970, 73; OLG Celle OLGR 1999, 185; *Blank* ZMR 74, 355 m. w. N.; zur vertraglichen Einbeziehung der Kostenarten aus der BetrKV vgl. *Borutzki-Pasing* NZM 2004, 161.
[136] Vgl. OLG Hamm OLGR 2005, 391.
[137] Vgl. Hannemann/Wiegner/*Gies* § 36 Rdnr. 4; Intveen in Anm. zu OLG Celle MietRB 2007, 63.
[138] Vgl. OLG Düsseldorf ZMR 2003, 109.
[139] Vgl. ZMR 2003, 23.
[140] Vgl. Langenberg, Betriebskostenrecht, 5. Aufl., B Rdnr. 57 ff.; *Schmidt* NZM 2008, 563; *Lindner-Figura* NZM 2000, 785.
[141] Vgl. zum sog. „Facility Management" Lindner-Figura/Oprée/Stellmann/*Beyerle* Kap. 11 Rdnr. 22.
[142] Vgl. NZM 2002, 954.
[143] Vgl. NZM 2005, 507.
[144] Vgl. KG NZM 2002, 954; *Wolf/Eckert/Ball* Rdnr. 483.

Formulierungsvorschlag:

§ ...... Betriebskosten

(1) Neben der in § ...... geregelten Grundmiete hat der Mieter sämtliche der in § 2 BetrKV (Betriebskostenverordnung) genannten Betriebskosten (ggf.: zuzüglich der jeweils geltenden gesetzlichen USt.) zu tragen.

(2) Zusätzlich zu den in Abs. 1 bezeichneten Betriebskosten trägt der Mieter noch folgende Betriebskosten (ggf.: zuzüglich der jeweils geltenden gesetzlichen MWSt.):

......

- Kosten für das Center-Management: Der Vermieter übernimmt es, für das gemeinsame Marketing und den einheitlichen Auftritt des Einkaufcenters zu sorgen. Mit diesen – hauptamtlich wahrzunehmenden – Aufgaben betraut der Vermieter einen Center-Manager, der nach dem Angestelltentarif ...... besoldet wird, sowie ferner eine Bürohilfskraft, die wie folgt vergütet wird ...... Die sich hieraus ergebenden Personalkosten werden im Verhältnis der anteiligen Mietflächen, die sich aus dem beigehefteten Lageplan ergeben, auf die Mieter umgelegt. An weiteren Kosten für das Center-Management werden nach demselben Verhältnis in Umlage gebracht:
  – ein pauschaler Verwaltungs- und Betriebskostenbeitrag von ...... €/Jahr,
  – ......

bb) Verwaltungskosten. In Großobjekten können sich Unklarheiten darüber ergeben, in welchem Umfang der Mieter zur Umlage der Verwaltungskosten herangezogen werden kann. Grundsätzlich ist durch § 26 II. BV (vgl. auch § 1 Abs. 2 Nr. 1 BetrKV) festgelegt, was unter den Verwaltungskosten zu verstehen ist. Gleichwohl erscheint es nach diesseitiger Auffassung als zweifelhaft, ob der Begriff der Verwaltungskosten in großen Mietobjekten eine in der Rechtspraxis hinreichend konkrete Umschreibung der umzulegenden Kosten beinhaltet,[145] denn im Bereich der Gewerberaummiete ist die Betriebskostenumlage nicht an den Katalog der Kosten gebunden, die bei der Wohnraummiete umlagefähig sind.[146] In diesem Rahmen wird z. T. eine Umlage von Kostenarten praktiziert, die sich dem klassischen Verständnis von Verwaltungskosten eher entziehen und diesen Rahmen deutlich erweitern. Es werden diverse Zusatzdienste und -leistungen angeboten, die sich etwa mit Besonderheiten bei der Versorgung mit Energie, mit technischen Serviceleistungen, unterschiedlichen Hausdiensten und mit dem sog. Center-Management befassen.[147] Organisation und Verwaltung können diesbezüglich ganz unterschiedlich strukturiert sein. Jedenfalls dann, wenn der Vermieter solche Aufgaben selbst wahrnimmt und keine klare Trennung bezüglich der Zuständigkeiten und der Kostenzuordnung erfolgt, ist eine klare Festlegung, was zu den Verwaltungskosten gehört, im Zweifel nicht mehr gewährleistet. Auch die Werbegemeinschaft[148] kann ganz unterschiedlich organisiert sein. Es ist daher dem OLG Rostock[149] zu folgen, dass allein die Verwendung des Begriffs „Verwaltungskosten" in einer Formularklausel wegen Verstoßes gegen das Transparenzgebot (**§ 307 Abs. 1 Satz 2 BGB**) keine wirksame Betriebskostenumlage eröffnet. Das Transparenzgebot gebietet es entsprechend den Grundsätzen von Treu und Glauben, Rechte und Pflichten der Vertragsparteien klar und durchschaubar darzustellen.

Verwaltungskosten im hier behandelten weiteren Sinne lassen sich nach Umfang und Gegenstand allerdings nur schwierig festlegen. Die Rechtsprechung fordert aber grundsätzlich, dass die umzulegenden Kosten hinreichend bestimmt sein müssen. Dies kann etwa bei der Werbegemeinschaft durch die Vereinbarung eines festen (monatlichen) Zahlungsbetrags

---

[145] Die hinreichende Klarheit bejahen aber: *Fritz* Rdnr. 127a; Lindner-Figura/Oprée/Stellmann/Beyerle Kap. 11 Rdnr. 17; zu den Kosten für die „kaufmännische und technische Hausverwaltung" vgl. OLG Köln OLGR 2008, 238.
[146] Vgl. hierzu Rdnr. 59 ff.
[147] Vgl. dazu Rdnr. 61 ff.
[148] Vgl. dazu Rdnr. 56 ff.
[149] Vgl. DWW 2008, 220.

oder eines prozentualen Anteils von der Grundmiete geschehen,[150] wobei auch die Modalitäten von Beitragserhöhungen (ggf. auch deren Höchstgrenze) festgelegt sein sollen. Eine solchermaßen transparente Vertragsgestaltung kann allerdings schwierig bis unmöglich sein, wenn die Führung der Werbegemeinschaft oder anderer Organisationseinheiten neben anderen Aufgaben von Verwaltungsorganen des Vermieters wahrgenommen wird und keine strikte Kostentrennung erfolgt. Hier muss vieles als ungeklärt gelten. Nach hiesiger Auffassung besteht allerdings keine strikte Pflicht, jede Kostenart so isoliert auszuweisen und zu erheben, dass eine umfassende Kontrolle jedes einzelnen Kostenfaktors gewährleistet ist. Das wäre auch nur mit unverhältnismäßig kostenträchtigem Zusatzaufwand möglich.

Praxistipp:

66 Der Begriff der Verwaltungskosten ist nach diesseitiger Auffassung bei der Gewerberaummiete nicht eindeutig definiert. Eine vertragssichere Umlage ist daher im Zweifel nur dann gewährleistet, wenn die umzulegenden Verwaltungskosten im Vertrag hinreichend konkretisiert sind.

67 cc) *Erhaltungs- und Betriebskosten für Gemeinschaftsflächen.* Begrenzungen bei der Betriebskostenumlage ergeben sich bei den Kosten für zentrale Leistungseinrichtungen und gemeinschaftlich genutzte Flächen in Großobjekten. Diese machen bei Einkaufszentren einen gewichtigen Kostenfaktor aus, denn solche Objekte weisen typischerweise Einrichtungen auf, die zwar nicht unmittelbar dem Mietgebrauch des einzelnen Mieters unterstellt sind, jedoch den Charakter solcher Objekte prägen. Zu solchen Einrichtungen gehören insbesondere Parkplatzanlagen, Spielplätze, Grünanlagen, Aufzüge, Rolltreppen, öffentliche Toiletten und alle Zuwegungen zu und zwischen den einzelnen Mietobjekten. An dem Vorhandensein solcher Einrichtungen partizipieren alle Mieter, denn erst sie ermöglichen den attraktiven Betrieb von Großobjekten.

68 Die Kostenumlage für gemeinschaftlich genutzte Flächen erweist sich dennoch als problematisch. Der BGH[151] sieht in der Abwälzung von der Höhe nach unbegrenzten Erhaltungskosten für Gemeinschaftsflächen eine **unangemessene Benachteiligung des Mieters** i. S. v. § 307 BGB. Das gilt namentlich für Mieter, die sich erst nachträglich in einen bereits seit längerem unterhaltenen Komplexe einmieten. Mit unbegrenzten Kostenklauseln werden Mietern in der Tat auch solche Kosten übertragen, die nicht durch ihren Mietgebrauch veranlasst sind und die nicht in ihren unmittelbar eigenen Risikobereich fallen. Dem Mieter werden dadurch, dass er die gemeinschaftlich genutzten Flächen und Anlagen in dem bei Mietbeginn bestehenden, in der Regel gebrauchten Zustand vorfindet, die Kosten für die Behebung anfänglicher Mängel bzw. für die Reparatur oder Erneuerung bereits vorhandener Abnutzungen überbürdet, deren Höhe für ihn nicht oder nur schwer überschaubar ist. Darüber hinaus werden ihm die Kosten für Schäden auferlegt, die von Dritten verursacht wurden (z. B. Vandalismusschäden), für deren Handeln er keine Verantwortung trägt, so dass auch insoweit nicht unmittelbar zurechenbare und der Höhe nach nicht vorhersehbare Kosten auf den Mieter übertragen werden. Diese Abweichungen vom gesetzlichen Leitbild des Mietvertrages benachteiligen den Mieter nach der Rechtsprechung unangemessen.[152] Die Übertragung der Erhaltungslast gemeinschaftlich genutzter Flächen und Anlagen ist danach allenfalls wirksam, wenn sie in einem bestimmten, zumutbaren Rahmen erfolgt. In der Literatur und Rechtsprechung wird hierzu beispielsweise eine Kostenbegrenzung auf einen festen Prozentsatz der Jahresmiete vorgeschlagen.[153] Es wäre auch daran zu denken, einen neuen Mieter nur sukzessive ansteigend zu den fraglichen Kosten heranzuziehen.

69 Als Fazit bleibt damit festzuhalten, dass eine deckungsgleiche Umlage der für die Gemeinschaftsflächen effektiv anfallenden Erhaltungskosten auf alle Mieter praktisch nicht möglich

---

[150] Vgl. OLG Düsseldorf ZMR 1993, 469.
[151] Vgl. ZMR 2005, 844 = ZfIR 2005, 694.
[152] Vgl. BGH ZMR 2005, 844; KG NJW-RR 2003, 586; OLG Naumburg NJW-RR 2000, 823; OLG Düsseldorf NZM 2000, 464; OLG Dresden NJW-RR 1997, 395; OLG Köln NJW-RR 1994, 524.
[153] Vgl. KG NJW-RR 2003, 586; *Fritz* Rdnr. 183, 229; *Bub* NZM 1998, 789; *Wodicka* NZM 1999, 1081; vgl. auch *Langenberg*, Betriebskostenrecht, 5. Aufl., A Rdnr. 82 ff. m. w. N.

ist. Dies kann im Ergebnis nicht befriedigen, denn der Kostenanfall steht als solcher ebenso fest wie seine Nützlichkeit und Mietbezogenheit. Die Argumentation des BGH[154] zur Benachteiligung der Mieter erscheint nicht als zwingend, selbst soweit es sich um nachrückende Mieter handelt, die bereits einen gewissen Instandsetzungsbedarf vorfinden. Es ließe sich auch darauf abstellen, dass sich die bei vollständiger Umlage von Erhaltungskosten entstehenden Kostennachteile im Laufe eines – üblicherweise – auf Dauer angelegten Mietverhältnisses kompensieren. Die Mietdauer und die Mieterfluktuation führen dazu, dass sich die bei Eintritt in das Mietverhältnis übernommenen Lasten dadurch ausgleichen, dass sich die Gesamtkosten laufend auf alle Mieter verteilen. Auch lässt sich fragen, wer letztlich anstelle der Mieter kostentragungspflichtig sein soll. Wenn der Vermieter (bei Einkaufszentren zumeist eine Betreibergesellschaft) keine auskömmliche Kostenumlage praktizieren kann bzw. darf, werden die nicht abgedeckten Kostenrisiken im Zweifel auf den Mietzins aufgeschlagen, und zwar mit der Folge, dass der Mieter überhaupt keine Kontrolle hinsichtlich des in der Miete aufgehenden (verdeckten) Kostenanteils hat. Zwar kommt auch bei der Geschäftsraummiete die Vereinbarung von **Nebenkostenpauschalen** in Betracht,[155] ferner die Vereinbarung einer **(Teil-)Inklusivmiete**. Beide Regelungsvarianten begründen aber erhebliche Risiken für den gewerblichen Vermieter, wenn es zu unvorhergesehenen Kostensteigerungen kommt. Der Vermieter kann im gewerblichen Bereich – anders als bei der Wohnraummiete – oft nicht überblicken, welcher Kostenumfang mit der Nutzung der Mietsache einhergeht. Kalkulationsrisiken gehen aber grundsätzlich zu Lasten des Vermieters.[156] Wenngleich sich der Vermieter ein vertragliches Bestimmungs- und Erhöhungsrecht für eine Pauschale ausbedingen kann,[157] indiziert dies jedoch gegenüber einer strikten Kostenumlage den Streit darüber, ob es vor dem Hintergrund einer zunächst geltenden Pauschale und der von ihr abgedeckten Kostenspanne überhaupt zu Veränderungen gekommen ist, die eine Erhöhung rechtfertigen. Der Ermessensrahmen für den Vermieter ist nur schwer festzulegen.

i) **Umsatzmiete.** Die Vereinbarung einer Umsatzmiete gewinnt bei der Vermietung in Großobjekten zunehmend an praktischer Bedeutung. Für bestimmte Regelungszusammenhänge bietet sie eine durchaus flexible und wirtschaftlich ausgewogene Art der Mietpreisgestaltung. Die Umsatzmiete zeichnet sich dadurch aus, dass der Mietzins – zumindest teilweise – nicht nach allgemeinen kalkulatorischen Mietpreisvorgaben des Vermieters bestimmt wird, die seinem eigenen Verwaltungs- und Organisationsbereich entstammen, sondern in Abhängigkeit vom Geschäftserfolg des Mieters, d. h. den von ihm getätigten Umsätzen. Die Vereinbarung einer Umsatzmiete kann z. B. zu dem Zweck vereinbart werden, dass ein Mieter, der in der Anlaufzeit seiner gewerblichen Betätigung oft noch keine guten Geschäfte macht, anfänglich nur eine reduzierte Miete entrichten muss. Für den Vermieter ist sie ein Anreiz, das Umfeld für die gewerbliche Betätigung der Mieter attraktiv zu gestalten, denn er profitiert seinerseits von steigenden Umsätzen. Diese wechselseitige Abhängigkeit der Vertragsparteien voneinander kann auch Nachteile bewirken, denn der geschäftliche Misserfolg oder das Missgeschick eines Mieters schlägt auf die Gewinnerwartungen des Vermieters durch. Der geschickte und fleißige Mieter wird u. U. nicht gewillt sein, den Vermieter an seinem wirtschaftlichen Erfolg und dem Ergebnis seiner Arbeit teilnehmen zu lassen. 70

aa) Vereinbarung einer Umsatzmiete. Eine Umsatzmiete kann auch **formularmäßig** vereinbart werden, soweit sie sich im Rahmen des Branchenüblichen hält und nicht per se überraschend ist und damit eine unangemessene Benachteiligung des Mieters i. S. v. § 307 BGB bewirkt.[158] Eine überraschende Klausel wird nach den geltenden Geschäftsgepflogenheiten bei der Vermietung in einem Einkaufszentrum nur (noch) schwerlich anzunehmen sein. 71

bb) Vom Umsatz unabhängige Basismiete. Vereinbaren die Vertragsparteien allein eine Umsatzmiete ohne einen vom Umsatz unabhängigen **Basis- oder Mindestmietzins**, bestimmt 72

---

[154] Vgl. ZMR 2005, 844.
[155] Zur Abgrenzung gegenüber einer Betriebskostenvorauszahlung vgl. Geldmacher, DWW 1994, 333.
[156] Vgl. § 36 Rdnr. 7 f.
[157] Zur Verteilung von Mietnebenkosten im Rahmen von §§ 315 f. BGB vgl. OLG Hamm NJW 1984, 984; OLG Koblenz NJW-RR 1990, 1038.
[158] Vgl. Lindner-Figura/Oprée/Stellmann/*Bartholomäi* Kap. 10 Rdnr. 56; *Usinger* NZM 2009, 297.

sich die Miethöhe ausschließlich nach dem vertraglich festzulegenden Anteil, in dessen Umfang der Vermieter umsatzbezogen am Geschäftserfolg des Mieters partizipieren soll. In eine so direkte Abhängigkeit von den Geschäftsrisiken und Erfolgsaussichten des Mieters wird sich der Vermieter aber allenfalls im Rahmen geschäftlicher Beziehungen begeben, die besser als Gesellschaftsverhältnis auszugestalten wären. Die Begründung einer Gesellschaft bürgerlichen Rechts (vgl. §§ 705 ff. BGB) wird u. U. dann in Betracht kommen, wenn der Vermieter speziell für den Betrieb des Mieters bauliche oder technische Investitionen tätigt, deren Kosten aus Gründen mangelnder – anfänglicher – Leistungsfähigkeit des Mieters nicht unmittelbar in die Mietkalkulation einfließen sollen. Ohne besondere gesellschaftsvertragliche Vereinbarungen begründet aber allein die Verabredung einer Umsatzmiete trotz ihrer partiarischen Eigenheiten noch keine Gesellschaft bürgerlichen Rechts.[159] Praxisüblich ist die Vereinbarung einer Umsatzmiete unter Festlegung eines vom Mieter fortlaufend geschuldeten Mindestmietzinses.[160]

73   cc) Ermittlung der Basismiete. Die Bestimmung des jedenfalls zu entrichtenden Basismietzinses erfordert für beide Vertragsparteien die Veranschlagung der realistisch zu erzielenden Mieter-Umsätze als Maßstab für den umsatzabhängigen Mietanteil. Das kann zumal vor Vertragsbeginn sehr schwierig sein, denn der individuelle Geschäftserfolg eines Mieters entzieht sich einer generalisierenden Einschätzung. Wenn die Mindestmiete zu gering kalkuliert wird, läuft der Vermieter Gefahr, auf Dauer einen zu niedrigen Mietzins zu erhalten. Wird die Basismiete zu hoch angesetzt, muss der Mieter eine Gesamtmiete entrichten, die ggf. weit über den (markt-)üblichen Mietpreisen liegt. Soweit vertreten wird, bei der Umsatzmiete sei die Problematik einer sittenwidrigen bzw. wucherischen Miethöhe (§ 138 BGB, § 4 WiStrG, § 291 StGB) eher zu vernachlässigen,[161] so vermag dies eher nicht zu überzeugen. Wenn bereits die Basismiete den Nutzwert der Mietsache weitgehend ausgleicht und auch die Gewinninteressen des Vermieters abdeckt, wird das Hinzutreten eines hohen Umsatzzuschlags ohne weiteres ein krasses Missverhältnis zwischen Mietzins und Nutzwert im Sinne von § 138 Abs. 2 BGB bewirken können. Besitzt der Vermieter bei einer solchen Konstellation ein starkes wirtschaftliches oder intellektuelles Übergewicht oder hat er in Bezug auf geeignete Mietflächen eine Monopolstellung inne und kommt der Mietvertrag unter bewusster Ausnutzung solcher Gegebenheiten zustande, kann dies dem Schutzzweck des § 138 BGB zuwiderlaufen.[162] Schon das bloße Bestehen eines auffälligen Missverhältnisses zwischen Leistung und Gegenleistung kann eine verwerfliche Gesinnung im Sinne von § 138 BGB indizieren.[163] Besonders hohe Umsatzerlöse sind dem Vermieter im Rahmen des mietvertraglichen Äquivalenzverhältnisses im Zweifel auch nicht sehr eingeschränkt als eigene Leistung zuzurechnen. Ein besonders großer geschäftlicher Erfolg des Mieters beruht i. d. R. auf dessen Fleiß und auf seinem geschäftlichen Geschick. Um eine unverhältnismäßige Abschöpfung durch den Vermieter zu verhindern, kann daher auch die vertragliche Festlegung einer Höchstgrenze für den Umsatzzuschlag geboten sein.

74   Der vom Mieter zu zahlende Mindestbetrag wird im Regelfall zugunsten des Vermieters bereits eine Deckung der laufenden Kosten für die Finanzierung, den Unterhalt und die Instandhaltung und Verwaltung des Mietobjekts zu sichern haben. Inwieweit der Basisbetrag dann noch eine Gewinnerzielung auf Vermieterseite gewährleisten kann und soll, wird sich im Regelfall danach richten, in welchem Umfang der Vermieter sich vom Geschäftsverlauf auf Seiten des Mieters abhängig machen will bzw. in welchem Umfang der Mieter überhaupt leistungsfähig ist. Wenn schon bei Begründung des Mietverhältnisses absehbar ist, dass sich die Umsatzentwicklung nach Größe, Art und Ausstattung des Betriebs nur in einer eng umgrenzten Spannbreite bewegen kann, wird die Vereinbarung einer Umsatzmiete nicht oder nur für einen kleineren Teil der Gesamtmiete in Betracht kommen.

---

[159] Vgl. BGH NJW-RR 1988, 417; Bub/Treier/v. Brunn III Rdnr. 21; Wolf/Eckert/Ball Rdnr. 394.
[160] Vgl. Lindner-Figura NZM 1999, 492 nebst Formulierungsvorschlag für eine Umsatzmietklausel; zu Kombinationen von Umsatzmiete und anderen Preisanpassungsklauseln vgl. Usinger NZM 2009, 297.
[161] Vgl. Lindner-Figura NZM 1999, 493.
[162] Zum Schutz des Geschäftspartners vgl. BAG NJW 1985, 2661; BGH NJW 1981, 1206; BGH NJW 1980, 446.
[163] Vgl. BGH NJW 1992, 899; BGH NJW-RR 1990, 1199; BGH NJW 1979, 758.

dd) Abgrenzung zur Gewinnbeteiligung. Der vom Mieter getätigte Umsatz ist zwar ein 75
gewichtiges Indiz für die wirtschaftliche Ertragskraft seines Gewerbebetriebs. Dennoch besagen die Umsätze grundsätzlich nichts für den vom Mieter effektiv erwirtschafteten Gewinn. Wenn die Miethöhe von der tatsächlichen Gewinnerzielung abhängig sein soll, kommt anstelle einer umsatzbezogenen Mietpreisbestimmung auch eine echte Gewinnbeteiligung des Vermieters in Betracht. Die Gewinnermittlung hat jedoch gravierende Nachteile. Während die getätigten Umsätze in aller Regel unschwer zu ermitteln sind, setzt eine Gewinnermittlung umfassende und sorgfältige Absprachen darüber voraus, was den als Bemessungsgrundlage dienenden Gewinn ausmachen soll. Die dazu erforderlichen Abgrenzungen werfen in steuerlicher und bilanzrechtlicher Hinsicht komplexe Regelungsprobleme auf, denen kaum im Rahmen eines Mietvertrags, sondern eher im Rahmen eines Gesellschaftsverhältnisses Rechnung getragen werden kann. Eine sich am Umsatz orientierende Beteiligung des Vermieters bietet demgegenüber klarere Bemessungsgrundlagen.

ee) Festlegung der für den Mietpreis maßgeblichen Umsätze. Im Mietvertrag ist hinrei- 76
chend bestimmt festzulegen, welche Umsätze den Maßstab für den Umsatzzuschlag bilden sollen. Die Heranziehung sämtlicher Umsätze aus Warenverkäufen, Werk- und Dienstleistungen und sonstiger Einnahmen[164] wird im Zweifel unpraktikabel sein. Zur Vermeidung ausufernder Mitteilungspflichten des Mieters und eines kostenträchtigen Kontrollaufwands seitens des Vermieters wird es sich in vielen Fällen anbieten, auf ein besonders signifikantes Umsatzsegment als der für den Umsatzzuschlag allein maßgeblichen Bezugsgröße abzustellen. In diesem Rahmen können bestimmte Umsätze aus Warenverkäufen oder ausgewählten Leitprodukten zugrunde gelegt werden, wenn die dafür maßgeblichen Daten ohne weiteres verfügbar sind.[165] Bei Gewerbetreibenden mit einem ausgesprochenen Mischsortiment (z. B. Supermärkten) wird sich allerdings schwerlich ein Leitprodukt ausmachen lassen. Die Umsätze von Dienstleistern können ggf. nach der am ehesten geschäftstypischen Dienstleistung ermittelt werden. Die Umsätze für andere Warengruppen bzw. Leistungen können ggf. ein schiefes Bild von der Geschäftslage vermitteln, insbesondere wenn sie mehr oder weniger gewinnneutral sind.[166]

Ob der Umsatzzuschlag sich nach den Netto-Umsätzen bestimmt[167] oder nach den Brut- 77
toeinnahmen einschließlich aller Steuern richtet,[168] wird im Zweifel von den praktischen Erfordernissen der Umsatzabrechnung abhängen. Ein rechtliches Hindernis, eine der beiden Alternativen oder Zwischenformen davon zugrunde zu legen, wird diesseits nicht gesehen. Wenn der Vertrag den Umsatzbegriff nicht genau definiert, wird im Rahmen der dann vorzunehmenden Vertragsauslegung nicht schlechthin vom Netto- oder Brutto-Umsatz auszugehen sein. Die Auslegung wird sich maßgeblich daran zu orientieren haben, welche Auskünfte der Mieter dem Vermieter zu den erzielten Umsätzen zu erteilen hat und ob außer der Umsatzsteuer noch andere Steuern und Abgaben in die Bruttoeinnahmen einfließen, deren Aussonderung ggf. vereinbart ist. Ferner wird es auf die von den Vertragsparteien erkennbar gewollten Kalkulationsmerkmale für die Mietpreisbestimmung ankommen. Wenn die Vertragsparteien sich auf die Heranziehung eines bestimmten **Umsatz-Kernbereichs** beschränken, können die Möglichkeiten moderner Datenerfassung- und Bearbeitung unschwer dazu genutzt werden, spezielle Auflistungen über die vertragsrelevanten Umsätze zu erstellen, die der Mieter dem Vermieter zu übermitteln hat.

ff) Betriebspflicht bei der Umsatzmiete.[169] Ein Vermieter wird nach Vereinbarung einer 78
Umsatzmiete regelmäßig Wert darauf legen, dass der Mieter auch entsprechende Umsätze erzielt und dies durch ein nachhaltig betriebenes Gewerbe gewährleistet. Allerdings hat der Mieter nach dem gesetzlichen Leitbild nur ein Gebrauchsrecht, nicht jedoch eine Gebrauchspflicht.[170] Demgemäß besteht grundsätzlich keine Pflicht, in den Mieträumen einem

---

[164] Vgl. dazu das Beispiel bei *Lindner-Figura* NZM 1999, 493.
[165] Zu einer vom Bierabsatz abhängigen Pacht vgl. BGH NJW 1990, 567; Bub/Treier/*v. Brunn* III. A. Rdnr. 21.
[166] Vgl. Lützenkirchen/*Leo* A Rdnr. 304.
[167] Vgl. Hannemann/Wiek/*Neuhaus* § 39 Rdnr. 3.
[168] Vgl. Bub/Treier/*v. Brunn* III. A. Rdnr. 23.
[169] Zur Betriebspflicht im Allgemeinen vgl. Rdnr. 9 ff.
[170] Vgl. Palandt/*Weidenkaff* § 535 Rdnr. 84.

bestimmten Gewerbe nachzugehen. Die Rechtsprechung ist daher mit der Annahme einer – ggf. vertragsimmanenten – Betriebspflicht, die allein darauf beruht, dass der Mieter eine Umsatzmiete zu entrichten hat, sehr zurückhaltend. Das selbst offenkundige Interesse des Vermieters an einer durch die nachhaltige Nutzung der Mietsache gewährleisteten Umsatzerzielung soll danach nicht ausreichen, um eine Betriebspflicht, und sei es auch nur im Wege der – ergänzenden – Vertragsauslegung, zugrunde zu legen.[171] Diese restriktive Behandlung erscheint insbesondere dann als problematisch, wenn der Zusammenhang des Mietvertrags die Annahme einer **konkludenten Vereinbarung der Betriebspflicht** nahe legt.[172] Fehlt es an Regelungen zur Betriebspflicht und zu einer Mindestmiete, wird z.T. vertreten, dass sich die Miethöhe bei einem untätigen Mieter nach dem Betrag bestimmen soll, der bei der vorgesehenen Verwendung angefallen wäre.[173] Es liegt auf der Hand, dass bei der Bestimmung, welche Umsätze insoweit zugrunde zu legen sind, viele Unwägbarkeiten zu überwinden sind, denn die den Umsatz prägenden Umstände in der Person des Mieters, in den betriebsspezifischen Gegebenheiten und den äußeren Rahmenbedingungen lassen sich praktisch nur grob mit orts- und marktüblichen Ansätzen veranschlagen. Dies verdeutlicht, dass die Annahme einer – immanenten – Betriebspflicht dem typischen Regelungszweck der Umsatzmiete eher Rechnung trägt, denn der Vermieter kann den Mieter dann auch prozessual zur Erfüllung der Betriebspflicht anhalten.[174]

> **Formulierungsvorschlag:**
>
> § ...... **Vereinbarungen zur Miethöhe, Umsatzmiete**
>
> 79 (1) Der Mieter hat folgende Mietzahlungen zu leisten:
> - eine monatliche Basisgrundmiete in Höhe von ...... €,
> - einen monatlichen umsatzabhängigen Grundmietzuschlag,
> - die für Basismiete und Mietzuschlag zu ermittelnde gesetzlichen Umsatzsteuer in der jeweils geltenden Höhe, zur Zeit in Höhe von ......%.
>
> (2) Der zusätzlich zur Basismiete zu entrichtende Mietzuschlag beträgt ......% des zu ermittelnden Netto-Umsatzes aus dem Verkauf von ......, den der Mieter in dem betreffenden Monat mit dem im Mietobjekt geführten Betrieb erzielt hat. Die getätigten Umsätze hat der Mieter im Rahmen einer sorgfältigen, prüffähigen kaufmännischen Buchführung zu erfassen.
>
> (3) ...... [Regelungen zur Ermittlung und Fälligkeit des Umsatzzuschlags]

2. Mietobjekt in einem Bürohaus (Großobjekt)

80 In zumeist städtischem Umfeld haben sich in vielfältiger Weise große Mietobjekte herausgebildet, die oft in Hochhäusern mit einer Vielzahl von gewerblichen Nutzern angesiedelt sind. Der einzelne Mieter ist dann in eine komplexe Organisation eingebunden, innerhalb derer sich einige marktspezifische Eigenheiten und Problembereiche entwickelt haben.

81 **a) Vertragsgegenstand.** Der Mieter in einem Bürohaus ist nicht nur auf die Nutzung der eigentlichen Mieträume angewiesen, die ihm zum alleinigen Mietgebrauch überlassen werden. Die Anmietung gewerblicher Räumlichkeiten in Großobjekten bringt es mit sich, dass der Mieter, seine Arbeitnehmer und seine Kunden auch die **Gemeinschaftsflächen und -einrichtungen** (mit-) benutzen müssen. Die Pflicht des Vermieters zur Gebrauchsgewährung umfasst auch die Mitüberlassung derjenigen Teile des Gebäudes, die zum ungestörten Mietgebrauch erforderlich sind wie z.B. Grundstücks- und Hauszugänge, Treppenhäuser, Aufzüge und ähnliche dem gemeinschaftlichen Gebrauch der Mieter dienende Räume.[175] Für diese

---

[171] Vgl. BGH NJW 1979, 531; BGH ZIP 1983, 449; OLG Frankfurt Info M 2007, 312; LG Lübeck NJW-RR 1993, 78; s. ferner die Nachweise bei *Gerber/Eckert* Rdnr. 189 ff.; *Bub/Treier/v. Brunn* III. A. Rdnr. 22; *Michalski* ZMR 1996, 5; *Jendrek* NZM 2000, 526.
[172] Vgl. *Schmid/Fittkau-Koch* 11 Rdnr. 34.
[173] Vgl. *Schmidt-Futterer/Eisenschmid* §§ 535, 536 Rdnr. 188 m. w. N.
[174] Vgl. Rdnr. 17 ff.
[175] Vgl. Palandt/*Weidenkaff* § 535 Rdnr. 16 m. w. N.; Bub/Treier/*Kraemer* III.B. Rdnr. 1171.

Anlagen ist dann kein gesonderter Mietzins ausgewiesen. Die Kalkulation des vereinbarten Mietzinses für die vom einzelnen Mieter angemieteten Räume umfasst grundsätzlich auch die Mitbenutzung der Gemeinschaftsflächen, die die Gebrauchsgewährung des eigentlichen Mietgegenstandes oft erst möglich machen. Die Nutzung dieser Flächen ist dann mit dem vereinbarten Mietzins abgegolten.[176]

Es ist aber nicht ausgeschlossen, dass die Mietvertragsparteien eine **besondere Regelung auch für Gemeinschafts- bzw. Nebenflächen** treffen, etwa dergestalt, dass diese anteilig als Mietgegenstand definiert werden. In diesem Rahmen wird es für möglich gehalten, für solche Flächen einen gesonderten Mietzins auszuweisen.[177] Das kann insbesondere dann nahe liegen und auch wirtschaftlich gerechtfertigt sein, wenn solche Flächen mietergerecht – etwa als Warteräume oder sonstige Funktionsflächen – ausgestaltet sind. Wenn Nebenflächen als Mietgegenstand beschrieben werden und für diese Flächen anteilmäßig Mietzins zu entrichten ist, soll sich die Wirksamkeit solcher Klauseln nach § 305c Abs. 1 BGB benutzen und nicht anhand von § 307 BGB.[178] Dies ist damit begründet worden, dass es sich um Bestimmungen handele, welche die Art und den Umfang der vertraglichen Hauptleistungspflichten sowie die Höhe des für die Gebrauchsgewährung zu entrichtenden Entgeltes regeln. Von der Inhaltskontrolle seien aber Bestimmungen in AGB ausgenommen, die Art und Umfang der vertraglichen Hauptleistungspflichten unmittelbar regeln.[179] Diese Argumentation erscheint zumindest insoweit als verkürzt, als sie diejenigen Fallgestaltungen außer Betracht lässt, bei denen die Erfüllung der vertraglichen Hauptleistungspflichten formularmäßig ausgestaltet ist. Formularverträge, bei denen die variablen Vertragsteile, d. h. die im Vertragstext frei gelassenen Stellen betreffend den Mietgegenstand, die Miethöhe usw. ausgefüllt werden müssen, werden hierdurch nicht zu Individualverträgen.[180] Die in das Formular einzutragenden Regelungspunkte beinhalten für sich allerdings typischerweise individuell verabredete Vertragsteile, die außerhalb des Geltungsbereichs der §§ 305 ff. BGB liegen.[181] Bei der Inhaltskontrolle ist jedoch im Übrigen der gesamte Vertragsinhalt zu berücksichtigen, und zwar einschließlich der individuell ausgehandelten Teile.[182] Eine vorformulierte Mietzinsregelung in einem Gewerberaummietvertrag, die den Vermieter berechtigt, bei der Berechnung der Mietfläche auch solche Bereiche mit einzubeziehen, die nach den baulichen Gegebenheiten einer individuellen Nutzung entzogen sind, ist vom OLG Düsseldorf[183] als Überraschungsklausel im Sinne von § 3 AGBG (jetzt: § 305c BGB) behandelt worden, wenn der Mieter nicht hinreichend in die Lage versetzt worden ist, den auf ihn entfallenden flächenmäßigen Anteil anhand der Vertragsunterlagen zu bestimmen.

Vertragsgegenstand können aber auch weitere Einrichtungen sein, die für eine Mehrzahl oder alle Mieter installiert worden sind. Die Vermietung von gewerblich genutzten Räumlichkeiten geht teilweise mit der Bereitstellung zusätzlicher Anlagen oder Dienstleistungen einher. Dazu können etwa **zentrale Konferenz- oder Freizeiträume** gehören, deren Nutzung durch ein pauschales Entgelt oder fallbezogen abgegolten wird. In Büroobjekten oder Arztzentren kommen zusätzlich zentrale Leistungskomplexe (Pools) in Betracht, die für alle Mieter zentrale (Dienst-) Leistungen bereit halten. Dabei kann es sich um **zentrale Schreibbüros oder Labors** handeln, die dem einzelnen Mieter für entsprechende Zwecke die ständige Vorhaltung eigener Anlagen und eigenen Personals ersparen. Eine flächenanteilige Kostenumlage dürfte bei solchen Einrichtungen eher sachwidrig sein.

b) Gewährleistung des vertragsgemäßen Mietgebrauchs. Bei Großobjekten haben sich typische Problemkreise zur Mangelhaftigkeit von Miträumen i. S. v. §§ 536 ff. BGB herausgebildet:

---
[176] Vgl. KG KGR 2002, 81.
[177] Vgl. KG ZMR 2004, 752; vgl. auch vgl. OLG München Urt. v. 19. 5. 1998 – 5 U 5828/97– n. v.; vgl. auch OLG Düsseldorf NJW-RR 2000, 1681.
[178] Vgl. KG ZMR 2004, 752.
[179] Vgl. KG ZMR 2004, 752 unter Hinweis auf BGHZ 106, 46; 116, 119.
[180] Vgl. Bub/Treier/*Bub* II Rdnr. 381.
[181] Vgl. BGH NJW 1996, 1676; Bub/Treier/*Bub* II Rdnr. 381.
[182] Vgl. BGHZ 106, 263; 116, 4; BGH NJW 1993, 532.
[183] Vgl. NJW-RR 2000, 1681; eine Mietflächenberechnung, die sich an der „Fläche zwischen den Achsen der Begrenzungswände" eines noch fertig zu stellenden Mietobjekts orientieren soll, hat dagegen der BGH (vgl. NZM 2001, 234) für nicht überraschend gehalten.

85   aa) *Klimatisierung von Büroräumen.* Büroräume sind oft in neuzeitlich gestalteten Hochhäusern angesiedelt, deren Fassaden z. T. komplett mit Glas verkleidet sind oder große Fensterflächen aufweisen. Dies kann dazu führen, dass sich das Gebäudeinnere bei Sommertemperaturen stark aufheizt. Überwiegend wird angenommen, dass zur Ausübung eines Gewerbes vermietete Räume, in denen auch Arbeitnehmer beschäftigt werden sollen, so beschaffen sein müssen, dass bei hohen Außentemperaturen die Innentemperatur nicht übermäßig ansteigt. Andernfalls liege ein Mangel der Mietsache vor.[184] Welcher Standard dabei zu gewährleisten ist, unterliegt aber einer schwer zu überblickenden Kasuistik.[185] Einem Mieter ist nach dieser Rechtsprechung nicht zuzumuten, während der Sommermonate nachts, wenn sich niemand in den Gewerberäumen aufhält, zum Zwecke des Dauerlüftens die Fenster offen zu halten.

86   Dem ist das OLG Frankfurt[186] mit beachtlichen Gründen kritisch begegnet und hat keinen Mangel angenommen. Die Tauglichkeit von nicht klimatisiert vermieteten und den baurechtlichen Bestimmungen entsprechenden Büroräumen zum vertragsgemäßen Gebrauch wird danach durch sommerliche Hitze nicht eingeschränkt, so wie die Tauglichkeit von ohne Heizung vermieteten Räumen im Winter ebenfalls nicht durch Kälte eingeschränkt wird. Die Regelung der Innentemperatur ist danach dem Mieter überlassen. Wenn der Vermieter eine Klimatisierung oder besondere Dämmung des Gebäudes nicht vertraglich zugesagt hat, besteht nach Auffassung des OLG Frankfurt[187] auch keine Pflicht, das Überschreiten bestimmter Temperaturen in einem Objekt, dessen Zuschnitt dem Mieter von Anfang an bekannt war, zu verhindern.

87   Ein Vermieter, der Räumlichkeiten in einem Objekt vermietet, das bauartbedingte Eigenheiten aufweist, aus denen sich ein Mängeleinwand ergeben kann, wird im Hinblick auf die unterschiedliche Rechtsprechung nur dadurch einer Inanspruchnahme vorbeugen können, indem er bei Vertragsschluss ausdrücklich auf die zu erwartenden Gegebenheiten hinweist und dies ausdrücklich als vertraglich geschuldeten Zustand im Vertrag beschreibt.

Formulierungsvorschlag:

§ ...... Besondere Vereinbarungen (Klimatisierung)

88   (1) Dem Mieter ist bekannt, dass die Mieträumlichkeiten nicht mit einer Klimaanlage ausgestattet sind. Der Mieter ist ferner darauf hingewiesen worden, dass die zur Süd- und Westseite hin gelegenen Räumlichkeiten sich wegen der großflächigen Fensterverglasung infolge Sonneneinstrahlung stark aufheizen können. Die Vertragsparteien sind sich darüber einig, dass hierdurch entstehende Beeinträchtigungen im Mietgebrauch keinen Mangel der Mietsache im Sinne von §§ 536 ff. BGB begründen.

(2) Der Mieter ist berechtigt, auf eigene Kosten und für eigene Rechnung eine Klimaanlage in den Mieträumen zu installieren ......

89   bb) *Nachbarschafts- und Umwelteinflüsse.* Einwirkungen, welche die die Mietsache oder den Mietgebrauch von außen beeinträchtigen, können als Umweltfehler auch bei Büroobjekten einen Mangel begründen. Dazu können Beeinträchtigungen gehören, wie sie von § 906 Abs. 1 BGB erfasst sind. Allerdings können die zu § 906 BGB geltenden Grundsätze und Rechtsfolgen nicht deckungsgleich auf das Verhältnis zwischen Vermieter und Mieter übertragen werden.[188] Erforderlich ist vielmehr die mietrechtliche Prüfung, ob und mit welchen rechtlichen Auswirkungen eine Mängelhaftung des Vermieters nach §§ 536 ff. BGB

---

[184] Vgl. OLG Rostock NZM 2001, 425; OLG Hamm NJW-RR 1995; OLG Naumburg NJW-RR 2004, 299; LG Bielefeld AiB 2003, 752.
[185] Vgl. dazu etwa das OLG Rostock NZM 2001, 425: bis zu 32 Grad Außentemperatur dürfe die Innentemperatur nicht mehr als 26 Grad betragen, bei höheren Außentemperaturen müsse die Innentemperatur um 6 Grad geringer sein als die Außentemperatur; vgl. auch die Nachweise bei *Lucenti/Westfeld* NZM 2009, 422 und NZM 2009, 291.
[186] Vgl. NZM 2007, 330.
[187] Vgl. NZM 2007, 330.
[188] Vgl. *Lützenkirchen* WuM 2000, 55.

durchgreift. Um Ausuferungen des Fehlerbegriffs zu vermeiden, ist in diesem Rahmen stets eine **unmittelbare Beeinträchtigung** der Tauglichkeit bzw. eine unmittelbare Einwirkung auf die Gebrauchstauglichkeit der Mietsache zu fordern.[189] Maßgebend für die Beantwortung der Frage, unter welchen Voraussetzungen eine derartige unmittelbare Beeinträchtigung vorliegt, ist in erster Linie der zum Vertragsinhalt erhobene Verwendungszweck.[190]

Die Mangelzurechnung wird teilweise als problematisch angesehen, wenn die **Beherrschbarkeit** einer Beeinträchtigung durch den Vermieter fraglich ist.[191] Die Beherrschbarkeit ist jedoch kein taugliches Abgrenzungskriterium, denn grundsätzlich kann jede nachteilige Abweichung vom vertraglich vorausgesetzten Gebrauch einen Mangel begründen.[192] Daraus folgt in Bezug auf den Pflichtenkreis des Vermieters keine unbillige Benachteiligung, denn Mieträumlichkeiten befinden sich praktisch immer in einer Wechselbeziehung zum Umfeld, die dem Vermieter auch nachhaltige Lage- und Preisvorteile verschaffen kann. Störungsquellen können daher selbst dann einen Mangel beinhalten, wenn sie außerhalb der eigentlichen Mieträume angesiedelt sind.[193] Wenn der Mietvertrag ein vom Kundenverkehr abhängiges Mietobjekt (Verkaufsgeschäft, Arztpraxis, Steuerberater- und Anwaltskanzlei usw.) zum Gegenstand hat, kann über die Eignung der Räume in ihrer baulichen Ausgestaltung hinaus auch der **ungehinderte und bequeme Zugang** des Publikums für die Gebrauchstauglichkeit unmittelbar bestimmend sein.[194] Darüber hinaus können auch andere von außen wirkende Einflüsse einen Mangel der Mietsache begründen. Dies gilt etwa für Beeinträchtigungen durch **Lärm**,[195] **Luftverschmutzungen** und **Geruchsbeeinträchtigungen**,[196] **Überschwemmungen**[197] und **elektromagnetische Felder und Strahlen**.[198]

Bei **Schadstoffbelastungen im Mietobjekt**, die sich insbesondere bei Büroneubauten aus der Verwendung bestimmter Baustoffe und Ausstattungsmaterialien ergeben können, ist für das Vorliegen eines Sachmangels, insbesondere bei der Bewertung der gesundheitlichen Unbedenklichkeit der Mietsache, grundsätzlich nur der **bei Vertragsschluss geltende Standard** maßgeblich. Zu diesem Zeitpunkt definiert sich die vom Mieter erwartete Soll-Beschaffenheit der Mietsache, die der Vermieter schuldet.[199] Wenn schon bei Vertragsschluss die geschuldete Sicherheit zur Vorbeugung von Gesundheitsgefahren nach künftigen, sich erst nach Vertragsschluss entwickelnden Standards zu beurteilen wäre, würde dies wegen der schwerwiegenden Rechtsfolgen aus der Garantiehaftung des Vermieters für anfängliche Mängel und wegen der erheblichen Schäden, die durch gesundheitliche Beeinträchtigungen entstehen können, unverhältnismäßige Risiken bewirken, die von einem Vermieter nicht zumutbar zu bewältigen sind.[200] Fehlen ausdrückliche Parteiabreden zur Beschaffenheit der Mietsache, so ist jedenfalls die Einhaltung der maßgeblichen technischen Normen (z. B. für die Sicherheit von Elektro- und Gasanlagen) geschuldet.[201]

Von diesen Grundsätzen ausgehend, wird dem BGH[202] darin zu folgen sein, dass ein Vermieter nachträglich entwickelte Standards dann berücksichtigen und einhalten muss, wenn

---

[189] Vgl. BGH WM 2000, 1012; BGH WM 1981, 1113; *Horst* ZAP Fach 4, 1247 mit einer Darstellung von Umweltmängeln.
[190] Vgl. BGH WM 1981, 1113.
[191] Zur Taubenplage vgl. LG Kleve WM 1986, 383; zur Minderung bei Verunreinigungen durch Tauben vgl. AG Hamburg WuM 1988, 121.
[192] Vgl. BGH NJW 2006, 899; 2005, 218; 2000, 1714; ein gewisses Kontrollelement hat der BGH bei Störungen von außerhalb der Mietsache, aber innerhalb desselben Gebäudes gefordert, vgl. BGH NJW-RR 2006, 1158.
[193] Vgl. BGH NJW-RR 2006, 1158.
[194] Vgl. BGH NJW 2006, 899; 2000, 1714; BGH WM 1981, 1113.
[195] Vgl. KG NZM 2000, 40; Palandt/*Weidenkaff* § 535 Rdnr. 28 m. w. N.; *Speiser* NJW 1978, 19; *Wiethaup* ZMR 1975, 257.
[196] Vgl. OLG München NJW-RR 1994, 654; BayObLG NJW 1987, 1950.
[197] Vgl. BGH NJW 1971, 424; LG Leipzig NJW 2003, 2177, *Eisenschmid* NZM 2003, 889.
[198] Vgl. BGH NJW-RR 2006, 879.
[199] Vgl. BGH WuM 2004, 527; KG KGR 2008, 682; Bub/Treier/*Kraemer* III. B. Rdnr. 1338; differenzierend: Schmidt-Futterer/*Eisenschmid* § 536 Rdnr. 29 f.; *Lucenti/Westfeld* NZM 2009, 291 und NZM 2009, 422 m. w. N.
[200] Vgl. BayObLG NZM 1999, 899.
[201] Vgl. BGH NJW 2005, 218; KG, WuM 1980, 255; LG Berlin GE 1996, 1249.
[202] Vgl. BGH NJW 2005, 218.

er nach Mietbeginn **bauliche Veränderungen** vornimmt, die etwa Lärmimmissionen begünstigen. Bei solchen nachträglichen Einwirkungen wird der Mieter erwarten dürfen, dass Lärmschutzmaßnahmen getroffen werden, die den Anforderungen der zur Zeit des Umbaus geltenden Regeln der Technik genügen. Das BayObLG[203] ist darüber hinaus davon ausgegangen, dass bei sich nachträglich ergebenden neuen Einsichten in die gesundheitsgefährdende Wirkung bestimmter Baustoffe und bei Entwicklung verschärfter technischer Standards eine Änderung der vertraglichen Soll-Beschaffenheit der Mietsache eintreten soll. Das hierfür angeführte Argument, die Vertragsparteien gingen regelmäßig von der Fortdauer der gesundheitlichen Unbedenklichkeit der Mietsache aus und der Vermieter habe deshalb jeweils diejenige Beschaffenheit der Mietsache herbeizuführen, die als Vorsorge gegen Gefahren für die Gesundheit der Bewohner der Mietsache nach dem aktuellen Standard erforderlich ist, dürfte indessen den vom BayObLG selbst gewählten rechtlichen Ansatz[204] verfehlen, wonach grundsätzlich auf den bei Vertragsschluss geltenden Standard abzustellen ist.[205]

93 Nachteilige Einwirkungen aus dem Umfeld der Mietsache stehen auch in Rede, wenn von benachbarten Objekten (im selben Gebäude oder außerhalb davon) Störungen ausgehen. Dies betrifft etwa die Nähe zur **Drogenszene**[206] oder zur **Prostitution**,[207] die namentlich bei Gewerbeobjekten mit Publikumsverkehr als nachteilig empfunden wird. Das OLG Stuttgart[208] hat eine Beeinträchtigung des Mietgebrauchs angenommen, weil in einem Büroobjekt Räumlichkeiten an eine **Agentur für Arbeit** vermietet wurden, die darin eine **Suchtberatungsstelle**, eine **Schuldnerberatung** und eine sog. **Hartz IV-Behörde** unterbrachte. Dabei hat es die „Qualität" des Personenkreises, der solche Einrichtungen aufsucht, als mangelbegründend angesehen. Es ist jedoch höchst problematisch, die bloße Anwesenheit von Menschen aus bestimmten sozialen Schichten oder bestimmter Herkunft als Störung im Mietgebrauch zu behandeln. Die Rechtsprechung ist mit Recht zurückhaltend, wenn die bloße Nähe oder Nachbarschaft von Personen anderer Herkunft (z.B. Asylanten, Gastarbeiter, Übersiedler), von Personen mit abweichendem sozialen Status (z.B. **Obdachlose**) oder von Personen aus einem bestimmten „Milieu" zur Begründung eines Sachmangels angeführt werden. Sie fordert grundsätzlich auch hier das Vorliegen unmittelbarer Beeinträchtigungen im Mietgebrauch.[209] Bei Fallgestaltungen der vom OLG Stuttgart[210] entschiedenen Art kann ein Sachmangel gleichwohl in Betracht kommen, wenn ein Mietobjekt einen ganz besonderen Zuschnitt und Standard verkörpern soll (z.B. als ausgesprochenes Büroobjekt mit gehobener Ausstattung, Bewachung und Personenkontrolle) und es sodann dazu kommt, dass ein solches Objekt eine grundlegend andere Nutzung erfährt, die sich durch einen besonders starken und kaum zu kontrollierenden Publikumsverkehr (gleich welcher Personenart) charakterisiert.[211]

94 c) **Konkurrenzschutz für Freiberufler.** In Bürogroßobjekten ist die Nähe zu anderen Mietern vorprogrammiert. Bei Mietern mit gleicher gewerblicher Ausrichtung indiziert dies die Gefahr, dass diese in Konkurrenz zueinander treten. In Fortführung der Grundsätze, die zum Konkurrenzschutz bei Ladengeschäften in Einkaufszentren und anderen Großobjekten[212] entwickelt worden sind, herrscht nunmehr weitgehend Einigkeit darüber, dass auch Freiberufler (Ärzte, Rechtsanwälte, Steuerberater, Architekten usw.) Konkurrenzschutz genießen können. Bei **ausdrücklich vereinbartem Konkurrenzschutz** sind die getroffenen Abreden für den Umfang des zu gewährenden Wettbewerbsschutzes maßgeblich. Für die Fälle ausdrücklich übernommener Konkurrenzschutzpflichten ergeben sich gegenüber dem Konkurrenz-

---

[203] Vgl. BayObLG NZM 1999, 899.
[204] Vgl. Rdnr. 91.
[205] Kritisch dazu auch Lützenkirchen WuM 2000, 55.
[206] Vgl. OLG Hamm NJWE-MietR 1996, 80.
[207] Vgl. LG Berlin NJW-RR 1996, 264; vgl auch VG Berlin GewArch 2009, 322.
[208] Vgl. NZM 2007, 220 nebst Anm. v. *Borzutzki-Pasing* jurisPR-MietR 4/2007 Anm. 3; vgl. dagegen BGH WuM 2009, 261.
[209] Vgl. hierzu die Nachweise bei Schmidt-Futterer/*Eisenschmid* § 536 Rdnr. 139 f.
[210] Vgl. NZM 2007, 220.
[211] Vgl. *Borzutzki-Pasing* jurisPR-MietR 4/2007 Anm. 3.
[212] Vgl. Rdnr. 20 ff.; OLG Brandenburg Urt. v. 10. 6. 2009 – 3 U 169/08 – juris; *Leo/Ghassemi-Tabar* NZM 2009, 337.

schutz zugunsten anderer gewerblicher Mieter keine grundsätzlichen Besonderheiten. Im Einzelfall können sich aber wegen der Überschneidungen in den jeweiligen Fachbereiche Abgrenzungsprobleme ergeben.[213] Das kann namentlich dann der Fall sein, wenn ein Mietobjekt eine besonders große Ansammlung gleich gerichteter Gewerbetreibender (z.B. eine hohe Dichte von Anwaltskanzleien in Gerichtsnähe) aufweist. In solchen Fällen werden sich weitreichende Konkurrenzschutzzusagen im Zweifel verbieten.

Formulierungsvorschlag:

§ 3 Konkurrenzschutz zugunsten des Mieters

(1) Der Vermieter gewährt dem Mieter Konkurrenzschutz. Der Konkurrenzschutz betrifft ausschließlich den Betrieb einer Rechtsanwaltskanzlei als Fachanwalt für ......
(Beispiel: Mietrecht und Wohnungseigentumsrecht).
(2) Der Mieter genießt keinen Konkurrenzschutz, soweit es um die Vermietung an andere Rechtsanwälte ohne besondere Fachausrichtung oder an Fachanwälte für ein anderes Rechtsgebiet geht.
(3) Wenn sich ein Rechtsanwalt, der andere Räumlichkeiten im Mietobjekt angemietet hat, nach bereits erfolgter Anmietung als Fachanwalt für ...... (Beispiel: Mietrecht und Wohnungseigentumsrecht) qualifiziert und sich in diesem Rahmen beruflich betätigt, beinhaltet dies keinen Verstoß des Vermieters gegen die in Ziff. (1) festgelegten Konkurrenzschutzpflichten. Die Vertragsparteien sind sich darüber einig, dass der Vermieter nicht verpflichtet ist, auf andere im Mietobjekt ansässige Rechtsanwälte dahingehend einzuwirken, dass sie von einer Qualifizierung als Fachanwalt für ...... Abstand nehmen.

Beim Wettbewerbsschutz von Angehörigen freier Berufe wird allerdings der **vertragsimmanente Konkurrenzschutz** modifiziert beurteilt. Teilweise wird vertreten, dass Kanzlei- und Praxisräume anderen gewerblichen Mietverhältnissen gleich zu stellen sind und Konkurrenzschutz genießen, soweit nur der Mietzweck hinreichend festgelegt ist.[214] Das OLG Karlsruhe[215] ist dem mit der wenig überzeugenden Einschränkung gefolgt, dass Konkurrenzschutz (zugunsten einer Zahnarztpraxis) nur dann zuzubilligen sei, wenn ansonsten keine wirtschaftlich sinnvolle Nutzung mehr möglich sei. Der BGH[216] hat die Bejahung von Konkurrenzschutz teilweise von einer Einzelfallprüfung abhängig machen wollen. Teilweise hat er Konkurrenzschutzpflichten aus der allgemeinen Pflicht des Vermieters abgeleitet, die Gewährung des vertragsgemäßen Gebrauchs nicht zu behindern.[217] Er ist insoweit nicht der Auffassung gefolgt, dass die räumliche Nähe miteinander konkurrierender Ärzte gleicher Fachrichtung im Geschäftszentrum einer Großstadt an Bedeutung verliere. Dem wird beizutreten sein, denn es ist davon auszugehen, dass die Angehörigen freier Berufe durchaus in Konkurrenz zueinander stehen und mit Recht vom Vermieter grundsätzlich erwarten können, dass er zu ihrem Nachteil keine verschärfte Wettbewerbssituation schafft.

Eine gewisse Konkurrenznähe ist in bestimmten Lagen und Geschäftsbereichen aber oft verkehrsüblich, etwa wenn Ärzte die Nähe zu Kollegen anderer Fachbereiche suchen, weil sich gerade aus den unterschiedlichen fachlichen Zuständigkeiten Chancen für eine Erweiterung des eigenen Betätigungsfelds aufgrund höherer Patientenfrequenz und der Möglichkeit von Patientenüberweisungen durch benachbarte Ärzte ergeben können. Praxisgemeinschaften und Arztzentren legen es gezielt auf die Abdeckung eines möglichst breiten Fachspektrums an. Rechtsanwälte bevorzugen oft gerichtsnah gelegene Mietobjekte. Beim mietvertraglichen Konkurrenzschutz wird es vor diesem Hintergrund wesentlich darum gehen, den geschützten Kernbereich der fachlichen Ausrichtung des jeweiligen Mieters festzulegen. Nach diesseitiger Auffassung kann sich die Annahme eines immanenten Konkurrenzschutzes sogar verbieten, wenn die unmittelbare Nähe vieler Angehöriger derselben Berufsgruppe

---
[213] Vgl. Lindner-Figura/Oprée/Stellmann/*Hübner/Griesbach/Schreiber* Kap. 14 Rdnr. 111, 142 ff.
[214] Vgl. OLG Köln OLGR 2005, 390; OLG Düsseldorf NJW 1963, 1678; OLG Celle OLGR 2000, 150.
[215] Vgl. NJW 1972, 2224; zum Konkurrenzschutz bei Arztpraxen vgl. auch Rdnr. 172 ff.
[216] Vgl. NJW 1976, 2301.
[217] Vgl. BGH NJW 1978, 585.

in dem betreffenden Umfeld verkehrsüblich ist (Rechtsanwaltskanzleien in Gerichtsnähe) oder wenn sich die enge Nachbarschaft gleich gearteter Gewerbebetriebe auf die Wettbewerbssituation überhaupt nicht auswirkt, wie dies z. b. bei Kreditinstituten in einem ausgesprochenen Bankenviertel der Fall sein wird. Entsprechendes dürfte gelten, wenn sich die Konkurrenzsituation mangels jeder Vertriebstätigkeit bzw. mangels Bedarf nach sog. Laufkundschaft nicht anhand der räumlichen Nähe realisiert.[218]

98   d) **Mischnutzung.** Bei der Anmietung von Gewerberäumen kann sich die Frage aufwerfen, ob sich eine gemischte Nutzung zu gewerblichen Zwecken und zu Wohnzwecken im Rahmen des Vertragszwecks bewegt. Eine Mischnutzung kann bei der Vermietung an kleingewerblich tätige Personen oder an freiberufliche Berufsanfänger („Wohnzimmerarchitekt, Wohnzimmeranwalt") virulent werden.

99   Der Vermieter hat meist ein nahe liegendes Interesse daran, eine gemischte Nutzung und insbesondere eine sich daraus entwickelnde alleinige Wohnraumnutzung von Gewerberäumen auszuschließen, etwa um der Annahme einer **konkludenten Vertragsänderung** auf Fortsetzung des Mietverhältnisses als Wohnraummiete und Einwendungen zur Miethöhe (nach den Grundsätzen zur Wohnraummiete) vorzubeugen. Der Vermieter kann in ein Dilemma geraten, wenn gewerbliche Miträume mit seinem Einverständnis baurechtswidrig zu Wohnzwecken genutzt werden. Das LG Koblenz[219] hat in einem solchen Fall eine Kündigungsbefugnis des Vermieters aus § 564b BGB a. F. (§ 573 BGB n. F.) verneint, weil die Einhaltung öffentlich rechtlicher Vorschriften Sache des Vermieters sei und dieser das Risiko für ein Leistungshindernis trage, so lange er sich nicht erfolglos um eine Nutzungsgenehmigung bemüht habe. Duldet der Vermieter den Wohngebrauch, kann dies bei Aufgabe der gewerblichen Betätigung des Mieters bis hin zu der Annahme führen, dass sich der gewerbliche Mietvertrag im Wege einer – konkludenten – Vertragsänderung in einen Wohnraummietvertrag umgewandelt hat. Der Vermieter hätte dementsprechend zu gegenwärtigen, dass ihm fortan die – weitgehend zwingenden – Mietpreisregelungen und Kündigungsschutzvorschriften nach Wohnraummietrecht entgegen gehalten würden.

100   Trotz dieser Interessenlage ist das OLG Köln[220] davon ausgegangen, dass ein gewerblicher Mieter, der Räume als Büro angemietet hat, in der Regel keinen vertragswidrigen Gebrauch von der Mietsache macht (§ 543 Abs. 2 Nr. 2 BGB), wenn er die Miträume auch zu Wohnzwecken nutzt. Das wird man nicht verallgemeinern können. Wenn z. B. ein Mieter Räumlichkeiten in einem ansonsten nur gewerblich genutzten Bürohaus anmietet, dürfte sich eine Nutzung zu Wohnzwecken schlechthin verbieten, denn Verwaltung und Organisation eines Büroobjekts einerseits und eines Wohnhauses andererseits können ganz unterschiedlich gestaltet sein, was etwa die Beheizung, Beleuchtung und Bewachung (insbesondere zur Nachtzeit sowie an Feiertagen und Wochenenden) angeht. Mit dem OLG Hamburg[221] wird daher zumindest im Wege der Vertragsauslegung zu ermitteln sein, ob eine Anmietung zum Zwecke einer gemischten Nutzung als Büro und Wohnraum dem vertragsgemäßen Gebrauch entspricht. Dabei werden die vorstehend behandelten Kriterien und die Vermieterinteressen angemessen zu berücksichtigen sein.

II. Andere Gewerbeobjekte

1. Pachtvertrag über eine Gaststätte (Hotel)

101   a) **Abgrenzung zwischen Miete und Pacht.**[222] Die Unterschiede zwischen einem Mietvertrag (§§ 535 ff. BGB) und einem Pachtvertrag (§§ 581 ff. BGB) erlangen eher selten prakti-

---

[218] So wohl auch OLG Koblenz NJW-RR 1995, 1352; *Jendrek* NZM 2000, 1116, 1117; MünchKommBGB/*Häublein* § 535 Rdnr. 141.
[219] Vgl. WuM 1984, 132.
[220] Vgl. NJWE-MietR 1996, 80 = ZMR 1996, 24.
[221] Vgl. ZMR 1995, 120.
[222] Vgl. hierzu im Einzelnen § 76.

sche Bedeutung. Gegenstand von Mietverträgen können nur „Sachen" im Sinne von §§ 90, 535 BGB sein. Die Verpachtung bezieht sich auf einen „Gegenstand" im Sinne von § 581 BGB; das können Sachen und Rechte sowie der Inbegriff von beidem – insbesondere gewerbliche Unternehmungen[223] – sein. Der Mietvertrag zielt grundsätzlich nur auf die Gebrauchsgewährung im Sinne von § 535 Abs. 1 S. 1 BGB ab, der Pachtvertrag auch auf den Genuss der Früchte im Sinne von §§ 99, 581 Abs. 1 S. 1 BGB. Auf den Pachtvertrag finden gemäß § 581 Abs. 2 BGB die mietrechtlichen Vorschriften entsprechende Anwendung, soweit nicht die Bestimmungen der §§ 582 bis 584b BGB spezielle Regelungen enthalten.

Welche Verpächterleistungen die Gewährung des Fruchtgenusses gewährleisten, unterliegt einer eher fallbezogenen und wenig konkreten Bestimmung. Einigkeit herrscht jedoch darüber, dass die **Überlassung von Inventar,**[224] welches die Fruchtziehung ermöglichen soll, den typischen Fall der Gewährung des Pachtgebrauchs umschreibt.[225] Die Gebrauchsüberlassung geht bei einer Gaststätte oder einem Hotel typischerweise mit der Überlassung von Inventar einher (Theke, Zapfanlage, Bierkeller nebst Kühlanlage, Tische, Stühle, Gläser, Kücheneinrichtung, Zimmerausstattung usw.). Es wird daher regelmäßig ein Pachtvertrag vorliegen.

b) Vertragspartner/Unterverpachtung. Für den Pächter einer Gaststätte oder eines Hotels ergibt sich eine ganz wesentliche Weichenstellung aus der Person (Rechtspersönlichkeit) des Verpächters. Wenn eine **Brauerei, ein Automatenaufsteller oder eine Getränkegroßhandlung** das Objekt (unter-)verpachtet, hat der Pächter zu berücksichtigen, dass diejenigen Rechte, die er vom Zwischen- bzw. Hauptpächter ableitet, grundsätzlich nicht weiter reichen als die dem Zwischenpächter aus dem Hauptpachtvertrag zustehenden Rechte. Der Pächter darf auch bei gestatteter Unterverpachtung nur zu solchen Zwecken unterverpachten, die er selbst in dem Pachtobjekt verfolgen dürfte.[226] Mit der Beendigung des (Haupt-)Pachtverhältnisses endet mit dem Gebrauchsrecht des Hauptpächters auch das von diesem abgeleitete Gebrauchsrecht des Unterpächters.[227] Der Unterpächter steht mit dem Hauptverpächter nicht in vertraglichen Beziehungen. Bestand und Dauer des Unterpachtverhältnisses stehen unter dem Vorbehalt, dass die Unterverpachtung nach dem Hauptvertrag überhaupt zulässig ist. Der Unterpächter hat von daher Veranlassung, die für seinen Rechte- und Pflichtenkreis maßgeblichen Vorgaben aus dem Hauptpachtverhältnis aufzuklären. Da der Pächter meist keinen unmittelbaren Einblick in die vertragliche Ausgestaltung des Hauptpachtverhältnisses gewinnen kann, bedarf es im Rahmen der Vertragsverhandlung und -gestaltung besonderer Sorgfalt, um die Grenzen des Vertragszwecks und der zulässigen Gebrauchsausübung abzustecken.

Eine Weichenstellung ergibt sich auch in wirtschaftlicher Hinsicht, d. h. bei der Gewichtung der einzelnen Konditionen, zu denen die Unterverpachtung erfolgt. Der Unterpächter einer Brauerei muss damit rechnen, dass sein Verpächter in erster Linie seine Absatzinteressen verfolgt.[228] Das Unterpachtverhältnis schafft dann ggf. nur den Rahmen und die Vorbedingungen für die Verfolgung der wirtschaftlichen Interessen des Verpächters. Aus dem gesamten Zusammenhang der vertraglichen Regelungen, insbesondere zur Vertragsdauer, zur Pachthöhe und zu den Bedingungen der typischerweise mit der Unterverpachtung einhergehenden Bezugsabreden muss der Unterpächter einen Überblick gewinnen, ob die Eingehung des Pachtverhältnisses für ihn wirtschaftlich sinnvoll ist.

---

[223] Vgl. hierzu § 79.
[224] Zu den allgemeinen Grundsätzen zur Überlassung von Inventar vgl. § 77; zum Inventar bei der Gaststättenpacht vgl. ferner Rdnr. 111 ff.
[225] Vgl. BGH NJW-RR 1991, 906.
[226] Vgl. BGH WM 1984, 343; OLG Hamm OLGR 1991, 7.
[227] Vgl. nur Hans. OLG Hamburg OLGR 1999, 291.
[228] Zu Bezugsverpflichtungen vgl. Rdnr. 125 ff.

Praxistipp:

105 Der Pächter einer Gaststätte oder eines Hotels muss sich bei Vertragsschluss darüber klar sein, in welchem wirtschaftlichen Umfeld der Pachtvertrag angesiedelt ist. Wenn die Pachtsache im Wege der Unterpacht von einer Brauerei, einem Automatenaufsteller oder von einer Getränkegroßhandlung überlassen wird, erfolgt die Gebrauchsüberlassung in der Regel aus Gründen, die sich durch die Absatzinteressen des Verpächters definieren. Eine mehrstufige gewerbliche Gebrauchsüberlassung im Wege der Unterpacht kann für den Pächter die Gefahr begründen, dass er sein Gewerbe nicht mehr wirtschaftlich betreiben kann.

106 c) **Vertragszweck.** Die genaue Festlegung und Konkretisierung des Vertragszwecks kann bei der Verpachtung einer Gaststätte von besonderer Bedeutung sein, da ganz unterschiedliche Nutzungsarten in Betracht kommen. Der Verpächter einer Gaststätte, deren Betrieb das Gepräge eines bestimmten – gewerblichen oder wohnmäßigen – Umfelds nicht stören soll, hat Veranlassung, den zulässigen Pachtgebrauch vertraglich festzuschreiben. Gegenüber einer vom ursprünglich vereinbarten Vertragszweck abweichenden Nutzung kann der Verpächter einen Unterlassungsanspruch gemäß §§ 581 Abs. 2, 541 BGB geltend machen. Etwas anderes kann grundsätzlich nur dann gelten, wenn der Pächter nach § 242 BGB einen Anspruch auf Zustimmung zu einer geänderten Nutzung hat. Ein Anspruch auf einen vom Vertrag abweichenden Pachtgebrauch kommt aber nur dann in Betracht, wenn der Pächter daran ein besonderes gravierendes Interesse hat und dem Verpächter unter Berücksichtigung seiner legitimen Interessen aufgrund besonderer Umstände nach Treu und Glauben eine Veränderung zuzumuten ist.[229]

107 Wenn der Verpächter bestimmte **Nutzungsaspekte ausschließen** will, sollte dies im Vertrag eindeutig klargestellt werden. Je allgemeiner der Vertragszweck im Vertrag umschrieben ist, desto freier ist der Pächter im Rahmen der zulässigen Nutzung.[230] Der allgemein als Vertragszweck genannte Betrieb einer „Gaststätte" umfasst mangels anderweitiger Vereinbarungen auch das Angebot üblicher Speisen zu den üblichen Essenszeiten in einem der Kapazität des Lokals entsprechendem Umfang. Das schließt für den Konzessionsinhaber die Möglichkeit ein, sich bei der Zubereitung der Speisen durch Hilfskräfte und Personal unterstützen zu lassen.[231] Vom zulässigen Pachtzweck kann auch die Frage abhängen, welcher Pachtzins für das betreffende Objekt angemessen ist.[232]

108 Die vertragliche Festlegung des Nutzungszwecks umschreibt zugunsten des Pächters die vom Verpächter zu gewährleistenden **Gebrauchsbefugnisse** und auch den Rahmen, innerhalb dessen Änderungen im Pachtgebrauch vom Verpächter hinzunehmen sind.[233] Der vertragliche Nutzungszweck ist für die Vertragsparteien des Pachtvertrags grundsätzlich auch dann verbindlich, wenn der vertragsgemäße Gebrauch Auswirkungen auf Dritte hat, die zu rechtlichen Interventionen von Nachbarn oder anderen Mietern/Pächtern gegenüber dem Vermieter führen. Hat der Vermieter einen Vertrag über Gewerberäume zum Betrieb eines „Swinger-Clubs" verlängert, obwohl er von benachbarten Wohnungsmietern wegen Belästigungen durch den Gewerbebetrieb gerichtlich erfolgreich in Anspruch genommen worden war, hat er sich gegenüber dem Mieter/Pächter jedenfalls stillschweigend mit den typischen „Emissionen" (Geräuschen und Lärm aus den Clubräumen sowie von der Straße durch Gespräche von Kunden, Interessenten und An- und Abfahrt von Fahrzeugen) einverstanden erklärt. Die tatsächliche Verfolgung des vereinbarten Betriebszwecks durch den Gewerbemieter ist dann nicht als vertragswidrig und im Verhältnis der Vertragsparteien nicht als Störung des Hausfriedens i.S. des § 568 Abs. 2 BGB anzusehen.[234] Der Vertragszweck legt

---

[229] Vgl. BGH LM Nr. 1 bis 3 zu § 550; BGH WM 1985, 233; OLG Hamm OLGR 1991, 7; zur verbindlichen Vereinbarung eines bestimmten Vertragszwecks vgl. auch OLG München ZMR 2001, 347.
[230] Vgl. OLG München OLGR 2001, 63.
[231] Vgl. OLG Köln OLGR 1994, 241; zur Abgrenzung zwischen einer „Pizzeria" und einem „Pizza-Taxi-Betrieb" vgl. OLG Düsseldorf GuT 2007, 18.
[232] Vgl. OLG München OLGR 1999, 186.
[233] Vgl. Lindner-Figura/Oprée/Stellmann/*Wolf* Kap. 13 Rdnr. 55 ff.
[234] Vgl. KG ZMR 2004, 261.

auch die durch Auslegung zu ermittelnden Grenzen der zulässigen Gebrauchsausübung fest. Eine ausdrückliche vertragliche Zweckbestimmung, die den Betrieb eines „Ladens" zum Gegenstand hat, steht einer Nutzung als Restaurantbetrieb entgegen.[235]

Die Abgrenzung zwischen dem vertragsgemäßen und dem vertragswidrigen Pachtgebrauch kann im Einzelnen schwierig sein. Falls für den Gaststättenbetrieb wesentliche Umstände zu offenbaren sind, sollten entsprechende **Hinweise** im Vertrag durch eine zusätzliche Klarstellung dokumentiert werden. Dadurch wird auch dem Streit darüber vorgebeugt, wie weit die Bereitstellungspflichten des Verpächters aus § 535 BGB reichen. Werden bei Abschluss des Vertrags falsche Angaben (z. B. zum wirtschaftlichen Umfeld) gemacht, kann dies Ersatzansprüche nach den Grundsätzen zur culpa in contrahendo auslösen.[236] Stehen dem vertragsgemäßen Gebrauch **rechtliche oder tatsächliche Hindernisse** entgegen, muss der Verpächter auch darauf hinweisen. Grundsätzlich besteht eine Aufklärungspflicht des Verpächters – nur – in Bezug auf solche Umstände, die den vom Partner verfolgten Vertragszweck vereiteln können und für dessen Entschluss von wesentlicher Bedeutung sind.[237] Andernfalls kann ein etwa auf behördlichen Anordnungen beruhendes Gebrauchshindernis einen Sachmangel begründen.[238] Außerdem kommt eine Arglistanfechtung nach § 123 BGB in Betracht. Ein Rechtsanwalt, der den Verpächter bei Abschluss eines Pachtvertrages berät bzw. vertritt, muss zur Vermeidung von Regressforderungen prüfen, ob der vereinbarte Vertragszweck erreichbar ist.[239]

Formulierungsvorschlag:

§ ...... **Pachtzweck**

(1) Die Verpachtung erfolgt zum Betrieb

– Beispiele –

einer Speisegaststätte mit Imbissstand und Straßenverkauf,
einer italienischen Speisgaststätte (Pizzeria),
einer Gaststätte (Bierschänke) nebst Biergarten ohne Bewirtung mit warmen Speisen,
eines Spezialitätenrestaurants mit französischer Küche ......

(2) Eine von Ziff. (1) abweichende Nutzung der Pachträume ist dem Pächter nur mit der ausdrücklichen Zustimmung des Verpächters gestattet.

d) **Vertragliche Regelungen zum Inventar.**[240] Ob und in welchem Umfang dem Pächter eines Hotels oder einer Gaststätte Inventar überlassen wird, kann für das rechtliche und wirtschaftliche Gepräge eines Pachtvertrags wesentlich sein, denn vorhandenes Inventar erspart dem Pächter eigene Investitionen in die Ausstattung der Pachtsache. Art und Umfang der Inventarausstattung können auch das wesentliche Kriterium für die Bildung des Pachtzinses darstellen.

Dem Pachtvertrag sollte tunlichst eine besondere Inventarliste bzw. ein Übergabeprotokoll mit einer detaillierten Auflistung sämtlicher Inventargegenstände beigeheftet werden. Die **Dokumentation des Inventarbestands** ist wichtig, weil dem Pächter gemäß § 582 Abs. 1 BGB die Erhaltung des mitverpachteten Inventars obliegt. Fehlende Gegenstände hat der Pächter daher bei Vertragsbeendigung grundsätzlich zu ersetzen. Nach § 582 Abs. 2 BGB hat allerdings der Verpächter Inventarstücke zu ersetzen, wenn sich das Inventar durch vom Pächter nicht zu vertretende Umstände verringert hat. Diese unterschiedlichen Zuständig-

---

[235] Vgl. OLG Celle 2004, 689; weitere Beispiele finden sich bei: Lindner-Figura/Oprée/Stellmann/*Wolf* Kap. 13 Rdnr. 55 ff.
[236] Vgl. BGH MDR 1996, 1107 auch zur prozessualen Beweislast für die Behauptung, bei zutreffenden Angaben wäre der Vertrag nicht geschlossen worden.
[237] Vgl. BGH NJW-RR 1988, 1290; BGH NJW-RR 1990, 847.
[238] Vgl. BGH NJW 1980, 777; OLG Düsseldorf DWW 2006, 425, jew. m. w. N.
[239] Vgl. BGH MDR 1997, 100.
[240] Zur Überlassung von Inventar vgl. auch § 77.

keiten für die Erhaltungspflicht können allerdings für die Vertragsabwicklung unpraktisch sein, wenn es etwa um den üblichen Schwund und (Glas-) Bruch bei Gaststätteneinrichtungen geht. Zumeist empfiehlt sich daher eine Abwälzung der Erhaltungspflicht und Ersetzungspflicht auf den Pächter. Die gesetzlichen Bestimmungen aus § 582 BGB sind abdingbar.[241]

113 Gaststätten- und Hotelinventar wird oft an den Pächter verkauft. Dadurch werden besondere Regelungen zur Erhaltung des Inventars grundsätzlich entbehrlich. Der **Inventarkauf** kann eine sog. selbständige Nebenabrede beinhalten, die nicht dem Schriftformzwang aus §§ 550, 578 BGB unterliegt.[242] Der Inventarverkauf hat bei Verträgen, die auch eine (Bier-) Bezugsbindung regeln, nicht selten eine bloße Alibifunktion, wenn der Inventarkauf mit einem Darlehen des Verpächters (z. B. einer Brauerei) finanziert wird. Dem Vertrag wird so ein – wirtschaftlich oft leer laufendes – Amortisationselement verliehen, das nach der Rechtsprechung Voraussetzung für die Wirksamkeit langer Bezugsbindungen ist.[243] Der **Inventarkauf** kann auch als **Wiederkauf** im Sinne von §§ 456 ff. BGB ausgestaltet sein, bei dem sich der Verkäufer – regelmäßig für den Fall der Beendigung des Dauerschuldverhältnisses – das Recht vorbehält, das Wiederkaufsrecht auszuüben. Die gesetzliche Ausschlussfrist für das Wiederkaufsrecht gemäß § 462 BGB, die bei anderen Gegenständen als Grundstücken nur drei Jahre beträgt und damit nicht zu Miet- und Pachtverhältnissen passt, die zumeist auf längere Dauer angelegt sind, ist zwar abdingbar (vgl. § 462 S. 2 BGB). Je länger der Vorbehalt des Wiederkaufs wirksam sein soll, desto schwieriger wird es jedoch, den Wiederkaufswert im Vorhinein vertraglich festzulegen. Die Auslegungsregel aus § 456 Abs. 2 BGB, wonach der Verkaufspreis im Zweifel auch für den Wiederkaufsfall gilt, verliert mit fortschreitender Vertragsdauer an Bedeutung. Bei langfristiger Benutzung des Inventars treten zunehmend Abnutzung und Alterung ein, was sich in ganz erheblichem Umfang wertmindernd auswirken kann. Der Wiederkaufspreis wird dann am ehesten dadurch festgelegt werden können, dass sich die Parteien im Rahmen von § 460 BGB vertraglich einer schiedsgutachterlichen Schätzung unterwerfen. Möglich ist auch das Inventarleasing.[244]

114 **Inventar-Erhaltungsklauseln** zum Nachteil des Mieter/Pächters sind grundsätzlich restriktiv auszulegen.[245] Daher müssen diejenigen Herstellungs- und Ersetzungspflichten, die der Verpächter über die gesetzlichen Vorgaben (§ 582 BGB) hinaus auf den Pächter abwälzen will, ausdrücklich und eindeutig festgelegt sein. Soweit es sich um durch den Pachtgebrauch veranlasste oder im Risikobereich des Pächters liegende Maßnahmen handelt, bestehen gegen eine formularmäßige Pflichtenabwälzung auf den Mieter grundsätzlich keine Bedenken aus § 307 BGB. Bei der Verpachtung einer Gaststätte können wesentliche Teile des Inventars einem hohen Verschleiß unterliegen. Auch dies rechtfertigt eine weit gehende Abwälzung der Erhaltungspflichten auf den Pächter zumal dies mit der gesetzlichen Vorgabe aus § 582 Abs. 1 BGB, die Leitbildcharakter hat (vgl. § 307 Abs. 2 Nr. 1 BGB), korrespondiert.

115 Die schon nach § 582 Abs. 1 BGB vorgegebene Inventar-Erhaltungspflicht des Pächters schließt im Rahmen ordnungsgemäßer Bewirtschaftung auch die Pflicht zur **Neuanschaffung** von Inventarteilen ein, die Eigentum des Verpächters werden.[246] Wenn dem Pächter durch weitere Ersetzungs-, Herstellungs- und Anschaffungsklauseln erhebliche Investitionen überbürdet werden, kann ein zugleich vereinbarter **Ausschluss jeglicher Wegnahme** von Inventar bei Beendigung des Pachtverhältnisses zu Wirksamkeitsbedenken aus §§ 138, 307 BGB führen. Hier kann wertungsmäßig auf die zur Gewerberaummiete entwickelten Grundsätze zurück gegriffen werden.[247] Der vertragliche Ausschluss eines Wegnahmerechts an Einrichtun-

---

[241] Vgl. Palandt/*Weidenkaff* § 582 Rdnr. 4.
[242] Vgl. Bub/Treier/*Heile* II Rdnr. 762.
[243] Vgl. dazu näher Rdnr. 125 ff.
[244] Zu einer Vertragsgestaltung über Leihinventar mit einer Inventarerhaltungspflicht des Mieters, einer Vollamortisation des Mietgegenstandes zu einem bestimmten Anschaffungspreis und bei einer Mindestabnahmemenge von Bier vgl. OLG Celle OLGR 1994, 289.
[245] Vgl. BGH WuM 1992, 355.
[246] Vgl. Palandt/*Weidenkaff* § 582 Rdnr. 7.
[247] Vgl. Nies/Gies/*Borzutzki-Pasing* A.VI.1 Rdnr. 11.

gen des Mieters ist aber selbst im Bereich der Gewerberaummiete, innerhalb derer der pachtrechtliche Inventarbegriff für sich nicht greift, für den unternehmerischen Bereich als grundsätzlich möglich angesehen worden, selbst wenn der Mieter ohne Entschädigung bleiben soll.[248] In Rechtsprechung und Literatur sind solche Klauseln gleichwohl unter verschiedenen Gesichtspunkten als letztlich nicht verbindlich behandelt worden. Teilweise sind gegen einen formularmäßigen Ausschluss Bedenken aus § 309 Nr. 6 BGB sowie aus § 308 Nr. 7 a BGB angemeldet worden.[249] Teilweise wird von sittenwidrigen Regelungen im Sinne von § 138 BGB ausgegangen[250] oder von einer rechtsmissbräuchlichen Berufung (§ 242 BGB) auf entsprechende Klauseln.[251] Bei vorzeitiger Auflösung eines Mietvertrags werden Bereicherungsansprüche des an sich entschädigungslosen Mieters bejaht.[252] Der Ausschluss solcher Bereicherungsansprüche wird wiederum als Verfallklausel nach den Grundsätzen zur Vertragsstrafe beurteilt.[253] Eine Wirksamkeitskontrolle wird sich bei der Pacht entsprechenden Erwägungen öffnen müssen. Da die rechtlichen Ansätze jedoch kaum noch überschaubar und abgrenzbar sind, sollte ein entschädigungsloser Ausschluss eines Wegnahmerechts des Pächters, der sich zu erheblichen Neuanschaffungen und Ersetzungsmaßnahmen verpflichtet hat, bei der Vertragsgestaltung nicht oder nur unter Vermeidung von Härten ausbedungen werden. Die Aufrechterhaltung eines vertraglichen Wegnahmeverbots kann am ehesten mittels eines Wertausgleichs kompensiert werden.

Formulierungsvorschlag:

§ ...... Verbleib des Inventars bei Beendigung des Pachtvertrags

(Wertausgleich)

(1) Sämtliches Inventar einschließlich der nach diesem Vertrag vom Pächter anzuschaffenden und zu ersetzenden Inventarteile verbleibt bei Beendigung des Pachtverhältnisses in der Pachtsache. Ein Wegnahmerecht steht dem Pächter insoweit nicht zu.

(2) Für das bei Beendigung des Pachtverhältnisses beim Verpächter verbleibende Inventar erhält der Pächter auch keinen Wertausgleich, dies jedoch mit Ausnahme

der Klimaanlage für den Gastraum,

der Bierkühlungsanlage

......

Für die vorbezeichneten Anlagen und Einrichtungen findet ein Wertausgleich zugunsten des Pächters nur dann statt, wenn der Pächter die betreffende Anlage in den letzten ...... Jahren vor Beendigung des Pachtverhältnisses durch eine neue oder neuwertige Anlage ersetzt hat, und zwar nur in dem Umfang, in dem sich gegenüber dem bei Pachtbeginn lt. Übergabeprotokoll vorhandenen Inventar in merkantiler oder technischer Hinsicht eine Wertsteigerung von mehr als 20% ergibt.

(3) Ob und in welchem Umfang eine Wertsteigerung im Sinne von Ziff. (2) vorliegt, unterliegt der Feststellung durch den Sachverständigen ...... als Schiedsgutachter.

e) Gewährleistung des vertragsgemäßen Gebrauchs. Nach § 535 BGB hat der Pächter Anspruch darauf, dass ihm das Objekt vom Verpächter in einem **zum vertragsgemäßen Gebrauch geeigneten Zustand** überlassen wird. Die vertraglich geschuldete Sollbeschaffenheit der Pachtsache entspricht ihrer Tauglichkeit zum vertragsgemäßen Gebrauch und ihrer Eignung zu dem vertraglich vereinbarten Verwendungszweck.[254] Die Tauglichkeit einer Gaststätte als Pachtobjekt kann aus unterschiedlichen Gründen aufgehoben sein. Wenn die

---

[248] Vgl. BGH NJW 1968, 1625; BGH NJW 1958, 2109.
[249] Vgl. MünchKomm/*Schilling* § 539 Rdnr. 20; *Sternel* IV Rdnr. 625.
[250] Vgl. LG Hamburg ZMR 1968, 89; MünchKomm/*Schilling* § 539 Rdnr. 20.
[251] Vgl. Soergel/*Kummer* § 547a Rdnr. 10.
[252] Vgl. BGH WM 1996, 1265; BGH NJW 1958, 2109; OLG Hamburg MDR 1974, 584.
[253] Vgl. BGH NJW 1968, 1625 und dazu Bub/Treier/*Scheuer* V. B. Rdnr. 278.
[254] Vgl. BGH NJW 1982, 696; BGH NJW 1981, 2405.

Pachtsache aufgrund ihr unmittelbar körperlich anhaftender Beeinträchtigungen nicht zum vertragsgemäßen Gebrauch geeignet ist, liegt darin ein **Sachmangel** im Sinne der §§ 536 ff. BGB. Der Pächter kann in diesem Fall sowohl die Herstellung des vertragsgemäßen Zustandes sowie Mängelbeseitigung verlangen als auch Gewährleistungsrechte geltend machen und ggf. auch eine fristlose Kündigung des Pachtvertrages gemäß § 543 Abs. 2 Nr. 1 BGB (§§ 542, 544 BGB) aussprechen.[255] Kein Sachmangel sondern ein Rechtsmangel liegt nach dem BGH[256] vor, wenn der Eigentümer von Sondereigentum Räume zum Betrieb einer Gaststätte vermietet, die in der Teilungserklärung als „Laden" gekennzeichnet sind, und wenn die anderen Wohnungseigentümer gegen den Mieter aus § 1004 BGB vorgehen wollen.

118 Grundsätzlich liegt aber kein Rechtsmangel sondern ein Sachmangel vor, wenn die Nutzung einer Gaststätte nach öffentlich-rechtlichen Vorschriften für den vorgesehenen Vertragszweck nicht möglich ist. Grundsätzlich trägt der Verpächter das **Risiko einer behördlichen Nutzungsbeschränkung,** die den vertraglichen Betriebszweck vereitelt.[257] Öffentlich-rechtliche Gebrauchshindernisse und -beschränkungen, die dem vertragsgemäßen Gebrauch entgegenstehen, stellen grundsätzlich einen Fehler der Pachtsache dar, wenn sie mit der Beschaffenheit der Pachtsache zusammenhängen und nicht allein in persönlichen oder betrieblichen Umständen des Mieters/Pächters ihre Ursache haben.[258] **Auf ein Verschulden des Vermieters kommt es dabei nicht an.** Es reicht aus, wenn das Hindernis aus seiner Risikosphäre stammt. Haben die Verwaltungsbehörden die nach einem Brand erforderlich werdende Neuerteilung einer Nutzungsgenehmigung für eine Gaststätte – noch – nicht erteilt, bleibt der vertragsgemäße Gebrauch insgesamt aufgehoben.[259] Eine Klausel, die dem Mieter/Pächter das Risiko für die Bewilligung der auf seine Kosten einzuholenden behördlichen Erlaubnis überbürdet, verstößt nach der Rechtsprechung[260] gegen § 307 Abs. 2 BGB. Bei der Gaststättenpacht können sich vielfältige Hürden ergeben, die der Erteilung einer erforderlichen öffentlich-rechtlichen Genehmigung dauerhaft oder vorübergehend entgegenstehen. Zur Vermeidung wirtschaftlicher Einbußen sollten möglicherweise drohende Interventionen von Behörden vor Vertragsschluss ausgeräumt sein.

119 Öffentlich-rechtliche Nutzungsbeschränkungen können sich beispielsweise ergeben:
- aufgrund einer behördlichen Untersagungsverfügung,[261]
- bei bauordnungsbehördlichem Einschreiten (mangelnde Bauabnahmefähigkeit),[262]
- bei ordnungsbehördlichen Interventionen wegen fehlender Stellplätze,[263]
- wegen Fehlens eines konzessionsfähigen Zustands,[264]
- wegen fehlender Brandschutzeinrichtungen,[265]
- wegen unzureichender Gestaltung einer Küche (z. B. ohne natürliche Lichtquelle),[266]
- wegen Fehlens einer erforderlichen Nutzungsänderungsgenehmigung.[267]

120 f) **Konzession.** Pachtinteressenten, die persönlich keine Konzession erlangen können, verlegen sich in der Praxis oft darauf, für die **Konzessionserlangung** und ggf. auch für den Abschluss des Pachtvertrags einen **Strohmann** vorzuschieben. Dies birgt die Gefahr für den Vermieter, sich in unabsehbaren Aspekten des Mietgebrauchs mit vertragsfremden Personen konfrontiert zu sehen. Eine sichere Vertragsgestaltung sollte dem vorbeugen, indem der tat-

---

[255] Vgl. Bub/Treier/*Bub* III. B. Rdnr. 1176.
[256] Vgl. NJW-RR 1995, 715 = ZMR 1995, 480.
[257] Vgl. BGH NJW 1980, 777; OLG Düsseldorf DWW 2006, 425; *Wolf/Eckert/Ball* Rdnr. 228 m. w. N.
[258] Vgl. BGH ZMR 1994, 253; NJW 1988, 2664; OLG Celle OLGR 1999, 283; Bub/Treier/*Kraemer* III. B. Rdnr. 1345 ff.; *Wolf/Eckert/Ball* Rdnr. 228 ff.
[259] Vgl. BGH NJW-RR 1987, 906; zu einem anfänglichen Mangel infolge brandschutzmäßiger Beanstandungen der Behörden vgl. OLG Düsseldorf ZMR 1993, 275.
[260] Vgl. BGH NJW 1988, 2664; OLG Celle NJW-RR 2000, 873 = NZM 2000, 621.
[261] Vgl. BGH, MDR 1997, 100.
[262] Vgl. BGH ZMR 1987, 257; OLG München OLGR 1997, 62.
[263] Vgl. BGH ZMR 1995, 257; OLG Düsseldorf NJW-RR 1988, 1424; OLG Koblenz NJOZ 2005, 2919.
[264] Vgl. KG Berlin NZM 2000, 461.
[265] Vgl. OLG Düsseldorf DWW 1993, 100.
[266] Vgl. OLG Köln OLGR 1994, 241.
[267] Vgl. OLG Hamm ZMR 1982, 206.

sächliche Gaststättenbetrieb mit der Person des Pächters verknüpft wird. Eine Gaststättenverpachtung kann bei Auseinanderfallen von Betreiber und Konzessionsinhaber nach § 134 BGB dann zur Unwirksamkeit des Vertrags führen, wenn unter Verstoß gegen die Konzessionsvorschriften an einen nicht konzessionsberechtigten Betreiber vermietet oder verpachtet wird.[268] Wenn der Verpächter weiß, dass der anpachtende Konzessionsinhaber nicht Betreiber der Gaststätte ist, soll dies in mietrechtlicher Hinsicht nicht gelten, weil die Verpachtung an jemanden erfolge, der konzessionsberechtigt ist und dies nach dem GastG nicht verboten sei.[269] Diese Annahme erscheint zumindest in den Fällen als fraglich, in denen der Pachtvertrag mit dem Konzessionsinhaber gerade der Umgehung der Konzessionsvorschriften dienen und der Pächter Strohmann für den tatsächlichen Betreiber sein soll. Die Vorschrift des § 134 BGB steht nicht zur Disposition der Vertragsparteien.[270]

Der Pächter muss sich bei Vertragsschluss darüber im Klaren sein, dass er vor der Betriebsaufnahme einer Gaststätte diverse Hürden überwinden muss. Ein verbindlicher Vertragsschluss sollte erst nach Abklärung aller wesentlichen Voraussetzungen für die Konzessionserteilung erfolgen. Wer den selbständigen Betrieb eines Gewerbes beabsichtigt, muss dies gemäß § 14 Abs. 1 GewO der zuständigen Behörde anzeigen. Die Erlaubnis ist für eine bestimmte Betriebsart und für bestimmte Räume zu erteilen. Die Gaststättenerlaubnis ist nach näherer Maßgabe des GastG zu beantragen. Wer ein Gaststättengewerbe betreiben will, bedarf gemäß § 2 Abs. 1 GastG grds. einer Erlaubnis. In der Erlaubnis ist gemäß § 3 Abs. 1 GastG die Betriebsart zu bezeichnen; sie bestimmt sich nach der Art und Weise der Betriebsgestaltung, insbesondere nach den Betriebszeiten und der Art der Getränke, der zubereiteten Speisen, der Beherbergung oder der Darbietungen.[271] Versagungsgründe sind in § 4 GastG aufgeführt. Sie können in der Person des Antragstellers, in den betrieblichen Eigenheiten des beabsichtigten Gewerbes und in diversen Umweltbeziehungen begründet liegen. § 5 GastG sieht die Erteilung von Auflagen vor.

Checkliste: Mögliche Auflagen und Nachweise zur Konzessionserlangung

- ☐ Vorlage einer Grundrisszeichnung der Betriebsstätte,
- ☐ Vorlage einer Schnittzeichnung,
- ☐ Vorlage eines amtlichen Lageplans,
- ☐ Vorlage der Baubeschreibung und der Baugenehmigung,[272]
- ☐ Vorlage eines Sachkunde- und Reinigungsnachweises für die Schankanlage,
- ☐ Vorlage des Miet- oder Pachtvertrags,
- ☐ Beibringung einer Auskunft in Steuersachen,
- ☐ Beibringung einer Unbedenklichkeitsbescheinigung des Steueramts oder der Gemeinde- oder Stadtkasse,
- ☐ Vorlage eines Auszugs aus der Schuldnerkartei,
- ☐ Beibringung eines Führungszeugnisses,
- ☐ Beibringung einer Auskunft aus dem Gewerbezentralregister,
- ☐ Vorlage eines sog. Unterrichtsnachweises der zuständigen IHK,
- ☐ Vorlage von Personalpapieren, einer Meldebescheinigung und ggf. einer Aufenthaltsgenehmigung,
- ☐ Vorlage eines Zuverlässigkeitsnachweises für juristische Personen,
- ☐ Vorlage eines Auszugs aus dem Handels- oder Vereinsregister.

---

[268] Vgl. *Sternel* Rdnr. I 290.
[269] Vgl. OLG Hamm OLGR 1994, 170.
[270] Vgl. Palandt/*Heinrichs* § 134 Rdnr. 1.
[271] Zur Betriebsuntersagung bei einer Discothek vgl. VG Stuttgart GewArch 2007, 42; zur Änderung der Betriebsart vgl. VG Stuttgart Beschl. v. 6. 10. 2004 – 10 K 3170/04 – zitiert nach Juris; zur hinreichenden Bestimmtheit einer Betriebsart vgl. VG München Beschl. v. 27. 8. 2004 – M 16 S 04.3330 – zitiert nach Juris; zu Musikveranstaltungen in einem Vereinsheim vgl. OVG Rhld.-Pf. BauR 2003, 1187.
[272] Zur Beachtung baurechtlicher Vorschriften im Konzessionsverfahren vgl. VG Darmstadt GewArch 2002, 435.

123 Ohne die Erfüllung der behördlichen Auflagen oder bei Verdacht auf ein Strohmannverhältnis ist mit der Versagung der Gaststättenerlaubnis zu rechnen. Bis zur Erlaubniserteilung bzw. bis zur ordnungsgemäßen Gewerbeanmeldung kann der vorzeitige Betrieb einer Gaststätte die Verhängung von Bußgeldern und die Schließung durch die Ordnungsbehörde zur Folge haben.

> **Praxistipp:**
>
> 124 Der verbindliche Abschluss eines Pachtvertrags über eine Gaststätte oder eines Hotels verbietet sich für den Pächter, so lange nicht alle wesentlichen Voraussetzungen für die Konzessionserteilung geklärt sind. Die Verweigerung der Konzession aus Gründen, die in der Person des Pächters liegen, hat grundsätzlich der Pächter zu vertreten. Scheitert die Vertragsdurchführung dann an der fehlenden behördlichen Erlaubniserteilung, kann dies für den Pächter zu gravierenden Rechtsnachteilen führen.

125 **g) Bezugsbindungen und Bezugsverpflichtungen.** Die oft auf lange Dauer angelegten vertraglichen Bezugsbindungen im Verhältnis zwischen Verpächter und Pächter[273] umschreiben ein sensibles Kapitel formularvertraglicher Inhaltskontrolle. Es liegt im nahe liegenden Interesse von Brauereien, Getränkegroßhändlern und Automatenaufstellern, sich dauerhaft einen gesicherten Absatzmarkt zu ihnen günstigen Bedingungen zu sichern. Das Bestreben, für einen möglichst langen Zeitraum feste Abnehmer zu erlangen, hat in der Praxis vielfach zu Vertragskonstruktionen geführt, die durchgreifenden rechtlichen Bedenken begegnen.[274] Da die formularmäßige Ausgestaltung von Bezugsbindungsvereinbarungen den hier behandelten miet- und pachtvertraglichen Rahmen sprengen würde, sollen nur die wesentlichen Grundzüge zu dieser Problematik aufgegriffen werden:

126 *aa) Schriftform.* Gaststättenmiet- oder Pachtverträge unterliegen gemäß § 34 S. 1 GWB der Schriftform, wenn sie den Wettbewerb – insbesondere im Sinne von § 18 GWB – einschränken. Das Schriftformerfordernis erfasst auch alle Nebenabreden, die für eine kartellrechtliche Überprüfung erheblich sein können.[275] Wird etwa bei Abschluss eines Bierbezugsvertrages dem Gastwirt von der Brauerei zugesichert, dass wegen des fortgeschrittenen Alters und des Gesundheitszustandes des Gastwirts gegebenenfalls eine einvernehmliche Auflösung des Vertragsverhältnisses gesucht werden solle, so liegt hierin eine wesentliche Klausel des Vertrages, die auch für die Beurteilung durch die Kartellbehörden erheblich ist und die ohne eine schriftliche Niederlegung nach § 34 GWB zur Formnichtigkeit des Bierbezugsvertrages führt.[276] Ein Schuldbeitritt zu den Verpflichtungen aus einem Bierlieferungsvertrag ist nach § 34 GWB ebenfalls formbedürftig.[277] Das Formerfordernis ist dann nicht gewahrt, wenn in der Schuldbeitrittserklärung auf den Bierlieferungsvertrag lediglich Bezug genommen wird.[278] Bei Nichtbeachtung der Schriftform tritt die Nichtigkeitsfolge aus § 125 BGB nur dann nicht ein, wenn der Vertrag auch ohne die Vorschriften, welche das Schriftformerfordernis begründen, zustande gekommen wäre (vgl. § 139 BGB). Das wird in der Regel nicht angenommen werden können, da die wettbewerbsrelevanten Bezugsverpflichtungen typischerweise im Mittelpunkt der wirtschaftlichen Interessen des Vermieters/Verpächters stehen.[279]

---

[273] Bezugsverpflichtungen sind nicht auf den Kreis der unmittelbar am Pachtvertrag Beteiligten beschränkt, sondern können unabhängig hiervon begründet werden. Solche Verträge finden hier keine eingehende Behandlung. Die entsprechende Anwendung der hier dargestellten Grundsätze wird zumeist nahe liegen.

[274] Vielfältige Beispiele aus der Rechtsprechung finden sich bei *Paulusch*, Höchstrichterliche Rechtsprechung zum Brauerei- und Gaststättenrecht, 9. Aufl., vgl. dort insbesondere zu Rdnr. 115 ff.; vgl. auch *v. Köcknitz* BB 2009, 1712.

[275] Vgl. BGH MDR 1992, 1123; BGHZ 54, 145.

[276] Vgl. OLG Frankfurt OLGR 1993, 229.

[277] Vgl. OLG Celle OLGR 1999, 17.

[278] Vgl. OLG Celle OLGR 1999, 17.

[279] Vgl. OLG Köln MDR 1997, 32 zur Teilnichtigkeit im Rahmen des so nicht mehr einschlägigen und ohnehin nicht mehr geltenden VerbrKrG; vgl. dazu die nachf. Rdnr. 127.

§ 69 Besondere Mietobjekte　　　127–129 § 69

Für Bierbezugsverpflichtungen gelten grds. ferner die Regelungen des § 505 Abs. 1 Nr. 2 **127**
BGB.[280] Das hat zur Folge, dass gemäß § 505 Abs. 1 Nr. 2 i. V. m. § 355 BGB ein Widerruf
der auf den Abschluss einer Bezugsverpflichtung gerichteten Willenserklärung in Betracht
kommt. Wenn das geschieht und von der Teilnichtigkeit eines Miet- oder Pachtvertrags in
Bezug auf eine Gaststätte auszugehen ist, muss im Rahmen des § 139 BGB wiederum geprüft werden, ob der Vermieter/Verpächter den Vertrag auch ohne das vorgesehene Bierlieferrecht abgeschlossen hätte. Das ist nicht der Fall, wenn der Pachtvertrag mit dem Lieferrecht „steht und fällt". Eine so enge Verknüpfung kann sich typischerweise aus dem
wirtschaftlich unternehmerischen Hintergrund des Verpächters ergeben, der als Lieferant
und zugleich als Verpächter auftritt (Brauerei, Getränkevertrieb). Auf die bei Geltung des
VerbrKrG abgeschlossenen Pachtverträge fand zunächst weiterhin das VerbrKrG Anwendung; seit dem 1. 1. 2003 gelten gem. Art. 229 § 5 S. 2 nur noch die Regelungen des BGB
i. d. F. des SchuldrechtsModG. Für die unter Geltung des AbzG geschlossenen Altverträge
(aus der Zeit vor dem 1. 1. 1991) fanden zunächst die Bestimmungen des AbzG auch
nach Inkrafttreten des VerbrKrG in entsprechender Anwendung des Art. 9 I VerbrKrG/
ZPOuaÄndG weiterhin Anwendung.[281] Der persönliche Anwendungsbereich für die nach
neuem Recht geltenden Verbraucherschutzbestimmungen aus § 505 Abs. 1 Nr. 2 i. V. m.
§§ 355 ff. BGB erschließt sich über den **Begriff des Verbrauchers i. S. v. § 13 BGB.** Verbraucher ist jede natürliche Person, die ein Rechtsgeschäft zu einem Zwecke abschließt, der weder ihrer gewerblichen noch ihrer selbständigen beruflichen Tätigkeit zuzurechnen ist. Nach
dieser Legaldefinition steht die Einschlägigkeit des gesetzlichen Verbraucherrechts im hier
behandelten Pacht- und Gewerbemietrecht weitgehend in Frage. **Gewerbliche Tätigkeit** beinhaltet eine planmäßige und auf Dauer angelegte wirtschaftlich selbständige Tätigkeit unter
Teilnahme am Wettbewerb. Zu den gewerblichen Betätigungen gehört nicht die bloße Verwaltung eigenen Vermögens.[282] Erfordern die Geschäfte einen planmäßigen Geschäftsbetrieb, wie etwa die Unterhaltung eines Büros, eines (Laden-)Lokals oder sonst einer betrieblichen Organisation, liegt gewerbliche Betätigung vor.[283] Bei dem Betrieb einer Gaststätte
oder eines Hotels wird danach regelmäßig von einer **unternehmerischen Betätigung im Sinne von § 14 BGB** und nicht von Verbrauchergeschäften auszugehen sein. Ein Widerrufsrecht
gemäß § 505 Abs. 1 Nr. 2 i. V. m. § 355 BGB wird dann nicht in Betracht kommen.

bb) Vereinbarungen zur Laufzeit und Laufzeitverlängerung. Vom materiell-rechtlichen **128**
Gehalt steht oft die Wirksamkeit von Klauseln in Frage, welche die Laufzeit bzw. Laufzeitverlängerungen von Bezugsverpflichtungen betreffen. Formularmäßige Vertragsbestimmungen sind nach allgemeinen Grundsätzen unangemessen im Sinne des § 307 Abs. 1 BGB,
wenn der Verwender durch einseitige Vertragsgestaltung missbräuchlich eigene Interessen
auf Kosten seines Vertragspartners durchzusetzen versucht, ohne auch dessen Belange hinreichend zu berücksichtigen und ihm einen angemessenen Ausgleich zuzugestehen.[284] Laufzeitklauseln in Verträgen, die dem Gastwirt Bezugsbindungen auferlegen, können diesen
ganz wesentlich in seiner wirtschaftlichen Bewegungsfreiheit und Selbständigkeit beschränken. Die Inhaltskontrolle nach § 307 Abs. 1 BGB führt zu der Überprüfung, ob solche Beschränkungen ein nicht mehr hinnehmbares Maß erreichen.[285] Nach der Rechtsprechung hängt das höchstzulässige Maß bei Bezugsbindungen wesentlich davon ab, wie
erheblich die Gegenleistungen sind, die der bindende Vertragspartner nach dem Vertrag unter besonderer Berücksichtigung von Amortisationsgrundsätzen zu erbringen hat.[286]

Generell macht die Rechtsprechung die höchstzulässige Dauer der Vertragslaufzeit davon **129**
abhängig, welcher Kapitalaufwand dem die Laufzeit vorgebenden Vertragsteil durch die Er-

---

[280] Vgl. bzw. des chem. §§ 2 Nr. 3, 7 VerbrKrG „regelmäßige Lieferung von Sachen gleicher Art"; vgl. dazu OLG Köln MDR 1997, 32.
[281] Vgl. BGH MDR 1996, 996; BGH MDR 1992, 1123; BGH MDR 1993, 736.
[282] Vgl. BGH NJW 2002, 368; 63, 32, 33; 74, 273, 276; BGH NJW 1963, 1397.
[283] Vgl. BGH NJW 2002, 368; 1967, 2353; BGHZ 104, 205; 119, 252.
[284] Vgl. BGHZ 90, 280; 120, 108; BGH WM 1997, 1994; BGH NJW 1999, 2279.
[285] Vgl. BGH ZIP 1984, 335.
[286] Vgl. für den Bierbezug BGH WM 1985, 608; BGH WM 1992, 1285; vgl. ferner die Nachweise bei
v. Köckritz BB 2009, 1712.

füllung des Vertrages und die hierzu erforderlichen Investitionen entsteht. Muss er hohe Investitions-, Entwicklungs- und Vorhaltekosten aufwenden, die sich nur bei längerer Vertragsdauer amortisieren, so rechtfertigt dies regelmäßig eine längerfristige Bindung des anderen Teils an den Vertrag.[287] Bei Bezugs- und Bindungsklauseln, die außerdem eine automatische oder optionsabhängige Verlängerung der Bindung vorsehen, kann eine zweistufige Prüfungsabfolge geboten sein. Wenn schon die Mindestlaufzeit unangemessen lang ist, kann bereits dies zur Anwendung des § 307 Abs. 1 BGB führen. Wenn die Erstlaufzeit – für sich genommen – nicht unangemessen lang ist, muss für die Abwägung auf die Gesamtdauer des Vertrages abgestellt werden.[288] Ob eine Klausel die wirtschaftliche Bewegungsfreiheit und Selbständigkeit des Vertragspartners zugunsten des Klauselverwenders in unvertretbarer Weise einengt, ist mit Hilfe einer umfassenden Abwägung der schutzwürdigen Interessen beider Parteien im Einzelfall festzustellen.[289]

130   Da es gesetzliche Bestimmungen, welche die Länge der Bindungsdauer beschränken, nicht gibt, ist erörtert worden, ob nicht jedenfalls vertragliche **Bindungszeiten von mehr als zehn Jahren** Dauer die Unwirksamkeit entsprechender Klauseln indizieren und nur beim Vorliegen besonderer Umstände als noch unangemessen zu beurteilen sind[290] oder ob sich eine Festlegung auf eine zulässige Höchstlaufzeit verbietet.[291] Außerdem wird erwogen, ob sich aus der Gruppenfreistellungsverordnung (Art. 12 Abs. 1 Buchst. c der Verordnung [EWG] Nr. 1984/83 der Kommission vom 22. Juni 1983 über die Anwendung von Art. 85 Abs. 3 des Vertrages auf Gruppen von Alleinbezugsvereinbarungen, ABl. 1983 L 173/5) eine Leitbildfunktion für die Angemessenheitsprüfung von Vertragsbindungsfristen im Sinne einer zehnjährigen Höchstlaufzeit zukommt.[292] Eine gesicherte Grundlage für eine generalisierende Betrachtungsweise kann letztlich nicht ausgemacht werden.

131   In der rechtspraktischen Handhabung ist die Rechtsprechung z. T. bedenklich großzügig und lässt für Bierbezugsverträge Laufzeiten von bis zu 20 Jahren ohne Annahme eines Verstoßes gegen §§ 138 Abs. 1, 307 BGB zu.[293] Klauseln über eine Bezugsverpflichtung sind von der Rechtsprechung noch gebilligt worden, wenn die sonstige Vertragsgestaltung dem Gastwirt unter Würdigung des Einzelfalls, insbesondere der beiderseitigen Vertragspflichten, einen noch ausreichenden Raum wirtschaftlicher Betätigungsfreiheit belässt, insbesondere eine Kündigungsbefugnis aus wichtigem Grund nicht abgeschnitten ist.[294] Diese Kriterien entziehen sich indessen einer sicheren Einschätzung. Wenn ein Vertrag im Rahmen von §§ 138 Abs. 1, 307 BGB nicht beanstandet wird, dürfte auch die Annahme einer Kündigungsbefugnis grds. Ausscheiden. Soweit der BGH sogar Laufzeiten für Bezugsverpflichtungen von bis zu 25 Jahren gebilligt hat, ging es jeweils um Fallgestaltungen, bei denen das liefernde Unternehmen nach dem Vertrag erhebliches Kapital langfristig eingesetzt hatte und nur bei einer entsprechend langfristigen Bindung einen Ausgleich für seine Investitionen erhielt.[295] Noch weiter reichende Bindungen indizieren eine unzumutbare Beeinträchtigung der wirtschaftlichen Bewegungsfreiheit des Vertragspartners einer Brauerei und sind sittenwidrig im Sinne von § 138 Abs. 1 BGB.[296] Bierbezugsbindungen, die nur wegen übermäßig langer Laufzeit gegen die guten Sitten verstoßen, können allerdings in entsprechender Anwendung von § 139 BGB mit einer angemessenen Laufzeit aufrechterhalten werden.[297]

---

[287] Vgl. BGH WM 1985, 542; BGH WM 1993, 791.
[288] Vgl. BGH NJW 2000, 1110.
[289] Vgl. BGH NJW 2000, 1110; BGH WM 1997, 1624.
[290] Vgl. BGH WM 1997, 1624.
[291] So für den Bierbezug BGH ZIP 1984, 335.
[292] So Palandt/*Grüneberg* § 309 Rdnr. 89; vgl. auch BGH WM 1995, 1636 und BGH NJW 2000, 1110; zu den Voraussetzungen der Nichtigkeit eines auf lange Frist laufenden Bierbezugsvertrages nach Art. 85 Abs. 2 EGV vgl. BGH NJW 1992, 1456; NJW-RR 1993, 937; zur Kartellrechtswidrigkeit langer Bezugsbindungen vgl. *Holzmüller/v. Köckritz* BB 2009, 1712.
[293] Vgl. BGH MDR 1979, 922; BGH NJW 1992, 2145; OLG Köln OLGR 1995, 161.
[294] Vgl. BGH NJW 1985, 2693; OLG Celle OLGR 1999, 33.
[295] Vgl. für die Tankstellenpacht BGHZ 52, 171; 83, 313; BGH WM 1997, 1403.
[296] Vgl. BGH NJW 1992, 2145; BGH NJW-RR 1990, 816; OLG Köln OLGR 1995, 161; *Paulusch* Rdnr. 121.
[297] Vgl. BGH NJW-RR 1990, 816, m. w. N.; BGH BeckRS 2004, 04.917.

132 Anreize zur Eingehung von Bezugsbindungen werden typischerweise durch – oft nur vermeintliche – wirtschaftliche Zugeständnisse des Lieferanten geschaffen. Meist handelt es sich um die Gewährung von **Darlehen.** Hierdurch erhält die Bezugsbindung ggf. erst den Amortisationscharakter, dessen es aus den bereits behandelten Gründen bedarf, um langfristige Bezugsverpflichtungen überhaupt wirksam begründen zu können. Das Darlehen schafft neben der eigentlichen Bezugsverpflichtung eine zusätzliche Bindung des Pächters an den Lieferanten, zumal wenn das Darlehen gerade durch den Bezug von Waren, hinsichtlich derer eine Bezugsbindung besteht, zurückerbracht werden soll. Die Darlehensverbindlichkeit kann eine zusätzliche wirtschaftliche Knebelung des – im Gaststättengewerbe oft leistungsschwachen – Pächters bewirken, zumal wenn die Bezugsverpflichtung zu Konditionen erfolgt, die dem Pächter bereits für sich nachteilig sind. Wenn das Darlehen nur dazu verwendet wird, einen Inventarkauf[298] zu finanzieren, besteht die weitere Gefahr, dass das Darlehen wirtschaftlich leer läuft, weil der Inventarkauf nur pro forma vereinbart wird und der Verpächter als Darlehensgeber sein Geld „von einer Tasche in die andere" steckt, ohne dem Pächter im Rahmen des wirtschaftlichen Gesamtgefüges eine effektive (Zusatz-)Leistung erbracht zu haben. Kündigt der Lieferant den Bezugsvertrag zu Recht (etwa wegen Verstoßes gegen Exklusivlieferungsrechte) vorzeitig auf, so kann er, wenn er mit dem Gastwirt auch eine Darlehensvereinbarung getroffen hat, Rückzahlung des Geldbetrages verlangen, der nicht durch den Kauf von Getränken abgegolten wurde.[299] Wenn ein Pachtvertrag die Teilkündigung eines Darlehens im Rahmen eines langfristigen Bierlieferungsvertrags für den Fall vorsieht, dass Mindestabnahmemengen unterschritten werden, soll dies nach einer Entscheidung des OLG Düsseldorf[300] unwirksam sein, wenn nicht zugleich eine Reduzierung der Abnahmemenge vorgesehen ist.

133 *cc) Vereinbarungen über die weiteren Bezugsmodalitäten.* Wirksamkeitsbedenken können sich auch aus Vertragsbestimmungen ergeben, welche die weiteren Bezugsmodalitäten regeln. Der BGH[301] hat die vom Mieter/Pächter eingegangene Verpflichtung, Mindestmengen an Getränken abzunehmen und bei Unterschreitung der Mindestmenge Schadensersatz in anteiliger Höhe des Listenpreises zu leisten, nicht als unangemessen im Sinne von § 307 BGB angesehen, soweit dem Abnehmer die Möglichkeit des Nachweises eines geringeren Schadens erhalten bleibt. Die Regelung eines pauschalierten Schadensersatzes kann auch darin liegen, wenn für die Unterschreitung von Mindestabnahmemengen ein Ausgleich für einen sog. Deckungsbeitrag geleistet werden soll.[302] Bei der bereits behandelten amortisationsmäßigen Gewichtung der Gegenleistungen, die der bindende Vertragspartner zu erbringen hat, sind neben der Vertragslaufzeit auch alle Klauseln mit heranzuziehen, welche die Bezugsbindung im einzelnen ausgestalten. Regelungen zum Mindestbezug können das vertragliche Regelwerk maßgeblich prägen, etwa wenn die Verpflichtung zur Abnahme von unrealistischen Mindestmengen das vertragliche Äquivalenzverhältnis erschüttert. Einer Gesamtwürdigung des vertraglichen Regelungszusammenhangs bedarf es auch im weiteren bei der Prüfung von **Sittenwidrigkeitsmerkmalen** im Sinne von § 138 Abs. 1 BGB. Nach der ständigen Rechtsprechung des BGH ist ein Vertrag als wucherähnliches Geschäft nach § 138 Abs. 1 BGB nichtig, wenn Leistung und Gegenleistung in einem auffälligen Missverhältnis zueinander stehen und weitere Umstände hinzutreten, die insbesondere als Ausdruck verwerflicher Gesinnung Sittenwidrigkeitsmerkmale beinhalten.[303] Dabei kommt den **Abnahmepreisen** besondere Bedeutung zu, auch wenn diese als solche unterhalb der objektiven Wuchergrenze angesiedelt sind. Die Sittenwidrigkeit bzw. eine unangemessene Benachteiligung (§§ 138, 307 BGB) können sich aus dem Gesamtcharakter eines Rechtsgeschäfts oder

---

[298] Vgl. dazu § 77 Rdnr. 21 ff.
[299] Vgl. BGH MDR 2001, 411; LG NJW-RR 1990, 820; LG Tübingen NJW-RR 1992, 112 f.; *Paulusch* Rdnr. 180.
[300] Vgl. OLG Düsseldorf NJW-RR 2007, 1551.
[301] Vgl. BGHZ 109, 314; BGH NJW 1990, 567; vgl auch LG Düsseldorf Urt. v. 28. 5. 2009 – 14 d O 124/08 – juris.
[302] Vgl. OLG Köln OLGR 2007, 524.
[303] Vgl. etwa die Nachweise bei BGH 1999, 527.

aus einer Kombination nachteiliger und ggf. intransparenter Bestimmungen (Klauseln) ergeben.[304] Das Zusammenspiel von Miet- bzw. Pachtzins einerseits und dem bei längerer Bezugsverpflichtung ausbedungenen Bezugspreis andererseits kann zu einer dauerhaften wirtschaftlichen Lähmung des Mieters/Pächters führen.

> **Praxistipp:**
> 134 Ob Vereinbarungen über eine Bezugsverpflichtung sittenwidrig oder unangemessen benachteiligend sind, kann in einer abgestuften Fragestellung ermittelt werden:
> Ist die vertragliche Bindungsdauer nach den von der Rechtsprechung aufgestellten Kriterien unangemessen?
> Bewirken andere Bezugsmodalitäten (Preis, Mindestabnahmemengen, Schadensersatzpflichten usw.) eine unbillige Benachteiligung des Pächters?
> Kommt es in der Kombination der vertraglichen Bestimmungen zu einer solchen Benachteiligung?

135   *dd) Rechtsnachfolgeklauseln.* Vertragsbestimmungen über eine **Rechtsnachfolge auf Seiten des Verpächters** als Lieferanten werden trotz der mit ihnen für den Kunden verbundenen Einschränkung der unternehmerischen Bewegungsfreiheit im Hinblick auf die erhebliche Fluktuation im Gaststättengewerbe und die Gefahr des Leerlaufes der Bezugspflichten durch Übertragung der Gaststätte auf andere Personen im Allgemeinen für unbedenklich gehalten.[305] Vor Inkrafttreten des AGB-Gesetzes hat der BGH[306] die in einem formularmäßigen Bierlieferungsvertrag enthaltene Befugnis der Brauerei, den Vertrag mit sämtlichen Rechten und Pflichten auf eine andere Brauerei zu übertragen, insoweit unbeanstandet gelassen, als der sonstige Vertragsinhalt unberührt blieb. Ist diese Befugnis dagegen nicht auf den Fall der Übertragung des Brauereibetriebs beschränkt und macht die Klausel auch keine Ausnahme für einen mit der Übertragung verbundenen Wechsel der Biermarke, hat der BGH zunächst Bedenken angemeldet[307] und sodann ein solches formularmäßig vereinbartes unbeschränktes Übertragungsrecht der Brauerei als unangemessene Benachteiligung behandelt, weil sich daraus entscheidende Nachteile für den Gastwirt ergeben können.[308] Das OLG Köln[309] hat es ferner für sittenwidrig (§ 138 BGB) gehalten, wenn ein Bierlieferant sich gegenüber dem Verpächter/Eigentümer einer Gaststätte nicht nur die Übertragung der Bezugsverpflichtung auf einen Rechtsnachfolger des Verpächters oder des Pächters ausbedingt, sondern auch die Weitergabe von Darlehensverbindlichkeiten gegenüber dem Lieferanten, weil dadurch die wirtschaftliche Bewegungsfreiheit des Eigentümers/Verpächters zu sehr eingeschränkt wird. Dieser restriktiven Behandlung ist zu folgen, denn Klauseln, mit denen sich ein Gastwirt oder Hotelier in eine so weit reichende Abhängigkeit von den betrieblichen Entscheidungen seines Vertragspartners begibt, bewirken eine nahezu vollständige Aufhebung der eigenen wirtschaftlichen und rechtlichen Kompetenz. So ist anerkannt, dass die außerordentliche Kündigung seitens des Bezugsverpflichteten auch ohne ausdrückliche Vereinbarung aus wichtigem Grund eröffnet ist, wenn ihm die weitere Durchführung des Vertrages nicht mehr zuzumuten ist.[310] Das kann etwa der Fall sein, wenn ein Vertrieb der Getränke (z. B. mit den eingeführten Getränkesorten) nicht mehr in wirtschaftlich sinnvoller Weise möglich ist.[311]

136   Die Pflicht zur **Übernahme einer Bezugsverpflichtung von etwaigen Unter- oder Nachfolgepächtern des Bezugsverpflichteten** hängt von den hierzu getroffenen Abreden im Ur-

---

[304] Vgl. BGH NJW 1990, 704; OLG München OLGR 1997, 62.
[305] Vgl. BGH GRUR 1984, 298; *Wahl,* Der Bierlieferungsvertrag, S. 24; AG Ludwigslust, Urt. v. 16. 2. 2009 – 5 C 2/09 – juris.
[306] Vgl. MDR 1976, 834.
[307] Vgl. BGH MDR 1986, 48.
[308] Vgl. BGH MDR 1995, 996.
[309] Vgl. NJW-RR 2007, 498.
[310] Vgl. BGH MDR 1987, 490.
[311] Vgl. BGH MDR 1987, 490; BGH BB 1965, 809; BGHZ 93, 252.

sprungsvertrag ab.³¹² Der (Unter-)Verpächter geht mit solchen Abreden gravierende Pflichten und Bindungen ein. Die Weitergabe einer von ihm eingegangenen Bezugsverpflichtung an einen Pächter befreit ihn nicht von seiner eigenen vertraglichen Haftung im Zusammenhang mit der Erfüllung der Bezugsverpflichtung.³¹³ Bei einem vertragswidrigen Verhalten des Pächters, auf den der Verpächter nur mittelbar Einfluss nehmen kann, läuft er Gefahr, selbst auf Schadensersatz oder ggf. auf Zahlung einer Vertragsstrafe in Anspruch genommen zu werden. Auch die Möglichkeiten der Weiterverpachtung sind erschwert, da viele Gastwirte ihrerseits bei der Übernahme auf Brauereidarlehen angewiesen sind.³¹⁴

ee) Verstoß gegen Bezugsverpflichtungen. Schadensersatzpauschalierungen und Vertragsstrafeklauseln können im unternehmerischen Bereich grundsätzlich vereinbart werden.³¹⁵ Auch insoweit gelten indessen die Grenzen aus §§ 138, 307 BGB. Das OLG Düsseldorf³¹⁶ hat die Regelung einer Vertragsstrafe von 2.500,– € für jede Zuwiderhandlung gegen eine Getränkebezugsverpflichtung im Rahmen von § 307 BGB für unwirksam gehalten. Auch die Möglichkeit der Bestellung einer **Dienstbarkeit** zur Absicherung einer schuldrechtlichen Bezugsverpflichtung ist anerkannt.³¹⁷ Die Bezugsbindung darf aber nicht als solche zum (dinglichen) Inhalt der Dienstbarkeit gemacht werden.³¹⁸ Eine beschränkt persönliche Dienstbarkeit, die einer Brauerei im Gegenzug für einen besonders günstigen Grundstückspreis zeitlich unbefristet das Recht einräumt, auf einem Teil des von ihr veräußerten Grundstücks eine Gaststätte zu betreiben oder betreiben zu lassen, ist für sich nicht deshalb sittenwidrig und nichtig, weil mit ihr faktisch eine Bierbezugsverpflichtung auf Dauer einhergeht.³¹⁹ 137

Die **außerordentliche Kündigung** des Liefervertrags kommt sowohl seitens des Lieferanten als auch seitens des Pächters in Betracht. Der Verpächter als Lieferant kann sich eine Kündigung wegen Verstoßes gegen die Bezugspflichten ausbedingen.³²⁰ Probleme können sich aus dem Auseinanderfallen von Bezugsverpflichtungen (oder anderen nicht unmittelbar pachtvertraglichen Zusatzabreden) und dem eigentlichen Pachtvertrag ergeben. Dies betrifft zum einen die einheitliche Wahrung der Schriftform aus §§ 127, 581 Abs. 2, 550, 578 BGB, die zumeist auch (pacht-)vertraglich ausbedungen ist. Das Formerfordernis erstreckt sich grundsätzlich auf das Rechtsgeschäft im Ganzen mitsamt aller Nebenabsprachen.³²¹ Die kumulativen Auswirkungen zusätzlicher Vereinbarungen zum Pachtvertrag können aber auch im Rahmen von § 138 BGB von Bedeutung sein, wenn sich aus dem Zusammenspiel der Abreden eine sittenwidrige Knebelung des Pächters, die sittenwidrige Ausnutzung einer Monopolstellung oder der verwerfliche Ausschluss jeglicher Konkurrenz ergibt. 138

h) **Sittenwidrige Überhöhung des Pachtzinses.** Die Sittenwidrigkeit i.S.v. § 138 Abs. 2 BGB kann sich aus dem Zusammenspiel unterschiedlicher vertraglicher Vereinbarungen der Vertragsparteien ergeben.³²² Ob ein Pachtvertrag über eine Gaststätte ein auffälliges Missverhältnis zwischen Leistung und Gegenleistung aufweist und sich im Sinne von § 138 Abs. 1 BGB als Wucher darstellt, ist durch einen Vergleich mit den **ortsüblichen Marktgegebenheiten** zu klären. Dies kann weder nach der sog. EOP-Methode³²³ noch nach der davon abgeleiteten indirekten Vergleichswertmethode³²⁴ ermittelt werden.³²⁵ Die nach den bezeichneten Methoden ermittelten statistischen Ertragswerte hält der BGH für die maßgebliche 139

---

³¹² Vgl. hierzu OLG Köln OLGR 1998, 47.
³¹³ Vgl. OLG Köln OLGR 1995, 161.
³¹⁴ Vgl. BGH WM 1973, 1360; OLG Köln OLGR 1995, 161.
³¹⁵ Vgl. BGH WM 1977, 641; 1980, 1309; BGH NJW 1993, 64; *Wahl* S. 24.
³¹⁶ Vgl. NZM 2008, 611.
³¹⁷ Vgl. BGH MDR 1979, 922; BGH NJW 1985, 2474; 1988, 2364; BGH NJW-RR 1992, 593.
³¹⁸ Vgl. BayObLGR 1997, 49.
³¹⁹ Vgl. OLG Zweibrücken OLGR 2000, 499.
³²⁰ Vgl. BGH DRsp-ROM Nr. 1998/1754; OLG München OLGR 1996, 164.
³²¹ Vgl. § 47 und § 77 Rdnr. 19 ff.
³²² Zur Sittenwidrigkeit im Zusammenhang mit Bezugsverpflichtungen vgl. bereits Rdnr. 128 ff.
³²³ Vgl. BGH NZM 1999, 664; zu praktischen Hinweisen und Konsequenzen vgl. *Keckemeti* NZM 2000, 598.
³²⁴ Vgl. dazu *Walterspiel* NZM 2000, 70 ff.
³²⁵ Vgl. BGH GuT 2002, 9; vgl. ferner Nies/Gies/*Borzutzki-Pasing* A.VI.6 Anm. 16.

Marktsituation des jeweiligen Objekts nicht für hinreichend aussagekräftig, weshalb es regelmäßig auf den Miet- oder Pachtpreis für vergleichbare Objekte ankommt.[326]

140   Anders als bei Teilzahlungs- und Ratenkrediten oder bei Grundstücksverträgen ist der BGH allerdings bei der Gewerberaummiete/Pacht zurückhaltend gewesen, wenn es darum ging, ein die Sittenwidrigkeit begründendes Missverhältnis danach zu bestimmen, ob die ausbedungene Leistung den Wert der Gegenleistung um einen bestimmten Prozentanteil übersteigt.[327] Demgegenüber ist schon früher wiederholt eine mehr als 100%ige Überschreitung von vergleichbaren Mieten/Pachten als Sittenwidrigkeitsschwelle befürwortet worden.[328] Eine solche Sittenwidrigkeitsschwelle wird nunmehr auch vom BGH zugrundegelegt.[329] Eine solchermaßen quantitativ ermittelte Äquivalenzstörung macht aber nicht die Prüfung entbehrlich, ob neben dem Missverhältnis zwischen Leistung und Gegenleistung noch besondere Umstände, insbesondere subjektive Sittenwidrigkeitsmerkmale i. S. v. § 138 Abs. 2 BGB, vorliegen, welche die Sittenwidrigkeit ausmachen.[330] Bei der Übersteigung von Vergleichsmieten/-pachten um mehr als 100% wird allerdings i. d. R. ein so krasses Missverhältnis vorliegen, dass eine verwerfliche Gesinnung indiziert ist.

141   **i) Andere Formen der Vertragsgestaltung bei Gaststätten und Hotels.** Der Betrieb von Gaststätten und Hotels erfolgt zunehmend im Rahmen von Konzepten, die z. T. nur lose Verknüpfungen zum gewerblichen Miet- und Pachtrecht aufweisen.

142   *aa) Gaststätten.* Die Konzeption von Gaststättenbetrieben erfolgt in bestimmten wirtschaftlichen und regionalen (zumeist städtischen) Sektoren häufig in Umsetzung einer übergreifenden Geschäftsstruktur, innerhalb derer der einzelne Betreiber in eine zentral organisierte betriebliche Ober-Organisation und ein von dieser gesteuertes Konzessions- und Lizenzsystem eingebunden ist. Solche Vertriebsstrukturen werden als **Franchising** bezeichnet.[331] Diese Vertragsausgestaltung findet sich insbesondere bei den z. T. international agierenden Café- und Schnellimbissketten. Der Franchisenehmer führt seinen Betrieb regelmäßig in eigenem Namen und für eigene Rechnung. Er ist jedoch den oft streng reglementierenden vertraglichen Vorgaben des Franchisegebers unterworfen, die sich auch auf zentrale Schulungen, eine einheitliche Betriebs- und Absatzorganisation sowie auf überregional durchgeführte Werbemaßnahmen erstrecken können.[332] Der Franchisegeber verfolgt in erster Linie seine eigenen Vertriebsinteressen beim Absatz bestimmter markenrechtlich gebundener Produkte (Hamburger, Getränke usw.), während der Franchisenehmer als örtlich oder regional berechtigter Lizenz- bzw. Konzessionsnehmer den eigentlichen Vertrieb wahrnimmt. Der Franchisegeber partizipiert durch Aufnahme-, Erfolgs- und Lizenzgebühren an den Geschäften des Franchisenehmers und ist zumeist auch unmittelbar an der Lieferung der zu vertreibenden Produkte beteiligt.[333] In Entsprechung zu denjenigen Grundsätzen, die zu den Bezugsverpflichtungen bei Gaststätten entwickelt worden sind[334] (Bierlieferungsverträge), hat sich die Rechtsprechung wiederholt auch mit der Wirksamkeit von Bezugsverpflichtungen beim Franchising befassen müssen.[335] Die Geschäftsmethode des Franchising findet sich nicht nur bei Gaststätten, sondern auch bei anderen Vertriebssystemen im Einzelhandel. Miet- oder pachtvertragliche Komponenten gehören nicht zwingend zum Franchise-Konzept, obwohl die Vermietung eines Geschäftslokals, in dem der konzessionierte Handel stattfinden soll, ohne Weiteres Bestandteil eines Franchisevertrags sein kann.

---

[326] Vgl. BGH GuT 2002, 9; BGH NJW 1995, 1019.
[327] Vgl. BGH GuT 2002, 9 m. w. N.
[328] Vgl. OLG Stuttgart OLGR 2000, 411; OLG Stuttgart NJW-RR 1993, 654; KG GuT 2002, 12; Bub/Treier/*Bub* II Rdnr. 698, 715 a m. w. N.
[329] Vgl. BGH Urteil vom 30. 6. 2004 – XII ZR 11/01 – zitiert nach Juris.
[330] Vgl. BGH NJW 1995, 1019; BGH NJW 1991, 1810; OLG Naumburg GuT 2002, 14.
[331] Zum Franchisevertrag vgl. *Joachim* NZM 2001, 163; *Martinek* ZIP 1986, 1440 und ZIP 1988, 1362; *Emmerich* JuS 1995, 760; *Haager* WiB 1996, 377; *Wolf-Ungeheuer* BB 1994, 1027; *Schreiber* Jura 2009, 115.
[332] Vgl. *Joachim* NZM 2001, 163.
[333] Vgl. *Joachim* NZM 2001, 163.
[334] Vgl. Rdnr. 125 ff.
[335] Vgl. aus der jüngeren Rspr. BGH GRUR 2009, 424; BGH NSW GWB § 20 – BGH intern –, OLG Düsseldorf GRUR-RR 2008, 324; OLG Düsseldorf Urt. v. 11. 4. 2007 – VI – U (Kart) 13/06 – juris; Brandenb. OLG NJW-RR 2006, 51.

bb) Hotels. Beim Betrieb von Hotels hat sich der **Managementvertrag** als Geschäftsbesorgungsvertrag mit Dienstvertragselementen herausgebildet.[336] Als Manager führt der Hotelier oder eine Hotelkette den Hotelbetrieb für den Eigentümer der Hotels und nimmt dessen Vermögensinteressen wahr. Der Hoteleigner trägt danach weiterhin die wirtschaftlichen und unternehmerischen Risiken, wobei jedoch Garantieabreden (seitens des Managements) und Erfolgsbeteiligungen (zugunsten des Managements) vereinbart werden können. Damit unterscheidet sich dieser Vertragstypus grundlegend von der Miete und Pacht, bei welcher der Mieter/Pächter die Ertragsrisiken übernimmt.[337]

Auch der Betrieb von Hotels kann im Rahmen eines **Franchisingvertrags** erfolgen,[338] wenn große und markteingeführte Hotelketten ihr Geschäftskonzept vermarkten. Insoweit kann auf § 44 Rdnr. 45 verwiesen werden. Eine weitere Art der Vertragsgestaltung betrifft das sog. **risk-sharing**,[339] das dem Prinzip der **Umsatzmiete**[340] angenähert ist. Neben der Basispacht (dem jedenfalls zu entrichtenden Mindestpachtzins) ist vom Pächter zusätzlich eine Umsatz- oder Gewinnbeteiligung an den Verpächter zu entrichten.

2. Pachtvertrag über eine Gaststätte (Hotel) als Mischvertrag

Mischverträge regeln die Gebrauchsüberlassung von Räumen, die keinem einheitlichen Gebrauchszweck dienen, sondern vertragsgemäß **teilweise zu Wohnzwecken und teilweise zu gewerblichen Zwecken** genutzt werden. Dabei kann es sich sowohl um Mietverhältnisse als auch um Pachtverhältnisse handeln.[341] Sie sind zu unterscheiden von Mischverträgen, bei denen eine Kombination zwischen Mietvertrag und anderen schuldrechtlichen Vertragstypen vorliegt (z.B. Mietkauf), und von gemischten Verträgen im Sinne von sog. Typenverschmelzungsverträgen.[342]

a) Bestimmung des Vertragstyps. Die Vermietung oder Verpachtung einer Gaststätte oder eines Hotels mit zugehöriger (Wirte-) Wohnung umschreibt einen typischen und praktisch häufigen Fall eines Mischmietvertrags. Ein Mischmietverhältnis ist begrifflich nur dann gegeben, wenn verschiedene Nutzungsarten in einem einheitlichen – nicht notwendig in einer Urkunde niedergelegten – Vertragsverhältnis verabredet worden sind.[343] Nach der herrschenden **Übergewichtstheorie** kommt es für die Frage, ob ein Vertrag als Wohnraummietverhältnis oder als gewerbliches Vertragsverhältnis einzuordnen ist, maßgeblich darauf an, welcher Gebrauchs- und Vertragszweck nach dem übereinstimmenden Parteiwillen überwiegt.[344] Eine getrennte rechtliche Behandlung der unterschiedlichen Funktions- und Nutzungsbereiche (Wohnen einerseits und Gewerbeausübung andererseits) kommt grundsätzlich nicht in Betracht. Wenn der Mieter durch die teilgewerbliche Nutzung seinen Lebensunterhalt bestreitet, wird dieser Aspekt im Zweifel das gesamte Vertragsverhältnis wesentlich und damit rechtsgestaltend in einem gesetzlichen Sinne prägen.[345] Bei der Anmietung/Anpachtung von Gaststätten nebst dazu gehörender Wirtewohnung wird daher typischerweise von einem Gewerberaummietvertrag auszugehen sein.[346] Andere Unterscheidungskriterien[347] – wie insbesondere das Flächenverhältnis von Wohn- und Gewerberäumen – werden dann regelmäßig zurück zu treten haben.

---

[336] Vgl. *Joachim* NZM 2001, 163.
[337] Vgl. Rdnr. 48 ff.
[338] Vgl. *Joachim* NZM 2001, 163; *Martinek* ZIP 1986, 1440 und ZIP 1988, 1362; *Emmerich* JuS 1995, 760; *Haager* WiB 1996, 377; *Wolf-Ungeheuer* BB 1994, 1027.
[339] Vgl. *Joachim* NZM 2001, 163; vgl. dort auch zu weiteren Varianten der Pachtzinsgestaltung.
[340] Vgl. Rdnr. 70 ff.
[341] Zur Abgrenzung vgl. Rdnr. 101 ff. und § 76.
[342] Z.B. Beherbergungsvertrag, vgl. im Einzelnen Palandt/*Weidenkaff* vor § 535 Rdnr. 29 ff.; zur Abgrenzung der Vertragstypen vgl. auch Nies/Gies/*Borzutzki Pasing* A VI 7 Anm. 1 m. w. N.
[343] Vgl. RE BayObLG WuM 1991, 78; LG Mannheim WuM 1980, 134; Bub/Treier/*Reinstorf* I Rdnr. 101.
[344] Vgl. BGH MDR 1986, 842; BGH NJW 1977, 1394; MDR 1979, 395; OLG Düsseldorf NZM 2002, 739; OLG Hamm ZMR 1986, 11; OLG München ZMR 1995, 295; OLG Schleswig NJW 1983, 49 f. m. w. N.; vgl. dazu eingehender § 44 Rdnr. 23 ff. und § 76 Rdnr. 20 ff.
[345] Vgl. BGH MDR 1986, 842; Bub/Treier/*Reinstorf* I Rdnr. 106.
[346] Vgl. Bub/Treier/*Reinstorf* I Rdnr. 106.
[347] Vgl. § 44 Rdnr. 23 ff.

147 Seine spezielle Eigenart gewinnt der Mischvertrag bei Gaststätten und Hotels durch die räumliche und funktionale Unterscheidbarkeit von Wohn- und Gewerberäumen. Bei anderen Mischvertragskonstellationen fehlt es an solchen augenfälligen Unterscheidungsmöglichkeiten, etwa wenn eine vermietete Wohnung von einem Freiberufler (z. B. Rechtsanwalt, Architekt) teilweise zu gewerblichen Zwecken genutzt wird.

148 **b) Vertragliche Festlegung des Vertragszwecks.** Bei der Vertragsgestaltung sollte trotz der vorrangigen Bedeutung einer gewerblichen Betätigung für die Bestimmung des Vertragstyps klargestellt werden, dass die Gebrauchsüberlassung insgesamt dem gewerblichen Gebrauchszweck unterstehen soll. Damit kann einer Vertragsauslegung vorgebeugt werden, wonach die teilweise Wohnraumnutzung der Pächterwohnung dem Vertrag das Gepräge eines Wohnraummietvertrags verleihe. Aus der Maßgeblichkeit des Parteiwillens folgt daher das Postulat, dass die Vertragsparteien im Mietvertrag ausdrücklich klarstellen sollten, welchem Recht das Vertragsverhältnis unterstehen soll. Eine solche Kennzeichnung kann durch die ausdrückliche Bezeichnung als „Pachtvertrag" und „Pächterwohnung" sowie durch weitere Regelungen erfolgen, die das Vorliegen einer gewerblichen Einheit und die Geltung gewerblichen Miet- und Pachtrechts ausdrücklich klarstellen.

Formulierungsvorschlag:

149 § ...... **Pachtzweck, gewerbliche Einheit, Nutzung der Pächterwohnung**

(1) Die Verpachtung sämtlicher Räume erfolgt zum Betrieb

– Beispiel: einer Speisegaststätte nebst Biergarten –

(2) Gaststättenräume und Pächterwohnung beinhalten einschließlich aller Nebenräume eine gewerbliche Einheit, die den zur Gewerberaummiete und zur Pacht geltenden Rechtsgrundsätzen untersteht.

(3) Die Nutzung der Pächterwohnung ist ausschließlich dem Pächter und den seinem Hausstand zugehörigen Personen in den zeitlichen und inhaltlichen Grenzen dieses Vertrags gestattet. Eine gesonderte Untervermietung oder Zwischenvermietung der Pächterwohnung an Dritte ist dem Pächter ebenso wenig gestattet wie jede anderweitige Überlassung an vertragsfremde Personen.

(4) Das vertragliche Gebrauchsrecht des Pächters erstreckt sich nur auf den durch ihn selbst als Konzessionsinhaber geführten Gaststättenbetrieb.

150 Der Vermieter hat Veranlassung, einem von den vertraglichen Vorgaben abweichenden Gebrauch der Pachtsache vorzubeugen. Wenn der Mieter die Wirtewohnung ohne Erlaubnis des Vermieters anderen Personen zu Wohnzwecken überlässt, beinhaltet dies grundsätzlich einen vertragswidrigen Gebrauch im Sinne des § 543 Abs. 2 Nr. 2 BGB. Eigenmächtige Änderungen des vertraglich festgelegten Verwendungszwecks braucht der Verpächter nicht hinzunehmen.[348] Der bloße Mitgebrauch der Miet- oder Pachtsache durch Dritte beinhaltet dann keine Vertragswidrigkeit, wenn er sich im Rahmen des Vertragszwecks bewegt. Innerhalb vertraglicher Zweckbestimmung liegt eine gewerbliche Nutzung, wenn die Miet- oder Pachträume von Geschäftspartnern und Personal bzw. von Kunden und Lieferanten mitbenutzt werden.[349] Auch wird es dem Mieter oder Pächter nach allgemeinen Grundsätzen (zur Wohnraummiete) nicht zu versagen sein, seinen **Ehegatten, Lebenspartner und seine Kinder** in die Wirtewohnung aufzunehmen, denn dies gehört grundsätzlich zum vertragsgemäßen Gebrauch.[350] Abweichende vertragliche Regelungen würden durchgreifenden Bedenken aus § 138 BGB begegnen,[351] falls die Aufnahme von Familienmitgliedern nicht von vorneherein auf eine die Interessen des Verpächters erheblich tangierende Überbelegung hinaus laufen würde.

---

[348] Vgl. Palandt/*Weidenkaff* § 540 Rdnr. 4 ff. und zu § 541 Rdnr. 6.
[349] Vgl. Bub/Treier/*Kraemer* III. A. Rdnr. 1010 m. w. N.
[350] Vgl. dazu nur Bub/Treier/*Kraemer* III. A. Rdnr. 1013 m. w. N.
[351] Vgl. RE BayObLG WuM 1983, 309; Bub/Treier/*Kraemer* III. A. Rdnr. 1013 m. w. N.

c) **Vertragswidrige Nutzung der Pächterwohnung.** Duldet es der Vermieter, dass der Mieter/Pächter die zur Pachtsache gehörenden Wohnräume vertragsfremden Personen überlässt oder sie an solche weiter vermietet, läuft er Gefahr, dass ihm eine konkludente Vertragsänderung entgegengehalten wird.[352] Die einheitliche Beurteilung der Miet-/Pachtsache als gewerbliche Einheit stünde dann nachhaltig in Frage. Die Annahme einer Vertragsänderung könnte ggf. dazu führen, dass der Vermieter/Verpächter gemäß § 565 BGB bei Beendigung des (Haupt-)Nutzungsverhältnisses in einen vom Pächter mit Dritten abgeschlossenen Mietvertrag eintritt. Zwar muss der Pächter, der in Bezug auf die Wohnräume dann als Zwischenmieter fungiert, nach h. M. bei Abschluss des Endmietvertrages gewerblich handeln, d. h. mit Gewinnerzielungsabsicht tätig werden.[353] Dieses Kriterium wird bei einer ohnehin erfolgten gewerblichen Gebrauchsüberlassung aber schwerlich verneint werden können. Der Verpächter sähe sich im Ergebnis mit einem Mietvertrag konfrontiert, der von dem die Gaststätte betreffenden Nutzungsverhältnis unabhängig ist und den Mieterschutzbedingungen für die Wohnraummiete unterliegt. 151

d) **Unanwendbarkeit der Vorschriften zur Wohnraummiete.** Bei einem Mischvertrag, der sich nach der Übergewichtstheorie als gewerblicher Vertrag darstellt, sind die für die Wohnraummiete geltenden Miethöhebestimmungen nach §§ 557 ff. BGB nicht maßgeblich, und zwar auch nicht teilweise, soweit es etwa die Pächterwohnung bzw. die hierauf entfallende Nutzfläche angeht. Die Vertragsparteien unterliegen weder in Bezug auf die anfängliche Miet-/Pachthöhe noch in bezug auf die Vereinbarungen zur Erhöhung oder Anpassung des Entgelts während der Vertragszeit den einschlägigen Vorschriften zur Wohnraummiete. Von daher besteht grundsätzlich keine Notwendigkeit für vertragliche Regelungen, die zwischen den unterschiedlichen Nutzungsflächen differenzieren. Auch die Kriterien, nach denen sich die eventuelle Sittenwidrigkeit der Pachthöhe bestimmt,[354] sind nach den für gewerbliche Objekte geltenden Grundsätzen zu bestimmen. Für den Wohnbereich wird in diesem Rahmen allenfalls eine (Teil-)Wertveranschlagung nach der ortsüblichen Miete in Betracht kommen, wenn vergleichbare Gesamtobjekte (d. h. Gaststätten mit Wirtewohnung) nicht oder in nicht aussagekräftiger Anzahl vorhanden sind. 152

e) **Besonderheiten bei der Umsatzsteuer.**[355] Wenn der Verpächter eines vom Pächter teilweise unternehmerisch, teilweise zu eigenen Wohnzwecken genutzten Gaststätten- oder Hotelobjekts auf die Steuerbefreiung der Pachtumsätze verzichtet, so bezieht sich die Option von vornherein nur auf die unternehmerisch genutzten Gebäudeteile.[356] Daher ist im Fall einer gemischten Nutzung eines Gebäudes eine **Aufteilung der Leistung** vorzunehmen. Die Vermietungsleistung bezieht sich nur insoweit auf das Unternehmen des Pächters, als dieser die empfangene Leistung für sein Unternehmen nutzt. Diese Beurteilung leitet sich aus dem Merkmal des § 9 UStG „für dessen Unternehmen" ab. In gleicher Weise zu differenzieren ist daher auch in Bezug auf die vom Verpächter im Wege des Vorsteuerabzugs geltend gemachten USt.-Anteile aus denjenigen Kosten, die für die Errichtung bzw. Instandhaltung und Instandsetzung des Objekts anfallen. 153

Die Differenzierung zwischen unternehmerischen und wohnungsbezogenen Anteilen kann Schwierigkeiten bereiten. Nach der Rechtsprechung des BFH[357] ist dann, wenn ein Gebäude teilweise zur Ausführung steuerpflichtiger Vermietungsumsätze (Gewerbeflächen) und teilweise zur Ausführung steuerfreier Vermietungsumsätze (Wohnungen) verwendet wird, gemäß § 15 Abs. 4 UStG derjenige Teil der Vorsteuerbeträge nicht abziehbar, der den zum Ausschluss vom Vorsteuerabzug führenden Wohnungsvermietungsumsätzen wirtschaftlich zuzurechnen ist. Die Vorsteueraufteilungsvorschrift des § 15 Abs. 4 UStG ist auch bei unter- 154

---

[352] Vgl. dazu Bub/Treier/*Heile* II Rdnr. 805.
[353] Vgl. BayObLG OLGR 1995, 62.
[354] Zur Gaststättenpacht vgl. Rdnr. 128 ff.
[355] Zur Umsatzsteuer bei der Gewerberaummiete/Pacht vgl. im allgemeinen Zusammenhang Nies/Gies/*Borzutzki-Pasing* A.VII.4 Anm. 1 ff.
[356] Vgl. BFH BFH/NV 1996 S. 648; BFH BStBl. 1996 II S. 459; BFHE 149, 78; BFHE 154, 252; *Herrlein* NZM 2005, 648.
[357] Vgl. BStBl. 1998 II S. 525 = DStR 2000 S. 1033.

schiedlicher Verwendung einzelner Gebäudeteile anwendbar. Nach § 15 Abs. 4 S. 1 UStG ist, wenn der Unternehmer einen für sein Unternehmen gelieferten Gegenstand nur zum Teil zur Ausführung von Umsätzen verwendet, die den Vorsteuerabzug ausschließen, derjenige Teil der jeweiligen Vorsteuerbeträge nicht abziehbar, der den zum Ausschluss vom Vorsteuerabzug führenden Umsätzen wirtschaftlich zuzurechnen ist. Der Unternehmer kann die nicht abziehbaren Teilbeträge im Wege einer sachgerechten **Schätzung** ermitteln. Es ist Sache des Unternehmers, welche Schätzungsmethode er wählt.[358]

3. Mietvertrag über eine Arztpraxis

155 a) **Vertragszweck.** Eine vertragliche Klarstellung, in welcher **fachlichen Ausrichtung** der anmietende Arzt konkret praktizieren will, ist jedenfalls dann geboten, wenn im Mietobjekt mehrere Ärzte vorhanden sind oder dies für die Zukunft zu erwarten oder nicht auszuschließen ist. Die genaue Festlegung, für welchen (fach-)ärztlichen Bereich die Mietsache genutzt werden soll, dient dann der Eingrenzung etwaiger **Konkurrenzschutzpflichten,** denn auch im Rahmen freiberuflicher Tätigkeit können für den Vermieter – vertragsimmanente – Konkurrenzschutzpflichten zu beachten sein.[359]

156 Von besonderer Bedeutung war der Vertragszweck früher auch insoweit, als sich **Arztpraxen in gemischt genutzten Objekten** befanden. Zur **Zweckentfremdung von Wohnraum** bestanden in Umsetzung der Ermächtigungsnorm aus Art. 6 § 1 MietRVerbG landesrechtliche Vorschriften, die einer Umwandlung von Wohnraum in gewerblich genutzte Objekte vorbeugen sollten. Daher musste früher zur Vermeidung öffentlich-rechtlicher Sanktionen Klarheit darüber bestehen, ob die Vermietung zu gewerblichen Zwecken eine Zweckentfremdung bewirkte. Nach Aufhebung der bundesrechtlichen Regelungen sind auch die landesrechtlichen Ermächtigungsnormen rasch in Wegfall geraten, weshalb nunmehr von einer näheren Behandlung dieser Problematik abgesehen werden kann.

157 Von der Zweckentfremdung im öffentlich-rechtlichen Sinne zu unterscheiden ist die Frage, ob eine **gemischte Nutzung** zu gewerblichen Zwecken und zu Wohnzwecken sich im Rahmen des Vertragszwecks bewegt.[360] Eine Mischnutzung kommt bei der Vermietung an Ärzte wohl nur ausnahmsweise – etwa bei Therapeuten aus dem psychologischen oder psychiatrischen Bereich – in Betracht, wenn die Mieträume keine besondere technische Ausstattung erfordern und der Kreis der Patienten überschaubar ist. Grundsätzlich ist im Wege der Vertragsauslegung zu ermitteln, ob eine Anmietung zum Zwecke einer gemischten Nutzung als Praxis und Wohnraum erfolgt ist.[361] Der Vermieter hat allerdings ein nahe liegendes Interesse daran, eine gemischte Nutzung und insbesondere eine alleinige Wohnraumnutzung auszuschließen, etwa um der Annahme einer **konkludenten Vertragsänderung** auf Fortsetzung des Mietverhältnisses als Wohnraummietverhältnis vorzubeugen. Duldet der Vermieter den Wohngebrauch, kann dies dazu führen, dass sich der gewerbliche Mietvertrag im Wege – konkludenter – Vertragsänderung in einen Wohnraummietvertrag umwandelt, mit der Folge, dass der Vermieter nunmehr an die vielfältigen Reglementierungen zur Wohnraummiete, insbesondere auch der Mietpreisregelungen und Kündigungsschutzvorschriften, gebunden ist.

158 Eine genaue Konkretisierung des Vertragszwecks ist ferner dann geboten, wenn **Nutzungsbeschränkungen im Rahmen von Teileigentum** zu beachten sind. Wie weit solche Beschränkungen reichen, ist anhand der Teilungserklärung zu beurteilen, die nach den für Grundbucheintragungen geltenden Grundsätzen auszulegen ist.[362] Nach ihr bestimmt sich der bindende Inhalt der Gebrauchsregelung. Auf die Vorstellungen des teilenden Eigentümers kommt es nicht an, sondern vielmehr auf den Wortlaut und Sinn der Eintragung, wie er sich objektiv für einen unbefangenen Betrachter darstellt, denn das Grundbuch soll be-

---

[358] Vgl. BFH BStBl. 1998 II S. 525 = DStR 2000 S. 1033.
[359] Zum Konkurrenzschutz bei Freiberuflern vgl. bereits Rdnr. 94 ff.; zum Konkurrenzschutz bei Ärzten vgl. Rdnr. 172 ff.
[360] Vgl. dazu Rdnr. 98 ff. und § 44 Rdnr. 21 ff.
[361] Vgl. OLG Hamburg ZMR 1995, 120.
[362] Vgl. OLG Hamburg MDR 1997, 816.

stimmte und eindeutige Rechtsverhältnisse schaffen und erhalten.[363] Aus der im Grundbuch eingetragenen Zweckbestimmung für Teileigentum kann sich die Unzulässigkeit des Betriebs einer Arztpraxis oder anderer gewerblicher Betätigungen ergeben. Das OLG Stuttgart[364] und das OLG Düsseldorf[365] halten den Betrieb einer Arztpraxis in einer als „Büro" bezeichneten Teileigentumseinheit für nicht zulässig. Das OLG Köln[366] hat bei Vorliegen einer Teilungserklärung, die nur eine Benutzung zu Wohnzwecken vorsieht und eine abweichende Nutzung von der Zustimmung der anderen Eigentümer abhängig macht, eine großzügigere Handhabung befürwortet. Es hat angenommen, dass eine Verweigerung der Zustimmung zu einer anderen Nutzung nur dann möglich sei, wenn die beabsichtigte Nutzung die anderen Eigentümer mehr beeinträchtigt als bei der Nutzung zu Wohnzwecken. Bei der Nutzung als Patentanwaltsbüro mit geringem Publikumsverkehr hat das OLG Köln[367] eine solche Mehrbelastung verneint. Wenn einem Eigentümer ein Sondernutzungsrecht eingeräumt wurde, beinhaltet dies nicht zugleich die Gestattung baulicher Veränderungen, wie sie auch bei der Einrichtung von Arztpraxen nicht selten erforderlich werden.[368] Solche Maßnahmen bedürfen grundsätzlich besonderer Ermächtigung.

Formulierungsvorschlag:

§ ...... **Mietzweck**

(1) Die Vermietung erfolgt zum Betrieb einer Arztpraxis mit der Fachrichtung
– Beispiel: internistische Praxis mit Akkupunktur und Naturheilkunde –
(2) Eine von Ziff. (1) abweichende Nutzung der Miträume ist dem Mieter nur nach vorheriger Erlaubnis durch den Vermieter gestattet. Die Nutzung der Miträume zu Wohnzwecken ist nicht gestattet.

b) Ausstattung der Arztpraxis. Die technische Ausrüstung von Arztpraxen und anderen gewerblich genutzten Mietobjekten ist einem raschen Wandel unterworfen. Der Mieter kann von daher ein nahe liegendes Interesse haben, dass die Mietsache nach dem aktuellen Stand der Technik genutzt werden kann. Die Bereitstellungs- und Erhaltungspflicht des Vermieters ist im Rahmen des § 535 Abs. 1 BGB auf Gewährleistung des „vertragsgemäßen Gebrauchs" gerichtet. Ist ein bestimmter Gebrauchszweck vorgegeben, definiert dieser im Zweifel auch den Umfang der vom Vermieter zu beachtenden Herstellungs- und Erhaltungspflichten.

Bei der Anmietung einer Arztpraxis kann es je nach **medizinisch fachlicher Ausrichtung** zu ganz unterschiedlichen Bedürfnissen und Wünschen des Mieters betreffend die **technische Ausstattung** der Miträume kommen. Die Praxis eines Heilpraktikers, Allgemeinmediziners oder Hautarztes wird ggf. noch ohne umfängliche technische Apparaturen auskommen. Die fachgerechte Einrichtung ist dann meist ohne erhebliche Substanzeingriffe möglich. Bei anderen Fachärzten (z.B. Radiologen, Chirurgen oder Praxen mit angegliederten Behandlungseinrichtungen) kann ein ganz erheblicher Installationsaufwand mit weitreichenden baulichen Eingriffen erforderlich werden. Um die wechselseitigen Herstellungs- und Erhaltungspflichten voneinander abzugrenzen, bedarf es im Zweifel einer möglichst dezidierten Beschreibung, welche Vertragspartei welche Leistungen zu erbringen hat. Wenn der Mieter empfindliche Spezialgeräte einsetzt, können etwaige Beschädigungen (durch Strom- und Temperaturschwankungen, Luftverunreinigung, Wasserverschmutzung) umfängliche Ersatzansprüche auslösen.[369] Dies veranlasst aus Mieter- und Vermietersicht eine klare Abgrenzung, für welchen Zustand der Vermieter gewährleistungspflichtig sein soll.

---

[363] Vgl. OLG Frankfurt DWF 1998, 44.
[364] Vgl. NJW 1987, 385.
[365] Vgl. ZMR 1999, 24.
[366] Vgl. OLGR 2002, 263.
[367] Vgl. OLGR 2002, 263.
[368] Vgl. OLG Köln OLGR 2002, 161.
[369] Zur Beschädigung von Behandlungsgeräten einer Zahnarztpraxis durch rostverschmutztes Wasser vgl. OLG Karlsruhe ZMR 1991, 378; zur Vertragsgestaltung bei einer Arztpraxis vgl. *Reinke* PFB 2009, 167.

162 Zur Durchführung bestimmter Leistungen wird oft nur der Vermieter in der Lage sein. Dies wird insbesondere dann der Fall sein, wenn Maßnahmen auszuführen sind, die außerhalb des Bereichs der anzumietenden Räumlichkeiten anfallen und ggf. die Duldung oder Mitwirkung anderer Mieter erforderlich machen. Der Mieter hat dann i.d.R. keine Handhabe, sich gegenüber anderen Mietern auf vertragliche Duldungs- und Mitwirkungspflichten zu berufen. Der Vermieter hat bei der Übernahme besonderer Bereitstellungs- und Herstellungspflichten zu beachten, dass er für den damit zugesagten Zustand auch vertraglich einzustehen hat und im Rahmen der Sachmängelhaftung (§§ 536 ff. BGB) gewährleistungspflichtig ist. Verpflichtet er sich zur Schaffung eines tatsächlich nicht herstellbaren Zustands, kann er sich schadensersatzpflichtig machen.[370] Das gilt nicht nur für den Fall schuldhaft herbeigeführter Unmöglichkeit, sondern auch bei Eingehung einer Verpflichtung trotz Voraussehbarkeit des Leistungshindernisses.[371]

163 Miträume, die zuvor nicht als Arztpraxis genutzt wurden, werden nahezu regelmäßig **umfänglichere Umbauten** erforderlich machen. Größere Räume werden in kleinere Umkleidekabinen und Behandlungsräume zu unterteilen sein. Der Betrieb hochtechnischer Apparaturen kann diverse bauliche Vorkehrungen sowie Änderungen bei (Strom-)Versorgungseinrichtungen erforderlich machen. Wenn ein geplanter Umbau etwa wegen entgegenstehender öffentlich-rechtlicher Bestimmungen oder dem Eingreifen der Denkmalschutzbehörde nicht möglich ist, ergibt sich daraus selbst nach altem Recht nicht, dass der Mietvertrag nach § 306 BGB wegen anfänglicher objektiver Unmöglichkeit nichtig wäre.[372] Der Vermieter bleibt im Grundsatz zur Leistung (d.h. zur Bereitstellung von zur Nutzung als Arztpraxis geeigneten Räumen) verpflichtet. Die gegenseitigen Ansprüche der Vertragsparteien richten sich nach den allgemeinen Regeln des Schuldrechts über Leistungsstörungen, d.h. nach neuem Recht und nach Wegfall des § 306 BGB a.F. nach den Bestimmungen der §§ 280 ff. BGB. Der Mieter kann **Schadensersatz wegen Nichterfüllung** verlangen, ohne gezwungen zu sein, zunächst auf Leistung zu klagen, um anschließend einen Schadensersatzanspruch geltend machen zu können.[373] Selbst wenn der Vermieter keine besondere Einstandspflicht dafür übernommen hat, dass die Räume in der vereinbarten Weise umgebaut werden können, soll er die Unmöglichkeit des Mietgebrauchs zu vertreten haben, wenn er sich uneingeschränkt zur Leistung verpflichtet hat, obwohl er das Leistungshindernis schon bei Vertragsschluss bei Anwendung der erforderlichen Sorgfalt hätte erkennen können und müssen.[374] Daraus ergibt sich die vertragsrechtliche Konsequenz, dass der Vermieter sich von der Hauptleistungspflicht zur Bereitstellung von Räumen, die für den vertraglichen Mietgebrauch geeignet sind, im Zweifel nicht freizeichnen kann. Wenn es dagegen um die Herstellung bestimmter Einrichtungen geht, die für den Betrieb einer Arztpraxis nicht oder nicht in der geplanten Weise zwingend notwendig sind, kann und sollte der Vermieter solche Risiken, welche die Herstellung des geplanten Zustands gefährden können, ausdrücklich aus seinem Leistungs- und Haftungsrahmen ausschließen. Jedenfalls sollte bei allen geplanten substantiellen Eingriffen vor Vertragsschluss geklärt werden, ob der Durchführung Hindernisse entgegenstehen. Beim beabsichtigten Betrieb einer Spezialpraxis mit besonders aufwändigen, schweren oder gefährlichen Gerätschaften sollten die baulichen und technischen Möglichkeiten für die Herrichtung des Objekts unbedingt vorab geklärt sein, um den sonst drohenden Auseinandersetzungen über die Unmöglichkeit der Überlassung in dem als vertragsgemäß vorausgesetzten Zustand vorzubeugen.[375] In diesem Rahmen kann es einer Baugenehmigung, einer strahlenschutzrechtlichen Genehmigung oder einer Einschaltung von Sonderfachleuten (Architekten, Ingenieuren) für bestimmte bauliche Eingriffe bedürfen.

164 Eine Arztpraxis kann die Herstellung besonderer **Sicherungsmaßnahmen** erforderlich machen, um insbesondere Einbruchsgefahren vorzubeugen. Grundsätzlich kann eine vom Ver-

---

[370] Vgl. BGH NJW 1999, 635 zu Umbauten für eine Arztpraxis, die an denkmalschutzrechtlichen Auflagen scheiterten.
[371] Vgl. BGH NJW 1999, 635.
[372] Vgl. BGH MDR 1999, 287.
[373] Vgl. BGH MDR 1999, 287 m.w.N.
[374] Vgl. BGH MDR 1999, 287; BGH MDR 1960, 304 jeweils m.w.N.
[375] Vgl. BGH NJW 1999, 635.

mieter zu verantwortende und ggf. zur Kündigung berechtigende Beeinträchtigung des Mietgebrauchs dadurch begründet sein, dass es mehrfach zu Einbruchsdiebstählen kommt.[376] Der Betrieb einer Arztpraxis schafft indessen spezifische, aus dem Mietgebrauch mündende Risiken, denn solche Räumlichkeiten sind bevorzugte Einbruchsobjekte für Drogenabhängige. Hinsichtlich solcher Risiken bewirkt es keine unangemessene Benachteiligung des Mieters, wenn der Mieter zu besonderen Schutzvorkehrungen heran gezogen wird. Da von einer Arztpraxis mit ggf. regem Publikumsverkehr eine erhebliche Verschmutzung der Gemeinschaftsflächen ausgehen kann, kommt schon aus Gründen der Verkehrssicherung die Regelung einer erhöhten Reinigungspflicht des Mieters in Betracht. Die allgemeine **Verkehrssicherungspflicht** für den Zustand und für den Zugang zu einem Gebäude verbleibt aber grundsätzlich beim Vermieter. Nach der Rechtsprechung kann der Mieter neben dem Vermieter verkehrssicherungspflichtig für solche Bereiche sein, die er voll beherrscht.[377]

> **Formulierungsvorschlag:**
>
> §..... Ausstattung der Mieträume, Herstellungspflichten des Vermieters
>
> (1) Die Mieträume sind vom Vermieter allein nach Maßgabe dieses Vertrags (vgl. Ziff. 2) herzurichten. Im Übrigen übernimmt der Mieter die Mieträume in dem ihm bekannten Zustand. Soweit mit dem beabsichtigten Praxisbetrieb künftig erhöhte Anforderungen in Bezug auf die Beschaffenheit der baulichen Anlagen, der technischen Anschlüsse und der Versorgung mit Wasser und Energie einhergehen, übernimmt der Vermieter keine Gewähr für die Erfüllung solcher erhöhter Anforderungen. Der Mieter wird insoweit darauf verwiesen, die Mieträume vorbehaltlich der mit diesem Vertrag geregelten Erlaubniserteilung seinerseits entsprechend auszustatten. Hierzu enthält §..... nähere Bestimmungen.
>
> (2) Der Vermieter hat auf seine Kosten folgende Arbeiten durchzuführen:
>
> – Beispiele –
>
> 1. die Herstellung einer Ruf- und Türöffnungsanlage, die ein Öffnen der Haustür von der Praxis aus ermöglicht.
> 2. die Herstellung eines schmiedeeisernen Fenstergitters am straßenwärts gelegenen Fenster.
> 3. die Herstellung eines Abstellplatzes für Fahrräder und Kinderwagen im Bereich.
> 4. ......

165

Der Vermieter einer Arztpraxis wird in der Regel kein Interesse daran haben, solche Herstellungs- und Erhaltungspflichten zu übernehmen, die allein durch den speziellen Mietgebrauch des anmietenden Arztes veranlasst sind. Zumeist wird der Vermieter auch über keine eigene Entscheidungskompetenz verfügen, welche Einrichtungen der Arzt als Mieter benötigt. Da eine Pflichtenabwälzung auf den Mieter restriktiv auszulegen ist,[378] bedarf es hinsichtlich derjenigen Herstellungs- und Erhaltungspflichten, die der Vermieter auf den Mieter abwälzen will, ausdrücklicher und eindeutiger vertraglicher Vereinbarungen. Soweit durch den Mietgebrauch veranlasste oder im Risikobereich des Mieters liegende Maßnahmen in Rede stehen, bestehen keine Bedenken gegen eine formularmäßige Pflichtenabwälzung auf den Mieter. Die Möglichkeit einer vollständigen formularmäßigen Abwälzung der Pflichten aus § 535 Abs. 1 BGB auf den Mieter steht aber auch bei der Gewerberaummiete in Frage. Teilweise ist von überraschenden Klauseln im Sinne des früheren § 3 AGBG (jetzt: § 305c Abs. 1 BGB) ausgegangen worden;[379] teilweise wurde ein Verstoß gegen § 9 AGBG (jetzt: § 307 BGB) angenommen.[380] Die Abwälzung findet im Zweifel da ihre Angemessen-

166

---

[376] Vgl. OLG Naumburg NZM 1998, 438; a. A. bei vorbehaltloser Fortentrichtung der Miete: KG NZM 1998, 437.
[377] Vgl. OLG Köln NJW-RR 1990, 224 m. w. N; zur Berechtigung, die Haustür zu einer Arztpraxis offen zu lassen, vgl. LG Itzehoe, Urt. v. 9.7.2009 – 7 O 191/08 – juris.
[378] Vgl. BGH WuM 1992, 355.
[379] Vgl. BGH NJW 1977, 195.
[380] Vgl. OLG Dresden NJW-RR 1997, 395.

heitsgrenzen, wo die Pflichtenabwälzung zugunsten des Vermieters zum Übergang der Sachgefahr auf den Mieter führt und diesen mit einem nicht mehr absehbaren Kostenrisiko belastet.[381] Als wesentlicher Orientierungspunkt für den Kernbereich der nicht abwälzbaren Vermieterpflichten kann die Erhaltung der Grundsubstanz dienen.[382] Eine zulässige Pflichtenabwälzung auf den Mieter kommt um so eher in Betracht, je mehr die betreffenden Teile der Mietsache örtlich und funktional dem unmittelbaren Mietgebrauch unterfallen und der Abnutzung, dem Verschleiß oder einer durch den Mietgebrauch beschleunigten Alterung unterliegen.[383]

Formulierungsvorschlag 2:

167
§ . . . . . **Besondere Herstellungs- und Nutzungsbefugnisse des Mieters**

(1) Der Mieter ist berechtigt, in den Mieträumen auf eigene Kosten und für eigene Rechnung folgende Maßnahmen durchzuführen:

– Beispiele –

1. Der Mieter darf in den Räumen . . . . . . Trockenbauzwischenwände zwecks Schaffung mehrerer Untersuchungs- und Behandlungseinheiten ziehen.
2. Der Mieter darf in den Räumen . . . . . . zusätzliche Warm- und Kaltwasseranschlüsse installieren.
3. . . . . . .

(2) Soweit der Mieter im Rahmen des vertraglichen Mietgebrauchs die Installation weiterer Anschlüsse und technischer Einrichtungen, insbesondere für Apparaturen der medizinischen Diagnostik und Therapie, für Telekommunikation, Energieversorgung, Datenverarbeitung sowie für Luft- und Klimatechnik wünscht, hat er auch die dafür erforderlichen Vorkehrungen in eigenem Namen und für eigene Rechnung zu treffen. Soweit solche Installationen und Einrichtungen bauliche Eingriffe und Veränderungen erforderlich machen, ist der Mieter hierzu nur mit der ausdrücklichen Erlaubnis des Vermieters berechtigt.

(3) Die nach Ziff. (1) und (2) gestatteten und ggf. nachträglich genehmigten Einrichtungen sind vom Mieter auf eigene Kosten und für eigene Rechnung fachgerecht herzustellen, zu erhalten, zu sichern, zu warten und instand zu halten. Der Mieter stellt den Vermieter von jeglicher Inanspruchnahme frei, die im Zusammenhang mit den bezeichneten Einrichtungen und den vorstehend aufgeführten Mieterpflichten steht.

168 c) **Übernahme von Einrichtungen durch den Mieter (Praxiskauf).** Wenn der Vermieter die Räume zuvor selbst als Arzt genutzt hat oder der frühere Mieter Arzt war, kann die Anmietung einer Arztpraxis mit der Übernahme oder dem Erwerb von Gegenständen der Praxiseinrichtung einhergehen. Wenn der Mietzins sowohl den Gebrauch der eigentlichen Mieträume als auch die Nutzung spezieller Einrichtungen und Gerätschaften für die Ausübung des ärztlichen Berufs abdeckt, handelt es sich im Zweifel um einen **Pachtvertrag**. Bei den zusätzlich zum Gebrauch überlassenen Sachen handelt es sich dann um **Inventar**.[384]

169 Wenn die Entrichtung des vertraglichen Entgelts zugleich die Nutzung der Mieträume und die Tilgung des **Kaufpreises für Einrichtungen und Gerätschaften** abdecken soll, die der Ausübung des Arztberufs dienen, so konnte dies nach früherem Recht zur Anwendbarkeit des Abzahlungsgesetzes führen. Im unternehmerischen Bereich (§ 14 BGB), der auch bei der gewerblichen Anmietung durch Freiberufler eröffnet ist,[385] kann eine solche vertragliche Regelung **Darlehenscharakter** haben. Insoweit sind die Vorschriften der §§ 488 bis 490 BGB einschlägig, werden aber zumeist durch die mietvertraglichen Sonderregelungen überlagert. Die verbraucherschutzrechtlichen Bestimmungen des BGB (§§ 13 i. V. m. 491 ff. BGB) finden nach neuem Recht im unternehmerischen Bereich dagegen keine Anwendung.

---

[381] Vgl. OLG Sachsen-Anhalt NJW-RR 2000, 823 m. w. N.; *Wolf/Eckert/Ball* Rdnr. 351 ff. m. w. N.
[382] Zu den Grenzen der Pflichtenabwälzung vgl. *Stopenhorst* NZM 2007, 17.
[383] Vgl. *Borzutzki-Pasing* NZM 2004, 161 m. w. N.
[384] Vgl. Rdnr. 111 ff. und § 77; zur Übernahme von Arztpraxen vgl. *Ehlers* (Hrsg.), Fortführung von Arztpraxen, 3. Aufl. 2009.
[385] Vgl. Palandt/*Heinrichs* § 14 Rdnr. 2.

Die (Weiter-)Vermietung von Arztpraxen erfolgt oft auch im Rahmen eines **Praxisver-** 170
kaufs, bei dem der Vermieter (als der frühere Betreiber der Arztpraxis) oder der frühere Mieter die Arztpraxis als solche veräußert. Wenn der Vermieter seine früher selbst betriebene Praxis verkauft, aber Vermieter der Räumlichkeiten bleibt, bezieht sich das Veräußerungsgeschäft zunächst auf das Inventar.[386] Gegenstand der Veräußerung kann aber auch das gesamte Unternehmen einschließlich der Übernahme von Personal und der betrieblichen Organisation sein. Dann kann im rechtlichen Sinne ein **Unternehmenskauf** vorliegen, der vielfältige und komplexe Rechtsprobleme aufwerfen kann, die den mietrechtlichen Bezug verlassen und sich hier einer näheren Darstellung entziehen.[387] Zu beachten ist jedenfalls, dass die Rechtsprechung dann von der **Nichtigkeit von Praxiskaufverträgen im Sinne von § 134 BGB, § 203 StGB** ausgegangen ist, wenn der Vertrag den Veräußerer auch ohne Einwilligung der betreffenden Patienten oder Mandanten (bei Rechtsanwalts- oder Steuerberaterkanzleien) verpflichtete, dem Erwerber die Patienten- und Beratungskartei zu übergeben.[388] Dasselbe gilt, wenn ein Abtretungsvertrag hinsichtlich ärztlicher Honorarforderungen an eine Verrechnungsstelle vorsieht, dass der Arzt seine gegenwärtigen und zukünftigen Forderungen unterschiedslos und ohne Einwilligung des Patienten abtritt[389] oder wenn dem Übernehmer (einer Steuerberaterpraxis) alle vorhandenen Akten über die noch laufenden und bereits abgeschlossenen Aufträge nach Übergabe der Praxis zur Verfügung gestellt werden sollen.[390]

Vom Praxis(ver)kauf wird aber auch gesprochen, wenn ein Arzt als Mieter seine Praxis 171
einem anderen anderen Arzt als Nach- oder Ersatzmieter[391] überlässt. Zugunsten des Mieters reichen solche Vereinbarungen am weitesten, die ihm einen **Praxisverkauf** mit der Maßgabe ermöglichen, dass der Vermieter den Praxiserwerber zu denselben (oder in bestimmter Weise anders festzulegenden) Konditionen als Nachmieter akzeptieren muss. In solchen Fällen kann sich der Vermieter schadensersatzpflichtig machen, wenn er sich weigert, einen Mietvertrag mit dem Erwerber zu schließen.[392] Der Mieter kann sich mit einer solchen Vertragsgestaltung nicht nur einen Ausgleich für die von ihm getätigten Investitionen und die dem nachfolgenden Mieter überlassenen Gerätschaften, sondern auch für den von ihm erwirtschafteten „good will" sichern. Solche Vereinbarungen können ebenfalls einen Unternehmenskauf zum Gegenstand haben.[393] Auf einen so weit reichenden Kontrahierungszwang zum Abschluss eines Mietvertrags mit einem Praxiserwerber wird sich ein Vermieter aber nur in Ausnahmefällen einlassen.

d) Konkurrenzschutz. Ob der freiberuflich tätige Arzt **vertraglichen Konkurrenzschutz** 172
genießt, hängt vom Inhalt der hierzu getroffenen Vereinbarungen ab. Insoweit bestehen keine grundlegenden Unterschiede zum Konkurrenzschutz bei anderen Gewerbetreibenden.[394] Es ist jeweils durch Auslegung des zugrunde liegenden Vertrags zu ermitteln, wie weit der ausdrücklich zugesagte Konkurrenzschutz reicht.

Auch bei Freiberuflern hat nunmehr als weithin anerkannt zu gelten, dass der Vermieter 173
grundsätzlich verpflichtet ist, den Mieter selbst ohne ausdrückliche vertragliche Vereinbarungen vor Konkurrenz im selben Objekt zu schützen.[395] Die frühere Rechtsprechung zum

---

[386] Vgl. die Rdnr. 169.
[387] Zum Kauf einer Arztpraxis als Unternehmenskauf vgl. BGH NJW 1989, 763; zum Unternehmenskauf vgl. im Überblick: *Triebel/Hölzle* BB 2002, 521; *Wunderlich* WM 2002, 981; *Eidenmüller* ZGS 2002, 290; zu den Hinweis- und Aufklärungspflichten des Veräußerers vgl. BGH NJW 2002, 1042; zu Haftungsklauseln vgl. *Gronstedt/Jörgens* ZIP 2002, 53; vgl. ferner die Nachweise bei Palandt/*Weidenkaff* § 453 Rdnr. 7.
[388] Vgl. BGH NJW 1992, 737 ff.; KG Stbg 1999, 175; KG Medizinrecht 1996, 220; zur Entziehung der ärztlichen Zulassung vgl. BayLSozG Urt. v. 6. 12. 2006 – L 12 KA 251/05 – zitiert nach Juris.
[389] Vgl. BGH NJW 1996, 2087 = VersR 1997, 321.
[390] Vgl. OLG Köln Medizinrecht 1996, 369.
[391] Vgl. Rdnr. 176 ff.; *Ehlers* (Hrsg.), Fortführung von Arztpraxen, 3. Aufl. 2009.
[392] Vgl. LG Berlin GuT 1992, 1099.
[393] Vgl. Rdnr. 170.
[394] Vgl. Rdnr. 20 ff.; *Reinke* PFB 2009, 167; zum Konkurrenzschutz bei Teil-/Sondereigentum vgl. OLG Brandenburg, Urt. v. 10. 6. 2009 – 3 U 169/08 – juris; *Leo/Ghassemi-Tabar* NZM 2009, 263.
[395] Vgl. BGHZ 70, 79 = NJW 1978, 585; OLG Köln OLGR 2005, 390; OLG Düsseldorf NJW 1963, 1678; OLG Düsseldorf ZMR 2007, 267; *Joachim* BB Beilage 6 zu Heft 19/1986, Seite 9; *Fritz* Rdnr. 77; Bub/Treier/*Krämer* III.B. Rdnr. 1240.

mietrechtlichen Wettbewerbsschutz als einem **vertragsimmanenten Konkurrenzschutz** dürfte daher bei Angehörigen freier Berufe überholt sein, soweit etwa der BGH[396] die Bejahung von Konkurrenzschutz teilweise von einer Einzelfallprüfung hat abhängig machen wollen oder das OLG Karlsruhe[397] angenommen hat, dass Konkurrenzschutz (zugunsten einer Zahnarztpraxis) nur dann zuzubilligen sei, wenn ansonsten keine wirtschaftlich sinnvolle Nutzung mehr möglich sei. Bei der Vermietung an mehrere Ärzte können sich wegen der häufigen **Überschneidungen zwischen den medizinisch ärztlichen Fachbereichen** Abgrenzungsprobleme in Bezug auf die Reichweite des immanenten Konkurrenzschutzes ergeben.[398] Insoweit kollidieren unterschiedliche Interessenbereiche. Einerseits ist eine gewisse Konkurrenznähe zumal in Ärztezentren durchaus verkehrsüblich und vom einzelnen Mieter i. d. R. auch erwünscht. Ärzte suchen durchaus die Nähe zu Kollegen anderer Fachbereiche, weil sich gerade aus den unterschiedlichen fachlichen Zuständigkeiten Chancen für eine Erweiterung des eigenen Betätigungsfelds aufgrund höherer Patientenfrequenz und der Möglichkeit von Patientenüberweisungen durch benachbarte Ärzte ergeben können. Praxisgemeinschaften und Arztzentren legen es gezielt auf die Abdeckung eines möglichst breiten Fachspektrums an. Andererseits läuft der einzelne Mieter Gefahr, dass sich sein eigener Patientenstamm bei zu starken oder zu häufigen Zuständigkeitsüberschneidungen reduziert.

174 Beim mietvertraglichen Konkurrenzschutz wird es vor diesem Hintergrund wesentlich darum gehen, den **geschützten Kernbereich** der fachlichen Ausrichtung des jeweiligen Mieters festzulegen.[399] Das OLG Hamm[400] hat eine Konkurrenzsituation sogar zwischen einer Facharztpraxis für Chirurgie und Orthopädie und einer Praxis für Mund-, Kiefer- und Gesichtschirurgie angenommen. Das OLG Koblenz[401] hat zugunsten des Betreibers einer Arztpraxis einen Unterlassungsanspruch angenommen, soweit andere Räume an den Betreiber einer Dialysepraxis vermietet wurden und ärztliche Tätigkeiten in Rede stehen, die über die Dialysetätigkeit und Notfallhilfe hinausgehen. Für die Vertragsgestaltung wird es wesentlich darauf ankommen, ob der Mieter einer Arztpraxis in erster Linie möglichst ungestört von anderen Wettbewerbern agieren will. Dann sollte er sich dies – soweit möglich – ausdrücklich ausbedingen. Insbesondere Allgemeinmediziner (praktische Ärzte, Internisten, aber auch Heilpraktiker u. ä.) werden sich untereinander eher als Konkurrenten ansehen, während ausgemachte Spezialisten, wie etwa Zahnärzte oder Augenärzte, den „Generalisten" grundsätzlich keine Wettbewerbsnachteile verschaffen. Das KG[402] hat die Gewährung von Konkurrenzschutz für den Bereich „Praktischer Arzt speziell hausärztlicher Internist" dahingehend ausgelegt, dass sich der Konkurrenzschutz sowohl auf die Tätigkeit „praktischer Arzt" als auch „hausärztlicher Internist" beziehen soll und dass in diesem Rahmen die Vermietung an einen anderen Arzt mit der Ausrichtung Chinesische Heilkunde konkurrenzschutzverletzend sei, und zwar auch in Ansehung des Umstands, dass die Vermietungen in einem sog. Gesundheitszentrum erfolgten.

175 Formulierungsvorschlag:

§ ..... Konkurrenzschutz

(1) Die Parteien sind sich darüber einig, dass im Gesamtobjekt weitere Nutzeinheiten an andere Betreiber von Arztpraxen vermietet werden und auch künftig vermietet werden können. Eine möglichst breit gefächerte Ansiedlung von Arztpraxen unterschiedlicher fachärztlicher Ausrichtung ist das erklärte Ziel beider Parteien.

(2) Im Rahmen der nach Ziff. (1) geltenden Zielvorstellungen gewährt der Vermieter dem Mieter Konkurrenzschutz nur insoweit, als es den Betrieb einer Praxis

---

[396] Vgl. NJW 1976, 2301.
[397] Vgl. NJW 1972, 2224.
[398] Vgl. Lindner-Figura/Oprée/Stellmann/*Hübner/Griesbach/Schreiber* Kap. 14 Rdnr. 111, 142 ff.
[399] Vgl. OLG Düsseldorf NZM 2007, 357.
[400] Vgl. NJW-RR 1991, 1483.
[401] Vgl. Urt. v. 24. 5. 1995 – 5 U 1394/94 – n. v., vgl. aber bei BGH NJW-RR 1996, 460.
[402] Vgl. Urt. v. 6. 6. 2005 – 8 U 25/05, zitiert nach Juris.

– Beispiel –

für Allgemeinmedizin (Tätigkeit als praktischer Arzt) anbetrifft.

(3) Der dem Mieter gewährte Konkurrenzschutz erstreckt sich nicht auf fachärztliche Praxen jedweder Ausrichtung. Konkurrenzschutz wird auch nicht gewährt, soweit es im Rahmen internistisch fachärztlicher Tätigkeit sowie heilpraktischer und homöopathischer Betätigung zu Überschneidungen mit dem Tätigkeitsbereich des Mieters kommen kann.

(4) Der Mieter hat im Übrigen keinen Anspruch auf die Erhaltung oder Erreichung eines bestimmten Mieterbestands.

e) **Nachmieter/Ersatzmieter.** Der Vermieter einer Arztpraxis hat oft ein starkes Interesse daran, dass die Anmietung gerade durch einen Arzt zum Betrieb einer Arztpraxis erfolgt. In Arztzentren versteht sich das Bestreben, eine homogene Mieterstruktur zu erhalten, geradezu von selbst. Das Interesse, nur an Ärzte vermieten zu wollen, kann sich aber auch aus anderen wirtschaftlichen Beweggründen ergeben, etwa wenn ein Apotheker Mietobjekte in unmittelbarer Nachbarschaft zu seinem Apothekenbetrieb vermietet. Die vertragliche Ausgestaltung einer dem Mieter einzuräumenden Möglichkeit, die Praxis anderen (Ärzten) zu überlassen, hängt davon ab, ob der Vermieter gerade den Mieter an sich binden und einen Mieterwechsel verhindern will oder ob er vorrangig an einer möglichst lückenlosen und ggf. gleichgelagerten Auslastung der Mietsache als Arztpraxis interessiert ist. Außerdem kann dem Vermieter für den Fall eines Mieterwechsels daran gelegen sein, den Vertragszweck anderweitig festzulegen. 176

Ohne besondere Absprachen ist der Vermieter nicht verpflichtet, sich im Falle eines vorzeitigen Auszugs des Mieters wegen Betriebsaufgabe um einen **Nachmieter** zu bemühen. Hierzu bedarf es grds. dreiseitiger Absprachen zwischen den Mietparteien und dem Nachmieter.[403] Der Vermieter braucht auch einen vom Mieter vorgeschlagenen Ersatzmieter nicht zu akzeptieren, wenn nicht ausnahmsweise besondere Umstände des Einzelfalls nach Treu und Glauben (§ 242 BGB) etwas anderes gebieten. Ein solcher Ausnahmefall wird nicht schon dadurch begründet, dass eine Geschäftsaufgabe aus wirtschaftlichen Gründen unabweisbar wird.[404] Der vorzeitig ausziehende Mieter wird selbst dann nicht automatisch aus der Haftung entlassen, wenn der Vermieter eine Neuvermietung vornimmt.[405] Die Auslegung des Parteiverhaltens kann aber ergeben, dass sich der Vermieter trotz Fehlens einer diesbezüglichen Verpflichtung damit einverstanden erklärt hat, dass der neue Mietvertrag an die Stelle des alten tritt und der ursprüngliche Mieter somit aus der Haftung entlassen wird.[406] Allein die gegenüber dem auszugswilligen Mieter geäußerte Bereitschaft des Vermieters, vom Mieter vorgeschlagene Mietinteressenten als Mietnachfolger in Betracht zu ziehen, hat in der Regel nicht die Bindungswirkung einer mietvertraglich vereinbarten Ersatzmieterklausel.[407] Aus Sicht eines Arztes als Mieter kann ein besonderes Interesse daran bestehen, Nach- oder Ersatzmieter stellen zu dürfen, denn der für die Einrichtung von Arztpraxen erforderliche Investitionsaufwand ist oft sehr hoch. Im Falle einer persönlichen Verhinderung an der Führung der angemieteten Praxis (etwa infolge von Krankheit, beruflicher Umorientierung oder Umzug) drohen zumal für den Berufsanfänger existenzgefährdende Vermögenseinbußen, wenn die Investitionen nicht einer werterhaltenden Weiternutzung zugeführt werden können. 177

In der Mietpraxis sind häufig Ersatzmieterklauseln anzutreffen, die dem Mieter unter bestimmten Voraussetzungen die Lösung vom Mietvertrag unter **Gestellung von Ersatzmietern** gestatten, hinsichtlich derer der Vermieter wiederum ein Prüfungs- und Ablehnungsrecht hat. Der BGH[408] hat den vollständigen Ausschluss einer Ersatzmietergestellung auch im Be- 178

---

[403] Vgl. OLG Düsseldorf ZMR 2008, 122.
[404] Vgl. OLG Düsseldorf OLGR 1992, 100.
[405] Vgl. OLG Düsseldorf OLGR 1998, 46.
[406] Vgl. OLG Düsseldorf OLGR 1998, 46; LG Gießen ZMR 1987, 471.
[407] Vgl. OLG Hamburg OLGR 1997, 135.
[408] Vgl. NJW-RR 1992, 1032.

reich der Geschäftsraummiete für nicht möglich gehalten. Reglementierungen, welche die Gestellung eines Ersatzmieters von bestimmten Voraussetzungen in der Person des Mieters (etwa seiner Berufsunfähigkeit)[409] oder des Ersatzmieters abhängig machen (z. B. Bonität, fachliche Eignung)[410] sind dagegen möglich. Insbesondere derjenige Vermieter, der an der Vermietung an einen Arzt interessiert ist, kann sich mit einer solchen Vertragsgestaltung eine kontinuierliche wirtschaftliche Verwertung der Mietsache unter Aufrechterhaltung des Mietzwecks sichern. Der Mieter kann durch die Möglichkeit der Einflussnahme auf die Auswahl des nachfolgenden Mieters seine Interessen wahren und auf eine Inventarübernahme hinwirken.

179   Die **Vertragsfortsetzung mit einem Ersatzmieter** findet vertragsrechtlich in zwei Schritten statt, durch die Beendigung des Mietverhältnisses mit dem ursprünglichen Mieter und den Abschluss eines neuen Mietvertrags mit dem Ersatzmieter oder durch zweiseitigen Vertrag der Mieter, dem der Vermieter zustimmt.[411] Umstritten ist die Wirksamkeit einer formularmäßigen Bestimmung, mit welcher der Vermieter die Stellung eines Ersatzmieters davon abhängig macht, dass der Mieter für die gegen den Ersatzmieter entstehenden Forderungen zu bürgen hat, bis der Ursprungsvertrag nach den hierin getroffenen Regelungen infolge ordentlicher Kündigung oder Zeitablauf endigt.[412] Eine Ersatzmieterklausel kann vorsehen, dass der Vermieter sich auf eine Ersatzmietergestellung nur dann einlassen muss, wenn der Ersatzmieter für eine bestimmte Mindestvertragsdauer abschlussbereit ist. Dadurch kann vermieden werden, dass der Vermieter sich auf kurzfristige Übergangslösungen einlassen muss. Bei nur kurzer Restlaufzeit ist dem ursprünglichen Mieter aber im Zweifel ein Festhalten am Vertrag zumutbar. Anstelle der Festschreibung der alten Vertragsbedingungen können die Parteien auch bestimmte Modifizierungen für den Nachfolgevertrag vereinbaren. Das wird insbesondere dann in Betracht kommen, wenn der Altvertrag Regelungen enthält, die sich speziell aus der Beteiligung des originären Mieters erklären und mit dessen Ausscheiden obsolet werden.

---

[409] Vgl. BGH WuM 1984, 54.
[410] Vgl. hierzu Bub/Treier/*Bub* II. Rdnr. 418 m. w. N.; *Heile* ZMR 1990, 249 m. w. N.
[411] Vgl. OLG Düsseldorf ZMR 2008, 122.
[412] Die Wirksamkeit bejahend: Bub/Treier/*Bub* II. Rdnr. 419; verneinend: OLG Düsseldorf NJW-RR 1994, 1025.

§ 70 Maklerrechtliche Probleme

Übersicht

	Rdnr.
I. Einführung	1–4
1. Richterrecht	3
2. Provisionsanspruch	4
II. Maklervertrag	5–30
1. Angebot und Annahme	5
2. Form	6–18
a) Schriftlicher Maklervertrag	6–11
b) Individualvereinbarung/Allgemeine Geschäftsbedingungen	12
c) Allgemeine Geschäftsbedingungen	13–16
d) Mündlicher Maklervertrag	17
e) Stillschweigender Maklervertrag	18
3. Prozessuale Hinweise	19–22
a) Beweislast	20
b) Beweismittel	21
c) Provisionsklage	22
4. Rechte und Pflichten aus dem Maklervertrag	23–26
a) Einfacher Maklervertrag	24
b) Alleinauftrag	25
c) Qualifizierter Alleinauftrag	26
5. Ende des Maklervertrages	27–30
a) Beendigung durch den Makler	28
b) Beendigung durch den Auftraggeber	29
c) Folgen	30
d) Unwirksamkeit des Maklervertrages	30 a
III. Maklertätigkeit	31–33
1. Nachweis	32
2. Vermittlung	33
IV. Hauptvertrag	34–49
1. Wirksamer Hauptvertrag	35
2. Problemfälle	36–46
a) „Schwarzgeschäft"	36
b) Heilung	37
c) Gesetzliches Verbot	38
d) Aufschiebende Bedingung	39
e) Auflösende Bedingung	40
f) Arglistige Täuschung	41/42
g) Gesetzliches Rücktrittsrecht	43
h) Vertraglich vereinbartes Rücktrittsrecht	44
i) Gesetzliches Vorkaufsrecht	45
j) Gemeindliches Vorkaufsrecht	46
3. Identität	47
4. Kongruenz	48/49
a) Persönliche Kongruenz	48
b) Sachliche Kongruenz	49
V. Kausalität	50–57
1. Infolge	51
2. Mitursächlichkeit	52–56
a) Erhaltung des Provisionsanspruches	53
b) Mehrere Angebote	54
c) Vorkenntnis	55
d) Wegfall der Ursächlichkeit	56
3. Unterbrechung der Kausalität	57
VI. Provision	58–65
1. Wucher	59
2. Übliche Provision	60

	Rdnr.
3. Doppelprovision	61
4. Abwälzung	62–65
a) Schuldübernahme	63
b) Vertragsübernahme	64
c) Vertrag zugunsten Dritter	65
VII. Einreden/Einwendungen	66–85
1. Verwirkung des Lohnanspruchs	67–70
a) Verwirkung	67
b) Positive Vertragsverletzung	68
c) Doppeltätigkeit	69
d) Einzelfälle	70
2. Reservierungsvereinbarung	71–76
a) Pflichten	72
b) Definition	73
c) Reservierungsgebühr	74
d) Obergrenze	75
e) Vermittlung einer Objektreservierung	76
3. Allgemeine Geschäftsbedingungen	77–79
a) Individualvereinbarung	78
b) Unwirksame Klauseln	79
4. Verflechtung	80–85
a) Abgrenzung	81
b) Echte Verflechtung	82
c) Doppeltätigkeit	83
d) Einzelfälle	84
e) Provisionsunschädliche Fälle	85
VIII. Sonstige Ansprüche	86–88
1. Aufwendungsersatz	87
a) Aufwendungen	87 a
b) Aufwendungsersatz im Erfolgsfalle	87 b
2. Erfolgsunabhängige Provision	88

Schrifttum: *Bethke*, Maklerrecht in der Praxis, 2. Aufl. 1998; *Blanck*, in Mietrecht von A–Z, 16. Aufl. 1999; *Braun*, in Beck'sches Rechtsanwaltshandbuch 1999/2000, Der Maklerprozess; *Dykerhoff/Brandt*, Das Recht des Immobilienmaklers, 10. Aufl. 1993; *Geser*, RechtsABC für Immobilienmakler, 5. Aufl. 2000; *Hillmayer*, Maklerverträge, 6. Aufl. 1998; *Mäschle*, Maklerrecht von A–Z, 2. Aufl. 1999; *Pause*, in Koeble (Hrsg.), Rechtshandbuch Immobilien; *Petri/Wieseler*, Handbuch des Maklerrechts, 1. Aufl. 1998; *IVD-Sammlung* von Rspr. zum Makler- und Immobilienrecht, 47. Ergänzungslieferung, Stand 31. 1. 2008; *Schwerdtner/Hamm*, Maklerrecht, 5. Aufl. 2008; *Seydel*, Maklerrecht, Ein Leitfaden für den Makler und ihre Kunden, 3. Aufl.; *Wegener/Sailer*, Der Makler und sein Auftraggeber, 5. Aufl. 1997.

I. Einführung

1   Nach § 652 Abs. 1 BGB kann ein Makler nur dann Provision (= Courtage) beanspruchen, wenn vier Voraussetzungen kumulativ gegeben sind:
• Maklervertrag
• Nachweis- oder Vermittlungstätigkeit
• Hauptvertrag
• Ursächlichkeit

2   Dabei wird der Maklervertrag entweder mit dem Verkäufer (dem Vermieter) und dem Makler und dem Käufer (dem Mieter) geschlossen. Der Vertragspartner des Maklers wird „Auftraggeber" genannt. Unter dem Begriff „Hauptvertrag" versteht man die rechtliche Beziehung zwischen Verkäufer und Käufer oder zwischen Mieter und Vermieter. Die Maklertätigkeit (= Nachweis und/oder Vermittlung) muss ursächlich (= kausal) für den Erfolg (= Hauptvertrag) sein. Für die Vermittlung von Wohnraummietverträgen wird auf § 35 (Wohnungsvermittlung) verwiesen.

1. Richterrecht

Da das zivile Maklerrecht nur in fünf Paragraphen (§§ 652 bis 656 BGB und das Recht 3
des Handelsmaklers in §§ 93 bis 104 HGB) normiert ist, hat sich hierzu ein umfangreiches
Richterrecht – notwendigerweise – entwickelt, das die Übersichtlichkeit und Systematik im
Maklerrecht nicht erleichtert.

2. Provisionsanspruch

Der Provisionsanspruch ist an vier Voraussetzungen geknüpft, von denen der Makler nur 4
zwei selbst beeinflussen kann:
- Maklervertrag
- Maklertätigkeit

Die beiden anderen Voraussetzungen für den Provisionsanspruch (Hauptvertrag und Ursächlichkeit) sind vom Makler nur indirekt zu beeinflussen und generell abhängig vom Verhalten seines Auftraggebers. Der Erfolg ist für den Makler erst dann eingetreten, wenn der Hauptvertrag endgültig bestandskräftig abgeschlossen ist. Ebenso kann es sein, dass die Maklertätigkeit nicht ursächlich für den Hauptvertragsabschluss ist. Hier können Zufälle eine Rolle spielen.

II. Maklervertrag

1. Angebot und Annahme

Generell vollzieht sich der Vertragsschluss in der Form eines zeitlich vorangehenden An- 5
trages (§§ 145 ff. BGB) und seiner Annahme (§§ 146 ff. BGB). Der Antrag wird auch Angebot oder Offerte genannt und ist eine einseitige empfangsbedürftige Willenserklärung, die gem. § 130 BGB mit dem Zugehen wirksam wird. Die Vertragsannahme (§§ 147 bis 152 BGB) ist ebenfalls eine einseitige empfangsbedürftige Willenserklärung.

2. Form

a) Schriftlicher Maklervertrag. Erfahrungsgemäss wird im Verhältnis Makler/Verkäufer 6
(Vermieter) ein schriftlicher Maklervertrag abgeschlossen, in aller Regel im Verhältnis Makler/Käufer (Mieter) ein mündlicher oder ein Vertrag, der sich aus schlüssigem Verhalten ergibt (= konkludent). Bei den schriftlichen Maklerverträgen müssen verschiedene Arten unterschieden werden:

aa) Einfacher Maklerauftrag. Der einfache Maklerauftrag ist in § 652 BGB geregelt. Der 7
Maklerkunde (Verkäufer/Vermieter) ist in aller Regel nicht gehindert, einen weiteren oder anderen Makler einzuschalten. Er darf auch Eigengeschäfte abschließen. Beim einfachen Maklervertrag ist allerdings auch der Makler nicht verpflichtet, für den Maklerkunden tätig zu werden.[1]

bb) Werkvertrag. Ein Maklerwerkvertrag im Sinne der §§ 631 ff. BGB liegt nur dann vor, 8
wenn zwischen den vertragschließenden Parteien vereinbart ist, dass der Makler verpflichtet ist, einen bestimmten Erfolg herbeizuführen, er also für den Erfolgseintritt einstehen will. Beispiel: Beschaffung einer bestimmten Finanzierung.[2] Der Maklerwerkvertrag und der nachfolgend näher beschriebene Maklerdienstvertrag bleiben in ihrem Kern aber ein Maklervertrag i.S.v. § 652 BGB.[3]

cc) Maklerdienstvertrag. Beim einfachen Maklerauftrag wird der Makler nicht zu einer 9
Tätigkeit verpflichtet. Soll er aber trotzdem tätig werden, so wird ganz allgemein vom Maklerdienstvertrag gesprochen. Spezielle Ausprägungen des Dienstvertrages sind der Alleinauftrag und der qualifizierte Alleinauftrag.

---
[1] OLG Brandenburg NJW-RR 1998, 1433.
[2] BGH NJW-RR 1991, 627.
[3] BGH NJW 1985, 2477.

10 *dd) Alleinauftrag.* Es handelt sich hierbei um den wichtigsten Maklervertragstyp. Er wurde von der Rechtsprechung entwickelt und ist eine Variante des Maklervertrages im Sinne von § 652 BGB. Die Vertragsgestaltung beim „Alleinauftrag" sieht vor, dass der Maklerkunde (= Auftraggeber) nicht berechtigt ist, im Gegensatz zum einfachen Maklervertrag, einen weiteren Makler einzuschalten. Andererseits ist der Makler beim Alleinauftrag auch verpflichtet, für den Kunden tätig zu werden, im Gegensatz zum einfachen Maklervertrag.[4]

11 *ee) Erweiterter (= qualifizierter) Alleinauftrag.* Bei dieser Vertragsart ist es dem Maklerkunden nicht gestattet, den Hauptvertrag auch ohne Zuziehung des Maklers abzuschließen. Bei dieser Vertragsgestaltung muss der Auftraggeber jeden Interessenten, der unmittelbar an ihn herantritt, an den Makler verweisen.[5]

12 **b) Individualvereinbarung/Allgemeine Geschäftsbedingungen.** In § 305 Abs. 1 Satz 3 BGB ist geregelt, dass bei Individualvereinbarungen eine Überprüfung der vertraglichen Bestimmungen nicht durch das AGB-Recht erfolgt. Von einem Individualvertrag spricht man dann, wenn die Vereinbarung frei ausgehandelt wurde. Dies bedeutet: Jeder Vertragspartner muss tatsächlich und ernsthaft bereit sein, von seiner Position abzugehen und den Wünschen der anderen Seite entgegen kommen. Falls Klauseln vorformuliert sind, müssen diese inhaltlich zur Disposition gestellt werden. Es muss für den anderen Teil erkennbar sein, dass diese Klauseln aufgegeben werden können oder abzuändern sind.[6] Dabei ist eine Individualvereinbarung durch die Revision nur im begrenzten Umfang überprüfbar.[7] Auch eine vorformulierte Aushandlungsbestätigung fällt unter das Verbot des § 312 Nr. 12 b BGB (füher: § 11 Nr. 15 b AGBG).[8]

13 **c) Allgemeine Geschäftsbedingungen.** In aller Regel werden in schriftlichen Vereinbarungen, die eine Partei vorschlägt, Punkte enthalten sein, die geprägt sind von dem Bestreben, Rechte des einen zu schmälern und die Rechte des anderen zu stärken. Insbesondere sollen unzweckmäßige Regelungen des BGB zugunsten des Verwenders abgeändert werden. Das AGBG dient dazu, hier für einen Interessenausgleich zu sorgen. Man wird auch davon ausgehen müssen, dass Individualvereinbarungen im Bereich des Maklerrechts kaum möglich sind bzw. von der Rechtsprechung sehr kritisch behandelt werden.

14 *aa) Einzelfälle mit unwirksamen Klauseln*
- Vertragsklauseln, bei denen der Maklervertrag durch Schweigen des Kunden zustande kommt.[9]
- Vertragsklauseln, bei denen das Einverständnis fingiert werden soll. Solche Klauseln sind in aller Regel unbeachtlich, weil sie ja erst wirksam werden können, wenn überhaupt ein Vertrag abgeschlossen wurde. Wird schon vorher der Vertragsabschluss „fingiert", können solche Klauseln auch nicht einbezogen werden. Schweigen gilt insbesondere dann nicht als Zustimmung, sondern als Ablehnung, wenn das Angebot für den anderen Teil rechtlich oder wirtschaftlich von Nachteil ist.[10]
- Klauseln, die feststellen, dass eine Tatsache bestätigt wird, ohne dass der Kunde hierauf reagieren muss. Solche Bestätigungsklauseln sind in aller Regel unwirksam,[11] anders im kaufmännischen Verkehr (so genanntes kaufmännisches Bestätigungsschreiben/Schweigen als Annahme).
- Vereinbarung einer erfolgsunabhängigen Maklerprovision: Eine solche Vereinbarung ist nur durch eine Individualvereinbarung möglich. Eine erfolgsunabhängige Provision kann nicht im Wege einer Allgemeinen Geschäftsbedingung vereinbart werden (§ 307 BGB oder gemäß § 308 Nr. 7 BGB). Das Gleiche gilt, wenn die erfolgsunabhängige Maklerprovision

---

[4] BGH NJW-RR 1987, 944.
[5] BGH NJW 1994, 1475.
[6] BGH NJW 1988, 410.
[7] BGH NZM 1999, 1156.
[8] BGH NJW 1987, 1634.
[9] BGH NJW-RR 1995, 179.
[10] BGH WM 1984, 171.
[11] LG Frankfurt NJW 1988, 499.

als Vertragsstrafe, Reuegeld, Aufwendungsersatz oder Reservierungsgebühr getarnt wird.[12]
- Vertragsklausel, aus der sich ergibt, dass der Auftraggeber auch dann eine Provision schuldet, wenn der Makler selbst Partner des Hauptvertrages wird: Eine Provision kann in solchen Fällen nur individuell vereinbart werden. Andernfalls würde eine nicht zulässige, erfolgsunabhängige Provision versprochen.[13]
- Vertragsklauseln, aus denen sich ergibt, dass der Maklerkunde innerhalb einer bestimmten Frist dem Makler mitteilen muss, er kenne das Objekt bereits (Vorkenntnisklausel). Für den Fall, dass die genannte Frist verstreicht, gilt die so genannte Ursächlichkeitsfiktion. Derartige Klauseln sind nur durch Individualvereinbarungen möglich.[14]
- Klauseln in Vertragsvereinbarungen, aus denen sich ergibt, dass die Provisionspflicht schon entsteht, bevor ein wirksamer Hauptvertrag abgeschlossen ist. Ein Makler kann keine Provision verlangen, wenn sein Auftraggeber den Geschäftsabschluss ablehnt.[15]
- Vertragsklauseln, aus denen sich ergibt, dass der Maklerkunde die volle Provision bezahlen muss, wenn er vorzeitig den Alleinauftrag kündigt. Der Maklerkunde soll nicht in seiner Abschlussfreiheit tangiert sein. Deswegen sind solche Klauseln unwirksam.[16]

bb) Wirksame Klauseln

- Vertragsklauseln, aus denen sich ergibt, dass der Maklerkunde den entstandenen finanziellen Aufwand ersetzen muss, sind wirksam, soweit sie nicht der Höhe nach eine verschleierte, erfolgsunabhängige Provision darstellen.[17] 15
- Vertragsklauseln, aus denen sich ergibt, dass der Kunde verpflichtet ist, die Informationen des Maklers vertraulich zu behandeln. Hierbei handelt es sich um eine Selbstverständlichkeit, dass es dem Kunden verboten ist, die Informationen an Dritte weiter zu geben. Solche Klauseln sind daher nicht zu beanstanden.[18]
- Vertragsklauseln, aus denen sich ergibt, dass der Maklerkunde, der vertrauliche Informationen weitergibt, und der Dritte dann den Hauptvertrag abschließt, selbst provisionspflichtig wird. Normalerweise würde durch ein solches Verhalten des Kunden der Makler auf seine Schadensersatzansprüche verwiesen werden. Hier wird der Makler jedoch durch eine Klausel so behandelt, als habe der Kunde selbst den Hauptvertrag abgeschlossen.[19]

cc) Formulierungsvorschläge. Nachfolgend beispielhaft aufgezählte Musterklauseln für einen qualifizierten Maklervertrag: 16

Maklerauftrag: Gegenstand des Maklerauftrages ist der Nachweis von Kaufinteressenten und/oder die Vermittlung eines Kaufvertragsabschlusses über das Auftragsobjekt.

Auftragsdauer: Der Auftrag läuft vom ...... bis ...... Wird er nicht unter Einhaltung einer Monatsfrist gekündigt, verlängert er sich jeweils um ein viertel Jahr. Nach Ablauf eines Jahres bedarf dieser Auftrag einer schriftlichen Erneuerung.

Pflichten des Maklers: Der Makler verpflichtet sich zur fachgerechten, nachhaltigen Bearbeitung dieses Makler-Alleinauftrages unter Ausnutzung aller sich ergebenden Abschlusschancen sowie zur Aufklärung des Auftraggebers über die Durchsetzbarkeit seiner Angebotsbedingungen.

Pflichten des Auftraggebers: Der Auftraggeber verpflichtet sich, während der Laufzeit des Auftrages keine Maklerdienste Dritter in Bezug auf das Auftragsobjekt in Anspruch zu nehmen und dem Makler alle für die Durchführung des Auftrages wichtigen Angaben vollständig und richtig zu machen.

Maklerprovision: Die vom Verkäufer zu zahlende Provision beträgt einschließlich Mehrwertsteuer ......% des Kaufpreises samt den vom Käufer übernommenen sonstigen Leistungen, dem Ver-

---

[12] BGH NJW 1985, 2477.
[13] OLG München DB 1983, 1977.
[14] Palandt/*Sprau* § 652 Rdnr. 51; ähnlich BGH NZM 2000, 141.
[15] BGH NJW 1967, 1225.
[16] BGH NJW 1967, 1225.
[17] BGH NJW 1987, 54.
[18] BGH NJW 1987, 2431.
[19] Palandt/*Sprau* § 652 Rdnr. 55.

käufer vorbehaltenen Nutzungen sowie dem Zubehör und einem etwa mitveräußertem Inventar. Die Provision ist fällig am Tage des rechtswirksamen Zustandekommens des beabsichtigten Kaufvertrages. Die Provision ist auch zu zahlen, wenn ein wirtschaftlich gleichartiges oder gleichwertiges Geschäft zustande kommt. Der Anspruch hängt nicht davon ab, ob der schließlich vereinbarte Kaufpreis mit vorangegangenen Kaufpreisvorstellungen übereinstimmt. Der Makler darf auch für den Käufer als Nachweis- und/oder Vermittlungsmakler provisionspflichtig tätig werden.
Aufwendungsersatz: Der Makler hat Anspruch auf Ersatz nachgewiesener Aufwendungen, die sich unmittelbar aus der Auftragsbearbeitung ergeben, wie z. B. für Inserate, Exposés, Telefon-, Telefaxkosten, Porti, etwaige Eingabekosten ins Internet und in ähnliche Kommunikationsdienste sowie Kosten für Besichtigungsfahrten. Der Aufwendungsersatz darf zunächst eine Gesamtsumme von DM ...... einschließlich Mehrwertsteuer pro Monat Laufzeit dieses Vertrages nicht übersteigen. Der Aufwendungsersatz ist fällig mit Beendigung dieses Auftrages. Geleistete Aufwendungen sind auf eine etwa anfallende Maklerprovision aus diesem Auftrag in vollem Umfange anzurechnen.
Schadensersatz: Falls der Auftraggeber für Dritte (z. B. Miteigentümer) ohne entsprechende Vollmacht handelt oder seine Vertragspflichten verletzt, ist er dem Makler zum Ersatz des sich daraus ergebenden Schadens verpflichtet.
Außerordentliches Kündigungsrecht: Der Auftraggeber kann diesen Makler-Alleinauftrag vorzeitig widerrufen, wenn der Makler trotz vorhergehender schriftlicher Abmahnung seiner Tätigkeitspflicht nach Ziffer 3 nicht nachkommt ...... (nach *Boorberg,* Vordruck M 61 010).

17   **d) Mündlicher Maklervertrag.** Der Abschluss eines Maklervertrages ist nicht an eine bestimmte Form gebunden. Da der Maklervertrag eine gewisse Anzahl von Mindeststandards beinhalten sollte, dürften Vereinbarungen, die nur mündlich getroffen wurden, in aller Regel schwer beweisbar beweisen sein. Es sollte zwischen den Parteien folgendes geregelt sein:
- Angabe der Vertragsparteien
- Angabe des Hauptvertragstyps (Kauf/Miete/Finanzierung o.ä.)
- Art des Maklervertrages (einfacher Alleinauftrag/erweiterter Alleinauftrag)
- Maklertätigkeit (Nachweis und/oder Vermittlung)
- Provisionshöhe (Prozentsatz inkl. Mehrwertsteuer)
- Provisionsverpflichteter
- Laufzeit des Vertrages (mit Kündigungsfristen)

18   **e) Stillschweigender Maklervertrag.** Haben die Parteien weder einen schriftlichen noch einen mündlichen Maklervertrag individuell ausgehandelt oder durch Allgemeine Geschäftsbedingungen den Mindestinhalt bestimmt, so kann ein Maklervertrag zwischen Makler und Interessenten (in aller Regel der Käufer/Mieter) auch durch schlüssiges Verhalten (stillschweigend) zustande kommen.

Willenserklärungen können, soweit keine Formvorschriften entgegen stehen, durch schlüssiges Verhalten abgegeben werden. Dabei bringt der Erklärende nicht unmittelbar durch Worte das Gewollte zum Ausdruck, sondern der Erklärende nimmt Handlungen vor, aus denen sich mittelbar der Schluss auf einen bestimmten Willen ziehen lässt. Dabei ist weiter davon auszugehen, dass reines und bloßes Schweigen keine Willenserklärung ist, sondern das Gegenteil davon.[20] Schweigen kann allerdings in bestimmten Situationen auch einen objektiven Erklärungswert haben („beredtes Schweigen"). Es sind jeweils die Umstände des Einzelfalles maßgebend.

In aller Regel nimmt der Interessent (= Kunde/Auftraggeber) einen ersten Kontakt über ein Inserat mit dem Makler auf. Die Annonce ist noch kein Angebot zum Abschluss eines Maklervertrages, sondern stellt die Aufforderung zur Abgabe eines Angebotes dar („invitatio ad offerandum",[21] betrifft Beherbergungsvertrag). Eine Zeitungsannonce ist in aller Regel nur ein werblicher Hinweis. Wenn der Kunde dann mündlich an den Makler herantritt, und weitere Informationen über die Vertragsangelegenheit anfordert, so muss der Makler ausdrücklich auf die mögliche Provisionszahlungsverpflichtung des Interessenten hinweisen

---

[20] BGH WM 1984, 17.
[21] OLG Düsseldorf NJW-RR 1991, 1143.

(Angebot), womit sich dieser dann einverstanden erklären muss (Annahme). Dieses Einverständnis kann auch durch schlüssiges Verhalten erfolgen, in dem er z. B. danach einen Besichtigungstermin vereinbart oder weitergehende Informationen anfordert (z. B. Baupläne), in Kenntnis der Tatsache, dass er für die Tätigkeit des Maklers, wenn ein wirksamer Hauptvertrag zustande kommt, eine Provision bezahlen soll. Günstiger ist die Situation für den Makler selbstverständlich dann, wenn in der Werbung bereits ein kurzer Provisionshinweis gegeben ist („Käuferprovision ......").

3. Prozessuale Hinweise

Sowohl für die Abwehr von Provisionsforderungen als auch für die Durchsetzung von Provisionsforderungen sind die allgemeinen Regeln der Beweislast zu beachten und meistens Streit entscheidend. Der Makler muss im Rahmen eines Provisionsprozesses alle vier Voraussetzungen darlegen und beweisen.

a) Beweislast
- Der Makler trägt die Beweislast dafür, dass seine allgemeinen Geschäftsbedingungen in den Vertrag einbezogen wurden.[22]
- Den Makler trifft auch die Beweislast dafür, dass die Vertragsklausel individuell ausgehandelt wurde. Zweifel gehen zu seinen Lasten.[23]
- Den Makler trifft die Beweislast, dass seine Tätigkeit zumindest „mitursächlich" für den Abschluss des Hauptvertrages war.[24]
- Den Auftraggeber trifft die Beweislast für eine Pflichtverletzung des Maklers, wenn er Schadensersatz geltend macht.[25]
Umgekehrt trägt selbstverständlich der Makler die Beweislast, wenn er die Pflichtverletzung des Auftraggebers behauptet.
- Beruft sich der Auftraggeber darauf, der Makler habe seine Treuepflicht aus dem Maklervertrag verletzt, so trifft ihn die Beweislast.[26]
- Den Auftraggeber trifft die Beweislast für die Behauptung, dass der spätere Abschluss des Hauptvertrages nicht auf die Tätigkeit des Maklers zurückzuführen ist.[27]
- Der Makler muss die Umstände darlegen und beweisen, aus denen sich ergeben soll, dass die ihm übertragenen Leistungen nur gegen eine Vergütung erfolgen soll („ausdrückliches Provisionsverlangen").[28]
- Andererseits trägt der Auftraggeber die Darlegungs- und Beweislast für die Behauptung, es sei die Unentgeltlichkeit der Maklerleistung vereinbart worden.[29]
- Den Interessenten trifft die Darlegungs- und Beweislast dafür, dass ihm die Gelegenheit zum Abschluss eines Vertrages über das Objekt bereits bekannt war und er somit vom Makler keine neuen Informationen erhalten hat.[30]
- Der Makler muss darlegen und beweisen, dass ein Hauptvertrag zustande gekommen ist.[31]
- Der Auftraggeber muss darlegen und beweisen, dass der Hauptvertrag später wieder entfallen ist oder der Provisionsanspruch gleichwohl nicht entstanden ist.[32]

b) Beweismittel. Den Parteien stehen als Beweismittel Zeugen, Urkunden, Sachverständigengutachten und Parteivernehmung zur Verfügung. So kann auch der Makler, wenn er seine Provision einklagt, evtl. seinen Anspruch an eine dritte Person abtreten. Der Makler selbst steht dann als Zeuge im Prozess zur Verfügung.

---
[22] § 1 AGBG und BGH NJW 1987, 1634.
[23] BGH NJW 1979, 367.
[24] BGH NJW 1971, 1133.
[25] BGH NZM 2000, 143.
[26] BGH NJW-RR 1992, 110.
[27] BGH NJW 1999, 1255.
[28] BGH NZM 1999, 39.
[29] BGH NJW 1981, 1444.
[30] OLG Koblenz NJW-RR 1997, 693.
[31] BGH NJW-RR 1990, 1008.
[32] OLG Frankfurt ZMR 1996, 84.

22 c) **Provisionsklage.** Zur Vorbereitung einer Klage oder zur Abwehr einer Klage (aus Sicht des Interessenten) sind folgende Punkte zu klären (nach *Petri/Wieseler* S. 431):

Checkliste: Provisionsklage

- ☐ Vollständiger Name und Adresse bzw. genaue Firmenbezeichnung
- ☐ Datum des Erstkontaktes zum Auftraggeber
- ☐ Nähere Umstände, wie es zum Kontakt kam
- ☐ Datum des Vertragsabschlusses
- ☐ Form des Maklervertrages (mündlich oder schriftlich?)
- ☐ Datum des Provisionshinweises
- ☐ Form des Provisionshinweises
- ☐ Hinweise, die ein Indiz für einen Maklervertrag sind
- ☐ Inhalt des Maklervertrages
- ☐ Vereinbarung einer Nachweistätigkeit und/oder Vermittlungstätigkeit
- ☐ Geschäftsverbindung zwischen den Hauptvertragsparteien zu einem anderen Zeitpunkt
- ☐ Datumsmäßige Erfassung früherer Geschäftskontakte
- ☐ Besichtigung anderer Objekte durch die gleichen Interessenten
- ☐ Übersendung von Exposés anderer Objekte
- ☐ Verhandlungen zwischen den Parteien über andere Immobilien
- ☐ Datum des Nachweises des gekauften/gemieteten Objektes
- ☐ Form des Nachweises
- ☐ Datum der Mitteilung der vollständigen Objektanschrift
- ☐ Information (Datum) des Verkäufers/Vermieters
- ☐ Datum der Besichtigungstermine
- ☐ Auf wessen Wunsch kamen die Besichtigungen zustande
- ☐ Telefonische Kontakte mit dem Interessenten (= Auftraggeber?)
- ☐ Inhalt des Telefongespräches oder der Gespräche (Aktennotiz)
- ☐ Liegt ein Anzeichen dafür vor, dass keine Provision bezahlt werden soll
- ☐ Genaue Anschrift und Adresse der Hauptvertragsparteien
- ☐ Familiäre oder gesellschaftsrechtliche Verbindungen zwischen den Hauptvertragsparteien
- ☐ Übte der Makler eine Vermittlungstätigkeit aus?
- ☐ Hat sich der Makler bei der Vermittlungstätigkeit neutral verhalten?
- ☐ Liegt ein einfacher Maklervertrag vor oder ein erweiterter Alleinauftrag?
- ☐ Besteht der Eindruck, dass sich die Hauptvertragsparteien zu Lasten des Maklers absprechen?
- ☐ Kann der Vorkenntniseinwand angebracht werden?
- ☐ In welcher gesellschaftsrechtlichen oder familiären Beziehung stehen die Zeugen zu den Parteien?
- ☐ Sind die Allgemeinen Geschäftsbedingungen in den Vertrag mit einbezogen worden?
- ☐ Besteht der Verdacht einer Verflechtung zwischen Makler und Auftraggeber?
- ☐ Mit welchen Gerichts- und Anwaltskosten ist zu rechnen?
- ☐ Für ein oder zwei Instanzen?
- ☐ Evtl. Teilklage

---

4. Rechte und Pflichten aus dem Maklervertrag

23 Je nach Vertragsart (einfacher Maklervertrag/Alleinauftrag/qualifizierter Alleinauftrag) ergeben sich unterschiedliche Rechte und Pflichten für die Parteien:

24 a) **Einfacher Maklervertrag**

aa) Pflichten des Maklers: Keine
bb) Pflichten des Auftraggebers: Keine

b) Alleinauftrag   25

aa) Pflichten des Maklers: Der Makler muss tätig werden. Er muss sich um den Verkauf bemühen.

bb) Pflichten des Auftraggebers: Er darf keinen anderen Makler einschalten.

c) Qualifizierter Alleinauftrag   26

aa) Pflichten des Maklers. Er muss sich um den Verkauf bemühen und alles tun, um erfolgreich abzuschließen;

bb) Pflichten des Auftraggebers. Er darf keinen anderen Makler beauftragen; er muss Interessenten, die sich bei ihm direkt melden, an den Makler weiterleiten (Verweisungspflicht). Er darf auch keine Eigengeschäfte ausführen.

5. Ende des Maklervertrages

Der Maklervertrag ist gem. § 652 BGB ein Vertrag von unbestimmter Dauer. Folgende 27 Beendigungsmöglichkeiten bestehen:
- Aufhebungsvereinbarung
- Kündigung
- Anfechtung
- Zeitablauf
- erfolgreicher Abschluss eines Hauptvertrages
- Insolvenz des Auftraggebers

a) Beendigung durch den Makler. Auch der Makler ist berechtigt, einen qualifizierten Al- 28 leinauftrag gem. § 626 BGB zu kündigen. Er ist selbstverständlich auch berechtigt, falls ein zeitlich befristeter Makleralleinauftrag erteilt wurde, eine automatische Verlängerung, falls eine solche vereinbart ist, abzulehnen. Dies kann durchaus im Interesse des Maklers sein, wenn er nämlich verpflichtet ist, Verkaufsbemühungen für ein Objekt zu tätigen, das zu den genannten Bedingungen des Verkäufers nicht „an den Mann" zu bringen ist. Der Maklervertrag endet automatisch durch den Tod des Maklers.[33] Hat der verstorbene Makler aber bereits eine Maklertätigkeit entfaltet, so geht der entstandene Provisionsanspruch auf die Erben über (§ 1922 BGB). Die Insolvenz des Maklers beendet aber den Maklervertrag nicht. Was mit dem Maklervertrag geschieht, bestimmt dann der Insolvenzverwalter (§ 115 InsO).

b) Beendigung durch den Auftraggeber. Auch der Auftraggeber kann gem. § 626 BGB je- 29 derzeit den Maklervertrag kündigen. Der Maklervertrag endet automatisch mit Zeitablauf, wenn dies vereinbart ist. Stirbt der Auftraggeber, so können seine Erben kündigen.[34]

c) Folgen. Die Beendigung des Maklervertrages hat nur für die Zukunft Bedeutung. Hat 30 der Makler während des Laufs des Maklervertrages eine Leistung erbracht (Nachweis/Vermittlung), so kann der Auftraggeber durch die Beendigung des Maklervertrages seine entstandene Provisionszahlungsverpflichtung nicht mehr rückwirkend unwirksam machen. **Aber:** Vereinbaren beide Parteien einen Aufhebungsvertrag, so kann daraus geschlossen werden, dass ein evtl. entstandener Provisionsanspruch wieder entfällt.

d) Unwirksamkeit des Maklervertrages. Die Unwirksamkeit des Maklervertrages kann 30a sich aus den allgemeinen Gründen ergeben, wie fehlende Form, aus seinem Inhalt, Anfechtung und Widerruf.

Außerdem ist die Maklertätigkeit unvereinbar mit dem Anwaltsberuf, meint jedenfalls der BGH.[35] Ein Zitat aus dieser Entscheidung mag dies verdeutlichen: „...... Der *Senat* hat eine durch Tätigkeitsverbote nicht ausreichend zu bannende Gefahr von Interessenkollisionen insbesondere dann bejaht, wenn der Rechtsanwalt zweitberuflich als Versicherungsmakler tätig ist.[36] Er hat dies mit der Erwägung begründet, Rechtsanwälte hätten es bei der Wahrnehmung ihrer Mandate vielfach mit der Abwägung von Risiken zu tun, die versichert werden könnten. Es bestehe deshalb die Gefahr, dass ein Rechtsanwalt im eigenen Courtage-

---

[33] BGH NJW 1965, 964.
[34] Palandt/*Sprau* § 652 Rdnr. 9.
[35] AnwZ (B) 92/06 oder NZM 2008, 98.
[36] St. Rspr., vgl. *Senat* BRAK-Mitt. 1994, 305.

Interesse dem Mandanten empfehle, bestehende Versicherungsverträge zu kündigen und von ihm vermittelte „bessere" Verträge neu abzuschließen. Dies sei mit der anwaltlichen Berufspflicht, unabhängig und nur gegen das in der Bundesrechtsanwaltsgebührenordnung geregelte Honorar tätig zu werden, nicht vereinbar. Auf den Vermittler von Finanzdienstleistungen[37] und den Grundstücksmakler hat der Senat diesen Rechtsgedanken entsprechend angewandt ...."

Und weiter heißt es dort:

„...... Die Gefährdung der Mandanteninteressen lässt sich auch nicht durch Tätigkeitsverbote als milderes Mittel vermeiden. Die aufgezeigten Interessenkonflikte ergeben sich nicht nur bei bestimmten Mandaten. Sie können bei jeder Art von Mandat auftreten. Die Interessen der Mandanten lassen sich auch nicht mit dem Tätigkeitsverbot nach § 45 Nr. 4 BRAO ausreichend schützen. Das hat der Senat für den Immobilienmakler im Einzelnen dargelegt ......".[38]

Es gibt noch weitere Fälle, bei denen ein Maklervertrag „unwirksam" ist, wie zum Beispiel:
- Vermittlungsverbote (§ 134 BGB): Adoption (§ 741 BGB); Notar (§ 14 BNotO); unerlaubte Rechtsbratung[39]
- Sittenwidrigkeit (§ 138 BGB): auffälliges Missverhältnis zwischen Leistung und Gegenleistung[40, 41, 42]
- Anfechtung (§§ 119, 123 BGB): arglistige Täuschung.

III. Maklertätigkeit

31 Die Maklertätigkeit besteht nach Maßgabe von § 652 BGB aus zwei gleichwertigen Möglichkeiten: Entweder im Nachweis einer Abschlussgelegenheit oder der Vermittlung eines Vertrages. Beides wird vom Gesetzgeber gleich behandelt. **Aber:** Ist im Maklervertrag zwischen den vertragsschließenden Parteien vereinbart, dass der Makler eine Vergütung nur für eine Vermittlungsleistung erhalten soll, so genügt der schlichte Nachweis einer Abschlussgelegenheit nicht, und umgekehrt. Im Maklervertrag muss deshalb genau vereinbart werden, welche Tätigkeiten der Makler entfalten soll:
- Nachweistätigkeit
- Vermittlungstätigkeit
- Nachweis- und Vermittlungstätigkeit
- Nachweis- und/oder Vermittlungstätigkeit

Die zuletzt genannte Variante deckt alle möglichen Tätigkeitsbereiche des Maklers ab.

1. Nachweis

32 Der Nachweis einer Vertragsgelegenheit besteht darin, dass der Makler dem Interessenten (Auftraggeber/Kunden) so detailliert informiert, dass dieser in der Lage ist, mit dem Hauptvertragspartner den gewünschten Vertrag abzuschließen bzw. in Verhandlungen zu treten.[43] Dies bedeutet für den Makler folgendes:
- Dem Maklerkunden muss der vollständige Name und die genaue Adresse des Verkäufers (Vermieters) bekannt gegeben werden.
- Eine genaue Objektbeschreibung muss dem Maklerkunden bekannt gegeben werden und unter welchen Bedingungen der Hauptvertrag abgeschlossen werden kann.[44]

Die Nachweistätigkeit muss nicht „auf einmal" erfolgen, auch stufenweise ist sie möglich: Genaue Objektbeschreibung mit Provisionshinweis im Exposé. Später, nach Maklerver-

---

[37] Vgl. *Senat* NJW 2000, 1419.
[38] NJW 2004, 212.
[39] BGH NJW-RR 2000, 1502.
[40] BGH NJW 2000, 2669.
[41] BGH NJW 2003, 699.
[42] OLG Nürnberg NZM 2001, 481.
[43] BGH NJW 1999, 1255.
[44] BGH NJW-RR 1996, 113.

tragsabschluss Bekanntgabe der Verkäufer-(Vermieter-) Daten. Der Nachweis kann schriftlich, mündlich oder gar durch schlüssiges Verhalten erfolgen. Auch genügt evtl. indirekter Nachweis.[45]

> **Wichtiger Hinweis:**
> Zu Gunsten des Maklers gilt der Grundsatz der Vertraulichkeit. Da das Kapital des Maklers in den von ihm ermittelnden Vertragsmöglichkeiten besteht, ist der Auftraggeber verpflichtet, alle Maklerinformationen (Nachweise) vertraulich zu behandeln und auch zu verhindern, dass sie aufgrund einer Nachlässigkeit von Dritten ausgenutzt werden können.

2. Vermittlung

Die Maklervermittlungstätigkeit bedeutet, dass der Makler mit der Vertragsgegenseite in Verbindung tritt und Verhandlungen führt. Vermittlungstätigkeit ist die bewusste finale Herbeiführung der Abschlussbereitschaft des Vertragspartners.[46] Die Vermittlungsprovision ist nicht verdient, wenn der Makler mit der Vertragsgegenseite weder in Kontakt getreten ist noch mit ihr verhandelt hat. Andererseits: Ist der Interessent (Auftraggeber) des Maklers von vorne herein bereit, die Bedingungen des Verkäufers (Vermieter) – oder umgekehrt – zu akzeptieren, so besteht kein Raum für eine Vermittlungstätigkeit des Maklers. Der Makler muss aber zwischen beiden Parteien „vermitteln" und als „ehrlicher Makler" auftreten, d. h., sich strikt neutral verhalten. Er kann hier nur eine „Nachweisprovision" verlangen, wenn dies vereinbart ist. Was muss also der Vermittlungsmakler tun? 33

Was der Vermittlungsmakler zu tun hat, um dem ihm erteilten Vermittlungsauftrag gerecht zu werden, richtet sich nach den jeweiligen Erfordernissen des Einzelfalls, insbesondere auch danach, inwieweit Auftraggeber und Interessent der Unterstützung des Maklers bedürfen. Das OLG Karlsruhe[47] hat in einem ausführlich begründeten Urteil sich mit möglichen Vermittlungsleistungen näher befasst. Wenn der Makler des Kaufinteressenten auf den Verkäufer einwirkt, um einen Hauptvertrag entsprechend den Vorstellungen des Kaufinteressenten zu Stande zu bringen, ist dies als Vermittlungsleistung zu Gunsten des Kaufinteressenten zu werten. Das Herunterhandeln der Preisvorstellungen des Verkäufers kann eine Vermittlungsleistung zu Gunsten des Kaufinteressenten bedeuten. Hierin kann aber auch eine Vermittlungsleistung zu Gunsten des Verkäufers liegen, wenn hierdurch die Chancen für einen Verkauf verbessert werden.[48]

Die Übermittlung eines neuen Angebots des Verkäufers, welches dieser nach Beratung seines Maklers abgibt, kann eine Vermittlungsleistung zu seinen Gunsten beinhalten.

IV. Hauptvertrag

Der Makler hat nur dann einen Provisionsanspruch gegen seinen Auftraggeber, wenn zwischen dem Auftraggeber und dem Dritten ein Vertrag zustande kommt (§ 652 S. 1 BGB), also der Abschluss eines notariellen Kaufvertrages oder der Abschluss eines Mietvertrages (§ 2 Abs. 1 WoVermG) oder ähnliches (Darlehensvertrag). 34

1. Wirksamer Hauptvertrag

Der vom Makler auf Grund seiner Tätigkeit herbeigeführte Hauptvertragsabschluss darf nicht rechtsunwirksam sein. Nur dann hat der Makler seine Provision verdient. Allerdings ist der Provisionsanspruch des Maklers grundsätzlich unabhängig, ob das dingliche Erfüllungsgeschäft zustande kommt und ob der Kaufpreis bezahlt wird.[49] 35

---

[45] OLG Hamburg RDM-Rspr. A 103, Bl. 69.
[46] BGH NJW 1976, 1844.
[47] NJOZ 2005, 1164.
[48] OLG Köln NJW-RR 2004, 271.
[49] BGH NJW-RR 1993, 248.

2. Problemfälle

36 **a) „Schwarzgeschäft".** Wenn weniger beurkundet wird, als zwischen den Parteien hinsichtlich des Kaufpreises vereinbart, so ist bei einem Grundstückskaufvertrag gem. § 313 BGB die notarielle Form nicht eingehalten. Der Hauptvertrag ist unwirksam. Der Makler hat jedoch keinen Schadensersatzanspruch gegen seinen Auftraggeber, selbst wenn dieser dies veranlasst hat.[50]

37 **b) Heilung.** Wird der Formmangel nachträglich geheilt durch die Eintragung im Grundbuch, so entsteht dann der eigentliche Provisionsanspruch des Maklers.[51]
Bei der Rückforderung von Leistungen in Fällen eines formungültigen Grundstückskaufvertrages greift § 812 Abs. 1 Satz 2 Alt. 2 BGB ein. Dieser Rückforderungsanspruch ist nur ausgeschlossen, wenn der Eintritt des bezweckten Erfolgs von Anfang an unmöglich war und der leistende gewusst hat oder der Leistende den Eintritt des Erfolgs wider Treu und Glauben verhindert hat.[52]

38 **c) Gesetzliches Verbot.** Verstößt der Hauptvertrag gegen ein gesetzliches Verbot gem. § 134 BGB, so hat der Makler keinen Anspruch auf Provision[53] (betrifft einen Mietvertrag).

39 **d) Aufschiebende Bedingung.** Ist der Hauptvertrag mit einer aufschiebenden Bedingung gem. § 162 BGB verbunden, so entsteht der Maklerprovisionsanspruch erst mit Eintritt dieser Bedingung. Einzelfälle:
- Genehmigung des Vormundschaftsgerichts bei Grundstückskaufvertrag, weil Verkäufer noch nicht volljährig ist.[54]
- Zustimmung des WE-Verwalters zur Veräußerung gem. § 12 WEG.[55]
- Wenn eine Partei des Kaufvertrages als vollmachtsloser Vertreter auftritt und die notarielle Vollmacht nicht nachgereicht wird, so bleibt der Kaufvertrag schwebend unwirksam (§ 177 BGB).

Hier entsteht der Maklerlohnanspruch erst dann, wenn die Bedingung eintritt (§ 652 Abs. 1 S. 2 BGB). Es liegt noch kein vollkommener Vertrag vor.

40 **e) Auflösende Bedingung.** Wird der Hauptvertragsschluss unter einer auflösenden Bedingung zwischen den Hauptvertragsparteien abgeschlossen, so fällt die Provision sofort an.[56] Möchte der Auftraggeber jedoch erkennbar einen unbedingten Vertragsabschluss durchsetzen und wird dies ausdrücklich mit dem Makler vereinbart, so entfällt dann bei Eintritt der auflösenden Bedingung der Maklerlohnanspruch.[57]

41 **f) Arglistige Täuschung.** Wird der Hauptvertrag von einer Partei wegen arglistiger Täuschung im Sinne von § 123 BGB angefochten, und ist die Anfechtung wirksam, so wird der Hauptvertrag von Anfang an als nichtig angesehen, so dass der Makler keinen Provisionsanspruch hat.[58]

42 Das Gleiche gilt, wenn der Hauptvertrag wegen Irrtums gem. §§ 119 ff. BGB angefochten wird.

43 **g) Gesetzliches Rücktrittsrecht.** Bei der Ausübung eines gesetzlichen Rücktrittsrechts gem. §§ 325, 326 oder 327 BGB verbleibt es beim Maklerlohnanspruch, denn die Voraussetzung für den Provisionsanspruch ist gegeben. Der Makler hat einen Hauptvertrag nachgewiesen und/oder vermittelt. Es kommt nicht auf dessen tatsächliche Ausführung an,[59] der Makler trägt z. B. nicht das Zahlungsrisiko.

---

[50] Palandt/*Sprau* § 652 Rdnr. 35.
[51] Palandt/*Sprau* § 652 Rdnr. 22.
[52] OLG Koblenz NJW-RR 2007, 1548.
[53] LG Dresden NJW-RR 1997, 1481.
[54] OLG Köln NJW-RR 1998, 363.
[55] LG Düsseldorf MDR 1999, 290.
[56] BGH NZM 1998, 379.
[57] Palandt/*Sprau* § 652 Rdnr. 35.
[58] BGH NJW 1979, 975.
[59] BGH NJW 1974, 694.

h) Vertraglich vereinbartes Rücktrittsrecht. Hier ist es in aller Regel schwierig zu beurtei- 44
len, ob der Provisionsanspruch bestehen bleibt oder wegfällt. Entscheidend ist dabei, ob aus
dem Hauptvertrag ersichtlich ist, dass er auf Grund einer parteiunabhängigen Unvollkommenheit in der Schwebe gehalten werden soll oder ob er sofort von Anfang an wirksam sein
soll. Bei Bestehen einer Unsicherheit, z.B. die Erteilung einer Genehmigung oder Nichterteilung, entfällt der Provisionsanspruch.[60] Haben die Parteien ein befristetes, im Übrigen aber
vorbehaltloses Rücktrittsrecht vereinbart, so steht dem Makler ein Provisionsanspruch erst
dann zu, wenn das vereinbarte Rücktrittsrecht nicht mehr ausgeübt werden kann:[61]
- Vereinbartes Rücktrittsrecht für die Nicht-Bebaubarkeit eines Grundstückes.[62]
- Finanzierungszusage (Bankbestätigung) für den Kaufpreis zu einem bestimmten Zeitpunkt.[63]
- Einvernehmliche Aufhebung: Grundsätzlich beeinträchtigt die einvernehmliche Aufhebung des Hauptvertrages durch die Hauptvertragsparteien den Provisionsanspruch nicht. Anders allerdings dann, wenn der Aufhebungsvertrag das Ergebnis einer Anfechtung des Hauptvertrages ist. Wird der Hauptvertrag, auf Grund einer Unsicherheit, angefochten, kann im Interesse beider Parteien – aus wirtschaftlichen Gründen – der Hauptvertrag aufgehoben werden und es muss im Einzelfall geprüft werden, ob die Anfechtung wirksam gewesen wäre oder nicht. Im Falle einer berechtigten Anfechtung entfällt der Maklerlohnanspruch.[64]

i) Gesetzliches Vorkaufsrecht. Der Vergütungsanspruch des Maklers entfällt, da der 45
Hauptvertrag nicht in dem von den Parteien von Anfang an erwarteten Sinne zustande gekommen ist.[65] Hat allerdings der Verkäufer den Makler beauftragt, so bleibt die Provisionspflicht des Verkäufers bestehen, wenn das gesetzliche Vorkaufsrecht ausgeübt wird. Das
Gleiche gilt auch für ein vertraglich vereinbartes Vorkaufsrecht.[66]

j) Gemeindliches Vorkaufsrecht. Nach Maßgabe der §§ 24 ff. BauGB steht den Gemein- 46
den bei Grundstücksgeschäften ein „gesetzliches" Vorkaufsrecht zu. Der Auftraggeber bleibt
bei Ausübung dieses Vorkaufsrecht provisionspflichtig (Verkäufer). Die Gemeinde muss
grundsätzlich keine Provision bezahlen, da der Makler für sie weder einen Nachweis noch
eine Vermittlungstätigkeit erbracht hat. Ist im Hauptvertrag jedoch eine Maklerklausel in
der Form eines echten Vertrages zugunsten Dritter gem. § 328 BGB enthalten, so muss die
Gemeinde dem Makler die vereinbarte Provision bezahlen.[67]
Weitere Beispiele für gesetzliche Vorkaufsrechte:
- für Miterben § 2034 BGB
- für Mieter § 577 BGB
- für Gemeinden §§ 24–29 BauGB
- für Gemeinden § 25 bwLWaldG

3. Identität

Der Provisionsanspruch besteht nur dann, wenn der Vertrag (Hauptvertrag), mit dessen 47
Herbeiführung der Makler beauftragt wurde, auch tatsächlich so zustande gekommen ist.
Führen die Verhandlungen der Hauptvertragsparteien zum Abschluss eines anderen Vertrages oder eines inhaltlich abweichenden Vertrages, so besteht keine Identität. Ein Maklerlohnanspruch entfällt. Dabei spielen unerhebliche Abweichungen keine Rolle. Die Identität
entfällt in folgenden Konstellationen:

---
[60] Palandt/*Sprau* § 652 Rdnr. 27.
[61] BGH NJW-RR 1993, 248.
[62] BGH NZM 1998, 379.
[63] OLG Zweibrücken NJW-RR 1989, 54.
[64] Palandt/*Sprau* § 652 Rdnr. 24.
[65] BGH NJW 1982, 2662.
[66] BGH NJW 1999, 2271.
[67] LG Frankfurt NJW-RR 1996, 1080.

- Auftraggeber erwirbt nur eine Teilfläche, Maklervertrag sieht den Kauf des gesamten Grundstücks vor.[68]
- Auftraggeber schließt einen Vermarktungsvertrag statt beabsichtigtem Grundstückskaufvertrag.[69]
- Auftraggeber schließt einen befristeten Untermietvertrag über ein Ladengeschäft ab statt einen Hauptmietvertrag.[70]
- Auftraggeber erhält den Nachweis über ein Grundstück über DM 450.000,–, zwei Jahre später wird ein Kaufvertrag über DM 350.000,– abgeschlossen.[71]

Nach § 652 BGB setzt der Provisionsanspruch des Maklers voraus, dass der Vertrag, mit dessen Herbeiführung der Makler beauftragt war, tatsächlich zu Stande kommt. Führt die Tätigkeit des Maklers zum Abschluss eines Vertrages mit anderem Inhalt, so entsteht kein Anspruch auf Maklerlohn. Dies gilt auch dann, wenn der tatsächliche Vertragsschluss in qualitativer Hinsicht hinter dem nach dem Maklervertrag herbeizuführenden Vertrag zurück bleibt.

Die Maklervergütung ist nur dann verdient, wenn der Auftraggeber des Maklers mit dem abgeschlossenen Vertrag wirtschaftlich den gleichen Erfolg erzielt wie mit dem in Aussicht genommenen Vertrag.[72] Bei der Beurteilung der wirtschaftlichen Vergleichbarkeit des herbeizuführenden Vertrages mit dem abgeschlossenen Vertrag kommt es maßgeblich auf den Parteiwillen an. Wenn im Maklervertrag eine bestimmte Leistung des Maklers vorgesehen ist, dann muss die Leistung des Maklers der vertraglichen Vorgabe entsprechen.[73]

4. Kongruenz

48   **a) Persönliche Kongruenz.** Der Maklerprovisionsanspruch entfällt in aller Regel, wenn der Hauptvertrag mit einer anderen Person als dem Auftraggeber (aus Sicht des Maklers) zustande kommt.[74] So lange eine persönliche Kongruenz zwischen der Hauptvertragspartei und dem Maklerkunden besteht, macht die Rechtsprechung Ausnahmen, bejaht also einen Provisionsanspruch:
- Wenn zwischen dem Maklerkunden und der späteren Hauptvertragspartei familiäre oder gesellschaftsrechtliche Bindungen bestehen.[75]
- Wenn der Auftraggeber nicht persönlich, sondern eine GmbH, deren Geschäftsführer und Hauptgesellschafter der Auftraggeber ist, den Hauptvertrag abschließt.[76]

49   **b) Sachliche Kongruenz.** Häufig finden wir Abweichungen des beabsichtigten Kaufpreises vom tatsächlich beurkundeten Kaufpreis. Dabei ist jedoch zu berücksichtigen, dass Verhandlungserfolge des Auftraggebers oder Vermittlungsbemühungen des Maklers hier nicht provisionsschädlich sein dürfen. Die Umstände des Einzelfalles sind maßgeblich. Ein Preisunterschied von DM 450.000,– zu DM 350.000,– schließt die wirtschaftliche Gleichwertigkeit aus.[77] Abweichungen von mehr als 10% sind als „kritisch" zu bewerten.[78]

Ein Anspruch auf Zahlung von Maklercourtage besteht dann nicht, wenn das nachgewiesene und letztlich abgeschlossene Geschäft wirtschaftlich nicht identisch sind. An einer wirtschaftlichen Identität fehlt es auch dann, wenn sich die Parteien im Zuge der Verhandlungen auf eine Reduzierung des ursprünglich verlangten Kaufpreises um 27% einigen.[79]

---

[68] BGH NJW-RR 1996, 113.
[69] BGH NJW-RR 1990, 1008.
[70] LG Münster NJW-RR 1992, 54.
[71] OLG Düsseldorf RDM Rspr. A 133 Bl. 31.
[72] BGH NJW 1988, 967.
[73] OLG Karlsruhe NJW-RR 2008, 1965 und OLG Stuttgart Vfg. v. 4. 12. 2007 – 3 U 169/07, IVD-Rspr. A121, Blatt 118.
[74] BGH RDM Rspr. A 133, Bl. 38.
[75] OLG Karlsruhe NJW-RR 1995, 1136.
[76] Palandt/*Sprau* § 652 Rdnr. 31.
[77] OLG Düsseldorf NJW-RR 1993, 1272.
[78] OLG Hamm NZM 1998, 271.
[79] OLG Celle IVD-Rspr. A 133, Blatt 66.

V. Kausalität

Der Provisionsanspruch des Maklers entsteht erst dann, wenn der Hauptvertrag „infolge" der Tätigkeit des Maklers zustande kommt (§ 652 BGB). Negativ: Die Ursächlichkeit der Maklerleistung entfällt, wenn der Interessent auch dann gekauft oder gemietet hätte, ohne dass ein Makler tätig geworden wäre. Das bedeutet: Erforderlich ist, dass der Hauptvertrag sich zumindest auch als Ergebnis einer für den Erwerb wesentlichen Maklerleistung darstellt; es genügt nicht, dass die Maklertätigkeit für den Erfolg auf andere Weise adäquat kausal geworden ist. Denn der Makler wird nicht für den Erfolg schlechthin bezahlt, sondern für einen Arbeitserfolg.[80]

1. Infolge

Es genügt nicht, dass die Maklerleistung quasi zufällig zum Hauptvertrag geführt hat.[81] Es kommt entscheidend darauf an, dass der Makler einen „Arbeitserfolg" herbeigeführt hat.[82]

2. Mitursächlichkeit

Das Kriterium der Kausalität ist insoweit eingeschränkt, indem die Mitursächlichkeit der Maklerleistung als genügend angesehen wird. Anders ausgedrückt: Die Tätigkeit des Maklers muss wenigstens so wesentlich gewesen sein, dass der Interessent hierdurch den entscheidenden Anstoß bekommen hat, sich konkret um das Vertragsobjekt zu bemühen.[83]

a) **Erhaltung des Provisionsanspruches.** Diese Erleichterung hat für den Makler folgende Konsequenzen: Selbst wenn vom Makler eingeleitete Vertragsverhandlungen zwischen dem Auftraggeber und dem Interessenten längere Zeit unterbrochen waren oder endgültig als gescheitert anzusehen sind, später jedoch ein Vertragsabschluss dann doch zustande kommt, ohne dass der Makler hier noch mitgewirkt hat, bleibt sein Provisionsanspruch erhalten. Dabei ist die nicht einfache Abgrenzung zu treffen, dass nach der Unterbrechung die früheren Verhandlungen fortgesetzt werden (dann bleibt der Provisionsanspruch erhalten) und nicht etwa völlig neue Gespräche aufgenommen wurden,[84] dann entfällt der Provisionsanspruch.

b) **Mehrere Angebote.** Es kommt vor, dass einem Auftraggeber mehrere Angebote von mehreren Maklern zum Abschluss eines Vertrages über dasselbe Objekt zugehen. Der Makler, der den Auftraggeber zur Zahlung einer Nachweisprovision in Anspruch nimmt, hat im gerichtlichen Verfahren dann die Behauptungs- und Beweislast dafür, dass gerade sein Angebot mitursächlich für den Vertragsabschluss war.[85]

c) **Vorkenntnis.** Die Mitursächlichkeit lässt im Übrigen den Einwand des Maklerkunden, er habe Vorkenntnis gehabt, entfallen.
- Wenn der Auftraggeber durch die Maklerinformation und einem interessanten Preis nach längerer Zeit neu motiviert wird, den Hauptvertragsgegenstand nochmals zu besichtigen und zu prüfen.[86]
- Wenn der Makler für den Auftraggeber weitere Besichtigungstermine vereinbart und zustande bringt, obwohl der Auftraggeber bereits den Vorkenntniseinwand vorgebracht hat.[87]
- Wenn der letzte Anstoß zum Hauptvertragsabschluss erst durch die Tätigkeit des Maklers gegeben wurde.[88]

---

[80] OLG Düsseldorf IVD-Rspr. A 121, Blatt 117.
[81] LG Mannheim RDM Rspr. A 110 Bl. 76.
[82] BGH NJW-RR 1996, 691.
[83] BGH NJW 1983, 1849.
[84] BGH NJW 1999, 1255.
[85] BGH NJW 1979, 869.
[86] OLG München NJW 1978, 2100.
[87] OLG Köln RDM Rspr. A 110, Bl. 64.
[88] BGH NJW 1983, 1849.

- Wenn durch zusätzliche Informationen der Auftraggeber dazu gebracht wird, sich nunmehr doch um den Hauptvertragsabschluss zu bemühen.[89]

56 d) **Wegfall der Ursächlichkeit.** Der Einwand der Vorkenntnis lässt normalerweise die Mitursächlichkeit bzw. die Ursächlichkeit (Kausalität) der Maklerleistung entfallen. Der Maklerkunde ist grundsätzlich nicht verpflichtet, **sofort** dem Makler seine Vorkenntnis mitzuteilen. Allerdings kann die Inanspruchnahme von Maklerleistungen ohne Hinweise auf die Vorkenntnis jedoch als Verzicht auf die Geltendmachung der Einrede der Vorkenntnis oder als treuwidriges Verhalten im Sinne von § 242 BGB gewertet werden.

Der BGH ist der Auffassung, dass keine Hinweispflicht des Maklerkunden in Bezug auf Vorkenntnis gegeben ist.[90] Wenn jedoch der Interessent vertragswidrig hierauf nicht hinweist und Maklerdienste in Anspruch nimmt, ist ihm der Einwand verwehrt[91,92,93,94] *Petri/Wieseler*[95] lösen das Problem der Vorkenntnis dogmatisch wie folgt:

„...... Richtigerweise müsste argumentiert werden, dass demjenigen Auftraggeber, der in bewusster und verschwiegener Vorkenntnis weitere Maklerleistungen anfordert und/oder entgegen nimmt, nicht der Vorkenntniseinwand verwehrt ist, sondern dass in derartigen Fällen die Tätigkeit des Maklers für den Hauptvertragsabschluss mitsächlich wird, die Vorkenntnis also zwar nach wie vor gegeben ist, die Ursächlichkeit der Maklerleistung jedoch nicht wie im Regelfall bei ausreichender Vorkenntnis beseitigt ...."

3. Unterbrechung der Kausalität

57 Dieser Einwand wird gegen Provisionsforderungen vorgebracht, wenn nach Scheitern der ursprünglich vom Makler eingeleiteten Vertragsverhandlungen völlig neue Verhandlungen mit dem Verkäufer aufgenommen werden, meist unter Umgehung des Maklers. An diesen Einwand werden jedoch strenge Anforderungen gestellt. In folgenden Fällen wird beispielsweise der Kausalzusammenhang vermutet (nicht unterbrochen):
- Eine Suchanzeige des Käufers lässt die Mitursächlichkeit nicht entfallen.[96]
- Ein Maklerangebot gelangt in den Bereich des späteren Käufers.[97]
- Eine Unterbrechung der Vertragsverhandlungen für zwei Monate ist bei Immobiliengeschäften nicht ungewöhnlich.[98]
- Ebenso ein Zeitraum von fünf Monaten beim Erwerb eines Reihenhauses.[99]
- Ein Zeitraum von acht Monaten kann bei größeren Immobiliengeschäften[100] ein angemessener Zeitraum sein.
- Keine Kausalitätsvermutung bei einem Zeitraum von mehr als einem Jahr zwischen Nachweis und Hauptvertragsabschluss.[101]

Generell wird zunächst einmal die Ursächlichkeit der Maklerleistung vermutet, wenn der Makler seinem Auftraggeber im Rahmen eines bestehenden Maklervertrages ein Angebot unterbreitet hat und anschließend zwischen diesem und dem Dritten ein dem Angebot entsprechender Hauptvertrag abgeschlossen wird.[102] Im Prozessfalle muss der Auftraggeber diese Vermutung widerlegen.

Die nur vorübergehende Aufgabe der Absicht des Kunden eines Nachweismaklers, das angebotene Objekt zu erwerben, führt, sofern der Vertragsschluss dem Nachweis in ange-

---

[89] BGH NJW-RR 1990, 1269.
[90] BGH RDM Rspr. A 110, Bl. 20; WM 1984, 62 und BGH NJW 1971, 1133.
[91] OLG Karlsruhe NJW-RR 1994, 509.
[92] OLG Hamburg NJW-RR 1987, 175.
[93] OLG München RDM Rspr. A 110, Bl. 14.
[94] OLG Koblenz RDM Rspr. A 133, Bl. 23.
[95] *Petri/Wieseler* S. 362.
[96] BGH NJW 1980, 123.
[97] BGH NJW 1971, 1133.
[98] OLG Frankfurt NJW 1979, 878.
[99] OLG Hamburg RDM Rspr. A 110, Bl. 55.
[100] OLG München RDM Rspr. A 110, Bl. 23.
[101] BGH NJW 2006, 3062.
[102] BGH NJW 1999, 1255.

VI. Provision

Die Maklerprovision kann grundsätzlich frei vereinbart werden. Es gibt weder eine Gebührenordnung noch eine Gebührenrichtlinie, ebenso wenig gibt es verbandsinterne Gebührenregelungen. Die Provisionshöhe ist nur durch den Wucher (§ 138 Abs. 2 BGB) begrenzt und bei Wohnungsvermittler durch § 8 Abs. 1 Nr. 2 WoVermG (vgl. § 35).

1. Wucher

Nichtig ist insbesondere ein Rechtsgeschäft, durch das jemand unter Ausbeutung der Zwangslage, der Unerfahrenheit, des Mangels an Urteilsvermögen oder der erheblichen Willensschwäche einem anderen, sich oder einem Dritten für eine Leistung Vermögensvorteile versprechen oder gewähren lässt, die in einem auffälligen Missverhältnis zur Leistung stehen. Ein auffälliges Missverhältnis liegt vor, wenn die Maklerprovisionen mindestens doppelt so hoch sind wie die üblichen. Ebenso kann Nichtigkeit angenommen werden, wenn andere sittenwidrige Umstände hinzutreten und ein besonders krasses Missverhältnis zwischen Leistung und Gegenleistung besteht.[104] Zu berücksichtigen ist in diesem Zusammenhang auch, dass sich der Makler evtl. gem. § 302 a Abs. 1 Nr. 4 StGB strafbar macht.

2. Sittenwidrigkeit

Nichtig ist insbesondere ein Rechtsgeschäft, durch das jemand unter Ausbeutung der Zwangslage, der Unerfahrenheit, des Mangels an Urteilsvermögen oder der erheblichen Willensschwäche einem anderen, sich oder einem Dritten für eine Leistung Vermögensvorteile versprechen oder gewähren lässt, die in einem auffälligen Missverhältnis zur Leistung stehen. Ein auffälliges Missverhältnis liegt vor, wenn die Maklerprovisionen mindestens doppelt so hoch sind wie die üblichen. Ebenso kann Nichtigkeit angenommen werden, wenn andere sittenwidrige Umstände hinzutreten und ein besonders krasses Missverhältnis zwischen Leistung und Gegenleistung besteht.[105]

Die Beantwortung der Frage, unter welchen Voraussetzungen die Vereinbarung einer übermäßig hohen Provision den Maklervertrag nach § 138 Abs. 1 oder nach Abs. 2 BGB nichtig macht, ist nur einzelfallabhängig zu beantworten:

Kritisch sind vor allem so genannte „Übererlösklauseln", die zu einem Vielfachen der üblichen Provision führen können. Eine Provision von 27,7% hält der BGH[106] für sittenwidrig. Eine Nichtigkeit gemäß § 138 I BGB ist auch dann anzunehmen, wenn die Provision das 5-fache der üblichen Höhe beträgt.

In einer weiteren Entscheidung differenziert der BGH[107] nochmals: hinsichtlich der Vertriebskosten für Immobilien darf nicht schematisch eine verlangte Provision von 10%, 15% oder 20% der üblichen Maklergebühr von 3% bis 5% gegenübergestellt werden; sondern die Partei, die sich auf die Sittenwidrigkeit berufe, müsse darlegen und beweisen, dass die verlangte Provision vollkommen aus dem Rahmen falle.

2. Übliche Provision

Ein Maklerlohn gilt der Höhe nach als stillschweigend vereinbart, wenn die dem Makler übertragene Leistung den Umständen nach nur gegen eine Vergütung zu erwarten ist (§ 653 BGB). Ist die Höhe der Vergütung nicht bestimmt, so ist bei dem Bestehen einer Taxe der taxmäßige Lohn, in Ermangelung einer Taxe der übliche Lohn als für beide vereinbart anzusehen.

---

[103] BGH IVD-Rspr. A 110, Blatt 99.
[104] BGH, NJW 1994, 1475.
[105] BGH NJW 1994, 1475.
[106] ZMR 2000, 841.
[107] AIM 2003, 101.

Eine stillschweigende Vereinbarung liegt vor, wenn der Interessent Maklerdienste in Kenntnis einer Provisionsforderung in Anspruch nimmt, ohne dass hierüber schriftliche oder mündliche Vereinbarungen getroffen worden sind.

Die üblichen Gebühren für Makler (Provisionen) sind regional sehr unterschiedlich. *Geser* hat beispielsweise für Kaufverträge über Immobilien (unbebaute und bebaute Grundstücke/Eigentumswohnungen aus dem Bestand/Mehrfamilienhäuser usw.) für Oberbayern und Bayern folgendes festgestellt:[108]

- Oberbayern (und Augsburg, Würzburg, Regensburg): Gesamtprovision 5% plus Mehrwertsteuer, Verkäufer 2% plus Mehrwertsteuer, Käufer 3% plus Mehrwertsteuer.
- übriges Bayern: Gesamtprovision 6% plus Mehrwertsteuer, Verkäufer 3% plus Mehrwertsteuer, Käufer 3% plus Mehrwertsteuer.

Weiter ist dann noch zu differenzieren nach Anlageobjekten (Großimmobilien) und Bauträgerobjekten. In Württemberg ist eine Gesamtprovision von 6% plus Mehrwertsteuer (Käufer 3% plus Mehrwertsteuer und Verkäufer 3% plus Mehrwertsteuer) üblich. In Norddeutschland ist auch eine Gesamtprovision von 6% plus Mehrwertsteuer üblich, die allerdings nur vom Verkäufer verlangt wird. Dies nennt man eine „Innenprovision". Dieser „Belastung" des Verkäufers spielt dann eine Rolle bei der Gestaltung des Kaufpreises.

3. Doppelprovision

61 Abweichend von der gesetzlichen Regelung des § 653 BGB wird die Auffassung vertreten, es sei ein ungeschriebenes Tatbestandsmerkmal des § 652 Abs. 1 BGB, dass der Auftraggeber bzw. der Interessent des Maklers von der Höhe der Provision der jeweils anderen Seite Kenntnis hat. Er muss in die Lage versetzt werden, bei der Bemessung des Kaufpreises die Maklerprovision zu berücksichtigen. Hierzu hat der BGH[109] festgestellt, dass es auf die Kenntnis der Provisionshöhe dann nicht ankommt, wenn der Auftraggeber auch in dieser Kenntnis den Hauptvertrag abgeschlossen hätte.

4. Abwälzung

62 In aller Regel werden die Auftraggeber des Maklers versuchen, ihre Provisionslast auf Dritte abzuwälzen. Nach § 652 BGB hat derjenige eine Provision an den Makler zu bezahlen, der mit diesem einen Maklervertrag abgeschlossen hat. Das „Abwälzen" der Provisionspflicht liegt also vor, wenn der Auftraggeber die Maklerprovision nicht zu bezahlen hat. Dieser Punkt wird häufig in Hauptverträgen zwischen dem Auftraggeber und dem Interessenten geregelt.

63 a) **Schuldübernahme.** Der Auftraggeber schuldet normalerweise dem Makler anfänglich die Provision. Der Dritte übernimmt diese Provisionsschuld des Auftraggebers schuldbefreiend. Die Schuldübernahme folgt den Regeln der §§ 414, 415 BGB. Danach bewirkt sie, dass an die Stelle des alten Schuldners (Auftraggeber) in der Weise ein neuer Schuldner (Dritter/Interessent) tritt, dass die Schuldner ausgewechselt werden und der alte Schuldner von seiner Verpflichtung frei wird. Dafür reicht es aber nicht aus, dass Alt- und Neuschuldner sich über die Schuldübernahme einig sind. Sie kann einerseits von dem Übernehmer (Dritter) mit dem Gläubiger (Makler), § 414 BGB, oder andererseits vom Übernehmer mit dem alten Schuldner (Auftraggeber) vereinbart werden, § 415 BGB. In diesem Falle ist die Genehmigung des Gläubigers nötig. Erforderlich ist also stets eine Beteiligung des Maklers, da er Gläubiger der zu übernehmenden Provisionsschuld ist.

64 b) **Vertragsübernahme.** Eine andere Form der Übernahme der Provisionsschuld durch den Dritten vom Verkäufer (Auftraggeber) ist die Vertragsübernahme. Sie beschränkt sich jedoch nicht nur darauf, die Schuldnerverpflichtung (hier die Provisionsschuld) zu übernehmen oder zu übertragen, sondern lässt sämtliche Vertragspflichten in der Person des alten Vertragspartners erlöschen und in der Person des neuen Vertragspartners entstehen. Der Dritte

---

[108] *Geser,* Rechts-ABC für Immobilienmakler, 5. Aufl., S. 130, Anh. 11.
[109] BGH NJW-RR 1994, 1260.

soll also vollständig in die Rechtsposition des Auftraggebers eintreten. Sowohl bei der Schuldübernahme als auch bei der Vertragsübernahme hat der Makler einen Direkt-Anspruch gegen den Dritten (Interessent).

c) Vertrag zugunsten Dritter. In aller Regel wird im notariellen Hauptvertrag ein Vertrag zugunsten Dritter zwischen den Parteien abgeschlossen. Der Auftraggeber schuldet dem Makler anfänglich Provision. Diese Schuld erlischt jedoch, wenn sich der Dritte (Käufer) dem Makler zur Zahlung eines Entgeltes in Höhe der Provision verpflichtet und/oder aus dieser Schuld an den Makler bezahlt (§§ 328 ff. BGB). Für den notariellen Kaufvertrag wird aus Sicht des Maklers folgender Formulierungsvorschlag vorgeschlagen: 65

> **Formulierungsvorschlag:**
> Verkäufer und Käufer erklären übereinstimmend, dass dieser Vertrag infolge Nachweises/Vermittlung des Maklers... zustande gekommen ist. Der Käufer verpflichtet sich auch gegenüber dem Verkäufer als Bestandteil dieses Kaufvertrages, an Makler ...... eine Provision in Höhe von ......% des Kaufpreises, also DM ...... zuzüglich Mehrwertsteuer, insgesamt somit DM ...... zu bezahlen. Der Makler erlangt einen eigenen, direkten, unmittelbaren und vom Bestand dieses Vertrages unabhängigen, mit seinem Abschluss sofort fälligen Zahlungsanspruch gegen den Käufer (§ 328 BGB). Der Makler soll eine Ausfertigung dieses Vertrages erhalten ......[110]

Dabei sollte nicht außer acht gelassen werden, dass die Aufnahme von so genannten „Maklerklauseln" in notariellen Grundstückkaufverträgen nicht ganz unproblematisch ist. So sind beispielsweise Maklerklauseln, die vom Notar allein auf Veranlassung des Maklers in den Vertrag aufgenommen worden sind, für unwirksam erklärt worden. Anders jedoch, wenn der Notar die Einzelheiten der Klausel in Anwesenheit des Maklers erläutert und die Parteien die Aufnahme in den Vertrag akzeptieren. 65a

Gelegentlich wird von Seiten der Makler – legitimerweise – versucht, sogar von den Voraussetzungen des § 652 BGB unabhängige Provisionsversprechen in die vermittelten Verträge zu installieren. So hat beispielsweise der BGH[111] Folgendes gesagt: 65b

„Auch bei enger wirtschaftlicher Verflechtung des Maklers mit dem Vertragsgegner seines Kunden (hier: des Verwalters einer Wohnungseigentumsanlage) kann ein von den Voraussetzungen des § 652 BGB unabhängiges Provisionsversprechen – auch als Vertrag zu Gunsten Dritter – vorliegen. Dafür genügt tatsächliche Kenntnis des Kunden von denen die Verflechtung begründenden Umständen; Rechtskenntnis, dass der Makler keine echte Maklerleistung erbringen kann, ist nicht erforderlich."

Die Aufnahme einer Maklerklausel erfolgt in aller Regel auf Wunsch des Maklers, weniger auf Betreiben der beteiligten Hauptvertragsparteien. Eine Maklerklausel muss jedoch gem. § 311 b Abs. 1 BGB in den notariellen Grundstückskaufvertrag dann aufgenommen werden, wenn bei der Beurkundung geregelt wird, dass die Übernahme der Maklerprovision durch die andere Partei erfolgen soll. 65c

Gleiches gilt für die Freistellung von Provisionsansprüchen. Dann gehört eine solche Regelung zu den zu beurkundenden Vereinbarungen gem. § 311 b Abs. 1 BGB. Hilfreich – und aus rechtlicher Sicht unproblematisch – kann jedoch die Aufnahme einer reinen Nachweisklausel sein, um dem Makler Beweiserleichterungen zu ermöglichen: 65d

---

[110] *Uwe Bethke,* Maklerklausel in notariellen Kaufverträgen, ZfIR 1997, 368 bis 376.
[111] NZM 2003, 284.

Formulierungsvorschlag:

„Verkäufer und Käufer bestätigen, dass dieser Grundstückskauf durch Vermittlung/Nachweis von ...... zustande kam. Zusätzliche Verpflichtungen über den Maklervertrag hinaus, ein Einwendungsverzicht und ein Vertrag zugunsten des Maklers sind damit nicht verbunden."

65e Die Klausel: „Dieser Kaufvertrag wurde vermittelt durch ......" in einem notariellen Kaufvertrag enthält lediglich eine Tatsachenbestätigung und begründet keine selbständige Verpflichtung des Käufers oder Verkäufers zur Zahlung des Honorars an den am Kaufvertrag nicht beteiligten Makler.
Dies bestätigt eine Entscheidung des OLG Karlsruhe:[112]
- Erwirbt der Maklerkunde Wohnungseigentum statt Alleineigentum an einer Doppelhaushälfte, so fehlt es für einen Honoraranspruch des Maklers in der Regel an der erforderlichen Identität zwischen dem zustande gekommen und dem beabsichtigten Kaufvertrag.
- Die Klausel „Dieser Kaufvertrag wurde vermittelt durch ......" in einem notariellen Kaufvertrag enthält lediglich eine Tatsachenbestätigung und begründet keine selbständige Verpflichtung des Käufers oder Verkäufers zur Zahlung des Honorars an den am Kaufvertrag nicht beteiligten Makler.

VII. Einreden/Einwendungen

66 Der Vertragspartner des Maklers kann Provisionsansprüche nach den allgemeinen Grundsätzen mit Einreden und Einwendungen abwehren. Folgende Einreden/Einwendungen sind u. a. denkbar:
- Nichtzustandekommen des Vertrages (§§ 154, 155 BGB).
- Nichtigkeit (§§ 104, 125, 134, 138 BGB).
- Anfechtbarkeit des Vertrages (§ 119 ff. BGB).
- Verjährung (§ 198 BGB).
- Wegfall der Geschäftsgrundlage.[113]
- Das Zurückbehaltungsrecht aus § 273 BGB.
- Die Einreden aus §§ 320, 321 BGB.
- Die Rechte aus §§ 323, 324 und 325 BGB.
- Prozessuale Abreden, wie Schiedsgerichtsvereinbarungen oder Gerichtsstandsvereinbarung.

Neben den allgemeinen Einreden/Einwendungen, die dem Provisionsanspruch des Maklers entgegen gehalten werden können, sind die spezifisch maklerrechtlichen Einwendungen zu beachten.

1. Verwirkung des Lohnanspruchs

67 Trotz des Vorliegens sämtlicher Merkmale des § 652 BGB kann ausnahmsweise ein Provisionsanspruch wegen Treuepflichtverletzung durch den Makler gem. § 654 BGB entfallen.

67a a) Verwirkung. Der Lohnanspruch ist verwirkt, wenn ein schweres Verschulden des Maklers gegeben ist. Der Makler muss vorsätzlich oder in einer dem Vorsatz nahe kommenden leichtfertigen Weise den Interessen des Auftraggebers in so schwerwiegender Weise zuwider gehandelt haben, dass er seines Lohnes unwürdig erscheint.[114]
- Nichtweitergabe von Informationen, die für den Hauptvertragsabschluss wichtig sind.[115]
- Unzutreffende Angaben im Exposé.[116]

---

[112] NJW-RR 2003, 1695.
[113] BGH NJW 1970, 2157.
[114] NJW 1986, 2573.
[115] OLG Frankfurt NJW-RR 1986, 601.
[116] OLG Hamm NJW-RR 1997, 370.

- Ausnutzung der Unterlegenheit des Kunden an Kenntnissen und Erfahrungen.[117]
- Verschweigen, dass das Grundstück sich in der Zwangsversteigerung befindet.[118]

b) Positive Vertragsverletzung. Im Gegensatz zur Verwirkung, die das vertragswidrige Verhalten des Maklers „bestraft", mit der Folge, dass er keinen Lohnanspruch hat, muss bei der Annahme einer positiven Vertragsverletzung ein Verschulden des Maklers vorliegen und dieses Verschulden zu einem Schaden geführt haben. Die positive Vertragsverletzung berührt den Bestand des Maklerlohnanspruchs nicht, führt aber zu einem Schadensersatzanspruch des Auftraggebers gegen den Makler. Der Maklerkunde hat somit ein Leistungsverweigerungsrecht gem. § 273 BGB und die Möglichkeit der Aufrechnung (§ 387 BGB).

- Eigene Zweifel an der Leistungsfähigkeit des Vertragspartners muss der Makler dem Auftraggeber mitteilen.[119]
- Über bekannte wirtschaftliche Verhältnisse des Vertragspartners muss der Makler seinen Auftraggeber aufklären.[120]
- Weiß der Makler, dass noch kein Bebauungsplan vorliegt, muss er dies dem Auftraggeber mitteilen.[121]

c) Doppeltätigkeit. Grundsätzlich ist dem Makler eine Doppeltätigkeit erlaubt.[122] Dies ist auch allgemein üblich bei Grundstücksmaklern und Immobiliengeschäften.[123] Der Makler kann von beiden Teilen volle Provision fordern. Diese Doppeltätigkeit ist nur dann unzulässig, wenn sie zu vertragswidrigen Interessenkollisionen führt. Dies ist nicht der Fall, wenn der Makler für einen Teil Vermittlungsmakler ist und für den anderen Nachweismakler. Maßgebliches Kriterium hierfür ist die entfaltete Tätigkeit, nicht der geschlossene Vertrag. Der Makler, der für den Verkäufer als Vermittlungsmakler und für den Käufer als Nachweismakler tätig ist, braucht dem Käufer, der diese Doppeltätigkeit kennt, nicht mitzuteilen, dass er sich vom Verkäufer den über einen bestimmten Kaufpreis hinaus erzielten Übererlös als Provision hat versprechen lassen.[124]

Allerdings: Beim beiderseitigen Vermittlungsauftrag ist ein Interessenwiderstreit nahe liegend, jedoch die Doppeltätigkeit nicht notwendigerweise vertragswidrig, insbesondere dann nicht, wenn dem Makler dies vertraglich gestattet ist. Die Doppeltätigkeit verpflichtet den Makler zu strenger Unparteilichkeit: „Ehrlicher Makler".

d) Einzelfälle
- Makler erklärt Käufer, dass der vom Verkäufer geforderte Preis zu hoch sei.[125]
- Wenn sich der Makler in irgendeiner Form an dem Immobiliengeschäft selbst beteiligt („Parteiverrat").[126]
- Makler verliert seinen Provisionsanspruch gegenüber dem Käufer, wenn er dem Verkäufer zusagt, das Grundstück selbst zu einem bestimmten Preis zu kaufen, falls er keinen Käufer beibringt.[127]
- Wenn Makler aus Tätigkeit für die Gegenpartei vertragserhebliche Umstände erfährt, hierüber zur Verschwiegenheit verpflichtet ist und dennoch den Vertrag vermittelt.[128]

2. Reservierungsvereinbarung

Dabei verpflichten sich die Parteien, das Objekt während eines bestimmten Zeitraums dem Vertragspartner zu reservieren, also keinem Dritten anzubieten. Reservierungsvereinba-

---
[117] BGH NJW-RR 1992, 817.
[118] OLG Karlsruhe NJW-RR 1993, 1273.
[119] BGH NJW 1981, 2685.
[120] BGH NJW-RR 1991, 627.
[121] BGH WM 1978, 1069.
[122] BGHZ 1961, 17.
[123] OLG Hamm NJW-RR 1994, 125.
[124] BGH NJW 1970, 1075.
[125] BGHZ 1948, 344.
[126] Palandt/Sprau § 654 Rdnr. 8.
[127] OLG Hamm VersR 1991, 545.
[128] BGH MDR 70, 28.

rungen werden in aller Regel für unzulässig gehalten.[129] Reservieren im eigentlichen Sinne kann der Immobilienmakler kein Objekt. Sein Auftraggeber (Verkäufer) ist selbstverständlich in seiner Entscheidungsmöglichkeit frei, mit wem und ob er überhaupt einen Hauptvertrag abschließt.[130]

72 a) **Pflichten.** Der Makler, der für einen Kunden ein Objekt reserviert, übernimmt die nachfolgend aufgeführten Pflichten und der Interessent verpflichtet sich zur Bezahlung einer „Reservierungsgebühr":
- Keinen weiteren Interessenten für das Reservierungsobjekt anzuwerben.
- Keine weiteren Kaufverhandlungen zu führen.
- Keine weitere Reservierungsvereinbarung abzuschließen.
- Mit dem Verkäufer zu verhandeln und ihn zur Reservierung zu bewegen.
- Der Makler muss dem Interessenten mitteilen, wenn Verkäufer mit der Reservierung nicht einverstanden ist.

73 b) **Definition.** Das OLG Stuttgart)[131] hat die in der Praxis häufige Vertragsgestaltung wie folgt definiert: „In der Reservierung liegt eine eigenständige Leistung des Maklers. Es handelt sich hierbei nicht um die Vereinbarung eines Maklervertrages, sondern um eine darüber hinausgehende besondere Verpflichtung, die über die allgemeine Vermittlungs- und Nachweistätigkeit hinausgeht. Der Makler kann solche Vereinbarungen nur eingehen, wenn er sich zuvor vom Verkäufer einen Makleralleinauftrag hat erteilen lassen. Diese Leistung hat für den Kunden einen gewissen Wert. Selbst wenn dem Verkäufer daneben die Möglichkeit verbleibt, das Objekt in Eigenregie zu veräußern, zumal dies in der Praxis nicht selten der Fall ist."

74 c) **Reservierungsgebühr.** Reservierungen sind für einen bestimmten Zeitraum abzuschließen. Sind sie nicht befristet, so sind sie nichtig (§ 138 BGB).[132] Ebenso führt eine unangemessen hohe Reservierungsgebühr zur Nichtigkeit der Reservierungsvereinbarung und letztendlich zur Verwirkung des Lohnanspruchs. Nach § 313 Abs. 1 BGB bedarf ein Vertrag, durch den sich ein Teil verpflichtet, das Eigentum an einem Grundstück zu erwerben, der notariellen Beurkundung. Verträge müssen auch dann notariell beurkundet werden, wenn ein indirekter Zwang zum Abschluss eines Kaufvertrages ausgeübt werden soll.[133] Wird durch eine Reservierungsvereinbarung ein unangemessener Druck erzeugt, so muss notariell beurkundet werden.[134]

75 d) **Obergrenze.** Als Obergrenze für eine angemessene Reservierungsgebühr wird man wohl einen Betrag von 10 bis 15% der ansonsten geschuldeten Provision ansehen können.[135] In aller Regel werden Reservierungsvereinbarungen, die als Formularvertrag abgeschlossen werden, wegen Verstoßes gegen das AGB-Gesetz nicht anerkannt. Reservierungsvereinbarungen sind nur dann wirksam, wenn sie als Individualvereinbarung zwischen den Parteien getroffen werden.

76 e) **Vermittlung einer Objektreservierung.** Da der Makler nicht selbst eine Objektreservierung vornehmen kann, kann er sich von seinem Auftraggeber nur den Auftrag geben lassen, mit dem Objekteigentümer eine Reservierung zu erwirken. Erhält der Makler einen Auftrag zur Vermittlung einer Objektreservierung, so steht er im Dienste dessen, der das Objekt erwerben will. Er handelt für ihn, wenn er versucht, vom Eigentümer eine Reservierung des Objektes für einen bestimmten Interessenten (Auftraggeber des Maklers) zu erreichen. Dieses Ziel hat er erreicht, wenn er auch mit dem Eigentümer eine Objektreservierung vereinbart. Es kommt also auf eine Reservierung durch den Eigentümer an und nicht auf eine Reservierung durch den Makler. Gelingt es allerdings dem Makler nicht, die Objektreservie-

---

[129] *Schwerdtner* Rdnr. 849.
[130] BGH NJW 1987, 54.
[131] NJW-RR 1996, 822.
[132] OLG Stuttgart NJW-RR 1996, 822.
[133] BGH NJW 1979, 307.
[134] BGH NJW 1987, 54.
[135] LG Frankfurt NJW 1984, 2419.

rung zu erreichen, so muss er eine bereits bezahlte Vergütung wieder zurückbezahlen. Ein Rückforderungsanspruch entsteht auch dann, wenn der Makler gegen seine Pflichten aus dem Auftrag verstößt.

3. Allgemeine Geschäftsbedingungen

Allgemeine Geschäftsbedingungen sind für eine Vielzahl von Verträgen vorformulierte Vertragsbedingungen, die eine Vertragspartei (der Verwender) der anderen Vertragspartei bei Abschluss eines Vertrages stellt. Hierunter fallen also vorformulierte Klauseln, die häufiger verwendet werden, auf die aber die andere Seite keinen Einfluss nehmen konnte und über die der Verwender letztendlich nicht mit sich verhandeln lässt. Gem. §§ 305 ff. BGB (Verbraucherverträge) sind bestimmte AGB-Vorschriften auf vorformulierte Vertragsbedingungen auch dann anzuwenden, wenn diese nur zur einmaligen Verwendung bestimmt sind und der Verbraucher auf Grund der Vorformulierung auf ihren Inhalt keinen Einfluss nehmen konnte.

Viele von Maklern verwendete vorformulierte Vertragsbedingungen verstoßen gegen die gesetzlichen Vorgaben. Der Maklervertrag ist dann, sofern keine salvatorische Klausel vorhanden ist, als unwirksam anzusehen und der Maklerkunde muss keine Provision bezahlen.

a) **Individualvereinbarung.** Im Gegensatz zu allgemeinen Geschäftsbedingungen liegt dann eine Individualvereinbarung[136] vor, wenn eine Vertragsbedingung ausgehandelt wurde. Voraussetzung hierfür ist, dass der Verwender (Makler) erkennbar bereit ist, seine Klausel ganz oder teilweise zu ändern und eine reale Einflussmöglichkeit des Kunden (Kaufinteressenten/ Verkäufer) besteht. Eine tatsächliche Änderung ist allerdings nicht erforderlich. Es genügt weder eine allgemeine Belehrung über den Inhalt und die wirtschaftliche Tragweite einer Klausel, noch alleine die Bezeichnung „Individualvereinbarung". Für den Makler wird es in aller Regel sehr schwierig sein, das Vorliegen einer Individualvereinbarung nachzuweisen.

b) **Unwirksame Klauseln.** Folgende Klauseln wurden von der Rechtsprechung für unzulässig erklärt:
- Provisionspflichtige Folgeverträge.[137]
- Erfolgsunabhängige Provisionsversprechen.[138]
- Vorkenntnisklauseln.[139]

4. Verflechtung

Dem Makler steht ein Anspruch auf Provision nur dann zu, wenn er auf Grund seiner Nachweis- und/oder Vermittlungstätigkeit einen Vertrag zwischen dem Auftraggeber und einem Dritten im Sinne des § 652 BGB zustande gebracht hat. Dritter ist der Hauptvertragspartner jedoch nur dann, wenn er vom Makler „verschieden" ist.

a) **Abgrenzung.** Bei der Abgrenzung Makler/Dritter kommt es nicht auf die formelle gesellschaftsrechtliche Stellung an, sondern auf die zugrunde liegenden wirtschaftlichen Verhältnisse. Dritter und Makler sind nicht verschieden, wenn eine wirtschaftliche Verflechtung zwischen den Parteien besteht. „Makler und der Dritte müssen die Fähigkeit zur selbständigen, unabhängigen Willensbildung haben."[140]

b) **Echte Verflechtung.** Ist die Fähigkeit zur selbständigen unabhängigen Willensbildung nicht gegeben, so spricht man von einer echten Verflechtung. Wenn keine direkte, juristische oder wirtschaftliche Verbindung zwischen Dritten und Makler besteht, sondern ein so genannter insititutionalisierter Interessenkonflikt, so spricht man von unechter Verflechtung. Besteht eine Verflechtung, so ist der Provisionsanspruch ausgeschlossen, weil die Maklertätigkeit nicht mehr dem gesetzlichen Leitbild entspricht.[141]

---

[136] Rdnr. 12.
[137] OLG Düsseldorf NJW-RR 1998, 1594.
[138] BGH NJW 1988, 967.
[139] BGH DB 76, 1711.
[140] BGH NJW 1992, 2818.
[141] BGH NJW 1992, 2818 und NZM 2009, 366.

83 **c) Doppeltätigkeit.** Übt der Makler Doppeltätigkeit aus, so ist die Verflechtung zwischen Auftraggeber (Verkäufer) und Makler unschädlich, andererseits kann der Makler keine Provision von dem Dritten (Käufer/Auftraggeber) verlangen, es sei denn, der Käufer ist auf die bestehende Verflechtung auf der anderen Seite aufmerksam gemacht worden und schließt trotz Kenntnis einen Maklervertrag.

84 **d) Einzelfälle.**
- Identität zwischen Makler und einer von ihm beherrschten Kapitalgesellschaft.[142]
- Der Makler ist Geschäftsführer und Gesellschafter einer Makler-GmbH und einer Vermietungs-GmbH.[143]
- Der Makler ist Stellvertreter der Vertragsgegenseite beim Abschluss des von ihm vermittelten Hauptvertrages.[144]
- Makler-GmbH und Verkäufer-GmbH haben den gleichen Geschäftsführer.[145]
- Ein WEG-Verwalter kann nicht Makler des Käufers sein, wenn er dem Verkauf die Zustimmung gem. § 12 WEG erteilen muss.[146]

85 **e) Provisionsunschädliche Fälle.** Nachfolgend Beispiele für enge Beziehungen zwischen Dritten und Makler bzw. Auftraggeber, die jedoch nicht als provisionsschädlich angesehen werden:
- Die Ehe allein zwischen Makler und Vertragsgegner führt nicht zum Provisionsausschluss.[147]
- Freundschaftliche Verbundenheit zwischen Makler und Drittem.[148]
- Wohnungs- und Teileigentumsverwalter ohne Zustimmungsbefugnis gem. § 12 WEG.[149]
- Die bloße Mietverwaltung des Maklers steht dem Provisionsanspruch nicht entgegen.[150]

Da im Einzelfall die Abgrenzung, ob ein institutionalisierter Interessenkonflikt vorliegt oder nicht, schwierig ist, sollte in den Verflechtungsfällen, in denen an sich der Provisionsanspruch ausgeschlossen ist, der Auftraggeber des Maklers auf die besonderen Umstände hingewiesen werden. Insbesondere sollte der Makler versuchen, hier ein selbständiges, unabhängiges Provisionsversprechen im Sinne von § 652 BGB, in notarieller Form, abzuschließen:

Formulierungsvorschlag:

Am Zustandekommen dieses Maklervertrages ist die Firma ...... beteiligt. Der Käuferin ist die wirtschaftliche Verflechtung zwischen dem Verkäufer und der Firma ...... bekannt. Sie erkennt die Provisionspflicht an. Die Provision beträgt ...... Die Maklerprovision ist fällig, sobald die Auszahlungsvoraussetzungen für den Kaufpreis erfüllt sind. Die Käuferin stellt eine Bankbürgschaft über diesen Betrag bis zum ...... zu Händen der Maklerfirma.[151]

VIII. Sonstige Ansprüche

86 Generell hat der Makler einen Provisionsanspruch nur dann, wenn ein „Arbeitserfolg" im Sinne des § 652 BGB eingetreten ist. Nach § 652 Abs. 2 BGB sind dem Makler Aufwendungen zu ersetzen, wenn dies vereinbart ist. Dies gilt auch dann, wenn ein Vertrag **nicht** zustande kommt.

---

[142] BGH NJW 1973, 1649.
[143] OLG München MDR 1986, 317.
[144] BGH NZM 1998, 444.
[145] OLG Hamburg MDR 1974, 228.
[146] BGH NJW 1991, 168.
[147] BVerfG NJW 1987, 2733.
[148] BGH NJW 1981, 2293.
[149] BGH NJW 1991, 168.
[150] OLG Frankfurt RDM Rspr. A 145, Bl. 42.
[151] *Wegener/Seiler/Raab*, Der Makler und sein Auftraggeber, 5. Aufl., S. 152.

1. Aufwendungsersatz

Der Makler muss, wenn er beispielsweise einen Alleinauftrag oder einen qualifizierten Alleinauftrag bearbeitet, für den Auftraggeber (= Verkäufer) werblich tätig werden, um ihm Interessen nachzuweisen oder zu vermitteln. Führen die Kontakte des Maklers zu keinem Erfolg, so kann der Makler Aufwendungsersatz vom Auftraggeber (§ 652 Abs. 2 BGB) verlangen. 87

a) Aufwendungen. Hierzu gehören u. a.: 87a
- Kosten für Exposéerstellung.
- Porto- und Telefonkosten.
- Reisekosten (für Besichtigungen).
- Insertionskosten.
- Kosten für Handelsregisterauszüge und Grundbuchauszüge.

Nicht zu den Auslagen gehören generell die aufgewandte Arbeitszeit des Maklers (sog. Generalunkosten) und der entgangene Gewinn. Grundsätzlich kann der Aufwendungsersatzanspruch in vorformulierten Vertragsbedingungen nicht als Pauschale verlangt werden. Eine Auslagenpauschale ist nur dann wirksam vereinbart, wenn gleichzeitig ein mäßiger Höchstbetrag vereinbart ist, der sich an den tatsächlichen entstandenen Kosten orientiert.[152] Im Rahmen von vorformulierten Vertragsbedingungen können Aufwendungen jedoch mit dem Auftraggeber vereinbart werden, wenn es sich ausschließlich um Ersatz der konkret nachgewiesenen Aufwendungen handelt.[153] Wird in Wahrheit anstatt eines Aufwendungsersatzes eine erfolgsunabhängige Provision vereinbart, dann verstößt eine solche Vereinbarung gegen die Regeln der allgemeinen Geschäftsbedingungen (früher: § 9 AGBG).[154]

b) Aufwendungsersatz im Erfolgsfalle. Der Makler kann allerdings **auch** Aufwendungen ersetzt verlangen, wenn er seine Maklerbemühungen erfolgreich abschließt. Er kann dann eine Provision verlangen und von seinem Auftraggeber (mit dem er es vereinbart hat) auch seine Aufwendungen. Ein Umkehrschluss aus § 652 Abs. 2 BGB ergibt dies, nachdem der Makler Aufwendungen ersetzt verlangen kann, wenn er keinen Hauptvertrag zustande bringt, muss er erst recht Aufwendungen ersetzt verlangen können, wenn er einen Hauptvertrag erfolgreich vermakelt.[155] 87b

2. Erfolgsunabhängige Provision

Dem gesetzlichen Leitbild entspricht es keineswegs, dass der Makler einen Provisionsanspruch erwirbt, obwohl kein Hauptvertrag zustande kommt. Vereinbart der Auftraggeber trotzdem eine Vergütung mit dem Makler, so spricht man von einer erfolgsunabhängigen Provision. Solche Abreden können nicht in vorformulierten Verträgen abgeschlossen werden. Sie weichen vom gesetzlichen Leitbild des Maklervertrages ab.[156] 88

Eine erfolgsunabhängige Provisionsvereinbarung ist kein Maklervertrag. Eine solche Vereinbarung kann den Charakter einer Schenkung haben oder es handelt sich um einen „verschleierten" Teil des Kaufpreises. Ein solches unabhängiges Provisionsversprechen ist nur dann anzunehmen, wenn der Auftraggeber vor Abschluss der Vereinbarung über die Umstände aufgeklärt wurde, die der Maklertätigkeit entgegen standen. Bei der Vereinbarung ist auch weiter zu berücksichtigen, so wie es im Einzelfall des BGH[157] entschieden ist, dass der Maklerkunde vor die Frage gestellt wurde, ob er einen speziellen Makler einschaltet und ihm die Provision bezahlt oder er das Grundstück eben nicht erwerben kann. Hier wollte der Käufer unbedingt das Grundstück erwerben, so dass es ihm auf eine Provisionsverpflichtung gegenüber dem Makler nicht ankam. Hinzuweisen ist noch, dass privatschriftliche Ankaufsverpflichtungen mit Provisionszusagen für den Fall, dass der Interessent vom Kauf Abstand nimmt, weder in Form von vorformulierten Vertragsbedingungen noch in Form von Individualvereinbarungen rechtswirksam abgeschlossen werden können.

---

[152] BGH NJW 1987, 1634.
[153] OLG Hamburg NJW 1983, 1502.
[154] BGH NJW 1987, 1634.
[155] *Petri/Wieseler*, Handbuch des Maklerrechts, S. 444.
[156] *Breloer* NJW 1974, 347 und NZM 2009, 325.
[157] BGH NJW 1981, 277.

14. Abschnitt. Verfahrensfragen

§ 71 Erkenntnisverfahren – Prozessuale Besonderheiten der Gewerberaummiete

Übersicht

	Rdnr.
I. Örtliche Zuständigkeit	1
II. Sachliche Zuständigkeit	2–6

I. Örtliche Zuständigkeit

1   Die örtliche Zuständigkeit ist in § 29 a ZPO geregelt. Für Streitigkeiten aus Miet- oder Pachtverhältnissen über Räume oder über das Bestehen solcher Verhältnisse ist das Gericht **ausschließlich** zuständig, in dessen Bezirk sich die Räume befinden. Erfasst werden von dieser Vorschrift auch Untermiet- und Unterpachtverhältnisse sowie Zwischenvermietungsverträge,[1] auch die gewerbliche Zwischenvermietung von Wohnraum. Die ausschließliche Zuständigkeit schließt eine Prorogation aus, § 40 Abs. 2 ZPO. Auch für Schadensersatzansprüche gerichtet auf **Schmerzensgeld** wegen Verletzung Verkehrssicherungspflichten aus einem Mietverhältnis greift § 29 a ZPO.[2]

II. Sachliche Zuständigkeit

2   Bei der **sachlichen** Zuständigkeit ergeben sich keine Besonderheiten gegenüber anderen Zivilverfahren. Bei Streitigkeiten über Gewerberäume und andere Räume richtet sich die Zuständigkeit nach dem Wert des Streitgegenstandes. Liegt der Wert des Streitgegenstandes bis € 5.000,–, so ist das Amtsgericht zuständig. Übersteigt der Wert des Streitgegenstandes € 5.000,–, so ist das Landgericht zuständig.

3   Ist ein **Mischmietverhältnis** Gegenstand einer gerichtlichen Auseinandersetzung, richtet sich die sachliche Zuständigkeit nach dem Schwerpunkt des Vertrages.[3]

4   Hat eine der Parteien ihren allgemeinen Gerichtsstand im Zeitpunkt der Rechtshängigkeit in der ersten Instanz im **Ausland,** so ist für die Berufung gemäß § 119 Abs. 1 Nr. 1b GVG das Oberlandesgericht zuständig. Ist der ausländische oder inländische Gerichtsstand einer Partei erstinstanzlich unstreitig geblieben, erfolgt die Überprüfung des Gerichtsstandes der Partei im Rechtsmittelverfahren in der Regel nicht mehr.[4]

5   Die Verlegung des Wohnsitzes nach Rechtshängigkeit in das Ausland begründet jedoch nicht die Zuständigkeit des Oberlandesgerichts nach § 119 Abs. 1 Nr. 1b GVG. Vielmehr bleibt es bei der allgemeinen Zuständigkeit gemäß § 119 GVG.[5]

6   Genießt der Beklagte als Mieter mit Wohnsitz im Ausland das Recht der **Exterritorialität**, richtet sich der Gerichtsstand gemäß § 15 Abs. 1 Satz 1 ZPO nach seinem letzten inländischen Wohnsitz.[6] Im Übrigen wird auf die Ausführungen unter § 38 I 2 verwiesen.

---

[1] LG Köln WM 1991, 563; *Zöller* § 29 a Rdnr. 6.
[2] OLG Düsseldorf WM 2006, 46.
[3] OLG Karlsruhe MDR 1988, 414; OLG München ZMR 1995, 295; *Zöller* § 23 GVG Rdnr. 9.
[4] BGH NZM 2004, 654.
[5] BGH WM 2008, 457.
[6] BGH WM 2006, 268.

§ 72 Zwangsvollstreckung, Zwangsversteigerung, Zwangsverwaltung

Übersicht

	Rdnr.
I. Zwangsvollstreckung des Räumungs- und Herausgabeanspruchs	1–14
1. Räumungstitel	1–3
2. Durchführung	4–14
a) Räumung und Herausgabe	4/5
b) Herausgabe und Vermieterpfandrecht (Berliner Modell)	6–13
c) Räumungsschutz	14
II. Zwangsversteigerung und Zwangsverwaltung von Gewerberaum	15–20
1. Allgemeines	15
2. Gewerbliche Grundstücksnutzung	16–20

I. Zwangsvollstreckung des Räumungs- und Herausgabeanspruchs

1. Räumungstitel

Zur Durchsetzung des Räumungs- und Herausgabeanspruchs ist ein mit Vollstreckungsklausel versehener Titel erforderlich. Der Räumungsgläubiger hat dem Räumungsschuldner den Vollstreckungstitel vor Beginn der Zwangsvollstreckung oder zumindest gleichzeitig zuzustellen. **1**

Die Zwangsvollstreckung richtet sich nach § 885 Abs. 1 Satz 1 ZPO. Der Gerichtsvollzieher wird beauftragt, den Räumungsschuldner aus dem Besitz zu setzen und den Räumungsgläubiger in den Besitz einzuweisen. **2**

Geeignete Vollstreckungstitel sind **3**
- Urteile gemäß § 704 ZPO,
- gerichtliche Vergleiche im Sinne von § 794 Abs. 1 Nr. 1 ZPO,
- Zuschlagsbeschlüsse gemäß § 93 Abs. 1 ZVG.

2. Durchführung

a) **Räumung und Herausgabe.** § 885 Abs. 1 Satz 1 ZPO differenziert zwischen Herausgabe und Räumung. Ausreichend ist bereits nach dem Gesetzeswortlaut, dass der Titel auf Herausgabe, Überlassung oder Räumung lautet. **4**

Besser ist es jedoch, wenn der zu vollstreckende Anspruch auf Räumung und Herausgabe lautet. Bevor der Räumungsgläubiger den Gerichtsvollzieher mit der Räumung und Herausgabe beauftragt, sollte geprüft werden, ob der bei der Zwangsräumung von größeren Gewerbeobjekten entstehende Aufwand tatsächlich durch den Räumungsgläubiger bereits im Wege des Vorschusses geleistet werden soll, den der Gerichtsvollzieher nach Erteilung des Räumungsauftrages anfordern wird. Da der Gerichtsvollzieher im eigenen Namen eine Spedition mit dem Transport des Räumungsgutes beauftragen wird, ist eine Vorschussanforderung durch den Gerichtsvollzieher zu erwarten, die deutlich über den zu erwartenden Transport- und Einlagerungskosten liegen wird. **5**

b) **Herausgabe und Vermieterpfandrecht (Berliner Modell).** Die Begrenzung der Kosten der Zwangsräumung hat mittlerweile Eingang in die Rechtsprechung gefunden, insbesondere das Berliner Modell. Der Bundesgerichtshof hat sich hiermit auseinandergesetzt und die grundsätzliche Zulässigkeit bejaht.[1] **6**

Danach kann der Räumungsgläubiger die Zwangsvollstreckung nach § 885 ZPO auf eine Herausgabe der unbeweglichen Sache beschränken, wenn er an sämtlichen in den Räumen befindlichen Gegenständen ein Vermieterpfandrecht geltend macht. Auch wenn in einem solchen Fall Streit darüber besteht, ob alle beweglichen Sachen des Räumungsschuldners **7**

---

[1] BGH NJW 2006, 848; NJW 2006, 3273.

vom Vermieterpfandrecht erfasst werden oder nicht, hat der Gerichtsvollzieher die Räumung nicht nach § 885 Abs. 2 bis Abs. 4 ZPO vorzunehmen. Insbesondere darf der Gerichtsvollzieher eine Prüfung dahingehend, ob die bei der Durchführung der Herausgabevollstreckung befindlichen Gegenstände vom Vermieterpfandrecht umfasst werden, nicht vornehmen. Der Gerichtsvollzieher ist als Vollstreckungsorgan nicht zuständig, materiellrechtliche Ansprüche zu klären. Dies gilt insbesondere auch für die Frage, ob die in Rede stehenden Gegenstände wegen Unpfändbarkeit nach § 562 Abs. 1 Satz 2 BGB dem Vermieterpfandrecht unterliegen oder nicht.

8 Die Vollstreckung der Herausgabe wird in der Weise durchgeführt, dass der Gerichtsvollzieher den Räumungsschuldner aus dem Besitz des zu räumenden Objekts setzt und den Räumungsgläubiger in den Besitz einweist. Bewegliche Sachen, die nicht Zubehör nach §§ 97, 98 BGB sind und auf die sich der Räumungstitel nicht erstreckt, werden vom Gerichtsvollzieher zwar grundsätzlich weggeschafft, dieser Entfernung kann jedoch der Räumungsgläubiger aufgrund seines (vermeintlichen) Vermieterpfandrechts widersprechen.

9 Der Räumungsschuldner ist zunächst dadurch hinreichend geschützt, dass er die unpfändbaren, nicht dem Vermieterpfandrecht unterfallenden Gegenstände vor Durchführung der Herausgabevollstreckung aus den zu räumenden Objekt entfernen kann, solange er nicht aus dem Besitz gesetzt wurde.

10 Ist der Räumungsgläubiger durch den Gerichtsvollzieher wieder in den unmittelbaren Besitz des Mietobjekts gesetzt worden, so kann dieser entweder die Verwertung der dem Vermieterpfandrecht unterliegenden Gegenstände einleiten oder mit dem Räumungsschuldner in Verhandlungen eintreten, welche Gegenstände, also insbesondere diejenigen, die offensichtlich dem Vermieterpfandrecht nicht unterliegen, freiwillig herausgegeben werden. Dies bedeutet jedoch, dass die Transportkosten vom Räumungsgläubiger nicht im Wege des Vorschusses zu leisten sind, vielmehr wird der Transport dann vom Räumungsschuldner selbst durchgeführt.

Praxistipp:

11 Vor Erteilung eines Zwangsvollstreckungsauftrages an den Gerichtsvollzieher auf Räumung und Herausgabe ist zu prüfen, ob gegebenenfalls hohe Räumungskosten anfallen können. Um eine dementsprechende Vorschussanforderung durch den Gerichtsvollzieher zu vermeiden, kann in solchen Fällen der Vollstreckungsauftrag auf die Herausgabe beschränkt werden.

Gleichzeitig ist jedoch im Vollstreckungsauftrag anzugeben, dass an allen eingebrachten Sachen des Räumungsschuldners wegen Zahlungsrückständen das Vermieterpfandrecht geltend gemacht wird.

Ausreichend ist es dann, dem Gerichtsvollzieher für die Kosten der Herausgabevollstreckung sofort einen Kostenvorschuss in der Größenordnung von € 300,– bis € 400,– vorzulegen.

12 Noch nicht Gegenstand von Entscheidungen des Bundesgerichtshofs waren zwei weitere gerichtliche Modelle.

Nach dem **Hamburger Modell** entzieht der Gerichtsvollzieher dem Räumungsschuldner den Besitz am zu räumenden Objekt, baut ein neues Schloss ein und übergibt die Schlüssel der Spedition, die den Auftrag erhält, erst nach mehreren Wochen zu räumen. Meldet sich vorher der Räumungsschuldner und teilt mit, er könne die zurückgelassenen Gegenstände anderweitig unterbringen, so wird die Spedition das Räumungsgut dorthin verbringen, soweit der Räumungsschuldner die Kosten selbst vorstreckt. Meldet sich der Räumungsschuldner allerdings nicht innerhalb kurzer Zeit, so wird zunächst der Müll entsorgt und die werthaltigen Gegenstände eingelagert.

13 Das so genannte **Frankfurter Modell** gibt dem Räumungsgläubiger die Möglichkeit, in einem separaten, verschließbaren eigenen Raum die zu räumenden Gegenstände einzulagern, der unmittelbare Besitz an diesem Raum wird dem Gerichtsvollzieher durch Übergabe aller Schlüssel übertragen. Ferner wird vom Räumungsgläubiger verlangt, dass er eine Haf-

c) **Räumungsschutz.** Auch dem Gewerbemieter kann nach § 765a ZPO in Ausnahmefällen Räumungsschutz gewährt werden. Dies gilt insbesondere dann, wenn mit der Zwangsräumung eine konkrete Gefahr für das Leben oder die Gesundheit des Räumungsschuldners verbunden ist.[2]

II. Zwangsversteigerung und Zwangsverwaltung von Gewerberaum

1. Allgemeines

Zwangsversteigerung und Zwangsverwaltung als besondere Vollstreckungsarten unterscheiden sich in ihren Voraussetzungen und Wirkungen für **Wohnraummietverhältnisse** und **Gewerberaummietverhältnisse** nicht. Es gelten dieselben gesetzlichen Regeln. Soweit sich in einzelnen Zusammenhängen unterschiedliche Interessenlagen ergeben können, ist im Beitrag zum Wohnraummietrecht[3] darauf hingewiesen.

2. Gewerbliche Grundstücksnutzung

Vier Gesichtspunkte im Zusammenhang mit gewerblicher Nutzung beschlagnahmter Liegenschaften verdienen allerdings nochmaliger und besonderer Erwähnung:

Der Zwangsverwalter darf zwar alle Nutzungen des beschlagnahmten Grundbesitzes ziehen, jedoch darf er nur die Erzeugnisse verwerten, die gem. §§ 148, 21 ZVG, § 1120 Abs. 1 BGB von der Beschlagnahme erfasst werden und Ergebnis der grundstücksbezogenen Nutzungsziehung sind. Er darf jedoch sonstige der Beschlagnahme unterworfene Gegenstände, beispielsweise Zubehör, grundsätzlich nicht verwerten, es sei denn dies ist für die ordnungsgemäße Verwaltung unerlässlich, beispielsweise der Verkauf verderblicher Ware oder von „Früchten" des Grundstücks.[4]

Damit ist auch zugleich umrissen, ob und in welchem Umfang der Zwangsverwalter einen Gewerbebetrieb des Schuldners auf dem beschlagnahmten Grundbesitz (fort) führen darf. Dies wird allenfalls dann in Frage kommen, wenn die unmittelbare Grundstücknutzung selbst – gewerbliche Vermietung, sei es langfristig, sei es kurzfristig (Ferienwohnungen, Veranstaltungsräume) – gewerblichen Charakter hat. Die Fortführung eines Betriebs, der lediglich auf dem Grundstück liegt, ist ausgeschlossen, insoweit ist der Verwalter auf die Möglichkeit der Vermietung oder Verpachtung einschließlich des beschlagnahmten Zubehörs beschränkt.[5] Zu beachten ist, dass die Zubehöreigenschaft von Gegenständen infolge vorangegangener Betriebsaufgabe erloschen sein kann.[6]

Der Zwangsverwalter kann seit 1. 1. 2004, dem Zeitpunkt der durchgreifenden Änderung der Zwangsverwalter-Verordnung,[7] auch langfristige Mietverträge ohne die Zustimmung des Vollstreckungsgerichts eingehen. Die mieterschützende Neuregelung des § 575 BGB ist auf befristete Gewerberaummietverträge mit ggf. langer Laufzeit nicht anwendbar. Auch fällt der – erlaubte – befristete Verzicht auf das Recht zur ordentlichen Kündigung nicht unter § 575 BGB.

Schließlich ist infolge der Aufhebung der §§ 57c und 57d ZVG durch das 2. Justizmodernisierungsgesetz[8] ein bei der Gewerberaummiete durchaus noch häufig vorkommender Gesichtspunkt, nämlich die Abgeltung von Baukostenzuschüssen des Mieters durch Verlängerung der Mietzeit in Gestalt eines Aufschubs oder Ausschlusses des Sonderkündigungsrechts des Erstehers nur noch eingeschränkt über den Antrag gem. § 59 ZVG im Versteige-

---

[2] BGH NJW 2005, 3414; NJW 2006, 505.
[3] Oben Teil A, 13. Abschnitt „Verfahrensfragen", § 39 II.
[4] *Stöber* ZVG § 152 Rdnr. 10.
[5] *Stöber* ZVG § 152 Rdnr. 6.
[6] §§ 98, 95 Abs. 1 BGB.
[7] Oben Teil A § 39 II Rdnr. 19 mit Nachw.
[8] Art. 11 Ziff. 5 des 2. JuMoG vom 22. 12. 2006, BGBl. I 2006, 3416.

rungsverfahren[9] geltend zu machen. Dem Mieter bleibt nur die Abrechnung seiner Ansprüche und – je nach vertraglicher Gestaltung – ihre Geltendmachung gegenüber dem früheren oder dem neuen Eigentümer.

---

[9] Muster siehe oben § 39 Rdnr. 12.

§ 73 Insolvenz im Gewerberaummietverhältnis[1]

Übersicht

	Rdnr.
I. Allgemeines	1–17
1. Ziele, Grundlagen und Beteiligte des Insolvenzverfahrens	2–8
2. Rechtsstreite	9–17
a) Klageart und -frist	9/10
b) Anhängige Rechtsstreite – Unterbrechung und Aufnahme	11–17
II. Einzelzwangsvollstreckung und Insolvenz	18–25
1. Einzelzwangsvollstreckungsmaßnahmen vor der Insolvenz	19
2. Einzelzwangsvollstreckungsmaßnahmen im Eröffnungsverfahren	20/21
3. Einzelzwangsvollstreckungsmaßnahmen nach Eröffnung des Insolvenzverfahrens	22
4. Nicht betroffene Vollstreckungsmaßnahmen	23
5. Besonderheiten der dinglichen Vollstreckung	24
6. Besondere Vollstreckungsverbote im eröffneten Verfahren	25
III. Fortbestand der Miet- und Pachtverhältnisse	26–30
IV. Das Mietverhältnis in der Insolvenz des Mieters	31–55
1. Kündigung wegen Zahlungsverzugs	31–34
a) Kündigungssperre des § 112 InsO	31
b) Kündigungsmöglichkeiten nach dem BGB	32/33
c) Lösungsklauseln im Mietvertrag	34
2. Kündigung wegen Verschlechterung der Vermögensverhältnisse	35/36
a) Kündigungsmöglichkeit und Anfechtung	35
b) Lösungsklauseln im Mietvertrag	36
3. Insolvenzeröffnung vor Überlassung der Mietsache	37–42
a) Rücktrittsrecht	37/38
b) Fristsetzung	39
c) Rechtsfolgen der Ausübung des Rücktrittsrechts	40/41
d) Kündigung oder Freigabe statt Rücktritt	42
4. Insolvenzeröffnung nach Überlassung der Mietsache	43–55
a) Kündigungsrecht des Insolvenzverwalters	43–49
b) Schadensersatzanspruch und Pfandrecht des Vermieters	50–53
c) Kein Ersatz der Kündigung durch Freigabe der Mieträume	54/55
V. Das Mietverhältnis in der Insolvenz des Vermieters	56–68
1. Erfüllungsanspruch	56–59
a) Insolvenzeröffnung vor Überlassung der Mietsache	57/58
b) Insolvenzeröffnung nach Überlassung der Mietsache	59
2. Kein Kündigungs- oder Rücktrittsrecht	60
3. Vorausverfügungen über die Miete	61–66
a) Zeitliche Wirksamkeit und Begriff der Verfügung	61–63
b) Aufrechnungsmöglichkeit des Mieters	64/65
c) Mietsicherheiten	66
4. Veräußerung des Mietobjekts	67/68

Schrifttum: *Schmitt/Futterer*, Mietrecht, 9. Aufl. 2007; *Wimmer* (Hrsg.), Frankfurter Kommentar zur Insolvenzordnung, 4. Aufl. 2008; Kölner Schrift zur Insolvenzordnung, 1997; *Uhlenbruck*, Das neue Insolvenzrecht, Text- und Dokumentationsband, 1994; *Braun* (Hrsg.) Insolvenzordnung (InsO), Kommentar, 3. Aufl. 2007; *Nerlich/Römermann*, InsO, Kommentar, 2000 ff.

I. Allgemeines

Insolvenzrechtliche Fragestellungen im Rahmen von Mietverhältnissen sind zumeist unabhängig davon zu beantworten, ob bei **Wohnraummiete** oder **Geweberaummiete** Vermögenslosigkeit einer Vertragspartei eintritt. Einige wenige Besonderheiten gelten für Wohn- 1

---

[1] Neubearbeitung des bis zur Vorauflage von RA *Frank Katzenberger*, Bad Wildbad, betreuten Kapitels (§ 57).

raummietverhältnisse in der Insolvenz des Mieters. Sie sind im vorliegenden Beitrag jeweils kenntlich gemacht, werden aber gesondert behandelt.²

1. Ziele, Grundlagen und Beteiligte des Insolvenzverfahrens

2   Die **Insolvenzordnung**³ hat seit 1. 1. 1999 die Konkurs-, die Vergleichs- und die Gesamtvollstreckungsordnung abgelöst und ersetzt. Mit einem Insolvenzverfahren soll die gleichmäßige und **gemeinschaftliche Befriedigung** der Gläubiger durch Verwertung und Verteilung des beweglichen und unbeweglichen Schuldnervermögens erreicht werden, ggf. mittels eines **Insolvenzplans**, der grundsätzlich eine Sanierung in wirtschaftliche Schwierigkeiten geratener Unternehmen ermöglichen soll. Erst durch die Einfügung des § 4a InsO – **Stundung der Verfahrenskosten** – im Jahr 2001 ist aber auch völlig mittellosen Schuldnern der Zugang zur Möglichkeit der **Restschuldbefreiung** und damit zur individuellen Entschuldung ermöglicht.

3   Insolvenzgericht ist das **Amtsgericht,** in dessen Bezirk der Schuldner seinen allgemeinen Gerichtsstand hat, meist sind aber innerhalb der Landgerichtsbezirke die Zuständigkeiten für Insolvenzsachen bei einem, gelegentlich mehreren Amtsgerichten zusammengefasst. Liegt der **Mittelpunkt** der **selbstständigen wirtschaftlichen Tätigkeit** des Schuldners in dem Bezirk eines anderen Insolvenzgerichts, so ist dieses ausschließlich für das Verfahren zuständig (§ 3 Abs. 1 Satz 2 InsO).

4   Das Insolvenzverfahren wird **auf Antrag** des Schuldners oder eines Gläubigers eröffnet. Voraussetzung ist einerseits eine „die Kosten des Verfahrens" deckenden Mindestvermögensmasse, die entweder durch Vorschuss eines ausreichenden Geldbetrags oder durch Antrag und Bewilligung der Kostenstundung ersetzt werden kann (§ 26 InsO). Daneben muss einer von **drei möglichen Eröffnungsgründen** gegeben sein (§ 16 InsO):
- **Zahlungsunfähigkeit** ist allgemeiner Eröffnungsgrund. Gemäß § 17 Abs. 2 InsO ist der Schuldner zahlungsunfähig, wenn er nicht in der Lage ist, die fälligen Zahlungspflichten zu erfüllen.⁴ Eine bloße **Zahlungsstockung** ist anzunehmen, wenn der Zeitraum nicht überschritten wird, den eine kreditwürdige Person benötigt, um sich die benötigten Mittel zu leihen. Dafür erscheinen drei Wochen erforderlich, aber auch ausreichend.⁵ Beträgt eine innerhalb von drei Wochen nicht zu beseitigende Liquiditätslücke des Schuldners weniger als 10% seiner fälligen Gesamtverbindlichkeiten, ist regelmäßig von Zahlungsfähigkeit auszugehen, es sei denn, es ist bereits absehbar, dass die Lücke demnächst mehr als 10% erreichen wird.⁶
- **Drohende Zahlungsunfähigkeit** ist nur bei einem Eigenantrag des Schuldners nach § 18 InsO Eröffnungsgrund dann, wenn der Schuldner voraussichtlich nicht in der Lage sein wird, seine bestehenden Zahlungsverpflichtungen im Zeitpunkt der Fälligkeit zu erfüllen. Eine Antragspflicht besteht, anders als im Fall der bereits eingetretenen Zahlungsunfähigkeit oder Überschuldung bei juristischen Personen, nicht. Eine Prognose wird im Allgemeinen nur auf der Grundlage eines Finanz- oder Liquiditätsplans möglich sein.⁷ Mit dieser neu eingeführten frühen Möglichkeit einer Verfahrenseinleitung ist grundsätzlich ein weiteres Sanierungsinstrument für wirtschaftlich in Not geratene Unternehmen geschaffen worden.
- **Überschuldung** schließlich ist bei juristischen Personen wie bisher Eröffnungsgrund (§ 19 Abs. 2 Satz 1 InsO). Sie liegt vor, wenn das Vermögen des Schuldners die bestehenden Verbindlichkeiten nicht mehr deckt.⁸

5   Mögliche Schuldner im Insolvenzverfahren und damit **insolvenzfähig** sind alle natürlichen und juristischen Personen, darüber hinaus auch OHGen und KGen, Partnerschaftsgesell-

---
² § 39 IV.
³ I. d. F. der Bekanntmachung vom 5. 10. 1994, BGBl. I S. 2866, mit zahlreichen Änderungen (im Einzelnen im *Schönfelder* Nr. 110).
⁴ Dazu Braun/*Bußhardt* InsO § 17 Rdnr. 7 ff. und zuletzt BGH NZI, 2007, 36 ff.
⁵ BGH NJW 2005, 3062.
⁶ BGH NJW 2005, 3062.
⁷ BT-Drucks. 12/2443, S. 115.
⁸ BGH ZInsO 2008, 1019.

schaften sowie Gesellschaften bürgerlichen Rechts (§ 11 InsO), ausdrücklich aber nicht Wohnungseigentümergemeinschaften. (§ 11 Abs. 3 WEG).

Im Insolvenzverfahren gibt es grundsätzlich **drei mögliche Arten von Gläubigern:**
- (einfache) Insolvenzgläubiger, die anteilig und gleichmäßig nach einer Quote aus der erwirtschafteten Insolvenzmasse befriedigt werden,
- Massegläubiger, die einen unmittelbaren Anspruch in voller Höhe ihrer Forderungen gegen die Insolvenzmasse haben und
- absonderungsberechtigte Gläubiger, die den vollen Verwertungserlös einzelner Gegenstände oder Forderungen beanspruchen können, weil sie Rechte daran besitzen.

In der Einleitungsphase eines Insolvenzverfahrens ist eine Antragsrücknahme bis zur Wirksamkeit der Entscheidung des Gerichts über die Eröffnung oder bis zur Rechtskraft eines Abweisungsbeschlusses möglich.[9] Häufig werden in diesem Stadium vom Gericht vorläufige Sicherungsmaßnahmen angeordnet und ein vorläufiger Insolvenzverwalter bestellt.

Mit der Verfahrenseröffnung durch Beschluss des Insolvenzgerichts verliert der Schuldner die Verfügungsbefugnis über sein Vermögen. Sie geht auf den im Eröffnungsbeschluss bestellten Verwalter über. Der Schuldner als Grundstücks- oder Wohnungseigentümer darf keinen Mietvertrag mehr abschließen, ändern oder kündigen und auch entsprechende Willenserklärungen nicht mehr entgegennehmen. Insoweit sind Rechtshandlungen des Schuldners oder eines Dritten grundsätzlich unwirksam (§§ 80, 81, 82 InsO). Gleiches gilt für Zahlungen, diese sind statt an den Schuldner an den Insolvenzverwalter zu leisten, nur dann tritt – außer bei Gutgläubigkeit, d. h. Unkenntnis des Zahlenden von der Insolvenzeröffnung – die schuldbefreiende Wirkung ein. Auch in Verfahren, die Vermögensgegenstände des Schuldners betreffen, verliert er seine Handlungsbefugnis, beispielsweise die Beschwerdebefugnis im Zwangsversteigerungsverfahren. Von der Eröffnung des Insolvenzverfahrens über das Vermögen des Schuldners und der Bestellung eines Insolvenzverfahrens an ist der Schuldner nicht mehr Beteiligter des Zwangsversteigerungsverfahrens; seine Stelle wird von dem Verwalter im Insolvenzverfahren eingenommen.[10]

Jede Einzelzwangsvollstreckung ist nach Verfahrenseröffnung ausgeschlossen (§ 80 Abs. 2 InsO), begonnene Maßnahmen werden unwirksam. Ausgenommen sind dingliche Vollstreckungen, die wirksam bleiben und auch nach Verfahrenseröffnung noch begonnen werden können (§§ 49 ff. InsO), dazu gehört aber nicht die Mietpfändung durch den dinglich privilegierten Gläubiger des Eigentümer-Schuldners.[11] Zu den Einzelheiten gleich unter B).

2. Rechtsstreite

a) Klageart und -frist. Ist eine Gläubigerforderung, die weder Masseforderung ist noch einen Aussonderungsanspruch betrifft, bei Insolvenzeröffnung noch nicht tituliert und wird sie nach Anmeldung zur Tabelle im Verfahren ganz oder teilweise bestritten, so ist statt einer Leistungsklage Feststellungsklage zu erheben um die Berücksichtigung in der Insolvenztabelle zu erreichen. Diese Klage ist fristgebunden: Gemäß § 189 InsO muss der Nachweis ihrer Einreichung oder der Aufnahme eines gem. § 240 ZPO unterbrochenen Verfahrens innerhalb einer Ausschlussfrist von zwei Wochen nach der öffentlichen Bekanntmachung über die Auslegung des Verteilungsverzeichnisses – das ist die Vorbereitung der Beendigung des Insolvenzverfahrens – gegenüber dem Insolvenzverwalter geführt werden, sonst wird die streitige Forderung in keinem Falle mehr bei der Verteilung berücksichtigt.

Bei der Formulierung des Feststellungsantrags ist in jedem Fall zu beachten, dass ein **Auswechseln des Forderungsgrunds** unzulässig ist. Die Feststellung einer Forderung kann nur in der Weise beantragt werden, wie sie in der Forderungsanmeldung oder im Prüfungstermin bezeichnet worden ist (§ 181 InsO).

b) Anhängige Rechtsstreite – Unterbrechung und Aufnahme. Bei Insolvenzeröffnung (§ 27 InsO) bereits anhängige Rechtsstreite werden gem. § 240 ZPO kraft Gesetzes unterbrochen, bis sie nach insolvenzrechtlichen Regelungen „aufgenommen" werden (§§ 85, 86 InsO).

---
[9] BGH ZVI 2006, 564.
[10] BGH Beschluss v. 29. 5. 2008 – V ZB 3/08 – NZI 2008, 613.
[11] BGH Beschluss v. 13. Juli 2006 – unten Fn. 46.

12 Bei begonnenen **Aktivprozessen** des Schuldners hat gem. § 85 Abs. 1 InsO der Insolvenzverwalter die Wahl der Aufnahme. **Passivprozesse** können sowohl der Verwalter als auch der Gegner aufnehmen (§ 86 InsO), aber nur wenn der Rechtsstreit ein Aussonderungs- oder Absonderungsrecht oder einen Masseanspruch betrifft. Im Räumungsprozess des Vermieters gegen den Mieter-Schuldner, wird sich für Ersteren eine baldige Aufnahme empfehlen, um gegebenenfalls weitere Verluste zu vermeiden. Der Eigentumsherausgabeanspruch fällt als besondere Form des Aussonderungsanspruchs unter § 86 Abs. 1 Nr. 1 InsO, deshalb ist die Insolvenzmasse betroffen.[12] Der Besitz der Mietwohnung ist Bestandteil des Schuldnervermögens (§ 35 InsO).

13 Mehrere auf Räumung in Anspruch genommene Mieter sind nur einfache Streitgenossen.[13] Gegen Mieter oder Untermieter, die nicht am Insolvenzverfahren über das Vermögen eines Mieter-Schuldners beteiligt sind, tritt deshalb die Unterbrechungswirkung des § 249 ZPO nicht ein. Gegen sie kann deshalb der Rechtsstreit fortgesetzt werden und auch ein Teil-Urteil ergehen.

14 Für den Vermieter kann allerdings ein Kostenrisiko entstehen: Erkennt der Insolvenzverwalter nach Aufnahme eines Rechtsstreits den Anspruch sofort an, so sind Kostenerstattungsansprüche nur einfache Insolvenzforderungen.

15 Ein Passivprozess über eine **gewöhnliche Insolvenzforderung** nach § 38 InsO kann grundsätzlich nicht aufgenommen werden. Dem Gläubiger bleibt nur die **Anmeldung** seiner Forderung zur Insolvenztabelle (§§ 87 ff. InsO). **Bestreitet** der Verwalter oder ein Insolvenzgläubiger allerdings die angemeldete Forderung,[14] so kann der unterbrochene Rechtsstreit anschließend gem. § 180 Abs. 2 InsO als **Feststellungsprozess** aufgenommen werden.

16 Soweit ein Zahlungsanspruch geltend gemacht wird, ändert sich durch die Aufnahme des Rechtsstreits der **Klagegegenstand**.[15] Der die Feststellung seines Anspruchs begehrende Gläubiger muss deshalb seinen Klageantrag entsprechend umstellen:

> **Mustertext**
> In dem Rechtsstreit
> ....../......
> wird für den/die Kläger(in) der nach § 240 ZPO unterbrochene Rechtsstreit aufgenommen.
> Zunächst wird *beantragt*, das Rubrum auf Beklagtenseite wie folgt zu ändern:
> XY als Insolvenzverwalter über das Vermögen des/der ......
> Gleichzeitig wird gebeten, dem Insolvenzverwalter diesen Schriftsatz zuzustellen.[16]
> Die angekündigten Anträge werden wie folgt neu gefasst:
> 1. Die im Insolvenzverfahren über das Vermögen des ...... angemeldete Forderung des Klägers wird in Höhe von ....€ zur Insolvenztabelle festgestellt.
> 2. ......

17 Auch insoweit gilt § 181 InsO, bei der Umstellung des Klageantrages ist also auf die Identität mit der Forderungsanmeldung zu achten. Auch der **Streitwert** ändert sich in den Fällen, in denen ein unterbrochener Rechtsstreit aufgenommen[17] und vom ursprünglichen Leistungsantrag auf den **Feststellungsantrag** übergegangen wird, auf die Summe, die bei der Verteilung der Insolvenzmasse für die Forderung zu erwarten ist (§ 182 InsO). Die Änderung des Streitgegenstands hat aber keinen Einfluss auf die einmal begründete sachliche Zuständigkeit des Gerichts.

---

[12] Schmidt-Futterer/*Gather* § 546 BGB, Rdnr. 44; Braun/*Kind* InsO § 86 Rdnr. 4.
[13] Zöller/*Vollkommer*, § 62 Rdnr. 17.
[14] Ersichtlich aus dem Tabellenauszug, der dem Gläubiger in diesem Fall vom Insolvenzgericht übersandt wird (§ 179 InsO).
[15] BGH NJW-RR 1994, 1251; BGH LM § 146 KO Nr. 4.
[16] Nach Insolvenzeröffnung steht dem Insolvenzverwalter die Prozessführungsbefugnis zu, § 80 Abs. 1 InsO.
[17] Braun/*Specovius* InsO § 182 Rdnr. 6.

II. Einzelzwangsvollstreckung und Insolvenz

Da im Insolvenzverfahren grundsätzlich das gesamte Vermögen des Schuldners gem. § 35 InsO dem Insolvenzbeschlag unterliegt, wohingegen die („Einzel-")Zwangsvollstreckung nur eine Vollstreckung in bestimmte einzelne Vermögensgegenstände (Sachen oder Rechte) ist, gilt im Insolvenzverfahren, anders als bei der Einzelzwangsvollstreckung (§ 804 Abs. 3 ZPO), kein Prioritätsprinzip dergestalt, dass etwa Gläubiger, die ihre Forderungen zuerst anmelden, bevorzugt befriedigt werden. Vielmehr wird die erwirtschaftete Masse nach Abzug der Kosten quotal an alle Gläubiger gleichmäßig verteilt. Auch im Insolvenzverfahren sind allerdings bestimmte Forderungen und Vermögensbestandteile „unpfändbar" und also „insolvenzfrei". Wegen des Gedankens der gleichmäßigen Gläubigerbefriedigung muss die Insolvenzordnung regeln, welche Einzelvollstreckungsmaßnahmen (noch) hinzunehmen sein sollen und ab wann der Insolvenzbeschlag Vorrang genießen soll.

1. Einzelzwangsvollstreckungsmaßnahmen vor der Insolvenz

Vor Eröffnung des Insolvenzverfahrens sind alle Arten von Einzelzwangsvollstreckungsmaßnahmen zulässig. Hat der Gläubiger bereits Befriedigung oder auch nur Sicherung erlangt, bleibt ihm diese Stellung grundsätzlich erhalten.

Ausgenommen sind Sicherheiten, die der Gläubiger im letzten Monat vor dem Antrag auf Eröffnung des Insolvenzverfahrens oder nach diesem Antrag, im Wege der Zwangsvollstreckung an dem zur Insolvenzmasse gehörenden Vermögen des Schuldners erlangt hat. Diese Sicherung wird mit Eröffnung des Insolvenzverfahrens unwirksam (§ 88 InsO). Die Vorschrift gilt nicht für freiwillig einseitig oder rechtsgeschäftlich eingeräumte Befriedigung oder Sicherung.[18]

2. Einzelzwangsvollstreckungsmaßnahmen im Eröffnungsverfahren

Während des Eröffnungsverfahrens, kann das Insolvenzgericht Maßnahmen der Zwangsvollstreckung gegen den Schuldner untersagen oder einstweilen einstellen, soweit nicht unbewegliche Gegenstände betroffen sind (§ 21 Abs. 2 Nr. 3 InsO). Das Vollstreckungsverbot umfasst alle vorhandenen sowie im Eröffnungsverfahren neu erworbenen Gegenstände.

Eine an sich wirksame Zwangsvollstreckung in das unbewegliche Vermögen kann auf Antrag des vorläufig bestellten Insolvenzverwalters einstweilen eingestellt werden (§ 30 d Abs. 4 ZVG).

3. Einzelzwangsvollstreckungsmaßnahmen nach Eröffnung des Insolvenzverfahrens

Während des Insolvenzverfahrens ist jede Einzelzwangsvollstreckung durch einzelne Insolvenzgläubiger unzulässig (§ 89 Abs. 1 InsO), auch soweit sie in das nicht dem Insolvenzbeschlag unterliegende „sonstige" Vermögen des Schuldners erfolgen soll, das auch vom Insolvenzerwalter freigegebene Vermögensgegenstände – beispielsweise die dem Schuldner gehörende, über den Verkehrswert hinaus belastete Eigentumswohnung – umfassen kann. 19 Begonnene Maßnahmen werden unwirksam.

4. Nicht betroffene Vollstreckungsmaßnahmen

Vollstreckungsmaßnahmen von Gläubigern, die nicht Insolvenzgläubiger sind, sind grundsätzlich zulässig, selbstverständlich nicht in die Insolvenzmasse, sondern in die auszusondernden Vermögensgegenstände. Nach herrschender Meinung soll die Durchsetzung von ordnungsbehördlichen Forderungen noch nach Verfahrenseröffnung mittels eines Verwaltungsakts und anschließender Vollstreckung aus diesem zulässig sein.

---

[18] BGHZ 55, 307, 309.
[19] BGH NZM 2009, 439.

5. Besonderheiten der dinglichen Vollstreckung

24 Dinglich bereits gesicherte Gläubiger oder eine WEG, die Forderungen in der Rangklasse des § 10 Abs. 1 Nr. 2 ZVG verfolgt, können gem. § 49 InsO die Verwertung des Pfandgegenstands oder seiner Nutzungen, also der belasteten Immobilie oder eines Teils davon im Wege der „abgesonderten Befriedigung" durch ein Zwangsversteigerungs- oder ein Zwangsverwaltungsverfahren betreiben.[20] Für diese Gläubiger kommt es auch nicht darauf an, ob der Anordnungsbeschluss für Versteigerung oder Verwaltung außerhalb der Monatsfrist des § 88 InsO oder nach Eröffnung des Insolvenzverfahrens ergeht, weil auch § 89 InsO für sie nicht einschlägig ist. Ansonsten – wenn also der persönliche Gläubiger die Immobiliarvollstreckung betreibt – kann auch die dingliche Sicherung unwirksam werden.[21]

6. Besondere Vollstreckungsverbote im eröffneten Verfahren

25 Ausgeschlossen ist gem. § 89 Abs. 2 Satz 1 InsO die Vollstreckung in künftige Bezüge des Schuldners aus einem Dienstverhältnis oder an deren Stelle tretende laufende Bezüge. Dieses Verbot gilt auch für Gläubiger, die nicht Insolvenzgläubiger sind. Privilegiert sind nur Ansprüche wegen laufenden Unterhalts und wegen Forderungen aus unerlaubter Handlung gegen den Schuldner, für die auch hier der Zugriff auf ansonsten der Vollstreckung durch andere Gläubiger nicht unterliegende Vermögensteile eröffnet ist. § 114 Abs. 3 InsO beschränkt zeitlich die Wirkung von vor Verfahrensbeginn wirksam ausgebrachten Bezügepfändungen auf den Monat der Verfahrenseröffnung, längstens den darauffolgenden. Diese Beschränkung gilt nicht für die wirksame Vorausabtretung von Arbeitseinkünften, die gem. § 114 Abs. 1 InsO für zwei Jahre nach Verfahrenseröffnung wirksam bleibt.[22]

III. Fortbestand der Miet- und Pachtverhältnisse

26 Miet- und Pachtverträge sind Dauerschuldverhältnisse. Für sie gilt nach den Sonderregelungen der §§ 108–112 InsO der **Grundsatz** des **Fortbestehens** im Insolvenzverfahren. Miet- und Pachtverhältnisse sind sowohl Hauptverträge als auch Untermiete und Unterpacht.[23]

27 Mit wenigen ausnahmen erfassen die §§ 108 ff. InsO jeweils ausdrücklich nur Miet- und Pachtverhältnisse des Schuldners als Mieter oder Vermieter **unbeweglicher Gegenstände oder Räume**. Sie sind nicht, auch nicht entsprechend, auf Erbbaurechtsverträge anwendbar, dem Eigentümer und Erbbauzinsgläubiger steht jedoch ein Aussonderungsanspruch zu. Er kann also die dingliche Vollstreckung betreiben,[24] beispielsweise die Zwangsversteigerung.[25] Gemeint sind also die Miet- und Pachtverträge nach §§ 535, 581 BGB.

28 Auf Verträge über bewegliche Sachen, z.B. über Fahrzeuge, Telefon- oder EDV-Anlagen ist § 103 InsO anzuwenden. Dem Insolvenzverwalter steht bei einem Vertrag über bewegliche Sachen danach ein Wahlrecht der Vertragserfüllung zu. Dem Vertragspartner bleibt nur ein Schadensersatzanspruch als Insolvenzgläubiger, wenn der Verwalter die Erfüllung ablehnt. Die Fortbestandsregel wird nur auf solche „sonstigen Gegenstände" – also bewegliche Sachen – erstreckt, die mittels drittfinanzierter Leasingverträge angeschafft wurden (§ 108 Abs. 1 Satz 2 InsO).

29 Bei Verträgen über Grundstücke und Räume sind Kündigungsrechte gesondert geregelt. Sie sollen grundsätzlich in der Insolvenz bei Bedarf verfügbar bleiben. Hat die **Besitzübergabe** bei Verfahrenseröffnung noch **nicht stattgefunden**, so haben beide Parteien des Mietvertrags **Rücktrittsrechte**. Daraus folgt, dass Zahlungsansprüche des „anderen" Vertragspartners für Zeiträume **nach Eröffnung** des Insolvenzverfahrens vom Verwalter zunächst als **Masseverbindlichkeiten** zu erfüllen sind (§ 55 Abs. 1 Nr. 1 InsO).

---

[20] s. o. § 39 IV.
[21] Braun/*Kroth* InsO § 88 Rdnr. 6 f.
[22] Zur Konkurrenz mit Pfändung: BGH Urteil vom 12. 10. 2006 – IX ZR 109/05.
[23] Braun/*Kroth* InsO § 108 Rdnr. 6 m. N.
[24] BGH NZM 2006, 116.
[25] Einzelheiten oben *Teil A)*, 13. Abschnitt, § 39 II *(Zwangsversteigerung und Zwangsverwaltung)*.

Ansprüche für Zeiträume **vor Verfahrenseröffnung** sind nur **Insolvenzforderungen**. Etwas 30 anderes gilt, wenn dem Schuldner ein allgemeines Verfügungsverbot auferlegt wurde und die **Verwaltungs- und Verfügungsbefugnis** dem vorläufigen Insolvenzverwalter übertragen war. Nimmt dieser dann die Mietsache in Anspruch, so entsteht hieraus nach Eröffnung des Verfahrens eine **Masseverbindlichkeit** (§ 55 Abs. 2 InsO). Ein vorläufiger Insolvenzverwalter mit Zustimmungsvorbehalt ist insolvenzrechtlich nicht verpflichtet, der Weiterleitung von Mietzahlungen, die der Schuldner als Zwischenvermieter erhält, an den Hauptvermieter zuzustimmen. Die Unterlassung der Mietzahlung kann ein fristloses Kündigungsrecht des Vermieters, jedoch keine Masseschuld begründen.[26]

IV. Das Mietverhältnis in der Insolvenz des Mieters

1. Kündigung wegen Zahlungsverzugs

a) **Kündigungssperre des § 112 InsO.** Die **Kündigungssperre des** § 112 InsO hindert den 31 Vermieter nach einem **Antrag** auf Eröffnung des Insolvenzverfahrens über das Vermögen des Mieters, wegen Zahlungsverzugs aus der Zeit **vor dem Insolvenzantrag** oder wegen Verschlechterung der Vermögensverhältnisse des Schuldners die Kündigung zu erklären (§ 112 InsO). Diese Sperre erfasst im Übrigen auch die bis zur Verfahrenseröffnung noch nicht erloschenen Miet- und Nutzungsverträge über **bewegliche Gegenstände**. Mietgegenstände bleiben so zur Verfügung des Verwalters und werden als wirtschaftliche Einheit nicht auseinander gerissen. Der Vermieter trägt damit das **Risiko** eines weiteren **Mietausfalls**, seine gegen den Mieter während der Phase eines Eröffnungsverfahrens entstehenden Forderungen sind im Falle nachfolgender Verfahrenseröffnung lediglich einfache **Insolvenzforderungen** (§ 38 InsO). Ein werthaltiger Masseanspruch setzt, wie soeben[27] dargelegt, voraus, dass das Insolvenzgericht einem vorläufigen Insolvenzverwalter die allgemeine Verwaltungs- und Verfügungsbefugnis übertragen hat und für die Masse die Gegenleistung in Anspruch genommen wurde. Regelmäßig werden vorläufige Verwalter aber nicht mit diesen Befugnissen ausgestattet.

b) **Kündigungsmöglichkeiten nach dem BGB.** Wegen **Zahlungsverzugs nach dem Insol-** 32 **venzantrag** kann der Vermieter das Mietverhältnis zwar fristlos kündigen, wenn die Voraussetzungen des § 543 BGB vorliegen. Kommt es aber wegen Masselosigkeit nicht zu einer Eröffnung des Insolvenzverfahrens oder tritt nach einer Verfahrenseröffnung Masseunzulänglichkeit ein, entsteht dem Vermieter doch weiterer Vermögensschaden. Diese Risikoverteilung ist Ausdruck des Gedankens, dass die wirtschaftliche Einheit im Besitz des Schuldners für die Zwecke des Insolvenzverfahrens nicht zur Unzeit auseinander gerissen werden soll.[28]

Die Kündigungsmöglichkeiten nach dem BGB bleiben dem Vermieter erhalten. Kommt 33 also der Insolvenzverwalter nach Verfahrenseröffnung selbst mit Mietzahlungen in Verzug, kann das Mietverhältnis bei Vorliegen der Voraussetzungen nach § 543 BGB gekündigt werden. Unter Umständen haftet dann der Insolvenzverwalter wegen § 60 InsO persönlich.

c) **Lösungsklauseln im Mietvertrag. Lösungsklauseln** im **Mietvertrag**, mit denen dem 34 Vermieter ein Sonderkündigungsrecht für den Fall eines Insolvenzantrages oder -verfahrens über das Vermögen des Mieters eingeräumt wird, oder Auflösungsklauseln jeder Art, etwa in der Weise, dass das Mietverhältnis unter einer entsprechenden auflösenden oder aufschiebenden Bestimmung steht, widersprechen bei Wohnraum ohnehin § 572 BGB. Sie stellen im Übrigen unzulässige Umgehungen des § 112 InsO dar und sind gem. § 119 InsO als unwirksam anzusehen.[29]

---

[26] BGH NZM 2008, 365 = NJW 2008, 1442.
[27] Oben Rdnr. 18 ff.
[28] Nerlich/Römermann/*Balthasar* InsO § 112 Rdnr. 4 m. N.
[29] Nerlich/Römermann/*Balthasar* InsO § 119 Rdnr. 10 ff.; Braun/*Kroth* InsO § 119 Rdnr. 12.

2. Kündigung wegen Verschlechterung der Vermögensverhältnisse

35 a) **Kündigungsmöglichkeit und Anfechtung.** Die Kündigung eines Miet- oder Pachtverhältnisses nach dem Antrag auf Eröffnung des Verfahrens ist nach § 112 Nr. 2 InsO unzulässig, wenn sie – häufiger bei Gewerberaummiete – auf die Verschlechterung der Vermögensverhältnisse des Schuldners gestützt wird. Ist der Schuldner bereits im Zeitpunkt des Vertragsschlusses nicht zahlungsfähig und hat er hierüber den Vermieter getäuscht, so kann gegebenenfalls eine **Anfechtung** wegen Irrtums oder Täuschung in Frage kommen. Das daraus begründete Rückgewährverhältnis unterfällt nicht § 112 InsO.[30]

36 b) **Lösungsklauseln im Mietvertrag.** Die Kündigungssperre des § 112 Nr. 2 InsO kann auch für den Fall der Verschlechterung der Vermögensverhältnisse des Schuldners nicht durch Lösungsklauseln im Mietvertrag umgangen werden. Es kommt nicht darauf an, ob die Parteien das Recht zur Vertragsaufhebung als Kündigung oder Rücktritt bezeichnen oder ob es sich um vorformulierte oder individuell ausgehandelte Bedingungen handelt.[31] Bei Wohnraum gilt § 572 BGB.[32]

3. Insolvenzeröffnung vor Überlassung der Mietsache

37 a) **Rücktrittsrecht.** Wird über das Vermögen des **Mieters** das Insolvenzverfahren eröffnet, so gilt § 109 Abs. 2 Satz 1 InsO, wenn die Mietsache dem Mieter noch nicht überlassen war, der Vermieter also die ihm nach § 535 Abs. 1 Satz 1 BGB obliegende Hauptpflicht noch nicht erfüllt hat. Sowohl der Verwalter als auch der Vermieter haben dann ein **Rücktrittsrecht**. War der Mietvertrag schon vor der Verfahrenseröffnung gekündigt und das Mietverhältnis beendet, so unterliegt das Rückgewährschuldverhältnis dem Wahlrecht des Verwalters nach § 103 InsO.[33] Bei ggf. noch bestehendem Vertrag ist nach allgemeinen Grundsätzen festzustellen, ob die Mietsache vor Verfahrenseröffnung überlassen war, also Übergabe erfolgte und unmittelbarer Besitz eingeräumt wurde. Regelmäßig ist das mit Einzug des Mieters der Fall.[34] Es kann aber auch ausreichend sein, wenn die Mieträume verfügbar waren und dem Schuldner die Schlüssel übergeben wurden (vgl. § 854 Abs. 2 BGB).

38 War dem Mieter bei Verfahrenseröffnung der Mietgegenstand tatsächlich noch nicht überlassen, so ist die Ausübung des Rücktrittsrechts für beide Teile auch gem. § 572 Abs. 1 BGB möglich. Die entsprechende Willenserklärung des Vermieters kann nur gegenüber dem Verwalter wirksam abgegeben werden. Sie beendet das Vertragsverhältnis mit ihrem Zugang. Sie ist nicht widerruflich und grundsätzlich bedingungsfeindlich. Ein bedingter Widerruf ist nur zulässig, wenn keine unzumutbare Unsicherheit über die Vertragslage entsteht.[35]

39 b) **Fristsetzung.** Um nach Insolvenzeröffnung alsbald Klarheit zu schaffen und die Fortdauer eines Schwebezustands zu vermeiden, können sich die Beteiligten nach § 109 Abs. 2 Satz 3 InsO gegenseitig zur Abgabe der **Erklärung** auffordern, ob der andere Teil vom Vertrag zurücktreten will. Erfolgt binnen **zwei** Wochen nach Zugang dieser Aufforderung durch deren Empfänger keine Rücktrittserklärung, verliert dieser sein Rücktrittsrecht. Unterbleibt ein Erklärungsverlangen, bleibt das Vertragsverhältnis in der Schwebe.

40 c) **Rechtsfolgen der Ausübung des Rücktrittsrechts.** Tritt der Vermieter nach § 109 InsO vom Mietvertrag zurück, so steht weder ihm noch dem Verwalter ein Schadensersatzanspruch zu. § 119 InsO stellt hierzu ergänzend klar, dass im Voraus für einen solchen Fall kein Schadensersatzanspruch vereinbart werden kann.

41 Bei Ausübung des Rücktrittsrechts durch den Insolvenzverwalter des Mieter-Schuldners kann ebenfalls beiderseits keine Vertragserfüllung verlangt werden. Wegen der vorzeitigen Beendigung des Vertragsverhältnisses kann der Vermieter als Insolvenzgläubiger Schadens-

---

[30] Braun/*Kroth* InsO § 112 Rdnr. 9 m.N.
[31] *Eckert* ZIP 1996, 897, 899.
[32] Dazu oben § 39 III.
[33] Braun/*Kroth* InsO § 109 Rdnr. 8.
[34] BGH BGHZ 65, 137, 139; siehe auch § 52.
[35] BGH BGHZ 97, 264.

ersatz verlangen. Die Forderung ist gewöhnliche Insolvenzforderung nach § 38 InsO. Gegenüber Ansprüchen aus dem Zeitraum vor Insolvenzeröffnung kann der Vermieter aufrechnen.[36]

d) Kündigung oder Freigabe statt Rücktritt. Nach seinem Wortlaut ist § 109 Abs. 2 InsO 42 bei nicht vollzogenen Mietverträgen gegenüber Absatz 1 die speziellere Vorschrift,[37] so dass dem Rücktrittsrecht vor den in Absatz 1 normierten Kündigungs- und Freigabemöglichkeiten der Vorrang eingeräumt werden muss. Wird das Rücktrittsrecht des Verwalters wegen Nichtabgabe einer Erklärung nach Aufforderung durch den Vermieter obsolet, so bleibt Abs. 1 anwendbar.[38]

4. Insolvenzeröffnung nach Überlassung der Mietsache

a) Kündigungsrecht des Insolvenzverwalters. Sind die Mieträume bei Insolvenzeröffnung 43 dem Mieter bereits überlassen, so steht nach § 109 Abs. 1 Satz 1 InsO nur dem Verwalter ein Recht zur vorzeitigen Kündigung eines Mietverhältnisses, das der Schuldner eingegangen war, ohne Rücksicht auf die vereinbarte Vertragsdauer und unabhängig von der Überlassung zu.[39] Das Sonderkündigungsrecht des Verwalters gilt im Grundsatz also auch für befristete Mietverhältnisse oder solche, bei denen vertraglich die Kündigungsrechte zeitlich oder gegenständlich beschränkt sind. Erklärt der Verwalter nach § 109 InsO die Kündigung, so hat er die gesetzliche Kündigungsfrist nach § 573c BGB einzuhalten. Ist vertraglich eine kürzere Frist vereinbart, so gilt diese.[40] Handelt es sich um die Wohnung des Schuldners, wird die Kündigungsmöglichkeit gem. § 109 Abs. 1 Satz 2 InsO ersetzt durch ein „Freigaberecht" des Verwalters.[41]

Bei einer Mehrheit von Mietern als Vertragspartnern des Vermieters sind Teilkündigungen 44 durch einzelne Mieter regelmäßig ausgeschlossen. Dies gilt auch bei Insolvenz eines von mehreren Mietern, so dass im Grundsatz das Kündigungsprivileg des Insolvenzverwalters ausgehebelt und die Entstehung von Masseverbindlichkeiten nicht zu verhindern wäre. Aus diesem Grund ist anerkannt, dass der Insolvenzverwalter eines Mitmieters das gesamte Mietverhältnis auch mit Wirkung für die weiteren Mieter kündigen kann und es diesen überlassen bleibt, das Mietverhältnis mit dem Vermieter zu erneuern.[42] Entsprechendes gilt für die Freigabe bei Wohnraummietverhältnissen.

Für den Verwalter besteht auf Grund des jederzeitigen Kündigungs- oder Freigaberechts 45 keine Veranlassung, die Kündigung sofort nach Eröffnung des Verfahrens zu erklären. Er kann die Mieträume so lange nutzen, wie er dies für die Abwicklung des Insolvenzverfahrens für erforderlich ansieht.

Da der Schuldner mit der Eröffnung des Verfahrens das Recht verliert, über sein zur In- 46 solvenzmasse gehörendes Vermögen zu verfügen (§ 80 Abs. 1 InsO), kann er sich gegen eine vom Verwalter erklärte Kündigung auch dann nicht zur Wehr setzen, wenn er seinen Zahlungsverpflichtungen gegenüber dem Vermieter nachgekommen war. Diese bedeutende Einschränkung des Mieterschutzes wurde für Wohnraummietverhältnisse nicht für tragbar gehalten, und § 109 Abs. 1 InsO im oben beschriebenen Sinn so novelliert, dass das Sonderkündigungsrecht des Verwalters entfallen ist[43] und damit Fortsetzung oder Aufgabe des Wohnungsmietverhältnisses im Rahmen der vertraglichen Vereinbarungen der Disposition des Mieter-Schuldners unterliegen.

Allerdings kann der Insolvenzverwalter, um Einnahmen zu erzielen, vom Schuldner nicht 47 benötigte oder ganz freigegebene, aber noch gemietete Räume untervermieten, hat sich dann aber selbstverständlich an die vertraglichen Pflichten zu halten. Vermietet er unter Verlet-

---

[36] Einzelheiten bei FK-InsO/*Wegener* § 109 Rdnr. 28.
[37] BR-Drucks. 1/92, S. 147, Begr. RegE zu § 123.
[38] *Eckert* ZIP 1996, 897, 901; Nerlich/Römermann/*Balthasar* InsO § 109 Rdnr. 20.
[39] *Eckert* a. a. O.
[40] *Tintelnot* ZIP 1995, 616, 621.
[41] Dazu oben § 39.
[42] OLG Celle NJW 1974, 2012; Braun/*Kroth* InsO § 109 Rdnr. 24.
[43] Dazu im Einzelnen *Eckert* NZM 2001, 260 sowie Braun/*Kroth* InsO § 109 Rdnr. 16 ff.

zung der mietvertraglichen Pflicht, vor einer Untervermietung die Zustimmung des Vermieters einzuholen eine vom Schuldner angemietete Immobilie an einen unzuverlässigen Untermieter und gefährdet dadurch den Rückgabeanspruch des aussonderungsberechtigten Vermieters, kann dies seine persönliche Haftung begründen.[44]

48 Der Vermieter kann die Mieten, die nach Insolvenzeröffnung bis zur Beendigung des Mietverhältnisses oder bis zum Ablauf des der Kündigungsfrist entsprechenden Zeitraums nach der Freigabeerklärung fällig werden, aus der Masse fordern (§ 55 Abs. 2 InsO).

49 Keine Masseverbindlichkeit hingegen sind Nutzungsentschädigungsansprüche für die Zeit nach Insolvenzeröffnung, wenn die Mietwohnung bei schon vor Verfahrenseröffnung aufgelöstem Mietverhältnis nicht rechtzeitig geräumt wird.[45] Auch der Herausgabeanspruch des Vermieters von Wohnraum bei beendetem Mietverhältnis ist nur dann ein gegenüber dem Verwalter geltend zu machender Masseanspruch, wenn dieser sie in Besitz genommen hat oder daran für die Masse ein Recht beansprucht.[46]

50 **b) Schadensersatzanspruch und Pfandrecht des Vermieters.** Wegen der Enthaftung der Insolvenzmasse durch die Freigabeerklärung oder im Falle der vorzeitigen Beendigung des Vertrages aufgrund des Sonderkündigungsrechts des Verwalters kann der Vermieter **Schadensersatz** beanspruchen. Dies setzt aber ein Festmietverhältnis, einen befristeten Kündigungsausschluss oder jedenfalls eine längere Kündigungsfrist voraus. Wäre ohnehin nur die gesetzliche Drei-Monats-Frist einzuhalten gewesen, fehlt es an einem Schaden. Der **Schadensersatzanspruch** des Vermieters ist nur **einfache Insolvenzforderung** nach § 38 InsO (§ 109 Abs. 1 Satz 3 InsO). Für die Berechnung der Ansprüche gelten die allgemeinen Voraussetzungen einschließlich der Anrechnung fiktiv bei anderweitiger Vermietung erzielbarer Mieten gem. § 254 BGB.

51 Gibt der Insolvenzverwalter nach Kündigung des Mietvertrags im Insolvenzverfahren die Mieträume nicht rechtzeitig zurück, so ist der gegebenenfalls an die Stelle des Mietanspruches tretende **Nutzungsentschädigungsanspruch** Masseschuld nach § 55 Abs. 1 Nr. 2 InsO. Eine Masseschuld und – im Falle der Massearmut – ggf. Neumasseschuld wird auch dann begründet, wenn der Insolvenzverwalter des gewerblichen Zwischenmieters den Vermietern/Eigentümern nicht in ausreichendem Maß ermöglicht, selbst Zugriff auf die Zahlungen der (Unter-)mieter zu nehmen, indem er Schlüssel, Verträge und die Einziehung der Mieten für die Eigentümer anbietet.[47] Bei unberechtigter Untervermietung geht er im Falle der nichtrechtzeitigen Rückgabe der Räume das Risiko persönlicher Haftung für den vereitelten Rückgabeanspruch ein.[48]

52 Für den Entschädigungsanspruch wegen einer gesetzlich zulässigen Kündigung des Insolvenzverwalters steht dem Vermieter **kein Pfandrecht** an den eingebrachten Sachen des Mieters zu (§ 50 Abs. 2 Satz 1 InsO).

53 Anderes gilt bei Mietrückständen schon für das letzte Jahr vor Verfahrenseröffnung. Für diese kann der Vermieter gem. § 50 Abs. 2 InsO von seinem mit Einbringung der Sachen des Mieters entstehenden und damit – wenn die Einbringung vor der Krise erfolgte – ggf. sogar der Insolvenzanfechtung entzogenen **Vermieterpfandrecht** Gebrauch machen.[49] Die vom Mieter eingebrachten Sachen unterliegen allerdings dem Insolvenzbeschlag (§§ 35, 36 InsO). Der Vermieter hat also **kein Recht** zum **Widerspruch** gegen die **Entfernung** der Pfandgegenstände durch den **Verwalter,** dieser kann die Sachen **verwerten** (§§ 166 ff. InsO). Hat er dies getan, muss er aus dem **Erlös** den **Vermieter** befriedigen, allerdings kann er zuvor den Kostenbeitrag nach § 171 InsO in Abzug bringen.

54 **c) Kein Ersatz der Kündigung durch Freigabe der Mieträume.** Versucht der Insolvenzverwalter – außerhalb der Fälle eines Mietverhältnisses über die Wohnung des Schuldners – sich durch „Freigabe" der Räumlichkeiten der Verpflichtung zu entledigen, die anfallenden

---

[44] BGH NZI 2007, 286.
[45] BGH NJW 2007, 1591.
[46] BGH NZM 2008, 606 = NJW 2008, 2880.
[47] BGH ZIP 2004, 1277.
[48] BGH NZM 2007, 329.
[49] BGH NZM 2007, 212.

Mietforderungen als Masseverbindlichkeit begleichen zu müssen, so ist in dieser Erklärung keine Kündigung zu sehen.[50] Der Anspruch des Vermieters auf Zahlung der vereinbarten Miete bleibt bestehen, wenn er nicht in die Freigabe ausdrücklich eingewilligt und sich damit auf Ansprüche gegen den Schuldner selbst hat verweisen lassen.

Im massearmen Insolvenzverfahren (s. § 208 InsO) kann dies dazu führen, dass die Mietforderung des Vermieters nicht mehr „Neumasseverbindlichkeit" i. S. d. § 209 Abs. 1 Nr. 2 InsO ist, die vom Verwalter nach Anzeige der Massearmut (§ 208 InsO) begründet wurde und die im Rang unmittelbar nach den Verfahrenskosten zu erfüllen ist.

Umgekehrt kann aber der Anspruch des Vermieters auf Mietzahlung eine bevorzugte 55 Masseverbindlichkeit sein, obwohl die Mieträume leer stehen. Kündigt der Verwalter nämlich nach Anzeige der Masseunzulänglichkeit nicht nach § 109 InsO zum ersten möglichen Termin, begründet er damit eine vorrangige Masseverbindlichkeit als „Neumasseschuld", unabhängig von der Nutzung der Mieträume. Reicht die Insolvenzmasse nicht für die Erfüllung des Anspruchs des Vermieters aus, kommt eine persönliche Inanspruchnahme des Insolvenzverwalters in Betracht, ausgenommen der Verwalter konnte bei Begründung der Verbindlichkeit nicht erkennen, dass die Masse voraussichtlich zur Erfüllung nicht ausreichen würde (§ 61 InsO). Dafür trägt er die Beweislast.[51]

V. Das Mietverhältnis in der Insolvenz des Vermieters

1. Erfüllungsanspruch

In der Vermieterinsolvenz bleibt das Mietverhältnis ebenfalls bestehen, die Eröffnung des 56 Verfahrens hat also keine unmittelbare Auswirkung auf das Mietverhältnis (§ 108 Abs. 2 InsO), unabhängig davon, ob dem Mieter die Räume bei Verfahrenseröffnung bereits überlassen waren. Der Insolvenzverwalter muss den Mietvertrag anstelle des insolvent gewordenen Vermieters erfüllen. Der Mieter hat Anspruch auf Gebrauchsüberlassung der Mietsache nach Maßgabe der §§ 535 ff. BGB.

a) **Insolvenzeröffnung vor Überlassung der Mietsache.** § 108 InsO unterscheidet nicht 57 danach, ob die Mieträume dem Mieter vor Verfahrenseröffnung überlassen waren. Teilweise wurde ein Wahlrecht des Insolvenzverwalters i. S. d. § 103 InsO, ob er das Mietverhältnis erfüllen oder dessen Erfüllung ablehnen will, angenommen.[52] Nach anderer Auffassung, erfasste diese Bestimmung auch die nicht vollzogenen Mietverträge.[53] Der **Bundesgerichtshof** nimmt den **Fortbestand** des Mietverhältnisses in der Insolvenz des Vermieters nur dann mit Wirkung für die Insolvenzmasse an, wenn die **Mietsache** im Zeitpunkt der Eröffnung des Insolvenzverfahrens dem Mieter bereits **überlassen** worden ist.[54]

Schadensersatzansprüche des Mieters, weil die Mieträume zum vertraglich vereinbarten 58 Zeitpunkt nicht zur Verfügung stehen, sind in jedem Falle nur einfache Insolvenzforderung. Das gilt auch dann, wenn der vereinbarte Zeitpunkt für die Überlassung der Mieträume nach Insolvenzeröffnung liegt. Das Schuldverhältnis bestand bereits zuvor. Weil es sich um einen Anspruch „für die Zeit vor der Eröffnung des Insolvenzverfahrens" (§ 108 Abs. 2 InsO) handelt, war dieser Vermögensanspruch bei Verfahrensbeginn schon begründet (§ 38 InsO), auch wenn die Forderung daraus erst nach Insolvenzbeginn entstand.

b) **Insolvenzeröffnung nach Überlassung der Mietsache.** Der Insolvenzverwalter hat we- 59 gen des Fortbestands des Mietverhältnisses anstelle des Schuldners alle Verpflichtungen als Vermieter zu erfüllen. Im Gegenzug steht der Masse die vereinbarte Miete zu. Dritte – etwa dinglich am Grundstück berechtigte – können Ansprüche auf mithaftende Miete oder Pacht nur noch im eingeschränkten Rahmen wirksamer Vorausverfügungen oder im Rahmen ab-

---

[50] OLG Düsseldorf KTS 1968, 189.
[51] Frankfurter Kommentar zur InsO/*Hössl* § 61 Rdnr. 4.
[52] *Reismann* WuM 2001, 267.
[53] Braun/*Kroth* InsO § 108 Rdnr. 8, 18; *Tintelnot* ZIP 1995, 616, 621.
[54] BGH NZI 2007, 713.

gesonderter Befriedigung (Zwangsverwaltung) durchsetzen. Jede Pfändung, auch die dinglich privilegierte des Grundpfandgläubigers, ist ausgeschlossen.[55]

2. Kein Kündigungs- oder Rücktrittsrecht

60   In der Insolvenz des Vermieters besteht weder ein Sonderkündigungsrecht noch ein sonstiger besonderer Beendigungstatbestand für die Vertragsparteien. Es gelten die allgemeinen vertraglichen oder gesetzlichen Regelungen.

3. Vorausverfügungen über die Miete

61   a) **Zeitliche Wirksamkeit und Begriff der Verfügung.** Vor Verfahrenseröffnung getroffene **Verfügungen** des Schuldners über die Miete oder Pacht für die Zeit nach Insolvenzeröffnung sind nur für den bei Eröffnung **laufenden Kalendermonat** wirksam. Ist die **Eröffnung nach** dem **fünfzehnten** Tag des Monats erfolgt, so ist eine im Voraus getroffene Verfügung auch für den **folgenden Monat** wirksam (§ 110 Abs. 1 InsO).

62   Als vorausbezahlte Miete ist auch der **abwohnbare Baukostenzuschuss** zu behandeln.[56] Vorausverfügungen i. S. d. § 110 InsO sind aber nicht nur die Einziehung der Forderung, sondern auch die **Abtretung** des Zahlungsanspruchs oder dessen **Verpfändung** wie auch die **Pfändung** im Rahmen einer **Zwangsvollstreckung** (§ 110 Abs. 2 InsO), einschließlich der dinglich privilegierten Pfändung des Grundpfandgläubigers (§ 1147 BGB, § 865 Abs. 1 ZPO).[57]

63   Bei entsprechenden Vorausverfügungen über die Miete trägt also der Mieter in der Insolvenz des Vermieters das Risiko, vom Insolvenzverwalter erneut in Anspruch genommen zu werden. Dem Verwalter entgehen die Mieten dann, wenn sie im Wege der „abgesonderten Befriedigung" an den Grundpfandgläubiger fließen, sei es im Falle eines Zwangsverwaltungsverfahrens, sei es im Wege der „dinglich privilegierten Vorausabtretung".[58]

64   b) **Aufrechnungsmöglichkeit des Mieters.** Steht dem Mieter eine Forderung gegen den Vermieter zu, ist die Aufrechnung grundsätzlich auf die eben genannten Zeiträume beschränkt. Der Mieter kann also zunächst mit seinen eigenen Ansprüchen bis zu dem Betrag aufrechnen, der der Miete für den laufenden Monat, höchstens für den laufenden und den Folgemonat entspricht (§ 110 Abs. 3 InsO).

65   Auch die Aufrechnung durch den Mieter ist an die allgemeinen Voraussetzungen der Aufrechnung im Insolvenzverfahren gebunden.[59] Der Mieter kann also nur mit den eben erwähnten Einschränkungen mit einer Forderung aufrechnen, die er erst nach Eröffnung des Verfahrens erworben hat. Im Übrigen gelten die sonstigen Aufrechnungsverbote des § 96 InsO, soweit nicht der Erleichterung der Aufrechnung durch § 95 Abs. 1 InsO Vorrang zukommt. Hat der Mieter seine Forderung gegen den Vermieter also beispielsweise durch eine anfechtbare Rechtshandlung[60] erworben, ist die Aufrechnung ebenfalls unzulässig. Ist sie schon vor der Eröffnung des Verfahrens vorgenommen worden, so wird die Erklärung mit der Eröffnung unwirksam. Eine Aufrechnungserklärung nach der Verfahrenseröffnung hat von vornherein keine Wirkung,[61] wenn sie sich nicht auf Ansprüche bezieht, bei denen es lediglich an der Fälligkeit i. S. d. § 95 Abs. 1 Satz 1 InsO fehlt. Diese Aufrechnungsmöglichkeit wird durch § 110 Abs. 3 InsO nicht eingeschränkt, sondern erweitert.[62]

66   c) **Mietsicherheiten.** Wenn der Vermieter die vom Mieter geleistete Sicherheit **getrennt von** seinem **Vermögen** angelegt hat (§ 551 Abs. 3 BGB), steht dem Mieter nach Beendigung des Vertragsverhältnisses, wenn die sonstigen Anspruchsvoraussetzungen gegeben sind, ein **Aus-**

---

[55] BGH ZIP 2006, 1554.
[56] BGH BGHZ 29, 289.
[57] BGH NJW 2006, 3356.
[58] BGH NZI 2007, 98.
[59] *Reismann* WuM 2001, 267, 268.
[60] Vgl. §§ 129 ff. InsO.
[61] BR-Drucks. 1/92, S. 141, 142.
[62] BGH NZM 2007, 162.

sonderungsrecht nach § 47 InsO zu. Hat der Vermieter die Kaution nicht von seinem **Vermögen getrennt** angelegt, sind die Rückforderungsansprüche des Mieters nur einfache **Insolvenzforderung**.[63] Neben einem Zurückbehaltungsrecht an den Mietzahlungen in Höhe der Kaution bis zur Erbringung des Nachweises der getrennten Anlage kommen aber auch **deliktische Ansprüche** gegen den Vermieter (§ 823 Abs. 2 BGB, § 266 StGB) in Betracht. Der Bundesgerichtshof nimmt eine Vermögensbetreuungspflicht im Sinne des § 266 Abs. 1 StGB allerdings ausdrücklich nur bei der Wohnraummiete an, eine Analogie für Gewerberaummietverhältnisse lehnt er auch bei rechtsgeschäftlichen Abreden, die ihrem Inhalt nach dem nur für die Wohnungsmiete geltenden § 551 BGB entsprechen, ab.[64] Die **gesetzlichen Vertreter** einer **juristische Person** als Vermieter haften persönlich, wenn sie in zurechenbarer Weise gesetzwidrig über die Kaution verfügt haben.[65] In der Insolvenz des Vermieters, der natürliche Person ist, werden Schadensersatzansprüche regelmäßig zunächst nicht beizutreiben sein, auch wenn solche Forderungen teilweise von den insolvenzrechtlichen Vollstreckungsverboten nach §§ 114 Abs 3 Satz 3 i.V.m. 89 Abs. 2 Satz 2 InsO ausgenommen und damit privilegiert sind. Bei entsprechender Kennzeichnung in der Forderungsanmeldung und Feststellung zur Tabelle sind deliktische Forderungen gem. § 302 Nr. 1 InsO von der Restschuldbefreiung ausgenommen. Mit der vollstreckbaren Ausfertigung des Tabellenblatts kann also die Beitreibung nach Beendigung der Vollstreckungssperre fortgesetzt werden.

4. Veräußerung des Mietobjekts

Veräußert der Insolvenzverwalter das vermietete Grundstück oder die vermieteten Räume, tritt der Erwerber an Stelle des Schuldners in das Mietverhältnis ein (§ 111 InsO). Voraussetzung ist auch hier, dass die Mietsache dem Mieter im Zeitpunkt der Veräußerung bereits überlassen war.

Dem **Erwerber** steht ein **Sonderkündigungsrecht** zu. Er kann das Mietverhältnis unter Einhaltung der gesetzlichen Frist kündigen. Dieses Sonderkündigungsrecht kann jedoch nur für den ersten zulässigen Termin ausgeübt werden (§ 111 Satz 2 InsO). Ergänzend gelten die allgemeinen Mieterschutzbestimmungen, u. a. die §§ 573 und 573a BGB.[66] Damit stellt sich § 111 InsO lediglich als Frist- nicht aber als materielle Erleichterung einer Erwerberkündigung dar. Bisher vom aufgehobenen § 57c ZVG erfasste Finanzierungsleistungen des Mieters können von diesem nun nicht mehr zur Verlängerung des Mietverhältnisses eingesetzt werden, es bleibt ihm nur die Abrechnung und Geltendmachung.

---

[63] BGH NZM 2008, 203.
[64] BGH Beschluss vom 2. 4. 2008 – 5 StR 354/07.
[65] Vgl. Schmidt-Futterer/*Blank* § 551 BGB Rdnr. 111.
[66] BR-Drucks. 1/92, S. 147/148.

§ 74 Außergerichtliche Konfliktlösung/Schiedsverfahren

Übersicht

	Rdnr.
I. Ausgangslage	1–3
II. Außergerichtliche Konfliktlösung	4–7
1. Überblick	4
2. Aktuelle Entwicklung bei der Mediation	5–7
III. Schiedsverfahren	8–20
1. Begriffsbestimmung und Abgrenzung	8–11
2. Schiedsgerichtliches Verfahren	12
3. Schiedsgutachten	13–17
4. Konsequenzen für das gerichtliche Verfahren	18–20
IV. Mediation	21–39
1. Allgemeines	21–30
a) Begriffsbestimmung und Abgrenzung	21
b) Prinzipien der Mediation	22–26
c) Verfahrensablauf	27
d) Pflichten des Mediators – Aufgaben des Anwalts in der Mediation – Honorar	28–30
2. Mediation im Gewerberaummietrecht	31–39
V. Resümee	40

Schrifttum: *Glenewinkel,* Mietstreitigkeiten im System der Konfliktbearbeitung, WuM 2002, 649; *Haft/ Schlieffen,* Handbuch Mediation, 2. Aufl. 2008; *Harmuth,* Mediation in der Wohnungswirtschaft, Grundeigentum 2003, 866; *Heller/Schulz,* Mediation im Wohnungseigentum, WuM 2002, 659; *Hess,* Mediation und weitere Verfahren konsensualer Streitbeilegung – Regelungsbedarf im Verfahrens- und Berufsrecht?, Gutachten für den 67. Deutschen Juristentag, München 2008; *Kleinrahm,* in: Henssler/Koch, Mediation in der anwaltlichen Praxis, 2000; *Kloster-Harz,* Mediation im Mietrecht, in: Harz/Kääb/Riecke/Schmid, Miete und Mietprozess, 5. Aufl. 2006; *Kraus,* Um des lieben Friedens willen – Mediation in der Berliner Wohnungswirtschaft, GuT 2007, 279; *Plett/Boysen,* Mietschlichtung in der Praxis, 1998; *Prütting,* Außergerichtliche Streitschlichtung, 2003; *Risse,* Wirtschaftsmediation, 2003; *Schwarz,* Praxis und Zukunft der außergerichtlichen Regelung von Mietkonflikten, 1996.

I. Ausgangslage

1   Die hohe Relevanz des Wohnraummietrechts für einen großen Teil der Bevölkerung und der daraus folgende Bedarf an Verfahren der außergerichtlichen Konfliktlösung ist in § 40 Rn. 1 bis 3 ausführlich dargestellt. Auch im Gewerberaummietrecht finden einzelne Instrumente der außergerichtlichen Konfliktlösung – wie vor allem das **Schiedsgutachterverfahren** – seit jeher Anwendung. Die Erfahrungen zeigen jedoch, dass die neuen Konfliktlösungsmethoden wie die **Mediation** in diesem klassischen Bereich eines Dauerschuldverhältnisses verstärkt Anwendung finden können. Denn eine gerichtliche Auseinandersetzung kann bei „Störungen" im Mietverhältnis auch die dauernde Geschäftsbeziehung beeinträchtigen.[1] Zwar werden in der Praxis viele Vergleiche geschlossen, doch häufig nur, weil man ein nachteiliges Urteil befürchtet und nicht um „Frieden zu schließen". Dagegen zeigen die Erfahrungen aus der Praxis, dass durch die Mediation in einem wesentlich größeren Anteil der Fälle auf Dauer tragfähige Lösungen erarbeitet werden können.[2] Dies ist vor allem für institutionelle Vermieter von Bedeutung, denen es in erster Linie darum geht, auf Dauer die optimale Rendite aus den Immobilienanlagen zu erzielen.

2   Auf diese Entwicklungen müssen die Anwältinnen und Anwälte, die im Gewerberaummietrecht tätig sind, reagieren. Zum einen gilt es, beim Einzelmandat über die notwendigen

---

[1] So auch *Kleinrahm* S. 443 f.; s. a. *Kloster-Harz* Rdnr. 18.
[2] *Kraus* GuT 2007, 279, 281.

Informationen zu den Möglichkeiten der außergerichtlichen Konfliktlösung zu verfügen. Auch wenn in vielen Fällen ein angetragenes Mandat – nicht zuletzt aus wirtschaftlichen Erwägungen – weiter in gewohnter kontradiktorischer Weise übernommen wird, sollte jeder Anwalt über alle außergerichtlichen Lösungsmöglichkeiten informiert sein, um im Interesse des Mandanten bereits im Erstgespräch erläutern und erörtern zu können, welche Methoden zur Verfügung stehen und welche Strategie in welcher Verfahrensart die optimale und wirkungsvollste Lösung verspricht.[3] Zum andern kann es bei der Beratung und Begleitung institutioneller Anbieter sinnvoll sein, auf die Mediation als einen Baustein in einem attraktiven Angebot sei es als Vermieter, sei es als Verwalter hinzuweisen.

Im Folgenden soll deshalb im Anschluss an die allgemeine und ausführliche Darstellung in § 40 ein kurzer Abriss zum Schiedsverfahren und Schiedsgutachterverfahren sowie zu den Möglichkeiten der Mediation bei der Gewerberaummiete gegeben werden Es würde den Rahmen des Beitrags sprengen, jedes einzelne Verfahren erschöpfend darzustellen und im Detail auf seine „Mietrechtstauglichkeit" zu untersuchen. Es wird deshalb jeweils an geeigneter Stelle auf weiterführende Literatur verwiesen.

II. Außergerichtliche Konfliktlösung

1. Überblick

Außergerichtliche Konfliktlösung stellt den Oberbegriff für alle Verfahren dar, die die Beilegung eines Streits ohne Inanspruchnahme gerichtlicher Hilfe anstreben. Dabei werden drei Hauptbereiche unterschieden:
- Negotiation (Verhandeln)
- Arbitration (Schlichten)
- Mediation (Vermitteln)

Unter das Stichwort **„Verhandeln"** gehören alle bilateralen und multilateralen Gesprächsrunden wie der runde Tisch und ähnliche Formen der Beratung, Verhandlung und Erörterung ohne festes Verfahren und ohne Beiziehung neutraler Personen[4] (s. o. § 40 Rdnr. 9).

Schlichtung lässt sich zusammenfassen als Verfahren, in dem ein neutraler Dritter mit Autorität den Streitparteien dadurch zu einer gütlichen Einigung zu verhelfen sucht, dass er auf Grund seiner eigenen (fachkundigen) Einschätzung des Sachverhalts und der Rechtslage den Parteien einen Lösungsvorschlag oder einen Schiedsspruch macht[5] (s. u. III.).

Mediation ist ein außergerichtliches Konfliktlösungsverfahren, in dem die Parteien einvernehmlich, gemeinsam und eigenverantwortlich mit Hilfe eines neutralen Dritten, des Mediators, die beste Lösung für ihren Konflikt erarbeiten[6] (s. u. IV.).

2. Aktuelle Entwicklung bei der Mediation

Bei der Mediation als dem „jüngsten" Verfahren außergerichtlicher Konfliktlösung sind neue Entwicklungen auf europäischer wie auf nationaler Ebene zu verzeichnen:

Die EU-Kommission hatte bereits im Frühjahr 2002 mit dem „Grünbuch über alternative Verfahren zur Streitbeilegung im Zivil- und Handelsrecht"[7] eine umfassende rechtspolitische Diskussion eingeleitet, die im April 2004 zum Vorschlag einer **Richtlinie über bestimmte Aspekte der Mediation in Zivil- und Handelssachen** führte. Die Richtlinie 2008/52/EG des Europäischen Parlaments und des Rates vom 21. Mai 2008 über bestimmte Aspekte der Mediation in Zivil- und Handelssachen[8] ist mittlerweile **am 13. 6. 2008 in Kraft getreten**. Sie sieht eine Verpflichtung der Mitgliedsstaaten vor, die Titulierung von im Mediationsver-

---

[3] *Falke* AnwBl. 1/2004, S. 16 ff.
[4] Vgl. *Prütting* AnwBl. 2000, 273, 274.
[5] *Rüssel* a. a. O. S. 877 f.
[6] Z. B. *Rüssel* a. a. O. S. 881; *Risse* S. 5 m. w. N.
[7] „Grünbuch über alternative Verfahren zur Streitbeilegung im Zivil-und Handelsrecht", KOM (2002) 196 endgültig.
[8] ABl. L 136 vom 24. 5. 2008, S. 3 ff.

fahren erzielten Abschlussvereinbarungen sicherzustellen (Art. 6 der Richtlinie), die Vertraulichkeit der Mediation zu gewährleisten (Art. 7) und die Verjährung während des Mediationsverfahrens zu hemmen (Art. 8). Zudem sollen die Mitgliedsstaaten die Qualität der Mediation sicherstellen (Art. 4) und die breite Öffentlichkeit darüber informieren, wie mit Mediatoren Kontakt aufgenommen werden kann (Art. 9). Die Richtlinie ist bis zum 21. 5. 2011 umzusetzen (Art. 12 Abs. 1). Im Laufe des Gesetzgebungsverfahrens auf europäischer Ebene ist der Anwendungsbereich – entgegen dem urspünglichen Vorschlag der Kommission – auf grenzüberschreitende Streitigkeiten beschränkt worden (Art. 2).[9] Den Mitgliedsstaaten steht es aber frei, die Bestimmungen der Richtlinie auch auf interne Mediationsverfahren anzuwenden.[10] Die Kommission hat in ihrer Pressemitteilung zur Annahme der Richtlinie nochmals auf den 2004 erarbeiteten **Europäische Verhaltenskodex für Mediatoren** hingewiesen, der Vorbildwirkung für die in Art. 4 Abs. 1 der Richtlinie vorgesehenen Verhaltenskodizes haben dürfte.

6   Der am 1. Januar 2002 in Kraft getretene **§ 278 Abs. 5 ZPO** stellt den Ausgangspunkt sowohl der gerichtsnahen Mediation durch Anwaltsmediatoren oder sonstige Dritte dar, an die sich die Parteien nach einem richterlichen Vorschlag gemäß § 278 Abs. 5 Satz 2 ZPO wenden, wie für die international einmalige Entwicklung der gerichtsinternen Mediation durch dem Spruchkörper nicht angehörende Richtermediatoren.[11] Wichtig für den Anwaltsmediator ist vor allem die Entscheidung des Gesetzgebers im **Rechtsdienstleistungsgesetz**, die Mediation, sofern sie durch rechtliche Regelungsvorschläge in die Gespräche der Beteiligten eingreift, den Anwaltsmediatoren vorzubehalten. In bewusster Abweichung vom Regierungsentwurf, der noch die Mediation und jede vergleichbare Form der gesprächsleitenden Streitbeilegung einschließlich der Protokollierung einer Abschlussvereinbarung vom Begriff der Rechtsdienstleistung ausnehmen wollte, hat der Bundestag in § 2 Abs. 3 Nr. 4 RDG nur im übrigen die Mediation und jede vergleichbare Form der alternativen Streitbeilegung erlaubnisfrei gestellt.[12] Rechtspolitisch kann die Diskussion des gesetzgeberischen Handlungsbedarfs bei der Mediation und vergleichbaren Formen der alternativen Streitbeilegung auf dem **67. Deutschen Juristentag** in Erfurt im September 2008 nicht außer Acht bleiben.

7   Dabei schafft der Beschluss der **1. Kammer des Ersten Senats des Bundesverfassungsgerichts vom 14. 2. 2007 – 1 BvR 1351/01**[13] – zum Gütestellen- und Schlichtungsgesetz Nordrhein-Westfalen Klarheit über den verfassungsrechtlichen Rahmen. Der allgemeine Justizgewährleistungsanspruch aus Art. 2 Abs. 1 GG i. V. m. dem Rechtsstaatsprinzip nötige den Gesetzgeber nicht, nur kontradiktorische Verfahren vorzusehen. Er könne auch Anreize für eine einverständliche Streitbewältigung schaffen, solange ergänzend der Weg zu einer Streitentscheidung durch die staatlichen Gerichte eröffnet bleibe. Eine außergerichtliche Streitschlichtung könne nicht nur die Ziviljustiz entlasten, sondern auch für die Betroffenen kostengünstiger und schneller sein als eine gerichtliche Auseinandersetzung. Führe sie zu Lösungen, die in der Rechtsordnung so nicht vorgesehen sind, von den Betroffenen aber – wir ihr Konsens zeige – als gerecht empfunden werden, dann deute auch dies auf eine befriedigende Lösung des Konflikts hin. Das Bundesverfassungsgericht formuliert im Anschluss daran folgenden Kernsatz:

„Eine zunächst streitige Problemlage durch eine einverständliche Lösung zu bewältigen, ist auch in einem Rechtsstaat grundsätzlich vorzugswürdig gegenüber einer richterlichen Streitentscheidung."

---

[9] Dabei verlangt die Kommission in ihrer Anmerkung zum Gemeinsamen Standpunkt des Rates, dass der Begriff der grenzüberschreitenden Streitigkeit so weit wie möglich definiert wird (Mitteilung 2008/NaN EG vom 7. 3. 2008).
[10] Begründungserwägung 8 zur Richtlinie.
[11] *Hess* a. a. O., stellt die international üblichen Formen der (gerichtsnahen) Mediation im Abschnitt D (S. F 70 ff.) seines Gutachtens treffend dar, ohne allerdings die sich danach aufdrängende Frage nach Sinn und Berechtigung der gerichtsinternen Mediation als deutscher Sonderentwicklung zu stellen.
[12] *Henssler/Deckenbrock* Der Betrieb 2008, 41, 43.
[13] ZKM 2007, 128 ff.

III. Schiedsverfahren

1. Begriffsbestimmung und Abgrenzung

Der Rückgriff auf einen neutralen Schlichter – wie er vor allem bei Vereinbarung eines Schiedsgutachtens, aber auch im schiedsgerichtlichen Verfahren stattfindet – kann Einigungsschwierigkeiten überwinden; durch seinen externen Sachverstand kann eine schnelle, effektive und außergerichtliche Lösung eines Konflikts erreicht werden.[14] Der grundlegende **Unterschied zur Mediation** liegt darin, dass bei der Mediation die Parteien mit Hilfe des Mediators die Konfliktlösung selbst erarbeiten, während sie bei der Schlichtung durch Schiedsgericht oder Schiedsgutachten die Konfliktlösung delegieren und sich der Bestimmung des Dritten – in unterschiedlichem Maß – unterwerfen.[15] 8

Die **Abgrenzung zwischen Schiedsrichtern und Schiedsgutachtern** geht bereits auf das römische Recht zurück und fand im Mittelalter in der Unterscheidung von „arbiter" und „arbitrator" ihren Ausdruck. Danach gab es zwei Arten von Schiedsrichtern: den Aussprüchen der einen Art müsse man gehorchen, unabhängig davon, ob die Entscheidung gerecht oder ungerecht sei; die andere Gruppe habe ex aequo et bono ihre Entscheidung zu treffen, die bei offenbarer Ungerechtigkeit berichtigt werden könne.[16] An diesen Rechtsfolgen orientiert werden noch heute Parteivereinbarungen ausgelegt, wenn sie auslegungsbedürftig und -fähig sind. Denn während die Vereinbarung des schiedsgerichtlichen Verfahrens gemäß § 1026 ZPO eine gerichtliche Überprüfung des Schiedsspruchs – vom Fall der Aufhebung unter den Voraussetzungen des § 1059 Abs. 2 ZPO abgesehen – ausschließt, stellt die Vereinbarung eines Schiedsgutachtens nach der herrschenden Meinung und Rechtsprechung einen rein materiell-rechtlichen Vertrag ohne prozessrechtliche Wirkung dar.[17] Der Schiedsgutachter übt keine (schieds-)richterliche Funktion aus. Seiner Entscheidung fehlt die Rechtskraft, wie sie § 1055 ZPO für den Schiedsspruch im schiedsrichterlichen Verfahren vorsieht. 9

Aus *Sicht des Anwalts* in der **Kautelarpraxis** ist zu beachten, dass das Gewollte – schiedsrichterliches Verfahren oder Schiedsgutachten – mit ausreichender Klarheit formuliert wird. Maßgeblich ist, ob die Parteien als Rechtsfolge ihrer Vereinbarung die staatliche Gerichtsbarkeit mit Rechtskraftwirkung ausschließen wollen oder ob sie den Spruch des Dritten der Billigkeitskontrolle nach § 319 Abs. 1 Satz 1 BGB unterwerfen wollen. Bei der Auslegung geht die Rechtsprechung davon aus, dass die Bezeichnung der Parteien nur Indizwirkung hat und im Zweifel – wegen der weniger einschneidenden Rechtsfolgen für den Rechtsschutz – von einer Schiedsgutachtenvereinbarung auszugehen ist.[18] 10

Haben sich die Parteien entschlossen, eine **Schiedsgutachtenabrede** zu treffen, so sollte bezüglich des Inhalts auf möglichst vollständige und klare Formulierungen geachtet werden. Es muss erstens klar zum Ausdruck gebracht werden, dass die Parteien im Falle von Streitfragen, Meinungsverschiedenheiten oder Unklarheiten durch ein Schiedsgutachten entscheiden lassen und sich an dessen Ergebnis gebunden halten wollen. Auch der konkrete Anlass und Zeitpunkt für die Beauftragung des Schiedsgutachters sollte vereinbart werden. Wenn sich die Parteien nicht bereits im Zeitpunkt der Schiedsgutachtenabrede auf einen Schiedsgutachter festlegen wollen, sollte das Verfahren zur Bestimmung des Schiedsgutachters festgelegt werden. Hier kommt in Frage, sollten die Parteien sich binnen einer Frist (etwa von zwei Wochen) nicht einvernehmlich auf einen bestimmten Gutachter verständigen, auf Antrag einer Partei die Bestimmung durch die örtliche Industrie- und Handelskammer vorzusehen. Weiter müssen die Parteien eine Kostenregelung treffen; das empfiehlt sich insbesondere dann, wenn keine hälftige Kostenteilung gewünscht ist. 11

---

[14] BGH NJW 1991, 2761 f.
[15] Staudinger/*Rieble* § 317 Rdnr. 7.
[16] So der römische Jurist Proculus, zitiert nach *Hofer* in: Historisch-kritischer Kommentar zum BGB, §§ 315–319 Rdnr. 18.
[17] Staudinger/*Rieble* § 317 Rdnr. 20 m. w. N. auch zur Mindermeinung.
[18] BGH BB 1982, 1077 f.; Staudinger/*Rieble* § 317 Rdnr. 22.

2. Schiedsgerichtliches Verfahren

12 Für das schiedsrichterliche Verfahren stellt die ZPO in den §§ 1029 ff. ausführliche Regelungen zur Schiedsvereinbarung und Schiedsfähigkeit von Ansprüchen (§§ 1029 ff. ZPO), zur Bildung des Schiedsgerichts (§§ 1034 ff. ZPO) und zur Durchführung des schiedsgerichtlichen Verfahrens (§§ 1042 ff. ZPO) zur Verfügung, die den Modellregelungen der UNCITRAL für die internationale Handelsschiedsgerichtsbarkeit folgen. Der Schiedsspruch (§§ 1051 ff. ZPO) hat die Wirkungen eines rechtskräftigen Urteils (§ 1055 ZPO) und kann im Verfahren nach § 1060 ZPO für vollstreckbar erklärt werden.

3. Schiedsgutachten

13 Das Schiedsgutachten führt Teilelemente eines Streites einer Klärung zu.[19] Dabei wird unterschieden zwischen zwei Grundformen:

14 • Das **Schiedsgutachten im weiteren Sinn** zielt auf eine Bestimmung der Leistung, wie sie im Wortlaut des § 317 Abs. 1 BGB als Aufgabe des Dritten bezeichnet wird. Diese rechtsfolgenorientierte Vertragsergänzung verlangt einen Ermessensspielraum und findet sich etwa bei der Festlegung einer Miet-, Pacht- oder Erbbauzinserhöhung im konkreten Einzelfall. Sie wird auch als Schiedsgutachten im uneigentlichen Sinn bezeichnet.[20]

Beispiel:
Die Parteien eines Gewerberaummietvertrages haben für die ersten 3 Jahre einen pauschalen Mietzins und für die darauf folgenden 3 Jahre einen Mietzins pro Quadratmeter Mietfläche vereinbart. „Einigen sich die Vertragsparteien (nach Ablauf dieser Zeit) nicht über die Miethöhe, so entscheidet ein ... Sachverständiger als Schiedsgutachter gemäß § 317 BGB nach billigem Ermessen ...".[21]

15 • Davon zu unterscheiden ist das **Schiedsgutachten im eigentlichen oder engeren Sinn,** bei dem es um eine tatbestandliche Feststellung, etwa eines Wertes (eines Bauwerks, eines Zinssatzes oder der ortsüblichen Miete) oder einer Qualität, geht.

Beispiele:
Bei der (landwirtschaftlichen) Pacht wird vereinbart, dass der Verpächter alle baulichen und sonstigen den Betrieb fördernden Maßnahmen bei Rückgabe zum *Schätzpreis* abzulösen hat, der von einem Schätzungsausschuss bestimmt werden soll, der aus einem von jeder Vertragspartei benannten Schätzer und einem dritten von der landwirtschaftlichen Berufsvertretung bestimmten Schätzer zusammensetzen soll.[22]
Schiedsgutachten zur Höhe der *Kosten für die vereinbarten Schönheitsreparaturen* bei Auszug des Gewerberaummieters.[23]
Wertgutachten eines Bausachverständigen zum Verkehrswert des Gesellschaftsvermögens einer Objektgesellschaft, das im wesentlichen aus dem Grundstück und Gebäude eines Verbrauchermarkts besteht, als Grundlage des Abfindungsanspruchs des ausscheidenden Gesellschafters.[24]

16 Der Schiedsgutachter übt dabei nach der herrschenden Meinung und der ständigen Rechtsprechung des Bundesgerichtshofs kein Ermessen aus, sondern entscheidet kognitiv. Deshalb wird das Schiedsgutachten im eigentlichen Sinn auch nicht auf offenbare Unbilligkeit, sondern auf offenbare „Unrichtigkeit" geprüft;[25] darin liegt die entsprechende Anwendung des § 317 Abs. 1 BGB.[26] § 84 Abs. 1 VVG stellt das für das **versicherungsrechtliche Schiedsgutachten** klar: wenn nach dem Versicherungsvertrag einzelne Voraussetzungen

---

[19] BGH NJW 1990, 1231.
[20] Staudinger/*Rieble* § 317 Rdnr. 12.
[21] So der Sachverhalt bei BGH NJW-RR 2003, 727 = NZM 2003, 358.
[22] So der Sachverhalt in BGH NJW-RR 1988, 1405.
[23] Vgl. OLG Düsseldorf Grundeigentum 2008, 731 f.
[24] S. OLG Düsseldorf Urt. v. 28. 3. 2008 – I-16 U 88/07.
[25] Der BGH hat hier an die st. Rspr. des RG seit RGZ 96, 57 angeknüpft; s. dazu *Hofer* in: Historisch-kritischer Kommentar zum BGB, §§ 315–319 Rdnr. 20.
[26] BGHZ 43, 57, 62; 81, 229, 237; krit. dazu Staudinger/*Rieble* § 317 Rdnr. 16: ein juristisches Glasperlenspiel – im Ergebnis komme es darauf an, ob der Schiedsgutachter von seinem Spielraum vertretbar Gebrauch gemacht hat.

des Anspruchs aus der Versicherung oder die Höhe des Schadens durch Sachverständige festgestellt werden sollen, ist die getroffene Feststellung nicht verbindlich, wenn sie offenbar von der wirklichen Sachlage erheblich abweicht. Die Feststellung erfolgt in diesem Fall durch gerichtliche Entscheidung.

Anders als im schiedsgerichtlichen Verfahren begründet das Gesetz beim Schiedsgutachten weder ein Anhörungsrecht der Parteien noch ein Ablehnungsrecht bei Befangenheit des Schiedsgutachters; im letzteren Fall wird allerdings die Leistungsbestimmung regelmäßig als offenbar unrichtig anzusehen sein, wenn auch die Befangenheit offen zu Tage liegt.[27]

4. Konsequenzen für das gerichtliche Verfahren

Ist ein **Schiedsgutachten** zwischen den Parteien verabredet, muss eine **Klage**, die **vor dessen Einholung** erhoben wird, als **verfrüht** – d. h. als zur Zeit unbegründet – abgewiesen werden. Das Gericht kann allerdings auch zunächst entsprechend §§ 356, 431 ZPO eine Frist zur Beibringung des Schiedsgutachtens setzen; selbst wenn von dieser Möglichkeit Gebrauch gemacht wird, darf eine der Klage auch nur dem Grunde nach stattgebende Entscheidung nicht getroffen werden, bevor nicht durch fristgerechte Vorlage des Schiedsgutachtens feststeht, dass es überhaupt zu einem zusprechenden Erkenntnis kommen kann.[28]

> **Hinweis:**
> Eine verfrühte Klage kann zudem doppelt gefährlich werden, wenn das Gericht zum Ergebnis kommt, dass der Kläger dadurch das schiedsgutachterliche Verfahren verzögert hat und sich deshalb nicht mehr auf die verjährungshemmende Wirkung der Schiedsgutachterklausel (§ 204 Abs. 1 Nr. 8 BGB) berufen kann.[29]

Das Schiedsgutachten haben die Parteien bis zur Grenze der **offenbaren Unrichtigkeit** hinzunehmen. Zu beachten ist, dass das Schiedsgutachten, sobald es einer Partei zugegangen ist, auch für den Schiedsgutachter verbindlich und unwiderruflich wird (§ 318 Abs. 1 BGB). Das Gericht darf im Prozess die begutachteten Umstände nicht selbst klären und insbesondere keinen Beweis erheben, solange die Grenze der offenbaren Unbilligkeit nicht überschritten ist.[30] Offenbar unrichtig ist ein Schiedsgutachten dann, wenn sich die Unrichtigkeit einem sachkundigen Betrachter sofort aufdrängt. Das ist nach dem Sachverhalt zu beurteilen, den die Parteien dem Schiedsgutachter unterbreitet haben. Aus *anwaltlicher Sicht* hervorzuheben ist, dass die Partei, die sich auf die offenbare Unrichtigkeit des Schiedsgutachtens beruft, dafür die **Darlegungs- und Beweislast** trägt.[31]

Haben die Parteien ein **schiedsgerichtliches Verfahren** im Sinn der §§ 1025 ff. ZPO vereinbart, ist eine Überprüfung des Schiedsspruches durch die staatliche Gerichtsbarkeit wegen dessen Rechtskraft (§ 1055 ZPO) ausgeschlossen; eine dennoch erhobene Klage ist gemäß § 1032 Abs. 1 ZPO auf Rüge des Beklagten als unzulässig abzuweisen. Eine Ausnahme gilt nur für die Aufhebung wegen Verstoßes gegen den ordre public, also für die Überprüfung, ob die Anerkennung oder Vollstreckung des Schiedsspruches der öffentlichen Ordnung widerspricht (§ 1059 Abs. 2 Nr. 2 b) ZPO).

IV. Mediation

1. Allgemeines

a) Begriffsbestimmung und Abgrenzung. Mediation ist ein außergerichtliches Konfliktlösungsverfahren, in dem die Parteien einvernehmlich, gemeinsam und eigenverantwortlich

---

[27] Staudinger/*Rieble* § 317 Rdnr. 68.
[28] BGH NJW-RR 1988, 1405.
[29] So das OLG Düsseldorf NZM 2004, 501 f. = GuT 2004, 83 f.
[30] Staudinger/*Rieble* § 317 Rdnr. 17.
[31] OLG Düsseldorf Urt. v. 28. 3. 2008 – I-16 U 88/07.

mit Hilfe eines neutralen Dritten, des Mediators, die beste Lösung für ihren Konflikt erarbeiten.³² Die Richtlinie 2008/52/EG vom 21. Mai 2008 über bestimmte Aspekte der Mediation in Zivil- und Handelssachen³³ bezeichnet als Mediation ein strukturiertes Verfahren, in dem zwei oder mehr Streitparteien mit Hilfe eines Mediators auf freiwilliger Basis selbst versuchen, eine Vereinbarung über die Beilegung ihrer Streitigkeiten zu erzielen (Art. 3 Buchst. a) der Richtlinie).

Charakteristisch für jede Mediation ist, dass der neutrale oder allparteiliche Dritte (Mediator) keine Entscheidungsmacht hat. Seine Aufgabe ist es, die Konfliktparteien dabei zu unterstützen, ihre eigene gemeinsame Lösung zu erarbeiten. Dazu ist es erforderlich, dass der Mediator zum einen den Verfahrensablauf klar strukturiert (er ist der „Herr des Verfahrens"); zum anderen ist es seine Aufgabe, Kommunikationshindernisse auszuräumen, bestehende eskalationsfördernde Kommunikationsmuster zu ändern und einen (neuen) Dialogfluss in Gang zu setzen.³⁴ Im Folgenden soll ein Überblick über die Prinzipien, den Verfahrensablauf, das Honorar und die Einsatzmöglichkeiten der Mediation im Mietrecht gegeben werden.

22 **b) Prinzipien der Mediation**
Freiwilligkeit: Beide Konfliktparteien müssen ohne äußeren Zwang bereit sein, eine Mediation durchzuführen. Freiwilligkeit bedeutet auch, dass jede Partei das Verfahren jederzeit beenden kann, egal aus welchen Gründen, ohne Rechtfertigungszwang und ohne dass dies mit einem Nachteil für sie verbunden wäre.

23 **Verschwiegenheit:** Der Mediator ist gehalten, durch eine Vereinbarung die Parteien dazu zu verpflichten, dass die im Verlauf des Mediationsverfahrens gewonnenen Informationen in einem etwa nachfolgenden Gerichtsverfahren nicht verwendet werden. Der Anwaltsmediator selbst kann sich vor Gericht auf sein Zeugnisverweigerungsrecht berufen.

24 **Allparteilichkeit:** Die Allparteilichkeit (Neutralität) bedeutet, dass der Mediator beide Parteien im Blick haben muss und es ihm verwehrt ist, einseitig Partei zu ergreifen. Seine Aufgabe ist es, eine für beide Seiten faire und interessengerechte Konfliktlösung herbeizuführen. Er soll die für beide Seiten akzeptable und begehbare Kommunikationsbrücke sein.³⁵

25 **Informiertheit (Offenheit):** Dies bedeutet, dass die Parteien über alle entscheidungserheblichen Tatsachen und die Rechtslage umfassend informiert sein müssen. Daraus folgt die Verpflichtung zur Offenlegung aller Fakten und Daten, über die die jeweilige Partei verfügt. Nur bei gleichem Informationsstand ist eine faire Verhandlung möglich. Mediation findet nicht im „rechtsfreien Raum" statt. Die durch die gesetzlichen Regelungen eingeschränkte Disponibilität bildet den Rahmen des zulässig Verhandelbaren.

26 **Eigenverantwortlichkeit:** Jede Partei muss willens und in der Lage sein, für die eigenen Interessen, Bedürfnisse und Wünsche selbst einzutreten und für die erarbeiteten Lösungen die Verantwortung zu übernehmen.

27 **c) Verfahrensablauf.** In der Regel durchläuft ein Mediationsverfahren fünf Phasen. Es beginnt mit dem sog. contracting (Kontaktaufnahme) und endet im Falle des Erfolges mit der Unterzeichnung einer Abschlussvereinbarung. Herzstück jeder Mediation ist die Phase der Konfliktbearbeitung. In der Regel kommen die Parteien fokussiert auf Positionen in die Mediation. Jeder hat seine „Lösung" schon gefunden. Nicht selten stehen sich diese Positionen diametral gegenüber. Zur Erweiterung der Sichtweise wird mit den Medianten genau besprochen, welche Bedürfnisse, Interessen und Wünsche hinter diesen Positionen stehen. Dies eröffnet den Raum für neue Lösungsmöglichkeiten gemäß dem win-win Prinzip, da die Lösung von der Bedürfnisebene aus betrachtet nicht notwendigerweise auf Kosten des Anderen gehen muss. Gemeinsam entwickeln die Parteien im Anschluss daran in einer Art brainstorming eine Vielzahl von Lösungsmöglichkeiten. Nach gemeinsamer Bewertung der-

---

³² *Risse* S. 5; *Rüssel* S. 881 m. w. N.
³³ ABl. L 136 vom 24. 5. 2008, S. 3 ff.
³⁴ *Haft/Schlieffen/Kessen/Troja* S. 394.
³⁵ *Glenewinkel* WuM 2002, 649, 652.

selben bleiben am Ende realisierbare Ideen übrig, die die Interessen beider möglichst weitgehend berücksichtigen.[36]

d) Pflichten des Mediators – Aufgaben des Anwalts in der Mediation – Honorar. Der Europäische Verhaltenskodex für Mediatoren,[37] der Vorbildwirkung für die in Art. 4 Abs. 1 der Richtlinie über bestimmte Aspekte der Mediation in Zivil- und Handelssachen vorgesehenen Verhaltenskodizes haben wird, fasst die Anforderungen an 28
- die Ausbildung und kontinuierliche Fortbildung der Mediatoren,
- ihre Unabhängigkeit und Neutralität sowie an ihre Unparteilichkeit,
- die Gestaltung und Leitung des Verfahrens,
- die vorherige Vereinbarung der Vergütung und
- an die Wahrung der Vertraulichkeit durch die Mediatoren

zusammen. Obwohl der Verhaltenskodex nicht rechtsverbindlich ist, dürfte er als Leitbild für das Verfahren und die Berufspflichten Bedeutung erlangen.[38] Besonders hinzuweisen ist auf die dauernde Pflicht zur Offenlegung aller Umstände, die Interessenkonflikte oder sonstige Zweifel an der Unabhängigkeit und Neutralität der Mediatoren begründen können. Bei der Verfahrensleitung soll der Mediator die jeweiligen Umstände des Falles, einschließlich einer möglichen ungleichen Kräfteverteilung und des Rechtsstaatsprinzips, ebenso berücksichtigen wie eventuelle Wünsche der Parteien und die Notwendigkeit einer raschen Streitbeilegung.

Bei der Mediation werden nicht nur juristische Kenntnisse, sondern vor allem kommunikative, psychologische, ggf. auch therapeutische Konfliktlösungstechniken eingesetzt. Dementsprechend wird die Mediation – national wie international – nicht nur von Rechtsanwälten, sondern etwa auch von Psychologen angeboten. Soweit allerdings der Mediator oder die Mediatorin durch rechtliche Regelungsvorschläge in die Gespräche der Beteiligten eingreift, behält § 2 Abs. 3 Nr. 4 RDG dies als **Rechtsdienstleistung** den **Anwaltsmediatoren** vor.[39] Das wird bei Auskünften zur Rechtslage, vor allem aber beim Entwurf einer Abschlussvereinbarung zu beachten sein. Anwaltsmediatoren ihrerseits sind berufsrechtlich gehindert, für eine der Parteien der Mediation im weiteren als Rechtsanwalt aufzutreten (§ 45 Abs. 1 Nr. 3 BRAO).[40] 29

Der Vertrag über die Durchführung einer Mediation wird wie der Anwaltsvertrag als Dienstvertrag qualifiziert, so dass gemäß § 612 Abs. 2 BGB die übliche **Vergütung** als vereinbart gilt.[41] Dennoch soll der als Mediator tätige Rechtsanwalt gemäß § 34 RVG auf eine Gebührenvereinbarung hinwirken. Das entspricht im übrigen auch der Empfehlung im Europäischen Verhaltenskodex für Mediatoren. Es ist in der Praxis gängig, für die Mediation ein Vergütung nach Stunden zu vereinbaren. Es werden allerdings der Höhe nach sehr unterschiedliche Stundensätze vereinbart. Der übliche Rahmen liegt zwischen € 100 und € 350, durchschnittlich bei rund € 200[42] zuzüglich gesetzlicher Umsatzsteuer pro Stunde. 30

2. Mediation im Gewerberaummietrecht

Die Mediation im Gewerberaummietrecht ist zum einen Wirtschaftsmediation. Sie kommt deshalb als ein Verfahren zur raschen und kostengünstigen Konfliktlösung in Betracht, das die weiter dauernde Geschäftsbeziehung zwischen den Parteien nicht gefährdet, sondern durch einen gemeinsam gefundenen Interessenausgleich stützt. Dazu kommen für institutionelle Anleger und Vermieter die Konflikte zwischen Mietern einer Anlage – etwa eines Einkaufszentrums, die erhebliche Spannungen auslösen und die Attraktivität des gesamten 31

---

[36] Zu weiteren Einzelheiten z. B. *Kessen/Troja* in: Haft/Schlieffen S. 395 ff., die von sechs Phasen der Mediation ausgehen.
[37] Veröffentlicht im Internetauftritt des Europäischen Justiziellen Netzes.
[38] *Hess* a. a. O. S. F 97 f.
[39] S. o. bei Rdnr. 6.
[40] Vgl. OLG Karlsruhe NJW 2001, 3197, 3199; AG Lübeck NJW 2007, 3789 f.
[41] Das AG Lübeck NJW 2007, 3789 f., beachtet in diesem Zusammenhang € 150 je Stunde als übliche Vergütung für eine Anwaltsmediation.
[42] *Kloster/Harz* Rdnr. 21.

Standorts beeinträchtigen können. Nicht umsonst gehen größere Vermietungsgesellschaften dazu über, die Mediation als Verfahren im Alltagsgeschäft einzusetzen.

32 **Konflikte zwischen Mietern:** Aus Sicht der Vermietungsgesellschaften bzw. Wohnungsverwalter ist der Hausfrieden ein hohes Gut, das erhalten oder wiederhergestellt werden sollte. Denn Konflikte zwischen Mietern binden auch bei ihnen Ressourcen. Zudem können Leerstände und rechtliche Auseinandersetzungen als Folge solcher Streitigkeiten zusätzliche Kosten verursachen.[43] Mediation bietet den Parteien eine Chance, den Konflikt in seiner ganzen Komplexität zu behandeln. Die Parteien haben die Möglichkeit, über die rechtliche Relevanz hinaus ihre verletzten Gefühle, ihre Interessen und Wünsche dem anderen zu Gehör zu bringen und gemeinsam eine Lösung zu finden, die beiden Interessen gerecht wird.[44]

Auf die Vorbilder aus der **Wohnungswirtschaft, wie sie in § 40 bei Rdnr. 30 dargestellt werden, sei verwiesen.**

33 **Konflikte zwischen Vermietern und Mietern:** Auch im Verhältnis Vermieter – Mieter kann Mediation Erfolg versprechend eingesetzt werden. Differenziert man die möglicherweise auftretenden Konflikte zwischen Vermieter und Mieter nach dem Zeitpunkt ihres Auftretens, d. h. **vor, während oder nach einem Mietverhältnis**, liegt es auf der Hand, dass sich die Mediation zur Lösung eines Konfliktes **besonders während eines Mietverhältnisses** anbietet. In dieser Phase sind die Parteien grundsätzlich an der Aufrechterhaltung der Beziehungen interessiert. Befindet sich man im Bereich der vertraglichen Anbahnung, also **vor Abschluss eines Mietverhältnisses**, kann die allgemeine Situation von Angebot und Nachfrage zu einem Ungleichgewicht der Verhandlungspositionen führen. Gibt es für ein Mietobjekt zahlreiche Interessenten, befindet sich der Vermieter in einer Situation, in der er eine Verhandlung gar nicht nötig hat. Lässt er sich gleichwohl darauf ein, hat er eine sehr starke „Verhandlungsmacht". Gleiches gilt umgekehrt im Falle eines Überangebots von Wohnraum, die zu einem Ungleichgewicht der Verhandlungsmacht zugunsten des Mieters führt. In diesen beiden Konstellationen dürfte eine Mediation schwierig sein.

34 **Nach der Beendigung eines Mietvertrages** liegt den Parteien zwar in der Regel nicht mehr an der Aufrechterhaltung ihrer persönlichen Beziehungen, sondern es geht meist nur um die möglichst reibungslose Abwicklung des Vertrages. Gleichwohl gibt es viele Fälle, in denen erst die Einbeziehung der tatsächlichen Verhältnisse während der Vertragslaufzeit des Mietvertrages ohne gegenseitige Aufrechnung einzelner Posten zu einem für beide Seiten fairen Ergebnis führen. Gerade bei Beendigung von lange währenden Mietverträgen auf Grund einer ordentlichen Kündigung bietet die Mediation bei Streit über die Wirksamkeit derselben den Rahmen für eine faire Lösung für beide Seiten, sei es, dass man sich auf einen bestimmten Zeitrahmen bis zum Auszug einigt, sei es, dass der Vertrag mit anderen Bedingungen fortgesetzt wird.[45] Ist die Lösung das Ende der Vertragsbeziehungen, können zugleich auch andere mit der Abwicklung im Zusammenhang stehende Rechte und Pflichten geklärt werden, z.B. die zu erledigenden Schönheitsreparaturen oder die modi der Rückzahlung der Kaution.

35 Mediation kann des Weiteren **präventiv** zur Vermeidung von eventuell entstehenden Konflikten eingesetzt werden. Beispielhaft genannt seien umfangreiche Modernisierungsmaßnahmen. Werden die Mieter z.B. in die Planungs- und Entscheidungsprozesse des Vermieters frühzeitig eingebunden und auch ihre Interessen und Wünsche berücksichtigt, ist die Akzeptanz der anschließend realisierten Maßnahmen wesentlich höher; viele Streitigkeiten werden so von vorneherein vermieden.

36 **Konflikte zwischen Mietern und institutionellen Vermietern bzw. Verwaltern:** Bei räumlicher Entfernung und/oder einer entpersonalisierten Beziehung, wie sie in der Regel zwischen Mietern und den großen Vermietern bzw. Verwaltern bestehen, geht es nicht um die Aufrechterhaltung der persönlichen Beziehungen, sondern um die Aufrechterhaltung einer gut funktionierenden geschäftlichen Beziehung. Die Wiederherstellung einer problemlos existierenden Koexistenz ist ein für beide Seiten nicht zu vernachlässigender Vorteil.

---

[43] *Kraus* GuT 2007, 279.
[44] S. a. *Harmuth* Grundeigentum 2003, 866 ff.
[45] S. a. *Kleinrahm* S. 243 ff.

Nicht außer Acht bleiben darf der Aspekt des Imageverlustes gerade für größere institutionelle Vermieter. Nicht nur dem kleinen, sondern gerade auch dem großen Vermieter ist der Ruf in der Öffentlichkeit wichtig. Prozesse können dem guten Ruf leicht Schaden zufügen, selbst wenn man sie im Einzelfall gewonnen haben sollte; das gilt insbesondere, wenn sie Anlass zu polemischen Angriffen (fehlende soziale Verantwortung, große Vermietungsgesellschaft gegen kleinen Handwerker, Einzelhändler) genutzt werden können. Jeder öffentlich gemachte Konflikt birgt die Gefahr in sich, eine Eigendynamik zu entwickeln, die zu Eskalationen und (Folge-) Prozessen führen können, an die am Anfang niemand dachte.

Mediation hingegen findet in einem vertraulichen Rahmen statt. In der Regel verpflichten sich die Parteien zu Beginn des Verfahrens, dass alles, was sie während eines Mediationsverfahrens besprechen und verhandeln, vertraulich behandelt wird und nicht in einem später möglicherweise folgenden Gerichtsverfahren verwendet werden darf. Dies fördert zum einen die Bereitschaft der Parteien, sich zu öffnen und die Dinge auszusprechen, die ihnen wirklich wichtig sind. Zum anderen bietet die Mediation damit Schutz vor einem möglichen Imageverlust in der Öffentlichkeit. Scheitert die Mediation, liegt es allerdings an den Parteien selbst, inwieweit sie sich an ihre Absprache gebunden fühlen, erzwingbar ist sie nicht. Zu Recht nehmen daher gerade Verwaltungsgesellschaften die Mediation zunehmend in ihr Dienstleistungsangebot mit auf.

Bewertung: Mediation ermöglicht den Parteien eine umfassende Bearbeitung ihres Konfliktes. Die Frage, wann eine umfassende Bearbeitung eines Konfliktes erforderlich ist, lässt sich nicht an der Höhe des Streitwertes festmachen, sondern muss im Einzelfall ermittelt werden. Grundsätzlich gilt, dass Mediation für die Fälle geeignet ist, in denen beide Seiten ein Interesse daran haben, eine Lösung auf eine Art und Weise zu finden, die ihnen die Aufrechterhaltung ihrer persönlichen oder geschäftlichen Beziehungen ermöglicht. Aspekte wie Zeit, Nerven, Personal- und Kostenaufwand werden in vielen Fällen darüber hinaus für die Mediation als dem schnelleren und kostengünstigere Verfahren gegenüber einem gerichtlichen Verfahren sprechen.

VI. Resümee

Es ist festzustellen, dass sich die außergerichtliche Streitbeilegung insgesamt und speziell im Mietrecht weiterentwickelt. Dabei tritt neben die bewährten und bekannten Elemente des Schiedsverfahrens und der Schiedsgutachtervereinbarung zunehmend die Mediation. Die Mediation stellt auch im Gewerberaummietrecht ein außergerichtliche Konfliktlösungsmodell dar, das das Dienstleistungsangebot des Anwalts am effektivsten erweitern kann. Dabei werden sich die Rahmenbedingungen für die Mediation mit der Umsetzung der Richtlinie 2008/52/EG des Europäischen Parlaments und des Rates vom 21. Mai 2008 über bestimmte Aspekte der Mediation in Zivil- und Handelssachen, die bis zum 21. 5. 2011 zu erfolgen hat, grundlegend ändern. Denn in den zentralen Fragen der Titulierung von Abschlussvereinbarungen, der Sicherung der Vertraulichkeit und der Hemmung von Verjährungsfristen während einer laufenden Mediation werden sich Konsequenzen im nationalen Recht für interne, nicht grenzüberschreitende Streitigkeiten nicht vermeiden lassen. Vielmehr ist hier grundsätzlich mit einem Gleichlauf mit den Regelungen für grenzüberschreitende Verfahren zu rechnen.

Teil C. Pacht

§ 75 Unterschiede zum Mietrecht

Übersicht

	Rdnr.
I. Vertragselemente des Pachtvertrags	1–17
1. Gegenstand des Pachtvertrags	2/3
2. Wesentliche Merkmale der Fruchtziehung	4–8
3. Leistungen des Verpächters zur Ermöglichung der Fruchtziehung	9–11
4. Die zentralen gesetzlichen Vorschriften	12–16
5. Schriftform	17
II. Pachtrechtliche Vertragstypen	18–23
1. Durchlässigkeit zwischen Miet- und Pachtrecht	18/19
2. Mischverträge	20–22
a) Mischmiet/pachtverträge	21
b) Mischverträge anderer Art	22
3. Die den Hauptpachtvertrag vorbereitenden Verträge	23
III. Voraussetzungen und Grenzen pachtvertraglicher Nutzungsüberlassung	24–28
1. Zulassungserfordernisse und gesetzliche Nutzungshindernisse	24/25
2. Öffentlich-rechtliche Auflagen, Gebote und Verbote	26–28

Schrifttum: Bub/Treier/*Bearbeiter*, Handbuch der Geschäfts- und Wohnraummiete, 3. Aufl.; *Eisenschmid/Rips/Wall*, Betriebskostenkommentar, 2. Aufl.; *Fezer*, Markenrecht; *Fritz*, Gewerberaummietrecht, 4. Aufl. 2004; *Gerber/Eckert*, Gewerbliches Miet- und Pachtrecht, 6. Aufl. 2006; *Hannemann/Wiek*, Handbuch des Mietrechts, 2. Aufl. 2006; *Herrlein/Kandelhart*, Praxiskommentar Mietrecht, 2. Aufl. 2003; *Lindner-Figura/Opré/Stellmann*, Geschäftsraummiete, 2005; *Lützenkirchen*, Anwaltshandbuch Mietrecht, 3. Aufl. 2007; *Nies/Gies*, Beck'sches Formularbuch Mietrecht, 2. Aufl. 2007; *Paulusch*, Höchstrichterliche Rechtsprechung zum Brauerei- und Gaststättenrecht, 9. Aufl.; *Schmidt-Futterer*, Mietrecht, 9. Aufl.; *Wahl*, Der Bierlieferungsvertrag.

I. Die Vertragselemente des Pachtvertrags

Checkliste zur Gestaltung oder rechtlichen Einordnung eines Pachtvertrags   1

I. Regelt der Vertrag allein die Überlassung einer Sache (§ 90 BGB)?[1]
Wenn ja: Es liegt ein Mietvertrag vor.

II. Ermöglicht der Vertrag dem Nutzer auch eine Fruchtziehung, ggf. durch welche Leistungen?[2]
Wenn ja: Es kann ein Pachtvertrag vorliegen.

III. Welche Vertragselemente sind für die rechtliche Einordnung des Pachtvertrags maßgeblich?[3]
1. Was ist „Gegenstand" des Vertrags?[4]
2. Sind für die Leistungen, die eine Fruchtziehung ermöglichen, besondere gesetzliche Vorschriften einschlägig (z. B. aus dem PatG, MarkenG, GebrMG)?[5]
3. Unterliegt der Vertrag den Grundsätzen für spezielle Vertragstypen (z. B. Leasing, Franchising)?[6]

---

[1] Vgl. Rdnr. 2 f.
[2] Vgl. Rdnr. 4 ff.
[3] Vgl. Rdnr. 2 ff.
[4] Vgl. Rdnr. 2 f.
[5] Vgl. Rdnr. 11.
[6] Vgl. Rdnr. 22.

4. Welche gesetzlichen Vorschriften regeln die Nutzungsüberlassung (Mietrecht, pachtrechtliche Spezialvorschriften)?[7]
5. Liegt ein Mischvertrag vor?[8]
   Wenn ja:
6. Welche rechtlichen Vorgaben sind für den Vertrag (nach der Übergewichtstheorie) maßgeblich?[9]

1. Gegenstand des Pachtvertrags

2   Der Pachtvertrag ist wie der Mietvertrag als Dauerschuldverhältnis[10] angelegt. Er regelt das Recht des Pächters, den Pachtgegenstand für die Dauer der Pachtzeit im vertragsgemäßen Umfang zu nutzen (§ 581 Abs. 1 S. 1 BGB). Im thematischen Rahmen der Gewerberaummiete zielt der Pachtvertrag wegen des Vertragselement der Fruchtziehung[11] typischerweise auf eine gewerbliche Nutzung ab. Nicht gewerblich ausgerichtete Verträge finden sich im Zusammenhang mit der **Kleingartenpacht**,[12] z.T. auch bei der **Jagdpacht**.[13]

3   Die Verpachtung bezieht sich auf einen „**Gegenstand**" im Sinne von § 581 BGB. Pachtgegenstand können **Sachen und Rechte** sowie der Inbegriff von beidem – insbesondere gewerbliche Unternehmungen – sein. Gegenstand von Mietverträgen können nur „Sachen" im Sinne von §§ 90, 535 BGB sein. Der Mietvertrag zielt grundsätzlich nur auf die Gebrauchsgewährung im Sinne von § 535 Abs. 1 S. 1 BGB ab, der Pachtvertrag auch auf den **Genuss der Früchte** im Sinne von §§ 99, 581 Abs. 1 S. 1 BGB.

2. Wesentliche Merkmale der Fruchtziehung

4   Wie bei der Gewerberaummiete hat die Pacht in vielen Fallkomplexen die Überlassung von Räumen zur gewerblichen Nutzung zum Gegenstand.[14] Das zusätzliche Vertragselement der zu gewährleistenden **Fruchtziehung** wird beim Pachtvertrag zuweilen sehr weit verstanden. Danach wird teilweise schon die Überlassung leerer Räume zum Betriebe eines gewerblichen Unternehmens als Pacht und nicht als Miete behandelt.[15] Die daraus folgende Konsequenz, dass es letztlich keine Geschäftsraummiete, sondern nur Geschäftsraumpacht gebe, findet in der h.M. von Rechtsprechung und Literatur aber keine Zustimmung, denn sie ist mit dem Wortlaut des § 581 BGB nicht vereinbar. Die bezeichnete Vorschrift lässt die Überlassung des Gebrauchs eines Gegenstandes gerade nicht genügen, sondern fordert zusätzlich die Gewährung des Fruchtgenusses im Sinne von § 99 BGB. Dementsprechend hat der BGH wiederholt darauf bestanden, dass allein die Überlassung leerer Räume kein Pachtverhältnis begründen kann.[16]

5   Die Definition, welche Verpächterleistungen die Gewährung des Fruchtgenusses ausmachen, unterliegt einer eher fallbezogenen und wenig griffigen Bestimmung. Einigkeit herrscht noch darüber, dass die **Überlassung von Inventar**,[17] welches die Fruchtziehung ermöglichen soll, den typischen Fall der Gewährung des Pachtgebrauchs umschreibt.[18] Die bloße Überlassung von zweckneutralen, d.h. praktisch jedem beliebigen (Miet-)Gebrauch dienenden Sachen etwa im Zusammenhang mit der Energie- und Heizwärmeversorgung

---

[7] Vgl. Rdnr. 18 ff.
[8] Vgl. Rdnr. 20 ff.
[9] Vgl. Rdnr. 21.
[10] Vgl. Palandt/*Grüneberg* § 314 Rdnr. 2.
[11] Vgl. Rdnr. 4 ff.
[12] Vgl. hierzu Palandt/*Weidenkaff* vor § 581 Rdnr. 10.
[13] Vgl. § 77.
[14] Vgl. dazu die Gestaltungsbeispiele in Rdnr. 18 ff.
[15] Vgl. *Voelskow* NJW 1983, 910.
[16] Vgl. BGH ZMR 1969, 206; BGH NJW 1979, 2351; BGH WM 1981, 226; BGH NJW-RR 1991, 906 jew. m.w.N.
[17] Zur Überlassung von Inventar vgl. § 77.
[18] Vgl. nur BGH NJW-RR 1991, 906 m.w.N.

oder mit der Anbindung an bestimmte Kommunikationsmittel, zwingt nach der hier vertretenen Auffassung nicht dazu, dass deshalb schon von einem Pachtvertrag auszugehen wäre, selbst wenn im Vertrag von „Inventar" die Rede ist. Solche Ausstattungsmerkmale haben mit dem Vertragselement der Fruchtziehung nichts oder nur ganz mittelbar und eher zufällig zu tun. Die Bestimmung, welche Rolle das Inventar bei der rechtlichen Einordnung als Pachtvertrag spielt, unterliegt im Einzelnen einigen Unwägbarkeiten. Schon das Reichsgericht hat mehrfach auch in solchen Fällen einen Pachtvertrag angenommen, in denen der Nutzer von Räumen das Inventar nicht mitgepachtet, sondern vom Eigentümer der Räumlichkeiten oder von einem Dritten zu Eigentum erworben hatte.[19]

Der BGH hat sich dem zumindest tendenziell angeschlossen.[20] Für die Charakterisierung als Pachtvertrag sollen danach vor allem **wirtschaftliche Gesichtspunkte** maßgeblich sein.[21] Danach soll wesentlich darauf abgestellt werden, ob zusätzlich zu den Räumlichkeiten andere „Geschäftswerte" überlassen wurden. Dafür soll schon ausreichen, dass für den Geschäftsbetrieb geeignetes Inventar tatsächlich in den Räumen vorhanden ist und der Vertragspartner zu diesem Vorhandensein wesentlich beigetragen hat. Ein solcher Beitrag soll schon darin zu erblicken sein, dass dem Nutzer lediglich eine günstige Bezugsquelle für das Inventar nachgewiesen oder ein günstiger Anschaffungskredit bereitgestellt wurde.[22]

Dieser weit gefassten Pachtdefinition durch die Rechtsprechung lässt sich kritisch entgegen halten, dass dem Überlasser von Räumen bei solchen Konstellationen, bei denen er nicht zugleich das Inventar überlässt, die Ausstattung der Räumlichkeiten zum Zwecke der Fruchtziehung schwerlich als Leistung aus dem die Gebrauchsüberlassung regelnden Vertrag zuzurechnen ist.[23] Die Überlassung von Gerätschaften, die üblicherweise als Inventar dienen, ist denn auch oft Gegenstand gesonderter Verträge, etwa im Rahmen von Leasingverträgen oder Mietverträgen über bewegliche Sachen. Von daher wäre es in der Tat nur ein kleiner Schritt, schon die Überlassung leerer Räume stets als Pacht und nicht als Mietvertrag zu beurteilen.[24] Auch der bloße Nachweis einer Bezugsquelle dürfte sich zumeist nicht als vertragliche Leistung des Überlassungsvertrags darstellen und entstammt selbst als ausdrücklich vertraglich vereinbarte Leistung nicht dem typischen pachtvertraglichen Leistungsgefüge. Die Gewährung eines Anschaffungskredits (§§ 607 ff. BGB) zum Erwerb von Sachen, die einer Fruchtziehung dienen sollen, hat rechtssystematisch ebenfalls weder Nähe zum Mietvertrag noch zum Pachtvertrag. Es erscheint daher eher als gegriffen, wenn die Abgrenzung zwischen beiden Vertragstypen an solchen Gegebenheiten festgemacht wird.

Als anderweitiges Abgrenzungskriterium wird teilweise die Frage danach angeführt, wie die Räume bei Beendigung des Vertragsverhältnisses zurückzugeben sind.[25] Nur dann, wenn für einen Betrieb hergerichtete Räume zurückzugeben seien, soll von einer zur Fruchtziehung geeigneten Pachtsache gesprochen werden können.[26] Denkbar sind jedoch Fälle, in denen Räume leer übergeben werden, der Überlasser nichts zur Beschaffung von Inventar beiträgt und für die Beendigung des Vertragsverhältnisses gleichwohl Absprachen über den Ausschluss eines Wegnahmerechts in bezug auf die zwischenzeitlich vom Nutzer angeschafften Inventarteile getroffen werden. Wenn das Wegnahmerecht gegen eine Entschädigung des Nutzers ausgeschlossen ist, kann der Verbleib des Inventars schwerlich dem pachtvertraglichen Äquivalenzverhältnis zugeordnet werden. Selbst ein entschädigungsloser Ausschluss von Wegnahmerechten kann andere Rechtsgründe haben als eine vom Überlasser gewährte Fruchtziehung.

---

[19] Vgl. RGZ 1991, 310; 114, 243, 244; WarnRspr 1924 Nr. 103; 1926 Nr. 45.
[20] Vgl. BGH NJW-RR 1991, 906 m. w. N.
[21] Zur Nachrangigkeit des Elements der Fruchtziehung bei einem der Erholung dienenden Grundstück vgl. BGH NJW-RR 2009, 21.
[22] Vgl. BGH NJW-RR 1991, 906; OLG München OLGR 1997, 62.
[23] So im Ergebnis auch Bub/Treier/*Reinstorf* I. Rdnr. 18 m. w. N.
[24] So denn auch *Voelskow* NJW 1983, 910; vgl. dazu auch Rdnr. 4.
[25] Vgl. Bub/Treier/*Reinstorf* I. Rdnr. 18.
[26] Vgl. OLG Düsseldorf NJW-RR 1994, 399; Bub/Treier/*Reinstorf* I. Rdnr. 18.

3. Leistungen des Verpächters zur Ermöglichung der Fruchtziehung

9   Da Gegenstand eines Pachtvertrags **Sachen und Rechte** sein können sowie der Inbegriff von beidem kommen vielfältige Leistungspflichten als Verpächterleistungen in Betracht. Wenn ein gewerbliches Unternehmen als solches – d. h. inklusive Know-How, Good-Will, Kunden, Lizenzen usw. – überlassen wird,[27] kommt es für die Annahme eines Pachtvertrags nicht entscheidend darauf an, ob zugleich überlassene Räumlichkeiten auch noch eine dem Unternehmenszweck dienliche Ausstattung (Inventar) aufweisen. Wenn Räume zum Betrieb eines Unternehmens überlassen werden, können die durch dieses Unternehmen erzielten Erträge Früchte des Unternehmens als eines Inbegriffs von Sachen und Rechten sein, ohne dass es noch entscheidend auf eine den Räumlichkeiten und den darin vorhandenen Inventarteilen zuzuordnende Fruchtziehung ankommt.[28] Die Inventarüberlassung ist also nicht zwingendes Merkmal eines Pachtvertrags.[29]

Praxistipp:

10   Für die Einordnung eines Vertrags als Pachtvertrag können ganz unterschiedliche Verpächterleistungen maßgeblich sein. Grundsätzlich können alle Leistungen, die über die bloße Gebrauchsüberlassung von Räumen hinaus gehen und der Fruchtziehung dienen, zur Annahme eines Pachtvertrags führen. Dazu gehören u. a.:
- die Überlassung von Inventar,
- die Überlassung eines bestimmten Geschäftskonzepts,
- die Übernahme eines eingeführten Kundenstamms,
- die Nutzung von Lizenzen, Patenten, Marken und ähnlichen Rechten,
- die Übernahme eines Unternehmens einschließlich aller Nebenrechte (Firma, Know-How, Good-Will usw.)

11   Rechtspraktisch wird die isolierte oder mischvertragliche Überlassung von Rechten oft nicht dem Pachtvertrag unterstellt, sondern speziellen Rechtsgebieten zugeordnet, obwohl die entgeltliche Nutzung von Rechten stets pachtvertraglichen Charakter hat. Dies gilt namentlich für gewerbliche Lizenzen und Schutzrechte (**Patente, Marken, Gebrauchsmuster**), die etwa dem Regelungsbereich des Patentgesetzes, Markengesetzes oder des Gebrauchsmustergesetzes zuzurechnen sind.

4. Die zentralen gesetzlichen Vorschriften

12   Die wichtigste gesetzliche Vorschrift zum Pachtrecht ist in § 581 Abs. 2 BGB enthalten. Danach sind auf den Pachtvertrag, soweit es sich nicht um Landpacht[30] handelt, die **Vorschriften über den Mietvertrag** entsprechend anwendbar. Der enge rechtliche Konnex zwischen der Pacht und dem Recht der Gewerberaummiete ergibt sich dabei aus § 578 BGB. Die Vorschrift des § 578 Abs. 1 BGB regelt die Geltung bestimmter mietrechtlicher Vorschriften, wenn ein **Grundstück** vermietet wird. Die zentrale Verweisungsvorschrift für die Gewerberaummiete und damit auch für die Pacht findet sich § 578 Abs. 2 BGB zu Mietverhältnissen über **Räume, die keine Wohnräume sind.** Danach gelten neben den Bestimmungen, die auch bei der Grundstücksmiete Anwendung finden, die §§ 552 Abs. 1, 554 Abs. 1 bis 4, 569 Abs. 2 BGB entsprechend. Außerdem findet § 569 Abs. 1 BGB entsprechende Anwendung, wenn Räume vermietet werden, die zum Aufenthalt von Menschen bestimmt sind. In den Bestimmungen, die in § 578 BGB ausdrücklich benannt sind, erschöpft sich der Katalog der auf die Pacht anwendbaren Vorschriften jedoch nicht, denn die Vorschrift regelt

---

[27] Zu einzelnen Typen des Pachtvertrags und zur Abgrenzung zu anderen Vertragsverhältnissen vgl. Palandt/*Weidenkaff* Einf. vor § 581 Rdnr. 3 ff.; vgl. dazu auch Rdnr. 18 ff.
[28] So auch BGH NJW-RR 1991, 906 m. w. N.
[29] Vgl. OLG Düsseldorf Urt. v. 8. 7. 2008 – I – 24 U 151/07 – juris, zur Anpachtung eines Hotels, dessen Inventar verliehen worden war.
[30] Vgl. § 78.

lediglich die entsprechende Geltung einiger Bestimmungen, die an sich nur die Wohnraummiete betreffen (§§ 549 ff. BGB). Die mietrechtlichen Vorschriften, die ohnehin für alle Mietverträge gelten (§§ 535 ff. BGB), finden auch bei der Pacht Anwendung.

Wegen der engen rechtlichen Verzahnung von (Gewerberaum-) Mietrecht und Pacht ist eine Feinabgrenzung von Miete und Pacht in der Praxis weitgehend entbehrlich. So wird denn auch begrifflich und vertragstechnisch oft nicht sauber zwischen beiden Vertragstypen unterschieden. Die Bezeichnung des Vertragstypus durch die Vertragsparteien ist zumeist auch nicht (etwa im Sinne einer Rechtswahl) maßgeblich, wenngleich sie auf den gewollten Vertragszweck hindeuten kann.[31]

Das Gesetz regelt nur in beschränktem Umfang abweichende **pachtrechtliche Sonderbestimmungen** gegenüber dem Mietvertragsrecht:
- §§ 582–583 a BGB enthalten Regelungen in Bezug auf das Inventar.[32]
- § 584 BGB bestimmt, dass die Kündigung mangels anderweitiger Festlegung der Pachtzeit nur zum Schluss des Pachtjahres zulässig ist.
- § 584 a BGB regelt den Ausschluss von Kündigungsrechten aus § 540 Abs. 1 BGB (für den Pächter) und aus § 580 BGB (für den Verpächter).
- § 584 b BGB verhält sich zu den Rechtsfolgen bei verspäteter Rückgabe des Pachtgegenstands und trägt dem (aus der Landpacht herrührenden) pachttypischen Umstand Rechnung, dass die Nutzungen im Verlauf eines Pachtjahres unterschiedlich zu bewerten sein können.

Die Bestimmungen der §§ 584–584 b BGB sind mit Ausnahme von § 583 a BGB[33] abdingbar. Wenn davon (meist zugunsten der mietrechtlichen Vorschriften) Gebrauch gemacht wird, ergibt sich zwischen Pacht und Gewerberaummiete vertragstechnisch eine nahezu komplette rechtliche Deckungsgleichheit.

> **Praxistipp:**
> Eine genaue Abgrenzung zwischen Mietrecht und Pachtrecht ist zumeist entbehrlich. Dies gilt insbesondere dann, wenn bei der Vertragsgestaltung auf eine rechtliche Angleichung an die mietrechtlichen Vorgaben hingewirkt wird. Die pachtrechtlichen Sondervorschriften der §§ 582 ff. BGB sind weitgehend abdingbar.

5. Schriftform

Zur Schriftform beim Pachtvertrag sind zunächst die zum Mietvertrag geltenden Grundsätze entsprechend anzuwenden (§§ 581 Abs. 2, 550, 578 BGB).[34] Gaststättenpachtverträge unterliegen außerdem gemäß § 34 S. 1 GWB der Schriftform, wenn sie den Wettbewerb – insbesondere im Sinne von § 18 GWB – einschränken. Das kann namentlich bei Bezugsverpflichtungen des Pächters der Fall sein.[35] Das Schriftformerfordernis erfasst auch alle Nebenabreden, die für eine kartellrechtliche Überprüfung erheblich sein können.[36] Bei Nichtbeachtung der Schriftform tritt die Nichtigkeitsfolge aus § 125 BGB nur dann nicht ein, wenn der Vertrag auch ohne die Vorschriften, welche das Schriftformerfordernis begründen, zustande gekommen wäre (vgl. § 139 BGB). Das wird nicht angenommen werden können, wenn die wettbewerbsrelevanten (Bezugs-)Verpflichtungen im Mittelpunkt der wirtschaftlichen Interessen des Vermieters/-pächters stehen.[37]

---

[31] Vgl. Bub/Treier/Reinstorf I. Rdnr. 12.
[32] Vgl. dazu eingehender § 76.
[33] Vgl. Palandt/*Weidenkaff* § 583 a Rdnr. 3.
[34] Zur Schriftform bei der Gewerberaummiete vgl. § 47; zum Pachtvertrag vgl. BGH Urt. v. 17. 12. 2008 – XI ZR 57/07, juris; OLG Düsseldorf Grundeigentum 2009, 841.
[35] Vgl. dazu § 69 Rdnr. 125 ff.
[36] Vgl. BGH MDR 1992, 1123; BGHZ 54, 145.
[37] Vgl. OLG Köln MDR 1997, 32 zur Teilnichtigkeit im Rahmen des früheren VerbrKrG.

II. Pachtrechtliche Vertragstypen

1. Durchlässigkeit zwischen Miet- und Pachtrecht

18 Aus dem rechtlichen Charakter des Pachtvertrags[38] und der engen rechtlichen Verwandtschaft zwischen Miete und Pacht[39] folgt, dass praktisch jeder beliebige Mietvertrag dadurch zum Pachtvertrag werden kann, dass zur bloßen Gebrauchsüberlassung von Grundstücken oder Räumen ein Element der Fruchtziehung hinzutritt.

19 Es gibt es aber eine Reihe von klassischen Vertragstypen, denen das Element der Fruchtziehung regelmäßig innewohnt. Dazu gehören:
- die **Landpacht** mit den Sonderfällen der **Jagd- und Fischereipacht**,[40]
- die **Unternehmenspacht**,[41]
- Pachtverträge über **Gaststätten** und **Hotels**.[42]

2. Mischverträge

20 a) **Mischmiet-/pachtvertrag.** Ein Mischmietvertrag regelt die Gebrauchsüberlassung von Räumen, die keinem einheitlichen Gebrauchszweck dienen, sondern vertragsgemäß **teilweise zu Wohnzwecken und teilweise zu gewerblichen Zwecken** genutzt werden. Ein solcher Mischvertrag ist einheitlich als Mietvertrag ausgestaltet, weshalb er zu unterscheiden ist von anderen Mischverträgen, bei denen eine Kombination zwischen Mietvertrag und anderen schuldrechtlichen Vertragstypen vorliegt.[43] Zum Pachtvertrag wird ein solcher Mischvertrag, wenn zur Gebrauchsüberlassung pachtvertragliche Elemente (der Fruchtziehung) hinzutreten.[44]

21 Ob ein Vertrag als Wohnraummietverhältnis oder als gewerbliches Pachtverhältnis einzuordnen ist, bestimmt sich gemäß der herrschenden **Übergewichtstheorie** maßgeblich danach, welcher Gebrauchs- und Vertragszweck überwiegt.[45] Eine getrennte rechtliche Behandlung der unterschiedlichen Funktions- und Nutzungsbereiche (Wohnen einerseits und Gewerbeausübung andererseits) kommt grundsätzlich nicht in Betracht. Nur dann, wenn lediglich formal ein einheitlicher Vertrag vorliegt, bei dem die Zusammenfassung nur aus technischen Gründen oder ohne besondere Absicht (zufällig) erfolgte, und wenn das Mietobjekt wirtschaftlich teilbar ist, können die jeweils einschlägigen Rechtsvorschriften gesonderte Geltung für die betreffenden Vertragsteile finden.[46] Wegen der näheren Einzelheiten zur rechtlichen Behandlung von Mischmietverträgen wird auf § 44[47] sowie auf die eingehende Behandlung der Gaststätten- und Hotelpacht in § 69 verwiesen.[48]

22 b) **Mischverträge anderer Art.** Wie bei der Gewerberaummiete ergeben sich auch bei der Pacht vielfältige rechtliche Überschneidungen zu Vertragstypen mit miet- und pachtrechtlichem Einschlag. Solchen Verträgen liegt eine Kombination von miet- bzw. pachtvertraglichen Komponenten und anderen schuldrechtlichen Vertragstypen zugrunde. Daneben wird auch dann von gemischten bzw. verbundenen Verträgen gesprochen, wenn unterschiedliche schuldrechtliche Vertragstypen zu ganz speziellen Vertragskonstellationen verschmelzen (sog. Typenverschmelzungsverträge).[49] Solche Mischverträge beurteilen sich grundsätzlich nach dem Recht, das der nach dem Vertrag zu erbringenden wesentlichen Leistung ent-

---

[38] Vgl. Rdnr. 2 ff.
[39] Vgl. Rdnr. 2 ff., 18 f.
[40] Vgl. dazu im Einzelnen § 77.
[41] Vgl. dazu im Einzelnen § 78.
[42] Vgl. dazu im Einzelnen § 69 Rdnr. 101 ff.
[43] Vgl. dazu § 44 Rdnr. 37 ff.
[44] Vgl. dazu Rdnr. 4 ff.
[45] Vgl. BGH MDR 1986, 842; BGH NJW 1977, 1394; MDR 1979, 395; OLG Hamm ZMR 1986, 11; OLG München ZMR 1995, 295; OLG Schleswig NJW 1983, 49 f. m. w. N.
[46] Vgl. LG Mannheim MDR 1968, 328; ZMR 1974, 48.
[47] Vgl. dort Rdnr. 21 ff.
[48] Vgl. dort Rdnr. 101 ff.
[49] Vgl. Palandt/*Weidenkaff* vor § 535 Rdnr. 29 ff.

spricht.⁵⁰ Pachtvertragliche Grundsätze sind danach maßgeblich, wenn die Leistungen, die dem Vertrag das eigentliche Gepräge geben, in einer entgeltlichen Gebrauchsüberlassung bestehen und pachtvertragliche Elemente hinzutreten.⁵¹ Auch insoweit kann hinsichtlich der weiteren rechtlichen Einordnung und zur Abgrenzung unterschiedlicher Vertragstypen auf die Ausführungen zur Gewerberaummiete und die in § 44 dargestellten Vertragstypen verwiesen werden.⁵²

3. Die den Hauptpachtvertrag vorbereitenden Verträge

Die vertraglichen Vereinbarungen, die den Hauptpachtvertrag vorbereiten, sind ebenfalls 23 entsprechend den zur Gewerberaummiete geltenden Grundsätzen zu beurteilen. In Anlehnung an die mietrechtliche Terminologie können insoweit das **Anpachtrecht** (Vorhand), der **Pachtvorvertrag,** das **Vorpachtrecht** und die **Pachtbegründungsoption** unterschieden werden. Zur rechtlichen Behandlung dieser Vertragstypen gelten die Ausführungen in § 44 entsprechend.⁵³

III. Voraussetzungen und Grenzen pachtvertraglicher Nutzungsüberlassung

1. Zulassungserfordernisse und gesetzliche Nutzungshindernisse

Grundsätzlich können auch **freiberuflich genutzte Objekte** Gegenstand von Pachtverträ- 24 gen sein. Pachtvertraglichen Charakter kann die Gebrauchsüberlassung von gewerblich genutzten Räumen dadurch bekommen, dass zusätzlich berufsspezifisches Inventar (z. B. ärztliche Behandlungsgeräte für den Betrieb einer Arztpraxis)⁵⁴ überlassen wird. Wenn ein Betrieb als solcher, d. h. als gewerbliches Unternehmen überlassen wird, handelt es sich um **Unternehmenspacht**.⁵⁵ Die Ausübung des betreffenden Gewerbes unterliegt dann oft berufsspezifischen **Zulassungserfordernissen** (z. B. Konzessionen, ordnungsbehördlichen Verboten und Auflagen oder gesetzlichen Beschränkungen). Freiberufliche Unternehmen können in diesem Rahmen nur dann pachtvertraglich übernommen werden, wenn diesen Erfordernissen genügt wird, indem etwa eine Arztpraxis als Ganzes nur durch einen zugelassenen Arzt fortgeführt werden kann. Eine entsprechende Handhabung ergibt sich bei den Berufsgruppen mit entsprechenden Zulassungsvoraussetzungen (Rechtsanwälten, Steuerberatern usw.).

Eine noch restriktivere Behandlung erfährt die nach § 9 ApothG grundsätzlich untersagte 25 **Apothekenpacht**.⁵⁶ Die Erfordernisse bei der Versorgung der Bevölkerung mit Arzneimitteln und die Kontrollbedürfnisse für dieses Marktsegment stehen einer freien Unternehmenspacht entgegen.⁵⁷ Nach § 8 S. 2 ApothG sind auch Vereinbarungen über eine **Umsatz-** oder **Gewinnbeteiligung** an Apotheken ebenso wenig zulässig wie die Begründung stiller Beteiligungen.⁵⁸

2. Öffentlich-rechtliche Auflagen, Gebote und Verbote

Im Bereich des Pachtrechts überlagern wie auch im sonstigen Bereich gewerblicher Ge- 26 brauchsüberlassung vielfältige Vorschriften aus der **Gewerbeordnung**, aus speziellen Rechtsvorschriften für einzelne Gewerbezweige (z. B. der **Apothekenbetriebsordnung**, der **WarenhausVO** oder dem **Gaststättengesetz**)⁵⁹ sowie aus **berufs- und standesrechtlichen Vorschrif-**

---

⁵⁰ Vgl. nur Palandt/*Weidenkaff* vor § 535 Rdnr. 36 m. w. N.
⁵¹ Vgl. Rdnr. 2 ff.
⁵² Vgl. § 44 Rdnr. 37 ff.
⁵³ Vgl. § 44 Rdnr. 49 ff.
⁵⁴ Zur Anmietung von Praxisräumen vgl. im Einzelnen § 69 Rdnr. 155 ff.
⁵⁵ Vgl. § 78.
⁵⁶ Vgl. *Saalfrank* NZM 2001, 971; *Geldmacher* DWW 1999, 109; Palandt/*Weidenkaff* vor § 581 Rdnr. 19 m. w. N.
⁵⁷ Zu Umgehungsgeschäften vgl. BGH NJW-RR 1998, 803.
⁵⁸ Vgl. BGH NJW 1997, 3091; 2004, 1523.
⁵⁹ Zu den Konzessionsvoraussetzungen beim Betrieb von Gaststätten vgl. etwa § 69 Rdnr. 120 ff.

ten (z. B. für Rechtsanwälte, Notare, Ärzte, Steuerberater, Apotheker usw.) die miet- und pachtrechtlichen Vorgaben. Die zur Gewerberaummiete entwickelten Grundsätze (vgl. § 44)[60] gelten auch für die Pacht.

27 Im laufenden Pachtverhältnis stellen öffentlich-rechtliche Gebrauchshindernisse und -beschränkungen, die dem vertragsgemäßen Gebrauch entgegenstehen, grundsätzlich einen Fehler – einen **Sachmangel** – der Pachtsache dar, wenn sie mit der Beschaffenheit des Pachtgegenstands zusammenhängen und nicht in persönlichen oder betrieblichen Umständen des Pächters ihre Ursache haben.[61] Soweit Rechte zur Nutzung überlassen sind, kann ein **Rechtsmangel** vorliegen. Defizite, die allein in der beruflichen Qualifikation oder der persönlichen Zuverlässigkeit des Pächters begründet sind und etwa zur Versagung einer Konzession oder beruflichen Zulassung führen, stellen danach keinen Sachmangel dar. Gegenüber dem Regelungsbereich der Gewerberaummiete ergeben sich insoweit keine grundlegenden Besonderheiten, weshalb auch insoweit auf die Darstellung in § 44 verwiesen werden kann.[62]

28 Stehen dem vertragsgemäßen Gebrauch rechtliche oder tatsächliche Hindernisse entgegen, muss der Verpächter ggf. darauf hinweisen. Grundsätzlich besteht eine **Aufklärungspflicht des Verpächters** nur in Bezug auf solche Umstände, die den vom Partner verfolgten Vertragszweck vereiteln können und für dessen Vertragsentschluss von wesentlicher Bedeutung sind.[63] Andernfalls kommt eine Arglistanfechtung nach § 123 BGB in Betracht. Der Rechtsanwalt, der den Verpächter bei Abschluß eines Pachtvertrages berät bzw. vertritt, muss zur Vermeidung von Regressforderungen prüfen, ob der vereinbarte Vertragszweck erreichbar ist.[64] Wenn der Verpächter bestimmte Nutzungsaspekte ausschließen will, muss dies im Vertrag eindeutig klargestellt werden. Je allgemeiner der Vertragszweck im Vertrag umschrieben ist, desto freier ist der Pächter im Rahmen der zulässigen Nutzung[65] und desto weiter können die Bereitstellungspflichten des Verpächters gefasst sein.

---

[60] Vgl. dort Rdnr. 14 ff.
[61] Vgl. BGH ZMR 1994, 253; BGH NJW 1988, 2664; BGH MDR 1985, 340; OLG Celle OLGR 1999, 283; OLG München OLGR 1995, 205; Bub/Treier/*Kraemer* III. B. Rdnr. 1345 ff.; *Wolf/Eckert/Ball* Rdnr. 246 ff.; zur Kündbarkeit eines auflösend bedingten Pachtvertrags („bis zur behördlichen Untersagung") vgl. BGH NZM 2009, 433; Anm. dazu: NJW-Spezial 2009, 392.
[62] Vgl. § 44 Rdnr. 14 ff.
[63] Vgl. BGH NJW-RR 1988, 1290; BGH NJW-RR 1990, 847.
[64] Vgl. BGH NJW-RR 1988, 1290; BGH NJW-RR 1990, 847.
[65] Vgl. BGH MDR 1997, 100.

§ 76 Überlassung von Inventar

Übersicht

	Rdnr.
1. Inventar als pachtvertragliches Merkmal der Fruchtziehung	1–3
2. Die zentralen gesetzlichen Vorschriften zum Inventar	4–12
a) Erhaltungs- und Ersetzungspflichten	4–6
b) Inventarübernahme zum Schätzwert	7–9
c) Vertraglicher Ausschluss von Wertausgleich und Wegnahmerechten	10–12
3. Veräußerung von Inventar durch den Pächter	13
4. Übernahme und Rückgabe des Inventars	14–20
a) Besitzverschaffung	14–16
b) Dokumentation des übernommenen und zurückgegebenen Inventars ..	17/18
c) Wahrung der Schriftform (§ 550 BGB) bei der Inventarliste	19/20
5. Inventarkauf	21–26
a) Schriftform und notarielle Beurkundung	22/23
b) Wiederkauf	24
c) Inventarkauf im Rahmen von (Bier-)Bezugsverpflichtungen	25/26
6. Inventarleasing	27/28

Schrifttum: *Bub/Treier*, Handbuch der Geschäfts- und Wohnraummiete, 3. Aufl.; *Fritz*, Gewerberaummietrecht, 4. Aufl. 2004; *Lindner-Figura/Opré/Stellmann*, Geschäftsraummiete, 2005; *Nies/Gies*, Beck'sches Formularbuch Mietrecht, 2. Aufl. 2007; *Paulusch*, Höchstrichterliche Rechtsprechung zum Brauerei- und Gaststättenrecht, 9. Aufl.; *Schmidt-Futterer*, Mietrecht, 9. Aufl.

1. Inventar als pachtvertragliches Merkmal der Fruchtziehung

Zur Bedeutung des **Inventars** als einem wesentlichem **Abgrenzungskriterium** zwischen Miete und Pacht vgl. zunächst die Ausführungen in § 76.[1] Unter dem Begriff Inventar versteht man Sachen, die in räumlichem und funktionalem Zusammenhang mit den verpachteten Räumlichkeiten oder dem verpachteten Grundstück stehen und dazu dienen, die Pachtsache dem vertragsgemäßen wirtschaftlichen Zweck entsprechend zu nutzen. 1

Zum Inventar gehören nicht nur das **Zubehör** im Sinne von § 97 BGB, sondern auch weitere Ausstattungsgegenstände, ohne dass es auf das Eigentum an diesen Sachen ankäme.[2] Von daher können insbesondere auch Sachen, die der Verpächter seinerseits gemietet, geleast oder entliehen hat, zum Inventar gehören. Die rechtliche Einordnung als Inventar hängt davon ab, ob der Pachtvertrag die Überlassung und Nutzung von Sachen zusätzlich zur Überlassung von Grundstücken oder Räumen regelt (vgl. § 582 Abs. 1 BGB). Davon zu unterscheiden ist der Inventarkauf, bei dem der Pächter Inventarteile zu Eigentum erwirbt.[3] Die Überlassung von Räumlichkeiten mit Inventar kennzeichnet den häufigsten Fall der Pacht.[4] Hierzu können Großinventar (Produktionsanlagen, Maschinen usw.) wie auch das Kleininventar einschließlich Mobiliar gehören. 2

Die Frage, ob die zusätzliche Gebrauchsüberlassung von Sachen zu der Annahme führt, dass anstelle eines Mietvertrags ein Pachtvertrag im Sinne von §§ 581 ff. BGB vorliegt, kann im Einzelfall zu Abgrenzungsschwierigkeiten führen, denn auch viele gewerbliche Mietobjekte sind mit Zubehörteilen und sonstigen Gerätschaften versehen, die vom Mieter genutzt werden können. Insoweit ist nach diesseitiger Auffassung eine funktionale Zuordnung veranlasst. Wenn die mit überlassenen Sachen nicht dem eigentlichen wirtschaftlichen Nutzungszweck und insbesondere nicht der Fruchtziehung durch den Mieter dienen,[5] wird im Zweifel von einem Mietvertrag auszugehen sein, auch wenn die zusätzlich überlassenen Sa- 3

---

[1] Vgl. dort Rdnr. 2 ff.
[2] Vgl. Palandt/*Weidenkaff* § 582 Rdnr. 2 m. w. N.
[3] Vgl. dazu Rdnr. 21 ff.
[4] Vgl. BGH WuM 1991, 335; Brandenb. OLG Urt. v. 2. 4. 2008 – 3 U 80/07 – zitiert nach Juris.
[5] Zur Fruchtziehung vgl. § 76 Rdnr. 4 ff.

chen im Vertrag als „Inventar" bezeichnet sind. Eine ganz spezifische Abgrenzung zwischen gewerblichem Mietvertrag und Pachtvertrag ist in den meisten Fällen ohnehin entbehrlich.[6]

2. Die zentralen gesetzlichen Vorschriften zum Inventar

4   a) **Erhaltungs- und Ersetzungspflichten.** Die pachtgesetzlichen Vorgaben zum Inventar unterscheiden sich erheblich von den mietrechtlichen Vorschriften. Wenn Inventar mit verpachtet wird, obliegt dem Pächter gemäß § 582 Abs. 1 BGB die Erhaltung des mit verpachteten Inventars. Fehlende Gegenstände hat der Pächter bei Vertragsbeendigung grundsätzlich zu ersetzen. § 535 Abs. 1 S. 2 BGB geht demgegenüber von der Erhaltungspflicht des Vermieters aus. Nach § 582 Abs. 2 BGB hat allerdings der Verpächter Inventarstücke zu ersetzen, wenn sich das Inventar durch vom Pächter nicht zu vertretende Umstände verringert hat. Diese gesetzliche Ausgestaltung der Erhaltungspflicht, die wegen der unterschiedlichen Zuständigkeiten und der Gefahr von Abgrenzungsschwierigkeiten konfliktträchtig ist, kann vertraglich abbedungen werden.[7] Schon aus praktischen Gründen empfiehlt sich bei der Vertragsgestaltung eine weitgehende Abwälzung auch der Ersetzungspflicht auf den Pächter, um den unterschiedlichen Zuständigkeiten zu entgehen.

5   In der gewerblichen Rechtspraxis herrscht ohnehin die Tendenz zur Verwendung von Klauseln, mit denen die **Erhaltungs- und Instandsetzungspflichten** möglichst weit reichend auf den Mieter/Pächter abgewälzt werden sollen. Da sog. Erhaltungs- und Ersetzungsklauseln zum Nachteil eines Mieters/Pächters grundsätzlich restriktiv auszulegen sind,[8] müssen diejenigen Herstellungs- und Erhaltungspflichten, die der Verpächter (zusätzlich zu den gesetzlichen Pflichten) auf den Pächter abwälzen will, ausdrücklich und eindeutig festgelegt sein. Die Wirksamkeit einer vollständigen formularmäßigen Abwälzung der Pflichten aus § 535 Abs. 1 BGB steht auch im gesamten Bereich gewerblicher Gebrauchsüberlassung in Frage. Teilweise ist von überraschenden Klauseln im Sinne des früheren § 3 AGBG (jetzt: § 305 c Abs. 1 BGB) ausgegangen worden;[9] teilweise wurde ein Verstoß gegen § 9 AGBG (jetzt: § 307 BGB) angenommen.[10] Die Abwälzung findet im Zweifel da ihre Angemessenheitsgrenzen, wo die Pflichtenabwälzung zugunsten des Vermieters zum **Übergang der Sachgefahr** auf den Mieter/Pächter führt und diesen mit einem nicht mehr absehbaren Kostenrisiko belastet.[11] Als wesentlicher Orientierungspunkt für den Kernbereich der nicht abwälzbaren Vermieterpflichten kann die **Erhaltung der Grundsubstanz** dienen.[12]

6   Bei der Erhaltung und Ersetzung von Inventar ist (im Vergleich zur gewerblichen Miete) eine Pflichtenabwälzung auf den Pächter im Zweifel erweitert zulässig, weil schon das gesetzliche Leitbild von der Erhaltungspflicht des Pächters ausgeht. Außerdem obliegt dem Pächter ohnehin eine **Obhutspflicht** für die gepachteten Gegenstände und damit auch für das Inventar. Er hat daher z.B. die Pflicht, wasserführende Rohre vor dem Einfrieren und einem anschließenden „Platzen" beim Wiederauftauen zu bewahren.[13] Eine weit reichende Abwälzung auch der Ersetzungspflichten erscheint vor diesem Hintergrund in erweitertem Umfang als möglich. Dies gilt um so eher, wenn die betreffenden Inventarteile örtlich und funktional dem unmittelbaren Pachtgebrauch unterfallen und der Abnutzung, dem Verschleiß oder einer durch den Pachtgebrauch beschleunigten Alterung unterliegen. So können beispielsweise bei der Verpachtung einer Gaststätte wesentliche Teile des Inventars einem hohen Verschleiß unterliegen (Gläser, Teller, Tischwäsche usw.). Dies rechtfertigt eine weitgehende Abwälzung der Erhaltungspflichten auf den Pächter.[14]

---

[6] Vgl. dazu § 75 Rdnr. 12 ff., 18 f.
[7] Vgl. Palandt/*Weidenkaff* § 582 Rdnr. 4.
[8] Vgl. BGH WuM 1992, 355.
[9] Vgl. BGH NJW 1977, 195.
[10] Vgl. OLG Dresden NJW-RR 1997, 395.
[11] Vgl. OLG Sachsen-Anhalt NJW-RR 2000, 823 m.w.N.; *Wolf/Eckert/Ball* Rdnr. 351 ff. m.w.N.
[12] Zu den Grenzen der Pflichtenabwälzung vgl. *Stopenhorst* NZM 2007, 17.
[13] Vgl. BGH NJW 1983, 1049; OLG Düsseldorf OLGR 2001, 177.
[14] Zu den Schranken der Vertragsgestaltung, soweit auch ein Wertausgleich und ein Wegnahmerecht des Pächters ausgeschlossen sein sollen, vgl. Rdnr. 10 ff.

b) Inventarübernahme zum Schätzwert. Weitere Sonderregelungen finden sich in § 582a 7
BGB zum sog. „eisernen Inventar", das zum Schätzwert übernommen wird. Unter dem
eisernen Inventar versteht man das bereits bei Pachtbeginn zur Nutzung (nicht durch Kauf)
übernommene Inventar,[15] also nicht während laufender Pachtzeit überlassenes oder vom
Pächter angeschafftes Inventar. Solche Inventarteile hat gemäß § 582a Abs. 2 BGB der Pächter zu erhalten und zu ersetzen. Vom Pächter angeschafftes Inventar wird mit seiner Einverleibung in den Pachtbetrieb Eigentum des Verpächters. Bei Beendigung des Pachtverhältnisses hat der Pächter das vorhandene Inventar an den Verpächter herauszugeben, wobei
§ 582a Abs. 2 S. 2 BGB ein Ablehnungsrecht des Verpächters für überflüssiges oder besonders wertvolles Inventar regelt.

Hinsichtlich etwaiger Wertunterschiede zwischen übernommenem und zurück zu gewäh- 8
rendem Inventar findet gemäß § 582a Abs. 3 S. 3 und 4 BGB ein **Wertausgleich** statt, der je
nach Ausschlag der Wertdifferenz den Verpächter oder den Pächter begünstigen kann. Die
Vertragsparteien sind frei darin, von vornherein Vereinbarungen zu treffen, die vom – abdingbaren – § 582a BGB abweichen. Da die Schätzwertmethode den Streit über Wertdifferenzen geradezu indiziert und – zumindest bei größeren Betrieben – eine Wertveranschlagung regelmäßig die Einholung eines **Schiedsgutachtens** oder eines gerichtlichen Gutachtens
erfordert, sollte die Inventarübernahme zum Schätzwert bei der Vertragsgestaltung wohl
überdacht sein.

Formulierungsvorschlag:

(......) Die Erhaltung und Instandsetzung sämtlichen Inventars obliegt dem Pächter, der auch die 9
Gefahr die Gefahr des zufälligen Untergangs und der zufälligen Verschlechterung des Inventars
trägt. Der Pächter hat das Inventar laufend in dem Zustand zu erhalten und in dem Umfang laufend zu ersetzen, der den Regeln einer ordnungsgemäßen Bewirtschaftung entspricht. Die vom
Pächter als Ersatz für abgenutztes, beschädigtes oder untergegangenes Inventar angeschafften Stücke werden mit der Einverleibung in das Inventar Eigentum des Verpächters.

(......) Bei Beendigung des Pachtverhältnisses hat der Pächter das Inventar in vertragsgemäßem
Zustand herauszugeben. Für fehlende, beschädigte und solche Inventarteile, deren Gebrauchstauglichkeit durch Abnutzung oder Überalterung für eine ordnungsgemäße Bewirtschaftung nach
der Verkehrsanschauung als aufgehoben zu gelten hat, ist vom Pächter Wertersatz zu leisten.

(......) Ein Wertausgleich wegen der vom Pächter getätigten Aufwendungen zur Erhaltung, Instandsetzung und Ergänzung des Inventars findet zugunsten des Pächters nicht statt.

c) Vertraglicher Ausschluss von Wertausgleich oder Wegnahmerechten. Ein Ausschluss 10
jeglichen Wertausgleichs oder Wegnahmerechts des Pächters, wie er in § 582a Abs. 3 S. 3
BGB gesetzlich vorgesehen ist, wird indessen – zumindest formularmäßig – nicht für alle
Fallgestaltungen in Betracht kommen, wenn dem Pächter (etwa entsprechend dem vorstehenden Formulierungsvorschlag) sämtliche Erhaltungs- und Ersetzungspflichten überbürdet
werden. Wenn dem Pächter auch die Erhaltung, Instandsetzung und Ersetzung von solchen
Inventarteilen überantwortet wird, die besonders wertvoll sind, kann sich der Ausschluss
jeglichen Ausgleichs als unangemessen im Sinne von § 307 BGB darstellen, weil eine wesentliche Abweichung vom gesetzlichen Leitbild vorliegt (§ 307 Abs. 2 Nr. 1 BGB) und/oder
weil das vertragliche Äquivalenzverhältnis zum Nachteil einer Partei erheblich gestört ist.[16]
Dies kann insbesondere dann gelten, wenn die betreffenden Inventarteile bei Pachtbeginn
bereits in altem oder erheblich abgenutztem Zustand übergeben worden waren oder wenn
nach erfolgter Anschaffung einer neuen Anlage (Austausch) nur noch eine kurze Restpachtzeit verbleibt.

Die Grundsätze, die zum entschädigungslosen Ausschluss eines Wegnahmerechts des Mie- 11
ters/Pächters bei Beendigung des Vertragsverhältnisses gelten, werden insoweit auch auf den

---

[15] Vgl. Palandt/*Weidenkaff* § 582a Rdnr. 3.
[16] Vgl. dazu BGHZ 90, 280; 120, 108; 106, 263 BGH NJW 2000, 1110.

Ausschluss eines Wertausgleichs entsprechend heran zu ziehen sein Der vertragliche Ausschluss des Wegnahmerechts ist zwar für den kaufmännischen Bereich selbst dann grundsätzlich als möglich angesehen worden, wenn der Mieter ohne Entschädigung bleiben soll.[17] In Rechtsprechung und Literatur sind solche Klauseln aber unter verschiedenen Gesichtspunkten als letztlich nicht verbindlich behandelt worden. Teilweise sind gegen einen formularmäßigen Ausschluss Bedenken aus § 11 Nr. 6 AGBG (jetzt: § 309 Nr. 6 BGB) sowie aus § 10 Nr. 7a AGBG (jetzt: § 308 Nr. 7a BGB) angemeldet worden.[18] Teilweise wird von sittenwidrigen Regelungen im Sinne von § 138 BGB ausgegangen,[19] teilweise von einer rechtsmissbräuchlichen Berufung (§ 242 BGB) auf entsprechende Klauseln.[20] Bei vorzeitiger Auflösung eines Mietvertrags werden auch Bereicherungsansprüche des an sich entschädigungslosen Mieters bejaht.[21] Der Ausschluss solcher Bereicherungsansprüche wird wiederum als Verfallklausel nach den Grundsätzen zur Vertragsstrafe beurteilt.[22] Da diese Kasuistik im Einzelnen kaum noch überschaubar und abgrenzbar ist, sollte ein entschädigungsloser Ausschluss eines Wertausgleichs oder Wegnahmerechts nur dann unverändert übernommen werden, wenn Unbilligkeiten zum Nachteil des Pächters ausgeschlossen sind.

Formulierungsvorschlag (Wertausgleich bei der Gaststättenpacht):

12 (......) Ein Wertausgleich zugunsten des Pächters findet nur hinsichtlich
der Klimaanlage für den Gastraum,
der Bierkühlungsanlage,
......
statt, und zwar nur dann, wenn der Pächter diese Anlage(n) in den letzten ...... Jahren vor Beendigung des Pachtverhältnisses durch eine neue oder neuwertige Anlage ersetzt hat, und nur in dem Umfang, in dem sich gegenüber der bei Pachtbeginn gemäß dem Übergabeprotokoll vorhandenen und bei Pachtbeginn ...... Jahre alten Anlage in merkantiler und/oder technischer Hinsicht eine Wertsteigerung von mehr als 20% ergibt.

3. Veräußerung von Inventar durch den Pächter

13 Wenn der Pächter zur Pachtsache gehörendes Inventar veräußert, kann sich die Frage nach einem **gutgläubigen Erwerb** i. S. v. § 932 BGB i. V. m. § 929 BGB oder § 930 BGB (Erwerb mit Besitzerlangung vgl. § 929 S. 1 i. V. m. § 936 Abs. 1 BGB) stellen. Dies gilt sowohl für den Fall, dass der Verpächter Eigentümer des Inventars ist, als auch für den Fall eines bestehenden Verpächterpfandrechts am Inventar (§§ 581 Abs. 2, 562 BGB). Der lastenfreie Erwerb scheitert aber oft an der fehlenden Gutgläubigkeit des Erwerbers, denn nach der Rechtsprechung kommt ein gutgläubiger lastenfreier Erwerb nur in Betracht, wenn sich der Erwerber nach einem etwaigen Pfandrecht erkundigt hat.[23] Ist bei Abschluss eines Erwerbsgeschäfts bekannt, dass die zu erwerbende Sache trotz Beendigung ihrer Nutzung durch den Verkäufer (Pächter) an ihrem früheren, vom Verkäufer gemieteten Standort verblieben ist, muss sich dem Erwerber der Schluss aufdrängen, dass dies auf einem die Räumung hindernden Recht des Vermieters/Verpächters beruht. In dieser Situation ist es Sache des Erwerbers sich beim Verpächter nach den Gründen des fortdauernden Verbleibs zu erkundigen. Diese Tatsachenkenntnis begründet beim Erwerber ein Wissen, das seine Bösgläubigkeit hinsichtlich des Verpächterrechts indiziert. Bei diesen Gegebenheiten muss der Erwerber nur dann nicht vom Vorliegen eines Pfandrechts ausgehen, wenn sonstige Umstände die Annahme rechtfertigen, dass ein Pfandrecht im konkreten Fall (ausnahmsweise) nicht auf den

---

[17] Vgl. BGH NJW 1968, 1625; BGH NJW 1958, 2109.
[18] Vgl. MünchKommBGB/*Schilling* § 539 Rdnr. 20; *Sternel* IV. Rdnr. 625.
[19] Vgl. LG Hamburg ZMR 1968, 89; MünchKommBGB/*Schilling* § 539 Rdnr. 20.
[20] Vgl. Soergel/*Kummer* § 547a Rdnr. 10.
[21] Vgl. BGH WM 1996, 1265; BGH NJW 1958, 2109; OLG Hamburg MDR 1974, 584.
[22] Vgl. BGH NJW 1968, 1625 und dazu Bub/Treier/*Scheuer* V. B. Rdnr. 278.
[23] Vgl. Thür. OLG Urt. v. 21. 12. 2005 – 6 U 296/05 – zitiert nach Juris m. w. N.

eingebrachten Sache lastet. Dies ist z. B. dann der Fall, wenn sich Käufer davon überzeugt hat, dass ein anderer Behaltensgrund mit zumindest gleicher Wahrscheinlichkeit vorliegt oder wenn der vom Käufer befragte Vermieter das Bestehen eines Verpächterpfandrechts als solches verneint oder zumindest einen Sachverhalt berichtet, nach dem ein Pfandrecht nicht (mehr) begründet ist.[24]

4. Übernahme und Rückgabe des Inventars

a) **Besitzverschaffung.** Sowohl bei Beginn des Pachtverhältnisses als auch bei dessen Beendigung bedarf es grundsätzlich einer Besitzübertragung. Dem Pächter ist gemäß §§ 581 Abs. 2, 535 Abs. 1 BGB im Sinne einer vertraglichen Hauptpflicht der Gebrauch der Pachtsache zu gewähren. Das geschieht im Rahmen der üblichen und vertraglich ausgestalteten Gebrauchsrechte typischerweise durch die **Gewährung unmittelbaren Besitzes** an der Pachtsache nebst Inventar, § 854 BGB. Bei Beendigung des Pachtverhältnisses hat der Pächter die Pachtsache nebst dem Inventar gemäß § 546 Abs. 1 BGB an den Verpächter zurückzugeben. Auch das geschieht grundsätzlich durch Verschaffung unmittelbaren Besitzes, und zwar selbst dann, wenn der Pächter zuvor weder mittelbaren noch unmittelbaren Besitz innehatte.[25] Die Verschaffung unmittelbaren Besitzes setzt eine grundsätzlich auf Dauer angelegte Erlangung der tatsächlichen Gewalt über den Pachtgegenstand, d.h. **Sachherrschaft**, voraus.[26]

Die Besitzverschaffung begründet eine wesentliche Zäsur sowohl bei Beginn als auch bei Beendigung des Pachtverhältnisses, denn an den Zustand der Pachtsache knüpfen wechselseitige Ansprüche der Vertragsparteien an. Der Zeitpunkt der Überlassung bei **Pachtbeginn** ist im Rahmen von § 536 Abs. 1 BGB maßgeblich für eine etwaige Pachtminderung. Die vorbehaltlose Annahme einer mangelhaften Pachtsache in Kenntnis des Mangels kann gemäß § 536b BGB zum Verlust der Rechte aus §§ 536, 536a BGB führen.

Bei **Beendigung des Pachtverhältnisses** kann es vom Zustand der Pachtsache abhängen, ob nicht eine verspätete Rückgabe (Vorenthaltung) vorliegt, die Ansprüche auf Zahlung einer Entschädigung nach § 546a BGB auslösen kann. Wenn noch erhebliche Teile des Inventars in der Pachtsache zurückbleiben, die nach den vertraglichen Abreden nicht in der Pachtsache zu belassen sind, ist die Rückgabe der Pachtsache grundsätzlich nicht vollzogen.[27] Dies gilt jedenfalls dann, wenn der Verpächter verlangt, dass die zurückgebliebenen Sachen zum Räumungstermin fortgeschafft werden.[28] Auch hier soll die vorbehaltlose Rücknahme zum Verlust von Ersatzansprüchen führen können.[29] Jedenfalls hängt der Beginn der Verjährung von Ersatzansprüchen des Verpächters wegen Veränderungen oder Verschlechterungen der Pachtsache und des Inventars gemäß § 548 Abs. 1 S. 2 BGB vom Zeitpunkt der Rückgabe der Mietsache ab.

b) **Dokumentation des übernommenen und zurückgegebenen Inventars.** Aus den an die Übergabe und Rückgabe anknüpfenden Rechtsfolgen ergibt sich ein nahe liegendes Interesse beider Vertragsparteien, die Besitzübertragungsmodalitäten durch ein Übergabeprotokoll zu dokumentieren, das auch eine **Inventarliste** enthält. Das Inventar kann im Rahmen des Pachtvertrags den wirtschaftlichen Kerngehalt der Überlassungspflichten des Verpächters umschreiben, etwa wenn besonders wertvolle (Produktions-)Anlagen zu überlassen sind. Das Übergabeprotokoll sollte bei Pachtbeginn grundsätzlich zum körperlichen Bestandteil der Vertragsurkunde gemacht werden. Insbesondere dann, wenn die Vertragsparteien den Übergabetermin zum Anlass für Vertragsergänzungen oder -anpassungen nehmen, kann dadurch dem Streit darüber, was wechselseitig vertraglich geschuldet ist, vorgebeugt werden.

---

[24] Vgl. Thür. OLG Urt. v. 21. 12. 2005 – 6 U 296/05 – zitiert nach Juris.
[25] Vgl. BGHZ 56, 308.
[26] Vgl. Palandt/*Bassenge* § 854 Rdnr. 2, 3 m. w. N.
[27] Vgl. BGH NJW 1988, 2665; Palandt/*Weidenkaff* § 546a Rdnr. 8; einschränkend: BGH NJW 1983, 1049.
[28] Vgl. BGH NJW 1960, 909; BGH NJW 1983, 112; BGH DB 2004, 376; OLG Düsseldorf MDR 2002, 1244; Schmidt-Futterer/*Gather* § 557 BGB Rdnr. 15.
[29] Vgl. Bub/Treier/*Scheuer* V. Rdnr. 193.

Formulierungsvorschlag:

18 (1) Zur Pachtsache gehört dasjenige Inventar, das auf der diesem Vertrag beigehefteten Inventarliste im Einzelnen aufgeführt ist.
(2) Der Pächter ist berechtigt, das Inventar im Rahmen des vertraglichen Pachtzwecks zu nutzen
......

19 **c) Wahrung der Schriftform (§ 550 BGB) bei der Inventarliste.** Wenngleich die Rechtsprechung die Anforderungen an die Einheitlichkeit von Vertragsurkunden deutlich gelockert hat,[30] sollte aus Gründen der Rechtssicherheit und der Beweiserleichterung Wert darauf gelegt werden, sämtliche den Mietvertrag ausgestaltenden und modifizierenden Vereinbarungen in einer Vertragsurkunde zusammenzufassen, d. h. nachträgliche Abreden in den Ursprungsvertrag aufzunehmen oder diesem beizuheften.

20 Der allgemeine Grundsatz, wonach die aus einem Miet- oder Pachtvertrag in ausgelagerten **Essentialia** jedenfalls zweifelsfrei zuzuordnen sein müssen,[31] hat in der Rechtsprechung des BGH[32] eine weit reichende Auflockerung erfahren. Der BGH hatte über Fälle zu entscheiden, bei denen der schriftliche Pachtvertrag auf eine Anlage (Inventarverzeichnis) verwies, deren nachträgliche Erstellung beabsichtigt war, letztlich aber unterblieb. Der Wahrung der Schriftform hat der BGH nicht entgegenstehen lassen, dass die im Pachtvertrag erwähnte Anlage nicht existierte. Dieser Umstand lasse nicht den Schluss zu, dass der Pachtvertrag mangels Erstellung des Inventarverzeichnisses nicht zustande gekommen sei. Selbst wenn die Vertragsparteien sich bei Vertragsunterzeichnung über das mit verpachtete Inventar im Einzelnen noch nicht einig gewesen wären, würde dies das Zustandekommen des Vertrages nicht in Frage stellen, denn die Auslegungsregel des § 154 Abs. 1 S. 1 BGB, der zufolge ein Vertrag im Zweifel nicht geschlossen ist, solange die Parteien sich noch nicht über alle Punkte geeinigt haben, über die nach der Erklärung auch nur einer Partei eine Vereinbarung getroffen werden soll, sei angesichts der feststehenden Umstände der tatsächlichen Durchführung des Vertrages nicht anwendbar. Die Vertragsparteien hätten den Vertrag als abgeschlossen angesehen und ihn in Vollzug gesetzt.[33] Mit dieser Argumentation setzt sich der BGH dem Verdacht aus, nicht hinreichend zwischen dem (mündlichen oder konkludenten) Vertragsschluss als solchem (der zumeist zu bejahen sein dürfte) und der Wahrung der Schriftform unterschieden zu haben. Ein mündlich abgeschlossener Mietvertrag ist nicht per se unwirksam. Mit ihm kann wegen der Vorschrift des § 550 BGB nur keine längere Miet- oder Pachtzeit als ein Jahr bindend festgelegt werden.

5. Inventarkauf

21 In der Praxis wird das Inventar nicht selten an den Pächter verkauft. Dadurch werden besondere Regelungen zur Erhaltung und zur Ersetzung des Inventars grundsätzlich entbehrlich.

22 **a) Schriftform und notarielle Beurkundung.** Bei einem aus Inventarkauf und Pacht/Miete zusammengesetzten Vertrag kann die sich aus der Nichtbeachtung der **Formvorschrift des § 550 BGB** ergebende Unwirksamkeit der vereinbarten Laufzeitregelung gemäß § 139 BGB die Nichtigkeit des ganzen Vertragswerkes nach sich ziehen.[34] Der Inventarkauf kann aber auch eine sog. **selbständige Nebenabrede** beinhalten, die nicht dem Formzwang aus §§ 550, 578 BGB unterliegt, wenn i. S. v. § 139 BGB anzunehmen ist, dass die beiden Rechtsgeschäfte (Pachtvertrag und Inventarkauf) teilbar sind.[35]

---

[30] Vgl. BGH 1998, 58; vgl. ferner die Darstellung in § 47 und bei Bub/Treier/*Heile* II. Rdnr. 754 m. w. N.
[31] Vgl. etwa OLG Karlsruhe OLGR 2001, 233 = OLGR 2003, 201; OLG Rostock OLGR 2002, 34.
[32] Vgl. BGH NZM 2009, 198 BGH NJW 2000, 354.
[33] Vgl. BGH NZM 2009, 198 BGH NJW 2000, 354.
[34] Vgl. BGH LM Nr. 29 zu § 139 BGB.
[35] Vgl. Palandt/*Heinrichs* § 139 Rdnr. 10 ff.; Bub/Treier/*Heile* II. Rdnr. 762; *Ludwig* in juris PK-BGB, 4. Aufl., § 311 b Rdnr. 230 m. w. N.

Eine ähnlich gelagerte Problematik kann sich ergeben, wenn ein **Inventarkaufvertrag und** 23
ein Grundstückskaufvertrag einhergehen und keine umfassende notarielle Beurkundung
vorliegt (§ 311 b BGB). Ein formbedürftiger Vertrag ist nach der Rechtsprechung mit einem
anderen Vertrag zu einer Geschäftseinheit verbunden, wenn die Vereinbarungen nach dem
Willen der Parteien oder zumindest nach dem erkennbaren und von der anderen Seite gebilligten Willen eines Vertragsteils eine rechtliche Einheit bilden sollen, d. h. dass sie miteinander „stehen und fallen" sollen.[36] Ein rein tatsächlicher bzw. wirtschaftlicher Zusammenhang zwischen den Verträgen reicht allein nicht aus; dieser kann aber als ein Indiz für eine
von den Parteien gewollte Vertragseinheit gewertet werden.[37] Da dies schwierige Wertungsfragen aufwerfen kann, empfiehlt es sich auch insoweit in erster Linie, die (Schrift-)Form
einheitlich zu wahren. Außerdem wäre im Pachtvertrag klarzustellen, dass das Inventar
nicht – mehr – Gegenstand des Pachtvertrags ist.

b) **Wiederkauf.** Der Inventarkauf kann auch als Wiederkauf im Sinne von §§ 456 ff. BGB 24
ausgestaltet sein, bei dem sich der Verkäufer – regelmäßig für den Fall der Beendigung des
Dauerschuldverhältnisses – das Recht vorbehält, das Wiederkaufsrecht auszuüben. Die gesetzliche Ausschlussfrist für das Wiederkaufsrecht gemäß § 462 BGB, die bei anderen Gegenständen als Grundstücken nur drei Jahre beträgt und damit nicht zu den üblicher Weise
auf längere Dauer angelegten Miet- und Pachtverhältnissen passt, ist zwar abdingbar (vgl.
462 S. 2 BGB). Je länger der Vorbehalt wirksam sein soll, desto schwieriger wird es, den
Wiederkaufswert im Vorhinein vertraglich festzulegen. Die Auslegungsregel aus § 456
Abs. 2 BGB, wonach der Verkaufspreis im Zweifel auch für den Wiederkaufsfall gilt, verliert
mit fortschreitender Vertragsdauer an Bedeutung. Bei langfristiger Benutzung des Inventars
treten zunehmend Abnutzung und Alterung ein, was sich in ganz erheblichem Umfang
wertmindernd auswirken kann. Der Wiederkaufpreis wird dann am ehesten dadurch festgelegt werden können, dass sich die Parteien im Rahmen von § 460 BGB vertraglich einer
schiedsgutachterlichen Schätzung unterwerfen.

c) **Inventarkauf im Rahmen von (Bier-)Bezugsverpflichtungen.** Anreize zur Eingehung von 25
Bezugsbindungen[38] (z.B. bei der Verpachtung von Gaststätten, Tankstellen oder im Fahrzeughandel) werden oft durch – z. T. nur vermeintliche – wirtschaftliche Zugeständnisse des
Lieferanten geschaffen. Meist handelt es sich um die Gewährung von (Brauerei-)**Darlehen**,
die dann für einen Inventarkauf des Pächters beim Verpächter (als dem Lieferanten bei der
Bezugsverpflichtung) verwendet werden. Hierdurch erhält die Bezugsbindung ggf. erst den
Amortisationscharakter, dessen es bedarf, um langfristige Bezugsverpflichtungen überhaupt
wirksam begründen zu können.[39]

Zumal bei der Gaststättenpacht kann ein so finanzierter Inventarkauf (neben den oft sehr 26
langen Vertragslaufzeiten) eine zusätzliche wirtschaftliche Knebelung des – im Gaststättengewerbe oft leistungsschwachen – Pächters bewirken. Wenn das Darlehen nur dazu verwendet wird, einen Inventarkauf zu finanzieren, besteht die weitere Gefahr, dass das Darlehen
wirtschaftlich leer läuft, weil der Inventarkauf nur pro forma vereinbart wird und der Verpächter als Darlehensgeber sein Geld „von einer Tasche in die andere" steckt, ohne dem
Pächter im Rahmen des wirtschaftlichen Gesamtgefüges (bei ohnehin auskömmlicher Pachthöhe) eine effektive Leistung erbracht zu haben.

6. Inventarleasing

Die Überlassung von Inventar kann auch Gegenstand eines **Leasingvertrags** sein. Wenn 27
der Pächter von einem Dritten, der nicht Verpächter ist, Sachen least, die als Inventarteile
Verwendung finden sollen, ist der Leasingvertrag nicht Bestandteil des eigentlichen Pachtvertrags. Der Leasingvertrag nimmt dann grundsätzlich ein vom Pachtvertrag unabhängiges

---

[36] Vgl. BGHZ 76, 43; 101, 393; BGH NJW 2000, 951; NJW 2004, 3330; OLG Oldenburg OLGR 2007, 753; Palandt/*Grüneberg* § 311 b Rdnr. 32.
[37] Vgl. BGH NJW-RR 1991, 1031; Bamberger/Roth/*Gehrlein* § 311 b Rdnr. 25.
[38] Vgl. dazu eingehender § 69 Rdnr. 125 ff.
[39] Vgl. nur BGH NJW 2001, 2331 m. w. N.

Schicksal. Ein Verpächterpfandrecht i. S. v. § 562 BGB kann an solchem Leasinggut grundsätzlich nicht entstehen, da es sich nicht um Eigentum des Mieters handelt (vgl. § 562 Abs. 1 S. 1 BGB: „Sachen des Mieters"). Wenn der Mieter jedoch nach dem Leasingvertrag ein Anwartschaftsrecht zur Eigentumserlangung an dem geleasten Inventar hat, kann sich das Pfandrecht auf diese Anwartschaft erstrecken.[40]

28 Wenn dagegen der Verpächter dem Pächter Inventar zur Verfügung stellt und hierzu Vereinbarungen getroffen werden, die einem Leasingvertrag entsprechen, können Pacht- und Leasingvertrag zusammenfallen. Insoweit ist z. T. (begrifflich unscharf) von sog. **Leihinventar** die Rede. Die Überlassung von Inventar mit einer Inventarerhaltungspflicht des Pächters, einer Vollamortisation des Inventargegenstandes zu einem bestimmten Anschaffungspreis und einer Finanzierung des Amortisationsgeschäfts durch Bierbezug mit einer bestimmten Mindestabnahmemenge ist als Leasingvertrag (d. h. nicht als Inventarmiete oder Kauf) eingeordnet worden.[41] Auch auf einen solchen Leasingvertrag findet § 545 BGB (stillschweigende Vertragsverlängerung) Anwendung,[42] wenn diese Vorschrift nicht vertraglich abbedungen worden ist, was nach ganz h. M. auch durch Allgemeine Geschäftsbedingungen geschehen kann.[43]

---

[40] Vgl. Palandt/*Weidenkaff* § 562 Rdnr. 9.
[41] Vgl. OLG Celle OLGR 1994, 289.
[42] Zu § 568 BGB a. F. vgl. OLG Celle OLGR 1994, 289.
[43] Vgl. BGH NJW 1991, 1750.

§ 77 Landpacht, Jagdpacht und Fischereipacht

Übersicht

	Rdnr.
I. Landpacht	1–171
1. Rechtsgrundlagen	1
2. Vertragsabschluss und Form	2–10
3. Genehmigungspflicht nach dem Landpachtverkehrsgesetz (LPachtVG)	11–16
4. Vertragsinhalt	17–46
a) Hauptpflichten des Verpächters	17
b) Pflichten des Pächters	18–20
c) Lasten des Pachtobjekts	21/22
d) Zustand des Pachtobjekts	23
e) Bestandteile/Inventar	24/25
f) Notwendige Verwendungen seitens des Pächters	26–28
g) Wertverbessernde Verwendungen	29–35
h) Maßnahmen zur Erhaltung und Verbesserung	36–39
i) Wegnahme von Einrichtungen	40–42
j) Sonderkündigungsrechte	43
k) Verjährung	44–46
5. Änderung von Landpachtverträgen	47–55
6. Leistungsstörungen	56–92
a) Zahlungsverzug des Pächters	56/57
b) Mängel des Pachtobjekts	58–63
c) Nutzungsüberlassung an Dritte	64–73
d) Änderung der landwirtschaftlichen Bestimmung oder der bisherigen Nutzung	74–92
7. Flächenabweichungen	93
8. Verpächterpfandrecht	94–96
9. Beendigung von Landpachtverträgen	97–139
a) Ende und Verlängerung des Pachtverhältnisses	97–102
b) Kündigungsfristen, § 594 a BGB	103–107
c) Vertrag über mehr als 30 Jahre	108/109
d) Kündigung bei Berufsunfähigkeit des Pächters	110–115
e) Tod des Pächters	116–127
f) Kündigung aus wichtigem Grund	128–139
10. Fortsetzung des Pachtverhältnisses	140–160
11. Rückgabe der Pachtsache	161–171
II. Jagdpacht	172–279
1. Gesetzliche Grundlage und Inhalt des Jagdpachtrechts	172/173
2. Beteiligte am Jagdpachtvertrag	174–183
a) Pächter	174/175
b) Mehrere Pächter	176–179
c) Eigenjagd	180/181
d) Jagdgenossenschaft	182/183
3. Form des Jagdpachtvertrages, Dauer und Anzeigepflicht	184–192
4. Inhalt des Jagdpachtvertrages	193–256
a) Hauptpflichten des Verpächters	194–196
b) Hauptpflichten des Pächters	197–202
c) Jagd- und Aneignungsrecht – Wildverwertung	203/204
d) Befugnis zur Unterpacht	205–209
e) Befugnis zur Weiterverpachtung	210–212
f) Erteilung von Erlaubnisscheinen	213–216
g) Betretungsrecht des Jagdpächters	217–221
h) Aufstellen und Übernahme jagdlicher Einrichtungen	222–229
i) Haftung des Jagdpächters	230–256
5. Leistungsstörungen	257–260
a) Abweichungen von der vereinbarten Fläche	257–259
b) Sonstige Mängel bei der Rechtspacht	260–266
6. Beendigung des Pachtverhältnisses	267–279
a) Vertragliche Regelung	267/268

	Rdnr.
b) Gesetzliche Regelung	269
c) Tod des Pächters	270–273
d) Kündigung des Jagdpachtvertrages	274
e) Beseitigung von jagdlichen Einrichtungen	278/279
III. Fischereipacht	280–308
1. Gesetzliche Grundlage und Inhalt des Fischereipachtvertrages	280/281
2. Beteiligte am Fischereipachtvertrag	282–287
a) Verpächter	282–284
b) Pächter	285
c) Mehrere Pächter	286/287
3. Form des Fischereipachtvertrages, Dauer und Anzeigepflicht	288–290
4. Inhalt des Fischereipachtvertrages	291–305
a) Hauptpflichten des Verpächters	291/292
b) Schadenseratzanspruch gegen Dritte	293/294
c) Hauptpflichten des Pächters	295/296
d) Aneignungsrecht des Pächters	297/298
e) Weiter- und Unterverpachtung	299/300
f) Fischereierlaubnisverträge	301
g) Betretungsrecht des Pächters	302–305
5. Beendigung des Pachtverhältnisses	306–308
a) Vertragliche Regelung	306
b) Gesetzliche Regelung	307/308

Schrifttum: *Barnstedt/Steffen,* Gesetz über das gerichtliche Verfahren in Landwirtschaftssachen, 7. Aufl. 2005; *Bub/Treier,* Handbuch der Geschäfts- und Wohnraummiete, 3. Aufl. 1999; *Dietlein,* Jagdrecht von A–Z, 2003; *Grimm,* Agrarrecht, 1995; *Faßbender/Hötzel/Lukanow,* Landpachtrecht, 3. Aufl. 2005; *Knops,* Begründung und Beendigung von (Jagd-)Pachtverträgen ohne Zustimmung des Hauptverpächters, ZMR 1997, 9; *Lorz/Metzger/Stöckel,* Jagdrecht, Fischereirecht, 1998; *Mitzschke/Schäfer,* Kommentar zum Bundesjagdgesetz, 4. Aufl. 1982; *Schach* (Hrsg.), Mietrecht, Wohnraum, Gewerberaum, Pacht, 2007; *Schopp,* Jagdverpachtung und Jagdausübungsrecht des Pächters, MDR 1968, 808.

I. Landpacht

1. Rechtsgrundlagen

1   Die gesetzlichen Grundlagen des landwirtschaftlichen Pachtrechts sind seit dem 1. 7. 1986 in §§ 585 bis 597 BGB niedergelegt. Zielvorgabe war – ähnlich wie bei der Mietrechtsreform 2001 – eine übersichtliche und aus sich selbst heraus verständliche Regelung. Die Verweisungsvorschrift des § 585 Abs. 2 BGB manifestiert zudem, dass die allgemeinen Pachtvorschriften gelten sollen, wobei jedoch die Verweisungsvorschrift des § 581 Abs. 2 BGB ausdrücklich ausgenommen ist, wie sich aus § 585 Abs. 2 BGB ergibt. Soweit das Mietrecht des BGB Anwendung finden soll, finden sich im Bereich der Landpacht gesonderte Verweisungen, §§ 586 Abs. 2, 587 Abs. 2, 592 Satz 4, 593 b, 594 e BGB.[1]

2. Vertragsschluss und Form

2   Durch den Landpachtvertrag wird gemäß § 585 Abs. 1 Satz 1 BGB ein Grundstück mit den seiner Bewirtschaftung dienenden Wohn- und Wirtschaftsgebäuden (**Betrieb**) oder ein Grundstück ohne solche Gebäude überwiegend **zur Landwirtschaft** verpachtet. § 585 Abs. 1 Satz 2 BGB enthält eine gesetzliche Definition des Begriffs der Landwirtschaft: Danach sind Landwirtschaft die Bodenbewirtschaftung und die mit der Bodennutzung verbundene Tierhaltung, um pflanzliche oder tierische Erzeugnisse zu gewinnen, sowie die gartenbauliche Erzeugung. Landwirtschaft setzt den Zweck voraus, pflanzliche und tierische Erzeugnisse zu gewinnen. Dazu gehört Ackerbau, Wiesen- und Weidewirtschaft, Gartenbau, auch boden-

[1] Vgl. *Grüter* in Schach § 8 Rdnr. 15; Faßbender/Hötzel/Lukanow/*Stephany* § 585 BGB Rdnr. 1; *Reinstorf* in Bub/Treier I 26.

unabhängige Erzeugung in Behältern, Baumschulen, Wein- und Obstbau, Fischerei in Binnengewässern und Imkerei.[2]

Pachtverträge über Forstgrundstücke und Forstbetriebe fallen grundsätzlich unter die Vorschriften der §§ 581 bis 584 b BGB. Für **forstwirtschaftlich genutzte Grundstücke** gilt nur dann Landpachtrecht, wenn sie im Wege der Zupacht an einen Betrieb gelangen, der trotz des zugepachteten Grundstücks oder der zugepachteten forstwirtschaftlichen Grundstücke noch überwiegend landwirtschaftlich genutzt wird, § 585 Abs. 3 BGB. Überwiegend landwirtschaftliche Betriebe mit forstwirtschaftlichem Anteil fallen von vornherein unter die Landpacht.[3]

§ 585 a BGB bestimmt, dass ein Landpachtvertrag, der für **längere Zeit als zwei Jahre** geschlossen werden soll, der **schriftlichen Form** bedarf. Der Zweck dieser Vorschrift orientiert sich an § 550 BGB.[4] Hauptzweck des Formzwangs ist eine Möglichkeit für den Erwerber eines verpachteten Grundstücks, sich über den Umfang des Pachtvertrages umfassend zu informieren. Hinzu tritt der Umstand, dass Beweisschwierigkeiten vermieden und am Vertrage Beteiligte vor unbedachtem Abschluss langfristiger Pachtverträge gewarnt werden sollen.[5] Zum Schutz eines Erwerbers ist die Vorschrift des § 585 a BGB zwingendes Recht und nicht abdingbar.[6] Wird der Landpachtvertrag, der für mehr als zwei Jahre gelten soll, nicht formgerecht abgeschlossen, so gilt er für unbestimmte Zeit, § 585 a BGB.

Der Zweck des § 585 a BGB erfordert, dass der gesamte Vertrag der Schriftform unterliegt. Neben dem für einen Pachtvertrag konstitutiven Inhalt (Pachtgegenstand, Pacht, Dauer, § 581 BGB) sind alle Vereinbarungen schriftlich festzulegen, die für die Parteien wichtig sind oder für den Erwerber des Grundstücks wichtig sein können.[7] Als **wesentliche Punkte**, über die eine Einigung erzielt werden muss, sind folgende hervorzuheben:
- Gestattung einer Unterverpachtung,
- Wertsicherungsklauseln,
- Zusicherungen bestimmter Eigenschaften,
- Vom gesetzlichen Leitbild abweichende Regelungen über die Erhaltung des Pachtgegenstandes und Lastenragung,
- Einschränkungen oder Erweiterungen des Gebrauchsrechts.

Auch **wesentliche Änderungen** des Landpachtvertrages **bedürfen** zu ihrer Wirksamkeit **der Schriftform**.[8] Darunter fallen Beschränkungen, Erweiterungen, Aufhebung von Rechten und Pflichten einer Vertragspartei, sowie Verlängerung des Vertrages über zwei Jahre hinausgehend. Wird dabei die Form des § 585 a BGB nicht beachtet, wandelt sich der Vertrag in einen Vertrag auf unbestimmte Zeit und kann etwa unter erleichterten Voraussetzungen gekündigt werden.[9] Als unwesentlich und damit nicht formbedürftig angesehen werden in der Praxis folgende Änderungen des Vertragswerks:
- Erweiterung des Vertragsgegenstandes, wenn sich dadurch die Gesamtpacht um nicht mehr als 5 Prozent erhöht,
- Verzicht auf einen Teil der laufenden Pacht,
- Vereinbarung einer Vorauszahlung der Pacht,
- Geringfügige Verschiebung des Beginns des Pachtverhältnisses,
- Minderung der Pacht,
- Vergleich über Pachtrückstände,
- Anpassung der Pacht auf Grund einer Wertsicherungsklausel oder über den Wegfall der Geschäftsgrundlage,
- Beschreibung der Pachtsache nach § 585 b BGB.[10]

---

[2] Palandt/*Weidenkaff* § 585 Rdnr. 2; *Grüter* in Schach § 8 Rdnr. 16.
[3] Palandt/*Weidenkaff* § 585 Rdnr. 5.
[4] Faßbender/Hötzel/Lukanow/*Stephany* § 585 a Rdnr. 2; Palandt/*Weidenkaff* § 585 a Rdnr. 1
[5] Erman/*Jendrek* § 566 Rdnr. 3; Faßbender/Hötzel/Lukanow/*Stephany* § 585 a Rdnr. 3.
[6] Palandt/*Weidenkaff* § 585 a Rdnr. 1.
[7] Faßbender/Hötzel/Lukanow/*Stephany* § 585 a Rdnr. 8.
[8] BGH NJW 1994, 1649, 1650.
[9] BGH NJW 1987, 948.
[10] Vgl. die Beispiele bei Faßbender/Hötzel/Lukanow/*Stephany* § 585 a Rdnr. 12.

7 Zur Wahrung der im Gesetz vorgeschriebenen Schriftform ist es erforderlich aber auch ausreichend, dass die Nachtragsurkunde auf den ursprünglichen Vertrag Bezug nimmt und zum Ausdruck bringt, es solle unter Einbeziehung des Nachtrags bei dem verbleiben, was bereits früher formgültig niedergelegt war. Voraussetzung ist ferner, dass auch die neue Urkunde von allen Vertragsparteien unterschrieben worden ist.[11] Eine feste räumliche Verbindung zwischen dem Ursprungsvertrag und dem Nachtrag ist nicht erforderlich, wenn die neue Urkunde selbst die wesentlichen Bestandteile eines Landpachtvertrages enthält und auf die ursprüngliche formgerechte Vertragsurkunde Bezug genommen wird. Die **Auflockerungsrechtsprechung des Bundesgerichtshofs** erfordert nicht einmal mehr eine Beurkundung im Nachtragsvertrag dessen, das von der Änderung nicht betroffen ist; außerdem ist eine feste Verbindung der mehreren Urkunden nicht mehr notwendig. Vielmehr reicht es für die gesetzliche Schriftform des ganzen Vertragswerks aus, wenn die Nachtragsurkunde auf den ursprünglichen Vertrag Bezug nimmt und zum Ausdruck bringt, es solle unter Einbeziehung des Nachtrags bei dem verbleiben, was früher bereits formgültig niedergelegt war, vorausgesetzt, dass auch der neue Vertrag von allen Parteien unterzeichnet ist.[12]

8 Gemäß § 585 b Abs. 1 BGB sollen zu Beginn des Pachtverhältnisses der Verpächter und der Pächter gemeinsam eine **Beschreibung der Pachtsache** anfertigen. Der Sache nach handelt es sich um ein besonderes Verfahren zur Beweissicherung.[13] Insbesondere bei einer Verpachtung eines Betriebs mit Inventar ist es üblich und von der Sache her dringend geboten, eine Inventarliste und eine Zustandsbeschreibung anzufertigen. Die Beschreibung soll die gesamte Pachtsache umfassen; jedoch ist auch eine Teilbeschreibung nicht unwirksam. Der Inhalt der Beschreibung ist je nach Art der Pachtsache unterschiedlich. Er sollte alle dem Vertrag unterliegende Gegenstände erfassen, z.B. die Inventarstücke nebst Zustand, Zahlen und Größe mit den üblichen Maßen. Darüber hinaus sollte der Zustand des Pachtobjekts, fehlende Inventarstücke, funktionsunfähige Inventarteile, Alter und Schadstellen, ferner die Funktionsfähigkeit schriftlich festgehalten werden.[14]

9 Weigert sich einer der Vertragsparteien, bei der Anfertigung der Beschreibung nach § 585 b Abs. 1 BGB mitzuwirken, und sei es auch nur im Hinblick auf die Leistung seiner Unterschrift, oder ergeben sich bei der Anfertigung Meinungsverschiedenheiten tatsächlicher Art, kann jeder Vertragsteil verlangen, dass eine **Beschreibung durch einen Sachverständigen** angefertigt wird, es sei denn, dass seit der Überlassung der Pachtsache mehr als neun Monate oder seit der Beendigung des Pachtverhältnisses mehr als drei Monate verstrichen sind; der Sachverständige wird auf Antrag durch das Landwirtschaftgericht ernannt. Die insoweit entstehenden Kosten trägt jeder Vertragsteil zur Hälfte, § 585 b Abs. 1 Satz 2 BGB.

10 Ist die Beschreibung der Pachtsache, unabhängig davon, in welcher Verfahrensart, d.h. einvernehmlich oder durch einen Sachverständigen, zustande gekommen, so wird im Verhältnis der Vertragsteile zueinander vermutet, dass sie richtig ist, § 585 b Abs. 3 BGB. Sie hat nicht die Vermutung der Vollständigkeit für sich und kann durch einen Gegenbeweis entkräftet werden. Im Streitfall zwischen den Vertragsparteien, etwa auf Zahlung oder Feststellung, ist das Amtsgericht als Landwirtschaftgericht zuständig, § 1 Nr. 1a LwVG.[15]

3. Genehmigungspflicht nach dem Landpachtverkehrsgesetz (LPachtVG)

11 Gemäß § 1 LPachtVG unterliegen alle Landpachtverträge gemäß § 585 BGB dem Landpachtverkehrsgesetz, das in § 2 LPachtVG vorschreibt, dass grundsätzlich der Abschluss eines Landpachtvertrages durch Vorlage oder im Falle eines mündlichen Vertrages durch inhaltliche Mitteilung des Landpachtvertrages innerhalb eines Monats nach Vertragsschluss **der zuständigen Behörde zur Kontrolle und eventuellen Beanstandung angezeigt** werden muss. Entsprechendes gilt in den Fällen, wenn in einem anzeigepflichtigen Landpachtvertrag

---

[11] BGH NJW 1994, 1649, 1650.
[12] BGH NJW 1992, 2283, 2284.
[13] Faßbender/Hötzel/Lukanow/*Stephany* § 585 b Rdnr. 5.
[14] Palandt/*Weidenkaff* § 585 b Rdnr. 5.
[15] Palandt/*Weidenkaff* § 585 b Rdnr. 11; Faßbender/Hötzel/Lukanow/*Stephany* § 585 b Rdnr. 43.

Bestimmungen über die Pachtsache, die Pachtdauer und die Vertragsleistungen zwischen den Vertragsparteien geändert werden; nicht davon werden Änderungen erfasst, die in einem gerichtlichen Vergleich oder vor einer berufsständischen Pachtschlichtungsstelle niedergelegt worden sind.[16]

Die Anzeige soll der zuständigen Behörde die **inhaltliche Prüfung** des abgeschlossenen Landpachtvertrages oder seiner maßgeblichen Änderungen und eine darauf basierende Beanstandung ermöglichen.[17] Die Anzeige bedarf keiner besonderen Form. Sie ist an die „zuständige Behörde" zu richten. Zuständige Behörden nach § 2 Abs. 1 Satz 1 LPachtVG sind in:[18]

- **Baden-Württemberg:** Amt für Landwirtschaft, Landschafts- und Bodenkultur. Übergeordnete Behörde ist das Regierungspräsidium, Oberste Landesbehörde das Ministerium Ländlicher Raum Baden Württemberg.
- **Bayern:** Kreisverwaltungsbehörde. Übergeordnete Behörde ist die Regierung, Oberste Landesbehörde ist das Bayrische Staatsministerium für Ernährung, Landwirtschaft und Forsten.
- **Berlin:** Senatsverwaltung für Wirtschaft und Technologie in alleiniger Zuständigkeit.
- **Brandenburg:** Landratsamt bzw. Kreis- und Stadtverwaltung. Oberste Landesbehörde ist das Ministerium für Landwirtschaft, Umweltschutz und Raumordnung des Landes Brandenburg.
- **Bremen:** Senator für Wirtschaft und Häfen in alleiniger Zuständigkeit.
- **Hamburg:** Amt für Wirtschaft und Landwirtschaft. Oberste Landesbehörde ist die Wirtschaftsbehörde.
- **Hessen:** Amt für Regionalentwicklung, Landespflege und Landwirtschaft. Übergeordnete Behörde ist das Hessische Landesamt für Regionalentwicklung und Landwirtschaft; Oberste Landesbehörde ist das Hessische Ministerium für Umwelt, Landwirtschaft und Forsten.
- **Mecklenburg-Vorpommern:** Amt für Landwirtschaft. Oberste Landesbehörde ist das Ministerium für Ernährung, Landwirtschaft, Forsten und Fischerei Mecklenburg-Vorpommern.
- **Niedersachsen:** Landkreise oder kreisfreie Städte oder die große selbständige Stadt. Übergeordnete Behörde ist das Regierungspräsidium. Oberste Landesbehörde ist das Niedersächsische Ministerium für Ernährung, Landwirtschaft und Forsten.
- **Nordrhein-Westfalen:** Geschäftsführer der Kreisstelle der Landwirtschaftskammer als Landesbeauftragter im Kreise. Übergeordnete Behörde ist der Direktor der Landwirtschaftskammer als Landesbeauftragter; Oberste Landesbehörde ist das Ministerium für Umwelt, Landwirtschaft und Verbraucherschutz.
- **Rheinland-Pfalz:** Kreisverwaltung. Übergeordnete Behörde ist die Bezirksregierung; Oberste Landesbehörde ist das Ministerium für Wirtschaft, Verkehr, Landwirtschaft und Weinbau Rheinland-Pfalz.
- **Saarland:** Landrat, im Stadtkreis der Oberbürgermeister; Oberste Landesbehörde ist das Ministerium für Umwelt des Saarlandes.
- **Sachsen:** Staatliches Amt für Landwirtschaft. Oberste Landesbehörde ist das Sächsische Staatsministerium für Umwelt und Landwirtschaft.
- **Sachsen-Anhalt:** Landkreis bzw. kreisfreie Stadt. Übergeordnete Behörde ist das Regierungspräsidium; erste Landesbehörde ist das Ministerium für Raumordnung, Landwirtschaft und Umwelt des Landes Sachsen-Anhalt.
- **Schleswig-Holstein:** Amt für Land- und Wasserwirtschaft; Oberste Landesbehörde ist das Ministerium für ländliche Räume, Landwirtschaft und Tourismus des Landes Schleswig-Holstein.
- **Thüringen:** Landwirtschaftsamt. Oberste Landesbehörde ist das Thüringer Ministerium für Landwirtschaft, Naturschutz und Umwelt.

---

[16] *Grüter* in Schach § 8 Rdnr. 17.
[17] Faßbender/Hötzel/Lukanow/*Hötzel* § 2 LPachtVG Rdnr. 21.
[18] Zitert nach Faßbender/Hötzel/Lukanow/*Hötzel* § 2 LPachtVG Rdnr. 32.

13 Die Anzeige oder deren Unterlassung hat keinen Einfluss auf die zivilrechtliche Wirksamkeit des Landpachtvertrages. Trotz Bestehens der Anzeigepflicht ist der Landpachtvertrag des § 585 BGB in vollem Umfang wirksam. Der Sinn der Anzeige besteht darin, erforderlichenfalls das im öffentlichen Interesse geschaffene Beanstandungsverfahren auszulösen.[19] Ist ein anzuzeigender Landpachtvertrag oder eine anzuzeigende Vertragsänderung nicht fristgerecht angezeigt worden, kann die zuständige Behörde die Anzeige nach § 10 Abs. 1 LPachtG verlangen. Die zuständige Behörde kann sich zur Durchsetzung auch Zwangsmittel bedienen, etwa die Festsetzung von Zwangsgeld. Über die Rechtmäßigkeit von Maßnahmen nach § 10 Abs. 1 und 2 LPachtVG entscheidet das Landwirtschaftsgericht, § 10 Abs. 3 LPachtVG.

14 Gemäß § 4 LPachtVG kann die zuständige Behörde einen anzuzeigenden Landpachtvertrag oder eine anzuzeigende Vertragsänderung **beanstanden,** wenn
1. die Verpachtung eine ungesunde Verteilung der Bodennutzung, insbesondere eine ungesunde Anhäufung von land- und forstwirtschaftlichen Nutzflächen, bedeutet,
2. durch die Verpachtung ein Grundstück oder eine Mehrheit von Grundstücken, die räumlich oder wirtschaftlich zusammenhängen, unwirtschaftlich in der Nutzung aufgeteilt wird oder
3. die Pacht nicht in einem angemessenen Verhältnis zu dem Ertrag steht, der bei ordnungsgemäßer Bewirtschaftung nachhaltig zu erzielen ist.

15 Gemäß § 3 Abs. 1 LPachtVG unterliegen der **Anzeigepflicht nicht** Landpachtverträge, die im Rahmen eines behördlich geleiteten Verfahrens abgeschlossen werden und Landpachtverträge zwischen Ehegatten oder Personen, die in gerader Linie verwandt oder bis zum dritten Grad in der Seitenlinie verwandt oder bis zum zweiten Grad verschwägert sind.

16 Die Landesregierungen können durch Rechtsverordnung zur erleichterten Durchführung des Gesetzes Landpachtverträge über landwirtschaftliche Betrieb oder Grundstücke bis zu einer bestimmten Größe von der Anzeigepflicht ausnehmen, soweit eine Anwendung des Landpachtverkehrsgesetzes nicht erforderlich ist, § 3 Abs. 2 LPachtVG. Entsprechendes gilt im Hinblick auf eine ungesunde Verteilung der Bodennutzung im Sinne des § 4 Abs. 4 LPachtVG.

4. Vertragsinhalt

17 a) **Hauptpflichten des Verpächters.** Gemäß § 586 Abs. 1 BGB hat der Verpächter die Pachtsache dem Pächter in einem zu der vertragsmäßigen Nutzung geeigneten Zustand zu überlassen und sie während der Pachtzeit in diesem Zustand zu erhalten. Zur Erhaltung zählen alle notwendigen Maßnahmen, die dem Pächter den vertraggemäßen Gebrauch der Pachtgegenstände während der gesamten Dauer des Vertragsverhältnisses ermöglichen.[20] Was zum vertragsgemäßen Gebrauch der Pachtsache gehört, bestimmt sich nach den konkreten Vereinbarungen der Parteien. Haben die Parteien keine besonderen Abreden getroffen, ist bei einem Landpachtvertrag stets die Nutzbarkeit der Gegenstände für den Betrieb von Landwirtschaft in der bei Vertragsschluss praktizierten Art und Weise sicher zu stellen.[21]

18 b) **Pflichten des Pächters.** Gemäß § 585 Abs. 2 BGB in Verbindung mit § 581 Abs. 1 BGB ist der Pächter verpflichtet, die **vereinbarte Pacht zu zahlen.** Nach § 587 Abs. 1 BGB ist die Pacht am Ende der Pachtzeit zu entrichten. Ist die Pacht nach Zeitabschnitten bemessen, so ist sie am ersten Werktag nach dem Ablauf der einzelnen Zeitabschnitte zu entrichten, § 587 Abs. 1 Satz 2 BGB. Diese Vorschrift ist allerdings abdingbar.[22] Dem entspricht, dass bei der Betriebspacht die halb- und vierteljährliche Pachtzahlung überwiegt, teilweise vorschüssig, während bei der Stücklandpacht die gesetzliche Regelung beibehalten wird.[23] Bei der Pacht

---

[19] Faßbender/Hötzel/Lukanow/*Hötzel* § 2 LPachtVG Rdnr. 35.
[20] Faßbender/Hötzel/Lukanow/*Faßbender* § 586 BGB Rdnr. 19.
[21] Faßbender/Hötzel/Lukanow/*Faßbender* § 586 BGB Rdnr. 24.
[22] Palandt/*Weidenkaff* § 587 Rdnr. 1; Faßbender/Hötzel/Lukanow/*Faßbender* § 587 BGB Rdnr. 2.
[23] Faßbender/Hötzel/Lukanow/*Faßbender* § 587 BGB Rdnr. 2.

handelt es sich um die Gesamtheit der vereinbarten geldwerten Leistungen, die als Gegenleistung für den Gebrauch und die Nutzung der Pachtgegenstände zu zahlen ist.[24]

Nach § 586 Abs. 1 Satz 2 BGB hat der Pächter die **gewöhnlichen Ausbesserungen** der Pachtsache, insbesondere die der Wohn- und Wirtschaftsgebäude, der Wege, Gräben, Dränungen und Einfriedungen, auf seine Kosten auszuführen. Er ist zur ordnungsgemäßen Bewirtschaftung der Pachtsache verpflichtet, § 586 Abs. 1 Satz 3 BGB. Was unter einer ordnungsgemäßen Bewirtschaftung zu verstehen ist, können die Vertragsparteien aushandeln; maßgebend sind sodann diese Bestimmungen des Landpachtvertrages. Fehlen besondere Vereinbarungen, bedeutet die Verpflichtung zur ordnungsgemäßen Bewirtschaftung eine dauernde Betriebspflicht nach geltenden technischen und wirtschaftlichen Regeln und Standards.[25]

Der Pächter wird nicht von der Entrichtung der Pacht dadurch befreit, dass er durch einen in seiner Person liegenden Grund an der Ausübung des ihm zustehenden Nutzungsrechts verhindert ist, § 587 Abs. 2 Satz 1 BGB. Sodann folgt in § 587 Abs. 2 Satz 2 BGB eine ausdrückliche Verweisung auf das Mietrecht, hier konkret auf § 537 Abs. 1 Satz 2 und Abs. 2 BGB. Demgemäß muss sich der Verpächter den Wert der ersparten Aufwendungen sowie derjenigen Vorteile anrechnen lassen, die er aus einer anderweitigen Verwertung des Gebrauchs erlangt; solange ferner der Verpächter infolge einer Überlassung des Gebrauchs an einen Dritten außerstande ist, dem Pächter den Gebrauch zu gewähren, ist der Pächter zur Entrichtung der Pacht nicht verpflichtet.

c) **Lasten des Pachtobjekts.** Gemäß § 586a BGB hat der Verpächter die auf der Pachtsache ruhenden Lasten zu tragen. Der Sache nach handelt es sich um **öffentlich-rechtliche und privatrechtliche Lasten.** Unter öffentlich-rechtlichen Lasten werden Steuern verstanden, Gebühren und Beiträge, Reinigungs- und Streupflichten, Müllabfuhrkosten, kommunale Abgaben und Gebühren (z.B. Kanalgebühren), Straßenreinigungskosten, Kehr- und Schornsteinfegergebühren, Brandversicherungsprämien oder Grundsteuern.[26]

Privatrechtliche Lasten sind Hypotheken- und Grundschuldzinsen, Reallasten und Dienstbarkeiten.[27]

§ 586a BGB ist abdingbar.[28] Von dieser Möglichkeit wird bei der Betriebsverpachtung in der Praxis reger Gebrauch gemacht. Die gesetzliche Regelung bedeutet für Verpächter, die eine Vielzahl von Pachtverträgen abschließen und die Lasten ganz oder teilweise auf den Pächter abwälzen wollen, dass die Vorschriften der §§ 305 ff. BGB zur Anwendung kommen. Im Einzelfall muss daher stets geprüft werden, ob die Unklarheitenregelung eingreift oder eine unangemessene Benachteiligung einer Vertragspartei vorliegt oder dass so sehr vom gesetzlichen Leitbild des Vertragsverhältnisses abgewichen worden ist, dass die getroffene Regelung unwirksam ist. Das Risiko der Unwirksamkeit einer Klausel trifft den Verwender, also regelmäßig den Verpächter.[29] Erforderlich ist stets eine genaue Formulierung der entsprechenden Klausel. Vertragsbestimmungen, mit denen von der gesetzlichen Vorgabe des § 586a BGB abgewichen werden sollen, sind eng und im Zweifel gegen den Verpächter auszulegen.[30] Regelmäßig werden von Klauseln, mit denen Lasten im Sinne des § 586a BGB auf den Pächter überwälzt werden sollen, nur die öffentlich-rechtlichen Belastungen erfasst.

d) **Zustand des Pachtobjekts.** Nach § 585b BGB sollen Verpächter und Pächter bei Beginn des Pachtverhältnisses gemeinsam eine Beschreibung der Pachtsache anfertigen. Festgelegt wird der Umfang des Pachtobjekts und namentlich sein Zustand, in dem es sich bei Überlassung befindet. In der von beiden Parteien unterschriebenen Beschreibung soll auch die Angabe des Datums erfolgen, § 585b Abs. 1 BGB.

---

[24] Palandt/*Weidenkaff* § 587 Rdnr. 1; Faßbender/Hötzel/Lukanow/*Faßbender* § 587 BGB Rdnr. 6.
[25] Palandt/*Weidenkaff* § 586 Rdnr. 2; Faßbender/Hötzel/Lukanow/*Faßbender* § 586 BGB Rdnr. 36 ff.
[26] Palandt/*Weidenkaff* § 586a Rdnr. 1; Faßbender/Hötzel/Lukanow/*Faßbender* § 586a BGB Rdnr. 10.
[27] Faßbender/Hötzel/Lukanow/*Faßbender* § 586a BGB Rdnr. 9.
[28] Palandt/*Weidenkaff* § 586a Rdnr. 1; Faßbender/Hötzel/Lukanow/*Faßbender* § 586a BGB Rdnr. 1.
[29] Faßbender/Hötzel/Lukanow/*Faßbender* § 586a BGB Rdnr. 4.
[30] Faßbender/Hötzel/Lukanow/*Faßbender* § 586a BGB Rdnr. 19.

24 e) **Bestandteile/Inventar.** Ein landwirtschaftlicher Betrieb wird regelmäßig mit Inventar verpachtet. Nach § 586 BGB in Verbindung mit § 582 Abs. 1 BGB obliegt dem Pächter die Erhaltung der einzelnen Inventarstücke. Darüber hinaus hat der Pächter die gewöhnlichen Ausbesserungen der Pachtsache, insbesondere die der Wohn- und Wirtschaftsgebäude, der Wege, Gräben, Dränungen und Einfriedungen, auf seine Kosten durchzuführen. Der Pächter ist also gehalten, die Inventarstücke in dem Zustand zu erhalten, so wie es dem Vertrag entspricht; in diesem Zusammenhang ist auf die Bedeutung der Betriebsbeschreibung nach § 585 b BGB zu verweisen, die bei Beginn des Pachtverhältnisses für entsprechende Klarheit zwischen den Parteien sorgen kann.

25 Wie sich aus dem Begriff „insbesondere" in § 586 Abs. 1 Satz 2 BGB ergibt, bezieht sich die Verpflichtung zur Ausbesserung nicht nur auf die im Gesetz genannten Bereiche, sondern auf die gesamte Pachtsache.[31] Die Ausbesserungspflicht des Pächters umfasst daher die laufenden Wartungs- und Pflegearbeiten, Schönheitsreparaturen und Maßnahmen wegen laufender Witterungseinflüsse.[32] Hinzu tritt die Verpflichtung, durch rechtzeitige Reparaturen eine unnötige Verschlechterung der Pachtsache zu verhindern. In diesen Zusammenhang fallen die Pflege und der Schutz des Maschinenparks, ein Ersatz verfaulter Einfriedungszaunpfähle, das Säubern der Gräben, das Auffüllen von Fahrspuren auf den Wegen und Zufahrten, der Ersatz von zerbrochenen Fensterscheiben, das Weißen und Desinfizieren der Ställe, Reparaturen an Gräben oder sonstigen Anlagen im Pachtobjekt.[33] Die vorstehende Auflistung ist naturgemäß nicht abschließend.

26 f) **Notwendige Verwendungen seitens des Pächters.** Unter Verwendungen sind Leistungen an Kapital und Arbeit zu verstehen, die der Pachtsache zugute kommen sollen, indem sie diese wiederherstellen, erhalten oder verbessern.[34] Notwendig sind die Verwendungen, soweit sie zur Erhaltung oder Wiederherstellung der Pachtsache unerlässlich sind.

27 **Beispiele notwendiger Verwendungen** sind der Kostenaufwand für eine Wiederherstellung der Bewohnbarkeit von Gebäuden nach Baufälligkeit oder Beschädigungen, Kosten für Dränage vernässter Grundstücke, die Errichtung einer Stützmauer zur Grundstückserhaltung. Entsprechendes gilt für die Herstellung einer Heizungsanlage oder eines Badezimmers für eine Landarbeiterwohnung. Als weiteres Beispiel kann die Errichtung einer Scheune angesehen werden, falls zuvor keine vorhanden war, ferner der Wiederaufbau beschädigter Betriebsgebäude oder der Bau einer zulässigen Siloanlage.[35]

28 Entsprechend der gesetzlichen Regelung in § 586 Abs. 1 BGB, derzufolge der Verpächter die Pachtsache in einem zu der vertragsmäßigen Nutzung geeigneten Zustand zu überlassen und sie während der Pachtzeit in diesem Zustand zu erhalten hat, sind **notwendige Verwendungen** Sache des Verpächters. Leiste der Pächter an der Stelle seines Verpächters notwendige Verwendungen, sieht das Gesetz einen Ersatzanspruch vor. Allerdings ist die Vorschrift des § 590 b BGB abdingbar.[36] Vereinbarungen sind denkbar, durch die der Verpächter seine Verpflichtung zur Zustandserhaltung auf den Pächter abwälzt und einen Ersatzanspruch wegen notweniger Verwendungen ausschließt. Als Individualvereinbarung mag eine derartige Vertragsgestaltung hinnehmbar sein; als Klausel beinhaltet sie allerdings eine unangemessene Benachteiligung des Pächters, weil dadurch die Pächterleistungen in unkalkulierbarer Weise erhöht werden und nachhaltig vom gesetzlichen Leitbild des Landpachtvertrages abgewichen wird. Daher wird in einem derartigen Fall § 307 BGB eingreifen, so dass im Wege einer Klausel weder die notwendigen Verwendungen auf das Pachtobjekt auf den Pächter überwälzt werden können noch der entsprechende Ersatzanspruch ausgeschlossen werden kann.[37]

---

[31] Faßbender/Hötzel/Lukanow/*Faßbender* § 586 BGB Rdnr. 45.
[32] Palandt/*Weidenkaff* § 586 Rdnr. 1; Faßbender/Hötzel/Lukanow/*Faßbender* § 586 BGB Rdnr. 46.
[33] Faßbender/Hötzel/Lukanow/*Faßbender* § 586 BGB Rdnr. 46.
[34] Palandt/*Weidenkaff* § 536 a Rdnr. 16; Faßbender/Hötzel/Lukanow/*Faßbender* § 590 b BGB Rdnr. 4.
[35] Beispiele nach *Faßbender*/Hötzel/Lukanow § 590 b BGB Rdnr. 5 und 6.
[36] Faßbender/Hötzel/Lukanow/*Faßbender* § 590 b BGB Rdnr. 1.
[37] So auch Faßbender/Hötzel/Lukanow/*Faßbender* § 590 b BGB Rdnr. 1.

g) Wertverbessernde Verwendungen. Andere als notwendige Verwendungen mit Ausnahme der vom Pächter selbst nach § 586 Abs. 1 Satz 2 BGB zu tragenden Instandhaltungsaufwendungen sind dem Pächter nach Vertragsbeendigung gemäß § 591 Abs. 1 BGB dann zu ersetzen, wenn der Verpächter diesen Verwendungen zugestimmt hat und eine Wertsteigerung über das Ende der Pachtzeit hinaus feststellbar ist. Unter Verwendungen sind solche Aufwendungen des Pächters auf die gesamte oder Teile der Pachtsache zu verstehen, die objektiv dazu dienen und subjektiv zu dem Zweck erfolgt sind, den Bestand oder die ordnungsgemäße Benutzung der Pachtsache zu erhalten, wiederherzustellen oder zu verbessern, sofern es sich nicht um notwendige Verwendungen im Sinne des § 590 b BGB handelt.[38] 29
Beispiele für nützliche und wertsteigernde Verwendungen:
Errichtung von Gebäuden, Ausbau und Umbau bestehender Gebäude auf dem Gelände des Pachtbetriebs, Modernisierungsmaßnahmen in Landarbeiterwohnungen, Anlegung von Vorratsbehältern. Die Aufzählung ist nicht abschließend.[39]

Voraussetzung für einen Verwendungsersatzanspruch des Pächters nach Ende der Vertragslaufzeit ist die Zustimmung des Verpächters, § 591 Abs. 1 BGB. Der Sache nach handelt es sich bei der Zustimmung um eine einseitige, empfangsbedürftige Willenserklärung, die keiner besonderen Form bedarf. 30

Soweit durch **Individualabrede** insoweit eine Schriftform der Zustimmung verlangt wird, bestehen gegen die Zulässigkeit solcher Abreden keine Bedenken. Im Ergebnis sind aber auch Schriftformklauseln in diesem Zusammenhang wirksam, wenn sie **formularmäßig vereinbart** worden sind. Denn die besondere Interessenlage im Landpachtrecht ist gekennzeichnet durch das Bedürfnis nach einer klaren Regelung und auch einer problemfreien Beweisbarkeit der vertraglichen Abreden während der Pachtzeit. Die gesetzlichen Auswirkungen in Form eines Ersatzanspruchs treten erst nach Ende der Pachtzeit auf und damit möglicherweise in weiter Zukunft, da Landpachtverträge regelmäßig über längere Zeiträume abgeschlossen werden. Darüber hinaus ist nicht ersichtlich, dass durch das Erfordernis einer Schriftlichkeit der Zustimmung einer der Vertragsteile in unangemessener Weise benachteiligt wird. 31

Weigert sich der Verpächter, den Verwendungen des Pächters nach § 591 Abs. 1 BGB zuzustimmen, kann die Zustimmung des Verpächters durch das Landwirtschaftsgericht ersetzt werden, soweit die Verwendungen zur Erhaltung oder nachhaltigen Verbesserung der Rentabilität des Betriebs geeignet sind und dem Verpächter bei Berücksichtigung seiner berechtigten Interessen zugemutet werden kann, § 591 Abs. 2 Satz 1 BGB. Von Rentabilität ist dann auszugehen, wenn das Verhältnis von Gewinn zum Einsatz von Kapital und Arbeit erhalten bleibt oder nachhaltig verbessert wird.[40] 32

Hinzu kommt das Erfordernis, dass die Verwendungen **dem Verpächter zumutbar** sein müssen. Hier ist eine Abwägung der beiderseitigen Interessen im Einzelfall notwendig, wobei auch der Eigentumsschutz des Verpächters und die zu erwartenden Belastungen durch den Ersatzanspruch am Ende des Pachtverhältnisses Berücksichtigung finden müssen. Soziale Gesichtspunkte können beim Verpächter ebenfalls einer Zustimmung entgegenstehen.[41] Das Landwirtschaftsgericht kann die Zustimmung des Verpächters unter Bedingungen und Auflagen ersetzen, § 591 Abs. 2 Satz 3 BGB. 33

Das **Landwirtschaftsgericht** kann auf besonderen Antrag auch Bestimmungen über den Mehrwert treffen und ihn festsetzen, § 591 Abs. 3 Satz 1 BGB. Das Gericht kann bestimmen, dass der Verpächter den Mehrwert nur in Teilbeträgen zu ersetzen hat, und kann Bedingungen für die Bewilligung solcher Teilzahlungen festsetzen. Ist dem Verpächter ein Ersatz des Mehrwerts bei Beendigung des Pachtverhältnisses auch in Teilbeträgen nicht zuzumuten, so kann der Pächter nur verlangen, dass das Pachtverhältnis zu den bisherigen Bedingungen so lange fortgesetzt wird, bis der Mehrwert der Pachtsache abgegolten ist, § 591 Abs. 3 Satz 3 BGB. Regelmäßig sollte im Verfahren vor dem Landwirtschaftsgericht 34

---

[38] BGH NJW 1991, 3279, 3280; Faßbender/Hötzel/Lukanow/*Faßbender* § 591 BGB Rdnr. 19.
[39] Vgl. die weiteren Beispiele bei Faßbender/Hötzel/Lukanow/*Faßbender* § 591 BGB Rdnr. 20.
[40] Palandt/*Weidenkaff* § 590 Rdnr. 8.
[41] Vgl. Faßbender/Hötzel/Lukanow/*Faßbender* § 590 BGB Rdnr. 68.

eine vergleichsweise Regelung angestrebt werden. Kommt allerdings keine Einigung zustande, entscheidet auf Antrag das Landwirtschaftsgericht über eine Fortsetzung des Pachtverhältnisses, § 591 Abs. 3 Satz 4 BGB.

35 Eine Zustimmung des Verpächters ist gemäß § 591 Abs. 2 Satz 2 BGB ausgeschlossen, wenn der Pachtvertrag gekündigt ist oder das Pachtverhältnis in weniger als drei Jahren endet. Fiele die Entscheidung des Landwirtschaftsgerichts in die Drei-Jahres-Frist vor Vertragsende, ist eine Ersetzung der Zustimmung des Verpächters durch das Gericht nicht mehr zulässig.[42]

36 h) **Maßnahmen zur Erhaltung und Verbesserung.** Gemäß § 588 Abs. 1 BGB hat der Pächter Einwirkungen auf die Pachtsache zu dulden, soweit sie zu ihrer Erhaltung notwendig sind. Wie sich auf § 586 Abs. 1 Satz 1 BGB ergibt, stellt die Erhaltung der Pachtsache in vertragsgemäßem Zustand eine der Hauptpflichten des Verpächters dar. Der Pächter hat zwar die Einwirkungen des Verpächters, die zur Erhaltung des Pachtobjekts dienen, zu dulden; nicht hingegen sind seine Rechte wegen einer eventuellen Beeinträchtigung des Pachtgebrauchs eingeschränkt, so dass er eine angemessene Minderung der Pacht geltend machen kann, §§ 588, 536 BGB.[43]

37 **Maßnahmen zur Verbesserung der Pachtsache** hat der Pächter zu dulden, es sei denn, dass die Maßnahme für ihn eine Härte bedeutet, die auch unter Würdigung der berechtigten Interessen des Verpächters nicht zu rechtfertigen ist, § 588 Abs. 2 Satz 1 BGB. Verbesserungen sind sämtliche Maßnahmen des Verpächters, durch welche objektiv der Gebrauchs- oder Substanzwert der Pachtsache erhöht wird.[44] Insoweit stehen die wirtschaftlichen Interessen beider Vertragspartner im Vordergrund; kein Verpächter wird sich dazu entschießen, Investitionen zu tätigen, ohne dass der Substanzwert seines Betriebes nachhaltig gesteigert wird. Demgegenüber hat der Pächter eine Steigerung seiner Erträge im Blick. Vor diesem Hintergrund ist eine Abwägung der beiderseitigen Interessen vorzunehmen, um eine Duldungspflicht des Pächters zu begründen.[45]

38 Der Verpächter hat die dem Pächter **durch die Maßnahmen entstandenen Aufwendungen** und entgangenen Erträge in einem den Umständen nach angemessenen Umfang zu ersetzen, § 588 Abs. 2 Satz 2 BGB. Die Aufwendungen sind zu ersetzen, die etwa einem Pächter durch eine anderweitige Versorgung seines Viehs entstehen, während die Stallgebäude modernisiert werden; bei Verbesserungen von Wohnungen auf dem Pachtgelände mag auch eine Auslagerung von Möbeln in Betracht kommen, zu der sich der Pächter veranlasst sehen mag. Dem Pächter steht in derartigen Fällen ein Anspruch auf angemessenen Vorschuss gegen seinen Vertragspartner zu, § 588 Abs. 2 Satz 3 BGB.

39 Soweit der Pächter auf Grund von Maßnahmen des Verpächters **höhere Erträge** erzielt oder bei ordnungsgemäßer Bewirtschaftung erzielen könnte, kann der Verpächter verlangen, dass der Pächter in eine angemessene Erhöhung der Pacht einwilligt, es sei denn, dass dem Pächter eine Erhöhung der Pacht nach den Verhältnissen des Betriebs nicht zugemutet werden kann, § 588 Abs. 3 BGB. Da in der Regel Verpächter und Pächter landwirtschaftlicher Betriebe wirtschaftlich denken, werden sich die Vertragsparteien vor den Investitionen zusammensetzen, um zu klären, welche Ertragssteigerungen angestrebt werden. Insoweit ist auch eine Einigung über eine eventuell Steigerung der Pacht in Erwägung zu ziehen.[46] In diesem Zusammenhang ist auf die berufsständischen Pachtschlichtungsstellen zu verweisen. Erst wenn eine Einigung zwischen den Vertragspartnern nicht erzielbar ist, greift § 588 Abs. 4 BGB ein; das **Landwirtschaftgericht** kann angerufen werden, das in Fällen von Streitigkeiten nach § 588 Abs. 1 und 2 BGB entscheidet. Verweigert der Pächter im Falle des § 588 Abs. 3 BGB seine Einwilligung, so kann sie das Landwirtschaftsgericht auf Antrag des Verpächters ersetzen. Der Sache nach handelt es sich um einen den Landpachtvertrag inhaltlich ändernden Gestaltungsbeschluss des Gerichts, das dahingehend tenoriert, dass ab einem

---

[42] Faßbender/Hötzel/Lukanow/*Faßbender* § 591 BGB Rdnr. 33.
[43] Faßbender/Hötzel/Lukanow/*Faßbender* § 588 BGB Rdnr. 8.
[44] Faßbender/Hötzel/Lukanow/*Faßbender* § 588 BGB Rdnr. 9.
[45] Palandt/*Weidenkaff* § 588 Rdnr. 4.
[46] Vgl. Palandt/*Weidenkaff* § 588 Rdnr. 8.

bestimmten Zeitpunkt der Landpachtvertrag zwischen den Parteien abgeändert wird mit der Maßgabe, dass die Pacht ab dem neuen Zeitpunkt sich auf nunmehr € ...... beläuft.

i) **Wegnahme von Einrichtungen.** Gemäß § 591a BGB ist der Pächter berechtigt, eine Einrichtung, mit der er die Pachtsache versehen hat, wegzunehmen. Der Anwendungsbereich des § 591a BGB beschränkt sich auf die Rechtsposition des Pächters bei Vertragsende. Denn während der Pachtzeit kann der Pächter von ihm eingebrachte Einrichtungen jederzeit aus dem Pachtobjekt wieder herausnehmen.[47] Einrichtungen, mit denen der Pächter die Pachtsache versehen hat, sind bewegliche Sachen, die mit der Pachtsache verbunden und dazu bestimmt sind, dem wirtschaftlichen Zweck der Pacht zu dienen.[48] 40

Ein Wegnahmerecht des Pächters besteht nicht an Sachen, die nach § 586 Abs. 1 Satz 2 BGB zur Ausbesserung eingefügt worden sind oder für notwendige Verwendungen, § 590b BGB, weil diese Sachen dazu dienen, die Pachtsache zu erhalten.[49] Der Pächter darf auch nicht solche nützliche oder werterhöhenden Verwendungen wegnehmen, die der Verpächter nach § 591 BGB ersetzt hat oder ersetzen muss.[50] 41

Das Wegnahmerecht des Pächters gemäß § 591a Satz 1 BGB entfällt, wenn der Verpächter die Ausübung des Rechts unter **Entschädigungszahlung** abwenden kann. Darüber hinaus entfällt das Wegnahmerecht des Pächters bei Vertragsende, wenn der Pächter vertraglich verpflichtet ist, bestimmte Einrichtungen im Pachtobjekt anzubringen und dort bei Vertragsende zu belassen.[51] Diese Vereinbarung ist aber nach § 591a Satz 3 BGB nur dann wirksam, wenn zu Gunsten des Pächters ein angemessener Ausgleich vorgesehen ist. Unter Ausgleich ist nicht zwingend ein Geldbetrag zu verstehen; der Ausgleich kann auch in einer Herabsetzung der Pacht oder in einer Verlängerung der Pachtzeit bestehen.[52] Berechnungsgrundlage ist der wirtschaftliche Gebrauchswert. 42

j) **Sonderkündigungsrechte.** In den Landpachtvertrag können auch Regelungen aufgenommen werden, die sich auf Sonderkündigungsrechte beziehen, wie etwa die Kündigung des Pachtverhältnisses wegen **Eigenbedarfs des Verpächters**.[53] Namentlich sollten die Vertragsparteien eine Regelung darüber treffen, ob ein Kündigungsrecht wegen Eigenbedarfs allein dem Verpächter zustehen soll oder auch im Falle eines Erwerbs durch einen Dritten dem neuen Verpächter, der in den Landpachtvertrag eingetreten ist. 43

k) **Verjährung.** Gemäß § 591b Abs. 1 BGB verjähren die Ersatzansprüche des Verpächters wegen Veränderung oder Verschlechterung der verpachteten Sache sowie die Ansprüche des Pächters auf Ersatz von Verwendungen oder auf Gestattung der Wegnahme einer Einrichtung in sechs Monaten. Die Vorschrift umfasst nicht nur vertragliche Ansprüche des Verpächters, sondern auch Ansprüche wegen Beschädigung des Eigentums an der Pachtsache, soweit sie auf dasselbe Ziel wie die vertraglichen Ansprüche gerichtet sind.[54] Anders verhält es sich dagegen bei einem Anspruch aus vorsätzlicher sittenwidriger Schädigung nach § 826 BGB. Auf einen solchen Anspruch gegen den Pächter oder einen in den Schutzbereich des Pachtvertrages einbezogenen Dritten findet § 591b BGB keine Anwendung. Hier verbleibt es bei der Vorschrift des § 195 BGB. 44

Die **Verjährung der Ersatzansprüche des Verpächters** beginnt mit dem Zeitpunkt, in welcher er die Sache zurückerhält, § 591b Abs. 2 Satz 1 BGB. Entscheidend ist, dass der Verpächter durch Ausübung der unmittelbaren Sachherrschaft die Sache auf Veränderung und Verschlechterung ungestört untersuchen kann und dass der Pächter mit Kenntnis des Verpächters den Besitz vollständig und unzweideutig aufgibt.[55] 45

---

[47] Faßbender/Hötzel/Lukanow/*Faßbender* § 591a BGB Rdnr. 2.
[48] Faßbender/Hötzel/Lukanow/*Faßbender* § 591a BGB Rdnr. 4.
[49] Palandt/*Weidenkaff* § 591a Rdnr. 1.
[50] Palandt/*Weidenkaff* § 591a Rdnr. 1.
[51] Faßbender/Hötzel/Lukanow/*Faßbender* § 591a BGB Rdnr. 18; Palandt/*Weidenkaff* § 591a Rdnr. 2.
[52] Palandt/*Weidenkaff* § 591a Rdnr. 2; Faßbender/Hötzel/Lukanow/*Faßbender* § 591a BGB Rdnr. 18.
[53] *Grüter* in Schach § 8 Rdnr. 25.
[54] BGH NJW 2001, 2253; Faßbender/Hötzel/Lukanow/*Faßbender* § 591b BGB Rdnr. 6.
[55] BGH NJW 2006, 1963; BGH NJW 2006, 2399; Palandt/*Weidenkaff* § 548 Rdnr. 11.

46 Die **Verjährung der Ansprüche des Pächters** beginnt mit der Beendigung des Pachtverhältnisses, § 591 b Abs. 2 Satz 2 BGB.

5. Änderung von Landpachtverträgen

47 Haben sich nach Abschluss des Landpachtvertrages die Verhältnisse, die für die Festsetzung der Vertragsleistungen maßgebend waren, nachhaltig so geändert, dass die gegenseitigen Verpflichtungen in ein grobes Missverhältnis geraten sind, so kann jeder Vertragsteil eine Änderung des Vertrages mit Ausnahme der Pachtdauer verlangen, § 593 Abs. 1 Satz 1 BGB. Die Vorschrift ist zwingend, wie sich aus § 593 Abs. 5 BGB ergibt. Allerdings sind Vereinbarungen zulässig, die gesetzliche Voraussetzungen für eine Vertragsänderung näher konkretisieren und gegebenenfalls erweitern. Dazu zählen insbesondere Wertsicherungsklauseln oder Leistungsvorbehalte, wonach jede Vertragspartei eine Neufestsetzung des Pachtpreises verlangen kann, wenn die Pacht nicht mehr angemessen ist oder bestimmte Bezugsgrößen sich um einen festen Zahlenwert nach unten oder nach oben geändert haben.[56] § 593 BGB konkretisiert den Wegfall oder die Änderung der Geschäftsgrundlage und schließt damit eine Anwendung des § 313 BGB aus.[57]

48 Verbessert oder verschlechtert sich infolge der Bewirtschaftung der Pachtsache durch den Pächter deren Ertrag, so kann, wenn nichts anderes vereinbart ist, eine Änderung des Pachtzinses nicht verlangt werden, § 593 Abs. 1 Satz 2 BGB. Durch die gesetzliche Regelung wird deutlich, dass der Pächter das **Bewirtschaftungsrisiko** trägt. Besonders gute Erträge sollen dem Pächter zugute kommen; entsprechend muss er sich eine schlechte Ertragslage zurechnen lassen, ohne dass die Pacht nach unten korrigiert werden müsste. § 593 Abs. 1 Satz 2 BGB ist eng auszulegen; soweit eine Verschlechterung der Erträge auf andere Umstände als die Bewirtschaftung durch den Pächter zurückzuführen ist, kann durchaus eine Anpassung der Pacht verlangt werden.

49 Das Gesetz sieht in § 593 Abs. 1 Satz 1 BGB eine **nachhaltige Änderung der Verhältnisse** vor, die eine Anpassung der Pacht zur Folge haben kann. Ob sich die für die Festsetzung der Vertragsleistungen maßgebenden Verhältnisse nachhaltig verändert haben, lässt sich nur unter Berücksichtigung sämtlicher Umstände tatsächlicher und rechtlicher Art beantworten, die das wirtschaftliche Interesse an der Nutzung von Pachtland unter Einbeziehung örtlicher Besonderheiten bestimmen.[58] Das Merkmal der **Nachhaltigkeit** in § 593 Abs. 1 Satz 1 BGB schließt aus, dass die Anpassung bereits bei einer vorübergehenden oder in ihrer zeitlichen Ausdehnung noch nicht überschaubaren Änderung der Verhältnisse verlangt werden kann.[59] Die nachhaltige Änderung der Verhältnisse kann sich auf den Zustand der Pachtsache beziehen, die Betriebskosten, Marktpreise der Erzeugnisse, auch Wegfall von Subventionen. Vergleichsmaßstab kann auch die Entwicklung der regionalen Pachtpreise darstellen im Verhältnis zu den Bedingungen bei Vertragsabschluss.[60] Eine nachhaltige Änderung der Verhältnisse kann sich etwa aus der allgemeinen Wirtschaftslage in der Landwirtschaft ergeben, aus einer Änderung der Steuerlast wie auch aus einer Veränderung der Pachtsache durch Naturereignisse oder durch Unglücksfälle.[61]

50 Als **Maßstab für die Anpassung** der Pacht ist zunächst der Landpachtvertrag selbst heranzuziehen. Haben die Parteien über eine Anpassung der Pacht bei veränderter Sachlage Vereinbarungen bereits im Pachtvertrag getroffen, sind diese Vereinbarungen vorrangig vor der gesetzlichen Regelung.[62]

51 Sind vertraglich keine Regelungen über eine Anpassung der Pacht wegen nachhaltig veränderter Sachlage feststellbar, ist auf das Gesetz zurückzugreifen. Voraussetzung für eine Anpassung ist nach § 593 Abs. 1 Satz 1 BGB ein grobes Missverhältnis der Vertragsleistun-

---

[56] Faßbender/Hötzel/Lukanow/*Faßbender* § 593 BGB Rdnr. 8.
[57] Palandt/*Weidenkaff* § 593 Rdnr. 2; Faßbender/Hötzel/Lukanow/*Faßbender* § 593 BGB Rdnr. 23.
[58] BGH NJW 1997, 1066.
[59] Faßbender/Hötzel/Lukanow/*Faßbender* § 593 BGB Rdnr. 34; Palandt/*Weidenkaff* § 593 Rdnr. 5.
[60] Palandt/*Weidenkaff* § 593 Rdnr. 5.
[61] BGH NJW 1997, 1066, 1067.
[62] BGH NJW 1997, 1066, 1067; Faßbender/Hötzel/Lukanow/*Faßbender* § 593 BGB Rdnr. 40.

gen zueinander. Was unter einem groben Missverhältnis im Sinne des § 593 Abs. 1 Satz 1 BGB zu verstehen ist, hat der Gesetzgeber nicht definiert. Der Bundesgerichtshof[63] hat klargestellt, dass als Maßstab die Kriterien des § 4 Abs. 1 Ziffer 3 LPachtVG heranzuziehen sind; für eine Vertragsanpassung ist das angemessene Verhältnis zwischen dem bei ordnungsgemäßer Bewirtschaftung nachhaltig erzielbaren Ertrag und dem Pachtpreis ein entscheidender Umstand. Ein Pachtpreis kann demgemäß dahingehend der Höhe nach angepasst werden, dass er einer Beanstandung durch die zuständige Behörde nach § 4 LPachtVG nicht ausgesetzt ist. Dabei sind aller betriebswirtschaftlichen Kriterien zu berücksichtigen.

Eine Änderung kann frühestens zwei Jahre nach Beginn der Pacht oder nach dem Wirksamwerden der letzten Änderung der Vertragsleistungen verlangt werden, § 593 Abs. 2 Satz 1 BGB (Sperrfrist). Bei dem Änderungsverlangen handelt es sich eine empfangsbedürftige Willenerklärung, die den allgemeinen Regeln über Willenserklärungen unterliegt.[64] Die zeitliche Beschränkung des § 593 Abs. 2 Satz 1 BGB gilt nicht, wenn verwüstende Naturereignisse, gegen die ein Versicherungsschutz nicht üblich ist, das Verhältnis der Vertragsleistungen grundlegend und nachhaltig verändert haben, § 593 Abs. 2 Satz 2 BGB.

Gemäß § 593 Abs. 3 BGB kann die Änderung nicht für eine frühere Zeit als für das Pachtjahr verlangt werden, in dem das Änderungsverlangen erklärt wird. Eine weitere Rückwirkung ist damit ausgeschlossen.

Weigert sich ein Vertragsteil, in eine Änderung des Vertrages einzuwilligen, so kann der andere Teil die **Entscheidung des Landwirtschaftsgerichts** beantragen, § 593 Abs. 4 BGB. Der Antrag an das Amtsgericht als Landwirtschaftsgericht ist gemäß § 8 Abs. 1 LPachtVG zulässig, wenn das Pachtverhältnis gemäß § 2 LPachtVG bei der Landwirtschaftsbehörde spätestens bis zum Schluss der mündlichen Verhandlung angezeigt war.[65] Der Antrag ist auf eine Änderung der Vertragspflichten gerichtet. Dieser Antrag kann nicht mit einem Antrag auf Zahlung verbunden werden. Das Verfahren richtet sich nach den Vorschriften des FGG. Besteht zwischen den Vertragsparteien ein Streit etwa über die Wirksamkeit des Landpachtvertrages oder einzelner Bestimmungen, ist dieser Streit nach den Vorschriften der Zivilprozessordnung auszufechten. Eine Verbindung mit dem Änderungsverfahren ist nicht möglich.[66]

Der Beschluss des Landwirtschaftsgerichts ersetzt die zur Vertragsänderung erforderliche Zustimmung des anderen Vertragsteils.[67] Im Tenor ist auszusprechen, dass die Nettopacht sich ab einem bestimmten Zeitpunkt auf einen bestimmten Betrag beläuft oder dass eine neue Vertragsklausel an die Stelle einer bisherigen Klausel tritt oder auch, dass der Antrag zurückgewiesen wird. Erfüllt eine Vertragspartei ihre aus dem Beschluss des Landwirtschaftsgerichts folgende Verpflichtung auf Zahlung etwa der geänderten Pacht nicht, kann der Berechtigte nach § 595a Abs. 3 Satz 2 BGB einen Antrag auf Zahlung an das Landwirtschaftsgericht stellen und auf diese Weise einen Vollstreckungstitel erwirken.[68]

6. Leistungsstörungen

a) **Zahlungsverzug des Pächters.** Gemäß § 585 Abs. 2 BGB in Verbindung mit § 581 Abs. 1 Satz 2 BGB ist der Pächter eines landwirtschaftlichen Anwesens verpflichtet, dem Verpächter die vereinbarte Pacht zu entrichten. Nach § 587 Abs. 1 BGB ist die Pacht am Ende der Pachtzeit zu entrichten. Ist die Pacht nach Zeitabschnitten bemessen, so ist sie am ersten Werktag nach dem Ablauf der einzelnen Zeitabschnitte zu entrichten, § 587 Abs. 1 Satz 2 BGB. Dem Verpächter steht damit ein einklagbarer Anspruch auf Zahlung der Pacht gegen seinen Pächter zu.

In § 594e Abs. 1 BGB wird für den Fall eines Zahlungsverzuges und einer darauf gestützten außerordentlichen fristlosen Kündigung auf die Vorschriften der §§ 543, 569 Abs. 1 und

---

[63] BGH NJW 1997, 1067.
[64] Palandt/*Weidenkaff* § 593 Rdnr. 9.
[65] Faßbender/Hötzel/Lukanow/*Faßbender* § 593 BGB Rdnr. 58.
[66] Faßbender/Hötzel/Lukanow/*Faßbender* § 593 BGB Rdnr. 59.
[67] Palandt/*Weidenkaff* § 593 Rdnr. 10.
[68] Faßbender/Hötzel/Lukanow/*Faßbender* § 593 BGB Rdnr. 60.

2 BGB verwiesen. Angesichts der Feststellung, dass die Pacht nach vielen vertraglichen Vereinbarungen nicht monatlich zu zahlen ist, sondern jährlich oder halbjährlich, war für Landpachtverträge eine spezielle Vorschrift erforderlich, die diesen Besonderheiten Rechnung trägt; demgemäß sieht § 594e Abs. 2 BGB vor, dass abweichend von § 543 Abs. 2 Ziffer 3 Buchstaben a) und b) BGB ein **wichtiger Grund für eine außerordentlich fristlose Kündigung** insbesondere vorliegt, wenn der Pächter mit der Entrichtung der Pacht oder eines nicht unerheblichen Teiles der Pacht länger als drei Monate in Verzug ist. Ist die Pacht nach Zeitabschnitten von weniger als einem Jahr bemessen, so ist die Kündigung erst zulässig, wenn der Pächter für zwei aufeinander folgende Termine mit der Entrichtung der Pacht oder eines nicht unerheblichen Teils der Pacht in Verzug ist.

Verzug tritt nach § 286 Abs. 2 Nummer 1 BGB bei kalendermäßig bestimmter Fälligkeit ein, ohne dass es einer besonderen Mahnung bedarf.

57 Gemäß § 543 Abs. 2 Satz 2 BGB wird die Kündigung unwirksam, wenn vor ihrem Zugang der Verpächter in vollem Umfang befriedigt wird.[69] Dieser Kündigungsausschluss und die befreiende Wirkung einer Aufrechnung bei entsprechender sofortiger Erklärung gelten über § 543 Abs. 2 Satz 2 und 3 BGB weiter.[70]

58 **b) Mängel des Pachtobjekts.** Gemäß § 586 Abs. 1 Satz 1 BGB hat der Verpächter die Pachtsache dem Pächter in einem zu der vertragsgemäßen Nutzung geeigneten Zustand zu überlassen und sie während der Pachtzeit in diesem Zustand zu erhalten. Nach § 586 Abs. 1 Satz 2 BGB hat allerdings der Pächter die gewöhnlichen Ausbesserungen der Pachtsache, insbesondere die der Wohn- und Wirtschaftsgebäude, der Wege, Gräben, Dränungen und Einfriedungen, auf seine Kosten durchzuführen.

59 Für die **Haftung des Verpächters für Sach- und Rechtsmängel** sowie für die Rechte und Pflichten des Pächters wegen solcher Mängel gelten die Vorschriften des Mietrechts, hier § 536 Abs. 1 bis 3 BGB und §§ 536a bis 536d BGB entsprechend. Ist der Verpächter wegen eines Rechtsmangels nicht in der Lage, die vertragsgemäße Nutzung der Pachtsache zu gewähren, ist er zum Schadensersatz verpflichtet, § 536a BGB.[71] Bei einem Sachmangel kann der Pächter seine Rechte aus § 536 Abs. 1 BGB herleiten und **die Pacht mindern,** ferner ein **Zurückbehaltungsrecht** im Hinblick auf die Pacht geltend machen. Ist ein Mangel der Pachtsache bei Vertragsschluss vorhanden oder entsteht ein solcher Mangel später wegen eines Umstands, den der Verpächter zu vertreten hat, oder kommt der Verpächter mit der Beseitigung eines Mangels in Verzug, so kann der Pächter neben seinen Rechten aus § 536 BGB in Form einer Minderung der Pacht **Schadensersatz** verlangen, §§ 586 Abs. 2, 536a Abs. 1 BGB.

60 Der Pächter kann den Mangel selbst beseitigen und Ersatz der erforderlichen Aufwendungen verlangen, wenn
- der Verpächter mit der Beseitigung des Mangels in Verzug ist, oder
- die umgehende Beseitigung des Mangels zur Erhaltung oder Wiederherstellung des Bestands der Pachtsache notwendig ist, §§ 586 Abs. 2, 536a Abs. 2 BGB.

61 **Gewährleistungsansprüche des Pächters** während der Pachtzeit setzen naturgemäß eine entsprechende **Mängelanzeige** voraus, §§ 586 Abs. 2, 536c BGB. Wird die erforderliche Anzeige unterlassen, ist der Pächter dem Verpächter zum Ersatz des daraus entstehenden Schadens verpflichtet; soweit der Verpächter infolge der Unterlassung der Anzeige nicht Abhilfe schaffen konnte, ist der Pächter nicht berechtigt, die Pacht zu mindern, Schadensersatz zu verlangen und eine fristlose Kündigung auszusprechen, §§ 586 Abs. 2, 536c Abs. 2 BGB.

62 Auch § 536b BGB ist durch § 586 Abs. 2 BGB in Bezug genommen worden; die Gewährleistungsrechte sind ausgeschlossen oder eingeschränkt, wenn der Pächter bei Vertragsschluss Kenntnis vom Mangel des Pachtobjekts hatte; ist dem Pächter der Mangel infolge grober Fahrlässigkeit unbekannt geblieben, stehen ihm Gewährleistungsrechte nur zu, wenn der Verpächter den Mangel arglistig verschwiegen hat. Nimmt der Pächter die Pachtsache

---

[69] Palandt/*Weidenkaff* § 543 Rdnr. 27.
[70] Faßbender/Hötzel/Lukanow/*Faßbender* § 594e BGB Rdnr. 17.
[71] BGH NJW 1991, 3277; Palandt/*Weidenkaff* § 586 Rdnr. 2.

trotz Kenntnis des Mangels ab, erhält er seine Gewährleistungsrechte nur bei entsprechendem Vorbehalt, §§ 586 Abs. 2, 536 b Satz 3 BGB.

Die Gewährleistungsansprüche des Pächters wegen Sach- und Rechtsmängeln können im 63 Wege vertraglicher Vereinbarung ausgeschlossen werden.[72] § 586 Abs. 2 BGB verweist nämlich nicht auf § 536 Abs. 4 BGB, in dem niederlegt worden ist, dass bei einem Mietverhältnis über Wohnraum eine zum Nachteil des Mieters abweichende Vereinbarung unwirksam ist. Bei Formularverträgen ist die Grenze des § 309 Nr. 7 und 8 BGB einzuhalten, soweit der Pächter nicht im Sinne der §§ 310 Abs. 1, 14 BGB als **Unternehmer** anzusehen ist; bei Individualvereinbarungen ist zu beachten, dass bei Sittenwidrigkeit und Wucher, einem Verstoß gegen die guten Sitten und bei vorsätzlich verschuldeten Mängeln, § 276 Abs. 3 BGB, der Ausschluss der Gewährleistung unwirksam ist.[73] Eine Einschränkung des Haftungsausschlusses des Verpächters findet sich zudem in §§ 586 Abs. 2, 536 d BGB; auf eine Vereinbarung, durch die die Rechte des Pächters wegen eines Mangels der Pachtsache ausgeschlossen oder beschränkt werden, kann sich der Verpächter nicht berufen, wenn er den Mangel arglistig verschwiegen hat.

c) Nutzungsüberlassung an Dritte. Gemäß § 589 Abs. 1 BGB ist der Pächter **ohne Erlaub-** 64 **nis des Verpächters** nicht berechtigt, die Nutzung der Pachtsache einem Dritten zu überlassen, insbesondere die Sache weiter zu verpachten, ferner die Pachtsache ganz oder teilweise einem landwirtschaftlichen Zusammenschluss zum Zwecke der gemeinsamen Nutzung zu überlassen. Eine Überlassung der Nutzung an Dritte liegt vor, wenn der Besitz an der Pachtsache einem oder mehreren Dritten zur selbständigen Erzielung von Erträgen oder Gebrauchsvorteilen eingeräumt wird.[74]

Als Hauptfall der Nutzungsüberlassung stellt sich die Unterverpachtung dar. Der Sache nach handelt es sich um einen Pachtvertrag, der den allgemeinen Regeln unterliegt. Wird der Unterpachtvertrag für längere Zeit als zwei Jahre abgeschlossen, sollte dies in schriftlicher Form erfolgen, § 585 a BGB, da ansonsten von einem unbefristeten Pachtverhältnis auszugehen ist. Im Verhältnis Hauptverpächter zum Unterpächter bestehen vertragliche Beziehungen nicht. Dem entspricht, dass der Verpächter die Sache nach Beendigung des Pachtverhältnisses auch von dem Dritten zurückfordern kann, wenn der Pächter die Nutzung der Pachtsache einem Dritten überlassen hatte, § 596 Abs. 3 BGB.

Eine besondere Form der Nutzungsüberlassung ist **im Falle des Pflugtausches** gegeben. 65 Dabei handelt es sich um die Überlassung von Eigentums- oder Pachtflächen an einen anderen Bewirtschafter, der seinerseits eigene oder Pachtflächen im Tauschwege zur Verfügung stellt.[75] Dabei kann die Frage dahingestellt bleiben, ob es sich bei dem Pflugtausch um ein Rechtsverhältnis sui generis handelt,[76] ein Gefälligkeitsverhältnis oder aber eine Grundstücksleihe.[77] In jedem Falle nämlich stellt der Pflugtausch einen Bewirtschafterwechsel dar, der einer Erlaubnis des Verpächters bedarf.

Erlaubnispflichtig ist auch die Überlassung der Pachtsache ganz oder teilweise an einen 66 landwirtschaftlichen Zusammenschluss zum Zweck der gemeinsamen Nutzung, § 589 Abs. 1 Ziffer 2 BGB. Als Formen landwirtschaftlicher Zusammenschlüsse sind denkbar: **Maschinenringe, Maschinengemeinschaften, Betriebs- oder Betriebszweiggemeinschaften, Erzeugergemeinschaften in den Rechtsformen des BGB oder des HGB.**[78] Entscheidend für eine Erlaubnispflicht ist stets, dass die Pachtsache in den Zusammenschluss eingebracht wird.

Tritt bei einer Betriebsgemeinschaft oder Gesellschaftsgründung an Stelle des bisherigen Alleinpächters eine Nutzung durch verschiedene Gesellschafter, wird die Pachtsache durch

---

[72] Palandt/*Weidenkaff* § 586 Rdnr. 1; Faßbender/Hötzel/Lukanow/*Faßbender* § 586 BGB Rdnr. 135.
[73] Faßbender/Hötzel/Lukanow/*Faßbender* § 586 BGB Rdnr. 135.
[74] BGH NJW 2002, 2168, 2169; Faßbender/Hötzel/Lukanow/*Faßbender* § 589 BGB Rdnr. 5; Palandt/*Weidenkaff* § 589 Rdnr. 1.
[75] Faßbender/Hötzel/Lukanow/*Faßbender* § 589 BGB Rdnr. 7.
[76] Vgl. Faßbender/Hötzel/Lukanow/*Faßbender* § 589 BGB Rdnr. 7 b.
[77] Vgl. dazu BGH NJW 1985, 313.
[78] Faßbender/Hötzel/Lukanow/*Faßbender* § 589 BGB Rdnr. 13.

67 Demgegenüber erfüllt der infolge einer **Umwandlung durch Verschmelzung** gemäß § 2 UmwG eintretende Pächterwechsel, § 20 Abs. 1 Nr. 1 UmwG, nicht die Voraussetzungen einer Überlassung der Pachtsache an einen Zusammenschluss im Sinne des § 589 Abs. 1 Nr. 2 BGB.[79] Zur Begründung wird darauf verwiesen, die Vorschrift des § 589 BGB setze eine Nutzungsüberlassung an Dritte voraus und damit ein Weiterbestehen des Pächters. Daran fehlt es, weil der ursprüngliche Pächter als übertragender Rechtsträger nach § 20 Abs. 1 Nr. 2 Satz 1 UmwG erloschen sei, folglich keine Nutzungsüberlassung an einen Dritten erfolgt, sondern ein gesetzlicher Pächterwechsel eingetreten sei. Auch könne die Vorschrift des § 589 BGB nicht analog angewendet werden, weil strukturelle Unterschiede zwischen einer Nutzungsüberlassung an Dritte und einer Verschmelzung bestünden.[80]

Dritte bewirtschaftet, so dass eine derartige Übertragung der Pachtsache auf die Gesellschaft erlaubnispflichtig ist.

68 Auch ein **Pächterwechsel** bedarf der Zustimmung des Verpächters. Systematisch korrekt müsste ein Vertrag mit dem Verpächter, dem ausscheidenden Pächter und dem eintretenden Pächter geschlossen werden, ein sog. Dreiecksvertrag.[81]

69 Der Begriff der **Nutzungen** wird aus § 100 BGB hergeleitet.[82] Nutzungen im Sinne des § 589 Abs. 1 Ziffer 1 BGB bilden nicht nur das Ergebnis der Bodenbewirtschaftung sondern auch die Gebrauchsvorteile von gepachteten landwirtschaftlichen Gebäuden, ferner die Gebrauchsvorteile bei Benutzung eines unter Naturschutz stehenden Grundstücks, im übrigen auch jede im ländlichen Bereich vorkommende nichtlandwirtschaftliche Nutzung.[83]

70 Die Erlaubnis stellt eine empfangsbedürftige Willenserklärung dar, auf die die allgemeinen Regeln Anwendung finden. Die Erlaubnis kann bereits im Voraus im Vertrag für einzelne Bereiche erteilt worden sein und ist nicht formbedürftig.[84]

71 Ohne eine ausdrückliche vertragliche Vereinbarung hat der Pächter keinen Anspruch darauf, eine Zustimmung zu einer Überlassung der Pachtsache an Dritte vom Verpächter zu erhalten. Der Verpächter braucht sich einen anderen Vertragspartner nicht aufdrängen zu lassen und ist in seinem Ermessen frei.[85]

72 Überlässt der Pächter die Nutzung der Pachtsache einem Dritten, so hat er ein **Verschulden**, das dem Dritten bei der Nutzung zur Last fällt, zu vertreten, auch wenn der Verpächter die Erlaubnis zur Überlassung erteilt hat, § 589 Abs. 2 BGB. Der Pächter haftet demgemäß neben dem Dritten für dessen Verschulden bei der Nutzung der Pachtsache. Ist die Überlassung des Pachtobjekts ohne Zustimmung des Verpächters erfolgt, so haftet der Pächter auch für Schäden, die der Dritte unverschuldet verursacht hat.[86] Im Falle erlaubter Unterverpachtung haftet der Pächter für ein Verschulden des Dritten aus § 589 Abs. 2 BGB, weil der Pächter dafür einzustehen hat, dass der Dritte die Grenzen des Hauptpachtvertrages einhält.[87]

73 Handelt es sich bei dem Unterpächter oder dem Pflugtauschpartner um eine Gesellschaft oder Genossenschaft, so tritt bei Personengesellschaften eine persönliche Haftung der Gesellschafter ein.[88] Eine Beschränkung dieser Haftung ist nur auf der Basis einer individuellen Vereinbarung möglich.

74 d) **Änderung der landwirtschaftlichen Bestimmung oder der bisherigen Nutzung.** Gemäß § 590 Abs. 1 BGB darf der Pächter die landwirtschaftliche Bestimmung der Pachtsache nur mit vorheriger Erlaubnis des Verpächters ändern. Der Zweck der Vorschrift liegt darin, dem Pächter Bewegungsfreiheit für eine Marktanpassung und Produktivität zu gewährleisten und das Verpächterinteresse an gleichbleibendem belastungsarmen Zustand ohne risikobe-

---

[79] BGH NJW 2002, 2168.
[80] BGH NJW 2002, 2168, 2169.
[81] Faßbender/Hötzel/Lukanow/*Faßbender* § 589 BGB Rdnr. 8.
[82] Palandt/*Weidenkaff* § 589 Rdnr. 1.
[83] Faßbender/Hötzel/Lukanow/*Faßbender* § 589 BGB Rdnr. 4.
[84] Faßbender/Hötzel/Lukanow/*Faßbender* § 589 BGB Rdnr. 22.
[85] Faßbender/Hötzel/Lukanow/*Faßbender* § 589 BGB Rdnr. 23.
[86] Palandt/*Weidenkaff* § 589 Rdnr. 3 unter Verweis auf § 540 Rdnr. 15.
[87] BGH NJW 2000, 3203, 3206; *Kraemer* in Bub/Treier III A 1029; Palandt/*Weidenkaff* § 540 Rdnr. 15.
[88] BGH NJW 1999, 3483; Faßbender/Hötzel/Lukanow/*Faßbender* § 589 BGB Rdnr. 38.

haftete Änderung der Pachtsache zu schützen.[89] **Die Vorschrift ist abdingbar;** vertraglich kann eine eindeutige Regelung zwischen den Parteien getroffen werden, aus der sich Art und Umfang der Änderungsbefugnis ergeben sollte. Hat der Verpächter durch Vertrag oder durch eine entsprechende Willenserklärung während des laufenden Landpachtvertrages die Änderungsbefugnis erteilt, hat dies zur Folge, dass der Pächter die Pachtsache bei Beendigung des Vertragsverhältnisses in geändertem Zustand zurückgeben darf.[90]

Änderung im Sinne des § 590 Abs. 1 BGB bedeutet, dass die Pachtsache **nicht mehr für die Landwirtschaft** genutzt wird.[91] Unter Landwirtschaft versteht das Gesetz in § 585 Abs. 1 Satz 2 BGB die Bodenbewirtschaftung und die mit der Bodennutzung verbundene Tierhaltung, um pflanzliche oder tierische Erzeugnisse zu gewinnen, sowie die gartenbauliche Erzeugung. Eine Änderung liegt in der Verwendung der Landpachtsache in einen Sport-, Camping- oder Lagerplatz, in einer Nutzung von Gebäuden für anderweitige gewerbliche Zwecke, etwa die Umgestaltung eines Wohnhauses in ein Ferienheim oder Wirtschaftgebäude zu gewerblichen Lagerhallen oder Werkstätten.[92] Eine Bestimmungsänderung von Landwirtschaft in Gewerbe tritt immer dann ein, wenn ein Betriebspächter zu einer Intensiv-Viehhaltung in einem solchen Umfang übergeht, dass sein Betrieb als Gewerbe veranlagt wird oder bei einem Pächter eines Gartenbaubetriebs infolge starken Zukaufs von Produkten eine entsprechende Umwidmung vollzogen wird.[93]

Ein besonderes Problem eröffnet sich im Falle einer **Stilllegung von landwirtschaftlichen Betriebsflächen** auf Grund von Vorgaben aus dem **Europäischen Gemeinschaftsrecht.** Eine Flächenstilllegung in Form einer Dauerbrache kann im Innenverhältnis der Pachtvertragsparteien dazu führen, dass die Rückgabe derartiger Flächen bei Vertragsende gegen die Pächterverpflichtung zur Rückgabe der Pachtsache nach § 596 Abs. 1 BGB verstoßen könnte. Nach der vorbezeichneten Vorschrift ist der Pächter verpflichtet, die Pachtsache nach Beendigung des Pachtverhältnisses in dem Zustand zurückzugeben, der einer bis zur Rückgabe fortgesetzten ordnungsgemäßen Bewirtschaftung entspricht. Der Pächter hat im Innenverhältnis der Landpachtparteien die Stilllegung so einzurichten, dass die Pachtfläche bei Vertragsende rekultiviert und in gleicher Weise bewirtschaftbar zurückgegeben wird, so wie sie bei Vertragsbeginn übergeben worden ist.[94] Sind Rekultivierungszeiträume einzuhalten, hat der Pächter die entsprechenden Vorlaufzeiten vor Vertragsende einzuhalten und macht sich ansonsten im Sinne des § 280 BGB schadensersatzpflichtig. Das Außenverhältnis des Pächters unterliegt den besonderen Regelungen des Europäischen Gemeinschaftsrechts und ist an die Vorgaben des Rechts der Fördermittel geknüpft.

Entsprechendes hat zu gelten, wenn der Pächter sich zu einer **Aufgabe der Milcherzeugung** gegen Zahlung entsprechender Milchaufgabenvergütung entschließt; der Sache nach handelt es sich um eine Verschlechterung der Pachtsache. Hier ist eine vorherige Erlaubnis seitens des Verpächters unerlässlich.[95]

Die Erlaubnis muss vor der Änderung erteilt worden sein. Anders als im Falle des § 590 Abs. 2 Satz 3 BGB kann die Erlaubnis nicht durch das Landwirtschaftsgericht ersetzt werden. Allerdings kann die Erlaubnis durch den Verpächter auch nach der Bestimmungsänderung erteilt werden, so dass die Änderung nachträglich rechtmäßig wird.[96]

Ein Verstoß des Pächters gegen die Regelung des § 590 Abs. 1 BGB hat zur Folge, dass dem Pächter ein **Beseitigungs- und Unterlassungsanspruch** nach § 590a BGB zusteht, der eine Abmahnung des Pächters vorsieht. Außerdem kann der Verpächter gemäß § 594e BGB außerordentlich fristlos das Pachtverhältnis **aus wichtigem Grund kündigen.** Hinzu kommt ein Anspruch des Verpächters auf **Schadensersatz,** § 280 BGB, in erster Linie gerichtet auf

---

[89] Palandt/*Weidenkaff* § 590 Rdnr. 1.
[90] Palandt/*Weidenkaff* § 590 Rdnr. 2.
[91] Faßbender/Hötzel/Lukanow/*Faßbender* § 590 BGB Rdnr. 14.
[92] *Grimm* Rdnr. 102; Palandt/*Weidenkaff* § 590 Rdnr. 3; Faßbender/Hötzel/Lukanow/*Faßbender* § 590 BGB Rdnr. 14.
[93] Faßbender/Hötzel/Lukanow/*Faßbender* § 590 BGB Rdnr. 13.
[94] Faßbender/Hötzel/Lukanow/*Faßbender* § 590 BGB Rdnr. 17.
[95] Vgl. BGH NJW 2001, 2253.
[96] Palandt/*Weidenkaff* § 590 Rdnr. 4.

Naturalrestitution, § 249 Abs. 1 BGB. Die Ansprüche des Verpächters unterliegen der kurzen Verjährungsfrist des § 591 b BGB, nicht jedoch die konkurrierenden Schadensersatzansprüche aus dem Gesichtspunkt einer unerlaubten Handlung. Der **Zweck der kurzen Verjährungsfrist** des § 591 b BGB liegt darin, dass sich die Parteien eines Pachtvertrages nach Beendigung des Vertragsverhältnisses zügig auseinandersetzen, insbesondere im Hinblick auf die Ansprüche wegen des Zustandes der überlassenen Sache nach ihrer Rückgabe; hier soll eine besondere Beschleunigung Platz greifen. Dieser Zweck des § 591 b BGB erfordert nicht, etwa Ansprüche aus dem Gesichtspunkt des § 826 BGB der kurzen Verjährungsfrist zu unterwerfen, weil Haftungsgrund nicht die Beschädigung der Pachtsache darstellt sondern eine sittenwidrige Schädigung des Verpächters.[97]

80 § 590 Abs. 2 BGB regelt den Fall, dass zur Änderung der bisherigen Nutzung der Pachtsache die vorherige Erlaubnis des Verpächters nur dann erforderlich ist, wenn durch die **Änderung die Art der Nutzung über die Pachtzeit hinaus beeinflusst wird, § 590 Abs. 2 Satz 1 BGB.** Der Sache nach handelt es sich stets um eine Änderung der Nutzung im Rahmen der vertrags- und ordnungsgemäßen Bewirtschaftung. Über Nutzungsänderungen kann der Landpachtvertrag bereits Regelungen enthalten; ist die neue Nutzungsart vertraglich vereinbart, bedarf es bei ihrer Einführung einer vorherigen besonderen Erlaubnis des Verpächters naturgemäß nicht. Eine Änderung der Fruchtfolge, die Einführung einer Mais-Monokultur oder eine vorübergehende Brache stellen keine Nutzungsänderung dar. Anders ist der Fall zu beurteilen, wenn Wald zur Gewinnung von Ackerland abgeholzt werden soll.[98] Demgegenüber darf Wiese in einen Acker oder Acker in eine Wiese umgewandelt werden, wenn der alte Zustand bis zum Pachtende wiederhergestellt wird.

81 Gemäß § 590 Abs. 2 Satz 2 BGB darf der Pächter Gebäude nur mit vorheriger Erlaubnis des Verpächters errichten. Beispiele für Gebäude sind Wohn- und Betriebsgebäude, Behelfsbauten, Garagen, überdachte Stellplätze, Scheunen, Hallen zur Intensivtierhaltung, dagegen nicht Silos, Vorratsbehälter, Kleintierställe, Transformatorenkästen, Windkraft- und Mobilfunkanlagen.[99]

82 Bei der **Erlaubnis des Verpächters** im Sinne des § 590 Abs. 2 BGB handelt es sich um eine **empfangsbedürftige Willenserklärung,** für die die allgemeinen Regeln über Willenserklärungen gelten. Eine besondere Form der Erlaubnis ist gesetzlich nicht vorgesehen. Wegen eines eventuell anschließenden landwirtschaftsgerichtlichen Verfahrens empfiehlt sich aber die Schriftform, die zudem genutzt werden sollte, dem Verpächter eine angemessene Frist zur Abgabe einer Erklärung zu setzen.

83 Ist die Erlaubnis seitens des Verpächters erteilt und hat der Pächter von der Erlaubnis Gebrauch gemacht, liegt eine Vertragsänderung vor, die eine erlaubte Nutzungsänderung im Sinne des § 590 Abs. 2 BGB zum Gegenstand hat.[100] Beteiligt sich der Verpächter an den mit der Nutzungsänderung verbundenen Investitionen, liegt regelmäßig eine Verbesserung der Pachtsache vor, die nach Prüfung des § 588 BGB führen kann; für diesen Fall kann eine Anhebung des Pachtpreises in Betracht kommen.[101]

84 Liegt seitens des Verpächters keine Erlaubnis zur Nutzungsänderung vor oder hat der Pächter im Sinne des § 590 Abs. 2 Satz 2 BGB ein Gebäude unerlaubt errichtet, macht der Pächter von der Pachtsache vertragswidrigen Gebrauch, der zu einem Anspruch des Verpächters auf Unterlassung und Beseitigung nach § 590 a BGB führen kann. Der Anspruch ist auf die Wiederherstellung des früheren Zustandes des Pachtobjekts gerichtet. Außerdem kann der Verpächter das Pachtverhältnis fristlos kündigen, § 594 e BGB in Verbindung mit § 543 BGB, wobei allerdings regelmäßig eine Abmahnung der Kündigung vorauf zu gehen hat §§ 594 e Abs. 1, 543 Abs. 3 BGB. Darüber hinaus stehen dem Verpächter Schadensersatzansprüche gemäß § 280 Abs. 1 BGB zu.[102]

---

[97] BGH NJW 2001, 2253, 2254.
[98] Grimm Rdnr. 102; Palandt/*Weidenkaff* § 590 Rdnr. 6.
[99] Beispiele entnommen von Faßbender/Hötzel/Lukanow/*Faßbender* § 590 BGB Rdnr. 44.
[100] Faßbender/Hötzel/Lukanow/*Faßbender* § 590 BGB Rdnr. 48.
[101] Faßbender/Hötzel/Lukanow/*Faßbender* § 590 BGB Rdnr. 48–50.
[102] Palandt/*Weidenkaff* § 590 Rdnr. 5; Grimm Rdnr. 102; Faßbender/Hötzel/Lukanow/*Faßbender* § 590 BGB Rdnr. 51.

Hat im Falle des § 590 Abs. 2 BGB der Verpächter die **Erlaubnis nicht erteilt,** so kann sie 85 auf Antrag des Pächters **durch das Landwirtschaftsgericht ersetzt** werden, soweit die Änderung zur Erhaltung oder nachhaltigen Verbesserung der Rentabilität des Betriebs geeignet erscheint und dem Verpächter bei Berücksichtigung seiner berechtigten Interessen zugemutet werden kann, § 590 Abs. 2 Satz 3 BGB. Die Verweigerung des Verpächters kann ausdrücklich oder stillschweigend erfolgen.[103] Das Gesetz geht davon aus, dass sich die Parteien eines Landpachtvertrages im Hinblick auf eine Nutzungsänderung in erster Linie selbst verständigen. Erst wenn definitiv feststeht, dass die Erlaubnis verweigert worden ist, kann das landwirtschaftsgerichtliche Verfahren eingeleitet werden. Diesem Antragsverfahren ist ein Vorverfahren vorgeschaltet, um den Parteien Gelegenheit zu geben, im Wege eigener Autonomie vertragsangepasste Regelungen zu finden, um den Besonderheiten des Einzelfalles gerecht zu werden. Der Pächter sollte bis in alle Einzelheiten die Nutzungsänderung beschreiben, die besonderen Gesichtspunkte zur Verbesserung der Rentabilität und das nunmehr angestrebte Verhältnis des Gewinns zum Einsatz von Kapital und Arbeit.[104]

Liegt ein substantiierter Antrag des Pächters nach endgültiger Verweigerung des Ver- 86 pächters vor, sind neben den Rentabilitätsgesichtspunkten auch die berechtigten Interessen des Verpächters zu berücksichtigen. Die Nutzungsänderung muss für den Verpächter zumutbar sein. Dabei stehen **betriebswirtschaftliche Gesichtspunkte** des Verpächters auf dem Prüfstand. Auch finanzielle Risiken sind in die Bewertung einzubeziehen; ferner können sogar **soziale** Gesichtspunkte einem Änderungsantrag des Pächters entgegen stehen.[105]

Hat der Pächter nicht vorher um eine Erlaubnis zur Nutzungsänderung gebeten, ist eine 87 nachträgliche Ersetzung durch das Landwirtschaftgericht nicht möglich, weil das Gesetz ausdrücklich eine **vorherige Zustimmung** erfordert.[106] Auch kommt eine Nachholung im Rahmen der Zumutbarkeitsersetzung nach § 591 Abs. 2 BGB nicht in Betracht, d. h. der Pächter hat weder Anspruch auf Verwendungsersatz für eigenmächtig durchgeführte Investitionen noch für den Wert eigenmächtig errichteter Gebäude. Anders liegt der Fall nur dann, wenn der Verpächter nachträglich die Investitionen billigt, worauf der Pächter allerdings keinen Anspruch hat.[107]

Das Landwirtschaftsgericht kann die Erlaubnis von Bedingungen, § 158 BGB, Auflagen, 88 Sicherheitsleistungen, § 232 BGB, anhängig machen, § 590 Abs. 2 Satz 5 BGB. Auch kann eine Bestimmung über Art und Umfang der Sicherheitsleistung getroffen werden. Dabei kann den Besonderheiten des jeweiligen Einzelfalles Rechnung getragen werden. Durch die gerichtliche Entscheidung wird die Zustimmung des Verpächters ersetzt. Die Nutzungsänderung ist in diesem Fall zulässig und der Pächter kann, nachdem er von der gerichtlich erstrittenen Erlaubnis Gebrauch gemacht hat, die Pachtsache in verändertem Zustand bei Pachtende zurückgeben.

Über den Antrag auf Ersetzung der Erlaubnis nach § 590 Abs. 2 BGB entscheidet das 89 **Landwirtschaftsgericht** gemäß § 1 Nr. 1 in Verbindung mit §§ 9 ff. LwVG in einem Verfahren nach den Vorschriften des FGG durch rechtsgestaltenden Beschluss.[108] Anders ist der Fall zu beurteilen, dass die Vertragsparteien ein Verfahren auf Feststellung anhängig machen, dass ein bestimmter Nutzungswechsel ohne Verpächtererlaubnis zulässig oder unzulässig ist; hier handelt es sich nicht um eine Landwirtschaftssache der Freiwilligen Gerichtsbarkeit im Sinne der vorbezeichneten Vorschriften, sondern um ein Verfahren nach § 1 Nr. 1a in Verbindung mit § 48 LwVG. Nur der Antrag auf Ersetzung der Erlaubnis ist dem FGG zugeordnet; der Feststellungsantrag ist aber gerade darauf nicht gerichtet.[109]

Die Ersetzung der Erlaubnis durch das Landwirtschaftsgericht ist **ausgeschlossen,** wenn 90 der Pachtvertrag gekündigt ist oder das Pachtverhältnis in weniger als drei Jahren endet,

---

[103] Palandt/*Weidenkaff* § 590 Rdnr. 8.
[104] Faßbender/Hötzel/Lukanow/*Faßbender* § 590 BGB Rdnr. 56; Palandt/*Weidenkaff* § 590 Rdnr. 8.
[105] Vgl. Faßbender/Hötzel/Lukanow/*Faßbender* § 590 BGB Rdnr. 68.
[106] Faßbender/Hötzel/Lukanow/*Faßbender* § 590 BGB Rdnr. 47.
[107] Faßbender/Hötzel/Lukanow/*Faßbender* § 591 BGB Rdnr. 61.
[108] Faßbender/Hötzel/Lukanow/*Faßbender* § 590 BGB Rdnr. 85.
[109] Faßbender/Hötzel/Lukanow/*Faßbender* § 590 BGB Rdnr. 85.

§ 590 Abs. 2 Satz 4 BGB. Bei der Kündigung kann es sich um eine außerordentliche fristlose oder eine ordentliche Kündigung handeln.[110]

91 Hat der Pächter das nach § 582a BGB zum Schätzwert übernommene Inventar im Zusammenhang mit einer Änderung der Nutzung der Pachtsache wesentlich vermindert, so kann der Verpächter schon während der Pachtzeit einen Geldausgleich in entsprechender Anwendung des § 582a Abs. 3 BGB verlangen, es sei denn, dass der Erlös der veräußerten Inventarstücke zu einer zur Höhe des Erlöses in angemessenem Verhältnis stehenden Verbesserung der Pachtsache nach § 591 BGB verwendet worden ist, § 590 Abs. 3 BGB.

92 Verfahrensrechtlich ist anzumerken, dass § 590 Abs. 3 BGB in § 1 Nr. 1 LwVG nicht erwähnt ist. Somit ist ein ev. Anspruch aus § 590 Abs. 3 BGB über § 1 Nr. 1a LwVG in Verbindung mit §§ 48 ff. LwVG geltend zu machen.[111] Demgemäß wird das gerichtliche Verfahren nach den Vorschriften der Zivilprozessordnung durchgeführt.[112]

7. Flächenabweichungen

93 Flächenabweichungen können ähnlich wie im Mietrecht als Sachmangel bewertet werden; die Angabe einer Wohnfläche in einem Mietvertrag stellt regelmäßig keine unverbindliche Objektbeschreibung dar, die im Falle einer Abweichung der tatsächlichen von der vereinbarten Fläche unter bestimmten weiteren Voraussetzungen dazu führen kann, dass ein Mangel der Mietsache vorliegt.[113] Als **Erheblichkeitsgrenze** wird eine Abweichung von zehn Prozent oder mehr anzusetzen sein.[114] Bestehen demgemäß während der Vertragsverhandlungen Unsicherheiten über die Größe der Pachtfläche, sollte dies vertraglich festgehalten werden, wobei sich eine Regelung anbietet, die Größe der Pachtfläche zu ermitteln und eine entsprechende Kostenregelung dafür zu treffen.

8. Verpächterpfandrecht

94 Gemäß § 592 Satz 1 BGB hat der Verpächter für seine Forderungen aus dem Pachtverhältnis ein Pfandrecht an den eingebrachten Sachen des Pächters sowie an den Früchten der Pachtsache. Das Pfandrecht des Verpächters besteht für alle gegenwärtigen und künftigen Forderungen aus dem Pachtverhältnis.[115] Die zeitliche Grenze des § 562 Abs. 2 BGB gilt nicht.[116] Gemäß § 592 Satz 2 BGB kann das Pfandrecht nicht für künftige Entschädigungsforderungen geltend gemacht werden. Ansonsten sichert das Pfandrecht aber Forderungen aller Art.[117]

95 Mit Ausnahme der in § 811 Abs. 1 Nr. 4 ZPO genannten Sachen erstreckt sich das Pfandrecht nicht auf Sachen, die der Pfändung nicht unterworfen sind, § 592 Satz 3 BGB. Demgemäß erfasst das Verpächterpfandrecht auch das zur Bewirtschaftung erforderliche Gerät und Vieh nebst dem nötigen Dünger sowie die landwirtschaftlichen Erzeugnisse, auch soweit sie zur Fortführung der Wirtschaft bis zur nächsten Ernte erforderlich sind.[118] Durch diese gesetzgeberische Grundentscheidung hat der Verpächter ein besonderes Zugriffsrecht auf das pächtereigene Inventar, das des sonstigen Gläubigern des Pächters entzogen ist.[119] Das Pfandrecht erstreckt sich auch auf die **vom Boden noch nicht getrennten Früchte**, wobei die zeitliche Grenze des § 810 Abs. 1 Satz 2 ZPO nicht gilt.[120] Zwar wird das Pfand-

---

[110] Palandt/*Weidenkaff* § 590 Rdnr. 10.
[111] *Barnstedt/Steffen* § 1 Rdnr. 28.
[112] *Barnstedt/Steffen* § 1 Rdnr. 28 und 75; a. A. Faßbender/Hötzel/Lukanow/*Faßbender* § 590 BGB Rdnr. 85.
[113] BGH NJW 2007, 2626.
[114] *Schach* Mietrecht § 8 Rdnr. 26.
[115] Soergel/*Heintzmann* § 592 Rdnr. 2; Palandt/*Weidenkaff* § 592 Rdnr. 1; MünchKommBGB/*Harke* § 592 Rdnr. 2.
[116] Soergel/*Heintzmann* § 592 Rdnr. 2; MünchKommBGB/*Harke* § 592 Rdnr. 2.
[117] Palandt/*Weidenkaff* § 592 Rdnr. 1.
[118] Soergel/*Heintzmann* § 592 Rdnr. 3; MünchKommBGB/*Harke* § 592 Rdnr. 4.
[119] Soergel/*Heintzmann* § 592 Rdnr. 3.
[120] Soergel/*Heintzmann* § 592 Rdnr. 3; MünchKommBGB/*Harke* § 592 Rdnr. 3.

recht erst mit der Trennung wirksam, entsteht es jedoch wie das Pfändungspfandrecht gemäß § 810 ZPO bereits vor der Trennung und geht diesem vor.[121]

In einem Landpachtvertrag können Regeln enthalten sein, die die gesetzlichen Vorgaben des Verpächterpfandrechts ändern. Allerdings kann das Landverpächterpfandrecht nicht auf Sachen erweitert werden, die gemäß § 592 Satz 3 BGB der Pfändung nicht unterworfen sind; insoweit ist die gesetzliche Regelung zwingend.[122]

9. Beendigung von Landpachtverträgen

a) Ende und Verlängerung des Pachtverhältnisses. Das Pachtverhältnis endet mit dem **Ablauf der Zeit,** für die es eingegangen ist, § 594 Satz 1 BGB. Eine ordentliche Kündigung ist für die Beendigung des Landpachtvertrages nicht erforderlich.[123] Eine widerspruchslose weitere Nutzung des Landpachtobjektes führt nicht wie im Falle des § 545 BGB zu einer Verlängerung des Landpachtvertrages. Die besondere Vorschrift des § 594 BGB soll beide Vertragspartner davor schützen, am Ende des Vertragsverhältnisses vor Problemen zu stehen und im Unklaren zu verbleiben, ob das Vertragsverhältnis fortgesetzt werden soll.[124] Der Zweck der Vorschrift dient auch zur Gewährleistung einer vorausschauenden längerfristigen landwirtschaftlichen Planung.[125]

Das Pachtverhältnis **verlängert** sich bei Pachtverträgen, die auf mindestens drei Jahre abgeschlossen worden sind, auf unbestimmte Zeit, wenn auf die Anfrage eines Vertragsteils, ob der andere Teil zur Fortsetzung des Pachtverhältnisses bereit ist, dieser nicht binnen einer Frist von drei Monaten die Fortsetzung ablehnt, § 594 Satz 2 BGB. Bei der Anfrage handelt es sich der Sache nach um eine Willenserklärung,[126] zumindest aber um eine rechtsgeschäftsähnliche Handlung, auf die die allgemeinen Regeln über Willenserklärungen entsprechend anwendbar sind

Die Anfrage und die Ablehnung bedürfen der **schriftlichen Form,** § 594 Satz 3 BGB. Die Anfrage ist ohne Wirkung, wenn in ihr nicht auf die Folgen der Nichtbeachtung ausdrücklich hingewiesen wird und wenn sie nicht innerhalb des drittletzten Pachtjahres gestellt wird, § 594 Satz 4 BGB. Eine verfrühte oder verspätete Anfrage setzt die Drei-Monats-Frist des § 594 Satz 2 BGB nicht in Lauf und löst auch keine Rechtsfolge aus, so wie sie in § 594 Satz 2 BGB beschrieben ist.[127] Entscheidend ist auf den fristgerechten Zugang der Anfrage abzustellen, nicht auf die Absendung.[128] Darlegungs- und beweispflichtig ist im Rechtsstreit derjenige, der sich auf die Rechtzeitigkeit, die Vollständigkeit und Formgültigkeit der Anfrage beruft.[129]

Auf die Ablehnung sind die Regeln über Willenserklärungen – zumindest entsprechend – anzuwenden. Die Ablehnung muss innerhalb einer Frist von drei Monaten erklärt werden; sie beginnt mit dem Zugang der Anfrage.[130] Die Ablehnungserklärung muss deutlich darauf gerichtet sein, dass das Vertragsverhältnis zum vereinbarten Termin sein Ende finden und eine Fortsetzung ausgeschlossen sein soll. Die Ablehnung muss **schriftlich** erfolgen; ansonsten kommt es zu einer Fortsetzung des Landpachtvertrages nach § 594 Satz 2 BGB auf unbestimmte Zeit. Eine Ablehnung unter Bedingungen ist unwirksam; gleichzeitig kann auch ein Angebot zur Abänderung des Landpachtvertrages oder zur Fortsetzung zu geänderten Bedingungen vorliegen, worauf die allgemeinen Regeln über Willenserklärungen anzuwenden sind. Änderungsvorschläge können im Einzelfall als Ablehnung verstanden werden, wenn der Wille, ansonsten das Vertragsverhältnis nicht fortsetzen zu wollen, mit hinrei-

---

[121] MünchKommBGB/*Harke* § 592 Rdnr. 3.
[122] Soergel/*Heintzmann* § 592 Rdnr. 5; MünchKommBGB/*Harke* § 592 Rdnr. 5.
[123] Faßbender/Hötzel/Lukanow/*Faßbender* § 594 BGB Rdnr. 8.
[124] Palandt/*Weidenkaff* § 594 Rdnr. 1; MünchKommBGB/*Harke* § 594 Rdnr. 1; Faßbender/Hötzel/Lukanow/*Faßbender* § 594 BGB Rdnr. 3.
[125] Soergel/*Heintzmann* § 594 Rdnr. 1.
[126] Palandt/*Weidenkaff* § 594 Rdnr. 4; im Ergebnis auch MünchKommBGB/*Harke* § 594 Rdnr. 2.
[127] Soergel/*Heintzmann* § 594 Rdnr. 4.
[128] Faßbender/Hötzel/Lukanow/*Faßbender* § 594 BGB Rdnr. 20; Palandt/*Weidenkaff* § 594 Rdnr. 4.
[129] Soergel/*Heintzmann* § 594 Rdnr. 8.
[130] Faßbender/Hötzel/Lukanow/*Faßbender* § 594 BGB Rdnr. 23.

chender Deutlichkeit zum Ausdruck gekommen ist. Erbittet sich der Adressat der Anfrage eine Bedenkzeit, kann dies noch nicht als Ablehnung aufgefasst werden.[131] Für diesen Fall setzt sich der Landpachtvertrag auf unbestimmte Zeit fort. Auch ist eine Ablehnung unter Vorbehalt unwirksam und kann die Rechtsfolgen in Form eines auf unbestimmte Zeit fortbestehenden Landpachtvertrag nicht vermeiden.

101 Hat sich das Landpachtverhältnis über § 594 Satz 2 bis 4 BGB fortgesetzt, liegt eine Vertragsänderung im Hinblick auf die Dauer des Pachtvertrages vor, die den Verpächter verpflichtet, gemäß § 2 LPachtVG der zuständigen Behörde anzuzeigen; zur Anzeige ist auch der Pächter berechtigt.[132]

102 Die **Fortsetzung des Landpachtverhältnisses** nach § 594 BGB steht in einem Konkurrenzverhältnis zu § 595 BGB. Hat der Verpächter seinen Willen auf Fortsetzung des Pachtverhältnisses gemäß § 594 Satz 2 bis 4 BGB zum Ausdruck gebracht, indem er eine rechtzeitige und formgerechte Anfrage auf Fortsetzung des Landpachtverhältnisses ausgebracht, der Pächter aber die Fortsetzung abgelehnt hat, kann der Verpächter im Verfahren nach § 595 BGB die Fortsetzung des Pachtverhältnisses ablehnen, § 595 Abs. 5 BGB. Dem Verpächter bleibt im Übrigen unbenommen, die Fortsetzung des Vertragsverhältnisses nach § 595 BGB abzulehnen, wenn von keiner Vertragsseite das Verfahren nach § 594 BGB durchgeführt worden ist und der Pächter im vorletzten Pachtjahr die Fortsetzung der Landpacht nicht verlangt hat. Wie sich auf § 595 Abs. 5 Satz 2 BGB ergibt, ist diese Vorschrift auf Landpachtverträge auf unbestimmte Zeit zugeschnitten.[133] Aber auch in Fällen, in denen die Beendigung des Pachtverhältnisses von einer Kündigung abhängig ist, wird die vorbezeichnete Vorschrift angewendet. Demgemäß muss der Pächter mindestens ein Jahr vor Beendigung des Landpachtverhältnisses ein Fortsetzungsverlangen nach § 595 BGB stellen, um zu vermeiden, dass der Verpächter die Möglichkeit hat, die Fortsetzung des Landpachtvertrages abzulehnen.[134] Ist eine zwölfmonatige oder kürzere Kündigungsfrist vereinbart, so genügt es, dass das Fortsetzungsverlangen innerhalb eines Monats nach Zugang der Kündigung erklärt wird, § 595 Abs. 5 Satz 2 BGB.

103 b) **Kündigungsfristen, § 594a BGB.** Ist die Pachtzeit nicht bestimmt, so kann jeder Vertragsteil das Pachtverhältnis spätestens am dritten Werktag eines Pachtjahres für den Schluss des nächsten Pachtjahres kündigen, § 594a Abs. 1 Satz 1 BGB. Der Zweck des Gesetzes ist darin zu sehen, dass heute unter markt- und betriebswirtschaftlichen Gegebenheiten in kürzerer Zeit unmöglich erscheint, ein Landpachtverhältnis ordnungsgemäß und ohne vermeidbare Verluste abzuwickeln.[135]

104 Im Zweifel gilt das **Kalenderjahr als Pachtjahr**, § 594a Abs. 1 Satz 2 BGB. Die Parteien können im Wege freier Vereinbarung einen anderen Zeitraum bestimmen, der etwa durch die Bewirtschaftung vorgegeben wird.[136] Eine Abweichung von der gesetzlichen Vorgabe kann sich auch durch regionale Bräuche ergeben; denkbar sind bei der Betriebspacht auch Vereinbarungen dahingehend, dass das Wirtschaftsjahr dem Steuerjahr gleichgesetzt wird, mithin das Ende auf den 30. Juni fällt.[137]

105 Die Vereinbarung einer **kürzeren** Kündigungsfrist bedarf der Schriftform, § 594a Abs. 1 Satz 3 BGB. Demgegenüber ist die Verlängerung der Kündigungsfrist ohne weiteres formlos möglich.[138] Für die Berechnung der Fristen gelten die allgemeinen Regeln der §§ 186 ff. BGB; für den Beginn des Pachtverhältnisses ist § 187 Abs. 2 Satz 1 BGB maßgebend; für das Ende des Pachtverhältnisses bestimmt § 188 Abs. 2 BGB, dass maßgeblich der Ablauf des Tages ist, der dem Tag vorhergeht, der durch seine Benennung oder seine Zahl dem Anfangstag der Frist entspricht, also 1. 1. zu 31. 12. oder 1. 6. zu 31. 5.

---

[131] Faßbender/Hötzel/Lukanow/*Faßbender* § 594 BGB Rdnr. 24; MünchKommBGB/*Harke* § 594 Rdnr. 3.
[132] Soergel/*Heintzmann* § 594 Rdnr. 6; *Hötzel* in Faßbender/Hötzel/Lukanow § 2 LPachtVG Rdnr. 15.
[133] Faßbender/Hötzel/Lukanow/*Faßbender* § 594 BGB Rdnr. 25.
[134] Faßbender/Hötzel/Lukanow/*Faßbender* § 594 BGB Rdnr. 25.
[135] Faßbender/Hötzel/Lukanow/*Faßbender* § 594a BGB Rdnr. 3.
[136] Soergel/*Heintzmann* § 594a Rdnr. 5; Faßbender/Hötzel/Lukanow/*Faßbender* § 594 BGB Rdnr. 14; MünchKommBGB/*Harke* § 594a Rdnr. 1.
[137] Faßbender/Hötzel/Lukanow/*Faßbender* § 594a BGB Rdnr. 14.
[138] MünchKommBGB/*Harke* § 594a Rdnr. 1; Palandt/*Weidenkaff* § 594a Rdnr. 1.

§ 594a Abs. 1 BGB sieht eine Kündigungsfrist von praktisch fast zwei Jahren vor. Für die **106** Fälle allerdings, in denen das Pachtverhältnis außerordentlich mit der gesetzlichen Frist vorzeitig gekündigt werden kann, ist die Kündigung nur für den Schluss eines Pachtjahres zulässig; sie hat spätestens am dritten Werktag des halben Jahres zu erfolgen, mit dessen Ablauf die Pacht enden soll, § 594a Abs. 2 BGB. Die vorbezeichnete Vorschrift gilt für unbefristete wie befristete Landpachtverträge.[139]

Soweit die Vertragsteile zur **außerordentlichen Kündigung** eines Landpachtverhältnisses **107** mit der gesetzlichen Frist berechtigt sind, steht ihnen dieses Recht auch nach Verlängerung des Landpachtverhältnisses oder Änderung des Landpachtvertrages zu, § 595a Abs. 1 BGB. Auf Antrag eines Vertragsteils kann das Landwirtschaftsgericht Anordnungen über die Abwicklung eines vorzeitig beendeten oder eines teilweise beendeten Landpachtvertrages treffen, § 595a Abs. 2 Satz 1 BGB. Wird die Verlängerung eines Landpachtvertrages auf einen Teil der Pachtsache beschränkt, kann das Landwirtschaftsgericht die Pacht für diesen Teil festsetzen, § 595a Abs. 2 Satz 2 BGB. Der Inhalt von Anordnungen des Landwirtschaftsgerichts gilt unter den Vertragsteilen als Vertragsinhalt, § 595a Abs. 3 Satz 1 BGB. Über Streitigkeiten, die diesen Vertragsinhalt betreffen, entscheidet auf Antrag das Landwirtschaftsgericht, § 595a Abs. 3 Satz 2 BGB. Abwicklungsstreitigkeiten gemäß § 595a Abs. 2 und 3 BGB sind den Landwirtschaftsgerichten als Landwirtschaftssachen der Freiwilligen Gerichtsbarkeit zugewiesen, § 1 Ziffer 1 in Verbindung mit § 9 LwVG.[140]

c) **Vertrag über mehr als 30 Jahre.** Wird ein Landpachtvertrag für eine längere Zeit als **108** 30 Jahre geschlossen, so kann nach 30 Jahren jeder Vertragsteil das Pachtverhältnis am dritten Werktag eines Pachtjahres für den Schluss des nächsten Pachtjahres kündigen, § 594b Satz 1 BGB. Die Vorschrift gilt auch für kürzer als 30 Jahre abgeschlossene Pachtverträge, wenn durch Ausübung einer Option der Zeitraum von 30 Jahren erreicht oder überschritten wird.[141] Entsprechendes gilt im Falle eines auf unbestimmte Zeit abgeschlossenen Landpachtvertrages, bei denen eine Kündigung vertraglich ausgeschlossen ist und daher der Zeitraum von 30 Jahren erreicht wird,[142] ferner für Pachtverträge, die bis zu einem ungewissen Ereignis dauern, falls möglich ist, dass dieses Ereignis nicht vor Ablauf von 30 Jahren eintritt.

Eine Kündigung ist nicht zulässig, wenn der **Vertrag für die Lebenszeit des Verpächters** **109** **oder Pächters** geschlossen worden ist, § 594b Satz 2 BGB. Sind auf einer Seite oder auf beiden Seiten mehrere Personen vorhanden, kann vertraglich vereinbart werden, dass der Vertrag erst kündbar wird, wenn der letzte der Beteiligten verstorben ist. Für juristische Personen gilt § 594b Satz 2 BGB nicht, da sie über eine Lebenszeit im Sinne des Gesetzes nicht verfügen.[143]

d) **Kündigung bei Berufsunfähigkeit des Pächters.** Ist der Pächter berufsunfähig im Sinne **110** der Vorschriften der gesetzlichen Rentenversicherung geworden, so kann er das Pachtverhältnis außerordentlich mit der gesetzlichen Frist kündigen, wenn der Verpächter der Überlassung der Pachtsache zur Nutzung an einen Dritten, der eine ordnungsgemäße Bewirtschaftung gewährleistet, widerspricht, § 594c Satz 1 BGB. Diese Regelung ist auf befristete und unbefristete Landpachtverträge anwendbar und soll der sozialen Gerechtigkeit dienen.[144] Denn grundsätzlich trägt der Pächter nach der Maßgabe des § 587 Abs. 2 BGB das Risiko einer Änderung seiner persönlichen Lebensumstände. Für den Fall einer Berufsunfähigkeit soll aber dann eine Möglichkeit zur Lösung vom Landpachtvertrag bestehen, widerspricht der Verpächter einer Überlassung der Pachtsache an einen Dritten, der eine ordnungsgemäße Bewirtschaftung sicherstellt. Nach § 240 Abs. 2 SGB VI ist berufsunfähig, wessen **Erwerbsfähigkeit** wegen Krankheit oder anderer Gebrechen oder Schwächen der

---

[139] Soergel/*Heintzmann* § 594a Rdnr. 4; MünchKommBGB/*Harke* § 594a Rdnr. 2.
[140] Faßbender/Hötzel/Lukanow/*Faßbender* § 595a BGB Rdnr. 14; Soergel/*Heintzmann* § 595a Rdnr. 2; MünchKommBGB/*Harke* § 595a Rdnr. 1.
[141] Faßbender/Hötzel/Lukanow/*Faßbender* § 594b BGB Rdnr. 5; Soergel/*Heintzmann* § 594b Rdnr. 1.
[142] Faßbender/Hötzel/Lukanow/*Faßbender* § 594b BGB Rdnr. 5.
[143] Faßbender/Hötzel/Lukanow/*Faßbender* § 594b BGB Rdnr. 9.
[144] Soergel/*Heintzmann* § 594c Rdnr. 1; Faßbender/Hötzel/Lukanow/*Faßbender* § 594c BGB Rdnr. 2.

körperlichen und geistigen Kräfte auf weniger als die Hälfte einer gesunden Person mit ähnlicher Ausbildung und gleichwertigen Kenntnissen und Fähigkeiten **herabgesunken** ist und dass mit einer Wiederherstellung in absehbarer Zeit nicht zu rechnen ist. Entsprechend dem Gesetzeszweck ist nicht eine allgemeine Berufsunfähigkeit oder Erwerbsunfähigkeit gemeint; vielmehr muss der Pächter für dauernd **außerstande** sein, seiner **landwirtschaftlichen Tätigkeit** nachzugehen.[145]

111 Als weiteres Merkmal für eine nach § 594c BGB mögliche Lösung des Pächters vom Vertrag ist eine Anfrage des Pächters bei seinem Verpächter zu fordern, die Pachtsache an einen Dritten zu überlassen, der für eine ordnungsgemäße Bewirtschaftung einsteht. Der Pächter muss mitteilen, dass er aus gesundheitlichen Gesichtspunkten nicht mehr zur Bewirtschaftung des Pachtobjekts bereitsteht und beabsichtigt, die Pachtsache an einen Dritten zu überlassen.

Überlassen bedeutet in diesem Zusammenhang eine vollständige Besitzübergabe zum Zweck einer **selbständigen Bewirtschaftung durch den Dritten**.[146]

Der benannte Dritte muss eine ordnungsgemäße Bewirtschaftung gewährleisten, die den Anforderungen des § 586 Abs. 1 Satz 3 BGB entsprechen muss. Der Dritte muss übernahmebereit, geeignet und auch leistungsfähig sein.

112 Das Kündigungsrecht des Pächters setzt ferner voraus, dass der Verpächter der Überlassung der Pachtsache an den Dritten widerspricht. Der Fall ist gleich zu achten, dass sich der Verpächter nicht innerhalb einer angemessenen Frist äußert.[147] Entsprechendes gilt, wenn der Verpächter seine Zustimmung zur Überlassung der Pachtsache von Bedingungen abhängig macht, auf die er nach dem zu Grunde liegenden Landpachtvertrag keinen Anspruch hat, etwa die Erhöhung des Pachtpreises.[148] Bei dem Widerspruch des Verpächters nach § 594c Satz 1 BGB handelt es sich um eine empfangsbedürftige Willenserklärung, für eine besondere Form gesetzlich nicht vorgeschrieben ist; Schriftlichkeit kann daher nicht verlangt werden.[149]

113 Liegen alle Voraussetzungen des § 594c Satz 1 BGB vor, d.h. Berufsunfähigkeit, Benennung eines geeigneten Dritten und Widerspruch des Verpächters, kann der Pächter außerordentlich kündigen; die Frist bemisst sich nach § 594a Abs. 2 BGB, demzufolge die Kündigung nur für den Schluss eines Pachtjahres zulässig ist; sie hat spätestens am dritten Werktag des halben Jahres zu erfolgen, mit dessen Ablauf die Pacht enden soll. Die Kündigung selbst bedarf der Schriftform, § 594f BGB.

114 Gemäß § 594c Satz 2 BGB ist die Vorschrift unabdingbar. Abweichende Vereinbarungen sind demgemäß unwirksam. Die vorbezeichnete Vorschrift ist aber dahin auszulegen, dass eine Abweichung zugunsten des Pächters rechtlich zulässig ist; lediglich die Erschwerung des Kündigungsrechts ist ausgeschlossen, ferner eine Vereinbarung, dass im Falle einer Berufsunfähigkeit des Pächters auch der Verpächter ein Kündigungsrecht haben sollte.[150]

115 Die **Darlegungs- und Beweislast** ist wie folgt verteilt: Der Pächter muss beweisen, dass der benannte Dritte eine ordnungsgemäße Bewirtschaftung sicher stellt; aus seiner Ausbildung und der bisherigen landwirtschaftlichen Betätigung kann sich eine Vermutung zugunsten des Pächters ergeben, so dass der Verpächter im Wege einer sekundären Darlegungslast dartun muss, dass der Dritte über Eigenschaften verfügt, die eine ordnungsgemäße Bewirtschaftung des Pachtobjekts konkret gefährden.[151] Der Pächter trägt die Darlegungs- und Beweislast für seine Berufsunfähigkeit.[152]

---

[145] Soergel/*Heintzmann* § 594c Rdnr. 2; MünchKommBGB/*Harke* § 594c Rdnr. 1; a.A. Erman/*Jendrek* § 594c Rdnr. 3.
[146] Soergel/*Heintzmann* § 594c Rdnr. 3; Münchener Kommentar/*Harke* § 594c Rdnr. 2.
[147] Soergel/*Heintzmann* § 594c Rdnr. 5; MünchKommBGB/*Harke* § 594c Rdnr. 2.
[148] Soergel/*Heintzmann* § 594c Rdnr. 5.
[149] Faßbender/Hötzel/Lukanow/*Faßbender* § 594c BGB Rdnr. 7; Palandt/*Weidenkaff* § 594c Rdnr. 1.
[150] Soergel/*Heintzmann* § 594c Rdnr. 8; MünchKommBGB/*Harke* § 594c Rdnr. 3; Faßbender/Hötzel/Lukanow/*Faßbender* § 594c BGB Rdnr. 4.
[151] Soergel/*Heintzmann* § 594c Rdnr. 7; Faßbender/Hötzel/Lukanow/*Faßbender* § 594c BGB Rdnr. 8.
[152] Faßbender/Hötzel/Lukanow/*Faßbender* § 594c BGB Rdnr. 5.

e) Tod des Pächters. Stirbt der Pächter, so sind sowohl seine Erben als auch der Verpächter innerhalb eines Monats, nachdem sie vom Tod des Pächters Kenntnis erlangt haben, berechtigt, das Pachtverhältnis mit einer Frist von sechs Monaten zum Ende eines Kalendervierteljahrs zu **kündigen**, § 594 d Abs. 1 BGB. Die Vorschrift gilt für befristete und unbefristete Landpachtverträge.[153] Stirbt einer von mehreren Pächtern, die den Landpachtvertrag gemeinsam abgeschlossen hatte, kann das Pachtverhältnis nur **einheitlich** für und gegen die Erben und die übrigen Mitpächter aufgelöst werden.[154] Zur Kündigung berechtigt sind alle Erben und Mitpächter gemeinsam. Allerdings ist eine abweichende vertragliche Regelung möglich. Die Vorschrift des § 594 d BGB kann auf das Erlöschen juristischer Personen, eine Liquidation von Personengesellschaften und den Tod oder den Wechsel eines Geschäftsführers nicht entsprechend angewendet werden.[155]

116

Das Kündigungsrecht nach § 594 d Abs. 1 BGB muss innerhalb einer **Frist von einem Monat** nach Kenntniserlangung vom Tod des Pächters ausgeübt werden; weiter ist für den Fall einer Kündigung durch den Erben erforderlich, dass dieser von seinem Erbrecht Kenntnis hat.[156]

117

Spricht der Verpächter eine Kündigung gegenüber einer Erbengemeinschaft nach dem Tode des Pächters aus, ist die Kündigungserklärung grundsätzlich an alle Miterben zu richten.[157] Wird seitens einer Erbengemeinschaft nach dem Tode des Landpächters eine Kündigung ausgesprochen, liegt eine Verfügung im Sinne des § 2040 Abs. 1 BGB vor, so dass die Kündigung nur von allen Miterben gemeinschaftlich erklärt werden kann.[158] Das Pachtverhältnis kann von beiden Seiten mit einer Frist von sechs Monaten zum Ende eines Kalendervierteljahres gekündigt werden.

118

Gemäß § 594 d Abs. 2 Satz 1 BGB können die Erben der Kündigung des Verpächters widersprechen und die Fortsetzung des Pachtverhältnisses verlangen, wenn die **ordnungsgemäße Bewirtschaftung der Pachtsache** durch sie oder durch einen von ihnen beauftragten **Miterben oder Dritten** gewährleistet erscheint. Die Widerspruchserklärung bedarf der schriftlichen Form, § 594 d Abs. 2 Satz 3 BGB. Zur Begründung des Widerspruchs müssen sich die Erben darauf berufen, dass eine ordnungsgemäße Bewirtschaftung der Pachtsache sichergestellt sei. Gemeint ist eine ordnungsgemäße Bewirtschaftung im Sinne des § 586 Abs. 1 Satz 3 BGB. Die Bewirtschaftung kann durch einen geeigneten Dritten erfolgen, der unter Aufsicht, Weisung und Verantwortung der Erben steht.[159] Welchen konkreten Inhalt die schriftliche Mitteilung haben muss, ist im Gesetz nicht ausdrücklich geregelt. Der Zweck des Gesetzes legt aber nahe, dass Angaben über die Qualifikation des Dritten oder eines Miterben, persönliche Eignung und fachliches Können durch Hinweise auf die landwirtschaftliche Tätigkeit in der Vergangenheit gefordert werden, damit sich der Verpächter darüber klar werden kann, welche Rechtsfolgen er für sich in Anspruch nehmen will.[160]

119

Der Verpächter kann die Fortsetzung des Pachtverhältnisses **ablehnen**, wenn die Erben den Widerspruch nicht spätestens drei Monate vor Ablauf des Pachtverhältnisses erklärt und die Umstände mitgeteilt haben, nach denen die weitere ordnungsgemäße Bewirtschaftung der Pachtsache gewährleistet erscheint, § 594 d Abs. 2 Satz 2 BGB. Geht der Widerspruch der Erben verspätet beim Verpächter ein, kann der Verpächter die Fortsetzung des Pachtverhältnisses ablehnen. Das Gleiche gilt, wenn die Umstände, denenzufolge eine ordnungsgemäße Bewirtschaftung gewährleistet erscheint, nicht, unvollständig oder wahrheitswidrig mitgeteilt werden.[161]

120

---

[153] Soergel/*Heintzmann* § 594 d Rdnr. 1.
[154] Faßbender/Hötzel/Lukanow/*Faßbender* § 594 d BGB Rdnr. 11.
[155] Soergel/*Heintzmann* § 594 d Rdnr. 1; Faßbender/Hötzel/Lukanow/*Faßbender* § 594 d BGB Rdnr. 12.
[156] Soergel/*Heintzmann* § 594 d Rdnr. 2; Faßbender/Hötzel/Lukanow/*Faßbender* § 594 d BGB Rdnr. 17; MünchKommBGB/*Harke* § 594 d Rdnr. 2.
[157] Faßbender/Hötzel/Lukanow/*Faßbender* § 594 d BGB Rdnr. 15.
[158] Faßbender/Hötzel/Lukanow/*Faßbender* § 594 d BGB Rdnr. 14.
[159] Soergel/*Heintzmann* § 594 d Rdnr. 3; MünchKommBGB/*Harke* § 594 d Rdnr. 3.
[160] Faßbender/Hötzel/Lukanow/*Faßbender* § 594 d BGB Rdnr. 23.
[161] Faßbender/Hötzel/Lukanow/*Faßbender* § 594 d BGB Rdnr. 25.

121 Für die Ablehnung einer Fortsetzung des Pachtverhältnisses durch den Verpächter schreibt das Gesetz **keine Frist** vor. Ebenfalls enthält die gesetzliche Regelung keine Formvorschrift für die Ablehnung durch den Verpächter.[162] Nach dem Gesetzeszweck muss den Erben die Ablehnung seitens des Verpächters so rechtzeitig zugehen, dass sie in der Lage sind, ihrer Verpflichtung zur rechtzeitigen und ordnungsgemäßen Rückgabe der Pachtsache nachzukommen oder aber das Landwirtschaftsgericht anzurufen.[163] Regelmäßig wird von einer Frist von einem Monat auszugehen sein; dogmatisch mag dies mit einer analogen Anwendung des § 147 Abs. 2 BGB zu erklären sein.[164]

122 Der Verpächter ist verpflichtet, den Erben gegenüber die **Gründe mitzuteilen,** auf die er seine Ablehnung stützt.[165] Das Gesetz hat die Rechtsstellung der Pächtererben so ausgestaltet, dass ein Anspruch auf Fortsetzung des Pachtvertrages besteht, wenn die gesetzlichen Vorgaben erfüllt sind, mithin eine Eignung einer entsprechenden Person und Sicherstellung einer ordnungsgemäßen Bewirtschaftung. Demgemäß gelten für den Verpächter nicht die Vorgaben der Vertragsfreiheit im Schuldrecht in vollem Umfang. Unter diesen Gegebenheiten ist es sachgerecht, dass der Verpächter konkret mitteilt, welche Hindernisse er für gegeben erachtet, die einer Fortsetzung des Pachtverhältnisses entgegenstehen. Hinzu kommt, dass eine Darlegung der Gründe auch im Hinblick auf das mögliche landwirtschaftsgerichtliche Verfahren nach § 594 d Abs. 2 Satz 4 BGB sachgerecht erscheint, weil nämlich allein bei Kenntnis der sachlichen Erwägungen des Verpächters ein ordnungsgemäßes Gerichtsverfahren gewährleistet ist. Zudem ist dem landwirtschaftlichen Gerichtsverfahren ein Einigungsversuch voranzustellen.

123 Ist das Fortsetzungsverlangen der Erben begründet, haben sie einen Anspruch auf Abschluss eines Fortsetzungsvertrages mit dem Verpächter. Soll die Fortsetzungszeit mehr als zwei Jahre betragen, greift § 585 a BGB ein; der Fortsetzungsvertrag hat schriftlich zu erfolgen. Geschieht dies nicht, gilt er als auf unbestimmte Zeit abgeschlossen.[166]

124 Kommt zwischen den Erben des Pächters und dem Verpächter eine **Einigung nicht zustande,** so entscheidet auf Antrag das **Landwirtschaftsgericht,** § 594 d Abs. 2 Satz 4 BGB. Die Beteiligten können den Antrag an das Landwirtschaftsgericht stellen und sind von Gesetzes wegen an eine Frist nicht gebunden. Sind mehrere Erben beteiligt, handelt es sich aus deren Sicht bei der Antragstellung und der Verfahrensdurchführung um eine Verwaltungsmaßnahme, nachdem bereits gegen die Kündigung seitens des Verpächters gemeinsam Widerspruch eingelegt worden war. Mit der Mehrheit der Erben nach den Erbanteilen kann eine derartige Verwaltungsmaßnahme beschlossen werden, wobei einzelne Miterben die übrigen vertreten können.[167] Das Landwirtschaftgericht entscheidet über § 1 Ziffer 1 in Verbindung mit § 14 LwVG nach den Vorgaben des Rechts der Freiwilligen Gerichtsbarkeit.[168] Der Sachantrag der Erben geht dahin, das Landwirtschaftsgericht solle die Fortsetzung des Pachtverhältnisses anordnen.[169]

125 Die **Darlegungs- und Beweislast** dafür, dass eine ordnungsgemäße Bewirtschaftung durch einen Miterben oder einen geeigneten Dritten erfolgen kann, der Widerspruch der Erben rechtzeitig beim Verpächter eingegangen ist, ferner eine Fortsetzung des Pachtverhältnisses verlangt worden ist und die Umstände mitgeteilt worden sind, nach denen eine ordnungsgemäße Bewirtschaftung der Pachtsache gewährleistet ist, obliegt den Erben.[170]

126 Die Vorschrift des § 594 d BGB ist geschaffen worden zur Abwendung einer vorzeitigen Kündigung durch den Verpächter. Die Erben nach dem Tode eines Landpächters können

---

[162] Palandt/*Weidenkaff* § 594 d Rdnr. 7; Faßbender/Hötzel/Lukanow/*Faßbender* § 594 d BGB Rdnr. 27.
[163] Soergel/*Heintzmann* § 594 d Rdnr. 4.
[164] Vgl. dazu Faßbender/Hötzel/Lukanow/*Faßbender* § 594 d BGB Rdnr. 27; Soergel/*Heintzmann* § 594 d Rdnr. 4.
[165] Faßbender/Hötzel/Lukanow/*Faßbender* § 594 d BGB Rdnr. 29; a. A. Soergel/*Heintzmann* § 594 d Rdnr. 4.
[166] Soergel/*Heintzmann* § 594 d Rdnr. 5; a. A. MünchKommBGB/*Harke* § 594 d Rdnr. 3.
[167] Faßbender/Hötzel/Lukanow/*Faßbender* § 594 d BGB Rdnr. 31.
[168] Soergel/*Heintzmann* § 594 d Rdnr. 5; MünchKommBGB/*Harke* § 594 d Rdnr. 3; Faßbender/Hötzel/Lukanow/*Faßbender* § 594 d BGB Rdnr. 32.
[169] *Barnstedt/Steffen* § 14 LwVG Rdnr. 94.
[170] Faßbender/Hötzel/Lukanow/*Faßbender* § 594 d BGB Rdnr. 32.

keinen Schutz nach § 595 BGB verlangen, wenn sie das Verfahren nach § 594 d Abs. 2 BGB nicht durchgeführt haben. Ergibt sich aus dem Verfahren gemäß § 594 d Abs. 2 Satz 4 BGB, dass eine ordnungsgemäße Bewirtschaftung nicht gewährleistet ist und daher der Verpächter die Fortsetzung des Pachtverhältnisses zu Recht zurückgewiesen hat, sind auch die Voraussetzungen des § 595 BGB nicht erfüllt, weil die Fortsetzung des Pachtverhältnisses für den Verpächter unzumutbar ist.[171]

Die Vorschrift des § 594 d BGB ist in allen Teilen abdingbar. Dies gilt für Ausschluss, Erschwerung oder Erleichterung des Fortsetzungsverlangens in formeller und materieller Hinsicht.[172] 127

f) Kündigung aus wichtigem Grund. Gemäß § 594 e Abs. 1 BGB ist die außerordentliche fristlose Kündigung des Pachtverhältnisses in entsprechender Anwendung der §§ 543, 569 Abs. 1 und 2 BGB zulässig. § 594 e Abs. 1 BGB ist auf alle Arten der Landpacht anwendbar;[173] jedoch sind angesichts der Verweisungen auf das Mietrecht die Besonderheiten des Landpachtrechts zu berücksichtigen.[174] 128

Das Landpachtverhältnis kann fristlos gekündigt werden, wenn ein wichtiger Grund im Sinne des § 543 Abs. 1 BGB vorliegt. Ein wichtiger Grund liegt insbesondere vor, wenn dem **Pächter der vertragsgemäße Gebrauch der Pachtsache ganz oder zum Teil nicht rechtzeitig gewährt oder wieder entzogen** wird; zur Vorenthaltung gehört auch die Übergabe der Pachtsache mit tatsächlichen und rechtlichen Mängeln einschließlich des Fehlens zugesicherter Eigenschaften, so dass der Gebrauch nur mit Einschränkungen oder gar nicht möglich ist.[175] 129

Ein wichtiger Grund liegt auch dann vor, wenn der Pächter die Rechte des Verpächters dadurch in erheblichem Maße **verletzt,** dass er die Pachtsache durch Vernachlässigung der ihm obliegenden Sorgfalt erheblich gefährdet oder sie unbefugt einem Dritten überlässt. 130

Eine erhebliche Gefährdung der Pachtsache könnte in einer vertragswidrigen Fruchtziehung gesehen werden, einer schlechten Bewirtschaftung, Unterlassen von Ausbesserungen.[176] Der Begriff des vertragswidrigen Gebrauchs basiert auf § 590 a BGB in Verbindung mit § 586 Abs. 1 Satz 3 BGB, wonach der Pächter zur ordnungsgemäßen Bewirtschaftung der Pachtsache verpflichtet ist. Demgemäß ist vertragswidrig ein Verstoß gegen § 590 Abs. 1 BGB durch Umwandlung der Pachtsache von landwirtschaftlicher Bestimmung in gewerbliche Nutzung.[177]

Im Hinblick auf den Zahlungsverzug des Pächters gelten im Landpachtrecht besondere Vorschriften, weil die mietrechtlichen Regelungen bezüglich der Fälligkeit der Mietzahlungen mit den tatsächlichen Verhältnissen bei der Landpacht **meist nicht** übereinstimmen. Bei Landpachtverträgen findet sich eher selten eine Vereinbarung, derzufolge die Pacht nach monatlichen Zeitabständen zu entrichten ist. Abweichend von § 543 Abs. 2 Nr. 3 Buchstaben a) und b) BGB liegt ein wichtiger Grund insbesondere vor, wenn der Pächter mit der Entrichtung der Pacht, zu der auch die Vorauszahlungen auf die Betriebskosten gehören können, oder eines nicht unerheblichen Teiles der Pacht länger als drei Monate in Verzug ist, § 594 e Abs. 2 Satz 1 BGB. Bleibt also der Pächter bei Vereinbarung einer jährlichen Pachtfälligkeit mit der geschuldeten Pacht oder einem nicht unerheblichen Teil der Pacht länger als drei Monate in Verzug, wird das vorzeitige Kündigungsrecht ausgelöst. 131

Bei jährlicher Zahlungsverpflichtung ist ein Rückstand des Pächters mit einem Sechstel der Pacht nicht unerheblich.[178]

Ist die Pacht nach Zeitabschnitten von weniger als einem Jahr bemessen, so ist die Kündigung erst zulässig, wenn der Pächter für zwei aufeinander folgende Termine mit der Entrich- 132

---

[171] Faßbender/Hötzel/Lukanow/*Faßbender* § 594 d BGB Rdnr. 34.
[172] Palandt/*Weidenkaff* § 594 d Rdnr. 1; Soergel/*Heintzmann* § 594 d Rdnr. 7; MünchKommBGB/*Harke* § 594 d Rdnr. 4.
[173] Palandt/*Weidenkaff* § 594 e Rdnr. 1.
[174] Soergel/*Heintzmann* § 594 e Rdnr. 1.
[175] Faßbender/Hötzel/Lukanow/*Faßbender* § 594 e BGB Rdnr. 3.
[176] Soergel/*Heintzmann* § 594 e Rdnr. 2.
[177] Faßbender/Hötzel/Lukanow/*Faßbender* § 594 e BGB Rdnr. 10 m. w. N.
[178] Soergel/*Heintzmann* § 594 e Rdnr. 3.

tung der Pacht oder eines nicht unerheblichen Teiles der Pacht in Verzug ist, § 594e Abs. 2 Satz 2 BGB. Der rückständige Teil der Pacht kann nur dann als nicht unerheblich angesehen werden, wenn er eine Monatspacht plus 0,01 € übersteigt.

133 Die **Kündigung** ist **ausgeschlossen,** wenn vor ihrem Wirksamwerden alle bis dahin offenen Pachtschulden durch den Pächter entweder durch Zahlung oder durch Aufrechnung ausgeglichen werden. Ausreichend ist die rechtzeitige Überweisung oder Übersendung des offenen Betrages. Eine bereits ausgesprochene Kündigung wird unwirksam, wenn der Pächter sich von seiner Schuld durch Aufrechnung befreien konnte, d. h. eine fällige Forderung des Pächters bestand, die er der offenen Pachtschuld entgegenstellen konnte, so dass die Kündigungswirkung nachträglich entfallen ist.[179]

134 Die Verweisung auf § 569 Abs. 1 BGB beinhaltet auch, dass ein wichtiger Grund für den Pächter auch dann vorliegt, wenn die Benutzung des Pachtobjekts mit Gesundheitsgefahren verbunden ist; dies gilt auch dann, wenn von der Gesundheitsbeeinträchtigung lediglich Personen betroffen sind, die der Pächter zur Bewirtschaftung herangezogen hat. Gesundheitsgefahren sind denkbar in Wohnungen der Arbeitnehmer oder Wirtschaftsgebäuden in Form von Feuchtigkeit mit Schimmelbildungen.

135 Ein **wichtiger Grund** im Sinne des § 594e BGB ist auch dann gegeben, wenn eine Vertragspartei den Hausfrieden nachhaltig stört, so dass dem Kündigenden unter Berücksichtigung aller Umstände des Einzelfalles, insbesondere eines Verschuldens der Vertragsparteien, und unter Abwägung der beiderseitigen Interessen die Fortsetzung des Pachtverhältnisses bis zum Ablauf der Kündigungsfrist oder bis zur sonstigen Beendigung des Pachtverhältnisses nicht zugemutet werden kann, §§ 594e Abs. 1, 569 Abs. 2 BGB. Besteht der wichtige Grund in der Verletzung einer Pflicht aus dem Pachtvertrag, so ist die Kündigung erst nach erfolglosem Ablauf einer zur Abhilfe bestimmten angemessenen Frist oder nach erfolgloser Abmahnung zulässig, §§ 594e Abs. 1, 543 Abs. 3 BGB. In § 543 Abs. 3 Satz 2 BGB ist geregelt, unter welchen näheren Voraussetzungen eine derartige Abmahnung entbehrlich ist.

136 Im Falle der unerlaubten Überlassung der Pachtsache an einen Dritten, § 589 BGB, stehen dem Verpächter gegenüber dem Pächter der in § 590a BGB normierte Unterlassungsanspruch zu und fern das Recht zur außerordentlichen Kündigung des Pachtverhältnisses gemäß § 594e Abs. 1 in Verbindung mit § 543 BGB.[180] Regelmäßig dürfte der firstlosen Kündigung eine Abmahnung vorausgehen. Außerdem können dem Verpächter Schadensersatzansprüche aus §§ 280, 241 BGB zustehen.

137 Die Kündigung muss **schriftlich** erfolgen, § 594f BGB, braucht aber, da die Vorschrift des § 569 Abs. 4 BGB nicht in Bezug gesetzt worden ist, nicht begründet zu werden. Eine spezifizierte Begründung ist allerdings empfehlenswert. Die Kündigung muss alsbald nach einem entsprechenden Vertragsverstoß ausgebracht werden, soll nicht das Recht auf den Ausspruch einer fristlosen Kündigung verwirkt sein. Falls kein enger zeitlicher Zusammenhang der Kündigung mit dem Vertragsverstoß gegeben ist, kann auch angenommen werden, dass der Kündigende den Vertragsverstoß als nicht so schwerwiegend angesehen hat, um daran eine fristlose Kündigung anzuknüpfen. Zu berücksichtigen sind die Umstände des Einzelfalls, namentlich ein ausreichender Überlegungszeitraum für den Kündigenden, in dem er sich über sein künftiges rechtliches Vorgehen informiert.[181]

138 Durch eine wirksame außerordentliche Kündigung wird das **Pachtverhältnis beendet.** Daneben können **Schadensersatzansprüche** treten. Haben beide Vertragsteile eine Zerrüttung des Pachtverhältnisses herbeigeführt, können wechselseitige Schadensersatzansprüche entstehen.

Hat der Pächter seine landwirtschaftliche Tätigkeit aufgegeben, wird regelmäßig ein Fall der Insolvenz vorliegen, so dass Schadensersatzansprüche kaum zu realisieren sein werden.[182]

---

[179] Soergel/*Heintzmann* § 594e Rdnr. 3; Faßbender/Hötzel/Lukanow/*Faßbender* § 594e BGB Rdnr. 17.
[180] Faßbender/Hötzel/Lukanow/*Faßbender* § 589 BGB Rdnr. 25.
[181] Faßbender/Hötzel/Lukanow/*Faßbender* § 594e BGB Rdnr. 28.
[182] Faßbender/Hötzel/Lukanow/*Faßbender* § 594e BGB Rdnr. 33.

Soweit die Vertragsteile zur außerordentlichen Kündigung eines Landpachtverhältnisses 139 mit der gesetzlichen Frist berechtigt sind, steht ihnen dieses Recht auch nach Verlängerung des Landpachtverhältnisses oder Änderung des Landpachtvertrages zu, § 595 a Abs. 1 BGB. Auf Antrag eines Vertragsteils kann das Landwirtschaftsgericht Anordnungen über die Abwicklung eines vorzeitig beendeten oder eines teilweise beendeten Landpachtvertrages treffen, § 595 a Abs. 2 Satz 1 BGB. Wird die Verlängerung eines Landpachtvertrages auf einen Teil der Pachtsache beschränkt, kann das Landwirtschaftsgericht die Pacht für diesen Teil festsetzen, § 595 a Abs. 2 Satz 2 BGB. Der Inhalt von Anordnungen des Landwirtschaftsgerichts gilt unter den Vertragsteilen als Vertragsinhalt, § 595 a Abs. 3 Satz 1 BGB. Über Streitigkeiten, die diesem Vertragsinhalt betreffen, entscheidet auf Antrag das Landwirtschaftsgericht, § 595 a Abs. 2 Satz 2 BGB.

10. Fortsetzung des Pachtverhältnisses

Der Pächter kann gemäß § 595 Abs. 1 BGB vom Verpächter die Fortsetzung des Pacht- 140 verhältnisses verlangen, wenn
1. bei einem Betriebspachtverhältnis der Betrieb seine wirtschaftliche Lebensgrundlage bildet,
2. bei dem Pachtverhältnis über ein Grundstück der Pächter auf dieses Grundstück zur Aufrechterhaltung seines Betriebes, der seine wirtschaftliche Lebensgrundlage bildet, angewiesen ist und die vertragsmäßige Beendigung des Pachtverhältnisses für den Pächter oder seine Familie eine Härte bedeuten würde, die auch unter Würdigung der berechtigten Interessen des Verpächters nicht zu rechtfertigen ist. Die Fortsetzung kann unter diesen Voraussetzungen wiederholt verlangt werden.

Der Betrieb muss die **wirtschaftliche Lebensgrundlage** des Pächters darstellen. Ein Fort- 141 setzungsanspruch kann angesichts der Sozialklausel auch dann geltend gemacht werden, wenn das Familieneinkommen nahezu im Ganzen – in seinem wesentlichen Umfang – aus dem Betrieb erwirtschaftet wird.[183] Unter wirtschaftlicher Lebensgrundlage ist die Befriedigung der täglichen Bedürfnisse zu verstehen einschließlich Wohnen, Urlaub, Freizeit, Ausbildung, Krankheits- und Altersvorsorge, Aufwendungen für sonstige notwendige Versicherungsschutz des Pächters und seiner Familie.[184] Ein Pachtbetrieb stellt die wesentliche wirtschaftliche Existenzgrundlage dar, wenn etwa drei Viertel des Gesamteinkommens aus dem Pachtbetrieb resultieren.[185] Einkünfte der übrigen Familienmitglieder bleiben weitestgehend unberücksichtigt, soweit sie in das gemeinsame Einkommen nicht einfließen und selbst verbraucht werden.[186]

Die vertragsmäßige Beendigung des Pachtverhältnisses muss für den Pächter eine nicht zu 142 rechtfertigende **Härte** darstellen, die auch unter Würdigung der berechtigten Interessen des Verpächters nicht zu rechtfertigen ist. Der Begriff der sozialen Härte ist § 574 Abs. 1 Satz 1 BGB entnommen worden und setzt für eine Fortsetzung des Pachtverhältnisses eine Abwägung der beiderseitigen Interessen voraus. Bei dieser Abwägung sind alle besonderen Umstände zu berücksichtigen, sei es persönlicher, sei es wirtschaftlicher Art.

Nach § 595 Abs. 2 BGB kann der Pächter verlangen, dass das Pachtverhältnis so lange 143 fortgesetzt wird, wie dies unter Berücksichtigung aller Umstände angemessen ist. Ist dem Verpächter nicht zuzumuten, das Pachtverhältnis nach den bisher geltenden Vertragsbedingungen fortzusetzen, so kann der Pächter nur verlangen, dass es unter einer angemessenen Änderung der Bedingungen fortgesetzt wird, § 595 Abs. 2 Satz 2 BGB. Soweit also die Interessen des Verpächters durch eine Änderung der Vertragsbestimmungen befriedigt oder Nachteile gemildert werden können, ist dies bei der Abwägung der beiderseitigen Interessen zu berücksichtigen.[187]

---

[183] Soergel/*Heintzmann* § 595 Rdnr. 2; Faßbender/Hötzel/Lukanow/*Faßbender* § 595 BGB Rdnr. 19; MünchKommBGB/*Harke* § 595 Rdnr. 2: Palandt/*Weidenkaff* § 595 Rdnr. 5.
[184] Soergel/*Heintzmann* § 595 Rdnr. 2.
[185] Faßbender/Hötzel/Lukanow/*Faßbender* § 595 BGB Rdnr. 22.
[186] Soergel/*Heintzmann* § 595 Rdnr. 2.
[187] Soergel/*Heintzmann* § 595 Rdnr. 9; Faßbender/Hötzel/Lukanow/*Faßbender* § 595 BGB Rdnr. 47.

144 Der Pächter kann die Fortsetzung des Pachtverhältnisses gemäß § 595 Abs. 3 BGB **nicht** verlangen, wenn
1. er das Pachtverhältnis selbst gekündigt hat,
2. der Verpächter zur außerordentlichen fristlosen Kündigung oder im Falle des § 593a BGB zur außerordentlichen Kündigung mit der gesetzlichen Frist berechtigt ist,
3. die Laufzeit des Vertrages bei einem Pachtverhältnis über einen Betrieb, der Zupachtung von Grundstücken, durch die ein Betrieb entsteht, oder bei einem Pachtverhältnis über Moor- und Ödland, das vom Pächter kultiviert worden ist, auf mindestens 18 Jahre, bei der Pacht anderer Grundstücke auf mindestens zwölf Jahre vereinbart ist,
4. der Verpächter die nur vorübergehend verpachtete Sache in eigene Nutzung nehmen oder zur Erfüllung gesetzlicher oder sonstiger öffentlicher Aufgaben verwenden will.

145 Im Rahmen des § 595 Abs. 3 Ziffer 2 BGB soll bereits die Berechtigung des Verpächters zur Kündigung nach §§ 594e Abs. 1, 543, 569, 594e Abs. 2 BGB für einen Fortsetzungsausschluss maßgebend sein.[188] Hat demgemäß der Verpächter einen Kündigungsgrund, ohne von ihm Gebrauch gemacht zu haben, ist der Fortsetzungsanspruch des Pächters ausgeschlossen. Anders ist naturgemäß zu entscheiden, wenn das Kündigungsrecht verwirkt oder aus anderen Gründen erloschen war; in derartigen Fällen bleibt das Fortsetzungsrecht unberührt.[189]

146 Ist die **Pachthöchstzeit** erreicht, ist der Pächter mit seinem Fortsetzungsanspruch ausgeschlossen. Maßgebend sind die Grenzen von 18 bzw. 12 Jahren. Enthält ein Pachtvertrag teilweise unter 12 Jahre fallende Grundstücke teilweise unter 18 Jahre fallende Grundstücke, ist nach den Grundsätzen des Übergewichts zu entscheiden, wobei es nicht allein auf die Größe der Flächen sondern auch auf deren Bedeutung für den Pachtbetrieb ankommt.[190]

147 Ferner ist die Fortsetzung des Pachtverhältnisses ausgeschlossen, wenn der Verpächter die Sache in **eigene Nutzung** nehmen will, § 595 Abs. 3 Ziffer 4 BGB, was aber voraussetzt, dass die Pachtsache nur vorübergehend verpachtet wurde. Die Absicht, Land nur vorübergehend zu verpachten, muss bei Vertragsschluss deutlich zum Ausdruck gekommen sein.[191] Dies kann sich aus einer Befristung ergeben oder einen Vertragsabschluss ohne Verlängerungsklausel. Empfehlenswert ist eine ausdrückliche vertragliche Bestimmung.

148 Der Verpächter muss die Pachtsache für **eigene Zwecke** nutzen. Dabei ist Eigennutzung im weitesten Sinne zu verstehen. Dazu gehört die eigene landwirtschaftliche Bewirtschaftung, auch durch Dritte, die Umwandlung in einen Gewerbebetrieb, selbst die Nutzung als Bauland.[192] § 595 Abs. 3 Ziffer 4 BGB ist der Eigenbedarfskündigung des § 573 Abs. 2 Ziffer 2 BGB nachgebildet, so dass auch eine Überlassung der Pachtsache an nahe Angehörige eine Nutzung im Sinne des § 595 Abs. 3 Ziffer 4 BGB darstellt.[193]

149 Hat der Verpächter den Eigenbedarf nur vorgetäuscht und stellt sich nachträglich heraus, dass der Verpächter das Pachtobjekt nicht in eigene Nutzung übernommen hat, hat der Pächter aber wegen der dokumentierten Absicht des Verpächters den Pachtvertrag aufgegeben und von einem Fortsetzungsverlangen abgesehen, hat sich der Verpächter gemäß §§ 280, 281 BGB schadensersatzpflichtig gemacht. Insoweit kann auf die Rechtsprechung zum vorgetäuschten Eigenbedarf bei Mietverträgen verwiesen werden.[194]

150 Die Erklärung des Pächters, mit der er die **Fortsetzung des Pachtverhältnisses** verlangt, bedarf der **Schriftform**, § 595 Abs. 4 Satz 1. Nach den gesetzlichen Vorgaben braucht das Fortsetzungsverlangen des Pächters nicht begründet zu werden; dem Pächter ist aber dringend anzuraten, eine substantiierte Begründung des Fortsetzungsverlangens seinem Schrei-

---

[188] Faßbender in Faßbender/Hötzel/Lukanow § 595 BGB Rdnr. 54; Soergel/*Heintzmann* § 595 Rdnr. 12; Palandt/*Weidenkaff* § 595 Rdnr. 8.
[189] MünchKommBGB/*Harke* § 595 Rdnr. 5.
[190] Soergel/*Heintzmann* § 595 Rdnr. 13.
[191] Soergel/*Heintzmann* § 595 Rdnr. 14; Palandt/*Weidenkaff* § 595 Rdnr. 8.
[192] Soergel/*Heintzmann* § 595 Rdnr. 15.
[193] Soergel/*Heintzmann* § 595 Rdnr. 15; Faßbender/Hötzel/Lukanow/*Faßbender* § 595 BGB Rdnr. 65; a.A. MünchKommBGB/*Harke* § 595 Rdnr. 5.
[194] Faßbender/Hötzel/Lukanow/*Faßbender* § 595 BGB Rdnr. 74.

§ 77 Landpacht, Jagdpacht und Fischereipacht

ben beizufügen.[195] Dem entspricht, dass auf Verlangen des Verpächters der Pächter über die Gründe des Fortsetzungsverlangens unverzüglich Auskunft erteilen soll; der Sache nach handelt es sich um eine nicht einklagbare Nebenpflicht, deren Verletzung allerdings zu Schadensersatz führen kann, namentlich zur Auferlegung von vermeidbaren Verfahrenskosten.[196] Den Verpächter trifft eine entsprechende Obliegenheit zur Darlegung von Tatsachen, die dem Fortsetzungsverlangen des Pächters entgegen stehen. Diese Offenlegung ist erforderlich, weil dem Pächter grundsätzlich ein Fortsetzungsanspruch zustehen kann und zudem ein landwirtschaftsgerichtliches Verfahren folgen kann, das eventuell vermeidbar gewesen wäre, hätte der Verpächter frühzeitig alle entscheidungserheblichen Tatsachen offenkundig gemacht.

Der Verpächter kann die Fortsetzung des Pachtverhältnisses **ablehnen,** wenn der Pächter die Fortsetzung nicht mindestens ein Jahr vor Beendigung des Pachtverhältnisses vom Verpächter verlangt oder auf eine Anfrage des Verpächters nach § 594 BGB die Fortsetzung abgelehnt hat, § 595 Abs. 5 Satz 1 BGB. Ist eine zwölfmonatige oder kürzere Kündigungsfrist vereinbart, so genügt es, wenn das Verlangen innerhalb eines Monats nach Zugang der Kündigung erklärt wird, § 595 Abs. 5 Satz 2 BGB. Durch die Fristenregelungen soll gewährleistet werden, dass sich die Parteien des Landpachtvertrages frühzeitig über eine Verlängerung des Pachtvertrages klar werden und einigen. Wird die Frist durch den Pächter versäumt, hat dies insoweit weitreichende Folgen, als der Verpächter bereits aus formalen Gesichtspunkten eine Fortsetzung des Pachtverhältnisses verweigern kann. 151

Für den Pächter sind folgende **Fristen** maßgeblich:
Bei Pachtverhältnissen nach § 594a Abs. 1 BGB auf unbestimmte Dauer mit gesetzlicher oder mehr als einjähriger Kündigungsfrist muss das schriftliche Fortsetzungsverlangen nach Kündigung mindesten ein Jahr vor Vertragsende dem Verpächter zugegangen sein. 152

Bei unbestimmter Vertragsdauer und vereinbarter Kündigungsfrist von einem Jahr und weniger gemäß § 594a Abs. 1 Satz 2 und Abs. 2 BGB muss das schriftliche Fortsetzungsverlangen binnen eines Monats nach Zugang der Kündigung beim Verpächter zugegangen sein. 153

Bei bestimmter mindestens dreijähriger Vertragsdauer muss der Pächter eine schriftliche Anfrage im drittletzten Pachtjahr in der Form des § 594 BGB wegen der Verpächterbereitschaft zur Fortsetzung des Landpachtverhältnisses mit dem Ziel der Verlängerung des Pachtverhältnisses ausbringen bei Schweigen des Verpächters. Wahlweise oder bei Ablehnung muss das schriftliche Fortsetzungsverlangen gemäß § 595 Abs. 5 BGB mindestens ein Jahr vor Vertragsende mit dem Ziel ausgebracht werden, das Pachtschutzverfahren nach § 595 Abs. 6 BGB einzuleiten.[197] 154

Bei Ablehnung des Fortsetzungsverlangens kann der Pächter den Antrag auf gerichtliche Entscheidung spätestens neun Monate vor Beendigung des Pachtverhältnisses und im Falle einer zwölfmonatigen oder kürzeren Kündigungsfrist zwei Monate nach Zugang der Kündigung bei dem Landwirtschaftgericht stellen. 155

Kommt zwischen den Parteien eine Einigung nicht zustande, so entscheidet auf Antrag das Landwirtschaftsgericht über eine Fortsetzung und über die Dauer des Pachtverhältnisses sowie über die Bedingungen, zu denen es fortgesetzt wird, § 595 Abs. 6 Satz 1 BGB. Vorzuziehen ist der Fall, dass die Parteien selbst im Wege gegenseitigen Aushandelns die einzelnen Bestimmungen festlegen, zu denen das Landpachtverhältnis fortgesetzt werden soll. Nach Ablehnung einer Verlängerung durch den Verpächter oder dessen Kündigung werden Änderungen im Vertragswerk angezeigt erscheinen, die sich auf alle Umstände beziehen können, auf eine Erhöhung der Pacht, auf eine Übernahme bestimmter Erhaltungskosten oder eine Herausnahme bestimmter Flächen aus dem Pachtvertrag.[198] 156

Hat der Pächter einen fristgerechten Antrag nach § 595 Abs. 7 Satz 1 BGB versäumt, kann das Landwirtschaftsgericht nachträglich den Antrag zulassen, wenn es zur Vermeidung 157

---

[195] Vgl. Faßbender/Hötzel/Lukanow/*Faßbender* § 595 BGB Rdnr. 82.
[196] Soergel/*Heintzmann* § 595 Rdnr. 17; Faßbender/Hötzel/Lukanow/*Faßbender* § 595 BGB Rdnr. 82; MünchKommBGB/*Harke* § 595 Rdnr. 6.
[197] Faßbender/Hötzel/Lukanow/*Faßbender* § 595 BGB Rdnr. 87.
[198] Soergel/*Heintzmann* § 595 Rdnr. 19.

einer unbilligen Härte geboten erscheint und der Pachtvertrag noch nicht abgelaufen ist, § 595 Abs. 7 Satz 2 BGB.

158 Das **Landwirtschaftgericht** entscheidet nach den Vorgaben des Rechts der Freiwilligen Gerichtsbarkeit, § 1 Nr 1 in Verbindung mit § 9 LwVG.[199] Eine Klage auf Herausgabe und Räumung des Verpächter kann nicht mit einer Klage auf Fortsetzung des Landpachtverhältnisses verbunden werden, weil eine Verbindung von ZPO- und FGG Verfahren ausgeschlossen ist.[200] Eine Entscheidung des Landwirtschaftsgerichts über eine Fortsetzung des Landpachtvertrages zu geänderten Bedingungen hat rechtsgestaltende Wirkung aber keinen vollstreckungsfähigen Inhalt.[201] Das Landwirtschaftgericht hat den Pächter auf beabsichtigte Vertragänderungen hinzuweisen, damit der Pächter nicht gegen seinen Willen in eine ihm nicht genehme Vertragsänderung genötigt wird.[202]

159 Eine Abänderung der Vertragsbedingungen zum Nachteil des Verpächters ist angesichts der gesetzgeberischen Wertung in § 595 Abs. 2 Satz 2 BGB ausgeschlossen.[203] Im Hinblick auf die Dauer des Landpachtverhältnisses kann das Landwirtschaftsgericht Regelungen treffen. Sie müssen sich aber in den Rahmen des § 595 Abs. 6 Satz 2 einfügen. Danach kann das Gericht die Fortsetzung des Pachtverhältnisses nur bis zu einem Zeitpunkt anordnen, der die in § 595 Abs. 3 Ziffer 3 BGB genannten Fristen, ausgehend vom Beginn des laufenden Pachtverhältnisses, nicht übersteigt, wobei die Fortsetzung des Pachtverhältnisses auf einen Teil der Pachtsache beschränkt werden kann. Bei der Betriebspacht liegt die Höchstdauer demgemäß bei 18 Jahren und bei der Stücklandpacht bei 12 Jahren.

160 Gemäß § 595 Abs. 8 BGB kann auf das Recht, die Verlängerung eines Pachtverhältnisses nach § 595 Abs. 1 bis 7 BGB zu verlangen, nur verzichtet werden, wenn der Verzicht zur Beilegung eines Pachtstreits vor Gericht oder vor einer berufsständischen Pachtschlichtungsstelle erklärt wird, § 595 Abs. 8 Satz 1 BGB. Eine Vereinbarung, dass einem Vertragsteil besondere Nachteile oder besondere Vorteile erwachsen sollen, wenn er die Rechte nach § 595 Abs. 1 bis 7 BGB ausübt oder nicht ausübt, ist unwirksam, § 595 Abs. 8 Satz 2 BGB. Die Abdingbarkeit des Pächterschutzes ist demgemäß weitestgehend eingeschränkt.

11. Rückgabe der Pachtsache

161 Der Pächter ist gemäß § 596 Abs. 1 BGB verpflichtet, die Pachtsache nach Beendigung des Pachtverhältnisses in dem Zustand zurückzugeben, der einer bis zur Rückgabe fortgesetzten ordnungsgemäßen Bewirtschaftung entspricht. Nicht ausreichend ist die Rückgabe in dem Zustand, in dem sich die Pachtsache gerade bei Beendigung des Pachtverhältnisses befindet. Die Rückgabeverpflichtung bezieht sich auf sämtliche Umstände, die einer ordnungsgemäßen Bewirtschaftung entsprechen, insbesondere auf eine nachhaltige Ertragsfähigkeit der Pachtsache.[204] Der Pächter muss demgemäß die Pachtsache so bewirtschaften, als werde das Pachtobjekt ununterbrochen weiter genutzt.[205] Zu einer Rückgabe entsprechend einer fortgesetzten ordnungsgemäßen Bewirtschaftung gehört auch die Erhaltung der zugeteilten Referenzmenge, weil im Bereich der Milchwirtschaft der Verkehrswert landwirtschaftlicher Flächen maßgeblich von der damit verbundenen Milchquote abhängig ist.[206] Entsprechendes gilt für ein Zuckerrübenkontingent.[207] Umbruch, Saat, Düngung, Pflanzenschutz, Beregnung sind fortzuführen.[208]

---

[199] Soergel/*Heintzmann* § 595 Rdnr. 20; Faßbender/Hötzel/Lukanow/*Faßbender* § 595 BGB Rdnr. 102; Palandt/*Weidenkaff* § 595 Rdnr. 12; MünchKommBGB/*Harke* § 595 Rdnr. 7.
[200] *Barstedt/Steffen* § 1 LwVG Rdnr. 77; Faßbender/Hötzel/Lukanow/*Faßbender* § 595 BGB Rdnr. 102.
[201] Faßbender/Hötzel/Lukanow/*Faßbender* § 595 BGB Rdnr. 101 und 103.
[202] Vgl. Soergel/*Heintzmann* § 595 Rdnr. 19.
[203] Faßbender/Hötzel/Lukanow/*Faßbender* § 595 BGB Rdnr. 104.
[204] Soergel/*Heintzmann* § 596 Rdnr. 1; Faßbender/Hötzel/Lukanow/*Faßbender* § 596 BGB Rdnr. 14; MünchKommBGB/*Harke* § 596 Rdnr. 2.
[205] Soergel/*Heintzmann* § 596 Rdnr. 3.
[206] BGH NJW 1997, 2316.
[207] Soergel/*Heintzmann* § 596 Rdnr. 3.
[208] Vgl. die Beispiele bei Soergel/*Heintzmann* § 596 Rdnr. 3.

162 Verschlechterungen der Pachtsache, die auf eine ordnungsgemäße Bewirtschaftung zurückzuführen sind, hat der Pächter bei Vertragsende nicht auszugleichen.[209] Hat der Pächter im Rahmen ordnungsgemäßer Bewirtschaftung das Pachtobjekt verbessert, ist die Pachtsache in diesem verbesserten Zustand zurückzugeben.[210] Allerdings muss der Verpächter dem Pächter die **notwendigen Verwendungen** auf die Pachtsache nach § 590b BGB ersetzen. Nach § 586 Abs. 1 Satz 2 BGB hat aber der Pächter die gewöhnlichen Ausbesserungen der Pachtsache, insbesondere die der Wohn- und Wirtschaftsgebäude, der Wege, Gräben, Dränungen und Einfriedungen, auf seine Kosten durchzuführen. Aus § 596 Abs. 1 BGB ist der Schluss abzuleiten, dass der Pächter keinen Anspruch auf Ersatz für Verbesserungen hat, die auf eine ordnungsgemäße Bewirtschaftung zurückzuführen sind.[211]

163 **Verschlechterungen der Pachtsache**, die **nicht** auf einer ordnungsgemäßen Bewirtschaftung beruhen, können nach allgemeinen Vorschriften bereits vor Vertragsende Schadensersatzansprüche des Verpächters auslösen.[212] Voraussetzung ist aber ein rechtliches Interesse des Verpächters an alsbaldiger Schadensfeststellung, wenn eine spätere Schadensfeststellung nicht mehr möglich oder mit unverhältnismäßigen Nachteilen für das Pachtobjekt verbunden ist. Ansonsten gilt der Rechtssatz, dass während der Pachtzeit der Verpächter eines land- und forstwirtschaftlichen Betriebes in der Regel keinen Anspruch auf Ersatz von Schäden hat, die der Pächter an den seiner Nutzung unterliegenden Pachtgegenständen verursacht hat.[213] Zur Begründung wird darauf verwiesen, dass sich in der Regel erst nach Ablauf der Pachtzeit übersehen lässt, ob ein verschuldeter Nachteil der Pachtsache durch vertragswidrige Nutzung eingetreten ist und sich die Pachtsache nicht in einem Zustand befindet, der ordnungsgemäßer Bewirtschaftung entspricht.

164 Um den Zustand des Pachtobjekts bei Vertragsende feststellen zu können, bedarf es einer **Untersuchung oder Besichtigung der Pachtsache** durch den Verpächter. Sind keine besonderen Vereinbarungen zwischen den Vertragsparteien getroffen, wird dem Verpächter im Falle einer Weigerung des Pächters, eine Besichtigung vornehmen zu können, ein entsprechendes Besichtigungsrecht zuzubilligen sein. Im Hinblick auf das Vertragsende ist regelmäßig von einem Rechtsschutzinteresse des Verpächters auszugehen.[214] Hier sind die Grundsätze entsprechend anzuwenden, die im Mietrecht gelten; demgemäß hat der Verpächter einen Anspruch auf Besichtigung des Pachtobjekts aus besonderem Grund und namentlich vor Ablauf der Pachtzeit, um den Zustand der Pachtsache im Hinblick auf Beschädigungen oder Verschlechterungen feststellen zu können.[215]

165 Gemäß § 596 Abs. 2 BGB steht dem Pächter wegen seiner Ansprüche gegen den Verpächter ein **Zurückbehaltungsrecht** am Grundstück **nicht** zu. Begründet wird die gesetzliche Regelung mit der Erwägung, dass die Gegenansprüche des Pächters in keinem Verhältnis zum Wert des Grundstücks stehen und daher das Zurückbehaltungsrecht zu einem hohen Schaden führen kann.[216] Der Ausschluss des Zurückbehaltungsrechts bezieht sich allerdings nur auf das Grundstück selbst; bei anderen Sachen – etwa dem Inventar – kann ein Zurückbehaltungsrecht wegen Ansprüche des Pächters gegen den Verpächter ausgeübt werden.[217]

166 Hat der Pächter die Nutzung der Pachtsache einem Dritten überlassen, so kann der Verpächter die Sache nach Beendigung des Pachtverhältnisses auch von dem Dritten zurückfordern, § 596 Abs. 3 BGB. Hat der Pächter die Pachtsache einem Dritten zur Nutzung überlassen, kann der Verpächter gegen den Pächter wie auch den Dritten Klage auf Räumung

---

[209] Faßbender/Hötzel/Lukanow/*Faßbender* § 596 BGB Rdnr. 25.
[210] Faßbender/Hötzel/Lukanow/*Faßbender* § 596 BGB Rdnr. 21.
[211] Faßbender/Hötzel/Lukanow/*Faßbender* § 596 BGB Rdnr. 21; MünchKommBGB/*Harke* § 596 Rdnr. 2.
[212] Faßbender/Hötzel/Lukanow/*Faßbender* § 596 BGB Rdnr. 31.
[213] OLG Düsseldorf NJW 1977, 585.
[214] Faßbender/Hötzel/Lukanow/*Faßbender* § 596 BGB Rdnr. 24.
[215] Vgl. zum Besichtigungsrecht des Vermieters Palandt/*Weidenkaff* § 535 Rdnr. 82; Soergel/*Heintzmann* § 535 Rdnr. 43.
[216] Palandt/*Weidenkaff* § 50 Rdnr. 1; Faßbender/Hötzel/Lukanow/*Faßbender* § 596 BGB Rdnr. 33.
[217] Faßbender/Hötzel/Lukanow/*Faßbender* § 596 BGB Rdnr. 33; Soergel/*Heintzmann* § 596 Rdnr. 5; MünchKommBGB/*Harke* § 596 Rdnr. 4.

und Herausgabe des Pachtobjekts erheben; eine Klage gegen beide zugleich ist empfehlenswert.[218]

> **Parxistipp:**
> 167 § 596 BGB ist insgesamt **abdingbar**. Bei Formularpachtverträgen ist das Verbot von Pauschalierung von Schadensersatzansprüchen zu beachten, § 309 Ziffer 5 BGB, und der Beweislaständerung, § 309 Ziffer 12 BGB.[219] Soweit in einer Änderung des Rückgabezeitpunktes indirekt eine Verkürzung der Kündigungsfrist liegt, muss die entsprechende Vereinbarung wegen § 594a Abs. 1 Satz 3 BGB schriftlich erfolgen.[220]

168 Der Pächter eines Betriebes hat von den bei Beendigung des Pachtverhältnisses vorhandenen landwirtschaftlichen Erzeugnissen so viel zurückzulassen, wie zur **Fortführung der Wirtschaft** bis zur nächsten Ernte nötig ist, auch wenn er bei Beginn des Pachtverhältnisses solche Erzeugnisse nicht übernommen hat, § 596b Abs. 1 BGB. Unter landwirtschaftlichen Erzeugnissen werden pflanzliche oder tierische Erzeugnisse verstanden, die aus der Bodenbewirtschaftung oder der mit der Bodennutzung verbundenen Tierhaltung gewonnen worden sind.[221] Die Fortsetzung der ordnungsgemäßen Bewirtschaftung bis zu nächsten Ernte bestimmt den Umfang der Zurücklassungsverpflichtung. Der Pächter entscheidet in eigener Regie, welche von mehreren möglichen Arten der ordnungsgemäßen Bewirtschaftung gesichert werden soll.[222] Bei der Art, Menge und Beschaffenheit der zurückzulassenden Erzeugnisse ist ein **objektiver** Maßstab anzulegen.[223]

169 § 596b Abs. 1 BGB gibt dem Verpächter einen Anspruch auf Zurücklassung der landwirtschaftlichen Erzeugnisse; dieser Anspruch ist abtretbar, namentlich aus praktischen Erwägungen heraus auch an den Neupächter.[224] Der Anspruch des Verpächters nach § 596b Abs. 1 BGB wird durch das Verpächterpfandrecht des § 592 BGB gesichert.[225] Er richtet sich darauf, dass die ordnungsgemäße Bewirtschaftung im Zeitpunkt der Rückgabe des Pachtobjekts gewährleistet sein soll.

170 Soweit der Pächter nach § 596b Abs. 1 BGB Erzeugnisse in größerer Menge oder besserer Beschaffenheit zurückzulassen verpflichtet ist, als er bei Beginn des Pachtverhältnisses übernommen hat, kann er vom Verpächter **Ersatz des Wertes** verlangen, § 596b Abs. 2 BGB. Der Anspruch ist bei Ende des Pachtverhältnisses fällig. Er ist auf Wertersatz in Geld gerichtet, wobei der objektive Verkehrswert der landwirtschaftlichen Erzeugnisse zur Zeit und am Ort der Zurücklassung maßgeblich ist.[226] Im Streitfall kann die Berechnung durch einen Sachverständigen vorgenommen werden. Zu beachten ist, dass der Anfangswert unter besonderer Berücksichtigung der Preisentwicklung auf das Pachtende umzurechnen ist.[227] Auf diese Weise wird ein gleicher Bewertungsmaßstab gewonnen.[228] Die Verjährung des Anspruchs richtet sich nach § 591b BGB. Über streitige Ansprüche entscheidet das **Landwirtschaftgericht** im streitigen ZPO-Verfahren, §§ 1 Nr. 1a, 48 LwVG.[229]

171 Gibt der Pächter die Pachtsache nach Beendigung des Pachtverhältnisses nicht zurück, so kann der Verpächter **für die Dauer der Vorenthaltung als Entschädigung** die vereinbarte Pacht verlangen, § 597 Satz 1 BGB. Eine Vorenthaltung ist gegeben, wenn der Pächter dem

---

[218] Faßbender/Hötzel/Lukanow/*Faßbender* § 596 BGB Rdnr. 36.
[219] Faßbender/Hötzel/Lukanow/*Faßbender* § 596 BGB Rdnr. 37.
[220] Soergel/*Heintzmann* § 596 Rdnr. 7.
[221] Soergel/*Heintzmann* § 596b Rdnr. 2; Faßbender/Hötzel/Lukanow/*Faßbender* § 596b BGB Rdnr. 8.
[222] Soergel/*Heintzmann* § 596b Rdnr. 4; Faßbender/Hötzel/Lukanow/*Faßbender* § 596b BGB Rdnr. 11.
[223] Faßbender/Hötzel/Lukanow/*Faßbender* § 596b BGB Rdnr. 11.
[224] Soergel/*Heintzmann* § 596b Rdnr. 5.
[225] Soergel/*Heintzmann* § 596b Rdnr. 5.
[226] Faßbender/Hötzel/Lukanow/*Faßbender* § 596b BGB Rdnr. 21; Soergel/*Heintzmann* § 596b Rdnr. 6.
[227] Soergel/*Heintzmann* § 596b Rdnr. 6.
[228] Faßbender/Hötzel/Lukanow/*Faßbender* § 596b BGB Rdnr. 21.
[229] Faßbender/Hötzel/Lukanow/*Faßbender* § 596b BGB Rdnr. 4.

Verpächter nicht oder verspätet den unmittelbaren Besitz verschafft, obwohl ihm das möglich ist und sein Verhalten dem Willen des Verpächters widerspricht.[230] Der Anspruch des Verpächters richtet für die Dauer der Vorenthaltung auf die vereinbarte Pacht als Entschädigung. Der Sache nach handelt es sich um einen Mindestschaden, denn gemäß § 597 Satz 2 BGB ist die Geltendmachung eines weiteren Schadens nicht ausgeschlossen. Denkbar ist, dass auf Grund der Vorenthaltung eine Neuverpachtung verzögert wird oder Ertragseinbußen zu beklagen sind, weil die Feldbestellung nicht rechtzeitig erfolgen kann. Die Ansprüche des Verpächters verjähren innerhalb von drei Jahren, § 195 BGB.[231] Die gesamte Vorschrift des § 597 BGB ist abdingbar.[232]

II. Jagdpacht

1. Gesetzliche Grundlage und Inhalt des Jagdpachtrechts

Das Jagdrecht ist geregelt im **Bundesjagdgesetz** in der Fassung der Bekanntmachung vom 29. 9. 1976 (BGBl. I S. 2849), zuletzt geändert durch Artikel 5 des Gesetzes vom 26. 3. 2008 (BGBl. I S. 426). Der Sache nach handelt es sich um ein Rahmengesetz im Sinne des Art. 75 Abs. 1 Ziffer 3 GG, das durch **Landesgesetze** ergänzt wird. Das Jagdrecht ist die ausschließliche Befugnis, auf einem bestimmten Gebiet wildlebende Tiere, die dem Jagdrecht unterliegen (Wild), zu hegen, auf sie die Jagd auszuüben und sie sich anzueignen. Mit dem Jagdrecht ist die Pflicht zur Hege verbunden, § 1 Abs. 1 BJagdG.

Die Jagdpacht besteht nicht nur in einem entgeltlichen **Erwerb eines Aneignungsrechts**; nach § 11 Abs. 1 BJagdG kann die Ausübung des Jagdrechts in seiner Gesamtheit an Dritte verpachtet werden. Gegenstand der Jagdpacht bildet demgemäß das Jagdausübungsrecht.[233] Dieses Jagdausübungsrecht leitet sich aus dem **Eigentum des Grundstückseigentümers** ab und ist als Rechtspacht zu qualifizieren.[234] Ein Teil des Jagdausübungsrechts kann nicht Gegenstand eines Jagdpachtvertrages sein; jedoch kann sich der Verpächter einen Teil der Jagdnutzung, der sich auf bestimmtes Wild bezieht, vorbehalten, § 11 Abs. 1 Satz 2 BJagdG.

Die Verpachtung eines Teils eines Jagdbezirks ist nach § 11 Abs. 2 Satz 1 BJagdG nur zulässig, wenn sowohl der verpachtete als auch der verbleibende Teil bei Eigenjagdbezirken eine gesetzliche Mindestgröße, bei gemeinschaftlichen Jagdbezirken die Mindestgröße von 250 ha haben; die Bundesländer können ergänzende Regelungen treffen.

2. Beteiligte am Jagdpachtvertrag

a) **Pächter.** Jagdpächter kann gemäß § 11 Abs. 5 BJagdG grundsätzlich nur sein, wer einen **Jahresjagdschein** besitzt und schon vorher einen solchen während dreier Jahre in Deutschland besessen hat. Auf Pächterseite kann eine derart qualifizierte Einzelperson einen Jagdpachtvertrag abschließen. Gemäß § 13 BJagdG erlischt der Jagdpachtvertrag, wenn dem Pächter der Jagdschein unanfechtbar **entzogen** worden ist. Er erlischt auch dann, wenn die Gültigkeitsdauer des Jagdscheins **abgelaufen** ist und entweder die zuständige Behörde die Erteilung eines neuen Jagdscheins unanfechtbar abgelehnt hat oder der Pächter die Voraussetzungen für die Erteilung eines neuen Jagdscheins nicht fristgemäß erfüllt, § 13 Satz 2 BJagdG. Der Jagdpachtvertrag erlischt, wenn der Pächter versäumt, rechtzeitig die **Verlängerung** seines Jagdscheins zu beantragen.[235]

Hat der Jagdpächter das Erlöschen des Jagdpachtvertrages verschuldet, hat er dem Verpächter den aus der vorzeitigen Beendigung des Vertrages entstehenden Schaden zu ersetzen,

---

[230] BGH NJW 1983, 112; Faßbender/Hötzel/Lukanow/*Faßbender* § 597 BGB Rdnr. 8.
[231] Faßbender/Hötzel/Lukanow/*Faßbender* § 597 BGB Rdnr. 15.
[232] Soergel/*Heintzmann* § 597 Rdnr. 7; Palandt/*Weidenkaff* § 597 Rdnr. 1; Faßbender/Hötzel/Lukanow/ *Faßbender* § 597 BGB Rdnr. 21.
[233] Staudinger/*Sonnenschein* § 581 Rdnr. 54; Erman/*Jendrek* § 581 Rdnr. 25; MünchKommBGB/*Harke* § 581 Rdnr. 44; Soergel/*Heintzmann* § 581 Rdnr. 9.
[234] Staudinger/*Sonnenschein* § 581 Rdnr. 54.
[235] LG Konstanz MDR 1973, 674.

§ 13 Satz 3 BJagdG. Ein Verschulden des Pächters ist anzunehmen, wenn der Jagdschein auf Grund eines Tatbestandes entzogen oder versagt worden ist, den der Pächter vorsätzlich oder fahrlässig herbeigeführt hat. Ein Verschulden ist dem Pächter auch anzulasten, wenn er sich nicht rechtzeitig um einen neuen Jahresjagdschein bemüht hat.[236]

176 **b) Mehrere Pächter.** Auf Pächterseite können aber auch mehrere Personen beteiligt sein. Dabei kann es sich um **Mitpacht** handeln. Die Mitpacht besteht darin, dass in einem Jagdbezirk mehrere Pächter nebeneinander im Gesamthandsverhältnis die Jagdausübung erhalten.[237] Im Innenverhältnis der Mitpächter untereinander besteht ein zumindest stillschweigend vereinbartes **Gesellschaftsverhältnis** nach §§ 705 ff. BGB.[238] Rechte gegen den Verpächter oder gegen Dritte können nur **gemeinsam** geltend gemacht werden. Bei einer Mitpacht wird das Jagdausübungsrecht in seiner Gesamtheit an Dritte verpachtet.

177 Wird bei einem bestehenden Mitpachtverhältnis ein weiterer Dritter in das Pachtverhältnis auf Pächterseite aufgenommen, ist ein dreiseitiger Vertrag erforderlich zwischen den bisher am Mitpachtvertrag beteiligten Mitpächtern, dem Dritten sowie dem Verpächter.[239]

178 Einen besonderen Fall hatte der Bundesgerichtshof 1982 zu entscheiden.[240] Wer die vertragliche Verpflichtung, im Falle der Anpachtung eines Jagdbezirks einen bestimmten Mitpächter aufzunehmen, dadurch zu umgehen versucht, dass er in einer gegen Treu und Glauben verstoßenden Weise seine Ehefrau den Jagdbezirk anpachten lässt, muss sich nach § 162 Abs. 1 BGB so behandeln lassen, als hätte er selbst gepachtet. Der Beklagte habe treuwidrig gehandelt, wenn er seine eigene Absicht zur Erneuerung des Pachtverhältnisses formal zurückstellte und seine Ehefrau vorschob, um auf diese Weise faktisch die Pächterstellung beibehalten und die Verpflichtung zur Aufnahme des Klägers entgehen zu können. Dieses treuwidrige – und auch wenig waidmännische – Verhalten konnte der Bundesgerichtshof nicht tolerieren.

179 Sind mehrere Pächter an einem Jagdvertrag beteiligt (Mitpächter), so bleibt der Vertrag, wenn er im Verhältnis zu einem Mitpächter gekündigt wird oder erlischt, mit den übrigen bestehen, § 13 a Satz 1 BJagdG; dies gilt nicht, soweit der Jagdpachtvertrag infolge des Ausscheidens eines Pächters den Vorschriften des § 11 Abs. 3 BJagdG nicht mehr entspricht. Die vorbezeichnete Vorschrift bezieht sich auf **bestimmte Höchstgrenzen für Jagdbezirke**. Ist einem der am Jagdpachtvertrag Beteiligten die Aufrechterhaltung des Vertrages infolge Ausscheidens eines Pächters nicht zuzumuten, so kann er den Vertrag mit sofortiger Wirkung kündigen, § 13 a Satz 2 BJagdG. Die Kündigung muss unverzüglich nach Erlangung der Kenntnis von dem Kündigungsgrund erfolgen, § 13 a Satz 3 BJagdG.

180 **c) Eigenjagd.** Zusammenhängende Grundflächen mit einer land-, forst- oder fischereiwirtschaftlich nutzbaren Fläche von 75 Hektar, die im Eigentum ein und derselben Person oder einer Personengemeinschaft stehen, bilden einen **Eigenjagdbezirk**, § 7 Abs. 1 Satz 1 BJagdG. Die Bundesländer können ergänzende Regelungen treffen, die von den Größenordnungen abweichen. In einem Eigenjagdbezirk ist jagdausübungsberechtigt der Eigentümer, § 7 Abs. 4 Satz 1 BJagdG. An Stelle des Eigentümer tritt der Nutznießer, wenn ihm die Nutzung des ganzen Eigenjagdbezirks zusteht. § 7 Abs. 4 Satz 2 BJagdG. Der Vorteil der Anpachtung eines Eigenjagdbezirks liegt für den oder die Pächter darin, dass auf der Verpächterseite nur **ein** Ansprechpartner zu finden ist, mit dem kurzfristige Lösungen bei auftretenden Problemen erarbeitet werden können.

181 Wird ein Eigenjagdbezirk ganz oder teilweise veräußert, so finden die Vorschriften der §§ 566 bis 567 b BGB entsprechende Anwendung, § 14 Abs. 1 Satz 1 BJagdG. Der Erwerber tritt demgemäß an die Stelle des Verpächters. Das gleiche gilt im Falle der Zwangsversteigerung von der Vorschrift des § 57 ZVG; das Kündigungsrecht des Erstehers ist jedoch ausgeschlossen, wenn nur ein Teil eines Jagdbezirks versteigert ist und dieser Teil nicht allein schon die Erfordernisse eines Eigenjagdbezirks erfüllt, § 14 Abs. 1 Satz 2 BJagdG.

---

[236] *Mitzschke/Schäfer* § 13 Rdnr. 16.
[237] *Mitzschke/Schäfer* § 11 BJagdG Rdnr. 91; *Knops* ZMR 1997, 9, 10.
[238] BGH NJW 1991, 3033, 3034.
[239] *Knops* ZMR 1997, 9, 11.
[240] BGH NJW 1982, 2552.

§ 77 Landpacht, Jagdpacht und Fischereipacht

Für den Fall des Todes auf Verpächterseite treten die Erben nach allgemeinen Regeln in das Pachtverhältnis ein.

d) **Jagdgenossenschaft.** Nach § 8 Abs. 1 BJagdG bilden alle Grundflächen einer Gemeinde oder abgesonderten Gemarkung, die nicht zu einem Eigenjagdbezirk gehören, einen gemeinschaftlichen Jagdbezirk, wenn sie im Zusammenhang mindestens 150 Hektar umfassen. In gemeinschaftlichen Jagdbezirken steht die Ausübung des Jagdrechts der Jagdgenossenschaft zu, § 8 Abs. 5 BJagdG. Die **Eigentümer der Grundflächen,** die zu einem gemeinschaftlichen Jagdbezirk gehören, **bilden eine Jagdgenossenschaft,** § 9 Abs. 1 Satz 1 BJagdG. Eigentümer von Grundflächen, auf denen die Jagd nicht ausgeübt werden kann, gehören der Jagdgenossenschaft nicht an, § 9 Abs. 1 Satz 2 BJagdG. 182

Die Jagdgenossenschaft nutzt die Jagd in der Regel durch Verpachtung, § 10 Abs. 1 Satz 1 BJagdG. Verpächter ist in solchen Fällen die Jagdgenossenschaft, die durch den Jagdvorstand gerichtlich und außergerichtlich vertreten wird, § 9 Abs. 2 Satz 1 BJagdG. Im Gegensatz zum Eigenjagdbezirk ist der Pächter auf der Gegenseite auf **mehrere** Ansprechpartner angewiesen. 183

3. Form des Jagdpachtvertrages, Dauer und Anzeigepflicht

Gemäß § 11 Abs. 4 BJagdG ist der Jagdpachtvertrag **schriftlich** abzuschließen. Auch der **Vorvertrag** zum Jagdpachtvertrag bedarf zu seiner Wirksamkeit der Schriftform.[241] Das Schriftformerfordernis wird begründet mit der Warnungsfunktion und der Dauer der Bindung an den Jagdpachtvertrag; denn nach § 11 Abs. 4 Satz 2 BJagdG soll die Pachtdauer mindestens **neun** Jahre betragen. Das Erfordernis der Schriftform soll auch den Verpächter vor Übereilung schützen. Angesichts der erheblichen finanziellen Aufwendungen, die in Form von Pacht und Zusatzleistungen auf den Pächter jährlich zukommen, ist das Schriftformerfordernis sachgerecht. 184

Im jagdwirtschaftlichen Interesse ist eine möglichst lange Dauer des Jagdpachtvertrages notwendig. Nur dann rentieren sich planvolle, auf lange Sicht angelegte **Hegemaßnahmen** und die damit verbundenen Investitionen. Ein derartiger Vertrag bedeutet für beide Vertragsteile eine langanhaltende Bindung, die nicht übereilt eingegangen werden soll.[242] 185

Gemäß § 11 Abs. 4 Satz 3 BJagdG soll Beginn und Ende der Pachtzeit mit Beginn und Ende des Jagdjahres zusammenfallen, mithin vom 1. April bis 31. März des Folgejahres. 186

Die Dauer des Jagdpachtvertrages soll nach § 11 Abs. 4 Satz 2 BJagdG mindestens neun Jahre betragen. Begründet wird dies mit jagdwirtschaftlichen Erwägungen.[243] Den Bundesländern bleibt vorbehalten, die Mindestfrist höher festzusetzen, § 11 Abs. 4 Satz 3 BJagdG. Ein **laufender** Jagdpachtvertrag kann auch nach § 11 Abs. 4 Satz 4 BJagdG auf eine kürzere Zeit verlängert werden. Für Niederwildjagden haben die Bundesländer Bayern, Art. 14 Abs. 2 LJG, Hessen, § 8 Abs. 1 AG, Rheinland-Pfalz, § 9 Abs. 1 LJG, Saarland, § 10 LJG und Schleswig-Holstein, § 10 LJG, die Mindestpachtzeiten auf neun Jahre festgelegt, für Hochwildjagden aber auf 12 Jahre. Von einer Hochwildjagd im Sinne des § 2 Abs. 1 BJagdG kann nur dann gesprochen werden, wenn in diesem Jagdbezirk **regelmäßig** ein Abschuss von Hochwild vorgesehen ist und Hochwild nicht nur als Wechselwild vorkommt.[244] 187

Ein Jagdpachtvertrag kann über die gesetzliche Mindestdauer abgeschlossen werden, allerdings auch auf die Dauer von 30 Jahren oder sogar auf Lebenszeit eines Vertragsteils.[245] 188

Nach § 12 Abs. 1 Satz 1 BJagdG ist der Jagdpachtvertrag der zuständigen Behörde **anzuzeigen.** Daher muss zwischen dem schuldrechtlichen Jagdpachtvertrag und der konkreten Wirksamkeit der Jagdausübungsberechtigung unterschieden werden.[246] Die Behörde kann den Vertrag binnen drei Wochen nach Eingang der Anzeige **beanstanden,** wenn die Vor- 189

---

[241] BGH NJW 1973, 1839 = MDR 1973, 919; Erman/*Jendrek* § 581 Rdnr. 26; Staudinger/*Sonnenschein* § 581 Rdnr. 57.
[242] BGH NJW 1973, 1839 = MDR 1973, 919.
[243] Staudinger/*Sonnenschein* § 581 Rdnr. 58.
[244] *Mitzschke/Schäfer* § 11 Rdnr. 30.
[245] *Mitzschke/Schäfer* 11 Rdnr. 31.
[246] *Schopp* MDR 1968, 808, 810.

schriften über die Pachtdauer nicht beachtet worden sind oder wenn zu erwarten ist, dass durch eine vertragsgemäße Jagdausübung die Vorschriften des § 1 Abs. 2 BJagdG verletzt werden, wonach die Hege, die mit dem Jagdrecht verbunden ist, zum Ziel die Erhaltung eines den landwirtschaftlichen und landeskulturellen Verhältnissen angepassten artenreichen und gesunden Wildbestandes sowie die Pflege und Sicherung seiner Lebensgrundlagen nicht gewährleistet ist. Die Hege muss so durchgeführt werden, dass Beeinträchtigungen einer ordnungsgemäßen land-, forst- und fischereiwirtschaftlichen Nutzung, insbesondere Wildschäden, möglichst vermieden werden.

190 Nach § 12 Abs. 2 BJagdG sind die Vertragsteile in dem Beanstandungsbescheid aufzufordern, den Vertrag bis zu einem bestimmten Zeitpunkt, der mindestens drei Wochen nach Zustellung des Bescheides liegen soll, **aufzuheben oder in bestimmter Weise zu ändern.**

191 Kommen die Vertragteile der Aufforderung nicht nach, so gilt der Vertrag mit Ablauf der Frist als aufgehoben, sofern nicht einer der Vertragsteile binnen der Frist einen Antrag auf Entscheidung durch das Amtsgericht stellt, § 12 Abs. 3 Satz 1 BJagdG. Das Gericht kann entweder den Vertrag aufheben oder feststellen, dass er nicht zu beanstanden ist. Die Bestimmungen für die gerichtliche Entscheidung über die Beanstandung eines Landpachtvertrages gelten sinngemäß; insoweit ist auf §§ 4 und 8 LPachtVG zu verweisen. Das Amtsgericht entscheidet als **Landwirtschaftsgericht,**[247] jedoch ohne Zuziehung ehrenamtlicher Richter.

192 Vor Ablauf von drei Wochen nach Anzeige des Vertrages durch einen Beteiligten darf der Pächter die Jagd nicht ausüben, sofern nicht die Behörde die Jagdausübung zu einem früheren Zeitpunkt gestattet, § 12 Abs. 4 Satz 1 BJagdG. Wird der Vertrag binnen drei Wochen nach Eingang der Anzeige beanstandet, so darf der Pächter die Jagd erst ausüben, wenn die Beanstandungen behoben sind oder wenn durch rechtskräftige gerichtliche Entscheidung festgestellt ist, dass der Vertrag nicht zu beanstanden ist, § 12 Abs. 4 Satz 2 BJagdG.

4. Inhalt des Jagdpachtvertrages

193 Für die Jagdpacht gilt der allgemeine Grundsatz der Vertragsfreiheit. Soweit die Vorgaben des Bundesjagdgesetzes in Verbindung mit den gesetzlichen Vorgaben der Bundesländer zwingend sind, kann von diesen **Rahmenbedingungen nicht abgewichen** werden. Die Vertragsparteien können aber ansonsten ihre vertraglichen Beziehungen frei gestalten. Vertragsgrundlage ist das geltende Jagdrecht. Die Parteien eines Jagdpachtvertrages, also der Pächter, der Verpächter oder die Jagdgenossenschaft, sollten vereinbaren, dass bei wesentlichen Änderungen der Rechtslage – etwa durch Gesetzesänderungen – eine Anpassung des Vertrages zum Ende eines Jagdjahres verlangt werden kann; auch sollte eine Vereinbarung nicht fehlen, durch die eine Kündigung des Jagdpachtvertrages nach § 314 BGB ermöglicht wird, wenn sich die tatsächlichen Verhältnisse zum Nachteil des Jagdpächters nachhaltig verändert haben.

194 a) **Hauptflichten des Verpächters.** Die Hauptpflicht des Verpächters besteht darin, dem Pächter die **ungehinderte und ungestörte Ausübung der Jagd** innerhalb der vereinbarten räumlichen und zeitlichen Grenzen zu ermöglichen.[248] Demgemäß empfiehlt es sich, im Vertrag die räumlichen Grenzen des Jagdbezirks genau festzulegen; auch kann als Bestandteil des Vertrages als Anlage eine maßstabgerechte Landkarte beigefügt werden, aus der sich die konkreten Grenzen des Jagdbezirks ergeben.

195 Der Verpächter haftet grundsätzlich nicht für die **Ergiebigkeit der Jagd.** Anders ist der Fall zu beurteilen, wenn der Verpächter bei Vertragsschluss einen bestimmten Abschuss von Wild zugesichert hat.[249] Eine solche Zusicherung kann darin liegen, dass eine Niederwildjagd mit Rot- und Schalenwild als Wechselwild angeboten und verpachtet wird.

---

[247] *Barnstedt/Steffen* § 1 Rdnr. 61.
[248] *Mitzschke/Schäfer* § 11 Rdnr. 55.
[249] *Mitzschke/Schäfer* § 11 Rdnr. 57.

Praxistipp:

Der Verpächter sollte sich freizeichnen für spätere Beeinträchtigungen der Jagdausübung durch Veränderungen in der wirtschaftlichen Nutzung der Jagdfläche, z. B. durch Viehweide, Einzäunungen größerer Flächen, Beerensammler, Ausflugsverkehr, soweit diese Umstände unvorhersehbar sind. Regelungen sollten vertraglich getroffen werden, wenn durch Veränderungen tatsächlicher Art die Jagdausübung wesentlich erschwert oder gänzlich unmöglich gemacht wird.

196

b) Hauptpflichten des Pächters. Der Pächter ist verpflichtet, den vereinbarten **Pachtpreis zu zahlen,** § 581 Abs. 1 Satz 2 BGB in Verbindung mit dem Jagdpachtvertrag. Die Fälligkeit der Pacht richtet sich nach den vertraglichen Vorgaben. Regelmäßig ist die Pacht jährlich zu zahlen; falls keine Vereinbarungen getroffen worden sind, gilt über den Rechtsgedanken der §§ 587 Abs. 1, 579 Abs. 1 BGB der Grundsatz der Endfälligkeit; regelmäßig wird allerdings in der Vertragspraxis eine Vorfälligkeit vereinbart in Anlehnung an § 556b BGB.

197

Der Jagdpachtvertrag kann eine **Anpassungsklausel** für den Pachtpreis beinhalten. Dabei kann es sich um einen **Leistungsvorbehalt** handeln: Leistungsvorbehalte sind Vereinbarungen, nach denen die Höhe der Geldschuld bei Eintritt bestimmter Voraussetzungen (Zeitablauf, wesentliche Änderung, Änderung einer Vergleichsgröße) durch die Parteien oder einen Dritten neu festgesetzt werden soll.[250] Die Anpassung erfolgt nicht automatisch; kennzeichnend ist zudem der Ermessensspielraum. Der Gradmesser dafür, bei welchem Umfang eine Änderung „erheblich" oder „wesentlich" ist, bestimmt sich nach Treu und Glauben.[251] Wenn nichts anderes vereinbart ist, hat im Zweifel der Gläubiger die Anpassung nach billigem Ermessen vorzunehmen, §§ 315, 316 BGB.[252]

198

Die Vertragsparteien eines Jagdpachtvertrages können sich auch einer **Spannungsklausel** bedienen. Spannungsklauseln sind Vereinbarungen, die die Höhe der Geldschuld vom künftigen Preis oder Wert gleichartiger oder zumindest vergleichbarer Güter oder Leistungen abhängig machen.[253] Das Merkmal der Gleichartigkeit und der Vergleichbarkeit ist erfüllt, wenn die Bezugsgröße im Wesentlichen gleichartig oder vergleichbare Leistungen betrifft.[254] Die Koppelung von Erbbauzinsen, Miete, Pacht und Kaufpreisrenten an den Grundstücksertrag oder den Ertragswert ist zulässig.[255] Diese allgemeinen Grundsätze können auf Jagdpachtverträge übertragen werden. Bei der Ermessensausübung sind die jagdlichen Besonderheiten zu beachten, beispielsweise die Wildbretpreise wie aber auch die Höhe des Wildschadens.

199

Neben der Verpflichtung des Pächters zur pünktlichen Zahlung der Pacht steht die weitere Verpflichtung des Pächters, eine **angemessene Wildhege und Jagdaufsicht** zu gewährleisten, ferner eine **waidgerechte Jagdausübung und die Erfüllung des Abschussplans** sicher zu stellen. Das Recht zur Jagdausübung beinhaltet eine Verpflichtung zur Jagdausübung; daher obliegt dem Jagdpächter eine ausreichende Bejagung des Wildes und namentlich des Schwarzwildes zwecks Vermeidung übergroßen Wildschadens.[256] Der Pächter eines Jagdreviers, das durch das Eindringen Schwarzwild besonders gefährdet ist, muss für eine nachhaltige Bejagung dieses Schwarzwildes sorgen, sei es durch Ansitz, Pürsch, Drück- oder Treibjagd. Dem Verpächter steht ein vertraglicher Anspruch darauf zu, dass der Jagdpächter seiner Verpflichtung zur angemessenen Bejagung nachkommt.

200

Der Pächter ist zu einem umfassenden **Jagdschutz** verpflichtet, § 23 BJagdG. Der Jagdschutz umfasst nach näherer Bestimmung durch die Bundesländer den Schutz des Wildes insbesondere vor Wilderern, Futternot, Wildseuchen, vor wildernden Hunden und Katzen sowie die Sorge für die Einhaltung der zum Schutz des Wildes und der Jagd erlassenen Vor-

201

---

[250] Palandt/*Heinrichs* Anh. Zu § 245 § 1 PrKlG Rdnr. 3.
[251] BGH NJW 1995, 1360, 1361.
[252] Palandt/*Heinrichs* Anh. Zu § 245 § 1 PrKlG Rdnr. 3.
[253] BGH NJW 1979, 1888.
[254] BGH NJW 1980, 1741.
[255] BGH NJW 1979, 1546; BGH NJW 1976, 422.
[256] *Mitzschke/Schäfer* § 11 Rdnr. 58.

schriften. Der Jagdausübungsberechtigte ist verpflichtet, bei witterungs- und katastrophenbedingten Äsungsmangel, insbesondere bei vereister oder hoher Schneelage oder nach ausgedehnten Waldbränden (**Notzeiten**), für eine angemessene Wildfütterung zu sorgen, § 25 Abs. 1 Satz 1 LJG NRW. Kommt der Jagdausübungsberechtigte dieser Verpflichtung nicht nach, so kann die untere Jagdbehörde diese Verpflichtung mit Zwangsmitteln durchsetzen, § 25 Abs. 1 Satz 2 LJG NRW.

202 Durch **Landesgesetze** wird auch geregelt, welche Folgen ausgelöst werden, wenn der Revierinhaber seinen Verpflichtungen zur Bejagung nicht nachkommen kann, etwa durch lang anhaltende Erkrankung. In derartigen Fällen ist die untere Jagbehörde jeweils befugt, geeignete Maßnahmen zu ergreifen, z. B. § 22 Abs. 11 LJG NRW, der eine Regelung beinhaltet, falls der Jagdausübungsberechtigte der Erfüllung seines Abschussplans für Schalenwild nicht nachkommt.

203 c) **Jagd- und Aneignungsrecht – Wildverwertung.** Unter dem Jagdausübungsrecht wird die ausschließliche Befugnis verstanden, in dem jeweiligen Jagdbezirk die Jagd auszuüben, Wild zu hegen und erlegtes Wild sich anzueignen.[257] Das **Jagdausübungsrecht** ist als Ausfluss des Eigentums am Grundstück ein absolutes Recht und genießt daher den Schutz wie das Eigentum. Die Jagdausübung erstreckt sich nach § 1 Abs. 4 BJagdG auf das Aufsuchen, Nachstellen, Erlegen und Fangen von Wild. Das **Recht zur Aneignung** von Wild umfasst auch die ausschließliche Befugnis, krankes oder verendetes Wild, Fallwild und Abwurfstangen sowie die Eier von Federwild sich anzueignen, § 1 Abs. 5 BJagdG.

204 Unter **Erlegen** wird jede zulässige Art der Tötung verstanden.[258] Fangen bedeutet die Begründung der tatsächlichen Herrschaft über das lebende Tier. Die Aneignung erfolgt durch Nehmen des Tieres in Eigenbesitz mit Aneignungsabsicht im Sinne des § 958 Abs. 1 BGB.[259] Jagdgäste, Treiber oder Jagdpersonal sind Besitzdiener des Jagdausübungsberechtigten im Sinne des § 855 BGB. Die Aneignung des Wildes erfolgt durch den Revierinhaber oder seinen Beauftragten durch Augenscheinseinnahme von dem erlegten oder gefangenen Wild. Weitere Maßnahmen wie etwa die Versorgung des Tieres oder ein Aufbrechen des erlegten Stückes sind für die Aneignung nicht erforderlich. Der nach Jagdbrauch übliche Bruch dient dazu, etwa nachfolgenden Jägern die rechtmäßige und waidgerechte Erlegung – im Gegensatz zum gewilderten Stück – anzudeuten.[260]

205 d) **Befugnis zur Unterpacht.** Im Jagdpachtvertrag kann sich der Pächter vorbehalten, ein Unterpachtverhältnis begründen zu können. Bei einer Unterpacht überträgt der Pächter entgeltlich das Jagdausübungsrecht auf einen anderen, der jedoch in keine unmittelbaren Rechtsbeziehungen zu dem Hauptverpächter tritt.[261] Ist die Unterverpachtung im Pachtvertrag als zulässig vereinbart, kann der Hauptverpächter einem Abschluss des Unterpachtvertrages nur widersprechen, wenn in der Person des Unterpächters ein wichtiger Grund vorliegt, aus dem der Rückschluss abgeleitet werden kann, der Unterpächter gewährleiste nicht die Ausübung der Jagd in waidgerechter Weise; Entsprechendes gilt, wenn dem Hauptverpächter die Person des Unterpächters nicht zugemutet werden kann.[262] Die **Zustimmung** des Hauptverpächters muss **schriftlich** erfolgen und der Vertrag ist der zuständigen Behörde gegenüber anzuzeigen.

206 Auf einen Vertrag, durch den ein Jagdpächter einem Jäger entgeltlich den zahlenmäßig geregelten Abschuss von Wild in seinem Jagdbezirk gestattet, sind die Vorschriften über den Pachtvertrag entsprechend anzuwenden.[263]

207 Vereinbaren Jagdpächter und Inhaber einer entgeltlichen Jagderlaubnis, dass die Erlaubnisinhaber im Innenverhältnis zu den Jagdpächtern im Bezug auf die Wahrnehmung des Jagdausübungsrechts und der sonstigen Pächterrechte eine völlig gleichberechtigte Stellung

---

[257] Soergel/*Heintzmann* § 581 Rdnr. 9.
[258] *Mitzschke/Schäfer* § 1 Rdnr. 14.
[259] *Mitzschke/Schäfer* § 1 Rdnr. 14.
[260] *Mitzschke/Schäfer* a. a. O.
[261] Staudinger/*Sonnenschein* § 581 Rdnr. 60; *Mitzschke/Schäfer* § 11 Rdnr. 93.
[262] *Mitzschke/Schäfer* § 11 Rdnr. 94.
[263] OLG Düsseldorf MDR 1975, 228.

innehaben, so ist diese Vertragsgestaltung als einer Unterverpachtung gleich zu erachten.[264] Für eine derartige Vertragsgestaltung ist eine formbedürftige Zustimmung des Hauptverpächters notwendig, ferner die Anzeige gemäß § 12 BJagdG gegenüber der zuständigen Behörde.

Ist den Pächtern eine Unterverpachtung **nicht** gestattet, und liegen die weiteren Voraussetzungen der §§ 581 Abs. 2, 543 Abs. 1 BGB vor, insbesondere in Form einer Abmahnung, § 543 Abs. 3 BGB, so kann der Verpächter den Jagdpachtvertrag ohne Einhaltung einer Kündigungsfrist **kündigen**.[265] In der Abmahnung muss das Verhalten, das der Verpächter als vertragswidrig ansieht, so genau bezeichnet werden, dass der Pächter sich danach richten kann. Eine **Abmahnung** ist nur ausnahmsweise dann entbehrlich, wenn das Fehlverhalten des Vertragspartners die Vertrauensgrundlage in so schwerwiegender Weise beeinträchtigt hat, dass diese auch durch eine erfolgreiche Abmahnung nicht wieder hergestellt werden kann. Darüber hinaus bedarf es einer Abmahnung dann nicht, wenn feststeht, dass der andere Vertragsteil diese nicht zum Anlass genommen hätte, sein Verhalten zu ändern, wenn also eine ernsthafte und endgültige Weigerung vorliegt, sich vertragsgemäß zu verhalten.

Ist dem Jagdpächter eine Unterverpachtung nicht gestattet, handelt er gleichwohl diesem Verbot zuwider, kann der Verpächter auch die Möglichkeit einer **Unterlassungsklage** für sich in Anspruch nehmen, §§ 581 Abs. 2, 541 BGB. Setzt der Verpächter einen vertragswidrigen Gebrauch der Pachtsache trotz einer Abmahnung des Verpächters fort, so kann der Verpächter auf Unterlassung klagen.

e) **Befugnis zur Weiterverpachtung.** Bei einer Weiterverpachtung überträgt der Pächter seine Rechte und Pflichten auf einen anderen jagdpachtfähigen Pächter, § 11 Abs. 5 BJagdG, wobei unerheblich ist, ob der Hauptpächter daneben dem Verpächter weiterhin vertraglich verpflichtet bleibt oder aus dem Jagdpachtvertrag ausscheidet.[266] Auch in diesem Falle ist der Abschluss eines solchen Vertrages von der **Zustimmung** des **Hauptverpächters abhängig,** die in der erforderlichen schriftlichen Form zu erfolgen hat und der zuständigen Behörde gegenüber anzuzeigen ist.

Hat der Pächter eines Jagdreviers ohne Zustimmung des Verpächters, sei es in Form des Eigentümers bei einer Eigenjagd oder einer Jagdgenossenschaft, eine Weiterverpachtung vorgenommen, ist nach einer Abmahnung das Pachtverhältnis aus wichtigen Grund gemäß §§ 581 Abs. 2, 543 Abs. 1 BGB eine Kündigung des Pachtvertrages möglich.

Aus seiner Interessenlage heraus wird der Verpächter jedoch nicht in jedem Falle eine Vertragsauflösung vorziehen, wenn er in erster Linie an einer Zahlung der Pacht interessiert ist. Im Hinblick auf die zu zahlende Pacht ist als Anspruchsgrundlage der Jagdpachtvertrag heranzuziehen, § 581 Abs. 2, 535 Abs. 2 BGB. Dieser Zahlungsanspruch richtet sich gegen den Vertragspartner des Verpächters, mithin den früheren Jagdpächter. Zwar kann dem Verpächter gegen dessen Willen grundsätzlich kein neuer Vertragspartner aufgezwungen werden; aus wirtschaftlichen Gründen wird aber der Verpächter, wenn keine erheblichen Einwendungen gegen die Person der neuen Pächters bestehen, eine Zustimmungserklärung ausbringen. Dies wird namentlich dann sachgerecht sein, wenn die Weiterverpachtung aus Gründen einer drohenden Insolvenz oder aus anderen in der Person des Pächters liegenden Umständen resultiert, die einer ordnungsgemäßen Bejagung des Reviers entgegen stehen.

Im Übrigen verbleibt es bei der allgemeinen Regelung, dass die Weiterverpachtung gegen den Willen des Verpächters diesen nicht bindet und einen Unterlassungs- und Beseitigungsanspruch auslöst, §§ 581 Abs. 2, 541 BGB. Da das Jagdausübungsrecht als absolutes Recht ausgestaltet ist, steht dem Verpächter gegen den Neupächter ein Recht aus § 1004 BGB zu.

f) **Erteilung von Erlaubnisscheinen.** Der Jagdpächter kann eine **entgeltliche Jagderlaubnis** erteilen. Entgeltlich ist eine Jagderlaubnis dann, wenn zwischen der Erlaubniserteilung und der Gegenleistung ein Gegenseitigkeitsverhältnis besteht. Der Rechtsnatur nach handelt es sich um einen Vertrag eigener Art, der die Züge einer Innengesellschaft trägt.[267] Die Gel-

---

[264] BGH NJW-RR 2000, 717.
[265] BGH a. a. O.
[266] *Mitzschke/Schäfer* § 11 Rdnr. 92.
[267] *Mitzschke/Schäfer* § 11 Rdnr. 82.

tungsdauer bestimmt sich nach den vertraglichen Vereinbarungen; das Vertragsverhältnis kann aus wichtigem Grunde durch den Revierinhaber gekündigt werden, § 723 Abs. 1 BGB; ferner kann die Erlaubnis durch jagdbehördliche Maßnahmen entzogen werden, z. B. § 12 Abs. 9 LJG NRW.

214 Die Erlaubniserteilung ist nur mit **Zustimmung des Verpächters** zulässig.[268] Gleichwohl tritt der Erlaubnisinhaber nicht in vertragliche Beziehungen zum Verpächter. Die meisten Landesjagdgesetze sehen ein dem Beanstandungsverfahren bei Jagdpachtverträgen nachgebildetes Verfahren vor, in dem § 12 BJagdG für anwendbar erklärt wird, z. B. § 12 Abs. 3 LJG NRW. Grundsätzlich wird Jagdpachtfähigkeit des Jagdgastes gefordert. Die Jagderlaubniserteilung ist nichtig, wenn diese Voraussetzung nicht gegeben ist.

215 Im Übrigen ist eine vorübergehende Jagdausübung keinen Beschränkungen unterworfen. Dabei handelt es sich um eine **Vergabe von Einzelabschüssen** während eines Pachtjahres. Eine vorübergehende Erteilung einer Jagderlaubnis ist regelmäßig nur bei jeweils höchstens auf ein Jagdjahr befristet vergebenen Einzelabschüssen anzunehmen, wenn deren Zahl im Rahmen des bestätigten oder festgesetzten Abschussplans oder im Verhältnis zum nichtabschussplanpflichtigen Wildbestand unbedeutend ist.

216 Bei der **unentgeltlichen Jagderlaubnis** handelt es sich um ein Gefälligkeitsverhältnis im gesellschaftlichen oder jagdnachbarlichen Rahmen.[269] Vom Erlaubnisinhaber wie auch dem Pächter kann die Erlaubnis jederzeit ohne Angabe von Gründen widerrufen werden, wenn nicht konkret andere Bestimmungen getroffen worden sind. Einzelne Landesjagdgesetze regeln die Form des Widerrufs, § 11 Abs. 1 Rheinl.-Pf.LJG, Art 22 Abs. 2 Nds. LJG. Wenn die Mindestzahl der Pächter unterschritten wird, ist der Pächter zur Erteilung von Jagderlaubnisscheinen verpflichtet, die auch unentgeltlich sein können. In diesem Falle unterliegt sie der Schriftform und den Bestimmungen der §§ 12 und 13 BJagdG, so z. B. § 12 Abs. 5 LJG NRW.

217 g) **Betretungsrecht des Jagdpächters.** Grundsätzlich ist der Jagdausübungsberechtigte berechtigt zum Betreten und Bejagen aller Grundflächen des Jagdbezirks. **Befriedete Bezirke** sind von diesem Betretungsrecht ausgenommen. Auf Grundflächen, die zu keinem Jagdbezirk gehören, und in befriedeten Bezirken ruht die Jagd, § 6 Satz 1 BJagdG. Die einzelnen Landesjagdgesetze enthalten Aufzählungen von Örtlichkeiten, die als befriedete Bezirke zu bewerten sind, z. B. Gebäude, die zum Aufenthalt von Menschen dienen, Gebäude, die mit solchen Gebäuden räumlich zusammenhängen, Hofräume und Hausgärten, die unmittelbar an eine Behausung anstoßen und durch irgendeine Umfriedung begrenzt oder sonst vollständig abgeschlossen sind, Friedhöfe, Wildgehege, soweit sie nicht jagdlichen Zwecken dienen, Bundesautobahnen, Kleingartenanlagen, § 4 LJG NRW.

218 **Öffentliche Wege und Straßen** kann der Jagdausübungsberechtigte ohne Einschränkungen benutzen. Für den Fall, dass öffentliche Wege durch das Straßenverkehrszeichen 250 (Verbot für Fahrzeuge aller Art) gesperrt sind und nur für land- und forstwirtschaftlichen Verkehr oder Anlieger freigegeben sind, dürfen sie vom Revierinhaber betreten und befahren werden.[270]

219 **Private Wege** dürfen von dem Jagdausübungsberechtigten **betreten** werden, weil ansonsten eine ordnungsgemäße Bejagung des Reviers nicht gewährleistet ist. Anders ist die Rechtslage im Hinblick auf ein Befahren privater Wege mit einem Kraftfahrzeug. Da in der Regel ein Befahren privater Wege im Revier zur Jagdausübung nicht zwingend erforderlich erscheint, ist ein Befahren nur mit der Zustimmung des Grundeigentümers zulässig. Diese Regelung gilt für private Feld- und Waldwege.

220 Ausnahmen von diesem Grundsatz für private Feld- und Waldwege sind denkbar. Als Ausnahme wäre ein notwendiger Transport größerer Futtermengen in Notzeiten mit einem PKW nebst Anhänger zu bewerten. Entsprechendes gilt für den Fall einer Anfuhr größerer Materialmengen zum Bau jagdlicher Einrichtungen.[271]

---

[268] *Mitzschke/Schäfer* § 11 Rdnr. 83.
[269] *Mitzschke/Schäfer* § 11 Rdnr. 80.
[270] *Mitzschke/Schäfer* § 33 Rdnr. 4.
[271] *Mitzschke/Schäfer* § 33 Rdnr. 2.

Wer die Jagd ausübt, aber den Weg zum Jagdbezirk nicht auf einem zum allgemeinen Ge- 221
brauch bestimmten Weg oder nur auf einem unzumutbaren Umweg nehmen kann, ist zum
Betreten fremden Jagdbezirks in Jagdausrüstung auch auf einem nicht zum allgemeinen Gebrauch bestimmten Weg befugt, der nötigenfalls von der unteren Jagdbehörde festgelegt
wird (**Jägernotweg**). Bei Benutzung des Notweges dürfen Schusswaffen nur ungeladen,
Hunde nur an der Leine mitgeführt werden. Der Eigentümer des Grundstücks, über das der
Notweg führt, hat Anspruch auf eine angemessene Anerkennungsgebühr, § 27 LJG NRW.

h) Aufstellen und Übernahme jagdlicher Einrichtungen. Zur Ausübung der Ansitzjagd ist 222
die Aufstellung von Hochsitzen erforderlich. Bei einem **Hochsitz** handelt es sich um ein
Bauwerk, das regelmäßig im Außenbereich gemäß § 35 BbauG errichtet wird und daher gegen öffentliche Belange nicht verstoßen darf. Zweckmäßigerweise sollte der Standort für
Hochsitze daher so ausgewählt werden, dass sie nicht offen in der Landschaft stehen und
als Fremdkörper wahrgenommen werden; sie sollten in Art und Ausstattung den örtlichen
Gegebenheiten angepasst sein und möglichst unauffällig an Wald- oder Wiesenrändern posi-
tioniert werden.

Erhöht gebaute Jagdeinrichtungen, ihre Zugänge sowie Stege müssen aus kräftigem Ma- 223
terial hergestellt sein. Holz darf nur verwendet werden, sofern es gesund ist. Aufgenagelte
Sprossen sind nur an geneigt stehenden Leitern zulässig; sie sind in Einkerbungen einzulassen. Belaghölzer müssen so verlegt und befestigt werden, dass sie gegen Verschieben, Kippen
und Kanten gesichert sind, § 5 Jagd-Unfallverhütungsvorschriften der landwirtschaftlichen
Berufsgenossenschaften. Bauliche Jagdeinrichtungen müssen **stets** überprüft werden, namentlich im Frühjahr, wobei mangelhafte Teile auszutauschen sind. Ein Verstoß gegen diese
Verkehrssicherungspflicht hat einen Schadensersatzanspruch zur Folge.

Die einzelnen Landesjagdgesetze enthalten verschiedene Regelungen zur Frage, ob und 224
gegebenenfalls wer seine Zustimmung zur Aufstellung eines Hochsitzes zu erteilen hat. In
Bayern bedarf es zur Errichtung eines Hochsitzes die Zustimmung des Grundeigentümers
nur, wenn die Anlage das Grundeigentum wesentlich beeinträchtigt; die fehlende Einwilligung kann durch die Jagdbehörde ersetzt werden, wenn dem Grundeigentümer unter Berücksichtigung der jagdlichen Erfordernisse die Duldung der Anlage zumutbar ist.[272] § 28
Abs. 1 LJG NRW: Der Jagdausübungsberechtigte darf auf land- und forstwirtschaftlich genutzten Grundstücken besondere Anlagen wie Einrichtungen für die Ansitzjagd und Futter-
plätze nur mit Genehmigung des Grundeigentümers errichten; der Eigentümer ist zur Genehmigung verpflichtet, wenn ihm die Duldung der Anlage zugemutet werden kann und er
eine angemessene Entschädigung erhält. Innerhalb von 75 m zur Grenze eines benachbarten
Jagdbezirks dürfen Einrichtungen für die Ansitzjagd nicht errichtet sowie Fütterungen und
Kirrungen nicht angelegt werden, § 28 Abs. 2 Satz 1 LJG NRW. Auch in Hessen ist der
Grundeigentümer zur Genehmigung verpflichtet, wenn ihm die Duldung der Anlage zugemutet werden kann; allerdings entscheidet auf Antrag eines der Beteiligten die untere Jagdbehörde über die angemessene Entschädigung.

Denkbar ist der Fall, dass Hochsitze von dem **Vorpächter übernommen** werden können. 225
Der Grundeigentümer muss grundsätzlich dieser Übernahme zustimmen, soweit die Landesgesetze nichts anderes vorschreiben. Zwischen Vorpächter und Neupächter gelten im Hinblick auf die Gewährleistung die allgemeinen Regeln des Bürgerlichen Gesetzbuches, es sei
denn die Parteien des Übernahmevertrages haben besondere Vereinbarungen getroffen.

Hochsitze werden **nicht** zu wesentlichen Bestandteilen des Grundstücks, da sie nur zu 226
einem vorübergehenden Zweck mit dem Grundstück verbunden worden sind, § 95 Abs. 1
BGB. Sie sind demgemäß nicht in das Eigentum des Grundstückseigentümers übergegangen;
das Eigentum verbleibt vielmehr bei dem Jagdpächter, der für die Dauer des Vertragsverhältnisses die jagdliche Einrichtung nutzt.[273]

Von Bedeutung ist diese dingliche Zuordnung auch für die Frage der **Verkehrssicherungs-** 227
pflicht. Die Verkehrssicherungspflicht basiert auf dem Grundgedanken, dass derjenige, der

---

[272] Vgl. *Metzger* in Lorz/Metzger/Stöckel § 1 Rdnr. 19.
[273] Vgl. BGH NJW 1996, 916, 917; Palandt/*Heinrichs*/*Ellenberger* § 95 Rdnr. 3; Erman/*Michalski* § 95 Rdnr. 2.

in seinem Verantwortungsbereich eine Gefahrenlage gleich welcher Art für Dritte schafft oder andauern lässt, z. B. durch Eröffnung eines Verkehrs, Errichtung einer Anlage oder Übernahme einer Tätigkeit, die mit Gefahren für Rechtsgüter Dritter verbunden ist, Rücksicht auf diese Gefährdung zu nehmen hat und darum die allgemeine Rechtspflicht, diejenigen Vorkehrungen zu treffen, die erforderlich und ihm zumutbar sind, um die Schädigung Dritter möglichst zu verhindern.[274] Die Verkehrssicherungspflicht erstreckt sich in erster Linie auf Jagdgäste des Pächters. Allerdings besteht keine Verkehrssicherungspflicht des Jagdberechtigten für Hochsitze gegenüber unbefugten erwachsenen Benutzern.[275]

228 Ähnlich ist die Rechtslage bei dem **Bau einer Jagdhütte**. Der Sache nach handelt es sich um ein Gebäude, das regelmäßig im Sinne des § 35 BbauG im Außenbereich angesiedelt ist und daher einer besonderen baubehördlichen Genehmigung bedarf. Jagdhütten gehen aber in der Regel nicht in das Eigentum des Grundstückseigentümers über, da sie nach § 95 Abs. 1 BGB nur zu einem vorübergehenden Zweck, nämlich zur Zeit während der Dauer der Jagdpacht, mit dem Grund und Boden verbunden worden sind.[276] Der Grundeigentümer muss ersucht werden, der Errichtung einer Jagdhütte zuzustimmen. Die Rechtsbeziehungen zwischen einem Grundeigentümer, auf dessen Grund und Boden der Jagdpächter eine Jagdhütte errichten will, und dem Pächter sowie die Rechtsbeziehungen zwischen dem Jagdpächter und dem Jagdverpächter sind zu unterscheiden. Bei Anpachtung einer Eigenjagd kann der Pachtvertrag bereits Regelungen für den Aufbau einer Jagdhütte enthalten. Bei der Anpachtung von einer Jagdgenossenschaft sind gesonderte Verträge abzuschließen zwecks Aufbau einer Jagdhütte, nämlich zwischen Pächter und dem Grundeigentümer. In diesem Falle reicht der Pachtvertrag allein nicht aus, um dem Jagdpächter ein Recht auf Aufbau einer Jagdhütte zuzubilligen.

229 Gelangt ein Grundstück mit einer zu einem vorübergehenden Zweck aufgebauten Jagdhütte in die **Zwangsversteigerung**, muss der Jagdpächter für die ihm gehörenden Anlagen die Aufhebung oder Einstellung der Zwangsvollstreckung erwirken, §§ 771 Abs. 3, 769 ZPO, 37 Ziffer 5 ZVG; geschieht dies nicht, gehen diese Gegenstände als **Zubehörstücke** mit dem Zuschlag in das Eigentum des Erstehers über, §§ 55, 90 ZVG. Durch den Zuschlag wird der Ersteher Eigentümer des Grundstücks. Mit dem Grundstück erwirbt er zugleich die Gegenstände, auf die sich die Versteigerung erstreckt hat, § 90 Abs. 2 ZVG. Auf Zubehörstücke, die sich im Besitz des Schuldners oder eines neu eintretenden Eigentümers befinden, erstreckt sich die Versteigerung auch dann, wenn sie einem Dritten gehören, es sei denn, dass dieser sein Recht nach Maßgabe des § 37 Nr. 5 ZVG geltend gemacht hat, § 55 Abs. 2 ZVG. Hat der Jagdpächter die rechtzeitige Einstellung oder Aufhebung versäumt, kann er als Beteiligter im Sinne des § 9 Ziffer 2 ZVG zwar der Befriedigung der Gläubiger des früheren Grundstückseigentümers widersprechen; er kann auch gegen den letzten Bezugsberechtigten eine Klage nach § 92 ZVG anstrengen. Der Anspruch ist auf Wertsatz gerichtet, § 92 Abs. 1 ZVG.[277]

230 i) **Haftung des Jagdpächters.** *aa) Haftung des Jagdpächters für Jagdschäden.* Die Haftung des Jagdpächters für Jagdschaden beruht auf § 823 BGB und setzt mithin Verschulden voraus. § 33 Abs. 2 BJagdG enthält eine ergänzende Regelung, derzufolge der Jagdausübungsberechtigte dem Grundstückseigentümer oder Nutzungsberechtigten für jeden aus missbräuchlicher Jagdausübung entstehenden Schadens haftet; er haftet auch für den Jagdschaden, der durch einen von ihm bestellten Jagdaufseher oder durch einen Jagdgast angerichtet wird. Der Jagdausübungsberechtigte kann sich wegen des Verhaltens seiner Jagdgäste oder eines von ihm bestellten Jagdaufsehers nicht exkulpieren.[278]

231 Als **Fälle missbräuchlicher Jagdausübung** nennt das Gesetz in § 33 Abs. 1 Satz 2 BJagdG die Ausübung der Treibjagd auf Feldern, die mit reifender Halm- oder Samenfrucht oder mit Tabak bestanden sind; eine derartige Jagd ist verboten. Eine Suchjagd ist nur zulässig, als sie

---

[274] BGH NJW 2007, 762; BGH NJW 2007, 1683, 1684; Palandt/*Sprau* § 823 Rdnr. 46.
[275] Palandt/*Sprau* § 823 Rdnr. 204.
[276] Palandt/*Heinrichs/Ellenberger* § 95 Rdnr. 3; Erman/*Michalski* § 95 Rdnr. 2.
[277] Mitzschke/*Schäfer* Anh. zu § 18 BJagdG Rdnr. 14.
[278] Metzger in Lorz/Metzger/Stöckel § 33 Rdnr. 4.

ohne Schaden für die reifenden Früchte durchgeführt werden kann, § 33 Abs. 1 Satz 2 BJagdG. Ferner sind besäte Felder und nicht abgemähte Wiesen tunlichst zu schonen.

232 Erforderlich ist stets, dass der Jagdschaden in Ausübung der Jagd entstanden ist, nicht nur bei Gelegenheit. Zur Jagdausübung gehören die eigentlichen Jagdhandlungen und darüber hinaus die entsprechenden Vorbereitungshandlungen und sonstigen Begleitmaßnahmen, z. B. Hochsitzbau oder Kontrolle jagdlicher Einrichtungen. Wegen § 33 Abs. 2 Halbs. 2 BJagdG entfällt die Entlastungsmöglichkeit des § 831 Abs. 1 Satz 2 BGB für den Jagdausübungsberechtigten.[279]

233 Die Geltendmachung eines Jagdschadens richtet sich nach §§ 34, 35 BJagdG. Der Anspruch auf Ersatz von Jagdschäden erlischt, wenn der Berechtigte den Schadensfall nicht binnen **einer** Woche, nachdem er von dem Schaden Kenntnis erhalten hat oder bei Beobachtung gehöriger Sorgfalt erhalten hätte, bei der für das beschädigte Grundstück zuständigen Behörde anmeldet. Bei Schäden an forstwirtschaftlich genutzten Grundstücken genügt es, wenn er zweimal im Jahre, jeweils bis zum 1. Mai oder 1. Oktober, bei der zuständigen Behörde angemeldet wird. Die Anmeldung soll die als ersatzpflichtig in Anspruch genommene Person bezeichnen.

234 Die **Bundesländer** können in Jagdschadenssachen das Beschreiten des ordentlichen Rechtsweges davon abhängig machen, dass zuvor ein Feststellungsverfahren vor eine Verwaltungsbehörde (**Vorverfahren**) stattfindet, in dem über den Anspruch eine vollstreckbare Verpflichtungserklärung (Anerkenntnis, Vergleich) aufzunehmen oder eine nach Eintritt der Rechtskraft vollstreckbare Entscheidung (Vorbescheid) zu erlassen ist. Die Bundesländer treffen die näheren Bestimmungen, § 35 BJagdG. Von dieser Möglichkeit haben die Bundesländer Gebrauch gemacht, z. B. §§ 35–41 LJG NRW, § 25a LJG Baden-Württemberg, Art 47 Nr. 3 BayJG, Bayern Art 47, §§ 32,33 JG Bremen, § 24 LJG Hamburg, §§ 33–35 AG – BJagdG Hessen, § 38 Mecklenburg-Vorpommern, Art 39 LJG Niedersachsen, § 31 LJG Rheinl.-Pfalz, § 38 JG Saarland, § 36 Sachsen-Anhalt, § 24 LJG Schleswig-Holstein, § 48 Thüringen.

235 bb) *Haftung für Wildschaden.* Wird ein Grundstück, das zu einem gemeinschaftlichen Jagdbezirk gehört oder einem gemeinschaftlichen Jagdbezirk angegliedert ist (§ 5 Abs. 1 BJagdG), durch Schalenwild, Wildkaninchen oder Fasanen beschädigt, so hat die Jagdgenossenschaft dem Geschädigten den Wildschaden zu ersetzen, § 29 Abs. 1 Satz 1 BJagdG. Der aus der Genossenschaftskasse geleistete Ersatz ist von den einzelnen Jagdgenossen nach dem Verhältnis des Flächeninhalts ihrer beteiligten Grundstücke zu tragen, § 29 Abs. 1 Satz 2 BJagdG. Hat der Jagdpächter den Ersatz des Wildschadens ganz oder teilweise übernommen, so trifft die Ersatzpflicht den Jagdpächter, § 29 Abs. 1 Satz 3 BJagdG. Die Ersatzpflicht der Jagdgenossenschaft bleibt bestehen, soweit der Geschädigte Ersatz von dem Pächter nicht erlangen kann, § 29 Abs. 1 Satz 4 BJagdG.

236 Der Schadensersatzanspruch umfasst sämtliche Schäden, die durch **Schalenwild, Wildkaninchen oder Fasanen** an einem Grundstück entstanden sind. Die Nutzungsart ist unbeachtlich; namentlich wird keine land- oder forstwirtschaftliche Nutzung gefordert.[280] Der Anlass der Schadensverursachung ist sekundär und muss insbesondere nicht mit der Nahrungssuche des Wildes zusammenhängen. Die Beschädigung eines Zauns durch ein angeschweißtes Stück Schwarzwild löst etwa einen Wildschadensersatzanspruch aus. Schäden, die nicht auf ein Grundstück bezogen sind, werden von § 29 BJagdG nicht erfasst.

237 Nach § 29 Abs. 1 Satz 1 BJagdG richtet sich der **Anspruch gegen die Jagdgenossenschaft**. Regelmäßig hat aber die Jagdgenossenschaft im Rahmen der Jagdverpachtung eine Regelung mit dem Jagdpächter getroffen, derzufolge der **Jagdpächter** seinerseits den Wildschaden in vollem Umfang oder aber zu einem Teil zu ersetzen hat. Vor Abschluss eines Jagdpachtvertrages sollten sich die Vertragsparteien darüber verständigen, welche Regelungen im Hinblick auf die Wildschäden getroffen werden sollen. Übernimmt der Pächter die Wildschäden im gesamten Umfang, kann sich dies als **unkalkulierbares Risiko** für den Pächter herausstellen; vernünftigerweise wird eine quotenmäßige Haftung anzustreben sein, die

---

[279] *Mitzschke/Schäfer* § 33 Rdnr. 8.
[280] *Dietlein* Stichwort Wildschaden S. 151.

für eine Begrenzung des Risikos auf beiden Vertragsseiten sorgt. Eine subsidiäre Haftung der Jagdgenossenschaft bleibt zudem bestehen, wie sich aus § 29 Abs. 1 Satz 4 BJagdG ergibt.

238 Erstattungsfähig sind Schäden, die das Wild durch seine natürliche Verhaltensweise, Nahrungsaufnahme, Bewegung und sonstige Gewohnheiten an dem Grundstück, seinen Bestandteilen und Erzeugnissen anrichtet. Nach § 31 Abs. 1 BJagdG ist auch der Wildschaden zu ersetzen, der an den getrennten, aber noch nicht eingeernteten Erzeugnissen eines Grundstücks eintritt. Zu dem zu ersetzenden Schaden gehört auch ein entgangener Gewinn. Lässt sich ein Schaden erst bei der Ernte genau bemessen, so ist er in einem Umfang zu ersetzen, wie er sich zu dieser Zeit darstellt. Bei der Feststellung der Schadenshöhe ist zu berücksichtigen, ob der Schaden nach den Grundsätzen einer ordentlichen Wirtschaft durch Wiederanbau im gleichen Wirtschaftsjahr ausgeglichen werden kann, § 31 Abs. 2 BJagdG.

239 **Andere Schäden**, die vom Raubwild stammen, etwa Fuchs, Dachs, Habicht, Otter, an Haustieren sowie Geflügel aller Art stellen **keinen** ersatzpflichtigen Wildschaden dar.[281]
Auch die bei Verkehrsunfällen mit Wildtieren verursachten Schäden sind nicht als Wildschaden zu qualifizieren. Insoweit ist auf die Bestimmung des § 12 Abs. 1 der Allgemeinen Bedingungen für die Kraftfahrversicherung, Fahrzeugteilversicherung, zu verweisen, wonach Schäden, die dem Fahrzeughalter durch einen Zusammenstoß mit Haarwild entstehen, von der Teilkaskoversicherung abgedeckt sind.

240 Ein Mitverschulden des Geschädigten ist stets zu berücksichtigen und kann den Anspruch auf Wildschadensersatz erheblich schmälern. § 32 Abs. 1 BJagdG schließt einen Anspruch auf Ersatz von Wildschaden aus, wenn der Geschädigte die von dem Jagdausübungsberechtigten zur Abwehr von Wildschäden getroffenen Maßnahmen unwirksam macht. Auch ist § 254 BGB anwendbar. Hat bei der Entstehung des Schadens ein Verschulden des Beschädigten mitgewirkt, so hängt die Verpflichtung zum Ersatz sowie der Umfang des zu leistenden Ersatzes von den Umständen, insbesondere davon ab, inwieweit der Schaden vorwiegend von dem einen oder dem anderen Teil verursacht worden ist, § 254 Abs. 1 BGB. Dies gilt auch dann, wenn sich das **Verschulden des Beschädigten** darauf beschränkt, den Schuldner auf die Gefahr eines ungewöhnlich hohen Schadens aufmerksam zu machen, die der Schuldner weder kannte noch kennen musste, oder dass er es unterlassen hat, den Schaden abzuwenden oder zu mindern, § 254 Abs. 2 Satz 1 BGB. Ein derartiger Fall kann vorliegen, wenn der Geschädigte die Aberntung oder die Einbringung der abgeernteten Früchte über die normale Zeit der Ernte und Einbringung schuldhaft verzögert.[282]

241 Der Wildschaden, der an Weinbergen, Gärten, Obstgärten, Baumschulen, Alleen, einzelstehenden Bäumen, Forstkulturen, die durch Einbringen anderer als der im Jagdbezirk vorkommenden Hauptholzarten einer erhöhten Gefährdung ausgesetzt sind, oder Freilandplanzungen von Garten- oder hochwertigen Handelsgewächsen entsteht, wird, soweit die Länder nicht anders bestimmen, nicht ersetzt, wenn die Herstellung von üblichen Schutzvorrichtungen unterblieben ist, die unter gewöhnlichen Umständen zur Abwendung des Schadens ausreichen, § 32 Abs. 2 Satz 1 BJagdG. Die Länder können bestimmen, welche Schutzvorkehrungen als üblich anzusehen sind, § 32 Abs. 2 Satz 2 BJagdG. Zahlreiche Bundesländer haben diese Befugnis genutzt und Ergänzungsregeln geschaffen, z.B. § 33 LJG NRW, § 25 LJG Baden-Württemberg, Art 47 BayJG, § 27 LJG Hamburg, § 27 DVO Hessen, Art. 38 LJG Niedersachsen, § 43 Abs. 1 Nr. 6 LJG Rheinl.-Pfalz, § 36 LJG Saarland, § 39 Abs. 1 Nr. 17 JG Schleswig-Holstein. Beispiel: Als übliche Schutzvorrichtungen, die unter gewöhnlichen Umständen zur Abwendung von Wildschäden ausreichen, sind außer anderen üblichen geeigneten Mitteln anzusehen wilddichte Zäune
1. gegen Rot-, Dam-, Sika- und Muffelwild in Höhe von 1,80 m,
2. gegen Rehwild in Höhe von 1,50 m,
3. gegen Schwarzwild und Wildkaninchen in Höhe von 1,20 m über der Erde und 0,30 m in der Erde, § 1 DVO zum Landesjagdgesetz NRW vom 8. 2. 1985.

---

[281] *Mitzschke/Schäfer* § 29 Rdnr. 3.
[282] *Mitzschke/Schäfer* § 32 Rdnr. 7.

Die Geltendmachung des Wildschadens erfolgt wie die Geltendmachung eines Jagdschadens über §§ 34, 35 BJagdG. Die einzelnen Bundesländer haben nähere Bestimmungen zum **Vorverfahren** getroffen.[283]

cc) Haftung des Jagdpächters für Jagdhunde. Die Haftung des Jagdpächters für Schäden, die durch seinen Jagdhund angerichtet werden, regelt sich nach **§ 833 BGB**. Wird durch ein Tier ein Mensch getötet oder der Körper oder die Gesundheit eines Menschen verletzt oder eine Sache beschädigt, so ist derjenige, welcher das Tier hält, verpflichtet, dem Verletzten den daraus entstehenden Schaden zu ersetzen, § 833 Satz 1 BGB. Die Ersatzpflicht tritt nicht ein, wenn der Schaden durch ein Haustier verursacht wird, das dem Beruf, der Erwerbstätigkeit oder dem Unterhalt des Tierhalters zu dienen bestimmt ist, und entweder der Tierhalter bei der Beaufsichtigung des Tieres die im Verkehr erforderliche Sorgfalt beobachtet oder der Schaden auch bei Anwendung dieser Sorgfalt entstanden sein würde, § 833 Satz 2 BGB.

Eine Haftung nach § 833 Satz 1 BGB – **Gefährdungshaftung des Tierhalters** – scheidet aus, wenn der Schaden durch ein Haustier verursacht worden ist, das dem Berufe des Tierhalters zu dienen bestimmt war und der Tierhalter den Entlastungsbeweis nach § 833 Satz 2 BGB führen kann. Ein Jagdhund ist im Sinne des § 833 Satz 2 BGB ein derartiges Berufstier, wenn es sich bei dem Tierhalter um einen Förster handelt.[284] Der Sache nach handelt es sich um einen gesetzlich geregelten Sonderfall einer Haftung für die Verletzung einer Verkehrssicherungspflicht des Tierhalters, wobei zwei Besonderheiten in Form einer Vermutung zu Gunsten des Geschädigten bestehen: der Tierhalter muss seine Verpflichtungen schuldhaft verletzt haben und zwischen der Pflichtverletzung und dem Schaden muss ein ursächlicher Zusammenhang bestehen.[285] Der Tierhalter kann diese Vermutungen entkräften.[286] An den **Entlastungsbeweis** des § 833 Satz 2 BGB sind **strenge** Anforderungen zu stellen.[287]

In den einzelnen Landesjagdgesetzen ist geregelt, dass bei der Such-, Drück- und Treibjagd, bei jeder Jagdart auf Schnepfen und Wasserwild sowie bei jeder Nachsuche auf Schalenwild brauchbare Jagdhunde zu verwenden sind (§ 19 Baden-Württemberg, Art. 39 Bayern, § 30 Berlin, § 37 Brandenburg, § 28 Hessen, § 35 Mecklenburg-Vorpommern, Art. 3 Niedersachsen, § 30 Nordrhein-Westfalen, § 25 Rheinland-Pfalz, § 2 Abs. 3 Sachsen Anhalt, § 31 Schleswig-Holstein, § 39 Thüringen. Im Falle der Verwendung von Jagdhunden richtet sich die Haftung des Jagdpächters Dritten gegenüber nach § 833 Satz 1 BGB. Der Jagdpächter unterliegt demgemäß der Gefährdungshaftung im Falle der Beschädigung von Rechtsgütern Dritter.

Ein Jagdhund darf nicht unangeleint zur Nachsuche auf ein angeschossenes Wild angesetzt werden, wenn die Gefahr besteht, dass der Hund in der öffentlichen Straßenverkehr gelangt.[288] Liegt die Möglichkeit nahe, dass der Jagdausübungsberechtigte jede Einflussmöglichkeit auf den Hund verliert, und es dem Zufall und dem unberechenbaren tierischen Verhalten überlassen ist, wohin sich der Hund entfernt, und gelangt der Hund auf diese Weise auf eine öffentliche Straße, haftet der Jagdpächter aus dem Gesichtspunkt des § 833 Satz 1 BGB auf Schadensersatz.

Eine **Haftung des Tieraufsehers** ist in § 834 BGB geregelt. Wer für denjenigen, welcher ein Tier hält, die Führung der Aufsicht über das Tier durch Vertrag übernimmt, ist für den Schaden verantwortlich, den das Tier einem Dritten in der im § 833 BGB bezeichneten Weise zufügt, § 834 Satz 1 BGB. Die Verantwortlichkeit tritt nicht ein, wenn er bei der Führung der Aufsicht die im Verkehr erforderliche Sorgfalt beobachtet oder wenn der Schaden auch bei Anwendung dieser Sorgfalt entstanden sein würde, § 834 Satz 2 BGB. Voraussetzung ist die Übernahme der Aufsicht auf Grund eines Vertrages. Zu denken wäre an eine Übernahme von Jagdhunden zu Ausbildungszwecken an einen Tieraufseher. Halter und Tieraufseher

---

[283] Vgl. *Metzger* in Lorz/Metzger/Stöckel § 35 Rdnr. 5.
[284] OLG Bamberg NJW-RR 1990, 735; Palandt/*Sprau* § 833 Rdnr. 17.
[285] Palandt/*Sprau* § 833 Rdnr. 1.
[286] Palandt/*Sprau* § 833 Rdnr. 15 ff.
[287] OLG Bamberg NJW-RR 1990, 735; Palandt/*Sprau* § 833 Rdnr. 21.
[288] OLG Bamberg NJW-RR 1990, 735.

haften im Außenverhältnis zu einem geschädigten Dritten als **Gesamtschuldner;**[289] der Tierhalter haftet auch dann, wenn der Tieraufseher selbst durch das Tier verletzt worden ist. Kann der Tieraufseher nicht beweisen, dass er seine Aufsichtspflicht gehörig erfüllt hat oder der Schaden auch bei Erfüllung seiner Aufsichtspflicht entstanden wäre, so ist mangels anderer Anhaltspunkte in entsprechender Anwendung des § 254 Abs. 1 BGB von einer Haftung des Tierhalters auf die Hälfte des Schadens auszugehen.[290]

248 dd) Allgemeines Schadensrecht, §§ 823, 831, 278 BGB. Bei der Jagdausübung darf nur scharf geschossen werden, wenn mit Gewissheit oder an Gewissheit grenzender hoher Wahrscheinlichkeit anzunehmen ist, dass kein Mensch unmittelbar durch den Schuss selbst oder Abpraller getroffen werden können.[291] Bei der **Abgabe eines Schusses** ist die Flugweite des Geschosses in Schussrichtung zu berücksichtigen, bei **Schrotschüssen** etwa 200 bis 300 Meter, beim **Kugelschuss** je nach Kaliber etwa 5.000 Meter. Dabei sind namentlich Hindernisse in Rechnung zu stellen, wie Äste, Wasserflächen oder vereiste Böden, die zu einer Richtungsänderung der Geschosse führen können mit Gefährdungspotenzial für benachbarte Schützen, unbeteiligte Waldbesucher oder sonstige Dritte. Auch beim Kugelschuss muss mit Richtungsänderungen durch Hindernisse wie Zweige oder Ähren gerechnet werden. Ganz bedeutsam ist, dass der Jagdausübungsberechtigte nicht damit rechnen darf, dass sich keine Menschen im Revier aufhalten, auch wenn er selbst keiner Waldbesucher ansichtig geworden ist. Insbesondere darf der Jagdausübungsberechtigte nicht auf Dickungen oder Hecken schießen, wenn mit der Möglichkeit gerechnet werden muss, dass sich dahinter Menschen befinden. In einem Wald in der Nähe eines Dorfes muss stets die Anwesenheit von Kindern im Wald einkalkuliert werden. Bei unübersichtlichem Gelände oder schlechter Sicht muss der Schuss unterbleiben.[292] Fahrlässig handelt, wer ohne das Ziel mit hinreichender Sicherheit angesprochen zu haben, einen Schuss darauf abgibt. Bei einem Verstoß gegen diese Grundsätze und einer Verletzung oder gar Tötung Dritter oder bei Verletzung erheblicher sonstiger Rechtsgüter haftet der Schütze aus § 823 Abs. 1 BGB, der Jagdpächter aus dem Gesichtspunkt der Verletzung einer Verkehrssicherungspflicht. Auch sind strafrechtliche Sanktionen denkbar. Im Hinblick auf eine Schadensersatzverpflichtung gelten die allgemeinen Vorschriften über die Erfüllungs- und Verrichtungsgehilfen, §§ 278, 831 BGB.

249 Kommt es während der Jagdausübung beim Durchstreifen schwierigen Geländes zum **Sturz des Jagdausübenden** und löst sich dabei ein Schuss, lässt sich ohne weitere tragfähige Feststellungen über den genauen Unfallhergang allein aus der Tatsache des Sturzes kein Fahrlässigkeitsvorwurf begründen.[293] Denn bei einer Jagd darf ohne Verstoß gegen Unfallverhütungsvorschriften eine Waffe grundsätzlich geladen und entsichert geführt werden; zu denken ist insbesondere an eine Jagd auf Schwarzwild und die Wartezeit bis zum Erscheinen des Wildes. Anders ist der Fall zu beurteilen, wenn die Waffe auf unsicherem Gelände eingestochen wird und sich dann ein Schuss im Rahmen eines Sturzes löst.[294]

Der Umgang mit der Schusswaffe gebietet äußerste Vorsicht. Bei Schusswaffen besteht eine erhöhte Sorgfalt bei Aufbewahrung und Überlassung an Dritte.[295] Der Inhaber einer Schusswaffe verletzt seine Verkehrssicherungspflicht, wenn er die geladene Waffe so ablegt, dass er sie nicht ständig im Auge behält und ein Dritter sie unbemerkt an sich nehmen kann.[296] Entsprechendes gilt für ein unbeaufsichtigtes Herumliegenlassen der Schusswaffe.[297] Die Waffe ist nach dem Laden sofort zu sichern, darf grundsätzlich erst kurz vor dem Schuss entsichert werden und ist nach Jagdende sofort zu entladen.[298] Zu weiteren Fällen

---

[289] Palandt/*Sprau* § 834 Rdnr. 3.
[290] OLG Frankfurt/M. MDR 1996, 590; Palandt/*Sprau* § 834 Rdnr. 3.
[291] *Dietlein* Stichwort Jagdunfall S. 70; Palandt/*Sprau* § 823 Rdnr. 204; *Mitzschke/Schäfer* § 17 Rdnr. 28 m. w. N.
[292] *Mitzschke/Schäfer* § 17 Rdnr. 28.
[293] BGH NJW 2000, 2895.
[294] *Dietlein* Stichwort Jagdunfall S. 71.
[295] Palandt/*Sprau* § 823 Rdnr. 201 mit weiteren Nachweisen.
[296] BGH NJW 1991, 696.
[297] Palandt/*Sprau* § 823 Rdnr. 201 mit weiteren Nachweisen.
[298] *Mitzschke/Schäfer* § 17 Rdnr. 30.

§ 77 Landpacht, Jagdpacht und Fischereipacht

eines vorsichtigen und sorgfältigen Umgangs mit Waffen ist auf die Jagd-**Unfallverhütungsvorschriften** der landwirtschaftlichen Berufsgenossenschaften zu verweisen.[299]

Ein Verstoß gegen die Vorgaben der Jagd-Unfallverhütungsvorschriften ist als Verletzung der Verkehrssicherungspflicht aufzufassen.[300] Fahrlässig handelt, wer eine geladene und gesicherte Schusswaffe einem Nichtjäger überlässt, wer nach der Rückgabe des Gewehrs nicht dessen Sicherung prüft, wer es nach der Rückgabe nicht entlädt oder wer das Gewehr nicht in einer Art und Weise trägt, die eine Gefährdung dritter Personen ausschließt.[301]

Beim Besteigen oder Verlassen eines Hochsitzes, beim Überschreiten von Hindernissen, beim Besteigen von Fahrzeugen und bei ähnlichen Gefahrenlagen ist die Schusswaffe zu entladen.

Bei **Treibjagden** hat der Jagdleiter den Schützen und Treibern die erforderlichen Anweisungen für den gefahrlosen Ablauf der Jagd zu geben. Er hat den Schützen und Treibern die Signale bekannt zu geben, dem Schützen seinen Stand und den seiner beiden Nachbarn und den einzuhaltenden Schussbereich genau zu bezeichnen. Schiessverbot herrscht, wenn sich Treiber in der Nähe des Wildes aufhalten.[302] Der Veranstalter haftet auch für Schäden, die ein erkennbar unzuverlässiger Schütze anrichtet, etwa der über keinen gültigen Jagdschein verfügt. Der Veranstalter einer Treibjagd hat für die **Sicherung des Straßenverkehrs** gegen eine erhöhte Gefahr durch aufgestörtes Wild zu sorgen.[303]

Generell ist zu beachten, dass durch die Ausübung der Jagd der allgemeine Straßenverkehr **nicht** beeinträchtigt werden darf. Auch insoweit besteht eine allgemeine Verkehrssicherungspflicht des Jagdausübungsberechtigten, durch geeignete Maßnahmen Zusammenstöße von Wild mit Kraftfahrzeugen zu vermeiden. Solche Maßnahme können darin bestehen, dass das Wild nicht in Richtung Straße, Bundesstraße oder gar Bundesautobahn getrieben oder gedrückt wird, sondern die umgekehrte Richtung den Treibern vorgegeben wird. Auch können im Einzelfall Lappen verwendet, Warnschilder oder Warnposten aufgestellt werden. Besondere Vorsichtsmaßnahmen sind auch gefordert, wenn damit gerechnet werden muss, dass Rehwild einen unvorhersehbaren Fluchtweg nimmt, auch wenn Rehwild im konkreten Fall nicht Gegenstand der Bejagung ist. Werden diese auf Grund der jeweiligen Sachlage gebotenen Vorsichtsmaßnahmen nicht eingeleitet, liegt ein Verstoß gegen die Grundsätze allgemeiner Verkehrssicherungspflicht vor, so dass der Veranstalter der Jagd, in der Regel der Jagdausübungsberechtigte, zum Schadensersatz verpflichtet ist, kommt es zu einem Verkehrsunfall mit Wild. Unberührt bleibt naturgemäß die Haftung der Teilkaskoversicherung des jeweiligen Fahrzeughalters gemäß § 12 Abs. 1 Id AKB (Zusammenstoß des in Bewegung befindlichen Fahrzeugs mit Haarwild im Sinne von § 2 Abs. 1 Nr. 1 des Bundesjagdgesetzes).[304]

Voraussetzung für die Erlangung eines Jahresjagdscheins ist ein Nachweis des Abschlusses einer **Haftpflichtversicherung**, § 17 Abs. 1 Ziffer 4 BJagdG (derzeit € 500.000.– für Personenschäden und € 50.000.– für Sachschäden). Die Versicherung kann nur bei einem Versicherungsunternehmen mit Sitz in der Europäischen Wirtschaftsgemeinschaft oder mit Niederlassung im Geltungsbereich des Versicherungsaufsichtsgesetzes genommen werden. Die Bundesländer können den Abschluss einer Gemeinschaftsversicherung ohne Beteiligungszwang zulassen. Davon hat NRW Gebrauch gemacht, § 18 LJG NRW, und den Abschluss von Gemeinschaftshaftpflichtversicherungen ohne Beteiligungszwang zugelassen.

Die Versicherung bezieht sich auf alle Fallkonstellationen einer Inanspruchnahme
- als Jäger, Jagdpächter oder Jagdveranstalter,
- als Halter von Jagdhunden,
- als Forstbediensteter oder Jagdaufseher,
- aus Besitz und Gebrauch von Schusswaffen und Munition auf der Jagd und auf Schießständen einschließlich der dazugehörenden Wege von und zur Wohnung,

---

[299] Vgl. *Mitzschke/Schäfer* S. 262 ff.
[300] Palandt/*Sprau* § 823 Rdnr. 204.
[301] BGH MDR 1977, 129, 130.
[302] BGH VersR 1976, 593; LG Rostock NJW-RR 2003, 522; Palandt/*Sprau* § 823 Rdnr. 204 mit weiteren Nachweisen.
[303] Palandt/*Sprau* § 823 Rdnr. 204.
[304] Vgl. *Mitzschke/Schäfer* § 26 Rdnr. 11.

- aus fahrlässiger Überschreitung der Vorschriften über Notwehr und Notstand auf der Jagd sowie des besonderen Waffengebrauchsrechts,
- aus fahrlässiger Überschreitung des landesrechtlich eingeräumten Befugnis zum Abschuss wildernder Hunde und Katzen.[305]

255 Von der Jagdhaftpflichtversicherung zu unterscheiden sind die Fälle, in denen der Jagdpächter durch die Ausübung der Jagd selbst zu Schaden gekommen ist. Jeder Revierinhaber ist kraft Gesetzes gegen Personenschäden durch Jagdunfälle (**Arbeitsunfälle im Sinne der RVO**), die er beim Jagdbetrieb erleidet, bei der örtlich zuständigen landwirtschaftlichen Berufsgenossenschaft sozialversichert und beitragspflichtig. Der Versicherungsschutz erstreckt sich auch auf Unfälle auf dem Weg zum Jagdbezirk und vom Jagdbezirk zurück nach Beendigung der Jagdausübung.

256 Eine Einschränkung der Haftung des Jagdpächters bei Unfällen der im Revier Tätigen, deren Angehörigen und Hinterbliebenen besteht dann, wenn der Unfall nicht auf Vorsatz des Revierinhabers oder aber auf die Teilnahme am allgemeinen Verkehr zurückzuführen ist, durch § 636 RVO. Der Revierinhaber haftet dem vorbezeichneten Personenkreis nicht für Unfälle, die er lediglich fahrlässig herbeigeführt hat. Dieser Personenkreis ist auf die Leistungen der Berufsgenossenschaft nach Maßgabe der sozialversicherungsrechtlichen Vorschriften angewiesen. Dies ist insbesondere vorn Bedeutung im Hinblick auf das Schmerzensgeld nach § 253 Abs. 2 BGB.[306] Der Ausschluss des Schmerzensgeldes durch § 636 Abs. 1 Satz 1 und § 637 Abs. 1 RVO verstößt nicht gegen das Grundgesetz.[307]

5. Leistungsstörungen

257 a) **Abweichungen von der vereinbarten Fläche.** In der Regel wird die Größe eines Jagdbezirks in Hektar angegeben; auch werden die Grenzen eines Reviers beschrieben, innerhalb derer der Jagdausübungsberechtigte sich jagdlich betätigen kann. Auf Grund von Veränderungen nach § 5 Abs. 1 BJagdG können sich Veränderungen vollziehen, so dass bei einer erneuten Ausschreibung unrichtige Größenangaben entstehen können. Auch ist denkbar, dass unter Verwendung alter Flurkarten unrichtige Größenordnungen in den Jagdpachtvertrag aufgenommen worden sind. Das Oberlandesgericht Koblenz[308] hat entschieden, dass Jagdpächter grundsätzlich kein Minderungsrecht zusteht, wenn der Jagdbezirk kleiner ist als die im Pachtvertrag ohne Gewähr angegebene Größe. Zur Begründung ist entscheidend darauf abgestellt worden, dass ein Gewährleistungsausschluss vereinbart war, gegen dessen Wirksamkeit Bedenken nicht bestanden.

258 Wie ist der Fall zu entscheiden, wenn eine **Flächenabweichung** zum Nachteil des Pächters vorliegt, im Vertrag aber ein Gewährleistungsausschluss nicht vereinbart ist? Zunächst ist festzustellen, welche Vorschriften zur Anwendung gelangen, an die eine Minderung der Pacht oder ein sonstiges Gewährleistungsrecht geknüpft werden könnte. Über § 581 Abs. 2 BGB bietet sich eine Anwendung der Gewährleistungsrechte des Mietrechts, hier §§ 536 ff. BGB an. Wenn eine vertragsgemäße Nutzung des Jagdbezirks verhindert wird, indem seine tatsächliche Größe eine Pachtfähigkeit von mehreren bisher am Vertrag beteiligten Pächtern wegen Unterschreitung der Mindestgröße des Jagdreviers nicht mehr zulässt, liegt ein Fehler vor, der die Tauglichkeit der Pachtsache zu dem vertragsgemäßen Gebrauch aufhebt oder mindert. Gegenstand der Jagdpacht ist das Jagdausübungsrecht, das aus dem Jagdrecht des Grundstückseigentümers abgeleitet wird.[309] Der Sache nach handelt es sich um Rechtspacht.[310] Wesentlicher Bestandteil der Rechtspacht ist die Größe des Bezirks, in dem diese Rechtspacht tatsächlich ausgeübt werden kann. Werden bestimmte Mindestgrößen unter-

---

[305] *Mitzschke/Schäfer* § 17 Rdnr. 9 unter besonderem Hinweis auf § 12 DVO z. Hess. AusfGes.
[306] *Mitzschke/Schäfer* § 17 Rdnr. 6.
[307] BVerfG NJW 1973, 502 = MDR 1973, 379.
[308] OLG Koblenz MDR 1978, 932.
[309] Staudinger/*Sonnenschein* § 581 Rdnr. 55; Erman/*Jendrek* Vor § 581 Rdnr. 25; Soergel/*Heintzmann* Vor § 581 Rdnr. 9.
[310] Staudinger/*Sonnenschein* § 581 Rdnr. 55 mit weiteren Nachweisen.

schritten, ist eine Minderung der Pacht möglich;[311] theoretisch wäre ein Schadensersatzanspruch zu Gunsten des Pächters denkbar; ist der Mangel nicht zu beseitigen, steht dem Pächter zudem ein Kündigungsrecht zu, §§ 581 Abs. 2, 543 Abs. 1, Abs. 2 Ziffer 1 BGB.

Empfehlenswert ist, die **Rechtsprechung des Bundesgerichtshofs** zur Flächenabweichung im Mietrecht für Wohnräume[312] auf Flächenabweichungen bei der Größe von gepachteten Jagdrevieren entsprechend anzuwenden. Der Mangel ist erheblich, ohne dass es weiteren Sachvortrages bedürfte, wenn die Flächenabweichung mehr als zehn Prozent ausmacht im Verhältnis zu den Angaben im Vertrag. Dabei ist davon auszugehen, dass es sich bei der Flächenangabe im Pachtvertrag nicht um eine bloße unverbindliche Objektbeschreibung handelt. Ist demgegenüber die Flächenabweichung geringer als zehn Prozent von der im Vertrag angegebenen Größe, muss im Einzelnen dargelegt und gegebenenfalls bewiesen werden, dass ein erheblicher Mangel besteht und in welcher Weise er im Rahmen des Jagdausübungsrechts zum Ausdruck kommt. Zur Darlegung dieses Sachverhalts gelten die allgemeinen zivilprozessualen Regeln zur Substantiierungspflicht. 259

b) Sonstige Mängel bei der Rechtspacht. Der Verpächter haftet grundsätzlich **nicht** für die Ergiebigkeit der Jagd, es sei denn, der Pachtvertrag enthält eine entsprechende Zusicherung.[313] Diese Zusicherung kann sich etwa aus der Ausschreibung der Jagdgenossenschaft ergeben, wenn dort eine Niederwildjagd mit Rot- und Schwarzwild als Wechselwild angeboten wird. Hat sich in den letzten Jahren allerdings dort entsprechendes Wild nicht mehr aufgehalten, liegt ein Mangel vor, der nach §§ 581 Abs. 2, 536 BGB zur Minderung der Pacht berechtigen kann; auch liegen die Voraussetzungen einer Kündigung nach §§ 581 Abs. 1, 543 BGB vor. Ist arglistig gehandelt worden, kommt eine Anfechtung des Pachtvertrages nach § 123 BGB in Betracht. 260

Der Pächter kann den Pachtvertrag gemäß § 543 Abs. 1 und Abs. 2 Ziffer 1 BGB ohne Einhaltung einer Kündigungsfrist kündigen, wenn ihm die Möglichkeit zur Jagd ganz oder teilweise nicht rechtzeitig gewährt oder wieder entzogen wird.[314] Erforderlich ist eine **wesentliche Beeinträchtigung** der Jagdmöglichkeiten, die auch angesichts der Mindestdauer der Jagdpachtverträge von grundsätzlich neun Jahren anhaltend sein muss. Die Kündigungsmöglichkeit wird regelmäßig dann gegeben sein, wenn Abhilfe seitens des Verpächters unmöglich ist oder die Kündigung wegen Interessenwegfalls des Pächters gerechtfertigt ist. 261

Für nach Vertragsschluss eintretende Verschlechterungen der Jagdausübung hat der Verpächter dann einzustehen, wenn die Jagdausübung wesentlich eingeschränkt oder gänzlich unmöglich wird. Das Betreten des Waldes durch Spaziergänger auf dafür vorgesehenen Wegen hat der Pächter entschädigungslos zu dulden.[315] Entsprechendes gilt für Veränderungen in der wirtschaftlichen Nutzung der Jagdfläche oder von Teilen der Jagdfläche, Einzäunung größerer Teilflächen, zunehmenden Ausflugsverkehr oder militärische Übungen im Gelände.[316] 262

Anders ist der Fall zu entscheiden, wenn nach Abschluss des Jagdpachtvertrages eine nicht vorhersehbare, aber wesentliche Behinderung der Jagdausübung vorliegt, die auch durch eine Klausel, dass der Verpächter eine Gewähr für die Ergiebigkeit der Jagd nicht übernehme, nicht ausgeschlossen werden kann. Der Jagdertrag kann wesentlich und dauernd vermindert werden durch extensiven Bau öffentlicher Straßen oder Bundesautobahnen durch das Revier, Rohrverlegungsarbeiten im Wald, umfangreiche Jugendzeltlager,[317] Errichtung und Betrieb eines Schießstandes, umfangreiche militärische Übungen mit Kettenfahrzeugen, ferner Bebauung größerer Flächen mit Wochenendhäusern.[318] Durch diese Maßnahmen wird das Wild nachhaltig vergrämt und wechselt seinen Aufenthaltsort für dauernd. Diese Veränderungen mögen die Jagd im rechtlichen Sinne nicht unmöglich ma- 263

---

[311] Soergel/*Heintzmann* Vor § 581 Rdnr. 9.
[312] BGH NJW 2007, 2624; NJW 2004, 1947; NJW 2004, 2230.
[313] Mitzschke/*Schäfer* § 11 Rdnr. 57.
[314] Mitzschke/*Schäfer* § 11 Rdnr. 114.
[315] Soergel/*Heintzmann* Vor § 581 Rdnr. 9.
[316] Mitzschke/*Schäfer* § 11 Rdnr. 57.
[317] Soergel/*Heintzmann* Vor § 581 Rdnr. 9.
[318] Vgl. die Beispiele bei Mitzschke/*Schäfer* § 11 Rdnr. 60.

chen; sie beeinträchtigen die Jagdausübung allerdings erheblich, so dass diese Umstände eine Minderung des Pachtpreises rechtfertigen.

264 Hat der Verpächter **arglistig** gehandelt, etwa weil ihm die für die Zukunft geplanten Veränderungen im Revier vor Abschluss des Vertrages bekannt waren, er sie gleichwohl bei den Vertragsverhandlungen nicht offenkundig gemacht hat, stehen dem Pächter weitergehende rechtliche Möglichkeiten offen. Sie bestehen in einer Anfechtung des Pachtvertrages nach § 123 BGB, Schadensersatz §§ 581 Abs. 2, 536a Abs. 1 BGB, oder Kündigung des Pachtverhältnisses, §§ 581 Abs. 2, 543 BGB.

265 Das Kündigungsrecht des Pächters entfällt, wenn er bei Abschluss des Vertrages den Mangel kannte oder ihm der Mangel infolge grober Fahrlässigkeit unbekannt geblieben ist, §§ 581 Abs. 2, 536b BGB. Im letzteren Falle stehen dem Pächter die Rechte auf Minderung der Jagdpacht, der Kündigung oder Schadensersatz dann zu, wenn der Verpächter den Mangel arglistig verschwiegen hat, §§ 581 Abs. 2, 536b Satz 2 BGB. Nimmt der Pächter das Revier trotz eines ihm bekannten Mangels an, so kann er die Rechte auf Minderung der Pacht, Kündigung oder Schadensersatz nur geltend machen, wenn er sich seine Rechte bei der Annahme vorbehält, §§ 581 Abs. 2, 536b Satz 3 BGB.

266 Problematisch erscheint, einen **Mangel des Pachtobjekts in großflächigen Sturmwürfen** zu sehen. Erwogen werden könnte, den Mangel darin zu sehen, dass Rückzugsräume von Rotwild betroffen sind, so dass befürchtet werden muss, das Wild werde nicht standorttreu bleiben. Die Situation für das Wild und die Balance zwischen Wald und Wild wird maßgeblich bestimmt durch die mit dem Sturm und die durch die anschließende Entwicklung der Flächen ausgelöste Dynamik. Die Vegetation regeneriert sich so schnell, dass für alle Wildarten bald ausreichend Äsung wie auch Deckung vorhanden ist. Im Ergebnis lässt sich also durch Sturmwürfe in der Regel kein Mangel konstruieren, so dass eine Minderung der Pacht ausscheidet. Im Falle kleinflächiger und einzelstammweiser Würfe kann nicht von einem Mangel erheblicher Art ausgegangen werden, so dass bereits unter diesem Gesichtspunkt für eine Minderung der Pacht kein Raum ist.

6. Beendigung des Pachtverhältnisses

267 a) **Vertragliche Regelung.** Nach § 11 Abs. 4 Satz 2 BJagdG soll die Pachtdauer mindestens neun Jahre betragen. Den Bundesländern ist es vorbehalten, die Mindestpachtdauer höher festzusetzen, § 11 Abs. 4 Satz 3 BJagdG. Ein laufender Jagdpachtvertrag kann auch auf kürzere Zeit verlängert werden, § 11 Abs. 4 Satz 4 BJagdG. Das Pachtverhältnis kann allerdings über die Mindestpachtzeit hinausgehend auf z.B. 30 Jahre oder auf Lebenszeit eines der Vertragsteile abgeschlossen werden. In diesen Fällen endet das Jagdpachtverhältnis **durch zeitlichen Ablauf** oder durch den **Tod eines der Vertragsteile,** wenn der Jagdpachtvertrag auf Lebenszeit abgeschlossen worden ist.

268 Den Vertragsparteien steht es frei, im Wege einer freien Vereinbarung die Aufhebung des Jagdpachtvertrages zu beschließen.[319] Bei einem Pachtverhältnis über eine bestimmte Zeitdauer oder auf Lebenszeit ist eine vorzeitige Kündigung nur als außerordentliche Kündigung denkbar aus wichtigem Grund, §§ 581 Abs. 2, 543 BGB. Über die Mindestdauer der Pachtzeit von grundsätzlich neun Jahren ist eine vertragliche Verlängerung auf unbestimmte Zeit möglich; in diesem Falle ist über § 584 BGB das Jagdpachtverhältnis zum Schluss des Pachtjahres ordentlich kündbar. Das Jagdjahr beginnt am 1. April und endet am 31. März des Folgejahrs, § 11 Abs. 4 Satz 5 BJagdG.

269 b) **gesetzliche Regelung.** Der Jagdpachtvertrag erlischt kraft Gesetzes nach § 13 BJagdG, wenn dem Pächter der **Jagdschein unanfechtbar entzogen** worden ist. Der Vertrag erlischt auch dann, wenn die Gültigkeitsdauer des Jagdscheins abgelaufen ist und entweder die zuständige Behörde die Erteilung eines neuen Jagdscheins **unanfechtbar abgelehnt** hat oder der Pächter die Voraussetzungen für die Erteilung eines neuen Jagdscheins nicht fristgemäß erfüllt. Das Nichtlösen eines Jagdscheins führt nur dann zum Erlöschen des Jagdpachtvertrages kraft Gesetzes, wenn der Pächter trotz einer Aufforderung durch die zuständige Behörde

---

[319] *Mitzschke/Schäfer* § 11 Rdnr. 31; Staudinger/*Sonnenschein* § 581 Rdnr. 62.

(untere Jagdbehörde) **unterlässt,** binnen einer ihm zu setzenden Frist die Erteilung eines neuen **Jagdscheins zu beantragen.**[320]

c) **Tod des Pächters.** Der Tod des Jagdpächters führt nicht zum Erlöschen des Jagdpachtvertrages. Vielmehr gehen die Rechts und Pflichten des Erblassers aus diesem Vertrag auch dann auf die Erben über, wenn diese nicht jagdpachtfähig sind.[321] Die Ermittlung der Erben erfolgt nach den Regeln des Bürgerlichen Gesetzbuches, §§ 1922 ff. BGB. Befindet sich unter den Erben keine jagdpachtfähige Person, haben die Erben eine jagdpachtfähige Person zu benennen, die den nicht jagdpachtfähigen Erben vertritt.[322] Entsprechende Regelungen finden sich in den Landesjagdgesetzen der Bundesländer z.B. § 16 Abs. 1 LJG NRW, in dem geregelt ist, dass im Falle des Todes des Pächters die Erben der unteren Jagdbehörde die jagdausübungsberechtigten Erben unter Beachtung der Vorschrift des § 11 Abs. 1 BJagdG zu benennen haben. Ist keiner der Erben jagdpachtfähig, § 5 Abs. 5 BJagdG, so haben die Erben der unteren Jagdbehörde eine oder mehrere jagdpachtfähige Personen als Jagdausübungsberechtigte zu benennen, § 16 Abs. 1 Satz 2 LJG NRW. Die untere Jagdbehörde kann den Erben eine angemessene Frist zur Benennung der Jagdausübungsberechtigten setzen, § 16 Abs. 2 Satz 1 LJG NRW. Kommen die Erben der Aufforderung innerhalb der Frist nicht nach, so kann die untere Jagdbehörde die zur Ausübung und zum Schutze der Jagd erforderlichen Anordnungen auf Kosten der Erben treffen, § 16 Abs. 2 Satz 2 LJG NRW.

Die Erben können den Jagdpachtvertrag gemäß § 580 BGB innerhalb einer Frist von einem Monat, nachdem sie vom Tod des Jagdpächters Kenntnis genommen haben, kündigen; die Kündigungsfrist ergibt sich aus § 584 BGB. Im Jagdpachtvertrag können für den Fall des Todes des Pächters anderweitige Regelungen getroffen werden, namentlich dass das Jagdpachtverhältnis nach dem Tode des Pächters nicht mit dessen Erben oder Dritten fortgesetzt werden soll.

Gemäß § 584a Abs. 2 BGB steht dem Verpächter im Falle des Todes des Jagdpächters ein Recht zur Kündigung des Jagdpachtvertrages nicht zu.

Besondere Probleme bestehen im Falle des **Todes eines Mitpächters.** Die landesrechtlichen Vorschriften zur Benennung einer jagdpachtfähigen Person als Jagdausübungsberechtigten durch die jagdpachtunfähigen Erben sind ausschließlich öffentlich-rechtlicher Natur und haben daher auf die privatrechtlichen Beziehungen der mehreren Mitpächter untereinander und auf deren privatrechtliches Verhältnis zum Verpächter unmittelbar keinen Einfluss.[323] Bei einer Mehrheit von Jagdpächtern ist unter ihnen regelmäßig von einer Gesellschaft Bürgerlichen Rechts auszugehen. Die jagdpachtunfähigen Erben eines Mitpächters bedürfen für die Jagdausübung durch einen jagdpachtfähigen Dritten der Zustimmung der Mitpächter, die diese Zustimmung nur aus wichtigem Grund versagen können. Ferner ist für die Jagdausübung durch einen Dritten als Vertreter der Erben die Zustimmung des Verpächters erforderlich.

d) **Kündigung des Jagdpachtvertrages.** aa) *Kündigung des Verpächters aus wichtigem Grund.* Der Pächter ist gemäß § 581 Abs. 2 BGB in Verbindung mit § 535 Abs. 2 BGB zur Zahlung der Pacht verpflichtet. Der Sache nach handelt es sich um eine Hauptpflicht des Pächters. Im Jagdpachtvertrag findet sich regelmäßig eine besondere Vereinbarung über die Fälligkeit der Pacht. Kommt der Pächter seiner Zahlungspflicht nicht nach, ist der Verpächter unter den näheren Voraussetzungen des § 543 BGB zur fristlosen Kündigung berechtigt.

Der Pächter ist ferner zur angemessenen **Wildhege, Jagdaufsicht, waidgerechten Jagdausübung und Erfüllung des Abschussplans** verpflichtet. Neben administrativen Maßnahmen kann der Verpächter den Pächter zur vertragsgemäßen Ausübung der Jagd anhalten. Kommt der Pächter seinen Verpflichtungen dauernd nicht nach, ist eine Kündigung des Jagdpachtvertrages aus wichtigem Grund zulässig, §§ 581 Abs. 2, 543 BGB.

---

[320] LG Landau/Pf. MDR 1968, 496, 497; Staudinger/*Sonnenschein* § 581 Rdnr. 62.
[321] OLG Düsseldorf MDR 1970, 140; Staudinger/*Sonnenschein* § 581 Rdnr. 62.
[322] *Dietlein* Stichwort: Tod des Pächters S. 124.
[323] OLG Düsseldorf MDR 1970, 140.

276 Der Pächter hat zudem umfassenden **Jagdschutz** zu gewährleisten. Der Jagdschutz erstreckt sich nach näherer Bestimmung durch die Bundesländer auf den Schutz des Wildes insbesondere vor Wilderern, Futternot, Wildseuchen, vor wildernden Hunden und Katzen sowie die Sorge für die Einhaltung der zum Schutz des Wildes und der Jagd erlassenen Vorschriften, § 23 BJagdG. Im Falle einer Verletzung seiner insoweit bestehenden Verpflichtungen sind administrative Maßnahmen denkbar; daneben ist aber bei anhaltendem Pflichtenverstoß im Rahmen des Jagdschutzes auch eine Kündigung des Pachtvertrages durch den Verpächter aus wichtigem Grund möglich. Eine vorherige Abmahnung ist regelmäßig zu fordern.

277 *bb) Kündigung des Pächters wegen Unzumutbarkeit einer Fortsetzung des Pachtverhältnisses.* Nach dem Inhalt des Jagdpachtvertrages hat der Verpächter dem Jagdpächter eine ungehinderte und ungestörte Ausübung der Jagd innerhalb der vereinbarten räumlichen und zeitlichen Grenzen zu gewährleisten. Er haftet auch für seine Bediensteten nach § 278 BGB, sofern diese den Jagdpächter bei der Ausübung der Jagd **stören.**[324] Den Pachtvertrag kann der Pächter aus wichtigem Grund kündigen, wenn ihm die Möglichkeit zur Jagd nicht gewährt oder aber wieder entzogen wird, §§ 581 Abs. 2, 543 Abs. 2 Ziffer 1 BGB. Insbesondere nicht vorhersehbare nach Vertragsschluss eintretende Veränderungen berechtigen den Pächter zur Kündigung aus wichtigem Grund, wenn sein Jagdausübungsrecht praktisch zum Erliegen gekommen ist. Zu denken ist an den extensiven Bau öffentlicher Straßen oder gar Bundesautobahnen durch den Jagdbezirk, Rohrverlegungsarbeiten im Wald, umfangreiche Jugendzeltlager, Errichtung und Betrieb eines Schießstandes, umfangreiche militärische Übungen mit Kettenfahrzeugen und ferner Bebauung größerer Flächen mit Wochenendhäusern.[325] Derartige Veränderungen können im Einzelfall die Ausübung der Jagd zum Erliegen bringen und ein Festhalten am Pachtvertrag unzumutbar werden lassen. Eine vorherige Abmahnung ist vor dem Hintergrund des § 543 Abs. 3 Ziffer 1 BGB entbehrlich, weil der Verpächter in diesen Fällen eine Veränderung regelmäßig nicht rückgängig machen kann und daher die Abmahnung offensichtlich keinen Erfolg verspricht.

278 *e) Beseitigung von jagdlichen Einrichtungen.* Der Jagdpächter ist verpflichtet, zum Ende der Pachtzeit die jagdlichen Einrichtungen zu entfernen, die er im Laufe der Pachtzeit errichtet hat. Die Errichtung von **Hochsitzen** und **Jagdhütten** basiert auf Vereinbarungen des Pächters mit dem Verpächter und den Grundstückseigentümern, auf dessen Grund und Boden die jagdliche Einrichtung geschaffen worden ist. Die Gestattung bezieht sich grundsätzlich nur auf die Errichtung und Benutzung **während der Pachtzeit,** nicht darüber hinaus. Demgemäß ist der Pächter am Ende der Pachtzeit verpflichtet, die jagdliche Einrichtung zu entfernen, §§ 581 Abs. 2, 546 BGB. Aufbauten und sonstige bauliche Maßnahmen, mit denen der Jagdpächter das Revier versehen hat, sind zu entfernen, auch wenn sie mit Zustimmung des Verpächters und Grundstückseigentümers errichtet worden sind.[326]

279 Möglicherweise sind die Interessen des ausscheidenden Jagdpächters darauf gerichtet, Jagdhütte und Hochsitze nicht abzubauen und zu beseitigen, sondern an den Nachpächter zu veräußern. Insoweit sind zwischen Vor- und Nachpächter freie Vereinbarungen denkbar. In § 17 Abs. 2 Hess. AGBJG ist geregelt, dass der Jagdnachfolger vom Pachtvorgänger die Überlassung der von ihm auf fremden Grund und Boden errichteten Anlagen gegen angemessene Entschädigung verlangen kann. Entsprechendes gilt für Anlagen, die der Pächter seinerseits von seinem Vorpächter übernommen hat.[327] Soweit keine gesetzlichen Vorgaben vorhanden sind, ist ein klagbarer Anspruch nicht gegeben; angesichts der Interessenlage bietet sich allerdings eine derartige Vereinbarung aus sachlichen Gründen an. Zu beachten ist allerdings, dass wegen §§ 581 Abs. 2, 548 Abs. 2 BGB die Ansprüche des Vorpächters auf Ersatz von Aufwendungen oder auf Gestattung der Wegnahme in sechs Monaten nach Beendigung des Jagdpachtverhältnisses verjähren, so dass für vertragliche Vereinbarungen des Vorpächters mit seinem Nachfolger lediglich ein halbes Jahr zur Verfügung steht.

---

[324] *Mitzschke/Schäfer* § 11 Rdnr. 55.
[325] Vgl. die Beispiele bei *Mitzschke/Schäfer* § 11 Rdnr. 60.
[326] BGH NJW 1981, 2564; *Mitzschke/Schäfer* Anhang zu § 18 Rdnr. 17; Palandt/*Weidenkaff* § 546 Rdnr. 6.
[327] *Mitzschke/Schäfer* Anhang zu § 18 Rdnr. 17.

III. Fischereipacht

1. Gesetzliche Grundlagen und Inhalt des Fischereipachtvertrages

Für die Hochsee- und Küstenfischerei steht dem Bund nach Art. 74 Abs. 1 Ziffer 17 GG **280** die konkurrierende Gesetzgebungskompetenz zu. Für die Binnenfischerei kommt dem Bund keine Gesetzgebungskompetenz zu, so dass die einzelnen Bundesländer berufen sind, eigene Regelungen zu treffen. Von dieser Befugnis haben die Bundesländer Gebrauch gemacht; demgemäß finden sich in den Landesfischereigesetzen Vorschriften zur Fischereipacht:
Baden-Württemberg §§ 17 ff. FischereiG vom 14. 11. 1979 (GBl. 466), geändert durch Gesetz vom 20. 11. 2001 (GBl. 605), Bayern Art. 31–36, 62 und 63 FischereiG vom 15. 8. 1908 (GVBl. 527), geändert durch Gesetz vom 23. 11. 2001 (GVBl. 734), Berlin §§ 11 ff. FischereiG vom 19. 6. 1995 (GVBl. 358), geändert durch Gesetz vom 16. 7. 2001 (GVBl. 260), Brandenburg §§ 11,12 FischereiG vom 13. 5. 1993 (GVBl. I 178), geändert durch Gesetz vom 5. 6. 2001 (GVBl. 93), Bremen §§ 12 ff. FischereiG vom 17. 9. 1991 (GBL. 309), geändert durch Gesetz vom 21. 11. 2000 (GBl. 437), Hamburg § 3 FischereiG vom 22. 5. 1986 (GVBl. I 95), geändert durch Gesetz vom 18. 7. 2001 (GVBl. I 251), Hessen § 12 FischereiG vom 19. 12. 1990 (GVBl. I 776), geändert durch Gesetz vom 1. 10. 2002 (GVBl. I 614), Mecklenburg-Vorpommern §§ 8, 10 FischeriG vom 6. 12. 1993 (GVOBl. 982), geändert durch Gesetz vom 22. 11. 2001 (GVOBl. 438), Niedersachsen §§ 11, 12, 21, 22, 24 Abs. 2 und 25. Abs. 3 FischereiG vom 1. 2. 1978 (GVBl. 81), geändert durch Gesetz 20. 11. 2001 (GVBl. 701), Nordrhein-Westfalen §§ 12 ff. LfischereiG vom 22. 6. 1994 GV NRW 516), zuletzt geändert durch Gesetz vom 19. 6. 2007 (GV NRW 226), Rheinland-Pfalz §§ 14 ff, 33, 41, 62 und 65 LfischereiG vom 9. 12. 1974 (GVBl. 601), geändert durch Gesetz vom 2. 3. 2004 (GVBl. 198), Saarland §§ 10 ff. FischereiG vom 23. 1. 1985 (Abl. 229), geändert durch Gesetz vom 7. 11. 2001 (Abl. 2158), Sachsen §§ 18 ff. FischereiG vom 1. 2. 1993 (GVBl. 109), geändert durch Gesetz vom 28. 6. 2001 (GVBl. 426), Sachsen-Anhalt §§ 20 ff. FischereiG vom 31. 8. 1993 (GVBl. 464), geändert durch Gesetz vom 7. 12. 2001 (GVBl. 540), Schleswig Holstein §§ 11 ff. LFischereiG vom 10. 2. 1996 (GVOBl. 211), geändert durch Verordnung vom 16. 9. 2003 (GVOBl. 503), Thüringen §§ 12, 13 FischereiG vom 25. 8. 1999 (GVBl. 501), Neubekanntmachung vom 26. 2. 2004 (GVBl. 314).

Pachtgegenstand ist das **Fischereirecht** selbst, nicht das Gewässer.[328] Der Sache nach han- **281** delt es sich um eine **Rechtspacht**.[329] Das Fischereirecht gibt die Befugnis, in einem Gewässer Fische im Sinne der Landesfischereigesetze zu hegen, zu fangen und sich anzueignen und umfasst die Verpflichtung, einen der Beschaffenheit des Gewässers entsprechenden Fischbestand – soweit erforderlich – durch künstlichen Besatz zu erhalten und zu heben.[330] Dieses Recht kann zur Ausübung überlassen werden, wobei nicht ein Teil dieses Rechtes zur Ausübung überlassen wird, vielmehr eine Verpachtung im vollen Umfang. Von dem Fischereipachtvertrag zu unterscheiden ist die in den Landesfischereigesetzen geregelte Fischereierlaubnis, die auf den Fischfang, bestimmte Fischarten oder eine bestimmte Gewässerstrecke beschränkt werden kann.[331] Beispiel § 3 Abs. 1 LFischereiG NRW: Das Fischereirecht gibt die Befugnis, in einem Gewässer Fische, Neunaugen, zehnfüßige Krebse und Muscheln (Fische) zu hegen, zu fangen und sich anzueignen.

2. Beteiligte des Fischereipachtvertrages

a) **Verpächter.** Verpächter ist der **Fischereiberechtigte**, dem das **Fischereiausübungsrecht** **282** zusteht. Das Fischereirecht steht generell dem Eigentümer des Gewässers zu.[332] Dieses Fi-

---

[328] Palandt/*Weidenkaff* Einf. Vor § 581 Rdnr. 18; Erman/*Jendrek* Vor § 581 Rdnr. 27.
[329] *Metzger* in Lorz/Metzger/Stöckel 2 A. Einl. Rdnr. 33; Staudinger/*Sonnenschein*/*Veit* § 581 Rdnr. 65; Soergel/*Heintzmann* § 581 Rdnr. 5.
[330] Erman/*Jendrek* Vor § 581 Rdnr. 27.
[331] Staudinger/*Sonnenschein*/*Veit* § 581 Rdnr. 66.
[332] *Metzger* in Lorz/Metzger/Stöckel 2 A. Einl. Rdnr. 26.

schereiausübungsrecht kann auf Grund eines Rechtsgeschäfts an einen Dritten verpachtet werden.

283 Bei einer **Veräußerung** des Gewässergrundstücks geht das Fischereirecht auf den Erwerber über mit der Folge, dass der einmal abgeschlossene Fischereipachtvertrag von der Eigentumsübertragung unberührt bleibt. Wird demgegenüber allein das Fischereirecht veräußert, kann die Vorschrift des § 566 BGB nur dann angewendet werden, wenn dies in den Landesfischereigesetzen vorgesehen ist, wie z. B. Art. 9 BayFischereiG, § 11 Abs. 4 BerlFischereiG, § 18 Abs. 4 BaWüFischereiG, § 12 NdsFischereiG, § 14 Abs. 3 LFischereiG NRW. Entsprechend ist zu verfahren, wenn das Grundstück, mit dem das Fischereirecht verbunden ist, veräußert wird.[333]

284 Einzelne Landesfischereigesetze sehen die Bildung von **Fischereigenossenschaften** vor. Die Fischereiberechtigten, deren Fischereirechte zu einem gemeinschaftlichen Fischereibezirk gehören, bilden eine Fischereigenossenschaft, so § 22 Abs. 1 LFischereiG NRW. Im Gebiet einer Gemeinde bilden alle Fischereirechte an fließenden Gewässern einen gemeinschaftlichen Fischereibezirk, § 21 Abs. 1 LFischereiG NRW. Mitglieder der Genossenschaft sind die Inhaber der Fischereirechte. Die Genossenschaft regelt ihre Angelegenheiten in Form einer Satzung. Eine derartige **Genossenschaft** kann die Ausübung des Fischereirechts an Dritte im Wege einer Verpachtung überlassen. Die Vorschriften über die Bildung gemeinschaftlicher Fischereibezirke und Fischereigenossenschaften sowie die Wahrnehmung der Fischereirechte durch diese (§§ 21 Abs. 1, 22 Abs. 1 NRW – FischereiG) bestimmen Inhalt und Schranken des Eigentums der Fischereiberechtigten im Sinne des Art. 14 Abs. 1 Satz 2 GG und sind verfassungsrechtlich nicht zu beanstanden.[334]

285 b) **Pächter.** Bei dem Pächter handelt es sich um eine natürliche oder juristische Person, der das Fischereiausübungsrecht überlassen worden ist. In der überwiegenden Anzahl der Bundesländer bedarf es zur Ausübung der Fischerei und damit auch zur Anpachtung eines Fischereirechts des Besitzes eines gültigen **Fischereischeins**, z. B. Art 31 Abs. 2 BayFischereiG, § 12 Abs. 3 SchlHFischereiG, § 31 LFischereiG NRW.[335] Demgegenüber ist in Niedersachsen der Fischereischein nicht Voraussetzung für einen ordnungsgemäßen Fischfang.[336]

286 c) **Mehrere Pächter.** Mehrere Pächter bilden im Innenverhältnis untereinander eine Gesellschaft Bürgerlichen Rechts im Sinne des § 705 BGB.[337] Im Außenverhältnis können sie Rechtshandlungen nur **gemeinschaftlich** vornehmen. Rechtsgestaltende Erklärungen müssen allen Mitpächtern gegenüber abgegeben werden.

287 Im Falle des Todes eines der Mitpächter ist, falls im Pachtvertrag nichts anderes vereinbart ist, die Gesellschaft aufgelöst, § 727 Abs. 1 BGB.[338] Empfehlenswert ist daher, für den Fall des Todes auf Mitpächterseite Regelungen im Pachtvertrag vorzusehen, die eine Fortsetzung der Gesellschaft mit den oder dem Erben vorsehen, falls auf Erbenseite die persönlichen Voraussetzungen in Form eines Fischereischeins – wenn landesrechtlich erforderlich – gegeben sind.

3. Form des Fischereipachtvertrages, Dauer und Anzeigepflicht

288 Für den Fischereipachtvertrag ist zum Teil die **Schriftform** und eine **staatliche Genehmigung**, zumindest ein Beanstandungsrecht vorgeschrieben, Art. 33 BayFischereiG, § 12 Abs. 1 Satz 1, Abs. 4, 5 SchlHFischereiG, §§ 18 Abs. 1 Satz 3, 19 Abs. 2 BaWüFischereiG, §§ 11 Abs. 2 Satz 1, 21 NdsFischereiG, §§ 14, Abs. 1 Satz 1, 15 LFischereiG NRW, §§ 16 Abs. 1 Satz 1, 17 Abs. 2 RhPfFischereiG, § 12 Abs. 1 Satz 1 SaarlFischereiG.[339] Das Genehmigungserfordernis oder zumindest das behördliche Recht auf **Beanstandung** wird damit begründet, dass durch die staatliche Aufsicht eine angemessen großräumige Fischereiwirt-

---

[333] Staudinger/*Sonnenschein*/*Veit* § 581 Rdnr. 68.
[334] BVerfG NJW 1986, 575.
[335] Staudinger/*Sonnenschein*/*Veit* § 581 Rdnr. 67.
[336] *Metzger* in Lorz/Metzger/Stöckel 2 A. Einf. Rdnr. 20.
[337] *Metzger* in Lorz/Metzger/Stöckel 2 A. Einf. Rdnr. 37.
[338] Vgl. BGH NJW 1982, 170, 171.
[339] Staudinger/*Sonnenschein*/*Veit* § 581 Rdnr. 69; *Metzger* in Lorz/Metzger/Stöckel 2 A. Einl. Rdnr. 34.

schaft und eine ordnungsgemäße Freizeitfischerei gefördert werden soll.[340] Bis zur Genehmigung ist der Pachtvertrag nach allgemeinen Regeln **schwebend unwirksam**; mit der Genehmigung wird er **wirksam**; mit einer endgültigen Versagung der Genehmigung wird der Pachtvertrag **nichtig**.[341]

Dem Genehmigungserfordernis entspricht die Verpflichtung des Verpächters, den Abschluss oder die Änderung eines Fischereipachtvertrages der Fischereibehörde innerhalb bestimmter Fristen anzuzeigen, z. B. LFischereiG NRW: 1 Monat nach Abschluss oder Änderung des Pachtvertrages.

In dem meisten Landesfischereigesetzen wird eine **Mindestdauer der Pachtzeit** vorgeschrieben, 12 Jahre in Baden-Württemberg, Hessen, Nordrhein-Westfalen, Sachsen, Sachsen-Anhalt oder Schleswig-Holstein, 10 Jahre Bayern.[342] Zwecks Vermeidung unbilliger Härten kann die Fischereibehörde Ausnahmen zulassen, z. B. § 14 Abs. 1 Satz 2 LFischereiG NRW. Soweit Ausnahmen genehmigt werden können, ist der Pachtvertrag zunächst schwebend unwirksam; ist die Ausnahmeregelung erteilt, wird der Vertrag in vollem Umfang wirksam; ansonsten wird er endgütig nichtig.[343] Die Nichtigkeit des Pachtvertrages als Folge eines Verstoßes gegen das Schriftformerfordernis oder die Mindestdauer der Pachtzeit wird damit begründet, dass die Ziele der Fischereigesetzgebung gefährdet sind, wenn sich Privatpersonen nicht an richtungssetzende Normen des Fischereirechtes halten. Die Aufgabe des Fischereirechts besteht darin, den Schutz eines Teils der natürlichen Lebensgrundlagen optimal im Interesse der Einzelnen wie auch der Allgemeinheit zu ordnen. Gegenstand des Fischereirechts ist nicht nur die wirtschaftliche Nutzung der Wirtschaftsfische, sondern auch die Erhaltung eines artenreichen und gesunden Bestandes an Fischen, der den landschaftlichen und landeskulturellen Verhältnissen angepasst ist. Darüber hinaus ist Gegenstand des Fischereirechts eine Pflege und Erhaltung der natürlichen Lebensgrundlagen heimischer Fischarten.[344]

4. Inhalt des Fischereipachtvertrages

a) **Hauptpflichten des Verpächters.** Durch den Pachtvertrag wird der Verpächter verpflichtet, dem Pächter den Gebrauch des verpachteten Gegenstandes und den Genuss der Früchte, soweit sie nach den Regeln einer ordnungsgemäßen Wirtschaft als Ertrag anzusehen sind, während der Pachtzeit zu gewähren, § 581 Abs. 1 Satz 1 BGB. Bezogen auf die Fischereipacht bedeutet dies, dass der Verpächter dafür zu sorgen hat, dass dem **Fischereipächter ungehinderte und störungsfreie Hege, Fang- und Aneignungsrechte zu verschaffen** sind. Der Pächter hat insoweit einen einklagbaren Erfüllungsanspruch auf Grund des Fischereipachtvertrages. Der Verpächter hat auch darauf zu achten, dass dem Pächter der ungehinderte und ungestörte **Zugang** zu dem Gewässer ermöglicht wird.

Kommt der Verpächter diesen vertraglichen Verpflichtungen nicht nach, hat der Pächter neben dem Erfüllungsanspruch einen Schadensersatzanspruch unter den näheren Voraussetzungen der §§ 280, 281 oder 286 BGB.

b) **Schadensersatzansprüche gegen Dritte.** Wird der Pachtgebrauch durch Dritte gestört und wird dadurch der **Ertrag aus der Fischereipacht wesentlich beeinträchtigt**, hat der Pächter gegen den Dritten einen eigenen **Abwehranspruch**, der auf § 1004 BGB basiert. Zu den absoluten Rechten im Sinne der vorbezeichneten Vorschrift gehört auch das **Fischereirecht**.[345] Neben den Abwehranspruch gegen den Dritten tritt ein **Schadensersatzanspruch** aus § 823 Abs. 1 BGB, da das Aneignungsrecht auf Grund der Fischereipacht als „sonstiges Recht" aufzufassen ist.[346] Bei Fischsterben durch menschlich verursachte Gewässerverun-

---

[340] *Metzger* in Lorz/Metzger/Stöckel 2 A. Einl. Rdn. 34.
[341] Palandt/*Heinrichs/Ellenberger* Überbl. Vor § 104 Rdnr. 31; *Metzger* in Lorz/Metzger/Stöckel 2 A. Einl. Rdnr. 34.
[342] *Metzger* in Lorz/Metzger/Stöckel 2 A. Einl. Rdnr. 35.
[343] Staudinger/*Sonnenschein/Veit* § 581 Rdnr. 71.
[344] *Metzger* in Lorz/Metzger/Stöckel 2 A. Einl. Rdnr. 10.
[345] Palandt/*Bassenge* § 1004 Rdnr. 4.
[346] Palandt/*Sprau* § 823 Rdnr. 16.

reinigungen besteht ein Schadensersatzanspruch aus **Gefährdungshaftung** nach § 22 WHG.[347] Ein Fischereipächter kann Träger von Schadensersatzansprüchen sein, die daraus resultieren, dass in das Fischwasser dem Fischbestand schädliche Abwässer eingeleitet werden. Dies folgt daraus, dass ihm als Fischereiausübungsberechtigten die ausschließliche Befugnis zusteht, in dem Pachtgewässer Fische zu hegen und sich anzueignen. Dieses Aneignungsrecht schließt nach **§ 958 Abs. 2 BGB** aus, dass ein anderer unter Verletzung dieses Aneignungsrechtes Eigentum an fischbaren Fischen erwirbt. Basierend auf diesen Erwägungen folgt daraus, dass das Aneignungsrecht des Jagdberechtigten, selbst wenn er keinen Besitz an dem Jagdgrundstück und an den im Revier lebenden jagdbaren Tieren hat, als ein selbständiges Recht im Sinne des § 823 Abs. 1 BGB zu bewerten ist. Für einen Fischereipächter gilt das Gleiche.[348]

294 Im Falle eines Fischsterbens auf Grund einer Handlung Dritter ist der **Schadensersatz nach den Grundsätzen des § 287 ZPO zu ermitteln.** Steht fest, dass ein Schaden in einem der Höhe nach nicht bestimmbaren, aber mit erheblichem Ausmaß entstanden ist, wird regelmäßig eine Grundlage für die Ermittlung eines Mindestschadens gegeben sein. Ist die Entstehung eines höheren Schadens in gewissem Umfang wahrscheinlich, muss auch dieser Umstand bei der Bemessung des Schadensersatzes Berücksichtigung finden. Entscheidend ist, dass gewisse **Anknüpfungstatsachen für eine Schadensschätzung** gegeben sind. Dabei ist u. a. die Größe der Pachtfläche von Bedeutung, der bisherige Jahresertrag nach kg/ha, der Wert des Fanges in den vergangenen Jahren, auch die Menge der verendeten Fische, wobei nicht die Gesamtmenge berücksichtigt werden kann, lediglich ein zu schätzender Anteil, weil im Allgemeinen nicht alle in einem Gewässer vorhandenen Fische gefangen werden.[349] Eine Schadensschätzung ist nur dann unzulässig, wenn sie mangels greifbarer vom Geschädigten vorzutragender Anhaltspunkte völlig in der Luft hängen würde.[350]

295 c) **Hauptpflichten des Pächters.** Zu den Hauptpflichten des Pächters gehört namentlich die **Zahlung** der vereinbarten Pacht, § 581 Abs. 1 Satz 2 BGB. Zu welchem Zeitpunkt die Pacht fällig ist, ergibt sich aus den zwischen den Parteien getroffenen Vereinbarungen. Sind solche Vereinbarungen nicht feststellbar, gilt die gesetzliche Regelung des § 587 Abs. 1 BGB oder § 579 Abs. 1 BGB in Verbindung mit § 581 Abs. 2 BGB. Daher ist für den Fall des Fehlens anderweitiger Regelungen die Pacht am Ende der Pachtzeit zu entrichten; ist sie nach Zeitabschnitten, Monaten, Vierteljahren oder Kalenderjahren bemessen, ist sie nach Ablauf der einzelnen Zeitabschnitte zu leisten.

296 Der Pächter ist zur **Hege des Fischbestandes** verpflichtet, z. B. § 3 Abs. 2 LFischereiG NRW. Er hat dabei die Grundsätze zu beachten, die durch Hegepläne der Fischereibehörden festgelegt worden sind. Durch Hegepläne soll der Fischbestand erhalten und eine ordnungsgemäße fischereiliche Nutzung sicher gestellt werden. Ein Verstoß des Pächters gegen die Verpflichtung zur Hege ist als Ordnungswidrigkeit zu ahnden und bußgeldbewehrt, z. B. § 55 Abs. 1 Ziffer 1 LFischereiG NRW.

297 d) **Aneignungsrecht des Pächters.** Unter Fischerei ist der **Fang der Fische** zu verstehen, die **Aneignung und die Hege der Fische.** Fangen ist das Unternehmen des Zugriffs auf ein Tier mit dem Zweck, dass es der Fänger lebend in seine Gewalt bekommt, also bereits das Auslegen der Angel, das Auswerfen des Netzes, das Ausbringen oder Aufstellen bzw. Stehenlassen von Fangvorrichtungen. Mit der Aneignungsbefugnis ist der Erwerb des Eigentums nach den Vorgaben des Bürgerlichen Rechts gemeint.[351] Der Eigentumserwerb vollzieht sich nach § 958 Abs. 1 BGB.

298 Im Rahmen einer Bewirtschaftung von Teichen, die keinen Fischwechsel gestatten, sind die Fische **nicht** herrenlos im Sinne des § 958 Abs. 1 BGB; sie stehen im Eigentum des Gewässereigentümers, der sein Fischereirecht an Dritte verpachten kann. Fische in Teichen, die nur zeitweise vom durchfließenden Wasser abgeschnitten sind, sind demgegenüber herren-

---

[347] *Metzger* in Lorz/Metzger/Stöckel 2 A. Einl. Rdnr. 24.
[348] BGH VersR 1969, 928, 929.
[349] *Metzger* in Lorz/Metzger/Stöckel 2 A. Einl. Rdnr. 24 unter Hinweis auf BGH VersR 1969, 928, 929.
[350] BGH NJW 1987, 909, 910; Zöller/*Greger* ZPO 26. Aufl. § 287 Rdnr. 4 mit weiteren Nachweisen.
[351] *Metzger* in Lorz/Metzger/Stöckel 2 A. Einl. Rdnr. 5.

e) Weiter- und Unterverpachtung. Weiterverpachtung und Unterverpachtung sind grundsätzlich zulässig. Ausdrücklich findet sich eine Regelung in § 18 Abs. 1 Satz 2 BaWüFischereiG; hierfür ist die Zustimmung des Hauptverpächters notwendig. Entsprechende Vorschriften finden sich in Art 34 BayFischereiG und in § 10 Abs. 1 Satz 2 SaarLFischereiG. Eine Unterverpachtung ist nach § 3 Abs. 1 Satz 2 HbgFischereiG ausgeschlossen.[353] Soweit die Landesfischereigesetze keine besonderen Reglungen vorsehen, gelten die allgemeinen Grundsätze, so dass eine Weiter- oder Unterverpachtung **mit Zustimmung des Hauptverpächters** zulässig ist. Sinnvollerweise sollte der Fischereipachtvertrag zu dieser Problematik Vereinbarungen enthalten, die regeln, unter welchen näheren Voraussetzungen dem Pächter ein Anspruch auf Weiterverpachtung oder Unterverpachtung zustehen soll.

Sind in dem Pachtvertrag Bestimmungen zu dieser Problematik nicht enthalten, ist dem Pächter ein Anspruch auf Zustimmung des Verpächters zuzubilligen, wenn nach Abschluss des Pachtvertrages ein berechtigtes Interesse des Pächters an einer Weiterverpachtung oder Unterverpachtung entstanden ist. Der Verpächter braucht aber nicht zuzustimmen, wenn in der Person des Dritten ein wichtiger Grund vorliegt oder die Weiterverpachtung oder Unterverpachtung dem Verpächter nicht zugemutet werden kann. Im Falle einer verweigerten Erlaubnis des Verpächters hat der Pächter kein Kündigungsrecht, da § 540 Abs. 1 BGB von die Sondervorschrift des § 584a Abs. 1 BGB erfasst wird, demzufolge dem Pächter das in § 540 Abs. 1 BGB für den Mieter bestimmte Kündigungsrecht nicht zustehen soll.

f) Fischereierlaubnisverträge. Bei der Fischereierlaubnis handelt es sich um eine schuldrechtliche Gestattung zur Ausübung der Fischerei.[354] Ausdrückliche Regelungen finden sich in den Fischereigesetzen der Bundesländer, z.B. § 2 Nr. 6 LFischereiG Sachsen, § 2 Nr. 6 LFischereiG Sachsen-Anhalt, § 17 LFischereiG NRW. Die schuldrechtliche Gestattung kann ihrer Rechtsnatur nach ein Gefälligkeitsverhältnis darstellen, ferner einen Pachtvertrag, eine Schenkung, einen gemischten Vertrag oder einen Vertrag sui generis.[355] § 17 Abs. 2 LFischereiG NRW enthält den Zusatz, dass ein Fischereierlaubnisvertrag nur mit Personen abgeschlossen werden darf, die Inhaber eines Fischereischeines sind. Die näheren Bestimmungen über die Art des Fischens und das Ausmaß enthält der Gestattungsvertrag.

g) Betretungsrecht des Pächters. Der Fischereiausübungsberechtigte und seine Helfer sind befugt, an das Wasser angrenzende Ufer, Inseln, Anlandungen, Schifffahrtsanlagen sowie Brücken, Wehre, Schleusen und sonstige Wasserbauwerke zum Zwecke der Ausübung der Fischerei auf eigene Gefahr zu betreten und zu benutzen, soweit öffentlich rechtliche Vorschriften nicht entgegenstehen.

Kann der Fischereiausübungsberechtigte ein Gewässer oder ein überflutetes Grundstück nicht über einen öffentlichen Weg oder nur über einen unzumutbaren Umweg erreichen, so ist er nach Abschluss einer Vereinbarung mit dem Eigentümer oder dem Nutzungsberechtigten befugt, auf eigene Gefahr Grundstücke zu betreten, § 20 Abs. 2 Satz 1 LFischereiG NRW. Ist der Fischereiberechtigte Eigentümer oder Nutzungsberechtigter des Ufergrundstücks oder der Grundstücke, über die der Zugang zum Gewässer führt, so gilt die Erlaubnis zum Betreten dieser Grundstücke mit dem Abschluss eines Fischereipachtvertrages oder eines Fischereierlaubnisvertrages, wenn er mit dem Fischereipächter abgeschlossen worden ist, als erteilt. Das Gleiche gilt, wenn ein Fischereiberechtigter Mitglied einer Fischereigenossenschaft ist und der Fischereipachtvertrag oder der Fischereierlaubnisvertrag mit der Fischereigenossenschaft geschlossen worden ist, § 20 Abs. 1 Satz 3 LFischereiG NRW.

Kommt eine Vereinbarung zwischen dem Grundstückseigentümer und dem Fischereiausübungsberechtigten nicht zustande, so ist die Fischereibehörde verpflichtet, eine gütliche Einigung herbeizuführen. Gelingt auch dies nicht, legt die Fischereibehörde den Zugangsweg fest, § 20 Abs. 3 LFischereiG NRW.

---

[352] *Metzger* in Lorz/Metzger/Stöckel 2 A. Einl. Rdnr. 6.
[353] Staudinger/*Sonnenschein*/Veit § 581 Rdnr. 72.
[354] *Metzger* in Lorz/Metzger/Stöckel 2 A. Einl. Rdnr. 39.
[355] Staudinger/*Sonnenschein*/Veit § 581 Rdnr. 66; *Metzger* in Lorz/Metzger/Stöckel 2 A. Einl. Rdnr. 39.

305 Die Landesfischereigesetze enthalten auch Bestimmungen zur **Fischnacheile** im Falle überfluteter Grundstücke. Räumlich folgt das Fischereirecht der Ausdehnung des Gewässers.[356] Tritt ein Gewässer über seine Ufer, so ist der Fischereiausübungsberechtigte befugt, auf dem überfluteten Grundstücken auf eigene Gefahr zu fischen. Von der Befischung sind überflutete fremde Fischgewässer, Hofräume, gewerbliche Anlagen sowie eingefriedete Grundstücke mit Ausnahme von Viehweiden ausgenommen z. B. § 19 Abs. 1 LFischereiG NRW. Im Vordergrund steht ein Interessenausgleich zwischen dem Eigentümer des überfluteten Grundstücks und dem Fischereiausübungsberechtigten.

5. Beendigung des Pachtverhältnisses

306 a) **Vertragliche Regelung.** Für die Beendigung des Fischereipachtverhältnisses gelten über § 581 Abs. 2 BGB die mietrechtlichen Regelungen. Der Vertrag endet durch **Zeitablauf**, nachdem die Pachtzeit abgelaufen ist. Zu beachten sind die Zeiträume der Mindestpachtdauer, regelmäßig 12 Jahre, Baden-Württemberg, Hessen, Nordrhein-Westfalen, Sachsen, Sachsen-Anhalt, Schleswig-Holstein, oder 10 Jahre, Bayern. Der Fischereipachtvertrag kann über die Mindestpachtzeit hinaus auf unbestimmte Zeit **verlängert** werden und ist sodann über § 584 Abs. 1 BGB zum Schluss eines Pachtjahres kündbar. Die Kündigung hat spätestens am dritten Werktag des halben Jahres zu erfolgen, mit dessen Ablauf die Pacht enden soll.

307 b) **Gesetzliche Regelung.** Ein befristeter Fischereipachtvertrag kann vorzeitig nur durch **außerordentliche Kündigung** beendet werden. Das Pachtverhältnis kann über §§ 581 Abs. 2, 543 BGB gekündigt werden, wenn ein wichtiger Grund vorliegt. Ein derartiger wichtiger Grund liegt vor, wenn dem Fischereipächter der vertragsgemäße Gebrauch der Pachtsache ganz oder zum Teil nicht rechtzeitig gewährt oder entzogen wird, etwa indem der Verpächter nicht für eine ordnungsgemäße Zuwegung zu dem Gewässer Sorge trägt und demgemäß dem Pächter die Ausübung der Fischerei erschwert oder unmöglich gemacht wird.

308 Der Verpächter ist nach § 584a Abs. 2 BGB nicht berechtigt, im Falle des Todes des Pächters das Fischereipachtverhältnis zu kündigen. Im übrigen enthalten die Fischereigesetze der einzelnen Bundesländer besondere Regelungen zur Beendigung des Fischereipachtvertrages bei Anschluss des Gewässers an einen gemeinschaftlichen Fischereibezirk, bei Einbeziehung in eine Fischereigenossenschaft oder bei Entziehung des Fischereischeins, z. B. Art. 32 BayFischereiG, § 20 BaWüFischereiG.[357]

---

[356] *Metzger* in Lorz/Metzger/Stöckel 2 A. Einl. Rdnr. 25.
[357] Staudinger/*Sonnenschein*/Veit § 581 Rdnr. 73.

§ 78 Unternehmenspacht

Übersicht

	Rdnr.
I. Erscheinungsformen	1–6
1. Unternehmens- oder Betriebspacht	1/2
2. Teilbetriebspacht	3
3. Franchising	4–6
II. Hauptpflichten	7–17
1. Hauptpflichten des Unternehmenspächters	7–15
2. Hauptpflichten des Verpächters	16/17
III. Laufzeit, Kündigung	18–21
IV. Arbeitnehmerschutz, § 613 a BGB	22–27

I. Erscheinungsformen

1. Unternehmens- oder Betriebspacht

Ein Unternehmens- oder Betriebspachtvertrag bezieht sich auf die Gesamtheit von Sachen 1
und Rechten einschließlich des good will , also die sich ergebenden Erwerbschancen. Der
Pächter ist somit nach § 581 Abs. 1 Satz 1 BGB berechtigt, die Früchte aus dem Pachtgegenstand zu ziehen, also die bestimmungsgemäßen Erträge abzuschöpfen (§ 99 Abs. 2 BGB).
Anders als bei der Sach- und/oder Rechtspacht werden bei der Unternehmenspacht die Erträge aus einer bereits bestehenden, wirtschaftenden Einheit entnommen.

Merkmale sind hier insbesondere das aus § 22 Abs. 2 HGB resultierende Recht des Un- 2
ternehmenspächters, das Handelsgeschäft fortzuführen sowie den Kundenstamm zu übernehmen und bei Beendigung das Pachtverhältnisses zurückzugeben. Ist auf Verpächterseite
eine AG oder KGaA am Vertragsverhältnis beteiligt, muss nach §§ 292 Abs. 1 Nr. 3, 293
Abs. 3 AktG der Schriftform genügt werden.

2. Teilbetriebspacht

Gegenstand eines Betriebspachtvertrages kann auch der abgegrenzte oder abgrenzbare Teil 3
eines Betriebs sein. So kann beispielsweise, wenn bei Personalumstrukturierungen das sogenannte Outsourcing geplant ist, der künftige Betreiber entweder mit eigenen Personal- und
Sachmitteln die Produktion aufnehmen oder eine bereits bestehende Teileinheit des Betriebes
als Pächter übernehmen und diese auf eigenen Namen und eigene Rechnung fortführen.

3. Franchising

Der Franchisevertrag bezeichnet die entgeltliche Überlassung einer Gesamtheit von Rech- 4
ten, die zur Weiterveräußerung von Waren oder zur Erbringung von Dienstleistungen unter
gemeinsamem Namen oder Markenzeichen und einheitlichem Erscheinungsbild, des weiteren von ständiger Unterstützung durch den Franchisegeber mit Dienstleistungen wie Werbung und Lieferung von sächlichen Mitteln geprägt wird.

Der Franchisenehmer hat dann jedoch nicht nur das Recht, sondern auch die Verpflich- 5
tung, sein Unternehmen nach dem Grundsatzkonzept des Franchisegebers zu betreiben und
sich dessen teilweiser Vorgaben und Kontrollen zu unterwerfen.

Je nach Ausgestaltung des Franchisevertrages geht jedoch die arbeitsgerichtliche Recht- 6
sprechung davon aus, dass der Franchisenehmer nicht mehr als Selbstständiger anzusehen
ist, sondern als Arbeitnehmer, wenn nämlich Zeit, Ort, Art und Umfang der Dienstleistung
durch den Franchisegeber bestimmt werden. Dies ist jedoch eine Frage der Einzelfallbetrachtung.

II. Hauptpflichten

1. Hauptpflichten des Unternehmenspächters

7   Der Pächter ist verpflichtet, dem Verpächter die vereinbarte Pacht zu bezahlen, § 581 Abs. 1 Satz 2 BGB. Die vereinbarte Pacht muss nicht zwingend nur in einer Geldleistung liegen. Denkbar sind auch andere Regelungen, beispielsweise Freistellung des Verpächters von Zahlungspflichten gegenüber Dritten, Lieferung bestimmter Produkte, Austausch von Erzeugnissen.

8   Da der Unternehmenspächter auch das Ertragsrisiko trägt, bleibt er grundsätzlich zur Zahlung der vereinbarten Pacht verpflichtet, unabhängig davon, was er tatsächlich erwirtschaftet hat. Gerade wegen dieses Unternehmerrisikos sind Vertragsgestaltungen denkbar, wonach der Pächter eine Umsatzpacht schuldet oder sich die Pacht ganz oder teilweise am Betriebsergebnis orientiert.

9   Der Pächter ist wegen Übernahme des Unternehmerrisikos prinzipiell nicht verpflichtet, das gepachtete Unternehmen tatsächlich auch zu betreiben. Gerade bei einer vereinbarten Umsatzpacht muss jedoch der Verpächter daran denken, eine Betriebspflicht zu vereinbaren, da sich aus der bloßen Regelverpflichtung des Pächters zur Zahlung einer Umsatzpacht gerade nicht im Wege der ergänzenden Vertragsauslegung eine Betriebspflicht ergibt.[1]

10 Der Unternehmenspächter ist ferner verpflichtet, den Pachtgegenstand nur vertragsgemäß zu nutzen und keine übermäßige Fruchtziehung zu betreiben, die den Bestand bzw. den Wert des Pachtgegenstandes erheblich und dauerhaft reduzieren könnte.

11 Der Verpächter kann sich hiergegen entweder durch Unterlassungsklage nach § 581 Abs. 2, 541 BGB schützen oder nach erfolgter Abmahnung (§ 543 Abs. 3 Satz 1 BGB) das Vertragsverhältnis fristlos kündigen.

12 Neben der Obhut für den Pachtgegenstand verpflichtet § 582 BGB auch den Unternehmenspächter, nämlich insoweit, als Vertragsgegenstand auch Grundstücke oder Immobilien sind. Die sich aus § 535 Abs. 1 Satz 2 BGB ergebende Instandhaltungsverpflichtung des Vermieters wird über § 582 BGB dem Pächter auferlegt.

13 Diese Erhaltungspflicht ist jedoch eingeschränkt. Sie betrifft nicht mehr einen vom Pächter nicht zu vertretenen Abgang der Inventargegenstände; der Pächter muss also nur reparieren, nicht jedoch untergegangene Inventargegenstände neu beschaffen.

> **Praxistipp:**
> Vor diesem Hintergrund empfehlen sich einzelvertragliche Regelungen mit genauen Abreden über die Risikoverteilung bei Erhaltung und Ersetzung von Inventarstücken.

14 Ansonsten bleibt es für Aufwendungen des Pächters bei der Regelung nach § 539 Abs. 1 BGB, also den Vorschriften über die Geschäftsführung ohne Auftrag. Hier wird es im Regelfall am Fremdgeschäftsführungswillen fehlen, also Aufwendungen nicht zu erstatten sein. Der Umweg über die analoge Anwendung von § 591 BGB wird jedoch vom Bundesgerichtshof nicht zugelassen.[2] Der Franchisenehmer ist hier wesentlich besser gestellt. Er kann nämlich über den Ausgleichsanspruch des Handelsvertreters nach § 89b HGB vorgehen.

15 Im Gegensatz zum Mieter steht dem Unternehmenspächter das Recht zur außerordentlichen Kündigung nach § 540 Abs. 1 BGB nicht zu, § 584a Abs. 1 BGB. Gemäß dieser Vorgaben hat also der Pächter keinen Anspruch auf Zustimmung zur Überlassung an einen Dritten, kann somit auf die Verweigerung der Unterverpachtung nicht durch Kündigung reagieren.

---

[1] BGH NJW 1979, 2351.
[2] BGH NJW 1986, 2306.

2. Hauptpflichten des Verpächters

Der Verpächter hat nach §§ 581 Abs. 2 BGB, 535 Abs. 1 Satz 2 BGB das gepachtete Unternehmen in einem zum vertragsgemäßen Gebrauch geeigneten Zustand zu übergeben. Sind auch Gebäude Gegenstand des Unternehmenspachtvertrages, so hat der Verpächter Maßnahmen nach § 554 Abs. 1 BGB vorzunehmen, der Pächter hat sie zu dulden.

Darüber hinaus hat der Verpächter die Lasten zu tragen, § 535 Abs. 1 Satz 3 BGB. Auch bei einer vertraglichen Regelung, wonach der Unternehmenspächter die Lasten zu tragen hat, die bei ordnungsgemäßer Bewirtschaftung entstehen, gehen zu Lasten des Verpächters beispielsweise Erschließungskosten und Anliegerbeiträge.

III. Laufzeit, Kündigung

Wie im Bereich der Gewerberaummiete werden auch die Parteien eines Unternehmenspachtvertrages eine feste Vertragslaufzeit vereinbaren. Sind Gegenstand des Unternehmenspachtvertrages auch Grundstücke und/oder Geschäftsräume, so ist im Hinblick auf § 550 BGB auf die Einhaltung der Schriftform unter Einhaltung unter Berücksichtigung der ständigen Rechtsprechung des Bundesgerichtshofs zu achten.

Auch sollte bereits bei der Vertragskonzeption an § 566 BGB gedacht werden. Für den Fall des Verkaufs eines oder mehrerer Grundstücke, welche Bestandteil des Unternehmenspachtvertrages sind, ist es ansonsten eine Frage des Einzelfalls, ob sich die Bereiche Grundstücksüberlassung einerseits und sonstige Pachtgegenstände andererseits trennen lassen und welche Rechten und Pflichten mehrere Personen auf Verpächterseite haben sowie deren Verhältnis untereinander.

Eine Lösung böte sich über eine Entscheidung des Bundesgerichtshofs[3] an. Es findet danach keine Aufspaltung in mehrere Vertragsverhältnisse statt, die Erwerber von Grundstücken würden vielmehr in den einheitlichen Pachtvertrag auf Verpächterseite mit eintreten.

Wird ein unbefristeter Unternehmenspachtvertrag abgeschlossen, so ist die Kündigungsfrist von § 584 BGB zu beachten. Danach ist die Kündigung nur zum Schluss eines Pachtjahres zulässig und hat spätestens am 03. Werktag des halben Jahres zu erfolgen, mit dessen Ablauf die Pacht enden soll. Das Pachtjahr, dessen Ablauf für die Berechnung der Kündigungsfrist maßgeblich ist, beginnt mit der Überlassung des Pachtgegenstandes, also dem Beginn der Laufzeit. Eine Berechnung nach Kalenderjahren oder bestimmten Terminen (Landpacht: Martini) scheidet somit aus.

IV. Arbeitnehmerschutz, § 613 a BGB

Gegenstand eines Unternehmenspachtvertrages oder Teilbetriebspachtvertrages ist im Regelfall ein wirtschaftliche Einheit. Der Europäische Gerichtshof, welcher die Rechtsprechung zu § 613 a BGB prägt, bezeichnet dies als „Übergang einer ihre Identität bewahrenden wirtschaftlichen Einheit im Sinne einer organisierten Zusammenfassung von Ressourcen zur Verfolgung einer wirtschaftlichen Haupt- oder Nebentätigkeit." Der Europäische Gerichtshof benennt als Prüfungskriterien die Art des betreffenden Unternehmens oder Betriebes, den Übergang oder Nichtübergang der materiellen Aktiva wie Gebäude und beweglichen Güter, den Wert der immateriellen Aktiva, die Übernahme oder Nichtübernahme der Hauptbelegschaft durch den neuen Inhaber, Übergang/Nichtübergang der Kundschaft sowie Grad der Ähnlichkeit der Tätigkeit vor und nach dem Übergang, des Weiteren die zeitliche Dauer einer Unterbrechung. Dieser Rechtsprechung schließt sich das Bundesarbeitsgericht an.

Da § 613 a BGB eine Schutzvorschrift zu Gunsten der Arbeitnehmer darstellt, legt die Rechtsprechung den Anwendungsbereich weit aus und versucht insbesondere, auch Umgehungsgeschäfte auszuhebeln.

---

[3] BGH NZM 2005, 941.

Ein Betriebsübergang setzt voraus, dass an die Stelle des bisherigen Betriebsinhabers ein neuer Betriebsinhaber tritt, der den Betrieb im eigenen Namen fortführt.

24 Nach dem Wortlaut von § 613a Abs. 1 BGB muss der Betriebsübergang auf einem Rechtsgeschäft beruhen, das dem Erwerber die betriebliche Fortführungsmöglichkeit eröffnet. Der Betriebserwerber muss also die arbeitstechnische Organisations- und Leitungsmacht übernehmen. Dies ist im Falle eines Unternehmenspachtvertrages eindeutig der Fall.

25 Rechtsfolge ist dann, dass der neue Betriebsinhaber in die Rechte und Pflichten aus den im Zeitpunkt des Übergangs bestehenden Arbeitsverhältnissen eintritt.

26 Gleiches gilt im Übrigen, wenn der Unternehmenspachtvertrag durch Zeitablauf oder Kündigung endet. Sämtliche Rechte und Pflichten aus den bestehenden Arbeitsverhältnissen mit dem Unternehmenspächter gehen dann wieder auf den Verpächter über. Wird nur ein Betriebsteil verpachtet, so kann im Einzelfall streitig werden, welche Arbeitsverhältnisse auf den Teilbetriebspächter übergeben.

27 Die Zuordnung der Arbeitsverhältnisse hat sich daran zu orientieren, dass der betreffende Arbeitnehmer in den übergangenen Betriebsteil tatsächlich eingegliedert ist. Es reicht also nicht aus, wenn der Arbeitnehmer lediglich auch für den Betriebsteil Tätigkeiten verrichtet hat, ohne diesem anzugehören. So gehen insbesondere die Arbeitsverhältnisse der Arbeitnehmer, die in Zentralunternehmensbereichen tätig waren, nur dann über, wenn deren Tätigkeit ausschließlich oder wesentlich dem übergehenden Betrieb oder Betriebsteil zu Gute kam.

Teil D. Leasing

§ 79 Immobilienleasing

Übersicht

	Rdnr.
I. Einleitung	1–4
II. Steuerrechtliche Beurteilung des Immobilienleasings	5–15
1. Wirtschaftliches Eigentum beim Leasinggeber	5/6
2. Vollamortisationserlass vom 21. 3. 1972	7–10
3. Teilamortisationserlass vom 23. 12. 1991	11–14
4. Spezialleasing	15
III. Gestaltungsformen beim Immobilienleasing	16–31
1. Leistungsumfang	17–24
a) Brutto- und Nettoleasing	17–19
b) Buy-and-lease	20–22
c) Sale-and-lease-back	23/24
2. Amortisationsmodelle	25–31
a) Vollamortisationsverträge	26/27
b) Teilamortisationsverträge	28–31
IV. Verträge im Zusammenhang mit dem Immobilienleasingvertrag	32–41
1. Bauvertrag	32–36
a) Leistungsbeschreibung	33
b) Baukosten und Bauzeit	34
c) Gewährleistung	35
d) Übergabe	36
2. Optionsrechte	37/38
3. Objektgesellschaft	39–41
V. Zivilrechtliche Beurteilung des Immobilienleasingvertrages	42–71
1. Inhalt des Immobilienleasingvertrages	42–65
a) Leasingobjekt	42/43
b) Mietdauer	44/45
c) Miethöhe	46–49
d) Instandsetzung/Instandhaltung	50
e) Minderungsrechte	51–55
f) Gefahrtragung	56–60
g) Untervermietung	61
h) Beendigung des Immobilienleasingvertrages	62–65
2. Form des Immobilienleasingvertrages	66–71

Schrifttum: *Engel*, Grundzüge des Immobilien-Leasing, NZM 1998, 785; *Gondert/Biagosch*, Immobilienleasing, in: Immobilien – Recht und Steuern. Handbuch für die Immobilienwirtschaft, 3. Aufl. 2004, S. 855; *Graf v. Westphalen*, Immobilien-Leasing-Verträge – einige Aspekte zur notariellen Praxis, MittBayNot 2004, 13; *Mörtenkötter*, Immobilienleasing in der notariellen Praxis, MittRhNotK 1995, 329; *Seibel*, Vertragsgestaltung im Immobilien-Leasing, NZM 1999, 197; *Sobotka*, Der neue Teilamortisationserlas im Immobilien-Leasing, BB 1992, 827.

I. Einleitung

Das Immobilien-Leasing stellt eine **Sonderform** der Vermietung und Verpachtung von Grundstücken oder Gebäuden dar. Leasinggegenstand sind häufig größere gewerbliche Immobilien wie Warenhäuser, Einkaufszentren, Lagerhallen, Fabrikationszentren, Parkhäuser, Hotelgebäude, Büro- und Verwaltungsgebäude.[1] Der Leasinggeber ist in aller Regel Eigentümer des Grundstücks oder Erbbauberechtigter. 1

Nach der Konzeption des Leasingvertrags darf der Leasingnehmer den Leasinggegenstand auf der Grundlage des Leasingvertrags für eine feste Laufzeit, **Grundmietzeit** genannt, gegen 2

---

[1] Zu den Besonderheiten der Vermietung in Großobjekten vgl. § 69.

Zahlung der vereinbarten Leasingraten nutzen. Eine Kündigung des Leasingvertrags während der Grundmietzeit – häufig 15 bis 30 Jahre – kommt in der Regel nur aus wichtigem Grund in Betracht. Nach Ablauf der Grundmietzeit ist der Leasinggegenstand grundsätzlich wieder an den Leasinggeber zurückzugeben. Häufig wird jedoch in dem Leasingvertrag eine **Mietverlängerungsoption** oder eine **Kaufoption** zugunsten des Leasingnehmers vereinbart. Die Vertragsgestaltung im Bereich des Immobilienleasings ist in der Regel sehr umfangreich und kompliziert, da verschiedene Themenkomplexe behandelt und aufeinander abgestimmt werden müssen. Die Erscheinungsformen des Leasings sind daher nicht standardisiert und können daher in vielfacher Hinsicht variieren.[2]

3   Auch wenn der Immobilienleasingvertrag prinzipiell als Mietverhältnis rechtlich qualifiziert wird, so folgt seine Ausgestaltung in großem Umfange nicht dem gesetzlichen Leitbild für Mietverträge über Gewerbeimmobilien.[3]

4   Letztlich stellt das Leasingverhältnis eine eigene Finanzierungsform für Investitionen des Leasingnehmers dar, die erheblich vom Steuerrecht beeinflusst wird. Während nämlich beim darlehensfinanzierten Grundstückserwerb der Grundstücksnutzer Eigentümer ist, mit der Folge, dass er das Grundstück bilanziert und abschreibt, ist beim Immobilienleasing der **Leasinggeber** Eigentümer des Grundstücks und damit in der Regel auch wirtschaftlicher Eigentümer im Sinne des Steuerrechts, so dass das Grundstück von ihm bilanziert und abgeschrieben wird. Das Grundstück wird in der Bilanz des Leasingnehmers nicht aufgenommen, was oftmals als vorteilhaft angesehen wird.

II. Steuerrechtliche Beurteilung des Immobilienleasings

1. Wirtschaftliches Eigentum beim Leasinggeber

5   Für die Frage, wem ein Wirtschaftsgut zuzurechnen ist und in welchem Betriebsvermögen es bilanziell zu erfassen ist, kommt es nicht auf das bürgerlich-rechtliche, sondern auf das sog. **wirtschaftliche Eigentum** an. Maßgebend sind dabei die Vertragsgestaltung sowie die gesamten Umstände der tatsächlichen Durchführung des Vertrages. Im Hinblick auf das Immobilienleasing ist man bestrebt, dass das wirtschaftliche Eigentum, welches über die bilanz- und steuerrechtliche Zuordnung entscheidet, gemäß § 39 Abs. 2 Nr. 1 AO dem **Leasinggeber** zusteht. Hierzu ist im Wesentlichen erforderlich, dass dem Leasinggeber noch ein wirtschaftlich bedeutender Herausgabeanspruch zusteht. Wird das wirtschaftliche Eigentum an Grundstück nebst den Gebäuden dem Leasinggeber bzw. der Objektgesellschaft zugerechnet, können Buchverluste von den Gesellschaftern der Objektgesellschaft genutzt und wirtschaftlich über die Leasingrate an den Leasingnehmer weitergegeben werden. Der Leasingnehmer kann die an den Leasinggeber gezahlten Leasingraten ertragssteuermindernd als Betriebsausgabe absetzen. Dies gilt insbesondere auch in den Fällen, in denen der Leasingnehmer dem Leasinggeber die Baukosten als Leasingraten faktisch erstattet.[4]

6   Der Bundesfinanzhof hat in seinem Urteil vom 18. 11. 1970[5] seine zuvor zum Mobilien-Leasing niedergelegten Grundsätze für die Zurechnung des Leasingguts auf das Immobilien-Leasing übertragen. Um die erstrebte Zuordnung zum Vermögen des Leasinggebers zu erreichen, werden die Leasingverträge in der Praxis erlasskonform gestaltet. Dies hat zur Folge, dass die Leasingverträge nach den Regelungen des Bundesministers der Finanzen zu der steuerlichen Behandlung von Leasingverträgen, den so genannten **Leasing-Erlassen** ausgerichtet werden, welche auf den Grundsatzurteilen des BFH aufbauen und den Charakter von Leitlinien haben. Diese Verwaltungsregelungen konkretisieren die Bestimmung des wirtschaftlichen Eigentums gemäß § 39 AO. Durch die erlasskonforme Ausgestaltung der Verträge in der Praxis ist daher sichergestellt, dass das Finanzamt die Zurechnung des Lea-

---

[2] *Gondert/Biagosch*, Immobilienleasing, in: Immobilien, Recht und Steuern, Handbuch für die Immobilienwirtschaft, 2003, S. 855 ff.
[3] *Seibel* NZM 1999, 197, 200.
[4] *Engel* NZM 1998, 785, 787.
[5] BFH BStBl. II 1971 133 = BFHE 100, 516; hierzu *Engel* NZM 1998, 785, 787.

singguts beim Leasinggeber vornimmt; dies dient wiederum der Rechtssicherheit. In der Regel ist daher gewöhnlich der Leasinggeber **rechtlicher und wirtschaftlicher Eigentümer** des Leasingguts.

2. Vollamortisationserlass vom 21. 3. 1972

Der **Vollamortisationserlass** vom 21. 3. 1972[6] betrifft solche Immobilienleasingverträge, 7
- bei denen der Vertrag über eine feste, grundsätzlich unkündbare Grundmietzeit geschlossen wird und
- der Leasingnehmer mit den innerhalb der Grundmietzeit zu zahlenden Raten die **gesamten Anschaffungs- und Herstellungskosten** sowie alle Nebenkosten einschließlich der Finanzierungskosten und den Gewinn des Leasinggebers amortisiert (full-pay-out-leasing).

Nach dem **Vollamortisationserlass** sind die Zurechnungskriterien für Gebäude sowie für 8 Grund und Boden getrennt zu prüfen. Für die Zurechnung des **Gebäudes** zum Leasinggeber verlangt der Erlass eine Grundlaufzeit des Leasingvertrags von mindestens 40% und höchstens 90% der betriebsgewöhnlichen Nutzungsdauer des Gebäudes. Zusätzliche Anforderungen gelten für Verträge **mit Kauf- oder Mietverlängerungsoption** des Leasingnehmers:
- Im Falle einer **Kaufoption** kann das Gebäude dem Leasinggeber nur zugerechnet werden, wenn der vertraglich vorgesehene oder erst später festgelegte Kaufoptionspreis nicht niedriger ist als der unter Anwendung der linearen AfA ermittelte Buchwert des Gebäudes zuzüglich des Buchwertes für den Grund und Boden oder der niedrigere gemeine Wert des Grundstücks im Zeitpunkt der Veräußerung.
- Enthält der Leasingvertrag eine **Mietverlängerungsoption,** ist es für eine Zurechnung des Gebäudes beim Leasinggeber erforderlich, dass die Anschlussmiete mehr als 75% des ortsüblich vergleichbaren Mietentgeltes beträgt. Verträge, die sich nach Ablauf der Grundvertragszeit verlängern, wenn sie nicht von einer Vertragspartei gekündigt werden, sind entsprechend zu behandeln.

Der **Grund und Boden** ist bei Verträgen ohne Kaufoption des Leasingnehmers grundsätz- 9 lich dem Leasinggeber zuzurechnen, weil der Herausgabeanspruch des Leasinggebers aufgrund praktisch unbegrenzter Nutzungsdauer von Grund und Boden wirtschaftlich erheblich ist. Bei Verträgen mit einer Kaufoption folgt der Grund und Boden dagegen dem Gebäude und ist deshalb dem Leasingnehmer zuzurechnen, sofern dieser als wirtschaftlicher Eigentümer des Gebäudes anzusehen ist.

Die im Vollamortisationserlass vorausgesetzte Verpflichtung des Leasingnehmers, unge- 10 achtet der bereits durch die laufenden Leasingraten erreichten Vollamortisation eine Abschlusszahlung in Höhe des – im Einzelfall erheblichen – Restbuchwerts zu erbringen, hat für den Bereich des Immobilienleasing zur **praktischen Bedeutungslosigkeit** der Vollamortisationsverträge geführt.[7]

3. Teilamortisationserlass vom 23. 12. 1991

Für die auf dem Immobilien-Leasingmarkt fast ausschließlich anzutreffenden Teilamorti- 11 sationsverträge konkretisiert der **Teilamortisationserlass** vom 23. 12. 1991[8] die Voraussetzungen, unter denen eine Zurechnung des wirtschaftlichen Eigentums beim Leasinggeber erfolgen kann. Dabei wird insbesondere berücksichtigt, dass der typische Leasingnehmer bei einer Immobilie die Chance einer Wertsteigerung nach dem Ende der Grundlaufzeit für sich beansprucht.

Der Teilamortisationserlass betrifft solche Immobilienleasingverträge, 12
- bei denen der Vertrag für eine feste, grundsätzlich unkündbare Grundmietzeit abgeschlossen wird und

---

[6] Erlass v. 21. 3. 1972, BStBl. I 1972, 188 (Vollamortisationserlass) = BB 1972, 433 = DB 1972, 651.
[7] *Sobotka* BB 1992, 827.
[8] Erlass vom 23. 12. 1991, BStBl. I 1992, 13 (Teilamortisationserlass) = BB 1992, 199 = DB 1992, 112, hierzu *Sobotka* BB 1992, 827.

- der Leasingnehmer mit den innerhalb der Grundmietzeit zu zahlenden Raten die gesamten Anschaffungs- und Herstellungskosten sowie alle Nebenkosten einschließlich der Finanzierungskosten und den Gewinn des Leasinggebers **nur zum Teil** abdeckt.

13 Zunächst ist auch im Rahmen dieses Erlasses zwischen dem Gebäude sowie Grund und Boden zu unterscheiden, ferner bleibt es bei dem Erfordernis einer Grundlaufzeit von mindestens 40% und höchstens 90% der betriebsgewöhnlichen Nutzungsdauer.

14 Bei Verträgen mit **Kauf- oder Mietverlängerungsoption** des Leasingnehmers muss der vorgesehene Kaufpreis bzw. die Anschlussmiete den diesbezüglichen Anforderungen des Vollamortisationserlasses entsprechen. Für diese Verträge sieht der Erlass vor, dass der Leasinggegenstand bereits dann dem Leasingnehmer zuzurechnen ist, wenn der Leasingvertrag nur eine der nachfolgenden Bestimmungen enthält, durch die typischerweise vom Eigentümer zu tragende Risiken dem Leasingnehmer auferlegt werden:[9]

- Der Leasingnehmer trägt die – nicht durch eine entsprechende Versicherung abgedeckte – Gefahr des zufälligen ganzen oder teilweisen Untergangs des Leasinggegenstands, ohne dass sich seine vertraglichen Verpflichtungen in diesem Fall mindern.
- Der Leasingnehmer ist bei von ihm nicht zu vertretender vollständiger oder teilweiser Zerstörung des nicht versicherten Leasinggegenstands entweder auf Verlangen des Leasinggebers zur Wiederherstellung bzw. zum Wiederaufbau auf eigene Kosten oder zur unveränderten Erfüllung seiner vertraglichen Leistungspflichten verpflichtet.
- Für den Fall, dass die Nutzung des Leasinggegenstands aufgrund eines vom Leasingnehmer nicht zu vertretenden Umstandes langfristig ausgeschlossen ist, mindert sich die Leistungspflicht des Leasingnehmers nicht.
- Der Leasingnehmer hat dem Leasinggeber im Falle einer vorzeitigen und von ihm nicht zu vertretenden Vertragsbeendigung die bisher nicht amortisierten Aufwendungen zu erstatten.
- Der Leasingnehmer stellt den Leasinggeber von sämtlichen Ansprüchen Dritter frei, die diese hinsichtlich des Leasinggegenstands gegenüber dem Leasinggeber geltend machen, es sei denn, dass der Anspruch des Dritten vom Leasingnehmer verursacht worden ist.
- Der Leasingnehmer als Eigentümer des Grund und Bodens, auf dem der Leasinggeber als Erbbauberechtigter den Leasinggegenstand errichtet hat, ist unter wirtschaftlichen Gesichtspunkten gezwungen, den Leasinggegenstand nach Ablauf der Grundvertragszeit zu erwerben.

4. Spezialleasing

15 Ein **Spezialleasing** liegt dann vor, wenn der Leasinggegenstand so auf die **Bedürfnisse des Leasingnehmers** zugeschnitten ist, dass es wirtschaftlich sinnvoll nur von diesem sowohl während als auch nach Ablauf der Grundmietzeit genutzt werden kann. Bei der Beurteilung dieser Frage ist darauf abzustellen, ob zur Zeit der Errichtung und der erstmaligen Vermietung des Leasinggegenstandes ein Markt für derartige Wirtschaftsgüter bestanden hat, so dass auch ein anderer als der Leasingnehmer das Objekt betreiben könnte. Im Falle des Spezialleasings ist der Leasinggegenstand immer dem **Leasingnehmer** zuzurechnen.[10]

III. Gestaltungsformen beim Immobilienleasing

16
> **Checkliste zu den verschiedenen Gestaltungsformen:**
>
> ☐ Leistungsumfang (Brutto oder Nettoleasing, Buy and Lease, Sale and Lease Back)
> ☐ Amortisationsvereinbarungen (Vollamortisations- oder Teilamortisationsverträge)
> ☐ Bauvertragliche Regelungen
> ☐ Rechtliche Ausgestaltung der Objektgesellschaft

---

[9] Mörtenkötter MittRhNotK 1995, 329, 333; *Gondert/Biagosch* Immobilienleasing 855, 868.
[10] Mörtenkötter MittRhNotK 1995, 329, 334.

1. Leistungsumfang

a) Brutto- und Nettoleasing. Beschränkt sich die Funktion des Leasinggebers auf die reine Finanzierung und Überlassung der Immobilie, so spricht man von **Netto-Leasing**. Der praktische Regelfall ist jedoch das sog. **Brutto-Leasing**, bei dem eine professionelle Objektgesellschaft als Leasinggeber neben der Objektfinanzierung weitere Aufgaben übernimmt. Die Palette der angebotenen Dienstleistungen umfasst u. a.:

Erwerb des Baugrundstücks, Begutachtung, Auswahl, Abschluss von Grundstückskauf- und Erbbaurechtsverträgen, Erledigung der behördlichen Formalitäten und umfassende Beratung des Leasingnehmers in bau- und finanzierungstechnischer Hinsicht.[11]

Diese Serviceleistungen werden in der Regel als **unselbständige Nebenpflichten** des Leasinggebers angesehen. Daher ist der Immobilien-Leasingvertrag auch unter Einschluss der Dienstleistungen als atypischer Mietvertrag mit der Folge zu werten, dass in erster Linie die Bestimmungen der §§ 535 ff. BGB Anwendung finden.

b) Buy-and-lease. Bei einem Buy-and-lease-Geschäft kauft der Leasinggeber oder eine durch ihn gegründete Projektgesellschaft das von dem Leasingnehmer vorher ausgewählte Grundstück von einem Dritten.

> **Praxistipp:**
> Wird der Immobilienleasingvertrag geschlossen, bevor der Leasinggeber das zu vermietende Grundstück von einem Dritten erwirbt, so wird sich der Leasingnehmer regelmäßig ein Rücktrittsrecht vorbehalten, falls der Grundstückskaufvertrag mit dem Dritten nicht zustande kommen sollte.

Häufig beschafft der Leasinggeber nicht nur das Grundstück, sondern errichtet darauf auch noch das von Leasingnehmer zu spezifizierende Gebäude. Die Bebauung kann dabei entweder durch den Leasinggeber selbst erfolgen, durch eine von ihm gegründete Baubetreuungsgesellschaft oder durch einen Dritten als Generalunternehmer, der vom Leasinggeber beauftragt worden ist.[12]

c) Sale-and-lease-back. Beim Sale-and-lease-back-Geschäft **veräußert** der zukünftige Leasingnehmer ein ihm gehörendes Grundstück einschließlich der dort befindlichen Gebäude an den zukünftigen Leasinggeber unter gleichzeitigem Abschluss eines Leasingvertrags. Für den Leasingnehmer ist mit dieser Gestaltung der Vorteil verbunden, dass er das Objekt aufgrund des Leasingvertrags trotz des Verkaufs weiter nutzen kann und zudem durch den Verkauf des Leasingobjekts eine gewisse Liquidität durch Freisetzung des dort gebundenen Kapitals einschließlich der stillen Reserven erhält. Sale-and-lease-back-Geschäfte werden daher regelmäßig zur Vermeidung eines Jahresfehlbetrags, zur Kompensation von außerordentlichen Aufwendungen oder zur Verbesserung der Bilanzstruktur vorgenommen.[13]

> **Praxistipp:**
> Beim Sale-and-lease-back-Vertrag ist darauf zu achten, dass die Gewährleistungsregelungen für Sachmängel (Bodenbeschaffenheit, Kontaminationen, Grundstücksgröße, Nutzungsbeschränkungen) in dem Grundstückskaufvertrag und in dem Leasingvertrag miteinander korrespondieren. Andernfalls besteht die Gefahr divergierender Haftungsregelungen.

---

[11] *Engel* NZM 1998, 785, 786.
[12] *Engel* NZM 1998, 785, 787.
[13] *Mörtenkötter* MittRhNotK 1995, 329, 335; *Engel* NZM 1998, 785, 787.

2. Amortisationsmodelle

25 Bei den vertraglichen Amortisationsvereinbarungen kann unterschieden werden zwischen
- **Vollamortisationsverträgen,** die während der unkündbaren Grundmietzeit die volle Amortisation vorsehen und
- **Teilamortisationsverträgen,** bei denen die zu zahlenden Leasingraten während der Grundmietzeit die Gesamtinvestitionskosten des Leasinggebers nur zum Teil decken. Bei den Teilamortisationsverträgen kann ferner unterschieden werden zwischen den „reinen" Teilamortisationsverträgen und den Teilamortisationsverträgen mit Mieterdarlehen, bei denen der Leasingnehmer zusätzlich zu den Leasingraten weitere Leistungen an den Leasinggeber aus Mieterdarlehen erbringt.

26 a) **Vollamortisationsverträge.** Beim Vollamortisationsvertrag werden die gesamten Aufwendungen des Leasinggebers für das Leasinggut während der vereinbarten unkündbaren Grundmietzeit durch die Leasingraten **vollständig** amortisiert. Zu diesen Aufwendungen gehören die gesamten Investitionskosten des Leasinggebers einschließlich Zins-, Gewinn-, Risiko-, und Verwaltungskostenaufschläge.[14]

27 Vollamortisationsverträge haben sich nach In-Kraft-Treten des Vollamortisationserlasses im Bereich des Immobilien-Leasings nicht durchgesetzt. Kaum ein potentieller Leasingnehmer war nämlich bereit, die im Immobilien-Leasing üblichen hohen Investitionssummen während der Grundmietzeit zu 100% zu amortisieren und darüber hinaus den erforderlichen Optionspreis in Höhe des steuerlichen Restbuchwerts bei linearer Absetzung für Abnutzung zu zahlen.

28 b) **Teilamortisationsverträge.** Der Teilamortisationsvertrag stellt im Immobilien-Leasinggeschäft den häufigsten Vertragstyp dar. Beim Teilamortisationsvertrag werden die Aufwendungen des Leasinggebers für das Leasinggut während der vereinbarten unkündbaren Grundmietzeit durch Zahlung der Leasingraten **nur zum Teil** amortisiert. Innerhalb dieses Modells finden sich wiederum als gängige Vertragsformen das „reine" Teilamortisationsmodell und das Teilamortisationsmodell mit Mieterdarlehen, der so genannte Mieterdarlehensvertrag.[15]

29 Beim dem Grundtypus des Teilamortisationsvertrags deckt der Leasingnehmer mit den in der Grundmietzeit zu entrichtenden Leasingraten die Anschaffungs- oder Herstellungskosten des Leasinggebers sowie alle Nebenkosten einschließlich der Finanzierungskosten des Leasinggebers nur zum Teil; die Vollamortisation wird hier erst durch weitere vertragsgemäße Leistungen des Leasingnehmers erreicht. Allerdings birgt diese Lösung für den Leasinggeber ein erhebliches Risiko im Hinblick auf die **Bonität** des Leasingnehmers, da am Ende der Grundmietzeit noch ein erheblicher Darlehensrest (Restbuchwert) zu bezahlen ist. Vor diesem Hintergrund wurden in neuerer Zeit Teilamortisationsverträge mit Mieterdarlehen oder Mietvorauszahlungen entwickelt, welche die Vorteile beider Vertragsvarianten (Voll- und Teilamortisationsverträge) kombinieren.

30 Beim **Mieterdarlehensmodell** erfolgt hingegen eine vollständige Amortisation aller Aufwendungen des Leasinggebers bereits während der Grundmietzeit. Der Leasingnehmer erbringt hier zusätzlich zu den Leasingraten ein Mieterdarlehen, welches der Leasinggeber zur Tilgung eines von ihm zur Anschaffungsfinanzierung aufgenommenen Kredits verwendet. Die Amortisation erfolgt daher bei dieser Vertragsform durch die Leasingraten und durch das Mieterdarlehen.

31 Das Mieterdarlehen entspricht betragsmäßig dem zum Vertragsende vorgesehenen Kaufpreis; bei Ausübung der Kaufoption werden daher die Kaufpreisforderung des Leasinggebers und der Darlehensrückzahlungsanspruch des Leasingnehmers **miteinander verrechnet.** Wird bei Vertragsende eine eingeräumte Kaufoption nicht ausgeübt, ist das Mieterdarlehen zurückzuzahlen.[16]

---

[14] *Gondert/Biagosch* Immobilienleasing 855, 864 f.
[15] *Mörtenkötter* MittRhNotK 1995, 329, 335; *Gondert/Biagosch* Immobilienleasing 855, 865–871.
[16] *Mörtenkötter* MittRhNotK 1995, 329, 335; *Gondert/Biagosch* Immobilienleasing 855, 870; *Engel* NZM 1998, 785, 788.

IV. Verträge im Zusammenhang mit dem Immobilienleasingvertrag

1. Bauvertrag

In einem Immobilienleasingvertrag spielen bauvertragliche Regelungen eine wichtige Rolle. Der Leasinggeber ist rechtlicher und wirtschaftlicher Eigentümer und somit auch Bauherr des auf dem Grundstück zu errichtenden Gebäudes. In der Regel überträgt der Leasinggeber im Rahmen eines Bauvertrages die Planung und Errichtung des Gebäudes gegen Entgelt auf einen Dritten. Dieser kann entweder der Leasingnehmer selbst sein, eine zur Leasinggesellschaft gehörende Baubetreuungsgesellschaft oder ein sonstiger Dritter. Auch wenn der Leasingnehmer das Gebäude selbst baut und demzufolge im Regelfall als Generalunternehmer für den Leasinggeber tätig wird, sollten einige den Bau betreffende Vereinbarungen **auch in dem Leasingvertrag** mit aufgenommen werden, insbesondere soweit sie den Mietbeginn und Miethöhe beeinflussen. Hierzu zählen in erster Linie die Leistungsbeschreibung, Baukosten und Bauzeit, die Gewährleistung und die Übergabe.[17]

a) **Leistungsbeschreibung.** Der Immobilienleasingvertrag bedarf einer genauen **Leistungsbeschreibung** dessen, was der Leasinggeber als Gebäude zu errichten hat. Sofern zum Zeitpunkt des Vertragsabschlusses bereits vorhanden, sollten die Baugenehmigungs- oder zumindest die Entwurfspläne sowie die Bau- und Ausstattungsbeschreibung zum Vertragsbestandteil gemacht werden. Andernfalls sollte eine Regelung aufgenommen werden, wonach sämtliche Bauunterlagen der Zustimmung beider Vertragspartner bedürfen. Auch etwaige Änderungen der Pläne und Baubeschreibungen, gleich ob sie vom Leasinggeber oder vom Leasingnehmer gewünscht werden, sollten der Zustimmung des jeweils anderen Vertragsteils unterworfen sein. Schließlich sind Regelungen zu etwaigen Mehr- oder Minderkosten und möglichen Bauzeitverzögerungen, die solche Änderungen verursachen können, aufzunehmen.

b) **Baukosten und Bauzeit.** Der Leasingnehmer sollte ferner mit dem Leasinggeber eine **Baukosten-** und möglicherweise auch **Bauzeitbegrenzung** vereinbaren. Regelmäßig wird der Leasinggeber nicht selbst die Bauleistungen erbringen, sondern hierzu einen Generalunternehmer einschalten, der mit dem Leasingnehmer allerdings nicht vertraglich gebunden ist. Der Leasingnehmer hat daher keinen Einfluss auf die Baukosten und die Bauzeit. Für den Leasinggeber hingegen spielt es wirtschaftlich keine Rolle, ob sich der Bau maßgeblich verteuert oder verzögert, da diese Risiken letztlich den Leasingnehmer treffen. Daher sollte der Leasingnehmer im Rahmen des Leasingvertrags durch entsprechende Vertragsgestaltung den Leasinggeber zumindest teilweise in die Haftung einbeziehen. Der Leasinggeber wiederum sollte sich hierauf erst einlassen, wenn er die Bauleistung ausgeschrieben hat und aufgrund der eingegangenen Angebote sowohl den Höchstbetrag der Baukosten sowie die voraussichtliche Bauzeit kalkulieren kann.

c) **Gewährleistung.** Der Leasinggeber übernimmt regelmäßig keine **Gewähr für Baumängel**, es sei denn, er handelt vorsätzlich oder grob fahrlässig. Vielmehr wird er dem Leasingnehmer seine eigenen Gewährleistungs-, Garantie- und Schadensersatzansprüche gegen seine Auftragnehmer abtreten.

d) **Übergabe.** Schließlich sollte der Leasingvertrag im Zusammenhang mit den bauvertraglichen Regelungen auch eine Bestimmung zur **Übergabe des Leasingobjektes** enthalten. Abgesehen von der Bestimmung des Zeitpunkts und des Gefahrübergangs sollte sie auch eine förmliche Abnahme enthalten zur Feststellung etwaiger Mängel oder fehlender Leistungen und den daraus zu ziehenden Konsequenzen sowie zur Übergabe aller für den Leasingnehmer erforderlichen Unterlagen, damit er seinen künftigen Instandsetzungs- und Unterhaltungspflichten gerecht werden kann.

---

[17] Hierzu *Seibel* NZM 1999, 197, 201.

2. Optionsrechte

37 Die meisten Immobilienleasingverträge enthalten Optionen für den Leasingnehmer, entweder die Immobilie selbst oder die Objektgesellschaft nach Beendigung des Leasingvertrags anzukaufen.

Handelt es sich bei dem Optionsrecht um das Angebot zum **Erwerb des Leasingobjekts**, so ist darauf zu achten, dass die Termine sowie die Bedingungen, zu denen der Leasingnehmer das Angebot annehmen kann, an die einzelnen Regelungen des Immobilienleasingvertrags gekoppelt sind. Für den Fall, dass das Leasingverhältnis ordnungsgemäß zum Ablauf der Grundmietzeit einschließlich etwaiger Verlängerungsoptionen endet, bestimmt sich der Kaufpreis nach dem jeweiligen **Restbuchwert**. Sollte dem Leasingnehmer ein **vorzeitiges Ankaufsrecht** auf die Immobilie eingeräumt worden sein, so empfiehlt sich eine vom Restbuchwert abweichende Kaufpreisregelung. In diesen Fällen sollte sich der Kaufpreis höchstens nach dem Barwert der noch während der laufenden Mietperiode ausstehenden Mieten bemessen, zuzüglich des Barwerts des Restbuchwerts der Immobilie. Den Barwert der Verwaltungskostenbeiträge sollte der Leasingnehmer indessen nicht mehr erstatten.[18]

38 Sieht der Immobilienleasingvertrag ein Optionsrecht im Hinblick auf die **Objektgesellschaft** vor, so handelt es sich um einen üblichen Vertrag über den Erwerb von Geschäfts- bzw. Gesellschaftsanteilen. In der Regel leistet der anbietende Gesellschafter der Objektgesellschaft Gewähr für etwaige Geschäftsmängel bezüglich seiner Beteiligung. Ferner sollte eine Garantie des Verkäufers aufgenommen werden, wonach die Objektgesellschaft ausschließlich solche Geschäfte getätigt hat, die mit dem Erwerb des Leasinggegenstands, seiner Bebauung und seiner Vermietung im Zusammenhang stehen.[19]

3. Objektgesellschaft

39 Zahlreiche Immobilienleasingverträge sehen die Gründung von Objektgesellschaften in Verbindung mit der Beschaffung von Grundstück und Gebäude vor. Der Leasinggeber gründet für die Abwicklung des Leasingvertrags für jedes Objekt gesondert eine Objektgesellschaft. Hierdurch kann jedes Objekt isoliert verwaltet werden, was auch angesichts der Größe des Leasingobjekts einen Vorteil darstellen. Die Objektgesellschaft ist Besitzgesellschaft und regelmäßig eine GmbH, seltener eine GmbH & Co. KG.[20]

40 Diese Objektgesellschaft tritt rechtlich – im Unterschied zum Mobilien-Leasing, bei welchem das Leasinggut im Regelfall im rechtlichen und wirtschaftlichen Eigentum des Leasinggebers steht – an die Stelle des Leasinggebers; sie ist **Eigentümerin** oder Erbbauberechtigte des zu bebauenden Grundstücks. Ihr einziger Gesellschafter ist gewöhnlich der Leasinggeber; es kann jedoch auch eine Beteiligung des Leasingnehmers gegeben sein. Die Tätigkeit der Objektgesellschaft ist im Wesentlichen auf die Errichtung, Finanzierung und Vermietung des Leasingguts gerichtet.

41 Die Gründung von Objektgesellschaften hat den weiteren Vorteil, dass die steuerrechtlichen Auswirkungen einer Beteiligung an dem Objekt Dritten, nämlich Leasingnehmern und Investoren gegenüber, zugänglich gemacht werden können.[21]

V. Zivilrechtliche Beurteilung des Immobilienleasingvertrages

1. Inhalt des Immobilienleasingvertrages

42 a) **Leasingobjekt.** Im Immobilienleasingvertrag ist das Leasingobjekt genau zu bezeichnen (Grundstück, zu errichtendes Gebäude), um dem Bestimmtheitsgrundsatz zu genügen. Des Weiteren werden in Immobilienleasingverträgen regelmäßig besondere Bestimmungen über die **Betriebsvorrichtungen** getroffen. Diese werden in der Regel nicht mitvermietet, um ge-

---

[18] *Seibel* NZM 1999, 197, 205.
[19] *Seibel* NZM 1999, 197, 204.
[20] *Engel* NZM 1998, 785, 786.
[21] *Engel* NZM 1998, 785, 787.

werbeertragssteuerliche Zusatzbelastungen beim Leasinggeber zu vermeiden. Sofern nicht ein gesonderter Leasingvertrag mit einem anderen Leasinggeber über die Betriebsvorrichtungen geschlossen wird,[22] besteht auch die Möglichkeit zu vereinbaren, dass der **Leasingnehmer** die Betriebsvorrichtungen im Sinne von § 68 BewG auf **eigene Rechnung** in die zu errichtenden Gebäude einbaut und sie sodann aufgrund seines wirtschaftlichen Eigentums nutzt. Zivilrechtlich bleiben solche Betriebsvorrichtungen (z.B. ein Lastenaufzug) unverändert Teil des Gebäudes und stehen damit im Eigentum des Leasinggebers.[23]

Formulierungsvorschlag:

§ 1 Leasinggegenstand

1.1. Der Leasinggeber vermietet an den Leasingnehmer das auf dem Grundstück
Neue Straße 5 in 60325 Frankfurt/M, eingetragen im Grundbuch von Frankfurt/M., Bezirk 6, Blatt 5386, Flur 43, Flurstück 1/69,
bestehende Gebäude zu dem Zweck der Nutzung als Büro-, Technik- und Nebenflächen.
1.2. Die Definition des Leasinggegenstandes ergibt sich aus der Aufstellung und den Plänen gemäß Anlage [......] der Bezugsurkunde.
1.3. Nicht mitvermietet sind
1.3.1 die in den Anlagen [......] der Bezugsurkunde näher bezeichneten Gegenstände,
1.3.2 sonstige Gegenstände, die Betriebsvorrichtungen des Leasinggebers i.S. von § 68 BewG darstellen, insbesondere sämtliches bewegliches Büroinventar (z.B. Schreibtische, Stühle, Schränke) und sämtliche bewegliche Einrichtungen der Kantine (Tische, Stühle, Kücheneinrichtung).

b) **Mietdauer.** Die Dauer des Immobilienleasingvertrags (Grundmietzeit und etwaige Verlängerungsoptionen) wird durch die Bedürfnisse des Leasingnehmers und die steuerlichen Rahmenbedingungen bestimmt. Wesentlich hierbei ist die Festlegung des spätesten Termins für den Mietbeginn, insbesondere wenn der Leasingnehmer hierauf angewiesen ist, etwa aus produktionstechnischen Gründen oder weil er derzeit genutzte Gebäude räumen muss.

Die Höchstdauer eines Leasingverhältnisses (Grundmietzeit und etwaige Verlängerungsoptionen) darf nicht mehr als 90% der betriebsgewöhnlichen Nutzungsdauer eines Gebäudes dauern. Betriebsgewöhnliche Nutzungsdauer bemisst sich nach der linearen steuerlichen AfA und beträgt etwa bei Wirtschaftsgebäuden gemäß § 7 IV.1 Nr. 1 GStG 25 Jahre.

c) **Miethöhe.** In zahlreichen Leasingverträgen ist die jährlich vom Leasingnehmer zu zahlende Miete unbestimmt gelassen. Dies gilt insbesondere dann, wenn das zu errichtende Gebäude noch nicht fertig gestellt wird. Die Gesamtinvestitionskosten (GIK) lassen sich nämlich endgültig erst nach Baufertigstellung feststellen, wenn sämtliche aktivierungspflichtigen Anschaffungs- oder Herstellungskosten bekannt sind. In diesen Fällen ist es wichtig, die Mietzinskalkulationsgrundlagen von vornherein genau niederzulegen. Die GIK bilden die Kalkulationsgrundlage für die Mieten, die Verwaltungskosten und den kalkulierten Restwert.[24]

Formulierungsvorschlag:[25]

Die Mieten errechnen sich als nachschüssige Monatszahlungen nach der finanzmathematischen Annuitätenformel unter Zugrundelegung der Gesamtinvestitionskosten (GIK), des vereinbarten Zinssatzes, des Restwertes und der Mietzeit gemäß § [......]. Ändern sich diese Berechnungsgrundlagen, ändern sich die Mieten entsprechend.

---

[22] Vgl. hierzu oben unter § 77 Nr. 6.
[23] Ausführlich zum Begriff der Betriebsvorrichtungen *Gondert/Biagosch* Immobilienleasing 855, 861.
[24] *Seibel* NZM 1999, 197, 202.
[25] Nach Beck-Online Formulare § 4 Abs. 1.

> Dies vorausgeschickt errechnen sich die vorläufigen Netto-Mieten wie folgt:
>
> | | |
> |---|---|
> | Gesamtinvestitionskosten (vorläufig): | ...... € |
> | Restwert (vorläufig): | ...... € |
> | Mietzeit: | 15 Jahre |
> | Verrechnungsweise: | Monatlich |
> | vereinbarter Zinssatz (indikativ): | ......% p. a. (nominal) |
> | vorläufige Netto-Mieten: | ...... €. |

48 Neben der eigentlichen Leasingrate kommt noch ein **Verwaltungskostenbeitrag** als Vergütung des Leasinggebers in Betracht. Die Höhe des Verwaltungskostenbeitrags bemisst sich in der Regel nach der Höhe der Jahresmiete.

49 Das BGB geht in den §§ 535, 556 Abs 1 davon aus, dass die Nebenkosten grundsätzlich durch die vereinbarte **Leasingrate** abgegolten sind. Abweichungen durch gesonderte **Umlegung** auf den Leasingnehmer bedürfen somit, soweit sie nicht gesetzlich bestimmt oder zugelassen sind, einer besonderen **Vereinbarung** und sind sowohl bei Mietverträgen als auch bei Leasingverträgen üblich. Zu den **Mietnebenkosten** zählen alle dem Leasinggeber aufgrund seiner Position als Eigentümer oder Erbbauberechtigten entstehende Kosten, soweit sie nicht bereits in die Ermittlung der Gesamtinvestitionskosten oder Vormieten eingeflossen sind. Hierzu gehören etwa Versicherungsprämien für die Immobilie, Grundsteuer und sonstige objektbezogene Steuern sowie Abgaben und Gebühren, wie etwa Müllabfuhr oder Straßenreinigung. Der Leasingnehmer sollte aber bei Abschluss des Immobilienleasingvertrags den Umfang und die konkreten Positionen genau festlegen.

50 **d) Instandsetzung/Instandhaltung.** In der Regel wird in Leasingverträgen die Instandhaltungs- und Instandsetzungspflicht des Leasinggebers gemäß § 535 Abs. 1 Satz 2 BGB ausgeschlossen. Der Leasinggeber ist daher selbst für die Instandhaltung und Instandsetzung des Leasingobjekts verantwortlich. Eine solche vertragliche Regelung ist auch in Allgemeinen Geschäftsbedingungen zulässig, da die Tragung von Instandhaltungs- und Instandsetzungsaufwendungen durch den Leasinggeber zu einer Erhöhung der Leasingraten führen müsste, so dass im Ergebnis eine zusätzliche Belastung des Leasingnehmers nicht gegeben ist. Allerdings ist der Leasingnehmer bei einer von ihm nicht zu vertretenden vollständigen oder teilweisen Zerstörung des Leasinggegenstandes nicht zur Wiederherstellung auf eigene Kosten verpflichtet.

51 **e) Minderungsrechte.** In Bezug auf die Minderungsrechte des Leasingnehmers ist zu beachten, dass den **steuerrechtlichen Anforderungen** an das Immobilienleasing hinreichend Rechnung getragen wird. Bei Immobilienleasingverträgen werden regelmäßig der Gewährung von Minderungsrechten enge Grenzen gesetzt. Dies resultiert aus dem Finanzierungscharakter des Immobilienleasingvertrags. Andererseits ist aber aus steuerrechtlicher Sicht zu beachten, dass ein vollständiger Ausschluss der Minderungsrechte dazu führen kann, dass der Leasinggegenstand dem wirtschaftlichen Eigentum des Leasingnehmers zugerechnet wird.[26]

52 Um einen **Kompromiss** zwischen den steuerrechtlichen Risiken einerseits und dem Finanzierungscharakter des Leasings andererseits Rechnung zu tragen, sind dem Leasingnehmer Minderungsrechte bei längerfristigen Nutzungsbeschränkungen einzuräumen, wenn er diese nicht selbst zu vertreten hat. Im Gegenzug schließt der Leasingnehmer umfassende Versicherungen ab, die auch seinen Betriebsausfall und den Mietausfall beim Leasinggeber decken. Die Versicherungsansprüche werden dann an den Leasinggeber abgetreten.

53 Des Weiteren ist zu beachten, dass der Leasinggeber nach der Rechtsprechung des BGH sich nicht ersatzlos von der ihn treffenden Hauptpflicht, dem Leasingnehmer die Leasingsache in einem für den Vertragszweck geeigneten Zustand zur Verfügung zu stellen, formularmäßig freizeichnen darf. Ein derartiger ersatzloser Haftungsausschluss sei nach § 307 BGB unwirksam, da er den Leasingnehmer unangemessen benachteilige.[27]

---

[26] *Seibel* NZM 1999, 197, 203.
[27] Grundlegend BGH NJW 1989, 1279, 1280.

Allerdings wird nach ständiger Rechtsprechung wegen der typischen Interessenlage beim Finanzierungsleasing der Gewährleistungsausschluss auch beim Immobilienleasing dann als mit § 307 BGB vereinbar angesehen, wenn der Leasinggeber dem Leasingnehmer die gegen einen mit dem Leasinggeber nicht identischen Lieferanten oder Hersteller bestehenden Gewährleistungsansprüche abtritt oder ihn zur Geltendmachung ermächtigt. Diese Voraussetzungen sind beim Immobilienleasing insbesondere dann gegeben, wenn der Leasinggeber (auch) die Baulichkeiten auf dem Leasinggrundstück errichtet und er im Gegenzug die ihm gegen die Bauhandwerker zustehenden Gewährleistungsansprüche an den Leasingnehmer abtritt.

Formulierungsvorschlag:[28]

Mängelrechte des Leasingnehmers

(1) Dem Leasingnehmer stehen Gewährleistungsansprüche gegen den Leasinggeber aufgrund von Mängeln des Leasinggegenstandes nur dann zu, wenn er sie selbst nicht zu vertreten hat. Bei einem kurzfristigen, von keiner der Vertragsparteien zu vertretenden Ausschluss der Nutzung bleibt die Pflicht des Leasingnehmers unberührt, die Leasingraten gemäß § [......] in voller Höhe jeweils bei Fälligkeit zu erbringen. Bei einem vom Leasingnehmer nicht zu vertretenden langfristigen Wegfall der Nutzungsmöglichkeit ist der Leasingnehmer berechtigt, die Miete entsprechend zu mindern. Weitergehende Ansprüche, insbesondere auf Schadenersatz gegen den Leasinggeber, sind ausgeschlossen.

(2) Soweit der Leasingnehmer gemäß vorstehendem Abs 1 zur Zahlung verpflichtet bleibt, tritt der Leasinggeber die ihm gegen Dritte zustehenden Gewährleistungsansprüche an den Leasingnehmer erfüllungshalber ab. Der Leasingnehmer nimmt die Abtretung an. Der Leasingnehmer wird die abgetretenen Ansprüche auf seine Kosten fristgerecht geltend machen und die erhaltenen Leistungen zur Beseitigung der Mängel am Leasinggegenstand einsetzen.

(3) Nach Übernahme des Leasinggegenstandes wird der Leasingnehmer dem Leasinggeber etwaige Mängel und Schäden am Leasinggegenstand unverzüglich mitteilen.

f) **Gefahrtragung.** Üblicherweise wird in Leasingverträgen die Sach- und Preisgefahr grundsätzlich vom Leasinggeber auf den Leasingnehmer abgewälzt.[29] Das hat zur Folge, dass der Leasingnehmer bei Untergang des Leasinggutes die Leasingraten weiter zahlen muss. Um sich davor zu schützen, muss der Leasingnehmer entsprechende Versicherungen abschließen. Allerdings ist auch hierbei zu beachten, dass bei vollständiger Abwälzung der Sach- und Preisgefahr auf den Leasingnehmer das Risiko besteht, dass das Leasinggut wirtschaftlich dem Leasingnehmer zugerechnet werden kann. Aus diesem Grund müssen im Leasingvertrag die Folgen des schuldlosen Unterganges, Zerstörung, Beschädigung und des längerfristigen Nutzungsausschlusses aus sonstigen Gründen wirtschaftlich **zu Lasten des Leasinggebers** geregelt werden. Nur wenn dem Leasingnehmer ein Verschulden vorzuwerfen ist, hat dieser die wirtschaftlichen Folgen seines Handelns tragen.

Bei schuldlosem Untergang des Leasingguts ist daher der Leasinggeber im Regelfall zum Wiederaufbau bzw. zur Beseitigung von Beschädigungen verpflichtet, sofern ihm ausreichende Versicherungsleistungen oder sonstige Zahlungen Dritter zustehen. Sinnvoll kann des Weiteren die Vereinbarung sein, dass der Leasingnehmer das Recht hat, etwa fehlende Finanzmittel zum Wiederaufbau bzw. zur Beseitigung der Beschädigung beizusteuern, um so den Wiederaufbau zu erzwingen. Selbstverständlich besteht auch die Möglichkeit, dem Leasingnehmer den Wiederaufbau zu überlassen und ihm die erhaltenen Versicherungsmittel dafür auszuzahlen. Erfahrungsgemäß ziehen die Leasinggesellschaften es jedoch vor, den Wiederaufbau selbst zu kontrollieren.

---

[28] Nach Beck-Online Formulare Immobilienleasingvertrag § 6.
[29] *Gondert/Biagosch*, Immobilienleasing, in: Immobilien, Recht und Steuern, Handbuch für die Immobilienwirtschaft, 2003, 855, 890 f.

58 Sollte ein Wiederaufbau des Leasingobjekts aus wirtschaftlichen oder technischen Gründen unmöglich sein, so kann eine Beendigung des Leasingverhältnisses vorgesehen werden. Gegebenenfalls sollte dann jedoch der Leasingnehmer ein Optionsrecht zum Ankauf, sei es der Objektgesellschaft, sei es des Grundbesitzes oder des Erbbaurechts erhalten, um so zumindest das Grundstück weiter nutzen zu können.

59 Wie im Falle der Mietminderung darf der Leasingnehmer in den Fällen, in denen er den Untergang, die Zerstörung, die Beschädigung oder die sonstige langfristige Nutzungsunterbrechung nicht zu vertreten hat, auch nicht zur Fortzahlung des Mietzinses sowie der Verwaltungskostenbeiträge verpflichtet bleiben.[30]

Formulierungsvorschlag:[31]

60 Gefahrtragung

(1) Im Falle der vom Leasingnehmer nicht zu vertretenden teilweisen oder vollständigen Zerstörung des Leasinggegenstandes oder des vom Leasingnehmer nicht zu vertretenden langfristigen Ausschlusses der Nutzungsmöglichkeiten gelten die gesetzlichen Vorschriften über die Minderung sowie über den Wegfall der Pflicht zur Zahlung der Miete. In diesen Fällen kann jede Vertragspartei die vorzeitige Beendigung des Leasingvertrages verlangen, wenn und soweit die Nutzung des Leasinggegenstandes über einen erheblichen Zeitraum ausgeschlossen ist.

In anderen als den in Satz 1 genannten Fällen hat der Leasingnehmer alle Zahlungen nach diesem Vertrag unabhängig vom Zustand und der Funktionsfähigkeit des Leasinggegenstandes zu leisten.

(2) Hat der Leasingnehmer die vollständige oder teilweise Zerstörung des Leasinggegenstandes oder den langfristigen Ausschluss der Nutzungsmöglichkeit zu vertreten, so ist der Leasinggeber bei Gefahr im Verzug sofort, ansonsten nach erfolgloser Mahnung mit einer Frist von einem Monat berechtigt, die erforderlichen Maßnahmen zur Verkehrssicherung des Leasinggegenstandes auf Kosten des Leasingnehmer durchführen zu lassen. Im Übrigen hat der Leasingnehmer dem Leasinggeber innerhalb einer angemessenen Frist nach Eintritt eines dieser Ereignisse schriftlich zu erklären:

a) ob er den vertragsgemäßen Zustand wieder herstellt, indem er in Abstimmung mit dem Leasinggeber den Leasinggegenstand auf seine Kosten wieder aufbaut oder ihn durch einen gleichartigen oder gleichwertigen ersetzt oder die Schäden beseitigt. Erhält der Leasinggeber von Dritten (Schädiger oder Versicherer) Entschädigungsleistungen, so wird er diese zur Wiederherstellung des Leasinggegenstandes, entsprechend dem bei Schadenseintritt bestehenden Zustand, zur Verfügung stellen. Reichen die Entschädigungsleistungen zur Wiederherstellung nicht aus, so trägt der Leasingnehmer die Mehrkosten. Risiko und Gefahr des Wiederaufbaus trägt der Leasingnehmer;

b) ob er die vorzeitige Ablösung des Leasingvertrages verlangt. Das Recht zur vorzeitigen Ablösung steht ihm in diesen Fällen nur zu, wenn er sich gleichzeitig verpflichtet, die Zahlungen im Falle vorzeitiger Beendigung des Leasingvertrages gemäß § [.....] zu erbringen und nicht aufgrund anderweitiger Verpflichtungen des Leasinggeber (z. B. behördliche Auflagen) die Wiederherstellung des Leasinggegenstandes erforderlich ist.

Nach erfolgter vorzeitiger Ablösung ist der Leasinggeber verpflichtet, den Leasinggegenstand zu verwerten. Nach erfolgter Verwertung wird der Leasinggeber etwaige von Dritten gezahlte Entschädigungsleistungen sowie den Verwertungserlös nach Abzug der Verwertungskosten bis zur Höhe der gemäß § [.....] geleisteten Zahlungen herausgeben.

61 **g) Untervermietung.** Für den Leasingnehmer kann es von Interesse sein, mit dem Leasinggeber das Recht zur Untervermietung wie auch zur Übertragung des gesamten Vertragswerks an Dritte zu vereinbaren. Das Recht zur konzerninternen Untervermietung wird seitens des Leasinggebers kaum auf berechtigten Widerspruch stoßen. Bereits die konzerninterne Übertragung kann jedoch durchaus den Interessen des Leasinggebers zuwider laufen.

---

[30] *Seibel* NZM 1999, 197, 203.
[31] Nach Beck'sche-Online Formulare Immobilienleasingvertrag § 8 (Beck-Online).

Regelmäßig wird hier ein Kompromiss zu suchen sein in der Form, dass der Leasinggeber Zustimmungsvorbehalte hat, die er jedoch nur aus wichtigem Grund geltend machen kann. Gegebenenfalls können solch wichtige Gründe inhaltlich genauer definiert werden (z. B. mangelnde Bonität). Zu beachten bleibt das gesetzliche Kündigungsrecht des Leasingnehmers nach § 540 Abs. 1 Satz 2 BGB für den Fall, dass der Leasinggeber seine Zustimmung zur Untervermietung versagt, ohne dass in der Person des prospektiven Untermieters ein wichtiger Grund gegeben ist. Der Leasinggeber wird ein Interesse daran haben, dieses Sonderkündigungsrecht auszuschließen.[32]

h) Beendigung des Immobilienleasingvertrages. *aa) Kündigung des Leasingvertrags.* Eine **ordentliche Kündigung** des Leasingvertrags wird während der vertraglich bestimmten Grundmietzeit in der Regel **ausgeschlossen**. Des Weiteren ist zu beachten, dass im Fall von Formmängeln (§ 311 b oder §§ 550, 578 BGB) der Immobilienleasingvertrag als für unbestimmte Zeit geschlossen gilt mit der Folge, dass er vor Ablauf der Grundmietzeit, allerdings nicht vor Ablauf eines Jahres nach Überlassung des Objekts gekündigt werden kann.

Eine **außerordentliche (fristlose) Kündigung** des Leasingvertrags ist jederzeit möglich, bei Vertragsverletzung allerdings nur nach erfolglosem Ablauf einer zur Abhilfe bestimmten Frist oder nach erfolgloser Abmahnung, wenn ein wichtiger Grund vorliegt. Dies ist dann der Fall, wenn Tatsachen vorliegen, aufgrund derer dem Leasingnehmer oder dem Leasinggeber unter Berücksichtigung aller Umstände des Einzelfalls und unter Abwägung der Interessen beider Vertragsteile die Fortsetzung des Leasingverhältnisses bis zum Ablauf der Grundmietzeit nicht zugemutet werden kann (vgl. § 543 BGB).

In der Regel sehen Immobilienleasingverträge ausführliche Bestimmungen bezüglich der Beendigung des Immobilienleasingvertrags aus wichtigem Grund vor. Neben den außerordentlichen Kündigungsgründen für den Leasinggeber, wie etwa Vermögensverfall des Leasingnehmers, Verletzung wesentlicher Vertragspflicht durch den Leasingnehmer oder längerer Zahlungsverzug, finden sich auch Bestimmungen über die Schadensersatzpflicht des Leasingnehmers im Falle außerordentlicher Kündigung. In der Regel ist der Leasingnehmer verpflichtet, dem Leasinggeber alle entstandenen oder noch entstehenden Aufwendungen für die Gesamtinvestitionskosten, die Vor- und Mietnebenkosten zu erstatten. Des Weiteren ist die Zahlung einer einmaligen pauschalierten Schadensersatzsumme vorgesehen. Etwa beim Leasinggeber anfallende Vorfälligkeitsentschädigungen werden häufig ebenfalls auszugleichen sein.

bb) Rücktrittsrechte. Für den Leasingnehmer ist die Vereinbarung von Rücktrittsrechten und der mit dem Rücktritt verbundenen Folgen im Immobilienleasingvertrag von entscheidender Bedeutung. Dies gilt insbesondere dann, wenn der Leasinggeber seinen bauvertraglichen Verpflichtungen nicht nachkommt oder der vereinbarte Termin zur Übergabe des Leasinggegenstands nicht eingehalten wird. In diesen Fällen sollte der Leasingnehmer auch die Zahlung eines angemessenen pauschalierten Schadensersatzbetrags festgeschrieben werden.

2. Form des Immobilienleasingvertrages

Wie bereits dargelegt, umfasst das Immobilienleasinggeschäft in der Regel mehrere rechtlich selbständige Verträge, die aber faktisch miteinander verklammert sind. Neben dem eigentlichen Immobilienleasingvertrag sind dies insbesondere der Kaufvertrag über das Leasingobjekt, ferner Bauverträge, Gesellschaftsverträge und Finanzierungsverträge.

Wird dem Leasingnehmer das Recht eingeräumt, vom Leasinggeber den Abschluss eines Kaufvertrages über Grundstück und Gebäude zu verlangen, sofern die Grundmietzeit abgelaufen ist, so bedarf die Vereinbarung des **Ankaufsrechts** der notariellen Beurkundung gemäß § 311 b BGB.[33]

---

[32] *Seibel* NZM 1999, 197, 204.
[33] *Mörtenkötter* MittRhNotK 1995, 329, 340; *Gondert/Biagosch* Immobilienleasing 855, 890; *Graf v. Westphalen* MittBayNot 2004, 13, 15; OLG Düsseldorf WM 1989, 1126, 1127.

68 Nach überwiegender Auffassung bedarf aber auch der Immobilienleasingvertrag – in seiner Form als atypischer Mietvertrag- der notariellen Beurkundung gem. § 311b BGB. Sind nämlich Immobilienleasingvertrag und Ankaufsrecht dergestalt miteinander verbunden, dass beide Rechtsgeschäfte miteinander „stehen und fallen" sollen, dann bedarf auch der Immobilienleasingvertrag der notariellen Beurkundung.[34]

69 Sofern dem Leasingnehmer nach Ablauf der Grundmietzeit eine **Verlängerungsoption** eingeräumt wird, stellt sich auch die Frage, ob nicht auch insoweit der Immobilienleasingvertrag der notariellen Form des § 311b BGB bedarf. Dies wird nach allgemeiner Ansicht bejaht, weil nämlich zwischen dem Grundstückserwerbsvertrag, dem Bauvertrag und dem anschließenden Mietvertrag, einschließlich einer Mietverlängerungsoption, eine untrennbare rechtliche Einheit besteht.

70 Häufig schließt der Leasinggeber zum Zweck der Risikominimierung Immobilienleasingverträge in der Weise ab, dass er bereits für den Erwerb der Immobilie eine **Objektgesellschaft** (in der Regel eine GmbH) gründet. Ist dem Leasingnehmer – nach Ablauf der Grundmietzeit- ein Ankaufsrecht auf den oder die Geschäftsanteile an der Objektgesellschaft eingeräumt, so bedarf auch in diesem Fall sowohl der Immobilienleasingvertrag als auch der Optionsvertrag nach § 15 Abs. 4 GmbHG der notariellen Beurkundung.[35]

71 Da bei einem Immobilienleasingvertrag sämtliche Verträge (Grundstückskaufvertrag, Leasingvertrag, Optionsverträge) im Zusammenhang miteinander stehen und keiner der Verträge ohne den anderen abgeschlossen werden soll, bedarf somit **das gesamte Vertragswerk** der notariellen Beurkundung (§ 311b BGB).[36] Auf diese Weise wird sichergestellt, dass sämtliche Vertragstexte in einer einheitlichen Urkunde aufeinander abgestimmt sind. Wird erst einmal vorab der Leasingvertrag schriftlich gefasst, ist dieser schwebend formnichtig. Erst mit Eintragung des Grundstückserwerbs der Objektgesellschaft im Grundbuch, notarieller Beurkundung des Ankaufsvertrags bezüglich der Objektgesellschaft und Eintragung des Ankaufsrechts des Leasingnehmers am Grundbesitz im Grundbuch wird die Formnichtigkeit geheilt. Eine Heilungsmöglichkeit nach § 311b BGB entfällt, wenn der Leasinggeber bei Abschluss des Leasingvertrags bereits Eigentümer des Leasingobjekts ist und dem Leasingnehmer ein Erwerbsrecht am Leasingobjekt eingeräumt wird. Das Ankaufsrecht bedarf notarieller Beurkundung, eine Eigentumsumschreibung über die Immobilie findet aber überhaupt erst statt, wenn der Leasingnehmer das Ankaufsrecht annimmt. Die Eigentumsumschreibung im Grundbuch ist indessen Bedingung für die Heilung des insgesamt formnichtigen Geschäfts nach § 311b BGB. Das gesamte Leasingverhältnis bleibt also zivilrechtlich schwebend unwirksam, bis die Übertragung des fraglichen Grundstücks auf den Leasingnehmer vollzogen ist.[37]

---

[34] *Graf v. Westphalen* MittBayNot 2004, 13, 15.
[35] *Mörtenkötter* MittRhNotK 1995, 329, 342 f.; *Gondert/Biagosch* Immobilienleasing 855, 889.
[36] *Seibel* NZM 1999, 197, 198.
[37] *Graf v. Westphalen* MittBayNot 2004, 13, 16.

Sachverzeichnis

Fette Zahlen bezeichnen die §§, magere die Randnummern.

Abmahnung 28 105 ff., 154, 170 f., 185 f., **65** 24 ff., 34, 41, 50, 67 ff.
Abnahmepflicht 48 49 f.
Abrisskündigung 28 518
Abstellplatz 54 54
Abwicklung des beendeten Mietverhältnisses 10 375 ff., **31** 1 ff., **48** 222 ff.
– Abmahnung **31** 25
– Abnahmeprotokoll **31** 9
– Ansprüche des Mieters gegen den Vermieter **31** 36 ff.
– Ansprüche des Mieters gegen einen Untermieter **31** 46
– Ansprüche des Vermieters gegen den Mieter **31** 4 ff.
– Ansprüche des Vermieters gegen einen Untermieter oder Dritte **31** 4 ff.
– Aufwendungsersatz **31** 43 ff.
– Badewannen **31** 26
– Besitzrückgabe **31** 4 f.
– Beteiligte **31** 6
– Betriebsübergang **48** 233
– Beweismittel **31** 7 ff.
– Brandflecke **31** 26
– Checkliste: Abwicklung Mietverhältnis durch den Mieter **31** 48
– Checkliste: Abwicklung Mietverhältnis durch den Vermieter **31** 47
– Checkliste: Ende des Mietverhältnisses **31** 2
– Checkliste: keine Beendigung des Mietverhältnisses **31** 3
– Dübellöcher **31** 24
– Durchführung von Schönheitsreparaturen **31** 23
– Einrichtungen **31** 36 ff.
– Fliesen **31** 24
– Folgen bei verspäteter Herausgabe **31** 20 ff.
– Fotoaufnahmen **31** 13
– Fristsetzung **31** 25
– Gewerberaummietrecht **48** 222 ff.
– Herausgabe **31** 4 ff., 31
– hinzugezogene Zeugen **31** 13
– Kacheln **31** 24
– Kautionsabrechnung **31** 39
– konstitutives Schuldanerkenntnis **31** 10
– Mieteransprüche **31** 36 ff.
– negatives Schuldanerkenntnis **31** 11
– Nutzungsentgelt **31** 32 f.
– Nutzungsrecht bei verspäteter Herausgabe **31** 40 f.
– Parkettboden **31** 26
– Räumung **31** 4 ff., 31
– Rechtsanwalt **31** 13

– Rotweinflecke **31** 26
– Rückbauverpflichtungen **31** 28 f.
– Rückgabe der Mietsache **48** 222 ff.
– Rückgabe der Schlüssel **31** 14 f.
– Rückgabe sonstiger Mieterleistungen **31** 42
– Schadensersatz wegen Beschädigung/Verschlechterung oder vertragsgemäßer Gebrauch **31** 24 ff.
– Schlüssel **31** 15
– Schuldanerkenntnis **31** 10 f.
– selbstständiges Beweisverfahren **31** 13
– Teppichboden **31** 26
– Türen **31** 26
– Übergabeprotokoll **31** 7 ff.
– Übergabetermin **31** 7 ff.
– Umfang der Räumung **31** 16 ff.
– unterlassene Wartungsarbeiten **31** 26
– Verjährung nach § 548 BGB **48** 231 f.
– Vermieterpfandrecht **31** 30
– verspätete Rückgabe des Mietobjekts **48** 228
– Videoaufnahmen **31** 13
– Warmwassergeräte **31** 26
– Wegnahme von Einrichtungen **31** 36 ff.
– Wohnraummietrecht **10** 375 ff., **31** 1 ff.
– Zufallszeuge **31** 13
– Zeugen **31** 13
– zurückgelassene Sachen des Mieters **48** 226 f.
Änderung der Miete 10 229 ff., **48** 93 ff.
– Erhöhungsvorbehalte **10** 229 ff.
– Formerfordernisse **48** 96
– Gewerberaummiete **48** 93 ff.
– Indexmiete **48** 98 ff.
– Mietanpassungsklauseln **48** 98 ff.
– Mieterhöhung trotz Befristung **10** 232 ff.
– Mieterhöhungsvereinbarung im Einzelfall **48** 95 f.
– Preisklauselgesetz **48** 100
– Staffelmietvereinbarung **48** 97
– Wohnraummiete **10** 229 ff.
Änderung der Vertragsdauer 53 1 ff.
AGB-Recht 43 1 ff., **43** 10 f., **48** 1 ff.
– Anwendung auch auf Einzelverträge **10** 87 ff.
– Begriff der Allgemeinen Geschäftsbedingung **10** 14 ff.
– Besonderheiten bei Verbraucherverträgen **10** 78 ff.
– Drittklauseln **10** 85 f
– Einbeziehung in den Mietvertrag **10** 33 ff., **48** 4
– ergänzende Vertragsauslegung **10** 51 ff.
– Geltung der §§ 305–310 BGB **10** 8 ff.
– Gewerberaummietrecht **43** 10 f., **48** 1 ff.
– individuelles Aushandeln **10** 26 ff.
– Inhaltskontrolle **10** 56

1827

Sachverzeichnis

fette Zahlen = §§

- konkret-individuelle Inhaltskontrolle 10 90 ff.
- persönlicher Anwendungsbereich 10 9 f.
- Rechtsfolgen unwirksamer Klauseln 10 94 ff.
- Rücksichtnahmegebot des § 241 Abs. 2 BGB 10 4
- sachlicher Anwendungsbereich 10 8
- Schadensersatzpflicht des Verwenders unwirksamer Klauseln 10 98
- Schuldrechtsreform 10 2
- Stellen von Vertragsbedingungen 10 21 ff.
- Übergabe- oder Abnahmeprotokolle 10 18
- überraschende Klauseln 10 39 ff., 48 7
- Unklarheitenregel 10 54 f., 48 6
- Unterlagen 10 36
- Urkunden 10 36
- Verbandsklagen 10 3, 5
- Verbandsklageverfahren 10 99
- Verwendereigenschaft 10 22 ff.
- Vorabentscheidung des EuGH 10 99 ff.
- Vorrang der Individualabrede 10 47 ff., 48 8
- zeitlicher Anwendungsbereich 10 11 ff.
- zwingende wohnraummietrechtliche Vorschriften 10 3

AGG s. *allgemeines Gleichbehandlungsgesetz (AGG)*
allgemeine Geschäftsbedingungen s. *AGB-Recht*
allgemeines Gleichbehandlungsgesetz (AGG) 46 32
Anbau 20 202 f., 59 14
- Abgrenzungsfragen 20 199 ff.
- abweichende Vereinbarungen 59 15
- gesetzliche Regelungen 20 204 ff.
- Rechtslage vor Inkrafttreten des Mietrechtsreformgesetzes 20 217 ff.
- Übergangsregelung 20 217 ff.

Anfangsrenovierungsklauseln 5 8, 10 287, 19 138 f., 48 154, 58 19 f.
Anmietrecht 7 2, 7 ff., 44 49 ff., 45 2, 7 ff.
- Allgemeines 45 7 ff.
- Aspekte aus Sicht des Mietinteressenten 45 10
- Aspekte aus Sicht des Vermieters 45 11
- aufschiebende Bedingungen 44 51
- Begründungsoption 44 50
- Gewerberaummietrecht 44 49 ff., 45 2, 7 ff.
- Muster 45 13
- Optionsrecht 44 50
- praktische Bedeutung 45 10 ff.
- Rahmenvertrag 44 49
- vertragsähnliches Vertrauensverhältnis 44 54
- Vertragsgestaltung 45 13
- Vorverhandlungen 44 52
- Vorvertrag 44 51
- Wohnraummietrecht 7 2, 7 ff.

Anpassung von Betriebskosten 62 56 ff.
- Änderung der Betriebskostenvorauszahlungsbeträge 61 56
Anzeigepflichten 15 55 ff., 48 163 ff.
Arztpraxis 69 155 ff.
- Ausstattung der Arztpraxis 69 160 ff.
- Ersatzmieter 69 176 ff.
- Formulierungsvorschlag 69 159, 165, 167, 175

- Konkurrenzschutz 69 172 ff.
- Mietvertrag 69 155 ff.
- Nachmieter 69 176 ff.
- Praxiskauf 69 168 ff.
- Schadensersatz wegen Nichterfüllung 69 163
- Sicherungsmaßnahmen 69 164
- technische Ausstattung 69 161
- Übernahme von Einrichtungen durch den Mieter 69 168 ff.
- umfänglichere Umbauten 69 163
- Vertragszweck 69 155 ff.

auflösende Bedingung (§ 572 BGB) 29 148 ff., 152 ff.
Aufwendungsersatz 18 8 ff., 48 201
Aufzüge 54 66 f.
Ausbau 20 200, 59 14
- Abgrenzungsfragen 20 199 ff.
- abweichende Vereinbarungen 59 15
- gesetzliche Regelungen 20 204 ff.
- Rechtslage vor Inkrafttreten des Mietrechtsreformgesetzes 20 217 ff.
- Übergangsregelung 20 217 ff.

außergerichtliche Konfliktlösung 40 1 ff., 74 1 ff.
- aktuelle Entwicklung 40 6 ff., 74 5 ff.
- „alternative dispute resolution (ADR)" 40 10
- Arbitration 40 10, 74 4
- Arten 40 10 f.
- Begriff 40 10 f.
- Beratung durch Verbände 40 13
- Bundesverfassungsgericht 40 1, 9
- freiwillige Schlichtung 40 18 ff.
- hohes Konfliktpotenzial 40 2
- Mediation 40 10 f., 24 ff., 74 1, 4
- Mediationsverfahren 40 7
- Mietschlichtungsstellen 40 21 ff.
- Negotiation 40 10, 74 4
- obligatorische Schlichtung 40 6, 14 ff.
- Prinzipien der Mediation 40 26 ff.
- Rechtsdienstleistungsgesetz 40 8
- Resümé 40 44
- Richtlinie 2008/52/EG 40 7
- Schiedsgutachterverfahren 74 1
- Schlichtung 40 10 f., 14 ff., 74 4
- Schlichtungsgesetze der Länder 40 15
- Verfahren vor Schiedsleuten 40 19 f.
- Verhandeln 40 10 f., 12 f., 74 4
- Vermitteln 40 10, 74 4

Bagatellreparaturen s. *Kleinreparaturen*
bauliche Veränderungen durch den Mieter 48 161 f.
bauliche Voraussetzungen 54 68 f.
Bedarfsklauseln 5 7
bedingter Mietvertrag 5 18 f.
Beendigung des Mietverhältnisses, Gewerberaummietrecht 48 205 ff., 65 111 ff.
- Formalien 48 206 ff.
- fristgerechte, ordentliche Kündigung 48 210 ff.
- fristlose Kündigung 48 213 ff.
- Kündigungsfristen 48 210 f.

1828

magere Zahlen = Randnummern   **Sachverzeichnis**

- nachträglicher Wegfall der Kündigungsfolgen 48 208 f.
- Schriftform 48 206
- Sonderkündigungsrechte 48 219
- sonstige Beendigungsgründe 48 220 f.
- Zugang 48 207

Begründungsoption *s. Option*
Beratungshilfe 4 65 ff.
- andere Hilfsmöglichkeiten 4 76 f.
- Antragsvoraussetzungen unter Berücksichtigung mietrechtlicher Fälle 4 70 ff.
- Bedürftigkeit 4 74
- Beratungshilfegebühr 4 83
- Entziehung 4 84
- Erstkontakt im Beratungshilfe-Mandat 4 66 ff.
- Form des Antrags 4 80 ff.
- Hinweispflicht des Rechtsanwalts 4 67
- Honoraransprüche des Rechtsanwalts 4 87 ff.
- Inhalt des Antrags 4 80 f.
- Kostenfestsetzungsverfahren 4 92 ff.
- Mutwillen 4 78
- persönlicher Anwendungsbereich 4 73
- Rechtsbehelfe 4 85 f.
- Rechtssuchender mit Berechtigungsschein 4 68
- Rechtssuchender ohne Berechtigungsschein 4 69
- Rechtswahrnehmung 4 75
- sachlicher Anwendungsbereich 4 71 f.
- Übernahmepflicht des Rechtsanwalts 4 67
- zuständiges Gericht 4 79

Berufung
- gegen Urteile des AG an das OLG 5 61

Besichtigung der Mietsache 5 25
Besichtigung der Wohnung 15 129 ff.
- Ablesung von Messeinrichtungen 15 141
- Abwehrrechte des Mieters 15 142 ff.
- abweichende Vereinbarung 15 152 ff.
- Besichtigung oder Behebung von Mängeln oder Schäden 15 134 f.
- gerichtliche Inanspruchnahme 15 150 f.
- gesetzliche Regelung 15 129 ff.
- Gutachter 15 138 ff.
- Handwerker 15 138 ff.
- Kauf– oder Mietinteressenten 15 136 f.
- Makler 15 136 f.
- Sachverständige 15 138 ff.
- Überprüfung des Zustandes 15 132 f.

Besichtigungsklauseln 48 142 f.
Besichtigungsrecht 54 155 ff.
- als gesetzliche Nebenpflicht 54 157 ff.
- prozessuale Durchsetzung 54 162
- unwirksame formularvertragliche Vereinbarungen 54 161
- vertraglich vereinbart 54 156

Besitzschutzansprüche 52 11 ff.
- Besitz 52 13
- Umfang des Besitzes 52 14

Bestätigungsklauseln 48 142 f.
Betrieb der Mietsache 14 1 ff., 52 1 ff., 10
Betriebskosten 24 1 ff., 43 21 ff., 48 103 ff., 62 1 ff., *s. a. Heizkostenverordnung*

- Abrechnung *s. Betriebskostenabrechnung*
- Abflussrohre 24 147
- Abrechnungsmaßstab 5 17, 10 203 f.
- Abwasseranlagen 48 106
- Änderungsvorbehalte 10 205 ff., 48 111 ff.
- Anpassung 62 56 ff.
- Antenne 24 133 ff.
- Aufzug 24 79 ff.
- Begriffsbestimmung 24 1 ff.
- Beleuchtung, § 2 Ziffer 11 BetrKV 24 108 f.
- Betriebskostengruppen 24 45 ff.
- Betriebskostenmehrbelastungsklauseln 24 149 ff.
- Betriebskostenverordnung 24 1
- Blitzschutzanlagen 24 146
- Brandbekämpfung 48 106
- Brandschutzwartung 24 146
- Breitbandkabelnetz 24 134 ff.
- Bruttomiete 24 12 f.
- Bügelmaschine 24 141
- Dachrinnenreinigung 24 146
- Einzelfeuerstätten 24 143
- Einzelwasserzähler 24 61
- Elektroanlage 24 146
- Entrümpelung 24 73
- Entwässerung, § 2 Ziffer 3 BetrKV 24 64 ff.
- Erhöhung der Pauschale 1 23
- Fehler bei der Mietflächenberechnung 62 14 ff.
- Fenster 24 147
- Feuerlöschgeräte 24 146 f.
- Feuerversicherungsprämie 24 111
- Flächenberechnung 62 11 ff.
- Flüssiggastank 24 147
- Formulierungsvorschlag 24 19, 30, 44, 149
- Fußmatten 24 147
- Gartenpflege, § 2 Ziffer 10 BetrKV 24 87 ff.
- Gastank 24 147
- Gebäudehaftpflichtversicherung 24 113
- Gebäudereinigung, § 2 Ziffer 9 BetrKV 24 99 ff.
- Gebot der Wirtschaftlichkeit 62 22 ff.
- Gebühren nach dem Urheberrechtsgesetz 24 148
- Gegensprechanlage 24 147
- Gemeinschafts-Antennenanlage 24 133
- Gemeinschaftswaschmaschine 24 140 f.
- gesetzliche Regelung 24 2 f.
- Gewerberaummiete 43 21 ff., 48 103 ff.
- Großobjekte 69 59 ff.
- Grundsteuer 24 45 ff.
- Grundsteuererhöhung 24 49
- Grundsteuermehrbelastung 24 47
- Hausreinigungskosten 24 100
- Hauswart, § 2 Ziffer 14 BetrKV 24 119 ff.
- Heizkosten 24 291 ff., 62 31 ff.
- Heizungsanlagen 48 106
- Hinweis auf die BetrKV 48 105 ff.
- Kabelgebühren 24 134 ff.
- Katalog des § 556 Abs. 1 BGB im Gewerberaummietrecht 62 1 f.
- Kinderspielplatz 24 96, 146, 48 106

1829

Sachverzeichnis

fette Zahlen = §§

- Klimaanlage **24** 146
- Klingelanlage **24** 147
- Kontoführung **48** 106
- Kosten der Beleuchtung, § 2 Ziffer 11 BetrKV **24** 108 f.
- Kosten der Entwässerung, § 2 Ziffer 3 BetrKV **24** 64 ff.
- Kosten der Gartenpflege, § 2 Ziffer 10 BetrKV **24** 87 ff.
- Kosten der Gebäudereinigung und Ungezieferbekämpfung, § 2 Ziffer 9 BetrKV **24** 99 ff.
- Kosten der Sach- und Haftpflichtversicherung, § 2 Ziffer 13 BetrKV **24** 110 ff.
- Kosten der Schornsteinreinigung § 2 Ziffer 12 BetrKV **24** 142 ff.
- Kosten der Straßenreinigung und Müllbeseitigung § 2 Ziffer 8 BetrKV **24** 67 ff.
- Kosten der Verwaltung **48** 106
- Kosten der Wasserversorgung, § 2 Ziffer 2 BetrKV **24** 50 ff.
- Kosten des Betriebs der Einrichtungen für die Wäschepflege, § 2 Ziffer 16 BetrKV **24** 139 ff.
- Kosten des Betriebs des Personen- oder Lastenaufzugs, § 2 Ziffer 7 BetrKV **24** 79 ff.
- Kosten für den Hauswart, § 2 Ziffer 14 BetrKV **24** 119 ff.
- Kosten nach § 2 Ziffer 15 BetrKV **24** 133 ff.
- Kostenmiete **25** 131 ff.
- laufende öffentliche Lasten des Grundstücks, § 2 Ziffer 1 BetrKV **24** 45 ff.
- Leerstandsklauseln **10** 215 f.
- Lüftungsanlage **24** 146, **48** 106
- Mehrbelastungsklauseln **10** 195 ff., **48** 110
- Müllbeseitigung § 2 Ziffer 8 BetrKV **24** 67 ff.
- Müllentsorgung, besondere **48** 106
- Müllschlucker **24** 146
- Mülltrennung **24** 78
- Nettokaltmiete **24** 14
- Pauschalen **24** 15 f., **62** 30
- Pflanzenerneuerung **24** 91
- Pförtner **24** 126
- Rauchmelder **24** 146
- Reinigungsmittel **24** 71, 103
- Rolltreppen **48** 106
- Rückstausicherung **24** 146
- Sauna **24** 146, **48** 106
- Schornsteinreinigung § 2 Ziffer 12 BetrKV **24** 142 ff.
- Schriftformerfordernis **61** 10
- Schwimmbad **48** 106
- Sicherheit **48** 106
- Sondermüll **24** 73
- sonstige Betriebskosten, § 2 Ziffer 17 BetrKV **24** 144 ff.
- Sperrmüll **24** 73
- Spielplatz **24** 96, 146, **48** 106
- Sprinkleranlage **24** 146
- Straßenreinigung, § 2 Ziffer 8 BetrKV **24** 67 ff.
- Streugut **24** 71
- Sturmschäden **24** 92

- Telekommunikationseinrichtungen **48** 106
- Transportanlagen **48** 106
- Treppenreinigungskosten **24** 101
- Überwachung **48** 106
- Umlage neuer Betriebskosten **10** 201 ff., **48** 110
- Umlagevereinbarung **1** 9, **10** 187 ff., **48** 104
- Umsatzsteuer **48** 109, **60** 54, **62** 17 ff.
- Ungezieferbekämpfung, § 2 Ziffer 9 BetrKV **24** 99 ff., 104 ff.
- Unwandlung der Mietstruktur **24** 20 ff.
- Vereinbarungen über Nebenkosten im Gewerberaummietrecht **62** 1 ff.
- Verteilerschlüssel **62** 11 ff.
- vertragliche Vereinbarung zur Überwälzung der Betriebskosten auf den Wohnraummieter, § 556 BGB **24** 3 ff.
- Verwaltungskosten **48** 106
- Verwertungsgesellschaften **24** 148
- Vorauszahlungen **24** 31 ff., **62** 27 ff.
- Wach- und Schließgesellschaft **24** 147
- Wäscheschleuder **24** 141
- Wäschetrockner **24** 141
- Waschmaschine **24** 140 f.
- Wasseranlagen **48** 106
- Wasserversorgung, § 2 Ziffer 2 BetrKV **24** 50 ff.
- weitere in der BetrKV nicht geregelte Betriebskosten **62** 3 ff.
- Winterdienst **24** 69 f.
- Wohnraummietrecht **24** 1 ff.
- **Betriebskosten bei Kostenmiete 25 131 ff.**
- Aufteilung **25** 135 ff.
- Erhöhung der Vorauszahlung **25** 161
- Garagen **25** 145 ff.
- Jahresfrist **25** 155 ff.
- Umlagefähigkeit **25** 132 ff.
- Umlagemaßstab **25** 135 ff.
- Verteilung bei gemischt genutzten Objekten **25** 140 ff.
- Wärmecontracting **25** 153 f.
- Wirtschaftseinheit **25** 152
- **Betriebskostenabrechnung 5 28 ff., 10 210 ff., 24 151 ff., 48 114, 62 37 ff.**
- Abrechnung nach Wirtschaftseinheit **24** 254 ff.
- Abrechnungsfrist **24** 192 ff., **62** 38
- Abrechnungsreife **24** 196, **62** 39 ff.
- Abrechnungszeitraum **24** 192 ff.
- abweichende Vereinbarungen zum Nachteil des Mieters **24** 225
- Änderungsrecht zu verbrauchs- und verursachungsabhängigem Abrechnungsmaßstab **24** 265 ff.
- aperiodische Betriebskosten **24** 192
- Ausgleich des Saldos **24** 241 ff.
- Ausschlussfristen **24** 192 ff., 199 ff.
- Begrenzung der Höhe der Nachforderung **24** 217
- Belege **24** 181 ff.
- Berufungsinstanz **24** 215
- Besonderheiten bei der Heizkostenverordnung **24** 291 ff.

1830

magere Zahlen = Randnummern **Sachverzeichnis**

- Beweislast **24** 165, 227
- Checkliste **1** 10
- Checkliste zur Prüfung einer Betriebskostenabrechnung **24** 372
- Darlegungslast **24** 165
- Direktabrechnung des Mieters **24** 278 f.
- Eigentumswechsel **24** 152
- Eigentumswohnung **24** 178 f., 188, 272
- einheitlicher Vorauszahlungsbetrag **24** 206
- Einheitlichkeit der Urkunde **24** 158
- Einwendungen bei nachgebesserter Abrechnung **24** 219
- Einwendungen gegen die Abrechnung **24** 218 ff.
- Einwendungsfrist **24** 220
- Einwendungsfrist bei nicht umlagefähigen Kosten **24** 221
- Ende des Abrechnungszeitraums **24** 201
- Erläuterung **24** 170 ff.
- Form der Abrechnung **24** 155 ff., **62** 43
- Formulierungsvorschlag **24** 191, 198, 276, 280 f.
- gemischt genutzte Abrechnungseinheiten **24** 271
- getrennte Erfassung des Gewerbeverbrauchs **24** 269
- Gewerberaummiete **48** 114, **62** 37 ff.
- Grundsatz der Wirtschaftlichkeit **24** 159 ff.
- Honorarvereinbarung **24** 246
- Inhalt der Abrechnung **62** 44 ff.
- Insolvenzverfahren **24** 154
- Insolvenzverwalter **24** 154
- Kalenderjahr **24** 192
- Kontrollrechte des Mieters **62** 51 ff.
- „Kopfteile" **24** 274
- Korrektur der Abrechnung **62** 48 ff.
- Kosten bei Mieterwechsel während der Abrechnungsperiode **24** 282 ff.
- Leerstandsrisiko **24** 252
- Leerstände **24** 247 ff.
- Leistungsabrechnung **24** 194
- materielle Anforderungen **24** 166 ff.
- mehrere Wohneinheiten **24** 175
- Muster für eine Betriebskostenabrechnung **24** 180
- nachträgliche Erhöhung der Grundsteuer **24** 208 f.
- Nachweis des rechtzeitigen Zugangs **24** 200
- Nachzahlung **24** 202
- neue Anschrift des Mieters **24** 207
- nicht umlagefähige Kostenteile **24** 174
- Passivlegitimation **24** 151 ff.
- Personenzahl **24** 260, 275
- preisgebundener Wohnraum **24** 157
- Prüfungsfrist **24** 241 ff.
- Prüfungsrecht **24** 181 ff.
- Rückzahlung der Vorauszahlungen **24** 226 ff.
- Rückzahlungsansprüche des Mieters wegen überzahlter Betriebskosten **24** 222 f.
- Sammelpositionen **24** 176 f.
- Schadensersatzanspruch des Mieters **24** 164
- Schriftform **24** 158
- Schuldanerkenntnis **24** 243
- Streitwert **24** 290
- Streitwert einer Klage auf Rückzahlung der Betriebskosten **24** 234
- Strom **24** 162
- Stufenklage **24** 224
- tatsächlich geleistete Vorauszahlungen **24** 168
- Teilabrechnungen **24** 210 ff.
- Übergangsvorschriften **24** 286 ff.
- Umlageschlüssel **24** 169, 258 ff.
- Veränderung des Umlageschlüssels **24** 261
- Verbrauchserfassung **24** 264
- Verjährung **24** 235 ff.
- Vermietung einer Eigentumswohnung **24** 178 f., 188, 272
- Verpflichtung zur Modernisierung **24** 163
- Verteilerschlüssel **24** 169, 258 ff.
- vertraglicher Vorbehalt zur Änderung des Verteilungsmaßstabs **24** 262
- Verursachung **24** 264
- Verwirkung **24** 235 ff., 239 f.
- WEG-Verwalter **24** 205
- Wirtschaftseinheit **24** 254 ff.
- Wohnfläche **24** 258, 273
- Wohnraummiete **5** 28 ff., **10** 210 ff., **24** 151 ff.
- Zahlung auf verfristete Betriebskostenabrechnung **24** 233
- Zeitraum von 3 Monaten für Nachforderungen **24** 216
- Zugang **24** 200
- Zurückbehaltungsrecht **24** 226
- Zwangsverwalter **24** 153 f.
- Zwangsvollstreckung **24** 289
- Zwischenablesung **24** 283

Betriebskostenpauschale
- Checkliste **1** 13, 23
- Klage auf Erhöhung, Checkliste **1** 23

Betriebskostenumlagevereinbarung, Checkliste **1** 9

Betriebspflicht 43 31, **48** 51 ff., **52** 10, **55** 210 ff., **69** 9 ff.
- Anpassen der Betriebspflicht wegen Störung der Geschäftsgrundlage **55** 240 ff.
- Ansprüche des Vermieters bei Verstoß gegen Betriebspflicht **55** 244 f.
- ausdrückliche Vereinbarung **55** 217 ff.
- Definition **55** 215 f.
- einstweilige Verfügung **55** 246 ff.
- formularvertragliche Betriebspflicht **55** 222 ff.
- konkludente Vereinbarung **55** 217 ff.
- Öffnungszeiten **55** 228 ff.
- Prozessuales **55** 246 ff.
- Untersagung zeitweiser Schließungen **55** 238 ff.

Beweislast 54 171 ff.
- Beweislast beim Schadensersatzanspruch gem. § 280 BGB (Sphärentheorie) **54** 174 f.
- Beweislast gem. § 538 BGB und dessen Erleichterung **54** 172 f.
- Vereinbarungen bezüglich der Beweislast **54** 171

1831

Sachverzeichnis

fette Zahlen = §§

Bezugsbindungen und Bezugsverpflichtungen 69 125 ff.
- außerordentliche Kündigung des Liefervertrags **69** 138
- Bindungsdauer von mehr als zehn Jahren **69** 130 f.
- Darlehen **69** 132
- Dienstbarkeit **69** 137
- Gaststätten **69** 125 ff.
- Rechtsnachfolgeklauseln **69** 135 f.
- Schriftform **69** 126 f.
- Vereinbarungen über die weiteren Bezugsmodalitäten **69** 133 f.
- Vereinbarungen zur Laufzeit und Laufzeitverlängerung **69** 128 ff.
- Verstoß gegen Bezugsverpflichtungen **69** 137 f.

Briefkasten 54 55

Checklisten 1 2 ff
- Abmahnung **28** 333, **65** 67
- Abschluss eines Mietaufhebungsvertrags **29** 157
- Abwicklung Mietverhältnis durch den Mieter **31** 48
- Abwicklung Mietverhältnis durch den Vermieter **31** 47
- Anwendbarkeit der §§ 566 ff. BGB **14** 21, **52** 19
- außerordentliche fristlose Kündigung des Mieters wegen erheblicher Gesundheitsgefährdung **28** 161, **65** 37
- außerordentliche fristlose Kündigung des Mieters wegen fehlender Gebrauchsgewährung **28** 143, **65** 28
- außerordentliche fristlose Kündigung wegen Störung des Hausfriedens **28** 178, **65** 44
- außerordentliche fristlose Kündigung wegen Unzumutbarkeit der Vertragsfortsetzung **28** 193, **65** 53
- außerordentliche fristlose Kündigung wegen Verweigerung der Genehmigung zur Untervermietung **28** 200, **65** 57
- Betriebskostenabrechnung **1** 10, **24** 372, **41** 10
- Betriebskostenpauschale, Erhöhung **1** 13
- Betriebskostenpauschale, Erhöhung, Klage **1** 23
- Betriebskostenumlagevereinbarung **1** 9; **41** 9
- Checkliste zu den verschiedenen Gestaltungsformen beim Immobilienleasing **79** 16
- Checkliste zur Gestaltung oder rechtlichen Einordnung des Pachtvertrags **75** 1
- Ende des Mietverhältnisses **31** 2
- Ermessenskriterien bei Radio und Fernsehen **16** 160
- Ermessenskriterien bei Tierhaltung **16** 35
- Förderung nach dem Wohnraumförderungsgesetz (WoFG) **25** 1
- Form (Gewerberaummiete) **41** 4
- Fortsetzungsverlangen, Mieter **1** 20
- Kaution **63** 3

- keine Beendigung des Mietverhältnisses **31** 3
- Kündigung, außerordentlich, befristet **1** 17; **41** 12
- Kündigung, außerordentlich, fristlos **1** 18; **41** 13
- Kündigung, ordentlich, Vermieter **1** 16; **41** 11
- Kündigungserklärung mit Stichworten und Beispielen **28** 70
- Kündigungsfristentabellen, Gewerberaummietrecht **41** 14 ff.
- Kündigungsfristentabellen, Wohnraum **1** 19 ff.
- Kündigungsrecht bei Tod des Mieters (Gewerberaummietrecht) **65** 65
- Mandatsabschluss **1** 25; **41** 18
- Mandatsannahme **1** 2
- Mandatsannahme bei Modernisierungsvorhaben **20** 7, **59** 4
- Mieterhöhungsfristentabellen, preisfreie Wohnungen **1** 14 ff
- Mieterhöhungsfristentabellen, preisgebundene Wohnungen **1** 15
- Mieterhöhung nach § 558 BGB, Klage **1** 21
- Mieterhöhung nach § 559 BGB, Klage **1** 22
- Mieterhöhung nach § 560 BGB, Klage **1** 23
- Mieterhöhungsverlangen nach § 558 BGB **1** 11
- Mieterhöhungsverlangen nach § 559 BGB **1** 12
- Mietgebrauch **1** 4; **41** 5
- Mietminderung **1** 5; **41** 6
- Mietminderungsberechnung **1** 6; **41** 7
- Mietpreisüberhöhung **21** 52
- mietrechtliches Mandat (Allgemeines bei Annahme des Mandats) (Gewerberaummiete) **41** 2
- Mietstruktur **1** 8; **41** 8
- Mietvertragsabschluss und -inhalt **1** 3; **41** 3
- Mietvorvertrag **45** 80
- Modernisierungsankündigung **1** 7
- mögliche Auflagen und Nachweise zur Konzessionserlangung **69** 122
- Optionsrecht **45** 97
- Planung und rechtliche Einordnung einer gewerblichen Gebrauchsüberlassung **44** 1
- Provisionsklage **70** 22
- Räumungsklage, Gewerberaummietsachen **41** 17
- Räumungsklage, Wohnraum **1** 24
- Tod des Vertragspartei **11** 423
- Überprüfung der Wirksamkeit einer Formularklausel zur Übertragung des Schönheitsreparaturen auf den Mieter **19** 145
- von §§ 566 ff. BGB erfasste Veräußerungsfälle BGB **14** 22
- Vorgehen bei Abgabe einer Mieterhöhung oder bei Prüfung eines zugegangenen Mieterhöhungsbegehrens **23** 19
- Vorgehensweise bei Veräußerung der Mietsache **14** 66, **52** 37

culpa in contrahendo 7 98 ff., **45** 98 ff.
- Abbruch von Vertragsverhandlungen **45** 106 ff.
- Aufklärungspflichten des Mieters **45** 117 ff.
- Aufklärungspflichten des Vermieters **45** 115 f.
- gesetzliches Schuldverhältnis **45** 99

magere Zahlen = Randnummern · **Sachverzeichnis**

- Gewerberaummiete **45** 98 ff.
- persönliche Verhältnisse **45** 119
- Umfang des Schadensersatzanspruchs **45** 103 ff.
- Verletzung von Aufklärungspflichten **45** 111 ff.
- Wohnraummiete **7** 98 ff.

Duldungspflichten 10 328 ff., **15** 44, **48** 163 ff.

Eigenbedarf 28 409 ff.
- Alternativwohnung **28** 441 ff.
- befristeter Bedarf **28** 428
- Begründung **28** 421 f.
- berechtigter Personenkreis **28** 415 ff.
- Betriebsbedarf **28** 415
- Ehegatte **28** 418
- Eigennutzung **28** 415
- Eltern **28** 418
- Enkel **28** 418
- Erlangungsinteresse **28** 411
- Familienangehörige **28** 417 f.
- GbR **28** 415, 466
- Geschwister **28** 418
- Gesellschaft bürgerlichen Rechts **28** 415, 466
- Gesellschafter **28** 415
- Großeltern **28** 418
- Härtegründe **28** 414
- Hausangestellte **28** 416
- Haushaltsangehörige **28** 416
- juristische Personen **28** 415
- Kinder **28** 418
- Kündigung „auf Vorrat" **28** 419
- Lebenspartner **28** 416
- Leitlinien der obergerichtlichen Rechtsprechung **28** 410 ff.
- Missbrauchsfälle **28** 411, 430 ff.
- nicht ausreichende Unterbringung **28** 424 ff.
- Nutzungswille **28** 419 ff.
- Personenhandelsgesellschaft **28** 415
- Pflegebedarf **28** 427
- Pflegepersonal **28** 416
- Schadensersatz wegen unberechtigter Kündigung **28** 568 ff.
- Sperre bei Umwandlung in Wohnungseigentum **28** 456 ff.
- tatsächliches Näheverhältnis **28** 418
- überhöhter Bedarf **28** 452 f.
- Urenkel **28** 418
- Urgroßeltern **28** 418
- Vereine **28** 415
- vernünftige und nachvollziehbare Gründe **28** 411
- Verschwägerte **28** 418
- Verwandte in gerader Linie **28** 418
- vorgetäuschter Eigenbedarf **28** 432 ff.
- vorhersehbarer Eigenbedarf **28** 437 ff.
- Wegfall des Eigenbedarfs **28** 454 ff.
- weiter entfernte Verwandte **28** 418
- wirtschaftliche Gründe **28** 429

Eigentumswohnung 33 1 ff.
- Anpassungsklauseln an wohnungseigentumsrechtliche Bindungen **33** 34 ff.

- Aufteilungsprobleme **33** 37 ff.
- Besonderheiten bei der Kündigung des Erwerbers **33** 48 ff.
- Betriebskostenumlage und – abrechnung **33** 9 ff.
- Konfliktsituation zwischen Wohnungseigentums- und Mietrecht **33** 1 ff.
- Mängel im Gemeinschaftseigentum **33** 31 ff.
- Mietvertragsschluss trotz Vermietungsbeschränkungen **33** 4 ff.
- Umwandlungsfall **33** 37 ff.
- „Umwandlungsfalle" **33** 37 ff.
- Verhältnis Eigentümergemeinschaft – Mieter **33** 19 ff.
- Verhältnis Eigentümergemeinschaft – vermietender Eigentümer **33** 15 f.
- Verhältnis Mieter – vermietender Eigentümer **33** 20
- Verhältnis vermietender Eigentümer – Mieter **33** 16 ff.
- Versorgungssperre **33** 27 ff.
- Vorkaufsrecht des Mieters **33** 41 ff.
- Willensbildung der Eigentümer über bauliche Veränderungen und Duldungspflicht des Mieters **33** 21 ff.
- Wohnungseigentumsrecht **33** 1 ff.
- wohnungseigentumsrechtswidrige Einräumung von Gebrauchsrechten **33** 12 ff.

einstweilige Verfügung 38 36 ff.
- Besitzentzug **38** 37 f.
- Entzug von Versorgungsleistungen **38** 37 f.
- Räumung **38** 36

elektronische Form 47 47 ff., **55** ff.
- Probleme des Zugangs und des Widerrufs bzw. der Anfechtung **47** 56 ff.

Endrenovierungsregelungen 5 8, **10** 287, **19** 141, **48** 155, **58** 22

energetische Modernisierung 5 26

Energieeinsparverordnung 46 31

Erfüllungsort 48 249

Erkenntnisverfahren 38 1 ff., **71** 1 ff.

Erledigung
- (Teil-)Erledigung vor Rechtshängigkeit **5** 59

Erweiterung des Geschäfts 54 74 f.

Erwerber als Mandant 52 30 ff.
- Gesichtspunkte gegenüber dem Mieter **52** 31
- Gesichtspunkte gegenüber dem Vermieter **52** 32

Fassadennutzung
- Muster **54** 64

Fernsehen s. *Radio und Fernsehen*

Firmenschilder 54 55 ff.

Fischereipachtrecht 77 280 ff.
- Aneignungsrecht des Pächters **77** 297 f.
- Anzeigepflicht **77** 288 ff.
- außerordentliche Kündigung **77** 307
- Beendigung des Pachtverhältnisses **77** 306 ff.
- Beteiligte des Fischereipachtvertrages **77** 282 ff.
- Betretungsrecht des Pächters **77** 302 ff.
- Dauer **77** 288 ff.

1833

Sachverzeichnis

fette Zahlen = §§

- Fischereiausübungsrecht **77** 282
- Fischereiberechtigter **77** 282
- Fischereierlaubnisverträge **77** 301
- Fischereigenossenschaften **77** 284
- Form des Fischereipachtvertrages **77** 288 ff.
- gesetzliche Grundlagen des Fischereipachtvertrages **77** 280 f.
- gesetzliche Regelung zur Beendigung des Pachtverhältnisses **77** 307 f.
- Hauptpflichten des Verpächters **77** 295 f.
- Hauptpflichten des Verpächters **77** 291 f.
- Inhalt des Fischereipachtvertrages **77** 280 f., 291 ff.
- mehrere Pächter **77** 286 f.
- Mindestdauer der Pachtzeit **77** 290
- Pächter **77** 285
- Schadensersatzansprüche gegen Dritte **77** 293 f.
- Unterverpachtung **77** 299 f.
- Veräußerung des Gewässergrundstücks **77** 283
- Verpächter **77** 282 ff.
- vertragliche Regelung zur Beendigung des Pachtverhältnisses **77** 306
- Weiterverpachtung **77** 299 f.

Flächenberechnung 43 12 f.

Formmängel
- Ausschluss und Einschränkungen der Berufung auf Formmängel **47** 61 ff.

Formularmietvertrag 10 1 ff.

Fortsetzungsverlangen des Mieters
- Checkliste **1** 20

Freizeichnungen des Vermieters 10 336 ff.

Fristenklauseln 5 7

Gaststätte
- andere Formen der Vertragsgestaltung **69** 142
- Mischvertrag **69** 145 ff.
- Pachtvertrag **69** 101 ff.

Gebäudehaftpflichtversicherung 37 12
- Ablösen bzw. Herabfallen von Gebäudeteilen **37** 12
- Gefährdungshaftung **37** 12
- Verkehrssicherungsverletzung **37** 12

Gebrauchspflichten des Mieters 15 40 ff.
- Anzeigepflichten **15** 55 ff., **48** 163 ff.
- Duldung von Maßnahmen des Vermieters zur Erhaltung der Mietsache **15** 44 ff.
- Duldung von Verbesserungsmaßnahmen **15** 48
- Duldungspflichten **15** 44, **48** 163 ff.
- Einhaltung der Grenzen des vertragsgemäßen Gebrauchs **15** 59 ff.
- Frostschutzheizung **15** 42
- Gebrauchspflicht **15** 41 f.
- Instandhaltung und Instandsetzung durch den Mieter **15** 43
- Mitwirkungspflicht **15** 45
- Obhutspflichten **15** 49 ff., **48** 163 ff.
- Versicherungspflicht **48** 166 f.
- Verkehrssicherungspflichten **48** 168 ff.

Gebrauchsrechte des Mieters 15 1 ff.
- Badezimmer **15** 33
- Balkon **15** 34 ff.
- bauliche Veränderungen **15** 10 ff.
- Energieart für Kochzwecke **15** 38
- Fahrradkeller **15** 25
- Fahrstuhl **15** 9
- Funk und Fernsehen **15** 17
- Gartennutzung **15** 18 ff.
- Gebrauchsüberlassung an Dritte **15** 29
- Gemeinschaftsflächen und -räume **15** 25 ff.
- Geräuschentwicklungen **15** 7
- gewerbliche Nutzung **15** 30 f.
- Haushaltsgeräte **15** 38
- Hoffläche **15** 28
- „Kinderlärm" **15** 6
- Kinderwagen **15** 26
- Mittagsruhezeit **15** 37
- Möblierung **15** 38
- Musizieren **15** 37
- Nachtruhezeit **15** 37
- Rauchen **15** 36, 39
- „Rollator" **15** 26
- Schlüssel **15** 9
- Tierhaltung **15** 32
- Treppenhaus **15** 26
- Waschküche **15** 27
- Waschmaschinen **15** 38

Gebrauchsüberlassung an Dritte 12 1 ff., **48** 176 ff., **50** 1 ff.
- Abtretung der Untermiete **50** 34
- Adoptivkinder **12** 7
- Änderung der Rechtspersönlichkeit des Mieters **50** 4
- Anspruch auf Erlaubniserteilung **12** 22 ff.
- Anspruch auf Vermieterzustimmung **48** 177 ff.
- Anzeige **12** 9
- auflösende Bedingung **50** 30
- Aufnahme Dritter in die Wohnung **12** 1 ff.
- Aufnahme eines Dritten in den Betrieb des Mieters **50** 3
- Aufnahme naher Angehöriger **12** 6 ff.
- Auskunftspflicht des Mieters bei Untervermietungswunsch **50** 12 f.
- Ausschluss des außerordentlichen Kündigungsrechts **50** 29
- berechtigtes Interesse an der Aufnahme **12** 24 ff.
- Besucher **12** 4
- Briefkastenfirmen **50** 9
- Dauer **50** 9
- Dritte **12** 6 ff.
- eheähnliche Lebensgemeinschaft **12** 7
- Ehegatte **12** 7
- Eltern **12** 7
- entgeltlich **12** 5
- Erlaubnis des Vermieters **12** 13 ff., **50** 12 ff.
- erwachsener Stiefsohn **12** 7
- Fitness-Center **50** 1
- Formulierungsvorschlag **50** 29
- Freunde der Kinder **12** 7
- Gebrauchsüberlassung an personenidentische juristische Person **50** 8
- gemeinsame Kinder **12** 7

magere Zahlen = Randnummern **Sachverzeichnis**

- genereller Ausschluss der Untervermietung 50 28
- Geschwister **12** 7
- Gewerberaummietrecht **48** 176 ff.
- gewerbliche Zwischenvermietung **50** 16 ff.
- Haftungsfragen **12** 61 ff.
- Hausangestellte **12** 6 f.
- Hotel **50** 1
- Inhalt der Erlaubnis **50** 14
- Kinder **12** 7
- Kündigungsbefugnisse **12** 61 ff.
- Kündigungsrechte des Mieters **12** 67 ff.
- Kündigungsrechte des Vermieters **12** 74 ff.
- Lagerhalle **50** 1
- Lebenspartner gem. § 1 Abs. 1 LPartG **12** 7
- Mehrerlösabführung **50** 33
- Partner einer eheähnlichen Lebensgemeinschaft **12** 7
- personelle Änderungen auf Seiten des Mieters **50** 2 ff.
- Pflegekinder **12** 7
- Pflegepersonen **12** 7
- Räumungstitel **12** 12
- Rechtsformänderungen auf Seiten des Mieters **50** 2 ff.
- Schwägerin **12** 7
- Schwiegermutter **12** 7
- Schwiegersohn **12** 7
- selbstständiger Mitgebrauch **12** 2 f.
- Sonderformen der Gebrauchsüberlassung **50** 2 ff.
- Stiefsohn **12** 7
- Störungen des Hausfriedens **12** 31
- Tabelle Angehörige und Dritte **12** 7
- Tochter **12** 7
- Treuhandschaften **50** 10 f.
- Überbelegung **12** 8, 30
- unentgeltlich **12** 5
- unselbstständiger Mitgebrauch **12** 2 f.
- Untermiete **12** 49 ff.
- Untermietzuschlag **12** 33 ff., **48** 183, **50** 32
- Unzumutbarkeit der Erlaubniserteilung **12** 29 ff.
- Veräußerung eines Einzelhandelsunternehmens **50** 7
- Verlobte **12** 7
- Verlobte der Kinder **12** 7
- Vertragsgestaltung **12** 79 f., **50** 28 ff.
- Vertragszweck **50** 1
- Verweigerung **12** 21
- Wechsel von Gesellschaftern oder Geschäftsführern **50** 5 f.
- wichtiger Grund in der Person des Dritten **50** 15
- Widerruf der Erlaubnis des Vermieters **12** 18 ff.
- Widerruflichkeit der Erlaubnis des Vermieters **50** 33
- Wohnraummietrecht **12** 1 ff.

Gebrauchsüberlassungspflicht des Vermieters **48** 134 ff.

Genehmigungen **54** 76 ff.
Genossenschaftswohnung **33** 134 ff.
- Änderung des Nutzungsentgelts **33** 183 ff.
- AGB-Vorschriften **33** 142
- Beendigung der Mitgliedschaft **33** 223 ff.
- Beendigung des Nutzungsverhältnisses **33** 206 ff.
- Bereitstellung der Wohnung **33** 199 f.
- Betriebskosten **33** 179 ff.
- Dauernutzungsvertrag **33** 212 ff.
- Einbeziehung der Ehegatten und Kinder **33** 201 ff.
- einfacher Nutzungsvertrag **33** 208 ff.
- Entgeltmodelle **33** 166 ff.
- Erbgang **33** 237 ff.
- Förderzweck **33** 155 ff.
- fristlose Kündigung **33** 217 f.
- Genossenschaftsrecht **33** 152 f.
- genossenschaftsrechtliche Wertungen im Nutzungsverhältnis **33** 154 ff.
- Gleichbehandlungsgrundsatz **33** 159 ff.
- Grundlagen **33** 138 ff.
- Höhe des Nutzungsentgelts **33** 165
- Kündigung des Nutzungsverhältnisses **33** 207 ff.
- Mietrecht **33** 148 ff.
- Minderung **33** 192
- Musternutzungsverträge **33** 141 f.
- Mustersatzung **33** 139 f.
- Nutzungsentgelt **33** 164 ff.
- Nutzungsverhältnis **33** 147 ff.
- Ordnungspolitik **33** 143 ff.
- Rechte und Pflichten der Genossenschaft **33** 199 ff.
- Rechte und Pflichten des Mitglieds **33** 164 ff.
- Rechtsfolgen bei Ungleichbehandlung **33** 173 ff.
- Rechtsnatur des Nutzungsverhältnisses **33** 147
- Rechtsquellen **33** 138
- Schönheitsreparaturen **33** 194 ff.
- Sonderzahlungen **33** 182
- Treuepflicht **33** 162 f.
- Vorbemerkungen **33** 134 ff.
- Wiedereinsetzung in die gekündigte Wohnung **33** 219 ff.

Gerichtsstandsvereinbarungen **48** 250
Gewährleistung **5** 20 ff., **10** 311 ff., **18** 1 ff., **48** 189, **57** 1 ff.
- Aufwendungsersatz **18** 8 ff., **48** 201, **57** 8 ff., **50**
- Besonderheiten bei der Rechtsmängelhaftung **48** 204
- Einschränkung des Minderungsrechts **48** 190 ff.
- fristlose Kündigung **48** 202 f., 213 ff.
- Gewährleistungsausschlüsse **18** 36 ff., **57** 36 ff.
- Gewerberaummietrecht **48** 189 ff., **57** 1 ff.
- Kündigung **18** 13 ff., **48** 210 ff., **57** 13 ff., **50** f.
- Kündigungstatbestände im Überblick **57** 19
- Mangel **18** 1 ff., **57** 1 ff.
- Minderung **18** 4 ff., **48** 190 ff., **57** 4 ff., 45
- Rechte Dritter **18** 22 ff., **57** 22 ff.

1835

Sachverzeichnis

fette Zahlen = §§

- Rechtsmängelhaftung 18 20 ff., 48 204, 57 20 ff.
- Sachmängelhaftung 18 1 ff., 57 1 ff.
- Schadensersatz 18 6 f., 48 194 ff., 57 6 f., 46
- Sonderkündigungsrechte 48 219
- Übersicht: Gewährleistungsansprüche 18 49, 57 54
- vertragliche Ausschlüsse 18 44 ff., 57 44 f.
- Wegfall der Geschäftsgrundlage 18 47 f., 57 52 f.
- Wohnraummietrecht 5 20 ff., 10 311 ff., 18 1 ff.

Gewaltschutzgesetz 36 1 ff.
- allgemeine Eingriffsvoraussetzungen 36 2 ff.
- Anspruch auf Nutzungsvergütung 36 19
- Ausschluss des Anspruchs auf Wohnungszuweisung, § 2 Abs. 3 GewSchG 36 16 ff.
- Auswirkung der Wiederholungsgefahr 36 16
- Beachtung des Grundsatzes der Verhältnismäßigkeit 36 15
- Befristung der Wohnungsüberlassung 36 11 ff.
- Beiordnung eines Rechtsanwalts 36 27
- Einfluss auf bestehende Mietverträge 36 20 f.
- entgegenstehende Belange des Täters 36 18
- Familiengericht 36 24
- Geschäftswert 36 26
- Grundlagen 36 1
- Regelungsinhalte 36 2 ff.
- Regelungsmöglichkeiten und Regelungszweck des § 2 GewSchG 36 10 ff.
- spezielle Eingriffsvoraussetzungen bei § 2 GewSchG 36 7 ff.
- Strafbarkeit gemäß § 4 GewSchG 36 29
- Titelherausgabe 36 28
- Titelverbrauch 36 28
- Unterlassungsanordnungen 36 14
- Verfahren 36 25
- Vollstreckung 36 27
- weitere Auswirkungen der Verabschiedung des GewSchG 36 22 f.
- Zeitablauf 36 17
- Zuständigkeit 36 24 ff.

gewerbliche Zwischenvermietung 50 16 ff.
- Formulierungsvorschlag 50 24
. Gewährleistung 50 27
- Interessenlage 50 17 f.
- Rechtsfolgen 50 22 ff.
- Voraussetzungen 50 19 ff.
- Wechsel des Zwischenvermieters 50 26

Gewinnklausel 61 49 ff.

Großobjekte 69 1 ff.
- Abgrenzung der Umsatzmiete zur Gewinnbeteiligung 69 75
- Basismiete 69 72
- Besonderheiten bei den Betriebskosten 69 59 ff.
- Bestandsschutz 69 35 ff.
- Betriebspflicht 69 9 ff.
- Betriebspflicht bei der Umsatzmiete 69 78 f.
- Bürohaus (Großobjekt) 69 80 ff.
- Einkaufszentrum 69 2 ff.
- Erhaltungs- und Betriebskosten für Gemeinschaftsflächen 69 67 ff.
- Ermittlung der Basismiete 69 73 f.
- Fallgruppen zur Abgrenzung zwischen Haupt- und Nebenartikeln 69 29 ff.
- Festlegung der für den Mietpreis maßgeblichen Umsätze 69 76 f.
- Festlegung des Vertragszwecks und des vertragsgemäßen Gebrauchs 69 5 ff.
- Formulierungsvorschlag 69 6, 8, 11, 16, 25, 37, 47, 58, 63, 79, 88, 95
- Geschäftsgrundlage 69 49
- Geschäftsgrundlage bei der Gewerberaummiete 69 50
- Gewährleistung des vertragsgemäßen Mietgebrauchs (Bürogebäude) 69 84 ff.
- Grenzen des Mangelbegriffs und der Zusicherungsfähigkeit 69 52 f.
- Grenzen des vertragsimmanenten Konkurrenzschutzes 69 27 f.
- immanente Betriebspflicht 69 12
- kartellrechtliche Beschränkungen des Konkurrenzschutzes 69 33 f.
- Klimatisierung von Büroräumen 69 85 ff.
- Konkurrenzschutz 69 20 ff.
- Konkurrenzschutz für Freiberufler 69 94 ff,
- Konkurrenzverbot 69 43 ff.
- Kosten des Center-Managements 69 61 ff.
- Mietobjekt in einem Bürohaus (Großobjekt) 69 80 ff.
- Mietobjekt in einem Einkaufszentrum 69 2 ff.
- Mischnutzung 69 98 ff.
- Nachbarschafts- und Umwelteinflüsse 69 89 ff.
- prozessuale Durchsetzung der Betriebspflicht 69 17
- Risiken zu strenger Reglementierung 69 13 f.
- Risikoübernahme durch den Vermieter 69 55
- Schadstoffbelastungen 69 91
- Umsatzmiete 69 70 ff.
- unrichtige Angaben zu den tatsächlichen Ertragsmodalitäten 69 51
- Vereinbarung der Betriebspflicht 69 10 f.
- Vereinbarung einer Umsatzmiete 69 71
- Vereinbarung von Konkurrenzschutz 69 21 ff.
- Verstoß des Mieters gegen Konkurrenzschutzbestimmungen 69 41 f.
- Verstoß des Vermieters gegen Konkurrenzschutzpflichten 69 38 f.
- Verstoß gegen Betriebspflicht 69 15 f.
- Verteilung der Geschäfts- und Ertragsrisiken 69 48 ff.
- vertragsimmanenter Konkurrenzschutz 69 26
- Verwaltungskosten 69 64 ff.
- Vollstreckung 69 19
- vom Umsatz unabhängige Basismiete 69 72
- (Zwangs-) Mitgliedschaft in einer Werbegemeinschaft 69 56 ff.

Haftung 17 1 ff., 56 1 ff.
- für Erfüllungsgehilfen 17 123, 54 51 ff., 56 123

Haftung des Veräußerers 52 22 ff.

magere Zahlen = Randnummern **Sachverzeichnis**

- Haftungsrisiken **52** 24
- Zeitrahmen **52** 23

Haftungsbegrenzungen zugunsten des Vermieters 54 34 ff.
- formularvertragliche Vereinbarung **54** 38 ff.
- individualvertragliche Vereinbarung **54** 37

Haftungserweiterungen zu Lasten des Mieters 48 171 ff., **54** 48 ff.
- Gefährdungshaftung **48** 172 f.
- Schadensverursachung durch Dritte **48** 174 f.
- Sphärenhaftung **54** 48 ff.
- Versicherbarkeit **54** 48 ff.

Haftungsüberbürdungen auf den Mieter 10 336 ff.

Hausordnung 15 94 ff., **54** 163 ff.
- Abmahnung **15** 125 ff.
- Änderungen **15** 119 ff.
- Änderungsvorbehalt **15** 120 f.
- Benutzungsordnungen in WEG-Anlagen **15** 99
- Beschluss der Hausgemeinschaft **15** 98
- Bestimmtheit **15** 101
- Betriebskostenumlagevereinbarung **5** 16
- Bindung der Hausordnung **15** 100
- Erfüllungsanspruch **15** 123
- Erlass der Hausordnung durch den Vermieter **15** 97
- Feuer- und Kälteschutz **15** 117
- Folgen bei Zuwiderhandlungen **15** 123 ff.
- Gleichbehandlung **15** 119
- Inhalt **15** 102 ff.
- Obhutspflichten **15** 112
- Reinigungsverpflichtungen **15** 109
- Rücksichtnahmeverpflichtungen **15** 102 ff.
- Schadensersatzanspruch **15** 128
- Sorgfaltspflichten **15** 112
- Tierhaltung **15** 118
- Unterlassungsanspruch **15** 124
- Verbindlichkeit **15** 94 ff.
- Vereinbarung **15** 94 ff.
- Wandel der sozialen Verhältnisse **15** 122
- Wasch- und Trockenordnung **15** 114 ff.

Hausratversicherung des Mieters 37 13 ff.
- Anstriche **37** 16
- Aufräumkosten **37** 19
- Bargeld **37** 15
- Blitzschlag **37** 18
- Bodenbeläge **37** 16
- Brand **37** 18
- Einbaumöbel **37** 16
- Einbruchdiebstahl **37** 18
- Erdbeben **37** 21
- Erdrutsch **37** 21
- Erdsenkung **37** 21
- Explosion **37** 18
- Frostschäden **37** 18
- Gewässer **37** 21
- grob fahrlässige Herbeiführung des Versicherungsfalles **37** 21
- Grundwasser **37** 21
- Hagel **37** 18
- Hausangestellte **37** 21
- Hausrat **37** 15
- Hochwasser **37** 21
- Hotelkosten **37** 19
- in das Gebäude eingefügte Sachen **37** 16, 22
- innere Unruhen **37** 21
- Kernenergie **37** 21
- Klauseln **37** 22
- Kriegsereignisse **37** 21
- Kurzschlussschäden **37** 21
- Lawinen **37** 21
- Leitungswasser **37** 18
- Leitungswasserschaden **37** 16
- Markisen **37** 15
- Mieter **37** 15
- nicht ordnungsgemäß geschlossene Fenster, Außentüren oder andere Öffnungen **37** 21
- nicht versicherte Schäden **37** 21
- Personen, die bei dem Versicherungsnehmer wohnen **37** 21
- Plantschwasser **37** 21
- Raub **37** 18
- Rechtsgrundlage **37** 14
- Reinigungswasser **37** 21
- Rückstau **37** 21
- Rundfunk- und Fernsehantennenanlagen **37** 15
- Sachversicherungsleistung **37** 19
- Schlossänderungskosten **37** 19
- Schneedruck **37** 21
- Schwamm **37** 21
- Sengschäden **37** 21
- Sturm **37** 18
- Sturmflut **37** 21
- Tapeten **37** 16
- Teppichboden **37** 17
- Überspannungsschäden **37** 21
- Untermieter **37** 16
- Vandalismus nach einem Einbruch **37** 18
- versicherte Gefahren, § 3 VHB 92 und VHB 2000 **37** 18
- versicherte Kosten, § 2 VHB 92 und VHB 2000 **37** 19
- versicherte Sachen, § 1 VHB 92 und VHB 2000 **37** 15 ff.
- Versicherungswert, § 18 VHB 92 und § 12 VHB 2000 **37** 20
- vorsätzliche Herbeiführung des Versicherungsfalles **37** 21
- Wertsachen **37** 15
- Witterungsniederschläge **37** 21

Heizkostenverordnung 24 291 ff., **62** 31 ff.
- Ablesung **24** 331 ff.
- Abrechnung **24** 336 ff.
- Abrechnungsfrist **24** 340
- Anpassung des Vertrags an die Bestimmungen der Heizkostenverordnung **24** 296
- Anschaffungskosten **24** 311
- Ausfall der Geräte zur Verbrauchserfassung **24** 320
- Ausnahmetatbestand des § 11 HeizKV **24** 297 ff.
- Bedienungskosten **24** 309

1837

Sachverzeichnis

fette Zahlen = §§

- behebbare Fehler der Heizkostenabrechnung 24 369
- Besonderheiten 24 291 ff.
- Betretungsrecht des Vermieters 24 331 ff.
- Einführung von Wärmecontracting 24 347 ff.
- Einsparung von Heizenergie 24 323
- Formulierungsvorschlag 24 313, 332
- Gebäudeeigentümer 24 293
- gemeinschaftliche Räume 24 302
- Gewerberaummietrecht 62 31 ff.
- Gradtagszahlenmethode 24 371
- Heizkosten 24 304 ff.
- Heizkostenabrechnung 24 331 ff.
- Heizkostenpauschale 24 295
- Heizkostenverordnung 2009 24 300, 329
- Heizkostenverteiler 24 314
- Kaltverdunstungsvorgabe 24 342
- Kosten des Betriebs der zentralen Heizungsanlage 24 304
- Kosten des Betriebs der zentralen Warmwasserversorgungsanlage 24 305
- Kosten für den Brennstoff 24 337
- Kostenumlage 24 323 ff.
- Leasingkosten 24 312
- Mängel der Heizanlage 24 364, 366
- Mängel des Gebäudes 24 364
- Mängel und Fehler der verbrauchsabhängigen Heizkostenabrechnung 24 358 ff.
- mangelhafte Wärmedämmung 24 365
- Mitteilung des Ergebnisses der Ablesung innerhalb eines Monats 24 334 f.
- Muster für Einzelabrechnung der Heizkosten 24 346
- Netzverluste 24 326
- nicht behebbare Fehler 24 370
- Nutzergruppen 24 315
- Plausibilitätskontrolle 24 367
- Prüfungsfrist für Abrechnung 24 341
- Rechenfehler 24 369
- Reparaturkosten 24 311
- Schätzung des Verbrauchs 24 320 f., 345
- selbst bewohnte Gebäude mit nicht mehr als zwei Wohnungen 24 294
- Skalierungsfehler 24 363
- Teilnahme des Mieters an der Ablesung 24 333
- Temperatur 24 303
- Trinkgelder 24 310
- Umrechnungsfaktor 24 336
- unterschiedliche Gebäudestrukturen 24 322
- Verbrauchserfassung 24 314 ff.
- verbundene Anlagen 24 328 ff.
- Verdunstungsverfahren 24 360
- Vorauszahlungen 24 338 f.
- Vorrang vor rechtsgeschäftlichen Regelungen 24 295
- Wärmecontracting 24 347 ff.
- Wärmezähler 24 314, 316 f.
- Warmwasserkostenverteiler 24 319
- Warmwasserzähler 24 314, 318
- Wirtschaftseinheit 24 322
- Zwischenablesung 24 342 ff.
- Zwischenzähler 24 308

Hinderung angemessener wirtschaftlicher Verwertung 28 480 ff.
- Angemessenheit der Verwertungsmaßnahme 28 493 ff.
- Ausschlussfälle 28 509 ff.
- Eintritt erheblicher Nachteile 28 497 ff.
- Leitlinie der verfassungsgerichtlichen Rechtsprechung 28 480 ff.
- Sperre bei Umwandlung in Wohnungseigentum 28 512
- Tatbestandsvoraussetzungen 28 490 ff.

Verhinderung der Verwertung durch das Mietverhältnis 28 492

Hotel
- andere Formen der Vertragsgestaltung 69 143
- Franchisingvertrag 69 144
- Mischvertrag 69 145 ff.
- Pachtvertrag 69 101 ff.

Immobilienleasing 79 1 ff.
- Amortisationsmodelle 79 25 ff.
- Ankaufrecht 79 67
- außerordentliche (fristlose) Kündigung 79 63 f.
- Baukosten 79 34
- Bauvertrag 79 32 ff.
- Bauzeit 79 34
- Beendigung des Immobilienleasingvertrages 79 62 ff.
- Brutto- und Nettoleasing 79 17 ff.
- buy-and-lease 79 20 ff.
- Checkliste zu den verschiedenen Gestaltungsformen beim Immobilienleasing 79 16
- Form des Immobilienleasingvertrages 79 66 ff.
- Formulierungsvorschlag 79 42, 47, 55, 60
- Gefahrtragung 79 56 ff.
- Gestaltungsformen beim Immobilienleasing 79 16 ff.
- Gewährleistung 79 35
- Grundmietzeit 79 2
- Inhalt des Immobilienleasingvertrages 79 42 ff.
- Instandsetzung/Instandhaltung 79 50
- Kaufoption 79 2, 8, 14
- Kündigung des Leasingvertrages 79 62 ff.
- Leasingobjekt 79 42 f.
- Leistungsbeschreibung 79 33
- Leistungsumfang 79 17 ff.
- Mietdauer 79 44 f.
- Mieterdarlehensmodell 79 30 f.
- Miethöhe 79 46 ff.
- Mietverlängerungsoption 79 2, 8, 14, 69
- Minderungsrechte 79 51 ff.
- notarielle Beurkundung 79 68 ff.
- Objektgesellschaft 79 39 ff., 70
- Optionsrechte 79 37 f.
- Rücktrittsrechte 79 65
- sale-and-lease-back 79 23 f.
- Spezialleasing 79 15

magere Zahlen = Randnummern **Sachverzeichnis**

- steuerrechtliche Beurteilung des Immobilienleasings **79** 5 ff.
- Teilamortisationserlass vom 23. 12. 1991 **79** 11 ff.
- Teilamortisationsverträge **79** 28 ff.
- Übergabe **79** 36
- Untervermietung **79** 61
- Verträge im Zusammenhang mit dem Immobilienleasingvertrag **79** 32 ff.
- Vollamortisationserlass vom 21. 3. 1972 **79** 7 ff.
- Vollamortisationsverträge **79** 26 f.
- wirtschaftliches Eigentum beim Leasinggeber **79** 5 f.
- zivilrechtliche Beurteilung des Immobilienleasingvertrages **79** 42 ff.

Indexmiete 22 43 ff., **61** 4 ff.
- Allgemeines **61** 4 ff.
- Berechnungshilfen auf destatis.de **61** 28 f.
- Bereicherungsanspruch des Mieters **61** 27
- Erhöhungsverlangen **22** 56 ff.
- Europarechtswidrigkeit des PrKG? **61** 7 f.
- Form **22** 47
- geltungserhaltende Reduktion einer verbotenen Preisklausel **61** 23 ff.
- gesetzliche Neuregelung **61** 7 ff.
- Gewerberaummietrecht **61** 4 ff.
- im Wohnraummietrecht unzulässige Klauseln **22** 53 f.
- Kostenelementeklauseln **22** 53 f.
- Leistungsvorbehalte **22** 53
- Leistungsvorbehaltsklausel **61** 31 ff.
- Muster einer automatischen Preisgleitklausel mit Schwellenwert **61** 15 ff.
- Muster einer einseitigen Leistungsvorbehaltsklausel mit Erhöhungsmaßstab **61** 41
- Muster einer Indexmietvereinbarung **22** 55
- Muster einer Mieterhöhungserklärung Vermieter an Mieter **22** 60
- Neuregelung Preisklauselgesetz (PrKG) – Unterschiede zum Preisangaben- und Preisklauselgesetz (PrKAG) iVm Preisklauselverordnung (PrKV) **61** 9 ff.
- notwendiger Inhalt der Vereinbarung zur Indexmiete **22** 48 ff.
- Preisklauselgesetz **61** 7 ff.
- Rechtsfolgen einer wirksamen Vereinbarung **22** 61 f.
- Schriftformerfordernis **61** 21 f.
- Spannungsklauseln **22** 53 f.
- Übergangsvorschrift **61** 14
- unzulässige Ausgestaltung einer erlaubten Klausel **22** 52
- unzulässige Vereinbarungen **22** 52 ff.
- „Verbraucherpreisindex für Deutschland" **22** 43
- Verwirkung des Nachzahlungsanspruchs **61** 30
- Voraussetzungen einer wirksamen Vereinbarung **22** 47 ff.
- Wegfall alter Indizes **61** 28 f.
- Wohnraummietrecht **22** 43 ff.

Insolvenz 39 134 ff., **73** 1 ff.
- absonderungsberechtigte Gläubiger **73** 5
- Aktivprozesse **73** 12
- anhängige Rechtsstreite **73** 11 ff.
- Arten von Gläubigern **73** 5
- auflösende Bedingung **39** 135
- Aufnahme **73** 11 ff.
- Aufrechnungsmöglichkeit des Mieters **73** 64 f.
- Auswechseln des Forderungsgrunds **73** 10
- besondere Vollstreckungsverbote im eröffneten Verfahren **73** 25
- Besonderheiten der dinglichen Vollstreckung **73** 24
- Beteiligte des Insolvenzverfahrens **73** 2 ff.
- drohende Zahlungsunfähigkeit **73** 4
- (einfache) Insolvenzgläubiger **73** 5
- Einzelzwangsvollstreckung **73** 18 ff.
- Einzelzwangsvollstreckungsmaßnahmen im Eröffnungsverfahren **73** 20 f.
- Einzelzwangsvollstreckungsmaßnahmen nach Eröffnung des Insolvenzverfahrens **73** 22
- Einzelzwangsvollstreckungsmaßnahmen vor der Insolvenz **73** 19
- Erfüllungsanspruch bei Vermieterinsolvenz **73** 56
- Feststellungsprozess **73** 15
- Fortbestand der Miet- und Pachtverhältnisse **73** 26 ff.
- Freigaberecht des Insolvenzverwalters **39** 136 ff.
- Fristsetzung **73** 39
- Gewerberaummietrecht **73** 1 ff.
- Gläubiger **73** 5
- Grundlagen des Insolvenzverfahrens **73** 2 ff.
- Insolvenzantrag **73** 4
- Insolvenzeröffnung nach Überlassung der Mietsache **73** 43 ff., 59
- Insolvenzeröffnung vor Überlassung der Mietsache **73** 37 ff., 57 f.
- Insolvenzfähigkeit **73** 5
- Insolvenzgericht **73** 3
- insolvenzrechtliche Besonderheiten bei Wohnraummietverhältnissen in der Insolvenz des Mieters **39** 135 ff.
- insolvenzrechtliche Besonderheiten bei Wohnraummietverhältnissen in der Insolvenz des Vermieters **39** 142
- Kautionen **39** 142
- kein Ersatz der Kündigung durch Freigabe der Mieträume **73** 54 f.
- kein Kündigungs- oder Rücktrittsrecht bei Vermieterinsolvenz **73** 60
- Klageart **73** 9 f.
- Klagefrist **73** 9 f.
- Klagegegenstand **73** 16
- Kündigung oder Freigabe statt Rücktritt **73** 42
- Kündigung wegen Verschlechterung der Vermögensverhältnisse **73** 35 f.
- Kündigung wegen Zahlungsverzugs **73** 31 ff.
- Kündigungsmöglichkeit und Anfechtung **73** 35

1839

Sachverzeichnis

fette Zahlen = §§

- Kündigungsmöglichkeiten nach dem BGB **73** 32 f.
- Kündigungsrecht des Insolvenzverwalters **73** 43 ff.
- Kündigungssperre des § 112 InsO **73** 31
- Lösungsklauseln im Mietvertrag **73** 34, 36
- Massegläubiger **73** 5
- Mietsicherheiten **39** 142, **73** 66
- Mietverhältnis in der Insolvenz des Mieters **73** 31 ff.
- Mietverhältnis in der Insolvenz des Vermieters **73** 56 ff.
- Mustertext: Feststellungsantrag **73** 16
- nicht betroffene Vollstreckungsmaßnahmen **73** 23
- Passivprozesse **73** 12
- Rechtsfolgen der Ausübung des Rücktrittsrechts **73** 40 f.
- Rechtsstreite **73** 9 ff.
- Rücktritt **39** 135
- Rücktrittsrecht **73** 37 f.
- Schadensersatzanspruch und Pfandrecht des Vermieters **73** 50 ff.
- Sonderkündigungsrecht des Erwerbers **73** 68
- Streitwert **73** 17
- Überschuldung **73** 4
- Unterbrechung **73** 11 ff.
- Veräußerung des Mietobjekts **73** 67 f.
- Vorausverfügungen über die Miete **73** 61 ff.
- Wohnraummietrecht **39** 134 ff.
- Zahlungsstockung **73** 4
- Zahlungsunfähigkeit **73** 4
- zeitliche Wirksamkeit von Vorausverfügungen **73** 61 ff.
- Ziele des Insolvenzverfahrens **73** 2 ff.

Instandhaltung und Instandsetzung 19 1 ff., **48** 144 ff., **58** 1 ff.
- Abgrenzungsprobleme **19** 8 ff.
- Abwälzung auf Mieters **19** 57 ff.
- Begriff **58** 2 ff.
- bei preisgebundenem Wohnraum **19** 66
- Duldungspflichten des Mieters **19** 67 ff.
- Folgen unwirksamer Formularvereinbarungen **58** 8
- Formularvereinbarungen **19** 59 ff., **48** 146, **58** 7
- Formulierungsvorschlag **58** 9
- Fürsorge- und Schutzpflichten **19** 51 f.
- gesetzliche Regelung **19** 1 ff.
- Gewerberaummietrecht **48** 144 ff., **58** 1 ff.
- Individualvereinbarungen **19** 57 f., **48** 145, **58** 6
- Kostenbegrenzung **48** 147
- Mitwirkungspflichten des Mieters **19** 75 ff.
- Nachrüstungspflicht **19** 27 ff.
- Opfergrenze **19** 37 ff.
- Pflichten des Mieters **19** 67 ff.
- Prozessuales **19** 78 ff.
- Reinigungs- und Beleuchtungspflichten **19** 52 ff.
- Übertragung auf den Mieter **58** 5 ff.

- Umfang **19** 14 ff.
- Verkehrssicherungspflicht **19** 43 ff.
- vollständige Überbürdung der Erhaltungspflichten auf den Mieter **48** 144
- Wartung **48** 148
- Wohnraummietrecht **19** 1 ff.
- Zerstörung der Mietsache **19** 33 ff.

Instandhaltungs- und Instandsetzungspflichten 10 331 ff.

Instandsetzung 19 1 ff. *s. Instandhaltung und Instandsetzung*

Inventar 76 1 ff.
- Beendigung des Pachtverhältnisses **76** 15
- Besitzverschaffung **76** 14 f.
- Dokumentation des übernommenen und zurückgegebenen Inventars **76** 17 f.
- Erhaltungs- und Ersetzungspflichten **76** 4 ff.
- Formulierungsvorschlag **76** 9, 12, 18
- Instandsetzungspflichten **76** 5
- Inventar als pachtvertragliches Merkmal der Fruchtziehung **76** 1 ff.
- Inventarkauf **76** 21 ff.
- Inventarkauf im Rahmen von (Bier-)Bezugsverpflichtungen **76** 25 f.
- Inventarleasing **76** 27 f.
- Inventarliste **76** 17, 19 f.
- Inventarübernahme zum Schätzwert **76** 7 ff.
- notarielle Beurkundung **76** 22 f.
- Obhutspflicht **76** 6
- Rückgabe des Inventars **76** 14 ff.
- Schriftform **76** 22 f.
- Überlassung **76** 1 ff.
- Übernahme des Inventars **76** 14 ff.
- Veräußerung von Inventar durch den Pächter **76** 12
- vertraglicher Ausschluss von Wertausgleich oder Wegnahmerechten **76** 10 ff.
- Wahrung der Schriftform (§ 550 BGB) bei der Inventarliste **76** 19 f.
- Wiederkauf **76** 24
- zentrale gesetzliche Vorschriften zum Inventar **76** 4 ff.
- Zubehör **76** 2

Jagdpacht 77 172 ff.
- Abweichungen von der vereinbarten Fläche **77** 257 ff.
- allgemeines Schadensrecht, §§ 823, 832, 278 BGB **77** 248 ff.
- Anpassungsklausel **77** 198
- Anzeigepflicht **77** 184 ff., 189 ff.
- Aufstellen und Übernahme jagdlicher Einrichtungen **77** 222 ff.
- Bau einer Jagdhütte **77** 228 f.
- Beendigung des Pachtverhältnisses **77** 267 ff.
- Befugnis zur Unterpacht **77** 205 ff.
- Befugnis zur Weiterverpachtung **77** 210 ff.
- Beseitigung von jagdlichen Einrichtungen **77** 278
- Beteiligte am Jagdpachtvertrag **77** 174 ff.
- Betretungsrecht des Jagdpächters **77** 217 ff.

magere Zahlen = Randnummern **Sachverzeichnis**

- Dauer 77 184 ff.
- Eigenjagd 77 180 f.
- Erteilung von Erlaubnisscheinen 77 213 ff.
- Form des Jagdpachtvertrags 77 184 ff.
- gesetzliche Grundlage des Jagdpachtrechts 77 172 f.
- gesetzliche Regelung zur Beendigung des Pachtverhältnisses 77 269
- Haftpflichtversicherung 77 253 ff.
- Haftung des Jagdpächters 77 230 ff.
- Haftung des Jagdpächters für Jagdhunde 77 243 ff.
- Haftung des Jagdpächters für Jagdschäden 77 230 ff.
- Haftung für Wildschaden 77 235 ff.
- Hauptpflichten des Pächters 77 194 ff.
- Hauptpflichten des Verpächters 77 194 ff.
- Inhalt des Jagdpachtrechts 77 172 f.
- Inhalt des Jagdpachtvertrages 77 193 ff.
- Jagd- und Aneignungsrecht 77 203 f.
- Jagdgenossenschaft 77 182 f.
- Jagdschutz 77 201
- Kündigung des Jagdpachtvertrages 77 274 ff.
- Kündigung des Pächters wegen Unzumutbarkeit einer Fortsetzung des Pachtverhältnisses 77 277
- Kündigung des Verpächters aus wichtigem Grund 77 274 ff.
- Landwirtschaftsgericht 77 191
- Leistungsstörungen 77 257 ff.
- Leistungsvorbehalt 77 198
- mehrere Pächter 77 176 ff.
- missbräuchliche Jagdausübung 77 231
- Pächter 77 174 f.
- Schriftform 77 184
- sonstige Mängel bei der Rechtspacht 77 260 ff.
- Spannungsklausel 77 199
- Tod des Pächters 77 270 ff.
- Treibjagden 77 251
- vertragliche Regelung zur Beendigung des Pachtverhältnisses 77 267 ff.
- Wildverwertung 77 203 f.
- Zwangsversteigerung 77 229

kaufmännisches Bestätigungsschreiben 46 20 ff.
- Absender 46 22
- Empfänger 46 22
- Freiberufler 46 21
- Gegenbestätigung 46 28
- Kaufleute 46 21
- Nichtkaufmann 46 21
- persönlicher Geltungsbereich 46 21 f.
- Rechtsfolgen 46 23 ff.
- sachliche und inhaltliche Parameter 46 23 ff.
- Schweigen 46 27
- typische Geschäfte 46 24
- überraschendes Bestätigungsschreiben 46 28
- Verhandlungsergebnis 46 25
- Vertragsschluss 46 30
- Vertragsverhandlungen 46 23
- Widerspruch 46 26

Kaution 26 1 ff., 43 25 ff., 48 124 ff., 63 1 ff. s. a. Mietsicherheiten
- Abgeltungssteuer 63 6 f.
- Arten der Sicherheitsleistung 26 7 ff., 63 6 ff.
- Aufrechnung 26 58 f.
- Auskunft 26 22
- Barkaution 26 7 ff., 63 6 f.
- Barrierefreiheit 26 51
- Beendigung des Mietverhältnisses 26 35, 63 16 ff.
- Beginn des Mietverhältnisses 26 28 ff., 63 15
- Besteuerung der Zinsen 26 40 f.
- Bürgschaft 26 10 ff., 63 8 f.
- Bürgschaft auf erstes Anfordern 26 13
- Checkliste: Kaution 63 3
- Einzelfragen 63 15 ff.
- Einzelprobleme 26 28 ff.
- Ergänzungspflicht 26 43, 63 21
- Fälligkeit 26 28 ff., 63 15 ff.
- Frist zur Kautionsabrechnung 26 46
- Garantieversprechen 26 60
- Gerichtsstand 26 61
- Gewerberaummietrecht 43 25 ff., 48 124 ff., 63 1 ff.
- Höhe der Kaution 26 23 ff., 63 14
- Insolvenz 26 18 ff., 63 22 ff.
- Kautionsabrechnung 26 44 ff.
- Kosten 26 36
- Mietausfallbürgschaft 26 13
- Mietermehrheit 26 57
- Muster einer Kautionsabrechnung 26 44
- Muster einer Kautionsvereinbarung 26 1, 63 4
- Parabolantenne 26 50
- Pfändung des Kautionsguthabens 26 42
- Schuldbeitritt 26 18 ff.
- Schuldübernahme 26 18 ff.
- selbstschuldnerische Bürgschaft 26 13
- Sicherheitsabtretung 26 18 ff.
- Sonderfälle einer Kaution 26 50 ff.
- sonstige Sicherheiten 48 132 f., 63 12 f.
- Sozialhilfe 26 53 f.
- Strafbarkeit 26 62
- Studenten- oder Jugendwohnheim 26 52
- Unterschiede zwischen Wohn- und Gewerberaummietrecht 63 1 f.
- Untreue 26 62
- Veräußerung der Mietsache 26 48 f.
- Verjährung 26 37
- Vermieterwechsel 63 19 f.
- Verpfändung von Wertpapieren 26 17
- Verpflichtung zur Kautionszahlung 26 2 ff., 63 5
- Verwertung 63 26 f.
- Verwirkung 26 37
- Verzinsung 36 38 f.
- vorzeitige Vertragsbeendigung 26 47
- Wohnraummietrecht 26 1 ff.
- Zwangsverwalter 63 25

Klage auf Duldung von Modernisierungsmaßnahmen 38 20 ff.
- Duldung 38 22

1841

Sachverzeichnis

fette Zahlen = §§

- Maßnahmen außerhalb der Wohnung **38** 20
- Maßnahmen innerhalb der Wohnung **38** 21
- Widerspruch des Mieters **38** 23
- Zahlungsklage **38** 20
- Zutritt **38** 22

Klage auf künftige Leistung 5 60

Klage auf künftige Räumung 38 11 ff.
- Besorgnis der nicht rechtzeitigen Räumung **38** 12
- Formulierungsvorschlag **38** 11
- Rechtsschutzbedürfnis **38** 12
- Streitwert **38** 14
- Widerspruchsrecht des Mieters **38** 13

Klage auf Räumung eines Grundstücks mit vom Mieter errichteten Aufbauten 38 24 f.
- Formulierungsvorschlag **38** 24
- wesentliche Bestandteile des Grundstücks **38** 25

Kleinreparaturen 5 11, **10** 316 ff., **19** 266 ff., **43** 28 f., **58** 27
- Begriff **19** 266 f.
- Beteiligungsklausel **19** 272 ff.
- Formularvereinbarungen **19** 271 ff.
- gesetzliche Regelung **19** 268 f.
- Gewerberaummietrecht **43** 28 f., **58** 27
- häufiger Mieterzugriff **19** 284 ff.
- Individualvereinbarung **19** 270
- Kostenerstattungsklausel **19** 280 ff.
- Neuanschaffungsklausel **19** 274
- Selbstvornahmerecht **19** 286
- Übertragung auf den Mieter **19** 270 ff.
- Vornahmeklausel **19** 272 ff., 277 ff.
- Wohnraummietrecht **5** 11, **10** 316 ff., **19** 266 ff.

Konkurrenzschutz 43 32, **48** 184 ff., **55** 1 ff., **56** 117 f., **69** 20 ff.
- Abgrenzung von Haupt- und Nebenartikeln **55** 35 ff., **69** 29 ff.
- Ansprüche des Mieters bei Konkurrenzschutzverletzung durch den Vermieter **55** 121 ff.
- Apotheke **55** 38, 107
- Ausdehnung des Konkurrenzschutzes auf Nebenartikel **55** 33 f.
- ausgewählte Einzelfälle aus typischerweise problematischen Bereichen **55** 114 ff.
- Ausschluss der Konkurrenzschutzpflicht **48** 185
- Baumarkt **55** 32
- Beweislast **55** 204 ff.
- Darlegungslast **55** 204 ff.
- Definition **55** 8 ff.
- Drogerie **55** 32, 38
- Einfluss der Miete und der vertraglichen Bindungsdauer **55** 49
- Einkaufszentrum **55** 66 ff., 109 ff., **69** 28
- einstweilige Verfügung **55** 39, 146 ff., 149 ff.
- Einzelhandel **55** 117 f.
- Erfüllung **55** 123
- Fachmarkt **55** 30 f.
- Formularvereinbarung **48** 185 ff.
- Formulierungsvorschlag **55** 46, 48, 89 f., 153 f.
- Freiberufler **55** 29, 74 ff.
- fristlose Kündigung **55** 143
- Gastronomie **55** 37, 119 f.
- Gaststätten **55** 37, 119 f.
- Generalist **55** 36
- Gestaltungsmöglichkeiten **55** 87 ff.
- gleichartiges Warenangebot **55** 35
- Grenze des vertragsimmanenten Konkurrenzschutzes **55** 83 ff.
- Haupt- und Nebenartikel **55** 28 ff.
- Innenstadt **55** 66 ff.
- Interessenabwägung **55** 83 ff.
- Internetversandhandel **55** 27
- kartellrechtliche Beschränkungen des vertraglichen Konkurrenzschutzes **55** 109 ff., **69** 33 f.
- Kaufhaus **55** 31
- Klage **55** 146 ff., 199 ff.
- Lager **55** 27
- Laufkundschaft **55** 26 f.
- medizinischer Bereich **55** 115
- Mietzweck **55** 20 ff.
- Minderung **55** 124 ff.
- nachvertragliches Wettbewerbsverbot **55** 107
- Nebensortiment **55** 29
- örtliche Reichweite **55** 50 ff.
- personelle Reichweite **55** 74 ff.
- Platzierung der formularvertraglichen Ausschlussklausel **55** 100 f.
- Prioritätsgrundsatz **55** 12 ff.
- prozessuale Möglichkeiten des Mieters **55** 144 ff.
- räumlicher Zusammenhang **55** 52
- sachlicher Anwendungsbereich **55** 26 ff.
- Schadensersatzanspruch **55** 141 f.
- Schilderpräger **55** 109 ff.
- Schutzschrift **55** 186 ff.
- Schutzwürdigkeit des Mieters **55** 23 ff.
- Sortimentsänderung oder -erweiterung **55** 14 f., 40 ff.
- Spezialist **55** 36
- Streitwert **42** 3 ff.
- Supermarkt **55** 30 ff.
- tatsächlich ausgeübte Konkurrenzsituation **55** 39
- Treuwidrigkeit der Minderung **55** 133 ff.
- Überblick **55** 1 ff.
- üblicherweise zu erwartende Erweiterung **55** 42
- Umfang des vertraglich vereinbarten Konkurrenzschutzes **55** 87 ff.
- Unterlassung **55** 48
- Untermieter **55** 80
- Veräußerung – Nachwirkung der Konkurrenzschutzklausel **55** 108
- Veräußerung von benachbartem Teileigentum **55** 60 ff.
- vertraglich vereinbarter Bezug auf Gebäude **55** 73
- vertraglich vereinbarter Konkurrenzschutz **55** 87 ff.

1842

magere Zahlen = Randnummern

Sachverzeichnis

- vertraglicher Ausschluss des Konkurrenzschutzes 55 95 ff.
- vertragliches Wettbewerbsverbot zugunsten wichtiger Mieter 55 102 ff.
- vertragsimmanenter Konkurrenzschutz 48 184, 55 8 ff.
- vorvertragliche Pflichten und Versäumnisse 55 81 f.
- Werbung 55 39
- Wettbewerbsverbot 48 187, 55 102 ff.
- zeitlich befristeter Konkurrenzschutz 55 19
- zeitliche Reichweite 55 12 ff.
- Zustimmung des Vermieters zu Sortimentsänderung oder -erweiterung 55 46

Kosten 3 119 ff.; 42 9
- Detektivkosten 3 137
- Entscheidung über die Kostentragungspflicht 3 119 ff.
- Erstattungsfähigkeit von Kosten 3 134 ff.
- notwendige Kosten 3 134 ff.
- privater Sachverständiger 3 134 ff.
- spezielle Vorschriften 3 122 ff.

Kostenelementeklausel 61 54

Kostenmiete 25 20 ff.
- Ablösung von Finanzierungsmitteln, § 21 II. BV 25 54 f.
- Aufteilung in Wohnungseigentum § 5 a Abs. 1 NMV 25 50
- Ausbau, § 7 NMV 25 47 f.
- Bauherrenwohnung 25 36 f.
- Baukosten 25 21
- bauliche Änderungen, § 11 Abs. 1 bis 6 II. BV 25 52
- Besonderheiten 25 33 ff.
- Betriebskosten 25 131
- Bodenkosten 25 21
- Durchschnittsmiete 25 43
- Eigenheim 25 41 f.
- Eigentumswohnung 25 41 f.
- Einfrierungsgrundsatz 25 44 ff.
- einmalige Mieterleistungen 25 116 ff.
- Einzelmiete 25 43
- Erstattungsanspruch des Mieters 25 129
- Erstattungspflichtiger 25 130
- Garagen 25 38 f.
- Gesamtwirtschaftlichkeitsberechnung 25 33 ff.
- Kauf von Gegenständen 25 127 f.
- Kaution 25 123 ff.
- Kleinreparaturen 25 117 ff.
- Kostenänderungen während der Bauphase 25 22
- Mieterdarlehen zum Bau der Wohnung 25 120
- Mieterdarlehen zur Modernisierung der Wohnung 25 121
- Mieterhöhung 25 59 ff.
- Mietvorauszahlung zum Bau der Wohnung 25 120
- Mietvorauszahlung zur Modernisierung der Wohnung 25 121
- Möblierungszuschlag 25 127 f.
- Modernisierung, § 11 Abs. 6 und 7 II. BV 25 53
- Rechte des Mieters bei Festsetzung der Kostenmiete 25 57 f.
- Schlussabrechnung 25 22 ff.
- Schönheitsreparaturen 25 117 ff.
- spätere Veränderungen 25 44 ff.
- Teilwirtschaftlichkeitsberechnung 25 33 ff.
- Trennung, § 5 a NMV 25 49
- Übernahme der Kleinreparaturen und der Schönheitsreparaturen 25 117 ff.
- Übernahme von Arbeiten 25 127 f.
- Übernahme von Finanzierungsbeiträgen durch den Nachmieter 25 122
- Vereinigung, § 5 a NMV 25 49
- vorläufige Wirtschaftlichkeitsberechnung 25 20
- vorzeitige Rückzahlung der öffentlichen Mittel 25 162 ff.
- Wegfall der Abschreibungsbeträge des § 25 II. BV 25 56
- Wirtschaftseinheit 25 40
- Wohnungsvergrößerung, § 8 NMV 25 51

Kostentragungsklauseln 48 243 ff.

Kündigung 28 1 ff., 43 34 f., 65 1 ff.
- Abgrenzung zu anderen Erklärungen 28 35 ff.
- allgemeiner Erklärungsinhalt 28 34
- Allgemeines 28 1 ff.
- Arten 28 1 ff., 3 ff.
- außerordentliche befristete Kündigung 28 6
- außerordentliche fristlose Kündigung 28 5 f.
- bedingte Kündigung 28 54 ff.
- Begriff 28 1 ff.
- Begründungserfordernis 28 43 ff.
- Bevollmächtigung zur Entgegennahme von Kündigungserklärungen durch Formularklausel 28 31
- Checkliste: Kündigungserklärung mit Stichworten und Beispielen 28 70
- durch Personenmehrheit 28 9 ff.
- durch Vertragspartei 28 7 f.
- einfacher Brief 28 64
- Einschreiben/Einwurf 28 66
- Einschreiben/Rückschein 28 65
- Erklärender 28 7 ff.
- Erklärungsempfänger 28 22 ff.
- Ermächtigung 28 17 ff.
- Form der Kündigung 28 57 ff., 65 6
- gegenüber Personenmehrheit 28 26 ff.
- gegenüber Vertragpartei 28 22 ff.
- gesetzliche Kündigungsfrist 65 2 ff.
- gesetzliche Stellvertretung 28 12, 29
- Gewerberaummietrecht 43 34 f., 65 1 ff.
- hilfsweise Kündigung 28 54 ff.
- Inhalt 34 ff.
- Kündigungsfristen 65 2 ff.
- Kündigungsgrund bei ordentlicher Kündigung 65 3
- Nachreichen von Gründen 28 43 ff.
- Nachweismöglichkeiten für Zugang 28 61 ff.
- Notwendigkeit des Zugangs 28 61
- öffentliche Zustellung 28 68

1843

Sachverzeichnis

fette Zahlen = §§

- ordentliche befristete Kündigung **28** 3
- persönliche Übergabe **28** 62
- rechtsgeschäftliche Stellvertretung **28** 13, 30 ff.
- Schriftform **28** 57 ff.
- Stellvertretung **28** 12 ff., 29 ff.
- Teilkündigung **28** 48 ff.
- Übermittlung der Kündigungserklärung **28** 62 ff.
- Umdeutung **28** 35 ff.
- Versendung per Post **28** 63 ff.
- vertraglich vereinbarte Kündigungsfristen **65** 5
- Widerspruchsmöglichkeit gemäß § 174 BGB **28** 14 f.
- Wohnraummietrecht **28** 1 ff.
- Zugang einschließlich Nachweismöglichkeiten **28** 61 ff.
- Zustellung durch Gerichtsvollzieher **28** 67

Kündigung, außerordentliche befristete 28 6

Kündigung, außerordentliche befristete, Mieter 28 581 ff.

- Allgemeines **28** 581
- Kündigungsmöglichkeit bei Staffelmietvereinbarung **28** 629 ff.
- Mieterhöhungen, § 561 BGB **28** 634 ff.
- Mietvertrag mit mehr als 30jähriger Dauer nach § 544 BGB **28** 605 ff.
- Modernisierungsmaßnahmen des Vermieters, § 554 Abs. 3 Satz 2 BGB **28** 616 ff.
- Sonderkündigungsrechte des Mieters **28** 581 ff.
- Tod des Mieters **28** 643 ff.
- Versagung der Untermieterlaubnis gem. § 540 Abs. 1 Satz 2 BGB **28** 582 ff.
- Versetzung gemäß § 570 BGB a. F. **28** 657 ff.

Kündigung, außerordentliche befristete, Vermieter 28 684 ff.

- Beendigung des Dauerwohnrechts (§ 37 WEG) **28** 691 f.
- Erlöschen des Erbbaurechts **28** 689
- Erlöschen des Nießbrauchs (§ 1056 Abs. 2 S. 1 BGB) **28** 687
- Erwerb in der Zwangsversteigerung (§ 57 a ZVG) **28** 690
- Insolvenz **28** 693
- Kündigungsrecht des Nacherben (§ 2135 BGB) **28** 688
- Tod des Mieters (§§ 563 Abs. 4, 564, 580 BGB) **28** 686
- Vertrag über mehr als 30 Jahre (§ 544 BGB) **28** 611, 685

Kündigung, außerordentliche fristlose 5 46 ff., **28** 4 f., 71 ff., **48** 202 f., 213, **65** 8 ff.

- Abmahnung **28** 105 ff., 154, 170 ff., 185 f., **65** 24 ff., 34, 41, 50, 67 ff.
- Änderungen im Vergleich zum alten Recht **28** 81 ff.
- Angabe des Kündigungsgrundes **28** 138
- Ansprüche des Vermieters bei vorzeitiger Vertragsbeendigung **65** 107 f.
- „Ausfrieren/Austrocknen" des Mieters **65** 74 ff.
- Ausschluss des Kündigungsrechts **28** 130 ff., 155 ff., 176, **48** 202 f., **65** 35 f., 43

- Beschaffung von Informationen **28** 220 ff.
- Besonderheiten bei Gewerberaummietrecht gegenüber dem Wohnraummietrecht **65** 12 ff.
- Beweislast **28** 140 ff., 191, 198
- Checkliste: Abmahnung **28** 333, **65** 67
- Checkliste: außerordentliche fristlose Kündigung des Mieters wegen erheblicher Gesundheitsgefährdung **28** 161, **65** 37
- Checkliste: außerordentliche fristlose Kündigung des Mieters wegen fehlender Gebrauchsgewährung **28** 143, **65** 28
- Checkliste: außerordentliche fristlose Kündigung wegen Störung des Hausfriedens **28** 178, **65** 44
- Checkliste: außerordentliche fristlose Kündigung wegen Unzumutbarkeit der Vertragsfortsetzung **28** 193, **65** 53
- Checkliste: außerordentliche fristlose Kündigung wegen Verweigerung der Genehmigung zur Untervermietung **28** 200, **65** 57
- Checkliste: Kündigungsrecht bei Tod des Mieters (Gewerberaummietrecht) **65** 65
- Darlegungslast **28** 140 ff.
- Darlegungsprobleme **28** 172 ff.
- Einschränkung des Kündigungsrechts **48** 202 f.
- Einzelfälle **28** 187 ff., 285, 341, **65** 51 f., 105 f.
- erstmalige Kündigung in der Klage **65** 87
- fehlende Gebrauchsgewährung **28** 85 ff., **65** 17 ff.
- Form der Kündigung **28** 227 ff.
- Formulierungsvorschlag **28** 212, 249, **65** 71
- Fristsetzung **28** 105 ff., 154, 170 f., **65** 24 ff., 34, 41, 50
- fristlose Kündigung des Mieters **28** 71 ff., **65** 8 ff.
- fristlose Kündigung des Vermieters **28** 201 ff., **65** 66 ff.
- Gefährdung der Mietsache **28** 281 ff.
- Generalklausel **65** 92 ff.
- Gesundheitsgefährdung **28** 144 ff., **65** 29 ff.
- Gewerberaummietrecht **48** 202 f., 213, **65** 8 ff.
- Hausfriedensstörung **28** 162 ff., 336, **65** 38 ff.
- hilfsweise ordentliche Kündigung **65** 85 f.
- Hinweis auf Kündigungswiderspruch **28** 249 f.
- Honorarvereinbarung **28** 222
- Inhalt der Kündigung **28** 244 ff.
- Kündigungserklärung **28** 137 ff., 160, 177, 199
- Kündigungsfrist **28** 181, **65** 47
- Kündigungsrecht bei Tod des Mieters **65** 58 ff.
- Kündigungstatbestände **65** 90 ff.
- Mieterverhalten nach Abmahnung oder Kündigung **28** 224 ff., **65** 88 f.
- Muster einer „geballten Kündigung" **28** 258 f.
- Muster einer Honorarvereinbarung **28** 223
- Muster einer Kündigung wegen Sorgfaltspflichtverletzung und weiterer Vertragsverstöße des Mieters **65** 109
- Muster einer Räumungsklage **28** 343, **65** 110
- notarielle Vollmacht **28** 233

1844

magere Zahlen = Randnummern **Sachverzeichnis**

- Störung des Hausfriedens 28 162 ff., 336, **65** 38 ff.
- Teilkündigung 28 136
- unerlaubte Gebrauchsüberlassung 28 268 ff.
- Untätigkeit des Vermieters 28 127 ff.
- Untervermietertrick 28 257
- Unzumutbarkeit der Vertragsfortsetzung 28 168, 179 ff., 334 ff., **65** 45 ff.
- Verschulden 28 169, 182, **65** 49
- vertragswidriger Gebrauch 28 260 ff., **65** 96 ff.
- Verweigerung der Genehmigung zur Untervermietung 28 194 ff., **65** 54 ff.
- Verwirkung 28 155 ff., 177, **65** 35 f., 43
- Vollmacht 28 228 ff.
- Vollmachtsklauseln 28 255 ff.
- Wegfall oder Veränderung der Geschäftsgrundlage 28 192
- wichtiger Grund 28 183, **65** 48
- Wohnraummietrecht **5** 46 ff., 28 4 f., 71 ff.
- Zahlungsrückstand/-verzug 28 286 ff., **65** 101 ff.
- Zugang der Kündigung 28 251 ff.

Kündigung, ordentliche befristete 5 41 ff., **28** 3

Kündigung, ordentliche befristete, Mieter 28 344 ff., 48 210, **65** 111 ff.
- Abdingbarkeit **65** 116
- abweichende Vereinbarungen 28 369 ff.
- Allgemeines 28 344, **65** 111 ff.
- Altmietverträge 28 352 ff.
- Altmietverträge in den neuen Ländern 28 366
- Anwendungsbereich **65** 111 ff.
- Anwendungsbereich des § 573 c Abs. 1 BGB 28 345
- beiderseitige Vereinbarungen zu Kündigungsfrist 28 371 ff.
- befristeter Kündigungsausschluss 28 375
- einseitige Vereinbarungen zu Kündigungsfrist 28 370
- Empfehlungen für die anwaltliche Beratung 28 367 f.
- Fristberechnung 28 346
- Fristen 28 345 ff.
- Gewerberaummietrecht **65** 111 ff.
- Karenzberechnung 28 347 f.
- Kündigungsfrist **65** 114
- Kündigungsfristen bei Altmietverträgen 28 352 ff.
- Kündigungsfristen bei Mietverhältnissen über möblierten Einliegerwohnraum 28 351
- „Kündigungstag" 28 346, **65** 114
- „Kündigungstermin" 28 346, 349, **65** 114
- neue Länder 28 366
- Samstag 28 347 ff.
- Wohnraum, der nur zu vorübergehendem Gebrauch vermietet ist 28 350
- Wohnraummietrecht 28 344 ff.

Kündigung, ordentliche befristete, Vermieter 28 376 ff., 48 210
- Abrisskündigung 28 518
- abweichende Vereinbarungen zur Kündigungsfrist 28 381 ff.

- Belästigungen 28 408
- Berechnung der Kündigungsfrist 28 386
- Beschränkungen des Kündigungsrechts 28 388 ff.
- Beschränkungen im Beitrittsgebiet 28 395 ff.
- Betriebsbedarf 28 517
- Eigenbedarf 28 409 ff.
- Einliegerwohnraum 28 522 ff.
- Einzelfälle von Pflichtverstößen des Mieters 28 404 ff.
- Erfordernis der Zustimmung Dritter 28 392
- Erheblichkeit der Pflichtverletzung 28 400 f.
- Ferienhäuser 28 536
- Ferienwohnungen 28 533, 536
- Finanzierungsbeiträge 28 391
- Form 28 378 f.
- Frist 28 380 ff.
- Grundsätzliches 28 376 ff.
- Hinderung angemessener wirtschaftlicher Verwertung 28 480 ff.
- Hotelzimmer 28 533
- Jugend- oder Studentenwohnheim 28 531
- Kündigung von Nebenräumen 28 519 ff.
- Kündigungsgründe 28 379, 398 ff.
- Kündigungswiderspruch nach § 574 BGB 28 541 ff.
- Mietverhältnisse mit gemindertem Kündigungsschutz 28 521 ff.
- Mietverhältnisse mit juristischen Personen des öffentlichen Rechts 28 537 ff.
- Mietverhältnisse mit privaten Trägern der Wohlfahrtspflege 28 537 ff.
- Mietverhältnisse ohne Kündigungsschutz 28 533 ff.
- möblierter Einliegerwohnraum 28 534 f.
- Nebenräume 28 519 ff.
- neue Bundesländer 28 395 ff.
- nicht sozial adäquate Nutzung 28 516
- öffentlich-rechtliche Gründe 28 515
- Pensionszimmer 28 533
- Pflichtverstöße des Mieters 28 399 ff.
- Rechtsmissbrauch 28 393
- Schadensersatz wegen unberechtigter Kündigung 28 568 ff.
- Schriftform 28 378
- sonstige Fälle berechtigten Interesses 28 513 ff.
- Sozialklausel 28 541 ff.
- ständig unpünktliche Mietzahlung 28 406
- Teilkündigung 28 519 ff.
- unbefugte Gebrauchsüberlassung 28 407
- Verschulden des Mieters 28 402 f.
- vertragliche Beschränkungen des Kündigungsrechts 28 388 ff.
- vertragswidriger Gebrauch 28 408
- Verwertungskündigung 28 397, 480 ff.
- Verwirkung 28 394
- Werkmietwohnungen 28 532
- Wohnraum nur zum vorübergehenden Gebrauch 28 533 f.
- Zahlungsverzug 28 404 f.

1845

Sachverzeichnis

fette Zahlen = §§

Kündigungsausschluss 29 96 ff.
- Formularklauseln **29** 103 ff.
- Individualvereinbarungen **29** 100 ff.

Kündigungsfristentabellen, Wohnraum
- Kündigung, außerordentlich, befristet, Mieter **1** 19 e
- Kündigung, außerordentlich, befristet, Vermieter **1** 19 d
- Kündigung, ordentlich nach § 573 c BGB **1** 19
- Kündigung, ordentlich, Einliegerwohnung nach §§ 573 a, 573 c BGB **1** 19 a
- Kündigung, ordentlich, teilmöbliert nach §§ 573 c, 549 Abs. 2 Nr. 2 BGB **1** 19 b
- Kündigung, Werkmietwohnung, Vermieter nach § 576 BGB **1** 19 c

Kündigungsmöglichkeit bei Staffelmietvereinbarung 28 629 ff.
- Allgemeines **28** 629
- Rechtsfolge **28** 631 f.
- Unabdingbarkeit **28** 633
- Voraussetzungen **28** 630

Kündigungswiderspruch nach § 574 BGB 28 541 ff.
- Alter **28** 560
- Ausbildung **28** 561
- Besonderheiten beim Sozialklauselgesetz **28** 567
- Doppelumzug **28** 562
- erhebliche Investitionen **28** 564 ff.
- Fallgruppen **28** 554 ff.
- fehlender Ersatzwohnraum **28** 557 ff.
- Form **28** 545 ff.
- Frist **28** 545 ff.
- Geltendmachung **28** 545 ff.
- Kinder **28** 563
- Krankheit **28** 561
- lange Wohndauer **28** 563

Landpacht 77 1 ff.
- Änderung der landwirtschaftlichen Bestimmung oder der bisherigen Nutzung
- Änderung von Landpachtverträgen **77** 47 ff.
- Anzeigepflicht **77** 11 ff.
- Auflockerungsrechtsprechung des Bundesgerichtshofes **77** 7
- Ausnahmen von der Anzeigepflicht **77** 15 f.
- Beanstandung durch Behörde **77** 14
- Beendigung von Landpachtverträgen **77** 97 ff.
- Beschreibung der Pachtsache **77** 8 ff.
- Bestandteile **77** 24 f.
- Betrieb **77** 2
- Betriebsgemeinschaften **77** 66
- Betriebszweiggemeinschaften **77** 66
- Bewirtschaftungsrisiko **77** 48
- Ende und Verlängerung des Pachtverhältnisses **77** 97 ff.
- Erzeugergemeinschaften **77** 66
- Flächenabweichungen **77** 93
- Form **77** 2 ff., 4 ff.
- forstwirtschaftlich genutzte Grundstücke **77** 3
- Fortsetzung des Pachtverhältnisses **77** 140 ff.
- für längere Zeit als 2 Jahre abgeschlossener Vertrag **77** 4
- Genehmigungspflicht nach Landpachtverkehrsgesetz (LpachtVG) **77** 11 ff.
- Haftung des Verpächters für Sach- und Rechtsmängel **77** 59
- Hauptpflichten des Verpächters **77** 17
- Inventar **77** 24 f.
- Kalenderjahr **77** 104
- Kündigung aus wichtigem Grund **77** 128 ff.
- Kündigung bei Berufsunfähigkeit des Pächters **77** 110 ff.
- Kündigungsfristen, § 594 a BGB **77** 103 ff.
- Landwirtschaft **77** 2
- Landwirtschaftsgericht **77** 34, 39, 89, 124, 156, 158
- Lasten des Pachtobjekts **77** 21 f.
- Leistungsstörungen **77** 56 ff.
- Mängel des Pachtobjekts **77** 58 ff.
- Mängelanzeige **77** 61
- Maschinengemeinschaften **77** 66
- Maschinenringe **77** 66
- Maßnahmen zur Erhaltung und Verbesserung **77** 36 ff.
- nachhaltige Änderung der Verhältnisse **77** 49
- notwendige Verwendungen seitens des Pächters **77** 26 ff.
- Nutzungen **77** 69
- Nutzungsüberlassung an Dritte **77** 64 ff.
- Pachtjahr **77** 104
- Pachtminderung **77** 59
- Pächterwechsel **77** 68
- Pflichten des Verpächters **77** 18 ff.
- Pflugtausch **77** 65
- Rechtsgrundlagen **77** 1
- Rückgabe der Pachtsache **77** 161 ff.
- Sachverständiger **77** 9
- Schriftform **77** 2 ff., 4 ff., 150
- Sonderkündigungsrechte **77** 43
- Tod des Pächters **77** 116 ff.
- Umwandlung durch Verschmelzung **77** 67
- Verjährung **77** 44 ff.
- Verpächterpfandrecht **77** 94 ff.
- Vertrag über mehr als 30 Jahre **77** 108 f.
- Vertragsinhalt **77** 17 ff.
- Vertragsschluss **77** 2 ff.
- Wegnahme von Einrichtungen **77** 40 ff.
- wertverbessernde Verwendungen **77** 29 ff.
- wesentliche Änderungen **77** 6
- Zahlungsverzug des Pächters **77** 56 f.
- Zurückbehaltungsrecht **77** 59
- zuständige Behörde **77** 12
- Zustand des Pachtobjekts **77** 23

Leasing 79 1 ff. *s.* **Immobilienleasing**

Leistungsvorbehaltsklausel 61 31 ff.
- Allgemeines **61** 31 ff.
- keine Einigung der Parteien **61** 40
- Klauselmöglichkeiten **61** 35 f.
- Maßstab für die Veränderung **61** 37 ff.

magere Zahlen = Randnummern

Sachverzeichnis

- Muster einer einseitigen Leistungsvorbehaltsklausel mit Erhöhungsmaßstab **61** 41

Letter Of Intent (LoI) 46 8 ff.
- Absichtserklärung **46** 9
- culpa in contrahendo **46** 12
- Exklusivität **46** 10
- faktische Handlungsmuster **46** 13
- Geheimhaltungsvereinbarung **46** 10
- Präambel **46** 14
- Rechtsfolgen **46** 12 ff.
- Regelungsbereich **46** 9 ff.
- Umgestaltungsmöglichkeiten **46** 10
- Umschreibung der zu vermietenden Fläche **46** 10
- Verhandlungszwischenergebnisse **46** 10
- Vertragsanbahnung **46** 10
- Vertrauensschaden **46** 12
- Vertraulichkeitserklärung **46** 10
- wesentlicher Inhalt des noch abzuschließenden Mietvertrags **46** 10
- zeitlicher Verhandlungsrahmen **46** 10

Mahnkosten 48 115 ff.
Maklerrecht 35 1 ff., **70** 1 ff.
s. a. Wohnungsvermittlung
- Abgrenzung zwischen Makler und Drittem **70** 81
- Abwälzung der Provision **70** 62 ff.
- Alleinauftrag **70** 10, 25
- allgemeine Geschäftsbedingungen **70** 12 ff., 77 ff.
- Angebot **70** 5
- Annahme **70** 5
- arglistige Täuschung **70** 41 f.
- auflösende Bedingung **70** 40
- aufschiebende Bedingung **70** 39
- Aufwendungen **70** 87 a
- Aufwendungsersatz **70** 87 ff.
- Aufwendungsersatz im Erfolgsfalle **70** 87 b
- Beendigung des Maklervertrages durch den Auftraggeber **70** 29
- Beendigung des Maklervertrages durch den Makler **70** 28
- Beweislast **70** 20
- Beweismittel **70** 21
- Checkliste: Provisionsklage **70** 22
- Doppelprovision **70** 61
- Doppeltätigkeit **70** 69, 83
- echte Verflechtung **70** 82
- einfacher Maklerauftrag **70** 7, 24
- Einreden **70** 66 ff.
- Einwendungen **70** 66 ff.
- Einzelfälle der Verflechtung **70** 84
- Einzelfälle der Verwirkung des Lohnanspruchs **70** 70
- Einzelfälle mit unwirksamen Klauseln **70** 14, 79
- Ende des Maklervertrages **70** 27 ff.
- erfolgsunabhängige Provision **70** 88
- Erhaltung des Provisionsanspruchs bei Mitursächlichkeit **70** 53
- erweiterter Alleinauftrag **70** 11, 26
- Folgen der Beendigung des Maklervertrages **70** 30
- Form des Maklervertrags **70** 6 ff.
- Formulierungsvorschläge **70** 16, 65, 65 d, 85
- gemeindliches Vorkaufsrecht **70** 46
- gesetzliche Rücktrittsrecht **70** 43
- gesetzliches Verbot **70** 38
- gesetzliches Vorkaufsrecht **70** 45
- Hauptvertrag **70** 34 ff.
- Heilung von Formmängeln **70** 37
- Identität **70** 47
- Individualvereinbarung **70** 12, 78
- Kausalität **70** 50 ff.
- Kongruenz **70** 48 ff.
- Maklerdienstvertrag **70** 9
- Maklertätigkeit **70** 31 ff.
- Maklervertrag **70** 5 ff.
- mehrere Angebote **70** 54
- Mitursächlichkeit **70** 52 ff.
- mündlicher Maklervertrag **70** 17
- Nachweis **70** 32
- persönliche Kongruenz **70** 48
- positive Vertragsverletzung **70** 68
- Provision **70** 58 ff.
- Provisionsanspruch **70** 4
- provisionsunschädliche Fälle hinsichtlich Verflechtung **70** 85
- prozessuale Hinweise **70** 19 ff.
- qualifizierter Alleinauftrag **70** 11, 26
- Rechte und Pflichten aus dem Maklervertrag **70** 23 ff.
- Reservierungsvereinbarung **70** 71 ff.
- Richterrecht **70** 3
- Rücktrittsrecht **70** 43 f.
- sachliche Kongruenz **70** 49
- schriftlicher Maklervertrag **70** 6 ff.
- Schuldübernahme **70** 63
- „Schwarzgeschäft" **70** 36
- Sittenwidrigkeit **70** 59
- sonstige Ansprüche **70** 86 ff.
- stillschweigender Maklervertrag **70** 18
- übliche Provision **70** 60
- Unterbrechung der Kausalität **70** 57
- unwirksame Klauseln **70** 14, 79
- Unwirksamkeit des Maklervertrages **70** 30 a
- Verflechtung **70** 80 ff.
- Vermittlung **70** 33
- Vertrag zugunsten Dritter **70** 65 ff.
- vertraglich vereinbartes Rücktrittsrecht **70** 44
- Vertragsübernahme **70** 64
- Verwirkung **70** 67
- Verwirkung des Lohnanspruchs **70** 67 ff.
- Vorkaufsrecht **70** 45 f.
- Vorkenntnis **70** 55
- Wegfall der Ursächlichkeit **70** 56
- Werkvertrag **70** 8
- wirksame Klauseln **70** 15
- wirksamer Hauptvertrag **70** 35
- Wucher **70** 59

Sachverzeichnis

fette Zahlen = §§

Mandatsabschluss
- Checkliste **1** 25

Mandatsannahme 1 2
- gewerberaumietrechtliches Mandat **41** 1 ff.

Mediation 40 10 f., 24 ff., **74** 21 ff., 31 ff.
- Abgrenzung **40** 24 f., **74** 21
- Abschlussvereinbarung **40** 31
- Allgemeines **40** 24 ff.
- Allparteilichkeit **40** 28, **74** 24
- Anwaltsmediatoren **40** 33, **74** 29
- Aufgaben des Anwalts in der Mediation **40** 32 f., **74** 28 ff.
- Begriffsbestimmung **40** 24 f., **74** 21
- contracting **40** 31
- Eigenverantwortlichkeit **40** 30, **74** 26
- Europäischer Verhaltenskodex für Mediatoren **40** 32, **74** 5, **74** 28 ff.
- Freiwilligkeit **40** 26, **74** 22
- Gewerberaummietrecht **74** 21 ff., 31 ff.
- Honorar **40** 32 f., **74** 28 ff.
- Informiertheit **40** 29, **74** 25
- Konflikte zwischen Mietern **40** 35 f., **74** 32
- Konflikte zwischen Mietern und institutionellen Vermietern bzw. Verwaltern **40** 42, **74** 36 ff.
- Konflikte zwischen Vermietern und Mietern **40** 37 ff., **74** 33 ff.
- Mediation im Mietrecht **40** 34 ff.
- nach Beendigung eines Mietvertrags **40** 39, **74** 34
- Öffentlichkeit **40** 42
- Offenheit **40** 29
- Pflichten des Mediators **40** 32 f., **74** 28 ff.
- Phasen **40** 31
- präventiver Einsatz **40** 41, **74** 35
- Prinzipien **40** 26 ff., **74** 22 ff.
- Rechtsdienstleistung **40** 33, **74** 29
- Rechtsdienstleistungsgesetz **40** 8, **74** 6
- Richtlinie 2008/52/EG **40** 7
- Verfahrensablauf **40** 31, **74** 27
- Vergütung **40** 33, **74** 30
- Verschwiegenheit **40** 27, **74** 23
- vor Abschluss eines Mietverhältnisses **40** 38
- während eines laufenden Mietverhältnisses **40** 40
- Wohnraummietrecht **40** 10 f., 24 ff.
- Wohnungswirtschaft **40** 36

Mehrheit von Vertragsparteien 5 3 f.

Mietänderung s. *Änderung der Miete*

Mietanpassung aufgrund § 313 BGB 61 59 ff.
- kein kalkulierbarer Rettungsanker für den Vermieter **61** 59
- kein Rettungsanker für den Mieter **61** 60 ff.
- Miethöhe nach Anpassung, § 313 Abs. 1 BGB **61** 64

Mietaufhebungsvertrag 29 157 ff.
- Allgemeines **29** 158 ff.
- Auslegungsfragen **29** 171
- Berechtigung des Vermieters, einen neuen Mietvertrag abzuschließen **29** 177 f.
- Checkliste: Abschluss eines Mietaufhebungsvertrags **29** 157
- Formbedürftigkeit **29** 164 ff.
- Formulierungsvorschlag **29** 173, 175, 177
- Inhalt eines Mietaufhebungsvertrages **29** 184 ff.
- konkludentes Handeln **29** 161 ff.
- Muster: Aufhebungsvertrag **29** 189
- Nachmieterproblem **29** 183
- Nachmieterstellung bei fehlender vertraglicher Vereinbarung **29** 179 ff.
- Rechtsanspruch auf Abschluss eines Mietaufhebungsvertrages **29** 172 ff.
- Schriftform **29** 164
- Stellung einer Mietnachfolge **29** 175 f.
- unmittelbarer Übergang auf einen Nachmieter **29** 173 f.
- Zustandekommen des Vertrages **29** 158 ff.

Miete 10 160 ff., **48** 71 ff.
- Abbuchungsermächtigung **10** 163 ff., **48** 82 ff.
- Aufrechnungsbeschränkungen **10** 167 ff.
- Aufrechnungsrechte **48** 87 ff.
- Befreiung von der Mietzahlungspflicht **48** 92
- Einzugsermächtigung **10** 163 ff.
- Gewerberaummiete **48** 71 ff.
- Höhe **48** 71
- Lastschriftverfahren **48** 82 ff.
- Leistungsverweigerungsrechte **10** 178 f.
- Mahnkosten **10** 182 f.
- pauschalierte Verzugszinsen **10** 184 ff.
- Rechtzeitigkeitsklauseln **10** 162, **48** 80 f.
- Tilgungsbestimmungen **48** 85 f.
- Umsatzsteuer **48** 72 ff., **60** 28 ff.
- Verrechnungsbestimmungen **10** 180, **48** 85 f.
- Vorauszahlungsklauseln **10** 160 f., **48** 77 ff.
- Wohnraummiete **10** 160 ff.
- Zurückbehaltungsrechte **48** 91

Mieter als Mandant, Veräußerung 52 33 ff.
- Gesichtspunkte gegenüber dem Vermieter **52** 34
- Gesichtspunkte gegenüber dem Erwerber **52** 35

Mieterhaftung 17 1 ff., **56** 11 ff.
- Abgrenzung von vertragsgemäßem Gebrauch und Schönheitsreparaturen **17** 64 ff., **56** 64 ff.
- Abgrenzung von Wiederherstellungspflicht **17** 67, **56** 67
- Abzug „neu für alt" **17** 59 f., **56** 59 f.
- Anzeigepflicht **17** 25 ff., **56** 25 ff.
- Besichtigung der Mietsache **56** 45 ff.
- Duldungspflichten **17** 39 ff., **56** 39 ff.
- Formulierungsvorschlag **56** 75
- Gewerberaummietrecht **56** 1 ff.
- grundloser Abbruch der Vertragsverhandlungen **17** 3 ff., **56** 3 ff.
- Haftung aus Verschulden bei Vertragsverhandlungen **17** 2 ff., **56** 2 ff.
- Haftung bei bzw. nach Beendigung des Mietverhältnisses **17** 63 ff., **56** 63 ff.
- Haftung des Mieters für Dritte **17** 91, **56** 88 ff.
- Haftung während des Mietgebrauchs **17** 16 ff., **56** 16 ff.

1848

magere Zahlen = Randnummern

Sachverzeichnis

- Haftung wegen unrichtiger Angaben 17 10 ff., 56 10 ff.
- Instandsetzungsmaßnahmen 56 39 ff.
- Kleinreparaturklausel 17 61 ff.
- Mitwirkungspflichten 17 39 ff., 56 39 ff.
- Modernisierungsmaßnahmen 56 42 ff
- Obhutspflicht 17 22 ff., 56 22 ff.
- Pflicht zur Vornahme von Schönheitsreparaturen 17 20, 56 20
- Pflicht zur Zahlung des Mietzinses und der Betriebskosten 17 18 f., 56 18 ff.
- Rechtsfolgen der schuldhaften Verletzung vorvertraglicher Pflichten 17 15, 56 15
- Rechtsnachfolge während des Mietverhältnisses 17 68 f., 56 68 f.
- Schönheitsreparaturen 17 70 ff., 56 70 ff.
- Selbstauskünfte 17 10 ff.
- Verjährung 17 86 ff., 56 83 ff.
- Verkehrssicherungspflichten 17 29 ff., 56 29 ff.
- Verletzung von Aufklärungspflichten 17 7 ff., 56 7 ff.
- Verletzung von Hauptleistungspflichten 17 17 ff., 56 17 ff.
- Verletzung von Nebenpflichten 17 21 ff., 56 21 ff.
- Verschulden 56 49 ff.
- verspätete Wohnungs- und Schlüsselübergabe 17 76 ff., 56 77 ff.
- vertragswidriger Gebrauch 17 52 ff., 56 53 ff.
- Vorteilsausgleichung 17 59 f., 56 59 f.
- Wohnraummietrecht 17 1 ff.
- Wohnungsbesichtigung 17 45 ff.

Mieterhöhung 5 31 ff., 23 1 ff., 43 17 ff.
- ausdrückliche Vereinbarung, dass die Miete unverändert bleibt 23 8
- abweichende Vereinbarungen nach § 557 Abs. 3 BGB 23 8 ff.
- Anwendungsbereich 23 1 ff.
- Gewerberaummiete 43 17 ff.
- Grundsätzliches 23 1 ff.
- Kündigungsverzicht 23 15 ff.
- Mietverhältnis auf Lebenszeit 23 14
- stillschweigende Vereinbarung, dass die Miete unverändert bleibt 23 9 ff.
- Vertrag auf bestimmte Zeit, § 575 BGB 23 10 ff.
- zum Ende der öffentlichen Bindung 25 171 ff.

Mieterhöhung, Kostenmiete 25 59 ff.
- Auszug aus Wirtschaftlichkeitsberechnung 25 73
- Beifügen einer WB, eines Auszugs daraus oder einer ZB 25 73 f.
- Berechnen 25 64 ff.
- Entwicklung der Rechtsprechung 25 60 ff.
- Erläutern 25 61 ff.
- Fehler bei der Berechnung und Erläuterung 25 70 ff.
- Fehler in der WB 25 75 ff.
- Folgen einer unwirksamen Mieterhöhungserklärung 25 111 ff.
- Formalien 25 60 ff.

- formell unwirksam 25 113 f.
- Heilung einer formal nicht ordnungsgemäßen Mieterhöhung 25 90 f.
- materiell unberechtigt 25 112
- Modernisierung 25 92 ff.
- Neubestimmung der Kostenmiete 25 108 f.
- Rechte des Mieters 25 110
- Rückforderungsansprüche des Mieters 25 115
- Sonderfälle 25 92 ff.
- Umstellung nach § 25 b NMV 25 101 ff.
- Untervermietung, § 21 WoBindG 25 99 f.
- Wärmecontracting, § 5 Abs. 3 NMV 25 97 f.
- Wirtschaftlichkeitsberechnung 25 73
- Zeitpunkt der Wirksamkeit 25 80 ff.
- Zusatzberechnung 25 73

Mieterhöhung, Modernisierung
- Checkliste 1 12
- Klage, Checkliste 1 22

Mieterhöhung, Vergleichsmiete
- Checkliste 1 11
- Klage, Checkliste 1 21

Mieterhöhung nach §§ 558 ff. BGB 23 1 ff., 18 ff., 38 26 ff.
- Abtretbarkeit des Rechts der Mieterhöhung 23 30
- Allgemeines 23 18 ff.
- Art 23 53
- Ausstattung 23 60 ff.
- Beendigung des Verfahrens 23 178 ff.
- Begründung des Mieterhöhungsbegehrens 23 65 ff.
- Berufungsinstanz 38 29
- Beschaffenheit 23 63 f.
- Besonderheiten bei der Mieterhöhung 23 109 ff.
- Beweislast 23 174 ff.
- Checkliste: Vorgehen bei Abgabe einer Mieterhöhung oder bei Prüfung eines zugegangenen Mieterhöhungsbegehrens 23 19
- Darlegungslast 23 170 ff.
- Eheleute als Mieter 23 37
- Erbengemeinschaft 23 29
- Ermächtigung 23 30
- Fehlbelegungsabgabe 23 128 ff.
- Form der Zustimmung 23 141 ff.
- formelle Voraussetzungen 23 20 ff.
- Formen des nachgeholten Mieterhöhungsbegehrens 38 27 ff.
- Fristen des § 558 b Abs. 2 BGB als Sachurteilsvoraussetzung 38 26
- Gebühren des Anwalts 23 185 ff.
- Geschäftsgebühr 23 186 f.
- Geltungsbereich 23 20
- Größe 23 54 ff.
- Inhalt 23 45 ff.
- juristische Person 23 28
- Kappungsgrenze 23 124 ff.
- Klage/Klageantrag 23 157 ff.
- Klageänderung 38 28
- Klagefrist 23 144, 169
- konkludente Zustimmung 23 143

1849

Sachverzeichnis

fette Zahlen = §§

- Kündigungsmöglichkeit nach § 569 Abs. 3 Ziffer 3 BGB **38** 30
- Kürzungsbeträge gem. § 558 Abs. 5 BGB **23** 122 f.
- Lage **23** 64
- materielle Voraussetzungen **23** 45 ff.
- Mehrheit von Mietern **23** 36
- Mietdatenbank **23** 86 ff.
- Mieterhöhung bei einer möblierten Wohnung **23** 118 ff.
- Mieterhöhung einer Miete bei Nichtübernahme der Schönheitsreparaturen durch den Mieter **23** 115 ff.
- Mietspiegel **23** 68 ff.
- Muster eines Mieterhöhungsbegehrens bei Bezugnahme auf Vergleichsobjekte **23** 108
- Muster für ein Mieterhöhungsbegehren einer Inklusiv- /Teilinklusivmiete **23** 111
- ortsübliche Vergleichsmiete **23** 50 ff.
- Prozess **38** 26 ff.
- qualifizierter Mietspiegel **23** 75 ff.
- Rechtsfolgen **23** 138 ff.
- Sachverständigengutachten **23** 101 ff.
- Schönheitsreparaturen **23** 115 ff.
- Schweigen des Mieters **23** 153
- Sonderkündigungsrecht des Mieters **23** 154 f.
- Stellvertretung **23** 31 ff.
- Streitwert **23** 182 ff.
- teilweise Zustimmung **23** 148 ff.
- Textform **23** 26
- Vergleichsobjekte **23** 89 ff.
- Verkauf des Hausgrundstücks **23** 35
- Vertragsänderung durch Zustimmung des Mieters **23** 138 ff.
- Vertragsparteien **23** 27 ff.
- Wartefrist **23** 21 ff.
- wechselseitige Empfangsvollmacht **23** 39
- Wohnwertmerkmale **23** 52 ff.
- Zugang beim Mieter **23** 42
- Zustimmung unter einer Bedingung **23** 147
- zuständiges Gericht **23** 156
- Zustimmungsfrist **23** 152

Mieterhöhung nach §§ 559, 559 a und 559 b BGB 23 188 ff.
- abweichende Vereinbarungen **23** 283 ff.
- Anforderungen an das Mieterhöhungsverlangen **23** 252
- Anwendungsbereich **23** 192 ff.
- Ausschlüsse **23** 283 ff.
- bauliche Maßnahmen durch den Vermieter als Bauherrn **23** 206 ff.
- Baunebenkosten **23** 235
- Berechnung der Mieterhöhung **23** 232 ff.
- Einverständnis des Mieters mit der Maßnahme **23** 223 ff.
- Fälligkeit der Erhöhung **23** 272
- Form des Mieterhöhungsverlangens **23** 270 ff.
- Gebot der Wirtschaftlichkeit **23** 220
- Gewährleistungsrecht **23** 275 f.
- Hinweispflicht des Vermieters **23** 249 ff.
- Inhalt des Mieterhöhungsverlangens **23** 253 ff.

- Maßnahmen aus sonstigen vom Vermieter nicht zu vertretenden Gründen **23** 221 f.
- Maßnahmen zur Energie– oder Wassereinsparung **23** 213 ff.
- Maßnahmen zur Gebrauchswerterhöhung **23** 210 f.
- Maßnahmen zur Verbesserung der Wohnverhältnisse **23** 212
- materielle und formelle Voraussetzungen **23** 206 ff.
- Mieterrechte auf Grund des Mieterhöhungsverlangens **23** 275 ff.
- Minderungsrecht **23** 275
- Muster: Mieterhöhungsverlangen nach erfolgter Modernisierung **23** 274
- Normzweck **23** 190 f.
- Rechtslage nach §§ 3 bis 9 MHG **23** 289 ff.
- Rechtslage vor Inkrafttreten des Mietrechtsreformgesetzes **23** 286 ff.
- Regelungen außerhalb des Bürgerlichen Gesetzbuches **23** 287 f.
- Sonderkündigungsrecht **23** 277 ff.
- Übergangsregelung **23** 286 ff.
- Umlageschlüssel **23** 238 ff.
- „verlorene Baukostenzuschüsse" **23** 248
- vom Mietzuschlag abzuziehende Beträge **23** 242 ff.

Mieterhöhung zum Ende der öffentlichen Bindung 25 171 ff.
- anzuwendende Vorschriften **25** 171
- Auskunftsanspruch **25** 178 ff.
- Fehlbelegungsabgabe **25** 173 ff.
- Kappungsgrenze **25** 173 f.
- Muster eines Mieterhöhungsverlangens **25** 177
- Vereinbarung einer Staffelmiete **25** 184
- Zeitpunkt der Erhöhung **25** 172

Mieterhöhungsbegehren s. *Mieterhöhungsverlangen*

Mieterhöhungsfristentabellen
- Mieterhöhung nach § 558 BGB **1** 14
- Mieterhöhung nach § 559 BGB **1** 14 a
- Mieterhöhung nach § 560 BGB **1** 14 b
- preisfreie Wohnungen **1** 14 ff.
- preisgebundene Wohnungen **1** 15

Mieterhöhungsverlangen
- nach § 558 BGB, Checkliste **1** 11
- nach § 559 BGB, Checkliste **1** 12

Mieterinvestitionen 67 1 ff.
- Anspruchsgegner **67** 6
- Bereicherungsanspruch **67** 4 f.
- Sicherungsmöglichkeiten des Mieters **67** 9 ff.

Mieterpflicht zur Duldung von Erhaltungsmaßnahmen, §§ 554 Abs. 1, 578 Abs. 2 BGB 54 87 ff.
- Informationspflicht des Vermieters **54** 92
- Kompensation **54** 102 f.
- Kündigungsrecht **54** 102 f.
- Mietminderung **54** 102 f.
- Mitwirkungspflicht des Mieters **54** 98 ff.
- Muster: Duldungsklausel **54** 101
- prozessuale Durchsetzung **54** 104

magere Zahlen = Randnummern

- Umfang der Duldungspflicht 54 93 ff.
- zu duldende Maßnahmen 54 88 ff.

Mietflächenangabe 5 5 f., 43 12 f.

Mietgebrauch 10 239 ff., 54 1 ff.
- bauliche Veränderungen 10 260 ff.
- Checkliste 1 4
- Erlaubnisvorbehalte 10 241
- Funk und Fernsehen 10 255 fff.
- Gebrauchsüberlassung an Dritte 10 245 ff.
- Gemeinschaftseinrichtungen und -flächen 10 265 f.
- sonstige Gebrauchsrechte 10 267 ff.
- Tierhaltung 10 251 ff.
- Verbote 10 240
- Widerrufsvorbehalte 10 244

Mietkaution s. *Kaution*

Mietminderung s. *Minderung*

Mietobjekt 10 128 ff., 13 ff., 48 42 ff., 51 ff.
- Änderung der Baupläne 48 45
- Änderungsvorbehalt hinsichtlich Nebenräumen und -flächen 10 137
- Ausstattung 10 134 ff.
- Beschreibung 10 128 f.
- Besichtigungsklauseln 10 143 f.
- Bestätigungsklauseln 10 143 f.
- Gewerberaummiete 48 42 ff.
- Haftungsfreizeichnungen 10 143 f.
- Mischmietverhältnis 10 140 f.
- Nutzung des Mietobjekts für Werbezwecke 48 46 ff.
- Nutzungszweck 10 138 f.
- Pflichtenüberbürdungen 10 143 f.
- Schlüssel 10 145 ff.
- Vorbehalt von Änderungen oder Abweichungen gegenüber dem Zustand bei Besichtigung bzw. Vermietung („vom Reißbrett") 10 135 f.
- Wohnflächenangabe 10 130 ff.
- Wohnraummietrecht 10 128 ff., 13 ff.
- Wohnung und Garage 10 142
- Zuweisung anderer Räume 48 43 f.

Mietpreisrecht 5 27 ff.
- Checkliste: Mietstruktur 1 8
- konkludente Betriebskostenumlagevereinbarung 5 27 a
- Verrechnung von Teilzahlungen 5 27

Mietpreisüberhöhung 21 1 ff.
- Abschreibungen 21 27
- Annehmen 21 45
- Anpassung der vereinbarten Miete 21 55 f.
- Anwendungsbereich des § 5 WiStG 21 1 ff.
- auffälliges Missverhältnis 21 32 ff.
- Ausnutzen 21 44
- Ausnutzen eines geringen Angebots an vergleichbaren Räumen 21 35 f.
- Ausschluss des Anspruchs 21 61 ff
- Berechnung der höchstzulässigen Miete 21 11 ff.
- Betriebskosten 21 29
- Beweislast 21 46 ff.
- Checkliste: Mietpreisüberhöhung 21 52
- Darlegungslast 21 46 ff.
- Eigenkapitalkosten 21 25
- Ermittlung der ortsüblichen Miete 21 13 ff.
- Fordern 21 45
- Fremdkapitalkosten 21 26
- geringes Angebot 21 35 ff.
- höchstzulässige Miete nach § 5 Abs. 2 Satz 1 WiStG 21 11 ff.
- höchstzulässige Miete nach § 5 Abs. 2 Satz 2 WiStG 21 21 ff.
- Instandhaltungskosten 21 30
- Kostenmiete 21 23
- Kündigungsrecht des Mieters nach § 543 Abs. 1 BGB 21 60
- laufende Aufwendungen 21 22 ff.
- Mietausfallwagnis 21 31
- Mietdatenbank 21 16
- Mietspiegel 21 14 f.
- Mischmietverhältnis 21 7
- Modernisierung durch den Vermieters 21 58
- Nebenleistungen 21 9 f.
- objektbezogene Teilmärkte 21 38
- ordnungswidrigkeitenrechtliche Folgen 21 68 ff.
- Passivlegitimation des Vermieters 21 67
- personenbezogene Teilmärkte 21 39
- preisgebundene Wohnungen 21 8
- Privatgutachten 21 16 f.
- Räume zum Wohnen 21 6 f.
- Rechtsfolgen 21 53 ff.
- Rückforderung zuviel gezahlter Miete 21 53
- Schadensersatzanspruch des Mieters 21 54
- Sondermärkte 21 40 ff.
- Staffelmiete 21 59
- Tatbestandsvoraussetzungen des § 5 WiStG 21 1 ff.
- Teilmärkte 21 38 ff.
- unangemessen hohe Entgelte 21 11 ff.
- Untermietverhältnis 21 34
- vergleichbare Räume 21 38 ff.
- Vergleichswohnungen 21 16 f.
- Verjährung 21 65 f.
- Versprechen lassen 21 45
- Verwaltungskosten 21 28
- Verwirkung 21 65 f.
- Wegfall des „geringen Angebots" i. S. v. § 5 WiStG 21 57
- Wesentlichkeitsgrenze 21 11 ff.
- Wirtschaftlichkeitsberechnung 21 22
- Wohnraummietverhältnis 21 5 f.
- Zuschläge zur ortsüblichen Miete 21 20

Mietsache 13 1 ff., 51 1 ff.
- bauliche Veränderungen 13 8 ff.
- bauliche Veränderungen durch den Vermieter 51 13 ff.
- Bestimmung des Vertragsgegenstandes 13 1 ff., 51 1 ff.
- Gewerberaummietrecht 51 1 ff.
- nachträgliche Veränderungen des Mietobjkts 13 6 ff., 51 5 ff.
- Wohnraummietrecht 13 1 ff.

Mietsicherheiten 10 217 ff., 26 1 ff., 43 25 ff., 48 124 ff., 63 1 ff. *s. a. Kaution*
- Barkaution 10 218 ff., 48 124 ff.

1851

Sachverzeichnis

fette Zahlen = §§

- Bürgschaft **10** 223 ff., **48** 130 f.
- Gewerberaummietrecht **43** 25 ff., **48** 124 ff., **63** 1 ff.
- Sicherheiten für den Mieter **63** 33
- sonstige Sicherheiten **48** 132 f., **63** 12 f.
- Vermieterpfandrecht **48** 133
- Wohnraummietrecht **10** 217 ff., **26** 1 ff.

Mietstruktur 5 12 ff.
- Betriebkostenumlagevereinbarung **5** 14
- Checkliste **1** 8
- gesondert ausgewiesene Entgeltbestandteile **5** 13
- Grundmiete **5** 12
- Pauschale **5** 15
- Umwandlung **24** 20 ff.
- Vorauszahlung **5** 15

Mietvertragsparteien 11 1 ff., **48** 12 ff., **49** 1 ff.
- AG **48** 29
- besondere Parteikonstellationen **49** 50 ff.
- Besonderheit in den neuen Bundesländern **11** 82 f.
- BGB-Gesellschaft **11** 54 ff., **48** 24 ff., **48** 38, **49** 15 ff.
- Bruchteilsgemeinschaft (§ 741 BGB) **49** 38 ff.
- Bruchteilsgemeinschaft als Vermieter **11** 59 ff.
- dingliches Wohnrecht **11** 9
- Ehegatten **49** 11 ff.
- Ehegatten als Mieter **11** 71 ff., **49** 13
- Ehegatten als Vermieter **11** 51 f., **49** 13
- eine Person als Vermieter **11** 6 ff.
- Eintrittsklausel bei einer vermietenden BGB-Gesellschaft **48** 38
- Einzelhandelskaufmann **48** 13
- Einzelkaufmann **49** 9 f.
- Einzelperson als Mieter **11** 62 ff.
- Erbbauberechtigter **11** 8, **49** 50
- Erbbaurechtsverordnung **49** 50
- Erbengemeinschaft **49** 32 f.
- Ersatzmieterklauseln **48** 39 ff.
- EU-Gesellschaften **49** 60
- Europäische Wirtschaftliche Interessenvereinigung (EWIV) **49** 31
- fehlende Identität zwischen Eigentümer und Vermieter **11** 33 ff.
- Genossenschaft **48** 29
- Gesamthandsgemeinschaft als Vermieter **11** 59 f.
- Gesellschaft bürgerlichen Rechts **48** 24 ff., **49** 15 ff.
- Gesellschaft bürgerlichen Rechts als Vermieter **11** 54 ff., **48** 38
- Gesellschaften **49** 11 ff.
- Gewerberaummiete **48** 12 ff., **49** 1 ff.
- gewerbliche Weitervermietung **48** 37, **49** 54 f.
- gewerbliche Zwischenvermietung **48** 37, **49** 54 f.
- GmbH **48** 29
- Gründungsgesellschaften **49** 56 ff.
- Grundbucheinsicht **11** 2
- Gütergemeinschaft **49** 32 f.
- Hausbesetzungen **11** 133

- juristische Person als Mieter **11** 65 ff.
- juristische Person als Vermieter **11** 10 ff.
- juristische Personen **49** 41 ff.
- juristische Personen des öffentlichen Rechts **49** 42
- KG **48** 14 ff., **49** 24 ff.
- Lebensgemeinschaften als Vermieter **11** 53
- Mehrheit von Mietern **11** 70 ff., **48** 21 ff.
- Mehrheit von Vermietern **11** 24 ff., **48** 21 ff.
- (Mit-)Haftung des Abschlussvertreters **48** 30 ff.
- Nacherbfolge **49** 50
- natürliche Person als Vermieter **11** 6 ff.
- natürliche Personen **49** 6 ff.
- nichteheliche Lebensgemeinschaften als Mieter **11** 84 ff.
- nicht rechtsfähiger Verein **48** 17 ff., **49** 27 ff.
- Nießbrauch **11** 16 ff., **49** 50
- oHG **48** 14 ff., **49** 24 ff.
- Partei kraft Amtes **49** 8
- Parteibezeichnung **49** 1 ff.
- Partnergesellschaft **48** 27 f., **49** 36 f.
- Partnergesellschaft ohne eigene Rechtspersönlichkeit **49** 32 ff.
- Partnerschaftsgesellschaft **48** 27 f., **49** 36 f.
- Personen-Handelsgesellschaft **11** 14 f.
- Personenmehrheiten **11** 24 ff., 70 ff., **48** 21 ff., **49** 11 ff.
- Personenzusammenschlüsse **11** 111 ff.
- Sozietäten **49** 15 ff.
- Stellvertretung **11** 114 ff., **49** 34
- unternehmensbezogene gewerbliche Mietverträge **49** 51 ff.
- Wohngemeinschaft als Mieter **11** 101 ff.
- Wohnraummiete **11** 1 ff.
- Zustimmung zum Vermieterwechsel **48** 35 f.
- Zwischenvermietung **48** 37, **49** 54 f.

Mietvorvertrag 7 2, 39 ff., **44** 55 ff., **45** 2, 39 ff.
- Abgrenzung zu anderen Vertragstypen **44** 56
- Abschluss des Mietvorvertrag **45** 49 ff.
- Allgemeines **45** 39 ff.
- Aspekte aus Sicht des Mietinteressenten **45** 45 f.
- Aspekte aus Sicht des Vermieters **45** 47 f.
- Begriffsbestimmung **45** 39 f.
- Begründungsoption **44** 56
- berufliche Qualifikation des Mieters **44** 61
- Bestimmbarkeit **45** 54 ff.
- Bestimmtheitserfordernis **44** 57 ff., **45** 54 ff.
- Checkliste: Mietvorvertrag **45** 80
- einstweilige Verfügung **45** 79
- Eintritt bestimmter Bedingungen **44** 61
- Erfüllung **45** 65 ff.
- Erfüllung behördlicher Auflagen **44** 61
- Formulierungsvorschlag **44** 73
- gerichtliche Geltendmachung **45** 70 ff.
- Gewerberaummiete **44** 55 ff., **45** 2, 39 ff.
- Hauptpflichten **45** 57 ff.
- Inhalt des Mietvorvertrags **45** 52 ff.
- Kalkulationsgrundlagen **44** 61
- Konzessionen **44** 61
- Leistungsklage **45** 70 ff.

Sachverzeichnis

magere Zahlen = Randnummern

- Leistungsstörungen beim Vorvertrag 45 65 ff.
- Muster 45 81
- Nebenpflichten 45 57 ff.
- noch zu errichtendes Mietobjekt 44 61
- öffentlich-rechtliche Genehmigungen 44 61
- offen bleibende Vertragspunkte 44 61 ff.
- Optionsrecht 44 56
- praktische Bedeutung 45 41 ff.
- Preisabrede 44 59
- Rechte und Pflichten aus dem Mietvorvertrag 45 57 ff.
- Rücktrittsrecht 44 61 ff.
- Schriftform 44 67
- Überbrückungsvertrag 44 56
- Unwirksamkeit 44 59
- Verpflichtung zum späteren Abschluss eines Hauptvertrages 44 55
- vertragliches Rücktrittsrecht 44 62
- Vertragsgestaltung 45 80 f.
- Vormietrecht 44 56
- wesentlicher Inhalt eines gewerblichen Mietvertrags 44 58
- Wohnraummiete 7 2, 39 ff.
- Zuständigkeit 45 78
- Zustandekommen des Mietvorvertrags 45 49 ff.
- Zustandekommen und Durchsetzung des Hauptvertrags 44 68 ff.

Mietwucher 21 1 ff., **60** 1 ff.
- Anwendungsbereich des § 291 Abs. 1 Satz 1 Nr. 1 StGB i. V. m. § 134 BGB 21 72 f.
- auffälliges Missverhältnis 21 79, 60 2 ff., 11 f., 18
- Ausbeutung des Mieters 21 74 ff.
- Beweislast 60 16 f., 24
- Bewertung der Leistung 60 3 ff.
- Darlegungslast 60 16 f., 24
- EOP-Methode (Ertragskraft orientierte Pachtwertmethode) 60 5 f.
- erhebliche Willensschwäche 21 78, 60 23
- fahrlässige Unkenntnis 60 14
- Gewerberaummietrecht 60 1 ff.
- Kenntnis 60 14
- Mangel an Urteilsvermögen 21 77, 60 22
- Rechtsfolgen 21 80 f., 60 25 ff.
- sittenwidriges Geschäft 60 13
- Tatbestandsvoraussetzungen des § 291 Abs. 1 Satz 1 Nr. 1 StGB i. V. m. § 134 BGB 21 72 f.
- Unerfahrenheit 21 76, 60 21
- Vergleichsmietverfahren 60 7 ff.
- verwerfliche Gesinnung 60 15
- Wohnraummietrecht 21 1 ff.
- Zwangslage 21 75, 60 20

Mietzeit 10 149 ff., **48** 55 ff.
- Abnahmepflicht des Mieters 10 157
- Befristung 10 158 f., 48 70
- Beginn des Mietverhältnisses mit der Räumung durch den Vormieter bzw. mit Bezugsfertigkeit 10 152
- Gewerberaummietrecht 48 55 ff.
- Haftung des Vermieters für die nicht rechtzeitige Übergabe des Mietobjekts 48 63 ff.
- Hinausschieben des Mietbeginns 10 153 ff.
- langfristige formularmäßige Bindung ggf. auch über sog. Verlängerungsklauseln 10 149 f., 48 55
- Mietbeginn 48 58 ff.
- Optionsrechte 10 151, 48 56 f.
- vorformulierte Kündigungsregelungen 10 158 f., 48 70
- Wohnraummietrecht 10 149 ff.

Mietzweck 54 8 ff.
- Einfluss des öffentlichen Baurechts 54 23 ff.
- Ermessen des Vermieters 54 19 ff.
- Nutzungsänderung 54 17 ff.
- rechtliche Möglichkeiten des Mieters bei Verweigerung des Vermieters 54 26 f.
- rechtliche Möglichkeiten des Vermieters 54 28
- rechtliche Unmöglichkeit der vertraglichen Nutzung 54 30
- Sachmängel 54 32
- Vereinbarungen zum Mietzweck 54 8 ff.
- vorgetäuschter Zweck 54 29

Minderung 18 4 f., **48** 190 ff.
- Berechnung 1 6
- Checkliste 1 5
- Einschränkung des Minderungsrechts 48 190 ff.

Minderungsberechnung, Checkliste 1 6

Mischmietverhältnis 6 1, 24 ff., **10** 140 f., **44** 2, 21 ff.
- andere Mischverträge mit mietrechtlichem Einschlag 44 37 ff.
- Anmietung beweglicher Sachen 44 46
- Beherbergungsvertrag 44 47
- Besonderheiten bei der Umsatzsteuer 44 34 ff.
- Bestimmung des für die rechtliche Einordnung maßgeblichen Nutzungszwecks 44 27 ff.
- einheitliches Vertragsverhältnis 44 22
- entsprechende Anwendung von Gesetzen und sonstigen Regeln 44 26
- Filmverleih 44 47
- Fitnessstudio 44 38 ff.
- Franchising 44 45
- Gewerberaummietrecht 6 2
- hauptsächlicher Vertragszweck 44 24
- Hotel 44 47
- Leasingvertrag 44 44
- Mieterhöhung 5 34
- Mietkauf 44 42
- Parteiwille 44 27 ff.
- Pflegeheimvertrag 44 47
- Teilkündigungen 44 23
- Telekommunikationsanschluss 44 47
- Übergewichtstheorie 44 23 ff.
- vertragswidriger Gebrauch 44 32 f.
- Wohnraummietrecht 6 3

Mobilfunk 16 315 ff.
- allgemeine Grundlagen 16 315 ff.
- Formulierungsvorschlag 16 324
- Kosten und Einnahmen 16 333 f.
- Problemstellungen im Wohnungseigentumsrecht 16 322 ff., 335 ff.
- rechtliche Grundlagen 16 317 ff.

1853

Sachverzeichnis

fette Zahlen = §§

- Rechtspositionen und Pflichten des Mieters **16** 329 ff.
- technische Grundlagen **16** 315 f.
- **Modernisierung 20** 1 ff., **59** 1 ff.
- Abgrenzungsfragen **20** 199 ff.
- Abwasserleitung **20** 22
- abweichende Vereinbarungen **20** 213 ff.
- Alarmanlage **20** 23
- altengerechter Umbau **20** 31
- Anspruch auf vertragsgemäße Erhaltung **20** 151 ff.
- Anspruch des Vermieters auf Modernisierung **20** 8 ff., **59** 5
- Antenne **20** 24
- Anwendungsbereich **20** 1 ff., **59** 1 ff.
- Aufteilung von Räumen **20** 25
- Aufzug **20** 26
- Außenfassade **20** 27
- Ausstattung **20** 28
- Badezimmer **20** 29
- Balkon **20** 30
- Barrierefreiheit **20** 178 ff.
- behindertengerechter Umbau **20** 31
- Besonderheit bei Gewerberaummietrecht **59** 9 ff.
- Bodenaustausch **20** 32
- Checkliste: Mandatsannahme bei Modernisierungsvorhaben **20** 7, **59** 4
- Dachausbau **20** 33
- digitales Fernsehen **20** 34
- Druckspüler **20** 35
- Duldungspflicht des Mieters **20** 8 ff., **59** 5
- Durchlauferhitzer **20** 36
- Eingangstür **20** 37
- Elektroinstallation **20** 38
- Erstattung von Aufwendungen **20** 146 ff.
- Fahrradständer **20** 39
- Fahrstuhl **20** 40, 26
- Fenster **20** 42
- Fernwärme **20** 41, 53 ff.
- Fliesen **20** 43
- Fußböden **20** 44, 32
- Garagen **20** 47
- Garten **20** 48
- Gasheizung **20** 45, 53 ff.
- Gasumstellung **20** 46
- Gegensprechanlage **20** 49
- Gemeinschaftseinrichtungen **20** 50
- Gewerberaummietrecht **59** 1 ff., 9 ff.
- Härtegründe **20** 95 ff.
- Härteklausel **20** 91 ff.
- Haustür **20** 52, 37
- Hauswand **20** 51, 27
- Heizkörper **20** 59
- Heizkörperventile **20** 60
- Heizkostenverteiler **20** 61
- Heiztankaustausch **20** 62
- Heizung **20** 53 ff.
- Interessenabwägung **20** 116 ff.
- Kabelanschluss **20** 63
- Kacheln **20** 64, 43
- Kanalisationsanschluss **20** 69
- Küche **20** 65, 28
- Kellerräume **20** 68
- Kfz-Flächen **20** 67, 50
- Kfz-Stellplatz **20** 67, 50
- Kinderspielplatz **20** 66, 50
- Markise **20** 70
- materielle und formelle Voraussetzungen **20** 8 ff.
- Mietermodernisierung **20** 164 ff., **59** 12
- Mieterrechte aufgrund einer Modernisierung **20** 145 ff., **59** 6
- Minderung **20** 153 f.
- Mitteilungspflicht des Vermieters **20** 124 ff.
- Muster: Modernisierungsankündigung gem. § 554 Abs. 3 BGB **20** 141
- Muster: Vertrag über Modernisierung durch Mieter **20** 171
- Nebenräume **20** 71, 25
- Normzweck **20** 1 ff.
- Parabolantenne **20** 72
- Rauchmelder **20** 73
- Rechte des Vermieters aufgrund des zu duldenden Modernisierungsvorhabens **20** 142 ff.
- Rechtslage vor Inkrafttreten des Mietrechtsreformgesetzes **20** 186 ff.
- Rollläden **20** 74
- Sanitäranlagen **20** 75, 29
- Satellitenschüssel **20** 76, 72
- Schadensersatz **20** 155 f.
- Schornstein **20** 78
- Solaranlagen **20** 79
- Sonderkündigung gem. § 554 Abs. 3 S. 2 BGB **20** 157 ff.
- Spielplatz **20** 80, 50
- Steigleitungen **20** 77, 22, 38
- Stromzähler **20** 81
- Treppenhaus **20** 82
- Türen **20** 83, 37, 90
- Türschließanlage **20** 84, 49
- Übergangsregelung **20** 186 ff.
- Umwälzpumpe drehzahlgeregelt **20** 85
- Unwirksamkeit abweichender Regelungen **20** 162 f., **59** 7 f.
- vertragsgemäße Erhaltung **20** 152
- Wärmedämmung **20** 88, 53 ff.
- Warmwasser **20** 86
- Waschraum **20** 87, 50
- Wasseruhr **20** 89
- Wohnraummietrecht **20** 1 ff.
- Wohnungstür **20** 90
- Würdigung der berechtigten Interessen bei Vorliegen einer Härte **20** 91
- Zumutbarkeitsprüfung **20** 91 ff.

Modernisierungsankündigung
- Checkliste **1** 7

Nachmieterstellung 27 28 ff., **64** 3 ff.
- Arztpraxis **69** 176 ff.
- deutlich überwiegendes Interesse des Mieters **27** 33 ff.

1854

magere Zahlen = Randnummern **Sachverzeichnis**

- „echte" und „unechte" Klauseln **64** 6
- Entlassung ohne besonderes Interesse des Mieters **27** 32
- erhebliche Restlaufzeit des Vertrages **27** 45 f.
- Folgen einer unberechtigten Ablehnung **27** 47 ff.
- Gewerberaummietrecht **64** 3 ff.
- Klausel mit beschränkter Wirkung **64** 7
- Klauselvorschläge für Nachmietervereinbarungen **64** 9 f.
- Nachmietervereinbarungen aus Sicht des Vermieters **64** 8
- nachvertragliche Nachmietervereinbarung **27** 29
- Notwendigkeit einer Vereinbarung **64** 4 f.
- persönliche und wirtschaftliche Eignung des Nachmieters **27** 38 ff.
- Stellung eines Nachmieters nach Treu und Glauben (§ 242 BGB) **27** 31 ff., **64** 3 ff.
- Übersicht: Nachmieterstellung **27** 50
- vertragliche Nachmieterklausel **27** 28 ff., **64** 3 ff.
- Vorliegen eines berechtigten Interesses **27** 36 f.
- vorzeitige Vertragsentlassung **27** 28 ff.
- Wohnraummietrecht **27** 28 ff.

Nebenkosten 24 1 ff.; **43** 21 ff. *s. Betriebskosten*
Nebenkostenabrechnung 24 1 ff. *s. Betriebskostenabrechnung*
negative Zwischenfeststellungsklage 38 18 f.
- Formulierungsvorschlag **38** 18 f.
- unberechtigte Mietminderung **38** 18
- Unwirksamkeit der Kündigung **38** 19

Nutzungszweck 43 14, **48** 137 ff.

Obhutspflichten 15 49 ff., **48** 163 ff., **54** 105 ff.
- Formulierungsvorschlag **54** 109
- Hygiene **54** 110 ff.
- schlechte Wetterbedingungen **54** 110 ff.
- Schließanlage **54** 107 ff.

obligatorische Streitschlichtung 5 56
öffentlich-rechtliche Zulässigkeit des Mietgebrauchs 54 76 ff.
örtliche Zuständigkeit 6 2, **71** 1
- Amtsgericht **6** 2

Option 7 2, 82 ff., **44** 93 ff., **45** 2, 82 ff., **53** 11 ff.
- Abgrenzung **44** 94 f., **45** 82 ff.
- Anmietrecht **45** 86
- aufschiebende Bedingung **44** 93
- Ausübung des Optionsrechts **45** 94 ff.
- Begriffsbestimmung **45** 82 ff.
- Begründung des Optionsrechts **45** 91 ff.
- Begründungsoption **45** 82 ff.
- Checkliste: Optionsrecht **45** 97
- Formulierungsvorschlag **44** 108
- Gewerberaummietrecht **44** 93 ff., **45** 2, 82 ff., **53** 11 ff.
- Hauptleistungspflichten **44** 98
- Mietbeginn **44** 99
- Mietvorvertrag **44** 94 f., **45** 84, 87
- notwendiger Vertragsinhalt **44** 98 ff.
- offener Dissens **44** 98

- Optionsfrist **44** 100
- praktische Bedeutung **44** 96 f., **45** 89 f.
- Rechtsfolgen der Optionsausübung **44** 105, **53** 16 f.
- Rücktritt vom Optionsvertrag **44** 106 f.
- Schriftform für die Optionsausübung **44** 103 f., **53** 15
- Schriftform für die Optionsvereinbarung **44** 101 f.
- Verlängerungsoption **45** 82 f.
- vertragliche Regelung **53** 11 ff
- vertragliches Rücktrittsrecht **44** 107
- Vertragsgestaltung **45** 97
- vollständiger Mietvertragsentwurf **44** 98
- Vorhandabrede **44** 94
- Vormietrecht **45** 85
- Vorvertrag **44** 95, **45** 84, 87
- Wohnraummietrecht **7** 2, 82 ff.

Optionsrecht *s. Option*

Pacht 75 1 ff.
- Anpachtrecht **75** 23
- Apothekenbetriebsordnung **75** 26
- Apothekenpacht **75** 25
- Aufklärungspflicht des Verpächters **75** 28
- berufs- und standesrechtliche Vorschriften **75** 26
- Checkliste zur Gestaltung oder rechtlichen Einordnung des Pachtvertrags **75** 1
- die den Hauptpachtvertrag vorbereitenden Verträge **75** 23
- Durchlässigkeit zwischen Miet- und Pachtrecht **75** 18 f.
- freiberuflich genutzte Objekte **75** 24
- Fruchtziehung **75** 4 ff.
- Gaststättengesetz **75** 26
- Gegenstand des Pachtvertrags **75** 2 f.
- gesetzliche Nutzungshindernisse **75** 24 f.
- Gewerbeordnung **75** 26
- Grenzen pachtvertraglicher Nutzungsüberlassung **75** 24 ff.
- Leistungen des Verpächters zur Ermöglichung der Fruchtziehung **75** 9 ff.
- Mischmiet-/-pachtvertrag **75** 20 f.
- Mischverträge **75** 20 ff.
- Mischverträge anderer Art **75** 22
- öffentlich-rechtliche Auflagen, Gebote und Verbote **75** 26 ff.
- Pachtbegründungsoption **75** 23
- pachtrechtliche Vertragstypen **75** 18 ff.
- Pachtvorvertrag **75** 23
- Rechtsmangel **75** 27
- Sachmangel **75** 27
- Schriftform **75** 17
- Überlassung von Inventar **75** 5
- Umsatz- oder Gewinnbeteiligung an Apotheken **75** 25
- Vertragselemente des Pachtvertrags **75** 1 ff.
- Voraussetzungen pachtvertraglicher Nutzungsüberlassung **75** 24 ff.
- Vorhand **75** 23

1855

Sachverzeichnis

fette Zahlen = §§

- Vorpachtrecht **75** 23
- Warenhausverordnung **75** 26
- wesentliche Merkmale der Fruchtziehung **75** 4 ff.
- zentrale gesetzliche Vorschriften **75** 12 ff.
- Zulassungserfordernisse **75** 24 f.

Pachtvertrag über eine Gaststätte (Hotel)
- Abgrenzung zwischen Miete und Pacht **69** 101 f.
- andere Formen der Vertragsgestaltung bei Gaststätten und Hotels **69** 142 ff.
- Besonderheiten bei der Umsatzsteuer **69** 153 f.
- Bestimmung des Vertragstyps **69** 146
- Bezugsbindungen **69** 125 ff.
- Bezugsverpflichtungen **69** 125 ff.
- Checkliste: mögliche Auflagen und Nachweise zur Konzessionserlangung **69** 122
- Formulierungsvorschlag **69** 110, 116, 149
- Franchisingvertrag **69** 144
- Gaststätten **69** 142
- Gewährleistung des vertragsgemäßen Gebrauchs **69** 117 ff.
- Hotels **69** 143
- Inventar-Erhaltungsklauseln **69** 114 ff.
- Inventarkauf **69** 113
- Konzession **69** 120 ff.
- Mischvertrag **69** 145 ff.
- sittenwidrige Überhöhung des Pachtzinses **69** 139 f.
- Überlassung von Inventar **69** 102
- Unanwendbarkeit der Vorschriften zur Wohnraummiete **69** 152
- Unterverpachtung **69** 103 ff.
- vertragliche Festlegung des Vertragszwecks **69** 148 ff.
- vertragliche Regelungen zum Inventar **69** 111 ff.
- Vertragspartner **69** 103 ff.
- vertragswidrige Nutzung der Pächterwohnung **69** 151
- Vertragszweck **69** 106 ff.
- Wiederkauf **69** 113

Parteien des Mietprozesses 38 3 ff.
- bereits ausgezogene Vertragspartei **38** 10
- Besitzdiener **38** 9
- Dritte **38** 9
- Ehegatte **38** 9
- Formulierungsvorschlag **38** 4 f.
- Gesamtschuldner **38** 7
- Lebenspartner **38** 9
- minderjährige Familienangehörige **38** 9
- Mitgewahrsam **38** 9
- notwendige Streitgenossenschaft **38** 8
- polizeilicher Platzverweis **38** 6
- Untermieter **38** 9
- Vertragspartner **38** 3 ff.
- Wechsel der Vertragsparteien **38** 3 ff.
- Zahlungsklagen **38** 7
- Zustimmung zur Mieterhöhung **38** 8

Parteiwechsel 49 61 ff.
- Außen-GbR **49** 80

- Gesellschafterwechsel **49** 79 ff.
- juristische Personen **49** 82
- KG **49** 80
- oHG **49** 80
- Partnerschaftsgesellschaften **49** 81
- Sozietäten **49** 81
- Tod des Mieters **49** 61 ff.
- Tod des Vermieters **49** 101
- Umwandlung **49** 65 ff.
- Umwandlungen außerhalb des Umwandlungsgesetzes **49** 74 ff.
- Umwandlungstatbestände nach dem Umwandlungsgesetz **49** 65 ff., 102
- Veräußerung der Mietsache (§§ 566, 578 BGB) **49** 83 ff.
- Vermieterwechsel durch Rechtsgeschäft **49** 100
- Wechsel des Mieters **49** 61 ff.
- Wechsel des Vermieters **49** 83 ff.

pauschalierter Schadensersatz 10 359 ff.
Personenmehrheit 5 37 f.
Pflichten des Vermieters 15 66 ff.
- Abwehr von Immissionen **15** 75
- Abwehr von Störungen durch Dritte **15** 76
- Aufklärungspflicht **15** 79
- Aufwendungsersatz **15** 84 f.
- Duldung der Wegnahme von Einrichtungen **15** 86 ff.
- Fürsorgepflicht **15** 79
- Gebrauchsgewährung **15** 70 ff.
- Gebrauchsgewährungspflicht **15** 66
- Instandhaltung und Instandsetzung **15** 78
- Prüfungspflichten **15** 82
- Reinigungspflichten **15** 80 ff.
- Treuepflicht **15** 79
- Überlassungspflicht **15** 67 ff.
- Überwachungspflichten **15** 80 ff.
- Verkehrssicherungspflichten **15** 80 ff.
- Wach- bzw. Sicherheitsdienst **15** 77

Pflichtverletzungen des Mieters 15 63 ff.
- Erfüllung **15** 63
- Kündigung **15** 65
- Rechte des Vermieters **15** 63 ff.
- Schadensersatz **15** 64

Pflichtverletzungen des Vermieters 15 91 ff.
- Erfüllung **15** 92
- Gewährleistung **15** 93
- Rechte des Mieters **15** 91 ff.

preisgebundener Wohnraum 25 1 ff.
- Bauherrenwohnung **25** 17
- bundeseigene Wohnungen **25** 18
- Checkliste: Förderung nach dem Wohnraumförderungsgesetz (WoFG) **25** 1
- Eigenheim **25** 16
- Eigentumswohnung **25** 16
- Förderung nach dem I. und II. WohnBauG **25** 9 ff.
- Förderung nach dem Wohnraumförderungsgesetz (WoFG) **25** 1 ff.
- gemeindeeigene Wohnungen **25** 18
- Kostenmiete **25** 20 ff.
- landeseigene Wohnungen **25** 18

magere Zahlen = Randnummern

Sachverzeichnis

- Mieterhöhung 25 59 ff.
- Mieterhöhung zum Ende der öffentlichen Bindung 25 171 ff.
- mit Wohnungsfürsorgemitteln geförderter Wohnraum, § 87 a-§ 87 b II. WohnBauG 25 13 f.
- sonstige geförderte Wohnungen 25 19
- Sozialwohnungen 25 10 ff.
- steuerbegünstigter Wohnungsbau 25 15
- Umwandlung in Wohnungseigentum 25 185 ff.
- Verstöße gegen die öffentliche Bindung 25 200 ff.
- vorzeitige Rückzahlung der öffentlichen Mittel 25 162 ff.

Preisgleitklausel 61 4 ff. *s. a. Indexmiete*
- Muster einer automatischen Preisgleitklausel mit Schwellenwert 61 15 ff.
- Schriftformerfordernis 61 21 f.

Preisklauselgesetz 48 100, **61** 7 ff.

Prozesskostenhilfe 4 2 ff.
- Abänderungsantrag gemäß § 120 Abs. 4 ZPO 4 51
- Abänderungsklage 4 33
- Abmahnung 4 18
- Änderung der Bewilligung 4 49 f.
- Anerkenntnis des Räumungsanspruchs 4 19
- Angabe der Beweismittel 4 16
- Antragsvoraussetzungen unter Berücksichtigung mietrechtlicher Fälle 4 5 ff.
- Anwendungsbereich der PKH-Vorschriften in sachlicher, persönlicher und zeitlicher Hinsicht 4 6 ff.
- Arrestverfahren 4 33
- Aufhebung der Bewilligung 4 49 f.
- Beachtung der Mindestgrenze gem. § 115 Abs. 4 ZPO 4 14
- Bearbeitung eines PKH-Antrags 4 4 ff.
- Beendigung der Beiordnung 4 57
- Beiordnungsverfahren 4 54 ff.
- Belege 4 29
- Berechnung des einzusetzenden Einkommens 4 9 ff.
- Berechnung des einzusetzenden Vermögens 4 12 ff.
- Beschwerde 4 51
- Beschwerdebefugnis 4 52
- Beschwerdefrist 4 53
- Beschwerdeverfahren 4 53
- Bewilligungsverfahren 4 41 ff.
- Checkliste: Einzusetzendes Vermögen i. S. v. § 115 Abs. 3 ZPO 4 13
- Darstellung des Streitverhältnisses 4 16
- Differenzmietschaden 4 20
- erneuter PKH-Antrag mit neuem Tatsachenvortrag 4 51
- Form des PKH-Antrags 4 26 f.
- Gegenvorstellung 4 51
- gleichzeitiger Antrag auf Beiordnung für das PKH-Verfahren 4 36 ff.
- hinreichende Erfolgsaussicht (§ 114 ZPO) 4 15 ff.
- Hinweispflicht des Rechtsanwalts 4 3
- Honoraransprüche des Rechtsanwalts 4 58 ff.
- Kosten des Beschwerdeverfahrens 4 53
- Mietpreisüberhöhung 4 21
- Mindestinhalt des PKH-Antrags 4 26 ff.
- Mutwillen 4 24 f.
- persönlicher Anwendungsbereich 4 7
- PKH-Antrag mit gleichzeitiger Klage 4 34
- PKH-Antrag mit Rechtsmittel 4 35
- Räumungsprozess 4 22
- Räumungsvollstreckungsschutzverfahren 4 25
- Rechtsbeschwerde 4 53
- sachlicher Anwendungsbereich 4 6
- Verfahren zur Festsetzung der Vergütung 4 60 ff.
- Verfahrensgang 4 42 ff.
- Verjährungshemmung 4 33
- Vermieterpfandrecht 4 33
- Vollstreckungsgegenklage 4 33
- Vordruck 4 29
- Wiedereinsetzung in den vorigen Stand 4 33
- Wirkung der Bewilligung 4 45 ff.
- Wirkung der Bewilligung für den beigeordneten Rechtsanwalt 4 47
- Wirkung der Bewilligung für den Prozessgegner 4 48
- Wirkung der Bewilligung zugunsten der bedürftigen Partei gem. § 122 ZPO 4 46
- Wirkungen der Beiordnung 4 55 f.
- Wirkungen des PKH-Antrags 4 32 ff.
- Wohnungsmarktlage 4 23
- zeitlicher Anwendungsbereich 4 8
- Zurechnung eines Anwaltsverschuldens 4 30
- zuständiges Gericht 4 31

Quotenabgeltungsklauseln 5 8 a, **10** 296 ff., **19** 174 ff., **48** 156

Rahmenvertrag 46 16 ff.
- Bindungswirkung 46 17
- Letter of Intent 46 17
- Rücktrittsklauseln 46 19
- Vertragsauslegung 46 18

Räumungsfrist, § 794 a ZPO 39 39 ff.
- Antrag 39 41
- Anwendbarkeit 39 39
- Verfahren 39 40 f.

Räumungsklage
- Checkliste 1 24

Räumungsprozess
- Beklagte 5 57

Räumungsschutz 39 24 ff.
- Räumungsfrist, § 794 a ZPO 39 39 ff.
- Räumungsschutz nach § 721 ZPO 39 24 ff.

Räumungsschutz nach § 721 ZPO 39 24 ff.
- Anwendbarkeit 39 24
- Formulierungsvorschlag 39 26, 35
- Gewährung der Räumungsfrist im Urteil (§ 721 Abs. 1 ZPO) 39 25 f.
- künftige Räumung (§ 721 Abs. 2 ZPO) 39 33
- Rechtsmittel 39 37 f.

1857

Sachverzeichnis

fette Zahlen = §§

- Verlängerung oder Verkürzung der Räumungsfrist (§ 721 Abs. 3 ZPO) **39** 34 ff.
- **Räumungsschutz nach § 765 a ZPO 39** 42 ff.
- Anwendungsbereich **39** 42
- Bundesverfassungsgericht **39** 46
- Einstellung der Zwangsvollstreckung **39** 50
- Formulierungsvorschlag **39** 42
- Gesundheitsgefahr **39** 44
- Grundrechte des Schuldners **39** 46
- Interessenabwägung **39** 43 ff.
- Kosten **39** 49
- Lebensgefahr **39** 44
- Mietschulden **39** 45
- Niederkunft **39** 44
- Notwendigkeit eines Zwischenumzugs **39** 44
- Nutzungsentschädigung **39** 45
- Obdachlosigkeit **39** 44
- Suizidgefahr **39** 44
- Verfahren **39** 47 f.
- Wiedereinweisung **39** 51 ff.
- **Räumungsschutzantrag 5** 62
- **Radio und Fernsehen 16** 144 ff.
- Antrag des Mieters **16** 196 ff.
- ausländische Mieter **16** 225 ff.
- Beendigung des Mietverhältnisses **16** 312
- Berufungsfrist **16** 257
- Berufungssumme **16** 258
- Beseitigungsanspruch des Vermieters **16** 290 ff.
- Beweislast **16** 161, 256
- Checkliste: Ermessenskriterien bei Radio und Fernsehen **16** 160
- Darlegungslast **16** 161, 256
- deutsche Mieter **16** 201 ff.
- Eigentumsrecht des Vermieters **16** 147
- Entscheidungskriterien **16** 199 ff.
- EuGH-Rechtsprechung **16** 234 ff.
- fehlende Klausel **16** 162
- Formulierungsvorschlag **16** 157, 250, 252 ff., 279, 298, 300, 305, 317
- fremdsprachige Fernseh- und Rundfunkprogramme **16** 145
- Informationsfreiheit **16** 144
- Klageweg **16** 247
- Kündigung des Mietverhältnisses **16** 309 ff.
- Mietausfallschaden **16** 289
- Mietminderung **16** 167
- Mietvertragsrecht **16** 149 ff.
- nachträgliche Genehmigung des Vermieters **16** 273 ff.
- nachträgliche Genehmigung der Neuinstallation **16** 265 ff.
- negative Feststellungsklage **16** 254
- obligatorische Streitschlichtung **16** 241 ff.
- Pflichten des Mieters bei Gebrauch der Installation **16** 286 ff.
- prozessuale Durchsetzung **16** 240 ff., 277 ff., 295 ff.
- rechtliche Grundlagen **16** 144 ff.
- Rechtspositionen und Pflichten des Mieters **16** 163 ff.
- Rechtspositionen und Pflichten des Vermieters **16** 163 ff.
- Schmerzensgeld **16** 289
- technische Anlagen **16** 146
- Unterlassungsanspruch **16** 299
- Verbotsklausel **16** 155 f.
- Verhältnis zum Wohnungseigentumsrecht **16** 186 ff.
- vertraglicher Erlaubnisvorbehalt **16** 157 ff.
- Vertragsgestaltung **16** 150 ff.
- vorherige Erlaubnis des Vermieters **16** 237
- vorherige Erlaubnis zur Neuinstallation **16** 196 ff.
- Widerruf der Erlaubnis **16** 262 ff.
- Widerruf der Genehmigung **16** 283 ff.
- Zimmerlautstärke **16** 288
- Zwangsvollstreckung **16** 304 ff.
- **Rauchverbot 54** 70 ff.
- **Rechtsmängelhaftung 18** 20 ff., **48** 204
- **Rechtsnachfolge 11** 136 ff.
- auf Mieterseite **11** 164 ff.
- auf Vermieterseite **11** 136 ff.
- Austausch des Vertragspartners auf Mieterseite **11** 164 ff.
- Beendigung gewerblicher Zwischenmiete **11** 155
- BGB-Gesellschaften bzw. Gemeinschaften als Vermieter **11** 159 ff.
- durch Vereinbarung **11** 137 ff., 165 ff.
- gerichtliche Zuweisung von Wohnraum durch das Familiengericht **11** 214 ff.
- Kauf bricht nicht Miete, § 566 BGB **11** 143 ff.
- Zwangsversteigerung **11** 156 ff.
- Zwangsverwaltung **11** 156 ff.
- **Rechtsschutzversicherung 2** 1 ff.
- Ablehnung der Deckungszusage **2** 41 ff.
- Ablehnungsgründe **2** 41 ff.
- Abrechnung **2** 65 ff.
- Abstimmung von Maßnahmen **2** 58 ff.
- Advocard **2** 10
- Anmeldung des Leistungsanspruchs **2** 6
- Anmeldung des Rechtsschutzmandats **2** 4 ff.
- Anschriften der Versicherungsgesellschaften **2** 16 f.
- Anwaltswahl **2** 4 f.
- Anwaltswechsel **2** 36
- Aufrechnungsvorbehalt **2** 56
- außergerichtlicher Vergleich **2** 63
- Beratung **2** 33
- Beweissicherungsverfahren **2** 59
- Checkliste: Anmeldung des Rechtsschutzfalles **2** 75
- Checkliste: Mandatsbegleitende Tätigkeit und Kostenabrechnung **2** 76
- Dauerverstoß **2** 24
- Deckungszusage **2** 52 ff.
- eigenständige Tätigkeit **2** 7
- einfache Deckungszusage **2** 52
- eingeschränkte Deckungszusage **2** 53 ff.
- einstweilige Verfügungen **2** 59

magere Zahlen = Randnummern **Sachverzeichnis**

- erforderliche Versicherungsdaten **2** 14 f.
- erweiterte Deckungszusage **2** 53 ff.
- Fahrtkosten **2** 37
- fehlender Rechtsschutzfall **2** 44
- Folgen der Ablehnung **2** 51
- Folgen der Nichtabstimmung **2** 61 f.
- freie Anwaltswahl **2** 4 f.
- Gebühren **2** 65 ff.
- gemietete Wohneinheit **2** 18 ff.
- gerichtlicher Vergleich **2** 63
- Gerichtskosten **2** 73
- Gesamtverband der Versicherer (GDV) **2** 16
- gesetzliche Vergütung **2** 35
- gleichgeschlechtliche Lebenspartner **2** 15
- Klagefrist wegen Ablehnung des Versicherungsschutzes **2** 51
- Kostenausgleichsverfahren **2** 74
- kostenauslösende Maßnahmen **2** 58 ff.
- Kostentragungspflicht des Versicherers **2** 35 ff.
- Mandatsannahme **2** 1
- mangelnde Erfolgsaussichten **2** 45 ff.
- mehrere Verstöße **2** 25 f.
- Mietrechtsschutz **2** 18 ff.
- Mietvertrag **2** 34
- Nachmeldefrist **2** 31
- Objektversicherung **2** 18 ff.
- Obliegenheit **2** 13
- Ombudsmannverfahren **2** 51 a
- Prämienverzug **2** 50
- Rahmengebühren **2** 65 f.
- Rechtsbeziehungen **2** 8 ff.
- Rechtsschutzfall **2** 23
- Rechtsschutzkarte **2** 14
- Rechtsverstoß durch Willenserklärung **2** 27
- Rückfragen **2** 40
- Sachverständigengutachten **2** 60
- Schiedsgutachterverfahren **2** 49
- Schlichtungsverfahren **2** 38 f.
- Stichentscheid **2** 47 ff.
- streitwertabhängige Gebühren **2** 67 f.
- unnötige Korrespondenz **2** 64
- Vergleich **2** 63
- Vergleichsgebühr **2** 69 f.
- Verjährung **2** 11 f.
- Vermieterrechtsschutz **2** 21 f.
- Versicherungsfall **2** 23 ff.
- Versicherungsschein **2** 14
- vermietete Wohneinheit **2** 21 f.
- Verzugsfolgen **2** 50
- Vorlage von Unterlagen beim Versicherer **2** 32 ff.
- Vorvertraglichkeit **2** 43
- Wartezeit **2** 28 ff., 43
- weitergehende Tätigkeit **2** 34

Rechtswahlklauseln 48 246
Reinigungspflichten 3 325 ff.
Reklameeinrichtungen 54 60 ff.
Reservierungsvereinbarung 70 71 ff.
- Definition **70** 73
- Pflichten **70** 72
- Obergrenze **70** 75

- Reservierungsgebühr **70** 74
- Vermittlung einer Objektreservierung **70** 76

Rohrleitungen 54 86
Rücktrittsrecht, vereinbartes (§ 572 BGB) 29 148 ff.

sachliche Zuständigkeit 6 2, **71** 2 ff.
- Amtsgericht **6** 2

Sachmängelhaftung 57 1 ff.
salvatorische Klauseln 48 241 f.
Schadensersatz 18 6 f., **48** 194 ff.
Schadensersatz wegen unberechtigter Kündigung 28 568 ff.
- Angabe unzutreffender Gründe **28** 573
- nicht gerechtfertigter Eigenbedarf **28** 574 ff.
- Verschweigen des nachträglichen Wegfalls des Eigenbedarfs **28** 577 ff.

Schiedsgutachterklauseln 48 248
Schiedsklauseln 48 247
Schiedsverfahren 74 8 ff.
- Abgrenzung **74** 8 ff.
- Begriffsbestimmung **74** 8 ff.
- Konsequenzen für das gerichtliche Verfahren **74** 18 ff.
- schiedsgerichtliches Verfahren **74** 12
- Schiedsgutachten **74** 13 ff.
- Schiedsgutachtenabrede **74** 11

Schlichtung 40 10 f., 14 ff.
- freiwillige Schlichtung **40** 18 ff.
- Mietschlichtungsstellen **40** 21 ff.
- obligatorische Schlichtung **40** 6, 14 ff.
- Schlichtungsgesetze der Länder **40** 15
- Verfahren vor Schiedsleuten **40** 19 f.

Schlussbestimmungen 10 384 ff., **48** 249 f.
- Erfüllungsort **48** 249
- Gerichtsstandsvereinbarungen **48** 250

Schönheitsreparaturen 5 7 ff., **10** 282 ff., **19** 87 ff., **43** 28 f., **48** 149 ff., **58** 10 ff.
- Abgeltungsregelungen **5** 8 a, **10** 296 ff., **19** 174 ff., **48** 156
- Abgrenzung zum Schadensbegriff **19** 103 ff.
- Anfangsrenovierung **10** 287, **19** 138 f., **48** 154, **58** 19 f.
- Art und Umfang der Ausführung **19** 150 ff.
- Art und Weise **10** 293 ff.
- Ausführungsart **19** 155
- Bedarfsklausel **10** 283
- Begriff **19** 88 ff., **58** 10 ff.
- Bemessung der Fristlängen **5** 7 a, **10** 291
- „bezugsfertiger Zustand" **10** 289
- Checkliste: Überprüfung der Wirksamkeit einer Formularklausel zur Übertragung des Schönheitsreparaturen auf den Mieter **19** 145
- Endrenovierungsklausel **10** 287, **19** 141, **48** 155, **58** 22
- fachgerechte Durchführung **19** 92
- Fachhandwerkerklausel **19** 102, 151, **48** 157
- Fälligkeit **10** 291, **19** 156 ff.
- Farbgestaltung **19** 93 f., 155
- Farbunterschiede **19** 95
- Farbwahlklauseln **5** 9 b, **10** 294

1859

Sachverzeichnis

fette Zahlen = §§

- flexibler Fristenplan **19** 140aff.
- Folgen unwirksamer Schönheitsreparaturenregelungen **5** 10, **58** 24 ff.
- Formularvereinbarungen **19** 120 ff., **48** 151 ff., **58** 17 ff.
- formularvertragliche Erweiterungen des Begriffs **19** 100 ff., **48** 150
- Formulierungsvorschlag **10** 295, 298
- Fristenklausel **10** 283
- Fristenplan **19** 139 a, **48** 152 f., **58** 20 ff.
- Fristsetzung **48** 158 f.
- gesetzliche Regelung **19** 88 ff., **58** 10 ff.
- Gewerberaummiete **43** 28 f., **48** 149 ff., **58** 10 ff.
- Hauptpflicht **19** 106 f., **48** 149
- Individualvereinbarungen **19** 111 ff., **58** 15 f.
- individualvertragliche Erweiterungen des Begriffs **19** 97 ff.
- Inhalt **19** 91 ff., **58** 11 f.
- Klauselkombination **19** 142, **58** 23
- laufende **10** 283, **58** 20 ff.
- Malerfachgeschäft **19** 94
- malermäßige Renovierung **10** 290
- Materialwahl **19** 93
- Mieterhöhung **5** 10 b
- Mietrechtsreformgesetz **19** 87
- Muster **19** 264 f.
- Parkettboden **10** 290
- preisgebundener Wohnraum **19** 147 ff.
- Prozessuales **19** 249 ff.
- Qualität **19** 91 ff., **58** 11 f.
- Quotenklauseln **5** 8 a, **10** 296 ff., **19** 174 ff., **48** 156
- Rauchen **19** 96
- Rechtsfolgen unwirksamer Schönheitsreparaturregelungen **10** 304 ff.
- Regelungen bei Nicht- bzw. Schlechterfüllung durch den Mieter **10** 299 ff.
- Schadensersatz für unterlassene Schönheitsreparaturen **19** 189 ff.
- Schlussrenovierung **10** 287
- Selbstvornahmerecht des Vermieters **48** 160
- Summierungseffekt **5** 9, **19** 143
- starre/feste Fristen als Höchst- oder Mindestfristen **19** 140
- Tapetenklauseln **5** 9 a, **10** 295
- Teppichboden **10** 290
- Transparenzgebot **19** 143
- Übergabeprotokoll **10** 289
- Übertragung der Schönheitsreparaturen auf den Mieter **19** 108 ff., **58** 13 ff.
- Umfang **10** 290, **48** 150
- Verjährung **19** 237 ff.
- widersprüchliche Klauseln **19** 144
- Wohnraummietrecht **5** 7 ff., **10** 282 ff., **19** 87 ff.
- ZPO-Reform **19** 87

Schriftform 9 1 ff., **43** 4 ff., **47** 1 ff., **48** 237 ff.
- Ausschluss und Einschränkungen der Berufung auf Formmängel **47** 61 ff.
- Befristung eines Wohnraummietvertrags **5** 2
- Beweislast **47** 67 ff.
- gesetzliche Schriftform **47** 1, 4 ff.
- Gewerberaummietrecht **43** 4 ff., **47** 1 ff., **48** 237 ff.
- gewillkürte Schriftform **47** 1, 41 ff.
- Heilungsmöglichkeiten **47** 64 ff.
- Kündbarkeit **43** 5
- notarielle Beurkundung **47** 2
- salvatorische Klausel **43** 9
- Schriftformheilungsklausel **43** 9
- Schriftformnachholungsklausel **43** 9
- Textform **47** 3
- Wohnraummietrecht **5** 2, **9** 1 ff.

Schriftform, gesetzliche 47 4 ff.
- abweichende Vereinbarungen **47** 8
- Anwendungsbereich **47** 4 ff.
- Auslegung **47** 13
- Besonderheiten bei Änderungen oder Ergänzungen **47** 34 ff.
- Einheitlichkeit der Vertragsurkunde **47** 23 ff., 28
- Entbehrlichkeit der körperlichen Verbindung **47** 29
- Erläuterung **47** 14
- Folgen des Formmangels **47** 38 ff.
- „gedankliche Verbindung" **47** 24
- gewillkürte Schriftform **47** 31 f.
- Grundsatz der Klarheit und Vollständigkeit **47** 12
- Konkretisierung **47** 14
- Mietvorverträge **47** 5
- Nachtragsvereinbarungen **47** 39
- nebensächliche bzw. untergeordnete Bedeutung **47** 14
- Option **47** 5
- salvatorische Klausel **47** 31
- Unterschrift auf derselben Urkunde **47** 21 ff.
- Unterschrift durch den Aussteller **47** 15 ff.
- Verbot der Bezugnahme **47** 26
- Verlängerungsklausel **47** 5
- Vertragsurkunde **47** 11 ff.
- Voraussetzungen **47** 10 ff.
- wesentliche Vertragsbestandteile **47** 30
- Zweifelsfälle **47** 33

Schriftform, gewillkürte 47 41 ff., **48** 237 ff.
- Änderungen **47** 43
- Bestätigungsklauseln **47** 43
- Briefwechsel **47** 44
- Ergänzungen **47** 43
- Folgen von Formverstößen **47** 46
- Formularklauseln **47** 43
- individualvertragliche Regelungen **47** 42
- salvatorische Klausel **47** 45
- telekommunikative Übermittlung **47** 44
- Umfang **47** 44 f.
- Voraussetzungen **47** 41 ff.

Schriftformklauseln 48 237 ff.
sofortiges Anerkenntnis 5 58
Sonderkündigungsrecht bei Mietvertrag mit mehr als 30jähriger Dauer nach § 544 BGB 28 605 ff., **65** 125 ff.
- Abdingbarkeit **28** 615

magere Zahlen = Randnummern

Sachverzeichnis

- Allgemeines 28 605 ff.
- Fristbeginn 28 609
- Gewerberaummietrecht 65 125 ff.
- keine Ausübungsfrist 28 614
- Kündigungsfrist 28 613
- Kündigungsrecht 28 608
- Kündigungszeitpunkt 28 612
- Schriftform 28 610
- Vermieterkündigung 28 611
- Vertragsgestaltung 28 615
- Voraussetzungen 28 607
- Wohnraummietrecht 28 605 ff.

Sonderkündigungsrecht des Mieters bei Mieterhöhungen, § 561 BGB 28 634 ff.
- Abdingbarkeit 28 641
- abweichende Vereinbarungen zum Vorteil des Mieters 28 642
- Angabe von Gründen 28 639
- Anwendungsbereich 28 634
- Formalien der Kündigung 28 639
- Fristen 28 636 ff.
- Kündigungsfrist 28 637 f.
- materielle Voraussetzungen 28 635
- Personenmehrheiten 28 639
- Schriftform 28 639
- Überlegungsfrist 28 636
- Übersicht: Fristen 28 638
- Wirkung der Kündigung 28 640

Sonderkündigungsrecht des Mieters bei Versetzung gemäß § 570 BGB a. F. 28 657 ff.
- Abdingbarkeit 28 678
- Allgemeines 28 657 ff.
- anderer Ort 28 669
- Angestellte im öffentlichen Dienst 28 661
- Beamte 28 661
- begünstigter Personenkreis 28 660 ff.
- Berufsrichter 28 661
- Berufssoldaten 28 660
- Ehegatten 28 664
- Familienangehörige 28 664
- Form 28 671 ff.
- Formulierungsvorschlag 28 680, 683
- Frist 28 671 ff.
- Geistliche 28 662
- Hochschullehrer 28 663
- Lehrer an öffentlichen Unterrichtsanstalten 28 663
- Militärpersonen 28 660
- Notar 28 661
- Ortswechsel 28 665, 669
- Prozessuales 28 679 f.
- Referendare 28 661
- Religionsgemeinschaft 28 662
- Reservisten 28 660
- Richter 28 661
- Schulleiter 28 663
- Soldaten 28 660
- sonstige Arbeitnehmer 28 661
- Verhaltensmöglichkeiten des Mieters eines Zeitmietvertrages oder bei verlängertem Altvertragskündigungsfristen 28 681 ff.
- Versetzung 28 665 ff.
- Versetzung innerhalb derselben Gemeinde 28 670
- Wehrpflichtige 28 660
- Widerrufsbeamte 28 661
- Zeitsoldaten 28 660
- zivile Angestellte der Bundeswehr 28 660
- zivile Angestellte der in Deutschland stationierten NATO-Truppen 28 660

Sonderkündigungsrecht des Mieters wegen Versagung der Untermieterlaubnis gem. § 540 Abs. 1 Satz 2 BGB 28 582 ff., 65 120 ff.
- Allgemeines 28 582 ff.
- ausdrückliche Ablehnung 28 586
- Ausschluss des Kündigungsrechts 28 602 f.
- Entfallen des Kündigungsrechts: wichtiger Grund zur Erlaubnisverweigerung 65 123
- Erlaubnisverweigerung 28 585, 65 121 f.
- Form 28 598 ff.
- Frist 28 598 ff.
- Gewerberaummietrecht 65 120 ff.
- Rechtsfolge der Verweigerung 28 597
- Schweigen des Vermieters 28 587 f.
- Unabdingbarkeit 28 604
- unklare Antworten des Vermieters 28 589
- Verhaltenstipps für den Mieter 28 593 f.
- Verhaltenstipps für den Vermieter 28 595 f.
- vertragliche Regelungen zur Untervermietung und Abdingbarkeit des Kündigungsrechts 65 124
- Wohnraummietrecht 28 582 ff.

Sonderkündigungsrecht wegen Modernisierungsmaßnahmen des Vermieters, § 554 Abs. 3 Satz 2 BGB 28 616 ff., 65 128 f.
- Allgemeines 28 616
- Ausschluss des Kündigungsrechts bei Bagatellmaßnahmen 28 620 ff.
- Duldungspflicht des Mieters nicht erforderlich 28 618 f.
- Form 28 623 ff.
- Formulierungsvorschlag 28 624
- Frist 28 623 ff.
- Gewerberaummietrecht 65 128 f.
- Rechtsfolgen der Mieterkündigung 28 627
- Unabdingbarkeit 28 628
- Voraussetzungen 28 617
- Wohnraummietrecht 28 616 ff.

Sonderkündigungsrechte des Mieters 28 581 ff., 48 219, 65 117 ff.
- Gewerberaummietrecht 65 117 ff.
- Wohnraummietrecht 28 581 ff., 48 219

Sonderkündigungsrechte des Vermieters 28 684 ff.

Sonderkündigungsrechte in Verbindung mit dem Tod des Mieters 28 643 ff., 48 219, 65 130 ff.
- Abdingbarkeit 28 656, 48 219
- Ablehnungserklärung 28 655
- Adoptivkinder 28 647
- andere Familienangehörige 28 647
- Ausübung des Kündigungsrechts 28 652 f.
- Ehegatte 28 644

1861

Sachverzeichnis

fette Zahlen = §§

- Erbe **28** 651
- Gewerberaummietrecht **48** 219, **65** 130 ff.
- Kinder **28** 646
- kündigungsberechtigte Personen **28** 643
- Kündigungsfrist **28** 654
- Lebenspartner **28** 645
- Mietermehrheit **28** 650
- Mitmieter **28** 650
- Personen, die mit dem Mieter einen auf Dauer angelegten gemeinsamen Haushalt führen **28** 648 f.
- Pflegekinder **28** 647
- privilegierte Personen **28** 644 ff.
- verschwägerte Personen **28** 647
- verwandte Personen **28** 647
- Wohnraummietrecht **28** 643 ff.

Sortimentserweiterung 54 74 f.

sozialer Wohnungsbau 25 1 ff. *s. preisgebundener Wohnraum*

Sozialklausel 28 541 ff. *s. Kündigungswiderspruch nach § 574 BGB*

Spannungsklausel 61 52 f.
- Muster einer Spannungsklausel **61** 52

Staffelmiete 22 4 ff., **61** 42 ff.
- Allgemeines **61** 42 ff.
- anderweitige Mieterhöhung bei Unwirksamkeit der Staffelmietvereinbarung **22** 19
- Angabe des Mietzinses **22** 8
- degressiver Mietnachlass **22** 14
- Erhöhungszeitpunkt **22** 9 f.
- Form **22** 4 ff.
- geringere Wohnfläche als vereinbart **22** 26
- Gewerberaummietrecht **61** 42 ff.
- Grenzen der Mieterhöhung außerhalb von §§ 557 ff. BGB **22** 25 ff.
- Jahresgrenze **22** 11 ff.
- Kündigungsrecht **22** 20 ff.
- Mietpreisüberhöhung **22** 27 ff.
- Muster einer Staffelmietklausel **61** 48
- notwendiger Inhalt der Staffelmietvereinbarung **22** 8 ff.
- preisfreier Wohnraum **22** 4 ff.
- preisgebundener Wohnraum **22** 39 ff.
- Rechtsfolgen einer wirksamen Vereinbarung **22** 15 ff.
- Rechtsfolgen einer unwirksamen Vereinbarung **22** 33
- Staffelhöhe **61** 46 ff.
- „umgekehrte Staffelmiete" **22** 14
- Unwirksamkeit gemäß § 557 a Abs. 4 BGB **22** 32
- Verjährung **22** 34 ff.
- Verwirkung **22** 34 ff.
- Voraussetzungen einer wirksamen Vereinbarung **22** 4 ff.
- Wegfall der Geschäftsgrundlage **22** 31
- Wohnraummietrecht **22** 4 ff.

Statik 54 68 f.

Stellvertretung 5 39 f.

Streitwert 3 1 ff., **42** 1 ff.
- Abfallentsorgung **3** 25

- Abstellplatz **3** 26
- Anspruch auf Abschluss eines Mietvertrages **3** 11 ff.
- Antenne **3** 27, 42
- Aufnahme Dritter **3** 28
- Auskunft über die Anlage der Kaution **3** 51
- Beendigung des Vertragsverhältnisses **3** 80 ff.; **42** 2
- Beendigung eines Geschäfts- oder Wohnraummietverhältnisses **3** 1
- Berufsausübung in der Wohnung **3** 29
- Beschwerdewert **3** 3; **42** 1
- besondere Streitwerte im Gewerberaummietrecht **42** 3 ff.
- besondere Verfahren **3** 108 ff.
- Bestehen eines Geschäfts– oder Wohnraummietverhältnisses **3** 1
- Bestehen eines Mietverhältnisses **3** 1
- Beweissicherungsverfahren **3** 108 f.
- Blumen **3** 30
- Blumenkästen **3** 30
- Briefkasten **3** 31
- Bruttokaltmiete **3** 4
- Bruttowarmmiete **3** 4
- Dauer eines Geschäfts- oder Wohnraummietverhältnisses **3** 1
- Dauer eines Mietverhältnisses **3** 1
- Duldungsklagen wegen Modernisierung **3** 1
- Duldungspflicht **3** 19 ff.
- Einsichtnahme in die Nebenkostenbelege **3** 59
- einstweiliges Verfügungsverfahren **3** 111 ff.
- einvernehmliche Aufhebung **3** 87
- Erfüllungsansprüche aus dem Mietverhältnis **3** 98
- Fahrräder **3** 32
- Feststellungsklagen **3** 101
- Funkantenne **3** 27, 33
- Garage **3** 34
- Garten **3** 35
- Gebrauchsgewährung **3** 19 ff.
- Gebührenstreitwert **3** 3; **42** 1
- Gewährleistung **3** 74 ff.
- Gewerberaummietrecht **42** 1 ff., **3** ff.
- Haushaltsgeräte **3** 36
- Heizpflicht **3** 37
- Heizung **3** 37
- Instandhaltungsmaßnahmen **3** 63
- Kabelfernsehen **3** 38
- Kaution **3** 50 f., 93
- Kinderwagen **3** 39
- Klage auf Erfüllung von Mängelbeseitigungsmaßnahmen im Geschäftsraummietverhältnis **42** 8
- Klage auf künftige Leistungen **3** 102
- Klage auf Rechnungslegung oder Auskunft **3** 100
- Klage auf Zahlung von Mietzins **3** 96
- Klage auf Zustimmung zur Mieterhöhung **3** 97
- Klage mit der ein Geschäftsraummieter gegen seinen Vermieter Unterlassungsanspruch auf Konkurrenzverbot geltend macht **42** 3 ff.

magere Zahlen = Randnummern

Sachverzeichnis

- Klagearten 3 94 ff.
- Konkurrenzverbot **42** 3 ff.
- Kündigung 3 80 ff.
- Leistungsklagen 3 95
- Leistungsstörung 3 70 ff.
- Leistungsverpflichtung 3 19 ff.
- Mängelbeseitigung 3 75 f.
- Mängelbeseitigungsklagen 3 1
- Mängelbeseitigungsmaßnahmen im Geschäftsraummietverhältnis **42** 8
- Mieterhöhung 3 49
- Mieterhöhungsklagen 3 1
- Mietminderung 3 1, 77
- Mietzins 3 48 f.
- Mietzinsforderung 3 48
- Minderung 3 1, 77
- Modernisierung 3 64 ff.
- Müll 3 25, 40
- Musik 3 41
- nach Beendigung des Vertragsverhältnisses 3 90 ff.
- Nebenkosten 3 52 ff.
- Nebenkostenerhöhung 3 57
- Nebenkostenforderung 3 53 f.
- Nebenpflichten 3 68 f.
- Nettokaltmiete 3 4
- Nutzungsausfall 3 90
- Obhutspflicht 3 19 ff.
- Parabolantenne 3 42
- Prozessuales 3 94 ff.; **42** 2
- Räumung 3 80 ff.
- Räumungsklagen 3 99
- Rechnungslegung zu Nebenkosten 3 58
- Rechtsmittelwert 3 3; **42** 1
- Reparaturen 3 62 f.
- Schadensersatz 3 62 f., 78, 91 f.
- Schönheitsreparaturen 3 60 f.
- Störung und Schädigung von Rechtsgütern 3 8 f.
- Streit um Struktur der Nebenkosten 3 55 f.
- Tauschvertrag 3 67
- Tierhaltung 3 43 ff.
- Tod 3 89
- Unmöglichkeit 3 71
- Unterlassung der Untervermietung 3 21
- Unterlassungsklagen 3 103
- Verbandsklageverfahren 3 110
- Verletzung von Aufklärungs- und Mitteilungspflichten 3 10
- Vertragsobjekt 3 14 ff.
- Vertragsparteien 3 14 ff.
- Vertragsverhältnis 3 14 ff.; **42** 2
- Vertragsverlängerung 3 79
- Verzug 3 72 f.
- vorvertragliches Verhältnis 3 8 ff ; **42** 2
- vorzeitige Entlassung 3 88
- Wäscheleine 3 46
- Wertvorschriften 3 1 f.
- Widerklage 3 104 ff.
- Zuständigkeitswert 3 3; **42** 1
- Zutritt zu Räumlichkeiten 3 47
- Zwangsversteigerung 3 117 f.; **42** 2
- Zwangsvollstreckung 3 114 ff.; **42** 2

Teilinklusivmiete
- Erhöhung, Checkliste 1 23
- Klage auf Erhöhung, Checkliste 1 23

Tierhaltung 16 1 ff.
- Abschaffungsverlangen des Vermieters **16** 118 ff.
- Antrag des Mieters **16** 46, 93 f.
- Aquarium **16** 27
- artgerechte Tierhaltung **16** 52, 109
- Auflagen **16** 62
- Bartagame **16** 27
- bauliche Veränderungen des Mietobjekts **16** 112
- Beendigung des Mietverhältnisses **16** 141 ff.
- Berufung **16** 84 ff.
- Berufungssumme **16** 86
- Beseitigungsanspruch **16** 117
- Besitz **16** 3 f.
- Beweislast **16** 83
- Checkliste: Ermessenskriterien bei Tierhaltung **16** 35
- Chinchilla **16** 27
- Darlegungslast **16** 83
- Eigentum **16** 3 f.
- Einstellung der Zwangsvollstreckung **16** 88
- Entscheidungskriterien **16** 49 ff., 95 ff.
- Erlaubnisklausel **16** 21
- Ermessen des Vermieters **16** 29
- fehlende Klausel **16** 26 f.
- Formulierungsvorschlag **16** 33, 78, 81, 105, 125, 127, 133
- gefährliche Tiere **16** 55
- gerichtliche Überprüfung **16** 67
- gesetzliche Zulässigkeit **16** 51
- Größe des Tieres **16** 53
- Haftungsfrage **16** 57
- Haltung auf Freiflächen des Mietobjekts **16** 9 ff.
- Haltung in den Mieträumlichkeiten **16** 5 ff.
- Hausschwein **16** 27
- Hund **16** 27
- Kaninchen **16** 27
- Katze **16** 27
- Klageweg **16** 75 ff.
- Kleintiere **16** 24
- Kündigung des Mietverhältnisses **16** 137 ff.
- konkretes Tier **16** 64
- Leguan **16** 27
- mehrere Tiere **16** 54
- Mietausfallschaden **16** 116
- Mietminderung **16** 114 f.
- Mietvertragsrecht **16** 20 ff.
- Mietzinszuschlag **16** 61
- Minischwein **16** 27
- nachträgliche Genehmigung **16** 93 ff.
- negative Feststellungsklage **16** 80
- obligatorische Streitschlichtung **16** 69 ff.

1863

Sachverzeichnis

fette Zahlen = §§

- prozessuale Durchsetzung **16** 68 ff., 104 ff., 121 ff.
- Ratte **16** 27
- Rechte der anderen Mieter und sonstiger Nachbarn **16** 113
- rechtliche Grundlagen **16** 20 ff.
- rechtsmissbräuchliche Ermessensausübung **16** 30
- Rechtsnatur von Tieren **16** 1
- sachliche Gründe **16** 28
- Schlange **16** 27
- Sondernutzung **16** 29
- Tierhalterhaftpflichtversicherung **16** 57
- Tierhaltung **16** 2 ff.
- Tierhaltung während des Mietverhältnisses **16** 109 ff.
- ungekündigtes Mietverhältnis **16** 50
- Ungeziefer **16** 14 ff.
- Unterlassungsanspruch **16** 113
- Verbotsklausel **16** 22
- vertraglicher Erlaubnisvorbehalt **16** 31 ff.
- vertragsgemäßer Wohngebrauch **16** 27
- vertrags- und artgerechte Haltung **16** 109 ff.
- Vogel **16** 27
- vorherige Erlaubnis der Tierhaltung **16** 42
- Widerruf der Erlaubnis **16** 90 ff.
- Widerruf der Genehmigung **16** 108
- Widerrufsvorbehalt **16** 64
- „wilde" Tiere **16** 12 f.
- Wohnungseigentumsrecht **16** 37 ff.
- Zucht **16** 59
- Zwangsvollstreckung **16** 132

Textform 47 47 ff., 49 ff.

Tod einer Vertragspartei 11 261 ff.
- Beratungscheckliste **11** 423
- Erbschein **11** 263 f., 402
- Haftungs- und Ausgleichungsregelungen **11** 375 ff.
- Handelsgesellschaften **11** 262
- juristische Personen **11** 262
- Kündigungsrecht bei Tod des Mieters **65** 58 ff.
- nachrangige Fortsetzung mit Erben, § 564 BGB **11** 395 ff.
- natürliche Personen **11** 262
- Rechtsnachfolge auf Vermieterseite **11** 421 ff.
- Tod des Mieters **11** 266 ff., **49** 61 ff.
- Tod des Vermieters **11** 265, **49** 101
- Tod eines Alleinmieters **11** 275 ff.
- Tod mehrerer Mieter **11** 343 ff.
- Todeserklärung **11** 263 f., 359
- Wirkung des Todes einer Vertragspartei auf bereits abgegebene Erklärungen **11** 419 ff.

Überlassung der Mietsache 14 1 ff., **52** 1 ff.
- Abgänge **52** 5
- Abnahme **14** 4 ff.
- Abnahmeprotokoll **14** 5 f.
- Annahmeverzug des Mieters/Vermieters **14** 7
- Außenfassade **52** 6 f.
- Be- und Entlademöglichkeiten **52** 5
- Besitzschutzansprüche **52** 11 ff.
- Betriebspflicht **52** 10
- Bezeichnung des Mietobjekts **52** 1
- Einschränkung des Gebrauchs **14** 3
- Garagen **52** 9
- Gebrauchsrecht des Mieters **14** 2
- Gemeinschaftseinrichtungen **52** 8
- Gewerberaummietrecht **52** 1 ff.
- Leuchtreklame **52** 6 f.
- Markisen **52** 6
- Mietobjekt **52** 1 ff.
- Nebenräume **52** 4 ff.
- Neubau nicht fertig **14** 13
- Nutzungszweck **52** 2
- öffentlich-rechtliche Vorschriften **52** 3
- Personalaufenthaltsräume **52** 5
- Problemfälle **14** 10 ff.
- Rechtsfolgen **52** 15
- Schilder **52** 6
- Sozialräume **52** 5
- Stellplätze **52** 9
- Toilettenanlagen **52** 5
- Übergabe **14** 1 ff.
- Übergabeprotokoll **14** 6
- Überlassung an Dritte **14** 8 f.
- Umkleideräume **52** 5
- Verstoß gegen AGB-Recht **14** 14 f.
- Vormieter zieht nicht aus **14** 10 ff.
- Warenaufzüge **52** 5
- Wohnraummietrecht **14** 1 ff.
- Zugänge **52** 5

Überlassung von Inventar 76 1 ff. s. *Inventar*

Übertragung der Mieterrechte 12 44 ff.
- Abtretung des Anspruchs auf Gebrauchsüberlassung **12** 44
- Eintritt eines neuen Mieters **12** 45
- Vermietung an eine Wohngemeinschaft **12** 46

Umbau 20 201, **59** 14
- Abgrenzungsfragen **20** 199 ff.
- abweichende Vereinbarungen **59** 15
- gesetzliche Regelungen **20** 204 ff.
- Rechtslage vor Inkrafttreten des Mietrechtsreformgesetzes **20** 217 ff.
- Übergangsregelung **20** 217 ff.

Umsatzklausel 61 49 ff.
- Muster Umsatzklausel **61** 51

Umsatzsteuer 43 15 f., **48** 72 ff., **60** 28 ff.
- Allgemeines zu Ausnahmen von der Umsatzsteuerbefreiung **60** 31
- Ansprüche des Vermieters bei Zahlungsverzug des Mieters **60** 55 ff.
- Ausnahmen von § 9 Abs. 2 UStG **60** 37 ff.
- Ausnahmen von der Umsatzsteuerbefreiung **60** 31 ff.
- Bagatellgrenze **60** 43
- Betriebskosten **48** 109, **62** 17 ff.
- Betriebskostenabrechnung **60** 54
- Formulierungsvorschlag **60** 51
- Geltendmachung der Umsatzsteueroption **60** 52 f.
- Geschäftsraum **60** 39
- Miete **60** 28 ff.

magere Zahlen = Randnummern **Sachverzeichnis**

- Pachtvertrag über eine Gaststätte (Hotel) **69** 153 f.
- Rechtsfolgen bei unwirksamer Option des Vermieters zur Steuerpflicht **60** 48 f.
- Schadensersatzpflicht des Mieters **60** 51
- sonstige Räume **60** 40
- sonstige Vereinbarungen **60** 50
- Umsatzsteuerbefreiung der Miete **60** 28 ff.
- Vereinbarung zwischen den Vertragsparteien **60** 44 ff.
- Vermietung und Verpachtung an Kleinunternehmer (§ 19 UStG) **60** 41 f.
- vom Vermieter zu erfüllende Voraussetzungen für Ausnahmen von der Umsatzsteuerbefreiung **60** 32 f.
- Voraussetzungen auf Seiten des Mieters für Ausnahmen von der Umsatzsteuerbefreiung **60** 34 ff.
- Voraussetzungen einer wirksamen Vereinbarungen **60** 45 ff.
- Vorsteuerabzugsberechtigung des Mieters **60** 35 f.
- Wohnraum **60** 38

Umwandlung in Wohnungseigentum bei preisgebundenem Wohnraum 25 185 ff.
- Kündigungsschutz nach § 577a BGB **25** 197 ff.
- Verfahren **25** 185 ff.
- Vorkaufsrecht **25** 191 ff.

Umwandlungsgesetz
- Änderung der Rechtspersönlichkeit des Mieters **50** 4
- Landpacht **77** 67
- Umwandlungen außerhalb des Umwandlungsgesetzes **49** 74 ff.
- Umwandlungstatbestände nach dem Umwandlungsgesetz **49** 65 ff., 102

Umzugshinweise 67 13
Ungeziefer 54 84 f.
Untermiete 5 23 f., **12** 49 ff., **50** 1
- Rechtsverhältnisse Mieter – Untermieter **12** 52 ff.
- Rechtsverhältnisse Vermieter – Mieter **12** 50 f.
- Rechtsverhältnisse Vermieter – Untermieter **12** 59 f.

Untermietzuschlag 12 33 ff., **48** 183, **50** 32
Unternehmenspacht 78 1 ff.
- Arbeitnehmerschutz, § 613 a BGB **78** 22 ff.
- Erscheinungsformen **78** 1 ff.
- Franchising **78** 4 ff.
- Hauptpflichten **78** 7 ff.
- Hauptpflichten des Unternehmenspächters **78** 7 ff.
- Hauptpflichten des Verpächters **78** 16 f.
- Kündigung **78** 18 ff
- Laufzeit **78** 18 ff.
- Teilbetriebspacht **78** 3
- Unternehmens- oder Betriebspacht **78** 1 f.

Urkundenprozess 38 31 ff.
- Kaution **38** 35
- Mietrückstand **38** 31 ff.

- Vorlage des Mietvertrags **38** 34
- Zulässigkeit **38** 32

Veräußerer als Mandant 52 26 ff.
- Gesichtspunkte gegenüber dem Erwerber **52** 29
- Gesichtspunkte gegenüber dem Mieter **52** 27 f.

Veräußerung der Mietsache 14 16 ff., **49** 83 ff., **52** 1 ff., 16 ff.
- Abschluss eines Mietvertrags **52** 25
- Anwendungsbereich **52** 18 f.
- Anwendungsbereich der §§ 566 ff. BGB **14** 20 f.
- Beendigung des vertraglichen Mietverhältnisses **52** 21
- Checkliste: Anwendbarkeit der §§ 566 ff. BGB **14** 21, **52** 19
- Checkliste: von §§ 566 ff. BGB erfasste Veräußerungsfälle **14** 22
- Checkliste: Vorgehensweise bei Veräußerung der Mietsache **14** 66, **52** 37
- Erwerber als Mandant **52** 30 ff.
- Folgen **14** 38, **52** 20 ff.
- gesetzlicher Übergang auf den Erwerber **52** 20
- Gewerberaummietrecht **49** 83 ff., **52** 1 ff., 16 ff.
- Haftung des Veräußerers **52** 22 ff.
- Identität von Vermieter und Veräußerer **14** 24 ff.
- „Kauf bricht nicht Miete", § 566 BGB **14** 16 ff.
- Konsequenzen für die anwaltliche Vertretung **14** 46 ff., **52** 25
- Mieter als Mandant **52** 33 ff.
- Nutzungsverhältnisse **14** 21
- Veräußerer als Mandant **52** 26 ff.
- Veräußerungsfälle **14** 22
- vertragliche Regelung der Dreierbeziehung **52** 36 f.
- Wohnraummietrecht **14** 16 ff.

vereinbarte Mieterhöhungen 22 1 ff., **61** 1 ff.
- Änderung der Betriebskostenvorauszahlungsbeträge **61** 56
- Änderung der Mehrwertsteuer **61** 57
- Gewinnklauseln **61** 49 ff.
- Grenzen der Mieterhöhung **61** 65 ff.
- Indexmiete **22** 43 ff., **61** 4 ff.
- Kostenelementsklausel **61** 54
- Mietanpassung aufgrund § 313 BGB **61** 59 ff.
- Muster einer Anpassungsklausel zur Änderung der Betriebskostenvorauszahlungsbeträge **61** 56
- Muster salvatorische Klausel zur Wertsicherung **61** 55
- salvatorische Klausel zur Wertsicherung **61** 55
- Spannungsklausel **61** 52 f.
- Staffelmiete **22** 4 ff., **61** 42 ff.
- stillschweigende Mieterhöhung **61** 58
- Umsatzklauseln **61** 49 ff.

Verjährung 32 1 ff., **68** 1
- Anspruch auf Zahlung der Kaution **32** 28
- Aufrechnung mit Kautionsrückzahlungsanspruch **32** 31 ff.

1865

Sachverzeichnis

fette Zahlen = §§

- Auskunftsanspruch §§ 8 Abs. 4 WoBindG, 29 NMV **32** 10 f.
- Beendigung eines Zwischenmietverhältnisses **32** 86 ff.
- Begriff **32** 1 ff.
- Betriebskostenabrechnung **32** 14 ff.
- Eintreten Dritter ins Mietverhältnis **32** 82 ff.
- Fälligkeit des Rückzahlungsanspruchs auf Kaution **32** 30
- Fristenberechnung **32** 94 ff.
- Gewerberaummietrecht **68** 1
- Inanspruchnahme eines vollmachtlosen Vertreters **32** 89
- Kaution **32** 28 ff.
- Miete **32** 4 f.
- Mietpreisüberhöhung **32** 12 f.
- nach § 548 BGB **5** 51 ff., **32** 35 ff.
- Rückforderung bei Zahlung auf verspätete Abrechnung **32** 27
- Rückforderung überzahlter Betriebskosten **32** 26
- Rückforderung überzahlter Kostenmiete **32** 6 ff.
- Rückzahlung der Kaution **32** 29
- sonstige Ansprüche **32** 35 ff.
- Übersicht: Verjährungsfristen **32** 126
- Vereinbarung über Fälligkeit der Ansprüche **32** 90 f.
- Verhältnis altes zu neuem Verjährungsrecht **32** 93
- Verjährungseinrede als unzulässige Rechtsausübung **32** 92
- Vermieterwechsel **32** 82 ff.
- Wohnraummietrecht **32** 1 ff.

Verjährung nach § 548 BGB 5 51 ff., **32** 35 ff., **48** 231 f., **68** 1
- Abtretung der Ansprüche **32** 67
- Ansprüche Dritter gegen den Mieter **32** 80
- Ansprüche des Mieters **32** 68 ff.
- Ansprüche des Vermieters **32** 36 ff.
- Ansprüche des Vermieters gegen Dritte **32** 81
- Antrag auf Arrest **32** 61
- Antrag auf einstweilige Verfügung **32** 61
- Anwendbarkeit **32** 37, 71
- Anwendungsbereich **5** 51
- Einzelfälle **32** 47 ff., 57
- Feststellungsklage **32** 62 f.
- Fristbeginn **5** 52 f.
- Gewerberaummietrecht **48** 231 f., **68** 1
- Hemmung der Verjährung **32** 59 ff.
- Leistungsklage **32** 62 f.
- Mahnbescheid **5** 55, **32** 64
- Mietausfallschaden **32** 54 ff.
- Mietsicherheiten **5** 54
- Prozesskostenhilfeantrag **32** 61
- rechtliche Beendigung des Mietverhältnisses **32** 68 ff.
- Renovierung **32** 47 ff.
- selbstständiges Beweisverfahren **32** 60
- Verhandlungen der Mietparteien **32** 58

- Verjährungshemmung durch Mahnbescheid **5** 55, **32** 64
- Wohnraummietrecht **5** 51 ff., **32** 35 ff.
- Wohnungsübergabeprotokoll **32** 66
- Zurückerhalten der Mietsache **32** 38 ff.

Verkehrssicherungspflichten 48 168 ff., **54** 114 ff.
- Begrifflichkeit **54** 114 f.
- Brandschutz **54** 143 ff.
- eigene Verkehrssicherungspflicht des Mieters **54** 119 ff.
- Einzelfälle **54** 123
- Erfüllungsanspruch des Vermieters gegen den Mieter **54** 130 f.
- Folgen bei Verletzung der Verkehrssicherungspflichten **54** 132 ff.
- Kontaminierungen **54** 139 ff.
- Übertragung auf den Mieter **54** 124
- Übertragung auf einen Dritten **54** 125 ff.
- Umfang **54** 114 f.
- Verkehrssicherungspflicht des Eigentümers **54** 116 ff.

Vermieterhaftung 17 92 ff., **56** 92 ff.
- Abwehr von Immissionen **17** 114, **56** 114
- Besitzeinräumung **17** 92, **56** 92
- Fürsorge- und Treuepflichten **17** 115 f., **56** 115 f.
- Garantiehaftung des Vermieters **17** 120 ff., **56** 120 ff.
- Gebrauchsgewährung **17** 100 ff., **56** 100 ff.
- Gebrauchsüberlassung **17** 92 ff., **56** 92 ff.
- Gewerberaummietrecht **56** 92 ff.
- Haftung für Erfüllungsgehilfen **17** 123, **56** 123
- Haftungsausschlüsse **17** 141, **56** 141
- Konkurrenzschutz **17** 117 f., **56** 117 f.
- Leistungsstörungen **17** 119 ff., **56** 119 ff.
- Schlüsselübergabe **17** 95, **56** 95
- Schutzwirkung zugunsten Dritter **17** 124 f., **56** 124 f.
- Unmöglichkeit **17** 126 ff., **56** 156 ff.
- Versorgungsleistungen **17** 106 ff., **56** 106 ff.
- vertragsgemäßer Zustand der Mietsache bei Übergabe **17** 96 f., **56** 96 f.
- Verzug **17** 133 ff., **56** 133 ff.
- Wohnraummietrecht **17** 92 ff.
- Zeitpunkt der Überlassung **17** 93 f., **56** 93 f.

Vermieterpfandrecht 26 63 ff., **48** 133, **63** 28 ff.
- Erlöschen **26** 76 ff., **63** 30
- Forderung **26** 68 f.
- Gewerberaummietrecht **48** 133, **63** 28 ff.
- Insolvenz des Mieters **63** 32
- Herausgabeanspruch **26** 84 ff., **63** 31
- Pfandgegenstand **26** 70 ff., **63** 29
- Pfandgläubiger **26** 66 f.
- Pfandrecht **26** 65
- Selbsthilferecht **26** 84 ff.
- Wohnraummietrecht **26** 63 ff.

Versicherungen 37 1 ff.
- doppelter Versicherungsschutz **37** 23
- Gebäudehaftpflichtversicherung **37** 1, 12
  s. a. Gebäudehaftpflichtversicherung
- Gewässerschadenversicherung **37** 2

magere Zahlen = Randnummern **Sachverzeichnis**

- Glasversicherungen 37 2
- Hausratversicherung des Mieters 37 13 ff.
  s. a. *Hausratversicherung des Mieters*
- Rechtsschutzversicherung 37 1
- Reparaturversicherung 37 2
- Schutzbereich der Versicherungsverträge 37 23 ff.
- Schwamm- und Hausbockversicherung 37 2
- Spezialversicherungen 37 2
- Starkstromleitungsversicherung 37 2
- stillschweigende Beschränkung der Haftung des Mieters 37 25
- Vandalismusschadenversicherung 37 2
- Versicherung der Gemeinschaftsantenne 37 2
- Versicherung für Schäden an elektrotechnischen oder elektronischen Anlagen 37 2
- Versicherungen des Vermieters 37 1 ff.
- Wohngebäudeversicherung 37 1, 3 ff.
  s. a. *Wohngebäudeversicherung*
- Wohnung eines Dritten 37 24
- Zusatzversicherungen 37 2

Versicherungspflicht 48 166 f.
Versorgungssperre 43 33
Verstöße gegen die öffentliche Bindung 25 200 ff.
- Allgemeines 25 200 f.
- Behebung des Verstoßes 25 227 ff.
- Eigenheim 25 234 f.
- Eigentumswohnung 25 234 f.
- Fehlbelegung, § 4 WoBindG 25 204 ff., 224
- Folgen des Verstoßes 25 215 ff.
- Geltungsbereich der §§ 25, 26 WoBindG 25 236
- Mietpreisüberhöhung 25 202 f., 215 ff.
- Rechtsnachfolge in der Haftung 25 226
- Zweckentfremdung 25 225

Vertragsabschluss 8 1 ff., **46** 1 ff.
- Allgemeines Gleichbehandlungsgesetz 8 18 ff.
- Anfechtungserklärung 8 108 ff.
- Anfechtungsfrist 8 108 ff.
- Angebot 8 44 ff.
- Annahme 8 44 ff.
- arglistige Täuschung 8 98 ff.
- Bindungswille 46 2, 6
- Checkliste: Mietvertragsabschluss und -inhalt 1
- Diskriminierung 8 18 ff.
- Dissens 8 79 ff.
- Drohung 8 98 ff.
- Eigenschaftsirrtum 8 91 ff.
- Energieeinsparverordnung 8 129 ff.
- Erklärungsirrtum 8 91 ff.
- essentialia negotii 46 4
- Exposés 46 2
- Gewerberaummietverhältnis 46 1 ff.
- Haustürgeschäft 8 61 ff.
- Hoheitsakte 8 2
- Inhaltsirrtum 8 91 ff.
- invitatio ad offerendum 46 2
- kaufmännisches Bestätigungsschreiben 46 20 ff.
- Letter Of Intent (LoI) 46 8 ff.
- Mängel 8 79 ff.

- Mietpreisbindung 8 3
- notwendiger Vertragsinhalt 6 68 ff.
- offener Dissens 8 79 ff.
- preisgebundener Wohnraum 8 2
- Privatautonomie 8 1
- Rahmenvertrag 46 16 ff.
- Schriftform 46 7
- Sittenwidrigkeit 8 1
- sozialer Wohnungsbau 8 2
- Sozialpflichtigkeit des Eigentums 8 4
- Störung der Geschäftsgrundlage 8 119 ff.
- Treu und Glauben 8 1
- verbindlicher Vertragsschluss 46 5
- Verbot der Zweckentfremdung 8 2, 4
- Verhandlungsphase 46 4 ff.
- versteckter Dissens 8 84 ff.
- Vertragsangebot 46 2 f.
- Vertragsabschlussfreiheit 8 1 ff.
- Wohnraummietverhältnis 8 1 ff.
- Wucher 8 1
- Zeitungsinserate 46 2
- Zweckentfremdungsverbot 8 2, 4 ff.

Vertragsanbahnung, Gewerberaummietverhältnis 44 1 ff.
- Abgrenzung zur Leihe 44 48
- Abgrenzung zwischen einzelnen Vertragstypen 44 20 ff.
- allgemeine Geschäftsbedingungen 44 12
- Apothekenbetriebsordnung 44 8
- Auflagen 44 11
- bauliche Ausgestaltung der Mieträume 44 11
- behördliche Genehmigungen 44 11, 16
- berufs- und standesrechtliche Vorschriften 44 8
- Checkliste für die Planung und rechtliche Einordnung einer gewerblichen Gebrauchsüberlassung 44 1
- Energieausweis 44 11 a
- Energieeinsparverordnung 2007 (EnEV) 44 11 a
- Gaststättengesetz 44 8
- Geschäftsraummiete 44 2
- Gesetze, Satzungen und Verordnungen 44 9
- Gewerbeordnung 44 7
- Gewerberaummiete 44 2
- immissionsschutzrechtliche Bestimmungen 44 9
- kartellrechtliche Bestimmungen 44 10
- Konzessionen 44 11
- Leihe 44 48
- lizenz- und patentrechtliche Schranken 44 13
- markenrechtliche Bestimmungen 44 13
- Mischmietverhältnisse 44 2, 21 ff.
- nachbarrechtliche Bestimmungen 44 9
- Nutzungsbeschränkungen 44 14 ff.
- Nutzungsbeschränkungen im Rahmen von Teileigentum 44 19
- öffentlich-rechtliche Hindernisse 44 3
- öffentlich-rechtliche und andere Nutzungsbeschränkungen 44 14 ff.
- Pacht 44 2
- rechtliche Einordnung der Gewerberaummiete 44 1 ff.

1867

Sachverzeichnis

fette Zahlen = §§

- rechtswirksames behördliches Verbot **44** 17
- Regulierung des Wettbewerbs **44** 10
- Sachmangel **44** 15
- tatsächlicher Mietgebrauch **44** 3
- Teileigentum **44** 19
- Unternehmer **44** 4
- Vertragszweck **44** 3
- Warenhausverordnung **44** 8
- Wohnraummiete **44** 1
- zentrale gesetzliche Vorschriften **44** 5 ff.
- Zweck der Vermietung **44** 2 ff.

Vertragsanbahnung, Wohnraummietverhältnis 6 1 ff.

Vertragsbeendigung 10 363 ff., **65** 1 ff.

Vertragsbeendigung ohne Kündigung 29 1 ff., **66** 1 ff.

- Aufhebungsvertrag **29** 157 ff., **65** 2 ff.
- Erlöschen einer juristischen Person **65** 10
- Gewerberaummietrecht **66** 1 ff.
- Mietaufhebungsvertrag **29** 157 ff., **65** 2 ff.
- öffentlich-rechtliche Gründe **29** 190 ff.
- Unmöglichkeit **65** 11
- Wohnraummietrecht **29** 1 ff.
- Zeitmietvertrag **29** 1 ff., 28 ff.

Vertragslaufzeit 53 1 ff.

- feste Laufzeit **53** 1 ff.
- Kündigungsklausel **53** 8 ff.
- Option **53** 11 ff.
- Verlängerung auf unbestimmte Zeit **53** 7
- Verlängerung um bestimmte Zeitdauer **53** 5 f.
- Widerspruchsklausel **53** 8 ff.

Vertragsparteien s. Mietvertragsparteien

Vertragspartner 10 107 ff., **48** 12 ff.

- Eheleute **10** 109 f.
- Einschaltung von Hausverwaltungen **10** 117 f.
- Eintrittsklausel bei einer vermietenden Gesellschaft bürgerlichen Rechts **10** 120 ff.
- Ersatzmieterstellung **10** 126 f.
- gewerbliche Zwischenvermietung **10** 119
- nichteheliche Lebensgemeinschaft **10** 111 f.
- Stellvertretung **10** 116 f.
- Vorab-Zustimmung zum Vermieterwechsel **10** 124 f.
- Wohngemeinschaft **10** 113 ff.

Vertragsstrafe 10 359 ff., **48** 121 ff.

- Gewerberaummietrecht **48** 121 ff.
- Wohnraummietrecht **10** 359 ff.

Vertragsverlängerung gemäß § 545 BGB 5 50, **30** 1 ff., **38** 15 ff.

- Ablauf der Mietzeit **30** 3 ff.
- abweichende Vereinbarung **30** 20; **38** 15
- Beweislast **30** 21
- Darlegungslast **30** 21
- Formulierungsvorschlag **30** 13, 20; **38** 15
- Gebrauchsfortsetzung durch den Mieter **30** 8 ff.
- Rechtsfolgen **30** 18 f.
- tatbestandliche Voraussetzungen **30** 3 ff.
- Widerspruchserklärung **30** 11 ff., **38** 15 ff.
- Widerspruchsfrist **30** 15 ff.

Vertragszweck 43 14

Verwertungskündigung 28 480 ff.

s. *Hinderung angemessener wirtschaftlicher Verwertung*

Verwirkung 32 1 ff., 97 ff., **68** 2 ff.

- Aufwendungsersatz, § 539 BGB **32** 125
- Begriff **32** 97 ff.
- Betriebskostenabrechnung **68** 6
- Einzelfälle **32** 122 ff.
- Erfüllung, § 535 BGB **32** 124
- Gewährleistung, §§ 536, 536 a BGB **32** 123
- Gewerberaummiete **68** 2 ff.
- Kündigungsbefugnis des Mieters **32** 112 f.
- Kündigungsbefugnis des Vermieters **32** 111, **68** 2 ff.
- Miete **32** 102
- Modernisierung, § 559 BGB **32** 116
- Mieterhöhung **32** 114 ff.
- Minderung des Mietzinses **68** 7 f.
- Minderungsrecht des Mieters **68** 7
- Nachforderung bei Wertsicherungsklauseln **68** 9 f.
- Nachforderungen des Vermieters **68** 8
- Nebenkosten, § 560 BGB **32** 117 ff.
- Räumungstitel **32** 110
- Rückerstattung preisrechtswidriger Leistungen, § 8 WoBindG **32** 103 ff.
- Rückerstattung wegen Mietpreisüberhöhung **32** 108
- Rückgabeanspruch **32** 109
- Staffelmiete **32** 114
- Umstandsmoment **32** 100
- Unterlassungsansprüche **32** 122
- Wertsicherungsklausel **32** 115
- Wohnraummiete **32** 1 ff., 97 ff.
- Zeitmoment **32** 99

Verzugszinsen

- pauschalierte **48** 118

Vollmachtsklauseln 10 103, **48** 234 ff.

Vollständigkeitsklauseln 48 240

Vollstreckungsschutzantrag 5 64

Vorfälligkeitsentschädigung 48 119 f.

Vorhand 44 49 ff. s. *Anmietrecht*

vorläufige Vollstreckbarkeit

- Abwendung **5** 63

Vormietrecht 7 2, 14 ff., **44** 74 ff., **45** 2, 5. 14 ff.

- Abgrenzung zu anderen Vertragstypen **44** 74, **45** 14 ff.
- Allgemeines **45** 14 ff.
- Anmietrecht **44** 74, **45** 18
- Anwendbarkeit der Regeln zum Vorkauf **44** 82 ff.
- Aspekte aus Sicht des Mietinteressenten **45** 22 f.
- Aspekte aus Sicht des Vermieters **45** 24 f.
- Ausübung des Vormietrechts **44** 83 f., **45** 28 ff.
- Ausübung **44** 88 f., **45** 31
- Begründung des Vormietrechts **45** 26 f.
- Begriffbestimmung **45** 14 ff.
- Begründungsoption **44** 74
- Eintritt des Vormietfalles **45** 28 f.
- Formulierungsvorschlag **44** 77, 84, 90, 92
- Gewerberaummietrecht **44** 74 ff., **45** 2, 5, 14 ff.

1868

magere Zahlen = Randnummern **Sachverzeichnis**

- Leistungsstörungen **45** 35 ff.
- Mietvorvertrag **45** 19
- Mitteilungspflichten **44** 88 f.
- Nachfolgeverträge **44** 79
- notarielle Beurkundung **45** 27
- Optionsrecht **44** 74, **45** 20
- praktische Bedeutung **44** 75 ff., **45** 21 ff.
- Rechtsfolgen **45** 35 ff.
- Rechtsbeziehungen zwischen Vermieter und Drittem **44** 91 f.
- Schriftform **44** 81
- Übertragbarkeit **44** 87, **45** 16
- Verbot von Umgehungsgeschäften **44** 86
- Vererblichkeit **44** 87, **45** 16
- Vertragsgestaltung **45** 38
- Vorvertrag **45** 19
- Wohnraummietrecht **7** 2, 14 ff.

vorvertragliche Rechte und Pflichten 7 1 ff., **45** 1 ff.
- Anmietrecht **7** 2, 7 ff., **44** 49 ff., **45** 2
- culpa in contrahendo **7** 98 ff.
- Gewerberaummietverhältnis **45** 1 ff.
- Mietvorvertrag **7** 2, 39 ff., **44** 55 ff., **45** 2
- Option **7** 2, 82 ff., **44** 93 ff., **45** 2
- Schriftform **7** 2
- Vormietrecht **7** 2, 14 ff., **44** 74 ff., **45** 2
- Wohnraummietverhältnis **7** 1 ff.

vorzeitige Rückzahlung der öffentlichen Mittel 25 162 ff.
- bei Wohnungsfürsorgemitteln **25** 165
- Eigenheim **25** 169
- selbstgenutztes Wohnungseigentum **25** 168
- sonstige öffentliche Förderung **25** 166
- sozialer Wohnungsbau **25** 162 ff.
- vermietetes Wohnungseigentum **25** 167
- Wohnungseigentum **25** 167 ff.
- Zwangsversteigerung **25** 170

vorzeitiger Auszug des Mieters 27 1 ff., **64** 1 ff.
- Ablesen der Zählerstände **27** 11
- anderweitige Vermietung **27** 13
- anderweitige Verwendung **27** 9 ff.
- anrechenbare Vorteile **27** 7 ff.
- Anwendungsbereich des § 537 BGB **27** 2
- Bereitschaft, vom Mieter vorgeschlagene Mietinteressenten als Nachmieter in Betracht zu ziehen **27** 12
- Beurteilungsspielraum des Vermieters **27** 16 ff.
- Beweislast **27** 21
- Differenzanspruch **27** 26
- dispositives Recht **27** 3
- Eigennutzung **27** 14
- Einschränkungen der Zahlungspflicht des Mieters **27** 6 ff.
- Entgelt für vorzeitige Entlassung **27** 4
- ersparte Aufwendungen **27** 7 f.
- fehlende Gebrauchsermöglichung **27** 19 ff.
- Gebrauchsrisiko des Mieters **64** 2
- Gewerberaummietrecht **64** 1 ff.
- Kausalität zwischen Vertragsbruch und Gebrauchsverhinderung **27** 26
- nicht marktgerechte Weitervermietung **27** 20

- Renovierung **27** 14
- Stellung eines Nachmieters **27** 28 ff., **64** 3 ff.
- Überlassung der Schlüssel an einen Mietinteressenten **27** 11
- Übersendung der Wohnungsschlüssel **27** 11
- Übersicht: Zahlungspflicht bei Auszug **27** 27
- Umbau **27** 15
- Wohnraummietrecht **27** 1 ff.
- Zahlungspflicht **27** 1 ff., **64** 1 ff.

Wärmecontracting 24 347 ff.
Wandflächen 54 60 ff.
Wartungsarbeiten 10 321 ff.
Wartungspflichten 19 290 ff., **43** 30, **48** 148, **58** 28
- Betriebskosten **19** 293
- Formularvereinbarungen **19** 296 ff.
- Gewerberaummiete **43** 30, **48** 148, **58** 28
- Individualvereinbarungen **19** 295
- Übertragung auf den Mieter **19** 294 ff.
- Wohnraummietrecht **19** 290 ff.

Werbeeinrichtungen 54 60 ff.
Werkswohnung 33 57 ff.
- Beendigung des Mietverhältnisses über eine Werkmietwohnung **33** 75 ff.
- Beendigung des „Rechtsverhältnisses" über den Wohnraum, § 576 BGB **33** 122 ff.
- Beendigungserklärung **33** 96 ff.
- Belegungsrecht **33** 66 f.
- Betriebsbedarf **33** 98, 103
- Betriebsrat **33** 70 ff.
- Dienstverhältnis **33** 118 f.
- Formulierungsvorschlag **33** 60 f., 81, 89, 94
- Fortsetzungsverlangen des Mieters **33** 94 ff.
- funktionsgebundene Werkmietwohnung **33** 58, 61, 105
- Gerichtsstand **33** 132 f.
- gewöhnliche Werkmietwohnung **33** 58 ff.
- Kündigung eines Werkmietverhältnisses auf unbestimmte Zeit gemäß § 576 BGB wegen Betriebsbedarfs **33** 100 ff.
- Mieterhöhung bei Werkmietverhältnis **33** 116
- Mietvertrag **33** 58 ff.
- Mitbestimmungsrecht bei allgemeiner Festlegung der Nutzungsbedingungen **33** 72
- Mitbestimmungsrecht bei der Kündigung von Wohnungen **33** 73
- Mitbestimmungsrecht bei der Zuweisung der Wohnung **33** 71
- Mitbestimmungsrecht des Betriebsrats gem. § 87 Abs. 1 Nr. 9 BetrVG **33** 70 ff.
- Muster: Auskunftsverlangen **33** 82
- Muster: Beendigungserklärung (Erwiderung auf Fortsetzungsverlangen) **33** 99
- Personalrat **33** 74
- Rechtsbeziehungen über Wohnraum nach Beendigung des Dienstverhältnisses **33** 128 ff.
- Rechtsgrund der Überlassung **33** 120
- Rechtslage bei nach dem 1. 9. 2001 auf bestimmte Zeit abgeschlossenen Werkmietverhältnissen **33** 75 ff.

1869

Sachverzeichnis

fette Zahlen = §§

- Rechtslage bei vor dem 1. 9. 2001 auf bestimmte Zeit abgeschlossenen Werkmietverhältnissen **33** 90 ff.
- Sozialklausel **33** 111 ff.
- Vermieter **33** 66 f.
- vor dem 1. 9. 1993 abgeschlossenes Werkmietverhältnis ohne Verlängerungsklausel **33** 93 ff.
- Werkdienstverhältnis (§ 576 b BGB) **33** 117 ff.
- Werkförderungsvertrag **33** 68 f.
- Werkmietverhältnis nach dem 1. 9. 1993 unter den Voraussetzungen des § 564 c Abs. 2 Nr. 2 c BGB begründet **33** 92
- Werkmietwohnung (§ 576 BGB) **33** 57 ff.
- Widerspruch des Vermieters **33** 96

Wohngebäudeversicherung 37 3 ff.
- Abbruchkosten **37** 9
- Abhandenkommen von versicherten Sachen **37** 9
- Ableitungsrohre **37** 5
- Anlagen der Warmwasserversorgung **37** 4
- Anstriche **37** 4
- Antennen **37** 4
- Aufräumkosten **37** 9
- Balkone **37** 4
- Betrieb einer Wasch- oder Geschirrspülmaschine **37** 11
- Bewegungskosten **37** 9
- Blitzschlag **37** 7
- Bodenbeläge **37** 4
- Brand **37** 7
- Einbaumöbel **37** 4
- Elektroinstallation **37** 4
- Entschädigungsleistungen **37** 8 f.
- Explosion **37** 7
- Fliesen **37** 4
- Frostschäden **37** 7
- gemeiner Wert **37** 8
- Grenzfälle **37** 5 f.
- grob fahrlässige Herbeiführung des Versicherungsfalles **37** 11
- Hagelschäden **37** 7
- Heizungsanlage **37** 4
- in das Gebäude eingefügte Sachen des Mieters **37** 6
- Kerzen **37** 11
- Leitungswasserschäden **37** 7
- Mietausfall **37** 9
- Neubauwert, § 13 VGB **37** 8
- Neuwert **37** 8
- Parkett **37** 4
- Prämienaufschlag **37** 4
- Rauchen **37** 11
- Rechtsgrundlagen **37** 3
- Regenfallrohre **37** 5
- Rohrbruchschäden **37** 7
- sanitäre Einrichtungen **37** 4
- Sauna **37** 4
- Schadensabwendungskosten **37** 9
- Schadensminderungskosten **37** 9
- Schutzkosten **37** 9
- Schwimmbad **37** 4
- Sturmschäden **37** 7
- Tapeten **37** 4
- Teppichböden **37** 4
- Terrasse **37** 5
- unterlassenes Entleeren einer Wasserleitung **37** 11
- versicherte Gefahren, § 4 VGB **37** 7
- versicherte Sachen, § 1 VGB **37** 4 ff.
- vorsätzliche Herbeiführung des Versicherungsfalles **37** 11
- Wiederherstellungsklausel **37** 10
- Zeitwert **37** 8
- Zigaretten **37** 11

Wohnraumförderungsgesetz 25 1 ff.
- Bindungszeit **25** 5
- Checkliste: Förderung nach dem Wohnraumförderungsgesetz (WoFG) **25** 1
- Förderung nach dem Wohnraumförderungsgesetz (WoFG) **25** 1 ff.
- höchstzulässige Miete statt Kostenmiete **25** 4
- Inhalt der neuen Förderung **25** 2 f.
- Mieterhöhung **25** 5
- neue Landesgesetze auf der Grundlage des Föderalismusreformgesetzes **25** 7 f.
- weitere Unterschiede zur bisherigen Förderung **25** 6

Wohnraummietverhältnis
- Abgrenzung zu anderen Gebrauchsüberlassungsverträgen **6** 7 ff.
- Abgrenzung zu Gewerberaummietverhältnis **6** 23
- Begriff **6** 4
- dingliches Wohnrecht **6** 14 ff.
- Leasingvertrag **6** 22
- Leihe **6** 10 ff.
- Mischmietverhältnis **6** 24 ff.
- Pacht **6** 7 ff.
- Unterbringung Obdachloser **6** 16 ff.
- Verwahrungsvertrag **6** 21
- Weitervermietung **6** 6
- Wohnzwecke **6** 4
- Zweckvereinbarung **6** 5

Wohnungsvermittlung 35 1 ff.
- Anspruch auf Entgelt **35** 4
- Anwendungsbereich **35** 1 ff.-
- Aufwendungen **35** 22
- Auslagen **35** 18 ff., 22
- Ausschluss des Provisionsanspruches **35** 8 ff.
- Entgelt **35** 18 ff.
- erfolgsunabhängige Provisionen **35** 18
- Monatsmiete **35** 21
- Muster: einfacher Maklerauftrag **35** 6
- Muster: Mietinteressentenvertrag **35** 5
- Nichtigkeit des Hauptvertrages **35** 9
- ohne Auftrag des Berechtigten **35** 12
- Provisionshöhe **35** 21
- Provisionsteilung **35** 19
- sonstige Beendigung des Hauptvertrages **35** 10
- unwirksame Formularklauseln **35** 7
- Verflechtung **35** 13 ff.

magere Zahlen = Randnummern

Sachverzeichnis

- Vermieter-/Makler-Auftrag 35 6
- Vertragsstrafe 35 24 f.
- Verwalter 35 14
- Verwaltungsaufgaben 35 15
- Vorschussverbot 35 11
- WEG-Verwalter 35 16
- weitere Dienste 35 23
- wirtschaftliche Beteiligung 35 17
- Wohnungsvermittler 35 3 ff.
- Wohnungsvermittlungsgesetz (WoVermG) 35 1

Zeitmietvertrag 5 18 f., 29 1 ff., 28 ff.
- abweichende Vereinbarungen 29 73
- AGB-Recht 29 111 ff.
- Alt-Zeitmietvertrag mit Bestandsschutz 29 74 ff.
- Anfangsmitteilung 29 50 ff.
- Anspruch des Mieters auf vorzeitige Entlassung aus einem Zeitmietvertrag 29 133 ff.
- auflösend bedingter Mietvertrag 29 17
- Auskunfts- und Fortsetzungsverlangen i. S. v. § 575 Abs. 2 BGB 29 60 ff.
- Baumaßnahmen 29 41 ff., 53
- Befristung 29 5 f.
- Befristung durch richterlichen Gestaltungsakt 29 21 ff.
- Befristungsgründe 29 35 ff.
- Bestandsschutz 29 77 ff.
- Dienstverhältnis 29 46 ff., 54
- Eigenbedarf 29 38 ff., 52
- eigenmächtiger Auszug des Mieters 29 145 ff.
- Eigennutzung 29 38 ff., 52
- einfacher Zeitmietvertrag mit Bestandsschutz (§ 564 c Abs. 1 BGB a. F.) 29 2, 74 ff.
- Einverständnis des Vermieters 29 84
- Ersatzmieterstellung 29 135 f.
- fehlende Schriftform 29 142 ff.
- Fortsetzungsverlangen nach § 564 c Abs. 1 BGB a. F. 29 77 ff.
- gerichtliche Geltendmachung 29 88
- Hausratsverordnung 29 21 f.
- Kettenmietvertrag 29 24 ff.
- Kombination 29 13
- Kündigung vor Bedingungseintritt 29 20
- Laufzeit von mehr als 30 Jahren 29 14
- Mieterhöhung 29 119 ff.
- Mietverhältnisse ohne Bestandsschutz 29 29
- Mietvertrag auf Lebenszeit 29 15 f.
- Mietvertrag bis zum Eintritt eines bestimmten Ereignisses 29 17 ff.
- nachträgliche Änderung der Laufzeit 29 27
- Option 29 9 ff.
- qualifizierter Zeitmietvertrag ohne Bestandsschutz (§ 564 c Abs. 2 BGB a. F.) 29 2
- Rechtsfolgen 29 70 ff.
- Schlussmitteilung bei qualifizierten Alt-Zeitmietverträgen 29 55 ff.
- Schriftform 29 142 ff.
- Sozialklausel 29 23
- Sozialklausel gem. § 556 b BGB a. F. 29 89 ff.

- Vereinbarungen über den Kündigungsausschluss 29 96 ff.
- Verlängerungsregelung 29 7 f.
- verspätetes Fortsetzungsverlangen 29 81 ff.
- vertragliche Höchstdauer 29 31 ff.
- Verweigerung der Untermieterlaubnis 29 137 ff.
- Verzögerung der beabsichtigten Verwendung 29 66 ff.
- Voraussetzungen eines Zeitmietvertrags 29 4 ff., 30 f.
- Weiternutzung durch den Mieter 29 129 ff.
- Werkmietwohnung 29 46 ff., 54
- Widerspruch des Vermieters 29 85 ff.
- wiederholte Anwendung der Sozialklausel des § 556 c BGB a. F. 29 94 f.

Zugang 54 54
Zurückbehaltungsrecht 5 22
Zuständigkeit 38 1 f., 71 1 ff.
- allgemeiner Gerichtsstand im Ausland bei Rechtshängigkeit in der ersten Instanz 38 2, 71 4
- Amtsgericht 38 2
- ausschließliche 38 1, 71 1
- Exterritorialität 38 2, 71 6
- Mietvorvertrag 45 78
- Mischmietverhältnis 38 2, 71 3
- örtliche 38 1, 71 1
- sachliche 38 2, 71 2 ff.
- Schmerzensgeld 38 1
- Werkdienstwohnungen 38 1
- Werkmietwohnungen 38 1

Zustandsbeschreibungen 48 140 f.
Zutritt 15 129 ff.
Zwangsversteigerung 39 54 ff., 61 ff., 72 15 ff.
- abgesonderte Befriedigung 39 65
- abwohnbare Baukostenzuschüsse 39 84, 92
- Anmeldung des Mietrechts 39 59 f.
- Anordnung 39 56, 61 f.
- Aufhebung des Verfahrens 39 77
- Aufrechnung 39 70, 75 f.
- Baukostenzuschüsse des Mieters 39 83 f., 92, 72 20
- Begründung von Wohnungseigentum 39 89
- berechtigtes Interesse 39 87
- Beschlagnahme 39 58, 66 ff.
- dinglich gesicherte Gläubiger 39 65
- Einbauten des Mieters 39 83
- eingebrachte Sachen des Mieters 39 66
- Einstellung des Verfahrens 39 77
- Einwirkungen auf das Mietverhältnis 39 70
- „erster zulässiger Termin" 39 88
- Form der Kündigung 39 90
- Formulierungsvorschlag 39 59, 78
- Fortbestand des Mietverhältnisses 39 69
- Gewerberaummietrecht 72 15 ff.
- Haftungsverband einer Hypothek 39 66
- Herausgabetitel 39 85
- Inhalt der Kündigung 39 90
- Kautionen 39 82
- Konkurrenz mit Insolvenz 39 64 f.

1871

Sachverzeichnis

fette Zahlen = §§

- Kündigungssperrfrist **39** 89
- Mieterschutzbestimmungen **39** 87
- Mietsicherheiten **39** 82
- Mietzahlungen **39** 82
- Rechtsgeschäfte über die Miete **39** 70, 74
- Rechtsnachfolge des Erstehers **39** 80 f.
- Rechtswirkungen gegenüber Mietern **39** 58
- Sonderkündigungsrecht des Erstehers **39** 85 ff.
- Teilungsversteigerung **39** 57
- Umfang der Beschlagnahme **39** 66 ff.
- verlorene Baukostenzuschüsse **39** 92
- Verwertung **39** 55
- Verwertungsversteigerung **39** 57
- Voraussetzungen **39** 62 f.
- Vorausverfügungen **39** 70 ff., 82
- wesentliche Grundstücksbestandteile **39** 66
- Wirkungen **39** 64 ff.
- Wohnraum **39** 54 ff.
- Zubehör **39** 66
- Zuschlag **39** 78
- Zuschlagserteilung **39** 58

Zwangsverwaltung 39 54 ff., 93 ff., **72** 15 ff.
- Abrechnung von Betriebskostenvorauszahlungen gegenüber Mietern **39** 125
- Abrechnungsguthaben **39** 124
- Anordnung **39** 56
- Anspruch auf Nutzungen **39** 93
- Aufhebung nach Rechtskraft des Zuschlages im Zwangsversteigerungsverfahren **39** 129 ff.
- Aufhebungsbeschluss **39** 126
- Beendigung der Zwangsverwaltung **39** 126 ff.
- Befugnisse des Zwangsverwalters **39** 101 ff.
- Beschlagnahme **39** 58, 96 ff.
- Daseinsvorsorge **39** 102
- Einbauten des Mieters **39** 100
- eingebrachte Sachen des Mieters **39** 100
- Erschließungsbeiträge **39** 117
- Erträge **39** 55
- Festmietverträge **39** 111 f.
- Formulierungsvorschlag **39** 113 ff.
- Gewerbebetrieb **39** 101, **72** 18
- Gewerberaummietrecht **72** 15 ff.
- Haftungsfreizeichnung **39** 113
- Haftungsverband **39** 98 f.
- Hausgeld **39** 118 ff.
- Hausmeister **39** 103
- Hauswalter **39** 103
- Insolvenz **39** 95
- Jahresabrechnungen der Wohnungseigentümergemeinschaft **39** 119 ff.
- Kautionen **39** 106 ff.
- Konkurrenz mit anderen Zwangsvollstreckungsmaßnahmen **39** 95
- Konkurrenz mit Insolvenz **39** 95
- Konkurrenz mit Mietpfändungen **39** 95
- Mietpfändungen **39** 95
- Mietsicherheiten **39** 106 ff.
- Mietvertragsabschluss durch Zwangsverwalter **39** 110 ff., **72** 19
- öffentliche Lasten **39** 117

- Pflichten des Zwangsverwalters **39** 116 ff.
- Prozesse **39** 105
- Prozessführungsbefugnis des Zwangsverwalters **39** 105
- Rechtswirkungen gegenüber Mietern **39** 58
- relatives Veräußerungsverbot **39** 95
- Sonderumlagen **39** 121
- Stellung des Zwangsverwalters **39** 101 ff.
- Teilungsplan **39** 117
- Umfang der Beschlagnahme **39** 96 ff.
- Verfahrensaufhebung ohne Zuschlag **39** 127 f.
- Vermietung **39** 101, 110 ff.
- Versicherungsprämien **39** 116
- Verwertung **39** 101
- Voraussetzungen **39** 94
- Vorausverfügungen **39** 98
- Vorauszahlungen **39** 98
- Vorschussrückstände **39** 123
- Wirkungen **39** 95 ff.
- Wohngeld **39** 118 ff.
- Wohnungseigentum **39** 104
- Wohnraum **39** 54 ff.
- Zubehör **39** 101, **72** 17
- Zustimmung des Gerichts **39** 111 f.
- Zwangshypothek **39** 95
- Zwangsverwalter **39** 101 ff.
- Zwangsvollstreckungsmaßnahmen **39** 95

Zwangsvollstreckung 39 1 ff., **72** 1 ff.
- Berliner Modell **39** 23, **72** 6 ff.
- Beschränkung auf Herausgabeanspruch **39** 23
- Beseitigung von Feuchtigkeitsschäden **39** 6
- Besitzdiener **39** 8
- Durchführung der Räumungs- und Herausgabevollstreckung **39** 8 ff., **72** 4 ff.
- Durchführung von Reinigungsarbeiten im Wechsel mit anderen Mietern **39** 4
- Ehegatten **39** 8
- Erteilung einer Nebenkostenabrechnung **39** 2
- Formulierungsvorschlag **39** 2 f.
- Frankfurter Modell **39** 23, **72** 13
- Hamburger Modell **39** 23, **72** 12
- Herausgabe und Vermieterpfandrecht **72** 6 ff.
- Mitmieter **39** 8
- persönlicher Umfang des Räumungs- und Herausgabeanspruchs **39** 8 ff.
- Räumung und Herausgabe **72** 4 f.
- Räumungskostenvorschuss **39** 23
- Räumungsschuldner **39** 8
- Räumungsschutz **39** 24 ff., **72** 14
- Räumungstitel **39** 7, **72** 1 ff.
- Sachherrschaft **39** 8
- sachlicher Umfang des Räumungs- und Herausgabeanspruchs **39** 11 ff.
- teilweise Räumung **39** 21 f.
- Untermieter **39** 10
- Vermieterpfandrecht **39** 23
- Verpflichtung des Vermieters zur ausreichenden Beheizung der Mieträumlichkeiten **39** 5
- vollständige Räumung **39** 11 ff.
- Wegschaffen eines Haustiers **39** 3
- weitere Bewohner **39** 9

Sachverzeichnis

magere Zahlen = Randnummern

- Zwangsvollstreckung des Räumungs- und Herausgabeanspruchs **39** 7 ff.
- Zwangsvollstreckung zur Erwirkung von Handlungen oder Unterlassungen **39** 1 ff.

Zweckentfremdung 34 1 ff.
- Abbruch von Wohnraum **34** 23
- Anfechtung des Mietvertrages **34** 49 f.
- Aufhebung des Mietvertrages **34** 49 f.
- Auflagen **34** 36 ff., 39 ff.
- Ausgleichszahlungen **34** 39 ff.
- Auswirkungen auf ein bestehendes Mietverhältnis **34** 48 ff.
- Bedingungen **34** 36 ff., 38
- Befristungen **34** 36 ff., 37
- Begriff des Wohnraums **34** 7 ff.
- dauerndes Leerstehen lassen **34** 18 ff.
- Erteilung der Genehmigung **34** 24 ff.
- formelle Voraussetzungen **34** 1 ff.
- Fremdenbeherbergung **34** 15 ff.
- Inhalt des Art. 6 MVerbG **34** 3 ff.
- Kündigung des Mietvertrages **34** 49 f.
- materielle Tatbestände **34** 12 ff.
- Rechtsbehelfe **34** 43 ff.
- überwiegende öffentliche Interessen **34** 27
- überwiegende private Interessen **34** 28 ff.
- Umwandlung in Geschäftsraum **34** 13 f.
- Unbewohnbarmachen **34** 22
- Versagung der Genehmigung **34** 24 ff.
- Wiederzuführung zum Wohnungsmarkt durch Verwaltungsakt **34** 48

1873